東亞 百年玉篇

전면 개정판

동아출판

개정판을 내면서

　몇 년 사이에 한자를 배우려는 사람이 급증하고 있다. 한자능력검정시험의 응시자 수가 매년 증가하고, 입사 시험에도 한자를 포함시키는 회사들이 늘고 있다. 이러한 현상은 중국이 정치적·경제적으로 부상하면서 더욱 뚜렷하게 나타나고 있다. 같은 한자 문화권인 중국·일본과의 교류가 활발해지면서, 한자는 우리말을 잘 구사하는 데 도움이 될 뿐만 아니라, 이웃 나라의 언어를 배우는 데도 바탕이 된다는 인식이 확산되고 있다고 하겠다.

　이와 같은 높은 관심에도 불구하고 한자는 일상생활에서 많이 보고 쓰지 않기 때문에 익히기가 쉽지 않다. 이러한 어려움을 극복하기 위해 늘 옆에 두고 이용하는 책이 한자 사전이다. 이것은 한자의 과거와 현재를 모아 엮은 것으로 한자의 여러 모습이 집대성되어 있다. 그래서 한자 사전은 한문 고전을 공부하거나 현재의 언어를 익히는 사람들에게 꼭 필요한 지침서이다.

　우리는 여러 종류의 한자 사전을 오래 전부터 만들어 왔으며, 언어 환경의 변화에 보조를 맞추어 개정과 보완을 거듭하였다. 「백년옥편」도 마찬가지로 한자에 대한 관심이 높고 정보화 사회의 진전으로 매체가 다양해진 시점에 또 한 번 큰 변신을 꾀하였다. 그동안 이용하는 분들의 요구를 반영하여 내용을 좀 더 충실하게 꾸미고, 더욱 편리하고 실용적인 사전으로 다듬기로 한 것이다.

　우선 한문 교육용 기초 한자의 풀이에 역점을 두었다. 자해와 문장 예문을 보완하였을 뿐만 아니라 실생활에 널리 쓰이는 한자어, 자원, 필순을 넣어 한자를 익히는 초학자들이 사용하기 편하게 하였다. 또 전공자나 한문 학습자들에게 필요한 문장 예문을 고전에서 추출하여 많이 삽입하였으며, 고사성어도 충실하게 다듬었다. 아울러 표제 한자의 다양한 이체자(異體字)와 중국에서 쓰는 간체자(簡體字)를 한눈에 알아볼 수 있게 정리하여 여러 가지 한자 자형(字形)을 쉽게 익히도록 꾸몄다.

　2005년 1월부터 대법원에서 제정한 인명용 한자에 159자가 추가되었다. 이번 개정판에는 이 159자를 포함한 5038자의 인명용 한자를 모두 수록하였고, 인명용으로 지정된 한자의 음도 자세히 밝혔다.

　과거의 기록 유산을 소중히 여기고 현재의 언어생활을 윤택하게 하는 사전으로 만드는 데는 이용하는 분들의 애정에 힘입는 바가 크다는 것을 알기에, 앞으로도 이용자 여러분의 지속적인 관심을 갈망한다. 「백년옥편」이라는 이름에 걸맞은 오랜 역사와 전통의 사전으로 다져 나가기 위해, 이용자 여러분의 곁에서 가장 쓸모 있는 사전으로 가꾸어 가겠다고 한 첫 마음을 꾸준히 실천해 나갈 것을 다짐한다.

머 리 말

漢字는 우리의 문자가 아니다. 하지만 그것으로 이루어진 漢字語는 우리의 말이며, 선조들이 漢字로 기술한 漢文은 우리의 글이다.

한자어는 우리 말글살이에서 무시할 수 없는 비중과 숫자를 차지하고 있으며, 고전 문학을 비롯하여 우리 문화 유산의 거의 대부분은 한자로 기록되어 있다. 결국 한자는 언어 생활에서도, 민족 문화의 전통을 보존하고 계승한다는 의미에서도 결코 없어서는 안될 필수불가결한 문자인 것이다. 또한, 동아시아권 국가들에서 보편적으로 사용되는 문자라는 측면에서 보면 한자는 세계화를 향한 현대인의 한 가지 전략 무기가 될 수도 있을 것이다.

한자를 익히고 사용하기가 약간 어려운 것은 사실이다. 하여, 우리는 독자 여러분의 한자 학습과 사용에 도움을 드리고, 윤택한 언어 생활을 위해 미력이나마 일조를 한다는 마음에서 그간 「漢韓大辭典」을 비롯 각종의 한자 사전류를 편찬해 왔다.

그 중 하나인 「새漢韓辭典」을 여러분께 선보인 것이 1989년. 우리는 이제 그동안 애용해 주신 독자 여러분께 보답하는 한편 빠르게 변모해 가는 시대에 걸맞는 내용을 담기 위해 수정·보완이 필요하다는 생각을 하게 되었다. 우리는 단순한 오자의 바로잡기 정도에 그칠 것이 아니라, 좀 더 실용적이고 편리한 사전으로 탈바꿈시킬 것을 계획하였다.

먼저 판형을 탁상판으로 키워 사전을 찾고 읽기에 편리하기를 꾀하였다. 생활의 편의를 돕고자, 1994년 대법원에서 제정한 인명용 한자 중 편찬 당시 쓰임새가 많지 않아 제외되었던 글자를 모두 표제자로 추가하였다. 오자나 탈자를 바로잡는 것은 물론 새로운 용례를 수록하고, 예문을 추가하는 등의 보완을 하였다. 또한 중국어 간체자 및 병음 부호를 실어 실용성을 높였다.

그리고 우리는 그동안 여러분께 친숙하였던 「새漢韓辭典」이라는 題號를 과감히 버리고 「百年玉篇」이라는 새 이름을 달아 주었다. 이 「百年玉篇」이라는 이름에는 오랜 시간 동안 애용되는 사전을 만들고자 하는 우리의 염원이 깃들어 있다. 우리는 서가에 진열된 장식품이 아닌, 독자 여러분의 책상 위에서 연구와 학문, 그리고 실생활에 꼭 필요한 벗의 역할을 하기를 기대하며 이 「百年玉篇」을 선보인다. 끝으로 앞으로도 계속하여 수정·보완에 힘써 다가오는 21세기, 그 백년 후인 22세기에도 애용되는 사전을 만들 것임을 약속드린다.

일 러 두 기

◆ 이 사전의 구성

◑ 표제자(標題字)
- 교육인적자원부 선정 한문 교육용 기초 한자
- 대법원 지정 인명용(人名用) 한자
- 신문 및 일반 정기 간행물의 해독에 필요한 한자
- 우리나라와 중국의 한문 고전 해독에 필요한 한자

◑ 표제어(標題語)
- 뜻갈래를 이해하는 데 반드시 필요한 어휘
- 한문 문장 독해에 필요한 어휘
- 널리 쓰이는 고사·속담
- 일상생활에서 요긴하게 쓰이는 어휘

◑ 부록(附錄) 및 색인(索引)
- 운자표(韻字表)·한어병음(漢語拼音) 자모(字母)와 한글 대조표—사성(四聲) 106운(韻) 및 한어병음 자모와 한글 대조표를 수록하였다.
- 중국 간체자표(中國簡體字表)—주요 간체자를 총획수순으로 배열하고 그에 대응되는 한자와 본문의 수록 면수를 밝혔다.
- 총획 색인(總畫索引)—모든 표제자를 총획수순으로 나누고, 다시 부수순으로 배열한 다음 본문의 수록 면수를 밝혔다.
- 자음 색인(字音索引)—모든 표제자를 한글자모순으로 배열하고, 음(音)이 같은 자는 부수획수순(部首畫數順)으로 늘어놓은 다음 본문의 수록 면수를 밝혔다. 한 표제자가 몇 개의 음으로 읽히는 경우에도 각각의 음을 모두 실었다.

◆ 표제자란(標題字欄)에 대하여

◑ 표제자의 배열(排列)
- 표제자는 『강희자전(康熙字典)』에 따라 부수획수순(部首畫數順)으로 배열하였다.
- 같은 부수에 딸린 표제자로서 획수가 같은 것은 자음(字音)의 한글자모순으로 배열하였다.

◑ 표제자 자음(字音)의 표기
- 자음이 둘 이상인 경우에는 대표음(代表音)을 앞세웠다.

  木 11 【樂】 ⑮ ❶풍류 악 圕 yuè ❷즐길 락 圕 lè ❸좋아할 요 圕 yào

  土 0 【土】 ③ ❶흙 토 圕 tǔ ❷뿌리 두 圕 dù ❸하찮을 차 圕 chǎ

- 본음(本音)은 쓰이지 않고 관용음(慣用音)만 쓰일 경우, 관용음을 앞세우되 본음 앞에 ㉑의 약호로 표시하였다.

  石 10 【確】 ⑮ 굳을 확 ㉑각 圕 què

  宀 7 【害】 ⑩ ❶해칠 해 圕 hài ❷어찌 할 ㉑갈 圕 hé

○ 자음이 지니는 성조(聲調)는 사성(四聲) 106운(韻)을 따라 평성(平聲)은 ☐, 상성(上聲)은 ☐, 거성(去聲)은 ☐, 입성(入聲)은 ☐의 약호로서 각각 그 운통(韻統)을 밝혔다.

臼7 【與】 ⑭ ❶줄 여 語 yǔ
❷조사 여 魚 yú
❸참여할 여 御 yù

◎ 표제자의 중국음(中國音) 및 간체자(簡體字)

○ 한어병음(漢語拼音) 자모(字母)와 간체자는 『漢語大字典(한어대자전편집위원회, 1986)』에 근거하였다.

◎ 표제자의 유별(類別)

○ 표제자와 관련된 본자(本字)·동자(同字)·고자(古字)·속자(俗字) 등도 표제자로 싣고, 관련 표제자가 있는 면수를 밝혔다.

几3 【処】 ⑤ 處(1570)와 동자   士4 【声】 ⑦ 聲(1429)의 속자

○ 현대에 와서 새로 만들어 쓰게 된 표제자에는 그 훈(訓) 앞에 現의 약호로, 우리나라에서 만들어 쓰는 표제자에는 그 훈 앞에 國의 약호로 표시하였다.

口5 【咖】 ⑧ 現커피 가   kā   田4 【畓】 ⑨ 國논 답

◎ 표제자의 구성

○ 표제자의 구성 체제

木4 【東】 ⑧ 동녘 동 東 dōng

㉠부수(部首) ㉡부수 이외의 획수 ㉢표제자 ㉣총획수 ㉤대표훈
㉥표제자의 음 ㉦운통(韻統) ◎한어병음(漢語拼音) 자모(字母)

○ 한문 교육용 기초한자는 【 】, 인명용 한자는 【 】, 그 외 한자는 【 】의 약호로써 구별하였다. 또, 교육용 기초한자에는 필순을 제시하였다.

子7 【孫】 ⑩ ❶손자 손 元 sūn   八14 【冀】 ⑯ 바랄 기 寘 jì
❷달아날 손 願 xùn

了 子 子 子 孙 孙 孫 孫 孫   人14 【儕】 ⑯ 동배 제 佳 chái

◆ 해자란(解字欄)에 대하여

◎ 자원(字源)의 내용

○ 교육용 기초한자와 주요 표제자는 그 구성 원리를 설명하기 위하여 육서(六書)를 밝히고, 그 글자의 짜임과 어원(語源)을 풀이하였다.

木4 【林】 ⑧ 수풀 림 侵 lín

字源 會意. 木+木→林. 두 그루 이상의 나무가 서 있다는 데서 나무가 한곳에 많이 모여 있는 '수풀'이라는 뜻을 나타낸다.

◐ 참고(參考)의 내용

○ 자형(字形)이 비슷하여 표제자와 혼동하기 쉬운 한자를 알려 줄 때나 음이 여럿인 가운데서 인명용 한자의 음을 밝혀 줄 경우에 주로 참고 사항을 실었다.

二₁【于】③ ❶어조사 **우** 虞 yú
❷아 **우** 魚 xū

大₁₂【奭】⑮ ❶클 **석** 陌 shì
❷붉을 **혁** 陌 shì

參考 干(537)은 딴 자.

參考 대법원 지정 인명용 한자의 음은 '석'이다.

○ 표제자의 소전(小篆)·고문(古文)·전문(篆文)·주문(籀文)·혹체(或體)·고자(古字)·동자(同字)·속자(俗字)·통자(通字)·갖은자·초서(草書)·간체자 등 각종 이체자(異體字)를 보였다.

刀₁₃【劍】⑮ 칼 **검** 豔 jiàn

[소전] [주문] [초서] [동자] [동자] [속자] [간체]

◐ 자해(字解)의 내용

○ 뜻갈래는 기본적으로 ①, ②, ③, …으로 세분하였으며, 음(音)이나 운통(韻統)이 다른 것은 ❶, ❷, ❸, …으로 나눈 뒤에 다시 ①, ②, ③, …으로 세분하였다.

工₇【差】⑩ ❶어긋날 **차** 麻 chā
❷차별 **치** 寘 chà
❸참람할 **차** 佳 chāi
❹나을 **차** 㐲채 卦 chài

字解 ❶①어긋나다. … ❷①차별, 구분. … ❸①참람하다, 거만하게 굴다. … ❹①낫다, 병이 낫다. …

○ 뜻갈래 끝에 출전(出典)을 밝힌 예문이나 활용된 어휘 등을 보여 자의(字義)의 이해를 돕도록 하였다

月₆【朔】⑩ 초하루 **삭** 覺 shuò

字解 ①초하루, 음력 매월 1일.〔春秋〕秋七月壬辰朔. … ⑦북쪽. ¶ 朔吹.

○ 뜻갈래와 같은 뜻으로 쓰이는 한자는 =, 통용(通用)되는 한자는 ≒의 약호 다음에 밝혀 두었다.

卩₆【卹】⑧ ❶가엾이 여길 **휼** 㐲술 質 xù
❷먼지 털 **솔** 月 sū

字解 ❶①가엾이 여기다, 가엾게 여겨 돕다. =恤. … ④삼가다, 삼가 조용하게 하다. ≒恤. … ❷먼지를 털다, 문질러 깨끗하게 하다. =捽.

◆ 표제어란(標題語欄)에 대하여

◐ 표제어의 배열(排列)

○ 제2음절 이하에 오는 자음의 한글자모순으로 배열하였다.

○ 표제자가 뒤에 오는 어휘는 ◐의 약호 뒤에 한글자모순으로 배열하되, 해당 표제자 자리는 −의 약호로 나타내었다.
〔표제자 '外'에서〕
◐ 課−, 管−, 關−, 郊−, 校−, 國−, 內−, 對−, 等−, 疏−, 市−, 室−, ….

◐ 표제어의 독음(讀音)

○ 독음에 따라 뜻이 다른 경우에는 독음을 ❶, ❷, …로 구별하고 풀이도 해당 번호에 맞추어 베풀었다.
【大官 ❶대관 ❷태관】 ❶①높은 관직(官職). 중요한 관직. 또는 그 자리에 있는 사람. ②경(卿). ③천자(天子). ❷한대(漢代)에 천자의 수라를 맡은 벼슬.

○ 본음(本音)보다 관용음(慣用音)으로 익히 쓰이는 것은 본음 뒤에 →의 약호로 구분하되, 배열은 본음을 따랐다.
【喜怒哀樂 희노애락→희로애락】 기쁨과 노여움과 슬픔과 즐거움. 사람의 온갖 감정.

○ 불교(佛敎) 관계 용어 가운데서 관용음으로 읽는 것은 그 본음과는 관계없이 관용음을 따랐다.
【婆羅門 바라문】 인도 사성(四姓) 가운데 가장 높은 지위의 승족(僧族). ◯범어(梵語) 'Brāhmana'의 음역어(音譯語).

◐ 표제어의 해설(解說)

○ 뜻갈래가 여럿일 경우에는 ①, ②, ③, …으로 구별하고, 거기서 파생된 뜻갈래는 해당 번호 아래에 ㉠, ㉡, ㉢, …으로 구별하여 풀이하였다.
【司命 사명】①생살권을 가지는 사람. ②의사(醫師). … ⑤신(神) 이름. ㉠사람의 생명을 주관하는 신. ㉡부뚜막의 신. ㉢궁중(宮中)의 소신(小神).

○ 동의어(同義語)가 여럿일 경우에는 ☞의 약호를 하여 그 대표적인 표제어로 보냈고, 참고할 만한 어휘가 있을 경우에는 풀이 끝에 ㉮의 약호로 표시하였다.
【北寺 북시】 ☞北司(북사).
【知音 지음】①음악의 곡조를 잘 앎. ②거문고 소리를 듣고 그 의취(意趣)를 분간하여 앎. 자기의 마음을 잘 알아주는 친한 벗. … ㉮絶絃(절현).

○ 현대에 와서 쓰이는 뜻은 ⑲, 우리나라에서만 쓰이는 뜻은 ⑳의 약호로 표시하였다.
【主腦 주뇌】①⑲주동(主動)이 되어 일하는 사람. ②주지(主旨).
【主令 주령】①주가 되어 사물을 계획·관장하는 사람. ②⑳손이 정삼품 이상의 주인을 높여 일컫던 말. 주인 영감이란 뜻.

○ 뜻풀이 다음에 보충 설명을 넣는 경우에는 ◯의 약호를 붙여 표시하였다.
【完聚 완취】①성(城)을 손질하여 백성을 모음. ◯'聚'는 '군량(軍糧)을 갖추는 일'을 뜻함. ②흩어져 있던 가족(家族)이 모두 모임. ③부부(夫婦) 사이가 원만함.

◆ 도판(圖版)

○ 표제자나 표제어의 이해를 돕기 위하여 예기(禮器)·악기(樂器)·관복(冠服)·병기(兵器)·천문(天文)·건축(建築)·선거(船車)·잡기(雜器)·동식물(動植物) 등에 관한 그림과 기물의 부분 명칭도를 해당 항목에 곁들여 실었다.

一 部

1획 부수 | 한일부

一【一】① 한 일 覆 yī

| 소전 一 | 고문 弌 | 초서 一 | 고자 式 | 갖은자 壹 |

[參考] 금융 거래나 법률 행위에서의 날짜·시효 등을 표기할 때 글자를 고치는 것을 막기 위해 갖은자를 쓴다.
[字源] 指事. 가로 그은 한 획으로써 '하나'의 뜻을 나타낸다.
[字解] ①하나. ㉮하나. 〔論語〕聞一以知十. ㉯한. ¶一人. ㉰하나하나. ¶一擧一動. ②한 번. ㉮한 번. 〔中庸〕人一能之, 己百之. ㉯만일, 만약. 〔春秋左氏傳〕一失其位, 不得列於諸侯. ③처음, 첫째. 〔漢書〕凡民有七亡, 陰陽不和, 水旱爲災, 一亡也. ④같다, 같게 하다, 변함이 없다. 〔國語〕戮力一心. ⑤오로지, 한 곬으로. 〔禮記〕欲一以窮之. ⑥어느, 어떤, 혹은. 〔春秋穀梁傳〕其一日, 君在而重之也. ⑦모두, 온통, 온. 〔詩經〕政事一埤益我. ⑧조금, 좀 적은 정도나 분량. 〔春秋左氏傳〕且吾不以一眚掩大德. ⑨발어사. 어조를 고르거나 뜻을 강조할 때 쓴다. 〔管子〕今楚王之善寡人一甚矣. ⑩몸, 신체. 〔莊子〕上之質, 若亡其一.
【一家 일가】①한집안. ②본과 성이 같은 겨레붙이. ③학문·기술·예술 등의 분야에서 연구를 쌓거나 조예가 깊어, 하나의 독자적인 체계를 이룬 상태.
【一家團欒 일가단란】한집안 식구가 아주 화목하게 지냄.
【一家言 일가언】자기의 일정한 견해나 학설.
【一刻 일각】①한 시(時)의 첫째 각(刻). 한 시간의 4분의 1로 15분. ②매우 짧은 동안.
【一覺 일각】①한번 잠에서 깸. ②한번 깨달음.
【一刻如三秋 일각여삼추】일각이 3년과 같음. 기다리는 마음이 간절하여 짧은 시간이 길게 느껴짐.
【一刻千金 일각천금】극히 짧은 시각도 천금처럼 아깝고 귀중함.
【一間斗屋 일간두옥】한 칸밖에 안 되는 작은 오막살이 집.
【一葛 일갈】갈포로 지은 홑옷 한 벌.
【一介 일개】①한 개. ②한 사람. ③보잘것없는 한 낱.
【一芥 일개】하나의 티끌. 근소(僅少)한 것.
【一擧手一投足 일거수일투족】손 한 번 듦과 발 한 번 옮겨 놓음. 사소한 데 이르기까지의 하나하나의 동작.
【一擧兩得 일거양득】한 가지 일을 하여 두 가지 이득을 봄. 兩得(양득). 一石二鳥(일석이조). 一箭雙鵰(일전쌍조).
【一擧一動 일거일동】하나하나의 동작(動作)이나 움직임.
【一劍之任 일검지임】칼을 한 번 휘두름으로써 완수하는 임무. 자객(刺客)의 임무.
【一劫 일겁】①몹시 긴 시간. ②한 재난(災難).
【一見 ❶일견 ❷일현】❶①한 번 봄. ②언뜻 봄. ❷①한 번 나타남. ②은·주대(殷周代)에 제후(諸侯)가 5년에 한 번 천자(天子)에게 알현하던 제도.
【一決 일결】①한 번에 작정함. ②제방 따위가 한 번에 터짐.
【一缺 일결】①한 번 이지러짐. 한 번 부서짐. ②하나의 결점. ③하나의 빈 벼슬 자리. 하나의 빈 관직(官職).
【一闋 일결】①음악 한 곡이 끝나는 일. 시가(詩歌)의 한 곡. ②한 번 쉬는 일.
【一莖九穗 일경구수】한 줄기에서 아홉 개의 이삭이 나는 상서로운 조짐.
【一驚一喜 일경일희】한편으로 놀라며 한편으로 기뻐함.
【一經之訓 일경지훈】자식을 위하여 재물을 남기는 것보다는 경서(經書) 한 권을 가르치는 것이 나음. 故事 한대(漢代)에 위현(韋賢)이 자식들에게 학문을 가르쳐 모두 높은 벼슬 자리에 오르자, 당시 사람들이 자식을 위해서는 황금을 남기는 것보다 경서의 한 권(一經)을 가르치는 것이 좋다고 한 고사에서 온 말.
【一界 일계】①한 경계. ②(佛)㉠하나의 세계(世界). ㉡십계(十界) 중의 하나. 부처의 세계.
【一繼一及 일계일급】뒤를 이음. ◎'繼'는 '아버지가 죽어 자식이 뒤를 이음'을, '及'은 '형이 죽어 아우가 뒤를 이음'을 뜻함.
【一鼓 일고】①진군(進軍)의 뜻으로 한 번 북을 치던 일. ②오후 8시경. 一更(일경). ③수량의 단위. 열 말.
【一皐 일고】①하나의 상앗대. ②상앗대 하나 정도의 물의 깊이.
【一顧 일고】①한 번 돌아봄. ②남의 찬양이나 천거를 받음. 故事 어떤 말을 백락(伯樂)이 한 번 살펴보기만 해도 그 말의 값이 열 배나 올랐다는 고사에서 온 말.
【一顧傾城 일고경성】한 번 돌아보면 한 성이나 나라를 망침. ㉠절세의 미인. ㉡미녀의 추파(秋波). 一顧傾國(일고경국).
【一鼓作氣 일고작기】개전(開戰) 신호로 한 번 북을 쳐 병사들의 원기를 진작함. 처음에 힘을 북돋우 일에 임함.
【一曲 일곡】①한 굽이. ②음악의 한 곡조. ③모퉁이에 치우쳐 전체에 통하지 않음. ④일부분(一部分).
【一斛涼州 일곡양주】뇌물을 주어 벼슬길에 오름. 故事 위(魏)나라의 맹타(孟他)가 장양(張讓)에게 포도주 한 섬[一石]을 보내어 양주 자사(涼州刺史)가 된 고사에서 온 말.
【一空 일공】①온 하늘. ②아무것도 없이 텅 빈 상태.

【一孔不達 일공부달】염통의 구멍이 하나도 통하지 않을 정도로 마음의 문이 막혔음. 어리석은 사람. 一竅不通(일규불통).

【一過 일과】①한 번 지남. ②한 번 눈을 거침. ③하나의 과실.

【一匡 일광】천하의 질서를 세워 통일함.

【一塊肉 일괴육】한 덩어리의 고기. ㉠하나의 인체(人體). ㉡겨우 살아남은 한 사람의 자손.

【一交 일교】한 번 갈마듦. 한 번 교대(交代)함.

【一口 일구】①하나의 입. ②한 사람. ③한 마디. 한 말. 一語(일어). ④입을 모아 말함. 모두가 같은 말을 함. ⑤한입. 입 가득히. ⑥하나의 구멍. 한 구멍. 一穴(일혈). ⑦칼·솥·짐승 따위를 세는 말.

【一句 일구】시문(詩文)의 한 구.

【一具 일구】①갑주(甲胄)·의복·기구(器具) 등의 한 벌. ②시체(屍體) 한 구.

【一區 일구】①한 구역. ②집 한 채.

【一軀 일구】불상(佛像) 따위의 하나.

【一口難說 일구난설】한 마디 말로 다 설명하기 어려움. 내용이 장황하거나 복잡함.

【一口兩匙 일구양시】한 입에 두 숟가락이 들어갈 수 없음. 단번에 두 가지 일을 할 수 없음.

【一口二言 일구이언】한 입으로 두 가지 말을 함. 말을 이랬다저랬다 번복함.

【一裘一葛 일구일갈】한 벌의 갖옷과 한 벌의 베옷. 몹시 가난함.

【一丘一壑 일구일학】때로 언덕에 올라 소풍하고 때로 골짜기에서 낚시질함. 세속(世俗)을 떠나서 자연을 벗삼아 지냄.

【一丘之貉 일구지학】같은 언덕에 사는 오소리는 다른 데가 없음. 같은 종류나 한통속.

【一局 일국】①바둑이나 장기 따위의 한 판. ②바둑·장기 등의 반면(盤面). ③관아(官衙)의 한 국. ④국면(局面).

【一掬 일국】①두 손으로 한 번 움킴. ②한 움큼. 一匊(일국).

【一國三公 일국삼공】한 나라에 세 주권자가 있음. 질서가 서지 않음.

【一軍 일군】①주대(周代)의 제도로 군사 1만 2,500명을 이르던 말. ②온 군사. 全軍(전군). ③한 군대. 한 편의 군대.

【一弓 일궁】①한 개의 활. ②6척(尺). ③8척.

【一卷石 일권석】①한 덩이의 돌. ②주먹 크기의 돌.

【一軌 일궤】①하나의 도로(道路). ②한 가지로 통일함. 一統(일통). ③같은 길. 같은 경로.

【一簣 일궤】한 삼태기의 흙. 얼마 안 되는 분량을 이름.

【一饋十起 일궤십기】①나라를 잘 다스리기 위하여 일이 매우 바쁨. ②인재를 대우하거나 고르는 정성이 대단함. 故事 우(禹)임금이 한 끼의 식사를 하는 동안에 열 번이나 일어나 찾아온 객을 맞이했다는 고사에서 온 말.

【一揆 일규】①같은 경우나 경로. ②한결같은 법칙.

【一竅不通 일규불통】염통의 구멍이 하나도 통하지 않음. 사리(事理)에 어두움. 一孔不達(일공부달).

【一鈞 일균】무게의 단위. 30근(斤).

【一琴一鶴 일금일학】하나의 거문고와 한 마리의 학이 재산의 전부임. 벼슬아치가 청렴결백함. 故事 송대(宋代)에 조변(趙卞)이 지방 관리로 부임하면서 거문고와 학만 가지고 간 고사에서 온 말.

【一紀 일기】목성(木星)이 태양을 한 바퀴 도는 데 걸리는 기간. 곧, 12년을 이르는 말.

【一氣 일기】①천지간에 꽉 차 있는 대기(大氣). ②천지가 나뉘기 전의 혼돈한 기운. 만물의 원기(元氣). ③같은 분위기(雰圍氣). ④단숨에. ⑤기맥(氣脈)을 통하고 있는 한 패.

【一基 일기】무덤·묘비·등롱(燈籠) 따위와 같이 받침대나 토대가 있는 물건 하나를 세는 말.

【一期 일기】①어느 기간. ②살아 있는 동안. 한 평생. ③일 년. 일 주년.

【一騎 일기】①한 사람의 기마병. ②한 필의 말.

【一氣呵成 일기가성】①일을 단숨에 해냄. ②단숨에 글을 지어 냄.

【一騎當千 일기당천】한 사람의 기마 병사가 천 사람의 적을 당해 냄. 용맹이 아주 뛰어남.

【一己之慾 일기지욕】자기 하나만을 위한 욕심.

【一諾千金 일낙천금】한 번 승낙한 말은 값이 천금이 됨. 약속을 중히 여김.

【一年將盡夜 일년장진야】섣달그믐 날 밤.

【一念 일념】①한결같은 마음. 한 가지의 생각. ②(佛)전심하여 염불을 하는 일. ③매우 짧은 시간. 일찰나(一刹那).

【一念不生 일념불생】(佛)속세의 생각이 일어나지 않음. 부처의 경지를 이름.

【一念三千 일념삼천】(佛)사람의 마음속에 삼천의 법계(法界)를 갖출 수 있음. 사람의 마음이 곧 전우주(全宇宙)임.

【一念稱名 일념칭명】(佛)일념으로 아미타불의 명호(名號)를 부름.

【一念通天 일념통천】한결같은 마음으로 하늘도 감동하여 일을 이루게 함.

【一能 일능】한 가지의 재능.

【一茶頃 일다경】한 잔의 차를 마실 정도의 사이. 매우 짧은 시간.

【一旦 일단】①어느 아침. ②한번. ③갑자기. 짧은 시간. ④어느 날.

【一簞食一豆羹 일단사일두갱】한 그릇의 밥과 한 그릇의 국. 적은 양의 음식. ◯'簞'은 '대오리로 만든 그릇', '豆'는 '나무로 만든 그릇'을 뜻함.

【一簞食一瓢飮 일단사일표음】한 그릇의 밥과 한 표주박의 음료. 빈한(貧寒)한 사람의 적고 보잘것없는 음식. 簞食瓢飮(단사표음).

【一團和氣 일단화기】여러 사람이 단합된, 화목한 분위기.

【一當百 일당백】한 사람이 백 사람을 당함. 매우 용맹함.

【一大劫 일대겁】(佛)몹시 긴 시간. 성겁(成劫)·주겁(住劫)·괴겁(壞劫)·공겁(空劫)을 각각 일소

겁(一小劫)이라 하며, 이 사소겁(四小劫)을 합친 기간.

【一大事 일대사】 ①중대한 사건. ②(佛)생사의 세계가 바로 참된 세계라는 묘리(妙理).
【一代楷模 일대해모】 일세(一世)의 본보기.
【一德 일덕】 ①순일(純一)한 덕(德). ②덕을 하나같이 함.
【一德一心 일덕일심】 임금과 신하가 한 마음이 되어 협력함.
【一度 일도】 ①한 번. 1회. ②법도를 한결같이 정함. ③하나의 법도. ④온도·각도·경위도(經緯度) 따위의 단위.
【一途 일도】 한 가지 길. 같은 길.
【一道 일도】 ①한 가지의 도리. 한 가지 방도. ②한 가닥. 한 갈래. ③國행정 구역의 단위인, 한 도의 전체.
【一刀三禮 일도삼례】 (佛)불상을 조각할 때, 한 번 조각할 때마다 세 번 예배하는 일.
【一刀兩斷 일도양단】 한 칼에 두 동강을 냄. 머뭇거리지 않고 선뜻 결정함.
【一頓 일돈】 ①한 끼. 한 번의 식사. ②한 차례의 휴식(休息). 조금 쉼.
【一動一靜 일동일정】 ①혹은 움직이고, 혹은 고요함. ②國하나하나의 모든 행동이나 동정.
【一斗粟尙可舂 일두속상가용】 한 말의 곡식이라도 찧어서 형제가 서로 나누어 먹어야 함. 형제의 우애가 좋아야 함. 故事 한(漢) 문제(文帝)가 아우 유장(劉長)과 화목하게 지내지 않는 것을 백성들이 풍자하여 노래한 데서 온 말.
【一得一失 일득일실】 한 가지 이득이 있으면 동시에 한 가지 손실도 있음.
【一落千丈 일락천장】 ①갑자기 몹시 떨어짐. 세차게 낙하하는 모양. ②퇴보(退步)가 빠름.
【一覽 일람】 ①한 번 봄. 한 번 죽 훑어봄. ②많은 내용을 죽 훑어볼 수 있도록 간명하게 수록한 책.
【一覽輒記 일람첩기】 한 번 보면 곧 기억함. 총명하고 기억력이 좋음. 一覽不忘(일람불망).
【一臘 일랍】 ①(佛)승려가 득도(得道)한 뒤의 첫 해. ◦'臘'은 매년 4월 16일부터 7월 15일까지 안거(安居)하여 수도(修道)하는 것. ②사람이 태어나서 이레 되는 날. ③아이가 태어나서 7일째 되는 날.
【一旅 일려】 ①주대(周代)의 제도. 병사(兵士) 500명을 일컬음. ②1개 여단(旅團).
【一力 일력】 ①한 사람의 하인. ◦'力'은 역역(力役)에 종사하는 사람. 一僕(일복). ②힘을 합함. 協力(협력). ③근소한 힘.
【一聯 일련】 ①하나로 이어짐. 一連(일련). ②율시(律詩)의 한 대구(對句). ③시에서 그 시상을 여러 연으로 나누어 표현했을 때의 그 중의 첫째 연이나 어느 한 연.
【一簾 일렴】 ①하나의 발. ②비가 오는 모양. ③구슬 따위가 이어져 있는 모양. ④나무나 대나무가 늘어서 있는 모양.
【一領 일령】 갑옷·옷 따위의 한 벌.
【一齡 일령】 처음 알에서 깨어난 누에가 애기잠을 잘 때까지의 동안.
【一禮 일례】 ①한 번 절을 함. 한 번의 인사. ②예의를 한 가지로 함.
【一勞永逸 일로영일】 한때의 노고(勞苦)에 의해 오랜 안락을 얻음.
【一路平安 일로평안】 가는 길이 평안하기를 빎. 먼 길을 떠나는 사람에게 하는 인사말.
【一弄 일롱】 음악을 한 곡조 연주함.
【一了百了 일료백료】 한 가지 근본(根本)을 알면, 그 밖의 만사(萬事)에 통함.
【一龍一蛇 일룡일사】 때로는 용이 되어 하늘로 오르고, 때로는 뱀이 되어 땅속으로 들어감. ㉠태평한 시대에는 세상에 나와 일을 하고, 난세에는 은거함. ㉡변화(變化)가 빨라서 헤아릴 수 없음.
【一龍一豬 일룡일저】 하나는 용이 되고 또 하나는 돼지가 됨. 배우고 배우지 않음에 따라 사람이 어질고 어리석음의 차이가 아주 심해짐.
【一樓 일루】 ①한 다락집. ②온 누각.
【一縷 일루】 ①한 오리의 실. ②매우 약하여 겨우 유지되는 정도의 상태.
【一輪 일륜】 ①한 둘레. 한 바퀴. ②바퀴 하나. ③꽃 한 송이. ④둥근 달.
【一輪月 일륜월】 ①하나의 둥근 달. ②(佛)우주에 달이 하나인 것처럼 사람에게는 마음 하나가 고귀함.
【一犁雨 일리우】 쟁기로 밭을 갈기에 알맞게 내린 한 보지락의 비.
【一馬不跨兩鞍 일마불과양안】 한 마리 말에 두 개의 안장을 얹을 수 없음. 정숙한 여자는 두 남편을 섬기지 않음.
【一抹 일말】 ①붓으로 한 번 칠하거나 지우는 일. ②한번 스치는 정도. 약간.
【一望無際 일망무제】 한눈에 다 바라볼 수 없을 만큼 넓고 멀어서 끝이 없음.
【一網打盡 일망타진】 한 번 그물을 쳐서 깡그리 잡음. 한꺼번에 죄인을 모조리 잡음.
【一脈相通 일맥상통】 사고방식·처지·상태 등이 한 줄기로 서로 통하여 비슷함.
【一盲引衆盲 일맹인중맹】 한 소경이 여러 소경을 인도함. 어리석은 사람이 다른 많은 사람을 그릇되게 이끎.
【一面識 일면식】 한 번 만나 인사나 나눈 정도로 아는 사이.
【一面如舊 일면여구】 처음 만나 사귀었으나 옛 벗처럼 친숙함.
【一名 일명】 ①한 사람. 一人(일인). ②과거(科擧)에서 장원 급제한 사람. 또는 그 사람. ③본 이름 외에 따로 부르는 또 하나의 이름. 別名(별명). ④國서얼(庶孼).
【一命 일명】 ①한 번 명령함. 하나의 명령. ②처음으로 관등(官等)을 받아 정리(正吏)가 됨. 주대(周代)에는 일명(一命)에서 구명(九命)까지 관등이 있었음. ③한 목숨.
【一鳴驚人 일명경인】 새가 한번 울면 사람들을 놀라게 함. 한 번 분기(奮起)하면 사람들을 깜짝 놀라게 할 만한 일을 함.

【一毛 일모】 ①한 개의 털. ②극히 가벼운 것. ③매우 적은 분량.
【一眸 일모】 한눈에 바라봄.
【一目 일목】 ①한 눈. ②애꾸눈. ③한 번만 봄. 一望(일망). ④그물의 한 눈, 전체의 일부분.
【一木難支 일목난지】 한 기둥으로는 지탱하기 어려움. 기울어지는 대세를 혼자서는 감당할 수 없음.
【一沐三握髮 일목삼악발】 한 번 머리를 감는 동안에 세 번이나 이를 중지하고 찾아온 사람을 맞이함. 성의를 다하여 어진 사람을 대우함. 一飯三吐哺(일반삼토포).
【一目十行 일목십행】 한눈에 열 줄을 읽음. 독서 능력이 매우 뛰어남.
【一目瞭然 일목요연】 한 번 보고 곧 알 수 있도록 환하고 명백함.
【一門普門 일문보문】 (佛)한 교에 통달하면 일체의 교에 모두 다 통달할 수 있게 되는 일. ◐'一門'은 '일덕(一德)·일지(一智)의 법문'을, '普門'은 '전덕(全德)·전지(全智)의 법문'을 뜻함.
【一問一答 일문일답】 한 번의 물음에 대하여 한 번씩 대답함.
【一味 일미】 ①첫째가는 좋은 맛. ②오로지. ③색다른 한 가지 요리. ④(佛)부처의 설법. 그 의취(意趣)가 유일무이(唯一無二)인 데서 이르는 말.
【一班 일반】 ①관리의 한 지위나 계급. ②한 부분. 一端(일단). ③한 줄. 一列(일렬).
【一般 일반】 ①똑같음. ②한 가지. 一種(일종). ③보통. 보편.
【一斑 일반】 ①하나의 얼룩점. ②전체 중의 한 부분. ③보는 바가 좁음.
【一飯三吐哺 일반삼토포】 한 번 식사하는 동안 세 번이나 입에 든 음식을 토해 내고 찾아온 사람을 맞이함. 현사(賢士)를 두터이 대접함. 一沐三握髮(일목삼악발).
【一飯之德 일반지덕】 한 술의 밥을 베푸는 정도의 덕. 아주 작은 은덕.
【一飯千金 일반천금】 은혜를 후하게 갚음. 故事 한대(漢代)에 한신(韓信)이 불우했을 때 빨래하는 노파에게 한 끼의 밥을 얻어 먹고 허기를 면하였는데, 훗날 부귀하게 되고 나서 천금으로 그 은혜를 갚았다는 고사에서 온 말.
【一髮千鈞 일발천균】 한 오리의 머리털로 1,000균 무게의 물건을 끎. 상황이 아주 위태로움.
【一方之藝 일방지예】 한 가지 일에 뛰어난 기예(技藝).
【一方之任 일방지임】 한 지방을 통치하는 직임(職任).
【一百五 일백오】 동지(冬至)부터 105일째 되는 날. 곧, 한식(寒食).
【一碧萬頃 일벽만경】 호수나 바다의 푸른 수면이 아주 넓게 펼쳐져 있는 모양.
【一瞥 일별】 한 번 흘끗 봄.
【一別三春 일별삼춘】 작별한 지 3년이 됨. 헤어진 지 오래되어 만나고 싶은 정이 간절함.

【一服 일복】 ①주대(周代) 서울 밖 500리의 외방(外方)을 이름. ②한 번에 복용하는 약의 분량. 또는, 한 첩(貼).
【一伏時 일복시】 일주야(一晝夜). 하루. 자시(子時)에서 해시(亥時)까지.
【一篷 일봉】 ①거룻배의 뜸. ②한 척의 거룻배.
【一夫從事 일부종사】 한 남편만을 섬김.
【一夫終身 일부종신】 남편이 죽은 뒤에도 개가를 아니하고 일생을 마침.
【一傅衆咻 일부중휴】 한 사람이 가르치고 여러 사람이 떠들어 댐. 주위 사람이 좋지 못하면 혼자 힘으로 올바로 지도할 수 없음.
【一夫出死 일부출사】 한 사나이가 죽음을 각오함. 필부(匹夫)라도 굳게 결심하면, 제후(諸侯)도 이를 두려워함.
【一抔土 일부토】 ①한 줌의 흙. ②무덤.
【一佛 일불】 (佛)①한 부처. ②아미타불을 달리 이르는 말.
【一不殺六通 일불살육통】 國①단 하나의 잘못으로 모든 것이 다 그릇됨. ②강경과(講經科)의 강생(講生)이 칠서(七書) 가운데 육서는 합격하였으나 일서에 합격하지 못하여 낙제하던 일.
【一佛成道 일불성도】 (佛)모든 중생이 다 부처가 됨.
【一臂 일비】 ①한 팔. ②얼마 안 되는 도움. ③도움이 되는 사람.
【一悲一喜 일비일희】 혹은 슬퍼하고, 혹은 기뻐함. 一喜一悲(일희일비).
【一飛沖天 일비충천】 한 번 날면 하늘에까지 닿음. 한 번 분발하면 대업을 성취함.
【一嚬一笑 일빈일소】 때로는 찡그리기도 하고 때로는 웃기도 함. 감정이나 표정의 변화를 쉽게 드러냄.
【一舍 일사】 ①중국의 30리. 하루의 행군(行軍) 거리. ②하나의 성수(星宿).
【一絲不亂 일사불란】 질서 정연하여 조금도 어지러운 데가 없음.
【一士諤諤 일사악악】 많은 사람이 고분고분 추종(追從)하는데, 오직 한 선비만이 거리낌 없이 바른말을 하는 모양.
【一蛇二首 일사이수】 한 마리 뱀에 머리 두 개가 있어 앞으로 나아갈 수 없음. 한 조정(朝廷)에 두 권신(權臣)이 있어 나라의 발전을 해침.
【一瀉千里 일사천리】 강물이 거침없이 흘러서 천 리에 다다름. 거침없이 기세 좋게 진행됨.
【一索 ❶일삭 ❷일색】 ❶①한 가닥의 밧줄. ②노 따위에 뗀 것을 세는 말. 한 꿰미. ❷①한 번 찾음. ②첫아들을 얻음.
【一殺多生 일살다생】 (佛)한 사람을 죽여서 많은 사람을 살림.
【一三昧 일삼매】 (佛)잡념(雜念)을 떠나서 한 마음으로 수행에 힘쓰는 일.
【一霎 일삽】 한동안. 잠시.
【一觴一詠 일상일영】 때로는 술을 마시고 때로는 시를 읊음.
【一色 일색】 ①한 가지 빛깔. ②한 가지. 한 종류. ③모두 똑같음. ④뛰어난 미인.

【一生 일생】①살아 있는 동안. 평생. ②한 사람의 서생(書生).
【一眚 일생】①한때의 잘못. ②작은 과오.
【一生不犯 일생불범】(佛)한평생 불계(佛戒)를 지켜 여자를 범하지 아니함.
【一生一死 일생일사】한 번 나고 한 번 죽음.
【一曙 일서】하루아침. 잠깐. 한 때.
【一昔 일석】하룻밤. 하루저녁.
【一石二鳥 일석이조】☞一擧兩得(일거양득).
【一說 ❶일설 ❷일세】❶①어떠한 말. 하나의 설(說). ②한 학설(學說). 또는 이설(異說). ❷한 번 타일러 달램.
【一成 일성】①10리 사방의 땅. 인가(人家)가 300호쯤 있는 땅. ②음악 한 곡이 끝나는 일. ③외겹. 한 겹. ④한 번 내림.
【一性 일성】①순일(純一)한 성질. ②(佛)만유(萬有)의 본성(本性). 곧, 불성(佛性).
【一成不變 일성불변】국법(國法)은 한번 정해지면 고치지 못함.
【一成一旅 일성일려】땅이 좁고 사람이 적음. ◯'一成'은 '사방 10리의 땅', '一旅'는 '500명'을 뜻함.
【一世 일세】①한평생. ②그 시대. 當代(당대). ③한 세대가 다음 세대와 바뀌는 동안. 30년을 기준으로 한다. ④한 임금이 왕위에 있는 동안. ⑤(佛)과거·현재·미래의 삼세(三世)의 하나. ⑥온 세상.
【一世冠 일세관】그 시대의 제일인자.
【一歲九遷 일세구천】일 년 동안에 아홉 번 관위(官位)가 오름. 임금의 두터운 총애를 받음.
【一世之雄 일세지웅】그 시대에 대적할 만한 사람이 없을 정도로 뛰어난 사람.
【一所 일소】①같은 곳. ②초시(初試)와 회시(會試) 때 응시자를 두 곳에 나누어 수용하던 첫째 시험장.
【一掃 일소】모조리 쓸어 버림.
【一樹百穫 일수백확】나무 한 그루를 심어 백 가지 수확을 얻음. 인재 한 사람을 길러 여러 가지 이익을 얻음.
【一瞬 일순】①눈을 한 번 깜짝이는 동안. 아주 짧은 시간. ②한 번 봄.
【一襲 일습】옷·그릇·기구 따위의 한 벌.
【一乘 일승】①네 필의 말이 끄는 수레 하나. ②네 개의 화살. ③(佛)여래(如來)의 교법(敎法)을 수레에 비유하여, 중생(衆生)을 태워 생사(生死)에서 해탈하게 한다는 뜻.
【一勝一敗 일승일패】한 번 이기고 한 번 짐.
【一視同仁 일시동인】멀고 가까운 사람을 친함에 관계없이 똑같이 대하여 줌. 누구나 차별 없이 평등하게 사랑함.
【一息 일식】①한 번 숨을 쉼. ②잠깐 동안. ③잠시 쉼.
【一食頃 일식경】한 끼의 밥을 먹는 동안. 짧은 시간. 한 식경. 一晌(일향).
【一息耕 일식경】밭을 갈다 한 번 쉬는 동안. 한참 동안.
【一新 일신】아주 새로워짐. 새롭게 함.

【一身都是膽 일신도시담】몸 전체가 담력으로 가득 찼음. 매우 용맹함.
【一身千金 일신천금】몸 하나가 천금과 같음. 사람의 몸이 매우 중하고 귀함.
【一室 일실】①한 방. ②한집안에서 사는 식구.
【一心 일심】①한 마음. ②마음을 오로지 외곬으로만 씀. ③여럿이 한 마음으로 힘씀. ④(佛)개념을 떠난 무차별, 평등의 세계. 眞如(진여).
【一心同體 일심동체】한마음 한몸. 여러 사람이 뜻이나 행동을 같이함.
【一心不亂 일심불란】①마음의 섞갈림이 없이 오로지 한 가지 일에만 마음을 씀. ②(佛)하나의 대상에 집중하여 마음이 흔들리지 않음. 三昧(삼매).
【一心三觀 일심삼관】(佛)천태종(天台宗)에서의 설법으로, 자기의 일념(一念) 속에 존재하는 모든 법(法)은 공(空)인 동시에, 가(假)며 중(中)이라고 보는 일.
【一心正念 일심정념】(佛)오직 바른 마음으로 부처를 염(念)하여 귀의(歸依)함.
【一握 일악】①한 줌. 한 움큼. ②아주 적음. ③손바닥 안. 掌中(장중).
【一躍 일약】①한 번 뜀. ②지위·등급 따위가 갑자기 뛰어오르는 모양.
【一陽 일양】①주역 괘의 양효(陽爻). ②동지(冬至). ◯동지에 일양내복(一陽來復)하기 때문에 이름.
【一陽來復 일양내복】음력 시월에 음(陰)이 극에 이르고, 동지에 양의 기운이[一陽] 다시 돌아옴. ㉠봄이 돌아옴 ㉡새해. 신년. ㉢괴로움이 가고 행운이 옴. 사물(事物)이 원래 상태대로 돌아옴.
【一魚濁水 일어탁수】한 마리의 물고기가 물을 흐림. 한 사람의 잘못으로 여러 사람이 해를 입게 됨.
【一言半句 일언반구】한 마디 말과 반 구절. 매우 짧은 말.
【一言以蔽之 일언이폐지】한 마디의 말로 전체의 뜻을 다 말함.
【一言千金 일언천금】한 마디의 말이 천금의 값어치가 있음.
【一如 일여】①(佛)진리(眞理)는 하나로서 평등하여 차별이 없음. ②완전히 하나가 되어 나눌 수 없는 모양.
【一葉 일엽】①잎 하나. 한 잎. ②책장 한 장. ③한 척의 작은 배[舟].
【一葉知秋 일엽지추】하나의 낙엽을 보고 가을이 옴을 앎. 작은 일을 보고 장차 올 일을 앎.
【一藝 일예】①육예(六藝)의 하나. 경학(經學) 가운데 하나를 말함. ②하나의 기예.
【一往深情 일왕심정】①깊은 정을 이해하는 일. ②깊이 사물에 느끼는 일.
【一往一來 일왕일래】①가고 오고 함. 혹은 가고 혹은 옴. ②교제함. 왕래함.
【一羽 일우】깃 하나. 극히 가벼운 것.
【一牛吼地 일우후지】소 한 마리의 울음소리가 들릴 정도의 가까운 거리의 땅.

一部 0획 一

【一韻到底 일운도저】 고시 운법(古詩韻法)의 한 격(格). 전편(全篇)을 통하여 같은 운을 다는 것을 이름.
【一元 일원】 ①사물의 시초. ②만물의 큰 근본. 대본(大本). ③한 임금의 첫 연호(年號). ④한대(漢代)의 삼통력에서 4617년을 일컬음. ⑤송대(宋代)에 소옹(邵雍)이 주창한, 천지가 개벽한 때부터 멸망할 때까지의 일주기(一周期). 곧, 12만 9600년.
【一元大武 일원대무】 종묘의 제사에 희생으로 쓰는 소. ◯'元'은 '머리', '武'는 '발자취'를 뜻함.
【一葦 일위】 ①한 묶음의 갈대. ②작은 배〔舟〕. ③갈대 한 잎.
【一遊一豫 일유일예】 한 번의 놀이와 한 번의 즐거움. ◯'豫'는 '樂'으로 '즐거움'을 뜻함.
【一戎衣 일융의】 한 번 군복을 입음. 전쟁을 함.
【一陰一陽 일음일양】 ①천지 사이에 있는 음과 양의 두 기운. ②혹은 음이 되고 혹은 양이 됨.
【一意 일의】 ①하나의 생각. ②마음을 오로지 한 곳에만 씀. 專心(전심). ③마음을 합함. 同心(동심).
【一義 일의】 ①하나의 도리(道理). 一理(일리). ②같은 뜻. 같음.
【一衣帶水 일의대수】 ①한 줄기의 띠와 같은 좁은 강물이나 냇물. ②강이나 좁은 바다를 끼고 가까이 대치하여 있음.
【一意直到 일의직도】 생각하는 대로 꾸밈없이 그대로 나타냄.
【一以貫之 일이관지】 한 이치로써 모든 일을 꿰뚫음. 一貫(일관).
【一翼 일익】 ①하나의 날개. ②한쪽 부분. ③한 소임(所任).
【一人 일인】 ①한 사람. ②임금.
【一人敵 일인적】 한 사람을 대적할 수 있음. ㉠검(劍). ㉡검술. ㉢필부(匹夫)의 용기.
【一日計在晨 일일계재신】 그 날의 계획은 그 날 아침에 짜 놓아야 함.
【一日九遷 일일구천】 하루에 아홉 번 벼슬이 오름. 임금의 총애를 대단히 받음.
【一日難再晨 일일난재신】 하루에 아침은 두 번 다시 오지 않음. 지나간 시간은 다시 돌아오지 않음.
【一日三省 일일삼성】 하루에 세 가지 일로 자신을 살핌. 끊임없이 자신을 성찰함. 故事 증자(曾子)가 매일 '남을 위하여 충실하였는가, 벗과 사귐에 신의가 있었는가, 전수(傳受)한 학문을 공부하였는가'라는 세 가지 일을 살핀 데서 온 말.
【一日三秋 일일삼추】 하루가 3년 같음. 그리워 하는 정이 몹시 간절함.
【一日之雅 일일지아】 하루의 사귐. 깊지 않은 친분.
【一日之長 일일지장】 ①나이가 조금 많음. ②조금 나음.
【一日千里 일일천리】 ①하루에 천 리를 달리는 말. ②뛰어난 재능을 가진 사람. ③물이 급히 흐름. ④문장 짓는 속도가 빠름.
【一稔 일임】 일 년(一年). ◯곡물은 일 년에 한 번 여물어 익는 데서 온 말.
【一字 일자】 ①한 일(一) 자. ②한 글자. ③한 마디 글. ④같은 글자. 同字(동자). ⑤다른 아호. 또는 별명. ⑥기러기의 행렬.
【一字無識 일자무식】 아무것도 모름.
【一字不說 일자불설】 (佛)부처가 오도(悟道)한 내용은 글이나 말로는 설명할 수 없음.
【一字三禮 일자삼례】 경문(經文)을 한 자 베낄 때마다 세 번 절함.
【一字一珠 일자일주】 ①주옥(珠玉)처럼 글이 아름다움. ②아름다운 노랫소리.
【一字之師 일자지사】 ①시나 문장 가운데 적당하지 않은 글자 한 자를 고쳐 준 은인. ②한 자의 오독(誤讀)·오서(誤書)를 바로잡아 준 은인.
【一字千金 일자천금】 한 글자가 천금의 값어치가 있음. 지극히 가치가 있고 훌륭한 문장. 故事 여씨춘추(呂氏春秋)를 완성한 뒤 한 글자라도 더하거나 뺄 수 있다면 상금을 주겠다고 한 고사에서 온 말.
【一字襃貶 일자포폄】 글자 한 자를 가려씀으로 남을 칭찬하기도 하고 헐뜯기도 하는 춘추필법(春秋筆法). 칭찬할 때는 자(字)를 쓰고, 헐뜯을 때는 이름을 쓰는 따위.
【一匝 일잡】 한 바퀴.
【一壯 일장】 한 번의 뜸질.
【一將功成萬骨枯 일장공성만골고】 한 장수가 세운 전공(戰功)에는 수많은 군졸의 희생이 있었음. 다수가 희생한 대가를 한 사람이 차지함.
【一丈夫 일장부】 ①임금. ②한 사나이.
【一張一弛 일장일이】 ①활시위를 죄었다 늦추었다 함. ②사람이나 물건을 적당히 부리고 적당히 쉬게 함.
【一場春夢 일장춘몽】 한바탕의 봄 꿈. 덧없는 일이나 헛된 영화.
【一傳 일전】 ①한 번 전함. 한 번 전해짐. ②비전(祕傳) 따위를 직접 전해 준 제자. ③일세(一世). 일대(一代). ④한 권의 책.
【一廛 일전】 ①하나의 주택. 한 집. ②하나의 가게. 한 전방.
【一轉 일전】 ①한 번 구름. ②아주 변함. 一變(일변).
【一箭雙鵰 일전쌍조】 화살 하나로 수리 두 마리를 떨어뜨림. ㉠한 가지 일로 두 가지 이득을 취함. ㉡활 솜씨가 아주 뛰어남.
【一點素心 일점소심】 순결하고 물욕(物慾)에 물들지 않은 마음.
【一點紅 일점홍】 ①푸른 잎 속의 한 송이의 꽃. 석류 따위. ②많은 남자 속에 섞인 한 여자. 紅一點(홍일점).
【一丁 일정】 한 사람의 장정(壯丁).
【一條 일조】 ①나무 한 가지. ②한 조목(條目). ③한 사건.
【一朝 일조】 ①하루의 아침 동안. ②한 번. ③아침 일찍. 이른 아침. ④한 번 조공(朝貢)함. ⑤한 번 조현(朝見)함. ⑥조정(朝廷) 전체. 온 조

정. ⑦잠깐 사이. 갑자기. 금세.

【一朝一夕 일조일석】 하루아침이나 하루저녁. 짧은 시간.

【一終 일종】 ①한 바퀴. 一巡(일순). ㉠12년. 목성(木星)은 12년 만에 태양을 한 번 돎. ㉡20년. ②음악을 한 차례 끝까지 연주함. ③한 곡의 음악. 시가(詩歌)의 한 편(篇).

【一柱擎天 일주경천】 한 개의 기둥으로 하늘을 떠받침. 일신(一身)으로 천하의 중책을 맡음.

【一籌 일주】 ①한 개의 산가지. ②한 가지 계책. 一策(일책). ③일경(一更).

【一周忌 일주기】 사람이 죽은 지 한 돌 만에 지내는 제사. 小祥(소상).

【一樽 일준】 한 개의 술동이. 一尊(일준). 一罇(일준).

【一知半解 일지반해】 하나쯤 알고 반쯤 깨달음. ㉠제대로 알지 못함. ㉡아는 것이 적음.

【一枝春 일지춘】 매화(梅花)의 딴 이름.

【一陣 일진】 ①전진(戰陣)의 일대(一隊). ②한 바탕의 전쟁. ③한 바탕.

【一陣狂風 일진광풍】 한바탕 부는 사납고 거센 바람.

【一進一退 일진일퇴】 ①나아갔다 물러났다 함. ②성했다 쇠했다 함. ③힘이 서로 맞먹어 이겼다 졌다 함.

【一粲 일찬】 한 번 웃음. ◯'粲'은 '깨끗하고 희다'는 뜻으로, 흰 이를 드러내어 웃는 일을 이름.

【一倡三歎 일창삼탄】 ①종묘의 제사에 음악을 연주할 때 한 사람이 선창하면 세 사람이 따라 부르는 일. ②시(詩) 따위가 잘 되었음을 칭찬하는 말.

【一擲 일척】 한 번 내던짐. 가진 것을 단번에 내던짐.

【一擲乾坤 일척건곤】 천하를 겂. 흥망을 걸고 전력을 다해 마지막 승부를 겨룸.

【一隻眼 일척안】 ①애꾸눈. ②어떤 방면에 특별히 갖추고 있는 감식력(鑑識力).

【一喘 일천】 한 번 헐떡거림. 아주 짧은 시간.

【一天四海 일천사해】 천하. 온 세상.

【一轍 일철】 ①바퀴자국을 한 가지로 함. 결과가 일치함. 一軌(일궤). ②서로 통하는 길. 하나의 길.

【一切 ❶일체 ❷일절】 ❶①모든. 온갖. ②모든 것. 온갖 것. ③동시(同時). ❷①한 번 끊거나 자름. ②전혀. 도무지. ③일시적으로. 임시로.

【一切種智 일체종지】 (佛)삼지(三知)의 하나. 본체(本體)도 현상(現象)도 평등 일여(一如)한 것으로 깨닫는 최상의 지혜. 곧, 일체 제불(諸佛)의 도법(道法)을 아는 일.

【一切衆生 일체중생】 (佛)이 세상의 모든 인간. ②지옥·아귀(餓鬼)·축생(畜生)·수라(修羅)·인간·천상(天上)의 육도(六道)에 있는 생명이 있는 모든 것.

【一觸卽發 일촉즉발】 한 번 건드리기만 해도 곧 폭발함. 몹시 위급한 상태.

【一寸 일촌】 ①1척(尺)의 10분의 1. ②매우 작

고 짧음. ③마음.

【一寸光陰不可輕 일촌광음불가경】 짧은 시간이라도 가벼이 하지 말아야 함.

【一撮 일촬】 한 줌. 극히 적은 분량.

【一炊之夢 일취지몽】 인생이 덧없고 부귀영화가 덧없음. 故事 당대(唐代)에, 노생(盧生)이 한단(邯鄲) 땅의 주막집에서 여옹(呂翁)이라는 선인(仙人)의 베개를 얻어 베고 한잠 자는 사이에 꿈 속에서 50년 동안의 부귀영화를 누렸으나 깨고 보니 짓고 있던 메조밥이 아직 익지 않은 짧은 시간이었다는 고사에서 온 말. 黃粱一炊夢(황량일취몽).

【一致 일치】 ①취지가 서로 같음. ②어긋나지 않고 들어맞음.

【一彈指 일탄지】 (佛)손가락을 한 번 튀기는 정도의 짧은 시간. 須臾(수유).

【一通 일통】 ①하나의 문서. 하나의 책. ②아무런 경계(境界)가 없이 하나로 되게 함.

【一派 일파】 ①강(江)의 한 지류(支流). ②학예(學藝)·종교(宗敎) 따위의 한 유파(流波). 또는 그것에 속하는 한 무리의 사람들.

【一波萬波 일파만파】 처음에는 대수롭지 않던 일이 걷잡을 수 없이 복잡해짐.

【一瓣香 일판향】 한 자밤의 향. 남을 공경할 때에 피우는 향. ◯'瓣香'은 모양이 꽃잎 비슷한 향으로, 선승(禪僧)이 남을 축복할 때 썼음.

【一敗塗地 일패도지】 싸움에 한 번 패하여 간과 뇌가 땅바닥에 으깨어짐. 다시 일어나지 못할 만큼 여지없이 패배함.

【一偏 일편】 ①한쪽에 치우침 ②일부분. ③한 번. 한 차례.

【一遍 일편】 ①한 번. ②(佛)불명(佛名). 또는 경문(經文)을 한 번 욈.

【一片孤月 일편고월】 외로이 떠 있는 조각달.

【一片丹心 일편단심】 한 조각의 붉은 마음. 진정에서 우러나오는 충성된 마음.

【一片氷心 일편빙심】 한 조각의 얼음같이 깨끗한 마음.

【一片舟 일편주】 조각배. 一扁舟(일편주).

【一暴十寒 일폭십한】 하루 데워서 열흘 걸려 식혀 버림. 노력함이 적고 게으름이 많음.

【一品 일품】 ①제일가는 훌륭한 품질. 또는 그런 물품. 逸品(일품). ②제일 높은 벼슬. ③한 가지 물건.

【一筆 일필】 ①붓 한 자루. ②한 번의 운필(運筆). ③한 편의 짧은 문장. ④같은 필적.

【一筆勾之 일필구지】 붓으로 단번에 금을 죽 그어 글자를 지워 버림. 일체를 배제함. 故事 송대(宋代)에 범중엄(范仲淹)이 부덕한 사람들을 명부에서 일필로 삭제해 버린 고사에서 온 말.

【一筆揮之 일필휘지】 단숨에 힘차게 글씨를 내리씀.

【一寒 일한】 매우 가난함.

【一合一離 일합일리】 혹은 합치고 혹은 떨어짐.

【一闔一闢 일합일벽】 혹은 닫고 혹은 엶. 변화가 심함.

【一解 일해】 ①한 번 해결함. ②한 번 품. 한 번

누그러짐. ③하나의 해석. ④한 번 보냄. ⑤한 번 해제(解除)함.
【一行作吏 일행작리】처음으로 벼슬길에 들어가서 벼슬아치가 됨.
【一向 일향】①하나를 향함. ②한결같이. 꾸준히. 오로지. ③죄다. 모조리.
【一餉 일향】한 끼를 먹는 정도의 짧은 시간. 한식경. 一食頃(일식경).
【一向專念 일향전념】(佛)오직 정신을 집중하여 염불함.
【一虛一實 일허일실】갑자기 비었다가 갑자기 참. 변화무쌍하여 실상을 헤아리기가 어려움.
【一驗 일험】①하나의 증거(證據). ②하나의 효험(效驗).
【一毫 일호】한 개의 가는 털. ㉠극히 작은 정도. ㉡아주 작은 사물.
【一壺 일호】하나의 단지. 하나의 표주박. ②→壺天(일호천).
【一呼再諾 일호재낙】한 번 부름에 두 번 대답함. 비굴하게 아첨함.
【一狐之腋 일호지액】여우 겨드랑이 밑의 희고 고운 모피(毛皮). 아주 진귀한 물건.
【一壺天 일호천】별천지. 故事 후한(後漢)의 비장방(費長房)이 약 파는 노인과 병 속에 들어가 별천지의 즐거움을 얻었다는 고사에서 온 말.
【一壺千金 일호천금】배가 난파되면 하나의 표주박도 천금의 가치가 있음. 보잘것없는 것도 때를 만나면 귀하게 됨.
【一話一言 일화일언】한 이야기와 한 마디의 말. 일상생활에서 쓰는 자질구레한 말.
【一攫千金 일확천금】힘들이지 않고 단번에 많은 재물을 얻음.
【一晦一明 일회일명】밤에는 어두워지고 낮에는 밝아짐. 밤과 낮이 서로 교차하여 어두워지고 밝아짐.
【一薰一蕕 일훈일유】좋은 향기가 나는 풀과 나쁜 냄새가 나는 풀. ㉠선한 것은 없어지기 쉽고 악한 것은 떨어내기 어려움. ㉡악이 선을 이김.
【一喜一悲 일희일비】①기쁨과 슬픔이 번갈아 일어남. ②한편으로는 기쁘고 한편으로는 슬픔.

丁

❶넷째 천간 정 丁 ding
❷벌목 소리 정 丁 zhēng

一丁

소전 个 초서 丁 參考 흔히 '고무래 정'이라고도 하는데, 이는 글자 모양이 고무래와 비슷하기에 붙여진 속훈(俗訓)에 불과하다.
字源 象形. 못[釘]의 모양을 본뜬 글자라는 설과 사람의 정수리 모양을 본뜬 글자라는 설이 있다.
字解 ❶①넷째 천간(天干). 오행(五行)으로는 화(火), 방위로는 남(南)에 배당된다. 이에서 전용되어 등급·순서 등을 매길 때의 넷째. 고갑자(古甲子)로는 강어(强圉). 〔書經〕越三日丁巳. 用牲于郊. ②당하다. 만나다. 늑當. 〔詩經〕寧

丁我躬. ③씩씩하다. 〔史記〕丁者, 言萬物之丁壯也. ④젊은 남자. 당대(唐代)의 제도에서는 21~59세에 해당하는 남자. 〔白居易·新豊折臂翁〕戶有三丁點一丁. ⑤남자 일꾼. 고용되어 일하는 남자. ⑥간곡하다, 반복해서 타이르다. ¶丁寧. ⑦정방(丁方). ⑧정시(丁時). ⑨國사물을 세는 단위. 초〔燭〕·먹·얼음장·활·피륙을 세는 단위. ⑩성(姓). ❷①벌목 소리. 〔詩經〕伐木丁丁. ②소리의 형용. 새 우는 소리의 형용. 〔白居易·贊〕鵁鳥之英, 黑鵾丁.
【丁艱 정간】부모의 상(喪)을 당함.
【丁強 정강】①굳세고 왕성함. ②굳세고 왕성한 사람.
【丁口 정구】①장년의 남자. ②인민. 백성.
【丁女 정녀】①한창때의 여자. ②불〔火〕. '丁'은 오행의 '火'에 해당한 데서 온 말.
【丁年 정년】①태세(太歲)의 천간(天干)이 정(丁)으로 된 해. ②남자의 20세.
【丁寧 정녕】①친절함. ②재삼 간절히 충고함. ③틀림없이. ④징〔鉦〕·종(鐘) 따위.
【丁當 정당】구슬 따위가 부딪치는 소리. 丁璫(정당).
【丁力 정력】한 사람 몫의 일을 할 만한 장정(壯丁)의 힘.
【丁抹 정말】'덴마크(Denmark)'의 음역어.
【丁方 정방】24방위의 하나. 정남(正南)에서 서쪽으로 15도 각도 안의 방향.
【丁賦 정부】정년(丁年)이 된 사람에게 부과하던 세금. 인두세(人頭稅). 丁銀(정은).
【丁時 정시】24시의 열넷째 시. 오후 12시 30분에서 1시 30분 사이.
【丁夜 정야】오전 1시에서 3시 사이에 해당하는 밤. 四更(사경).
【丁役 정역】부역(賦役)에 해당하는 장정.
【丁憂 정우】부모상(父母喪)을 당함.
【丁子 정자】①올챙이. ②정향(丁香)의 열매.
【丁匠 정장】관아(官衙)에 속하여 물건을 만드는 장인(匠人).
【丁壯 정장】①왕성함. ②혈기(血氣) 왕성한 남자. 壯丁(장정).
【丁錢 정전】①조선 때, 장정이 군역(軍役) 대신에 바치던 돈. ②승려가 도첩(度牒)을 받을 때에 관아에 바치던 군포(軍布)의 대납금.
【丁丁 정정】①도끼로 나무를 찍는 소리. ②바둑을 두는 소리. ③말뚝을 박는 소리. ④비파를 타는 소리. ⑤새 우는 소리. ⑥빗방울 듣는 소리. ⑦패옥(佩玉)의 쟁그랑거리는 소리.
【丁祭 정제】공자(孔子)의 제일(祭日). 음력 2월과 8월의 첫 정일(丁日)에 지냄.
【丁坐 정좌】國묏자리, 집터 따위가 남서쪽〔丁方〕을 등진 좌향(坐向).
【丁布 정포】國장정이 군역(軍役)이나 공역(公役)에 나가지 않는 대신으로 바치던 무명이나 삼베.
【丁香 정향】향나무의 한 가지. 꽃봉오리는 약재로 쓴다.
❶ 馬-, 白-, 兵-, 役-, 園-, 壯-, 庖-.

一 【七】 ② 일곱 칠 質 qī

소전 古 **초서** 七 **갖은자** 柒 **參考** 금융 거래나 법률 행위에서의 날짜·수효 등을 표기할 때 글자를 고치는 것을 막기 위해 '柒·漆' 등을 빌려 갖은자를 쓴다.

字源 지사. 본래 숫자 7은 '十'으로 쓰고, 10은 'ㅣ'으로 썼는데, '十'자와 혼동되자 가운데 획을 구부려 '七'로 썼다.

字解 ①일곱.〔詩經〕摽有梅, 其實七兮. ②일곱 번.〔蜀志〕七擒七縱. ③문체(文體) 이름. 부소(賦騷)의 한 가지로, 칠발(七發)·칠계(七啓) 등이 있다. ¶ 七諫.

【七諫 칠간】 초사(楚辭)의 편명(篇名). 한대(漢代)의 동방삭(東方朔)이 지음. 신하는 보통 왕에게 세 번 간하여 듣지 않으면 물러나는 것이나, 굴원(屈原)은 초왕(楚王)과 성(姓)이 같았기 때문에 일곱 번 간하는 정성을 다하였음을 밝힌 내용임. '七'의 문체(文體)는 이에서 시작되었다 함.

【七去 칠거】 지난날, 아내를 내쫓을 수 있는 일곱 가지 경우. '시부모에게 불순(不順)함, 자식을 낳지 못함, 행실이 음탕함, 질투함, 나쁜 병이 있음, 말이 많음, 도둑질을 함'을 이름. 七出(칠출).

【七經 칠경】 일곱 가지 경서(經書). ㉠시경(詩經)·서경(書經)·예기(禮記)·악기(樂記)·역경(易經)·논어(論語)·춘추(春秋). ㉡시경·서경·역경·의례(儀禮)·춘추·공양전(公羊傳)·논어. ㉢시경·서경·역경·춘추·예기·의례·주례(周禮).

【七垢 칠구】 (佛)마음을 더럽히는 일곱 가지의 때. 욕(欲)·견(見)·의(疑)·만(慢)·교(憍)·타면(惰眠)·간(慳).

【七國 칠국】 ☞七雄(칠웅).

【七竅 칠규】 ①사람 얼굴에 있는 일곱 구멍. 귀·눈·코·입. 七體(칠체). ②성인(聖人)의 가슴에 있다는 일곱 개의 구멍.

【七氣 칠기】 기쁨·성남·슬픔·은혜·사랑·놀람·두려움의 일곱 가지의 심기(心氣).

【七難 칠난】 (佛)일곱 가지의 재난. 법화경(法華經)에서는 화난(火難)·수난(水難)·나찰난(羅刹難)·도장난(刀杖難)·귀난(鬼難)·가쇄난(枷鎖難)·원적난(怨賊難)이라 함.

【七難八苦 칠난팔고】 온갖 고난. 온갖 고초.

【七堂 칠당】 (佛)절에 있는 온갖 건물. 곧, 산문(山門)·불전(佛殿)·법당(法堂)·고리(庫裏)·승당(僧堂)·욕실(浴室)·동사(東司).

【七大 칠대】 (佛)만물이 생성(生成)하는 일곱 가지 근원. 곧, 지(地)·수(水)·화(火)·풍(風)·공(空)·식(識)·근(根).

【七德 칠덕】 ①무(武)의 일곱 가지 덕(德). 곧, 금포(禁暴)·즙병(戢兵)·보대(保大)·정공(定功)·안민(安民)·화중(和衆)·풍재(豐財). ②정치상의 일곱 가지 덕. 곧, 존귀(尊貴)·명현(明賢)·용훈(庸勳)·장로(長老)·애친(愛親)·예신(禮新)·친구

(親舊). ③시를 짓는 데 필요한 일곱 가지 덕. 곧, 식리(識理)·고고(高古)·전려(典麗)·풍류(風流)·정신(精神)·질간(質幹)·체재(體裁).

【七律 칠률】 ①음악의 일곱 가지 음률. 곧, 황종(黃鐘;宮)·태주(太簇;商)·고세(姑洗;角)·임종(林鐘;徵)·남려(南呂;羽)·응종(應鐘;變宮)·유빈(蕤賓;變徵). ②☞七言律詩(칠언율시).

【七里結界 칠리결계】 (佛)①7리(里) 사방에 경계를 만들어 수도(修道)에 방해가 되는 것을 방어함. ②사물을 꺼리어 접근하지 못하게 함.

【七廟 칠묘】 제왕의 조상을 모신 사당. 중앙에 태조(太祖)를 모시고, 왼쪽에 삼소(三昭)를 배치하고 오른쪽에 삼목(三穆)을 배치함.

【七般賤役 칠반천역】 조선 때, 천한 신분의 사람들이 종사하던 일곱 가지 구실. 조례(皁隷)·나장(羅將)·일수(日守)·조군(漕軍)·수군(水軍)·봉군(烽軍)·역졸(驛卒).

【七寶 칠보】 ①일곱 가지의 보배. 무량수경(無量壽經)에는 금·은·유리·파리(玻璃)·마노(瑪瑙)·거거(硨磲)·산호. 법화경(法華經)에는 금·은·마노·유리·거거·진주·매괴(玫瑰). ②전륜왕(轉輪王)이 가지고 있는 일곱 가지의 보배. 곧, 윤보(輪寶)·상보(象寶)·마보(馬寶)·여의주보(如意珠寶)·여보(女寶)·장보(將寶)·주장신보(主藏臣寶). 七珍(칠진).

【七步詩 칠보시】 일곱 걸음 걷는 동안에 지은 시(詩). **故事** 위(魏)나라의 조식(曹植)이 형인 문제(文帝)의 미움을 받아, 일곱 걸음 걷는 동안에 시를 짓지 못하면 처형하겠다는 명을 받고, 즉석에서 시를 지어 같은 부모에게서 난 형 아우가 서로 죽이는 것은 너무한 일이라고 풍자한 고사에서 온 말.

【七步才 칠보재】 시를 빨리 짓는 재능. ㉯七步詩(칠보시).

【七佛 칠불】 (佛)석존(釋尊) 이전의 육불(六佛)과 석존. 곧, 비바시불(毘婆尸佛)·시기불(尸棄佛)·비사부불(毘舍浮佛)·구류손불(拘留孫佛)·구나함불(拘那含佛)·석가섭불(釋迦葉佛)·석가모니불(釋迦牟尼佛).

【七書 칠서】 ①사서삼경(四書三經). 곧, 논어(論語)·맹자(孟子)·중용(中庸)·대학(大學)과 시경(詩經)·서경(書經)·역경(易經). ②일곱 가지 병서(兵書). 곧, 손자(孫子)·오자(吳子)·사마법(司馬法)·울료자(尉繚子)·삼략(三略)·육도(六韜)·이위공문대(李衞公問對).

【七夕 칠석】 음력 7월 7일 밤. 견우(牽牛)와 직녀(織女)가 오작교에서 일 년에 한 번 만난다는 전설이 있음.

【七十二候 칠십이후】 자연현상에 따라 1년을 일흔둘로 나눈 구분. 5일을 1후(候), 3후를 1기(氣), 6후를 1개월로 함.

【七順 칠순】 사람의 덕을 높이는 일곱 가지 순종(順從)의 길. 곧, 순천(順天)·순지(順地)·순민(順民)·순리(順利)·순덕(順德)·순인(順仁)·순도(順道).

【七哀 칠애】 일곱 가지의 슬픔. 의(義)로써 슬퍼하며, 느껴서 슬퍼하며, 아파서 슬퍼하며, 듣고

봄으로써 슬퍼하며, 한탄하여 슬퍼하며, 원망하여 슬퍼하며, 참혹하여 슬퍼함을 이름.

【七言 칠언】한시(漢詩)의 한 구(句)가 일곱 자로 된 것.

【七言古詩 칠언고시】구(句)마다 일곱 자로 된 고시.

【七言排律 칠언배율】한시(漢詩)의 한 체(體). 칠언의 배율.

【七言律詩 칠언율시】한시(漢詩) 형식의 하나. 칠언으로 된 율시. 七律(칠률).

【七言絕句 칠언절구】한시(漢詩) 형식의 하나. 일곱 자로 된 글귀 넷. 곧, 스물여덟 자로 된 한시의 시체(詩體). 七絕(칠절).

【七曜 칠요】일월(日月)과 수성·화성·목성·금성·토성의 오성(五星).

【七雄 칠웅】전국 시대의 일곱 강국(强國). 곧, 제(齊)·초(楚)·진(秦)·연(燕)·조(趙)·위(魏)·한(韓). 七國(칠국).

【七緯 칠위】①해와 달과 수성·화성·목성·토성의 다섯 별. 七政(칠정). ②일곱 가지의 위서(緯書). 곧, 역위(易緯)·서위(書緯)·시위(詩緯)·예위(禮緯)·악위(樂緯)·춘추위(春秋緯)·효경위(孝經緯).

【七音 칠음】①동양 악률 체계에서, 기본 음계를 이루는 일곱 가지 소리. 곧, 궁(宮)·상(商)·각(角)·치(徵)·우(羽)·변궁(變宮)·변치(變徵). ②음운학(音韻學)에서 본 일곱 가지 소리. 곧, 아음(牙音)·설음(舌音)·순음(脣音)·치음(齒音)·후음(喉音)·반설음(半舌音)·반치음(半齒音).

【七顚八起 칠전팔기】일곱 번 넘어지고 여덟 번 일어남. 여러 번 실패하여도 굴하지 않고 다시 일어섬.

【七顚八倒 칠전팔도】일곱 번 넘어지고 여덟 번 거꾸러짐. ㉠수없이 실패를 거듭하거나 몹시 고생함. ㉡세상이 몹시 어지러워짐.

【七政 칠정】①☞七緯(칠위)①. ②북두칠성. ③천문(天文)·지리(地理)·인도(人道)와 사계절(四季節). ④사마법(司馬法)의 병법(兵法)에서, 인(人)·정(正)·사(辭)·교(巧)·화(火)·수(水)·병(兵)의 일곱 가지.

【七情 칠정】①사람의 일곱 가지의 감정. 곧, 희(喜)·노(怒)·애(哀)·낙(樂)·애(愛)·오(惡)·욕(慾). ②(佛)회(喜)·노(怒)·애(哀)·구(懼)·애(愛)·증(憎)·욕(慾).

【七族 칠족】①증조(曾祖)·조부(祖父)·부(父)·자신·자(子)·손자(孫子)·증손(曾孫). ②부계친(父系親)·모계친(母系親)·내종(內從)·외손(外孫)·처부모(妻父母)·생질(甥姪)·질자(姪子).

【七宗 칠종】(佛)①불교의 일곱 종파. 곧, 율종(律宗)·법상종(法相宗)·삼론종(三論宗)·화엄종(華嚴宗)·천태종(天台宗)·진언종(眞言宗)·선종(禪宗). ②고려 말 조선 초에 있던 종파. 곧, 조계종(曹溪宗)·천태종(天台宗)·총남종(摠南宗)·화엄종(華嚴宗)·중신종(中神宗)·시흥종(始興宗)·자은종(慈恩宗). 세종 때 앞의 세 종파는 선종(禪宗)으로, 뒤의 네 종파는 교종(敎宗)으로 통합되었음.

【七縱七擒 칠종칠금】일곱 번 놓아주었다가 일곱 번 사로잡음. ㉠적을 감동시켜 심복(心服)하게 함. ㉡상대를 마음대로 다룸. 故事 제갈량(諸葛亮)이 맹획(孟獲)을 일곱 번 사로잡았다가 일곱 번 놓아주어 끝내 복종시킨 고사에서 온 말. 七擒(칠금).

【七耋 칠질】나이 일흔 살.

【七札 칠찰】①갑옷의 미늘 일곱 닢. ②일곱 겹의 두꺼운 갑옷. ◯'札'은 갑옷 미늘.

【七尺去不踏師影 칠척거부답사영】제자가 스승을 따라갈 때 일곱 자 정도 떨어져 그림자를 밟지 않음. 스승을 존경함.

【七七齋 칠칠재】(佛)사람이 죽은 지 49일 되는 날에 지내는 재. 七齋(칠재).

【七香車 칠향거】온갖 향나무로 만든 아름다운 수레.

【七賢 칠현】①주대(周代)의 일곱 현인(賢人). 곧, 백이(伯夷)·숙제(叔齊)·우중(虞仲)·이일(夷逸)·주장(朱張)·소련(少連)·유하혜(柳下惠). ②진대(晉代)의 죽림칠현(竹林七賢). 곧, 완적(阮籍)·혜강(嵇康)·산도(山濤)·상수(向秀)·유영(劉伶)·완함(阮咸)·왕융(王戎).

【七絃琴 칠현금】일곱 줄로 된 거문고.

【七花八裂 칠화팔렬】(佛)산산조각으로 찢어짐. 七華八烈(칠화팔렬).

【兀】③ 대 기 囟 qí

亨源 象形. 그릇을 얹어서 받치는 그릇. 곧, 받침을 본뜬 글자. '一'은 물건을 얹는 곳을, '儿'은 다리를 표시하였음.
字解 ①대(臺). 물건을 받치는 대. ②그. ※其(166)의 고자(古字).

【万】③ ❶일만 만 顧 wàn
❷성 묵 囮 mò

參考 ①주로 '萬(1523)'의 속자로 쓰인다. ②대법원 지정 인명용 한자의 음은 '만'이다.
字解 ❶일만. 1000의 10배. ❷성. ¶万俟.
【万俟 묵기】본래 선비(鮮卑)의 부락이었으나, 나중에 성(姓)이 됨.

【三】③ ❶석 삼 囮 sān
❷거듭 삼 勵 sān

參考 글자 자획의 변개(變改)를 막기 위해 '參'을 갖은자로 쓴다.
亨源 指事. 가로 획〔一〕을 세 개 포개어 3의 수효를 나타낸다.
字解 ❶①셋. 둘에 하나를 더한 수. 〔詩經〕三歲貫女, 莫我肯顧. ②세 번, 세 번 하다. 〔春秋左氏傳〕三逐巴師, 不克. ③끝. 〔太玄經〕三歲不還. ❷거듭, 자주, 여러 번. 〔論語〕季文子三思而後行.

【三加 삼가】①관례(冠禮) 때에 세 번 관을 갈아 씌우던 의식. ②세 번 공격함. ③세 번 벼슬을 더함.
【三駕 삼가】①세 번 군사를 일으킴. ②세 번 마차(馬車)에 탐.
【三恪 삼각】새 왕조가 선대(先代) 왕조의 후손(後孫)을 제후로 봉하던 일. 故事 주(周) 무왕이 우(虞)·하(夏)·은(殷)의 후손을 제후로 봉(封)하여 '三恪'으로 삼은 데서 온 말. ◦'恪'은 '敬'으로 '공경함'을 뜻함.
【三覺 삼각】(佛)①본각(本覺)·시각(始覺)·구경각(究竟覺). ②자각(自覺)·타각(他覺)·각행원만(覺行圓滿).
【三諫 삼간】예전에, 윗사람이 잘못을 고치도록 세 번에 걸쳐서 간함을 이르던 말. 신하가 세 번 간하여도 임금이 듣지 않으면 벼슬을 물러나고, 자식이 세 번 간하여도 어버이가 듣지 않으면 울면서 어버이를 따름.
【三鑑 삼감】사람의 심신을 바르게 하는 세 가지의 거울. 곧, 거울(鏡)·옛(古)·사람(人).
【三綱 삼강】①군신(君臣)·부자(父子)·부부(夫婦)의 도(道). 곧, 임금은 신하의 벼리가 되고(君爲臣綱), 아버지는 자식의 벼리가 되며(父爲子綱), 지아비는 지어미의 벼리가 됨(夫爲婦綱)을 이름. ②(佛)절의 관리와 운영을 맡은 세 가지 승직(僧職). 상좌(上座)·사주(寺主)·유나(維那).
【三綱領 삼강령】대학(大學)의 세 강령. 곧, 본디 타고난 밝은 덕을 밝히는 명명덕(明明德), 백성을 새롭게 하는 신민(親民), 지극히 선한 경지에 이르게 하는 지어지선(止於至善).
【三綱五倫 삼강오륜】삼강과 오륜.
【三綱五常 삼강오상】삼강과 오상. ◦오상은 인(仁)·의(義)·예(禮)·지(智)·신(信).
【三愆 삼건】①어른을 모실 때의 세 가지 허물. 곧, 묻기도 전에 말함(躁), 물어도 답하지 않음(隱), 안색(顔色)도 살피지 아니하고 멋대로 말함(瞽). ②(佛)탐(貪)·진(瞋)·치(癡).
【三徑 삼경】은자(隱者)가 사는 집의 뜰. 故事 한대(漢代)에 장후(蔣詡)가 뜰에 작은 길 세 개를 내고 소나무·대나무·국화를 심었다는 고사에서 온 말.
【三經 삼경】①군주(君主)가 나라를 유지하는 데 필요한 세 가지 대강(大綱). 마음을 바르게 하고, 공평하여 사사로움이 없게 베풀며, 모든 사람이 각각 업(業)을 계승하게 하여 생활을 보장함. ②시경(詩經)·서경(書經)·역경(易經). ③역경(易經)·시경(詩經)·춘추(春秋). ④서경(書經)·주례(周禮)·시경(詩經).
【三戒 삼계】①세 가지 경계할 일. 곧, 청년 시절에는 색(色), 중년에는 싸움, 노년에는 이욕(利慾). ②(佛)재가계(在家戒)·출가계(出家戒)·도속공수계(道俗共守戒).
【三界 삼계】①(佛)첫째. 세 번째. ②세 단계. ③천(天)·지(地)·인(人). 또는 상·중·하. ④(佛)㉠중생(衆生)이 태어나고 죽고 윤회(輪廻)하는 세 가지 세계. 곧, 탐욕의 세계인 욕계(欲界), 물질의 세계인 색계(色界), 삼매(三昧)의 세계인 무색계(無色界). ㉡과거·현재·미래.
【三計 삼계】1년·10년·종신(終身)의 세 가지 계획. 곧, 곡식을 심는 일(樹穀), 나무를 심는 일(樹木), 사람을 기르는 일(樹人).
【三考 삼고】①3년에 한 번씩 9년 동안에 세 번 관리의 성적을 조사하던 일. ②세 번 생각함. 잘 생각함.
【三苦 삼고】(佛)고(苦)의 인연에서 받는 고고(苦苦), 즐거운 일이 무너지는 괴고(壞苦), 무상유전(無常流轉)에서 받는 행고(行苦)의 세 가지 고통.
【三顧 삼고】①세 번 돌아봄. ②☞三顧草廬(삼고초려).
【三顧草廬 삼고초려】세 번 초가집을 찾아감. 인재를 맞아들이기 위하여 온갖 정성을 다함. 故事 촉한(蜀漢)의 유비(劉備)가 제갈량(諸葛亮)의 초가집을 세 번이나 직접 찾아가서 예를 다한 끝에 그를 군사(軍師)로 맞아들인 고사에서 온 말.
【三告投杼 삼고투저】세 번 알려주면 북을 던져 버림. 근거 없는 말이라도 여러 번 하면 믿게 됨. 故事 베틀에 앉아 베를 짜고 있던 증자(曾子)의 어머니에게 어떤 사람이 와서 증자가 사람을 죽였다고 말하자 두 번째까지는 믿지 않다가 세 번째는 그 말을 믿고 북(杼)을 내던지고 도망하였다는 이야기에서 온 말.
【三公 삼공】①조선 때, 영의정(領議政)·좌의정(左議政)·우의정(右議政)을 아울러 이르던 말. 三政丞(삼정승). ②주대(周代)의 태사(太師)·태부(太傅)·태보(太保). ③후한(後漢)에서 위진(魏晋)까지의 태위(太尉)·사도(司徒)·사공(司空). 三司(삼사). ④별의 이름.
【三過 삼과】①세 번 지나감. ②세 가지 과실(過失). 탐(貪)·진(瞋)·치(癡)의 세 가지. ③서법(書法)에서, 한 획에 세 번 필세(筆勢)를 바꾸는 일. ④(佛)몸·입·뜻이 저지르는 잘못. 삼업(三業)에서 생기는 과실.
【三寡 삼과】세 가지를 적게 하는 양생법(養生法). 곧, 생각을 적게 하여 정신을 쉬게 함. 기욕(嗜欲)을 적게 하여 정(精)을 쌓음. 말을 적게 하여 기(氣)를 기름.
【三觀 삼관】(佛)삼제(三諦). 곧, 공(空)·가(假)·중(中)의 진리(眞理)를 관찰하는 세 가지 지혜.
【三光 삼광】①해·달·별. 三精(삼정). ②방(房)·심(心)·미(尾)의 세 별.
【三槐九棘 삼괴구극】삼공(三公)과 구경(九卿). 故事 주대(周代)에 삼공은 회화나무 밑에서 다스리고, 구경은 가시나무 밑에서 다스렸던 고사에서 온 말.
【三敎 삼교】①유교(儒敎)·불교(佛敎)·도교(道敎). ②하(夏)·은(殷)·주(周) 삼대(三代)의 가르침. 곧, 충(忠)·경(敬)·문(文).
【三宮 삼궁】①중국 고대 천자(天子)의 육궁(六宮)에 비해 반으로 줄어든 제후(諸侯) 부인의 궁. ②황제(皇帝)·태후(太后)·황후(皇后)의 합칭.

③명당(明堂)·벽옹(辟雍)·영대(靈臺). ④세 개의 성좌(星座).

【三權 삼권】세 가지 권력. 곧, 입법권·사법권·행정권.

【三歸依 삼귀의】(佛)불(佛)·법(法)·승(僧)의 삼보(三寶)에 귀의함.

【三極 삼극】하늘·땅·사람. 三才(삼재).

【三覲 삼근】책명(策命)을 받고 세 번 임금을 뵙는 일.

【三器 삼기】①나라를 다스리는 세 가지 수단. 곧, 호령(號令)·부월(斧鉞)·녹상(祿賞). ②천문을 관측하는 세 가지 기구. 곧, 혼천의(渾天儀)·동후의(銅候儀)·혼천상(渾天象).

【三年不窺園 삼년불규원】3년 동안 방 안에 들어앉아, 정원도 내다보지 않고 공부에 열중함.

【三多 삼다】①다복(多福)·다수(多壽)·다남자(多男子). ②학자(學者)가 가지는 바 독다(讀多)·지론다(持論多)·저술다(著述多). ③문장을 잘 짓는 한 방법으로 다독(多讀)·다작(多作)·다상량(多商量). ④(佛)다근선우(多近善友)·다열청음(多閱淸音)·다수부정관(多修不淨觀). ⑤國 제주도의 여다(女多)·석다(石多)·풍다(風多).

【三端 삼단】세 가지 끝. 곧, 문사(文士)의 붓끝·무사(武士)의 칼끝·변사(辯士)의 혀끝.

【三達德 삼달덕】천하에 두루 통하는 귀하고 중요한 세 가지 덕. 곧, 지(知)·인(仁)·용(勇).

【三達尊 삼달존】세상 어느 곳에서나 통하는 존귀한 것 세 가지. 곧, 조정(朝廷)에서는 작위(爵位), 향리(鄕里)에서는 나이, 세상을 다스리는 데는 덕(德).

【三代 삼대】세 왕조. 곧, 하(夏)·은(殷)·주(周).

【三德 삼덕】세 가지의 덕목(德目). ㉠정직(正直)·강극(剛克)·유극(柔克). ○'克'은 '다스린다'는 뜻. ㉡지(知)·인(仁)·용(勇). ㉢천(天)·지(地)·인(人)의 덕. ㉣(佛)법신(法身)·반야(般若)·해탈(解脫).

【三到 삼도】독서에 필요한 세 가지 일. 안도(眼到)·구도(口到)·심도(心到). ○'到'는 '전일(專一)'을 뜻함.

【三道 삼도】①어버이를 섬기는 세 가지 도리. 곧, 어버이 봉양(奉養), 부모 상사(喪事)에 근신(謹愼)하는 일, 제사(祭祀)를 받드는 일. 三行(삼행). ②국가 대체(大體)에 밝을 것, 인사(人事)의 종시(終始)에 통할 것, 직언 극간(直言極諫)할 것을 이름. ③세 가지의 문장. 곧, 서론·본론·결론. ○'道'는 '수미(首尾)가 완결된 것'을 뜻함.

【三途 삼도】(佛)화도(火途)·도도(刀途)·혈도(血途)의 세 악도(惡道). 三惡道(삼악도). ○화도는 지옥도, 도도는 아귀도, 혈도는 축생도.

【三刀之夢 삼도지몽】출세할 길몽(吉夢). 故事 진대(晉代)에 왕준(王濬)이 칼 세 자루가 걸려 있는데 한 자루가 더해진 꿈을 꾸고 꺼림칙하게 여기던 중 이의(李毅)가 칼 세 자루는 '刕'로 '州'자인데 거기에 하나를 더하면 '益' '益州(익주)'가 되니 익주의 지방 장관이 되리라 하였는데, 과연 다음날 익주 자사(刺史)가 되

었다는 고사에서 온 말.

【三途川 삼도천】(佛)죽어서 저승으로 가는 길에 건넌다는 강. 곧, 산수뢰(山水瀨)·강심연(江深淵)·유교도(有橋渡).

【三毒 삼독】(佛)착한 마음을 해치는 세 가지 번뇌. 곧, 탐(貪)·진(瞋)·치(癡). 三垢(삼구).

【三冬 삼동】①겨울 석 달. 곧, 초동(初冬;음력 10월)·중동(仲冬;11월)·계동(季冬;12월). ②세 해의 겨울. 곧, 3년.

【三頭八臂 삼두팔비】세 개의 머리와 여덟 개의 팔. ㉠재능이 있어 온갖 일에 참견하는 사람. ㉡교활한 사람. ㉢힘이 센 사람.

【三樂 삼락】①군자(君子)의 세 가지 즐거움. 곧, 부모가 살아 계시고 형제가 무고한 일, 하늘과 사람에게 부끄러워할 것이 없는 일, 천하 영재(英才)를 얻어 교육하는 일. ②사람으로 태어남, 남자로 태어남, 장수(長壽)함.

【三略 삼략】병서(兵書). 황석공(黃石公)이 한대(漢代)의 장양(張良)에게 주었다는 상략(上略)·중략(中略)·하략(下略)으로, 육도(六韜)와 병칭되는 병법서임.

【三靈 삼령】①천(天)·지(地)·인(人). ②천신(天神)·지기(地祇)·인귀(人鬼). ③영대(靈臺)·영유(靈囿)·영소(靈沼). ④일(日)·월(月)·성(星).

【三令五申 삼령오신】세 번 훈령(訓令)하고 다섯 번 신칙(申飭)함. 거듭 신신당부함.

【三禮 삼례】①의례(儀禮)·주례(周禮)·예기(禮記). ②천신(天神)·지기(地祇)·인귀(人鬼)를 제사 지내는 예. ③(佛)세 번 절함.

【三倫 삼륜】군주와 관리와 근신(近臣).

【三輪 삼륜】(佛)㉠㉠지하(地下)에서 세계를 받치고 있다는 금륜(金輪)·수륜(水輪)·풍륜(風輪). ㉡부처의 몸·입·의지의 세 가지 업(業). 곧, 신통륜(神通輪)·정교륜(正敎輪)·기심륜(記心輪). ②무상륜(無常輪)·부정륜(不淨輪)·고륜(苦輪). 이 세 가지는 세계에 가득하여 깨뜨리기 어려움이 철륜(鐵輪)과 같으므로, '輪'이라 하였음.

【三利 삼리】①세 가지의 이익. 三益(삼익). ②1년의 이익인 곡식을 심고, 10년의 이익인 나무를 심고, 100년의 이익인 덕(德)을 심는 일.

【三忘 삼망】장사(將士)가 출정(出征)할 때에 잊어야 할 세 가지 일. 곧, 명령을 받고는 집을 잊고[忘家], 싸움에 임해서는 부모를 잊고[忘親], 싸움이 급해졌을 때는 몸을 잊음[忘身].

【三望 삼망】①산·바다·강에 지내는 제사. ②삼공(三公)이 타는 수레의 이름. 三望車(삼망거). ③㉠벼슬아치를 추천할 때에 후보자 세 사람을 천거하던 일. ㉡시호(諡號)를 정할 때에 미리 마련한 세 가지 중에서 하나를 택하던 일.

【三昧 삼매】①학문·기예의 오묘한 경지. 蘊奧(온오). 極致(극치). ②속박에서 해방됨. ③장의(葬儀)를 행하는 곳. 葬場(장장). ④(佛)잡념이 없이 오직 한 가지 일에만 정신력을 집중하는 경지. 三昧境(삼매경).

【三藐三菩提 삼먁삼보리】(佛)두루 일체의 법(法)을 아는 무상(無上)의 지혜.

【三命 삼명】①주대(周代)에 아홉 등급으로 나눈 관작(官爵)을 구명(九命)이라 했는데, 삼명은 공(公)·후(侯)·백(伯)을 말함. ②상·중·하로 나눈 나이. ③여러 번 계(誡)를 가르침.
【三木 삼목】①목과 손과 발에 씌우는 형틀. ②세 나무.
【三苗 삼묘】중국 남방에 있던 나라 이름. 호남(湖南)의 악양(岳陽), 호북(湖北)의 무창(武昌), 강서(江西)의 구강(九江) 일대(一帶)를 말함.
【三廟 삼묘】①세 사당(祠堂). ②대부(大夫)의 사당. 일소(一昭)·일목(一穆)과 시조(始祖)를 모신 사당.
【三務 삼무】봄·여름·가을의 농무(農務).
【三無 삼무】무성(無聲)의 음악와, 무체(無體)의 예(禮)와, 무복(無服)의 상(喪)의 세 가지. 곧, 형체는 없고 그 정신만 있음.
【三無私 삼무사】천(天)·지(地)·일월(日月)의 공평한 작용. 하늘은 사사로이 덮어 줌(私覆)이 없고, 땅은 사사로이 실어 줌(私載)이 없고, 해와 달은 사사로이 비쳐 줌(私照)이 없음.
【三門 삼문】①개문(開門)·휴문(休門)·생문(生門). ②사람의 행동을 정욕(情欲)·예의(禮義)·독지(獨智)로 나눌 때 각각 거기에 들어가는 문. 곧, 금문(禽門)·인문(人門)·성문(聖門). ◎'독지'는 '대도(大道)에 맞는 지혜'를 뜻함. ③(佛)①산문(山門) 제도의 공문(空門)·무상문(無相門)·무작문(無作門). ⓒ교종(敎宗)·율종(律宗)·선종(禪宗).
【三物 삼물】①백성을 가르치는 세 가지 일. 곧, 육덕(六德:知·仁·聖·義·忠·和)·육행(六行:孝·友·睦·姻·任·恤)·육예(六藝:禮·樂·射·御·書·數). ②맹약(盟約)할 때 마실 피를 취하는 세 가지 동물. 곧, 돼지·개·닭.
【三房 삼방】國①중국에 보내는 서장관(書狀官)이 묵던 곳. ②과거(科擧) 보일 때 세 시관(試官)이 머물던 곳.
【三拜 삼배】①세 번 절함. ②(佛)세 번 무릎 꿇고 배례(拜禮)함. 신(身)·구(口)·의(意)의 삼업(三業)에 대한 경의를 표시하기 위해 함.
【三白食 삼백식】(佛)승려가 먹는 세 가지의 깨끗하고 흰 음식. 곧, 젖·죽·밥.
【三辟 삼벽】삼대(三代)의 형법. 하의 우형(禹刑), 은의 탕형(湯刑), 주의 구형(九刑).
【三兵 삼병】세 가지 병기. 곧, 창·쌍기창·도끼.
【三輔 삼보】①전한(前漢) 때, 경기(京畿) 지역을 다스리던 세 관직의 합칭. 또는 그 지역. 장안(長安) 이동(以東)을 경조윤(京兆尹), 장릉(長陵) 이북(以北)을 좌풍익(左馮翊), 위성(渭城) 이서(以西)를 우부풍(右扶風)이라 하였음. ②서울에 인접한 지역.
【三寶 삼보】세 가지 보배. ①천자의 삼보. 선기(璿璣)·옥형(玉衡)·율도(律度). ⓒ제후(諸侯)의 삼보. 토지·백성·정사(政事). ⓒ대농(大農)·대공(大工)·대상(大商). ⓔ(佛)불(佛)·법(法)·승(僧). ⓓ도교(道敎)에서는, 귀·눈·입을 외삼보(外三寶)라 하고, 원정(元精)·원기(元氣)·원신(元神)을 내삼보(內三寶)라 함.

【三伏 삼복】①초복(初伏)·중복(中伏)·말복(末伏). 여름철의 몹시 더운 기간. ②세 겹으로 포진한 복병(伏兵).
【三福田 삼복전】(佛)복보(福報)를 받는 세 가지. 곧, 부모·사장(師長)을 공경하는 보은복전(報恩福田), 삼보(三寶)를 공경하는 공덕복전(功德福田), 가난한 사람을 불쌍히 여기는 빈궁복전(貧窮福田).
【三本 삼본】①세 가지 근본(根本). ①예(禮)의 세 근본. 곧, 천지(天地)·선조(先祖)·군사(君師). ⓒ정치(政治)의 세 근본. 곧, 작위(爵位)·축록(蓄祿)·정령(政令). ⓒ치란(治亂)의 세 근본. 곧, 덕(德)·공(功)·능(能). ②정본(正本)·부본(副本)·저본(貯本)의 세 가지 책.
【三賦 삼부】①조(租)·용(庸)·조(調)의 세 가지 세법(稅法). ②세 편의 시부(詩賦).
【三部經 삼부경】(佛)불경(佛經) 중에서 계통이 같고 중요한 세 가지 경전을 묶은 것. 미타(彌陀)삼부경, 대일(大日)삼부경, 법화(法華)삼부경 따위.
【三釜之養 삼부지양】부모를 봉양하기 위해 박봉을 싫다 하지 않고 벼슬살이를 하는 일. ◎'一釜'는 '6말 4되'를 뜻함.
【三分鼎足 삼분정족】솥의 발처럼 삼자(三者)가 천하를 셋으로 나누어 차지하고 서로 대립함.
【三不去 삼불거】아내를 버리지 못하는 세 가지 경우. 곧, 돌아가서 의지할 곳이 없을 때, 부모의 삼년상(三年喪)을 같이 치렀을 때, 가난할 때 결혼하고 혼인한 뒤에 부귀(富貴)하게 된 경우. 三不歸(삼불귀).
【三佛菩提 삼불보리】(佛)법(法)·보(報)·응(應) 삼신(三身)의 불과(佛果).
【三不祥 삼불상】세 가지의 상서(祥瑞)롭지 못한 일. ①나라에 불길(不吉)한 세 가지. 곧, 현인(賢人)이 있는 것을 모르는 일, 현인임을 알면서도 등용하지 않는 일, 등용하고서도 신임하지 않는 일. ⓒ자기에 불길한 세 가지. 곧, 어리면서도 연장자(年長者)를 섬기지 않는 일, 천(賤)하면서도 귀인(貴人)을 섬기지 않는 일, 불초(不肖)하면서도 어진 이를 섬기지 않는 일.
【三不惑 삼불혹】미혹되지 말아야 할 세 가지. 곧, 술·여자·재물.
【三不孝 삼불효】세 가지 불효. 곧, 부모를 불의(不義)에 빠지게 하는 일, 부모가 늙고 집이 가난한데 벼슬하지 않는 일, 자식이 없어 조상의 제사를 끊어지게 하는 일.
【三司 삼사】①한대(漢代)의 삼공(三公). 곧, 태위(太尉)·사공(司空)·사도(司徒). ②당대(唐代)의 어사대부(御史大夫)·중서(中書)·문하(門下). ③송대(宋代)의 이재관(理財官). 곧, 염철(鹽鐵)·탁지(度地)·호부(戶部). ④①조선 때 홍문관(弘文館)·사헌부(司憲府)·사간원(司諫院). ⓒ고려 때 전곡(錢穀)의 출납을 맡아보던 관청.
【三事 삼사】①하늘과 땅을 섬기고 사람을 다스리는 일. ②삼공(三公). 三事大夫(삼사대부). ③나라를 다스리는 데 중요한 세 가지. ①정덕(正德)·이용(利用)·후생(厚生). ⓒ창덕(倡德)

화란(和亂)·종제(終齊). ④사람된 도리로 섬겨야 할 세 가지 일. 곧, 사군(事君)·사친(事親)·사사(事師). ⑤벼슬아치가 지켜야 할 세 가지 일. 곧, 청렴(淸廉)·근신(謹愼)·근면(勤勉).
【三思 삼사】 ①세 번 생각함. 깊이 생각함. ②어릴 때는 자란 뒤를 생각하여 힘써 배우고, 늙어서는 죽은 뒤를 생각하여 자손들을 가르치고, 넉넉할 때는 가난한 때를 생각하여 남을 도와주는 세 가지 일.
【三赦 삼사】 죄를 용서받을 수 있는 세 가지 조건에 해당되는 사람. 곧, 7세 이하인 유약(幼弱), 80세 이상인 노모(老耄), 어리석고 미련한 용우(庸愚).
【三事戒 삼사계】 (佛)몸·입·마음의 세 가지를 삼가는 계율. 三業戒(삼업계).
【三事大夫 삼사대부】 삼공(三公)·육경(六卿)·대부(大夫)를 이름.
【三三五五 삼삼오오】 여기저기 몇몇씩 떼를 지은 서너 사람이나 네댓 사람.
【三常 삼상】 항상 일정하여 변하지 않는 것 세 가지. ㉠하늘의 상(象), 땅의 형(形), 사람의 예(禮). ㉡정사(政事)의 간(幹), 예(禮)의 종(宗), 나라의 상(常).
【三牲 삼생】 ①희생(犧牲)으로 쓰는 세 가지 짐승. 곧, 소·양·돼지. ②하(夏)·은(殷)·주(周)에서 쓰던 희생의 총칭. 하나라에서는 검정색은, 나라에서는 흰색, 주나라에서는 붉은색의 희생을 썼다. ③부모에게 드리기 위해 정성을 다하여 만든 맛난 음식.
【三善 삼선】 세 가지 착한 일. 곧, 부모에 대한 효도·임금에 대한 충의·장유(長幼)의 예절.
【三省 삼성】 ①매일 세 가지 일을 반성함. ②당대(唐代)의 중서성(中書省)·상서성(尙書省)·문하성(門下省). ③고려 때, 중서성·문하성·상서성. ④조선 때, 의정부·사헌부·의금부.
【三聖 삼성】 ①우리나라 상고 시대의 세 성인(聖人). 곧, 환인(桓因)·환웅(桓雄)·환검(桓儉). ②세계적인 세 성인(聖人). 곧, 석가(釋迦)·공자(孔子)·예수.
【三聖祠 삼성사】 ①환인(桓因)·환웅(桓雄)·환검(桓儉)의 삼성(三聖)을 모신 사당. 황해도 구월산(九月山)에 있음. ②제주도 개국 신화의 고(高)·부(夫)·양(良) 세 을나(乙那)를 제사 지내는 신사(神祠). 제주시에 있음.
【三世 삼세】 ①조부(祖父)·부(父)·자(子)의 삼대(三代). ②춘추(春秋)에서는, 나와 아버지의 세상〔보는 바의 세상〕, 조부 때 세상〔들은 바의 세상〕, 증조·고조의 세상〔전해 들은 바의 세상〕. ③3년. ④(佛)과거·현재·미래.
【三稅 삼세】 ①조(租)·용(庸)·조(調)의 세 가지 세제(稅制). ②조선 때, 전세(田稅)·대동(大同)·호포(戶布).
【三損友 삼손우】 사귀면 손해를 보는 세 부류의 벗. 편벽된 편벽우(便辟友), 착하기만 하고 줏대가 없는 선유우(善柔友), 말하고 성실하지 못한 편녕우(便佞友).
【三旬 삼순】 ①상순(上旬)·중순(中旬)·하순(下

旬)의 총칭. 三澣(삼한). ②서른 날.
【三旬九食 삼순구식】 서른 날 동안 아홉 끼니만 먹음. 집안이 매우 가난함.
【三乘 삼승】 (佛)중생을 태우고 생사(生死)의 바다를 건넘에 있어서 세 가지의 교법(敎法). 성문승(聲聞乘)·연각승(緣覺乘)·보살승(菩薩乘).
【三始 삼시】 ①정월 초하루의 아침. 연·월·일의 처음이란 뜻. 三元(삼원). 元旦(원단). ②예의의 시초인 세 가지 몸가짐. 곧, 용모를 단정하게 함, 안색을 화하게 함, 말을 순하게 함.
【三施 삼시】 (佛)재물(財物)을 베푸는 재시(財施), 설법(說法)하여 깨닫게 하는 법시(法施), 앓는 이와 외로운 이에게 기쁨을 베푸는 무외시(無畏施).
【三時 삼시】 ①봄·여름·가을. ②학문을 하는 데의 세 시기. 곧, 한평생의 중간 때, 한 해의 중간 때, 하루의 중간 때. ③하지(夏至) 후의 보름. 곧, 첫 사흘, 둘째 닷새, 끝 이레. ④(佛)㉠불법(佛法)의 흥폐를 기준으로 구분한 세 때. 곧, 정법시(正法時)·상법시(像法時)·말법시(末法時). ㉡과거·현재·미래. ⑤國아침·점심·저녁의 세 끼니. 또는 세 때.
【三豕渡河 삼시도하】 글자를 잘못 읽거나 그릇되게 쓰는 것. 三豕涉河(삼시섭하). 故事 기해도하(己亥渡河)라고 되어 있는 것을 '己'와 '三', '亥'와 '豕'의 글자 모양이 비슷하여 '三豕渡河'라고 읽었다는 고사에서 온 말.
【三識 삼식】 (佛)사람의 마음이 원래 청정함을 진식(眞識), 모든 법을 나타내는 근본적인 마음을 현식(現識), 대상을 식별·구별하는 마음을 분별사식(分別事識)이라고 하여 외경(外境)을 식별하여 인식하는 세 가지 마음의 작용을 이르는 말.
【三辰 삼신】 해와 달과 별.
【三神 삼신】 ①우리나라의 땅을 마련했다는 환인(桓因)·환웅(桓雄)·환검(桓儉)의 총칭. ②천신(天神)·지기(地祇)·산악(山嶽)의 세 신(神).
【三訊 삼신】 세 번 물음. 죄를 결정할 때에는 군신(群臣)·군리(群吏)·만민(萬民)에게 물어 신중하게 함.
【三神山 삼신산】 신선이 살고 있다는 세 산. 발해(渤海)의 봉래산(蓬萊山)·방장산(方丈山)·영주산(瀛州山)을 이름.
【三十三身 삼십삼신】 (佛)관세음보살이 중생을 구하려고 나타내 보이는 서른세 가지의 화신(化身).
【三十三天 삼십삼천】 (佛)욕계육천(慾界六天)의 둘째로 수미산 위에 있는 천계(天界). 복판에 제석천(帝釋天)이 있고 사방에 팔천(八天)씩 삼십삼천이 있음.
【三十六計 삼십육계】 ①갖가지 계략(計略). ②國뺑소니치는 일.
【三十六計不如逃 삼십육계불여도】 온갖 계책을 쓰는 것이 도망치는 것보다 못함. 곤란한 때는 달아나는 것이 제일 나음.
【三十二相 삼십이상】 ①(佛)부처의 몸에 갖춘 서른두 가지의 훌륭한 상(相). ②國여자의 용모

에 관한 아름다운 모든 상.
【三惡道 삼악도】 (佛)악인이 죽어서 간다는 세 가지 괴로운 세계. 곧, 지옥도(地獄道)·축생도(畜生道)·아귀도(餓鬼道).
【三養 삼양】 ①복(福)·기(氣)·재(財) 세 가지를 기르는 일. ②신(神)·정(精)·기(氣) 세 가지를 기르는 일.
【三嚴 삼엄】 ①행군 군령(行軍軍令)의 한 가지. 초엄(初嚴)에 정돈(整頓)하고, 이엄(二嚴)에 무기를 갖추고, 삼엄에 행군을 시작함. ②세 사람의 엄한 사람. 곧, 임금·아버지·스승.
【三業 삼업】 (佛)①신(身)·구(口)·의(意)에서 오는 죄악의 행동. ②탐욕(貪欲)·진에(瞋恚)·우치(愚癡)의 세 죄업(罪業).
【三餘 삼여】 공부하기에 좋은 세 때. 곧, 겨울〔歲之餘〕, 밤〔日之餘〕, 비오는 때〔時之餘〕. 讀書三餘(독서삼여).
【三易 ❶삼역 ❷삼이】 ❶세 종류의 역. 연산(連山)·귀장(歸藏)·주역(周易). ❷문장(文章)을 지을 때에 유의해야 할 세 가지 법칙. 곧, 쉬운 글자를 써서 보기 쉽도록, 글과 글자의 뜻을 알기 쉽도록, 읽기 쉽도록 함을 이르는 말.
【三五 삼오】 ①열닷새. ②보름날 밤. ③15세의 나이. ④삼황오제(三皇五帝). ⑤28수(宿) 중의 심수(心宿)와 유수(柳宿).
【三五之隆 삼오지륭】 삼황오제(三皇五帝) 때의 융성했던 세상(世上).
【三五七言詩 삼오칠언시】 시체(詩體)의 한 가지. 한 수(首)의 시가 삼자구(三字句)·오자구(五字句)·칠자구(七字句)의 치례로 된 것. 당대(唐代)에 이백(李白)이 시작하였음.
【三王 삼왕】 삼대(三代)의 성왕(聖王). 곧, 하(夏)의 우왕(禹王), 은(殷)의 탕왕(湯王), 주(周)의 문왕(文王) 또는 무왕(武王).
【三王之佐 삼왕지좌】 하(夏)·은(殷)·주(周)의 삼왕(三王)을 도울 만한 어진 인물.
【三畏 삼외】 군자가 두려워하고 조심하는 세 가지. 곧, 천명(天命), 대인(大人), 성인의 말(聖人之言).
【三樂 삼요】 세 가지 좋아하는 것. 예악(禮樂)과 사람의 착함, 어진 벗이 많음을 좋아하는 익자삼요(益者三樂)와, 분에 넘치는 사물과 하는 일 없이 노는 것, 주색(酒色)을 좋아하는 손자삼요(損者三樂).
【三欲 삼욕】 임금이 백성에게 바라는 세 가지 일. 곧, 구하면 반드시 얻고, 금지하면 반드시 그만두고, 명령하면 반드시 시행하도록 하고 싶은 것.
【三浴三薰 삼욕삼훈】 몸에 자주 향을 바르고 자주 목욕을 하여 몸을 깨끗이 함.
【三友 삼우】 ①서로 따라야 어울리는 세 가지 운치. ㉠시(詩)·주(酒)·금(琴). ㉡산수(山水)·송죽(松竹)·금주(琴酒). ㉢송(松)·죽(竹)·매(梅). ②도움이 되는 세 가지의 벗과 손가락 되는 세 가지의 벗.
【三虞 삼우】 장사 지낸 뒤에 세 번째 지내는 제사. 곧, 초우(初虞)와 재우(再虞)가 지나

서 지내는 우제(虞祭). ❍'虞'는 '安'으로 '편안함'을 뜻함. 三虞祭(삼우제).
【三垣 삼원】 성좌(星座)의 세 구획. 곧, 북극 근방인 자미원(紫微垣), 사자궁(獅子宮) 부근인 태미궁(太微垣), 사견궁(蛇遣宮) 부근인 천시원(天市垣).
【三元 삼원】 ①연·월·일의 처음. 음력 정월 초하루. ②정월 보름인 상원(上元), 칠월 보름인 중원(中元), 시월 보름인 하원(下元). ③☞三才(삼재)①. ④일(日)·월(月)·성(星). ⑤향시(鄕試)·회시(會試)·전시(殿試)의 일등인 해원(解元)·회원(會元)·장원(狀元).
【三怨 삼원】 ①원망을 사는 세 가지. 벼슬이 높은 사람은 그렇지 못한 사람에게, 관직에 있으면서 세력이 크면 임금에게, 녹봉이 많으면 백성에게 원망을 듣게 됨. ②남의 원한을 살 만한 세 가지 행위. 남을 능멸하고, 남을 모함하고, 남의 선(善)을 감추는 일.
【三願 삼원】 세 가지 소원. 세상의 호인(好人)을 모두 알고, 좋은 책을 죄다 읽고, 경치 좋은 산수(山水)를 두루 보는 일.
【三位一體 삼위일체】 ①세 가지 것이 하나의 목적을 위하여 하나로 통합됨. ②(佛)법신(法身)·응신(應身)·보신(報身)의 삼위(三位)가 구분되나 본래는 하나임. ③성부(聖父)·성자(聖子)·성령(聖靈)의 세 위격(位格)이 하나의 실체인 하나님 안에 존재한다는 교의(敎義).
【三宥 삼유】 ①주대(周代)에 죄를 용서하는 세 가지 경우. 곧, 불식(不識)·과실(過失)·유망(遺亡). ②왕족(王族)이 죄를 범했을 때 임금이 세 번 죄를 용서한 뒤 형(刑)을 과하던 법.
【三有禮 삼유례】 나라를 떠나가는 신하에게 임금으로서 해야 할 세 가지 예(禮). 곧, 신하가 나라를 떠나갈 때 임금은 그를 호위하여 국경을 나가게 하고, 미리 머물 곳에 그의 어짊을 널리 알리며, 신하가 떠나간 후 3년 동안 전록(田祿)과 이거(里居)를 그대로 둠.
【三有事 삼유사】 주대(周代) 제후(諸侯)의 사도(司徒)·사마(司馬)·사공(司空)을 이름.
【三揖 삼읍】 ①세 번 읍례(揖禮)를 함. ②경(卿)·대부(大夫)·사(士). ❍삼자(三者)는 제각기 위계가 있어 왕도 읍을 하는 데서 온 말.
【三揖一辭 삼읍일사】 세 번 읍하고 나아가며, 한 번 사양함. 군자는 벼슬길에 나가는 데는 신중히 하고, 물러나는 데는 간이(簡易)하게 함.
【三益友 삼익우】 ①사귀어 이로운 세 가지 벗. 곧, 정직한 사람, 성실한 사람, 다문(多聞)한 사람. ②풍류인이 이르는 매화·대나무·돌.
【三仁 삼인】 은대(殷代) 말기의 충신 세 사람. 곧, 미자(微子)·기자(箕子)·비간(比干).
【三人成虎 삼인성호】 세 사람이 짜면 거리에 범이 나왔다는 거짓말도 통함. 근거 없는 말도 여러 사람이 말하게 되면 믿게 됨.
【三人行必有我師 삼인행필유아사】 세 사람이 함께 어떤 일을 행하면 그 중에서 반드시 스승이 될 만한 사람이 있음. 다른 사람의 선(善)을 보면 이를 따르고, 다른 사람의 불선(不善)을 보

【三日僕射 삼일복야】정사(政事)를 태만히 하는 일. 故事 진(晉)나라 주의(周顗)가 복야가 되었을 때 주야로 술만 마시고 정사(政事)를 돌보지 않은 고사에서 온 말.
【三日遊街 삼일유가】國과거에 급제한 사람이 사흘 동안 좌주(座主)·선진자(先進者)·친척 등을 찾아보던 일.
【三日點考 삼일점고】수령(守令)이 부임한 뒤 사흘 만에 부하를 점고하던 일.
【三日天下 삼일천하】삼일 동안 천하를 차지함. 극히 짧은 기간 정권을 잡았다가 실권(失權)함의 비유.
【三日香 삼일향】사흘 동안은 향기로움. '신기한 것은 곧 싫증이 남'의 비유.
【三字獄 삼자옥】어물어물 처리한 옥사(獄事)의 비유. 故事 송대(宋代)에 금(金)과 화친을 추진하던 진회(秦檜)가 악비(岳飛)를 모함하여 죄를 주려 할 때 한세충(韓世忠)이 사실 여부를 따지자 '莫須有(막수유)'라고 석 자로 대답한 고사에서 온 말. ♀'莫須有'는 '아마도 그런 일이 있지 않았겠느냐'를 뜻함.
【三長 삼장】사가(史家)에게 필요한 세 가지 장점. 곧, 재주·학문·식견.
【三場 삼장】①과거(科擧)의 초장(初場)·중장(中場)·종장(終場)의 시험. 각 장의 시제(試題)는 시대에 따라 다름. ②초시(初試)·복시(覆試)·전시(殿試).
【三藏 삼장】(佛)①경(經)·율(律)·논(論)의 총칭. ♀'藏'은 '일체의 법의(法義)를 포함함'을 뜻함. ②경·율·논에 통달한 고승(高僧).
【三才 삼재】①천(天)·지(地)·인(人). 三材(삼재). ②얼굴의 세 부분. 곧, 액문(額門)·준두(準頭)·지각(地角).
【三災 삼재】(佛)세 가지의 재액. ㉠수재(水災)·풍재(風災)·화재(火災). ㉡도병(刀兵)·기근(饑饉)·역려(疫癘).
【三戰神 삼전신】(佛)전쟁을 맡은 세 신(神). 마리지천(摩利支天)·대흑천(大黑天)·비사문천(毘沙門天).
【三絶 삼절】①세 가지 뛰어난 사물. ②세 가지 뛰어난 재주를 가진 사람. ③세 수(首)의 절구(絶句). ④세 번 끊어짐.
【三折肱爲良醫 삼절굉위양의】몇 번이고 남의 팔뚝을 부러뜨리고 비로소 훌륭한 의사가 됨. 경험을 쌓아서 노련하게 됨.
【三政 삼정】나라의 정사 중에서 가장 중요한 전부(田賦)·군정(軍政)·환곡(還穀).
【三精 삼정】①일(日)·월(月)·성(星). ②사람의 몸 속에 있다고 하는 태양(台光)·상령(爽靈)·유정(幽精)의 세 가지 정혼(精魂).
【三諦 삼제·삼체】(佛)진리 파악의 세 단계. 인연법(因緣法)에 의하여 만물이 모두 공(空)이라는 공제(空諦), 만유(萬有) 일체가 공의 이치로 말미암은 현상인 가(假)의 상(相)이라는 가제(假諦), 공·가 어느 쪽에도 치우지 않는 중도가 진리라는 중제(中諦).

【三族 삼족】①부모(父母)·형제(兄弟)·처자(妻子). ②부(父)·자(子)·손(孫). ③부계(父系)·모계(母系)·처계(妻系).
【三足烏 삼족오】①태양 속에 산다는 세 발 가진 까마귀. ②태양. ③서왕모(西王母)의 먹을 것을 가져온다는 전설상의 새.
【三條燭 삼조촉】당대(唐代)의 과거(科擧) 때에 밤에 공급해 주던 촛불. 해가 져서 심지 세 가닥을 태울 때까지는 집필(執筆)이 허가되었다.
【三尊 삼존】①존중해야 할 세 가지. 곧, 군(君)·부(父)·사(師). ②(佛)㉠미타(彌陀) 삼존. 곧, 아미타여래(阿彌陀如來)·관세음보살(觀世音菩薩)·대세지보살(大勢至菩薩). ㉡석가 삼존. 곧, 석가여래(釋迦如來)·문수보살(文殊菩薩)·보현보살(普賢菩薩). ㉢약사 삼존. 곧, 약사여래(藥師如來)·일광보살(日光菩薩)·월광보살(月光菩薩). ㉣불(佛)·법(法)·승(僧).
【三從 삼종】①지난날, 여자가 지켜야 할 세 가지 도리. 어려서는 부모를, 결혼하여서는 남편을, 남편이 죽은 뒤에는 아들을 좇음을 이르는 말. 三從之道(삼종지도). 三從之義(삼종지의). ②팔촌이 되는 관계. ③삼종형제.
【三重 삼중】①임금으로서 행해야 할 중대한 세 가지 일. ㉠예악(禮樂)을 의논하며, 제도(制度)를 마련하며, 문물(文物)을 헤아리는 일. ㉡하(夏)·은(殷)·주(周) 삼왕(三王)의 예(禮). ②國세 겹.
【三知 삼지】①도를 알게 되는 세 단계. 나면서 아는 생지(生知), 배워서 아는 학지(學知), 애써서 아는 곤지(困知). ②명(命)·예(禮)·언(言) 세 가지를 아는 일.
【三智 삼지】(佛)①지도론(智道論)에서 성문(聲聞)·연각(緣覺)의 지혜인 일체지(一切智), 보살의 지혜인 도지(道智), 불지(佛智)인 일체종지(一切種智). ②능가경(楞伽經)에서 범부나 외도(外道)의 지혜인 세간지(世間智), 성문·연각의 지혜인 출세간지(出世間智), 불·보살의 지혜인 출세간상상지(出世間上上智). ③진여(眞如)의 실체를 아는 진지(眞智), 자기의 무명(無明)을 깨달아 번뇌를 끊는 내지(內智), 고금에 통하고 속사(俗事)에 밝은 외지(外智).
【三枝禮 삼지례】비둘기는 어미 비둘기가 앉은 가지에서 아래로 세 번째 가지에 앉음. ㉠부모에 대한 지극한 효성. ㉡사람은 누구나 예를 지켜야 함.
【三旨相公 삼지상공】'무능한 재상'을 비웃어 이르는 말. 故事 북송(北宋)의 신종(神宗) 때 왕규(王珪)가 16년 동안 재상(宰相)으로 있으면서 제대로 건의는 하지 못하고 천자에게 아뢸 때, 임금이 가부를 결정할 때, 명이 나올 때마다 성지(聖旨)란 말만 했다는 고사에서 온 말.
【三秦 삼진】①진말(秦末)에 항우(項羽)가 관중(關中)을 3분하여 진(秦)의 항장(降將)들로 봉(封)한 세 나라. 곧, 옹(雍)·새(塞)·적(翟). ②오호십육국(五胡十六國) 시대의 전진(前秦)·후진(後秦)·서진(西秦).
【三尺 삼척】①석 자. ②장검(長劍). ♀길이가

약 석 자인 데서 온 말. ③☞三尺法(삼척법). ④형구(刑具)의 이름. 두 발의 복사뼈 사이에 끼워서 고통을 줌.
【三尺童子 삼척동자】키가 석 자 정도 되는 어린아이. ㉠6~7세의 어린아이. ㉡철모르는 어린아이.
【三尺法 삼척법】법률. ◯석 자 길이의 대쪽에 법률을 기록한 데서 온 말. 三尺(삼척).
【三尺髥食令監 삼척염식령감】國수염이 석 자라도 먹어야 영감. 아무것도 없이 가난한 사람이 점잖은 체만 한들 아무 소용이 없음.
【三天 삼천】①세 가지의 천문서(天文書). 혼의(渾儀)·선야(宣夜)·주비(周髀). ②(佛)㉠불가(佛家)의 삼계(三界)를 이름. 욕계(欲界)·색계(色界)·무색계(無色界). ㉡마리지천(摩利支天)·대흑천(大黑天)·변재천(辨才天). ③現사흘 동안. 삼일간(三日間).
【三千大天世界 삼천대천세계】①(佛)소천세계(小千世界)의 천(千) 배가 중천세계(中千世界)가 되고, 중천세계의 천 배가 대천세계가 되는데, 이 세 천세계의 총칭. ②넓은 세계.
【三遷之敎 삼천지교】좋은 교육 환경을 찾아 집을 세 번 옮겨 가르침. 孟母三遷之敎(맹모삼천지교). 故事 맹자(孟子)의 어머니가 아들의 교육에 나쁜 영향을 주는 환경을 피하여 처음에는 묘지(墓地) 옆에서 살다가 저잣거리로 옮기고 다시 학교 옆으로 옮긴 고사에 온 말.
【三淸 삼청】(宗)①도교(道敎)의 삼신(三神). 옥청원시천존(玉淸元始天尊)·상청령보도군(上淸靈寶道君)·태청태상노군(太淸太上老君). ②선인(仙人)이 사는 옥청(玉淸)·상청(上淸)·태청(太淸).
【三體 삼체】①문장을 짓는 세 가지 체(體). 느긋한 기분으로 쓰기 시작하는 계심한역(啓心閑繹), 교묘한 대구 따위를 쓰는 집사비류(緝事比類), 짜임새에 느슨한 데가 없게 하는 발창경정(發唱驚挺). ②시(詩)의 세 가지 체재. ㉠시경(詩經)의 풍(風)·아(雅)·송(頌). ㉡당시(唐詩)의 칠절(七絶)·칠율(七律)·오율(五律). ㉢당대(唐代)에, 앞 사람이 지은 시에 화답하는 세 가지 체재. 곧, 의운(依韻)·차운(次韻)·용운(用韻). ③세 가지 서체. ㉠해서(楷書)·행서(行書)·초서(草書). ㉡대전(大篆)·소전·팔분(八分). ④물질의 세 가지 상태. 곧, 고체·액체·기체. ⑤역사를 기술하는 세 가지 체재. 곧, 편년체(編年體)·기전체(紀傳體)·기사 본말체(紀事本末體).
【三草二木 삼초이목】(佛)상초(上草)·중초(中草)·하초(下草)의 세 가지 약초와 대수(大樹)·소수(小樹)의 두 가지 나무. 크기가 다른 약초와 나무에 비가 오면 다 혜택을 받을 수 있듯이 근기(根機)가 다른 중생도 똑같이 부처의 가르침을 받아 깨달을 수 있음.
【三寸不律 삼촌불률】길이 세 치의 붓. ◯'不律'의 음을 줄이면 필(筆)과 비슷한 데서 '붓'을 뜻함.
【三寸舌 삼촌설】세 치 길이의 혀. 사람을 움직이는 '뛰어난 언변'의 비유.
【三寸之轄 삼촌지할】세 치의 비녀장. '사물의 가장 중요한 부분'의 비유.
【三秋 삼추】①가을의 석 달. 곧, 음력 7월·8월·9월. ②세 계절. 아홉 달. ③3년.
【三秋思 삼추사】하루를 만나지 않아도 3년 동안 만나지 못한 것같이 생각됨. 사모하는 마음이 매우 간절함. 一日三秋(일일삼추).
【三春 삼춘】①봄의 석 달. 곧, 음력 1월·2월·3월. ②새 해의 봄. 3년.
【三聚淨戒 삼취정계】(佛)악을 끊는 섭률의계(攝律義戒), 선을 닦는 섭선법계(攝善法戒), 남에게 이익을 주는 섭중생계(攝衆生戒).
【三七日 삼칠일】①사후(死後) 또는 출생 후 21일째. ②21일 동안. 또는 21일째.
【三歎 삼탄】①여러 번 한탄함. ②감탄하여 몇 번이나 칭찬함.
【三台 삼태】삼공(三公).
【三吐 삼토】식사를 하던 중에 먹던 음식을 세 번 뱉어 냄. 현사(賢士)를 두터이 대접함. 一飯三吐哺(일반삼토포).
【三統 삼통】①하(夏)·은(殷)·주(周) 삼대(三代)의 정삭(正朔). 하는 인통(人統;建寅), 은은 지통(地統;建丑), 주는 천통(天統;建子). ②하·은·주의 삼대(三代).
【三風 삼풍】무풍(巫風)·음풍(淫風)·난풍(亂風)의 세 가지 나쁜 풍속.
【三風十愆 삼풍십건】삼풍과 그 내용을 이루는 항무(恆舞)·감가(酣歌)·순화(殉貨)·순색(殉色)·항유(恆游)·하전(恆畋)·모성언(侮聖言)·역충직(逆忠直)·원기덕(遠耆德)·비완동(比頑童)의 열 가지 죄과(罪過).
【三學 삼학】①당대(唐代)의 세 학교. 곧, 국자학(國子學)·태학(太學)·사문학(四門學). ②송대(宋代)의 외사(外舍)·내사(內舍)·상사(上舍). 또는 병법과 무술을 가르치는 무학(武學)·태학(太學), 종실을 가르치는 종학(宗學). ③(佛)비구(比丘)가 수행하는 세 가지 학문. 곧, 계학(戒學)·정학(定學)·혜학(慧學).
【三寒四溫 삼한사온】사흘 동안은 춥고 나흘 동안은 따뜻함. 우리나라 겨울철 기후의 특징을 이름.
【三行 삼행】①세 가지 착한 행실. ㉠부모에 대한 효행(孝行), 어진 벗에 대한 우행(友行), 스승에 대한 순행(順行). ㉡☞삼도(三道)①. ㉢군신·부자·장유 사이의 행실. ②도(道)를 실행하는 세 가지 방법. 마음 편히 행하며, 이롭게 행하며, 힘써 행함. ③부모님이 살아 계실 때, 돌아가셨을 때, 제사 지낼 때 행하는 세 가지 예. ④세 줄. 三列(삼렬). ⑤國신랑이 세 번째로 처가에 다녀온 것.
【三獻 삼헌】제사 때에 술잔을 세 번 올리는 일. 곧, 초헌(初獻)·아헌(亞獻)·종헌(終獻).
【三革五刃 삼혁오인】갑옷·투구·방패의 세 가죽 무장과, 칼·큰칼·세모창·화살 및 가지 달린 창의 다섯 쇠붙이 무기.
【三絃 삼현】①줄이 세 개인 악기. ②거문고·가

야금·향비파(鄕琵琶)의 세 가지 현악기.
【三絃鈴 삼현령】國급한 공문을 발송할 때 봉투에 세 개의 동그라미를 찍던 일.
【三慧 삼혜】(佛)경전(經典)을 들어서 아는 문혜(聞慧), 진리를 생각하여 아는 사혜(思慧), 선정(禪定)을 닦아서 아는 수혜(修慧)의 세 가지 지혜.
【三壺 삼호】봉래(蓬萊)·방장(方丈)·영주(瀛洲)의 삼신산(三神山)의 딴 이름.
【三惑 삼혹】①주(酒)·색(色)·재(財)의 미혹. ②(佛)㉠탐(貪)·진(瞋)·치(癡)의 세 가지 번뇌. ㉡천태종(天台宗)에서 이르는 세 가지 망혹(妄惑). 곧, 견사혹(見思惑)·진사혹(塵沙惑)·무명혹(無明惑).
【三和 삼화】(佛)인식 기관인 근(根), 인식 대상인 경(境), 인식 주체인 식(識)의 화합. 이 삼요소가 화합하여 인식 작용이 일어남.
【三皇 삼황】고대 중국의 전설에 나타난 세 임금. ㉠복희씨(伏羲氏)·신농씨(神農氏)·황제(黃帝)나 수인씨(燧人氏). ㉡천황씨(天皇氏)·지황씨(地皇氏)·인황씨(人皇氏).
【三皇五帝 삼황오제】복희(伏羲)·신농(神農)·수인(燧人)의 삼황(三皇)과, 황제(皇帝)·전욱(顓頊)·제곡(帝嚳)·요(堯)·순(舜)의 오제. 황제 대신에 소호(少昊)를 넣기도.
【三會 삼회】①세 차례 회합함. ②(佛)미륵 보살이 성불(成佛)하여 화림원(華林園)의 용화수(龍華樹) 밑에서 세 번 설법한 일.
【三回忌 삼회기】(佛)사람이 죽은 뒤, 만 2년이 되는 제삿날. 三周忌(삼주기).
【三回向 삼회향】(佛)재(齋)를 마친 후 가장행렬(假裝行列)을 꾸미어 흥행하는 땅설법.
【三孝 삼효】세 가지의 효행(孝行). ㉠큰 효도는 어버이를 공경하는 일이고, 그 다음가는 효도는 어버이를 욕되게 하지 않는 일이며, 세 번째의 효도는 어버이를 잘 봉양하는 일. ㉡어버이 생시에는 봉양하고, 사후에는 집상(執喪)하고, 삼년상이 끝난 뒤에는 제사로 받드는 일. ㉢어버이를 섬기고, 임금을 받들며, 입신출세하는 일.
【三后 삼후】①세 임금. ㉠우(禹)·탕(湯)·문왕(文王). ㉡우(禹)·설(契)·후직(后稷). ②세 황후. ③태황태후(太皇太后)·황태후(皇太后)·황후(皇后).
【三犧 삼희】①천(天)·지(地)·종묘를 제사 지내는 데 쓸 희생. 육축(六畜) 가운데 우모(羽毛)를 완전히 갖춘 것. ②기러기·집오리·꿩.
【三喜聲 삼희성】세 가지 기쁜 소리. 곧, 다듬이 소리, 글 읽는 소리, 갓난아이 우는 소리.

【上】③ ❶위 상 圖 shàng
❷오를 상 圖 shàng, shǎng

丨 卜 上

[소전] [고문] [전문] [초서]

字源 指事. 소전의 글자 모양에서 가로획〔一〕은 일정한 위치를 나타내고, 세로획〔丨〕은 그 위치보다 높은 장소

임을 가리킨다. 합하여 위쪽을 표시하였다.

字解 ❶①위. ㉮높은 쪽, 꼭대기. 〔詩經〕無日高高在上, 陟陟厥下. ㉯上監在玆 (上監). 〔易經〕風行水上. ㉰조직·계급·수준·질·정도 등의 높은 쪽, 나은 쪽. 〔書經〕穆穆在上, 明明在下. ②하늘. 〔論語〕禱爾于上下神祇. ③임금. ¶上覽. ④손위. ¶上下老少. ⑤옛, 옛날. 〔呂氏春秋〕自此以上者, 亡國不可勝數. ❻무겁다, 중하다. 〔孟子〕善戰者服上刑. ⑦높이다, 숭상하다. 〔管子〕授事以能, 則人上功. ⑧첫째. ¶上旬. ⑨부근, 곁. 〔論語〕子在川上. ⑩國음력 10월. ❷①오르다. ㉮오르다, 아래에서 위를 향하여 움직이다. 〔易經〕雲上於天. ㉯올리다, 바치다. 〔禮記〕食上, 必在視寒煖之節. ㉰차·말·배 등을 타다. ¶上船. ㉱올라가다, 지방에서 중앙으로 가다. ¶上京. ②바라건대. 늑尙. 〔詩經〕上愼旃哉. ③사성(四聲)의 한 가지 ¶上聲. ④더하다. 〔國語〕索訟者三禁而不可上下, 坐成以束矢.
【上監 상감】國임금의 높임말.
【上甲 상갑】①초하루. ◯'甲'은 '初'로 '처음'을 뜻함. 上日(상일). ②과거 급제자 가운데 성적이 가장 뛰어난 부류.
【上客 상객】①지위가 높은 손님. 상좌에 모실 만한 손님. 上賓(상빈). ②혼인 때 가족 중에서 신랑·신부를 데리고 가는 사람. 圍繞(위요).
【上格 상격】①높은 위치(位置). ②뛰어난 자격(資格). 높은 격식(格式).
【上京 상경】①천자의 도읍. 서울. ②서울로 올라감.
【上界 상계】①천상(天上)의 세계. ②(佛)부처가 있는 곳. 天上界(천상계).
【上啓 상계】조정(朝廷)이나 윗사람에게 글로써 아룀. 上書(상서).
【上考 상고】관원의 고시(考試)에서 성적이 가장 좋은 사람.
【上告下布 상고하포】나라에 중대한 일이 있을 때 종묘(宗廟)에 아뢰고, 국민에게 널리 공포하던 일.
【上公 상공】①㉠주대(周代)에 삼공(三公)의 우두머리인 구명(九命)과 이왕(二王)의 후예(後裔). ㉡한대(漢代)의 태보(太保)·태부(太傅) ㉢진대(晉代)의 태재(太宰)·태부·태보. ②現공작(公爵)의 존칭(尊稱). ③'태백성(太白星)'의 딴 이름.
【上教 상교】①임금의 지시. ②윗사람의 가르침.
【上九 상구】①주역(周易)의 괘에서 제일 위의 양효(陽爻). ②음력 매월 29일. ③음력 9월 9일.
【上根 상근】끈기가 강한 일. 뛰어난 천성.
【上禁 상금】①위에서 내린 금령(禁令). ②임금의 금령.
【上年 상년】①좋은 해. 豐年(풍년). ②도교(道教)에서, 20세·30세의 사람을 이르는 말. ③지난해. 昨年(작년).
【上丹田 상단전】도교(道教)에서, 뇌(腦)를 일컫는 말.
【上達 상달】①좋은 방향으로 크게 발달함. 고

【上答 상답】 윗사람에게 대답함.
【上堂 상당】 ①당(堂)에 오름. ②고당(高堂). ③(佛)법당(法堂)에 오름.
【上代 상대】 ①옛날. 상고 시대. ②윗대. 祖上(조상).
【上德 상덕】 ①최상의 덕. ②제왕의 훌륭한 덕. ③덕을 숭상하는 일.
【上德不德 상덕부덕】 최상의 덕을 갖춘 사람은 그 덕을 자랑하지 않음.
【上途 상도】 여행길에 오름. 출발함.
【上道 상도】 ①중정(中正)의 도. ②북극에 가까운 태양의 궤도. ③신선의 도. ④여행길에 오름. 출발. ⑤복도(複道)의 윗길.
【上頓 상돈】 술을 잘 마시는 사람. ▷술을 즐기던 진(晉)나라의 왕침(王忱)이 스스로를 '上頓'이라 부른 데서 온 말. 酒豪(주호).
【上冬 상동】 초겨울. 곧, 음력 10월. 孟冬(맹동).
【上同 상동】 ①윗사람에 아부하여 의견을 좇음. ②위에 기록한 바와 같음.
【上棟下宇 상동하우】 마룻대를 올리고 서까래를 얹음. 집을 지음.
【上頭 상두】 ①여자가 15세가 되어 처음으로 비녀를 꽂는 예(禮). 남자의 관례(冠禮)에 해당한다. ②남자의 관례. 先頭(선두). ④위쪽. 上方(상방). ⑤창가(倡家)의 동기(童妓)가 처음으로 손님을 받음.
【上覽 상람】 임금이 봄. 御覽(어람).
【上臘 상랍】 (佛)출가(出家)하여 계(戒)를 받은 후 햇수가 오래된 승려.
【上梁 상량】 ①기둥에 보를 얹고, 그 위에 처마도리와 중도리를 걸고 마지막으로 마룻대를 올림. ②마룻대. 上樑(상량).
【上梁文 상량문】 문체(文體)의 이름. 건축물의 상량(上梁)의 축하하는 글.
【上靈 상령】 상제(上帝)의 혼백(魂魄).
【上禮 상례】 ①최상의 예(禮). ②물건 또는 선물을 보내는 예. ③최상의 대우(待遇).
【上僂 상루】 곱사등이.
【上漏下濕 상루하습】 위로는 비가 새고 아래로는 습기가 참. 허술하고 가난한 집.
【上命 상명】 ①군주(君主)의 명령. ②장수(長壽). ③명령을 존중함.
【上木 상목】 ①판목(版木)에 오름. ②출판함. ③國품질이 썩 좋은 무명·베. ④품질 좋은 나무.
【上文 상문】 ①학문을 숭상함. ②문식(文飾)을 숭상함. ③한 편의 글에서 앞부분의 글. 前文(전문).
【上聞 상문】 ①임금에게 아룀. ②아랫일이 조정(朝廷)에 알려짐.
【上文右武 상문우무】 문무(文武)를 모두 숭상(崇尙)함.
【上膊 상박】 어깨에서 팔꿈치까지의 부분.
【上方 상방】 ①지세의 가장 높은 곳. ②동쪽과 북쪽. ③천자가 쓰는 물건을 만들고, 그것을 간직하는 관아(官衙). 尙方(상방). ④위쪽. 하늘. ⑤(佛)㉠산 속에 있는 절. 山寺(산사). ㉡주지(住持).
【上房 상방】 ①이전의 담당자. 前任者(전임자). ②몸채. 正房(정방). ③國㉠관아(官衙)에서 상관이 거처하던 방. ㉡한 집에서 호주(戶主)가 거처하는 방. 곧, 주인의 방.
【上番 상번】 ①첫번. 첫째 번. ②번을 듦. 당직 근무에 듦.
【上變 상변】 급변(急變)을 위에 알림.
【上輔 상보】 재상(宰相)의 높임말.
【上服 상복】 ①상급(上級)의 중죄(重罪)를 순순히 인정함. ②상체(上體)에 과하는 형벌. 묵형(墨刑)·의형(劓刑) 따위. ③웃옷. 겉옷.
【上奉下率 상봉하솔】 國위로는 부모를 봉양하고 아래로는 처자를 거느림.
【上賓 상빈】 ①상석(上席)에 자리할 빈객(賓客). 上客(상객). ②날아 하늘에 오름. 곧, 천자(天子)가 죽음.
【上士 상사】 ①주대(周代)의 사계급(士階級) 가운데 제일 높은 신분. ②덕망이 높은 선비. ③(佛)보살(菩薩)의 딴 이름.
【上巳 상사】 음력 3월의 첫 사일(巳日). 이날 흐르는 물가에 가서 재앙을 떠는 풍속(風俗)이 있으며, 뒤에 3월 3일로 바뀌었음.
【上舍 상사】 ①좋은 집. 甲第(갑제). ②㉠송대(宋代) 대학(大學) 삼사(三舍) 가운데 하나. ㉡청대(淸代) 국자감(國子監)의 학생. ③선비를 높여 이르는 말. ④㉠소과(小科) 종장(終場)에 합격한 사람. 牛員(생원). ㉡소과 초장(初場)에 합격한 사람. 進士(진사).
【上庠 상상】 ①대학(大學). 右學(우학). 순(舜)임금 때 귀인(貴人)의 자제를 교육하기 위하여 설치하였음. ②國성균관의 생원.
【上相 상상】 ①임금이 대전(大典)의 의식을 치를 때 이를 주관하던 벼슬아치. ②재상(宰相)의 높임말. ③國'영의정'의 딴 이름.
【上翔 상상】 ①하늘을 낢. ②봉황이 날면서 우는 소리.
【上賞 상상】 최상의 상. 일등상.
【上書 상서】 ①천자에게 글을 올림. 또는 그 글. ②國윗사람에게 글을 올림. 또는 그 편지.
【上瑞 상서】 상서로운 조짐. 하늘이 선정(善政)에 감응(感應)하여 내리는 길조(吉兆).
【上仙 상선】 ①신선(神仙)이 됨. ②제왕(帝王)의 죽음. ③선인(仙人) 중에서 가장 뛰어난 선인. 上眞(상진). 上僊(상선).
【上船 상선】 배에 올라탐.
【上善 상선】 가장 훌륭한 선(善). 最善(최선).
【上聲 상성】 ①한자(漢字)의 사성의 하나. 처음 낮게 계속하다가 차츰 높아져서 가장 높게 되었다가 그치는 소리. ②중세 국어 사성(四聲)의 하나. 처음이 낮고 나중이 높은 소리. 글자에 표할 때는 왼편에 점 두 개를 찍는다.
【上疏 상소】 임금에게 글을 올림. 또는 그 글. 奏疏(주소).
【上首 상수】 ①(佛)국사(國師)의 높임말. 首座

【上壽 상수】 ①나이가 썩 많음. ②백 살 이상 된 노인. ③환갑 잔치 등에서, 주인공에게 장수(長壽)를 비는 뜻으로 술잔을 올림.
【上首功 상수공】 싸움터에서 적의 수급(首級)을 획득한 사람에게 후하게 상 주는 일. ○'上'은 '존중함'을 뜻함.
【上樹拔梯 상수발제】 나무에 올라가게 하고는 사닥다리를 치움. 사람을 유인하여 궁지에 몰아 넣음.
【上孰 상숙】 풍년(豊年)을 상·중·하의 세 등급으로 나눈 첫째. 평년작의 4배. 上熟(상숙).
【上旬 상순】 한 달 가운데 초하루부터 초열흘까지의 사이.
【上述 상술】 위에 적거나 말함. 미리 말함.
【上術 상술】 가장 좋은 수단 방법.
【上昇 상승】 위로 올라감. 上升(상승).
【上乘 상승】 ①(佛)㉠일체의 번뇌(煩惱)를 버리고 진리를 깨달음. ㉡대승(大乘). ②최상(最上)의 교법(敎法). ③말 네 필이 끄는 수레. ④사물의 가장 잘된 만듦새. 또는 그런 사물.
【上試 상시】 國과거 때 시관(試官)의 우두머리.
【上食 상식】 ①음식물을 받들어 올림. 進食(진식). ②國상가(喪家)에서 아침저녁으로 궤연(几筵) 앞에 올리는 음식.
【上申 상신】 관청이나 윗사람에게 일에 대한 경위(經緯)나 의견을 말이나 글로 여쭘.
【上謁 상알】 명함(名銜)을 올려 뵙기를 청함. ○'謁'은 '명함'을 뜻함.
【上言 상언】 ①백성이 임금에게 글을 올림. ②윗사람의 말.
【上雨 상우】 ①단비. 甘雨(감우). ②비가 샘.
【上愚 상우】 바보는 아니면서도 편벽된 의견을 가져 미련한 사람.
【上雨旁風 상우방풍】 위에서는 비가 새고 옆에서는 바람이 들어옴. 낡고 가난한 집.
【上元 상원】 ①음력 정월 보름. ②☞上元甲子(상원갑자). ③하늘. 上天(상천).
【上苑 상원】 천자의 정원. 대궐 안의 동산.
【上院 상원】 ①훌륭한 저택. ②양원 제도에서 하원과 더불어 국회를 구성하는 의원.
【上元甲子 상원갑자】 술수가(術數家)에서 180년을 1주(周)로 하고 그것을 3분(分)한 상원갑자(上元甲子)·중원갑자(中元甲子)·하원갑자(下元甲子) 중에서 제일갑자(第一甲子)인 60년.
【上援下推 상원하추】 위에서는 끌어올리고, 아래서는 밀어 줌. 서로 도와서 함께 나아감.
【上遊 상유】 ①상류(上流). ②높은 지위. ③알의 성적. ④하늘에 올라가 놂.
【上腴 상유】 기름진 땅. 비옥한 땅.
【上諭 상유】 임금의 말씀.
【上意 상의】 ①임금의 마음 또는 명령. 上旨(상지). ②윗사람의 의사. 지배자의 생각.
【上意下達 상의하달】 윗사람의 뜻이 아랫사람에게 전달됨.
【上人 상인】 ①(佛)지덕(智德)을 갖춘 불제자(佛弟子). 승려의 존칭. ②훌륭한 사람.

【上日 상일】 ①초하루. 上甲(상갑). 朔日(삭일). ②좋은 날. 吉日(길일). 良日(양일).
【上梓 상자·상재】 문서(文書)를 판목(版木)에 새김. 책을 박음.
【上長 상장】 지위가 위인 사람. 손윗사람.
【上章 상장】 ①경년(庚年)의 딴 이름. ○'上章'은 '庚'의 고갑자(古甲子). ②임금이나 관청에 글을 올림. ③☞上文(상문)❷.
【上宰 상재】 ①재상(宰上). ②별 이름.
【上裁 상재】 ①임금의 재가. ②상관의 결재.
【上程 상정】 ①여정(旅程)에 오름. ②의안(議案)을 회의에 내놓음.
【上帝 상제】 ①옥황상제(玉皇上帝). 天帝(천제). ②조물주. ③임금. 왕. ④옛 임금.
【上第 상제】 ①과거(科擧)에서 첫째로 급제함. 또는 그 사람. ②최선의 것.
【上弔 상조】 목매어 죽음.
【上足 상족】 ①제자 가운데서 뛰어난 사람. ○'足'은 제자를 스승의 발에 비유한 것. ②윗사람이 풍족함. ③좋은 말. 良馬(양마).
【上尊 ❶상존 ❷상준】 ❶①윗자리의 사람이 존귀(尊貴)함. ②존경함. ❷①제사 때에 맨 윗자리에 놓는 술 항아리. 좋은 술. ②상등의 술. 上尊酒(상준주).
【上奏 상주】 임금에게 말씀을 아룀.
【上柱國 상주국】 전국 시대 초(楚)나라에서 큰 공이 있는 사람에게 주던 벼슬 이름.
【上樽 상준】 ①☞上尊(상준)❷. ②남이 가지고 온 술을 칭찬하여 이르는 말.
【上烝 상증】 쩌서 김이 오름.
【上旨 상지】 임금의 뜻. 上意(상의).
【上志 상지】 ①상고(上古)의 기록. 上誌(상지). ②임금의 뜻.
【上知 상지】 배우지 않고도 아는 지혜. 뛰어난 지혜. 또는 그 사람. 生知(생지).
【上指 상지】 ①위를 가리킴. ②임금의 뜻.
【上池水 상지수】 아직 땅에 떨어지지 않은 이슬. 곧, 대나무나 잎에 괸 이슬 따위.
【上徵 상징】 위에서 징발(徵發)함.
【上饌 상찬】 아주 좋은 반찬.
【上僭 상참】 아랫사람이 분수에 넘치는 참람(僭濫)한 짓을 함.
【上策 상책】 훌륭한 계책. 上計(상계).
【上天 상천】 ①하늘. ②겨울 하늘. ③하느님. 天帝(천제). ④승천(昇天)함.
【上天下地 상천하지】 위에 있는 하늘과 아래에 있는 땅. 곧, 온 세상.
【上籤 상첨】 신묘(神廟) 같은 데서 길흉(吉凶)을 점칠 때 나타나는 가장 길한 산가지.
【上聽 상청】 임금의 귀에 들어감.
【上廳 상청】 ①여러 방 중에서 가장 좋은 방. ②國윗사람이 있는 곳이나 관청. ③國주점(酒店) 등에서, 말을 타고 하인을 거느린 손님에 대한 경칭(敬稱).
【上焦 상초】 삼초(三焦)의 하나. 위(胃)의 분문(噴門) 부분.
【上冢 상총】 성묘(省墓).

【上寵 상총】①임금의 총애. ②윗사람의 총애.
【上衝 상충】위로 치밀어 오름.
【上濁下不淨 상탁하부정】윗물이 흐리면 아랫물도 맑지 않음. 윗사람이 바르지 못하면 아랫사람도 본받아서 행실이 바르지 못함. 上不正下參差(상부정하참치).
【上通 상통】①아랫사람의 근무 태도가 윗사람에게 인정받음. ②아래의 사정을 위에 통함.
【上平 상평】①한자(漢字) 사성(四聲) 중의 평성(平聲)을 상하(上下)로 나눈 것 가운데 위의 반. ②현재 중국 발음의 사성의 한 가지. 소리를 고르고 짧게 냄.
【上幣 상폐】상등의 화폐(貨幣). ㉠주옥(珠玉). ㉡금. 황금.
【上表 상표】임금께 표(表)를 올림.
【上品 상품】①가계(家系)가 좋음. ②품위가 고상함. ③품질이 좋은 물품. ④(佛)최상의 극락.
【上風 상풍】바람이 불어오는 방향.
【上下 상하】①위와 아래. ②임금과 신하. ③높은 지위에 있는 사람과 낮은 지위에 있는 사람. ④장유(長幼). ⑤하늘과 땅. 天地(천지). ⑥산과 늪. 산과 평지(平地). ⑦풍년과 흉년. ⑧올라감과 내려감. 올라갔다 내려갔다 함. ⑨상품(上品) 중의 하위(下位). ⑩높음과 낮음. 높은 데와 낮은 데.
【上下老少 상하노소】윗사람과 아랫사람, 늙은 이와 젊은이. 곧, 모든 사람.
【上下無怨 상하무원】임금과 신하가 서로 화목(和睦)함.
【上下寺不及 상하사불급】①위로도 아래로도 모두 미치지 못함. ②두 가지 일이 모두 실패함.
【上下相蒙 상하상몽】⦿윗사람과 아랫사람이 서로 속임.
【上下齊同 상하제동】임금과 신하가 마음을 하나로 함.
【上下之際 상하지제】윗사람과 아랫사람이 서로 이해(理解)함. ⦿'際'는 '접합(接合)한다'는 것을 뜻함.
【上下天光 상하천광】위의 하늘빛과 아래의 호수에 비친 하늘빛.
【上下撑石 상하탱석】⦿윗돌을 빼서 아랫돌을 괴고, 아랫돌을 빼서 윗돌을 굄. 일이 급하여 임시변통으로 이리저리 둘러맞춤.
【上下咸讓 상하함양】윗사람과 아랫사람이 모두 예양(禮讓)에 두텁게 됨.
【上合 상합】위쪽에서 서로 붙음.
【上行 상행】①위로 나아감. ②윗사람이 행함. 또는 그 행위(行爲). ③윗자리. 또는 위의 열(列). 上坐(상좌). ④위의 분부. 상관의 명령. ⑤하급 관리가 상급 관리에게 올리는 공문서.
【上玄 상현】①하늘. ②마음. ③도교(道敎)에서 심장을 이르는 말.
【上弦 상현】매월 음력 7, 8일째 나타나는 달. ⦿활시위가 위로 간 형상인 데서 온 말.
【上賢 상현】①뛰어나게 현명함. 또는 그 사람. ②어진 이를 숭앙함.
【上刑 상형】가장 무거운 형벌. 極刑(극형).

【上衡 ❶상형 ❷상횡】❶가슴보다 높이 물건을 받듦. ❷위의 횡목(橫木). 위쪽의 가로대.
【上皇 상황】①하느님. 天帝(천제). ②선위(禪位)하여 생존한 황제의 존칭. 太上皇(태상황). ③상고(上古)의 제왕(帝王).
【上候 상후】①㉠임금의 편안한 소식. ㉡임금 신체의 안위. 聖候(성후). ②편지로 웃어른에게 안부를 여쭘.
❶計一, 山一, 世一, 水一, 年一, 陸一, 以一, 引一, 長一, 呈一, 頂一, 紙一, 至一, 地一, 進一, 天一, 最一, 向一, 獻一.

一₂【与】③ 與(1472)의 속자

一₂【丈】③ 어른 장 🔊 zhàng

一 ナ 丈

[字源] 會意. 소전의 글자 모양은 '十'과 '又'로 이루어졌는데, '十'은 수효의 '10', '又'는 오른손을 나타낸다. 1뼘은 1척(尺)이므로 그 10배인 10척을 1장(丈)이라 한다. 또 1장은 8척이어서 성인(成人) 남자의 키와 같아 '어른, 길' 등의 뜻도 나타낸다.
[字解] ①길이의 단위. 1장(丈)은 주척(周尺)으로 10척(尺). 또한 1장은 한 길로 사람의 키를 말한다. 〔春秋左氏傳〕里而栽, 廣丈, 高倍. ②어른 사람의 칭호·별호·직함 등에 붙여, 높이는 뜻을 나타낸다. 〔大戴禮〕丈者, 長也. ③지팡이. 늑杖. ¶丈人. ④재다, 측량하다. ¶丈量.
【丈家 장가】⦿사내가 아내를 맞는 일.
【丈勘 장감】토지와 논밭을 측량함.
【丈菊 장국】해바라기. 向日葵(향일규).
【丈器 장기】측량기(側量器).
【丈量 장량】①1장(丈)을 단위로 하여 길이를 잼. ②토지의 넓이를 잼.
【丈六 장륙】키가 1장 6척인 불상(佛像).
【丈夫 장부】①다 자란 씩씩한 남자. ②재능이 뛰어난 훌륭한 사람. ③㉰남편.
【丈夫淚 장부루】절의(節義)를 위하여 흘리는 남자의 눈물.
【丈人 장인】①노인. ⦿'丈'은 '杖'으로 '지팡이'를 뜻함. 노인은 지팡이를 짚는 데서 온 말. ②덕행이 높은 장로(長老)나 성인(聖人). ③아내의 친정 아버지. 岳父(악부). ④조부(祖父). ⑤아버지의 벗.
【丈丈 장장】존장(尊長)을 일컫는 말.
【丈尺 장척】①장(丈)과 척(尺)으로써 길이를 잼. ②열 자 길이가 되게 만든, 장대로 된 자.
❶器一, 方一, 阮一, 儀一, 一一, 椿府一.

一₂【下】③ ❶아래 하 🔊 xià
❷내릴 하 🔊 xià

一 丁 下

一部 2획 下

소전 丁 고문 二 전문 丅 초서

【字源】指事. 소전의 글자 모양에서 가로획〔一〕은 일정한 위치를 나타내고, 세로획〔丨〕은 그 위치보다 낮은 장소임을 가리킨다. 합하여 아래쪽을 표시하였다.

【字解】❶①아래. ¶下向. ②아랫사람, 손아래, 신하. 〔中庸〕爲下不倍. ③뒤, 끝. 〔詩經〕下武維周. ④하급(下級), 저급, 열등. 〔書經〕厥賦下上. ⑤천한 사람. 〔儀禮〕卑者尊統下. ⑥땅, 토지. 〔書經〕格于上下. ⑦임금이나 귀인의 거처. 〔儀禮〕始見于君, 執摯至下. ❷①내리다. ㉮높은 데서 낮은 데로 내리다. 〔孟子〕從流下. ㉯비·이슬·눈 등이 내리다. 〔孟子〕沛然下雨. ㉰값·등급 등이 떨어지다. ㉱명령 따위를 내리다. 〔史記〕趣使下令. ②내려가다. ㉮서울에서 지방으로 가다. ㉯지체가 낮아지다. 〔易經〕以貴下賤, 大得民也. ③항복하다. 〔史記〕下齊七十餘城. ④손대다, 착수하다. 〔杜甫·丹靑引贈曹將軍霸〕將軍下筆開生面. ⑤내려 주다. 〔史記〕天子下其事, 與丞相議. ⑥없애다, 제거하다, 덜다. 〔周禮〕歲登下其損益之數. ⑦군대 등을 내보내다. 〔戰國策〕下兵三川. ⑧못하다. 〔詩經〕下王后一等. ⑨낮추다, 자기를 낮추어 상대방을 높이다. 〔論衡〕傾一國之尊, 下道術之士. ⑩조건·환경 등을 나타내는 말.

【下嫁 하가】 공주(公主)나 옹주(翁主)가 귀족이나 평민에게로 시집감.

【下瞰 하감】 아래를 내려다봄.

【下降 하강】 ①내려감. 떨어짐. ②공주가 신하에게 시집감. 下嫁(하가).

【下車 하거】 ①수레에서 내림. ②벼슬아치가 임소(任所)에 다다름. 부임함.

【下界 하계】 ①(佛)인간 세계. 이 세상. 娑婆(사바). ②인간 세상에 내려옴. ③높은 곳에서 낮은 곳을 일컫는 말.

【下棺 하관】 관(棺)을 광(壙) 안에 내림.

【下管 하관】 의식(儀式) 때에 당하(堂下)에서 연주하는 관악(管樂).

【下卦 하괘】 ①주역의 육효(六爻) 중 아래에 있는 세 괘. ②길하지 못한 점괘.

【下敎 하교】 ①國임금이 내린 명령. 傳敎(전교). ②윗사람이 가르치어 보임.

【下剋上 하극상】 하(下)가 상(上)을 이김. 신분이 낮은 사람이 윗사람을 꺾고 오름.

【下氣 하기】 ①마음을 진정시킴. ②기질을 억제하여 태도를 부드럽게 함.

【下氣怡聲 하기이성】 마음을 진정시키고 음성을 부드럽게 함. 자식이 부모를 섬기는 도리.

【下女 하녀】 ①시녀(侍女). ②일하는 능력이 하급(下級)인 여자.

【下年 하년】 ①다음 해. 내년. ②도교(道敎)에서 60세, 70세 된 사람을 이르는 말.

【下念 하념】 國윗사람이 아랫사람을 염려함. 下慮(하려).

【下丹田 하단전】 도교(道敎)에서 말하는 삼단전(三丹田)의 하나. 배꼽 아래 한 치쯤 되는 곳. 氣海(기해).

【下達 하달】 ①재리(財利)에 밝음. ②윗사람의 뜻이 아랫사람에게 이름. ③여자 집에 중매인을 통하여 결혼을 신청하는 일.

【下堂 하당】 ①대청(大廳)에서 내려옴. ②아내와 이혼함.

【下堂迎之 하당영지】 뜰에 내려가 찾아온 사람을 맞이함. 윗사람이나 반가운 사람을 극진히 영접함.

【下落 하락】 아래로 떨어짐.

【下諒 하량】 國윗사람이 아랫사람의 마음을 살펴 알아줌을 아랫사람이 높여 이르는 말.

【下令 하령】 ①왕세자(王世子)가 영지(令旨)를 내림. ②명령을 내림.

【下僚 하료】 지위가 낮은 관리.

【下陵上替 하릉상체】 아랫사람이 윗사람을 능가하여 윗사람의 권위가 땅에 떨어짐. 상하의 질서나 기강이 무너져 어지러움.

【下吏 하리】 ①신분이 낮은 벼슬아치. ②법관(法官)에게 넘겨 조사하게 함. ○'吏'는 법관. ③각 관아(官衙)에 딸린 구실아치의 총칭.

【下里 하리】 ①시골. ②사자(死者)의 혼(魂)이 모이는 곳. ③國아랫마을.

【下俚 하리】 ①속된 가곡(歌曲). 상스러운 노래. ②천함. 상스러움.

【下痢 하리】 설사.

【下里巴人 하리파인】 민간에서 부르던 통속 가곡. ○'下里'는 시골, '巴'는 고대 중국의 나라 이름.

【下馬 하마】 ①말에서 내림. ②좋지 못한 말. ③관리가 임지에 도착함. 부임(赴任)함.

【下馬碑 하마비】 궁전(宮殿)이나 공자묘(孔子廟) 앞에 세우던 푯돌. 말 탄 사람은 누구든지 그 앞을 지날 때에는 말에서 내리라는 내용을 새겼음.

【下馬評 하마평】 관리의 이동·임명에 관한 세간(世間)의 물망(物望).

【下望 하망】 아래를 바라봄.

【下命 하명】 ①명령(命令)을 내림. ②위에서 내려다봄.

【下錨 하묘】 닻을 내림. 배를 항구(港口)에 댐. 碇泊(정박).

【下問 하문】 손아랫사람에게 물음. 후배에게 가르침을 받음.

【下物 하물】 ①술안주. ○술을 내려가게 하는 물건이라는 데서 온 말. ②천한 물건. 신〔履〕 따위.

【下民 하민】 세상 사람. 백성. 凡民(범민).

【下膊 하박】 팔꿈치에서 손목까지 팔의 부분을 이르는 말.

【下膊石 하박석】 國비(碑)나 탑(塔) 등의 맨 아래에 까는 돌.

【下班 하반】 ①석차(席次)의 끝. 맨 끝의 반열(班列). 末席(말석). ②퇴청(退廳)함.

【下飯 하반】 부식물. 반찬.

【下方 하방】 ①아래쪽. 下部(하부). ②인간 세계. ③지세(地勢)가 낮은 곳. ④하부(下部)가 방형(方形)인 것. ⑤남쪽과 서쪽. ○오행설(五

行說)에서 남쪽과 서쪽이 음기(陰氣)가 싹트는 곳이라 여긴 데서 온 말.
【下房 하방】①아랫방. ②㉠천한 방. 초라한 방. ㉡천제(天帝)에 대하여 천자(天子)의 궁전을 겸손하게 이르는 말. ③國㉠하인(下人)들이 거처하는 방. ㉡침실(寢室).
【下番 하번】①당직(當直)을 마치고 나오는 사람. ②군영(軍營)에서 돌림차례를 마치고 나오는 번(番).
【下服 하복】①가벼운 죄에 복역함. ②하체(下體)에 과하는 형벌. 궁형(宮刑) 따위. ③아랫사람이 되어 섬김.
【下僕 하복】하인. 사내종. 奴僕(노복).
【下附 하부】①아래에 붙음. ②관청 또는 귀인(貴人)이 아랫사람에게 수여함.
【下批 하비】①삼망(三望)을 갖추지 않고 한 사람만 상주(上奏)하여 임금이 임명하던 일. ②신하의 상주문을 재가할 때에 임금이 그 끝에 쓰던 의견문.
【下賜 하사】임금이나 국가 원수가 아랫사람에게 물건을 내려 줌.
【下三道 하삼도】國충청도, 전라도, 경상도의 총칭. 三南(삼남).
【下三聯 하삼련】근체시구(近體詩句)의 아래 석 자(字)를 모두 평자(平字) 또는 측자(仄字)로 쓰는 일. 석 자가 모두 평자로 된 것을 평삼련(平三聯), 측자로 된 것을 측삼련(仄三聯)이라고 하며, 보통 이를 꺼림.
【下庠 하상】옛날, 서민이 배우던 학교.
【下殤 하상】여덟 살에서 열한 살 사이의 나이에 요절(夭折)함. 또는 그 사람.
【下霜 하상】서리가 내림.
【下石 하석】돌을 떨어뜨림. 남이 곤경에 빠져 있는 것을 더욱더 괴롭힘.
【下泄 하설】설사. 下痢(하리).
【下誠 하성】자기 정성의 겸칭(謙稱). 주로 어른에게 보내는 편지글에 씀.
【下聲 하성】낮고 굵은 소리.
【下世 하세】①죽음. ②후세(後世). ③☞下界(하계).
【下屬 ❶하속 ❷하촉】❶①부하(部下). ②國하인의 무리. ❷아래로 이어짐.
【下手 하수】①스스로 행함. 着手(착수). ②기술이 낮은 사람. ③바둑·장기에서 수가 낮음. 또는 그 사람.
【下水 하수】①새로 만든 배의 진수(進水). ②배가 흐름에 따라 떠감. ③물에 들어감. ④더러운 물. 또는 도랑.
【下垂 하수】아래로 늘어짐. 밑으로 드리워짐.
【下首 하수】①숙인 머리. 늘어뜨린 머리. ②식물(植物). ○동물(動物)을 상수(上首)라고 하는 데 대하여 이르는 말. ③現아랫쪽. 말석(末席) 쪽.
【下手人 하수인】①손을 대서 직접 사람을 죽인 사람. ②남의 밑에서 졸개 노릇을 하는 사람.
【下宿 하숙】일정한 돈을 내고 남의 집에서 먹고 잠.

【下熟 하숙】풍년을 상·중·하로 나눈 셋째 번. 평년작의 2배.
【下旬 하순】스무하루부터 그믐까지의 열흘 동안. 下浣(하완).
【下濕 하습】땅이 낮고 습기가 많음.
【下乘 하승】①수레에서 내림. ②(佛)소승(小乘). 대승(大乘)과 더불어 불교의 두 가지 큰 파의 하나. 속세를 초월하여 수행(修行)과 사변(思辨)에만 전념하는 교단. ③느린 말[馬]. 못난 사람.
【下視 하시】①아래를 봄. ②낮잡아 봄. 업신여김. 下瞰(하감).
【下秧 하앙】모를 심음. 모내기를 함.
【下野 하야】시골로 내려감. 관직(官職)에서 물러남.
【下獄 하옥】죄인을 옥(獄)에 가둠.
【下舂 하용】해가 넘어가려고 할 무렵. 일몰(日沒) 무렵.
【下愚 하우】①아주 어리석고 못난 사람. ②자기(自己)의 겸칭(謙稱).
【下帷 하유】장막을 내림. ㉠글방을 열어 제자를 가르침. ㉡깊이 들어앉아 독서에 전념함.
【下游 하유】①하류(下流) 부근의 땅. ②낮은 신분. 下位(하위). ③헤엄치며 놂. 游泳(유영). ④아래쪽에 다다름.
【下儒 하유】①변변하지 못한 학자. 쓸모없는 학자. ②학자의 겸칭. ③술사(術士).
【下意 하의】①겸손함. ②본래의 뜻을 굽힘. ③아랫사람들의 의사(意思). ④백성의 뜻.
【下子 하자】①씨를 뿌림. ②바둑돌을 놓음.
【下載 하재】땅이 밑에서 만물을 받침.
【下箸 하저】젓가락을 댐. 음식을 먹음.
【下節 하절】①절조(節操)가 낮은 사람. ②아랫마디. ③야비한 음악.
【下情 하정】①어른에게 대하여, 자기의 심정이나 뜻을 낮추어 이르는 말. ②아랫사람들의 사정. 下懷(하회).
【下情上通 하정상통】백성의 사정이나 뜻이 위에 잘 통함.
【下第 하제】과거에 낙제함.
【下劑 하제】설사를 하게 하는 약제. 설사약.
【下從 하종】순사(殉死)함. 아내가 죽은 남편의 뒤를 따라 자결함.
【下種 하종】씨를 뿌림.
【下坐 하좌】아랫자리. 낮은 자리.
【下注 하주】①아래로 쏟아짐. ②아래쪽에 있는 주석 밑에 있는 주해. ③노름할 때 맡긴 노름돈. ○'注'는 '賭注'로 '재물을 걸고 내기하는 것'을 뜻함.
【下走 하주】①수레에서 내려 달림. ②자기의 겸칭. ③심부름꾼. 하인. ○'走'는 '走卒'로 '심부름하는 하인'을 뜻함.
【下酒 하주】술안주로 함.
【下地 하지】①메마른 땅. ②땅. 지면(地面). ③(佛)수행 중에 있는 보살의 낮은 지위.
【下肢 하지】두 다리.
【下直 하직】①당직(當直)을 마침. ②먼 길을

떠날 때 웃어른께 작별을 고함. ③서울을 떠나는 벼슬아치가 임금에게 작별을 아룀.
【下陳 하진】①당(堂)의 아래에 예물(禮物)을 진열하고 비(婢)나 첩(妾)이 늘어서는 곳. '후궁(後宮)'의 비유. ②아랫줄. 지위가 낮은 사람의 비유.
【下塵 하진】①바람에 불리어 날아오는 먼지. ②(佛)속된 일. 또는 속계(俗界).
【下采 하채】폐백(幣帛)을 바침. 납폐(納幣)함.
【下妻 하처】첩(妾).
【下處 하처】①임시로 묵는 곳. ②國손이 길을 가다가 묵음. 또는 묵고 있는 곳. ◯'사처'의 원말.
【下遷 하천】벼슬 자리가 떨어짐. 좌천 또는 강등(降等)됨.
【下籤 하첨】신묘(神廟) 따위에서 산가지를 뽑아 길흉을 점칠 때 나오는 가장 낮은 점대. 불길한 점대.
【下帖 하첩·하체】수령(守令)이 체문(帖文)을 내림.
【下焦 하초】삼초(三焦)의 하나. 배꼽 아랫부분.
【下鍼 하침】침을 놓음.
【下榻 하탑】①손님을 극진히 대접함. 故事 후한(後漢)의 진번(陳蕃)이 군내(郡內)의 고사(高士) 주구(周璆)를 위하여 특별히 안석(案席) 하나를 마련하였다는 고사에서 온 말. ②기숙(寄宿)함.
【下土 하토】①땅. 下地(하지). ②메마른 땅. ③두멧구석. ④낮은 땅.
【下腿 하퇴】종아리.
【下版 하판】①(佛)절의 큰 방의 아랫목. 桁頭(항두). ②완료된 조판(組版)을 인쇄하거나 지형(紙型)을 뜨기 위하여 다음 공정(工程)으로 옮기는 일.
【下平 하평】사성(四聲)의 하나. 평성(平聲)을 상하(上下)로 나눈 하나. 下平聲(하평성).
【下品 하품】①인품이 낮음. ②질이 낮은 물건. ③하등(下等) 계급. ④(佛)구품정토(九品淨土)의 아랫자리의 세 품.
【下風 하풍】①바람이 불어 가는 쪽. ②남의 아랫자리. 남의 지배 아래.
【下筆 하필】붓을 대어 씀. 시나 글을 지음.
【下筆成章 하필성장】붓을 잡기만 하면 당장 문장을 이룸. 문재(文才)가 뛰어남.
【下學上達 하학상달】①아래로는 인간의 사리(事理)를 배우고 위로는 하늘의 도리(道理)에 통함. ②쉬운 것을 배워서 점차 깊은 학문에 나아감.
【下向 하향】위에서 아래쪽으로 향함.
【下弦 하현】음력 매월 23일경에 반달 모양으로 되는 달. 만월(滿月)과 다음 신월(新月)과의 중간이며 활의 현(弦)을 뒤엎은 모양임.
【下戶 하호】①가난한 백성. 貧民(빈민). ②술을 마시지 못하는 사람.
【下火 하화】(佛)화장(火葬)을 할 때에 시신을 태울 땔감에 불을 놓는 일.
【下化衆生 하화중생】(佛)보살이 중생을 교화하여 제도(濟度)함.
【下回 하회】다음 차례. 次回(차회).
【下懷 하회】자기 마음의 겸칭. 주로 어른에게 보내는 편지 글에서 씀.
【下厚上薄 하후상박】아랫사람에게 후하고 윗사람에게 박함.
【下恤 하휼】아랫사람의 형편을 딱하게 여겨 물질로 도와줌.

◐ 却一, 脚一, 閣一, 降一, 格一, 啓一, 階一, 貴一, 廊一, 幕一, 目一, 門一, 部一, 卑一, 上一, 臣一, 以一, 殿一, 足一, 地一, 陛一.

一3 【丐】④ 빌 개 圖 gài
字解 ①빌다, 남의 것을 거저 얻으려고 사정하다. ※句(222)의 속자. 〔文選〕攀其鱗翼, 丐其餘論. ②비럭질, 걸인. 〔柳宗元·書〕阜隷傭丐皆得上父母丘墓. ③잡다, 취(取)하다. 〔新唐書〕白晝群行, 丐頡於市. ④주다. 〔漢書〕我丐若馬.
【丐乞 개걸】①빌어먹음. ②거지.
【丐命 개명】목숨을 빎. 살아나기를 빎.
【丐沐 개목】쌀뜨물을 빎. ◯'沐'은 '쌀뜨물'로 머리를 감는 데 씀.
【丐子 개자】거지.
【丐頡 개힐】약탈함.

一3 【丏】④ 가릴 면 圖 miǎn
소전 麥考 丐(24)는 딴 자.
字解 ①가리다, 숨기다. ②토담. 화살을 막기 위한 낮은 토담.

一3 【不】④ ❶아닐 불 圓 bù
❷아닐 부 圅 fǒu
❸새 이름 부 圂 fōu
❹클 부 圞

一 フ 不 不

소전 초서 麥考 ①우리나라에서는 '不' 다음에 'ㄷ·ㅈ'을 첫소리로 하는 한자(漢字)가 오면 '부'로 발음한다. ②대법원 지정 인명용 한자의 음은 '불·부'이다.
字源 象形. '一'은 하늘, '不'는 새가 날고 있는 모양이다. 새가 하늘 높이 날아올라 내려오지 않는다는 데서 '부정(否定)'의 뜻을 나타낸다.
字解 ❶①아니다. 부정의 뜻을 나타낸다. ≒弗. ㉮아니하다. 〔中庸〕雖不中不遠. ㉰아니 ≒非. 〔中庸〕苟不至德, 至道不凝焉. ㉲없다. ≒無. 〔詩經〕不日不月. ㉴못하다. 〔孟子〕不爲也, 非不能也. ②마라, 금지(禁止)의 뜻을 나타낸다. 〔書經〕王不敢後. ❷①아니다. ②마라. ※뜻은 ❶과 같다. ❸①새 이름. =鳺. ②아닌가? 의문을 나타내는 어조사. ≒否. 〔史記〕視我舌尙在不. ③성(姓). ❹①크다. ≒조.

〔周誥楚文〕不顯太神巫咸. ②꽃자루. 〔詩經〕棠棣之華, 鄂不韡韡. ③國불통(不通). 과거(科擧)에서 경서(經書)를 외는 성적이 불합격일 때의 등급을 나타낸다.

【不可 불가】①옳지 않음. ②할 수 없음.

【不可思議 불가사의】사람의 생각으로는 헤아려 알 수 없음. 이상한 일.

【不可說 불가설】참된 이치는 말로는 알 수 없고 체득(體得)으로만 알 수 있음.

【不可抗力 불가항력】사람의 힘으로는 어찌할 수 없음.

【不可諱 불가휘】죽음. ◐'諱'는 '避'로 '회피함'의 뜻. 죽음은 사람이 기피할 수 없는 것인 데서 온 말.

【不恪 불각】조심하지 않음. 삼가지 않음. ◐'恪'은 '敬'으로, '삼가다'라는 뜻.

【不慤 불각】성실하지 않음. 참되지 않음.

【不刊 불간】①닳아 없어지지 않음. 깎아 없애지 못함. ②영원히 전할 책. ◐'刊'은 '削'로 '잘라 냄'을 뜻함.

【不堪 불감】견디기가 어려움.

【不敢 불감】감히 하지 못함.

【不敢當 불감당】감히 당해 내지 못함. 그만한 자격이 없다는 겸양의 말.

【不敢生心 불감생심】힘에 부쳐 감히 엄두도 내지 못함. 不敢生意(불감생의).

【不敢請 불감청】마음속으로는 간절하지만 감히 청하지 못함.

【不虔 불건】신불(神佛)을 공경하지 아니함.

【不經 불경】①상도(常道)에 어그러짐 또는 그러한 죄인. ◐'經'은 '常'으로 '항상 변하지 않음'을 뜻함. ②불합리(不合理)함. 도리에 맞지 아니함. ③겪지 아니함. 경험이 없음.

【不經意 불경의】아무 뜻을 두지 않음.

【不經之談 불경지담】실없고 간사한 말. 도리에 어긋난 말.

【不繫之舟 불계지주】잡아매지 않은 배. ㉠속세를 벗어난 무념무상(無念無想)의 경지. ㉡정처 없이 방랑함.

【不辜 불고】죄가 없는 사람. 無辜(무고).

【不顧 불고】돌아보거나 돌보지 않음.

【不穀 불곡】임금이나 제후(諸侯)가 자신을 겸손히 이르는 말. ◐'穀'은 '善'으로 '바르게 어짊'을 뜻함.

【不共 불공】①삼가지 않음. 공손하지 않음. 不恭(불공). ②준비하지 아니함. ③(佛)공통이 아닌. 독자(獨自)의.

【不恭 불공】공손하지 못함.

【不共戴天 불공대천】①한 하늘 아래에서는 더불어 살 수 없는 원수. ②임금이나 부모에 대한 원수.

【不關 불관】관계하지 아니함.

【不愧屋漏 불괴옥루】옥루에서도 부끄러움이 없음. 사람이 보지 않는 곳에서도 경계하고 신중히 행동하여 부끄러움이 없음. ◐'屋漏'는 '방의 서북쪽의 어두운 구석'을 뜻함.

【不拘 불구】거리끼지 않음. 勿拘(물구).

【不求聞達 불구문달】세상에 명성이 들날리기를 바라지 않음.

【不拘小節 불구소절】자질구레한 예절에 얽매이지 않음.

【不求甚解 불구심해】뜻을 깊이 캐지 않음. 대의(大意)에만 통함.

【不君 불군】임금으로서 할 도리를 다하지 못함. 임금 노릇을 못함.

【不群 불군】무리에서 뛰어남. 拔群(발군).

【不屈 불굴】①처음의 뜻을 굽히지 아니함. 절개를 꺾지 아니함. ②복종하지 아니함. 항복하지 아니함. ③다하여 없어지지 않음.

【不匱 불궤】다함이 없음. 적지 않음.

【不軌 불궤】①궤도를 벗어남. ②법을 지키지 아니함. 반역을 꾀함.

【不歸 불귀】①돌아오지 아니함. ②죽음.

【不歸客 불귀객】돌아오지 않는 나그네. 곧, 죽은 사람.

【不龜手藥 불균수약】①손을 트지 않게 하는 약. ②보잘것없는 재주.

【不根持論 불근지론】근거가 없는 지론(持論).

【不謹 불근】삼가지 못함.

【不及 불급】미치지 못함.

【不急官 불급관】당장 필요하지 않은 벼슬. 冗官(용관).

【不及馬腹 불급마복】채찍은 길어도 말의 배에는 닿지 않음. 인생에는 사람의 힘이 미치지 못하는 곳이 있음.

【不急之察 불급지찰】필요하지도 급하지도 않은 일을 살핌. 필요 없는 성찰.

【不肯 불긍】응낙하지 아니함. 즐기어 하고자 아니함.

【不起 불기】병들어 누워 일어나지 못하고 죽음.

【不器 불기】인격(人格)·재예(才藝)가 갖추어져서 어떠한 방면에도 능함. ◐'器'는 '한 방면에만 쓰임'을 뜻함.

【不羈 불기】남에게 구속을 받지 아니함.

【不欺闇室 불기암실】어두운 곳에서도 행동을 삼가는 일. 不侮暗室(불모암실).

【不期而會 불기이회】우연히 서로 만남.

【不吉之兆 불길지조】불길한 일이 일어날 징조. 不祥之兆(불상지조).

【不耐煩 불내번】번거로운 직무를 견디지 못함.

【不念舊惡 불념구악】다른 사람이 저지른 옛날의 나쁜 일을 염두에 두지 않음.

【不佞 불녕】①재주가 없음. 자기의 비칭(卑稱). ②구변(口辯)이 없음.

【不能 불능】①능히 할 수 없음. ②능하지 못함.

【不能彀 불능구】①힘이 없어 활을 당길 수 없음. ㉠임무를 감당하지 못함. ㉡뜻에 차지 않음. 마음에 들지 않음. ②할 수 없음.

【不稂不莠 불랑불유】농작물 가운데 잡초가 섞이지 않음. ㉠재능이 없는 사람. ㉡자식이 없는 사람.

【不來不去 불래불거】(佛)불법(佛法)을 이름. 불법은 얻는 것도 없고 잃는 것도 없으며, 오는 것도 없고 가는 것도 없다는 의미임.

【不慮 불려】 ①뜻밖. 意外(의외). ②생각이나 예상하지 않음.
【不廉 불렴】 ①모가 나지 아니함. 화합함. ②청렴하지 못함.
【不逞 불령】 ①불평을 품고 제멋대로 행동함. 불평을 품고 방자함. ②만족하지 않음. ✑'逞'은 '快'로 '기뻐함'을 뜻함.
【不老長生 불로장생】 언제까지나 늙지 않고 오래 삶.
【不老草 불로초】 먹으면 늙지 않는다는 풀. 선경(仙境)에 있다는 상상의 풀.
【不祿 불록】 ①선비(士)의 죽음. ✑봉록(奉祿)을 받지 않게 되었다는 뜻에서 온 말. ②일찍 죽음. 夭死(요사).
【不了事 불료사】 사리를 환히 깨닫지 못함.
【不類 불류】 ①착하지 아니함. ②같은 부류(部類)가 없음. ③비슷하지 않음.
【不倫 불륜】 ①인륜(人倫)에서 벗어남. ②같은 무리가 아님.
【不律 불률】 ①법을 지키지 않음. ②붓의 딴 이름. ✑발음이 '筆(필)'과 비슷한 데서 온 말.
【不利 불리】 ①이롭지 못함. ②전쟁에서 패배함.
【不立文字 불립문자】 (佛)글이나 말을 쓸 수 없음. 불도(佛道)는 설명이나 해석에 의지하지 않고 마음으로 깨달아야 함.
【不磨 불마】 닳아 없어지지 아니함. 갈아 없애지 못함. 不滅(불멸).
【不忘 불망】 잊지 아니함.
【不昧 불매】 ①어둡지 아니함. 환함. ②물욕(物慾)에 정신이 흐려지지 않음.
【不眠不休 불면불휴】 자지도 않고 쉬지도 않고 힘써 함.
【不明 불명】 ①밝지 못함. ②사리에 어두움. 어리석음.
【不毛 불모】 ①오곡(五穀)이 나지 않음. 또는 그런 땅. ✑'毛'는 '草'로 '풀'을 뜻함. ②오곡을 심지 않음. ③털이 한 빛깔이 아닌 가축.
【不睦 불목】 서로 사이가 좋지 않음.
【不牧之民 불목지민】 남에게 지배(支配)당하지 않는 민족.
【不牧之地 불목지지】 가축(家畜) 따위를 기를 수 없는 황폐한 땅.
【不文 불문】 ①꾸밈이 없음. ②문장이 서투름. 학문이 없음. ③글자로 적지 아니함.
【不問可知 불문가지】 묻지 아니하여도 알 수가 있음.
【不問曲直 불문곡직】 묻지 않고 함부로 함. 덮어놓고 마구 함.
【不美 불미】 추잡하여 아름답지 못함.
【不敏 불민】 ①민첩하지 못함. 어리석음. ②자기의 겸칭.
【不憫 불민】 딱하고 가엾음.
【不拔 불발】 든든하여 뽑히거나 꺾이지 않음. 끄떡하지 않음.
【不發 불발】 ①화살을 쏘지 않음. ②문 따위를 열지 않음. ③밝히지 않음. ④쏜 총알이나 던진 폭탄이 터지지 않음. ⑤떠나지 않음.

【不伐己長 불벌기장】 자기의 장점을 자랑하지 않음. ✑'伐'은 '矜'으로 '자랑함'을 뜻함.
【不犯 불범】 ①남의 것을 침범하지 않음. ②(佛)사음계(邪淫戒)를 범하지 않음.
【不凡子 불범자】 비범한 아들. 남의 아들을 칭찬하여 이르는 말.
【不服 불복】 ①복종하지 아니함. ②길들지 않음. ③불만을 품음.
【不卜日 불복일】 혼인·장사 따위의 날을 가리지 않고 지냄.
【不憤不啓 불분불계】 분발(奮發)하는 바가 없으면 계도(啓導)하지 아니함. 스스로 터득(攄得)하려고 노력하는 사람이라야 스승의 가르침으로 미묘한 이치에 통달할 수 있음.
【不備 불비】 ①제대로 갖추지 못함. ②편지 끝에 쓰는 말. 不悉(불실).
【不悱不發 불비불발】 말로 표현하지 못하여 고심하는 사람이 아니면, 이를 인도하여 통(通)하게 하여 주지 아니함. 스스로 터득코자 힘쓰는 사람이라야 스승의 계발(啓發)로 깊은 이치에 통달할 수 있음.
【不賓之士 불빈지사】 임금에게 복종하지 않는 선비. 爭臣(쟁신). ✑'賓'은 '服'으로 '좇음'을 뜻함.
【不仕 불사】 벼슬을 시켜도 나서지 않음.
【不竢 불사】 기다리지 않음.
【不死身 불사신】 ①어떤 고통이나 상해(傷害)도 견디어 내는 굳센 몸. ②어떤 곤란을 당해도 기력을 잃지 않는 사람.
【不死永生 불사영생】 죽지 않고 영원히 삶.
【不事二君 불사이군】 두 임금을 섬기지 아니함. 충신이 마땅히 행해야 할 도리.
【不舍晝夜 불사주야】 밤낮으로 쉬지 않음.
【不相能 불상능】 서로 용납(容納)되지 않음. 화목(和睦)하지 못함.
【不祥事 불상사】 상서(祥瑞)롭지 못한 일. 좋지 못한 일.
【不生不滅 불생불멸】 ①(佛)생겨나지도 않고 죽어 없어지지도 않음. 변화가 없는 우주(宇宙)의 본체(本體)를 이른다. ②☞不生不死(불생불사).
【不生不死 불생불사】 나지도 죽지도 않음.
【不射宿 불석숙】 자고 있는 새를 쏘아 잡지 않음. 인자(仁者)의 은택이 금수에까지 미침.
【不惜身命 불석신명】 목적을 이루기 위하여 신명(身命)을 아끼지 않고 정성을 다함.
【不宣 불선】 ①널리 떨치지 못함. ②다 적지 못함. 친구 사이에 주고받는 편지 끝에 쓰는 말.
【不善 불선】 ①착하지 아니하거나, 좋지 못함. ②잘하지 못함.
【不屑 불설】 탐탁하게 여기지 않음.
【不屑之敎誨 불설지교회】 가르치는 것을 탐탁하게 여기지 않는 가르침. 일부러 가르치거나 돌보지 않음으로써 도리어 그 사람을 분발하게 하여 스스로 깨닫게 하는 교훈.
【不贍 불섬】 넉넉하지 못함. 모자람.
【不成 불성】 사물이 다 이루어지지 못함.
【不成器 불성기】 그릇이 되지 못함. 쓸모 있는

인재가 될 가능성이 없음.
【不誠無物 불성무물】 성의가 없으면 아무것도 이루어지는 것이 없음.
【不成人 불성인】 ①몸의 어느 부분이 온전하지 못한 사람. 不具者(불구자). ②'예의를 모르는 사람'의 비유.
【不世 불세】 세상에 드묾.
【不世出 불세출】 세상에 좀처럼 나오지 않음. 뛰어남.
【不召之臣 불소지신】 경의(敬意)를 표하여 모시고 와야 할 어진 신하. 앉아서 불러들이기가 어려운 현사(賢士).
【不遜 불손】 공손하지 않음. 不孫(불손).
【不首 불수】 죄를 인정하지 않음.
【不隨 불수】 ①따르지 않음. ②마음대로 되지 않음. 손발이 마비되어 자유로이 안 됨.
【不須多言 불수다언】 國여러 말을 할 필요가 없음.
【不淑 불숙】 ①착하지 않음. 不善(불선). ②불행한 일. 죽음·흉년 따위. ③나라가 망함. ④사람이 어리석음.
【不熟 불숙】 ①과실이나 곡식이 익지 아니함. ②음식물이 익지 아니함. 곧, 설거나 덜 삶아짐. ③익숙하지 못함. 未熟(미숙). ④의론(議論)이 해결이 나지 않음.
【不純 불순】 딴 것이 섞이거나 딴마음이 있어 순수하지 못함.
【不順 불순】 ①도리(道理)를 따르지 아니함. ②공손하지 못함. ③순조롭지 못함.
【不拾遺 불습유】 ①길에 떨어진 물건을 주워 갖지 않음. ②나라가 잘 다스려지고 교화(敎化)를 입어 백성이 모두 청렴함. 道不拾遺(도불습유).
【不勝衣 불승의】 ①옷의 무게를 견디지 못함. 몸이 매우 쇠약한 모양. ②겸손하게 사양하는 모양.
【不勝之任 불승지임】 견디어 낼 수 없을 정도의 무거운 임무.
【不時 불시】 ①알맞은 때가 아님. ②뜻밖. 不意(불의). ③언제라도. 수시로.
【不息 불식】 쉬지 않음.
【不識 불식】 ①알지 못함. 알리지 않음. ②알지 못하고 범한 죄(罪).
【不息之工 불식지공】 國느리나마 쉬지 않고 꾸준히 하는 일.
【不食之報 불식지보】 國조상의 숨은 덕에 힘을 입어 자손이 잘 되는 보응(報應).
【不食之地 불식지지】 개간할 수 없는 땅. 경작할 수 없는 토지.
【不臣 불신】 ①신하의 도리(道理)를 다하지 않음. ②신하로 대하지 않고 존경함.
【不悉 불실】 말을 다 못함. 편지 끝에 쓰는 말. 不具(불구).
【不實 불실】 ①익지 아니함. ②성실(誠實)하지 아니함.
【不審 불심】 ①잘 살피지 아니함. ②신중하지 못함.
【不夜 불야】 ①등불이나 달빛으로 밤도 어둡지 않음. ②☞不夜城(불야성)①.
【不夜城 불야성】 ①한대(漢代)에 밤에도 해가 돋았다는 동래군(東萊郡) 불야현(不夜縣)에 있던 성(城) 이름. ②불빛이 휘황찬란하여 대낮같이 밝은 곳. ②환하게 비치는 월야(月夜)·설야(雪夜) 등의 형용.
【不夜候 불야후】 차(茶)의 딴 이름. ◯많이 마시면 잠을 자지 못하는 데서 이르는 말.
【不若 불약】 도깨비. 요괴(妖怪). ◯'若'은 '怪'로 '도깨비'를 뜻함.
【不颺 불양】 풍채(風采)가 훤칠하지 못함. 용모가 못남.
【不億 불억】 ①수량이 아주 많음. ②더할 나위 없이 간악함. ③억측(臆測)하지 않음.
【不言 불언】 ①말을 하지 않음. ②헤아리지 못함. ③말에 의거하지 않음. 덕으로 백성을 다스려 교화시킴.
【不言之敎 불언지교】 말이 없는 가운데 자연히 주는 교훈. 특히 노장(老莊)의 무위자연(無爲自然)의 가르침을 이름.
【不言之聽 불언지청】 말에 나타나지 않은, 언외(言外)의 뜻을 들음.
【不言之花 불언지화】 말을 하지 않는 꽃. ㉠복숭아꽃. ㉡자두꽃.
【不如歸 불여귀】 ①소쩍새. 子規(자규). 杜鵑(두견). 蜀魂(촉혼). ②소쩍새의 우는 소리. ◯과거에 사람들은 소쩍새의 울음소리가 돌아감만 못하여라〔不如歸去〕고 말하는 소리와 비슷하다고 여긴 데서 온 말.
【不如意 불여의】 일이 뜻대로 되지 않음.
【不易 ❶불역 ❷불이】 ❶바꾸지 아니함. 변경하여 고치지 아니함. ❷①쉽지 않음. ②다스려지지 않음.
【不易之典 불역지전】 ①변경할 수 없는 규정(規定). ②國하지 않을 수 없는 일.
【不然 불연】 ①그렇지 않음. ②그렇지 않으면. ③타지 않음. 不燃(불연).
【不豫 불예】 ①마음에 즐거워하지 아니함. ②임금의 병환. ③예기(豫期)하지 못함.
【不穩 불온】 평온하지 아니함.
【不枉法 불왕법】 규칙 따위를 굽히지 아니함. 법대로 함.
【不枉法贓 불왕법장】 나라의 법을 어기지 않고 뇌물만 받은 죄.
【不撓不屈 불요불굴】 마음이 흔들리거나 굽힘이 없음.
【不辱君命 불욕군명】 ①임금의 명령을 욕되게 하지 않음. ②사자(使者)가 되어 외국에 나가 임무를 완수함.
【不容 불용】 ①들여놓을 공간이 없음. ②세상에 소용되지 못함. ③용서하거나 용납하지 않음.
【不用意 불용의】 인공(人工)을 가하지 않고 자연(自然) 그대로임.
【不虞 불우】 ①미리 헤아리지 못함. 意外(의외). ②불의의 재난.
【不遇 불우】 때를 만나지 못하여 출세를 못함. 불운(不運)함. 不耦(불우).

【不遠千里 불원천리】천 리 길도 멀다 여기지 않음.
【不怨天不尤人 불원천불우인】하늘을 원망하지도 않고 남을 허물하지도 않음. 어려운 환경 속에서도 하늘이나 다른 사람을 탓하지 않고 스스로 도(道)를 닦아 발전과 향상을 꾀함.
【不爲 불위】하지 않음. 하려고 하지 않음.
【不踰矩 불유구】법도에서 벗어나지 않음.
【不遺餘力 불유여력】있는 힘을 남기지 않고 모두 씀.
【不允 불윤】임금이 허가하지 아니함.
【不意 불의】①뜻밖. 意外(의외). ②마음에 두지 않음.
【不義 불의】의리에 어긋남. 옳지 않은 일.
【不二 불이】①둘로 하지 않음. 달리 하지 않음. ②둘도 없음. 無雙(무쌍). ③(佛)본체(本體)와 현상(現象)은 제각기 다른 것이 아님. 본체는 달리 있는 것이 아니며, 현상 가운데 본체가 포함되어 있음.
【不貳 불이】①거듭하지 아니함. ②이심(二心)이 없음. ③배반하지 않음.
【不貳過 불이과】같은 죄를 거듭 범하지 않음.
【不二法門 불이법문】(佛)상대(相對) 차별을 없애고 절대(絶對) 차별 없는 이치를 나타내는 법문(法門). 곧, 대승(大乘).
【不夷不惠 불이불혜】백이(伯夷)처럼 결벽(潔癖)하지도 않고, 유하혜(柳下惠)처럼 세 번 벼슬에서 쫓겨나도 그 임금을 버리지 않음. 진퇴(進退)가 시의(時宜)에 딱 맞음.
【不以人廢言 불이인폐언】인물이야 어떠하거나 그 주장하는 바가 이치에 맞는 말이면 그 말을 버리지 않음.
【不仁 불인】①어진 마음이 없음. ②수족이 마비되어 자유롭지 못함.
【不忍 불인】①참지 못함. ②차마 하지 못함.
【不忍見 불인견】차마 볼 수가 없음.
【不忍之心 불인지심】차마 어떠한 것을 할 수 없는 마음.
【不忍之政 불인지정】아주 가혹한 정치.
【不入虎穴不得虎子 불입호혈부득호자】호랑이 굴에 들어가지 않고는 호랑이가 새끼를 잡을 수 없음. 뜻하는 성과를 이루려면 그에 마땅한 일을 하여야 함.
【不次 불차】①차례를 어김. 순서를 따르지 않음. ②상세히 쓰지 못함. 편지글에 쓰는 말.
【不次擢用 불차탁용】관계(官階)의 차례를 밟지 아니하고 특별히 발탁하여 벼슬에 등용함.
【不察 불찰】잘 살피지 않은 잘못.
【不天 불천】하늘의 도움을 받지 못함. 불행함.
【不遷怒 불천노】어떤 사람에 대한 노여움을 다른 사람에게 옮기지 않음.
【不踐迹 불천적】선현(先賢)들의 행한 길을 따르지 아니하고, 제 마음대로 행함.
【不撤晝夜 불철주야】밤낮을 가리지 않음. 일에 몰두하여 온 힘을 다함.
【不肖 불초】①아버지를 닮지 않았음. 아버지의 덕망(德望)이나 유업(遺業)을 제대로 잇지 못한 못난 아들. ②자기의 겸칭(謙稱).
【不忠 불충】①신하의 도리를 다하지 아니함. ②남을 위하여 진심을 다하지 아니함.
【不就 불취】어떠한 일에 나서지 않음.
【不娶同姓 불취동성】성이 같은 사람끼리는 혼인하지 않음.
【不測之淵 불측지연】깊이를 헤아릴 수 없는 못. ㉠위험한 곳. ㉡불안전한 것.
【不治 불치】①병이 잘 낫지 않음. 고칠 수 없음. ②정치가 잘못되어 나라가 어지러움. ③죄를 벌주지 않음.
【不齒 불치】①딴 사람과 같은 줄에 서지 않음. 남을 높임에도 쓰고 남을 낮춤에도 씀. ◠'齒'는 '竝'으로 '나란히 섬'을 뜻함. ②나이를 고려하지 않고 자리를 배정함. ③호적(戶籍)에 기록하지 않음. ◠옛날에 나이 순서대로 호적을 기록했던 데서 온 말.
【不恥下問 불치하문】아랫사람에게 묻는 일을 부끄럽게 여기지 않음.
【不快 불쾌】마음이 상쾌하지 않음.
【不度時宜 불탁시의】때의 형편에 따라 적합한지 아닌지를 헤아리지 않음.
【不憚煩 불탄번】번거로운 일을 조금도 두려워하지 않음.
【不吐不茹 불토불여】딱딱해도 토하지 않고 부드러워도 먹지 않음. 아부하지도 않고 겁을 먹지도 않음.
【不退轉 불퇴전】(佛)정진(精進)하여 불도(佛道)를 닦음.
【不偏不黨 불편부당】어느 편에도 치우치지 않고 공평함.
【不平 불평】①공평하지 않음. ②마음에 불만이 있어 마땅하지 않게 여김. ③병으로 몸이 편하지 못함.
【不蔽風雨 불폐풍우】집이 헐어서 바람과 비를 가리지 못함.
【不避湯火 불피탕화】끓는 물과 타는 불이라도 피하지 않고 나아감.
【不避風雨 불피풍우】바람과 비를 피하지 아니하고 한결같이 일을 함.
【不下一杖 불하일장】國죄인이 매 한 대도 맞기 전에, 곧 신문도 받기 전에 자백함.
【不學 불학】①배우지 아니함. ②학문이 없음. 無學(무학).
【不學亡術 불학무술】①학식도 없고 계책(計策)도 없음. ②학문·예술의 소양이 없음.
【不咸 불함】①뜻이 맞지 않는 것. ◠'咸'은 '同'으로 '서로 같음'을 뜻함. ②골고루 미치지 못함. ③마음에 차지 않음.
【不咸山 불함산】國백두산(白頭山).
【不合 불합】①맞지 않음. 不愜(불협). ②정의(情誼)가 서로 맞지 않음. 不和(불화). ③합당하지 못함.
【不解衣帶 불해의대】허리띠를 풀지 않음. 잠잘 겨를이 없을 정도로 바쁨.
【不幸 불행】①운수가 나쁨. ②죽음. ③행복하지 못함.

【不享 불향】①조공(朝貢)을 하지 아니하는 제후. 조정에 복종하지 아니하는 사람. ②사신만 보내고 예물은 보내지 아니하는 일.
【不見齒 불현치】이를 드러내 보이지 않음. 웃지 않음.
【不挾長 불협장】남에게 자기의 나이·재능 등을 내세워 거드름을 피우지 않음.
【不惠 불혜】①인정이 없음. 자비롭지 못함. ②영민하지 못함. 슬기롭지 못함.
【不惑 불혹】①미혹(迷惑)되지 않음. ②나이 40세. ◯공자(孔子)가 40세에 이르러서야 비로소 세상 일에 미혹되지 않았다고 한 데서 온 말. 不惑之年(불혹지년).
【不和 불화】사이가 좋지 못함. 不合(불합).
【不患無位 불환무위】군자는 벼슬자리에 오르지 못함을 개의하지 않음.
【不患人之不己知 불환인지불기지】나의 재덕(才德)을 남이 알아 주지 않더라도 그것을 걱정하지 아니함.
【不況 불황】경기가 좋지 않음.
【不遑 불황】여가가 없음. 틈이 없음.
【不孝 불효】①자식의 도리(道理)를 다하지 못함. ②친상(親喪)을 입고 있을 때 스스로를 이르는 말.
【不孝有三 불효유삼】불효에 세 종류가 있음. 첫째, 부모에게 영합하여 부모를 불의(不義)에 빠뜨리게 하는 일. 둘째, 집이 가난하고 부모가 늙어도 벼슬하지 않는 일. 셋째, 장가 들지 않고 후사(後嗣)가 없어 선조의 제사를 끊는 일.
【不朽 불후】써어 없어지지 않음. 곧, 영원히 전하여 나아감.
【不朽之芳 불후지방】영원히 남을 명성.
【不朽之盛事 불후지성사】①후세(後世)까지 전해질 훌륭한 일. ②문장(文章).
【不諱 불휘】①임금이나 아버지의 이름자를 기휘(忌諱)하지 않음. ②꺼릴 것 없이 말함. 직언(直言)함. ③죽음. ◯죽음은 피하지 못한다는 데서 온 말. 不可諱(불가휘).
【不恤緯 불휼위】자기 일은 내버려 두고 나랏일을 걱정함. 故事 주대(周代)에 베를 짜는 과부(寡婦)가 씨실이 모자라는 것을 걱정하지 않고 나라가 망할까 걱정하였다는 고사에서 온 말.
【不達 부달】도리(道理)에 통달하지 못함.
【不當 부당】정당하지 않음.
【不達時變 부달시변】시대의 변화에 따르지 못함. 완고하여 변통성이 없음.
【不待敎 부대교】①윗사람의 교명(敎命)을 기다리지 아니함. ②태어나면서부터 모든 것을 알아 가르침이 필요 없는 사람.
【不德 부덕】①덕망(德望)이 없음. ②남에게 은혜를 베풀지 못함.
【不度 부도】예(禮)에 따르지 않음. 절도(節度)가 없음.
【不道 부도】①도리(道理)에 벗어남. 無道(무도). ②죄 없는 일가 삼인(一家三人)을 죽인 죄명. 명·청 시대의 형률임. ③뜻밖임.
【不圖 부도】뜻밖에. 意外(의외).

【不諂 부도】①달라지지 않음. 어긋나지 않음. ②알랑거리지 않음. 아첨하지 않음.
【不倒翁 부도옹】오뚝이.
【不同戴天 부동대천】같이 하늘을 이지 못함. ㉠이 세상에 같이 살 수 없을 만큼 큰 원한을 가짐. ㉡부모의 원수. 不共戴天(불공대천). 不俱戴天(불구대천).
【不動明王 부동명왕】☞不動尊(부동존)②.
【不動心 부동심】마음이 흔들리지 않음. 또는 그러한 마음.
【不動尊 부동존】①돈을 속되게 이르는 말. ②(佛)오대 명왕(五大明王)의 하나. 대일여래(大日如來)가 모든 악마와 번뇌를 항복시키기 위해 변화하여 성낸 모습을 나타낸 것이라 하며, 오른손에 항마(降魔)의 검(劍)을 쥐고 왼손에 오라를 가졌으며, 보통 큰 불꽃 속에서 돌 위에 앉아 있음.
【不同鄕黨 부동향당】구족(九族)의 원수와는 향당을 같이 하지 않음.
【不得其死 부득기사】천수(天壽)를 다하지 못함. 횡사(橫死)함.
【不得其位 부득기위】실력은 충분하나 그 실력을 펴 볼 적당한 지위를 얻지 못함.
【不得不失 부득불실】(佛)불법(佛法). ◯'佛法'은 본디 공(空)이므로, 얻는 것도 없고, 잃는 것도 없다는 데서 온 말.
【不得心 부득심】마음속에 구하여 얻지 못함. 생각이 나지 않음. 납득할 수 없음.
【不得策 부득책】계책이 서지 아니함.
【不登 부등】①올라가지 않음. 오르지 않음. ②오곡(五穀)이 여물지 않음. 곡식이 익지 않음.
【不孕 부잉】임신하지 못함. 자식을 생육(生育)하지 못함.
【不貲 부자】①다 셀 수 없을 만큼 많음. 재산이 매우 많음. 不貲(부자). ②꾸짖지 아니함.
【不作 부작】①경작(耕作)하지 않음. ②떨치고 일어나지 않음. 세상에 나가지 않음.
【不將 부장】①보내지 않음. ◯'將'은 '送'으로 '보냄'을 뜻함. ②음양의 힘이 서로 같은 날을 음양가(陰陽家)에서 이르는 말. 길일(吉日)이라고 함.
【不杖朞 부장기】오복(五服)의 하나. 1년 동안 상복은 입되 지팡이를 짚지 아니하는 거상. 조부모나 부모가 있을 때 죽은 아내에 대한 복(服) 따위.
【不藏怒 부장노】노기를 가슴속에 간직하지 않음. 화날 때는 바로 화내고 곧 잊어버림.
【不才 부재】①재주가 없거나 부족함. ②자기 재주의 겸칭(謙稱).
【不在 부재】①그 자리에 있지 않음. ②그 지위에 있지 않음. ③죽고 없음.
【不敵 부적】상대가 되지 않음.
【不典 부전】도리(道理)에 맞지 않음.
【不腆 부전】①착하지 않음. ②변변치 못함. 남에게 보내는 물건의 겸칭(謙稱). ◯'腆'은 '厚·善'으로 '두터움·착함'을 뜻함.
【不傳 부전】①전하지 않음. 전해오지 않음. ②

옮기지 않음.
【不絶如縷 부절여루】①실처럼 끊어지지 아니하고 계속됨. ②겨우 지탱하거나 매우 위태로움. ③자손이 쇠락(衰落)하거나 후계자가 드묾. 不絶如髮(부절여발).
【不正 부정】①바르지 아니함. ②세금을 받지 아니함. 不征(부정).
【不貞 부정】절개(節槪)·정조(貞操)를 지키지 아니함.
【不庭 부정】①조정(朝廷)에 조회하지 아니함. ②윗사람에게 복종(服從)하지 않음.
【不精 부정】정밀(精密)하지 않음.
【不正名色 부정명색】정당하게 얻은 것이 아닌 재물.
【不弟 부제】형이나 어른에게 공순하지 아니함. 不悌(부제).
【不第 부제】시험에 낙제함.
【不齊 부제】가지런하지 못함.
【不濟 부제】①건너지 않음. ②살지 못함. 구제받지 못함. ③성취(成就)하지 못함. 이루지 못함. ④좋지 않음. 나쁨.
【不弔 ❶부조 ❷부적】❶①조상(弔喪)하지 않음. ②좋지 못함. 不善(불선). ❷이르지 않음. 不至(부지).
【不造 부조】①만들지 않음. ②불행(不幸). ③이르지 못함. 미흡함.
【不祧 부조】원조(遠祖)를 조묘(祧廟)로 옮겨 모시지 않음. 영원히 제사 지낼 조상.
【不祧之典 부조지전】국가에 큰 공적이 있는 사람의 신주를 영구히 사당에 모시게 하는 특전.
【不足掛齒 부족괘치】함께 말할 가치가 없음.
【不存 부존】안존(安存)할 수가 없음.
【不從 부종】①따르지 않음. 복종하지 않음. ②좋지 않음. 불길(不吉)함.
【不住 부주】①머무르지 않음. ②그치지 않음. 끝나지 않음.
【不周 부주】①공평(公平)하게 남과 사귀지 않음. 당파를 만듦. ⓒ서북풍(西北風). 不周風(부주풍).
【不中 부중】①들어맞지 아니함. ②중용(中庸)의 덕(德)이 없음. ③낙제함.
【不卽不離 부즉불리】①가까이하지 않고 소원하게 하지도 않음. ②(佛)제법(諸法)의 상(相)은 다르더라도 본성은 같음.
【不增不減 부증불감】(佛)제법(諸法)은 공(空)이므로 증감(增減)이 없음.
【不知甘苦 부지감고】단지 쓴지를 모름. ⓐ도리나 극히 알기 쉬운 이치도 알지 못하는 사람. ⓒ일이 되어 가는 형편을 알지 못함.
【不知去處 부지거처】간 곳을 모름.
【不知輕重 부지경중】물건의 분량을 알지 못함. 판단을 그르침의 비유.
【不知不識間 부지불식간】알지도 깨닫지도 못하는 사이. 저도 모르는 사이.
【不知肉味 부지육미】고기를 먹고 있으면서 고기의 맛을 모름. 한 가지 일에 몰두하여 딴 데에 정신이 팔리지 않음.

【不知痛癢 부지통양】아픔도 가려움도 알지 못함. ⓐ아무 감각도 없음. ⓒ아무 이해 관계가 없음.
【不知香臭 부지향취】방향(芳香)과 악취(惡臭)를 알지 못함. 시비나 선악을 판별하지 못함.
【不職 부직】직무(職務)를 견디지 못함. 소임을 다하지 못함.
【不振 부진】세력이 떨치지 못함.
【不疾 부질】게으름.
【不緝 부집】①옷의 아랫단을 꿰매지 않음. ②수리하지 않음.

₃【丈】④ 丈(21)의 속자

₃【丑】④ 소 축 ⓑ추 ⓘ chǒu

丁丌丑丑

소전 丑 초서 丑 간체 丑 參考 중국(中國)의 인명(人名)·지명(地名) 등은 公孫丑(공손추)처럼 본음(本音) '추'로 읽어야 한다.
字源 象形. 손가락을 굽힌 모양, 또는 손가락으로 물건을 쥐고 있는 모양을 본뜬 글자.
字解 ①소, 12지(支)의 둘째. ㉠방위로는 북동쪽, 오행으로는 토(土), 짐승으로는 소, 시각으로는 오전 1~3시에 배당된다. ㉡24방위의 하나, 북북동(北北東). ㉢24시의 셋째 시, 오전 1시 30분~2시 30분. ㉣음력 12월. ②수갑(手匣).
【丑年 축년】간지(干支)가 축으로 된 해. 을축년(乙丑年)·정축년(丁丑年) 따위.
【丑方 축방】24방위(方位)의 셋째. 정북(正北)으로부터 동쪽으로 30도째의 방위를 중심한 좌우 15도의 각도.
【丑月 축월】음력 섣달의 딴 이름.
【丑肉 축육】쇠고기. 牛肉(우육).

₄【丘】⑤ 언덕 구 ⓘ qiū

一厂斤丘丘

소전 丘 고문 丘 초서 丘 동자 北 고자 坒 參考 공자(孔子)의 이름자이므로 촉휘(觸諱)가 된다 하여 '邱'자를 따로 만들어 썼다.
字源 會意. 北+一→丘. '一'은 땅을 나타내고, '北'은 사람이 사는 집의 북쪽임을 나타낸다. 사람의 집은 산 밑 남향받이에 있으므로 집의 북쪽에 있는 '언덕이나 산'이라는 뜻을 나타낸다.
字解 ①언덕, 동산. 〔書經〕桑土旣蠶, 是降丘宅土. ②무덤. 〔方言〕冢, 自關而東謂之丘. ③모으다, 모이다. ④마을. 〔文選〕去鄕三十載, 復得還舊丘. ⑤크다. 〔管子〕鄕丘老不通. ⑥고대 토지 구획의 단위. 늪區. 4정(井)을 읍(邑), 4읍을 구(丘)라 하였다. ⑦손윗사람, 맏

〔漢書〕過其丘嫂食. ⑧비다, 공허하다. 〔漢書〕寄居丘亭. ⑨폐허. 〔楚辭〕曾不知夏之爲丘兮. ⑩공자(孔子)의 이름.
【丘軻 구가】공자(孔子)와 맹자(孟子)를 아울러 이르는 말. ○'丘'는 공자의 이름, '軻'는 맹자의 이름.
【丘甲 구갑】춘추 시대 노(魯)나라의 세법(稅法). 구(丘)에서 내는 병부(兵賦)라는 뜻으로, 1구에서는 융마(戎馬) 한 필과 소 세 마리를 내게 하였음.
【丘岡 구강】언덕. 丘阜(구부).
【丘壟 구롱】①언덕. ②무덤.
【丘里之言 구리지언】①촌스러운 말. 속된 말. 俚言(이언). ②터무니없는 말.
【丘木 구목】무덤 가에 있는 나무.
【丘墓之鄕 구묘지향】조상의 무덤이 있는 시골. 楸鄕(추향).
【丘民 구민】시골에 사는 사람. 농민.
【丘封 구봉】묘(墓). ○'丘'는 왕공(王公)의 묘, '封'은 제신(諸臣)의 묘.
【丘阜 구부】언덕. 丘陵(구릉).
【丘賦 구부】1구(丘). 곧, 128가구(家口)에서 내는 세금으로, 말 한 마리와 소 세 마리.
【丘墳 구분】①무덤. ②언덕. ③고서(古書)인 구구(九丘)와 삼분(三墳).
【丘史 구사】공(功)이 있는 신하에게 임금이 내려 준 지방의 관노비(官奴婢).
【丘山 구산】①언덕과 산. ②조용히 멈추어 있는 모양. ③물건이 많음의 비유. ④중대한 일의 비유.
【丘壻 구서】죽은 딸의 남편. ○'丘'는 '空'으로 '없음'을 뜻함.
【丘首 구수】여우는 죽을 때 원래 살던 언덕 쪽으로 머리를 둠. ㉠근본을 잊지 않음. ㉡고향을 그리워함.
【丘嫂 구수】맏형수.
【丘嶽 구악】언덕과 산.
【丘言 구언】속된 말. 俚言(이언).
【丘塋 구영】무덤. 墓所(묘소).
【丘隅 구우】언덕의 모퉁이.
【丘井 구정】①옛날의 마을의 구획. ○1구(丘)는 16정(井), 1정은 900묘(畝). ②시골. 초야(草野).
【丘亭 구정】빈 집. 空家(공가).
【丘兆 구조】신(神)을 받들어 모시는 제단(祭壇)의 구역(區域).
【丘坻 구지】작은 산. 언덕. ○'坻'는 '모래섬'을 뜻함.
【丘垤 구질】낮은 언덕.
【丘冢 구총】언덕처럼 쌓은 무덤.
【丘八 구팔】병사(兵士)를 경멸하는 호칭(呼稱). ○'兵' 자를 파자(破字)하면 '丘'와 '八'이 되는 데서 이르는 말.
【丘壑 구학】①언덕과 골짜기. ②속세(俗世)를 떠난 곳.
【丘墟 구허】①황폐(荒廢)한 유적(遺跡). 廢墟(폐허). ②언덕.

○九-, 陵-, 比-, 砂-, 三-.

₄【丠】⑤ 丘(30)와 동자

₄【丙】⑤ 남녘 병 硬 bǐng

一 丆 丙 丙 丙

[字源] 會意. 一+入+冂→丙. '一'은 양기(陽氣), '冂'은 먼 곳을 나타낸다. 양기가 먼 곳으로 들어가는[入] 것, 양기는 쇠하고 음기(陰氣)가 일어나려고 함을 뜻한다.

[字解] ①남녘, 10간(干)의 셋째. ㉮오행(五行)으로는 화(火), 방위로는 남(南)에 배당된다. 〔說文解字〕丙, 位南方. ㉯10간의 차례로 순서나 등급을 매길 때의 셋째. 〔書經〕越若來三月, 惟丙午朏. ㉰병방(丙方), 24방위의 하나. 정남에서 동쪽으로 15도의 방위를 중심으로 한 15도의 각도 안. ㉱병시(丙時), 24시의 열두째 시. 오전 10시 30분~11시 30분 사이. ②밝음, 환함. 오행(五行)으로는 화(火)에 속하므로 밝음을 나타낸다. ¶丙丁. ③굳세다, 강하다.
【丙科 병과】과거(科擧)의 성적에 따라 나눈 세 등급 중 셋째 등급.
【丙部 병부】중국 고적을 네 가지로 분류한 것 가운데 하나. 경(經)·사(史)·자(子)·집(集)에서는 자부(子部)와 유사함.
【丙舍 병사】①궁중 정실(正室)의 양쪽에 있는 건물. ②무덤의 남쪽 가까이에 임시로 지은 작은 상엿집. 墓幕(묘막).
【丙夜 병야】하오 11시부터 다음 날 상오 1시 사이. 三更(삼경).
【丙午丁未 병오정미】병오년과 정미년. 옛날에 이 두 해는 난리가 일어나는 액년(厄年)이라고 하여 꺼렸음.
【丙丁 병정】불[火]. ○'丙·丁'은 오행(五行)에서 화(火)에 해당하는 데서 온 말로, '丙'은 '양화(陽火)'이고 '丁'은 '음화(陰火)'임.
【丙坐 병좌】묏자리·집터 따위가 남쪽을 등진 좌향(坐向).
【丙火 병화】불빛. 火光(화광).

₄【丕】⑤ 클 비 囡 pī

[字解] ①크다. 늑邳. 〔逸周書〕四日敬, 敬位丕哉. ②으뜸, 처음. 늑元. 〔書經〕是有丕子之責于天. ③받다, 받들다. 〔書經〕丕視功載. ④이루, 곧. 〔書經〕三危旣宅, 三苗丕敍. ⑤엄숙하다, 장중하다.
【丕愆 비건】큰 잘못. 큰 허물.
【丕構 비구】큰 사업. 洪業(홍업).
【丕基 비기】큰 바탕. 큰 사업을 이루는 기초. 鴻基(홍기).
【丕圖 비도】큰 꾀. 큰 계획.

【丕命 비명】 큰 명령. 임금의 명령.
【丕丕 비비】 몹시 큰 모양.
【丕緖 비서】 큰 공(功). 丕績(비적).
【丕承 비승】 훌륭하게 이어받음.
【丕揚 비양】 소리를 크게 지름.
【丕業 비업】 큰 사업. 洪業(홍업).
【丕烈 비열】 큰 공(功).
【丕子 비자】 임금의 적자(嫡子). 太子(태자).
【丕績 비적】 큰 공(功). 丕緖(비서).
【丕祚 비조】 임금의 지위. 王位(왕위).
【丕祉 비지】 큰 행복. 큰 복.
【丕闡 비천】 크게 나타남. 많이 나타남.
【丕顯 비현】 크게 나타남.
【丕顯德 비현덕】 크게 밝은 덕. 훌륭한 덕.
【丕訓 비훈】 큰 가르침.
【丕休 비휴】 커다란 기쁨. 큰 경사(慶事).
【丕欽 비흠】 크게 삼감. 몹시 공경(恭敬)함.

一₄【世】⑤ 대 세 🔸 shì

一 十 卄 丗 世

[소전] 世 [소전] 丗 [초서] 世 [속전] 古 [고문] 世

[字源] 指事. '十'을 셋 합치고 아랫부분을 기다랗게 그은 모양으로 30년을 뜻한다.
[字解] ①대(代). ㉮이어 내려오는 가계. ¶二十世孫. ㉯왕조(王朝)의 임금 차례. ¶二世. ㉰대대, 대대로 여러 대를 이어. [詩經] 世有哲王. ㉱한 세대, 30년. [論語] 如有王者, 必世而後仁. ②세상. ㉮인간 사회. [易經] 龍德而隱者也, 不易乎世. ㉯인간, 세상 사람. [新唐書] 世稱三絕. ㉰(佛)과거·현재·미래의 그 각각의 세계. ¶三世之緣. ③때, 시대, 시세(時勢). [法言] 鴻荒之世. ④평생, 한평생. [論語] 君子疾沒世而名不稱焉. ⑤말. 늑太. ¶世子.
【世家 세가】 ㉮대대로 나라의 중요한 자리를 맡아 오는 집안. 世族(세족). ㉯ 世居(세거). ③ 사기(史記)의 편찬 방법에서, 제후(諸侯)·왕(王)·명족(名族)을 기록한 부분.
【世間 세간】 ①인간 세상. ②(佛)중생이 서로 의지하며 살아가는 이 세상.
【世講 세강】 ①붕우(朋友)의 자손(子孫). 대대로 강학(講學)을 같이 한 정의(情誼)가 있다는 뜻에서 이르는 말. ②스승이 제자를 일컫는 말.
【世居 세거】 한 고장에서 대대로 살고 있음.
【世卿 세경】 대대(代代)로 이어 내려오는 경대부(卿大夫).
【世系 세계】 조상으로부터 대대로 이어 내려오는 계통.
【世告 세고】 중국 구주(九州) 밖 번국(蕃國)의 수장(首長)이 새로 되면 반드시 천자(天子)에게 그 뜻을 아뢰던 제도.
【世故 세고】 ①세상의 속된 일. 세상일. ②세상의 변고. ③생계(生計). ④세속과 인정.
【世功 세공】 대대(代代)의 공적.
【世交 세교】 대대로 사귀는 사이.

【世敎 세교】 ①세상의 교훈. 세상의 풍속과 교화. ②유교(儒敎).
【世規 세규】 사회의 규율.
【世及 세급】 대대로 이음. 世襲(세습).
【世紀 세기】 ①서력(西曆)에서 100년을 단위로 세는 시대 구분. ②시대.
【世難 세난】 세상의 난리(亂離).
【世年 세년】 세월(歲月).
【世念 세념】 ①명리(名利)를 구하는 마음. 俗念(속념). ②國세상살이에 대한 온갖 생각.
【世短意多 세단의다】 인생은 짧은데, 근심 걱정은 몹시 많음.
【世代 세대】 ①약 30년을 한 구분으로 하는 연령층. 또는 그런 사람들의 총체. ②아버지·자식·손자로 이어지는 대.
【世德 세덕】 여러 대를 거쳐 쌓아 내려오는 아름다운 덕화(德化).
【世途 세도】 세상을 살아가는 길. 世路(세로).
【世道 세도】 ①세상을 올바르게 다스리는 도리. ②세상 사람이 지켜야 할 도의.
【世篤忠貞 세독충정】 대대로 독실(篤實)히 충성을 다함.
【世羅 세라】 ①세상의 그물. 세상이 어지러움의 비유. ②제왕이 세상을 다스리는 기강.
【世祿 세록】 대대로 나라에서 녹을 받음. 또는 그 녹봉(祿俸).
【世累 세루】 속세의 근심. 俗累(속루).
【世吏 세리】 대대로 이어오면서 임용되는 벼슬아치.
【世網 세망】 세상의 그물. 세상살이의 근심·예교(禮敎)·풍속·법률 등에 얽매임의 비유. 世繩(세승).
【世母 세모】 큰어머니. 伯母(백모).
【世務 세무】 ①당세(當世)의 국가 사회를 위해 해야 할 온갖 일. 時務(시무). ②國世累(세루).
【世門 세문】 대대로 국록을 먹는 집안.
【世變 세변】 ①세상의 변천. ②세상에 일어나는 변사(變事).
【世譜 세보】 조상 대대로의 계보(系譜)를 모아 엮은 책.
【世父 세부】 대를 잇는 아버지. 큰아버지. 伯父(백부).
【世婦 세부】 ①천자(天子)를 모시는 27명의 여관(女官). ②후궁(後宮)의 여관(女官).
【世紛 세분】 세상의 어지러운 온갖 일.
【世事 세사】 세상에서 일어나는 온갖 일.
【世祀 세사】 대대로 지내는 제사.
【世嗣 세사】 ①제후의 후사(後嗣). ②國몇 대가 지난 뒤의 자손. 後孫(후손).
【世上 세상】 사람이 살고 있는 모든 사회.
【世相 세상】 세상의 형편. 世態(세태).
【世世 세세】 거듭된 세대. 代代(대대).
【世俗 세속】 ①세상. ②세상 풍속(風俗). ③세상 사람.
【世俗五戒 세속오계】 신라 때, 화랑(花郞)이 지키던 다섯 가지 계율. 곧, 사군이충(事君以忠)·사친이효(事親以孝)·교우이신(交友以信)·임전

무퇴(臨戰無退)·살생유택(殺生有擇).
【世孫 세손】 임금의 맏손자.
【世守 세수】 여러 대를 두고 지켜 내려옴.
【世讎 세수】 여러 대를 이어 내려오는 원수.
【世襲 세습】 대대로 물려받음.
【世繩 세승】 ⇨世網(세망).
【世臣 세신】 대대로 국가(國家)에 공로(功勞)가 있는 신하.
【世室 세실】 ①천자가 오제(五帝)의 혼령을 모시고, 제후의 조회를 받던 정전(正殿). 하대(夏代)에는 세실(世室), 은대(殷代)에는 중옥(重屋), 주대(周代)에는 명당(明堂)이라고 하였음. ②國종묘(宗廟)의 신실(神室).
【世諺 세언】 세상에서 널리 쓰는 속담.
【世緣 세연】 속세(俗世)의 인연.
【世染 세염】 세상의 너저분한 일. 세상의 속된 일. 俗塵(속진).
【世外 세외】 세상 밖. 번거로운 속세를 떠난 곳.
【世儒 세유】 ①경박한 세상에서 떠받드는 속된 유학자. 俗儒(속유). ②세상에서 떠받드는 학자.
【世蔭 세음】 좋은 집안. 좋은 문벌(門閥).
【世誼 세의】 대대로 사귀는 정의.
【世醫 세의】 대대로 이어오면서 하는 의원.
【世議 세의】 세상의 평판. 세상 소문.
【世子 세자】 왕위(王位)를 이을 아들. 王世子(왕세자).
【世爵 세작】 대대로 계승하는 작위(爵位).
【世箴 세잠】 세상의 훈계(訓戒).
【世宰 세재】 당대의 정권(政權)을 잡은 사람.
【世嫡 세적】 집의 대를 잇는 사람.
【世傳 세전】 ①대대로 전함. 대대로 전해 내려옴. ②대대의 계보.
【世弟 세제】 ①세의(世誼)가 있는 동생뻘에 대한 높임말. ②스승의 아들로 자기보다 나이가 어린 사람. ③國왕위를 이어받을 왕의 아우.
【世尊 세존】 (佛)석가모니(釋迦牟尼)의 존칭.
【世主 세주】 임금. 君主(군주).
【世冑 세주】 대대로 녹(祿)을 이어받는 집. 또는 그 후계자(後繼者). ♪'冑'는 장남(長男).
【世塵 세진】 속세(俗世)의 먼지. 세상의 잡다한 일의 비유.
【世稱 세칭】 세상에서 흔히 말함.
【世態 세태】 세상의 형편이나 상태.
【世統 세통】 대대로 이어 내려오는 혈통(血統).
【世波 세파】 세상살이의 풍파.
【世標 세표】 세상의 모범. 世範(세범).
【世嫌 세혐】 두 집안 사이에 대대로 내려온 혐오(嫌惡).
【世兄 세형】 ①세의(世誼)가 있는 사람의 자제(子弟). ②세의가 있는 동년배(同年輩)에 대한 높임말.
▶ 隔—, 季—, 救—, 近—, 今—, 亂—, 來—, 累—, 末—, 浮—, 三—, 上—, 先—, 盛—, 前—, 中—, 處—, 出—, 治—, 現—, 後—.

[一/4]【丗】⑤ 世(32)의 고자

[一/4]【且】⑤ ❶또 차 馬 qiě ❷도마 저 魚 jū ❸삼갈 저 語 jū

丨 冂 月 目 且

[소전] 且 [고문] 𐁅 [초서] 且 [字源] 象形. '冂'로 책상, 그 안의 '二'는 책상 다리에 걸친 가름대나무, 밑의 '一'은 책상을 놓는 땅을 본뜬 글자.
[字解] ❶①또. ㉮또, 또한, 다시 더. 〔詩經〕且往觀乎. ㉯거듭하여, 그 위에. 〔史記〕孔子貧且賤. ㉰막상. 미정(未定)의 뜻을 나타낸다. ㉱비록, 가령. 〔論語〕且予縱不得大葬, 予死於道路乎. ㉲대저. 〔荀子〕且順情性好利欲得. ②잠깐, 우선. 〔李白·詩〕我醉欲眠君且去. ③장차. ≒將. 〔國語〕城且拔矣. ④〜도 하고 〜도 하다. 〔史記〕且引且戰. ⑤이에. ≒此. 〔詩經〕匪且有且. ②①도마. ②많은 모양. 〔詩經〕籩豆有且. ③어조사. 〔詩經〕乃見狂且. ④음력 유월의 딴 이름. ⑤머뭇거리다. 〔易經〕其行次且. ❸삼가다. 〔詩經〕有萋有且.
【且驚且喜 차경차희】 한편으로 놀라면서, 한편으로는 기뻐함.
【且末 차말】 한대(漢代)에 서역(西域)에 있던 나라 이름.
【且夫 차부】 그리고 저. 발어사.
【且月 차월】 음력 유월의 딴 이름.
【且戰且走 차전차주】 한편으로는 싸우면서, 한편으로는 달아남.
【且置 차치】 문제 삼지 않고 우선 내버려 둠.

[一/5]【両】⑥ 兩(155)의 속자

[一/5]【丞】⑥ ❶도울 승 蒸 chéng ❷나아갈 증 蒸 zhěng

[소전] 𢪒 [초서] 至 [參考] 대법원 지정 인명용 한자의 음은 '승'이다.
[字源] 會意. 了+𠬞+一→丞. '了'는 '卪', '一'은 '山'으로, '了'은 높은 산을, '𠬞'은 두 손으로 받들고 있는 모양이다. 높은 곳에 있는 물건을 두 손으로 떠받들고 있다는 데서 '돕다'의 뜻을 나타낸다.
[字解] ❶①돕다, 돕는 사람. 〔漢書〕丞天子. ②잇다. ③잠기다, 가라앉다. ④받들다, 이어받다. 〔史記〕於是丞上指. ⑤관직 이름. 〔莊子〕舜問乎丞. ❷①나아가다. 〔史記〕丞丞治不至姦. ②구제하다. ≒拯. 〔文選〕丞民乎農桑, 勸之以弗怠.
【丞史 승사】 승(丞)과 사(史). 둘 다 장관의 속료(屬僚).
【丞相 승상】 정승. 宰相(재상).
【丞掾 승연】 승(丞)과 연(掾). 둘 다 장관의 속료(屬僚).
【丞丞 증증】 ①나아가는 모양. ②사물이 왕성하게 일어나는 모양.

一部 5~10획 丟呀並竝盟 | 丨部 0~3획 | 丨个丫丰中

一₅【丟】⑥ 갈 주 囚 diū
字解 丟 ①가다, 떠나다. ②던져버리다. 〔元曲〕都丟在腦背後. ③잃다, 잃어버리다. 〔紅樓夢〕怎麽他就丟了.
【丟巧針 주교침】 음력 칠월 칠석날 저녁에 처녀들이 직녀성(織女星)에게 바느질을 잘 할 수 있게 하여 달라고 빌던 일.

一₆【呀】⑦ 所(667)의 속자

一₇【並】⑧ 竝(1295)과 동자

一₈【竝】⑨ 竝(1295)과 동자

一₁₀【盟】⑪ 큰 술그릇 두 囲 dòu
盈 字解 큰 술그릇.

丨部
1획 부수 | 뚫을곤부

丨₀【丨】① 뚫을 곤 囫 gǔn
字源 指事. 위에서 아래로 한 획을 그어 상하(上下)로 통한다는 뜻을 나타낸 글자.
字解 뚫다.

丨₂【个】③ 낱 개 本 가 圖 ge
參考 ①'介(72)'의 속자라고도 하나 두 자는 구별되어 쓰인다. ②현대 우리나라에서는 '个·箇'는 별로 쓰이지 않고 주로 '個'만 쓰인다.
字解 ①낱. =個·箇. ㉮개, 낱으로 된 물건의 수를 세는 단위. 〔史記〕竹竿萬个. ㉯사람을 세는 단위. ¶ 一个臣. ②결방. 주가 되는 방 곁에 딸린 방. 〔禮記〕季春居右个.

丨₂【丫】③ 가장귀 아 麗 yā
字解 ①가장귀, 두 가닥. 〔楊萬里·詩〕燭焰雙丫紅再合. ②가장귀지게 묶은 머리. ¶ 丫鬟. ③여자 아이. 〔馬祖常·詩〕兩鬢丫丫面粉光.
【丫髻 아계】 ①어린아이의 두 갈래 머리. 총각(總角). 머리 묶음. ②사내종. 童僕(동복).
【丫叉 아차】 ①두 가닥으로 갈라져서 'Y'자 모양으로 된 것. 과실을 집는 두 가닥의 포크 따위. ②팔짱을 낌.

【丫鬟 아환】 ①두 가닥으로 빗어 올려 귀 뒤에서 두 개의 뿔처럼 둥글게 묶은 아이의 머리. ②여자 아이. 丫頭(아두).

〈丫鬟①〉

丨₃【丰】④ 예쁠 봉·풍 图 东 fēng
字源 指事. '生' 자의 세로획을 길게 연장하여, 상체(上體)가 성한 것은 뿌리가 깊고 튼튼하다는 뜻을 나타낸다.
字解 ①예쁘다. ㉮아름답다. ¶ 丰姿. ㉯용모가 함치르르하다, 풍만하다. 〔詩經〕子之丰兮, 俟我乎巷兮. ②풀이 무성한 모양. 〔謝靈運·詩〕解作竟何感, 升長皆丰容. ③풍채 나 풍. 〔李好古·張生煮海〕則見他正色端容, 道貌仙丰.
【丰茸 봉용】 많고 무성한 모양.
【丰姿 봉자】 아름다운 모습.
【丰貌 풍모】 ☞丰采(풍채).
【丰采 풍채】 아름다운 모습. 남보다 드러나 보이는 사람의 겉모양. 風采(풍채).

丨₃【中】④ ❶가운데 중 東 zhōng ❷맞을 중 图 zhòng
丨 口 口 中
字解 ❶①가운데. ㉮중심, 어느 쪽에도 치우치지 않은 곳. ¶ 中央. ㉯안, 속. 〔易經〕黃裳元吉, 文在中也. ㉰행동·현상이 진행되는 과정. ¶ 通話中. ㉱여럿의 가운데, 여럿이 있는 그 범위의 안. 〔孟子〕中天下而立. ㉲사이, 양쪽의 사이. 〔書經〕王來紹上帝, 自服於土中. ②마음, 정신. 〔禮記〕禮樂交錯於中. ③치우치지 아니하다, 과불급(過不及)이 없다. 〔論語〕允執厥中. ④중기(中氣). 24절기 가운데 양력으로 매달 중순 이후에 드는 절기. 〔春秋左氏傳〕擧正於中, 歸餘於後. ⑤가운데 규모나 등급. ¶ 中品. ⑥차등. ≒充. ⑦반, 절반. 〔列子〕得亦中, 亡亦中. ⑧곧다, 바르다. 〔禮記〕頭頸必中. ⑨버금. ≒仲. ⑩중국. 〔後漢書〕中外服從. ❷①맞다. ㉮마땅하다, 알맞다. 〔禮記〕中者死, 失理者not止. ㉯닿다, 쏘거나 던진 것이 어떤 곳에 닿다. 〔史記〕秦無韓魏之規, 則禍必中於趙矣. ②걸리다, 독(毒)이나 풍(風)이 들다. ¶ 中毒. ③혈뜯다, 빠지게 하다. ④떨어지다, 사이를 두다. 〔禮記〕比年入學, 中年考校. ⑤급제하다, 합격하다. 〔北齊書〕武成親試之, 皆中.

【中康 중강】 성인(聖人)에 버금가는 사람. 亞聖(아성).
【中講 중강】 (佛)스승에게 배우기 전에 둘러앉아서 미리 불경의 뜻을 토론하여 밝힐 때에 그 질문에 대답해 주는 사람.
【中堅 중견】 ①삼군(三軍)의 중앙. 대장군이 있는 곳. 中軍(중군). ②속이 단단함. ③단체나 사회의 중심이 되는 사람.
【中徑 중경】 지름. 直徑(직경).
【中肩外閉 중경외폐】 마음속의 욕망을 겉으로 나타내지 않고, 외부의 사악(邪惡)을 마음속에 들어오지 못하게 함. ○'肩'은 닫는 일.
【中計 중계】 ①중등의 계략. 보통의 계책. ②계책에 빠짐. 계략에 적중함.
【中空 중공】 ①속이 텅 빔. ②하늘의 한가운데. 中天(중천).
【中觀 중관】 (佛)삼관(三觀)의 하나. 중제(中諦)의 이치를 직관(直觀)하여 중도(中道)의 진리를 구명하는 일.
【中矩 중구】 곱자에 들어맞음. 규칙에 맞음.
【中冓 중구】 집의 깊숙한 곳에 있어 남이 볼 수 없는 곳. ㉠부부가 거처하는 방. ㉡규중(閨中)에서 하는 음란(淫亂)한 일. ㉢남녀의 정담.
【中帬 중군】 속옷. 中衣(중의). 中裙(중군).
【中宮 중궁】 ①㉠황후가 거처하는 궁전. ㉡황후. ②중앙의 위치. 오행(五行)의 '土'를 이름. ③별 이름. 북극성. ④궁(宮)에 해당함. '宮'은 오음(五音)의 첫 음. ⑤國왕후의 존칭.
【中權 중권】 주장(主將)이 있는 곳. 中軍(중군). ○'權'은 진략(戰略)을 세운다는 뜻.
【中權後勁 중권후경】 삼군(三軍) 중에서 중군(中軍)에는 주장(主將)이 있어 계책을 짜고, 후군(後軍)에는 정병(精兵)이 있어 강함. 군세(軍勢)가 잘 갖추어져 있음.
【中饋 중궤】 부녀자가 집안에서 음식을 만듦. ㉠부녀자(婦女子). ㉡아내.
【中逵 중규】 사통팔달(四通八達)한 길이 교차하는 곳. 네거리. 사거리.
【中氣 중기】 ①중화(中和)의 기운. ②24절기(節氣) 중 양력으로 매달 중순 이후에 드는 절기. 우수(雨水)·춘분(春分)·곡우(穀雨)·소만(小滿)·하지(夏至)·대서(大暑)·처서(處暑)·추분(秋分)·상강(霜降)·소설(小雪)·동지(冬至)·대한(大寒)을 이름. ③갑자기 정신을 잃고 넘어지는 병. 중풍(中風) 따위.
【中畿 중기】 구기(九畿) 중에서 왕성(王城)을 둘러싼 사방 1,000리의 땅. 王畿(왕기).
【中年 중년】 ①청년과 노인의 중간 나이. 사오십 세(四五十世) 전후. ②수확이 평작(平作)인 해. ③한 해를 거듭. 격년(隔年).
【中單 중단】 ①속옷. 제복(祭服)·조복(朝服) 등에 받쳐 입는 옷. 中衣(중의). ②國남자의 상복 속에 받쳐 입는, 소매가 넓은 베 두루마기.
【中唐 중당】 ①묘(廟)의 문(門)에서 묘에 이르는 뜰의 길. ②당대(唐代)의 시체(詩體)를 사분(四分)하였을 때 셋째 시기. 성당(盛唐) 다음, 만당(晚唐) 앞으로써, 대종(代宗)부터 문종(文宗)에

이르는 약 70년을 말한다.
【中堂 중당】 ①당대(唐代) 중서성(中書省)에서 재상(宰相)이 정사를 보던 곳. ②재상(宰相)의 일. ③당상(堂上)에서 남북(南北)의 중간. ④(佛)천태종(天台宗)에서 절의 본당(本堂). ⑤중앙의 궁전(宮殿).
【中德 중덕】 ①중용(中庸)을 체득한 덕. ②중정도의 덕.
【中道而廢 중도이폐】 일을 하다가 중간에서 그만둠. 半途而廢(반도이폐).
【中毒 중독】 약물·독물 등으로 몸에 이상이 생기는 일.
【中頓 중돈】 도중(途中)의 숙식처(宿食處). 성(城)과 양식이 있어서 머무르기도 하고 식사도 할 수 있게 된 곳.
【中冬 중동】 음력 동짓달.
【中頭 중두】 國책문(策問)의 문체. 중간에서 논지를 한 번 바꾸어 다른 말을 서술하는 격식.
【中略 중략】 ①중등의 책략(策略). ②말·글 따위의 중간 부분을 줄임.
【中呂 중려】 ①(音)12율(律)의 하나. ②음력 4월의 딴 이름.
【中路 중로】 ①오가는 길의 중간. 中道(중도). ②國중인(中人)의 계급.
【中牢 중뢰】 양(羊)과 돼지를 희생으로 쓴 제사 음식. 小牢(소뢰).
【中流擊楫 중류격즙】 강 한복판에서 노로 뱃전을 치며 박자(拍子)를 맞춤. 굳은 결심을 드러내 보임의 비유.
【中流砥柱 중류지주】 황하(黃河) 중류의 격류(激流) 속에서 굳건히 서 있는 기둥 모양의 작은 산. 난세(亂世)에 처해도 의연히 절의(節義)를 지킴의 비유. ○'底'는 '砥'로도 씀.
【中立 중립】 중간적인 자리에 섬. 두 편 사이에서 어느 한 편에도 치우치지 않음.
【中立不倚 중립불의】 중립하여 치우치지 않음. 不偏不黨(불편부당).
【中冥 중명】 해질 무렵. 저녁때.
【中目放賣 중목방매】 물건을 훔쳐다 팖.
【中微 중미】 중도에서 쇠미(衰微)해짐.
【中飯 중반】 ①점심밥. 中食(중식). ②식사하는 도중. 식사중(食事中).
【中變 중변】 ①중 정도의 변화. ②중도에서 변함. 우의(友誼)가 중도에서 끊어짐.
【中保 중보】 두 쪽 사이에 서서 일을 주선하는 사람.
【中覆 중복】 내부(內部)에서 아룀. ○'覆'은 '말씀드린다'는 뜻.
【中鋒 중봉】 운필법(運筆法)의 하나. 붓 끝이 바로 서서 한편으로 기울지 않는 필법.
【中父 중부】 평범한 아버지.
【中府 중부】 ①임금의 재물(財物)을 넣는 창고. 內府(내부). ②위(胃).
【中分 중분】 ①하나를 똑같이 둘로 나눔. ②國중년(中年)의 운수.
【中批 중비】 ①임금의 칙령. ②國전형(銓衡)을 거치지 않고 임금의 특지(特旨)로 벼슬을 시킴.

【中祕 중비】①궁중(宮中)의 깊숙한 곳. ②중서(中書)와 비서(祕書) 두 관서의 병칭(並稱).
【中婢 중비】11세 이상, 20세 이하의 계집 종.
【中祕書 중비서】대궐 안의 장서(藏書).
【中士 중사】①삼대(三代) 때, 사(士)를 상·중·하의 세 계급으로 나눈 둘째. 둘째 가는 신분. ②보통 선비. ③(佛)성문(聲聞)·연각(緣覺)을 이름. 자리(自利)만 있고 이타(利他)가 없는 사람.
【中使 중사】임금이 내밀히 보내는 사신(使臣).
【中謝 중사】①임관(任官)의 명(命)을 받았을 때, 입궐(入闕)하여 사례하던 일. ②신하가 임금에게 올리는 표문(表文)에 성황성돈수돈수(誠惶誠懼頓首頓首)의 여덟 자를 쓴 것을 나중에 베끼는 경우에 이를 줄여서 쓰는 말. 송대(宋代)에 소식(蘇軾)의 '사량이여주표(謝量移汝州表)'에서 '臣軾中謝伏念'으로 줄여서 옮겨져 있는 데서. ↪中賀(중하).
【中山酒 중산주】한 번 마시면 천 일 동안 취한다는 술. 仙酒(선주).
【中傷 중상】①손상을 입음. ②근거 없이 남을 헐뜯어 명예를 손상시킴.
【中殤 중상】나이 12세에서 15세 사이에 죽음.
【中暑 중서】①여름. ②더위를 먹어 생기는 병. 中熱(중열).
【中書君 중서군】붓의 딴 이름.
【中夕 중석】밤중. 한밤중. 中夜(중야).
【中城 중성】주장(主將)이 있는 내성(內城).
【中歲 중세】①평년작(平年作)의 해. 또는 평년작. ②중년경(中年頃).
【中宵 중소】한밤중. 中夜(중야).
【中消 중소】음식을 몹시 탐하고 갈증이 심하며, 오줌이 자주 마려운 병.
【中霄 중소】하늘과 땅 사이의 그다지 높지 않은 허공. 中天(중천).
【中宿 ❶중숙 ❷중수】❶①이틀 밤의 숙박. 二泊(이박). ②중도에서 숙박함. ❷28수(宿)를 사방(四方)으로 나누면, 7수씩으로 되며, 7수의 중앙에 자리 잡고 있는 것.
【中旬 중순】한 달의 11일에서 20일까지의 동안. 中浣(중완). 中澣(중한).
【中試 중시】시험에 합격함. 급제(及第)함.
【中始祖 중시조】이름이 별로 없던 집안을 다시 일으킨 선조(先祖).
【中息 중식】①중도에서 그만둠. ②가운데 아들.
【中身 중신】①50세 전후의 나이. 中年(중년). ②몸의 중간 부분.
【中實 중실】진실(眞實). 사실(事實).
【中心 중심】①마음속. 中情(중정). ②복판. 가운데. 사북. ③심장(心臟). ④원주상(圓周上) 또는 구면상(球面上)의 모든 점에서 같은 거리에 있는 점.
【中心必式 중심필식】마음을 반드시 삼감. 마음을 다잡아 제멋대로 하지 않음.
【中阿 중아】언덕의 한복판. 큰 언덕의 중앙. ↪'阿'는 큰 언덕.
【中央 중앙】①사방의 중심이 되는 곳. 한가운데. ②양쪽 끝에서 같은 거리에 있는 지점. ③가장 요긴하고 종요로운 위치. ④서울. 首都(수도).
【中夜 중야】한밤중. 中夕(중석). 中宵(중소).
【中嚴 중엄】궁성(宮城)의 경비(警備).
【中涓 중연】궁궁의 청소를 맡은 사람으로 임금을 측근(側近)에서 모시는 사람.
【中熱 중열】더위를 먹어서 생기는 병.
【中葉 중엽】시대·세기 따위의 중간 무렵.
【中午 중오】정오(正午). 한낮.
【中惡 중오】급병(急病)으로 죽는 일.
【中浣 중완】↪中旬(중순).
【中外 중외】①조정의 안팎. ②나라의 안팎. ③서울과 지방. ④집안의 안팎. ⑤겉과 안. ⑥고종 사촌. 외사촌. 이종 사촌.
【中夭 중요】①중년(中年)에 죽음. 젊어서 죽음. ②뜻밖의 재난.
【中用 중용】①쓸모가 있음. 소용됨. ②도장을 한복판에 찍음.
【中庸 중용】①어느 쪽으로도 치우치지 않고 중정(中正)함. ②재능이 보통임. ③사서(四書)의 하나. 공자(孔子)의 손자인 자사(子思)가 지었다고 하며, 원래 예기(禮記)의 한 편(篇)이었음.
【中元 중원】삼원(三元)의 하나. 음력 7월 보름. 百中(백중).
【中原 중원】①들판. 넓은 들. ②변경(邊境)에 대하여, 왕기(王畿)를 이름. ③황하 중류에서 하류에 이르는, 한족(漢族)의 발상지. ④중국(中國).
【中原逐鹿 중원축록】중원에서 사슴을 쫓음. ㉠군웅(群雄)이 천하를 차지하려고 다툼. ㉡어떤 지위를 얻으려고 경쟁함.
【中慰 중위】위표(慰表)로써 조위(弔慰)의 뜻을 나타내는 짧은 말. ↪'慰表'는 임금에게 걱정거리가 있을 때에 위로하기 위하여 올리는 글. ↪中謝(중사).
【中有 중유】(佛)사람이 죽어 다음의 생(生)을 받을 때까지의 49일 동안.
【中囿 중유】①임금의 사냥터. ②천하를 구주(九州)로 나눈 그 중앙의 주(州).
【中允 중윤】마음을 성실(誠實)히 함.
【中隱 중은】한가한 벼슬자리에 자기를 숨김.
【中衣 중의】①제복(祭服)·조복(朝服) 등의 안에 받쳐 입는 옷. ②속옷. 땀받이. ③國남자의 홑바지. 袴衣(고의).
【中意 중의】①마음에 맞음. 뜻에 맞음. ②마음속.
【中人 중인】①현우(賢愚)·빈부(貧富)·강약(強弱)이 중간쯤 되는 사람. ②환관(宦官). 궁녀(宮女). ③권세가 있는 사람. ④중매를 하는 사람. ⑤조선 때, 양반과 평민의 중간에 있던 신분 계급. 주로 기술직이나 사무직에 종사함.
【中日宴 중일연】과거에 급제한 사람이 성균관(成均館)·승문원(承文院)·교서관(校書館) 등에 처음 임용되었을 때 임용된 관서의 선배들을 대접하던 잔치.
【中場 중장】①3일에 나누어 보던 과거(科擧)에서 둘째 날의 시험. ②한낮이 되어 시장이 한창 어울릴 무렵.
【中腸 중장】①창자. ②마음속.

【中藏 중장】①내장(內臟). ②궁중(宮中)의 창고. ③속에 거두어 숨김.
【中才 중재】평범한 재지(才智). 보통의 재주. 中材(중재).
【中材 중재】①보통의 인물. ②➡中才(중재).
【中典 중전】가볍지도 무겁지도 않은 중간의 형(刑). 일반적으로 행해지는 형벌.
【中節 중절】①중정(中正)하며 절조(節操)가 있음. ②중간쯤. ③규율에 맞음. 장단에 맞음.
【中丁 중정】①음력으로 그 달 중순에 드는 정일(丁日). ②16세 이상 17세 이하의 남자.
【中正 중정】어느 한 편으로 치우치지 않고 바름. 中庸(중용).
【中情 중정】속에서 우러나는 참된 마음.
【中正無私 중정무사】중정의 도리를 지켜 사심(私心) 없이 공정함.
【中制 중제】중용(中庸)을 얻은 제도.
【中祭 중제】종묘(宗廟)의 제사.
【中朝 중조】①임금이 정치를 듣는 곳. 治朝(치조). ②중국(中國). ③중앙 정부. ④조정(朝廷)의 안. ⑤중세 시대. ⑥조정에 임(臨)함.
【中尊 ❶중존 ❷중준】❶(佛)①석가모니불(釋迦牟尼佛). ②아미타여래(阿彌陀如來). ❸①중간 정도의 술통. ②중급(中級)의 술.
【中坐 중좌】①여러 사람이 모인 자리. ②회석(會席)의 도중. 모임의 중도. ③임금의 자리를 침범하는 일.
【中主 중주】①두드러지지 않은 평범한 임금. ②속에 있어 주가 되는 것. 중심.
【中酒 중주】①수연(酒宴)이 한창일 때. ②술에 만취함. ③식사 후에 술을 마심.
【中池 중지】①마음의 딴 이름. ②못 속. 못 가운데. ③쓸개. 膽(담).
【中旨 중지】①천자의 뜻. 제왕의 유지(諭旨). ②임금의 뜻에 맞음.
【中智 중지】평범한 슬기.
【中直 중직】①바름. 中正(중정). ②속이 비뚤지 않음. 속이 곧음.
【中倉 중창】궁중(宮中)의 창고. 임금의 창고.
【中天 중천】①하늘의 한가운데. 天心(천심). ②중간 부분의 하늘. 中空(중공).
【中聽 중청】①옥사(獄事)를 공정하게 처결함. ②아랫사람의 사정이나 말을 바르게 들어 줌.
【中焦 중초】삼초(三焦)의 하나. 위(胃) 안에 있다고 함.
【中秋 중추】①가을의 중간 무렵. ②음력 8월 보름. 한가위. 仲秋(중추).
【中樞 중추】①사물의 중심이 되는 중요한 부분이나 자리. ②한가운데. 중심. ③병부(兵部). ④중앙 정부.
【中軸 중축】①수레의 중심에 있는 굴대. ②물건의 중심이 되는 중요한 곳.
【中台 중태】①별 이름. 中台星(중태성). ②삼태(三台)의 하나. 곧, 사도(司徒)로, 교육을 관장하였음.
【中土 중토】①중국(中國). ②중원(中原). ③구주(九州). 기주(冀州)의 이름. 한대(漢代) 이후 하남(河南)을 이름.
【中通 중통】가운데에 구멍이 나 있음. 속에 구멍이 뚫려 있음.
【中通外直 중통외직】속에 구멍이 나 있고, 겉은 곧음. ㉠연(蓮)의 비유. ㉡군자(君子)의 마음이 넓고, 행동이 단정함의 비유.
【中平 중평】평범함. 평평(平平).
【中品 중품】①중등(中等)의 품위. ②품질이 중간 정도인 물건. ③(佛)구품(九品) 정도의 중간 자리에 있는 삼품(三品).
【中賀 중하】신하가 임금에게 올리는 하표(賀表)에 성황성변돈수돈수(誠惶誠忭頓首頓首)라고 쓰는 여덟 자를 문집(文集) 따위에서 줄여 쓰는 말. ⓐ中謝(중사).
【中澣 중한】➡中旬(중순).
【中寒症 중한증】추위로 말미암아 사지가 굳어지거나 까무러치는 병증.
【中行 중행】①중용(中庸)을 지키는 바른 행실. ②일상적인 행실.
【中和 중화】①사람의 성정(性情)이 치우치지 아니하고 똑바름. 곧, 덕성(德性)이 중용(中庸)을 잃지 아니한 상태를 이름. ②성질이 다른 두 물질이 서로 융합하여 각각의 특징이나 작용을 잃는 일.
【中華 중화】세계의 중앙에 있고 문명이 가장 발달한 나라라는 뜻으로, 중국 사람들이 자기 나라를 이르는 말.
【中和節 중화절】당대(唐代) 명절(名節)의 하나. 음력 2월 1일로 신하들에게 술과 음식을 하사하여 즐기게 하였음.
【中懷 중회】마음속. 心中(심중).
【中興 중흥】쇠퇴하던 것을 중간에 다시 일어나게 함.

❶空一, 壙一, 口一, 國一, 宮一, 忌一, 途一, 道一, 都一, 命一, 夢一, 門一, 房一, 百一, 病一, 伏一, 服一, 喪一, 心一, 人一, 掌一, 在一, 的一, 宗一, 座一, 集一, 車一, 叢一, 醉一, 胎一, 鄕一, 胸一.

｜4 【丱】⑤ ❶쌍상투 관 𢆉 guàn
❷광석 광 𢆉 guàn
[字解] ❶①쌍상투. 두 가닥 지게 묶은 머리. [詩經] 婉兮孌兮, 總角丱兮. ❷어리다. 유년(幼年)의 시기. ❷광석. ※鑛(1248)의 고자(古字).
【丱角 관각】①두 가닥으로 뿔이 나게 묶은 머리. ②어린이.
【丱童 관동】머리를 두 가닥으로 뿔이 나게 묶은 어린이.

｜6 【串】⑦ ❶익힐 관 𢆉 guàn
❷꿸 천 𢆉 chuàn
❸고을곶 곶 𢆉
[參考] 대법원 지정 인명용 한자의 음은 '관·곶'이다.
[字解] ❶①익히다. 길들다. [詩經] 串夷載路. ❷친압하다. 무람없다. [謝惠連·詩] 聊用布親

串. ❷①꿰다. ≒穿.〔陳樵·詩〕歌珠一串鶯流出. ②어음, 문권. ≒券. ¶串子. ❸國곶. 바다로 좁고 길게 뻗어 있는 육지.
【串童 관동】가무(歌舞)에 익숙한 아이.
【串枾 관시】곶감.
【串狎 관압】친압함.
【串夷 관이】①상도(常道)에 길듦. ◯'夷'는 '常'으로 '오래도록 변하지 않음'을 뜻함. ②중국 서쪽에 있던 나라 이름.
【串戲 관희】①극(劇)이나 가무(歌舞)의 놀이. ②배우(俳優).
【串子 천자】①영수증. ②물건으로 바꿀 수 있는 표지. ③꼬챙이에 꿴 것.
【串票 천표】관청에서 발행하는 세금의 영수증.

|7【丳】⑧ 꼬챙이 찬 灗 chǎn
字解 꼬챙이, 산적 꼬챙이.〔韓愈·詩〕如以肉貫丳.

丶部

1획 부수 | 점주부

|0【丶】① 점 주 灗
字源 指事. 등불의 불꽃 모양을 본뜬 글자.
字解 점.

|2【丸】③ 알 환 灗 miǎn
ノ 九 丸
소전 丸 초서 丸 본자 凡 字源 指事. 소전의 자형(字形)의 '厂+人→仄'을 반대로 놓은 모양이다. '仄'은 사람〔人〕이 언덕〔厂〕 곁에 있어 몸이 기울어져 있음을 뜻하며, 그 반대는 굴러서 둥글게 됨을 나타낸다.
字解 ①알. ㉮작고 둥글게 생긴 물건.〔逸周書〕二丸弇. ㉯탄환(彈丸).〔春秋左氏傳〕從臺上彈入而觀其辟丸也. ②환. ㉮환약 따위의 개수를 나타내는 단위.〔曹植·行〕仙人王喬, 奉藥一丸. ㉯자루, 먹의 개수를 나타내는 단위.〔搜神記〕一雙筆, 一丸墨. ㉰먹. ③약, 환약.〔金匱要略方論〕以鱉甲煎和諸藥爲丸. ④둥글다. ⑤곧다, 꼿꼿하다.〔詩經〕松柏丸丸. ⑥오로지.〔太玄經〕丸鑽于内. ⑦방울.〔張衡·賦〕跳丸劍之揮霍. ⑧구르다, 굴리다.〔淮南子〕挺振萬物, 揣丸變化.
【丸泥 환니】한 덩이의 흙.
【丸藥 환약】약재를 작고 둥글게 빚은 약. 丸劑(환제).

【丸丸 환환】쭉 곧음. 곧아 거칠지 아니함. ◯彈—, 砲—.

|2【凡】③ 丸(38)의 본자

|3【丹】④ 붉을 단 灗 dān
ノ 刀 丹 丹
소전 丹 고문 ㅂ 고문 彤 초서 丹 參考 契丹(거란), 木丹(모란) 등과 같이 음이 '란'으로 변한 경우도 있으며, '란' 음도 인명용으로 지정됨.
字源 指事. 'ㅂ'은 '井'으로 채광(採鑛)을 위해 판 갱도이며, 'ㆍ'는 그 밑바닥에 나타나 보이는 붉은 빛깔의 광석을 뜻한다.
字解 ①붉다, 붉은빛.〔詩經〕顏如渥丹. ②붉게 칠하다.〔揚雄·解嘲〕朱丹其轂. ③단사(丹砂), 진사(辰砂). 수은과 유황의 화합물.〔書經〕礪砥砮丹. ④정성(精誠).〔謝朓·詩〕旣秉丹石心. ⑤정련(精鍊)한 약물. 도교(道敎)에서 만드는, 늙지도 않고 죽지도 않게 한다는 영약(靈藥). 때문에 신선에 관한 것에 '丹' 자를 많이 쓴다.〔晉書〕以其練丹祕術授弟子.
【丹慊 단겸】진심. 참마음. 丹心(단심).
【丹經 단경】신선(神仙)의 글.
【丹款 단관】진심. 참마음.
【丹丘 단구】신선이 산다는 곳. 밤낮으로 늘 밝다는 나라.
【丹禁 단금】붉은 칠을 한 궁전(宮殿).
【丹臺 단대】선인(仙人)이 사는 곳.
【丹彤 단동】붉은 칠.
【丹良 단량】'개똥벌레'의 딴 이름.
【丹礫 단력】▷丹砂(단사).
【丹方 단방】①도교에서 단약(丹藥)을 만드는 방법. ②대대로 전해 내려오는 비방(祕方).
【丹房 단방】①신선(神仙)이 사는 곳. ②단약(丹藥)을 만드는 곳.
【丹碧 단벽】붉은빛과 푸른빛. 丹靑(단청).
【丹鳳 단봉】①임금의 조칙(詔勅). ②궁궐. ③새 이름. 난(鸞)의 한 가지.
【丹府 단부】진심. 성심(誠心). 丹心(단심).
【丹砂 단사】붉은빛이 나는 광물. 약재로 씀. 朱砂(주사).
【丹書 단서】①임금이 붉은 글씨로 공신(功臣)에게 써 주던 증표. 대개 면죄(免罪)의 특권을 세습한다는 내용을 담고 있음. ②죄상을 붉은 글씨로 쓴 문서. ③주작(朱雀)이 물고 왔다는, 상고(上古)의 도(道)를 적은 글. ④금석(金石)에 새긴 글. ⑤낙서(洛書).
【丹石臼 단석구】①붉은 서조(瑞兆)를 띤 돌. ②마노(瑪瑙).
【丹藥 단약】▷丹(단약).
【丹石心 단석심】참마음. 정성어린 마음.
【丹誠 단성】진정에서 우러나는 정성. 참된 정성. 丹心(단심).
【丹素 단소】①흰 상의(上衣)와 붉은 중의(中

衣). 곧, 사대부의 옷. ②진실하고 깨끗한 마음. ③역사책.
【丹霄 단소】①저녁놀이 낄 때와 같은 붉은 하늘. ②제왕의 거처.
【丹脣 단순】①붉고 고운 입술. 朱脣(주순). ②소년(少年).
【丹脣皓齒 단순호치】①붉은 입술과 하얀 이. ②아름다운 여자의 얼굴.
【丹心 단심】마음속에서 우러나오는 정성 어린 마음. 丹款(단관).
【丹堊 단악】①붉은빛의 벽토(壁土). ②붉은 칠을 한 벽.
【丹崖靑壁 단애청벽】붉은빛의 낭떠러지와 푸른 빛의 석벽(石壁). ㉠인품이 고상(高尙)함의 비유. ㉡보기 어려운 사람을 만남의 비유.
【丹液 단액】불로불사(不老不死)의 선약.
【丹若 단약】석류(石榴)의 딴 이름.
【丹藥 단약】①선술(仙術)을 지닌 도사(道士)가 단사(丹砂)를 이겨 만든 약. 먹으면 오래 살고 죽지 않는다고 함. 仙丹(선단). 仙藥(선약). ②모란과 작약.
【丹陽布衣 단양포의】은거하여 벼슬하지 않음. 故事 남조(南朝) 때 제(齊)나라의 단양(丹陽) 사람 도홍경(陶弘景)이 구곡산(句曲山)에 은거하며 평민(布衣)으로 지낸 고사에서 온 말.
【丹鉛 단연】①단사(丹砂)와 연분(鉛粉). ②교정(校訂). ○옛날 문서를 교정할 때 단사와 연분을 쓴 데서 온 말. ③연지와 분.
【丹艶 단염】붉은빛. 붉은 윤.
【丹英 단영】붉은 꽃. 丹花(단화).
【丹楹 단영】①붉은 칠을 한 기둥. 화려한 집. 丹柱(단주). ②사치함.
【丹愚 단우】자기 진심에 대한 겸사(謙辭).
【丹扆 단의】①천자(天子)가 제후(諸侯)를 대할 때 뒤에 세우는 붉은빛의 병풍(屛風). ②천자.
【丹赭 단자】붉은 흙. 赤土(적토).
【丹粧 단장】머리·얼굴·옷차림 따위를 아름답게 꾸밈.
【丹田 단전】배꼽에서 한 치쯤 아랫부분.
【丹鼎 단정】도교(道敎)에서 단약(丹藥)을 만드는 그릇.
【丹頂鶴 단정학】정수리가 붉은 학. 두루미. 仙鶴(선학).
【丹劑 단제】☞丹藥(단약).
【丹鳥 단조】①봉황(鳳凰)의 딴 이름. ②개똥벌레의 딴 이름. 丹良(단량).
【丹詔 단조】임금의 명령. 勅命(칙명).
【丹竈 단조】도사가 단약을 만드는 부엌.
【丹朱 단주】①붉은빛. ②요(堯)임금 아들의 이름. ③주사(朱砂).
【丹脂 단지】연지(臙脂).
【丹墀 단지】①붉은 칠을 한 뜰. 대궐의 뜰. ②궁전.
【丹靑 단청】①붉은빛과 푸른빛. 丹碧(단벽). ②건축물에 여러 가지 무늬를 그린 채색. ③단서(丹書)와 청사(靑史). 곧, 역사서(歷史書).
【丹忠 단충】마음에서 우러나오는 충성.

【丹衷 단충】마음에서 우러나오는 정성.
【丹陛 단폐】①붉게 칠한 층층대. ②궁궐.
【丹筆 단필】①붉은 글씨를 쓰는 붓. 죄인의 이름·죄상 따위를 기록하는 데 씀. ②사필(史筆).
【丹血 단혈】붉은 피.
【丹花 단화】☞丹英(단영).
【丹黃 단황】①붉은빛과 누른빛. ②책에 권점(圈點)을 칠 때 쓰는 것.
【丹曦 단희】붉은 태양. 일출(日出)·일몰(日沒) 때의 해.
● 金―, 牧―, 仙―, 神―, 鉛―, 紫―, 朱―.

丶4 【丼】⑤ 井(63)의 본자

丶4 【主】⑤ 주인 주 麌   zhǔ

丶 亠 宁 主 主

字源 象形. '王'은 촛대, '丶'는 촛대 위에 타고 있는 불꽃을 본뜬 글자. 뒤에 '주인'이란 뜻으로 가차되었다.
字解 ①주인. ㉮한 가정을 도맡아 꾸려 나가는 사람. 〔春秋左氏傳〕保家之主也. ㉯물건을 차지하고 있는 임자. 〔蘇軾·賦〕夫天地之間, 物各有主. ㉰손을 맞고 있는 사람. 〔禮記〕賓爲賓焉, 主爲主焉. ㉱자기를 고용한 사람. 〔史記〕爲主入山作炭. ㉲남편. ¶ 主人. ②임금. 〔書經〕惟天生民有欲, 無主乃亂. ③공경대부(公卿大夫). 〔周禮〕主以利得民. ④우두머리, 장(長). ¶ 祭主. ⑤주체, 자신. ⑥위패. 〔史記〕武王載木主而東征. ⑦천성, 본성. 〔呂氏春秋〕亦不傷其耳目之主. ⑧숭상하다, 존중하다. 〔國語〕主言而無謀. ⑨근본, 사북과 같은 곳. 〔易經〕樞機之發, 榮辱之主也. ⑩공주(公主). 〔漢書〕午死, 主寡居. ⑪주로, 오로지. 〔漢書〕主爲趙李報德復怨. ⑫주로 하다. 〔論語〕主忠信. ⑬무리, 많은 사람. 늑衆〔大戴禮〕主人聞之.
【主家 주가】①주인 집. ②집안의 주인이 됨. 집안 일을 맡아봄. ③벼슬아치가 천자를 이르는 말. ④아내가 남편을 이르는 말. ⑤공주(公主).
【主幹 주간】어떤 일을 주장하여 처리함.
【主客顚倒 주객전도】주인과 손의 위치가 바뀜. 사물의 대소(大小)·경중(輕重)·본말(本末) 등이 뒤바뀜.
【主敬存誠 주경존성】공경(恭敬)을 주로 하고 성의(誠意)를 보존함. 성리학에서 몸을 규제(規制)하는 근본으로 삼는 말.
【主顧 주고】①단골 손님. ②여자가 결혼하기로 약속한 대상자.
【主公 주공】신하나 종이 그의 임금이나 상전을 이르는 말.
【主管 주관】일을 주장하여 관리함.
【主國 주국】①제후가 서로 빙문(聘問)할 때 빙례(聘禮)를 받는 나라. ②제왕(帝王)의 딸로, '국(國)'에 봉해진 사람의 존칭. ③나라의 도읍.

丶部 4획 主

【主君 주군】①임금. 君主(군주). ②경대부(卿大夫)를 이르는 말. ③남에 대한 경칭.
【主饋 주궤】①음식 등의 집안일을 부녀자가 주관함. ②아내가 거처하는 곳.
【主記 주기】①기록(記錄)을 맡음. ②기록을 맡아보던 벼슬.
【主器 주기】①종묘(宗廟)의 제기(祭器)를 관장하는 사람. ②맏아들.
【主腦 주뇌】主動(주동)이 되어 일하는 사람. ②주지(主旨).
【主導 주도】주가 되어 이끎.
【主櫝 주독】신위(神位)나 신주(神主)를 모시어 두는 궤.
【主令 주령】①주가 되어 사물을 계획·관장하는 사람. ②國손이 정삼품 이상의 주인을 높여 일컫던 말. 주인 영감이란 뜻.
【主領 주령】①우두머리가 되어 일을 영도(領導)함. ②우두머리. 首領(수령).
【主盟 주맹】맹회(盟會)를 관장함. 또는 그 사람. 盟主(맹주).
【主名 주명】①명칭·명분 따위를 확정함. ②주모자(主謀者)의 이름. ③주인의 이름. ④적당한 이름.
【主命 주명】①임금의 명. ②주인의 분부.
【主謀 주모】주장하여 일을 꾀함. 또는 그 사람.
【主文 주문】①과거(科擧) 시험관의 우두머리. ②사관(史官). ③한 편(篇) 문장의 주요 부분. ④國대제학의 딴 이름.
【主壁 주벽】國①문쪽에서 바라보이는 방 안의 정면 벽. ②사람들을 양쪽에 앉힌 상태에서 가운데 앉은 주장의 자리나 그 사람. ③사당에 모신 위패 중에서 으뜸되는 위패.
【主柄 주병】주된 권력(權力). 근본(根本)이 되는 권력.
【主僕 주복】주인과 종. 상전과 하인.
【主父 주부】①한 집안의 어른. ②첩이 남편을 이르는 말.
【主婦 주부】①한 집안의 제사를 책임진 사람의 아내. ②한 가정의 살림을 맡아 하는 안주인.
【主簿 주부】①각 관서(官署)의 문서·장부(帳簿)를 맡은 벼슬. ②國한약방을 차린 사람.
【主賓 주빈】여러 손 가운데 주가 되는 손.
【主司 주사】①과거(科擧)의 시험관. ②담당 사무의 책임자. 主任(주임).
【主使 주사】주장하여 사람을 부림.
【主事 주사】①주(主)가 되어 일을 함. ②벼슬 이름. 여러 관아에 딸린 속관의 하나. ③남을 점잖게 높여 이르는 말.
【主上 주상】신하가 임금을 이르는 말.
【主壻 주서】임금의 사위. 駙馬(부마).
【主席 주석】①주가 되는 자리. 윗자리. ②주인의 자리. ③많은 사람들로 조직된 단체의 우두머리.
【主祏 주석】종묘(宗廟)의 신주(神主)를 모시어 두는 석함(石函).
【主膳 주선】①천자의 음식을 맡은 관리. ②國주방에서 반찬 만드는 일을 맡아 하는 사람.

【主誠 주성】마음을 공평무사(公平無私)하게 보전함.
【主聖臣直 주성신직】임금이 어질고 밝으면 신하도 바름. 위에서 행하는 바를 아래에서 본받음.
【主帥 주수】주장이 되어 통솔하는 사람. 主將(주장).
【主術 주술】임금으로서 가지는 술수(術數).
【主臣 주신】①임금과 신하. ②신하가 임금 앞에서 황공하다는 뜻으로 쓰는 말.
【主眼 주안】중요한 목표. 要點(요점).
【主翁 주옹】주인이 되는 노인. 主人翁(주인옹).
【主辱臣死 주욕신사】임금이 욕을 당하면 신하는 임금을 위하여 목숨을 바침.
【主位 주위】①주가 되는 위치. ②중요한 지위. ③임금의 지위. ④주인의 자리.
【主威 주위】임금의 위엄(威嚴).
【主恩 주은】①임금의 은혜. ②주인의 은혜.
【主意 주의】①임금의 생각. ②주장이 되는 뜻. 主旨(주지). ③의견(意見).
【主義 주의】①사상·학설·사물을 처리하는 면 따위에서 가지는 일정한 방침이나 주장. ②도의(道義)를 바탕으로 함.
【主人 주인】①물건을 차지하고 있는 임자. ②한 가정을 도맡아 꾸려 나가는 사람.
【主因 주인】①주로 종래의 관습(慣習)에 따름. ②가장 근본이 되는 원인.
【主一 주일】정신을 한 곳으로 기울여 온전하게 함. 專一(전일).
【主一無適 주일무적】마음을 오로지하여 잡념을 가지지 않음.
【主子 주자】①취사(炊事)를 맡은 사람. ②㉠천자(天子). ㉡주인(主人).
【主者 주자】주장(主掌)하는 사람. 책임자.
【主張 주장】①자기의 의견이나 주의를 내세움. 또는 그 의견이나 주의. 主持(주지). ②☞主宰(주재).
【主將 주장】①군대에서 우두머리가 되는 장수. ②운동 경기에서 팀의 우두머리.
【主掌 주장】어떤 일을 오로지 맡아봄.
【主藏 주장】①창고를 관리함. ②사당(祠堂)의 감실(龕室).
【主宰 주재】주장하여 통할함. 또는 그 사람.
【主戰 주전】①싸우기를 주장함. ②주력(主力)이 되어 싸움.
【主政 주정】임금의 정치(政治).
【主靜 주정】망상(妄想)을 버리고 마음을 고요히 가짐.
【主題 주제】중심이 되는 문제나 사상.
【主潮 주조】①시세(時勢)가 되어 가는 형편. 주된 조류. ②주된 사조(思潮).
【主從 주종】①주장이 되는 사물과 이에 딸린 사물. ②주인과 종복. 임금과 신하.
【主佐 주좌】①주인과 그 부하(部下). ②임금과 그 신하.
【主酒客飯 주주객반】國주인은 손님에게 술을 권하고 손님은 주인에게 밥을 권함. 주인과 손

님이 서로 다정하게 식사함.
【主旨 주지】 근본이 되는 취지. 主意(주의).
【主唱 주창】 ☞主唱(주창).
【主唱 주창】 앞장을 서서 부르짖음.
【主體 주체】 ①제왕의 몸. ②사물의 본체(本體). ③행위나 작용의 근본이 되는 것.
【主催 주최】 행사·회합 따위를 주장하여 엶.
【主澤 주택】 주군(主君)의 은혜. 임금의 은택(恩澤). 君恩(군은).
【主土 주토】 제후(諸侯)로 처음으로 봉(封)해졌을 때, 천자(天子)에게서 받는 땅.
【主辨 주판】 ①지휘를 하는 사람. ②주장이 되어 일을 처리함.
【主婚 주혼】 혼사를 맡아 주관함. 또는 그 사람.
❶ 家-, 假-, 客-, 公-, 救-, 堂-, 幢-, 盟-, 明-, 喪-, 船-, 城-, 神-, 英-, 領-, 翁-, 自-, 株-, 地-, 車-, 天-, 荷-.

丿 部

1획 부수 │ 삐침별부

【丿】⓪ ①삐침 별 厲 piě
[소전] 丿 [字源] 象形. 오른쪽 위에서 왼쪽 아래로 굽게 삐친 모양을 본뜬 글자.
[字解] 삐침, 오른쪽 위에서 왼쪽 아래로 굽게 삐친 획.

【乀】⓪ ①파임 불 物 fú
[소전] 乀 [字解] 파임, 왼쪽 위에서 오른쪽 아래로 굽게 삐친 획.

【乃】② ❶이에 내 賄 nǎi
❷뱃노래 애 賄 ǎi
丿 乃
[소전] 𠄎 [소전] 㐅 [주문] 𠄒 [초서] 乃 [字源] 象形. 소전은 숨을 제대로 쉬지 못하여 애쓰는 모양을 본뜬 것이다. 말이 술술 이어지지 않기에 '이에, 곧' 등의 말을 중간에 넣게 된다는 뜻을 나타낸다.
[字解] ❶①이에. =迺. ㉮이에. 윗말을 받아 아랫말을 일으키는 말. 〔書經〕乃命義和. ㉯곧, 바꾸어 말하면. ¶人乃天. ㉰곧, 바로. 강조의 뜻을 나타내는 말. 〔史記〕嗟乎,政乃市井之人. ②너. 〔書經〕惟天之休. ③접때, 전번에. 〔漢書〕乃者, 我使諫君也. ④발어사. 지아비가 지어미의 장일(葬日)을 받을 때의 축문(祝文)에서 지아비의 존엄을 보이는 말. 〔禮記〕祝稱卜葬虞, 子孫曰哀, 夫曰乃. ⑤이, 그. 〔後漢書〕予錄乃勳, 引登九列. ❷뱃노래. 삿대질

할 때 서로 응하여 힘내는 소리. 〔柳宗元·詩〕欸乃一聲山水綠.
【乃公 내공】 ①임금이 신하에 대하여 교만하게 이르는 자칭(自稱). 너의 임금. ②아버지가 아들에게 대하여 이르는 자칭. ③國그 사람. 저이.
【乃今 내금】 지금. 요즈음. ○'乃'는 조사.
【乃武乃文 내무내문】 문무(文武)를 겸하여 갖춤. 임금의 덕(德)을 기리는 말. 允文允武(윤문윤무).
【乃誠 내성】 참마음. 誠意(성의).
【乃心 내심】 너의 마음.
【乃心王室 내심왕실】 너의 마음은 왕실에 있음. 나랏일에 충성함.
【乃岳 내악】 아내의 아버지. 丈人(장인).
【乃若 내약】 그런 때에. 만약. 만일.
【乃翁 내옹】 ①乃父(내부). ②남의 아버지를 높이어 이르는 말.
【乃祖 내조】 너의 할아버지. 손자에 대한 할아버지의 자칭(自稱).
【乃何以 내하이】 그런데 왜. 그런데 어찌하여. 이상히 여겨 물을 때 쓰는 말.
【乃後 내후】 너의 자손. 자손을 이르는 말.
❶ 無-, 若-.

【乂】② ❶벨 예 國 yì
❷징계할 애 霽 ài
丿 [소전] 乂 [소전] 乂 [초서] 乂 [參考] 대법원 지정 인명용 한자의 음은 '예'이다.
[字源] 象形. 풀을 베는 가위 모양을 본뜬 글자.
[字解] ❶①베다, 풀을 베다. ≒刈. ②다스리다, 다스려지다. ≒艾. ¶乂安. ③어질다, 어진 이. ≒俊. ❷징계하다. ≒艾·懲.
【乂安 예안】 평안하게 다스려짐. 艾安(예안).

【㐅】② ② 五(57)의 고자

【久】③ ③오랠 구 宥 jiǔ
丿 ク 久
[소전] 久 [초서] 久 [字源] 指事. ク+乀→久. '乀'는 '人'으로, 사람이 걸으려는 것을 뒤에서 잡아당기고 있는 모양. 이에서 머무름, 또는 시간이 경과하여 오래됨을 뜻한다.
[字解] ①오래다, 동안이 길다. 〔詩經〕何其久也, 必有以也. ②변하지 아니하다. 〔中庸〕不息則久. ③오래 기다리다. 〔春秋左氏傳〕是以久子. ④늦다. 〔史記〕久而玍. ⑤오래되게 하다, 멈추다. 〔孟子〕可以久則久. ⑥머무르다. 〔孟子〕久於齊, 非我志也. ⑦막다, 덮다. ≒灸. 〔儀禮〕羃用疏布久之.
【久敬 구경】 오래 사귈수록 그 사람을 더욱 존경함.

1획

【久稽 구계】 ①오래도록 생각함. ②오래 머무름. ③오래도록 어긋남.
【久繫 구계】 오래도록 감옥살이 따위를 함.
【久故 구고】 오랫동안 사귄 친한 벗.
【久困 구곤】 오랫동안 고생함.
【久交 구교】 오랜 사귐.
【久曠 구광】 오랫동안 내버려 두고 행하지 않음.
【久久 구구】 오랫동안. 긴 세월.
【久勞 구로】 오랫동안 수고함. 오랫동안 애씀.
【久留 구류】 오래도록 머무름.
【久聞 구문】 오랫동안 듣고 있음.
【久習 구습】 오래 익힘.
【久視 구시】 ①언제나 봄. 곧, 불로장생(不老長生)함. ②오랫동안 바라봄.
【久仰 구앙】 오랫동안 우러러 존경하였음. 초면에 하는 인사말.
【久淹 구엄】 오랫동안 한곳에 머무름.
【久延 구연】 오래 삶. 장명(長命)함.
【久要 구요】 오래된 약속. 舊約(구약).
【久雨 구우】 장마.
【久怨 구원】 ①오래된 원한. ②오래 원망함.
【久遠 구원】 ①아득하게 멀고 오래됨 ②영원하고 무궁함.
【久淫 구음】 ①오래 놂. ②오래 머무름. ♀'淫'은 '놂'을 뜻함.
【久逸 구일】 오랫동안 편안히 즐김. 久佚(구일).
【久任責成 구임책성】 임기를 길게 하여 직책을 다하게 함.
【久之 구지】 한참만에. 잠깐 있다가. ♀'之'는 조사(助字).
【久次 구차】 ①오랫동안 같은 벼슬에 머물러 있어 승진(昇進)하지 못함. ♀'次'는 '止'로 '앞으로 나아가지 아니함'을 뜻함. ②낡은 순서. 묵은 순서.
【久旱逢甘雨 구한봉감우】 오랜 가뭄 끝에 단비를 만남. 오랫동안 어려움을 겪다가 즐거운 일을 만났을 때의 비유.
【久闊 구활】 오랫동안 소식이 없거나 만나지 못함.
【久懷 구회】 오래된 회포.

➊ 耐ㅡ, 永ㅡ, 悠ㅡ, 長ㅡ, 持ㅡ, 天長地ㅡ, 恒ㅡ.

2획

丿
2 【幺】③ 幺(541)의 속자

丿
2 【毛】③ 부탁할 탁 ㉧척 囷 tuō
[字解] 부탁하다. 늑託
【毛羅 탁라】 國제주(濟州)의 옛 이름.

3획

丿
3 【之】④ 갈 지 因 zhī

、 亠 㞢 之

[小篆] [艸書] [字源] 象形. 'ψ'는 풀, 'ㅡ'는 땅을 본딴, 대지에 풀이 돋아나 자라난다는 데서 '가다'의 뜻을 나타낸다.
[字解] ①가다. 〔孟子〕 先生將何之. ②이. 늑是 ㉮이것. 지시 대명사. 〔論語〕 老子安之. ㉯강조의 어조사. 〔論語〕 父母唯其疾之憂. ㉰에. ※於(765)와 같게 쓴다. 〔大學〕 人之其所親愛而辟焉. ④이, 가. 주격임을 나타낸다. 〔書經〕 邦之臧, 惟汝衆. ⑤의. 관형격임을 나타낸다. 〔論語〕 是誰之過與. ⑥이르다. 〔詩經〕 之死矢靡它. ⑦및, 와, 과. 〔書經〕 惟有司之牧夫. ⑧끼치다. 〔法言〕 之後世君子. ⑨쓰다. 〔戰國策〕 之其所短.
【之東之西 지동지서】 동쪽으로도 가고 서쪽으로도 감. 일에 주견(主見)이 없이 갈팡질팡함.
【之無 지무】 몇 자 안 되는 글자. 故事 당대(唐代)에 백거이(白居易)가 태어난 지 7개월 만에 '之·無'의 두 글자를 익혀서 틀리지 않았다는 고사에서 온 말.
【之死靡它 지사미타】 죽음에 이르러도 딴 마음은 품지 아니함. 죽어도 마음이 변하지 아니함. 之死靡他(지사미타).
【之子 지자】 ①이 아들. 이 애. 是子(시자). ②신부(新婦). ③허혼(許婚).
【之字路 지자로】 '之' 자 모양으로 꼬불꼬불하게 난 길.
【之子于歸 지자우귀】 딸이 시집가는 것을 이름.

4획

丿
4 【乍】⑤ ➊잠깐 사 㐬 zhà
➋지을 작 㐬 zuò
[參考] 대법원 지정 인명용 한자의 음은 '사'이다.
[字解] ➊①잠깐, 언뜻. 〔張衡·賦〕 將乍往而未半, 忧悼悽而懸兢. ②갑자기. 〔孟子〕 今人乍見孺子將入於井. ➋짓다. =作. 〔墨子〕 乍光于四方, 于四土.
【乍卷 사권】 갑자기 걷힘.
【乍往 사왕】 갑자기 감.
【乍往乍來 사왕사래】 갑자기 갔다가 갑자기 옴. 변화가 급함.
【乍雨 사우】 갑자기 비가 내림.
【乍存乍亡 사존사망】 있는가 했더니 갑자기 없어짐.
【乍晴 사청】 비가 오다가 잠깐 갬.

丿
4 【乏】⑤ 가난할 핍 圂 fá

乏 乏 乏
[小篆] [艸書] [字源] 指事. 소전의 자형(字形)은 '正' 자를 반대로 놓은 모양. 바르지 않다는 것은 무엇인가 모자란다는 데서 '가난하다'의 뜻을 나타낸다.
[字解] ①가난하다, 모자라다, 없다. 〔戰國策〕 使人給其食用, 無使乏. ②버리다, 폐하다. 〔戰國策〕 不敢以乏國事. ③고달프다, 쇠하다. 〔新五代史〕 因其勞乏而乘之. ④화살막이. 화살을 막아 몸을 보호하는 기구. 〔周禮〕 射則贊張侯, 以旌居乏而待獲.
【乏困 핍곤】 가난하여 고생함.

【乏匱 핍궤】 가난함. 모자람.
【乏餒 핍뇌】 양식이 모자라서 굶주림.
【乏頓 핍돈】 지쳐 넘어짐. ○ '乏'은 '疲'로 '지침'을 뜻함.
【乏厄 핍액】 가난하여 고생함.
【乏月 핍월】 음력 4월의 딴 이름. 보릿고개. 겨울 곡식은 다하고 여름 곡식은 아직 익지 않은 철임.
【乏人 핍인】 인재(人材)가 모자람.
【乏資 핍자】 밑천이 모자람. 자본이 모자람.
【乏材 핍재】 ☞ 乏人(핍인).
【乏絶 핍절】 부족하여 끊어져 버림.
【乏盡 핍진】 죄다 없어짐.
➊ 缺-, 困-, 欠-.

丿
4 【乎】 ⑤ 어조사 호 虞　hū

[소전] [초서] [고자] [字源] 指事. 소전은 'ノ'과 '兮'로 이루어져 소리를 길게 끌어 마음속의 생각을 다 나타냄을 뜻한다.
[字解] ①어조사, 인가, 로다, 구나. 의문·영탄·반어(反語)·호격(呼格)의 어조사로 쓰인다. ②~에, ~보다. ※于(56)·於(765)와 같게 쓴다. 〔書經〕能哲而惠, 何憂乎驩兜. ③부사를 만드는 어미. ④아! 탄식의 뜻을 나타낸다.

丿
5 【丟】 ⑥ 丟(34)의 속자

丿
5 【乓】 ⑥ 現 탁구 팡　pāng
[字解] 탁구(卓球). 핑퐁(ping-pong)에서 'pong'의 음역자.

丿
5 【乒】 ⑥ 現 탁구 핑　pīng
[字解] 탁구(卓球). ping-pong에서 'ping'의 음역자.
【乒乓 핑팡】 탁구(卓球).

丿
6 【乕】 ⑦ 虎(1568)의 속자

丿
7 【乖】 ⑧ 어그러질 괴 佳　guāi
[소전] [초서] [字源] 會意. '丫'은 양(羊)의 뿔이 좌우로 갈리어 남을, '兆'은 '分'으로 나뉨을 뜻함을 합하여 '배반하여 서로 어기다'의 뜻을 나타낸다.
[字解] ①어그러지다. 〔易經〕家道窮必乖. ②어기다, 배반하다. 〔楚辭〕吾獨乖剌而無當兮. ③떨어지다, 나뉘다. 〔漢書〕六家分乖. ④교활하다, 간사하다.
【乖角 괴각】 ①남에게 셋집을 잡는 사람. ○

'乖'는 '거역함', '角'은 '다툼'을 뜻함. ②어긋남. 어그러짐. ③영리한 아이. 총명한 아이.
【乖覺 괴각】 ①총명하고 재능이 있는 사람. ②조숙한 사람.
【乖睽 괴규】 어긋남. 어그러짐.
【乖亂 괴란】 이치에 어그러져 어지러움.
【乖濫 괴람】 생각이나 행동이 사리에 어그러지고 지나친 데가 있음.
【乖剌 괴랄】 ☞ 乖戾(괴려).
【乖戾 괴려】 사리에 어그러져 온당하지 아니함. 乖悖(괴패). 乖剌(괴랄).
【乖繆 괴류】 어그러짐. 어긋남. 맞지 않음.
【乖離 괴리】 어그러져 동떨어짐.
【乖畔 괴반】 거역함. 배반함.
【乖僻 괴벽】 성질이 비뚤어짐.
【乖別 괴별】 이별함. 헤어짐.
【乖散 괴산】 배반(背反)하여 멀리 도망침. 이산(離散)함.
【乖忤 괴오】 어그러지고 거슬림.
【乖迕 괴오】 배반하여 거역함. 어그러짐.
【乖越 괴월】 정도에 지나쳐 어그러짐.
【乖違 괴위】 서로 어긋남. 乖異(괴이).
【乖異 괴이】 서로 어긋남. 틀림. 乖違(괴위).
【乖貳 괴이】 거역하여 의심함. 배반하여 떨어져 나감. 乖離(괴리).
【乖張 괴장】 ①어긋남. 서로 반대됨. ②성질이 비뚤어져 있음.
【乖舛 괴천】 ①어그러짐. 틀림. ②이치에 어그러져 옳지 못함.
【乖悖 괴패】 상리(常理)에 어그러지고 도리에 벗어남. 乖戾(괴려).
【乖敗 괴패】 헐어지고 무너짐.
【乖愎 괴퍅→괴팍】 남에게 붙임성이 없이 꽤 까다롭고 고집이 셈.
【乖謔 괴학】 지나친 희롱(戲弄). 못된 장난.

丿
8 【乗】 ⑨ 乘(43)의 속자

丿
9 【乘】 ⑩ ❶탈 승 蒸　chéng
❷대 승 徑　shèng

[소전] [고문] [초서] [속자] [字源] 會意. 人＋桀→乘. '桀'은 나무 위에 좌우 두 발이 얹혀 있는 모양. 사람〔人〕이 두 발로 나무 위에 오른다〔桀〕는 데서 '타다'의 뜻을 나타낸다.
[字解] ❶①타다. ㉮탈것을 타다. 〔易經〕時乘六龍以御天. ㉯기회 따위를 이용하다. 〔孟子〕雖有智慧, 不如乘勢. ②오르다. 〔列子〕俱乘高臺. ③업신여기다. 〔國語〕乘人不義. ④다스리다. 〔詩經〕亟其乘屋. ⑤헤아리다, 꾀하다. 〔周禮〕乘其財用之出入. ⑥곱하다, 곱셈. 〔周髀算經〕勾股各自乘. ❷①대. 수레를 세는 단위. 〔孟子〕後車數十乘. ②탈것. 〔孟子〕今乘輿已駕矣. ③둘 한 쌍. 같은 사물 둘이 한 단위

를 이루는 것. 〔儀禮〕宰夫始歸乘禽. ④넷 한 쌍. 〔孟子〕發乘矢而後反. ⑤네 필의 말, 사마(駟馬). 〔詩經〕元戎十乘, 以先啓行. ⑥역사, 역사의 기록. 〔孟子〕晉之乘. ⑦제도(濟度)의 방편. 수레가 물건을 싣고 옮김에 비유하여 이른 말. 〔傳燈錄〕此心卽佛, 日最上乘.

【乘堅策肥 승견책비】단단한 수레를 타고 살진 말을 채찍질함. 생활이 호화롭고 사치스러움의 비유.
【乘轎 승교】가마.
【乘隙 승극】틈을 탐. 乘間(승간).
【乘龍 승룡】①용을 탐. 승천(昇天)함. ②네 마리의 용. ③용과 같은 훌륭한 사위를 얻음. 故事 후한(後漢) 때 태위(太尉) 환언(桓焉)이 황헌(黃憲)·이응(李膺)의 두 사위를 맞은 고사에서 온 말.
【乘馬 승마】①말을 탐. 또는 사람을 위하여 탐. ②네 마리가 한 짝인 말.
【乘望風旨 승망풍지】國남의 눈치를 보아 가며 뜻을 잘 맞추어 줌.
【乘勢 승세】기세를 탐. 곧, 기세를 이용함.
【乘勝長驅 승승장구】싸움에 이긴 기세를 타고 마구 휘몰아치는 일.
【乘矢 승시】네 개의 화살.
【乘時 승시】때를 탐. 기회를 얻음. 乘機(승기).
【乘夜 승야】밤을 이용함.
【乘興 승여】①임금의 수레. ②거둥 때의 임금.
【乘運 승운】좋은 운수를 탐.
【乘危涉險 승위섭험】國위태로움과 험난함이 무릅씀.
【乘馹 승일】관원이 나랏일로 어디 갈 때에 역마(驛馬)를 잡아타던 일.
【乘傳 승전】역말을 탐. 또는 그 역말.
【乘除 승제】①곱셈과 나눗셈. ②번성함과 쇠퇴함. ③더하고 덜어서 알맞게 함.
【乘志 승지】역사를 기록한 책. 史乘(사승).
【乘風破浪 승풍파랑】바람을 타고 파도를 헤치며 멀리 감. 원대한 뜻이 있음.
【乘匹 승필】▷乘馬(승마)².
【乘鶴 승학】학을 타고 승천함. 신선이 됨.
【乘虛 승허】적의 빈틈을 탐. 적의 허를 찌름.
【乘軒 승헌】①대부(大夫)의 수레를 탐. ②대부가 됨.
【乘興 승흥】흥이 나서 마음이 내킴. 故事 진(晉)나라 때 왕희지(王羲之)가 설야(雪夜)에 배를 타고 대규(戴逵)를 찾아갔다가 문간에서 되돌아서매, 누가 물으니 흥이 나서 찾아왔다가 흥이 다해서 돌아간다고 대답했다는 고사에서 온 말.
◐ 大-, 萬-, 小-, 搭-, 便-, 合-.

乙部

1획 부수 | 새을부

0 【乙】 ① 새 을 置 yǐ

乙

参考 ①'亂'과 같이 자형(字形)이 'ㄴ'으로 된 것도 이 부수에 속한다. ②'乙'을 '새 을' 또는 '제비 을'이라고 하는 것은 '乙(제비 을)'과 모양이 흡사하여 통용하게 된 결과이다.
字源 象形. 음기(陰氣)가 아직도 강한 이른봄이기에, 초목의 싹이 곧게 돋아나지 못하고 구부러져 있는 모양을 본뜬 글자.
字解 ①새, 제비. 늑乙. ②굽다, 구부러지다. 〔史記〕其於十母爲甲乙. ③10간(干)의 둘째. ㉮방위로는 남(南), 오행으로는 목(木)에 배당된다. 〔書經〕越六日乙未. ㉯둘째. 10간의 차례에 따라 순서나 등급을 매길 때의 둘째. ㉰방(乙方). 24방위의 하나. 정동(正東)에서 남(南)으로 15도의 방위를 중심으로 한 15도의 각도 안. ㉱을시(乙時). 24시의 여덟째 시. 오전 6시 30분~7시 30분. ④하나. 늑一. ¶太乙. ⑤아무개. 이름을 대신하거나, 부정칭 대명사로 쓴다. 〔史記〕奮長子建, 次子甲, 次子乙. ⑥표하다. ㉮문장이 끊어지는 곳에 표하다. ㉯글자가 빠진 자리에 표하다. ㉰차례가 바뀐 자리에 표하다. ⑦물고기의 창자, 물고기의 아가미 뼈. 〔禮〕魚去乙. ⑧범의 가슴 양쪽에 있는 뼈.
【乙骨 을골】범의 가슴 양쪽에 있는 '乙'자 모양의 뼈.
【乙覽 을람】임금이 밤에 독서(讀書)함. 낮에는 정무(政務)에 바빠서 을야(乙夜)에 독서함에서 온 말. 乙夜覽(을야람).
【乙夜 을야】하룻밤을 다섯으로 나눈 그 둘째. 이경(二更). 밤 10시경.
【乙酉 을유】60갑자의 스물두째.
【乙乙 을을】①좋은 생각이 떠오르지 아니하여 안타까워하는 모양. ②하나하나. 낱낱이.
【乙鳥 을조】제비의 딴 이름.
【乙丑甲子 을축갑자】무슨 일이 제대로 되지 아니하고 순서가 뒤바뀜.
【乙亥 을해】60갑자의 열두째.
◐ 甲-, 太-.

0 【乙】 ① 제비 을 置 yì

乙

字源 제비가 날개를 펼치고, 목을 움츠려서 나는 모양을 본뜬 글자.
字解 제비. 늑乙. ¶乙鳥.
【乙鳥 을조】제비의 딴 이름.

1 【九】 ② ❶아홉 구 冇 jiǔ, jiū
❷모을 규 冈 jiǔ, jiū

丿 九

参考 대법원 지정 인명용 한자의 음은 '구'이다.

乙部 1획 九

[字源] 指事. 굴곡(屈曲)이 많은 모양을 그려서, 극수(極數) 곧, '아홉'이라는 뜻을 나타내었다.
[字解] ①⑦아홉.〔書經〕九載績用弗成. ②아홉 번. ¶九死一生. ③수효의 끝. 수효가 많다.〔漢書〕腸一日而九回. ④주역의 양수(陽數).〔易經〕乾元用九, 天下治也. ⑤남쪽.〔素問〕昔於九. ⑥오래되다, 늙다. ≒久,〔莊子〕黃帝生乎九齔. ⑦①모으다, 모이다. ≒鳩〔莊子〕九雜天下之川. ②합하다. ≒糾〔論語〕九合諸侯.
【九乾 구건】넓은 하늘. 九天(구천).
【九卿 구경】9명의 대신(大臣). 九賓(구빈). 九司(구사). 九品(구품). ⑦주대(周代)에는 총재(冢宰)・사도(司徒)・종백(宗伯)・사마(司馬)・사구(司寇)・사공(司空)・소사(少師)・소보(小保)・소부(小傅). ⓒ한대(漢代)에는 태상(太常)・광록훈(光祿勳)・위위(衞尉)・태복(太僕)・정위(廷尉)・대홍려(大鴻臚)・종정(宗正)・소부(小府)・대사농(大司農). ⓒ조선 때 육조 판서(六曹判書)・좌우 참찬(左右參贊)・한성 판윤(漢城判尹)을 이름.
【九經 구경】⑦아홉 가지의 경서(經書). ⑦주례(周禮)・의례(儀禮)・예기(禮記)・춘추좌씨전(春秋左氏傳)・춘추공양전(春秋公羊傳)・춘추곡량전(春秋穀梁傳)・역경(易經)・서경(書經)・시경(詩經). ⓒ수신(修身)・시경・서경・예기・춘추・효경・논어・맹자・주례. ②중용(中庸)에 있는 수신(修身)・존현(尊賢)・친친(親親)・경대신(敬大臣)・체군신(體群臣)・자서민(子庶民)・내백공(來百工)・유원인(柔遠人)・회제후(懷諸侯) 등 천하(天下)를 다스리는 아홉 가지 대도(大道). ③주대(周代)에 국도(國都) 중에 세로로 설치한 아홉 개의 한길. 九陌(구맥). 九緯(구위).
【九皐 구고】깊은 못. 심원(深遠)한 곳.
【九穀 구곡】아홉 가지의 곡물. 메기장・찰기장・차조・벼・참깨・콩・팥・보리・밀.
【九曲肝腸 구곡간장】굽이굽이 서린 창자. 상심이 쌓이고 쌓인 마음속.
【九功 구공】백성의 생활에 근본이 되는 수(水)・화(火)・금(金)・목(木)・토(土)・곡(穀)의 육부(六府)와 정덕(正德)・이용(利用)・후생(厚生)의 삼사(三事)를 정비하는 임금의 덕.
【九貢 구공】아홉 가지의 공물(貢物). 곧, 사공(祀貢)・빈공(嬪貢)・기공(器貢)・폐공(幣貢)・재공(材貢)・화공(貨貢)・복공(服貢)・유공(斿貢)・물공(物貢).
【九官 구관】순(舜)임금이 두었다는 아홉 대관(大官). 사공(司空)・후직(后稷)・사도(司徒)・사(士)・공공(共工)・우(虞)・질종(秩宗)・전악(典樂)・납언(納言).
【九衢 구구】⇨九逵(구규).
【九軍 구군】천자의 육군(六軍)과 제후(諸侯)의 삼군(三軍). 大軍(대군).
【九逵 구규】도시의 큰 길. 여러 갈래로 갈라진 큰 길. 九衢(구구).
【九竅 구규】사람 몸에 있는 아홉 구멍. 눈・코・귀・입・오줌길・항문. 九穴(구혈).
【九棘 구극】①구경(九卿)의 자리. ②⇨九棘三槐(구극삼괴).

【九棘三槐 구극삼괴】구경(九卿)과 삼공(三公)의 자리. ◯옛날, 외조(外朝)에 세 그루의 해나무를 심어 삼공이 거기에 자리 잡고, 그 좌에 각각 아홉 그루의 가시나무를 심어 오른쪽에는 고(孤)・경(卿)・대부(大夫), 왼쪽에는 공(公)・후(侯)・백(伯)・자(子)・남(男)이 자리 잡은 데서 이르는 말.
【九禁 구금】①구법(九法)의 금령(禁令). ②임금의 처소. 禁中(금중).
【九氣 구기】①기(氣)의 변화에 의해 생기는 아홉 가지 감정. 곧, 노(怒)・희(喜)・비(悲)・공(恐)・한(寒)・경(炅)・경(驚)・노(勞)・사(思). ②만물의 근본이 되는 아홉 가지 기운. ③광휘(光輝)가 있는 기(氣).
【九畿 구기】주대(周代)에 기내(畿內)를 천리 사방(千里四方)으로 하여, 그 밖을 500리(里)마다 일기(一畿)로 하여 센 구획(區劃). 곧, 왕기(王畿)・후기(侯畿)・전기(甸畿)・남기(男畿)・채기(采畿)・위기(衞畿)・이복(夷服)・진복(鎭服)・번복(蕃服). 왕기 대신 요기(要畿) 또는 만복(蠻服)을 넣기도 함.

〈九畿〉
①侯畿 ②甸畿 ③男畿 ④采畿 ⑤衞畿
⑥蠻畿 ⑦夷服 ⑧鎭服 ⑨蕃服

【九年面壁 구년면벽】전심(全心)을 기울여 참선함. [故事] 양(梁)나라 때 달마 대사(達摩大師)가 9년 동안 벽을 향하여 좌선(坐禪)한 고사에서 온 말.
【九年之蓄 구년지축】9년 동안 먹고 살 수 있는 식량.
【九能 구능】아홉 가지 재능. 곧, 나라를 세우는 데는 명귀(命龜)에 능하며, 논밭에는 시명(施命)에 능하며, 그릇을 만드는 데는 명(銘)에 능하며, 사자(使者)에는 조명(造命)에 능하며, 높은 곳에 오르면 부(賦)에 능하며, 군대(軍隊)에는 서(誓)에 능하며, 산천(山川)에는 설(說)에 능하며, 상기(喪紀)에는 뇌(誄)에 능하며, 제사(祭祀)에는 어(語)에 능함.
【九丹 구단】①구천(九天)에서 받는 사람의 음양(陰陽) 정기(精氣). ②도가(道家)에서 단사(丹砂)를 개어서 만든 선약(仙藥). ③아홉 가지 신단(神丹). 곧, 단화(丹華)・신부(神符)・신단(神丹)・환단(還丹)・이단(餌丹)・연단(煉丹)・유단(柔丹)・복단(伏丹)・한단(寒丹).
【九達 구달】아홉 방면(方面)으로 통하는 큰 길. 곧, 도로(道路)・기방(岐旁)・극방(劇旁)・구구(九衢)・강(康)・장(莊)・구참(劇驂)・숭기(崇期)・규(逵).
【九大 구대】풍(風)・운(雲)・뇌(雷)・해(海)・화(火)・일(日)・지(地)・천(天)・공(空).
【九德 구덕】①구공(九功)의 덕(德). ②충(忠)・

신(信)·경(敬)·강(剛)·유(柔)·화(和)·고(固)·정(貞)·순(順)의 아홉 가지 덕.
【九道 구도】①아홉 개의 길. 아홉 개의 흐름. ②달이 운행(運行)하는 아홉 개의 길. 九行(구행). ③학문(學問)의 아홉 가지 종류. 곧, 도덕(道德)·음양(陰陽)·법령(法令)·천관(天官)·신징(神徵)·기예(伎藝)·인정(人情)·계기(械器)·처병(處兵). ④구주(九州)의 도로. 전국의 도로.
【九連環 구련환】아홉 개의 고리가 연결된 장난감의 한 가지. 지혜(智慧)의 고리.
【九禮 구례】①➡九儀(구의). ②아홉 가지 예(禮). 관(冠)·혼(婚)·조(朝)·빙(聘)·상(喪)·제(祭)·빈주(賓主)·향음주(鄕飮酒)·군려(軍旅).
【九流 구류】①아홉 갈래의 흐름. ②아홉 갈래의 학파(學派). 곧, 유가(儒家)·도가(道家)·음양가(陰陽家)·법가(法家)·명가(名家)·묵가(墨家)·종횡가(縱橫家)·잡가(雜家)·농가(農家).
【九六 구륙】①아홉과 여섯. ②양(陽)과 음(陰). ○주역(周易)에서 양효(陽爻)를 '九'라 부르며, 음효(陰爻)를 '六'이라 함.
【九輪 구륜】(佛) 불탑(佛塔)의 노반(露盤) 위에 있는 아홉 겹의 금(金)으로 만든 고리 모양의 장식.
【九陌 구맥】①아홉 갈래의 한길. 도성(都城)의 큰 길. 九緯(구위). ②논밭 사이의 큰 길. 큰 논두렁 길.
【九貉 구맥】옛날 중국의 동북쪽에 있었던 아홉 이민족. 九夷(구이).
【九命 구명】주대(周代)에 관원의 아홉 가지 임명 차례. 곧, 일명(一命)의 정리(正吏)에서부터 구명(九命)의 방백(方伯)까지.
【九牧 구목】구주(九州)의 장관(長官).
【九尾狐 구미호】①아홉 개의 꼬리가 달린 늙은 여우. ②간사하고 교활한 사람. ③금모구미(金毛九尾)의 늙은 여우. 중국에서는 은대(殷代)의 달기(妲己)와 주대(周代)의 포사(褒姒)를 이르고, 인도에서는 화양 부인(華陽夫人)을 이름.
【九旻 구민】①가을 하늘. 秋空(추공). 秋天(추천). ②높은 하늘. 구중(九重)의 하늘.
【九拜 구배】①아홉 가지 배례. 곧, 계수(稽首)·돈수(頓首)·공수(空首)·진동(振動)·길배(吉拜)·흉배(凶拜)·기배(奇拜)·포배(褒拜)·숙배(肅拜). ②여러 번 고개를 숙여 경의(敬意)를 나타냄. ③편지 끝에 붙이는 말.
【九百 구백】①어리석은 사람. ②이야기가 장황한 사람. 말이 치근치근한 사람.
【九伯 구백·구패】➡구주(九州)의 장(長). ②오후(五侯)와 합하여 천하의 제후(諸侯).
【九法 구법】①주대(周代)에 대사마(大司馬)가 천하를 화평하게 다스리는 데 준수해야 할 아홉 가지 제도. ②➡九疇(구주).

【九服 구복】➡九畿(구기).
【九府 구부】①주대(周代)의 재정(財政)을 맡은 아홉 관부(官府). 곧, 대부(大府)·옥부(玉府)·내부(內府)·외부(外府)·천부(泉府)·천부(天府)·직내(職內)·직금(職金)·직폐(職幣). ②구주(九州)의 보배를 저장한 곳집. 훌륭한 생산품(生産品)이 나는 땅.
【九賓 구빈】임금이 우대(優待)하는 아홉 손님. 공(公)·후(侯)·백(伯)·자(子)·남(男)·고(孤)·경(卿)·대부(大夫)·사(士).
【九嬪 구빈】주대(周代)에 천자(天子)를 모시던 아홉 사람의 여관(女官).
【九思 구사】군자가 명심하여야 할 아홉 가지 일. 시(視)에는 명(明), 청(聽)에는 총(聰), 안색(顔色)에는 온(溫), 자태(姿態)에는 공(恭), 언(言)에는 충(忠), 사(事)에는 경(敬), 의문(疑問)에는 문(問), 분(忿)에는 난(難), 득(得)에는 의(義)를 생각하라는 것.
【九死一生 구사일생】여러 차례 죽을 고비를 당하였다가 겨우 살아남.
【九錫 구석】공로가 있는 신하에게 특별히 임금이 내리는 아홉 가지 은전(恩典). 곧, 거마(車馬)·의복(衣服)·악기(樂器)·주호(朱戶; 대문을 붉은색으로 칠함)·납폐 納陛; 중폐(中陛)에서 올라갈 수 있음)·호분(虎賁)·종자〈從者〉 300명)·궁시(弓矢)·부월(鈇鉞; 도끼)·거창(秬鬯; 기장과 향초로 빚은 술).
【九星 구성】①일백(一白)·이흑(二黑)·삼벽(三碧)·사록(四綠)·오황(五黃)·육백(六白)·칠적(七赤)·팔백(八白)·구자(九紫). 음양가(陰陽家)는 방위(方位)·배우(配偶) 등 길흉(吉凶)을 판단함. ②➡九曜(구요). ③북두성(北斗星). ④성(星)·신(辰)·일(日)·월(月)·사시(四時)·세(歲). ⑤사방(四方)과 오성(五星).
【九世同居 구세동거】집안이 화목함. 故事 당대(唐代) 장공예(張公藝)의 집에 구대(九代)의 친족(親族)이 함께 살았다는 고사에서 온 말.
【九韶 구소】순(舜)임금이 지은 악곡 이름.
【九霄 구소】하늘의 가장 높은 곳.
【九數 구수】중국 최고의 산법(算法). 곧, 방전(方田; 논밭 측량법)·속미(粟米; 교역·매매 산법)·쇠분(衰分; 귀천 혼합법)·소광(少廣; 평방·입방)·상공(商功; 공력, 공정 산법)·균수(均輸; 배, 수레의 운임 계산법)·영뉵(盈朒; 안분 비례)·방정(方程; 방정식)·구고(句股; 삼각법)의 아홉 가지. 九章算術(구장산술).
【九藪 구수】옛날 중국에 있었던 아홉 군데의 큰 못. 곧, 구구(具區)·운몽(雲夢)·포전(圃田)·망제(望諸)·대야(大野)·현포(弦蒲)·해양(獬養)·양우(楊紆)·소여기(昭餘祁).
【九寺 구시】구경(九卿)이 근무하던 관서. 곧, 당대(唐代)의 제도에 태상시(太常寺)·종정시(宗正寺)·광록시(光祿寺)·위위시(衛尉寺)·태복시(太僕寺)·대리시(大理寺)·홍려시(鴻臚寺)·사농시(司農寺)·태부시(太府寺)의 아홉.
【九式 구식】제사(祭祀)·빈객(賓客)·장황(葬荒)·수복(羞服)·공사(工事)·폐백(幣帛)·추말(芻

秩)·비반(匪頒)·호용(好用)의 아홉 가지 예(禮)를 행하는 데의 비용 지출 절차.

【九十春光 구십춘광】 봄의 석 달 90일 동안의 화창한 햇빛.

【九野 구야】 ①구주(九州)의 들. 구주의 땅. ②☞九天(구천)³. ③천하(天下).

【九野淸泰 구야청태】 천하(天下)가 잘 다스려져 조용함. 天下泰平(천하태평).

【九陽 구양】 ①해가 솟아오르는 곳. ②해. 太陽(태양).

【九御 구어】 천자(天子)를 받들어 모시는 아홉 여관(女官).

【九域 구역】 ☞九州(구주).

【九譯 구역】 아홉 번을 통역함. 아주 먼 땅.

【九埏 구연】 천지의 끝. 땅의 끝.

【九五 구오】 ①역괘(易卦)의 육효(六爻) 중 밑에서부터 다섯 번째의 양효(陽爻). ②천자의 지위. ○'九五'의 효는 임금의 지위를 상징함.

【九五之尊 구오지존】 천자의 지위.

【九曜 구요】 인도 점성술에서 이르는 아홉 개의 별. 일요성(日曜星)·월요성(月曜星)·화요성(火曜星)·수요성(水曜星)·목요성(木曜星)·금요성(金曜星)·토요성(土曜星)·계도성(計都星)·나후성(羅睺星).

【九牛一毛 구우일모】 아홉 마리의 소 가운데 하나의 털. 지극히 많은 가운데 아주 적은 수.

【九原 구원】 전국 시대 진(晉)나라의 경대부(卿大夫)의 묘지(墓地) 이름. ㉠무덤. ㉡저승길.

【九有 구유】 ①많은 영토. 도 천하(天下). 九州(구주). ②(佛)삼계(三界)를 아홉으로 나눈 것. 욕계(欲界)가 일지(一地)로, 색계(色界)·무색계(無色界)가 각 넷으로 나뉘어져 합하여 아홉이 됨. 九地(구지).

【九幽 구유】 ☞九泉(구천).

【九垠 구은】 천지의 끝. 구천(九天)의 끝. 九埏(구연). 九垓(구해).

【九儀 구의】 ①귀천(貴賤)의 품등(品等)을 바로 잡는 아홉 의식. 곧, 수직(受職)·수복(受服)·수위(受位)·수기(受器)·사칙(賜則)·사관(賜官)·사국(賜國)·작목(作牧)·작백(作伯). ②천자가 빈객을 대접하는 예. 공(公)·후(侯)·백(伯)·자(子)·남(男)·고(孤)·경(卿)·대부(大夫)·사(士)의 아홉 신분에 따라 그 절차를 달리함.

【九夷 구이】 ①중국에서 이르던 동쪽의 아홉 이민족. 곧, 견이(畎夷)·우이(于夷)·방이(方夷)·황이(黃夷)·백이(白夷)·적이(赤夷)·현이(玄夷)·풍이(風夷)·양이(陽夷). 九貊(구맥). 九貉(구맥). ②여러 오랑캐.

【九夷八蠻 구이팔만】 중국을 중심으로 동(東)의 아홉, 남(南)의 여덟 오랑캐.

【九折 구절】 ①꼬불꼬불한 모양. ②꼬불꼬불한 언덕길.

【九折臂 구절비】 명의(名醫)가 되려면 남의 팔꿈치를 아홉 번 꺾음. 경험(經驗)을 쌓음.

【九鼎 구정】 우(禹)임금이 구주(九州)에서 구리를 거둬들여 주조(鑄造)한 솥. 하(夏)·은(殷)·주대(周代)에 걸쳐 임금의 보물로 보전됨.

【九鼎大呂 구정대려】 구정(九鼎)과 대려(大呂). 중요한 지위나 명망. ○'大呂'는 주(周)의 태묘(太廟)에 있던 대종(大鐘).

【九族 구족】 ①고조(高祖)로부터 증조(曾祖)·조부(祖父)·부(父)·자기(自己)·자(子)·손(孫)·증손(曾孫)·현손(玄孫)까지의 직계친(直系親)을 중심으로 하여 방계친(傍系親)으로 고조의 사대손(四代孫) 되는 형제, 종형제(從兄弟), 재종형제(再從兄弟), 삼종 형제(三從兄弟)를 포함하는 동종(同宗) 친족의 일컬음. ②부족(父族) 넷〔오복(五服)의 동족, 고모의 자녀, 자매의 자녀, 나의 동족〕, 모족(母族) 셋〔모의 부족, 모의 모족, 모의 자매족〕, 처족(妻族) 둘〔처의 부족, 처의 모족〕.

【九州 구주】 ①우(禹)임금이 전국을 아홉 개의 주로 나누었다는 행정 구획. 곧, 기(冀)·연(兗)·청(靑)·서(徐)·예(豫)·형(荊)·양(揚)·옹(雍)·양(梁). 九土(구토). 九有(구유). ②중국 전토(全土). ③통일 신라 때의 지방 행정구역. 곧, 상주(尙州)·양주(良州)·강주(康州)·웅주(熊州)·전주(全州)·무주(武州)·한주(漢州)·삭주(朔州)·명주(溟州).

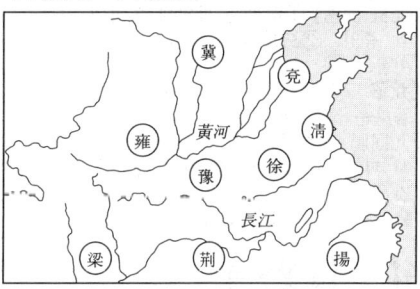

〈九州①〉

【九疇 구주】 기자(箕子)가 주(周) 무왕(武王)의 물음에 답한 천하를 다스리는 아홉 가지 대법(大法). 곧, 오행(五行)·오사(五事)·팔정(八政)·오기(五紀)·황극(皇極)·삼덕(三德)·계의(稽疑)·서징(庶徵)·오복(五福)·육극(六極).

【九重 구중】 ①아홉 겹. 겹겹이 쌓임. ②하늘. ③궁중(宮中). ④천자(天子).

【九重天 구중천】 ①궁정(宮廷). ②높은 하늘. 九天(구천).

【九川 구천】 우(禹)임금이 다스렸다는 아홉 개의 큰 강. 곧, 약수(弱水)·흑수(黑水)·하수(河水)·양수(瀁水)·강수(江水)·윤수(沇水)·회수(淮水)·위수(渭水)·낙수(洛水).

【九天 구천】 ①가장 높은 하늘. 九旻(구민). ②궁중(宮中). ③하늘을 아홉 방위(方位)로 나누어 이르는 말. 곧, 중앙과 팔방. 중앙은 균천(鈞天), 동쪽은 창천(蒼天), 서쪽은 호천(昊天), 남쪽은 염천(炎天), 북쪽은 현천(玄天)이라 하고, 남동쪽은 양천(陽天), 남서쪽은 주천(朱天), 북동쪽은 변천(變天), 북서쪽은 유천(幽天)이라 함. ④(佛)지구를 중심으로 회전하는 아홉 개의 천체. 일천(日天)·월천(月天)·수성천(水星天)·

1획

금성천(金星天)·화성천(火星天)·토성천(土星天)·항성천(恒星天)·종동천(宗動天).

【九泉 구천】①저승. 黃泉(황천). ②깊은 땅 속.

【九天玄女 구천현녀】황제(黃帝)가 치우(蚩尤)를 칠 때에 병법을 전수하였다는 선녀(仙女).

【九土 구토】㉠㉡九州(구주)①. ②아홉 가지 지질(地質) 또는 지세(地勢).

【九夏 구하】①여름 90일 동안. ②주대(周代)의 큰 아홉 가지 조정(朝廷) 음악.

【九合 ❶구합 ❷규합】❶아홉 번 회합함. ❷한데 모아 합침. 糾合(규합).

【九垓 구해】①㉠㉡九陔(구해). ②㉠㉡九州(구주)①.

【九陔 구해】하늘 끝. 하늘 위. 九垓(구해).

【九行 구행】①아홉 가지 착한 행위. ㉠효(孝)·자(慈)·문(文)·신(信)·언(言)·충(忠)·공(恭)·용(勇)·의(義). ㉡인(仁)·행(行)·양(讓)·신(信)·고(固)·치(治)·의(義)·의(意)·용(勇). ②달이 운행(運行)하는 아홉 길. 혹도(黑道) 둘, 적도(赤道) 둘, 백도(白道) 둘, 청도(靑道) 둘, 황도(黃道). ③구주(九州)의 길. 온 나라의 길.

【九獻 구헌】주객(主客)이 아홉 번 술을 주고받던 향례(饗禮).

【九玄 구현】①하늘을 방위에 의하여 나눈 팔방과 중앙. ②도교(道敎)에서 존경하는 신(神)의 이름.

【九華 구화】궁실(宮室)·기물(器物) 따위의 아름다운 장식(裝飾).

【九回腸 구회장】①창자가 아홉 번 비틀림. 몹시 괴로워함. ②강이나 언덕 따위가 꼬불꼬불한 것을 형용.

◐ 三-, 上-, 陽-, 重-, 初-.

乙2 【乞】③ ❶빌 걸 㘉 qǐ ❷줄 기 㘊 qì

丿亅气乞

[소전] 气 [초서] 乞 [参考] 대법원 지정 인명용 한자의 음은 '걸'이다.

[字源] 象形. 소전의 글자 모양은 구름이 피어오르는 모양을 본뜬 것이다. 뒷날에 가차(假借)하여 '빌다'라는 뜻이 나왔다.

[字解] ❶①빌다, 빌어먹다. 〔史記〕行乞於市. ②구하다, 빌다. 〔春秋左氏傳〕公子遂如楚乞師. ③소원, 요청(要請). 〔吳志〕深自陳乞. ❷주다. 〔漢書〕妻自經死, 買臣乞其夫錢, 令葬.

【乞假 걸가】①말미를 청함. 휴가원(休暇願)을 제출함. 乞暇(걸가). ②물건을 빌려 씀.

【乞丐 걸개】①거지. ②청원하여 구함.

【乞客 걸객】몰락한 양반으로서 의관을 갖추고 다니며 얻어먹는 사람.

【乞巧 걸교】부녀자들이 칠석날 직녀(織女)에게 바느질과 길쌈 재주를 비는 일.

【乞粒 걸립】①동네에서 쓸 경비를 마련하기 위해 여러 사람들이 패를 짜서 각처로 다니면서 풍물을 치고 재주를 부리며 돈이나 곡식을 구하는 일. ②절에서 쓸 경비를 마련하기 위해 승려들이 돈이나 곡식을 구걸하는 일.

【乞盟 걸맹】①적(敵)에게 화의(和議)를 구함. ②맹세할 때 신(神)에게 고하는 일.

【乞命 걸명】목숨을 살려 달라고 빎.

【乞士 걸사】(佛)승려의 딴 이름. 比丘(비구).

【乞師 걸사】원병(援兵)을 청함.

【乞食 걸식】음식을 빌어먹음.

【乞神 걸신】①빌어먹는 귀신. ②염치없이 지나치게 탐하는 마음의 비유.

【乞身 걸신】㉠乞骸(걸해).

【乞言 걸언】노인(老人)에게 좋은 말을 하여 달라고 청함.

【乞人憐天 걸인연천】거지가 하늘을 불쌍히 여김. 불행한 처지에 놓여 있는 사람이 부질없이 행복한 사람을 동정함.

【乞骸 걸해】늙은 재상(宰相)이 벼슬을 사퇴하기를 임금에게 청원함. 乞身(걸신).

【乞與 기여】줌.

◐ 丏-, 求-, 行-.

乙2 【也】③ ❶어조사 야 㘄 yě ❷또 야 㘄 yě ❸잇달을 이 㘅 yí

丿㇉也

[소전] 也 [고문] 㔾 [초서] 也 [字源] 象形. 여자 음부(陰部)의 모양을 본뜬 글자라는 설과 주전자의 모양을 본뜬 글자라는 설이 있다.

[字解] ❶어조사. ㉮문미(文尾)에 놓여 단정·결정의 뜻을 나타낸다. 〔莊子〕南冥者, 天池也. ㉯의문·반어·영탄·강조의 뜻을 나타낸다. 〔詩經〕何其久也. ㉰이름을 부를 때 쓰는 조자(助字). 〔論語〕回也其庶乎. ㉱어세를 고르는 조자. 〔論語〕必也狂狷乎. ❷또, 또한. 〔岑參·詩〕萬里煙波也夢君. ❸잇달다. =迤.

【也帶 야대】문무과(文武科)의 방(榜)이 났을 때 급제한 사람이 띠던 띠.

【也夫 야부】영탄(詠歎)의 종결사(終結辭).

【也與 야여】강한 단정을 나타내는 어조사.

【也有 야유】또 있다. 무엇무엇도 있다.

【也矣 야의】단정(斷定)을 나타내는 어조사.

【也哉 야재】①강한 단정의 뜻을 나타내는 어조사. ②반어(反語)를 나타내는 어조사.

【也乎 야호】강조의 뜻을 나타내는 어조사.

【也乎哉 야호재】①반어(反語)를 나타내는 어조사. ②영탄(詠歎)의 뜻을 나타내는 어조사.

乙3 【㐃】④ 國울 울

[字源] 于(우)+乙(을→ㄹ)→㐃(울).

[字解] 울. '울' 음을 표기하기 위하여 우리나라에서 만든 글자.

乙4 【㐌】⑤ 종족 이름 이 㘇 yí

[字解] 종족 이름. 중국의 광동(廣東) 지방에 살던 종족.

乙[圣]⑥ 國 땅 이름 갈
字源 加(가)+乙(을→ㄹ)→圣(갈).
字解 땅 이름. ¶圣波知衾使.

乙[苣]⑥ 國 걸 걸
字源 巨(거)+乙(을→ㄹ)→苣(걸).
字解 걸다, 걸어 두다. 〔華城城役儀軌〕苣鉅匠八名.

乙[乩]⑥ 점칠 계 厤 ji
字解 ①점치다, 무꾸리하다. =卟. ②생각하다. =稽·卟.

乙[乭]⑥ 國 이름 돌
字源 石(석)+乙(을→ㄹ)→乭(돌).
字解 이름. 주로 사람 이름에 쓰임. ¶甲乭.

乙[乮]⑥ 國 봉호 몰
字源 卯(묘)+乙(을→ㄹ)→乮(몰).
字解 봉호(封號). 임금이 일정 정도의 토지를 내려 주면서 주는 칭호. 〔璿源系譜〕乮山君.

乙[乱]⑦ 亂(51)의 속자

乙[乶]⑧ 國 볼기 볼
字源 甫(보)+乙(을→ㄹ)→乶(볼).
字解 볼기. '볼' 음을 표기하기 위하여 우리나라에서 만든 글자.

乙[乷]⑧ 國 살 살
字源 沙(사)+乙(을→ㄹ)→乷(살).
字解 살. '살' 음을 표기하기 위하여 우리나라에서 만든 글자.

乙[乳]⑧ 젖 유 厤 rǔ

字源 會意. 孚+乚→乳. '孚'는 '爪+子'로 사람이 자식을 감싸고 있음을 나타내고, '乚'은 새나 제비를 나타낸다. 곧, 사람이나 날짐승이 자식이나 새끼를 낳아 기름을 뜻한다.

字解 ①젖, 젖퉁이. 〔唐書〕兄弟共乳而生. ②젖을 먹이다, 기르다, 양육(養育)하다. 〔後漢書〕豈無阿乳之恩. ③낳다, 알을 까다, 새끼를 치다. 〔史記〕懷子不乳. ④약을 갈다. ¶乳鉢. ⑤젖 같은 액. ¶乳劑. ⑥유방 모양의 것. ¶鍾乳石.

【乳氣 유기】①어린애다운 기분(氣分). 어린티. 稚氣(치기). ②유즙(乳汁) 같은 것.
【乳道 유도】①젖이 나오는 분비선. ②젖이 나는 분량.
【乳名 유명】어릴 때의 이름. 幼名(유명).
【乳母 유모】젖어머니.
【乳木 유목】(佛)불을 피우며 그 불 속에 공양물을 던져 넣는 의식을 할 때 불사르는 나무.
【乳糜 유미】①음식이 위 속에서 소화되어 젖처럼 된 것. ②젖으로 쑨 죽.
【乳鉢 유발】약을 갈아서 가루를 만드는 데 쓰는 자그마한 그릇.
【乳棒 유봉】유발(乳鉢)에 약을 넣고 가는 데 쓰는 나나 사기로 만든 작은 방망이.
【乳液 유액】식물의 세포 속에 들어 있는 흰색이나 황색의 액체.
【乳藥 유약】①흰 빛깔의 약. ②독약(毒藥).
【乳養 유양】젖을 먹여 기름.
【乳漿 유장】젖 속에서 단백질과 지방을 빼고 남은 부분.
【乳劑 유제】잘 섞이지 않는 두 액체가 다른 매개체에 의하여 고르게 섞인, 점도가 있는 용액.
【乳汁 유즙】유방(乳房)에서 분비하는 유백색(乳白色)의 액체. 젖.
【乳雛 유추】새가 새끼를 기름.
【乳臭 유취】①젖에서 나는 냄새. 젖내. ②나이가 어리거나 경험이 부족함을 조롱하여 이르는 말. 口尙乳臭(구상유취).
【乳齒 유치】젖니.
【乳抱 유포】젖을 빨리고 안음. 아이나 새끼를 기름.
【乳哺 유포】아이에게 젖을 먹여 기름.
【乳虎 유호】①새끼가 딸린 암범. 사납고 두려운 것의 비유. ②갓 태어난 범.
● 母-, 粉-, 授-, 羊-, 煉-, 牛-, 離-.

乙[乹]⑨ 乾(50)의 속자

乙[乶]⑨ 國 솔 솔
字源 所(소)+乙(을→ㄹ)→乶(솔).
字解 솔. 먼지나 때 따위를 쓸어 떨어뜨리거나 닦아 내기 위한 도구.

乙[乼]⑨ 國 줄 줄
字源 注(주)+乙(을→ㄹ)→乼(줄).
字解 줄. 새끼·노끈·철사 등과 같이, 매거나 동이거나 할 수 있는 긴 물건. 〔增正交隣志〕熟麻乼一張.

乙[龜]⑩ 龜(2146)의 속자

乙[乽]⑩ 國 봉호 잘

乙部 10획 乾

[字源] 者(자)+乙(을→ㄹ)→耆(잘).
[字解] 봉호(封號). 임금이 일정 정도의 토지를 내려 주면서 주는 칭호. 〔璿源系譜〕耆山君.

乙 【乾】⑪ ❶하늘 건 园 qián
10   ❷마를 건·간 本간 愛 gān

一 十 ナ 古 古 直 卓 卓 乾 乾

[소전] 乾 [주문] 乾 [초문] 乾 [간체] 乹 [간체] 干

[参考] 대법원 지정 인명용 한자음은 '건'이다.
[字源] 形聲·會意. 倝+乙→乾. '倝(건)'은 음 부분이며, 아침해가 솟아올라 빛나는 모양도 나타낸다. '乙'은 초목의 싹이 위를 향하여 싹터 오르는 모양이다. 아침해가 뜨는 곳이나 초목의 싹이 향하는 곳은 하늘이므로 '하늘'의 뜻을 나타낸다.
[字解] ❶①하늘, 우주의 넓은 공간. ¶乾坤. ②괘 이름. ㉮8괘의 하나. 괘형은 ☰. 위에 있어서, 굳셈·다스림·비롯함 등을 상징한다. ㉯64괘의 하나. 괘형은 ䷀. 강건불식(剛健不息)을 상징한다. ③임금. 〔易經〕乾以君之. ④남자, 아비, 지아비. 〔易經〕乾道成男. ⑤서북방(西北方). ⑥군세다, 튼튼하다. ❷①마르다, 말리다, 시들다. 〔詩經〕嘆其乾矣. ②모자라다, 다하다, 생기가 끊어지다. 〔春秋左氏傳〕外彊中乾. ③건성으로, 속뜻없이 겉으로만. 〔史記〕始爲小吏乾沒. ④까닭없이. 〔韓愈·詩〕乾愁漫解坐自累.

【乾竭 건갈】 말라 없어짐.
【乾剛 건강】 ①굳셈. ②굳세어 굴하지 않는 덕.
【乾綱 건강】 ①하늘의 법칙. ②임금이 나라를 다스리는 대강(大綱). 임금의 대권(大權). ③現 아내에 대해 남편을 이름.
【乾乾 건건】 ①부지런한 모양. 멈추지 않고 계속 나아가는 모양. 孜孜(자자). ②조심하고 공경하는 모양.
【乾啓 건계】 하늘의 가르침. 天啓(천계).
【乾皐 건고】 앵무(鸚鵡)의 딴 이름.
【乾坤 건곤】 ①건괘(乾卦)와 곤괘(坤卦). ②하늘과 땅. ③양(陽)과 음(陰). ④북서(北西)와 남서(南西). ⑤남자와 여자. ⑥해와 달.
【乾坤一擲 건곤일척】 천하를 걸고 주사위를 한번 던짐. 운명과 흥망을 걸고 전력을 다해 마지막 승부나 성패를 겨룸.
【乾坤淸氣 건곤청기】 천지(天地)에 가득 차 있는 맑은 기운.
【乾坤洞然 건곤통연】 천지(天地)가 탁 트이어 아무런 장애(障礙)도 없음.
【乾霍亂 건곽란】 토사(吐瀉)를 하지 않는 곽란.
【乾基 건기】 제왕(帝王)의 기업(基業). 제업(帝業)의 터전.
【乾斷 건단】 임금이 손수 정사(政事)를 재결(裁決)함.
【乾端坤倪 건단곤예】 하늘 끝과 땅 끝.
【乾闥婆 건달바】 (佛) ①악신(樂神)의 이름. 제석천(帝釋天)에 시중들며 기악(伎樂)을 연주하였다. 香神(향신). ②신기루(蜃氣樓) 〔梵語〕 'Gandharva'의 음역어(音譯語).
【乾德 건덕】 ①끊임없는 하늘의 큰 덕. ②임금의 덕.
【乾圖 건도】 하늘의 그림. 천체(天體)의 형상. 天象(천상).
【乾道 건도】 하늘의 도(道). 주역(周易)에서 지 강지건(至剛至健)한 덕(德).
【乾糧 건량】 ①먼 길 가는 데 가지고 다니기 쉽게 만든 양식. ②國흉년에 곤궁한 사람을 구제할 때 죽을 쑤어 주지 않고 대신 주던 곡식.
【乾靈 건령】 ①하늘의 신(神). 天神(천신). ②태양(太陽)의 정기(精氣).
【乾沒 건몰】 ①요행으로 이득을 얻음. ②남의 물건을 횡령함. ③國법에 걸린 물건을 관아에서 몰수하는 일.
【乾杯 건배】 ①술잔의 술을 다 마셔 비움. ②술자리에서 서로 잔을 높이 들어 상대방의 건강 또는 행운을 비는 일.
【乾符 건부】 제왕이 천명(天命)을 받을 조짐. 天符(천부).
【乾符坤珍 건부곤진】 하늘과 땅에서 생기는 상서로운 조짐.
【乾象 건상】 천체(天體)의 형상. 乾圖(건도).
【乾石魚 건석어】 ①굴비. ②간조기.
【乾癬 건선】 마른버짐.
【乾星照濕土 건성조습토】 반짝반짝 빛나는 별이 눅눅한 땅을 비춤. 다음 시대(時代)에는 반대(反對)되는 것이 나타남의 비유.
【乾愁 건수】 까닭없이 일어나는 걱정.
【乾柿 건시】 곶감.
【乾兒 건아】 아들로 삼은 사람. 문하에 두고 있는 부하.
【乾曜 건요】 해. 태양(太陽).
【乾浴 건욕】 자기 전에 양 손바닥으로 전신(全身)을 마찰하는 일종의 양생법(養生法).
【乾元 건원】 ①하늘. ②하늘의 도(道). ③임금. ④원기(元氣).
【乾維 건유】 하늘을 유지하는 큰 벼리. 하늘이 성립되는 큰 근본.
【乾儀 건의】 ①하늘의 법(法). ②천자의 법.
【乾淨 건정】 ①일의 뒤끝이 깨끗함. ②일의 처리를 잘하여 후환이 없음. ③정결(淨潔)함. 淸潔(청결).
【乾精 건정】 하늘의 깨끗하고 순수한 기운.
【乾啼 건제】 건성으로 우는 울음.
【乾燥 건조】 물기나 습기가 말라서 없어짐.
【乾淺 건천】 물이 적고 얕은 곳.
【乾草 건초】 말린 풀.
【乾竺 건축】 인도(印度)의 옛 이름. 天竺(천축).
【乾雉 건치】 말린 꿩의 고기. 신부가 시부모를 처음 뵐 때 올리는 폐백의 한 가지.
【乾則 건칙】 하늘의 법칙(法則).
【乾唾 건타】 침을 말림. 모욕을 참음. [故事] 당대(唐代)에 누사덕(婁師德)이 동생에게 '남이 네 얼굴에 침을 뱉으면 닦지 말고 그대로 두어 마르게 하라'고 훈계한 고사에서 온 말.

【乾打碑 건타비】 탁본(拓本)하는 데 쓰는 먹.
【乾統 건통】 천자(天子)의 혈통(血統).
【乾涸 건학】 못이나 내의 물이 졸아 마름.
【乾犒饋 건호궤】 ㉠음식을 먹여 군사를 위로하는 대신 돈을 주던 일.
【乾喉 건후】 애를 써서 목이 탐. 고생을 함.
【乾木水生 간목수생】 마른 나무에서 물이 남. 아무것도 없는 사람에게 무엇을 억지로 요구함.
【乾物 간물】 ①생선이나 육류(肉類)를 말린 것. ②물건을 말림.

◐ 九一, 連一, 루一, 皇一.

乙 10 【龜】⑪ 龜(2146)의 속자

乙 12 【亂】⑬ 어지러울 란 luàn

【字源】 會意. 𠃉+乚→亂. '𠃉'은 어린아이들이 이리저리 얽혀 다투는 모양을 나타내고, '乚'은 내리누르는 모양으로 다스린다는 뜻이다. 어지러운 것은 다스려져야 한다는 데서 '다스리다' 라는 뜻이 되었다.

【字解】 ①어지럽다. ㉮질서 없이 뒤얽히다. ¶ 混亂. ㉯어지러이 널려 있다. ¶ 亂立. ㉰품행이 단정하지 못하다. 〔詩經〕 東門之墠, 刺亂也. ②다스리다. ※'治'의 같은 뜻. 〔書經〕 其能而亂四方. ③반역(反逆), 무도(無道). 〔孝經〕 禍不作亂. ④함부로, 멋대로. 〔書經〕 亂罰無罪. ⑤난리, 전쟁. ¶ 避亂. ⑥음악의 끝 가락. 〔論語〕 關雎之亂. ⑦건너다, 강을 건너다. 〔書經〕 亂於河. ⑧시(詩)나 부(賦)의 끝에 그 대요(大要)를 기술한 글. 〔楚辭〕 亂曰已矣哉, 國無人兮.

【亂家 난가】 ①화목하지 못하고 어수선한 집안. ②인륜(人倫)이 무너져 어지러운 집안. ③유가(儒家) 이외의 학파.
【亂階 난계】 ㉠어지러워지는 실마리. 亂梯(난제). ②위계(位階)의 순서에 의하지 아니하고 건너뛰어 진급함.
【亂曲 난곡】 가락이 어지럽게 된 노래. 가락이 맞지 않은 가곡(歌曲).
【亂撾 난과】 북 따위를 세게 마구 침.
【亂局 난국】 어지러운 판국.
【亂軍 난군】 ①적과 뒤섞이어 싸움. ②규율이 없는 군대. ③반란을 일으킨 군대.
【亂君 난군】 무도(無道)한 임금. 亂主(난주).
【亂群 난군】 ①어지럽게 질서 없는 무리. ②무리를 어지럽힘.
【亂潰 난궤】 혼란하여 무너짐.
【亂氣 난기】 ①어지러운 마음. 亂心(난심). ②음란한 기운.
【亂紀 난기】 ①문란해진 기율(紀律). ②기율을 문란하게 함.
【亂踏 난답】 함부로 짓밟음.

【亂刀 난도】 칼로 마구 벰. 칼로 잘게 다짐.
【亂道 난도】 ①사설(邪說)로 도리(道理)를 어지럽힘. ②시문(詩文)이 조잡함. 자기가 지은 시문의 겸칭(謙稱).
【亂略 난략】 ①난을 일으키는 경로. ②반란을 일으켜 침탈(侵奪)함.
【亂流 난류】 ①물이 어지럽게 흐름. 물이 물길을 벗어나 아무 데나 흐름. ②강을 가로질러 건넘. ③문란하고 제멋대로임.
【亂倫 난륜】 ①도리(道理)를 어지럽힘. 破倫(파륜). ②인륜(人倫)에 어긋남. 주로 남녀 관계를 이른다. ③서로 걸맞지 않은 혼인.
【亂理 난리】 도리(道理)에 어긋남. 또는 그러한 행동.
【亂離 난리】 ①정치가 혼란스러워 나랏일을 근심함. ◐'離'는 '근심'을 뜻함. ②세상이 어지러워 백성들이 뿔뿔이 흩어짐.
【亂立 난립】 어지럽게 늘어섬.
【亂麻 난마】 뒤얽힌 삼 가닥. 어지럽게 뒤얽힌 사건(事件)이나 세태(世態)의 비유.
【亂命 난명】 정신이 흐려진 상태에서 하는 유언(遺言).
【亂舞 난무】 엉킨 듯이 어지럽게 추는 춤. 함부로 나서서 마구 날뜀의 비유.
【亂民 난민】 ①질서를 어지럽게 하는 백성. ②백성을 다스림.
【亂罰 난벌】 함부로 벌을 줌.
【亂法 난법】 ①난폭한 법률. 문란해진 법률. ②법률을 어지럽힘.
【亂憤 난분】 분별을 잃고 몹시 성을 냄.
【亂飛 난비】 어지럽게 낢.
【亂射 난사】 화살이나 탄환을 일정한 목표 없이 마구 갈겨 쏨. 亂發(난발).
【亂辭 난사】 ①한 시가(詩歌)의 끝머리에 그 시(詩)의 대의(大意)를 적은 글. 주로 초사(楚辭)에서 썼다. ②이치에 맞지 않는 난잡한 말.
【亂揷 난삽】 질서 없이 아무데나 꽂음.
【亂想 난상】 부질없는 생각. 두서없이 생각함.
【亂蟬 난선】 여기저기서 시끄럽게 우는 매미.
【亂世 난세】 어지러운 세상.
【亂俗 난속】 ①풍속을 어지럽힘. ②어지러운 풍속. 나쁜 풍속.
【亂首 난수】 ①난동을 일으킨 장본인(張本人). 난적(亂賊)의 우두머리. ②헝클어진 머리.
【亂愁 난수】 마음이 어지럽고 수심에 잠김.
【亂臣 난신】 ①나라를 잘 다스리는 신하. ②나라를 어지럽게 하는 신하.
【亂臣賊子 난신적자】 임금을 시해(弒害)하는 신하와 부모를 해치는 아들. 亂賊(난적).
【亂鴉 난아】 여기저기 뒤섞이어 나는 까마귀.
【亂鶯 난앵】 여기저기서 우는 꾀꼬리.
【亂弱 난약】 나라가 어지러워져 약해짐.
【亂餘 난여】 전란(戰亂)이 끝난 뒤.
【亂逆 난역】 반역(反逆)을 꾀함. 謀叛(모반).
【亂人 난인】 ①난(亂)을 일으키는 사람. 나라를 어지럽히는 사람. ②마음이 어지러운 사람. 미친 사람. ③넉살 좋은 사람.

【亂入 난입】어지럽게 함부로 드나듦.
【亂刺 난자】함부로 찌름.
【亂斫 난작】①잘게 쪼갬. ②쇠 연장으로 함부로 찍음.
【亂賊 난적】①나라를 어지럽게 하는 무리. ②잔혹하게 해침. ③亂臣賊子(난신적자).
【亂戰 난전】두 편이 뒤섞여 어지러이 싸움.
【亂廛 난전】①허가 없이 길에 함부로 벌여 놓은 가게. ②조선 때, 나라에서 허가한 시전(市廛) 상인 이외의 상인이 하던 불법적인 가게.
【亂點 난점】여기저기에 흩어져 있음.
【亂政 난정】①정사를 어지럽힘. ②도리에 벗어난 정사. ③정사를 다스림.
【亂梯 난제】☞亂階(난계)①.
【亂中 난중】난리 중.
【亂帙 난질】책을 난잡하게 늘어놓음.
【亂招 난초】國죄인이 신문(訊問)에 대하여 함부로 꾸며서 말함. 亂供(난공).
【亂草 난초】①어지럽게 난 풀. ②난잡하게 쓴 초서(草書). ③함부로 쓴 초고(草稿).
【亂礁 난초】어지럽게 늘어선 암초(暗礁).
【亂抽 난추】손이 닿는 대로 책을 뽑음.
【亂暴 난폭】몹시 포악함.
【亂筆 난필】①되는대로 어지럽게 쓴 글씨. ②자기 글씨의 겸칭(謙稱). 亂書(난서).
【亂虐 난학】난폭하고 잔학함.
【亂惑 난혹】혼란하게 하고 미혹하게 함.
【亂鴻 난홍】질서 없이 나는 기러기.
【亂花 난화】어지러이 피어 있는 꽃.
【亂患 난환】분란(紛亂)의 재난.

○ 霍―, 珽―, 狂―, 壞―, 攪―, 憒―, 內―, 動―, 迷―, 叛―, 變―, 紛―, 散―, 淫―, 戰―, 靖―, 錯―, 醉―, 治―, 胡―, 混―, 禍―, 患―.

亅部

1획 부수 | 갈고리궐부

亅 ① 갈고리 **궐** 冏 jué
參考 부수로만 쓰이고 독자적으로는 쓰이지 않는다.
字源 象形. 위 끝은 뾰족하고 아래 끝은 꼬부라진 갈고리의 모양을 본뜬 글자.
字解 갈고리.

了 ② 마칠 **료** 鑢 liǎo, le
小篆 𠄏 草書 了
字源 象形. '子' 자에서 '一'이 없는 글자. 곧, 팔이 없는 아이의 다리가 뒤틀려져 쭉쭉 자라지 못하는 모양을 나타낸다. 더 자라지 못한다는 데서 '마치다, 끝나다' 등의 뜻이 되었다.
字解 ①마치다, 끝나다. ¶修了. ②깨닫다, 이해하다. 〔世說新語〕雖神氣不變而心了其成. ③밝다, 총명하다. ≒憭. 〔後漢書〕小而了大未必奇. ④드디어, 마침내 〔唐書〕了復何益. ⑤얼크러지다. ⑥어조사. 문미(文尾)에 놓여 결정·과거·지정·판단·금지 등의 뜻을 나타낸다.
【了得 요득】①깨달아 알아냄. ②㉠기예가 뛰어남. ㉡그것으로 좋음. 그래도 좋음.
【了了 요료】①슬기로운 모양. 현명한 모양. ②명확한 모양. 확실한 모양. 判然(판연). ③마침내. 드디어. ④마침. 끝남.
【了事 요사】①일의 이치를 명확하게 깨달아 앎. ②䂿일을 끝냄. 결말을 지음.
【了知 요지】깨달아 앎.
【了解 요해】깨달아 알아냄.
○ 明―, 修―, 完―, 終―.

亅 ③ 國망치 **마**
字解 ①망치. 철추(鐵鎚). ②땅 이름. 〔新增東國輿地勝覽〕亇知島.

予 ④ ❶나 **여** 魚 yú
❷줄 **여** 圖 yǔ
フマ予予
小篆 豸 草書 予 參考 豫(1715)의 속자(俗字)로 쓴다.
字源 象形. 손으로 물건을 밀어 주는 모양을 본뜬 글자.
字解 ❶나. 〔論語〕天生德於予, 桓魋其如予何. ❷①주다. ≒與. 〔詩經〕君子來朝, 何錫予之. ②허락하다, 용서하다. 〔漢書〕春秋予之. ③함께, 함께하다. 〔荀子〕有所共予也. ④음악 이름. 후한(後漢) 명제(明帝) 때의 음악.
【予寧 여녕】한대(漢代)에, 관리 또는 박사의 아들이 부모상을 당했을 때 휴가를 주어 집에 돌아가 거상(居喪)하게 한 일. ◯'寧'은 집에서 거상하는 일.
【予小子 여소자】①천자가 상중(喪中)에 쓰는 자칭(自稱). 선왕(先王)에 대하여 이르던 말. ②선배나 어른에게 자신을 이르는 말.
【予一人 여일인】나도 여느 사람과 다름없는 한 인간임. 임금이 자신을 겸손하게 이르던 말.
○ 起―, 付―, 分―, 賜―, 錫―, 施―.

争 ⑩ 爭(1090)의 속자

事 ⑧ 일 **사** 圖 shì
一ァ厂戸写写事
小篆 叓 古文 叀 草書 事 古字 叓
字源 象形. 고자

(古字)는 '叓'로 '十'은 나무 또는 깃대, '口'는 깃발, '又'는 일을 하는 손을 각각 나타낸다. 깃발을 단 깃대를 손으로 세우고 있다는 데서 '일'이라는 뜻이 되었다.

字解 ①일. ㉮사업, 업무.〔論語〕執事敬. ㉯사건, 변고, 사고.〔禮記〕天子無事與, 諸侯相見. ②일삼다, 전념하다.〔論語〕請事斯語矣. ③정치.〔春秋左氏傳〕禮以行事. ④제사 ≒祀. ⑤찌르다, 꽂다 늑制.〔漢書〕不敢事刃於公之腹者, 畏秦法也 ⑥섬기다.〔論語〕未能事人, 焉能事鬼. ⑦다스리다, 경영하다.〔呂氏春秋〕事五穀. ⑧부리다.〔史記〕坐事國人過律.

【事件 사건】①벌어진 일이나 일거리. ②뜻밖의 변(變). 事故(사고).
【事功 사공】일의 됨됨이. 일을 애써 이룩한 공.
【事貴神速 사귀신속】國일을 하는 데는 무엇보다 빠른 것이 가장 좋음.
【事根 사근】사건의 근원.
【事大 사대】약자가 강자를 섬김.
【事力 사력】①일에 나아가 힘을 쓰는 사람. 곧, 동복(僮僕) 따위. ②國일의 형세(形勢)와 재력(財力).
【事例 사례】일의 전례.
【事理 사리】일의 이치.
【事脈 사맥】일의 내력과 갈피.
【事務 사무】자신이 맡은 직책에 관련된 여러 가지 일을 처리하는 일.
【事無常師 사무상사】일에는 항상 표준이 될 만한 것이 없음.
【事無二成 사무이성】두 가지 일이 모두 이루어질 수는 없음. ㉠적어도 한 가지는 실패함. ㉡공적인 일과 사적인 일을 모두 온전히 하기는 어려움.
【事物 사물】모든 일과 물건.
【事變 사변】①보통이 아닌 큰 변고나 재앙. ②세상일의 변화. ③경찰력으로는 막을 수 없는 난리. ④선전포고 없이 행해지는 작은 규모의 전쟁.
【事本 사본】일의 근본.
【事不如意 사불여의】일이 뜻대로 되지 않음.
【事不厭省 사불염생】일은 아무리 생략되어도 싫지 않음. 일은 적어질수록 다스리기 쉬움.
【事事件件 사사건건】①모든 일. ②일마다.
【事思敬 사사경】마음을 오로지하여 삼가며, 일에 과실이 없기를 바람.
【事事無成 사사무성】한 가지 일도 이루지 못함. 하는 일마다 모두 실패함.
【事上磨鍊 사상마련】실무(實務)를 맡아보면서 정신 수양을 하고 의지(意志)를 단련하는 일.
【事勢 사세】①정치 따위에 있어서의 세력. ②일이 되어 가는 형편.
【事守 사수】일. 업무(業務).
【事隨心 사수심】일은 마음이 바라는 바에 따라 행해짐.
【事實 사실】실제로 있었거나 현재 있는 일.
【事緣 사연】일의 앞뒤 사정과 까닭.
【事由 사유】일의 까닭. 緣由(연유).

【事有君 사유군】자기가 하는 일에는 준거(準據)가 있음.
【事宜 사의】일이 형편에 알맞음.
【事以密成 사이밀성】일은 치밀하게 해야 이루어짐.
【事障 사장】(佛)탐(貪)·진(嗔)·치(癡) 따위 열반을 해롭게 하는 번뇌.
【事蹟 사적】일의 자취. 사실의 형적.
【事情 사정】①일의 형편이나 까닭. ②國딱한 처지를 하소연하여 도움을 비는 일.
【事際 사제】사변이 일어날 기회(機會).
【事蹤 사종】일의 자취. 事蹟(사적).
【事懺 사참】(佛)예불(禮佛)·송경(誦經) 등으로 허물을 고백하여 참회하는 일.
【事體 사체】일의 중심이 되는 큰 줄거리. 일의 대체(大體).
【事親 사친】어버이를 섬김.
【事態 사태】일이 되어 가는 형편.
【事必歸正 사필귀정】무슨 일이든 결국은 올바른 이치대로 되고 맒. 올바르지 못한 것은 오래 가지 못함.
【事效 사효】일의 효과(效果).
【事後 사후】일이 끝나거나 일을 끝낸 뒤.
【事畜 사휵】부모를 섬기고 처자를 기름.

◐ 幹─, 檢─, 慶─, 古─, 故─, 工─, 公─, 國─, 記─, 吉─, 農─, 大─, 萬─, 無─, 私─, 喪─, 成─, 世─, 人─, 政─, 從─, 行─, 好─, 凶─.

二 部

2획 부수 | 두이부

二 ②두 이 ěr

字源 指事. 두 개의 가로획(一)으로 '2'라는 뜻을 나타내었다.

字解 ①둘.〔易經〕二人同心, 其利斷金. ②두 번, 두 번 하다, 둘로 나누다.〔齊書〕醵酒二辭. ③두 마음.〔春秋左氏傳〕有死無二. ④갑절.〔史記〕秦得百二焉. ⑤의심하다.〔呂氏春秋〕令二輕臣也. ⑥다음, 둘째.〔書經〕二日敬用五事. ⑦나란하다, 비견(比肩)하다.〔史記〕功無二於天下. ⑧땅[地]의 수(數).〔易經〕天一地二. ⑨건(乾)과 곤(坤).〔易經〕因二以濟民行. ⑩이단(異端), 다른 설(說).〔荀子〕幷一而不二. ⑪음효(陰爻).

【二價 이가】①두 가지의 값. ②부르는 값과 깎는 값.
【二覺 이각】(佛)①중생이 본디 가지고 있는 청

정한 지혜인 본각(本覺)과 미혹되어 있는 본각이 본성으로 돌아오는 지혜인 시각(始覺). ②스스로 깨닫는 자각(自覺)과 깨달은 바로써 다른 사람도 깨닫게 하는 각타(覺他).
【二景 ❶이경 ❷이영】❶두 개의 빛. 해와 달. 二輝(이휘). ❷두 그림자.
【二孤 이고】①두 사람의 고경(孤卿). ◯'孤'는 삼공(三公)의 차관(次官). ②두 사람의 상주(喪主).
【二功 이공】대공(大功)과 소공(小功). ◯'功'은 상복(喪服).
【二科 이과】①두 가지 허물, 또는 죄. ②두 과목(科目).
【二過 이과】①두 번의 과실(過失). ②과실을 되풀이함.
【二敎 이교】두 가르침. 곧, 노자(老子)의 가르침과 석가모니의 가르침.
【二簋 이궤】두 개의 제기(祭器). 제수(祭需)가 적음의 비유. ◯'簋'는 제사 지낼 때에 서직(黍稷)을 담는 그릇.
【二極 이극】①남극(南極)과 북극(北極). 兩極(양극). ②두 개의 지극한 도(道). 충(忠)과 효(孝). ③임금과 어버이. ④두 극치(極致). 서로 다른 극치.
【二紀 이기】①해와 달. ②24년. ◯'一紀'는 12년.
【二氣 이기】①음과 양. ②음양의 기운.
【二難 이난】①두 가지 얻기 힘든 것. 곧, 현명한 임금과 훌륭한 빈객(賓客). ②우열(優劣)을 가리기 어려운 두 사람. 곧, 현명한 형제. ③두 가지의 난처한 일.
【二內 이내】두 방(房). 두 안방.
【二端 이단】①두 마음. 兩端(양단). ②기(氣)와 백(魄).
【二桃殺三士 이도살삼사】두 개의 복숭아로 세 용사(勇士)를 죽임. 기묘한 꾀를 써서 사람을 죽임. 故事 춘추 시대 제(齊)나라의 안자(晏子)가 공손접(公孫接)·전개강(田開疆)·고야자(古冶子)의 세 용사가 공로를 믿고 교만해지자,

이들을 제거하기 위해 두 개의 복숭아를 주고 공로가 많은 사람이 먼저 먹으라고 함으로써 서로 다투게 하여 마침내 모두 죽게 하였다는 고사에서 온 말.
【二臘 이랍】사람이 태어난 지 14일째. ◯'臘'은 7일.
【二禮 이례】종묘에 날고기를 바치는 일과 서직(黍稷)을 바치는 일.
【二路 이로】천자(天子)가 타는 두 가지 수레. 대로(大路)와 융로(戎路).
【二六時中 이륙시중】①일주야(一晝夜). 옛날에는 낮을 6시간, 밤을 6시간으로 나누었다. ②밤낮. 언제나. 항상.
【二利 이리】(佛)자리(自利)와 이타(利他). 자기의 이로움과 남의 이로움.
【二立 이립】덕(德)과 공과를 세움.
【二末 이말】두 개의 하찮은 것. 곧, 불교(佛敎)와 도교(道敎)를 낮추어 이르는 말.
【二盟 이맹】①두 맹세. ②거짓 맹세. 어느 나라와 동맹을 맺고 또 다른 나라와 내밀히 동맹을 맺는 일.
【二明 이명】해와 달. 二曜(이요).
【二命 이명】①두 명령(命令). 임금의 명령과 그 밖의 다른 명령. ②다른 명령. 어느 사람의 명령 이외의 명령.
【二溟 이명】남해(南海)와 북해(北海).
【二毛 이모】①흰 머리털이 섞인 반백(斑白)의 노인. 곧, 중늙은이. ◯'二毛'란 흰 머리털과 검은 머리털. ②흰 머리털이 나기 시작하는 나이. 곧, 32세. 故事 반악(潘岳)이 서른두 살때 머리가 희끗희끗해지기 시작했다는 고사에서 온 말. 二毛之年(이모지년).
【二味 이미】두 가지 맛을 갖춘 사치스러운 식사(食事).
【二伯 ❶이백 ❷이패】❶동서(東西)의 양백(兩伯). 곧, 주공(周公)과 소공(召公). ❷二霸(이패).
【二柄 이병】①군주(君主)가 가진 정치상 중요한 두 개의 권력. 곧, 상과 벌, 또는 형(刑)과

二十四史(이십사사)

책 이름	편찬자	권수	책 이름	편찬자	권수
사기(史記)	사마천(司馬遷)	130	수서(隋書)	위징(魏徵)	85
한서(漢書)	반고(班固)	120	남사(南史)	이연수(李延壽)	80
후한서(後漢書)	범엽(范曄)	120	북사(北史)	이연수(李延壽)	100
삼국지(三國志)	진수(陳壽)	65	당서(唐書)	구양수(歐陽脩)	225
진서(晉書)	방현령(房玄齡)	130	오대사(五代史)	구양수(歐陽脩)	75
송서(宋書)	심약(沈約)	100	요사(遼史)	탁극탁(托克托)	116
남제서(南齊書)	소자현(蕭子顯)	159	금사(金史)	탁극탁(托克托)	135
양서(梁書)	요사렴(姚思廉)	56	송사(宋史)	탁극탁(托克托)	496
진서(陳書)	요사렴(姚思廉)	36	원사(元史)	송렴(宋濂)	210
후위서(後魏書)	위수(魏收)	114	명사(明史)	장정옥(張廷玉)	336
북제서(北齊書)	이백약(李百藥)	50	구당서(舊唐書)	유후(劉昫)	200
주서(周書)	영호덕분(令狐德棻)	50	구오대사(舊五代史)	설거정(薛居正)	152

*오대사(五代史)까지를 17사, 원사(元史)까지를 21사, 명사(明史)까지를 22사라 함.

덕(德). ②문(文)과 무(武)의 두 가지 권력.
【二服 이복】 제복(祭服)과 조복(弔服).
【二傅 이부】 ①태자(太子)의 태부(太傅)와 소부(少傅). ②위율령(衛率令)과 전병(典兵).
【二分 이분】 ①춘분(春分)과 추분(秋分). ②둘로 나눔. ③10분의 2.
【二分明月 이분명월】 아름다운 풍광(風光).
故事 당대(唐代)에 서응(徐凝)이 천하(天下)의 명월(明月)을 셋으로 나누고 그중에 둘이 양주(揚州)에 있다고 읊은 데서 온 말.
【二史 이사】 ①좌사(左史)와 우사(右史). 좌사(左史)는 말을 우사(右史)는 사실(事實)을 기술(記述)하였음. ②태사(太史)와 국사(國史).
【二四不同 이사부동】 한시(漢詩)의 작법(作法)으로, 매구(每句)의 둘째 자(字)와 넷째 자의 평측(平仄)은 반드시 다르게 하는 일.
【二三 이삼】 ①두세 가지로 함. 자주 바꿈. 일관(一貫)하지 않음. ②2와 3의 곱, 곧 6. ③두셋. 조금. ④두세 사람.
【二三其德 이삼기덕】 절조를 지키지 아니하고 바꿈. 지켜야 할 덕(德)을 한결같이 하지 아니하고 바꿈.
【二三子 이삼자】 ①두세 사람. ②너희들. 몇 사람의 제자들을 일컫는 말.
【二色 이색】 ①두 가지 빛깔. ②흑백이 섞인 머리를 가진 사람. ③두 마음. 二心(이심). ④두 가지. 두 종류. ⑤정부나 첩 따위를 두는 일.
【二鼠 이서】 (佛)흑백(黑白) 두 마리의 쥐. ㉠낮과 밤의 비유. ㉡해와 달의 비유.
【二姓 이성】 ①남편의 성(姓)과 아내의 성. ②두 왕조(王朝)의 군주. ③두 남편.

【二聖 이성】 ①주(周)의 문왕(文王)과 무왕(武王). ②주공(周公)과 공자(孔子).
【二姓之合 이성지합】 서로 다른 두 성이 합함. 곧, 남녀가 혼인하는 일.
【二世 이세】 ①이대(二代). 둘째 대(代). ②진(秦)의 2대 황제인 호해(胡亥). ③(佛)현재의 세상과 미래의 세상.
【二垂 이수】 서북(西北)의 두 변경(邊境).
【二豎 이수】 ①두 아이. ②병마(病魔). 질병. 故事 진(晉)나라의 경공(景公)이 병을 앓을 때, 병마가 두 아이로 변신하여 병에 걸리면 고치기 어렵다는 고황(膏肓)에 숨는 꿈을 꾸었다는 고사에서 온 말.
【二乘 이승】 ①두 개의 같은 수를 곱함. 제곱. ②(佛)㉠대승(大乘)과 소승(小乘). ㉡성문승(聲聞乘)과 연각승(緣覺乘). ③두 대의 수레.
【二信 이신】 두 가지 믿음. 두 성의(誠意).
【二實 이실】 쌀과 비단. 은과 돈을 이허(二虛)라고 하는 데 대한 말.
【二心 이심】 ①(佛)두 가지 마음. ㉠진심(眞心)과 망심(妄心). ㉡정심(定心)과 산심(散心). ②두 마음. 배반하는 마음.
【二心私學 이심사학】 임금에 대해서는 두 마음을 품고 명령에 복종하지 않으며, 사사로이 착한 일을 함.
【二十四史 이십사사】 청대(淸代)의 건륭제(乾隆帝) 때 정한 중국의 정사(正史).
【二十四節氣 이십사절기】 태양의 황도상(黃道上)의 위치에 따라서 정한 음력의 절기(節氣). 15일을 1기(一氣)로 하여 나누었음.
【二十五史 이십오사】 이십사사(二十四史)에 신

二十四節氣 (이십사사절기)

계절	절기	양력	음력
春(춘)	立春(입춘)	2월 4~5일	正月節
	雨水(우수)	2월 19~20일	正月中
	驚蟄(경칩)	3월 5~6일	2月節
	春分(춘분)	3월 21~22일	2月中
	淸明(청명)	4월 5~6일	3月節
	穀雨(곡우)	4월 20~21일	3月中
夏(하)	立夏(입하)	5월 6~7일	4月節
	小滿(소만)	5월 21~22일	4月中
	芒種(망종)	6월 6~7일	5月節
	夏至(하지)	6월 21~22일	5月中
	小暑(소서)	7월 7~8일	6月節
	大暑(대서)	7월 23~24일	6月中
秋(추)	立秋(입추)	8월 8~9일	7月節
	處暑(처서)	8월 23~24일	7月中
	白露(백로)	9월 8~9일	8月節
	秋分(추분)	9월 23~24일	8月中
	寒露(한로)	10월 8~9일	9月節
	霜降(상강)	10월 23~24일	9月中
冬(동)	立冬(입동)	11월 7~8일	10月節
	小雪(소설)	11월 22~23일	10月中
	大雪(대설)	12월 7~8일	11月節
	冬至(동지)	12월 22~23일	11月中
	小寒(소한)	1월 6~7일	12月節
	大寒(대한)	1월 20~21일	12月中

二十八宿 (이십팔수)

星宿(성수)	角亢氏房心尾箕 (각)(항)(저)(방)(심)(미)(기)	斗牛女虛危室壁 (두)(우)(여)(허)(위)(실)(벽)	奎婁胃昴畢觜參 (규)(누)(위)(묘)(필)(자)(삼)	井鬼柳星張翼軫 (정)(귀)(유)(성)(장)(익)(진)
方位(방위)	東(동)	北(북)	西(서)	南(남)
四神(사신)	蒼龍(창룡)·靑龍(청룡)	玄武(현무)	白虎(백호)	朱雀(주작)

【二十五有 이십오유】 (佛)윤회(輪廻)의 생사계(生死界)를 스물다섯 곳으로 나눈 것. 욕계(欲界)에 열네 곳, 색계(色界)에 일곱 곳, 무색계(無色界)에 네 곳이 있음.

【二十八宿 이십팔수】 천구(天球)를 황도(黃道)에 따라 스물여덟으로 등분한 구획. 또는 그 구획의 별자리.

【二言 이언】 ❶두 말. ❷거짓말.

【二嚴 이엄】 國행군(行軍)할 때, 호령(號令)의 하나. 초엄(初嚴)에 대오를 정돈하고, 이엄(二嚴)에 무기를 갖추고, 삼엄(三嚴)에 행군함.

【二曜 이요】 해와 달.

【二耦 이우】 나란히 선 두 사람.

【二月花 이월화】 봄에 핀 꽃.

【二酉 이유】 ❶호남성에 있는 대유(大酉)·소유(小酉)의 두 산. ❷장서(藏書)가 많음의 비유. 故事 대유·소유 두 산에 있는 동굴에 진(秦)나라 사람이 1,000여 권의 책을 남겨 두었다는 전설에서 온 말.

【二扆 이의】 두 개의 병풍. ◯'扆'는 붉은 명주 바탕에 도끼 모양의 수를 놓은 것.

【二儀 이의】 ❶하늘과 땅. ❷음(陰)과 양(陽). 兩儀(양의).

【二藏 이장】 (佛)불교의 교리를 둘로 나눈 성문장(聲聞藏)과 보살장(菩薩藏). 곧, 소승(小乘)과 대승(大乘)의 두 교리(敎理).

【二迹 이적】 선인(先人)과 그 선행(善行)을 같게 하는 일.

【二停 이정】 서법(書法)에서 한 글자의 구성을 두 부분으로 나누는 일. 곧, '相'을 '木'과 '目'으로 나누는 따위.

【二情 이정】 두 마음. 二心(이심).

【二程 이정】 송대(宋代)의 성리학자(性理學者)인 정호(程顥)와 정이(程頤) 형제(兄弟).

【二諦 이제·이체】 세간(世間)의 도리와 출세간(出世間)의 도리. 속제(俗諦)와 진제(眞諦).

【二帝三王 이제삼왕】 이제(二帝)는 요(堯)임금과 순(舜)임금, 삼왕(三王)은 하(夏)의 우왕(禹王), 은(殷)의 탕왕(湯王), 주(周)의 문왕(文王)·무왕(武王).

【二足無毛 이족무모】 두 발에 털이 없음. 곧, 사람. 人類(인류).

【二足尊 이족존】 (佛)두 발을 가진 존재 중 가장 높은 이. 곧, 부처.

【二樽 이준】 ❶이존 ❷이준】 ❶두 존귀한 사람. ❷두 개의 술통. ◯'尊'은 '樽'으로 '술통'을 뜻함.

【二周 이주】 ❶서주(西周)와 동주(東周). 또는, 그 왕조(王朝). ❷2주년(週年). 두 해(年).

【二至 이지】 하지(夏至)와 동지(冬至).

【二疾 이질】 ❶두 가지 병(病). ❷두 가지 고통.

【二册 이책】 ❶두 가지의 계책(計策). 二策(이책). ❷두 글(文).

【二天 이천】 ❶또 다른 하늘. 은인(恩人)의 비유. ◯사람은 늘 천은(天恩)을 입고 있는데, 하늘 외에 또 하늘이 있다는 뜻에서 이르는 말. ❷(佛)㉠범천(梵天)과 제석천(帝釋天). ㉡

일천자(日天子)와 월천자(月天子). ㉢다문천(多聞天)과 지국천(持國天). ❸國과거(科擧)·백일장 등에서 글을 두 번째로 지어 바치던 일.

【二千石 이천석】 ❶한대(漢代)에 구경(九卿)·낭장(郞將)부터 군수위(郡守尉)까지의 사람들. 이들의 녹봉(祿俸)이 2천 석인 데서 온 말. ❷태수(太守).

【二聽 이청】 동시에 두 가지 것을 들음.

【二七天癸至 이칠천계지】 여자는 14세가 되면 월경(月經)을 함. ◯'天癸'는 생식 능력을 일으키는 하늘의 기운으로 월경을 뜻함.

【二霸 이패】 두 개의 패자(霸者). 곧, 춘추 시대 제(齊)나라의 환공(桓公)과 진(晉)나라의 문공(文公). 二伯(이패).

【二行 이행】 ❶오행(五行) 중의 두 가지. ◯'行'은 천지 만물이 성립(成立)하는 원기(元氣). ❷두 줄. ❸(佛)㉠두 가지 수행(修行). 곧, 자리행(自利行)과 화타행(化他行). ㉡번뇌·소지(所知)의 이장(二障)이 작용하는 일.

【二虛 이허】 은(銀)과 돈. 쌀과 비단을 이실(二實)이라 한 데 대한 말.

【二惑 이혹】 (佛)두 가지의 미혹. ㉠견혹(見惑)과 사혹(思惑). ㉡이혹(理惑)과 사혹(事惑).

【二皇 이황】 복희씨(伏犧氏)와 신농씨(神農氏).

【二后 이후】 ❶두 임금. 주(周)나라의 문왕(文王)과 무왕(武王). ❷두 왕비(王妃).

【二候 이후】 두 번 엿보고 살핌. 두 번 뵈옵고 상태를 살핌.

【二凶 이흉】 마음의 평정(平正)을 잃게 하는 두 가지 나쁜 원인(原因). 곧, 기쁨과 노여움.

◯ 九~, 無~, 百~, 不~.

二 1 【于】③ ❶어조사 우 魚 yú
❷아 우 魚 xū

一 二 于

소전 ㆆ 초서 子 [集韻] 于(537)은 딴 자.
[字源] 指事. 一+丂→于. '一'은 내쉬는 숨이 고름을, '丂'는 그 숨이 어떤 장애로 인해 막힘을 나타내어 탄식하는 숨임을 뜻한다.

[字解] ❶ ㉠어조사. ㉮별 뜻 없는 발어사(發語辭). ㉯~에. 〓於·乎. [論語] 吾十有五而志于學. ㉰~보다, ~에서. ㉱구나. [論語] 孝乎惟孝. ㉲~와(과), 및. ❷가다. [書經] 予惟以爾庶邦于伐殷逋播臣. ❸하다, 행하다. ❹굽다, 돌다. 〓迂. ❺돕다. [孟子] 女其于予治. ❻크다, 광대하다. [禮記] 易則易, 于則于. ❼비슷하다, 닮다. [易經] 介于石. ❽이, 이것. [詩經] 獫狁于夷. ❾구하다, 가지다. 〓捊. [詩經] 晝爾于茅. ❿어조(語調)를 고르는 조사(助辭). [荀子] 越夷貉之子. ⓫오(吳)나라. 〓吳. [荀子] 于越生葛絺. ❷아! 감탄사. [詩經] 于嗟麟兮.

【于歸 우귀】 신부가 처음 시집에 들어가는 일.

【于今 우금】 지금까지.

【于禮 우례】 =于歸(우귀).

【于飛 우비】부부(夫婦)가 화합함의 비유. ○봉황(鳳凰) 한 쌍이 사이좋게 날아간다는 시(詩)에서 유래하였음. '于'는 조사(助辭).
【于思 우사】①수염이 많이 난 모양. ②흰머리의 모양.
【于役 우역】임금의 명을 받고 외국에 사자(使者)로 감. ○'于'는 간다는 뜻. 行役(행역).
【于于 우우】①만족스러운 모양. ②선잠을 자는 모양. ③다난(多難)한 모양. ④가는 모양.
【于越 우월】①월(越)나라. ○'于'는 발어사. ②오(吳)나라와 월(越)나라.
【于嗟 우차】감탄사. ⑦찬탄의 뜻을 나타냄. ⓒ비탄의 뜻을 나타냄.

二 1 【丁】③ ❶자축거릴 촉 囚 chù
❷나라 이름 마 chù
参考 于(56)는 딴 자.
字解 ❶자축거리다. '丁'은 오른발로 걷는 걸음, 'ㄔ(척)'은 왼발로 걷는 걸음. ❷멈춰 서다, 잠시 멈추다. ❸땅 이름. 〔輿地勝覽〕潭陽有丁入谷, 平壤有丁島.

二 2 【五】④ 다섯 오 麌 wǔ

一 丁 丐 五

[소전] [고문] [추문] [갑문]

字源 指事. 二+乂→五. '二'는 하늘과 땅을 가리키는네 하늘은 양(陽)을, 땅은 음(陰)을 의미한다. '乂'는 그 음과 양이 서로 합함을 나타낸다. 음양이 합하면 수(水)·화(火)·목(木)·금(金)·토(土)의 오행(五行)이 상생(相生)한다는 데서 '다섯'의 뜻을 나타낸다.
字解 ①다섯, 다섯 번. 〔論語〕四體不勤五穀不分. ②별 이름. '嚆(주)'를 가리킨다. 〔詩經〕三五在東. ③제위(帝位). 주역에서 양효(陽爻)로서 천자의 지위를 상징한다. ④다섯 번 하다, 여러 번 하다. 〔詩經〕良馬五之. ⑤다섯 곱절. 〔孫子〕五則攻之, 二則分之. ⑥오행(五行). 〔國語〕且夫口三五之門也.
【五家 오가】①다섯 집. 주대(周代)의 제도에서, 조합(組合)의 최소 단위. 이를 '비(比)'라 하고, 5비를 '여(閭)'라 함. ②⑦세(歲)·일(日)·월(月)·성신(星辰)·역수(曆數)를 맡아보던 다섯 집. ⓒ황제(黃帝)·전욱(顓頊)·하(夏)·은(殷)·주(周)의 책력(册曆). ⓒ황제(黃帝)·고양(高陽)·고신(高辛)·당요(唐堯)·우순(虞舜).
【五稼 오가】①다섯 가지의 곡식. 五穀(오곡). ②오곡을 경작함.
【五家作統 오가작통】조선 때 다섯 민호(民戶)를 한 통(統)씩으로 정한 호적 제도.
【五諫 오간】다섯 가지의 간(諫)하는 방법. ⑦정면에서 정직하게 간하는 정간(正諫), 일단 임금의 뜻에 따르며, 서서히 틈을 이용하여 간하는 항간(降諫), 성심으로써 간하는 충간(忠諫), 우직하게 말하는 장간(戇諫), 간절하면서 말을 부드럽게 하여 간하는 풍간(諷諫). ⓒ직언(直言)하지 않고 교언(巧言)으로 간하는 휼간(譎諫)·항간(降諫)·장간(戇諫)·직간(直諫)·풍간(諷諫). ⓒ풍간(諷諫)·순간(順諫)·임금의 안색(顔色)을 엿보고 간하는 규간(闚諫)·그 일을 명확하게 지적하여 간하는 지간(指諫)·목숨을 걸고 간하는 함간(陷諫).
【五感 오감】시(視)·청(聽)·후(嗅)·미(味)·촉(觸)의 다섯 감각.
【五蓋 오개】(佛)선심(善心)을 덮어 가리는 다섯 가지 번뇌. 곧, 탐욕(貪慾)·진에(瞋恚)·수면(睡眠)·의법(疑法)·도회(悼悔).
【五車書 오거서】다섯 수레에 실을 만한 많은 책. 많은 장서(藏書).
【五經 오경】①역경(易經)·서경(書經)·시경(詩經)·예기(禮記)·춘추(春秋)의 다섯 가지 경서(經書). ○한(漢) 무제(武帝) 때 오경 박사(五經博士)를 둔 데서 유래(由來)하였음. 五典(오전). ②길(吉)·흉(凶)·군(軍)·빈(賓)·가(嘉)의 다섯 가지 예(禮). 五禮(오례). ③다섯 가지의 의서(醫書). 소문(素問)·영추(靈樞)·난경(難經)·금궤요략(金匱要略)·갑을경(甲乙經).
【五經掃地 오경소지】오경이 쇠퇴하여 없어짐. 성인의 가르침이 쇠망함을 탄식함.
【五戒 오계】다섯 가지의 계율. ⑦유가(儒家)의 계율. 곧, 서(誓)·고(誥)·금(禁)·규(糾)·헌(憲). ⓒ도교(道敎)의 계율. 세목(細目)은 불교의 오계와 같음. ⓒ불교의 계율. 살생(殺生)·투도(偸盜)·사음(邪淫)·망언(妄言)·음주(飮酒)의 오악(五惡)을 금함.
【五季 오계】후오대(後五代)의 딴 이름. ○'季'는 '말엽(末葉)'을 뜻함.
【五考 오고】조선 때, 2년 반 동안에 관원(官員)의 근무 성적을 다섯 번 고사(考査)하던 일.
【五苦 오고】①다섯 가지의 쓴 맛. ②(佛)인생(人生)의 다섯 가지 괴로움. ⑦생(生)·노(老)·병(病)·사(死)·범죄 가쇄(犯罪枷鎖)의 고통. ⓒ천도(天道)·인도(人道)·축생도(畜生道)·아귀도(餓鬼道)·지옥도(地獄道)의 고통. ⓒ생로병(生老病)·애별리(愛別離)·원증회(怨憎會)·구부득(求不得)·오음성(五陰盛)의 고통.
【五羖大夫 오고대부】백리해(百里奚)를 이르는 말. 故事 춘추 시대에 진(秦)나라의 목공(穆公)이 다섯 장의 양피(羊皮)로 초(楚)나라에 대속(代贖)하고 백리해를 모셔 와 그에게 국정(國政)을 맡겼다는 고사에서 온 말.
【五穀 오곡】①다섯 가지 곡식. ⑦쌀·수수·보리·조·콩. ⓒ쌀·보리·콩·수수·기장. ②중요한 곡식의 총칭.
【五穀不升 오곡불승】오곡이 모두 여물지 않음. 흉년이 듦.
【五穀蟲 오곡충】똥에 생긴 구더기.
【五穀豐登 오곡풍등】오곡이 풍족하게 여묾. 풍년이 듦.
【五官 오관】①인체의 다섯 가지 감각 기관. 곧, 눈, 귀, 코, 혀, 피부. ②은(殷)·주(周) 때의 다섯 관직. 곧, 사도(司徒)·사마(司馬)·사공(司

空)·사사(司士)·사구(司寇). ③모든 관리.

【五交 오교】 세교(勢交)·회교(賄交)·담교(談交)·궁교(窮交)·양교(量交)의 다섯 가지 옳지 못한 사귐.

【五教 오교】 ㉠五常(오상). ②군자(君子)가 사람을 가르치는 다섯 가지 방법. 곧, 단비가 초목을 기르듯 자애로써 가르치며, 덕성(德性)에 응하여 가르치며, 재능을 살려 가르치며, 물음에는 의문을 풀어 주며, 간접적으로 군자의 감화를 받도록 가르치는 방법. ③오륜(五倫)의 가르침. ④신라 때, 화랑들에게 가르치던 다섯 가지 가르침. 世俗五戒(세속오계). ⑤〖佛〗신라 때, 대승 불교(大乘佛敎)의 다섯 교파. 곧, 율종(律宗)·열반종(涅槃宗)·법성종(法性宗)·화엄종(華嚴宗)·법상종(法相宗)

【五極 오극】 ①사람이 행할 바의 가장 착한 다섯 가지 일. 곧, 인(仁)·의(義)·예(禮)·지(智)·신(信). ②다섯 가지의 형벌.

【五根 오근】〖佛〗①외계를 인식하는 다섯 가지 기관. 곧, 눈·귀·코·혀·몸. ②번뇌에서 떠나 성도(聖道)에 나아가게 하는 다섯 근원. 곧, 신근(信根)·정진근(精進根)·염근(念根)·정근(定根)·혜근(慧根).

【五紀 오기】 ①세(歲)·월(月)·일(日)·성신(星辰)·역수(曆數)의 총칭. ②60년. ㉠1기(紀)는 12년임.

【五伎 오기】 신라 시대의 다섯 가지 탈춤. 곧, 금환(金丸)·월전(月顚)·대면(大面)·속독(束毒)·산예(狻猊).

【五達 오달】 길이 동·서·남·북·중앙의 오방으로 통함, 또는 그 길.

【五達道 오달도】 마땅히 지켜야 할 다섯 가지의 도리. 곧, 군신·부자·부부·형제·붕우의 도리.

【五代 오대】 다섯 왕조. ㉠당(唐)·우(虞)·하(夏)·은(殷)·주(周). ㉡황제(黃帝)·당(唐)·우(虞)·하(夏)·은(殷). ㉢동진(東晉)이 망한 뒤부터 당(唐)나라가 건국될 때까지 있던 다섯 왕조. 곧, 남조(南朝)의 송(宋)·제(齊)·양(梁)·진(陳)·수(隋). ㉣당나라가 망한 뒤부터 송(宋)나라가 건국될 때까지 있던 다섯 왕조. 곧, 후량(後梁)·후당(後唐)·후진(後晉)·후한(後漢)·후주(後周).

【五大明王 오대명왕】〖佛〗진언종(眞言宗)에서 믿는 다섯 명왕. 곧, 부동(不動)·항삼세(降三世)·군다리(軍茶利)·대위덕(大威德)·금강야차(金剛夜叉).

【五德 오덕】 ①유교에서 말하는 사람의 다섯 가지 덕. 곧, 온화·양순·공손·검소·겸양. ②장군이 갖추어야 할 다섯 가지 덕. 곧, 지(智)·신(信)·인(仁)·용(勇)·엄(嚴).

【五度 오도】 ①㉠五行(오행)①. ②각도(角度)의 5도. ③척도(尺度)의 분(分)·촌(寸)·척(尺)·장(丈)·인(引). ④다섯 번.

【五道 오도】 ①다섯 갈래의 길. ②몸·눈·귀·코·혀의 다섯을 기르는 방법. ③〖佛〗업인(業因)에 의하여 왕래하는 다섯 길. 지옥도(地獄道)·아귀도(餓鬼道)·축생도(畜生道)·천도(天道)·인도(人

道). 五趣(오취). ④도교(道敎)에서, 하늘·사람·금수·아귀·지옥을 말함.

【五斗米 오두미】 닷 말의 쌀. 곧, 얼마 되지 않는 봉급.

【五斗米道 오두미도】 후한(後漢) 말기에 장릉(張陵)이 창시한 초기 도교.

【五等 오등】 ①다섯 등급(等級). ②작(爵)의 다섯 등급. ㉠공(公)·후(侯)·백(伯)·자(子)·남(男). ㉡천자(天子)·공(公)·후(侯)·백(伯)·자남(子男). 五等爵(오등작). ③부인(婦人)의 다섯 등급. 곧, 천자의 처인 후(后)·제후의 처인 부인(夫人)·대부의 처인 유인(孺人)·사(士)의 처인 부인(婦人)·서민의 처인 처(妻). ④죽었을 때에 쓰는 칭호의 다섯 등급. 곧, 천자의 붕(崩)·제후의 훙(薨)·대부의 졸(卒)·사의 불록(不祿)·서민의 사(死).

【五慮 오려】 감각을 일으키는 다섯 가지 기관. 곧, 눈·코·귀·입·심(心).

【五力 오력】〖佛〗수행에 필요한 다섯 가지 힘. 곧, 신력(信力)·정진력(精進力)·염력(念力)·정력(定力)·혜력(慧力).

【五靈 오령】 다섯 가지의 신령스러운 동물. 곧, 기린(麒麟)·봉황(鳳凰)·거북(龜)·용(龍)·백호(白虎).

【五禮 오례】 ①길례(吉禮)·흉례(凶禮)·빈례(賓禮)·군례(軍禮)·가례(嘉禮)의 다섯 가지 의식(儀式). ②공(公)·후(侯)·백(伯)·자(子)·남(男)의 다섯 등급의 제후(諸侯)의 예(禮). ③임금·제후(諸侯)·경대부(卿大夫)·사(士)·서인(庶人)의 예(禮).

【五勞 오로】 ①사람의 몸을 고달프게 하는 다섯 가지. 곧, 오래 봄〔久視〕·오래 누움〔久臥〕·오래 앉음〔久坐〕·오래 섬〔久立〕·오래 걸음〔久行〕. ②심장(心臟)·간장(肝臟)·비장(脾臟)·폐장(肺臟)·신장(腎臟)의 피로.

【五倫 오륜】 다섯 가지의 인륜(人倫). 곧, 부자(父子) 사이의 친애(親愛), 군신(君臣) 사이의 의리(義理), 부부(夫婦) 사이의 분별(分別), 장유(長幼) 사이의 차서(次序), 붕우(朋友) 사이의 신의(信義). 五典(오전).

【五輪 오륜】 ①다섯 개의 수레바퀴. ②〖佛〗㉠우주 만물을 형성한다고 하는 다섯 가지 원소(元素). 곧, 지(地)·수(水)·화(火)·풍(風)·공(空). 五大(오대). ㉡부처에게 절을 하는 방법. 양쪽 무릎, 두 손, 이마를 땅에 대고 절을 함.

【五里霧中 오리무중】 5리나 되는 안개 속에 있음. 안개 속과 같이 희미하고 몽롱하여 무슨 일에 대하여 방향이나 갈피를 잡을 수 없는 상태. [故事] 장해(張楷)가 도술(道術)을 써서 5리에 걸쳐 안개를 일게 하였다는 고사에서 온 말. 五里霧(오리무).

【五馬 오마】 태수(太守). ㉠태수의 수레를 다섯 필의 말이 끈 데서 이르는 말.

【五魔 오마】〖佛〗다섯 악마. 곧, 천마(天魔)·죄마(罪魔)·행마(行魔)·뇌마(惱魔)·사마(死魔).

【五廟 오묘】 제후(諸侯)의 영묘(靈廟). 이소(二昭)·이목(二穆)과 시조(始祖)를 모심.

【五美 오미】 다섯 가지 아름다운 덕(德). ㉠죄려(罪戾)를 용서하며, 과실을 너그러이 봐주며, 재환(災患)을 구제하고, 덕행을 칭찬하며, 미치지 못함을 깨우쳐 주는 일. ㉡남에게 은혜를 베풀되 낭비(浪費)하지 않고, 수고하되 원망하지 않고, 욕심을 갖되 탐(貪)하지 않고, 태연하되 교만하지 않고, 위엄이 있되 사납지 않은 일.

【五味 오미】 다섯 가지의 맛. 곧, 신맛·쓴맛·매운맛·단맛·짠맛.

【五民 오민】 다섯 부류의 백성. 곧, 사(士)·농(農)·공(工)·상(商)·고(賈). ✍'商'은 행상을, '賈'는 가게를 가진 상인을 뜻함.

【五波羅蜜 오바라밀】 (佛)보살이 수행하는 다섯 가지 바라밀. 곧, 보시(布施)·지계(持戒)·인욕(忍辱)·정진(精進)·선정(禪定).

【五伯 ❶오백 ❷오패】 ❶장형(杖刑)을 집행하는 사람. ❷=五霸(오패).

【五兵 오병】 다섯 가지의 무기(武器). ㉠과(戈)·수(殳)·극(戟)·추모(酋矛)·이모(夷矛). ㉡도(刀)·검(劍)·모(矛)·극(戟)·시(矢). 五戎(오융).

【五福 오복】 다섯 가지 복. ㉠수(壽)·부(富)·강녕(康寧)·유호덕(攸好德)·고종명(考終命). ㉡장수(長壽)·부유(富裕)·무병(無病)·식재(息災)·도덕(道德). ㉢장수·부·귀(貴)·강녕·다남(多男).

【五服 오복】 ①고대 중국에서 왕기(王畿) 밖 500리(里)마다 차례로 구역을 정하고 일컫던 지역의 명칭. 곧, 전복(甸服)·후복(侯服)·수복(綏服)·요복(要服)·황복(荒服). ②천자(天子)·제후(諸侯)·경(卿)·대부(大夫)·사(士)의 제복(制服). ③다섯 등급의 상복(喪服). 곧, 참최(斬衰)·재최(齊衰)·대공(大功)·소공(小功)·시마(緦麻).

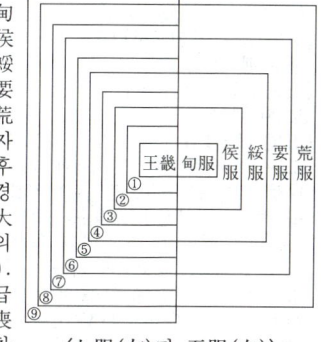

〈九服(左)과 五服(右)〉
①侯服 ②甸服 ③男服 ④采服 ⑤衛服
⑥蠻服 ⑦夷服 ⑧鎭服 ⑨藩服

【五父 오부】 친부(親父)·양부(養父)·계부(繼父)·의부(義父)·사부(師父).

【五部 오부】 ①사방 제후(諸侯)를 다섯 갈래로 나눈 부(部). ②금·목·수·화·토의 오행(五行). ③유학(儒學)·도학(道學)·문학(文學)·사학(史學)·음양학(陰陽學).

【五不取 오불취】 아내로 삼아서는 안 되는 다섯 가지 경우. 역적 집안의 딸, 음란한 집안의 딸, 대대로 형(刑)을 받은 집안의 딸, 대대로 나쁜 병이 있는 집안의 딸, 아버지가 없는 집 장녀.

【五不孝 오불효】 다섯 가지 불효. 게을러서 부모를 돌보지 아니함, 도박과 술을 좋아하여 부모를 돌보지 아니함, 재화(財貨)와 처자(妻子)만을 좋아하여 부모를 돌보지 아니함, 유흥을 좋아하여 부모를 욕되게 함, 성질이 사납고 싸움을 잘하여 부모를 불안하게 함.

【五士 오사】 민간에서 준재(俊才)를 선발하여 수학(修學)시킨 후 임관시키던 다섯 가지의 사(士). 곧, 수사(秀士)·선사(選士)·준사(俊士)·조사(造士)·진사(進士).

【五事 오사】 다섯 가지 중요한 일. ㉠홍범구주(洪範九疇)의 하나로, 사람이 타고난 바탕이 되는 다섯 가지. 곧, 용모와 말하고 듣고 보고 생각하는 것. ㉡병법(兵法)에서 근본 조건이 되는 다섯 가지. 곧, 무도(武道)·천기(天氣)·지형(地形)·장수(將帥)·군사의 규율(規律). ㉢임금으로서 삼가야 할 다섯 가지. 곧, 몸을 닦고, 규문(閨門)을 다스리고, 좌우(左右)의 신하를 바르게 하고, 공상(功賞)을 실제와 맞게 하고, 덕(德)을 두터이 하여 벼슬아치를 선량하게 함. ㉣효(孝)·우(友)·독서(讀書)·근행(謹行)·근검(勤儉). ㉤(佛)항상 조절하여야 할 중요한 다섯 가지. 곧, 마음·몸·쉬는 일·자는 일·먹는 일.

【五常 오상】 사람이 지켜야 할 다섯 가지 도리(道理). ㉠인(仁)·의(義)·예(禮)·지(智)·신(信). ㉡아버지는 의리(義)·어머니는 자애〔慈〕·형은 우애〔友〕·아우는 공경〔恭〕·자식은 효(孝). 五倫(오륜).

【五色 오색】 ①청(靑)·황(黃)·적(赤)·백(白)·흑(黑)의 다섯 가지 색. 五采(오채). ②금속의 다섯 가지 색. 황금(黃金)·백은(白銀)·적동(赤銅)·청연(靑鉛)·흑철(黑鐵).

【五色無主 오색무주】 공포(恐怖)의 두려움으로 연달아 안색이 여러 가지로 변함.

【五色筆 오색필】 오색(五色)의 아름다운 붓. 글재주가 있는 사람. 故事 남북조 시대의 양(梁)나라 사람 강엄(江淹)이 꿈속에서 곽박(郭璞)에게 붓을 돌려 달라는 말을 듣고 품 속에서 오색의 아름다운 붓을 꺼내 준 뒤부터 좋은 글을 짓지 못했다는 고사에서 온 말.

【五牲 오생】 제사의 희생으로 쓰던 다섯 가지 짐승. ㉠소·양·돼지·개·닭. ㉡순록·사슴·노루·이리·토끼. ㉢노루·사슴·곰·이리·멧돼지.

【五瑞 오서】 ①천자가 제후를 봉할 때 그 등급에 따라 주던 서옥(瑞玉). 곧, 공(公)에는 환규(桓圭), 후(侯)에는 신규(信圭), 백(伯)에는 궁규(躬圭), 자(子)에는 곡벽(穀璧), 남(男)에는 포벽(蒲璧). 五玉(오옥). ②부신(符信)으로 삼던 다섯 가지 옥. 곧, 황(璜)·벽(璧)·장(璋)·규(珪)·종(琮).

【五善 오선】 ①사술(射術)에 있어서의 다섯 가지 선덕(善德). 곧, 화지(和志)·화용(和容)·주피(主皮)·화송(和頌)·흥무(興儛). ②(佛)오계(五戒)를 잘 지키는 일.

【五性 오성】 ①사람의 다섯 가지 성정(性情). 곧, 희(喜)·노(怒)·욕(欲)·구(懼)·우(憂). ②사람의 다섯 가지 나쁜 성질. 곧, 포(暴)·음(淫)·사(奢)·혹(酷)·적(賊). ③오장(五臟)의 다섯 가지 성질. 간장(肝臟)의 정(靜), 심장(心臟)의 조(躁), 비장(脾臟)의 역(力), 폐장(肺臟)의 견

【五聖 오성】①문묘(文廟) 안에 합사(合祀)하는 공자(孔子)·안자(顔子)·증자(曾子)·자사(子思)·맹자(孟子). ②고대 중국의 다섯 성인. 곧, 신농(神農)·요(堯)·순(舜)·우(禹)·탕(湯).

【五聲 오성】①궁(宮)·상(商)·각(角)·치(徵)·우(羽)의 다섯 음률. 五音(오음). ②사람의 마음을 읽을 수 있는 다섯 가지. 곧, 사(辭)·색(色)·기(氣)·이(耳)·목(目). ③음평(陰平)·양평(陽平)·상(上)·거(去)·입(入)의 다섯 소리.

【五細 오세】다섯 가지의 나쁜 일. 곧, 천한 사람이 귀한 사람을 방해하며[賤妨貴], 어린 사람이 어른을 업신여기며[小陵長], 소원(疏遠)한 사람이 친한 사이를 갈라 놓으며[遠間親], 새로 온 사람이 오래된 사람을 제쳐 놓으며[新間舊], 작으면서 큰 것을 범하는 일[小加大].

【五世其昌 오세기창】신혼(新婚)을 축하하는 말. 자손이 번창함을 일컬음. 故事 경중(敬仲), 곧 진(陳)의 공자(公子) 완(完)이 오세 후에는 번창할 것이라고 예언한 고사에서 온 말.

【五俗 오속】시(詩)를 짓는 데 있어서의 다섯 가지 습속(習俗). 곧, 속체(俗體)·속의(俗意)·속구(俗句)·속자(俗字)·속운(俗韻).

【五獸不動 오수부동】國닭·개·사자·범·고양이가 한곳에 모이면 서로 두려워하고 꺼리어 움직이지 못함. 서로 견제하는 여러 세력으로 조직이 이루어져 있음.

【五識 오식】(佛)오근(五根)에 의하여 객관적 사물을 판단하는 다섯 가지 심식(心識). 곧, 색(色)·성(聲)·향(香)·미(味)·촉(觸).

【五辛菜 오신채】매운맛이 있는 다섯 가지 채소. 곧, 파·마늘·산마늘·겨자·부추.

【五心熱 오심열】위경(胃經) 속에 화기가 뭉쳐 양쪽 손바닥과 발바닥, 가슴의 다섯 곳이 몹시 더워지는 병.

【五十步百步 오십보백보】싸움에서 오십 보 후퇴한 자가 백 보 후퇴한 자를 비겁하다고 비웃음. 조금은 차이가 있으나 본질적으로는 같음.

【五惡 오악】①소국(小國)이 대국(大國)을 좇을 때의 다섯 가지 나쁜 일. 죄려(罪戾)를 변명하고, 부족한 것을 요청하며, 그 정사(政事)를 행하며, 공물(貢物)을 바치며, 그의 명령에 복종함. ②음험(陰險)·사벽(邪僻)·위변(僞辯)·괴이한 일을 잘 기억함·외식(外飾)함의 다섯 가지. ③신체에 해를 끼치는, 열(熱)·한(寒)·풍(風)·습(濕)·조(燥)의 다섯 가지. ④(佛)가장 삼가는 다섯 가지 악업. 곧, 살생(殺生)·투도(偸盜)·사음(邪淫)·망어(妄語)·음주(飮酒).

【五樂 오악】다섯 가지 음악. ㉠금슬(琴瑟)·생우(笙竽)·고(鼓)·종(鐘)·경(磬). ㉡고(鼓)·종(鐘)·탁(鐸)·경(磬)·도(鞀).

【五嶽 오악】①중국에서 나라의 진산(鎭山)으로 받들어 천자가 제사를 지내던 다섯 명산. 곧, 태산(泰山)·화산(華山)·형산(衡山)·항산(恒山)·숭산(嵩山). 五鎭(오진). ②우리나라의 다섯 명산. 곧, 금강산·묘향산·지리산·백두산·삼각산. ③사람의 이마·코·턱·좌우 광대뼈.

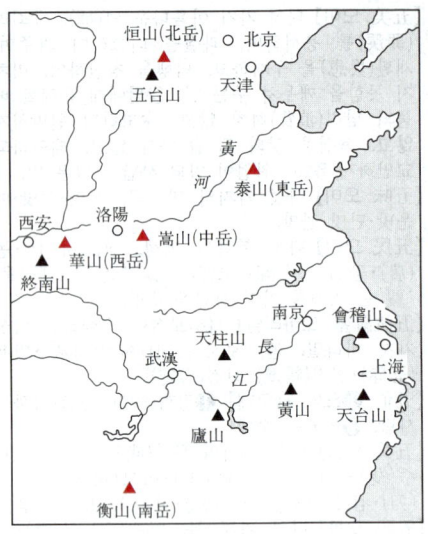

〈五嶽①〉

【五眼 오안】(佛)수행에 의하여 성도(成道)함에 이르는 순서를 보인 다섯 가지 안력(眼力). 곧, 육안(肉眼)·천안(天眼)·법안(法眼)·혜안(慧眼)·불안(佛眼).

【五言 오언】①인(仁)·의(義)·예(禮)·지(智)·신(信)의 오덕(五德)의 말. ②⇨五言詩(오언시).

【五言律詩 오언율시】한 구가 다섯 자씩 여덟 구로 된 한시.

【五言絶句 오언절구】한 구가 다섯 자씩 네 구로 된 한시.

【五逆 오역】①임금·부모·조부모를 시해하는 일. 또는 그 사람. ②(佛)지옥에 가는 원인이 되는 다섯 가지 큰 잘못. 곧, 아버지를 죽임, 어머니를 죽임, 아라한(阿羅漢)을 죽임, 승려의 화합(和合)을 깨뜨림, 불신(佛身)을 상하게 함.

【五玉 오옥】①빛깔로써 나눈 다섯 가지 옥(玉). 창옥(蒼玉)·적옥(赤玉)·황옥(黃玉)·백옥(白玉)·현옥(玄玉). ②공(公)·후(侯)·백(伯)·자(子)·남(男)의 오등(五等) 제후가 천자를 알현할 때 가지는 다섯 가지 옥.

【五蘊 오온】(佛)모여서 사람의 심신(心身)을 이루는 다섯 가지 요소. 곧, 색(色)·수(受)·상(想)·행(行)·식(識). ㉠'色'은 육체(肉體), '受'는 고락(苦樂)을 느끼는 일, '想'은 삼세(三世)의 제법(諸法)을 상상하는 일, '行'은 모든 작용이 잠시도 멈추지 않고 변이(變移)하는 일, '識'은 사물을 식별(識別)하는 일.

【五壅 오옹】간신(奸臣)이 임금의 총명(聰明)을 가리어 나쁜 일을 하는 다섯 가지 경우. 곧, 하정(下情)을 모르게 하는 일[臣閉其主], 재리(財利)의 권세를 휘두르는 일[臣制財利], 제멋대로 명령을 내리는 일[臣擅行令], 정의(正義)의 이름을 빌려 사리(私利)를 꾀하는 일[臣得行義], 자기 당파(黨派)의 사람을 요직(要職)에 앉히는 일[臣得樹人].

【五欲 오욕】①이(耳)·목(目)·구(口)·비(鼻)의 욕(欲)과 애증(愛憎) 때문에 생기는 욕(欲). ②(佛)색(色)·성(聲)·향(香)·미(味)·촉(觸)의 오경(五境). ⇨五塵(오진).

【五友 오우】①벗으로 삼을 만한, 절조(節操) 있는 다섯 가지 식물. 곧, 난(蘭)·국(菊)·연(蓮)·매(梅)·죽(竹). ②풍류(風流)의 다섯 벗. 곧, 도우(道友)·의우(義友)·자래우(自來友)·오락우(娛樂友)·상보우(相保友). ♣'道友'는 청풍(淸風)·명월(明月)을, '義友'는 고전(古典)·금문(今文)을, '自來友'는 고운(孤雲)·야학(野鶴)을, '娛樂友'는 괴석(怪石)·유수(流水)를, '相保友'는 산과(山果)·상률(橡栗)을 뜻함.

【五月爐 오월로】오월의 화로. ㉠불필요한 것. ㉡필요는 없으나 없애고 나면 공연히 마음이 허전해지는 것.

【五月飛霜 오월비상】오월에 서리가 내림. 억울한 옥사(獄事)가 일어날 조짐. 故事 전국 시대에 연(燕)나라의 추연(鄒衍)이 혜왕(惠王)을 섬기다가 모함을 받고 옥에 갇혔는데 그가 하늘을 향해 하소연하자 음력 5월인데도 서리가 내렸다는 고사에서 온 말.

【五戎 오융】①다섯 가지의 무기. 궁시(弓矢)·수(殳)·모(矛)·과(戈)·극(戟). 五兵(오병). ②다섯 종류의 병거(兵車). 융로(戎路)·광거(廣車)·궐거(闕車)·평거(苹車)·경거(輕車). ③다섯 종족(種族)의 오랑캐.

【五音 오음】⇨五聲(오성)①.

【五義 오의】다섯 가지 중요한 도의(道義). ㉠부의(父義)·모자(母慈)·형우(兄友)·제공(弟恭)·자효(子孝). ㉡⇨五諫(오간).

【五儀 오의】①공(公)·후(侯)·백(伯)·자(子)·남(男)의 의용(儀容). ②다섯 등급의 인품(人品). ㉠용인(庸人)·사인(士人)·군자(君子)·현인(賢人)·대성(大聖). ㉡수사(秀士)·선사(選士)·준사(俊士)·조사(造士)·진사(進士).

【五刃 오인】다섯 가지 병기(兵器). 곧, 도(刀)·검(劍)·모(矛)·과(戈)·시(矢).

【五日京兆 오일경조】관직의 수명이 짧음. 故事 한대(漢代)에 장창(張敞)이 경조윤(京兆尹)에 임명되었다가 며칠 후에 탄핵을 받고 면 직되었다는 고사에서 온 말.

【五日一石 오일일석】닷새 걸려 한 개의 돌을 그림. 명공(名工)이 애쓰며 소홀히 하지 않음.

【五障 오장】(佛)①여자에게 있는 다섯 가지 장애. 곧, 범천(梵天)·제석(帝釋)·마왕(魔王)·전륜왕(轉輪王)·불신(佛身)이 되지 못하는 일. ②수행에 장애가 되는 다섯 가지. 곧, 번뇌장(煩惱障)·업장(業障)·생장(生障)·법장(法障)·소지장(所知障).

【五材 오재】①사물의 다섯 가지 재료. ㉠금(金)·목(木)·수(水)·화(火)·토(土). ㉡금(金)·목(木)·피(皮)·옥(玉)·토(土). 五才(오재). ②지(智)·인(仁)·용(勇)·신(信)·충(忠).

【五典 오전】사람이 지켜야 할 다섯 가지 인륜(人倫). ㉠부(父)는 의(義), 모(母)는 자(慈), 형(兄)은 우(友), 제(弟)는 공(恭), 자(子)는 효(孝). ㉡⇨五倫(오륜).

【五情 오정】①다섯 가지 감정. ㉠희(喜)·노(怒)·애(哀)·락(樂)·원(怨). ㉡희·노·애·락·욕(欲). ②(佛)눈·귀·코·혀·몸[身]의 욕정.

【五鼎 오정】①다섯 가지 육미(肉味)를 담은 다섯 개의 솥. ②대부(大夫)가 제례에 올리는 제수(祭需). ③부귀한 사람의 호사스러운 식사.

【五鼎食 오정식】오정을 벌여 놓고 먹음. ㉠고관 귀족의 호사스러운 생활. ㉡영진(榮進)하여 대부(大夫)가 되는 일.

【五帝 오제】①중국의 전설상의 다섯 황제(皇帝). ㉠황제(黃帝)·전욱(顓頊)·제곡(帝嚳)·요(堯)·순(舜). ㉡태호(太昊)·염제(炎帝)·황제·소호·전욱. ㉢소호·전욱·제곡·요·순. ㉣복희(伏羲)·신농(神農)·황제·요·순. ②하늘에 있어 사방(四方) 및 중앙을 주재(主宰)한다고 믿는 오신(五神). 곧, 동방의 창제(蒼帝)·남방의 적제(赤帝)·중앙의 황제(黃帝)·서방의 백제(白帝)·북방의 흑제(黑帝).

【五衆 오중】①사도(司徒)·사마(司馬)·사공(司空)·사사(司士)·사구(司寇)의 오관(五官)에 속하는 군신(群臣). ②(佛)출가한 사람의 다섯 종류. 곧, 비구(比丘)·비구니(比丘尼)·식차마나니(式叉摩那尼)·사미(沙彌)·사미니(沙彌尼).

【五中陰 오중음】(佛)사람이 죽은 뒤 내생(來生)을 얻지 못하여 생사의 중간에 있는 오칠일(五七日). 곧, 35일간.

::: 五行(오행)

구 분	五行(오행)				
	木(목)	火(화)	土(토)	金(금)	水(수)
五方(오방)	東(동)	南(남)	中央(중앙)	西(서)	北(북)
五味(오미)	酸(산)	苦(고)	甘(감)	辛(신)	鹹(함)
五常(오상)	仁(인)	禮(예)	信(신)	義(의)	智(지)
五色(오색)	靑(청)	赤(적)	黃(황)	白(백)	黑(흑)
五星(오성)	木星(목성)	火星(화성)	土星(토성)	金星(금성)	水星(수성)
五聲(오성)	角(각)	徵(치)	宮(궁)	商(상)	羽(우)
五時(오시)	春(춘)	夏(하)	土用(토용)	秋(추)	冬(동)
五臟(오장)	肝(간)	心(심)	脾(비)	肺(폐)	腎(신)
五帝(오제)	靑帝(청제)	赤帝(적제)	黃帝(황제)	白帝(백제)	黑帝(흑제)

【五重塔 오중탑】(佛)오층탑(五層塔). 지(地)·수(水)·화(火)·풍(風)·공(空)의 오대 근본(五大根本)을 상징함.

【五塵 오진】(佛)마음의 진성(眞性)을 더럽히는 다섯 가지. 곧 색(色)·성(聲)·향(香)·미(味)·촉(觸)의 오경(五境). 五欲(오욕)².

【五借物 오차물】(佛)사람이 이 세상에 살고 있는 동안 빌려 쓰고 있는 다섯 가지. 곧, 흙·물·바람·공기·불.

【五鑿 오착】이(耳)·목(目)·구(口)·비(鼻)·심(心)의 다섯 구멍.

【五彩 오채】다섯 가지의 색채(色彩). 곧, 청·황·적·백·흑. 五采(오채).

【五蟲 오충】다섯 종류의 동물. 우충(羽蟲)·인충(鱗蟲)·모충(毛蟲)·개충(介蟲)·나충(裸蟲)으로, 각기 그 으뜸되는 것은 봉황(鳳凰)·기린(麒麟)·신구(神龜)·교룡(蛟龍)·사람임.

【五臭 오취】다섯 가지의 냄새. 곧, 노린내·비린내·향내·타는 내·썩는 내.

【五濁 오탁】(佛)세상의 다섯 가지 더러움. 곧, 명탁(命濁)·중생탁(衆生濁)·번뇌탁(煩惱濁)·견탁(見濁)·겁탁(劫濁).

【五土 오토】토지의 다섯 가지. 곧, 산림(山林)·천택(川澤)·구릉(丘陵)·분연(墳衍)·원습(原隰).

【五霸 오패】춘추 시대에 패업을 이룬 다섯 명의 제후(諸侯). 곧, 제(齊) 환공(桓公)·진(晉) 문공(文公)·진(秦) 목공(穆公)·송(宋) 양공(襄公)·초(楚) 장왕(莊王). 진(晉) 문공·진 목공·송 양공·양공·월(越) 구천(句踐)을 넣기도 함.

【五風十雨 오풍십우】닷새에 한 번씩 바람이 불고, 열흘에 한 번씩 비가 옴. 기후(氣候)가 순조롭고 풍년이 들어 천하(天下)가 태평한 모양.

【五學 오학】①삼대(三代) 때의 학교 제도. 곧, 동학(東學)·서학(西學)·남학(南學)·북학(北學)·태학(太學). ②⇒五經(오경)①.

【五虐刑 오학형】다섯 가지 혹형(酷刑). 곧, 코를 자르는 의(劓), 귀를 자르는 이(刵), 음부(陰部)를 제거하는 궁(宮), 얼굴에 입묵(入墨)하는 경(黥), 참혹히 죽이는 살륙(殺戮).

【五害 오해】다섯 가지의 재해. 곧, 수해(水害)·한해(旱害)·풍무박상해(風霧雹霜害)·여해(厲害)·충해(蟲害).

【五行 오행】①만물을 생성(生成)하는 우주 간의 다섯 가지 원소. 곧, 금(金)·목(木)·수(水)·화(火)·토(土). ②⇒五常(오상). ③글의 다섯 줄. ④(佛)㉠보시(布施)·지계(持戒)·인욕(忍辱)·정진(精進)·지관(止觀)의 다섯 가지 수행(修行). ㉡보살의 다섯 가지 수행. 성(聖)·범(梵)·천(天)·영아(嬰兒)·병(病).

【五行相剋 오행상극】오행이 서로 배척하고 부정하는 이치. 곧, 토극수(土剋水)·수극화(水剋火)·화극금(火剋金)·금극목(金剋木)·목극토(木剋土)의 이치.

【五行相生 오행상생】오행이 서로 순환하면서 낳는 이치. 곧, 목생화(木生火)·화생토(火生土)·토생금(土生金)·금생수(金生水)·수생목(水生木)의 이치.

【五刑 오형】①다섯 가지 형벌. ㉠주대(周代)의 다섯 가지 형벌. 묵형(墨刑;살갗에 먹물로 글자 새기기)·의형(劓刑;코베기)·비형(剕刑;발뒤꿈치 베기)·궁형(宮刑;생식기를 없앰)·대벽(大辟;사형). ㉡태형(笞刑)·장형(杖刑)·도형(徒刑)·유형(流刑)·사형(死刑). ②범죄의 종류에 의한 다섯 가지 죄. 야형(野刑;농사를 게을리 하는 죄)·군형(軍刑;군령을 어기는 죄)·향형(鄕刑;불효 또는 그 밖의 잘못을 저지르는 죄)·관형(官刑;관직을 게을리 하는 죄)·국형(國刑;질서를 문란하게 하는 죄).

【五胡 오호】전한(前漢)에서 남북조 시대에 이르는 동안에 서북방에서 중국 본토에 이주한 다섯 민족. 곧, 흉노(匈奴)·갈(羯)·선비(鮮卑)·저(氐)·강(羌).

【五悔 오회】(佛)죄를 없애기 위한 다섯 가지 법. 곧, 참회·권청(勸請)·수희(隨喜)·회향(回向)·발원(發願).

【五侯 오후】공(公)·후(侯)·백(伯)·자(子)·남(男)의 다섯 등급의 제후.

【五侯鯖 오후정】썩 맛있는 요리. ◎'鯖'은 어육(魚肉)을 섞어서 요리한 것, '五侯'는 한(漢) 성제(成帝)의 외척인 왕씨(王氏)의 다섯 제후(諸侯)를 가리킴.

【五葷菜 오훈채】자극성이 있다고 먹기를 꺼리는 다섯 가지 채소. ㉠불가에서는 마늘·달래·무릇·김장파·골파, ㉡도교에서는 부추·호수(胡荽)·마늘·평지·달래. 五辛菜(오신채).

● 九−, 端−, 三−夜, 三三−−, 什−.

【云】 ④ 이를 운 囚 yún

一 二 云 云

[字源] 象形. 구름이 하늘로 뭉게뭉게 피어오르는 모양을 본뜬 글자. 뒤에 '이르다, 말하다'의 뜻으로 가차되었다. '雲(구름 운)' 자를 만들기 전에는 이 자를 썼기 때문에 '雲'의 고자(古字)이다.

[字解] ①이르다. 늑曰. ㉮말하다. 〔書經〕我舊云刻子. ㉯가로되. 남의 말을 인용해서 말한다. 〔大學〕詩云, 於戱, 前王不忘. ㉰~라고 말하다. 말이나 문장을 생략할 때 쓴다. 〔漢書〕上曰吾欲云云. ②어조사. ㉮발어사. 어조를 고르기 위해 쓴다. ㉯조사. 늑然. 구말(句末)에 쓰인다. 〔史記〕其聲殷云. ③친하다, 벗하다. 〔詩經〕昏姻孔云. ④돌아가다, 귀부하다. 〔春秋左氏傳〕晉不鄰矣, 其誰云之. ⑤구름. ⑥성하다. 〔莊子〕萬物云云. ⑦하다, 행동하다. 〔漢書〕政敎文質者, 所以云救也.

【云云 운운】①이러이러하다고 함. 글이나 말을 인용 또는 생략할 때 쓰는 말. ②말이 많은 모양. ③왕성한 모양. ④구름이 뭉게뭉게 이는 모양.

【云爲 운위】말과 행동. 言動(언동).

【云何 운하】어찌하여. 어떠한가. 어찌할꼬. 如何(여하).

二部 2~4획 井 互 亙

二 ² 【井】 ④ 우물 정 [梗] jīng

一 二 丯 井

[소전] 井 [초서] 井

[字源] 象形. 정자(井字) 모양으로 짠 우물 귀틀 안에 두레박이 달려 있는 것을 그려 '우물'을 나타낸다.

[字解] ①우물. ㉮우물. 땅을 파서 물이 괴게 한 시설. 〔易經〕改邑不改井. ㉯구덩이. 물건을 캐내기 위하여 우물처럼 판 구덩이. ②정자(井字) 모양. ㉮천장. 반자의 겉면. ¶天井. ㉯정연하다, 규격이 짜이고 정돈되어 가지런하다. ≒整. 〔荀子〕井井兮, 其有理也. ③일리사방(一里四方)의 땅. 주대(周代)의 제도로, 900묘(畝) 넓이의 전지(田地). 〔周禮〕九夫爲井, 四井爲邑. ④마을, 동네, 부락. 〔宋史〕井戶旣爲商人所要. ⑤별 이름. 28수의 하나로 물(水)과 법(法)을 맡고 있다는 별. ⑥괘 이름, 64괘의 하나. 괘형은 ䷯. 견고하여 변함이 없는 것을 상징한다.

【井間 정간】 바둑판과 같이 정자(井字) 모양으로 된 각각의 칸살. 絲欄(사란).

【井綆 정경】 두레박 줄. 汲綆(급경).

【井臼 정구】 ①우물과 절구. ②물을 긷고 절구질을 함. 집안일을 부지런히 돌봄.

【井臼之役 정구지역】 물을 긷고 절구질하는 일. 곧, 집안일에 골몰함.

【井里 정리】 시골. 마을. 邑里(읍리).

【井渫不食 정설불식】 맑은 우물물이 먹는 물로 쓰이지 않음. 개능이 있으면서 세상에 쓰이지 않음.

【井水 정수】 우물물.

【井邑 정읍】 ①향리(鄕里). ②시가(市街). ③고향(故鄕).

【井底蛙 정저와】 우물 안의 개구리. 세상 물정을 모르고, 소견이 좁음.

【井田 정전】 주대(周代)에 사방 1리(里)의 농지를 정자(井字) 모양으로 아홉 등분하여 중앙의 한 구역을 공전(公田), 주위의 여덟 구역을 사전(私田)이라 한 뒤, 사전은 여덟 농가가 하나씩 경작하여 먹고, 공전은 여덟 집이 공동으로 경작하여 그 수확을 나라에 바치게 했던 제도.

	三 百 步		
百 步	私田 百畝	私田 百畝	私田 百畝
	私田 百畝	公田 百畝	私田 百畝	方 一
	私田 百畝	私田 百畝	私田 百畝	里

〈井田〉

【井井 정정】 ①일이나 행동에 절도가 있는 모양. ②정결하고 고요한 모양. 井然(정연).

【井中觀天 정중관천】 우물 안에 앉아서 하늘을 쳐다봄. 견문이 썩 좁음. 坐井觀天(좌정관천).

【井桁 정형】 나무를 정자(井字) 모양으로 짜 올린 우물의 난간. 井幹(정간). 井欄(정란).

【井戶 정호】 시장 가운데 있는 집. ◯'井'은 옛날의 장터.

【井華 정화】 이른 아침에 처음으로 길은 우물물. ◐ 市-, 鹽-, 溫-, 油-, 坐-觀天, 天-.

二 ² 【互】 ④ 서로 호 [遇] hù

一 工 互 互

[소전] 互 [초서] 互

[字源] 象形. 본디 실패에 실을 이리저리 감아 놓은 모양을 본떠 '얼레' 같은 도구를 뜻하였으나, 뒤에 '서로'의 뜻으로 가차되었다.

[字解] ①서로, 함께. 〔范仲淹·記〕漁歌互答. ②갈마들다, 번갈아 들다. 〔書經〕秋冬相與互. ③고르지 아니하다. 〔漢書〕宗族磐互. ④어긋나다. ⑤고기시렁, 고기를 거는 시렁. 〔周禮〕供其牛牲之互. ⑥울짱, 목책(木柵). 〔周禮〕國中宿женуж樓者. ⑦갑각류(甲殼類)의 총칭. 거북·자라·조개·게·새우 따위. ⑧노끈 감는 얼레. ≒筂. ⑨짝, 쌍(雙).

【互角 호각】 쇠뿔의 크기가 서로 같음. 서로 우열을 가릴 수 없을 정도로 역량이 비슷함.

【互結 호결】 두 사람 또는 두 집안 이상이 서로 증명하는 일.

【互物 호물】 ①갑각(甲殼)이 있는 생물을 통틀어 이르는 말. ②서로 짝 맞추어서 비로소 소용(所用)이 되는 것.

【互相 호상】 서로. 相互(상호).

【互生 호생】 잎이나 눈이 줄기나 가지의 마디에 한 개씩 어긋맞게 남.

【互市 호시】 ①국가 간의 상품 거래. ②악한 사람들이 서로 결탁하는 일.

【互讓 호양】 서로 양보하거나 사양함.

【互用 호용】 서로 넘나들며 쓰거나 이쪽으로도 쓰고 저쪽으로도 씀.

【互有長短 호유장단】 서로 장점과 단점이 있음.

【互助 호조】 서로 도움. 相互扶助(상호부조).

【互稱 호칭】 서로 일컫는 이름.

【互惠 호혜】 서로 편익(便益)이나 은전을 베풂.

◐ 交-, 磐-, 相-, 連-, 參-.

二 ⁴ 【亙】 ⑥ ❶걸칠 긍 [徑] gèn ❷펼 선 [先] xuān

[소전] 亙 [소전] 亙 [고문] 亙 [초서] 亙 [참고] 대법원 지정 인명용 한자의 음은 '긍'이다.

[字源] 會意. 回+二→亙. '二'는 위와 아래를, '回'는 '回'의 고자(古字)로 회전한다는 뜻을 나타낸다. 구하는 것이 위에 있으면 회전하여 오르고, 아래에 있으면 회전하여 내려가 구하는 데서 '찾다, 구하다, 돌다' 등의 뜻을 나타낸다.

[字解] ❶ (本) 亘(64). ①걸치다, 뻗치다, 잇닿다. ¶亙古. ②극하다, 더할 수 없는 정도에 이르다. 〔文選〕其疇能亙之哉. ❷ (本) 亘(64). ①펴다, 널리 말하다. ≒宣. ②찾다, 구하다,

돌아다니다.
【亙古 긍고】길고 오램. 永遠(영원).
【亙帶 긍대】널리 둘러쌈.

二/4 【互】⑥ 亙❶(63)의 본자

二/4 【亘】⑥ 亙❷(63)의 본자

二/5 【些】⑦ ❶적을 사 ㊋ xiē
❷어조사 사 ㊋ suò
[소전][초서][참고] '些'의 '此(차)'는 지부(止部) 2획의 '此'자와는 달리, 6획이 아니고 5획이다.
[字解] ❶적다, 조금, 약간. ¶些少. ❷어조사. 어세를 강조할 때 문말(文末)에 놓는다.〔楚辭〕魂兮歸來, 南方不可以止些.
【些些 사사】☞些少(사소).
【些事 사사】자그마한 일. 사소한 일.
【些細 사세】조금. 분량이 많지 않음.
【些少 사소】하잘것없이 작거나 적음.

二/5 【亜】⑦ 亞(64)의 속자

二/6 【亞】⑧
❶버금 아 ㊋ yà
❷아귀 아 ㊋ yā
❸회칠할 악 ㊋ è
❹누를 압 ㊋ yà

[소전][초서][속자][간체][참고] 대법원 인명용 한자의 음은 '아'이다.
[字源] 象形. 사람의 등이 보기 흉하게 굽은 모양을 본떠 '흉하다'의 뜻을 나타낸다. 현재 이 뜻으로는 '心'을 더하여 惡(미워할 오) 자를 쓰고, 이 자는 주로 '버금'이라는 뜻으로 쓰인다.
[字解] ❶①버금.〔蜀志〕管蕭之亞匹也. ②흉하다. ≒惡. ③동서. 자매(姉妹)의 남편끼리 서로를 일컫는 말. ≒姬.〔詩經〕瑣瑣姻亞. ④나아가다. ⑤버 ≒稏. ⑥䚋아시아의 약칭. ❷아귀. 물건의 가닥이 난 곳. ❸회칠하다. ≒堊. ❹누르다. ≒壓.
【亞卿 아경】①구경(九卿)의 다음가는 벼슬. ②시랑(侍郞). ③國참판(參判)·좌우윤(左右尹) 따위와 같이 경(卿) 다음가던 종이품 벼슬.
【亞旅 아려】상대부(上大夫)의 딴 이름.
【亞流 아류】①서로 비슷한 무리. 同類(동류). ②제일류(第一流)의 다음가는 사람. ③어떤 학설이나 주의를 맹목적으로 따르거나 모방하는 사람. 流亞(유아).
【亞父 아부】아버지 다음가는 사람. 임금이 공신(功臣)을 존경하여 부르던 말. ○초(楚)나라의 항우(項羽)가 범증(范增)을 존경하여 부른 데서 온 말.

【亞相 아상】재상(宰相)의 다음. 곧, 어사대부(御史大夫).
【亞聖 아성】성인(聖人) 다음가는 현인(賢人). 공자(孔子)를 성인이라 하고 안연(顏淵)·맹자(孟子)를 아성(亞聖)이라 함.
【亞歲 아세】동지(冬至).
【亞字窓 아자창】'亞'자 모양으로 된 문살의 창.
【亞銓 아전】이조 참판(吏曹參判)의 딴 이름.
【亞匹 아필】닮은 동아리. 필적할 만한 사람. ○'匹'은 '類'로 '닮음'을 뜻함.
【亞獻 아헌】제사 지낼 때 두 번째로 술잔을 올리는 일.

二/7 【亟】⑨
❶빠를 극 ㊋ jí
❷자주 기 ㊋ qì

[소전][초서][간체] [字源] 會意·指事. 二+人+口+又→亟. '二'는 하늘과 땅, '又'는 손을 나타낸다. 사람이 천지 사이에 살면서 손과 입을 놀려 빠르게 일을 이루어 낸다는 데서 '재빠르다'의 뜻을 나타낸다.
[字解] ❶①빠르다.〔詩經〕經始勿亟. ②삼가다, 공경하다. ③사랑하다, 가엾이 여기다. ④심하다. ≒革. ❷자주, 여러 번.〔孟子〕仲尼亟稱於水.

亠 部

2획 부수 | 돼지해머리부

亠/0 【亠】② 두
[참고] '亥(돼지 해)'의 머리 부분인 '亠'와 모양이 같기 때문에 부수의 명칭을 '돼지해머리'라고 한다.
[字解] 뜻 미상. 음은 '두'인데 훈을 알 수 없고, 용례도 찾아볼 수 없다.

亠/1 【亡】③
❶망할 망 ㊋ wáng
❷없을 무 ㊋ wú

[소전][초서][본자] [字源] 會意. 乚+入→亡. 'ㄴ'은 '隱(숨을 은)'의 고자(古字). 사람이 잘못을 저지르고 달아나 은폐된 곳에 들어간다〔入〕는 데서 '잃다, 죽다' 등의 뜻을 나타낸다.
[字解] ❶①망하다, 망하여 없어지다.〔墨子〕入北郭, 徒大內, 圍王宮, 而吳國以亡. ②달아나다, 도망치다.〔春秋左氏傳〕子爲正卿, 亡不越竟, 反不討賊. ③죽다.〔周禮〕以喪禮哀死亡. ④잃다, 없애다.〔戰國策〕亡羊而補牢. ⑤없어지다. ≒無. ⑥업신여기다, 경멸하다. ⑦잊다. ≒忘.〔詩經〕心之憂矣, 曷維其亡. ❷①없

다. =無. 〔詩經〕何有何亡. ②가난하다.
【亡缺 망결】 빠져 없어짐. 부분적으로 없어져 갖추지 못함. 亡闕(망궐).
【亡國 망국】 ①망한 나라. ②나라를 망침.
【亡國之臣 망국지신】 ①나라를 멸망시킨 신하. ②망한 나라의 신하.
【亡國之音 망국지음】 ①망한 나라의 음악. ②나라를 망칠 음악. 저속하고 음탕한 노래.
【忘年交 망년교】 재능과 덕행을 주로 하여 사귀며, 나이의 많고 적음을 묻지 않는 사귐.
【亡匿 망닉】 도망쳐 숨음.
【亡德 망덕】 ①덕이 없음. ②덕을 잃음.
【亡靈 망령】 죽은 이의 영혼. 亡魂(망혼).
【亡虜 망로】 도망쳐 다니는 포로. 피해 다니는 포로. 포로를 경멸하여 이르는 말.
【亡命 망명】 자기 나라에 있지 못할 사정이 생겨 남의 나라로 피하여 몸을 옮김. ♣ '命'은 '名'으로, 명부에서 빠지는 일.
【亡散 망산】 도망쳐 흩어짐.
【亡臣 망신】 달아난 신하. 망명한 신하.
【亡失 망실】 없어짐. 잃어버림.
【亡羊補牢 망양보뢰】 양을 잃고 우리를 고침. 이미 실패한 뒤에 뉘우쳐도 소용없음.
【亡羊之歎 망양지탄】 갈림길이 많아서 잃어버린 양을 찾을 수 없음을 한탄함. 학문의 길이 여러 갈래여서 한 갈래의 진리도 구하기 어려움.
【亡友 망우】 죽은 벗.
【亡運 망운】 망한 운수. 망할 운수.
【亡人 망인】 ①외국에 망명(亡命)한 사람. ②죽은 사람.
【亡日 망일】 죽은 날.
【亡逸 망일】 달아나 자취를 감춤.
【亡子計齒 망자계치】 죽은 자식 나이 세기. 이미 그릇된 일을 생각하고 애석하게 여김.
【亡終 망종】 사람의 죽는 때.
【亡走 망주】 달아남. 도주(逃走)함.
【亡竄 망찬】 도망하여 숨음. 亡逋(망포).
【亡妻 망처】 죽은 아내. 亡室(망실).
【亡祝 망축】 (佛)죽은 이의 명복을 비는 일.
【亡親 망친】 ①어버이를 잃음. ②돌아가신 어버이. 죽은 어버이.
【亡八 망팔】 인의효제(仁義孝悌)와 충신염치(忠信廉恥)의 팔덕(八德)을 잃어버림. 남을 욕할 때 쓰는 말. 忘八(망팔).
【亡逋 망포】 도망하여 숨음. 亡竄(망찬).
【亡魂 망혼】 ①죽은 사람의 혼. 亡靈(망령). ②정신을 잃음.
【亡慮 무려】 대충. 概算(개산). 無慮(무려).
【亡賴 무뢰】 믿을 수 없음. 또는 그러한 건달. 無賴(무뢰).
【亡思不服 무사불복】 덕을 사모하여 복종하지 아니하는 자가 없음.
【亡狀 무상·망상】 무례(無禮)한 모양.
▶ 逃―, 滅―, 死―, 流―, 存―, 敗―, 興―.

²₂【亢】④ ❶목 항 圍강 圈 gāng
❷오를 항 圍강 圈 kàng

【字源】象形. 'ㅗ'는 '大'로 머리를, '∩'는 경동맥(頸動脈)을 그려 '목'의 뜻을 나타낸다.
【字解】❶①목, 목줄기. 〔漢書〕絕亢而死. ②목구멍. 〔史記〕搤其亢. ❷①오르다, 올리다, 높아지다. 〔太玄經〕外觚亢貞. ②자부하다, 자만하다. 〔唐書〕信明蹇亢, 以門望自負. ③별 이름. 28수(宿)의 하나. ④용마루, 마룻대. 〔北史〕重亢重廊. ⑤가뭄, 가물. 〔後漢書〕亢旱之災. ⑥높다. 〔莊子〕與豚之亢鼻者. ⑦극(極)하다, 높이 오르다. 〔易經〕亢龍有悔. ⑧겨루다, 필적(匹敵)하다. 〔漢書〕適戍之衆, 不亢於九國之師. ⑨가리다, 덮다. 〔春秋左氏傳〕吉不能亢身, 焉能亢宗.
【亢羅 항라】 씨를 세 올이나 다섯 올씩 걸러서 한 올씩 비우고 짠 옷감.
【亢禮 항례】 대등한 처지에서 예(禮)를 행함.
【亢龍 항룡】 하늘 끝까지 오른 용. 지극히 존귀(尊貴)한 지위.
【亢龍有悔 항룡유회】 하늘 끝까지 오른 용이 내려올 줄 모르면 반드시 후회가 있음. 존귀한 지위에 있는 사람은 항상 몸가짐을 조심하지 않으면 실패할 우려가 있음.
【亢陽 항양】 ①큰 가물. 亢旱(항한). ②높은 건물. ③양효(陽爻)로 높은 위치에 있는 것. 양(陽)이 극도로 성한 자리에 있음.
【亢傲 항오】 거만을 떪. 기세를 부림.
【亢燥 항조】 지대가 높아서 땅이 기름지지 못함. 高燥(고조).
【亢直 항직】 교만하여 남에게 굽히지 아니함.
【亢秩 항질】 최고의 품계(品階).
【亢扞 항한】 대항하여 방비함.
【亢旱 항한】 큰 가물. 亢陽(항양).
▶ 蹇―, 搤―, 絕―.

⁴[交] ⑥ 사귈 교 畱 jiāo

、亠亠六方交

【字源】象形. 윗부분의 '六'은 '大'로 사람이고, 밑부분의 '乂'는 종아리를 서로 엇건 모양을 본뜬 글자. 사람이 다리를 교차시킨 데서 '섞이다, 바뀌다' 등의 뜻을 나타낸다.
【字解】①사귀다. ㉮벗하다, 친하게 지내다. 〔論語〕與朋友交. ㉯엇갈리다. 〔詩經〕獻酬交錯. ㉰맞다, 조화하다. 〔易經〕上下交而其志同也. ㉱뒤섞이다. 〔漢書〕章交公車. ㉲흘레하다. 〔禮記〕虎始交. ②주고받다. 〔禮記〕禮, 非祭男女不交爵. ③서로. 〔孟子〕上下交征利. ④동아리, 벗. 〔顔延之 誄〕周衞是交. ⑤어름. 맞닿은 곳이나 때. 〔詩經〕十月之交. ⑥옷깃. 〔方言〕衿, 謂之交.
【交加 교가】 ①뒤섞임. 한데 섞임. ②서로 왕함. 서로 오고 감.
【交感 교감】 ①서로 접촉하여 느낌. ②최면술을

亠部 4획 交

쓰는 사람이 상대편에게 최면을 걸어 의식을 지배하는 관계.

【交蓋 교개】수레의 덮개를 서로 맞댐. 서로 왕래함. 교제함.

【交結 교결】사귀어 정분(情分)을 맺음.

【交契 교계】사귄 정분. 交分(교분).

【交界 교계】땅의 경계가 서로 맞닿은 지경.

【交款 교관】서로 사귀어 즐김. 交歡(교환).

【交關 교관】①오고 감. 왕래함. ②남녀가 상관(相關)함. ③뜻을 통함.

【交關强率 교관강솔】관리와 백성이 서로 짜고, 채무자의 재산을 인수하는 일.

【交交 교교】①작은 모양. ②새가 이리저리 날아다니는 모양.

【交媾 교구】음양(陰陽)이 서로 어울리는 일. 곧, 성교(性交). 交合(교합).

【交構 교구】서로 끌어당김.

【交鉤 교구】서로 뒤섞임. 교착(交錯)함.

【交戟 교극】수위(守衛)가 창을 십자(十字) 모양으로 엇거는 일. 또는 그렇게 하는 사람.

【交拏 교나】맞잡고 싸움. 드잡이함.

【交單 교단】영수증(領收證)·송장(送狀) 따위. ○ '單'은 증서.

【交淡如水 교담여수】물처럼 담박(淡泊)하게 사귐. 담박한 군자의 교제.

【交黨 교당】사귀어 한 당파를 이룸.

【交刀 교도】가위.

【交道 교도】①남과 사귀는 도리. ②네거리. 十字街(십자가).

【交頭接耳 교두접이】머리를 맞대고 입을 귀에 대어 이야기함. 비밀 이야기를 함.

【交連 교련】뒤섞이어 이어짐.

【交領 교령】①옷깃. ②받음. 영수(領收)함.

【交靈 교령】①두 영기(靈氣)가 합치(合致)함. ②혼(魂)과 혼이 서로 어울림. 심정(心情)을 교환하는 일.

【交龍 교룡】전각(殿閣) 등에 장식한 용의 그림이나 새김. 용틀임.

【交隣 교린】이웃 나라와의 사귐.

【交拜 교배】①서로 절함. ②혼인식에서 신랑·신부가 서로 절을 하는 일.

【交白卷子 교백권자】수험자(受驗者)가 답안지(答案紙)를 백지(白紙) 그대로 내는 일.

【交付 교부】내어 줌. 내리어 줌.

【交分 교분】교제(交際)의 본분(本分). 친구 사이의 정의(情誼). 交契(교계). 交誼(교의).

【交臂 교비】팔을 엇걺. 팔짱을 낌. ㉠성날 때의 모양. ㉡삼가는 모양. 拱手(공수). ㉢남과 서로 만남의 비유. ㉣두 손을 뒤로 묶음.

【交臂歷指 교비역지】신체가 자유롭지 못한 모양. 속박당하는 모양.

【交聘 교빙】서로 초빙함. 나라와 나라 사이에 서로 사신(使臣)을 보내는 일.

【交喪 교상】서로 상대(相對)가 되어 서로 따로 따로 떨어짐.

【交噬 교서】서로 물어뜯음. 서로 싸움.

【交疏 교소】엇걸려 통함.

【交手 교수】①공수(拱手)함. ②손을 맞잡음. ③솜씨를 겨룸.

【交收 교수】받음. 受取(수취).

【交授 교수】①주고받음. ②번갈아 듦.

【交綏 교수】양군(兩軍)이 모두 물러남. ○ '綏'는 군대를 후퇴시킨다는 뜻.

【交酬 교수】서로 예물(禮物)을 교환함.

【交詢 교순】신실(信實)로써 사귐.

【交市 교시】시장을 개설함.

【交食儀 교식의】일식(日蝕)·월식(月蝕)을 관측하는 기계.

【交易 교역】①물건과 물건을 서로 바꿈. 무역함. ②왕래(往來).

【交午 교오】①종횡(縱橫)으로 교착(交錯)됨. ②표지(標識)로 세우는 나무.

【交惡 교오】서로 싫어함. 서로 미워함.

【交往 교왕】①왕래함. 교제함. ②現거래함.

【交友 교우】친구와 사귐. 사귄 벗.

【交遊 교유】①서로 사귀어 놂. 交際(교제). 交游(교유). ②벗. 친구.

【交耳 교이】귀에 입을 대고 말함. 귀엣말함.

【交印 교인】①인계서에 서로 도장을 찍어 후임자에게 사무를 인계함. ②관인(官印)을 후임자에게 건네 줌. ③여럿이 연명하여 도장을 찍음.

【交子 교자】①맞대는 물건. 맞대어 차이가 없음을 확인하는 증거 서류. ②송대(宋代)의 지폐(紙幣) 이름. ③國교자상에 차려 놓은 음식.

【交戰 교전】서로 전쟁을 함.

【交絕 교절】교제가 끊김.

【交精 교정】해오라기. 푸른 백로.

【交情 교정】서로 사귀는 정분. 友情(우정).

【交照 교조】친구가 서로 간담상조(肝膽相照)하여 사귐. 마음을 터놓고 교제함.

【交捽 교졸】서로 맞섬. 대항함. ○ '捽'은 적대(敵對)를 뜻함.

【交迭 교질】갈마들어 바뀜. 遞代(체대).

【交錯 교착】서로 뒤섞어 엇걸림.

【交參 교참】뒤섞임.

【交淺 교천】사귐이 얕음.

【交淺言深 교천언심】사귄 지 얼마 되지 않는데 말은 깊이 있음. 말이 분수에 지나침.

【交睫 교첩】눈을 감음. 잠을 잠.

【交鈔 교초】금(金)·원(元) 때의 지폐(紙幣) 이름. 鈔引(초인).

【交合 교합】①뜻이 서로 맞음. ②남녀(男女)·자웅(雌雄)의 성교. 交接(교접).

【交互 교호】서로 어긋매낌. 번갈음.

【交和 교화】①양자(兩者)가 서로 화합(和合)함. ②양군(兩軍)이 서로 대치(對峙)함. ○ '和'는 군문(軍門)을 뜻함.

【交歡 교환】서로 사귀어 사이좋게 즐김.

【交會 교회】①사귀어 만남. 또는 만나는 곳. ②교자(交子)와 회자(會子). 모두 송대(宋代)의 화폐(貨幣) 이름임.

【交橫 교횡】눈물이 하염없이 흐름.

❶ 結―, 舊―, 國―, 社―, 性―, 世―, 外―, 絕―, 情―, 親―.

亠部 4~6획 亦亥亨京

亦 ⑥ 또 역 囲 yì

、亠ナ亣亦亦

[字源] 指事. 大+八→亦. '大'는 사람, '八'은 겨드랑이를 나타내어 본래 '겨드랑이'를 뜻하였다. 뒤에 '겨드랑이'를 나타내는 글자로 '腋(액)'자를 새로 만들어 쓰면서, 이 자는 '또, 역시'라는 뜻으로 가차되었다.

[字解] ①또, 또한. =又.〔孟子〕聖人之於民亦類也. ②모두.〔書經〕亦行有九德. ③크다.〔詩經〕亦服爾耕, 十千維耦. ④다만, 단지.〔史記〕亦貧賤者驕人耳. ⑤만약, 가령.〔孟子〕此五人者亦有獻子之家則不與之友矣. ⑥쉽다.〔列子〕二者亦知. ⑦이미.〔詩經〕亦流於淇. ⑧다스리다.

【亦是 역시】또한.
【亦然 역연】또한 그러함.
【亦參其中 역참기중】어떤 일에 참여함.

亥 ⑥ 돼지 해 圃 hài

、亠亡亥亥

[字源] 象形. 돼지의 머리와 몸뚱이와 네 다리를 본뜬 글자.

[字解] ①돼지, 지지의 열두째. 동물로는 돼지, 방위로는 북북서, 시각으로는 오후 9시부터 11시 사이, 달(月)로는 음력 시월, 오행으로는 수(水)에 배당된다.〔爾雅〕大歲在亥曰大淵獻. ②간직하다, 단단하다.〔漢書〕該閡於亥.

【亥囊 해낭】정월 첫 번째 해일(亥日)에 임금이 가까운 신하들에게 내리던 비단 주머니. 宮囊(궁낭).

【亥豕之譌 해시지와】글자를 잘못 적음. [故事] '亥'와 '豕'가 글자 모양이 비슷하고, '己(기)'와 '三(삼)'도 서로 비슷하므로 己亥(기해)로 적어야 할 것을 三豕(삼시)로 잘못 썼다는 고사에서 온 말. 亥豕(해시).

亨 ⑦ ❶형통할 형 囲 hēng
❷드릴 향 圖 xiǎng
❸삶을 팽 囲 pēng

、亠亡宁宇享亨

[參考] 대법원 지정 인명용 한자의 음은 '형'이다.

[字源] 象形. 본래 '畗'으로 썼는데, 종묘(宗廟)의 모습을 본떴다. 종묘는 제사를 지내는 곳이기 때문에 '제사'·'바치다'라는 뜻으로 쓰이게 되었다. '畗'은 뒤에 '亨'·'享(누릴 향)'·'烹(삶을 팽)'으로 나누어졌는데, 옛날에 이 세 글자는 통용되었다.

[字解] ❶①형통하다, 지장 없이 이루어지다. 〔易經〕乾, 元亨利貞. ②제사, 제사를 올리다. ❷드리다, 올리다. ≒享.〔易經〕公用亨於天子. ❸삶다. ≒烹.〔詩經〕或剝或亨.

【亨嘉 형가】좋은 때를 만남.
【亨衢 형구】①큰 길. 大道(대도). ②운명(運命)이 열림.
【亨途 형도】평이(平易)한 길. 평탄한 길.
【亨泰 형태】일이 형통하고 안태(安泰)함.
【亨通 형통】①모든 일이 뜻과 같이 잘됨. ②운(運)이 좋아서 출세(出世)함.
【亨孰 팽숙】충분히 삶음. 亨熟(팽숙).
【亨煮 팽자】삶음.

◐吉-, 彭-, 豊-.

京 ⑧ 서울 경 囲 jīng

、亠亡宁宇亨京京

[字源] 會意. 高+亅→京. '高'는 '高(높을 고)'에서 '口'가 생략된 것이고, '亅'은 높이 솟아 있는 모양을 나타낸다. 사람이 만든 높은 돈대를 나타내어 사람들이 많이 모여 사는 '서울'을 뜻하게 되었다.

[字解] ①서울, 수도.〔詩經〕裸將于京. ②크다, 성하다.〔春秋左氏傳〕八世之後, 莫之與京. ③높다.〔張衡·賦〕京邑翼翼. ④돈대, 높은 언덕.〔漢書〕於是乎有京觀. ⑤창고, 곳집. 〔史記〕見建家京下方石. ⑥근심하는 모양. ¶京-. ⑦갖. 수(數)의 단위로 조(兆)의 만 배 또는 10배. ⑧고래.〔漢書〕騎京魚.

【京京 경경】근심 걱정이 떠나지 않는 모양.
【京觀 경관】무공(武功)을 보이기 위하여 적(敵)의 시체를 쌓아 올리고 흙으로 덮은, 큰 무덤. 京丘(경구).
【京闕 경궐】서울의 대궐.
【京劇 경극】①서울의 번화한 곳. ②청대(淸代)에 시작된 중국의 전통극. 京戲(경희).
【京畿 경기】①서울 부근. 畿內(기내). ②서울. 京師(경사).
【京都 경도】천자가 있는 곳. 서울.
【京洛 경락】낙양(洛陽). 주(周) 평왕(平王)이 처음으로 도읍하였고 동한(東漢)도 여기에 도읍하였음.
【京輦 경련】서울. 京師(경사). ◐'輦'은 '연곡(輦轂)의 아래'라는 뜻.
【京府 경부】수도. 서울.
【京山 경산】서울 부근에 있는 산.
【京樣 경양】우아(優雅)함. 화려한 모습.
【京魚 경어】①큰 물고기. ②고래.
【京在所 경재소】國각 지방에서 덕망(德望)이 높은 사람을 서울에 불러서 같은 고을 사람끼리 묵게 하여 그 지방의 일을 주선하고 의논하게 하던 곳.
【京調 경조】國①서울에서 유행하는 풍속과 습관. ②서울에서 특별히 부르는 시조의 창법.
【京兆畫眉 경조화미】경조윤(京兆尹)이 눈썹을

그려 줌. 부부 또는 남녀가 서로 사랑함. 故事 한대(漢代)에 경조윤(京兆尹)인 장창(張敞)이 아내를 위하여 눈썹을 아름답게 그려 주었다는 고사에서 온 말. 京兆眉(경조미).
【京秩 경질】서울에서 근무하는 벼슬.
【京察 경찰】國해마다 음력 6월과 12월에 벼슬아치의 성적에 따라 벼슬을 올려 주거나 박탈하던 일. 都目(도목). 都政(도정).
【京峙 경치】높은 언덕.
【京表鄕賦 경표향부】國서울에서 보이던 과거에서 서울 선비에게는 표(表)를, 시골 선비에게는 부(賦)를 짓게 하던 일.
【京鄕 경향】서울과 시골.
【京華 경화】번화한 서울.
【京戱 경희】□京劇(경극)².
❶ 九−, 舊−, 歸−, 上−, 在−, 皇−.

⼇6 【享】⑧ 누릴 향 圖 xiǎng

〔갑골 享 / 주문 亯 / 초서 亨 / 본자 亯〕 字源 會意. 본래 '亯'으로 썼는데, 종묘(宗廟)의 모습을 그린 것이다. 종묘는 제사를 지내는 곳이기 때문에 '제사·바치다'라는 뜻으로 쓰이게 되었다.
字解 ❶누리다, 받다, 응하다. 〔春秋左氏傳〕保君父之命, 而享其生祿. ❷드리다, 올리다, 바치다. ≒亨. 〔周禮〕諸侯以享天子. ❸제사지내다. 〔易經〕王用享于岐山. ❹대접하다, 잔치하다. ≒饗.
【享國 향국】①왕위(王位)를 받음. ②군주가 재위(在位)한 연수(年數).
【享年 향년】①이 세상에 생존한 햇수. ②왕조(王朝)의 연수.
【享堂 향당】①조종(祖宗)의 위패를 모시는 집. ②(佛)선종 사원(禪宗寺院)에서, 조사(祖師)의 상(像)과 위패를 모시고 제사 지내는 곳.
【享德 향덕】덕을 이어받음.
【享樂 향락】쾌락을 누림.
【享禮 향례】혼례(婚禮)가 끝나고 예물(禮物)을 바치는 의식. 饗禮(향례).
【享祀 향사】제사를 지냄. 또는 그 제사.
【享嘗 향상】봄과 가을의 두 제사(祭祀).
【享受 향수】①물건을 받음. 受領(수령). ②예술 작품 따위를 음미(吟味)하고 즐김.
【享壽 향수】오래 사는 복을 누림.
【享御 향어】임금의 자리를 이어받음.
【享宴 향연】아랫사람에게 내리는 주연(酒宴). 賜酺(사포).
【享祐 향우】신(神)의 도움을 받음.
【享右 향우】신(神)에게 주식(酒食)을 권함. '右'는 '권하다'의 뜻. 享侑(향유).
【享儀 향의】신(神)에게 제사 지내는 의식.
【享祭 향제】□享祀(향사).
❶ 敬−, 大−, 配−, 朝−, 春−, 歆−.

⼇7 【京】⑨ 京(67)과 동자

⼇7 【亮】⑨ ❶밝을 량 圖 liàng
❷천자의 상중 량 圖 liáng

〔소전 亮 / 초서 亮 / 속자 亮〕 字源 會意. 亮은 '高(높을 고)'의 생략형이고 '儿'는 사람을 뜻한다. 사람이 높은 곳에 있으면 환히 내려볼 수 있다는 데서 '밝다'의 뜻을 나타낸다.
字解 ❶①밝다, 명석하다. =倞. 〔後漢書〕且火德承堯, 雖昧必亮. ②진실로, 참으로, 정말로. ≒諒. 〔詩經〕母也天只, 不諒人只. ③돕다. 〔晉書〕勳格四海, 翼亮三世. ❷천자(天子)의 상중(喪中). ¶ 亮陰.
【亮達 양달】명확하게 사리(事理)에 통달함.
【亮拔 양발】사리에 밝고 재능이 뛰어남.
【亮月 양월】밝은 달. 明月(명월).
【亮陰 양음】임금이 상중(喪中)에 있음.
【亮節 양절】맑은 절개. 淸操(청조).
【亮濟 양제】밝아서 막힘이 없음.
【亮直 양직】마음이 밝고 바름.
【亮察 양찰】밝게 살핌. 곧, 아랫사람의 형편 등을 헤아려 살핌.
【亮采 양채】①여러 가지 일을 명백하게 함. ②갖가지 일을 도움.
【亮許 양허】형편이나 사정을 잘 알아서 용서하거나 허용함.
❶ 高−, 明−, 劉−, 淸−, 忠−.

⼇7 【㐰】⑨ 夜(377)의 속자

⼇7 【亭】⑨ 정자 정 圖 tíng

〔소전 亭 / 초서 亭 / 속자 亭〕 字源 形聲. 高+丁→亭. '高'는 '高(높을 고)'의 생략형이고, '丁(정)'이 음을 나타낸다.
字解 ①정자. 〔漢書〕奇居亭下. ②역참, 여인숙. 〔漢書〕及壯試吏, 爲泗上亭長. ③머무르다. ≒停·渟. 〔漢書〕其水亭居. ④평정하다, 고르다. ≒定. 〔史記〕亭疑法. ⑤빼어나다, 뛰어나다, 높이 솟다. 〔袁宏·贊〕嶺無亭菊. ⑥이르다, 미치다. 〔孫綽·賦〕義和亭午. ⑦곧다, 바르다. ⑧망루(望樓). 〔後漢書〕築亭候. ⑨구별하다, 만물의 형상을 만들어 구별하다. ⑩기르다, 양육하다. 〔老子〕亭之毒之.
【亭閣 정각】□亭子(정자).
【亭居 정거】멈춤. 머무름. 정지함.
【亭皐 정고】못 안에 둑을 쌓고 둑 위 10리(里)마다 지은 정자(亭子).
【亭館 정관】높다랗게 지은 다락집.
【亭當 정당】사물(事物)이 안정된 모양.
【亭毒 정독】길러 자라게 함. 화육(化育)함.

亠部 7~20획 亯毫亮亭毫亶亹 人部 0획 人

'亭'은 형체(形體)의 형성을, '毒'은 성격(性格)의 형성을 뜻함.
【亭午 정오】 한낮. 正午(정오).
【亭育 정육】 길러 자라게 함. 養育(양육).
【亭子 정자】 놀거나 쉬기 위하여, 전망이 좋은 곳에 지은 누각. ○'子'는 조자(助字).
【亭長 정장】 숙역(宿驛)의 장(長). 향촌(鄕村)의 장. 진한대(秦漢代)에 10리마다 1정(亭)을 두고 정마다 장(長)을 두어 도적을 잡는 일을 맡게 하였음.
【亭障 정장】 성채(城砦)의 요소에 구축하여 척후용(斥候用)으로 쓰던 초소(哨所).
【亭亭 정정】 ①높이 솟은 모양. 亭然(정연). 亭直(정직). ②멀고 까마득한 모양. ③고독한 모양. ④아름다운 모양.
【亭主 정주】 ①역참을 관리하는 사람. ②한 집안의 주인.
【亭次 정차】 역참(驛站).
【亭戶 정호】 당송대(唐宋代)에 관명(官命)에 의해 소금을 제조하던 집.
【亭候 정후】 변경(邊境)에 높이 쌓아 적의 동정을 살피는 망대(望臺).
○ 官-, 丘-, 旗-, 旅-, 驛-, 鄕-.

亠/7 【亯】⑨ 享(68)의 본자

亠/8 【毫】⑩ 땅 이름 박 囊 bó
소전 高 초서 毫 속자 毫 [字解] ①땅 이름. ㉮은(殷)나라 서울. 탕왕(湯王)이 도읍한 곳. [書經] 自河徂亳. ㉯한대(漢代)의 역(驛) 이름. ㉰주(州) 이름. 춘추 시대 진(陳)나라의 땅. ②엷다. ≒薄.

亠/8 【亮】⑩ 亮(68)의 속자

亠/8 【亭】⑩ 亭(68)의 속자

亠/9 【毫】⑪ 毫(69)의 속자

亠/11 【亶】⑬ ❶믿을 단 囮 dǎn, dàn ❷오로지 할 선 囮 dǎn, dàn ❸날 선 囮 dǎn, dàn
소전 亶 초서 亶 [參考] 대법원 지정 인명용 한자의 음은 '단'이다.
[字解] ❶①믿음, 믿다. [詩經] 亶不聰. ②진실로, 참으로. ③도탑다, 도탑게 하다. [國語] 亶厥心. ④다만, 단지. ≒但. [漢書] 非亶倒縣而已. ⑤풍족하다, 곡식이 넉넉하다. ⑥웃통을 벗다. ≒袒. [荀子] 路寢達于. ⑦오로지하다, 마음대로 하다. ≒擅. [荀子] 相國之於勝人之勢, 亶有之矣. ②머무적거리다. ❸날다, 날아오르다. [揚雄·賦] 堪巖亶翔.

【亶亶 단단】 평탄(平坦)한 모양. 坦坦(탄탄).
【亶翔 선상】 날아오름. 翱翔(현상).

亠/20 【亹】㉒ ❶힘쓸 미 圄 wěi ❷물문 문 圜 mén
[字解] ❶①힘쓰다, 부지런하다. [詩經] 亹亹文王, 令聞而已. ②문채(文彩)가 있는 모양. ❷물문, 수문(水門). [詩經] 鳧鷖在亹.
【亹亹 미미】 ①부지런히 노력하는 모양. ②나아가는 모양. ③달리는 모양. ④아름답고 훌륭한 모양.

人 部

2획 부수 │ 사람인부

人/0 【人】② 사람 인 圓 rén

ノ人

소전 入 초서 人 [參考] 한자의 구성에서 변으로 쓰일 때는 글자의 모양이 '亻(사람인변)'으로 바뀐다.
[字源] 象形. 사람이 팔을 뻗히고 서 있는 모양을 옆에서 그린 글자.
[字解] ①사람, 인간. 만물의 영장(靈長)으로서의 인류. [易經] 立人之道, 曰仁與義. ②백성, 인민. 늑民. [荀子] 王奪之人, 霸奪之與彊奪之地. ③남, 타인. [論語] 人不知而不慍. ④인품, 인격. [孟子] 不知其人可乎. ⑤뛰어난 사람, 훌륭한 사람. [春秋左氏傳] 子無謂秦無人, 吾謀適不用也. ⑥사람을 세는 단위. [論語] 三人行必有我師焉. ⑦어질다, 사랑. ≒仁. [呂氏春秋] 君子責人則以人.
【人家 인가】 사람이 사는 집. 人煙(인연).
【人各有耦 인각유우】 사람은 제각기 신분에 상응하는 짝이 있음.
【人間 인간】 ①사람이 사는 사회. ②사람. 인류. ③신(神) 또는 동물과 대립되는 존재로서의 사람. ④사람의 됨됨이. 인물.
【人鑑 인감】 남을 거울삼음. 곧, 남의 선악(善惡)을 거울삼아 자신의 언행을 경계함.
【人綱 인강】 인도(人道)의 대본(大本). 인류의 강기(綱紀).
【人傑 인걸】 특히 뛰어난 인재(人材).
【人傑地靈 인걸지령】 인물이 걸출하고 지세(地勢)가 뛰어남.
【人境 인경】 사람들이 사는 곳. 이승.
【人困馬乏 인곤마핍】 사람과 말이 모두 지쳐 피곤함.
【人工 인공】 ①사람이 하는 일. ②사람의 힘으로 자연에 대하여 가공하거나 작용을 하는 일.
【人窮反本 인궁반본】 사람은 곤궁하면 근본으로 돌아감. 사람은 궁해지면 부모를 생각함.

人部 0획 人

【人窮志短 인궁지단】사람은 빈곤(貧困)해지면 원대한 뜻이 없어짐. 人貧志短(인빈지단).

【人鬼相半 인귀상반】사람과 귀신이 서로 반반임. 중병(重病)에 걸려 생사(生死)의 경계를 드나드는 모양.

【人琴俱亡 인금구망】사람과 거문고가 함께 없어짐. 사람의 죽음을 몹시 슬퍼함. 故事 진(晉)나라의 서예가인 왕헌지(王獻之)가 죽은 뒤, 그가 애용하던 거문고도 가락이 맞지 않았다는 고사에서 온 말.

【人琴之嘆 인금지탄】☞人琴俱亡(인금구망).

【人急智生 인급지생】사람은 절박해지면 좋은 생각이 떠오름.

【人紀 인기】사람이 지켜야 할 도리.

【人氣 인기】①사람의 마음. 人心(인심). ②짐승들이 맡는, 사람의 냄새. 인내. ③國㉠세상에 큰 인물이 태어날 기운. ㉡어떤 대상에 쏠리는, 사람들의 평판.

【人器 인기】①사자(死者)와 함께 파묻는 그릇. ②國사람의 됨됨이.

【人德 인덕】사람이 갖춘 덕.

【人道 인도】①사람이 다니는 길. 步道(보도). ②사람이 지켜야 하는 도리(道理). 人倫(인륜). ③(佛)인간계(人間界). ④남녀의 교접(交接).

【人頭畜鳴 인두축명】사람의 머리를 가지고서 짐승처럼 말함. 하는 행동이 사람답지 못하고 흉악함.

【人力 인력】①사람의 힘. ②노동력.

【人籟 인뢰】천지 자연의 소리를 천뢰(天籟)·지뢰(地籟)라 이르는 데 대하여, 인위(人爲)로 내는 소리. 악기(樂器)의 소리 따위.

【人類 인류】사람을 다른 동물과 구별하여 이르는 말.

【人倫 인륜】①사람으로서 지켜야 할 도리. 人道(인도). 五倫(오륜). 五常(오상). ②모든 사람. 人類(인류).

【人倫大事 인륜대사】國인간 생활에 있어서 겪는 중대한 일. 곧, 혼인·장례 따위.

【人吏 인리】①관리(官吏). 윗사람의 명령대로만 움직이는 관리. ②지방 관청에 딸린 낮은 구실아치. 衙前(아전).

【人里 인리】사람이 사는 마을.

【人利 인리】백성의 이익.

【人理 인리】사람이 마땅히 행해야 할 도리(道理). 사람의 도리.

【人立 인립】짐승이 사람처럼 섬.

【人馬絡繹 인마낙역】사람과 말의 왕래가 끊임없이 이어짐. 번화한 곳.

【人莫若故 인막약고】사람은 오래된 사이일수록 좋음. 人不厭故(인불염고).

【人望 인망】①사람들이 원하고 바라는 것. ②여러 사람에게서 받는 존경과 신망.

【人亡物在 인망물재】사람은 죽고 사물만 예전대로 남아 있음. 인생의 덧없음을 슬퍼한 말.

【人亡政息 인망정식】위에 훌륭한 사람이 없으면, 정치는 잘 되지 않음.

【人面獸心 인면수심】얼굴은 사람이나 마음은 짐승과 같음. 마음이나 행동이 흉악함.

【人名 인명】사람의 이름.

【人命 인명】①사람의 목숨. ②사람의 수명. ③살인. 살인자.

【人命在天 인명재천】사람의 목숨은 하늘에 달려 있음.

【人謀 인모】사람의 계략. 사람이 낼 수 있는 지혜를 다한 꾀.

【人牧 인목】백성을 길러 다스림. 곧, 임금. 人主(인주).

【人貓 인묘】고양이 같은 사람. 표면은 부드러우면서 남을 해치는 사람.

【人文 인문】①인류의 문화. ②인물과 문물.

【人物 인물】①사람. 人間(인간). ②사람의 됨됨이. 인격. 人品(인품). ③훌륭한 사람. 人才(인재). ④사람과 물건.

【人微權輕 인미권경】신분(身分)이 낮고, 권력이 미약함.

【人民 인민】①평민. 백성. ②사람. 인류.

【人魄 인백】사람의 음(陰)의 넋. 사람이 생명을 유지하는 데는 양(陽)의 넋인 혼(魂)과 음(陰)의 넋인 백(魄)이 필요하다고 함.

【人不厭故 인불염고】사귀는 대상은 오래된 사이일수록 좋음. 人莫若故(인막약고).

【人非 인비】다른 사람의 비난.

【人鄙 인비】인(仁)과 불인(不仁). 선(善)과 불선(不善).

【人非木石 인비목석】사람은 목석이 아님. 사람에게는 이성과 감정이 있음.

【人士 인사】교양이나 지위가 있는 사람.

【人師 인사】①품행(品行)이 단정하여 다른 사람의 모범이 되는 사람. ②스승.

【人事 인사】①사람의 일. ②세상에서 벌어지는 일. ③관리나 직원의 임용·해임·평가 따위에 관한 일. ④처음 만나는 사람끼리 서로 이름을 통하여 자기를 소개함. ⑤마주 대하거나 헤어질 때 예를 표함.

【人事蓋棺定 인사개관정】사람의 일은 관 뚜껑을 닫고 난 후 결정됨. 사람의 시비(是非)·선악(善惡)은 그 사람이 죽은 뒤에라야 알 수 있음.

【人事不省 인사불성】①큰 병이나 중상(重傷) 등으로 의식을 잃은 상태. ②사람으로서 차려야 할 예절을 지킬 줄 모름.

【人死留名 인사유명】사람은 죽어서 이름을 남김. 삶이 헛되지 않으면 그 이름이 길이 남음.

【人山人海 인산인해】사람이 산을 이루고 바다를 이룸. 사람이 수없이 많이 모인 상태.

【人相 인상】①사람의 얼굴 생김새. 容貌(용모). ②(佛) '나는 사람이다'라는 아집(我執)을 가지는 일.

【人生 인생】①사람이 세상을 살아가는 일. ②사람이 살아 있는 기간.

【人生如寄 인생여기】사람의 일생은 임시 주거(住居)와 같음. 인생이 매우 짧음.

【人生在勤 인생재근】사람은 부지런함에 그 근본을 두어야 함.

【人生七十古來稀 인생칠십고래희】사람이 일흔

살까지 산다는 것은 예로부터 드묾.
【人庶 인서】 백성. 庶民(서민).
【人瑞 인서】 ①인사상(人事上)의 상서로운 조짐. ②학덕(學德)이 뛰어난 사람.
【人性 인성】 사람의 성질. 사람 본연의 성품.
【人時 인시】 백성의 생업에 중요한 시기. 춘경(春耕)·제초(除草)·추수(秋收) 등의 농사철.
【人臣 인신】 신하(臣下).
【人身 인신】 ①사람의 몸. ②인품(人品).
【人神 인신】 ①사람의 넋. ②사람과 신(神).
【人神共憤 인신공분】 사람과 신이 함께 분노(憤怒)함. 天人共怒(천인공노).
【人心 인심】 ①사람의 마음. 人意(인의). ②남의 딱한 처지를 헤아리고 도와주는 마음. ③백성의 마음. 民心(민심). ④사사로운 마음. 육체적 욕심에 얽힌 마음.
【人心難測 인심난측】 사람의 마음은 헤아리기 어려움.
【人心如面 인심여면】 사람마다 마음이 각각 다른 것은, 얼굴 모양이 저마다 다른 것과 같음.
【人心洶洶 인심흉흉】 인심이 크게 동요되어 거칠고 수선스러움.
【人痾 인아】 사람의 몸에 일어나는 변태적 현상. 죽었던 사람의 소생, 남자가 여자로 변하는 일, 여자가 남자로 변하는 일 따위. 人妖(인요).
【人我 인아】 ①남과 나. 다른 사람과 자기. ②(佛)사람들이 집착하는, 늘 변하지 않는 실체로서의 나.
【人野 인야】 귀인(貴人)과 야인(野人).
【人言 인언】 ①남의 말. ②세인(世人)의 평판이나 소문.
【人焉廋哉 인언수재】 사람이 어찌 마음과 본성(本性)을 숨길 수 있을 것인가. ◐'廋'는 '숨기다'의 뜻.
【人煙 인연】 ①사람이 사는 집에서 불 땔 때 나는 연기. ②사람이 사는 집. 人家(인가).
【人妖 인요】 ☞人痾(인아).
【人偶 인우】 서로 존경하고 친애(親愛)함.
【人云亦云 인운역운】 ①남의 설(說)을 그대로 흉내 내는 일. ②자기의 주장이 없어 남의 말에 따름.
【人位 인위】 ①천지(天地)에 대한 사람의 지위(地位). ②신하(臣下)의 위계(位階).
【人爲 인위】 사람의 힘으로 이루어지는 일.
【人惟求舊 인유구구】 인물은 사무(事務)에 통달한 세신구가(世臣舊家)에서 구해야 함.
【人有三怨 인유삼원】 남에게서 원망을 사는 세 가지. 곧, 고작(高爵)·대관(大官)·후록(厚祿).
【人隱 인은】 ①백성의 고통. 백성의 괴로움. 民隱(민은). ◐'隱'은 은통(隱痛). ②속인(俗人)과 섞여 살고 있는 은자(隱者). ③사람이 숨음. 은거(隱居)함.
【人意 인의】 ①사람의 마음. ②사람의 의지. ③백성의 마음. 人心(인심).
【人益 인익】 ①남이 받는 이익(利益). ②남에게서 받는 이익.
【人因 인인】 (佛)사람에게 생기는 인연(因緣).

【人一己百 인일기백】 남이 한 번으로 할 수 있는 일을 자기는 백 번 해야 함. 남에게 뒤지지 않기 위하여 많은 노력을 해야 함.
【人子 인자】 사람의 자식.
【人爵 인작】 작위(爵位)·관록(官祿) 등 사람이 정한 지위.
【人才 인재】 ☞人材(인재).
【人災 인재】 사람이 만드는 화(禍). ㉠애증(愛憎)에 의하여 일어나는 불행(不幸). ㉡사람에 의해서 일어나는 재난.
【人材 인재】 재능이 있는 사람. 人才(인재).
【人跡 인적】 사람의 발자취. 사람의 왕래.
【人丁 인정】 정년(丁年)인 사람. 성년(成年)에 달한 남자.
【人定 인정】 ①갑야(甲夜). 곧, 오후 8시. ②이경(二更), 곧 오후 10시. 또는 그 시각에 치는 종(鐘)이나 북. ③일을 열성껏 함. 열심히 노력함. ④사람이 만듦. 사람이 정(定)함.
【人情 인정】 ①남을 돕는 마음. ②사람이 본디 가지고 있는 온갖 감정. ③세상 사람의 심정. ④선물을 주는 일. 또는 그 선물.
【人定勝天 인정승천】 사람의 힘은 하늘도 이길 수 있음. 사람은 노력하면 어떤 어려운 일이라도 극복할 수 있음.
【人足 인족】 ①사람마다 넉넉함. 모든 사람의 생활이 풍족함. ②사람의 발.
【人存政擧 인존정거】 훌륭한 사람이 있으면, 훌륭한 정치가 행해짐.
【人宗 인종】 남의 존경(尊敬)을 받는 사람.
【人蹤 인종】 사람의 발자국.
【人主 인주】 임금. 人牧(인목).
【人主必信 인주필신】 임금은 반드시 신의가 있어야 함.
【人中 인중】 ①코와 윗입술 사이의 오목한 곳. ②사람들 사이.
【人衆 인중】 많은 사람. 뭇사람.
【人中騏驥 인중기기】 재능이 여러 사람보다 뛰어난 사람. ◐'騏驥'는 '준마(駿馬)'를 뜻함.
【人中龍 인중룡】 재주가 비범한 사람.
【人中白 인중백】 요강에 뿌옇게 가라앉은 오줌 찌꺼기. 오줌버캐. 강화(降火)·청혈(淸血) 등에 약으로 씀.
【人中師子 인중사자】 많은 사람 중에서 특출한 사람. ◐'師子'는 '獅子'와 같음.
【人地 인지】 ①인품(人品)과 문벌. ②사람과 토지.
【人智 인지】 사람의 지혜와 재능.
【人之常情 인지상정】 사람이면 누구나 가지는 보통 인정.
【人之安宅 인지안택】 사람이 편히 살 수 있는 집. 인덕(仁德)의 비유.
【人之將死其言也善 인지장사 기언야선】 임종(臨終)에 다다라서는 아무리 악인이라도 제 본심으로 돌아오기 때문에, 하는 말이 착하게 됨.
【人質 인질】 서약의 담보로 상대방에게 잡혀 두는 처자나 근친자(近親者). 볼모.
【人天 인천】 ①사람에게 없어서는 안 될 하늘과

人部 2획 介

같은 물건. 곧, 음식물. ②임금. ③사람과 하늘. ④인도(人道)와 천도(天道). ⑤(佛)인간계(人間界)와 천상계(天上界).
【人聽 인청】①사람이 듣는 일. 사람의 귀에 들려오는 일. ②사람의 귀.
【人彘 인체】돼지 같은 사람. 故事 한대(漢代)에 여후(呂后)가 고조(高祖)가 총애하던 후비(后妃)인 척부인(戚夫人)의 수족(手足)을 자르고 눈알을 빼고 귀를 지지고 벙어리가 되는 약을 먹여 뒷간에서 살게 하면서 '人彘'라 한 고사에서 온 말. 人豕(인시).
【人體 인체】사람의 몸.
【人波 인파】사람의 물결. 사람이 많이 모여 물결처럼 보이는 상태.
【人平不語 인평불어】사람은 만족하면 아무 말도 하지 않음.
【人表 인표】사람의 사표(師表). 사람의 모범(模範). 民表(민표).
【人品 인품】사람의 품격이나 됨됨이.
【人海 인해】무수히 많은 사람이 모여 있는 상태. 人山人海(인산인해).
【人豪 인호】훌륭한 인물. 人傑(인걸).
【人和 인화】서로 마음이 통하여 화합함.
【人禍 인화】남한테서 받는 화(禍).
【人皇 인황】태고(太古) 때 삼황(三皇)의 하나. 삼황은 천황(天皇)·지황(地皇)·인황(人皇).

◐ 家一, 巨一, 故一, 軍一, 奇一, 達一, 大一, 道一, 同一, 名一, 白一, 凡一, 犯一, 法一, 服一, 福二, 本一, 夫一, 婦一, 殺一, 商一, 仙一, 成一, 聖一, 世一, 小一, 新一, 神一, 愼一, 女一, 外一, 偉一, 義一, 擬一, 異一, 丈一, 才一, 主一, 衆一, 招一, 超一, 樵一, 他一, 下一, 行一, 賢一, 好一, 胡一, 黑一.

【介】④ 끼일 개 囲 jiè

ノ 人 介 介

字源 會意. 十+八→介. '八'은 '나누다'는 뜻. 사람이 각각 그 나누어진 분수를 지킨다는 데서 '절개'의 뜻을 나타낸다. 또, 사람이 나누어 놓은 두 사이에 들어 있다는 데서 '끼이다'의 뜻을 나타낸다.

字解 ①끼이다, 끼우다, 사이에 들다.〔春秋左氏傳〕介居二大國之間. ②딱지, 단단한 껍질.〔淮南子〕介鱗者, 夏食而冬蟄. ③갑옷. 늑甲.〔春秋公羊傳〕吾君孰受介. ④소개하다, 양자 사이의 관계를 맺어 주다.〔漢書〕無一日之雅, 左右之介. ⑤깔끔하다, 얌전하다.〔漢書〕情感之感, 無介乎容儀. ⑥정조, 절개(節義).〔孟子〕不以三公易其介. ⑦도움, 돕다.〔詩經〕以介眉壽. ⑧홀로, 외로이.〔莊子〕介而離山, 則不免於罔罟之患. ⑨의지하다, 믿다.〔春秋左氏傳〕介人之寵非before也. ⑩크다, 크게 하다.〔詩經〕錫爾介圭. ⑪작다, 적다. 늑芥.〔列子〕無介然之慮. ⑫근처, 부근, 곁. 늑界.〔楚辭〕悲

江介之遺風.⑬몸짓, 배우의 동작. ⑭날, 물건을 세는 단위. 늑个. ⑮돕는 사람, 시종.〔荀子〕諸侯相見, 卿爲介. ⑯둘째 벼슬, 차관(次官).〔春秋左氏傳〕介卿以葬. ⑰묶다, 머무르다.〔詩經〕攸介攸止. ⑱굳게 지키다.〔易經〕介于石. ⑲착하다. 늑价.〔漢書〕介人惟藩.
【介甲 개갑】①거북 따위의 단단한 겉껍데기. ②갑옷.
【介介 개개】①마음이 결백하여 세속(世俗)과 어울리지 못하는 모양. ②해로운 모양.
【介潔 개결】성질이 굳고 깨끗함.
【介丘 개구】①작은 언덕. ②태산(泰山).
【介圭 개규】큰 홀〔圭〕. ○'圭'는 제후(諸侯)를 봉(封)할 때 천자가 내려 주는 옥(玉).
【介鱗 개린】①조개와 물고기. ②바다 동물의 총칭(總稱). ③먼 지방 오랑캐의 비유.
【介立 개립】①혼자의 힘으로 섬. ②두 사물의 사이에 끼여 섬. 介在(개재).
【介馬 개마】갑옷을 입힌 말. 무장한 말.
【介僻 개벽】고집이 매우 세어서 남과 어울리지 않는 일. 외고집. 狷介(견개).
【介福 개복】큰 행복(幸福). 介祉(개지).
【介夫 개부】➡介士(개사)①.
【介婦 개부】시중 드는 여인(女人).
【介賓 개빈】시중 드는 사람. ○'介'는 손님의 심부름꾼, '賓'은 주인의 심부름꾼.
【介士 개사】①갑옷을 입은 무인(武人). 介夫(개부). 介兵(개병). ②기개(氣槪)가 있는 사람. 지조가 있는 인사(人士).
【介使 개사】정사(正使)를 돕는 버금 사신(使臣). 副使(부사).
【介駟 개사】병거(兵車)를 끄는 무장(武裝)한 네 마리의 말.
【介石 개석】①절개가 돌같이 단단함. ②굳게 절의(節義)를 지킴.
【介壽 개수】장수(長壽)를 도움. 남에게 장수(長壽)를 축하할 때 쓰는 말.
【介心 개심】①굳은 마음. ②마음에 두어 생각함. 介意(개의).
【介意 개의】마음에 두어 생각함. 걱정함.
【介入 개입】자신과 직접적인 관계가 없는 일에 끼어듦.
【介者 개자】①갑옷을 입은 병사(兵士). 介士(개사). ②발이 잘린 사람. ③갑각(甲殼)이 있는 것.
【介者不拜 개자불배】갑옷을 입은 사람은 배례(拜禮)를 하지 않음. 군중(軍中)에서는 군사(軍事)에만 힘쓰고, 그 밖의 일은 돌보지 않음.
【介弟 개제】남의 아우에 대한 존칭(尊稱). ○'介'는 '大'로 '크다'의 뜻. 大弟(대제).
【介胄 개주】갑옷과 투구. 甲胄(갑주).
【介胄生蟣蝨 개주생기슬】갑옷 속에까지 이가 낌. 전쟁이 오래 끎의 비유. ○'蟣'는 서캐, '蝨'은 이.
【介胄之間 개주지간】①전쟁을 하는 동안. ②싸움터.
【介特 개특】①도와주는 사람이 없어 고립(孤

人部 2획 仇今内仍仆仏冫仐什

立)됨. ②지조를 지켜 세속에 영합(迎合)하지 않음.
❶江-, 媒-, 紹-, 厄-, 鱗-, 節-, 仲-.

人₂【仇】④ 원수 구 因 qiú, chóu

字解 ①원수, 적. 〔詩經〕與子同仇. ②원망하다, 미워하다, 적으로 여기다. 〔書經〕萬姓仇予. ③짝, 상대, 무리. 〔詩經〕公侯好仇. ④거만한 모양, 교만한 모양. 〔詩經〕報我仇仇.
【仇校 구교】두 가지 서적을 대조하여 잘못된 데를 바로잡음. 校正(교정).
【仇仇 구구】뽐내는 모양. 거만한 모양.
【仇隙 구극】서로 원수와 같이 어긋난 사이.
【仇虜 구로】포로(捕虜).
【仇方 구방】원수의 나라.
【仇視 구시】원수같이 봄. 원수로 여김.
【仇惡 구오】원수처럼 미워함.
【仇偶 구우】짝. 配偶(배우)
【仇怨 구원】원한. 원수. 仇恨(구한).
【仇慓 구표】미워하고 위협함. 협박함.
【仇匹 구필】비슷한 상대. 同輩(동배).

人₂【今】④ 이제 금 侵 jīn

ノ 𠆢 亼 今

字源 會意. 亼十㇇→今. '亼'는 '合(합)'의 생략형으로 한 곳에 모임을 나타내고, '㇇'은 '乀' 곧 '及(급)'의 생략형으로 미치다라는 뜻이다. 시간에 맞춰 모인 때라는 데서 '지금'의 뜻이 되었다.
字解 ①이제. ㉮이때, 바로 이때. 〔史記〕今釋弗擊, 此所謂養虎自遺患也. ㉯오늘. 〔陶潛·辭〕覺今是而昨非. ㉰현재, 현대. 〔孟子〕今之樂, 由古樂也. ㉱바로, 지금 곧. 〔史記〕吾今召君矣. ②이, 이에. 사물을 가리키는 말. 〔孟子〕今有殺人者. ③혹은, 만일. 〔禮記〕今墓遠, 則其葬也如之何.
【今年 금년】올해.
【今明間 금명간】오늘이나 내일 사이.
【今文 금문】①당대(當代)에 통용되는 문자. ②한대(漢代)에 널리 쓰인 문자인 예서(隸書).
【今上 금상】현재의 임금. 당대의 임금.
【今生 금생】①지금의 세상. 이 세상. ②살아 있는 동안.
【今昔之感 금석지감】현재와 과거를 비교하여 현저하게 변화한 것에 대한 감개(感慨).
【今夕何夕 금석하석】①오늘 밤은 얼마나 좋은 밤인가. ②오늘 밤은 얼마나 쓸쓸한 밤인가.
【今是昨非 금시작비】오늘은 옳고 어제는 그름. 과거의 잘못을 지금 비로소 깨달음.
【今始初聞 금시초문】이제야 처음 들음. 今時初聞(금시초문).
【今吾 금오】전일(前日)의 나에 대하여 오늘의 나. 지금의 나.
【今友 금우】새로 사귄 벗.
【今日 금일】①오늘. ②지금. 현재.
【今日之顏子 금일지안자】지금 세상의 안자(顏子). 어진 덕행이 있는 사람.
【今體 금체】육조(六朝)의 시문을 고체(古體)라고 하는 데 대하여 당대(唐代) 이후의 시문을 이름.
【今體詩 금체시】한시(漢詩)에서, 율시(律詩)와 절구(絕句).
【今回 금회】이번. 今般(금반).
【今曉 금효】오늘 새벽. 오늘 아침. 今朝(금조).
【今後 금후】지금으로부터 뒤에 오는 시간.
❶古-, 當-, 方-, 尙-, 昨-, 只-, 現-.

人₂【内】④ 內(152)의 속자

人₂【仂】④ ❶나머지 륵 職 lè ❷힘쓸 력 職 lì

字解 ❶①나머지, 남은 수. 〔禮記〕祭用數之仂. ②10분의 1, 또는 3분의 1. 〔禮記〕喪用三年之仂. ❷힘쓰다. 능력.

人₂【仆】④ 엎드릴 부·복 週虞 pū

字解 ①엎드리다, 넘어지다, 자빠지다. 〔史記〕衛士仆地. ②뒤집어지다, 전복하다. 〔唐書〕興仆植僵. ③죽다, 죽이다. 〔漢書〕口以仆滅.
【仆僵 부강】❶仆倒(부도).
【仆倒 부도】넘어짐. 섰던 것이 자빠짐.
【仆頓 부돈】넘어짐. ○'頓'은 '차여서 비틀림'의 뜻.
【仆偃 부언】넘어짐. 넘어져 엎드림.
【仆質 부질】송장. 시체.
【仆斃 부폐】넘어져 죽음. 斃死(폐사).
❶頓-, 偃-, 殪-, 曳-, 顚-, 推-.

人₂【仏】④ 佛(88)의 고자

人₂【冫】④ 氷(936)의 고자

人₂【仐】④ 傘(128)의 속자

人₂【什】④ ❶열 사람 십 緝 shí ❷세간 집 㐨십 緝 shí

參考 대법원 지정 인명용 한자의 음은 '십·집'이다.
字源 形聲. 人+十→什. '十(십)'이 음을 나타낸다.
字解 ❶①열 사람, 열 집. 〔管子〕十家爲什, 五家爲伍. ②열. ※'十(230)'의 갖은자. ③시가(詩歌), 시편(詩篇). 시경(詩經)의 아(雅)와

송(頌)의 각 10편을 '什'이라 한 데서 온 뜻. ❷세간, 가구, 일용품.〔漢書〕處置什器.
【什吏 십리】열 사람의 우두머리. 什長(십장).
【什佰之器 십백지기】보통 사람보다 십 배 백 배나 뛰어난 기량(器量).
【什襲 십습】열 겹. 여러 겹으로 쌈.
【什伍之制 십오지제】열 집, 다섯 집으로 하여금 서로 비위(非違)를 적발하도록 한 제도.
【什二 십이】①10분의 2. ②장사하여 얻은 이익 (利益).
【什長 십장】⇨什吏(십리). ②일꾼들을 감독·지휘하는 우두머리.
【什器 집기】⇨什物(집물).
【什物 집물】일상생활에 쓰는 도구. 什器(집기).

【仁】 ④ 어질 인 眞 rén

ノ亻仨仁

[소전] 仁 [고문] 忎 [초서] 仁　字源 會意·形聲. 人+二→仁. '人'이 음을 나타낸다. 자기 혼자가 아닌 두(二) 사람(人)이 생활해 나가자면 서로 사랑하고 친밀하게 지내야 한다는 데서 '어질다'의 뜻을 나타낸다.
字解 ①어질다, 인자하다.〔中庸〕仁者人也, 親親爲人. ②자애, 사랑.〔書經〕克寬克仁. ③만물을 낳다, 기르다.〔老子〕天地不仁. ④가엾게 여기다.〔韓愈·書〕將大其聲, 疾呼而望其仁之也. ⑤동정(同情), 남의 형편을 헤아림.〔柳宗元·說〕欲望其哀且仁者. ⑥사람, 인심(人心).〔孟子〕仁也者, 人也. ⑦마음의 본체(本體), 성(性)·이(理)·각(覺).〔論語〕孝弟也者, 其爲仁之本與. ⑧자기를 닦는 일.〔論語〕克己復禮爲仁. ⑨어진이, 유덕(有德)한 사람.〔論語〕汎愛衆而親仁. ⑩씨, 과실의 씨눈.〔顔氏家訓〕單服杏仁. ⑪사람. 늑人.〔論語〕井有仁焉, 其從之也.
【仁簡 인간】인자(仁慈)하고 대범(大泛)함.
【仁君 인군】①어진 임금. ②남을 존경하여 부르는 말.
【仁矜 인긍】인자함. 동정심(同情心)이 많음.
【仁達 인달】인자하고 도리(道理)에 통달함.
【仁德 인덕】인정이 깊은 지선(至善)의 덕.
【仁篤 인독】어질고 인정이 두터움.
【仁里 인리】풍속이 아름다운 지방.
【仁聞 인문】인정(仁政)의 평판(評判). 인덕(仁德)에 대한 소문. 仁聲(인성).
【仁祠 인사】절의 딴 이름.
【仁山智水 인산지수】인자(仁者)는 산을 좋아하고, 지자(智者)는 물을 좋아함.
【仁恕 인서】마음이 어질고 너그러움.
【仁瑞 인서】어진 임금이 있을 때에 나타나는 좋은 조짐. 봉황(鳳凰)·용(龍)·기린(麒麟) 따위의 나타남.
【仁聖 인성】①어질고 사리에 밝음. ②지덕(知德)이 높은 사람.

【仁壽 인수】인덕(仁德)이 있고 수명이 긺.
【仁獸 인수】어진 짐승. 기린(麒麟)의 딴 이름.
【仁順 인순】어질고 순함.
【仁術 인술】①인(仁)을 행하는 방법. ②인을 행하는 기술. 곧, 의술(醫術).
【仁心 인심】어진 마음.
【仁愛 인애】①남에게 베푸는 도타운 사랑. ②귀여워함. 仁親(인친).
【仁弱 인약】인정이 두텁고 마음이 약함.
【仁言利博 인언이박】인덕(仁德)이 있는 사람의 말은 널리 대중(大衆)에게까지 이익이 미침.
【仁勇 인용】어질고 용맹스러움.
【仁宇 인우】①인덕으로 덮어 보호함. '宇'는 덮다(蓋)의 뜻. ②훌륭한 집 또는 집안.
【仁柔 인유】인자하고 부드러움.
【仁義 인의】①인(仁)과 의(義). 어질고 의로움. 박애(博愛)와 정의(正義). ②사람이 지켜야 할 도리의 총칭. 道德(도덕).
【仁義多責 인의다책】인의를 행하는 사람은 세상 사람이 그의 사랑을 받고자 하는 반면 남의 책도도 많이 받음.
【仁義禮智 인의예지】사람이 날 때부터 마음에 지닌 네 가지 덕(德).
【仁義禮智信 인의예지신】사람이 갖추어야 하는 다섯 가지 도리(道理). 五常(오상).
【仁者 인자】①어진 사람. 덕(德)을 갖춘 사람. 仁人(인인). ②유모(乳母).
【仁慈 인자】어질고 자애로움.
【仁者無敵 인자무적】어진 사람은 모든 사람을 사랑하기 때문에 천하에 적대할 사람이 없음.
【仁者不憂 인자불우】어진 사람은 도리에 따라 행하고 불미(不美)스러운 일이 없으므로, 마음이 항상 평화로워 근심하는 일이 없음.
【仁者安仁 인자안인】어진 사람은 천명(天命)을 알아 인(仁)의 경지에 편안히 잠기어 있어, 불인(不仁)한 일로 마음이 움직이지 아니함.
【仁者樂山 인자요산】어진 사람은 의리(義理)를 편안하게 여겨 행동이 중후(重厚)하고 심경(心境)이 흡사 산(山)과 같아 저절로 산을 좋아함.
【仁悌 인제】어질고 공손함.
【仁鳥 인조】어진 새. 봉황(鳳凰)의 딴 이름.
【仁智居 인지거】산수(山水)가 뛰어나게 아름다운 집. 지자(智者)는 물을 좋아하며, 인자(仁者)는 산을 좋아하므로 이르는 말.
【仁風 인풍】①인덕(仁德)의 교화(敎化). ②부채의 딴 이름. 故事 진대(晉代)에 원굉(袁宏)이 전별품(餞別品)으로 부채를 받고, '인풍(仁風)을 떨쳐 일으켜 백성을 위로하겠다.'고 대답한 고사에서 온 말.
【仁賢 인현】①어짊과 슬기로움. 어질고 슬기로움. ②인인(仁人)과 현인(賢人).
【仁惠 인혜】자애로운 은혜. 仁慈(인자).
【仁化 인화】인덕(仁德)의 교화(敎化).
【仁和 인화】인덕이 있고 온화(溫和)함.
【仁誨 인회】정(情)이 넘치는 좋은 가르침. 인자한 교훈(敎訓).
【仁孝 인효】인자하고 효성(孝誠)이 지극함.

【仁厚 인후】 마음이 어질고 후덕함.
【仁恤 인휼】 어진 마음으로 구제함.
【仁洽 인흡】 인덕(仁德)이 골고루 미침.
● 寬-, 同-, 輔-, 不-, 殺身成-, 宋襄之-, 一視同-, 至-, 杏-.

人 2 【仍】④ 인할 잉 蒸 réng

字解 ①인하다, 그대로 따르다. 〔論語〕 仍舊貫如之何. ②거듭하다, 거듭되다. 〔漢書〕 吉瑞累仍. ③거듭, 자주. 〔漢書〕 饑饉仍臻. ④곧, 이에. 〔史記〕 仍父子再亡國. ⑤따르다, 좇다. 〔楚辭〕 觀炎氣之相仍兮.
【仍舊 잉구】 그 전과 다름없이 행함. 전례를 좇음. 仍貫(잉관). 仍舊貫(잉구관).
【仍用 잉용】 이전 것을 그대로 씀.

人 2 【仉】④ 성 장 養 zhǎng
字解 성(姓). 맹자(孟子) 어머니의 성.

人 2 【从】④ 從(588)의 본자

人 2 【仄】④ 기울 측 職 zè
字解 會意. 厂+人→仄. '厂'은 언덕. 사람[人]이 언덕 밑에 비스듬히 서 있나는 데서 '기울다'의 뜻을 나타낸다.
字解 ①기울다, 비스듬하다. 〔後漢書〕 每日視朝, 日仄乃罷. ②우뚝 솟다, 높이 솟다. 〔漢書〕 險詖傾仄. ③어렴풋이, 〔漢書〕 仄聞屈原之. ④미천하다, 좁다. 〔宋書〕 無漏于幽仄. ⑤곁. 측. 〔漢書〕 旁仄素粲之人. ⑥측성(仄聲). 운(韻)을 평측(平仄)으로 나눌 때의 상성(上聲)·거성(去聲)·입성(入聲)을 이름.
【仄起 측기】 근체시(近體詩)에서, 기구(起句)의 둘째 자에 측자(仄字)를 쓰는 일.
【仄陋 측루】 비천(卑賤)한 신분(身分).
【仄微 측미】 ①신분이 낮고 천함. 비천(卑賤)한 신분. ②쇠퇴(衰退)함. 側微(측미).
【仄聲 측성】 한자의 사성(四聲) 가운데 상(上)·거(去)·입(入) 삼성(三聲)의 총칭. 仄韻(측운).
【仄室 측실】 ①첩(妾). ②경대부(卿大夫)의 서자(庶子). 側室(측실).
【仄韻 측운】 한자의 사성(四聲) 가운데 상성(上聲)·거성(去聲)·입성(入聲)의 운(韻).
【仄日 측일】 서쪽에 기울어진 해. 저녁 해.
【仄字 측자】 한자 중 측운(仄韻)에 딸린 글자.
【仄慝 측특】 ①달과 해의 운행(運行)이 어긋나, 음력 초하루에 달이 동쪽에 보이는 일. ②비루(鄙陋)함. 천하고 더러움.
【仄行 측행】 ①윗사람에게 경의를 표하여, 옆으로 비켜 걸음. ②게걸음. 蟹行(해행).
● 傾-, 友-, 旁-, 幽-, 日-, 平-.

人 3 【仐】⑤ 今(73)의 속자

人 3 【代】⑤ 대신할 대 隊 dài

丿 亻 仁 代 代

字源 形聲. 人+弋→代. '弋(익)'이 음을 나타내는데, 옛날에는 음이 '대'였다. 앞 세대의 사람과 뒷 세대의 사람이 갈마든다는 데서 '대신하다'의 뜻을 나타낸다.
字解 ①대신하다, 가름하다. 〔書經〕 天工, 人其代之. ②번갈아. 〔中庸〕 如日月之代明. ③시대. ㉮시대, 세상. 〔十八史略〕 亂臣賊子, 何代無. ㉯왕조(王朝). 〔論語〕 周監於二代. ㉰혈통. 이어 내려오는 가계(家系). 〔隋書〕 家代隆盛. ④國대금, 값. ¶ 食代.
【代價 대가】 일을 하고 그에 대한 값으로 받는 보수.
【代居 대거】 번갈아 자리에 있음.
【代耕 대경】 ①관(官)에서 받는 녹미(祿米). ②벼슬살이함. ③경작(耕作)하지 않고 먹고 사는 일. ④소작미(小作米).
【代金 대금】 물건의 값으로 치르는 돈.
【代納 대납】 ①남을 대신하여 조세 따위를 바침. ②다른 물건으로 대신하여 바침.
【代代 대대】 거듭된 여러 대.
【代德 대덕】 ①대신하여 천하를 다스리는 덕(德). 또는 그런 유덕자(有德者). ②오행(五行)의 덕에 의해 번갈아 일어남.
【代理 대리】 ①남을 대신하여 일을 처리함. ② ☞ 代聽(대청).
【代立 대립】 ①선군(先君)을 이어서 군주(君主) 자리에 오름. 代位(대위). ②國공역(公役)에 사람을 대신 보내는 일.
【代馬 대마】 중국 북방의 대(代) 땅에서 나는 명마(名馬).
【代馬依風 대마의풍】 대마(代馬)는 북풍(北風)에 귀를 기울여 제 고장을 그리워함. 미물도 제 고향을 그리워하는 정이 있음.
【代命 대명】 번갈아 맡음.
【代拜 대배】 ①남을 대리하여 관직(官職)을 받음. ②남을 대신해 신불(神佛) 등에 참배함.
【代辯 대변】 남을 대신하여 의견을 발표함.
【代步 대보】 걷는 대신 사용하는 것. 곧, 수레·배·말 따위.
【代俸 대봉】 國꾸어 준 돈이나 물건 대신에 다른 물건을 받음.
【代舍 대사】 빈객(賓客)을 접대하는 객사(客舍). ○전국 시대에 제(齊)나라의 맹상군(孟嘗君)이 식객(食客)을 상중하의 세 등급으로 나누어 대접하였는데, 그 중에서 상객(上客)의 거처를 이르던 말.
【代謝 대사】 새 것과 낡은 것이 갈마듦.
【代殺 대살】 國살인한 사람을 사형에 처함. 代命(대명).

【代序 대서】차례를 따라 바꿈.
【代署 대서】남을 대신하여 서명(署名)함.
【代贖 대속】남의 죄를 대신하여 속죄(贖罪)함.
【代囚 대수】國죄수의 근친(近親)이나 관계되는 사람을 볼모로 대신 가두어 둠.
【代食 대식】남을 대신하여 봉록(俸祿)을 받음.
【代案 대안】어떤 안을 대신하는 안.
【代御 대어】남 대신 지배(支配)함.
【代言 대언】①임금을 대신하여 조명(詔命)을 기초함. ②國㉠남 대신으로 말함. ㉡승지(承旨)의 딴 이름.
【代位 대위】선군(先君)에 이어서 왕위(王位)에 오름. 代立(대립).
【代張 대장】번갈아 세력(勢力)을 폄.
【代田 대전】해마다 장소를 바꾸어 경작하는 전지(田地).
【代絶 대절】맥박(脈搏)이 불규칙하거나 가끔 끊어짐.
【代租 대조】연공미(年貢米) 대신 바치는 조세.
【代支 대지】①다른 은(銀)으로 바꾸어 건네줌. ②대리(代理)하여 지출(支出)함.
【代指 대지】손가락 끝에 나는 독한 종기. 蛇頭瘡(사두창).
【代盡 대진】제사를 지내는 대(代)의 수가 다 됨. 임금은 오대조(五代祖)까지, 서민(庶民)은 고조(高祖)까지 제사 지내는 것이 통례임.
【代撰 대찬】國임금의 말씀이나 명령을 대신 지음. 制撰(제찬).
【代聽 대청】國왕세자가 왕을 대신하여 임시로 정치를 행하던 일.
【代替 대체】다른 것으로 대신함.
【代促 대촉】國한 세대(世代)의 햇수가 짧음.
【代治 대치】대신하여 일을 다스림.
【代辦 대판】대신 사무를 처리함.
【代庖 대포】①요리인(料理人)을 대신함. ②남의 대신으로 처리함. 남을 대리함.
【代票 대표】지방 관서(官署)의 서기(書記)가 부유한 농민을 대신하여 세금을 바치고, 그 납세필증(納稅畢證)을 만든 후에 그 농민에게 세금의 배를 요구하던 일.
【代解 대해】남을 대리로 보냄.
【代行 대행】남을 대신하여 행함.
【代換 대환】바꿈. 바꿈.
【代翕 대흡】바뀌면서 약해짐. 번갈아 들면서 약해짐. ▷○'翕'은 '오그라든다'는 뜻.
【代興 대흥】번갈아 일어남.

◐ 古―, 交―, 近―, 婁―, 當―, 萬―, 上―, 聖―, 世―, 時―, 歷―, 年―, 前―, 地―, 初―, 現―, 花―, 後―, 稀―.

人 【仒】 ⑤ 同(269)과 동자
3

人 【令】 ❶영 령 慶 lìng
3 ❷하여금 령 圊 lìng

ノ 人 亽 仒 令

【소전】 숤 【초서】 ᄾ 【속자】 令 [字源] 會意. 亼+卩 →令. 'ᄾ'은 '合(합)'의 생략형으로 모인다는 뜻이고, '卩'는 무릎을 꿇고 있는 사람의 모양이다. 신(神)이나 높은 지위에 있는 사람이 모인 사람들을 굴복시킨다는 데서, '명령'의 뜻을 나타낸다. 후대에 명령은 입으로 말하는 것이라 하여 '口(입 구)'를 더하여 '命(명)'자를 만들어 쓰이게 되었다.

[字解] ❶㉠영. ㉮명령, 명령하다. 〔新書〕天子之言曰令. ㉯법령, 규칙. 〔書經〕發號施令. ㉰가르침, 훈계, 경계. 〔論語〕不令而行. ②우두머리, 장(長). 〔韓非子〕卜皮爲縣令. ③좋다, 아름답다. 〔詩經〕此令兄弟, 綽綽有裕. ④경칭, 남을 높이는 말. ¶令愛. ⑤광대. ≒伶. 〔詩經〕寺人之令. ⑥문체(文體) 이름. ⑦國군령(軍令), 약령(藥令). 해마다 정기적으로 열려 약재를 사고 팔던 장. ❷①하여금, ~로 하여금 ~하게 하다. 사역형(使役形)의 문장을 만든다. 〔史記〕君弟重對, 臣能令君勝. ②가령, 만일. 〔史記〕令我百歲後, 皆魚肉之矣. ③소리, 방울 소리. 〔詩經〕盧令令.

【令甲 영갑】①법령(法令)의 제1령. ②정령(政令). ○한대(漢代)에 몇 대의 조령(詔令)을 보존하여 발포(發布)한 차례를 따라 영갑(令甲)·영을(令乙)·영병(令丙)이라 이른 데서 온 말.
【令格 영격】법(法). 규칙(規則).
【令公 영공】중서령(中書令)에 대한 존칭.
【令器 영기】①좋은 그릇. ②훌륭한 인재(人材).
【令旗 영기】①군대를 지휘하는 데 쓰는 기(旗). ②國군대에서 군령을 전하러 가는 사람이 들고 가던 기. 기폭에 '令' 자를 썼음.
【令達 영달】國명령을 전달함.
【令堂 영당】남을 높이어 그의 '어머니'를 이르는 말. 萱堂(훤당).
【令德 영덕】훌륭한 덕행(德行). 美德(미덕).
【令圖 영도】좋은 계략(計略). 令猷(영유).
【令郞 영랑】남을 높이어 그의 '아들'을 이르는 말. 令胤(영윤). 令息(영식). 令子(영자).
【令令 영령】개의 목에 단 방울의 소리.
【令狸執鼠 영리집서】고양이를 시켜 쥐를 잡음. 재능에 알맞게 사람을 부림.
【令望 영망】좋은 평판(評判). 좋은 인망.
【令名 영명】①훌륭한 명예. 좋은 평판. 好評(호평). ②좋은 이름. 훌륭한 명칭.
【令聞 영문】훌륭한 소문. 좋은 평판.
【令伯 영백】남을 높이어 그의 '백부(伯父)·백모(伯母)'를 이르는 말.
【令僕 영복】상서령(尙書令)과 복야(僕射).
【令夫人 영부인】①신분이 높은 사람의 부인을 부르는 경칭. ②제후의 부인.
【令士 영사】선량한 선비.
【令史 영사】①문서(文書)를 처리하는 관원. ②지위가 낮은 관리. 屬僚(속료).
【令嗣 영사】훌륭한 사자(嗣子). 남을 높이어 그의 '아들'을 이르는 말. 令郞(영랑).
【令色 영색】남의 비위를 맞추려고 아첨함.
【令書 영서】國왕세자(王世子)가 왕을 대신하여

정사를 다스릴 때 내던 영지(令旨).
【令宿 영숙】 숙직하며 대궐(大闕)을 호위함.
【令淑 영숙】 훌륭함. 착함.
【令息 영식】 ☞令郞(영랑).
【令辰 영신】 좋은 때, 또는 경사스러운 날.
【令愛 영애】 남을 높이어 그의 '딸'을 이르는 말. 令孃(영양).
【令孃 영양】 ①☞令愛(영애).
【令嚴 영엄】 ①명령이 엄격함. ②☞令尊(영존).
【令猷 영유】 ☞令圖(영도).
【令胤 영윤】 ☞令郞(영랑).
【令儀 영의】 위엄 있고 엄숙한 태도나 자세를 갖춤. 또는 그 자세나 태도.
【令人 영인】 ①선인(善人). ②지아비가 죽은 지어미.
【令子 영자】 ☞令郞(영랑).
【令狀 영장】 명령의 뜻을 기록한 서장.
【令長 영장】 현(縣)의 장관. ○'令'은 만 호(萬戶) 이상의 장관을, '長'은 그 이하를 말함.
【令箭 영전】 군령(軍令)을 전하기 위하여 쓰는 화살.
【令正 영정】 ①문사(文辭)·명령(命令)을 짓는 관의 장(長). ②남의 아내에 대한 존칭.
【令尊 영존】 남을 높이어 그의 '아버지'를 이르는 말. 令嚴(영엄).
【令終 영종】 끝을 깨끗이 맺음. 考終命(고종명).
【令準 영준】 좋은 표준(標準).
【令旨 영지】 國왕비·왕대비·왕세자의 명령을 적은 문서.
【令行禁止 영행금지】 명령하면 행하고 금하면 그침. 국민이 법령을 잘 지킴.
【令兄 영형】 ①남을 높이어 그의 '형'을 이르는 말. ②편지에서 친구의 존칭(尊稱).
【令慧 영혜】 총명함. 슬기로움.
○ 苟-, 家-, 假-, 口-, 禁-, 待-, 命-, 法-, 使-, 司-, 辭-, 設-, 守-, 月-, 律-, 政-, 指-, 勅-, 縣-, 號-, 訓-.

人3 【令】⑤ 令(76)의 속자

人3 【付】⑤ 줄 부 國 fù
ノイ亻付付
소전 초서 [字源] 會意. 人+寸→付. '人'은 사람, '寸'은 손에 물건을 들고 있는 모양. 손에 물건을 들고 사람을 향해 있다는 데서 '주다'의 뜻을 나타낸다.
[字解] ①주다, 건네다, 수여하다. 〔書經〕皇天既付中國民. ②청하다, 부탁하다. 〔後漢書〕以首令相付矣. ③붙이다. 늑附. 〔管子〕致道, 其民付而不爭.
【付刊 부간】 출판(出版)함. 付梓(부자·부재).
【付過 부과】 줌. 건네줌.
【付度 부도】 교대(交代)함. 넘겨줌.
【付壁 부벽】 벽에 붙이는 그림이나 글씨.

【付丙 부병】 불살라 버림. 비밀 편지 같은 것을 불태워 버림. ○'丙'은 오행의 火(화)에 배당되므로 불을 뜻함. 付丙丁(부병정).
【付梓 부자·부재】 ☞付刊(부간).
【付囑 부촉】 부탁하여 위촉함.
【付託 부탁】 남에게 당부하여 맡김.
【付火 부화】 태워 버림.
【付黃 부황】 國①임금의 재가(裁可)를 받을 문서에서, 고칠 데나 표할 곳에 누른 종이 쪽지를 붙이던 일. ②유생(儒生)이 비행(非行)이 있는 조정의 관리를 탄핵하며 누른 종이에 이름을 써 붙인 북을 치면서 사람들에게 알리던 일.
○ 交-, 給-, 送-, 受-, 下-, 還-.

人3 【仕】⑤ 벼슬 사 紙 shī
ノイ亻什仕
소전 초서 [字源] 會意·形聲. 人+士→仕. '士'가 음을 나타낸다. 학문을 닦은 선비는 나아가 벼슬을 하거나 임금을 섬긴다는 데서 '벼슬, 일' 등을 뜻한다.
[字解] ①벼슬하다. 〔春秋公羊傳〕退而致仕. ②일로 삼다. 〔詩經〕武王豈不仕. ③섬기다. 〔禮記〕仕于家曰僕. ④밝히다, 살피다. 〔詩經〕弗問弗仕, 勿罔君子.
【仕官 사관】 ①관리가 되어 종사함. 仕宦(사환). ②벼슬아치가 매달 초하룻날에 상관을 뵈던 일.
【仕記 사기】 벼슬아치의 사진(仕進)을 기록하던 종이. 오늘날의 출근부.
【仕途 사도】 관리가 되는 길. 官途(관도).
【仕歷 사력】 여러 관직을 두루 거침.
【仕路 사로】 ☞仕途(사도).
【仕進 사진】 벼슬아치가 규정된 시각에 직소(職所)에 출근함.
【仕版 사판】 벼슬아치의 명부(名簿).
【仕學並長 사학병장】 관리로서의 사무적 재능과 학문이 모두 뛰어남.
【仕宦 사환】 ☞仕官(사관)①.
○ 給-, 奉-, 出-, 罷-.

人3 【仙】⑤ 신선 선 兒 xiān
ノイ亻仚仙
초서 동자 [字源] 會意·形聲. 人+山→仙. '山'이 음을 나타낸다. 산에 숨어 살면서 불로장생(不老長生)의 도를 닦은 사람, 곧 '신선'을 뜻한다.
[字解] ①신선, 선인. 〔楚辭〕羨往世之登仙. ②미칭(美稱), 사물을 아름답게 이르는 말. 〔舊唐書〕故飛名仙省. ③고상한 사람, 세속을 초월한 사람. 〔杜甫·歌〕自稱臣是酒中仙. ④도교(道敎)의 딴 이름. 〔呂巖·詩〕仙經已讀三千卷. ⑤가벼운 모양, 몸이 날 듯한 모양. 〔杜甫·詩〕行邁更覺仙. ⑥죽다. ⑦웹센트(cent). 미국의 화폐 단위.

【仙駕 선가】①임금 또는 신선(神仙)이 타는 수레. 仙輿(선여). ②유람.
【仙家 선가】①신선(神仙). ②신선이 산다는 집. 仙莊(선장).
【仙客 선객】①신선. ②학(鶴)을 고상하고 멋있게 부르는 이름. ③소쩍새의 딴 이름.
【仙境 선경】▷仙界(선계).
【仙界 선계】신선이 산다는 곳. 仙境(선경). 仙鄕(선향).
【仙骨 선골】①신선의 골상(骨相). 곧, 비범한 골상. ②도교(道敎)에서, 신선이 될 자질.
【仙果 선과】①신선이 먹는 과일. 선경의 과일. ②복숭아의 딴 이름.
【仙窟 선굴】신선이 사는 곳. 속세를 떠난 주거.
【仙禽 선금】학(鶴)의 딴 이름.
【仙丹 선단】신선이 만든 장생불사(長生不死)의 약(藥). 仙藥(선약).
【仙桃 선도】①신선에게 드리는 복숭아. ②신선이 사는 곳에 있는 복숭아.
【仙道 선도】신선의 도술(道術).
【仙洞 선동】신선이 산다는 산골.
【仙童 선동】선계에서 심부름을 하는 동자.
【仙味 선미】선인(仙人)의 취미. 탈속(脫俗)한 고상한 취미.
【仙佛 선불】①신선과 부처. ②선도(仙道)와 불도(佛道).
【仙槎 선사】신선이 탄다는 뗏목.
【仙聖 선성】걸출(傑出)한 성인(聖人).
【仙手 선수】그 방면에서의 명인(名人).
【仙術 선술】①신선이 되는 술법(術法). ②신선의 술법.
【仙娥 선아】①㉠선녀(仙女). ㉡미녀. ②달의 딴 이름.
【仙樂 선악】①신선이 베푸는 선계(仙界)의 음악. ②궁중의 음악. ③아름다운 음악.
【仙掖 선액】①대궐의 뜰. ②한림원(翰林院)의 딴 이름.
【仙馭 선어】신선의 탈것. 학(鶴)의 딴 이름.
【仙人酒 선인주】유즙(乳汁)을 한방(漢方)에서 일컫는 말.
【仙姿 선자】신선과 같이 속세(俗世)를 벗어난, 빼어난 모습.
【仙姿玉質 선자옥질】신선 같은 모습에 옥 같은 자질. 용모가 아름답고 인품이 고결함.
【仙才 선재】선인(仙人)과 같은 재능. 곧, 뛰어난 재주.
【仙氅 선창】은자가 입는, 학의 털로 꾸민 옷.
【仙風道骨 선풍도골】선인(仙人)의 풍모와 도사(道士)의 골격(骨格). 남달리 뛰어난 풍채.
【仙蹕 선필】임금의 행차.
【仙鶴 선학】①학의 아칭(雅稱). ②두루미.
【仙鄕 선향】▷仙界(선계).
【仙化 선화】①㉠신선이 됨. ㉡도사(道士)의 죽음. ②늙어서 병 없이 곱게 죽음.
【仙寰 선환】속계(俗界)를 떠난 곳.
● 大-, 登-, 詩-, 神-, 酒-, 筆-.

人3 【仚】⑤ 날 선 匧 xiān
※考 '仙(77)'은 딴 자.
字解 ①날다, 가볍게 날아 오르다. ②사람이 산 위에 있는 모양.

人3 【仜】⑤ ❶信(105)의 고자 ❷個(111)의 속자

人3 【以】⑤ 써 이 臓 yǐ, sì

丨 レ レ 以 以

字源 指事. 소전의 글자 모양은 '그치다, 말다'의 뜻인 '已(이)'를 뒤집어 놓은 모양이다. 그래서 그 훈도 '已'와 반대로 '하다, 쓰다'의 뜻을 나타낸다. 현재의 글자 모양은 오른편에 '人'을 덧붙인 것이다.
字解 ①써, ~로써, ~을 가지고. 목적·수단·원인·이유 등을 나타낸다. 〔大學〕可以人而不如鳥乎. ②부터, ~에서. 어떤 시점(時點)이나 표준에서 출발하여 거기서부터 구분됨을 나타낸다. 〔史記〕南浮江漢以下. ③까닭. ≒由. 〔詩經〕何其久也, 必有以也. ④~와, ~과, 함께. ≒與. 〔詩經〕不我以歸. ⑤그리고, 그 위에, ~이면서. ⑥생각하다, 생각하건대. 〔春秋左氏傳〕邱孫以可, 勸. ⑦하다, 되다. ≒爲. 〔春秋左氏傳〕封疆社稷是以. ⑧쓰다, 사용하다. 〔孟子〕以羊易之. ⑨거느리다, 인솔하다. 〔戰國策〕以齊事王. ⑩그치다, 말다. ≒已. 〔禮記〕無以則王乎. ⑪이, 이것. 〔禮記〕於以求之. ⑫매우, 심히. ≒已. 〔孟子〕木若以美然. ⑬미치다. 〔易經〕富以其鄰. ⑭닮다, 비슷하다. ≒似. 〔易經〕内難而能正其志, 箕子以之.

【以桀詐堯 이걸사요】걸(桀)임금과 같은 흉악한 사람이 요(堯)임금 같은 어진 사람을 속임. 불가능함을 비유한 말.
【以管闚天 이관규천】대롱을 통하여 하늘을 엿봄. 견문(見聞)이 좁음.
【以寬服民 이관복민】관대한 태도로써 백성을 따르게 함.
【以郄視文 이극시문】틈 사이로 글을 봄. 전체를 보지 못함의 비유.
【以德報怨 이덕보원】덕으로써 원한을 갚음. 원한이 있는 사람에게 은혜를 베풂.
【以毒制毒 이독제독】독을 해소시키기 위하여 다른 독을 씀. 악인을 없애려고 악인을 씀.
【以頭搶地 이두창지】머리를 땅에 댐. ㉠애걸하는 모양. ㉡노하는 모양.
【以卵投石 이란투석】알을 돌에 던짐. 당해 낼 수 없거나 번번이 실패함의 비유. 以卵擊石(이란격석).
【以蠟代薪 이랍대신】초로써 땔나무를 대신함. 지나친 사치(奢侈)의 비유. 故事 진(晉)나라의 부자(富者) 석숭(石崇)이 땔나무 대신 초를 써

서 난방했다는 고사에서 온 말.
【以來 이래】 일정한 때로부터 지금까지.
【以蠡測海 이려측해】 표주박으로 바닷물을 떠서 잼. ㉠좁은 소견(所見)으로 큰 일을 추측함. ㉡견식(見識)이 좁음.
【以力假仁 이력가인】 병력(兵力)으로써 국력을 확장하면서, 표면으로는 인도(仁道)를 행하는 양 거짓 꾸밈.
【以禮存心 이례존심】 예를 닦아 본심을 잃지 않는 일.
【以鹿爲馬 이록위마】 사슴을 말이라고 우겨댐. 윗사람을 속이고 권세를 거리낌 없이 휘두름. 指鹿爲馬(지록위마).
【以鄰爲壑 이린위학】 이웃을 도랑으로 삼음. 화(禍)를 남에게 전가함. 鄰國爲壑(인국위학).
【以毛相馬 이모상마】 털빛으로 말의 좋고 나쁨을 점침. 외모만 보고 내용을 보지 않음.
【以聞 이문】 임금에게 아룀. 신하가 임금에게 글을 올려며 쓰는 말. 上聞(상문).
【以文會友 이문회우】 학문으로써 친구를 모음.
【以民爲天 이민위천】 백성을 하늘같이 여김. 백성을 소중히 여겨 치국(治國)의 근본으로 삼음.
【以辯飾知 이변식지】 교묘한 변설로써 무지(無知)를 꾸며 가림.
【以死爲限 이사위한】 죽음을 각오하고 일을 하여 감. 죽기 전에는 그만두지 않음.
【以色交 이색교】 미모(美貌)로써 교제함.
【以席爲門 이석위문】 자리를 드리워 문을 삼음. 가난한 집의 모습. 席門(석문).
【以石投水 이석투수】 돌을 물에 던짐. ㉠실득하는 말 같이 고분고분 받아들여짐. ㉡문외한에게는 어려운 일도 그 방면의 전문가에게는 쉬움.
【以少凌長 이소능장】 젊은 사람이 나이 많은 사람에게 무례한 언행을 함.
【以升量石 이승양석】 섬 곡식을 되로써 됨. 소인의 능력으로는 군자의 뜻을 헤아리지 못함.
【以食爲首 이식위수】 생활의 안정을 얻게 하는 일이 정치의 급선무임.
【以食爲天 이식위천】 백성은 먹는 일을 으뜸으로 삼음. 食爲民天(식위민천).
【以心傳心 이심전심】 (佛)마음에서 마음으로 전함. 글자나 말을 사용하지 않고 마음과 마음으로 뜻이 서로 통함.
【以羊易牛 이양역우】 양을 소로 바꾸어 희생으로 씀. 크고 작은 차이는 있으나 쓰임은 같음.
【以熱治熱 이열치열】 열(熱)로써 열을 다스림.
【以僞亂眞 이위난진】 가짜가 진짜를 어지럽힘. 분별하기 어려움.
【以肉去蟻 이육거의】 고기를 사용하여 개미를 제거함. 행위와 목적이 모순됨.
【以意逆志 이의역지】 독자가 자신의 생각으로 작자의 뜻을 맞추어봄. ㅇ'逆'은 '迎'으로 '맞이하다'의 뜻.
【以義制事 이의제사】 올바른 도리를 일을 처리함.
【以義割恩 이의할은】 의리(義理)를 세우기 위해서는 은애(恩愛)도 버려야 함.

【以夷攻夷 이이공이】 오랑캐로써 오랑캐를 침. 다른 사람의 힘을 이용하여 자기의 이익을 취함. 적을 이용하여 적을 침.
【以一警百 이일경백】 한 사람을 징계하여 여러 사람의 경계(警戒)가 되게 함.
【以一知萬 이일지만】 한 가지 이치를 알고, 이를 미루어 만 가지 이치를 앎.
【以財發身 이재발신】 어진 사람은 재산을 선용(善用)하여 자기 몸을 완성함.
【以財行求 이재행구】 어떤 사건에 관하여 당국자에게 뇌물을 써 자신의 이익을 구함.
【以珠彈雀 이주탄작】 구슬로 참새를 쏨. ㉠경중(輕重)을 헤아리지 못함. ㉡비용이 많이 들고 소득이 적음.
【以天捉虎 이천착호】 하늘로써 범을 잡음. 아주 쉬운 일의 비유.
【以湯沃沸 이탕옥비】 ☞以湯止沸(이탕지비).
【以湯澆雪 이탕요설】 끓는 물에 눈을 뿌림. 일이 쉬움의 비유. 如湯沃雪(여탕옥설).
【以湯止沸 이탕지비】 끓는 물을 부어서 끓어 넘는 것을 막으려 함. 화란(禍亂)을 조장함.
【以暴易暴 이포역포】 난폭한 임금을 제거하기 위하여 난폭한 수단을 씀.
【以下 이하】 수량이나 정도가 일정한 기준보다 더 적거나 모자람.
【以蝦釣鯉 이하조리】 새우로써 잉어를 낚음. 적은 밑천을 들여 많은 이익을 얻음.
【以蝦釣鼈 이하조별】 새우로써 자라를 낚음. 적은 자본으로 많은 이득을 봄.
【以血洗血 이혈세혈】 피로써 피를 씻음. 나쁜 일을 감추기 위하여 다시 나쁜 일을 거듭함.
【以火救火 이화구화】 불로 불을 끄려 함. 잘못을 더할 뿐, 아무 이익도 없음.
【以和致和 이화치화】 백성들의 마음이 화평하게 되면, 저절로 풍년이 들거나 온갖 상서로운 일이 이루어짐.
【以還 이환】 ☞以來(이래).
【以孝傷孝 이효상효】 효성이 도를 지나치면 효도가 될 수 없음. 부모의 죽음을 너무 슬퍼하다가 병을 얻게 되는 경우 따위.
【以後 이후】 이제로부터 뒤.
◑ 可一, 伏一, 所一, 是一, 何一.

人 3 【仞】 ⑤ 길 인 ⦕ rèn

字解 ①길. 높이·깊이를 재는 단위. 7척(尺)·8척 등의 설이 있다. 〔論語〕夫子之牆數仞. ②재다, 측량하다. 〔春秋左氏傳〕度厚薄, 仞溝洫. ③차다, 충만하다. 〔司馬相如·賦〕充仞其中. ④알다. ≒認. 〔列子〕夢仞人鹿.

人 3 【伌】 ⑤ 仞(79)의 속자

人 3 【仔】 ⑤ 자세할 자 ⦕ zǐ, zī, zǎi

【仔】 ①자세하다, 잘다. 늑子. 〔白居易·詩〕世路風波仔細諳. ②견디다, 능히 해내다. 〔詩經〕佛時仔肩. ③새끼, 짐승의 어린 것. 늑子.
【仔肩 자견】 ①잘 이겨 냄. ②책임.
【仔詳 자상】 圖찬찬하고 자세함.
【仔細 자세】 사소한 부분까지 아주 구체적이고 분명함.
【仔蟲 자충】 알에서 깨어 성충(成蟲)이 되기 전의 벌레. 애벌레. 幼蟲(유충).

人3 【勺】 ⑤ 彴(579)과 동자

人3 【仗】 ⑤ 무기 장 漢 zhàng
字解 ①무기, 병장기. 〔宋書〕其以仗自防, 悉勿禁. ②호위(護衛), 수위(守衛). ¶ 仗衞. ③의지하다, 기대다. 〔史記〕王若負人徒之衆, 仗兵革之彊. ④지팡이. 늑杖. 〔魏徵·詩〕仗策謁天子.
【仗劍 장검】 칼을 지팡이 삼아 짚음. 칼을 휴대(携帶)함.
【仗器 장기】 圖적을 치거나 막는 데 쓰는 모든 기구. 武器(무기).
【仗約死節 장약사절】 약속을 굳게 지켜 지조 있게 죽음.
【仗衞 장위】 무기를 들고 시위(侍衞)함.
【仗義 장의】 정의(正義)로써 일을 행함.
【仗策 장책】 말채찍을 지팡이 삼아 짚음.
● 開一, 器一, 兵一, 憑一, 倚一, 儀一.

人3 【仟】 ⑤ 일천 천 漢 qiān
字解 ①일천. ※ '千(232)'의 갖은자. 〔漢書〕有仟伯之得. ②천 사람의 우두머리. 〔史記〕俛仰仟佰之中. ③두둑에 난 길. 늑阡. 〔漢書〕開仟佰. ④초목이 무성한 모양. 늑芊.
【仟眠 천면】 ①초목이 무성한 모양. ②어둑어둑한 모양.
【仟伯 ①천백 ②천맥】 ❶천전(千錢)과 백전(百錢). ❷밭 사이로 난 길. ○'仟'은 남북으로 난 길, '伯'은 동서로 난 길.
【仟佰 천백】 천 사람의 우두머리와 백 사람의 우두머리.
【仟仟 천천】 풀이 무성한 모양.

人3 【他】 ⑤ ❶다를 타 歌 tā ❷겹칠 타 圖 tuó

ノ イ 仂 仲 他

字源 形聲. 人+也→他. '也(야)'가 음을 나타낸다.
字解 ❶ (同) 佗·它. ①다르다. ㉮딴, 그 밖의, 관계가 없는. 〔孟子〕王顧左右而言他. ㉯남, 골육(骨肉) 이외의 사람. 〔詩經〕兄弟匪他. ㉰두 마음, 부정(不正) 〔詩經〕之死矢靡他. ②그, 저, 그이, 저이. 〔杜審言·詩〕譏學他家作使君. ③누구. ❷①겹치다, 겹쳐 쌓이는 모양. ¶ 他他. ②짐을 싣다, 가축(家畜)에 짐을 싣다. 늑馱.
【他界 타계】 ①다른 세계. ②사람의 죽음.
【他弓莫挽 타궁막만】 남의 활을 당겨 쏘지 마라. ㉠무익(無益)한 일은 하지 마라. ㉡자기가 닦는 바를 지켜 마음을 딴 데 쓰지 마라.
【他岐 타기】 다른 샛길. 딴 갈래의 지름길.
【他端 타단】 다른 생각. 다른 수단(手段).
【他力 타력】 ①남의 힘. ②부처나 보살의 능력.
【他門 타문】 ①다른 문. ②혈통이 다른 남의 집안. 남의 가문(家門). ③(佛)다른 종파.
【他山之石 타산지석】 다른 산에서 나는 나쁜 돌도 자기 옥(玉)을 가는 데는 쓸모가 있음. 모범이 되지 않는 남의 언행(言行)도 나의 지식과 인격을 닦는 데 도움이 됨.
【他殺 타살】 다른 사람이 죽임.
【他愛 타애】 남을 사랑함. 자기의 이익보다 남의 이익이나 행복을 꾀함. 愛他(애타).
【他言 타언】 ①다른 말. 그 밖의 다른 말. ②남에게 말함. 누설(漏說)함.
【他意 타의】 ①다른 생각. 다른 마음. ②다른 사람의 생각이나 의견.
【他人 타인】 남. 다른 사람.
【他人所視 타인소시】 남이 보는 바. 남이 보기에 감출 수 없음.
【他腸 타장】 두 마음. 딴 마음. 他心(타심).
【他薦 타천】 다른 사람이 추천하는 일.
【他出 타출】 밖에 나감. 外出(외출).
【他他 타타】 짐승이 많이 죽어 있는 모양.
【他土 타토】 (佛)다른 세계. 곧, 정토(淨土).
● 其一, 排一, 愛一, 利一, 自一, 出一.

人3 【仡】 ⑤ ❶날랠 흘 物 yì ❷불안할 올 月 wù
字解 ❶①날래다, 용감하다. 〔書經〕仡仡勇夫. ②높다. 늑抗. 〔詩經〕崇墉仡仡. ③머리를 들다. 〔史記〕仡以佁擬兮. ❷불안한 모양, 배가 움직이는 모양.
【仡仡 ❶흘흘 ❷올올】 ❶①높고 큰 모양. ②힘세고 용맹스러운 모양. ③부지런히 애쓰는 모양. ❷배가 움직이는 모양.
【仡仡然 흘흘연】 분발하여 힘쓰는 모양.

人4 【仮】 ⑥ 假(120)의 속자

人4 【价】 ⑥ 착할 개 卦 jiè
字解 ①착하다. 〔詩經〕价人維藩. ②크다. ¶ 价人. ③갑옷을 입은 사람. ¶ 价人. ④심부름꾼. 〔宋史〕走价馳書來詣.
【价人 개인】 ①갑옷을 입은 사람. 주대(周代)에

人部 4획 件 伋 企 伎 仿 伐

군사(軍事)를 맡은 높은 벼슬아치. ②착한 사람. 훌륭한 사람. ③덕이 있는 사람.

人4 【件】 ⑥ 사건 건 銑 jiàn

ノ 亻 亻 亻 仁 件

[字源] 會意. 人+牛→件. 큰 짐승인 소(牛)는 나누기 쉽기 때문에 '나누다'라는 뜻으로 쓰였다.
[字解] ①사건, 일. ②건. 사물의 수를 세는 말. [舊唐書] 一狀所犯十人以上, 所斷罪二十件以上, 爲大. ③나누다, 구별하다.
【件件 건건】 가지가지. 이 일 저 일.
【件名 건명】 일·문건의 이름.
【件數 건수】 사건의 수.
● 物-, 事-, 要-, 用-, 條-.

人4 【伋】 ⑥ 속일 급 緝 jí

[字解] ①속이다. ¶ 伋伋. ②사람 이름. 공자(孔子)의 손자인 자사(子思)의 이름.
【伋伋 급급】 속이는 모양.
【伋然 급연】 변하여 움직이는 모양.

人4 【企】 ⑥ 꾀할 기 寘紙 qǐ

ノ 人 个 仐 企 企

[字源] 會意. 人+止→企. '止(지)'는 발(足)을 뜻한다. 사람이 발돋움하여 멀리 바라본다는 뜻을 나타낸다.
[字解] ①꾀하다, 계획하다. [唐書] 可以企之. ②발돋움하다. [漢書] 日夜企而望歸. ③바라다, 원하다. [曹植·賦] 登高丘以延企.
【企及 기급】 ①이루고자 꾀함. 얻어지기를 원함. ②꾀하여 이룸. 성취함.
【企待 기대】 일이 이루어지기를 바라고 기다림.
【企圖 기도】 일을 꾀하고 꾀함.
【企望 기망】 발돋움해 바라봄. 성취되기를 원하고 바람. 希望(희망).
【企想 기상】 발돋움해 바라보며 생각함. 애타게 생각함.
【企羨 기선】 발돋움해 바라보며 그리워함.
【企竦 기송】 발돋움하여 섬.
【企詠 기영】 시가나 문장을 구상함.
【企佇 기저】 발돋움하여 기다림. 몹시 기다림.
【企踵 기종】 발돋움해 바라봄. 애타게 바람.
【企劃 기획】 일을 꾀하여 계획함.
● 仰-, 延-, 鳴-.

人4 【伎】 ⑥ ❶재주 기 紙 jì
❷천천할 기 囡 qí

[字解] ❶①재주, 기술, 수완. 늑技. [書經] 無他伎.

②광대, 배우. [唐書] 歌者名姝異伎. ❷천천하다, 천천한 모양. [詩經] 鹿斯之奔, 惟足伎伎.
【伎巧 기교】 솜씨가 아주 묘함. 技巧(기교).
【伎伎 기기】 느릿느릿 걷는 모양.
【伎癢 기양】 기량(技倆)이 있는 사람이 남이 하는 솜씨를 보고 말은 못하고 안타까워함.
● 工-, 方-, 聲-.

人4 【仿】 ⑥ ❶헤맬 방 陽 páng
❷비스름할 방 養 fǎng

[參考] 한문에서 仿·髣·彷·方·放 등은 서로 넘나들며 뒤섞여 쓰였다.
[字解] ❶헤매다, 떠돌다, 방황하다. [國語] 屛營仿徨於山林之中. ❷①비스름하다, 자못 많이 닮다. [淮南子] 叫呼仿佛. ②본뜨다, 모방하다. 늑倣. ¶ 仿古.
【仿古 방고】 ①고인(古人)의 작품을 모방함. ②고식(古式)을 본뜸.
【仿佛 방불】 ①비슷함. ②그윽이 보이는 모양.
【仿佯 방양】 일 없이 이리저리 돌아다니는 모양. 彷徉(방양).
【仿效 방효】 본뜸. 모방함. 倣效(방효).

人4 【伐】 ⑥ 칠 벌 月 fá

ノ 亻 亻 代 伐 伐

[字源] 會意. 人+戈→伐. 창(戈)으로 사람(人)의 목을 친다는 데서 '치다'의 뜻을 나타낸다.
[字解] ①치다. ㉮적을 공격하다. [書經] 王朝步自周, 于征伐商. ㉯죄 주다, 죄를 밝혀 징계하다. ㉰두드리다, 종을 치다. [詩經] 鉦人伐鼓. ②베다. ㉮죽이다, 상처가 나게 하다. [詩經] 是伐是肆. ㉯자르다, 끊다. [春秋左氏傳] 遂伐其木. ③공, 공적, 훈공. [易經] 不伐不德. ④뽐내다, 자랑하다. [論語] 願無伐善. ⑤방패, 병기. [詩經] 蒙伐有苑.
【伐柯 벌가】 도끼자루감을 도끼로 벰. ㉠진리는 눈앞에 있는 것이니 먼 데서 구할 것이 아님. ㉡어진 사람을 맞아들이는 데는 어진 사람이 가야 함. ㉢혼인에는 중매가 있어야 함.
【伐鼓 벌고】 북을 두드림.
【伐滅 벌멸】 쳐서 멸망시킴. 쳐서 없애 버림.
【伐謀 벌모】 적의 계획을 깨뜨리는 일. 적이 계획을 세우기 전에 치는 일.
【伐謀先兆 벌모선조】 적의 계략을 깨려면 그 조짐이 싹트기 전에 해야 함.
【伐冰 벌빙】 얼음장을 떠냄.
【伐善 벌선】 자기의 선행을 뽐냄. 자기의 장점을 자랑함.
【伐性傷恩 벌성상은】 사람의 본성을 그르치고, 은애(恩愛)의 정을 손상함.
【伐性之斧 벌성지부】 성명(性命)을 끊는 도끼. 여색(女色)·요행(僥倖) 따위.
【伐閱 벌열】 나라에 공이 많고 벼슬의 경력이

많음. 또는 그런 집안. 伐族(벌족).
【伐罪 벌죄】 죄를 추궁함. 처벌함.
【伐採 벌채】 나무를 베어 내거나 섶을 깎아 냄.
【伐草 벌초】 무덤의 풀을 베어서 깨끗이 함.
● 間ㅡ, 攻ㅡ, 濫ㅡ, 盜ㅡ, 征ㅡ, 採ㅡ, 討ㅡ.

人₄ 【伏】⑥ ❶엎드릴 복 圀 fú
❷길 복 圂 fú
❸알 안을 부 圀 fù

ノ 亻 仁 仕 伏 伏

[소전] 伏 [초서] 伏 [参考] 대법원 지정 인명용 한자의 음은 '복'이다.
[字源] 會意. 人+犬→伏. 개(犬)가 사람(人)의 곁에서 눈치를 살핀다는 데서 '살피다, 엿보다'의 뜻을 나타낸다.
[字解] ❶①엎드리다. 〔禮記〕寢毋伏. ②숨다, 감추다. 〔詩經〕潛雖伏矣, 亦孔之炤. ③굴복하다, 복종하다. ≒服. 〔史記〕四人懘伏. ④살피다, 엿보다. ⑤절후. 음력 6월의 절기. 하지(夏至) 뒤의 셋째 경일(庚日)을 초복(初伏), 넷째 경일(庚日)을 중복(中伏), 입추(立秋) 뒤의 첫째 경일(庚日)을 말복(末伏)이라 한다. ❷기다. ≒匐. 〔春秋左氏傳〕飮冰以蒲伏. ❸알을 안다. 〔漢史〕雄雞伏子.
【伏甲 복갑】 ☞伏兵(복병).
【伏劍 복검】 칼에 엎드려 자살함. 伏刃(복인).
【伏寇 복구】 숨어 있는 원수 또는 적.
【伏氣 복기】 ①숨을 죽이고 두려워 움츠려듦. ②짐. 싸움에 짐. ③(現)진심으로 기뻐함.
【伏匿 복닉】 숨음. 세상을 피하여. 伏隱(복은).
【伏櫪 복력】 말이 마구간에 누워 있음. 뜻을 펴지 못하고 있음을 비유.
【伏龍 복룡】 숨어 있는 용(龍). 세상에 알려지지 않은 큰 인물(人物). 潛龍(잠룡).
【伏流 복류】 땅속으로 스며서 흐르는 물.
【伏魔殿 복마전】 ①악마가 숨어 있는 곳. ②나쁜 일을 꾀하는 무리들이 모여 있는 곳.
【伏望 복망】 웃어른의 처분을 삼가 바람.
【伏法 복법】 법에 따라 형벌을 받음.
【伏兵 복병】 적병을 기습하기 위해 군사를 숨기어 둠. 또는 그 군사. 伏甲(복갑). 伏士(복사).
【伏士 복사】 ☞伏兵(복병).
【伏射 복사】 땅에 엎드려 총을 쏨.
【伏謝 복사】 삼가 사퇴(辭退)함.
【伏暑 복서】 ①복더위. 음력 6월의 더위. ②더위를 먹음. 飮暑(음서).
【伏屍 복시】 ①죽어 넘어진 시체. ②시체 위에 엎드림.
【伏軾 복식】 수레 앞쪽의 가로나무에 기대어 절을 함.
【伏謁 복알】 높은 사람을 엎드려 뵘.
【伏彦 복언】 초야(草野)에 숨어 있는 훌륭한 사람. ○'彦'은 '현인(賢人)'의 뜻.
【伏願 복원】 웃어른께 삼가 원함.
【伏爲 복위】 (佛)죽은 이의 영혼이 극락세계로 가도록 재(齋)를 올릴 때 그 자손이나 신자가

부르는 소리.
【伏惟 복유】 삼가 생각하옵건대.
【伏戎 복융】 군사를 매복함. 또는 그 군사.
【伏藏 복장】 ①엎드려 숨음. ②깊이 감추어 둠. ③(佛)불상의 가슴 속에 금·은·칠보(七寶) 따위를 넣는 일.
【伏在 복재】 드러나지 않고 숨어 있음. 잠복하여 있음.
【伏節 복절】 절개를 굽히지 않고 굳게 지킴.
【伏罪 복죄】 ①죄상(罪狀)에 따라 법(法)의 조처를 받음. ②아직 발각되지 않은 죄.
【伏奏 복주】 삼가 아룀.
【伏誅 복주】 형벌에 복종하여 죽음.
【伏竄 복찬】 자취를 감춤. 잠복함.
【伏祝 복축】 삼가 축원함.
【伏兎 복토】 ①엎드려 숨은 토끼. ②차축(車軸) 양쪽 끝에 붙어 있어 차체(車體)를 지탱하고 연결하여 주는 부속품. ③복령(茯苓)의 딴 이름.
【伏虎 복호】 ①엎드려 도사리고 있는 범. ②요강. 虎子(호자).
【伏羲 복희】 전설상의 임금. 처음으로 백성에게 고기잡이·사냥·목축(牧畜) 등을 가르치고 8괘(卦)를 만들었다고 함. 伏犧(복희). 抱犧(포희).
【伏卵 부란】 조류가 알을 품음.
● 屈ㅡ, 起ㅡ, 埋ㅡ, 俯ㅡ, 三ㅡ, 懾ㅡ, 畏ㅡ, 潛ㅡ, 竄ㅡ, 蟄ㅡ, 匍ㅡ, 怖ㅡ, 降ㅡ.

人₄ 【仳】⑥ ❶떠날 비 圀 pǐ
❷추할 비 囡 pí

[소전] 仳 [字解] ❶떠나다, 헤어지다. 〔詩經〕有女仳離. ❷추하다, 못생겨서 보기 흉하다. 〔淮南子〕雖粉白黛黑, 弗能爲美者, 嫫母仳惟也.
【仳離 비리】 이별함. 仳別(비별).
【仳脅 비협】 여러 개의 갈비뼈가 이어져서 한 개처럼 보이는 것. 곧, 한 짝의 갈비.
【仳惟 비휴】 못생긴 여자. 醜女(추녀).

人₄ 【份】⑥ ❶빛날 빈 圀 bīn
❷부분 분 囡 fèn

[소전] 份 [고문] 份 [字解] ❶빛나다, 문(文)과 질(質)이 아울러 갖추어지다. =斌. ※彬(577)의 고자(古字). ❷부분, 일부분.

人₄ 【伻】⑥ 侔(116)의 속자

人₄ 【伈】⑥ 두려워할 심·침 圀 xǐn

[字解] 두려워하다, 두려워하는 모양. 〔韓愈·文〕伈伈睍睍, 爲民吏羞差.
【伈伈 심심·침침】 두려워하는 모양.

人₄ 【仰】⑥ ❶우러를 앙 圀 yǎng
❷믿을 앙 囨 yǎng
❸높을 앙 圀 áng

仰

[字源] 會意·形聲. 人+卬→仰. '卬(앙)'이 음을 나타낸다. '卬'은 왼쪽에 서 있는 사람을 무릎을 꿇은 오른쪽 사람이 바라보고 있는 모양이다.

[字解] ①①우러르다. ㉮고개를 쳐들다, 우러러 보다, 쳐다보다. 〔易經〕仰以觀於天文. ㉯존경하는 마음을 가지다. 〔孟子〕仰足以事父母. ②밑다, 의지하다. ¶信仰. ③따르다, 그리워하다. 〔詩經〕則慕仰之. ④마시다, 들이키다. 주로 독약(毒藥) 따위를 마시다. 〔漢書〕其有犬馬之決者, 仰藥而伏刃. ⑤분부, 명령. ¶仰議. ❷밑다, 의지하다, 기다리다. 〔管子〕爲人臣者, 仰生於上者也. ❸①높다. 늑昂. ②성내다, 화내다. 〔漢書〕激仰萬乘之主.

【仰感 앙감】 우러러 임금의 은혜가 두터움에 감격함.
【仰告 앙고】 우러러 고함. 우러러 바람.
【仰給 앙급】 위로부터 급여(給與)를 받음.
【仰企 앙기】 소원이 이루어지기를 간절히 바람. 仰望(앙망).
【仰毒 앙독】 독약(毒藥)을 마심.
【仰聯 앙련】 제물(祭物)이나 잔치상의 음식을 높이 괼 때, 무너지지 않게 하기 위하여 접시 가장자리에 둘러싸는 두꺼운 종이.
【仰望 앙망】 ①우러러봄. ②仰企(앙기). ③존경하여 사모함.
【仰望不及 앙망불급】 우러러 바라보아도 미치지 못함.
【仰眄 앙면】 우러러 쳐다봄. 仰瞻(앙첨).
【仰攀 앙반】 높은 곳에 기어 오름. 자기보다 신분이 높은 사람과 교제함.
【仰俯 앙부】 쳐다봄과 굽어봄.
【仰釜日影 앙부일영】 해의 그림자로 시간을 측정하는 해시계. 仰釜日晷(앙부일구).
【仰不愧於天 앙불괴어천】 우러러 하늘에 부끄럽지 아니함. 양심에 거리낌이 없음.
【仰事俯畜 앙사부휵】 위로는 부모를 봉양하고 아래로는 처자를 부양함.
【仰羨 앙선】 우러러 부러워함. 사모하고 동경함.
【仰成 앙성】 성공(成功)을 기다림. 되어가는 형편을 지켜봄.
【仰首伸眉 앙수신미】 머리를 쳐들고 눈썹 사이를 활짝 폄. 당당한 태도로 굽히지 않는 모양.
【仰食 앙식】 남에게 의지하여 삶.
【仰仰 앙앙】 군(軍)이 사기를 떨치는 모양.
【仰藥 앙약】 독약(毒藥)을 마심. 仰毒(앙독).
【仰瓦 앙와】 암키와.
【仰泣 앙읍】 쳐다보며 욺. 우러러보며 욺.
【仰議 앙의】 조정에서 의논함.
【仰人鼻息 앙인비식】 남의 콧김을 엿들음. 상대방의 기분을 상하게 하지 않도록 고분고분 쫌. 곧, 윗사람의 비위를 맞춤.
【仰帳 앙장】 천장이나 상여 위에 치는 장막.
【仰止 앙지】 우러러 사모함. 우러러봄.
【仰之彌高 앙지미고】 우러러볼수록 더욱 높아

짐. 공자(孔子)의 덕을 찬양한 말.
【仰嗟 앙차】 하늘을 쳐다보며 슬퍼함. 하늘을 우러러보며 한탄함. 仰歎(앙탄).
【仰贊 앙찬】 우러러 기림.
【仰天 앙천】 하늘을 우러러봄. ㉠탄식하는 모양. ㉡크게 웃는 모양.
【仰天俯地 앙천부지】 ①하늘을 우러러보고 땅을 굽어봄. ②마음에 부끄러움이 없음.
【仰天而唾 앙천이타】 하늘에 침 뱉기. 남을 해치려다가 도리어 자기가 해를 입게 됨.
【仰天祝手 앙천축수】 하늘을 쳐다보며 빎.
【仰祝 앙축】 우러러 축하함.
【仰哺 앙포】 자식이 부모를 봉양함.
【仰荷 앙하】 남에게서 받은 은혜를 삼가 고맙게 느낌.
【仰欽 앙흠】 우러르며 흠모(欽慕)함.
● 景−, 敬−, 俛−, 崇−, 信−, 瞻−, 推−.

仔 [㈥] 아름다울 여 (魚) yú

[字解] ①아름답다, 아름다운 모양. ②벼슬 이름. 한대(漢代) 궁녀의 벼슬 이름. 〔漢書〕至武帝制倢仔.

仵 [㈥] 짝 오 (麌) wǔ

[字解] ①짝, 상대(相對). ②거스르다, 어긋나다. 〔管子〕不虛則仵於物矣. ③검시(檢屍)하다. ¶仵作.
【仵逆 오역】 거스름. 상충(相衝)함.
【仵作 오작】 검시하는 일을 맡은 관속(官屬).

伍 [㈥] 대오 오 (麌) wǔ

[字解] ①대오, 편성된 대열. 〔孟子〕一日而三失伍. ②조(組). ㉮다섯 집을 1조로 한 행정(行政) 단위. 〔逸周書〕五戶爲伍. ㉯다섯 사람을 1조로 한 행정상, 또는 군대 편성상의 대열. 〔春秋左氏傳〕先偏後伍. ③섞이다, 서로 벗하다. 〔荀子〕窺敵制勝, 欲伍以參. ④벗, 동지, 한 동아리. 〔史記〕生乃與噲等爲伍. ⑤다섯. ※ '五(57)'의 갖은자.
【伍符 오부】 병졸 다섯 사람을 한 조로 하여 나누어 주던, 부대(部隊)의 부신(符信).
【伍列 오열】 군대의 대열(隊列).
【伍長 오장】 ①주대(周代)의 제도로서, 군졸 다섯 사람의 우두머리. ②송대(宋代)의 제도로서, 다섯 집의 우두머리.
● 軍−, 落−, 隊−, 卒−, 偏−, 行−.

伊 [㈥] 저 이 (支) yī

[字源] 會意. 人+尹→伊. '尹(윤)'은 천하를 다스린다는 뜻이다. 여기에 '人'을 덧붙여 천하를 다스리는 사람인

'저 사람'의 '저'라는 뜻이 되었다.
字解 ①저, 그. 사람을 가리키는 대명사. 〔世說新語〕 汝兄自不如伊. ②이. 발어사. '是'와 같은 뜻으로 쓰인다. 〔漢書〕 伊年暮暮. ③어조사. 동작이나 상태를 형용하는 어조사. 〔詩經〕 匪伊垂之. ④인(因)하다, 의거하다. 〔詩經〕 維士與女, 伊其相謔. ⑤現이탈리아의 약칭.

【伊皐 이고】 은(殷) 탕왕(湯王) 때의 어진 재상인 이윤(伊尹)과 요(堯)임금 때의 어진 재상인 고요(皐陶). 어진 재상이나 신하의 비유.

【伊霍之勳 이곽지훈】 이윤(伊尹)과 곽광(霍光)의 공훈. 나라를 위하여 무도한 임금을 몰아낸 공적. 故事 은(殷)의 재상 이윤(伊尹)이 태갑(太甲)을 동궁(桐宮)으로 내쫓아 악행을 고치게 한 뒤에 다시 제위(帝位)에 복귀시킨 일과, 한(漢)의 곽광(霍光)이 창읍왕(昌邑王) 하(賀)를 폐(廢)하고 선제(宣帝)를 세운 고사에서 온 말.

【伊呂 이려】 은(殷)의 이윤(伊尹)과 주(周)의 여상(呂尙). 임금을 보필하는 중신(重臣). 伊望(이망).

【伊望 이망】 이윤(伊尹)과 태공망(太公望). 伊呂(이려).

【伊傅 이부】 은(殷)의 어진 재상인 이윤(伊尹)과 부열(傅說).

【伊吾 이오】 글 읽는 소리나 흥얼거리는 소리 등이 명확하지 않은 모양. 呻唔(이오).

【伊優 이우】 말이 명료하지 못한 모양.

【伊鬱 이울】 ①몹시 무더운 모양. ②마음이 울적한 모양. ③분노한 모양. ○'伊'는 조자.

【伊尹太公之謀 이윤태공지모】 이윤과 태공망의 계책. 천하를 다스리는 계책.

◑ 木乃-, 吾-, 鬱-.

人4 【任】⑥ ❶맡길 임 侵 rèn
      ❷맞을 임 沁 rèn

丿 亻 亻 仁 仟 任

字源 形聲. 人+壬→任. '壬(임)'이 음을 나타낸다.

字解 ❶①맡기다, 주다. 〔書經〕 任賢勿貳. ②맡은 일, 책무(責務), 직무(職務). 〔論語〕 仁以爲己任. ③마음대로, 멋대로. 〔晉書〕 縱任不拘. ④능하다, 잘하다. 〔戰國策〕 是大王籌策之臣無私矣. ⑤공을 세우다. 〔周禮〕 以任百官. ⑥배다, 임신하다. 妊·姙. ❷①맞다, 당하다. 〔春秋左氏傳〕 衆怒難任. ②지다, 책임을 맡다. 〔詩經〕 我任我輦. ③견디다, 감내하다. 〔國語〕 不能任. ④비뚤어지다, 굳다. ⑤협기(俠氣), 사나이다운 기개. 〔史記〕 爲氣任俠. ⑥재능, 재주. 〔莊子〕 任士之所勞. ⑦짐, 부담. 〔孟子〕 門人治任將歸.

【任幹 임간】 큰 일을 맡길 수 있는 인재(人材).
【任計 임계】 계략에 맡김.
【任官 임관】 관직에 임명됨.
【任槐 임괴】 대신(大臣)에 임명됨. ○'槐'는 대신의 자리.
【任期 임기】 임무를 맡아보는 일정한 기간.
【任氣 임기】 ①남자다운 용감한 기질. ②용기가 나는 그대로 행동함.
【任器 임기】 ①그 사람의 기량(器量)에 맡김. ②일상(日常)에 쓰는 잡다한 기물.
【任能 임능】 재능에 따라 알맞은 관직에 임용함.
【任達 임달】 제멋대로 굶. 제 마음대로 행동함.
【任大責重 임대책중】 임무(任務)가 크고 무거움.
【任良 임량】 선량(善良)한 사람을 임용함.
【任免 임면】 임명과 해임.
【任命 임명】 ①직무를 맡김. ②운명에 맡김.
【任放 임방】 ①예법(禮法)을 버리고 마음대로 행동함. 방자하게 행동함. ②맡겨 방치함. ③어떻든 간에. 그렇다면 그런대로 하는 수 없이.
【任法 임법】 법에 맡김. 법을 존중하고 법에 의해 정치를 하는 일.
【任辯 임변】 실행(實行)이 따르지 않고 말뿐인 사람의 의견(意見)을 받아들여 씀.
【任負 임부】 ①짐. 짊어짐. 책임을 맡음. ②무거운 짐을 실음.
【任士 임사】 어떤 일에 임명되는 선비.
【任姒 임사】 태임(太任)과 태사(太姒). ○'太任'은 주(周) 문왕(文王)의 어머니, '太姒'는 주(周) 무왕(武王)의 어머니.
【任事 임사】 ①일을 시킴. ②일에 종사함.
【任生 임생】 자연(自然)에 맡겨 생겨남.
【任石 임석】 무거운 짐을 짐. 스스로 중책(重責)을 맡는 일. ○'石'은 120근(斤).
【任性 임성】 ①타고난 성질대로 맡겨 둠. ②제멋대로 함. 방자함.
【任勢 임세】 ①정세(情勢)에 맡김. 어떤 정세를 만들어 내어, 일의 처리를 그것에 위임(委任)함. ②성질·상태·기세·형편 따위를 이용함.
【任率 임솔】 꾸밈없이 솔직함. 언동(言動)이 자연스럽고 조금도 꾸미지 않음.
【任術 임술】 ①관직(官職)에 있는 사람이 알아두어야 할 도리(道理). ②권모술수(權謀術數)에 의해 일을 함.
【任實 임실】 성정(性情)에 맡김. 제멋대로 임.
【任心 임심】 마음에 맡김. 생각한 대로 함.
【任愛 임애】 임용하여 사랑함.
【任遇 임우】 임용하여 대우함.
【任怨 임원】 스스로 나아가 남의 원망을 떠맡음.
【任意 임의】 일정한 기준이나 원칙 없이 하고 싶은 대로 함.
【任人 임인】 ①항시 정사(政事)를 맡아보는 사람. 곧, 육경(六卿). ②음흉한 사람. 간사한 사람. 佞人(영인). ③남에게 일을 맡김.
【任子 임자】 높은 관직에 있는 아버지의 힘으로 그 아들이 벼슬자리에 오르는 일.
【任縱 임종】 제멋대로 함. 放縱(방종).
【任重道遠 임중도원】 등에 진 물건은 무겁고 길은 멂. 선비의 책임이 중대함.
【任智 임지】 지능(智能)에 맡김. 슬기를 씀.
【任眞 임진】 있는 그대로.
【任天 임천】 하늘에 맡김.
【任他 임타】 어찌 되었든. 그렇다면 그런대로 하

는 수 없이. 어떻든 간에.
【任土 임토】①토지의 성질에 따라서 적당한 농작물을 심거나 황무지를 개간하여 지력(地力)를 높이고 토지의 이용을 알맞게 하는 일. ②토지의 상태를 고려하여 실정에 맞도록 과세(課稅)하는 일.
【任賢 임현】어진 사람에게 관직을 맡김.
【任俠 임협】①약한 자를 돕고 강한 자를 꺾음. ②체면을 소중히 여기고 신의를 지킴. 또는 그런 사람.
【任恤 임휼】육행(六行) 중의 두 가지 덕(德). ♂ '任'은 친구에게 신의가 있는 일, '恤'은 연민의 정이 깊은 일.

● 兼-, 擔-, 大-, 放-, 背-, 補-, 赴-, 辭-, 選-, 所-, 信-, 委-, 留-, 移-, 在-, 專-, 重-, 責-, 退-, 解-.

人4【伝】⑥ 傳(131)의 속자

人4【㞢】⑥ 두려워할 종 图 zhōng
[소전][三國志] 卒奉大略, 傯矇狼狽. ②여러, 대중, 널리.
【㞢矇 종몽】두려워함.

人4【仲】⑥ 버금 중 图 zhòng

ノ 亻 仁 仂 仲 仲

[소전][소전][초서] [字源] 會意·形聲. 人+中→仲. '中(중)'이 음을 나타낸다. 여기에 '人'을 덧붙여 형과 아우의 사이인 '둘째'의 뜻을 나타낸다.
[字解]①버금, 둘째. [詩經] 伯氏吹壎, 仲氏吹篪. ②가운데. ≒中. [淮南子] 太陰在四仲. ③백 살 먹은 쥐. ④國거간, 중개. ¶仲媒.
【仲介 중개】당사자(當事者) 사이에 서서 일을 주선하는 일. 거간.
【仲公 중공】나이가 같은 동생에 대한 경칭.
【仲尼 중니】공자(孔子)의 자(字).
【仲呂 중려】①12율(律)의 여섯째. ②음력 4월.
【仲媒 중매】결혼이 이루어지도록 중간에서 소개하는 일.
【仲商 중상】음력 8월. 仲秋(중추).
【仲陽 중양】음력 2월. 仲春(중춘).
【仲子 중자】둘째 아들. 次男(차남).
【仲秋 중추】음력 8월. 仲商(중상).
【仲秋節 중추절】추석을 명절로 이르는 말.

● 季-, 伯-, 翁-.

人4【仺】⑥ 倉(118)의 고자

人4【仱】⑥ ❶짝 항 图강 圉 kàng
❷정직할 항 图강 圉 gāng

[소전][소전][초서] [字解]❶①짝, 배필. [春秋左氏傳] 非仱儷也. ②굳세다, 튼튼하다. ≒抗. [漢書] 選仱健習騎射者皆從軍. ③맞서다, 대적하다. ≒抗. [戰國策] 天下莫之能仱. ④거만하다, 교만하다. [韓非子] 太子輕而庶子仱. ⑤높다, 높이다. [詩經] 奉門有仱. ❷정직하다, 정직한 모양. [宋史] 爲人簡仱.
【仱健 항건】힘이 세고 몸이 튼튼함.
【仱厲 항려】굳세고 엄격함.
【仱儷 항려】남편과 아내. 배우자.
【仱禮 항례】존비(尊卑)의 차등을 두지 않음. 대등(對等)한 예(禮)로 대함.
【仱王 항왕】강한 임금. 훌륭한 임금.
【仱直 항직】의리를 굽히지 아니하고 정직함.
【仱行 항행】교만하게 뽐내는 행동.
【仱俠 항협】권력에 굴하지 않음.

● 簡-, 驕-, 比-.

人4【伙】⑥ 세간 화 圉 huǒ
[字解]①세간, 기물(器物). [紅樓夢] 先忙著要乾淨傢伙來. ②불. =火.
【伙伴 화반】열 사람이 한 조(組)를 이루는 병대(兵隊). 火伴(화반).
【伙夫 화부】圕요리사. 炊夫(취부).

人4【会】⑥ 會(807)의 속자

人4【休】⑥ ❶쉴 휴 冠 xiū
❷슬퍼할 후 囿 xǔ

ノ 亻 仁 什 休 休

[소전][초서] [字源] 會意. 人+木→休. 사람(人)이 나무(木) 그늘 밑에 있는 모양에서 '쉬다'라는 뜻을 나타낸다.
[字解]❶①쉬다. ㉮쉬다, 편하게 하다. [春秋左氏傳] 吾乃休吾民矣. ㉯일을 그치고 쉬다. [禮記] 霜始降則百工休. ㉰잠을 자다. [道德指歸論] 暮休早起. ②그치다, 그만두다. [杜甫·旅夜書懷] 官應老病休. ③휴가, 겨를. [後漢書] 長休百日. ④아름답다, 크다, 좋다. [書經] 俟天休命. ⑤기쁨, 행복. [國語] 以承天休. ⑥너그럽다, 넓다. [書經] 其心休休焉. ⑦검소(儉素)하다. ⑧용서하다, 달래다. [書經] 雖休勿休. ⑨정하다, 정해지다. [詩經] 汔可小休. ⑩말다, 그만두다. [杜甫·詩] 休道秦關百二重. ⑪이별하다. ¶休妻. ❷①슬퍼하다. [魏志] 先料其兵力, 而懊休之. ②덥게 하다, 따뜻하게 하다. ≒煦. [周禮] 休於氣.
【休暇 휴가】직장·학교·군대 따위에서 일정한 기간 동안 쉬는 일.
【休嘉 휴가】좋은 일. 즐거운 일.
【休憩 휴게】어떤 일을 하다가 잠깐 동안 쉼.
【休慶 휴경】기쁜 일. 慶事(경사).
【休告 휴고】➡休沐(휴목).

【休光 휴광】①훌륭한 공훈. 休烈(휴열). ②아름다운 빛.
【休咎 휴구】기쁜 일과 언짢은 일. 행복과 재앙. 吉凶(길흉). 禍福(화복).
【休德 휴덕】훌륭한 덕. 善德(선덕).
【休屠 휴도】①승려(僧侶). 불타(佛陀). ②한대(漢代) 흉노(匈奴)의 왕호(王號).
【休圖 휴도】좋은 계책.
【休明 휴명】훌륭하고 명백함.
【休沐 휴목】관리의 휴가. 한대(漢代)에는 5일마다 하루씩, 당대(唐代)에는 10일에 하루씩 집에 돌아가 목욕하는 것을 허락하였음. 休浴(휴욕).
【休問 휴문】①좋은 소식. ②좋은 명성.
【休否 휴부】①운수(運數)가 나쁠 때에 좋은 일을 하는 일. ②운수가 막혀 통하지 않는 일.
【休祥 휴상】행운(幸運). 吉祥(길상).
【休書 휴서】남편이 아내에게 주는 이혼 증서.
【休息 휴식】하던 일을 멈추고 잠깐 동안 쉼.
【休神 휴신】정신을 쉬게 함. 마음을 편안하게 함. 休心(휴심).
【休偃 휴언】쉼. 휴식함.
【休延 휴연】태평(泰平)한 세상.
【休浴 휴욕】⇨休沐(휴목).
【休牛 휴우】군용(軍用)으로 쓰는 소를 쉬게 함. 전쟁을 그침.
【休祐 휴우】행복. 행운. 吉祥(길상).
【休應 휴응】사실로 나타난 좋은 조짐.
【休日 휴일】쉬는 날.
【休戰 휴전】교전국이 합의하여 전쟁을 얼마 동안 멈추는 일.
【休禎 휴정】행운. 행복. 休祐(휴우).
【休題 휴제】설명을 그만둠. 화제(話題)를 바꿈. ◯'題'는 '說'로 '설명'을 뜻함.
【休兆 휴조】좋은 징조. 吉兆(길조).
【休祚 휴조】①훌륭한 지위(地位). 훌륭한 자리. ②행복.
【休蹤 휴종】훌륭한 공적(功績).
【休祉 휴지】행복.
【休紙進封 휴지진봉】🆕지방관이 아첨하느라고 전답을 빼앗거나 사서 그 문서를 세도가에게 바치던 일.
【休暢 휴창】아름답게 널리 퍼짐.
【休妻 휴처】아내와 이혼함. 休棄(휴기).
【休戚 휴척】①기뻐하기도 하고 슬퍼하기도 함. ②기쁜 일과 슬픈 일. 休感(휴척).
【休致 휴치】늙어서 그 직(職)을 그만둠. 休官致仕(휴관치사).
【休澤 휴택】훌륭한 은혜. 큰 은혜.
【休歇 휴헐】쉼. 휴식함.
【休會 휴회】하던 회의를 멈추고 잠깐 쉼.
【休休 휴휴】①도(道)를 즐겨 마음 편안히 지내는 모양. ②마음이 너그러운 모양. ③아름답고 큰 모양. ④검소(儉素)한 모양.
➊ 公-, 歸-, 無-, 連-, 遊-, 定-, 週-.

人5【伽】㋠ 절 가 ㋛ qié

㋬ 字解 절. 범어(梵語) 'ka, ga, gha'의 음역자(音譯字).
【伽藍 가람】(佛)절. 불도(佛道)를 수업(修業)하는 곳. ◯범어 'Sanghārāma'의 음역어(音譯語)인 僧伽藍摩(승가람마)의 준말. 精舍(정사).
【伽倻琴 가야금】우리나라 고유 현악기의 하나. 신라 진흥왕 때 악사(樂師) 우륵(于勒)이 만들었으며, 판은 오동나무이고 줄이 12개임.

人5【信】㋠ 剛(200)의 고자

人5【佉】㋠ ❶나라 이름 거 ㋟ qū
❷사람 이름 가 ㋟ qiā

字解 ❶나라 이름. ❷①사람 이름. ②나라 이름. ¶佉沙. ③신(神) 이름. ④부처 이름.
【佉沙 가사】나라 이름. 당대(唐代)에 지금의 카슈가르 지방에 있던 소륵국(疏勒國).

人5【估】㋠ 값 고 ㋛ gū, gù

㋬ 字解 ①값, 대금. 〔新唐書〕乃高鹽價, 賤帛估. ②매매하다, 흥정하다. 〔論語〕估之哉, 估之哉我待賈者也. ③상인, 장사꾼. 〔北史〕商估交入. ④헤남다, 헐다.
【估價 고가】①값. 價格(가격). ②헤아려서 대충 값을 매김. 槪算(개산). 見積(견적).
【估客 고객】상인(商人).
【估計 고계】가격·수량을 어림잡음. 계산을 함.
【估券 고권】①토지의 소유권을 증명하는 문서. 沽券(고권). ②값어치. ③정가표.
【估稅 고세】상품에 매기는 세. 상품세.
【估衒 고현】재주를 드러내 보여 팖.
➊ 高-, 帛-, 商-.

人5【佝】㋠ ❶곱추 구 ㋭후 ㋟ kòu, gōu
❷거리낄 구 ㋟ jū

㋬ ㋬ 字解 ❶①곱추, 곱사등이. 〔列子〕佝僂承蜩. ②어리석다. 우매하다. =怐. ¶佝瞀. ③약하다. ❷거리끼다. ≒拘.
【佝僂 구루】①곱사등이. ②노쇠(老衰)하거나 쇠약하여 등이 앞으로 굽은 모양.
【佝瞀 구무】어리석음. 몽매함.

人5【佞】㋠ 아첨할 녕 ㋟ nìng

㋬ ㋬ 字源 會意. 亻+女→佞. '亻'은 '信(신)'의 생략형이다. 여자〔女〕의 믿음〔亻〕이란 간사한 것에 가깝다는 데서 '아첨하다'라는 뜻을 나타낸다.
字解 ①아첨하다, 간사하다. 〔論語〕惡夫佞者. ②재능〔才能〕, 영리함. 〔國語〕夷吾不佞. ③바르지 못하다, 간사한 꾀로 남을 꾀다. ④변재(辯才), 구재(口才). 〔書經〕非佞折獄, 惟良折獄. ⑤위선(僞善). 〔國語〕佞之見佞.
【佞姦 영간】간사하고 마음이 바르지 못함. 또는

人部 5획 你你但伶伴伯

그런 사람. 佞奸(영간). 姦佞(간영).
【佞祿 영록】아첨하여 얻은 봉록(俸祿).
【佞媚 영미】아첨함. 또는 그 사람.
【佞辯 영변】아첨하는 말솜씨가 좋음. 또는 그런 말. 佞口(영구). 佞舌(영설).
【佞邪 영사】간사하고 마음이 바르지 못함. 또는 그 사람. 佞姦(영간).
【佞人 영인】간사한 사람.
【佞才 영재】구변이 좋아 남에게 아첨하는 재주가 있음.
【佞幸 영행】말재주로써 임금의 사랑을 얻음. 또는 그 사람. 佞倖(영행).
【佞慧 영혜】말솜씨가 교묘하고 교활함.
◐ 奸-, 姦-, 辯-, 不-, 便-.

人5 【你】⑦ 너 니 [紙] nǐ
[동자] 你 [字解] 너. ≒爾.

人5 【你】⑦ 你(87)와 동자

人5 【但】⑦ 다만 단 [旱翰] dàn
ノイ亻们但但但
[소전] 但 [초서] 但 [字解] 形聲. 人+旦→但. '旦'이 음을 나타낸다.
[字解] ①다만. ㉠혼자, 홀로.〔史記〕但服湯二旬而復故. ㉡한결같이, 오로지, 한 갓으로.〔史記〕但見老弱及羸弱. ②무릇. ③부질없이, 헛되이.〔漢書〕錢府所以入工商之貢, 但除之. ④속이다.〔淮南子〕媒但者非學謳也.
【但書 단서】본문 다음에 '但' 자를 쓰고, 조건이나 예외를 밝히는 글.
【但只 단지】다만.

人5 【伶】⑦ 영리할 령 [靑] líng
[소전] 伶 [초서] 伶 [字解] ①영리하다, 똑똑하다. ≒怜. ②사령(使令). ③사환(使喚).〔白居易·詩〕府伶呼喚爭先到. ④외로움, 홀로 가는 모양. ⑤음악사(音樂師), 배우(俳優).〔唐書〕制新曲, 教女伶.
【伶官 영관】음악을 연주하는 벼슬아치. ◐황제(黃帝) 때 영윤(伶倫)이 악관(樂官)이 된 후부터 영 씨(伶氏)가 대대로 음악을 맡은 데서 온 말. 樂官(악관).
【伶魁 영괴】악관(樂官)의 우두머리.
【伶俐 영리】눈치가 빠르고 똑똑함. 怜悧(영리).
【伶俜 영빙】①외로운 모양. ②헤매는 모양. ③영락(零落)한 모양.
【伶牙俐齒 영아이치】말솜씨가 좋음.
【伶樂 영악】음악.
【伶優 영우】배우(俳優).
【伶仃 영정】①홀로 걷는 모양. 고독한 모양. 실

의(失意)한 모양. ②혹이 달려 있는 모양.
◐ 女-, 府-, 使-.

人5 【伴】⑦ 짝 반 [旱翰] bàn, pàn
ノイ亻亻伫伴伴
[소전] 伴 [초서] 伴 [字解] 形聲. 人+半→伴. '半(반)'이 음을 나타낸다.
[字解] ①짝, 동무, 동아리.〔楚辭〕衆駭遽以離心兮, 又何以爲此伴也. ②따르다, 모시다. ¶隨伴. ③한가한 모양, 느긋한 모양.〔詩經〕伴奐爾游矣. ④광대한 모양. ¶伴奐.
【伴起 반기】다른 것에 따라서 발생함.
【伴倘 반당】國①서울 각 관청에서 부리던 사환. ②중국에 가는 사신(使臣)이 자비(自費)로 데리고 가던 종자(從者).
【伴當 반당】부림을 당하는 사람. 머슴. 인부.
【伴讀 반독】①現귀족이나 부호(富豪)의 자제와 독서하는 일로써 벗이 됨. ②송(宋)·요(遼)·명(明) 때 종실(宗室)의 교육을 맡아보던 벼슬.
【伴侶 반려】①짝이 되는 친구. 짝. ②육조(六朝) 때 제(齊)나라의 음악.
【伴送 반송】①곁에 따르다. ②수행하는 사람.
【伴宿 반숙】①함께 유숙함. ②現상가(喪家)에서 출관 전날에 밤을 새우는 일.
【伴食 반식】주빈(主賓)과 더불어 음식 대접을 받음. 무능한 관리를 비웃어 이르는 말.
【伴接 반접】손을 대접함.
【伴奏 반주】노래나 기악의 연주를 도와 다른 악기를 연주함.
【伴行 반행】길을 같이 감. 同行(동행).
【伴奐 반환】①광대(廣大)하고 문채(文彩)가 있음. ②한가하게 즐김.
◐ 同-, 相-, 隨-, 詩-, 侶-, 作-.

人5 【伯】⑦
❶맏 백 [陌] bó
❷길 맥 [陌] mò
❸우두머리 패 [禡] bà
ノイ亻亻伯伯伯
[소전] 伯 [소전] 伯 [초서] 伯 [參考] 대법원 지정 인명용 한자의 음은 '백'이다.
[字源] 形聲. 人+白→伯. '白(백)'이 음을 나타낸다.
[字解] ❶①맏, 맏아들.〔詩經〕伯氏吹壎, 仲氏吹篪. ②우두머리, 지방의 장관(長官).〔禮記〕千里外設方伯. ③일가(一家)를 이룬 사람. 특히 문예 방면에서 일가를 이룬 사람. ¶畫伯. ④작위, 오등작(五等爵)의 셋째.〔春秋左氏傳〕秋七月, 公會齊侯, 鄭伯伐許. ⑤남편.〔詩經〕伯也執殳. ❷길. 동서(東西)로 통하는 밭두둑 길. ≒陌.〔管子〕修封彊正千伯. ❸우두머리, 제후의 맹주(盟主). '侯伯(후백)'의 '伯'과 혼동을 피하기 위하여 뒤에 '霸' 자를 대신 썼다.〔荀子〕穆公任之, 強配五伯六卿施.

【伯舅 백구】 천자가 이성(異姓)의 제후, 또는 제후가 이성의 대부(大夫)를 존대하여 부르던 말.

【伯娘 백낭】 큰딸. 맏딸.

【伯樂 백락】 ①별 이름. 천마(天馬)를 주관한다고 함. ②주대(周代)의 손양(孫陽). 말(馬)의 좋고 나쁨을 잘 감별하였다고 함. ③말에 관하여 밝음. ④말거간꾼.

【伯樂一顧 백락일고】 백락이 한 번 돌아봄. ㉠명마(名馬)가 백락을 만나 그 가치를 인정받게 됨. ㉡인재가 훌륭한 임금이나 재상에게 인정받게 됨의 비유.

【伯母 백모】 큰어머니.

【伯父 백부】 큰아버지.

【伯氏 백씨】 남의 맏형의 존칭.

【伯牙絕絃 백아절현】 백아가 거문고 줄을 끊음. 지기(知己)의 죽음을 슬퍼함. 故事 백아가 거문고를 타면 종자기(鍾子期)만이 그 소리를 알아주었는데, 종자기가 죽자 거문고 소리를 알아줄 사람이 없음을 슬퍼하고는, 거문고를 깨뜨리고 줄을 끊어 종신토록 타지 않았다는 고사에서 온 말.

【伯夷叔齊 백이숙제】 백이와 숙제. 두 사람은 고죽군(孤竹君)의 두 아들로 아버지가 죽은 후 서로 왕위를 사양하다가 둘 다 나라를 떠나게 되었는데, 후에 주(周) 무왕(武王)이 상(商)을 칠 때 형제가 무왕의 말고삐를 잡고 신하의 도(道)가 아님을 간(諫)하였으나 듣지 않으므로, 주(周)의 녹(祿)을 먹기를 거부하고 수양산(首陽山)에 들어가 고사리를 캐어 먹으며 숨어 살다가 굶어 죽었음.

【伯爵 백작】 오등작(五等爵)의 셋째. 후작(侯爵)의 아래.

【伯仲 백중】 ①맏형과 그 다음 형. ②서로 어금지금함. 伯仲之間(백중지간).

【伯仲叔季 백중숙계】 네 형제의 차례. '伯'은 맏이, '仲'은 둘째, '叔'은 셋째, '季'는 막내.

【伯主 패주】 제후(諸侯)의 우두머리.

❶道―, 方―, 舍―, 詞―, 詩―, 風―, 畫―.

人 5 【体】⑦ ❶용렬할 분 阮 bèn
　　　　 ❷몸 체 霽 tǐ

字解 ❶①용렬하다. ②거칠다. ≒笨. ❸상여꾼.〔資治通鑑〕賜酒百斛, 以飼体夫. ❷몸. ※'體(2068)'의 속자.

【体夫 분부】 상두꾼. 상여꾼.

人 5 【佛】⑦ ❶부처 불 物 fó
　　　　 ❷도울 필 質 bì
　　　　 ❸일 발 月 bó

丿 亻 亻′ 亻″ 佀 佛 佛

소전 佛 초서 佛 속자 仏　參考 대법원 지정 인명용 한자의 음은 '불'이다.

字源 形聲. 人+弗→佛. '弗(불)'이 음을 나타낸다.

字解 ❶①부처. ㉮불타(佛陀). 석가모니. ㉯불교.〔韓愈·表〕佛者夷狄之一法耳. ㉰정직하고 어진 사람. ②비슷하다. ≒彿.〔揚雄·賦〕仿佛其若夢. ③어기다, 거스르다. ≒拂.〔禮記〕其施之也悖, 其求之也佛. ④침울한 모양, 불안한 모양. ¶佛鬱. ⑤크다.〔詩經〕佛時仔肩, 示我顯德行. ⑥現 프랑스의 약칭. ❷돕다. ≒弼.〔詩經〕佛時仔肩. ❸일다, 흥기(興起)하는 모양. ≒勃·艴.〔荀子〕佛然平世之俗起焉.

【佛家 불가】 (佛)①불교를 믿는 사람, 또는 그들의 사회. ②불교의 사원(寺院). ③승려(僧侶). ④부처의 정토(淨土).

【佛偈 불게】 (佛)부처를 찬미(讚美)하는 시. 대개 사구(四句)이기 때문에 사구게(四句偈)라고도 함.

【佛經 불경】 불교의 경전.

【佛戒 불계】 (佛)불도(佛道)를 닦는 사람이 받드는 계율. 오계(五戒)·십계(十戒)·오백계(五百戒) 등이 있음.

【佛界 불계】 (佛)십계(十界)의 하나. 제불(諸佛)의 세계. 부처의 경지.

【佛曲 불곡】 불가(佛家)의 음곡(音曲).

【佛骨 불골】 부처의 유골(遺骨). 舍利(사리).

【佛供 불공】 부처 앞에 공양을 드림.

【佛果 불과】 (佛)불도 수행의 결과 얻게 되는 과보. 성불(成佛)의 증과(證果).

【佛敎 불교】 기원전 5세기 무렵에 인도의 석가모니가 베푼 종교. 釋敎(석교).

【佛國 불국】 ①(佛)㉠부처가 있는 나라. 극락정토(極樂淨土). ㉡부처가 태어난 나라. 천축(天竺). ②프랑스(France). 佛蘭西(불란서).

【佛壇 불단】 부처를 모셔 놓은 단.

【佛檀 불단】 불도(佛道)를 위하여 행하는 보시(布施).

【佛徒 불도】 불교를 믿는 무리.

【佛道 불도】 ①(佛)부처의 가르침. 불법(佛法)의 도. ②國불과(佛果)에 이르는 길.

【佛頭著糞 불두착분】 부처의 머리에 똥을 묻힘. ㉠훌륭한 저서(著書)에 졸렬한 서문(序文)임. ㉡썩 깨끗한 것을 더럽힘.

【佛蘭西 불란서】 프랑스의 음역어(音譯語).

【佛狼機 불랑기】 명대(明代)에 포르투갈 사람이 만든 대포. 佛郎機(불랑기).

【佛力 불력】 부처의 통력(通力).

【佛老 불로】 석가(釋迦)와 노자(老子). 불가와 도가. 老佛(노불).

【佛律 불률】 ①승려(僧侶)가 지켜야 할 계율(戒律). ②빛나고 선명한 모양.

【佛滅 불멸】 (佛)부처의 입적(入寂).

【佛鉢 불발】 부처 앞에 밥을 담아 올리는 굽이 달린 그릇.

【佛法 불법】 부처가 말씀한 교법.

【佛法僧 불법승】 (佛)우주의 진리를 깨달은 불타(佛陀), 불타가 설한 교법(敎法), 교법을 따라 수행하는 승려의 삼보(三寶).

【佛舍利 불사리】 (佛)석가모니의 유골(遺骨). 佛沙利(불사리). ○'舍利'는 신골(身骨)·영골

(靈骨)이라는 뜻.
【佛像 불상】 부처의 형상을 표현한 상.
【佛說 불설】 부처의 가르침. 부처의 설법(說法).
【佛性 불성】 (佛)①부처의 법성(法性). 곧, 진여(眞如)의 묘리(妙理)를 가리킴. ②중생(衆生)이 갖추고 있는, 성불(成佛)할 수 있는 성질.
【佛乘 불승】 (佛)중생(衆生)이 성불(成佛)할 수 있는 길을 설명한 교법(敎法).
【佛心 불심】 ①자비스러운 부처의 마음. ②國깊이 깨달아 속세의 번뇌에 흐려지지 않는 마음.
【佛心印 불심인】 (佛)중생(衆生)이 본래부터 갖추고 있는 하나의 마음. 곧, 대각(大覺)의 묘체(妙體). 佛印(불인).
【佛眼 불안】 ①(佛)오안(五眼)의 하나. 불도(佛道)를 깨달은 사람의 안식(眼識). ②부처의 반개(半開)한 자비스러운 눈.
【佛緣 불연】 부처의 인연. 불교(佛敎)에의 인연.
【佛宇 불우】 ▷佛殿(불전).
【佛鬱 불울】 근심·걱정으로 마음이 침울한 모양. 편안하지 않은 모양. 弗鬱(불울).
【佛子 불자】 ①부처의 제자. ②보살(菩薩)의 딴 이름. ③계(戒)를 받아 출가(出家)한 사람. ④일체 중생. 모두 불성을 갖추어서 부처가 될 수 있으므로 이르는 말.
【佛者 불자】 ①석가모니. ②불도(佛道)의 수업자. 승려. 佛弟子(불제자).
【佛殿 불전】 불상(佛像)을 모신 집. 佛宇(불우).
【佛錢 불전】 부처 앞에 바치는 돈.
【佛祖 불조】 ①불교의 개조(開祖). 석가모니. ②소중한 것.
【佛鐘 불종】 절간의 종.
【佛陀 불타】 부처. ○범어(梵語) 'Buddha'의 음역어(音譯語)로 각자(覺者)라는 뜻. 浮屠(부도).
【佛土 불토】 ①부처가 있는 극락정토(極樂淨土). ②부처가 교화(敎化)한 국토(國土).
【佛號 불호】 ①부처의 명호(名號). ②승려의 호. ③불문(佛門)에 들어간 사람의 호.
【佛會 불회】 ①부처나 보살이 모여 있는 곳. 곧, 정토(淨土). ②부처를 배례(拜禮)하는 모임. 法會(법회).
【佛然 발연】 흥기(興起)하는 모양.
○ 金-, 生-, 石-, 成-, 神-, 念-, 千-.

人5 【伾】⑦ 힘셀 비 皮 pī
소전 伾 字解 ①힘세다, 힘 있는 모양. 〔詩經〕以車伾伾. ②여럿이 떼 지은 모양. ③산 이름.
【伾伾 비비】 ①강한 모양. 힘센 모양. ②무리를 지어 가는 모양.

人5 【似】⑦ 같을 사 紙 sì
ノ 亻 亻 化 仏 似 似
소전 佀 초서 以 동자 佀 字源 形聲. 人+以→似. '以(이)'가 음을 나타낸다.
字解 ①같다, 같게 하다. 〔易經〕與天地相似故不違. ②닮다, 비슷하다, 흉내 내다. ¶似而非. ③잇다, 계승하다. 〔詩經〕似續妣祖. ④바치다, 드리다. 〔賈島·詩〕今日把似君, 誰有不平事. ⑤손위 동서. ≒姒.
【似續 사속】 뒤를 이음. 대(代)를 이음.
【似而非 사이비】 겉으로는 비슷하나 속은 완전히 다름.
【似助 사조】 도움. 도와줌. 資助(자조).
【似虎 사호】 ①겉은 닮았으나 실제는 다른 것. 얼룩소의 얼룩이 호랑이를 닮은 것 따위. ②고양이의 딴 이름.
○ 近-, 相-, 類-, 恰-.

人5 【佀】⑦ 似(89)와 동자

人5 【伺】⑦ 엿볼 사 寘 sì
소전 伺 초서 伺 字解 ①엿보다. ②가만히 보다. ¶伺窺. ④헤아리다, 짐작으로 살피어 알다. 〔魏書〕密伺其過. ⓒ노리다, 기회를 엿보다. 〔史記〕使人微伺之. ②찾다, 방문하다. 〔韓愈·序〕伺候於公卿之門.
【伺窺 사규】 가만히 형편을 살핌.
【伺隙 사극】 틈을 엿봄. 기회를 엿봄.
【伺望 사망】 살피어 봄. 관찰함.
【伺詐 사사】 벌 받을 것을 미리 추측하고 거짓말을 함.
【伺晨鳥 사신조】 새벽에 우는 새. 곧, 닭.
【伺候 사후】 ①동정을 엿봄. 탐색함. ②웃어른을 찾아서 문안함. 웃어른을 옆에서 받듦.
○ 窺-, 睎-, 掩-, 狙-, 偵-, 候-.

人5 【佋】⑦ ❶소목 소 蕭 zhāo
❷소개할 소 嘯 shào
字解 ❶소목. ≒昭. ¶佋穆. ❷①소개하다. ≒紹. ②돕다.
【佋穆 소목】 사당에 조상의 신주를 모시는 차례. 昭穆(소목).

人5 【伸】⑦ 펼 신 眞 shēn
ノ 亻 亻 仍 佀 伸 伸
소전 伸 초서 伸 字源 形聲. 人+申→伸. '申(신)'이 음을 나타낸다.
字解 ①펴다. ②굽은 것을 곧게 하다, 젖혀 펴다. 〔易經〕引而伸之. ④늘이다, 발전하다. ≒信·申. ¶伸長. ④풀다, 마음에 맺힌 것을 없애다. ¶伸冤. ②기지개를 켜다. 〔儀禮〕君子欠伸. ③진술하여 말하다, 사뢰다. 〔杜甫·行〕役夫敢伸恨.
【伸頸 신경】 목을 길게 뺌.
【伸鉤 신구】 쇠갈고리를 곧게 함. 곧, 힘이 셈.
【伸理 신리】 ①이치(理致)를 폄. 조리(條理)를

人部 5획 佒余佑位佚

늘려서 펼침. ②現이유를 설명함.
【伸眉 신미】 눈살을 폄. 근심이 가시는 모양을 이름. 信眉(신미).
【伸伸 신신】 느긋하고 유유(悠悠)한 모양. 거침없이 자유롭게 늘어나는 모양.
【伸曳 신예】 잡아당겨 늘임. 늘려서 조화시킴.
【伸冤 신원】 ①가슴에 맺힌 원한을 풀어 버림. ②억울한 누명을 씻어 버림.
【伸冤雪恥 신원설치】 마음에 맺힌 원한을 풀고 당했던 치욕(恥辱)을 씻어 원수를 갚음.
【伸張 신장】 세력·권리 따위가 늘어남.
【伸縮 신축】 늘고 줌. 늘이고 줄임.
【伸腿 신퇴】 ①다리를 폄. ②죽음.
【伸吭 신항】 목을 길게 뺌. 무엇을 기다리는 모양을 이름.
【伸欠 신흠】 기지개와 하품. 欠伸(흠신).
○ 屈-, 追-, 欠-.

人5 【佒】㋐ 새가슴 앙 陽㊂ yǎng, yāng
字解 ①새가슴, 구부러서 잡지 못하다. 〔莊子〕緣循偃佒. ②몸이 펴이지 아니하는 모양. ③즐기다.

人5 【余】㋐ 나 여 魚 yú

ノ 人 ㅅ 亽 今 余 余

소전 余 초서 余 字源 象形. 원시 시대에 나무 위에 세운 집 모양을 본뜬 글자이다.
字解 ①나, 자신(自身). ≒予. 〔春秋左氏傳〕余嘉乃勳. ②음력 4월. ¶ 余月. ③나머지. ※餘(2036)의 속자. 〔周禮〕凡其余聚以待頒賜.
【余輩 여배】 우리들.
【余月 여월】 음력 4월의 딴 이름.
○ 告-, 負-, 避-.

人5 【佑】㋐ 도울 우 宥㊂ yòu
초서 佑 字解 ①돕다, 신령(神靈)이 비호하다. 〔書經〕上天孚佑下民. ②우대하다. 〔墨子〕先佑有功有能.
【佑啓 우계】 도와서 계도(啓導)함.
【佑命 우명】 ①하늘의 도움. ②왕명(王命)을 실현하도록 도움.
【佑助 우조】 도움. 輔佐(보좌). 輔弼(보필).
○ 保-, 神-, 佐-, 贊-, 天-神助.

人5 【位】㋐ 자리 위 寘㊂ wèi

ノ 亻 亻 亻 亻 位 位

소전 位 초서 位 字源 會意. 人+立→位. 옛날 조정에서 신하는 임금의 앞에 좌우로 죽 벌여 섰는데, 그 서는 자리는 품계에 따라 정해져 있었다. 그 정해진 자리를 나타내는 글자이다.
字解 ㉮자리. ㉠궁중(宮中)에서 군신(群臣)이 서는 자리. 〔書經〕卿士邦君麻冕蟻裳, 入卽位. ㉡서거나 앉거나 눕거나 하는 자리. 〔周禮〕掌正王之服位. ㉢임금의 지위. 〔書經〕朕在位七十載. ㉣직위·지위·신분·관직의 등급. 〔周禮〕惟王建國辨方正位. ㉤차례, 순서. 〔後漢書〕以定月位. ②자리하다. 위치하다. ③품위, 품격. ④수(數)의 경칭. ㉮신주·위패의 수를 세는 단위. ㉯분. 사람의 수를 세는 경칭. ⑤세우다. ≒立.
【位階 위계】 벼슬의 등급(等級).
【位高 위고】 지위가 높음.
【位高望重 위고망중】 지위가 높고 명망(名望)이 두터움.
【位極人臣 위극인신】 신하로서 가장 높은 지위에 오름.
【位祿 위록】 벼슬과 녹봉(祿俸). 位秩(위질).
【位不期驕 위불기교】 높은 지위에 오르면 자기도 모르는 사이에 교만한 마음이 싹틈.
【位宁 위저】 조정(朝廷)의 벼슬아치.
【位秩 위질】 벼슬과 녹(祿). 관위(官位)와 봉록(俸祿). 位祿(위록).
【位次 위차】 지위의 차례. 벼슬의 등급.
【位置 위치】 ①일정한 곳에 자리를 차지함. ②사회적으로 담당하고 있는 지위나 역할.
【位牌 위패】 신주(神主)의 이름을 적은 나무패.
【位號 위호】 작위(爵位)와 명호(名號).
○ 各-, 高-, 官-, 闕-, 代-, 命-, 方-, 寶-, 復-, 本-, 上-, 相-, 成-, 星-, 尸-, 兩-, 讓-, 一-, 爵-, 在-, 電-, 轉-, 帝-, 中-, 卽-, 地-, 職-, 次-, 篡-, 體-, 退-, 廢-, 品-, 下-, 虛-.

人5 【佚】㋐ ❶편안할 일 質㊂ yì
❷방탕할 질 ㊉절 屑 dié
소전 佚 초서 佚 參考 대법원 지정 인명용 한자의 음은 '일'이다.
字解 ❶①편안하다, 편히 즐기다. ≒逸. 〔孟子〕以佚道使民, 雖勞不怨. ②숨다, 달아나다, 없어지다. ≒逸. 〔荀子〕身不佚者志不廣. ③실수, 잘못, 과실. ≒失. 〔書經〕惟予一人, 有佚罰. ④아름답다, 요염하다. ≒姨. ¶ 佚女. ❷①방탕하다, 들뜨다. ≒泆. 〔論語〕樂佚遊. ②대범하다, 느슨하다. ¶ 佚蕩. ③서로, 번갈아. ≒迭. 〔史記〕四國佚興.
【佚女 일녀】 ①미인(美人). 美女(미녀). ②음탕한 여자. 淫女(음녀).
【佚道 일도】 백성을 편안하게 하는 방도.
【佚老 일로】 ①세속을 떠나 은거하여 사는 노인. ②노인을 편하게 함.
【佚民 일민】 세상에 나서지 않고 파묻혀 지내는 사람. 逸民(일민). 隱者(은자).
【佚罰 일벌】 ①실정(失政)한 벌(罰). ②벌할 것을 벌하지 못한 일.
【佚豫 일예】 편안히 즐김.
【佚欲 일욕】 음란한 욕망(欲望).

【佚佚然 일일연】간편한 모양. 손쉬운 모양.
【佚畋 일전】재미로 사냥을 함. 遊獵(유렵).
【佚忽 일홀】게으르고 소홀히 함.
【佚宕 질탕】번갈아 들면서 해(害)를 끼침.
【佚蕩 질탕】하는 짓이 들뜨고 실답지 않음. 하는 일이 자상하지 못하고 조잡함.
● 奢-, 安-, 遏-, 遺-, 淫-, 沈-, 豐-.

人5 【作】 ⑦ ❶지을 작 麌 zuó
❷만들 주 本자 圖 zuó, zuō
❸저주할 저 本조 혜 zǔ

ノ 亻 亻' 亻乍 亻乍 作 作

[소전] 𣲒 [초서] 𢎨 [𦥑秀] 대법원 지정 인명용 한자의 음은 '작'이다.
[字源] 會意. 人+乍→作. '乍(사)'는 바느질하는 모습을 나타낸다. 여기서 '짓다'라는 뜻이 나왔다.
[字解] ❶⑦짓다. ㉮짓다, 만들다.〔書經〕若作酒醴, 爾惟麴糵. ㉯시문을 짓다.〔書經〕帝庸作歌. ㉰처음으로 하다, 창작하다.〔論語〕述而不作. ❷일어나다. ㉮잠에서 깨다.〔管子〕夜寐蚤作. ㉯일어서다.〔論語〕雖少者必作. ㉰나타나다.〔易經〕聖人作而萬物覩. ❸일으키다. ㉮떨쳐 일으키다.〔書經〕作新民. ㉯서다, 세우다.〔周禮〕群吏作旗, 車徒皆作. ㉰일하다.〔帝王世紀〕日出而作, 日入而息. ❺농사짓다.〔書經〕平秋東作. ❻긁어 벗기다, 비늘을 벗기다. ≒斲. ❼이루다, 성취하다.〔書經〕無恥過作非. ❽변하다, 바뀌다. ≒化.〔史記〕勃然作色. ❾작용, 일.〔禮記〕毋以小謀敗大作. ❿공사(工事), 토목.〔晉書〕功作之勤. ⓫비로소, 처음으로.〔書經〕萊夷作牧. ⓬하게 하다, 시키다.〔周禮〕會同朝覲, 作大夫介. ⓭만들다. =做. ❸저주하다. ≒詛.〔詩經〕侯作侯祝.
【作客 작객】①나그네가 됨. 손님 노릇을 함. ②말·행동 등을 삼가서 사양함.
【作繭 작견】누에가 고치를 지음. ㉠입사(入仕)하여 벼슬에 오름. ㉡물러나 숨음.
【作梗 작경】훼방 놓음. 방해함.
【作故 작고】①선례(先例)를 만듦. ②國죽음. 死亡(사망).
【作窠 작과】國딴 사람을 벼슬자리에 쓰기 위하여 그 자리에 있던 사람을 갈아내는 일.
【作狂作聖 작광작성】사람은 마음먹기에 따라 광인(狂人)도 되고 성인(聖人)도 됨.
【作仇 작구】원수가 됨.
【作氣 작기】원기(元氣)를 떨쳐 일으킴.
【作鬧 작뇨】소동을 일으킴. 起鬧(기뇨).
【作撻 작달】헛되이 함. 그르침.
【作獺 작달】남의 어장(漁場)을 침범함.
【作對 작대】①배우자(配偶者)를 만듦. ②하늘이 밝은 임금을 태어나게 함. ③대항(對抗)함. 적대(敵對)함.
【作儷 작려】부부(夫婦)가 됨.
【作力 작력】일에 힘씀.
【作霖 작림】장마가 짐.

【作木 작목】조선 때, 곡식 대신에 무명을 조세(租稅)로 받아들이던 일.
【作夢 작몽】꿈을 꿈.
【作務 작무】①일을 함. ②일.
【作問 작문】의심되는 점을 물음.
【作文三上 작문삼상】글을 짓는 데 골몰(汨沒)할 수 있는 가장 알맞은 세 가지 장소. 곧, 마상(馬上)·침상(枕上)·측상(厠上).
【作物 작물】①농작물(農作物). ②명공(名工)이 만든 도검(刀劍)·기물(器物) 따위.
【作伴 작반】길동무가 됨. 길동무를 삼음. 作侶(작려).
【作坊 작방】일터. 작업장(作業場).
【作白 작백】(佛)죄를 자백(自白)하고 참회하는 일. 羯磨(갈마).
【作伐 작벌】결혼(結婚)의 중매를 섬.
【作服 작복】①일을 함. ②옷을 만듦.
【作死 작사】①죽은 사람을 소생(蘇生)시킴. ②國죽음을 요구함.
【作事 작사】①일을 만듦. 일을 일으킴. ②일함. ③집을 지음.
【作查 작사】國사돈 관계를 맺음.
【作誓 작서】약속함. 맹세함.
【作善 ❶작선 ❷자선】❶착한 일을 함. ❷(佛)선근(善根)을 쌓는 온갖 좋은 일. 탑(塔)·불상(佛像) 등을 만들고 경전을 외우는 일 따위.
【作勢 작세】세력을 떨쳐 일으킴.
【作新 작신】고무(鼓舞)하고 격려함. 백성을 분기(奮起)시켜 도덕적으로 훌륭하게 만듦.
【作心三日 작심삼일】國작정한 마음이 사흘을 가지 못함. 결심이 굳지 못함.
【作惡 ❶작악 ❷오】❶몹시 고민함. ❷미움받을 짓을 함.
【作業 작업】일을 함. 또는 그 일.
【作俑 작용】목우인(木偶人)을 만듦. 나쁜 전례(前例)를 만듦. [故事] 옛날 장사 지낼 때 나무로 만든 인형을 시체와 함께 묻었는데 이로 인해 후세에 순사(殉死)의 풍습이 생겨났다는 데서 온 말.
【作威 작위】위엄을 보임. 형벌(刑罰)·정벌(征伐) 따위를 행하는 일.
【作爲 작위】①의식적인 의사(意思)에 의한 적극적인 행위. ②만듦. 만들어 냄. 인위(人爲)를 가함.
【作威作福 작위작복】형(刑)과 상(賞)을 마음대로 함. 권세(權勢)를 잡고 횡포함.
【作游 작유】궁실(宮室)을 지어 놂.
【作人 작인】①악인(惡人)을 교화하여 새로운 사람이 되게 함. 인재를 양성함. ②사람 됨됨이나 생김새. ③경작(耕作)하는 사람.
【作者 작자】①떠나는 사람. ②일을 행하는 사람. ③저작자(著作者). ④③소작인(小作人). ㉡물건을 사려는 사람.
【作者謂聖 작자위성】예악(禮樂)을 창작하는 사람을 성인(聖人)이라고 함. 예악을 창작하려면 덕(德)과 높은 지위를 함께 갖추어야 하는 데서 이르는 말.

【作作 작작】빛이 모나게 빛나는 모양.
【作宰 작재】고을의 원(員)이 됨.
【作定 작정】일을 어떻게 하기로 결정함.
【作主 작주】①목주(木主)를 만듦. 위패(位牌)를 만듦. ②자기 주관(主觀)대로 함. 재결(裁決)함. ③주인이 됨.
【作證 작증】증거가 되게 함. 보증함.
【作踐 작천】짓밟음. 경멸(輕蔑)함.
【作輟 작철】①일을 하다가 말다가 함. 일을 하는 것이 일정하지 않음. ②중지(中止)함.
【作弊 작폐】①부정한 짓을 함. ②직권을 남용하여 사사로운 이익을 꾀함. ③폐단을 일으킴. 폐를 끼침.
【作嫌 작혐】[國]서로 싫어하는 관계가 됨.
【作好 작호】편듦. 역성듦. 偏頗(편파).
【作火 작화】불을 일으킴.
【作活 작활】일을 함. 생계(生計)를 꾸림.
【作況 작황】농작물이 잘되고 못된 상황.
【作興 작흥】①일어남. ②기운이나 정신을 와짝 일어나게 함. 振興(진흥). ③오만불손하게 함.
◑ 佳－, 改－, 巨－, 傑－, 耕－, 工－, 近－, 大－, 動－, 名－, 拙－, 豊－, 合－, 凶－.

人 5 【佇】 ⑦ 우두커니 저 [語] zhù

[소전] [초서] [동자] 竚 [字解] ①우두커니, 잠시 멈춰 서 있는 모양. 〔詩經〕 佇立以泣. ②오래다, 시간적으로 멀다. ③기다리다, 바라다. ④쌓다, 저축하다. 〔孫綽·賦〕 惠風佇芳於陽林.
【佇結 저결】손꼽아 기다림. 애타게 기다림.
【佇眷 저권】멈추어 서서 뒤돌아봄.
【佇念 저념】멈추어 서서 생각함.
【佇獨 저독】홀로 멈추어 섬.
【佇立 저립】잠시 멈추어 섬.
【佇想 저상】①정지하여 생각함. ②생각을 멈춤.
【佇軸 저축】기다림에 지쳐 생각에 잠김.
【佇眙 저치】멈추어 서서 바라봄. 佇見(저견).
◑ 停－, 躊－, 鶴－, 欽－.

人 5 【低】 ⑦ 낮을 저 [齊] dī

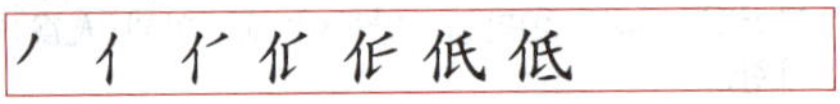

[소전] [초서] [字源] 形聲. 人＋氐→低. '氐(저)'가 음을 나타낸다.
[字解] ①낮다. ㉮높이가 낮다. ¶ 低空. ㉯온도·습도 등이 낮다. ¶ 低溫. ㉰값·삯 등이 싸다. ¶ 低廉. ㉱수준·정도·지위 등이 낮다. ¶ 低級. ㉲소리·강도·압력 등이 약하다. ¶ 低調. ②숙이다, 머리를 숙이다. 〔莊子〕 據軾低頭, 不能出氣. ③구부리다. 〔詩經〕 柯葉低垂. ④머무르다, 자리잡고 머무르다. 〔楚辭〕 軒輬旣低.
【低價 저가】헐한 값. 싼 값.
【低減 저감】①낮추어 줄임. ②값을 싸게 함. ③비율을 낮게 함.
【低空 저공】지면에 가까운 하늘.
【低級 저급】등급이 낮음. 낮은 등급.
【低頭 저두】①머리를 숙임. ②머리를 숙여 경례(敬禮)함. ③두려워서 머리를 숙임. 머리를 숙이고 남에게 복종함.
【低頭傾首 저두경수】머리를 숙여 떨어뜨림. 근신(謹愼)하는 모양.
【低廉 저렴】값이 쌈.
【低嘿 저묵】머리를 숙이고 말이 없는 모양.
【低眉 저미】①활처럼 굽고 긴 눈썹. ②눈을 내리뜸.
【低迷 저미】①흐릿하여 똑똑하지 않은 모양. ②머리를 떨어뜨리고 서성거리는 모양. ③구름 따위가 낮게 떠도는 모양.
【低密 저밀】①나뭇가지가 낮고 빽빽하게 우거진 모양. ②서각(犀角)의 딴 이름.
【低首下心 저수하심】머리를 숙이고 마음을 억누름. 굴복(屈服)함.
【低顔 저안】겸손(謙遜)한 모양.
【低昻 저앙】낮아졌다 높아졌다 함. 낮추었다 높였다 함. 低仰(저앙).
【低溫 저온】낮은 온도.
【低窪 저와】낮고 우묵한 땅.
【低日季 저일계】[國]동지(冬至)를 중심으로 한 앞뒤의 기간.
【低潮 저조】①썰물. 干潮(간조). ②기세가 꺾여져 소침한 상태. ③질이 좋지 못한 은(銀).
【低調 저조】①낮은 가락. ②활동이나 감정 등이 가라앉아 식음.
【低唱微吟 저창미음】낮은 소리로 노래를 부르며, 작은 소리로 시를 읊조림.
【低唱淺斟 저창천짐】작은 소리로 노래하며 알맞게 술을 마심.
【低幘 저책】높이가 낮은 관(冠).
【低下 저하】떨어져 낮아짐.
【低回 저회】①머리를 숙이고 사색(思索)에 잠겨 서성거림. ②공중에 낮게 떠서 빙빙 돎.
◑ 高－, 最－, 下－.

人 5 【佃】 ⑦ 밭 갈 전 [先] tián, diàn

[소전] [초서] [字解] ①밭을 갈다. 〔史記〕 民雖不佃作而足於棗栗矣. ②소작인. 〔宋史〕 訂其主佃. ③사냥하다. ≒畋·田. 〔易經〕 以佃以漁. ④개간한 밭, 일군 밭.
【佃具 전구】농사일에 쓰는 기구.
【佃漁 전어】사냥과 고기잡이.
【佃作 전작】경작함. 소작 농업에 종사함.
【佃戶 전호】남의 땅을 빌려 농사를 짓고 그 대가로 사용료를 지급하는 사람. 小作人(소작인).
◑ 耕－, 並－.

人 5 【佔】 ⑦ 볼 점 [鹽] zhān

[字解] ①보다, 눈으로 대상을 보다. 〔禮記〕 今之教者, 呻其佔畢. ②엿보다. ＝覘. ③속삭이다. ④[現]차지하다. ≒占.
【佔佔 점점】①귓속말로 소곤소곤 이야기하는

모양. ②옷자락이 살랑살랑 움직이는 모양.
【佔畢 점필】 책을 엿봄. 글을 읽기만 하고 그 뜻을 모름. ☞'畢'은 간책(簡册)을 뜻함.

人 5 【征】㋒ 황급할 정 庚 zhēng
字解 황급하다, 황급한 모양.
【征忪 정종】 ①두려워서 허둥지둥함. ②허둥지둥 가는 모양.

人 5 【佐】㋒ 도울 좌 ㊛자 圖 个 zuǒ
丿亻仁仵佐佐佐
초서 佐 字源 會意·形聲. 人+左→佐. 본디 '左(좌)' 자가 '돕다'의 뜻이었으나 뒤에 '왼쪽'이라는 뜻으로 쓰이게 되면서 '人' 자를 덧붙여 '돕다'라는 의미를 나타내었다.
字解 ①돕다, 거들어 주다. 〔周禮〕 以佐王治邦國. ②도움, 돕는 사람. 〔春秋左氏傳〕 有伯瑕以爲佐. ③권하다. 〔國語〕 召之使佐食. ④다스리다. 〔大戴禮〕 以佐其下. ⑤부(副), 부차적인 것. 〔周禮〕 掌佐車之政.
【佐車 좌거】 ①여벌로 따라가는 수레. 副車(부거). 貳車(이거). ②구역(驅逆)의 수레. 곧, 사냥에서 짐승을 몰아내는 수레와 기다렸다가 짐승을 잡는 수레.
【佐理 좌리】 정치를 도와 나라를 다스림.
【佐命 좌명】 천명(天命)을 받아 임금이 될 사람을 도움. 나리를 세우는 일을 도움.
【佐書 좌서】 예서(隸書).
【佐食 좌식】 밥을 권함. 먹기를 권함.
【佐戎 좌융】 군주(君主)·장관(長官) 등을 보좌함. 또는 그 사람.
【佐貳 좌이】 조선 때, 육조(六朝)의 참판(參判)과 참의(參議).
【佐酒 좌주】 술을 권함.
【佐疾 좌질】 병을 치료함.
【佐鬪得傷 좌투득상】 남의 싸움을 돕다가 몸을 다침. 나쁜 일에 관여하였다가 피해를 입음.
❶輔-, 五-, 王-, 翼-, 賢-.

人 5 【住】㋒ 살 주 圈 zhù
丿亻广仁仨住
초서 住 字源 形聲. 人+主→住. '主(주)'가 음을 나타낸다.
字解 ①살다, 거처를 정해 놓고 살다. 〔崔顥·行〕 君家何處住. ②거처, 사는 집. 〔許渾·詩〕 猶有漁人數家住. ③살고 있는 사람. 〔高啓·詩〕 同作他鄕化. ④멈추다, 그치다. 〔李白·詩〕 兩岸猿聲啼不住. ⑤세우다, 서다. 늑柱. 〔後漢書〕 輒停車住節.
【住家 주가】 ①사는 집. 住宅(주택). ②現㋒며느리가 친정에 감. ㉡거처함.
【住居 주거】 일정한 곳에 머물러 삶.

【住戒 주계】 (佛)불계(佛戒)를 지킴.
【住所 주소】 사람이 살고 있는 곳.
【住持 주지】 (佛)①세상에 안주(安住)하여 불법을 보지(保持)함. ②삼보(三寶)를 잘 지키는 사람. ③한 절의 주승(主僧). 住職(주직).
【住止 주지】 한 곳에 머물러 삶.
【住職 주직】 (佛)한 절을 주관하는 승려.
【住著 주착】 일정한 곳에 정착(定着)하여 삶.
【住宅 주택】 사람이 들어가 살 수 있도록 지은 건물.
❶居-, 來-, 常-, 安-, 永-, 移-, 定-.

人 5 【佃】㋒ 甸(170)과 동자

人 5 【佌】㋒ 작을 차 紙 cǐ
字解 ①작은 모양. 〔詩經〕 佌佌彼有屋. ②어긋맞게 잇닿은 모양, 비늘처럼 잇닿은 모양.
【佌佌 차차】 ①작은 모양. ②늘어선 모양.

人 5 【佗】㋒
❶다를 타 歌 tuō
❷더할 타 圖 tuó
❸입을 타 哿 tuǒ
❹아름다울 이 支 yí
소전 佗 초서 佗 字解 ❶①다르다, 다름. 〔呂氏春秋〕 況於佗物乎. ②편안하다. 〔太玄經〕 夫地佗然. ③짊어지다, 등에 지다. 〔漢書〕 以一馬自佗負. ④간사하다, 나쁘다. 〔法言〕 君子正而不佗. ❷더하다. 〔詩經〕 舍彼有罪, 予之佗矣. ❸①입다, 무릅쓰다. 〔史記〕 醮酒佗髮. ②끌다, 당기다. =拖. ❹아름답다. 〔詩經〕 委委佗佗.
【佗髮 타발】 머리를 흐트러뜨림.
【佗負 타부】 등에 짊어짐.
【佗佗 타타·이이】 덕(德) 또는 용모가 아름답고 누긋한 모양.

人 5 【佟】㋒ 성 퉁·동 東 tóng
字解 ①성(姓). 조선의 개국 공신 '이지란(李之蘭)'의 사성(賜姓) 전의 성을 일컬을 때는 중국음 '퉁'으로 관음화되었다. ②강 이름.
【佟家江 동가강】 요녕성(遼寧省) 환인현(桓仁縣)에 있는 압록강(鴨綠江)의 지류(支流). 佟佳江(동가강).

人 5 【伻】㋒ 부릴 팽 庚 bēng
字解 ①부리다, 시키다, 하게 하다. 〔書經〕 乃伻我有夏. ②좇다, 따르다. ③사자(使者). 〔書經〕 伻來, 以圖及獻卜.

人 5 【佈】㋒ 펼 포 遇 bù
字解 ①펴다, 전개하다, 펼치다. ②퍼뜨리거나 알리다.

【佈告 포고】①일반에게 널리 알림. ②국가의 결정 의사를 공식적으로 널리 알림.
【佈置 포치】①배치(配置). 준비. ②수배(手配).

人 5 【佖】⑦ 점잖을 필 𤴓 bì
소전 㐄 字解 ①점잖다, 위의(威儀)가 있다.〔詩經〕威儀佖佖. ②가득 차다.〔揚雄・賦〕駢衍佖路. ③나란하다. ≒比.

人 5 【何】⑦ ❶어찌 하 歟 hé ❷짐 하 嗬 hè
ノイ亻仃何何何
소전 何 초서 何 字源 象形. 본디 사람이 물건을 짊어지고 있는 것을 본뜬 글자. '어찌, 무엇'이라는 뜻은 뒤에 가차된 것이고, '짊어지다'라는 뜻은 발음이 비슷한 '荷(하)'자를 쓰게 되었다.
字解 ❶①어찌. ㉮의문.〔孟子〕許子何不爲陶冶. ㉯감탄.〔論語〕何其多能也. ㉰반어(反語).〔論語〕何敢望回. ②무엇. ㉮어느 것.〔論語〕吾何執, 執御乎, 執射乎. ㉯누구.〔孟子〕何事非君, 何使非民. ㉰어디.〔孔叢子〕天下如一, 欲何之. ③얼마, 어느 정도.〔史記〕居無何, 使者果召參. ④왜냐 하면.〔春秋公羊傳〕曰否, 何의 曰盍. ⑤어찌 아니, 늦盍.〔戰國策〕君何釋以天下圖智氏. ⑥꾸짖다. 늦訶.〔漢書〕大譴大何. ❷①짐, 지다.〔詩經〕何戈與祋. ②당하다, 해당하다.〔易經〕何天之衢. ③걸다, 내어 걸다.〔詩經〕何蓑何笠.
【何渠 하거】왜. 어찌하여.
【何故 하고】무슨 까닭.
【何苦 하고】왜 일부러. 애써서 운운(云云)할 필요는 없음.
【何關 하관】무슨 관계.
【何其 하기】어찌하여.
【何奈 하내】①어떠한. 어떠하게. 如何(여하). ②어떻게도 할 수 없음.
【何等 하등】아무런. 아무.
【何樓 하루】①물건이 조잡함. ②가짜 물건. 🔍 송대(宋代) 서울에 하가루(何家樓)라는 가게가 있었는데, 거기서 파는 물건에 가짜가 많았던 데서 온 말.
【何嘗 하상】부정(否定)의 말 앞에 붙여 써서 '따지고 보면'의 뜻으로 쓰이는 말.
【何也 하야】①무슨 까닭이냐. ②왜냐하면.
【何若 하약】☞何如(하여).
【何如 하여】①어떻게. ②어찌. 何若(하약).
【何興 하흥】~와 비교하여 어떤가? 앞뒤에 있는 두 가지를 비교하여 그 선악(善惡)・우열(優劣)을 묻는 데 쓰는 말.
【何爲 하위】①어째서. 왜. ②무엇을 하느냐. ③무엇이 되겠느냐. 무슨 쓸모가 있겠느냐.
【何有 하유】①무엇 있으리오. ㉠아무 상관 없음. ㉡아무 힘들 것도 없음. ㉢아까울 것이 없음. ②무엇이 있는가?

【何以 하이】①무슨 까닭으로. 어찌하여. ②무엇으로써.
【何處 하처】어디. 어느 곳.
【何必 하필】어찌하여 반드시.
【何許人 하허인】어떠한 사람.
【何況 하황】하물며.
◐ 幾−, 奈−, 無−, 誰−, 如−.

人 6 【佳】⑧ 아름다울 가 𠅸 jiā
ノイ亻什佳佳佳佳
소전 佳 초서 佳 字源 形聲. 人+圭→佳. '圭(규)'가 음을 나타낸다.
字解 ①아름답다.〔漢書〕北方有佳人, 絶世而獨立. ②좋다, 훌륭하다.〔老子〕夫佳兵者, 不祥之器也. ③좋아하다, 즐기다.〔戰國策〕佳麗人之所出也.
【佳佳 가가】현썩 좋음. 훌륭함.
【佳客 가객】①좋은 손님. 반가운 손님. 佳賓(가빈). ②서향(瑞香)의 딴 이름.
【佳境 가경】①경치가 좋은 곳. ②재미있는 판이나 고비. ③맛이 좋은 부분.
【佳果 가과】맛이 좋은 과실.
【佳氣 가기】상서로운 기운. 瑞氣(서기).
【佳期 가기】①좋은 시절. 佳節(가절). ②미인과 만나는 때. 곧, 혼인 날. 吉日(길일).
【佳器 가기】①좋은 그릇. ②훌륭한 인물.
【佳郎 가랑】①国㉠재질이 있는 훌륭한 신랑. ㉡얌전한 총각. ②훌륭한 자제(子弟).
【佳麗 가려】①경치・용모(容貌) 따위가 아름다움. ②미인(美人).
【佳例 가례】좋은 관례(慣例). 吉例(길례).
【佳名 가명】좋은 명성. 좋은 평판.
【佳茗 가명】좋은 차(茶). 향기로운 차.
【佳妙 가묘】아름답고 묘함. 美妙(미묘).
【佳墨 가묵】좋은 먹.
【佳芳 가방】아름다운 향기(香氣).
【佳配 가배】좋은 배우자(配偶者).
【佳兵 가병】①예리한 병기(兵器). 날카로운 무기(武器). ②싸움을 좋아함. 好戰(호전).
【佳朋 가붕】좋은 벗. 良朋(양붕).
【佳士 가사】품행(品行)이 단정한 사람.
【佳思 가사】아름다운 생각. 착한 생각.
【佳詞 가사】①훌륭한 글. ②国좋은 말.
【佳士不屈 가사불굴】훌륭한 자는 오랫동안 불우한 처지에 있더라도 굴복하지 않음.
【佳壻 가서】얌전한 사위. 훌륭한 사위.
【佳設 가설】좋은 음식. 美味(미미).
【佳城 가성】좋은 성(城). 묘지(墓地)의 비유.
【佳宵 가소】①아름다운 밤. 기분이 상쾌한 밤. ②가인(佳人)을 만나는 밤.
【佳勝 가승】①명성(名聲)이 높은 사람. ②좋은 경치.
【佳時 가시】좋은 때.
【佳詩 가시】훌륭한 시(詩). 嘉詩(가시).
【佳什 가십】훌륭한 시문(詩文).

【佳兒佳婦 가아가부】 좋은 아들과 좋은 며느리.
【佳冶 가야】 아름답고 요염(妖艶)함.
【佳約 가약】 ①좋은 언약. ②연인(戀人)과 만날 약속. ③부부(夫婦)가 되자는 약속.
【佳姸 가연】 매우 아름다움.
【佳饒 가요】 땅이 기름지고 넉넉함.
【佳友 가우】 ①좋은 친구. 良友(양우). 益友(익우). ②국화(菊花)의 딴 이름.
【佳遊 가유】 좋은 놀이.
【佳音 가음】 ①듣기 좋은 소리. 아름다운 노래. ②기쁜 소식. 好音(호음).
【佳人 가인】 ①아름다운 여자. 美人(미인). ②잘 생긴 남자. 美男(미남). ③신하가 임금을 이르거나 임금이 어진 신하를 이르는 말. ④좋은 친구. ⑤노래 부르는 여자. 娼妓(창기). ⑥아내가 남편을 이르는 말.
【佳人薄命 가인박명】 아름다운 여자는 수명이 짧음.
【佳日 가일】 ①좋은 날. 혼인하는 날. 경사가 있는 날. ②청명(淸明)한 날.
【佳作 가작】 ①매우 뛰어난 작품. ②당선 작품에 버금가는 작품.
【佳適 가적】 마음에 듦. 매우 적합함.
【佳傳 가전】 남의 훌륭한 행적을 위주로 기록한 전기(傳記).
【佳絶 가절】 매우 좋음. 絶佳(절가).
【佳節 가절】 좋은 시절이나 계절.
【佳政 가정】 좋은 정치(政治). 훌륭한 정치.
【佳霽 가제】 맑게 갬. 좋은 날씨.
【佳趣 가취】 좋은 취미. 아름다운 운치(韻致).
【佳快 가쾌】 가인(佳人)과 쾌사(快士). 범상(凡常)한 사람과는 다른 사람.
【佳謔 가학】 남에게 해가 되지 않는 농담. 좋은 해학(諧謔).
【佳俠 가협】 아름다움. 고움. 佳麗(가려).
【佳惠 가혜】 남에게서 받은 좋은 선물.
【佳肴 가효】 좋은 안주. 嘉肴(가효).

○ 殊−, 麗−, 絶−.

人
6 【価】⑧ 價(137)의 속자

人
6 【侃】⑧ 강직할 간 国圖 kǎn

[소전][초서] 字源 會意. 们+川→侃. '们'은 '信(신)'의 고자(古字)이다. '川'은 냇물이 밤낮으로 끊임없이 흐른다는 뜻. 냇물이 밤낮으로 쉬지 아니하고 흐르듯이 항상 믿음(信)을 지켜 변하지 아니한 데서 '강직하다'라는 뜻을 나타낸다.
字解 ①강직하다, 굳세고 바르다. 〔論語〕朝與下大夫言, 侃侃如也. ②화락하다. ≒衎.
【侃侃 간간】 ①강직(剛直)한 모양. 성품이나 행실이 꼿꼿꼿함. ②화락한 모양.
【侃諤 간악】 성격이 강직하여 말을 굽히지 않는 모양. 기탄없이 바른 말을 하는 모양.
【侃然 간연】 ①강한 모양. 강직(剛直)한 모양.

②화락(和樂)한 모양.
【侃直 간직】 굳세고 바름. 강하고 정직함.

人
6 【供】⑧ 이바지할 공 図困 gōng, gòng

ノ イ 亻 什 仕 供 供 供
[소전][초서] 字源 形聲. 人+共→供. '共(공)'이 음을 나타낸다.
字解 ①이바지하다. ㉮보내어 주다, 공급하다. 〔春秋左氏傳〕敢不供給. ㉯바치다, 받들다. 〔後漢書〕凡供薦新味, 多非其節. ②말하다, 진술하다. ¶供辭. ③공손하다, 정중하다. ≒恭. 〔荀子〕行而供冀, 非淸濁也. ④공물(供物). ¶供貢.
【供貢 공공】 공물(貢物)을 바치거나 조세(租稅)를 냄.
【供具 공구】 ①연회(宴會)에 쓸 휘장·막 등을 치는 데 쓰는 도구. ②(佛)부처·보살(菩薩)에게 공양하는 향화(香華)·번개(幡蓋)·등명(燈明) 따위. 또는 거기에 쓰이는 그릇.
【供饋 공궤】 윗사람에게 음식을 드림.
【供給 공급】 물품 따위를 제공함.
【供頓 공돈】 ①술을 내어 손을 대접함. ②☞供帳(공장).
【供命 공명】 명령에 복종함.
【供備 공비】 갖추어 준비함.
【供辭 공사】 죄인이 범죄 사실을 진술하는 일. 供招(공초). 招辭(초사).
【供贍 공섬】 재물(財物)을 주어서 구원함.
【供送 공송】 갖추어 보냄.
【供需 공수】 ①(佛)절에서 손님에게 무료로 대접하는 음식. ②물자의 공급과 수요.
【供侍 공시】 측근(側近)에서 시중듦.
【供案 공안】 조선 때, 죄인을 문초한 내용을 적어 둔 문서.
【供養 공양】 ①부모나 조부모를 봉양(奉養)함. ②가묘(家廟)에 음식을 올림. ③(佛)절에서 음식을 먹는 일. ④(佛)부처 또는 죽은 사람에게 음식·꽃·향 따위를 바침. 供施(공시).
【供御 공어】 임금에게 진상(進上)함.
【供億 공억】 가난한 사람들을 구휼(救恤)하여 안심시킴. ○ '億'은 '安'으로 '편안하게 한다'는 뜻.
【供應 공응】 ①필요한 물품. ②시중듦.
【供認 공인】 자백(自白)함.
【供帳 공장】 연회석(宴會席)이나 휴게소에 쓸 휘장·장막(帳幕) 등을 침. 또는 그 장막.
【供餞 공전】 전별(餞別)하는 잔치를 베풂. 송별연(送別宴)을 엶.
【供進 공진】 임금에게 헌상(獻上)함.
【供饌 공찬】 상을 차림. 식사를 마련함.
【供薦 공천】 신령이나 부처에게 물건을 바침.
【供招 공초】 ☞供辭(공사).
【供花 공화】 (佛)부처 또는 죽은 사람에게 꽃을 바침. 또는 그 꽃.

○ 口−, 給−, 自−, 提−.

人部 6획 侉佭佼佹佶佹佶來

人6 【侉】⑧ 자랑할 과 麻 kuǎ
侉 侉 字解 ①자랑하다, 뽐내다. 〔書經〕 驕淫矜侉, 將由惡終. ②지쳤을 때 내는 소리.
【侉大 과대】 자랑하며 뽐냄.

人6 【佭】⑧ 성한 모양 광 陽 guāng
佭 佭 字解 성한 모양, 큰 모양, 푸짐한 모양. 〔國語〕 佭飯不及壺飧.
【佭飯 광반】 잘 차린 음식. 盛饌(성찬).

人6 【佼】⑧ ❶예쁠 교 巧 jiǎo
❷사귈 교 肴 jiāo
佼 佼 字解 ❶①예쁘다, 용모가 아름답다. 〔墨子〕 面目佼好. ②교활하다, 속이다. ≒狡. 〔管子〕 好佼反而行私請. ③어지럽다, 어지러워지다. ≒攪. ❷사귀다, 섞이다. ≒交. 〔管子〕 群臣皆忘主而趨私佼矣.
【佼佼 교교】 뛰어난 모양. 예쁜 모양.
【佼麗 교려】 예쁨. 아름다움.
【佼反 교반】 ①속여서 배반함. ②벗과 사귐. 또는 그 사귄 벗. 交友(교우). ◎'反'은 '友'의 잘못.
【佼人 교인】 예쁜 사람. 姣人(교인).
【佼好 교호】 아름다움. 예쁨.
【佼黠 교힐】 교활함.

人6 【佹】⑧ 괴이할 궤 紙 guǐ
佹 字解 ①괴이하다, 괴상하다. 〔荀子〕 請陳佹詩. ②속이다. ≒詭. 〔春秋〕 晉侯佹諸卒. ③포개다, 중복되다. ④거스르다, 어그러지다, 사리에 어긋나다. ⑤의지하다, 의존하다. ⑥殆거의, 대부분.
【佹得佹失 궤득궤실】 우연히 얻었다가 우연히 잃음.
【佹辯 궤변】 거짓을 참인 것처럼 꾸며 대는 말. 詭辯(궤변).
【佹詩 궤시】 괴기(怪奇)하고 격절(激切)한 시.

人6 【佶】⑧ 건장할 길 質 jí
佶 佶 字解 ①건장하다, 건장한 모양. 〔詩經〕 四牡旣佶, 旣佶且閑. ②바르다, 그릇됨이 없다. ③굳다, 막히다. ≒詰. ¶佶屈聱牙.
【佶屈 길굴】 막혀서 답답함.
【佶屈聱牙 길굴오아】 글이 몹시 어려워 이해하기 힘듦. ◎'佶屈'은 딱딱하고 답답한 모양, '聱牙'는 듣기 힘들다는 뜻.

人6 【俊】⑧ 俊(86)의 속자

人6 【來】⑧ ❶올 래 灰 lái
❷위로할 래 隊 lài

一厂ア內來來來

來 來 来 来 字源 象形. 한 겹 껍질 안에 낟알 두 개가 들어 있는 보리의 모양을 본뜬 글자. 뒤에 '오다, 이르다' 등의 뜻으로 쓰이면서 '보리'란 뜻으로는 '夊'를 더하여 '麥'을 쓰게 되었다.
字解 ❶①오다, 이르다. 〔書經〕 王來自商. ②장래, 미래. 〔論語〕 來者猶可追. ③부르다, 오게 하다. 〔中庸〕 來百工則財用足矣. ④부터, 에서. 〔孟子〕 由孔子而來至於今百有餘歲. ⑤어조사. 어세(語勢)를 강하게 하기 위하여 쓴다. ⑥보리, 밀. ≒秾. 〔詩經〕 貽我來牟. ❷위로하다. =勑·徠. 〔孟子〕 勞之來之.
【來簡 내간】 ①온 편지. ②편지를 보내옴.
【來去 내거】 ①가고 옴. ②반복됨. 되풀이함.
【來格 내격】 와서 닿음. ㉠귀신이 강림함. 來莅(내리). ㉡사람이나 물건이 옴.
【來貢 내공】 내조(來朝)하여 공물(貢物)을 바침.
【來觀 내관】 와서 봄. 보러 옴.
【來紀 내기】 내년(來年).
【來氣 내기】 어떤 사람이 오는 기척.
【來同 내동】 ①와서 동맹(同盟)을 맺음. ②와서 합류(合流)함. 來會(내회).
【來歷 내력】 지금까지 지내온 경로나 경력.
【來莅 내리】 귀신이 내림함. 降臨(강림).
【來牟 내모】 밀과 보리. 來麰(내모).
【來訪 내방】 찾아옴.
【來報 내보】 ①와서 알림. ②내세(來世)의 응보(應報).
【來復 내복】 본디로 돌아옴.
【來附 내부】 와서 따르고 복종함. 귀순(歸順)함. 來服(내복).
【來赴 내부】 와서 알림. ◎'赴'는 부고(赴告).
【來婦 내부】 며느리. 신부. ◎시부모가 죽은 집에 시집온 신부는 시가에 온 지 석 달 만에 사당에 참례하여 시집온 사실을 고하였는데, 그 고축(告祝)에 쓰던 말.
【來不知去 내부지거】 올 때는 갈 때의 일을 모름. 양면(兩面)을 다 알지는 못함.
【來奔 내분】 도망쳐 옴.
【來聘 내빙】 ①예를 갖추어 찾아옴. 來享(내향). ②예를 두터이 하여 사람을 부름.
【來生 내생】 사후(死後)의 세상. 저 세상.
【來書 내서】 남에게서 온 편지. 來信(내신).
【來世 내세】 ①뒷세상. 後世(후세). ②〔佛〕 삼세(三世)의 하나. 죽은 뒤에 다시 태어난다는 미래의 세상.
【來歲 내세】 내년(來年).
【來蘇 내소】 ①어진 사람이 찾아와 백성들이 그 은덕(恩德)으로 다시 살아났다고 생각하는 일. ②풀(草) 이름.
【來信 내신】 남에게서 온 편지. 來書(내서).
【來訊 내신】 ①찾아옴. ②殆소식(消息).

人部 6획 例侖侔侮侎佰倂

【來如 내여】옴. ○'如'는 조자(助字).
【來緣 내연】내세에 태어나는 인연(因緣).
【來葉 내엽】후세. 내세(來世).
【來裔 내예】후세(後世)의 자손.
【來王 내왕】①제후가 정기적으로 천자(天子)를 알현함. ②오랑캐가 중국에 귀순(歸順)함.
【來威 내위】두려워하여 와서 복종함.
【來由 내유】사물(事物)의 내력. 由來(유래).
【來遊 내유】와서 놂. 놀러 옴.
【來胤 내윤】자손(子孫). 來裔(내예).
【來意 내의】오게 된 까닭. 온 뜻.
【來儀 내의】①봉황(鳳凰) 따위가 음악이나 덕(德)에 감동하여 훌륭한 모습을 하고 찾아옴. ②봉황의 딴 이름. ③뛰어난 인물이 나타나는 비유. ④사모하는 사람이 찾아옴의 비유.
【來玆 내자】내년.
【來者 내자】①지금부터 뒤의 일. ②나를 붙좇아 오는 사람. 귀순(歸順)하는 사람. ③나보다 뒤에 태어난 사람. 後生(후생). 後進(후진).
【來者可追 내자가추】지나간 일은 어쩔 수 없지만 장차 올 일은 개선(改善)할 수가 있음.
【來籍 내적】장래의 사적(史籍).
【來庭 내정】제후가 조정(朝廷)에 와서 임금을 뵘. 귀순(歸順)함.
【來朝 내조】①다른 나라 사신(使臣)이 찾아옴. 제후가 천자의 조정에 와 뵘. 入朝(입조). ②온 갈래의 강물이 모여 바다로 흘러 들어가는 일.
【來軫 내진】뒤에 오는 수레.
【來致 내치】오게 함. 불러들임.
【來學 내학】①스승의 집에 와서 배움. ②후세(後世)의 학자.
【來享 내향】제후(諸侯)가 조정에 와서 공물(貢物)을 바치던 일. 來聘(내빙).
○ 去−, 到−, 渡−, 未−, 本−, 往−, 外−, 元−, 由−, 以−, 將−, 傳−, 招−, 出−.

人6【例】⑧ 법식 례 li

〔字源〕形聲. 人+列→例. '列(렬)'이 음을 나타낸다.
〔字解〕①법식, 관습, 전고(典故). 〔晉書〕法者, 蓋繩墨之斷例. ②보기. ㉮예, 선례(先例). 〔晉書〕故集舊例, 以爲刑名. ㉯본보기, 실례(實例). 〔史記〕臣子一例. ③다, 대부분. 〔南史〕家有舊書, 例皆殘盡.
【例貢 예공】상례(常例)로 바치는 공물(貢物).
【例進 예진】
【例規 예규】①관례와 규칙. ②관례로 되어 있는 규칙.
【例年 예년】보통의 해. 여느 해.
【例批 예비】전례(前例)에 따라 하는 임금의 비답(批答).
【例示 예시】예를 들어 보임.
【例式 예식】늘 정해져 있는 일정한 격식이나 의식. 例規(예규).

【例外 예외】일정한 규칙이나 정례(定例)에서 벗어나는 일.
【例題 예제】①정례로 내리는 제사(題辭). ②연습을 위하여 예로 들어 주는 문제. ③백성의 소장이나 원서에 기록하는 관청의 판결문이나 지시문.
○ 古−, 慣−, 凡−, 事−, 常−, 先−, 實−, 用−, 前−, 定−, 條−, 通−, 特−, 判−, 恒−.

人6【侖】⑧ 둥글 륜 lún

〔字源〕會意. 스+冊→侖. '스'은 '合(합)'의 생략형이고, '冊'은 책을 뜻한다. 책을 꾸미기 위해 글을 모으는데, 그 차례에 따라 조리를 세운다는 뜻을 나타낸다.
〔字解〕①둥글다, 하늘처럼 둥글게 생긴 것. ②조리를 세우다, 순서를 잡다. ③생각하다. ④빠지다. ≒淪.

人6【侔】⑧ 가지런할 모 móu, máo

〔字解〕①가지런하다, 고르다. 〔韓非子〕超五帝, 侔三王者, 必此法也. ②힘쓰다. ③취하다, 꾀하다. ≒牟. 〔鹽鐵論〕騰躍, 則商賈侔利. ④따르다, 좇다. 〔莊子〕崤於人而侔於天. ⑤벌레 이름. 벼를 갉아 먹는 해충. =蛑·蝥.
【侔德 모덕】덕(德)을 같이 함.
【侔利 모리】이익을 취함. 牟利(모리).
【侔莫 모막】부지런히 힘씀. 노력함.
【侔迹 모적】자취를 같게 함. 선인(先人)과 같은 행동을 함.

人6【侮】⑧ 侮(103)의 속자

人6【侎】⑧ 어루만질 미 mǐ

〔字解〕어루만지다, 위무(慰撫)하다. =敉.

人6【佰】⑧ 일백 백 bǎi, mò

〔字源〕形聲·會意. 人+百→佰. '百(일백 백)'이 음을 나타냄과 동시에 뜻도 나타낸다.
〔字解〕①일백. ※'百(1189)'의 갖은자. ②백 사람, 백 사람의 우두머리. 〔史記〕俯仰仟佰之中. ③밭두둑. 논밭에서 동서(東西)의 경계. 또는 전답 사이에 난 길. ≒陌. 〔漢書〕南以閩佰爲界.

人6【倂】⑧ 倂(114)의 속자

人 6 【俊】⑧ 備(127)의 고자

人 6 【使】⑧ ❶하여금 사 國 shǐ
❷사신 사 ㊀시 圖 shǐ

ノイイ亻仁伂使使

[소전] 傳 [초서] 俊 [字源] 會意. 人＋吏→使. '吏(리)'는 일을 하는 사람이란 뜻이다. 이에 '人'을 더하여 '남에게 일을 시키다'의 뜻을 나타낸다.

[字解] ❶㉠하여금. ㉮하게 하다. 〔論語〕子路使門人爲臣. ㉯가령. 〔論語〕使驕且吝, 其餘不足觀而已. ㉰시키다, 부리다. 〔論語〕使民以時. ㉱좇다, 따르다. 〔史記〕卒不使令. ㉲멋대로 하다. 〔漢書〕人又言其勇使酒難近. ❷㉠사신. 〔史記〕吳使使問仲尼. ㉯심부름하는 사람, 심부름시키다. 〔莊子〕嘗使于楚矣. ㉰심부름꾼. 〔列仙傳〕留使女盧瓊在家. ㉱조정에서 파견되어 지방 사무를 보는 벼슬아치. 절도사(節度使)·관찰사(觀察使)·안찰사(按察使) 등.

【使價 사가】 現 심부름 값. 심부름 삯.
【使价 사개】 심부름하는 사람. 使者(사자).
【使客 사객】 연도(沿道)에 있는 수령(守令)이 봉명 사신(奉命使臣)을 이르던 말.
【使車 사거】 ①사자(使者)가 타는 수레. ②사냥할 때 짐승을 모는 수레.
【使檄 사격】 격문(檄文)을 맡은 벼슬.
【使難司夜 사계사야】 밤 시간 알리는 일을 닭이 맡게 함. 적재적소(適材適所)의 비유.
【使君 사군】 ①임금의 명을 받들어 여러 나라에 사절(使節)로 가는 사람에 대한 존칭(尊稱). 勅使(칙사). ②한대(漢代)에 태수(太守)를 부군(府君)이라 일컬은 데 대하여 자사(刺史) 또는 자사에 준하는 지위에 있는 사람을 이르던 말.
【使鬼錢 사귀전】 ①귀신을 부리는 돈. ②재력(財力)이 몹시 큼.
【使氣 사기】 ①혈기에 맡겨 자기의 기세를 부림. ②노(怒)함. ③힘을 냄.
【使驥捕鼠 사기포서】 천리마에게 쥐를 잡게 함. 유능한 사람을 하찮은 자리에 임명함.
【使能 사능】 재능이 있는 사람을 부림.
【使得 사득】 ①좋음, 괜찮음. ②現 쓸 수 있음. 사용할 수 있음.
【使令 사령】 ①명령하여 부림. ②명령함. ③각 관청에서 심부름하는 사람. ④명령하여 가르침.
【使伶 사령】 심부름꾼. 使令(사령)③.
【使命 사명】 ①지워진 임무. 사자(使者)의 임무. ②사신(使臣)이 받은 명령.
【使蚊負山 사문부산】 모기에게 산을 지게 함. 적은 힘으로는 무거운 임무를 감당하지 못함.
【使物 사물】 사자(使者)를 통하여 기물(器物)을 교역(交易)함.
【使臂使指 사비사지】 팔로 부리고 손가락으로 부림. 지시와 명령을 자유자재로 함.
【使聘 사빙】 사자(使者)를 보내어 안부(安否)를 묻거나 예물을 보냄. 聘問(빙문).

【使星 사성】 사자(使者). 故事 후한(後漢) 때 이합(李郃)이 천문을 보고 사자가 오는 것을 알았다는 고사에서 온 말.
【使水逆流 사수역류】 물을 거슬러 흐르게 함. 자연의 이세(理勢)에 역행함.
【使羊將狼 사양장랑】 양으로 하여금 이리의 장수가 되게 함. 약자에게 강자를 통솔하게 함.
【使譯 사역】 ①사자(使者)와 통역(通譯). ②통역을 맡은 사자. 使驛(사역).
【使院 사원】 절도사(節度使)의 관아(官衙).
【使人大慚 사인대참】 하는 짓이 옆에서 보는 사람으로 하여금 부끄럽게 함.
【使者 사자】 ①어떠한 구실을 띠고 심부름을 하는 사람. 使人(사인). ②(佛)죽은 사람의 혼을 저승으로 데려간다는 염마(閻魔)의 차사(差使).
【使典 사전】 서리(胥吏). 아전(衙吏).
【使節 사절】 ①천자의 사자(使者)가 소지하는 부절(符節). ②천자의 사자. 使臣(사신). ③국가를 대표하여 어떤 임무를 띠고 외국에 나가는 사람.
【使程 사정】 심부름 가는 길.
【使主 사주】 절도사(節度使)의 딴 이름.
【使嗾 사주】 남을 부추겨 나쁜 일을 시킴. 唆囑(사촉).
【使指 사지】 손가락으로 부림. 명령함. 지시함.
【使疾 사질】 꾀병을 부림.
【使軺 사초】 사자가 타는 경쾌(輕快)한 수레.
【使幣 사폐】 사자(使者)와 예물(禮物).
【使穴可入 사혈가입】 부끄러워서 숨을 구멍이 있으면 숨어 버리고 싶음.
【使乎 사호】 사자(使者)를 칭찬하여 이르는 말. ○공자(孔子)가 '使乎, 使乎' 하고 칭찬한 데서 온 말.
【使喚 사환】 관청·회사에서 잔심부름을 시키기 위하여 고용한 사람.
❶客-, 公-, 驅-, 勞-, 大-, 密-, 府-, 赴-, 副-, 小-, 正-, 指-, 天-, 勅-, 特-, 行-.

人 6 【徇】⑧ 재빠를 순 圖 xùn

[소전] 徇 [초서] 徇 [字解] ①재빠르다, 빠르다. 〔素問〕黃帝幼而徇齊. ②깊다. ≒濬. ③외치다, 나타내 보이다. ④따라 죽다. ≒殉.

人 6 【侍】⑧ 모실 시 圖 shì

ノイイ亻什侍侍侍

[소전] 侍 [초서] 侍 [字源] 形聲. 人＋寺→侍. '寺(시)'가 음을 나타낸다.

[字解] ①모시다, 받들다. 〔論語〕閔子侍側. ②귀인을 곁에서 모시고 있는 사람. 〔唐書〕早喪妻不置妾侍. ③기르다, 양육하다. 〔呂氏春秋〕以養疾侍老也. ④기다리다. ≒待. ⑤부탁하다, 믿다. ≒恃.

人部 6획 佋 佯 尢 侑 佥 依

【侍講 시강】 천자 또는 동궁(東宮)의 어전(御前)에서 경전(經典)을 강의함. 또는 그 사람.
【侍女 시녀】 ①나인(內人). ②시중드는 여자.
【侍輦 시련】 (佛)불상이나 죽은 사람의 위패를 연(輦) 안에 모시고 절 안을 세 번 도는 일.
【侍面 시면】 귀인(貴人) 곁에서 면접(面接)함.
【侍墓 시묘】 부모의 거상(居喪) 중에 3년 동안 무덤 옆에 움막집을 짓고 삶.
【侍服 시복】 곁에 따름.
【侍奉 시봉】 ①곁에서 명(命)을 받듦. ②곁에서 음식이나 물품을 받들어 권함. ③부모를 받들어 모심.
【侍奉趨承 시봉추승】 마음에 들려고 영합함. 윗사람을 모시고 마음에 들도록 섬기는 일.
【侍使 시사】 궁녀(宮女).
【侍膳 시선】 윗사람을 모시고 식사를 함.
【侍率 시솔】 위로 어른을 모시고, 아래로 처자를 거느림.
【侍宿 시숙】 임금 곁에서 숙직함.
【侍食 시식】 손윗사람을 모시고 식사를 함. 陪食(배식).
【侍御 시어】 ①임금을 측근에서 받드는 사람. 侍從(시종). ②청대(淸代) 어사(御史)의 통칭(通稱). ③양질(良質)의 쌀.
【侍子 시자】 ①시봉(侍奉)하는 아들. ②제후가 자식을 인질(人質)로 바쳐 천자를 모시게 하던 일. 質子(질자).
【侍長 시장】 주인(主人).
【侍丁 시정】 부역에서 면제되어 집에 남아 부모를 봉양하는 장정(壯丁).
【侍坐 시좌】 ①어른을 모시고 앉음. ②임금이 정전(正殿)에 나갈 때 세자(世子)가 그 옆에 자리하던 일.
【侍姝 시주】 곁에서 시중드는 미녀.
【侍執 시집】 물건을 가지고 곁에 있음.
【侍親 시친】 어버이 곁에서 시중듦.
【侍湯 시탕】 부모의 병환에 약시중을 듦.
【侍閒 시한】 임금의 정무(政務)가 한가할 때에 곁에서 시중듦.
【侍見 시현】 귀인(貴人)을 가까이 가서 뵘.
➊ 近−, 內−, 奉−, 常−, 典−.

人 6 【佋】⑧ 걷는 모양 신 圓 shēn
[소전] 佋 [초서] 佋 [字解] ①걷는 모양, 분주히 오가는 모양.〔楚辭〕往來佋佋兮. ②많은 말들이 앞을 다투는 모양. ≒駪. ③많은 모양. ¶佋佋.
【佋佋 신신】 ①여럿이 걷는 모양이나 소리. ②여럿이 많이 모인 모양. ③신실(信實)한 모양.

人 6 【佯】⑧ 거짓 양 陽 yáng
[초서] 佯 [字解] ①거짓, 속임.〔淮南子〕此善爲詐佯者也. ②~한 체하다, ~한 양하다.〔荀子〕利心無足, 而佯無欲者也. ③헤매다, 어정거리다. ≒徉.〔宋玉・賦〕徜佯中庭.

【佯狂 양광】 미친 체함.
【佯遁 양둔】 거짓으로 달아남. 도망치는 체함. 佯走(양주).
【佯病 양병】 꾀병.
【佯不知 양부지】 알고도 거짓으로 모르는 체함.
【佯死 양사】 죽은 체함.
【佯善 양선】 속여서 우의(友誼)를 맺음. 친분을 맺은 체함.
【佯佯 양양】 ①선명(鮮明)한 모양. ②깊숙한 모양. 심오한 모양.
【佯言 양언】 속여 말함. 거짓말. 詐言(사언).
【佯愚 양우】 어리석은 체함.
【佯敗 양패】 패한 체함. 佯北(양배).
➊ 仿−, 詐−, 尙−, 相−, 倚−, 倡−.

人 6 【尢】⑧ 절름발이 왕 陽 wāng
[字解] 절름발이, 발이 구부정한 불구자.〔荀子〕賤之如尢.

人 6 【侑】⑧ 권할 유 囿 yòu
[소전] 侑 [초서] 侑 [字解] ①권하다, 돕다.〔周禮〕以樂侑食. ②갚다, 보답하다.〔宋史〕民有報侑. ③너그럽다, 용서하다.〔管子〕文有三侑, 武毋一赦. ④앓는 소리, 아파하는 소리.
【侑觴 유상】 잔을 권함. 술을 권함.
【侑食 유식】 ①임금을 모시고 함께 음식을 먹으면서 임금에게 음식을 권함. 陪食(배식). ②음식을 권함. ③國제사 지낼 때에 삼헌작(三獻酌)과 삽시(插匙) 후에 제관들이 문 밖에서 잠시 기다리는 일.
【侑宴 유연】 향응(饗應)의 주연(酒宴).
【侑飮 유음】 술을 권함. 侑觴(유상).
【侑卮 유치】 잔의 한 가지. 곁에 놓고 감계(鑑戒)로 삼는 그릇. 금속으로 만들어졌으며, 물을 가득 부으면 엎어지고, 물을 전연 담지 않으면 옆으로 기울어지고, 물을 알맞게 넣으면 바르게 놓이도록 되어 있음.
【侑幣 유폐】 연회에서 흥을 돋우기 위하여 주인이 손님에게 주는 예물(禮物).
【侑歡 유환】 기쁨을 도움. 더 기쁘게 함.
➊ 勤−, 獨−, 報−, 亨−.

人 6 【佥】⑧ 陰(1945)의 고자

人 6 【依】⑧ ❶의지할 의 微 yī ❷병풍 의 尾 yǐ
丿 亻 亻 广 仒 佟 佟 依

[소전] 依 [초서] 依 [字源] 形聲. 人＋衣→依. '衣(의)'가 음을 나타낸다.
[字解] ❶①의지하다, 기대다.〔論語〕依於仁. ②돕다.〔漢書〕聲依咏, 律和聲. ③밀다.〔春秋左氏傳〕輔車相依. ④사랑하다.〔詩經〕有

人部 6획 依佴佾佺佻侏

依其土. ⑤비기다, 견주다. 〔後漢書〕官屬依司空. ⑥나무가 무성한 모양. 〔詩經〕依彼平林. ❷①병풍, 머리 병풍. 용상(龍床) 뒤에 치는 병풍. ≒扆. 〔禮記〕天子當依而立. ②편하다, 마음 편히 지내다. 〔詩經〕于京斯依. ②여벌의 시위를 감아 두는 기구. 〔儀禮〕設依撞擧. ②비유(譬喩)하다. 〔禮記〕不學博依, 不能安詩.
【依據 의거】 ①근거(根據)로 함. 憑證(빙증). ②근거하거나 의탁하는 사물.
【依舊 의구】 옛날 그대로 변함이 없음.
【依歸 의귀】 ①의지함. 매달림. ②투항(投降)함. 항복함. ③(佛)오로지 마음을 기울임.
【依戴 의대】 의지하여 받듦.
【依賴 의뢰】 남에게 부탁함.
【依倣 의방】 흉내를 냄. 모방함.
【依報 의보】 (佛)심신(心身)이 의지해야 할 신체 외의 모든 것. 곧, 세계·국토·가옥·(衣食) 따위.
【依庇 의비】 의지하여 힘입음.
【依施 의시】 ⓣ청원에 의하여 허가함.
【依恃 의시】 의지함. 의뢰함.
【依阿 의아】 비위를 맞춤. 아첨함.
【依約 의약】 ①결부(結付)함. 맺음. ②어렴풋함. 방불(髣髴)함. 依稀(의희).
【依樣畫葫蘆 의양화호로】 양식(樣式)을 따라 호리병을 그림. 남의 것을 본뜨기만 하고 새로운 것을 창안(創案)해 내지 못함.
【依然 의연】 ①본디대로. ②그리워하는 모양. ③수목이 무성한 모양.
【依韋 의위】 음률이 서로 잘 어울림.
【依違 의위】 ①무엇을 결정하지 못하고 우물쭈물함. 주저함. ②명확하지 못함. 모호함. ③전단(專斷)하지 않음. 곧, 겸손한 태도. ④그대로 따름.
【依依 의의】 ①나뭇가지가 휘늘어진 모양. 나무가 무성한 모양. ②헤어지기 섭섭한 모양. 안타까이 사모하는 모양. ③마음이 조마조마한 모양. ④멀어서 희미한 모양.
【依倚 의의】 의지함. 힘을 믿고 기댐.
【依準 의준】 ①의거함. 準據(준거). ②ⓣ청원을 들어줌.
【依支 의지】 다른 것에 몸을 기댐.
【依草附木 의초부목】 풀에 의지하고 나무에 붙음. ㉠요괴가 초목에 붙어서 나쁜 짓을 함. ㉡남에게 의지함. ㉢(佛)사람이 죽어서 다음 생을 받지 못한 중간에 영혼이 큰 나무나 풀 그늘에 머무름. 아직 철저히 깨닫지 못함의 비유.
【依託 의탁】 어떤 것에 몸이나 마음을 의지하여 맡김.
【依怙 의호】 의뢰함. 의뢰할 만한 것.
【依懷 의회】 마음을 붙임. 쓸쓸한 마음을 무엇에 붙여 달램.
【依稀 의희】 ①어렴풋함. 분명하지 않음. ②비슷함. ③약간. 조금.
◐歸-, 博-, 斧-, 因-, 瞻-.

人6【佴】⑧ 무리 이 寘 yí

字解 ①무리, 동아리. ②베풀어 놓다, 모시어 놓다. ≒荑. 〔儀禮〕士擧鼎, 奉尸佴于堂.

人6【佴】⑧ ❶버금 이 寘 èr ❷성 내 隊 nài

소전 佴 초서 佴 字解 ❶①버금, 다음. 〔司馬遷·書〕僕又佴之蠶室, 重爲天下觀笑. ②도움, 돕다. ❷성(姓).

人6【佾】⑧ 춤 줄 일 質 yì

소전 佾 초서 佾 字解 춤 줄. 춤을 출 때 늘어선 줄. 1일(佾)의 수는 천자는 8명, 제후는 6명, 대부는 4명, 사(士)는 2명임. 〔論語〕八佾舞於庭.
【佾舞 일무】 종묘나 문묘의 제향 때, 가로 줄과 세로 줄에 같은 수의 무인(舞人)이 벌여 서서 추는 춤. 천자는 8일(佾)로 64명, 제후는 6일로 36명, 대부는 4일로 16명, 사는 2일로 4명이 춤.
【佾舞生 일무생】 궁정(宮廷)이나 문묘(文廟)에 경사나 제사가 있을 때 일무(佾舞)를 추던 사람. 佾生(일생).

人6【佺】⑧ 신선 이름 전 先 quán

소전 佺 초서 佺 字解 신선 이름, 전설상의 신선인 악전(偓佺)을 이른다.

人6【佻】⑧ ❶방정맞을 조 蕭 tiāo, tiáo ❷늦출 요 蕭 yáo

소전 佻 초서 佻 佻 字解 ❶①방정맞다, 경망스럽다. 〔楚辭〕余猶惡其佻巧. ②미련하다, 생각이 얕다. 〔陳琳·文〕乃愚佻短略, 輕進易退. ③인정이 없다, 박정(薄情)하다. 〔春秋左氏傳〕視民不佻. ④홀로 걷는 모양, 왕래하는 모양. 〔詩經〕佻佻公子, 行彼周行. ⑤훔치다, 도둑질하다. 〔國語〕佻天之功, 以爲己力. ❷①늦추다. 〔荀子〕佻其期日. ②걸다, 걸치다.
【佻巧 조교】 겉모양만 그럴듯하고 실속이 없이 경박함. 구차하게 미봉(彌縫)함.
【佻薄 조박】 경솔하고 천박함.
【佻佻 조조】 ①혼자 가는 모양. 왕래(往來)하는 모양. ②경박하고 노고(勞苦)를 헤아리지 않는 모양. ③근심과 괴로움이 절박한 모양.
【佻險 조험】 경박하고 음험함.
◐輕-, 不-, 猜-, 愚-, 躁-.

人6【侏】⑧ 난쟁이 주 虞 zhū

초서 侏 字解 ①난쟁이. 〔禮記〕侏儒百工, 各以其器食之. ②광대, 배우. 〔史記〕優倡侏儒戲而前. ③동자기둥, 쪼구미. 들보 위에 세우는 짧은 기둥. 〔淮南子〕短者以爲侏儒枅櫨. ④무도하다, 버릇없다. 〔太玄經〕勇侏之俌. ⑤속이다, 거짓말하다. ≒侜.
【侏離 주리】 ①서융(西戎)의 음악. ②오랑캐의

人部 6획 佝侄佗伙侈伿侂侗佩　101

언어. ③이해하기 어려운 외국어.
【侏儒 주유】①난쟁이. ②광대. 배우(俳優). ③동자기둥. ④거미. 蜘蛛(지주).
【侏儒參轎子擔 주유참교자담】國난쟁이가 교자꾼에 참여함. 자기 분수에 맞지 않는 일을 함.

人6【佝】⑧ 속일 주 尤 zhōu
소전 초서 字解 속이다, 사실을 가리다. ≒侏·壽. 〔詩經〕誰佝予美.

人6【侄】⑧ 어리석을 질 質 zhí
字解 ①어리석다. ②굳다, 단단하다. ③한 곳에 머무르다. ④조카. ※姪(416)의 속자.

人6【佗】⑧ 실의할 차 禡 chà
초서 字解 ①실의하다, 뜻이나 의욕을 잃다. 〔楚辭〕怵鬱邑余侘傺兮. ②뽐내다, 자랑하다. ≒詫.
【佗傺 차제】실의(失意)한 모양.

人6【伙】⑧ 재빠를 차 寘 cì
소전 초서 字解 ①재빠르다, 빠르다. 〔詩經〕人無兄弟, 胡不伙焉. ②버금, 다음. ≒次. ③돕다. 〔詩經〕決拾旣伙. ④번갈아, 교대로. ⑤미치다.
【伙助 차조】도움, 도와줌.

人6【侈】⑧ 사치할 치 紙 chǐ
소전 초서 字源 會意. 人+多→侈. 사람(人)이 스스로 자기의 것을 많다(多)고 하여 남을 깔본다는 데서 '교만하다, 분수를 넘다'의 뜻을 나타낸다.
字解 ①사치하다, 사치. 〔韓非子〕多費之謂侈. ②거만하다. 〔春秋左氏傳〕於是晉侯侈. ③분수에 넘다. 〔莊子〕而侈於德. ④넓다, 크다. 〔國語〕已侈大哉. ⑤많다. 〔書經〕祿不期侈. ⑥무절제하다, 난잡하다. 〔孟子〕放辟邪侈. ⑦떠나다, 벗어나다. 〔荀子〕四方之國, 有侈離之德.
【侈口 치구】큰 입. 巨口(거구).
【侈端 치단】낭비의 시초. 사치의 시초.
【侈麗 치려】크고 아름다움.
【侈靡 치미】분수에 넘치는 사치(奢侈).
【侈侈 치치】풍부하고 많은 모양.
● 驕-, 邪-, 奢-.

人6【伿】⑧ 조심할 치 寘 chī
소전 초서 字解 조심하다, 두려워하다. ≒恀. 〔國語〕於其心也伿然.

人6【侂】⑧ 부탁할 탁 藥 tuō
소전 초서 字解 부탁하다, 의지하다. =託.

人6【侗】⑧ ❶클 통 東 tōng, tóng ❷정성 동 送 dòng
소전 초서 字解 ❶①크다, 키가 크다. ②어리석다, 유치하다. ≒僮. 〔書經〕在後之侗. ③아프다, 괴롭다. ≒恫. ④성(姓). ❷정성, 거짓이 없음.

人6【佩】⑧ 찰 패 隊 pèi
소전 초서 동자 字源 會意. 人+凡+巾→佩. 옛날 사람은 옷고름이나 허리띠에 수건을 차고 오늘날의 손수건처럼 썼으므로 '차다'의 뜻을 나타낸다.
字解 ①차다, 띠나 허리에 매달다. 〔論語〕去喪無所不佩. ②노리개. 임금이나 높은 벼슬아치들이 띠에 차는, 금은보석으로 만든 장식물. 〔詩經〕靑靑子佩. ③지니다, 몸에 간직하다. 〔漢書〕佩此書者不死. ④마음에 두어 잊지 않다, 마음에 새겨 두다. 〔江淹·啓〕銘佩更積.

〈佩②〉

【佩劍 패검】허리에 칼을 참. 또는 그 칼.
【佩刀 패도】허리에 차는 칼. 佩劍(패검).
【佩犢 패독】칼을 지니는 대신 송아지를 삼. 무사(武事)를 그만두고 생산(生産)에 종사함.
【佩物 패물】①사람의 몸에 차는 장식물. ②금·은·주옥 등으로 만든 여자의 장식물. 노리개.
【佩服 패복】①몸에 참. ②마음에 새겨 잊지 않음. ③감복(感服)함.
【佩符 패부】부신(符信)을 참. 수령(守令)의 자리에 있음.
【佩綬 패수】인수(印綬)를 참. 벼슬자리에 있음.
【佩瓢 패표】몸에 차거나 달고 다니면서 씀.
【佩圓瓠捕風 패원호포풍】國바가지 차고 바람 잡기. 되지 않는 일이나 터무니없는 허황한 일을 함.
【佩韋 패위】무두질한 가죽을 참. 성급한 마음을 바로잡음. 故事 전국 시대 위(魏)나라의 서문표(西門豹)가 자신의 급한 성격을 고치기 위해 무두질한 가죽을 몸에 지니고 다니며 항상 경계로 삼았다는 고사에서 온 말.
【佩恩 패은】은혜를 입음.
【佩鐵 패철】國지관(地官)이 몸에 지남철(指南鐵)을 지님. 또는 그 지남철. 찰쇠.
【佩弦 패현】팽팽하게 메운 활시위를 참. 마음의 해이함을 고침.
【佩觿 패휴】송곳을 참. 성년(成年)이 됨.

'觿'는 뿔로 만든 송곳.
- 感-, 銘-, 服-, 玉-, 雜-, 環-.

人6 【佷】⑧ ❶고을 이름 한 🈳 héng ❷어그러질 한 🈳 hěn

字解 ❶고을 이름. 한대(漢代)에 무릉(武陵)에 둔 현(縣). ❷어그러지다, 어기다. ≒很.〔韓非子〕佷剛而不和.

【佷子 한자】 어버이의 말을 어기는 아들.

人6 【侅】⑧ 이상할 해 本개 🈳 gāi

소전 佹 字解 ①이상하다, 기이하다.〔歸有光·頌〕敢作奇侅. ②목이 메다, 목이 막히다.〔莊子〕侅溺於馮氣.

人6 【侐】⑧ 고요할 혁 🈳 xù

소전 佡 초서 佡 字解 고요하다, 쓸쓸하다.〔詩經〕閟宮有侐.

人6 【侀】⑧ 이룰 형 🈳 xíng

字解 ①이루다, 성취하다.〔禮記〕刑者侀也, 侀者成也. ②거푸집. ≒型.

人6 【佸】⑧ 이를 활 🈳 huó

소전 佸 초서 佸 字解 ①이르다, 다다르다.〔詩經〕羊牛下佸. ②모이다, 모으다, 만나다.〔詩經〕曷其有佸.

人6 【佪】⑧ 어정거릴 회 🈳 huí, huái

초서 佪 字解 ①어정거리다, 배회하다. =佪.〔漢書〕俳佪往來. ②흐리멍텅하다.〔潛夫論〕佪佪潰潰.

【佪翔 회상】 하늘을 날아다님.
【佪佪 회회】 ①어두운 모양. 사리에 밝지 못한 모양. ②어지러운 모양.

人7 【俓】⑨ 徑(585)과 통자

人7 【係】⑨ 걸릴 계 🈳 xì

丿 亻 亻 亻 伢 伢 伢 係 係

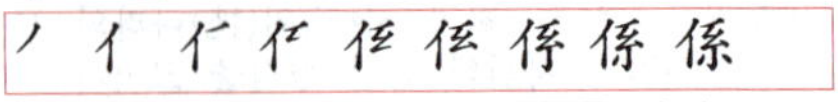

소전 係 초서 係 간체 系 字源 會意·形聲. 人+系=係. '系 (계)'가 음과 뜻을 나타낸다. 사람이 사물을 이어 놓는다는 뜻이다.

字解 ①걸리다, 연계되다.〔春秋左傳〕秦人過析隈, 入而係輿人. ②잇다, 묶다.〔後漢書〕親德係於莫宜於祜. ③國계, 사무나 작업 분담의 작은 갈래.

【係頸 계경】 새끼줄로 목을 묶음. ㉠자살하려 함. ㉡벌을 기다림. ㉢투항함.
【係戀 계련】 사랑에 사로잡혀 잊지 못함.
【係累 계루】 ①다른 일이나 사물에 얽매임. ②다른 일이나 사물에 얽매어 당하는 괴로움. ③한집에 거느리고 사는 식구. 眷屬(권속).
【係嗣 계사】 대(代)를 잇는 자식. 後嗣(후사).
【係爭 계쟁】 어떤 일에 관계하여 다툼.
【係風捕影 계풍포영】 바람을 잡아 매고 그림자를 붙잡음. 도저히 불가능한 일의 비유.
- 關-.

人7 【俇】⑨ ❶허둥지둥할 광 🈳 guàng ❷원행할 광 🈳 guàng

소전 俇 초서 俇 字解 ❶허둥지둥하다.〔楚辭〕魂俇俇而南行兮. ❷원행(遠行)하다, 멀리 가다.
【俇俇 광광】 허둥지둥하는 모양.

人7 【俅】⑨ 공손할 구 🈳 qiú

소전 俅 초서 俅 字解 ①공손하다, 정중하다.〔詩經〕載弁俅俅. ②이다, 입다. 머리에 이거나 몸에 걸치다.
【俅俅 구구】 ①공손한 모양. ②옷을 입음. ③머리에 임.

人7 【侷】⑨ 죄어칠 국 🈳 jú

字解 ①죄어치다, 다그치다. ②키가 작다.

人7 【俍】⑨ 잘할 량 🈳 liáng

초서 俍 字解 ①잘하다, 양공(良工).〔莊子〕夫工乎天而俍乎人者, 惟全人能之. ②헤매다, 떠돌다. ≒浪.
【俍傍 양방】 떠돌아다님.
【俍倡 양창】 헤맴, 떠돎.

人7 【侶】⑨ 짝 려 🈳 lǚ

소전 侶 초서 侶 간체 侶 字解 ①짝, 벗.〔王褒·論〕麟不侶行. ②벗하다, 함께 놀다.〔蘇軾·賦〕侶魚蝦而友麋鹿. ③승려(僧侶).
【侶伴 여반】 동료. 伴侶(반려).
【侶行 여행】 함께 길동무하여 감.
- 伴-, 僧-.

人7 【俐】⑨ 똑똑할 리 🈳 lì

초서 俐 동자 悧 字解 똑똑하다, 영리하다. ¶伶俐.

人7 【俚】⑨ 속될 리 🈳 lǐ

소전 俚 초서 俚 字解 ①속되다, 촌스럽다.〔漢書〕質而不俚. ②부탁하

人部 7획 俛侮保

다, 의뢰하다. 〔漢書〕其畫無俚之至耳. ③속된 노래. 〔孟浩然·詩〕謬承巴俚和, 非敢應同聲. ④시골. ≒里.
【俚歌 이가】 민간(民間)에 유행하는 노래. 속된 노래. 野歌(야가). 民謠(민요).
【俚婦 이부】 ①천한 여자. ②시골 여자.
【俚言 이언】 속된 말. 상말.
【俚諺 이언】 항간에 퍼져 통속적으로 쓰이는 속담. 俗諺(속언).
【俚謠 이요】 속된 노래. 유행가 따위.
【俚耳 이이】 속인(俗人)의 귀. 듣고도 뜻을 모르는 귀. 俗耳(속이). 里耳(이이).
● 鄙-, 庸-, 下-.

人 7 【俛】 ⑨ ❶힘쓸 면 miǎn
❷구푸릴 부 fǔ

[소전] [초서] [字解] ❶①힘쓰다, 부지런히 일하는 모양. 〔禮記〕俛焉日有孶孶. ②구푸리다, 머리를 숙이다. 〔列子〕俛首而聽之. ❷구푸리다. =俯·頫. 〔漢書〕左俛卬之間耳.
【俛首帖耳 면수첩이】 머리를 수그리고 귀를 드리움. 비굴하게 아첨하는 모양.
【俛仰 면앙】 ①구푸림과 쳐듦. ㉠머리를 숙였다 치켰다 함. ㉡아래로 내려다봄과 위로 쳐다봄. ②오르내림.
【俛焉 면언】 부지런히 힘쓰는 모양.
【俛僂 부루】 ①몸을 앞으로 웅크림. ②곱사등이. 俯僂(부루).

人 7 【侮】 ⑨ 업신여길 모 wǔ

ノイイ仁伫伤侮侮侮

[소전] [고문] [초서] [속자] [字源] 形聲. 人+每→侮. '每(매)'가 음을 나타낸다.
[字解] ①업신여기다, 멸시하다. 〔春秋左氏傳〕不侮鰥寡. ②깔보다, 얕보다. 〔書經〕侮慢自賢. ③앓다, 병들다. 〔淮南子〕故侮人之鬼者.
【侮慢 모만】 남을 얕보고 저만 잘난 체함.
【侮罵 모매】 업신여겨 꾸짖음.
【侮蔑 모멸】 경멸(輕蔑)함.
【侮狎 모압】 업신여김. 무시함.
【侮辱 모욕】 깔보고 욕되게 함.
【侮謔 모학】 깔보아 희롱함. 바보처럼 다루어 놀지거리를 함.
● 輕-, 凌-, 慢-, 受-.

人 7 【保】 ⑨ 지킬 보 hǎo

ノイイ伊伊伊伊保保

[소전] [고문] [초서] [속자] [동자] [字源] 會意. 人+呆→保. '呆'는 아이를 나타낸다. 사람이 아이를 업고 있다는 데서 '보호하다'라는 뜻이 되었다.
[字解] ①지키다, 보전하다. 〔詩經〕南土是保. ②편안하게 하다, 안심시키다. 〔詩經〕天保定爾, 亦孔之固. ③돕다, 거들다. 〔書經〕天迪格保. ④기르다, 양육하다. 〔孟子〕古之人, 若保赤子. ⑤맡기다, 책임지고 맡다, 보증(保證)하다. 〔周禮〕令五家爲比, 使之相保. ⑥시중들다, 보호하다. 〔禮記〕保也者, 慎其身, 以輔翼之, 而歸諸道者也. ⑦살다, 머무르다. 〔詩經〕無射亦保. ⑧태보(太保). 천자와 제후의 자제를 교육하던 벼슬. 〔書經〕召公爲保. ⑨의지하다, 믿다. 〔春秋左氏傳〕保君父之命. ⑩알다. 〔楚辭〕羌不可保. ⑪심부름꾼, 고용인. 〔史記〕窮困貰傭於齊, 爲酒人保. ⑫반, 조합(組合). 주대(周代) 이래로 실시된 호적의 편제 단위. 〔隋書〕吾家爲保, 保有長. ⑬성채(城砦), 본성에서 떨어진 소규모의 성. 〔禮記〕四鄙入保. ⑭기저귀, 포대기. ≒褓·緥.
【保家 보가】 한 집안을 보전하여 감.
【保甲 보갑】 송대(宋代)에 왕안석(王安石)이 시작한 지방 자위(自衛) 조직. 10호(戶)를 보(保)라 하였고, 보정(保丁)에게는 무예를 가르쳤음.
【保介 보개】 ①주대(周代)에 농사를 장려하던 벼슬 이름. ②무기를 잡고 병거(兵車)의 오른쪽에 서 있는 무사(武士). 車右(거우). ③곁에서 돕는 사람.
【保據 보거】 차지하여 웅거(雄據)함.
【保健 보건】 건강을 보전함.
【保結 보결】 ①사람을 보증함. ②사람을 보증하는 보증서. 처음으로 출사(出仕)하는 관리가 제출하는, 동향(同鄕) 관리의 신원 보증서(身元保證書).
【保管 보관】 물건을 맡아서 관리함.
【保菌 보균】 병균을 몸에 지니고 있음.
【保度 보도】 정도(程度)를 유지함.
【保鑾 보란】 천자(天子)의 수레를 보호함. 곧, 천자의 친병(親兵). ◯ '鑾'은 수레 위에 다는 방울로, 난조(鸞鳥)의 소리를 본뜬 것임. 保鸞(보란).
【保釐 보리】 편안히 다스림.
【保鄰 보린】 이웃끼리 서로 도움.
【保命 보명】 ①윗사람의 명령을 믿고 의지함. ②목숨을 길이 보전함.
【保庇 보비】 보호하고 돌보아 줌.
【保社 보사】 서로 보호하는 조합(組合).
【保守 보수】 ①보전하여 지킴. ②재래의 풍속·습관과 전통을 중요시하여 그대로 지킴.
【保息 보식】 백성을 편안하게 보살펴 번성하도록 함.
【保艾 보애】 마음 편안하게 부양함.
【保養 보양】 ①잘 보호하여 기름. ②몸을 편안하게 하여 건강을 잘 돌봄.
【保伍 보오】 가까운 이웃 몇 집으로 구성된 조합. 조합 내의 일은 스스로 처리하도록 했음.
【保溫 보온】 일정한 온도를 유지함.
【保庸 보용】 ①공(功)이 있는 사람을 편안하게 함. ②고용인(雇傭人). 保傭(보용).

【保佑 보우】 보살피어 도움. 保右(보우).
【保衛 보위】 보호하여 지킴.
【保育 보육】 보호하여 기름.
【保任 보임】 ①인수(引受)하여 잘 간직함. ②보증(保證)함. ③죄인을 보호·감시함.
【保子 보자】 젖먹이. 갓난아이.
【保障 보장】 잘못되는 일이 없도록 보증함.
【保全 보전】 온전하게 보호하여 유지함.
【保定 보정】 보호하여 안정시킴.
【保存 보존】 잃어버리지 않게 잘 간수함.
【保佐 보좌】 남의 일을 도움.
【保重 보중】 몸을 잘 관리하여 건강을 유지함.
【保證 보증】 틀림이 없음을 증명함.
【保體 보체】 (佛)몸을 보호함. 살아 있는 사람의 축원문(祝願文) 성명 밑에 붙여 씀.
【保聚 보취】 모여서 지킴. 많은 사람을 모아서 지킴.
【保布 보포】 조선 때, 군보(軍保)로 거두어들이던 베나 무명.
【保享 보향】 마음 편히 받음.
【保衡 보형】 은(殷)의 재상(宰相)인 이윤(伊尹)의 딴 이름. ○'衡'은 '平'으로, 천하가 이 사람에게 의지하여 평안을 얻는다는 뜻임. 阿衡(아형).
【保惠 보혜】 보호하고 은혜를 베풂.
【保護 보호】 잘 지켜 원래대로 보존되게 함.
○擔―, 留―, 鄰―, 酒―, 確―.

人7【俌】⑨ 도울 보 〔虞〕 fǔ
소전 俌 〔字解〕 돕다. =輔. 〔蘇軾·書〕左龍右虎俌之.

人7【俘】⑨ 사로잡을 부 〔虞〕 fú
소전 俘 초서 侉 〔字解〕①사로잡다, 적을 산 채로 붙잡다. 〔春秋左氏傳〕俘諸江南. ②포로. 〔春秋左氏傳〕齊人來歸衛俘. ③벌(罰). ④가지다. 〔書經〕俘厥寶玉.
【俘馘 부괵】 포로의 귀. ○'馘'은 적을 죽이고 죽인 표적으로 벤 왼쪽 귀.
【俘級 부급】 사로잡은 포로와 베어 얻은 적의 머리.
【俘虜 부로】 전쟁에서 사로잡은 포로. 俘囚(부수). 俘獲(부획).
【俘纍 부루】 포로로 만듦. 사로잡아 묶음.
【俘不干盟 부불간맹】 포로는 동맹(同盟)을 방해해서는 안 됨.
【俘翦 부전】 사로잡아 베어 죽임.
【俘斬 부참】 사로잡는 일과 참살하는 일.
【俘獲 부획】 ㄹ俘虜(부로).
○禽―, 生―, 囚―, 執―, 獻―.

人7【俜】⑨ 비틀거릴 빙 〔본〕병 〔青〕 pīng
소전 俜 〔字解〕①비틀거리다, 비슬거리다. ㅤ녹踶. ②호협(豪俠)하다, 협객(俠客).

人7【俟】⑨ ①기다릴 사 〔紙〕 sì
②성 기 〔〕 sí
소전 俟 초서 俟 〔參考〕 대법원 지정 인명용 한자의 음은 '사'이다.
〔字解〕①①기다리다, 기대하다. ㅤ녹竢. 〔詩經〕俟我於城隅. ②크다, 성하다. ③떼를 지어 천천히 걷는 모양. 〔詩經〕儦儦俟俟. ②성(姓). '万俟(묵기)'라는 복성(複姓)이 있다.
【俟望 사망】 오는 것을 기다림.
【俟命 사명】 ①천명(天命)을 기다림. ②명령을 기다림.
【俟俟 사사】 많은 사람이 천천히 걷는 모양.
【俟嗣 사사】 지위(地位)의 승계를 기다림. 지위에 오를 차례를 기다림.
【俟河之清 사하지청】 황하가 맑아지기를 기다림. 원하는 일이 이루어지기 어려움의 비유.

人7【俗】⑨ 풍속 속 〔沃〕 sú
ノイイ′伙伙俗俗俗
소전 俗 초서 俗 〔字源〕 形聲·會意. 人+谷→俗. '谷(곡)'이 음을 나타낸다. 골짜기(谷)에서 솟아나는 물이 환경에 순응하여 흘러간다는 데서 '풍속'이라는 뜻을 나타낸다.
〔字解〕①풍속, 풍습. 〔禮記〕入國而問俗. ②바라다, 원하다. 〔荀子〕由俗謂之道, 盡嗛矣. ③잇다, 계승하다. 〔周禮〕禮俗喪紀祭祀. ④보통, 범용(凡庸). 〔呂氏春秋〕俗主虧情. ⑤속되다, 비속하다. 〔後漢書〕然多鄙俗. ⑥세상, 세상 사람. 〔漢書〕係於俗, 牽於世. ⑦출가하지 않은 사람. 〔宋書〕世祖命使還俗.
【俗家 속가】 ①속인이 사는 집. 民家(민가). ②불교나 도교를 믿지 않는 사람의 집. ③승려가 되기 전에 태어난 집.
【俗客 속객】 ①무식하고 멋을 모르는 사람. 俗人(속인). ②오얏꽃의 딴 이름. ③(佛)절에 손으로 와 있는, 승려가 아닌 사람.
【俗見 속견】 ①세속적인 생각. 속인(俗人)의 견식(見識). ②의관을 갖추지 아니하고 만나 봄.
【俗曲 속곡】 세상에 유행되는 노래. 비속한 노래. 俗歌(속가). 俗謠(속요).
【俗忌 속기】 세속에서 꺼리는 일.
【俗氣 속기】 속계의 기풍. 속된 기풍.
【俗念 속념】 세속의 관념(觀念). 세속에 얽매인 속된 생각. 俗慮(속려).
【俗談 속담】 ①속된 이야기. ②國민간에 전해 내려오는 간략하면서도 교훈적인 말.
【俗慮 속려】 ㄹ俗念(속념).
【俗例 속례】 세속의 관례(慣例).
【俗論 속론】 ①세속의 논의(論議). ②통속적인 이론. ③하찮은 의견.
【俗了 속료】 ①세속화함. ②평범하게 됨.
【俗陋 속루】 속되고 천함. 俗惡(속악).
【俗累 속루】 세상살이에 얽매인 너저분한 일. 세속의 일.

【俗流 속류】 속된 무리. 쓸모없는 사람들.
【俗吏 속리】 ①속무(俗務)에 종사하는 관리. ②평범한 관리. ③쓸모없는 관리.
【俗務 속무】 세속적인 잡일. 俗事(속사).
【俗文 속문】 ①알기 쉬운 글. ②쓸모없는 문장(文章). ③통속적인 글.
【俗物 속물】 ①배움이 없거나, 식견이 좁거나, 풍류를 모르는 사람. ②속된 물건.
【俗不可醫 속불가의】 저속한 사람은 고칠 수가 없음.
【俗士 속사】 ①식견이 낮은 사람. 범용한 인물. ②비천한 선비. ③속사(俗事)에 능한 사람.
【俗事 속사】 세상살이의 이런저런 일. 세속적인 번거로운 일. 俗務(속무). 塵事(진사).
【俗思 속사】 이기적인 생각. 세속적인 생각.
【俗師 속사】 학식이 낮아 보잘것없는 선생.
【俗煞 속살】 속되게 되어 버림. ◯'煞'은 조자(助字).
【俗尙 속상】 세속에서 숭상하여 좋아하는 것.
【俗書 속서】 ①비속(卑俗)한 서적. 학문적이 아닌 저급한 책. ②풍아(風雅)하지 않은 필적(筆跡). ③고상하지 않은 서풍(書風).
【俗說 속설】 ①세상 사람이 흔히 말하는 설(說). 속인의 논설. ② ▶ 속담(俗談)①.
【俗姓 속성】 승려가 되기 전에 가졌던 성(姓).
【俗世 속세】 불가에서 일반 사회를 이르는 말.
【俗心 속심】 명예나 이익에 끌리는 속된 마음.
【俗惡 속악】 ①풍속이 나쁨. ② ▶ 俗陋(속루).
【俗樂 속악】 ①통속적인 음악. ②우리 고유의 선동 궁중 음악. ⓒ판소리·잡가(雜歌)·민요(民謠) 따위의 노래.
【俗埃 속애】 속세의 티끌. 세상의 잡다한 일.
【俗諺 속언】 ①민간에 떠도는 상스러운 말. ②예로부터 전해 오는 말.
【俗緣 속연】 ①속세와의 인연. 속인(俗人)으로서의 연고(緣故). 塵緣(진연). ②(佛)승려가 되기 전의 일가(一家).
【俗謠 속요】 ①민간에 널리 떠도는 속된 노래. 民謠(민요). ②지방(地方) 노래.
【俗冗 속용】 세속의 온갖 잡사(雜事).
【俗韻 속운】 야비한 곡조. 속된 노래.
【俗院 속원】 속인(俗人)을 숙박시키는, 절 안의 방(房).
【俗儒 속유】 식견(識見)이나 지행(志行)이 저속한 선비. 속된 유생(儒生).
【俗音 속음】 일반 사회에서 본음(本音)과는 달리 통용되는 한자의 음. 父母(부무→부모), 印刷(인쇄→인쇄) 따위에서 '母'를 '모'로, '刷'을 '쇄'로 읽는 음이 이에 속함.
【俗意 속의】 속된 마음. 속된 뜻.
【俗耳 속이】 ①범인(凡人)의 귀. ②세속의 소리에만 익숙한 귀.
【俗人 속인】 ①세상의 일반 사람. 속세의 사람. ②학문이 없는 사람. ③풍류를 알지 못하는 사람. ④평범한 사람. 俗子(속자). ⑤(佛)출가(出家)하지 않은 일반 사람.
【俗字 속자】 규범적 글자가 아니고 통속적으로

쓰이는, 획이 간단하거나 조금 다른 한자. '體·恥·高'를 '軆·耻·髙'로 쓰는 따위.
【俗腸 속장】 눈앞의 이익만을 찾는 속인(俗人)의 천한 마음.
【俗才 속재】 속사(俗事)에 능한 재주. 처세(處世)에 능한 재주. 世才(세재).
【俗情 속정】 ①속인의 마음. 명리(名利)만 찾는 야비한 생각. 俗懷(속회). ②세속의 인정. 세간의 인정.
【俗諦 속제·속체】 (佛)속세의 도리. 세간 통속의 실정에 따라서 알기 쉽게 설명한 진리.
【俗智 속지】 ①세상일에 관한 지혜. 범속한 지혜. ②(佛)세상의 도리를 아는 슬기.
【俗塵 속진】 속세의 티끌. 세상의 번잡한 사물.
【俗體 속체】 ①(佛)승려가 아닌, 속인(俗人)의 풍체(風體). ②속된 자체(字體). ③풍아(風雅)하지 못한 시체(詩體).
【俗套 속투】 현세속적인 습관. 俗習(속습).
【俗漢 속한】 ①성품이 저속한 사람. ②승려가 아닌 보통 사람.
【俗解 속해】 일반 사람들이 쉽게 알 수 있도록 해석함. 통속적인 해석.
【俗好 속호】 세속적인 기호(嗜好). 속인의 취향(趣向). 時好(시호).
【俗化 속화】 ①속되게 변함. 속되게 감화됨. ②풍속(風俗)의 교화(敎化).
【俗話 속화】 ①고상하지 못한 세상 이야기. 俗談(속담). ② ▶ 속어(俗語). 구어(口語).
◐ 蠻―, 美―, 民―, 凡―, 卑―, 世―, 習―, 雅―, 異―, 脫―, 涌―, 風―, 還―.

人7 【修】⑨ 修(115)의 고자

人7 【信】⑨ ❶믿을 신 ⧫ xìn
　　　　❷펼 신 眞 shēn

丿 亻 亻 亻⼴ 亻言 信 信 信

[소전]侸 [고문]㐰 [고문]䚦 [초자]㐰 [서체]信

[字源] 會意. 人+言→信. 사람[人]의 말[言]은 심중에서 우러나는 거짓 없는 것이라는 데서 '믿다'의 뜻을 나타낸다.

[字解] ❶①믿다, 의심하지 않다. 〔孟子〕盡信書, 則不如無書. ②진실, 성실. 〔論語〕與朋友交, 而不信乎. ③분명히 하다, 밝히다. 〔春秋左氏傳〕信罪之有無. ④알다, 알게 되다. 〔淮南子〕乃始信於異衆也. ⑤표지, 증표. 〔老子〕其中有信. ⑥부신, 부절. 〔後漢書〕取榮信, 閉關禁門. ⑦따르다, 좇다. 〔呂氏春秋〕師尊則言信矣. ⑧공경하다, 존경하다. ⑨지키다, 보전하다. 〔戰國策〕慈母不能信也. ⑩맡기다. 〔荀子〕明主任計, 不信怒. ⑪이틀을 머물다, 는 밤을 묵다. 〔春秋左氏傳〕凡師, 一宿爲舍, 再宿爲信. ⑫심부름꾼, 사자(使者). 〔史記〕發信臣. ⑬소식, 편지. 〔沈約·歌〕若欲寄音信. ⑭궁(宮). 오음(五音)의 첫째. 〔漢書〕宮爲信. ⑮오

행에서의 토(土).〔春秋〕土爲信. ❷①펴다, 곧 게 펴다. ≒伸.〔易經〕往者屈也, 來者信也. ②말하다, 진술하다.〔春秋穀梁傳〕信道而不信邪. ③몸, 신체. =身.〔周禮〕侯執信圭.
【信愨 신각】 공경하고 삼감. 신실(信實)하고 성의가 있음.
【信覺 신각】 참된 현실.
【信彊 신강】 신실(信實)하고 선(善)에 힘씀.
【信結 신결】 믿음과 의리로 마음을 서로 결부(結付)함.
【信鼓 신고】 ①신호로 치는 북. ②(佛)믿음을 일으키는 북.
【信寬 신관】 신의가 있고 관대(寬大)함.
【信交 신교】 믿음이 있는 사귐.
【信口 신구】 입에 맡김. 곧, 말을 함부로 함.
【信君 신군】 신의 있는 임금. 훌륭한 임금.
【信圭 신규】 오서(五瑞)의 하나. 주대(周代) 제후(諸侯)가 지녔던 홀. 사람의 형상을 홀에 조각하여 꾸몄음.
【信根 신근】 (佛)오근(五根)의 하나. 삼보(三寶)와 사체(四諦)의 이치를 믿는 일.
【信謹 신근】 신의(信義)가 있고 조심성이 많음.
【信禽 신금】 기러기.
【信及豚魚 신급돈어】 신의가 돼지나 물고기에게까지 미침. 신의가 지극함.
【信女 신녀】 (佛)출가(出家)하지 않고 불교를 믿는 여자. 優婆夷(우바이).
【信念 신념】 굳게 믿는 마음.
【信徒 신도】 어떤 일정한 종교를 믿는 사람.
【信道 신도】 도(道)를 믿음.
【信賴 신뢰】 신용하여 의뢰함. 남을 믿고 의지함. 信憑(신빙).
【信望 신망】 신임하고 기대함. 또는 그런 신임과 기대.
【信命 신명】 ①사자(使者)에게 주는 명령 또는 소식(消息). ②군명(君命)을 펼침.
【信夢 신몽】 참꿈.
【信物 신물】 신표가 될 만한 물품. 뒷날에 보고 표가 되게 하기 위하여 서로 주고받는 물건. 信標(신표).
【信眉 신미】 눈썹을 치올림. 伸眉(신미).
【信美 신미】 참으로 아름다움.
【信密 신밀】 참되고 빠짐없이 고루 미침.
【信服 신복】 믿고 복종(服從)함. 心服(심복).
【信奉 신봉】 믿고 받듦.
【信孚 신부】 참됨. 신용이 있음.
【信符 신부】 ①부절(符節). ②國대궐에 일정하게 드나드는 하인(下人)에게 병조(兵曹)에서 주던 표.
【信憑 신빙】 믿어서 의거함.
【信士 신사】 ①신의(信義)가 있는 사람. 信人(신인). ②(佛)출가(出家)하지 않고 불교를 믿는 남자. 信男(신남). 優婆塞(우바새).
【信史 신사】 확실하여 믿을 수 있는 사적(史籍).
【信使 신사】 사자(使者).

【信賞必罰 신상필벌】 공이 있는 사람에게는 반드시 상을 주고, 죄가 있는 사람에게는 반드시 벌을 주는 일. 상과 벌을 공정하게 함.
【信誓 신서】 ①신의로써 맹세함. ②성심(誠心)에서 우러나오는 맹세.
【信水 신수】 ①입춘이 지난 뒤의 황하(黃河)의 물. ②여자의 경수(經水). 月經(월경).
【信手 신수】 손이 움직이는 대로 맡겨 둠. 손을 자유자재로 움직임.
【信宿 신숙】 이틀 밤을 묵음. 이틀 동안의 숙박. 再宿(재숙).
【信臣 신신】 ①충근(忠勤)한 신하. ②사자(使者)로 보내는 신하. 使臣(사신).
【信信 신신】 ①믿을 것을 믿음. ②유연(悠然)한 모양. ③나흘 동안의 유숙(留宿).
【信實 신실】 믿음직하고 진실함.
【信心 신심】 ①어떤 것을 옳다고 굳게 믿는 마음. ②종교를 믿는 마음.
【信仰 신앙】 믿고 받드는 일.
【信約 신약】 약속. 맹세.
【信言不美 신언불미】 참된 말은 외면(外面)을 꾸미지 않음.
【信悅 신열】 믿고 기꺼이 좇음.
【信諭 신유】 진정으로써 타이름.
【信義 신의】 믿음과 의리. 진실하고 올바름.
【信疑忠謗 신의충방】 성심(誠心)으로써 대하는데도 의심과 비방을 받음.
【信任 신임】 믿고 일을 맡김. 또는 그 마음.
【信章 신장】 國도장. 印章(인장).
【信全 신전】 믿음과 의리가 갖추어짐.
【信傳 신전】 틀림없이 전함.
【信箭 신전】 國임금이 거둥할 때, 또는 도성(都城) 성문의 폐쇄(閉鎖) 시각에 이의 폐쇄를 보류할 때, 선전관(宣傳官)을 시켜서 각 영(營)에 군령(軍令)을 전하는 데 쓰던 화살.
【信節 신절】 ①신의와 절조. ②인신(印信)과 부절(符節). ③임금의 사자(使者)가 가지는 증표로서의 부절.
【信條 신조】 ①신앙의 조목. ②굳게 믿어 지키고 있는 일.
【信鳥 신조】 갈매기. 白鷗(백구).
【信種 신종】 (佛)신심(信心)을 심중(心中)에 심어 갖추고 있는 사람.
【信地 신지】 ①목적하는 곳. 目的地(목적지). ②규정된 위치나 순행 구역.
【信志 신지】 마음을 참되게 함.
【信質 신질】 ①진실. ②진실을 나타냄.
【信次 신차】 사흘 이상의 유숙(留宿).
【信處 신처】 묵음. 숙박(宿泊)함.
【信託 신탁】 믿고 맡김.
【信牌 신패】 ①벼슬아치가 지방 관청을 순회할 때 지니는 증패(證牌). 傳信牌(전신패). ②증거로 삼기 위하여 주고받는 작은 조각.
【信風 신풍】 ①바람이 부는 대로 따름. ②일정한 방향에서 항상 불어오는 바람. ③동북풍(東北風). ④계절풍(季節風).
【信標 신표】 뒷날에 보고 증거가 되게 하기 위

人部 7획 俄俉俑俁俞偯侹俎侳俊

하여 서로 주고받는 물건.
【信向 신향】①믿고 좇음. 믿고 돌아가 의지함. 〔韓愈·詩〕②불교를 믿고 의심하지 않음. 信仰(신앙).
【信鄕 신향】 ▷信向(신향)①.
【信號 신호】 일정한 부호·표지·소리·몸짓 따위로 정보를 전달하거나 지시함. 또는 그렇게 하는 데 쓰는 부호.
【信厚 신후】 신의가 있고 인품이 너그러움.
◐家—, 過—, 來—, 篤—, 迷—, 發—, 背—, 符—, 相—, 書—, 受—, 安—, 雁—, 威—, 音—, 自—, 電—, 通—, 花—, 確—.

人7【俄】⑨ 갑자기 아 歐 é
[소전][초서] 字解 ①갑자기, 별안간. 〔周書〕俄拜洛州刺史. ②기울다, 기우는 모양. 〔詩經〕側弁之俄屢舞傞傞. ③現러시아의 약칭. ¶俄館. ④높다, 높이다. ≒卬.
【俄刻 아각】 갑자기. 갑작스럽게. 俄爾(아이).
【俄頃 아경】 잠깐 동안. 暫時(잠시).
【俄鶻 아골】 재빠른 송골매. 민첩한 것의 비유.
【俄館 아관】 제정 러시아 공사관(公使館)을 이르던 말.
【俄國 아국】 러시아. 露西亞(노서아).
【俄羅斯 아라사】 러시아의 음역어(音譯語).
【俄旋 아선】 잠시 지연(遲延)함.
【俄然 아연】 잠시. 잠깐. 瞬時(순시).

人7【俉】⑨ 맞이할 오 麌 wǔ
字解 맞이하다.

人7【俑】⑨ 허수아비 용 腫 yǒng
[소전][초서] 字解 ①허수아비, 우인(偶人). 죽은 사람과 함께 묻는 인형. 〔孟子〕始作俑者, 其無後乎. ②아프다, 괴롭다.

人7【俁】⑨ 얼굴 클 우 麌 yǔ
字解 얼굴이 크다. 〔詩經〕碩人俁俁.
【俁俁 우우】 얼굴이 큰 모양.

人7【俞】⑨ 俞(156)의 속자

人7【偯】⑨ 밭 갈 읍 緝 yì
[초서] 字解 ①밭을 갈다. 〔莊子〕偯偯乎耕而不顧. ②굳세다, 용맹스럽다.
【偯偯 읍읍】 밭을 가는 모양.

人7【侹】⑨ 긴 모양 정 迥 tǐng

[소전] 字解 ①긴 모양. ②꼿꼿하다. ③평평하다.〔韓愈·詩〕石梁平侹侹.
【侹侹 정정】 평평한 모양.

人7【俎】⑨ 도마 조 語 zǔ
[소전][초서] 字源 會意. 㔾+且→俎. '㔾'는 희생을 반으로 쪼개 놓은 것이고, '且'는 제상(祭床)을 본뜬 것이다. 제향 때 희생을 얹는 그릇을 뜻한다.
字解 ①도마. ¶俎上肉. ②적대. 제향 때 희생을 올려놓는 그릇. 제기. 〔詩經〕爲俎孔碩. ③높은 대(臺). 〔史記〕爲高俎, 置太公其上.
【俎篡 조궤】 제기(祭器).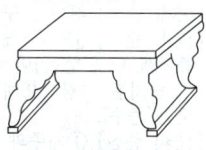
〈俎②〉
제사 때 음식을 담는 그릇. ○'俎'는 희생을 담는 제기, '篡'는 서직(黍稷)을 담는 제기.
【俎豆 조두】①제기(祭器). ②제사를 지냄.
【俎上肉 조상육】 도마에 오른 고기. 어찌할 수 없이 된 막다른 운명의 비유.
【俎上肉不畏刀 조상육불외도】 國도마에 오른 고기가 칼 무서워하랴. 일이 궁극(窮極)에 이르면 두려워하거나 도피하려 들지 않음.
◐嘉—, 登—, 燔—, 阻—, 尊—, 樽—.

人7【侳】⑨ 욕보일 좌 箇歐 zuò
[소전][초서] 字解 ①욕보이다, 치욕을 당하게 하다. 〔淮南子〕不入市爲其侳廉也. ②편안하다.

人7【俊】⑨ 준걸 준 震 jùn
丿亻仁仟仼伎俊俊俊
[소전][초서] 字源 形聲. 人+夋→俊. '夋(준)'이 음을 나타낸다.
字解 ①준걸, 재주와 지혜가 뛰어나 큰 일을 할 만한 사람. 〔書經〕俊乂在官. ②뛰어나다, 걸출하다. 〔曹植·七啓〕乃古之俊公子也. ③크다, 높다. ≒峻. 〔書經〕克明俊德.
【俊健 준건】 뛰어나고 강건(强健)함.
【俊傑 준걸】 재덕(才德)이 뛰어난 사람.
【俊鶻 준골】 힘찬 송골매.
【俊功 준공】 큰 공. 大功(대공).
【俊科 준과】 뛰어난 성적으로 과거에 합격함.
【俊器 준기】 우수한 기량(器量). 또는 그런 인물. 偉器(위기).
【俊達 준달】 재주가 빼어나 사리에 통달함.
【俊德 준덕】 큰 덕(德). 峻德(준덕).
【俊朗 준랑】 재주가 뛰어나고 명랑함.
【俊良 준량】 재능이 뛰어남. 또는 그런 사람·말〔馬〕따위. 儁良(준량).
【俊望 준망】 뛰어난 명성과 덕망. 훌륭한 영예(榮譽). 俊聲(준성). 俊譽(준예).

【俊髦 준모】 재덕(才德)이 뛰어난 사람.
【俊茂 준무】 재주와 학식이 뛰어남. 또는 그런 사람. 雋茂(준무).
【俊民 준민】 ①뛰어난 백성. 재지가 걸출한 사람. ②재야(在野)의 훌륭한 사람.
【俊敏 준민】 머리가 좋고 날렵함. 동작이 민첩하고 영준함.
【俊拔 준발】 재주와 슬기가 뛰어남.
【俊法 준법】 법률을 엄하게 함. 또는 엄한 법. 嚴法(엄법). 峻法(준법).
【俊辯 준변】 뛰어난 구변(口辯). 雄辯(웅변).
【俊士 준사】 ①주대(周代)에 서인(庶人)의 아들 중에서 덕행(德行)이 뛰어나 태학(太學)에 입학이 허가된 사람. ②재주와 슬기가 뛰어난 사람. 俊秀(준수).
【俊爽 준상】 ①재주와 슬기가 뛰어나고 명석함. ②인품(人品)이 높음.
【俊秀 준수】 재주·슬기·풍채 등이 빼어남.
【俊彦 준언】 재지(才智)가 뛰어난 사람. ◎ '彦'은 남자의 미칭(美稱).
【俊烈 준열】 재덕(才德)이 남보다 뛰어나고 기상(氣像)이 강직함.
【俊乂 준예】 재주가 뛰어난 사람.
【俊悟 준오】 재주가 뛰어나고 슬기로움. 또는 그런 사람.
【俊雄 준웅】 뛰어나고 굳센 사람.
【俊偉 준위】 뛰어나고 신분이 높은 사람. 위대한 사람.
【俊游 준유】 훌륭한 벗.
【俊異 준이】 뭇사람보다 탁월하게 뛰어남. 또는 그런 사람.
【俊逸 준일】 재능이 뛰어남. 또는 그런 사람.
【俊才 준재】 아주 뛰어난 재주. 또는 그런 재주를 가진 사람.
【俊造 준조】 준사(俊士)와 조사(造士). 곧, 뛰어난 선비. ◎ '造士'는 학문을 성취한 사람.
【俊智 준지】 뛰어난 슬기. 叡智(예지).
【俊哲 준철】 뛰어나고 슬기로움. 또는 그런 사람. 俊彦(준언).
【俊弼 준필】 훌륭한 보필(補弼). 훌륭하게 보필하는 신하(臣下).
【俊賢 준현】 뛰어나고 어짊. 또는 그런 사람.
【俊慧 준혜】 남보다 뛰어나고 슬기로움. 또는 그런 사람. 秀慧(수혜).
【俊豪 준호】 재덕(才德)이 뛰어난 사람.
❶ 傑-, 得-, 英-, 才-, 賢-.

人7 【侲】⑨ 동자 진 戱眞 zhèn, zhēn
소전 侲 字解 ①동자(童子), 어린이. 〔張衡·賦〕侲僮逞材. ②착하다. ③여자 종.
【侲子 진자】 ①착한 아이. 幼子(유자). ②國아이 초라니.

人7 【俏】⑨ ❶닮을 초 嘯 xiào, qiào
❷거문고 탈 소 嘯 xiāo
字解 ❶①닮다, 본뜨다. 늑 肖. 〔列子〕 侳侳成

者, 俏成者也. ②어여쁘다, 어여쁜 모양. ❷거문고를 타다, 거문고 타는 소리.
【俏成俏敗 초성초패】 우연히 얻었다가 우연히 잃음.
【俏然 소연】 거문고의 소리.

人7 【促】⑨ ❶재촉할 촉 沃 cù
❷악착할 착 覺 chuò

丿 亻 亻 仁 仁 仔 仔 促 促

소전 促 초서 伝 參考 대법원 지정 인명용 한자의 음은 '촉'이다.
字源 形聲. 人+足→促. '足(족)'이 음을 나타낸다.
字解 ❶①재촉하다, 독촉하다. ¶ 催促. ②다가오다, 급하다. ¶ 促迫. ③이르다, 궁지에 빠지다. 〔鹽鐵論〕民年急而歲促. ④좁다. 〔後漢書〕窘路狹且促. ⑤빠르다, 신속하다. 〔曹操·文〕其促定功行封. ❷악착하다. = 齪.
【促急 촉급】 ①몹시 재촉함. 催促(최촉). ②성급(性急)함.
【促迫 촉박】 ①기한이 바싹 닥쳐 있음. ②엄격(嚴格)함.
【促數 촉삭】 예의(禮儀)가 번잡함.
【促膝 촉슬】 무릎을 대고 마주 앉음. 친밀함.
【促坐 촉좌】 ①바싹 다가앉음. 촘촘히 앉음. 促席(촉석). ②권하여 앉힘.
【促織 촉직】 귀뚜라미. ◎ 날이 차가워지니 빨리 베를 짜라고 재촉하여 우는 벌레라는 데서 온 말. 蟋蟀(실솔).
【促進 촉진】 다그쳐 빨리 나아가게 함.
【促促 촉촉】 ①시간 따위가 짧은 모양. ②마음에 여유가 없는 모양. 초조한 모양. ③열심히 일하는 모양.
❶ 急-, 督-, 迫-, 刺-, 催-, 追-, 逼-.

人7 【侵】⑨ ❶침노할 침 侵 qīn
❷초라할 침 沁 qīn

丿 亻 亻 仃 仨 仨 佅 侵 侵

소전 侵 초서 侵 字源 會意. 人+帚+又→侵. '帚'는 '비'를 뜻하는 '帚'의 생략형이고, '又'는 손을 뜻한다. 사람〔人〕이 손〔又〕에 비〔帚〕를 들고 땅을 쓸어 나가 차츰차츰 남의 땅까지도 쓴다는 데서 '침노하다'의 뜻을 나타낸다.
字解 ❶①침노하다, 범하다. 〔國語〕無相侵瀆. ②잠식(蠶食)하다. ③습격하다, 엄습하다. 〔春秋左氏傳〕鄭人聞之, 而侵宋. ④다치다, 살상하다. 〔北齊書〕加以風雨所侵. ⑤법을 어기다. 〔管子〕侵臣事小察, 以折法令. ⑥흉년이 들다. 늑 祲. 〔墨子〕五穀不熟, 謂之大侵. ❷초라하다, 볼품없다, 키가 작다. 〔漢書〕蚡爲人貌侵, 生貴甚.
【侵加 침가】 ①더욱 심해짐. ②병 등이 침범하게 됨.
【侵刻 침각】 침범하여 괴롭힘.
【侵據 침거】 침노하여 그곳에 근거를 둠.

【侵攻 침공】남의 나라를 침범하여 공격함.
【侵寇 침구】침입하여 노략(擄掠)질함.
【侵毒 침독】침범하여 해침.
【侵瀆 침독】침범하여 더럽힘. 侵黷(침독).
【侵掠 침략】남의 나라를 불법으로 쳐들어가 약탈함.
【侵略 침략】정당한 이유 없이 남의 나라에 쳐들어감.
【侵陵 침릉】남을 침해하여 욕보임.
【侵罔 침망】대권(大權)을 침범하여 함부로 함.
【侵滅 침멸】침범하여 멸망시킴.
【侵冒 침모】침범하여 가로챔.
【侵牟 침모】침범하여 탈취함. ○'牟'는 뿌리를 파먹는 벌레.
【侵耗 침모】침범하여 줄임.
【侵誣 침무】침범하여 속임.
【侵叛 침반】반역하여 침범함.
【侵畔 침반】두렁을 침범함. 남의 논밭을 침범하여 가로챔.
【侵伐 침벌】침노하여 침. 侵擊(침격).
【侵肥 침비】자기의 배를 살찌게 함. 남의 몫의 일부를 가로챔.
【侵削 침삭】남의 영토를 침범하여 조금씩 깎아 들어감. 강박(強迫)하여 착취(搾取)함.
【侵齧 침설】①해안·하천의 토사(土砂)를 물결이 깎아 들어감. 侵蝕(침식). ②물건을 파괴해 버림.
【侵乘 침승】이겨냄. 능가(凌駕)함.
【侵蝕 침식】①차차로 깎아 먹어 들어감. 蠶食(잠식). 侵齧(침설). ②남의 땅을 점점 침입하여 들어감. ③남몰래 소비(消費)함.
【侵臣 침신】사사로운 행동을 하고 법을 어기는 신하.
【侵晨 침신】동틀 무렵.
【侵尋 침심】①차츰차츰 앞으로 나아감. ②점차로 넓어짐. 侵潯(침심).
【侵軋 침알】침범하여 다툼.
【侵液 침액】적시어 넉넉하게 함.
【侵漁 침어】어부가 남의 어장(漁場)에서 고기를 잡듯이 남의 물건을 점차로 침범하여 취하는 일. 侵奪(침탈).
【侵擾 침요】침노하여 어지럽힘. 侵僥(침요).
【侵欲 침욕】정욕(情欲)을 제멋대로 부림.
【侵怨 침원】욕보인 일에 대한 원한.
【侵冤 침원】실상이나 사실이 없는 죄로 학대(虐待)함.
【侵越 침월】경계를 넘어 침입함.
【侵淫 침음】①차츰 나아가 침범함. ②바람이 불어 가는 모양.
【侵恣 침자】남의 권리를 침해하고 방자함.
【侵殘 침잔】침범하여 해침. 侵害(침해).
【侵占 침점】함부로 빼앗음. 침범하여 차지함.
【侵早 침조】이른 아침. 早朝(조조).
【侵天 침천】하늘에 거의 닿을 듯. 매우 높음.
【侵踐 침천】함부로 침범하여 짓밟음.
【侵蔽 침폐】침범하여 은폐함.
【侵暴 침포】포학(暴虐)하게 굶.

【侵逼 침핍】침범하여 핍박함. 侵迫(침박).
【侵虐 침학】침해하여 학대함. 侵暴(침포).
【侵割 침할】침범하여 빼앗음. 侵掠(침략).
【侵駭 침해】침범하여 놀라게 함.
【侵舷 침현】물결이 뱃전을 때림.
❶ 輕−, 來−, 大−, 敵−, 貪−.

人7【倪】⑨ 추할 탈 🇰 tuō
[字解] ①추하다, 못생기다.〔新唐書〕貌倪陋.
②합당하다, 맞다. ③손쉽다, 간편하다.〔淮南子〕其行倪而順情. ④벗다, 벗어나다. ≒脫.
⑤가볍다, 경박하다.
【倪陋 탈루】추함. 용모(容貌)가 보기 싫음.

人7【便】⑨ ❶편할 편 🇰변 🇰 biàn
❷아첨할 편 🇰변 🇰 pián
ノ亻亻𠂉伂伂伂便便
[소전] 𠊛 [초서] 便 [본자] 便 [參考] 대법원 지정 인명용 한자의 음은 '편·변'이다.
[字源] 會意. 人＋更→便. 사람[人]은 불편한 점이 있으면 이를 고쳐서[更] 편리하게 만든다는 뜻을 나타낸다.
[字解] ❶①편하다, 형편이 좋다.〔史記〕因利乘便. ②소식, 편지.〔陸雲·書〕道路悠遠, 不值信便. ③편안하다, 쉬다.〔漢書〕高園便殿火. ④익다, 익숙하다.〔大戴禮〕謹其所便. ⑤오줌, 똥, 똥오줌. ※이 갈래의 음은 '변'임,〔漢書〕郎有醉小便殿上. ⑥곧, 문득. ※이 갈래의 음은 '변'임.〔莊子〕未嘗見舟而便操之.
⑦國편. 전하여 보내는 데 이용하는 계제. ❷①아첨하다, 알랑거리다.〔論語〕友便佞. ②구분하다, 가르다.〔書經〕不黨不偏, 王道便便.
【便家 편가】①자기의 이익을 꾀함. ②國부호(富豪). 부잣집.
【便官 편관】①그 사람에게 알맞은 관직. ②바쁘지 않은 관직. 閑職(한직).
【便巧 편교】①교묘하게 아첨함. ②편리하고 교묘함. ③몸이 날쌤. 몸이 잼.
【便轎 편교】산(山)에서 타는 간편한 가마.
【便口 편구】말을 잘함. 구변(口辯)이 좋음.
【便佞 편녕】구변만 좋을 뿐, 마음이 음험하고 실속이 없음. 또는 그런 사람.
【便道 편도】지름길. 다니기 편한 길.
【便覽 편람】보기에 편리하게 엮은 책.
【便利 편리 ❶편리 ❷변리】❶①편하고 쉬움. ②동작이 빠름. ❷똥·오줌 따위를 무의식 중에 쌈.
【便蒙 편몽】초학자(初學者)들이 알기 쉽게 쓴 책. 아이를 계몽하는 데 편리하다는 뜻.
【便文 편문】①법(法)의 조문대로만 함. ②문장(文章)을 자기의 형편에 종도록 함.
【便門 편문】뒷문. 드나들기 편한 곳에 낸 문.
【便美 편미】편리하고 아름다움.
【便媚 편미】①아름다운 모양. ②춤추는 모양.
【便敏 편민】날쌤. 재빠름. 便捷(편첩).

【便房 편방】 쉬는 방. 휴게실(休憩室).
【便法 편법】 간편하고 손쉬운 방법.
【便辟 편벽】 ①남에게 알랑거려 그 비위를 잘 맞춤. ②총애(寵愛)를 받는 사람. 便嬖(편폐).
【便服 편복】 ⇨便衣(편의).
【便腹 편복】 뚱뚱한 배. 살이 쪄서 불룩한 배.
【便附 편부】 의지하여 좇음.
【便辭 편사】 ①구변 좋게 설득함. ②교묘한 말.
【便姗 편산】 ①옷자락이 휘날리는 모양. ②걸음걸이가 편안한 모양.
【便船 편선】 ①때맞게 떠나는 배. ②가볍고 편한 배.
【便旋 ❶편선 ❷변선】 ❶방황함. 배회(徘徊)함. ❷①짧고 작은 모양. ②소변을 봄.
【便習 편습】 익숙해짐.
【便乘 편승】 ①얻어 탐. ②남의 세력을 이용하여 자신의 이익을 거둠.
【便室 편실】 편히 쉬는 방. 便房(편방).
【便安 편안】 편하고 걱정 없이 좋음.
【便言 편언】 구변이 좋음. 변설이 좋음.
【便姸 편연】 ①아름다운 용자(容姿). ②가뿐하고 아름다움.
【便娟 편연】 ①품위가 있고 아름다운 모양. 요염한 모양. ②춤추는 모양. ③눈[雪]이 가볍게 나는 모양.
【便衣 편의】 간편하게 만든 옷. 평상시에 입는 옷. 便服(편복). 私服(사복).
【便宜 편의】 형편이나 조건 따위가 편하고 좋음.
【便易 편이】 편리하고 용이함. 便宜(편의).
【便益 편익】 편리하고 유익함.
【便人 편인】 세속 일에 익은 사람. 속인이란 뜻으로 자기를 겸손하게 이르는 말.
【便章 편장】 ①그 재능에 의해 나누어 명확하게 함. ②⇨平常服(평상복).
【便殿 편전】 정전(正殿) 이외의 별전(別殿). 제왕이 휴식하던 곳.
【便丁 편정】 인부(人夫)에게 편리하도록 함.
【便程 편정】 일의 정도를 알맞게 꾀함.
【便捷 편첩】 재빠름. 날쌤.
【便便 편편】 ①살찐 모양. 비만한 모양. ②분명히 말하는 모양. 말이 또렷한 모양. ③우아(優雅)한 모양. 말이 나라가 잘 다스려지는 모양.
【便嬖 편폐】 윗사람이나 임금의 마음에 들어 귀염받는 사람. 便辟(편벽).
【便風 편풍】 ①순풍(順風). ②소식(消息).
【便嬽 편현】 가뿐하고 우아(優雅)한 모양.
【便戶 편호】 부엌문. 부엌 출입문.
【便祕 변비】 똥이 너무 굳어서 잘 누이지 않는 증세.
【便所 변소】 대소변을 보도록 만들어 놓은 곳.
【便是 변시】 ⇨다름이 아니라. 곧.
【便液 변액】 똥물. 糞汁(분즙).
【便就 변취】 ①곧바로 완성함. ②⇨곧. 곧바로.
【便香附 변향부】 어린 사내아이의 오줌에 오래 담가 두었다가 꺼낸 향부자(香附子). 월경(月經) 불순에 약으로 씀.
❶簡—, 方—, 不—, 船—, 郵—, 人—, 形—.

人 7 【倪】⑨ ❶염탐할 현 ❷비유할 견 xiàn qiàn
소전 대법원 지정 인명용 한자의 음은 '현'이다.
字解 ❶①염탐하다. 염탐꾼. 간첩. ②풍향계(風向計). 배 위에 설치한 바람개비. 〔淮南子〕辟若俔之見風也. ③두려워하다. 〔明史〕心心俔俔. ❷비유하다. 비유. 〔詩經〕俔天之妹.
【俔俔 현현】 두려워하는 모양. 睍睍(현현).

人 7 【俠】⑨ ❶호협할 협 ❷곁 협 (본)겹 xiá xiá
소전 초서 간체
字解 ❶①호협하다, 협기가 있다. 〔史記〕然其自喜爲俠益甚. ②가볍다, 경쾌하다. 〔淮南子〕喜武非俠也. ③젊다. 〔呂氏春秋〕安壯養俠. ④제멋대로 굴다, 방자하다. 〔韓非子〕人臣肆意陳欲, 曰俠. ⑤미인(美人). 〔漢書〕俠嘉夜. ⑥쾌하다, 상쾌하다. ⑦끼다, 끼우다. ≒挾. 〔漢書〕殿下郎中俠陛. ❷곁, 옆, 가. 서다. ≒夾.
【俠客 협객】 강자를 꺾고 약자를 돕는 협기를 지닌 사람. 俠士(협사).
【俠骨 협골】 장부다운 기골. 호협한 기골.
【俠魁 협괴】 협객(俠客)의 두목.
【俠氣 협기】 대장부의 호탕한 기풍. 용맹한 마음. 俠骨(협골).
【俠士 협사】 호협한 기상(氣像)이 있는 사람. 俠客(협객). 遊俠(유협).
❶姦—, 遊—, 義—, 任—, 豪—.

人 7 【侯】⑨ 과녁 후 hóu
ノイイ丆丆侯侯侯
소전 초서 본자
字源 會意. 소전의 글자 모양은 人＋厂＋矢→侯. '厂'은 벼랑처럼 드리운 포장의 모양으로, 사람이 이를 향하여 화살을 쏜다는 데서 '과녁'의 뜻을 나타낸다.
字解 ①과녁. 〔儀禮〕乃張侯下綱. ②제후, 임금. 〔春秋左氏傳〕凡侯伯救患分災. ③후작, 오등작(五等爵)의 둘째. 〔孟子〕侯一位. ④왕성(王城) 밖 500리의 지역. ¶侯服. ⑤찾아뵙다, 안부를 여쭈다. ≒候. ⑥아름답다. 〔詩經〕洵直且侯. ⑦이, 이에. 발어사. ≒惟·維·伊. ⑧어찌, 어느, 무엇. 의문사. ≒何. 〔呂氏春秋〕今侯渫過而弗099.

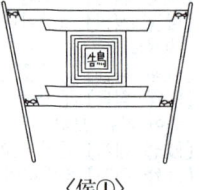
〈侯①〉

【侯鵠 후곡】 활의 과녁. 사방(四方) 열 자의 둘레를 '侯'라 하고, 그 속 사방 넉 자의 둘레를 '鵠'이라 함.
【侯牧 후목】 제후(諸侯).
【侯伯 후백】 ❶후백 ❷후패 ❶후작(侯爵)과 백작(伯

爵). ❷다섯 나라의 우두머리. 제후(諸侯)의 우두머리.
【侯服 후복】①오복(五服) 또는 구복(九服)의 둘째 복. ❷왕성(王城) 밖 500리(里)에서 1,000리에 이르는 지방(地方).
【侯服玉食 후복옥식】왕후(王侯)의 옷을 입고 좋은 음식을 먹음. 사치스럽고 호화로운 생활.
【侯禳 후양】복(福)을 맞아들이고 재앙을 물리치는 제사.
【侯甸 후전】후복(侯服)과 전복(甸服).
【侯鯖 후정】맛있는 음식. ⑧五侯鯖(오후정).
➊ 君—, 列—, 王—, 諸—.

人7【俙】⑨ 소송할 희 熹 xī
[字解] ①소송하다. ②감동하다. 〔司馬相如·文〕於是天子俙然改容.
【俙然 희연】감동하는 모습.

人8【個】⑩ 낱 개 箇 gè
丿 亻 𠆢 𠆢 們 們 們 個 個 個
[초서] 個 [속자] 伽 [간체] 个 [字源] 形聲. 人+固→個. '固(고)'가 음을 나타낸다.
[字解] ①낱. 셀 수 있게 된 물건의 하나하나. ②개. 낱으로 된 물건의 수효를 세는 단위. =个·箇.
【個個 개개】하나씩 따로따로.
【個性 개성】개인마다 각각 다르게 형성되는 취미·성격 등의 특성.
【個人 개인】국가·사회·단체를 구성하는 낱낱의 사람.
【個體 개체】하나의 독립된 생물체.
➊ 各—, 單—, 別—, ——, 這—.

人8【倨】⑩ 거만할 거 御 jù
[소전] 倨 [초서] 伕 [字解] ①거만하다, 뽐내다.〔春秋左氏傳〕直而不倨. ②책상다리하다, 무릎을 꿇고 앉았다. ≒踞.〔莊子〕老聃方將倨堂. ③멍하다, 아무런 생각이 없다.〔淮南子〕臥倨倨. ④굽다.〔禮記〕倨中矩, 句中鉤.
【倨倨 거거】①아무 생각이 없는 모양. 멍한 모양. ②뽐내는 모양. 倨慢(거만).
【倨固 거고】오만하고 완고함.
【倨曲 거곡】굽음. 구부러짐.
【倨句 거구】①굽자. 곡척(曲尺). ◯ '句'는 곱자의 긴 쪽을, '句'는 직각으로 굽은 짧은 쪽을 뜻함. ②곧음과 굽음. 直曲(직곡). ③불손(不遜)함과 겸손함.
【倨氣 거기】거만한 기색.
【倨慢 거만】겸손하지 못하고 뽐냄. 잘난 체하며 남을 업신여김. 倨傲(거오).
【倨色 거색】교만하게 뽐내는 안색(顏色).

【倨視 거시】거만하게 남을 멸시함.
【倨牙 거아】톱니같이 생긴 어금니.
【倨傲 거오】☞倨慢(거만).
【倨傲鮮腆 거오선전】거만하게 굴며 귀여운 데가 없음.
➊ 簡—, 驕—, 句—, 箕—, 倂—.

人8【僉】⑩ 僉(137)의 속자

人8【倞】⑩ ❶굳셀 경 敬 jìng ❷밝을 량 漾 liàng
[소전] 倞 [參考] 대법원 지정 인명용 한자의 음은 '경'이다.
[字解] ❶①굳세다, 강하다. =勍. ②다투다, 겨루다. ≒競.〔詩經〕秉心無倞. ❷①밝다. =亮. ②찾다, 구하다. ≒諒.

人8【倥】⑩ ❶어리석을 공 東 kōng ❷바쁠 공 董 kǒng ❸괴로울 공 送 kǒng
[초서] 倥 [字解] ❶①어리석다, 어리석음. ¶ 倥侗. ❷바쁘다, 일에 몰리다. ¶ 倥傯. ❸괴롭다, 곤궁하다.〔楚辭〕愁倥傯於山陸.
【倥傯 공총】①바쁜 모양. ②괴로운 모양.
【倥侗 공통】어리석은 모양. 무지한 모양.

人8【倌】⑩ 수레몰이 관 删 guān
[소전] 倌 [字解] ①수레몰이, 수레를 모는 사람.〔詩經〕命彼倌人, 星言夙駕. ②벼슬. ≒官. ③現기생. ¶ 倌人.
【倌人 관인】①수레를 관장하던 벼슬아치. ②現기생.

人8【俱】⑩ 함께 구 虞 jū
丿 亻 𠆢 𠆢 們 俱 俱 俱 俱
[소전] 俱 [초서] 伕 [字源] 形聲. 人+具→俱. '具(구)'가 음을 나타낸다.
[字解] ①함께, 다, 모두.〔孟子〕雖與之學, 弗若之矣. ②함께 하다, 같이 가다.〔莊子〕道可載而與之俱也. ③갖추다, 고루고루 있다.〔論衡〕五行氣俱. ④같다, 동일하다.〔素問〕所謂後者應不俱也.
【俱慶 구경】國양친(兩親)이 다 살아 계시어 경사스러움.
【俱沒 구몰】어버이가 모두 돌아가심.
【俱發 구발】①함께 출발함. ②동시에 일이 일어남. ③동일인(同一人)에게 여러 가지 범죄가 동시에 성립되는 일. ④죄다 지출(支出)함.
【俱生神 구생신】(佛)사람이 태어날 때부터 양쪽 어깨 위에 있으면서 행위의 선악을 기록하는 남녀의 신. 남신(男神)은 '동명(同名)'이라 하여 왼쪽에서 선업(善業)을 기록하고, 여신(女神)은 '동생(同生)'이라 하여 오른쪽에서 악업

人部 8획 倔倦倛倓倘倒

(惡業)을 기록한다고 함.
【俱收並蓄 구수병축】 구별하지 않고 모두 거두어 수용함.
【俱存 구존】 어버이가 모두 살아 계심.

人8 【倔】⑩ 고집 셀 굴 㞳 jué
字解 ①고집이 세다, 고집이 센 모양.〔鹽鐵論〕倔強倔傲. ②몸을 일으키다, 입신(立身)하다.〔史記〕倔起什伯之中. ③굽다, 굽히다. ≒屈.〔史記〕君子倔於不知己.
【倔彊 굴강】 고집이 세어 남에게 굴하지 아니함. 屈強(굴강).
【倔起 굴기】 몸을 일으킴. 필부(匹夫)로서 입신(立身)함.
【倔信 굴신】 굽힘과 폄. 屈伸(굴신).

人8 【倦】⑩ 게으를 권 願 juàn
소전 㒟 초서 佬 본자 券 통자 勌
字解 ①게으르다, 싫증나다.〔易經〕通其變, 使民不倦. ②피로하다, 고달프다.〔呂氏春秋〕立倦而不敢息. ③걸터앉다.〔淮南子〕方倦龜殼而食蛤梨.
【倦客 권객】 여행에 지친 손.
【倦苦 권고】 싫증이 나고 괴로움.
【倦極 권극】 몹시 지침.
【倦悶 권민】 몹시 지쳐 걱정하며 괴로워함.
【倦飛 권비】 나는 일에 싫증이 남.
【倦憊 권비】 싫증이 나고 고달픔.
【倦厭 권염】 피로하고 염증이 남.
【倦游 권유】 ①관리 생활에 싫증이 남. ②여행·유람에 싫증이 남.
【倦怠 권태】 어떤 일에 대한 싫증이나 게으름.
【倦敗 권패】 싫증이 나 몸을 망침.
【倦弊 권폐】 싫증이 나고 피로함.
➊ 憊-, 勞-, 忘-, 怠-, 疲-, 懈-.

人8 【倛】⑩ 탈 기 支 qī
字解 ①탈, 가면. 구나(驅儺) 때 쓰는 눈이 둘 있는 탈. 눈이 넷인 탈은 방상(方相)이라고 한다.〔荀子〕仲尼之狀面如蒙倛. ②속이다, 속이다. =欺.

人8 【倓】⑩ ❶고요할 담 覃 tán
❷움직일 담 勘 dàn, tàn
소전 㑎 혹체 倓 字解 ①고요하다, 편안하다.〔荀子〕倓然見管仲之能足以託國也. ②①움직이다, 두려워하다. =憛. ②재물로써 속죄하다, 속죄하기 위하여 내는 재물(財貨).〔後漢書〕殺人者得以倓錢贖死.
【倓錢 담전】 살인한 사람이 죽은 이의 가족에게 속죄하기 위하여 주는 돈.

人8 【倘】⑩ ❶혹시 당 漾 tǎng
❷어정거릴 상 陽 cháng

字解 ❶①혹시, 아마. =儻.〔庾信·詩〕故人倘思我. ②갑자기 멈추는 모양.〔莊子〕雲將見之, 倘然止. ❷어정거리다, 배회하다.〔宋玉·賦〕然後倘佯中庭.
【倘然 당연】 문득 멈추는 모양.
【倘佯 상양】 어정거림. 배회(徘徊)함.

人8 【倒】⑩ ❶넘어질 도 皓 dǎo
❷거꾸로 도 號 dào

ノ亻亻仁仵佫佫佺倒倒
소전 㑽 초서 佭 字源 形聲. 人+到→倒. '到(도)'가 음을 나타낸다.
字解 ❶①넘어지다, 자빠지다.〔南史〕屛風倒壓其背. ②죽다.〔呂氏春秋〕倒而投瀍水. ❷①거꾸로, 거꾸로 하다.〔詩經〕顚之倒之, 自公召之. ②거스르다, 반역하다.〔韓非子〕至言忤於耳而倒於心.
【倒見 도견】 거꾸로 보임.
【倒戈 도과】 창을 거꾸로 함. 제 편을 배반하여 적과 내통함. 변절함. 반역함.
【倒君 도군】 도리에 어긋난 임금.
【倒窺 도규】 거꾸로 엿봄.
【倒囷 도균】 곳간의 쌀을 다 털어 냄. 소유물을 다 내놓음.
【倒道 도도】 도리에 어긋남. 悖理(패리).
【倒流 도류】 거꾸로 흐름. 역류(逆流)함.
【倒洑 도복】 거꾸로 돌아 흐름.
【倒屣 도사】 신을 거꾸로 신고 사람을 영접함. 진심으로 손을 환영함. 倒屣(도섭).
【倒產 도산】 ①재산을 모두 잃고 망함. ②해산할 때 아이의 발이 먼저 나오는 일.
【倒想 도상】 도리에 어긋난 생각.
【倒生 도생】 초목(草木). 초목은 머리를 땅에 붙이고 자라기 때문에 이르는 말.
【倒屣 도섭】 ▷倒屣(도사).
【倒垂 도수】 거꾸로 드리워짐.
【倒景 도영】 ①해·달이 아래로부터 위로 비출 정도로 지극(至極)히 높은 곳. ②햇빛이 서쪽에서 동쪽으로 되비침. ③▷倒影(도영)①.
【倒影 도영】 ①그림자가 거꾸로 비침. 거꾸로 비친 그림자. 倒景(도영). ②저녁때의 해. 夕陽(석양). 夕日(석일).
【倒曳 도예】 거꾸로 끎.
【倒杖 도장】 ①지팡이를 거꾸로 함. ②풍수(風水)가 광(壙)을 만들어 관(棺)을 놓는 법.
【倒顚 도전】 거꾸로 됨. 顚倒(전도).
【倒井 도정】 우물을 거꾸로 함. 비가 억수로 쏟아짐.
【倒持泰阿 도지태아】 태아를 거꾸로 잡고 손잡이를 남에게 줌. 권력을 경솔하게 넘겨 주어 도리어 해를 입음. ○'泰阿'는 보검의 이름.
【倒躓 도질】 무엇에 걸려 넘어짐.
【倒著 도착】 의복 따위를 거꾸로 입음.
【倒錯 도착】 뒤바뀌어 거꾸로 됨.
【倒置 도치】 ①거꾸로 세움. ②차례·위치 따위가 뒤바뀜.

人部 8획 倮俫倆倫們倣倍

【倒置干戈 도치간과】 병기를 거꾸로 세워 둠. 세상이 평화로움의 비유.
【倒卓 도탁】 거꾸로 섬.
【倒囊 도탁】 주머니를 거꾸로 함. 가진 돈을 죄다 내놓음.
【倒塌 도탑】 넘어짐. 무너짐. 붕괴함.
【倒行逆施 도행역시】 차례를 바꾸어서 시행함. 상도(常道)에 어그러진 짓을 함.
【倒懸 도현】 거꾸로 매달림. 심한 곤경이나 위험한 고비에 처함.
【倒惑 도혹】 몸이 거꾸로 될 정도로 당황함.
○ 傾-, 驚-, 壓-, 顚-, 絶-, 卒-, 打-.

人8 【倮】⑩ ❶알몸 라 ❷좋을 과 luǒ

字解 ❶알몸. 발가숭이. 벌거벗다. =裸.〔禮記〕其蟲倮. ❷좋다. 넓지 않다.
【倮國 나국】 중국 서쪽에 있었다는 전설상의 나라. 온 국민이 나체로 생활했다고 함.
【倮麥 나맥】 쌀보리.
【倮蟲 나충】 ①털·날개가 없는 벌레의 총칭(總稱). ②털·날개·비늘 따위가 없는 동물. 곧, 인류나 자라·지렁이 따위. ○ '蟲'은 동물의 뜻.

人8 【俫】⑩ 倈(587)와 동자

人8 【倆】⑩ 재주 량 liǎng, liǎ

字解 ①재주. 솜씨. 재능. ②둘. 두 사람. =兩.

人8 【倫】⑩ 인륜 륜 lún

字解 形聲. 人+侖→倫. '侖(륜)'이 음을 나타낸다.
字解 ①인륜, 도리.〔書經〕彝倫攸敍. ②무리, 또래.〔呂氏春秋〕身狄出倫. ③순서, 차례.〔書經〕無相奪倫. ④나뭇결.〔周禮〕析幹必倫.
【倫紀 윤기】 윤리와 기강(紀綱).
【倫理 윤리】 사람으로서 마땅히 행하거나 지켜야 할 도리.
【倫比 윤비】 ①무리. 同流(동류). ②동등(同等).
【倫常 윤상】 인류의 떳떳한 도리.
【倫擬 윤의】 비슷함. 유사(類似)함.
【倫匹 윤필】 ①나이나 신분이 서로 같거나 비슷한 사이의 사람. ②배우자. 아내.
【倫好 윤호】 벗끼리의 친분.
○ 常-, 五-, 人-, 絶-, 天-, 悖-.

人8 【們】⑩ 들 문 mén

字解 들, 무리. 인칭 대명사에 붙어서 복수를 나타내는 글자.

人8 【倣】⑩ 본뜰 방 fǎng

字解 形聲. 人+放→倣. '放(방)'이 음을 나타낸다.
字解 ①본뜨다, 흉내 내다.〔韓愈·表〕轉相倣傚, 惟恐後時. ②준거하다, 의지하다.
【倣古 방고】 옛 것을 모방함. 고인(古人)의 작품을 모방하여 만듦.
【倣傚 방효】 본뜸. 모방함.
○ 模-, 慕-, 依-.

人8 【倍】⑩ 곱 배 bèi

字解 形聲. 人+咅→倍. '咅(부)'가 음을 나타낸다.
字解 ①곱, 갑절.〔詩經〕如賈三倍, 君子是識. ②등지다, 배반하다. =偝.〔大學〕上恤孤而民不倍. ③더하다, 증가하다.〔春秋左氏傳〕焉有亡鄭以倍鄰. ④외다, 암송하다.〔韓愈·銘〕讀書倍文, 功力兼人. ⑤점점 더, 더욱 더.〔王維·詩〕每逢佳節倍思親.
【倍加 배가】 갑절 또는 몇 갑절로 늘어남.
【倍僑 배결】 해의 둘레에 둥그렇게 나타나는 빛깔 있는 테두리. 햇무리. 日暈(일훈).
【倍道 배도】 ①보통 사람이 이틀 걸릴 길을 하루에 걸음 ②도리에 어긋남.
【倍道兼行 배도겸행】 이틀 만에 갈 길을 하루에 걸음.
【倍文 배문】 글을 외움.
【倍反 배반】 ①천자(天子)에게 등을 돌림. ②도리에 어긋남.
【倍蓰 배사】 여러 갑절. 數倍(수배). ○ '倍'는 갑절, '蓰'는 다섯 갑절.
【倍心 배심】 배반하는 마음. 이반하는 마음.
【倍約 배약】 약속을 어김. 背約(배약).
【倍律 배율】 12율(律) 중 원음정(原音程)보다 더 높은 소리를 내는 것.
【倍義 배의】 정도(正道)에 어긋남.
【倍日 배일】 이틀분을 하루에 함.
【倍日幷行 배일병행】 밤낮을 가리지 않고 가거나 행함. 晝夜兼行(주야겸행).
【倍前 배전】 이전의 갑절.
【倍情 배정】 ①인정(人情)에 어긋남. ②세속(世俗)의 정을 더함.
【倍徵 배징】 정한 액수의 갑절을 받아 냄.
【倍招 배초】 반대된 행위로 불러들임.
【倍出 배출】 갑절이나 더 남.
【倍差 배치】 한 배 반(半).
【倍稱 배칭】 원금(元金)의 두 배.
【倍還 배환】 배로 돌려줌.
【倍譎 배휼】 ①어긋남. 어기고 틀림. ②=倍僑(배결).
○ 萬-, 百-, 數-, 利-, 千-, 懸-.

人[俳]⑩ ❶광대 배 俳 pái
8   ❷어정거릴 배 俳 pái

[소전][초서] 字解 ❶광대, 배우. ¶俳笑. ❷장난, 농담, 익살. ¶俳諧. ❸스러지다, 쇠퇴하다. ≒廢. ❹어정거리다, 배회하다. =徘.〔淮南子〕坐排而歌謠.
【俳歌 배가】 산악(散樂)의 이름. 광대가 춤을 추면서 부르는 노래.
【俳笑 배소】 광대 따위가 희롱하며 웃음.
【俳優 배우】 ①광대. ②중국 잡희(雜戲)의 이름. 演戲(연희). ③연극·영화에서 어떤 인물로 분장하여 대사나 동작·표정 따위로 그 내용을 실연(實演)하는 사람.
【俳倡 배창】 광대.
【俳體 배체】 장난에 가까운 시문(詩文). 배우의 대사(臺詞) 비슷한 것.
【俳諧 배해】 =俳諧(배해).
【俳諧 배해】 우스갯소리. 남을 웃기기 위한 악의(惡意) 없는 말. 弄談(농담). 戲言(희언).
【俳佪 배회】 어정거리며 이리저리 다님. 목적 없이 거닒. 彷徨(방황). 徘佪(배회).
【俳諛 배회】 희롱(戲弄). 실없는 장난.
● 優−, 坐−, 倡−.

人[併]⑩ 아우를 병 併 bìng
8

[소전][초서][속자][간자] 字解 ①아우르다, 어우르다. =幷.〔漢書〕高皇帝與諸公併起. ②나란하다. =並.〔禮記〕行肩而不併. ③다투다, 경쟁하다. ④버리다.〔荀子〕併己之私欲.
【併倨 병거】 ①나란히 앉음. ②대립함.
【併科 병과】 동시에 둘 이상의 형벌에 처함.
【併驅 병구】 나란히 달림. 併馳(병치).
【併氣 병기】 마음을 하나로 합침.
【併力 병력】 힘을 합함. 協力(협력).
【併目 병목】 눈을 마주침.
【併用 병용】 ①작용(作用)을 함께 함. ②아울러 같이 씀. 並用(병용).
【併催 병최】 일시(一時)에 독촉함.
【併吞 병탄】 죄다 삼켜 버림. 남의 물건을 한데 아울러 제 것으로 만들어 버림.
【併合 병합】 ①둘 이상의 사물을 합쳐서 하나로 만듦. ②어떤 나라가 다른 나라를 강제로 통합함. 合邦(합방). 合併(합병).
● 兼−, 速−, 合−.

人[俸]⑩ 녹 봉 俸 fèng
8

[초서] 字解 녹, 봉급, 급료.〔後漢書〕詔增百官俸.
【俸給 봉급】 직장에서 일한 대가로 정기적으로 받는 보수.
【俸祿 봉록】 벼슬아치에게 주던 봉급.
【俸廩 봉름】 관리에게 봉급으로 주던 쌀.
【俸滿 봉만】 임기가 참.
【俸銀 봉은】 관리에게 봉급으로 주던 돈.

【俸秩 봉질】 벼슬아치에게 주던 급료.
● 加−, 減−, 公−, 給−, 祿−, 薄−, 本−.

人[俯]⑩ 구푸릴 부 俯 fǔ
8

[초서] 字解 ①구푸리다, 구부리다.〔易經〕俯以察於地理. ②숨다.〔呂氏春秋〕蟄蟲咸俯. ③눕다.〔荀子〕三俯三起.
【俯瞰 부감】 고개를 숙이고 봄. 높다란 곳에서 내려다봄. 下瞰(하감).
【俯傴 부구】 고개를 숙이고 몸을 굽힘. 절함.
【俯窺 부규】 고개를 숙이고 엿봄.
【俯伶 부령】 고개를 숙이고 들음.
【俯擗 부벽】 엎드려 가슴을 치며 곡(哭)함.
【俯不作於人 부부작어인】 구푸려서는 모든 사람에게 부끄럽지 않음. 양심에 거리낌이 없음.
【俯首帖耳 부수첩이】 고개를 숙이고 귀를 늘어뜨림. 동물이 순종하듯 잘 따름. 俛首帖耳(면수첩이).
【俯首聽令 부수청령】 윗사람의 위엄에 눌려 명령대로 좇아 함.
【俯仰 부앙】 하늘을 우러러보고 세상을 굽어봄. 俛仰(면앙).
【俯仰不愧 부앙불괴】 우러러보고 굽어보아도 부끄러울 것이 없음. 공명정대(公明正大)하여 세상에 부끄러울 것이 없음.
【俯映 부영】 거꾸로 비침.
【俯察 부찰】 아랫사람의 형편을 두루 굽어 살핌.
【俯蹐 부척】 몸을 굽히고 발끝으로 걸음. 황송하여 조심조심 걸음.
【俯聽 부청】 고개를 숙이고 들음. 공손히 들음.
【俯燭 부촉】 굽어 살핌.
【俯項 부항】 고개를 숙임.
【俯戶 부호】 ①틈을 흙으로 막음. ②문을 닫고 숨음.
【俯畜 부휵】 처자(妻子)를 부양(扶養)함.
● 拜−, 卑−, 仰−, 畏−, 陰−.

人[俾]⑩ ❶더할 비 俾 bǐ, bī
8   ❷흘겨볼 비 俾 pì

[소전][초서] 字解 ❶①더하다, 보태다. ≒裨. ②시키다, ~하게 하다.〔書經〕俾予從欲以治. ③좇다, 따르다.〔書經〕罔不率俾. ❷①흘겨보다. ≒睥.〔史記〕俾倪, 故久立, 與其客語. ②성가퀴. 성 위에 낮게 쌓은 담.
【俾倪 비예】 ①흘겨봄. 곁눈질하여 봄. 睥睨(비예). ②성가퀴. 女牆(여장). ③수레의 일산을 받치고 있는 장대.
【俾晝作夜 비주작야】 낮을 보태 밤을 지음. 밤낮을 가리지 않고 즐김.

人[俷]⑩ 등질 비 俷 fèi
8

字解 ①등지다, 관계를 끊고 멀리하다.〔史記〕毋俷德. ②지다, 패배하다.
【俷德 비덕】 덕(德)을 잃음.

人部 8획 倳喪修

人8 【倳】⑩ 찌를 사 圖 zì
동자 剚 字解 ①찌르다, 칼을 꽂다. 〔史記〕慈父孝子莫敢倳刃公之腹中者畏秦法耳. ②세우다, 서다.
【倳刃 사인】 칼로 찌름.

人8 【喪】⑩ 喪(303)의 속자

人8 【修】⑩ 닦을 수 圖 xiū
ノ亻亻亻伀伀修修修修
소전 㣊 초서 修 고자 修 동자 脩 參考 '脩(수)'는 원래는 딴 자였으나 통용되고 있다. 그러나 육포(肉脯)의 뜻일 때는 반드시 '脩'를 쓴다.
字源 形聲. 攸+彡→修. '攸(유)'가 음을 나타낸다.
字解 ①닦다. ㉮익히다, 배우고 연구하다. 〔禮記〕藏焉修焉. ㉯기르다, 도덕·품행 등을 다스려 기르다. 〔後漢書〕修德之勞, 乃如是乎. ②다스리다. ㉮터·집·길 따위를 다져 만들다. 〔禮記〕宮室已修. ㉯다듬어 정리하다, 다루어 처리하다. ③고치다, 손질하다. 〔書經〕旣修太原, 至于岳陽. ④꾸미다. ㉮엮어 만들다, 책을 만들다. 〔杜預·序〕非聖人孰能修之. ㉯수식하다. 〔論語〕行人子羽修飾之. ⑤행하다, 거행하다. 〔禮記〕乃修祭典. ⑥갖추다, 베풀다. 〔呂氏春秋〕鐘鼓不修. ⑦길다, 높다. 〔戰國策〕鄒忌修八尺有餘. ⑧뛰어나다, 뛰어난 사람. 〔楚辭〕謇吾法夫前修兮.
【修竿 수간】 길고 마디가 적은 나뭇가지.
【修改 수개】 ①손질을 하여 옛 모습으로 고침. 重修(중수). ②개정(改訂)함. 정정(訂正)함.
【修劍 수검】 긴 칼. 長劍(장검).
【修隔 수격】 멀리 떼어 놓음.
【修潔 수결】 행실을 닦아서 깨끗함. 행실을 닦아서 깨끗하게 함.
【修逕 수경】 길고 좁은 길.
【修禊 수계】 3월 상사일(上巳日)에 물가에서 행하는 제사.
【修廣 수광】 장대(長大)한 모양.
【修敎 수교】 가르침을 닦아 갖춤.
【修構 수구】 닦아서 만듦. 손질함.
【修筠 수균】 긴 대나무. 修竹(수죽).
【修近 수근】 가까운 것을 다스림.
【修謹 수근】 몸을 닦아 음전함.
【修禁 수금】 다스려 금함.
【修己 수기】 자기 몸을 닦음. 자기 수양을 함.
【修己治人 수기치인】 자신의 몸과 마음을 닦은 후에 남을 교화(敎化)함.
【修短 수단】 긴 것과 짧은 것. 長短(장단).
【修德 수덕】 ①덕(德)을 닦음. ②(佛)성덕(性德)에 대하여, 수습(修習)에 의해 얻은 공덕(功德).
【修道 수도】 ①도를 닦음. ②길을 손질함.

【修冬 수동】 긴 겨울.
【修得 수득】 ①도(道)를 닦음. ②후천적으로 닦거나 배워서 체득(體得)함.
【修羅 수라】 (佛)팔부중(八部衆)의 하나로, 싸우기를 좋아하는 귀신. 阿修羅(아수라).
【修羅場 수라장】 (佛)①악신(惡神) 수라가 제석천(帝釋天)과 싸운 곳. ②매우 혼란스럽거나 참혹한 상태. 阿修羅場(아수라장).
【修勵 수려】 몸을 닦고 힘씀.
【修鍊 수련】 인격·기술 따위를 닦아서 단련함. 修練(수련).
【修廉 수렴】 덕을 닦아서 청렴(淸廉)함.
【修令 수령】 내려야 할 명령을 손질하여 생각함.
【修領 수령】 ①다스려 통합함. ②손질하여 정연하게 함.
【修禮 수례】 예의를 닦음.
【修路 수로】 ①긴 길. ②도로를 수리함.
【修理 수리】 고장이 나거나 허름한 데를 손보아 고침.
【修名 수명】 ①훌륭한 이름. 오래도록 후세에 남는 이름. ②명분을 바로잡음. ③겉을 꾸밈.
【修木 수목】 키가 큰 나무. 修樹(수수).
【修睦 수목】 우의(友誼)를 맺음. 修交(수교).
【修武 수무】 무덕(武德)을 닦음.
【修文 수문】 ①문덕(文德)을 닦음. ②문인(文人)의 죽음. ③법(法)을 다스림.
【修眉 수미】 긴 눈썹.
【修敏 수민】 행실이 바르고 재치가 있음.
【修補 수보】 허름한 데를 고치고, 갖추지 않은 데를 기움.
【修輔 수보】 신하가 자기의 직분(職分)을 닦아 지켜 임금을 보좌함.
【修復 수복】 ①고쳐서 본모습과 같게 함. ②편지의 답장을 함.
【修奉 수봉】 다스려 가짐. 갖추어 가짐.
【修備 수비】 닦아서 갖춤. 닦아서 갖추어짐.
【修史 수사】 역사(歷史)를 편수(編修)함.
【修辭 수사】 ①말이나 문장을 수식하여 묘하고 아름답게 함. ②문교(文敎)를 수행(修行)함.
【修生 수생】 목숨을 길게 함. 오래도록 삶.
【修序 수서】 순서를 바로잡음.
【修善 수선】 착한 일을 닦음. 선행을 쌓음.
【修繕 수선】 낡거나 헌 물건을 고침.
【修成 수성】 닦아서 이룸. 손질하여 만듦.
【修性 수성】 성정(性情)을 수양함.
【修省 수성】 수양하고 반성함.
【修袖 수수】 긴 소매.
【修修 수수】 ①갖추어져 있는 모양. ②바람이 부는 소리. ③삼가고 조심하는 모양.
【修習 수습】 학업이나 일을 닦고 익힘.
【修飾 수식】 ①겉모양을 꾸밈. 멋을 부림. ②행실을 닦아 삼감. 修勅(수칙).
【修飾邊幅 수식변폭】 외양을 꾸밈. 표면의 체제만을 꾸밈.
【修身 수신】 몸을 닦아 행실을 바르게 함.
【修愼 수신】 몸을 수양하고 행동을 삼감.
【修身齊家 수신제가】 자기의 심신(心身)을 닦

고, 집안을 다스림. 修齊(수제).
【修心 수심】마음을 닦음. 정신을 수양함.
【修岸 수안】긴 언덕. 긴 물가.
【修養 수양】몸과 마음을 단련하여 품성이나 지덕을 닦음.
【修業 수업】①학문(學問)·기예(技藝)를 익히고 닦음. ②가업(家業)을 영위함.
【修營 수영】수선하여 경영함.
【修藝 수예】학예(學藝)를 닦음.
【修完 수완】손질하여 완전하게 함.
【修外 수외】외면(外面)을 꾸밈.
【修容 수용】①몸가짐을 바르게 함. ②소요(逍遙)함. 산책함.
【修遠 수원】아주 멂. 脩遠(수원).
【修怨 수원】원한을 품. 원한을 갚음.
【修偉 수위】키가 크고 체격이 훌륭함.
【修邇 수이】가까운 곳을 다스림.
【修因感果 수인감과】(佛)선악(善惡)의 인(因)을 행함에 따라 고락(苦樂)의 과보(果報)를 받게 됨.
【修刺 수자】명함을 내 놓음.
【修渚 수저】길게 이어져 있는 물가.
【修典 수전】①의식(儀式)을 거행함. ②법률·책따위를 고쳐서 바로잡음.
【修正 수정】①바로잡아서 고침. ②몸을 닦아 행실(行實)이 올바름. ③정도(正道)를 닦음.
【修定 수정】틀린 곳을 고쳐 바르게 정함.
【修訂 수정】서적 등의 잘못을 고침. 정정(訂正)함. 修改(수개).
【修程 수정】먼 길. 長程(장정).
【修整 수정】고쳐서 정돈함. 손질하여 가꿈.
【修除 수제】닦고 덞. 손질하고 청소함.
【修竹 수죽】길게 자란 대. 밋밋이 자란 대.
【修葺 수즙】지붕·바람벽 등의 허름한 데를 고치고 이음. 깁고 고침. 補葺(보즙).
【修撰 수찬】①서적을 편집하여 펴냄. ②조선때, 홍문관의 정육품 벼슬.
【修勅 수칙】정돈하여 가지런하게 함.
【修飭 수칙】몸을 닦고 스스로 삼감.
【修態 수태】아름다운 자태(姿態). 또는 모양을 아름답게 꾸밈.
【修通 수통】잘 다스려져 막힘이 없음.
【修波 수파】길고 큰 파도. 큰 물결.
【修學 수학】학업을 닦음.
【修行 수행】①행실을 닦음. ②(佛)불도를 닦음.
【修革 수혁】고쳐 바로잡음.
【修刑 수형】형벌을 고쳐 행함.
【修扈 수호】키가 크고 살이 찜.
【修和 수화】잘 다스려 천하를 평화롭게 함.
【修換 수환】수선하여 바꿈.
◑ 監−, 改−, 保−, 補−, 靜−, 重−, 編−.

人 8【倕】⑩ 무거울 수 [支] chuí

[字解] ①무겁다. ②사람 이름. 황제(黃帝) 때의 훌륭한 장인(匠人). 〔淮南子〕人不愛倕之手而愛己之指.

人 8【俶】⑩ ❶비롯할 숙 [屋] chù, shū ❷뛰어날 척 [錫] tì

[소전] [字解] ❶①비롯하다, 비로소. 〔書經〕俶擾天紀. ②정돈하다, 정리하다. 〔張衡·賦〕簡元辰而俶裝. ③두텁다. 〔詩經〕令終有俶. ④맑다, 착하다. ≒淑. ❷뛰어나다. ≒倜. 〔史記〕好奇偉俶儻之畫策.
【俶然 숙연】삼가고 공경하는 모양.
【俶爾 숙이】움직이는 모양.
【俶衽 숙임】처음으로 이불과 요를 깖.
【俶裝 숙장】몸차림을 함. 준비를 함.
【俶獻 숙헌】계절마다 새로난 진귀(珍貴)한 물품을 맨 먼저 바침.
【俶儻 척당】재기(才氣)가 높이 뛰어남.

人 8【倏】⑩ 갑자기 숙 [屋] shū

[소전] [초서] [본자] 儵 [속자] 條 [속자] 倐

[字解] ①갑자기, 문득, 매우 짧은 시간. 〔漢書〕辰倏忽其不再. ②개가 재빨리 내닫는 모양. ③빛, 빛나다.
【倏閃 숙섬】갑자기 번쩍함.
【倏倏 숙숙】①빛남. ②빛.
【倏瞬 숙순】눈 깜짝하는 동안. 극히 짧은 시간.
【倏忽 숙홀】갑자기. 재빨리. 극히 짧은 시간.

人 8【倐】⑩ 倏(*116*)의 속자

人 8【倅】⑩ ❶버금 쉬 ㊍췌 [隊] cuì ❷백 사람 졸 [月] zú

[소전] [속자] 伜 [字解] ❶①버금, 다음. ≒萃. 〔周禮〕乘王之倅車. ②[國]원, 수령(守令). ❷①백 사람. ≒卒. 〔隋書〕各有倅長. ②갑자기. 〔墨子〕倅然斷之.
【倅車 쉬거】임금의 수레에 여벌로 따라가는 수레. 예비로 따르는 수레. 副車(부거).
【倅馬 쉬마】주로 사용하는 말에 대용하기 위하여 함께 끌고 다니는 말.
【倅貳 쉬이】지휘관을 보좌하는 관리.
【倅然 졸연】갑자기.
◑ 郡−, 副−, 守−.

人 8〖俺〗⑩ 나 엄 ㊍암 [豏] yàn, ǎn

[소전] [초서] [字解] ①나, 자신(自身). 〔辛棄疾·詞〕且不罪, 俺略起. ②크다. ③어리석다.

人 8【倲】⑩ 倸(*122*)과 동자

人 8〖倪〗⑩ 어린이 예 [齊] ní, nì

[소전] [초서] [字解] ①어린이, 어리고 약한 모양. 〔孟子〕反其旄倪.

人部 8획 倭 倚 倧 借

②흘겨보다, 결눈질하다. ≒睨. 〔史記〕俾倪, 故久立與其客語. ③가, 끝. 〔韓愈·南海廟碑〕乾端坤倪, 軒豁呈露. ④더하다, 보태다. ⑤성 가퀴. ≒堄.
【倪齒 예치】①늙은이의 다시 난 이. ②장수하는 사람.

人8 【倭】⑩ ❶왜국 왜 ⑧와 ⑲ wō
❷두를 위 ⑤ wēi
소전 초서 〔參考〕 대법원 지정 인명용 한자의 음은 '왜'이다.
〔字解〕 ❶왜국, 일본. ¶倭寇. ❷①두르다, 빙 돌아서 먼 모양. 〔詩經〕周道倭遲. ②순하다, 순한 모양. ③추하다, 보기 흉하다. 〔王褒·論〕媒姆倭傀.
【倭寇 왜구】 13~16세기에 우리나라와 중국 동남 연안(沿岸)에서 노략질하던 일본 해적.
【倭國 왜국】 일본(日本)을 낮잡아 이르는 말.
【倭亂 왜란】①왜인(倭人)이 일으킨 전란(戰亂). ②임진왜란(壬辰倭亂).
【倭松 왜송】①몽당솔. ②누운잣나무. ③다복솔.
【倭夷 왜이】 옛날 중국 사람들이 일본 사람들을 낮잡아 이르던 말. 倭奴(왜노).
【倭敵 왜적】 적국으로서의 일본이나 일본인.
【倭患 왜환】 왜구(倭寇)에 의한 환란(患亂).
【倭傀 위괴】 전설 속의 추녀(醜女).
【倭遲 위지】 빙 돌아서 먼 모양.

人8 【倚】⑩ ❶의지할 의 ㉞ yǐ
❷기이할 기 ㉚ jī
소전 초서 〔參考〕 대법원 지정 인명용 한자의 음은 '의'이다.
〔字解〕 ❶①의지하다, 기대다. 〔論語〕在輿則見其倚於衡也. ②치우치다, 쏠리다. 〔荀子〕倚其所私以觀異術. ③인하다, 말미암다. 〔老子〕禍兮福之所倚. ④가락을 맞추다. 〔漢書〕倚瑟而歌. ⑤맡기다. ❷①기이하다, 이상야릇하다. ≒奇. 〔荀子〕倚魁之行. ②불구(不具). ≒踦·畸. 〔莊子〕有倚人焉.
【倚閣 의각】 그대로 내버려 둠.
【倚劍 의검】 검에 기댐. 검에 의지함.
【倚靠 의고】①기댐. ②의뢰(依賴)함.
【倚官仗勢 의관장세】 관리가 직권을 남용하여 민폐를 끼침. 세도를 부림.
【倚几 의궤】①책상에 기댐. ②기대는 대(臺). 사방침.
【倚待 의대】 서서 기다림.
【倚頓 의돈】 빈둥거리며 놂. 徙倚(사의).
【倚廬 의려】 부모의 상중(喪中)에 상주가 거처하는 막.
【倚閭 의려】①이문(里門)에 기대어 섬. 부모가 자식이 돌아오기를 기다림. ②여막(廬幕).
【倚馬可待 의마가대】 말에 기대어 기다릴 만함. 글재주가 뛰어나 글을 빨리 지음.
【倚馬才 의마재】 말에 기대어 기다리는 짧은 시간 동안에 긴 문장(文章)을 지어 내는 글재주.
〔故事〕 진(晉)의 원호(袁虎)가 말에 기대어 서서 기다리는 동안에 일곱 장의 명문을 완성했다는 고사에서 온 말.
【倚門 의문】①문에 기댐. 부모가 자식이 돌아오기를 기다림. ②거리의 문 옆에서 매음(賣淫)함. 또는 그 여자. 賣淫婦(매음부).
【倚門而望 의문이망】 문에 기대어 바라봄. 부모가 자식이 돌아오기를 몹시 기다림. 倚閭之望(의려지망).
【倚門訓 의문훈】 어머니의 정다운 교훈. 자애(慈愛)로운 어머니의 가르침.
【倚靡 의미】 결정하지 못하는 모양. 태도가 분명하지 않은 모양.
【倚倍 의배】 의지함과 배반함.
【倚辯之才 의변지재】 변설에 뛰어난 재능.
【倚伏 의복】 화(禍)와 복(福)은 서로 인연(因緣)이 되어 기복(起伏)함.
【倚毘 의비】 의지하고 신뢰함. 倚仗(의장).
【倚邪 의사】①치우치고 옳지 않음. ②옳지 않은 행동을 옳다고 함.
【倚乘 의승】 수레를 타고 서 있음. ♪'倚'는 수레 앞턱 가로나무(軾)에 기대어 서는 일.
【倚信 의신】 의지하고 믿음.
【倚愛 의애】 의지하고 사랑함.
【倚玉 의옥】 훌륭한 것에 기댐. 아름다운 자태. 倚玉樹(의옥수).
【倚玉之榮 의옥지영】 혼인(婚姻)을 맺음.
【倚移 의이】 바람에 따라 나부끼는 모양.
【倚聽 의청】 서서 엿들음.
【倚翠 의취】 마주하고 있는 두 개의 비취색이 나는 것. 곧, 미인의 눈썹.
【倚託 의탁】 어떤 것에 몸이나 마음을 의지하여 맡김.
【倚物 의물】 기괴한 물건. 괴상한 물건.
【倚人 의인】 병신. 불구자. 畸人(기인).
◑傍—, 徙—, 依—, 切—, 親—, 偏—, 跛—.

人8 【倧】⑩ 상고의 신인 종 ⑧ zōng
〔字解〕①상고(上古)의 신인(神人). ②國신인, 한배검. 〔朝鮮古紀〕神人降于太白山檀木下, 是爲大倧也.

人8 【借】⑩ 빌릴 차 ㉞ jiè
ノ 亻 仁 件 供 借 借 借
소전 초서 〔字源〕 形聲. 人+昔→借. '昔(석)'이 음을 나타낸다.
〔字解〕①빌리다, 빌려 쓰다. 〔後漢書〕外戚賓客, 假借威權. ②빌려 주다, 돕다. 〔論語〕有馬者, 借人乘之. ③가령, 설령. 〔陶潛·詩〕借問爲誰悲.
【借家 차가】 세를 주고 빌려 사는 집. 셋집.
【借客報仇 차객보구】 남을 도와 그 사람의 원수를 갚아 줌.
【借鏡 차경】 남의 거울을 빌려 비추어 봄. 타인의 언행을 자기의 경계(警戒)로 함. 借鑑(차감).

人部 8획 倉倡倀

【借觀 차관】 빌려서 봄.
【借光 차광】 남의 덕을 입음. 叨光(도광).
【借寇 차구】 지방관의 유임(留任)을 간청함. 故事 후한(後漢)의 구순(寇恂)이 선정(善政)하였으므로, 그가 갈려 간 뒤에 전임지(前任地)의 백성들이 그를 다시 오게 하여 달라고 애원한 데서 나온 말.
【借刀殺人 차도살인】 남의 칼을 빌려 사람을 죽임. 다른 사람의 힘을 이용하여 사람을 해침.
【借文 차문】 남에게 청탁하여 시문(詩文)을 대신 짓게 함. 또는 그 글.
【借問 차문】 ①시험 삼아 물음. 그저 한번 물어봄. ②남에게 물음.
【借書一癡 차서일치】 책을 빌릴 때는 술 한 병을 선사함. ◯'癡'는 '甁'의 잘못으로 '술병'을 뜻함.
【借手 차수】 ①現남의 손을 빌림. ②남에게 물건을 빌려 온 사람.
【借如 차여】 가사(假使). 가령(假令).
【借用 차용】 돈·물건 따위를 빌려서 씀.
【借字 차자】 ①가차하거나 통용되는 글자. ②자기 나라 말을 적는 데 남의 나라 글자를 빌려 씀.
【借作 차작】 國①글을 대신 지음. 또는 그 글. ②남의 손을 빌려 물건을 만듦. 또는 그 물건.
【借重 차중】 ①유명한 사람의 이름이나 역량(力量)을 빌려 자기의 위세를 더함. ②의지함.
【借聽於聾 차청어농】 다른 사람이 뭐라고 하냐고 귀머거리에게 물음. 힘을 빌릴 상대를 잘못 찾음.
【借廳入室 차청입실】 國마루를 빌려 쓰다가 방에 들어옴. 남에게 의지하여 있던 사람이 나중에는 그의 권리까지를 침범함.
【借廳借閨 차청차규】 國마루를 빌려 주면 방을 빌리려고 듦. 남의 호의를 이용하여 차츰 그의 권리를 침해함.
【借風使船 차풍사선】 ①바람을 빌려 배를 달림. ②돈을 빌려 임시변통함.
【借銜 차함】 실제로 근무하지 아니하고 직함(職銜)만을 빌리는 벼슬. 借名(차명).
○假-, 貸-, 恩-, 賃-, 前-.

人 【倉】⑩ ❶곳집 창 陽 cāng
8 ❷슬퍼할 창 漾 chuàng

ノ 人 人 今 今 令 육 倉 倉

소전 倉 고문 倉 고전 崔 초서 흤 고자 仺
고자 峑 간체 仓

字源 會意·象形. 亼+口→ '亼'은 '食(식)'의 생략형이고, '口'는 사방을 두른 방형(方形)의 창고를 본뜬 것이다. 곧, 사람이 먹는 곡식을 넣어 두는 '곳집'을 뜻한다.

字解 ❶①곳집, 네모난 곳집, 창고. [國語] 府倉實. ②옥(獄), 옥사(獄舍). [未信編] 禁省監倉之別. ③내장. 느臟. [漢書] 化色五倉之術, 皆左道以欺妄. ④갑자기. [漢書] 倉卒悲哀之時. ❺푸르다. 느蒼. [儀禮] 纁三采六等즉

白倉. ❷슬퍼하다. 느愴. [詩經] 不殄心憂, 倉兄填兮.
【倉庚 창경】 꾀꼬리. 倉鵠(창경).
【倉庫 창고】 곳집.
【倉囷 창균】 쌀 창고. ◯'倉'은 방형(方形), '囷'은 원형(圓形)의 창고. 倉庾(창유).
【倉頭 창두】 종. 노비(奴婢). ◯하인이 청포(靑布)를 머리에 쓴 데서 나온 말.
【倉龍 창룡】 ①키가 여덟 자 이상 되는 말. 蒼龍(창룡). ②목성(木星)이 동방(東方)에 위치했을 때의 이름.
【倉廩 창름】 ①곡물 창고. ②비장(脾臟)과 위장(胃臟).
【倉粟 창속】 창고 속의 곡물(穀物).
【倉氏庫氏 창씨고씨】 사물이 오래도록 변하지 않음의 비유. ◯옛날 중국에서 창씨(倉氏)와 고씨(庫氏)가 세습적(世襲的)으로 곳집을 맡아 본 데서 온 말.
【倉廒 창오】 미곡(米穀) 창고.
【倉庾 창유】 쌀 창고. ◯'庾'는 지붕이 없는 곳집. 米倉(미창).
【倉卒 창졸】 미처 어찌할 겨를 없이 갑작스러움.
【倉扁 창편】 창공(倉公)과 편작(扁鵲). 모두 중국 명의(名醫)의 이름임.
【倉兄 창황】 언짢고 슬픈 모양.
【倉皇 창황】 아주 갑작스러운 모양. 倉黃(창황).
○穀-, 空-, 官-, 米-, 社-, 神-, 營-.

人 【倡】⑩ ❶광대 창 陽 chāng
8 ❷창도할 창 漾 chàng

소전 倡 초서 倡

字解 ❶①광대, 배우. [晏子春秋] 今君左爲倡右爲優. ②기생. =娼. ③미치다. 미치광이. =猖. [莊子] 倡狂妄行. ❷①창도하다, 외치다. 느唱. [史記] 爲天下倡. ②성하다, 창성하다. 느昌.
【倡狂 창광】 크게 미침. 몹시 미침.
【倡道 창도】 앞장서서 외침.
【倡隨 창수】 남편이 주장하고 아내가 좇음. 부부가 화목하고 가정이 원만한 일.
【倡率 창솔】 ①앞장서서 외침. ②구나(驅儺)할 때 붉은 옷에 탈을 쓰고 주문을 외던 사람.
【倡佯 창양】 어정거리며 노닒. 徜徉(상양).
【倡優 창우】 광대. 배우. ◯'倡'은 소리하는 사람, '優'는 놀이하는 사람. 娼優(창우).
【倡義 창의】 의(義)를 주창함. 의병을 일으킴.
【倡倡 창창】 빛깔이 화려한 모양.
【倡和 창화】 한 사람이 선창(先唱)하면 다른 사람이 이에 따르는 일. 唱和(창화).
○名-, 俳-, 夫-, 女-, 妍-, 優-, 天-.

人 【倀】⑩ ❶미칠 창 陽 chāng
8 ❷홀로 설 창 庚 chéng
❸길 잃을 창 敬 zhèng

소전 倀 간체 伥

字解 ❶①미치다, 갈팡질팡하다. 느倡. ②넘어지다, 자빠지다. ③귀신 이름. [太平御覽] 爲虎所食, 其鬼爲倀. ❷홀로 서다, 홀로 서 있는 모양. ❸

길을 잃다.〔禮記〕倀倀乎其何之.
【倀鬼 창귀】①범에게 물려 죽은 사람의 귀신. 범에 붙어 다니며 범의 심부름을 한다고 함. ②남을 꾀어 못된 짓을 하게 하는 사람.
【倀倀 창창】갈 길을 잃어 헤매는 모양.

人 8 【倜】⑩ 대범할 척 齣 tì

〔字解〕①대범하다, 얽매이지 않다.〔荀子〕倜儻然無所歸宿. ②뛰어나다, 빼어난 모양. ≒俶.〔史記〕唯倜儻非常之人稱焉. ③높고 먼 모양, 소원한 모양. ¶倜然.
【倜儻 척당】①다른 사물에 구속을 받지 않음. ②출중(出衆)함. 俶儻(척당).
【倜儻不羈 척당불기】인물이 뛰어나서 남에게 눌려 지내지 않음.
【倜然 척연】①아득히 먼 모양. ②높이 오르는 모양. ③소원(疏遠)한 모양.
【倜倜 척척】①얽매이지 않고 독립된 모양. ②倜然(척연)①.

人 8 【倩】⑩ ❶예쁠 천 齣 qiàn
❷사위 청 齣 qìng

〔字解〕❶①예쁘다, 웃는 입 모습이 예쁘다.〔論語〕巧笑倩兮. ②남자의 미칭(美稱).〔漢書〕須魏倩而後進. ❷①사위.〔史記〕黃氏諸倩. ②빌리다. ¶倩草. 고용하다.〔黃庭堅·詩〕倒倩路人扶.
【倩粧 천장】예쁜 단장.
【倩倩 천천】예쁘고 얌전한 모양.
【倩工 청공】國일시적인 용인(傭人). 고용인.
【倩人 청인】사람을 고용함.
【倩草 청초→천초】國남을 시켜 글을 쓰게 함.

人 8 【俴】⑩ 엷을 천 齣 jiàn

〔字解〕①엷다, 얇다. ≒淺.〔詩經〕小戎俴收. ②갑옷을 입지 않다.〔管子〕與俴者同實.
【俴駟 천사】얇은 철로 만든 갑옷으로 경쾌하게 무장한 네 마리의 말.
【俴者 천자】갑옷을 입지 않은 병사.

人 8 【倢】⑩ 빠를 첩 齣 접 齣 jié

〔字解〕①빠르다, 민첩하다. ≒捷.〔後漢書〕負糧倢行. ②굳세다. ③여관(女官) 이름. ≒婕.
【倢伃 첩여】한(漢) 무제(武帝) 때 두었던 여관(女官) 이름. 婕好(첩여).

人 8 【值】⑩ 값 치 齣 zhí

丿 亻 亻 亻 仂 佔 佔 值 值

人 8 【值】〔소전〕值 〔초서〕值 〔간체〕值

〔字源〕形聲. 人+直→值. '直(직)'이 음을 나타낸다.
〔字解〕①값, 물건의 값. ¶價值. ②값하다, 값어치가 있다. ③가지다, 지니다.〔詩經〕值其鷺羽. ④만나다.〔史記〕無值寧成之怒. ⑤당하다, 어떤 일을 겪다. ⑥두다. ≒置.
【值遇 치우】우연히 만남. 뜻밖에 만남.
❶價—, 數—, 絕對—.

人 8 【倬】⑩ 클 탁 齣 zhuō

〔字解〕①크다, 높고 크다.〔詩經〕倬彼雲漢. ②밝다, 두드러지다, 명백하다. ≒焯. ③뛰어나다, 남보다 낫다. ≒趠.

人 8 【俵】⑩ 홀을 표 齣 biào

〔字解〕①홀다. ②나누어 주다.〔舊唐書〕委御史臺依品秩分俵.
【俵散 표산】여러 사람에게 나누어 줌.
【俵養 표양】서로 분담(分擔)하여 기름.
【俵災 표재】國흉년에 조세를 감하던 일.

人 8 【倖】⑩ 요행 행 齣 xìng

〔字解〕①요행. ②간사하다, 아첨하다.〔後漢書〕政移五倖. ③괴다, 사랑하다. =婞. ≒幸.〔後漢書〕議者譏其過倖.
【倖曲 행곡】아첨하고 사특함.
【倖濫 행람】요행을 바라고 상법(常法)에 의하지 않음.
【倖望 행망】國요행을 바람.
【倖門 행문】관리가 되는 요행의 연줄.
【倖臣 행신】마음에 드는 신하.
【倖而得免 행이득면】좋지 못한 일을 요행히 벗어남.
【倖進 행진】요행으로 승진(昇進)함. 입신출세(立身出世)를 바람.
【倖偸 행투】요행을 바람.
❶私—, 射—, 僥—.

人 8 【倱】⑩ 흐릿할 혼 齣 hùn

〔字解〕흐릿하다, 흐릿한 모양, 트이지 않은 모양. ≒混·渾.
【倱伅 혼돈】흐릿한 모양. 트이지 않은 모양. 混沌(혼돈). 渾沌(혼돈).

人 8 【倣】⑩ 倣(129)의 속자

人 8 【候】⑩ 물을 후 齣 hòu

丿 亻 亻 仁 仨 佇 佇 俟 候 候

人部 8~9획 倭假

倭

字源 形聲. 人+矦→候. '矦(후)'가 음을 나타낸다.

字解 ①묻다, 안부를 묻다. ②시중들다, 빈객(賓客)에게 시중들다. 〔詩經〕彼候人兮. ③기다리다, 맞이하다. 〔陶潛·辭〕稚子候門. ④살피다, 정탐하다. 〔呂氏春秋〕武王使人候殷. ⑤척후(斥候), 적의 상황을 살피는 사람. 〔史記〕陰使候始正. ⑥망루(望樓), 적의 상황을 살피는 곳. 〔後漢書〕築亭候, 修燧燧. ⑦점치다, 길흉을 헤아리다. 〔列子〕夢者六候. ⑧진찰하다, 진맥하다. 〔唐書〕醫候之使, 路相屬. ⑨철, 1년을 72개로 나눈 절기. 〔魏書〕五日一候. ⑩때, 시기(時期). 〔宋史〕欲知農桑之候. ⑪조짐, 징조. 〔晉書〕皆是風雨之候也. ⑫정도. 〔煮泉小品〕人但知湯候, 不知火候.

【候官 후관】①⇨候人(후인)①. ②척후의 일을 관장하는 벼슬아치. ③점치는 관인.
【候館 후관】①망루(望樓). ②역(驛)의 전송 문서를 맡기는 곳. 우체국.
【候騎 후기】적을 염탐하는 기병.
【候邏 후라】적의 정세를 정탐함. 적정을 살피는 병졸. ⇨候巡(후순).
【候樓 후루】적의 동정을 살피는 망루(望樓).
【候脈 후맥】진찰(診察)함. 진맥(診脈)함.
【候兵 후병】①적정을 살피는 병사. ②병란(兵亂)을 살핌.
【候補 후보】①자리가 비어 있는 벼슬이나 직위를 채우던 일. ②어떤 직위나 신분을 얻으려고 일정한 자격을 갖추어 나섬.
【候伺 후사】문안을 드림. 伺候(사후).
【候雁 후안】기러기. ○철을 따라 오가는 데서 온 말.
【候儀 후의】천체를 관측하는 기구.
【候人 후인】①주대(周代)에 빈객(賓客)을 송영(送迎)하는 일을 맡아보던 벼슬. 候吏(후리). 候官(후관). ②척후.
【候正 후정】척후(斥候)를 맡은 벼슬.
【候鳥 후조】철새.
【候風 후풍】①바람 부는 방향을 살핌. ②배가 떠날 무렵에 순풍을 기다림.
【候詗 후형】군대 안의 척후.
❶ 軍-, 氣-, 時-, 節-, 徵-, 斥-, 測-.

人 8 【倠】⑩ 추할 휴 因 suī

字解 추하다, 용모가 아름답지 못하다.

人 9 【假】⑪ ❶거짓 가 馬 jiǎ
❷끝날 하 麻 xiá
❸바꿀 가 禡 jià
❹이를 격 陌 gé

亻 仁 仃 仔 作 假 假 假

⸢假⸥ ⸢仮⸥ 仮 **錼秀** 대법원 지정 인명용 한자의 음은 '가'이다.

字源 形聲·會意. 人+叚→假. '叚(가)'가 음을 나타냄과 동시에 '빌리다'라는 뜻도 나타낸다. 사람에게서 빌린 것은 자기의 것이 아니므로 '거짓, 임시' 등의 뜻을 나타낸다.

字解 ❶①거짓, 가짜. 〔史記〕大丈夫定諸侯卽眞爲王耳何以假爲. ②임시적, 정식이 아닌. ③빌리다. 〔儀禮〕假爾大筮有常. ④빌려 주다. 〔漢書〕遂酒開倉廩假貧民. ⑤너그럽다, 용서하다. 〔後漢書〕今方盛夏且復假貸以觀厥後. ⑥가령, 만일. ¶假使. ⑦크다. 〔書經〕不自滿假. ❷①끝나다, 끝내다, 죽다. 〔詩經〕旣沒登假. ②멀리, 멀다. ⇨遐. 〔春秋公羊傳〕世以爲登假. ❸①바꾸다, 교환하다. 〔三國志〕自白求假. ②겨를, 여가, 휴일. ⇨暇. 〔詩經〕假哉皇考. ④타다, 거마(車馬)에 오르다. ⇨駕. 〔詩經〕昭假無贏. ❹이르다, 도달하다. 〔禮記〕公假于大廟.

【假結 가결】①임시로 체결함. ②⇨假髻(가계).
【假髻 가계】부인(婦人)의 머리숱을 더하기 위하여 사용하는 머리털. 다리. 假結(가결).
【假公 가공】공사(公事)를 이용함.
【假求 가구】빌려 구함. 빌리라고 부탁함.
【假構 가구】없는 것을 임시로 만듦.
【假君 가군】대리 임금. 임시로 정한 임금.
【假期 가기】①세월을 보냄. 세월을 소비함. ②휴가의 동안. 휴가 기일(期日).
【假器 가기】기물(器物)을 남에게 빌려 줌.
【假捏 가날】날조함. 위조함.
【假貸 가대】①물건을 빌려 줌. ②용서함.
【假道 가도】①임시의 도로. ②타국의 길을 임시로 빌려 통과함. 假途(가도). ③관대하게 용서하여 선도(善導)함.
【假道滅虢 가도멸괵】길을 빌려 괵을 멸망시킴. 다른 나라를 임시로 빌려 쓰다가 나중에는 그 나라를 치게 된다는 말. **故事** 춘추 시대 진(晉)나라가 괵(虢)나라를 친다는 명분으로 우(虞)나라의 길을 빌리고는, 괵나라를 정벌하고 돌아오는 길에 우나라도 멸망시킨 고사에서 온 말.
【假吏 가리】①갑직(甲職)에 있는 사람이, 임시로 을직(乙職)을 겸하던 일. ②國그 지방의 세습적 아전이 아닌, 다른 고을에서 온 아전.
【假寐 가매】①옷을 입은 채 선잠을 잠. ②國㉠거짓으로 자는 체함. ㉡잠자리를 안 보고 그냥 잠. ㉢낮잠. 궁중말.
【假面 가면】탈.
【假名 가명】①가짜 이름. ②임시로 지어 부르는 이름.
【假母 가모】생모(生母)가 아닌 어머니.
【假冒 가모】남의 이름을 제 이름인 것처럼 거짓으로 댐.
【假物 가물】①빌려 온 물건. 빌린 물건. ②가짜. 모조품.
【假謗 가방】거짓을 꾸며 남을 헐뜯음.
【假父 가부】의붓아버지.
【假備 가비】빌려서 대비(對備)함.
【假士 가사】임시로 채용한 관리.

【假死 가사】 정신을 잃어 한때 죽은 것처럼 보이는 상태.
【假使 가사】 가정하여 말한다면.
【假山 가산】 정원 같은 데에 돌을 모아 쌓아서 조그맣게 만든 산. 石假山(석가산).
【假象 가상】 실재(實在)가 아니면서 실재처럼 생각되는 거짓 현상.
【假想 가상】 가정하여 생각함.
【假攝 가섭】 임시로 남을 대신하여 직무를 봄.
【假聲 가성】 일부러 지어 내는 목소리.
【假稅 가세】 빌려 쓴 삯. 사용세(使用稅).
【假笑 가소】 거짓 웃음.
【假續 가속】 남의 힘을 빌려 일을 계속함.
【假手 가수】 남의 힘을 빌림. 남을 번거롭게 함.
【假守 가수】 ①임시 태수(太守). ②임시로 지킴.
【假睡 가수】 거짓으로 자는 체함.
【假食 가식】 남의 집에 붙어서 얻어먹음.
【假飾 가식】 ①거짓으로 꾸밈. ②임시로 장식함.
【假我 가아】 (佛)육체와 정신으로 이루어진 인간 자체. 오온(五蘊)이 모여 된 일시적 육신(肉身)인 자기.
【假我數年 가아수년】 몇 해만이라도 더 살기를 바람.
【假若 가약】 만약. 假令(가령).
【假言 ❶가언 ❷하언】 ❶거짓말. ❷뜻이 깊은 말. 의미심장한 말.
【假役 가역】 임시로 임명하는 직책.
【假譽馳聲 가예치성】 재능이 없는 사람들이 서로 치켜세워 명성을 높임.
【假有 기유】 (佛)인연으로 말미암아 현실로 나타나 있는 세계의 온갖 물체.
【假諭 가유】 비유(譬喩)하여 타이름.
【假隱 가은】 ①은자(隱者)의 이름을 빌림. ②속여서 은자인 체함.
【假意 가의】 ①잠시 동안의 생각. ②거짓 마음. ③일부러. 고의로.
【假人 가인】 빼어난 사람. 위대한 사람.
【假日 가일】 한가한 날. 暇日(가일).
【假子 가자】 ①양자(養子). ②의붓자식.
【假裝 가장】 ①태도를 거짓으로 꾸밈. ②얼굴이나 몸 따위를 알아보지 못하게 바꾸어 꾸밈.
【假錢 가전】 당대(唐代) 왕여(王璵)가 만든 지전(紙錢). 태워서 신(神)에게 올리는 데 썼음.
【假節 가절】 임금이 하사(下賜)한 부절(符節)을 가지는 일.
【假助 가조】 도움을 줌.
【假造 가조】 닮게 만듦. 모조함.
【假縱 가종】 용서함. 관대히 보아줌.
【假眞 가진】 겉으로만 진짜처럼 보임.
【假借 가차】 ①남의 도움을 받음. 남의 물건을 빌림. ②용서함. 못 본 체함. 寬容(관용). ③육서(六書)의 한 가지. 어떤 뜻을 나타내는 한자가 없을 때, 음이 같은 다른 글자를 빌려 쓰는 방법.
【假喘 가천】 죽음이 임박한 사람의 숨소리. 곧, 끊어질 듯한 숨소리.
【假寵 가총】 총애(寵愛)를 믿음.
【假充 가충】 ①임시로 충당함. 임시로 보충함. ②닮게 함. 흉내 냄.
【假寢 가침】 잠자리에 들지 않고 자는 얕은 잠. 假寐(가매). 假臥(가와).
【假稱 가칭】 임시 또는 거짓으로 일컬음.
【假合 가합】 ①임시로 모임. 임시로 합쳐짐. ②억지로 이론을 끌어 댐. 견강부회(牽強附會)함.
【假翮 가핵】 날개를 빌림. 힘을 빌림.
【假鬢 가환】 부인이 성장(盛裝)할 때 쪽 찐 머리에 얹던 큰머리. 어여머리. 假頭(가두).

◑ 乞-, 貸-, 恩-, 請-, 虛-.

人 ⁹ 【偘】 ⑪ 侃(95)과 동자

人 ⁹ 【健】 ⑪ ❶튼튼할 건 _國 jiàn
❷어렵게 여길 건 _諺 jiàn

亻 亻˝ 亻⇁ 亻≡ 亻≣ 亻≣ 律 侓 健 健

_{소전} 𤰞 _{초서} 健 【字源】 形聲. 人+建→健. '建(건)'이 음을 나타낸다.

【字解】 ❶①튼튼하다, 굳세다, 강하다. 〔易經〕 天行健. ②교만하다, 거만하게 굴다. ③탐하다, 욕심 부리다. ≒羨. 〔荀子〕 無取健, 無取詌. ④매우, 심히. 〔白居易·詩〕 老來多健忘, 惟不忘相思. ⑤병사(兵士), 군사. 〔唐書〕 官健虛費衣糧, 無所事. ❷①어렵게 여기다, 어려워하다. ②들다, 올리다.
【健脚 건각】 잘 걷거나 달릴 수 있는 튼튼한 다리. 또는 그런 다리를 가진 사람.
【健剛 건강】 건전하고 강직함.
【健康 건강】 육체적, 정신적으로 아무 탈이 없고 튼튼함.
【健啖 건담】 잘 먹음. 많이 먹음.
【健武 건무】 용감하고 굳셈. 剛武(강무).
【健飯 건반】 음식을 많이 잘 먹음.
【健魃 건발】 國혹심한 가뭄.
【健夫 건부】 건강한 사나이.
【健婦 건부】 강건한 여자. 기질이 센 여자.
【健士 건사】 건강한 사나이. 용감한 사나이.
【健羨 건선】 탐욕스러움. 시새움이 많음.
【健訟 건송】 싸움을 좋아함. 소송을 좋아함.
【健勝 건승】 탈 없이 건강함.
【健兒 건아】 혈기가 왕성한 건강한 남자.
【健勇 건용】 튼튼하고 용맹함.
【健胃 건위】 위를 튼튼하게 함.
【健壯 건장】 몸이 튼튼하고 기운이 셈.
【健全 건전】 ①튼튼하고 온전함. ②건강하고 병이 없음. ③감정에 치우치지 않고 분별이 있음.
【健戰 건전】 용감하게 싸움. 勇戰(용전).
【健鬪 건투】 의지를 굽히지 않고 씩씩하게 잘 싸움.
【健筆 건필】 ①글씨를 잘 씀. 健毫(건호). ②시문(詩文)을 잘 지음.
【健黠 건힐】 유순하지 않고 교활함. 몹시 간교(奸巧)함.

◑ 剛-, 勁-, 緊-, 保-, 雄-, 壯-, 俊-.

人9 **偈** ⑪ ❶쉴 게 🔲 qì, jì
❷굳셀 걸 jié

参考 대법원 지정 인명용 한자의 음은 '게'이다.

字解 ❶①쉬다, 휴식하다. ≒憩. 〔漢書〕度三巒兮偈棠黎. ②게, 가타(伽陀). 부처의 공덕이나 가르침을 찬탄하는 노래 글귀. 보통 4구(句)가 1게이다. 〔高僧傳〕從師受經, 日誦千偈. ❷①굳센 모양, 용감한 모양. ②튼튼하다, 건장하다. 〔太玄經〕其人暉且偈. ③빠르다. 〔詩經〕匪風發兮, 匪車偈兮. ④힘쓰는 모양. 〔莊子〕偈偈乎揭仁義而行.

【偈句 게구】 (佛)가타(伽陀)의 글귀. 부처의 공덕을 찬미한 시구(詩句).
【偈頌 게송】 (佛)부처의 공덕을 찬양하는 노래.
【偈偈 걸걸】 ①수레가 빨리 달리는 모양. ②힘쓰는 모양.
◐ 梵-, 法-, 寶-, 遺-.

人9 **偭** ⑪ 향할 면 miǎn

字解 ①향하다, 마주 대하다. ≒面. ②등지다, 어기다. 〔楚辭〕偭規矩而改錯.
【偭規越矩 면규월구】 규구(規矩)에 반대됨. 법도나 예절에 어긋남.

人9 **偝** ⑪ 버릴 배 (木)패 bèi

字解 ①버리다, 내버려 두다. ②등을 돌리다, 등지다. ≒背·倍. 〔禮記〕利祿先死者而後生者, 則民不偝.
【偝立 배립】 등지고 섬.

人9 **俯** ⑪ 본뜰 부 fù

字解 ①본뜨다, 준거하여 따르다. 〔禮記〕禮樂偩天地之情. ②자랑하다, 자부하다. ≒負.

人9 **偰** ⑪ 맑을 설 xiè

字解 ①맑다, 깨끗하다. ②사람 이름. =契·离.

人9 **俟** ⑪ 俟(116)의 속자

人9 **偲** ⑪ 굳셀 시 sī, cāi

字解 ①굳세다, 힘세다. ②똑똑하다, 재능이 있다. 〔詩經〕其人美且偲. ③선(善)을 권하다. 〔論語〕朋友切切偲偲.
【偲偲 시시】 서로 권면하며 격려하는 모양.

人9 **偓** ⑪ 악착할 악 wò

字解 ①악착하다. ≒齷. 〔楚辭〕偓佺之倫, 促談於廊廟分. ②신선 이름. 〔史記〕暴於南榮.
【偓佺 악전】 도당씨(陶唐氏) 때 신선 이름.
【偓促 악착】 아득바득 기를 쓰는 것이 매우 끈덕짐. 齷齪(악착).

人9 **倻** ⑪ 國 땅 이름 야

字解 ①땅 이름. ¶伽倻. ②나라 이름. 낙동강 하류 지역에 있었던 나라. ¶伽倻國.

人9 **偃** ⑪ 쓰러질 언 yǎn

字解 ①쓰러지다, 한쪽으로 기울어지다. 〔論語〕草上之風必偃. ②넘어지다, 엎어지다. ③드리워지다, 나직하다. 〔西山題跋〕涼風一秋, 萬頃雲偃. ④쉬다, 그만두다. 〔莊子〕爲義偃兵. ⑤숨다, 숨기다. 〔徐陵·碑〕盜賊皆偃. ⑥괴로워하다, 실망하다. ⑦뒷간, 변소. 〔莊子〕又適其偃焉. ⑧편안하다. 〔荀子〕偃然如固有之. ⑨방죽, 보(洑). ⑩교만하다.
【偃却 언각】 ☞偃蹇(언건)②.
【偃蹇 언건】 ①뽐내고 거만함. 교만함. ②높은 모양. 偃却(언각). ③위곡(委曲)한 모양. 자래한 모양. ④춤추는 모양. ⑤성대한 모양. ⑥날아오름. ⑦고생함. 괴로워함.
【偃旗息鼓 언기식고】 군기(軍旗)를 누이고, 북치는 것을 멈춤. 휴전(休戰)함.
【偃武修文 언무수문】 전쟁을 그만두고 문교(文敎)를 닦아 밝힘.
【偃兵 언병】 무기를 치움. 전쟁을 그침.
【偃師 언사】 허수아비나 인형 따위를 놀리는 사람. 傀儡師(괴뢰사).
【偃鼠 언서】 두더지.
【偃息 언식】 ①누워서 쉼. 편안하게 쉼. 偃憩(언게). ②그침.
【偃植 언식】 누움과 섬.
【偃仰 언앙】 ①누웠다 일어났다 함. ㉠기거(起居)를 자기 마음대로 함. ㉡부침(浮沈)함. ②누워서 한가하게 쉼.
【偃臥 언와】 ①드러누움. ②마음 편하게 지냄.
【偃月 언월】 ①활 모양의 달. 초승달. ②이마 뼈의 모양. 지체 높은 여자의 골상(骨相). ③진형(陣形)의 이름. 초승달 모양으로 중간은 들어가고 좌우 날개가 앞으로 튀어나온 모양의 진.
【偃草 언초】 풀이 바람에 쏠려 누움. 백성이 잘 교화됨의 비유.
【偃枾 언락】 딱개를 엎어 놓음. 도둑을 경계할 필요가 없음.
◐ 僵-, 傾-, 仆-, 息-, 休-.

人9 **偞** ⑪ ❶가벼울 엽 yè
❷천할 협 xiè

字解 ❶①가볍다. ②아름답다, 용모가 아름다운 모양. ❷①천하다, 낮다.

②억누르다.〔禮記〕若祭爲已僎卑.

人9 【偎】⑪ 어렴풋할 외 灰 wēi

字解 ①어렴풋하다, 분명하지 않다.〔列子〕不偎不愛. ②친압하다, 친숙해지다.〔羅隱·詩〕相偎相倚不勝春. ③가까워지다, 가까이하다.

【偎愛 외애】①친근감을 가지고 사랑함. ②보였다 안 보였다 하는 모양.

人9 【偠】⑪ 낭창거릴 요 篠 yǎo

字解 ①낭창거리다, 낭창낭창하다. ¶ 偠儠. ②단아하고 얌전한 모양. ¶ 偠紹.

【偠儠 요뇨】①아름다운 모양. ②허리가 가느란 모양. 몸맵시가 날씬한 모양.

【偠紹 요소】단아하고 얌전한 모양.

人9 【偶】⑪ 짝 우 宥 ǒu

亻 亻 亻 亻 但 俚 俚 偶 偶 偶

字源 形聲. 人＋禺→偶. '禺(우)'가 음을 나타낸다.

字解 ①짝. ㉠耦. ㉮부부, 내외.〔魏書〕妙選良偶. ㉰짝수.〔禮記〕鼎俎奇而籩豆偶. ㉲벗, 무리, 또래.〔漢書〕率其曹偶亡之江中. ②인형(人形), 허수아비.〔史記〕見木偶人與土偶人. ③뜻하지 아니하게, 때때로. ¶ 偶然.

【偶對 우대】①시문(詩文)의 對句(대구). 대우(對偶). ②때마침 서로 대(對)함. 우연히 자리를 같이하여 앉음.

【偶發 우발】우연히 일어남.

【偶詞 우사】國①문득 생각나서 지은 시문(詩文). ②간간이 하는 말.

【偶像 우상】목석(木石) 또는 쇠붙이 따위로 만든 신불(神佛)이나 사람의 상(像).

【偶成 우성】우연히 이루어짐. 偶作(우작).

【偶數 우수】짝수.

【偶語 우어】둘이 마주 대하여 이야기함.

【偶然 우연】인과 관계가 없이 뜻하지 않게 일어난 일. 偶爾(우이).

【偶然去刑房處 우연거형방처】國피해 간다는 곳이 우연히도 형방(刑房) 있는 곳. 지은 죄는 모면할 길이 없음의 비유.

【偶吟 우음】얼른 떠오르는 생각을 시가(詩歌)로 읊음. 偶詠(우영).

【偶爾得中 우이득중】우연히 들어맞음.

【偶人 우인】허수아비. 人形(인형).

【偶坐 우좌】마주 대하여 앉음. 對坐(대좌).

【偶合 우합】①우연히 맞음. 뜻밖에 일치함. ②뜻밖에 만남.

❶ 對-, 木-, 配-, 喪-, 土-.

人9 【偊】⑪ 혼자 걸을 우 麌 yǔ

字解 ①혼자 걷다, 혼자 걷는 모양.〔列子〕偊偊而步. ②웅크리는 모양.〔漢書〕行步偊旅. ③삼가는 모양.〔列子〕偊步爾, 愼耳目之觀聽.

【偊旅 우려】몸을 구부리고 걷는 모양.

【偊偊 우우】①홀로 걷는 모양. ②언동을 삼가는 모양.

人9 【偉】⑪ 훌륭할 위 尾 wěi

丿 亻 亻 亻 亻 伟 伟 偉 偉 偉

소전 偉 초서 伟 간체 伟

字源 形聲. 人＋韋→偉. '韋(위)'가 음을 나타낸다.

字解 ①훌륭하다, 뛰어나다. ②크다.〔漢書〕猗歟偉歟. ③아름답다.〔莊子〕偉哉造物者. ④성하다, 성대하다.〔史記〕不爲偉乎. ⑤기이하다, 이상하다.〔張衡·賦〕偉關雎之戒女.

【偉擧 위거】뛰어난 행위.

【偉觀 위관】훌륭한 경치. 壯觀(장관).

【偉器 위기】기량(器量)이 뛰어난 사람.

【偉大 위대】도량·능력·업적 따위가 뛰어나고 훌륭함.

【偉略 위략】출중한 꾀. 훌륭한 책략(策略).

【偉辭 위사】뛰어난 말. 훌륭한 말.

【偉岸 위안】용모가 장대(壯大)한 모양.

【偉器 위유】도량이 넓고 재간이 뛰어난 사람.

【偉業 위업】위대한 사업이나 업적.

【偉烈 위열】①위대한 공로. 큰 공훈. ②위대한 공로를 남긴 사람.

【偉藝 위예】뛰어난 재주. 훌륭한 기술.

【偉容 위용】훌륭하고 뛰어난 모양이나 모습. 당당한 모양.

【偉人 위인】①도량과 재지(才智)가 뛰어난 사람. ②위대한 일을 한 사람.

【偉勳 위훈】거룩한 훈공(勳功). 偉烈(위열).

❶ 魁-, 英-, 雄-, 俊-, 卓-.

人9 【僞】⑪ 僞(135)의 속자

人9 【偯】⑪ 울 의 尾 yǐ

字解 울다, 탄식하다, 우는 소리. 탄식하는 소리.〔禮記〕童子哭不偯.

人9 【停】⑪ 머무를 정 靑 tíng

亻 亻 亻 亻 停 停 停 停 停 停

소전 停 초서 停

字源 形聲. 人＋亭→停. '亭(정)'이 음을 나타낸다.

字解 ①머무르다, 멎다. ②정해지다, 고정(固定)하다. ③밀리다, 막히다, 지체하다.〔梁書〕主者淹停不時施行者, 精加糾辨, 依事議奏. ④쉬다, 휴식하다.〔晉書〕攸乃小停, 夜中發去.

人部 9획 偵 偅 做 傯 側

⑤그만두다, 중지하다. 〔何景明·詩〕夜宿仙人館, 晨聞風吹停. ⑥말리다, 만류하다. 〔李白·將進酒〕將進酒君莫停.
【停工 정공】하던 일을 중지함. 停役(정역).
【停柩 정구】①관(棺)을 멈춤. 故事 후한(後漢)의 장소(張劭)가 죽었을 때, 소의 어머니가 아들의 널이 광중(壙中)에 들어가지 않자 아들의 절친한 친구인 범식(范式)이 올 것을 알고는 널을 놓아 두고 식을 기다렸다는 고사에서 온 말. ②國행상(行喪)할 때 상여를 길에 내려놓고 머물러 쉼.
【停年 정년】직장에서 물러나도록 정한 나이.
【停當 정당】①안온(安穩)함. ②일이 지체 없이 잘 진척됨.
【停幢 정당】신라(新羅)의 군제(軍制)인 정(停)과 당(幢).
【停僮 정동】그늘져 어둑어둑한 모양.
【停辛佇苦 정신저고】끈기 있게 서서 기다림. 어려움을 견뎌 냄.
【停雲 정운】①머물러 있는 구름. ②가는 구름을 멈추게 함. 노랫소리가 아름다운 모양.
【停戰 정전】교전 중인 쌍방이 합의에 의해 일시적으로 전투를 중단함.
【停停 정정】①초목(草木)의 성장이 중지된 모양. ②아직 발동하지 않고 정지 상태인 모양. ③높은 모양. ④아름답고 좋은 모양.
【停止 정지】움직이고 있던 것이 멎거나 그침.
【停妻 정처】정식으로 수속을 밟지 않고 아내와 이혼함.
【停滯 정체】한곳에 머물러 막힘.
【停矚 정촉】머물러 서서 봄.
【停廢 정폐】하던 일을 중도에서 그만둠.
【停筆 정필】붓을 멈춤. 쓰기를 중지함.
◐ 居-, 息-, 雲-, 調-, 沈-, 聞-, 休-.

人/9 【偵】⑪ 정탐할 정 庚 zhēn
소전 偵 초서 偵 간체 侦
字解 ①정탐하다, 엿보다. ¶ 偵察. ②염탐꾼, 간첩. ③묻다, 점치다. =貞.
【偵騎 정기】적의 형편을 정탐하는 기병(騎兵).
【偵視 정시】살펴봄. 엿봄.
【偵察 정찰】적의 형편을 몰래 살핌.
【偵諜 정첩】적의 형편을 몰래 살핌. 또는 그런 일을 하는 사람. 斥候(척후). 偵候(정후).
【偵探 정탐】드러나지 않은 사정을 몰래 살펴 알아냄.
【偵候 정후】☞偵諜(정첩).
◐ 密-, 烽-, 探-.

人/9 【偅】⑪ ❶불우한 모양 종 冬 zhòng ❷아이 동 東 tóng
字解 ❶①불우(不遇)한 모양. ②잘 걷지 못하는 모양. =踵. ❷아이, 젊은이. ≒僮.

人/9 【做】⑪ 지을 주 遇 zuò

초서 做 參考 作(91)의 속자이나 오늘날에는 구분되어 쓰인다.
字解 짓다, 만들다.
【做去 주거】國실행하여 나감.
【做工 주공】國공부나 일을 힘써 함.
【做對 주대】國짝을 맞춤.
【做坏 주배】國도자기의 형체를 만듦.
【做節 주절】國동지(冬至)부터 사흘 동안 철시(撤市)하고, 술을 마시고 도박을 하던 일.
◐ 看-.

人/9 【傯】⑪ 傯(133)의 속자

人/9 【側】⑪ 곁 측 職 cè, zè

亻 仆 仂 伵 伵 伵 佪 偵 側 側

소전 㒞 초서 侧 간체 侧 字源 形聲(형성). 人+則→側. '則(칙)'이 음을 나타낸다.
字解 ①곁, 가까이. 〔論語〕閔子侍側. ②옆, 한쪽으로 치우친 곳. 〔書經〕立于側階. ③가, 언저리. 〔詩經〕寘之河之側兮. ④기울다. ㉮해나 달이 기울다. 〔後漢書〕日側酒徹. ㉯치우치다, 쏠리다. 〔詩經〕側弁之俄. ⑤기울이다, 귀를 기울이다. 〔史記〕呂后側耳于東廂聽. ⑥숨다, 몸을 굽혀 숨다. 〔淮南子〕側豁谷之間. ⑦어렴풋이, 아련히. 〔史記〕側聞屈原兮, 自沈汨羅. ⑧혼자, 홀로. 〔儀禮〕公側襲. ⑨옆으로 돌리다, 외면하다. 〔史記〕側目不敢仰視. ⑩중정(中正)을 잃은 일, 예(禮)에 어긋나는 행위. 〔莊子〕醉之以酒, 而觀其側. ⑪천하다, 미천하다, 낮다. 〔書經〕明明揚側陋. ⑫다가오다, 닥쳐오다. 〔荀子〕其榮滿側. ⑬아파하다, 슬퍼하다. ≒惻. 〔楚辭〕隱思君兮陫側.
【側傾 측경】기울어짐.
【側近 측근】①곁의 가까운 곳. ②곁에서 가까이 모시는 사람.
【側闥 측달】옆쪽에 있는 작은 문.
【側麗 측려】날씬하고 아름다움.
【側陋 측루】①지체가 낮음. 지체가 낮고 비천한 사람. ②궁벽하고 비좁음.
【側理 측리】김〔海苔〕으로 뜬 종이.
【側面 측면】①옆면. ②얼굴을 옆으로 돌림.
【側目 측목】①무섭거나 너무 슬퍼서 눈을 내리감음. ②증오하거나 질투하여 흘겨봄.
【側聞 측문】①옆에서 얻어들음. ②풍문에 들음.
【側媚 측미】사특한 짓으로써 아첨함.
【側微 측미】미천(微賤)함. 미천한 신분.
【側傍 측방】곁이나 옆.
【側僻 측벽】①편벽되고 천함. ②정직하지 못함.
【側席 측석】①하나의 좌석. 좌석을 하나만 마련함. ②옆으로 비껴 앉음. 어진 이를 대우하여 상좌를 비워 놓음.
【側室 측실】①곁방. ②첩(妾).
【側言 측언】한쪽 편에 치우친 말. 공정하지 못

한 말. 편벽된 말. 僻論(벽론).
【側艷 측염】 문사(文辭)가 매우 화려함.
【側臥 측와】 ①몸을 옆으로 하여 누움. ②옆에 붙이어 잠.
【側耳 측이】 귀를 기울여서 자세히 들음.
【側酌 측작】 혼자서 술을 마심. 獨酌(독작).
【側注 측주】 ①옆으로 물을 댐. 옆으로 쏟음. ②관(冠)의 이름. 高山冠(고산관). ③본문 옆에 써 넣은 주석(註釋).
【側跌 측질】 넘어짐.
【側聽 측청】 ①귀를 기울이고 들음. ②엿들음. ③옆에서 들음.
【側側 측측】 ①슬퍼하는 모양. 惻惻(측측). ②깊이 감명(感銘)하는 모양.
【側行 측행】 ①겸손한 태도로 옆으로 비켜서 걸음. ②모로 걸음. 게걸음됨. 仄行(측행). ③옆에서 수행함.
◐ 反-, 兩-, 右-, 左-, 片-, 偏-.

人9【傺】⑪ 가지런하지 않을 치 紙 cī
초서 傺 字解 가지런하지 않다, 정제되어 있지 않다.
【傺池 치지】 가지런하지 않은 모양.

人9【偷】⑪ 훔칠 투 尤 tōu
초서 偷 字解 ①훔치다, 도둑질하다. 〔後漢書〕 操國柄以偷天下. ②가볍다, 경박히다. 〔論語〕 故舊不遺則民不偷. ③구차하다. 〔禮記〕 安肆日偷. ④탐내다. ¶ 偷安.
【偷鷄摸狗 투계모구】 옳지 않은 행위를 함. 부정한 행위를 함.
【偷卷 투권】 ①책을 여기저기 가려내어 읽음. ②책을 읽는 체하거나 건성으로 읽음.
【偷懦 투나】 안이한 것만 바라고 나약함.
【偷盜 투도】 남의 물건을 몰래 훔침. 또는 그런 짓을 하는 사람.
【偷慢 투만】 게으르고 남을 업신여김.
【偷賣 투매】 훔친 물건을 팖.
【偷免 투면】 잠깐 동안 구차하게 일을 모면함. 苟免(구면).
【偷眠 투면】 틈을 타서 잠을 잠. 틈틈이 잠.
【偷生 투생】 죽어야 옳을 때에 죽지 않고 욕되게 살기를 탐함. 목숨을 아낌. 苟活(구활).
【偷食 투식】 공금이나 공곡(公穀)을 도둑질하여 먹음.
【偷安 투안】 눈앞의 안락을 탐냄. 한때의 안일을 즐김.
【偷諛 투유】 구차하게 아첨함.
【偷弛 투이】 긴장이 풀려 마음이나 규율이 해이해짐.
【偷長 투장】 도둑의 우두머리.
【偷情 투정】 부부가 아닌 남녀가 남몰래 정을 통함.
【偷取 투취】 남의 물건을 훔쳐 가짐.
【偷穴 투혈】 ①벽에 구멍을 뚫고 훔침. ②좀도

둑. 狗盜(구도).
◐ 苟-, 狗-, 小-, 日-, 惰-.

人9【偄】⑪ 便(109)의 본자

人9【偏】⑪ 치우칠 편 先 piān
丿イ仁㐰㐸偏偏偏
소전 偏 초서 偏 字源 形聲. 人+扁→偏. '扁(편)'이 음을 나타낸다.
字解 ①치우치다, 기울다. 〔書經〕 無偏無陂. ②반, 절반. 〔春秋左氏傳〕 衣身之偏. ③한쪽, 한편. 〔史記〕 偏聽生姦. ④시골, 궁벽한 곳. 〔列子〕 殊方偏國. ⑤반신불수. 〔荀子〕 禹跳湯偏. ⑥하나, 한 사람. ≒扁. 〔後漢書〕 乘偏舟於五湖. ⑦무리, 동아리, 동류. 〔春秋左氏傳〕 擧其偏, 不爲黨. ⑧변(邊). 한자에서 글자의 왼쪽에 있는 부분. ⑨동아리, 조(組). ㉮50명 또는 25명. ㉯병거(兵車) 25승(乘) 또는 15승이나 9승. ⑩보좌. 〔春秋左氏傳〕 司馬令尹之偏. ⑪오로지. 〔史記〕 偏守新城. ⑫나부끼다. ≒翩. 〔詩經〕 旟旐有偏. ⑬뜻밖에, 불의에. 〔劉方平·詩〕 今夜偏知春氣暖. ⑭속이다. ≒諞. 〔莊子〕 巧言偏辭.
【偏見 편견】 공정하지 못하고 한쪽으로 치우친 생각.
【偏孤 편고】 부모를 여의고 의지할 데 없는 어린아이.
【偏枯 편고】 ①반신불수(半身不隨)인 사람. ②은택이 한편에 치우쳐 다른 편에 미치지 못함. ③운필법(運筆法)에서, 두 자 또는 석 자를 합하여 한 자를 만들 때 해서(楷書)와 초서(草書)를 뒤섞지 못하는 일.
【偏國 편국】 중앙에서 멀리 떨어진 나라.
【偏袒 편단】 ①한쪽 어깨를 벗음. ㉠힘을 냄. 偏袒(편단). ㉡한편에 치우쳐 두둔함. ②(佛)승려가 가사를 입을 때 오른쪽 어깨를 드러내어 존자(尊者)에게 공경의 뜻을 표하는 일.
【偏輪 편륜】 외짝 바퀴. 隻輪(척륜).
【偏亡 편망】 한쪽이 떨어져 없음. 한쪽을 없앰.
【偏傍 편방】 한자의 구성에서 왼쪽 부분인 '편(偏)'과 오른쪽 부분인 '방(傍)'.
【偏罰 편벌】 한편 어버이를 여읨.
【偏僻 편벽】 ①마음이 한쪽으로 치우침. ②도회지에서 멀리 떨어져 외짐.
【偏師 편사】 한 조(組)의 군대. 병거(兵車)는 25승(乘), 사졸(士卒)은 50명.
【偏辭 편사】 교묘하게 속이는 말.
【偏恃 편시】 오로지 한 가지만 믿음.
【偏食 편식】 어떤 특정한 음식만을 가려서 먹음.
【偏安 편안】 한 지방에 할거(割據)하여 그것으로 만족함.
【偏愛 편애】 어느 한쪽이나 한 사람만을 치우치게 사랑함.
【偏譯 편역】 먼 외국. ◐ '偏'은 '遠'으로 '멀

人部 9~10획 偪偕偟俟傢傕傑傔傀

다'를, '譯'은 '번역해야 알 수 있음'을 뜻함.
【偏伍 편오】병사(兵士)의 대오(隊伍). ○ '偏'은 전거(戰車) 25승(乘) 또는 사졸(士卒) 50명이 한 조이고, '伍'는 5명이 한 조임.
【偏倚 편의】① 한쪽으로 치우침. 기울어져 있음. ② 수치(數値)·위치·방향 등이 일정한 기준에서 빗나감. 偏差(편차).
【偏將 편장】전군(全軍)에 대한 일부 군대의 장수. 偏裨(편비).
【偏提 편제】술을 담는 용기. 자라병.
【偏舟 편주】① 수전(水戰)에서의 일부 군대. ② 한 척의 배.
【偏重 편중】한쪽으로 치우침.
【偏執 편집】편견을 고집하여 남의 말을 받아들이지 않음. 偏狹(편협).
【偏聽 편청】한쪽 말만 듣고 신용함.
【偏跛 편파】절뚝발이.
【偏頗 편파】치우쳐 불공평함.
【偏偏 편편】가볍게 날리는 모양.
【偏廢 편폐】한쪽만이 못 쓰게 됨.
【偏狹 편협】도량이 좁고 치우침.
【偏惑 편혹】편벽되게 좋아하여 미혹됨.
【偏諱 편휘】두 자 이름에서 한 자만을 피함.
● 無-不黨, 不-不黨, 頗-.

人9 【偪】⑪ ❶다가올 핍 ㊍벽 㘒 bī
❷나라 이름 복 㘒 fù
㊊서 偪 字解 ①다가오다, 가까이 닥치다. 〔禮記〕君子上不偪上, 下不偪下. ②배가 부르다. ③행전, 각반. 〔禮記〕偪腰著綦. ❷나라 이름.
【偪匱 핍궤】궁핍함.
【偪側 핍측】아주 가까이 다가옴. 偪仄(핍측).

人9 【偕】⑪ 함께 해 㘒 xié
㋜전 偕 ㊊서 偕 字解 ①함께, 다 같이. 〔詩經〕與子偕老. ②굳세다, 굳세고 씩씩한 모양. 〔詩經〕偕偕士子. ③함께 있다. 〔孟子〕由我與之偕. ④같다, 같게 하다. 〔管子〕偕度量. ⑤알맞다, 정돈되다. 〔賈島·詩〕淸新少得偕.
【偕樂 해락】여러 사람이 함께 즐김.
【偕老 해로】부부가 일생을 함께 지내며 같이 늙음.
【偕老同穴 해로동혈】살아서는 한평생 같이 늙고, 죽어서는 한 무덤에 묻힘. 곧, 부부 사이의 굳은 사랑의 맹세.
【偕偶 해우】짝. 배필(配匹).
【偕偕 해해】굳세고 씩씩한 모양.
【偕行 해행】① 함께 감. ② 함께 행함.

人9 【偟】⑪ 노닐 황 ㊊ huáng
㊊서 偟 字解 ①노닐다, 거닐다. 偟徨. 〔史記〕傍偟不能去. ②겨를, 짬. 偟遑. 皇. 〔法言〕忠臣孝子, 偟乎不偟.

【偟遽 황거】불안과 두려움에 싸인 모양.

人9 【俟】⑪ 候(119)의 본자

人10 【傢】⑫ 가구 가 㘒 jiā
㊊서 傢 字解 가구(家具), 기물(器物).
【傢伙 가화】① 가구(家具). ② 형구(刑具). ③ 악기(樂器).

人10 【傕】⑫ 성 각 㘒 qiè, jué
㊊서 傕 字解 ① 성(姓). ② 사람 이름.

人10 【傑】⑫ 뛰어날 걸 㘒 jié
亻 亻 亻 亻㐅 亻㐅 㑁 㑂 傑 傑
㋜전 傑 ㊊서 傑 ㋛자 杰 ㋣체 杰 字源 形聲. 人+桀→傑. '桀(걸)'이 음을 나타낸다. 字解 ① 뛰어나다, 출중(出衆)하다. ② 뛰어난 사람, 훌륭한 사람. 〔孟子〕俊傑在位. ③ 빼어나게 패다, 이삭 따위가 특히 길게 패다. 〔詩經〕有厭其傑. ④ 크다. ⑤ 굴하지 아니하다, 작록(爵祿)을 천히 여기고 윗사람에게 굴(屈)하지 아니하는 사람. 〔韓非子〕賤爵祿不撓上者, 謂之傑.
【傑觀 걸관】크고 높은 누각.
【傑句 걸구】썩 잘 지은 시구(詩句).
【傑起 걸기】빼어나게 우뚝 일어섬.
【傑人 걸인】뛰어난 사람.
【傑作 걸작】① 썩 훌륭한 작품. 名作(명작). ② 國 익살스러우면서도 시원스러운 언행. 또는 그런 언행을 잘하는 사람.
【傑跡 걸적】뛰어난 공업(功業)의 자취.
【傑出 걸출】남보다 훨씬 뛰어남.
【傑黠 걸힐】간사한 꾀가 있음. 교활함.
● 女-, 英-, 人-, 俊-, 豪-.

人10 【傔】⑫ 시중들 겸 㘒 qiàn
㋜전 傔 ㊊서 傔 字解 ① 시중들다, 따르다. ¶ 傔卒. ② 시중꾼, 종자(從者). ¶ 傔從. ③ 족(足)하다, 만족히 여기다. 〔呂氏春秋〕苟可以傔劑貌辨者.
【傔人 겸인】① 사자(使者)의 심부름꾼. 承差(승차). ② 國 청지기.
【傔卒 겸졸】호위병. 시중드는 군졸.
【傔從 겸종】하인. 시중드는 사람.

人10 【傀】⑫ ❶클 괴 㘒 guī
❷꼭두각시 괴 㘒 kuǐ
❸클 회 㘒 guī

人部 10획 傀傍偋傅備

傀(소전) 瓌(혹체) 偲(초서) 【參考】 대법원 지정 인명용 한자의 음은 '괴'이다.
【字解】 ❶①크다, 큰 모양, 위대한 모양. 〔荀子〕傀然獨立天地之間而不畏. ②성(盛)하다. ③좋다, 아름답다. ④귀신, 재앙, 괴물(怪物). 〔周禮〕大傀異烖去樂. ❺하늘, 하늘의 모양. ❻홀로 있는 모양. ❷꼭두각시. ¶ 傀儡. ❸크다, 크게 깨달은 모양. 〔莊子〕達生之情者傀.
【傀奇 괴기】 기이함. 기이한 물건.
【傀力 괴력】 강한 힘.
【傀儡 괴뢰】 ①허수아비. 꼭두각시. 망석중. ②일정한 주견(主見)이 없이 남의 앞잡이가 되어 이용당하는 사람.
【傀然 ❶괴연 ❷회연】 ❶①위대한 모양. ②독립하여 의지하지 않는 모양. ❷크게 깨달은 모양.

人10【傋】⑫ ❶어리석을 구 宥 gōu
❷아첨하지 않을 항 講 jiǎng
傋(초서) 【字解】 ❶어리석다, 무지(無知)한 모양. ¶ 傋瞀. ❷아첨하지 않다, 태도가 뻣뻣하다. ¶ 傋𠎷.
【傋瞀 구무】 어리석음. 무지함.
【傋𠎷 항방】 아첨하지 않음.

人10【傍】⑫ ❶곁 방 陽 páng
❷기댈 방 漾 bàng
❸마지못할 팽 庚 bēng

亻 亻 仆 仆 㑂 倅 倅 傍 傍

傍(소전) 傍(초서) 【參考】 대법원 지정 인명용 한자의 음은 '방'이다.
【字源】 形聲. 人+旁→傍. '旁(방)'이 음을 나타낸다.
【字解】 ❶①곁, 옆, 가까이. 〔史記〕執法在傍. ②방(旁). 한자에서 글자의 오른쪽에 있는 부분. 늑旁. ❷①기대다, 곁에서 떨어지지 않다. 〔晉書〕便當倚傍先代耳. ②모시다, 좌우에서 시중들다. 〔新書〕仁者養之, 孝子强之, 四聖傍之. ❸①마지못하다, 부득이한 모양. 〔詩經〕王事傍傍. ②수레의 소리.
【傍系 방계】 주된 계통에서 갈라져 나가거나 벗어나 있는 관련 계통.
【傍觀 방관】 어떤 일에 관여하지 않고 곁에서 보기만 함.
【傍生 방생】 ①옆으로 남. ②(佛)삼악도(三惡道)·오도(五道)·육도(六道)의 하나. 축생(畜生). 旁生(방생).
【傍若無人 방약무인】 곁에 사람이 아무도 없는 것처럼 함부로 행동함.
【傍倚 방의】 의지함.
【傍人 방인】 ①곁의 사람. 옆의 사람. ②남. 다른 사람. 他人(타인).
【傍證 방증】 ①간접적인 증거. 간접적으로 증명함. ②자백(自白)에 적용하는 증거.
【傍聽 방청】 회의·토론·연설·방송 등을 참석하여 들음.

【傍灰 방회】 (國)장례 때, 광중(壙中)의 관(棺) 언저리를 메우는 석회.
【傍傍 팽팽】 그만두거나 피할 수 없는 모양. 부득이한 모양.
➊ 近-, 路-, 道-, 四-, 水-, 兩-, 偏-.

人10【偋】⑫ 배반할 벌 月 fá
【字解】 ①배반하다, 의(義)에 배반하다. 〔太玄經〕勇侏之偋, 盜蒙決夫. ②치다, 토벌하다. =伐.

人10【傅】⑫ ❶스승 부 遇 fù
❷펼 부 虞 fū
傅(전) 傅(초서) 【參考】 傅(131)은 딴 자.
【字解】 ❶①스승, 사부(師傅). 임금·왕세자·왕세손의 교육을 맡은 벼슬아치. ②돕다, 시중들다. 〔史記〕傅校獲王. ③붙다, 부착하다, 가까워지다. 늑附. 〔周禮〕重欲傅人. ④등록하다, 등기하다. 〔漢書〕蕭何發關中老弱未傅者. ⑤증거 문서, 부절(符節). 늑符. 〔周禮〕聽稱責以傅別. ❷펴다, 베풀다. 늑敷. 〔漢書〕傅納以言.
【傅近 부근】 가까이 감. 접근함. 附近(부근).
【傅納 부납】 언론(言論)을 펴서 이것을 임금이 받아들이게 함. 敷納(부납).
【傅別 부별】 대차(貸借) 관계를 기록한 증서.
【傅婢 부비】 여종. 侍婢(시비). 侍女(시녀).
【傅相 부상】 돌보아 주는 사람. 가까이에서 시중드는 사람.
【傅愛 부애】 옆에서 시중들며 사랑함.
【傅御 부어】 임금을 가까이 모시는 신하. 임금을 보좌하는 사람.
【傅說 부열】 ①별 이름. 후궁(後宮)에서 아들 낳기를 원할 때 여기에 제사 지냄. ②은(殷)나라 고종(高宗) 때의 현상(賢相).
【傅佐 부좌】 남을 도움. 남을 도와주는 사람.
【傅著 부착】 붙음. 붙임. 附著(부착).
【傅會 부회】 ①이치에 닿지 않는 것을 억지로 끌어다 맞춤. ②문장의 수미(首尾)가 연관되어 완성됨.
➊ 大-, 師-, 少-, 王-, 台-.

人10【備】⑫ 갖출 비 寘 bèi

亻 亻 亻 伊 伊 伊 俉 俌 備

備(소전) 俻(고문) 俻(초서) 俻(본자) 俻(고자) 备(간체)
【字源】 形聲. 人+𤰞→備. '𤰞(비)'가 음을 나타낸다.
【字解】 ①갖추다. ㉮마련하다. 〔國語〕財以備器. ㉯준비하다. 〔國語〕備刑戮以辱其不厲者. ㉰수(數)에 넣다. 〔史記〕補郡屬備員. ㉱간직하다. 〔國語〕草木節解而備藏. ㉲가지다, 구유(具有)하다. 〔唐書〕才備文武. ②갖추어지다. ㉮이지러짐이 없다, 완전하다. 〔儀禮〕宗人擧

獸尾告備. ④차다, 가득하다. 〔荀子〕雖備家,
必踰日然後能殯. ⓒ있다, 그 지위에 해당하다.
〔漢書〕身備漢相. ③준비. ㉮마련. 〔書經〕有
備無患. ⓑ조심(調心), 도구. 〔春秋左氏傳〕當先具其
備. ⓓ경계(警戒), 방비. 〔春秋左氏傳〕家備盡
往. ④모두, 다, 자세히. 〔禮記〕農事備收. ⑤
삼가다. ⑥옷. ≒服. ⑦벌. 옷·그릇 따위가
두 개 또는 여러 개 모여 갖춘 덩어리를 세는
단위. 〔增正交隣志〕革裏大簿匣一備.
【備家 비가】부잣집. 재산이 넉넉한 집.
【備擧 비거】①세세하게 예를 들어 보임. ②모
든 악기(樂器)로 연주함.
【備考 비고】①참고하기 위하여 갖춤. ②문서에
그 내용상 참고가 될 만한 사항을 적어 넣음.
【備忘記 비망기】임금의 명령을 적어서 승지(承
旨)에게 전하던 기록.
【備榜 비방】향시(鄕試)의 부방(副榜). 명청대
(明淸代)에 과거의 첫 번째 시험인 향시(鄕試)
에 합격한 사람 중 국자감(國子監)에 천거되는
자격을 얻지 못한 사람.
【備三望 비삼망】관리 한 명을 뽑을 때 후보자
세 사람의 성명을 갖추어 왕에게 추천하던 일.
【備數 비수】일정한 수효를 채움.
【備悉 비실】충분히 준비함. 備具(비구).
【備樂 비악】선(善)과 미(美)를 모두 갖춘 음악.
【備員 비원】일정한 인원수가 채워짐.
【備位 비위】그 자리를 메우고 있음. 관직(官職)
에 있음을 겸손하게 이르는 말.
【備禦 비어】불우(不虞)의 변에 대한 방비.
【備擬 비의】①대비함. 備禦(비어). ②관원을 임
명할 때 이·병조(吏兵曹)에서 세 사람의 후보자
를 추천하던 일.
【備蓄 비축】만약의 경우를 대비하여 미리 갖추
어 모아 두거나 저축함.
【備置 비치】갖추어 마련해 놓음.
【備篇 비편】생원·진사를 뽑는 과거(科擧)에서,
시부(詩賦)와 해서(楷書)·초서(草書)를 겸하여
시험하기 위하여, 시권(詩卷) 뒤에는 해서로 부
(賦)를 쓰게 하고 부권(賦卷)에는 초서로 시
(詩)를 쓰게 하던 일.
【備品 비품】늘 갖추어 두고 쓰는 물품.
【備荒 비황】닥쳐올 흉년이나 변재(變災)에 대
한 준비. 만일에 대비한 준비.
【備厚 비후】매우 정중함.
●兼－, 警－, 具－, 武－, 防－, 常－, 設－,
守－, 豫－, 完－, 裝－, 戰－, 整－, 準－.

人10 【傞】 ⑫ 취하여 춤추는 모양 사 suō
초서 㒒 간체 伩 字解 취하여 춤추는 모양.
〔詩經〕屢舞傞傞.
【傞傞 사사】①취하여 춤추는 모양. ②문란(紊
亂)하게 춤추는 모양. ②지나치게 계속 추는
모양.

人10 【傘】 ⑫ 우산 산 sǎn

초서 莘 속자 仐 간체 伞 字解 우산(雨傘),
일산. 〔魏書〕持白
傘白旒.
【傘下 산하】어떤 조직체나 세력의 관할 아래.
●洋－, 雨－, 日－.

人10 【傃】 ⑫ 향할 소 sù
초서 傃 字解 ①향하다. 〔蘇軾·記〕縱其所
如, 暮則傃東山而歸. ②지키다, 분
수를 지키다.

人10 【傁】 ⑫ 叟(259)와 동자

人10 【傜】 ⑫ 부역 요 yáo
字解 ①부역(賦役), 부리다. ≒繇. ②느슨하
다, 느릿하다.
【傜賦 요부】군대의 부역. 군대에 관한 복역. 軍
役(군역).
【傜役 요역】국민에게 의무적으로 책임을 지우
는 노역. 賦役(부역).

人10 【傛】 ⑫ 불안할 용 yǒng, róng
전서 傛 초서 傛 字解 ①불안하다, 근심스
럽다. ¶傛傛. ②여관(女官)
이름. ③익숙한 모양.
【傛傛 용용】①근심스럽고 불안한 모양. ②사물
에 익숙해진 모양. ③질병(疾病)으로 편하지 못
한 모양.

人10 【傎】 ⑫ 거꾸로 될 전 diān
간체 傎 字解 거꾸로 되다, 어긋나다. ＝顚.
〔春秋穀梁傳〕晉文公之行事, 爲已
傎矣.
【傎倒 전도】뒤바뀜. 顚倒(전도).

人10 【傖】 ⑫ ❶천할 창 cāng
❷문란할 창 cāng
초서 傖 간체 伧 字解 ❶천하다, 비천하다,
촌뜨기. 〔晉書〕失此二者不
足齒之傖耳. ❷문란하다, 문란한 모양. 〔漢書〕
國制傖囊.
【傖囊 창낭】문란(紊亂)한 모양. 사물이 혼잡한
모양. 搶攘(창양).
【傖儜 창녕】미개인들이 떠드는 비천한 소리.
【傖父 창부】비천한 사람. 시골뜨기.
【傖荒 창황】중국 북방 사람. ○사람은 비천하
고 그 땅은 멀다는 데서 온 말.

人10 【能】 ⑫ 모양 태 tai
소전 能 字解 모양, 상태. ＝態. 〔墨子〕視
其能狀.

人 10 【傒】⑫ ❶묶을 혜 薺 xī, xì
❷기다릴 혜 薺 xī, xì

傒 字解 ①묶다, 얽다, 매다. ≒繫. 〔淮南子〕傒人之女. ❷동북쪽 오랑캐 이름. ❸강서(江西) 사람. ❷기다리다, 바라며 기다리다. ≒徯.
【傒狗 혜구】 중국 강서(江西) 사람을 욕하여 이르는 말.
【傒囊 혜낭】 도깨비의 이름.
【傒人 혜인】 구금된 사람.

人 10 【傚】⑫ 본받을 효 效 xiào

傚 倣 字解 ①본받다, 모방하다. 〔詩經〕民胥傚矣. ②배우다. ③닮다 하다, 본뜨다. ④준(準)하다, 기준으로 삼고 따르다. ⑤가르치다, 지도하다.
【傚古 효고】 옛것을 본받음. 擬古(의고).
【傚慕 효모】 흉내 냄.
◐法-, 則-.

人 11 【傾】⑬ 기울 경 庚 qīng

亻 亻 亻 亻 㑋 㑋 傾 傾 傾 傾

傾 似 傾 字源 會意·形聲. 人+頃→傾. '頃(경)'이 음을 나타냄과 동시에 머리가 한쪽으로 기운 상태를 뜻한다. 여기에 '人'을 더하여 '기울다'의 뜻을 나타낸다.

字解 ①기울다, 기울이다, 비스듬하다. 〔淮南子〕重鈞則衡不傾. ②뒤집히다, 번복되다. 〔詩經〕大命以傾. ③눕다. ④낮다, 낮아지다. 〔淮南子〕使地東南傾. ⑤높다, 오르다, 올라가다. 〔淮南子〕天傾西北. ⑥마음을 기울이다, 따르다, 쏠리다. 〔漢書〕一座盡傾. ⑦귀를 쫑그리다. 〔漢書〕傾耳而聽. ⑧엇걸리다, 마주 닿다. 〔後漢書〕紵衣傾蓋. ⑨위태롭다, 위태롭게 하다. 〔國語〕大命其傾. ⑩상(傷)하다, 상처를 입다. 〔國語〕體有所傾. ⑪밀쳐 내다, 능가하다. 〔漢書〕欲以傾諸將相. ⑫녹이다, 붓다. 〔福惠全書〕不必更傾成錠. ⑬겨루다. 〔史記〕招致賓客, 以相傾奪. ⑭다하다, 진력하다. 〔孫楚·詩〕傾城遠追送.
【傾家 경가】 가산을 탕진(蕩盡)함. 재산을 축냄. 破産(파산).
【傾蓋 경개】 노상에서 우연히 만나 수레의 일산을 마주 대고 잠시 이야기함. 한 번 보고 서로 친해짐.
【傾巧 경교】 마음이 비뚤며 교묘하게 아첨함.
【傾國 경국】 ①나라를 위태롭게 함. 국운(國運)을 기울게 함. ②나라를 망하게 할 만한 미인(美人). ③국력(國力)을 기울임. 나라 사람을 모두 징발(徵發)함.
【傾國之色 경국지색】 임금이 혹하여 나라를 뒤엎어도 모를 만한 미인. 뛰어난 미인.
【傾宮 경궁】 옥(玉)으로 장식한 궁전.

【傾葵 경규】 해를 향해 기우는 해바라기. 마음 깊이 사모함.
【傾囷倒廩 경균도름】 ①재산을 죄다 내놓음. ◑'囷'은 곳간. ②國속마음을 그대로 드러내어 말함. 傾倒(경도).
【傾襟 경금】 정성을 다함. ◑'襟'은 정성.
【傾倒 경도】 ①기울어져서 넘어짐. ②충심(衷心)으로 사모하고 그리워함. ③술을 많이 마심. 傾瀉(경사). ④속에 있는 것을 남김없이 말함.
【傾頭 경두】 머리를 기울이고 생각함.
【傾亂 경란】 위태롭게 하고 어지럽힘. 혼란에 빠뜨림.
【傾弄 경롱】 마음껏 농락함.
【傾慕 경모】 마음을 기울여 사모함.
【傾蹜 경부】 기울어져 넘어짐.
【傾盆 경분】 동이를 기울임. 비가 세차게 내림.
【傾斜 경사】 비스듬히 기울어짐. 기울어진 정도.
【傾觴 경상】 ①술잔을 기울임. 술을 마심. ②술잔의 술을 비우고 술을 바침.
【傾城 경성】 ①성(城)을 기울게 함. 나라를 위태롭게 함. ②나라를 위태롭게 할 말한 절세의 미인. ③성의 전체. 성 안의 전부.
【傾膝 경슬】 편안히 앉음.
【傾身 경신】 ①몸을 망침. ②최선을 다함.
【傾心 경심】 마음을 기울임. 심혼(心魂)을 기울임. 傾意(경의). 傾魂(경혼).
【傾陽葵 경양규】 해를 향해 기우는 해바라기. 마음을 기울여 사모함.
【傾倚 경의】 기댐. 의지함.
【傾耳 경이】 귀를 기울임. 傾聽(경청)함.
【傾注 경주】 ①액체 따위를 기울여 붓거나 쏟음. ②한 가지 일에 마음을 기울임. 일심불란(一心不亂)함. ③물이 기운차게 흐르듯. ④비가 세차게 쏟아짐.
【傾遲 경지】 마음을 기울여 기대함.
【傾聽 경청】 귀를 기울여 들음.
【傾側 경측】 ①기욺. 기울어짐. 傾仄(경측). ②세상의 한구석에서 삶. ③압박함.
【傾脫 경탈】 다투어 겨룸.
【傾吐 경토】 의견을 죄다 발표함.
【傾佩 경패】 충심으로 감복(感服)함.
【傾敗 경패】 망함. 약해져 패망함.
【傾詖 경피】 마음이 비뚤고 간사함.
【傾河 경하】 ①강(江)을 기울여서 물을 다 마심. ②은하수. 특히 동틀 무렵 서쪽으로 기울어지는 은하.
【傾駭 경해】 몹시 놀람. 깜짝 놀라게 함.
【傾向 경향】 현상·사상·행동 따위가 어떤 방향으로 기울어짐.
【傾義 경희】 기울어지는 해. 저녁 해.
◐半-, 斜-, 右-, 倚-, 左-.

人 11 【傴】⑬ 구부릴 구 ㉠우 麌 yǔ

傴 傴 伛 字解 ①구부리다, 허리를 굽히다. 〔春秋左氏傳〕再命而傴. ②곱사등이, 꼽추. ❶傴

人部 11획 僅 僂 僇 僈 偋 備 傻 傷 僊

僂. ③공경하는 모양, 삼가는 모양. ¶傴僂. ④불쌍히 여기다. ¶傴拊.
【傴僂 구루】①구부림. ②공경하고 삼가는 모양. ③곱사등이. 꼽추.
【傴背 구배】곱사등이. 꼽추.
【傴拊 구부】가엾이 여겨 사랑함.
❶伸-. 尫-. 寒-.

人 11 【僅】⑬ 겨우 근 震 jǐn

亻 仁 伋 伋 伂 佳 侓 僅 僅

소전 僅 초서 僅 간체 仅 字源 形聲. 人+堇→僅. '堇(근)'이 음을 나타낸다.
字解 ①겨우, 간신히〔呂氏春秋〕僅至於魯司寇. ②조금, 약간. 〔春秋公羊傳〕僅有年也. ③거의, 대부분, 거의 되려 하다, 가깝다. 〔杜甫 詩〕山城僅百層.
【僅僅 근근】겨우. 간신히.
【僅僅得生 근근득생】겨우겨우 삶을 이어 감.
【僅少 근소】아주 적음.

人 11 【僂】⑬ 구부릴 루 麌 lóu

소전 僂 초서 僂 간체 偻 字解 ①구부리다, 굽히다. 〔春秋左氏傳〕一命而僂. ②곱사등이, 꼽추. ③재빨리 움직이다, 민첩하다. 〔春秋公羊傳〕夫人不僂不使入. ④공경하는 모양, 삼가는 모양. 〔史記〕故鼎銘云, 一命而僂, 再命而傴, 三命而俯.
【僂寠 누구】등이 굽고 초라함.
【僂儸 누라】①민첩하게 행동함. ②교활하고 민첩함.
【僂指 누지】재빨리 손가락을 꼽아 셈함.
【僂佝 누후】키가 작고 추한 모양.
❶傴-. 背-. 俯-.

人 11 【僇】⑬ ❶욕보일 륙 屋 lù
       ❷느릴 류 宥 lù

소전 僇 초서 僇 字解 ❶①욕보이다, 창피를 주다. 〔史記〕僇越大夫常壽過. ②죽이다. 勠와 같다. 〔大學〕辟則爲天下僇矣. ❷①느리다, 행동이 느린 모양. ②병(病).
【僇人 육인】죄를 지은 사람.

人 11 【僈】⑬ 얕볼 만 諫 màn

字解 ①얕보다, 업신여기다. 〔荀子〕上功用大儉約, 而僈差等. ②게으름 피우다, 방심하다. 慢과 같다. 〔荀子〕君子寬而不僈. ③어지럽히다, 더럽다. 嫚과 같다. 〔荀子〕汙慢突盜, 常危之術也.

人 11 【偋】⑬ ❶물리칠 병 梗 bǐng
       ❷초라할 병 徑 bìng

소전 偋 字解 ❶①물리치다, 내치다. 屛과 같다. 〔荀子〕恭儉者偋五兵也. ②자질구레

한 모양. ❷①초라하다, 초라한 거처, 미천한 생활. ②벽지(僻地), 사람이 살지 아니하는 곳.

人 11 【備】⑬ 備(127)의 본자

人 11 【傻】⑬ 약을 사 馬 shǎ

字解 ①약다, 약삭빠르다. ②인정이 없다, 불인(不仁)하다. ③俔어리석다.
【傻角 사각】바보. 어리석은 사람.

人 11 【傷】⑬ 상처 상 陽 shāng

亻 仁 伀 伤 俖 傷 停 停 傷

소전 傷 초서 傷 간체 伤 字源 形聲. 人+𥏻→傷. '𥏻(상)'이 음을 나타낸다.
字解 ①상처, 상처를 입히다, 다치다, 상하다. 〔禮記〕命理瞻傷. ②닿다, 침범하다. 〔素問〕氣盛身寒, 得之傷寒. ③이지러지다, 부족하다. ④앓다, 괴롭히다, 고통을 주다. 〔呂氏春秋〕其生必傷. ⑤패배하다, 패배시키다, 무찌르다. 〔呂氏春秋〕不足以傷吳. ⑥상하게 하다, 해치다. 〔戰國策〕家有不宜之財則傷. ⑦비난하다, 헐뜯다. 〔呂氏春秋〕人傷堯以不慈之名. ⑧생각하다, 걱정하다, 근심하다. ⑨마음 아파하다. 〔法言〕故習治則傷始亂也. ⑩가엾게 여기다, 불쌍히 여기다. 〔戰國策〕天下莫不傷. ⑪조상(弔喪)하다, 죽음을 슬퍼하다. ⑫상제(喪祭). 〔管子〕明君飾飲食弔傷之禮.
【傷弓之鳥 상궁지조】한 번 화살을 맞아 다친 새. 전에 있던 일에 질려서 뒤의 일을 몹시 경계함.
【傷肌犯骨 상기범골】살갗을 상하게 하고 뼈를 해침. 가혹한 체형(體刑)을 행함.
【傷怛 상달】상심하여 슬퍼함. 슬퍼하고 놀람.
【傷廉 상렴】청렴하고 결백한 덕을 손상함.
【傷悲 상비】통탄하고 슬퍼함.
【傷心 상심】슬픔이나 걱정 따위로 속을 썩임.
【傷心樹 상심수】사람을 상심하게 하는 나무. 곧, 버드나무.
【傷痍 상이】몸에 입은 상처.
【傷挫 상좌】다치고 뼈마디를 삠.
【傷慘 상참】근심하고 슬퍼함. 憂慘(우참).
【傷惻 상측】슬퍼함. 傷悲(상비).
【傷風 상풍】①좋은 풍속(風俗)을 해침. ②감기(感氣). 風邪(풍사).
【傷魂 상혼】마음을 상함. 몹시 마음 아파함. 傷神(상신).
【傷懷 상회】마음속으로 애통하게 여김.
【傷痕 상흔】다친 자리. 다친 흠.
❶輕-. 凍-. 負-. 損-. 重-. 火-. 毀-.

人 11 【僊】⑬ 춤출 선 先 xiān

人部 11획 僬僧僵僞傲傭偉傳

僛 [字解] ①춤추다, 춤추는 모양. 〔詩經〕屢舞僛僛. ②선인(仙人), 불로장생(不老長生)하는 사람. ≒仙. 〔史記〕安期生僛者.
【僛僛 선선】①춤추는 모양. 仙仙(선선). ②일어났다 앉았다 하는 모양.

人11 **僬** ⑬ 작을 소 [四] zhāo
[字解] ①작다. 〔柳宗元·傳〕傭僬宇而處焉. ②긴 모양. ¶僬僬.
【僬僬 소소】긴 모양. 기다란 모양.
【僬宇 소우】작은 집.

人11 **僧** ⑬ 僧(135)의 속자

人11 **僞** ⑬ 거칠 어 [麌] yǔ
[字解] ①거칠다, 용기는 있으나 예절에 벗어나는 모양. ¶僞僞. ②애태우는 모양, 마음 아파하는 모양. ③크다.
【僞僞 어어】용기는 있으나 예절에 벗어난 모양.

人11 **傿** ⑬ ❶고을 이름 언 [元] yān ❷에누리 언 [願] yàn
[字解] ❶❶고을 이름. 지금의 하남성(河南省) 자성현(柘城縣). =鄢. ❷나라 이름. 지금의 호북성(湖北省) 의성현(宜城縣). ❸성(姓). ❷에누리, 에누리하다.

人11 **傲** ⑬ 거만할 오 [號] ào

亻 亻' 亻' 仹 侉 侉 倣 倣 傲 傲

[字源] 形聲. 人+敖→傲. '敖(오)'가 음을 나타낸다.
[字解] ①거만하다, 뽐내다. ≒敖. 〔郭璞·賦〕傲自足一嘔. ②업신여기다, 깔보다. 〔呂氏春秋〕傲小物而志屬於大. ③제멋대로. ④시끄럽다, 떠들썩하다. ≒謷.
【傲骨 오골】스스로를 높이어 남에게 굽히지 않는 의기(意氣).
【傲氣 오기】①능력은 부족하면서 남에게 지기 싫어하는 마음. ②잘난 체하며 방자한 기운.
【傲慢 오만】태도나 행동이 건방지거나 거만함.
【傲不可長 오불가장】스스로 뽐내며 남을 깔보는 일은 억제해야 함.
【傲散 오산】제멋대로 함. 방자(放恣)함.
【傲霜孤節 오상고절】서릿발 속에서도 굽히지 않고 외로이 지키는 절개. 국화(菊花)의 비유.
【傲岸 오안】거만하여 남에게 굴(屈)하지 않음.
【傲狎 오압】교만하여 남을 업신여김.
【傲睨 오예】①존대(尊大)한 체하면서 부정(不正)한 모양. 공정(公正)하지 못한 모양. ②거드름 피우며 흘겨봄.

【傲頑 오완】교만하고 완고함. 교만하고 융통성이 없음.
【傲侈 오치】교만을 피움. 侈傲(치오).
➊ 倨-, 驕-, 惰-, 怠-, 亢-.

人11 **傭** ⑬ ❶품팔이 용 [图] yōng ❷고를 종 [图] chōng
[소전] 傭 [초서] 傭 [간체] 佣 [参考] 대법원 지정 인명용 한자의 음은 '용'이다.
[字解] ❶①품팔이, 품팔이하다. 〔史記〕嘗與人傭耕. ②품팔이꾼. 〔後漢書〕爲治家傭. ③임금(賃金), 품삯. ❷①고르다, 공평하다. 〔詩經〕昊天不傭. ②쓰다, 짓다. 〔荀子〕色不及傭, 而可以養羽.
【傭工 용공】고용되어 일을 하는 사람.
【傭兵 용병】봉급(俸給)을 주고 병역(兵役)에 복무(服務)하게 하는 일. 또는 그 병사.
【傭保 용보】고용되는 일. 또는 고용된 사람. ⊙'保'는 보증인(保證人)을 세우고 고용됨을 뜻함.
【傭聘 용빙】청(請)하여 고용함. 예를 갖추어 고용함.
【傭書 용서】①고용되어 필경(筆耕)함. 傭筆(용필). ②필경생(筆耕生). 사자생(寫字生).
【傭賃 용임】품삯. 傭錢(용전).
【傭作 용작】고용되어 일을 함.
➊ 客-, 耕-, 雇-, 老-, 保-, 書-, 賃-.

人11 **偉** ⑬ 놀랄 장 [陽] zhāng
[초서] 偉 [字解] ①놀라다, 놀라고 두려워하는 모양. ≒章. 〔楚辭〕遽偉遑分驅林澤. ②시숙(媤叔). 남편의 형.
【偉遑 장황】놀라 두려워하는 모양.

人11 **傳** ⑬ ❶전할 전 [先] chuán ❷역 전 [霰] zhuàn

亻 亻' 亻' 亻 俥 俥 俥 傳 傳

[소전] 傳 [초서] 傳 [속자] 伝 [간체] 传 [字源] 形聲. 人+專→傳. '專(전)'이 음을 나타낸다.
[字解] ❶①전하다, 전해지다. ⑦수여하다, 양위하다. 〔淮南子〕故擧天下而傳之於舜. ④잇다, 이어지다. 〔莊子〕指窮於爲薪, 火傳也, 不知其盡也. ④후세에 남기다, 남다. 〔宋書〕芳風永傳. ④퍼지다, 퍼뜨리다. 〔素問〕積傳爲一周. ⑨구전하다, 말로 전하다, 말로 전해 내려오다. 〔周禮〕誦西方之傳道. ④연장되다. ②말하다, 서술하다. 〔禮記〕傳著於鍾鼎. ③보내다. 〔呂氏春秋〕傳鉅子於田襄子. ④옮기다, 옮아가다. 〔禮記〕枕几不傳. ⑤통하다, 가운데서 전하다. 〔後漢書〕傳發書奏. ⑥붙잡다, 붙들다. 〔漢書〕以姦傳朱安世. ⑦지극하다. 〔呂氏春秋〕人事之傳也. ⑧성(姓). ❷①역, 역참. 역의 거마(車馬). 〔春秋左氏傳〕晉侯以傳召伯

宗. ②객사(客舍), 여인숙. 〔後漢書〕坐傳③부신(符信), 부절. 〔漢書〕詐刻傳出關歸家. ④경서의 주해, 경서를 해석한 것, 현인(賢人)의 글. 〔春秋公羊傳〕主人習其讀而問其傳. ⑤고서, 고대(古代)의 기록. 〔孟子〕於傳有之. ⑥전기, 한평생의 기록.
【傳簡錢 전간전】 🔍편지를 전하는 사람에게 주는 삯전.
【傳車 전거】 역참에서 공문(公文)·하물(荷物) 따위를 체송(遞送)하던 수레.
【傳遽 전거】 ①역참에서 역참으로 짐 따위를 차례로 보내던 일. ②역참에서 운송(運送)에 종사하던 구실아치.
【傳戒 전계】 (佛)새로 출가(出家)한 중에게 계율(戒律)을 전수(傳授)함.
【傳啓 전계】 이미 처벌한 죄인의 성명(姓名)·죄명(罪名) 등을 적어서, 사간원(司諫院)·사헌부(司憲府)에 상주(上奏)하던 서류.
【傳敎 전교】 ①정교(政敎)를 전(傳)함. 또는 전하여 가르침. ②(佛)제자에게 교리를 전함. ③임금이 내린 명령. 下敎(하교).
【傳國璽 전국새】 진시황(秦始皇) 때부터 후한(後漢)의 순제(順帝)까지 전하여 오던 황제의 옥새. 당대(唐代)에 전국보(傳國寶)로 개칭(改稱)하였음.
【傳奇 전기】 ①기이한 사실을 취재한 소설이나 희곡. ②기이한 일을 세상에 전함. ③소설 문체(文體)의 하나. 공상 몽환(空想夢幻)의 소설.
【傳記 전기】 ①한 사람의 일생(一生)의 사적(事跡)을 기록(記錄)한 것. 一代記(일대기). ②현인(賢人)이 쓴 글을 '傳', 사실(事實)을 기록한 것을 '記'라 함.
【傳單 전단】 선전·광고를 위해 사람들에게 돌리거나 눈에 잘 띄는 곳에 붙이는 종이.
【傳達 전달】 지시·명령·물품 따위를 다른 사람이나 기관에 전하여 이르게 함.
【傳燈 전등】 (佛)불법(佛法)을 전하는 일. 🔍'燈'은 '法'으로 '어둠을 깨침'을 뜻함. 傳法(전법).
【傳來 전래】 예로부터 전하여 내려옴.
【傳令 전령】 명령을 전함. 명령을 전하는 사람.
【傳令牌 전령패】 좌우 포도대장(捕盜大將)이 가지던 패.
【傳馬 전마】 체전(遞傳)하는 말. 역말.
【傳法 전법】 ①법을 전함. 방법을 전수(傳授)함. 또는 비전(秘傳)의 법. ②구법(舊法)을 지킴. ③(佛)불법을 전하여 줌.
【傳舍 전사】 주막. 여관. 逆旅(역려).
【傳書鳩 전서구】 통신이나 군사상의 이용을 위하여 훈련된 비둘기.
【傳宣 전선】 ①칙지(勅旨)를 전하여 선포(宣布)함. ②군(軍)에서 호령(號令)을 전하던 벼슬.
【傳疏 전소】 전(傳)과 소(疏). 경서(經書)를 자세히 주석(註釋)한 것.
【傳飡 전손】 허기를 면할 정도로 적게 먹으라는 명령을 내림. 傳餐(전찬).
【傳誦 전송】 여러 사람의 입에서 전하여

가며 부름. 傳唱(전창).
【傳受 전수】 기술이나 지식 따위를 전하여 받음.
【傳授 전수】 기술이나 지식 따위를 전하여 줌.
【傳習 전습】 스승의 가르침을 받아 익힘.
【傳襲 전습】 전하여 물려받음. 전하여 내려오는 그대로 따름.
【傳承 전승】 이어받아 계승함.
【傳乘 전승】 ①다른 수레에 옮아 탐. ②역참(驛站)에 비치(備置)해 두는 수레.
【傳信 전신】 소식을 전함. 편지를 전함.
【傳神 전신】 정신(精神)을 전함. 문장(文章)·그림 등으로 인물(人物)의 진수(眞髓)를 묘사(描寫)해 내는 일.
【傳言 전언】 ①말이나 명령을 전함. ②전해진 말. ③말함. 말을 끄집어냄.
【傳驛 전역】 역말을 갈아타는 곳.
【傳硯 전연】 조선 때, 대제학(大提學)의 경질(更迭)을 이르던 말.
【傳諭 전유】 칙유(勅諭)를 전함.
【傳胤 전윤】 계통을 전승함.
【傳衣 전의】 (佛)스승이 제자(弟子)에게 불법(佛法)의 법통(法統)을 전하여 줌.
【傳疑 전의】 고사(故事)의 의심스러운 점을 그대로 전함.
【傳人 전인】 ①세상에 전할 만한 사람. ②사람을 불러들임. 소환함.
【傳點 전점】 운판(雲板)을 쳐서 집사(執事)를 소집함. 종을 쳐서 사람을 모음.
【傳祖 전조】 전하여 법으로 삼음. 🔍'祖'는 법도(法度)를 뜻함.
【傳祚 전조】 ①행복을 후세에 전함. ②왕위(王位)를 전함.
【傳重 전중】 조상(祖上)의 제사를 적자손(嫡子孫)에게 전하여 받들어 잇게 함. 또는 그 받들어 잇는 사람.
【傳旨 전지】 칙지(勅旨)·왕지(王旨)를 전함.
【傳誌 전지】 개인적인 기문(記文).
【傳眞 전진】 초상(肖像)을 그림. 초상화.
【傳贊 전찬】 사가(史家)가 전기(傳記)로 각인(各人)의 사실(事實)을 기재(記載)한 후에 붙이는 평론(評論).
【傳遞 전체】 ①전하여 줌. 또는 물건을 주고받음. ②남녀 간에 편지를 주고받음. ③다음에서 다음으로 전하여 보냄. 차례차례로 전함.
【傳置 전치】 역마(驛馬)를 두는 곳.
【傳布 전포】 널리 전(傳)함. 傳播(전파).
【傳香 전향】 ①향을 피움. 焚香(분향). ②법(法)을 전함. ③왕실(王室)의 제향(祭享)에 쓸 향(香)과 축문(祝文)을 임금이 친히 헌관(獻官)에게 전하던 일.
【傳呼 전호】 전하여 부름. 소리를 질러 여기저기 알리는 일.

❶家-, 口-, 急-, 記-, 秘-, 史-, 三-, 相-, 宣-, 列-, 外-, 遺-, 喧-.

人 【傺】 ⑬ 묵을 제 🔍 chì
11

人部 11~12획 債僉傯催僄僑雐僑

人11 【債】⑬ 빚 채 囲 zhài

亻 亻' 亻⺍ 倩 倩 倩 倩 債 債

소전 償 초서 债 간체 债 字源 會意·形聲. 人+責→債. '責(책)'이 음을 나타냄과 동시에 '구(求)하다, 징수하다'의 뜻을 나타낸다. 남에게 구하고 징수하는 것, 곧 '빚'의 뜻을 나타낸다.

字解 ①빚, 갚아야 할 돈이나 일. 〔公孫龍·文〕割剥富室, 收考債錢. ②빌리다. ③빌려 준 금품(金品). 〔史記〕收債於薛.

【債鬼 채귀】 國빚 갚기를 몹시 조르는 빚쟁이를 욕으로 부르는 말.
【債多不愁 채다불수】 갚을 빚이 많아도 걱정하지 않음.
【債利 채리】 빚돈의 이자(利子).
【債務 채무】 특정인이 다른 특정인에게 어떤 행위를 하여야 할 의무. 재산권의 하나.
【債錢 채전】 빚진 돈.
❶ 公-, 國-, 卜-, 負-, 私-, 社-.

人11 【僉】⑬ 다 첨 囸 qiān

소전 僉 초서 㐯 간체 佥 字源 會意. 스+吅+从→僉. '스'은 서로 보이는 모양, '吅'은 일다 내어 떠드는 모양, '从'은 서로 양보한다는 뜻이니, 여러 사람이 모여 서로 외쳐 따름을 나타내고, 이에서 '모두'라는 뜻을 나타낸다.

字解 ①다, 모두, 여러. 〔楚辭〕僉答何憂. ②많은 사람이 함께 말하다. ③고르다, 가려 뽑다. ④벼슬 이름. ≒簽. ¶僉院.
【僉君子 첨군자】 國여러 점잖은 사람.
【僉授 첨수】 죄다 전수함. 모조리 수여함.
【僉押 첨압】 연명(連名)으로 이름을 쓰고 수결(手決)함. 연서(連署)함.
【僉位 첨위】 國여러분. 僉員(첨원).
【僉議 첨의】 여러 사람의 의논. 僉謀(첨모).
【僉尊 첨존】 僉位(첨위)의 존칭(尊稱).
【僉坐 첨좌】 옆에서 도와 모시고 앉음.

人11 【傯】⑬ 바쁠 총 囲囝 zǒng

동자 偬 字解 ①바쁘다, 조급하다. ②괴로워하다, 마음이 어지러운 모양. 〔楚辭〕愁佗傯於山陸.

人11 【催】⑬ 재촉할 최 囸 cuī

亻 亻' 亻⺍ 俨 俨 俨 俨 催 催 催

소전 催 초서 僊 字源 形聲. 人+崔→催. '崔(최)'가 음을 나타낸다.

字解 ①재촉하다. ㉮독촉하다, 죄어치다. 〔梁簡文帝·行〕將軍號令密, 天子璽書催. ㉯싹트다, 징조가 보이다. 〔孟浩然·詩〕歲時歸思催. ②막다, 방해하다, 저지하다. ≒摧. ③國열다, 베풀다.

【催告 최고】 법률상 일정한 결과를 일으키기 위하여 상대편의 행위를 재촉하는 일.
【催科 최과】 ①조세(租稅)의 상납(上納)을 재촉하는 일. 催租(최조). ②납세(納稅)할 기한이 가까이 닥쳐옴.
【催歸 최귀】 소쩍새의 딴 이름.
【催淚 최루】 눈물을 흘리게 함.
【催眠 최면】 잠이 오게 함. 졸음이 옴.
【催迫 최박】 독촉함. 몰아침. 窮迫(궁박).
【催產 최산】 임부(姙婦)에게 약을 써서 해산을 빠르게 함.
【催粧 최장】 여자가 혼인함. 시집감.
【催攢 최찬】 정진(精進)하여 그치지 않음.
【催促 최촉】 어떤 일을 빨리 하도록 재촉함.
【催花雨 최화우】 꽃 피기를 재촉하는 비. 봄비.
【催喚 최환】 재촉하여 부름. 소리쳐 부름.
❶ 開-, 共-, 年-, 主-.

人11 【僄】⑬ 가벼울 표 囲囸 piào

소전 僄 초서 僄 字解 ①가볍다, 경박하다. ¶僄狡. ②날래다, 민첩하다. 〔史記〕項羽爲人僄悍猾賊. ③성질이 경박하고 사납다, 거칠다. 〔荀子〕怠慢僄棄則炤之以禍災.
【僄輕 표경】 동작이 가볍고 빠름.
【僄狡 표교】 가볍고 날쌤.
【僄棄 표기】 스스로 얕보고 버림.
【僄悍 표한】 날래고 사나움.

人12 【雐】⑭ ❶햇무리 결 囲 yù ❷미칠 굴 囻 jú

字解 ❶햇무리. 〔呂氏春秋〕其月有鬪蝕, 有倍雐, 有暈珥. ❷①미치다, 미치광이. =屈. ②기괴(奇怪)한 모양.
【雐佹 굴궤】 괴이한 모양. 기이한 모양.

人12 【雇】⑭ 雇(1964)의 속자

人12 【僑】⑭ 높을 교 囲 qiáo

소전 僑 초서 㐯 간체 侨 字源 形聲·會意. 人+喬→僑. '喬(교)'가 음을 나타냄과 동시에 뜻도 나타낸다.

字解 ①높다, 위아래의 길이가 길다. ≒喬. ②타관살이하다, 객지에 나가 살다. ¶僑胞. ③임시 거처, 잠시 머물다. ¶僑居.
【僑居 교거】 임시로 삶. 임시로 사는 곳.
【僑軍 교군】 다른 곳에서 온 군대. 원정군.
【僑士 교사】 각처(各處)를 돌아다니는 사람.
【僑人 교인】 ①타향에 거주하는 사람. 객지에

우거(寓居)하는 사람. ②높은 간짓대에 발을 묶고 춤추는 사람.
【僑胞 교포】 외국(外國)에 나가 사는 동포.
❶韓−, 華−.

人12 【僒】⑭ 얽매일 군 囷 jiǒng
字解 ①얽매이다, 사로잡힌 모양.〔賈誼・賦〕僒若囚拘. ②등이 굽다, 꼽추.

人12 【僛】⑭ 취하여 춤추는 모양 기 囷 qī
字解 취하여 춤추는 모양, 비틀거리며 춤추는 모양.〔詩經〕屢舞僛僛.
【僛僛 기기】 비틀거리며 춤추는 모양.

人12 【僮】⑭ 아이 동 東 tóng
字解 ①아이, 젊은이. 관례(冠禮) 전의 젊은이. ≒童.〔春秋左氏傳〕公爲與其嬖僮汪錡乘. ②하인, 종.〔史記〕卓王孫家僮八百人. ③두려워하며 삼가는 모양.〔詩經〕被之僮僮, 夙夜在公. ④완고하다, 어리석다, 시세에 어둡다. ≒瞳.〔國語〕僮昏不可使謀.
【僮幹 동간】 잡일을 하는 사람. 문지기 따위.
【僮僮 동동】 두려워하며 삼가는 모양.
【僮御 동어】 종. 사환. 僮僕(동복).
【僮昏 동혼】 어리석음. 또는 어리석은 사람.
❶家−, 官−, 使−, 侍−, 停−.

人12 【僚】⑭ ❶동료 료 蕭 liáo ❷예쁠 료 篠 liǎo
字源 形聲. 人+寮→僚. '寮(료)'가 음을 나타낸다.
字解 ❶①동료, 같은 부문에서 일하는 사람.〔春秋穀梁傳〕外內僚一疑之也. ②벼슬아치, 관리. ≒寮.〔法言〕今何僚多. ❷예쁘다, 예쁜 모양, 아름다운 모양. 佼人僚兮.
【僚故 요고】 한패. 동아리. 同僚(동료).
【僚堂 요당】 친구.
【僚相 요상】 國정승끼리 상대방을 일컫던 말.
【僚壻 요서】 동서. 자매(姉妹)의 남편끼리 서로 부를 때의 호칭.
【僚友 요우】 같은 일자리에 있는 벗.
【僚佐 요좌】 일을 돕는 속관(屬官).
【僚寀 요채】 동료(同僚)의 관리.
❶閣−, 官−, 同−, 百−, 屬−, 下−.

人12 【僕】⑭ 종 복 沃 pú
字源 會意・形聲. 人+菐→僕. '菐(박)'은 음을 나타내는 동시에 번거로운 모양을 뜻한다. 이에 '人'을 더하여 남의 번거로운 일을 맡아 하는 사람인 '종'을 나타낸다.
字解 ①종, 하인.〔詩經〕幷其臣僕. ②마부, 거마(車馬)를 모는 사람.〔禮記〕僕執策立於馬前. ③저, 자신의 비칭(卑稱).〔漢書〕僕非敢如此. ④무리, 벗, 동아리, 패거리.〔莊子〕是聖人僕也. ⑤붙다, 따르다, 따라붙다.〔詩經〕景命有僕. ⑥관리하다, 주관하다. ¶僕射. ⑦숨기다, 감추다.〔春秋左氏傳〕作僕區之法. ⑧번거롭다, 귀찮다.〔孟子〕使己僕僕爾亟拜也.
【僕區 복구】 망명자(亡命者)를 숨김. ◯'僕'은 '隱'으로 은사(隱士)를, '區'는 '匿'으로 '숨기다'를 뜻함.
【僕旅 복려】 수행(隨行)하는 사람.
【僕累 복루】 달팽이. 蝸牛(와우).
【僕僕 복복】 번거로운 모양. 귀찮은 모양.
【僕遫 복속】 왜소한 잡목(雜木). 범용(凡庸)하고 아무 재능(才能)이 없는 모양. 또는 그런 사람. 凡才(범재).
【僕射 복야】 진대(秦代)에 활 쏘는 일을 주관(主管)하던 관리. 당대(唐代) 이후에는 상서성(尙書省) 장관(長官)을 이르던 말.
【僕圉 복어】 말구종. 마부(馬夫).
【僕緣 복연】 떼 지어 달라붙음.
【僕從 복종】 종. 하인. 奴僕(노복).
【僕妾 복첩】 남자 종과 여자 종. 僕婢(복비).
❶家−, 奴−, 傭−, 從−, 太−, 下−.

人12 【僰】⑭ 오랑캐 북 職 bó
字解 오랑캐. 지금의 운남(雲南)・귀주(貴州)・사천(四川) 등지에 살던 오랑캐 이름.
【僰僮 북동】 북지(僰地)의 노비(奴婢).

人12 【僨】⑭ ❶넘어질 분 問 fèn ❷세찬 기세 분 元 fèn
字解 ❶①넘어지다, 엎드리다, 넘어뜨리다. =僨.〔春秋左氏傳〕鄭伯之事僨于濟. ②실패하다, 낭패하다.〔大學〕此謂一言僨事. ③움직이다, 떨치다. ≒奮.〔春秋左氏傳〕張脈僨興. ❷세찬 기세, 막을 수 없는 기세.
【僨驕 분교】 제지할 수 없는 기세.
【僨事 분사】 일을 그르침. 또는 그르친 일.
【僨興 분흥】 떨쳐 일어남.
❶傾−, 孤−, 中−.

人12 【像】⑭ 형상 상 養 xiàng
字源 形聲・會意. 人+象→像. '象(상)'이 음을 나타냄과 동시에 뜻도 나타낸다.
字解 ①형상, 모양.〔曹植・賦〕骨像應圖. ②

본뜬 형상, 본떠 그린 모양. 〔南史〕供養石像. ③닮다, 본뜨다. ④법(法), 규범(規範). 〔楚辭〕置以爲像.
【像敎 상교】 불교(佛敎)를 달리 이르는 말. 象敎(상교).
【像法 상법】 (佛)①석가(釋迦)가 입멸(入滅)한 후에 정법(正法)·상법(像法)·말법(末法)의 삼시(三時)로 나눈 둘째 시대. 곧, 정법의 다음 천년간을 가리키는 말. 교(敎)와 수행(修行)은 있어도 증과(證果)를 얻는 자가 없다는 시대. ②불상(佛像)과 경전(經典). ③상교(像敎)의 법. 곧, 불법(佛法).
【像形 상형】 어떤 모양을 본떠서 비슷하게 만듦. 또는 그 비슷한 모양. 象形(상형).
◐ 假-, 銅-, 木-, 佛-, 想-, 石-, 聖-, 塑-, 實-, 影-, 偶-, 立-, 彫-, 肖-.

人 12 【僎】⑭ ❶갖출 선 〔銑〕 zhuàn ❷준작 준 〔眞〕 zūn
〔字解〕 ❶①갖추다. ②정제하다. ③수(數), 세다. ④고르다, 가려 뽑다. ≒遵. ❷준작. ≒遵.
【僎爵 준작】 향음주례(鄕飮酒禮) 때 유사(有司)가 되어 손을 접대하는 사람.

人 12 【僧】⑭ 승려 승 〔蒸〕 sēng
亻 伫 伫 伫 俭 僧 僧 僧 僧
〔字源〕 形聲. 人+曾→僧. '曾(증)'이 음을 나타낸다.
〔字解〕 ①승려, 불도(佛道)를 닦는 사람. 〔魏書〕謂之沙門, 或曰桑門, 亦聲相近, 總謂之僧, 皆胡言也. ②마음이 편안한 모양.
【僧伽 승가】 (佛)①승려(僧侶). ◌범어(梵語) 'Saṅgha'의 음역어(音譯語). 僧徒(승도). ②사자(獅子)의 딴 이름.
【僧家 승가】 출가(出家)한 사람. 僧侶(승려).
【僧伽藍摩 승가람마】 (佛)승려들이 살며 도를 닦는, 절에 딸린 집들. ◌범어 'Saṅghārāma'의 음역어.
【僧伽梨 승가리】 (佛)승려가 입는 붉은빛 가사(袈裟). ◌범어 'Saṅghāti'의 음역어.
【僧館 승관】 절. 사찰(寺刹).
【僧祇 승기】 (佛)수로 표현할 수 없는 가장 많은 수, 또는 시간. 阿僧祇(아승기).
【僧臘 승랍】 승려가 되어 수행한 햇수.
【僧侶 승려】 불교의 출가 수행자.
【僧廬 승려】 중이 사는 암자. 僧庵(승암).
【僧舞 승무】 장삼을 입고 고깔을 쓰고 추는 민속춤.
【僧坊 승방】 승려의 거소(居所). 절.
【僧寶 승보】 (佛)불보(佛寶). 삼보(三寶)의 하나. 부처의 가르침을 받들고 실천하는 사람.
【僧趺 승부】 양쪽 다리를 엇맞게 결어 앉는 일. 선종(禪宗)에서 정좌법(靜坐法). 結

跏趺坐(결가부좌).
【僧夕 승석】 국승려가 저녁밥을 먹을 때. 이른 저녁때.
【僧俗 승속】 승려(僧侶)와 속인(俗人). 출가(出家)와 재가(在家).
【僧宇 승우】 절. 사원(寺院).
【僧麈 승주】 (佛)승려가 가지는 총채. 고라니의 털을 묶어서 거기에 자루를 단 것으로, 파리·모기 등을 날리는 데 썼음.
【僧雛 승추】 나이 어린 승려. 沙彌(사미).
◐ 高-, 老-, 名-, 山-, 禪-, 小-, 俗-.

人 12 【優】⑭ 優(138)의 본자

人 12 【僥】⑭ 바랄 요 〔蕭〕 jiǎo
〔소전〕 僥 〔초전〕 俵 〔간체〕 侥 〔字解〕 ①바라다, 구하다. 〔後漢書〕上智不處危以僥倖. ②긴 모양, 기다란 모양.
【僥冀 요기】 간절히 바람.
【僥僬 요초】 기다란 모양.
【僥倖 요행】 ①행복을 바람. ②뜻밖의 행운.

人 12 【僞】⑭ ❶거짓 위 〔寘〕 wěi, wéi ❷잘못 와 〔歌〕 é
亻 亻 伊 伊 伊 伪 僞 僞 僞
〔소전〕 僞 〔초전〕 偽 〔속전〕 僞 〔간체〕 伪 〔參考〕 대법원 인명용 한자의 음은 '위'이다.
〔字源〕 形聲. 人+爲→僞. '爲(위)'가 음을 나타낸다.
〔字解〕 ❶①거짓, 참이 아닌 것. 〔禮記〕作僞主以行. ②속이다. 〔孟子〕舜僞喜者與. ③작위(作爲). 〔荀子〕人之性惡, 其善者僞也. ❷잘못, 그릇되게 바뀌다. ≒訛. 〔漢書〕以勸南僞.
【僞經 위경】 거짓으로 꾸민 경전(經傳).
【僞計 위계】 거짓 계략.
【僞君子 위군자】 군자(君子)인 체하는 사람.
【僞妄 위망】 거짓. 속임.
【僞冒 위모】 거짓으로 남을 속임.
【僞薄 위박】 언동(言動)이 거짓되고 인정(人情)이 박함. 겉치레만 하고 경박함.
【僞烽 위봉】 적을 현혹하기 위하여 올리는 봉화.
【僞辭 위사】 거짓 언사(言辭). 거짓말.
【僞善 위선】 표면상으로만 착한 체함. 본심(本心)이 아닌 체면치레로 선한 체함.
【僞飾 위식】 거짓으로 꾸밈. 僞采(위채).
【僞讓 위양】 거짓으로 양보함. 겉으로만 겸손함.
【僞位 위위】 유명무실(有名無實)한 임금의 자리. 虛位(허위).
【僞作 위작】 ①거짓으로 만듦. 또는 그 물건. 僞造(위조). ②남의 작품을 표절(剽竊)·개찬(改竄)·변경(變更)하여 저작물을 만드는 일. 또는 그 작품.
【僞裝 위장】 실제 모습과 다르게 거짓으로 꾸밈.

또는 그 꾸밈새.
【僞錢 위전】위조한 돈. 가짜 돈.
【僞朝 위조】거짓 조정(朝廷). 정통(正統)을 이어받지 못한 조정. 참위(僭位)한 조정.
【僞證 위증】거짓으로 증명함. 또는 그런 증거.
【僞勅 위칙】거짓 조칙(詔勅).
【僞稱 위칭】성명·직명 등을 속여 일컬음. 또는 거짓 이름. 詐稱(사칭). 僞名(위명).
【僞態 위태】거짓으로 꾸미는 태도.
【僞筆 위필】거짓으로 꾸며 쓴 필적.
【僞學 위학】정도(正道)에 어그러진 학문.
❶詐-, 眞-, 虛-.

人12 【僝】⑭ 욕할 잔 zhuàn
[字解] ❶욕하다, 꾸짖고 나무라다. ❷나타내다, 나타내 보이다. 〔書經〕都共工方鳩僝功. ❸갖추다, 구비하다.
【僝功 잔공】공적을 드러내 보임.
【僝僽 잔추】욕함. 미워하여 헐뜯어 말함.

人12 【僔】⑭ 모일 준 zǔn
[字解] ❶모이다. 〔春秋左氏傳〕僔沓背憎. ❷많다. ¶ 僔僔. ❸웅크리다. ≒蹲. ¶ 僔夷. ❹삼가다, 공손하다. 〔荀子〕恭敬而僔.
【僔沓 준답】여럿이 모이어 지껄임. ♡ '沓'은 말이 많은 모양을 뜻함.
【僔夷 준이】웅크림. 蹲夷(준이).
【僔僔 준준】많은 모양.

人12 【僭】⑭ ❶참람할 참 jiàn ❷미덥지 못할 참 jiàn ❸흐트러질 참 jiàn
俗字 僣 ❀ 대법원 지정 인명용 한자의 음은 '참'이다.
[字解] ❶❶참람하다, 분수에 지나치다. 〔春秋公羊傳〕譏始僭諸侯. ❷남다, 윗사람을 범하다. 〔書經〕天命弗僭. ❹사치하다. ❺미덥지 못하다, 신실하지 못하다. 〔詩經〕僭始旣涵. ❷❶미덥지 못하다, 신실하지 못하다. ※앞의 ❺와 같다. ❷비방하다, 나무라다. ≒譖. ❸❶흐트러지다, 어지러워지다. 〔詩經〕以雅以南, 以籥不僭. ❷침범하다.
【僭君 참군】왕위를 찬탈한 임금.
【僭濫 참람】①침범(侵犯)함. 서로 해(害)침. ②⇒僭越(참월).
【僭禮 참례】예의를 범함. 분수에 넘친 예.
【僭妄 참망】분수에 넘는 언행을 마구 함.
【僭赦 참사】범(犯)하여 기만함.
【僭賞濫刑 참상남형】함부로 상(賞)을 주고 부로 벌(罰)함. 상벌을 마음대로 함.
【僭越 참월】분수에 넘침. 제 분수를 돌보지 않고 함부로 날뜀. 僭濫(참람).
【僭位 참위】임금의 자리를 범하여 앉음. 또는 그 자리.
【僭踰 참유】분수에 넘침.
【僭擬 참의】자기의 신분에 어울리지 않게 윗사람인 체함.
【僭竊 참절】분에 넘치는 작위(爵位)를 탐냄. 분에 넘치는 높은 자리에 있음.
【僭主 참주】왕위(王位)를 찬탈(簒奪)한 사람.
【僭差 참차】신분에 벗어나고 분수에 어긋남.
【僭稱 참칭】자기 신분을 넘어선 명호(名號). 왕호(王號)·제호(帝號)를 멋대로 붙여 사용함. 또는 그 칭호. 僭號(참호).
❶姦-, 驕-, 凌-, 冗-, 奢-, 踰-, 華-.

人12 【僢】⑭ 舛(1476)과 동자

人12 【僣】⑭ ❶교활할 철 tiě ❷참람할 참 jiàn
[字解] ❶교활하다, 악하다. ❷참람하다. ※僭(136)의 속자(俗字).

人12 【僬】⑭ ❶명찰할 초 jiāo ❷달릴 초 jiào
[字解] ❶❶명찰(明察)하다, 밝게 살피다. 〔荀子〕其誰能以己之僬僬. ❷나라 이름. ¶ 僬僥. ❷달리다, 체통 없이 달음박질하는 모양. 〔禮記〕庶人僬僬.
【僬僥 초요】난쟁이가 사는 나라 이름. 僬僚(초료). 焦僥(초요).
【僬僬 초초】①달음박질하여 체통을 갖추지 못하는 모양. ②밝게 살피는 모양.

人12 【僦】⑭ 빌릴 추 jiù
[字解] ❶빌리다, 돈을 주고 품이나 힘을 빌리다. 〔漢書〕不償其僦費. ❷보내다, 수레를 빌려 보내다. 〔漢書〕僦載煩費. ❸모이다, 모여들다. 〔唐書〕工力和僦.
【僦居 추거】집을 빌림. 셋방살이를 함.
【僦舍 추사】집을 빌려 삶. 借家(차가).

人12 【僤】⑭ ❶빠를 탄 dàn ❷땅 이름 천 chǎn ❸움직이는 모양 선 shàn
[字解] ❶❶빠르다, 재빠르다. 〔周禮〕句兵欲無僤. ❷도탑다, 돈후(敦厚)하다. 〔詩經〕逢天僤怒. ❷땅 이름. 지금의 산동성(山東省) 영양현(寧陽縣). ❸움직이는 모양, 걸어가는 모양. 〔司馬相如·賦〕象輿婉僤於西清.
【僤怒 탄노】심한 노여움.

人12 【僓】⑭ 쫓을 퇴 tuí, tuǐ

人部 12~13획 僩僖價僵儌儉儆憿儘

[소전] 僩 [字解] ①좇다, 순종하다.〔莊子〕於是乎有僩然而道盡. ②익숙하다, 우아하다.

人12 【僩】⑭ 노할 한 🈳 xiàn
[소전] 僩 [초서] 僩 [字解] ①노하다, 벌컥 화내는 모양.〔唐書〕僩然以謂天下無人. ②풍채가 당당한 모양, 우아한 모양.〔新書〕明僩雅以道之文. ③너그러운 모양.〔詩經〕瑟兮僩兮.
【僩雅 한아】 위의(威儀)를 갖춤. 풍채가 우아함.
【僩然 한연】 성을 내는 모양.

人12 【僖】⑭ 기쁠 희 🈳 xī
[소전] 僖 [초서] 僖 [字解] 기쁘다, 즐겁다. ≒喜.

人13 【價】⑮ 값 가 🈳 jià, jie

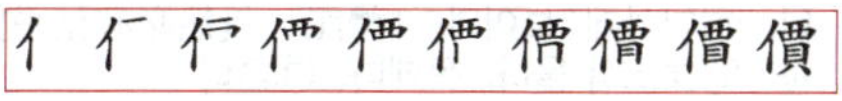

亻 仁 伃 侕 價 價 價 價 價

[소전] 價 [초서] 價 [속자] 価 [간체] 价 [字源] 會意·形聲. 人+賈→價. '賈(가)'가 음을 나타냄과 동시에 뜻도 나타낸다.
[字解] ①값. =賈. ㉮가격, 대금. ¶物價. ㉯명성, 평판. ¶眞價. ②수(數). ③값있다, 값지다. ④어조사. '的'과 같은 뜻으로 쓰인다.〔朱子全書〕見聖人之心, 成片價從面前過.
【價格 가격】 물건이 지니고 있는 가치를 돈으로 나타낸 것.
【價估 가고】 값. 가치.
【價廉物美 가렴물미】 가격이 저렴하고 품질이 좋음.
【價額 가액】 값. 값으로서의 금액(金額).
【價値 가치】 사물이 지니고 있는 쓸모.
【價値連城 가치연성】 매우 귀중한 물건.〔故事〕진대(秦代)의 왕이 화씨벽(和氏璧)을 성(城) 15개와 바꾸려 했던 고사에서 온 말.
◑ 減ㅡ, 高ㅡ, 代ㅡ, 物ㅡ, 實ㅡ, 廉ㅡ, 原ㅡ, 正ㅡ, 定ㅡ, 地ㅡ, 評ㅡ, 呼ㅡ, 換ㅡ.

人13 【僵】⑮ 쓰러질 강 🈳 jiāng
[소전] 僵 [초서] 僵 [字解] ①쓰러지다, 엎어지다, 쓰러뜨리다.〔漢書〕僵尸數萬. ②뻣뻣해지다, 죽어 뻣뻣해지다. ≒殭.
【僵蹶 강궐】 발이 걸려 넘어짐.
【僵落 강락】 말라서 떨어짐.
【僵立 강립】 ①뻣뻣이 서서 움직이지 않음. ②혹은 쓰러지고 혹은 서 있음.
【僵拔 강발】 나무가 쓰러져 뿌리가 뽑힘.
【僵覆 강복】 넘어져 죽음.
【僵仆煩憒 강부번궤】 몸은 쓰러지려 하고, 마음은 어지러움.

【僵尸 강시】 =僵屍(강시).
【僵屍 강시】 넘어져 있는 시체. 송장.
【僵尸蔽地 강시폐지】 송장이 온 땅을 덮음.
【僵偃 강언】 넘어짐. 드러누움.
【僵斃 강폐】 쓰러져 죽음.
◑ 傾ㅡ, 枯ㅡ, 冷ㅡ, 凍ㅡ, 仆ㅡ, 顚ㅡ, 卒ㅡ.

人13 【儌】⑮ 儌(142)의 속자

人13 【儉】⑮ 검소할 검 🈳 jiǎn

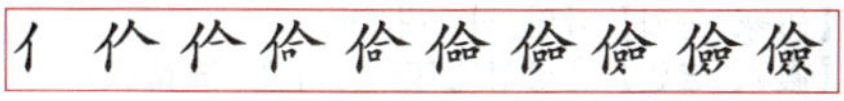

亻 亻 伶 俭 俭 儉 儉 儉 儉

[소전] 儉 [초서] 俭 [속자] 儉 [간체] 俭 [字源] 形聲. 人+僉→儉. '僉(첨)'이 음을 나타낸다.
[字解] ①검소하다, 낭비하지 않다.〔論語〕禮與其奢也寧儉. ②적다, 넉넉하지 않다.〔淮南子〕守之以儉. ③흉작(凶作), 흉년이 들다.〔晉書〕比歲荒儉. ④험하다. ≒險.
【儉故能廣 검고능광】 평소에 검약하여 궁핍하지 않음.
【儉剋 검극】 인색하고 각박함.
【儉年 검년】 작물(作物)의 결실(結實)이 많지 않은 해. 儉歲(검세). 凶年(흉년).
【儉德 검덕】 검소한 덕(德). 검박(儉朴)한 덕.
【儉朴 검박】 검소하고 질박(質朴)함.
【儉薄 검박】 검소함. 검약(儉約)함.
【儉素 검소】 사치하지 않고 질소(質素)함.
【儉約 검약】 검소하게 절약함.
【儉月 검월】 곡식이 여물기 전(前). 양곡(糧穀)이 부족한 때.
【儉節 검절】 검소하고 절약함.
【儉政 검정】 검소한 정치.
【儉糶 검조】 흉년에 나라가 보유하고 있던 곡물을 방출하는 일.
◑ 恭ㅡ, 勤ㅡ, 淳ㅡ, 約ㅡ, 節ㅡ, 荒ㅡ.

人13 【儆】⑮ 경계할 경 🈳 jǐng
[소전] 儆 [초서] 儆 [字解] ①경계하다. ≒警.〔書經〕儆于有位. ②위급한 일, 매우 급한 일.〔逸周書〕維四月朔, 王告儆.
【儆儆 경경】 경계하여 조심하는 모양.
【儆戒 경계】 잘못되는 일이 생기지 않도록 미리 조심함. 警戒(경계).
◑ 申ㅡ, 自ㅡ, 箴ㅡ.

人13 【憿】⑮ 갈 교 🈳 jiǎo, jiāo
[字解] ①가다. ②구하다, 찾다.〔莊子〕憿倖於封侯富貴. ③속이다. =僥.

人13 【儘】⑮ 우러를 금 🈳 jìn

人部 13획 儂 儅 俔 僻 儌 儦 優 億 儀

[字解] ①우러르다, 고개를 쳐들다. 〔漢書〕儌祾尋而高縱兮. ②풍류 이름. 북이(北夷) 또는 서이(西夷)의 음악. ＝禁.
【儌儌 금금】 우러러보는 모양.

人13 【儂】 ⑮ 나 농 图 nóng

[초서] 儂 [간체] 侬 [字解] ①나. 1인칭 대명사. 〔晉書〕 儂知儂知. ②저. 3인칭 대명사. 〔韓愈·詩〕亦有生還儂. ③당신, 너. 2인칭 대명사. ④영감. 〔李相隱·詩〕近說稽山儂. ⑤종족(種族) 이름. ¶ 儂人.
【儂家 농가】 나의 집. 내 집.
【儂人 농인】 운남성(雲南省)의 묘족(苗族).
● 箇—, 渠—, 阿—, 他—, 懷—.

人13 【儅】 ⑮ 멜 담 覃 dān

[소전] 儋 [초서] 儋 [字解] ①메다. ＝擔. 〔國語〕負任儋荷. ②항아리. 독, 작은 항아리. 〔史記〕守儋石之祿者. ③두 항아리에 담을 수 있는 부피.
【儋石 담석】 분량의 단위. ㉠얼마 되지 않는 곡식. ㉡적은 분량. ㉢적은 금액. ✎'儋'은 두 항아리, '石'은 한 항아리.
【儋石之祿 담석지록】 얼마 되지 않는 녹봉.
【儋石之儲 담석지저】 얼마 되지 않는 저축.

人13 【俔】 ⑮ 힘쓸 민 軫 mǐn

[간체] 俔 [字解] ①힘쓰다, 힘써 일하다. ＝黽. 〔晉書〕臣儘俔從事. ②잠시 동안.
【俔俔 민면】 ①힘써 일함. 儘勉(민면). 黽勉(민면). ②잠시 동안.

人13 【僻】 ⑮ ❶후미질 벽 陌 pì ❷성가퀼 비 寘 pì

[소전] 僻 [초서] 僻 [參考] 대법원 지정 인명용 한자의 음은 '벽'이다.
[字解] ❶①후미지다, 구석지다. ¶ 僻地. ②치우치다, 편벽되다. 〔論語〕師也僻. ③피하다, 멀리하다. 〔史記〕是外擧不僻讎也. ④천하다, 비루하다. ⑤바르지 못하다. 〔詩經〕民之多僻. ⑥가볍다, 경박하고 멋대로 행동하다. ¶ 放僻. ❷성가퀼. ≒陴·埤. ¶ 僻倪.
【僻見 벽견】 한쪽으로 치우친 의견.
【僻界 벽계】 궁벽함. 후미져 으슥함.
【僻陋 벽루】 ①궁벽한 두멧구석. ②성질이 편벽되고 견문이 좁음.
【僻事 벽사】 ①바르지 않은 일. 비뚤어진 일. 曲事(곡사). ②전고(典故)에 벗어난 일. 전고를 알지 못하는 일.
【僻書 벽서】 편벽된 내용을 기록한 책.
【僻說 벽설】 ①편벽된 의론(議論). ②도리(道理)에 맞지 않는 말.
【僻幽 벽유】 외져서 쓸쓸한 곳.
【僻字 벽자】 흔히 쓰이지 않는 글자.

【僻地 벽지】 외따로 떨어져 궁벽한 땅.
【僻倪 비예】 성가퀼.
● 乖—, 窮—, 陋—, 邪—, 側—, 偏—, 遐—.

人13 【僕】 ⑮ 僕(134)의 본자

人13 【儌】 ⑮ 잘게 부술 사·새 賈·隊 sài

[초서] 儌 [參考] 대법원 지정 인명용 한자의 음은 '사'이다.
[字解] ①잘게 부수다. ¶ 儌說. ②성의 없다, 성실성이 없다. 〔史記〕小人以儌. ③막히다. ≒塞. 〔大戴禮〕儌而好儌者, 君子不與也.
【儌說 사설·새설】 세세(細細)한 말. 자질구레한 이야기.

人13 【優】 ⑮ 어렴풋할 애 隊 ài

[소전] 優 [본자] 僾 [간체] 優 [字解] ①어렴풋하다, 희미하게 보이다. 〔禮記〕僾然必有見乎其位. ②흐느껴 울다, 목메다. ③숨다.
【優然 애연】 분명하지 못하고 어렴풋한 모양. 희미한 모양.
【優俙 애희】 분명하지 않은 모양.

人13 【億】 ⑮ 억 억 職 yì, yī

亻 亻' 亻" 亻产 亻产 倍 僨 億 億

[소전] 億 [초서] 億 [간체] 亿 [字源] 形聲. 人＋意→億. '意(의)'가 음을 나타낸다.
[字解] ①억. 수의 단위. 옛날에는 10000의 10배, 오늘날에는 10000배. 이에서 '많은 수'를 나타낸다. ②편안하다, 편안하게 지내다. 〔春秋左氏傳〕心億則樂. ③헤아리다, 추측하다, 고구(考究)하다. ≒意. 〔論語〕億則屢中. ④내기, 내기에 건 금품. ⑤아! 감탄하는 말. ≒噫. 〔易經〕億喪貝. ⑥차다, 가득 차다.
【億劫 억겁】 (佛)무한(無限)히 길고 오랜 시간. ✎'일겁(一劫)'은 천지개벽에서 다음 개벽까지의 동안.
【億丈之城 억장지성】 썩 높은 성.
【億涅 억정】 죄다 헤아림.
【億兆蒼生 억조창생】 수많은 백성. 수많은 세상 사람.
【億中 억중】 계획하고 생각한 일이 잘 들어맞음.
● 幾—, 累—, 麗—.

人13 【儀】 ⑮ 거동 의 支 yí

亻 亻' 亻" 亻ᅮ 伴 仹 儀 儀 儀

[소전] 儀 [초서] 儀 [간체] 仪 [字源] 形聲. 人＋義→儀. '義(의)'가 음을 나타낸다.

가 음을 나타낸다.
[字解] ①거동, 훌륭한 자태. 〔詩經〕威儀棣棣.
②예의(禮儀). 〔詩經〕人而無儀. ③풍속, 관례, 관습. 〔荀子〕諸夏之國, 同服同儀. ④본, 본뜨다, 기준으로 삼고 따르다. 〔國語〕度之於軌儀. ⑤헤아리다, 짐작하다. 〔詩經〕我儀圖之. ⑥좇다, 바르다, 마땅하다. 〔詩經〕儀式刑文王之典. ⑦짝, 둘로 한 쌍을 이룬 것. 〔詩經〕實維我儀. ⑧현명하다, 똑똑하다. 늑賢. ⑨말, 언어. 〔逸周書〕是謂四儀. ⑩향하다. 〔漢書〕皆心儀霍將軍. ⑪그릇, 의기(儀器). 〔後漢書〕作渾天儀. ⑫예물, 예(禮)를 표시하는 선물. 〔晉書〕奉常獻儀.
【儀檢 의검】예의범절. 예에 따라 몸을 삼감.
【儀觀 의관】위엄(威嚴)이 있는 몸가짐.
【儀軌 의궤】①법도(法度). 규범(規範). 본보기.
②(佛)밀교(密敎)에서, 염송(念誦)·공양(供養) 의식의 규칙을 이름.
【儀器 의기】천체의 운행을 측정하는 기계(器械). 渾天儀(혼천의).
【儀文 의문】①공용문(公用文). 또는 의례적(儀禮的)인 문장. ②제사·향연(饗宴) 등의 의식 범절이나 법도.
【儀民 의민】백성을 착하게 인도함.
【儀範 의범】예의(禮儀)의 규범(規範). 예의범절의 본보기. 儀矩(의구).
【儀服 의복】의식(儀式)에 쓰이는 옷.
【儀比 의비】모방하여 비교함.
【儀象 의상】①모범으로 함. ②혼천의(渾天儀).
【儀式 의식】행사를 치르는 일성한 법식. 儀禮(의례).
【儀容 의용】①몸가짐. ②예절을 갖춘 태도. 儀態(의태).
【儀羽 의우】①장식용 깃털. ②모범(模範)이 될 만한 훌륭한 자태(姿態).
【儀衛 의위】의식(儀式)에 참여하는 호위병.
【儀儀 의의】의용(儀容)을 갖추어 덕(德)이 있는 모양.
【儀仗 의장】의식에 쓰던 무기나 일산(日傘)·기(旗) 따위.
【儀狀 의장】용모와 행동거지(行動擧止). 용의(容儀)와 행장(行狀).
【儀的 의적】①과녁. 標的(표적). ②목적하여 지향하는 곳. 目標(목표).
【儀典 의전】행사를 치르는 일정한 법식. 儀法(의법).
【儀節 의절】규범(規範). 규칙(規則).
【儀則 의칙】사람이 지켜야 할 법칙(法則).
【儀表 의표】①규범(規範). 본보기. 龜鑑(귀감).
②겉보기. 외모(外貌). 儀容(의용).
【儀品 의품】예의범절(禮儀凡節).
【儀刑 의형】①본받음. 본으로 삼음. ②본. 법. 法式(법식). 儀形(의형).
【儀形 의형】①본받음. 또는 규범. ②위엄 있고 엄숙한 자태. 儀容(의용).
【儀訓 의훈】바른 가르침. 좋은 교훈(敎訓).
❶ 公一, 禮一, 威一, 葬一, 風一.

人13 【儁】⑮ 준걸 준 震 jùn
초서 儁 동자 儁 [字解] ①준걸, 뛰어난 사람. 〔春秋左氏傳〕得儁曰克.
②뛰어나다, 훌륭하다. 〔春秋左氏傳〕壺何爲焉其以中儁也.

人13 【儃】⑮ ❶머뭇거릴 천 冠 chán
❷고요할 탄 旱 tǎn
❸멋대로 탄 翰 dàn
소전 儃 초서 儃 [字解] ❶머뭇거리다, 거닐다. 〔楚辭〕欲儃佪以干傺兮. ❷고요하다, 고요한 모양. 〔莊子〕儃儃然不趨. ❸멋대로, 마음 내키는 대로. 〔新書〕我儃漫而弗省耳.
【儃佪 천회】거닒. 배회함.
【儃漫 탄만】제멋대로 행동하여 절도가 없음.
【儃儃 탄탄】①고요한 모양. ②한가한 모양. 悠然(유연).

人13 【儈】⑮ 거간 쾌 木괴 泰 kuài
소전 儈 초서 佮 간체 佮 [字解] ①거간, 중개인. 〔後漢書〕儈牛自隱. ②상인, 장사꾼. 〔新唐書〕世爲商儈, 往來廣陵.

人13 【儇】⑮ 총명할 현 先 xuān
초서 儇 소전 儇 초서 儇 [字解] ①총명하다, 영리하다. 〔荀子〕鄉曲之儇子. ②빠르다, 날래다, 재빠르다. 〔詩經〕揖我謂我儇兮.
【儇才 현재】발랄하고 재지(才智)가 있음.

人14 【儜】⑯ 괴로워할 녕 庚 níng
[字解] ①괴로워하다, 마음이 약하다. 〔宋書〕吾本儜人. ②약하다, 몸이 약하다. 〔宋書〕后在家有儜弱婦人. ③서로 부르는 소리, 야비(野鄙)한 소리.
【儜弱 영약】몸이 약함.
【儜愚 영우】마음이 약하고 어리석음.

人14 【儓】⑯ 하인 대 灰 tái
초서 儓 [字解] ①하인, 심부름꾼. ②집사(執事), 가신(家臣). ③농부, 농사꾼. ④추하다, 보기 흉하다.

人14 【儛】⑯ 춤출 무 麌 wǔ
초서 儛 [字解] 춤추다. =舞. 〔楚辭〕丘陵翔儛兮.

人14 【儐】⑯ ❶인도할 빈 震 bìn
❷찡그릴 빈 眞 bīn

人部 14〜15획　儒儐儗儕儔儘儡

人 14 【儐】⑯ 〔소전〕儐 〔초서〕儐 〔간체〕傧　〔字源〕會意·形聲. 人＋賓→儐. '賓(빈)'이 음을 나타냄과 동시에, 손을 안내하는 뜻을 뜻한다.
〔字解〕❶ ①인도하다, 손을 안내하는 사람. 〔管子〕桓公令儐者延而上. ②대접하다, 공경하다, 예로써 대하다. 〔禮記〕山川所以儐鬼神也. ③차려 놓다, 베풀다. 〔詩經〕儐爾籩豆. ④나아가다, 인도하여 나아가다. 〔周禮〕王命諸侯則儐. ⑤물리치다, 버리다. ≒擯. ❷찡그리다. ＝矉.
【儐笑 빈소】찡그렸다 웃었다 하는 모양.
【儐者 빈자】주인을 도와서 손을 안내하는 사람.

人 14 【儒】⑯ 선비 유 虞 rú
〔필순〕亻 仁 仟 伊 俥 儒 儒 儒 儒
〔소전〕儒 〔초서〕儒　〔字源〕形聲. 人＋需→儒. '需(수)'가 음을 나타낸다.
〔字解〕①선비, 공자의 사상과 학문을 닦는 사람. 〔論語〕女爲君子儒. ②유학, 공자의 학설을 연구하는 학문. 〔孟子〕逃楊必歸於儒. ③부드럽다, 너그럽다, 유약(柔弱)하다. 〔荀子〕則偸儒轉脫. ④짧다, 키가 작다. ¶侏儒.
【儒家 유가】공자의 학설·학풍 등을 신봉하고 연구하는 사람이나 학파.
【儒冠 유관】유학자가 쓰는 갓.
【儒敎 유교】인(仁)을 근본으로 하고 수기치인(修己治人)을 목적으로 하는, 공자(孔子)의 유학을 받드는 학파.
【儒道 유도】유가의 도(道).
【儒林 유림】①유자(儒者)의 사회. ②유교의 도(道)를 닦는 학자들. 士林(사림).
【儒名墨行 유명묵행】표면은 유자(儒者)인 체하면서, 행동은 묵자(墨子)의 도를 따름.
【儒釋道 유석도】유교와 불교와 도교(道敎).
【儒疏 유소】유생(儒生)이 연명(連名)하여 올리는 상소.
【儒臣 유신】①유학에 조예가 깊은 신하. ②홍문관(弘文館) 관원의 통칭. 유학자(儒學者)인 벼슬아치.
【儒雅 유아】①바른 유학(儒學). ②훌륭한 유자(儒者).
【儒儒 유유】과단성(果斷性)이 없고 주저하는 모양.
【儒狀 유장】유생(儒生)들이 내는 진정서.
【儒風 유풍】유자(儒者)의 풍습(風習).
【儒學 유학】①중국 고래의 정통적인 정교일치(政敎一致)의 학문. 공자가 크게 이루어 유교의 근본이 되게 하였음. 孔孟學(공맹학). ②유교를 연구하는 학문. 또는 그 학파.
【儒鄕 유향】國①선비와 향청(鄕廳)의 관리. ②선비가 많이 살고 있는 고장.
【儒玄 유현】유학(儒學)과 현학(玄學).
【儒賢 유현】유교(儒敎)에 정통하고 언행(言行)이 바른 선비.
【儒訓 유훈】유교의 가르침.

● 老―, 大―, 名―, 腐―, 俗―, 崇―.

人 14 【儇】⑯ ❶기댈 은 圓 yìn ❷평온할 온 阮 wěn
〔參考〕대법원 지정 인명용 한자음은 '은'이다.
〔字解〕❶기대다, 남에게 기대다. ❷평온하다.

人 14 【儗】⑯ ❶의심할 의 紙 nǐ, yí ❷침체할 의 寘 yì
〔소전〕儗 〔초서〕儗　〔字源〕形聲·會意. 人＋疑→儗. '疑(의)'가 음을 나타냄과 동시에 뜻도 나타낸다.
〔字解〕❶①의심하다. ≒疑. 〔荀子〕無所儗怎. ②본뜨다, 분수를 잊고 윗사람을 본뜨다. 〔漢書〕儗於天子. ③견주다, 비교하다. ④무성하다. 〔漢書〕黍稷儗儗. ❷침체하다, 막히다. 〔史記〕亿以怡儗.
【儗儗 의의】①초목이 무성한 모양. ②어찌할 바를 모름. 당혹함.
【儗怎 의작】의심하고 부끄러워함.

人 14 【儕】⑯ 동배 제 佳 chái
〔소전〕儕 〔초서〕儕 〔간체〕侪　〔字解〕①동배(同輩), 무리, 벗, 동아리. 〔春秋左氏傳〕況吾儕乎. ②함께, 같이. ≒齊. 〔列子〕長幼儕居.
【儕居 제거】한곳에 같이 삶.
【儕等 제등】동료. 동아리. 等儕(등제).
【儕類 제류】동료. 동아리. 儕等(제등).
【儕偶 제우】동료. 동아리. 儕等(제등).
【儕輩 제배】동료. 동아리. 儕等(제등).

人 14 【儔】⑯ 짝 주 尤 chóu
〔소전〕儔 〔초서〕儔 〔간체〕俦　〔字解〕①짝, 동아리, 무리. 〔三國志〕蕭曹之儔, 並以元勳. ②누구, 어느 사람. 〔法言〕儔克爾.
【儔儷 주려】서로 상대(相對)가 되는 짝.
【儔輿 주여】벗. 동무.
【儔擬 주의】동류(同類)가 되어 한 패에 듦.
【儔匹 주필】짝. 패. 벗. 동아리.

人 14 【儘】⑯ 다할 진 軫 jìn
〔초서〕儘 〔간체〕尽　〔字解〕①다하다, 다, 죄다. ＝盡. ②멋대로, 되는대로. ¶儘敎. ③조금, 좀. 어조사. 〔陽中弘詩格〕中開一聯, 儘有奇崛.
【儘敎 진교】될 대로 되라. 어떻든 간에.
【儘收 진수】조세(租稅)의 징수에 힘쓰는 일.

人 15 【儡】⑰ ❶영락할 뢰 灰 léi ❷피로할 뢰 賄 lěi
〔소전〕儡 〔초서〕儡　〔字解〕❶영락(零落)하다, 실패하다. 〔淮南子〕然而

人部 15획 償 優

不免於僬. ❷①피로하다, 지친 모양. ¶僬僬.
②꼭두각시. ¶傀僬.
【僬僂 뇌뢰】지쳐서 약해진 모양.
【僬身 뇌신】실패해서 영락(零落)한 몸.
◑ 傀−, 俚−.

人 15 【償】 ⑰ 갚을 상 陽 cháng

亻 亻' 亻" 亻" 俨 償 償 償 償

소전 償 초서 償 간체 偿 【字源】形聲. 人＋賞→償. '賞(상)'이 음을 나타낸다.
【字解】①갚다, 진 빚을 돌려주다. 〔史記〕以百金償之. ②보상, 보답, 속죄. 〔西京雜記〕與其傭作而不求償.
【償却 상각】보상하여 갚아 줌.
【償命 상명】사람을 죽인 사람을 죽임.
【償願 상원】숙원을 이룸.
【償責 상책】❶상채 ❷상책】❶채무(債務)를 갚음. ❷책임을 보상하여 갚음.
【償還 상환】대상(代償)으로 돌려주거나 갚음. 返濟(반제).
◑ 代−, 無−, 報−, 補−, 辨−, 有−.

人 15 【優】 ⑰ 넉넉할 우 尤 yōu

亻 亻' 亻" 俨 俨 優 優 優 優 優

소전 優 초서 優 간체 优 【字源】形聲. 人＋憂→優. '憂(우)'가 음을 나타낸다.
【字解】①넉넉하다, 많다. 〔國語〕獨恭不優. ②도탑다, 후하다. 〔詩經〕維其優矣. ③얌전하다. 〔舊唐書〕並以優閑自保. ④뛰어나다. 〔晉書〕誰劣誰優. ⑤광대. 〔春秋左氏傳〕陳氏鮑氏之圍人爲優. ⑥머뭇거리다, 결단성이 없다. 〔管子〕人君唯優與不敏爲不可. ⑦노닥거리다, 놀다. 〔春秋左氏傳〕少相狎, 長相優. ⑧편안하게 쉬다. ¶優逸. ⑨부드럽다, 너그럽다. ¶優毅.
【優假 우가】특별히 우대함.
【優眷 우권】두터운 동정(同情)이나 은혜(恩惠).
【優待 우대】특별히 잘 대우함.
【優良 우량】물건의 품질이나 상태가 좋음.
【優麗 우려】우아하고 아름다움. 優美(우미).
【優憐 우련】특별히 불쌍하게 여김. 매우 가엾게 여김.
【優伶 우령】광대. 풍악쟁이. ◐ '優'는 '배우(俳優)'를, '伶'은 '악인(樂人)'을 뜻함. 樂者(악자).
【優禮 우례】예를 두텁게 하여 대우함.
【優隆 우륭】융숭(隆崇)함.
【優孟衣冠 우맹의관】우맹이 같은 손숙오(孫叔敖)의 의관을 입음. 겉모습만 같고 실질은 다름. 故事 초(楚)나라의 명우(名優)인 우맹이 죽은 손숙오의 의관을 입고, 곤궁에 빠진 손숙오의 아들을 구해 냈다는 고사에서 온 말.

【優免 우면】너그럽게 보아줌. 용서함.
【優命 우명】정중(鄭重)한 명령.
【優敏 우민】뛰어나게 슬기로움.
【優婆塞 우바새】(佛)출가(出家)하지 않고 불제자(佛弟子)가 된 남자. ◐범어 Upāsaka의 음역어(音譯語).
【優婆夷 우바이】(佛)출가하지 않고 불제자가 된 여자. ◐범어 Upāsikā의 음역어. 優婆尼(우바니).
【優俳 우배】배우. 광대.
【優普 우보】후하여 널리 미침.
【優報 우보】①후하게 보답함. ②정중(鄭重)한 대답. 優答(우답).
【優復 우복】과역(課役)을 면제하고 집에 돌려보내어, 본업(本業)에 복귀(復歸)하게 하는 일.
【優贍 우섬】①매우 풍부함. ②나라가 관리의 유족을 우대하여 보조하는 일.
【優笑 우소】좌흥(座興)을 돕는 사람. 광대·풍악쟁이 따위.
【優秀 우수】여럿 가운데서 뛰어남.
【優勝劣敗 우승열패】나은 것은 이기고 약한 것은 패함.
【優雅 우아】품위가 있고 아름다움.
【優渥 우악】두터운 은택(恩澤). ◐주로 임금의 은총에 대하여 쓰는 말.
【優言 우언】부드럽고 정다운 말.
【優劣 우열】나음과 못함.
【優容 우용】관대하게 용납(容納)하여 씀.
【優遇 우우】특별히 잘 대우함.
【優優 우우】①화평하고 즐거운 모양. ②너그러운 모양.
【優越 우월】다른 것보다 나음.
【優柔 우유】①부드럽고 순함. ②주견이 없어 결단성이 없음. ③침착함. 조용함. ④서두르지 않고 착실하게 배우는 일.
【優游 우유】①한가롭게 지내는 모양. 유유자적(悠悠自適)하는 모양. ②만족해하는 모양. ③세정(世情)이나 운(運)에 맡겨 따름.
【優裕 우유】너그럽고 넉넉함.
【優遊渡日 우유도일】하는 일 없이 세월을 보냄.
【優游不斷 우유부단】어물어물하고 결단성이 없는 모양. 優柔不斷(우유부단).
【優游不迫 우유불박】느긋하고 침착(沈着)하여 서두르지 않음.
【優游恬淡 우유염담】욕심이 없이 편안하고 한가롭게 지내는 모양.
【優游自適 우유자적】한가롭게 자기 하고 싶은 대로 하는 모양.
【優游涵泳 우유함영】한가롭게 학문이나 예술 등의 이치(理致)를 깊이 음미(吟味)함.
【優毅 우의】부드럽고 굳셈. 마음이 부드러우면서도 굳센 점이 있음.
【優逸 우일】근심 없이 편안하고 즐거움을 누림.
【優子 우자】영화·연극 따위에서 어떤 인물로 분(扮)하여 연기하는 사람. 俳優(배우).
【優長 우장】①훌륭하고 빼어남. 優等(우등). ②침착하고 느긋함. 悠長(유장).

人部 15～17획 儥儤儦優儱儲儭儬儵儳

【優場 우장】 극장(劇場). 무대(舞臺).
【優奬 우장】 크게 칭찬하여 권장함.
【優詔 우조】 은혜가 두터운 칙령(勅令). 우악(優渥)한 조서(詔書).
【優秩 우질】 ①많은 봉급. ②높은 직위.
【優倡 우창】 배우(俳優). 또는 가수(歌手).
【優遷 우천】 높은 자리로 옮김. 영전함.
【優寵 우총】 유달리 사랑함. 殊寵(수총).
【優顯 우현】 뛰어나서 두드러지게 나타남.
【優恤 우휼】 은혜(恩惠)를 두텁게 베풀어 구휼(救恤)함.
【優洽 우흡】 넉넉하고 흡족함.
○ 男ー, 老ー, 名ー, 俳ー, 聲ー, 女ー.

人 15 【儥】 ⑰ 팔 육 [圓] yù
[字解] ①팔다. ＝鬻. 〔周禮〕凡天患禁賣儥者使有恒賈. ②사다, 물건을 살 사람. 〔周禮〕以量度成賈而徵儥.
【儥慝 육특】 질이 나쁜 물건을 팖.

人 15 【儤】 ⑰ 번 포 [屋] bào
[字解] ①번(番), 숙직, 벼슬아치가 계속해서 번들다. ¶儤直. ②가외의 일, 임무 이외의 일.
【儤直 포직】 관리가 연일 숙직함.

人 15 【儦】 ⑰ 많은 모양 표 [蕭] biāo
[字解] ①많은 모양. 〔詩經〕汶水滔滔, 行人儦儦. ②걸음걸이, 걷는 모양. ③성(盛)한 모양. ¶儦儦.
【儦儦 표표】 ①사람이나 짐승이 많은 모양. ②성(盛)한 모양.

人 16 【優】 ⑱ 예쁠 뇨 [篠] niǎo
[字解] ①예쁘다, 아름답다. ②구부리다, 몸을 굽히다. ③가는 허리, 날씬한 몸매. ¶儷優.

人 16 【儱】 ⑱ 미숙한 모양 롱 [董] lǒng, lòng
[字解] ①미숙한 모양, 완전히 다 이루어지지 않은 모양. ¶儱侗. ②불우한 모양. ¶儱偅. ③걸음걸이가 바르지 못한 모양.
【儱侗 용동】 ①아직 그릇이 되지 못함. 기량(器量)이 아직 충분하지 못한 사람. ②논설(論說)이 아직 확실하지 않은 일.
【儱偅 용종】 ①불우(不遇)한 모양. ②보행(步行)이 바르지 못한 모양.

人 16 【儲】 ⑱ 쌓을 저 [魚] chǔ

[字解] ①쌓다, 마련해 두다, 비축(備蓄)하다. 〔漢書〕儲兵馬以待之. ②버금, 예비, 다음. ¶儲兩. ③태자, 세자. ¶儲位. ④울타리, 진영(陣營)의 울타리.
【儲駕 저가】 대령하고 있는 수레.
【儲械 저계】 쌓아 두고 있는 무기.
【儲君 저군】 다음 대(代)를 이을 태자(太子).
【儲宮 저궁】 ①왕세자. ②황태자.
【儲兩 저량】 ①다음가는 사람. ②곁에 따르는 사람. ③대를 이을 사람.
【儲利 저리】 ①번 것을 저축함. ②이익.
【儲米 저미】 저축한 쌀.
【儲胥 저서】 ①종. 婢僕(비복). ②모음. 저축함. 儲蓄(저축). ③군중(軍中)의 울타리·울짱. ④대궐 안에 있는 동산이나 정원. 御苑(어원).
【儲書 저서】 ①원본과 같이 꾸민 버금 서류. 副本(부본). ②간직하여 둔 책.
【儲與 저여】 ①서성거림. 이리저리 거닒. ②오그라들어 퍼지지 않는 모양.
【儲位 저위】 태자의 지위. 세자의 위(位).
【儲積 저적】 저축해서 쌓아 둠.
【儲祉 저지】 복을 쌓음.
【儲峙 저치】 저축해 둠.
○ 戒ー, 公ー, 東ー, 兵ー, 帝ー, 倉ー, 皇ー.

人 16 【儭】 ⑱ ❶속옷 친 [木] 츤 [震] chèn
❷어버이 친 [眞] qīn
[字解] ❶속옷, 옷안. ≒襯. ❷①어버이. ≒親. ②베풀다. ¶儭錢.
【儭錢 친전】 (佛)불교를 수도(修道)하는 사람이 승려에게 주는 돈. 布施(보시).

人 17 【儬】 ⑲ 교만할 건 [銑] jiǎn
[字解] 교만하다, 건방지다, 제멋대로 놀다.

人 17 【儵】 ⑲ 빠를 숙 [屋] shū
[字解] ①빠르다. 〔莊子〕儵然而行. ②검다. ③검푸른 빛. ④재앙, 재난.
【儵爍 숙삭】 빛이 일순간에 번쩍하는 일.
【儵忽 숙홀】 ①별안간. 극히 짧은 시간. 倏忽(숙홀). ②전광(電光). 번갯불.

人 17 【儳】 ⑲ ❶어긋날 참 [咸] chán
❷참견할 참 [陷] chàn
[字解] ❶①어긋나다, 가지런하지 않다. 〔春秋左氏傳〕聲盛致志, 鼓儳可也. ②빠르다. 〔後漢書〕馳從儳道歸營. ❷참견하다, 가볍게 입을 놀리는 모양. 〔禮記〕長者不及毋儳言.
【儳道 참도】 지름길.
【儳言 참언】 남이 말하는 도중에 딴 말로 끼어드는 일.

【儳和 참화】 곁에서 말참견함.

人19【儺】㉑ 역귀 쫓을 나 歌賀 nuó

소전 儺 초서 儺 간체 傩 字解 ①역귀(疫鬼)를 쫓다. 역귀를 쫓는 행사.〔淮南子〕令國儺九門. ②절도 있게 걷다, 걸음걸이가 바른 모양.
【儺禮 나례】 궁중에서 역귀(疫鬼)를 쫓는 음력 섣달 그믐날 밤의 의식.

人19【儸】㉑ 간능할 라 歌 luó

초서 儸 간체 㑩 字解 ①간능하다, 재치 있게 일을 처리하다. ②건장하나 부덕(不德)하다.

人19【儷】㉑ 짝 려 霽 lì

소전 儷 초서 儷 간체 俪 字解 ①짝, 한 쌍, 한 벌.〔儀禮〕束帛儷皮. ②부부, 배필.〔春秋左氏傳〕鳥獸猶不失儷. ③무리, 동아리.
【儷文 여문】 변려문(駢儷文).
【儷皮 여피】 한 쌍의 사슴 가죽. 혼례의 납폐(納幣)로 쓰였음.
【儷偕 여해】 동반(同伴)함.
◐ 駢-, 淑-, 儔-, 伉-.

人19【儧】㉑ 모을 찬 旱 zǎn

소전 儧 字解 모으다, 모이다.〔揚雄·賦〕會賢儧之.
【儧運 찬운】 한군데 모았다가 실어 나름.

人20【儻】㉒ 빼어날 당 蕩 tǎng

소전 儻 초서 儻 간체 傥 字解 ①빼어나다, 뛰어나다. ¶ 倜儻. ②갑자기, 별안간.〔莊子〕物之儻來者也. ③만일, 혹시, 적어도, 아마도.〔三國志〕儻有他意, 爲難不小. ④분명하지 않은 모양.〔潘岳·賦〕畏映日之儻朗. ⑤멋대로, 마음대로.〔漢書〕貌若儻蕩不備. ⑥실망하는 모양, 낙심하는 모양.〔莊子〕儻然終日不言.
【儻儻 당당】 얽매이지 않는 모양.
【儻朗 당랑】 분명하지 않은 모양.
【儻來 당래】 생각지도 않은 것이 굴러 들어옴.
【儻莽 당망】 광활(廣闊)한 모양.
【儻蕩 당탕】 제멋대로 함. 또는 맺힌 데가 없음.
【儻乎 당호】 뜻을 잃은 모양. 밝지 않은 모양.
【儻或 당혹】 만일. 만약. 혹시. 儻若(당약).

人20【儼】㉒ 의젓할 엄 琰 yǎn

소전 儼 초서 儼 간체 俨 字解 ①의젓하다, 엄숙하다. ≒嚴.〔詩經〕碩大且儼. ②삼가다, 공손하다.〔楚辭〕禹湯儼而求合兮.
【儼恪 엄각】 공경하고 삼가는 일.
【儼雅 엄아】 ①잘 정리되어 바름. ②엄숙함.
【儼然 엄연】 엄숙한 모양. 위엄스러운 모양.
【儼乎 엄호】 엄숙한 모양.
◐ 神容-, 玉山-, 車從-.

人21【儸】㉓ 발가숭이 라 箇 luǒ

통자 倮 통자 躶 字解 발가숭이, 털이나 깃이 없는 알몸뚱이.

儿 部

2획 부수 | 어진사람인발부

儿0【儿】② 어진 사람 인 眞 rén

소전 儿 초서 儿 字源 象形. 사람의 두 다리를 본뜬 글자.
字解 ①어진 사람. ②한자 부수의 하나, 어진사람인발.

儿1【兀】③ 우뚝할 올 月 wù

소전 兀 충서 兀 字源 指事. 一＋儿→兀. 사람의 머리 위에 있는 평평한 것을 가리킨다. '높으면서 위가 평평하다'는 뜻을 나타낸다.
字解 ①우뚝하다, 높고 위가 평평하다. ②머리가 벗어지다, 민둥산이 되다. ≒屼.〔杜牧·賦〕蜀山兀, 阿房出. ③움직이지 않는 모양.〔韓愈·解〕常兀兀以窮年. ④무지(無知)한 모양.〔孫綽·賦〕兀同體於自然. ⑤위태로운 모양, 안정되지 않은 모양. ⑥발뒤꿈치를 베다. ≒刖.〔莊子〕魯有兀者叔山無趾.
【兀立 올립】 높이 우뚝 솟음.
【兀臬 올얼】 괴로워함. 편안하지 못한 모양.
【兀然 올연】 ①움직이지 않는 모양. 또는 우뚝 솟은 모양. ②무지(無知)한 모양.
【兀傲 올오】 거만하게 우쭐거림.
【兀兀 올올】 ①마음을 한 곳에 쏟아 움직이지 않는 모양. ②쉬지 않고 힘쓰는 모양. ③흔들리어 위태로운 모양.
【兀人 올인】 ⇨兀者(올자).
【兀者 올자】 월형(刖刑)을 받은 사람.
【兀坐 올좌】 넋 빠진 듯이 멍하니 앉음. 또는 꼿꼿이 우뚝하게 앉음.
【兀刑 올형】 발뒤꿈치를 베는 형벌. 刖刑(월형).
◐ 突-, 傲-, 搖-, 崒-.

儿2【元】④ 으뜸 원 元 yuán

儿部 2획 元

一 二 亍 元

[소전] 元 [초서] 元

[字源] 會意. 二+人→元. '二'는 '上'의 고자(古字)로 사람 몸의 맨 위를 뜻한다. 인체의 맨 위는 머리이기에 '으뜸, 처음' 등의 뜻을 나타낸다.

[字解] ①으뜸. ㉮처음, 시초. 〔易經〕元亨利貞. ㉯우두머리, 두목, 임금. 〔春秋左氏傳〕謀元帥. ㉰첫째, 첫째가 되는 해나 날. 〔書經〕正月元日. ②근본, 근원. 〔後漢書〕元元本本. ③연호(年號). 〔漢書〕當改元易號增漏刻. ④목, 머리. 〔春秋左氏傳〕狄人歸其元. ⑤크다. 〔書經〕命于元龜. ⑥기운, 천지의 큰 덕, 만물을 기르는 덕. 〔班固·賦〕渾元運物. ⑦아름답다, 아름답고 훌륭하다. 〔易經〕黃裳元吉. ⑧바른 계통, 정적(正嫡). ㉮적자(嫡子). 〔儀禮〕天子之元子. ㉯정실(正室), 본처. 〔後漢書〕晉獻升貴女爲元妃. ⑨왕조(王朝) 이름. 몽고(蒙古)의 칭기즈 칸의 손자 쿠빌라이[忽必烈]가 세운 나라. 〔元史〕建國號曰大元. ⑩백성. 〔漢書〕大路所歷, 黎元不知. ⑪시간의 단위. 역수상(曆數上), 수리상(數理上) 천지가 순환 추이(循環推移)하여 처음의 상태로 되돌아가는 한 시기. ⑫보배, 보물. 〔呂氏春秋〕聖人之元也. ⑬화폐의 단위. 청조(清朝) 이래 중국, 우리나라에서 쓰였다.

【元功 원공】 제일 으뜸되는 큰 공(功).
【元君 원군】 ①도교(道敎)에서 말하는 여자 선인(仙人)의 미칭(美稱). 남자는 진인(眞人)이라 함. ②훌륭한 임금. ○'元'은 '善'으로 '훌륭함'을 뜻함. ③아버지와 할아버지.
【元穹 원궁】 하늘. 창공. 天空(천공).
【元極 원극】 ①우주(宇宙) 사물(事物)의 시원(始元). ②하늘.
【元氣 원기】 ①만물의 근본이 되는 힘. ②심신(心身)의 정력(精力). 사람의 정기(精氣).
【元吉 원길】 ①매우 길함. 大吉(대길). ②설날. 元日(원일).
【元旦 원단】 ①설날. ②설날 아침.
【元惡 원악】 악인(惡人)의 두목. 흉한(兇漢)의 우두머리. 大惡(대악).
【元德 원덕】 모든 덕의 근본이 되는 덕(德).
【元良 원량】 ①썩 선량함. 매우 선량한 사람. ②태자(太子)의 딴 이름.
【元僚 원료】 임금을 보좌하는 중신(重臣).
【元龍高臥 원룡고와】 원룡이 높은 곳에 누움. 빈객(賓客)을 업신여김. [故事] 동한(東漢)의 진등(陳登)이 자기는 높은 침상(寢牀)에 눕고, 친구인 허범(許汜)은 낮은 침상에 눕게 하였다는 고사에서 온 말. ○'元龍'은 진등의 자(字).
【元謀 원모】 악당의 주모자. 張本人(장본인).
【元方季方 원방계방】 형제가 모두 뛰어나서 우열을 가릴 수 없음. [故事] 후한(後漢) 때 진식(陳寔)의 아들 원방(元方)과 계방(季方)이 모두 훌륭하여 아버지도 우열을 가리지 못했다는 고사에서 온 말.
【元白 원백】 당대(唐代)의 시인 원진(元稹)과 백거이(白居易)의 병칭(並稱).
【元寶 원보】 ①말굽같이 생긴 중국의 옛 은화(銀貨). ②아주 귀중한 보배.
【元服 원복】 남자가 성년(成年), 곧 스무 살이 되어, 처음으로 어른이 되는 의관을 착용하는 예식(禮式). 冠禮(관례).
【元符 원부】 매우 상서로운 조짐. 곧, 천자의 지위를 이르는 말.
【元妃 원비】 임금의 정실(正室). 皇后(황후).
【元巳 원사】 음력 삼월 삼일.
【元祀 원사】 ①원년(元年). ○'祀'는 '年'으로 '해'를 뜻함. ②나라의 큰 제사(祭祀).
【元聖 원성】 으뜸가는 성인. 大聖(대성).
【元宵 원소】 정월 대보름날 밤. 元夕(원석).
【元霄 원소】 하늘. 元穹(원궁).
【元首 원수】 ①처음. 시초. 한 해의 처음. ②근본. ③머리. ④한 나라를 대표하는 군주(君主)나 대통령(大統領).
【元始 원시】 ①처음. 始元(시원). ②한 해의 처음. 정월.
【元始天尊 원시천존】 도교(道敎)에서 받드는 제일 높은 신(神).
【元臣 원신】 임금을 보좌하는 신하. 大臣(대신).
【元辰 원신】 ①元旦(원단). ②좋은 때. 호시절(好時節). 吉辰(길신).
【元惡 원악】 악인(惡人)의 괴수(魁首).
【元惡大憝 원악대대】 ①지극히 악한 사람. ②반역죄(反逆罪)를 범한 사람.
【元要 원요】 ①근본. 또는 근본을 근본 삼음. ②사랑해야 할 것. 곧, 백성(百姓)을 이름. 蒼生(창생). ③착함. 善意(선의).
【元元本本 원원본본】 근본을 근본 삼음. 근본으로 거슬러 올라감. 근원을 찾아 냄.
【元戎 원융】 ①많은 수의 병력(兵力). ②커다란 병거(兵車).
【元元 원이】 원원(元元)의 오기(誤記). 인민(人民), 백성(百姓)의 뜻으로 통용됨.
【元日 원일】 ①정월 초하루. 元朔(원삭). ②길일(吉日).
【元子 원자】 아직 왕세자에 책봉되지 아니한 임금의 맏아들.
【元宰 원재】 ①재상(宰相). ②주모자(主謀者).
【元嫡 원적】 본처(本妻).
【元祖 원조】 ①시조(始祖). 첫 대의 조상. ②일을 처음 시작한 사람. 鼻祖(비조).
【元從功臣 원종공신】 창업(創業) 때부터 참여하여 큰 공적(功績)을 이룩한 신하(臣下).
【元祉 원지】 큰 복(福).
【元策 원책】 큰 계책. 大計(대계).
【元亨利貞 원형이정】 역리(易理)에서 말하는 천도(天道)의 네 가지 덕(德). 곧, 사물(事物)의 근본 원리를 이름. '元'은 만물이 처음 생겨나는 봄이니 그 덕은 인(仁), '亨'은 만물이 자라는 여름이니 그 덕은 예(禮), '利'는 만물이 생을 이루는 가을이니 그 덕은 의(義), '貞'은 만물이 완성되는 겨울이니 그 덕은 지(智).
【元化 원화】 ①조화(造化)의 큰 힘. ②제왕(帝

王)의 덕화(德化).
【元和 원화】①매우 화려함. ②당(唐)의 원화(元和) 연간에 사용된 원진(元稹)과 백거이(白居易)의 시풍.
【元會 원회】음력 설날 아침의 대궐 안의 조회(朝會).
【元后 원후】①임금. 天子(천자). 帝王(제왕). ◯'元'은 '大'로 '큼'을, '后'는 '君'으로 '임금'을 뜻함. ②임금의 정실. 왕비. 황후.
【元勳 원훈】건국(建國)에 이바지한 큰 공(功). 또는 공이 큰 사람. 元功(원공).
【元兇 원흉】못된 짓을 한 사람들의 우두머리.
◐ 改-, 紀-, 身-, 壯-, 天-, 還-.

儿 2 【允】④ 진실로 윤 ⓥ yǔn

소전 초서 字源 會意. 厶+人→允. '厶'는 임용(任用)한다는 뜻이다. 이에 '人'을 더하여 어진 사람을 임용하여 의심하지 않는다는 데서, '진실, 참'의 뜻을 나타낸다.

字解 ①진실로, 참으로, 진실, 참. 〔詩經〕厥居允荒. ②당(當)하다, 맞다. 〔易經〕允升大吉. ③동의하다, 승낙하다. ¶允許. ④교활하다, 약다. ⑤맏아들. ≒胤.
【允可 윤가】임금의 재가(裁可). 允許(윤허).
【允嘉 윤가】진실로 좋음.
【允恭 윤공】진심으로 근신(謹愼)함.
【允文允武 윤문윤무】진실로 문(文)이 있고, 진실로 부(武)가 있음. 천사(天子)가 문무(文武)의 덕(德)을 겸비(兼備)하고 있음.
【允塞 윤색】진실로 가득 참. 또는 성신(誠信)하고 독실(篤實)함.
【允誠 윤성】진실하고 거짓이 없음.
【允若 윤약】진심으로 순종(順從)함. ◯'若'은 '順'으로 '좇음'을 뜻함.
【允臧 윤장】진실로 착함.
【允執其中 윤집기중】진실로 그 중용(中庸)의 도(道)를 잡아서 지킴.
【允諧 윤해】잘 어울림. 중인(衆人)이 진심으로 화합함.
【允許 윤허】임금이 신하의 청을 허락함.
◐ 開-, 明-, 詳-, 忠-, 該-.

儿 3 【充】⑤ 가득할 충 ⓥ chōng

一 亠 㐄 㐬 充

소전 초서 속 字源 形聲. 㐬+儿→充. '㐬(돌)'은 '育(육)'에서 '月(육달월)'이 생략된 모양으로 음을 나타낸다.

字解 ①가득하다, 가득 채우다. 〔周禮〕以充府庫. ②기르다, 살이 찌다. 〔儀禮〕宗人視牲告充. ③막다, 가리다. ≒窒. 〔詩經〕褎如充耳. ④덮다. 〔禮記〕服之襲也, 充美也. ⑤갖추다, 갖추어지다. 〔春秋公羊傳〕充君之庖. ⑥충당하다, 대응하다, 해당하다. 〔漢書〕充庖廚而耳. ⑦대다, 붙이다, 두다. 〔周禮〕射則充椹質. ⑧끝나다, 끝내다. ≒終. ⑨크다, 소리가 크다. 〔淮南子〕近之則鐘音充. ⑩물리다, 물리도록 먹다. 〔管子〕凡食之道, 大充, 傷而形不藏. ⑪번거롭다, 귀찮다. 〔春秋左氏傳〕事充政重. ⑫길, 통로(通路). 〔管子〕敬發其充. ⑬성실, 성실한 사람. 〔詩經〕不見子充.
【充詘 충굴】너무 기쁜 나머지 절도(節度)를 잃은 모양.
【充當 충당】모자라는 것을 채워 메움.
【充棟 충동】마룻대에 닿을 정도로 집안에 가득함. 장서(藏書)가 많음을 이름.
【充閭之慶 충려지경】손이 집 안에 가득한 경사. 생남(生男)을 축하하는 인사말.
【充滿 충만】가득 참.
【充塞 충색】①꽉 차서 막힘. ②꽉 채워서 막음.
【充羨 충선】가득 차 넘침. ◯'羨'은 '餘'로 '남음'을 뜻함.
【充悅 충열】만족하여 기뻐함.
【充耳 충이】①귀를 막음. ②귀에 거는 장식물. 귀걸이.
【充牣 충인】가득 참. 充盈(충영).
【充壯 충장】몸이 살찌고 건강함.
【充塡 충전】빈 곳이나 공간 따위를 채움. 또는 채워서 메움.
【充足 충족】넉넉하여 모자람이 없음.
【充斥 충척】충만(充滿)함. 꽉 참. 가득함.
【充忝 충첨】근심이 있는 모양. 근심에 싸여 어찌할 비를 모르는 모양.
【充側 충측】꽉 막히어 쇠퇴(衰退)함.
【充澤 충택】살이 쪄서 살갗에 윤택이 있음.
【充虛 충허】①가득 참과 텅 빔. 盈虛(영허). ②빈 것을 채움. 공복(空腹)을 채움.
◐ 補-, 塡-, 擴-.

儿 3 【兄】⑤ ❶맏 형 ⓥ xiōng ❷명할 황 ⓥ kuàng

丨 口 口 尸 兄

소전 초서 參考 대법원 지정 인명용 한자의 음은 '형'이다.

字源 會意. 口+儿→兄. '口'는 사람의 신체의 구조상 윗부분에 붙어 있으면서 잠시도 쉬는 일이 없으므로 이에 '人'을 더하여, 쉼이 없이 자라는 사람이라는 데서 '늘다, 불어나다'라는 뜻을 나타낸다. 뒤에 여러 형제 중의 '맏'이라는 뜻으로 가차되었다.

字解 ❶①맏이, 먼저 태어난 남자. ②형, 먼저 태어난 남자 동기. 〔管子〕善氣迎人, 親於兄弟. ③같은 또래끼리 높여 부르는 말. 〔韓愈·書〕辱吾兄眷厚. ④친척, 친척 관계를 맺거나 우의(友誼)를 다진 사이. 〔儀禮〕若兄弟之國. ⑤훌륭하다, 뛰어나다. 〔世說新語〕元方難爲兄, 季方難爲弟. ❷①명하다. ≒怳. 〔詩經〕倉兄塡兮. ②하물며. ≒況. 〔管子〕兄與我齊之政也.

【兄亡弟及 형망제급】 장남(長男)이 사망할 경우, 다음 동생이 후사(後嗣)를 이음.

【兄肥弟瘦 형비제수】 형은 살지고 동생은 야윔. ㉠형제(兄弟)의 신분이 다름을 이르는 말. ㉡형은 동생 대신, 동생은 형 대신 서로 돕는 일. 故事 후한(後漢) 때는 굶주린 사람들이 서로 잡아먹기도 하였는데, 조례(趙禮)가 잡아 먹힐 지경에 처하자 그의 형 효(孝)가 살찐 자기를 대신 잡아 먹으라고 했다는 고사에서 온 말.

【兄友弟恭 형우제공】 형제간에 서로 우애(友愛)를 다함.

【兄弟手足 형제수족】 형제는 수족과 같아서 떼어 버릴 수 없는 관계임.

【兄弟之國 형제지국】 사이가 아주 친밀한 나라. 또는 서로 혼인 관계를 이룬 나라.

【兄弟鬩墻 형제혁장】 형제가 담 안에서 싸움. 곧, 동족끼리 서로 다툼.

❶ 家—, 貴—, 老—, 大—, 妹—, 父—, 舍—, 實—, 阿—, 雅—, 令—, 畏—, 義—, 仁—, 姉—, 慈—, 長—, 尊—, 從—, 仲—, 學—.

儿 4 【光】 ⑥ ❶빛 광 陽 guāng
❷윤기 광 漾 guàng

丨 丷 ⺌ ⺌ 屮 光

소전 고문 초서 字源 會意. 小＋儿→光. '小'는 소전이나 고문에서 보듯 '火(화)'이다. 불을 사람의 위에서 번쩍번쩍 빛난다는 데서 '빛나다'의 뜻을 나타낸다.

字解 ❶㉠빛, 광선. 〔新語〕曝之以日光. ㉡빛나다. 〔漢書〕日月光, 星辰靜. ②광택(光澤). 〔郭璞・讚〕玉光爭換. ④명예, 영예. 〔淮南子〕莫能與之同光者. ⑤영광, 번영. 〔詩經〕不顯其光. ⑥위덕(威德). 〔書經〕是訓是行, 以近天子之光. ⑦은혜, 은총, 여택(餘澤). 〔漢書〕下民之樂, 子孫保之. ⑧시간, 햇살. 〔鮑照・賦〕樂玆情於寸光. ⑨기(氣), 기운. 〔禮記〕見以蕭光. ⑩경치. 〔杜甫・詩〕山色遠蒼莫, 江光久滋漫. ⑪문물의 미(美), 문화(文化). 〔易經〕觀國之光. ⑫광택이 있는 것, 옥(玉)・금(金) 따위의 광택이 있는 것. 〔荀子〕地見其光. ⑬넓다, 넓히다. 늑廣. 〔詩經〕學有緝熙于光明. ⑭멀다. 〔春秋穀梁傳〕德厚者流光. ⑮크다, 크게. 〔春秋左氏傳〕光有天下. ⑯공후(公侯). 〔太玄經〕先錫之光. ❷윤기, 윤택한 기운. 늑穢.

【光價 광가】 ①좋은 평판. 호평(好評). ②성가(聲價)를 넓힘.

【光景 광경】 ①상태와 모양. 情景(정경). ②경치. ③빛. 빛나는 모양. ④덕택(德澤)이나 위세(威勢)가 장성(壯盛)한 모양.

【光慶 광경】 경사(慶事).

【光爛 광란】 밝음. 환함.

【光芒 광망】 비치는 빛발. 光線(광선).

【光明 광명】 ①밝은 빛. ②밝고 환함. ③빛나는 사람. 현자(賢者) 중의 현자. ④영광스러울 일. 또는 세력이 있는 일. ⑤(佛)번뇌・죄악의 암흑을 비추어 신앙상(信仰上)의 지견(智見)을 주는 것. ⑥(佛)부처나 보살의 몸에서 비치는 빛.

【光輔 광보】 크게 도움.

【光復 광복】 ①쇠퇴한 사업을 다시 일으킴. ②잃었던 국권(國權)을 도로 회복함.

【光爍 광삭】 빛남. 광채를 냄.

【光閃 광섬】 번득이는 빛.

【光昭 광소】 빛남. 빛나게 함.

【光愛 광애】 지극한 사랑.

【光揚 광양】 드높게 빛냄.

【光焰 광염】 ①불꽃. ②빛과 불꽃.

【光榮 광영】 빛나는 영예. 榮光(영광).

【光佑 광우】 큰 도움.

【光陰 광음】 세월(歲月). 또는 시간. ♪'光'은 '日'로 '낮', '陰'은 '月'로 '달'을 뜻함.

【光濟 광제】 ①크게 구제(救濟)함. ②크게 성공함. 훌륭하게 성취(成就)함.

【光祚 광조】 크게 복됨.

【光彩 광채】 ①찬란한 빛. ②정기 어린 밝은 빛.

【光闡 광천】 분명하게 밝힘. 환히 나타냄.

【光寵 광총】 총애함. 총애를 받아 높은 자리에 오름. 恩寵(은총).

【光宅 광택】 성덕(聖德)이 먼 곳에까지 미침. 덕(德)이 사방(四方)에 미침. ♪'光'은 '充'으로 '가득함', '宅'은 '居'로 '있음'을 뜻함.

【光澤 광택】 빛의 반사로 물체의 표면에서 반짝거리는 빛.

【光風 광풍】 ①비가 갠 뒤에 부는 맑은 바람. ②비 갠 뒤의 아름다운 경치.

【光風霽月 광풍제월】 비 갠 뒤의 맑은 바람과 밝은 달. ㉠마음이 넓어 자질구레한 데 거리끼지 아니하고 쾌활하며 쇄락(洒落)한 인품의 비유. ㉡태평세월(太平歲月).

【光被 광피】 빛이 널리 미침. 덕택이 세상에 널리 퍼짐.

【光毫 광호】 (佛)부처의 양미간(兩眉間)에서 빛을 내는 흰 털. 白毫(백호).

【光華 광화】 ①빛. 빛나는 기운. 아름다운 빛. 光彩(광채). 光輝(광휘). ②영광(榮光).

【光暉 광휘】 ①빛남. ②영예(榮譽). 光耀(광요).

❶ 觀—, 發—, 瑞—, 曙—, 夜—, 陽—, 榮—, 圓—, 月—, 威—, 流—, 燐—, 日—, 電—, 燭—, 火—, 和—, 曉—, 後—.

儿 4 【先】 ⑥ ❶먼저 선 先 xiān
❷앞설 선 霰 xiàn

丿 ⺊ 屮 生 步 先

소전 초서 字源 會意. 止＋儿→先. '止'는 '발'을 뜻한다. 이에 '人'을 더하여 남보다 앞서 간다는 데서 '나아가다, 앞서다' 등의 뜻을 나타낸다.

字解 ❶①먼저. ㉮처음. 〔禮記〕敎學爲先. ㉯앞. 〔儀禮〕先首. ㉰첫째. 〔孟子〕酌則誰先. ②나아가다. 〔後漢書〕未聞國家有所先後. ③옛날. 〔禮記〕先民有言. ④죽은 아버지. 흔히 죽은 웃사람을 때 쓴다. ⑤조상. 〔漢書〕

忘先者衆. ⑥**선구**(先驅). 〔漢書〕身負版築, 爲士卒先. ⑦**소개**(紹介). 〔漢書〕莫爲我先. ⑧**우선**. ㉮빠르다, 이르다. 〔呂氏春秋〕其生也必先. ㉯맨 먼저, 앞장서서. 〔後漢書〕於是被羽先登. ㉰미리. 〔後漢書〕以先策黃巾逆謀, 以事上聞, 封逸鄕侯六百戶. ⑨**먼저 하다**. ㉮높이다. 〔呂氏春秋〕故太上先勝. ㉯미루다, 양보하다. 〔禮記〕爵位相先也. ㉰훌륭하다. 〔戰國策〕有明古先世之功. ㉱소중히 하다. 〔周禮〕以五戒, 先後刑罰. ⑩**선생**. 〔漢書〕失႘孫先非不忠也. ⑪**선수**(先手). 장기·바둑에서 먼저 두는 일. ⑫**성**(姓). ❷①**앞서다**. ㉮앞에 있다. 〔禮記〕先立春三日. ㉯뛰어넘다, 앞서 나가다. 〔孟子〕疾行先長者. ㉰인도하다. 〔周禮〕右秉鉞以先. ②**맏동서**, 동서. 형제의 부인들끼리의 칭호. 〔史記〕見神於先後宛若.
【先覺 선각】남보다 먼저 깨달음.
【先甲後甲 선갑후갑】①법령(法令)을 제정·발포하는 전후에 백성에게 그 내용을 정중히 알리는 일. 모든 일에 주의를 기울여 과오를 범(犯)하지 않도록 한다는 뜻. ②사물의 길흉의 기미가 나타나기 전과 나타난 후.
【先見之明 선견지명】앞일을 꿰뚫어 보는 눈. 미리 알아차리는 슬기.
【先考 선고】돌아가신 아버지. 先人(선인).
【先姑 선고】돌아가신 시어머니.
【先公後私 선공후사】공사(公事)를 먼저 하고 사사(私事)를 뒤로 함.
【先舅 선구】돌아가신 시아버지.
【先驅 선구】①행렬의 앞장을 섬. 또는 그 사람. 前驅(전구). ②군(軍)의 선봉(先鋒).
【先君 선군】①↪先考(선고). ②↪先王(선왕). ③남의 망부(亡父). ④역대의 임금.
【先君子 선군자】망부(亡父)의 경칭(敬稱).
【先軌 선궤】선제(先帝)의 법도(法度).
【先拿後奏 선나후주】범인을 먼저 잡아 놓고 나중에 임금에게 아뢰던 일. 죄를 지은 관리를 잡던 절차.
【先農 선농】처음으로 농사를 가르친 신(神). 곧, 신농씨(神農氏).
【先農壇 선농단】선농(先農)을 제사 지내는 단. 매년 중춘(仲春) 해일(亥日)에 제사 지내는데, 황제가 친히 단에 오름.
【先達 선달】①조선 때 무과(武科)에 급제하고 아직 벼슬하지 못한 사람. ②벼슬·학문이 자기보다 앞선 사람. ③고승(高僧).
【先德 선덕】①덕이 많은 선배. ②당대(唐代)에, 남의 아버지를 이르던 말. ③은덕을 베푸는 것에 가장 힘씀.
【先頭 선두】대열이나 행렬의 맨 앞.
【先登 선등】①앞서서 먼저 오름. ②선봉(先鋒)이 되어 제일 먼저 적의 성(城)에 쳐들어감. ③문단(文壇)의 우두머리.
【先來 선래】외국에 갔던 사신(使臣)이 돌아올 때에 그보다 앞서서 돌아오던 역관(譯官).
【先民 선민】①선대(先代)의 현인(賢人). 先賢(선현). ②國조상(祖上).

【先發制人 선발제인】남보다 먼저 일을 시작하면 반드시 다른 사람을 누를 수 있음.
【先鋒 선봉】①맨 앞장을 섬. 앞장을 서는 군대. 先陣(선진). ②창을 가진 군사를 선두에 세움.
【先富後貧 선부후빈】전에는 부유하던 살림이 나중에 가난하여짐.
【先妣 선비】①돌아가신 어머니. ↪'妣'는 '망모(亡母)'를 뜻함. ②선조(先祖)의 비(妣).
【先祀 선사】조상을 제사 지내는 일.
【先師 선사】①세상을 떠난 스승. ②전대(前代)의 현인(賢人).
【先嗇 선색】신(神)의 이름. 신농씨(神農氏)나 후직(后稷)을 이름. 田祖(전조).
【先生案 선생안】國각 관청에서 전임(前任) 관원의 성명·직명·생년월일·본적 따위를 기록하던 책. 案冊(안책).
【先緖 선서】선인(先人)이 남겨 놓은 일.
【先聖 선성】①옛날의 성인(聖人). 前聖(전성). ②공자(孔子).
【先聲 선성】①실행은 뒤로 미루고, 선전을 먼저 함. ②전부터 미리 알려져 있는 명성(名聲).
【先聲奪人 선성탈인】먼저 소문을 퍼뜨리거나 소리를 질러 남의 기세를 꺾음.
【先聲後實 선성후실】먼저 함성을 올려 위협한 다음에 실력을 휘두름.
【先勝 선승】먼저 필승의 계획을 세우는 일.
【先臣 선신】임금에게 죽은 아버지를 이르는 말.
【先失其道 선실기도】어떠한 일을 함에 있어 먼저 그 방법을 그르침.
【先嚴 선엄】돌아가신 아버지.
【先業 선업】①선대(先代)의 사업(事業). ②(佛)전세(前世)의 업인(業因).
【先烈 선열】①선대(先代)의 공적(功績). 선대부터 내려온 공훈(功勳). 遺勳(유훈). ②國정의(正義)를 위하여 싸우다가 죽은 열사(烈士).
【先塋 선영】조상 무덤이 있는 곳. 先山(선산).
【先王 선왕】①선대(先代)의 임금. ②옛날의 어진 임금.
【先容 선용】①갑옷을 만들기 위하여 먼저 인형(人型)을 만드는 일. ②사람을 천거(薦擧)하기 위하여 미리 칭찬하는 일.
【先憂後樂 선우후락】남보다 먼저 걱정하고, 남보다 나중에 즐김. 곧, 지사(志士)·인자(仁者) 등 훌륭한 사람들이 나라를 사랑하는 마음씨.
【先蔭 선음】조상의 숨은 은덕(恩德).
【先意承志 선의승지】부모의 뜻을 먼저 알고, 부모가 하고자 하는 그 뜻을 이어받음.
【先引 선인】앞에서 인도(引導)함.
【先入爲主 선입위주】먼저 들은 일에 치중하고 나중에 들은 일은 소홀히 생각함.
【先子 선자】①돌아가신 아버지. 亡父(망부). ②조상. 先祖(선조). ③돌아가신 시아버지.
【先資 선자】물려받은 재산. 유산(遺産).
【先慈 선자】①자애를 제일 중요한 것으로 생각함. ②돌아가신 어머니. 亡母(망모).
【先蠶 선잠】처음으로 백성에게 누에치기를 가르친, 원유 부인(菀窳婦人)과 우씨공(寓氏公)의

두 신(神). 또는 황제(黃帝)의 비(妃)인 서릉씨(西陵氏)를 이르기도 함.
【先接 선접】 과거(科擧) 때에 시험장에 먼저 들어가서 좋은 자리를 차지하던 일.
【先正 선정】 선대(先代)의 현인(賢人).
【先帝 선제】 전대(前代)의 임금.
【先祖 선조】 한 가계(家系)의 웃조상.
【先朝 선조】 선제(先帝) 때의 조정(朝廷). 전대(前代)의 왕조(王朝).
【先疇 선주】 유산으로 내려온 농토.
【先卽制人 선즉제인】 ⇨先發制人(선발제인).
【先知 선지】 ①다른 사람보다 먼저 도(道)를 깨침. 또는 그 사람. 先覺(선각). ②미리 알고 있음. 먼저 앎. 覺예언자(豫言者).
【先知後行 선지후행】 먼저 도덕상(道德上)의 사리(事理)를 알고, 다음에 그 안 바를 그대로 실행하여야 함.
【先秦 선진】 진(秦)의 시황제(始皇帝) 이전. 곧, 춘추 전국 시대.
【先斬後啓 선참후계】 군율(軍律)을 어긴 사람을 먼저 처형한 후에 임금에게 아룀.
【先綵 선채】 신랑(新郎) 집에서 신부(新婦) 집에 혼인(婚姻) 전날에 보내는 채단(綵緞).
【先天 선천】 ①하늘에 앞섬. 천운(天運)이나 시기(時機)가 도래(到來) 함을 미리 아는 일. ②천지의 시초. 우주의 본체(本體). ③태어나기 전부터 몸에 갖추어진 성품.
【先鍼而後縷 선침이후루】 바늘이 먼저 가야 실이 뒤따르게 됨. 사물에는 선후가 있음.
【先河 선하】 ①바다에 제사 지내기에 앞서 하천(河川)에 제사 지내는 일. ②일의 앞장이 되는 것의 비유.
【先鄕 선향】 시조(始祖)가 난 땅. 貫鄕(관향).
【先花後果 선화후과】 먼저 꽃이 피고 뒤에 열매가 맺힘. 먼저 딸을 낳고 뒤에 아들을 낳음.
【先獲我心 선획아심】 먼저 나의 마음을 잡음. 옛사람이 나보다 먼저 내가 원하는 바를 그대로 행한 것을 기뻐하여 이르는 말.
【先后 선후】 선대의 임금. 先王(선왕).
【先後 선후】 먼저와 나중.
【先後天 선후천】 선천(先天)과 후천(後天).
○ 機ー, 率ー, 于ー, 祖ー, 最ー, 行ー, 後ー.

儿4 【兆】⑥ 조짐 조 zhào

ノ ノ゛ 기 ナ 兆 兆 兆

[소전][고문][초서] 象形. 거북의 등딱지가 갈라져서 터진 무늬를 본뜬 글자. 옛날에는 거북의 등딱지를 구워 거기에 생긴 금을 보고 길흉을 점쳤기 때문에 '조짐'의 뜻을 나타낸다.
[字解] ①조짐, 빌미. 〔國語〕其魄兆於民. ②점괘. 〔淮南子〕著龜兆. ③점치다. 〔漢書〕兆得大橫. ④묏자리, 묘지. 〔春秋左氏傳〕無入于兆. ⑤처음, 비롯하다. 〔孟子〕爲之兆也. ⑥제단(祭壇). 사교(四郊)에 베풀었던 단단. 〔禮記〕

后稷兆祀. ⑦구역(區域). 〔尙書大傳〕兆, 十有二州. ⑧백성. 〔班固·賦〕斯衆兆之所惑. ⑨피하다, 달아나다. ⇨逃. 〔莊子〕兆于變化. ⑩조. 수의 단위. 억(億)의 1만 배. 바뀌어, 썩 많은 수효. 〔春秋左氏傳〕商兆民離.
【兆卦 조괘】 점괘(占卦)에 나타난 조짐.
【兆物 조물】 수많은 물건. 만물.
【兆民 조민】 수많은 백성.
【兆祥 조상】 ①조짐. ②길조를 보임.
【兆象 조상】 징조나 조짐의 기미.
【兆域 조역】 묘지(墓地). 무덤이 있는 곳.
【兆占 조점】 점을 침. 또는 그 점괘.
【兆朕 조짐】 좋거나 나쁜 일이 생길 기미.
○ 京ー, 吉ー, 亡ー, 億ー, 微ー, 休ー, 凶ー.

儿4 【充】⑥ 充(145)의 속자

儿4 【兑】⑥ 兌(149)의 속자

儿4 【兇】⑥ 흉악할 흉 xiōng

[소전][초서] [字源] 會意. 凶+儿→兇. 흉한[凶] 사람[儿]이란 뜻을 나타낸다.
[字解] ①흉악하다. ⇨凶. ¶兇漢. ②나쁜 사람, 흉악한 사람. ⇨凶. ¶元兇. ③두려워하다. =恟·悩. 〔春秋左氏傳〕曹人兇兇懼.
【兇懼 흉구】 두려워함. 恐怖(공포).
【兇器 흉기】 사람을 죽이거나 해치는 데 쓰는 도구.
【兇變 흉변】 사람이 죽는 등의 불길(不吉)한 변사(變事).
【兇邪 흉사】 마음이 흉악하고 간특함. 또는 그런 사람. 凶邪(흉사).
【兇威 흉위】 사나운 위세(威勢).
【兇賊 흉적】 흉악한 도적.
【兇暴 흉포】 흉악하고 사나움.
【兇悍 흉한】 마음이 모질고 사나움.
【兇漢 흉한】 흉악한 사람.
【兇行 흉행】 사람을 해치는 흉악한 행동.
【兇險 흉험】 ①마음이 악하고 바르지 못함. ②몹시 위험함.
【兇兇 흉흉】 두려워하는 모양. 또는 두려워서 외치는 소리.
○ 姦ー, 群ー, 嘯ー, 元ー, 殘ー, 寒ー.

儿5 【克】⑦ 이길 극 kè

一 十 十 古 古 克 克

[소전][고문][고문][초서] [字源] 象形. 무거운 머리를 떠받들고 있기 때문에 다리가 구부정하게 되어 있는 모양을 본떠 '참고 견디다'의 뜻을 나타낸다.

儿部 5~6획 免児兌兎免

克

字解 ❶이기다. ㉮싸움에 이기다. 〔禮記〕予克紂. ㉯남에게 이기기를 좋아하다. 〔論語〕克伐怨慾. ㉰사욕(私慾)을 이기다. 〔法言〕勝己之私之謂克. ㉱억누르다, 멸망시키다. 〔管子〕數出重法, 而不克其罪. ㉲책임하다. 〔論語〕克己復禮爲仁. ㉳죽이다. 〔春秋公羊傳〕克之者何, 殺之也. ㉴적을 사로잡다. 〔春秋左氏傳〕得雋曰克. ❷능하다, 능히 하다. ㉮감당하다. 〔太玄經〕時不克也. ㉯능력이 있다. 〔詩經〕匪斧不克. ㉰이루다, 이루어 내다. 〔春秋左氏傳〕日中而克葬. ㉱바로잡다, 다스리다. 〔易經〕子克家. ❸능히, 잘. 〔書經〕允恭克讓. ❹메다, 어깨에 메다. ❺새기다, 마음에 새기다. ≒刻. 〔詩經〕后稷不克.

【克家 극가】 가정을 잘 다스림.
【克勤 극근】 매우 부지런함.
【克己 극기】 자기의 욕망·감정·충동 따위를 의지(意志)의 힘으로 이겨 냄. 自制(자제).
【克己復禮 극기복례】 사사로운 욕심을 누르고 예의범절을 좇음. 克復(극복).
【克勵 극려】 사욕을 누르고 부지런히 힘씀.
【克明 극명】 ①능히 임금의 도리를 다함. ②속속들이 밝힘.
【克伐怨慾 극벌원욕】 네 가지 악덕(惡德). 곧, '克'은 이김을 즐겨 함, '伐'은 스스로 자랑하며, '怨'은 원망하고, '慾'은 물욕(物慾)이 많음임.
【克服 극복】 어려움을 이겨 냄.
【克復 극복】 ①적(敵)과 싸워 이겨 영토를 되찾음. ②정도(正道)로 돌아감. ③ㄷ克己復禮(극기복례).
【克愛克威 극애극위】 위엄과 덕망으로 사람을 복종시킴.
【克讓 극양】 남을 공경하고 겸손한 태도로 사양(辭讓)함.
【克捷 극첩】 싸움에 이김.
【克孝 극효】 부모를 효도(孝道)로서 잘 섬김.
❶剛-, 謙-, 忌-, 審-, 柔-, 超-, 推-.

免 ⑦
❶면할 면 [銑] miǎn
❷상복 문 [問] wèn

ㄱ ㄱ ㄷ 각 숟 免 免

[소전] 免 [속자] 免 [초서] 免 [參考] 대법원 지정 인명용 한자의 음은 '면'이다.

字源 會意. '兔(토끼 토)'자에서 'ヽ'가 빠져 토끼의 발이 보이지 않음을 나타낸다. 토끼가 발이 보이지 않을 만큼 빨리 달리기 때문에 사람에게 잡히지 않는다는 데서 '면하다'라는 뜻을 나타낸다.

字解 ❶❶면하다. ㉮책임·의무 등을 지지 아니하게 되다. 〔論語〕民免而無恥. ㉯벗어나다, 피하다, 멀리하다. 〔史記〕免席而請. ❷벗다, 모자 따위를 벗다. 〔國語〕左右免冑而下. ❸해직(解職)하다. 〔漢書〕免丞相勃, 遣就國. ❹용서하여 놓아주다. 〔周禮〕欲免之. ❺힘쓰다, 노력하다. =俛. 〔漢書〕閔免遁樂. ❻성(姓). ❷

❶상복(喪服). 관(冠)을 벗고 흰 베로 머리를 묶은 것. ≒絻. 〔禮記〕公儀仲子之喪, 檀弓免焉. 免者以告. ❷해산하다, 아이를 낳다. ≒娩. 〔國語〕將免者以告.
【免官 면관】 ①관직(官職)에서 벗어나게 함. ②조선 때 관인(官人)에게 벌을 주던 부가형(附加刑)의 한 가지.
【免冠 면관】 ①관을 벗음. ②사죄(謝罪)함.
【免白頭 면백두】 ㉮백두(白頭)를 면함. 늙어서 처음으로 벼슬을 함을 이름.
【免稅 면세】 세금을 면제함.
【免身 면신】 ❶면신 ❷문신 ❶형벌을 면함. ❷아이를 낳음. 分娩(분만).
【免新 면신】 ㉮처음으로 출사(出仕)하는 관리가 허참례(許參禮)를 닦은 뒤, 다시 구관원(舊官員)을 청하여 음식을 차려 대접하던 일.
【免疫 면역】 질병에 잘 걸리지 않는 저항력을 가지는 일.
【免除 면제】 책임·의무 따위를 면하여 줌.
【免職 면직】 일정한 직무에서 물러나게 함.
【免責 면책】 책임·책망을 면함.
【免黜 면출】 벼슬을 떼고 내쫓음.
【免脫 면탈】 죄를 벗어남.
【免乳 문유】 아이를 낳음. 해산함.
❶放-, 赦-, 辭-, 恕-, 罷-.

児 ⑦
兒(150)의 속자

兌 ⑦
❶바꿀 태 [泰] duì
❷날카로울 예 [霽] ruì
❸기뻐할 열 [屑] duì

[소전] 兌 [초서] 兌 [속자] 兊 [간체] 兑 [參考] 대법원 지정 인명용 한자의 음은 '태'이다.

字源 會意. 八+口+儿→兌. '八'은 입김이 나뉘어지는 모양이다. 사람이 입을 벌려 웃으니 입김이 분산된다는 데서 '기뻐하며 웃는다'는 뜻을 나타낸다.

字解 ❶①바꾸다, 교환하다. ¶ 兌換. ②기뻐하다. ※❸과 같다. ③모이다. ≒隊. ④통하다, 길을 이루다. ≒達. ⑤곧다, 굽지 아니하다. 〔詩經〕松柏斯兌. ⑥괘 이름. ㉮8괘의 하나. 괘형은 ☱. 못·가을·소녀(少女)·서쪽 등에 배당된다. ㉯64괘의 하나. 괘형은 ䷹. 못·소녀에 배당되고, 곧바르게 하면 모든 일이 이루어지는 것을 상징한다. ❷①날카롭다. ≒銳. 〔荀子〕兌則若莫邪之利鋒. ②데치다, 삶다. ≒涗. ③성(姓). ❸기뻐하다, 즐거워하다. =悅.
【兌利 예리】 날카로움.
【兌換 태환】 지폐를 정화(正貨)와 바꿈.

兎 ⑦
兔(150)의 속자

免 ⑧
免(149)의 속자

儿部 6～7획 兕兒兗兗兔兔兗

儿6 【兕】⑧ 외뿔들소 시 ㊎사 ㊌ sì

㊌字源 象形. 물소〔水牛〕비슷한 외뿔 짐승의 모양을 본뜬 글자.

㊎字解 ①외뿔들소. 물소와 모양이 비슷하며, 몸빛은 푸르고, 뿔은 하나이며, 가죽은 두껍고 질겨 갑옷을 만드는 데 쓰고, 뿔은 술잔을 만드는 데 쓴다.〔春秋左氏傳〕擧兕爵. ②코뿔소의 암컷.

【兕觥 시굉】 외뿔들소의 뿔로 만든 술잔.
【兕牛 시우】 외뿔들소와 얼룩소.
【兕中 시중】 사례(射禮) 때 산가지를 넣어 두는 기구.

〈兕①〉

儿6 【兒】⑧ ❶아이 아 ㊎ ér ❷연약할 예 ㊎ ní

㊎參考 대법원 지정 인명용 한자음은 '아'이다.
㊌字源 象形. 臼+儿→兒. '臼'는 어린아이의 두개골의 대천문(大泉門)이 아직 아물지 않은 모양을 본뜬 것이다. 여기에 '人'을 더하여 '어린아이'의 뜻을 나타낸다.
㊎字解 ❶①아이. ㉮젖먹이. ㉯아이, 어린 사람. 옛날에는 결혼하지 않은 사람. ㉰자식, 아들. ②어버이에 대한 아들의 자칭(自稱), 부녀자의 자칭.〔古書〕兒實爲罪過. ③남을 낮잡아 이르는 말.〔後漢書〕布目備曰, 大耳兒最叵信. ④어조사. 명사 뒤에 의미 없이 붙이는 말.〔韓琦·詩〕無限蜂兒作隊飛. ❷①연약하다. ②늙어서 나는 이〔齒〕. 늙은이.〔詩經〕黃髮兒齒. ③땅 이름. 춘추 시대 제(齊)나라의 땅. 늙郳.

【兒童 아동】 어린아이.
【兒馬 아마】 ①수말〔牡馬〕. ②國아직 길이 안 든 어린 말. ③벼슬아치가 작은 공을 세웠을 때 임금이 상으로 내려 주던 말.
【兒房 아방】 대궐 안에서 장신(將臣)이 때때로 묵던 곳.
【兒在負三年搜 아재부삼년수】 國업은 아기 3년을 찾음. 아주 가까운 곳에 둔 물건을 다른 곳에서 오래도록 찾음.
【兒店 아점】 분점(分店).
【兒齒 아치】 노인의 이가 빠지고 다시 난 이.
【兒孩 아해】 아이.
【兒畜 아휵】 아들처럼 기름.
【兒戲 아희】 ①아이들의 희롱. 兒嬉(아희). ②아무 가치(價値)도 없는 일의 비유.

❶ 健—, 孤—, 棄—, 男—, 豚—, 迷—, 小—, 愛—, 女—, 嬰—, 幼—, 乳—, 育—, 寵—, 蕩—, 胎—, 風雲—, 幸運—.

儿6 【兗】⑧ 兒(150)의 고자

儿6 【兗】⑧ 兗(150)의 속자

儿6 【兔】⑧ 토끼 토 ㊌ tù

㊎소전 兔 ㊎초서 兔 ㊎동자 兔 ㊎속자 兎 ㊌字源 象形. 토끼가 꼬리를 내놓고 있는 모양을 본뜬 글자.
㊎字解 ①토끼. 늑菟.〔詩經〕躍躍毚兔, 遇犬獲之. ②달의 딴 이름. 달에 토끼가 살고 있다는 전설에서 유래한다.〔杜甫·詩〕兔應疑鶴髮.

【兔角龜毛 토각귀모】 토끼의 뿔과 거북의 털. 있을 수 없는 일의 비유.
【兔缺 토결】 ①언청이. ②달의 이지러짐.
【兔起鶻落 토기골락】 토끼가 달리고 새매가 날아내림. 글씨의 필세가 건쾌(健快)함의 비유.
【兔起鳧擧 토기부거】 토끼가 달리고 물오리가 날아오름. 몹시 빠름의 비유.
【兔羅雉羅 토라치리】 토끼를 잡으려고 쳐 놓은 그물에 꿩이 걸림. 소인이 꾀를 써서 죄를 벗어나고, 군자가 도리어 화를 입음의 비유.
【兔魄 토백】 달의 딴 이름.
【兔死狗烹 토사구팽】 토끼가 죽고 나면 토끼를 잡던 사냥개도 삶아 먹힘. 필요할 때는 쓰고 필요 없을 때는 버리는 야박한 세정(世情)의 비유. ㊎故事 한(漢) 고조인 유방(劉邦)이 천하를 통일한 후 일등 공신 한신(韓信)을 죽이려 하자, 한신이 "토끼가 잡히면 사냥개를 삶아 먹고〔狡兔死良狗烹〕새를 잡고 나면 활을 치워 버린다"라고 탄식한 데서 온 말.
【兔絲附女蘿 토사부여라】 새삼덩굴이 담쟁이굴에 감겨 붙음. 부부(夫婦)가 됨을 이름.
【兔死狐悲 토사호비】 토끼가 죽으니 여우가 슬퍼함. 동류(同類)가 서로 동정(同情)함.
【兔脣 토순】 윗입술이 세로로 찢어져 토끼의 입술처럼 생긴 입술. 언청이. 兔缺(토결).
【兔影 토영】 달의 딴 이름.
【兔烏 토오】 달과 해. 광음(光陰).
【兔園冊 토원책】 비근(卑近)한 책(冊). 자기가 지은 책의 겸칭(謙稱). ㊎글방에서 아이들을 가르치는 책을 '兔園冊'이라 한 데서 온 말.
【兔月 토월】 달의 딴 이름. 兔魄(토백).
【兔走烏飛 토주오비】 달이 달리고 해가 낢. 곧, 세월이 빠름. ㊎'烏'는 '日'로 '해'를 뜻함.
【兔毫 토호】 ①토끼의 가는 털. ②붓의 딴 이름.
❶ 狡—, 蟾—, 烏—, 玉—, 月—.

儿6 【兔】⑧ 兔(150)와 동자

儿7 【兗】⑨ 바를 연 ㊌ yǎn

㊎초서 兗 ㊎속자 兗 ㊎字解 ①바르다, 단정하다. ②땅 이름. 하대(夏代)의 구

주(九州)의 하나. 〔周禮〕 河東曰兗州. ③참, 믿음. ④ 묶다, 옭아매다.

儿 7 【堯】 ⑨ 堯(356)의 속자

儿 8 【党】 ⑩ 성 당 圖 dǎng
字解 ①성(姓), 성의 하나. 하후씨(夏后氏)의 후예로 진대(秦代)에는 장군 당내호(党耐虎)가 있었고, 당대(唐代)에는 당분(党芬)·당진(党進)이 있었다. ②무리. ※黨(2128)의 속자(俗字).

儿 9 【兜】 ⑪ 투구 두 囶 dōu
[소전] [서] [속자] 梵考 범어(梵語)인 '兜率'에 한하여 음이 '도'로 된다.
字解 ①투구. ¶ 兜鍪. ②미혹되다, 반하다. 〔國語〕在列者獻詩, 使勿兜. ③쓰개, 여자들이 쓰는 쓰개. 두건.
【兜籠 두롱】대(竹)로 만든 가마의 한 가지.
【兜鍪 두무】투구. 兜鉾(두모).
【兜率 두솔→도솔】(佛)욕계 육천(欲界六天)의 제사천(第四天). 욕계의 정토(淨土). 지상(地上)에서 32만 유순(由旬) 되는 곳에 있어 미륵보살(彌勒菩薩)이 있다고 함. ◐범어(梵語) 'Tusita'의 음역어(音譯語). 兜率天(도솔천).
【兜率歌 두솔가→도솔가】①신라 유리왕(儒理王) 때에 노래. 가악(歌樂)의 시초가 되다. ②신라 경덕왕(景德王) 19년(760)에 월명사(月明師)가 지은 사구체(四句體)의 향가(鄕歌).
【兜侵 두침】백성의 세금을 세리(稅吏)가 착복(着服)하는 일.

儿 10 【兠】 ⑫ 兜(151)의 속자

儿 10 【兟】 ⑫ 나아갈 신 眞 shēn
[소전] 字解 ①나아가다, 나아가는 모양. ②많은 모양.
【兟兟 신신】많은 모양.

儿 12 【兢】 ⑭ 삼갈 긍 蒸 jīng
[소전] [초서] 字解 ①삼가다, 조심하다. 〔漢書〕祗祗兢兢. ②두려워하다, 와들와들 떨다. 〔詩經〕兢兢業業. ③굳다, 굳세다. 〔詩經〕矜矜兢兢.
【兢恪 긍각】삼가 조심함.
【兢悸 긍계】두려워하여 떪. 兢慄(긍률).
【兢懼 긍구】삼가고 두려워함.
【兢兢 긍긍】①두려워하여 삼가는 모양. ②굳고 단단한 모양. 굳고 있는 모양.
【兢兢業業 긍긍업업】조심하고 삼가는 모양.
【兢悚 긍송】두려워하는 모양.

【兢惕 긍척】두려워하여 삼가는 모양.

入 部

2획 부수 | 들입부

入 0 【入】 ② 들 입 緝 rù

ノ 入

[소전] 字源 象形. 하나의 줄기 밑에 뿌리가 갈라져 땅속으로 뻗어 들어가는 모양을 본뜬 글자.
字解 ①들다. ㉮들다, 들이다. 〔禮記〕事君量而後入. ㉯오다, 오게 하다. 〔史記〕爲我呼入. ㉰간여하다. 〔戰國策〕令無敢入之事. ㉱떨어지다, 떨어뜨리다. 〔呂氏春秋〕煤炱入甑中. ㉲공략하다. 〔淮南子〕九攻而墨子九卻之, 不能入. ㉳섬기다, 벼슬하다. 〔南史〕入朝委政. ㉴죽다. 〔莊子〕出無本, 入無竅. ㉵투신(投身)하다. 〔呂氏春秋〕舟中之人, 盡揚播入於河. ㉶시집보내다, 받아들이다. 〔國語〕其臣箴諫入不. ㉷담그다. 〔周禮〕三入爲纁. ②수입(收入). 〔禮記〕量入以爲出.
【入監 입감】①죄수가 감방 또는 감옥에 갇힘. 入獄(입옥). ②국자감(國子監)에 입학함.
【入竟問禁 입경문금】남의 나라에 들어가서는 먼저 그 나라의 금령(禁令)을 물음. ◐'竟'은 '境'으로 '경계'를 뜻함.
【入境問俗 입경문속】타향에 가면 그 고을의 풍속을 물어서 그에 따름.
【入庫 입고】물건을 창고에 넣음.
【入貢 입공】조공(朝貢)을 바침. 공물(貢物)을 바치고 속국(屬國)이 됨.
【入觀 입관】어지러운 마음을 가라앉히고 제법(諸法)의 이치를 관조하는 경지에 들어감.
【入彀 입구】①일정한 법식(法式)에 들어맞음. 또는 들어맞게 함. ②사람을 농락(籠絡)함.
【入覲 입근】궁중에 들어가 임금을 뵘.
【入對 입대】대궐 안에 들어가 임금에게 상주(上奏)하고 자문(諮問)에 응하는 일.
【入德 입덕】덕을 닦음. 덕에 들어감.
【入道 입도】①(佛)불도(佛道)에 들어가는 일. 또는 그 사람. ②도교(道敎)를 믿어 도사(道士)가 됨.
【入洛 입락】도읍(都邑)에 들어감. ◐'洛'은 '낙양(洛陽)'으로, 후한(後漢)·진(晉)의 도읍이었던 데서 나온 말. 上洛(상락). 入京(입경).
【入流 입류】①품격(品格)이 있는 한 유파(流派)에 들어감. ②일품(一品)에서 구품(九品)까지의 정식 관위(官位)에 있는 사람. ③(佛)지각(至覺)의 경지(境地)에 들어감.
【入幕之賓 입막지빈】특별히 친분이 가까운 손. 곧, 기밀(機密)을 상의할 수 있는 상대.

【入木 입목】 ①화살 따위가 나무 속으로 깊이 박혀 들어감. ②☞ 入木三分(입목삼분).
【入木三分 입목삼분】 나무에 밴 먹의 깊이가 3푼이나 됨. 곧, 필력(筆力)이 셈. 故事 진(晉)나라의 왕희지(王羲之)가 쓴 글씨의 묵흔(墨痕)이 축판(祝版)에 3푼이나 스며들었다는 고사에서 온 말. 入木(입목).
【入墨 입묵】 문신(文身). 또는 자자(刺字).
【入門 입문】 ①무엇을 배우는 길에 처음 들어섬. ②스승의 문하에 들어가 제자가 됨. ③유생(儒生)이 과거를 보기 위해 과장(科場)에 들어감.
【入泮 입반】 반궁(泮宮)에 들어감. 어린이가 처음으로 학교에 들어감. ○'泮宮'은 '성균관과 문묘'를 이름.
【入山 입산】 ①산에 들어감. 은거(隱居)하여 벼슬하지 아니함을 이름. ②(佛)출가(出家)하여 중이 됨.
【入山忌虎 입산기호】 國산에 들어가 놓고 범 잡는 일을 기피함. 정작 목적한 바를 당하여서는 꽁무니를 뺌.
【入選 입선】 출품한 작품이 심사에 합격해 뽑힘.
【入聲 입성】 한자(漢字)의 사성(四聲)의 하나. 급히 끝을 막는 소리.
【入聖超凡 입성초범】 일반인보다 수양이 높아 성인(聖人)의 경지에 듦.
【入手 입수】 ①손에 들어옴. ②손에 넣음.
【入水 입수】 ①물에 들어감. ②물에 몸을 던져 죽음. 投身(투신).
【入繩 입승】 (佛)절 안의 규칙을 맡은 중의 직함(職銜).
【入侍 입시】 대궐에 들어가서 임금을 모시는 일.
【入神 입신】 ①기술 따위가 오묘(奧妙)한 경지(境地)에 이름. ②現입심일란(一心不亂)해서 혼들리지 아니하는 상태.
【入室 입실】 ①방에 들어감. ②학문·예술 등의 오의(奧義)에 들어감. ③아내가 됨. ④(佛)사승(師僧)의 방에 들어가 도(道)를 물음. ⑤오두막집에서 도읍(都邑)으로 옮겨 삶. ⑥남의 방에 침입함.
【入室操戈 입실조과】 남의 방에 들어가 창을 잡음. 그 사람의 학설(學說)을 가지고 그 학문을 공격하는 비유. 故事 후한(後漢)의 하휴(何休)가 정현(鄭玄)의 논박(論駁)을 감탄한 고사에서 온 말.
【入御 입어】 천자가 궁중에 듦.
【入月 입월】 ①달 속에 들어감. ②달이 지는 땅의 끝을 이름. ③월경(月經)이 시작됨.
【入耳不煩 입이불번】 귀에 들어와도 번거롭지 않음. 아첨하는 말이 거슬리지 않음의 비유.
【入耳著心 입이착심】 들은 바를 마음에 간직하여 잊지 아니함.
【入耳出口 입이출구】 들은 바를 곧 남에게 말함. 남이 하는 말을 제 주견인 양 그대로 옮김.
【入寂 입적】 (佛)승려(僧侶)의 죽음. 생사(生死)의 고계(苦界)를 벗어나 열반(涅槃)에 든다는 뜻임. 入滅(입멸).

【入籍 입적】 호적(戶籍)에 넣음.
【入定 입정】 (佛)①선정(禪定)에 들어감. ②마음을 통일하여 삼매(三昧)에 들어감.
【入主出奴 입주출노】 이단(異端)의 길에 들어간 자는 성인(聖人)의 학문(學問)을 천하게 여기고 싫어함.
【入札 입찰】 경매 등에서 희망하는 예정 가액을 적어 내게 하는 일.
【入徹 입철】 상주문(上奏文)을 임금에게 올림. 登徹(등철).
【入贅 입췌】 ①데릴사위로 들어감. ②데릴사위를 들임.
【入破 입파】 악곡(樂曲)의 연주가 끝나려 할 때의 합주(合奏).
【入稟 입품】 임금에게 아룀.
【入閤禮 입합례】 편전(便殿)에 들어가 천자를 알현(謁見)하는 예.
【入鄕循俗 입향순속】 어떤 고장에 들어가서는 그 고장의 풍속을 따름.
【入鄕從鄕 입향종향】 그 향리에 들어가면 그 향리의 풍속과 습관에 따름.
【入會 입회】 관리의 성적을 성적표에 적어 넣음. ○'會'는 '大計'로 '3년마다 벼슬아치의 성적을 조사하던 일'을 말함.
【入孝出弟 입효출제】 집에서는 부모에게 효도하고, 나가서는 윗사람에게 공손함. ○'弟'는 '悌'로 '공손함'을 뜻함.
❶介ー, 購ー, 記ー, 亂ー, 納ー, 導ー, 突ー, 買ー, 沒ー, 歲ー, 收ー, 輸ー, 潛ー, 直ー, 出ー, 吹ー, 侵ー, 投ー.

入 【囚】③ 亡(64)의 본자
1

入 【內】④ ❶안 내 國 nèi
2   ❷들일 납 囚 nà

| 丨 | 冂 | 内 | 內 |

소전 內 초서 內 속자 內 參考 대법원 지정 인명용 한자의 음은 '내'이다.

字源 會意. 冂+入→內. '冂'은 삼 면이 가려진 모양을 나타낸다. 여기에 '入'을 더하여 밖에서 가리어진 안쪽으로 들어간다는 뜻을 나타낸다.

字解 ❶①안. ㉮속. 〔春秋左氏傳〕國內之民, 其誰不爲臣. ㉯궁중(宮中), 조정. 〔史記〕以數切諫, 不得久留內. ㉰나라 안. 〔漢書〕主人洗獻內賓于房中. ㉱집안일, 가사. 〔禮記〕男不言內. ㉲방(房). 〔漢書〕築室家, 有一堂二內門戶之閉. ㉳처첩(妻妾), 여색(女色). 〔史記〕病得酒內且己. ㉴마음, 생각. 〔潘岳·賦〕內無固守. ㉵배, 배 속. 〔枚乘·七發〕扁鵲治內. ㉶사사로움, 비밀히. 〔漢書〕內謁徑入. ②들다, 들이다. 〔史記〕惡內諸侯客. ③어머니. ¶內艱. ④중히 여기다, 친하다. 〔大學〕外本內末. ❺뒤,

뒤쪽.〔論語〕車中不內顧. ❷들이다, 받아들이다. 늑納.〔荀子〕婚姻娉內, 送逆無禮.
【內家 내가】①궁인(宮人). ②권법(拳法)의 하나. 內家拳(내가권).
【內閣 내각】①귀족 부녀자의 거실. ②고대의 중앙 관서 이름. ③명청대(明淸代)의 정무 기구. ④國규장각(奎章閣)의 딴 이름. ⑤現국가의 행정권을 담당하는 최고 합의 기관.
【內間 내간】①적국의 벼슬아치를 꾀어 간첩(間諜)으로 삼는 일. ②집안 하인. ③國아낙이 거처하는 곳. 內庭(내정).
【內艱 내간】어머니나 승중(承重) 조모의 상사. 內艱喪(내간상).
【內簡 내간】부녀자의 편지.
【內監 내감】①환관(宦官)의 딴 이름. 당대(唐代)에 궁중(宮中)에 내시감(內侍監)을 두어 환관(宦官)에게 그 벼슬을 맡기었던 데서 온 말. ②감옥(監獄)의 이름. 청대(淸代)에 중죄범(重罪犯)을 가두어 두던 곳.
【內降 내강】궁중의 명부(命婦)의 손을 거쳐 내리는 칙서(勅書).
【內剛 내강】겉으로는 유순해 보이나 속으로는 마음이 굳음.
【內顧 내고】①머리를 돌리어 봄. 뒤돌아봄. ②집안일을 생각함. 처자(妻子)를 걱정함.
【內擧 내거】친척을 벼슬자리에 추천함. 연고 있는 사람을 채용함. 內稱(내칭).
【內攻 내공】①안을 향하여 공격함. ②병이 체내에 잠복함.
【內官 내관】①궁중이 여관(女官) ②환관(宦官). 內侍(내시). ③궁중(宮中) 또는 경사(京師)에 근무하는 시위(侍衛).
【內敎 내교】①부녀자들에 대한 가르침. 음교(陰敎). 內訓(내훈). ②금중(禁中)에서 교련(敎練)하는 일. ③도가(道家) 또는 불가(佛家)의 경문(經文). ④불교.
【內疚 내구】마음의 병. 마음속의 근심.
【內幃 내위】궁중(宮中)의 깊숙한 방. 또는 그 속의 비사(祕事).
【內君 내군】상대편을 높이어 그의 '아내'를 이르는 말. 슌閨(영규).
【內郤 내극】집단이나 조직의 내부에서 자기들끼리 일으킨 분쟁. 집안 싸움. 內訌(내홍).
【內臺 내대】①상서성(尙書省)의 딴 이름. ②어사대(御史臺)의 딴 이름.
【內道場 내도장→내도량】【佛】대궐 안에 지어 놓고 불도(佛道)를 닦던 집. 內願堂(내원당).
【內覽 내람】공개하지 않고 남몰래 봄.
【內廉 내렴】①품행이 방정함. ②안에 쳐 놓은 발. ②정강이.
【內幕 내막】내부의 사정. 일의 속내.
【內面 내면】①정신(精神)・심의(心意)의 방면. ②안쪽. 內側(내측). ③얼굴을 향함. 곧, 복종(服從)함.
【內明 내명】①겉으로는 어수룩하나 속셈은 아주 밝음. ②〔佛〕오명(五明)의 하나. 사물의 원리를 연구하는 학문.

【內命 내명】군주(君主)의 내밀(內密)한 명령.
【內侮 내모】①집안의 불화(不和). ②나라 안 사람에게서 받는 모욕.
【內報 내보】내밀히 알림. 비밀의 보고.
【內寶 내보】국내의 보물(寶物).
【內福 내복】①정신적 행복. ②실속 있게 부유함. 알부자.
【內府 내부】①주대(周代)의 벼슬 이름. 공부(貢賦)의 화물(貨物)・병기(兵器) 등을 간직한 곳집을 맡아보던 벼슬. ②국내(國內)의 곳집.
【內附 내부】복종해서 따름.
【內傅 내부】보모(保母).
【內紛 내분】내부에서 저희끼리 일으키는 분쟁. 內訌(내홍).
【內賓 내빈】①안손님. 여자 손님. ②대궐 잔치에 참여하는 명부(命婦)들.
【內史 내사】①국가의 법전(法典)을 맡아보던 벼슬. ②주대(周代)에 춘관(春官)에 속하여 왕의 팔방(八枋)을 맡아보던 벼슬. ③진대(秦代)의 경사(京師)를 이름. 또는 그곳을 다스리는 일을 맡아보던 벼슬. ④한대(漢代)의 제후국에서 국인(國人)을 다스리던 벼슬. ⑤자고(鷓鴣)의 딴 이름.
【內事 내사】①종묘의 제사. ②궁중의 일. ③비밀스런 일. 秘事(비사). ④궁내(宮內)의 사건.
【內舍 내사】집의 안채.
【內査 내사】①비공식적으로 조사함. ②자체에서 하는 조사.
【內賜 내사】임금이 신하에게 물건을 내려 줌. 內下(내하).
【內相 내상】①한림학사(翰林學士)의 미칭(美稱). 來翰(내한). ②아내가 집안을 잘 다스림. 또는 그런 아내. ③환관(宦官).
【內禪 내선】①내부(內部)의 사람에게 양위(讓位)함. ②제왕이 생존 중에 그의 아들에게 왕위를 물려주던 일.
【內省不疚 내성불구】마음속으로 반성하여 부끄러움이 없음.
【內聖外王 내성외왕】안으로는 성인(聖人)의 덕을, 밖으로는 왕의 덕을 갖춘 사람. 학문과 덕행을 겸비한 사람.
【內疏外親 내소외친】속으로는 소홀히 하면서 겉으로는 친한 체함.
【內屬 내속】외국이 항복하여 속국(屬國)이 됨.
【內訟 내송】자기 자신을 꾸짖음.
【內豎 내수】①주대(周代)에 천관(天官)에 속하여 궁중(宮中)의 잡역(雜役)에 종사하던 아이. ②내시. 한대(漢代) 이후에 썼음. ③미성년(未成年)으로 궁중의 사환(使喚) 일을 하는 아이.
【內視 내시】①자신의 내부를 봄. 반성함을 이름. ②자연의 대도(大道)를 따라 스스로의 뜻으로 사물을 판단함.
【內視反聽 내시반청】자기를 반성하고 다른 사람을 꾸짖지 아니함.
【內息 내식】분가(分家)하지 않고 한 집안에 동거(同居)함.
【內申 내신】겉으로 드러내지 않고 은밀히 윗사

람이나 관청에 글로 보고함.
【內臣 내신】 ①외국(外國)이 예속(隷屬)하여 와서 신하의 예를 갖추는 일. ②임금을 가까이서 모시던 신하. 승지(承旨) 따위.
【內腎 내신】 신장(腎臟). 콩팥.
【內實 내실】 ①집 안에 있는 진기한 보물과 처첩(妻妾). ②내부의 실정(實情). 내막(內幕). ③내부가 충실함. ④진실한 마음.
【內案 내안】 ①내밀(內密)한 안문(案文). ②복안(腹案).
【內謁 내알】 은밀히 들어가 알현(謁見)함.
【內御 내어】 임금의 식사나 침석(枕席)을 받드는 여관(女官). 女御(여어).
【內緣 내연】 (佛)의식(意識) 내에서 제법(諸法)을 분별하는 일.
【內醞 내온】 임금이 신하에게 하사하던 술.
【內蘊 내온】 마음속에 간직하여 둠.
【內外艱 내외간】 ①국내외의 재난(災難). ②내간상(內艱喪)과 외간상(外艱喪). 곧, 부모(父母)의 상사.
【內憂外患 내우외환】 나라 안의 걱정과 나라 밖에서 오는 환란. 내란과 외적의 침입.
【內苑 내원】 궁성 안의 정원. 禁苑(금원).
【內院宮 내원궁】 (佛)도솔천(兜率天)의 내부. 곧, 미륵보살의 처소.
【內柔外剛 내유외강】 내심은 유약하나 외모는 강강(剛強)하게 보임.
【內潤外朗 내윤외랑】 인물(人物)의 재덕(才德)의 뛰어난 모습. ☞ '內潤'은 '옥(玉)의 광택이 안으로 머금어 있는 것'을, '外朗'은 '옥의 광택이 밖으로 발하는 것'을 뜻함.
【內應 내응】 몰래 적(敵)과 서로 응함. 또는 남몰래 도와줌.
【內人 내인】 ①자기의 아내. ②궁중에 있는 기녀(伎女). ③측근(側近)의 사람.
【內子 내자】 ①옛날 경대부(卿大夫)의 아내. ②남에게 대하여 '자기 아내'를 일컫는 말. ③남의 아내를 이르는 말.
【內眥 내자】 눈초리.
【內障 내장】 (佛)마음속의 번뇌와 장해.
【內藏 내장】 ①마음속에 간직함. ②궁중(宮中)에 있는 관고(官庫). 內庫(내고).
【內典 내전】 ①국내(國內)의 서적. ②불교의 서적. 佛典(불전).
【內廷 내정】 궁정(宮廷)의 내부.
【內定 내정】 내밀히 결정함.
【內制 내제】 ①한림학사(翰林學士)의 딴 이름. ②외조(外朝)와의 상의(相議)를 거치지 않은 군주(君主)의 명령.
【內助 내조】 아내가 집안에서 남편을 도움.
【內朝 내조】 주대(周代)의 삼조(三朝) 중 하나로 천자가 퇴거(退居)하던 곳.
【內主 내주】 ①주부(主婦)나 부인(夫人). ②황녀(皇女). ③몰래 적과 통한 사람.
【內奏 내주】 내밀히 상주(上奏)함.
【內重外輕 내중외경】 경관(京官)의 세력은 무겁고 외관(外官)의 세력은 가벼움.

【內證 내증】 ①내밀(內密)한 증거. ②(佛)남의 교시(教示)를 받지 않고 마음속으로 진리를 체득하는 일.
【內旨 내지】 임금이 은밀히 내리는 명령.
【內智 내지】 (佛)삼지(三智)의 하나. 자기 마음의 번뇌(煩惱)를 끊는 지(智).
【內次 내차】 대문 안에 있는, 의복을 정제(整齊)하는 곳.
【內讖 내참】 내부의 참소.
【內遷 내천】 ①궁중(宮中)의 관직으로 옮김. ②외직(外職)에서 경관직(京官職)으로 전임(轉任)함. 內移(내이).
【內淸外濁 내청외탁】 내심은 맑으나 겉으로는 흐린 체하는 일. 곧, 난세(亂世)에 처신(處身)하는 방도.
【內寵 내총】 ①궁녀(宮女)에 대한 임금의 사랑. ②사랑을 받는 첩. 內嬖(내폐). ③내관(內官)으로서 권총(權寵)이 있는 신하.
【內則 내칙】 ①가정의 법도. 부녀자의 규칙. 家憲(가헌). 內規(내규). ②예기(禮記)의 편명(篇名). 가정 생활의 예법을 기록하였음.
【內勅 내칙】 임금의 내밀한 칙령. 密勅(밀칙).
【內親 내친】 ①마음으로 친함. ②조정 안에서 친목함. ③부계(父系)의 친척.
【內稱 내칭】 친척이나 연고(緣故) 있는 사람을 관(官)에 천거함. 內擧(내거).
【內托 내탁】 종기를 짼 뒤에 쇠약한 몸을 약으로 보신하는 일.
【內帑庫 내탕고】 國임금의 사사 재물을 넣어 두던 곳간.
【內通 내통】 ①남녀가 남모르게 정을 통함. 私通(사통). ②남몰래 적과 통함. 內應(내응).
【內嬖 내폐】 임금의 사랑을 받는 여자.
【內逼 내핍】 ①대변이 마려움. ②외적(外敵)이 국내로 쳐들어옴.
【內下 내하】 임금이 신하에게 물건을 내려 줌. 內賜(내사).
【內學 내학】 ①참위(讖緯)의 학문. 예언학(豫言學). 육경(六經)을 외학(外學)이라 한 것에 대하여 이름. ②불교에 관한 학문. 佛學(불학).
【內翰 내한】 ①송대(宋代)의 한림학사(翰林學士). 문필(文筆)을 맡아 간쟁(諫諍)을 하였음. ②청대(清代)의 내각 중서(內閣中書).
【內行 내행】 ①집 안에서의 몸가짐. 아낙네의 몸가짐. ②아낙네의 여행. ③나라 안의 비밀.
【內慧 내혜】 천성(天性)이 민첩하고 슬기로움.
【內訌 내홍】 내부에서 저희끼리 일으키는 분쟁. 內紛(내분).
【內宦 내환】 궁중(宮中)에서 일하는 환관(宦官).
【內患 내환】 ①아내의 병. ②내부의 근심. 나라 안의 걱정. 內憂(내우).
【內訓 내훈】 ①여자로서 마땅히 지켜야 할 일에 관한 가르침. 부녀의 가르침. 內教(내교). ②장관(長官)이 하급 관청에 보내는 기밀(機密)의 훈령(訓令). 內達(내달).
【內諱 내휘】 ①나라나 집안의 나쁜 일을 숨기는 일. ②부녀자(婦女子)를 이르는 말.

❶家-, 境-, 官-, 管-, 區-, 構-, 國-, 關-, 宅-, 道-, 洞-, 部-, 線-, 城-, 市-, 室-, 案-, 域-, 年-, 院-, 場-, 體-, 海-.

入3 【仝】
⑤ 全(155)의 본자

入4 【全】
⑥ 온전할 전 兗 quán

丿 人 스 仝 仐 全

[소전] 仝 [고문] 全 [주문] 全 [초서] 全 [본자] 仝
[고자] 全

〔字源〕 會意. 入+王→全. 옥이 사람의 손에 들어가 다듬어지면 완전하게 된다는 데서 '온전하다'의 뜻을 나타낸다.

〔字解〕 ❶온전하다. ㉮갖추다, 갖추어지다. 〔列子〕 天地無全功. ㉯상처가 없다, 흠이 없다. 〔春秋穀梁傳〕 全曰牷, 傷曰牛. ㉰무사하다. 〔後漢書〕 鄕里賴全者, 以百數. ㉱상하지 아니하다. 〔周朗·書〕 寇滅而兵全. ㉲낫다, 병이 낫다. ≒痊. 〔周禮〕 十全爲上. ❷온전하게 하다. 〔戰國策〕 楚國不尙全事. ❸완전히, 모두, 다. 〔徐悱妻劉氏·詩〕 全作洛濱笙. ❹흠이 없는 옥(玉). 〔周禮〕 天子用全.

【全甲 전갑】①한 명의 군사도 잃지 않음. 일군이 다 무사함. ②완전히 무장한 군사.
【全功 전공】온전한 공로. 위대한 공로.
【全軀 전구】①지기 몸을 온전히 함. ②온몸. 전신(全身).
【全權 전권】①맡겨진 일을 처리할 수 있는 모든 권한. ②완전한 권리.
【全歸 전귀】부모에게서 받은 몸을 상한 데 없이 온전히 보전하였다가 죽음에 이르러 이를 부모에게 돌려보내는 일.
【全德 전덕】온전한 덕(德). 비난도 기림도 없는 온전한 덕.
【全無 전무】전혀 없음.
【全物 전물】흠이 없이 완전한 물건.
【全般 전반】통틀어 모두. 전부.
【全福 전복】①만족한 행복. ②행복을 온전히 누림.
【全部 전부】모두. 전체.
【全書 전서】①한 질(帙)이 갖추어진 서책(書冊). ②한 작가의 저작물의 전부를 편찬한 책. ③여러 사람의 저서를 수록한 책.
【全身 전신】①몸을 온전히 함. 몸을 보전함. ②몸 전체. 온몸. 渾身(혼신).
【全然 전연】도무지. 아주. 전혀.
【全癒 전유】병이 완쾌함. 全快(전쾌).
【全人 전인】①지덕(智德)이 원만한 사람. 聖人(성인). ②백성을 보호하여 생활을 온전하게 함.
【全一 전일】완전한 모양. 통일된 모양.
【全才 전재】완전한 재능.
【全丁 전정】다 자란 성인(成人)으로서의 구실을 할 수 있는 젊은이.
【全精 전정】정신을 완전히 차림.
【全知 전지】모든 것을 다 앎.
【全知全能 전지전능】모든 것을 다 알고, 모든 것에 다 능함.
【全眞 전진】자기의 천성을 완전히 보전함.
【全體 전체】전부. 온통.
【全通 전통】모든 이치에 통달함.
【全廢 전폐】아주 없애 버림. 모두 폐지함.
【全幅 전폭】①한 폭의 전부. ②일정한 범위의 전체.
【全豹 전표】표피(豹皮)의 반문(斑文)의 전체. 바뀌어, 전체의 모양.
【全護 전호】온전하게 지킴.
【全活 전활】①몸을 온전히 하여 살아감. ②살려서 목숨을 온전하게 함.

❶萬-, 保-, 純-, 安-, 兩-, 完-.

入6 【兩】
⑧ ❶두 량 養 liǎng
❷양 량 漾 liàng
❸國 냥 냥

一 丆 丙 丙 兩 兩 兩

[소전] 兩 [소전] 兩 [초서] 兩 [속자] 両 [간체] 两

[参考] 대법원 지정 인명용 한자음은 '량'이다.
〔字源〕 會意·形聲. 一+兩→兩. '兩'은 사물을 둘로 나눈 모양을 뜻하며, 동시에 '량'이란 음을 나타낸다. 하나를 둘로 나눈다는 데서 '둘'이란 뜻이 된다.

〔字解〕 ❶①둘, 두 번. 〔易經〕 兼三才而兩之. ②짝, 짝하다. 〔史記〕 持國秉貴重兮, 於人臣無兩. ③아울러, 겸하여. ④필, 피륙의 길이의 단위. 〔春秋左傳〕 以幣錦二兩. ⑤25사람 한 대(隊). ⑥무게의 단위. 1량은 24수(銖). 〔漢書〕 十六兩爲斤. ⑦장식하다, 꾸미다. ≒緉. 〔春秋左氏傳〕 御下, 兩馬掉鞅而還. ⑧기량, 기능. 〔呂氏春秋〕 晉文公, 造五兩之士. ❷①수레를 세는 단위. 〔書經〕 戎車三百兩. ②수레 50승(乘). 〔春秋左氏傳〕 踞于前. ❸냥. ㉮무게의 단위. 귀금속이나 한약재의 무게를 잴 때 쓴다. 1냥은 37.5g. ㉯엽전의 단위. 1냥은 10돈.

【兩可 양가】쌍방이 다 좋음. 어느 것도 괜찮음.
【兩脚書廚 양각서주】두 다리를 가진 책장. 학문은 하였으나 이를 운용할 줄을 모르는 사람.
【兩脚野狐 양각야호】두 발 여우. 마음이 검측한 사람을 욕하여 이르는 말.
【兩間 양간】①두 개의 간(間). 곧, 규모가 아주 작은 집. ◯'間'은 들보와 들보와의 사이로 칸살을 뜻함. ②하늘과 땅 사이.
【兩肩 양견】①두 마리의 세 살 난 짐승. ◯'肩'은 '세 살 난 짐승'을 뜻함. ②國양쪽 어깨. 두 어깨.
【兩戒 양계】남계(南戒)와 북계(北戒). 남계는 남방 만이(蠻夷)와의 경계, 북계는 북방 융적(戎狄)과의 경계. ◯'戒'는 '界'로 '경계'를 뜻함.

入部 7획 兪

【兩觀 양관】 궁문(宮門) 좌우에 있는 누(樓).
【兩句三年得 양구삼년득】 두 구(句)를 삼 년 만에 얻음. 시를 짓기가 어려움. 故事 당대(唐代)의 가도(賈島)가 '獨行潭底影(독행담저영), 數息池邊身(삭식지변신)'의 두 구를 짓는 데 3년이 걸렸다는 고사에서 온 말.
【兩岐 양기】 두 갈래. 또는 갈림길.
【兩難 양난】 이러기도 어렵고 저러기도 어려움. 두 쪽이 다 어려움.
【兩袒 양단】 양쪽 소매를 다 벗음. 두 가지 일을 겸해서 함. 또는 두 가지를 아울러 얻음.
【兩端 양단】 ①두 끝. ②서로 반대되는 두 극단. 대소(大小)·후박(厚薄) 따위. ③베 한 필(匹). ④시작과 끝. 始終(시종). ⑤어느 쪽에도 붙지 않는 애매한 태도. 두 마음. ⑥國혼인할 때 쓰는 붉은색과 푸른색으로 된 두 끝의 채단.
【兩當 양당】 ①둘이 다 맞음. ②소매는 없고 가슴과 등에만 걸치는 옷.
【兩頭 양두】 ①두 개의 머리. 兩首(양수). ②양쪽 끝. ③쌍방(雙方).
【兩豆塞耳 양두색이】 콩 두 알이 귀를 막음. 조그마한 것이 큰 지장을 초래함.
【兩得 양득】 한 가지 일로써 두 가지 이익을 얻음. 一擧兩得(일거양득).
【兩髦 양모】 머리의 양쪽으로 늘어뜨린 머리카락. ○'髦'는 어버이를 모시는 자식의, 눈썹까지 드리워진 머리 모양.
【兩班 양반】 ①동반(東班)과 서반(西班). 문관(文官)과 무관(武官). ○조회(朝會) 때 관원이 문무(文武)에 따라 동서(東西)로 나뉘어 자리한 데서 온 말. ②조선 때, 지배층을 이루던 신분.
【兩榜 양방】 갑방(甲榜)과 을방(乙榜). 갑방은 진사 급제(進士及第), 을방은 거인 급제(擧人及第)를 이름.
【兩鳳連飛 양봉연비】 두 마리의 봉황(鳳凰)이 날개를 나란히 하여 낢. 형제가 같이 영달(榮達)함.
【兩府 양부】 ①㉠한대(漢代)의 승상(丞相)과 어사(御史)의 두 부(府). ㉡송대(宋代)의 중서성(中書省)과 추밀원(樞密院). ②두 장부(臟腑).
【兩部鼓吹 양부고취】 ①좌부(坐部)와 입부(立部)의 양부가 여러 악기로 음악을 연주함. ②뭇개구리의 울음소리. ○남제(南齊)의 공규(孔珪)가 뜰 안의 개구리 소리를 '양부고취'라고 한 데서 온 말.
【兩辭 양사】 쌍방의 주장.
【兩三行 양삼행】 ①두세 줄. ②눈물이 흐르는 모습.
【兩相和賣 양상화매】 흥정하는 사람끼리 서로 잘 의논하여서 물건을 팔고 삼.
【兩壻 양서】 남자끼리의 동서.
【兩舌 양설】 두 개의 혀. 먼저 말한 것을 번복함을 이름.
【兩性 양성】 ①남성과 여성. 웅성(雄性)과 자성(雌性). ②두 가지 서로 다른 성질.
【兩稅 양세】 당(唐) 덕종(德宗) 때, 양염(楊炎)의 건책(建策)에 의하여 시작된 세법(稅法). 종

래의 조(租)·용(庸)·조(調)의 제도를 폐지하고 백성들의 재산 등급에 따라 여름과 가을에 나누어 징수하였음.
【兩小無猜 양소무시】 두 아이가 서로 친하여 의심하지 않음. 아이들의 천진한 모양을 이름.
【兩手執餠 양수집병】 國두 손에 떡을 쥠. 한꺼번에 두 가지의 좋은 일이 생김.
【兩袖淸風 양수청풍】 두 소매에 맑은 바람. 관리(官吏)가 청렴결백함.
【兩腋生風 양액생풍】 차(茶) 일곱 잔을 마시면, 양쪽 겨드랑이에서 청풍이 일어남. 보내온 차를 칭찬하여 이르는 말.
【兩曜 양요】 두 개의 광체(光體). 곧, 해와 달.
【兩位 양위】 두 사람의 존칭. 두 분.
【兩意 양의】 ①두 마음. 二心(이심). ②두 가지의 뜻.
【兩儀 양의】 ①천지(天地). ②음양(陰陽). ○'儀'는 '우주(宇宙)의 대법(大法)'을 뜻함.
【兩翼 양익】 ①새의 양쪽 날개. ②양쪽으로 펼친 군대의 진형(陣形).
【兩者擇一 양자택일】 두 가지 가운데서 한 가지를 선택함.
【兩場 양장】 ①과거의 초시(初試)와 복시(覆試). ②전시(殿試)의 초장(初場)과 종장(終場).
【兩全 양전】 ①두 가지가 다 온전함. ②쌍방이 다 무사함. ③두 가지 일을 완수(完遂)함.
【兩銓 양전】 이조(吏曹)와 병조(兵曹)의 병칭.
【兩制 양제】 송대(宋代)의 내제(內制)·외제(外制)의 두 벼슬. 내제는 한림학사(翰林學士)로 제고(制誥)의 글을 맡고, 외제는 중서사인(中書舍人)으로 군정(軍政)을 맡았음.
【兩造 양조】 ①원고(原告)와 피고(被告). ○'造'는 '至'로 '법정에 이른다'는 뜻임. ②쌍방. ③두 방면.
【兩朝 양조】 ①앞뒤의 두 왕조. ②앞뒤 두 임금의 시대. ③두 나라의 왕조.
【兩宗 양종】 (佛)①조계종(曹溪宗)과 천태종(天台宗). ②교종(敎宗)과 선종(禪宗).
【兩親 양친】 부친(父親)과 모친(母親).
【兩敗俱傷 양패구상】 쌍방(雙方)이 다 함께 패하고 상처를 입음.
【兩學 양학】 국학(國學)과 태학(太學).
【兩虎 양호】 두 마리의 범. 역량(力量)이 비슷한 두 용자(勇者)의 비유.
【兩虎相鬪 양호상투】 ①두 마리의 범이 서로 싸움. ②두 사람의 영웅, 또는 두 강국(强國)이 서로 싸움.

入 【兪】⑨ ❶점점 유 虞 yú
7 ❷나을 유 虞 yù

兪 兪 兪 兪 字解 ❶ ①점점, 더욱더. 〔國語〕辭兪卑, 禮兪尊. ②그러하다, 예. 응낙하는 말. 〔書經〕帝曰兪. ③대답하다. 〔漢書〕星留兪. ④넘다, 때가 지나다, 오래되다. 〔史記〕若知賢而兪不立. ⑤편안한 모양, 편안히 쉬는 모양. 〔莊子〕無爲則兪兪. ❻마상

이, 독목주(獨木舟). 통나무를 파서 만든 작은 배. ⑦나아가다, 전진하다. 〔漢書〕民兪勤農. ⑧성(姓). ❷①낫다. 치료하다. 늑愈. 〔荀子〕未有兪疾之福也. ②온화(溫和)하다, 낯빛이 온화하다.

【兪納 유납】 허락해서 받아들임.
【兪然 유연】 편안한 모양.
【兪兪 유유】 ①느긋한 모양. 마음 편한 모양. ②온화하고 공손한 모양.
【兪允 유윤】 용서함. 승낙함.
【兪扁 유편】 유부(兪跗)와 편작(扁鵲). 모두 고대의 명의(名醫).

入 10 【龠】 ⑫ 全(155)의 고자

八 部

2획 부수 | 여덟팔부

八 0 【八】 ② 여덟 팔 🅟 bā

丿 八

소전 𠔉 〔字源〕지사. 사물이 둘로 나뉘어서 갈라진 모양을 본떠서 '나누다'라는 뜻을 나타낸다. '여덟'이라는 뜻으로 가차된 뒤에는 '刀(칼 도)'자를 더한 '分(분)'자를 새로 만들어 '나누다'는 뜻으로 썼다.

〔字解〕①여덟.〔易經〕天七, 地八. ②여덟 번.〔後漢書〕八戰八剋. ③팔 자 모양. '八'처럼 생긴 모양.〔書經〕八眉者, 如八字. ④나누다, 나뉘어지다. ⑤팔방(八方).〔大戴禮〕八者維剛也.

【八家文 팔가문】 당송팔대가의 문장.
【八戒 팔계】 ①몸을 수양하기 위하여 지켜야 할 여덟 가지 계명(戒銘). 곧, 굴기(屈己)·임운(任運)·관행(觀行)·수일(守一)·망언(忘言)·성기(省己)·존신(存神)·양미(量味). ②(佛)우바새(優婆塞)·우바이(優婆夷)가 지켜야 할 여덟 가지 경계(儆戒). 곧, 불살생(不殺生)·불투도(不偸盜)·불사음(不邪婬)·불망어(不忘語)·불음주(不飮酒)의 오계(五戒)와 부좌고광대상(不坐高廣大牀)·불착화만영락(不著花鬘瓔珞)·불습가무희락(不習歌舞戲樂)의 삼계(三戒)를 합하여 이름.
【八苦 팔고】 (佛)인생의 여덟 가지 괴로움. 곧, 생고(生苦)·노고(老苦)·병고(病苦)·사고(死苦)·애별리고(愛別離苦)·원증회고(怨憎會苦)·구부득고(求不得苦)·오음성고(五陰盛苦).
【八顧 팔고】 후한(後漢) 영제(靈帝) 때의 명사(名士) 여덟 사람. 곧, 곽태(郭泰)·유유(劉儒)·윤훈(尹勳)·파숙(巴肅)·종자(宗慈)·하복(夏馥)·채연(蔡衍)·양척(羊陟). 유유 대신에 범방(范滂)을 넣기도 한다. ◎'顧'는 '덕행(德行)'으로써 사람을 사랑하고 교도함'을 뜻함.
【八股文 팔고문】 문체(文體)의 이름. 명청대(明淸代)에 관리 등용 시험 논문으로 채택된 문체(文體). 그 결구(結構)는 대구법(對句法)에 의해서 여덟로 나뉨.
【八功德水 팔공덕수】 (佛)아미타여래(阿彌陀如來)의 정토에 있는 연못의 물. 징청(澄淸)·청랭(淸冷)·감미(甘美)·경연(輕軟)·안화(安和)·윤택(潤澤)·제기갈(除飢渴)·장양제근(長養諸根)의 여덟 가지 공덕(功德)이 있다고 함.
【八關齋 팔관재】 (佛)여덟 가지 악(惡)을 금하고, 모든 죄와 허물이 생기지 않도록 하는 경계. 八關齋戒(팔관재계).
【八卦 팔괘】 복희씨(伏羲氏)가 지었다는 여덟 가지 괘. 세상의 모든 현상을 음양의 원리에 따라 나타낸 것으로, 건(乾)·태(兌)·이(離)·진(震)·손(巽)·감(坎)·간(艮)·곤(坤)을 이름.
【八區 팔구】 팔방의 구역. 곧, 천하.
【八難 팔난】 ①여덟 가지의 재난. 곧, 배고픔·추위·더위·목마름·병란·불난리·물난리·칼. ②(佛)부처를 보지 못하고 불법을 듣지 못하는 여덟 가지 장해. 곧, 지옥(地獄)·축생(畜生)·아귀(餓鬼)·장수천(長壽天)·북울단월(北鬱單越)·농맹음아(聾盲瘖瘂)·세지변총(世智辯聰)·불전불후(佛前佛後).
【八代 팔대】 ①동한(東漢)·위(魏)·진(晉)·송(宋)·제(齊)·양(梁)·진(陳)·수(隋)의 여덟 나라. ②삼황오제(三皇五帝)의 시대.
【八大家 팔대가】 당송대(唐宋代)의 대표적인 여덟 문장가(文章家). 당대의 한유(韓愈)·유종원(柳宗元)과 송대의 구양수(歐陽脩)·소순(蘇洵)·소식(蘇軾)·소철(蘇轍)·증공(曾鞏)·왕안석

∷∷ 八卦(팔괘)

팔괘	괘형	자연	사람	성질	동물	신체	방위
乾(건)	☰	天(천)	父(부)	健(건)	馬(마)	首(수)	北西(북서)
兌(태)	☱	澤(택)	少女(소녀)	說(열)	羊(양)	口(구)	西(서)
離(이)	☲	火(화)	中女(중녀)	麗(여)	稚(치)	目(목)	南(남)
震(진)	☳	雷(뇌)	長男(장남)	動(동)	龍(용)	足(족)	東(동)
巽(손)	☴	風(풍)	長女(장녀)	入(입)	鷄(계)	股(고)	南東(남동)
坎(감)	☵	水(수)	中男(중남)	陷(함)	豕(시)	耳(이)	北(북)
艮(간)	☶	山(산)	少男(소남)	止(지)	狗(구)	手(수)	北東(북동)
坤(곤)	☷	地(지)	母(모)	順(순)	牛(우)	腹(복)	南西(남서)

(王安石). 唐宋八大家(당송팔대가).

【八德 팔덕】①여덟 가지 덕. 인(仁)·의(義)·예(禮)·지(智)·충(忠)·신(信)·효(孝)·제(悌)를 이름. ②여덟 가지 대립되는 것. 좌(左)와 우(右), 윤(倫)과 의(義), 분(分)과 변(辯), 경(競)과 쟁(爭).

【八斗才 팔두재】여덟 말의 재주. 시문(詩文)의 재주가 풍부함을 이름. 故事 남조(南朝) 송(宋)나라의 사영운(謝靈運)이, 천하의 재주를 한 섬이라고 하면 조식(曹植)이 그 가운데 여덟 말을 차지하고, 한 말은 자기의 몫이며, 나머지 한 말은 천하 사람들이 나누어 가지고 있다고 한 고사에서 온 말.

【八等身 팔등신】신장이 머리 길이의 여덟 배가 되는 몸. 또는 그러한 사람. 흔히, 미인의 표준으로 삼음. 八頭身(팔두신).

【八蠻 팔만】(歷)중국의 남쪽 지방에 있던 여덟 종족의 나라. 곧, 천축(天竺)·해수(咳首)·초요(僬僥)·파종(跛踵)·천흉(穿胸)·담이 (儋耳)·구지(狗軹)·방춘(旁春).

【八萬大藏經 팔만대장경】(佛)대장경(大藏經)의 딴 이름. ◦대장경에는 8만 4천의 법문(法門)이 있는 데서 이르는 말.

【八面玲瓏 팔면영롱】①어느 방면도 다 투명하고 밝음. ②마음에 거리낌이 없음. ③아무와도 두루 잘 사귐.

【八方美人 팔방미인】①어느 모로 보나 아름다운 사람. ②여러 방면에 두루 뛰어난 사람.

【八病 팔병】시(詩)를 지을 때에 여덟 가지 꺼리는 일. 곧, 평두(平頭)·상미(上尾)·봉요(蜂腰)·학슬(鶴膝)·대운(大韻)·소운(小韻)·방뉴(傍紐)·정뉴(正紐).

【八福田 팔복전】(佛)공경·공양하거나 남에게 은혜를 베풀어서 복과(福果)를 얻을 수 있다는 여덟 가지. 곧, 불전(佛田)·성인전(聖人田)·화상전(和尙田)·아사리전(阿闍梨田)·승전(僧田)·부전(父田)·모전(母田)·병인전(病人田).

【八部衆 팔부중】(佛)불법을 수호하는 여덟 신장(神將). 곧, 천(天)·용(龍)·야차(夜次)·건달바(乾達婆)·아수라(阿修羅)·가루라(迦樓羅)·긴나라(緊那羅)·마후라가(摩喉羅伽).

【八邪 팔사】(佛)여덟 가지의 간사(奸邪)한 일. 곧, 사견(邪見)·사사(邪思)·사어(邪語)·사업(邪業)·사명(邪命)·사방편(邪方便)·사념(邪念)·사정(邪定).

【八思巴文字 팔사파 문자】라마교 승려인 파스파가 원(元) 세조(世祖)의 국사(國師)가 되었으며, 왕명을 받아 만든 몽고의 문자. ◦'八思巴'는 'Phags-pa'의 음역어.

【八象 팔상】주역(周易)의 팔괘(八卦)의 상(象). 곧, 건(乾)은 천(天)에, 곤(坤)은 지(地)에, 감(坎)은 수(水)에, 이(離)는 화(火)에, 간(艮)은 산(山)에, 태(兌)는 택(澤)에, 손(巽)은 풍(風)에, 진(震)은 뇌(雷)에 해당함.

【八聖道 팔성도】(佛)깨달음과 열반에 이끄는 여덟 가지 바른 길. 곧, 정견(正見)·정어(正語)·정업(正業)·정명(正命)·정정진(正精進)·

념(正念)·정정(正定)·정사유(正思惟). 八正(팔정). 八正道(팔정도).

【八識 팔식】(佛)오관(五官)과 몸을 통하여 객관적인 사물을 인식할 수 있는 여덟 가지의 심적 작용. 안식(眼識)·이식(耳識)·비식(鼻識)·설식(舌識)·신식(身識)·의식(意識)·말나식(末那識)·아뢰야식(阿賴耶識).

【八埏 팔연】팔방(八方)의 끝.

【八熱地獄 팔열지옥】(佛)여덟 가지의 극열(極熱) 지옥. 곧, 등활(等活)·흑승(黑繩)·중합(衆合)·규환(叫喚)·대규환(大叫喚)·초열(焦熱)·대초열(大焦熱)·무간(無間).

【八裔 팔예】팔방(八方)의 끝.

【八王日 팔왕일】(佛)인간을 맡아 다스리는 모든 왕신(王神)이 교대한다고 하는 날. 곧, 입춘(立春)·춘분(春分)·입하(立夏)·하지(夏至)·입추(立秋)·추분(秋分)·입동(立冬)·동지(冬至). 八節(팔절).

【八元八愷 팔원팔개】여덟 사람의 선량한 사람과 여덟 사람의 화합(和合)한 사람. '八元'은 고신씨(高辛氏)의 재자(才子)인 백분(伯奮)·중감(仲堪)·숙헌(叔獻)·계중(季仲)·백호(伯虎)·중웅(仲熊)·숙표(叔豹)·계리(季貍)이며, '八愷'는 고양씨(高陽氏)의 재자(才子)인 창서(蒼舒)·퇴개(隤鼓)·도연(檮戩)·대림(大臨)·방강(尨降)·정견(庭堅)·중용(仲容)·숙달(叔達)을 이름.

【八喩 팔유】(佛)여덟 가지 비유. 곧, 순유(順喩)·역유(逆喩)·현유(現喩)·비유(非喩)·선유(先喩)·후유(後喩)·선후유(先後喩)·편유(徧喩).

【八音 팔음】①여덟 가지의 악기. 곧, 금(金)·종(鐘)·석(石)·경(磬)·사(絲)·현(絃)·죽(竹)·관(管)·포(匏)·생(笙)·토(土)·훈(壎)·혁(革)·고(鼓)·목(木)·축(柷). ②음악(音樂). ③(佛)여덟 가지의 음. 극호음(極好音)·유연음(柔軟音)·화적음(和適音)·혜존음(慧尊音)·불녀음(不女音)·불오음(不誤音)·심원음(深遠音)·불갈음(不竭音).

【八音遏密 팔음알밀】임금이 승하한. 故事 요(堯)임금이 죽자 백성들이 모두 슬퍼하여 음악을 연주하거나 노래를 부르지 않았다는 고사에서 온 말.

【八議 팔의】형벌을 덜어 주던 여덟 가지 조건. 곧, 의친(議親)·의고(議故)·의현(議賢)·의능(議能)·의공(議功)·의귀(議貴)·의근(議勤)·의빈(議賓). 八辟(팔벽).

【八佾 팔일】천자의 무악(舞樂). 여덟 사람씩 여덟 열을 지어 아악에 맞추어 추던 춤.

【八字 팔자】사람이 출생한 연월일시(年月日時)의 간지(干支) 여덟 글자. 사람의 한평생의 운수(運數)를 이름.

【八字打開 팔자타개】'八' 자 모양으로 엶. 명료(明瞭)하게 해명(解明)함.

【八材 팔재】그릇을 만드는 여덟 가지 재료. 곧, 주(珠)·상(象)·옥(玉)·석(石)·목(木)·금(金)·초(草)·우(羽).

【八災 팔재】(佛)선정(禪定)을 방해하는 여덟 가지의 환(患). 곧, 희(喜)·우(憂)·고(苦)·낙(樂)·심(尋)·사(伺)·출식(出息)·입식(入息).

【八節 팔절】☞八王日(팔왕일).
【八正 팔정】①(佛)☞八聖道(팔성도). ②팔절(八節)의 기운이 팔방(八方)에 응(應)하는 일.
【八政 팔정】①나라를 다스리는 데 필요한 여덟 가지 일. 곧, 식(食)·화(貨)·사(祀;제사)·사공(司空;농지 개간)·사도(司徒;교육)·사구(司寇;치안)·빈(賓;외교)·사(師;국방). ②사치를 막는 여덟 가지 일. 곧, 음식(飮食)·의복(衣服)·사위(事爲;기예)·이별(異別;용기의 구별)·도(度;척도)·양(量;말·되)·수(數;셈)·제(制;포백의 규격). ③화목하게 지내야 할 여덟 가지 관계. 곧, 부(夫)·부(婦)·부(父)·자(子)·형(兄)·제(弟)·군(君)·신(臣).
【八條之敎 팔조지교】고조선(古朝鮮) 때 시행되었던 여덟 가지의 금법(禁法).
【八耋 팔질】80세. 八秩(팔질).
【八徵 팔징】①인품을 알아볼 수 있는 여덟 가지 징표. 말로 물어서 상세함을, 글로써 궁구(窮究)하여 권변(權變)을, 간첩의 말로써 성실을, 명백히 물어 덕행을, 재물을 써서 염결(廉潔)을, 여색(女色)으로 시험하여 정절(貞節)을, 환난(患難)을 알려서 용감을, 술에 취하게 하여 태도를 알아보는 일. ②현세계에서 나타나는 여덟 가지 일. 곧, 고(故)·위(爲)·득(得)·상(喪)·애(哀)·낙(樂)·생(生)·사(死).
【八叉手 팔차수】여덟 번 팔짱을 낌. 시재(詩才)에 능하거나 시를 짓는 데 재빠름의 비유. 故事 당대(唐代)의 온정균(溫庭筠)이 여덟 번 팔짱을 끼는 동안에 여덟 운(韻)을 만들었다는 고사에서 온 말. 八叉(팔차).
【八體 팔체】①사람 몸의 여덟 부분. 곧, 머리·배·발·다리·귀·눈·손·입. ②여덟 가지의 서체(書體). ㉠대전(大篆)·소전(小篆)·각부(刻符)·충서(蟲書)·모인(摹印)·서증(署書)·수서(殳書)·예서(隷書). ㉡고문(古文)·대전(大篆)·소전(小篆)·예서(隷書)·비백(飛白)·팔분(八分)·행서(行書)·초서(草書). 八體書(팔체서).
【八草 팔초】한방에서 쓰는 여덟 가지 약초. 곧, 창포(菖蒲)·애엽(艾葉)·차전(車前)·하엽(荷葉)·창용(蒼茸)·인동(忍冬)·마편(馬鞭)·번루(蘩蔞).
【八騶 팔추】귀인(貴人)이 출행할 때, 수레 앞에서 통행인을 제지하던 졸개 여덟 사람.
【八則 팔칙】주례(周禮)에서 서울과 지방을 다스리는 여덟 가지 규칙. 곧, 제사(祭祀)·법칙(法則)·폐치(廢置)·녹위(祿位)·부공(賦貢)·예속(禮俗)·형상(刑賞)·전역(田役).
【八八 팔팔】①8에 8을 곱한 수. 곧, 64. ②노인. ③사물이 서로 등지고 있는 형태.
【八表 팔표】팔방(八方)의 끝.
【八學士 팔학사】조선 때 예문관(藝文館)의 봉교(奉敎)·대교(待敎) 각 두 사람과 검열(檢閱) 네 사람을 일컫던 말.
【八寒地獄 팔한지옥】(佛)여덟 가지의 극한(極寒) 지옥. 곧, 알부타(頞浮陀)·이라부타(尼剌浮陀)·알찰타(頞晰吒)·학학파(臛臛婆)·호호파(虎虎婆)·올발라(嗢鉢羅)·발특마(鉢特摩)·마하 발특마(摩訶鉢特摩).

【八垓 팔해】①팔방(八方)의 끝. ②경계.
【八行 ❶팔행 ❷팔항】❶여덟 가지의 선행(善行). 곧, 효(孝)·제(悌)·목(睦)·인(婣)·임(任)·휼(恤)·중(中)·화(和). 중 대신 충(忠)을 넣기도 함. ❷여덟 줄의 서전(書箋). 곧, 편지.
【八刑 팔형】주대(周代)의 여덟 가지의 형벌(刑罰). 곧, 불효(不孝)·불목(不睦)·불인(不婣)·부제(不弟)·불임(不任)·불휼(不恤)·조언(造言)·난민(亂民)에 대한 형벌.
【八荒 팔황】팔방(八方)의 끝.

❶亡―, 望―, 音―, 二―, 丈―, 七顚―起.

八 2 【公】④ 공변될 공 囲 gōng

ノ 八 公 公

초서 [글자 유래] 會意. 八+厶→公. '八'은 나뉘어져 배반한다는 뜻이고, '厶'는 '私(사)'의 고자(古字)이다. 사사로움을 배반하고 평분(平分)한다는 데서 '공변되다'의 뜻을 나타낸다.

[글자 풀이] ①공변되다, 사사롭지 아니하다. 〔列子〕國氏之盜公道也. ②숨김없이 드러내다. 〔漢書〕公穿軍垣以求買利. ③공적(公的), 공적인 것. ㉮공적인, 국가적인, 사회적인. ¶公休日. ㉯국가, 국가적인 것. ¶公私. ㉰정부, 조정, 관청. ¶公職. ㉱사회, 사회의 여러 사람. ¶公衆. ④벼슬, 공무(公務), 벼슬자리. ⑤임금, 천자(天子), 주군(主君), 제후. 〔詩經〕敬爾在公. ⑤높은 벼슬아치. ㉮재상(宰相). ¶三公. ㉯귀인, 지위가 높은 양반. ¶公子. ⑥오등작의 첫째. ¶公爵. ⑦존칭. ㉮장자(長者)·노인(老人)에 대한 존칭. ㉯남자의 성(姓)·시호·아호·관작(官爵) 밑에 붙이는 존칭. ¶李忠武公. ㉰자연물·신(神)·동물 등에 붙이는 존칭. ¶天公. ⑧친족(親族)의 존칭. ㉮할아버지. 〔史記〕封公昆弟. ㉯아버지. 〔列子〕家公執席. ㉰시아버지. 〔漢書〕抱哺其子, 與公倂倨. ㉱시어주버니. ⑨짐승의 수컷. ¶公雞.

【公家 공가】①조정(朝廷). 왕실(王室). 공실(公室). ②(佛)승려가 절을 이르는 말.
【公幹 공간】①관청의 사무. 公務(공무). ②공무를 띠고 있음.
【公車 공거】①전쟁에 쓰는 수레. ②관거(官車). ③한대(漢代)의 관서(官署) 이름.
【公潔 공결】사심(私心)이 없이 맑음.
【公卿 공경】삼공(三公)과 구경(九卿). 곧, 고위고관(高位高官).
【公公 공공】①할아버지. 노인을 부르는 경칭. ②조부(祖父)를 이름. ③☞시아버지.
【公槐 공괴】삼공(三公)의 자리.
【公宮 공궁】①궁전. ②조상의 사당.
【公女 공녀】제후(諸侯)의 딸.
【公德 공덕】①공중을 위하는 도덕적인 의리. 공명정대(公明正大)한 덕. ②공적과 덕행. ○'公'은 '功'으로 '공로'를 뜻함. ③사회 공중에 대한 덕.

【公道 공도】 ①공중이 통행하는 도로. ②공평한 길. 바른 도리.
【公厲 공려】 오사(五祀)의 하나. 후사(後嗣)가 없는 제후(諸侯)의 영혼(靈魂).
【公廉 공렴】 공정하고 청렴함.
【公理 공리】 널리 일반에 통하는 도리.
【公明 공명】 사사로움이 없이 공정하고 명백함.
【公門 공문】 ①임금이 출입하는 문. 君門(군문). ②관청과 그 보조 기관의 총칭.
【公拍 공박】 경매(競賣)의 딴 이름. 조선 후기 용어로, 값을 25전씩 올려 불렀음.
【公輔 공보】 삼공(三公)과 사보(四輔). 모두 임금을 보필하는 대관(大官).
【公服 공복】 옛날 대소 관원(大小官員)의 제복(制服). 조정(朝廷)에 나아가는 데 입는 예복.
【公俸 공봉】 관에서 받는 녹봉.
【公府 공부】 ①임금이 정사를 보던 곳. ②삼공(三公)의 관부(官府). 곧, 삼공의 지위.
【公憤 공분】 ①정의를 위한 분개. ②대중이 다 같이 느끼는 분노.
【公憑 공빙】 관에서 나오는 어음.
【公私 공사】 ①공공의 일과 사사로운 일. ②정부와 민간. ③사회와 개인.
【公社 공사】 나라에서 국민을 위하여 세운 대사(大社). 곧, 사직신(社稷神)에게 풍년을 기원하는 신전(神殿).
【公私賤 공사천】 공천(公賤)과 사천(私賤). 곧, 관청의 종과 사삿집의 종.
【公上 공상】 임금. 또는 관가(官家).
【公相 공상】 재상(宰相)이면서 태사(太師)를 겸임(兼任)한 사람을 이르는 말.
【公生涯 공생애】 한 생애 중, 공공의 일에 관계하여 활동한 동안.
【公序良俗 공서양속】 공공의 질서와 좋은 풍속.
【公膳 공선】 경대부(卿大夫)가 관아(官衙)에서 집무할 때 임금이 내리는 음식.
【公素 공소】 공정(公正)하고 꾸밈이 없음.
【公孫 공손】 왕후(王侯)의 손자.
【公需 공수】 관아에서 쓰는 공적인 비용.
【公旬 공순】 백성에게 공평하게 부과하는 노역(勞役)이나 부역(夫役). ◯'旬'은 '均'으로 '공평함, 또는 노역하는 일수(日數)'를 뜻함.
【公愼 공신】 사심(私心)이 없고 언행을 삼감.
【公實 공실】 공평하고 진실함.
【公心 공심】 공변된 마음. 공명(公明)한 마음.
【公衙 공아】 관청. 官署(관서).
【公養 공양】 임금이 현자(賢者)를 대우(待遇)하던 예(禮).
【公養之仕 공양지사】 임금의 우대(優待)에 감동하여 출사(出仕)하는 일.
【公羊學 공양학】 춘추공양전(春秋公羊傳)을 중시하여 연구하는 학문. 전한(前漢)의 동중서(董仲舒)가 시작하여 후한(後漢)의 하휴(何休)가 발전시켰고, 청말(淸末)에 강유위(康有爲) 등에 의해서 다시 주창됨.
【公邑 공읍】 임금의 직할지(直轄地).
【公意 공의】 임금의 마음. 공공(共公)의 뜻.

【公義 공의】 공평한 의리. 공정한 의리.
【公議 공의】 ①공평한 논의. ②여론(輿論). 공론(公論).
【公子 공자】 귀한 집안의 나이 어린 자제(子弟). 貴公子(귀공자).
【公子家 공자가】 도박꾼들이 묵는 곳.
【公子王孫 공자왕손】 귀족의 자제.
【公爵 공작】 오등작(五等爵)의 첫째 작위.
【公才公望 공재공망】 정승(政丞)이 될 만한 재능(才能)과 명망(名望).
【公儲 공저】 조정에서 비축(備蓄)하는 곡식.
【公敵 공적】 국가 또는 사회의 적.
【公田 공전】 ①정전법(井田法)에서 9등분한 논밭 중 한복판에 있는, 공유(公有)의 논밭. 그 둘레의 사전(私田)을 부치는 여덟 집에서 경작하여 그 수확을 조세로 바쳤음. ②소유권과 수조권(收租權)을 모두 국가에서 가지고 있는 논밭.
【公典 공전】 공평한 법률.
【公戰 공전】 나라를 위한 전쟁.
【公正 공정】 공평하고 올바름.
【公定 공정】 ①일반 사람의 공론(公論)에 의하여 정함. ②관청에서 정함.
【公庭 공정】 ①종묘(宗廟)의 마당. ②관가의 당(堂). 朝廷(조정). ③법정(法廷).
【公正無私 공정무사】 공정하고 사사로운 마음이 없음.
【公除 공제】 ①왕이나 왕비가 죽은 뒤 장사가 끝나고 천하가 상복을 벗던 일. ②國왕이나 왕비가 죽은 뒤, 26일 동안 공적인 일을 멈추고 조의를 표하던 일.
【公租 공조】 정부에 바치는 조세(租稅).
【公調 공조】 공물(貢物).
【公族 공족】 왕공(王公)의 동족. 王族(왕족).
【公座 공좌】 ①많은 사람이 모이는 곳. 公席(공석). ②관리가 공무를 보는 자리.
【公衆 공중】 사회의 여러 사람. 일반 사람들.
【公之糯 공지유】 ①공공(公共)에서 아름답게 여기는 것. ②공공에서 기르는 숫양.
【公直 공직】 공평하고 정직함.
【公職 공직】 관청이나 단체의 직무.
【公倉 공창】 정부(政府)의 쌀 곳간.
【公賤 공천】 관청에 딸린 종.
【公薦 공천】 ①다수가 합의하여 추천함. ②공정한 추천. ③선거에 출마할 후보자를 공인된 정당에서 추천함.
【公牒 공첩】 ①관청이나 공공 단체에서 내는 공적인 편지. ②공사(公事)에 관한 서류.
【公聽並觀 공청병관】 공평한 마음으로 듣고, 쌍방을 아울러 봄. 곧, 공평한 태도.
【公忠 공충】 공정하고 충실함.
【公帑 공탕】 정부의 금고. 國庫(국고).
【公台 공태】 삼공(三公).
【公婆 공파】 시부모(媤父母).
【公評 공평】 공정한 비평.
【公函 공함】 공무에 관하여 주고받는 글월. 公札(공찰).
【公廨 공해】 관청. 公廳(공청). 公署(공서).

【公行 공행】①공무로 하는 여행. ②일반 공중이 널리 행함. ③거리낌 없이 공공연하게 횡행(橫行)함. ④벼슬 이름. 호종(扈從)하는 병거(兵車)의 행렬을 주도하였음.
【公侯 공후】①제후(諸侯). ②공작(公爵)과 후작(侯爵).
【公侯伯子男 공후백자남】고대 제후(諸侯)의 계급인 오등작(五等爵)의 이름. 하(夏)·주(周) 때는 공(公)·후(侯)·백(伯)·자(子)·남(男)의 5등작으로 나눴으며, 은(殷)·춘추(春秋) 때는 공·후·백의 3등작으로 나눴고, 한대(漢代) 이후에는 공의 위에 왕작(王爵)을 두고 백·자·남을 폐하여, 왕(王)·공(公)·후(侯)의 3등작으로 나누었음.

【六】④ 여섯 륙 圉 liù

丶 一 亠 六 六

[小篆] [草書] [六] 字源 會意. 亠+八→六.
'亠'은 '入'으로, 짝수의 기본수에서 가장 큰 '八(팔)'에서 한 걸음 들어간 수인 '여섯'을 나타낸다.

字解 ①여섯. ¶六經. ②여섯 번. 〔晉書〕六進否 劣. ③죽이다. ≒戮.

【六家 육가】음양(陰陽)·유(儒)·묵(墨)·명(名)·법(法)·도(道)의 여섯 학파.
【六甲 육갑】①ᄀ六十甲子(육십갑자). ②별 이름. ③오행(五行)의 방술(方術). ④악마를 물리치는 부적(符籍). ⑤쌍륙(雙六)과 비슷한 도박의 한 가지.
【六庚 육경】재해를 주관하는 신수(神獸) 이름.
【六經 육경】여섯 가지 경서(經書). 역경(易經)·시경(詩經)·서경(書經)·춘추(春秋)·예기(禮記)·악기(樂記). 악기 대신 주례(周禮)를 넣기도 함.
【六境 육경】(佛)육진(六塵)의 경계. 곧, 색(色)·성(聲)·향(香)·미(味)·촉(觸)·법(法).
【六經注我 육경주아】내 마음은 천지 만물을 함께 갖추고 있으므로, 육경(六經)은 내 마음의 주석(注釋)이기도 하며, 또 내 마음은 육경의 주석이기도 함.
【六界 육계】(佛)①만물을 생성하는 여섯 가지 요소. 곧, 지(地)·수(水)·화(火)·풍(風)·공(空)·식(識). 六大(육대). ②중생이 업보에 따라 윤회하는 여섯 가지 세계. 곧, 지옥(地獄)·아귀(餓鬼)·축생(畜生)의 삼악도(三惡道)와 수라(修羅)·인간(人間)·천상(天上)의 삼선도(三善道). 六道(육도).
【六穀 육곡】벼·기장·피·보리·조·콩 등의 여섯 가지 곡식.
【六工 육공】여섯 가지의 공인(工人). 곧, 토공(土工)·금공(金工)·석공(石工)·목공(木工)·수공(獸工)·초공(草工).
【六功 육공】여섯 가지 공. 곧, 왕공(王功)·국공(國功)·민공(民功)·사공(事功)·치공(治功)·전공(戰功).
【六科 육과】①당대(唐代) 관리 등용 시험의 여섯 가지 과목인 수재(秀才)·명경(明經)·진사(進士)·명법(明法)·명서(明書)·명산(明算). ②명대(明代)의 육부(六部)인 이(吏)·호(戶)·예(禮)·병(兵)·형(刑)·공(工).
【六館 육관】당대(唐代) 국자감(國子監)에 설치한 여섯 개의 학관(學館). 곧, 국자학관(國子學館)·태학관(太學館)·사문학관(四門學館)·율학관(律學館)·서학관(書學館)·산학관(算學館).
【六國 육국】전국 시대에 진(秦)을 제외한 여섯 나라. 곧, 제(齊)·초(楚)·연(燕)·한(漢)·위(魏)·조(趙).
【六軍 육군】①주대(周代)에 천자(天子)가 통솔하던 여섯 개의 군(軍). 1군에 1만 2500명씩 총 7만 5000명으로 이루어짐. ②진대(晉代)의 영군(領軍)·호군(護軍)·좌우 이위(左右二衛)·효기(驍騎)·유격(遊擊). ③당대(唐代)의 좌우 용무(左右龍武)·좌우 신무(左右神武)·좌우 신책(左右神策). ④당대 북아(北衙)의 육군. 좌우 우림(左右羽林)·좌우 용무(左右龍武)·좌우 신무(左右神武).
【六宮 육궁】황후의 여섯 궁전. 정침(正寢) 하나와 연침(燕寢) 다섯.
【六極 육극】①천지 사방. 六合(육합). ②여섯 가지 크게 불길한 일. 곧, 흉단절(凶短折)·질(疾)·우(憂)·빈(貧)·악(惡)·약(弱).
【六根 육근】(佛)사람을 미혹(迷惑)하는 여섯 가지 근원. 곧, 안(眼)·이(耳)·비(鼻)·설(舌)·신(身)·의(意).
【六根淸淨 육근청정】(佛)진리를 깨달아 육근(六根)의 탐욕이 깨끗이 없애는 일.
【六紀 육기】사람의 도리를 바르게 갖추고, 상하의 질서를 세우는 여섯 가지 도리. 곧, 제부(諸父)·형제(兄弟)·족인(族人)·제구(諸舅)·사장(師長)·붕우(朋友)에 대한 도리.
【六氣 육기】①천지간의 여섯 가지 기운. 곧, 음(陰)·양(陽)·풍(風)·우(雨)·회(晦)·명(明). ②사람 몸의 여섯 가지 기운. 곧, 호(好)·오(惡)·희(喜)·노(怒)·애(哀)·낙(樂). ③음양(陰陽)의 여섯 가지 기운. 곧, 한(寒)·서(暑)·조(燥)·습(濕)·풍(風)·화(火).
【六德 육덕】①사람이 지켜야 할 여섯 가지 덕. ㉠지(知)·인(仁)·성(聖)·의(義)·충(忠)·화(和). ㉡예(禮)·인(仁)·신(信)·의(義)·용(勇)·지(智). ②음악의 여섯 가지 덕. 곧, 도(靴)·고(鼓)·공(控)·갈(楬)·훈(壎)·지(篪).
【六度 육도】①천(天)·지(地)·춘(春)·하(夏)·추(秋)·동(冬)의 여섯 가지 제도. 곧, 승(繩)·준(準)·규(規)·형(衡)·구(矩)·권(權). ②(佛)ᄀ六波羅蜜(육바라밀).
【六同 육동】12율(律) 가운데 음(陰)에 속하는 여섯 가지 음(音).
【六臘殿最 육랍전최】유월과 섣달에 각 관아의 우두머리가 그 부하의 근무 성적을 조사하여 임금에게 아뢰던 일.
【六呂 육려】12율(律) 가운데 음(陰)에 속하는 여섯 가지 소리. 곧, 대려(大呂)·협종(夾鐘)·중려(仲呂)·임종(林鐘)·남려(南呂)·응종(應鐘).

【六禮 육례】①여섯 가지 중요한 예(禮). 관례·혼례·상례·제례·향례(鄕禮)·상견례(相見禮). ②혼인의 여섯 가지 예. 납채(納采)·문명(問名)·납길(納吉)·납징(納徵)·청기(請期)·친영(親迎)
【六龍 육룡】여섯 마리의 용. 임금의 수레를 끄는 여섯 마리의 말. 임금의 수레. 六飛(육비). ③조선 태조(太祖)의 고조(高祖)인 목조(穆祖)에서 익조(翼祖)·도조(度祖)·환조(桓祖)·태조·태종(太宗)까지의 6대.
【六律 육률】12율(律) 가운데 양(陽)에 속하는 여섯 가지 소리. 곧, 황종(黃鐘)·태주(太簇)·고선(姑洗)·유빈(蕤賓)·이칙(夷則)·무역(無射).
【六幕 육막】천지와 사방. ○'幕'은 '덮는다'는 뜻. 六合(육합). 六漢(육막).
【六夢 육몽】여섯 가지의 꿈. 정몽(正夢;안락한 꿈)·악몽(噩夢;놀라는 꿈)·사몽(思夢;생각하던 바를 꾸는 꿈)·오몽(寤夢;현실의 꿈)·희몽(喜夢;기뻐하는 꿈)·구몽(懼夢;두려워하는 꿈).
【六物 육물】①(佛)승려가 평소에 지니고 다니는 여섯 가지의 중요한 물건. 곧, 복의(複衣)·상의(上衣)·내의(內衣)·녹수낭(漉水囊)·좌구(坐具)·바리때. ②세(歲)·시(時)·일(日)·월(月)·성(星)·신(辰). ③⇒六幣(육폐).
【六波羅蜜 육바라밀】(佛)선보(善報)로 열반(涅槃)에 이르기 위한 보살의 여섯 가지 수행. 곧, 보시(布施)·지계(持戒)·인욕(忍辱)·정진(精進)·선정(禪定)·지혜(智慧).
【六凡 육범】⇒六界(육계)².
【六法 육법】①기준(規準)으로 삼은 여섯 가지. 곧, 규(規)·구(矩)·권(權)·형(衡)·준(準)·승(繩). ②여섯 가지의 기본 법률. 헌법·형법·민법·상법·형사 소송법·민사 소송법.
【六柄 육병】여섯 가지의 권력. 곧, 백성의 생(生)·살(殺)·빈(貧)·부(富)·귀(貴)·천(賤)을 자유로이 하는 권력.
【六腑 육부】대장·소장·위·담·방광·삼초(三焦)의 총칭.
【六飛 육비】임금의 수레를 끄는 여섯 필의 말. ○'飛'는 '빠르다'는 뜻. 六騑(육비).
【六事 육사】①나라를 망하게 하는 여섯 가지 일. 곧, 정치가 고르지 못함, 백성이 직업을 잃음, 궁전이 화려함, 궁녀(宮女)가 권세를 마음대로 함, 뇌물이 성행함, 모함하는 사람이 늘어남. ②역사를 읽는 데의 여섯 가지 조항. 곧, 경계(徵戒)·택선(擇善)·곤범(閫範)·논사(論事)·처사(處事)·치체(治體). ③수령이 힘써야 할 여섯 가지 일. 곧, 논밭을 개간함, 호구(戶口)가 늚, 부역(賦役)이 고름, 도적이 없어짐, 군민(軍民)이 화합함, 송사(訟事)가 줄어듦. ④여섯 가지 덕. 곧, 자(慈)·검(儉)·근(勤)·신(愼)·성(誠)·명(明).
【六邪臣 육사신】여섯 가지의 사악한 신하. 곧, 구신(具臣)·유신(諛臣)·간신(姦臣)·참신(讒臣)·적신(賊臣)·망국신(亡國臣).
【六牲 육생】희생으로 쓰는 여섯 가지 동물. 곧, 말·소·양·돼지·개·닭.
【六書 육서】①한자(漢字)의 구성과 활용에 대한 여섯 가지 방법. 곧, 지사(指事)·상형(象形)·회의(會意)·형성(形聲)·전주(轉注)·가차(假借). ②한대(漢代)의 여섯 가지 서체(書體). ㉠대전(大篆)·소전(小篆)·예서(隷書)·팔분(八分)·초서(草書)·행서(行書). ㉡고문(古文)·기자(奇字)·전서(篆書)·예서(隷書)·무전(繆篆)·충서(蟲書). 六體(육체).
【六瑞 육서】왕(王)이나 제후(諸侯)가 가지던 여섯 가지의 서옥(瑞玉). 왕의 진규(鎭圭)·공(公)의 환규(桓圭)·후(侯)의 신규(信圭)·백(伯)의 궁규(躬圭)·자(子)의 곡벽(穀璧)·남(男)의 포벽(蒲璧).
【六順 육순】사람이 좇아야 할 여섯 가지 바른 도리. 군(君)은 의(義), 신(臣)은 행(行), 부(父)는 자(慈), 자(子)는 효(孝), 형(兄)은 애(愛), 제(弟)는 경(敬).
【六識 육식】(佛)육근(六根)에 의하여 대상을 지각하는 여섯 가지 작용. 곧, 안(眼)·이(耳)·비(鼻)·설(舌)·신(身)·의(意)가 분별하는 색(色)·성(聲)·향(香)·미(味)·촉(觸)·법(法).
【六十甲子 육십갑자】갑(甲)·을(乙)·병(丙)·정(丁)·무(戊)·기(己)·경(庚)·신(辛)·임(壬)·계(癸)의 천간(天干)에, 자(子)·축(丑)·인(寅)·묘(卯)·진(辰)·사(巳)·오(午)·미(未)·신(申)·유(酉)·술(戌)·해(亥)의 지지(地支)를 차례로 맞추어, 예순 가지로 늘어놓은 것. 六甲(육갑).
【六十四卦 육십사괘】주역(周易)에서, 복희(伏羲)가 지은 8괘(八卦)를 두 괘씩 겹쳐 얻은 64 개의 괘.
【六樂 육악】황제(黃帝) 이하 육대(六代)의 무악(舞樂). 황제의 운문(雲門)·요(堯)임금의 함지(咸池)·순(舜)임금의 대소(大韶)·우(禹)임금의 대하(大夏)·탕임금(湯)의 대호(大濩)·주(周) 무왕(武王)의 대무(大武).
【六如 육여】(佛)인간 세상의 모든 것이 무상함을 비유하는 여섯 가지. 곧, 몽(夢)·환(幻)·포(泡)·영(影)·전(電)·노(露). 六喩(육유).
【六逆 육역】도덕에 어긋나는 여섯 가지 행동. 곧, 천방귀(賤妨貴;천한 사람이 귀한 사람을 방해함)·소릉장(少凌長;젊은 사람이 늙은이를 능멸함)·원간친(遠間親;소원한 사람이 친밀한 사람을 이간함)·신간구(新間舊;새로 온 사람이 오래된 사람을 갈라놓음)·소가대(小加大;작은 나라가 큰 나라를 침범함)·음파의(淫破義;음란한 짓을 하여 의를 깨뜨림).
【六藝 육예】선비가 배워야 할 여섯 가지 기예. ㉠예(禮)·악(樂)·사(射)·어(御)·서(書)·수(數). ㉡역(易)·서(書)·시(詩)·춘추(春秋)·예(禮)·악(樂). 六經(육경).
【六欲 육욕】①삶·죽음·귀·눈·입·코의 지에서 생기는 욕망. ②(佛)범부(凡夫)가 가지는 여섯 가지 욕망. 곧, 색욕(色欲)·형모욕(形貌欲)·위의욕(威儀欲)·언어욕(言語欲)·세활욕(細滑欲)·인상욕(人相欲).
【六雄 육웅】①전국 시대의 여섯 대국. 곧, 한(韓)·조(趙)·위(魏)·연(燕)·제(齊)·초(楚). ②당대(唐代)의 여섯 요충지. 곧, 정주(鄭州)·섬주

(陝州)·변주(汴州)·강주(絳州)·회주(懷州)·위주(魏州).

【六月飛霜 육월비상→유월비상】 음력 유월에 서리가 내림. 억울한 옥사(獄事)의 비유.

【六位 육위】 ①주역(周易)에서 육효(六爻)의 위치. 곧, 초(初)·이(二)·삼(三)·사(四)·오(五)·상(上). 천도(天道)인 음양(陰陽)·지도(地道)인 강유(剛柔)·인도(人道)인 인의(仁義)를 상징함. ②인륜의 여섯 자리. 곧, 군(君)·신(臣)·자(子)·부(夫)·부(婦).

【六幽 육유】 천지와 사방. 六合(육합).

【六義 육의】 한시(漢詩)의 여섯 가지 체. 곧, 풍(風)·아(雅)·송(頌)·부(賦)·비(比)·흥(興).

【六儀 육의】 여섯 가지 일에서의 예의. 곧, 제사(祭祀)·빈객(賓客)·조정(朝廷)·상기(喪紀)·군려(軍旅)·거마(車馬)에서의 예의.

【六矣廛 육의전】 조선 때 서울 종로에 있던 여섯 점포. 선전(縇廛)·면포전(綿布廛)·면주전(綿紬廛)·지전(紙廛)·저포전(苧布廛)·내외어물전(內外魚物廛).

【六耳不同謀 육이부동모】 세 사람으로는 비밀을 지켜 계략을 수행하기 어려움. ✍ '六耳'는 여섯 개의 귀로 '세 사람'을 뜻함.

【六入 육입】 (佛) 육근(六根)과 육경(六境). 이 둘의 관계는 안입색(眼入色)·이입성(耳入聲)·비입향(鼻入香)·설입미(舌入味)·신입촉(身入觸)·의입법(意入法)이 됨.

【六字名號 육자명호】 (佛) 부처의 명호인 나무아미타불(南無阿彌陀佛)의 여섯 자.

【六賊 육적】 (佛) 시혜를 해치고 공덕을 상하게 하는 안(眼)·이(耳)·비(鼻)·설(舌)·신(身)·의(意)의 육근(六根). ②임금의 덕(德)·화(化)·권(權)·위(威)와 공신(功臣)의 노(勞) 및 서인(庶人)의 업(業)을 상하게 하는 여섯 가지 적신(賊臣).

【六正 육정】 신하(臣下)가 지켜야 할 여섯 가지 바른 길. 곧, 성(聖)·양(良)·충(忠)·지(智)·정(貞)·직(直).

【六情 육정】 ①사람의 여섯 가지 성정(性情). 곧, 희(喜)·노(怒)·애(哀)·낙(樂)·애(愛)·오(惡). ②시(詩)의 육의(六義). 곧, 풍(風)·아(雅)·송(頌)·부(賦)·흥(興). ③(佛) 六根(육근).

【六祖 육조】 (佛) ①선종(禪宗)에서 종파가 생기기 전 여섯 조사(祖師). 곧, 달마(達磨)·혜가(慧可)·승찬(僧璨)·도신(道信)·홍인(弘忍)·혜능(慧能). ②선종의 육대조. 곧, 혜능.

【六朝 육조】 ①후한(後漢)이 멸망한 뒤 수(隋)나라가 통일할 때까지 건강(建康)에 도읍하였던 여섯 나라. 곧, 오(吳)·동진(東晉)·송(宋)·제(齊)·양(梁)·진(陳). ②위(魏)·진(晉)에서 남북조(南北朝)를 거쳐 수에 이르는 기간의 통칭.

【六宗 육종】 높여 제사 지내야 할 여섯 가지 대상. 천지·사방, 천지 사철, 삼소(三昭)·삼목(三穆) 따위.

【六種力 육종력】 (佛) 어린아이는 울음으로, 여자는 성냄으로, 임금은 교만으로, 나한(羅漢)은 정진(精進)으로, 부처는 자비(慈悲)로, 비구(比丘)는 참음으로 각각 힘을 삼음.

【六職 육직】 사람의 여섯 가지 천직(天職). 곧, 왕공·사대부·백공(百工)·상려(商旅)·농부(農夫)·부공(婦功).

【六采 육채】 여섯 가지 빛깔. 곧, 청(靑)·백(白)·적(赤)·흑(黑)·현(玄)·황(黃).

【六處 육처】 천지와 사방. 六合(육합).

【六戚 육척】 ①부·모·형·제·처·자의 총칭. 六親(육친). ②모든 혈족(血族).

【六尺之孤 육척지고】 ①15세 정도의 고아(孤兒). ②어려서 부왕(父王)의 상중(喪中)에 있는 임금의 자칭(自稱).

【六天 육천】 ①여섯 천제(天帝). 하늘에 있는 상제(上帝)의 작용을 표시한 것으로, 오행(五行)인 목(木)·화(火)·토(土)·금(金)·수(水)를 계절과 방위에 배당하여 춘(春)과 동(東)은 목제(木帝), 하(夏)와 남(南)은 화제(火帝), 토(土)와 중앙(中央)은 토제(土帝), 추(秋)와 서(西)는 금제(金帝), 동(冬)과 북(北)은 수제(水帝)가 각각 관장하는 것이라 하고, 여 상제(上帝)를 더하여 육제(六帝)라 이름. ②사람이 사후(死後)에 이른다는 여섯 하늘.

【六出 육출】 ①여섯 번 나옴. ②천자나 제후가 아내를 내치는 여섯 가지 조건. 칠거지악(七去之惡) 중 자식을 낳지 못하는 경우가 빠짐. ③여섯 꽃잎을 가진 꽃. ④눈[雪]의 딴 이름. ✍ 눈의 모양이 육판(六瓣)인 데서 온 말.

【六趣 육취】 (佛) 중생이 각자 지은 업인(業因)에 따라 죽어서 가게 되는 곳. 곧, 지옥취(地獄趣)·아귀취(餓鬼趣)·축생취(畜生趣)·수라취(修羅趣)·인간취(人間趣)·천상취(天上趣).

【六幣 육폐】 여섯 가지의 폐물(幣物). 규(圭)와 말(馬), 장(璋)과 피(皮), 벽(璧)과 백(帛)·종(琮)과 금(錦), 호(琥)와 수(繡), 황(璜)과 보(黼)의 여섯 가지. 六物(육물).

【六學 육학】 ①육경(六經). 곧, 역(易)·서(書)·시(詩)·춘추(春秋)·예(禮)·악(樂). ②당대(唐代)의 여섯 학교. 곧, 국자학(國子學)·태학(太學)·사문학(四門學)·율학(律學)·서학(書學)·산학(算學).

【六合 육합】 ①천지와 사방. 天下(천하). ②길성(吉星)의 이름. ③맹춘(孟春)과 맹추(孟秋), 중춘(仲春)과 중추(仲秋), 계춘(季春)과 계추(季秋), 맹하(孟夏)와 맹동(孟冬), 중하(仲夏)와 중동(仲冬), 계하(季夏)와 계동(季冬)을 서로 짝지어 부르는 말.

【六合同風 육합동풍】 천하가 통일되어 풍속과 교화(敎化)가 같아짐.

【六骸 육해】 사람의 머리·몸과 두 손, 두 다리.

【六行 ❶육행 ❷육항】 ❶여섯 가지의 선행(善行). ㉠효(孝)·우(友)·목(睦)·인(婣)·임(任)·휼(恤). ㉡인(仁)·의(義)·예(禮)·지(智)·신(信)·낙(樂). ❷①여섯 줄. 육렬(六列). ②육렬의 춤.

【六鄕 육향】 주대(周代)에 대사도(大司徒)가 관장하던 행정 구획. 5가(家)가 1비(比), 5비(比)가 1려(閭), 4려(閭)가 1족(族), 5족(族)이 1당(黨), 5당(黨)이 1주(州), 5주(州)가 1향(鄕)임.

【六虛 육허】 천지와 사방. 宇宙(우주).
【六花 육화】 눈〔雪〕의 딴 이름. 六出(육출).
【六爻 육효】 주역(周易) 64괘 각 괘의 여섯 획.

八 2 【兯】 ④ 別(189)의 고자

八 2 【兮】 ④ 어조사 혜 齊 xī

ノ 八 公 兮

[소전] 兮 [초서] 兮 [字源] 會意. 八+丂→兮. '八'은 나뉘어 분산됨을, '丂'는 기운이 퍼져 오르려다가 어떤 장애를 받음을 나타낸다. 피어오르던 기운이 장애를 받아 분산되어 피어오른다는 데서, 잠시 말을 멈추었다가 다시 어세를 높이는 어조사로 쓰인다.
[字解] 어조사. 운문의 구(句) 끝이나 중간에 놓여, 잠시 말을 멈추었다가 다시 높이는 데 쓰인다. 〔詩經〕坎坎伐檀兮.

八 4 【共】 ⑥ ❶함께 공 困 gòng
②공손할 공 图 gōng
③향할 공 匯 gǒng

一 十 卄 丑 共 共

[소전] 共 [고문] 共 [초서] 共 [字源] 會意. 卄+入→共. '卄(입)'은 '스물'을 뜻하고, '入'은 사람이 손을 뻗어 올리는 모양을 나타낸다. 스무 사람〔卄〕이 모두 손을 쳐들어 올린다는〔入〕데서 '함께'의 뜻을 나타낸다.
[字解] ❶①함께, 같이, 하나로 합하여. ¶ 共怒. ②함께 하다, 여럿이 하다.〔論語〕與朋友共. ③같게 하다, 한가지로 하다.〔莊子〕共其德也. ❷①공손하다, 정중하다. 𠃬恭.〔春秋左氏傳〕公卑杞, 杞不共也. ②바치다, 올리다. 𠃬供.〔周禮〕共其羊牲. ③나라 이름. 지금의 감숙성(甘肅省) 경천현(涇川縣)의 북쪽에 있던 은대(殷代)의 제후국. ④땅 이름. 지금의 하남성(河南省) 휘현(輝縣)도 이에 해당. ❸①향하다, 대하다.〔論語〕北辰居其所, 而衆星共之. ②팔짱 끼다. 𠃬拱.〔荀子〕聖人共手, 時幾將矣.

【共恪 공각】 공손하게 삼감.
【共感 공감】 남의 생각·의견·감정 등에 대하여 자기도 그러하다고 느낌.
【共儉 공검】 삼가고 검소(儉約)함.
【共工 공공】 ①요(堯)임금 때 치수(治水)를 담당했던 벼슬. ②순(舜)임금 때 백공(百工)의 일을 맡았던 벼슬. ③천신(天神)의 이름.
【共軌 공궤】 ①수레바퀴의 폭을 같게 함. ②법규를 평등하게 함.
【共勤 공근】 조심하고 노력함.
【共己 공기】 스스로를 공손하게 함.
【共氣 공기】 형제(兄弟). 同氣(동기).
【共怒 공노】 함께 노함.
【共同 공동】 둘 이상의 사람·단체가 함께 일을

하거나, 같은 자격으로 관계를 가짐.
【共樂 공락】 같이 즐김. 즐거움을 같이함.
【共料 공료】 함께 꾀함.
【共方 공방】 방향을 같이함. 같은 방향으로 감.
【共奉 공봉】 갖추어 보냄. ◐ '共'은 '俱'에 '갖추다'를, '奉'은 '送'으로 '보내다'를 뜻함.
【共生 공생】 서로 도우며 삶.
【共棲 공서】 서로 다른 종류의 동물이 한곳에서 같이 삶.
【共手 공수】 팔짱을 끼고 아무것도 하지 않음. 拱手(공수).
【共穗 공수】 한 줄기에 여러 이삭이 난 벼. 길조(吉兆)의 비유.
【共承 공승】 정중하게 이어받음.
【共御 공어】 ①공경하며 그 일을 다스림. ②스스로 삼가며 재난을 막음.
【共億 공억】 물건을 충분히 공급해서 안심하게 함. ◐ '共'은 '供(공)'으로 '공급하다'의 뜻, '億(억)'은 '安(안)'으로 '편안하다'의 뜻.
【共用 공용】 함께 씀. 또는 그런 물건.
【共韻 공운】 한 수의 시(詩)에서 각 구(句)의 운이 모두 동일한 것.
【共爲脣齒 공위순치】 입술과 이의 관계처럼 서로 의지하고 도움.
【共有 공유】 공동으로 소유함.
【共惟 공유】 정중하게 헤아려 봄. 共維(공유).
【共允 공윤】 공손하고 성실함.
【共懿 공의】 공손하고 아름다움.
【共人 공인】 그 지위를 삼가고 현자(賢者)를 기다리는 임금.
【共張 공장】 향응(饗應)의 설비.
【共掌 공장】 함께 관장함. 같이 맡아서 주관함.
【共定 공정】 함께 정함. 같이 정함.
【共濟 공제】 ①서로 힘을 모아 도움. ②공동으로 일을 행함.
【共擠 공제】 여럿이 합동하여 남을 배척함.
【共存 공존】 함께 존재함.
【共座 공좌】 자리를 같이함.
【共主 공주】 온 천하가 종주(宗主)로 받드는 임금. 일통(一統)의 군주(君主).
【共持 공지】 함께 가짐. 같이 가짐.
【共進會 공진회】 國 각종 산물이나 제품을 모아 놓고 일반에게 널리 관람시켜 품평하고 사정(査定)하는 모임.
【共斟 공짐】 같이 술을 마심. 同斟(동짐).
【共治 공치】 같이 다스림.
【共通 공통】 여럿 사이에 두루 통하고 관계됨.
【共波 공파】 차례차례로 밀려오는 물결.
【共稟 공품】 같이 받음. 함께 받음.
【共被 공피】 잠옷을 같이 입음. 형제의 사이가 좋음.
【共行 공행】 삼가 행함. 恭行(공행).
【共饗 공향】 같이 받음. 함께 향수(享受)함.
【共和 공화】 서주(西周) 때 여왕(厲王)이 체(彘) 땅으로 달아난 뒤, 14년간 주공(周公)과 소공(召公)이 협의해서 행한 정치.

❶公一, 滅一, 反一, 防一, 容一, 中一, 親一.

八4 【兴】⑥ 興(1473)의 속자

八5 【兵】⑦ 군사 **병** 庚 bing

亠 ㇀ ㇉ 斤 斤 兵 兵

[소전] [고문] [고문] [초서] [亨源] 會意. 斤＋
六→兵. '斤'은 도끼, 곧 무기이며, '六'은 두 손을 나타냄. 두 손에 무기를 가진 사람, 곧 군사의 뜻이 된다.

字解 ①군사, 병사, 군인.〔春秋左氏傳〕簡上國之兵於宗丘. ②싸움, 전쟁.〔孫子〕兵者詭道也. ③무기, 병기.〔周禮〕掌五兵. ④치다, 무기로 죽이다.〔春秋左氏傳〕士兵之. ⑤재앙, 재앙이 되다〔呂氏春秋〕反以自兵. ⑥막다, 방비하다. ⑦전술(戰術).〔戰國策〕公不論兵必大困.

【兵家常事 병가상사】전쟁에서 이기고 지는 일은 흔한 것임. 실패하였다고 낙심할 일이 아님의 비유.
【兵間 병간】①병사들 사이. ②전쟁하는 사이.
【兵諫 병간】무기로 위협하여 간(諫)함.
【兵甲 병갑】병기(兵器)와 갑주(甲冑).
【兵彊則滅 병강즉멸】군사가 강하면 결국 전쟁을 즐기고, 그러한 결과로 국력이 피폐하여 나라가 망함.
【兵車 병거】전쟁 때 쓰는 수레. 전차.
【兵車蹂躪 병거유축】병거가 모든 것을 짓밟고 지나감. 병거의 피해를 당함.
【兵車之會 병거지회】병거를 거느리고 무력으로 제후를 회합시킴.
〈兵車〉
【兵械 병계】전쟁에 쓰는 기구. 武器(무기).
【兵庫 병고】병기를 두는 창고. 무기고.
【兵戈 병과】①전쟁에 쓰는 창. ②전쟁.
【兵寇 병구】①군대의 침입. ②전란(戰亂).
【兵權 병권】①병마(兵馬)를 통솔하고 지휘하는 권력. ②병서(兵書). ③용병(用兵)에서의 권술(權術).
【兵貴神速 병귀신속】군사를 지휘할 때에는 귀신같이 빠름을 귀히 여김. 군사 행동은 신속해야 함.
【兵戟 병극】무기. 병기(兵器).
【兵忌 병기】병가(兵家)가 전쟁에서 꺼리는 날.
【兵器 병기】전쟁에 쓰는 기구.
【兵機 병기】용병(用兵)의 기미(機微).
【兵端 병단】전쟁을 하게 된 단서. 전쟁의 실마리. 戰端(전단).
【兵道 병도】전쟁의 방법. 兵法(병법).
【兵屯 병둔】군대가 주둔해 있는 곳.

【兵亂 병란】①전쟁으로 말미암은 세상의 어지러움. 戰亂(전란). ②병사의 반란. 나라 안에서 일어난 난리. 兵變(병변).
【兵欄 병란】무기를 걸어 두는 틀.
【兵力 병력】①군대의 숫자. ②군대의 힘.
【兵馬 병마】①무기와 군마(軍馬). ②전쟁에 관한 모든 것.
【兵馬倥傯 병마공총】전쟁으로 매우 일이 많고 고단한 모양.
【兵馬之權 병마지권】군사를 다스리는 권력. 兵權(병권).
【兵舞 병무】무(武)의 무(舞). 산천(山川)의 제사에 쓰임.
【兵無常勢 병무상세】전쟁은 적의 형세에 따라 변화하므로 일정한 형세가 있는 것이 아님.
【兵法 병법】군사를 지휘하여 전쟁하는 방법.
【兵柄 병병】병마(兵馬)를 지휘하는 권력. 兵權(병권).
【兵鋒 병봉】①병기(兵器)의 끝. 창(槍)의 끝. 칼끝. ②군대의 날카로운 기세.
【兵符 병부】①군대를 출동할 때 쓰던 부절(符節). 發兵符(발병부). ②용병(用兵)에 관한 일을 기록한 것.
【兵不厭詐 병불염사】군사(軍事)에서는 적을 속이는 일도 꺼리지 않음.
【兵批 병비】國병조(兵曹)에서 무관(武官)을 골라 뽑던 일.
【兵事 병사】군대·군비·전쟁 등과 같은 군에 관한 일.
【兵尙神速 병상신속】용병(用兵)은 신속함을 중하게 여김.
【兵書 병서】병법에 대하여 쓴 책.
【兵燹 병선】전쟁으로 인하여 일어나는 화재. ○'燹'은 야화(野火).
【兵食 병식】①군량. ②군대와 군량.
【兵厄 병액】전쟁으로 인하여 생기는 재앙.
【兵役 병역】국민의 군사적 의무.
【兵勇 병용】병사(兵士).
【兵威 병위】군대의 위세나 위력. 兵勢(병세).
【兵衛 병위】경계를 위하여 배치하거나 순검(巡檢)하는 병사.
【兵猶火 병유화】전쟁은 불과 같아서 모든 것을 태워 없애 버림.
【兵戎 병융】①병사. ②병기. ③전란(戰亂).
【兵刃 병인】칼·창 따위와 같이 날이 있는 병기.
【兵者凶器 병자흉기】무기는 흉악한 기구임.
【兵仗 병장】전쟁에 쓰는 기구. 兵器(병기).
【兵儲 병저】병력을 확보함.
【兵丁 병정】병역에 복무하는 장정.
【兵祭 병제】군(軍)의 제사.
【兵漕船 병조선】國평시에는 짐을 나르고, 전시(戰時)에는 전투에 쓰던 배.
【兵主 병주】①우두머리가 되는 장수. ②군신(軍神).
【兵誅 병주】군대의 힘으로 주살(誅殺)함.
【兵塵 병진】전쟁터에서 일어나는 티끌. 전쟁의 북새통, 또는 전쟁으로 인한 어지러운 분위기.

【兵站 병참】 군사 작전에 필요한 인원과 물자를 관리·보급·지원하는 일.
【兵革 병혁】 ①무기와 갑주(甲冑). 군대 또는 전쟁의 비유. ②임금의 무위(武衛)와 군기(軍器).
【兵火 병화】 전쟁으로 인하여 일어나는 화재. 전화(戰火). 兵燹(병선).
【兵堠 병후】 적군을 살피기 위하여 쌓은 보루(堡壘).

◐ 甲ー, 強ー, 擧ー, 工ー, 官ー, 軍ー, 起ー, 騎ー, 大ー, 屯ー, 白ー, 步ー, 伏ー, 士ー, 私ー, 散ー, 水ー, 新ー, 勇ー, 衛ー, 義ー, 殘ー, 將ー, 正ー, 精ー, 徵ー, 天ー, 出ー, 親ー, 派ー, 砲ー, 海ー.

八 6 【具】⑧ 갖출 **구** 圄 jù

│ㅏ ㅐ ㅐ ㅑ ㅑ 目 且 具 具

[소전] [주문] [초서] 〔字源〕會意. 目+六→具. '目'은 '貝'의 '八'이 준 꼴로 옛날의 화폐(貨幣)이고, '六'은 두 손을 나타낸다. 두 손으로 화폐를 쥐고 있음을 나타내어 '갖추어 가지고 있다'는 뜻이 된다.

〔字解〕①갖추다, 구비하다, 비치하다. 〔荀子〕具具而王. ②온전하다, 족하다. 〔荀子〕性之具也. ③설비, 준비. 〔淮南子〕各有其具. ④제구, 기물(器物). 〔儀禮〕東北面告灌具. ⑤기량, 재능. 〔李陵·書〕抱將相之具. ⑥함께, 다 같이. 〔詩經〕兄弟具來. ⑦자세히. 〔歸震川·記〕余具知始末. ⑧더하다, 첨가하다. 〔史記〕請具左右司馬. ⑨지니다, 온전히 갖추다. 〔孟子〕具體而微. ⑩갖추어지다, 가지런하게 되다. 〔儀禮〕以食具告. ⑪늘어놓다. 〔宋史〕上命條具風俗之弊. ⑫공물, 제물. 〔禮記〕官備則具備. ⑬먹을 것, 음식물. 〔禮記〕佐長者視具. ⑭國시체의 수효를 세는 단위.

【具慶 구경】①신하들이 함께 임금을 경축함. ②양친이 다 살아 있음.
【具官 구관】①관리의 정원(定員)을 갖춤. ②관리의 원수(員數)에 듦. ③관작(官爵)을 적어야 할 자리에 대신 쓰는 말. 문장의 초고(草稿) 등에 씀.
【具文 구문】①형식만을 갖추었을 뿐 내용이 빈약한 글. ②문장을 다듬음.
【具備 구비】 빠짐없이 다 갖춤.
【具色 구색】 國물건 따위를 골고루 갖춤.
【具敍 구서】 상세하게 진술함.
【具膳 구선】 상을 갖춤. 상을 차림.
【具設 구설】 갖추어서 베풂.
【具壽 구수】 (佛)①세간(世間)의 수명(壽命)과 출세간의 지혜와 수명을 아울러 가지고 있음. ②비구(比丘)의 호칭. 부처가 제자를 부를 때, 또는 장로(長老)와 연소자 사이에 서로 부를 때의 호칭.
【具申 구신】 일의 현황을 윗사람에게 자세히 아룀. 具陳(구진).
【具臣 구신】 아무 구실도 하지 못하고 자리만 차지하고 있는 신하.
【具眼 구안】 사물의 선악(善惡)·가치를 잘 분별하는 안목과 식견이 있음.
【具然 구연】 스스로 만족하는 모양. 자득(自得)하는 모양.
【具獄 구옥】 옥안(獄案) 곧 판결문이 이미 작성되고 선고문까지 갖추어졌음.
【具足 구족】 넉넉하게 갖추짐.
【具足戒 구족계】(佛)비구와 비구니가 갖추어야 할 계율. 곧, 비구의 250계, 비구니의 500계.
【具陳 구진】 ☞具申(구신).
【具瞻 구첨】①뭇사람이 함께 우러러봄. ②재상이나 중신(重臣).
【具體 구체】①전체를 완전히 갖춤. ②형체를 갖춤.
【具草 구초】 초고(草稿)를 씀.
【具稟 구품】①신청함. 출원(出願)함. ②國일의 내용과 까닭을 갖추어 웃어른에게 자세히 말함.
【具銜 구함】 수결(手決)과 직함(職銜)을 갖추어 서명함.
【具現 구현】 어떤 내용이 구체적인 사실로 나타나게 함.

◐ 家ー, 敬ー, 工ー, 器ー, 機ー, 農ー, 道ー, 夜ー, 漁ー, 用ー, 裝ー, 葬ー, 寢ー.

八 6 【其】⑧ ❶그 **기** 囚 qí ❷어조사 **기** 圄 jī

│ㅏ ㅐ ㅐ ㅑ 甘 丼 其 其

[소전] [주문] [초서] 〔字源〕象形. 甘+六→其. '甘'는 키, '六'는 키를 얹는 대를 본뜬 것으로 '키'가 원뜻이다. 뒤에 '그'라는 뜻으로 가차하여 쓰이면서 '키'의 뜻으로는 '箕' 자를 새로 만들어 쓰게 되었다.

〔字解〕❶①그. 사람이나 사물을 지시하는 대명사. 〔孟子〕彼以其富, 我以吾仁. ②의. 소유격 '之(지)'와 같은 뜻. 〔書經〕朕其弟小子封. ③그. 감탄·강조를 나타내는 말. 〔春秋左氏傳〕天其以禮悔禍于許. ④어조사. ㉮말소리를 고르는 어조사. ㉯의문을 돕는 어조사. ㉰期·居. 〔書經〕若之何其. ⑤키. = 箕. ⑥성(姓). ❷어조사, 어조(語調)를 고르는 말. ㉮己·記. 〔詩經〕彼其之子.

【其難其愼 기난기신】 신하가 되어서는 그 구실의 어려움을 깨닫고 일을 삼가서 행하여야 함.
【其麗不億 기려불억】 그 수가 매우 많음. '麗'는 '數(수)'를 뜻함.
【其勢兩難 기세양난】 그 형세가 이렇게 하기도 어렵고 저렇게 하기도 어려움.
【其亦 기역】 그것도 또. 그것 역시.
【其然 기연】 그러함. 여차(如此).
【其應如響 기응여향】 울림이 소리에 응하듯이, 즉시 응함.
【其人 기인】①그 사람. ②고려·조선 때 향리의 자제로 서울에 볼모로 있으면서 그 지방 행정의 고문(顧問)에 응하던 사람.

【其人如玉 기인여옥】①그 인격이 옥과 같이 맑고 아름다움. 유력한 현인(賢人)의 비유. ②여자의 아름다운 얼굴.
【其諸 기저】아마도. 혹은.

八6 【典】⑧ 법 전 diǎn

丶 冂 口 曲 曲 曲 典 典

[소전] 典 [고문] 箕 [고문] 冊 [초전] 典 [동자] 冊

[字源] 會意. 冊+丌→典. '冊'은 '책'이고, '丌'은 '冗'으로 책을 얹는 책상. 고대에 오제(五帝)의 글은 소중한 것이었기에 책상 위에 올려놓고 이를 소중히 다루었던 데서 '책'을 뜻하였고, 다시 오제의 글은 언행의 규범이었기에 '법'이라는 뜻도 생겨나게 되었다.

[字解] ①법, 규정, 법도. 〔周禮〕掌建邦之六典. ②책, 서적. ¶典籍. ③가르침, 도(道). 〔書經〕五典克從. ④예, 의식. 〔宋書〕朝廷儀典. ⑤바르다, 법도에 맞다. ¶典雅. ⑥맡다, 주관하다. ¶典獄. ⑦전당 잡다, 전당 잡히다. 〔杜甫·詩〕朝回日日典春衣.

【典客 전객】진대(秦代)에 제후와 만이(蠻夷)에 관한 일을 맡아보던 벼슬.
【典據 전거】말이나 문장의 근거가 되는 문헌상의 출처.
【典戒 전계】규범이 될 만한 경계(警戒).
【典故 전고】전례(典例)와 고실(故實). 전해오는 예(例). 慣例(관례).
【典誥 전고】①전(典)과 고(誥). 곧, 서경(書經)의 요전(堯典)·순전(舜典)과 탕고(湯誥)·강고(康誥) 등. 모두 전설상의 제왕의 언행을 기록해 놓은 것임. ②고서(古書). ③조명(詔命). 조서(詔書).
【典當 전당】물품을 담보로 돈을 빌리거나 빌려주는 일.
【典麗 전려】바르고 고움. 문장·시부(詩賦) 등이 바르고 아름다움.
【典歷 전력】차례차례 맡아봄.
【典禮 전례】전법(典法)과 예의. 길례(吉禮)에 관한 의식.
【典物 전물】①제도와 문물. ②전당 잡힌 물건.
【典範 전범】규칙. 법. 본보기.
【典墳 전분】①고대 오제(五帝)의 책인 오전(五典)과 삼황(三皇)의 책인 삼분(三墳). 三墳五典(삼분오전). ②고서(古書).
【典司 전사】관장(管掌)함.
【典祀 전사】①國장례원(掌隷院)의 칙임(勅任) 또는 주임(奏任) 벼슬. ②나라에서 정한 제사.
【典常 전상】항상 지켜야 할 도리.
【典屬國 전속국】한대(漢代)에 귀복(歸服)한 이적(夷狄)을 관장하던 벼슬.
【典式 전식】법식(法式).
【典實 전실】옛날에 있었던 사실.
【典雅 전아】①우아함. 단정하고 품위가 있음. ②전분(典墳)과 아송(雅頌). 옛 서적.

古籍(고적). ③문장이나 말이 속되지 않음.
【典謁 전알】빈객에 관한 일을 맡아봄. 또는 그 사람.
【典奧 전오】바르고 심오함.
【典獄 전옥】①법을 집행하는 벼슬. 송옥(訟獄)의 일을 관장함. ②교도소의 우두머리. ③죄수를 가두던 곳. 감옥.
【典委 전위】①하늘거리는 모양. 가냘픈 모양. ②물이 꾸불꾸불 흐르는 모양.
【典律 전율】법률. 규율.
【典章 전장】①법(法). 규칙. 典制(전제). ②제도와 문물.
【典掌 전장】일을 맡아서 주관함.
【典籍 전적】①소중한 고서(古書). ②서적. 圖書(도서). ③도서를 관장하던 벼슬의 한 가지.
【典正 전정】①법칙에 맞고 바름. ②명대(明代) 여관(女官)의 이름.
【典制 전제】①일을 관장함. ②규칙. 법. 典章(전장).
【典座 전좌】(佛)선종(禪宗)에서 대중의 침구(寢具)와 식사 따위를 맡은 승려.
【典主 전주】①관장하여 지킴. ②國물건을 잡아놓고 돈을 꾸어 주는 사람.
【典證 전증】고사(故事)의 증거. 來歷(내력).
【典質 전지→전질】전당 잡힘. 전당 잡음.
【典妻鬻子 전처육자】아내를 전당 잡히고 아들을 팖. 처자를 돈과 바꿈.
【典春衣 전춘의】봄옷을 전당 잡힘.
【典娶 전취】남의 처첩(妻妾)을 전당 잡아 돈을 빌려 주고, 일정 기간이 지난 다음에 자기 치척으로 삼던 일.
【典統 전통】맡아 다스림.
【典學 전학】항상 학문에 전념함. ✎'典'은 '常'으로 '항상'의 뜻.
【典憲 전헌】법. 규칙.
【典刑 전형】①한 번 정해져 변하지 않는 법. 常刑(상형). ②예로부터 전해 내려오는 법. ③형벌을 관장함.
【典型 전형】같은 부류의 사물에서 본보기로 삼을 만한 사물.
【典訓 전훈】가르침. 인도(人道)의 가르침.
❶ 經-, 古-, 內-, 大-, 法-, 佛-, 辭-, 上-, 常-, 外-, 原-, 聖-, 式-, 六-, 儀-, 字-, 祭-, 出-, 通-.

八7 【興】⑨ 典(167)과 동자

八8 【兼】⑩ 겸할 겸 jiān

丶 丷 ⺍ 丯 彐 争 争 争 兼

[소전] 𩀱 [초전] 𩀱 [속자] 無 [속자] 兼

[字源] 會意. 禾+又→兼. '又'는 '손'을 뜻한다. 〔禾〕두 포기를 한 손에 쥐고 있는 데서, '아우르다, 겸하다'의 뜻을 나타낸다.

八部 10~18획　薫 冀 冀 顛 顛　冂部 0~3획　冂 内 井 円 冋 冉

【字解】①겸하다. ㉠합치다, 어우르다. 〔春秋左氏傳〕欲兼我也. ㉡싸다, 둘러싸다. 〔書經〕兼弱攻昧. ㉢포용하다, 겸용하다. 〔荀子〕夫是之謂兼術. ㉣얻다, 아울러 손에 들어오다. 〔戰國策〕是一擧而兼兩虎也. ②아울러, 함께. 〔儀禮〕兼執之. ③쌓다, 겹치다, 포개다. 〔後漢書〕重金兼紫. ④갑절로 하다, 갑절이 되게 하다. 〔張衡·賦〕事兼未央. ⑤나란히 하다. 〔呂氏春秋〕忠不可兼. ⑥배향(配享)하다. 〔孔子家語〕唯仲龍氏兼食於社. ⑦다하다. 〔荀子〕聖人縱其欲兼其情. ⑧같다, 마찬가지. ⑨國조선 때 직함의 표기 방법. 품계보다 2등급 낮은 벼슬에 임명할 때, 그 벼슬 이름 앞에 쓰던 글자. 〔增補文獻備考〕降二階則爲兼.

【兼官 겸관】①兼職(겸직). ②國한 고을 원의 자리가 비었을 때, 이웃 고을 원이 임시로 그 직임을 겸하던 일.
【兼金 겸금】값이 보통의 갑절이나 되는 좋은 황금.
【兼奴上典 겸노상전】國종을 둘 처지가 못 되어 종이 할 일까지 몸소 하는 가난한 양반.
【兼帶 겸대】두 가지 이상의 직무를 겸하여 맡아봄.
【兼備 겸비】아울러 갖춤.
【兼幷 겸병】①한데 합쳐 하나로 함. ②한데 합쳐 소유함.
【兼床 겸상】國두 사람 이상이 함께 음식을 먹을 수 있도록 차린 상. 또는 그렇게 차려 먹음.
【兼善 겸선】자기만이 아니라 다른 사람까지 감화시켜 착하게 함.
【兼攝 겸섭】맡은 일 외에 다른 일을 겸하여 맡아봄. 兼職(겸직).
【兼旬 겸순】열흘 이상이 걸림.
【兼愛 겸애】가리지 않고 모든 사람을 평등하게 사랑함.
【兼弱攻昧 겸약공매】약한 것을 합병하고 부덕한 것을 공격함. 쇠약한 나라를 공격해 합병함.
【兼容 겸용】도량이 넓음. 함께 포용함.
【兼人 겸인】남보다 뛰어남. 혼자서 몇 사람을 당해 냄.
【兼任 겸임】한 사람이 두 가지 이상의 임무를 겸함. 兼職(겸직).
【兼職 겸직】자기의 본 직무 외에 다른 직무를 겸함.
【兼聽 겸청】널리 여러 사람의 설(說)을 들음. 널리 들어서 앎.
【兼秋 겸추】가을 석 달 동안.
【兼霸 겸패】제후를 병합하여 천하의 패자(霸者)가 됨.
【兼行 겸행】①밤낮으로 쉬지 않고 걸음. ②여러 가지 일을 겸하여 행함.

八10 【蕉】⑫ 兼(167)의 속자

八11 【冀】⑬ 冀(168)와 동자

八14 【冀】⑯ 바랄 기 冀 jì
[소전] 冀 [초서] 冀 [동자] 冀 【字解】①바라다, 하고자 하다. ¶冀望. ②바라건대, 원하건대. ③땅 이름. ㉠하북성(河北省)의 별칭. ㉡기주(冀州). 구주(九州)의 하나로, 지금의 하북성(河北省)·산서성(山西省)·하남성(河南省)의 일부. 〔書經〕冀州旣載壼口.
【冀圖 기도】원하는 것이 있어 도모함. 계획함. 企圖(기도).
【冀望 기망】앞일에 대해 어떤 기대를 가지고 바람. 希望(희망).
【冀北 기북】①기주(冀州)의 북부. ②인재가 모이는 곳. ◯기주의 북쪽에서 좋은 말이 많이 난 데서 온 말.
【冀幸 기행】요행(僥倖)을 바람.

八18 【顛】⑳ 顛(2018)과 동자

八18 【顛】⑳ 顛(2018)의 속자

冂部

2획 부수 │ 멀경몸부

冂0 【冂】② 멀 경 冂 jiōng
[소전] 冂 [고문] 冋 【字源】象形. ∥+一→冂. '∥'은 멀리 길이 잇닿아 있는 모양이고, '一'은 경계를 나눈 표지이다. 경계 밖의 먼 곳을 나타내어 '멀다'의 뜻이 되었다.
【字解】①멀다, 먼 데. ②비다. ③한자 부수의 하나, 멀경몸.

冂2 【内】④ 內(152)의 속자

冂2 【井】④ 冉(168)과 동자

冂2 【円】④ 圓(335)의 속자
[參考] 대법원 지정 인명용 한자의 음은 '엔'인데, 이는 일본의 화폐 단위인 '엔'에서 온 것이다.

冂3 【冋】⑤ 坰(344)과 동자

冂3 【冉】⑤ 나아갈 염 冉 rǎn

[소전] 𣍱 [초서] 冉 [동자] 冄 [字源] 象形. 소전의 자형(字形)은 부드러운 털이 아래로 드리워져 있는 모양. 이에서 '부드럽다, 약하다' 등의 뜻을 나타낸다.
[字解] ①나아가다. ㉮앞을 향하여 걸어가다. ㉯세월이 흘러가다. ②부드럽다, 낭창낭창하다. ③침범하다, 침범하여 나아가다. ④귀갑(龜甲)의 가장자리. 〔漢書〕 元龜岠冉長尺二寸. ⑤위태롭다, 아슬아슬하다. ⑥풀이 무성한 모양. 늑苒.
【冉鐮 염염】 ①위태로움. ②위조의 물품.
【冉耕之疾 염경지질】 어진 이가 나쁜 병에 걸림. [故事] 덕행이 높은 염경이 병에 걸리자, 공자가 위문하고 탄식하였다는 고사에서 온 말.
【冉若 염약】 풀이 무성한 모양.
【冉弱 염약】 소리를 가늘고 길게 끄는 모양.
【冉冉 염염】 ①길을 가는 모양. 나아가는 모양. ②부드럽고 약한 모양. ③세월이 흘러가는 모양. ④움직이는 모양.

冂₃【冄】⑤ 冉(169)의 속자

冂₃【册】⑤ 책 책 囧 cè

丿 刀 刑 刑 册

[소전] 𠕋 [고문] 篇 [초서] 册 [동자] 册 [字源] 象形. 죽간(竹簡)을 나란히 하여 아래위를 가죽끈으로 엮어 놓은 것을 본뜬 글자. 종이가 없던 시절에 대쪽을 엮어서 만든 간책(簡册)을 그린 것이다.
[字解] ①책, 문서(文書). 〔書經〕有册有典. ②책을 세는 말.〔書林淸話〕是以一卷爲一册. ③세우다, 봉하다. 〔周書〕又同日受册. ④칙서(勅書). 후비(后妃)·제후를 책봉할 때나 작위(爵位)·봉록(俸祿) 등을 내릴 때의 문서. ⑤계획, 계략. 늑策.〔漢書〕此全師保勝安邊之册.
【册禮 책례】 ①왕세자(王世子)를 책봉하던 의식. ②國책씻이.
【册立 책립】 ①청대(淸代)에, 황후를 세우던 일. ②왕태자나 왕후를 조칙(詔勅)으로 봉함.
【册命 책명】 책립·책봉의 명령.
【册拜 책배】 칙서(勅書)를 내려 관직에 임명함.
【册寶 책보】 책봉하는 글과 옥새(玉璽). 청대(淸代)에 친왕세자 이상을 책봉할 때 썼음.
【册封 책봉】 왕세자·왕세손(王世孫)·후(后)·비(妃)·빈(嬪) 등을 봉작(封爵)함. 册立(책립).
【册妃 책비】 후비(后妃)를 책립함.
【册書 책서】 ①천자가 신하에게 명하는 글. ②중서성(中書省)에서 내는 사령서(辭令書). ③책

<册①>

장에 쓰는 가늘고 깨끗한 글씨. 책글씨.
【册印 책인】 책서(册書)와 인새(印璽). 청대(淸代)의 제도로, 군왕(郡王)을 봉할 때 내림.
【册祝 책축】 간책(簡策)에 적은 제문(祭文)을 읽고 축원함.

◐ 大-, 別-, 分-, 書-.

冂₃【冊】⑤ 册(169)과 동자

冂₃【囘】⑤ 回(328)의 고자

冂₄【冎】⑥ 발라낼 과 䯏 guǎ
[소전] 冎 [字解] 발라내다, 뼈에 붙은 살을 발라내다.

冂₄【再】⑥ 두 재 𠕞 zài

一 厂 冂 丙 再 再

[소전] 𠕞 [초서] 再 [속자] 再 [字源] 會意. 一＋冉→再. '一'은 어떤 일을 한 번 시행함을 뜻하고, '冉'은 '冓'의 '𦫵'을 줄인 꼴로 나무를 쌓은 모양이다. 일을 한 번 시행하고도 또다시 한다는 데서 '거듭, 두 번' 등의 뜻을 나타낸다.
[字解] ①두, 둘. ②재차, 거듭. ¶再開. ③두 번 하다, 기듭히다. 〔禮記〕過言不再.
【再嫁 재가】 한 번 혼인한 여자가 다시 다른 남자에게 시집감. 再醮(재초).
【再駕 재가】 재차 수레를 타고 나섬. ㉠재차 싸움터에 나감. ㉡재차 고관이 됨.
【再開 재개】 어떤 활동이나 회의 따위를 한동안 중단했다 다시 시작함.
【再擧 재거】 두 번째로 일을 일으킴.
【再考 재고】 한 번 정한 일을 다시 생각함.
【再顧 재고】 ①두 번 돌아봄. ②거듭 정성스레 찾음.
【再起 재기】 다시 일어섬.
【再來 재래】 ①두 번째 다시 옴. ②다시 이 세상에 태어남. 再臨(재림).
【再發 재발】 ①병 따위가 다시 일어남. ②공문을 다시 보냄. ③두 번째로 활을 쏨.
【再逢春 재봉춘】 國①음력으로 일 년에 입춘(立春)이 두 번 드는 일. ②불우한 처지에 놓였던 사람이 다시 행복을 찾음.
【再生之恩 재생지은】 죽게 된 목숨을 다시 살려 준 은혜.
【再宿 재숙】 이틀 밤을 묵음. 두 밤 섬.
【再室 재실】 ①다시 얻은 아내. ②헌 집을 헐어 내어 그 재목으로 지은 집.
【再認 재인】 다시 인정함. 다시 확인함.
【再酢 재조】 물러난 임금이 다시 임금 자리에 오름. 重酢(중조).
【再造之恩 재조지은】 멸망하게 된 것을 구원하

여 도와준 은혜.
【再從 재종】 6촌이 되는 관계.
【再醮 재초】 ⇨再嫁(재가).
【再湯 재탕】 ①한 번 달여 먹은 약재를 다시 달임. ②한 번 썼던 일이나 말을 다시 써먹음.
【再行 재행】 혼인한 뒤에 신랑이 처음으로 처가에 감.
【再現 재현】 다시 나타남. 다시 나타냄.
【再婚 재혼】 두 번째 혼인함.
【再會 재회】 다시 만남. 두 번째로 만남.
【再興 재흥】 쇠하던 것이 다시 일어남.

冂
5 【冏】 ⑦ 빛날 **경** 〔梗〕 jiǒng
[字解] ①빛나다, 빛나는 모양. ≒炯. ②밝다, 밝음. ③창(窓).
【冏冏 경경】 눈부시게 빛나는 모양. 밝은 모양.
【冏然 경연】 밝은 모양. 환하고 똑똑한 모양.

冂
6 【冃】 ⑧ 冒(170)의 속자

冂
7 【冒】 ⑨ ❶무릅쓸 **모** 〔號〕 mào
❷묵돌 **묵** 〔屋〕 mò
❸대모 **모** 〔本〕매 〔隊〕

[字源] 會意. 冃+目→冒. '冃'은 머리에 쓰는 두건. 눈 위를 두건으로 가렸다는 데서 '가리다, 덮어쓰다'의 뜻이 되고, 또 눈이 가려져 앞을 보지 못하고 나아가 사물에 부딪힌다는 데서 '부딪다, 무릅쓰다'의 뜻을 나타낸다.
[字解] ❶①무릅쓰다. ㉮나아가다, 앞뒤를 돌보지 않고 나아가다. 〔漢書〕 冒白刃. ㉯이기다, 견디다. 〔左思·賦〕 冒霜停雪. ㉰저촉(抵觸)하다. 〔國語〕 夫戎翟冒沒輕儳. ㉱거짓으로 대다, 거짓으로 이르다. 〔漢書〕 冒姓爲竇氏. ②덮다, 쓰다, 씌우다. 〔漢書〕 善惡相冒. ③수의(壽衣). 〔禮記〕 冒者何, 所以掩形也. ④쓰개, 모자. 〔漢書〕 著黃冒. ⑤옥(玉) 이름. ≒瑁. 〔周禮〕 天子執冒四寸. ⑥탐내다. 〔春秋左氏傳〕 冒於貨賄. ⑦시새우다, 시기하다. ≒媢. 〔呂氏春秋〕 夫妻相冒. ⑧번민하다, 고민하다. ≒懑. 〔素問〕 忽忽眩冒而顚疾. ⑨번성하다, 무성하다. ≒茂. ⑩성(姓). ❷①묵돌(冒頓). 흉노(匈奴)의 군장(君長)인 선우(單于)의 이름. ②탐욕 한없이 욕심 부리다. 〔春秋左氏傳〕 貪冒之民. ③침범하다. 〔漢書〕 直冒漢圍. ❸대모(玳瑁). 거북의 일종.
【冒耕 모경】 ⚑주인의 승낙 없이 남의 땅에 농사를 지음.
【冒年 모년】 나이를 속임.
【冒瀆 모독】 범하여 욕되게 함. 冒黷.

【冒突 모돌】 ❶모돌 ❷묵돌 ❶침범하여 돌격함. ❷옛 전선(戰船)의 이름.
【冒頭 모두】 말이나 글의 첫머리.
【冒濫 모람】 ①침범하여 어지럽힘. 亂動(난동). ②약탈(掠奪)함.
【冒錄 모록】 ⚑사실이 아닌 것을 사실인 것처럼 기록함.
【冒昧 모매】 ①사리를 따지지 않고 덮어놓고 행함. ②무례함. 제멋대로 행함.
【冒名 모명】 이름을 거짓으로 꾸며 댐. 또는 그 이름. 僞名(위명).
【冒沒 모몰】 침범하여 몰수함.
【冒沒廉恥 모몰염치】 ⚑염치없는 줄 알면서도 무릅쓰고 함.
【冒死 모사】 죽음을 무릅씀. 생명을 겂.
【冒涉 모섭】 풍파(風波)를 무릅쓰고 건넘.
【冒姓 모성】 남의 성(姓)을 가칭(假稱)함.
【冒襲 모습】 남의 집 대를 이음. 남의 후사(後嗣)가 됨.
【冒耏 모이】 구레나룻이 많은 모양. 서역 사람들의 용모를 이름.
【冒認 모인】 거짓으로 인정함.
【冒進 모진】 앞뒤를 헤아리지 않고 전진함.
【冒疾 모질】 ⇨冒嫉(모질).
【冒嫉 모질】 시기하고 미워함. 嫉妬(질투).
【冒濁 모탁】 욕망에 사로잡혀 마음이 흐려짐.
【冒險 모험】 위험(危險)을 무릅씀.

❶干—, 感—, 欺—,
毒—, 覆—, 僞—,
抵—, 侵—, 貪—,
布—.

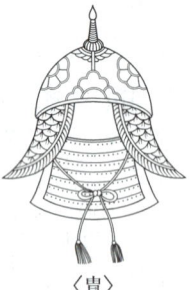
〈冑〉

冂
7 【冑】 ⑨ 투구 **주** 〔宥〕 zhòu
[參考] 胄(1442)는 딴 자.
[字解] 투구. ¶冑甲.
【冑甲 주갑】 투구와 갑옷. 甲冑(갑주).

冂
8 【冓】 ⑩ 짤 **구** 〔宥〕 gòu
[字解] ①짜다, 재목을 어긋매껴 쌓다. ②방, 궁중에서 여관(女官)이 거처하는 곳. 〔詩經〕 中冓之言, 不可道也.

冂
8 【冔】 ⑩ 관 **후** 〔麌〕 xǔ
[字解] 관(冠). 은대(殷代)에 썼던 관의 이름. 〔詩經〕 常服黼冔.

冂
9 【冕】 ⑪ 면류관 **면** 〔銑〕 miǎn
[字解] 면류관. 〔禮記〕 天子之冕.

【冕冠 면관】 큰 의식의 제사 때 천자가 쓰던 관. 玉冠(옥관).
【冕旒冠 면류관】 천자나 대부(大夫) 이상의 귀인이 조의(朝儀)나 제례 때 정복에 갖추어 쓰던 관. 겉죽은 검고 속이 붉으며 위에는 직사각형의 판(板) 이 놓이고 판 앞으로 주옥(珠玉)을 꿴 끈인 류(旒)를 늘여 놓았는데 천자는 12류, 제후는 9류, 상대부(上大夫)는 7류, 하대부(下大夫)는 5류를 달았음. 冕旒(면류).
【冕服 면복】 ①제왕의 정복(正服)인 면류관과 곤룡포(袞龍袍). ②귀인이 예복으로 사용하던 관과 옷.

〈冕〉

:::冕服의 명칭

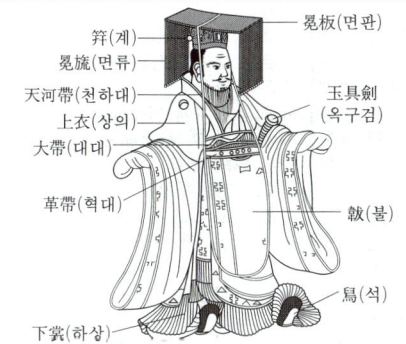

笄(계)
冕旒(면류)
天河帶(천하대)
上衣(상의)
大帶(대대)
革帶(혁대)
冕板(면판)
玉具劍(옥구검)
敝(불)
舃(석)
下裳(하상)

【冕者 면자】 면복을 입은 사람. 존귀한 사람.

一 部

2획 부수 │ 민갓머리부

一₀【一】② 덮어 가릴 멱 mì
[참고] 부수로서의 명칭은 '冖(갓머리)'와 구별하여 '민갓머리'라고 한다.
[자원] 象形. 사방으로 천이 늘어뜨려져 있는, 덮어씌우는 물건의 모양을 본뜬 글자.
[자해] ①덮어 가리다. ②한자 부수의 하나, 민갓머리.

一₂【冗】④ 冗(439)과 동자

一₂【尤】④ ❶머뭇거릴 유 yóu
❷게으를 임 yín
[자원] 會意. 儿+一→尤. '儿'은 사람, '一'은 먼 곳이다. 길을 가는 사람을 멀리서 바라보면 그 사람이 가고 있는지 서 있는지 분간하기 어렵다는 데서

'머뭇거리다'의 뜻을 나타낸다.
[자해] ❶머뭇거리다, 주저하다. ≒猶.〔後漢書〕計尤豫未決. ❷①게으르다. ②걷다, 걸어가다.
【尤豫 유예】 망설임. 머뭇거림. 猶豫(유예).
【尤尤 임임】 천천히 걷는 모양.

一₃【写】⑤ 寫(469)의 속자

一₆【采】⑧ 점점 미 mí
[자해] ①점점, 더욱더.〔馬端臨·序〕自晉以後, 爲州采多, 所統采狹. ②두루 다니다. ※ 采(1398)의 와자(譌字).〔詩經〕采入其阻.

一₇【冠】⑨ ❶갓 관 guān
❷관례 관 guàn

一 一 一 冖 冠 冠 冠

[소전][소전][초서][자원] 會意. 冖+元+寸→冠. '元'은 '머리', '冖'은 '덮어 가리다'의 뜻. 이에서 머리를 덮어 가리는 쓰개인 갓을 뜻하는데, 옛날에는 신분에 따라 쓰는 관이 달랐으므로 신분을 헤아려 쓰는 관이라는 데서 '헤아리다'의 뜻을 나타내는 '寸'을 덧붙였다.
[자해] ❶①갓, 관. ¶冠冕. ②볏. ¶冠角. ③성(姓). ❷①관례(冠禮).〔禮記〕冠者, 禮之始也. ②갓을 쓰다.〔孟子〕許子冠乎. ③성년(成年), 20세의 나이.〔韓愈·序〕初冠擧於鄕. ④으뜸, 우두머리.〔漢書〕位冠群臣. ⑤덮다.

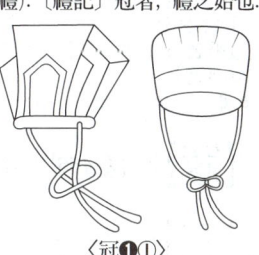
〈冠❶①〉

【冠角 관각】 새의 볏과 짐승의 뿔.
【冠蓋 관개】 갓과 수레의 덮개.
【冠蓋相望 관개상망】 사자(使者)의 관과 수레 덮개가 길 위로 연이어 감. 사자가 잇달아 파견되는 모양. 冠蓋相屬(관개상속).
【冠距 관거】 볏과 며느리발톱.
【冠笄 관계】 ①관례(冠禮)와 계례(笄禮). '冠'은 남자가 20세 때 관을 쓰는 성인례(成人禮), '笄'는 여자가 15세 때 쪽을 찌는 성인례. ②관에 꽂는 비녀.
【冠帶 관대】 ①관(冠)과 띠. ②관면(冠冕)을 쓰고 신대(紳帶)를 두르는 신분. 곧, 관리(官吏). ③예의가 두터운 풍속. ④國관디.
【冠帶之國 관대지국】 예의가 바른 나라. 이적(夷狄)에 대하여 중국을 이르던 말.
【冠童 관동】 어른과 아이.
【冠禮 관례】 남자가 20세가 되어 관(冠)을 쓰는 예식. 곧, 성인이 되는 예식.
【冠履倒易 관리도역】 갓과 신의 위치가 바뀜. 상하의 순서나 존비의 위치가 거꾸로 뒤바뀜.

冠履顚倒(관리전도).

【冠網 관망】國①갓과 망건. ②갓과 망건을 갖추어 씀.

【冠冕 관면】①관. 🔍 '冠'은 쓰개의 총칭, '冕'은 대부(大夫) 이상의 예관(禮冠). ②제일. 수위(首位). ③관직. 지위. ④외부의 장식. 겉치레.

【冠弁 관변】관(冠)의 한 가지. 제후가 조례(朝禮) 때 치포의(緇布衣)와 함께 쓰던, 고깔처럼 생긴 관.

【冠上加冠 관상가관】관 위에 또 관을 더함. 쓸데없는 것을 더함. 屋上屋(옥상옥).

【冠纓 관영】관(冠)의 끈. 갓끈.

【冠玉 관옥】①관의 앞쪽을 장식하는 옥. 面玉(면옥). ②남자의 아름다운 얼굴.

【冠子 관자】①진시황(秦始皇) 때 제정된 부녀자의 관(冠). ②성인례를 끝낸 아이.

【冠者 관자】관례(冠禮)를 끝낸 성년 남자. 정년(丁年)에 달한 남자.

【冠前絶後 관전절후】전세나 후대에 비할 바 없이 탁월함. 冠絶(관절).

【冠絶 관절】가장 뛰어남. 卓絶(탁절).

【冠族 관족】훌륭한 집안. 대대로 높은 벼슬을 하는 집안. 名門(명문). 甲族(갑족).

【冠櫛 관즐】①관(冠)과 빗. ②관을 쓰고 머리를 빗음.

【冠醮 관초】관례(冠禮) 때 음주(飮酒)의 예로서, 관자(冠者)가 술잔을 받고 그 잔을 되돌리지 않는 일.

【冠婚喪祭 관혼상제】관례·혼례·상례·제례의 사례(四禮).

○ 鷄-, 金-, 戴-, 弱-, 榮-, 王-, 衣-.

⼍ 【冦】⑩ 寇(456)의 속자
8

⼍ 【冥】⑩ 어두울 명 青 míng
8

[소전][초서][자원] 會意. 一+日+六→冥. '日+六'은 16일의 뜻. 음력 16일이 되면 만월이 비로소 이지러지기 시작하는데, 여기에 덮어 가린다는 뜻의 '冖'을 더하여 '어둡다'는 뜻을 나타낸다.

[字解]①어둡다. ㉮캄캄하다, 주위가 보이지 않는 상태에 있다. 〔史記〕風雨晦冥. ㉯사리에 밝지 못하다, 분명하지 못하다. 〔莊子〕顧冥乎富貴之地. ②어둠, 밤. 〔詩經〕喊喊其冥. ③깊숙하다, 아득하다, 그윽하다. 〔太玄經〕中冥獨達. ④저승. ¶冥福. ⑤바다. ≒溟. 〔莊子〕北冥有魚. ⑥하늘. 〔楚辭〕據靑冥而攄虹兮. ⑦신(神). ⑧말을 아니 하다, 묵묵히 생각하다. 〔荀子〕冥冥之志. ⑨숨다, 모습을 감추다. 〔荀子〕說不行, 則白道而冥窮. ⑩묵계(默契), 무언중에 의사가 통하는 일. 〔高允·頌〕神與理冥.

【冥加 명가】은연중에 입는 신불(神佛)의 가호.

【冥契 명계】①무언중에 마음과 마음이 서로 통함. ②죽은 남녀를 결혼시킴.

【冥鬼 명귀】저승에 있다는 귀신.

【冥器 명기】장례 행렬에 쓰거나 묘에 묻는 물건.

【冥途 명도】사람이 죽어서 간다는 영혼의 세계. 저승길. 黃泉(황천).

【冥靈 명령】①거북의 딴 이름. ②나무의 이름.

【冥利 명리】은연중에 받는 이익.

【冥冥 명명】①어두운 모양. ②아득하고 그윽한 모양. ③남의 눈에 띄지 않음. ④눈을 가려 보이지 않게 함. ⑤깊이 생각하여 정성을 다함. ⑥어두운 밤. 暮夜(모야). ⑦저승. 冥土(명토). ⑧무지(無知)한 모양. ⑨천지 만물의 근원인 원기(元氣)의 모양. ⑩먼 하늘.

【冥冥之志 명명지지】늘 마음속에서 남몰래 부지런히 힘쓰는 뜻.

【冥暮 명모】앞날이 암담한 늘그막.

【冥蒙 명몽】어두운 모양. 冥濛(명몽).

【冥伯 명백】죽은 사람.

【冥煩 명번】사물의 이치에 어두움.

【冥報 명보】죽은 뒤의 과보(果報).

【冥福 명복】죽은 뒤의 행복.

【冥府 명부】저승. 黃泉(황천).

【冥想 명상】눈을 감고 고요히 생각함.

【冥搜 명수】눈을 감은 채 마음속으로 생각하며 찾음.

【冥翳 명예】어두운 그늘.

【冥奧 명오】어둡고 깊숙함.

【冥頑 명완】사리에 어둡고 완고함.

【冥佑 명우】⇒冥加(명가).

【冥願 명원】죽은 뒤에 복을 받고 싶은 소원.

【冥應 명응】신불(神佛)의 가호.

【冥謫 명적】신불이 내리는 벌.

【冥助 명조】은근히 입은 신령의 도움.

【冥行 명행】어둠 속을 감. 사리를 깨닫지 못하고 무턱대고 행함.

【冥行擿埴 명행적식】학문을 함에 있어 그 방도를 모름. 🔍 '擿埴'은 장님이 지팡이로 땅을 더듬어 감을 이르는 말.

【冥護 명호】신불(神佛)의 가호.

【冥昏 명혼】어두움. 어둠. 冥晦(명회).

【冥鴻 명홍】눈에 띄지 않게 날아가는 기러기. 속세를 떠나 고상한 뜻을 지닌 사람의 비유.

【冥晦 명회】캄캄함. 어둠. 晦冥(회명).

【冥會 명회】암묵리(暗默裏)에 이해함.

○ 高-, 空-, 北-, 頑-, 窈-, 幽-, 靑-, 玄-, 混-, 晦-.

⼍ 【冢】⑩ 덮어쓸 몽 東 méng
8

[소전][초서][통자] [자원] 會意. 冖+豕→冢. '冖'은 '一'으로 덮어 가린다는 뜻, '豕(시)'는 돼지. 돼지를 덮어 가린다는 데서 '덮어쓰다, 뒤집어쓰다'의 뜻이 되고, 다시 '어둡다'의 뜻으로 발전하였다.

【字解】①덮어쓰다, 뒤집어쓰다. ②어둡다.

₈【冤】⑩ 원통할 원 冤 yuān
[소전][초서][속자] 【字源】會意. 宀+兔→冤. 토끼가 덮개를 덮어쓰고 있는 모양. 토끼가 마음대로 달릴 수 없게 덮개를 뒤집어쓴 것처럼 어떤 사람이 사실무근의 죄를 받는다는 데서 '원통하다'의 뜻을 나타낸다.
【字解】①원통하다, 억울한 죄를 받다. 〔史記〕嗟乎冤哉烹也. ②무실(無實)의 죄, 원한, 불평. 늑 怨. ③굽다, 구푸리다, 구부리다.
【冤家 원가】 한탄(恨歎)의 근원이 되는 사람. 곧, 애인·연인 따위.
【冤結 원결】 무고한 죄 때문에 억울함이 가슴에 맺혀 답답함.
【冤繫 원계】 죄 없이 잡혀 갇힘. 죄 없이 갇힌 죄수. 冤囚(원수).
【冤屈 원굴】 뜻을 굽힘.
【冤鬼 원귀】 원통하게 죽은 사람의 귀신.
【冤濫 원람】 터무니없는 무실(無實)한 죄.
【冤淚 원루】 원통하여 흘리는 눈물.
【冤憤 원분】 원죄(冤罪)로 생긴 분통.
【冤傷 원상】 ①무고한 죄를 받은 사람을 불쌍히 여겨 슬퍼함. ②억울하게 죄를 씌워서 사람을 해침.
【冤訴 원소】 무고한 죄를 호소함. 원통함을 하소연함.
【冤囚 원수】 억울하게 갇힌 죄수(罪囚).
【冤抑 원억】 죄가 없으면서 벌을 받음. 무고한 죄에 빠짐.
【冤枉 원왕】 무고한 죄로 굽혀짐. 누명을 씀. 冤罪(원죄).
【冤罪 원죄】 억울하게 뒤집어쓴 죄.
【冤親平等 원친평등】 (佛)원수와 친구를 평등하게 다룸. 원수도 친구와 같이 자비롭게 대함.
【冤痛 원통】 분하고 억울함. 몹시 원망스러움.
【冤刑 원형】 죄 없이 원통하게 받는 형벌.
○ 結-, 身-, 伸-, 深-, 幽-, 沈-.

₈【冢】⑩ 무덤 총 塚 zhǒng
[소전][초서] 【參考】冢(172)은 딴 자. 【字解】①무덤, 봉분이 크고 높은 무덤. ¶冢中枯骨. ②언덕, 둔덕. ③사직단. 흙을 쌓아 올려 지기(地祇)에 제사하는 단. 〔書經〕宜于冢土. ④크다. ⑤맏, 정실(正室). ¶冢婦.
【冢卿 총경】 육경(六卿) 가운데 국정을 주관하던 사람.
【冢壙 총광】 시체를 묻는 구덩이.
【冢君 총군】 군장(君長)·대군(大君)·제후(諸侯)의 대한 경칭(敬稱).
【冢婦 총부】 적장자(嫡長子)의 처. 맏며느리.
【冢祀 총사】 조상의 제사. 종묘(宗廟)나 가묘(家廟)의 제사.

【冢社 총사】 토지나 강에 제사 지내는 사당.
【冢胤 총윤】 후사(後嗣).
【冢子 총자】 ①후계의 장남. 맏아들. ②태자(太子). 세자(世子).
【冢藏 총장】 묘혈(墓穴).
【冢宰 총재】 ①재상. ②이조 판서의 딴 이름.
【冢弟 총제】 천자의 아우. 왕제.
【冢中枯骨 총중고골】 무덤 속에 있는 백골. ㉠몹시 여윈 사람. ㉡무능한 사람.
【冢土 총토】 토지의 수호신. 임금이 만백성을 위하여 세운 사직단.
【冢嗣 총필】 태자를 보필(輔弼)하는 사람.
● 古-, 舊-, 義-, 蟻-, 堆-, 荒-.

₉【富】⑪ 富(461)의 속자

₁₀【冪】⑫ 冪(173)과 동자

₁₂【寫】⑭ 寫(469)의 속자

₁₄【冪】⑯ 덮을 멱 冪 mì
[초서][동자][동자] 【字解】①덮다, 뒤집어쓰다, 덮어쓰다. ¶冪冪. ②막(幕). 천으로 만든, 둘러치는 물건. ③멱, 누승(累乘). 〔隋書〕以御積冪方圓.
【冪籬 멱리】 머리쓰개. 진송대(晉宋代)에 머리를 덮어쓰는 데 사용하던 수건.
【冪冪 멱멱】 ①구름 따위가 덮여 있는 모양. ②음산한 모양.
【冪數 멱수】 거듭제곱이 되는 수. 세제곱·네제곱 따위. 累乘(누승).

冫部
2획 부수 | 이수변부

₀【冫】② 얼 빙 冫 bīng
[본자] 【參考】부수로서의 명칭은 '氵(삼수변)'과 구별해 '이수변'이라고 한다.
【字源】象形. 얼음이 언 모양을 본뜬 글자.
【字解】①얼다. ※冰(174)의 고자. ②한자 부수의 하나. 이수변.

₃【冬】⑤ 겨울 동 冬 dōng
ノ ク 夂 冬 冬
[소전][고문][초서] 【字源】會意. 소전의 자형은 夂+冫

→冬. '夂'은 '終(끝 종)'의 고자(古字), '仌' 은 '冫(얼 빙)'의 고자(古字). 계절의 끝이며 만물이 얼어붙는다는 데서 '겨울'을 뜻한다.
字解 ①겨울. ②겨울을 나다. 〔史記〕土地苦寒, 漢馬不能冬.
【冬季 동계】겨울철. 冬期(동기).
【冬官 동관】①주대(周代) 육관(六官)의 하나. 토목(土木)·공작(工作)의 일을 관장하였음. ②당대(唐代) 공부성(工部省)의 딴 이름.
【冬冬 동동】문을 두드리는 소리.
【冬服 동복】겨울철에 입는 옷. 겨울옷.
【冬氷可折 동빙가절】흐르는 물도 얼음이 되면 쉽게 부러뜨릴 수 있음. 사물은 때를 얻으면 처리하기 쉬움.
【冬扇夏爐 동선하로】겨울철의 부채와 여름철의 화로. 시기에 맞지 않아 쓸모없이 된 물건.
【冬心 동심】겨울철과도 같이 쓸쓸한 마음. 활기 없는 마음.
【冬安居 동안거】(佛)승려들이 음력 시월 보름부터 이듬해 정월 보름까지 석 달 동안 일정한 곳에서 수도하는 일.
【冬愛 동애】겨울의 태양.
【冬溫夏淸 동온하정】겨울에는 따뜻하게, 여름에는 서늘하게 함. 부모를 정성껏 섬김.
【冬月無被 동월무피】겨울에 의복이 없음. 몹시 가난함.
【冬藏 동장】①수확한 것을 겨울에 저장함. ②동면(冬眠)함.
【冬至 동지】24절기의 하나. 대설(大雪)과 소한(小寒)의 사이로, 12월 22일경.
【冬至使 동지사】조선 때 동짓달에 중국에 정례적으로 보내던 사신.
【冬葱 동총】움 속에서 자란 누른 파. 움파.
【冬學 동학】농촌에서 겨울의 한가한 때를 이용하여 여는 학교. 겨울에 공부하는 서당(書堂).
【冬烘先生 동홍선생】시골 서당의 훈장. 사상이 진부(陳腐)하여 시속(時俗)에 통하지 않는 사람의 비유.
▶季-, 晩-, 孟-, 嚴-, 越-, 立-.

【決】⑥ 決(943)의 속자

【冰】⑥ 氷(936)의 본자

【冲】⑥ 沖(949)의 속자

【冱】⑥ 찰 호 圃 hù
字解 ①차다, 몹시 춥다. ②얼다, 얼어붙다. =冱. ③막다, 막히다, 폐쇄되다. ④굳다, 단단하다. ⑤마르다, 물기가 없어지다. =冱·涸·凅.
【冱涸 호학】얼어붙음.
【冱寒 호한】혹독한 추위. 酷寒(혹한).
【冱冱 호호】몹시 추위 얼어붙음.

【冷】⑦ 찰 랭 本령 硬 lěng
丶冫冫冫冷冷冷
소전 초서 字源 形聲. 冫+令→冷. '令(령)'이 음을 나타낸다.
字解 ①차다. 〔隋煬帝·詩〕露濃山氣冷. ㉯춥다, 서늘하다. 〔劉克莊·詩〕釜冷樽空室至疎. ㉰차갑다, 손가락이 곱다. 〔陳造·詩〕指冷良易忍. ㉱선득하다, 오싹하다. 〔李群玉·詩〕冰輝涼毛髮, 使我肝膽冷. ㉲쓸쓸하다. 〔徐彦伯·孤燭歎〕切切夜閨冷, 微微孤燭然. ㉳깔보다, 비웃다. 〔白居易·詩〕冷笑時時一掉頭. ㉴박정(薄情)하다. 〔白居易·詩〕冷淡病心情. ②식히다. 〔後漢書〕燒斧勿令冷. ③맑다. 〔梁武帝·賦〕心清冷其若水. ④한산하다, 한가하다. 〔杜甫·詩〕廣文先生官獨冷. ⑤쓸쓸하다, 낙막(落寞)하다. 〔白居易·行〕門前冷落車馬稀.
【冷却 냉각】식어서 차게 됨. 식혀 차게 함.
【冷僵 냉강】몸이 얼어 쓰러짐.
【冷官 냉관】지위가 낮고 한가한 관직.
【冷光 냉광】찬 느낌을 주는 빛.
【冷氣 냉기】차가운 기운.
【冷暖自知 냉난자지】물의 차가움과 따뜻함은 마시는 사람이 앎. 자기의 일은 자기 자신이 가장 잘 앎.
【冷淡 냉담】①동정심이 없고 쌀쌀함. ②관심이 없음.
【冷待 냉대】푸대접함. 푸대접.
【冷埃 냉돌】차디찬 온돌.
【冷埃 냉돌】인공적으로 얼게 함.
【冷燈 냉등】쓸쓸한 등잔불. 寒燈(한등).
【冷落 냉락】영락(零落)하여 쓸쓸함.
【冷冷 냉랭】①맑고 시원한 모양. ②음운(音韻)이 맑은 모양. ③선득하고 차가운 모양. ④물이나 바람 소리가 맑은 모양.
【冷僻 냉벽】①인적이 드문 벽지(僻地). ②드물게 보는 문자. 冷僻(냉벽).
【冷眼 냉안】①애정이 없는 차가운 눈초리. 남을 무시하는 차디찬 눈. ②늙은이의 눈.
【冷焰 냉염】꺼지려고 하는 등불.
【冷豔 냉염】차갑고 고운 맵시. 눈(雪)·배꽃 따위 모양의 형용.
【冷腸 냉장】차가운 창자. ㉠애정이 없는 마음. ㉡불친절하고 박정한 사람.
【冷藏 냉장】식품이나 약품을 차게 저장함.
【冷箭 냉전】①상대가 생각지 못한 틈을 타 쏜 화살. 몰래 남을 해침의 비유. ②살을 에는 듯한 찬 바람.
【冷節 냉절】한식(寒食)의 딴 이름.
【冷情 냉정】쌀쌀하여 정이 없음.
【冷靜 냉정】①차고 고요함. ②감정에 좌우되지 않고 이성적이고 침착함.
【冷劑 냉제】①찬 성질을 띤 약제. 寒劑(한제). ②먹(墨)의 딴 이름.
【冷竈 냉조】자주 밥을 짓지 못하는 차가운 부뚜막. 곧, 몹시 가난하고 구차함.

【冷族 냉족】[國]변변치 못한 집안.
【冷銼 냉좌】오랫동안 밥을 짓지 못해서 차게 식어 버린 솥. 곧, 몹시 가난함.
【冷徹 냉철】사리를 판단할 때 냉정하고 투철함.
【冷峭 냉초】추위가 혹독하게 몸에 스며듦.
【冷汗 냉한】부끄럽거나 놀랐을 때 나는 땀. 식은땀.
【冷巷 냉항】적적하고 쓸쓸한 거리.
【冷酷 냉혹】인간다운 정이 없고 혹독함.
【冷灰 냉회】①불기가 없어진 재. ②명예나 이익을 탐하지 않는 마음.
◑ 涼－, 溫－, 秋－, 寒－, 解－, 曉－.

冫5【冸】⑦ 녹을 **반** [翰] pàn

[字解] **녹다**, 얼음이 풀리다. ≒泮.

冫5【冹】⑦ 찰 **불·발** [物][月] fú

[소전] [字解] ①**차다**, 바람이 차다. ②**얼어 붙은 모양**.

冫5【冶】⑦ 불릴 **야** [馬] yě

[소전] [초서] [參考] 冶(962)는 딴 자.
[字解] ①**불리다**. ㉮쇠붙이를 불에 달구다. ¶ 冶金. ㉯단련하다. ¶ 冶鍊. ②**대장장이**. 〔東言解〕冶家無食刀. ③**꾸미다**, 장식하다. 〔易經〕冶容誨淫. ④**예쁘다**, 요염하다. ≒野. 〔荀子〕莫不美麗姚冶.
【冶家無食刀 야가무식도】[國]대장장이의 집에 식칼이 없음. ㉠생활에 쫓겨 남의 바라지만 하고 정작 제 집에는 등한하게 됨. ㉡마땅히 흔해야 할 곳에 도리어 물건이 부족하거나 없음.
【冶金 야금】광석에서 쇠붙이를 골라내거나 합금을 만드는 일.
【冶金踊躍 야금용약】녹은 쇳물이 도가니 속에서 솟구쳐 바깥으로 튀어나오려고 함. 분수에 만족하지 않음의 비유.
【冶郞 야랑】방탕한 남자. 바람난 남자.
【冶鍊 야련】단련함.
【冶步 야보】자늑자늑하게 걷는 걸음걸이.
【冶艶 야염】매우 아리따움. 美麗(미려).
【冶葉倡條 야엽창조】예쁜 잎과 노래하는 가지. 자태가 곱고 목청이 아름다운 기생의 비유.
【冶妖 야요】요염하고 아름다움.
【冶容 야용】예쁜 얼굴. 艶容(염용).
【冶鎔 야용】거푸집.
【冶容誨淫 야용회음】여자가 지나치게 용모를 단장하는 것은 스스로 음탕한 남자에게 음욕(淫欲)을 가르치는 것이 됨.
【冶遊 야유】기녀(妓女)와 희롱하며 놂. 주색으로 방탕하게 놂. 遊冶(유야).
【冶夷 야이】요염(妖艶)함.
【冶匠 야장】대장장이. 冶工(야공).
【冶鑄 야주】주조(鑄造)함.
◑ 佳－, 鑪－, 鍛－, 陶－, 艶－, 妖－, 遊－.

冫5【况】⑦ 況(966)의 속자

冫6【冽】⑧ 찰 **렬** [屑] liè

[소전] [초서] [參考] 洌(967)은 딴 자이나 통해 쓰인다.
[字解] ①**차다**, 맵게 춥다, 몹시 차갑다. ≒洌. 〔詩經〕冽彼下泉. ②**차가운 바람**, 매운 바람.
【冽冽 열렬】①추위가 혹독한 모양. ②차가운 바람이 사납게 부는 모양.
【冽風 열풍】차가운 바람. 寒風(한풍).
◑ 凜－, 嚴－, 慘－.

冫6【洛】⑧ 얼 **학** [藥] hè

[字解] **얼다**, 언 모양. 〔楚辭〕冰凍兮洛澤.
【洛澤 학탁】언 모양.

冫7【浗】⑨ 얼 **구** [尤] qiú

[字解] **얼다**, 손발이 곱다, 손발이 얼다.

冫7【凂】⑨ 浼(977)의 속자

冫8【凅】⑩ 얼 **고** [遇] gù

[字解] **얼다**, 얼어붙다. ≒沍·涸.

冫8【凍】⑩ 얼 **동** [送] dòng

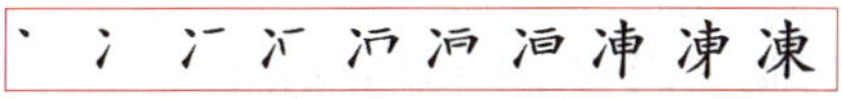

[소전] [초서] [간체] 冻 [字源] 形聲. 冫＋東→凍. '東(동)'이 음을 나타낸다.
[字解] ①**얼다**. ㉮물 이외의 물체가 굳어지다. 〔禮記〕孟冬之月, 地始冬. ㉯몸이 뻣뻣하게 굳다. ¶ 凍死. ②**춥다**, 차다. 〔楚辭〕淸馨凍歙. ③**세차게 퍼붓는 비**, 소나기. ≒涷.
【凍僵 동강】몸이 얼어 쓰러짐.
【凍結 동결】①얼어붙음. ②자산·자금 등의 사용이나 이동을 금지함.
【凍噤 동금】몸이 얼어서 입이 움직이지 않음.
【凍裂 동렬】①얼어서 갈라짐. ②☞凍傷(동상).
【凍簾 동렴】[國]무덤 속의 송장이 땅의 찬 기운으로 얼어서 오래도록 썩지 않는 일.
【凍梨 동리】①언 배. ②노인(老人). 90세의 노인. 🔍얼굴에 반점이 생겨 언 배의 껍질 같다는 데서 온 말.
【凍氷寒雪 동빙한설】얼어붙은 얼음과 차가운 눈. 심한 추위.
【凍死 동사】얼어 죽음.
【凍傷 동상】얼어서 살갗이 상함. 凍裂(동렬).
【凍餓 동아】몸이 얼고 배가 고픔.
【凍雨 동우】①겨울에 내리는 찬 비. 진눈깨비.

寒雨(한우). ②세차게 오는 비.
【凍雲 동운】 겨울철에 음산하게 느껴지는 구름. 눈이 내릴 듯한 구름.
【凍足放尿 동족방뇨】 國언 발에 오줌 누기. 잠시 동안 효력이 있을 뿐, 곧 효력이 없어지는 임시변통의 비유.
【凍皴 동준】 추위로 살갗이 틈. 胼胝(변지).
【凍靑 동청】 사철나무. 冬靑(동청).
【凍破 동파】 얼어서 터짐.
【凍解冰釋 동해빙석】 얼음이 녹듯이 의문이나 장애가 사라짐.
● 呵-, 饑-, 冷-, 冰-, 凝-, 寒-, 解-.

【涼】⑩ 涼(987)의 속자

【凌】⑩ 능가할 릉 ling

①능가하다. 무엇과 비교하여 그것을 훨씬 넘어서다. 늘夌. ¶凌霄之志. ②깔보다, 업신여기다. 늘夌·陵. 〔呂氏春秋〕立千乘之義, 而不可凌. ③범하다, 침범하다. 늘陵. 〔楚辭〕凌余陣兮躐余行. ④얼음, 얼음을 넣어 두는 집. 〔漢書〕太官凌室火. ⑤부들부들 떨다, 두려워하다. 늘懍. ⑥타다, 오르다. 늘乘. ⑦지나다, 넘다. 늘陵. ⑧거칠다, 세차다. ¶凌雨. ⑨섞다, 뒤섞이다, 뒤범벅이 되다. 늘陵. ¶凌亂.
【凌駕 능가】 남보다 훨씬 뛰어남.
【凌遽 능거】 매우 두려워함. 戰慄(전률)함.
【凌兢 능긍】 ①두려워하는 모양. ②추위로 몸이 벌벌 떨림.
【凌亂 능란】 순서와 차례가 뒤섞여 어지러움. 질서가 없는 모양. 陵亂(능란).
【凌厲 능려】 세찬 기세를 당해 내기 어려운 모양. 용감히 분기하는 모양.
【凌轢 능력】 서로 능멸하여 다툼.
【凌蔑 능멸】 업신여기고 깔봄.
【凌侮 능모】 오만한 태도로 남을 업신여김.
【凌犯 능범】 ①남의 권리를 침범함. 凌侵(능침). 陵犯(능범). ②사람을 업신여김.
【凌霄之志 능소지지】 하늘을 능가할 만한 큰 뜻. 높은 희망.
【凌澌 능시】 얼음.
【凌辱 능욕】 ①업신여겨 욕보임. ②폭력으로 여자를 욕보임.
【凌雨 능우】 몹시 퍼붓는 비. 쏟아져 내리는 비. 猛雨(맹우). 暴雨(폭우).
【凌雲 능운】 ①구름 위로 높이 솟아오르는 낢. ②지기(志氣)가 고상하여 세속의 명리(名利)를 초탈함.
【凌雲之志 능운지지】 속세(俗世)를 떠나 높게 별천지에서 살고자 하는 마음.
【凌夷 능이】 쇠퇴함. 陵夷(능이).
【凌挫 능좌】 호되게 꺾음.
【凌遲 능지】 ①점차 쇠퇴함. ②사지(四肢)를 찢

은 후 목을 베던 극형. 陵遲(능지).
【凌僭 능참】 교만하여 남을 업신여기며 제멋대로 함.
【凌波 능파】 ①파도 위를 걸어 다님. 미인이 가볍고 아름답게 걷는 모습. ②급류(急流)의 물결.
【凌風翔 능풍상】 바람을 능가하여 낢. 천하에 웅비(雄飛)하려는 마음의 비유.
【凌逼 능핍】 침범하여 핍박함. 凌摩(능마).
【凌虐 능학】 침범하여 학대함. 侵虐(침학).

【凇】⑩ 상고대 송 sōng, sòng

字解 상고대, 무송(霧凇). 서리가 나무에 내려 눈같이 된 것. 〔朱厚章·詩〕 照野陽威未化凇.

【凊】⑩ 서늘할 정 청 qìng

字解 ①서늘하다, 선선하다. 〔禮記〕冬溫而夏凊. ②춥다, 차갑다.

【凋】⑩ 시들 조 diāo

字解 ①시들다, ㉮이울다, 초목이 마르다. ¶凋落. ㉯기력·건강·기세 등이 쇠하여 줄어지다. 〔史記〕今秦有敝甲凋兵. ②슬퍼하다, 마음 아파하다. ③새기다. 늘彫.
【凋缺 조결】 시들어 이지러짐.
【凋枯 조고】 시들어 말라 버림. 彫枯(조고).
【凋寡 조과】 쇠잔하여 줄어듦.
【凋癯 조구】 쇠약하여 수척함. 疲弊(피폐).
【凋落 조락】 ①시들어 떨어짐. 凋零(조령). 凋謝(조사). ②죽음. ③쇠퇴함. 타락함.
【凋零 조령】 ①꽃이 시들어 떨어짐. ②노인이 죽음.
【凋兵 조병】 피로하여 지친 병사.
【凋冰畫脂 조빙화지】 얼음에 새기고 기름에 그림. 힘을 쓸데없는 곳에 허비함.
【凋散 조산】 쇠잔하여 흩어짐.
【凋傷 조상】 시듦. 매우 쇠약해짐.
【凋殞 조운】 시들어 떨어짐.
【凋殘 조잔】 ①잎이 이운 채 떨어지지 않고 남아 있음. ②지쳐 쇠함. ③피폐해진 백성.
【凋瘵 조채】 ①쇠약하여 병듦. ②병들어 지친 백성.
【凋歇 조헐】 초목이 아주 시들어 버림.
【凋換 조환】 시들어 변모(變貌)함.
● 枯-, 零-, 榮-, 後-.

【准】⑩ 승인할 준 zhǔn

參考 准(1001)는 딴 자.
字解 ①승인하다, 허락하다. ¶批准. ②따르다, 의거하다. 〔王褒·賦〕夔襄准法. ③준칙(準則), 표준. 〔梁書〕可謂後生准也. ④헤아리다, 추측하다. 〔論衡〕推此准後

世. ⑤환산하다.〔管子〕以幣准穀而授祿.
【准法 준법】 법에 의거함.
【准奏 준주】 주문(奏聞)한 것을 허락함.
【准折 준절】 물건을 팔아 돈을 만듦.
【准此 준차】 이에 의거함. 하급이나 동급 기관에 보내는 공문서에서 사용하던 용어.
【准行 준행】 허가함.
○ 批—, 認—.

⌈⌉⌈凄⌉⑩ 쓸쓸할 처 ⌈⌉ qī
⌈⌉凄 ⌈⌉凄 字解 ①쓸쓸하다, 으스스하고 음산하다.〔陶潛·詩〕秋日凄且厲. ②춥다, 차갑다.
【凄急 처급】 바람 따위가 몹시 빠름.
【凄其 처기】 춥고 쓸쓸함. ◎'其'는 조사.
【凄凉 처량】 ①날씨가 쓸쓸하고 스산함. ②신세가 초라하고 구슬픔.
【凄淚 처루】 선득하게 참. 쌀쌀하게 추운 모양.
【凄凜 처름】 살을 에듯이 추움.
【凄爽 처상】 매우 상쾌함.
【凄辰 처신】 가을. 霜辰(상신).
【凄然 처연】 ①쓸쓸한 모양. ②서늘한 모양. 凄凄(처처).
【凄雨 처우】 쓸쓸하게 내리는 비.
【凄日 처일】 아스스 추운 가을날.
【凄切 처절】 몹시 처량함.
【凄絕 처절】 더없이 애처로움.
【凄凄 처처】 ①선선한 바람. 涼風(양풍). ②쓸쓸한 모양. ③서늘한 모양. ④초목이 무성한 모양. ⑤눈물이 흐르는 모양. ⑥구름이 뭉게뭉게 일어나는 모양.
【凄楚 처초】 매우 구슬프게 느낌. 마음 아프게 여김.
【凄風 처풍】 ①쓸쓸하게 부는 바람. ②맹렬하게 부는 바람. 烈風(열풍). ③서남풍(西南風). 涼風(양풍).
【凄恨 처한】 대단한 슬픔.

⌈⌉⌈涬⌉⑩ 찰 행 ⌈⌉ xìng
字解 차다, 차갑다.
【涬冷 행랭】 참. 추움.
【涬涬 행행】 찬 모양.

⌈⌉⌈減⌉⑪ 減(1002)의 속자

⌈⌉⌈㾾⌉⑫ 살얼음 렴 ⌈⌉ liǎn
字解 살얼음, 얇게 언 얼음.

⌈⌉⌈溧⌉⑫ 찰 률 ⌈⌉ lì
⌈⌉溧 字解 ①차다, 맵게 하다. ②차가운 바람, 한풍(寒風).
【溧冽 율렬】 추위가 혹하게 매운 모양.

⌈⌉⌈澅⌉⑩ 눈서리 흰 모양 의·애 ⌈⌉ ái
⌈⌉皚 ⌈⌉澅 字解 눈서리가 흰 모양.

⌈⌉⌈準⌉⑪ 準(1021)의 속자

⌈⌉⌈凔⌉⑫ 찰 창 ⌈⌉ cāng
⌈⌉凔 ⌈⌉凔 ⌈⌉凔 ⌈⌉凔 字解 ①차다, 춥다.〔逸周書〕天地之間有凔熱. ②차가운 모양, 냉랭한 모양.
【凔熱 창열】 추위와 더위. 寒熱(한열).
【凔凔 창창】 냉랭한 모양.

⌈⌉⌈瀏⌉⑬ 곱을 류 ⌈⌉ liú
字解 곱다, 손발이 언 모양.
【瀏瀏 유류】 추위로 손발이 곱은 모양.

⌈⌉⌈凗⌉⑬ 쌓일 최 ⌈⌉ cuī
⌈⌉凗 字解 쌓이다, 눈이나 서리가 쌓이는 모양.
【凗澅 최의·최애】 눈이나 서리가 쌓여 흰 모양. 눈서리가 쌓이는 모양.

⌈⌉⌈滭⌉⑬ 찰 필 ⌈⌉ bí
⌈⌉滭 字解 차다, 바람이 차다.
【滭冹 필발·필불】 바람이 참. 바람이 찬 모양.

⌈⌉⌈潔⌉⑭ 潔(1035)의 속자

⌈⌉⌈澌⌉⑭ 성엣장 시 ⌈⌉ sī
⌈⌉澌 ⌈⌉澌 字解 성엣장, 유빙(流冰).

⌈⌉⌈溄⌉⑮ 차가울 금 ⌈⌉ jìn
字解 차갑다, 춥다, 추워서 떠는 모양.

⌈⌉⌈凜⌉⑮ 찰 름 ⌈⌉ lǐn
⌈⌉凜 ⌈⌉凜 ⌈⌉凜 ⌈⌉凜 字解 ①차다, 춥다.〔潘岳·賦〕凜秋暑退. ②늠름한 모양, 꿋꿋하고 의젓하다. ③두려워하다, 삼가다.〔書經〕百姓凜凜.
【凜兢 늠긍】 추위로 떪.
【凜冽 늠렬】 추위가 살을 에듯 매서운 모양. 凜凜(늠름).

【凜慄 늠률】①추운 모양. 떠는 모양. ②두려워하는 모양. 慄慄(늠률).
【凜凜 늠름】①추위가 살을 에듯 스며듦. ②두려워하고 삼가는 모양. ③마음이 꿋꿋한 모양. 용모가 의젓한 모양.
【凜嚴 늠엄】위풍(威風)이 늠름(凜凜)하여 범할 수 없음.
【凜綴 늠철】國위태로워서 두려움.
【凜秋 늠추】쌀쌀한 가을철.
❶慘-, 凄-, 淸-, 寒-.

冫13 【凛】⑮ 凜(177)의 속자

冫13 【澤】⑮ 고드름 탁 [璞] duó
[字解] ①고드름. ②얼다, 얼어붙다. 〔楚辭〕冰凍兮洛澤.

冫13 【凞】⑮ 熙(178)의 속자

冫14 【凝】⑯ ❶엉길 응 [凝] níng ❷괸 물 응 [澄] níng

[소전][초서] [字源] 形聲. 冫+疑→凝. '疑(의)'가 음을 나타낸다.
[字解] ❶①엉기다, 엉기게 하다. ㉮얼다, 얼어붙다. 〔潘岳·賦〕水漸軔以凝冱. ㉯굳어지다, 굳히다. 〔周禮〕凝土以爲器. ㉰모이다, 모으다. 〔中庸〕苟不至德, 至道不凝焉. ㉱이루어지다, 이루다. 〔書經〕庶績其凝. ㉲정해지다, 정하다. 〔書經〕庶積其凝. ㉳맺다, 서리가 어리다. 〔張協·七命〕天凝地閉. ㉴머무르다, 멈추다. 〔楚辭〕折銳摧矜凝氾濫分. ㉵막히다, 통하지 아니하다. 〔漢書〕然而嘉氣尙凝陰陽不和. ㉶소리를 끌다. 〔謝朓·鼓吹曲〕凝笳翼高蓋. ②춥다. 〔素問〕其候凝肅. ③엄하다, 심하다, 매우. 〔劉楨·詩〕風至不囉凝寒. ④바르다, 올바르다. 〔淮南子〕典凝如冬. ⑤얼음, 물이언 것. ＝冰. ❷괸 물, 지수(止水).
【凝結 응결】한데 엉겨 뭉침.
【凝固 응고】엉기고 굳어짐.
【凝曠 응광】엄숙하고 큼. ○'曠'은 '大'로 '큼'을 뜻함.
【凝湛 응담】괸 물이 맑음. 맑고 고요한 마음의 비유.
【凝厲 응려】바르고 엄숙함.
【凝冽 응렬】혹독한 추위. 혹독하게 추움.
【凝望 응망】뚫어지게 바라봄.
【凝網 응망】법이 엄중함.
【凝水 응수】괴어 있는 물. 止水(지수)
【凝愁 응수】수심에 잠김.
【凝視 응시】시선을 모아 눈여겨봄.
【凝澌 응시】물이 얾. 굳어 뭉친 얼음.
【凝然 응연】①마음이 한 곳에 집중되어 꼼짝하지 않는 모양. ②단정하고 듬직함.
【凝煙 응연】엉긴 연기. 깊은 안개.
【凝雨 응우】눈[雪].
【凝遠 응원】성정(性情)이나 풍채 등이 엄정하고 깊이가 있음.
【凝意 응의】마음을 집중함. 골몰함.
【凝佇 응저】우두커니 멈추어 섬.
【凝峻 응준】높고 험함.
【凝重 응중】바르고 묵직함.
【凝脂 응지】①엉겨서 뭉쳐진 비계. ②부드럽고 매끄러운 것의 비유. ③희고 매끄러운 살결.
【凝滯 응체】①일이 진척되지 않고 걸리고 막힘. ②굳어짐. ③얽매임. 집착함.
【凝寒 응한】얼어붙는 음산한 기운.
【凝血 응혈】엉겨서 뭉쳐진 피.
【凝冱 응호】얼어붙음.

冫14 【熙】⑯ 화할 희 [皮] xī
[속자] 熙 [字解] 화하다, 누그러지다.

冫16 【瀍】⑱ 凜(177)과 동자

几 部
2획 부수 | 안석궤부

几0 【几】② 안석 궤 [紙] jī, jǐ
[소전][초서] 几 [字源] 象形. 위는 평평하고 발이 붙어 있는 대(臺)의 모양을 본뜬 글자.
[字解] ①안석, ㉮앉아서 몸을 기대는 기구. ㉯國늙어서 벼슬을 그만두는 대신이나 중신(重臣)에게 임금이 주던, 앉아서 팔을 얹고 몸을 편하게 하는 기구. ②제향에 쓰는 기구의 한 가지. 희생을 올려 놓는다. ≒俎. ③國명기(明器)의 한 가지. ④책상 ≒机. ⑤사물의 왕성한 모양. ⑥함께 지내는 모양. 〔太玄經〕飮食几几.
【几几 궤궤】①신[靴]의 장식 모양. ②편안하고 묵직한 모양. ③성(盛)한 모양. 대단한 모양. ④함께 하는 모양.
【几舃 궤석】대관(大官)의 신발.
【几案 궤안】①의자·사방침(四方枕)·안석 따위의 총칭. ②책상.
【几筵 궤연】①안석과 자리. ②제향 때 희생을 올려놓는 기구와 땅에 까는 자리. ③國혼백이나 신주를 모셔 두는 기구.
【几杖 궤장】안석(案席)과 지팡이.
【几杖座 궤장좌】노인을 위하여 특별히 마련한 자리.

几[凡]③ 무릇 범 薼 fán

ノ 几 凡

소전 尺 초서 凡 속서 几 字源 會意. 二+극→凡. '二'는 짝, 곧 하늘과 땅을 뜻하고, '극'은 '及'의 고자(古字). 합해서 땅에서부터 하늘에 미친다[及]는 데서 천지간의 만물을 포괄하는 뜻으로 '모두, 다'의 뜻을 나타낸다.

字解 ①무릇. ㉮대강, 개요(槪要). 〔漢書〕請略舉凡, 而客自覽其切焉. ㉯대체로. 〔詩經〕凡今之人, 莫如兄弟. ②모두, 다. 〔書經〕凡有辜罪. ③합계, 도합. 〔史記〕陳勝王凡六月. ④평상(平常), 일상. 〔崔駰·遠旨〕道貴從凡. ⑤상도(常道). 〔荀子〕喪禮之凡. ⑥보통의, 속(俗)된. 〔葉適·記〕余海濱之人, 山凡水俗.

【凡格 범격】 보통의 품격. 평범한 인물.
【凡境 범경】 보통 장소. 영지(靈地) 등에 대하여 쓰는 말.
【凡近 범근】 재주와 식견이 용렬함.
【凡短 범단】 평범하고 재능이 적음.
【凡類 범류】 평범한 사람들.
【凡物 범물】 천지간의 모든 물건.
【凡百 범백】 ①모든 사물. ②모든 사람.
【凡夫 범부】 평범한 사나이.
【凡鄙 범비】 평범하고 용렬함.
【凡常 범상】 평범하고 예사로움.
【凡聖 범성】 범인(凡人)과 성인(聖人).
【凡世 범세】 속세(俗世).
【凡小 범소】 평범하고 기량이 작은 인물. 보통 사람들.
【凡俗 범속】 평범하고 속됨.
【凡習 범습】 (佛)평범한 사람이 선(善)을 익히고, 악(惡)을 익히는 시비(是非)의 행동.
【凡僧 범승】 ①범용(凡庸)한 승려. 俗僧(속승). ②수행이 모자라 법호(法號)를 받지 못한 승려.
【凡眼 범안】 범상한 사람의 안목(眼目). 낮은 견식(見識).
【凡庸 범용】 평범함. 평범한 사람. ⇨'庸'은 '常'으로 '평범함'을 뜻함.
【凡愚 범우】 평범하고 어리석음.
【凡人 범인】 평범한 사람.
【凡才 범재】 평범한 재주. 凡材(범재).
【凡節 범절】 법도에 맞는 모든 질서나 절차.
【凡鳥 범조】 ①평범한 새. ②못난 사람. ⇨'鳳'을 파자(破字)하면 '凡鳥'가 되므로, 남을 욕설할 때 '鳳'이라 부르기도 함.
【凡衆 범중】 범인(凡人)의 무리.
【凡智 범지】 평범한 지혜.
➊ 大-, 不-, 非-, 超-, 出-, 平-.

几[九]③ 凡(179)의 속자
几[処]⑤ 處(1570)와 동자

几[凤]④ 鳳(2096)의 속자

几[凯]⑧ 게으를 극 囿 jù
字解 게으르다, 지쳐 싫어하다. 〔漢書〕徵凯受詘.

几[凭]⑧ 기댈 빙 薼 píng
소전 伄 초서 凭 동자 凴 동자 坒
字解 기대다, 의지하다.
【凭欄 빙란】 난간에 기댐. 난간을 의지함.

几[凰]⑪ 봉황새 황 陽 huáng
초서 凰 字解 봉황새, 봉황새의 암컷. 천하가 태평할 때 나타난다는, 상서로움을 상징하는 상상의 영조(靈鳥). 수컷은 '鳳'이라고 한다.

几[凱]⑫ 즐길 개 賄 kǎi
초서 凱 간체 凯 字解 ①즐기다, 화락하다. 〔禮記〕凱弟君子, 求福不回. ②개가(凱歌), 승리의 함성. ③크다. ④좋다, 훌륭하다. 〔史記〕高陽氏有才子八人, 謂之八凱. ⑤화(和)하다, 누그러지다. =愷. 〔詩經〕凱風自南.
【凱歌 개가】 개선할 때 부르는 노래. 승리를 축하하는 노래.
【凱康 개강】 ①화락하고 편안함. ②의기가 북받침. 凱慷(개강).
【凱復 개복】 싸움에 이기고 원상을 회복함.
【凱旋 개선】 싸움에 이기고 돌아옴.
【凱樂 개악·개락】 ➊개선할 때 연주하는 음악. 愷樂(개악). ➋화락(和樂)함.
【凱易 개이】 화락하고 평온함.
【凱弟 개제】 화평하고 즐거움. 樂易(낙이).
【凱悌 개제】 ⇨凱弟(개제).
【凱陣 개진】 싸움에 이기고 진영(陣營)으로 돌아옴.
【凱捷 개첩】 싸움에 이김. 전쟁에 승리함.
【凱澤 개택】 ①화락(和樂)함. ②평화(平和)의 은택(恩澤).

几[凳]⑭ 걸상 등 徑 dèng
초서 凳 동자 橙 字解 걸상, 등상. 발판이나 의자로 쓰는 기구.
【凳床 등상】 나무로 만든 기구의 한 가지. 발돋움으로도 쓰고 걸터앉기도 함.

几[凴]⑭ ➊凭(179)과 동자 ➋憑(643)과 동자

凵 部

2획 부수 | 위튼입구몸부

凵₀ 【凵】 ② 입 벌릴 감 㰸 qiǎn
[소전] 凵 [參考] 부수로 쓰일 때의 명칭은 '위튼입구'인데, 'ㄷ(튼입구)'와 구별해서 써야 한다.
[字源] 象形. 땅이 우묵하게 패어 있는 모양을 본뜬 글자.
[字解] ①입을 벌리다. ②위가 터진 그릇. ③한자 부수의 하나.

凵₂ 【凶】 ④ 흉할 흉 图 匯 xiōng
ノ 乂 凶 凶
[소전] 凶 [초서] 凶 [字源] 指事. 凵+乂→凶. '凵'은 땅이 꺼져 푹 들어간 모양, 곧 '함정'을 뜻하고, '乂'는 그 함정 가운데로 엇걸려 빠져 들어감을 나타낸다. 사람이 함정에 빠진다는 것은 매우 좋지 않은 결과를 불러온다는 데서, '흉하다, 운수가 사납다' 등의 뜻을 나타낸다.
[字解] ①흉하다, 운수가 나쁘다, 앞일이 언짢다. ≒兇. ¶ 吉凶. ②재앙, 재난. ≒兇. ③요사(夭死), 젊은 나이에 죽음. 〔書經〕凶短折. ④흉년, 기근(饑饉). 〔墨子〕三穀不收謂之凶. ⑤해치다. ¶ 凶器. ⑥두려워하다, 근심하다. ≒兇·恟. 〔國語〕敵入而凶. ⑦부정하다, 사악(邪惡)하다, 흉업고 고약하다. ¶ 凶德. ⑧다투다, 시비를 벌이다. ≒訩. ⑨허물, 과실. ≒咎. 〔春秋左氏傳〕必受其凶. ⑩불길하다. 〔易經〕吉凶者, 得失之象也. ⑪어긋나다, 위배되다, 옳지 않다. 〔孝經〕皆在於凶德.
【凶咎 흉구】 뜻밖에 일어난 불행한 일. 災難(재난). ②잘못이나 허물. 過失(과실).
【凶寇 흉구】 불한당. 악당. 叛賊(반적).
【凶器 흉기】 불길(不吉)한 도구. ㉠사람을 살상하는 데 쓰는 연장. 凶具(흉구). ㉡장례 때 무덤에 함께 묻는 여러 가지 도구. 明器(명기). ㉢불길한 것. 명예와 지식. ❍명예와 지식은 사람이 다투게 되는 것이기 때문에 이르는 말.
【凶黨 흉당】 ①무뢰배(無賴輩). 건달패. ②반역의 무리. 逆徒(역도).
【凶德 흉덕】 ①흉악한 성질. ②부도덕한 행위. 惡德(악덕).
【凶毒 흉독】 ①맹렬한 독. ②흉악하고 악독함.
【凶戾 흉려】 거칠고 도리에 벗어남. 난폭함. 또는 그런 사람. 凶逆(흉역). 凶悖(흉패).
【凶禮 흉례】 초상 때의 예식. 喪禮(상례).
【凶夢 흉몽】 불길한 꿈. 惡夢(악몽).
【凶門 흉문】 ①상가(喪家)의 북문(北門). ②장군이 출진(出陣)할 때 나가는 문. ❍북문으로 나가는 것은 필사(必死)의 뜻을 나타냄.
【凶聞 흉문】 사망의 통지. 訃告(부고).
【凶服 흉복】 ①상중(喪中)에 입는 옷. 喪服(상복). ②불길한 복장. 곧, 갑옷.
【凶邪 흉사】 ①흉악하고 간사함. 또는 그런 사람. ②마음이 사특함. 또는 그런 사람.
【凶事 흉사】 ①흉한 일. 불길한 일. ②사람이 죽는 일.
【凶煞 흉살】 ①나쁘고 사나운 기(氣). 邪氣(사기). ②國 ㉠불길한 운수. ㉡흉한 귀신.
【凶憸 흉섬】 마음이 사악하고 음흉함. 또는 그런 사람. 姦憸(간섬).
【凶手 흉수】 ①악인(惡人). 악인의 짓. ②사람을 제 손으로 직접 살해한 사람.
【凶豎 흉수】 악인(惡人).
【凶心 흉심】 옳지 않은 마음. 음흉한 마음.
【凶穰 흉양】 곡물의 못됨과 잘됨. 흉년과 풍년.
【凶逆 흉역】 마음이 비뚤어져 도리를 거스름.
【凶穢 흉예】 악하고 더러움. 또는 그런 사람.
【凶頑 흉완】 마음이 흉해서 사람을 따르지 않음. 올바르지 않고 편벽됨.
【凶威 흉위】 거친 위세. 악인의 세력.
【凶恣 흉자】 흉악하고 방자함.
【凶終隙末 흉종극말】 친구 사이가 처음에는 친하다가 끝에는 가서 나빠져 서로 틈이 생김.
【凶札 흉찰】 기근과 전염병. 흉작(凶作)의 해와 전염병이 도는 해. ❍'札'은 역병(疫病).
【凶測 흉측】 몹시 흉악함. 凶惡罔測(흉악망측).
【凶慝 흉특】 성질이 흉악하고 간특함.
【凶悖 흉패】 올바르지 않고 도리에 어긋남.
【凶暴 흉포】 몹시 흉악하고 난폭함.
【凶旱 흉한】 가물. 한발.
【凶悍 흉한】 흉악하고 사나움. 凶獷(흉광).
【凶害 흉해】 ①끔찍한 짓으로 남을 해침. 또는 그런 마음. ②흉악한 해독(害毒).
【凶禍 흉화】 재앙(災殃). 재난.
【凶患 흉환】 재앙. 재난.
【凶猾 흉활】 흉악하고 교활함.
【凶凶 흉흉】 ①썩 거친 모양. ②시끄럽게 떠들며 다투는 모양. ③두려워하는 모양.
❍ 吉-, 大-, 陰-.

凵₃ 【出】 ⑤ 塊(358)와 동자

凵₃ 【凹】 ⑤ 오목할 요 㚖 甪 āo
[초서] ∽ [字解] 오목하다, 가운데가 쑥 들어가 오목하다.
【凹心硯 요심연】 먹을 간 부분이 오목하게 들어간 벼루.
【凹處 요처】 오목한 곳.
【凹凸 요철】 오목함과 볼록함.
【凹陷 요함】 오목하게 꺼져 들어간 곳.

凵₃ 【凸】 ⑤ 볼록할 철 月 厲 tū

【凸面 철면】 가운데가 볼록해진 면.
【凸凹 철요】 볼록함과 오목함.
【凸形 철형】 가운데가 도도록한 모양.

凵 3 【出】⑤ ❶날 출 圓 chū ❷별 추 圓 chū

丨 ㄴ 屮 出 出

대법원 지정 인명용 한자의 음은 '출'이다.

[字源] 象形. 초목이 차츰 가지를 위로 뻗으며 자라나는 모양을 본떠서 '성장하다, 출생하다' 등의 뜻을 나타낸다.

[字解] ❶나다. ㉮나타나다. ¶出現. ㉯발생하다. 〔易經〕萬物出乎震. ㉰태어나다. ¶出産. ㉱뛰어나다, 우수하다. 〔韓愈·原道〕古之聖人, 其出人也遠矣. ㉲샘솟다, 생겨나다. 〔漢書〕醴泉從地出. ❷나가다. ㉮안이나 속에서 겉이나 밖으로 나가다. 〔論語〕弟子入則孝, 出則弟. ㉯나아가다. 〔漢書〕五將軍分道而出. ㉰일정한 곳을 떠나다. ¶出鄕. ㉱달아나다, 도망치다. 〔周禮〕出圜土者殺. ㉲내보내다. ¶出師. ㉳내놓다, 수중에 있던 것을 남에게 주거나 바치다. 〔易經〕河出圖, 洛出書. ㉴간행하다, 출판물을 세상에 내놓다. ¶出版. ㉵생각해 내다. 〔戰國策〕無所出其計. ❹지출(支出). 〔禮記〕量入以爲出. ❺시집가다, 시집보내다. ¶出嫁. ❻양자 가다, 양자 들다. ¶出系. ❼생질, 남자가 그 자매(姉妹)의 아들을 이르는 말. ❷내다. ※❶의 ③과 같다.

【出家 출가】 ①집을 떠남. ②(佛)속세의 생활을 버리고 불도(佛道)에 들어감. 집을 나와 불문(佛門)에 들어감. 승려가 됨.
【出嫁 출가】 처녀가 시집을 감.
【出嫁外人 출가외인】 圖시집간 딸은 친정 사람이 아니므로 남이나 마찬가지임.
【出脚 출각】 圖은퇴했다가 다시 벼슬에 나아감.
【出閤 출합】 ①태자가 제후(諸侯)가 되어 나감. ②㉠공주가 시집감. ㉡여자가 시집감.
【出降 출강】 제왕(帝王)의 딸이 신하의 집으로 시집을 감.
【出去 출거】 나감. 떠나감.
【出格 출격】 ①응제(應制)나 표장(表章)을 쓸 때, 경의(敬意)를 표시하기 위하여 다른 줄보다 한 자 올려서 쓰던 일. ②격식에서 벗어남. 별격(別格). 파격(破格).
【出京 출경】 ①시골로 가려고 서울을 떠남. 출도(出都). ②시골에서 서울로 올라옴.
【出系 출계】 양자(養子)로 들어가서 그 집의 대를 이음.
【出庫 출고】 물품을 창고에서 꺼냄.
【出告反面 출곡반면】 자식 된 도리는, 외출할 때 반드시 부모에게 고하고, 돌아와서는 반드시 부모 앞에 나아가 돌아왔음을 아룀.

【出谷遷喬 출곡천교】 새가 봄에 깊은 산골에서 나와 높은 나무에 옮아앉음. 사람의 전거(轉居)·출세 등의 비유.
【出恭 출공】 변소에 감.
【出口 출구】 ①나가는 곳. ②입에서 나옴. 말이 입에서 나옴. ③멀리 귀양 보냄.
【出群 출군】 많은 사람 중에서 빼어남.
【出氣 출기】 노기(怒氣)를 띰. 화냄. 성냄.
【出納 출납】 ①금전·물품을 내어 주거나 받아들임. ②지출과 수입.
【出頭 출두】 ①두각(頭角)을 나타냄. 남보다 뛰어남. ②어떠한 장소에 몸소 나감. 出席(출석). ③國㉠호출을 받아 관청에 나감. ㉡어사출두(御史出頭).
【出頭地 출두지】 두각을 나타냄.
【出藍 출람】 쪽풀에서 뽑아낸 청색이 오히려 본디의 쪽풀보다 더 푸름. 제자가 스승보다 뛰어남. 靑出於藍(청출어람).
【出廬 출려】 초려(草廬)를 나옴, 은거(隱居)하던 사람이 다시 세상에 나와 활동함. 관직에 오름. [故事] 제갈량(諸葛亮)이 촉한(蜀漢)의 유비(劉備)가 세 번 찾아온 데 감격하여 초려에서 나와 출사(出仕)하였다는 고사에서 온 말.
【出令 출령】 명령을 내림.
【出禮入刑 출례입형】 행실이 예에 벗어나면, 형벌의 범위에 들게 됨.
【出牢 출뢰】 ①감옥에서 나옴. 出獄(출옥). ②별 이름.
【出類拔萃 출류발췌】 그 무리 중에서 특별히 뛰어남.
【出六 출륙】 圖품계가 7품에서 6품으로 오름. 陞六(승륙).
【出倫 출륜】 무리에서 뛰어남. 여러 사람 중에서 월등함. 出類(출류).
【出離 출리】 (佛)속세와 관계를 끊음.
【出馬 출마】 ①말을 타고 나아감. ②싸움터로 나감. 출진(出陣)함. 出征(출정). ③國선거에 후보자로 나섬.
【出亡 출망】 도망침. 出奔(출분).
【出梅 출매】 매우기(梅雨期)의 끝. 곧, 장마철의 마지막 때. 음력 7월 2일경.
【出文 출문】 장부상으로 내어 준 돈.
【出門 출문】 ①문을 나섬. ②집을 떠남.
【出奔 출분】 도망쳐 달아남. 외국으로 도망감. 出亡(출망). 亡命(망명).
【出仕 출사】 관리가 됨. 관리가 되어 근무함.
【出師 출사】 군대(軍隊)를 싸움터로 내보냄. 出兵(출병).
【出産 출산】 ①생겨남. 만들어짐. ②아이를 낳음. 解産(해산).
【出喪 출상】 상가에서 상여가 떠남.
【出塞 출새】 국경을 넘어서 나감.
【出生 출생】 ①자식이 태어남. ②산출(産出)함. 산출된 생산물. ③목숨을 걸고 최선을 다함. 사력(死力)을 다함.
【出世間 출세간】 ①(佛)㉠세상을 초월한 경계. 세속을 떠난 깨달음의 세계. ㉡출가(出家)하여

승려가 되는 일. ②세상일에 초연한 경계. 세상과의 교제를 끊음.
【出守 출수】 경관(京官)에서 지방의 태수(太守)가 됨.
【出狩 출수】 나가 사냥함. 임금이 몽진(蒙塵)하는 일을 기휘(忌諱)하여 이르는 말.
【出售 출수】 물건을 내어 팖.
【出御 출어】 ①다른 마을에서 아내를 구함. ②나가서 지방을 다스림. ③왕이 행차함.
【出漁 출어】 고기잡이를 나감.
【出言有章 출언유장】 하는 말이 아름답고 훌륭함. ○'章'은 무늬·문채·법도.
【出尤 출우】 많은 사람 가운데서 훨씬 뛰어남. 拔群(발군).
【出爾反爾 출이반이】 자기에게서 나온 것은 자신에게 돌아감.
【出日 출일】 ①돋아 나는 해. 아침 해. ②해가 돋는 곳.
【出資 출자】 금전 따위를 사업 자본으로 내놓음.
【出將入相 출장입상】 나가서는 장수가 되고 들어와서는 재상(宰相)이 됨. 곧, 문무겸전(文武兼全)의 뛰어난 사람.
【出箭皮 출전피】 활등의 한가운데 부분에서 화살이 닿는 자리에 붙이는 가죽.
【出定 출정】 (佛)선정(禪定)을 마치고 나옴.
【出征 출정】 싸움터로 나감.
【出主 출주】 제사 때 사당에서 신주(神主)를 모시어 냄.
【出走 출주】 달아남. 도주(逃走)함.
【出衆 출중】 뭇사람 속에서 뛰어남.
【出塵 출진】 ①세상을 피함. 세속을 벗어남. 脫俗(탈속). ②(佛)번뇌와 더러움이 가득 찬 속세를 버리고 불도(佛道)를 닦아 깨달음을 얻음.
【出震 출진】 주역(周易)에서, 만물이 동방(東方)에서 발생함을 이름. ○'震'은 동방의 괘(卦).
【出差 출차】 ①공무원이 공무로 출장함. ②달의 영향으로 궤도 운행의 속도가 주기적으로 달라지는 일.
【出站 출참】 國사신(使臣)·감사(監司)를 영접하고 모든 전곡(錢穀)·역마(驛馬) 등을 대어 주기 위하여 그들이 숙박하는 곳과 가까운 역에서 사람을 내보내던 일.
【出妻 출처】 ①이혼한 아내. ②아내를 내쫓음.
【出處語默 출처어묵】 나아가 벼슬자리에 있음과 물러나 집에 있음. 말함과 침묵함.
【出贅 출췌】 ①양자(養子)가 됨. ②사위가 됨. ③처가살이. ○'贅'는 쓸모없는 사물.
【出版 출판】 서적·회화 등을 인쇄하여 세상에 내놓음.
【出牌 출패】 國지방의 불량배가 못된 일을 꾸밀 때 외방에서 나다니면서 계책을 꾸미는 사람.
【出必告 출필곡】 외출할 때마다 반드시 부모에게 가는 곳을 아룀.
【出鄕 출향】 고향을 떠남.
【出現 출현】 나타남. 나타나서 보임.
❶醵-, 傑-, 屈-, 突-, 描-, 搬-, 倍-, 排-, 輩-, 百-, 噴-, 査-, 射-, 産-, 選-, 歲-, 輸-, 演-, 捻-, 外-, 日-, 提-, 支-, 進-, 逐-, 脫-, 退-, 特-.

凵 6 【函】⑧ ❶함 함 國 hán
❷갑옷 함 罒 hán
[소전][초서][속자][간체] 函 字解 ❶
①함. ㉮상자, 물건을 넣는 그릇. ㉯國혼. 혼인 때 신랑측에서 채단과 혼서지를 넣어서 신부 측에 보내는 나무 그릇. ②편지, 서간(書簡). ¶函使. ③잔, 술잔. ④관(關)의 이름, 함곡관(函谷關)의 약칭. ❷①갑옷. 늑甲. 〔孟子〕函人惟恐傷人. ②혀. 입 안에 있는 기관. ③넣다, 사이에 끼다. 〔禮記〕席間函丈. ④품다, 머금다. 늑含. 〔詩經〕實函斯活. ⑤싸다, 속에 넣고 씌워 가리다. 〔漢書〕函蒙社福. ⑥너그럽다, 관대하다.
【函蓋相應 함개상응】 상자와 뚜껑이 잘 맞음. 서로 잘 맞아서 한 덩어리가 됨.
【函谷 함곡】 진(秦)나라의 관 이름. 하남성(河南省) 영보현(靈寶縣)에 있었음. 函谷關(함곡관).
【函宏 함굉】 넓음. 관대함. 函弘(함홍).
【函籠 함롱】 옷을 담는, 큰 함처럼 생긴 농.
【函使 함사】 편지 등의 글을 전하는 하인.
【函三 함삼】 ①셋을 포함함. 태극(太極)의 원기가 아직 나뉘지 않고, 천(天)·지(地)·인(人)이 혼합되어 하나로 되어 있는 것. ②도교(道敎)에서 삼단전(三丹田)을 이르는 말.
【函人 함인】 갑옷과 투구를 만들던 사람.
【函丈 함장】 스승과 자기의 자리 사이를 1장(丈) 정도 떼어 놓는 일. ㉠스승에게 올리는 서간(書簡)에서 성함 밑에 붙여 쓰는 말. ㉡스승. 仁丈(인장).
【函尺 함척】 國높낮이를 재는 자.
【函招 함초】 편지로써 사람을 초대함.
【函夏 함하】 중국의 딴 이름.
【函胡 함호】 ①큰 소리. ②모호하여 똑똑하지 않은 모양.
【函和 함화】 온화함. 따뜻함.
【函活 함활】 생기를 머금음. 활기를 띰.
❶空-, 密-, 本-, 書-, 石-, 玉-, 投-.

凵 7 【圅】⑨ 函(182)의 속자

刀部
2획 부수 | 칼도부

刀 0 【刀】② ❶칼 도 國 dāo
❷國되 도
刀刀
[소전][초서] 參考 '刀'가 한자의 구성에서 방(旁)에 쓰일 때는 모

刀部 1~2획 刁刀刃刄刅 183

양이 'リ'로 바뀌고, '선칼도'라고 부른다.
[字源] 象形. 날이 구부정하게 굽은 칼의 모양을 본뜬 글자.
[字解] ❶칼. 물건을 베거나 썰거나 깎는 기구. 〔國語〕 中刑用刀鋸. ❷통화(通貨)의 이름. 〔墨子〕 刀糴相爲賈. ❸작은 배. 소주(小舟). 〔詩經〕 曾不容刀. ❷國되. 승(升).
【刀車 도거】 전차(戰車)의 한 가지. 바퀴가 두 개이며, 앞면에 많은 창과 칼이 꽂혀 있음.
【刀鋸 도거】 ①칼과 톱. 옛날 형구(刑具)의 한 가지. 칼은 할형(割刑)에 쓰고, 톱은 월형(刖刑)에 썼음. ②형벌(刑罰). ③목공의 도구.
【刀鋸鼎鑊 도거정확】 도거(刀鋸)와 정확(鼎鑊). 형벌을 가하던 형구(刑具). ○'鼎鑊'은 사람을 삶아 죽이던 가마솥. ②혹독한 형벌.
【刀鋸之餘 도거지여】 궁형(宮刑)·월형(刖刑) 등을 당하여 불구자로서 사는 몸. 곧, 환관(宦官).
【刀劍 도검】 칼. 장검(長劍).
【刀圭 도규】 ①약을 뜨는 숟가락. ②의약(醫藥). 의술(醫術). ③국을 뜨는 국자.
【刀圭術 도규술】 의술(醫術).
【刀戟 도극】 칼과 창(槍). ○'戟'은 끝이 갈라진 창.
【刀途 도도】 (佛)축생도(畜生道)의 딴 이름. ○'畜生'은 사람에게 죽임을 당하기 때문에 '刀'를 쓴 것임.
【刀鋩 도망】 칼날. 刃鋩(인망).
【刀墨 도묵】 이마에 먹으로 문신(文身)하는 형벌. 黥刑(경형).
【刀瘢 도반】 칼에 다친 자국.
【刀兵 도병】 ①칼. ○'兵'은 병기(兵器). 軍器(군기). ②군사(軍事). ③전쟁(戰爭).
【刀山劍樹 도산검수】 칼산과, 가지·잎·꽃·과실이 모두 칼로 된 나무의 숲. ○매우 험하고 위험한 지경. ○혹독한 형벌.
【刀鋋 도연】 칼과 짧은 창.
【刀刃 도인】 ①칼날. ②날이 있는 연장의 총칭.
【刀子 도자】 작은 칼. 손칼. 短刀(단도).
【刀折矢盡 도절시진】 칼은 부러지고 화살은 다 하여 없음. 격전 끝에 무기가 바닥남.
【刀俎 도조】 식칼과 도마. ①요리하는 일. ○위험한 장소나 사물.
【刀擦 도찰】 國잘못된 글자를 칼로 긁어 고침.
【刀槍 도창】 칼과 창.
【刀尺 도척】 ①가위와 자. ②바느질. ③사람의 재능을 헤아려 진퇴(進退)·임면(任免)을 하는 일. ④國칼자. 지방 관아에서 음식 만드는 일을 맡아보던 하인.
【刀脊 도척】 ①칼등. 刀背(도배). ②험준한 길.
【刀泉 도천】 돈. 통화(通貨).
【刀鞘 도초】 칼집. 刀室(도실).
【刀錐 도추】 ①칼과 송곳. ②작은 이익.

【刀把 도파】 칼자루. 도검(刀劍)의 자루.
【刀風 도풍】 (佛)사람의 목숨이 끊어지려 할 때 마치 칼로써 죽이는 것처럼 근골(筋骨)을 해체하는 풍기(風氣). 곧, 단말마의 고통.
【刀筆 도필】 ①○죽간(竹簡)에 문자를 기록하던 붓과, 틀린 글자를 깎아 내던 칼. ○붓. ②문서의 기록을 담당하던 낮은 관리. ③문서(文書). 장부(帳簿).
【刀環 도환】 ①칼자루 끝에 달아맨 옥(玉) 고리. ②고향으로 돌아감. ○'環'과 '還'의 음이 같은 데서 온 말. ③머리에 고리가 달린 칼 모양의 화폐.
【刀痕 도흔】 칼에 베인 흉터.
❶ 果-, 軍-, 短-, 寶-, 食-, 粧-, 佩-.

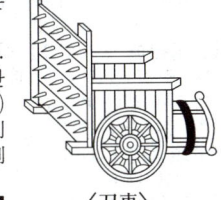
〈刀車〉

刀
0 【刁】② 바라 조 圖 diāo
[초서][字解] ①바라. 동라(銅鑼)의 한 가지. 〔漢書〕 不擊刁斗. ②머리카락이 헝클어진 모양. ¶ 刁騷. ③흔들려 움직이는 모양. 〔莊子〕 獨不見之調調之刁刁乎. ④속이다. 간사하다. ¶ 刁蹬.
【刁姦 조간】 여자를 유혹하여 간통함.
【刁斗 조두】 군대에서 야경을 돌 때 쓰던 바라. 군중(軍中)에서 낮에는 밥을 짓는 데 쓰고, 밤에는 이것을 두들겨 경계하는 데에 썼음.
【刁蹬 조등】 國간사한 꾀를 써서 물건의 시세를 오르게 함.
【刁騷 조소】 머리가 짧고 쑥대강이처럼 헝클어진 모양.
【刁踊 조용】 國물건 값이 뛰어오름.
【刁刁 조조】 바람이 살랑살랑 부는 모양. 가볍게 흔들리는 모양.
❶ 斗-, 鳴-, 夜-, 調-.

刀
1 【刃】③ 칼날 인 圖 rèn
[소전][초서][속자][속자] [字源] 指事. '刀' 자에 '、'을 찍어 그곳이 칼날임을 가리킨다.
[字解] ①칼날. 〔中庸〕 白刃可蹈也. ②칼. 칼질하다. 〔史記〕 我能自刃. ③병기(兵器)의 총칭.
【刃鋩 인망】 칼날. 연장의 서슬 刀鋩(도망).
【刃傷 인상】 칼날 따위에 다침. 刃創(인창).
【刃迎縷解 인영루해】 칼날로 실을 끊어 푸는 것과 같이 손쉽게 도리를 밝힘.
❶ 刀-, 兵-, 鋒-, 冰-, 霜-, 兩-, 尺-, 寸-, 血-.

刀
1 【刄】③ 刃(183)의 속자

刀
1 【刅】③ 刃(183)의 속자

刀
2 【刐】④ 剝(201)의 고자

刀 2 【刂】 ④ 剝(201)과 동자

刀 2 【分】 ④ ❶나눌 분 囡 fēn
　　　　　❷분수 분 圊 fèn

ノ 八 今 分

소전 分 초서 分

[字源] 會意. 八+刀→分. 본래 '八(팔)'이 나눈다는 뜻이었는데, 뒤에 '여덟'의 뜻으로 가차되자 '刀(칼 도)'를 더하여 칼로 물건을 나눈다는 의미로 썼다.

[字解] ❶㉠나누다, 몇 개로 가르다. 〔史記〕分軍爲三. ㉡구별(區別)하다. 〔論語〕五穀不分. ㉢나누어 주다, 베풀어 주다. ¶分配. ㉣헤어지다, 떨어져 나가다. ¶分散. ㉤나누어지다, 몇 개의 부분으로 갈라지다. 〔列子〕晝夜各分. ㉥다름, 구별. 〔荀子〕君子小人之分也. ㉦절기의 하나, 밤과 낮의 길이가 같을 때. ¶秋分. ㉧단위. ※㉠·㉣·㉥의 뜻으로 쓸 때의 음은 관용적으로 '푼'이라고 읽는다. ㉮길이의 단위. 1척(尺)의 100분의 1. ㉯무게의 단위. 1냥(兩)의 100분의 1. ㉰각도·경위도의 단위. 1도(度)의 60분의 1. ㉱시간의 단위. 1시간의 60분의 1. ㉲넓이의 단위. 1묘(畝)의 10분의 1. ㉳전화(錢貨)의 단위. 1문(文)의 10분의 1. ❷㉠분수(數). ㉯신분·존비(尊卑)의 차등(差等). 〔荀子〕分均則不偏. ㉰명분(名分). 〔荀子〕分莫大於禮. ㉱한도·정도. 〔淮南子〕各守其分. ㉲뜻, 마음가짐, 지조. ㉳맡은 일, 직분. 〔禮記〕男分, 女有歸. ㉴세금. ¶分稅. ❷나누어 맡은 것, 몫. 〔春秋左氏傳〕四國皆有分. ❸운명(運命), 인연.

【分甘 분감】①단맛을 나눔. 널리 자애를 베풂. ②즐거움을 같이함. 같이 즐김.
【分遣 분견】나누어 보냄. 갈라서 파견함.
【分功 분공】①공(功)이나 수확물을 나눔. ②힘을 나누어서 일을 이룩함.
【分館 분관】①본관에서 나뉘어 따로 세운, 하부에 딸린 관(館). ②조선 때 새로 문과에 급제한 사람을 승문원(承文院)·성균관(成均館)·교서관(校書館)의 세 관에 배치하여 권지(權知)라는 이름으로 실무를 익히게 하던 일.
【分校 분교】①과거(科擧)에서 답안을 조사하던 시험관. ②圀본교에서 떨어진 지역에 따로 세운 학교.
【分金 분금】①돈을 나눔. ②예물(禮物)을 공동으로 보낼 때 각자 부담할 돈. ③圀무덤에 관(棺)을 묻을 때에 그 위치를 똑바로 정하는 일.
【分襟 분금】옷깃을 나눔. 곧, 헤어짐.
【分岐 분기】나뉘어 여러 갈래로 갈라짐.
【分內 분내】①당연히 할 일. 직분으로서 할 일. ②신분에 상응하는 일. 분수에 맞는 일. ③圀은 패. 同僚(동료).
【分段 분단】①사물을 여러 단계로 나눔. ②단락을 나눔. ③(佛)육도(六道)를 윤회하는 범부(凡夫)가 업인(業因)에 따라 받게 되는 분한(分

限)과 형단(形段). ❷'分限'은 목숨의 길고 짧음, '形段'은 신체의 크고 작음과 가늘고 굵음.
【分擔 분담】나누어 맡음.
【分桃 분도】복숭아를 나누어 줌. ㉠남색(男色) 관계인 사이의 비유. ㉡사랑과 미움이 때에 따라 변화함의 비유. [故事] 위(衞)나라의 미자하(彌子瑕)가 위군(衞君)에게 총애를 받을 때는 자신이 먹던 복숭아를 바쳐 칭찬을 받았는데, 사랑이 식은 후에는 지난날 먹다 남은 복숭아를 준 일까지 벌을 내렸다는 고사에서 온 말.
【分道揚鑣 분도양표】길을 갈라서 재갈을 떨치며 제 갈 길을 감. ㉠피차 자질이 비슷하여 높고 낮음이 있지 아니한 자리에 있음. ㉡목적·뜻·취미 등이 달라 가는 길이 다름.
【分頭 분두】①헤어짐. 離別(이별). ②분담함. 부서를 나눔.
【分頭稅 분두세】사람의 수효에 따라 부과하는 조세(租稅). 人頭稅(인두세).
【分掠 분략】사람을 여러 패로 나누어 노략질함.
【分另 분령】가산(家産)을 나누어 분가함.
【分賚 분뢰】윗사람이 아랫사람에게 나누어 줌. 分賜(분사).
【分龍雨 분룡우】음력 5월에 오는 소나기. 갑자기 많은 비가 내려 용(龍)도 헤어져 산다는 데서 온 말.
【分理 분리】①사리를 말로 밝힘. 변명함. ②나누어진 줄기.
【分袂 분몌】소매를 나눔. 곧, 이별함.
【分茅 분모】모토(茅土)를 분봉(分封)함. 곧, 제후(諸侯)로 봉(封)함.
【分文 분문 ❶분문 ❷푼돈】❶문장(文章)을 구성 요소에 따라 분해함. ❷푼돈.
【分門裂戶 분문열호】①한 친척이나 한 무리가 서로 파가 갈라짐. ②부문이나 부류를 나눔.
【分撥 분발】①분배(分配)함. ②조보(朝報)를 발행하기 전에 그 요긴한 사항을 먼저 베껴 돌리던 일.
【分背 분배】①서로 등지고 섬. ②길을 달리하여 각각 감. 헤어짐. 이별함.
【分配 분배】①몫몫이 나누어 줌. ②개개인이 생산물을 사회적 법칙에 따라 나누는 일.
【分福 분복】타고난 복.
【分封 분봉】①천자가 토지를 나누어 제후를 봉함. 分茅(분모). ②꿀벌의 통에 두 마리의 여왕벌이 생겼을 때, 먼저 있던 늙은 여왕벌이 군봉(群蜂)을 이끌고 분가(分家)해서 따로 집을 가지는 일. 分蜂(분봉).
【分付 분부】①많은 사람에게 나누어서 시킴. ②아랫사람에게 명령을 내림. ③나누어 줌.
【分賦 분부】①조리 있게 말함. ②세금 등을 나누어서 부과함.
【分分 분분】①질서가 있는 모양. ②두려워하며 원망하는 모양. ③흐트러진 모양. 어수선한 모양. 紛紛(분분). ④마음속으로 생각하는 모양.
【分崩 분붕】떨어져 흩어짐. 이산(離散)함.
【分貧振窮 분빈진궁】가난한 사람에게 재물을 주고, 궁한 사람을 구제함.

【分司 분사】 일을 나누어 맡음.
【分散 분산】 ①갈라져 흩어짐. ②나누어 줌.
【分石 분석】 國임진왜란 후 어지러운 국정을 틈타 지방 관리가 환곡(還穀)에 쭉정이를 섞어서 그 늘어난 분량만큼 곡식을 도둑질하던 일.
【分稅 분세】 물건 값에 따라 세율을 정하여 물리던 잡세(雜稅)의 한 가지.
【分歲 분세】 ①음력 섣달 그믐날에 온 집안 식구가 모여 잔치를 베푸는 일. ②(佛)선림(禪林)에서 제야(除夜)를 이르는 말.
【分疎 분소】 변명함.
【分手 분수】 ☞分袂(분몌).
【分銖 분수】 ①1분(分)과 1수(銖). 매우 적은 분량이나 이익. ②무게의 단위. ☞'銖'는 냥(兩)의 24분의 1. ③노(弩)의 눈금. 곧, 화살의 원근(遠近)을 재는 것.
【分數 분수】 ①타고난 운수. 제 몸에 적당한 분한(分限). ②절기(節氣) 순환의 구분.
【分身 분신】 몸을 나눔. ㉠한 몸이 여러 개로 나누어짐. ㉡아이를 낳음. 分娩(분만). ㉢(佛)부처가 중생을 제도하기 위하여 나타내는 여러 가지 모습.
【分秧 분앙】 모내기. 삽앙(挿秧).
【分野 분야】 ①천문의 십이성차(十二星次)에 따라 전국 시대의 각국(各國)이나 지역을 분속(分屬)시켜 나눈 것. ②여러 갈래로 나눈 부분이나 범위.
【分讓 분양】 많은 것이나 큰 덩어리를 갈라서 여럿에게 나누어 줌.
【分餘光 분여광】 남는 빛을 나누어 줌. 남는 힘을 남에게 빌려 줌.
【分裂 분열】 찢어져 갈라짐.
【分憂 분우】 근심을 나눔. 같이 근심함.
【分韻 분운】 운자(韻字)를 정하고 여러 사람이 나누어 집어서 그 잡은 운자로 즉석에서 한시(漢詩)를 짓는 일.
【分陰 분음】 일분(一分)의 광음(光陰). 매우 짧은 시간. 寸陰(촌음).
【分義 분의】 분수에 맞음. 분수를 지켜 의(義)를 행함.
【分異 분이】 ①따로따로 함. 따로따로 됨. ②따로따로 삶. 별거(別居)함. 分居(분거).
【分日 분일】 한나절. 반일(半日).
【分財 분재】 ①재화(財貨)를 분배함. ②재산을 나누어 줌. ③분가(分家)함.
【分點月 분점월】 달이 그 궤도의 어떤 점을 지나서 다시 그 점으로 돌아오는 동안. 곧, 27일 5시간 5분 35.8초. 交點月(교점월).
【分際 분제】 한계. 정도. 한도.
【分劑 분제】 약을 조제(調劑)할 때 약재(藥材)의 가감 정도.
【分至 분지】 춘분(春分)·추분(秋分)·하지(夏至)·동지(冬至). ☞'分'은 춘분과 추분, '至'는 하지와 동지.
【分寸 분촌】 한 푼과 한 치. 매우 적음의 비유. 些少(사소). 僅少(근소).
【分統 분통】 나누어 지배함.

【分破 분파】 ①나누어서 쪼갬. ②법문(法文) 중의 일부분만 쪼개어 인용함.
【分判 분판】 ①나눔. 나누임. ②판별함.
【分表 분표】 흉년에 전조(田租)를 나누어 주던 일.
【分下 분하】 연례(年例)에 따라 관리들에게 물건이나 돈을 나누어 주던 일.
【分限 분한】 ①상하 신분의 한계. 분수(分數). ②자기의 직분(職分)을 지킴. ③구분.
【分割 분할】 나누어 쪼갬.
【分轄 분할】 나누어 지배함. 나누어 관할함. 分管(분관).
【分鞋破鏡 분혜파경】 신발을 나누고 거울을 깸. 부부가 헤어짐의 비유. 故事 부부가 이별할 때 신표(信標)로 삼기 위하여 어떤 사람은 신을 한 짝씩 가지고 어떤 사람은 거울을 쪼개어 나누어 가졌다는 고사에서 온 말.
【分荊 분형】 형제는 떨어질 수 없음의 비유. 故事 한대(漢代)에 전진(田眞) 3형제가 한 그루의 형화(荊花)를 나누어 갖자 마침내 말라 죽었다는 고사에서 온 말.
【分形連氣 분형연기】 형제. 형제는 같은 부모에게서 났으므로 형체는 나누어져 있지만 그 기맥(氣脈)은 서로 이어져 있음.
【分曉 분효】 ①새벽. 동틀 무렵. ②상쾌하고 환하게 밝음.

● 過ー, 區ー, 氣ー, 等ー, 名ー, 命ー, 半ー, 部ー, 成ー, 身ー, 餘ー, 才ー, 情ー, 職ー, 處ー, 戚ー, 天ー, 秋ー, 春ー.

刀
2 【刈】④ 벨 예 國 yì
소전 㐅 초서 刈
字源 會意. 㐅+刀→刈. 'リ'는 칼, '㐅'는 서로 엇걸려 있는 모양. 날이 있는 연장[リ]이 서로 엇걸려[㐅] 있다는 데서 '풀을 베다'의 뜻을 나타낸다.
字解 ①베다. 풀이나 곡식 따위를 베다. [楚辭]願俟時乎吾將刈. ②자르다. 베어 죽이다. ③낫. [國語]抶其鎗刈耨鎛.
【刈刀 예도】 낫의 한 가지.
【刈穫 예확】 농작물을 베어 들임. 거두어들임.

刀
2 【切】④ ❶끊을 절 歷 qiē, qiè
❷모두 체 屬 qì

一 十 切 切

소전 切 초서 切 속 切 參考 대법원 지정 인명용 한자의 음은 '절·체'이다.
字源 會意. 匕+刀→切. '匕'에는 절단(切斷)한다는 뜻이 있는데, 여기에 '刀'를 더하여 칼로 절단한다는 뜻을 나타낸다.
字解 ❶①끊다, 베다, 자르다. ㉮가르다, 잘게 쓸다. [禮記]切蔥若薤, 實諸醢以柔之. ㉯상아·뼈·구슬 등을 잘라 내다, 깎아 내다. [詩經]如切如磋. ②갈다, 문지르다, 갈아지다. [馬融·賦]絞灼激以轉切. ③바로잡다, 고치다. ④다

그다, 접근하다.〔揚雄·賦〕入西園切神光. ⑤엄하다, 심하다.〔素問〕其候淸切. ⑥잘 맞다, 적절하다.〔後漢書〕明君不惡切愨之言. ⑦친절하다, 정중하다.〔論語〕朋友切切偲偲. ⑧요소(要所), 필요.〔漢書〕請略擧凡而客自覽其切焉. ⑨깊다, 마음·생각이 깊다.〔漢書〕切讓王莽. ⑩꾸짖다, 나무라다.〔後漢書〕切免公台. ⑪삼가다, 힘쓰다. ¶切. ⑫누르다, 진맥하다.〔素問〕切脈動靜, 而視精明. ⑬반절(反切). 한자(漢字) 두 글자로 한 자의 음을 나타내는 방법. ⑭문지방.〔漢書〕切皆銅沓黃金塗. ⑮國수학에서 원과 직선, 원과 원이 한 점에서 교차하는 것. ⑯國떨어지다, 없어지다. ¶切品. ❷①모두, 모든.〔史記〕請一切逐客. ②대개, 대체. ③많다. ④섬돌, 석계(石階). 능砌.〔張衡·賦〕設切厓隒.
【切愨 절각】적절하고 정성스러움.
【切開 절개】칼이나 가위 따위로 몸의 일부를 째어서 엶.
【切激 절격】매우 엄함. 매우 격렬함.
【切骨 절골】골수에 스며듦.
【切近 절근】눈앞에 다급침. 절박함.
【切己 절기】①자기와 친밀한 관계가 있음. ②國자기에게 필요함. 또는 그 일.
【切忌 절기】매우 꺼림.
【切屬 절속】①날카롭고 격렬함. ②격려함.
【切論 절론】조금도 거리낌 없이 논의함.
【切磨 절마】옥(玉)을 갈고 닦음. ㉠학문을 닦음. ㉡서로 격려함. ㉢切磋琢磨(절차탁마).
【切摩 절마】①수양함. 붕우(朋友)가 서로 격려하여 배움의 길을 닦음. 硏磨(연마). 切磨(절마). ②서로 스침. 서로 맞비빔.
【切望 절망】간절히 바람. 절실하게 바람.
【切脈 절맥】의사가 병자를 진맥함.
【切免 절면】문책하여 관직을 면함.
【切問 절문】자상하게 물음.
【切迫 절박】시간으로 몹시 급박함.
【切膚 절부】①살갗을 벰. ②통절하게 느낌.
【切實 절실】①썩 절박하거나 긴요함. ②실제에 꼭 들어맞음.
【切愛 절애】깊이 사랑함. 매우 귀여워함.
【切言 절언】적절한 말. 통절(痛切)한 말.
【切要 절요】적절하고 중요함. 매우 중요함.
【切韻 절운】반절(反切)에 의하여 한자(漢字)의 운(韻)을 나눈 것. 반절은 한자 두 글자의 음을 반씩 따서 합쳐 하나의 소리로 만드는데, 윗자는 '切'이 되고 아랫자는 '韻'이 됨.
【切切 절절】①삼감. ②힘씀. ③엄하게 꾸짖음, 격려함. ④슬픈 모양. 마음에 세게 닿는 모양. ⑤가을바람 소리의 쓸쓸한 모양. ⑥소곤소곤하는 모양. ⑦생각이 간절한 모양.
【切正 절정】①나쁜 점을 바로잡음. 切直(절직). ②알맞고 바름.
【切直 절직】①바름. 나쁨을 바로잡음. 切正(절정). ②정성스럽고 바름.
【切磋琢磨 절차탁마】뼈와 상아는 칼로 다듬고 줄로 쓸며, 옥과 돌은 망치로 쪼고 사석(砂石)

으로 갊. ㉠학문과 덕행을 힘써 닦음. ㉡벗끼리 서로 격려함.
【切責 절책】엄하게 책망함. 深責(심책).
【切齒腐心 절치부심】분을 못 이겨 이를 갈고 속을 썩임. 몹시 노함.
【切親 절친】매우 친함.
【切品 절품】물건이 모두 팔리고 없음.
【切逼 절핍】①몹시 다급함. ②몹시 가난함.
● 懇—, 激—, 急—, 迫—, 反—, 深—, 一—, 適—, 親—, 痛—.

刀2【刃】④ 해칠 창 陽 chuāng
[소전] [초전] [字解]해치다, 상처를 입히다, 다치게 하다. =創.

刀3【刊】⑤ 책 펴낼 간 寒 kān
一 二 干 刋 刊
[소전] [초전] [字源]形聲. 干+刀→刊. '干(간)'이 음을 나타낸다.
[字解]①책을 펴내다, 출판하다. ¶刊行. ②깎다, 새기다.〔禮記〕刊其柄與末. ③고치다, 수정하다.〔楊修·箋〕猥受顧錫, 敎使刊定. ④자르다.〔周禮〕夏日至, 令刊陽木而火之.
【刊刻 간각】①글자를 새김. 彫刻(조각). ②책을 세상에 냄. 刊行(간행). 上梓(상재).
【刊改 간개】판목(板木)을 고쳐 새김.
【刊校 간교】교정(校正)함.
【刊落 간락】잘라 냄.
【刊木 간목】나무를 벰. 伐木(벌목).
【刊剝 간박】깎아 냄.
【刊本 간본】목판본과 활자본의 총칭.
【刊削 간삭】①판목(版木)을 깎아 냄. ②글을 없애거나 붓으로 지움.
【刊刪 간산】깎아서 버림.
【刊定 간정】문장이나 문자의 잘못을 고쳐 정본(定本)으로 삼음. 刊正(간정).
【刊竄 간찬】시(詩)·문(文) 등을 다듬고 고침.
【刊剟 간철】깎음. 깎아 냄.
【刊薙 간치】초목을 베어 버림.
【刊行 간행】책 따위를 인쇄하여 발행함.
● 改—, 近—, 旣—, 發—, 續—, 旬—, 新—, 月—, 日—, 停—, 週—, 創—, 廢—, 休—.

刀3【刌】⑤ 가지 칠 균 元 kūn
[字解]가지를 치다, 나무의 가지를 자르다.

刀3【刏】⑤ 낫 공 東 gōng
[字解]①낫. 풀 따위를 베는 기구. ②베다, 풀 따위를 베다. ③깎다.

刀3【刅】⑤ 刅(542)의 속자

刀部 3~4획 切 刊 刌 刔 刉 列 刘 刕 刎 剡

刀3 【切】⑤ 切(185)의 속자

刀3 【刊】⑤ ❶끊을 천 ❚ qiān
❷새길 간 ❚ qiān
[초서] [字解] ❶끊다, 자르다. ❷새기다. ※刊(186)의 와자(譌字).

刀3 【刌】⑤ 저밀 촌 ❚ cǔn
[초서] [字解] ❶저미다, 잘게 썰다. ❷끊다, 자르다, 쪼개다, 절단하다.

刀4 【刔】⑥ 도려낼 결 ❚ jué
[字解] 도려내다, 후비다, 긁어내다. =抉.

刀4 【刉】⑥ 벨 기 ❚ jī
[소전] [字解] 베다, 찌르다, 자르다, 죽이다.
【刉珥 기이】 희생(犧牲)을 잡음. ○희생으로 쓰는 것 중에서 '刉'는 짐승, '珥'는 새를 뜻함.

刀4 【列】⑥ ❶벌일 렬 ❚ liè
❷보기 례 ❚ lì

一 丆 歹 歹 列 列

[소전] [초서] [參考] 대법원 지정 인명용 한자의 음은 '렬'이다.
[字源] 形聲. 歹+刀→列. '歹(알)'이 음을 나타낸다.
[字解] ❶①벌이다, 늘어놓다, 나란히 하다. 〔張衡·賦〕清道案列. ②가지런하다, 가지런하게 하다. 〔漢書〕逄蒙列眥. ③다스리다. ④줄, 행렬. 〔荀子〕散則爲列. ⑤차례, 등급, 반열. 〔春秋左氏傳〕入而未定列. ⑥나누다, 가르다. 〔史記〕分列天下. ⑦두다, 넣다. 〔荀子〕相者論列百官之長. ⑧조(組), 군대의 편오(編伍). 〔通典〕五人爲列, 列有頭. ⑨가게, 저자 안의 가게. 〔漢書〕小者坐列販賣. ⑩차례를 세우다, 순서대로 늘어놓다. 〔太玄經〕列敵度宜之謂義也. ⑪넣다, 참가하다. 〔金史〕擢列樞府. ⑫맵다, 매섭다. 늑烈. ⑬찢어지다. 늑裂. ⑭발두룩. 〔漢書〕不易其列. ⑮다수, 많은 수의 물건. ⑯성(姓). ❷보기. 늑例. 〔禮記〕上附下附列也.
【列諫 열간】 매섭게 간(諫)함.
【列強 열강】 여러 강한 나라들.
【列擧 열거】 여러 가지를 죽 들어서 말함.
【列缺 열결】①하늘이 쪼개져서 이지러짐. ②번개. 電光(전광).
【列姑射 열고야】 신선이 산다는 산.
【列棘 열극】 경대부(卿大夫)의 지위. ○주대(周代)에 가시나무〔棘〕를 심어서 경대부의 반위(班位)를 정한 데서 온 말.
【列女 열녀】 성품이 단정하고 정조(貞操)가 굳은 여자. 烈女(열녀).

【列列 열렬】①줄지어 가는 모양. ②높은 모양. ③바람이 부는 모양.
【列眉 열미】 좌우에 나란히 있는 눈썹. 명백(明白)함의 비유.
【列藩 열번】 여러 번주(藩主). 諸王(제왕).
【列辟 열벽】 역대의 천자(天子). ○'辟'은 '君'으로 '임금'을 뜻함.
【列士 열사】①많은 선비. ②지조가 굳은 사람이나 훌륭한 사람. 烈士(열사).
【列肆 열사】①연달아 있는 가게, 많은 가게. ②별 이름.
【列敍 열서】①늘어세움. 또는 늘어섬. ②차례로 서술함.
【列宿 열수】①하늘에 떠 있는 많은 별. 列星(열성). ②낭관(郎官)의 벼슬 이름.
【列曜 열요】 늘어서서 빛남.
【列墉 열용】 성의 주위를 두른 성가퀴.
【列位 열위】①차례. 서열(序列). ②벼슬에 오름. 관위(官位)에 듦. ③여러분. 제군(諸君).
【列傳 열전】①많은 사람의 전기(傳記)를 차례로 서술한 책. ②기전체(紀傳體) 역사 서적에서 임금을 제외한 사람들의 전기를 차례로 서술한 것. 한대(漢代)의 사마천(司馬遷)이 사기(史記)에서 처음으로 열전을 설정하였음.
【列鼎 열정】 솥을 늘어놓음. ㉠성찬(盛饌). ㉡부유한 생활.
【列陳 열진】 군대 따위의 행렬. ○'陳'은 '陣'으로 '대오'를 뜻함. 隊伍(대오).
【列次 열차】 벌여 놓은 차례.
【列峙 열치】 나란히 우뚝 솟음.
【列侯 열후】 여러 제후(諸侯). 각 분봉국(分封國)의 주군(主君). 諸侯(제후).
◐ 羅-, 隊-, 同-, 班-, 排-, 竝-, 分-, 戰-, 整-, 直-, 陳-, 參-, 齒-, 行-, 序-, 順-, 前-, 後-.

刀4 【刘】⑥ 劉(207)의 속자

刀4 【刕】⑥ 가를 리·례 ❚ lí
[字解] 가르다, 쪼개다, 절단하다.

刀4 【刎】⑥ 목 벨 문 ❚ wěn
[소전] [초서] [字解] ①목을 베다, 목을 자르다, 스스로 자신의 목을 치다. 〔漢書〕聞鼓聲, 自刎死. ②자르다, 끊다, 쪼개다.
【刎頸之交 문경지교】 목을 쳐도 후회하지 않을 만큼 친한 사람. 생사를 같이할 만큼 매우 친한 사이, 또는 그런 벗.
【刎首決腹 문수결복】 목을 베고 배를 가름.

刀4 【剡】⑥ 벨 삼 ❚ shàn
[字解] 베다, 도려내다.

刂部 4획 刓刖刑

刂
4
【刓】⑥ 깎을 완 ⓧ wán
소전 㓋 초서 㓋 행서 刻 동자 冠 字解 ① 모 난 데를 깎아 둥글게 하다. ¶ 刓削. ②닳다, 닳아 없어지다. 〔史記〕爲人刻印, 刓而不能授.
【刓缺 완결】 나무·돌 따위에 새긴 것이 닳아 없어짐.
【刓困 완곤】 재물이 점점 줄어 곤궁해짐.
【刓方 완방】 네모진 것을 둥글게 깎음.
【刓削 완삭】 깎음. 네모진 나무를 깎아서 둥글게 만듦.
【刓琢 완탁】 깎고 갈아 다듬음. 硏磨(연마).
【刓敝 완폐】 닳아 해짐. 疲弊(피폐)해짐.

刂
4
【刖】⑥ 벨 월 月 yuè
소전 刖 초서 刖 字解 ①베다, 자르다. ② 발꿈치를 자르다, 발꿈치를 베는 형벌. 刖趾. 〔韓非子〕王以和爲誑, 而刖其左足.
【刖脚 월각】 벌로서 발꿈치를 자름. 발꿈치를 자르는 형벌. 刖足(월족).
【刖趾適屨 월지적구】 발꿈치를 잘라 신에 맞춤. ㉠주객(主客)이 전도됨. ㉡잘 보려던 일이 도리어 나빠짐. 刖趾適履(월지적리).
【刖刑 월형】 발꿈치를 베는 형벌.

刂
4
【刑】⑥ 형벌 형 靑 xíng

一 二 チ 开 刑 刑

소전 㓝 초서 刑 본자 刑 字源 會意·形聲. 幵+刀→刑. 본래 㓝(형)으로 썼는데, '井(정)'이 '법(法)'이라는 뜻과 음을 나타낸다. 법을 집행하는 데에는 칼[刂]을 사용한다는 데서 '죄인을 벌하다'라는 뜻을 나타내었다.
字解 ①형벌. 신체에 가하는 벌. 〔莊子〕刑者無以與乎眉目顏色之好. ②형벌하다, 벌하다. 〔禮記〕服大刑而天下大服. ③죽이다. 〔呂氏春秋〕刑人之父子也. ④법. 〔春秋左氏傳〕許無刑而伐之. ⑤본받다, 본을 보이다. 〔禮記〕刑仁講讓. ⑥되다, 이루어지다. 〔禮記〕敎之不刑. ⑦다스리다, 바로잡다. 〔詩經〕刑于寡妻. ⑧목 베다. ⑨해치다, 상하다. 〔列子〕不爲刑所及. ⑩꼴, 모양. 늑形. 〔荀子〕刑范正.
【刑劫 형겁】 형벌권(刑罰權)을 남용함.
【刑科 형과】 형벌의 조항.
【刑敎 형교】 법률과 도덕. 형벌과 교육.
【刑具 형구】 죄인의 처형이나 고문 등에 쓰이는 도구.
【刑禁 형금】 형벌과 금령(禁令). 법률.
【刑期無刑 형기무형】 형벌의 목적은 형벌이 없게 하는 것에 있음.
【刑德 형덕】 ①형벌과 덕화(德化). ②형벌과 은상(恩賞). ③오행의 생극(生剋). ◐'刑'을 음,

'德'을 양으로 봄. ④12지와 10간. ◐'刑'은 12지, '德'은 10간.
【刑徒 형도】 죄수. 수인(囚人).
【刑隷 형례】 궁형(宮刑)을 받은 사람.
【刑戮 형륙】 법에 따라 죄인을 벌함.
【刑網 형망】 형법(刑法). 法網(법망).
【刑名 형명】 ①형벌의 종류와 명칭. ②중국 옛 법의 총칭. ③☞刑名學(형명학).
【刑名學 형명학】 전국 시대에 상앙(商鞅)·한비(韓非) 등이 주장한, 법으로 나라를 다스려야 한다는 학설. ◐'刑名'은 '名實'로서, '名'은 관리의 주장, '實'은 관리들의 실적. 곧, 그 '名'으로써 '實'을 엄격히 따짐.
【刑問 형문】 ⓘ 형장(刑杖)으로 죄인의 정강이를 때리던 형벌. ②형문함.
【刑罰 형벌】 국가가 죄를 범한 사람에게 법률에 의해 주는 제재.
【刑范 형범】 쇠를 녹여 기물을 만드는 거푸집. ◐'刑'은 '型'으로 틀을, '范'은 '範'으로 '규범'을 뜻함.
【刑辟 형벽】 ☞刑戮(형륙).
【刑柄 형병】 사람을 단죄(斷罪)하는 권력.
【刑部 형부】 ①형벌에 관한 일을 맡아보던 관아. ②고려 때 법률·소송·재판에 관한 일을 맡아보던 관아.
【刑不上大夫 형불상대부】 형벌을 대부에게 가하지 않음. 사대부(士大夫)는 예교(禮敎)를 굳게 지켜 죄를 짓는 일이 없으므로 그들에 대한 형벌은 없고, 만일 죄를 지으면 양심에 맡겼음.
【刑不厭輕 형불염경】 형벌은 관대하게 내릴수록 좋음.
【刑事 형사】 ①형법의 적용을 받는 사건. ②범죄 수사와 범인 체포를 맡은 경찰관.
【刑殺 형살】 죄로 죽임. 사형함.
【刑賞 형상】 형벌과 포상.
【刑書 형서】 ①형법의 조문. ②형부(刑部)의 벼슬아치.
【刑訊 형신】 형구(刑具)로 고문하여 자백시킴. 刑問(형문). 刑推(형추).
【刑餘 형여】 ①형(刑)을 받아 불구가 된 사람. 전과자(前科者). ②고자. 고자는 생식 기능이 없으므로 궁형(宮刑)을 받은 사람에 비유한 말. 宦官(환관). 閹人(엄인). ③승려. 승려들이 머리를 깎는 것을 곤형(髡刑; 머리를 깎는 형)을 받은 사람에 비유한 말.
【刑人 형인】 ①형벌을 줌. 죽임. ②처형된 사람. 형벌을 받아 병신이 된 사람. ③머슴. 종.
【刑杖 형장】 죄인을 신문할 때 쓰던 곤장(棍杖).
【刑場 형장】 사형을 집행하는 곳.
【刑措 형조】 형벌을 두고도 쓰지 않음. 천하가 잘 다스려져 죄인이 없음. 刑錯(형조).
【刑曹 형조】 ⓚ 육조(六曹)의 하나로, 법률·소송·형옥(刑獄)·노비 등에 관한 일을 맡아보던 관아. 秋曹(추조).
【刑罪 형죄】 형을 받아야 할 죄.
【刑懲 형징】 형벌을 주어서 징계함.
◐ 減―, 髡―, 宮―, 極―, 徒―, 死―, 冤―,

肭一, 流一, 枕一, 重一, 處一, 笞一, 火一.

刂5【刦】㋆ 겁탈할 겁 囲 jié
[초전]刦 [동]刧 [동]刼 [동]劫 [字解]① 겁탈하다. 위협하거나 폭력을 써서 빼앗다. ¶刦掠. ②으르다, 위협하여 나쁜 짓을 못하게 하다. 〔荀子〕刦之以師友.
【刦掠 겁략】위협하여 빼앗음. 掠奪(약탈).

刂5【刧】㋆ 刦(189)과 동자

刂5【刼】㋆ 刦(189)과 동자

刂5【利】㋆ 날카로울 리 囲 lì

一 二 千 矛 禾 利 利

[소전] [고문] [고문] [초서] [고자]
[字源] 會意. 禾+刀→利. 벼〔禾〕를 베는 칼〔刂〕의 뜻. 벼를 베는 칼은 날카로워야 하기 때문에 '날카롭다'는 뜻을 나타낸다.
[字解] ①날카롭다. ㉮예리하다.〔春秋左氏傳〕訓卒利兵. ㉯날래다.〔淮南子〕輕士多利, 重士多遲. ②화(和)하다, 조화(調和)하다.〔易經〕父言曰, 利者, 義之和也. ③통하다, 막히지 아니하다.〔禮記〕修利隄防. ④만물의 삶을 다하게 하는 덕.〔易經〕元亨利貞. ⑤편리, 편의.〔國語〕唯利所利. ⑥매끄럽다, 원활하다.〔周禮〕軸有三理, 云云, 三者以爲利也. ⑦탐하다, 한없이 욕심을 부리다.〔禮記〕先財而後禮, 則民利. ⑧즐거워하다, 좋아하다.〔荀子〕不利傳辟者之辭. ⑨득, 이득.〔禮記〕望大利. ⑩이롭다.〔荀子〕以治情則利. ⑪부(富), 넉넉함.〔戰國策〕西有巴蜀漢中之利. ⑫사리(私利), 이익.〔莊子〕小人以身殉利. ⑬기교, 기술.〔老子〕絕巧棄利. ⑭기능(機能), 작용.〔易經〕未耕之利. ⑮요해(要害).〔孟子〕天時不如地利. ⑯기세(氣勢).〔賈誼·論〕因利乘便. ⑰이기다, 승리.〔史記〕戰少利. ⑱기르다.〔儀禮〕利洗散獻于尸. ⑲이자.〔史記〕逐什一之利.
【利舸 이가】빠른 배.
【利權 이권】이익을 혼자 차지함.
【利械 이계】예리한 기계.
【利巧 이교】간교함. 잔꾀가 많음.
【利交 이교】이익을 위한 교제.
【利口 이구】말을 교묘하게 잘함. 말이 많으나 알맹이가 없음. 利舌(이설).
【利權 이권】이익을 얻게 되는 권리.
【利根 이근】(佛)영리한 본성(本性).
【利金 이금】①날카로운 날붙이. ②벌어들인 돈. 利益(이익). ③이자. 利息(이식).
【利器 이기】①날카로운 날이 있는 연장. 예리

한 무기. ②이용 가치가 있는 훌륭한 기구. 편리한 기계. ③비상한 재능. 재주가 비상하여 쓸모 있는 인물.
【利尿 이뇨】오줌이 잘 나오게 함.
【利達 이달】지위가 높고 귀하게 됨. 榮達(영달).
【利導 이도】유리하게 인도함. 자기에게 좋도록이끔.
【利竇 이두】이익이 생길 만한 길. 잇구멍.
【利鈍 이둔】①날카로움과 무딤. ②두뇌의 명석함과 우둔함. ③운수의 좋음과 나쁨.
【利得 이득】이익을 얻는 일. 또는 그 이익. 利市(이시).
【利令智昏 이령지혼】이욕(利慾)은 사람의 밝은 지혜를 어둡게 만듦.
【利兵 이병】날카로운 연장. 예리한 무기.
【利病 이병】①이익과 손해. 得失(득실). ②장점과 결점. ③병에 잘 들음. 병에 효과가 있음.
【利鋒 이봉】날카로운 칼날.
【利生 이생】(佛)부처나 보살이 중생을 이롭게 함. 사람에게 이익을 줌.
【利析秋毫 이석추호】사소한 이해까지 따져 밝힘. 곧, 인색하게 굶.
【利舌 이설】➡利口(이구).
【利涉 이섭】①건너는 데 편리함. 항해(航海)에 편리함. ②하는 일에 이익이 있음.
【利市 이시】①이익을 얻음. 돈을 벎. 利得(이득). ②운이 좋음. 佳運(가운).
【利眼 이안】①날카로운 눈. ②해와 달. ◯하늘에 해와 달이 있음은 사람에게 두 눈이 있음과 같다는 데서 이르는 말. ③임금의 비유.
【利用 이용】①이롭게 씀. ②편리한 기계.
【利用厚生 이용후생】기물(器物)의 사용을 편리하게 하고, 재물을 풍부하게 하여 백성의 생활을 윤택하게 함.
【利潤 이윤】장사하여 남은 돈.
【利率 이율】원금에 대한 이자 비율.
【利敵 이적】적(敵)을 이롭게 함.
【利鏃 이촉】날카로운 살촉.
【利觜 이취】날카로운 부리. 가렴주구(苛斂誅求)하는 일이 그치지 않음의 비유.

● 公一, 權一, 邊一, 複一, 不一, 私一, 商一, 水一, 勝一, 營一, 銳一, 有一, 財一, 地一.

刂5【別】㋆ 나눌 별 囲 bié

丨 口 尸 므 另 別 別

[소전] [초서] [고자] [본자] [속]
[字源] 會意. 冎+刀→刐→別. '冎'는 살을 발라내어 뼈와 뼈를 가른다는 뜻. 살을 발라낼 때에는 칼〔刂〕로써 하므로 '刀'를 더하여 '나누다'의 뜻을 나타낸다.
[字解] ①나누다, 가르다. ㉮풀어내다, 분해하다.〔淮南子〕宰庖之切割分別也. ㉯경계짓다, 구분하다.〔漢書〕此天地所以界別區域, 絕內外也. ㉰분별하다, 판별하다.〔禮記〕貴賤之義

別矣. ㉣알다.〔春秋左氏傳〕由別之而不別也. ㉤정하다, 정해지다.〔荀子〕三月不別. ❷헤어지다, 갈라서다, 이별하다. ㉮떨어지다.〔爾雅〕小山別大山, 鮮. ㉯갈라지다, 갈라져 나가다.〔書經〕東別爲沱. ㉰멀리 떠나다.〔楚辭〕余旣不難夫離別也. ❸갈라짐, 헤어짐. ㉮갈래, 분파(分派).〔漢書〕不知伯橋周何別也. ㉯사물의 종별(種別). ㉰이별.〔韋應物·詩〕惜別暮春暉. ❹**차별**, 구별.〔禮記〕成男女之別. ❺다르다, 형체가 다르다.〔禮記〕群物皆別. ❻다른, 딴.〔宋書〕或用別人. ❼특히, 유별나게.〔滄浪詩話〕詩有別趣, 非關理也. ❽따로, 한편.〔史記〕別西擊章軍. ❾각각, 각기.〔易緯稽覽圖〕卦有六爻, 爻別主一日. ❿부신(符信), 부절(符節).〔周禮〕聽稱責以傅別.

【別家 별가】①딴 집. ②첩(妾).

【別駕 별가】〖한대(漢代)에 설치된 벼슬 이름. 지방 행정 감독관인 자사(刺史)를 보좌하는 자리. ②조선 때 승정원(承政院)의 서리(書吏).

【別監 별감】①액정서(掖庭署)의 예속(隷屬)의 하나. ②좌수(座首)의 버금 자리. ③남자 하인끼리 서로 부르던 존칭(尊稱).

【別講 별강】國임금이 하루에 두 차례씩 소대(召對)하던 일.

【別開生面 별개생면】①따로 새로운 분야를 개척함. ②기예(技藝)가 뛰어남.

【別居 별거】따로 떨어져 삶.

【別乾坤 별건곤】딴 세상. 좀처럼 볼 수 없는 아주 좋은 세상. 別天地(별천지).

【別徑 별경】딴 길. 지름길. 샛길.

【別曲 별곡】國중국의 한문 시가(詩歌)에 대하여 운(韻)이나 조(調)가 없이 된 우리나라의 독특한 시가를 이르던 말. 관동별곡(關東別曲)·한림별곡(翰林別曲) 따위.

【別功 별공】재물을 관(官)에 바치고 관위(官位)를 삼.

【別求請 별구청】國사신(使臣)이 외국에 갈 때 통과하는 지방 관아에서 관례로 받는 여비(旅費) 외에 따로 더 청하던 여비.

【別軍 별군】①본군(本軍) 이외의 별개의 군대. ②군대를 통솔하는 관리.

【別單 별단】國임금에게 올리는 글에 덧붙이던 문서나 인명부.

【別堂 별당】①본채의 곁이나 뒤에 따로 지은 집. ②(佛)절의 주지나 강사(講師)가 거처하는 곳. 堆雪堂(퇴설당).

【別來 별래】작별한 이래.

【別路 별로】①이별하는 길. ②딴 길.

【別淚 별루】이별의 눈물.

【別離 별리】서로 갈려 헤어짐. 離別(이별).

【別味 별미】①별다른 맛. ②맛이 별다른 음식.

【別陪 별배】높은 벼슬아치의 집에서 사사로이 부리던 하인.

【別白 별백】명백함.

【別報 별보】별다른 보고. 덧붙인 보고.

【別腹 별복】첩의 소생. 서자. 異腹(이복).

【別封 별봉】①따로 나누어 봉(封)한 토지. 별읍

(別邑). ②따로 봉한 편지. ③외직(外職)에 있는 벼슬아치가 정례(定例)로 서울의 각 관아에 그 지방 토산물을 바칠 때, 그것에 덧붙여 물건을 보내던 일.

【別史 별사】사서(史書) 분류 중 하나로, 정사(正史)나 잡사(雜史)에 들지 않은 사서.

【別使 별사】國①특별한 사명을 띤 사신. ②다른 사자(使者).

【別辭 별사】이별의 말. 헤어질 때의 인사.

【別墅 별서】농장이나 들에 따로 지은 집. '墅'는 전원(田園)의 농막.

【別緖 별서】헤어질 때의 슬픈 심정. 이별의 정서(情緒).

【別選 별선】①특별히 가려 뽑음. ②國사정(射亭)의 임원을 뽑을 때, 그 사정에 알맞은 사람이 없으면 다른 사정의 인물을 골라서 정하던 일.

【別星 별성】①國봉명 사신(奉命使臣). ②집집마다 찾아다니며 천연두를 앓게 한다는 여자 귀신. 호구별성(戶口別星).

【別歲 별세】國①음력 섣달 그믐날 밤에 등불을 집 안 구석구석에 밝히고 온 밤을 새우는 풍습. 守歲(수세). ②세말(歲末)의 주연(酒宴). 分稅(분세). 忘年會(망년회).

【別歲抄 별세초】國사전(赦典)이 있을 때, 죄인의 이름을 뽑아 임금에게 아뢰던 일.

【別愁 별수】이별의 슬픔. 離愁(이수).

【別時 별시】①서로 헤어질 때. ②다른 때.

【別試 별시】①친고자(親故者)나 멀리 떨어져 있는 자를 위해 실시하는 특별 시험. ②國나라에 경사가 있을 때나 병년(丙年)마다 실시하던 임시 과거 시험.

【別食 별식】國늘 먹는 음식과는 다른 색다른 음식. 別味(별미).

【別顔 별안】헤어질 때의 슬픈 얼굴.

【別樣 별양】이상한 모양. 특별한 모양.

【別業 별업】①별장. 別墅(별서). ②별도의 직업. 다른 사업.

【別宴 별연】이별의 술자리. 송별의 연회(宴會). 別筵(별연).

【別願 별원】(佛)보살이 불도를 닦는 중에 별개로 세우는 서원(誓願).

【別諭 별유】특별한 유고(諭告).

【別有天地 별유천지】속계(俗界)를 떠난 딴 세계. 別天地(별천지).

【別意 별의】①헤어질 때의 슬퍼하는 마음. ②딴 마음. 他意(타의).

【別入侍 별입시】國신하가 임금을 사사로운 일로 뵙던 일.

【別子 별자】①제후(諸侯)의 정처(正妻)가 낳은 차남 이하의 아들. ②첩이 낳은 아들.

【別字 별자】①별개의 문자(文字). ②잘못하여 다른 문자로 전용(轉用)된 문자. 白字(백자). ③문자의 구성을 분석함. 析字(석자). ④달리 불리는 이름. 別號(별호).

【別莊 별장】경치 좋은 곳이나 피서지 같은 데에 따로 마련한 집.

【別奠 별전】임시로 지내는 조상의 제사.

【別傳 별전】①당대(唐代)에 성행한 전기(傳記)의 한 체(體). 일화(逸話)·기문(奇聞)을 소설적으로 쓴 개인 전기. 전기 소설(傳奇小說). ②國특별히 이어받음.
【別殿 별전】본전(本殿) 이외에 따로 지은 궁전(宮殿).
【別製 별제】①물건을 특별히 정성을 들여 별다르게 만듦. ②별다르게 만든 물건.
【別座 별좌】①좌석을 달리함. 다른 좌석. ②(佛)불사(佛事)가 있을 때 부처 앞에 예물(禮物)을 차리는 일.
【別酒 별주】①이별의 술. 別杯(별배). ②國특별한 방법으로 빚은 술.
【別冊 별책】따로 엮은 책. 딴 책.
【別體 별체】①체(體)를 달리함. 달리한 글이나 글씨의 체. ②한자의 정자 이외의 속자(俗字)·고자(古字)·약자(略字) 등의 총칭. ③다른 품격. 별개의 품격.
【別抄 별초】①나누어 베낌. 따로 베낌. ②고려 때 정규 군대가 아니고 특수하게 조직된 군대의 이름.
【別趣 별취】①다른 정취(情趣). 특수한 정취. ②취향이 다름.
【別稱 별칭】달리 일컫는 이름.
【別擇 별택】國특별히 가려 뽑음.
【別破陣 별파진】①군기시(軍器寺)의 벼슬 이름. ②군사 대오(隊伍)의 하나.
【別判付 별판부】상주문(上奏文)에 대하여 특별히 임금의 뜻을 붙이던 유시(諭示).
【別風淮雨 별풍회우】문자를 잘못 옮김. 문자의 와자(訛字). ○열풍음우(列風淫雨)를 별풍회우(別風淮雨)로 잘못 옮겨 쓴 데서 온 말.
【別恨 별한】이별할 때의 애달픈 마음.
【別行 별행】①따로따로 감. ②특별한 행위. ③따로 잡은 글줄.
【別魂 별혼】①헤어질 때의 슬픈 마음. ②육신을 떠난 혼. 離魂(이혼).
【別後 별후】떠난 뒤. 헤어진 뒤.
○ 訣-, 告-, 區-, 袂-, 分-, 死-, 惜-, 送-, 識-, 離-, 餞-, 差-, 特-, 判-.

刀 5 【别】⑦ 別(189)의 속자

刀 5 【刜】⑦ 칠 불 物 fú
소전 㓚 [字解] ①치다, 공격하다. 〔春秋左氏傳〕苑子刜林雍, 斷其足. ②쪼개다, 가르다. ③끊다, 단절하다.

刀 5 【删】⑦ 깎을 산 刪 shān
소전 㓮 초서 刪 속자 删 동자 刪 [字源] 會意. 冊＋刀→刪. 종이가 없던 옛날에는 대나무 쪽 따위에 글씨를 써서 책(冊)을 만들었는데, 이때 내용이 명확하지 않은 것은 칼(刂)로 깎아 버린

다는 데서 '깎다'의 뜻을 나타낸다.
[字解] ①깎다, 덜어 버리다, 삭제하다. 〔漢書〕刪其僞辭, 取正義. ②정하다, 판단하여 잡다. 〔後漢書〕奇博通經典, 作春秋左氏刪.
【刪改 산개】깎아서 고침. 글귀를 지우고 고쳐 바로잡음. 刪革(산혁).
【刪略 산략】깎아서 덞. 刪省(산생).
【刪蔓 산만】편지에서, 인사를 줄인다는 뜻으로 첫머리에 쓰는 말.
【刪削 산삭】쓸데없는 문자나 어구(語句)를 삭제함. 刪去(산거). 刪省(산생).
【刪省 산생】깎아서 덞. 刪略(산략).
【刪書 산서】공자(孔子)가 서경(書經)을 간추려 120편으로 산정(刪訂)한 것.
【刪敍 산서】쓸데없는 것을 깎고 필요한 것을 보탬. 刪撰(산찬).
【刪修 산수】불필요한 자구(字句)를 삭제하고 잘 정리함. 刪定(산정).
【刪述 산술】산정(刪定)하여 서술함.
【刪詩 산시】공자(孔子)가 시경(詩經)의 3천여 편의 시를 간추려 305편으로 산정(刪訂)한 일.
【刪潤 산윤】문장이나 어구를 간추려 수식함.
【刪翦 산전】깎아 잘라 냄.
【刪節 산절】어구(語句)를 깎아 내어 줄임.
【刪定 산정】쓸데없는 자구(字句)를 삭제하고 정리하여 일정하게 고침. 刪修(산수).
【刪訂 산정】자구나 문장을 깎고 다듬어서 바로잡음.
○ 加-, 刊-, 探-, 擇-.

刀 5 【刪】⑦ 刪(191)의 속자

刀 5 【刕】⑦ ❶빠질 점 琰 diàn ❷칼이 빠질 점 琰 diǎn
소전 㓝 [字解] ❶〔同〕玷(1129). 빠지다, 들어 있지 아니하다, 흠. 〔詩經〕白圭之刕. ❷①칼의 이가 빠지다. ②베다, 쪼개다.

刀 5 【初】⑦ 처음 초 魚 chū

丶 亠 ナ ネ ネ 初 初

소전 衸 초서 初 [字源] 會意. 衣＋刀→初. 옷(衤)을 지으려면 우선 옷감을 칼(刀)로 마름질해야 한다는 뜻에서 '처음'의 뜻을 나타낸다.
[字解] ①처음, 시작. 〔史記〕不忘其初. ②첫, 처음의. ¶ 初春. ③비로소, 처음으로. 〔史記〕年少初學. ④이전(以前), 지난번, 옛날. 〔後漢書〕守志如初. ⑤묵은 일, 옛일. 〔儀禮〕伯父帥乃初事. ⑥코. 〔方言〕謂鼻爲初.
【初見 초견】처음으로 봄. 初對面(초대면).
【初更 초경】하룻밤을 오경(五更)으로 나눈 첫째의 경(更). 오후 8시 전후. 初夜(초야).
【初耕 초경】논밭을 애벌로 갊.
【初階 초계】①처음으로 어떤 지위에 나아감.

【初吉 초길】①처음으로 길리(吉利)를 얻음. ②음력 매달 초하루. ③한 달을 4등분하여 삭일(朔日;초하루)에서 상현(上弦) 날까지.
【初念 초념】처음에 먹은 생각. 初心(초심). 初志(초지).
【初唐 초당】당(唐)나라의 역사를 시(詩)의 발달 기준으로 나누었을 때의 첫째 시기. 태조(太祖) 때부터 현종(玄宗) 개원(開元) 초가지의 사이.
【初度 초도】①갓 났을 때. 갓 태어남. ②생일. 탄생일. ③國환갑날을 예스럽게 이르는 말. 初度日(초도일). ④첫 번째.
【初圖書 초도서】國돌·쇠붙이 따위에 글자를 새기는 초본(草本).
【初涼 초량】처음으로 찾아온 서늘한 날씨. 초가을. 早涼(조량). 新涼(신량).
【初鍊 초련】國①재목을 애벌로 대강 다듬음. ②무슨 일을 초벌로 대강 매만짐.
【初面 초면】처음으로 대하는 얼굴이나 처지.
【初盤 초반】승부의 첫 단계.
【初發 초발】①꽃이 처음 핌. 갓 꽃이 핌. ②마음이 처음으로 일어남. 처음으로 생김.
【初發心 초발심】(佛)처음으로 불도(佛道)에 들어가고자 하는 결심.
【初配 초배】國처음의 아내. 元配(원배).
【初褙 초배】國애벌로 하는 도배.
【初燔 초번】도자기의 애벌구이.
【初步 초보】①첫걸음. ②사물의 시초. 入門(입문). ③학문·기술의 가장 낮은 정도.
【初服 초복】①임금이 처음으로 정사(政事)를 보며 교화를 베품. ②깨끗한 의복. 사관(仕官)하기 전의 의복. 初衣(초의). ③은거(隱居)하기 전의 의복.
【初本 초본】①처음. 근본. ②시문(詩文)의 초를 잡은 원고. 初件(초건).
【初分 초분】國인생을 셋으로 나눈 것의 처음 부분.
【初仕 초사】처음으로 벼슬을 함.
【初喪 초상】國사람이 죽어서 장사 지낼 때까지의 일.
【初巡 초순】①첫 번째 순시·순찰. ②활을 쏘는 데 첫 번째 순서.
【初試 초시】①갓 지은 옷을 입음. ②과거(科擧)의 맨 첫 시험. 복시(覆試)에 응할 사람을 뽑음.
【初心 초심】①처음에 먹은 마음. 初念(초념). 初志(초지). ②순진한 마음. 가식(假飾)이 없는 마음. ③경험이 없음. 未熟(미숙). ④사회에 익숙하지 못함. 신출내기.
【初夜 초야】①┌初更(초경). ②결혼 첫날밤. ③전날 밤중부터 이튿날 아침까지이르던 말. 지금은 저녁때부터 밤중까지를 말함.
【初陽 초양】아침 해. 朝陽(조양).
【初嚴 초엄】행군(行軍)의 때 호령의 한 가지. 초엄(初嚴)에 대오를 정돈하고, 이엄(二嚴)에 기를 갖추고, 삼엄(三嚴)에 행진을 하였음.
【初虞 초우】장사 지내고 돌아와서 지내는 첫 번째 제사.

【初旭 초욱】아침 해. 初日(초일).
【初元 초원】①임금이 등극(登極)하여 연호(年號)를 정한 첫해. ②나라를 세운 첫해. 元年(원년).
【初願 초원】맨 처음의 소원. 최초의 희망.
【初月 초월】①초승달. 新月(신월). 彎月(만월). ②정월(正月)의 딴 이름.
【初衣 초의】관직(官職)에 오르기 전에 입던 옷. 初服(초복).
【初夷 초이】처음으로 평온하게 됨.
【初章 초장】①음악·가곡의 첫째 장. ②시조(時調)의 첫째 장.
【初政 초정】임금이 처음으로 정무(政務)를 봄.
【初祖 초조】①초대의 선조(先祖). ②(佛)선종(禪宗)의 원조인 달마(達磨).
【初肇 초조】처음.
【初終葬事 초종장사】國초상이 난 뒤부터 졸곡(卒哭)까지 치러지는 온갖 일. 初終(초종).
【初志一貫 초지일관】처음에 세운 뜻을 끝까지 밀고 나감.
【初次 초차】①첫 번째. ②첫 번째로 묶음.
【初春 초춘】봄의 초기. 초봄.
【初出仕 초출사】임관된 뒤에 처음 출사함.
【初擇 초택】공도회(公都會)에 응시할 선비에게 먼저 소관 감영(監營)에서 시험 보이던 일.
【初獻 초헌】제전(祭典)이나 빈객을 접대하는 예식에서 첫 번째 술을 바치는 일.
【初弦 초현】음력 매달 상순 7·8일경에 뜨는 달. 上弦(상현).
【初婚 초혼】처음으로 하는 결혼.
【初化 초화】처음으로 물건을 낳는 것.
【初會 초회】처음으로 만남. 初對面(초대면).
【初爻 초효】괘(卦)의 제일 아래 爻(효).
◐ 古―, 國―, 當―, 歲―, 始―, 年―, 往―, 月―, 週―, 最―, 太―.

刀 5 【判】⑦ 판가름할 판 pàn

丶 丷 ㅛ 半 半 判

소전 초서

字源 形聲. 半＋刀→判. '半(반)'이 음을 나타낸다.

字解 ①판가름하다, 판단하다. ¶判決. ②나누다, 구별하다. 〔南齊書〕區判文體. ③떨어지다, 흩어지다, 떠나다. 〔國語〕則上下飢判矣. ④반쪽, 일편(一片), 쪽. 〔周禮〕掌萬民之判. ⑤문체(文體)의 한 가지. 단죄(斷罪)의 이유를 밝혀 적은 글. ⑥겸직하다. 고관이 그보다 낮은 직을 겸하는 일. ⑦國①임금이 재가(裁可)하다, 판하(判下)하다. ¶判下. ⓑ관직명 위에 붙여, 종이 품의 품계를 나타내는 말. 〔芝峰類說〕從二品則曰判牧使.

【判決 판결】시비(是非)나 선악(善惡)을 판단하여 결정함.
【判斷 판단】사물에 대한 자기의 생각을 마음속으로 정함.
【判堂 판당】國판서(判書)와 당상(堂上)의 총칭.

【判道房 판도방】(佛)①고승(高僧)들이 거처하는 큰 방 둘레에 있는 작은 방. ②승려들이 공부하는, 절에서 가장 크고 넓은 방.
【判牘 판독】어떤 일을 판정한 문서.
【判無識 판무식】國아주 무식함.
【判別 판별】판단하여 분별함.
【判別房 판별방】임시로 물품을 사들이는 일을 맡았던 호조(戶曹)의 한 벼슬.
【判付 판부】신하가 건의한 안건을 허가함.
【判書 판서】①㉠조선 때 육조(六曹)의 으뜸 벼슬. 품계는 정이품. ㉡고려 때 육사(六司)의 으뜸 벼슬. 품계는 정삼품. ②문서를 둘로 잘라서 두 사람이 각각 그 하나를 가지고 있는 계약서.
【判押 판압】도장 대신 자기의 직함 아래에 붓으로 쓰던 일정한 자형(字形). 手決(수결). 手押(수압).
【判尹 판윤】國한성부(漢城府)의 으뜸 벼슬.
【判議 판의】논의 따위의 가부(可否)를 판정함.
【判狀 판장】죄를 판결하는 선고문.
【判定 판정】판별하여 결정함.
【判妻入子 판처입자】이혼한 여자가 재가할 때 전남편과의 사이에서 낳은 자식을 데리고 옴.
【判下 판하】상주한 안(案)을 임금이 허가하는 일. 判付(판부).
【判花 판화】공문서나 판결문 뒤에 찍은 화압(花押). ○'花押'은 수결(手決)과 함자(銜字).
【判渙 판환】흩어짐. 분산(分散)함.
○ 公一, 菊一, 談一, 剖一, 批一, 詳一, 書一, 審一, 誤一, 印一, 自一, 裁一, 通一.

刀 5 【刨】⑦ 깎을 **포** 肴 páo
[字解]①깎다, 삭감하다, 삭제하다. ②파다, 캐다. ③후비다, 새기다, 깊게 만들다.
【刨工 포공】대패로 평면 따위를 깎는 일. 또는 그런 일을 하는 사람.

刀 6 【刻】⑧ 새길 **각** 職 kè

`、 亠 亥 亥 亥 亥 刻`
[소전] [고문] [초서] [동서] [字源] 形聲. 亥+刀→刻. '亥(해)'가 음을 나타낸다.
[字解]①새기다. ㉠파다, 아로새기다. ¶刻骨難忘. ㉡잊히지 않도록 깊이 기억하다. 〔後漢書〕刻著五藏. ②새김, 새겨 놓은 솜씨, 그릇의 각명(刻銘). 〔漢書〕已而按其刻. ③벗기다, 깎다. 〔莊子〕刻意尙行. ④모질다, 몰인정하다. ¶刻薄. ⑤심하다, 엄하다, 급하다. ¶刻深. ⑥때, 시각(時刻). 〔漢書〕十有餘刻. ⑦꾸짖다, 잘못을 지적하여 말하다. 〔後漢書〕懼然自刻. ⑧괴롭게 하다, 해치다, 해롭게 하다. 〔書經〕我舊云刻子. ⑨다하다, 있는 힘을 다 들이다. 〔呂氏春秋〕人主賢, 則人臣之言刻.
【刻桷 각각】①새겨 꾸민 서까래. ②서까래에 옥 등을 박음. 임금의 묘당(廟堂) 장식에 씀.
【刻苦 각고】고생을 이겨 내면서 무척 애씀.
【刻鵠類鶩 각곡유목】백조를 새기다가 실패해도 집오리 정도는 됨. 훌륭한 사람을 본받아 배우면 그 사람만큼은 못할지라도 그와 비슷한 사람이 됨.
【刻骨 각골】뼈에 새김. ㉠은혜·원한 따위가 마음속 깊이 새겨짐. ㉡깊이 스스로 경계함.
【刻骨難忘 각골난망】남의 은혜에 대한 고마운 마음이 깊이 새겨져 잊히지 않음.
【刻急 각급】혹독함. 잔인함.
【刻期 각기】기한을 작정함. 刻限(각한).
【刻肌 각기】①살갗에 새김. 스스로 깊이 경계함. ②묵(墨)·의(劓)·빈(臏)·월(刖)의 형벌.
【刻涅 각날】살갗을 바늘로 찔러 물감으로 글씨·무늬를 넣음. ○묵형(墨刑)을 가할 때 '刻'은 이마에 새기는 것, '涅'은 검은 물을 들이는 것.
【刻爛 각란】썩어 문드러짐.
【刻廉 각렴】엄격하고 청렴함.
【刻露 각로】나뭇잎이 지고, 산의 모습이 드러나 보임.
【刻露淸秀 각로청수】가을 경치가 맑고 아름다운 모양.
【刻漏 각루】물시계. 漏刻(누각).
【刻鏤 각루】파서 새김. ○'刻'은 나무에 새기는 것, '鏤'는 쇠붙이에 새기는 것.
【刻銘 각명】금석(金石)에 명(銘)을 새김. 금석에 새긴 명(銘).
【刻珉 각민】후세에 전하기 위하여 덕행이나 위업(偉業)을 돌에 새김. ○'珉'은 옥(玉) 다음 가는 아름다운 돌. 刻石(각석).
【刻剝 각박】사람을 학대하여 해침. 착취함.
【刻薄 각박】혹독하고 인정이 없음. 잔인하고 박정함. 冷酷(냉혹). 殘忍(잔인).
【刻法 각법】엄한 법규. 峻法(준법).
【刻本 각본】판(版)에 새겨 찍은 책. 인쇄하여 출판한 책. 刊本(간본). 版本(판본).
【刻削 각삭】①깎고 새김. ②사람에 대해 썩 가혹한 처분을 함. 刻峭(각초)①.
【刻石 각석】①글자·무늬 따위를 돌에 새김. ②석상(石像)을 조각함.
【刻損 각손】물자를 절약하여 낭비하지 않음. 節儉(절검).
【刻深 각심】엄하고 혹독함.
【刻儼 각엄】가옥(家屋)의 장식. 부수(浮首)·호두(虎頭) 따위.
【刻剡 각엄】새겨 넣음.
【刻意 각의】마음을 졸임. 마음을 괴롭힘.
【刻印 각인】도장을 새김.
【刻日 각일】날짜를 정함. 기한을 정함.
【刻一刻 각일각】시간이 지나감에 따라 더욱 더.
【刻章琢句 각장탁구】고심하여 갈고 닦아 다듬은 시문(詩文).
【刻舟求劍 각주구검】뱃전에 표시를 새기어 칼을 찾으려 함. 어리석은 사람이 완고하여 구습만 지키고, 시세(時勢)의 변천을 알지 못함. [故事] 초(楚)나라 사람이 배를 타고 가다가 칼을 물속에 빠뜨렸는데, 그 위치를 뱃전에 표해 놓고 후

에 그 표한 곳을 따라 찾으려 했다는 고사에서 온 말.
【刻竹 각죽】國설대 부분에 무늬를 새긴 담뱃대.
【刻識 각지】새겨서 표함. 표지를 새김.
【刻斲 각착】새기고 깎음.
【刻責 각책】혹심하게 꾸짖음.
【刻峭 각초】①⇨刻削(각삭)②. ②지극히 잘 들어맞음.
【刻燭 각촉】초에 눈금을 새김. 시재(詩才)가 뛰어남의 비유. 故事 남제(南齊)의 경릉왕(竟陵王) 자량(子良)이 학사들을 모아 놓고 초에 눈금을 그어 놓고 눈금 1치[寸]가 타는 동안에 사운시(四韻詩) 한 수를 짓게 한 고사에 온 말.
【刻敝 각폐】잘라 찢음.
【刻暴 각포】잔인하고 난폭함.
【刻下 각하】지금. 현재. 刻今(각금).
【刻害 각해】침해함. 해침. 剋害(극해).
【刻舷 각현】완고해서 시대의 조류에 맞지 않음.
【刻畵 각획】새김. 조각함. 꾸밈.
● 刊-, 頃-, 忌-, 漏-, 鏤-, 銘-, 石-, 時-, 深-, 印-, 篆-, 正-, 彫-, 板-.

刀6 【刻】⑧ 刻(193)과 동자

刀6 【刮】⑧ 벗길 갈 圖 qiā
字解 벗기다. 낯가죽을 벗기다. 〔韓愈, 孟郊·詩〕敗面碎刮刮.

刀6 【刳】⑧ 가를 고 虞 kū
소전 초서 동자 字解 ①가르다, 쪼개다, 뻐개다. ¶刳腹. ②파다, 도려내다, 덜어 내다. 〔易經〕刳木爲舟.
【刳木 고목】나무를 파냄.
【刳剝 고박】짐승을 잡아, 가죽을 벗기고 살을 바름.
【刳腹 고복】배를 가름. 割腹(할복).
【刳舟剡楫 고주염즙】통나무를 파서 만든 배와, 나무를 깎아서 만든 노(櫓).
【刳磔 고책】신체(身體)를 베어 찢음.
【刳剔 고척】잘라 쪼갬. 도려냄.
【刳割 고할】소·양 따위를 잡아서 고기를 가름.

刀6 【刮】⑧ 깎을 괄 圖 guā
소전 초서 字解 ①깎다, 깎아 내다, 도려내다. ¶刮腸洗胃. ②비비다, 눈을 비비다. ¶刮目相待. ③닦다, 갈고 닦다. 〔韓愈·進學解〕刮垢磨光. ④파헤치다, 폭로하다. 〔杜甫·行〕乃知畫師妙, 巧刮造化窟.
【刮垢磨光 괄구마광】때를 긁어 벗기고, 갈아서 빛을 냄. 사람의 부족한 점을 없애고, 착한 덕을 길러 인재를 만듦.
【刮摩 괄마】①물건을 갈고 닦아서 윤을 냄. 刮磨(괄마). ②학문을 닦음. ③그침. 없앰.
【刮目相待 괄목상대】눈을 비비고 상대를 바라봄. 남의 학식이나 재주가 눈에 띄게 향상된 것을 경탄하여 이르는 말. 刮目相對(괄목상대).
【刮削 괄삭】깎아 냄.
【刮刷 괄쇄】문지름.
【刮眼 괄안】눈을 크게 뜸. 刮目(괄목).
【刮肉 괄육】살을 도려냄. 스스로의 손해를 무릅쓰고 남에게 줌.
【刮腸抉髓 괄장결수】창자를 긁어내고 골수를 도려냄. 죄악을 남김없이 들추어냄.
【刮腸洗胃 괄장세위】칼을 삼켜 창자를 도려내고 잿물(灰水)을 마셔 위를 씻음. 마음을 고쳐 스스로 새사람이 됨.
● 磨-, 洗-, 淸-, 寒-.

刀6 【券】⑧ 문서 권 願 quàn
丶 八 八 半 关 关 券
소전 초서 속자 隸書 券(212)은 딴 자.
字源 形聲. 关+刀→券. '关(권)'이 음을 나타낸다.
字解 ①문서, 증서, 증표. 〔蘇舜欽·詩〕存聚必券帖. ②어음쪽, 어음을 쪼갠 한쪽. 〔史記〕公常執左券. ③분명하다, 확실하다. 〔莊子〕券內者行乎無名.
【券契 권계】어음.
【券臺 권대】묘 앞의 제대(祭臺).
【券馬 권마】송대(宋代)에 국경 주변에서 마시(馬市)를 열어 말을 사들이던 일. 수십에서 백필 정도의 말에 대하여 한 장의 표권(表券)을 발행하였음.
【券約 권약】증서에 의한 계약. 약속.
● 契-, 文-, 株-, 證-, 地-, 債-.

刀6 【刲】⑧ 찌를 규 齊 kuī
소전 초서 字解 ①찌르다, 죽이다, 잡다. 〔易經〕士刲羊無血. ②뻐개다, 베어 가르다. ③취하다, 빼앗아 가지다. 〔戰國策〕刲魏之東野.
【刲刳 규고】소나 양의 배를 가름.
【刲刺 규자】찌름.
【刲宰 규재】음식을 만듦. 요리함.
【刲割 규할】소·염소 따위를 도살(屠殺)함.

刀6 【到】⑧ 이를 도 號 dào
一 工 工 互 至 到 到
소전 초서 字源 會意·形聲. 본래 화살이 땅에 꽂힌 모양을 본떠 '~에 이르다'라는 뜻을 나타낸 '至(지)'와 '人'을 합하여 사람(人)이 어떤 곳에 도달하다

〔至〕라는 뜻으로 썼음. 뒤에 '人'이 '刀(도)'로 바뀌고 음도 나타내게 되었음.

字解 ❶이르다, 닿다, 다다라 미치다. 〔詩經〕靡國不到. ❷빈틈없이 찬찬하다, 주밀하다. 〔晉書〕所奏懸到. ❸속이다, 기만하다. 〔莊子〕不如出兵以到之. ❹거꾸로 ≒倒. 〔莊子〕草木之到植者過半. ❺國벼슬아치의 출근을 명부에 표시하던 기호. 도목정사(都目政事)의 자료로 쓰다. 〔朝鮮文宗實錄〕五發五中者, 給到五十.

【到界 도계】 國감사(監司)가 임지에 이름.
【到達 도달】 정한 곳에 이름.
【到頭 도두】 ①결국. 畢竟(필경). ②가장 좋은 일. ③마침내. 과연.
【到來 도래】 그곳에 이름. 와 닿음.
【到配 도배】 國귀양 가는 죄인이 배소(配所)에 이름.
【到付 도부】 國공문(公文) 따위가 와 닿음.
【到盆錢 도분전】 승경도(陞卿圖) 놀이의 한 가지. 신분이 낮은 사람이 높은 사람에게 돈을 일부러 잃어 주는 놀이.
【到手 도수】 자기 손에 들어옴.
【到植 도식】 쟁기질로 뒤엎어진 풀이 다시 자람. ◯ '到'는 '倒'로 '거꾸로'의 뜻.
【到任 도임】 지방관이 임지(任地)에 도착함.
【到底 도저】 ①밑바닥에 닿음. ②마침내. 畢竟(필경). 結局(결국). ③끝까지 철저히. ④아무리 하여도. 끝끝내.
【到着 도착】 목적지에 다다름.
【到處 도처】 가는 곳마다.

◐ 來─, 追─, 深─, ──, 精─, 周─, 筆─.

刀 【剮】⑧ 別(189)의 본자
6

刀 【刪】⑧ 刪(191)과 동자
6

刀 【刷】⑧ 쓸 쇄 ⊛솔 國 shuā
6

ㄱ ㄱ ㄱ ㄱ 尸 居 屈 刷 刷

소전 초서 **字源** 形聲. 屈+刀→刷. '屈(설)'이 음을 나타낸다.

字解 ①쓸다, 털다, 닦다, 깨끗하게 하다. 〔周禮〕秋刷. ②씻다, 없애 버리다. 〔漢書〕刷會稽之恥. ③솔, 색모(刷毛). ④박다, 인쇄하다, 등사하다. ¶印刷. ⑤정돈하다, 가지런하게 하다. 〔宋史〕當天下四分五裂之時, 一念振刷, 猶能轉弱爲强.

【刷膩 쇄니】 닳고 때묻음.
【刷馬 쇄마】 ①말을 깨끗이 손질함. ②지방에 배치하던 관용(官用)의 말.
【刷洗 쇄세】 씻어서 깨끗하게 함.
【刷新 쇄신】 묵은 것을 없애고 새롭게 함. 새로운 것으로 고침. 革新(혁신).
【刷恥 쇄치】 치욕을 씻음. 雪恥(설치).
【刷逋 쇄포】 축낸 공금(公金)을 보충함.

【刷行 쇄행】 인쇄하여 출판함.
【刷還 쇄환】 외국에서 유랑하는 동포를 본국으로 데려옴.
◐ 掃─, 漱─, 印─, 箒─.

刀 【刵】⑧ 귀 벨 이 國 èr
6

소전 초서 **字解** 귀를 베다. 고대 육형(肉刑)의 한 가지. 〔書經〕非汝封刵入.
【刵刑 이형】 귀를 베는 형벌.

刀 【刺】⑧ ❶찌를 자 國 cì
6 ❷찌를 척 國
❸비방할 체 國 cì

ㄧ ㄫ ㄓ 市 束 束 剌 刺

소전 초서 동서 **參考** ①刺(197)은 딴 자. 다만, 수라(水刺)의 뜻으로 쓸 때는 혼용한다. ②대법원 지정 인명용 한자의 음은 '자・척'이다.

字源 會意. 束+刀→刺. 가시〔束〕와 칼〔刂〕을 합하여 '찌르다'의 뜻을 나타낸다.

字解 ❶①찌르다. ㉮찔러 죽이다, 끝이 날카로운 연장으로 찌르다. 〔春秋左氏傳〕不卒戌刺之. ㉯자극하다, 감각 기관이나 마음을 흥분시키다. ②가시, 침, 창끝 따위. 〔周禮〕去─, 以爲刺圍. ③나무라다, 헐뜯다, 꾸짖다. 〔詩經〕天何以刺. ④명함. ¶刺字. ⑤취하다, 마땅한 것으로 골라 기지다. 〔史記〕刺六經中, 作王制. ⑥끊다, 절단(絶斷)하다. ≒斯. 〔荀子〕刺中殖穀. ⑦묻다, 알아보다, 문의하다. 〔漢書〕至公車刺取. ⑧간하다, 충고하다. ≒諫. 〔戰國策〕面刺寡人之過者. ❷①찌르다. ※우리나라에서는 '척'으로만 읽지 않고 ❶과 자의(字義)를 혼동하여 관용으로 '자'로도 읽는다. ㉮칼로 베다, 칼로 상해(傷害)를 입히다. 〔孟子〕是何異於刺人而殺之, 曰非我也, 兵也. ㉯바늘로 누비다, 바느질하다. ¶刺繡. ㉰문신(文身)하다. ②배를 젓다. 〔史記〕乃刺舟而去. ③살피다, 알아보다. ④베어 버리다, 덜어 없애다. 〔儀禮〕刺草之臣. ⑤잔소리가 많다, 말이 많다. 〔管子〕刺刺者. ❸비방하다, 비난하다, 꾸짖다. 〔詩經〕維是褊心, 是以爲刺.

【刺刻 자각】 찌르고 깎음. 가해(加害)함.
【刺客 자객】 ❶자객 ❷척객 ❶몰래 사람을 찔러 죽이는 사람. 暗殺者(암살자). ❷미옥(美玉)의 이름. 매괴(玫瑰). 불구슬.
【刺擊 자격】 찌르고 침.
【刺股 자고】 넓적다리를 찌름. 자신의 태만을 극복하여 열심히 학문에 힘씀. **故事** 전국 시대 위(魏)나라 소진(蘇秦)이 독서할 때 졸음이 오면 송곳으로 자신의 넓적다리를 찔렀다는 고사에서 온 말. 刺股讀書(자고독서).
【刺戟 자극】 ①어떤 반응이나 작용이 일어나게 함. ②감각을 흥분시킴.
【刺譏 자기】 나무람. 譏刺(기자).

【刺刀 자도】①자객(刺客)이 품은 칼. ②찔러 죽이는 데 쓰는 칼.
【刺絡 자락】관절의 정맥을 침으로 찔러서 악혈(惡血)을 뽑음.
【刺文 자문】➡刺繡(자수).
【刺美 자미】비방함과 칭찬함.
【刺殺 자살·척살】찔러 죽임.
【刺繡 자수】①수를 놓음. ②수를 놓은 것.
【刺謁 자알】명함을 건네고 면회함.
【刺怨 자원】욕설하며 원망함. 訾怨(자원).
【刺字 자자】①명함의 글씨. ②명함. 名刺(명자). ③죄인의 얼굴이나 팔뚝에 문신함.
【刺斫 자작】찌름과 벰.
【刺靑 자청】살갗을 바늘로 찔러 먹물 따위를 넣은 글씨·그림·무늬. 또는 그렇게 만든 몸. 文身(문신). 刺字(자자).
【刺促 자촉】세상사에 쫓기어 매우 바쁨.
【刺痛 자통】찌르는 듯한 아픔.
【刺擧 척거】남몰래 살펴 그 잘잘못을 들추어내어 검거함.
【刺口 척구】말이 많음. 수다스러움. 수다쟁이.
【刺船 척선】배를 저음. 刺舟(척주).
【刺刺 척척】①빠른 모양. 격렬한 모양. ②잔소리가 많은 모양. 말이 많은 모양.
【刺草之臣 척초지신】풀을 베는 천한 신하. 백성이 임금에게 자기를 낮추어 이르는 말.
【刺探 척탐】몰래 적의 형편을 살핌. 상황을 정탐함. 偵察(정찰). 刺候(척후).
● 擊―, 剌―, 縫―, 瘡―, 諷―, 俠―.

刀6 【制】⑧ 마를 제 🈶 zhì

', ㄴ ㄷ ㄵ 㤅 告 制 制

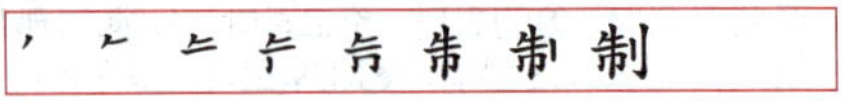

[소전] 粉 [고문] 剢 [초서] 朱 [고자] 制 [字源] 會意. 帛+刀→制. '帛'는 '未'로, 뜻은 '味'와 같다. 과실이 잘 익어 맛[帛]이 든 것을 칼[刂]로 쪼갠다는 데서 '마르다'의 뜻을 나타낸다.

[字解] ①마르다, 자료를 필요한 규격대로 베거나 자르다. 〔淮南子〕 猶工之制木也. ②만들다, 짓다. 누製. 〔詩經〕 制彼裳衣. ③누르다, 억제하다, 못하게 하다. 〔史記〕 吾聞先卽制人. ④법도, 규정. 〔禮記〕 必告之以其制. ⑤천자(天子)의 말. ¶ 制詔. ⑥정하다, 판가름하다. ¶ 制服. ⑦다스리다, 주장(主掌)하다. ⑧누르다, 함부로 행동하지 아니하다. 〔孝經〕 制節謹度. ⑨마음대로 하다. 〔呂氏春秋〕 以告制兵者. ⑩묶다, 속박하다. 〔揚雄·解嘲〕 制以鑽鈇. ⑪좇다, 따르다, 복종하다. 〔淮南子〕 聖人作法, 而萬物制焉. ⑫문체(文體)의 한 가지. 칙명(勅命)을 전하던 문서.

【制可 제가】임금의 허가. 윤허(允許). ● '制'는 조서(詔書), '可'는 조서를 내려 허가함. 允可(윤가). 允俞(윤유).
【制擧 제거】당대(唐代)에 임시로 빼어난 인재를 뽑기 위하여 천자(天子)가 친히 문제를 내어 보이던 과거. 制科(제과).
【制誥 제고】조칙(詔勅)의 글. 조칙.
【制教 제교】(佛)몸·입·뜻으로 짓는 악한 일을 금하고 억제하는 교법. 곧, 율종(律宗)의 교판(敎判)과 계율.
【制度 제도】①정해진 법도. ②나라나 사회 구조의 체계.
【制毒 제독】미리 독을 막음.
【制令 제령】①법제(法制)에서 정해진 명령. ②제도와 법령.
【制禮 제례】예법을 제정함.
【制立 제립】제정(制定).
【制命 제명】임금의 명령. 운명을 쥐고 있음.
【制撫 제무】제어하고 무마함.
【制服 제복】①어느 단체나 기관에서 일정하게 제정한 복장. ②복장을 제정함. ③상례(喪禮)에 복(服)을 입는 규정.
【制俸 제봉】녹봉(祿俸)을 정함.
【制祀 제사】정례의 제례(祭禮).
【制使 제사】임금의 사자(使者). 칙사(勅使).
【制詞 제사】①천자의 말. ②경계(警戒)하는 말.
【制書 제서】조칙(詔勅)의 한 가지. 삼공(三公)이나 상서(尙書)가 부서(副署)하여 주현(州縣)에 반포할 때 사용함. ● '制'는 임금의 말, '書'는 그 말을 쓴 것. 制詔(제조).
【制勝 제승】①승리함. ②國세자가 섭정할 때 군무(軍務)의 문서에 찍던 나무 도장.
【制壓 제압】남을 제어하여 억누름.
【制御 제어】억눌러서 억제함. 지배함. 좌우함.
【制慾 제욕】욕심을 억누름.
【制義 제의】①의(義)에 따라 행함. ②과거에 쓰는 사륙문(四六文)이나 팔고문(八股文).
【制裁 제재】법·규율·관습 등을 위반하는 행위에 대하여 가하는 처벌. 裁制(재제).
【制節 제절】①알맞게 조절함. 적당한 정도를 지킴. ②비용을 절약함.
【制定 제정】제도를 정함. 制決(제결).
【制詔 제조】임금의 명령. 制書(제서).
【制肘 제주】팔을 끎. 간섭하여 자유로이 행동을 못하게 함.
【制撰 제찬】임금의 말씀이나 명령을 대신 지음.
【制策 제책】문체의 이름. 과거(科擧)에서 천자(天子)가 친히 내는 문제.
【制勅 제칙】임금의 명령. 制詔(제조).
【制覇 제패】①패권을 잡음. ②운동·바둑 등의 경기에서 우승함.
【制限 제한】①정해 놓은 한도. ②일정한 한도를 넘지 못하게 억제함.
● 官―, 舊―, 禁―, 新―, 壓―, 抑―, 自―, 專―, 節―, 體―, 統―, 學―.

刀6 【刹】⑧ 절 찰 🈶 chà

[소전] 剎 [초서] 剎 [본자] 刹 [字解] ①절, 사원(寺院). ¶ 名刹. ②짧은 시간. ¶ 刹那. ③탑(塔). 사리(舍利)를 묻은 무덤 위에 세우는 탑. ④깃대. 승려가 도

를 깨달았을 때 이를 널리 알리기 위하여 세우는 기의 깃발. 범어(梵語) 'Ksetra'의 음역인 찰다라(刹多羅)의 준말. ⑤나라, 국토(國土). ¶刹土. ⑥종족(種族) 이름.
【刹竿 찰간】(佛)큰 절 앞에 세우는 깃대와 비슷한 물건. 나무나 쇠로 만들며, 덕행이 높은 승려를 사람들에게 널리 알리기 위하여 세웠음. 幢竿(당간).
【刹鬼 찰귀】(佛)악귀나찰(惡鬼羅刹). 귀신. 惡魔(악마).
【刹那 찰나】(佛)매우 짧은 시간. ◐범어(梵語) 'Ksana'의 음역어. 瞬間(순간).
【刹利 찰리】(佛)◑刹帝利(찰제리).
【刹帝利 찰제리】(佛)인도의 사성(四姓) 중에서 두 번째 지위인 왕족과 무사 계급. 곧, 크샤트리아. ◐범어(梵語) 'Ksatriya'의 음역어. 刹利(찰리).
【刹土 찰토】(佛)국토(國土).
【刹海 찰해】(佛)수륙(水陸). 육지와 바다. ◐'刹'은 토전(土田).
◐古−, 羅−, 名−, 佛−, 寺−, 僧−.

刀 6 【刱】⑧ 創(203)과 동자

刀 6 【剁】⑧ 자를 타 𠚯 duò
[동자] 銼 [字解] 자르다, 저미다, 잘게 썰다. 〔杜甫·歌〕有骨已剁觜春葱.
【剁肉 타육】고기를 지짐.
【剁下 타하】잘라 냄.

刀 6 【刑】⑧ 刑(188)의 본자

刀 7 【剛】⑨ 剛(200)의 고자

刀 7 【剄】⑨ 목 벨 경 𠚲𠜻 jǐng
[소전] 𠜻 [간체] 刭 [字解] ①목을 베다. 〔史記〕皆自剄汜水上. ②세다, 굳세다. ≒勁.
【剄殺 경살】목을 쳐서 죽임.

刀 7 【剋】⑨ 이길 극 𠜺 kè
[초서] 𠜺 [속자] 尅 [字解] ①이기다. ≒克. ㈎승부를 겨루어 이기다. ¶剋定. ②잘하다, 능하다. 〔後漢書〕留ının柔剋之政. ③정하다, 판단하여 잡다. 〔後漢書〕與剋期同俱. ④깎다, 삭제하다. ⑤심하다, 급하다. ≒刻. ¶剋核.
【剋果 극과】(佛)과(果)를 얻음. 곧, 원인으로 말미암아 얻는 과보(果報). ◐'果'는 범어(梵語) 'Phala'의 음역어로, 열매라는 뜻.
【剋己 극기】자기의 욕심을 눌러 이김.
【剋期 극기】기한을 정함. 刻日(각일).
【剋勉 극면】사욕(私慾)을 이겨 내고 일에 힘씀.
【剋伐 극벌】①억지로 자기에게 복종시킴. ②이겨 자랑함. ◐'伐'은 자랑함.
【剋復 극복】국란(國亂)을 평정하여 본디의 형편으로 돌림.
【剋石 극석】비석에 글자를 새김.
【剋殲 극섬】쳐서 죄다 죽임.
【剋勝 극승】이김. 이기기 어려운 것을 이김.
【剋意 극의】애를 씀. 정성을 오로지함.
【剋定 극정】싸움에 이겨서 전란을 평정함.
【剋殄 극진】멸망시킴.
【剋扞 극한】이기고 막아 냄.
【剋核 극핵】엄함.
◐忌−, 相−.

刀 7 【剆】⑨ 칠 라 𠚭𠚮 luǒ
[字解] 치다.

刀 7 【剌】⑨ ❶어그러질 랄 𠛎 là
❷國수라 라
[소전] 𠛎 [초서] 𠛏 [參考] ①剌(195)는 딴 자. 다만, 수라의 뜻으로 쓸 때는 혼용한다. ②대법원 지정 인명용 한자의 음은 '랄'이다.
[字解] ❶①어그러지다, 서로 반대되다. 〔漢書〕無乖剌之心. ②사물의 소리. ¶剌剌. ③어지럽다, 시끄럽게 되다. 〔張衡·賦〕方今天地之睢剌帝亂其政. ④마음이 바르지 아니하다. ❷①수라(水剌). 임금에게 올리는 밥의 존칭(尊稱). ②티베트 어의 음역자. ≒喇. ¶剌麻.
【剌剌 날랄】바람 따위의 소리. 颲颲(삽삽).
【剌謬 날류】서로 반대됨. 상반됨.
【剌子 날자】①홍색 보석의 한 가지. ②성질이 잔학하여 도리에 어긋난 사람.
【剌麻 나마】①티베트 어. ②나마교(喇嘛教) 승려에 대한 존칭.
◐潑−, 睢−.

刀 7 【削】⑨ ❶깎을 삭 𠛎 xiāo
❷칼집 초 𠛏소 𠛐 qiào
丨 丨 丿 丶 丷 肖 肖 削 削
[소전] 𠛎 [초서] 𠛐 [參考] 대법원 지정 인명용 한자의 음은 '삭'이다.
[字解] 形聲. 肖+刀→削. '肖(초)'가 음을 나타낸다.
[字解] ❶①깎다. ㈎잘라 내다, 연장의 날로 베어 내거나 밀어 내다. 〔墨子〕公輸子削竹木以爲鵲. ㈏빼앗다, 떼어 내다. 〔禮記〕王削以地. ②범하다, 해치다. 〔呂氏春秋〕無或敢侵削衆庶兆民. ③재다, 헤아리다. ¶削墨. ④약하다, 약하게 만들다. 〔呂氏春秋〕魏國從此削矣. ⑤조각칼. ⑥여러 가지 작은 칼, 창칼. 〔周禮〕築氏爲削. ❷①칼집. ≒鞘. 〔漢書〕質氏以酒削而

鼎食. ❺험하다, 위태롭다. ≒崤. ③거문고를 돌려 놓는 소리. =俏. ④서울에서 200리 이상 300리 이내의 땅. ≒稍.

【削減 삭감】깎고 줄임.
【削去 삭거】國깎아 내어 버림.
【削稿 삭고】원고를 내어 버림. 문서(文書)를 말살하는 일. 削草(삭초)
【削磨 삭마】①깎이고 갈림. 깎고 문지름. ②풍화나 침식 작용으로 암석이 마손(磨損)됨.
【削抹 삭말】깎아서 지워 버림.
【削墨 삭묵】목수가 먹줄을 쳐서 나무를 바르게 다듬음. ◮ '削'은 '度'로 '재다'를 뜻함.
【削剝 삭박】①닳아서 벗어짐. ②깎아서 벗김.
【削髮 삭발】머리를 박박 깎음. 剃髮(체발).
【削壁 삭벽】우뚝 솟은 벽. 절벽(絕壁).
【削成 삭성】①깎아서 만듦. ②뾰족하게 깎은 듯한 모양의 산(山).
【削杖 삭장】상제가 짚는 오동나무 지팡이.
【削跡 삭적】발자취를 없앰. 종적을 감춤.
【削正 삭정】문장(文章)이나 시가(詩歌)를 고침. 刪正(산정). 添削(첨삭).
【削除 삭제】①깎아서 없앰. ②지워 버림.
【削株掘根 삭주굴근】줄기를 깎고 뿌리를 파냄. 화근을 없앰.
【削地 삭지】①땅을 깎아 줄임. ②땅을 나눔. ③삭감(削減)당한 땅.
【削滌 삭척】나쁜 기세를 죽여서 맑게 함.
【削葱 삭총】①깎은 파. ②가냘프고 고운 손.
【削黜 삭출】영지(領地)를 깎고 관위(官位)를 떨어뜨림. 削絀(삭출).
【削奪 삭탈】죄를 지은 사람의 벼슬과 품계를 빼앗음. 削奪官職(삭탈관직).
【削平 삭평】평정(平定)함.
【削格 초격】짐승을 잡는 그물을 치는 긴 나무 막대기. ◮ '格'은 나무의 긴 가지.
【削然 초연】거문고를 돌려 놓는 소리.

❶ 刻-, 刊-, 減-, 剝-, 刪-, 抑-, 彫-, 穿-, 添-, 侵-.

刀
7 【剌】⑨ 剌(195)의 속자

刀
7 【前】⑨ ❶앞 전 㒳 qián
        ❷자를 전 鐱 jiǎn

丷 丷 丷 肀 肀 肀 前 前

[소전][소전][초서][고자] [자원] 會意. 본래 발 아래에 쟁반이 있는 모양의 글자가 발전한 것으로 '발을 그릇에 넣고 씻는다'는 뜻을 나타내었다. 뒤에 '앞서다, 나아가다'의 뜻으로 가차되었다.

[자해] ❶①앞. ㉮위치상으로 본 앞. ㉯시간상으로 본 앞. ②앞서다, 남보다 먼저. 〔周禮〕前期十日. ③나아가다. 〔史記〕及出壁門, 莫敢前. ④인도하다. 〔儀禮〕祝前尸. ⑤성(姓). ⑥國~에게. 편지·공문·초대장 등에서 받는 사람

이나 기관의 이름 밑에 쓴다. ❷①자르다, 간종그려 자르다. ≒翦. ②거무스름한 빛깔. 〔周禮〕木路前樊鵠纓. ③가위.

【前呵 전가】귀인(貴人)이 길을 갈 때, 앞에서 일반이의 통행을 금하던 일.
【前却 전각】①앞으로 나아가는 일과 뒤로 물러서는 일. 進退(진퇴). ②마음대로 부림. ③뒤집어 엎음. 顚覆(전복).
【前覺 전각】남보다 먼저 도(道)를 깨달은 사람. 先覺(선각).
【前鑑 전감】전인(前人)이 남긴 본받을 만한 일. 前監(전감).
【前拒 전거】전면(前面)의 방비. 前衛(전위).
【前戒 전계】①선인(先人)의 경계. ②경계로 삼을 만한 이전의 일.
【前功可惜 전공가석】전에 들인 공이 아까움. 애써 한 일이 보람 없이 됨.
【前科 전과】이전에 받은 형벌.
【前官 전관】①전에 관리로 있었던 사람. ②전에 지냈던 관직(官職).
【前矩 전구】선인(先人)이 남겨 놓은 모범. 모범이 될 만한 선인들의 행실.
【前驅 전구】말을 타고 행렬을 선도(先導)함. 말을 탄 행렬에서 맨 앞에 선 사람. 先驅(선구). 前馬(전마).
【前軌 전궤】앞 수레의 바퀴 자국. 곧, 앞사람이 해 놓은 일. 前轍(전철).
【前規 전규】①전대(前代)의 규모(規模). ②전대의 규칙.
【前期 전기】먼저의 기간. 앞의 기간.
【前代未聞 전대미문】지금까지 들어 본 적이 없음. 未曾有(미증유).
【前途 전도】①가는 앞길. 前道(전도). ②미래(未來). 장래. 前程(전정).
【前渡 전도】①나아가 강을 건넘. ②國돈·물품 따위를 기한 전에 건넴.
【前導 전도】①전열(前列)의 의장병(儀仗兵). ②선도(先導)함.
【前突 전돌】나아가 적진(敵陣)을 무찌름.
【前頭 전두】①앞. ②이전(以前).
【前登 전등】선봉(先鋒).
【前等內 전등내】國전번의 등내(等內). 곧, 갈려 간 지방관이 다스리던 때.
【前良 전량】전대의 현량(賢良)한 사람들. 先哲(선철). 先賢(선현).
【前慮 전려】일이 일어나기 전에 미리 생각함.
【前勞 전로】앞서 세운 공훈. 前功(전공).
【前馬 전마】행렬의 맨 앞에 가는 사람.
【前茅 전모】①춘추 시대 초(楚)나라의 전군(前軍)이 사용한 모(茅)의 기치. ②행군할 때 맨 앞에 선 척후. ③시험 성적·능력 등이 남보다 뛰어나 앞줄에 끼임.
【前無後無 전무후무】그 전에도 없었고, 앞으로도 없음. 空前絕後(공전절후).
【前配 전배】죽은 전처(前妻).
【前陪 전배】國벼슬아치가 길을 갈 때 그 앞에서 길잡이하던 하인.

【前輩 전배】 ①학문·덕행·경험·연령 등이 자기보다 앞서거나 높은 사람. ②학교나 일터에 먼저 이르러 거친 사람. 先輩(선배).
【前覆後戒 전복후계】 앞에 가던 수레가 전복하면, 뒤에 가는 수레의 경계가 됨. 앞사람의 실패를 보고 뒷사람은 경계 삼아야 함.
【前鋒 전봉】 ①싸움에서 맨 앞장을 섬. 군대의 앞장. 先鋒(선봉). 前隊(전대). ②청대(淸代)에 만몽기인(滿蒙旗人)으로 조직한, 궁성(宮城) 수비를 맡아보던 부대.
【前佛 전불】 (佛)①석가모니불 이전에 나타난 부처. 가섭불(迦葉佛) 등의 칭호. ②현세의 석가모니불을 후세의 미륵불에 대하여 이르는 말.
【前非 전비】 이전의 잘못. 앞서 저지른 과오. 先非(선비). 昨非(작비).
【前史 전사】 ①전대(前代)의 역사. 어떤 역사의 성립 원인을 설명하기 위하여 쓰는 그 전의 역사. ②역사 이전. 先史(선사).
【前三後四 전삼후사】 동지(冬至)·원정(元正)·한식(寒食) 전후에 주던 7일간의 휴가.
【前緒 전서】 선인(先人)이 남겨 놓은 사업.
【前席 전석】 ①앞쪽에 있는 자리. ②(이야기 듣기에 열중하여 저도 모르게) 앞으로 다가앉음.
【前星 전성】 태자(太子)의 딴 이름.
【前宵 전소】 지난밤. 전날 밤. 前夕(전석).
【前修 전수】 전대의 덕을 닦은 현인(賢人). 옛날의 현인이나 군자. 前賢(전현).
【前身 전신】 ①(佛)전세(前世)의 몸. ②변하기 이전의 본체.
【前惡 전악】 ①이전에 지은 죄. 舊惡(구악). ②(佛)전생의 죄업.
【前夜 전야】 ①전날 밤. ②어떠한 시기나 단계를 기준으로 하여 그 앞이 되는 단계.
【前烈 전열】 ①전대(前代)의 위인. ②전대 사람이 세운 공훈. 餘烈(여열). 遺勳(유훈).
【前往 전왕】 이전(以前). 과거(過去).
【前衛 전위】 ①앞에서 먼저 나가는 호위. ②본대(本隊)의 전방을 경위하는 부대.
【前疑 전의】 임금의 전후좌우에 시립(侍立)하는 네 사람의 신하 중, 그 전면(前面)에 시립하던 신하. 🔍'疑'는 벼슬 이름.
【前誼 전의】 전부터 사귀어 온 우의(友誼).
【前人未發 전인미발】 이전 사람이 아직 밝히지 않았거나 발명하지 않은 일.
【前殿 전전】 정전(正殿) 앞의 전각.
【前定 전정】 ①미리 정함. ②전생의 인연.
【前程 전정】 ①앞길. 앞으로 가야 할 길. ②사람의 장래 운명 등의 비유.
【前提 전제】 무슨 일이 이루어지기 위하여 선행되는 조건.
【前兆 전조】 미리 나타나는 조짐.
【前蹤 전종】 옛사람의 행적(行蹟).
【前奏 전주】 ①반주의 첫머리. ②오페라 따위의 막을 열기 전에 하는 연주. ③사물의 시초.
【前志 전지】 ①옛 기록. ②품어 온 뜻.
【前知 전지】 앞질러 미리 앎. 豫知(예지).
【前塵 전진】 (佛)심성을 더럽히는 육식(六識)의 대상 경계. 색(色)·성(聲)·향(香)·미(味)·촉(觸)·법(法)의 육경(六境).
【前遮後擁 전차후옹】 여러 사람이 앞뒤에서 받들어 모시고 감.
【前站 전참】 다음에 머무를 곳. 앞참.
【前轍 전철】 앞에 지나간 수레바퀴의 자국. 앞사람의 실패나 잘못의 비유. 前車(전거).
【前瞻後顧 전첨후고】 일에 부닥쳐 결단하지 못하고 앞뒤를 재며 어물거림.
【前哨 전초】 전방에 세운 초소나 초병(哨兵).
【前弊 전폐】 전부터 내려오는 폐단.
【前幅 전폭】 ①옷의 앞폭. ②나무로 짜는 물건의 앞쪽 널조각.
【前蹕 전필】 임금이 거둥할 때 벽제(辟除)하던 일. 또는 그 사람.
【前銜 전함】 ①문서의 첫머리에 쓰는 관직(官職)과 성명. ②이전의 벼슬.
【前行 전행】 ①앞으로 감. 전진함. ②본대(本隊)의 전방에 있는 군열(軍列). 前鋒(전봉). ③앞서의 행동. 평소의 행위.
【前悔 전회】 이전의 잘못에 대한 뉘우침.
【前後 전후】 ①앞과 뒤. ②먼저와 나중. ③일의 순서. ④대강 그 정도. 안팎.
【前後相悖 전후상패】 앞뒤가 서로 맞지 않음.
【前勳 전훈】 이전에 세운 공훈. 前功(전공).
【前徽 전휘】 전대(前代)의 칭찬할 만한 아름다운 일.
◑ 空－, 面－, 目－, 門－, 倍－, 佛－, 事－, 産－, 生－, 御－, 靈－, 日－, 風－, 向－.

刀 7 **【制】** ⑨ 制(*196*)의 고자

刀 7 **【剉】** ⑨ 꺾을 **좌** [箇] cuò

[소전] [초서] 
[字解] **①꺾다,** 꺾이다. ≒挫. ¶ 剉折. **②쪼개다, 자르다.** ¶ 剉絲. **③모를 죽이다,** 모서리를 없애다.
【剉絲 좌사】 잘려 동강이 난 실.
【剉子斧 좌자부】 병기의 이름. 길이 3척 5촌의 자루 끝에 4개의 칼날이 있으며, 망루(望樓)의 사다리 목 등에 매복해 있다가 올라오는 적을 자살(刺殺)할 때 사용함.
【剉折 좌절】 의지·기세 등이 꺾임. 挫折(좌절).

刀 7 **【則】** ⑨ ❶곧 **즉** [本]측 [職] zé / ❷법 **칙** [本]측 [職] zé

[소전] [고문] [고문] [주문] [초서] 

[간체] 则 [參考] 대법원 지정 인명용 한자의 음은 '칙'이다.
[字源] 會意. 貝+刀→則. '貝'는 옛날의 화폐, '刂(←刀)'는 나눈다는 뜻. 곧 물화(物貨)의 차등(差等)을 정하여 나눈다는 뜻이 사람이 좇아야 할 법칙이란 뜻으로 바뀌었다.

刀部 7~8획 刹剃剛劍剋

[字解] ❶곧, 어조사. ㉮~하면, ~할 때에는. 〔論語〕弟子入則孝, 出則弟. ㉯만일 ~이라면, 혹은 ~한다면. 〔論語〕過則勿憚改. ㉰은, ~에 이르러서는. 〔論語〕仁則吾不知也. ❷①법. ㉮자연의 이법, 천리(天理). 〔詩經〕有物有則. ㉯규칙, 법률. 〔史記〕小人不能則也. ❷본받다, 모범으로 삼다. 〔詩經〕君子是則是傚. ③대부(大夫)의 봉지(封地). 주대(周代)에 봉작(封爵)을 받은 사람에게 내리던 300리 이하의 봉지. 〔周禮〕吾命賜則.
【則度 칙도】 법(法). 표준. 法度(법도).
【則效 칙효】 모범을 삼아 배움. 본받음.
○ 戒-, 校-, 規-, 罰-, 法-, 原-, 準-, 天-, 學-, 會-.

刀 【刹】 ⑨ 刹(196)의 본자
7

刀 【剃】 ⑨ 머리 깎을 체 🅣 tì
7
[초서] 剃 [고자] 髡 [字解] 머리를 깎다, 머리를 밀다.
【剃刀 체도】 면도칼.
【剃度 체도】 (佛)머리털을 깎고 승려가 됨.

刀 【剛】 ⑩ 굳셀 강 🅨 gāng
8

丨 冂 冂 冂 門 門 岡 岡 岡 剛
[소전] 剛 [고문] 信 [초서] 禹 [고자] 剛 [ ] 信
[속자] 剛 [간체] 刚
[字源] 會意·形聲. 본래 '岡(망)'과 '刀'를 합하여 '칼[刀]로 그물을 자르다'라는 의미를 나타내고, '岡'은 음도 나타내었다. 뒤에 그물을 자르려면 칼날이 강해야 하므로 '굳세다'라는 뜻이 나왔다.
[字解] ①굳세다. ㉮힘차고 튼튼하다. 〔國語〕旅力方剛. ㉯의지가 굳세다. ¶剛-. ②굳다, 단단하다. ¶剛性. ③강철. ≒鋼. ④성하다, 왕성하다. 〔漢書〕王之春秋方剛. ⑤지금, 바야흐로. ≒方. ⑥기수(奇數)의 날. 천간(天干)이 갑(甲)·병(丙)·무(戊)·경(庚)·임(壬)에 해당하는 날. ¶剛日. ⑦양(陽), 수컷. 〔易經〕剛柔相推. ⑧임금. 〔易經〕得中而應乎剛.
【剛強 강강】 ①셈, 굳셈. 강함. 剛彊(강강). ②사람을 침해하여 욕보이고 법도에 따르지 않음.
【剛介 강개】 강직하고 절개를 굳게 지킴.
【剛健 강건】 기력이 좋고 건강함.
【剛蹇 강건】 굳세고 충실함. 강직하여 굴복하지 않음. ○'蹇'은 충정(忠貞).
【剛謇 강건】 강직하여 거리낌 없이 바른말을 함. ○'謇'은 직언(直言).
【剛決 강결】 마음이 굳세고 결단력이 있음.
【剛耿 강경】 ①강하고 명확함. ②웅대함.
【剛梗 강경】 성품이 바르고 단단함.
【剛果 강과】 마음이 강하여 결단력이 있음.

【剛克 강극】 ①굳센 기상으로 사욕(私慾)을 눌러 이김. ②강(剛)으로써 다스림.
【剛急 강급】 굳세고 격렬함.
【剛氣 강기】 굳세고 용감한 기상.
【剛斷 강단】 ①강기 있게 결단하는 힘. ②어려움을 꿋꿋이 견디는 힘.
【剛戾 강려】 고집이 세고 괴팍함. 고집.
【剛烈 강렬】 성질이 강하고 격렬함.
【剛鬣 강렵】 돼지의 딴 이름. ○돼지는 살이 찌면 갈기가 빳빳해지는 데서 온 말.
【剛棱 강릉】 마음이 굳세고 모남.
【剛猛 강맹】 굳세고 사나움.
【剛木水生 강목수생】 🅖마른 나무에서 물을 짜냄. 아무것도 없는 사람에게 무엇을 무리하게 요구함. 乾木水生(간목수생).
【剛武 강무】 굳세고 씩씩함.
【剛方 강방】 ①굳세고 바름. ②완고(頑固)함.
【剛卞 강변】 억세고 성급함.
【剛性 강성】 ①물질의 단단한 성질. ②압력을 가하여도 형체를 바꾸지 않는 성질.
【剛嚴 강엄】 굳세고 엄격함.
【剛穎 강영】 굳세고 영특함.
【剛頑 강완】 굳세고 완고함.
【剛優 강우】 굳세고 훌륭함. 용기가 많음.
【剛柔 강유】 ①단단함과 부드러움. 堅軟(견연). ②양(陽)과 음(陰). ③남자와 여자. ④낮과 밤.
【剛柔兼全 강유겸전】 강하고 부드러움을 아울러 갖춤.
【剛毅 강의】 강직하여 굴하지 않음.
【剛毅木訥 강의목눌】 마음이 강직하고 태도가 소박함.
【剛忍 강인】 혹독하고 잔인함.
【剛日 강일】 기수일(奇數日). 10간의 갑(甲)·병(丙)·무(戊)·경(庚)·임(壬)에 해당하는 양일(陽日). 剛辰(강신).
【剛腸 강장】 큰 배짱. 굳센 기질. 굴하지 않는 마음. 剛膽(강담).
【剛正 강정】 강직하고 바름. 剛方(강방).
【剛躁 강조】 굳세고 성급함.
【剛直 강직】 마음이 굳세고 곧음.
【剛捷 강첩】 굳세고 민첩함.
【剛鏃 강촉】 날카로운 화살촉. 利鏃(이촉).
【剛愎 강퍅】 ①고집이 세어서 다른 사람의 설(說)을 받아들이지 않음. ②완고하여 남을 따르지 않음. 剛戾(강려).
【剛褊 강편】 고집이 세고 매우 성급함.
【剛暴 강포】 사납고 우악스러움.
【剛慓 강표】 ①세고 날램. ②굳세고 사나움.
【剛悍 강한】 굳세고 사나움.
○ 強-, 乾-, 金-, 內-, 外-, 貞-, 至-.

刀 【劍】 ⑩ 劍(206)의 속자
8

刀 【剋】 ⑩ ❶尅(2128)과 동자
8   ❷掠(700)과 통자

刀 8 【剮】⑩ 쪼갤 과 🔲 guǒ
字解 쪼개다, 가르다.

刀 8 【剨】⑩ 劐(205)과 동자

刀 8 【剞】⑩ ❶새김칼 기 🔲 jī
❷나라 이름 의 🔲 jī
소전 초서 字解 ❶①새김칼, 조각칼. ¶ 剞劂. ②노략질하다. ❷나라 이름. 늑倚.
【剞劂 기궐】①조각칼. 새김칼. ◯'剞'는 굽은 칼, '劂'은 굽은 끌. 鐁劂(철궐). ②새김. 팜. 彫刻(조각). ③나무 판(板)에 새김. 문서를 인쇄에 부침.

刀 8 【剝】⑩ 벗길 박 🔲 bō, pū
소전 초서 고자 동자 字解 ①벗기다.
㉮거죽을 벗기다.〔詩經〕或剝或亨. ㉯가리거나 덮은 것을 벗기다.〔禮記〕喪不剝奠也與.
②괘 이름, 64괘의 하나. 괘형은 ☷. 소인(小人)이 성하고 군자(君子)가 어려움을 겪는 상(象)이다. ¶ 剝復. ③괴롭히다, 상처를 입히다.〔書經〕剝喪元良. ④벗겨져 떨어져 나가다, 깎아서 벗기다. ⑤쪼개다, 깨다.
【剝缺 박결】벗겨지고 이지러짐.
【剝面皮 박면피】①낯가죽을 벗김. ②얼굴이 무겁고 염치가 없음.
【剝民 박민】과중한 세금과 부역 따위로 백성을 괴롭게 함.
【剝剝 박박】①문을 두드리는 소리. ②사람의 발소리.
【剝放 박방】깎아서 내버림. 물리침.
【剝復 박복】주역(周易)의 박괘(剝卦)와 복괘(復卦). 치란(治亂)·흥망(興亡) 등의 비유. ◯'剝卦'는 일양(一陽)이 오음(五陰) 위에 있는 것으로서, 음(陰)이 커져 양(陽)이 없어져 가는 모양, '復卦'는 일양이 오음 밑에 있는 것으로서 양이 커져 가는 모양인 데서 온 말.
【剝膚 박부】①살가죽을 벗김. ②재화(災禍)가 신변 가까이까지 닥침.
【剝削 박삭】①벗겨서 깎음. ②조세(租稅)를 대납(代納)하는 사람이 중간에서 횡령하여 얼마쯤 깎아 먹던 일. 조세를 가혹하게 거둠. ③차츰차츰 학대함.
【剝喪 박상】깎여서 잃음.
【剝蝕 박설】초목의 껍질 등을 벗겨 먹음.
【剝蝕 박식】오래된 비면(碑面) 따위가 벗겨짐.
【剝刺 박자】옷을 벗기고 몸에 상처를 줌.
【剝製 박제】동물의 살과 내장을 발라내고 그 안에 솜이나 심을 넣어 살았을 때의 모양과 같이 만든 것.
【剝職 박직】관직을 박탈함.
【剝啄 박탁】①문을 똑똑 두드리는 소리. ②바

문자의 발소리. ③바둑을 두는 소리.
【剝奪 박탈】강제로 빼앗음. 벗겨 빼앗음.
【剝剽 박표】위협하여 빼앗음.
【剝皮 박피】껍질을 벗김.
【剝割 박할】쪼갬. 가름. 割剝(할박).
◐ 刻-, 生-, 切-, 頹-, 貶-, 割-, 解-.

刀 8 【剖】⑩ 쪼갤 부 🔲 pōu
소전 초서 고자 字解 ①쪼개다, 둘로 나누다, 여러 조각으로 나누다. ¶ 剖棺斬屍. ②가르다, 깨뜨리다. ③다스리다, 다루어 처리하다.〔楚辭〕得良公而剖之. ④명확하다, 명백하다, 똑똑하다.〔張衡·賦〕豈昏惑而能剖.
【剖檢 부검】시체를 해부(解剖)하여 죽은 원인을 검사함.
【剖決 부결】판결함. 剖斷(부단).
【剖棺斬屍 부관참시】무덤을 파고 관을 쪼개어 시신의 목을 벰. 죽은 후에 큰 죄가 드러났을 때 처하던 극형(極刑).
【剖斷 부단】판결함. 剖決(부결).
【剖腹藏珠 부복장주】배를 갈라 구슬을 감춤. 재보(財寶)만을 소중히 여겨, 제 몸을 망침.
【剖符 부부】부표(符票)를 나눔. 부절을 둘로 나누어 그 한쪽을 주던 일. ◯ 한대(漢代)에 6촌(寸) 길이의 대를 둘로 나누어 양쪽이 각각 그 반을 소지하여 임명·봉작(封爵)·계약 등의 증표로 삼은 데서 온 말.
【剖析 부석】①나누어 쪼갬. ②해결함.
【剖晳 부석】분명히 가려냄. 분명히 해결함.
【剖心 부심】①마음을 드러내 보임. ②가슴을 가름. 故事 비간(比干)의 간언에 화가 난 은(殷)의 주(紂)임금이 그의 가슴을 가르고 심장을 꺼냈다는 고사에서 온 말.
【剖截 부절】쪼개어 나눔.
【剖破 부파】쪼개어 부숨.
【剖判 부판】①쪼개져 열림. 사물이 나누어짐. ②나눔. 서로 구별하여 가름.
【剖割 부할】나눔. 가름. 갈라짐.
◐ 刀-, 不-, 裁-, 解-.

刀 8 【剕】⑩ 발 벨 비 🔲 fèi
초서 동자 字解 발을 베다. 고대의 오형(五刑)의 한 가지로, 발꿈치를 잘라 내던 형벌.
【剕辟 비벽】오형(五刑)의 한 가지. 발꿈치를 베는 형벌. 剕罰(비벌).

刀 8 【剓】⑩ 깎을 비 🔲 pī
字解 깎다, 자르다, 쪼개다.
【剓斫 비작】깎음.

刀 8 【刾】⑩ 찌를 사 🔲 zì

刀部 8~9획 剡 剜 剗 剤 剳 剎 剔 剟 契 剮 劃 剬 副

【剚】[초서][동자] [字解] ❶찌르다, 꽂다, 칼로 찌르다. 〔史記〕敢剚刃公之腹中. ❷두다, 일정한 곳에 두다.

刀8【剡】⑩ ❶날카로울 염 [英] yǎn ❷땅 이름 섬 [英] shàn
[소전][초서][참고] 대법원 지정 인명용 한자의 음은 '섬'이다.
[字解] ❶❶날카롭다. ㉮날이 서거나 끝이 뾰족하다, 날카롭게 하다. 〔易經〕剡木爲矢. ㉯사물 처리의 능력이 빠르다. ¶剡手. ❷빛나는 모양, 일어서는 모양. ¶剡剡. ❸화살이 나는 모양. ¶剡注. ❹창끝, 칼날. 〔國語〕大喪大亂之剡也. ❺깎다, 베다. 〔荀子〕欲剡其脛. ❻침범하다. ¶剡然. ❼천거하다. 〔葉適·文〕昔公剡士, 十有五輩. ❽평온한 모양, 편안한 모양. ≒ 俠. ❾성(姓). ❷땅 이름. 절강성(浙江省)에 있었던 옛 현(縣)의 이름.
【剡削 염삭】깎아 냄.
【剡手 염수】손을 재빠르게 놀림. 민첩한 솜씨.
【剡然 염연】①침노하여 개먹어 들어가는 모양. ②편안한 모양.
【剡剡 염염】①번쩍번쩍 빛나는 모양. ②일어서는 모양.
【剡注 염주】주례(周禮)의 오사(五射) 가운데 하나. ○'剡'은 화살이 나는 모양, '注'는 화살을 재는 일.
【剡薦 염천】글을 올려 천거함.
【剡牘 섬독】공문서(公文書). ○섬계(剡溪) 지방에서 나는 종이를 사용한 데서 온 말. 公牘(공독).

刀8【剜】⑩ 깎을 완 [英] wān
[소전][초서] [字解] 깎다, 도려내다. 〔韓愈·詩〕有洞若神剜.
【剜肉醫瘡 완육의창】자기 살을 도려내어 자신의 상처를 고치는 데 씀. 응급 치료를 함.

刀8【剗】⑩ 깎을 잔·전 [英] chǎn
[초서][통자][본자] [字解] ❶깎다, 베다. 〔後漢書〕剗戾舊章. ❷농기구(農器具). 땅을 평평하게 고르고 풀을 제거하는 데 사용함.
【剗削 전삭】닳음. 차츰 마멸됨.
【剗除 전제】베어 없앰.

刀8【剤】⑩ 劑(207)의 속자

刀8【剒】⑩ 벨 착 [英] cuò
[字解] ①베다, 자르거나 끊다. ②갈고 닦다.

刀8【剙】⑩ 剏(197)의 속자

刀8【剔】⑩ ❶바를 척 [英] tī ❷깎을 체 [英] tì
[소전][초서][참고] 대법원 지정 인명용 한자의 음은 '척'이다.
[字解] ❶❶바르다, 뼈를 바르다. ¶剔抉. ❷깎다, 풀 따위를 베다. 〔莊子〕燒之剔之. ❸없애 버리다, 파헤쳐 폭로하다, 후비다. 〔後漢書〕糾剔姦盜. ❷깎다. ≒鬀.
【剔去 척거】제거함.
【剔抉 척결】①뼈를 발라내고 살을 도려냄. ②부정·결함 등의 근원을 파헤쳐 없앰.
【剔燈 척등】등잔의 심을 돋움.
【剔蠹 척전】자름. 끊음.
【剔除 척제】도려내어 제거함.
【剔出 척출】발라냄, 도려냄.
【剔齒籤 척치첨】이쑤시개.

刀8【剟】⑩ 깎을 철 [英] duō
[소전][초서] [字解] ①깎다, 삭제하다. 〔商子〕有敢剟定法令者死. ②찌르다. 〔史記〕吏治榜笞數十刺剟, 身無可擊者.
【剟刺 철자】찌름. 상처를 입힘.
【剟定 철정】깎아서 고쳐 정함. 개정(改定)함. 訂定(정정).

刀9【契】⑪ 새길 결 [英] qiè
[통자] [字解] 새기다, 파다, 조각하다. 〔晉書〕契而舍之, 朽木不知.

刀9【剮】⑪ 바를 과 [英] guǎ
[동자][간체] [字解] 바르다, 살을 발라내다, 쪼개다, 난도질하다.

刀9【劃】⑪ 자끈할 획 [英] huò
[字解] 자끈하다, 단단한 것이 부러지거나 깨어지는 소리.

刀9【剬】⑪ 판가름할 단 [英] duān
[소전][초서][초서] [字解] ①판가름하다, 중재하다. ②가지런하다, 단정하다. ③재제(裁制)하다, 다스리다.

刀9【副】⑪ ❶버금 부 [英] fù ❷쪼갤 복 [英] pì
[갑골문자 변천]
[소전][소전][주문][주문][초서][초서]
[참고] 대법원 지정 인명용 한자음은 '부'이다.
[字源] 形聲. 畐+刀→副. '畐(복)'이 음을 나

타낸다.
字解 ❶①버금, 다음. ¶ 副主. ②돕다, 보좌하다. 〔素問〕爲萬民副. ③곁따르다, 옆에서 시중들다. ¶ 副車. ④원본의 등사. 〔史記〕藏之名山, 副在京師. ⑤합당하다, 알맞다. 〔後漢書〕盛名之下, 其實難副. ⑥부인의 머리 꾸미개, 머리를 땋아 꾸민 꾸밈. 〔詩經〕副笄六珈. ⑦성(姓). ⑧國벌. 옷·그릇 따위가 둘 이상이 모여 갖추어진 한 덩이를 세는 단위. 〔朝鮮太宗實錄〕國王冠服一副. ❷쪼개다, 가르다, 나누다. 〔詩經〕不坼不副.
【副介 부개】 시중듦.
【副車 부거】 거가(車駕)에 여벌로 따라가는 수레. 예비 수레. 副乘(부승). 副輅(부로).
【副啓 부계】 편지에서, 덧붙이는 말의 첫머리에 쓰는 말. 追啓(추계).
【副笄 부계】 귀부인의 머리 장식품. 비녀.
【副君 부군】 태자의 상속자. 太子(태자).
【副輦 부련】 임금이 거둥할 때, 임금이 탄 연(輦)보다 앞에 가던 빈 연.
【副輅 부로】 ➡副車(부거).
【副望 부망】 관리를 추천할 때, 후보자 셋을 추천한 중에서 둘째인 사람.
【副墨 부묵】 문자(文字). 시문(詩文).
【副本 부본】 원본과 똑같이 베낀 것.
【副乘 부승】 ①➡副車(부거). ②갈아탈 말.
【副業 부업】 본업 외에 따로 가지는 직업.
【副貳 부이】 ①부축하여 도움. ○ '貳'도 '副'의 뜻. ②장관(長官)의 보좌관. ③부본(副本). ④첩(妾). ⑤왕후의 머리 상식품.
【副作用 부작용】 본래의 작용에 곁들여 나타나는 해로운 작용.
【副將 부장】 주장(主將)을 보좌하는 장군.
【副葬 부장】 임금이나 귀족이 죽었을 때 그 사람이 생전에 쓰던 패물·그릇 따위를 무덤에 같이 묻던 일.
【副主 부주】 ①황태자(皇太子). ②별 이름. 소미사성(小微四星)이라고 함. 태미(太微)의 서남쪽에 있음.
○ 國-, 軍-, 正-, 儲-, 次-.

刀9 【剭】⑪ ❶목 벨 옥 屋 wū ❷죄줄 악 覺 wū
초서 剭
字解 ❶목 베다, 중죄로 다스리다. ❷죄주다, 형벌을 가하다.

刀9 【剰】⑪ 剩(203)의 속자

刀9 【剪】⑪ 翦(1414)의 속자

刀10 【剛】⑫ 剛(200)의 속자

刀10 【剴】⑫ ❶알맞을 개 灰 kǎi ❷큰 낫 개 國 ái

소전 剴 초서 剴 간체 剀
字解 ❶알맞다, 잘 어울리다. ¶ 剴備. ❷①큰 낫. ②베다, 문지르다. ③가깝다, 가까이 오다. ④절실하다, 간절하다. 〔新唐書〕無不剴切當帝之心.
【剴備 개비】 알맞게 두루 미침.
【剴切 개절】 ①뿌리 짬을 벰. ②급소에 적중함. 아주 알맞고 적절함. 適切(적절).
【剴直 개직】 간절하고 솔직함.

刀10 【劄】⑫ 낫 답 洽 zhá
參考 우리나라에서는 '箚(1313)'의 속자로도 쓰임.
字解 낫, 낫 모양의 갈고리.

刀10 【剳】⑫ 剖(201)의 고자

刀10 【剩】⑫ 남을 잉 徑 shèng
초서 剩 속자 剩
字解 ❶남다, 나머지. ¶ 剩餘. ❷그 위에, 더군다나.
〔高適·詩〕聽法還應難, 尋經剩欲翻.
【剩過 잉과】 너무 많아서 남음.
【剩金 잉금】 남은 돈. 剩錢(잉전).
【剩水殘山 잉수잔산】 전란으로 말미암아 황폐하여진 산천.
【剩哀 잉애】 뒤에 남은 슬픔. 餘哀(여애).
【剩語 잉어】 쓸데없는 말. 군소리.
【剩餘 잉여】 쓰고 난 나머지.
【剩員 잉원】 남아 도는 인원(人員).
○ 過-, 餘-.

刀10 【剬】⑫ 斲(762)과 동자

刀10 【創】⑫ ❶비롯할 창 陽 chuàng ❷상처 입힐 창 陽 chuāng

소전 創 소전 剏 초서 剙 간체 创
字源 形聲. 倉+刀→創. '倉(창)'이 음을 나타낸다.
字解 ❶(同) 剏. (俗) 剏·剙. ①비롯하다, 시작하다. 〔孟子〕創業垂統. ②만들다, 이룩하다. 〔漢書〕禮義是創. ③징계하다, 경계하다. 〔書經〕予創若時. ❷①상처를 입히다. 〔漢書〕欲令創咸面目. ②상처, 부스럼. ≒瘡. 〔荀子〕創巨者其日久.
【創鉅痛深 창거통심】 상처가 커서 매우 심하게 아픔. 부모상(父母喪)을 당한 비통함. ○ '鉅'는 '大'로 '크다'를 뜻함.
【創見 창견】 ①처음으로 발견함. ②독창적인 새로운 의견.
【創毒 창독】 상처를 입힘.
【創物 창물】 일을 시작함. 처음으로 새 기물(器

【創傷 창상】 ①상처를 입음. ②칼·창 따위에 다친 상처.
【創世 창세】 처음으로 세상을 만듦. 천지 개벽하여 만물이 생성하는 일.
【創案 창안】 처음으로 생각해 냄.
【創業守成 창업수성】 나라를 세우는 일과 이를 지켜 나가는 일. 創業守文(창업수문).
【創業垂統 창업수통】 나라를 세우고 그 통서(統緒)를 자손에게 전함.
【創乂 창예】 삼가고 경계함. 創艾(창애).
【創夷 창이】 칼에 베인 상처. 創痍(창이).
【創痍未瘳 창이미추】 칼에 베인 상처가 아직 아물지 않음. 전란(戰亂)의 여독이 아직 회복되지 않음.
【創殘 창잔】 전란에서 다치고 살아남은 사람.
【創製 창제】 창안하여 만듦. 새로 만듦.
【創造 창조】 ①처음으로 생각해 내어 만듦. ②조물주(造物主)가 처음 우주를 만듦.
【創草 창초】 사물의 시초. 草創(초창).
【創置 창치】 처음으로 설치함. 創設(창설).
【創統 창통】 사업을 시작함. 기초를 닦음.
● 開—, 金—, 獨—, 傷—, 始—, 重—, 草—.

刀 10 【割】 ⑫ 나눌 할 ㊀갈 ㊁ gē

形聲. 害+刀→割. '害(해)'가 음을 나타낸다.

[字解] ①나누다, 쪼개다.〔漢書〕割據山河,保此懷民. ②쪼개다, 가르다, 갈라서 찢다.〔論語〕割鷄焉用牛刀. ③빼앗다.〔戰國策〕王可以多割地. ④자르다, 끊다.〔後漢書〕割既往謬妄之失. ⑤해치다, 손상하다. ¶ 割名. ⑥재앙, 불행.〔書經〕天降割於我家. ⑦어찌. ≒曷.〔書經〕割申勸寧王之德. ⑧國할, 10분의 1.
【割去 할거】 베어 버림. 찢어 버림.
【割據 할거】 땅을 나누어 차지하고 막아 지킴. 제각기 한 지방을 점령하여 웅거함.
【割耕 할경】 인접한 남의 논밭을 범하여 경작함.
【割鷄焉用牛刀 할계언용우도】 닭을 잡는 데 소 잡는 큰 칼을 쓸 이유가 없음. 조그만 일을 처리하는 데 지나치게 큰 수단을 쓸 필요가 없음.
【割股 할고】 ①다리의 살을 베어 냄. ②효자가 부모의 병을 고치기 위하여 자기 다리의 살점을 베어 먹임. 효행(孝行)의 비유.
【割股啖腹 할고담복】 자기의 넓적다리 살을 베어 배에 먹임. 결국 자기의 손해가 됨의 비유.
【割股充腹 할고충복】 빈 배를 채우기 위하여 허벅지를 베어 먹음. 한때을 면하려는 어리석은 잔꾀의 비유.
【割劇 할귀】 쪼갬. 찢음.
【割當 할당】 몫을 나누어 분배함.
【割名 할명】 ①명예를 더럽힘. ②國제명(除名).
【割剝 할박】 ①해침. 잔악함. ②가죽을 벗기듯

살을 베어 냄. ③國탐관오리가 백성의 재물을 걸태질함. 剝割(박할).
【割半之痛 할반지통】 몸의 반을 베어 내는 고통. 곧, 형제가 죽은 슬픔.
【割譜 할보】 國족보에서 이름을 지워 친족 관계를 끊음.
【割封 할봉】 시관(試官)이 과거 답안지의 성명·생년월일·주소를 기록하여 봉한 것을 뜯음.
【割符 할부】 나무쪽이나 두꺼운 종이쪽에 글자를 적고 증인(證印)을 찍은 뒤, 이를 둘로 쪼개서 각각 보관하였다가 뒷날에 증거로 삼게 한 물건. 符節(부절).
【割賦 할부】 ①과세(課稅)를 줄임. ②분할하여 배당함.
【割臂盟 할비맹】 남녀가 서로 사랑함을 맹세함. [故事] 춘추 시대 노(魯)나라의 장공(莊公)이 맹임(孟任)과 서로 팔뚝을 베어 피를 마시고 맹세를 하여 결국 그를 부인으로 맞이하였다는 고사에서 온 말.
【割席 할석】 자리를 달리 함. 동석(同席)하지 않음. 절교(絶交)함.
【割愛 할애】 아깝게 여기지 않고 나누어 줌.
【割讓 할양】 땅이나 물건의 한 부분을 떼어 줌.
【割肉充腹 할육충복】 國제 살을 베어 배를 채움. 혈족(血族)의 재물을 빼앗는 일.
【割恩斷情 할은단정】 은혜를 자르고 정을 끊음. 인정 어린 마음을 없앰. 애틋한 사랑을 끊음.
【割移 할이】 나누어 옮김.
【割引 할인】 일정한 값에서 얼마를 싸게 함.
【割截 할절】 자름. 절단함.
【割制 할제】 나누어 정함.
【割胸 할흉】 귀견줌〔比耳〕을 한 다음 그 구장(毬杖)을 말의 가슴에 곧게 대는 격구(擊球) 동작의 한 가지.
● 斷—, 屠—, 剝—, 分—, 宰—, 切—, 烹—.

刀 10 【割】 ⑫ 割(204)의 속자

刀 11 【剾】 ⑬ 새길 구 ㊁ kōu

[字解] 새기다.

刀 11 【剸】 ⑬ ❶벨 단 ㊁ tuán
❷오로지 전 ㊁ zhuān

[字解] ❶①베다, 목을 베다, 나무를 베다. ¶ 剸剟. ②절단하다, 쪼개다, 가르다.〔後漢書〕燔魚剸蛇. ❷①오로지. ≒專. ②마음대로. =摶.
【剸剟 단얼】 베어서 날카롭게 다듬음.
【剸決 전결】 마음대로 일을 정함. 제멋대로 정함. 專決(전결). 專斷(전단).
【剸行 전행】 마음대로 일을 행함. 제멋대로 처리함. 專行(전행).

刀 11 【剺】 ⑬ 벗길 리 ㊁ lí

刀部 11~12획

剺
〔소전〕 剺 〔초서〕 剺
字解 ①벗기다. ②베다, 칼로 베다. 〔東觀漢記〕剺面流血. ③가르다, 나누다, 구획하다. ¶ 剺櫟.
【剺櫟 이력】분별과 절제가 있는 모양.
【剺面 이면】칼로 얼굴을 벰.
【剺耳 이이】귀를 잘라 피가 남.

剷 刀11
⑬ 깎을 산 ⊕찬 酒 chǎn

剗 刀초서 剗 刀통자 剗
字解 깎다, 베다, 깎아 평평하게 하다.
【剗薙 산치】베어 없앰. 芟薙(삼치).

剿 刀11
⑬ ❶죽일 초 篠 jiǎo
❷노략질할 초 肴 chāo

勦 刀동자 剿 刀동자 勦
字解 ❶죽이다, 베다, 멸망시키다.
❷노략질하다, 강제로 빼앗다.
【剿滅 초멸】도적 떼를 무찔러 없앰.
【剿討 초토】도둑의 무리를 토벌함.

勦 刀11
⑬ 剿(205)와 동자

剽 刀11
⑬ ❶빠를 표 嘯 piào
❷표 표 蕭 biāo
❸끝 표 篠 biǎo

剽 소전 剽 초서
字解 ❶①빠르다. 〔周禮〕其爲獸必剽. ≒摽·慓. ②사납다, 거칠다. 〔漢書〕已忠其剽悍. ≒勦. 〔北齊書〕剽掠村邑. ④깎다, 자르다. 〔後漢書〕剽賣田宅. ⑤벗기다, 빼앗다. ¶ 剽剝. ⑥찌르다, 치다. 〔史記〕嘗與張次公俱攻剽爲群盜. ≒慓. ❷표, 표를 하다. ≒標. ❸끝, 첨단. 〔莊子〕有長而無本剽者, 宙也.
【剽劫 표겁】협박함.
【剽輕 표경】①재빠름. 날램. ②경박(輕薄)함. ③거칠고 경박함.
【剽攻 표공】협박하여 침공함.
【剽狡 표교】사납고 교활함. 또는 그런 사람. 狡猾(교활).
【剽急 표급】재빠름. 剽疾(표질).
【剽盜 표도】협박하여 빼앗음. 剽掠(표략).
【剽掠 표략】위협하여 빼앗음. 협박하여 약탈함. 剽盜(표도). 剽奪(표탈).
【剽虜 표로】노략질함. 눈을 속여 빼앗음. '虜'는 '빼앗다'.
【剽剝 표박】①비난하며 공격함. 위협함. ②벗기어 떨어짐. 脫落(탈락). 剽落(박락).
【剽遨 표요】가볍고 빠름.
【剽姚 표요】①강하고 재빠른 모양. ②한대(漢代) 무관(武官)의 이름.
【剽勇 표용】표독하고 용감함.
【剽賊 표적】☞剽竊(표절)①.
【剽竊 표절】①노략질함. 훔침. 剽賊(표적). ②남의 시가(詩歌)·문장(文章) 등을 훔쳐 자기가 지은 것처럼 발표함.

【剽疾 표질】재빠름. 輕捷(경첩)함.
【剽楚 표초】고통을 줌. 해치고 괴롭게 함.
【剽悍 표한】표독하고 날쌤.
● 剛―, 輕―, 剝―, 浮―, 殘―, 椎―.

刮 刀12
⑭ 궂은살 잘라 낼 괄 黠 guā

劀 소전
字解 ①궂은살을 잘라 내다, 고름을 짜고 근을 뽑아내다. ¶ 劀殺. ②깎다, 문지르다. ≒刮.
【劀殺 괄살】고름을 짜고 근을 죽이는 일.
【劀拭 괄식】깎고 닦음.

劂 刀12
⑭ 새김칼 궐 月 jué

劂 동자 剞 초서
字解 새김칼, 조각(彫刻) 칼.

㓹 刀12
⑭ 저밀 속 沃 sù
字解 저미다, 잘게 썰다.

劐 刀12
⑭ 찌를 잠 咸感 zàn
字解 찌르다, 끝이 뾰족한 것으로 찌르다.

劁 刀12
⑭ 劁(205)의 속자

劋 刀12
⑭ 덜 준 阮 zǔn
字解 ①덜다, 줄이다. ②억제하다, 누르다. ≒撙. ③자르다, 끊다.

劃 刀12
⑭ 그을 획 陌 huà

그림: 劃 자의 필순 一 ㄱ ㄱ 聿 書 書 畵 畵 劃

劃 소전 劃 소전 劃 고문 劃 초서 劃 고문
字源 會意·形聲. 畫+刀→劃. 칼(刂)로 무엇을 자르기 전에 경계되는 부분을 그린다(畫)는 뜻을 나타낸다. '畫(화)'는 음도 나타낸다.
字解 ①긋다, 나누다, 구별하다. 〔顔氏家訓〕九州未劃, 列國未分. ②쪼개다, 칼로 잘라 나누다. ¶ 劃花.
【劃然 획연】①구별이 분명한 모양. ②물건을 깨는 것과 같은 소리.
【劃定 획정】구획 지음. 구획을 지어 정함.
【劃地 획지】①경계를 지어 땅을 가름. ②땅에 금을 긋음.
【劃策 획책】일을 꾸미거나 꾀함.
【劃花 획화】도자기의 표면을 칼로 파서 새긴 그림.
● 計―, 區―, 企―, 字―, 點―, 參―.

刀 12 **【劃】** ⑭ 劃(205)의 고자

刀 13 **【劍】** ⑮ 칼 검 🔲 jiàn

〔소전〕劍 〔주서〕劍 〔초서〕劍 〔동자〕劎 〔동자〕劒
〔속〕劍 〔간체〕剑

[字源] 形聲. 僉+刀→劍. '僉(첨)'이 음을 나타낸다.

[字解] ①칼. ㉮검, 무기로 쓰이는 긴 칼, 칼날이 양쪽에 있는 칼. ¶ 劍術. ㉯비수(匕首). ②검법, 칼을 쓰는 법. 〔史記〕學書不成, 去學劍, 又不成. ③찌르다, 베다. 〔新唐書〕手劍賦畜.

【劍閣 검각】장안(長安)에서 촉(蜀)으로 가는 길인, 대검(大劍)·소검(小劍) 두 산의 요해(要害).

【劍匣 검갑】칼을 넣어 두는 궤.

【劍光如電 검광여전】칼빛이 번개와 같이 날카로움.

〈劍①〉

【劍戟 검극】①칼과 창. 劍槊(검삭). ②무기(武器). 戎器(융기).

【劍器 검기】①도검(刀劍)과 기물(器物). ②칼춤. 劍舞(검무). ③향악의 칼춤에 쓰던 칼.

【劍難 검난】도검(刀劍)으로 인한 재난.

【劍頭 검두】칼끝. 劍鋩(검망).

【劍頭一映 검두일훨】칼자루 끝에 있는 작은 구멍을 바람이 스쳐 가는 미세한 소리. 들어 둘 만한 가치가 없음.

【劍鋩 검망】칼끝. 劍鋒(검봉). 劍頭(검두).

【劍舞 검무】칼춤.

【劍撥 검발】칼과 큰 방패. ⚪'撥'은 큰 방패.

【劍璽 검새】제위(帝位)의 표시로서 천자가 가진 칼과 어보(御寶).

【劍首 검수】칼자루의 머리.

【劍楯 검순】칼과 방패. 劍盾(검순).

【劍術 검술】검(劍)을 가지고 싸우는 기술.

【劍鐔 검심】칼코등이.

【劍一人敵 검일인적】검술은 한 사람을 상대하는 기술이므로 배울 만한 것이 못 됨.

【劍棧 검잔】촉(蜀)나라의 검각(劍閣)에 가설한 잔교(棧橋).

【劍把 검파】칼자루.

【劍花 검화】칼이 부딪쳐서 나는 불꽃.

【劍環 검환】칼코등이. 劍鼻(검비).

⬤ 刻舟求−, 孤−, 短−, 木−, 寶−, 手−, 手裏−, 御−, 腰−, 長−, 懷−.

刀 13 **【劒】** ⑮ 劍(206)과 동자

刀 13 **【劌】** ⑮ 상처 입힐 귀 🔲 guì

〔소전〕劌 〔초서〕劌 〔간체〕刿

[字解] ①상처 입히다, 찔러서 상처나게 하다. 〔韓愈·誌〕劌目鉥心. ②쪼개다, 가르다. 〔孔子家語〕廉而不劌, 義也. ③가시, 침. ④만나다. ≒會. 〔太玄經〕天地相對, 日月相劌.

【劌目鉥心 귀목술심】눈을 놀라게 하고 마음을 놀라게 함. 문장의 구상이 뛰어나서 사람의 생각을 벗어남.

刀 13 **【劇】** ⑮ 심할 극 🔲 jù

〔소전〕劇 〔초서〕劇 〔동자〕劇 〔속자〕劇 〔간체〕剧

[字源] 形聲. 豦+刀→劇. '豦(거)'가 음을 나타낸다.

[字解] ①심하다. ㉮보통보다 더하다, 더 많아지다. ¶ 劇甚. ㉯혹독하다, 성하다. ¶ 劇暑. ②번거롭다, 바쁘다, 힘들다. 〔商君書〕事劇而功寡. ③연극. ¶ 喜劇. ④빠르다, 재빠르다. 〔漢書〕口吃不能劇談. ⑤교통의 요충지. 〔唐書〕陣留據水陸劇. ⑥사무가 번거로운 자리. 〔唐書〕位雖顯劇, 以儉約自將. ⑦장난하다, 희롱거리다. 〔姚合·詩〕映竹窺猿劇, 尋雲探鶴情.

【劇寇 극구】포악하고 심한 적(敵).

【劇棊 극기】바둑에 열중함.

【劇談 극담】①급하게 말함. ②심하게 떠들어 댐. ③연극에 관한 이야기.

【劇盜 극도】흉악한 도둑. 劇賊(극적).

【劇烈 극렬】정도에 지나치게 맹렬함.

【劇虜 극로】세력이 강한 오랑캐.

【劇務 극무】몹시 바쁘고 고된 사무.

【劇問 극문】바삐 물음. 급한 물음.

【劇旁 극방】세 곳으로 통하는 길.

【劇煩 극번】매우 바쁨. 煩劇(번극).

【劇繁 극번】대단히 바쁨. 매우 바쁜 사무.

【劇變 극변】급격한 변화. 激變(격변).

【劇本 극본】연극이나 방송극 등의 대본.

【劇司 극사】바쁜 일자리. 몹시 바쁘고 고된 근무. 劇務(극무).

【劇暑 극서】몹시 심한 더위. 酷暑(혹서).

【劇甚 극심】매우 심함.

【劇藥 극약】잘못 사용하면 생명이 위태롭게 되는 위험한 약.

【劇語 극어】과격한 말. 격렬한 말.

【劇役 극역】격심한 근무. 몹시 힘드는 일.

【劇熱 극열】①몹시 심한 열기. ②몹시 뜨거움. 極熱(극열).

【劇雨 극우】줄기차게 많이 내리는 비.

【劇月 극월】바쁜 달.

【劇邑 극읍】사무가 매우 많은 도읍(都邑).

【劇易 극이】격렬함과 평온함. 어려움과 쉬움. 難易(난이).

【劇爭 극쟁】극렬하게 싸움.

【劇賊 극적】⇨劇盜(극도).

【劇敵 극적】강포(强暴)한 적.

【劇戰 극전】극렬하게 싸움. 격렬한 싸움.

【劇症 극증】매우 급한 병.
【劇地 극지】번화하고 중요한 땅.
【劇職 극직】매우 바쁜 직무나 직책.
【劇震 극진】대단한 지진(地震).
【劇驂 극참】일곱 곳으로 통하는 도로.
❶ 歌—, 狂—, 悲—, 演—, 雜—, 慘—, 謔—, 活—, 喜—, 獻—.

刀 13 【劇】⑮ 劇(206)과 동자

刀 13 【勮】⑮ 劇(206)의 속자

刀 13 【劉】⑮ 죽일 류 尤 liú
[초서] 劉 [속서] 刘 [간체] 刘 [參考] 우리나라에서는 이 자를 흔히 '묘금도류'라 이른다. 이는 파자(破字)에 의해 '卯(묘)+金(금)+刂(도)'가 되기 때문이며, 자의(字義)와는 관계가 없다.
[字解] ❶죽이다, 사람을 죽이다. 〔詩經〕勝殷遏劉. ❷베풀다, 벌여 놓다. ❸이기다, 이겨 내다. 〔逸周書〕則咸劉商王紂. ❹여기저기를 보다, 여기저기 들르다. 〔淮南子〕劉覽偏照. ❺칼. ❻아름다운 모양. ≒懰. ❼도끼. 〔書經〕一人冕執劉. ❽성(姓).
【劉覽 유람】널리 봄. 통람(通覽)함.
【劉郞 유랑】성(姓)이 유(劉)인 남자.
【劉項 유항】한(漢)의 고조(高祖) 유방(劉邦)과 서초(西楚)의 패왕(霸王) 항우(項羽).

刀 13 【劈】⑮ 쪼갤 벽 錫 pī
[소전] 劈 [초서] 劈 [字解] ❶쪼개다, 가르다, 깨뜨리다. 〔曹松·詩〕劈碎琅玕意有餘. ❷향하다. 〔楊萬里·詩〕風仍面面來. ❸벼락. 〔唐昭宗·詩〕只解劈牛兼劈樹.
【劈開 벽개】①쩜. 가름. ②광물이 평면으로 일정한 방향에 따라 쪼개지는 일.
【劈頭 벽두】①글·말의 첫머리. ②일의 첫머리.
【劈歷 벽력】①벼락. 霹靂(벽력). ②살무사의 딴 이름. 蝮蛇(복사).
【劈碎 벽쇄】쪼개어 부숨.
【劈破 벽파】쪼개서 깨뜨림.
【劈破門閥 벽파문벌】인재를 등용하는 데에 문벌을 가리지 않음.

刀 13 【剿】⑮ 끊을 초 篠 jiǎo
[소전] 剿 [초서] 剿 [字解] ❶끊다, 베다, 없애다. =勦·劋. 〔周書〕天用剿絶其命. ❷일찍 죽다.
【剿絶 초절】베어 멸망시킴.

刀 13 【劅】⑮ 불 깔 탁 藥 zhuó

[字解] 불알을 까다, 불을 치다. 고대에 불알을 까 없애던 형벌의 한 가지.

刀 13 【劊】⑮ 끊을 회 泰 guì
[소전] 劊 [초서] 剴 [간체] 刽 [字解] 끊다, 자르다, 절단하다.
【劊手 회수】사형(死刑) 집행을 맡아 하는 사람. 劊子(회자). 劊子手(회자수).

刀 14 【劍】⑯ 劍(206)과 동자

刀 14 【劓】⑯ 코 벨 의 寘 yì
[소전] 劓 [초서] 劓 [字解] ❶코를 베다. 고대 오형(五刑)의 하나로, 코를 베던 형벌. 〔書經〕劓殄滅人. ❷쪼개다, 가르다. 〔書經〕我乃劓殄滅之.
【劓馘 의괵】코와 귀를 베는 형벌. '馘'은 귀를 자르는 형벌.
【劓罰 의벌】코를 베는 형벌. 劓劈(의벽). 劓罪(의죄).
【劓劈 의벽】☞劓罰(의벌).
【劓割 의할】가름. 분할(分割)함.

刀 14 【劑】⑯ ❶약 지을 제 霽 jì ❷엄쪽 자 支 jī
[소전] 劑 [초서] 劑 [속서] 剤 [간체] 剂 [參考] 대법원 지정 인명용 한자의 음은 '제'이다.
[字解] ❶①약을 짓다, 조합(調合)하다. 〔三國志〕心解分劑, 不復稱量. ②가지런히 자르다, 가지런히 하다. 〔後漢書〕劑其味. ❷①엄쪽, 어음. 〔周禮〕以質劑結信而止訟. ②잘라 내다, 잘라 끊다.
【劑熟 제숙】잘 조합함.
【劑刀 자도】가위. 剪刀(전도).
【劑面 자면】얼굴에 상처를 냄.
【劑信 자신】부절(符節)로써 증거를 삼음.
❶ 九—, 洗—, 藥—, 錠—, 製—, 調—, 質—, 湯—, 下—.

刀 15 【劕】⑰ 엄쪽 질 質 zhì
[동자] 質 [字解] 엄쪽, 어음. 거래의 증권 중에서 길이를 길게 만든 증권.

刀 17 【劖】⑲ 새길 참 咸 chán
[소전] 劖 [초서] 劖 [字解] 새기다, 깎다, 뚫다, 자르다. 끊다.
【劖刀 참도】누에를 치는 기구의 한 가지. 뽕나무 가지를 치는 데 쓰이는 칼.

刀 19 【劘】㉑ 깎을 마 歌 mó

刀部 19～21획 劇劘　力部 0～3획 力劝加

【劘】
[字解] ①깎다, 베다. ¶劘厲. ②닦다, 힘쓰다, 갈고.〔漢書〕自下劘上.
【劘厲 마려】깎고 자름.

刀19【劗】㉑ 깎을 전 〔銑〕 jiǎn
【劗】 [字解] ①깎다, 머리를 깎다. ≒翦.〔淮南子〕以斧劗毛, 以刀抵木. ②머뭇거리다. ¶劗跙.
【劗髮 전발】머리를 깎음.
【劗跙 전저】나아가지 않는 모양.

刀21【劙】㉓ 가를 리 〔支〕 lí
[字解] 가르다, 나누다, 쪼개다.
【劙刀 이도】황무지를 개간할 때 쓰는 농기구의 한 가지.

力 部

2획 부수 ｜ 힘력부

力0【力】② 힘 력 〔職〕 lì

フ 力

[字源] 象形. 팔에 힘을 주었을 때 근육이 불거진 모양을 본뜬 글자.
[字解] ①힘. ㉮근육의 운동.〔孟子〕或勞心, 或勞力. ㉯운동·작용·활동·기능 등을 가능하게 하는 힘. ¶國力. ㉰효력, 어떤 작용의 보람. ¶效力. ㉱물체가 서로 작용하여 그 속도에 변화를 일으키는, 물체 상호 간의 작용. ¶原子力. ②힘쓰다, 부지런히 일하다.〔詩經〕威儀是力. ③있는 힘을 다하여, 애써.〔荀子〕眞積力久則入. ④심하다, 어렵다.〔漢書〕今病力. ⑤일꾼, 인부. ¶力人. ⑥병사.〔宋書〕率見力決戰. ⑦［國］조선 때 팔힘의 정도를 시험하던 취재(取才)의 한 가지. 양손에 각각 50근(斤)을 들고 160보(步) 이상을 가면 1력(力), 130보 이상 가면 2력, 100보 이상 가면 3력이라 하였음.〔經國大典〕兩手各持五十斤, 能行一百六十步一力.
【力稼 역가】농사에 힘씀. 力田(역전).
【力幹 역간】뛰어난 기량(技倆). 才幹(재간).
【力諫 역간】힘을 다하여 간함.
【力求 역구】힘써 구함.
【力救 역구】힘을 다하여 구원함.
【力勸 역권】①힘써 권함. ②억지로 권함.
【力能扛鼎 역능강정】힘은 능히 솥을 들어 올림. 힘이 센 모양.
【力量 역량】일을 해낼 수 있는 힘의 정도.
【力勉 역면】①힘써 함. ②격려함.

【力不從心 역부종심】힘이 모자라 생각한 대로 할 수 없음.
【力不贍 역불섬】힘이 넉넉하지 못함.
【力士 역사】남보다 힘이 뛰어나게 센 사람. 壯士(장사).
【力索 역색】①애써 찾아 구함. ②깊이 생각함. ③힘을 다함.
【力說 역설】힘써 주장함.
【力勝 역승】힘으로 이김.
【力食 역식】힘써 일해서 먹고 삶. 노동을 하여 생활을 함.
【力臣 역신】①임금과 나라를 위하여 힘쓰는 신하. ②용력(勇力)이 있는 신하.
【力役 역역】①나라에서 과(課)하는 부역. ②무력으로 정벌함.
【力人 역인】①힘이 센 사람. ②육조(六朝) 때 동복(僮僕)에 속하던 사람.
【力作 역작】①부지런히 일함. ②힘을 들여서 만든 작품. 勞作(노작).
【力爭 역쟁】①무력(武力)으로 싸움. 힘으로 싸움. ②힘써 간(諫)함. 힘을 다하여 충고함. 苦諫(고간). 極諫(극간).
【力田 역전】농사에 힘씀. 力耕(역경). 力稼(역가). 力穡(역색). 力農(역농).
【力點 역점】힘을 많이 들이는 주안점(主眼點).
【力政 역정】①부역(賦役). 力役(역역). ②무단정치(武斷政治). ③무력으로 정벌함. ◐'政'은 '征'으로 '정벌'을 뜻함. 力征(역정).
【力制 역제】권력으로 다스림.
【力疾 역질】①병을 참고 견디며 일을 함. ②매우 빠름.
【力薦 역천】［國］힘써 천거함.
【力透紙背 역투지배】필력(筆力)이 종이 뒷면에까지 사무침. ㉠필법(筆法)이 날카롭고 힘참. ㉡시(詩)의 내용이 근엄하며 고결함.

◐强—. 公—. 國—. 權—. 筋—. 金—. 氣—. 努—. 能—. 膽—. 動—. 馬—. 魔—. 武—. 微—. 迫—. 死—. 勢—. 速—. 水—. 眼—. 壓—. 餘—. 腕—. 用—. 威—. 有—. 人—. 引—. 自—. 磁—. 財—. 全—. 電—. 戰—. 精—. 助—. 走—. 重—. 盡—. 借—. 體—. 他—. 彈—. 暴—. 風—. 筆—. 學—. 火—. 活—. 效—.

力2【劝】④ 勸(221)의 속자

力3【加】⑤ 더할 가 〔麻〕 jiā

フ 力 カ 加 加

[字源] 會意. 力+口→加. 입(口) 놀리기에 힘쓴다〔力〕는 데서 말이 많아진다는 뜻을 나타낸다.
[字解] ①더하다. ㉮더 보태어 많게 하다.〔論語〕旣富矣, 又何加焉. ㉯더 심해지다, 더 성해지다.〔楚辭〕馬蘭踸踔而日加. ㉰뽐내다, 높

은 체하다. 〔禮記〕不敢以富貴加於父兄. ㉣수량·분량을 더하거나 합하는 일. ¶加減乘除. ㉤들다, 성원이 되어 더 보태다. ㉥國덧붙이, 본디 있는 위에다 더한. ②있다, 처하다. 〔孟子〕夫子加齊之卿相. ③입다, 몸에 걸치다, 입히다. 〔禮記〕加之衣服. ④베풀다, 베풀어 미치게 하다. 〔呂氏春秋〕光耀加於百姓. ⑤업신여기다, 헐뜯다. 〔論語〕我不欲人之加諸我也. ⑥國벼슬 이름. 부여(夫餘)의 벼슬 이름. 〔後漢書〕以六畜名官, 有馬加·牛加·狗加.

【加減 가감】 보탬과 뺌. 加損(가손).
【加減乘除 가감승제】 덧셈·뺄셈·곱셈·나눗셈의 네 가지 셈법.
【加結 가결】 ①결세(結稅)의 율(率)을 올림. ②수량을 더하여 늘린 결복(結卜).
【加耕田 가경전】 새로 개간하여 아직 양안(量案:토지 대장)에 올리지 않은 논밭.
【加笄 가계】 땋았던 머리를 풀어 쪽을 찌고 비녀를 꽂는 일. ㉠여자 나이 15세. ㉡여자 15세가 되면 시집을 가 비녀를 꽂을 수 있다는 데서 온 말. ㉢허락받지 않아도 혼인할 수 있는 나이. 곧, 여자 나이 20세.
【加階 가계】 품계(品階)를 올림. 품계가 높아짐. 加級(가급).
【加工 가공】 제품을 만들기 위해 소재나 원료에 인공을 더함.
【加功 가공】 ①남의 일을 거듦. 加勢(가세). ②범죄가 되는 일을 거드는 행위.
【加官 가관】 ①관직(官職)를 겸함. ②관위(官位)가 오름. ③연극 따위에서, 관원(官員)으로 가며 출연하는 배우.
【加冠 가관】 ①스무 살 된 남자가 처음으로 관(冠)을 씀. 관례를 치르고 성년이 됨. ②관이나 갓을 씀.
【加棘 가극】 귀양살이하는 죄인의 집 둘레에 가시나무를 둘러치던 일.
【加級 가급】 벼슬이 높아짐. 加階(가계).
【加給由 가급유】 관원에게 준 사가(賜暇)의 기한이 다 찼을 때, 말미를 더 늘려 주던 일.
【加納 가납】 세금이나 공물(貢物)을 정한 수량보다 더 바침.
【加年 가년】 ①나이를 더 먹음. 加齒(가치). ②國나이가 모자라는 사람이 과거를 보거나 벼슬을 하려 할 때 나이를 속여 올리던 일.
【加擔 가담】 ①어떤 일이나 무리에 한몫 낌. ②편이 되어 힘을 보탬.
【加賭 가도】 도조(賭租)의 기준을 올려 매김.
【加等 가등】 ①등급을 높임. ②형벌을 본디 정한 등급보다 더 올림.
【加斂 가렴】 조세(租稅)·금곡(金穀) 따위를 정한 액수보다 더 징수함. 加率(가솔).
【加勞 가로】 관록(官祿) 등을 가급(加級)하여 위로함.
【加錄 가록】 ①문부(文簿)를 정리할 때 금액 등을 추가로 기입함. ②國홍문관(弘文館) 관원의 추천에 빠진 사람을 의정부에 더하여 기입하던 일.

【加麻 가마】 國소렴(小殮) 때 상제가 처음으로 머리에 수질(首絰)을 쓰는 일.
【加望 가망】 관원을 추천할 때 그 관직의 벼슬보다 한 계급 낮은 사람을 삼망(三望) 또는 삼망 밖에 더하여 넣던 일.
【加盟 가맹】 동맹이나 연맹에 가입함.
【加勉 가면】 공부에 힘씀. 열심히 공부함.
【加撥 가발】 돈이나 곡식을 정한 것보다 더 내어 줌.
【加法 가법】 형벌을 더함.
【加捧 가봉】 國정한 액수 외에 돈이나 곡식을 더 징수함.
【加捧女 가봉녀】 國의붓딸.
【加捧子 가봉자】 國의붓아들.
【加非 가비】 비방함.
【加刪 가산】 더하는 것과 깎는 것.
【加設 가설】 ①추가하여 설치함. ②소정의 관직 외에 관직을 더 설치함.
【加損 가손】 늘어남과 줄어듦. 加減(가감).
【加膝 가슬】 무릎에 앉힘. 매우 사랑하고 아낌.
【加膝墜淵 가슬추연】 무릎 위에 앉혀 사랑하거나, 못[池]에 밀어 넣어 미워함. 사랑하고 미워함을 기분에 따라 행함으로써 그 행동이 예(禮)에 벗어남.
【加升 가승】 세곡(稅穀)을 받을 때, 뒤에 축날 것을 예상하여 한 섬에 석 되씩 더 받던 일.
【加信 가신】 더욱더 성실(誠實)함.
【加額 가액】 ①돈의 액수를 불림. ②이마에 손을 얹음. 곧, 사람을 몹시 기다림.
【加律 가율】 國형벌을 더하던 일.
【加恩 가은】 ①은혜를 더 베풂. 은상(恩賞)을 더 줌. ②경전(慶典) 때 신하에게 물건을 내려 줌. 녹봉(祿俸)을 늘려 줌.
【加意 가의】 특별히 마음을 씀. 주의함. 조심함.
【加一瓜 가일과】 임기가 끝난 관리를 다시 한 임기 더 있게 함.
【加資 가자】 ①정삼품 통정대부(通政大夫) 이상의 품계. ②정삼품 통정대부 이상으로 품계를 올리던 일.
【加資帖 가자체】 國가자(加資)를 내릴 때 주던 교지(敎旨).
【加腆 가전】 한층 더 후하게 예물을 줌.
【加點 가점】 ①글이나 글자에 점을 찍음. 곧, 문장의 첨삭(添削). ②國한문(漢文)에 훈점(訓點)을 찍음.
【加定 가정】 물품·비용·인원을 정한 수 이상으로 늘림.
【加重 가중】 더 무거워짐.
【加持 가지】 (佛)①부처의 대자대비(大慈大悲)한 힘의 가호를 받아, 중생이 불범일체(佛凡一體)의 경지로 들어가는 일. ②부처의 힘을 빌려 병이나 재앙을 면하기 위하여서 올리는 기도.
【加差下 가차하】 벼슬아치를 정원 외에 더 임명하던 일.
【加餐 가찬】 ①음식물을 많이 먹음. 식사를 잘 함. 영양을 섭취하여 몸을 소중히 함. 加養(가양). 養生(양생). ②편지글에서, 남의 건강을

力部 3획 功 㓛

축복(祝福)하는 말.
【加檐石 가첨석】 빗돌 위에 지붕 모양으로 만들어 덮는 돌. 蓋頭(개두).
【加髢 가체】 國여자가 성장(盛裝)할 때 머리에 큰머리나 어여머리를 얹음.
【加出 가출】 國관아에서 정원 외에 잔심부름꾼을 두던 일. 施主(시주).
【加陀 가타】 (佛)부처의 공덕이나 교리를 찬미하는 노래 글귀. 범어(梵語) 'Gāthā'의 음역어. 偈(게).
【加派 가파】 ①조세(租稅)를 정액 이상으로 덧붙여 부과함. 加斂(가렴). 加率(가솔). ②사람을 더 보냄.
【加鞭 가편】 채찍질하여 걸음을 더 재촉함.
【加被 가피】 (佛)부처가 중생에게 자비를 베풀어 도와줌. 加護(가호).
【加銜 가함】 일정한 관직에 있는 관원에게 직무가 없는 상급의 관명(官名)을 따로 주어 그 격품(格品)을 높여 우대의 뜻을 나타내던 일.
【加行 가행】 아름다운 덕행.
【加護 가호】 ①정성을 들여 지킴. 소중히 보호함. ②(佛)부처가 중생을 도와줌.
【加號 가호】 이름이나 호를 내려 줌.
◐ 累―, 倍―, 附―, 增―, 參―, 添―, 追―.

力
3 【功】⑤ 공 공 國 gōng

一 丆 工 㓛 功

[소전] [초서] 字源 會意·形聲. 工+力→功. 일한다는 뜻의 '工'과 '力'을 합하여 힘써 해낸 어려운 일, 곧 '공'의 뜻을 나타낸다. '工(공)'은 음도 나타낸다.
字解 ①공. ㉮공로, 국가에 대한 공. 〔史記〕勞苦而功高如此. ㉯공력(功力). 〔孟子〕事半古之人, 功必倍之. ②공치사하다. 〔史記〕公子自驕而功之. ③일, 직무. 〔孟子〕通功易事. ④명예, 성적. ⑤복(服), 상복에 관한 제도의 한 가지. 조부·증조부·손자·조카 등에 대한 복제로서 3년상 다음의 복(服). ¶ 功服. ⑥공교하다, 좋고 단단하다. ¶ 功苦. ⑦경대부(卿大夫)가 입는 옷.
【功幹 공간】 뛰어난 솜씨. 伎倆(기량).
【功苦 공고】 ①노고(勞苦). ②그릇의 단단한 것과 무른 것. ③잘된 것과 잘못된 것.
【功過 공과】 공로와 과오.
【功課 공과】 ①일이나 사업의 성과. ②학문이나 교육의 과정.
【功狗 공구】 사냥에 공이 있는 개. 남의 지시를 받아서 일하여 공을 세운 사람의 비유.
【功裘 공구】 주대(周代)에 경대부(卿大夫)가 입던 갖옷.
【功構 공구】 건축(建築).
【功勤 공근】 힘을 다해 일함. 부지런히 일함. 勞勤(노근).
【功能 공능】 ①기량(技倆). 수완(手腕). ②효력(效力). 效能(효능).

【功德 공덕】 ①착한 일을 하여 쌓은 업적과 어진 덕. ②(佛)불도를 수행한 덕.
【功德田 공덕전】 (佛)삼복전(三福田)의 하나. 불(佛)·법(法)·승(僧)의 삼보(三寶).
【功德主 공덕주】 (佛)①부처. ②삼보(三寶)에 공양하는 시주(施主).
【功力 공력】 ①효력(效力). 효험(效驗). ②힘. ③큰 공로. 공업(功業). ④사람의 힘. 人工(인공). ⑤(佛)공덕의 힘. 수행을 통해 얻는 힘.
【功烈 공렬】 훌륭한 공적. 大功(대공).
【功令 공령】 ①학문의 공과(功課)에 관한 규칙. 學令(학령). ②國과문(科文)의 딴 이름.
【功勞 공로】 일에 애쓴 공적.
【功利 공리】 ①공적과 이익. ②영달과 이득. 공명과 이욕. ③행복과 이익.
【功伐 공벌】 훈공(勳功). ◯─ '伐'은 '공을 쌓음'을 뜻함. 功勳(공훈). 功勞(공로).
【功服 공복】 상복(喪服)의 한 가지. 굵은 베로 지은 대공(大功)과 가는 베로 지은 소공(小功)의 총칭(總稱).
【功夫 공부】 ①일. 工役(공역). ②방법. 수단.
【功緒 공서】 공로. 공적.
【功成名遂 공성명수】 훌륭한 공업(功業)을 이루고 명성을 크게 떨침.
【功成身退 공성신퇴】 공을 이룬 뒤에 그 자리를 물러남.
【功臣 공신】 나라를 위해 공을 세운 신하.
【功役 공역】 토목 공사의 부역(賦役).
【功譽 공예】 공적과 명예.
【功用 공용】 ①실제로 소용되는 것. 實用(실용). ②공. 공적. ③(佛)몸·입·뜻으로 하는 짓. 곧, 동작·말·생각.
【功庸 공용】 나라의 일과 백성의 일. 또는 그 공적. ◯─ '功'은 나라의 공, '庸'은 백성의 공.
【功疑惟重 공의유중】 공적의 대소를 확실하게 알 수 없을 때는 큰 편을 따라 후하게 상을 줌.
【功作 공작】 토목 공사.
【功績 공적】 공로의 실적. 쌓은 공로.
【功宗 공종】 공이 뛰어난 사람.
【功致辭 공치사】 國자기의 공로를 생색내며 스스로 자랑함.
【功布 공포】 관(棺)을 묻을 때, 관을 닦는 데 쓰는 삼베 헝겊. 발인할 때 명정(銘旌)과 함께 상여 앞에서 길을 인도함.
【功效 공효】 공을 들인 보람. 功用(공용).
【功勳 공훈】 드러나게 세운 공로. 훌륭한 공로.
【功虧一簣 공휴일궤】 산을 쌓아 올리는 데 한 삼태기의 흙이 모자라서 완성을 보지 못함. 거의 성취하여 가는 일을 막판에 그만둠.
◐ 奇―, 記―, 農―, 大―, 無―, 武―, 成―, 有―, 奏―, 通―.

力
3 【㓛】⑤ 배 끄는 소리 화 國 huò

字解 ①배(船)를 끄는 소리. ②구령 소리, 힘을 내는 소리. 〔碧巖錄〕巖頭引頸近前云, 㓛.
【㓛杵 화저】 내려쳐서 달구질함.

力部 4~5획 劼励劣劦劫劬

力4 【劼】⑥ 피곤할 귀 guì
字解 피곤하다, 느른하다.

力4 【励】⑥ 힘 근 jīn
字解 힘, 힘세다.

力4 【劣】⑥ 못할 렬 liè
字源 會意. 少+力→劣. 힘[力]이 적다[少]는 데서 남보다 '못하다'는 뜻을 나타낸다.
字解 ①못하다, 어느 정도에 미치지 않다, 남보다 뒤떨어지다.〔法言〕或者劣諸子貢. ②적다, 많지 아니하다.〔吳志〕知慧賤矣. ③낮다, 수준·정도·지위 등이 낮다. ¶劣等. ④약하다, 힘·마음 등이 약하다〔曹植·論〕骨體強劣, 各有人焉. ⑤어리다, 어리석다. ¶庸劣. ⑥겨우, 간신히.〔宋書〕使其中劣通車軸.
【劣等 열등】낮은 등급.
【劣馬 열마】①약한 말. ②성질이 사나워 길들이기 어려운 말.
【劣薄 열박】선천적으로 열등함.
【劣相 열상】지친 모습. 여위어 초췌해진 모습.
【劣勢 열세】힘이나 형세가 상대편보다 떨어져 약함.
【劣惡 열악】저열하고 나쁨. 몹시 질이 낮음.
【劣弱 열약】못하고 약함.
【劣情 열정】비열한 생각. 이성 관계에서 정욕(情慾)에만 흐르는 마음.
【劣品 열품】질이 낮은 물건.
▶ 卑一, 鄙一, 愚一, 優一, 低一, 拙一, 下一.

力4 【劦】⑥ 힘 합할 협 xié
字源 會意. 힘[力]을 셋이나 합한다는 데서 '힘을 합하다'라는 뜻을 나타낸다.
字解 ①힘을 합하다. ≒協. ②갑자기, 급히, 빨리. ③바람이 잔잔해지다.〔山海經〕惟號之山, 其風若劦.

力5 【劫】⑦ 위협할 겁 jié
字源 會意. 去+力→劫. 힘[力]으로 물건을 빼앗아 간다[去]는 데서 '위협하다, 빼앗다' 등의 뜻을 나타낸다.
字解 ①위협하다, 으르다, 협박하다.〔淮南子〕不可劫以死生. ②빼앗다.〔漢書〕勵劫行者. ③부지런하다, 부지런히 일하는 모양.〔韓愈·銘〕人皆劫劫, 我獨有餘. ④어수선하다, 분주하다.

〔傳毅·賦〕從容得志不劫. ⑤섬돌, 층계, 계단, 탑.〔杜甫·詩〕浩劫因王造, 平臺訪古遊. ⑥바둑에서의 '패(覇)'. 한 점의 득실로써 한 국면의 사활이 좌우될 때, 서로 한 수씩 걸러 가면서 잡는 한 집.〔碁經〕有征有劫. ⑦겁, 오랜 세월. 불교에서, 하늘과 땅이 한 번 개벽한 때부터 다음 개벽할 때까지의 동안을 이른다.
【劫姦 겁간】폭력으로 간음함. 強姦(강간).
【劫劫 겁겁】①부지런히 힘쓰는 모양. ②거듭된 세대. ▷'劫'은 '긴 한 대(代)'. 世世(세세). ③성미가 급하여 참을성이 적음.
【劫氣 겁기】①험준한 산의 궂고 무시무시한 기운. ②궁한 사람의 얼굴에 드러나는 근심스럽고 언짢은 기운.
【劫年 겁년】겁운(劫運)이 닥친 해.
【劫盜 겁도】강도(強盜). 劫賊(겁적).
【劫掠 겁략】위협이나 폭력을 써서 빼앗음.
【劫盟 겁맹】위협하여 맹세하도록 함.
【劫迫 겁박】위력으로 협박함.
【劫縛 겁박】위협하여 결박함.
【劫水 겁수】(佛)세계가 파멸할 때 일어나는 큰물.
【劫囚 겁수】▷劫獄(겁옥).
【劫數 겁수】재액(災厄). 阨運(액운).
【劫餘 겁여】①겁략(劫掠)을 당한 뒤. ②싸움이 있은 뒤. 戰後(전후).
【劫悟 겁오】①기운(氣運)이 서로 충돌함. ②소리가 명료한 모양.
【劫獄 겁옥】옥에 갇힌 죄인을 폭력으로 빼앗아 냄. 劫囚(겁수).
【劫運 겁운】큰 액운. 겁기(劫氣)가 낀 운수.
【劫賊 겁적】강도(強盜). 劫盜(겁도).
【劫制 겁제】강제함. 협박하여 복종시킴.
【劫請 겁청】위협하여 요구함.
【劫鈔 겁초】위협하여 노략질함. 劫掠(겁략).
【劫濁 겁탁】(佛)오탁(五濁)의 하나. 천재(天災)·질병·전쟁 따위의 재앙이 있는 시대.
【劫奪 겁탈】①위협하여 빼앗음. ②▷劫姦(겁간).
【劫害 겁해】위협하여 해침.
【劫脅 겁협】협박(脅迫)함.
【劫火 겁화】(佛)세계가 파멸할 때 일어나는 큰불.
【劫灰 겁회】①전쟁으로 인하여 일어나는 화재. 兵火(병화). ②(佛)겁화(劫火) 때 생기는 재.
【劫會 겁회】큰 액운. 劫運(겁운).
▶ 萬一, 億一, 永一.

力5 【劬】⑦ 수고로울 구 qú
字解 ①수고롭다, 애쓰다.〔詩經〕母氏劬勞. ②자주 하다, 바쁘게 일하다. ¶劬勤.
【劬儉 구검】고생을 하며 절약함.
【劬劬 구구】애쓰는 모양. 바쁘게 수고하는 모양.
【劬劇 구극】바빠서 애먹음.
【劬勤 구근】부지런히 일함. 애써 일함.

力部 5~6획 努励劳劭助勈券势刼劾効

【劬勞 구로】①몹시 애써 일함. 힘들여 수고함. ②자식을 낳아 기르는 수고.
【劬勞日 구로일】國자기의 생일.
【劬勞之恩 구로지은】자기를 낳아 기른 어버이의 은덕.
【劬錄 구록】노력함. 극기(克己)함. 마음과 몸을 단단히 다잡음. 拘祿(구록).

力5 【努】⑦ 힘쓸 노 虞 nǔ

〔字源〕形聲. 奴+力→努. '奴(노)'가 음을 나타낸다.
〔字解〕①힘쓰다, 있는 힘을 다하다. ②내리긋는 획. 영자팔법(永字八法)의 하나.
【努力 노력】힘을 들이고 애를 씀. 힘을 다함.
【努肉 노육】궂은살.

力5 【励】⑦ 勵(220)의 속자

力5 【劳】⑦ 勞(216)의 속자

力5 【劭】⑦ 힘쓸 소 嘯 shào

〔字解〕①힘쓰다, 열심히 일하다. ②권장하다. 〔漢書〕先帝劭農. ③아름답다. ¶劭令. ④잇다.
【劭農 소농】농사일을 권장함.
【劭令 소령】덕행(德行)이 아름답고 착함.

力5 【助】⑦ 도울 조 御 zhù

〔字源〕形聲. 且+力→助. '且(차)'가 음을 나타낸다.
〔字解〕①돕다, 힘을 빌리다, 거들다. ②도움, 구조, 구원. 〔孟子〕得道者多助, 失道者寡助. ③유익하다. 〔論語〕非助我者也. ④이루다, 완성하다. 〔呂氏春秋〕不助農於下. ⑤구실, 조세. 은·주(殷周) 때의 수세법인 조법(助法). 〔孟子〕殷人七十而助.
【助桀爲虐 조걸위학】걸왕 같은 폭군을 도와 백성을 괴롭힘. 한패가 되어 악을 저지름. 助紂爲虐(조주위학). 助紂爲虐(조주위학).
【助攻 조공】도와서 공격함.
【助理 조리】①임금을 도와 나라를 다스림. ②남의 일을 거듦.
【助法 조법】은·주(殷周) 때에 시행하던 수세법(收稅法). 정전법(井田法)에 따라 아홉 등분한 중앙의 한 구역을 여덟 집이 공동으로 경작하여 그 수익을 조세로 삼던 것.
【助補 조보】모자라는 것을 보충하여 도움.
【助產 조산】분만을 도움.

【助成 조성】도와서 이루게 함.
【助手 조수】어떤 책임자 밑에서 지도를 받으면서 그 일을 도와주는 사람.
【助守 조수】도와서 지킴.
【助言 조언】거들거나 일깨워 주는 말.
【助役 조역】일을 도와줌, 또는 그런 사람.
【助字 조자】실제상의 뜻은 없고 문장의 의미를 돕는 글자. '於·乎·焉' 따위.
【助長 조장】①의도적으로 어떤 경향이 더 심해지도록 도와서 북돋움. ②무리하게 도와서 도리어 해(害)가 됨.
【助興 조흥】흥취를 돋움.
　○ 共-, 救-, 內-, 補-, 扶-, 神-, 祐-, 援-, 自-, 天-.

力6 【勈】⑧ 급할 광 陽 kuāng

〔字解〕급하다, 갑자기, 바쁜 모양.
【勈勈 광양】바쁜 모양.

力6 【券】⑧ 倦(112)의 본자

力6 【势】⑧ 勢(219)의 속자

力6 【刼】⑧ 삼갈 할 本갈 屑 jié

〔字解〕①삼가다. 〔書經〕汝刼毖殷獻臣. ②굳다, 단단하다. ③노력하다.
【刼毖 할비】힘써 삼감. 신중히 함.

力6 【劾】⑧ ❶캐물을 핵 職 hé
❷힘쓸 해 國 kāi

〔參考〕대법원 지정 인명용 한자의 음은 '핵'이다.
〔字解〕❶①캐묻다, 죄상을 조사하다. 〔新唐書〕部將韋岳告位集方士圖不軌, 捕位劾禁中. ②신문 조서, 죄상을 기록한 문서. 〔後漢書〕投劾去. ❷힘쓰다, 부지런히 노력하다.
【劾繫 핵계】고발(告發)하여 구속함.
【劾論 핵론】허물을 들어 논박함.
【劾案 핵안】죄를 살펴 고발함. 劾按(핵안).
【劾狀 핵장】죄상을 적어 그의 처단을 요구하는 문서(文書). 탄핵하는 글.
【劾詆 핵저】죄상을 캐내어 이를 탄핵하여 상관(上官)에게 보고하는 일.
【劾情 핵정】정상을 조사하여 따짐.
【劾奏 핵주】관리의 죄과를 탄핵하여 임금에게 아룀.
【劾彈 핵탄】죄를 들추어냄. 彈劾(탄핵).
　○ 告-, 糾-, 誣-, 推-, 彈-.

力6 【効】⑧ 效(743)의 속자

力部 7획 勁 勉 勃 勇

力
7 【勁】⑨ 굳셀 경 🅚 jìng

소전 㔹 초서 劲 간체 劲

〔字解〕①굳세다. 힘·의지 등이 강하다.〔素問〕其氣急疾堅勁. ②힘. ③예리하다. 굳세고 날카롭다. ¶勁兵.
【勁強 경강】굳세고 강함.
【勁健 경건】굳세고 건강함.
【勁果 경과】굳세며 과단성이 있음.
【勁弓 경궁】센 활. 強弓(강궁).
【勁氣 경기】①굳세고 정직한 기상(氣像). ②매서운 추위.
【勁騎 경기】굳센 기병(騎兵).
【勁弩 경노】센 쇠뇌. 強弩(강노).
【勁旅 경려】굳세고 용감한 군대. 勁兵(경병)②.
【勁厲 경려】강직하고 준엄함.
【勁力 경력】강한 힘.
【勁虜 경로】사나운 흉노(匈奴).
【勁利 경리】강하고 날카로움.
【勁猛 경맹】강하고 사나움.
【勁木 경목】단단하고 잘 부러지지 않는 나무.
【勁妙 경묘】힘차고 훌륭함.
【勁拔 경발】강하고 무리에서 뛰어남.
【勁兵 경병】①예리한 무기. ②강한 군사. 정예부대. 勁旅(경려).
【勁士 경사】①강직(剛直)한 사람. ②용기가 있는 사람.
【勁松 경송】서리나 눈에도 시들지 않는 소나무. 절개가 곧은 신하.
【勁迅 경신】굳세며 빠름.
【勁銳 경예】굳세며 날카로움.
【勁勇 경용】굳세고 용감함.
【勁陰 경음】혹심한 추위. ○'陰'은 '겨울'을 뜻함.
【勁箭 경전】센 화살. 勁矢(경시).
【勁切 경절】세고 매서움.
【勁節 경절】굽히지 아니하는 절개.
【勁正 경정】마음이 굳세고 바름.
【勁躁 경조】마음이 굳세고 조급함.
【勁駿 경준】문세(文勢)나 필세(筆勢)가 힘참. ○'駿'은 '빠름'.
【勁直 경직】굳세고 바름.
【勁疾 경질】굳세고 날램. 勁捷(경첩).
【勁草 경초】억센 풀. 절조(節操)가 굳은 사람.
【勁秋 경추】풍상(風霜)이 매서운 가을.
【勁風 경풍】몹시 거센 바람.
【勁悍 경한】굳세고 사나움. 勁捍(경한).
◑ 剛-, 堅-, 古-, 高-, 果-, 猛-, 雄-, 貞-, 捷-, 淸-, 忠-, 豪-, 後-.

力
7 【勉】⑨ 힘쓸 면 🅚 miǎn

소전 勉 초서 勉 간체 勉

〔字源〕形聲. 免+力→勉. '免(면)'이 음을 나타낸다.

〔字解〕①힘쓰다, 부지런히 일하다.〔論語〕喪事不敢不勉. ②권하다.〔呂氏春秋〕爲君勉之. ③억지로 하게 하다, 강요하다. ¶勉從.
【勉強 면강】힘씀. 노력함. 정력을 쏟음.
【勉勸 면권】힘써 권함. 勸勉(권면).
【勉勵 면려】힘써 함. 남을 힘쓰도록 격려함. 勉厲(면려). 勉礪(면려).
【勉力 면력】힘씀. 힘써 함.
【勉勉 면면】부지런한 모양. 힘쓰는 모양.
【勉務 면무】힘써 함.
【勉副 면부】의정(議政)의 사직을 허락함.
【勉從 면종】마지못하여 복종함.
【勉學 면학】학문에 힘씀.
【勉行 면행】힘써 행함. 力行(역행).
◑ 勸-, 勤-, 力-, 策-.

力
7 【勃】⑨ 우쩍 일어날 발 🅚 bó

소전 勃 소전 㪍 초서 㪍 동자 敦

〔字解〕①우쩍 일어나다.〔莊子〕注然勃然, 莫不出焉. ②갑자기.〔莊子〕忽然出, 勃然動. ③성하다, 성한 모양. 늑悖.〔淮南子〕勃勃陽陽. ④발끈하는 모양, 발끈 화내는 모양.〔論語〕色勃如也. ⑤다투다, 어그러지다.〔莊子〕婦姑勃谿. ⑥바다 이름. 요동반도와 산동반도 사이의 바다. 늑渤. ¶勃海.
【勃啓 발계】갑자기 트임. 갑자기 성해짐.
【勃姑 발고】비둘기의 딴 이름.
【勃起 발기】별안간 불끈 일어남. 갑자기 일어남. 勃興(발흥). 興起(흥기).
【勃勃 발발】①사물이 한창 성한 모양. ②날렵하고 민첩한 모양. ③매우 향기로운 모양.
【勃發 발발】일이 갑자기 터져 일어남.
【勃屑 발설】비틀거리며 걷는 모양.
【勃壤 발양】잘게 부스러진 흙. 고운 흙.
【勃如 발여】얼굴빛을 바꾸는 모양. 새삼 긴장하는 모양.
【勃逆 발역】도리에 어긋남.
【勃然 발연】①발끈 성내는 모양. 안색이 달라지는 모양. ②갑작스러운 모양. 卒然(졸연). ③힘차게 일어나는 모양.
【勃然變色 발연변색】발끈 성을 내어 안색이 달라짐.
【勃潏 발율】우쩍 일어나는 모양.
【勃鬱 발울】①바람이 회오리를 치는 모양. ②가슴이 답답하게 막히는 모양.
【勃爾 발이】갑자기 일어나는 모양. 갑작스러운 모양. 勃焉(발언).
【勃谿 발혜】서로 반목(反目)하는 모양.
【勃興 발흥】갑자기 기운을 얻어 성해짐.
◑ 狂-, 馬-, 坴-, 鬱-, 咆-, 暴-, 凶-.

力
7 【勇】⑨ 날쌜 용 🅚 yǒng

【字源】形聲. 甬+力→勇. '甬(용)'이 음을 나타낸다.
【字解】①날쌔다, 날쌔고 씩씩하다. 〔史記〕民勇於公戰. ②과감하다, 의지가 과감한 일. 〔墨子〕勇, 志之所以敢也. ③결단력이 있다. 〔國語〕其勇不疼於刑. ④강하다, 사납고 용맹스럽다. 〔歐陽修·詩〕狼勇復輕脫. ⑤용감하다, 용기가 있다. 〔論語〕見義不爲, 無勇也. ⑥다툼. 〔孟子〕好勇鬪很, 以危父母. ⑦용사, 병사. 〔蔡邕·釋誨〕帶甲百萬, 非一勇所抗.
【勇敢 용감】씩씩하고 기운참.
【勇剛 용강】용감하고 굳셈.
【勇怯 용겁】용감함과 비겁함.
【勇決 용결】과감하게 결단함. 勇斷(용단).
【勇禽 용금】사나운 새. 猛禽(맹금).
【勇氣 용기】씩씩하고 굳센 기운. 사물을 겁내지 아니하는 기개.
【勇斷 용단】용기 있게 결단함.
【勇膽 용담】용감한 담력.
【勇動多怨 용동다원】용기만 믿고 행동하면 남의 원한을 사기 쉬움.
【勇略 용략】용기와 지략(智略).
【勇猛 용맹】날쌔고 사나움.
【勇猛精進 용맹정진】①용맹하게 힘써 나아감. ②(佛)용맹하게 불도(佛道)를 수행(修行)함. 오로지 수행에 힘씀.
【勇謀 용모】용기와 지모(智謀).
【勇武 용무】용감하고 사나움.
【勇赴 용부】용기 있게 나아감.
【勇憤 용분】용감히 나서며 분노함.
【勇士 용사】용맹스러운 사람.
【勇往直前 용왕직전】용감하게 똑바로 앞으로 나아가기만 함. 勇往邁進(용왕매진).
【勇姿 용자】용맹스러운 모습.
【勇者不懼 용자불구】용기 있는 사람은 두려워하지 않음.
【勇壯 용장】날쌔고 씩씩함.
【勇將 용장】용감한 장수.
【勇鷙 용지】용기 있고 사나움.
【勇退 용퇴】관직에서 미련 없이 물러남.
【勇悍 용한】날쌔고 사나움.
【勇俠 용협】용감하고 의협심이 있음. 남자다운 의기. 豪俠(호협). 義俠(의협).
◐剛—, 大—, 蠻—, 猛—, 武—, 小—, 義—, 忠—, 沈—, 驍—.

力 【勅】⑨ 조서 칙 職 chì
7
【字解】①조서, 천자의 명령을 적은 문서. ≒勑. 〔漢書〕故勅令自免. ②타이르다. ≒飭. 〔史記〕余每讀虞書, 至於君臣相勅.
【勅戒 칙계】신칙(申飭)함.
【勅告 칙고】관직을 임명할 때의 사령서.
【勅庫 칙고】중국 칙사를 접대할 물품을 모아 두던 곳간.
【勅教 칙교】☞勅諭(칙유).
【勅勸 칙권】신칙(申飭)하여 권함.
【勅答 칙답】①임금이 대답함. ②임금의 물음에 대한 대답.
【勅厲 칙려】신칙하고 장려함.
【勅令 칙령】☞勅命(칙명).
【勅命 칙명】임금의 명령. 勅旨(칙지).
【勅問 칙문】천자의 하문(下問).
【勅法 칙법】법령을 정비함.
【勅使 칙사】칙명으로 가는 사신. 임금의 사신. 勅差(칙차).
【勅書 칙서】칙령을 기록한 글.
【勅選 칙선】칙령으로 뽑음.
【勅信 칙신】임금의 명(命)을 받드는 사자.
【勅額 칙액】칙명으로 건립한 절에 내리는 임금이 손수 쓴 편액(扁額).
【勅諭 칙유】①임금의 가르침. 임금의 훈유(訓諭). 詔諭(조유). ②임금이 친히 가르침.
【勅任 칙임】칙명으로 관리에 임명하는 일, 또는 그 벼슬.
【勅裁 칙재】임금의 재결. 勅斷(칙단).
【勅題 칙제】임금이 출제한 시문의 제목.
【勅祭 칙제】칙명에 의하여 지내는 제사.
【勅詔 칙조】임금의 명령. 勅命(칙명).
【勅差 칙차】임금의 사신. 勅使(칙사).
【勅撰 칙찬】①임금이 몸소 시가나 문장을 짓는 일. ②칙명에 의하여 책을 만듦.
【勅筆 칙필】임금의 친필(親筆).
【勅行 칙행】칙사(勅使)의 일행. 또는 칙사의 행차.
【勅許 칙허】임금의 허가.
◐密—, 奉—, 申—, 神—, 僞—, 遺—, 詔—.

力 【勍】⑩ 셀 경 庚 qíng
8
【字解】세다, 강하다. 〔春秋左氏傳〕且今之勍者, 皆吾敵也.
【勍敵 경적】강한 적(敵). 힘이 센 상대.

力 【勌】⑩ ①게으를 권 霰 juàn ②권할 권 願 juàn
8
【字解】①게으르다, 지치어 싫증을 내다. ≒倦. 〔莊子〕學道不勌. ②권하다. =勸.
【勌憫 권만】싫증이 나서 가슴이 답답함.
【勌怠 권태】게으름이나 싫증. 倦怠(권태).

力 【勑】⑩ ①위로할 래 隊 lài ②조서 칙 職 chì
8
【字解】①위로하다. =徠. ②①조서, 임금의 명령을 적은 문서. ≒勅. ②바루다, 다스리다. 〔書經〕勑天之命.

力 【勉】⑩ 勉(213)과 동자
8

力部 9획 勘動

力9 【勘】⑪ 헤아릴 감 勔 kān

[字解] ①헤아리다, 생각하다. 〔司馬光·狀〕勘檢出身. ②조사하다, 이것저것 비교하여 알아보다. 〔南史〕勘其書目. ③따져 묻다, 죄인을 힐문하다. 〔宋史〕勘獄官推勘不實者.

【勘檢 감검】 헤아려 조사함.
【勘契 감계】 ①부절(符節). ②대궐 문을 여닫는 열쇠.
【勘界 감계】 眼경계(境界)를 측량함.
【勘考 감고】 생각함. 심사(深思)함.
【勘校 감교】 조사하거나 대조하여 잘못을 바로잡음. 校勘(교감). 校正(교정).
【勘鞫 감국】 죄인을 신문(訊問)하여 그 죄의 유무를 결정함.
【勘斷 감단】 죄인을 조사하여 처단함.
【勘當 감당】 죄를 헤아려 벌함. 죄과(罪科)를 조사함.
【勘辨 감변】 생각하여 정함.
【勘簿 감부】 금곡(金穀) 따위의 출납에 관한 문서를 조사함.
【勘查 감사】 잘 살펴 조사함.
【勘案 감안】 헤아려 생각함.
【勘閱 감열】 조사함.
【勘誤 감오】 문자나 문장의 착오(錯誤)를 교정함. 正誤(정오).
【勘葬 감장】 國장사(葬事) 지내는 일을 끝냄.
【勘定 감정】 헤아려 정함.
【勘罪 감죄】 죄인을 취조하여 처단함.
【勘合 감합】 ①부절(符節)을 서로 맞추어 보아 진부(眞否)를 조사하는 일. ②외국 교통의 허가증으로 주는 부계(符契). ③명대(明代), 관청에서 전량(錢糧)을 받아들일 때 쓰던 증표(證票). ④청대(淸代), 관리가 공무로 출장할 때 발급받던 증명서.

◐ 校-, 鞫-, 磨-, 點-.

力9 【動】⑪ 움직일 동 動 dòng

[字源] 形聲. 重+力→動. '重(중)'이 음을 나타낸다.

[字解] ①움직이다. ㉮고정되어 있지 아니하고 흔들리거나 자리를 옮기다. 〔易經〕動靜不失其時. ㉯활동을 하다, 일을 하다. ¶勞動. ㉰흔들리다, 동요가 생기다. 〔白居易·詩〕曾有驚天動地文. ㉱하다, 행하다. 〔孟子〕將終歲動勞動. ②나다, 살다, 살아나다. 〔呂氏春秋〕蟄蟲動矣. ③변하다, 바뀌다. 〔呂氏春秋〕宣王太息, 動於顔色. ④놀라다. 〔宋玉·賦〕使人心動. ⑤흐트리다, 어지럽게 하다. 〔素問〕內動五藏. ⑥미혹(迷惑)하다, 당혹하다. 〔淮南子〕不隨物而動. ⑦다투다, 싸움질 하다. 〔呂氏春秋〕動不可禁. ⑧벼슬하다. 〔謝朓·詩〕動息無兼遂. ⑨산 것, 생물(生物). 〔梁巘·賦〕群動咸遂. ⑩곧잘, 걸핏하면. 〔韓愈·解〕動輒得咎. ⑪돌다, 회전하다. 〔周禮〕五行之動.

【動駕 동가】 ①수레를 굴림. ②國어가(御駕)가 대궐 밖으로 나감.
【動脚 동각】 ①발을 움직임. 떠남. ②행동을 일으킴.
【動悸 동계】 ①두려워서 가슴이 두근거림. ②마음의 동요를 일으킴.
【動機 동기】 어떤 사태나 행동을 일으키게 하는 계기.
【動輪 동륜】 수레를 움직이게 함. 발차함.
【動目 동목】 눈을 움직임. 눈을 부릅뜨고 봄.
【動無違事 동무위사】 행동이 모두 정당하여 틀림이 없음. 행동이 상도를 벗어나지 않음.
【動發 동발】 움직여 출발시킴.
【動魄悅魂 동백열혼】 마음을 흔들어 기쁘게 함.
【動兵 동병】 군사를 일으킴.
【動不動 동부동】 ①끊임없이. 부단히. ②움직임과 움직이지 않음. ③國꼭. 반드시.
【動不失時 동불실시】 동작이 적당한 시기를 잃지 않음.
【動色 동색】 ①낯빛을 바꿈. ②경치를 변하게 함.
【動手 동수】 ①뇌물(賂物)을 받음. ②國일을 시작함. 착수(着手)함.
【動息 동식】 ①활동과 휴식. ②벼슬살이함과 야인(野人)으로 있음.
【動心 동심】 ①마음이 움직임. 두려워하고 의혹하는 일. ②가슴이 두근거림. 사모(思慕)함.
【動心駭目 동심해목】 깜짝 놀람.
【動輿 동여】 왕세자(王世子)가 대궐 밖으로 행차함.
【動如參商 동여삼상】 자칫하면 삼성(參星)과 상성(商星)같이 됨. 인생에는 이별이 많아 서로 만나기 힘듦. 삼성은 서쪽, 상성은 동쪽에 나타나 서로 만날 때가 없는 데서 온 말.
【動悟 동오】 남을 감동시켜 깨닫게 함. 느껴서 깨달음.
【動搖 동요】 움직이고 흔들림.
【動肉含氣 동육함기】 몸을 움직이고 숨을 쉼. 무의미하게 살아감을 탄식함.
【動箴 동잠】 유교에서 말하는 사물잠(四勿箴)의 하나. 예(禮)가 아니거든 움직이지 말라는 계율.
【動靜云爲 동정운위】 사람의 언동(言動)을 이름. ✐ '云爲'는 언행(言行).
【動則思禮 동즉사례】 행동을 할 때는 반드시 예에 벗어나지 않도록 조심함.
【動止 동지】 ①움직임과 그침. ②행동거지(行動擧止). 동작(動作). 동정(動靜).
【動地 동지】 땅을 움직임. ①세상을 놀라게 함. ②일의 성대한 모양.
【動天 동천】 ①하늘을 감동시킴. ②하늘을 뒤흔들 만큼 세력이 성함.
【動輒得咎 동첩득구】 걸핏하면 욕을 먹음.
【動輒得謗 동첩득방】 걸핏하면 비방당함.
【動聽 동청】 ①귀 기울여 들음. 경청(傾聽)함.

②하는 말이 경청할 가치가 있음.
【動塚 동총】무덤을 옮기려고 파냄.
【動蕩 동탕】움직임. 또는 움직이게 함.
【動態 동태】움직여 변해 가는 상태.
【動向 동향】①마음의 움직임. ②행동의 방향.
【動血 동혈】희로애락의 감정이 얼굴에 뚜렷이 드러남.
◐稼-, 感-, 擧-, 激-, 鼓-, 亂-, 鳴-, 微-, 反-, 發-, 變-, 不-, 浮-, 生-, 騷-, 言-, 搖-, 運-, 流-, 律-, 移-, 自-, 蠢-, 地-, 震-, 暴-, 行-, 活-.

力
9 【勒】⑪ 굴레 륵 圖 lè, lēi

字解 ①굴레. 마소의 머리에 씌워 고삐에 연결하는 물건. ②재갈. 마함(馬銜). 〔後漢書〕弓矢鞍勒. ③억지로 하다, 강제하다. ④새기다, 파다. 〔禮記〕物勒工名以考其誠. ⑤다스리다, 정돈하다. 〔史記〕可以小試勒兵乎. ⑥묶다. ¶勒痕.

〈勒①〉

【勒掘 늑굴】남의 무덤을 강제로 파게 함.
【勒銘 늑명】①문자(文字)를 금석(金石)에 새김. 또는 그 새긴 문자. ②공훈을 세움.
【勒名考誠 늑명고성】이름을 새겨 성실성을 조사함. ◐기물(器物)을 제작할 때 장인(匠人)의 이름을 새기게 하여, 그 사람의 성실 유무를 고사하던 일.
【勒文 늑문】문장을 돌에 새김.
【勒縛 늑박】묶음. 결박함.
【勒絆 늑반】말의 고삐.
【勒帛 늑백】허리에 둘러매는 띠나 끈.
【勒兵 늑병】병사를 다스려 정돈함. 군사의 대오를 정돈하고 점검함.
【勒碑 늑비】비석에 글자를 새김.
【勒死 늑사】①목을 매어 죽임. ②목을 졸라 죽임.
【勒削 늑삭】남의 머리털을 강제로 깎음.
【勒石 늑석】돌에 문자를 새김.
【勒繼 늑설】말고삐.
【勒抑 늑억】억지로 못하게 함.
【勒韻 늑운】압운(押韻)의 글자를 미리 정하여 놓고 시를 짓는 일.
【勒葬 늑장】남의 땅이나 남의 동네 근처에 강제로 장사를 지냄.
【勒定 늑정】강제로 작정하게 함.
【勒停 늑정】강제로 벼슬을 면직함. 파면함.
【勒住 늑주】억지로 머무르게 하거나 살게 함.
【勒徵 늑징】강제로 징수하거나 징발(徵發)함.
【勒奪 늑탈】폭력이나 위력으로 빼앗음.
【勒婚 늑혼】강제로 하는 혼인.
【勒花 늑화】너무 추워서 꽃이 피지 못함.
【勒休 늑휴】본인의 의사에 상관없이 휴직(休職)을 명함.

【勒痕 늑흔】목을 매어 죽인 혼적.
◐銘-, 彌-, 部-.

力
9 【勔】⑪ 힘쓸 면 銑 miǎn
字解 ①힘쓰다, 노력하다. ≒黽. ②권장하다, 권하다.

力
9 【務】⑪ ❶일 무 遇 wù
❷업신여길 모 麌 wǔ

マ ヌ 予 矛 矛 矛 矛 矛 務 務

소전【務】 초서【務】 간체【务】 參考 대법원 지정 인명용 한자의 음은 '무'이다.
字源 形聲. 敄+力→務. '敄(무)'가 음을 나타낸다.

字解 ❶①일. ㉮작업, 사업. ¶勞務. ㉯정사(政事). ¶機務. ㉰직분, 맡은 일, 업무, 직무. 〔史記〕逐什二以爲務. ㉱당면한 일, 해결해야 할 과업. ¶時務. ②힘쓰다, 힘써 하다. 〔論語〕君子務本. ③힘쓰게 하다, 권장하다. 〔荀子〕務其業, 而勿奪其時. ❷업신여기다. ≒侮. 〔詩經〕外禦其務.

【務勸 무권】더욱 힘씀.
【務農 무농】농사에 힘씀.
【務望 무망】애써 바람.
【務本 무본】근본에 힘씀.
【務施 무시】힘써 베풂.
【務時 무시】때를 놓치지 않고 힘쓸 때에 힘씀.
【務實 무실】참되고 실속 있도록 힘씀.
【務實力行 무실역행】참되고 실속 있도록 힘쓰고 실행함.
◐激-, 兼-, 公-, 國-, 軍-, 劇-, 內-, 勤-, 急-, 本-, 事-, 業-, 外-, 用-, 義-, 任-, 財-, 專-, 政-, 職-, 債-.

力
9 【勖】⑪ 힘쓸 욱 沃 xù
소전【勖】 초서【勖】 속【勗】 字解 힘쓰다, 노력하다, 노력하게 하다. 〔書經〕勖哉夫子.
【勖率 욱솔】힘써 거느림. 혼례 때, 아버지가 자식에게 명령하여 신부를 맞아 오도록 하는 말.

力
9 【勗】⑪ 勖(216)의 속자

力
9 【勴】⑪ 힘쓸 할 曷 hé
字解 ①힘쓰다, 부지런히 일하다. ②힘쓰는 모양, 또는 힘쓰기 위해 지르는 소리.

力
10 【勞】⑫ ❶일할 로 豪 láo
❷위로할 로 號 lào

丷 ⺍ 𠆢 炏 炏 炏 𭥫 𤇾 勞

力部 10획 勝 217

【勞勉 노면】위로하고 격려함.
【勞問 노문】문안하여 위로함. 慰問(위문).
【勞費 노비】힘을 수고로이 하고 재물을 허비함.
【勞使 노사】노동자와 사용자.
【勞賜 노사】위로하여 물품을 내려 줌.
【勞生 노생】①어렵게 살아감. ②노고(勞苦)가 많은 인생.
【勞損 노손】지치고 상함.
【勞嗽 노수】주색(酒色)을 지나치게 탐하여 몸이 쇠약해져 기침·오한(惡寒)·도한(盜汗)·열이 나는 병.
【勞神 노신】①정신을 피곤하게 함. 걱정을 함. ②귀신을 위로함.
【勞薪 노신】짐수레를 부수어 만든 장작.
【勞身焦思 노신초사】몸을 고달프게 하며, 마음을 애타게 함.
【勞心 노심】①마음을 괴롭힘. 정신적으로 애씀. ②지친 마음.
【勞心焦思 노심초사】애쓰고 속 태움.
【勞燕分飛 노연분비】때까치와 제비가 나뉘어 날아감. 사람이 이별함. 🔍 '勞'는 때까치.
【勞而無功 노이무공】애를 썼으나 효과가 없음.
【勞而不怨 노이불원】효자는 부모를 위하여 어떤 고생을 해도 부모를 원망하지 않음.
【勞賃 노임】품삯. 賃金(임금).
【勞作 노작】①힘들여 일함. ②힘들여 만든 작품. 力作(역작).
【勞績 노적】①애써 세운 공적. ②청대(淸代), 공적에 따라 관리를 등용하던 제도.
【勞慘 노참】피로하고 상심함.
【勞蟲 노충】결핵균(結核菌).
【勞悴 노췌】☞勞瘁(노췌).
【勞瘁 노췌】고생함. 고달파서 파리함.
【勞疲 노피】지침. 疲勞(피로).
【勞乏 노핍】피로함.
【勞咳 노해】폐결핵(肺結核).
【勞懈 노해】피로하여 게으름을 피움.
【勞效 노효】애쓴 공적. 공로(功勞).
【勞卹 노휼】위로하여 전곡(錢穀)을 베품.
【勞恤 노휼】☞勞卹(노휼).
❶苦─, 功─, 過─, 勤─, 徒─, 煩─, 心─, 慰─, 疲─.

力 【勝】⑫ ❶이길 승 🅒 shèng
10   ❷견딜 승 🅓 shēng

月 月 月 𦝄 𦝄 𦝄 肸 胈 勝 勝

[소전][초서][간체] 胜 [字源] 形聲. 朕+力→勝. '朕(짐)'이 음을 나타낸다.
[字解] ❶①이기다. ㉮승부를 겨루어 이기다.〔禮記〕用之於戰勝. ㉯억누르다. 감정·욕망 등을 참고 견디다.〔呂氏春秋〕勝人者必先自勝. ②낫다, 뛰어나다, 훌륭하다.〔南史〕勝境名山. ③뛰어난 것, 훌륭한 곳.〔白居易·詩〕勝地本來無定主. ④지나치다, 지나다, 넘치다.〔禮記〕樂勝則流. ⑤승리를 거두어 멸망시키다.〔易經〕

【勞歌 노가】①노역자(勞役者)가 부르는 노래. ②손(客)을 보내는 노래.
【勞劍 노검】무디어진 칼.
【勞遣 노견】사람을 보내어 위로함.
【勞結 노결】근심으로 기분이 개운하지 않음. 근심 걱정으로 마음이 답답함.
【勞謙 노겸】①큰 공로가 있으면서 겸손함. ②노고와 겸양.
【勞苦 노고】힘들여 애쓰는 수고.
【勞困 노곤】고달프고 피곤함.
【勞疚 노구】피로하여 병듦.
【勞屈 노굴】지치어 힘이 없음.
【勞倦 노권】피로하여 싫증이 남. 또는 지쳐 버린 백성.
【勞筋勞骨 노근노골】몸을 아끼지 아니하고 일에 힘씀.
【勞農 노농】농민을 위로함.
【勞頓 노돈】애를 씀. 애쓴 나머지 피로함.
【勞動 노동】몸을 움직여 일함.
【勞來 노래】①수고를 치사함. 위로함. 또는 격려함. 勞倈(노래). ②오는 사람을 맞아 수고함. ③도와줌. 佑助(우조).
【勞力 노력】①힘을 씀. 수고함. 勞氣(노기). ②물건을 생산하기 위해 힘을 써서 활동함.
【勞勞 노로】①몹시 지친 모양. ②이별을 아쉬워하는 모양. ③드문드문한 모양. 落落(낙락). ④먼 모양. 遼療(요료). ⑤노고에 보답함. 공로를 포상함.
【勞碌 노록】몹시 애써 일함. 분주함.

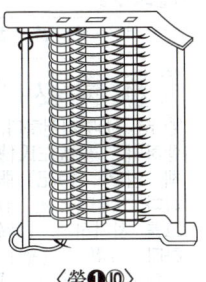
〈勞❶⑩〉

貞勝者也. ⑥곧다, 바르다.〔淮南子〕訟而不勝者. ⑦부인의 머리꾸미개.〔漢書〕戴勝而穴處兮. ❷①견디다, 능히 참고 견디어 내다, 이기다.〔管子〕子有幼弱不勝養爲累者. ②모두, 온통, 죄다.〔孟子〕穀不可勝食也. ③타다, 기회를 활용하다. 늑乘.〔詩經〕靡人不勝.

【勝强 승강】강한 자를 이김.
【勝塏 승개】경치가 좋은 높고 밝은 곳.
【勝槪 승개】좋은 경치.
【勝果 승과】(佛)훌륭한 과보(果報).
【勝國 승국】멸망한 전대의 왕조(王朝).
【勝氣 승기】훌륭한 기상(氣象).
【勝機 승기】이길 수 있는 기회.
【勝流 승류】뛰어난 신분. 높은 계급.
【勝妙 승묘】뛰어나게 기묘함.
【勝報 승보】싸움이나 경기에서 이겼다는 알림.
【勝負 승부】이김과 짐. 勝敗(승패).
【勝負兵家常勢 승부병가상세】이기기도 하고 지기도 하는 것은 병가(兵家)에 늘 있는 일임.
【勝事 승사】뛰어난 일. 훌륭한 일.
【勝算 승산】이길 가망.
【勝商 승상】부유한 상인(商人).
【勝常 승상】건강이 평소보다 좋다는 뜻으로, 안부를 묻는 말.
【勝勢 승세】①뛰어난 지세(地勢). ②이길 기세.
【勝訴 승소】소송(訴訟)에서 이김.
【勝彦 승언】기량(器量)이 뛰어난 인물.
【勝友 승우】①훌륭한 친구. 좋은 벗. ②'소나무'를 이름.
【勝遊 승유】즐겁게 잘 놂.
【勝引 승인】좋은 벗. ○'引'은 '進'으로, '나의 덕을 향상시키는 벗'을 뜻함. 勝友(승우).
【勝因 승인】①(佛)좋은 인연. 특별히 뛰어난 선인(善因). ②승리의 원인.
【勝日 승일】오행설(五行說)에서 목극토(木剋土), 토극수(土剋水), 수극화(水剋火), 화극금(火剋金), 금극목(金剋木)의 오일(五日).
【勝者 승자】이긴 사람. 이긴 편.
【勝殘 승잔】잔포(殘暴)한 사람을 착하게 감화시켜 악을 행하지 않게 함.
【勝殘去殺 승잔거살】포악한 사람을 감화시키고 사형을 행하지 않음. 선정(善政)을 베풀어 백성이 모두 덕화(德化)됨.
【勝蹟 승적】유명한 고적(古跡). 뛰어난 사적(事蹟). 勝迹(승적). 名勝古蹟(명승고적).
【勝餞 승전】성대한 송별연(送別宴).
【勝戰鼓 승전고】싸움에 이겼을 때 치는 북.
【勝接 승접】자기보다 학식이 나은 글동무.
【勝情 승정】좋은 경치를 보고 즐기고자 하는 마음.
【勝朝 승조】⇨勝國(승국).
【勝地 승지】①경치가 좋은 곳. 勝區(승구). 勝境(승경). 勝所(승소). ②지형(地形)이 뛰어난 곳. ③꼭 이길 수 있는 땅. 생환(生還)할 수 있는 땅. 生地(생지).
【勝趣 승취】훌륭한 흥취(興趣).
【勝致 승치】좋은 흥취나 경치(景致).

【勝敗 승패】이김과 짐. 勝負(승부).
【勝敗之數 승패지수】이기느냐 지느냐 하는 운수(運數).
【勝愜 승협】유쾌한 마음.
【勝會 승회】성대한 연회. 盛會(성회).
◐健-, 決-, 大-, 名-, 連-, 優-, 全-, 戰-, 絶-, 快-, 必-.

力 10 【勛】⑫ 勳(220)의 고자

力 11 【勧】⑬ 勸(221)의 속자

力 11 【勤】⑬ 부지런할 근 囡 qín

一 艹 艹 芦 昔 革 菫 菫 勤 勤

[소전] 勤 [예서] 勤 [字源] 形聲. 菫+力→勤. '菫(근)'이 음을 나타낸다.

[字解] ①부지런하다, 부지런히 일하다, 임무를 행하다.〔春秋左氏傳〕令尹其不勤民. ②일, 직책, 임무.〔禮記〕服勤至死. ③근심하다, 걱정하다.〔呂氏春秋〕勤天子之難. ④위로하다, 수고를 치하하다.〔詩經〕杕杜以勤歸也. ⑤은근하다. 늑懃.〔詩經〕恩斯勤斯. ⑥지치다. ㉮괴로워하다.〔法言〕或問民所勤. ㉯피로를 느끼다.〔老子〕緜緜若存, 用之不勤. ⑦돕다.〔國語〕秦人勤我矣. ⑧바라다.〔詩經·江有汜序〕勤而無怨. ⑨행(行)하다.〔禮記〕勤大命, 施于烝彝鼎.

【勤恪 근각】부지런하고 삼감. 恪勤(각근).
【勤懇 근간】①정성을 다함. ②정중함.
【勤幹 근간】부지런하고 재간이 있음.
【勤介 근개】부지런하고 강직함.
【勤儉 근검】부지런하고 검소함.
【勤苦 근고】애써 부지런히 일함. 근로(勤勞)와 신고(辛苦).
【勤求 근구】(佛)수행을 부지런히 하여 불도를 구함.
【勤劬 근구】힘쓰고 수고함. 또는 그 일.
【勤劇 근극】근무가 힘듦. 일이 몹시 바쁨.
【勤勤 근근】부지런한 모양. 또는 성의를 다하는 모양.
【勤勤孜孜 근근자자】부지런하고 정성스러운 모양.
【勤念 근념】①정성스럽게 돌보아 줌. ②애쓰고 수고함.
【勤能 근능】①근면하고 재능이 있음. ②재능 있는 노력가(努力家).
【勤勵 근려】부지런히 힘씀. 勤厲(근려).
【勤歷 근력】계속하여 근무함. 勤續(근속).
【勤力 근력】부지런히 힘씀.
【勤勞 근로】부지런히 일함.
【勤勉 근면】부지런히 일하며 힘씀.
【勤務 근무】직장에 적을 두고 일을 맡아 함.
【勤民 근민】①백성을 부지런하게 함. ②임금이

力部 11획 勥募勢勣勦

백성을 위해 힘씀. ③부지런한 백성.
【勤敏 근민】 부지런하고 민첩함.
【勤仕 근사】 자기가 맡은 일을 힘써 행함.
【勤思 근사】 생각을 수고로이 함.
【勤續 근속】 한 직장에서 장기간 계속 근무함.
【勤成 근수】 힘써 지킴.
【勤修 근수】 (佛)부지런히 닦음. 힘써 닦음.
【勤肅 근숙】 삼가고 조심함. 勤愼(근신).
【勤身 근신】 힘쓰고 애씀. 열심히 일함.
【勤心 근심】 ①애쓰는 마음. ②은근한 마음.
【勤實 근실】 부지런하고 착실함.
【勤王 근왕】 제왕(帝王)의 사업을 도움. 왕실(王室)을 위하여 충성을 다함.
【勤止 근지】 부지런히 일을 함. 근면함. ◯'止'는 조자(助字).
【勤怠 근태】 ①부지런함과 게으름. ②출근(出勤)과 결근(缺勤). 勤慢(근만).
【勤學 근학】 부지런히 공부함. 학문에 힘씀.
【勤行 근행】 ①힘써 행함. ②(佛)부처 앞에서 독경(讀經)·예배 등을 부지런히 하는 일.
【勤恤 근휼】 힘써 어려운 사람을 도움.
◯ 皆−, 缺−, 夜−, 出−, 通−, 退−, 特−.

力 11 【勥】 ⑬ 합할 륙 圍 lù

소전 [字解] 합하다, 힘을 합하다. ≒戮.
〔國語〕 與諸侯勥同心.
【勥力 육력】 힘을 합함. 戮力(육력).

力 11 【募】 ⑬ 모을 모 週 mù

[字解] 形聲. 莫+力→募. '莫(막)'이 음을 나타낸다.
[字解] ①모으다. ㉮불러 모으다. 〔荀子〕案謹募選閱材伎之士. ㉯돈·재산 등을 축적하다. ¶ 募金. ②부름, 뽑음. 〔漢書〕自奮應募.
【募軍 모군】 ⓐ①공사판의 품팔이꾼. ②군인을 모집하는 일.
【募金 모금】 기부금을 모음.
【募兵 모병】 병정을 뽑음. 또는 그 뽑힌 병정.
【募選 모선】 여러 사람을 모으고, 그 중에서 가려 뽑음.
【募役法 모역법】 송대(宋代) 왕안석(王安石)이 만든 신법(新法)의 하나. 요역(徭役)에 나갈 사람 대신에 돈을 징수하여, 그 돈으로 인부를 사서 대신 일을 시키도록 한 법.
【募緣 모연】 (佛)재물(財物)을 절에 기부하여 선연(善緣)을 맺게 함.
【募集 모집】 널리 구하여 모음.
◯ 公−, 急−, 應−, 徵−, 招−.

力 11 【勢】 ⑬ 기세 세 霽 shì

소전 [字解] 形聲. 埶+力→勢. '埶(예)'가 음을 나타낸다.
[字解] ①기세. ㉮위세, 위력. ㉯힘, 활동력. 〔淮南子〕各有其自然之勢. ㉰권위, 남을 누르는 힘. 〔荀子〕與天子易勢業. ㉱상태, 모양. 〔隋唐嘉話〕賈島得僧敲月下門之句, 始欲作推字, 馬上引手作推敲之勢. ㉲기회. 〔史記〕乘勢起隴畝之中. ㉳형세, 되어 가는 형편. 〔史記〕其勢無所得食. ②무리, 인중(人衆). 〔五代史〕敵勢旣迫. ③불알. 〔晉書〕盜淫者割其勢.
【勢家 세가】 권세가 있는 집안. 勢道家(세도가). 權門(권문).
【勢客 세객】 ①圖세도(勢道) 있는 사람. ②능소화(凌霄花)의 딴 이름.
【勢窮力盡 세궁역진】 형세가 궁하고 힘이 다함.
【勢權 세권】 권세(權勢).
【勢道 세도】 정치상의 권세를 장악함.
【勢力 세력】 ①권세의 힘. ②현재 진행되는 힘이나 기세.
【勢利之交 세리지교】 권세와 이익을 목적으로 하여 맺는 교제. 勢交(세교).
【勢望 세망】 세력과 인망(人望).
【勢名 세명】 권세와 명성.
【勢峯 세봉】 남자의 외부 생식기.
【勢不兩立 세불양립】 세력이 있는 쌍방(雙方)은 동시에 존재할 수 없음.
【勢如破竹 세여파죽】 기세가 맹렬하여 대항할 적이 없는 모양. 破竹之勢(파죽지세).
【勢列 세열】 권세가 있는 지위.
【勢焰 세염】 불꽃 같은 기세. 성(盛)한 세력.
【勢要 세요】 권세가 있는 요직(要職). 또는 그 자리에 있는 사람.
【勢援 세원】 ①기세를 돋우어 도와줌. ②후원자(後援者). 배후의 유력자(有力者).
【勢威 세위】 기세와 위엄.
【勢子 세자】 ①바둑에서, 네 귀와 천원(天元)에 놓은 돌. ②사냥할 때 조수(鳥獸)를 쫓는 사람. ③세력. ④정세.
【勢族 세족】 권세가 있는 겨레붙이.
【勢至菩薩 세지보살】 (佛)지혜의 광명으로 중생을 비추어 삼악도(三惡道)에서 벗어나게 한다는 보살. 아미타여래(阿彌陀如來)의 오른쪽에 있음.
◯ 去−, 攻−, 軍−, 權−, 氣−, 大−, 時−, 優−, 威−, 姿−, 情−, 地−, 虛−, 形−.

力 11 【勣】 ⑬ 공 적 錫 jī

[字解] 공, 업적. ≒績.

力 11 【勦】 ⑬ 노곤할 초 肴 jiǎo

소전 초서 동자 동자 [字解] ①노곤하다, 수고롭게 하다. 〔春秋左氏傳〕其以勦民. ②죽이다, 공격하다. 〔金史〕勦殺土寇. ③빼앗다,

강탈하다. 늑鈔.〔禮記〕毋勦說. ④날쌔다, 재빠르다.〔抱朴子〕手勦心怯. ⑤끊다, 절단하다. ＝剿.〔後漢書〕斷勦姦回之偪.
【勦剛 초강】날쌔고 굳셈.
【勦滅 초멸】적(敵)을 쳐서 무찌름. 모두 잡아 죽임. 剿殄(초진).
【勦民 초민】백성을 고단하게 함.
【勦說 초설】남의 학설(學說)을 훔쳐서 자기의 학설로 삼는 일. 剽竊(표절). 勦襲(초습).
【勦襲 초습】現 ① 남의 것을 슬그머니 제 것으로 만듦. ②＝勦說(초설). ③길 가는 사람 따위를 습격하여 재물을 빼앗음.
【勦絕 초절】절멸(絕滅)시킴.
【勦竊 초절】▷勦說(초설).
【勦殄 초진】▷勦滅(초멸).
【勦討 초토】쳐서 멸망시킴. 勦滅(초멸).
【勦捕 초포】토벌하여 사로잡음.

力 11【勳】⑬ 으를 표 piāo
으르다, 강제로 빼앗다, 위협하다.〔漢書〕勳吏而奪之金.
【勳劫 표겁】위협함.

力 12【勤】⑭ 動(215)의 고자

力 12【勩】⑭ 수고로울 예·이 yì
①수고롭다, 수고로움, 피로.
②괴로움, 괴로워하다.〔明史〕乞勩罪自效.

力 13【勮】⑮ 부지런할 거 jù
①부지런하다, 열심히 일하다. ②공이 많다, 업적이 크다. ③두려워하다.

力 13【勯】⑮ 힘 다할 단 dān
힘이 다하다, 힘이 다 빠지다.〔呂氏春秋〕尾絕力勯.

力 13【勱】⑮ 힘쓸 매 mài
힘쓰다, 부지런히 일하다, 애써 격려하다.〔書經〕用勱相我國家.
【勱相 매상】격려하고 도움.

力 13【勰】⑮ 뜻 맞을 협 xié
뜻이 맞다, 생각이 같다.

力 13【勲】⑮ 勳(220)의 속자

力 14【勳】⑯ 공훈 xūn
공, 국가나 임금을 위해 세운 업적.〔書經〕乃一乃心力, 其克有勳.
【勳階 훈계】훈공의 등급. 勳等(훈등).
【勳功 훈공】나라에 충성을 다하여 세운 공로. ○'勳'은 임금을 위한 공로, '功'은 나라를 위한 공로. 勳勞(훈로).
【勳舊 훈구】①대대(代代)로 훈공이 있는 집안. ②누대(累代)의 공로자.
【勳貴 훈귀】훈공이 있는 귀족(貴族).
【勳勞 훈로】▷勳功(훈공).
【勳記 훈기】훈장(勳章)을 받는 자에게 훈장과 더불어 내리는 증서.
【勳德 훈덕】훈공과 인덕(仁德).
【勳等 훈등】▷勳階(훈계).
【勳勞 훈로】①훈공. ②훈공을 세움.
【勳望 훈망】훈공과 명망(名望).
【勳門 훈문】훈공을 세운 문벌. 勳閥(훈벌).
【勳書 훈서】공훈을 적은 문서.
【勳緖 훈서】공훈. 훈업(勳業).
【勳業 훈업】공훈. 勳績(훈적).
【勳烈 훈열】큰 공훈. 勳列(훈열).
【勳位 훈위】①공훈과 위계. ②공훈에 따라 주어진 위계. 勳級(훈급).
【勳衛 훈위】무훈(武勳)이 있는 가문.
【勳蔭 훈음】부조(父祖)의 공업(功業)에 의하여 그 자손들이 받는 관작. 蔭官(음관).
【勳章 훈장】나라에 대한 훈공이나 공로를 표창하기 위해 내리는 휘장(徽章)이나 기장(紀章).
【勳籍 훈적】공훈이 있는 신하의 업적을 적은 기록.
【勳戚 훈척】공훈이 있는 임금의 친척.
【勳寵 훈총】공훈과 은총. 훈공이 있어 임금의 총애를 받는 일.
【勳華 훈화】①요(堯)임금과 순(舜)임금. 상서(尙書)에 요임금을 방훈(放勳), 순임금을 중화(重華)라 한 데서 온 말. ②공훈(功勳)과 영화(榮華).
【勳效 훈효】①공을 세움. ○'效'는 '致'로 '이루다'를 뜻함. ②공적(功績).
● 功-, 大-, 武-, 首-, 忠-.

力 15【勵】⑰ 힘쓸 려 lì
厂 厂 厂 厉 厉 厲 厲 厲 勵
會意·形聲. 厲+力→勵. '厲(려)'는 '숫돌'을 뜻하고, 음도 나타낸다. 숫돌에 힘껏〔力〕 칼을 간다는 데서 '힘쓰다'라는 뜻을 나타낸다.

力部 17~18획 勸 勸　勹部 0~1획 勹勺

字解 ①힘쓰다. 〔南史〕夙夜勤勵. ②권장하다. 〔三國志〕以義相勵.
【勵短 여단】 단점을 보완하는 데 힘씀.
【勵聲 여성】 언성을 높임. 厲聲(여성).
【勵翼 여익】 힘써 도움. 厲翼(여익).
【勵節 여절】 절조를 지키도록 권장함.
【勵精 여정】 분발하여 힘쓰도록 격려함.
【勵志 여지】 의지를 격려함.
【勵行 여행】 ①힘써 행함. ②행하기를 장려함.
○ 激-, 督-, 勉-, 奮-, 獎-, 振-.

力 17 【勷】⑲ 달릴 양 陽　ráng
字解 ①달리다, 달리는 모양. ②바쁜 모양, 허둥대는 모양. 〔白居易·詩〕倚命不劻勷.

力 18 【勸】⑳ 권할 권 願　quàn

[小篆] 勸 [초서] 勸 [동자] 勸 [속자] 劝 [속자] 勧
[간체] 劝　字源 形聲. 藿+力→勸. '藿(관)' 이 음을 나타낸다.

字解 ①권하다, 권장하다. 〔易經〕君子以勞民勸相. ②힘쓰다, 애써 일하다. 〔戰國策〕許救甚勸. ③권, 권고, 권장. ④즐기다, 좋아하다. 〔呂氏春秋〕是三者不足以勸也. ⑤싫어지다, 싫증이 나다. ≒倦. 〔莊子〕淫樂而勸是.
【勸駕 권가】 수레를 보내어 덕행(德行)이 있는 사람을 서울에 불러 올리던 일. 故事 한(漢)의 고조(高祖)가 군수(郡守)에게 명하여 어진 사람을 서울로 올라오도록 한 고사에서 온 말.
【勸諫 권간】 격려하고 충고함.
【勸講 권강】 임금에게 경전을 강의함.
【勸戒 권계】 착한 일을 권장하고 악한 일을 징계함.
【勸告 권고】 타일러 권함.
【勸功 권공】 일을 힘써 함. ○ '功'은 '事'로 '일'을 뜻함.
【勸課 권과】 권하여 일을 나누어 맡김. 일을 나누어 시킴.
【勸禁 권금】 권하는 일과 금하는 일.
【勸農綸音 권농윤음】 농사를 장려하는 임금의 교서(敎書).
【勸導 권도】 권장하여 인도함.
【勸督 권독】 보살피어 권장함.
【勸勵 권려】 권장하고 격려함.
【勸馬聲 권마성】 말이나 쌍교(雙轎)를 타고 행차할 때, 위세(威勢)를 더하기 위하여 그 앞에서 하졸들이 목청을 길게 빼어 부르는 소리. 임금일 때는 사복 하인(司僕下人)이, 고관이나 수령 등의 경우에는 역졸(驛卒)이 불렀음.
【勸賣買鬪則解 권매매투즉해】 國 흥정은 붙이고 싸움은 말림. 좋은 일은 권하고 나쁜 일은 화해시킴.
【勸服 권복】 진심으로 자진해서 따름.

【勸分 권분】 ①나누어 베풀 것을 권함. ②고을 원이 관내(管內)의 부자에게 권하여 가난한 사람을 구제하게 하던 일.
【勸相 권상】 힘써 도움. 권하여 도움.
【勸穡 권색】 농사를 장려함. 경작을 도움.
【勸善 권선】 ①선을 권함. ②(佛)신자들에게 보시(布施)를 청함.
【勸善文 권선문】 (佛)신자들에게 선을 권하는 글.
【勸善紙 권선지】 (佛)가을에 승려가 속가(俗家)를 두루 돌아다니며, 돈이나 쌀을 시주라고 돌리는 종이 주머니.
【勸善懲惡 권선징악】 선행을 권장하고 악행을 징계함. 勸懲(권징).
【勸說 권설】 타일러 권함, 또는 그 말.
【勸率 권솔】 권하여 이끎.
【勸業 권업】 일에 힘씀. 또는 일을 권장함.
【勸緣 권연】 인연 있는 사람들에게 권하여 정재(淨財)를 기부하게 함.
【勸誘 권유】 어떤 일을 하도록 권하거나 달램.
【勸引 권인】 권하여 이끎. 勸誘(권유).
【勸止 권지】 권하여 중지시킴.
【勸進 권진】 ①권하여 하게 함. ②(佛)㉠선행을 권하여 불도를 믿게 함. ㉡절이나 탑을 건립할 때, 승려가 속인에게 권하여 재물을 희사(喜捨)하게 함. 勸化(권화).
【勸贊 권찬】 권하여 도움.
【勸請 권청】 ①(佛)부처의 내림(來臨)을 빎. ②신불의 영(靈)을 청하여 맞이함.
【勸學 권학】 학문을 힘써 배우도록 권장함.
【勸解 권해】 권고하여 화해시킴.
【勸化 권화】 (佛)①불교를 믿지 않는 사람을 설득하여 믿게 함. ②승려가 불사(佛寺)의 건립 등을 위하여 신자에게 금품의 희사를 권유하는 일. 勸進(권진).
【勸誨 권회】 권장하고 가르침.
○ 強-, 競-, 戒-, 敎-, 督-, 勉-, 率-, 誘-, 諭-, 獎-, 勅-, 褒-, 諷-.

勹 部

2획 부수 ｜ 쌀포몸부

勹 0 【勹】② 쌀 포 肴　bāo
[小篆] ⊃　字源 象形. 사람이 몸을 앞으로 구부려 보따리를 싸서 안고 있는 모양을 본떠서 '싸다'의 뜻을 나타낸다.
字解 ①싸다. ※包(222)의 본자(本字). ②한자 부수의 하나, 쌀포몸.

勹 1 【勺】③ ❶구기 작 藥　sháo, zhuó
❷國한 줌 샤
[小篆] 勺 [小篆] 勺 [초서] 勺 [속자] 勺　[參考] 대법원 지정

인명용 한자의 음은 '작'이다.
【字源】 象形. 아가리를 벌린 그릇에 어떤 물건을 담고 있는 모양을 본뜬 글자.
【字解】 ❶①구기. 술 같은 것을 뜰 때에 쓰는 기구. 〔禮記〕殷以疏勺 周以蒲勺. ②작. ㉮홉〔合〕의 10분의 1. 용량 측정 단위의 하나. ¶三合五勺. ㉯소량(少量), 얼마 되지 않는 양. ¶勺飮. ③잔질하다. ≒酌. ④악장(樂章) 이름. 주공(周公)이 정한 악장(樂章) 이름. 〔詩經〕內則十三舞勺. ❷國한 줌. ≒夕. 〔萬機要覽〕如勺之爲夕.
【勺水不入 작수불입】國 한 모금의 물도 넘기지 못함. 음식을 조금도 먹지 못함.
【勺飮 작음】소량의 음료(飮料).
【勺斝 작가】구기와 술잔.

勺₁【勺】③ 勺(221)의 속자

勺₂【勾】④ 굽을 구 迂 gōu
【字解】①굽다, 휘다. 〔尙書大傳〕古之人衣上有冒而勾領. ②갈고리. ≒鉤. ③잡다, 붙들다. ≒拘. 〔白居易·詩〕一半勾留是此湖. ④표를 하다, 보았다는 표지를 하다. ¶勾決. ⑤구절. ≒句. ⑥지우다, 없애다.
【勾檢 구검】조사함. 취조함.
【勾決 구결】비준(批准)에 의하여 처분함.
【勾當 구당】일을 다룸. 임무(任務)에 당함.
【勾留 구류】①멈추어 머무름. ②붙잡고 못하게 말림.
【勾喚 구환】관청에 소환함.
【勾喙 구훼】굽은 부리.

勺₂【勻】④ ❶적을 균 ㊌尹 眞 yún
❷고를 균 眞 jūn
【字解】❶①적다. 〔皮日休·詩〕風勻秖似調紅露. ②흩어지다, 조각조각 흩어지다. 〔韓愈·詩〕片片勻如剪, 紛紛碎若揉. ③두루, 두루 미치다. 〔朱松·詩〕一色春勻萬樹紅. ④가지런히 바로잡다. ⑤같다, 고르다. 〔白居易·詩〕金丸大小勻. ⑥윤이 나다, 광택이 나다. 〔白居易·詩〕朱脣素指勻. ⑦성(姓). ❷고르다.
※均(342)과 동자(同字).
【勻勻 균균】①가지런한 모양. ②넓고 평평한 모양.
【勻面 균면】얼굴을 다듬음. 단장을 함.
【勻圓 균원】아주 둥긂.
【勻旨 균지】정승이 내리는 명령이나 의견. ≒敎(균교).

勺₂【勻】④ 勻(222)의 속자

勺₂【勿】④ ❶말 물 物 wù
❷털 몰 月 mò

ノ 勹 勺 勿

【字源】參考 대법원 지정 인명용 한자의 음은 '물'이다.
【字源】象形. 고대에 사대부(士大夫)가 백성을 불러 모을 때 세우던 기(旗)를 본떠, '기'라는 뜻을 나타낸다.
【字解】❶①말다, 마라, 말아라. ≒無·莫. 금지(禁止)하는 뜻을 나타내는 어조사. 〔論語〕過則勿憚改. ②아니다, 없다. 부정(否定)하는 뜻을 나타내는 어조사. 〔舊唐書〕前事勿論. ③기. 고대에 사대부가 백성을 불러 모을 때 세우던, 붉은색과 흰색이 반반 섞인 기. ④뜻이 없는 발어사(發語辭). 〔詩經〕弗問弗仕, 勿罔君子. ⑤매우 바쁜 모양, 또는 부지런히 힘쓰는 모양. 〔顏氏家訓〕世中書翰, 多稱勿勿. ⑥부득이. ❷털다, 먼지를 털다. 〔禮記〕國中以策彗卹勿, 驅塵不出軌.
【勿驚 물경】엄청난 것을 말할 때 '놀라지 마라', '놀랍게도'의 뜻을 나타내는 말.
【勿禁 물금】관청에서 금(禁)한 일을 특별히 하도록 허가하여 줌.
【勿罔 물망】①상세하지 않은 모양. ②광대(廣大)한 모양.
【勿勿 물물】①매우 바쁜 모양. 倉皇(창황). ②부지런히 힘쓰는 모양. 孜孜(자자). 汲汲(급급). ③근심하는 모양. 걱정하는 모양.
【勿施 물시】①실시하려던 일을 그만둠. ②해 온 일을 무효로 함.
【勿照之明 물조지명】비추지 아니하여도 저절로 밝음.
【勿出朝報 물출조보】조보에 내지 않음. 조정(朝廷)의 비밀에 속하는 일을 발표하지 아니함.
【勿侵 물침】건드리거나 침범하지 못하게 함.
【勿許還退 물허환퇴】조선 때, 노비를 매매(賣買)하고 2년이 지난 뒤에는 노비가 도망가더라도 대금 반환을 요구할 수 없도록 한 일.

勺₃【匃】⑤ 빌 개·갈 泰 曷 gài
【字源】會意. 亡+人→匃. '亡'은 '없다'는 뜻. 사람〔人〕은 없는 것이 있으면 남에게 구걸한다는 데서 '빌다'의 뜻을 나타낸다.
【字解】①빌다, 구하다, 구걸하다. =丐. 〔漢書〕家貧匃貸無節. ②주다. 〔漢書〕我匃若馬.

勺₃【匄】⑤ 匃(222)와 동자

勺₃【匁】⑤ 恩(620)과 동자

勺₃【包】⑤ 쌀 포 肴 bāo

ノ 勹 勺 勺 包

勹部 4~7획 匈 匉 匊 匋 匌 匍

包

字源 象形. 소전의 글자 모양에서 밖의 勹는 사람이 등을 구부려 물건을 안고 있는 모양, 속의 巳는 배 안에 들어 있는 태아(胎兒)의 모양을 각각 본뜬 것으로 '애를 배다'의 뜻을 나타낸다.

字解 ㉮싸다. ≒勹. ㉠휘감아 싸다, 휩싸다, 감싸다. 〔詩經〕白茅包之. ㉡가리어 싸다. 〔漢書〕包紅顏而弗明. ㉢머금다, 포함하다. 〔易經〕包蒙, 吉. ㉣겸하다, 아우르다. ㉤다발로 묶다. 〔春秋左氏傳〕爾貢包茅不入. ㉥받아들이다. 〔漢書〕包擧宇內. ㉦취(取)하다. 〔漢書〕包漢擧信. ②꾸러미, 보따리. 〔黃庭堅·詩〕香包解盡寶帶胯. ③꾸러미를 세는 수사(數詞). ④깍지, 알맹이를 까낸 꼬투리. 〔梅堯臣·詩〕擗包欲吐牙全動. ⑤초목이 우거지다. ≒苞. 〔易經〕草木漸包. ⑥푸주. ≒庖. 〔易經〕包有魚. ⑦圏 ㉮일정한 분량으로 싼 인삼. ㉡포은(包銀). 외국에 가는 사신이 비용으로 가지고 가는 은. ㉢촛가지, 초제공(初提栱)이나 이제공(二提栱)에 딸린 쇠서 받침. ㉣장기쪽 이름의 하나.

【包擧 포거】남김 없이 쌈. 모두 취(取)함.
【包裹 포과】물건을 쌈. 꾸림. 苞裹(포과).
【包貫 포관】합해서 꿰뚫음.
【包括 포괄】전부 휩싸 하나로 묶음.
【包羅 포라】싸 넣음. 한데 꾸림.
【包絡 포락】①동여 묶음. 싸서 묶음. ②심장(心臟)을 싸고 있는 엷은 막(膜).
【包茅 포모】다발로 묶은 띠(茅). ○옛날 제사 때 여기에 술을 따라 찌꺼기를 없앴음.
【包覆 포복】덮어 쌈.
【包蔘 포삼】圏포장한 인삼.
【包桑 포상】총생(叢生)하여 있는 뽕나무 뿌리. ㉠근본이 단단함. ㉡백성이 삶에 자족(自足)하고 있음을 징험(徵驗)함.
【包攝 포섭】상대편을 자기편으로 감싸서 끌어들임.
【包羞忍恥 포수인치】부끄러움을 견디어 참음.
【包容 포용】남을 너그럽게 감싸 받아들임.
【包圍 포위】둘레를 에워쌈.
【包衣 포의】①청대(淸代) 팔기(八旗)의 한 가지. 청조(淸朝)가 입관(入關)하기 전에 각 부락에서 잡은 포로(捕虜)를 종으로 삼아 일을 시키던 것. ②환약을 싸고 있는 당질(糖質)이나 아교질.
【包藏 포장】①싸서 간직함. 싸서 숨겨 둠. ②마음에 품고 있음. 남몰래 가슴에 품음.
【包藏禍心 포장화심】남을 해칠 마음을 품음.
【包洞 포통】널리 통함.
【包含 포함】속에 들어 있거나 함께 넣음.
【包涵 포함】널리 휩쓸어 싸서 넣음. 포용함.
【包荒 포황】①그릇된 것을 이해하여 줌. 남을 포용하는 도량이 있음. ②남의 결점을 감싸 줌. ③황전(荒田)의 조세(租稅)를 포괄(包括)하여 납입하던 일.
【包懷 포회】①싸서 가짐. 소유함. ②마음속에 품고 있음. 생각을 가슴속에 품음. 懷抱(회포).

⊙ 兼一, 牢一, 幷一, 小一, 總一, 荷一, 含一.

匈

4 ⑥ 오랑캐 **흉** 圖 xiōng

字解 ①오랑캐, 종족 이름. 중국의 북쪽에 있었던 흉노(匈奴). 〔舊唐書〕又匈虜一敗. ②떠들썩하다, 시끄럽게 의론(議論)하는 소리. 〔漢書〕天下匈匈. ③흉흉하다, 인심이 수선스럽다, 술렁술렁하여 험악하다. ≒兇. 〔史記〕天下匈匈數歲者. ④가슴. ≒胸. 〔漢書〕其於匈中, 曾不蔕芥.

【匈懼 흉구】두려워함.
【匈奴 흉노】중국 북쪽 몽골 고원에서 활약하던 유목 민족. B.C. 3세기 말에 묵돌 선우가 부족을 통일하여 전성기를 맞이하였으나, 한(漢) 무제(武帝)의 공격을 받고 쇠약해져 1세기경에 남북으로 분열됨.
【匈罾腹詛 흉리복저】가슴으로 욕하고 배로 저주함. 마음속으로 비난함.
【匈匈 흉흉】①세상이 어지러워서 인심이 어수선한 모양. ②시끄럽게 떠드는 소리. ③흉포한 모양.

匉

5 ⑦ 큰 소리 **평** 圂 pēng

字解 큰 소리, 요란한 물소리.
【匉訇 평굉】큰 소리. 사물(事物)에서 나는 큰 소리.

匊

6 ⑧ 움켜 뜰 **국** 圂 jū

字解 ①움켜 뜨다, 쌀을 두 손으로 움켜 뜨다. ≒掬. ②두 손을 합한 손바닥 안. 〔詩經〕蕃衍盈匊. ③손바닥. ④분량의 단위, 두 되(升).

匋

6 ⑧ ❶질그릇 **도** 圂 táo
    ❷가마 **요** 圂 yáo

字解 ❶(同) 陶. ①질그릇, 도기(陶器). ②질그릇을 굽다. ③질그릇 가마, 도자기를 굽는 가마. ❷가마, 기왓가마. ≒窯.

匌

6 ⑧ 돌 **합** 圂 gé

字解 ①돌다, 돌고 돌아서 만나다. ②물건이 포개진 모양. 〔木華·賦〕磊匌而相豗. ③기운이 막히다.
【匌匝 합잡】①돎. ②해후(邂逅)함.

匍

7 ⑨ 길 **포** 圂 pú

字解 ①기다, 배를 바닥에 깔고 나아가다. 〔詩經〕誕實匍匐, 克岐克嶷. ②힘을 다하다, 넘어져서 허둥대다. 〔詩經〕凡民有喪, 匍匐救之. ③문지르다, 갈다.
【匍球 포구】야구에서, 방망이에 맞아 땅 위로 굴러가는 공.
【匍匐 포복】①땅에 배를 깔고 김. 匍伏(포복).

勹部 9〜14획 匔匏䞥匔䞧   匕部 0〜2획 匕匕化

②넘어져서 뒹굶. ③허둥지둥 급히 가는 모양.

勹9 【匐】 ⑪ 길 복 職 fú
[字解] 기다, 엎드려서 기어가다. 늑 匍·伏·服. 〔孟子〕赤子匍匐將入於井, 非赤子之罪也.
【匐枝 복지】 땅으로 뻗어 가면서 새 뿌리를 내리고 자라는 줄기.

勹9 【匏】 ⑪ 박 포 肴 páo
[字解] ①박. 〔詩經〕匏有苦葉. ②바가지, 박을 쪼개어 만든 그릇. 〔詩經〕酌之用匏. ③악기(樂器), 8음(音)의 하나. 〔國語〕匏竹利制. ④별 이름. ¶匏瓜.
【匏繫 포계】 열리기는 하나 먹지 못하는 박. 쓸모없는 사람.
【匏瓜 포과】 ①박. 바가지. ②별 이름.
【匏蘆 포로】 조롱박. 중간 부분이 잘록한 박.
【匏竹 포죽】 생황(笙簧)과 피리.
【匏粥 포죽】 박의 흰 살을 넣고 쑨 죽. 박죽.
【匏尊 포준】 박으로 만든 술 그릇. 匏樽(포준).

勹10 【匔】 ⑫ 匔(224)의 속자

勹10 【䲴】 ⑫ 머리꾸미개 압 洽 è
[字解] 머리꾸미개, 부인의 머리꾸미개. 〔杜甫·詩〕翠爲䲴葉垂鬢脣.
【䲴葉 압엽】 머리꾸미개.
【䲴綵 압채】 부인의 머리꾸미개. 뒤꽂이.

勹14 【匔】 ⑯ 공경할 궁 東 gōng
[字解] 공경하다, 허리를 굽혀 삼가 공경하는 모양. 〔史記〕匔匔如畏然.
【匔匔 궁궁】 삼가 공경하는 모양.

匕 部
2획 부수 | 비수비부

匕0 【匕】 ② 비수 비 紙 bǐ
[字解] 象形. 끝이 뾰족한 숟가락 모양을 본뜬 글자.
[字解] ①비수, 단검(短劍). 〔史記〕曹沫執匕首. ②숟가락, 구기, 수저. 늑 柶. 〔三國志〕先主方食失匕箸. ③살촉, 화살의 촉. 〔春秋左氏傳〕匕入者三寸.

【匕首 비수】 짧은 칼. 단도(短刀).
【匕箸 비저】 숟가락과 젓가락.
【匕鬯 비창】 종묘(宗廟) 제사에서 쓰는 제기(祭器)와 향주(香酒). ○'匕'는 숟가락, '鬯'은 술을 담는 단지.

匕0 【七】 ② 化(224)의 고자

匕2 【化】 ④ 될 화 禡 huà
ノ イ 化 化
[字解] 艸 初 七 㕭 [字解] 會意·形聲.
人+匕→化. '匕'는 '化'의 고자(古字)로서 '되다, 화하다'의 뜻과 동시에 음도 나타낸다. 윗사람이 덕으로써 사람을 선도하여 훌륭한 풍속을 만든다는 뜻을 나타낸다.
[字解] ①되다, 모양이 바뀌다. 〔呂氏春秋〕湯達乎鬼神之化. ②고쳐지다, 교화가 이루어져 풍속이 새로워지다. 〔荀子〕神則能化矣. ③따르다, 좇다. 〔呂氏春秋〕皆化其上. ④가르치다, 인도하다. 〔書經〕肆予大化誘我友邦君. ⑤은혜, 덕화(德化), 인정(仁政). 〔史記〕變道行化. ⑥풍속(風俗). ⑦가르침, 교육. 〔呂氏春秋〕淳淳于愼謹畏化. ⑧도, 이법(理法). 자연계의 생멸(生滅) 변전(變轉)의 원리, 또는 자연 만물을 육성하는 힘. ⑨성장, 발육, 생장. 〔呂氏春秋〕剖卒婦而觀其化. ⑩태어나다, 다시 태어나다. 〔禮記〕百物皆化. ⑪죽다, 망하다. 〔孟子〕且比化者, 無使土親膚. ⑫화(化)하다, 재질이 바뀌다, 바뀌어 되다. 〔禮記〕變則化. ⑬변천하다. 〔易經〕知變化之道. ⑭서로 다름. 〔淮南子〕五味之化, 不可擧嘗. ⑮돌다, 순환하다. 〔國語〕勝敗若化. ⑯교역(交易)하다, 엇바꾸다. 〔書經〕懋遷有無化居. ⑰요술, 마술, 사람의 눈을 속이는 재주. 〔列子〕西極之國, 有化人來. ⑱지나다, 통과하다. 늑 過. ⑲집, 도사(道士)가 사는 집. 〔彭乘·記〕益州玉局化者, 二十四化之一也.
【化感 화감】 덕교(德教)로써 감화시킴.
【化客 화객】 (佛)시주를 청하러 다니는 객승.
【化去 화거】 다른 것으로 변하여 감. 죽음.
【化居 화거】 저장해 둔 화물을 교역함. 互市(호시). ○'化'는 교역, '居'는 저장.
【化工 화공】 조화의 교묘함. 자연의 조화. 天工(천공).
【化光 화광】 덕화(德化)의 큰 일.
【化導 화도】 덕으로써 사람을 이끎.
【化理 화리】 교화를 베풀어 천하를 다스림.
【化民 화민】 ①백성을 교화하여 착하게 함. ②國자기 고장의 수령(守令)에 대하여 말하는 백성의 자칭 대명사.
【化民成俗 화민성속】 백성을 교화하여 좋은 풍속을 이룸.
【化飯 화반】 ①밥이 변하여 벌[蜂]이 됨. 故事

진대(晉代)에 갈원(葛元)이 선술(仙術)을 써서, 밥알을 벌(蜂)로 화하게 했다는 고사에서 온 말. ②탁발(托鉢).

【化生 화생】①천지, 음양, 남녀의 정(精)이 합하여 새로운 것이 태어나는 일. ②칠석(七夕)날 인형을 물에 띄우고 즐기는 여자들의 유희. 중국 서역(西域)의 풍속(風俗)으로, 자식을 얻기 위한 주술(呪術)이라고 함. ③(佛)사생(四生)의 하나. 모태(母胎)나 알 같은 데서 나지 않고 어디서 홀연히 생겨나는 것. 지옥·천계·사람의 사후 따위.

【化石 화석】변하여 돌이 됨. 동식물의 유해나 그 자취가 암석 속에 남아 있는 것.

【化成 화성】①육성함. ②모양을 바꾸어 다른 물체가 됨. ③덕화(德化)로 개선함.

【化城 화성】(佛)①법화칠유(法華七喩)의 하나. 번뇌를 막아 주는 안식처. ②절. 寺院(사원).

【化聲 화성】①시비(是非)의 말. ②말이 사물에 따라 변함을 이름. ③덕화(德化)의 평판(評判).

【化醇 화순】변화하여 순수하게 됨.

【化若偃草 화약언초】풀이 바람 부는 방향으로 쓸리어 눕듯이 백성이 잘 교화됨.

【化外 화외】교화가 미치지 못하는 변강(邊疆), 또는 치화(治化)가 미치지 못하는 외국.

【化雨 화우】교화가 사람에게 미침을 시우(時雨)에 비유한 말.

【化誘 화유】가르쳐 이끎.

【化育 화육】천지 자연이 만물을 낳고 길러 자라게 함.

【化人 화인】①신인(仙人). ②죽은 사람. ③(佛)부처나 보살이 그 형체를 바꾸어 사람이 됨. 또는 신통력으로 사람의 형체로 만듦.

【化日 화일】해. 해는 능히 만물을 화생(化生)하게 하므로 이르는 말.

【化者 화자】①죽은 사람. ②변화하는 이 세상의 모든 것. 유형의 만물.

【化粧 화장】얼굴 따위를 곱게 꾸밈.

【化正 화정】교화하여 바르게 함.

【化主 화주】(佛)①중생을 교도(敎導)하는 교주(敎主). 곧 석가여래나 아미타불. ②집집마다 다니면서 시물(施物)을 얻어 부처와 인연을 맺어 주고 절의 양식을 대 주는 승려. ③시주(施主).

【化遷 화천】변천함.

【化治 화치】①교화하여 다스림. ②만들어 냄.

【化被萬方 화피만방】교화가 멀리 팔방(八方)에 미침.

【化學 화학】물질의 조성·구조·성질·변화 따위를 연구하는 과학.

【化行 화행】(佛)승려가 화주(化主) 노릇을 하며 집집마다 돌아다니는 일.

【化向 화향】덕화(德化)되어 귀순해 옴.

【化現 화현】(佛)불보살(佛菩薩)이 중생을 교화하기 위하여 여러 가지 형상으로 변하여 이 세상에 나타나는 일.

❶ 感-, 改-, 開-, 敎-, 歸-, 德-, 文-, 物-, 變-, 消-, 俗-, 純-, 醇-, 王-, 仁-, 造-, 進-, 退-, 風-, 皇-, 懷-.

北

匕部 3획

❶북녘 북 běi
❷달아날 배 bèi

一 ナ ナ 北 北

参考 대법원 지정 인명용 한자의 음은 '북·배'이다.

字源 會意. 두 사람이 등을 맞대고 있는 모양에서 '등지다, 달아나다'는 뜻을 나타낸다.

字解 ❶북녘, 북쪽. 〔詩經〕爰采麥矣, 沬之北矣. ❷①달아나다, 도망치다. 〔史記〕匈奴小入, 詳北不勝. ②등지다, 저버리다. 늑背. 〔史記〕士無反北之芯.

【北髻 북계】國쪽. 결혼한 여자가 땋아서 틀어 올려 비녀를 꽂은 머리털.

【北郭 북곽】①북쪽의 외곽(外郭). ◎'郭'은 외성(外城). ②낙양(洛陽)의 북쪽. ③묘지(墓地). 北로(북망).

【北闕 북궐】①궁성의 북문. ②궁중(宮中). 禁裡(금리). 禁中(금중). ③북조(北朝)의 궁문. ④國경복궁(景福宮)을 창덕궁(昌德宮)과 경희궁(慶熙宮)에 상대하여 이르는 말.

【北堂 북당】①주부가 거처하는 곳. 또는 주부. ②어머니. 萱堂(훤당). 母堂(모당). ③종묘나 가묘에서 신주를 모신 곳.

【北道主人 북도주인】주인으로서 손의 시중을 드는 사람. 길을 인도하는 사람.

【北瀆 북독】사독(四瀆)의 하나로 용흥강(龍興江)을 이르는 말.

【北斗 북두】①북쪽 하늘에서 보이는 7개의 별. 북두성. 북두칠성. ②제왕.

【北虜 북로】북쪽 오랑캐.

【北里 북리】①북쪽에 있는 마을. ②은(殷)의 주왕(紂王)이 지은 음탕한 무악(舞樂)의 이름. 北里之舞(북리지무). ③창부(娼婦)가 있는 곳. 화류가(花柳街).

【北邙 북망】①산(山) 이름. 하남성(河南省) 낙양(洛陽)의 동북쪽에 있는데 한대(漢代) 이후의 왕후 공경(王侯公卿)의 묘지(墓地)가 많음. ②무덤이 많은 곳. 사람이 죽어서 가는 곳.

【北面 북면】①북쪽을 향함. ②신하의 좌위(座位). 신하가 됨. ③제자의 좌위. 제자가 됨.

【北冥 북명】북쪽에 있는 큰 바다.

【北門鎖鑰 북문쇄약】북문(北門)의 자물쇠와 열쇠. 북방의 방수(防守).

【北門之嘆 북문지탄】궁한 나머지, 오죽잖은 벼슬자리에 나아가기는 하였으나 뜻을 얻지 못함을 한탄함.

【北方之强 북방지강】기질이 거세어 강용(强勇)만으로 밀고 나가는 사람.

【北鄙 북비】북쪽 변경의 두메 지역.

【北司 북사】①환관의 직소(職所). ②환관. 北寺(북시).

【北朔 북삭】북방 종족이 살고 있는 땅. ◎'朔'은 북쪽. 朔北(삭북).

【北山之感 북산지감】왕사(王事)에 얽매여 부모를 봉양 못하는 한탄.

【北水 북수】(佛)뒷물을 절에서 이르는 말.

【北首 북수】 ①머리를 북쪽으로 둠. 사자(死者)의 머리를 북쪽으로 가게 눕히는 일. ②북쪽을 향함. ○'首'는 '向'으로 '향하다'를 뜻함. ③國함경도에서 만드는 기와의 한 가지.
【北垂 북수】 북쪽의 변방.
【北寺 북시】 ☞北司(북사).
【北辰 북신】 북극성(北極星)의 딴 이름.
【北岸 북안】 북쪽 해안이나 강기슭.
【北轅適楚 북원적초】 나룻을 북쪽으로 향하게 하고 남쪽인 초나라로 가려 함. 행동이 뜻한 바와 어긋남.
【北緯 북위】 적도 이북의 위도(緯度).
【北戎 북융】 북쪽의 오랑캐. 北夷(북이).
【北狄 북적】 북방의 만족(蠻族). 중국 사람이 중원(中原) 북방의 이민족을 일컫던 말. 匈奴(흉노). 大戎(대융).
【北征 북정】 ①북방의 땅을 정벌함. 北伐(북벌). ②북쪽으로 감.
【北庭 북정】 ①집 안에서 북쪽에 있는 뜰. ②성균관(成均館) 안에 있는 명륜당(明倫堂)의 북쪽 마당. 유생(儒生)들이 이곳에서 승학시(陞學試)를 보았다. ③서역(西域)의 딴 이름. ④선우(單于)의 조정(朝廷). 한대(漢代)에, 북쪽에 있던 흉노(匈奴)의 땅.
【北宗 북종】 ①〔佛〕당(唐)의 신수(神秀)를 교조(敎祖)로 하는 선종(禪宗)의 일파(一派). ②당(唐)의 이사훈(李思訓)을 종장(宗匠)으로 하는 동양화의 일파. 北畫(북화). 北宗畫(북종화).
【北至 북지】 하지(夏至)의 딴 이름.
【北鎭 북진】 ①북방의 번진(藩鎭). ②함경북도의 6진(鎭)을 두었던 지방을 이르는 말.
【北窓三友 북창삼우】 거문고〔琴〕·술〔酒〕·시〔詩〕를 이르는 말. 백거이(白居易)의 북창 삼우시(北窓三友詩)에서 온 말.
【北漆 북칠】 돌에 글자를 새길 때, 글씨를 쓴 얇은 종이에 밀을 칠하여 그 뒤쪽에 비치는 글자 테두리를 그려서 돌에 붙이고, 문질러서 글자를 내려 앉히는 일.
【北布 북포】 함경북도에서 나는 삼베.
【北學 북학】 ①중국 북조(北朝)에서 행하여진 학풍. 후한(後漢)의 고문학적(古文學的)인 경학(經學)을 중히 여겨 번잡한 실증(實證)을 존중함. ②조선 영·정조 때 청(淸)나라의 선진 문물을 배워야 한다고 주장하였던 학문.
【北海 북해】 ①북쪽 바다. ②시베리아의 바이칼호(湖). ③발해(渤海)의 딴 이름.
【北行至楚 북행지초】 남쪽에 있는 초나라로 간다면서 북쪽을 향하여 감. 행동이 뜻한 바와 어긋남. 北轅適楚(북원적초).
◐ 江-, 窮-, 極-, 南-, 東-, 奔-, 分-, 朔-, 西-, 硏-, 催-, 敗-.

ヒ7 【㘽】⑨國뿐 뿐
[參考] 우리말의 '뿐' 음을 적기 위하여 만든 글자이다.
[字解] 뿐. ※그것만이고 더 이상 없다는 뜻.

ヒ8 【㘿】⑩ 國밧 밧
[參考] 우리말의 '밧·밖' 음을 적기 위하여 만든 글자이다.
[字解] 밧, 밖.

ヒ9 【匙】⑪ 숟가락 시 困 chí
[소전] [초서] [字解] ①숟가락. 〔杜甫·詩〕正想滑流匙. ②열쇠. 〔福惠全書〕門子捧起匙匣印牌各鑰.
【匙匣 시갑】 열쇠를 넣어 두는 갑.
【匙楪 시접】 제사 지낼 때 수저를 담는 대접 비슷한 그릇.
◐ 茶-, 飯-, 銷-, 鑰-, 玉-, 停-.

匚 部

2획 부수 | 튼입구몸부

匚0 【匚】② 상자 방 陽 fāng
[소전] [주문] [字源] 象形. 물건을 넣어 두는 네모진 상자를 옆에서 바라본 모양을 본뜬 글자.
[字解] ①상자, 네모진 상자. ②한자 부수의 하나, 튼입구몸.

匚3 【匜】⑤ 주전자 이 囡 紙 yí
[소전] [초서] [字解] 주전자. 손잡이가 달린 주전자 모양의 그릇으로, 음료수를 넣거나 손 씻는 물을 담는다. 구멍이 뚫린 손잡이는 물을 풀 때에는 손잡이 구실을 하고 따를 때에는 물이 나오는 입구가 된다.
〈匜〉
〔舊唐書〕又於深室齋戒築壇, 上置金匜.

匚3 【匝】⑤ 돌 잡 洽 zā
[동자] 帀 [字解] ①돌다, 두르다. ②둘레. ③두루, 널리.
【匝旬 잡순】 10일간. 一旬(일순).
【匝洽 잡흡】 두루 젖음. 두루 윤택함.

匚4 【匡】⑥ 바룰 광 陽 kuāng
[소전] [초서] [字解] ①바루다, 바로잡다. 〔詩經〕王于出征, 以匡王國. ②바르다, 반듯하다. 〔法言〕卜式之云 不亦匡乎. ③구제하다. 〔春秋左氏傳〕匡乏困. ④

휘다, 비뚤다, 굽다. ≒枉.〔周禮〕則輪雖敝不匡. ⑤두려워하다. ≒恇.〔禮記〕衆不匡懼. ⑥눈자위. ≒眶.〔史記〕涕滿匡而橫流. ⑦편하다, 편안하다. ⑧돕다, 보좌하다.
【匡諫 광간】 바로잡아 간함.
【匡困 광곤】 가난한 사람을 도와서 구제함.
【匡矯 광교】 바루고 고침. 匡正(광정).
【匡救 광구】 잘못을 바로잡고 어려움을 도와줌.
【匡懼 광구】 두려워함. 恐懼(공구).
【匡當 광당】 상자. 궤. ◘'匡'은 '筐'으로 '광주리'를 뜻하고 '當'은 조자임.
【匡廬 광려】 여산(廬山)의 딴 이름.
【匡勵 광려】 잘못을 바로잡고 격려함.
【匡謬正俗 광류정속】 그릇된 것을 바로잡고 풍속을 바르게 함.
【匡補 광보】 부족한 것을 도와 보충함.
【匡輔 광보】 바로잡아 도움. 올바르게 보필함.
【匡翼 광익】 匡翊(광익).
【匡復 광복】 잘못된 것을 바로잡아 회복함.
【匡牀 광상】 편안한 평상. 침대. 匡床(광상).
【匡肅 광숙】 바루어 정돈함.
【匡時 광시】 시폐(時弊)를 바로잡음.
【匡言 광언】 간(諫)하여 바룸.
【匡正 광정】 바로잡아 고침. 矯正(교정).
【匡定 광정】 도와서 정함.
【匡制 광제】 바로잡아 누름.
【匡濟 광제】 잘못을 바로잡아 구제함.
【匡坐 광좌】 바르게 앉음. 正坐(정좌).
【匡佐 광좌】 임금을 바르게 도움.
【匡周 광주】 널리 퍼짐.
【匡請 광청】 바루어 물음.
【匡護 광호】 도와서 지킴. 援護(원호).

匸
4 【匠】⑥ 장인 장 _溪 jiàng

소전 匠 초서 匠 【字源】 會意. 斤+匸→匠. '匸'은 상자, '斤'은 도끼. 도끼를 사용하여 상자를 만든다는 데서 '장인'을 나타냄.
【字解】①장인, 물건을 만드는 것을 업으로 삼는 사람.〔孟子〕巫匠亦然. ②기술자.〔論衡〕能彫琢文書, 謂之史匠. ③우두머리, 거장(巨匠).〔晉書〕濠梁之宗匠. ④고안(考案), 궁리.¶ 意匠. ⑤가르침.〔楚辭〕念私門之正匠兮.
【匠師 장사】 주대(周代)의 벼슬 이름. 동관(冬官)의 속관(屬官). 장례(葬禮) 때에 백공(百工)의 일을 감독하였음.
【匠石運斤 장석운근】 기예가 오묘한 경지에 이름. 故事 고대의 명공인 장석(匠石)이 자귀를 휘둘러 물건을 만드는데 조금의 착오도 없었다는 고사에서 온 말.
【匠人 장인】 물건을 만드는 일을 업으로 삼는 사람. 匠色(장색).
【匠意 장의】 무엇을 만들고자 하는 착상(着想). 考案(고안). 意匠(의장).
【匠宰 장재】 재상(宰相).
【匠戶 장호】 ①장인의 집. ②나라의 부역에 응

하는 각종 직업인의 호적.
◐ 巨—, 工—, 名—, 良—, 宗—, 筆—, 火—.

匸
5 【匣】⑦ 갑 갑 _洽 xiá

소전 匣 초서 匣 匣 【字解】①갑, 궤, 작은 상자.〔史記〕秦舞陽奉地圖匣, 以次進. ②우리. ≒柙.〔論語〕虎兕出于匣. ③國갑으로 된 것을 세는 단위.
【匣劍帷燈 갑검유등】 갑 속의 검과 휘장 안의 등불. 빛이나 검의 기운은 가릴 수 없음.
【匣匳 갑렴】 빗을 넣어 두는 궤. 경대.
◐ 劍—, 鏡—, 寶—, 玉—, 妝—, 漆—, 虛—.

匸
7 【匨】⑨ 藏(1556)의 고자

匸
7 【匧】⑨ 篋(1316)과 동자

匸
8 【匪】⑩ ❶대상자 비 _尾 fěi
❷걸말 비 _隊 fèi
❸나눌 분 _文 fēn

소전 匪 초서 匪 匪 參考 대법원 지정 인명용 한자의 음은 '비'이다.
【字解】❶①대상자, 폐백(幣帛) 상자. ≒篚.〔孟子〕其君子實玄黃于匪. ②아니다. 부정(否定)의 뜻을 나타낸다. ≒非·不.〔國語〕莫匪爾極. ③도둑, 악한(惡漢).〔司空圖·碑〕匪徒封離授受行邁風. ④그, 저.〔春秋左氏傳〕如匪行邁謀. ⑤문채 나는 모양. ≒斐.〔詩經〕有匪君子. ❷①걸말. =騑. ②거마의 행렬이 빛나는 모양.〔禮記〕匪匪翼翼. ❸나누다. ≒分.〔周禮〕匪頒之式.
【匪躬之節 비궁지절】 자신의 이익을 생각하지 않고, 오직 국가에 정성을 다하는 충절.
【匪徒 비도】 도적의 무리. 匪類(비류).
【匪匪 비비】 거마(車馬)의 행렬이 아름답고 정연하게 나아가는 모양.
【匪席 비석】 마음은 돗자리가 아니어서 말지 못함. 심지(心志)가 굳어서 굽히지 않음의 비유. 匪石(비석).
【匪石之心 비석지심】 돌과 같이 자유로이 구르지 않는 마음. 굳어서 움직이지 않는 마음. 확고불발(確固不拔)의 정신.
【匪兕匪虎 비시비호】 외방소도 범도 아닌데 광야에서 쫓기고 있음. 어진 사람이 재난을 만나 한탄함. 공자(孔子)가 진(陳)·채(蔡) 사이에서 재난을 만났을 때의 한탄.
【匪夷所思 비이소사】 보통 사람으로서는 생각할 바가 아님. 평범하지 않은 생각.
【匪賊 비적】 떼를 지어 돌아다니며 재물을 약탈하는 도둑. 匪徒(비도).
【匪頒 분반】 여러 신하에게 하사품을 나누어 줌.

匸
9 【匱】⑪ 상자 궤 _寘 guì

匚部 11~24획 匯匱匲區匳匵匶籚 匸部 0~2획 匸区匹

₁₁匚【匯】⑬ 물 돌 회 匯 huì
_{소전}匯 _{초서}匯 _{간체}汇 字解 ①물 돌다, 물이 빙빙 돌아 흐르다. 늑回. 〔書經〕東匯澤爲彭蠡. ②어음, 환. ¶匯票.

₁₂匚【匱】⑭ 함 궤 匱 guì, kuì
_{소전}匱 _{초서}匱 _{간체}匮 字解 ①함, 궤, 갑. =櫃. ②삼태기, 흙을 담아 나르는 그릇. 늑簣. 〔漢書〕成在一匱. ④우리, 짐승이나 사람을 가두어 두는 시설. 〔莊子〕將爲胠篋探囊, 發匱之盜.
【匱乏 궤핍】결핍함. 의식(衣食)이 모자람. 匱竭(궤갈).

〈匱①〉

₁₂匚【匵】⑭ 주독 단 匵 dān
_{소전}匵 字解 주독(主櫝). 신주(神主)를 넣어 두는 궤. 〔周禮〕祭祀則共匵主.

₁₂匚【區】⑭ 區(228)과 동자

₁₃匚【匳】⑮ 경대 렴 匳 lián
_{초서}匳 _{동자}匲 _{동자}奩 字解 ①경대(鏡臺), 거울을 넣어 두는 그릇. ②향(香) 그릇.
【匳幣 염폐】시집갈 때 가지고 가는 물건. 婚需(혼수).

₁₄匚【匴】⑯ 관 상자 산 匴 suǎn
_{소전}匴 字解 관 상자. 관(冠)을 넣어 두는 대그릇. 원형(圓形)과 방형(方形)의 두 가지 설(說)이 있다.

₁₅匚【匵】⑰ 궤 독 匵 dú
_{소전}匵 _{초서}匵 字解 ①궤, 상자. 늑櫝. 〔論語〕韞匵而藏諸. ②작은 관(棺). 〔漢書〕昔帝堯之葬也, 窾木爲匵.

₁₈匚【匶】⑳ 널 구 匶 jiù
_{소전}匶 _{본자}柩 字解 널. ※'柩'자의 주문(籒文)의 자형.
【匶路 구로】널을 싣는 수레.
【匶諡 구시】널과 시호(諡號).

₂₄匚【籚】㉖ ❶잔 공 籚 gōng ❷상자 감 籚 gǎn
_{소전}籚 _{본자}櫣 字解 ❶잔, 자그마한 잔. ❷①상자. ②뚜껑.

匸 部

2획 부수 | 감출혜몸부

₀匸【匸】② 감출 혜 匸 xì
_{소전}匸 字源 會意. '一'은 윗부분을 가리고 있음을, 'ㄴ'은 물건을 감추는 곳을 각각 나타낸 데서 '감추다'의 뜻이 되었다. 字解 ①감추다. ②덮다. ③한자 부수의 하나, 감출혜몸.

₁匸【区】④ 區(229)의 속자

₂匸【匹】④ ❶필 필 匹 pǐ ❷집오리 목 匹 pǐ

一 丆 兀 匹

_{소전}匹 _{초서}匹 參考 대법원 지정 인명용 한자의 음은 '필'이다. 字源 會意. 匸+八→匹. '匸'는 피륙을 감춘다는 뜻이고, '八'은 나눈다는 뜻이다. 감추어 둔 피륙을 둘로 나누면 그 각각이 서로 짝이 되므로 '짝'이라는 뜻을 나타낸다. 字解 ❶①필. 늑疋. ㉮정한 길이를 가진 피륙의 단위. 〔漢書〕布帛長四丈爲匹. ㉯말이나 소를 세는 단위. ¶馬四匹. ②짝. ㉮배우자. 〔楚辭〕獨無匹兮. ㉯편짝, 짝패, 벗. 〔詩經〕率由群匹. ㉰짝하다, 짝을 이루다. 〔春秋左氏傳〕庶人夫妻相匹. ㉱맞서다, 상대가 되다, 적수가 되다. 〔春秋左氏傳〕秦晉匹也. ④혼자, 하나, 뜻이 바뀌어 천한 사람. ❷집오리.
【匹群 필군】동아리. 동료.
【匹練 필련】하얗게 바랜 한 필의 백포(白布). ㉠폭포의 모습. 瀑布(폭포). ㉡백마(白馬)의 모습. 正練(필련).
【匹馬單槍 필마단창】한 필의 말과 한 자루의 창. 간단한 무장.
【匹馬隻輪 필마척륜】한 마리 말과 한 채의 수레. 매우 적은 병마의 비유.
【匹配 필배】①짝지음. ②짝. 배우(配偶).

【匹夫之勇 필부지용】혈기에 날뛰는 작은 용기.
【匹夫匹婦 필부필부】평범한 남녀.
【匹似 필사】흡사함. 비슷함. 匹如(필여).
【匹庶 필서】백성.
【匹亞 필아】무리. 동류(同類).
【匹如身 필여신】무일푼. 적수(赤手).
【匹敵 필적】①서로 비슷함. 엇비슷하여 서로 맞섬. ②짝. 남편과 아내.
【匹儔 필제】벗.
【匹鳥 필조】원앙(鴛鴦)의 딴 이름.
【匹儔 필주】①부처(夫妻). ②무리. 동아리. ③대등한 상대.
【匹馳 필치】말을 나란히 하여 달림.
● 馬-, 配-, 良-, 令-, 好-.

医 ❶동개 예 醫 yì
❷의원 의 医 yī
字解 ❶동개, 고건, 화살을 꽂아 넣어 등에 지는 물건. ❷의원. ※ 醫(1865)의 속자(俗字).

匼 ⑧ 아첨할 암 匼 ǎn
字解 ①아첨하다, 알랑거리다.〔唐書〕對上諸諛阿匼. ②두르다, 빙 둘러 처져 있는 모양.〔白居易·詩〕匼匝雲如抱. ③두건(頭巾)의 한 가지.〔杜甫·詩〕晩風爽烏匼, 筋力蘇摧折.
【匼匝 암잡】빙 둘러 있는 모양.

匽 ❶엎느릴 언 匽 yǎn
❷도랑 언 匽 yàn
字解 ❶①엎드리다, 쓰러지다. ≒偃.〔漢書〕冬則爲風寒之所匽薄. ②창. ¶匽戟. ❷도랑, 방죽. ≒堰.〔周禮〕爲其井匽.
【匽戟 언극】끝이 세 갈래로 갈라진 창.
【匽薄 언박】쓰러짐. 한쪽으로 쏠림.
【匽豬 언저】낙숫물을 받아 두었다가 흘려 보내는 곳.

區 ❶지경 구 區 qū
❷숨길 곳 우 區 ōu

一 ㄷ 品 品 品 品 品 品 區

소전 區 초서 區 속자 区 간체 区 韓考 대법원 지정 인명용 한자의 음은 '구'이다.
字源 會意. 匸+品→區. '匸'는 감춘다는 뜻이고, '品'은 물건이라는 뜻이다. 물건을 일정한 곳에 감추어 둔다는 데서 '지경, 숨기다' 등의 뜻을 나타낸다.
字解 ❶①지경, 지역.〔張衡·賦〕造我區夏. ②나누다, 경계를 갈라 정하다.〔論語〕譬諸草木, 區以別矣. ③거처, 사는 장소.〔漢書〕覇具爲區處. ④따로따로, 제각각 다름.〔後漢書〕物性旣區. ⑤자질구레하다, 잗단 모양.〔舊唐書〕未聞區區僧敎. ⑥숨기다, 숨겨 두다.〔春

秋左氏傳〕作僕區之法. ⑦공허하다, 텅 비다.〔管子〕不用其區. ⑧國지방 행정 구역의 하나. ⑨어떤 기준에 의하여 설정된 구역이나 지역. ¶選擧區. ⑩성(姓). ❷①숨긴 곳, 물건을 감추어 두는 곳.〔荀子〕在乎區蓋之間. ②분량(分量)의 단위, 16승(升). ③성(姓).
【區間 구간】어떤 지점과 다른 지점과의 사이.
【區蓋 구개】찾거나 볼 수 없도록 덮어 둠. 의심스럽고 명확하지 않음. ♣'區'는 물건을 간직하는 곳, '蓋'는 물건을 덮는 그릇.
【區區 구구】①작은 모양. 근소한 모양. ②득의(得意)한 모양. ③사랑함. ④부지런한 모양. ⑤변변하지 못한 마음. ⑥제각각 다름.
【區區之心 구구지심】보잘것없는 마음. 자기 마음을 겸손하게 이르는 말.
【區極 구극】구역의 끝. 곧, 천하. 海內(해내).
【區段 구단】분류. 구별. 구분.
【區落 구락】구역을 이룬 부락.
【區分 구분】전체를 몇 개로 갈라 나눔.
【區士 구사】궁 밖에서 숙위하는 무사.
【區署 구서】나누어서 배치함.
【區域 구역】일정한 기준에 따라 갈라놓은 지역.
【區宇 구우】①구역의 안. ②천하.
【區有 구유】대지. 넓은 땅. ♣'區'는 구우(區字), '有'는 구유(九有).
【區處 구처】①근거지. 숨어 있는 곳. ②사물을 구분하여 처리함.
【區夏 구하】천하. 중국의 전역을 이르는 말. ♣'區'는 구역(區域), '夏'는 화하(華夏).
【區縣 구현】일정한 경계 인의 지역.
【區劃 구획】경계를 갈라 정함.
【區脫 우탈】북쪽 오랑캐가 경계에 만든 척후용(斥候用)의 토담집.
● 管-, 市-, 外-, 地-, 學-.

匿 ⑪ 숨을 닉 匿 nì
字解 ①숨다, 도피하다.〔漢書〕遁匿其家. ②숨기다.〔論語〕匿怨而友其人. ③숨은 죄, 드러나지 않은 죄악.〔管子〕百匿傷上威. ④움츠리다.
【匿空 익공】①빠져나갈 구멍. ②몸을 숨기는 굴(窟).
【匿名 익명】이름을 숨김.
【匿伏 익복】엎드려 숨어 있음.
【匿怨 익원】원한을 숨김. 마음에는 원한을 품고 있으나 겉으로는 친한 것처럼 꾸밈.
【匿跡 익적】종적을 감춤. 행방을 숨김.
【匿跡銷聲 익적소성】자취를 숨기고 소리를 감춤. 숨어 살며 세상일에 관심을 끊음.
【匿爪 익조】손발톱을 숨김. 재주를 숨김.
【匿竄 익찬】도망가서 숨음.
【匿諱 익휘】꺼리어 숨김.
● 逃-, 伏-, 隱-, 潛-, 藏-, 避-, 晦-.

匾 ⑪ 얇을 편 匾 biǎn

匾 字解 ①얇다, 얇은 그릇. ②납작하다. ③편액(扁額).
【匾額 편액】문 위나 방 안에 걸던 액자. 편액.
【匾匪 편체】얇은 그릇. 넓고 얇은 그릇.
【匾壺 편호】옛날에 쓰던 단지의 한 가지.

十 部

2획 부수 | 열십부

十 ② 열 십 shí

十 拾 字源 指事. 'ㅣ'은 남북, 'ㅡ'는 동서로, 동서남북과 중앙이 모두 갖추어져 있다는 뜻이다. 숫자에서 모두 갖춘 수가 '10'이기에 '열'을 뜻한다.
字解 ①열. 늑什. 〔論語〕回也聞一以知十. ②열 번. 〔中庸〕人十能之, 己千之. ③열 배, 열 배하다. 〔漢書〕利不十者, 不易業. ④전부, 일체, 완전. 〔漢書〕大王還兵疾歸, 尙得十半.
【十家 십가】①열 집. ②학예(學藝)의 열 가지 유파. 곧 유가(儒家)·도가(道家)·음양가(陰陽家)·법가(法家)·종횡가(縱橫家)·명가(名家)·묵가(墨家)·잡가(雜家)·농가(農家)·소설가(小說家). ③사부(辭賦)에 뛰어난 열 사람. 곧 주(周)·전국 시대의 순경(荀卿)·송옥(宋玉), 한(漢)의 매승(枚乘)·사마상여(司馬相如)·가의(賈誼)·왕포(王褒), 후한(後漢)의 반고(班固)·장형(張衡)·양웅(揚雄)·왕연수(王延壽).
【十干 십간】천간(天干)인 갑(甲)·을(乙)·병(丙)·정(丁)·무(戊)·기(己)·경(庚)·신(辛)·임(壬)·계(癸)의 총칭. 十幹(십간).
【十經 십경】유가(儒家)의 열 가지 경서. 곧, 주역(周易)·상서(尙書)·모시(毛詩)·예기(禮記)·주례(周禮)·의례(儀禮)·춘추좌씨전(春秋左氏傳)·춘추공양전(春秋公羊傳)·춘추곡량전(春秋穀梁傳)·논어(論語)와 효경(孝經).
【十戒 십계】(佛)열 가지 경계. ㉠사미십계(沙彌十戒)는 불살생(不殺生)·불투도(不偸盜)·불사음(不邪淫)·불망어(不妄語)·불음주(不飮酒)·부도식향만(不塗飾香鬘)·불가무관청(不歌舞觀聽)·부좌고광대상(不坐高廣大牀)·불비시식(不非時食)·불축금은보(不蓄金銀寶). ㉡보살십계(菩薩十戒)는 사미십계(沙彌十戒)의 앞부분 오계(五戒)와 불설과죄(不說過罪)·부자찬훼타(不自讚毁他)·불견(不慳)·불진(不瞋)·불방 삼보(不謗三寶).
【十界 십계】(佛)미계(迷界)와 오계(悟界)의 열 가지 계급(階級). 미계(迷界)에는 지옥(地獄)·아귀(餓鬼)·축생(畜生)·수라(修羅)·인간(人間)·

사계(四界)가 있음. 十法界(십법계).
【十年減壽 십년감수】목숨이 10년이나 줄어듦. 몹시 놀랐거나 위험한 고비를 겪음.
【十年構思 십년구사】다년간 시문(詩文)을 수련(修鍊)함.
【十年磨一劍 십년마일검】십 년 동안 한 자루의 칼을 갊. 오랫동안 애써 무도(武道)를 수련함.
【十年知己 십년지기】10년 동안 사귄, 자기를 알아주는 친구. 오랫동안 사귄 친한 친구.
【十念 십념】(佛)① 불(佛)·법(法)·승(僧)·계(戒)·시(施)·천(天)·휴식(休息)·안반(安般)·신(身)·사(死)의 열 가지를 기원함으로써 마음의 통일(統一)을 꾀하는 일. ②나무아미타불(南無阿彌陀佛)의 여섯 자의 명호(名號)를 열 번 염송(念誦)하는 일.
【十大家 십대가】당(唐)·송(宋)의 열 사람의 문장 대가. 당(唐)의 한유(韓愈)·유종원(柳宗元)·송(宋)의 구양수(歐陽脩)·소순(蘇洵)·소식(蘇軾)·소철(蘇轍)·왕안석(王安石)·증공(曾鞏)의 팔대가(八大家) 와 당의 이고(李翺)·손초(孫樵).
【十讀不如一寫 십독불여일사】열 번 읽는 것보다 한 번 쓰는 편이 기억과 이해에 더 나음.
【十盲一杖 십맹일장】열 소경에게 막대기 하나. 어떠한 사물이 여러 사람에게 모두 긴요하게 쓰임. 十瞽一杖(십고일장).
【十目所視 십목소시】여러 사람이 다 보고 있음. 세상 사람을 속일 수 없음.
【十伐之木 십벌지목】열 번 찍어서 베는 나무. 아무리 심지가 굳은 사람이라도 여러 번 유인하면 결국 넘어가게 됨.
【十剖百判 십부백판】열 번 쪼개고 백 번 가름. 사물을 아주 잘게 갈라 나눔.
【十朋 십붕】①많은 친구. ②귀중한 보배. '朋'은 고대에 통화(通貨)로서 사용했던 두 개(個)의 패화(貝貨). 十朋之龜(십붕지귀).
【十三經 십삼경】열 세 가지의 경서. 역경(易經)·서경(書經)·시경(詩經)·춘추좌씨전(春秋左氏傳)·춘추공양전(春秋公羊傳)·춘추곡량전(春秋穀梁傳)·주례(周禮)·의례(儀禮)·예기(禮記)·효경(孝經)·논어(論語)·맹자(孟子)·이아(爾雅).
【十霜 십상】십추(十秋), 곧 10년.
【十生九死 십생구사】아홉 번 죽었다가 열 번만에 살아남. 썩 위험한 고비를 겪음.
【十善 십선】①(佛)십악(十惡)을 범하지 않는 열 가지 선. ②열 사람의 착한 벗.
【十手所指 십수소지】뭇 사람이 손가락질 함. 세상 사람들의 비판은 엄정하고 공명함.
【十襲 십습】①열 겹이나 싸서 소중히 간직함. ②옷 열 벌.
【十勝之地 십승지지】풍수가(風水家)가 이르는, 기근(饑饉)·병화(兵禍)의 염려가 없어서 피난에 적합하다고 하는 열 군데의 땅. 곧, 공주(公州)의 유구(維鳩)·마곡(麻谷), 무주(茂朱)의 무풍(茂豐), 보은(報恩)의 속리산(俗離山), 부안(扶安)의 변산(邊山), 성주(星州)의 만수동(萬壽洞), 봉화(奉化)의 춘양(春陽), 예천(醴泉)의 금당동(金堂洞), 영월(寧越)의 정동 상류(正東

上流), 운봉(雲峯)의 두류산(頭流山), 풍기(豊基)의 금계촌(金鷄村).

【十匙一飯 십시일반】 열 사람의 한 술 밥이 한 그릇의 밥이 됨. 여럿이 힘을 합하면 한 사람쯤 도와주기는 쉬움.

【十信 십신】(佛)보살이 수행하는 열 가지 마음. 곧, 신심(信心)·염심(念心)·정진심(精進心)·혜심(慧心)·정심(定心)·불퇴심(不退心)·호법심(護法心)·회향심(廻向心)·계심(戒心)·원심(願心).

【十室九空 십실구공】 열 집 중에 아홉 집은 빔. 큰 전쟁이나 홍수, 또는 극심한 전염병 등으로 많은 사람들이 흩어지거나 죽음.

【十惡 십악】①은사(恩赦)나 대사(大赦)가 미치지 못하는 열 가지 중죄. 곧, 모반(謀反)·모대역(謀大逆)·모반(謀叛)·악역(惡逆)·부도(不道)·대불경(大不敬)·불효(不孝)·불목(不睦)·불의(不義)·내란(內亂). ②(佛)사람의 입〔口〕·몸〔身〕·마음〔意〕의 세 가지 업(業)이 만들어 내는 열 가지 죄. 곧, 살생(殺生)·투도(偸盜)·사음(邪淫)·망어(妄語)·악구(惡口)·양설(兩舌)·기어(綺語)·탐욕(貪慾)·사견(邪見)·진에(瞋恚).

【十羊九牧 십양구목】 양 열 마리에 목자는 아홉 사람. 백성은 적고 벼슬아치는 많음의 비유.

【十王 십왕→시왕】(佛)①명부(冥府)에 있다는 열 명의 왕. 진광(秦廣)·초강(初江)·송제(宋帝)·오관(伍官)·염라(閻羅)·변성(變成)·태산(泰山)·평등(平等)·도시(都市)·오도전륜(五道轉輪). ②육욕천(六欲天) 및 사선천(四禪天)의 왕.

【十王廳 십왕청→시왕청】(佛)시왕이 있는 곳. 서승. 冥府(냉부).

【十雨 십우】열흘에 한 번씩 비가 옴. 곧, 알맞은 비. 十風五雨(십풍오우).

【十二客 십이객】 송(宋)나라의 장경수(張景修)가 선정한 열두 가지 꽃. 곧, 모란(牡丹·貴客)·매(梅·淸客)·국(菊·壽客)·서향(瑞香·佳客)·정향(丁香·素客)·난(蘭·幽客)·연(蓮·靜客)·도미(荼蘼·雅客)·계(桂·仙客)·장미(薔薇·野客)·말리(茉莉·遠客)·작약(芍藥·近客).

【十二律 십이율】 음악의 육률(六律)과 육려(六呂). 양(陽)인 육률은 황종(黃鐘)·태주(太簇)·고선(姑洗)·유빈(蕤賓)·이칙(夷則)·무역(無射), 음(陰)인 육려는 대려(大呂)·협종(夾鐘)·중려(仲呂)·임종(林鐘)·남려(南呂)·응종(應鐘).

【十二因緣 십이인연】(佛)중생의 과거·현재·미래의 삼세(三世)에 걸친 생사·윤회의 인과 관계를 열두 가지로 나누어 설명한 것. 곧, 무명(無明)·행(行)·식(識)·명색(名色)·육처(六處)·촉(觸)·수(受)·애(愛)·취(取)·유(有)·생(生)·노사(老死).

【十二章 십이장】 옛날, 임금의 옷에 놓던 열두 가지의 무늬. 곧, 일(日)·월(月)·성신(星辰)·산(山)·용(龍)·화충(華蟲)·종이(宗彝)·조(藻)·화(火)·분미(粉米)·보(黼)·불(黻).

【十二支 십이지】①자(子)·축(丑)·인(寅)·묘(卯)·진(辰)·사(巳)·오(午)·미(未)·신(申)·유(酉)·술(戌)·해(亥). 곧 지지(地支). ②(佛) ☞ 十二因緣(십이인연).

【十人十色 십인십색】 열 사람의 열 가지 색. 생각이나 취향이 사람마다 다름.

【十日一水 십일일수】열흘 동안 강(江) 줄기 하나를 그림. 화공의 고심과 노력을 이르는 말.

【十一征 십일정】 수입의 10분의 1을 내는 조세.

【十日之菊 십일지국】 국화는 9월 9일이 한창인데 10일이면 때가 늦은 국화임. 이미 때가 늦어 기회를 잃음.

【十長生 십장생】 장생불사(長生不死)한다는 열 가지. 곧, 해·산·물·돌·구름·소나무·불로초(不老草)·거북·학(鶴)·사슴.

〈十二章〉

【十全 십전】①조금도 결점이 없음. 완전무결함. ②國조금도 위험이 없음. 安全(안전).

【十顚九倒 십전구도】 열 번 엎어지고 아홉 번 넘어짐. 여러 차례 실패를 거듭하면서 갖은 고생을 겪음.

【十宗 십종】(佛)화엄종(華嚴宗)에서 나눈 불교(佛敎)의 열 가지 종파. 곧, 아법구유종(我法俱有宗)·유법무아종(有法無我宗)·법무거래종(法無去來宗)·현통가실종(現通假實宗)·속망진실종(俗妄眞實宗)·제법단명종(諸法但名宗)·일체개공종(一切皆空宗)·진덕불공종(眞德不空宗)·상상구절종(相想俱絶宗)·원명구덕종(圓明具德宗).

【十住 십주】(佛)보살이 수행하는 계위(階位). 십신위(十信位)를 지나서 마음이 진제(眞諦)에 안주(安住)하는 위치에 머무는 계위. 발심주(發心住)·치지주(治地住)·수행주(修行住)·생귀주(生貴住)·방편구족주(方便具足住)·정심주(正心住)·불퇴주(不退住)·동진주(童眞住)·법왕자주(法王子住)·관정주(灌頂住).

【十洲 십주】(佛)선인(仙人)이 산다고 하는 열 개의 섬. 곧, 조주(祖洲)·영주(瀛洲)·현주(玄洲)·염주(炎洲)·장주(長洲)·원주(元洲)·유주(流洲)·생주(生洲)·봉린주(鳳麟洲)·취굴주(聚窟洲).

【十中八九 십중팔구】 열이면 여덟이나 아홉이 그러함.

【十指不動 십지부동】 열 손가락을 꼼짝하지 않음. 몹시 게으름.

【十指有長短 십지유장단】 열 손가락에는 길고 짧음이 있음. 사물에도 각기 독특한 성질이 있음.

【十千 십천】①많은 수량. ②일만 전(一萬錢). 값이 비쌈.
【十諦 십체·십제】(佛)보살이 수행하는 진실(眞實)·무망(無妄)의 열 가지 도리. 곧, 세제(世諦)·제일의제(第一義諦)·상제(相諦)·차별제(差別諦)·관제(觀諦)·사제(事諦)·생제(生諦)·진무생지제(盡無生智諦)·입도지제(入道智諦)·집여래지제(集如來智諦).
【十體 십체】열 가지의 서체(書體). ㉠당(唐)의 당원도(唐元度)의 십체(十體), 곧 고문(古文)·대전(大篆)·주문(籒文)·소전(小篆)·예서(隸書)·장초(章草)·행서(行書)·팔분(八分)·비백(飛白)·초서(草書). ㉡당(唐)의 장회관(張懷瓘)의 십체(十體), 곧 고문(古文)·대전(大篆)·팔분(八分)·소전(小篆)·비백(飛白)·도해(倒薤)·산예(散隸)·현침(懸針)·조서(鳥書)·수로(垂露).
【十體詩 십체시】열 가지의 시체(詩體). 곧, 고풍(古諷)·악풍(樂諷)·고체(古體)·신제악부(新題樂府)·율시(律詩)·칠언(七言)·오언(五言)·율풍(律諷)·도망(悼亡)·염시(艶詩).
【十八公 십팔공】소나무의 딴 이름. ◎'十八公'은 송(松)의 파자(破字).
【十風五雨 십풍오우】열흘에 한 번 바람이 불고, 닷새에 한 번 비가 옴. 곧 바람 불고 비 오는 것이, 때와 분량이 알맞음. 雨風順調(우풍순조). 五風十雨(오풍십우).
【十寒一曝 십한일폭】열흘 춥고 하루 햇볕이 쬠. 일이 꾸준하지 못하고 중단됨이 많음.
【十行 십행】①천 명을 이르는 말. '一行'은 사졸(士卒). ②천자의 편지나 조서. ③(佛)대승보살(大乘菩薩)의 수행의 계위(階位). 곧, 환희행(歡喜行)·요익행(饒益行)·진에행(瞋恚行)·무진행(無盡行)·이치란행(離癡亂行)·선현행(善現行)·무착행(無着行)·존중행(尊重行)·선법행(善法行)·진실행(眞實行).
【十行俱下 십행구하】열 줄의 글을 단번에 읽어 내려감. 글 읽는 속도가 빠름.

十
1 【廿】③ 廿(561)과 동자

十
1 【千】③ 일천 천 ㉿ qiān

一 二 千

[소전] 千 [초서] 千 [참고] '阡·仟'을 갖은자로 쓴다.
[字源] 指事. '人(사람 인)'자에 '一'을 더하여 숫자 '천'을 나타내었다.
[字解] ①일천, 백(百)의 10배. [孟子] 萬取千焉, 千取百焉. ②천 번. [中庸] 人十能之, 己千之. ③많다. [後漢書] 周廬千列. ④아름다운 모양. [陸機·賦] 淸麗千眠. ⑤꼭, 반드시, 기어이. [古詩] 念與世間辭, 千萬不復全. ⑥초목이 우거진 모양. 늦芊. ⑦길, 두렁길. 늦阡.
【千劫 천겁】(佛)오랜 세월. 永劫(영겁).
【千古 천고】①먼 옛날. ②영원한 이별. 죽은 이를 애도하는 말. ③먼 후세.
【千苦萬難 천고만난】여러 가지 고난.
【千古名 천고명】영원히 전할 명예.
【千古笑端 천고소단】먼 훗날까지도 남을 웃음거리.
【千官 천관】많은 관원.
【千軍萬馬 천군만마】많은 군사와 말.
【千鈞 천균】①3만 근(斤). '鈞'은 무게를 다는 단위이며, 일 균(一鈞)은 30근. ②매우 무거운 무게, 또는 그러한 물건.
【千金裘 천금구】천금짜리 값비싼 갖옷.
【千金軀 천금구】소중한 몸이라는 뜻.
【千金買骨 천금매골】천금을 주고 천리마의 뼈를 삼. 간절히 인재(人才)를 구함. ㈜買死馬骨(매사마골).
【千金然諾 천금연낙】천금같이 중한 허락.
【千金一笑 천금일소】한 번 웃는 것이 천금의 값어치가 있음. 미인(美人)을 형용.
【千金子 천금자】부잣집의 아들. 千金之子(천금지자).
【千金菜 천금채】상추의 딴 이름.
【千年一淸 천년일청】황하(黃河) 같은 흐린 물이 맑아지기를 바람. 가능하지 않은 것을 바람.
【千念 천념】①(佛)1,800개의 구슬을 꿴 염주. ②많은 생각. 千思(천사).
【千慮一得 천려일득】어리석은 사람이라도 많은 생각 속에는 간혹 쓸 만한 것이 있음.
【千慮一失 천려일실】지혜로운 사람이라도 많은 생각 속에는 간혹 실책이 있음.
【千里乾坤 천리건곤】넓은 하늘과 땅.
【千里茶 천리다】옛날, 먼 길을 갈 때 갈증을 덜기 위하여 먹는 것. 백복령·하수오·갈근·오매육·박하·감초 등의 가루를 꿀에 반죽하여 만듦.
【千里同風 천리동풍】온 나라 안에 같은 바람이 붊. 세상이 태평함, 또는 그러한 세상.
【千里馬 천리마】하루에 천 리를 달리는 명마. 駿馬(준마). 千里駒(천리구).
【千里面目 천리면목】편지. 천 리 먼 곳에서도 얼굴을 대한 듯함.
【千里命駕 천리명가】먼 곳의 벗을 찾아보려고 거마(車馬)의 채비를 차림.
【千里無烟 천리무연】천 리 사이에 밥 짓는 연기가 오르지 않음. 백성들의 가난이 심함.
【千里不齎糧 천리부재량】천 리의 길에 양식을 가질 필요가 없음. 천하가 태평하고 풍년이 듦.
【千里不留行 천리불류행】천 리의 먼 길을 가도 가로막는 사람이 없음. 천하에 대적할 상대가 없음.
【千里比隣 천리비린】천 리나 되는 먼 곳도 가까운 이웃같이 생각됨. 교통이 매우 편리함.
【千里鵝毛 천리아모】천 리 밖에서 보내 온 거위의 털. 물건은 대수롭지 않으나 정의(情意)가 두터움.
【千里眼 천리안】천 리 밖의 것을 내다볼 수 있는 안력(眼力). 먼 데서 일어난 일을 직감적으로 감지하는 능력.
【千里猶對面 천리유대면】먼 데서 보내온 편지

의 사연이 곡진하여 마치 대면하여 이야기를 듣는 것과 같음.
【千里絕迹 천리절적】 천 리 안에서는 견줄 만한 상대가 없음.
【千里之任 천리지임】 먼 곳에서 보는 임무.
【千萬夢外 천만몽외】 國천만 뜻밖.
【千伯 천백】 동서, 또는 남북으로 통하는 길. ◦'伯'은 '陌'으로 '길'을 뜻함.
【千方百計 천방백계】 가지가지의 꾀.
【千百 천백】 천 또는 백. 많은 수를 이름.
【千佛 천불】 (佛)과거·현재·미래의 삼겁(三劫)에 각각 일천(一千) 부처가 나타나는 일.
【千緖萬端 천서만단】 잡다한 일. 가려낼 수 없을 만큼 많은 일의 갈피.
【千歲之信士 천세지신사】 영구히 변하지 아니하는 도의를 지키는 사람.
【千歲後 천세후】 사람의 '죽음'을 완곡하게 이르는 말. 천추만세후(千秋萬歲後).
【千愁 천수】 온갖 근심.
【千手觀音 천수관음】 (佛)이십칠 면(二十七面)과 천수천안(千手千眼)이 있는 관음보살.
【千搜萬索 천수만색】 샅샅이 수색함.
【千乘 천승】 제후(諸侯)를 이름. 승(乘)은 네 필의 말이 끄는 수레를 세는 단위. 주대(周代)에 있어서 전시(戰時)에 천자는 만승(萬乘), 제후는 천승(千乘)을 낼 수 있었음.
【千乘之國 천승지국】 제후(諸侯)의 나라.
【千辛萬苦 천신만고】 천 가지의 매운 것과 만 가지의 쓴 것. 여러 가지로 어려움을 겪고 심한 고생을 함.
【千尋 천심】 매우 높거나 깊음. 千仞(천인).
【千巖萬壑 천암만학】 수없이 많은 바위와 골짜기. 깊은 산속의 경치.
【千耶萬耶 천야만야】 높으나 깊어서 천길만길이나 되는 듯한 모양.
【千言萬語 천언만어】 헤아릴 수 없이 많은 말.
【千言立成 천언입성】 긴 시문(詩文)을 즉석에서 지어냄.
【千憂 천우】 온갖 근심. 많은 걱정.
【千姿萬態 천자만태】 여러 가지 맵시와 온갖 모양. 온갖 자태.
【千紫萬紅 천자만홍】 가지가지의 빛깔, 또는 그런 빛깔의 꽃.
【千章 천장】 천 그루의 큰 나무. 많은 나무. ◦'章'은 큰 나무를 세는 단위.
【千載一遇 천재일우】 천 년에 한 번 만남. 좀처럼 만나기 어려운 기회.
【千種萬物 천종만물】 온갖 물건.
【千種萬別 천종만별】 갖가지 다양한 종류와 구별. 千差萬別(천차만별).
【千枝萬葉 천지만엽】 ①무성한 나무의 가지와 잎. ②일이 여러 갈피로 복잡하게 얽히어 어수선함.
【千差萬別 천차만별】 여러 가지 사물이 모두 차이와 구별이 있음.
【千斬萬戮 천참만륙】 천 번 베고 만 번 죽임. 여러 동강으로 내어 참혹하게 죽임.

【千千 천천】 썩 많은 수.
【千村萬落 천촌만락】 무수히 많은 촌락.
【千秋 천추】 ①천 년. 긴 세월. 千載(천재). ②귀인(貴人)의 탄생일. 남의 생일에 대한 경칭.
【千秋萬歲 천추만세】 ①천년만년. 영구한 세월. ②오래 살기를 축수하는 말.
【千秋萬歲後 천추만세후】 오래도록 별고 없이 살고 가신 뒤. 어른이 죽은 뒤를 높여 이르는 말.
【千秋節 천추절】 천자의 탄생일. 당(唐) 현종(玄宗) 때에 시작되어 후에 천장절(天長節)로 바뀜.
【千朶 천타】 많은 꽃.
【千態萬象 천태만상】 천 가지 모양과 만 가지 형상. 사물이 제각기 다른 모습을 하고 있음.
【千篇一律 천편일률】 ①여러 시문의 글귀가 거의 비슷하여 변화가 없음. ②여러 사물이 죄다 대동소이하여 변화가 없음.
【千品 천품】 ①수많은 품계(品階). ②온갖 물품.
【千呼萬喚 천호만환】 수없이 여러 번 소리질러 부름.
【千戶侯 천호후】 1,000호나 사는 넓은 땅을 차지하고 있는 제후.
【千歡萬悅 천환만열】 한없이 많은 기쁨.
【千悔 천회】 몹시 후회함.
◐ 大−, 萬−, 百−, 數−, 億−, 一騎當−.

十2 【卅】④ 서른 삽 ㊥ sà

[字源] 會意. '十'을 셋 합하여 '30'을 나타낸다.

[字解] 서른, 삼십.

十2 【升】④ 되 승 ㊥ shēng

[字解] ①되. ㉮곡식·액체의 분량을 헤아리는 데 쓰는 그릇.〔漢書〕古升, 上徑一寸, 下徑六分, 其深八分. ㉯용량의 단위, 홉의 10배, 斗의 10분의 1. ¶二升五合. ②새, 피륙의 날을 세는 단위. 한 새는 80올을 이른다.〔儀禮〕冠六升. ③괘 이름, 64괘의 하나. 괘형은 ䷭. 전진(前進)하고 향상(向上)함을 상징으로 한다. ④오르다. ㉮오르다, 올리다.〔詩經〕如日之升. ㉯조(朝)하다, 조정에 나아가다.〔論語〕與文子同升諸公. ⑤바치다, 드리다.〔呂氏春秋〕農乃升麥. ⑥번성하다, 번영하다.〔書經〕道有升降. ⑦이루어지다. 늑成.〔禮記〕男女無辨民亂升. ⑧높다, 높이다.〔白虎通·封禪〕升封者增高也. ⑨솥에 안친 음식물.〔儀禮〕特豚, 載合升. ⑩익다, 곡식이 여물다.〔春秋穀梁傳〕五穀不升.

【升鑑 승감】 '드리니 보아 주십시오' 하는 의미로, 편지 피봉에 받는 사람의 이름 아래 씀.
【升槪 승개】 말(斗)로 된 분량.
【升啓 승계】 펼쳐 보도록 올린다는 뜻으로, 편지 피봉에 받는 사람의 이름 아래 쓰는 말.
【升階 승계】 계단을 오름. 차례를 좇아 나아감.

【升斛 승곡】①분량을 되는 그릇. 되나 말 따위. 量器(양기). ②한 되와 한 섬.
【升膽 승담】한 되 부피만한 담. 담력(膽力)이 큼. 斗膽(두담).
【升堂 승당】①마루에 오름. ②학문이나 기예(技藝)의 대의(大意)를 통달함.
【升堂入室 승당입실】먼저 마루에 오른 뒤에 방으로 들어감. 학문의 나아가는 순서. ◯‘升堂'은 '고명정대한 경지에 이름'을, '入室'은 '오묘하고 정미한 경지에 이름'을 뜻함.
【升斗 승두】①되와 말. ②얼마 안 되는 녹(祿).
【升龍降龍 승룡강룡】오르는 용과 내리는 용. 깃발 같은 데 무늬로 쓰임.
【升聞 승문】윗사람이 들음. 또는 윗사람에게 들리게 함.
【升揚 승양】①오름. 올라감. ②관위가 높아짐.
【升踰 승유】올라가서 넘음.
【升引 승인】잡아당겨 올림. ②발탁하여 씀.
【升沈 승침】①승(升)과 침(沈). 기현(畿縣)과 부침(浮沈). ◯‘升'은 산에 제사할 때에 제물(祭物)을 산에 두는 것, '沈'은 물에 제사할 때에 그 제물을 강물에 던지는 것. ②오름과 가라앉음. ③영고성쇠(榮枯盛衰). 浮沈(부침).
【升擢 승탁】발탁하여 승진시킴.
【升平 승평】나라가 잘 다스려져 태평함.
【升遐 승하】①하늘로 올라감. 멀리 올라감. ②임금이 세상을 떠남.
【升恒 승항】남의 장수(長壽)를 송축하는 말.
【升華 승화】영화로운 지위에 오름. 升榮(승영).

◯ 斗-, 昭-, 躍-, 陽-, 延-, 盈-, 陰-, 躋-, 朝-, 陟-, 超-, 黜-, 特-, 襃-.

十2【午】④일곱째 지지 오 奧 wǔ

ノ 亻 仁 午

소전 午 초서 午 [字源] 象形. 본래 절굿공이를 본뜬 것이었으나, 갑골문에서부터 지지(地支)의 일곱째를 뜻하는 글자로 가차되었다.
[字解] ①일곱째 지지, 12지의 일곱째. 고감자(古甲子)로는 돈양(敦牂), 달로는 음력 5월, 시각으로는 정오(正午), 방위로는 정남(正南), 오행으로는 화(火), 동물로는 말에 배당되다. ②교착(交錯)하다, 가로세로 엇걸리다.〔儀禮〕度尺而午. ③거스르다, 거역하다.〔禮記〕午其衆. ④어기다, 배반하다.〔漢書〕朝臣舛午有道. ⑤꿰뚫다, 관통하다.〔周禮〕以牡橁午貫象齒而沈之, 文象杵形.
【午供 오공】(佛)승려의 점심. 午齋(오재).
【午道 오도】종횡으로 통하는 길. 네거리. 十字路(십자로).
【午療 오료】점심 요기(療飢).
【午夢 오몽】낮잠에서 꾼 꿈.
【午門 오문】①남쪽으로 난 문. ②북경(北京) 자금성(紫禁城)의 정문. 五鳳樓(오봉루).
【午梵 오범】(佛)낮에 하는 창명(唱名)이나 근행(勤行).
【午上 오상】남쪽. 남쪽 방향.
【午睡 오수】낮잠. 午寢(오침).
【午時 오시】①십이시의 일곱째 시. 곧, 상오 11시~하오 1시. ②이십사시의 열셋째 시. 곧, 상오 11시 30분~하오 12시 30분.
【午食 오식】점심. 午飯(오반).
【午夜 오야】자정(子正). 밤 12시.
【午午 오오】붐비는 모양. 잡답(雜遝)한 모양.
【午溽 오욕】정오(正午) 무렵의 무더위.
【午月 오월】①단오(端午)의 달. 곧, 음력 5월. ②오야(午夜)의 달. 밤 12시경의 달.
【午日 오일】음력 5월 5일. 단옷날.
【午餐 오찬】점심.
【午天 오천】한낮. 正午(정오).
【午風 오풍】①점심때쯤 불어오는 바람. ②남쪽에서 불어오는 바람. 마파람.
【午饌 오향】점심. 午饌(오찬).

◯ 端-, 上-, 正-, 下-.

十2【卒】④ 卒(237)의 속자

十3【半】⑤ 반 반 圖 bàn

ノ 丷 亠 二 半

소전 半 초서 半 [字源] 會意. 八+牛→半. 소(牛)를 둘로 나눈다〔八〕는 데서 '나누다, 절반'의 뜻을 나타낸다.
[字解] ①반. ㉮똑같이 둘로 나눈 것의 한 부분. ¶半月. ㉯가운데, 중간이 되는 부분.〔論語〕小人, 半塗而廢今汝畫. ②한창, 절정, 가장.〔歸田錄〕酒半相顧. ③조각, 떨어진 한 부분. 눈片.〔漢書〕一半冰. ④나누다, 똑같이 둘로 나누다. ⑤반신불수(半身不隨).〔呂氏春秋〕可以爲半.
【半間不界 반간불계】모든 일을 진행하거나 관철(貫徹)시키지 못함.
【半減 반감】절반으로 줆.
【半開 반개】①반쯤 열거나 열림. ②꽃이 반쯤 핌. ③날씨가 반쯤 갬. 半晴(반청).
【半徑 반경】반지름.
【半頃 반경】50묘(畝)의 밭. 얼마 되지 않는 밭.
【半季 반계】①일계(一季)의 반. 사계(四季)의 각 계절의 절반. ②일 년의 반.
【半弓 반궁】①둥근 것이 반쯤 이지러져 궁형(弓形)으로 된 꼴. ②國작은 활.
【半規 반규】반원(半圓).
【半衲 반납】짧은 옷.
【半曇 반담】날씨가 반쯤 흐림.
【半島 반도】삼면이 바다로 둘러싸이고 한 면은 육지에 이어진 땅.
【半途 반도】①어떤 거리의 반쯤 되는 길. ②일을 다 끝내지 못한 중간.
【半塗而廢 반도이폐】일을 하다가 중도에서 그만둠. 中塗而廢(중도이폐).

【半輪 반륜】①둥근 형상의 반쪽. ②반달.
【半面之分 반면지분】 극히 얕은 교분(交分). 일면지분(一面之分)도 못 되는 교분.
【半方甎 반방전】 장방형으로 된 벽돌.
【半壁 반벽】①벼랑의 중단(中段). ②바람벽의 절반, 또는 바람벽.
【半壁江山 반벽강산】 절벽에 둘러싸인 산수.
【半步 반보】 반걸음.
【半腹 반복】 산허리. 산의 중턱.
【半封 반봉】 떼나 썰매로도 다닐 수 없는 해빙기(解氷期)나 결빙기(結氷期)의 초기.
【半部論語 반부논어】 반 권의 논어. 곧, 학습의 중요함. 故事 송대(宋代)에 조보(趙普)가 논어(論語)를 즐겨 읽어, 그 반으로 태조(太祖)를 도와 나라를 세우고, 나머지 반으로 태종(太宗)을 도와 태평성세(太平聖世)를 이루었다는 고사에서 온 말.
【半臂 반비】 반소매의 옷.
【半死 반사】①거의 죽게 된 상태. 반죽음. ②반쯤 마르거나 시듦.
【半死半生 반사반생】①반은 죽고 반은 삶. 거의 죽게 된 상태. ②반은 마르고 반은 살아 있음.
【半山 반산】 산의 중턱. 山腹(산복).
【半上 반상】①반쯤 올라감. 해나 달이 중천쯤 떠오름. ②반쯤 올림.
【半牀 반상】①침상(寢牀)의 반. 半床(반상). ②미혼자(未婚者). ○일부일처(一夫一妻)를 일상(一牀)이라 이르는 데서 온 말.
【半晌 반상】 잠깐. 반나절.
【半生半熟 반생반숙】 만품은 실고 만품은 익음. 기예(技藝)가 미숙함의 비유.
【半仙 반선】①당(唐) 현종(玄宗)이 한식날 궁녀들에게 시킨 그네놀이. ②무당·의사·관상가(觀相家)의 딴 이름.
【半醒 반성】 술기운이나 졸음이 반쯤 깸.
【半宵 반소】①한밤중. ②한밤의 절반.
【半霄 반소】 중천(中天).
【半袖 반수】 소매가 짧은 옷. 반소매의 옷.
【半睡半醒 반수반성】 반쯤 잠들어 있고 반쯤 깨어 있음. 잠이 깊이 들지 않음.
【半熟 반숙】 반쯤 익거나 여묾.
【半熟馬 반숙마】①웬만큼 길든 말. ②작은 공로가 있는 벼슬아치에게 공무를 보러 갈 때 역(驛)에서 웬만큼 길든 말을 탈 수 있는 특혜를 주던 상.
【半信半疑 반신반의】 진위(眞僞)의 판단이 어려워 반은 믿고 반은 의심함.
【半身不隨 반신불수】 몸의 절반이 마비되는 일.
【半心 반심】 國 할까 말까 망설이는 마음.
【半額 반액】①이마의 절반. ②정해진 금액의 절반.
【半役 반역】①반 사람 몫의 부역(賦役)을 함. ②전원의 반이 일에 종사함.
【半月 반월】①한 달의 절반. ②반달.
【半隱溝 반은구】 완전히 땅속에 묻히지 않고 위쪽이 열려 있는 수채.
【半陰陽 반음양】 남녀의 생식기를 한 몸에 가진 사람. 남녀추니.
【半人 반인】①한 사람 몫의 반. ②사람의 반 밖에 안 됨. ③제구실을 하는 일꾼의 절반 임금.
【半印 반인】①반쯤 찍힌 도장. ②방인(方印)의 반(半). 곧, 낮은 벼슬아치들이 사용하던 장방형의 도장.
【半子 반자】 반자식. 곧, 사위. 女婿(여서).
【半字 반자】①글자의 획이나 점을 줄여서 간략하게 나타낸 한자(漢字). 略字(약자). ②(佛)변(邊)이나 방(旁)이 없는 독체(獨體)의 글자.
【半折 반절】①반으로 꺾거나 가름. 折半(절반). ②절반이 못 쓰게 됨.
【半點 반점】①한 점의 절반. ②반 시간. ③반쯤 열림. 半開(반개).
【半丁 반정】 정남(丁男)의 반. 곧, 열세 살.
【半租 반조】①정해진 조세(租稅)의 절반. ②國 쌀이 반임. 뉘가 아주 많이 섞이어 있음.
【半照 반조】①절반만 빛남. ②초승달. ③반쪽의 거울. 깨어진 거울.
【半天 반천】①하늘의 반쪽. ②하늘의 한가운데. 中天(중천). 半空(반공).
【半晴半曇 반청반담】 날씨가 반은 개고 반은 흐림. 하늘이 개었다 흐렸다 함.
【半靑半黃 반청반황】 반은 푸르고 반은 누름. 성숙(成熟)한 경지에 이르지 못함. 未熟(미숙).
【半値 반치】 반값. 半價(반가). 半額(반액).
【半寢 반침】 큰 방에 붙여 방같이 만들어 물건을 넣어 두게 된 작은 방.
【半豹 반표】 독서(讀書)를 적게 함. 故事 진(晉)의 은중문(殷仲文)이 글을 잘 지으나 책을 많이 읽지 않음을 보고, 사영운(謝靈運)이 '만일 중문(仲文)이 원표(袁豹)의 반만 독서한다면 반고(班固)에 뒤지지 않는 문장가가 될 것'이라고 평했다는 고사에서 온 말.
【半風子 반풍자】 이〔虱〕의 은어. ○'虱'은 '風'에서 한 획을 뺀 자인 데서 온 말.
【半漢 반한】 천마(天馬)가 힘이 넘쳐 용맹스러운 모양.
【半合 반합】 반쪽을 합침. 부부가 됨.
【半解 반해】①반만을 이해함. ②반으로 나눔. 양분함. ③반쯤 융해(融解)함.
【半舷 반현】 군함의 승무원을 우현직(右舷直)과 좌현직(左舷直)으로 나누었을 때의 그 한쪽.
【半戶 반호】 세금이나 추렴을 반만 내는 집.
◐居−, 過−, 大−, 上−, 夜−, 一−, 前−, 折−, 太−, 殆−, 下−, 夏−, 後−.

十
3 【卉】⑤ 卉(236)의 속자
参考 대법원 지정 인명용 한자음은 '훼'이다.

十
4 【卍】⑥ 만자 만 📖 wàn
字解 만자. 부처의 가슴에 있는 길상(吉祥)의 표지로, 불교에서 '萬' 자와 같은 뜻으로 쓴다.
【卍字 만자】(佛)①불심(佛心)에 나타나는 길상(吉祥)의 징표. ②'卍' 자 모양으로 된 무늬.

【卍字窓 만자창→완자창】창살이 '卍'자 모양으로 된 창.
【卍巴 만파】①(佛)불서(佛書)의 '卍'자 모양을 한 파문(巴紋). ②눈이 바람에 휘날려 내리는 것처럼, 어지럽게 서로 뒤쫓는 모양.

十4 【丕】⑥ 丕(31)와 동자

十4 【芇】⑥ 世(32)의 고자

十4 【卌】⑥ 마흔 십 厩 xì
동자 卌 字源 會意. 卄+卄→卌. '卄(스물 입)'을 둘 합하여 '40'을 나타낸다.
字解 마흔, 사십.

十4 【卉】⑥ ❶풀 훼 尾困 huì ❷빠를 훌 物 huì
字源 會意. 소전의 글자 모양이 크고 작은 풀을 모아 놓은 것인 데서 '풀'의 뜻을 나타낸다.
字解 ❶①풀, 풀의 총칭.〔左思·賦〕卉木跂蔓. ②초목.〔詩經〕山有嘉卉, 維栗維梅. ③많다. ❷빠르다, 성한 모양.〔司馬相如·賦〕卉然興道而遷義.
【卉犬 훼견】풀로 만든 개.
【卉木 훼목】풀과 나무. 草木(초목).
【卉服 훼복】풀로 짠 옷. 곧, 만이(蠻夷)의 복장(服裝). 卉裳(훼상).
【卉汩 훌율】빠른 모양. 신속(迅速)한 모양.
❶ 嘉-, 百-, 靈-, 異-, 池-, 珍-, 花-.

十5 【尗】⑦ 叔(258)의 속자

十6 【卑】⑧ ❶낮을 비 囡 bēi ❷하여금 비 紙 bǐ ❸물 이름 반 剛 bān

ノ 冫 白 白 申 鱼 卑
소전 초서 속자 卑 參考 대법원 지정 인명용 한자의 음은 '비'이다.
字源 會意. 丿+甲→卑. '丿'은 왼손, '甲'은 사람의 머리를 뜻한다. 옛날에는 우(右)를 높이고 좌(左)를 천히 여긴 데서 '낮다, 천하다'의 뜻을 나타낸다.
字解 ❶①낮다. ㉮높지 않다.〔易經〕天尊地卑. ㉯천하다, 신분·지위 등이 높지 아니하다. ¶男尊女卑. ②신분·지위 등이 낮은 사람. 오늘날에는 자신의 겸칭으로 쓴다.〔禮記〕養卑者否. ③저속하다.〔春秋左氏傳〕卑宋大夫而賤司城氏. ④비루하다, 비열하다.〔易經〕卑高以陳. ⑤낮게 여기다, 천하게 여기다.〔國語〕何

以卑我. ⑥가깝다, 주변의 손쉬운 데 있다.〔史記〕論卑而易行. ⑦낮은 곳.〔禮記〕登高自卑. ⑧쇠하다, 융성하지 아니하다.〔國語〕王室其將卑乎. ⑨낮추다, 겸손하게 대하다.〔禮記〕自卑而尊人. ⑩힘쓰는 모양, 열심히 일하는 모양.〔史記〕申子卑卑. ⑪부끄러워하는 모양.〔莊子〕子貢卑陬失色. ❷하여금, ~으로 하여금 ~하게 하다. 늑俾.〔荀子〕卑民不迷. ❸물 이름. 사천성(四川省)에서 발원하는 강.
【卑脚 비각】짧은 다리.
【卑怯 비겁】비열하고 겁이 많음.
【卑見 비견】못난 의견. 자기 의견의 겸사.
【卑官 비관】①낮은 관위(官位). ②관원의 자기 겸칭(謙稱).
【卑屈 비굴】용기가 없고 비겁함.
【卑劇 비극】지위가 낮고 사무가 바쁨.
【卑近 비근】①고상(高尙)하지 못함. 흔해 빠짐. ②아주 가까움. ③알기 쉬움.
【卑佞 비녕】야비하게 아첨함.
【卑禮 비례】겸손하고 공손한 예절.
【卑陋 비루】①낮고 좁음. ②하는 짓이 야하고 더러움. ③비천(卑賤)한 지위.
【卑末 비말】①비천한 지위. 비천한 지위에 있는 사람. ②자기 자신의 겸칭.
【卑牧 비목】겸손하게 자기의 덕(德)을 기름.
【卑門 비문】자기 가문(家門)의 겸칭.
【卑微 비미】①약해짐. 쇠잔함. ②신분·지위가 낮음.
【卑薄 비박】땅이 낮고 메마름. 卑瘠(비척).
【卑勉 비면】스스로 힘씀. 스스로 면려(勉勵)함.
【卑鄙 비비】신분이 비천함.
【卑辭 비사】①겸손한 말. ②겸손히 말함. 자기를 낮추어서 말함. ③비속(卑俗)한 말.
【卑辭厚幣 비사후폐】말을 정중히 하고 예물을 후하게 함. 곧, 어진 사람을 초빙하거나 큰 나라를 섬기는 예(禮).
【卑庶 비서】서민(庶民). 平民(평민).
【卑細 비세】낮고 천함. 낮고 천한 곳.
【卑小 비소】신분이 낮고 영토가 작음.
【卑俗 비속】①격이 낮고 속됨. ②비천한 풍속.
【卑濕 비습】①겸손함. ②마음씨가 비루함. ③땅이 낮고 습기가 많음.
【卑弱 비약】비천하고 연약함.
【卑讓 비양】스스로를 낮추어 남에게 사양함.
【卑劣 비열】성품이나 행동이 천하고 용렬함.
【卑汚 비오】①경멸함. 깔봄. ②낮고 천함. 낮고 천한 지위.
【卑窪 비와】땅이 낮고 움푹한 곳.
【卑猥 비외】비루하고 난잡함. 猥褻(외설).
【卑溽 비욕】땅이 낮고 무더움.
【卑意 비의】못난 뜻. 자기 의견의 겸사.
【卑疵 비자】간사한 사람이 아첨하는 모양.
【卑節下意 비절하의】절조를 버리고 뜻을 굽힘.
【卑秩 비질】적은 녹봉(祿俸). 낮은 벼슬.
【卑賤 비천】신분이 낮고 천함.
【卑陬 비추】①마음으로 부끄러워하는 모양. ②스스로 만족하지 못하는 모양.

十部 6획 畁 卌 卒 卆 卓

【卑側 비측】비루하고 간사함. ✐'側'은 '비뚤다'는 뜻.
【卑下 비하】①지대가 낮음. ②지위가 낮음. ③자기 자신을 낮춤. 謙遜(겸손). ④얕봄. 깔봄.
【卑行 비항】혈족(血族) 가운데서 자기보다 항렬이 낮은 사람. 卑屬(비속).
【卑號 비호】스스로 자기를 일컫는 말. 또는 그 칭호. 自稱(자칭).

十6【畁】⑧ 卑(236)의 속자

十6【卌】⑧ 卌(236)과 동자

十6【卒】
❶군사 졸 月 zú
⑧❷마칠 졸 ㉠줄 賨 zú
❸버금 쉬 ㉑췌 粹 cuì

`, 亠 广 夾 夾 杰 卒

[소전] [초서] [본자] [속자] [참고] 대법원 지정 인명용 한자의 음은 '졸'이다.

[字源] 會意. 衣+一→卒→卒. 고대에 표지 〔一〕있는 옷(衣)을 입은 사람은 하인이나 병사인 데서 '군사, 하인'의 뜻을 나타낸다.
[字解] ❶①군사, 병졸.〔春秋左氏傳〕收其卒而止. ②하인(下人), 심부름꾼.〔漢書〕廝輿之卒. ③집단(集團), 무리. ㉠백 사람의 군졸.〔周禮〕五人爲伍, 五伍爲兩, 四兩爲卒, 五卒爲旅, 五旅爲師. ㉡서른의 제후국(諸侯國).〔禮記〕天子於千里之外設方伯, 三十國以爲卒, 卒有正. ㉢300호(戶).〔國語〕三十家爲邑, 十邑爲卒. ④갑자기, 돌연히. ≒猝.〔墨子〕心無備慮, 不可以應卒. ❷①마치다, 일을 끝내다.〔禮記〕三日五哭卒. ②죽다. 원래는 대부(大夫)의 죽음을 뜻하였다. ③마침내, 드디어.〔孟子〕卒爲善士. ④죄다, 모두. ≒悉.〔詩經〕稼穡卒痒. ❸버금, 버금가다.〔禮記〕庶子官, 職諸侯卿大夫士之庶子之卒.
【卒僵 졸강】갑자기 쓰러짐.
【卒去 졸거】품계(品階) 오품(五品) 이상 삼품(三品) 이하인 사람의 죽음. 오늘날에 서인(庶人)에 대해서도 씀.
【卒遽 졸거】갑자기. 별안간.
【卒哭 졸곡】삼우제(三虞祭)를 지낸 뒤 석 달만에 오는 첫 정일(丁日)이나 해일(亥日)에 지내는 제사.
【卒徒 졸도】①병졸. ②데리고 다니는 사람. 從者(종자).
【卒倒 졸도】갑자기 정신을 잃고 쓰러짐.
【卒迫 졸박】갑자기 서두름.
【卒逝 졸서】죽음. 세상을 떠남.
【卒歲 졸세】①일 년 내. 한 해 동안. ②한 해의 끝. 年末(연말).
【卒乘 졸승】보병(步兵)과 전차병(戰車兵).
【卒愕 졸악】놀라서 당황해함.

【卒業 졸업】학생이 규정된 교과나 학과 과정을 마침.
【卒伍 졸오】①병졸들의 대오(隊伍). ②주대(周代)의 군대 편제. 5명 한 조를 '伍', 100명 한 조를 '卒'이라 하였음.
【卒爾 졸이】갑자기. 突然(돌연). 卒然(졸연).
【卒卒 졸졸】당황하여 침착하지 못한 모양.
【卒篇 졸편】시문(詩文)의 전편(全篇)을 죄다 짓거나 읽기를 마침.
【卒暴 졸포】갑자기. 별안간. 卒遽(졸거).
➊ 勁−, 軍−, 騎−, 從−, 兵−, 士−, 驛−.

十6【卆】⑧ 卒(237)의 본자

十6【卓】⑧ 높을 탁 覺 zhuō

丨 ⼘ ⼘ 卢 卢 卓 卓

[소전] [초서] [고문] [서체] [동자] 桌

[字源] 會意. 匕+早→卓. '匕'는 가지런히 사물을 벌임을, '早'는 앞장섬을 뜻한다. 나란히 벌여 놓은 것 중에서 가장 앞장선 것이라는 데서 '높다, 뛰어나다'의 뜻을 나타낸다.
[字解] ①높다. ㉠뛰어나다, 훌륭하다. ¶ 卓見. ㉡높이 서 있다, 높이 솟은 모양. ¶ 卓立. ②서다, 세우다.〔王禹偁·詩〕城上卓旌旗. ③책상, 탁자.〔徐積·詩〕兩卓合八尺. ④성(姓).
【卓鑑 탁감】뛰어난 식감(鑑識).
【卓見 탁견】뛰어난 식견(識見)이나 의견.
【卓冠 탁관】아주 뛰어남. 우수함.
【卓詭 탁궤】뛰어나고 특이함. 卓異(탁이).
【卓犖 탁락】①월등하게 뛰어남. ②권모(權謀)가 있고 재기(才氣)가 많음.
【卓立 탁립】우뚝하게 높이 솟음. 무리 중에서 특히 빼어남.
【卓拔 탁발】여럿 중에서 뛰어남.
【卓錫 탁석】(佛)①석장(錫杖)을 세움. 곧, 수행(修行)을 위해 떠돌아다니던 승려가 일정한 곳에 머무름. ②절. 僧庵(승암).
【卓說 탁설】탁월한 논설.
【卓殊 탁수】뛰어남. 卓異(탁이).
【卓識 탁식】뛰어난 식견(識見). 卓見(탁견).
【卓案 탁안】책상. 卓子(탁자).
【卓然 탁연】여럿 중에서 높이 뛰어나 의젓한 모양. 卓爾(탁이).
【卓午 탁오】대낮. 정오(正午). 日午(일오).
【卓遠 탁원】아득히 멂.
【卓越 탁월】남보다 훨씬 뛰어남.
【卓偉 탁위】뛰어나게 훌륭함.
【卓異 탁이】보통보다 뛰어나게 다름. 재능이 유달리 뛰어난 사람. 卓殊(탁수), 卓詭(탁궤).
【卓爾 탁이】①높이 뛰어난 모양. ②높고 원대한 모양.
【卓逸 탁일】뛰어남. 빼어남. 卓越(탁월).
【卓綽 탁작】뛰어나고 여유가 있음.

【卓節 탁절】 높은 절조(節操).
【卓鷙 탁지】 ①행동이 보통과 다름. ②남과 다른 행동.
【卓峙 탁치】 높이 솟음.
【卓卓 탁탁】 ①높고 먼 모양. ②높고 뛰어난 모양. 남보다 뛰어난 모양.
【卓踔 탁탁】 아득하게 멂.
【卓筆 탁필】 ①뛰어난 글씨. ②뛰어난 문장.
【卓效 탁효】 뛰어난 효험.
◐ 食−, 圓−.

⁺⁶【協】 ⑧ 맞을 협 🇨🇳 xié

[소전] 협 [고문] 叶 [초서] 協 [동자] 叶 [속자] 協
[간체] 协

[字源] 會意·形聲. 十+劦→協. '十'은 '여럿, 무리' 등의 뜻이고, '劦(협)'은 힘을 셋 합한다는 뜻이다. 여럿이 힘을 한데 합한다는 뜻을 나타낸다. '劦'은 음도 나타낸다.

[字解] ①맞다, 적합하다. 〔春秋左氏傳〕君臣不協. ②합하다, 한데 모으다. 〔書經〕協和萬邦. ③좇다, 복종하다. 〔書經〕下民祇協.

【協契 협계】 합심하여 서로 맹세함.
【協恭 협공】 마음을 합하여 공경함.
【協同 협동】 힘과 마음을 함께 합함.
【協戮 협륙】 힘을 합함. 協力(협력).
【協律 협률】 ①음률(音律)을 고름. ②한대(漢代)에 음악에 관한 일을 맡아보던 벼슬.
【協隆 협륭】 화합하고 성함.
【協睦 협목】 화합하고 친목함.
【協扶 협부】 곁에서 힘을 모아 도와줌.
【協比 협비】 힘을 합하고 서로 친함. ◐ '比'는 '친하다'는 뜻.
【協事 협사】 일을 함께 하여 도움.
【協愛 협애】 마음을 모아 사랑함.
【協韻 협운】 동일한 운(韻)에 속하지 않는 글자를 동일한 운(韻)으로 사용하는 일, 또는 그 글자. 叶韻(협운).
【協議 협의】 여럿이 모여 의논함.
【協翊 협익】 힘을 합하여 도움.
【協定 협정】 서로 의논하여 결정함.
【協助 협조】 힘을 보태어서 서로 도움.
【協調 협조】 힘을 모으어서 서로 조화를 이룸.
【協從 협종】 화합하여 따름.
【協佐 협좌】 도움. 남을 위하여 힘씀.
【協奏 협주】 두 가지 이상의 악기로 동시에 연주함. 合奏(합주).
【協贊 협찬】 ①힘을 합하여 도와줌. 協扶(협부). ②협동하여 찬성함.
【協判 협판】 서로 상의하여 정함.
【協合 협합】 ①화합함. ②힘과 마음이 함께 합함. 協同(협동).
【協諧 협해】 음성 따위를 합하여 부드럽게 함.
【協護 협호】 조력(助力)함.

【協和 협화】 ①협력하여 화합함. ②여러 소리가 동시에 잘 조화됨.
【協洽 협흡】 고갑자(古甲子)에서 천간(天干)의 여덟째인 '미(未)'를 이르던 말.
◐ 不−, 允−, 安−, 諧−, 和−, 翕−.

⁺⁶【協】 ⑧ 協(238)의 속자

⁺⁷【南】 ⑨ 남녘 남 🇨🇳 nán

一 十 十 冇 冇 冇 南 南 南
[소전] 南 [고문] 羊 [초서] 南

[字源] 象形. 본래 질그릇으로 만든 악기를 본뜬 것인데, 뒤에 '남쪽'의 뜻으로 가차되었다.

[字解] ①남녘, 남쪽. 방위로는 오(午), 사시(四時)로는 여름, 달로는 8월, 오행(五行)으로는 화(火)에 배당된다. ②남쪽으로 향하다, 남쪽으로 가다. 〔周禮〕日南, 則景短多暑. ③시체(詩體) 이름. 시경(詩經) 주남(周南)과 소남(召南)의 시. 〔詩經〕以雅以南. ④남쪽 나라. 〔左思·賦〕操南音.

【南無 나무】 (佛)중생이 불(佛)·법(法)·승(僧)의 삼보(三寶)에 진심으로 귀의(歸依)함. 부처나 보살들의 이름 앞에 붙임. ◐ 범어(梵語) 'Namas'의 음역어(音譯語).
【南無三寶 나무삼보】 (佛)불(佛)·법(法)·승(僧)의 삼보(三寶)에 귀의함.
【南柯 남가】 ①남쪽으로 뻗은 가지. 南枝(남지). ②꿈. ③개미의 나라.
【南柯一夢 남가일몽】 한때의 헛된 부귀영화. [故事] 당대(唐代) 순우분(淳于棼)이 느티나무의 남쪽 가지 밑에서 잠이 들었다가, 꿈에 괴안국(槐安國)에 이르러 임금의 딸을 맞아 아내로 삼고 남가군(南柯郡)의 태수(太守)가 되어 영화를 누렸다는 고사에서 온 말. 南柯夢(남가몽). 槐安夢(괴안몽).
【南客 남객】 ①남쪽에서 온 나그네. ②공작(孔雀)의 딴 이름.
【南梗北頑 남경북완】 옛날에 나라의 근심거리가 되던 일본(日本)과 북쪽의 야인(野人)을 아울러 이르던 말.
【南曲 남곡】 희곡(戲曲)의 한 가지. 명대(明代)에 성행하였으며, 비파기(琵琶記)가 대표적 작품임.
【南鍋 남과】 냄비.
【南冠 남관】 ①초(楚)나라 사람이 쓰던 관(冠). ②포로(捕虜). ◐ 초나라의 종의(鍾儀)가 남관을 쓰고 포로가 된 데서 온 말.
【南郊 남교】 ①남쪽 들판. 남쪽 교외(郊外). ②천자가 하짓날 하늘에 제사 지내던 곳. 또는 그 제사.
【南橘北枳 남귤북지】 강남(江南)의 귤을 강북(江北)에 옮겨 심으면 탱자나무로 변함. 사람은 사는 곳의 환경에 따라 착하게도 되고 악하게도

됨의 비유.

【南極老人 남극노인】 남극노인성의 화신(化身).

【南極老人星 남극노인성】 남극 가까이에 있어, 사람의 수명을 맡아본다는 별. 이 별을 보면 오래 산다고 믿었음. 南極星(남극성).

【南金 남금】 중국 남쪽의 형주(荊州)·양주(揚洲) 등지에서 산출되는 황금(黃金).

【南金東箭 남금동전】 화산(華山)의 금석(金石)과 회계(會稽)의 죽전(竹箭). 아름답고 귀중한 물건의 비유.

【南箕北斗 남기북두】 남기성(南箕星)과 북두성(北斗星). 유명무실함의 비유. ◯남기성은 키처럼 생기고 북두성은 국자 모양이지만, 실제로는 곡식을 까부르거나 음식을 뜨지 못하는 데서 온 말.

【南男北女 남남북녀】 우리나라에서, 남자는 남쪽 지방에, 여자는 북쪽 지방에 잘난 사람이 많다고 예로부터 일러 오는 말.

【南能北秀 남능북수】 (佛)선종(禪宗)에서, 남종(南宗)의 개조(開祖)인 혜능(慧能)과 북종(北宗)의 개조인 신수(神秀).

【南臺 남대】 ①남쪽에 있는 누대(樓臺). ②어사대(御史臺). ③國학문과 덕이 뛰어나 이조(吏曹)에서 사헌부(司憲府) 대관(臺官)으로 천거된 사람.

【南瀆 남독】 나라에서 제사하던 사독(四瀆)의 하나인 한강(漢江).

【南頓北漸 남돈북점】 (佛)중국에서 선종(禪宗)의 종풍(宗風)이 남과 북이 서로 다른 것을 표현한 말. 혜능(慧能)이 전한 남종(南宗)은 돈오(頓悟)가 신수(神秀)가 전한 북종(北宗)은 점수(漸修)를 종풍으로 하였음.

【南呂 남려】 ①육려(六呂)의 다섯째, 12율(律)의 열째 음계의 소리. ②음력 8월의 딴 이름. ③유(酉)의 방위, 곧 서쪽.

【南樓之會 남루지회】 가을밤의 달맞이 연회. 故事 진대(晉代)에 유량(庾亮)이 가을밤에 무창(武昌)의 남루에 올라 벗들과 더불어 담론하며 시가를 읊었다는 고사에서 온 말.

【南蠻 남만】 중국 남쪽에 살던 이민족(異民族).

【南蠻鴂舌 남만격설】 남쪽 오랑캐의 말은 왜가리의 소리와 같다. 뜻이 통하지 않는 외국인의 말을 경멸하여 이르는 말.

【南面 남면】 ①남쪽으로 향함. 남쪽을 향하여 위치함. ②임금이 앉던 자리의 방향. ③임금의 자리에 오름.

【南面百城 남면백성】 임금의 자리와 백성(百城)이나 되는 넓은 영토.

【南面之賊 남면지적】 임금에게 해가 되는 자.

【南面稱孤 남면칭고】 남쪽을 향하여 앉아 고(孤)라고 일컬음. 임금이 됨. ◯'孤'는 왕의 자칭(自稱).

【南冥 남명】 남쪽에 있는 큰 바다. 南溟(남명).

【南方之強 남방지강】 중국 남쪽 지방 사람의 강점. 관용과 인내로 남을 이기는 군자의 용기의 비유.

【南蕃 남번】 남쪽의 미개 민족.

【南藩 남번】 ①남쪽의 영역(領域). ②남쪽 변방에 있는 감영이나 병영.

【南北軍 남북군】 한대(漢代) 금위(禁衛)의 군대. 성안의 군사를 남군(南軍), 성 밖의 군사를 북군(北軍)이라 함.

【南北司 남북사】 당대(唐代)의 남사(南司)와 북사(北司). 남사는 내각(內閣), 북사는 환관(宦官)으로 조직됨.

【南北朝 남북조】 위진 남북조 시대의 남조(南朝)와 북조(北朝).

【南北宗 남북종】 ①중국 회화의 2대 유파인 북종(北宗)과 남종(南宗). ②(佛)중국 선종(禪宗)의 2대 종파인 남종(南宗)과 북종(北宗).

【南司 남사】 ①남조(南朝) 시대의 어사중승(御史中丞). ②당대(唐代) 재상(宰相)의 딴 이름.

【南山之壽 남산지수】 ①종남산(終南山)이 무너지지 않듯이 사업이 장구(長久)함. ②장수(長壽)를 비는 말.

【南牀 남상】 ①남쪽의 걸상. ②당대(唐代) 시어사(侍御史)의 딴 이름. ③조선 때 홍문관(弘文館) 정자(正字)의 딴 이름.

【南廂 남상】 몸채 남쪽에 세운 결채.

【南船北馬 남선북마】 남쪽은 강이 많아 배를 이용하고, 북쪽은 산과 사막이 많아 말을 이용함. 사방으로 늘 여행하거나 바쁘게 돌아다님.

【南巡 남순】 천자가 남쪽을 순행함.

【南牙 남아】 ①궁중(宮中) 남쪽에 있는 여러 관청. ②재상(宰相).

【南雅 남아】 시경(詩經)의 주남(周南)·소남(召南)과 대아(大雅)·소아(小雅).

【南嶽 남악】 ①남쪽에 있는 산. ②㉠오악(五嶽)의 하나인 형산(衡山). ㉡종남산(終南山).

【南洋 남양】 ①강소(江蘇)·절강(浙江)·복건(福建)·광동(廣東) 등 해안 지대의 각 성(省) 및 양자강 연안. ②태평양의 적도를 중심으로 남북에 걸친 해양.

【南榮 남영】 ①남쪽을 향한 처마. 南軒(남헌). ②남방의 들[野]. ◯남쪽은 겨울에도 따스하여 초목이 우거지므로 '榮'이라 이름.

【南訛 남와】 ①남쪽의 화육(化育). ②여름에 만물이 성장하여 변화하는 일. 南譌(남와).

【南倭北虜 남왜북로】 15~19세기에 명(明)을 괴롭힌 남쪽의 왜구(倭寇)와 북쪽의 몽고족.

【南越 남월】 지금의 광동(廣東)·광서廣西) 일대의 지역. 南粵(남월).

【南威 남위】 ①남쪽의 땅. ◯더위가 심한 데서 온 말. ②감람나무의 딴 이름.

【南人 남인】 ①남쪽 나라의 사람. ②원대(元代)에 남송(南宋) 사람을 이르던 말. ③조선 때, 사색당파(四色黨派)의 하나.

【南殿 남전】 ①남쪽의 궁전. ②궁중의 정전(正殿). 南別殿(남별전).

【南田北畓 남전북답】 남쪽에 밭이 있고 북쪽에 논이 있음. 가지고 있는 논밭이 여기저기 흩어져 있음.

【南庭 남정】 ①선우(單于)의 조정(朝廷). ◯선우의 조정에는 남북 양정(兩庭)이 있었던 데서

온 말. ②흉노(匈奴)·돌궐(突厥)의 땅. ③집의 남쪽에 있는 뜰. ④성균관(成均館) 안의 명륜당(明倫堂) 남쪽의 뜰.
【南詔 남조】①만족(蠻族)의 이름. ②당대(唐代) 운남성(雲南省) 지방에 만족이 세운 나라 이름. 뒤에 대례(大禮)·대리국(大理國) 등으로 그 이름을 고침.
【南宗 남종】①(佛)혜능(慧能)을 종조(宗祖)로 하는 선종(禪宗)의 한 파. 南宗禪(남종선). ②당대(唐代) 왕유(王維)를 원조(元祖)로 삼는 동양화의 한 파. 南宗畵(남종화).
【南酒北餠 남주북병】서울의 남촌(南村)은 술맛이 좋고, 북촌(北村)은 떡 맛이 좋다는 말.
【南支 남지】중국의 남부 지방을 외국 사람이 일컫는 말. 華南(화남).
【南至 남지】동지(冬至)의 딴 이름.
【南草 남초】①속단(續斷)의 딴 이름. 광대수염. ②國담배.
【南椒 남초】산초나무.
【南八男兒 남팔남아】절개 있는 대장부. 대장부의 의기(義氣)를 격려할 때 쓰는 말. 故事 당대(唐代) 남제운(南霽雲)이 장순(張巡)으로부터 '남팔아, 남아는 마땅히 죽을지언정 불의에 굽혀서는 안 된다.'는 격려를 듣고, 끝내 적에게 굴복하지 않았다는 고사에서 온 말. '南八'은 남제운의 이명(異名).
【南浦 남포】①호북성(湖北省)에 있는 강 이름. ②강서성(江西省) 남창현(南昌縣) 서남쪽에 있는 땅 이름.
【南風 남풍】①남쪽에서 불어오는 바람. ②순(舜)임금이 지었다고 전하는 시(詩) 이름.
【南風不競 남풍불경】남쪽 음악은 그 음조(音調)가 미약하고 활기가 없음. 남쪽 나라의 세력이 쇠약하여 떨치지 못함.
【南閤 남합】재상(宰相)의 관서(官署).
【南海 남해】①남쪽에 있는 바다. ②남쪽 나라. 南國(남국).
【南行 남행】①남쪽으로 감. 南征(남정). ②國과거를 거치지 않고 조상의 덕으로 얻은 벼슬. 蔭職(음직).
【南行北走 남행북주】남으로 가고 북으로 달림. 사방으로 몹시 바쁘게 돌아다님.
【南向 남향】남쪽으로 향함. 또는 그 방향.
【南華之悔 남화지회】상관의 비위를 거슬러 과거에 급제하지 못함. 故事 당대(唐代) 온정균(溫庭筠)이 재상 영호도(令狐綯)가 어떤 고사(故事)에 대하여 묻자, 남화경(南華經)에 나오니 읽어 보라고 대답했다가 영호도의 미움을 사서 과거에서 낙제했다는 고사에서 온 말.
○江-, 極-, 圖-, 東-, 山-, 西-, 召-, 嶺-, 終-, 日-, 周-, 指-, 河-, 湖-.

十
7 【単】⑨ 單(302)의 속자

十
7 【卑】⑨ 卑(236)의 속자

十
10 【博】⑫ 넓을 박 匮 bó

一 十 广 𠂉 恒 恒 博 博 博 博
소전 博 초서 博

字源 會意·形聲. 十+尃→博. '十'은 '많다'는 뜻이고, '尃'은 '널리 통한다'는 뜻이다. 합하여 '넓다'라는 뜻을 나타낸다. '尃(박)'은 음도 나타낸다.

字解 ①넓다. ㉮견문이 넓다. 〔莊子〕且未博之不必知. ㉯크다. 〔呂氏春秋〕故義之爲利博矣. ㉰많다, 날짜가 많다. 〔荀子〕其懸日也博. ㉱널리 미치다, 두루 퍼지다. 〔孟子〕守約而施博者, 善道也. ㉲깊다, 깊이 알다. 〔後漢書〕博貫六藝. ㉳넓고 멀다. 〔禮記〕溥博如天. ②넓히다, 넓게 하다. 〔論語〕博我以文. ③평평함, 평탄함. 〔楚辭〕倚沼畦瀛兮遙望博. ④얻다, 크게 얻다. 늑捕. 〔後漢書〕以博帝意. ⑤바꾸다, 무역(貿易)하다. ⑥노름, 도박. 〔論語〕不有博弈者乎.
【博古 박고】①옛일을 널리 통함. ②옛날 기물(器物).
【博購 박구】널리 구하여 사들임.
【博局 박국】놀이에 쓰는 상(床)이나 대(臺). 바둑판, 마작상(麻雀床) 따위.
【博大 박대】넓고 큼.
【博徒 박도】노름꾼.
【博覽 박람】①사물을 널리 견문(見聞)함. 견문이 넓음. ②많은 책을 읽음.
【博覽强記 박람강기】많은 글을 읽고 기억을 잘 함. 博聞强記(박문강기).
【博勞 박로】①개고마리. 때까칫과에 딸린 새. ②소나 말을 매매하는 상인.
【博陸 박륙】①주사위를 써서 말이 먼저 궁에 들어가기를 겨루는 내기. 雙六(쌍륙). ②국가의 중책을 맡을 만한 인물. 故事 한(漢) 무제(武帝)가 곽광(霍光)을 박륙후(博陸侯)에 봉(封)한 고사에서 온 말.
【博文 박문】학문을 널리 닦음.
【博聞 박문】견문이 넓음. 사물을 널리 잘 앎. 博覽(박람).
【博聞强記 박문강기】널리 사물을 보고 듣고 이를 잘 기억함. 博覽强記(박람강기).
【博文約禮 박문약례】학문을 널리 닦고 예(禮)로써 그 배운 바를 요약함.
【博物 박물】①사물에 대하여 널리 잘 앎. 博識(박식). ②동물·식물·광물의 총칭. ③여러 가지 사물. 百科(백과).
【博物君子 박물군자】사물을 널리 잘 아는 사람. 博識家(박식가).
【博辯 박변】사물을 널리 분별하여 변론함.
【博拊 박부】절고(節鼓)보다 작은 북.
【博死 박사】목숨을 겂. 목숨과 바꿈.
【博射 박사】노름으로 하는 활쏘기.
【博顙 박상】넓은 이마.
【博塞 박새】도박. 雙六(쌍륙).
【博碩 박석】큼. '碩'은 '大'로 '크다'를 뜻함.

【博碩肥腯 박석비돌】 가축 따위가 비대함.
【博瞻 박섬】 학문·지식이 넓고 풍부함.
【博涉 박섭】 ①널리 책을 읽음. ②널리 사물을 견문함.
【博搜 박수】 이 책 저 책에서 널리 찾아냄.
【博詢 박순】 여러 사람의 의견을 널리 물음.
【博習 박습】 학예를 널리 배워 익힘.
【博施 박시】 널리 사랑과 은혜를 베풂.
【博識 박식】 견문이 넓고 아는 것이 많음.
【博雅 박아】 학식이 많고 행실이 바름. 또는 그런 사람.
【博愛 박애】 온 세상 사람을 널리 사랑함.
【博藝 박예】 널리 기예에 통달함.
【博遠 박원】 넓고 멀리 미침.
【博依 박의】 널리 비유를 써서 자기의 뜻을 나타내는 한시(漢詩) 작법의 하나.
【博而寡要 박이과요】 아는 것이 많기는 하나 요령을 얻지 못함.
【博引旁證 박인방증】 널리 유례를 인용하고 두루 증거를 보여주로 논함. 博證(박증). 考證該博(고증해박).
【博一 박일】 덕(德)이 넓고 순일(純一)함.
【博者不知 박자부지】 모든 일에 다 통한다고 하는 사람은 한 가지에 정통하지 못하여 도리어 아무것도 모름.
【博濟 박제】 널리 구제함.
【博綜 박종】 널리 다스림.
【博採 박채】 널리 의견을 채택함.
【博學多聞 박학다문】 학식과 견문이 매우 넓음.
【博學多識 박학다식】 널리 배워 아는 깃이 많음.
【博學篤志 박학독지】 널리 배우고 뜻을 도탑게 두어 지킴.
【博學審問 박학심문】 널리 배우고 자세히 물음. 중용(中庸)에 서술된 학문 연구의 방법.
【博奕 박혁】 장기와 바둑. 博弈(박혁).
【博洽 박흡】 널리 배워 알아서 사물에 막힘이 없음.
【博戱 박희】 도박. 도박을 함.
◑ 廣－, 賭－, 淵－, 精－, 該－.

卜 部

2획 부수 | 점복부

卜² ❶점 복 圏 ❷圈짐 복 bǔ

｜卜

〔字源〕象形. 거북 배 껍데기에 나타난 금을 본뜬 글자. 옛날에는 거북을 구워 그 배 껍데기에 나타난 금의 모양을 보고 점을 친 데서 '점, 점치다'의 뜻을 나타낸다.

〔字解〕❶점. 길흉을 판단하는 일. 〔史記〕試之卜數. ②점치다. 길흉을 알아내다. 〔史記〕成王使召公卜居. ❸주다, 상대에게 주다. 〔詩經〕卜爾百福. ④고르다, 점쳐서 골라 정하다. 〔禮記〕三日卜士負之. ❷圈짐, 짐바리.
【卜居 복거】 살 곳을 점쳐서 정함. 卜宅(복택).
【卜稽 복계】 점쳐 생각함.
【卜郊 복교】 천신에게 지내는 제사 날짜의 길흉 (吉凶)을 점침. ◦'郊'는 교제(郊祭).
【卜軍 복군】 圈짐을 나르는 사람. 짐꾼.
【卜吉 복길】 길(吉)한 날을 점쳐서 받음.
【卜年 복년】 한 왕조(王朝)가 몇 년 지속될 것인가를 점침.
【卜隣 복린】 살 곳을 정하기 위하여 이웃의 좋고 나쁨을 점침. 卜居(복거).
【卜馬 복마】 圈짐을 싣고 다니는 말.
【卜卜 복복】 딱따구리가 나무를 쪼는 소리.
【卜仕 복사】 ①점을 쳐서 벼슬을 함. ②벼슬을 할 수 있느냐 없느냐를 점쳐 봄.
【卜師 복사】 ①주대(周代)에 점치는 일을 맡아 보던 벼슬아치. ②점을 치는 사람.
【卜辭 복사】 ①귀복(龜卜)의 점괘(占卦)를 적은 글. ②갑골 문자(甲骨文字). ◦갑골 문자는 다 복사(卜辭)인 데서 온 말.
【卜筮 복서】 좋고 나쁨을 점침. ◦'卜'은 귀갑(龜甲)을 태워서 점치는 일, '筮'는 점대, 곧 가새풀(蓍)로 점치는 일.
【卜姓 복성】 첩(妾)을 얻을 때에 동성(同姓)을 피하여 점치는 일.
【卜刷馬 복쇄미】 圈지방에 배치하여 짐을 싣던 관용(官用)의 말.
【卜役 복역】 圈백성에게 부담시키던 부역(賦役)이나 병역(兵役).
【卜右 복우】 융우(戎右)를 점쳐 정함. 사람을 선발함. ◦'戎右'는 병거(兵車)의 오른쪽에 올라타 무기를 가지고 싸우는 사람.
【卜戰 복전】 전쟁의 길흉(吉凶)을 점침.
【卜晝卜夜 복주복야】 낮 또는 밤의 길흉(吉凶)을 점침.
【卜重 복중】 圈약간 무거움. 조금 묵직함.
【卜債 복채】 점을 쳐 준 값으로 점쟁이에게 주는 돈.
【卜妻 복처】 혼인에 대한 길흉을 점침. ◦'妻'는 '시집보내다'의 뜻.
【卜築 복축】 점을 쳐 좋은 곳을 가려 집이나 구조물을 지음.
【卜駄 복태】 圈마소로 실어 나르는 짐.
【卜宅 복택】 ①길흉을 점쳐서 도읍지를 정함. ②☞卜居(복거). ③뫼터를 가려서 정함.
◑ 龜－, 枚－, 賣－, 問－, 筮－, 占－.

卜⁴ ❶艸(37)과 동자 ❷礦(1248)과 동자

卜² ④ 조급할 변 圏 biàn

卜部 3~6획 卡占卣卦臥嵩 卩部 0획 卩

【초서】卞 【字解】①조급하다, 성급하다. ≒弁. 〔春秋左氏傳〕郑莊公卞急而好潔. ②법, 규칙. 〔書經〕臨君周邦, 率循大卞. ③맨손으로 치다. 〔漢書〕時覽卞射武戲. ④고깔, 가죽 고깔. ≒弁. ¶卞射. ⑤國분별하다. ≒辨. ¶卞正. ⑥성(姓)
【卞急 변급】침착하지 못함. 덜렁댐.
【卞射 변사】①가죽 고깔을 쓰고 활을 쏘는 일. ②맨손으로 치는 무술과 활쏘기.
【卞正 변정】옳고 그른 것을 따져 바로잡음. 辨正(변정).

卜3 【卡】⑤ ❶관 잡 圖 qiǎ ❷기침할 가 圖 kǎ
【字解】❶관(關). 국경이나 요충지에 설치하여, 지나가는 사람이나 물품을 조사하고 경비를 하던 곳. ¶卡倫. ❷現①기침을 하다. ②음역자(音譯字). 카드(card)·차(car)·칼로리(calorie) 등에서 'ca'의 음역자.
【卡倫 잡륜】몽고 지방의 요충지에 군사를 두어 지키던 곳. 邊臺(변대).
【卡錢 잡전】세관(稅關)에서 납세용으로 사용하던 동전.

卜3 【占】⑤ ❶차지할 점 圖 zhàn ❷점 점 圖 zhān

卜 卜 占 占

【소전】占 【초서】占 【字源】會意. 卜+口→占. 귀갑(龜甲)을 태워 거기에 나타난 금(卜)을 보고 일의 길흉(吉凶)을 묻는다는〔口〕 데서 '점치다'의 뜻을 나타낸다.
【字解】❶①차지하다. 〔韓愈·解〕占小善者率以錄. ②지키다, 수호하다. 〔後漢書〕占護其妻子. ❷①점, 점치다, 운수를 헤아리다. 〔易經〕以卜筮者尙其占. ②보다, 살펴보다. ≒覘. 〔後漢書〕上占天心. ③묻다, 알아보다, 조사하다. 〔漢書〕發政占古語. ④구수(口授)하다. 〔後漢書〕占獄吏, 上書自訟. ⑤기록하다, 자서(自署)하다. ≒帖. ⑥헤아리다, 짐작하다. 〔漢書〕皆占數于長安.
【占居 점거】어떤 장소를 차지하여 삶.
【占據 점거】일정한 곳을 차지하여 자리잡음.
【占卦 점괘】점을 쳐서 나오는 괘.
【占斷 점단】죄다 차지함. 모조리 점유(占有)함.
【占領 점령】다른 나라의 영토를 무력으로 빼앗아 지배함.
【占募 점모】잘 생각하여 모집에 응함.
【占問 점문】찾아 물음.
【占辭 점사】괘(卦)에 드러난 말.
【占筮 점서】길흉(吉凶)을 알기 위하여 점대로 써 점을 침. 卜筮(복서).
【占星術 점성술】국가의 치란(治亂), 개인의 길흉(吉凶), 천지의 재변(災變) 등을 별의 빛이나 위치 등으로 판단하는 술법.
【占守 점수】차지하여 지킴.
【占數 점수】①수를 예측함. ②집안 식구나 재산을 잘 생각하여 장부(帳簿)에 적음.
【占術 점술】점치는 법.
【占壓 점압】어떤 곳을 차지하여 막음.
【占有 점유】자기 소유로 차지함.
【占兆 점조】점의 길흉에 관한 조짐.
【占奪 점탈】남의 것을 빼앗아 차지함.
【占風鐸 점풍탁】바람이 불고 안 부는 것을 알기 위하여 쓰는 방울. 風鈴(풍령).
◐官─, 口─, 龜─, 獨─, 先─, 兆─, 天─.

卜5 【卣】⑦ 술통 유 匣 yǒu
【초서】卣 【字解】술통, 술을 담는 단지. 고대에는 술을 담는 그릇 중에서 큰 것을 '이(彝)', 중간 크기의 것을 '유(卣)', 가장 작은 것을 '뇌(罍)'라 하였다.

〈卣〉

卜6 【卦】⑧ 괘 괘 匣 guà
【소전】卦 【초서】卦 【字解】①괘, 점괘. 주역(周易)에서 음양(陰陽)을 하나의 온줄[─]과 두 도막 줄[--]로 상징하여, 이 효(爻)가 이리저리 어울려 나타내는 상(象). ②점치다. 〔儀禮〕卦者在左. ③변하다, 화(化)하다. ④걸다.
【卦辭 괘사】역괘(易卦)의 의의(意義)를 풀이해 놓은 글. 彖辭(단사).
【卦象 괘상】역괘에서 길흉을 나타내는 상(象).
【卦筮 괘서】점치는 일. 占卦(점괘).
【卦兆 괘조】점을 칠 때 나타나는 길흉의 현상. 占形(점형).
◐吉─, 內─, 陽─, 外─, 陰─, 兆─, 八─.

卜6 【臥】⑧ 臥(1463)의 속자

卜9 【嵩】⑪ 벌레 설 匣 xiè
【간체】卨 【字解】①벌레. =禼. ②사람 이름. 은(殷)나라 시조의 이름.

卩 部

2획 부수 | 병부절부

卩0 【卩】② 병부 절 匣 jié
【소전】卩 【초서】卩 【동자】㔾 【동자】卪 【참고】'卩'이 한자의 구성에서 발에 쓰일 때는 글자 모양이 '㔾'로 바뀐다.

卩部 0~4획 㔾卩印卬卯卮危 243

[字源] 象形. 병부(兵符)를 둘로 나눈 것 중의 반쪽을 본뜬 글자.
[字解] ①병부. 발병부(發兵符)로서 왕과 병권(兵權)을 맡은 지방관 사이에 미리 나누어 가지던 신표. ②신표. 사실이 틀림없음을 밝히는 표. ③한자 부수의 하나. 병부절.

卩0 【㔾】② 卩(242)과 동자

卩1 【卩】③ 卩(242)과 동자

卩2 【印】④ ❶나 앙 昻 áng
❷우러를 앙 䀑 yǎng
[字解] ❶①나, 자기, 자신.〔書經〕不印自恤. ②오르다, 물가(物價)가 오르다. =昻.〔漢書〕萬物卬貴. ③격발하다, 노(怒)하게 하다.〔漢書〕激卬萬乘之主. ④성한 모양. ¶卬卬. ❷①우러르다. ≒仰.〔荀子〕上足仰, 則下可用也. ②향하다. ③맞다, 맞이하다. ≒迎.〔國語〕以卬浦而後大. ④기다리다, 기대(期待)하다.〔國語〕重耳之卬君也.
【卬鼻 앙비】콧구멍이 위로 들려서 콧구멍이 드러나 보이는 코. 들창코.
【卬卬 앙앙】①성(盛)한 모양. ②위엄이나 덕(德)이 있는 모양.

卩3 【卭】⑤ 邛(1839)의 와자(譌字)

卩3 【卯】⑤ 넷째 지지 묘 䣷 mǎo
[字源] 象形. 양쪽 문짝을 열어젖힌 모양을 본뜬 글자. 만물이 땅을 열어젖히고 나오는 때가 음력 2월이기에 달로는 2월에 배당된다.
[字解] ①넷째 지지, 12지의 넷째. 달로는 음력 2월, 방위로는 동쪽, 시각으로는 오전 5시~7시, 오행으로는 목(木), 동물로는 토끼에 배당된다. ②무성하다, 왕성하다. ③장붓구멍, 장부를 끼우는 구멍. ④관리의 출근 시각.〔王家屛·賦〕大史書雲, 鷄人唱卯. ⑤기한(期限). 화폐 제조국(製造局)에서 돈을 주조하는 기한. 또는 그 기한 안에 주조한 돈의 액수. ⑥액일(厄日), 불길한 날.
【卯君 묘군】묘년(卯年)에 출생한 사람.
【卯飯 묘반】묘시(卯時)에 먹는 밥. 아침밥.
【卯睡 묘수】새벽잠.
【卯時 묘시】①12시의 넷째 시. 곧, 상오 5시~7시. ②24시의 일곱째 시. 곧, 상오 5시 30분~6시 30분.
【卯眼 묘안】장붓구멍. 문둥개.
【卯酉線 묘유선】자오선(子午線)에 직각인 큰 원. 곧, 동서점과 천정(天頂)을 지나는 평면이 천구와 만나는 금.
【卯飮 묘음】아침 술을 마심. 해장술을 마심.
【卯日丈人 묘일장인】토끼의 딴 이름.
【卯畜 묘축】토끼의 딴 이름.

卩3 【夘】⑤ 卯(243)의 본자

卩3 【卮】⑤ 잔 치 支 zhī
[字解] ①잔, 술잔. 4되〔升〕를 담을 수 있는 큰 잔. ¶卮酒. ②동이 달지 않다, 앞뒤가 맞지 않다.〔莊子〕卮言日出. ③연지.
【卮言 치언】①임시변통으로 그때그때 남에게 듣기 좋도록 하는 말. ②줄거리가 없어 종잡을 수 없는 말.
【卮酒 치주】잔에 따라 놓은 술. 杯酒(배주).

〈卮①〉

卩4 【危】⑥ 위태할 위 支 wēi
[字源] 會意. 厃+㔾→危. '厃'은 사람이 언덕 위에 있는 모양, '㔾'은 병부를 뜻한다. 병부를 받은 사람이 절벽 위에서 떨어질까 조심한다는 데서 '위태하다'의 뜻을 나타낸다.
[字解] ①위태하다.〔孝經〕高而不危. ②위태롭게 하다, 해치다.〔禮記〕有比黨而危之者. ③두려워하다.〔戰國策〕竊爲君危之. ④높다, 아슬아슬하게 높다.〔莊子〕玄其危冠. ⑤엄정하다.〔論語〕危言危行. ⑥병이 무겁다, 위독하다. ¶危重. ⑦바르다, 똑바르다. ¶危坐. ⑧빠르다. ¶危弓. ⑨발돋움하다.〔荀子〕危足無所履者. ⑩마룻대, 용마루.〔禮記〕中屋履危. ⑪별 이름. 28수의 하나. ⑫하마터면, 자칫하면.〔漢書〕今兒安在, 危殺之矣.
【危閣 위각】높은 누각. 峻閣(준각).
【危徑 위경】위험한 좁은 길.
【危苦 위고】위험하고 고생스러움. 危窘(위군).
【危空 위공】높은 하늘. 高空(고공).
【危軀 위구】몸을 위험한 데 내맡김.
【危懼 위구】두려움. 두려워함.
【危國 위국】①나라를 위태롭게 함. ②거의 멸망하여 가는 나라.
【危窘 위군】➡危苦(위고).
【危弓 위궁】빠른 활. 센활. 強弓(강궁).
【危急 위급】위태롭고 급함.
【危機一髮 위기일발】한 오리의 머리털로 천 균(千鈞) 무게의 물건을 끌어당김. 당장에라도 끊어지려는 위급한 순간의 비유.

【危道 위도】 위험한 길. 위험한 방법.
【危篤 위독】 병세가 중하여 생명이 위태로움.
【危亂 위란】 위태롭고 혼란함.
【危欄 위란】 높은 난간. 高欄(고란).
【危樓 위루】 높은 누각. 危榭(위사).
【危微 위미】 위험하고 쇠미(衰微)함.
【危民 위민】 어려운 백성. 불안한 백성.
【危拔 위발】 형세가 기울어 함락됨.
【危邦 위방】 정세가 위태로운 나라. 곧, 망하려고 하는 나라.
【危峯 위봉】 높고 험한 봉우리.
【危死 위사】 거의 죽음을 지경에 이름.
【危榭 위사】 높은 정자. 危樓(위루).
【危削 위삭】 나라가 위태롭게 되어, 다른 나라의 공격을 받아 영토를 빼앗김.
【危城 위성】 위험한 성. 위태롭게 된 성.
【危巢 위소】 높은 곳에 있는 새의 집.
【危術 위술】 위험한 방법.
【危矢 위시】 빠른 화살. ○'危'는 '疾'로 '빠르다'를 뜻함.
【危若朝露 위약조로】 위험하기가 아침 이슬과 같음. 위험한 운명의 비유.
【危語 위어】 격렬한 말. 격한 말.
【危言 위언】 ①□危語(위어). ②말을 고상하게 하여 시속(時俗)을 따르지 않음. 기품이 있고 준엄한 말.
【危言危行 위언위행】 고상한 언행(言行). 정당한 말과 행실.
【危如累卵 위여누란】 위태롭기가 알을 쌓아 둔 것과 같음. 몹시 위태함. 累卵之危(누란지위).
【危然 위연】 홀로 바른 모양.
【危辱 위욕】 위해(危害)와 치욕(恥辱).
【危慄 위율】 두려워 떪. 戰慄(전율).
【危疑 위의】 ①위험스럽게 생각하고 의심함. ②國위태롭고 불안함.
【危而不持 위이부지】 나라의 위기에 임하여 이를 돕지 않음. ○'持'는 '부지(扶持)'의 뜻.
【危棧 위잔】 ①위태한 잔교(棧橋). ②높은 잔도(棧道).
【危檣 위장】 높은 돛대.
【危第 위제】 우수한 성적으로 급제함.
【危足 위족】 발돋움함.
【危坐 위좌】 무릎을 꿇고 정좌(正坐)함.
【危柱 위주】 거문고.
【危重 위중】 병세가 위험할 정도로 중함.
【危地 위지】 위험한 곳. 죽을 고비.
【危淺 위천】 위태하고 허무함. 인명(人命)의 허무함을 이르는 말.
【危惙 위철】 위태롭고 근심스러움.
【危轍 위철】 험한 길.
【危堞 위첩】 높이 솟은 망대(望臺).
【危涕 위체】 걱정하여 눈물을 흘림.
【危墜 위추】 쇠하여 위태롭게 됨.
【危脆 위취】 위태롭고 허약함.
【危殆 위태】 ①형세가 매우 어려움. ②위험함.
【危悖 위패】 國위험하고 패악함.
【危駭 위해】 겁내어 놀람.

【危行 위행】 ①행동을 고결(高潔)하게 하며 세속을 따르지 않음. 고상한 행동. 奇行(기행). ②내왕을 위험하게 함. 위험한 왕래.
【危險 위험】 ①위태함. 안전하지 못함. ②요해(要害). 요새의 땅.
【危慌 위황】 위험하고 급함.
◐ 居安思-, 累卵之-, 安-.

卩4【印】⑥ ❶도장 인 ❷國끝 끝 [yìn]

丿 ｢ ｢ Ｆ 印 印

[소전] 卯 [초서] 印 [參考] 대법원 지정 인명용 한자의 음은 '인'이다.

[字源] 會意. 爪+卩→印. '爪'는 '가지다'라는 뜻이고, '卩'은 병부(兵符)로 정사(政事)를 맡은 사람이 가지는 신표가 원뜻이다. 이에서 '도장'이라는 뜻이 생겨났다.

[字解] ❶□도장. 천자(天子)·임금의 도장은 '새(璽)' 또는 '보(寶)'라 한다. ¶私印. ❷찍다, 박다. ¶印刷. ❸찍히다, 박히다. ¶印象. ❹벼슬, 관직(官職). 〔唐書〕非人望久, 不敢當印. ❺(佛)인상(印相). ❷國끝. 관부(官簿)의 끝에 내용이 끝났다는 뜻으로 쏨.
【印鑑 인감】 자기 도장임을 증명할 수 있도록 미리 관공서의 인감부에 등록해 둔 특정한 도장의 인발.
【印檢 인검】 도장을 찍어서 봉함.
【印契 인계】 ①토지 소유의 증서. 地券(지권). ②□印相(인상)❷.
【印契誦呪 인계송주】 (佛)손에 인상(印相)을 맺고, 입으로 다라니(陀羅尼)를 외는 일.
【印顆 인과】 □印形(인형).
【印壞文成 인괴문성】 (佛)과거의 인(印)이 부서지고, 새로운 문(文)이 나타남. 생사(生死)가 순환함의 비유. ○'印'은 '형태가 있는 것'을, '文'은 '뜻을 가진 것'을 뜻함.
【印鈕 인뉴】 도장 등 쪽의 손으로 쥐는 부분.
【印烙 인락】 불에 달구어 찍는 쇠도장.
【印面 인면】 ①글자를 새긴 도장의 면. ②얼굴에 먹실을 넣음.
【印墨 인묵】 인쇄용 먹.
【印文 인문】 도장에 새긴 글자.
【印本 인본】 인쇄한 책.
【印封 인봉】 ①봉한 물건에 도장을 찍음. ②공무가 끝난 뒤에 관인을 봉하여 둠.
【印符 인부】 도장과 병부(兵符).
【印相 인상】 ①도장의 모양. ②(佛)손가락으로 여러 가지 모양을 만들어 불(佛)·보살(菩薩)의 내증(內證)의 덕(德)을 표시한 것. 印契(인계).
【印象 인상】 ①도장을 찍은 듯이 형상이 뚜렷이 나타나는 일. ○옛날, 중국 사람이 코끼리의 실물을 보지 못하고 머릿속에 그려 본 데서 온 말. ②어떤 대상에 대하여 마음에 깊이 새겨지는 느낌.
【印璽 인새】 도장. ○'璽'는 임금 또는 제후(諸侯)의 인장(印章).

【印成 인성】인쇄(印刷).
【印成帖 인성첩→인성첩】공문에 도장을 찍음.
【印稅 인세】서적 발행인이 저작자에게 저작물이 팔리는 수량에 따라 일정한 비율로 치르는 돈.
【印刷 인쇄】문자나 그림·사진 등을 종이 따위에 옮겨 찍어서 여러 벌의 복제물을 만드는 일.
【印綬 인수】관리가 몸에 지니던 인장과 그 끈.
【印信 인신】①도장. 證印(증인). ②관리가 패용(佩用)하는 도장.
【印鑑 인감】임금이나 제후의 인감(印鑑).
【印影 인영】인장이 찍힌 흔적. 인발.
【印褥 인욕】인장이 잘 찍히도록 받치는 판.
【印章 인장】①도장. ②찍어 놓은 도장의 흔적. 인발.
【印呪 인주】(佛)진언종(眞言宗)에서, 손에 인상(印相)을 맺고 다라니(陀羅尼)를 외는 일.
【印地儀 인지의】조선 세조가 발명한, 거리와 땅의 높낮이를 측량하는 기구. 窺衡(규형).
【印尺 인척】조세(租稅)를 받은 표.
【印出匠 인출장】①교서관(校書館)의 책을 박아 내던 공장(工匠). ②사섬시(司贍寺)에서 저화(楮貨)를 박던 공장.
【印盒 인합】관아에서 쓰는 인(印)을 넣어 두던 상자. 인뒤웅이. 印櫃(인궤).
【印形 인형】찍어 놓은 도장의 형적. 인발.
● 刻ー, 檢ー, 官ー, 金ー, 烙ー, 捺ー, 銅ー, 拇ー, 法ー, 封ー, 寺ー, 私ー, 社ー, 相ー, 信ー, 實ー, 心ー, 玉ー, 僞ー, 錄ー, 認ー, 調ー, 證ー, 佩ー.

阝5 【却】㉧ 물리칠 각 [país] què

一 十 土 圭 去 却 却

[초서] 轧 [본자] 卻 [동자] 卻 [字源] 形聲. 谷 + 阝 → 卻 → 却. '谷(곡)'이 음을 나타낸다.
[字解] ①물리치다. ㉮쳐서 물러가게 하다, 쫓아버리다. 〔戰國策〕義救亡趙, 威却強秦. ㉯두려워 없애다, 극복하다, 욕망을 억제하다. ㉰받아들이지 아니하다, 돌려보내다. 〔呂氏春秋〕却其忠言. ②물러나다, 돌아가다. 〔漢書〕却就斧鉞之誅. ③그치다, 쉬다, 멎다. 〔呂氏春秋〕爲欲不敢却也. ④발어사(發語辭). 화제를 돌려 새 말을 꺼낼 때 쓴다. ¶却說. ⑤도리어, 반대로. ¶窮鼠却齧猫. ⑥어조사(語助辭). =了. ¶忘却. ⑦피하다. 〔史記〕勇士不却死而滅名.
【却曲 각곡】①돌아서 감. ②뒷걸음침.
【却棄 각기】물리쳐 버림. 棄却(기각).
【却老 각로】①늙음을 극복하여 젊어짐. ②구기자나무.
【却立 각립】뒤로 물러나 섬.
【却粒 각립】곡물(穀物)을 먹지 않음.
【却粒餐霞 각립찬하】낟알을 먹지 않고 안개를 마심. 신선(神仙)이 됨.
【却步 각보】뒷걸음으로 물러남.
【却扇 각선】①부채를 젖힘. ②혼인이 이루어짐.
[故事] 진(晉)의 온교(溫嶠)가 상처(喪妻)를 하고 재혼할 때, 혼례가 끝난 뒤 신부가 시중드는 사람이 든 사선(紗扇)을 물리치고 온교를 정면으로 바라보았다는 고사에서 온 말.
【却說 각설】화제를 돌려 다른 말을 꺼낼 때, 그 첫머리에 쓰는 말.
【却掃 각소】청소를 함. 내객(來客)을 거절함. 세상 사람과 교제를 끊음.
【却是 각시】도리어. 실은.
【却月 각월】반달.
【却走 각주】뒷걸음쳐서 달아남.
【却縮 각축】꽁무니를 빼며 두려워함.
【却退 각퇴】물리침. 물리침.
【却下 각하】원서나 소송 따위를 받지 않고 물리침.
【却合 각합】위를 향하게 하여 포갬.
【却行 각행】①뒷걸음질함. ②뒷걸음질하는 벌레. 지렁이 따위.
● 擊ー, 棄ー, 忘ー, 賣ー, 沒ー, 反ー, 返ー, 消ー, 燒ー, 攘ー, 前ー, 退ー, 敗ー.

阝5 【卵】㉧ 알 란 [país] luǎn

一 ㄷ ㅌ 夘 夘 夘 卵

[소전] 夘 [고문] 北 [초서] 夘 [字源] 象形. 알을 밴 벌레의 배가 불룩하게 나온 모양을 본뜬 글자.
[字解] ①알. 새·물고기·벌레 등의 알. ¶鷄卵. ②기르다, 자라게 하다. 〔莊子〕衆雌而無雄, 而又奚卵焉. ③크다, 굵다. 〔禮記〕桃諸梅諸卵鹽. ④고환(睪丸), 불알. 〔難經〕足厥陰氣絶, 卽筋縮, 引卵與舌卷.
【卵殼 난각】새알 따위의 겉껍데기.
【卵塊 난괴】물고기·곤충 따위의 알 덩어리.
【卵白 난백】흰자위.
【卵白水 난백수】끓인 물을 식혀 달걀 흰자위를 넣고 휘저어 귤즙 따위를 타서 만든 음료.
【卵生 난생】알에서 태어남.
【卵鹽 난염】알이 굵은 소금.
【卵育 난육】기름. 양육함. 卵翼(난익).
【卵翼 난익】새가 알을 품듯이 품에 안아 기름. 卵育(난육).
【卵塔 난탑】대좌(臺座) 위에 탑신(塔身)을 달걀 모양으로 세운 탑. 주로 선승(禪僧)의 유골을 안장하는 데 씀. 蘭塔(난탑).
【卵胎 난태】새의 알과 짐승의 태아(胎兒).
【卵黃 난황】알의 노른자위.
● 鷄ー, 累ー, 孵ー, 産ー, 翼ー, 重ー.

阝5 【卲】㉧ 높을 소 [país] shào

[소전] 卲 [초서] 卲 [字解] 높다, 뛰어나다, 훌륭하다. 〔法言〕皆不足卲也.

阝5 【卽】㉧ 卽(247)의 속자

卩部 6~7획 卻卷卺卸巷卹卻

卻 卩6 ⑧ 却(245)과 동자

卷 卩6 ⑧
❶책 권 㢧 juàn
❷말 권 捲 juǎn
❸굽을 권 踡 quán

〔筆順〕 ノ 八 公 兰 半 失 关 券 卷

〈소전〉 〈초서〉 〈속서〉 〈참고〉 券(194)은 딴 자.

〔字源〕 形聲. 关+卩→卷. '关(권)'이 음을 나타낸다.

〔字解〕 ❶①책. 〔陶潛·書〕開卷有得. ②권. 책을 세는 단위. ¶百卷. ㉯한지(韓紙) 스무 장을 한 묶음으로 하여 세는 단위. ③두루마리. 〔法言〕一卷之書. ④과거 시험 용지. ¶試卷. ⑤공문서. ¶檢卷. ❷①말다. ≒捲. 〔詩經〕我心匪席不可卷也. ②굽히다, 구부리다. 〔淮南子〕贏縮卷舒, 淪於不測. ③거두다, 거두어 지침. 〔周禮〕卷而搏之. ④끊어지다, 단절(斷絕)하다. 〔史記〕韓氏太原卷. ⑤풀 이름. ¶卷耳. ❸①굽다, 구부정하다. 〔詩經〕有卷者阿. ②주먹. ≒拳. 〔中庸〕一卷石之多. ③아름답다. ≒嫧. 〔詩經〕碩大且卷. ④정성스럽다, 친절하다. ≒惓. 〔漢書〕敢昧死竭卷誠.

【卷甲 권갑】 갑옷을 말아 올림. 전쟁을 그만둠.
【卷經 권경】 경서(經書)를 말아서 보관함.
【卷曲 권곡】 휘어짐. 굽음.
【卷卷 권권】 ①친절한 모양. 충근(忠勤)한 모양. 懇懇(간간). 拳拳(권권). ②시들어 떨어지는 모양. 영락(零落)한 모양.
【卷頭 권두】 ①책의 첫머리. 卷首(권수). ②질로 된 책의 첫째 권.
【卷簾 권렴】 발을 말아 올림.
【卷婁 권루】 ①수족에 쥐가 남. 심신(心身)이 시달려 지침. ②양(羊)의 딴 이름.
【卷髮 권발】 ①머리털을 맒. ②고수머리.
【卷白波 권백파】 연석(宴席)에서 여흥 따위의 사회를 맡아보는 사람. 酒令(주령).
【卷舒 권서】 ①맒과 폄. 屈伸(굴신). ②재덕(才德)을 감추는 일과 나타내는 일.
【卷石 권석】 주먹만 한 작은 돌. 자갈.
【卷舌 권설】 ①혀를 맒. ㉠경탄(驚歎)하는 모양. ㉡말하지 않는 모양. ②별 이름.
【卷束 권속】 책을 포개어 쌓음.
【卷綬 권수】 관인(官印)의 인끈을 맒. 자기의 관직을 자랑하지 않음.
【卷然 권연】 아름답고 날씬한 모양.
【卷耳 권이】 도꼬마리.
【卷子 권자】 두루마리. 두루마리로 된 책.
【卷帙 권질】 ①책. ②책의 편수(篇數)와 부수(部數). 書帙(서질).
【卷幘 권책】 아이들이 쓰던 모자.
【卷尺 권척】 강철·헝겊 따위로 만들어 둥근 갑 속에 말아 두는 자. 줄자.
【卷軸 권축】 ①주련(柱聯)을 펴기 위하여 아래 끝에 가로지른 둥근 나무. ②표구(表具)하여 말아 놓은 글씨나 그림의 축(軸).
【卷置 권치】 말아서 보관함.
【卷土重來 권토중래】 땅을 말아 일으킬 것 같은 기세로 다시 옴. ㉠한 번 패한 자가 세력을 회복하여 다시 쳐들어옴. ㉡어떤 일에 한 번 실패한 뒤에 힘을 가다듬어 다시 그 일에 착수함. 捲土重來(권토중래).
【卷懷 권회】 말아서 주머니에 집어넣음. 재능을 숨겨 나타내지 않음.
○ 開-, 檢-, 上-, 書-, 席-, 試-, 壓-, 全-, 中-, 左-, 下-.

卺 卩6 ⑧ 巹(522)과 동자

卸 卩6 ⑧ 풀 사 㿝 xiè

〈소전〉 〈초서〉 〔字解〕 ①풀다. ㉮수레에 맨 말을 풀다. ㉯옷끈을 풀다, 옷을 벗다. ¶卸甲. ②떨어지다, 낙하하다.
【卸甲 사갑】 갑옷을 벗음. 전장에서 돌아옴.
【卸肩 사견】 첩(妾)을 맞아 화장을 시키는 일.
【卸冠 사관】 갓을 벗음.
【卸擔 사담】 맨 짐을 내려놓음.
【卸事 사사】 맡아보던 일자리를 그만둠.
【卸任 사임】 사직함. 해임(解任)함.

巷 卩6 ⑧ 巷(523)의 와자(譌字)

卹 卩6 ⑧
❶가엾이 여길 휼 ㉮술 㡻 xù
❷먼지 털 솔 㡼 sū

〈소전〉 〔字解〕 ❶①가엾이 여기다, 가엾게 여겨 돕다. =恤. 〔莊子〕寡人卹焉, 若有亡也. ②적다, 드물다. ③정제(整齊)되어 있는 모양. ¶卹削. ④삼가다, 삼가 조용하게 하다. ≒恤. ⑤놀라 두려워하다. ¶卹而. ❷먼지를 털다, 문질러 깨끗하게 하다. =捽. 〔禮記〕國中以策彗卹勿.

【卹匱 휼궤】 가난한 사람을 가엾게 여겨 도움.
【卹金 휼금】 이재민을 구제하기 위하여 지출하는 돈.
【卹削 휼삭】 단정한 모양. 의복의 마름질이 격식에 맞는 모양.
【卹賞 휼상】 관리(官吏)가 죽었을 때, 나라에서 그 장례(葬禮) 비용을 내려 주던 일.
【卹養 휼양】 가엾이 여겨 기름. 恤養(휼양).
【卹而 휼이】 놀라 두려워하는 모양. ○'而'는 어조사.
【卹典 휼전】 ①관리의 사후(死後)에 관작(官爵)을 추증(追贈)하는 일. ②나라에서 이재민을 구제하는 은전.
【卹荒 휼황】 흉년의 기근(饑饉)과 곤궁을 구제함. 救荒(구황).

卻 卩7 ⑨ 却(245)의 본자

卩部 7～10획 阢卽卪卿卿卿

卩7 【阢】⑨ 위태할 올 [月] wù
[字解] 위태하다, 위태롭다. 늑扤.

卩7 【卽】⑨ 곧 즉 [職] jí

[소전] [초서] [속자] 卽 [속자] 卽 [字源] 會意. 皀+卩→卽. '皀'은 음식이 담긴 그릇, '卩'은 사람이 꿇어앉은 모양으로, 음식을 먹기 위하여 그릇 앞으로 나아간다는 뜻을 나타낸다.
[字解] ①곧. ㉮바로, 그 자리 바로. ㉯다시 말해서, 바꾸어 말하면. 〔般若心經〕色卽是空, 空卽是色. ②가깝다, 가까이하다. 〔詩經〕子不我卽. ③나아가다, 자리에 나아가다. ¶卽位. ④만약, 혹은, 만일. 〔漢書〕卽以爲不毛之地, 亡用之民. ⑤불똥, 촛불 심지의 찌끼. =熼. 〔管子〕左手執燭, 右手折卽. ⑥끝나다, 죽다. ¶卽世. ⑦따르다, 뒤를 좇다. 〔後漢書〕卽鹿無虞.
【卽景 즉경】 바로 눈앞에 보이는 광경이나 경치.
【卽功 즉공】 곧 효과가 나타남. 卽效(즉효).
【卽窮驗問 즉궁험문】 엄하게 조사하여 자백을 시킴.
【卽吉 즉길】 상기(喪期)를 마치고 상복(喪服)을 벗는 일. 除服(제복).
【卽旦 즉단】 이른 새벽.
【卽斷 즉단】 그 자리에서 곧 결단함.
【卽得往生 즉득왕생】 (佛)육신(肉身) 그대로 극락정토(極樂淨土)에 왕생하는 일.
【卽令 즉령】 가령 ~할지라도. 설사 ~할지라도.
【卽滅 즉멸】 당장 망함.
【卽命 즉명】 ①천명(天命)에 나아감. 천명을 따름. ②죽음.
【卽目 즉목】 눈에 비침. 눈으로 본 것.
【卽墨侯 즉묵후】 벼루의 딴 이름.
【卽物 즉물】 사물에 대하여 연구함.
【卽死 즉사】 그 자리에서 바로 죽음.
【卽事 즉사】 ①즉석(卽席)에서 시가(詩歌)를 지음. 卽吟(즉음). ②일에 착수함. ③눈앞에 일어난 일. ④그 자리에서 일어난 일을 읊는 시제(詩題).
【卽序 즉서】 질서가 바로잡힘.
【卽席 즉석】 일이 진행되는 바로 그 자리.
【卽世 즉세】 사람이 죽는 일. ☞'卽'은 '終'으로 '죽다'를 뜻함.
【卽速 즉속】 그 자리에서 곧. 빨리. 즉시.
【卽是 즉시】 다시 말하면. 곧.
【卽時一盃酒 즉시일배주】 눈앞에 보이는 한 잔의 술. 나중의 큰 이익보다 당장의 작은 이익이 더 나음의 비유.
【卽身成佛 즉신성불】 (佛)육신(肉身) 그대로 부처 됨. 미혹을 열어 불도를 얻으면 현재의 육신 그대로 부처 됨.
【卽心是佛 즉심시불】 (佛)내 마음이 곧 부처임.

깨달아서 얻은 나의 마음이 부처의 마음과 같으며 그 밖에 따로 부처가 없다는 말.
【卽安 즉안】 ①편안하게 지냄. ②쉼. 휴식함.
【卽夜 즉야】 바로 그날 밤.
【卽溫聽厲 즉온청려】 가까이 가면 온화하여 친밀감이 생기고, 말을 들으면 엄숙하여 감히 범하기 어려운 데가 있음. 곧, 스승에게 직접 가르침을 받음.
【卽位 즉위】 ①왕위(王位)에 오름. 御極(어극). ②자리에 앉음. 著席(착석).
【卽戎 즉융】 ①전쟁에 나감. ②군사를 부림. 用兵(용병).
【卽日放榜 즉일방방】 과거(科擧) 급제자에게 그 날로 방(榜)을 내어 패(牌)를 주던 일.
【卽且 즉저】 지네. 百足(백족).
【卽祚 즉조】 ☞卽位(즉위).
【卽周 즉주】 벽돌로 관(棺)을 둘러쌈.
【卽卽 즉즉】 ①충실(充實)한 모양. ②수봉황이 우는 소리.
【卽智 즉지】 날랜 지혜. 頓知(돈지).
【卽瘥 즉차】 병이 곧 나음.
【卽出給 즉출급】 물건이나 돈을 곧 그 자리에서 치러 줌.
【卽行 즉행】 ①그 자리에서 곧 감. ②곧 시행함.
【卽刑 즉형】 형벌을 가함.
【卽效 즉효】 곧 반응을 보이는 효험.
【卽興 즉흥】 그 자리에서 바로 일어나는 감흥.
◐ 延-, 往-, 六-, 移-, 燭-.

卩7 【卪】⑨ 卽(247)의 속자

卩8 【卿】⑩ 卿(247)과 동자

卩9 【卿】⑪ 卿(247)과 동자

卩10 【卿】⑫ 벼슬 경 [庚] qīng

[소전] [초서] [동자] 卿 [동자] 卿 [參考] 鄕(1850)은 딴 자.
[字源] 會意. 卯+皀→卿. 두 사람[卯]이 밥상[皀]을 가운데 놓고 마주 앉아 있는 모습으로, 임금과 함께 식사를 할 수 있는 사람, 곧 '높은 벼슬아치'를 뜻한다.
[字解] ①벼슬, 집정(執政)의 대신(大臣)이나 그 자리. 〔禮記〕諸侯之上大夫卿. ②경. ㉮임금이 신하를 대하여 일컫는 말. 우리나라에서는 이품(二品) 이상의 벼슬아치에 한한다. 〔朝鮮世祖實錄〕卿妻得病. ㉯작위(爵位)가 대등한 사람을 일컫는 말. ㉰동배 중 작위(爵位)가 낮은 사람을 일컫는 말. ㉱남을 높여 일컫는 말. ㉲아내가 남편을, 남편이 아내를 일컫는 말.

【卿卿 경경】처(妻)가 남편을 일컫는 칭호.
【卿公 경공】서로의 사이를 조정하는 사람.
【卿校 경교】구경(九卿)과 교위(校尉).
【卿大夫 경대부】경과 대부.
【卿輔 경보】삼정승과 육판서.
【卿士 경사】①경·대부·사의 총칭. ②집정자(執政者).
【卿相 경상】①재상(宰相). 임금을 돕고 정치를 행하는 대신(大臣). ②삼정승과 육판서. 卿輔(경보).
【卿寺 경시】구경(九卿)이 있는 관서(官署). 곧, 중앙 관서.
【卿雲 경운】상서로운 구름. 瑞雲(서운).
【卿月 경월】내관(內官)으로 현귀(顯貴)한 사람.
【卿尹 경윤】왕을 보필하고 백관(百官)을 지휘 감독하는 지위에 있는 정삼품 이상 벼슬의 통칭. 宰相(재상).
【卿子 경자】상대방을 높여 이르는 말.
【卿曹 경조】경들. 곧, 임금이 신하들을 부르던 말. 卿等(경등).
● 客─, 公─, 九─, 國─, 三─, 上─, 世─, 亞─, 月─, 六─, 家─.

卩 11획 卷 卻
【卷】⑬ 國 땅 이름 산
字解 땅 이름. ¶ 卷洞萬戶.

卩 11획
【卻】⑬ 膝(1457)의 속자

厂部

2획 부수 ㅣ 민엄호부

【厂】② 언덕 한 hǎn
参考 부수의 명칭으로는 '广(엄호)'에 대하여 '丶'이 없는 엄호라고 하여 '민엄호'라 부른다.
字源 象形. 언덕의 윗부분이 툭 튀어나와 그 밑에서 사람이 살 수 있는 곳을 이룬 모양을 본뜬 글자.
字解 ①언덕. =岸. ②한자 부수(部首)의 하나, 민엄호.

【厄】④ ❶재앙 액 囲 è
❷옹이 와 囲 è
참고 대법원 지정 인명용 한자의 음은 '액'이다.
字源 形聲. 卩+乙→厄→厄. '乙(을)'이 음을 나타낸다.
字解 ❶①재앙, 불행, 어려움.〔易經〕解難而濟厄者也. ②멍에. 扼軛.〔詩經〕倏革金厄. ③ 國사나운 운수. ④現에르그(erg). 에너지의 단위. ❷①옹이. ②싸다. ③덮다.
【厄格 액격】에너지의 단위인 'erg'의 음역어(音譯語).
【厄勤 액근】재난으로 고생함.
【厄年 액년】①운수가 사나운 해. ②재난이 많다 하여 꺼리는 나이. 남자는 25, 42, 50세. 여자는 19, 33, 37세.
【厄塞 액색】재난을 만남.
【厄運 액운】재앙을 당할 운수.
【厄閏 액윤】액운(厄運)의 윤년(閏年). 사람이 액운의 경우에 처함.
【厄會 액회】재앙이 닥치는 불행한 고비.

【厉】⑤ 厲(251)의 속자

【厈】⑤ 岸(500)의 고자

【厎】⑦ 숫돌 지 紙 dǐ
字解 ①숫돌. =砥.〔漢書〕天下之厎石. ②갈다, 문지르다. ③이르다, 이르게 하다.〔詩經〕我視謀猶, 伊于胡厎.
【厎告 지곡】이르러 아룀.
【厎厲 지려】①연장을 숫돌에 갊. ②학문을 연마함. 지조(志操)를 굳게 함. 砥礪(지려).
【厎石 지석】숫돌.
【厎止 지지】막다름. 목적한 곳에 이르러 그침.
【厎至 지지】지극한 아름다움에 이름.

【厓】⑧ 언덕 애 佳 yá
字解 ①언덕, 낭떠러지. =崖. ¶ 斷厓. ②물가, 바다·강·못 등의 가장자리. =涯. ¶ 水厓. ③끝, 한계(限界).〔揚雄·賦〕洞無厓兮. ④눈을 흘기다, 눈초리. =睚.
【厓略 애략】대략(大略). 崖略(애략).
【厓眥 애자】노려봄. 睚眥(애자).
● 丹─, 斷─, 絕─, 層─, 懸─.

【厘】⑨ ❶釐(1873)의 속자
❷塵(556)의 속자
参考 대법원 지정 인명용 한자음은 '리'이다.

【厖】⑨ 클 방 陽 máng
字解 ①크다, 크고 넓다.〔春秋左氏傳〕民生敦厖. ②섞이다, 난잡하다, 어지럽다. ¶ 厖雜. ③도탑다, 순후하다.〔詩經〕爲下國駿厖. ④넉넉하다,

풍족하다. ⑤삽살개. 늑尨.
【尨大 방대】 규모·양 따위가 매우 크거나 많음.
【尨眉 방미】 흰 털이 섞인 눈썹. 곧, 노인.
【尨雜 방잡】 뒤섞임. 정세(精細)하지 못함.
【尨洪 방홍】 크고 넓은 모양.
【尨澒 방홍】 하늘의 원기가 아직 나뉘지 않은 상태.
○ 奇-, 敦-, 蒙-, 紛-, 駿-, 豊-.

【厚】⑨ 두터울 후 有 hòu

一厂厂厂戶戶厚厚厚

[소전]厚 [고문]厚 [초서]厚 [고자]厚 [字源] 形聲. 厂+
旱→厚. '旱(후)'가 음을 나타낸다.
[字解] ①두텁다. ㉮두껍다, 무겁다, 많다, 깊다, 크다.〔戰國策〕道德不厚.㉯마음 씀씀이가 크다, 삼가 정성스레 대하다.〔論語〕愼終追遠, 民德歸厚矣. ②두터이 하다, 삼가 정성스레 대하다.〔禮記〕死不厚其子. ③두터이, 매우 많이, 크게.〔戰國策〕厚勝之也. ④두께, 두꺼운 정도.〔禮記〕其厚三寸.
【厚眷 후권】 두터운 은혜. 深眷(심권).
【厚饋 후궤】 후한 음식 대접.
【厚待 후대】 후하게 대접함.
【厚德 후덕】 ①넓고 큰 덕. ②두텁게 은혜(恩惠)를 베풂.
【厚斂 후렴】 조세의 과중한 징수.
【厚壟 후롱】 흙을 높이 쌓아 올린 무덤.
【厚賂 후뢰】 많은 뇌물.
【厚貌深情 후모심정】 진실하게 보이는 외모와 숨긴 본심. 외모는 진실한 듯이 꾸며 그 본심을 깊이 간직하고 드러내지 않음.
【厚問 후문】 예(禮)를 두텁게 하여 방문함.
【厚味 후미】 ①맛있는 음식. ②먹는 일에 지나친 낭비를 함.
【厚朴 후박】 인정이 두텁고 꾸밈이 없음.
【厚薄 후박】 ①두꺼움과 얇음. ②정중함과 냉대함. ③많음과 적음. 多寡(다과). ④큰 것과 작은 것. 大小(대소). ⑤좋은 일과 나쁜 일. 善惡(선악). ⑥귀함과 천함. 貴賤(귀천).
【厚報 후보】 융숭하게 보답함. 정중한 반례(返禮). 厚答(후답).
【厚榭 후사】 높은 정자. 危榭(위사).
【厚謝 후사】 후하게 사례함.
【厚生 후생】 ①백성의 생활을 넉넉하게 하도록 꾀하는 일. ②건강을 유지하고 증진하는 일.
【厚生利用 후생이용】 백성의 생활을 넉넉하게 하고, 그 사용하는 것을 편리하게 함.
【厚性 후성】 ①인정이 두터운 성품. ②성질을 돈후(敦厚)하게 함.
【厚贖 후속】 충분하게 보상함.
【厚酬 후수】 두둑한 보수. 厚報(후보).
【厚顏 후안】 낯가죽이 두꺼움. 염치와 체면을 모름. 無恥(무치).
【厚顏無恥 후안무치】 낯가죽이 두꺼워 부끄러워할 줄 모름.

【厚往薄來 후왕박래】 제후(諸侯)가 영지(領地)로 돌아갈 때에는 후하게 선물을 주고, 내조(來朝)할 때에는 공물(貢物)을 적게 바치도록 함. 곧, 왕자(王者)가 제후를 회유하는 방법.
【厚意 후의】 남을 위하여 베푸는 두터운 마음씨.
【厚誼 후의】 두터운 정의(情誼). 厚情(후정).
【厚載 후재】 땅은 두꺼워 만물을 실음. 곧, 대지(大地).
【厚典 후전】 ①두터운 은전(恩典). ②정중하고 엄숙한 의식(儀式).
【厚重 후중】 성질이 온후하고 진중(鎭重)함.
【厚繒 후증】 두꺼운 명주. 거친 명주.
【厚志 후지】 두터운 마음.
【厚幣 후폐】 ①예물을 정중하게 보냄. ②정중한 예물.
【厚風 후풍】 순후(醇厚)한 풍속.
【厚豊 후풍】 풍성(豊盛)함.
【厚況 후황】 넉넉하게 받는 봉록(俸祿).
○ 寬-, 謹-, 濃-, 端-, 篤-, 敦-, 樸-, 醇-, 溫-, 仁-, 忠-, 豊-.

【厜】⑩ 산꼭대기 수 支 zuī

[소전]厜
[字解] 산꼭대기, 산정(山頂)의 험한 곳.

【原】⑩ 근원 원 元 yuán

一厂厂厂厈厈厉原原原

[소전]原 [고문]原 [초서]原 [본자]原 [字源] 會意. 厂+泉→原→源. 언덕(厂) 밑에 있는 샘(泉)에서 물줄기가 나오기 시작한다는 데서 '근원'이란 뜻을 나타낸다.
[字解] ①근원. =源. ㉮물줄기가 나오기 시작하는 곳.〔漢書〕塞川原爲潢洿也. ④근본, 기본.〔禮記〕必達於禮樂之原. ②들, 둔덕, 벌판.〔詩經〕脊令在原. ③용서하다, 놓아주다.〔後漢書〕特原不理罪. ④기인하다, 의거하다.〔禮記〕必原父子之親. ⑤캐묻다, 찾다, 근본을 추구하다.〔漢書〕原心定罪. ⑥거듭, 재차, 거듭하다.〔禮記〕未有原. ⑦삼가다, 정성스럽다. =愿. ⑧문체(文體) 이름. 근본을 캐서 추론(推論)하는 글. ¶原道.
【原遣 원견】 죄인을 용서하여 놓아줌.
【原告 원고】 소송을 하여 재판을 청구한 사람.
【原稿 원고】 글월의 초벌.
【原禽 원금】 꿩의 딴 이름.
【原貸 원대】 눈감아 줌. 관대하게 보아줌.
【原道 원도】 ①근본의 도(道). 인도의 근원. ②도(道)의 근본을 찾음. ③문장 이름. 당대(唐代)에 한유(韓愈)가 회남자(淮南子)의 원도훈(原道訓)을 모방하여 지음.
【原頭 원두】 벌판 머리. 벌판 언저리. 벌판.
【原來 원래】 본디.
【原料 원료】 물건을 만들 때 바탕이 되는 재료.

【原理 원리】 사물의 근본이 되는 법칙이나 진리.
【原立子 원립자】 집에 아들이 없어서 동종(同宗)의 조카를 양자로 맞은 후에 득남(得男)하였을 때 그 양자를 이르는 말.
【原廟 원묘】 본디의 종묘 외에 거듭 지은 종묘. ○ '原'은 '重'으로 '거듭'을 뜻함.
【原本 원본】 ①사물의 근원. 근본. ②근원이 됨. ③근본·유래를 더듬음. ④근본이 되는 서적이나 문서.
【原宥 원유】 ☞原宥(원유)①.
【原産 원산】 그 물건이 본래의 산지(産地)에서 산출되는 일. 또는 그 물품.
【原色 원색】 ①들판의 빛깔. ②모든 색의 바탕이 되는 빛깔.
【原塞 원색】 근원을 틀어막음.
【原恕 원서】 정상(情狀)을 참작하여 용서함.
【原雪 원설】 누명을 벗고 결백한 몸이 됨.
【原性 원성】 ①본디의 성질. ②문장 이름. 당대(唐代)에 한유(韓愈)가 인성(人性)의 본질에 대하여 논한 것.
【原藪 원수】 넓은 들과 큰 늪.
【原隰 원습】 높고 마른 땅과 낮고 젖은 땅.
【原始 원시】 ①근원을 구구함. ②처음. 시작. 元始(원시). ③자연 그대로의 것. 元始(원시).
【原始要終 원시요종】 일의 시작을 깊이 궁구(窮究)하고 일의 마지막을 잘 알아차림.
【原心定罪 원심정죄】 행적만으로 죄를 단정하지 않고, 범죄의 동기를 찾아 죄를 정함.
【原野 원야】 인가(人家)가 없는 넓은 들판.
【原委 원위】 ①일이 일어난 본말(本末). 본원(本源)과 말류(末流). ○ '原'은 '源'으로 '근원'을, '委'는 '流'로 '흐르다'를 뜻함. ②원인.
【原油 원유】 땅속에서 뽑아낸 그대로의 기름.
【原宥 원유】 ①죄를 용서함. 原赦(원사). ②범죄인이 금품으로 속죄(贖罪)함.
【原意 원의】 ①본디의 뜻. ②최초의 의견.
【原義 원의】 본디의 뜻. 原意(원의).
【原人 원인】 ①원시 시대 사람. 인류(人類)의 선조. ②조심스럽고 온후한 사람.
【原因 원인】 일이 말미암은 까닭.
【原任 원임】 본디의 벼슬. 前官(전관).
【原田 원전】 ①고원(高原)에 있는 밭. ②國들판과 밭.
【原田每每 원전매매】 고원(高原)의 밭에 풀이 무성함. 군병(軍兵)이 많음의 비유. ○ '每每'는 풀이 무성한 모양.
【原情 원정】 ①일의 실정을 물음. ②國사정을 하소연함.
【原罪 원죄】 죄를 용서하여 형벌을 가하지 않음.
【原住 원주】 본디부터 살고 있음.
【原泉 원천】 ①샘의 원줄기. ②사물의 근원.
【原初 원초】 일의 현상이 비롯하는 맨 처음.
【原則 원칙】 ①근본이 되는 법칙. ②일반적으로 적용되는 규칙.
【原度 원탁】 찾고 헤아림. 原測(원측).
【原鄕 원향】 그 지방에서 여러 대를 이어 살아 온 향족(鄕族).

【原憲貧 원헌빈】 원헌(原憲)의 가난. 청빈한 생활의 비유. 故事 공자(孔子)의 제자인 원헌이 가난한 생활을 하였으나, 의지가 굳어 깊은 도를 닦았다는 고사에서 온 말.
【原活 원활】 죽을 죄를 용서하여 살림. ○ '原'은 '宥(유)'로 '용서하다'를 뜻함.
● 高-, 根-, 病-, 語-, 中-, 草-, 平-.

厂 8 【厝】⑩ ❶숫돌 착 麗 cuò ❷둘 조 國 cuò ❸성 적 囮 jí

字解 ❶①숫돌. ②섞다, 섞이다. ※錯(1895)의 고자(古字). 늑措. ¶厝火積薪. ❸①성(姓). ②현(懸) 이름.
【厝火積薪 조화적신】 쌓아 놓은 장작 무더기 아래에 불을 놓아 둠. 표면에 아직 나타나지 않은 재해(災害).

厂 9 【原】⑪ 原(249)의 본자.

厂 9 【厠】⑪ 廁(552)과 동자.

厂 10 【厥】⑫ ❶그 궐 月 jué ❷종족 이름 궐 本굴 物 jué

字源 形聲. 厂+欮→厥. '欮(궐)'이 음을 나타낸다.
字解 ❶①그, 그것. 〔書經〕厥民析. ②파다, 파내다. 〔山海經〕相柳之所抵, 厥爲澤溪. ③다하다, 다되다. 〔素問〕厥陰根, 起於火敦. ④조아리다, 머리를 숙이다. 〔漢書〕厥角稽首. ⑤현기증, 발이 시리고 현기증이 나는 병. 〔素問〕凝於足者爲厥. ⑥짧다. 〔中山詩話〕今人呼禿尾狗爲厥尾, 犬之短後者亦曰厥. ⑦흔들리는 모양. ¶厥弛. ❷종족 이름, 돌궐(突厥). 흉노(匈奴)의 한 종족.
【厥角 궐각】①이마를 조아려 절을 함. ○ '角'은 이마. ②그 뿔.
【厥女 궐녀】 그 여자. 그녀.
【厥明 궐명】 ①어떤 일이 있은 그 이튿날. ②날이 밝을 무렵. 새벽.
【厥尾 궐미】 ①짧은 꼬리. ②꼬리가 짧은 개. 동경이.
【厥弛 궐이】 동요하는 모양. 흔들리는 모양.
【厥者 궐자】 그 사람.
【厥宗噬膚 궐종서부】 당(黨)의 무리가 피부 속 깊이 들어감. 당이 굳게 결합하고 임금과 신하가 서로 마음이 잘 맞음.

厂 10 【厤】⑫ 다스릴 력 國 lì

字解 ①다스리다. ②책력. ※曆(798)의 고자(古字).

厂部 10～13획　廚厜厦厪厪厮厭厨厰厲

厂10 【厨】⑫ 廚(557)의 속자

厂10 【厜】⑫ 嵳(509)와 동자

厂10 【厦】⑫ 廈(554)의 속자

厂11 【厩】⑬ 廐(554)의 속자

厂11 【厪】⑬ 겨우 근 厪 jǐn
[字解] ①겨우, 적다. ≒僅. ②작은 집, 소옥(小屋).

厂12 【厮】⑭ 廝(556)와 동자

厂12 【厭】⑭
❶싫을 염 厭 yàn
❷누를 엽 擪 yā
❸젖을 읍 裛 yì
❹빠질 암 懕 yàn
❺숨길 안 隒 yǎn

厭 厭 厭 厭
[소전] [초체] [간체]

[參考] ①운동(韻統)의 갈래에 대해서는 여러 가지 설이 있음. ②대법원 지정 인명용 한자의 음은 '염'이다.
[字源] 形聲. 厂+猒→厭. '猒(염)'이 음을 나타낸다.
[字解] ❶①싫다, 싫증이 나다, 물리다, 싫어하다. ≒猒·饜. 〔史記〕原憲不厭糟糠. ②족하다, 더하다, 보태다. 〔呂氏春秋〕求索無厭. ③차다, 가득 차다, 채우다. 〔漢書〕克厭上帝之心. ④극도에 달하다, 끝까지 다하다. 〔國語〕民志無厭. ⑤멎다, 멈추다. 〔詩經〕從禽獸而無厭. ⑥미워하다, 증오하다. 〔論語〕人不厭其言. ⑦머금다. ⑧막다, 틀어막다. 〔荀子〕厭其源. 아름답다, 예쁘다. 〔詩經〕厭其傑. ❷①누르다, 억누르다, 압박하다. 〔漢書〕東楚諸侯之權. ②다그다, 다가서다. 〔周禮〕厭翟, 勒面繢總. ③맞다, 들어맞다. ≒協. 〔國語〕克厭帝心. ④합당하다, 적합하다. 〔漢書〕取舍不厭斯位. ⑤파손하다, 망가뜨리다. 〔春秋左氏傳〕書曰及晉處父盟, 以厭之也. ⑥불제(祓除)하다. 신에 빌어 죄·부정(不淨)을 씻거나 재앙을 물리치다. 〔史記〕於是因東游以厭之. ⑦진압하다, 가라앉히다. ⑧엄습하다, 불의에 덮치다. 〔國語〕鄢陵之役, 荊厭晉軍. ⑨숙이다, 엎드리다. ≒偃. 〔禮記〕厭冠不入公門. ⑩따르다, 순종하다. 〔荀子〕天下厭然猶一也. ⑪두 손을 가슴에 대고 하는 절. 〔儀禮〕賓厭介入門左. ⑫가위눌리다, 악몽으로 두려워하다. ❸젖다, 적시다. ¶厭浥. ❹①빠지다, 침닉(沈溺)하다. 〔莊子〕其厭也如緘. ②미명(未明), 어둑어둑함. ≒晻. ❺숨기다, 숨어 가려 감추다. 〔大學〕見君子

而後厭然揜其不善.
【厭家鷄愛野雉 염가계애야치】집에서 기르는 닭을 싫어하고, 들에 있는 꿩을 귀여워함. ㉠집에 있는 좋은 것은 싫어하고 밖에 있는 나쁜 것을 사랑함. ㉡아내를 버리고 소실(小室)을 사랑함. ㉢고유의 옛것을 싫어하고 새것을 좋아함.
【厭苦 염고】싫어하고 괴로워함.
【厭倦 염권】물려 싫증이 남.
【厭離 염리】(佛)이 세상의 고통을 혐오하고 떠남. 세상을 버림. 出離(출리).
【厭離穢土 염리예토】(佛)사바세계의 고통을 싫어하여 떠남.
【厭夢 염몽】악몽(惡夢)에 시달림. 가위 눌림.
【厭服 염복】만족하여 승복함.
【厭副 염부】마음에 만족함.
【厭塞 염색】덮어서 막음. 만족시킴.
【厭世 염세】세상을 싫어함.
【厭飫 염어】①흡족함. 만족함. ②지긋지긋함. 정나미가 떨어짐.
【厭然 ❶염연 ❷엽연 ❸안연】❶①편안한 모양. ②매우 아름다운 모양. ❷순순히 따르는 모양. 순종하는 모양. ❸숨기는 모양. 은폐하는 모양.
【厭厭 염염】①편하고 고요한 모양. ②성하게 자라는 모양. ③희미하고 어두운 모양. ④나약한 모양. ⑤기분이 좋은 모양.
【厭症 염증】싫은 마음. 싫증.
【厭飽 염포】물림. 싫증이 남.
【厭冠 염관】상중(喪中)에 쓰는 관(冠). ☞'厭'은 '엎드리다'의 뜻. 상중에 상제는 머리를 쳐드는 일이 없다는 메서 이 뜻. 頭巾(두건).
【厭當 엽당】내리누름. 억압함.
【厭疊 엽섭】겹겹이 쌓여서 빽빽함.
【厭勝 엽승】주술(呪術)로써 사람을 굴복시킴.
【厭揖 엽읍】절. ☞'厭'은 두 손을 가슴에 대고 하는 절, '揖'은 두 손을 맞잡아 얼굴 앞에 들고 하는 절.
【厭翟 엽적】꿩의 깃으로 꾸민 수레. 황후(皇后)가 타는 수레. ☞'厭'은 '바싹 따르다'의 뜻.
【厭浥 읍읍】물기를 띤 모양. 젖은 모양.
【厭旦 암단】날이 새기 전의 어둑어둑한 무렵.

厂12 【厨】⑭ 廚(557)의 속자

厂12 【厰】⑭ 廠(557)의 속자

厂13 【厲】⑮
❶갈 려 厲 lì
❷문둥병 라 㿗 lài

厲 厲 厲 厉 厉
[소전] [초체] [속체] [간체]

[字解] ❶①갈다. ㉮날카롭게 하다. 〔戰國策〕綴甲厲兵. ㉯닳아 없어지도록 문지르다. 〔呂氏春秋〕是謂厲禍. ②화(禍), 재앙. 〔詩經〕誰生厲階. ③괴롭다, 괴롭히다, 괴롭게 만들다. 〔孟子〕是厲民而以自養也. ④힘쓰다, 부지런히 하다, 격려하다. 〔後漢書〕將帥自厲. ⑤귀신. ㉮악귀.

④죽어서 후사(後嗣)가 없는 영혼. ⑥높다, 높이. 〔呂氏春秋〕征鳥厲疾. ⑦떨치다, 떨치고 일어나다. 〔管子〕兵弱而士不厲. ⑧엄하다, 사납다, 매섭다. ≒烈. 〔論語〕子溫而厲. ⑨바르다, 지조를 높게 가지다. 〔論語〕色厲而內荏. ⑩경계(境界), 담장. 〔周禮〕守王宮與野舍之厲. ⑪물가, 바다나 강의 가장자리. 〔詩經〕在彼淇厲. ⑫허리춤까지 추켜올리고 물을 건너다. 〔詩經〕深則厲. ⑬병, 역질(疫疾), 역질에 걸려 죽다. 〔禮記〕斬祀殺厲. ⑭큰 띠에 달린 술. 〔詩經〕垂帶而厲. ⑮숫돌. ≒礪. ⑯빠르다. ≒㵴. 〔盧諶·詩〕中原厲迅飈. ⑰위태롭다, 위태하다. 〔詩經〕以謹醜厲. ❷①문둥병. ≒癩. 〔史記〕豫讓又漆身爲厲. ②나라 이름. 춘추 시대의 나라. ③의뢰하다. ≒賴.

【厲劒 여검】 칼을 숫돌에 갊.
【厲揭 여게】 ①옷을 깊은 데서는 허리 위까지, 얕은 데서는 무릎 위까지 걷고 내를 건넘. 임기응변으로 세상을 삶. ②왕화(王化)에 젖음. '厲'는 깊음을, '揭'는 얕음을 뜻함.
【厲階 여계】 화를 일으킬 빌미. 禍端(화단).
【厲禁 여금】 엄중히 금지함.
【厲壇 여단】 여제(厲祭)를 지내는 단.
【厲厲 여려】 ①미워함. ②정사(政事)를 범(犯)하고 나쁜 짓을 하는 모양.
【厲利 여리】 갈아서 날카롭게 함.
【厲撫 여무】 격려하고 위무(慰撫)함.
【厲民 여민】 백성을 몹시 가혹하게 다스림.
【厲色 여색】 얼굴빛을 매섭게 함. 노기를 띰.
【厲石 여석】 숫돌.
【厲聲 여성】 성난 목소리로 꾸짖음.
【厲世 여세】 세상 사람을 격려함.
【厲俗 여속】 세속 사람들을 격려함.
【厲飾 여식】 군복을 입음. 무장(武裝)을 함.
【厲莊 여장】 아주 엄숙함.
【厲精 여정】 정신을 가다듬어 부지런히 힘씀.
【厲祭 여제】 나라에 역질이 돌 때 역귀에게 지내던 제사.
【厲疾 여질】 ①매우 빠름. 높고 빠름. ②질병. 疫病(역병). ③문둥병. 癩病(나병).
【厲風 여풍】 ①사나운 바람. ②서북풍.
【厲虐 여학】 ①위급(危急)함. ②학대함.

厂15 【嚴】 ⑰ 嚴(320)의 속자

厶部

2획 부수 | 마늘모부

厶0 【厶】② ❶사사 **私** sī
❷아무 **某** mǒu

소전 ᄼ 부수의 명칭으로 '마늘모'라 이르는 것은, 글자 모양이 마늘쪽과 같이 세모가 졌기 때문이다.
字源 指事. 자신의 소유물을 묶어 싼 모양을 그려 '나, 사사'의 뜻을 나타낸다.
字解 ❶사사, 사사롭다. ※私(1265)의 고자(古字). ❷①아무. ※某(836)와 동자(同字). ②한자 부수의 하나, 마늘모.

厶1 【去】 ③ 아이 낳을 돌 用 tū
字解 ①아이를 낳다, 아이가 태어나다. ②갑자기 나오다. ≒突.

厶2 【玄】 ④ 팔뚝 굉 厷 gōng
字解 ①팔뚝. ≒肱. ②활 ≒弓. ③둥글다. 〔漢書〕日德元玄.

厶2 【厹】 ④ 세모창 **구** 厹 qiú
字解 ①세모창, 날이 세모로 된 창. ¶ 厹矛. ②기승부리다, 결기가 거세다. ③밟다, 디디다. =蹂.
【厹矛 구모】 세모로 날이 선 창.
【厹由 구유】 고대 중국 북쪽에 있던 나라.

厶3 【去】⑤ ❶갈 거 卿 qù
❷덜 거 圖 qù

一 十 土 去 去

字源 會意. 大+凵→厹→去. 사람[大]이 어떤 구역[凵] 밖으로 나간다는 데서 '떠나다'라는 뜻을 나타낸다.
字解 ❶①가다. ㉮떨어지다, 멀어지다. 시간적·공간적으로 떨어져 있음을 나타낸다. 〔孟子〕舜禹益相去久遠. ㉯바뀌다, 변하다. 〔呂氏春秋〕見利之聚, 無之去. ㉰물러나다, 퇴거하다. 〔孟子〕與鄕人居, 由由然不忍去也. ㉱떠나다, 떠나가다. 〔李白·詩〕恨君流沙去, 棄妾漁陽間. ㉲빠지다. 〔素問〕八八則齒髮去. ㉳피하다. 〔春秋左氏傳〕武子去所. ㉴내버리다, 돌보지 아니하다. 〔後漢書〕人所畔者, 天所去也. ②잃다, 잃어버리다. 〔後漢書〕鴻乃尋訪燒者, 問所去失. ③배반하다, 의에 어그러지다. 〔鬼谷子〕益損去就倍反. ④예전, 과거(過去). 〔圓覺經〕無起無滅, 無去來今. ⑤거성(去聲). 사성(四聲)의 하나. ❷①덜다, 없애다, 제거하다. 〔春秋左氏傳〕衛侯不去其旗. ②풀다, 메인 것을 풀다. 〔呂氏春秋〕居無去車. ③버리다. 〔漢書〕得漢食物, 皆去之. ④줄이다, 덜다. 〔管子〕泰秋, 國穀去參之一. ⑤죽이다, 살해하다. 〔孟子〕子之特戟之士, 一日而三失伍則去之否乎. ⑥문책(問責)하여 물리치다. 〔禮記〕在執者去. ⑦내쫓다, 내몰다. 〔漢書〕夏帝卜殺之

去之止之. ⑧거두다, 저장(貯藏)하다.〔春秋左氏傳〕以度而去之. ⑨이연(離緣), 이혼(離婚).〔大戴禮〕婦有七去.
【去苛 거가】번거로운 정령(政令) 따위를 없앰.
【去去 거거】①갈 것을 재촉하는 말. 떠나라. 가거라. ②세월이 머물지 않고 흘러감.
【去禁 거금】금령(禁令)을 해제함.
【去幾 거기】관시(關市)의 세(稅)를 받지 않고 감독만 하던 일.
【去痰 거담】가래를 없앰.
【去頭截尾 거두절미】머리와 꼬리를 잘라 버림. 앞뒤의 잔사설은 빼고 요점만 말함.
【去來 거래】①가는 일과 오는 일. 往來(왕래). ②한 번 떠나갔다가 다시 내향(來降)함. ③물건을 얻는 일과 잃는 일.
【去來今 거래금】(佛)과거·미래·현재의 삼세.
【去冷 거랭→거냉】좀 데워서 찬 기운을 없앰.
【去路 거로】나그넷길. 여행길. 行路(행로).
【去留 거류】①떠나감과 머물러 있음. ②일의 성패(成敗). ③죽음과 삶. ④자연의 추세.
【去煩鐲苛 거번견가】번거롭고 가혹한 정사(政事)를 제거함.
【去邪 거사】옳지 않은 사람을 물리침.
【去思 거사】지나간 뒤에 그 사람을 사모함.
【去思碑 거사비】감사(監司)나 수령(守令)이 갈려 간 뒤에 그 선정(善政)을 사모하여 고을 주민들이 세운 비.
【去聲 거성】①명성(名聲)을 멀리하거나 버림. ②사성(四聲)의 하나.
【去勢 거세】생식기를 없애 생식 기능을 제거함.
【去心 거심】떠나고 싶은 생각.
【去樂 거악】상중(喪中)에 음악을 연주하지 못하게 함.
【去穢 거예】①더러운 것을 없앰. 해독(害毒)을 제거함. ②승의(僧衣). 袈裟(가사).
【去者勿追 거자물추】가는 사람을 억지로 붙들지 말라는 말.
【去者日疏 거자일소】①죽은 사람은 날이 갈수록 소원(疏遠)해져 차츰 잊게 됨. ②멀리 떨어져 있는 사람과는 차츰 정도 멀어져 감.
【去滓 거재】國찌꺼기를 추려 버림.
【去就 거취】①사람이 어디로 가거나 다니거나 하는 움직임. ②일신상의 출처(出處)나 진퇴(進退). ③취함과 버림. 取捨(취사).
【去泰 거태】과도한 것을 제거함.
【去貝 거패】國목면(木綿). 古具(고패).
【去弊生弊 거폐생폐】폐해를 없애려다가 도리어 다른 폐해를 만듦.
【去皮 거피】①가죽을 벗김. 겉치레를 버림. ②껍질을 벗겨 버림.
➊ 過—, 拂—, 死—, 逝—, 除—, 撤—, 退—.

厶 3 【厽】 ⑤ 去(252)의 본자

厶 6 【叄】 ⑧ 參(253)의 속자

厶 6 【叁】 ⑧ 參(253)의 속자

厶 7 【叅】 ⑨ 參(253)의 고자

厶 9 【參】⑪
❶간여할 참 侵 cān
❷별 이름 삼 侵 shēn
❸빽빽할 삼 感 sǎn
❹층날 참 侵 cēn

<small>소전 𠂢 혹체 叅 초서 㐺 고자 叅 속자 叄
속자 叁 속자 參 간체 参 [桑考] 대법원 지정 인명용 한자의 음은 '참·삼'이다.</small>

字源 形聲. 厽+人+彡→參. '彡(삼)'이 음을 나타낸다.

字解 ❶①간여하다, 관계하다. ¶參加. ②셋. '三(삼)'의 갖은자로 쓴다. 이때 음은 '삼'이다. ③섞이다, 뒤섞다. ¶參伍. ④뵈다, 뵙다. 아랫사람이 윗사람을 뵙다. ¶參謁. ⑤헤아리다, 비교하다.〔莊子〕以參爲驗. ⑥나란하다, 가지런하다, 나란히 서다.〔論語〕立則見其參於前也. ⑦탄핵하다. ¶參革. ⑧삼공(三公), 삼정승.〔周禮〕設其參. ⑨바라다, 바라보다. ≒審.〔淮南子〕西而發. ❷①별 이름.〔大戴禮〕參則見. ②인삼. ≒蔘. ❸빽빽하다, 여러 사람이 붙좇아 따르는 모양. ❹층나다, 가지런하지 아니하다. ¶參差.
【參加 참가】모임·단체 등에 참여하거나 가입함.
【參檢 참검】서로 비교하여 생각함.
【參見 참견】❶참견 ❷삼현 ❶①섞여 보임. ②직접 나아가서 봄. 參看(참간). ③國남의 일에 쓸데없이 간섭함. ❷삼성(參星)이 나타남.
【參考 참고】①대조하여 생각함. ②살펴서 생각하는 데 도움이 될 만한 재료.
【參觀 참관】어떤 자리에 직접 나아가서 봄.
【參究 참구】①참고하여 연구함. ②(佛)선(禪)을 닦는 데 참여하여 진리를 연구함.
【參同 참동】①합치(合致)함. 생각이 일치함. ②참여함. 참가함.
【參列 참렬】그 자리에 참여함.
【參靈 참령】①신령(神靈)과 교감함. ②출관(出棺) 날 아침에 악인(樂人)이 음악을 연주하는 일.
【參禮 참례】①알현(謁見)의 의식. ②國예식에 참여함.
【參謀 참모】윗사람을 도와 어떤 일을 꾀하고 꾸미는 데 참여함. 또는 그 사람.
【參墓 참묘】조상의 묘를 찾아가서 돌봄. 省墓(성묘).
【參半 참반】①절반. 반. ②사정을 참작하여 목면(木棉)과 금전(金錢)을 각각 반으로 나누어 군포(軍布)를 징수하던 일.
【參班 참반】반열(班列)에 참여함.
【參榜 참방】과거(科擧)의 방목(榜目)에 자기 성

명이 오름. 과거에 합격함.
【參拜 참배】 신이나 부처에게 배례함.
【參事 참사】 어떤 일에 참여함.
【參席 참석】 자리·모임 등에 참여함.
【參禪 참선】 (佛)선도(禪道)에 들어가 그 묘리(妙理)를 연구함.
【參乘 참승】 높은 이를 모시고 수레에 함께 탐.
【參謁 참알】 ①궁중에 들어가서 임금을 뵘. ②圖해마다 유월과 섣달에 관리의 성적을 포폄(褒貶)할 때 각 관아의 관리가 그의 으뜸 벼슬아치를 뵙던 일.
【參與 참여】 참가하여 관여함.
【參詣 참예】 ①모임. 모여듦. ②圖신이나 부처에게 나아가 뵘.
【參伍 참오】 이리저리 뒤섞이는 모양. 마구 뒤섞음. ◯'參'은 '셋이 섞임'을, '伍'는 '다섯이 섞임'을 뜻함.
【參貳 참이】 섞어서 늘어놓음.
【參酌 참작】 서로 비교하여 그 선악(善惡)을 취사(取捨)함. 參量(참량).
【參雜 참잡】 뒤섞임.
【參戰 참전】 전쟁에 참가함.
【參朝 참조】 조정(朝廷)에 들어감.
【參照 참조】 참고로 대조하여 봄.
【參綜 참종】 참여하여 다스림.
【參佐 참좌】 속관(屬官). 下僚(하료).
【參奏 참주】 관리의 비행을 지적하여 징계를 요청하던 일.
【參集 참집】 와서 모임.
【參錯 참착】 뒤섞여 엇걸림.
【參纂 참찬】 참고하여 편찬함.
【參參】 ❶참참 ❷삼삼】 ❶①긴 모양. ②왕성한 모양. ③가지런하지 않은 모양. 들쭉날쭉한 모양. 參差(참치). ❷빽빽이 선 모양.
【參處 참처】 ①자유자재로 그 장소를 바꿈. ②탄핵하여 처벌함. 參懲(참징).
【參天 참천】 ①주역(周易)에서 기수(奇數)를 이르는 말. ◯천(天)의 수(數)를 기(奇)라고 생각한 데서 온 말. ②덕(德)이 천지(天地)와 같음. ③하늘을 바람. ◯'參'은 '望'으로 '바라보다'를 뜻함. ④하늘 높이 날아감. 하늘에 닿음.
【參天貳地 참천이지】 천지와 덕(德)을 같이함.
【參差 참치】 ①가지런하지 않은 모양. ②연이은 모양. ③흩어진 모양. ④뒤섞인 모양. ⑤낮거나 또는 높게 보이는 모양. ⑥퉁소(洞簫).
【參學 참학】 참선(參禪)하여 배움.
【參驗 참험】 이것저것을 아울러 헤아림. 여러 가지를 참고하여 조사함.
【參革 참혁】 관리의 비행을 탄핵하여 그 관직에서 쫓아내던 일.
【參互 참호】 이것저것 조회하여 알아봄.
【參和 참화】 ①서로 화합함. ②휼민(恤民)·정직(正直)·정곡(正曲)의 세 가지를 겸비함.
【參會 참회】 ①섞여서 모임. ②삼국(三國)의 제후(諸侯)가 회합함. ③모임에 참여함.
【參畫 참획】 계획에 참여함. 관계하여 계획함. 參謀(참모). 參議(참의).

【參候 참후】 가서 안부를 물음. 參伺(참사).
【參譚 삼담】 많은 사람이 뒤를 따르는 모양.
【參寥 삼료】 말할 수 없이 높고 횅함.
【參商 삼상】 28수(宿)에서 서쪽의 삼성(參星)과 동쪽의 상성(商星). ㉠헤어진 후 서로 볼 수 없음의 비유. ㉡형제간이 화목하지 못함의 비유.
【參夷 삼이】 삼족(三族)을 멸함. 삼족을 연좌(連坐)하여 멸하던 형벌.
◯古-, 不-, 新-, 早-, 朝-, 持-, 遲-.

ㅿ10【叅】⑫ 參(253)의 속자

ㅿ13【毚】⑮ 토끼 준 圖 jùn
토끼, 교활한 토끼의 이름. 〔戰國策〕東郭毚者, 天下之狡兔也.

又 部
2획 부수 | 또우부

又0【又】② 또 우 圖 yòu
字源 象形. 오른손과 그 손가락을 본뜬 글자. 다섯 손가락을 줄여 세 손가락으로 나타냈다.
字解 ①또. ㉮다시 더, 그 위에. 〔禮記〕以待又語. ㉯거듭하여. 〔詩經〕天命不又. ②용서하다. ≒宥. 〔禮記〕王三又, 然後制刑. ③오른손, 오른쪽. ≒右.
【又生一秦 우생일진】 이미 진(秦)이라는 적(敵)이 있는데 또 진을 만듦. 스스로 새로운 적을 더 만듦.
【又況 우황】 하물며.

又1【叉】③ ❶깍지 낄 차 圊 chā
❷비녀 채 圂 車 圉 chāi
參考 대법원 지정 인명용 한자의 음은 '차'이다.
字解 ❶①깍지 끼다. ②엇걸리다. ¶交叉. ③가닥, 갈래, 분기(分岐). 〔蘇軾·縱筆〕溪邊古路三叉口. ④가장귀, 나뭇가지의 아귀. ≒杈. ⑤귀신 이름, 인도(印度) 사람들이 믿는 귀신의 하나. 〔法華玄贊〕夜叉, 此云勇健. ⑥찌르다, 찔러서 잡다. 〔高啓·詩〕柳塘持燭叉魚. ⑦작살, 물고기를 찔러서 잡는 도구. 〔潘岳·賦〕挺叉來往. ⑧창, 적의 목을 눌러 잡는 데 쓰는, 끝이 'V' 자 모양으로 갈라진 창. 〔隋書〕鐵叉搭鉤. ❷비녀, 두 갈래진 비녀. ≒釵.
【叉竿 차간】 끝이 갈라진 장대.

【叉路 차로】갈림길. 岐路(기로).
【叉手 차수】①두 손을 어긋맞게 마주 잡음. ②팔짱을 낌. 관여하지 않음. 拱手(공수).
【叉牙 차아】①이가 빠진 모양. ②갈래져 나옴.
● 戟-, 矛-, 夜-, 支-, 畫-.

又
2 【及】④ 미칠 급 緝 jí

ノ 乃 及 及

[소전] [고문] [고문] [초서] [속자]

[字源] 會意. 又+人→及. '又'는 손, '人'은 사람을 뜻한다. 뒷사람의 손이 앞사람에게 미친다는 데서 '미치다'의 뜻을 나타낸다.
[字解] ①미치다. ㉮닿다, 이르다, 뒤쫓아 따르다. 〔國語〕往言不可及. ㉯시기·상태·생각·힘·작용 등이 어떤 사실에 이르다. 〔儀禮〕賓入及庭. ②미치게 하다, 끼치게 하다. 〔孟子〕老吾老, 以及人之老. ③및, 와. 〔孟子〕予及汝偕亡. ④함께, 함께하다, 더불다. 〔詩經〕周王于邁, 六師及之.
【及瓜 급과】①벼슬의 임기가 다 됨. 교대할 시기가 됨. ②國해가 바뀜.
【及其也 급기야】필경에 가서는. 마지막에는.
【及門 급문】①배우기 위하여 문하에 이름. 문하생(門下生)·제자(弟子)가 됨. ②벼슬 문에 이름. 벼슬함.
【及第 급제】과거에 합격함.
【及逮 급체】다다름. 이름.
● 過-, 論-, 普-, 言-, 追-, 波-.

又
2 【及】④ 及(255)의 속자

又
2 【反】④
❶되돌릴 반 阮 fǎn
❷뒤엎을 번 元 fǎn
❸어려울 번 元 fǎn
❹삼갈 반 ⓑ판 願 fàn

一 厂 反 反

[소전] [고문] [고문] [초서]

[參考] 대법원 지정 인명용 한자의 음은 '반'이다.
[字源] 會意. 厂+又→反. '厂'는 덮어 가리는 것, '又'는 손을 뜻한다. 덮어 가린 것을 손으로 뒤치는 데서 '뒤치다'의 뜻을 나타낸다.
[字解] ❶①되돌리다, 돌려주다. 〔漢書〕反之於天. ②뒤집다, 뒤엎다. 〔呂氏春秋〕反鄭之埤. ③튀기다, 되튀다. 〔國語〕反其埤, ④되풀이하다, 반복하다. 〔論語〕必使反之. ⑤되갚음하다, 보답하다. 〔史記〕禮反其所自始. ⑥대답하다. 〔國語〕反使者. ⑦보복하다, 앙갚음하다. 〔春秋左氏傳〕欲反其讐. ⑧휘다, 뒤다. 〔後漢書〕上反于以蓋戴. ⑨기울다. 〔班固·賦〕山淵反覆. ⑩구르다, 뒤척이다. 〔詩經〕以極反側. ⑪되돌아가다, 되돌아오다. 〔孟子〕君子反經而已矣. ⑫기인(起因)하다. 〔禮記〕反情以和其志. ⑬물러나다, 후퇴하다. 〔莊子〕反走再拜盜跖. ⑭더한층, 더욱더. 〔呂氏春秋〕反攻之. ⑮반대로, 도리어. 〔史記〕天輿弗取, 反受其咎. ⑯되돌아보다, 반성하다, 뉘우치다. 〔禮記〕知不足, 然後能自反也. ⑰바꾸다, 고치다. 〔列子〕回能仁而不能反. ⑱어기다, 어긋나다. ≒叛. ⑲모반, 반역. 〔國語〕圖反. ⑳옳지 않다, 비뚤어지다. 〔書經〕無反無側. ㉑번, 횟수를 세는 수사(數詞). 〔漢書〕伐宛再反. ㉒생각하다, 유추(類推)하다. 〔論語〕不以三隅反則不復也. ㉓꾸짖다, 나무라다. 〔荀子〕失之己反之人. ㉔반절(反切). ❷①뒤엎다, 뒤집다. ≒翻. 〔漢書〕何以知其不反水漿邪. ②죄상(罪狀)을 다시 살펴 형을 가벼이 하다. 〔史記〕獄少反者. ❸어렵다, 곤란하다. ❹①삼가다, 조심하다. 〔詩經〕威儀反反. ②팔다. ≒販. 〔荀子〕積反貨而爲商賈.
【反間 반간】①적국(敵國)에 들어가 적정을 탐지하거나 민심을 교란하는 일. 또는 그런 일을 하는 사람. 간첩. 첩자. ②적의 간첩을 역이용하여 적의 계획을 알아내는 일.
【反感 반감】반대하거나 반항하는 감정.
【反距 반거】되풀이하여 막음. ○'距'는 '拒'로 '막다'를 뜻함.
【反擊 반격】쳐들어오는 적을 되받아 공격함.
【反經 반경】①상도(常道)로 되돌아옴. ②상도(常道)에 어긋남.
【反故 반고】한 번 쓴 헌 종이를 뒤집어 씀. 敗紙(패지).
【反顧 반고】①뒤돌아봄. 後顧(후고). ②고향을 생각함. 思鄕(사향). ③거역함. 배반함.
【反求 반구】어떤 일의 원인을 나 자신에게서 찾음. 反省(반성).
【反裘負薪 반구부신】털이 상할까 봐 갖옷을 뒤집어 입고 땔나무를 짊어졌다가 도리어 가죽을 상하게 함. 하나를 알고 둘을 모르는 사람의 비유.
【反錦 반금】남이 보낸 선물을 되돌려 보냄. 反璧(반벽).
【反旗 반기】반란을 일으킨 사람이 든 기. 謀反(모반·謀叛)의 깃발. 叛旗(반기).
【反對 반대】①사물의 위치·방향·순서 따위가 거꾸로 됨. ②의견·제안 등에 찬성하지 않음.
【反騰 반등】시세가 떨어지다가 갑자기 오름.
【反亂 반란】정권을 타도하기 위한 조직적인 폭력 활동. 叛亂(반란).
【反戾 반려】사리나 도리에 어그러짐.
【反旅 반려】출정했던 군사를 돌아오게 함.
【反倫 반륜】①동료를 배반함. ②인류(人倫)에 어그러짐.
【反面 반면】①반대되는 쪽. ②어디를 갔다가 돌아와서 임금이나 어버이를 뵙는 일.
【反命 반명】①사자(使者)가 돌아와 보고함. 또는 그 일. 復命(복명). ②명령에 따르지 않음. 명령을 거역함.
【反目 반목】눈을 흘김. 사이가 좋지 않음.
【反駁 반박】의견·비난 따위에 맞서 반대하여 말함.

【反縛 반박】두 손을 뒤로 돌려 묶음.
【反反 반반】①뜸직하고 침착함. ②되풀이하여 익힘.
【反撥 반발】①되받아 퉁김. ②어떤 상대나 행동에 대하여 거스르고 반항함.
【反北 반배】거역함. 배반함.
【反背 반배】배신함.
【反璧 반벽】⊃反錦(반금).
【反報 반보】①복명(復命)함. ②보답함.
【反服 반복】①다시 상복을 입음. ②존장(尊長)이 비속(卑屬)의 복(服)을 입음.
【反復 반복】①올라감과 내려옴. ②등짐. 배신함. ③되풀이함.
【反覆 반복】①근본으로 되돌림. 근본으로 돌아옴. ②같은 일을 되풀이함. 反復(반복). ③왕복(往復)함. ④의지나 언행이 일정하지 않음. ⑤뒤엎음. 뒤집힘. ⑥오르내림. ⑦배반함.
【反辭 반사】①되풀이하여 하는 말. ②모반(謀叛)의 공술서.
【反殺 반살】자기를 죽이려고 하는 사람을 도리어 죽임.
【反相 반상】모반(謀叛)할 인상(人相).
【反常 반상】이치에 어긋남. 상도(常道)에서 벗어남.
【反生 반생】①싹이 아래에서 위로 향함. ②다시 살아남. 再生(재생). 回生(회생).
【反噬 반서】기르던 짐승이 주인을 묾. 은혜를 원수로 갚음의 비유.
【反舌 반설】①중국 남방(南方)에 있었다고 하는 야만국. ②오랑캐의 말. ③때까치의 딴 이름. ④두꺼비.
【反省 반성】자신의 언행에 대하여 잘못이나 부족이 없는지 돌이켜봄.
【反稅 반세】세금을 냄. 納稅(납세).
【反手 반수】①손바닥을 뒤집음. 일이 매우 쉬움. ②뒷짐을 짐. ③現손등.
【反首 반수】머리칼을 헝클어뜨려 드리움.
【反首拔舍 반수발사】머리칼을 헝클어뜨리고 야숙(野宿)함. ♫'拔'은 '茇'로 '노숙(露宿)하다'를, '舍'는 '止'로 '그치다'를 뜻함.
【反水不收 반수불수】엎질러진 물은 다시 담을 수 없음. 일단 행한 일은 후회해도 소용없음.
【反眼 반안】서로 눈을 부라려 노려봄. 사이가 좋지 않음. 反目(반목).
【反掖之寇 반액지구】겨드랑이 밑에서 모반(謀反)하는 적. 곧, 내란자(內亂者). ♫'掖'은 '腋'으로 '겨드랑이'를 뜻함.
【反衍 반연】자기 마음대로 함.
【反忤 반오】배반하여 거스름. 거역함.
【反宇 반우】①끝이 위로 젖혀진 처마. 곧, 높은 처마. ②머리의 가운데가 오목함. 反羽(반우).
【反應 반응】어떤 자극을 받아 작용을 일으킴.
【反意 반의】①모반의 마음. ②뜻에 반함.
【反張 반장】휨. 젖히어 틀어짐.
【反切 반절】한자의 음을 나타내는 방법의 하나. 초성이 같은 한자와 중성 및 종성이 같은 한자를 들어서 나타냄. '東'의 음을 '덕홍절(德紅

切)'로 표시하는 따위.
【反坫 반점】①주대(周代) 제후(諸侯)들의 회견(會見) 때 헌수(獻酬)한 술잔을 되돌려 놓던 대(臺). ②바깥을 향한 방.
【反正 반정】①정(正)과 부정(不正). ②정도(正道)로 돌림. 태평한 세상으로 돌이킴. ③정도로 돌아감. ④상도(常道)를 잃음.
【反坐 반좌】①자리로 돌아옴. ②남을 무고(誣告)한 사람은 무고한 내용과 같은 죄명으로 처벌받는 일.
【反芻 반추】①되새김질. ②어떤 일을 되풀이하여 음미하거나 생각함.
【反側 반측】①마음에 걸리는 일이 있어 잠을 이루지 못하고 몸을 이리저리 뒤척거림. ②올바르지 않음. 법도에 어긋남. ③모반(謀叛)함.
【反則 반칙】①법칙을 따름. ②법규에 어긋남.
【反斾 반패】기치(旗幟)를 돌림. 곧, 군대를 돌림. 回軍(회군). 還軍(환군).
【反哺 반포】까마귀 새끼가 자란 뒤에 늙은 어미에게 먹이를 물어다 먹임. 자식이 부모의 은혜를 갚음의 비유.
【反抗 반항】다른 사람이나 대상에 맞서 대들거나 반대함.
【反響 반향】①산울림. ②어떤 일에 대한 여론의 움직임.
【反魂香 반혼향】향(香) 이름. 이것을 피우면 죽은 사람의 모습이 그 연기 속에 나타난다고 함.
【反庫 번고】①창고에 있는 물건을 뒤져 조사함. ②구역질하여 토함.
【反脣 번순】입술을 뒤집음. 심복(心服)하지 않고 비방하는 모양.
【反胃 번위】위경(胃經)에 생기는 병의 하나. 구역질이 나고 먹은 것을 토해 내는 병.
【反田 번전】논을 밭으로 만듦.
【反貨 판화】팔 물건. 상품(商品).
❶謀-, 背-, 相-, 違-, 離-, 正-合.

又2 【双】④ 雙(1967)의 속자

又2 【収】④ 收(737)의 속자

又2 【友】④ 벗 우 囿 yǒu

一 ナ 方 友

[字源] 會意. 又+又→爰→友. '又'는 손. 손과 손을 맞잡고 뜻을 같이하는 사이. 곧 '벗'을 뜻한다.

[字解] ①벗, 친구. ㉮뜻을 같이하는 벗, 동지(同志). 동문(同門)의 벗은 '朋(붕)'이라 한다. 〔春秋公羊傳〕朋友相衛. ㉯한패, 동료, 동아리. 〔白居易·傳〕彭城劉夢得爲詩友. ②벗하다, 사귀다. 〔論語〕無友不如己者. ③우애 있다,

又部 2~6획 叐 叓 受

형제를 공경하고 사랑하다.〔論語〕友于兄弟.
④친하게 지내다, 가까이하다.〔詩經〕琴瑟友之. ⑤따르다, 순종하다.〔書經〕彊弗友, 剛克. ⑥짝짓다.〔詩經〕或羣或友.
【友道 우도】 친구를 사귀는 도리.
【友樂 우락】 의좋게 즐김.
【友睦 우목】 형제간에 우애가 좋음.
【友穆 우목】 ➡友睦(우목).
【友麋鹿 우미록】 고라니나 사슴을 가까이함. 곧, 산림에 은거함.
【友邦 우방】 서로 친밀한 관계인 나라.
【友傅 우부】 벗이 되어 보좌함. 또는 그 사람이나 그 소임.
【友朋 우붕】 벗. 朋友(붕우).
【友生 우생】 ①벗. 友人(우인). ②같은 문하생(門下生)끼리의 자칭(自稱).
【友善 우선】 벗과 사이가 좋음. 친함.
【友愛 우애】 ①동기간의 사랑. ②벗 사이의 정.
【友于 우우】 ①형제끼리 사이가 좋음. ②형제.
【友誼 우의】 친구 사이의 정분. 友情(우정).
【友人 우인】 벗.
【友情 우정】 친구 사이의 정.
【友弟 우제】 ①형제간의 우애. ②같은 문하생(門下生)끼리의 자칭(自稱).
【友直 우직】 정직한 사람을 벗으로 삼음.
【友執 우집】 우인(友人). ◐'執'은 '뜻을 같이함'을 뜻함. 執友(집우).
【友風子雨 우풍자우】 바람을 벗하고 비를 아들로 삼음. 곧, 구름.
【友學 우학】 어진 사람이 배우는 곁에서 함께 배움.
【友行 우행】 어질고 착한 사람을 가까이하고 공경하는 행실.
◐故-, 交-, 校-, 舊-, 級-, 盟-, 朋-, 畏-, 益-, 知-, 親-, 學-, 鄕-.

又
2【叐】④ 友(256)의 고자

又
5【叓】⑦ 事(52)의 고자

又
6【受】⑧ 받을 수 囿 shòu

〔字源〕會意. 爪+一+又→受. 두 손[爪와 又] 사이에 쟁반(一)이 있는 모습으로, 두 사람이 물건을 주거나 받는다는 뜻이다. 본래는 이 자 하나로 주고 받는 것을 모두 나타내었으나, 지금은 '받다'의 뜻으로 이 자를 쓰고, '주다'의 뜻으로는 '授' 자를 써서 구별한다.

〔字解〕①받다. ㉮주거나 보낸 것을 받다. ¶受賂. ㉯사무 처리를 위해 서류·물건 등을 받다. ¶接受. ㉰어떤 행동·영향 등을 당하거나 입다. 〔詩經〕受侮不少. ㉱그릇 따위에 담다, 싣다.

〔儀禮〕以籩受. ②얻다, 이익을 누리다. ¶受益. ③받아들이다, 받아들여 쓰다.〔呂氏春秋〕舜擧皋陶, 而舜受之. ④주다, 내려주다. 늑授.〔宋書〕豈是朝廷受任之旨. ⑤응하다, 들어주다.〔呂氏春秋〕此所以無不受也. ⑥이루다.〔呂氏春秋〕事至則不能受.
【受講 수강】 강습을 받거나 강의를 들음.
【受經 수경】 경서(經書) 강의를 들음.
【受戒 수계】 ①훈계를 받음. ②(佛)불계(佛戒)를 받음. 불계를 받아 불문(佛門)에 들어감.
【受敎 수교】 ①가르침을 받음. 受業(수업). ②임금이 내리는 교명(敎命).
【受賕枉法 수구왕법】 뇌물을 받고 법을 굽힘.
【受難 수난】 재난을 당함.
【受納 수납】 돈·물품 따위를 받아 거두어들임.
【受茶 수다】 차를 받음. 아내를 맞아들임. ◐고대에는 혼례에 차를 많이 사용한 데서 온 말.
【受代 수대】 교대(交代)를 당함. 벼슬자리에서 물러남.
【受度 수도】 (佛)득도(得度)의 표징을 받음.
【受諾 수락】 요구를 받아들여 승낙함.
【受賂 수뢰】 뇌물을 받음.
【受命 수명】 ①명령을 받음. ②천명(天命)을 받아 천자(天子)가 됨. ③가르침을 받음.
【受命如絲 수명여사】 왕명(王命)은 처음 나올 때는 실같이 가늘지만 이를 밖에서 행하여 넓히면 커짐.
【受命于天 수명우천】 ①천명을 받아 천자의 자리에 오름. ②천부(天賦)의 선성(善性)을 얻음. 受命於天(수명어천).
【受命不辭家 수명불사가】 장군이 출정(出征)의 명령을 받으면 그 길로 곧 떠나야 하며, 집에 돌아와 가족들과 석별의 정을 나누지 않음.
【受侮 수모】 모욕을 당함.
【受罰 수벌】 벌을 받음.
【受賞 수상】 상을 받음.
【受誓戒 수서계】 나라의 큰 제사가 있기 7일 전에 임금이 백관에게서 불음주(不飮酒)·불여훈(不茹葷)·부조상문질(不弔喪問疾)·불청악(不聽樂)·불행형(不行刑)·불판서형살문서(不判書刑殺文書)·불예예악사(不豫穢惡事)의 7가지 맹세를 받던 경례.
【受禪 수선】 임금의 자리를 물려받음.
【受成 수성】 좋은 꾀를 얻음. 완벽하여 움직일 수 없음을 이름.
【受歲 수세】 (佛)승려가 여름 석 달 동안의 안거수학(安居修學)을 끝내고 일법랍(一法臘)을 더하는 일. 음력 7월 15일이 수세의 날임.
【受室 수실】 아내를 얻음.
【受業 수업】 ①제자가 스승에게서 학문을 배움. 受學(수학). ②제자의 자칭(自稱). ③일을 받음, 업무(業務)가 주어짐.
【受容 수용】 받아들임.
【受遺 수유】 ①선물을 받음. ②유산을 받음.
【受恩 수은】 은혜를 입음.
【受益 수익】 이익을 얻음.
【受任 수임】 ①임무를 받음. 임무를 인수함. ②

又部 6~7획 叔 取 叚 叛

임무를 줌. ○'受'는 '授'로 '주다'를 뜻함.
【受田 수전】 나라에서 나누어 주는 전지(田地)를 받음. 또는 그 전지.
【受點 수점】 낙점(落點)을 받음.
【受胙 수조】 제관(祭官)이 제사에 쓰고 난 고기를 분배하던 일.
【受知 수지】 남의 지우(知遇)를 받음.
【受持 수지】 받아서 지킴.
【受采 수채】 신랑 집에서 보내는 납폐를 신부 집에서 받음.
【受胎 수태】 아이를 뱀.
【受驗 수험】 시험을 치름.
【受刑 수형】 죄인이 형벌을 받음.
【受和受采 수화수채】 단맛은 다른 맛과 잘 조화되고, 흰색은 다른 색과 잘 조화됨. 진실한 사람은 예의를 잘 익혀 행할 수 있음.
【受釐 수희】 복을 받음.
● 甘-, 感-, 口-, 拜-, 收-, 授-, 領-, 引-, 傳-, 接-.

又 6 【叔】⑧ 아재비 숙 圖 shū

[소전] 叔 [초서] 叔 [중자] 朮 [동자] 村 字源 會意. 弋+小+又→叔. 본래 손(又)으로 막대기(弋)를 잡고 토란(小)을 캔다는 뜻이었고, '아재비'의 뜻은 뒤에 가차된 것이다.
字解 ①아재비. ㉮아버지의 아우. ¶叔父. ㉯형제 중의 셋째. 〔詩經〕 叔兮伯兮. ㉰사동생. 〔戰國策〕 嫂不以我爲叔. ②줍다, 흩어져 있는 것을 줍다. 〔詩經〕 九月叔苴. ③젊다, 나이가 어리다. 〔詩經〕 叔兮伯兮. ④끝, 말세(末世). 〔春秋左氏傳〕 三辟之興, 皆叔世也. ⑤콩. ≒菽. 〔漢書〕 得以叔粟當賦.
【叔季 숙계】 ①막냇동생. 막내아우. 末弟(말제). ②말세(末世).
【叔舅 숙구】 ①國외숙(外叔). ②천자가 이성(異姓)의 제후(諸侯)를 부르던 말.
【叔妹 숙매】 남편의 누이동생. 시누이.
【叔母 숙모】 숙부의 아내. 작은어머니.
【叔伯 숙백】 ①신하의 연하자(年下者)와 연상자(年上者). ②형제(兄弟).
【叔父 숙부】 아버지의 동생. 작은아버지.
【叔世 숙세】 정치·도덕·풍속 등이 쇠퇴하여 망해 가는 시대. 末世(말세).
【叔粟 숙속】 콩과 조.
【叔姪 숙질】 아저씨와 조카.
● 堂-, 伯-, 外-.

又 6 【取】⑧ 취할 취 圖 qǔ

[소전] 取 [초서] 取 字源 會意. 耳+又→取. 싸움에 이겨서 손(又)으로 적의 귀(耳)를 잘라 가진다는 데서 '취하다'의 뜻을 나타낸다.
字解 ①취하다, 얻다. 〔書經〕 取亂侮亡. ②골라 뽑다, 채용(採用)하다. 〔禮記〕 力行以待取. ③의지하다. 〔易經〕 遠近相取. ④가지다, 손에 쥐다. 〔詩經〕 如取如攜. ⑤받다, 받아들이다. 〔禮記〕 取衣者亦以篋. ⑥다스리다. 〔老子〕 取天下者, 常以無事. ⑦이기다, 무력을 사용하지 않고 적을 이기다. 〔呂氏春秋〕 遂取息. ⑧멸망시키다. ⑨장가들다. ≒娶. 〔易經〕 取女吉.
【取去 취거】 가지는 일과 버리는 일.
【取扱 취급】 ①물건을 다룸. ②사무나 사건 따위를 다루어 처리함.
【取其所長 취기소장】 다른 사람의 장점을 취하여 자기의 것으로 함.
【取利 취리】 ①現이익을 얻음. ②國돈놀이.
【取舍 취사】 ①≒取捨(취사). ②나아감과 그침.
【取捨 취사】 취함과 버림. 取舍(취사).
【取善輔仁 취선보인】 다른 사람의 선행(善行)을 본받아 자기의 인덕(人德)을 기름.
【取消 취소】 기록하거나 진술한 사실을 지워 없앰. 抹消(말소).
【取笑 취소】 남의 웃음거리가 됨.
【取信 취신】 남에게서 신용(信用)을 얻음.
【取予 취여】 가짐과 줌. 取與(취여).
【取餘 취여】 제사에 쓴 희생(犧牲)의 남은 고기를 얻음.
【取人 취인】 사람을 가려 씀.
【取子車 취자거】 목화씨를 빼는 기구. 씨아.
【取材 취재】 어떤 사물에서 기사나 작품의 재료를 조사하여 얻음.
【取種 취종】 씨를 받음.
【取次 취차】 ①한때. 한동안. ②차차. 차츰.
【取靑媲白 취청비백】 청을 취하고 백을 짝함. ㉠갖가지 색을 배합함. ㉡시문(詩文)을 지을 때 아름다운 자구만을 배열함.
【取下 취하】 신청하거나 제출했던 것을 도로 거두어들임.
【取汗 취한】 병을 다스리려고 땀을 냄.
【取轄投井 취할투정】 굴대의 비녀장을 빼어 우물 속에 던져 버림. 손님이 떠나지 못하도록 억지로 만류함.
● 去-, 詐-, 爭-, 進-, 探-.

又 7 【叚】⑨ ❶빌릴 가 圖 jiǎ ❷성 하 圖 xiá

[소전] 叚 [고문] 叚 [혹체] 叚 字解 ❶빌리다, 빌려 주다. ≒假. ❷성(姓). ≒瑕.

又 7 【叛】⑨ 배반할 반 圖 pàn

[소전] 叛 [초서] 叛 字源 會意·形聲. 半+反→叛. '反(반)'이 음도 나타낸다. '半'은 둘로 나누다의 뜻이고, '反'은

거스르다의 뜻으로, 배반(背反)하여 떠남을 나타낸다.

字解 ①배반하다, 상도(常道)를 어지럽히다. 〔書經〕三監及淮夷叛. ②떨어지다, 둘이 되다. 〔春秋左氏傳〕書曰, 入于戚以叛. ③달아나다. ④어긋나다. 〔春秋左氏傳〕不吾叛也. ⑤빛나다, 빛나는 모양.〔張衡・賦〕叛赫戲以輝煌.

【叛軍 반군】 반란을 일으킨 군사.
【叛奴 반노】 자기 상전(上典)을 배반한 종.
【叛徒 반도】 반란을 꾀한 무리.
【叛亂 반란】 정권을 타도하기 위해 일으키는 조직적인 폭력 활동.
【叛服 반복】 배반함과 복종함.
【叛臣 반신】 배반한 신하.
【叛逆 반역】 ①나라와 겨레를 배반함. ②통치자에게서 나라를 다스리는 권한을 빼앗으려고 함.
【叛衍 반연】 제멋대로 함. ○'衍'은 '만연하다'를 뜻함.
【叛將 반장】 반란을 일으킨 장수(將帥).
【叛賊 반적】 모반한 역적.
【叛換 반환】 제멋대로 날뜀.
【叛渙 반환】 배반하여 흩어져 감.
○ 謀−, 背−.

又 7 【敍】⑨ 敍(745)의 속자

又 7 【叜】⑨ 叟(259)의 고자

又 8 【叟】⑩ ①늙은이 수 宥 sǒu ②쌀 씻는 소리 수 尤 sōu ③움직일 수 蕭 xiāo

字解 ❶늙은이, 늙은이를 부르는 존칭. 〔孟子〕叟不遠千里而來. ❷①쌀 씻는 소리. ¶叟叟. ②촉(蜀)의 별칭. 한대(漢代)부터 육조(六朝) 때까지 촉 지방에 살던 종족 이름에서 온 말. ¶叟兵. ❸움직이다, 움직이는 모양. 늑搜. ¶叟叟.
【叟兵 수병】 후한(後漢)・삼국(三國) 때 수인(叟人)으로 구성된 군대. 매우 용맹하였음.
【叟叟 수수】 ①쌀 씻는 소리. ②움직이는 모양.

又 11 【㪙】⑬ 搢(719)의 본자

又 14 【叡】⑯ 밝을 예 霽 ruì

字解 ❶밝다, 깊이 사리에 통하다. 〔史記〕幼而叡齊. ②임금의 언행(言行)에 붙이는 말. ¶叡覽.
【叡覽 예람】 임금이 열람함.
【叡略 예략】 임금의 뛰어난 계략.
【叡慮 예려】 임금의 생각.
【叡明 예명】 임금이 매우 명민(明敏)함.
【叡敏 예민】 사리에 통달함.
【叡算 예산】 임금의 나이. 寶算(보산).
【叡聖 예성】 지덕(知德)이 훌륭하고 사리에 밝음. 明聖(명성).
【叡藻 예조】 임금이 지은 시문(詩文).
【叡旨 예지】 임금의 생각. 聖旨(성지).
【叡知 예지】 뛰어난 지혜.
【叡智 예지】 ①뛰어나고 현명한 지혜. ②이성(理性).
【叡哲 예철】 지혜가 깊고 사리에 밝음.
○ 明−, 敏−, 神−, 英−, 精−, 聰−.

又 14 【叡】⑯ 叡(259)와 동자

又 16 【叢】⑱ 모일 총 東 cóng

字解 ❶모이다. 늑聚. 〔書經〕是叢于厥身. ②떨기, 풀・나무 등의 무더기. ¶竹叢. ③많다, 번잡하다.〔漢書〕罔密事叢. ④잘다, 번거롭다. 〔書經〕元首叢脞哉.
【叢輕折軸 총경절축】 가벼운 물건도 많이 쌓이면 차축(車軸)을 부러뜨림. 작은 것도 많이 모이면 큰 힘이 됨. 聚輕折軸(취경절축).
【叢巧 총교】 좀스럽고 약삭빠른 지혜.
【叢棘 총극】 ①많이 얽혀 있는 가시. 가시덤불. ②죄인을 잡아 가두는 곳.
【叢蘭 총란】 무더기로 나 있는 난초. 인품과 덕성이 훌륭한 사람의 비유.
【叢論 총론】 논설, 문장 등을 모아 놓은 책.
【叢莽 총망】 우거진 풀숲.
【叢薄 총박】 무성한 초목(草木). ○'叢'은 '나무숲', '薄'은 '풀숲'을 뜻함.
【叢芳 총방】 무더기로 핀 꽃.
【叢煩 총번】 사물이 많고 번거로움.
【叢祠 총사】 수목이 우거진 곳에 있는 사당.
【叢生 총생】 풀이나 나무가 무더기로 더부룩하게 남.
【叢書 총서】 ①갖가지 서적을 모음. 또는 그 서적. ②일정한 형식・체재로 계속해서 출판되어 한 질을 이룬 책들.
【叢樹 총수】 우거진 나무숲.
【叢語 총어】 많은 낱말을 모아 놓은 책.
【叢翳 총예】 초목이 우거져 그늘짐.
【叢穢 총예】 풀이 우거져 지저분함.
【叢雲 총운】 ①뭉게뭉게 모여 있는 구름. ②옛날의 음악 이름.
【叢脞 총좌】 자질구레하고 번잡함. 번잡하여 통일성이 없음.
【叢至 총지】 떼 지어 옴. 자주 옴.
【叢帖 총첩】 고금의 법첩(法帖)을 모아 판각(版刻)한 것.
【叢叢 총총】 ①많은 물건이 빽빽하게 들어서 있는 모양. ②떼 지어 모이는 모양.
○ 談−, 芳−, 淵−, 林−, 竹−.

口 部

3획 부수 | 입구부

【口】③ 입 구 音 kǒu

〔字源〕象形. 사람 입의 모양을 본뜬 글자.

〔字解〕①입. ㉮음식물을 먹고 말을 하는 기관.〔春秋左氏傳〕勺飮不入口七日. ㉯식구, 사람.〔孟子〕八口之家, 可以無飢. ㉰사람을 세는 단위. ②어귀, 드나드는 목의 첫머리.〔宋史〕破契丹長城口. ③구멍, 구멍이 난 곳.〔陶潛·記〕山有小口. ④주둥이, 부리.〔埤雅〕鶴之上相, 隆鼻而短口. ⑤말하다, 입 밖에 내다.〔春秋公羊傳〕吾爲子口隱矣. ⑥자루, 칼 등을 세는 단위.〔晉書〕跪獻劍一口.

【口角 구각】①입아귀. ②논쟁(論爭)함. 입씨름.

【口角流沫 구각유말】입에서 침을 튀기며 심하게 논쟁(論爭)하는 모양.

【口腔 구강】입에서 목구멍에 이르는 입 안의 빈 곳.

【口講指畫 구강지화】입으로는 말하고 손으로는 그림을 그림. 친절하게 가르쳐 줌의 비유.

【口訣 구결】①입으로 전하는 비결(祕訣). ②國한문의 구절 끝에 다는 토. '㫆(하고)', '厂(에)' 따위.

【口徑 구경】원통 모양으로 된 물건의 아가리의 지름.

【口啓 구계】國임금에게 말로 보고하거나 물어 보거나 의견을 내거나 함.

【口供 구공】죄인의 자백서(自白書).

【口過 구과】①말을 잘못함. 失言(실언). ②입구린내가 나는 일.

【口敎 구교】말로 지시함. 구두로 명령함.

【口具 구구】구두(口頭)로 말함.

【口琴 구금】고대에 사용한, 입에 물고 부는 악기 이름.

【口給 구급】말솜씨가 뛰어남. 口敏(구민).

【口氣 구기】①입에서 나오는 기운. ②말하는 투. 말투. 口吻(구문).

【口喫 구끽】말을 더듬음. 口吃(구흘).

【口訥 구눌】말을 더듬음.

【口頭 구두】직접 입으로 하는 말.

【口頭交 구두교】진실성이 없이 말뿐인 사귐.

【口頭禪 구두선】실행함이 없이 입으로만 늘 걸여 대는 말.

【口糧 구량】①병사(兵士)나 역부(役夫)에게 매달 지급하던 식량. ②빈민에게 나누어 주던 양식. ③식구 수효대로 관아에서 내어 주던 양식.

【口無擇言 구무택언】입에서 나오는 말을 선택할 필요가 없음. 한 마디도 가려서 버릴 것이 없는 좋은 말.

【口吻 구문】①입술. ②말하는 투. 口氣(구기).

【口味 구미】입맛.

【口麋 구미】입안이 붉게 허는 병.

【口敏 구민】말을 잘함. 구변(口辯)이 좋음.

【口密 구밀】(佛)삼밀(三密)의 하나. 진언(眞言)을 분명하게 외는 일.

【口蜜腹劍 구밀복검】말은 달콤하나 마음속에 칼을 품고 있음. 겉은 친절하나 내심은 음험함.

【口癖 구벽】입버릇.

【口辯 구변】말솜씨. 言辯(언변).

【口輔 구보】입 언저리. 口頰(구협).

【口腹 구복】①입과 배. ②음식.

【口腹之計 구복지계】살아가는 방법.

【口腹之累 구복지루】생활의 괴로움.

【口賦 구부】사람의 수효에 따라서 과하는 세금.

【口不絶吟 구부절음】입으로 끊임없이 읊조림. 항상 읊조림.

【口分 구분】①균등하게 나눔. ②식량(食糧). ③병사의 급료(給料). ④口口分田(구분전).

【口分田 구분전】①당대(唐代)에 18세 이상의 모든 백성들에게 나누어 주던 국가 소유의 공전(公田). ②고려 때 관리의 유자녀, 전쟁 미망인, 늙은 군인 등 생활 능력이 없는 사람에게 나누어 주던 논밭.

【口碑 구비】세간(世間)에 전하여 내려오는 말. ○'碑'는 '영원히 없어지지 않는 것'을 뜻함. 傳說(전설).

【口事 구사】남을 헐뜯는 말. 讒言(참언).

【口算 구산】①사람 수효에 따라 과하는 세금. 인두세(人頭稅). 口賦(구부). ②가축의 마릿수에 따라 과하는 세금.

【口象 구상】구설(口舌)의 형태.

【口尙乳臭 구상유취】입에서 아직 젖내가 남. 말이나 행동이 유치함.

【口宣 구선】①임금의 명령을 말로써 전함. ②문체(文體) 이름. 조령류(詔令類)의 한 가지. 임금이 신하에게 유고(諭告)하는 문사(文辭). ③입으로 진술하는 일.

【口舌 구설】①입과 혀. ②말. 辯舌(변설).

【口舌勞 구설로】언변으로 세운 공로. 변설의 노고.

【口舌數 구설수】남에게 시비하거나 헐뜯는 말을 듣게 될 신수.

【口誦 구송】소리 내어 욈.

【口雖喎直吹螺 구수와직취라】國입은 비뚤어져도 소라는 바로 불어라. 말은 언제나 바르게 해야 함.

【口實 구실】①핑계 삼을 밑천. 변명할 재료. ②화제(話題). 이야깃거리. ③입에 발린 말. 실행이 따르지 않는 말. ④음식물. ⑤호구(糊口)의 밑천. 俸祿(봉록). ⑥죽은 사람의 입에 물리는 구슬.

【口哦 구아】입으로 읊조림. 口吟(구음).

【口案 구안】말한 대로 적어 놓은 조서(調書). 구술(口述)의 조서.

【口業 구업】①시문(詩文)을 짓는 일. ②(佛)입으로 짓는 죄업(罪業).

【口如懸河 구여현하】흐르는 강물처럼 말을 거침없이 잘함. 靑山流水(청산유수).
【口外 구외】장성(長城) 밖. 서북 변경의 관(關) 밖. ○'口'는 '關'으로 '관문'을 뜻함.
【口吟 구음】①말을 더듬어 소리가 분명하지 못함. ②읊조림. 口哦(구아).
【口耳之學 구이지학】귀로 들은 바를 이내 입으로 지껄이는 천박한 학문. 자신을 이롭게 하지 못하는 학문.
【口者關也 구자관야】입은 관문임. 입을 함부로 열어서는 안 됨을 경계하는 말.
【口才 구재】①말솜씨가 좋음. 또는 그런 사람. ②國노래를 잘 부르는 재주.
【口傳 구전】말로 전함. 말로 전하여 내려옴.
【口錢 구전】①인두세(人頭稅). ②國흥정을 붙여 주고 그 수고료로 받는 돈.
【口傳心授 구전심수】말로 전하고 마음으로 가르침.
【口傳政事 구전정사】國왕명을 받아 이조 판서가 관리를 임명하던 정사.
【口占 구점】①입 속으로 읊음. ②즉석에서 시(詩)를 지음. ③글이나 말을 문서에 의하지 않고 말로써 전달함.
【口中蝨 구중슬】입 안의 이. 곧, 병탄(倂呑)하기 쉬운 적.
【口中雌黃 구중자황】입 속의 자황. 한번 한 말은 고칠 수 없음의 비유. ○'雌黃'은 황색의 물감인데, 책에서 잘못 쓴 데를 자황을 칠하여 그 위에 고쳐 쓴 데서 온 말.
【口中荊棘 구중형극】입 속에 있는 가시. 남을 중상하는 언론(言論)의 음험함의 비유.
【口讒 구참】악담(惡談). 험담(險談). ②구변(口辯)이 좋음.
【口快 구쾌】①생각 없이 제멋대로 지껄임. 말을 삼가지 않음. ②現말이 빠름.
【口澤 구택】입이 자주 닿은 자리의 광택.
【口筆 구필】입에 붓을 물고 쓰는 글씨.
【口血 구혈】①제후(諸侯)가 동맹을 맺을 때에 마시던 희생의 피. ②입으로 토하는 피.
【血未乾 구혈미건】구혈이 아직 마르지 않음. 맹세한 지 얼마 되지 않음.
【口頰 구협】①口口輔(구보). ②재치 있는 말솜씨. 辯舌(변설).
【口惠 구혜】말로만 베푸는 은혜.
【口號 구호】①시체(詩體) 이름. 송대(宋代)에 악인(樂人)이 황제에게 바치던, 성덕(聖德)을 기리는 시. ②어떤 요구나 주장 따위를 간결한 형식으로 표현한 문구. ③口占(구점).
【口畫 구획】계획을 직접 말함.
【口吃 구흘】말을 더듬음.
❶開-, 箝-, 鷄-, 人-, 入-, 衆-, 出-, 浦-, 緘-, 港-, 戶-, 虎-, 糊-, 火-,

口2【可】⑤ ❶옳을 가 圈 kě ❷군주 칭호 극 囷 kè

一 丆 可 可 可

──────────

[篆][書] 可 ㄎ [參考] 대법원 지정 인명용 한자의 음은 '가'이다.
[字源] 象形. 본래 도끼 자루를 본뜬 것으로, 뒤에 '옳다'의 뜻으로 가차되었다.
[字解] ❶①옳다. ㉮규범·사리·격 등에 맞다. 〔後漢書〕今口立號, 雖尊可也. ㉯옳다고 하다. 찬성하다. 〔史記〕制曰可. ②가히. 결정·상상·권고·가능의 뜻을 나타낸다. 〔論語〕雖百世可知也. ③쯤. 정도(程度). 〔史記〕飮可五六斗. ④듣다, 들어주다. 〔國語〕大夫辭之不可. ⑤그런대로 좋다. 〔論語〕子曰可也, 未若貧而樂. ⑥좋은 점, 장점(長點). 〔後漢書〕僕亦無一可耶. ⑦견디다. 〔司馬相如·文〕其殆不可乎. ❷군주 칭호, 오랑캐 임금의 칭호. ¶可汗.
【可嘉 가가】칭찬할 만함.
【可堪 가감】①감명(感銘)이 깊어 견디기 힘듦. 那堪(나감). ②감당할 수 있음.
【可決 가결】회의에서 안건이나 사항을 심의하여 가하다고 결정함.
【可高可下 가고가하】인자(仁者)는 높은 지위에 있어도 교만하지 않고, 낮은 지위에 있어도 두려워하지 않음.
【可恐 가공】두려워하거나 놀랄 만함.
【可觀 가관】①매우 훌륭하여 볼 만함. ②하는 짓이나 모양 따위가 꼴불견임.
【可怪 가괴】괴상하게 여길 만함.
【可矜 가긍】①가엾고 불쌍함. ②사형수(死刑囚).
【可欺以方 가기이방】그럴듯한 말로 남을 속일 수 있음. 可欺以其方(가기이기방).
【可念 가념】①박함, 가엾음. ②귀여움. 사랑스러움. ③國마음에 걸릴 만함. 걱정됨.
【可能 가능】①할 수 있음. ②될 수 있음. ③참음. 견딤. 可堪(가감).
【可當 가당】①사리에 맞을 만함. ②해낼 수 있음 ③대체로 합당함.
【可東可西 가동가서】이렇게든 저렇게든 다 할 만함.
【可憐 가련】가엾고 불쌍함.
【可望 가망】될 만한 희망.
【可否 가부】①옳고 그름. 是非(시비). ②찬성과 반대.
【可惜許 가석허】(佛)애석함. ○'許'는 어조사(語助辭). 可惜(가석).
【可謂 가위】①~라고 할 만함. ②한마디의 말로 이르자면.
【可意 가의】①뜻에 맞음. 마음에 듦. ②뜻대로 됨. 생각대로 되어 감. ③예쁜 사람. 사랑스러운 사람.
【可疑 가의】의심스러움. 의심할 만함.
【可人 가인】쓸모 있는 사람. 좋은 사람.
【可中 가중】①매우 알맞음. 매우 적합함. ②가령(假令). 가사(假使).
【可痛 가통】통분할 만함.
【可票 가표】찬성을 나타내는 표.
【可汗 극한】몽고어(蒙古語) 찬성은 왕(王)을 뜻하는 말. ○'汗'은 극한(可汗)의 준말로, 서역(西域)에 있던 연연(蠕蠕)·돌궐(突厥)·회흘(回紇)

등 종족(種族)의 군주(君主)의 칭호(稱號). 칸(Khan).
◐ 不―, 印―, 認―, 裁―, 許―.

口 【古】 ⑤ 예 고 **gǔ**
2

一十十古古

소전 古 **고문** 固 **초서** 古 [字源] 會意. 十＋口→古. 앞 세대의 사실을 입(口)을 통해 차례차례로 전하여 10대(代)가 지났음을 나타낸다.
[字解] ①예, 옛날, 오래 전. 〔韓愈·說〕古之學者必有師. ②오래다, 오래되다. 〔陳子昂·詩〕樹石千年古. ③예스럽다, 예스러운 것. 〔陸游·文〕簡古可愛. ④선인(先人), 선왕(先王), 선조(先祖). 〔詩經〕古訓是式. ⑤옛날의 법(法). 〔漢書〕見古之不可不用也. ⑥하늘. 〔易經〕其於中古乎.
【古家 고가】지은 지 오래된 집.
【古歌 고가】옛 노래. 고인(古人)의 노래.
【古甲子 고갑자】고대 간지(干支)의 이름. 곧, 알봉(閼逢)〔甲〕· 전몽(旃蒙)〔乙〕· 유조(柔兆)〔丙〕· 강어(彊圉)〔丁〕· 저옹(著雍)〔戊〕· 도유(屠維)〔己〕· 상장(上章)〔庚〕· 중광(重光)〔辛〕· 현익(玄黓)〔壬〕· 소양(昭陽)〔癸〕· 곤돈(困敦)〔子〕· 적분약(赤奮若)〔丑〕· 섭제격(攝提格)〔寅〕· 단알(單閼)〔卯〕· 집서(執徐)〔辰〕· 대황락(大荒落)〔巳〕· 돈장(敦牂)〔午〕· 협흡(協洽)〔未〕· 군탄(涒灘)〔申〕· 작악(作噩)〔酉〕· 엄무(閹茂)〔戌〕· 대연헌(大淵獻)〔亥〕.
【古戒 고계】옛 사람이 남긴 경계(警戒).
【古怪 고괴】기이함. 괴상함.
【古宮 고궁】옛 궁궐.
【古今 고금】옛날과 지금.
【古今獨步 고금독보】고금(古今)을 통하여 견줄 만한 것이 없음. 홀로 빼어남.
【古今同然 고금동연】예전이나 지금이나 모습이나 형편이 변함없음.
【古氣 고기】예스러운 운치. 古韻(고운).
【古淡 고담】취미가 예스럽고 담백함.
【古堂 고당】낡은 당(堂).
【古代 고대】옛 시대.
【古德 고덕】덕행이 높은 옛 승려.
【古都 고도】옛 도읍.
【古董 고동】①역사적·미술적으로 가치가 있는 옛 미술품이나 기물. 古玩(고완). 骨董(골동). ②現시대에 뒤진 사람을 비웃어 이르는 말. 古董先生(고동선생).
【古銅爐 고동로】구리로 만든 옛날 화로.
【古來 고래】예로부터 지금까지의 동안. 自古以來(자고이래).
【古隷 고례】한대(漢代)의 예서(隷書). 당대(唐代)의 예서는 금례(今隷)라고 함.
【古老 고로】①늙어 시대에 뒤떨어진 사람. 곧, 못된 자식이 제 부모를 업신여겨 이르는 말. ②옛 노인. 경험이 많고 옛일을 잘 아는 노인. 故老(고로).

【古老相傳 고로상전】늙은이들의 말에 의하여 대대로 전하여 옴.
【古貌古心 고모고심】용모와 마음씨가 모두 옛 사람의 풍도(風度)가 있음.
【古廟 고묘】①오래된 사당(祠堂). ②오래된 신전(神殿).
【古文 고문】①옛 글. ②중국의 옛 문자나 문장. ③선진 시대(先秦時代)의 문자. 또는 그 문자로 쓴 책. ④사륙변려체(四六駢儷體)의 글에 대하여 진한(秦漢) 이전의 명쾌(明快)한 문체(文體)를 이름.
【古文辭學 고문사학】명대(明代)의 이반룡(李攀龍)·왕세정(王世貞) 등이 선진(先秦) 시대를 모범으로 하여 시문(詩文)을 제작할 것을 주창한 문학상의 일파.
【古法 고법】옛날의 법률이나 법식.
【古本 고본】오래된 책.
【古墳 고분】옛 무덤.
【古佛 고불】①오래된 불상(佛像). ②(佛)과거세(過去世)의 부처. ③國나이가 많고 덕이 있는 늙은이. ④문과(文科)에 급제한 사람의 아버지.
【古史 고사】①옛 역사. ②편년체(編年體). 기전체(紀傳體)를 정사(正史)라 함.
【古色 고색】①낡은 빛깔. ②고풍스러운 정치(情致).
【古昔 고석】오랜 옛날. 往昔(왕석).
【古詩 고시】①고대의 시. ②한시(漢詩)의 한 체(體). 당대(唐代)의 근체시(近體詩)에 대하여 수(隋) 이전의 시를 이름. 구수(句數)와 평측(平仄)에 제한이 없고, 압운(押韻)·평측(平仄)에도 일정한 법칙이 없이 자유로움.
【古雅 고아】예스러워 아치(雅致)가 있음.
【古樂 고악】①옛 풍류. 옛날의 음악. ②선왕(先王)의 음악. 雅樂(아악). 正樂(정악).
【古言 고언】옛 사람의 말. 옛 사람이 남긴 말.
【古諺 고언】옛날부터 전해 오는 속담.
【古屋 고옥】지은 지 오래된 집.
【古往今來 고왕금래】예전과 지금. 古今(고금).
【古音 고음】①수(隋)나라 육법언(陸法言)의 절운(切韻) 이전의 시가(詩歌) 등에 사용된 음운(音韻). 古韻(고운). ②古樂(고악).
【古意 고의】①예스러운 정취(情趣). ②회구(懷舊)의 정(情).
【古義 고의】①옛 의의(意義). 옛날의 해석(解釋). ②옛날의 바른 도리. 古誼(고의).
【古誼 고의】 ☞古義②.
【古人之糟粕 고인지조박】오늘날까지 전해 온, 옛 성현의 말이나 글. 오묘한 진리는 말이나 문장으로 전할 수 없으며 고인은 이미 죽고 없으므로, 남아 있는 말이나 문장은 정수(精髓)를 잃어버린 찌꺼기라는 뜻. ◐'魄'은 '粕'으로 '찌꺼기'를 뜻함.
【古字 고자】예서(隷書) 이전의 고대 문자.
【古跡 고적】①옛날의 자취. ②역사적인 축조물(築造物)이 있던 터. 古蹟(고적).
【古蹟 고적】 ☞古跡(고적).
【古典 고전】①옛날의 의식이나 법식. 옛날의

口部 2획 叩另句

규범(規範)이나 제도(制度). 古憲(고헌). ②고대(古代)의 전적(典籍). 경서(經書) 따위.
【古井無波 고정무파】 물이 마른 옛 우물에는 파도가 일지 않음. 마음을 굳게 가지고 정절(貞節)을 지키는 여자의 비유.
【古調 고조】 옛 곡조.
【古拙 고졸】 예스럽고 소박한 멋이 있음.
【古終 고종】 목화(木花). 古貝(고패).
【古注 고주】 경서(經書)에 대한 한당대(漢唐代)의 주석(注釋). 송대(宋代) 이후의 신주(新注)에 대한 말. 古註(고주).
【古籒 고주】 고문(古文)과 주문(籒文).
【古處 고처】 ①이전과 다름없이 처신함. ②고도(古道)로써 처신함.
【古宅 고택】 지은 지 오래된 집.
【古版 고판】 ①옛 판각(版刻)의 책. ②오래된 판목(版木).
【古風 고풍】 ①옛 풍속. 옛날의 모습. 예스러운 모습. ②한시(漢詩)의 한 체(體). 古詩(고시). ③㉠임금이 활쏘기를 하다가 맞히면 그 자리에 있던 신하들에게 상을 주던 일. ㉡서당 아이들이 대신(大臣)이나 재상(宰相)이 지나는 길에 책을 펴 놓고 책 위로 지나가지 못하게 하면 그 기개(氣槪)를 장하게 여겨 많은 지필묵(紙筆墨)을 내주던 풍속. ㉢장신(將臣)이 사정(射亭)에 갔을 때에 사원(射員)들에게 터놀이하라고 돈을 주던 일. ㉣새로 부임한 벼슬아치가 전례를 좇아 하례(下隷)에게 행하(行下)를 주던 일.
【古筆 고필】 옛 사람의 서화(書畫).
【古學 고학】 ①고대(古代)의 학예(學藝)를 연구하는 학문. ②송대(宋代)의 의리학(義理學)에 대하여 한당대(漢唐代)의 주소학(註疏學)을 이름. ③과거(科擧) 시험에서 제예(制藝) 이외의 경해(經解)·사론(史論)·시부(詩賦) 등을 이름.
【古墟 고허】 ①오래된 폐허. ②옛 성터.
【古畫 고화】 옛 그림.
【古懽 고환】 ①옛날의 친분. 옛날의 은애(恩愛). ②고인(古人)을 벗으로 삼음.
【古訓 고훈】 ①옛 사람의 교훈. ②선왕(先王)의 교훈.
【古稀 고희】 일흔 살. ○두보(杜甫)가 '曲江(곡강)'이라는 시에서 '人生七十古來稀(인생칠십고래희)', 곧 사람의 나이 일흔은 예로부터 드문 일이라고 한 데서 온 말.
○考ー, 近ー, 萬ー, 復ー, 上ー, 往ー, 擬ー, 前ー, 中ー, 最ー, 太ー, 懷ー.

口 2 【叩】⑤ 두드릴 고 ⓜ구 囿 kòu
[초전] 叩 [동자] 扣 [字解] ①두드리다, 잇달아 치다, 때리다.〔論語〕以杖叩其脛. ②묻다, 물어보다.〔梁武帝·詩〕獨學少擊叩. ③잡아당기다, 못 가도록 끌어당기다.〔史記〕叩馬而諫. ④정성스러운 모양. ¶ 叩叩. ⑤조아리다, 꾸벅거리다. ¶ 叩頭.
【叩叩 고고】 ①문 같은 것을 똑똑 두드리는 모양. ②정성스러운 모양. ③간절하게 묻는 모양.
【叩頭 고두】 머리를 조아림. 이마를 땅에 조아리며 하는 절. 사죄(謝罪)할 때의 예.
【叩勒 고륵】 출병하여 토벌함. ○'勒'은 '말의 고삐'를 뜻함.
【叩馬而諫 고마이간】 말을 못 가게 고삐를 붙들고 간함.
【叩門 고문】 남을 방문하여 문을 두드림.
【叩問 고문】 물어봄. 질문함.
【叩謝 고사】 ㉻공손히 사례함.
【叩舷 고현】 뱃전을 두드림.
【叩閽 고혼】 관청을 찾아감. 직접 대궐에 나아가 억울함을 호소하는 일. 直訴(직소).
○擊ー, 雙ー, 瞻ー.

口 2 【另】⑤ 살 바를 과 馬 guǎ
[동자] 呙 [參考] 另(264)은 딴 자. [字解] 살을 바르다, 살을 발라서 뼈와 가르다.

口 2 【句】⑤
❶글귀 구 國 jù
❷굽을 구 冘 gōu
❸거리낄 구 囿 gòu
❹땅 이름 구 囿 gōu

丿 勹 勽 句 句

[소전] 㔷 [초서] 句 [參考] 대법원 지정 인명용 한자의 음은 '구·귀'이다.
[亨源] 形聲. 口+厶→句. '厶(구)'가 음을 나타낸다.
[字解] ❶①글귀, 글의 구절. ¶ 成句. ②문장이 끊어지는 곳. ¶ 句讀點. ❷①굽다, 구부러지다. ＝勾.〔禮記〕句者畢出. ②직각 삼각형에서 직각을 낀 두 변 중 짧은 변.〔周髀算經〕句股之法. ③벼슬 이름. ¶ 句芒. ④갈고리. ≒鉤. ¶ 句兵. ⑤별 이름. ❸①거리끼다. ≒拘. ②일을 맡다, 임무를 담당하다. ¶ 句檢. ❹①땅 이름. 중국 산동성(山東省)에 있는 땅. ②네모, 방형(方形). ≒矩. ¶ 句屨.
【句檢 구검】 ①벼슬아치의 근무 상태를 검열함. ②맡아서 다스리고 검사함.
【句曲 구곡】 ①곡형(曲形)으로 이어짐. ②산 이름. 기산(己山), 모산(茅山)이라고도 함.
【句管 구관】 맡아서 다스림.
【句屨 구구】 네모진 신.
【句戟 구극】 끝이 굽은 창.
【句當 구당】 임무를 담당함.
【句讀 구두】 글을 읽기 편하도록 단어·구절에 점 또는 부호 등으로 표시를 하는 방법. 한문에서는 문의(文義)가 끊어지는 곳을 '句'라 하고, 구 중에서 읽기에 편리하도록 하기 위하여 끊어 읽는 곳을 '讀'라고 함. 句讀法(구두법).
【句讀點 구두점】 구두에 찍는 점.
【句欄 구란】 ①만곡(彎曲)의 난간(欄干). 句欄(구란). ②송대(宋代)·원대(元代)에 연극을 하던 장소. 후대에는 기녀(妓女)·배우가 있는 곳을 이름.

口部 2획 叴叫叫叨另司

【句芒 구망】 ①나무를 맡은 벼슬 또는 신(神). ②☞句萌(구맹).
【句萌 구맹】 초목(草木)이 처음 싹틀 때의 모양. ○'句'는 구부러진 싹, '萌'은 빳빳하게 바로 선 싹.
【句兵 구병】 칼끝이 휘어진 병기(兵器).
【句眼 구안】 ☞句中眼(구중안).
【句嬰 구영】 중국의 북쪽에 있었던 나라 이름. 사람들이 모두 등이 굽고 키가 작았다고 함.
【句引 구인】 ①꾀어들임. 꾐. 내통함. ②잡아 끌고 감. 拘引(구인).
【句節 구절】 한 토막의 말이나 글.
【句卒 구졸】 삼군(三軍)의 좌우에 진(陣)을 치는 별대(別隊). 함성을 지르며 허세를 부려서 적을 유인하여 적정을 분열하는 것을 목적으로 함. ○'句'는 '引'으로 '잡아 끌다'를 뜻함.
【句中眼 구중안】 시구 가운데서 눈이라고 할 만한 중요로운 한 자(字). 句眼(구안).

● 結-, 警-, 難-, 短-, 對-, 名-, 文-, 承-, 詩-, 字-, 章-, 轉-, 絶-.

【叴】⑤ 소리 높일 구 ㉰ qiú
[字解] ①소리를 높이다, 소리를 크게 하다. ②세모창. 늑모창.

【叫】⑤ 부르짖을 규 ㉮교 ㉰㉱ jiào
ㅣㄇㅁㅁ叫
[소전] [초서] [본서] [속서] [字源] 形聲. 口+니→叫. '니(규)'가 음을 나타낸다.
[字解] ①부르짖다. 〔春秋左氏傳〕或叫於宋太廟. ②부르다, 오라고 부르다. 〔楚辭〕叫我友兮配耦. ③울다, 짐승이 울다. 〔潘岳·賦〕候扇擧而淸叫.
【叫噭 규각】 부르짖음. 소리 지름.
【叫聒 규괄】 부르짖어 떠들썩함.
【叫叫 규규】 ①큰 소리로 부르짖는 모양. ②멀리까지 들리는 소리.
【叫呶 규노】 떠들썩한 소리.
【叫賣 규매】 사라고 소리 지르며 팖.
【叫嘯 규소】 외치며 떠듦.
【叫吟 규음】 소리 높여 욺.
【叫譟 규조】 소리 지르며 떠듦.
【叫天子 규천자】 종달새.
【叫呼 규호】 ①부르짖음. ②비웃음.
【叫號 규호】 큰 소리로 부르짖음. 울부짖음.
【叫喚 규환】 큰 소리로 부르짖음.
【叫喚地獄 규환지옥】 (佛)팔열(八熱) 지옥의 하나. 뜨거움을 못 이겨 울며 부르짖는다는 세계.
【叫囂 규효】 큰 소리로 외침. 叫譁(규환).

● 大-, 絶-, 呼-, 喚-.

【呌】⑤ 叫(264)의 본자

【叨】⑤ 탐낼 도 ㉱ tāo
[소전] [초서] [字解] ①탐내다, 탐하다. 〔後漢書〕豈橫叨天功以爲己力乎. ②함부로 차지하다, 외람되이 받아들이다. ¶叨竊. ③함부로, 외람되이. 자신을 낮추어 겸손의 뜻을 나타낸다. ④참, 진실, 정성. ¶叨惟.
【叨沓 도답】 탐욕스럽고 태만함. 틈이 나는 대로 게으름을 피움.
【叨叨 도도】 ①말이 많음. 투덜거림. ②참됨. 진실함.
【叨冒 도모】 욕심이 많음. 貪欲(탐욕).
【叨竊 도절】 분에 넘치게 높은 자리를 차지함.
【叨忝 도첨】 외람되게 은혜를 입음.
【叨懫 도치】 함부로 화를 내어 도리에 어그러짐.
【叨貪 도탐】 ☞叨冒(도모).

● 貪-, 橫-.

【另】⑤ 헤어질 령 ㉲ lìng
[초서] [參考] 另(263)는 딴 자.
[字解] ①헤어지다, 별거하다. ¶另居. ②따로, 별도로. 〔水滸傳〕另修一封書在中間.
【另開便門 영개편문】 청대(淸代)에 각 성(省)의 관청에 마련해 둔, 민간인이 출입하던 작은 문.
【另居 영거】 따로 떨어져 삶. 別居(별거).
【另念 영념】 특별한 호의로 마음을 씀.
【另眼 영안】 특별히.
【另眼相看 영안상간】 특별히 우대함.
【另日 영일】 다른 날. 딴 날.
【另派 영파】 따로 파견함.
【另函 영함】 별봉(別封)의 편지.

【司】⑤ 맡을 사 ㉯ sī, sì
ㄱㄱㄱ司司司
[소전] [초서] [字源] 指事. '后(임금 후)' 자를 뒤집어 놓은 모양. 안에 있는 임금에 대하여 밖에서 일을 맡아보는 신하, 곧 '벼슬아치'란 뜻을 나타낸다.
[字解] ①맡다, 직무로서 어떤 일을 맡다. 〔書經〕王司敬民. ②벼슬, 관리. 〔書經〕遐棄厥司. ③관아, 공무를 집행하는 곳. ¶三司. ④엿보다, 살피다. 〔周禮〕居虎門之左, 司王朝. ⑤지키다, 수호하다. 〔鬼谷子〕守其門戶.
【司諫 사간】 ①주대(周代)의 벼슬 이름. ㉠백성을 규정(糾正)하는 일을 맡아보던 벼슬. ㉡임금의 실정(失政)을 간(諫)하는 일을 맡은 벼슬. ②조선 때, 사간원(司諫院)의 종삼품(從三品) 벼슬.
【司空 사공】 ①고대에 토지·민사(民事)를 맡아보던 벼슬. ②한대(漢代) 삼공(三公)의 하나. ③고려 때, 삼공의 하나. 정일품(正一品). ④공조(工曹) 판서(判書)의 딴 이름.
【司寇 사구】 ①주대(周代)에 형벌을 맡아보던

벼슬. ②진한대(秦漢代)에 시행한 형벌 이름. 2년 형으로 노역(勞役)을 시켰음.
【司器 사기】 벼슬 이름. 은대(殷代) 천자의 육부(六府)의 하나. 주대(周代)의 각인(角人)에 해당됨.
【司南 사남】 ①남쪽을 가리킴. 나라의 정법(正法)의 비유. ②가르쳐 인도함. 또는 그 사람.
【司南車 사남거】 수레 위에 신선의 목상(木像)을 장치하고, 그 손가락이 언제나 남쪽을 가리키게 만든 수레. 司方(사방). 指南車(지남거).
【司徒 사도】 ①주대(周代)에 토지의 관리와 백성의 교화를 맡아보던 벼슬. ②한대(漢代) 삼공(三公)의 하나. ③고려 때, 삼공의 하나. ④호조(戶曹) 판서의 딴 이름.
【司隷 사례】 주대(周代)에 죄례(罪隷)와 포로를 노역(勞役)시키는 일을 맡아보던 벼슬.
【司祿 사록】 ①㉠주대(周代)에 봉록(俸祿)을 맡아보던 벼슬. ㉡조선 때, 의정부(議政府)의 정팔품(正八品) 벼슬. ②별 이름.
【司馬 사마】 ①주대(周代)에 군사(軍事)를 맡아보던 벼슬. ②한대(漢代) 삼공(三公)의 하나.
【司馬法 사마법】 주대(周代)에 토지의 경리(經理) 및 병부(兵賦)에 관한 규정.
【司命 사명】 ①생살권을 가지는 사람. ②의사(醫師). ③별 이름. ④왕망(王莽) 때 군사(軍事)를 맡아보던 벼슬. ⑤신(神) 이름. ㉠사람의 생명을 주관하는 신. ㉡부뚜막의 신 ㉢궁중(宮中)의 소신(小神).
【司牧 사목】 백성을 맡아서 기름. 임금이나 지방 상관 등을 이름.
【司方 사방】 ①☞司南車(사남거). ②방위(方位)를 맡음.
【司法 사법】 법을 적용하는 국가의 행위.
【司僕寺 사복시】 ①당대(唐代)에 여마(輿馬)·목축(牧畜)의 일을 맡아보던 벼슬. ②고려·조선 때 궁중의 여마·구목(廐牧)에 관한 일을 맡아보던 관청.
【司書 사서】 도서관에서 도서의 정리·보존·열람을 맡아보는 직위. 또는 그 직위에 있는 사람.
【司成 사성】 ①태자(太子)를 가르치는 일을 맡아보던 벼슬. ②당대(唐代)의 국자감(國子監). ③조선 때, 성균관(成均館)의 종삼품(從三品) 벼슬.
【司晨 사신】 ①당대(唐代)의 사천대(司天臺)에 속하여 시각을 알리는 일을 맡아보던 벼슬. ②날이 새는 것을 알리는 일을 맡아보는 일. 곧, 첫닭이 우는 일. ③닭의 딴 이름.
【司業 사업】 ①고려 때 국자감(國子監)이나 성균관(成均館)의 정사품(正四品) 벼슬. ②국자감의 교수. 수(隋) 양제(煬帝) 때 두었음.
【司長 사장】 ①청대(淸代)의 제도로 청리사(淸吏司)의 우두머리. 局長(국장). ②조선 말기 궁내부(宮內部)와 각 부에 속한 관청의 우두머리.
【司正 사정】 공직에 있는 사람의 규율과 질서를 바로잡는 일.
【司直 사직】 ①공명정대하게 일을 처리함. 곧, 재판관(裁判官). ②조선 때, 오위(五衛)의 정오

품(正五品) 군직(軍職)의 하나.
【司察 사찰】 동정을 살핌.
【司天臺 사천대】 ①당대(唐代)에 천문(天文)·역일(曆日)을 맡아보던 관청. ②고려 때 천문에 관한 사무를 맡아보던 관청.
【司寒 사한】 북방(北方)을 맡은 신(神).
【司貨 사화】 ①은대(殷代)에 화폐를 관리하던 벼슬. ②장제(葬祭) 때 비용 출납을 맡는 사람.
【司會 사회】 회의나 예식 따위를 진행함. 또는 그 사람.
【司候 사후】 절후(節候)를 맡아 다스림.
◐ 公-, 島-, 上-, 有-, 祭-.

【史】⑤ 역사 사 紙 shǐ

ㄱ 口 口 史 史

[字源] 會意. 中+又→史. '中'은 중정(中正), 곧 똑바름, '又'는 오른손. 중정공평(中正公平)하게 기록을 해야 하는 사람인 사관(史官)을 뜻한다.
[字解] ①역사, 기록된 문서. ¶史觀. ②사관(史官). [論語] 吾猶及史之闕文也. ③문필가, 서화가. [莊子] 衆史皆至. ④벼슬 이름, 속관(屬官)·일관(日官)·옥관(獄官) 등의 벼슬. ⑤지나치게 꾸미다. [論語] 文勝質則史.
【史官 사관】 역사의 편찬을 맡아 초고(草稿)를 쓰는 일을 맡아보던 벼슬.
【史觀 사관】 역사의 발전 법칙에 대하여 가지는 관점.
【史記 사기】 ①사관(史官)이 쓴 기록. ②한대(漢代)의 사마천(司馬遷)이 지은 역사서.
【史談 사담】 역사에 관한 이야기.
【史錄 사록】 역사에 관한 기록.
【史料 사료】 역사 연구와 편찬에 필요한 자료.
【史乘 사승】 역사적 사실을 적은 서적. ○'乘'은 '기재(記載)'를 뜻함.
【史詩 사시】 역사적 사실을 소재(素材)로 하여 쓴 시.
【史臣 사신】 사초(史草)를 쓰는 신하. 곧, 예문관(藝文館)의 검열(檢閱), 승정원(承政院)의 주서(注書). 史官(사관).
【史獄 사옥】 역사에 관계된 옥사.
【史有三長 사유삼장】 역사를 기록하는 사가는 재(才)·학(學)·식(識)에 뛰어나야 한다는 뜻.
【史二體 사이체】 역사를 기술하는 두 가지 체재. 곧, 기전체(紀傳體)와 편년체(編年體).
【史蹟 사적】 역사상 남아 있는 중대한 사건이나 시설의 자취. 古蹟(고적).
【史籍 사적】 역사적 사실을 기록한 책.
【史傳 사전】 역사서.
【史策 사책】 역사상의 기록.
【史體 사체】 사기(史記)의 체재(體裁). 편년체(編年體)와 기전체(紀傳體) 및 기사 본말체(紀事本末體)를 삼대 사체(史體)라 함.
【史草 사초】 조선 때 사관(史官)이 시정(時政)을

적어 둔 사기(史記)의 초고. 실록(實錄)의 원고가 되었음.
【史筆 사필】역사를 기록하는 필법(筆法).
【史翰 사한】역사상의 문서. 역사에 관한 문서.
【史禍 사화】역사를 기록하는 일로 말미암아 입는 화. 사필(史筆)에 관계되는 옥사(獄事).
○ 經―, 國―, 先―, 小―, 召―, 野―, 女―, 麗―, 歷―, 外―, 正―, 情―, 靑―, 太―.

口2【召】⑤
❶부를 소 (本)조 囚 zhào
❷성 소 囚 shào
❸國대추 조

ㄱ 刀 召 召 召

(素)召 (初)召 (參考) 대법원 지정 인명용 한자의 음은 '소'이다.
(字源) 會意. 刀＋口→召. 갑골문은 쌀로 두 사람이 순가락으로 술맛을 보는 모습을 나타낸 것으로, 주인과 손이 술을 놓고 상견례를 함을 뜻한다.
(字解) ❶①부르다, 오라고 부르다. ¶召集. ②어떤 결과를 가져오게 하다. ¶遠禍召福. ③부름. 임금이 신하를 부르는 일.〔晉書〕乃停召. ❷①성(姓). ②땅 이름. 주대(周代)에 소공(召公)을 봉한 땅. ＝邵. ❸國대추. ≒棗.
【召見 소견】불러들여 만나 봄.
【召棠 소당】관리의 덕화(德化)가 두드러짐의 비유. (故事) 주대(周代)에 소공(召公)이 남국(南國)을 순행하던 중 그 아래에서 잠시 쉬고 간 감당(甘棠) 나무를 그 지방 사람들이 베지 말라고 노래한 고사에서 온 말.
【召對 소대】①왕명(王命)으로 입궐하여 정사에 관한 의견을 말함. ②경연(經筵)의 참찬관(參贊官) 이하를 불러서 임금이 몸소 글을 강론함.
【召命 소명】國신하를 부르는 임금의 명령.
【召募 소모】널리 불러 모음.
【召發 소발】병사·인부를 불러 모음. 徵發(징발).
【召拜 소배】불러서 중임을 맡김.
【召辟 소벽】초야에 있는 사람을 예를 갖추어 불러들여 벼슬을 시킴.
【召史 소사】國성(姓) 아래 붙여 양민(良民)의 아내나 과부(寡婦)를 이르는 말.
【召試 소시】임금 앞에서 시문(試問)하던 일.
【召按 소안】불러서 심문·조사함.
【召接 소접】國임금이 신하를 불러서 만나 봄.
【召集 소집】불러서 모음.
【召致 소치】불러서 오게 함.
【召置 소치】불러서 곁에 둠.
【召喚 소환】법원이 피고인·증인 등에게 어디로 올 것을 명령하는 일.
【召還 소환】불러들임.
○ 辟―, 聘―, 宣―, 應―, 徵―, 採―.

口2【右】⑤ 오른쪽 우 囚 yòu

ノ ナ 才 右 右

(素)右 (初)右
(字源) 會意·形聲. 又＋口→右. 'ナ'는 '又(우)'의 생략형으로 오른손을 본뜬 것이며, 음도 나타낸다. 일을 하는데 오른손만으로는 모자라 입으로써 조언한다는 데서 원뜻은 '돕다'이다. 뒤에 '돕다'의 뜻으로는 '佑(우)' 자를 새로 만들어 쓰면서 '오른쪽'의 뜻만으로 쓰이게 되었다.
(字解) ①오른쪽. ≒又. ¶右列. ②숭상하다. ¶右文. ③오른쪽에 적은 글이나 내용. ④서쪽.〔儀禮〕陣三鼎于門外之右. ⑤오른쪽으로 향하거나 오른쪽으로 가다.〔春秋左氏傳〕子反將右. ⑥권하다. ≒侑.〔詩經〕鍾鼓旣設, 一朝右之. ⑦위, 위쪽, 윗자리.〔漢書〕九卿之右.
【右軍 우군】①임금이 거느리는 삼군(三軍) 중 우익(右翼)의 군대. ②왕희지(王羲之)의 별칭. ○우군 장군(將軍)을 지냈던 데서 온 말. ③거위의 딴 이름.
【右軍習氣 우군습기】왕희지(王羲之)의 냄새. 필법(筆法)을 흉내 내고 탈화(脫化)하지 못함.
【右券 우권】증서(證書). 옛날에 나뭇조각에 증문(證文)을 기록하여 좌우(左右) 두 쪽으로 나누어, 좌권(左券)은 채무자(債務者)에게 주고 우권(右券)은 채권자(債權者)가 소지(所持)하였음. 右契(우계).
【右揆 우규】國우의정(右議政)의 딴 이름.
【右袒 우단】웃옷을 벗어 바른쪽 어깨를 드러냄. 한쪽 편을 듦.
【右武 우무】무(武)를 숭상함. 尙武(상무).
【右文 우문】①글을 숭상함. 학문을 존중함. ②한자의 오른쪽 반, 곧 방(傍). ③한자의 형성자 중에서 음과 뜻을 나타내는 부분이 모두 오른쪽에 있는 글자.
【右文左武 우문좌무】문을 우로 하고 무를 좌로 함. 문무(文武) 양도(兩道)로 천하를 다스림.
【右臂 우비】오른팔. 중요하고 편리한 것.
【右史 우사】주대(周代)에 임금의 말을 기록하는 일을 맡아보던 벼슬아치.
【右相 우상】①재상(宰相). ②國우의정.
【右序 우서】도와서 질서를 세움.
【右姓 우성】세력이 있고 훌륭한 가문.
【右手 우수】國①오른쪽 열. ②뛰어난 동아리.
【右腕 우완】오른팔.
【右往左往 우왕좌왕】이리저리로 왔다갔다함. 갈팡질팡함. 左往右往(좌왕우왕).
【右繞 우요】(佛)부처를 중심으로 오른쪽으로 돎. 행도(行道)하는 방법의 하나.
【右援 우원】도움. 구원.
【右翼 우익】①새의 오른쪽 날개. ②口右軍(우군). ③대열(隊列)의 오른쪽.
【右折 우절】오른쪽으로 꺾음. 오른쪽으로 돎.
【右族 우족】①세력이 있고 훌륭한 가문. 右姓(우성). ②적자(嫡子)의 계통.
【右地 우지】要地(요지).
【右職 우직】지위가 높은 직무(職務).
【右戚 우척】①세력이 있는 친척. ②오른손에 도끼를 쥠. ○'戚'은 '도끼'를 뜻함.
【右遷 우천】영전(榮轉)함.

【右台 우태】國우의정의 딴 이름.
【右弼 우필】임금의 오른쪽에 있으면서 임금을 도운 사람.
【右學 우학】은대(殷代)의 태학(太學).
【右閤 우합】國우의정의 딴 이름.
【右舷 우현】배의 고물에서 이물 쪽으로 보아 오른쪽 뱃전.
○ 江-, 袒-, 端-, 如-, 折-, 左-, 座-.

口 2 【台】⑤ ❶나 이 玟 yí ❷별 이름 태 玟 tái ❸늙을 대 玟 sì

소전 급 초서 ㄊ 參考 ①중국에서는 臺(1470)·颱(2025)의 간체자(簡體字)로 쓰고 있다. ②대법원 지정 인명용 한자의 음은 '태'이다. 字解 ❶①나. ≒予.〔書經〕祇台德先. ②기뻐하다. =怡.〔史記〕諸呂不台. ③기르다, 양육하다. ④頤. ④잃다, 잃어버리다. ≒駘. ⑤두려워하다. ⑥주다, 베풀다. ≒遺. ⑦어찌. ≒何. ⑧성(姓). ❷①별 이름. 삼공(三公)의 자리나 남의 높임말로 쓰인다.〔後漢書〕推台分衡. ②땅 이름.〔春秋左氏傳〕苔人伐我東鄙, 圍台. ③성(姓). ❸①늙다, 늙은이. ≒鮐.〔詩經〕黃耈台背. ②잇다, 계승하다. ≒嗣.〔後漢書〕有于德不台淵穆之讓.
【台德 이덕】나의 덕(德). ○ '台'는 임금이 자신을 일컫는 말.
【台台 이이】마음이 화평하며 기뻐하는 모양.
【台閣 내각】한 나라를 다스리는 최고(最高)의 관부(官府).
【台鑑 태감】아경(亞卿) 이상의 벼슬아치에게 보내는 편지나 보고서 따위의 겉봉에 존대하는 뜻으로 쓰는 말. 親展(친전).
【台啓 태계】편지 봉투의 수신인 이름 밑에 쓰는 말.
【台槐 태괴】①삼공(三公). ②삼정승(三政丞). ○ 주대(周代)에 세 그루의 괴목(槐木)을 조정에 심고 삼공이 이를 향하여 앉은 데서 온 말. '台'는 '삼태성(三台星)'을 뜻함.
【台教 태교】(佛)천태종(天台宗)의 교문(敎門). 법화경과 용수(龍樹)의 사상을 기본으로 함.
【台覽 태람】國종이품(從二品) 이상의 벼슬아치에게 글을 보낼 때, '살펴보소서'라는 뜻으로 쓰는 높임말.
【台命 태명】삼공이나 지체가 높은 사람의 명령.
【台墨 태묵】상대편을 높이어 그의 편지를 이르는 말.
【台輔 태보】삼공 또는 재상의 딴 이름.
【台傅 태부】삼공의 하나인 태부(太傅)의 딴 이름.
【台司 태사】삼공.
【台相 태상】재상(宰相).
【台安 태안】편지글의 끝에 써서 '건강(健康)·평안(平安) 등을 축원하는 말.
【台位 태위】삼공의 지위.
【台宰 태재】임금을 돕고 백관(百官)을 통솔하던 대신(大臣).

【台鼎 태정】①삼공. ②삼정승. ○ '台'는 '삼태성(三台星)'을, '鼎'은 '세 발이 있는 솥'을 뜻함.
【台背 대배】복어〔鮐魚〕의 무늬와 같은 무늬가 생긴 등. 노인의 비유.
○ 輔-, 三-, 上-, 中-, 下-.

口 2 【叮】⑤ 정성스러울 정 唐 dīng

초서 叮 字解 ①정성스럽다, 단단히 부탁하다, 되풀이하여 성의를 다하다. ≒丁. ②패옥·비파 등의 소리.
【叮嚀 정녕】①일에 정성을 다하는 일. 일을 치밀히 함. ②친절하고 공손히 함. ③國틀림없이. 영락없이. 丁寧(정녕).
【叮囑 정촉】단단히 부탁함. 정성껏 부탁함.

口 2 【只】⑤ 다만 지 紙 zhǐ

丨 冂 口 尸 只

소전 只 초서 只 字源 會意. 口+八→只. 입〔口〕에서 나오는 입김이 아래로 드리워져 있는 모양으로 말의 여운(餘韻)이 있음을 나타낸다.
字解 ①다만.〔韓愈·詩〕南來今只一身存. ②어조사. 구말(句末)·구중(句中) 등에 붙여 어조를 고른다.〔詩經〕樂只君子, 福履綏之. ③뿐. =耳.〔春秋左氏傳〕諸侯歸晉之德只. ④이, 이것. ≒是. ⑤짧은 거리, 가까운 거리. ≒咫.
【只管 지관】오직. 다만.
【只今 지금】말하는 바로 이때.
【只要 지요】다만 ~이 필요함.
【只有 지유】다만 있음.
【只因 지인】다만 ~때문에.
【只且 지차】구말(句末)에 붙이는 어조사.

口 2 【叱】⑤ 꾸짖을 질 本즐 質 chì

소전 叱 초서 叱 字解 ①꾸짖다, 큰 소리로 꾸짖다.〔戰國策〕奚以遽言叱也. ②욕하다, 욕하며 책망하다.〔春秋公羊傳〕手劍而叱之. ③혀를 차는 소리, 성을 내는 소리.〔史記〕暗噁叱咤.
【叱呵 질가】꾸짖음.
【叱喝 질갈】꾸짖음.
【叱咄 질돌】꾸짖음. ○ '咄'도 '꾸짖음'을 뜻함.
【叱正 질정】①꾸짖어 바로잡음. ②시문(詩文)의 첨삭(添削)을 받으려 할 때의 겸사(謙辭).
【叱叱 질질】①꾸짖는 소리. ②혀를 차는 소리. ③소나 말을 모는 소리. ④사십구(四十九)의 은어(隱語). ○ '叱'의 음이 '七'과 통하는 데서 온 말.
【叱嗟 질차】꾸짖어 물리치는 소리.
【叱責 질책】꾸짖어 나무람.
【叱咤 질타】큰 소리로 꾸짖음. 또는 그 소리.
【叱呼 질호】소리 질러 꾸짖음.

口₂ 【叵】 ⑤ 어려울 파 圖 pŏ
[소전] 叵 [초서] 叵 [동자] 叵
【字解】 ❶어렵다, 불가능하다. 부정(否定)의 뜻을 나타낸다. ¶叵耐. ❷드디어, 마침내. 〔後漢書〕帝知其終不爲用, 叵欲討之. ❸자못, 매우. 늑頗.
【叵奈 파내】 어찌할 수 없음. 증오심(憎惡心)에서 하는 말.
【叵耐 파내】 참을 수 없음.
【叵羅 파라】 술잔.
【叵信 파신】 믿을 수 없음.
【叵測 파측】 헤아릴 수 없음.

口₂ 【叭】 ⑤ ❶입 벌릴 팔 圖 pā
       ❷나팔 팔 [本]파 圖 ba
[초서] 叭
【字解】 ❶❶입을 벌리다. ❷숨 쉬는 소리. ❷나팔.

口₂ 【叶】 ⑤ 화합할 협 圖 xié
[고문] 叶 [초서] 叶 [동자] 協
【字解】 화합하다, 맞다, 여럿이 한 마음이 되다.
【叶韻 협운】 어떤 운(韻)의 문자가 다른 운에도 통용되는 일.

口₂ 【号】 ⑤ 號(1573)의 속자

口₃ 【各】 ⑥ 각각 각 圖 gè
丿ク 夂 夂 各 各
[소전] 各 [초서] 各 【字源】 會意. 夂+口→各. '口'는 옛날에 주거지로 만든 구덩이를 뜻하고, '夂'는 발을 그린 것이다. 이에서 '집에 다다르다'의 뜻이었는데, 뒤에 '각각'의 뜻으로 쓰였다.
【字解】 ❶각각, 각기, ㉮제각기, 따로따로. 〔韓愈·書〕人各有能, 有不能. ㉯각기 다르다, 각각이다. 〔王禹偁·詩〕男兒旣束髮, 出處岐路各. ❷여러. ❸國서로, 마찬가지로. 윷놀이 용어로 쓰는 말.
【各各 각각】 저마다. 따로따로.
【各岐 각기】 문관·무관·음관(蔭官) 출신 이외에 기예에 뛰어나 임관된 갖가지 출신.
【各其所長 각기소장】 각각 저마다 가지고 있는 장기(長技).
【各論 각론】 각각의 부문이나 항목에 대한 논설.
【各立 각립】 國❶서로 갈라섬. ❷관아의 하례(下隷)나 계(契)의 계원(契員)이 불평을 품고 떼를 지어 이탈하던 일.
【各別 각별】 유달리 특별함.
【各拜 각배】 (佛)시왕(十王)이나 나한(羅漢)의 각 자리에 따로따로 예배함.
【各樣 각양】 여러 가지 모양. 각각 다른 양식.

【各自圖生 각자도생】 제각기 살아 나갈 방법을 꾀함.
【各自一家 각자일가】 각자 일가(一家)를 이룸.
【各從其類 각종기류】 만물은 다 동류(同類)끼리 서로 따름.
【各從其志 각종기지】 각자 제 뜻을 따름. 각자 좋아하는 대로 함.
【各從本法 각종본법】 여러 사람이 공모하여 죄를 범했을 때, 그 주종(主從)에 따라 죄의 적용을 달리하여 각각 그 죄를 처단하는 일.
【各處 각처】 여러 곳. 모든 곳.
【各出 각출】 ❶각각 나옴. ❷각각 내놓음.
【各憲 각헌】 각각의 상관(上官). ○憲'은 '상관'을 뜻함.

口₃ 【吉】 ⑥ 길할 길 圖 jí
一 十 士 吉 吉 吉
[소전] 吉 [서서] 吉 [속자] 吉 【字源】 會意. 士+口→吉. 선비〔士〕의 입〔口〕에서 나오는 말은 언제나 선량(善良)하다는 데서 '길하다, 좋다'의 뜻을 나타낸다.
【字解】 ❶길하다, 운이 좋다, 일이 상서롭다. ¶吉夢. ❷좋다, 아름답거나 착하거나 훌륭하다. 〔詩經〕吉士誘之. ❸복, 행복, 길한 일, 좋은 일. 〔書經〕子孫其逢吉. ❹음력 초하루. 〔周禮〕正月之吉. ❺오례(五禮)의 하나. ¶吉禮.
【吉綱 길강】 천지의 대강(大綱). 하늘은 만물을 낳고 땅은 만물을 이루므로 '吉'이라고 이름.
【吉絹 길견】 좋은 날과 훌륭한 사람을 골라, 재계(齋戒)하여 신에 봉사함.
【吉慶 길경】 아주 경사스러운 일.
【吉光 길광】 신마(神馬)의 이름.
【吉光片羽 길광편우】 신마(神馬)의 한 오라기 깃털. 진귀한 문장이나 서화의 비유.
【吉期 길기】 혼인날.
【吉禮 길례】 ❶오례(五禮)의 하나. 대사(大祀)·중사(中祀)·소사(小祀) 따위의 나라 제사의 모든 예절. ❷관례(冠禮)나 혼례(婚禮) 따위의 경사스러운 예식.
【吉夢 길몽】 좋은 일이 생길 징조가 되는 꿈. 祥夢(상몽).
【吉問 길문】 좋은 소식.
【吉服 길복】 ❶길사(吉事)에 입는 옷. 혼인식 때에 신랑 신부가 입는 옷 따위. ❷國삼년상(三年喪)을 마친 뒤에 입는 보통 옷.
【吉士 길사】 ❶착한 사람. 훌륭한 사람. ❷國운수가 좋은 사람.
【吉事 길사】 좋은 일. 제사·관례(冠禮)·혼례(婚禮) 따위.
【吉祥 길상】 운수가 좋을 조짐. 경사가 날 조짐. 吉兆(길조). 吉瑞(길서).
【吉祥天女 길상천녀】 (佛)자태가 아름답고 중생에게 공덕을 주는 여자 부처. 吉祥天(길상천).
【吉祥悔過 길상회과】 (佛)풍년을 빌고 재난을 없애기 위하여 정월 초하룻날에 길상천(吉祥天)

을 본존으로 하여 행하는 법회.
【吉瑞 길서】 ☞吉祥(길상).
【吉人 길인】 착한 사람. 훌륭한 사람.
【吉人天相 길인천상】 착한 사람은 하늘이 도움. 남의 불행을 위로할 때 쓰는 말.
【吉日 길일】 ①길한 날. 吉辰(길신). ②음력 매월 초하룻날.
【吉祭 길제】 ①길례(吉禮)에 의한 제사. 조상을 제사 지내는 일 따위. ②亞죽은 지 27개월 만에 지내는 제사.
【吉兆 길조】 ☞吉祥(길상).
【吉貝 길패】 목화(木花). 古貝(고패).
【吉行 길행】 경축(慶祝)을 위한 여행. 경사(慶事)에 참석하기 위한 여행.
【吉亨 길형】 즐겁게 잔치를 베풂.
【吉凶 길흉】 ①좋은 일과 언짢은 일. 행복과 재앙. 禍福(화복). ②사시(四時)의 제사와 군주의 장례(葬禮). ③혼례와 장례.
◐ 納-, 大-, 卜-, 不-, 涓-.

口
3 【吉】 ⑥ 吉(268)의 속자

口
3 【同】 ⑥ 한가지 동 東 tóng

丨 冂 冂 同 同 同

소전 同 초서 同 동자 仝 字源 會意. 冂+口→同. 원래 덮어 가린(冂) 일정한 장소에 사람(口)이 모였다는 데서 '모이다'라는 뜻을 나타낸다.
字解 ①한가지, 서로 같다. ¶同一. ②같게 하다, 하나로 합하다, 함께하다. 〔孟子〕王如好色與百姓同之. ③같게, 함께, 다 같이. 〔詩經〕及公子同歸. ④모이다, 회합(會合)하다. 〔詩經〕獸之所同. ⑤조회(朝會). 주대(周代)에 제후가 12년에 한 번 동시에 천자(天子)를 뵙던 일. 〔周禮〕殷同以施天下之政. ⑥무리, 동아리. 〔春秋左氏傳〕不赴於同. ⑦화하다, 화합하다, 화평하다. 〔呂氏春秋〕離世別羣而無不同. ⑧사방 100리의 땅. 주대의 제도. 〔春秋左氏傳〕土不過同. ⑨음(陰)의 소리, 음률(陰律), 여성(呂聲). 늑鍾. 〔周禮〕掌六律六同之和.
【同價紅裳 동가홍상】 같은 값이면 다홍치마. 이왕이면 좀 낫고 마음에 드는 것으로 골라잡음.
【同感 동감】 어떤 견해나 의견에 생각이 같음. 또는 그러한 생각.
【同甲 동갑】 ①같은 나이. 同庚(동경). ②완전하고 견고하게 갖추어진 갑옷.
【同居 동거】 한집이나 한방에서 같이 삶.
【同慶 동경】 같이 즐거워함. 함께 축하함.
【同契 동계】 ①부절(符節)의 두 쪽이 일치함. ②서로 인연을 맺음. 서로 깊이 사귐.
【同苦同樂 동고동락】 고락을 같이함.
【同工異曲 동공이곡】 ①재주나 솜씨는 같지만 표현된 내용이나 맛은 다름. ②엇비슷한 거의 같음. 大同小異(대동소이).

【同軌 동궤】 ①☞同文同軌(동문동궤). ②수레바퀴의 넓이가 같은 수레를 사용하는 사람. 곧, 제후(諸侯).
【同歸殊塗 동귀수도】 귀착점은 같으나 경로가 다름.
【同根 동근】 ①뿌리가 같음. 하나의 뿌리를 공유(共有)함. ②동일한 어버이. 또는 어버이를 같이함. 곧, 형제(兄弟).
【同氣 동기】 ①같은 기질을 가짐. 또는 그 사람. ②형제자매. 동포.
【同氣相求 동기상구】 같은 기질의 사람은 서로 찾아 모임. 同氣相應(동기상응).
【同己爲是 동기위시】 자기 의견과 같은 것만 옳다고 하여, 진리 여하(如何)를 따지지 않음.
【同堂 동당】 ①당집을 같이함. 같은 집에 있음. ②아버지 형제의 아들. 곧, 사촌 형제.
【同道 동도】 ①같은 도(道). ②길을 함께 감. ③의기가 투합함. 또는 그런 사람.
【同樂 동락】 다른 사람과 한가지로 즐김.
【同侶 동려】 벗. 동류(同類).
【同力 동력】 ①힘을 합쳐 일함. ②힘이 엇비슷함. 역량이 서로 필적(匹敵)함.
【同力度德 동력탁덕】 두 사람의 힘이 같으면 그 덕(德)의 우열을 헤아려 인물을 평가함.
【同牢 동뢰】 혼례 때 신랑 신부가 음식을 함께 먹는 의식.
【同牢宴 동뢰연】 國신랑과 신부가 교배(交拜) 뒤에 서로 술잔을 나누는 잔치.
【同流 동류】 ①☞同類(동류)①. ②두 강이 합류(合流)하는 일. ③같은 유파.
【同類 동류】 ①같은 무리. 同流(동류). ②같은 종류. ③동성의 친족.
【同流合汙 동류합오】 세속을 따라 처신함. ◐ '合汙'는 '행실을 속세에 맞춤'을 뜻함.
【同利相死 동리상사】 ①이해(利害)를 같이하는 사람은 그 일을 위하여 사력(死力)을 다함. ②백성의 이익을 위하여 일을 하면, 백성은 임금을 위하여 목숨을 바치고 충성을 다함.
【同盟 동맹】 둘 이상의 단체나 국가가 서로의 이익을 위해 같은 행동을 하기로 맹세하는 약속.
【同明相照 동명상조】 사물은 같은 무리끼리 서로 따름.
【同文 동문】 ①같은 문자(文字). 같은 문장(文章). ②☞同文同軌(동문동궤).
【同門 동문】 같은 문하(門下).
【同文同軌 동문동궤】 다르게 쓰던 문자를 같게 하고, 수레바퀴 사이의 폭을 똑같이 함. 곧, 천하가 통일되어 한 왕조의 지배 아래 있음.
【同門異戶 동문이호】 대체로 같으나 조금의 차이는 있음. 같은 스승의 제자이면서, 서로 소견을 달리함.
【同班 동반】 ①같은 반. ②같은 반열(班列).
【同方 동방】 ①뜻과 행동이 같음. ②법칙에 부합됨. ③같은 지방에 있음. ④같은 방향·방면.
【同邦 동방】 같은 나라. 同國(동국).
【同病相憐 동병상련】 같은 병을 앓는 사람끼리 서로 불쌍히 여김. 곤란한 처지에 있는 사람들

끼리 서로 딱하게 여기고 동정함.
【同腹 동복】같은 어머니의 배에서 남. 또는 그 형제자매.
【同封 동봉】같이 넣어 봉함.
【同符 동부】부절(符節)을 맞춤. 부절을 맞춘 것과 같이 완전히 일치함.
【同分 동분】①(佛)㉠근(根)·경(境)·식(識)이 화합하여 각자의 일을 하는 일. ㉡여러법을 동일하게 하는 원인. ②똑같이 나눔.
【同事 동사】①동일한 일. 일을 같이 함. ②같은 사무를 보는 사람. 同僚(동료). ③國같이 장사함.
【同牀 동상】①잠자리를 같이함. ②임금과 침석(枕席)을 같이하여 총애를 얻는 사람.
【同牀各夢 동상각몽】같은 자리에 자면서 다른 꿈을 꿈. 겉으로는 같이 행동하면서도 속으로는 각각 딴생각을 함.
【同床異夢 동상이몽】⇨同牀各夢(동상각몽).
【同壻 동서】형제의 아내끼리 또는 자매의 남편끼리 서로를 일컫는 말.
【同棲 동서】한집에서 삶. 함께 생활함.
【同聲相應 동성상응】같은 소리는 서로 응함. 같은 의견을 가진 사람은 서로 친해짐.
【同聲異俗 동성이속】날 때는 다 같은 소리를 가지고 있으나 성장함에 따라 언어·풍속·습관이 달라짐. 사람의 본성은 본디 동일하나 교육에 의하여 선악(善惡)의 차가 생김의 비유.
【同視 동시】①동일한 것으로 봄. 같게 봄. 同一視(동일시). ②같이 봄. 함께 봄.
【同室 동실】방을 같이함. 같은 방을 씀. ㉠부부(夫婦). ㉡일가(一家).
【同室操戈 동실조과】①집안 싸움. 형제간 싸움. ②동지(同志)끼리 서로 싸움.
【同心結 동심결】①두 고를 내고 맞죄어서 매는 매듭. 납폐(納幣)에 쓰는 실이나 염습(殮襲)의 띠를 매는 매듭 따위. ②부부의 굳은 맹세. ③이별할 때 끈으로 매어 보내는 선물.
【同心合力 동심합력】마음을 함께하며 힘을 모음. 마음과 힘을 한가지로 함.
【同惡相助 동악상조】❶동악상조 ❷동오상조】❶악인(惡人)도 악한 일을 이루기 위해서는 서로 도움. ❷①미워하는 바가 같은 사람은 서로 도움. ②백성이 미워하는 바를 따라 그것을 치면, 백성은 모두 임금을 도와 힘을 다함.
【同案 동안】식탁을 같이함.
【同業相仇 동업상구】동업자가 이해관계 때문에 서로 원수가 되기 쉬움.
【同硯 동연】연석(硯席)을 같이함. 같은 스승 밑에서 함께 공부함.
【同雲 동운】눈이 내릴 듯한 구름.
【同而不和 동이불화】부화뇌동(附和雷同)할 뿐, 진정 화합하지 않음. 곧, 소인(小人)의 사귐.
【同仁 동인】①친소(親疎)의 차별 없이 널리 평등하게 사랑을 베푸는 일. 同愛(동애). ②인심(仁愛心)을 가지고 같이 있는 동아리.
【同寅 동인】①신하가 서로 삼가며 공사(公事)에 힘씀. ▷'寅'은 '삼가다'를 뜻함. ②직(職)을 같이하는 동료. 同僚(동료).

【同一轍 동일철】같은 수레바퀴 자국. 곧, 방법이나 형식이 같음.
【同字 동자】한자(漢字)에서 글자 모양만 다를 뿐 음이나 훈은 똑같은 글자. '劍'과 '劒', '裏'와 '裡', '島'와 '嶋' 따위.
【同藏無間 동장무간】남녀의 의류(衣類)를 한 의롱(衣籠)에 넣고 따로따로 두지 않음. 부부가 같은 방에 거처하면서 스스럼 없이 지냄.
【同齋 동재】①같이 재계(齋戒)함. ②(佛) 절에서 밥 짓는 일.
【同情相成 동정상성】①같은 생각을 가진 사람은 모두 그 일의 성취를 위하여 힘을 다함. ②백성이 생각하는 바를 따라 임금이 일을 하면, 백성은 모두 임금을 위하여 있는 힘을 다하여 일을 성취시킴.
【同鼎食 동정식】같은 솥에서 푼 밥을 먹음. 한 집에서 같이 삶.
【同舟 동주】①같이 배를 탐. ②같은 배를 타고 있는 사람. 同船(동선).
【同儔 동주】벗. 동배(同輩).
【同舟相救 동주상구】같은 배를 탄 사람은 서로 도움. 이해관계가 같은 사람은 알고 모르고 간에 서로 돕게 됨.
【同舟濟江 동주제강】같은 배를 타고 강을 건넘. 이해(利害)·고락(苦樂)을 함께함.
【同志 동지】목적이나 뜻이 서로 같음. 또는 그런 사람.
【同塵 동진】세속(世俗)을 따름.
【同參 동참】①(佛)한 스승에게서 수업 또는 수학함. ②같이 연구함. ③참여함.
【同轍 동철】①간격이 같은 수레바퀴. ②같은 행위. ③통일된 천하. 同軌(동궤).
【同廁 동치】같이 섞임. ▷'廁'는 '섞이다'를 뜻함.
【同寢 동침】부부 또는 남녀가 잠자리를 같이함.
【同胞 동포】①한 어머니에게서 태어난 형제 자매. 同氣(동기). ②한 민족. 같은 국민.
【同袍 동포】옷을 서로 융통하며, 괴로움을 함께 나눌 수 있는 사이. 곧, 벗이나 전우(戰友).
【同閈 동한】한 마을. 같은 마을.
【同穴 동혈】부부가 죽은 뒤에 한 무덤에 묻힘. 부부의 애정이 깊음.
【同好相趣 동호상추】①취미나 기호가 같은 사람은 서로 같은 방향으로 나아감. 同欲相趣(동욕상추). ②백성들이 좋아하는 바를 따라 나라를 다스리면 백성들은 임금을 따라오기 마련임.
【同化 동화】①자기와 다른 것을 자기와 같은 것으로 변화시킴. ②생물이 외계의 유기물·무기물을 섭취하여 자신의 영양분으로 변화시키는 작용.
【同和 동화】①같이 화합(和合)함. 일치 화합함. ②녹짐. 풀려 누그러짐. ③화합·화락(和樂)의 정도가 일치함.
▶共ー, 大ー, 不ー, 異ー, 協ー, 混ー, 會ー.

口{吋} ❶꾸짖을 두 囲 dòu
3   ❷치수인치 촌   cùn

口部 3획 吏 名

〖초서〗 념

【字解】 ❶꾸짖다, 질책하다. ❷인치. 길이의 단위인 인치(inch)의 약호.

口
3 【吏】⑥ 벼슬아치 리 圓 lì

一 丁 丏 豆 吏 吏

〖소전〗吏 〖초서〗吏 【字源】 會意. 一+史→吏. 나랏일을 기록하는〔史〕 사람은 오로지〔一〕 법령을 지켜야 한다는 데서 '벼슬아치'를 뜻한다.

【字解】①벼슬아치, 관원. 〔書經〕 天吏逸德. ②다스리다, 벼슬아치로서 정사를 돌보다. 〔漢書〕 是爲長吏. ③圖아전. 지방 관아의 속료(屬僚). ¶營吏.
【吏幹 이간】 관리로서의 뛰어난 재간.
【吏課 이과】 관리의 공과(功課).
【吏能 이능】 관리로서의 재능.
【吏道 이도】 ①관리의 도리. ②☞吏讀(이두).
【吏頭 이두】 ☞吏讀(이두).
【吏讀 이두】 圖한자의 음과 뜻을 빌려서 우리말을 표기하는 데 쓰이던 문자. 吏頭(이두).
【吏文 이문】 ①조선 때 중국과 주고받는 문서에서 쓰이던 독특한 용어. 또는 그러한 문체. ②☞吏讀(이두).
【吏民 이민】 ①관리와 서민(庶民). 官民(관민). ②圖지방의 아전(衙前)과 백성.
【吏士 이사】 벼슬아치, 관리.
【吏事 이사】 관리의 사무.
【吏舍 이사】 ①관리가 사는 집. ②법원(法院).
【吏書 이서】 공문(公文)을 베끼는 하급 관리.
【吏屬 이속】 아전의 무리.
【吏術 이술】 벼슬아치로서 정치를 하는 도(道).
【吏員 이원】 ①하급 관리. ②관리의 수. ③아전(衙前).
【吏隱 이은】 낮은 관직에 숨음. 오랜 세월 낮은 관직에 머묾.
【吏才 이재】 관리로서 일을 처리하는 솜씨.
【吏職 이직】 관리의 직무. 관리의 일.
【吏札 이찰】 ☞吏讀(이두).
【吏治 이치】 관리의 치적.
【吏吐 이토】 ☞吏讀(이두).
【吏套 이투】 ☞吏讀(이두).
【吏鄕 이향】 시골의 아전과 향임(鄕任).
【吏戶 이호】 지방의 이방(吏房)과 호장(戶長).

● 官-, 公-, 老-, 能-, 收稅-, 良-, 汚-, 獄-, 執達-, 遁-, 捕-, 酷-.

口
3 【名】⑥ 이름 명 庚 míng

丿 夕 夕 夕 名 名

〖소전〗名 〖초서〗名 【字源】 會意. 夕+口→名. 저녁〔夕〕이 되면 어두워 서로 상대방을 볼 수 없으므로 입〔口〕으로 자기가 누구인가를 이름을 대어 밝힌다는 데서 '이름'의 뜻을 나타낸다.

【字解】①이름. ㉮사람의 이름. ¶兒名. ㉯사물(事物)의 이름. ¶品名. ㉰널리 알려진 평판이나 소문. ¶名譽. ②명분, 부자(父子)·군신(君臣)·존비(尊卑)·귀천(貴賤) 등의 명칭. ¶大義名分. ③외관(外觀), 외형(外形). ¶名實相符하다. ④이름나다, 훌륭하다. 〔書經〕 名山大川. ⑤이름하다, 지칭(指稱)하다. 〔論語〕 蕩蕩乎民無能名焉. ⑥글자, 문자. 〔儀禮〕 百名以上書於策. ⑦사람. 사람의 수효를 세는 말. ¶六七名.
【名家 명가】①훌륭한 집안. 이름 높은 가문. 名門(명문). ②어떤 분야에서 이름이 높은 사람. ③제자백가(諸子百家)의 하나. 명목(名目)과 실제(實際)가 일치하여야 함을 주장하였음.
【名價 명가】 명예와 성가(聲價). 세상에 널리 떨친 이름. 名聲(명성).
【名檢 명검】①명예(名譽). ②법도(法度). ③언행을 윤리에 어긋나지 않도록 조심함.
【名過其實 명과기실】 널리 알려진 사실이나 이름이 실지의 내용보다 지나침. 평판이 사실 이상임.
【名敎 명교】 명분(名分)에 관한 가르침. 인륜(人倫)·도덕에 관한 가르침.
【名君 명군】 훌륭한 임금. 賢君(현군).
【名弓 명궁】 ①활을 잘 쏘기로 이름난 사람. ②이름난 썩 좋은 활.
【名器 명기】 ①작위(爵位)와 거복(車服). ②진귀(珍貴)한 그릇. 유명한 기물(器物).
【名衲 명납】 유명한 승려. ▷'衲'은 '승의(僧衣)'의 뜻.
【名單 명단】 관계자의 이름을 적은 표.
【名談 명담】 격에 들어맞게 썩 잘한 이야기.
【名堂 명당】 圖①임금이 조회를 받던 정전. ②무덤 바로 앞에 있는 평지. ③풍수지리에서, 후손에게 좋은 일이 많이 생기게 된다는 묏자리나 집터. ④관상에서, 사람의 이마를 이르는 말.
【名論 명론】①명예(名譽)와 여론(輿論). 名望(명망). ②뛰어난 의론(議論).
【名論卓說 명론탁설】 훌륭하고 뛰어난 논설이나 학설.
【名利 명리】 명예와 이익.
【名目 명목】①사물을 지정해 부르는 이름. ②표면상의 이유나 구실.
【名聞 명문】①이름이 세상에 알려짐. ②(佛)명예. 영예.
【名聞天下 명문천하】 이름을 세상에 드날림.
【名寶 명보】 유명한 보물. 훌륭한 보물.
【名分 명분】①이름과 그에 따르는 내용·직분. ②인륜상의 분한(分限). 本分(본분).
【名不虛傳 명불허전】 이름이 공연히 전하여진 것이 아님. 이름날 만한 까닭이 있음.
【名士 명사】①세상에 널리 알려진 사람. ②이름난 선비.
【名師 명사】①이름난 군대. ②이름난 스승.
【名士古佛 명사고불】 圖과거(科擧)의 문과(文科)에 급제한 사람의 아버지.
【名士夙儒 명사숙유】 재덕(才德)이 뛰어난 저명 인사나 연공(年功)을 쌓은 학자.

【名士風流 명사풍류】훌륭한 인물의 품격.
【名狀 명상】①이름과 모양. ②물건의 형상을 표현함.
【名相 명상】①유명한 재상(宰相). ②國유명한 관상가(觀相家).
【名色 명색】①(佛)오온(五蘊)의 총칭(總稱). ②어떤 명목(名目)이나 구실(口實). 핑계. ③미인(美人). ④이름난 기생. 名妓(명기).
【名聲 명성】좋은 평판.
【名世 명세】세상에 이름난 사람. 일세에 이름난 현자(賢者).
【名勢 명세】명성과 세력. 명예와 권력.
【名所 명소】이름난 곳.
【名手 명수】기능·기술 등에서 뛰어난 솜씨나 재주를 가진 사람.
【名數 명수】①호적(戶籍). 名籍(명적). ②단위명(單位名)이 붙은 수(數).
【名宿 명숙】연공(年功)을 쌓은 훌륭한 학자. 이름 있는 숙유(宿儒).
【名臣 명신】이름난 신하. 훌륭한 신하.
【名實 명실】①명목(名目)과 실제(實際). ②명예(名譽)와 실리(實利).
【名實相符 명실상부】이름과 실상이 서로 들어맞음.
【名言 명언】①훌륭한 말. 지당(至當)한 말. ②이름을 지음. 命名(명명).
【名譽 명예】사회적으로 받은 높은 평가와 이에 따르는 영광.
【名位 명위】명성(名聲)과 관위(官位).
【名義 명의】명칭과 의리. 명예와 도의.
【名人 명인】①명성 있는 사람. 뛰어난 사람. ②훌륭한 신하(臣下). 名臣(명신). ③어떤 기예에 특별히 뛰어나서, 이름난 사람. 名手(명수).
【名字 명자】①이름과 자(字). ②평판. 명예.
【名刺 명자】명함.
【名字比丘 명자비구】이름만의 승려. 계율을 지키지 않는 승려.
【名爵 명작】명예 있는 작위(爵位). 또는 명호(名號)와 작위.
【名匠 명장】이름난 장인(匠人). 훌륭한 공인(工人). 名工(명공).
【名將 명장】이름난 장수.
【名宰 명재】유명한 재상. 훌륭한 재상.
【名迹 명적】명성과 업적. 훌륭한 업적.
【名籍 명적】①명부(名簿). 또는 호적. ②명부에 서명(署名)함.
【名田 명전】옛날, 개간지 또는 사들인 전지(田地)에 소유자의 이름을 붙인 사전(私田)의 하나. 독점 경작하는 전지를 이른다.
【名詮自性 명전자성】(佛)이름은 그것의 본체(本體)와 성질을 나타냄.
【名節 명절】①명예와 절조(節操). ②國㉠국가적으로나 사회적으로 정하여 경축하는 기념일. ㉡해마다 일정하게 민속적으로 즐기는 날. 名日(명일).
【名正言順 명정언순】명분이 바르면 말도 사리에 맞음.

【名製 명제】시문(詩文) 등의 훌륭한 작품.
【名族 명족】①이름난 집안. 훌륭한 집안. ②이름과 성(姓).
【名胄 명주】이름나고 훌륭한 집안의 자손.
【名札 명찰】명함.
【名札 명찰】이름표.
【名牒 명첩】명함.
【名緇 명치】훌륭한 승려. ○'緇'는 '검정 승의(僧衣)'를 뜻함. 名僧(명승).
【名稱 명칭】①명예. 좋은 평판. ②이름.
【名牌 명패】이름이나 직위 따위를 적은 패.
【名片 명편】①명함. 名刺(명자). ②現유명한 영화.
【名下無虛士 명하무허사】명성이 높은 사람은 반드시 그만 한 실력이 있음.
【名下士 명하사】명성이 있는 사람.
【名銜 명함】성명·주소·신분 따위를 적은 종이쪽. 흔히 처음 만난 사람에게 자신을 알리기 위하여 건네줌.
【名號 명호】①명예. 名聲(명성). ②이름과 별호. ③지위나 처지를 나타내는 이름.
【名花 명화】①이름난 꽃. 아름다운 꽃. ②이름난 기생. 名妓(명기). ③여자의 미칭(美稱). ④모란(牧丹)·해당(海棠)의 딴 이름.
【名華 명화】①명성 있는 집안. 名門(명문). ②國명예. 평판.
【名宦 명환】①높은 자리. ②명예와 관직. ③훌륭한 관리.
【名宦海 명환해】명예나 지위를 문제 삼는 속세의 관리 사회.
【名諱 명휘】생전(生前)의 이름과 사후(死後)의 이름.

▶家ㅡ, 假ㅡ, 高ㅡ, 功ㅡ, 記ㅡ, 大ㅡ, 買ㅡ, 賣ㅡ, 物ㅡ, 美ㅡ, 本ㅡ, 書ㅡ, 聲ㅡ, 姓ㅡ, 俗ㅡ, 實ㅡ, 連ㅡ, 令ㅡ, 污ㅡ, 威ㅡ, 偽ㅡ, 有ㅡ, 匿ㅡ, 才ㅡ, 著ㅡ, 除ㅡ, 題ㅡ, 罪ㅡ, 地ㅡ, 品ㅡ, 學ㅡ, 虛ㅡ, 呼ㅡ, 好ㅡ.

口₃【吏】⑥ 史(265)의 본자

口₃【吁】⑥ 탄식할 우 虞 xū
[字解] ①탄식하다, 근심하다. 〔詩經〕云何吁矣. ②내불다, 숨을 내쉬다. ③아! 탄식·경탄·의문·근심 등의 일로 지르는 소리. 〔書經〕吁來.
【吁咈 우불】아, 틀렸도다! 불찬성을 표시하는 말. ○'咈'은 '戾'로 '맞지 아니함'을 뜻함.
【吁嗟 우차】①탄식. 탄식함. ②탄식하는 모양.

口₃【吊】⑥ 弔(566)의 속자
[參考] 대법원 지정 인명용 한자음은 '적'이다.

口₃【吒】⑥ 咤(291)의 본자

口部 3획 吐 合

口
3 【吐】 ⑥ 토할 토 🇨🇳 tǔ

ㅣ ㅁ ㅁ- 마 吐

소전 吐 초서 吐 字源 形聲. 口+土→吐. '土(토)'가 음을 나타낸다.
字解 ①토하다, 게우다.〔史記〕周公一飯三吐哺. ②털어놓다.〔漢書〕發明詔, 吐德音. ③드러내다, 드러내어 보이다.〔黃庭經·詩〕新月吐牛規. ④버리다.〔春秋左氏傳〕神其吐之乎. ⑤게운 것, 뱉은 것.〔魏書〕掬吐盡瞰之.
【吐剛茹柔 토강여유】 딱딱한 것은 뱉고 부드러운 것은 먹음. 강한 것은 두려워하고 약한 것은 업신여김의 비유.
【吐故納新 토고납신】 체내의 낡은 공기를 토해 내고 신선한 공기를 들이마심. 도가(道家)의 수련법. 吐納(토납).
【吐鶻 토골】 금(金)나라 사람이 띠던 띠(帶)의 한 가지.
【吐款 토관】 실정(實情)을 토로(吐露)함.
【吐氣 토기】 ①기(氣)를 토함. ②억눌린 뜻을 충분히 펴는 일. ③욕지기.
【吐棄 토기】 음식물을 토해 냄. 바꾸어, 사물을 파기(破棄)함.
【吐氣揚眉 토기양미】 기염을 토하며 눈썹을 치켜올림. 득의(得意)한 모양을 이름.
【吐納 토납】 ①=吐故納新(토고납신). ②금전·물품 따위를 내주고 받아들이는 일. 出納(출납).
【吐露 토로】 속마음을 다 털어 내어 말함.
【吐鳳 토봉】 문장의 재능이 뛰어남.
【吐絲 토사】 누에가 입에서 실을 토해 냄.
【吐瀉 토사】 게우고 설사함.
【吐舌 토설】 혀를 빼묾. 곧, 괴로워서 헐떡이는 모양.
【吐說 토설】 🇰🇷말하지 않은 사실을 비로소 털어 내어 말함.
【吐實 토실】 일의 경위를 사실대로 말함. 實吐(실토).
【吐握之勞 토악지로】 현사(賢士)를 얻으려고 애씀. 吐哺握髮(토포악발).
【吐情 토정】 진정(眞情)을 다 털어놓음.
【吐破 토파】 마음속에 있는 생각을 다 털어놓음.
【吐哺握髮 토포악발】 현사(賢士)를 얻기 위해 애씀. 故事 주대(周代)의 주공(周公)이 식사를 하고 있을 때면 음식물을 뱉어내고, 머리를 감는 중이면 머리카락을 거머쥐고 찾아온 손님을 맞이하였다는 고사에서 온 말.
◐ 嘔−, 談−, 辭−, 逆−, 音−, 呑−.

口
3 【合】 ⑥ ❶합할 합 🇨🇳 hé
❷🇰🇷홉 홉

ノ 人 ㅅ 스 合 合

소전 合 초서 合 參考 대법원 지정 인명용 한자의 음은 '합'이다.
字源 會意. 亼+口→合. '亼'는 세 방면의 것이 모여 있는 모양으로, 여러 사람의 말(口)이 모여서 일치한다는 뜻을 나타낸다.
字解 ❶①합하다, 여럿이 모여 하나가 되다.〔周禮〕合六幣. ②만나다.〔呂氏春秋〕合大夫而告之. ③맞다, 틀리거나 어긋남이 없다. ¶合理. ④모이다, 모으다. ¶離合集散. ⑤들어맞다, 일치하다.〔孟子〕若合符節. ⑥짝하다, 짝을 짓다, 부부가 되다.〔詩經〕天作之合. ⑦성교(性交).〔史記〕野合而生孔子. ⑧싸우다, 겨루다.〔史記〕楚挑戰三合. ⑨대답하다, 답하다.〔春秋左氏傳〕旣合而來奔. ⑩짝, 배필.〔詩經〕天作之合. ⑪합, 음식을 담는 그릇. =盒. ¶鈿合. ⑫응당, 반드시.〔史記〕然則受命之符, 合在於此矣. ⑬모두, 전부.〔舊唐書〕合朝賞歎. ⑭겹치다, 거듭되다. ¶合沓. ❷🇰🇷홉. 한 되(升)의 10분의 1.
【合格 합격】 ①규격 또는 기준에 맞음. ②시험에 통과함.
【合擊 합격】 ①힘을 합하여 토벌함. ②포위하여 토벌함.
【合契 합계】 ①부절(符節)을 맞춤. ②꼭 맞음.
【合計 합계】 한데 합하여 계산함. 또는 그런 수효(數爻).
【合啓 합계】 🇰🇷사간원(司諫院)·사헌부(司憲府)·홍문관(弘文館) 중 두 군데나 세 군데에서 연명하여 함께 올리는 계사(啓辭).
【合髻 합계】 신랑 신부의 머리카락을 잘라서 하나로 합침. 당송대(唐宋代)의 민간 혼례법임.
【合拱 합공】 두 팔로 안을 정도의 크기. 한아름의 크기.
【合口 합구】 ①입을 오므림. ②입맛에 맞음.
【合矩 합구】 규칙에 들어맞음. 언동(言動)이 바름을 이름.
【合宮 합궁】 ①황제(黃帝)의 궁전 이름. ②🇰🇷부부 사이의 성교.
【合卺 합근】 술잔을 서로 맞춤. 혼례(婚禮)의 딴 이름.
【合金 합금】 두 가지 이상의 다른 금속을 섞어 녹여 만든 금속. 合成金(합성금).
【合衾 합금】 한 이불에서 잠.
【合沓 합답】 ①겹쳐짐. 중첩(重疊)함. ②높고 큰 모양.
【合堂 합당】 당(堂)에 있는 전원(全員).
【合當 합당】 꼭 알맞음.
【合黨 합당】 ①한 패가 됨. 도당을 짬. ②두 개 이상의 정당이 하나로 합침.
【合櫝 합독】 부부(夫婦)의 신주(神主)를 한 함에 넣어 모심. 또는 그 함.
【合禮 합례】 ①예절에 맞음. ②🇰🇷신랑 신부가 첫날밤을 치르는 일. 正禮(정례).
【合理 합리】 도리나 사리에 맞음.
【合離 합리】 만남과 헤어짐.
【合媒 합매】 당사자 사이에 서서 일을 주선하는 일. 仲介(중개). 仲媒(중매).
【合邦 합방】 둘 이상의 나라를 하나로 합침.
【合配 합배】 배우자. 배필.
【合法 합법】 법령이나 법식에 맞음.
【合倂 합병】 둘 이상의 나라를 하나로 합침.

【合符 합부】 부절(符節)을 맞춤. 일이 피차 잘 들어맞음을 이름.
【合祀 합사】 함께 제사 지냄. ㉠천신지기(天神地祇)를 한곳에 모셔 제사 지냄. ㉡대대의 조상을 한곳에 모셔 제사 지냄.
【合四柱 합사주】 혼인하기 전에, 신랑될 남자와 신부될 여자의 사주를 맞추어 봄.
【合朔 합삭】 ①달이 태양과 지구 사이에 들어가 일직선을 이루는 때. 음력 매월 1일 전후. ②삭일(朔日)을 같이함. 곧, 같은 역법(曆法)을 씀.
【合席 합석】 자리를 함께함.
【合性 합성】 ①오행(五行)에서 성(性)이 서로 맞음. 또는 그 성. 나무와 흙, 불과 흙 따위. ②성질이 서로 맞는 일. 또는 그 성질.
【合勢 합세】 세력을 한데 합함.
【合式 합식】 ①법도에 적합함. ②규칙이나 형식에 적합하여 어그러지지 않는 일.
【合心 합심】 많은 사람이 마음을 하나로 합함. ②마음에 맞음.
【合十 합십】 ①열에 해당함. 열에 필적함. ②現합장(合掌)음.
【合藥 합약】 ①여러 가지 약을 조합하여 만든 약. ②화약(火藥)의 딴 이름.
【合緣 합연】 잘 맞는 인연. 인연이 잘 맞음.
【合緣奇緣 합연기연】 이상하게 결합하는 인연. 부부가 되는 인연.
【合穎 합영】 하나의 줄기에서 두 개의 이삭이 나옴. 또는 그 이삭. 상서로운 일로 여김. 合秀(합수).
【合圍 합위】 ①사방에서 에워쌈. ②한 아름 정도의 크기.
【合意 합의】 ①마음에 맞음. 마음에 듦. ②마음을 합함. 同心(동심). ③서로 의견이 일치함.
【合議 합의】 어떤 일을 토의하여 의견을 종합함.
【合刃 합인】 교전(交戰)함. 交兵(교병).
【合子 합자】 뚜껑이 있는 그릇. 상자(箱子).
【合作 합작】 ①힘을 합하여 만듦. ②시나 문장 등이 법식에 맞음.
【合掌 합장】 두 손바닥을 마주 합침.
【合葬 합장】 둘 이상의 시체를 한 무덤에 묻음.
【合戰 합전】 어울려 싸움. 接戰(접전).
【合祭 합제】 ①천신지기(天神地祇)를 아울러 제사 지냄. ②대대의 조상을 태조(太祖)의 사당에 아울러 모심.
【合製 합제】 ㉭성균관 대사성(大司成)이 서울에 있는 중학(中學)·동학(東學)·서학(西學)·남학(南學)의 유생들에게 보이던 시험.
【合操 합조】 여러 영문(營門)에 있는 군사들을 한자리에 모아서 훈련하던 일.
【合從說 합종설】 전국 시대에 소진(蘇秦)이 주장한, 한(韓)·위(魏)·조(趙)·연(燕)·초(楚)·제(齊)의 6국이 남북으로 동맹하여 서쪽의 진(秦)나라에 대항하자는 의견.
【合從連衡 합종연횡】 소진(蘇秦)의 합종설(合從說)과 장의(張儀)의 연횡설(連衡說).
【合座 합좌】 몇 사람의 당상관(堂上官)이 대사(大事)를 의논함.

【合竹扇 합죽선】 얇게 깎은 겉대를 맞붙여서 살을 만든 쥘부채. 合歡扇(합환선).
【合錯 합착】 합쳐짐. 하나가 됨.
【合瘡 합창】 종기·상처 따위가 아묾.
【合尖 합첨】 탑의 첨단을 완성함. 끝맺음이나 끝마감의 비유.
【合致 합치】 서로 일치함.
【合抱 합포】 한 아름의 크기. 큰 나무를 이르는 말. 巨樹(거수).
【合浦珠還 합포주환】 지방 장관(長官)이 선정(善政)을 베풂. 故事 합포(合浦)에서 구슬이 나는데, 탐욕한 태수(太守)가 많아 구슬이 얼마 동안 나지 않다가 맹상(孟嘗)이라는 청렴한 태수가 부임하자 구슬이 다시 났다는 고사에서 온 말.
【合好 합호】 ①혼례(婚禮)를 행함. ②사이좋게 지냄. 화합(和合)함.
【合歡 합환】 ①기쁨을 같이함. ②남녀가 동침(同寢)함.
【合歡杖 합환장】 죄인을 장형(杖刑)에 처할 때, 두 개의 곤장으로 동시에 치던 일.
【合喙 합훼】 입을 다묾. 침묵함.

● 結一, 競一, 配一, 併一, 步一, 附一, 符一, 暗一, 野一, 聯一, 融一, 離一, 接一, 組一, 調一, 綜一, 集一, 混一, 化一, 和一, 會一.

口 【向】⑥ ❶향할 향 漢 xiàng
3   ❷성 상 漢 xiàng

丿 亻 冂 冋 向 向

[소전][소전][소전][초서] 參考 대법원 지정 인명용 한자의 음은 '향'이다.
字源 會意. 宀+口→向. '宀'은 집이고 '口'는 집에 나 있는 창문이다. '북창(北窓)'을 뜻하다가 널리 '창'을 뜻하게 되었고, 나아가 '향하다'의 뜻으로 전용되었다.
字解 ❶①향하다. ㉮앞으로 향하다, 앞으로 나아가다.〔漢書〕離合背向, 變化無常. ㉯대하다, 마주하다.〔莊子〕望洋向若而嘆. ㉰가다, 떠나가다.〔晉書〕賊營已空, 不知攸向. ㉱따르다, 마음을 기울이다.〔南史〕人才合美, 物情宗向. ②구(救)하다. ③창, 북향(北向)의 창.〔詩經〕塞向墐戶. ④접때, 이전, 전에. ≒嚮.〔莊子〕向之人何者耶. ❷①성(姓). ②나라 이름. 지금의 산동성(山東省)에 있던 주대(周代)의 제후국. ③땅 이름. ㉮주대(周代)에 기내(畿內)에 있던 읍(邑).〔詩經〕作都于向. ㉯춘추 시대 정(鄭)나라의 땅. 지금의 하남성(河南省) 유천현(洧川縣)의 서남쪽. ㉰춘추 시대 오(吳)나라의 땅. 지금의 안휘성(安徽省) 회원현(懷遠縣)의 서쪽.
【向來 향래】 이제까지. 從來(종래).
【向路 향로】 향하여 가는 길.
【向慕 향모】 마음을 기울여 사모함.
【向方 향방】 ①바른 길을 감. ②향하여 나아가는 일정한 방향.
【向背 향배】 ①앞과 뒤. ②좋음과 등짐. ③와서

붙음과 등지고 떠남.
【向上 향상】 ①위로 오름. ②생활·기능 등의 수준이 높아짐.
【向時 향시】 ⇨向者(향자).
【向陽 향양】 ①태양을 향함. ②남향. 양지쪽.
【向隅 향우】 방의 구석을 향함. 평등한 대우를 받지 못하고, 따돌림을 당하여 슬퍼함을 이름.
【向日 향일】 ①전날. 지난번. 前日(전일). 嚮日(향일). ②태양을 향함.
【向者 향자】 접때. 지난번. ◦'者'는 어조사. 嚮者(향자).
【向學 향학】 학문에 뜻을 두고 그 길로 나아감.
【向火乞兒 향화걸아】 불을 향하여 쬐는 거지. 세리(勢利)를 붙좇는 소인을 꾸짖는 말.
【向風 향풍】 앙모(仰慕)함. 감화(感化)됨.
【向後 향후】 ①이다음. 앞으로. ②뒤로 향함.
◐ 傾−, 內−, 方−, 性−, 意−, 趣−, 回−.

口 ³ 【后】⑥ 임금 후 囿 hòu
소전 后 초서 后 字解 ①임금, 천자. 〔禮記〕后王命冢宰. ②후(后), 왕비, 후비. ¶ 皇后. ③토지(土地)의 신(神). 〔國語〕皇天后土. ④뒤 ≒後. 〔儀禮〕君還而后退.
【后祇 후기】 토지의 신(神).
【后母 후모】 왕후의 어머니.
【后辟 후벽】 임금. ◦'辟'도 '임금'을 뜻함.
【后輔 후보】 임금의 보좌(輔佐).
【后蜂 후봉】 여왕벌.
【后妃 후비】 임금의 정실(正室). 皇后(황후).
【后王 후왕】 임금. 天子(천자). 君主(군주).
【后帝 후제】 천제(天帝). 하늘.
【后稷 후직】 ①고대에 농사일을 맡아보던 벼슬. ②주(周)나라 시조 기(棄)의 딴 이름. ◦순(舜)임금 때 사람들에게 농사일을 가르쳐 그 공으로 후직의 벼슬을 받은 데서 이르는 말.
【后土 후토】 ①토지(土地)의 신(神). 地祇(지기). ②토지. 국토(國土). ③물과 토지를 맡아보던 벼슬.
◐ 母−, 王−, 立−, 皇−, 皇太−.

口 ³ 【吃】⑥ 말 더듬을 흘 本글 喫 chī
소전 吃 초서 吃 字解 ①말을 더듬다. 〔漢書〕爲人口吃. ②웃는 소리. ¶ 吃吃. ③머뭇거리다, 나아가지 아니하다. 〔孟效·詩〕凍馬四蹄吃. ④먹다. =喫. ⑤받다, 감수(感受)하다.
【吃驚 흘경】 깜짝 놀람.
【吃語 흘어】 더듬더듬 하는 말.
【吃人 흘인】 말을 더듬는 사람.
【吃吃 흘흘】 껄껄 웃는 모양. 또는 그 소리.

口 ⁴ 【告】⑦ ❶알릴 고 囿 gào
❷청할 곡 囸 gù
❸국문할 국 囻 jū

口部 3~4획 后吃告 275

' ㅗ ㅛ 屮 生 牛 告 告
소전 告 초서 告 參考 대법원 지정 인명용 한자의 음은 '고'이다.
字源 會意. 牛+口→告. 소의 뿔에 덧대어 놓아, 그곳이 뿔임을 사람에게 경고하는 횡목(橫木)이 본뜻으로, 이에서 '알리다'의 뜻을 나타내게 되었다.
字解 ❶①알리다. ㉮일정한 일에 대하여 알리다. ¶ 告訃. ㉯공식적으로 발표하다. ㉰아뢰다. 〔楚辭〕明以告君子. ㉱하소연하다, 고발하다. ②묻다, 안부를 묻다. 〔禮記〕八十月告存. ③가르치다, 깨우쳐 주다. ≒誥. 〔禮記〕燕居告溫溫. ❷①청하다, 뵙고 청하다, 말미를 청하다. 〔禮記〕出必告, 反必面. ②말미, 관리의 휴가. 〔後漢書〕光武絶告寧之曲. ③외양간, 마구간. ≒牿. ❸국문하다, 조사하다. ≒鞠. 〔禮記〕告于甸人.
【告假 고가】 ①휴가를 얻음. ②관직을 떠남.
【告姦 고간】 부정(不正)한 사람을 고발함. 또는 그 일.
【告更 고경】 누수기(漏水器)를 보고 밤에 대궐 안에 시각을 알리던 일.
【告官 고관】 관청에 아룀.
【告敎 고교】 깨닫도록 가르침. 타이름.
【告老 고로】 벼슬하던 사람이 늙어서 일할 수 없음을 알림. 늙어서 벼슬을 그만둠.
【告命 고명】 ①사령장(辭令狀). 告身(고신). ②정령(政令)을 냄.
【告廟 고묘】 큰 일이나 변고가 있을 때, 조상의 사당에 아뢰는 일.
【告發 고발】 범죄에 관계가 없는 제삼자가 범죄 사실을 신고하여, 기소(起訴)를 구하는 행위.
【告白 고백】 마음속에 생각하고 있는 것이나 숨기고 있던 것을 털어놓음.
【告變 고변】 변사재이(變事災異)를 알림.
【告訃 고부】 사람의 죽음을 알림.
【告祀 고사】 집안이 잘되기를 바라며 지내는 제사.
【告辭 고사】 ①알리는 말. ②작별 인사를 함. ③의식 때에 글로써 훈계하는 말.
【告朔 고삭】 ①달마다의 정령(政令)을 백성에게 포고(布告)함. ②주대(周代)에, 천자가 매년 섣달에 다음 해 책력을 제후에게 나누어 주면 제후는 사당에 간직했다가 매달 초하루에 사당에 제사 지내고 그 책력을 백성에게 반포하던 일.
【告賽 고새】 신(神)에게 고하고 제사 지냄.
【告訴 고소】 피해자가 사건을 신고하여 범인의 소추(訴追)를 요구하는 행위.
【告示 고시】 관청에서 국민들에게 알릴 것을 글로 써서 게시(揭示)함.
【告身 고신】 당대(唐代)에 임관(任官)한 사람이 위로부터 받은 사령장(辭令狀). 職牒(칙첩).
【告訐 고알】 남의 잘못을 들추어내어 이를 관청에 알림.
【告往知來 고왕지래】 이미 말한 바에 의하여 아직 말하지 않은 바를 미루어 앎. 과거에 들은

口部 4획 君

바에 따라 미래의 일을 알아냄.
【告由 고유】 사삿집이나 나라에서 큰일을 치른 뒤에 그 까닭을 사당이나 신명(神明)에게 고하는 일.
【告諭 고유】 알려서 깨우쳐 줌. 告喩(고유).
【告引 고인】 죄를 짓고 발뺌하기 위해 두세 사람이 서로 상대편이 죄를 지었다고 일러바쳐 상대편을 끌어들이는 일.
【告傳旗 고전기】 國편사(便射)할 때에 과녁 옆에서 화살이 맞았는지와 떨어진 방향을 신호하는 기.
【告竣 고준】 일이 완성되었음을 알림.
【告知 고지】 어떤 사실을 관계자에게 알림.
【告天子 고천자】 종달새.
【告劾 고핵】 관리의 비행(非行)을 상고(上告)하여 탄핵함.
【告休 고휴】 휴가를 얻음. 또는 사직(辭職)함.
【告歸 ❶곡귀 ❷고귀】 ❶①임금에게 청하여 고향으로 돌아감. ②관리가 경사(慶事) 때문에 휴가를 얻어 고향으로 돌아감. ❷처녀가 시집가라는 말을 들음.
【告寧 ❶곡녕 ❷고녕】 ❶흉사(凶事) 때문에 관리가 휴가를 얻어 집으로 돌아감. ❷난(亂)이 평정되었음을 알림.
○ 警─, 公─, 廣─, 密─, 宣─, 申─, 原─, 催─, 忠─, 通─, 布─, 被─, 抗─, 訓─.

【君】 ⑦ 임금 군 jūn

ㄱㄱㄱ尹尹君君

소전 君 고문 犭 초서 あ 字源 會意. 尹+口→君. '尹'은 다스리다는 뜻이다. 입[口]으로 호령하여 다스리는 사람이라는 데서 '임금'을 뜻한다.

字解 ①임금, 천자(天子). 〔禮記〕以敬事其君長. ②주권자. 천자에서부터 경대부까지 영토와 신민(臣民)을 가지고 있는 사람. ③세자, 왕세자. 〔儀禮〕君服斯服矣. ④왕비, 임금의 적처(嫡妻). 〔詩經〕人之無良, 我以爲君. ⑤부모(父母). 〔易經〕家人有嚴君焉, 父母之謂也. ⑥망부(亡父), 조상(祖上). 〔詩經〕君曰卜爾. ⑦시아버지. 〔列女傳〕我無樊衞二姬之行, 故君以責我. ⑧남편, 지아비. 〔禮記〕君已食, 徹焉. ⑨아내, 지어미. 〔漢史〕歸遺細君. ⑩그대, 자네. 동배(同輩) 상호 간이나 손윗사람이 손아랫사람을 부르는 칭호. 〔史記〕舍人曰臣非知也. ⑪어진 이, 현자(賢者). ¶ 君子. ⑫남녀(男女)의 봉호(封號). 〔史記〕秦之於商十五邑, 號爲商君. ⑬귀신, 귀신의 높임말. 〔水經·注〕是山湘君之所遊處. ⑭우두머리, 수장(首長). 〔史記〕東見滄海君, 得力士. ⑮주재(主宰), 관리. 〔老子〕事有君.

【君公 군공】 제후(諸侯).
【君君臣臣 군군신신】 임금은 임금으로서의 도리를 다하고, 신하는 신하로서의 도리를 다함.
【君臨 군림】 ①임금으로서 나라를 다스림. ②어떤 방면에서 권위(權威)가 가장 높은 자리에 섬의 비유.
【君命 군명】 임금의 명령. 王命(왕명).
【君母 군모】 아버지의 정실(正室).
【君父 군부】 ①임금과 아버지. ②國국민의 아버지로서 임금을 이름.
【君婦 군부】 ①정처(正妻). 正室(정실). ②황후(皇后)・왕후(王后).
【君夫人 군부인】 제후(諸侯)의 부인.
【君師父 군사부】 임금과 스승과 아버지.
【君射臣決 군사신결】 임금이 활쏘기를 좋아하면 신하는 깍지를 낌. 윗사람이 좋아하는 것은 아랫사람이 반드시 본받음.
【君臣水魚 군신수어】 물과 물고기의 관계와 같이 임금과 신하의 사이가 친밀함. 水魚之交(수어지교).
【君臣有義 군신유의】 오륜(五倫)의 하나. 임금과 신하 사이에 의리가 있어야 함.
【君王 군왕】 임금.
【君辱臣死 군욕신사】 임금이 치욕을 당하면 신하는 죽음을 무릅쓰고 치욕을 씻고자 함. 임금과 신하는 생사(生死)와 간난(艱難)을 같이함.
【君爲臣綱 군위신강】 삼강(三綱)의 하나. 임금은 신하의 벼리가 되어야 함.
【君恩 군은】 임금의 은혜.
【君子 군자】 ①학식과 덕망이 높은 사람. ②높은 관직에 있는 사람. ③임금. ④아내가 자기 남편을 이르는 말. ⑤임금을 가까이하여 은총을 받는 사람. ⑥대나무・연꽃・국화 등의 딴 이름.
【君子國 군자국】 ①풍속이 좋고 예가 바른 나라. ②신라(新羅)의 딴 이름.
【君子防未然 군자방미연】 군자는 어떠한 일이 일어나기 전에 미리 이를 방지함.
【君子不器 군자불기】 군자는 그릇이 아님. 그릇이란 제각기 한 가지 소용에 맞는 것이나, 덕이 있는 사람은 온갖 방면에 두루 통함.
【君子三樂 군자삼락】 군자에게는 세 가지 즐거움이 있음. 곧, 부모가 살아 있고 형제간에 탈이 없는 일, 자기의 행하는 일이 온 세상에 떳떳하여 부끄러울 것이 없는 일, 천하에 재주 있는 사람들을 모아 교육하는 일.
【君子三畏 군자삼외】 군자에게는 세 가지 두려움이 있음. 곧, 천명(天命)과 대인군자(大人君子)와 성인의 말.
【君子成美 군자성미】 군자는 사람을 이끌어서 착하게 되도록 함.
【君子儒 군자유】 도(道)를 배우고 덕을 닦는 훌륭한 학자.
【君子之德風 군자지덕풍】 남을 지도하는 위치에 있는 군자의 덕은 바람과 같은 것이어서, 백성들은 바람에 쏠리는 풀처럼 그 감화를 입음.
【君子豹變 군자표변】 군자는 자기 잘못을 깨닫고 즉시 그 잘못을 고치는 태도가 표범의 선명한 무늬처럼 명확하고 민첩함.
【君子避三端 군자피삼단】 군자는 세 가지 남과 다투는 단서(端緖)를 피함으로써 몸을 지킴. ○ '三端'은 문사(文士)의 필단(筆端), 무사(武

士)의 봉단(鋒端), 변사(辯士)의 설단(舌端).
【君子鄕 군자향】 착한 사람이 사는 마을. 故事 후한(後漢) 왕열(王烈)이 덕행(德行)으로써 향리의 사람들을 감화시킨 고사에서 온 말.
【君子好逑 군자호구】 ①군자의 좋은 배필. ②남자가 좋은 배필을 구함.
【君子花 군자화】 ①연꽃의 딴 이름. ②국화(菊花)의 딴 이름.
【君長 군장】 ①군주(君主)와 경대부(卿大夫). ②임금. 君主(군주). ③부락의 우두머리. 추장.
【君舟臣水 군주신수】 임금과 신하는 배와 물의 관계에 있음. 신하는 임금을 돕기도 하나 때로는 해치기도 함의 비유.
【君唱臣和 군창신화】 임금이 주창(主唱)하고, 신하는 거기에 맞추어 정무(政務)를 집행함. 군신(君臣)이 화합하여 정치를 행함.
【君號 군호】 왕이 군(君)을 봉할 때 주는 이름.
【君火 군화】 ①심장(心臟). ②하늘을 맡은 화기(火氣).
【君侯 군후】 ①제후(諸侯). ②재상(宰相)의 존칭. ③고관(高官)·귀인(貴人)에 대한 존칭.
◐ 郎－, 大－, 名－, 明－, 父－, 夫－, 先－, 細－, 暗－, 幼－, 諸－, 天－, 暴－, 賢－.

口
4 【吶】⑦ 叫(264)의 속자

口
4 【吶】⑦ ❶말 더듬을 눌 冃 nè
         ❷말 느릴 납 本열 屓 nuò
소전 초서 字解 ❶말을 더듬다. ＝訥·訥. ¶ 吶吶. ❷①말이 느리다. ②떠들다, 고함지르다.
【吶吶 눌눌】 말을 더듬는 모양.
【吶吃 눌흘】 ①말을 더듬거림. ②일이 되어 나가는 것이 더디고 잘 안 됨.
【吶喊 납함】 큰 소리로 외침.

口
4 【呂】⑦ 음률 려 冃 lǔ
소전 전문 초서 字解 ❶음률(音律), 음(陰)의 음률. ②등뼈, 등골뼈. ＝膂. ③나라 이름. 주대(周代)의 제후국.
【呂鉅 여거】 교만한 모양.
【呂公枕 여공침】 여공의 베개. 인생이 무상함의 비유. 故事 당대(唐代)의 노생(盧生)이 한단(邯鄲)의 여사(旅舍)에서 여공(呂公)의 베개를 빌려 베고 잤는데, 기장밥을 지을 동안에 80년간 영화(榮華)를 누린 꿈을 꾸었다는 고사에서 온 말. 呂翁枕(여옹침).
【呂傅 여부】 주(周)의 여상(呂尙)과 은(殷)의 부열(傅說). 모두 명신(名臣)임.
【呂尙 여상】 주(周) 문왕(文王)의 스승. 무왕(武王)을 도와 은(殷)의 주왕(紂王)을 쳐서 나라를 세운 공으로 제(齊)에 봉(封)해졌음. 太公望(태공망). 師尙父(사상보).
【呂氏鄕約 여씨향약】 송대(宋代) 여대균(呂大

鈞)이 향리(鄕里)인 남전(藍田)에서 실시한 향촌의 자치 규약. 후세 향약의 모범이 되었음.
【呂律 여율】 음악의 가락. 律呂(율려).
◐ 大－, 六－, 律－, 伊－.

口
4 【吝】⑦ 아낄 린 震 lìn
소전 고문 초서 字解 ①아끼다. 〔書經〕 改過不吝. ②탐하다, 욕심을 부리다. 〔後漢書〕 鄙吝之萌, 復存乎心. ③한하다, 원망하다. 〔後漢書〕 無悔吝之心. ④부끄러워하다. 〔後漢書〕 不獲不吝.
【吝嗇 인색】 재물을 지나치게 아낌.
【吝惜 인석】 재물을 몹시 아낌. 吝愛(인애).
【吝愛 인애】 몹시 아낌.

口
4 【吵】⑦ ❶지저귈 묘 篠 miǎo
         ❷소리 초 肴 chǎo
字解 ❶①지저귀다, 새가 울다. ②꽹이 울다. ❷①소리. ②언쟁(言爭)을 하다. ③떠들다, 시끄럽다.

口
4 【吻】⑦ 입술 문 吻 wěn
소전 혹체 혹체 초서 字解 ①입술, 입. 〔周禮〕 銳喙決吻. ②입 끝, 입가. 〔漢書〕 傷吻敝策. ③말투, 어기(語氣). 〔舊唐書〕 榮枯生于口吻. ④사물의 뾰족하게 내민 끝. 〔孔平仲·詩〕 霏依殿吻浮.
【吻頭菜 문두채】 두릅으로 만든 나물.
【吻士 문사】 의론(議論)을 좋아하는 사람.
【吻合 문합】 입술이 딱 맞음. 사물이 서로 합치함을 이름.

口
4 【呆】⑦ ❶지킬 보 晧 bǎo
         ❷어리석을 매 本태 灰 dāi
초서 字解 ❶지키다. ＝保. ❷어리석다, 미련하다.

口
4 【否】⑦ ❶아닐 부 有 fǒu
         ❷막힐 비 紙 pǐ
一 丆 不 不 否 否

소전 초서 參考 대법원 지정 인명용 한자의 음은 '부'이다.
字源 會意·形聲. 不＋口→否. 아니라고[不] 말한다[口]는 뜻을 나타낸다.
字解 ❶①아니다. 〔孟子〕 孟子曰, 否, 不然也. ②부정하다, 듣지 아니하다. 〔論語〕 予所否者. ③～하지 않는가. 〔詩經〕 嘗其旨否. ④없다. 〔大學〕 其本亂而未治者, 否矣. ⑤그렇지 않으면, 아니면. 윗글을 잇는 접속사. 〔書經〕 格則承之庸之, 否則威之. ❷①막히다, 통하지 아니하다. 〔列子〕 聖有所否. ②나쁘다, 좋지 아니하다. 〔易經〕 利出否. ③천하다, 미천하다. ＝鄙. 〔書經〕 否

德秉帝位. ④괘 이름, 64괘의 하나. 괘형은 ䷋. 음양(陰陽)이 서로 통하지 않아 사물이 꽉 막힌 것을 상징한다.
【否決 부결】회의에서 의안(議案)을 승인하지 않기로 결정함.
【否認 부인】옳다고 인정하지 않음.
【否定 부정】그렇지 않다고 함. 그렇다고 인정하지 아니함.
【否隔 비격】막아서 떼어 놓음. 막혀서 통하지 않음.
【否極反泰 비극반태】비운(非運)이 극한(極限)에 이르면 행운이 돌아옴. ○'否·泰'는 모두 괘 이름.
【否德 비덕】옳지 않은 덕. 不德(부덕).
【否剝 비박】운수가 아주 불길함. ○'否·剝'은 모두 괘 이름으로, '剝'은 '음기(陰氣)가 왕성하여 양기(陽氣)를 괴로워하는 모양'을 뜻함. 非運(비운). 不運(불운).
【否婦 비부】무지한 부인.
【否塞 비색】①꽉 막힘. ②불행하게 됨.
【否運 비운】나쁜 운수.
【否臧 비장】①악(惡)과 선(善). 臧否(장비). ②그름과 옳음. 是非(시비). ③좋지 않음.
【否泰 비태】막힌 운수와 터진 운수. 불운(不運)과 행운(幸運).
【否閉 비폐】막힘. 막히어 통하지 않음.
❶可-, 拒-, 安-, 良-, 適-, 眞-, 贊-.

口 4 【吩】㉦ ❶뿜을 분 画 pèn ❷명령할 분 囡 fēn
字解 ❶뿜다. ※噴(314)의 속자. ❷명령하다.
【吩咐 분부】윗사람의 지시나 명령. 分付(분부).

口 4 【㕚】㉦ 甚(1150)의 고자

口 4 【呃】㉦ ❶닭 소리 액 䡿 è ❷딸꾹질 애 䘙 è
字解 ❶(同) 呝(284). 닭 소리. ❷딸꾹질.

口 4 【吮】㉦ 빨 연 銑 yǎn, shǔn
소전 초서 字解 빨다, 핥다. 〔史記〕卒癰有病疽者, 起爲吮之.
【吮癰舐痔 연옹지치】등창을 빨고 치질을 핥음. 윗사람에게 몹시 아첨함.
【吮疽之仁 연저지인】종기의 고름을 빨아내는 사랑. 상사가 부하를 극진히 사랑함. 故事 전국 시대 위(衛)나라 오기(吳起)가 부하 군사의 종기(腫氣)에서 고름을 빨아 주어 낫게 했다는 고사에서 온 말.

口 4 【吾】㉦ ❶나 오 虞 wú ❷소원할 어 魚 yú ❸땅 이름 아 麻 yá

一丁五五吾吾吾

【吾】 參考 대법원 지정 인명용 한자의 음은 '오'이다.
字源 形聲. 五+口→吾. '五(오)'가 음을 나타냄.
字解 ❶나, 자신. 〔孟子〕我善養吾浩然之氣. ❷당신, 그대. 서로 친하게 부를 때 붙이는 말. 〔儀禮〕願吾子之敎之. ❸글 읽는 소리. ¶吾伊. ❹막다, 방비하다. ≒御. 〔漢書〕武帝太初元年, 更名執金吾. ❺몽둥이 이름. 한대(漢代) 집금오(執金吾) 등의 벼슬아치가 쓰던 것. ❷소원(疏遠)하다, 친하지 않다. 〔國語〕暇豫之吾吾, 不如鳥烏. ❸땅 이름, 윤아(允吾). '允吾'는 지금의 감숙성(甘肅省) 북쪽에 있던 현(縣) 이름.
【吾豈敢 오기감】내가 어찌 그 일을 감당하랴. 감당할 수 없음.
【吾徒 오도】①우리 문도(門徒). ②우리들.
【吾道 오도】①나의 도. ②성인(聖人)의 도(道).
【吾道南矣 오도남의】내가 닦은 도(道)가 남쪽으로 감. 곧, 나의 도가 남쪽으로 전파됨. ○송대(宋代)에 정호(程顥)가 남쪽으로 떠나는 양시(楊時)를 보내면서 한 말.
【吾道東 오도동】나의 도(道)가 동쪽으로 감. 곧, 나의 도가 동쪽으로 전파됨. ○후한(後漢) 마융(馬融)이 제자 정현(鄭玄)이 동쪽으로 돌아갈 때 한 말.
【吾等 오등】우리들.
【吾門標秀 오문표수】내 집안의 걸출한 자식. ○'標秀'는 '표적이 되어 눈에 잘 띄는 것'을 뜻함.
【吾不關焉 오불관언】나는 그 일에 상관하지 아니함.
【吾鼻三尺 오비삼척】國내 코가 석 자. 자기 사정이 급하여 남을 돌볼 겨를이 없음을 이름. 吾鼻涕垂三尺(오비체수삼척).
【吾喪我 오상아】자기 자신의 존재를 잊음. 곧, 마음이 속세 밖에서 놂.
【吾伊 오이】글 읽는 소리. 伊吾(이오).
【吾曹 오조】우리들. 吾輩(오배).
【吾兄 오형】벗을 친밀하게 부르는 말.
【吾吾 어어】친하지 않은 모양. 사이가 먼 모양.
❶故-, 今-, 忘-, 紛-, 從-, 知-.

口 4 【吳】㉦ 나라 이름 오 虞 wú
소전 고문 초서 속자 간체 字解 ❶나라 이름. ㉮춘추 시대에 지금의 강소(江蘇)·절강(浙江) 지방에 세력을 뻗쳤다가 월(越)에 멸망된 나라. ㉯삼국 때 손권(孫權)이 건업(建業)에 도읍한 나라. ㉰오대(五代) 때 양행밀(楊行密)이 세운 나라. ❷떠들썩하다, 큰 소리로 말하다. 〔詩經〕不吳不敖.
【吳綾 오릉】오(吳)나라에서 짠 무늬 놓은 비단.
【吳兒 오아】①오나라 소년. ②무정한 사람.
【吳娃 오와】오나라 지방의 미인.

【吳牛喘月 오우천월】 더위에 지친 오나라 소가 달을 보고 해인 줄 알고 헐떡거림. 공연한 일에 미리 겁부터 내고 허둥거리는 사람을 놀림조로 이르는 말.
【吳越 오월】 ①춘추 시대의 오(吳)나라와 월(越)나라. 두 나라가 오랫동안 싸운 데서 서로 화합할 수 없는 원수 사이를 비유. ②오대(五代) 때 십국(十國)의 하나.
【吳越同舟 오월동주】 사이 나쁜 오나라와 월나라 사람이 같은 배를 탐. ㉠원수끼리 같은 처지에 있게 됨의 비유. ㉡적의(敵意)를 품은 사람들이 서로 협력해야 하는 상황의 비유.
【吳吟 오음】 오(吳)나라 사람이 오나라의 노래를 읊음. 고향을 그리워함.
【吳音 오음】 ①남조(南朝) 시대 오(吳)나라의 고음(古音). ②오나라의 음악.
【吳下阿蒙 오하아몽】 오(吳)나라 땅의 여몽(呂蒙). 학식이 없는 사람을 기롱하여 이르는 말. 故事 삼국 때 오나라의 노숙(魯肅)이 무략(武略)에만 뛰어난 인물로 알고 있던 여몽을 오랜만에 만나 이야기를 나누어 보니 학문도 깊으므로 감탄하여 이전의 여몽이 아니라고 말하였다는 고사에서 온 말. ◎ '阿'는 발어사(發語詞).
【吳回 오회】 불을 맡은 신(神)인 축융(祝融)의 동생. 화신(火神).

口₄【吳】⑦ 吳(278)의 속자

口₄【吪】⑦ 움직일 와 ᘿ ó
字解 ①움직이다.〔詩經〕尙寐無吪. ②화하다, 변하다, 변화시키다. ≒化.〔詩經〕四國是吪. ③잘못된 말, 사투리. ≒訛·譌.

口₄【伮】⑦ ①吪(279)와 동자 ②化(224)의 고자

口₄【吽】⑦ ①물어뜯을 우 ᘿ ōu ②짖을 후 ᘿ hǒu ③진언 훔 ᘿ hōng
字解 ①물어뜯다, 개 두 마리가 싸우다. ¶吽牙. ②짖다, 으르렁거리다. =吼. ¶吽呀. ③(佛)진언(眞言). 범어(梵語) 'hūṃ'의 음역자(音譯字). 입을 벌리고 쉬는 숨소리를 '阿(아)', 입을 다물고 쉬는 숨소리를 '吽'이라 하며, 일체의 교의(敎義)가 모두 이 '吽'자에 담겨 있다 한다.
【吽牙 우아】 서로 물어뜯음.
【吽呀 후하】 개가 으르렁거리며 짖음.
【吽哆敎 훔치교】 조선 고종 때 증산(甑山) 강일순(姜一淳)이 세운 종교. 유·불·선 세 교리를 종합하여 강령을 만들고 한때 크게 교세를 떨쳤는데, 태을교(太乙敎)·보천교(普天敎) 등 11개 교파로 나뉘어짐. 甑山敎(증산교).

口₄【听】⑦ ①웃을 은 ᘿ yǐn ②들을 청 ᘿ tīng
參考 ①'聽(청)'의 간체자로 쓰임. ②대법원 지정 인명용 한자의 음은 '은'이다.
字解 ①웃다, 입을 벌리고 벙글거리다.〔史記〕亡是公听然而笑. ②듣다. ※聽(1431)의 와자(譌字).

口₄【吟】⑦ ①읊을 음 ᘿ yín ②입 다물 금 ᘿ jìn

丨 丨 口 吖 吟 吟

參考 대법원 지정 인명용 한자음은 '음'이다.
字源 形聲. 口+今→吟. '今(금)'이 음을 나타낸다.
字解 ①①읊다, 읊조리다.〔莊子〕倚樹而吟. ②끙끙 앓다, 괴로워서 끙끙거리다. ¶呻吟. ③노래, 시(詩).〔戰國策〕誠思則將吳吟. ④말을 더듬다, 떠듬거리는 소리.〔後漢書〕口吟舌言. ⑤울다, 새·짐승·벌레 등의 울음소리.〔李白·詩〕鶯吟綠樹低. ⑥한탄하다, 신음하다.〔素問〕呿吟至微. ❷입을 다물다. ≒噤.〔史記〕吟而不言.
【吟客 음객】 시인(詩人).
【吟氣 음기】 시를 읊는 소리. 吟聲(음성).
【吟壇 음단】 ①시인들의 단체. 詩壇(시단). ②시인(詩人) 중의 우두머리. ③시인의 경칭(敬稱).
【吟弄 음롱】 읊조림. 노래함.
【吟味 음미】 ①시나 노래를 읊어 그 뜻을 새김. ②시의 정취(情趣). 詩趣(시취). ③사물의 의미를 새겨서 깊이 연구함.
【吟社 음사】 시(詩)를 짓는 사람들의 모임.
【吟殺 음살】 시를 읊음. ◎ '殺'은 어조사.
【吟嘯 음소】 ①소리 높이 시가를 읊음. 吟咏(음영). ②세상을 개탄하여 내는 소리.
【吟哦 음아】 시가(詩歌)를 읊음. 吟唱(음창).
【吟詠 음영】 시가(詩歌)를 읊음. 또는 그 시가. 吟嘯(음소). 吟諷(음풍).
【吟臥 음와】 누워서 시가를 읊음.
【吟杖 음장】 시인(詩人)의 지팡이. 시를 생각하면서 짚는 지팡이.
【吟風弄月 음풍농월】 맑은 바람을 쐬며 노래를 읊고, 밝은 달을 즐김.
【吟魂 음혼】 시가를 지어 읊는 마음.
◑苦-, 朗-, 名-, 微-, 呻-.

口₄【呎】⑦ 咿(290)와 동자

口₄【呈】⑦ ①드릴 정 ᘿ chéng ②발보일 정 ᘿ chéng ③쾌할 정 ᘿ chěng

呈 呈 呈 呈

字解 ①①드리다, 윗사람에게 바치

다. ❶謹呈. ❷나타나다, 드러내 보이다.〔曹植·賦〕皓質呈露. ❸한도, 한정. 늑程.〔史記〕日夜有呈. ❹관리가 상급 기관에 내는 보고서나 백성이 관청에 내는 청원서. ❷발보이다, 자랑하여 일부러 보이다. ¶呈身. ❸쾌하다, 마음이 상쾌하다. ＝逞.〔春秋左氏傳〕殺人以呈.
【呈券 정권】 과거(科擧)의 답안을 시관(試官)에게 올림.
【呈納 정납】 물건을 윗사람에게 보냄.
【呈露 정로】 드러내어 나타냄. 露呈(노정).
【呈上 정상】 물건을 보내어 드림.
【呈訴 정소】 소장(訴狀)을 냄. 呈狀(정장).
【呈身 정신】 스스로를 추천하여 등용해 줄 것을 바람.
【呈政 정정】 자기 시문(詩文)의 첨삭(添削)을 남에게 부탁하는 일. 呈正(정정).
【呈進 정진】 드림. 바침. 進呈(진정).
◐ 敬−, 官−, 謹−, 露−, 拜−, 贈−, 進−.

口4【呈】⑦ ❶呈(279)의 속자
❷狂(1106)의 고자

口4【呎】⑦ 現피트 척 chǐ
字解 피트. 길이의 단위인 피트(feet)의 약호.

口4【吹】⑦ ❶불 취 因 chuī
❷바람 취 圁 chuì
ㅣㅏㅏㅁㅁㄲ吖吹
소전 㖃 초서 吹 字源 會意. 口＋欠→吹. 입[口]으로 하품[欠]을 하면 입김이 입 밖으로 나온다는 데서 '불다'의 뜻을 나타낸다.
字解 ❶㉮불다. ㉯입김을 내불다.〔莊子〕生物之以息相吹也. ㉰피리 등 관악기를 불다.〔詩經〕伯氏吹壎, 仲氏吹篪. ㉱바람이 불다.〔李白·詩〕薄暮東南吹. ❷부추기다, 충동하다. ❷㉮바람.〔李嶠·詩〕夕吹生寒浦. ㉯취주 악기의 가락.〔禮記〕入學習吹.
【吹擧 취거】 사람을 추천함. 吹噓(취허).
【吹管 취관】 ①피리를 붊. ②불을 피울 때 바람을 불어 넣는 대통.
【吹螺 취라】 소라를 붊.
【吹浪 취랑】 물고기가 숨을 쉬기 위하여 물속에서 입을 벌렸다 오므렸다 함.
【吹毛 취모】 ①터럭을 붊. 극히 쉬움의 비유. ②吹毛求疵(취모구자). ③날고 있는 털도 베어 끊을 정도로 잘 드는 칼.
【吹毛求疵 취모구자】 흉터를 찾으려고 털을 불어 헤침. 억지로 남의 작은 허물을 들추어냄.
【吹毛覓疵 취모멱자】 털을 헤치며 그 속에 있는 흠집을 찾음. 억지로 남의 잘못을 찾아냄.
【吹拂 취불】 ①불어서 날림. ②소개함. 추천함.
【吹沙 취사】 ①모래를 날림. ②문절망둑.
【吹霎 취삽】 입김을 느낌. 한기를 느낌. ②감

기에 걸림. 傷寒(상한).
【吹雪 취설】 눈보라.
【吹竽 취우】 피리를 붊.
【吹雲 취운】 ①북[鼓]의 딴 이름. ②구름을 묘사하는 화법(畫法). 젖은 종이에 먹물을 뿜어 그림. ③구름이 생기게 함.
【吹奏 취주】 피리·나팔 따위를 입으로 불어 연주함.
【吹竹 취죽】 피리를 붊.
【吹彈 취탄】 피리를 불고 거문고를 탐.
【吹鞭 취편】 고대의 악기로, 가(笳)의 한 가지. 기상·취침·휴식 등을 알리는 데 썼음.
【吹海螺 취해라】 소라를 불어 울림.
【吹噓 취허】 ①숨을 내쉼. ②사람을 추천함. 吹擧(취거). ③서로 도움.
【吹呼 취호】 숨을 내쉼.
【吹灰 취회】 재를 불어 버림. 일이 극히 쉬움의 비유.
【吹煦 취후】 입김을 불어서 따뜻하게 함.
◐ 鼓−, 濫−, 倒−, 獨−, 妙−, 蛙−, 齊−.

口4【吞】⑦ 삼킬 탄 元 tūn
소전 吞 초서 吞 字解 ㉮삼키다. ㉯목구멍으로 넘기다.〔史記〕誤吞之. ㉰남의 것을 자기 것으로 만들다, 가로채다. ¶倂吞. ❷싸다, 싸서 감추다.〔吳師道·詩〕江吞天際白吹潮. ❸경시하다, 안중에 두지 아니하다.〔五代史〕卿當以氣呑之.
【吞刀刮腸 탄도괄장】 칼을 삼켜 창자를 도려냄. 잘못된 마음을 없애고 새사람이 됨.
【吞滅 탄멸】 삼켜서 없애 버림. 멸망시킴.
【吞剝 탄박】 강제로 빼앗음.
【吞噬 탄서】 ①씹어 삼킴과 물어뜯음. 곧, 맹수·독사의 싸움. ②다른 나라를 침략하여 병합(倂合)함.
【吞聲 탄성】 ①소리를 삼킴. 울음을 참고 흐느낌을 이름. ②말을 하지 않음. 침묵함.
【吞咽 탄연】 삼킴.
【吞牛之氣 탄우지기】 소를 삼킬 만한 장대한 기상. 웅대한 기백.
【吞停 탄정】 國연말에 정감(停減)되어 남는 환곡(還穀)을 벼슬아치가 사사로이 가로채던 일.
【吞吐 탄토】 삼킴과 뱉음.
【吞恨 탄한】 원한(怨恨)을 참고, 겉으로 드러내지 아니함.
◐ 倂−, 聲−.

口4【吠】⑦ 짖을 폐 國 fèi
소전 吠 초서 吠 字解 짖다, 개가 짖다, 개가 짖는 소리.〔孟子〕鷄鳴狗吠.
【吠堯 폐요】 도척(盜跖)·걸(桀)임금 같은 악인(惡人)의 개가 요(堯)임금 같은 성인을 보고 짖음. 선악의 분별이 없이 주인에게 무조건 충성함의 비유.

【吠日之怪 폐일지괴】 촉(蜀) 지방은 비가 오는 날이 많아 해를 보는 날이 드문 까닭에, 개가 해를 보면 괴이하게 여겨 짖음. 신기한 것을 보고 놀람의 비유. 吠日(폐일).
【吠陀 폐타】 인도 최고(最古)의 경전(經典). 범어(梵語) '베다(Veda)'의 음역어(音譯語).
【吠形吠聲 폐형폐성】 한 마리의 개가 사람의 모습을 보고 짖으면 다른 개는 그 소리를 듣고 짖음. ㉠한 사람이 헛된 말을 전하면 많은 사람이 사실로서 전함. ㉡아무것도 모르고 덩달아 따름의 비유.
【吠嘷 폐호】 짖음.
◐ 狗―, 群―, 鳴―, 遠―.

口₄【品】⑦ 品(291)의 속자

口₄【呀】⑦ 입벌릴 하 ㊀ xiā, yā
소전 咄 초서 字解 ①입을 벌리다, 입을 벌리고 웃는 모양. ¶呀呀. ②속이 텅 빈 모양, 굴·골짜기 등이 휑하게 뚫린 모양. ③아! 감탄의 뜻을 나타냄.
【呀呀 하하】 ①입을 벌리는 모양. ②맹수가 입을 벌리고 이를 드러내는 모양. ③웃음소리.
【呀唈 하합】 ①입을 벌리고 꾸짖는 모양. ②파도가 넘실거리는 모양.
【呀豁 하활】 ①휑하니 넓은 모양. ②공허(空虛)한 모양.
【呀㗳 하훼】 입을 싹 벌림.
【呀咻 하휴】 시끄럽게 떠들어 댐.
◐ 開―, 驚―, 笑―, 喘―, 歡―, 吽―.

口₄【含】⑦ ❶머금을 함 ㊀ hán
❷무궁주 함 ㊁ hàn
丿 人 八 今 今 含 含
소전 含 초서 含 초서 㕣 字源 形聲. 今+口→含. '今(금)'이 음을 나타낸다.
字解 ❶①머금다. ㉮입 속에 넣다.〔法言〕子有若菽縕絮. ㉯싸다, 받아들이다.〔易經〕含萬物而化光. ㉰품다, 생각·감정 등을 품다.〔戰國策〕含怒日久. ㉱참다, 견디다.〔春秋左氏傳〕國君含垢. ㉲누르다, 억제하다.〔江淹·詩〕臨風默含情. ②거두다, 거두어지다.〔國語〕土氣含收. ③드러나지 아니하다.〔老子〕含德之厚. ④넓다, 너그럽다.〔阮籍·賤〕含一之德. ❷무궁주(無窮珠). 염할 때 죽은 사람 입에 물리는 구슬.〔春秋左氏傳〕王使榮叔歸含.
【含憾 함감】 원망의 뜻을 품음.
【含經 함경】 상도(常道)를 마음에 품음. ◐ '經'은 '상도'를 뜻함.
【含垢 함구】 욕된 일을 참고 견딤. ◐ '垢'로 '남에게 당한 부끄러움'을 뜻함.
【含糗 함구】 ①음식을 검소하게 먹음. ②보리밥.
【含垢納汚 함구납오】 수치를 참고 더러움을 받아들임. 임금이 치욕을 잘 참음.
【含氣 함기】 천지간의 기운을 머금은 것. 곧, 생물(生物).
【含桃 함도】 앵두의 딴 이름.
【含量 함량】 들어 있는 양.
【含靈 함령】 ①(佛)영성(靈性)을 가지고 있는 것. 곧, 사람. ②영묘(靈妙)한 덕을 가짐. ③지니고 있는 빼어난 덕.
【含淚 함루】 눈물을 머금음.
【含默 함묵】 입을 다물고 잠잠히 있음.
【含味 함미】 ①씹어서 맛을 봄. ②의미를 깊이 생각함.
【含憤 함분】 노여움을 품음.
【含憤蓄怨 함분축원】 분한 마음을 품고, 원통한 마음을 가짐.
【含沙蜮 함사역】 ①중국 남쪽에 산다는 괴충(怪蟲). 모래를 머금고 있다가 사람의 그림자에 쏘아 대면, 그 사람이 병이 나서 죽는다고 함. ②남 몰래 나쁜 짓을 하는 사람의 비유. 射工(사공). 短狐(단호).
【含雪 함설】 ①눈이 남아 있음. ②설경(雪景)이 창(窓)에 비침의 형용.
【含笑 함소】 ①웃음을 머금음. ②꽃이 피기 시작함.
【含笑入地 함소입지】 웃음을 머금고 땅에 들어감. 곧, 여한 없이 죽음.
【含羞 함수】 부끄러운 기색을 띰. 수줍어함.
【含漱 함수】 양치질을 함.
【含咽 함연】 마음속에 간직하여 입 밖에 내지 아니함.
【含英 함영】 ①아름다운 것을 품음. 빛을 띰. ②꽃을 피움.
【含英咀華 함영저화】 꽃을 머금고 씹음. 문장의 묘(妙)한 곳을 잘 음미해서 가슴 깊이 간직함.
【含有 함유】 어떤 성분을 포함하고 있음.
【含飴弄孫 함이농손】 엿을 입에 물고 손자를 데리고 놂. 모든 일을 잊고 마음 편히 지냄.
【含忍 함인】 하고 싶은 말을 눌러 참음.
【含情 함정】 ①풍정(風情)이 있음. ②감정을 누르고 가슴속에 간직하여 둠.
【含蓄 함축】 말·글 따위에 많은 내용이 집약되어 있음.
【含吐 함토】 ①머금음과 토함. 머금기도 하고 토하기도 함. ②자유로이 출입함.
【含葩 함파】 꽃봉오리.
【含哺鼓腹 함포고복】 실컷 먹고 배를 두드림. 백성이 배불리 먹고 삶을 즐기는 모습.
【含含 함함】 보리가 잘된 모양.
【含血噴人 함혈분인】 근거 없는 말을 하여 남을 함정에 빠뜨리는 일.
【含嫌 함혐】 ①싫어하는 마음을 품음. ②혐의(嫌疑)를 품음.
【含糊 함호】 ①말을 입 속에서 우물거림. ②분명하지 아니함. 모호(模糊)함. ③철저하지 못함.
【含和 함화】 온화한 기운을 안으로 간직함.
◐ 飯―, 包―.

口部 4~5획 吭 咰 吰 吼 呦 吸 呵 咖 呿 呱 咎

吭
⑦ 목 항 陽 háng
字解 ①목, 목구멍. 〔柳宗元·書〕仰首伸吭. ②요해지(要害地). ③소리, 소리를 내다, 소리지르다.

咰
⑦ ❶작은 소리 혈 屑 xuè
❷마실 철 屑 chuò
字解 ❶①작은 소리. 〔莊子〕吹劍首者咰而已矣. ②새 소리. ③빠른 모양. =決. ❷마시다, 훌쩍훌쩍 마시다. =歠.

吰
⑦ 쇠북 소리 횡 庚 hóng
字解 쇠북 소리, 종소리.

吼
⑦ 울 후 有 hǒu
字解 ①울다. 〔晉書〕猛獸在檻, 號吼震地. ②아우성치다, 큰 소리로 외치다. 〔南史〕唱吼而上. ③크게 노한 소리.
【吼怒 후노】노하여 큰 소리로 울부짖음.
【吼號 후호】소리 높여 부르짖음.
○ 叫-, 雷-, 鳴-, 獅子-, 哮-.

呦
⑦ 呴(292)과 동자

吸
⑦ 숨 들이쉴 흡 緝 xī
字源 形聲. 口+及→吸. '及(급)'이 음을 나타낸다.
字解 ①숨을 들이쉬다. 〔素問〕吸則內鍼. ②마시다, 빨다. 〔楚辭〕吸湛露之浮涼. ③구름이 움직이는 모양. ¶ 吸吸. ④끌다, 잡아당기다. 늑翕. ⑤불다, 피리 등을 불다.
【吸氣 흡기】①숨을 들이마심. 또는 들숨. ②빨아들이는 기운.
【吸力 흡력】現담배를 피움.
【吸墨紙 흡묵지】現잉크·먹물 따위가 번지거나 묻어나지 않도록 마르기 전에 그 위를 눌러서 빨아들이는 종이. 壓紙(압지).
【吸收 흡수】빨아들임.
【吸習 흡습】무람없음. 친압(親狎)함.
【吸煙 흡연】담배를 피움.
【吸引 흡인】빨아들임.
【吸着 흡착】달라붙음.
【吸醋 흡초】코로 초를 마심. 참기 어려운 일을 꾹 참고 잘 견딤의 비유.
【吸呷 흡합】숨을 쉬고 침을 삼키는 일.
【吸血鬼 흡혈귀】사람의 피를 빨아 먹는다는 귀신. 인정(人情)이 각박(刻薄)한 사람의 비유.
【吸吸 흡흡】①구름이 움직이는 모양. ②슬퍼하는 모양.
○ 鯨-, 呼-.

呵
⑧ ❶꾸짖을 가 本 하 歌 hē
❷어조사 아 歌 ā
參考 대법원 지정 인명용 한자의 음은 '가'이다.
字解 ❶①꾸짖다, 책망하다. 늑訶. 〔史記〕霸陵尉醉, 呵止廣. ②웃다, 껄껄 웃는 모양. ¶ 呵呵. ③불다, 숨을 내쉬다. 〔韓愈·詩〕紫焰噓呵高臺下隨. ❷어조사. 감탄·영탄·경악의 뜻을 나타낸다.
【呵呵 가가】껄껄 웃는 모양. 呵然(가연).
【呵喝 가갈】잘못을 큰 소리로 꾸짖음.
【呵禁 가금】國고귀한 사람이 행차할 때 잡인의 통행을 금하던 일.
【呵導 가도】=呵禁(가금).
【呵凍 가동】언 붓과 벼루를 입김을 불어서 녹임. 곧 추위 속에서 시문(詩文)을 지음.
【呵手 가수】입김을 불어서 손을 녹임.
【呵引 가인】=呵禁(가금).
【呵止 가지】꾸짖어 하던 일을 못하게 함.
【呵叱 가질】큰 소리로 꾸짖음.
【呵責 가책】엄하게 꾸짖음. 苛責(가책).
【呵噓 가허】입김을 내붊.
【呵護 가호】수호(守護)함.
○ 道-, 咄-, 笑-, 叱-, 筆-, 噓-, 護-.

咖
⑧ 現커피 가 kā
字解 커피. ¶ 咖啡.
【咖啡 가배】커피차. '커피(coffee)'의 음역어(音譯語).

呿
⑧ 입 벌릴 거 魚 qù
字解 입을 벌리다, 하품을 하다. 〔莊子〕公孫龍口呿而不合.
【呿吟 거음】입을 벌렸다가 다시 다묾.

呱
⑧ 울 고 虞 gū
字解 울다. 〔書經〕啓呱呱而泣.
【呱呱 고고】①아이의 울음소리. ②國아이가 태어나면서 우는 소리.

咎
⑧ ❶허물 구 有 jiù
❷성 고 豪 gāo
參考 대법원 지정 인명용 한자의 음은 '구'이다.
字源 會意. 各+人→咎. 사람(人)마다 각각 어긋난다는 뜻이다. 서로 어긋나기 때문에 한편에게 좋은 일은 다른 편에게는 재앙이나 근심거리가 된다는 데서 '재앙'이 원래의 뜻이다.
字解 ❶①허물, 죄과(罪過). 〔易經〕見惡人以辟咎也. ②재앙, 근심거리. 〔呂氏春秋〕棄寶者必離其咎. ③책망하다. 〔論語〕旣往不咎. ④미움, 미워하다. 〔書經〕殷始咎周. ❷①성(姓)

口部 5획 呴 呶 呢 呾 咄 命

皐. ②종족 이름. ③큰 북. ≒鼛.〔後漢書〕伐
咎鼓.
【咎殃 구앙】 재앙(災殃).
【咎譽 구예】 비난과 영예.
【咎徵 구징】 천재(天災)가 있을 징조.
【咎悔 구회】 책망과 후회.
【咎鼓 고고】 큰북.

口
5 【呴】⑧ ❶숨 내쉴 구 ㊍후 囷 xǔ
　　　　❷목 쉰 소리 구 ㊍후 囿 hōu
　　　　❸울부짖을 후 囿 hǒu
　　　　❹거품 뿜을 구 ㊍후 圖 xǔ
　　　　❺울 구 囿 gòu

[초전] [字解] ❶①숨을 내쉬다.〔漢書〕呴
噓呼吸如喬松. ②입김을 불어 따뜻하
게 하다.〔老子〕或呴或吹. ③말이 부드러운 모
양. =嘔. ❷목이 쉰 소리. ❸울부짖다. 맹수가
울다. =吼.〔楚辭〕熊羆兮呴嘷. ❹거품을 뿜
다, 물고기가 거품을 뿜다.〔莊子〕泉涸, 魚相
與處於陸, 相呴以濕. ❺울다, 꿩이 울다. =
雊.〔大戴禮〕雉呴呴.
【呴呴 구구】 ①닭이 놀라 우는 소리. ②곳집의
신(神). ③말이 부드러운 모양.
【呴兪 구유】 겉으로만 웃는 낯을 함. 겉으로만
부드러운 얼굴빛을 보임. 呴喩(구유).
【呴諭 구유】 따뜻하게 은혜를 베풂.
【呴濡 구유】 물에서 건져 올린 물고기가 거품을
토하여 서로 몸을 적시어 주는 일. 좁은 세상에
서 모질게 살아감의 비유.
【呴籍 구적】 힘부로 외침. 아우성침.
【呴噓 구허】 입을 열어 숨을 내쉼.
【呴嘷 구호】 으르렁거림. 포효함.

口
5 【呶】⑧ 지껄일 노 囿 náo

[소전] [초서] [字解] 지껄이다, 왁자지껄
하게 떠들다.〔詩經〕載號
載呶.
【呶呶 노노】 떠드는 모양. 자꾸 지껄임.

口
5 【呢】⑧ 소곤거릴 니 囚 ní, ne

[초서] [字解] ①소곤거리다, 작은 소리로 말
을 많이 하다. ②제비가 지저귀는 소
리. ③의문 조사. ④現모직물의 한 가지, 나사
(羅紗).
【呢喃 이남】①작은 소리로 말을 많이 함. ②제
비가 지저귀는 소리.

口
5 【呾】⑧ ❶서로 꾸짖을 달 囻 dá
　　　　❷말 바르지 않을 달 圐 tǎ

[字解] ❶서로 꾸짖다.〔韓愈·銘〕不肖者之呾
也. ❷말이 바르지 않다, 말에 절도가 없다.
【呾噠 달달】 말이 많고 절도(節度)가 없음.

口
5 【咄】⑧ ❶꾸짖을 돌 囝 duō

[字解] ①꾸짖다, 질책하다,
꾸짖는 소리.〔管子〕後必
相咄. ②놀라 지르는 소리, 탄식하는 소리, 괴
이하게 여겨 혀를 차는 소리. ③어이! 소리 질
러 부르는 소리.
【咄呵 돌가】 혀를 참.
【咄咄 돌돌】①뜻밖의 일에 놀라 지르는 소리.
②혀를 끌끌 차는 소리.
【咄咄怪事 돌돌괴사】 놀랄 만한 괴이한 일. 전
연 뜻밖의 일.
【咄咄逼人 돌돌핍인】 서화(書畫) 따위의 훌륭한
솜씨에 감탄하는 말.
【咄嗟 돌차】①순식간. 咄咤(돌타). ②꾸짖음.
혼냄. 呵叱(가질). ③놀라는 소리. ④탄식함.

口
5 【命】⑧ 목숨 명 罄 mìng

丿 人 ㅅ 亼 佘 命 命 命

[소전] [초서] [字源] 會意. 口+令→命.
'令'은 임금이 내리는 명령
으로, 이 명령을 입(口)을 통해 내리는 것을 나
타낸다. 임금은 백성의 생명을 좌우하는 권위를
가졌기 때문에 '목숨, 운명'의 뜻으로 쓰이게
되었다.
[字解] ①목숨, 생명, 수명.〔論語〕見危授命.
②운수, 운.〔淮南子〕命者所遭於時也. ③명하
다, 명령을 내리다.〔呂氏春秋〕命田舍東郊.
④명령, 분부.〔春秋左氏傳〕凡詩侯有命告則
書. ⑤이름짓다, 이름을 붙이다.〔國語〕黃帝能
成命百物. ⑥표적, 목표물.〔漢書〕射命中. ⑦
규정, 규칙, 정령(政令).〔春秋左氏傳〕凡諸
有命, 告則書. ⑧가르침, 가르치다, 알리다.
〔孟子〕夷子憮然爲閒日, 命之矣. ⑨말, 서약
(誓約)의 말, 응대(應對)의 말.〔周禮〕誅其犯
命者. ⑩작위(爵位), 작위의 사령이나 그 신표.
〔春秋公羊傳〕令者何加我服也. ⑪호적(戶籍).
〔漢書〕嘗亡命外遊黃. ⑫성질, 천성.〔中庸〕
天命之謂性. ⑬하늘의 뜻, 천명.〔論語〕子罕
言利, 與命與仁. ⑭도(道), 자연의 이법(理法).
〔詩經〕維天之命. ⑮문체(文體)의 하나. 정령
(政令)을 기록한 글.
【命駕 명가】①길을 떠나기 위하여 하인에게 마
차를 준비시킴. ②남의 방문을 높여 이르는 말.
【命車 명거】①조선 시대에 종이품 이상의 벼슬
아치가 타던 수레. 軺軒(초헌). ②임금의 허락
을 받아서 타는 수레. 지위에 따라 달랐음.
【命輕鴻毛 명경홍모】 목숨을 기러기의 털보다도
가벼이 여김. 나라를 위해 목숨을 아낌없이 버
림의 비유.
【命宮 명궁】①사람의 생년월일시(生年月日時)
의 방위(方位). ②관상학(觀相學)에서 양미간
(兩眉間)을 이르는 말.
【命根 명근】(佛)생명의 근원(根源).
【命途 명도】 운명(運命).
【命令 명령】 윗사람이나 상위 조직이 아랫사람
이나 하위 조직에 내리는 지시.

【命理 명리】①타고난 성품과 자연의 법칙. ②옥리(獄吏)로 임명함. ◯'理'는 하대(夏代)의 옥리.
【命脈 명맥】①성명(性命)과 혈맥(血脈). 생명줄. ②어떤 일의 지속에 필요한 최소한의 중요한 부분.
【命名 명명】이름을 지어 붙임.
【命門 명문】①사람의 정기(精氣)가 모이는 곳. ②國명치. ③눈. ④상술가(相術家)의 말로, 양쪽 귓문이 있는 곳.
【命服 명복】신분에 알맞은 관복(官服).
【命夫 명부】경(卿)·대부(大夫)·사(士)의 총칭(總稱). 궁중(宮中)에 있는 자를 내명부(內命夫), 조정에 있는 자를 외명부(外命夫)라 이름.
【命婦 명부】봉작(封爵)을 받은 부인의 총칭. 궁중에서 품계를 받은 내명부(內命婦)와 남편의 직품에 따라 봉호를 받은 외명부(外命婦)의 구별이 있음.
【命世 명세】일세(一世)에 뛰어난 저명한 사람.
【命世亞聖才 명세아성재】맹자(孟子)를 이르는 말. 세상에 이름이 드러났으며, 성인(聖人) 다음가는 사람이라는 뜻.
【命世之英 명세지영】일세에 뛰어난 영웅.
【命數 명수】하늘이 준 운명. 壽命(수명).
【命緣義輕 명연의경】목숨도 정의(正義)와 비교해서는 가벼움.
【命運 명운】운명(運命).
【命意 명의】여러 가지로 궁리함. 또는 그 궁리.
【命在頃刻 명재경각】금방 숨이 끊어질 지경에 이름. 거의 죽게 됨.
【命題 명제】어떤 문제에 대한 하나의 논리적인 판단 내용과 주장을 언어나 기호로 나타낸 것.
【命中 명중】겨냥한 곳을 바로 맞힘.
【命招 명초】國임금이 명령으로 신하를 부름.
【命禾 명화】천자가 내린 벼.

◐ 君-, 貴-, 短-, 大-, 亡-, 薄-, 拜-, 使-, 生-, 受-, 壽-, 宿-, 嚴-, 餘-, 延-, 王-, 運-, 殞-, 遺-, 人-, 殘-, 詔-, 存-, 天-, 勅-, 特-, 革-, 賢-.

口【味】⑧ ❶맛 미 困 wèi
5   ❷성 말 風 mèi

丨 冂 口 叮 吀 吀 味 味

소전 味 초서 味 ㊂참고 대법원 지정 인명용 한자의 음은 '미'이다.
字源 會意. 口+未→味. '未'는 과실의 빛깔이 곱고 잘 익었다는 뜻이다. 과실을 입〔口〕으로 먹어 본다는 데서 '맛, 맛보다'의 뜻을 나타낸다.
字解 ❶㉮맛. ㉯음식의 맛.〔論語〕三月不知肉味. ㉰느낌, 기분, 분위기. ¶興味. ㉱맛보다. ㉲맛을 보기 위해 먹어 보다.〔列子〕有味者有味味者. ㉳감상(鑑賞)하다, 체험하다, 속뜻을 알아보다. ¶味道. ㉴뜻, 의의.〔晉書〕潛心道味. ❷㉮성(姓). ㉯오랑캐의 음악. ㈜侏. ㉰빛깔, 광택(光澤), 윤(潤). ㈜沬.

【味覺 미각】맛을 느끼는 감각. 味感(미감).
【味道 미도】도(道)를 완미(玩味)하여 체득함.
【味讀 미독】글의 내용을 충분히 음미하면서 읽는 일. 熟讀(숙독).
【味覽 미람】맛을 봄.
【味如嚼蠟 미여작랍】맛이 양초를 씹는 것과 같음. 아무런 맛이 없음의 비유.
【味塵 미진】(佛)육진(六塵)의 하나. 음식의 오미(五味)가 진성(眞性)을 더럽히기 때문에 이르는 말.

◐ 加-, 嘉-, 甘-, 苦-, 妙-, 無-, 上-, 辛-, 五-, 肉-, 吟-, 意-, 一-, 調-, 珍-, 眞-, 趣-, 風-, 香-, 興-.

口【咐】 ❶분부할 부 國 fù
5   ❷숨 내쉴 부 慶 fú

초서 咐

字解 ❶분부하다. ❷숨을 내쉬다. 〔淮南子〕以相嘔咐醞釀.
【咐囑 부촉】분부하여 맡김.

口【怫】⑧ 어길 불 物 fú
5

소전 怫 초서 怫

字解 ①어기다, 어그러지다, 어긋나다.〔書經〕怫哉. ②아니다. 부정의 뜻을 나타낸다. ㈜弗.

口【咋】⑧ ❶깨물 색 陌 zé
5   ❷잠깐 사 禡 zhà

초서 咋

字解 ❶①깨물다, 씹다.〔漢書〕猶孤豚之咋虎. ②큰 소리, 큰 소리를 지르다. ¶咋咋. ❷잠깐, 잠시 동안. ㈜乍.〔春秋左氏傳〕桓子咋謂林楚曰先皆季氏之良也.
【咋咋 색색】큰 소리.
【咋舌 색설】혀를 깨묾. 분하게 여김.
【咋啃 색책】시골풍의 노래. 지방의 민요.

口【呻】⑧ 끙끙거릴 신 眞 shēn
5

소전 呻 초서 呻

字解 ①끙끙거리다, 병으로 앓는 소리를 내다. ¶呻吟. ②읊조리다, 웅얼거리다.〔禮記〕呻其佔畢.
【呻吟 신음】①병이나 고통으로 앓는 소리를 냄. ②시가(詩歌)를 읊음. 詠誦(영송).
【呻畢 신필】글의 뜻과 내용은 모르면서 글자만을 읽어 감. ◯'畢'은 죽간(竹簡).
【呻呼 신호】괴로움을 견디지 못해 소리를 지름.

口【呃】⑧ 울 액 陌 è
5

소전 呃 초서 呃

字解 ①울다, 새가 지저귀는 소리. ¶呃呃. ②웃는 소리, 웃음소리. ㈜啞. ¶呃呃. ③딸꾹질. ¶呃逆.
【呃呃 액액】①새가 지저귀는 소리. ②웃음소리.
【呃逆 액역】딸꾹질.

口【咏】⑧ 詠(1662)과 동자
5

口部 5획 呭呦呰咀呧呪周

呭

口 5 【呭】⑧ ❶수다스러울 예 yì ❷즐길 설 yì

[소전] [초서] [字解] ❶수다스럽다, 말을 많이 지껄이다. =詍. ❷즐기다. =詍.
【呭呭 예예】수다스러운 모양.

呦

口 5 【呦】⑧ 울 유 yōu

[소전] [획체] [초서] [字解] ❶울다. ㉮사슴이 우는 소리. 〔詩經〕呦呦鹿鳴. ㉯새가 우는 소리. ❷목이 메다, 흐느껴 울다.
【呦嚶 유앵】새·짐승이 우는 소리.
【呦咽 유열】①흐느낌. ②개울물이 졸졸 흐르는 소리.
【呦呦 유유】①사슴이 우는 소리. ②슬피 우는 소리.

呰

口 5 【呰】⑧ 꾸짖을 자 zǐ, jǐ

[소전] [초서] [동자] [字解] ❶꾸짖다, 야단을 치다. ❷헐뜯다, 비방하다. ≒訾. ❸흠, 재앙. ≒疵. ¶呰災. ❹약하다, 게으르다. ¶呰窳.
【呰窳 자유】①나약함. ②게으름.
【呰災 자재】화. 재앙.

咀

口 5 【咀】⑧ 씹을 저 jǔ

[소전] [초서] [字解] ❶씹다, 음식물을 씹다. ¶咀嚥. ❷맛을 보다. ❸저주하다. =詛. 〔後漢書〕生爲天下所咀嚼.
【咀嚥 저담】씹어 먹음.
【咀英嚼華 저영작화】꽃을 씹어 맛봄. 문장의 묘처를 음미(吟味)하여 그 참맛을 봄.
【咀嚼 저작】음식물을 씹음.
【咀呪 저주】남이 잘못되기를 빌고 바람. 또는 그렇게 하여 일어난 재앙이나 불행. 詛呪(저주).
【咀噍 저초】잘 씹음. 글의 뜻을 완미(玩味)함.
【咀嚼】(저작)

呧

口 5 【呧】⑧ 詆(1663)와 동자

呪

口 5 【呪】⑧ 빌 주 zhòu

[초서] [字解] ❶빌다. ¶呪延. ❷저주, 저주하다. 〔後漢書〕呪曰, 有何枉狀. ❸주술, 주술을 부리다. ¶呪文. ❹(佛)다라니(陀羅尼).
【呪罵 주매】저주하며 꾸짖음.
【呪文 주문】①(佛)다라니(陀羅尼)의 문구(文句). ②술법을 부리거나 귀신을 쫓으려 할 때에 외는 문구.
【呪術 주술】무당 등이 신(神)의 힘이나 신비력으로 재액(災厄)을 물리치거나 내려달라고 하

는 술법. 呪詛(주저).
【呪延 주연】장수하기를 빎.
【呪願 주원】(佛)법회(法會) 때, 승려가 시주(施主)의 행복을 비는 일. 또는 그 문서나 그 일을 맡아보는 승려.
【呪詛 주저】①呪術(주술). ②詛 저주(咀呪).
◐'呪'는 선악(善惡)에 다 쓰고, '詛'는 악한 기도에만 씀.
◑咀-, 詛-.

周

口 5 【周】⑧ 두루 주 zhōu

丿 冂 冂 冃 円 周 周 周

[소전] [고문] [초서] [字源] 會意. 用+口→周. 입(口)을 잘 써서[用] 할 말을 다 한다는 데서, '두루 미치다'의 뜻을 나타낸다.

[字解] ❶두루, 골고루, 널리. 〔周禮〕周知九州之地域. ❷고루 미치다, 마음씨나 주의가 두루 미치다. 〔荀子〕其知慮多當矣, 而未周密也. ❸둘레, 주위. 〔漢書〕周回五里有餘. ❹지극하다, 더할 나위 없다. 〔論語〕雖有周親不如仁人. ❺두르다, 둥글게 에워싸다. 〔國語〕周軍飾壘. ❻진실, 참, 충신(忠信). 〔書經〕自周有終. ❼친하다, 가까이 하다. 〔春秋左氏傳〕周仁之謂信. ❽굳히다, 굳게 하다. 〔春秋左氏傳〕盟所以周信也. ❾모퉁이, 구부러진 곳. 〔詩經〕生于道周. ❿구하다, 구제하다. ≒賙. 〔詩經〕嬴人不周. ⓫돌다, 일정한 사이를 한 바퀴 돌다. =週. ¶周忌. ⓬끝내다, 온전히 다하다. 〔春秋左氏傳〕以周事子. ⓭삼가다. 〔管子〕人主不可不周. ⓮합당하다, 알맞다. 〔楚辭〕雖不周於今之人兮. ⓯나라 이름. ㉮무왕(武王)이 은(殷)을 멸하고 세운 왕조. ㉯북주(北周). 남북조 때에 우문각(宇文覺)이 서위(西魏)의 뒤를 이어 세운 나라. ㉰당(唐)의 측천무후(則天武后)가 한때 일컬은 국명. ㉱후주(後周). 곽위(郭威)가 세운, 오대(五代) 최후의 왕조.
【周見 주견】⇒周覽(주람).
【周誥殷盤 주고은반】어렵고 힘든 문장의 비유.
◐'周誥'는 서경(書經) 주서(周書)의 대고(大誥)·강고(康誥)·주고(酒誥)·소고(召誥)·낙고(洛誥)의 다섯 편, '殷盤'은 서경 상서(商書)의 반경(盤庚) 상·중·하 세 편.
【周孔 주공】주공(周公)과 공자(孔子).
【周郭 주곽】외곽(外郭).
【周求 주구】두루 구함.
【周急 주급】곤경에 빠진 사람을 구제함.
【周給 주급】①널리 퍼짐. 골고루 미침. ②빠짐없이 나누어 줌. ③⇒周急(주급).
【周忌 주기】사람이 죽은 뒤 해마다 돌아오는 기일(忌日).
【周內 주내】두루 받아들임.
【周到 주도】주의가 두루 미쳐 실수가 없음.
【周道 주도】①큰길. 周行(주행). ②주대(周代)의 정교(政教).

口部 5획 呫咆咇呷咍

【周覽 주람】 두루 봄. 두루 살핌. 周見(주견).
【周廬 주려】 한대(漢代)에 궁궐을 수위하던 군사가 숙직하던 곳.
【周流 주류】 ①널리 두루 퍼짐. ②천하를 두루 돌아다님.
【周利 주리】 ①이익을 꾀하는 데 빈틈이 없음. ②이익을 두텁게 쌓음.
【周袤 주무】 주위. 둘레. ♂'袤'는 '長'으로 '길이'를 뜻함.
【周密 주밀】 빈틈이 없고 찬찬함.
【周邊 주변】 ①어떤 대상의 둘레. ②전두리.
【周普 주보】 두루 미침. 널리 퍼짐.
【周庠 주상】 주대(周代)의 학교. 하대(夏代)에는 교(校), 은대(殷代)에는 서(序)라고 하였음.
【周旋 주선】 ①돌아다님. 周匝(주잡). 周浹(주협). ②몸가짐. 행동거지. ③일이 잘 되도록 보살펴 줌. ④뒤쫓아감.
【周星 주성】 목성(木星)이 태양을 한 바퀴 도는 동안. 곧, 열두 해 동안.
【周召 주소】 주(周)의 주공 단(周公旦)과 소공 석(召公奭)을 이름. 모두 성왕(成王)을 보좌하였음.
【周愼 주신】 ①두루 삼감. ②두루 미침.
【周悉 주실】 두루 미침.
【周緣 주연】 둘레의 가. 바깥 둘레.
【周燕 주연】 소쩍새의 딴 이름.
【周圍 주위】 ①둘레. ②둘러쌈. 周回(주회). ③하나의 중심을 둘러싼 바깥 둘레.
【周遊 주유】 여러 지방을 두루 다니며 유람함.
【周衣 주의】 國두루마기.
【周而不比 주이불비】 진실하고 공평하게 사귀되 편파적인 붕당(朋黨)은 만들지 않음.
【周仁 주인】 인(仁)을 가까이 함. 인도(仁道)를 굳게 지킴.
【周匝 주잡】 ①빙 둘러쌈. ②골고루 미침.
【周章 주장】 ①놀라서 어찌할 바를 모름. 허둥지둥함. 倉皇(창황). ②두루 돌아다니며 놂. 周遊(주유).
【周全 주전】 ①빠짐이 없고 완전함. ②두루 구제함.
【周濟 주제】 ①두루 만물을 알고, 널리 천하의 사물을 기름. 곧, 성인(聖人)의 지덕(智德). ②두루 이룸. ③구제(救濟)함.
【周知 주지】 여러 사람이 두루 앎. 또는 여러 사람이 두루 알게 함.
【周遮 주차】 ①말이 많은 모양. ②두루 막음. 언제나 방해함.
【周察 주찰】 두루 살핌.
【周天 주천】 ①해·달·별 등이 그 궤도를 일주(一周)하는 일. ②하늘의 주위.
【周緻 주치】 널리 미침. 세세한 데까지 친함.
【周親 주친】 더할 수 없이 친한 사이.
【周徧 주편】 ①두루 미침. 천하에 행해짐. ②지극히 넓은 범위.
【周行 주행】 ①여러 곳을 두루 돌아다님. 巡行(순행). 巡遊(순유). ②최상(最上)의 도(道). 至道(지도). ③큰 길. 大路(대로). ⑤순환하여 그치지 않고 계속되는 일.
【周還 주환】 ①한 바퀴 돌아서 제자리에 옴. 일주(一周)하고 돌아옴. ②행동거지(行動擧止). 周旋(주선).
【周回 주회】 ①둘러쌈. ②둘레.
○ 四-, 圓-, 一-.

口 5 【呫】⑧ 소곤거릴 첩·섭 葉緝 chè
초서 呫 字解 ①소곤거리다. 〔史記〕乃效女兒呫囁耳語. ②작은 모양, 하찮은 모양. ¶呫呫. ③말을 많이 지껄이다. ¶呫呫.
【呫囁 첩섭】 소곤거림. 귀에 대고 소곤소곤함.
【呫嚅 첩유】 귀에 대고 소곤거림.
【呫呫 첩첩】 ①작은 모양. ②소곤거리는 모양. ③말이 많은 모양.

口 5 【咆】⑧ 으르렁거릴 포 肴 páo
소전 咆 초서 咆 字解 ①으르렁거리다. 짐승이 울다. 〔淮南子〕虎豹襲穴而不敢咆. ②성을 내다, 불끈 성내는 모양. 〔潘岳·賦〕何猛氣之咆勃.
【咆虎陷浦 포호함포】 國으르렁대는 범이 개펄에 빠짐. 큰소리만 치고 일은 이루지 못함.
【咆哮 포효】 ①사나운 짐승이 울부짖음. ②성을 내어 고함지름. 咆烋(포휴).

口 5 【咇】⑧ ❶향기로울 필 質 bì ❷슬피 울 비 寘 bì
字解 ❶①향기롭다, 향내가 나다. =苾·馝. ¶咇茀. ②말을 많이 하다, 말이 많은 모양. ¶咇嗗. ③말이 나오는 모양. ❷슬피 울다. ¶咇咇.
【咇茀 필불】 향내가 많이 나는 모양.
【咇嗗 필줄】 ①소리가 나오는 모양. ②말을 많이 함. 수다스러움.
【咇咇 ❶필필 ❷비비】 ❶물건의 소리. ❷소리 내어 슬피 욺.

口 5 【呷】⑧ 마실 합 洽 xiā
소전 呷 초서 呷 字解 ①마시다, 먹다. ¶呷啜. ②울다. ¶呷呷.
【呷啜 합철】 훌쩍훌쩍 마심.
【呷呷 합합】 ①오리가 우는 소리. ②여럿이 함께 우는 소리.

口 5 【咍】⑧ ❶웃을 해 灰 hāi ❷성 태 灰 tāi
소전 咍 초서 咍 參考 대법원 지정 인명용 한자의 음은 '해'이다.
字解 ❶①웃다, 비웃다. 〔楚辭〕又衆兆之所咍也. ②기뻐하다. ¶咍咍. ❷성(姓).
【咍臺 해대】 코를 고는 모양.
【咍笑 해소】 비웃음. 조소함.
【咍咍 해해】 ①기뻐서 웃는 모양. ②즐거워하는 모양.

口部 5획 呟呼和

口
5 【呟】 ⑧ 소리 현 ㊍견 銑 juǎn
㊋呟
字解 소리, 큰 소리.〔王襃·賦〕哮呷呟喚.

口
5 【呼】 ⑧ 부를 호 虞 hū

ㅣ ㅁ ㅁ 吖 吁 吁 吁 呼

㋐呼 ㋓呼 字源 形聲·會意. 口+乎→呼. 본래 '乎(호)'가 '부르다'라는 뜻을 나타내었으나, 뒤에 어조사로 가차되면서 '口(구)'를 더하여 쓴 것이다. '乎'는 음도 나타낸다.
字解 ①부르다. ㉮오라고 부르다.〔史記〕遮道而呼涉. ㉯소리 내어 외치다.〔禮記〕城上不呼. ㉰일컫다, 무엇이라고 말하다.〔儀禮〕凡祝呼佐食許諾. ㉱값·액수 등을 얼마라고 말하다. ¶呼價. ㉲이름·글 등을 소리 내어 부르다. ¶呼名. ②숨을 내쉬다. ¶呼吸. ③호통치다, 큰 소리 지르다.〔漢書〕攘臂一呼. ④아! 탄식하는 소리.〔書經〕嗚呼曷歸.
【呼價 호가】팔거나 사려는 값을 부름.
【呼喝 호갈】①큰 소리로 꾸짖음. ②귀인이 외출할 때 하인이 길을 비키라고 외치는 소리. 벽제(辟除)하는 소리.
【呼客 호객】물건 따위를 팔기 위하여 손님을 부름.
【呼庚呼癸 호경호계】양식(糧食)을 구한다는 뜻의 은어(隱語). ☞'庚'은 '곡식을 주관하는 서쪽에 있는 별', '癸'는 '물을 주관하는 북쪽에 있는 별'을 뜻함.
【呼叫 호규】부르짖음.
【呼氣 호기】날숨. 숨을 밖으로 내뿜는 기운.
【呼名 호명】이름을 부름.
【呼不給吸 호불급흡】너무 놀라서 숨을 내쉬는 들이쉬지 못함. 사물의 진행이 너무 빨라서 미처 응할 사이가 없음의 비유.
【呼訴 호소】억울하거나 딱한 사정을 하소연함.
【呼牛呼馬 호우호마】남이 나를 소나 말이라고 부르면, 자기도 이에 거역 않고 응함. 남들이 자기를 무어라 비판하든 개의치 않음.
【呼應 호응】①한 쪽이 부르면 다른 쪽이 이에 답함. ②기맥(氣脈)이 서로 통함. ③글월의 앞뒤의 뜻이 서로 맞아 어울림.
【呼噪 호조】큰 소리로 떠듦.
【呼叱 호질】마구 꾸짖음.
【呼戚 호척】서로 촌수를 대서 항렬(行列)을 찾아 부름.
【呼出 호출】불러냄.
【呼稱 호칭】불러 일컬음. 이름지어 부름. 名稱(명칭).
【呼風喚雨 호풍환우】술법으로 바람을 불게 하고 비를 오게 함.
【呼喚 호환】①큰 소리로 부름. ②불러냄.
【呼吸 호흡】숨을 쉼.
◐ 點―, 指―, 稱―, 喚―, 歡―.

口
5 【和】 ⑧ ❶화할 화 歌 hé
      ❷답할 화 箇 hè

ノ 二 千 千 禾 禾 和 和

㋐和 ㋓和 ㋱咊 字源 形聲. 禾+口→和. '禾(화)'가 음을 나타낸다.
字解 ❶①화하다, 강유(剛柔)가 알맞다.〔周禮〕中和祇庸孝友. ②서로 응하다, 소리를 맞추다. ③합치다, 합하다.〔禮記〕陰陽和而萬物得. ④화평하다.〔山海經〕鳳鳥見則天下和. ⑤같다, 동일하다.〔呂氏春秋〕無致和. ⑥화합하다, 동화(同和)하다.〔素問〕和於陰陽. ⑦따르다, 좇다. ⑧평온하다, 다투지 아니하다.〔論語〕君子和而不同. ⑨모이다, 구족(九族)이 모이다.〔詩經〕和樂且孺. ⑩담그다, 버무리다. 〔禮記〕和灰請漱. ⑪화해하다, 사이를 좋게 하다.〔戰國策〕與荊人和. ⑫허가하다, 허락하다.〔後漢書〕嘗臨水求度, 船人不和之. ⑬바꾸다, 교역(交易)하다.〔管子〕萬人之所和而利也. ⑭화기(和氣), 온화한 기운.〔荀子〕性之和所生. ⑮절도에 맞는 행위.〔中庸〕發而皆中節, 謂之和. ⑯방울. 수레 앞에 가로 댄 나무인 식(軾)에 달아서 말을 몰아 달릴 때 달리는 정도를 바로잡는 것.〔詩經〕和鸞雝雝. ⑰악기의 한 가지.〔周禮〕掌六樂聲音之節與其和. ⑱군문(軍門), 군영의 정문.〔周禮〕以旌爲左右和之門. ⑲합(合), 여럿을 한데 모은 수. ⑳관(棺) 머리.〔呂氏春秋〕見棺之前和. ㉑와, 과.〔元曲〕咱和你且歸私宅中去來. ㉒성(姓). ❷①답하다, 대답하다.〔列子〕王和之. ②응하다, 맞추어 대하다.〔漢書〕羌人乘利, 諸種並和. ③소리를 맞추다, 소리를 응하여 내다.〔易經〕鳴鶴在陰, 其子和之. ④차운(次韻)하다, 남의 운을 써서 시를 짓다.〔白居易·序〕元稹又以近作寄來, 命僕繼和. ⑤섞다, 조합(調合)하다.〔博物誌〕胡粉白石灰等, 以水和之. ⑥양념하다, 조미(調味)하다.〔詩經〕亦有和羹. ⑦나라 이름. 일본(日本)의 딴 이름.
【和羹 화갱】①여러 가지 양념을 하여 간을 맞춘 국. ②임금을 보좌하는 재상(宰相).
【和謙 화겸】온화하고 겸손함.
【和敬 화경】온화하고 삼감.
【和光同塵 화광동진】빛을 부드럽게 하고 티끌을 같이 함. ㉠자기의 지덕(智德)과 재기(才氣)를 감추고, 세속을 따름. ㉡(佛)부처가 중생을 구제하기 위해 본색을 숨기고 인간계에 나타남.
【和弓 화궁】①좋은 활. ☞'和'는 '활을 잘 만드는 사람'을 뜻함. ②활을 손질하여 고르게 조절하는 일.
【和氣靄靄 화기애애】화목한 분위기가 가득한 모양.
【和謹 화근】온화하고 삼감.
【和暖 화난】화창하고 따스함.
【和南 화남】(佛)①공경(恭敬). 치경(致敬). ②합장(合掌)하여 예배함.
【和談 화담】①화해(和解)하자는 말. ②서로 정

담게 주고받는 말.
【和答 화답】시나 노래에 응하여 대답함.
【和同 화동】①화목하여 하나가 됨. 화합함. ②조화를 이룸. ③한 패가 됨. ④⇨和光同塵(화광동진).
【和樂 ❶화락 ❷화악】❶화평하고 즐거움. ❷음악의 가락을 고름.
【和鸞 화란】수레에 단 방울.
【和鈴 화령】거가(車駕)의 방울. ⟲'和'는 식(軾)에 달고, '鈴'은 기(旗)에 단다.
【和理 화리】원만하게 잘 다스려짐.
【和買 화매】①파는 사람과 흥정하여 삼. ②춘궁기(春窮期)에 국고(國庫)의 돈을 백성에게 빌려 주고, 여름과 가을에 그 대가로 비단을 바치게 한 송대(宋代)의 제도.
【和賣 화매】존속친(尊屬親)의 합의에 의하여 자녀(子女) 등을 사고팔던 일.
【和鳴 화명】①새들이 서로 지저귐. ②여러 가지 악기가 조화되어 울림.
【和睦 화목】서로 뜻이 맞고 정다움. 화락하고 친목함. 和親(화친). 和合(화합).
【和穆 화목】온화함. 온화하고 정다움.
【和門 화문】진영(陣營)의 출입구. ⟲'和'는 '군문(軍門)'을 뜻함.
【和白 화백】신라 때 진골(眞骨) 이상의 신분을 가진 사람이 모여 국가의 큰일을 의논하던 회의.
【和附 화부】①순순히 따름. ②부화뇌동(附和雷同)함.
【和尙 화상】(佛)①승려의 존칭(尊稱). 和上(화상). ②수계(受戒)하는 사람의 사표(師表)가 되는 승려.
【和酬 화수】남이 지은 시의(詩意)에 맞추어 답을 함.
【和順 화순】①온화하고 순량함. 또는 그런 성질이나 덕(德). ②기후가 따뜻하고 고름.
【和氏璧 화씨벽】보옥(寶玉)의 이름. 故事 (楚)나라의 옥(玉) 감정인 변화(卞和)가 초산(楚山)에서 얻은 옥돌을 여왕(厲王)에게 바쳤으나 그 진가를 알지 못하고 임금을 속였다는 죄목으로 월형(刖刑)을 받았는데, 문왕(文王) 때에 이르러 그 진가가 판명되었다는 고사임. 和氏之璧(화씨지벽). 和玉(화옥).
【和雅 화아】성질 등이 온화하고 고상함.
【和弱 화약】온화하고 약함. 유약(柔弱)함.
【和如琴瑟 화여금슬】화락함이 거문고와 비파와 같음. 부부 사이가 좋음의 비유.
【和懌 화역】⇨和悅(화열).
【和悅 화열】마음이 화평하여 기쁨.
【和豫 화예】마음이 화평하고 즐거움.
【和韻 화운】한시(漢詩)의 한 체(體). 남이 지은 시의 운자(韻字)를 써서 화답하는 시를 지음.
【和誘 화유】부드러운 기색으로 꾀어냄.
【和議 화의】①화해(和解)의 의논. ②조용히 의론함.
【和易 화이】온화하고 상냥함.
【和而不同 화이부동】조화를 이루어 가지는 하나, 도리는 어긋나지 않음. 남과 사이좋게 지내기는 하나, 도리는 어

기면서까지 동조하지는 않음.
【和適 화적】마음에 맞음. 기분이 상쾌함.
【和戰 화전】화친과 전쟁.
【和讚 화찬】(佛)부처의 공덕을 찬미하는 노래.
【和暢 화창】날씨나 마음씨가 온화하고 맑음.
【和沖 화충】화목함.
【和衷 화충】마음을 합함.
【和衷協同 화충협동】마음속으로부터 화합하여 힘을 합함.
【和平 화평】화목하여 평온함. 또는 싸움이 없이 평화로움. 平和(평화).
【和表 화표】무덤 앞에 세우는 표주(表柱).
【和合 화합】①화목하게 어울림. ②서로 조화(調和)됨. ③섞이어 합함. ④남녀를 화목하게 맺어 줌. 혼인(婚姻)시킴. ⑤혼례 때에 제사 지내는 신명(神名).
【和解 화해】싸움을 멈추고 좋지 않던 감정을 풀어 없앰.
【和諧 화해】화목하게 어울림.
【和協 화협】서로 터놓고 도움.
【和好 화호】화목하고 친함.
【和煦 화후】날씨가 아늑하고 따뜻함.

❶ 講─, 共─, 不─, 溫─, 緩─, 柔─, 融─, 人─, 調─, 中─, 晴─, 親─, 平─, 飽─.

口 5 【咊】❶화할 화 厭 hé
❷國기장 화
字解 ❶화하다. ※和(287)의 고자. ❷國①기장, 길이. ②대 길이, 줄기 길이. ③섭새김질하다.

口 5 【呬】⑧ 쉴 희 賔 xì
[소전 呬] [초서 呬] [동자 呬] 字解 ①쉬다, 휴식하다. 〔張衡·賦〕呬河林之蓁蓁兮. ②숨, 숨 쉬다.

口 5 【㖊】⑧ 呬(288)와 동자

口 6 【咯】⑨ ❶토할 각 藥 kǎ, gē
❷말다툼할 락 藥 luò, lo
[초서 咯] 字解 ❶①토하다, 게우다, 뱉다. 늑 喀. ¶咯血. ②꿩의 울음 소리. ③ 現트림. ¶咯兒. ❷①말다툼하다. ≒詻. ②어조사(語助詞). 어기(語氣)의 끝맺음을 할 때 쓴다.
【咯痰 각담】담을 뱉음.
【咯兒 각아】現트림.
【咯血 각혈】허파·기관지 점막 등에서 피를 토함. 또는 그 피. 咯血(객혈).

口 6 【咬】⑨ ❶새소리 교 肴 jiāo
❷음란할 요 肴 yāo
❸물 교 巧 yǎo
[초서 咬] 參考 대법원 지정 인명용 한자의 음은 '교'이다.
字解 ❶새소리, 새가 지저귀는 소리. 〔嵆康·詩〕咬咬黃鳥. ❷음란하다, 음란한 소리. ¶咬

哇. ❸물다, 깨물다, 씹다. ¶咬傷.
【咬咬 교교】 새가 지저귀는 소리.
【咬文嚼字 교문작자】 〔俗〕 말이 한결같지 않고 이 것저것 지껄임. 학문을 배웠으나 아무 데도 쓸 모가 없음의 비유.
【咬傷 교상】 짐승·독사·독충 등에 물려서 다침. 또는 그 상처.
【咬菜 교채】 채소를 먹음. 가난한 생활을 참고 견딤의 비유. 蔬食(소사).
【咬哇 요와】 음란한 음곡(音曲). 淫哇(음와).

口
6【咷】 ⑨ 울 도 䕺 táo
소전 咷 초서 咷 字解 울다. 어린아이가 울어 대다.

口
6【咩】 ⑨ 양 울 미 䕺 miē
동자 哶 字解 양이 울다.

口
6【哶】 ⑨ 咩(289)와 동자

口
6【咲】 ⑨ 笑(1301)의 고자

口
6【哂】 ⑨ 비웃을 신 䕺 shěn
字解 ①비웃다, 조롱하다. 〔晉書〕 將爲後代所哂. ②웃다, 미소짓다. 〔論語〕 夫子哂之.
【哂笑 신소】 비웃음.
【哂歎 신탄】 웃음과 탄식.

口
6【咢】 ⑨ 놀랄 악 䕺 è
소전 咢 초서 咢 字解 ①놀라다. ¶驚愕. ②직언(直言)하는 모양. 〔漢書〕 咢咢黃髮. ③관(冠)이 높은 모양. 늑咢. 〔後漢書〕 冠咢咢其映蓋兮. ④노래만 하고 북만 치다. 〔詩經〕 或歌或咢. ⑤노래만을 부르다. 〔詩經〕 徒歌曰咢. ⑥칼끝, 뾰족한 것의 끝. 늑鍔. 〔漢書〕 越砥斂其咢.
【咢咢 악악】 ①기탄없이 바른말을 하는 모양. ②관(冠)이 높고 위엄이 있는 모양.

口
6【哀】 ⑨ 슬플 애 䕺 āi
丶 亠 宀 宀 宀 㠭 㠭 哀 哀
소전 哀 초서 哀 字源 形聲. 口+衣→哀. '衣(의)'가 음을 나타낸다.
字解 ①슬프다. 〔孟子〕 舍正路而不由哀哉. ②슬퍼하다, 마음 아파하다. 〔論語〕 哀而不傷. ③불쌍히 여기다, 가여워하다. ④사랑하다, 애지 중지하다. 〔呂氏春秋〕 人主明可以不務哀士. ⑤상(喪), 부모의 상. 〔宋書〕 居哀毀滅.

【哀歌 애가】 ①슬픈 심정을 표현한 노래. ②슬프게 노래함. 또는 애조를 띤 노래.
【哀感 애감】 ①슬프게 느낌. 슬픈 느낌. ②상중(喪中)에 슬피 우는 일.
【哀乞 애걸】 애처롭게 사정하여 빎.
【哀激 애격】 매우 슬퍼함.
【哀苦 애고】 슬퍼하고 괴로워함.
【哀疚 애구】 슬퍼하여 몸져 누움.
【哀眷 애권】 불쌍히 여겨 돌보아 줌.
【哀矜 애긍】 불쌍히 여김.
【哀悼 애도】 사람의 죽음을 슬퍼함.
【哀樂 애락】 슬픔과 즐거움.
【哀憐 애련】 애처롭고 가엾게 여김.
【哀誄 애뢰】 문체(文體) 이름. 죽은 사람을 애도하며, 살았을 때의 공덕을 칭송하는 글. ○'誄'는 '생전의 사적을 거듭 말함'을 뜻함.
【哀愍 애민】 불쌍하고 가엾게 여김.
【哀憫 애민】 불쌍하고 가엾게 여김. 哀愍(애민). 哀閔(애민).
【哀絲激肉 애사격육】 슬픈 가락의 거문고와 격한 노랫소리. ○'絲'는 '琴'으로 '거문고'를, '肉'은 '육성(肉聲)'을 뜻함.
【哀絲豪竹 애사호죽】 슬픈 음의 거문고와 용장(勇壯)한 음의 피리. ○'絲'는 '琴'으로 '거문고', '竹'은 '笛'으로 '피리'를 뜻함.
【哀酸 애산】 죽음을 슬퍼함.
【哀喪 애상】 상사(喪事)를 당하여 슬퍼함.
【哀傷 애상】 어떤 사람의 죽음 따위를 슬퍼하고 마음 아파함.
【哀惜 애석】 슬프고 아깝게 여김.
【哀素 애소】 몹시 슬퍼서 남의 앞에서 예의를 갖추지 못하는 일.
【哀訴 애소】 슬프게 호소함. 愁訴(수소).
【哀愁 애수】 ①슬픈 근심. ②서글픈 마음.
【哀哀 애애】 몹시 슬퍼하는 모양.
【哀咽 애열】 슬퍼하며 목메어 욺.
【哀謠 애요】 슬픔을 자아내는 노래.
【哀韻 애운】 슬픈 여운.
【哀鬱 애울】 슬퍼서 마음이 울적함.
【哀怨 애원】 애절히 원망함.
【哀願 애원】 애처롭게 간절히 바람.
【哀吟 애음】 슬퍼하며 시(詩)를 읊음.
【哀音 애음】 슬픈 음조. 슬픈 가락.
【哀而不傷 애이불상】 슬퍼하기는 하나 정도를 지나치지 아니함.
【哀子 애자】 ①부모의 상중(喪中)에 있는 아들. ○축문(祝文)에 졸곡(卒哭) 전에는 애자(哀子), 졸곡 후에는 효자(孝子)라고 씀. ②어머니는 죽고 아버지만 있는 아들.
【哀切 애절】 몹시 애처롭고 슬픔.
【哀情 애정】 ①불쌍하게 여기는 마음. ②구슬픈 심정.
【哀詔 애조】 임금의 죽음을 알리는 글.
【哀册 애책】 천자(天子)나 후비(后妃)의 생전의 공덕을 찬양하는 운문(韻文). 哀策(애책).
【哀戚 애척】 ☞哀悼(애도).
【哀楚 애초】 슬퍼하고 애도함.

【哀痛 애통】 슬퍼하고 가슴 아파함.
【哀恨 애한】 슬퍼하고 원망함.
【哀鴻 애홍】 ①슬피 우는 큰기러기. ②유랑민(流浪民)의 비유. 浪民(낭민).
【哀話 애화】 슬픈 이야기.
【哀歡 애환】 슬픔과 기쁨.
【哀毁骨立 애훼골립】 슬픔 때문에 여위어 뼈가 드러남. 곧, 부모의 죽음을 슬퍼한 나머지 몸이 쇠약해진 모양.

口₆【咼】⑨ ❶입 비뚤어질 와 ㉿괘 匡 wāi
❷성 화 歐 guō
소전 咼 동자 喎 字解 ❶①입이 비뚤어지다. ②옳지 않다, 비뚤어지다.
❷성(姓). ≒和. 〔淮南子〕咼氏之璧.

口₆【哩】⑨ 詯(1662)와 동자

口₆【哇】⑨ ❶토할 와 麻 wā
❷목멜 화 匡 huá
소전 哇 초서 哇 字解 ❶①토하다, 게우다. 〔孟子〕出而哇之. ②울음소리, 알랑거리는 소리. ¶哇哇. ③어린아이의 소리. ¶哇哇. ④음란한 소리, 음란한 음악. ¶哇俚. ❷목메다, 목구멍이 막히다. 〔莊子〕其嗌言若哇.
【哇俚 와리】 상말.
【哇哇 와와】 ①웃는 소리. ②아첨하여 알랑거리는 소리. ③어린아이가 시끄럽게 떠드는 소리.

口₆【咿】⑨ ❶선웃음칠 이 支 yī
초서 咿 동자 吚 字解 ❶①선웃음치다, 억지로 웃다. ¶咿喔. ②여러 가지 소리. ㉮글 읽는 소리. ¶咿晤. ㉯사람의 말소리. ¶咿呦. ㉰동물·벌레 등이 우는 소리. ¶咿咿. ㉱수레·노 등이 삐걱거리는 소리.
【咿啞 이아】 ①어린아이가 말을 배우는 소리. ②노를 저을 때 나는 삐걱거리는 소리.
【咿喔 이악】 ①닭 따위가 우는 소리. ②아첨하여 꾸며서 웃는 모양. ③노 젓는 소리.
【咿軋 이알】 수레나 노가 삐걱거리는 소리.
【咿嚶 이앵】 ①서투른 말씨. ②어린아이가 말을 배우는 소리.
【咿晤 이오】 글 읽는 소리. 伊吾(이오).
【咿嗢 이올】 말이 잘 통하지 않는 모양.
【咿嚘 이우】 ①말이 똑똑하지 않은 모양. ②탄식하는 모양. ③닭 우는 소리.
【咿呦 이유】 ①사슴이 우는 소리. ②말이 분명하지 않은 모양.
【咿咿 이이】 ①돼지가 우는 소리. ②각적(角笛) 따위를 부는 소리. ③벌레가 우는 소리. ④닭이 우는 소리.

口₆【咡】⑨ 입 이 寘 èr

口₆【咡】 字解 ①입. 〔管子〕循咡覆手. ②입언저리, 입가. 〔禮記〕負劍辟咡詔之.
【咡絲 이사】 누에가 입을 아래위로 돌리면서 실을 뽑아내는 일.

口₆【咽】⑨
❶목구멍 인 ㉿연 先 yān
❷삼킬 연 霰 yàn
❸목멜 열 屑 yè
❹북소리 인 眞 yuān
소전 咽 초서 咽 참고 대법원 지정 인명용 한자의 음은 '인·열'이다.
字解 ❶①목구멍. ¶咽喉. ②요해지(要害地), 요긴한 곳. 〔漢書〕咽已絕. ❷삼키다. ≒嚥. 〔孟子〕三咽, 然後耳有聞, 目有見. ❸①목메다, 목이 메어 말을 못하다. 〔南齊書〕流涕嗚咽. ②막히다, 가리다. 〔新序〕雲霞充咽, 則奪日月之明. ❹북소리. 〔詩經〕鼓咽咽.
【咽頭 인두】 입 안의 끝부터 식도의 첫머리 사이에 있는 근육.
【咽領 인령】 목구멍과 목. 곧, 긴요한 곳.
【咽咽】 ❶인인 ❷열열 ❶크고 작은 북소리가 겹쳐 울리는 모양. ❷흐느끼며 슬퍼하는 모양.
【咽喉 인후】 ①목구멍. ②급소.
【咽喉之地 인후지지】 매우 요긴한 땅. 要塞(요새). 要害處(요해처).
【咽下 연하】 삼킴.
【咽塞 열색】 숨이 막힘. 숨이 막히는 병.
● 哀─, 嗚─, 充─, 呑─, 含─.

口₆【咨】⑨ 물을 자 支 zī
소전 諮 초서 咨 字解 ①묻다, 물어서 꾀하다. 〔書經〕咨十有二牧. ②탄식하다. 〔後漢書〕異人同咨. ③이, 이것. ≒玆·此·是. ④청대(清代) 이후의 공문서의 한 가지. ¶咨文.
【咨覲 자구】 찾아봄. 방문함.
【咨文 자문】 ①청대(清代)에 동급 관청 사이에 주고받던 공문서. ②조선 때, 중국과 주고받던 공식적인 외교 문서.
【咨詢 자순】 물어 어떤 일을 꾀함.
【咨咨 자자】 탄식하는 모양.
【咨周 자주】 성실한 사람에게 의견을 물어봄.
【咨歎 자탄】 아끼고 가엾게 여기어 탄식함.

口₆【哉】⑨ 어조사 재 灰 zāi

一 十 土 士 吉 吉 哉 哉 哉

소전 哉 초서 哉 字源 會意·形聲. 戈+口→哉. '戈'는 '절단하다'라는 뜻으로, 음도 나타낸다. 입에서 하는 말(口)이 끊어지는 데 쓰는 어조사라는 뜻이 되었다.
字解 ①어조사. ㉮영탄(詠歎)의 뜻을 나타낸다. 〔論語〕孝哉閔子騫. ㉯의문(疑問)의 뜻을 나타낸다. 〔書經〕禹曰, 兪哉. ㉰반어(反語)의 뜻을 나타낸다. 〔孟子〕奚可哉. ㉱강조(強調)의

口部 6획 咮呩咶哆咤品

의 뜻을 나타낸다. 〔書經〕吾其試哉. ❹완료(完了)의 뜻을 나타낸다. ❷처음, 비롯하다. 늑才. 〔書經〕朕哉自亳. ❸재난, 재앙. 늑栽·災. 〔管子〕地重投之哉兆.
【哉生明 재생명】달이 처음으로 빛을 발함. 곧, 음력 초사흘.
【哉生魄 재생백】달이 처음으로 백이 생김. 곧, 음력 16일. ◦'魄'은 달 둘레의 어두운 곳.
【哉兆 재조】재난(災難)의 조짐. ◦'哉'는 '栽'로 '재난'을 뜻함.

口 6 【咮】⑨ ❶부리 주 圉 zhòu ❷수다스러울 유 圉 rú
소전 咮 초서 咮 [字解] ❶①부리, 주둥이. =噣. 〔潘岳·賦〕當咮值胃. ②별 이름, 28수(宿)의 하나인 유성(柳星)의 딴 이름. 늑注. 〔春秋左氏傳〕咮為鶉火. ❷수다스럽다. =嚅.

口 6 【呩】⑨ 길이 지 紙 zhǐ
소전 呩 초서 呩 [字解] ①길이. 주척(周尺)으로 8치의 길이. 〔國語〕其長尺有呩. ②짧은 거리나 적은 분량의 비유. 〔國語〕是知天呩, 安知民則.
【呩步 지보】얼마 안 되는 걸음. 조금의 행보.
【呩顏 지안】임금을 배알함.
【呩尺 지척】매우 가까운 거리. ◦'呩'는 8치, '尺'은 10치.
【呩尺之義 지척지의】조그마한 의리.

口 6 【咶】⑨ ❶핥을 지 紙 shì ❷말씀 화 禡 huà ❸숨 쉴 활 圉 huài
[字解] ❶핥다, 빨다. =舐. 〔莊子〕咶其葉. ❷말씀, 말하다. =話. ❸숨 쉬다, 호흡. 〔楚辭〕悒鬱絕兮咶復蘇.

口 6 【哆】⑨ ❶클 치 紙 chǐ ❷입술 늘어뜨릴 차 禡 chǐ
소전 哆 [字解] ❶①크다, 큰 모양. ②너그러운 모양, 관대(寬大)한 모양. ¶哆然. ③입을 벌리다, 크게 벌린 입. ¶哆嗚. ❷입술을 늘어뜨리다, 입술이 축 처진 모양.
【哆然 치연】관대(寬大)한 모양.
【哆嗚 ❶치위 ❷차위】❶입을 크게 벌리고 있는 모양. ❷입술이 축 처진 모양.

口 6 【咤】⑨ 꾸짖을 타 ⓑ차 禡 zhà
소전 咤 본자 吒 [字解] ①꾸짖다, 나무라다. 〔漢書〕口倦乎叱咤. ②혀를 차다. 〔禮記〕咤毋食. ③슬퍼하다, 마음 아파하다. ④자랑하다. 〔後漢書〕轉相誇咤. ⑤형구(刑具)의 한 가지.
【咤食 타식】소리를 내며 음식을 먹음.
【咤吒 타질】큰 소리로 꾸짖는 소리.

口 6 【品】⑨ 물건 품 寢 pǐn
ㅣ 口 口 口 品 品 品 品 品
소전 品 초서 品 속자 品 [字源] 會意. 口+口+口→品. 입〔口〕이 셋이나 되어 여러 층의 사람이 모였다는 데서 '품계'라는 뜻을 나타내고, 또 여럿이 모여 옳으니 그르니 한다는 데서 '품평하다'라는 뜻도 나타낸다.
[字解] ①물건. ㉮물품. 〔易經〕品物流形. ㉯종류, 같은 종류. 〔書經〕厥貢惟金三品. ㉰품질, 품격(品格). 〔後漢書〕雖情品萬氣, 質文異數. ㉱차별, 등급. 〔漢書〕給繒絮食物有品. ②품별을 하다, 등차를 매기다, 구별하다. 〔禮記〕品節斯, 斯之謂禮. ③품평(品評)하다, 좋고 나쁨을 따지다. 〔漢書〕稱述品藻. ④널리, 빠짐없이, 모두. 〔禮記〕命之品嘗之. ⑤관위(官位), 벼슬의 등급. 〔國語〕外官不過九品. ⑥수, 정수(定數), 비율. 〔漢書〕群盜起不發覺, 發覺而弗浦滿品者. ⑦법, 규정. 〔漢書〕叔孫通遂奏歸漢, 制作儀品. ⑧사방 100리의 땅. =同. 〔漢書〕百里為品. ⑨같다, 같게 하다. 〔國語〕品其百籩. ⑩(佛)편(篇), 일부 경론(經論)의 편. ⑪관악기를 연주하다.
【品鑑 품감】인물의 고하(高下)를 매김.
【品格 품격】품성과 인격.
【品階 품계】벼슬자리에 대하여 매기던 등급.
【品官 품관】①품계를 가진 벼슬아치. ②당대(唐代)에 환관(宦官)을 이르던 말.
【品劣 품렬】품성이 낮음. 품질이 낮음.
【品例 품례】등급의 제정(制定).
【品命 품명】관직의 등급에 대한 사령(辭令).
【品目 품목】①품물의 이름을 쓴 목록. ②물품 종류의 이름.
【品物 품물】온갖 물건. 모든 물건.
【品味 품미】음식물의 맛. 음식의 맛을 봄.
【品嘗 품상】①두루 맛봄. ◦'品'은 '徧'으로 '두루'를 뜻함. ②차(茶)를 시음하여 품평함.
【品庶 품서】백성. 서민(庶民).
【品石 품석】대궐 안 정전(正殿) 앞뜰에 세웠던, 품계(品階)를 새긴 돌.
【品性 품성】사람의 됨됨이. 인품(人品).
【品數 품수】①등급으로 나눈 차례. ②벼슬 등급의 차례.
【品式 품식】①의식(儀式). ②법도(法度).
【品岳 품악】인품(人品)이 높음.
【品位 품위】①직품(職品)과 직위. ②사람이 갖추어야 할 위엄이나 기품. ③사물이 지닌 고상하고 격이 높은 인상.
【品裁 품재】품질에 따라 구분함.
【品節 품절】①차등(差等)을 둠. ②차등.
【品制 품제】벼슬의 등급. 위계(位階).
【品第 품제】품평(品評)하여 차례를 매김.
【品題 품제】①제목(題目). ②사물의 가치를 문예적으로 평가하는 일. ③(佛)경론(經論) 중의 각 품(品)의 제목.

【品族 품족】문벌(門閥).
【品竹彈絲 품죽탄사】피리를 불고 거문고를 탐. 악기를 연주함.
【品秩 품질】작위(爵位)와 봉급(俸給).
【品質 품질】물건의 성질과 바탕.
【品評 품평】물품의 좋고 나쁨과 가치를 평가함.
【品覈 품핵】구별을 하여 조사함.
【品行 품행】품성과 행실. 몸가짐.
【品彙 품휘】물품을 종류에 따라 나눔.
◎家―, 氣―, 物―, 上―, 賞―, 商―, 性―, 人―, 一―, 作―, 中―, 珍―, 眞―, 下―.

口[咸]⑨ ❶다 함 咸 xián
6 ❷덜 감 減 jiǎn
 ❸찰 함 鹹 xián

丿 厂 厂 厂 后 咸 咸 咸

[소전] 咸 [초서] 咸 [參考] 대법원 지정 인명용 한자의 음은 '함'이다.
[字源] 會意. 口+戌→咸. '戌'은 '모두, 죄다'의 뜻. 죄다 입(口)을 모은다는 데서 '다'라는 뜻을 나타낸다.
[字解] ❶①다, 모두. 〔書經〕庶績咸熙. ②두루 미치다, 널리 미치다. 〔國語〕小賜不咸. ③같다, 같게 하다. 〔詩經〕克咸厥功. ④부드러워지다, 화하다. 〔詩經〕周公不二叔之不咸. ⑤머금다. ≒含. ⑥괘 이름, 64괘의 하나. 괘형은 ䷞. 음양(陰陽)이 교감(交感)함을 상징한다. ⑦성(姓). ❷덜다, 줄이다. ≒減. 〔漢書〕戶口咸牛. ❸차다, 충만하다. 〔春秋左氏傳〕窀則不咸.
【咸告 함고】하나도 빠뜨리지 않고 다 고함.
【咸登 함등】곡식이 다 익음.
【咸服 함복】모두 복종함.
【咸氏 함씨】남을 높여 그의 조카를 이르는 말.
【咸悅 함열】모두 기뻐함.
【咸池 함지】①해가 멱 감는다는 천상(天上)의 못. 곧, 해가 지는 곳. 天池(천지). ②요(堯)임금 때의 음악(音樂) 이름. 大咸(대함). ③천신(天神)의 이름. ④오곡(五穀)을 맡아본다는 별 이름.
【咸興差使 함흥차사】國함흥으로 보낸 차사. 심부름을 가서 아무 소식이 없거나 돌아오지 않음의 비유. [故事] 조선 태조(太祖)가 선위(禪位)하고 함흥에 머물러 있을 때, 태종(太宗)이 보낸 사신을 죽이거나 잡아 가두어 돌려보내지 않았다는 고사에서 온 말.

口[哈]⑨ ❶물고기 많은 모양 합 🅐 há
6 ❷마실 삽 🅐 shà

[초서] 哈 [參考] 대법원 지정 인명용 한자음은 '함'이다.
[字解] ❶①물고기가 많은 모양. ②물고기가 입을 오물거리는 모양. ③소리의 형용. ④웃음소리. ④꾸짖는 소리. ⑤㺯파인트(pint). 야드파운드법에 따른 부피의 단위. 1갤런의 8분의 1. ❷①마시다, 훌쩍 마시다. =歃. 〔淮南子〕嘗一哈水而甘知矣. ②성(姓).
【哈哈 합합】①웃는 소리. ②농담함. ③남자.

口[咳]⑨ ❶어린아이 웃을 해 🅐 hái
6 ❷기침 해 🅐 ké
 ❸탄사 애 🅐 hai

[소전] 咳 [고문] 㗄 [초서] 咳 [參考] 대법원 지정 인명용 한자의 음은 '해'이다.
[字解] ❶①어린아이가 웃다. 〔禮記〕咳而名之. ②포괄(包括)하다. ≒該. ❷기침, 기침을 하다. ¶ 咳喘. ❸탄사(歎辭). 상심(傷心)하였을 때 쓰는 말.
【咳嗽 해수】기침, 기침을 함. ◎'咳'는 가래 없이 소리가 나는 기침, '嗽'는 소리가 나지 않고 가래만 나오는 기침.
【咳嬰 해영】젖먹이. 嬰孩(영해).
【咳喘 해천】기침과 천식(喘息).
【咳唾 해타】①기침과 침. 침을 뱉음. ②어른의 말씀.
【咳唾成珠 해타성주】①기침과 침이 다 구슬이 됨. ㉠권세가(權勢家). ㉡일언일구(一言一句)가 다 귀중함. ②시문(詩文)의 재주가 뛰어남.

口[哄]⑨ ❶떠들썩할 홍 🅐 hòng
6 ❷속일 공 🅐 hǒng

[초서] 哄 [參考] 대법원 지정 인명용 한자의 음은 '홍'이다.
[字解] ❶①떠들썩하다, 소란하다. ②서로 화(和)하는 소리, 노랫소리. ③고무하다, 진작(振作)하다. ❷①속이다, 어루꾀다. 〔紅樓夢〕偏哄我呢. ②소리, 목소리.
【哄動 홍동】여러 사람이 떠들썩함.
【哄笑 홍소】입을 크게 벌리고 웃음. 큰 웃음.
【哄誘 공유】꾐. 유혹함.

口[咺]⑨ 의젓할 훤 阮 xuān, xuǎn
6
[소전] 咺 [초서] 咺 [字解] ①의젓하다, 위의(威儀)나 용모가 뛰어나다. 〔詩經〕赫兮咺兮. ②어린아이가 울음을 그치지 않다. ③두려워하다.

口[咻]⑨ ❶떠들 휴 尤 xiū
6 ❷따뜻하게 할 후 遇 xù

[초서] 咻 [字解] ❶①떠들다, 시끄럽게 하다. 〔孟子〕衆楚人咻之. ②앓다, 상심(傷心)하거나 병 때문에 신음하는 소리. ¶ 咻咻. ❷따뜻하게 하다, 입김으로 녹이다. =呴. ¶ 咻呴.
【咻咻 휴휴】①앓는 소리. ②입김이 나오는 모양. 호흡하는 모양.
【咻呴 후후】따뜻하게 함. 녹임.

口[哅]⑨ 떠들 흉 冬 xiōng
6
[字解] 떠들다, 큰 소리로 떠들다. 〔荀子〕掩耳而聽者, 聽漠漠而以爲哅哅.

【哅哅 흉흉】①큰 소리로 떠드는 모양. ②소란한 모양.

口6 【咥】⑨ ❶웃음소리 희 困 xì ❷물 절 屑 dié
[소전] [초서] [字解] ❶웃음소리, 크게 허허 웃다. 〔詩經〕兄弟不知, 咥其笑矣. ❷물다, 씹다, 깨물다. 〔易經〕履虎尾, 不咥人, 亨.

口7 【哿】⑩ 좋을 가 圈 gě
[소전] [초서] [字解] ①좋다, 훌륭하다. 〔詩經〕哿矣富人. ②부인의 머리꾸미개. ≒珈. 〔太玄經〕婦人易哿.

口7 【哥】⑩ 노래 가 歐 gē
[소전] [초서] [字源] 會意. 可+可→哥. '可'는 입김이 퍼진다는 뜻. 이에서 '노래하다'의 뜻을 나타낸다.
[字解] ①노래, 노랫소리, 노래하다. ≒歌·謌. 〔史記〕懷棠樹不敢伐, 哥詠之, 作甘棠之詩. ②사람을 부르는 말. 손윗사람이나 동배(同輩)끼리 높여 부르는 호칭. ③國가. 성(姓) 뒤에 붙어 그 성임을 나타내는 말. 〔吏頭便覽〕如云朴哥李哥.
【哥哥 가가】①형(兄)이나 친구 간의 경칭. ②아들에 대한 아버지의 자칭.

口7 【哽】⑩ 목멜 경 梗 gěng
[소전] [초서] [字解] ①목메다. ㉮목구멍이 막히다. 〔後漢書〕祝哽在前, 祝噎在後. ㉯목메어 울다. 〔南史〕左右莫不哀哽. ②막히다. 〔莊子〕凡道不欲壅, 壅則哽. ③더듬거리다, 말이 막히다.
【哽結 경결】슬픔에 목이 멤.
【哽哽 경경】슬픈 나머지 띄엄띄엄 말하는 모양.
【哽塞 경색】지나치게 슬퍼 울어 목이 잠김.
【哽咽 경열】목메어 욺.

口7 【哭】⑩ 울 곡 屋 kū
丨 𠂋 口 吅 吅 吅 叩 哭 哭
[소전] [초서] [字源] 會意. 吅+犬→哭. '吅'는 놀라서 소리 지른다는 뜻. 여기에 '犬'을 더하여 개가 울부짖음을 나타내었는데 뒤에 '사람이 슬픔을 못 이겨 울다'의 뜻으로 바뀌었다.
[字解] ①울다. ㉮큰 소리를 내며 울다. ¶哭泣. ㉯곡하다, 사람의 죽음을 슬퍼하여 울다. 〔淮南子〕湯使人哭之. ②노래하다. 〔淮南子〕昔雍門子, 以哭見於孟嘗君.
【哭臨 곡림】뭇사람이 슬퍼서 욺. ②國임금이 죽은 신하를 직접 조문함.
【哭婢 곡비】양반의 장례 때 곡하며 행렬의 앞을 가던 여자 종.
【哭聲 곡성】곡하는 소리.
【哭泣 곡읍】소리를 내어 슬피 욺.
【哭竹 곡죽】대숲에서 욺. 효성이 지극함의 비유. 故事 삼국 시대 오(吳)나라의 효자 맹종(孟宗)이 한겨울에 대숲에서 그의 어머니가 좋아하는 죽순(竹筍)을 찾으려고 했지만 구하지 못한 것을 슬퍼하여 울고 있는데서 홀연히 눈 속에서 죽순이 나타났다는 고사에서 온 말.
【哭歎 곡탄】대성통곡하며 탄식함.
【哭痛 곡통】목 놓아 슬피 욺.
❶鬼-, 大-, 悲-, 送-, 哀-, 痛-, 慟-.

口7 【唜】⑩ 國끗 끗
[參考] 대법원 지정 인명용 한자음은 '말'이다.
[字源] 末(끝 말→끗)+叱(ㅅ)→唜(끗).
[字解] 끗. '끗' 음을 표기하기 위하여 우리나라에서 만든 한자.

口7 【哪】⑩ ❶역귀 쫓는 소리 나 歐 nuó ❷어찌 나 圈 na, nǎ
[字解] ❶역귀 쫓는 소리, 나례(儺禮) 때 지르는 소리. ¶哪哪. ❷어찌, 어느. ≒那·哆. 경탄(驚歎), 의문(疑問) 등을 나타낸다.
【哪哪 나나】나례(儺禮) 때 악사·기생·악공 들이 지르는 소리.

口7 【唐】⑩ 당나라 당 陽 táng
丶 一 广 广 庐 庐 庐 唐 唐 唐
[소전] [고문] [초서] [字源] 形聲. 庚+口→唐. '庚(경)'이 음을 나타낸다.
[字解] ①당나라. ㉮이연(李淵)이 수(隋)의 뒤를 이어 세운 왕조(618~906). ㉯이존욱(李存勗)이 후량(後梁)을 이어 세운, 오대(五代)의 하나. 후당(後唐). ㉰이변(李昪)이 세운, 십국(十國)의 하나. 남당(南唐). ㉱요(堯)임금의 나라, 도당(陶唐). ㉲중국(中國)의 범칭(汎稱). ②허풍, 큰소리, 허풍을 떨다. 〔莊子〕荒唐之言. ③저촉되다, 위반되다. ¶唐突. ④갑자기, 느닷없이. ¶唐突. ⑤둑, 제방. ≒塘. 〔淮南子〕唐有萬穴. ⑥크다, 넓다. ≒宕. 〔太玄經〕初一, 唐於内. ⑦공허하다, 텅 비다. 〔管子〕黃唐無宜. ⑧벽이 없는 마구간. ¶唐肆. ⑨길, 도로, 통로. 〔詩經〕中唐有甓. ⑩새삼. 풀 이름. 〔詩經〕爰采唐矣.
【唐弓 당궁】힘의 강약이 알맞은 활.
【唐唐 당당】①넓은 모양. ②걷잡을 수 없는 모양. ③허황한 모양.
【唐突 당돌】①범(犯)함. 저촉(抵觸)함. ②갑자기. 불의에. ③國꺼리거나 어려워함이 없이 올차고 다부짐.
【唐麪 당면】감자 가루로 만든 국수. ◦'唐'은

'중국에서 들어온'의 뜻.
【唐肆 당사】①텅 빈 가게. ②말을 매매하는 시장. ○'唐'은 벽이 없는 집, '肆'는 장사하는 곳.
【唐三絕 당삼절】당대(唐代) 예능에 뛰어난 세 사람. 곧, 시부(詩賦)에 이백(李白), 검무(劍舞)에 배민(裴旻), 초서(草書)에 장욱(張旭).
【唐扇 당선】중국에서 만든 부채.
【唐宋八大家 당송팔대가】당·송대(唐宋代)에 활약한 여덟 사람의 대문장가. 곧, 한유(韓愈)·유종원(柳宗元)·구양수(歐陽脩)·소순(蘇洵)·소식(蘇軾)·소철(蘇轍)·증공(曾鞏)·왕안석(王安石).
【唐詩 당시】당대(唐代)의 시(詩). 당대는 시가(詩歌)가 가장 융성했던 시대로 시인과 작품의 수에서 단연 으뜸이며, 흔히 한사(漢史)·당시(唐詩)·송문(宋文)·원곡(元曲)으로 불림.
【唐樂 당악】①당대(唐代)의 음악. ②삼악(三樂)의 하나. 신라(新羅) 때 전래한 중국의 속악.
【唐雁 당안】거위.
【唐捐 당연】허황되게 아무런 보람 없이 버림.
【唐虞 당우】①도당(陶唐)과 유우(有虞). ○'唐'은 요(堯)임금의 호(號), '虞'는 순(舜)임금의 호. ②태평성세.
【唐園 당원】채마밭. 남새밭. ○'唐'은 '塘'으로 '밭둑'을 뜻함.
【唐衣 당의】당저고리. 여자 예복의 한 가지.
【唐紙 당지】중국에서 만들어진 종이의 한 가지. 주로 서화(書畫)에 많이 씀.
【唐瘡 당창】매독(梅毒). 양매창(楊梅瘡). 瘡病(창병).
【唐棣 당체】산앵두나무.
【唐草紋 당초문】⟦國⟧덩굴풀이 뻗어 나가는 모양의 무늬.
【唐楸子 당추자】호두.
【唐筆 당필】중국에서 들어온 붓.
【唐花 당화】온실(溫室)에서 핀 꽃. 제철이 아닌 때에 핀 꽃. ○'唐'은 '堂'을 잘못 쓴 자임.
【唐黃 당황】⟦國⟧성냥.
【唐慌 당황】놀라서 어찌할 바를 모름.
● 陶—, 虞—, 荒—.

⟦口7⟧【哢】⑩ 지저귈 롱 ⟦中⟧ lòng
⟦字解⟧①지저귀다. 새가 울다. ⟦陶潛·詩⟧鳥哢歡新節. ②웃다. 선웃음 치다. ¶哢㕦.
【哢㕦 농이】①웃음소리. ②선웃음 침.
【哢吭 농항】새가 지저귐.

⟦口7⟧【哩】⑩ 어조사 리 ⟦中⟧ lī, lǐ
⟦字解⟧①어조사. 어조(語調)를 고르거나 뜻을 강조하기 위해 붙이는 조자(助字). ②⟦現⟧마일. 거리의 단위인 마일(mile)의 의역(意譯).

⟦口7⟧【唎】⑩ 소리 리 ⟦中⟧ lì
⟦字解⟧소리.

⟦口7⟧【哶】⑩ 哶(289)의 본자

⟦口7⟧【哱】⑩ 어지러울 발 ⟦日⟧ bèi, pò
⟦字解⟧①어지럽다, 혼란해지다. ②군대에서 쓰는 취주 악기.
【哱囉 발라→바라】군대에서 쓰는 취주 악기의 한 가지. 나발·소라 따위.

⟦口7⟧【哤】⑩ 난잡할 방 ⟦江⟧ máng
⟦字解⟧난잡하다, 난잡한 말. 여러 사람의 뒤섞인 말. ⟦國語⟧雜處則其言哤.

⟦口7⟧【唆】⑩ 부추길 사 ⟦歌⟧ suō
⟦字解⟧①부추기다, 꼬드기다, 꾀다.
【唆使 사사】남을 부추겨서 시킴.
● 敎—, 使—, 示—.

⟦口7⟧【哦】⑩ 읊을 아 ⟦歌⟧ é, ó
⟦字解⟧①읊다, 읊조리다, 시가(詩歌)를 음영하다. ②가볍게 놀라 지르는 소리.

⟦口7⟧【唉】⑩ 그래 애 ⟦灰⟧ āi, ài
⟦字解⟧①그래, 오냐. 대답하는 소리. ⟦莊子⟧唉, 予知之. ②묻다, 깜짝 놀라며 묻다. ⟦管子⟧禹立諫鼓於朝, 而備訊唉. ③탄식하여 지르는 소리. ⟦史記⟧唉, 豎子不足與謀.

⟦口7⟧【唁】⑩ 위문할 언 ⟦霰⟧ yàn
⟦字解⟧위문하다. 죽은 사람에 대한 조위를 '弔'라 하고, 산 사람으로서 나라를 잃거나 슬픈 일을 당한 이를 찾아가 위로하는 것을 '唁'이라 한다.
【唁勞 언로】문상(問喪)함. 弔喪(조상).

⟦口7⟧【唔】⑩ 글 읽는 소리 오 ⟦虞⟧ wú
⟦字解⟧글 읽는 소리. 늑吾.
【唔咿 오이】글 읽는 소리. 咿唔(이오).

⟦口7⟧【員】⑩
❶수효 원 ⟦元⟧ yuán
❷더할 운 ⟦文⟧
❸성 운 ⟦問⟧ yùn
❹⟦國⟧도리 곳

丨 口 口 口 呂 呂 昌 員 員

口部 7획 唈呧唇唽哲哨唄

員

[參考] 대법원 지정 인명용 한자음은 '원'이다.
[字源] 會意. 口+鼎→鼎→貝. 솥(鼎)의 아가리가 둥근 모양인 데서 '둥글다'가 원뜻이었는데, '수효'의 뜻으로 가차되면서 '둥글다'의 뜻으로는 '圓(원)' 자를 새로 만들어 썼다.
[字解] ❶①수효, 물품의 수. ②인원, 벼슬아치의 수. 〔史記〕備員而行矣. ③벼슬아치, 관원. 〔新唐書〕累聖曠不置官. ④둥글다, 동그라미, 둘레. 〔孟子〕不以規矩不能成方員. ⑤일정하다, 가지런하다. ¶員程. ⑥많다, 여럿이다. ¶員員. ❷①더하다, 늘리다. 〔詩經〕無棄爾輔, 員于爾輻. ②급한 모양. ¶員員. ③이르다. ≒云. 〔詩經〕景員維何. ④어조사. 〔詩經〕聊樂我員. ❸성(姓). ❹國도리(道里), 이정(里程).
【員缺 원결】 관직에 결원이 생김.
【員嶠 원교】 해중(海中) 오선산(五仙山)의 하나. 발해의 동쪽에 있다고 함.
【員丘 원구】 신선(神仙)이 사는 곳.
【員石 원석】 둥근 돌. 圓石(원석).
【員數 원수】 인원의 수.
【員員 ❶원원 ❷운운】 ❶사람이 많으면서도 예의가 있는 모양. ❷급한 모양.
【員程 원정】 정한 분량. 일정한 공정(工程).
【員次 원차】 맡은 직무에 따라 정해진 관원의 석차(席次).
【員柵 원책】 둘러친 울짱.
【員品 원품】 관리의 품계(品階).
❶ 減一, 各一, 缺一, 官一, 敎一, 闕一, 滿一, 社一, 成一, 委一, 定一, 充一, 會一.

唈

口
7 【唈】⑩ 한탄할 읍 囚 yì
[字解] 한탄하다, 슬퍼하다, 목메어 울다. 〔荀子〕悇譎唈優.
【唈優 읍애】 슬퍼함. 목메어 욺.

呧

口
7 【呧】⑩ 아첨할 족 囚 zú
[字解] 아첨하다, 아유(阿諛)하다.
【呧訾 족자】 말로써 아첨함.

唇

口
7 【唇】⑩ 놀랄 진 眞霰 zhēn, zhèn
[參考] 입술이라는 뜻으로 '脣(1448)'과 통용해 쓰는 것은 잘못이다.
[字解] ①놀라다. ②놀라서 지르는 소리.

唽

口
7 【唽】⑩ 새소리 찰 黠 zhā
[字解] 새소리, 가늘면서도 끊임없이 지저귀는 새소리. 〔楚辭〕鵙鴂唽唽而悲鳴.

哲

口
7 【哲】⑩ 밝을 철 屑 zhé

[字源] 形聲. 折+口→哲. '折(절)'이 음을 나타낸다.
[字解] ①밝다, 총명하다, 지혜롭다. 〔書經〕知人則哲. ②도리나 사리에 밝은 사람. 〔春秋左氏傳〕賴前哲. ③알다. 〔漢書〕哀鰥哲獄.
【哲理 철리】 ①철학상의 이치. ②매우 오묘하고 깊은 이치.
【哲命 철명】 밝은 가르침. ○'命'은 '敎'로 '가르치다'를 뜻함.
【哲辟 철벽】 밝고 어진 임금.
【哲夫 철부】 지덕(智德)이 뛰어난 남자.
【哲婦 철부】 ①지나치게 영리한 여자. ②어질고 현명한 부인.
【哲聖 철성】 재덕(才德)을 겸비한 성인. 곧, 천자(天子).
【哲人 철인】 도리에 밝은 사람. 지덕이 뛰어난 사람. 哲士(철사).
【哲匠 철장】 현명하고 재예(才藝)가 있는 사람. ㉠대신(大臣). ㉡문인(文人). ㉢화가(畫家).
【哲學 철학】 인생, 세계, 지식에 관한 근본 원리를 연구하는 학문.
❶ 滿一, 名一, 先一, 聖一, 英一, 前一, 賢一.

哨

口
7 【哨】⑩ ❶망볼 초 效 shào
❷수다스러울 초 肴 xiāo
[字源] 形聲. 口+肖→哨. '肖(초)'가 음을 나타낸다.
[字解] ❶①망보다, 망보는 곳, 망보는 사람. 〔元史〕命率師巡哨裹樊. ②작다, 잘다. 〔馬融·頌〕大匈哨後. ③병제(兵制)의 한 가지. 청대(淸代)에 두었던 100명 1조의 군제(軍制). ④비뚤다, 병의 아가리가 비뚤다. 〔禮記〕某在柱矢哨壺. ⑤날카롭다. ⑥호각을 불어 경계하다. ≒筊. ❷①수다스럽다, 말이 많은 모양. 〔法言〕禮義哨哨. ②받아들이지 아니하다.
【哨戒 초계】 적의 기습에 대비해 망보며 경계함.
【哨堡 초보】 적의 동태를 살피기 위하여 쌓은 보루(堡壘). 망보는 보루.
【哨所 초소】 보초가 서 있는 곳이나, 경계하는 사람이 근무하는 시설.
【哨哨 초초】 ①말이 많은 모양. ②작은 소리.
❶ 步一, 巡一, 立一.

唄

口
7 【唄】⑩ 찬불 패 卦 bài
[字解] 찬불(讚佛). 부처의 공덕을 찬양하는 노래.
【唄多羅 패다라】 옛날 인도에서 불경을 새기던 다라수(多羅樹)의 잎.
【唄聲 패성】 독경(讀經) 소리. 唄音(패음).
【唄讚 패찬】 (佛)부처의 공덕을 찬미하는 노래. 梵唄(범패).
❶ 梵一.

口部 7~8획 哺唅哮唏啓

7 【哺】 ⑩ 먹을 포 虞 bǔ

[字解] ❶먹다. ㉮음식물을 씹어 먹다. 〔後漢書〕出遇赤眉, 將爲所哺. ㉯머금고 있는 음식물, 입속에서 씹고 있는 음식물. 〔史記〕一飯三吐哺. ❷먹이다, 먹여 기르다. 〔漢書〕抱哺其子. ❸어린아이의 병명(病名).
【哺露疳 포로감】두개골을 이룬 여러 뼈가 서로 달라붙지 않는, 선병질(腺病質) 어린이에게 생기는 병.
【哺養 포양】먹여 기름. 양육함.
【哺乳 포유】젖을 먹임. 젖을 먹여 기름.
【哺育 포육】젖을 먹여 기름.
【哺啜 포철】먹음. 식사를 함.
◐ 吐-, 含-.

7 【唅】 ⑩ 입 벌릴 함 覃 韻 hán

[字解] ❶입을 벌리다, 입을 크게 벌린 모양. 〔王禹偁·詩〕聚口笑唅呀. ❷반함(飯唅). 늑含·琀. 〔晉書〕殮唅之物, 一皆絕之. ❸머금다, 먹다. 늑含. 〔漢書〕唅蒅飮水.
【唅襚 함수】반함(飯含)과 수의(襚衣).
【唅呀 함하】❶입을 크게 벌린 모양. ❷골짜기나 동굴이 훤히 트인 모양. 谽谺(함하).
【唅唅 함함】입을 크게 벌리고 소리 내는 모양.

7 【哮】 ⑩ 으르렁거릴 효 肴 xiào

[字解] ❶으르렁거리다, 맹수 등이 울부짖다. 〔新唐書〕猛虎自哮. ❷큰 소리를 내다, 소리 지르다, 외치다. 〔韓愈·詩〕旬哮簸陵丘. ❸천식, 해수.
【哮噬 효서】사납게 덤벼들어 묾. 적군의 맹렬한 기세의 비유.
【哮症 효증】백일해(百日咳).
【哮咆 효포】울부짖음. 咆哮(포효).
【哮闞 효함】사나운 짐승이 울부짖음.
【哮吼 효후】으르렁거림. 사납게 울부짖음.
◐ 怒-, 嘲-, 咆-.

7 【唏】 ⓐ❶슬퍼할 희 尾 xǐ ❷한탄하여 울 희 囷 xī

[字解] ❶슬퍼하다, 괴로워하며 슬퍼하다. 〔說文解字〕唏, 一曰, 哀痛不泣曰唏. ❷한탄하여 울다, 탄식하여 울다. 〔史記〕紂爲象箸, 而箕子唏.
【唏噓 희허】흐느껴 욺.

8 【啓】 ⑪ 열 계 薺 qǐ

〔筆順〕 ` ^ ^ ^ ア 户 户 户 户 户 户 府 府 户 府 府 启 启 启 启 启

〔소전〕啟 〔초서〕啓 〔간체〕启

[字源] 會意. 戶十口十攵→啓. 본디 '启'로 입[口]을 벌리듯이 문[戶]을 연다는 뜻인데, 여기에 어떤 일을 시킨다는 뜻을 나타내는 '攵'을 더하여 '열다, 가르쳐 인도하다'의 뜻을 나타내었다.

[字解] ❶열다. ㉮닫힌 문 등을 터놓다. 〔春秋左氏傳〕門啟而入. ㉯시작하다, 일어나다. 〔大戴禮〕正月啓蟄. ㉰개척하다, 열어 나가다. 〔南史〕疆宇日啓. ㉱나아갈 길을 트다. 〔詩經〕元戎十乘, 以先啓行. ㉲통하다, 뚫리다. 〔南史〕鑿河津于孟門, 百川復啓. ❷가르치다, 알려주어 깨닫게 하다. 〔莊子〕欿啓寡聞之民. ❸인도하다, 이끌어 안내하다. 〔春秋左氏傳〕夫人將啓之. ❹여쭈다, 아뢰다. ¶謹啓. ❺상주(上奏)하다, 상주하는 글. 〔晉書〕先密啓後公奏. ❻꿇어앉다. 〔詩經〕不遑啓處. ❼돕다, 운을 열어 주다. 〔國語〕天將啓之. ❽쪼개지다, 갈라지다. 〔素問〕爲巒啓. ❾나누다, 가르다. 〔大戴禮〕啓灌藍蓼. ❿머무르다, 그치다. 늑稽. ¶입춘(立春)·입하(立夏)·입추(立秋)·입동(立冬)을 '閉(폐)'라 한다. 〔春秋左氏傳〕凡分至啓閉.
【啓龕 계감】감실(龕室)을 열어 그 안에 안치한 불상(佛像)을 직접 공중(公衆)에게 배례하게 함. 또는 그 행사.
【啓居 계거】집에서 편안하게 지냄.
【啓告 계고】여쭘. 아룀. 상주(上奏)함.
【啓達 계달】임금에게 의견을 아룀.
【啓導 계도】깨우쳐서 이끌어 줌.
【啓櫝 계독】함(函)을 엶. 상자를 엶.
【啓明星 계명성】금성(金星). 샛별.
【啓目 계목】⊙계본(啓本)에 첨부한 목록.
【啓蒙 계몽】무지몽매(無知蒙昧)를 계발(啓發)함. 아이들을 가르치어 이끎.
【啓門 계문】⊙제사 지낼 때 유식(侑食) 후 합문(闔門)을 엶.
【啓發 계발】사상·지능 등을 깨우쳐 열어 줌.
【啓發誘導 계발유도】몽매를 깨우쳐 알도록 이끌어 줌. 啓導(계도). 啓誘(계유).
【啓白 계백】아룀. 편지의 첫머리에 쓰는 말.
【啓報 계보】상관(上官)에게 아룀.
【啓覆 계복】임금에게 상주하여 사형수를 다시 심리하던 일.
【啓本 계본】임금에게 큰 일을 아뢸 때 제출하던 문서 양식.
【啓事 계사】❶임금에게 일을 아룀. ❷임금에게 일을 아뢰는 글.
【啓辭 계사】논죄(論罪)에 관하여 임금에게 올리던 글.
【啓示 계시】❶가르쳐 보임. 빠짐없이 나타내 보임. ❷(佛)신불(神佛)이 사람의 마음을 열어 진리를 교시(敎示)함.
【啓沃 계옥】사심 없이 생각하는 바를 임금에게 사룀.
【啓佑 계우】인도하여 도움.
【啓迪 계적】가르쳐 이끌어 줌.
【啓程 계정】길을 떠남. 發程(발정).
【啓奏 계주】임금에게 아룀.
【啓請 계청】❶(佛)신불(神佛)에게 기원함. ❷(佛)경

(經)을 읽기 전에 불보살(佛菩薩)의 강림을 청함. ③임금에게 아뢰어 청함.
【啓寵 계총】총애(寵愛)함.
【啓寵納侮 계총납모】지나치게 총애하면 도리어 모멸을 받음.
【啓行 계행】①길을 선도함. 출발함. ②여행을 떠남.
○ 謹-, 拜-, 復-, 覆-, 狀-, 天-, 行-.

口8 【唫】⑪ ❶입 다물 금 jìn ❷읊을 음 yín
[소전][초서][자해] ❶①입을 다물다. 함구하다. ≒噤.〔呂氏春秋〕君呿而不唫. ②말을 더듬다. ③들이마시다, 빨아들이다.〔太玄經〕噓則流體, 唫則凝形. ❷①읊다. ≒吟.〔漢書〕秋風爲我唫. ②혐하다. =釜.〔春秋穀梁傳〕必於殽之巖唫之下. ③생각하다. ≒念.〔韓非子〕宗室憂唫.

口8 【唸】⑪ ❶읊 념 niàn ❷신음할 전 diàn
[소전][초서][자해] ❶외다, 글을 소리내어 외다. ≒念. ❷신음하다, 끙끙거리다.
【唸㕧 전이】끙끙거림. 신음함.

口8 【啖】⑪ ❶먹을 담 dàn ❷속일 담 dàn
[소전][초서][자해] ❶①먹다, 음식물을 먹나.〔漢書〕與從官飮啖. ②탐하다, 게걸스럽다.〔荀子〕啖啖常欲人之有. ❷①속이다, 어루꾀다.〔新唐書〕以利啖之. ②먹이다.〔漢書〕吉婦取棗以啖吉. ③씹다, 깨물다. ④담박하다. ≒淡.〔史記〕呂后與陛下攻苦食啖.
【啖啖 담담】게걸스럽게 먹는 모양. 한꺼번에 삼키는 모양.
【啖嘗 담상】먹으면서 맛을 봄.
【啖咋 담색】씹어 먹음.
【啖食 담식】게걸스럽게 먹음. 貪食(탐식).

口8 【啗】⑪ ❶먹일 담 dàn ❷먹을 담 dàn
[소전][초서][자해] ❶①먹이다, 먹여 살리다.〔國語〕主孟啗我. ②속이다, 어루꾀다.〔史記〕多以金啗豨將. ③머금다, 품다.〔太玄經〕啗函啓化. ❷먹다. ≒啖.〔史記〕嚳拔劍, 切而啗之.
【啗以利 담이리】이익을 주고 남을 꾐.
【啗嚼 담작】잘 씹어 먹음.
○ 健-, 食-, 咀-, 快-, 虎-.

口8 【唳】⑪ ❶울 려 lì ❷새소리 렬 lì
[소전][초서][자해] ❶울다, 학이 울다.〔晉書〕華亭鶴唳. ❷새소리, 새가 울다.

口8 【問】⑪ 물을 문 wèn

丨 丨 丨 丨 丨 丨 丨 丨 丨 丨 丨
[소전][초서][간체] 问 [자원] 形聲. 門+口→問. '門(문)'이 음을 나타낸다.
[자해] ①묻다. ㉮대답을 청하다.〔書經〕好問則裕. ㉯조사하다, 죄상(罪狀)을 알아보다.〔詩經〕淑問如皐陶. ㉰책임을 추궁하다. ¶問責. ㉱점을 치다, 길흉(吉凶)을 묻다.〔易經〕問焉而以言. ㉲찾아보고 위로하다. ¶問寧. ㉳토의하다, 논의하다.〔易經〕君子學以聚之, 問以辨之. ②물음, 질문.〔論語〕大哉問. ③알리다, 고(告)하다, 말하다.〔戰國策〕或以問孟嘗君. ④분부, 명령.〔春秋左氏傳〕公問不至. ⑤소식, 편지.〔晉書〕羈寓京師, 久無家問. ⑥보내다, 선사하다, 증정하다.〔詩經〕雜佩以問之. ⑦간하다, 충고하다.〔新書〕近侧者, 不足以問諫. ⑧방문하다, 위문하다.〔詩經〕問我諸姑. ⑨이름, 명예. ≒聞.〔漢書〕令聞休譽.
【問禁 문금】처음으로 타국(他國)에 들어갈 때 그 나라의 금령(禁令)을 물음.
【問難 문난】①잘못을 캐물어 문책함. 詰問論難 (힐문논란). ②물어봄.
【問寧 문녕】안부를 물음. 병문안을 함.
【問答 문답】물음과 대답. 묻고 대답함.
【問道於盲 문도어맹】길을 맹인에게 물음. 모르는 사람에게 사리를 물어봄의 비유.
【問東答西 문동답서】동쪽을 물으니 서쪽을 대답함. 어떤 물음에 대하여 엉뚱한 대답을 함의 비유. 東問西答(동문서답).
【問柳尋花 문류심화】버들을 묻고 꽃을 찾음. ㉠봄의 경치를 완상(玩賞)함. ㉡화류계(花柳界)에서 놂.
【問望 문망】의정(議政)이 문에 들어설 때 하례(下隷)가 문 앞에서 큰 소리로 이것을 알리던 일.
【問名 문명】혼례에 관한 육례(六禮)의 한 가지. 신랑 집에서 사자(使者)를 보내어 신부 생모(生母)의 성씨(姓氏)를 묻는 예.
【問目 문목】①죄인을 신문하는 조목. ②國질문의 조목.
【問病 문병】병자를 찾아보고 위로함.
【問喪 문상】남의 죽음에 슬퍼하는 뜻을 드러내어 상주(喪主)를 위문함. 弔喪(조상).
【問禪 문선】(佛)선사(禪師)와 선객(禪客)이 법(法)을 묻고 대답하는 일.
【問省 문성】부모에게 문안을 드림.
【問訊 문신】①캐물음. 訊問(신문). ②(佛)합장하면서 안부를 묻는 경례법(敬禮法).
【問安視膳 문안시선】안부를 묻고 반찬의 맛을 살핌. 어른을 잘 받듦의 비유.
【問業 문업】스승에게서 가르침을 받음.
【問遺 문유】①안부를 묻고 물건을 선사함. ②음식물을 보냄.
【問議 문의】물어서 의논함.
【問鼎輕重 문정경중】구정(九鼎)의 무게를 물음.

곧, 천하를 빼앗으려는 흑심. 故事 초(楚) 장왕(莊王)이 천하를 빼앗으려는 마음을 품고 주(周) 정왕(定王)에게 대대로 천자에게 전해진 보물인 구정의 무게를 물었다는 고사에서 온 말.
【問罪 문죄】죄를 캐내어 밝힘.
【問津 문진】나루터로 가는 길을 물음. 학문에 들어가는 길을 물음의 비유.
【問責 문책】책임을 물어 따짐.
【問招 문초】죄인을 신문(訊問)함.
【問學 문학】모르는 것을 물어서 배움.
◐ 拷一, 顧一, 鞠一, 糾一, 難一, 訪一, 査一, 設一, 詢一, 審一, 尋一, 慰一, 疑一, 一一, 切一, 弔一, 質一, 借一, 責一, 下一, 學一.

口8 【啡】⑪ ❶코 고는 소리 배 國 pēi ❷現 커피 배 fēi
字解 ❶코 고는 소리. ❷現커피. ¶咖啡.

口8 【唪】⑪ 껄껄 웃을 봉 國 běng
소전 唪 초서 唪 字解 ❶껄껄 웃다, 큰 소리로 웃다. ❷큰 소리, 크게 지르는 소리. ❸많은 모양, 열매가 많이 열린 모양. 〔詩經〕瓜瓞唪唪.
【唪唪 봉봉】열매가 많이 열린 모양.

口8 【啤】⑪ 現맥주 비 pí
字解 現맥주.
【啤酒 비주】맥주(麥酒).

口8 【啚】⑪ ❶鄙(1852)와 동자 ❷圖(336)의 속자

口8 【唼】⑪ ❶쪼아 먹을 삽 國 shà ❷헐뜯을 첩 國 qiè
초서 唼 字解 ❶①쪼아 먹다, 물새가 먹이를 먹는 모양. ¶唼喋. ❷훌쩍 마시다. ¶唼血. ❷①헐뜯다, 고자질하다. =捷. ¶唼佞. ❷수다스럽다.
【唼喋 삽잡】①쪼아 먹음. ②쪼아 먹는 모양이나 소리. 唼喋(삽잡).
【唼血 삽혈】피를 훌쩍 들이마심. 맹세함. 맹약함. 唼血(삽혈).
【唼佞 첩녕】헐뜯는 말.

口8 【啑】⑪ 唼❶(298)과 동자

口8 【商】⑪ 헤아릴 상 屬 shāng

⺀ 亠 立 产 产 产 商 商
소전 商 고문 商 주문 商 초서 商
字源 會意. 音+內→商. '音'는 '言'의 생략형이다. 안[內]에 있는 것을 밖에서 헤아려 안다는 뜻을 나타낸다.
字解 ①헤아리다, 짐작하여 알다. 〔漢書〕虜必商軍進退稍引去. ②장사, 장사하다. ③장수, 장사하는 사람. 〔易經〕商旅不行. ④오음(五音)의 하나. 在音爲商. ⑤가을. ¶商風. ⑥별 이름. 28수(宿)의 하나인 심수(心宿). 〔春秋左氏傳〕辰爲商星. ⑦왕조 이름. 탕(湯)임금이 하(夏)를 멸하고 세운 왕조. 본래 박(亳)에 도읍을 정하였다가 후에 은(殷)으로 옮겨 국호를 '은(殷)'이라고 하였다. 주(周)왕대에 이르러 무왕(武王)에게 멸망당하였다. 〔史記〕封于商. ⑧나라 이름. ㉮제곡(帝嚳)의 아들 설(契)을 봉한 나라. ㉯춘추 시대 제후국이던 송(宋)의 딴 이름.
【商家 상가】①은(殷)의 조정(朝廷). ②백성이 사는 집. 民家(민가). ③장사를 업으로 삼는 집.
【商推 상량】어떤 일을 헤아려 정함. 비교하여 생각함. 商較(상교).
【商鑑不遠 상감불원】은(殷)의 귀감은 멀리 있지 않음. 은나라의 전조(前朝)인 하(夏)의 멸망을 귀감으로 삼아야 함. 곧, 거울삼을 일은 가까운 곳에 있음. 殷鑑不遠(은감불원).
【商計 상계】①생각하여 헤아림. ②國상업상의 계책. 商略(상략).
【商估 상고】장사하는 사람. 商人(상인).
【商賈 상고】장수. 商估(상고).
【商工 상공】①장수와 장인(匠人). ②상업과 공업(工業).
【商工業 상공업】상업과 공업.
【商圈 상권】상업상의 세력권.
【商權 상권】상업에 관계된 권리.
【商略 상략】①책략을 꾸밈. ②토론함. 의논하여 정함. ③장사하는 책략. 商計(상계). ④평가함. 품평함. 비교함.
【商量 상량】①협의함. ②비교하여 헤아림. 참작함. 商度(상탁).
【商旅 상려】①타향을 떠돌아다니면서 장사하는 사람. 도붓장수. 商客(상객). ②장수와 나그네.
【商暮 상모】①가을의 저녁때. ②가을이 끝남.
【商謎 상미】수수께끼를 알아맞히는 유희의 한 가지.
【商山四皓 상산사호】진(秦)나라 말에 세상의 어지러움을 피하여 상산(商山)에 숨은 동원공(東園公)·하황공(夏黃公)·녹리선생(甪里先生)·기리계(綺里季) 네 사람. ○네 사람 모두 눈썹과 수염이 흰색이어서 사호(四皓)라고 부름.
【商參 상삼】상성(商星)과 삼성(參星). 멀리 떨어져 만나지 못함의 비유. ○상성은 동쪽에, 삼성은 서쪽에 있어 동시에 두 별을 볼 수 없다는 데서 온 말.
【商船 상선】상업을 위해 항해하는 배.
【商術 상술】장사 솜씨.
【商羊 상양】전설상의 새 이름. 다리는 하나이고, 부리는 붉으며, 낮에는 숨어 있다가 밤에 날아다니는데, 큰비가 올 듯하면 춤춘다고 함.
【商羊鼓舞 상양고무】상양이 춤을 춤. 곧, 홍수나 수해의 조짐.

【商意 상의】 가을 기운. 商氣(상기).
【商敵 상적】 ①겨루어 봄. 비교함. ②國상업상의 경쟁자.
【商定 상정】 헤아려 결정함.
【商程 상정】 정도를 헤아림. 방식을 알아봄.
【商秋 상추】 가을. 金秋(금추).
【商叟 상취】 거간꾼. 중매인.
【商儈 상쾌】 중간 상인. 거간.
【商度 상탁】 헤아려 생각함. 商量(상량).
【商兌 상태】 즐거운 일이라 하여 함부로 즐거워하지 않고, 깊이 생각하여 즐김. ○'兌'는 '悅'로 '즐기다'를 뜻함.
【商布 상포】 화폐가 없던 시대에 화폐의 구실을 하던 포목(布木).
【商飇 상표】 가을바람. ○'飇'는 큰 바람. 商風(상풍). 商飇(상표).
【商標 상표】 자기 상품을 남의 것과 구별하려고 붙이는 고유의 표지.
【商風 상풍】 가을바람.
【商號 상호】 상점이나 회사의 이름.
【商宦 상환】 관청을 상대로 장사하는 사람.
● 巨-, 隊-, 富-, 通-, 行-, 豪-, 畫-.

口 8 【售】⑪ 팔 수 宥 shòu
소전 篖 초서 隹 字解 ①팔다, 팔리다, 팔아넘기다. 〔詩經〕賈用不售. ②행하여지다, 유행(流行)하다. 〔張衡·賦〕挾邪作蠱, 於是不售.
【售子 수자】 자식을 팔아넘김심. 곧, 의붓사식. 녀자가 개가(改嫁)해서 데리고 간 자식을 남편의 입장에서 이르는 말.

口 8 【啞】⑪
❶벙어리 아 馬 yǎ
❷까마귀 소리 아 麻 yā
❸웃을 액 陌 è
❹놀라 지르는 소리 아 禡 yà
소전 啞 초서 啞 간체 哑 參考 대법원 지정 인명용 한자의 음은 '아'이다.
字解 ❶벙어리. =瘂. 〔史記〕吞炭爲啞. ❷①까마귀 소리, 까마귀의 울음소리. 〔淮南子〕烏之啞啞. ②어린아이의 서투른 말, 어린아이가 말을 배우다. ③음악의 음색. 〔杜牧·賦〕管絃嘔啞, 多於市人之言語. ❸웃음, 웃음소리. 〔吳越春秋〕禹乃啞然而笑. ❹①놀라 지르는 소리. 〔韓非子〕師曠曰, 啞, 是非君人者之言也. ②새소리.
【啞嘔 아구】 ①어린아이의 서투른 말. ②노 젓는 소리.
【啞啞 ❶아아 ❷액액】 ❶①까마귀·물오리·기러기 따위가 우는 소리. ②어린아이의 더듬거리는 말. ❷웃음소리. 웃으며 이야기하는 소리.
【啞羊 아양】 벙어리 양. 몹시 어리석은 사람의 비유.
【啞然 ❶아연 ❷액연】 ❶어이가 없어 입을 딱 벌리고 있는 모양. ❷①이야기하는 모양. ②웃는 모양. 맥없이 웃는 모양.
【啞然失色 아연실색】 몹시 놀라 얼굴빛이 변함.
【啞子 아자】 벙어리.
【啞子夢 아자몽】 벙어리의 꿈. 자기가 깨달은 바를 자기만 알 뿐 남에게 말할 수 없음의 비유.
【啞咤 아타】 ①소리가 시끄럽게 나는 모양. ②새 따위의 귀여운 소리.
【啞咿 액이】 웃는 소리.
● 聾-, 盲-.

口 8 【呪】⑪
❶선웃음 칠 아 支 ér
❷서투른 말 애 佳 wā
초서 呪 字解 ❶선웃음 치다, 아첨하는 웃음을 웃다. 〔楚辭〕喔咿嚅呪. ❷①서투른 말, 어린아이의 서투르게 하는 말. 〔荀子〕拊循之, 呪之. ②어긋나다, 엇갈리다. ¶呪齵.
【呪嘔 애구】 ①어린아이가 서투른 말로 더듬듯 말하는 소리. ②귀여워하고 사랑함.
【呪齵 애우】 들쭉날쭉 어긋남.
● 嘔-, 嚅-.

口 8 【唵】⑪ 머금을 암 感 ǎn
字解 ①머금다, 음식물을 움켜 입에 넣다. ②범어 'om'의 음역자. 주문(呪文)이나 진언(眞言)에 쓰는 발어사.

口 8 【唯】⑪ 물어뜯을 애 佳 ái
字解 ①물어뜯다, 개가 서로 물어뜯다. ②개가 으르렁거리다.

口 8 【唹】⑪ 웃을 어 魚 yū
字解 웃다.

口 8 【悟】⑪ 만날 오 遇 wū
소전 悟 字解 ①만나다, 상봉하다. 〔楚辭〕重華不可悟兮. ②거스르다, 거역하다. 〔漢書〕好惡乖悟.

口 8 【唯】⑪
❶오직 유 支 wéi
❷예 유 紙 wěi
❸누구 수 支
口 口' 叶 吖 咋 咋 唯 唯
소전 唯 초서 唯 參考 대법원 지정 인명용 한자의 음은 '유'이다.
字源 形聲. 口+隹→唯. '隹(추)'가 음을 나타낸다.
字解 ❶①오직, 다만. 한정(限定)하는 말. 늑維·惟. 〔易經〕其唯聖人乎. ②발어사(發語辭). 늑惟·維. ③비록 ~하더라도. 늑雖. 〔禮記〕唯天子, 受命于天. ❷예. 공손하게 대답하는 말. 〔禮記〕唯而起. ❸누구. =誰.

【唯今 유금】 지금.
【唯諾 유낙→유락】 ①'예!' 하며 대답하는 소리. ◎'唯'는 빠르고 공손하게, '諾'은 느리고 가볍게 대답한다는 뜻. ②승낙함. 응함.
【唯鄰是卜 유린시복】 살 곳을 정할 때에는 풍수설(風水說)을 따를 것이 아니라, 좋은 이웃을 택하여야 한다는 말.
【唯物 유물】 오직 물질만이 존재한다고 생각하는 일.
【唯識 유식】 (佛)마음의 본체인 식(識)을 떠나서는 어떠한 실체(實在)도 없음.
【唯心 유심】 (佛)마음은 만물의 본체로서, 오직 단 하나의 실재(實在)라는 사상.
【唯心緣起 유심연기】 (佛)우주의 모든 법은 일심(一心), 곧 진여(眞如)가 나타나는 데에 연유(緣由)하여 생기는 것이라고 하는 연기설.
【唯阿 유아】 ①대답하는 말. ◎'唯'는 공손한 대답, '阿'는 마구 하는 대답. '唯'나 '阿' 모두 진정(眞情)에는 차이가 없음의 비유. ②차이가 크지 않음.
【唯我獨尊 유아독존】 ①(佛)이 세상에서 오직 나만이 존귀함. ②자기만 잘난 체하는 태도.
【唯唯 유유】 ①'예, 예'. 공손한 대답. 승낙하는 말. ②아첨하여 순순히 따르는 모양. ③줄을 이어 뒤따르는 모양. ④자유로이 드나드는 모양.
【唯一 유일】 오직 하나밖에 없음.

口
8 【啙】⑪ ❶약할 자 紙 zǐ
        ❷흠 자 支 cī
소전 [啙] 초서 [啙] 字解 ❶약하다, 힘이 세지 아니하다. ¶ 啙窳. ❷짧다. ❷흠, 허물. =呰.
【啙窳 자유】 힘이 약하고 재주가 뒤떨어짐.

口
8 【啇】⑪ ❶밑동 적 錫 dí
        ❷화할 석 陌 shí
초서 [啇] 字解 ❶❶밑동, 뿌리, 근본. ❷물방울. 늑滴. ❷화하다, 누그러지다.

口
8 【啁】⑪ ❶비웃을 조 肴 tiáo
        ❷우는 소리 주 尤 zhōu
소전 [啁] 초서 [啁] 字解 ❶❶비웃다, 조롱하다. 늑嘲. 〔漢書〕訛啁而已. ❷시끄럽게 떠들다, 많이 지껄이다. ¶ 嘐啁. ❷우는 소리, 지저귀는 새소리, 벌레의 울음소리. 〔禮記〕至于燕雀猶有啁噍之頃焉.
【啁啾 주족】 벌레가 시끄럽게 우는 소리.
【啁噍 주초】 ①새가 무리 지어 지저귀는 소리. ②굴뚝새. 鷦鷯(초료).
【啁啾 주추】 ①악기의 소리가 서로 뒤섞여 들림. ②새가 지저귐. 새가 지저귀는 소리.
❶嘐-, 嘲-, 訛-.

口
8 【唱】⑪ 노래 창 漾 chàng
ㅁ ㅁ ㅁ' ㅁㄱ ㅁㄷ ㅁㅂ 呢 唱 唱

字源 形聲. 口+昌→唱. '昌(창)'이 음을 나타낸다.
字解 ❶노래, 가곡(歌曲). 〔晉書〕國人痛其忠烈爲作小海唱. ❷부르다. ㉮노래를 부르다. ¶ 合唱. ㉯소리 내어 외치다. ¶ 萬歲三唱. ❸말을 꺼내다, 앞장서서 주장하다. 〔南史〕我首唱大義.
【唱劇 창극】 판소리와 창을 중심으로 꾸민 가극(歌劇).
【唱道 창도】 솔선하여 말함. 주창(主唱)함.
【唱導 창도】 ①(佛)교의(敎義)를 제창하여 사람을 교화하고 인도함. ②앞서서 인도함. 솔선하여 부르짖음. 唱道(창도).
【唱名 창명】 ①이름을 부름. 呼名(호명). ②(佛)염불할 때 나무아미타불(南無阿彌陀佛) 따위의 명호(名號)를 외는 일.
【唱榜 창방】 조선 때, 과거(科擧)에 급제하여 방목(榜目)에 적힌 사람의 이름을 부르던 일.
【唱酬 창수】 시가나 문장 등을 서로 주고받음.
【唱喏 창야】 ①목청을 길게 빼서 내는 소리. 唱諾(창낙). ②대답을 함. ③말을 하고 공손히 읍(揖)함. ④귀인의 행차에 앞장서서 행인의 통행을 금하고 길을 인도하던 일. 辟除(벽제).
【唱引 창인】 노래의 가락.
【唱籌量沙 창주양사】 아주 적은 수량까지도 헤아림. ◎'籌'는 산가지, '沙'는 적은 수량.
【唱和 창화】 ①한쪽에서 부르고 다른 한쪽에서 이에 화답함. 호응(呼應)함. ②남의 시의 운에 맞추어 시를 지음. ③시가를 서로 주고받음.
❶歌-, 獨-, 名-, 三-, 先-, 首-, 提-, 主-, 淸-, 歎-, 合-, 呼-.

口
8 【嗟】⑪ ❶부르짖을 책 陌 zé
        ❷탄식할 차 禡 jiè
소전 [嗟] 초서 [嗟] 字解 ❶①부르짖다. 〔史記〕晉鄙嗟嗟宿將. ②새가 지저귀는 소리. 〔淮南子〕鵲之嗟嗟. ③빨다, 빨아들이다. ¶ 嗟吮. ❷①탄식하다, 탄식하는 소리. ¶ 嗟惋. ②감탄(感歎)하다.
【嗟吮 책연】 입으로 빪.
【嗟嗟 책책】 ①새가 지저귀는 모양. 외치는 모양. ②부르짖는 모양. 외치는 모양.
【嗟惋 차완】 한탄함. 애석히 여겨 탄식함.
【嗟嗟 차즉】 탄식함. 탄식하는 소리.

口
8 【啜】⑪ 마실 철 屑 chuò
소전 [啜] 초서 [啜] 字解 ❶마시다, 맛보다, 빨다. 〔史記〕欲啜汁者衆. ②먹다, 먹어 치우다. 〔禮記〕啜菽飮水. ③울다, 훌쩍훌쩍 우는 모양. 〔詩經〕啜其泣矣. ④쉬지 않고 지껄이다.
【啜茗 철명】 차를 마심. 喫茶(끽다).
【啜菽 철숙】 콩을 먹음. 콩죽을 먹음.
【啜泣 철읍】 소리를 내지 않고 욺. 흐느껴 욺.
【啜汁 철즙】 남은 국물을 마심. 남의 힘에 편승하여 이익을 얻거나 공을 세움의 비유.

口部 8~9획 晬睡啄啅啍啣唬喝喈

晬 ⑪ ❶맛볼 **췌** 國 chì ❷떠들 **잘** 國 zá

字解 ❶①맛보다, 완미(玩味)하다.〔禮記〕主人之酢也, 嚌之, 衆賓兄弟則皆晬之. ②부르다, 부르짖다. ③꾸짖다, 나무라다. ④놀라다. ⑤술을 권하기 위하여 내는 소리. ⑥어린아이를 어르는 소리. ❷①떠들다, 떠들썩하다. ②빠는 소리, 마시는 소리.
【晬飮 쵀음】제사를 올린 뒤, 제사에 쓴 술을 마시는 일.
【晬啄同時 줄탁동시】①닭이 부화할 때, 병아리가 껍데기 속에서 우는 소리인 '줄(晬)'과 어미 닭이 밖에서 쪼아 깨뜨리는 행위인 '탁(啄)'이 동시에 행해짐. 놓쳐서는 안 될 좋은 시기의 비유. ②(佛)선종(禪宗)에서 두 사람의 대화가 상응하는 일. 晬啄同機(줄탁동기).

睡 ⑪ 침 **타** 國 tuò

字解 ❶침. ❷침을 뱉다.〔春秋左氏傳〕不顧而睡.
【睡具 타구】가래나 침을 뱉는 그릇.
【睡棄 타기】침을 내뱉듯이 버리고 돌보지 않음. 몹시 업신여기거나 꺼려 함.
【睡罵 타매】침을 뱉고 욕설을 마구 퍼부음.
【睡面自乾 타면자건】남이 나의 낯에 침을 뱉으면 저절로 그 침이 마를 때까지 기다림. 처세(處世)에는 인내가 필요함의 비유.
【睡手 타수】손에 침을 뱉음. ㉠용기를 내어 일에 착수함. ㉡일이 수월함. 睡掌(타장).
【睡液 타액】침.
【睡壺 타호】가래나 침을 뱉는 그릇.
● 口-, 棄-, 珠-, 津-, 咳-.

啄 ⑪ ❶쪼을 **탁** 木着 國 zhuó ❷부리 **주** 圍 zhòu

參考 대법원 지정 인명용 한자의 음은 '탁'이다.
字解 ❶①쪼다, 부리로 먹이를 쪼다. =啅.〔詩經〕無啄我粟. ②두드리다, 두드리는 소리.〔高啓·詩〕豈有白衣來剝啄. ③부리. =喙, 噣.
【啄木 탁목】딱따구리. 雷公(뇌공).
【啄啄 탁탁】①새가 나무 따위를 쪼는 소리. ②문을 두드리는 소리. ③닭이 먹이를 쪼아 먹는 소리.
● 剝-, 呀-.

啅 ⑪ ❶쪼을 **탁** 木着 國 zhuó ❷지저귈 **조** 國 zhào

字解 ❶①쪼다, 부리로 먹이를 쪼다. =啄.〔杜甫·詩〕雀啅江頭黃柳花. ②시끄럽다, 소란한 소리.〔王基俯·詩〕復以前事啅我. ③뛰어나다. =卓. ❷지저귀다. 새가 지저귀는 소리.〔李白·詩〕寄言燕雀莫相ononon.
【啅噪 탁조】새가 요란하게 지저귐.

啍 ⑪ ❶느릿할 **톤** 元 tūn ❷일깨울 **순** 眞 zhūn ❸말 바르지 않을 **퇴** 灰 tuī

字解 ❶①느릿하다, 드레지게 움직이는 모양.〔詩經〕大車啍啍. ②제 멋대로 가르치다.〔莊子〕啍啍已亂天下矣. ③말이 많다, 말이 많은 모양.〔孔子家語〕無取啍啍. ④어리석은 모양.〔莊子〕悅夫啍啍之意. ❷①일깨우다, 정성스럽게 가르치다. ≒諄. ¶ 啍啍. ②속이다, 거짓을 말하다.〔荀子〕無取口啍. ❸말이 바르지 않다. 말이 정도(正道)에서 벗어나다. ¶ 啍譠.
【啍啍 톤톤】❶순순】❶①동작이 느린 모양. ②자기의 생각대로 가르치는 모양. ③말이 많은 모양. ❷정성스럽고 자상한 모양. 諄諄(순순).
【啍譠 퇴단】말이 바르지 않음.

啣 ⑪ 銜(1888)의 속자

唬 ⑪ ❶범의 울음 **효** 鰝 xiāo ❷외칠 **호** 國 xià

字解 ❶범의 울음, 범이 으르렁거리는 소리. ❷①외치다, 큰 소리로 부르다. ≒號. ②놀라다, 놀라게 하다.

喝 ⑫ ❶꾸짖을 **갈** 曷 hè ❷목멜 **애** 圍 yè

參考 대법원 지정 인명용 한자의 음은 '갈'이다.
字解 ❶①꾸짖다, 큰 소리로 나무라다.〔晉書〕裕厲聲喝之. ②으르다, 위협하다.〔史記〕是故恫疑虛喝. ③고함치다, 외치다.〔素問〕煩則喘喝. ④벽제(辟除)하다, 창도(唱導)하다. ¶ 喝道. ⑤소리치다, 칭찬하는 소리를 지르다. ¶ 喝采. ❷①목메다, 소리를 죽여 울다.〔後漢書〕憲陰鳴咽不得對. ②목쉰 소리, 목이 잠긴 소리.〔後漢書〕音聲流喝.
【喝道 갈도】고관대작의 길을 인도하는 하인이 앞에 서서 소리를 질러 행인의 통행을 금하던 일. 辟除(벽제).
【喝食 갈식】(佛)①절에서 대중에게 끼니때를 알림. ②절에서 식사 심부름을 하는 아이.
【喝采 갈채】찬양이나 환영의 뜻을 나타내기 위하여 열렬히 외치는 행동.
【喝破 갈파】①큰소리로 꾸짖어 기세를 누름. ②사설(邪說)을 물리치고 진리를 말하여 밝힘.
● 恐-, 大-, 一-, 呼-.

喈 ⑫ 새소리 **개** 圍 jiē

字解 ①새소리, 봉황새의 울음소리.〔詩經〕鷄鳴喈喈. ②부드러운 소리. ③빠른 모양.〔詩經〕北風其喈. ④누그러지다, 온화해지다.
【喈喈 개개】①봉황새의 울음소리. ②새의 부드러운 울음소리. 또는 그 울음소리가 멀리 들림.

③피리·종·북·방울 등의 소리. ④백성의 마음이 누그러져 열복(悅服)하는 모양.

口 9 【喀】⑫ 토할 객 囲 kā
초서 㖤 동자 峈 동자 咯 字解 ❶뱉다. ¶ 토하다. ②토하는 소리. 〔列子〕喀喀然遂伏而死.
【喀喀 객객】 토하는 소리.
【喀痰 객담】 가래를 뱉음.
【喀血 객혈】 피를 토함. 咯血(각혈).

口 9 【喬】⑫ 높을 교 匿 qiáo, jiǎo
소전 喬 서 喬 간체 乔 字解 ❶높다, 높이 솟다. 〔孟子〕出自幽谷 遷于喬木. ②창, 끝에 갈고리를 덧붙인 창. 〔禮記〕二矛重喬. ③교만하다. ≒驕. ④뛰어나다, 훌륭하다. 〔潘岳·賦〕何謂翰喬桀. ⑤마음이 편안하지 아니하다. 〔莊子〕天下始喬詰卓鷙.
【喬柯 교가】 교목(喬木)의 가지.
【喬幹 교간】 높고 큰 나무의 줄기.
【喬桀 교걸】 준수하고 훌륭한 사람.
【喬林 교림】 교목(喬木)의 숲.
【喬木 교목】 키가 크고 줄기가 굵은 나무.
【喬木世家 교목세가】 대대로 문벌이 높고 나라와 운명을 함께 하는 집안.
【喬木世臣 교목세신】 여러 대를 두고 높은 지위(地位)에 있어 국가의 운명에 자기의 운명을 의탁하는 신하.
【喬竦 교송】 우뚝 솟음.
【喬松 교송】 ①키가 큰 소나무. ②장수(長壽). ◯ '喬'는 왕자교(王子喬)를, '松'은 적송자(赤松子)를 이름. 둘 다 늙지도 죽지도 않는다는 선인(仙人)인 데서 온 말. 喬松之壽(교송지수).
【喬才 교재】 거짓말을 잘 하는 사람.
【喬遷 교천】 ①높은 곳으로 옮김. ②남의 이사(移徙), 사관(仕官), 영전을 축하하는 말.
【喬詰 교힐】 마음이 편안하지 못함.
◐ 凌-, 松-, 昇-, 遷-

口 9 【喫】⑫ 마실 끽 木긱 臘 chī
소전 喫 초서 喫 字解 ❶마시다, 음료수를 마시다. 〔杜甫·詩〕對酒不能喫. ②먹다, 음식을 먹다. 〔杜甫·詩〕梅熟許同朱老喫. ③피우다, 담배를 피우다. ¶ 喫煙. ④당하다, 받다. ¶ 喫苦. ⑤〔現〕생활하다, 먹고 마시고 피우다. ¶ 滿喫.
【喫驚 끽경】 몹시 놀람. 깜짝 놀람.
【喫苦 끽고】 고생을 겪음.
【喫拳 끽권】 주먹으로 맞음.
【喫緊 끽긴】 매우 긴요(緊要)함. 요긴함.
【喫茶 끽다】 ①차(茶)를 마심. ②혼인(婚姻)을 약속함. ◯ 차(茶)는 열매를 심으면 다시 옮겨 심지 못하므로, 여자가 일단 약혼하면 다시 청

혼을 받지 않는 데서 온 말.
【喫飯 끽반】 ①밥을 먹음. ②호구(糊口)함. 겨우 생활함.
【喫煙 끽연】 연기를 마심. 곧, 담배를 피움.
【喫著 끽착】 먹음.
【喫著不盡 끽착부진】 많아서 다 먹지 못함. 생활이 넉넉함.
【喫破 끽파】 먹어서 없앰.
【喫虧 끽휴】 손해를 봄. 결손이 남.

口 9 【喃】⑫ 재잘거릴 남 國 nán
초서 喃 字解 ①재잘거리다, 수다스럽다. =諵. ¶ 喃喃. ②글 읽는 소리.〔寒山·詩〕樹下讀喃喃.
【喃喃 남남】 ①재잘거림. ②글 읽는 소리.

口 9 【單】⑫
❶홀 단 寒 dān
❷오랑캐 임금 선 先 chán
❸고을 이름 선 銑 shàn
❹가볍게 떠날 전 壓 chán

口 吅 吅 吅 單 單 單 單 單

소전 單 초서 單 속자 單 속자 單 속자 单 간체 单 참고 대법원 지정 인명용 한자의 음은 '단'이다.
字源 象形. 방패(干)의 양쪽 끝에 돌맹이 같은 것을 달아매고, 갈라진 곳을 끈으로 단단히 묶은 사냥 도구가 본디 글자.
字解 ❶①홀, 하나. 짝을 이루지 않거나 겹으로 되지 아니한 것.〔荀子〕單足以喩則單. ②오직, 다만. ③혼자, 외롭다. ¶ 孤單. ④단자(單子). 물목(物目)이나 사실을 죽 벌여 적은 종이. ¶ 名單. ⑤다하다, 나머지가 없다. ≒殫.〔史記〕王之威亦單矣. ⑥한 벌의 옷.〔方岳·詩〕卄年前此借僧單. ⑦모두, 죄다.〔國語〕堯能單均刑法. ⑧복잡하지 않다, 구성이 한가지로 되어 있다. ¶ 單純. ⑨참, 정성, 참으로.〔詩經〕俾爾單厚. ⑩도탑다, 인정이 있다.〔詩經〕單厥心. ⑪크다, 큰 모양. ⑫얇다.〔魏文帝·賦〕北風厲兮赴門, 食常苦兮衣單. ⑬적다.〔後漢書〕小單兵固守孤城. ❷오랑캐 임금, 흉노(匈奴)의 수장(首長). ¶ 單于. ❸①고을 이름. 산동성(山東省)에 있던 현 이름. ②느리다, 완만하다. =嘽. ❹가볍게 떠나다, 가벼운 마음으로 길을 떠나다.
【單家 단가】 불운(不運)으로 가난하고 세력없이 지내는 사람. 寒家(한가).
【單舸 단가】 한 척의 배.
【單竭 단갈】 다함. 끝이 남. 바닥이 남.
【單擧 단거】 오직 한 사람만을 천거함.
【單孤 단고】 의지할 데 없는 고아(孤兒).
【單鉤 단구】 엄지손가락과 검지손가락만으로 붓을 잡고 쓰는 필법(筆法).
【單軍 단군】 원군(援軍)이 없는 고립된 군대.
【單衾 단금】 ①한 채의 이불. ②얇은 이불.

【單刀直入 단도직입】①혼자서 한 자루의 칼만을 몸에 품고 적진에 곧장 쳐들어감. ②여러 말을 늘어놓지 아니하고 요점이나 본문제를 중심적으로 말함.
【單獨 단독】①혼자. ②단 하나.
【單露 단로】①죄다 노출됨. ②방어물(防禦物)이 없음.
【單門 단문】①친척이나 원조자가 적은 외로운 집안. ②가난한 집. 궁색한 집.
【單文孤證 단문고증】한 쪽의 문서에 의한 한 개의 증거. 불충분한 증거.
【單方 단방】①간단한 방법. 손쉬운 방법. ②한 가지 약재만으로 처방한 방문. ③한 가지 약재만으로 병을 다스리는 약.
【單兵 단병】응원 부대가 없는 외로운 군사(軍士). 적은 병력.
【單辭 단사】①한쪽만의 말로, 증거가 안 되는 말. ②한쪽으로 치우쳐 중정(中正)을 잃은 말.
【單少 단소】적음. 사소(些少)함.
【單純 단순】구조·형식 등이 간단함.
【單身 단신】홀몸. 혼자의 몸.
【單心 단심】①마음을 다함. 진력함. ②참마음.
【單閼 단알】고갑자(古甲子)의 12지의 넷째. 묘(卯)의 딴 이름.
【單語 단어】낱말.
【單襦 단유】짧은 홑옷.
【單一 단일】단 하나로 되어 있음.
【單任 단임】일정 기간 동안 한 차례만 맡음.
【單子 단자】①부조(扶助) 등 다른 데 보내는 물선의 수량과 이름을 적은 종이. ②사주(四柱)나 폐백을 보낼 때, 그 내용물을 적은 종이.
【單傳 단전】①오직 한 스승의 가르침만을 전수(傳受)하고 다른 유파(流派)를 섞지 아니함. ②단 한 사람에게만 전하거나 전해지는 일. ③(佛)정법(正法)을 글이나 말에 의하지 않고 마음에서부터 마음으로 전하여 주는 일.
【單丁 단정】형제가 없는 장정(壯丁).
【單提 단제】(佛)①단지 대중(大衆) 앞에서 참회할 정도의 죄. ②선종(禪宗)에서, 아무런 수단 방편을 쓰지 않고 바로 본분의 참뜻을 들어 보이는 일.
【單帖 단첩】한 장으로 된, 접지 않은 명함.
【單罷議 단파의】한 번만 의논하고 곧 정함.
【單寒 단한】①친족이 적으며 고독하고 가난함. ②가난하고 이름도 나지 않은 사람. ③의지할 곳 없고 추위에 떪. ④가난하게 됨. 어려워짐.
【單行 단행】①혼자서 길을 감. 獨行(독행). ②단독으로 행하여짐.
【單獻 단헌】제사 때 삼헌(三獻)할 술잔을 한 번에 그치는 일.
【單厚 단후】참으로 두터움. ♪'單'은 '信'으로 '참'의 뜻임.
【單于 선우】흉노(匈奴)의 추장(酋長). 광대(廣大)하다는 뜻의 '당(唐)' 고종(高宗) 때 내 몽고(內蒙古) 지방의 돌궐(突厥) 및 그 밖의 여러 부족을 다스리기 위해 베풀었던 육도호부(六都護府)의 하나.

【單至 전질】가볍게 출발하는 모양.
① 簡-, 孤-, 名-, 食-, 傳-.

【啿】⑫ 넉넉할 담 𠹭 dàn
字解 넉넉하다, 넉넉한 모양. ≒湛. 〔漢書〕群生啿啿.
【啿啿 담담】풍부한 모양.

【喇】⑫ 나팔 라 本랄 𠹭 lǎ
字解 ①나팔, 악기 이름. ¶喇叭. ②말이 재다, 말을 하다. ③승려, 중. 티베트·몽고 등지에서 이르는 말. ¶喇嘛敎.
【喇嘛 나마】라마교(lama敎)의 고승(高僧). ♪ 티베트 어 'lama'의 음역어로, 최승무상(最勝無上)을 뜻함.
【喇嘛敎 나마교】인도에서 티베트로 전파된 대승 불교가 티베트의 고유 신앙과 동화하여 발달한 종교. 교주(敎主)를 달라이 라마, 부주(副主)를 판첸 라마라고 함.
【喇叭 나팔】끝이 나팔꽃 모양으로 된 금관악기의 총칭.

【喨】⑫ 소리 맑을 량 𠹭 liàng
字解 소리가 맑다, 소리가 맑은 모양. 〔趙長卿·詞〕清喨圓還碎.

【喪】⑫ ❶죽을 상 𠹭 sāng
❷잃을 상 𠹭 sàng

一ナ十士吉吉吉喪喪喪

小篆 喪 초서 喪 본체 喪 간체 丧 字源 會意. 哭+亡→喪→喪. '哭'은 '哭'으로서 '울다', '亡'은 '亡'으로 '잃다'의 뜻인 데서, 잃어버린 것을 애타게 여겨 운다는 뜻을 나타낸다.

字解 ❶①죽다, 사람이 죽다. 〔書經〕武王旣喪. ②복(服), 복제(服制). 상복에 관한 제도. 〔論語〕三年之喪 期已久矣. ③복을 입다, 상례 노릇을 하다. 〔禮記〕子夏喪其子, 而喪其明. 앞의 喪은 복을 입다, 뒤의 喪은 잃다의 뜻. ④널, 관, 곽. 〔禮記〕送喪不由徑. ❷①잃다, 없어지게 하다. 〔呂氏春秋〕於得思喪. ②지위를 잃다, 자리에서 물러나게 되다. 〔禮記〕問喪於夫子乎. ③망하다, 멸망시키다. 〔論語〕天喪予. ④달아나다. 〔詩經〕國人多喪矣.
【喪家之狗 상가지구】①상갓집 개. 주인 없는 개. ②몹시 수척한 사람을 빈정거리는 말. ♪ 상가에서는 경황이 없어 개밥도 제대로 주지 못하므로, 개가 몹시 여위다는 데서 온 말.
【喪柩 상구】널. 관(棺).
【喪國 상국】①나라를 잃음. ②망한 나라.
【喪期 상기】복(服)을 입는 동안.
【喪紀 상기】①상사(喪事)에 관한 일. ②상(喪)과 기근(飢饉). ③기록(記錄)을 잃음.

【喪氣 상기】 기운을 잃음. 낙심함.
【喪膽 상담】 담(膽)이 서늘해짐. 매우 두려워함.
【喪大否 상대비】 나라가 망하는 큰 난리. ☞ '大否'는 大亂.
【喪亂 상란】 ①사상(死喪)과 화란(禍亂). ②국토를 잃고 백성이 이산(離散)함.
【喪禮 상례】 상중(喪中)에 행하는 모든 예절. 凶禮(흉례).
【喪亡 상망】 ①잃음. ②망함.
【喪明 상명】 ①실명(失明)함. ②자식을 잃는 일. 故事 자하(子夏)가 아들을 잃고 너무 비통해한 나머지 장님이 되었다는 고사에서 온 말.
【喪門 상문】 ①흉신(叢辰)의 이름. 사상곡읍(死傷哭泣)을 주관하는 세(歲)의 흉신(凶神). ②現 불상사(不祥事). 불길한 일.
【喪服 상복】 상제로 있는 동안 입는 예복. 凶服(흉복).
【喪性 상성】 본래의 성품을 잃음.
【喪神 상신】 본정신을 잃음. 失神(실신).
【喪失 상실】 잃어버림. 喪亡(상망).
【喪心 상심】 ①본심(本心)을 잃음. ②근심·걱정으로 마음이 산란하고 맥이 빠짐.
【喪人 상인】 ①타국(他國)으로 망명(亡命)한 사람. ②⇒喪制(상제)②.
【喪杖 상장】 상제가 짚는 지팡이. 아버지의 상에는 대나무, 어머니의 상에는 오동나무를 쓴다.
【喪葬 상장】 장사 지내는 일과 상중에 하는 모든 예식.
【喪制 상제】 ①상례에 관한 제도. ②부모, 또는 아버지가 세상을 뜬 뒤의 조부모의 거상(居喪) 중에 있는 사람. 棘人(극인). 喪人(상인).
【喪布 상포】 초상 때에 쓰는 포목(布木).
⊙ 國-, 問-, 心-, 哀-, 沮-, 弔-, 初-, 脫-, 好-, 護-, 婚-.

口 9 【㗊】⑫ 喪(303)의 본자

口 9 【善】⑫
❶착할 선 銑 shàn
❷옳게 여길 선 霰 shàn

〔소전〕善 〔고문〕譱 〔초서〕善

字源 會意. 羊+言→善. '羊'은 '상서롭다, 좋다'의 뜻이다. 군자(君子)의 아름답고 바른[羊] 말[言]이라는 데서 '착하다'의 뜻이 나왔다.

字解 ❶①착하다, 언행이 바르고 어질다. 〔中庸〕隱惡而揚善. ②착하고 정당하여 도덕적 기준에 맞는 것, 양심을 이상(理想)으로 삼는 완전한 덕. ❸높다, 많다, 후하다. ¶ 善價. ④잘, 교묘히. ¶ 善戰. ⑤묘하다, 잘하다, 훌륭하다, 좋다. ¶ 善策. ⑥친하다, 친하게 지내다. 〔戰國策〕齊楚之善. ⑦쾌하다, 기분이 좋다. 〔戰國策〕象憂甚喜. ⑧많이, 크게 성하게. 〔詩經〕覆背善詈. ⑨친절히, 정성스럽게. 〔史記〕齊善待之. ⑩닦다, 훔치다. 〔莊子〕善刀而藏之. ⑪좋아하다, 즐기다. 〔後漢書〕善善及子孫. ❷①옳게 여기다, 옳다고 하다. 〔孟子〕王如善之. ②아끼다, 소중히 여기다. 〔荀子〕善時者霸. ③다스리다. ≒繕. 〔易經〕故有善邇而遠之.
【善價 선가】 높은 가격.
【善見城 선견성】 (佛)수미산(須彌山)의 꼭대기에 있다고 하는, 제석천(帝釋天)의 궁성(宮城). 喜見城(희견성).
【善供無德 선공무덕】 부처에게 공양을 잘하여도 아무런 공덕(功德)이 없음. 남을 위하여 힘을 써도 아무런 보람이 없음.
【善巧 선교】 ①썩 교묘함. ②(佛)교묘한 방법으로 사람에게 이익을 줌.
【善巧方便 선교방편】 (佛)부처가 임기응변으로 사람의 천성을 따라서 쓰는 교묘한 방법.
【善根 선근】 (佛)①좋은 과보(果報)를 받을 좋은 원인(原因). 착한 행업(行業)의 공덕(功德). 善因(선인). 善業(선업). ②온갖 선(善)의 근본.
【善氣迎人 선기영인】 착한 마음으로 사람을 맞이함.
【善男善女 선남선녀】 (佛)불법(佛法)에 귀의(歸依)한 재속(在俗)의 남녀(男女).
【善待 선대】 잘 대접함.
【善德 선덕】 훌륭한 덕(德). 바르고 착한 덕.
【善刀 선도】 칼을 씻어서 칼집에 꽂아 둠. 재주를 숨겨 두고 쓰지 않음.
【善途 선도】 (佛)선근(善根)을 닦는 길. 불상(佛像)을 만들어 그에 귀의하는 일.
【善道 선도】 바른 길. 正道(정도).
【善導 선도】 올바른 길로 인도함.
【善良 선량】 착하고 어짊.
【善隣 선린】 ①이웃과 사이 좋게 지냄. ②좋은 이웃.
【善謀 선모】 좋은 꾀. 좋은 계책.
【善事 선사】 좋은 일. 吉事(길사).
【善祥 선상】 좋은 징조. 吉祥(길상).
【善善 선선】 ①좋은 것을 좋다고 인정함. ②착한 사람을 포상함.
【善善惡惡 선선악악】 선은 선이라 하고, 악은 악이라 함. ①선과 악을 명확하게 구별함. ⓒ착한 것을 상주고, 악한 것을 징계함.
【善始善終 선시선종】 생(生)도 사(死)도 그대로 받아들여 대자연의 뜻에 맡김. ◎ '始'는 생을, '終'은 死를 뜻함.
【善惡 선악】 착함과 악함.
【善言 선언】 ①훌륭한 말. 유익한 말. ②교묘하게 말함. 말솜씨가 교묘함.
【善與人交 선여인교】 남과 잘 사귐. 교제의 도(道)를 터득한 일.
【善與人同 선여인동】 선(善)을 남과 함께함. 다른 사람의 선(善)을 보면, 자기 고집을 버리고 즉시 그에 따름.
【善于 선우】 흉노(匈奴)의 왕. 單于(선우).
【善柔 선유】 남에게 아첨할 뿐 성실하지 못함.
【善游 선유】 ①헤엄을 잘 침. ②여행을 많이 함. 쉴새없이 세상을 돌아다님.
【善游者溺 선유자닉】 헤엄 잘 치는 사람이 물에

빠짐. 한 가지 재주에 뛰어난 사람이 그 재주만 믿고 자만하다가 도리어 재앙을 당함의 비유.
【善應 선응】①잘 응(應)함. ②좋은 징조가 나타남. ③좋은 징조.
【善意 선의】①착한 마음. ②친절한 마음. ③추측하는 것을 좋아함.
【善以爲寶 선이위보】선인(善人)이 참다운 보배임. 금옥(金玉)은 참다운 보배가 아니라는 뜻.
【善人 선인】①착한 사람. 선량한 사람. ②보통 신분의 사람.
【善者不辯 선자불변】진실로 착한 사람은 자기의 선함을 남에게 말하지 않음.
【善哉 선재】①좋다고 탄미(歎美)하는 말. '좋구나'. ②봉황(鳳凰)이 저녁에 우는 소리. ③(佛)신불(神佛)의 시현(示現) 등을 찬미하는 말. '고맙도다'.
【善戰 선전】잘 싸움.
【善終 선종】①유종의 미를 거둠. ②천수(天壽)를 다함. ③남의 죽음에 애도의 정을 다하여 곡읍(哭泣)하는 일. ④죽음을 두려워하지 않고 이를 초월함.
【善知識 선지식】(佛)①사람을 선도(善道)로 이끄는 덕(德)이 높은 승려. 高僧(고승). 大德(대덕). ②진종(眞宗)에서는 법주(法主), 선종(禪宗)에서는 사승(師僧)을 이르는 말.
【善策 선책】묘한 계책. 훌륭한 계책.
【善處 선처】①좋은 지위(地位). ②훌륭하게 처신함. 잘 처리함. ③(佛)인간 세상, 하늘, 또는 제불(諸佛)의 정토(淨土).
【善敗 선패】①성공과 실패. ②선과 악.
【善敗由己 선패유기】일의 성공과 실패는 자기 자신의 행동이 어떠한지에 달려 있음.
【善行無轍迹 선행 무철적】길을 잘 가는 사람은 수레 자국이나 발자국을 남기지 않음. 참된 선행(善行)은 남의 눈에 잘 뜨이지 아니함.
❶ 勸-, 獨-, 不-, 性-, 僞-, 仁-, 慈-, 積-, 至-, 最-, 親-.

口 9 【嘼】⑫ 壽(371)의 고자

口 9 【啻】⑫ 뿐 시 寘 chì
〔字解〕뿐, 다만 ~뿐 아니라. 不·豈·奚 등의 부정(不定)·반어(反語)를 나타내는 한자와 어울려, '그것뿐 아니라 그보다 더'라는 뜻을 나타낸다. 〔書經〕爾不啻不有爾土.

口 9 【喔】⑫ ❶닭 소리 악 覺 wō ❷꿩 소리 옥 屋 wū
〔字解〕❶①닭 소리, 닭이 우는 소리. ¶喔喔. ②억지로 웃는 모양, 아첨하여 웃거나 선웃음치는 모양. ¶喔咿. ③이악하다. 하려고 한 일을 끝내기 위하여 달라붙는 기세가 굳세고 끈덕지다. ¶喔齷. ❷꿩 소리, 꿩이 우는 소리.
【喔喔 악악】❶닭 소리. ❷꿩 소리.
【喔咿 악이】①시끄럽게 욺. ②수다스럽게 재잘거림.
【喔咿 악이】①억지로 웃는 얼굴로 함. ②닭 우는 소리. ③비웃는 모양.
【喔齷 악착】①마음이 좁음. 작은 일에 집착함. ②國끔찍함. 지독함.

口 9 【嗲】⑫ ❶거칠 안 翰 yàn ❷조상할 언 霰 yàn
〔字解〕❶①거칠다, 예의 바르지 않다, 조잡하다. 〔論語〕由也嗲. ②굳세다, 강직하다. ¶嗲嗲. ③망국(亡國)을 애도하다. ❷조상(弔喪)하다, 애도하다. =唁.
【嗲嗲 안안】강직하여 절조를 굽히지 않는 일. 侃侃(간간).

口 9 【唵】⑫ 잠꼬대 암 覃 án, ān
〔字解〕①잠꼬대, 코 고는 소리.〔列子〕眼中唵囈呻呼. ②다물다, 입을 다물다.〔新唐書〕公嘗唵默唯唯.
【唵默 암묵】입을 다물고 말을 하지 않음.
【唵囈 암예】잠꼬대.

口 9 【喏】⑫ ❶예 야 禡 rě ❷대답할 낙 藥 nuò
〔字解〕❶①예. 대답하는 말.〔三國志演義〕孫權喏喏連聲. ②경례, 읍(揖). 인사말과 함께 하는 읍. ❷대답하다. ※諾(1683)의 고자(古字).

口 9 【営】⑫ 營(1086)의 속자

口 9 【嗢】⑫ 嗢(309)의 속자

口 9 【喁】⑫ 숨 쉴 옹·우 圖 慮 yóng, yú
〔字解〕①숨 쉬다. 물고기가 주둥이를 물 위로 내밀고 숨 쉬다. ②우러러 따르다, 사람이 입을 위로 쳐들다. ③소리, 화답하는 소리, 맞웃치는 소리.〔莊子〕而隨者唱喁.
【喁喁 옹옹】①윗사람의 덕을 기리고 우러러 따르는 모양. 또는 뭇사람이 즐거워하는 모양. ②입을 위로 쳐들고 몹시 바라는 모양. ③물고기가 입을 물 위로 내밀고 오물거리는 모양.

口 9 【喎】⑫ 咼(290)와 동자

口 9 【喓】⑫ 벌레 소리 요 蕭 yāo
〔字解〕벌레 소리, 벌레가 우는 소리.〔詩經〕喓喓草蟲.

口 9【喟】⑫ 한숨 위 [本]귀 [寘] kuì

[소전] [초서] [字解] 한숨, 한숨 쉬다. 〔論語〕 顔淵喟然歎曰.

【喟然 위연】 탄식하는 모양.

【喟然歎息 위연탄식】 한숨을 쉬며 크게 탄식함.

口 9〖喩〗⑫ ❶깨우칠 유 [遇] yù ❷기뻐할 유 [虞] yú ❸성 수 [遇] shù ❹[國]아닌지 지

[초서] [간체] 喻 [參考] 대법원 지정 인명용 한자의 음은 '유'이다.

[字解] ❶①깨우치다, 깨닫다, 밝게 알다. 〔論語〕 君子喩於義. ②깨우쳐 주다, 가르쳐 주다. ¶ 曉喩. ❷기뻐하다, 기뻐하는 모양. 〔漢書〕 嘔喩受之. ❸성(姓). ❹[國]아닌지. 공서(公書)에 '不喩'란 말이 보인다.

【喩教 유교】 깨우치고 가르침. 諭教(유교).

【喩勸 유권】 타이르고 권함.

【喩喩 유유】 기뻐하는 모양.

◑ 告－, 教－, 比－, 引－, 風－, 曉－, 訓－.

口 9【喑】⑫ ❶벙어리 음 [侵] yīn ❷외칠 음 [本]암 [覃] yìn

[소전] [초서] [字解] ❶①벙어리. 〔後漢書〕 喑不能言. ②입을 다물다, 말을 하지 못하다. 〔墨子〕 近臣則喑. ❷①외치다, 큰 소리로 부르짖다. ¶ 喑噁. ②목이 쉬도록 울다.

【喑蟬 음선】 벙어리 매미.

【喑啞 음아】 ①벙어리. ②입을 다물어 버림. ③☞喑噁(음오).

【喑噁 음오】 노기(怒氣)를 띰. 질타(叱咤)함.

【喑喑 음음】 말을 못하는 모양.

【喑噫 음희】 ①흐느껴 욺. ②탄식하는 모양.

口 9〖啼〗⑫ 울 제 [齊] tí

[초서] [字解] ①울다, 새·짐승 등이 울다. ②울부짖다, 눈물을 흘리며 소리내어 울다. ＝嗁. 〔禮記〕 主人啼 兄弟哭.

【啼哭 제곡】 큰 소리로 욺.

【啼饑 제기】 배고파 욺. 굶주리어 욺.

【啼饑號寒 제기호한】 허기(虛飢)와 추위로 울부짖음.

【啼眉 제미】 울어서 찌푸린 눈살.

【啼珠 제주】 눈물 방울.

【啼血 제혈】 피를 토하며 욺. 두견새의 절통한 울음 소리.

【啼痕 제흔】 눈물 자국. 淚痕(누흔).

◑ 悲－, 愁－, 深－.

口 9【喞】⑫ 두런거릴 즉 [職] jī

[초서] [속자] 唧 [간체] 唧 [字解] ①두런거리다, 여럿이 낮은 소리로 말하는 소리. ¶ 喞喞. ②탄식하는 소리. ¶ 喞喞. ③새·벌레·쥐 등의 소리. 〔劉禹錫·詩〕 喞喞滿庭飛. ④붓다, 물을 쏟는 소리. 〔種樹書〕 喞水其上.

【喞喞 즉즉】 ①탄식하는 소리. ②두런거리는 소리. ③벌레 소리. ④새 소리. ⑤쥐의 소리.

【喞筒 즉통】 물딱총. 펌프.

口 9【唧】⑫ 喞(306)의 속자

口 9〖喘〗⑫ 헐떡거릴 천 [銑] chuǎn

[소전] [초서] [字解] ①헐떡이다, 숨이 차다. 〔漢書〕 牛喘吐舌. ②기침, 기관지 탈에서 오는 병. ③숨, 호흡. 이에서 '목숨·수명'의 뜻으로 전용한다. 〔蘇軾·詩〕 萬劫付一喘. ④속삭이다, 소곤소곤 말하다. 〔荀子〕 喘而言.

【喘急 천급】 매우 심한 천식(喘息).

【喘氣 천기】 ①가벼운 천식. 천식인 듯한 기세. ②숨이 참. 헐떡임.

【喘息 천식】 ①헐떡임. 숨참. ②숨이 차고 기침이 나는 병.

【喘喘 천천】 헐떡이는 모양.

【喘汗 천한】 ①숨 참. 헐떡임. ②땀을 흘림.

◑ 餘－, 咳－.

口 9〖喆〗⑫ 哲(295)과 동자

口 9【喋】⑫ ❶재잘거릴 첩 [葉] dié ❷쪼을 잡 [洽] zhá

[초서] [字解] ❶①재잘거리다, 수다스레 말을 잘하다. 〔漢書〕 喋喋利口. ②피가 흘러내리는 모양. 〔史記〕 喋血乘勝. ③밟다. ≒蹀. 〔漢書〕 新喋血京師. ❷쪼다, 쪼아 먹다. ¶ 喋呷.

【喋囁 첩섭】 소곤거림.

【喋喋 첩첩】 거침없이 잘 지껄이는 모양. 말이 많음. 呶呶(노노). 諜諜(첩첩).

【喋血 첩혈】 피를 밟음. 유혈이 낭자한 모양.

【喋呷 잡합】 오리나 기러기가 모여 먹이를 쪼아 먹음.

口 9【啾】⑫ 소리 추 [尤] jiū

[소전] [초서] [본자] 㗉 [字解] ①소리, 새·벌레·말·원숭이 등의 우는 소리. 〔馬融·賦〕 啾作嘈啐. ②여럿의 소리, 시끄러운 소리. ¶ 啾嘈. ③웅얼거리다, 입속으로 중얼거리다.

【啾嘈 추조】 시끄럽고 떠들썩한 소리.

【啾喞 추즉】 ①새 따위가 가냘프게 욺. ②여럿이 시끄럽게 소리 내는 모양.

【啾啾 추추】 ①벌레의 우는 소리. ②새의 우는 소리. ③말의 우는 소리. ④원숭이의 소리. ⑤

口部 9획 㗂喊喚喤喉㗋煦喧喙喜

피리 소리. ⑥망령(亡靈)이 우는 소리.
【啾號 추호】울부짖음.

口9 【㗂】⑫ 啾(306)의 본자

口9 【喊】⑫ ❶소리 함 鹹 hǎn
❷다물 함 鹹 jiān
초서 字解 ❶소리. 화를 내거나 외치는 소리. ②고함지르다, 크게 외치다. 〔柳宗元·文〕跳踉大喊. ❷다물다, 입을 열지 아니하다.
【喊聲 함성】여럿이 지르는 고함 소리.

口9 【喚】⑫ 부를 환 換 huàn
소전 초서 간체 字解 ❶부르다, 오라고 하다. ¶ 喚問. ②외치다, 소리치다, 부르짖다. 〔王褒·賦〕哮呼咋喚. ❸불러일으키다.
【喚起 환기】관심이나 기억을 불러일으킴.
【喚叫 환규】①울부짖음. ②소리 높여 부름.
【喚問 환문】불러내어 물어 봄.
【喚醒 환성】①잠자는 사람을 깨움. ②어리석은 사람을 깨우쳐 줌.
【喚聲 환성】①부르는 소리. ②고함 소리.
● 叫-, 召-, 呼-.

口9 【喤】⑫ ❶어린아이 울음 황 陽 huáng
❷갈도 소리 횡 庚 huáng
❸많을 황 陽 huáng
소전 초서 字解 ❶어린아이의 울음소리. 〔詩經〕其泣喤喤. ❷갈도(喝道) 소리. ❸①많다, 여럿. ¶ 喤呷. ②떠들썩하다, 시끄럽다. 〔詩經〕鐘鼓喤喤.
【喤呷 황합】①많음. 여럿. ②시끄러움. 시끄럽게 떠드는 모양.
【喤喤 황황】①어린아이의 큰 울음소리. ②떠들썩한 모양. ③종과 북소리가 어울리는 모양.

口9 【喉】⑫ 목구멍 후 尤 hóu
소전 초서 본자 字解 ①목구멍. ¶ 喉頭. ②목, 긴한 곳. 〔晉書〕扼其咽喉.
【喉衿 후금】①요해지(要害地). ②주안(主眼)이 되는 곳. 중요한 곳. 綱要(강요).
【喉頭 후두】호흡기의 한 부분. 숨의 통로가 되고 소리를 내는 기관.
【喉門 후문】목구멍.
【喉吻 후문】목과 입. ②중요한 곳.
【喉舌 후설】①목구멍과 혀. ②중요한 곳. ③말〔言〕. ④임금의 말을 아랫사람에게 전하고, 신하의 말을 임금에게 전하는 벼슬아치. 재상(宰相).
【喉舌之臣 후설지신】①喉舌(후설)④. ②승지(承旨)의 딴 이름.

【㗋咽 후인】①목구멍. 咽喉(인후). ②중요한 곳. 要所(요소).
● 結-, 衿-, 心-, 咽-.

口9 【㗋】⑫ 喉(307)의 본자

口9 【煦】⑫ 불 후 麌 噳 xù
초서 字解 ①불다, 숨을 내쉬다. ≒欨. 〔漢書〕衆煦漂山吸. ②보호하다, 품에 따뜻이 안다. ≒昫. 〔唐書〕護民之勞, 煦之若子. ③아첨하여 웃는 모양, 선웃음 치는 모양. ¶ 煦煦.
【煦煦 후구】어미가 자식을 곱게 기름.
【煦噓 후허】몸 속의 공기를 내쉬고 새로운 공기를 마시는 일. 呼吸(호흡).
【煦煦 후후】선웃음 치는 모양. 아첨하여 웃는 모양.

口9 【喧】⑫ ❶떠들썩할 훤 元 xuān
❷울어댈 훤 阮 xuǎn
초서 字解 ❶①떠들썩하다, 시끄럽다. 〔陶潛·詩〕而無車馬喧. ②위의(威儀)가 드러나는 모양. 〔大學〕赫兮喧兮者, 威儀也. ❷울어대다, 울어 그치지 아니하다. 〔漢書〕喧不可止矣.
【喧聒 훤괄】소란함. 시끄러움. 喧豗(훤회).
【喧轟 훤굉】시끄러움. 시끄럽게 울림.
【喧鬧 훤뇨】시끄럽게 떠들어댐.
【喧騰 훤등】소문이 자자함.
【喧繁 훤번】시끄러움. 시끄럽고 성가심.
【喧騷 훤소】뒤떠들어서 소란스러움.
【喧擾 훤요】시끄럽게 떠듦. 떠들어댐.
【喧傳 훤전】시끄럽게 말을 이리저리 퍼뜨림. 뭇 사람의 입에 오르내려 왁자하게 됨.
【喧嘩 훤화】①시끄러움. ②시끄럽게 떠듦.
【喧囂 훤효】시끄럽게 떠듦.
● 浮-, 紛-, 啾-, 囂-.

口9 【喙】⑫ ❶부리 훼 霽 huì
❷國부리 달
소전 초서 參考 대법원 지정 인명용 한자의 음은 '훼'이다.
字解 ❶①부리, 주둥이. 새·짐승의 입. 〔戰國策〕蚌合而拑其喙. ②숨, 호흡. ≒呬. 〔莊子〕丘願有喙三尺. ③말, 사람이 하는 말. ④괴롭다, 괴로워하다. 〔詩經〕維其喙矣. ❷國부리, 닭의 부리.
【喙息 훼식】주둥이로 숨을 쉼.
【喙長三尺 훼장삼척】부리의 길이가 석 자. 변론을 잘함.
【喙呀 훼하】입을 크게 벌림.
● 交-, 豕-, 容-, 長-, 衆-.

口9 【喜】⑫ 기쁠 희 紙 xǐ

口部 10획 嗛嗜嗎嗣

喜

一 十 士 吉 吉 吉 吉 壴 喜 喜

[소전] 善 [고문] 𢝊 [초서] 壴 [고자] 憘 [동자] 憙

[字源] 會意. 효+口→喜. '효'는 대(臺) 위에 얹어 놓은 악기를 뜻한다. 음악을 들으면 기쁘고, 기쁘면 주고받는 말에 나타난다고 하여 '口'를 덧붙여 놓은 글자.

[字解] ❶기쁘다. 〔荀子〕 媒母力父是之喜也. ❷즐겁다. 〔詩經〕 我心則喜. ❸좋아하다, 즐기다, 사랑하다. 〔史記〕 聞中庶子喜方者. ❹기쁨, 즐거움, 행복. 〔國語〕 固慶其喜而弔其憂.

【喜見天 희견천】 (佛)수미산(須彌山) 꼭대기에 있는 삼십삼천(三十三天). 곧, 도리천의 제석천(帝釋天)이 사는 천궁(天宮). 喜見城(희견성). 喜見宮(희견궁). 善見城(선견성).

【喜慶 희경】 ①기뻐함. ②경사스러운 일.
【喜劇 희극】 익살과 풍자로 인생의 진실을 명랑하고 경쾌한 측면에서 표현하는 연극.
【喜氣 희기】 ①기쁜 기분. ②(現)행운(幸運).
【喜怒 희노→희로】 ①기쁨과 노여움. ②노여움. '喜'는 조자(助字).
【喜怒不形色 희노불형색→희로불형색】 얼굴에 기쁨이나 노여운 감정을 드러내지 아니함. 심중(深重)하고 의지가 강한 사람의 태도를 말함.
【喜怒哀樂 희노애락→희로애락】 기쁨과 노여움과 슬픔과 즐거움. 사람의 온갖 감정.
【喜悲 희비】 기쁨과 슬픔.
【喜事 희사】 ①기쁜 일. ②일을 좋아함.
【喜捨 희사】 사람 또는 어떤 일을 위하여 기꺼이 재물을 베풀어 줌.
【喜賞怒刑 희상노형】 기쁠 때에는 상을 주고 화날 때에는 형벌을 내림. 상벌(賞罰)을 제멋대로 내림.
【喜色 희색】 기뻐하는 얼굴 빛.
【喜壽 희수】 77세. ◎ '喜'자의 초서체(草書體)가 '七十七'과 비슷한 데서 온 말.
【喜信 희신】 ①진사(進士)에 급제한 일을 친척에게 알리는 경사스러운 서신. ②(現)좋은 소식.
【喜躍 희약】 기뻐서 펄쩍펄쩍 뜀.
【喜懌 희역】 기뻐함.
【喜悅 희열】 기쁨과 즐거움.
【喜慍 희온】 기쁨과 노여움.
【喜雨 희우】 가뭄 뒤에 오는 반가운 비.
【喜鵲 희작】 까치의 딴 이름.
【喜出望外 희출망외】 기쁜 일이 뜻밖에 생김.
【喜幸 희행】 기쁘고 다행함.
【喜喜樂樂 희희낙락】 매우 기뻐하고 즐거워함.
◐ 嘉-, 慶-, 大-, 賀-, 和-, 歡-, 欣-.

口 10 【嗛】⑬
❶겸손할 겸 圖 qiān
❷모자랄 겸 圀 qiǎn, qiàn
❸머금을 함 圀 xián
❹족할 협 圂 qiè

[소전] 嗛 [초서] 㠭 [字解] ❶❶겸손하다. ≒謙. 〔荀子〕 則謹愼而嗛. ❷싫어하다. ≒嫌. ❷①모자라다. 차지 아니하다. ≒歉. 〔荀子〕 滿則慮嗛. ②흉년들다. ≒歉. 〔春秋穀梁傳〕 一穀不升謂之嗛. ③볼. 원숭이나 쥐가 먹이를 입 속에 간직해 둔 곳. 〔爾雅〕 寓鼠曰嗛. ④뿔 넷 가진 양(羊). ≒羊. ❸①머금다, 입 속에 넣다. 〔漢書〕 烏嗛肉. ②원한을 품다. 〔史記〕 心嗛之而未發也. ❹족하다, 마음에 흡족하다. =慊. 〔戰國策〕 齊桓公夜半不嗛.

【嗛嗛】❶겸겸 ❷함함】❶①작은 모양. ②겸양하는 모양. ③부족한 모양. ❷원한을 품은 채 참고 견디는 모양.
【嗛閃 겸섬】 작은 일에 구애되어 겁을 내는 일.
【嗛退 겸퇴】 겸양함. 겸손하게 물러남.
【嗛然 협연】 상쾌한 모양. 만족한 모양.
【嗛志 협지】 ①마음에 흡족함. ②흐뭇한 생각.

口 10 【嗜】⑬ 즐길 기 圖 shì

[소전] 嗜 [초서] 嗜 [字解] ❶즐기다, 좋아하다. 〔書經〕 甘酒嗜音. ❷탐하다. 〔國語〕 而嗜其疾味.

【嗜僻 기벽】 편벽되게 즐기는 버릇.
【嗜愛 기애】 즐기고 좋아함. 嗜好(기호).
【嗜玩 기완】 좋아하며 가지고 놂.
【嗜慾 기욕】 즐기고 좋아하는 마음. 기호(嗜好)의 정욕(情慾). 嗜欲(기욕).
【嗜好 기호】 어떤 사물을 즐기고 좋아함.
◐ 甘-, 愛-, 情-, 耽-, 貪-.

口 10 【嗎】⑬ 꾸짖을 마 圀 mà, ma

[간체] 吗 [字解] ❶꾸짖다. ※罵(1400)의 속자(俗字). ②(現)가아편. ❹의문 조사, 의문이나 반어의 뜻을 나타낸다. ≒麼.

口 10 【嗣】⑬ 이을 사 圀 sì

[소전] 嗣 [고문] 𤔡 [초서] 嗣 [字解] ❶잇다. ㉮뒤를 잇다, 계승하다. 〔春秋左氏傳〕 所不嗣事於齊者, 有如河. ②상속자, 임금의 자리나 가계(家系)를 잇는 사람. 〔書經〕 罰弗及嗣. ③후임자, 직무를 이어맡을 사람. 〔春秋左氏傳〕 晉侯問嗣焉. ④새, 다음의, 뒤의. 〔詩經〕 以興嗣歲. ⑤연습하다, 배워 익히다. ¶ 嗣音.
【嗣君 사군】 ①왕위(王位)를 이은 임금. ②전인(前人)의 덕업(德業)을 이을 사람.
【嗣奉 사봉】 이어받아서 봉행(奉行)함.
【嗣事 사사】 ①일을 이음. 계속하여 그 일을 처리함. ②후사(後嗣)를 정하는 일.
【嗣歲 사세】 새해. 新年(신년).
【嗣續 사속】 ①아버지의 뒤를 이음. 대(代)를 이음. 嗣繼(사계).
【嗣守 사수】 이어받아 지킴.
【嗣音 사음】 ①소식을 끊지 않음. ②음악을 배워 익힘. ③훌륭한 성예(聲譽)를 이음. ④훌륭한 덕이나 세업(世業)을 이어받음.
【嗣子 사자】 대를 이을 아들. 長子(장자).

【嗣適 사적】적자(嫡子). 후계자. ▶ '適'은 '嫡'으로 '정실'의 뜻임.
【嗣纂 사찬】계승함. 이어받음.
【嗣響 사향】뒤이어 계속 일어나는 소리. 즉, 전업(前業)을 계속함.
【嗣徽 사휘】▷嗣音(사음)④.
【嗣興 사흥】앞사람에 뒤이어 흥(興)함.
▶家─, 國─, 嫡─, 天─, 統─, 血─, 後─.

口 10 【嗄】⑬ ❶목 잠길 사 禡 shà
❷목멜 애 卦 á
초서 唛 자해 ❶목이 잠기다, 목이 갈리다. ≒嚘. 〔老子〕終日號而不嗄. ❷울어서 목이 쉬다. 〔莊子〕兒子終日嗥而嗌不嗄.

口 10 【嗓】⑬ 목구멍 상 養 sǎng
자해 ❶목구멍. ❷말이 콧물을 흘리는 병. 〔陶宗儀·錄〕謂之嗓病.

口 10 【䘮】⑬ 喪(303)의 본자

口 10 【甞】⑬ 嘗(312)의 속자

口 10 【嗇】⑬ 아낄 색 職 sè
소전 㐭 고문 㐭 초서 㐭 간체 啬 자해 ▷會意. 來+回→嗇. '回'는 쌀광을 본뜬 것이다. 쌀광에 넣을 줄만 알고 낼 줄은 모를 정도로 아낀다는 뜻을 나타낸다.
자해 ❶아끼다, 소중히 여기다. 〔呂氏春秋〕嗇其大寶. ❷吝嗇하다, 인색하다. 〔史記〕愈於織嗇. ❸탐내다. 〔春秋左氏傳〕嗇夫不貳. ❹거두다, 거두어들이다. 〔大戴禮〕順天嗇地. ❺적은 듯이 하다, 존절히 쓰다. 〔老子〕治人事天, 莫若嗇. ❻농사. =穡. 〔漢書〕服田力嗇.
【嗇夫 색부】①농부(農夫). 농민. ②벼슬 이름. ㉠사공(司空)에 딸린 벼슬. ㉡화폐를 맡아보던 벼슬. ㉢전국 시대의 이색부(吏嗇夫)와 인색부(人嗇夫). 이색부는 모든 이속(吏屬)을 검속하는 일을 맡았으며, 인색부는 서민을 단속하였음. ㉣한대(漢代)에 고을에서 소송·조세를 담당하던 관리. ③지위가 낮은 벼슬.
【嗇用 색용】사용하기를 아까워함.
【嗇禍 색화】난리를 이용해 탐욕을 도모함.

口 10 【嗉】⑬ 멀떠구니 소 遇 sù
초서 嗉 동자 膆 자해 멀떠구니. 날짐승의 모이주머니.

口 10 【喿】⑬ 울 소 號 zào

口 10 【喿】⑬ ❶울다, 새 무리를 지어서 울다. ❷떠들썩하다, 소란스럽다. 〔周禮〕車徒皆喿.

口 10 【噪】⑬ 喿(309)와 동자

口 10 【嗚】⑬ ❶탄식 소리 오 虞 wū
❷탄식할 오 遇 wù
초서 嗚 자원 形聲. 口+烏→嗚. '烏(오)'가 음을 나타낸다.
자해 ❶탄식 소리. 〔論語〕嗚呼曾謂泰山不如林放乎. ❷흐느껴 울다, 목메어 울다. 〔江淹·賦〕泣嗚唈兮梁裳. ❸소리. 〔杜牧·詩〕嗚軋江樓角一聲. ❷탄식하다, 애달파하다.
【嗚軋 오알】뿔피리를 부는 소리.
【嗚咽 오열】목메어 욺.
【嗚嗚 오오】①노래를 부르는 소리. ②슬픈 소리의 형용.
【嗚唈 오읍】흐느껴 욺.
【嗚呼 오호】슬퍼서 탄식하는 소리.

口 10 【䵷】⑬ 목멜 올 月 wà
소전 䵷 초서 䵷 속자 䵷 간체 呜 자해 ❶목메다, 목이 막히다. 〔陸龜蒙·詩〕到口復嗢咽. ❷웃다, 크게 웃다. 〔三國志〕執書嗢噱.
【嗢噱 올갹】①웃음이 그치지 아니함. ②견딜 수 없을 만큼 즐거움. 몹시 즐거움.
【嗢噦 올얼】①숨을 들이쉬고 내쉬며 숨을 가다듬는 모양. ②목멘 소리.
【嗢咽 올열】목이 멤.

口 10 【嗌】⑬ ❶목구멍 익 陌 억 陌 yì
❷웃는 모양 악 藥 wò
❸목멜 애 卦 ài
소전 嗌 주문 嗌 초서 嗌 간체 嗌 자해 ❶목구멍. 〔春秋穀梁傳〕嗌不容粒. ❷아첨하는 소리. 〔楚辭〕謰謰兮嗌喔. ❷웃는 모양. 〔韓詩外傳〕疾笑嗌嗌. ❸목메다. 〔莊子〕兒子終日嗥而嗌不嗄.
【嗌疾 익질】목구멍의 병(病).
【嗌喔 악악】억지로 웃음을 지어 아첨하는 소리.
【嗌嗌 악악】억지로 웃는 모양.
【嗌嘔 애구】목메어 토함.
【嗌不容粒 애불용립】목이 메어 밥이 넘어가지 아니함.

口 10 【嗁】⑬ 울 제 齊 tí
소전 嗁 초서 嗁 동자 啼 자해 울다, 애도하여 우는 소리.

【嚥粧 제장】 화장(化粧)의 한 방법. 눈 아래를 엷게 화장하여 운 것처럼 보이게 함.
【嚥嚥 제제】 우는 모양.
【嚥呼 제호】 울부짖음.

口 10 【嗔】⑬ ❶성낼 진 眞 chēn ❷기운 성할 전 覟 tián
[소전][초서][간체] 嗔 [参考] 대법원 지정 인명용 한자의 음은 '진'이다.
[字解] ❶성내다. 늑嗔. 〔世說新語〕 見敬豫輒嗔. ❷기운이 성한 모양. 늑瞋·顚. 〔資治通鑑〕 騎乘嗔咽.
【嗔喝 진갈】 성내어 꾸짖음.
【嗔言 진언】 성을 내어 꾸짖는 말.
【嗔責 진책】 성내어 나무람.
【嗔咽 진열】 많고 성한 모양.

口 10 【嗟】⑬ 탄식할 차 麻 jiē
[초서] 嗟 [字解] ❶탄식하다, 탄식. 〔易經〕 不鼓缶而歌則大耋之嗟. ❷감탄하다, 감탄. 〔宋史〕 見其所爲文, 嗟賞之. ❸발어사 ㉮아! 탄식하거나 감탄할 때 내는 소리. 〔詩經〕 嗟乎奉何. ㉯자! 남에게 일정한 행동을 권할 때 내는 소리. 〔禮記〕 嗟來之食.
【嗟悼 차도】 탄식하며 슬퍼함. 傷悼(상도).
【嗟來之食 차래지식】 '자, 와서 먹어라'고 하며 주는 음식. 무례하고 모욕적인 대접.
【嗟伏 차복】 감동하여 복종함. 嗟服(차복).
【嗟憤 차분】 개탄(慨歎)함. 분개(憤慨)함.
【嗟惜 차석】 탄식하며 아까워함.
【嗟重 차중】 탄상(歎賞)하여 중히 여김.
【嗟嗟 차차】 ①탄식하는 소리. ②거듭 감탄하며 칭찬하는 소리. ③바다 속 괴물의 울음소리.
【嗟稱 차칭】 탄식하여 칭찬함. 嗟賞(차상).
【嗟歎 차탄】 ①소리를 길게 빼어 감동의 뜻을 나타냄. ②탄식함. ③감동하여 칭찬함.
【嗟乎 차호】 탄식하는 소리.
❶咄-, 悲-, 于-, 怨-, 咨-, 歎-, 呼-.

口 10 【嗤】⑬ 웃을 치 支 chī
[초서] 嗤 [字解] ❶웃다, 비웃다. 〔後漢書〕 時人嗤之. ❷웃음, 웃음거리. 〔唐書〕 均受嗤詆.
【嗤侮 치모】 비웃고 업신여김.
【嗤笑 치소】 빈정거리며 웃음.

口 10 【嗒】⑬ 멍할 탑 合 tà, dā
[초서] 嗒 [字解] ❶멍하다, 멍한 모양. 〔白居易·詩〕 嗒然無所偶. ❷핥다.
【嗒然 탑연】 자신을 잊고 멍하게 있는 모양.

口 10 【嗃】⑬ ❶엄할 학 覺 hè ❷피리 소리 효 肴 xiāo

[소전][초서] 嗃 [参考] 대법원 지정 인명용 한자의 음은 '학'이다.
[字解] ❶엄하다, 냉엄하다. 〔易經〕 家人嗃嗃. ❷①피리 소리. 〔莊子〕 夫吹筦也, 猶有嗃也. ②부르짖는 소리. 〔南齊書〕 野豬雖嗃嗃.
【嗃嗃 ❶학학 ❷효효】 ❶엄하고 매우 심한 모양. ❷크게 울부짖는 소리.

口 10 【嗀】⑬ 토할 학 屋 hù
[소전][초서] 嗀 [字解] 토하다, 구역질하다. 〔春秋左氏傳〕 君將嗀之.

口 10 【嗑】⑬ ❶말 많을 합 合 kè ❷웃음소리 합 洽 xiá
[소전][초서] 嗑 [字解] ❶①말이 많다, 시끄럽게 떠들다. 〔孔叢子〕 子路嗑嗑. ②입을 다물다. 〔抱朴子〕 口張而不能嗑. ❷웃음소리. 〔莊子〕 嗑然而笑.
【嗑嗑 합합】 ①말이 많은 모양. ②웃는 모양. ③깔깔 웃는 소리.

口 10 【嗋】⑬ 숨 쉴 협 葉 xié
[초서] 嗋 [字解] ❶숨 쉬다, 숨을 들이쉬다. 〔梅堯臣·詩〕 嗋呷氣甚危. ❷입을 다물다. 〔莊子〕 予口張而不能嗋. ❸으르다, 협박하다. ¶嗋嚇.
【嗋嚇 협하】 말로 남을 위협함.
【嗋呷 협합】 숨을 쉼. 呼吸(호흡).

口 10 【嗥】⑬ 嘷(316)의 본자

口 10 【嗊】⑬ 노래 홍 董 hǒng
[간체] 哄 [字解] 노래, 가곡(歌曲).
【嗊嗃惑 홍효혹】 (佛)도술(道術)이라고 거짓으로 속여 말하고 진실은 없는 것.

口 10 【嗅】⑬ 맡을 후 宥 xiù
[초서] 嗅 [字解] 맡다, 냄새를 맡다. 〔論語〕 三嗅而作.
【嗅覺 후각】 냄새를 맡는 감각.
【嗅官 후관】 냄새를 맡는 기관. 곧, 코.

口 11 【嘉】⑭ 아름다울 가 麻 jiā
[소전][초서] 嘉 [字解] ❶아름답다, 예쁘다. 〔詩經〕 文王嘉止. ❷뛰어나다, 훌륭하다. 〔詩經〕 其新甚嘉. ❸기쁘다, 경사스럽다. 〔漢書〕 休嘉砰隱溢四方. ❹칭찬하다, 가상히 여기다. 〔儀禮〕 予一人嘉之. ❺즐기다, 좋아하다. 〔禮記〕 交獻以嘉魂魄. ❻가례(嘉禮), 오례(五禮)의 하나. ❼곡식. 〔漢書〕 神

降之嘉生. ⑧양(陽).〔易經〕孚于嘉. ⑨물고기의 이름.
【嘉客 가객】좋은 손님. 마음에 맞는 반가운 손.
【嘉穀 가곡】①좋은 곡식. 곧, 오곡. ②경사스러운 곡식. 곧, 벼.
【嘉納 가납】①충고하는 말을 옳다고 여겨 받아들임. ②바치는 물건을 달갑게 받아들임.
【嘉遯 가둔】세상을 피함. 의(義)를 지키고 뜻을 굽히지 않으려고 세상을 피해 숨어 삶.
【嘉良 가량】좋음.
【嘉禮 가례】①오례(五禮)의 하나. 음식(飮食)·관혼(冠婚)·빈사(賓射)·향연(饗燕)·진번(賑膰)·하경(賀慶) 등의 예(禮). ②경사스러운 예식. ③(制)임금의 성혼·즉위, 또는 왕세자·왕세손의 탄생·성혼·책봉 등의 예식.
【嘉名 가명】훌륭한 이름. 좋은 평판. 令名(영명). 嘉號(가호).
【嘉聞 가문】좋은 소문. 훌륭한 영예.
【嘉賓 가빈】①좋은 손님. 마음이 통하는 손님. ②참새의 딴 이름. ○손과 같이 언제나 인가(人家)에 모여 사는 데서 온 말.
【嘉辭 가사】①좋은 말. ②칭찬하는 말.
【嘉尙 가상】착하고 갸륵함. 윗사람이 아랫사람을 칭찬할 때 쓰는 말.
【嘉祥 가상】좋은 징조.
【嘉生 가생】①경사스러운 것. 훌륭한 것. ②좋은 곡식.
【嘉瑞 가서】좋은 징조. 경사로운 조짐.
【嘉善 가선】①극히 좋은 것. ②착한 일을 함. 또는 착한 사람.
【嘉蔬 가소】①싱싱한 채소. ②벼의 딴 이름.
【嘉羞 가수】①잘 차린 제물(祭物). ②맛좋은 반찬이나 안주.
【嘉淑 가숙】좋고 아름다움. 또는 그런 물건.
【嘉樂 ❶가악 ❷가락】❶①성률(聲律)에 맞는 음악. 훌륭한 음악. ②國경사스러운 풍악. ❷기뻐하며 즐김.
【嘉愛 가애】착하고 귀하게 여겨 사랑함.
【嘉釀 가양】맛 좋은 술. 美酒(미주).
【嘉言 가언】본받을 만한 좋은 말.
【嘉祐 가우】행복. 행운.
【嘉月 가월】음력 3월의 딴 이름.
【嘉猷 가유】좋은 계략(計略). 嘉謀(가모).
【嘉姻 가인】혼인을 아름답게 일컫는 말.
【嘉日 가일】경사스럽고 반가운 날.
【嘉獎 가장】칭찬하여 장려함.
【嘉績 가적】훌륭한 공적.
【嘉節 가절】좋은 시절. 좋은 날.
【嘉禎 가정】다행(多幸). 행복.
【嘉靖 가정】나라를 잘 다스려 편안하게 함.
【嘉兆 가조】경사스러운 징조.
【嘉澍 가주】알맞게 때맞추어 오는 비.
【嘉祉 가지】행복(幸福). 嘉福(가복).
【嘉薦 가천】잘 차린 제물(祭物).
【嘉招 가초】①조정의 부름. ②남의 초청을 높여 이르는 말.
【嘉稱 가칭】좋은 이름. 명예. 영예.

【嘉平 가평】①음력 섣달의 딴 이름. 臘月(납월). 極月(극월). ②음력 섣달에 지내는 제사 이름. 납제(臘祭).
【嘉平節 가평절】납일(臘日)을 명절(名節)로 이르는 말.
【嘉好 가호】①우의(友誼). ②우의를 도타이하기 위한 모임.
【嘉況 가황】좋은 선물. 남을 높이어 그에게서 받은 선물을 이르는 말.
【嘉會 가회】①훌륭한 사물의 모임. ②경사스러운 모임. ③아주 경사스러운 만남.
【嘉肴 가효】맛 좋은 안주. 嘉殽(가효).
【嘉卉 가훼】아름다운 화초(花草).
◐柔—, 靖—, 靜—, 珍—, 休—.

口 11【嘅】⑭ 탄식할 개 墍 kǎi
[字解] 탄식하다, 탄식. 〔詩經〕嘅其嘆矣.

口 11【嘐】⑭ 크게 부르짖을 교 jiào
[字解] ①크게 부르짖다. ※叫(264)의 고자(古字). 〔周禮〕禁嘐呼歎鳴於國中者. ②높이 외치는 소리. ③질나팔, 큰 훈(塤).

口 11【嘔】⑭ ❶노래할 구 (木)우 尤 ōu
❷게울 구 (木)우 有 ǒu
❸기꺼이 말할 후 虞 xū
[參考] 대법원 지정 인명용 한자의 음은 '구'이다.
[字解] ❶①노래하다, 노래 부르다. ≒謳.〔漢書〕毋歌嘔道中. ②소리, 어린아이의 말소리나 노랫소리.〔白居易·詩〕嘔啞初學語. ③즐거워하는 모양. ¶嘔嘔. ④마음이 화평하여 기쁜 모양. ¶嘔喩. ❷게우다, 토하다. ≒歐. ¶嘔逆. ❸기꺼이 말하다, 따뜻이 감싸다.〔揚雄·劇秦美新〕上下相嘔.
【嘔嘔 구구】①즐거워하는 모양. ②부드럽게 대화(對話)하는 모습. ③물건이 움직일 때 마찰하여 나는 소리.
【嘔氣 구기】①먹은 것을 게울 듯한 기분. 吐氣(토기). ②마음속에 노여움을 품음. ③기분이 울적함.
【嘔心 구심】심혈(心血)을 토하여 냄. 심사숙고(深思熟考)하거나 노심초사(勞心焦思)함.
【嘔啞 구아】①어린이의 말소리. ②배나 수레가 움직이는 소리. ③많은 새가 지저귀는 소리. ④악기의 소리.
【嘔鴉 구아】갓난아기.
【嘔軋 구알】삐걱거리는 소리. 咿軋(이알).
【嘔逆 구역】토할 것 같은 느낌.
【嘔喩 구유】마음이 화평하여 즐거운 모양.
【嘔吐 구토】토함. 먹은 것을 게움.
◐歌—, 相—, 嗌—.

口部 11획 嗚嘍嘛嘗嗽嗾嘎嘕嗎嗷謷嚌

嗚 ⑭ 叫(264)와 동자

嘍 ⑭ 시끄러울 **루** 匝 lǒu, lóu, lou
字解 ①시끄럽다, 수다스러워 귀찮다. ②새소리. ¶ 嘍唲. ③도둑. ≒ 僂. ¶ 嘍囉. ④어조사. 글의 뜻을 단정하여 완결짓는 데 쓴다.
【嘍囉 누라】①혀가 잘 돌지 않는 어린이의 말의 형용. ②교활함. ③現산적(山賊)이 그 부하를 부르는 호칭.
【嘍唲 누예】새 우는 소리.

嘛 ⑭ 나마 **마** má, ma
字解 ①나마(喇嘛). 티베트·몽고 등지에서 승려(僧侶)를 이르는 말. ②어조사. 당연하다는 뜻을 나타낼 때 문장의 끝에 놓는 조사.

嘗 ⑭ 맛볼 **상** 陽 cháng
字源 形聲. 尙+旨→嘗. '尙(상)'이 음을 나타낸다.
字解 ①맛보다. ㉮음식을 맛보다. 〔詩經〕嘗其旨否. ㉯경험하다, 직접 체험하다. 〔春秋左氏傳〕險阻艱難, 備嘗之矣. ②시험하다. 〔禮記〕臣先嘗之. ③일찍이, 일찍. ≒曾. 〔史記〕余嘗西至空峒. ④가을 제사. 햇곡식을 신에게 올리는 제사. 〔詩經〕禴祠烝嘗.
【嘗膽 상담】쓸개를 맛봄. 원수를 갚고자 고생을 참고 견딤. 故事월(越)나라 왕 구천(句踐)이 오(吳)나라 왕 부차(夫差)에게 복수하기 위하여 쓸개를 맛보며 몸을 괴롭히고 노심초사(勞心焦思)한 고사에서 나온 말. 臥薪嘗膽(와신상담).
【嘗味 상미】맛을 봄. 먹어 봄.
【嘗糞 상분】똥을 맛봄. ①지극한 효성. 故事남북조 때 유북루(庾黔婁)가 위중한 아버지의 병세를 살피기 위하여 대변의 맛을 보았다는 고사에서 온 말. ②㉠지나친 아첨의 비유. ㉡목적을 이루기 위해 치욕을 참고 견딤의 비유. 故事월(越)나라 왕 구천(句踐)이 오(吳)나라 왕 부차(夫差)에게 패배하여 그의 신하가 된 뒤 왕 부차(夫差)의 대변을 맛보고, 부차의 병이 나을 것을 예언하여 부차의 환심을 산 뒤 고향으로 돌아갔다는 고사에서 온 말.
【嘗糞之徒 상분지도】똥을 맛보는 무리. 윗사람에게 아첨하는 사람.
【嘗試 상시】①시험하여 봄. ②시험 삼아 하는 계획·계략.
【嘗新 상신】임금이 신곡(新穀)을 처음으로 먹는 일.

【嘗禾 상화】신곡으로 신(神)에게 제사 지냄.
⊙ 饁−, 奉−, 新−, 享−, 歆−.

嗽 ⑭ ①기침할 **수** 宥 sòu, shù ②마실 **삭** 覺 shuò
參考 대법원 지정 인명용 한자의 음은 '수'이다.
字解 ❶①기침하다, 기침. 〔周禮〕冬時有嗽. ②양치질하다, 입을 가시다. =漱. 〔史記〕曰嗽三升. ❷마시다, 빨다, 빨아들이다. =欶. 吮. 〔嵆康·詩〕抗首嗽朝露.
【嗽藥 수약】입안을 가셔내는 약.
【嗽咳 수해】기침. 기침을 함. 咳嗽(해수).
【嗽吮 삭연】빨아 마심.
【嗽㖞 삭왜】중풍으로 입을 실룩거리는 모양.
⊙ 含−, 咳−.

嗾 ⑭ 부추길 **수·주·촉** 宥 匭 sǒu
參考 대법원 지정 인명용 한자의 음은 '주'이다.
字解 ①부추기다, 선동하다. 〔宋史〕陰嗾世安密求玠之短. ②개를 부추기는 소리. 〔春秋左氏傳〕公嗾夫獒. ③개를 부르는 소리.
【嗾囑 주촉】남을 꾀어 부추겨 시킴.
⊙ 使−.

嘎 ⑭ 새소리 **알** 本갈 黠 gā
字解 ①새소리. 〔李山甫·詩〕咬咬嘎嘎. ②웃는 소리.
【嘎嘎 알알】①새가 지저귀는 소리. ②웃음소리.

嘕 ⑭ 唯(299)와 동자

嗎 ⑭ 즐길 **언** 本헌 冘 xiān
字解 ①즐기다, 즐거워하다. ②기뻐하다, 기꺼워하다. ③웃는 모양, 빙그레 웃는 모양.

嗷 ⑭ 시끄러울 **오** 豪 áo
字解 시끄럽다, 여럿이 떠들썩하다. 〔荀子〕百姓讙嗷.
【嗷騷 오소】시끄럽게 떠듦.
【嗷嗷 오오】①시끄럽게 부르는 소리. ②뭇사람의 근심하는 소리. ③여러 사람이 꾸짖고 비난하는 소리. ④기러기의 우는 소리.
【嗷嘈 오조】시끄러움. 떠들썩함.

謷 ⑭ 嗷(312)와 동자

嚌 ⑭ 嚌(321)과 동자

口 11 【嘈】⑭ 시끄러울 조 豪 cáo

字解 ①시끄럽다, 떠들썩하다. ¶嘈雜. ②소리, 여러 가지 사물의 소리. 〔成公綏·賦〕嘈長引而慘慄.
【嘈雜 조잡】①소란함. 시끄러움. ②가슴앓이. 만성으로 앓는 위병.
【嘈嘈 조조】여러 가지 소리로 시끄러운 모양.
【嘈嗺 조찰】①소리가 화평함의 형용. ②소리가 시끄러운 모양. ③북소리.

口 11 【嘖】⑭ 외칠 책 陌 zé

字解 ①외치다. 큰 소리로 부르짖다. ¶嘖嘖. ②말다툼하다. 〔荀子〕嘖然而不類. ③새소리, 새가 지저귀는 소리. ¶儲光羲·詩〕嘖嘖野田雀. ④심히, 매우, 깊이, 지극히. 〔春秋左氏傳〕嘖有煩言. ⑤처음, 으뜸, 시초. 〔易經〕聖人有以見天下之嘖.
【嘖室 책실】여러 사람이 모여서 의논하는 곳.
【嘖嘖 책책】①시끄럽게 떠드는 모양. 언쟁(言爭)하는 모양. ②사람마다 칭찬하여 마지않는 모양. ③새가 우는 소리.

口 11 【嗺】⑭ 재촉할 최 灰 zuī, suī

字解 ①재촉하다, 술을 어서 마시라고 재촉하는 말. ¶嗺酒. ②송별의 노래, 사람을 떠나 보내는 노래. ③입이 움직이는 모양, 입이 못생긴 모양.
【嗺酒 최주】술 마시기를 재촉함.

口 11 【嘆】⑭ 탄식할 탄 翰 tàn

噗 歎 叹 어휘는 歎(901)을 보라.
字解 탄식하다, 한숨쉬다. 〔詩經〕嘅其嘆矣.

口 11 【嗿】⑭ 많을 탐 感 tǎn

字解 ①많다, 많은 모양. 〔詩經〕有嗿其饁. ②소리, 시끄러운 소리.

口 11 【嘌】⑭ 빠를 표 蕭 piāo

字解 ①빠르다. ②흔들리다, 흔들리는 모양. 〔詩經〕匪車嘌兮. ③어지럽다, 절도(節度)가 없다. ¶嘌唱.
【嘌唱 표창】음란한 가곡(歌曲).
【嘌嘌 표표】절도가 없는 모양.

口 11 【嘏】⑭ 클 하 本가 馬 gǔ

字解 ①크다, 장대(壯大)하다. 〔逸周書〕用能承天嘏命. ②복(福)을 받다. 〔詩經〕天錫公純嘏.
【嘏命 하명】큰 명령, 중대한 명령.
【嘏辭 하사】제사 때, 축관이 제사를 받는 조상을 대신하여 제주에게 전하는 축복의 말.

口 11 【嘒】⑭ 가냘플 혜 霽 huì

字解 ①가냘프다, 소리가 가늘고 약하다. ¶嘒嘒. ②소리가 부드럽고 가락에 맞는 모양. ¶嘒嘒. ③희미하다. 〔詩經〕嘒彼小星, 三五在東.
【嘒嘒 혜혜】①매미의 울음소리. ②소리가 부드럽고 가락에 맞는 모양.

口 11 【嘑】⑭ ❶부르짖을 호 虞 hū ❷거칠게 말할 호 遇 hù

字解 ❶부르짖다, 외치다. 〔漢書〕仰天大嘑. ❷거칠게 말하다, 성을 내어 말하는 소리. 〔孟子〕嘑爾而與之.
【嘑哭 호곡】큰소리로 욺.
【嘑爾 호이】남을 얕보고 소리 지르는 모양.

口 11 【嘐】⑭ ❶큰소리칠 효 肴 xiāo ❷소리 교 肴 jiāo

字解 ❶①큰소리치다, 과장해서 말하다. ②크다, 뜻이 크다, 말하는 내용이 크다. 〔孟子〕其志嘐嘐然. ②소리. ㉮닭이 우는 소리. 〔柳宗元·詩〕風雨聞嘐嘐. ㉯새가 지저귀는 소리. 〔蘇軾·詩〕野鳥嘐戛嚴花春. ㉰쥐가 기물을 갉는 소리. 〔蘇軾·賦〕嘐嘐聱聱.
【嘐嘐 ❶효효 ❷교교】❶큰소리치는 모양. ❷①닭 우는 소리. ②쥐가 기물(器物)을 갉는 소리.
【嘐戛 교알】새가 시끄럽게 지저귀는 소리.

口 12 【嘰】⑮ 쪽잘거릴 기 微 jī

字解 ①쪽잘거리다, 음식물을 다랍게 조금씩 먹다. 〔史記〕嘰咀芝英兮嘰瓊華. ②울다, 탄식하다. ≒唏. 〔淮南子〕紂爲象箸而箕子嘰.

口 12 【器】⑮ 器(316)의 속자

口 12 【嚚】⑮ 器(316)의 속자

口 12 【嘾】⑮ 가득 삼킬 담 感 dàn

字解 가득 삼키다, 입 가득히 넣어 꿀떡 삼키다. 〔莊子〕大甘而嘾.

口部 12획 噇嘮嘹噋噁噴噀嘶嘎噎噁嘳嘲

口12 【噇】 ⑮ 먹을 당 江 chuáng
字解 먹다, 탐욕스레 먹다. 〔寒山·詩〕背後噇魚肉.

口12 【嘮】 ⑮ 떠들썩할 로 本초 肴 láo, cháo
字解 떠들썩하다, 시끄럽게 떠들다.
【嘮呶 노노】떠들썩함.
【嘮叨 노도】군소리가 많아 말이 간결하지 못함.

口12 【嘹】 ⑮ 울 료 蕭 liáo
字解 ①울다. 밤에 새가 울다. ¶ 嘹亮. ②멀리까지 들리는 소리, 소리가 멀리까지 들리다. 〔劉孝綽·詩〕妍歌已嘹亮. ③맑은 소리, 영롱한 소리. ¶ 嘹嚦. ④피리 소리. ¶ 嘹嘈.
【嘹亮 요량】①욺. 새들이 욺. ②멀리까지 들리는 소리.
【嘹嚦 요력】맑은 소리.
【嘹唳 요려】①새가 우는 소리. ②매미 소리.
【嘹嘈 요조】피리 소리.

口12 【噋】 ⑮ 분명하지 않을 무 虞 fú
字解 분명하지 않다, 명료하지 않다.
【噋然 무연】분명하지 않은 모양. 모호한 모양.

口12 【嘿】 ⑮ 고요할 묵 職 mò
字解 ①고요하다. ②말을 아니하다, 입을 다물다. ≒默. 〔史記〕荊軻嘿而逃去.
【嘿嘿 묵묵】말이 없음.

口12 【噴】 ⑮ 뿜을 분 元 pēn
字解 ①뿜다, 물·불 같은 것을 뿜어 내다. 〔馬融·賦〕瀑噴沫. ②꾸짖다. 〔馬融·賦〕氣噴勃以布覆兮. ③화내다, 노하다. ≒憤. ④코를 부는 소리, 코를 흥흥거리는 소리.
【噴激 분격】①세차게 뿜어 올림. ②심하게 분개(憤慨)함. 憤激(분격).
【噴騰 분등】물 등을 내뿜어 올리는 일.
【噴沫 분말】①물방울을 내뿜음. ②물방울. ③물이 격하게 흐르는 모양.
【噴霧 분무】안개처럼 내뿜음.
【噴薄 분박】세차게 뿜어 올림. 용솟음침.
【噴飯 분반】먹던 밥을 내뿜음. 우스워서 참을 수 없음.
【噴噴 분분】거친 소리로 야단을 치는 모양.
【噴射 분사】뿜어서 내쏨.
【噴雪 분설】눈을 내뿜음. ⑦파도가 하얗게 물보라를 일으키는 모양. ⑥흰 꽃잎이 흩날리는 모양.
【噴泉 분천】높이 솟아오르는 샘물.
【噴嚔 분체】재채기.
【噴出 분출】내뿜음. 뿜어냄.
【噴火 분화】①불을 뿜어냄. ②화산이 터져서 활동하는 현상.

口12 【噀】 ⑮ 물 뿜을 손 願 xùn
字解 물을 뿜다, 물·술 따위를 세차게 뿜어내다.
【噀飯 손반】먹던 밥을 내뿜음. 우스워서 참을 수 없음.
【噀墨將軍 손묵장군】오징어의 딴 이름. ○먹물을 뿜어 적으로부터 스스로를 지키기 때문에 이르는 말.

口12 【嘶】 ⑮ 울 시 齊 sī
字解 ①울다. 〔杜甫·詩〕我馬向北嘶. ②흐느끼다, 짐승·새 등의 울음이 애처롭다. ¶ 嘶酸. ③목이 쉬다. ≒厮. 〔漢書〕露眼赤精, 大聲而嘶.
【嘶酸 시산】애처로운 소리. ○'酸'은 애처롭다는 뜻.
【嘶喝 시애】목쉰 소리.
【嘶噪 시조】시끄럽게 욺.
【嘶醜 시추】목소리가 나쁨.
○鳴—, 雄—, 長—.

口12 【嘎】 ⑮ 嘎(312)의 속자

口12 【噎】 ⑮ 목멜 열 屑 yē
字解 ①목메다, 목이 막히다. ¶ 噎嘔. ②근심하다, 근심으로 숨을 제대로 쉬지 못하다. 〔詩經〕中心如噎. ③가리어 막다. 〔三國志〕城門噎不得關.
【噎嘔 열구】목이 메어 토함.
【噎鬱 열울】울적함.

口12 【噁】 ⑮ ❶성낼 오 麌 wù ❷새소리 악 藥 wò
字解 ❶성내다, 화내는 모양. 〔史記〕項王暗噁叱咤. ❷새소리, 새가 지저귀는 소리. ¶ 噁噁.
【噁噁 악악】새소리.

口12 【嘳】 ⑮ 탄식할 위 本귀 寘 kuì
字解 ①탄식하다, 한숨쉬다. =喟. ②불쌍히 여기다.

口12 【嘲】 ⑮ 비웃을 조 肴 cháo, zhāo

【嘲】 ①비웃다, 조롱하다, 희롱하다.〔三國志〕嘲啁無方. ②새가 지저귀다, 새가 울다. 늑啁.
【嘲轟 조굉】 시끄럽게 울림.
【嘲弄 조롱】 비웃거나 깔보고 놀림.
【嘲詈 조리】 비웃고 욕을 함.
【嘲罵 조매】 비웃고 비난함.
【嘲薄 조박】 비웃으며 경멸함.
【嘲訕 조산】 비웃고 비난함. 嘲訴(조후).
【嘲笑 조소】 비웃음.
【嘲啁 조조】 익살맞음.
【嘲嘈 조조】 떠들썩하게 남의 흥을 봄.
【嘲哳 조찰】 ①말소리. ②새소리. ③악기의 소리가 뒤섞여 가락이 맞지 않는 모양.
【嘲啾 조추】 ①뛰엄뛰엄 들리는 글 읽는 소리. ②새소리.
【嘲風 조풍】 문장들이 장난 삼아 지은 시문을 비난하는 말.
【嘲哮 조효】 짐승이 사납게 울부짖음.
【嘲詬 조후】 남을 비난하고 비웃음.
【嘲戲 조희】 조롱함. 희롱함. 嘲謔(조학).
❶ 狂−, 群−, 譏−, 謗−, 笑−, 自−.

【噂】 ⑮ 수군거릴 준 zǔn
수군거리다, 여럿이 모여 말하다. =譐.〔詩經〕噂沓背憎.
【噂沓 준답】 ①여러 사람이 모여서 하는 이야기가 차례가 없이 서로 얽힘. ②떠들썩함. ③남의 잘못을 들추어 헐뜯음.
【噂沓背憎 준답배증】 면전(面前)에서는 많은 말로 아첨하고, 돌아서서는 비방함.

【嘇】 ⑮ 깨물 참 cǎn
①깨물다, 입에 넣어 씹다.〔莊子〕蚊虻嘇膚. ②입술을 깨물다.
【嘇膚 참부】 모기 따위가 살가죽을 묾.
【嘇食 참식】 씹어 먹음.

【噌】 ⑮ ❶소리 쳉 chēng ❷시끄러울 증 cēng
❶소리, 사람·종·북 등의 소리. ¶ 噌吰. ❷시끄럽다, 어지럽게 떠들썩하다.
【噌吰 쳉횡】 ①상인(商人)들이 시끄럽게 지껄이는 소리. ②종(鐘)소리나 북소리.

【噍】 ⑮ ❶먹을 초 jiào ❷새소리 초 jiū, jiāo
❶먹다, 씹어 먹다.〔荀子〕亦呻呻而噍. ❷씹다, 물다. 늑嚼. ¶ 噍食. ❷새소리, 새가 지저귀는 소리.〔揚雄·賦〕噍噍昆鳴. ②소리가 급한 모양.〔禮記〕其聲噍而殺.

【噍類 초류】 음식물을 씹어 먹는 동물의 총칭. 특히 사람을 이름. 生民(생민).
【噍殺 초쇄】 가락이 가늘고 낮음. 가락이 느긋하지 못하고 낮음.
【噍食 초식】 씹어 먹음.
【噍讓 초양】 꾸짖음. 견책(譴責)함.
【噍噍 초초】 새가 지저귀는 소리.

【嘱】 ⑮ 囑(323)의 속자

【啜】 ⑮ 물 최 chuài
①물다, 깨물다.〔孟子〕蠅蚋始啜之. ②한 입에 먹어 버리다.〔禮記〕乾肉不齒決, 毋啜之. ③탐하다, 탐욕을 부리다. ¶ 啜兵.
【啜兵 최병】 크게 군대를 일으켜 탐욕을 마음껏 누림.
【啜炙 최적】 구운 고기를 한 입에 다 먹어 치움.

【嘴】 ⑮ 부리 취 zuǐ
①부리, 주둥이. ②사물의 뾰족한 끝, 돌출(突出)한 곳.〔皇甫松·詞〕鵁鵁飛繞青山嘴.
【嘴尖 취첨】 주둥이가 뾰족함. 잘 지껄임.

【嘽】 ⑮ ❶헐떡일 탄 tān ❷두려울 천 chān
❶①헐떡이다, 헐떡거리다, 숨이 차다.〔詩經〕嘽嘽駱馬. ②많다, 많은 모양.〔詩經〕王旅嘽嘽. ③기뻐하다, 기뻐하는 모양.〔詩經〕徒御嘽嘽. ④성하다, 성한 모양, 여유 있는 모양. ¶ 嘽嘽. ❷①두렵다, 두려워서 소리 없이 울다. ¶ 嘽咺. ②에돌고 유유(悠悠)한 모양, 느릿하고 태연한 모양.〔禮記〕其聲嘽以緩.
【嘽嘽 탄탄】 ①마소 따위가 헐떡이는 모양. ②왕성(旺盛)한 모양. 여유 있는 모양. ③많은 모양. ④기뻐 즐기는 모양.
【嘽緩 천완】 가락이 화평하고 한가로움.
【嘽咺 천원】 ①빙 에돌아 느릿하고 태연한 모양. ②두려워서 흐느껴 욺.

【噓】 ⑮ 불 허 xū
①불다, 숨을 밖으로 내보내다.〔莊子〕仰天而噓. ②울다, 흐느껴 울다. ¶ 噓唏.
【噓呵 허가】 숨을 내쉼. '呵'는 숨을 내뿜음.
【噓噓 허허】 ①숨을 내쉬어 그 기운이 나오는 모양. ②구름 따위가 이는 모양. ③코를 고는 소리.
【噓吸 허흡】 ①숨을 쉼. 呼吸(호흡). ②욺. 흐느껴 욺.

口部 12～13획 嘷嘩嘵噏嘻噱噭噤器

【噓唏 허희】①흐느껴 욺. ②크게 탄식하며 슬퍼함.
【噓欷 허희】①한탄하는 모양. ②감탄하는 소리. ❶呵-, 氣-, 吹-.

口12 【嘷】⑮ 짖을 호 嚎 háo
[초서][본서] 嘷 [字解]①짖다, 짐승이 으르렁거리다. 〔新唐書〕豺狼群嘷. ②외치다, 울부짖다. 늑號. 〔莊子〕兒子終日嘷.

口12 【嘩】⑮ 譁(1698)와 동자

口12 【嘵】⑮ 두려워할 효 嘵 xiāo
[소전] 嘵 [초서] 哓 [간체] 哓 [字解] 두려워하다, 두려워서 지르는 소리.

口12 【噏】⑮ 들이쉴 흡 歙 xī
[초서] 噏 [字解]①들이쉬다, 숨을 들이쉬다. =吸. 〔漢書〕噏淸雲之流瑕兮. ②거두다, 거두어들이다. =偣. 〔老子〕將欲噏之, 必固張之. ③가볍게 움직이는 모양. 〔史記〕泪減噏習以永逝.
【噏習 흡습】①가볍게 움직이는 모양. ②가볍게 흐르는 모양.
【噏呷 흡합】①옷이 가볍게 날리는 모양. ②옷자락이 스치는 소리.

口12 【嘻】⑮ 웃을 희 咥 xī
[초서] 嘻 [字解]①웃다. ㉮기뻐서 웃다, 기뻐서 웃는 소리나 모양. 〔太玄經〕人嘻鬼嘻. ㉯억지로 웃다, 아첨하기 위해 웃다. ¶嘻笑. ②화락하다, 화평스럽고 즐겁다. ¶嘻嘻. ③아! 상찬(賞讚)·탄식·애통(哀痛)·비한(悲恨)·노기(怒氣)·위구(危懼) 등의 감정을 나타내는 소리. 〔詩經〕噫嘻成王.
【嘻笑 희소】①억지로 웃음. ②입을 벌리고 크게 웃음. 비웃음.
【嘻嘻 희희】①스스로 만족하게 여기는 모양. ②즐거워 웃는 소리.

口13 【噱】⑯ 크게 웃을 갹 噱 jué
[소전] 噱 [초서] 噱 [字解]①크게 웃다, 껄껄 웃다. 〔漢書〕談笑大噱. ②입을 벌리고 헐떡이다. 〔漢書〕遙噱虖絏中.

口13 【噭】⑯ ❶주둥이 교 噭 jiāo ❷격할 격 噭 jiào
[소전] 噭 [초서] 噭 [字解]❶①주둥이, 동물의 입. 〔漢書〕馬蹄噭千. ②부르짖다, 외치다. 늑叫. 〔禮記〕毋噭應. ③울다, 우는 소리. 〔曹植·詩〕噭噭鳴索群. ❷격하다, 소리가 거세다. 〔史記〕噭之聲興而士奮.
【噭噭 교교】①슬피 우는 소리, 곡(哭)하는 소리. ②원숭이의 우는 소리. ③새소리. ④큰 소리, 힘찬 소리. ⑤웃음소리.
【噭咷 ❶교도 ❷교조】❶①아이가 울음을 그치지 않음. ②울어서 목이 쉼. ❷=噭誂(교조).
【噭應 교응】큰 소리로 대답함.
【噭誂 교조】소리가 부드럽고 맑은 모양.
【噭譟 교조】여러 소리가 섞여 시끄러움.
【噭哮 교효】외침. 울부짖음.

口13 【噤】⑯ 입 다물 금 噤 jìn
[소전] 噤 [초서] 噤 [字解]①입을 다물다, 말을 하지 아니하다. 〔楚辭〕口噤閉而不言. ¶噤吟. ②닫다, 열린 문짝을 닫다. 〔潘岳·賦〕有噤門而莫啓.
【噤齘 금계】분노하여 이를 악묾.
【噤口 금구】입을 다물고 말하지 않음.
【噤凍 금동】추위로 말이 안 나올 지경으로 몸이 얾.
【噤門 금문】문을 닫음. 閉門(폐문).
【噤吟 금음】①입을 다물고 끙끙거림. ②턱 끄덕이는 모양.
【噤戰 금전】말도 못하고 떪.

口13 【器】⑯ 그릇 기 器 qì
[소전] 器 [초서] 器 [속자] 器 [속자] 品 [字源] 會意. 品+犬→器. '品'는 그릇, '犬'은 개. 개고기를 담는 그릇이라는 데서 '그릇'이란 뜻을 나타낸다.
[字解]①그릇. ㉮물건·음식 등을 담는 그릇. ¶器皿. ㉯제구(諸具). ¶器具. ㉰나라의 의식에 쓰는 기구. ㉱재능. 〔禮記〕百工各以其器食之. ㉲도량. 〔論語〕管仲之器小哉. ㉳한 가지에만 쓰임의 비유. 〔論語〕君子不器. ②그릇으로 쓰다, 적재를 적소에 쓰다. 〔論語〕其使人器之. ③그릇으로 여기다, 중히 여기다. 〔後漢書〕朝廷器之. ④기관(器官), 생물체의 기관.
【器幹 기간】일을 감당할 능력. 재능(才能).
【器敬 기경】재능이 있는 사람이라 하여 존경함.
【器械 기계】①무기. ②연장, 연모, 그릇, 기구 따위의 총칭.
【器官 기관】생물체를 이루는 한 부분.
【器觀 기관】인품(人品). 器宇(기우).
【器具 기구】세간, 그릇, 연장의 총칭.
【器局 기국】재능과 도량.
【器度 기도】마음이 넓고 너그러움. 도량(度量).
【器量 기량】①일정한 양(量). ②재기(才器)와 덕량(德量). ③재능(才能).
【器望 기망】기량(器量)과 명망(名望). 재지(才智)가 뛰어나는 평판(評判).

【器皿 기명】①살림살이에 쓰는 그릇의 총칭. ②그릇과 덮개.
【器使 기사】그릇으로 씀. 곧, 적재(適材)를 적소(適所)에 씀. 사람을 재능에 따라 씀.
【器識 기식】기량(器量)과 식견(識見).
【器愛 기애】재능을 인정하고 사랑함.
【器業 기업】재능(才能)과 학문(學問).
【器用 기용】①쓸모 있는 도구(道具). 마구(馬具)·무구(武具) 등. ②재간(才幹)이 쓸만한 사람의 비유.
【器宇 기우】인품(人品). 器觀(기관).
【器遇 기우】재능을 아껴 정중히 대우함.
【器異 기이】기량이 무리에서 뛰어남.
【器任 기임】①재능이 그 직책을 감당할 만함. ②재능에 따라 임용(任用)함.
【器材 기재】기구와 재료.
【器重 기중】재기(才器)가 있다고 인정하고 중하게 여김.
【器質 기질】①기량(器量)과 재질(材質). ②훌륭한 소질.
【器彩 기채】훌륭한 재능(才能).
❶ 國-, 大-, 德-, 寶-, 石-, 食-, 樂-, 用-, 利-, 才-, 祭-, 酒-, 土-, 凶-.

口 【噥】⑯ 소곤거릴 농 图 nóng
13
초서 哝 간체 哝 字解 ①소곤거리다, 소곤거리는 모양. 〔聊齋志異〕噥噥入竹叢中. ②헛소리, 터무니없는 소리를 지껄이다.

口 【噠】⑯ ❶오랑캐 이름 달 圀 dā
13   ❷말 서투를 달 圀 dā
간체 哒 字解 ❶오랑캐 이름. 서이(西夷)의 한 종족. ❷말이 서투르다, 말이 바르지 아니하다.

口 【噸】⑯ 俗 톤 돈 dūn
13
간체 吨 字解 톤. 무게 단위인 톤(ton)의 음역(音譯).

口 【噴】⑯ 噴(314)의 본자
13

口 【噬】⑯ 씹을 서 圀 shì
13
소전 噬 초서 噬 字解 ①씹다, 깨물다, 물어뜯다. 〔易經〕噬腊肉. ②미치다, 이르다. ≒逮. 〔詩經〕噬肯適我.
【噬嗾 서담】씹어 먹음.
【噬臍 서제】깨물. 뭄.
【噬臍莫及 서제막급】배꼽을 물려고 해도 입이 미치지 않음. 일이 그릇된 뒤에는 후회하여도 어찌할 수 없음. 故事사람에게 붙잡힌 사향(麝香)노루가 사향 때문에 잡힌 줄을 알고 자기 배꼽을 물어 뜯으려 하였지만 이미 소용이 없었다

는 이야기에서 온 말.
【噬呑 서탄】①씹어 삼킴. ②침략하여 빼앗음.

口 【嘯】⑯ ❶휘파람 불 소 圀 xiào
13   ❷꾸짖을 질 圀 chì
초서 嘯 간체 啸 叁考 대법원 지정 인명용 한자의 음은 '소'이다.
字解 ❶①휘파람을 불다. 〔詩經〕其嘯也歌. ②읊조리다, 음영하다. 〔晉書〕正應端拱嘯詠. ③울부짖다, 소리를 길게 뽑아 울다. 〔史記〕長嘯哀鳴. ④이명(耳鳴). 귓속에서 잠음이 들리는 병적인 상태. 〔素問〕一陽獨嘯. ❷꾸짖다. =叱. 〔禮記〕不嘯不指.
【嘯詠 소영】시가(詩歌) 따위를 읊조림.
【嘯傲 소오】아무에게나 무엇도 구애되지 않고 자유로움.
【嘯咤 질타】①꾸짖음. 叱咤(질타). ②격노(激怒)하여 혀를 참.
❶ 歌-, 鳴-, 悲-, 永-, 吟-, 長-, 呼-.

口 【噩】⑯ 놀랄 악 圀 è
13
초서 噩 字解 ①놀라다. =愕. 〔周禮〕二曰噩夢. ②엄숙하다. 〔法言〕周書噩噩.
【噩耗 악모】사람의 죽음을 알리는 소식.
【噩夢 악몽】①아주 놀란 뒤에 꾸는 꿈. ②불길한 꿈.
【噩噩 악악】①엄숙한 모양. ②밝고 곧은 모양.

口 【噯】⑯ ❶숨 애 圀 ǎi
13   ❷어머나 애 圀 ài
간체 嗳 字解 ❶①숨, 코·입으로 내쉬는 기운. ②트림. ≒噫. 〔蘇軾·文〕食子不噯. ❷어머나. 애석하게 여기는 뜻을 나타내는 감탄사.
【噯氣 애기】트림. 噫氣(애기).

口 【噞】⑯ 입 벌름거릴 엄 圀 圀 yǎn
13
소전 噞 초서 噞 字解 입을 벌름거리다, 물고기가 물 위로 주둥이를 내밀고 호흡하다. 〔淮南子〕水濁則魚噞.
【噞喁 엄옹】①물고기가 수면(水面)에 떠서 입을 오물거리며 호흡하는 모양. ②이야기를 주고받음의 비유. ③음식을 구걸함의 비유.

口 【噳】⑯ 웃는 모양 우 圀 yǔ
13
소전 噳 字解 ①웃는 모양. ②떼를 짓다, 무리를 이루는 모양. 〔詩經〕麀鹿噳噳.

口 【噢】⑯ ❶슬퍼할 욱 圀 yuè
13   ❷신음할 우 圀 yuè
초서 噢 字解 ❶슬퍼하다, 마음속으로 슬퍼하다. 〔嵇康·賦〕噢咿不能. ❷①신음하다, 신음하는 소리. ②위로하다, 아픔을 위

口部 13～14획 噪 嘴 噡 噲 噦 噫 嚀 嚂 嚊 嚌 嚌 嚈 嚅

로하다.〔春秋左氏傳〕民人痛疾, 而或噢咻之.
【噢咻 욱이】마음속으로 슬퍼함.

口₁₃【噪】⑯ 떠들썩할 조 zào

①떠들썩하다, 시끄럽다, 떠들다. =譟.〔劉基·詩〕噪聒亂語談. ②새가 떼지어 지저귀다. =喿.
【噪聒 조괄】떠들썩하고 시끄러움.
【噪急 조급】입이 사납고 성미가 급함.
【噪蟬 조선】시끄럽게 우는 매미.
【噪音 조음】진동이 불규칙하고 높이나 가락이 분명하지 않은 음. 시끄러운 음.
🔸 叫-, 蟬-, 蛙-, 號-, 喧-.

口₁₃【嘴】⑯ ❶부리 주 zhòu ❷쪼을 탁 zhuó

❶①부리, 주둥이.〔史記〕中衍人面鳥嘴. ②별 이름, 유성(柳星).〔詩經〕三心, 五嘴. ❷쪼다, 쪼아 먹다. =啄.〔戰國策〕黃雀因是以俯嘴白粒.
【嘴鳥 주조】갈고리 같은 부리를 가진 큰 새.

口₁₃【噡】⑯ 말 많을 첨 zhān

말이 많다, 많은 말을 하다. =譫.〔荀子〕口舌之均, 噡唯則節.

口₁₃【噲】⑯ ❶목구멍 쾌 kuài ❷야월 괄 kuò

❶①목구멍. ②시원하다, 상쾌하다. ≒快.〔淮南子〕噲然得臥. ③밝다, 환하다.〔詩經〕噲噲其正. ❷야위다, 초췌하다. ≒瘑.〔莊子〕顔色腫噲.
【噲然 쾌연】상쾌한 모양.
【噲伍 쾌오】①번쾌(樊噲)와 같은 무리. 평범한 인물. 庸流(용류). ②벗으로서 사귀는 것을 부끄럽게 여김. 故事 한(韓)나라의 왕족 출신인 한신(韓信)이 번쾌(樊噲)와 같은 반열(班列)에 서게 됨을 탄식한 고사에서 온 말. 與噲等伍(여쾌등오).
【噲噲 쾌쾌】①너그럽고 밝은 모양. ②상쾌한 모양.

口₁₃【噦】⑯ ❶새소리 홰 huì ❷딸꾹질 얼 yuē

❶①새소리, 새 방울이 가락에 맞게 흔들리는 소리.〔詩經〕鸞聲噦噦. ②침침하다, 어둠침침하다. 〔樂府詩集〕噦其冥. ❷①딸꾹질, 딸꾹질하다. 不覺喉中噦. ②메스껍다, 역겹다.
【噦噦 홰홰】①수레가 천천히 나아감에 따라 말 방울이 가락에 맞게 흔들리는 소리. ②어둑어둑한 모양.

口₁₃【噫】⑯ ❶탄식할 희 yī ❷트림 애 ǎi ❸탄식할 억 yì

參考 대법원 지정 인명용 한자의 음은 '희'이다.

❶①탄식하다.〔謝靈運·賦〕梁去霸而長噫. ②아! 감탄·한탄 등의 소리.〔論語〕噫, 言遊過矣. ❷트림, 하품. ≒嚘.〔禮記〕不敢噦噫嚏咳. ❸탄식하다, 아아, 대저. ≒億·抑.
【噫嗚 희오】슬피 탄식하는 모양.
【噫瘖 희음】똑똑하게 소리를 내지 못하는 모양. 말을 더듬는 모양.
【噫乎 희호】애통해하거나 탄식하는 소리.
【噫氣 애기】①내뿜는 숨. ②트림.
【噫噎 애열】숨이 막힘. 답답한 모양.
【噫欠 애흠】트림과 하품.

口₁₄【嚀】⑰ 간곡할 녕 níng

간곡하다, 간절하고 곡진하다. ≒寧.〔寒山·詩〕叮嚀教自信.

口₁₄【嚂】⑰ ❶먹을 람 làn ❷소리 함 hǎn ❸웃을 함 hǎn

❶①먹다, 게걸스럽게 먹다.〔淮南子〕以嚂其口. ②탐하다, 심하게 좋아하다. ≒憛. ❷소리, 외치는 소리. ≒喊. ❸웃다.

口₁₄【嚊】⑰ 헐떡거릴 비 pì

헐떡거리다, 헐떡이는 소리.〔揚雄·賦〕吸嚊瀟率.

口₁₄【嚊】⑰ 嚭(320)와 동자

口₁₄【嚐】⑰ 嘗(312)의 속자

口₁₄【嶷】⑰ ❶영리할 억 yì ❷어리석을 의 yì

❶영리하다, 숙성하다. ❷어리석다.

口₁₄【嚈】⑰ 오랑캐 이름 엽 yè

오랑캐 이름. 서이(西夷)의 하나.
【嚈噠 엽달】남북조(南北朝) 시대에 서역(西域) 지방에 있었던 나라. 挹怛(읍달).

口₁₄【嚅】⑰ 선웃음 칠 유 rú

①선웃음 치다, 아첨하여 웃다.〔楚辭〕喔咿嚅唲, 以事婦人乎.

口部 14〜15획 曜 嚌 噬 嚃 嚇 嚆 嚊 嚋 嚕 嚠 嚜 嚗 嚘 嚚 嚠 嚔

②입을 다물다, 말하다가 말을 하지 아니하다. 〔韓愈·序〕口將言而囁嚅. ③말이 많다, 떠들썩하다. ¶ 囁嚅.
【囁嚅 유섭】①소곤거림. ②말이 많음.
【囁呢 유이】①아첨하여 웃음. ②자신을 굽혀 남에게 복종함.

口14 【曜】⑰ 소리 적 圍 dí
[字解] 소리, 휘파람 소리.

口14 【嚌】⑰ ❶맛볼 제 霽 jì ❷뭇소리 개 佳 jiē
[초전] 嚌 [초체] 宔 [간체] 哜 [字解] ❶맛보다, 음식의 맛을 보다. 〔禮記〕主人之酢也, 嚌之. ❷뭇소리, 여럿의 소리. 〔班固·賦〕鵾雞鳴以嚌嚌.

口14 【噬】⑰ 噬(319)의 속자

口14 【嚃】⑰ 훌쩍훌쩍 마실 탑 合 tà
[字解] ①훌쩍훌쩍 마시다. ②씹지 아니하다. 〔禮記〕毋嚃羹.

口14 【嚇】⑰ ❶웃을 하 禡 xià ❷성낼 혁 陌 hè
[초서] 嚇 [간체] 吓 [字解] ❶웃다, 웃음소리. 〔雪占舌諺〕Ⅲ 公笑嚇嚇. ②으르다, 꾸짖어 위협하다. 〔莊子〕今子欲以子之梁國而嚇我邪. ❸열다, 입을 열다. ¶ 嚇鯢. ❷성내다, 화를 벌컥 내다. 〔素問〕多汗惡風焦絕, 善嚇怒.
【嚇怒 혁노】크게 성냄. 大怒(대노).
【嚇鯢 혁애】물고기가 아가미를 벌림.
❶恐—, 威—.

口14 【嚆】⑰ 銜(1888)과 동자

口14 【嚄】⑰ 외칠 획 陌 huò
[초서] 嚄 [字解] ①외치다, 부르짖다. 〔史記〕晉鄙嚄唶宿將, 往恐不聽. ②말이 많다, 말이 많아 시끄럽다. ¶ 嚄唶. ③아! 놀라서 지르는 소리. 〔史記〕嚄, 大姊, 何藏之深也.
【嚄唶 획책】잔소리가 많은 모양.
【嚄嘖 획책】①큰 소리로 외침. ②말이 많아 시끄러운 모양.

口14 【嚆】⑰ 울릴 효 肴 hāo
[초서] 嚆 [字解] ①울리다, 소리가 나다. ≒嚆·矯. 〔莊子〕焉知曾史之不爲桀跖嚆矢也. ②외치다, 부르짖다.
【嚆矢 효시】①쏘면 소리를 내면서 날아가는 화

살. 우는살. 鳴箭(명전). ②일의 시초(始初). ◯전쟁을 시작할 때, 우는살을 먼저 쏘았던 데서 온 말.

口15 【齩】⑱ 깨물 교 巧 yǎo, niè
[초서] 齩 [간체] 啮 [字解] 깨물다, 뼈를 씹다. =齧.
【齩鞭之馬 교편지마】圍말이 제 고삐를 씹음. 자기 친척을 헐뜯으면 결국 자기에게 해가 됨.

口15 【嚕】⑱ 아까워할 로 麌 lǔ
[간체] 噜 [字解] ①아까워하다. ¶ 吐嚕. ②말하다, 이야기하다. ③아첨하다.

口15 【嚠】⑱ 瀏(1050)와 동자

口15 【嚜】⑱ 거짓 묵 職 mèi
[초서] 嚜 [字解] ①거짓, 거짓말, 속이다. ②불만스러운 모양, 스스로 흡족히 여기지 않는 모양. 〔史記〕于嗟嚜嚜兮.

口15 【嚗】⑱ ❶역정 낼 박 覺 bó ❷소리 포 肴 bào
[字解] ❶①역정 내다, 화를 내다. ②지팡이 던지는 소리. 〔莊子〕嚗然放杖而笑. ❷소리, 여럿의 소리.

口15 【嚘】⑱ 탄식할 우 尤 yōu
[소전] 嚘 [字解] ①탄식하다. 〔太玄經〕鬼魂疑貞厲嚘鳴. ②말을 얼버무리다. ③목이 메다. 〔太玄經〕三日不嚘.

口15 【嚚】⑱ 어리석을 은 眞 yín
[소전] 嚚 [고문] 嚚 [초서] 嚚 〔書經〕①어리석다. ②말에 진실성이 없다, 말에 거짓이 많다. ¶ 嚚訟. ③말을 못하다, 벙어리.
【嚚訟 은송】말에 거짓이 많고 말다툼을 좋아함.
【嚚頑 은완】어리석고 완고함.
【嚚瘖 은음】벙어리.

口15 【嚍】⑱ 소리 많은 모양 즐 質 zhì
[字解] 소리 많은 모양, 소리 나는 모양. =唧.

口15 【嚔】⑱ 재채기 체 霽 tì
[소전] 嚔 [초서] 嚔 [속체] 嚔 [간체] 嚏 [字解] 재채기하다. 〔詩經〕願言則嚔.
【嚔噴 체분】재채기.

口部 15～17획 嚛嚪嚧嚨嚭嚬嚥嚫嚮歠嚳嚶嚷嚴

口 15 【嚛】 ⑱ 매울 학 藥 hù
字解 ①맵다, 음식 맛이 맵다.〔說文解字〕食辛嚛也. ②먹다, 죽 들이마시다.〔玉篇〕酸而不嚛.

口 16 【嚪】 ⑲ 먹을 담 感 dàn
字解 먹다, 먹이다. ≒啖·啗.

口 16 【嚧】 ⑲ 산돼지 부르는 소리 로 虞 lú
字解 ①산돼지를 부르는 소리. ②웃다.

口 16 【嚨】 ⑲ 목구멍 롱 東 lóng
字解 목구멍.〔晉書〕教汝捻嚨喉.
【嚨喉 농후】목구멍. 인후. 嚨胡(농호).

口 16 【嚭】 ⑲ 클 비 紙 pǐ
字解 ①크다. ②크게 기뻐하다.

口 16 【嚬】 ⑲ 찡그릴 빈 眞 pín
字解 ①찡그리다, 눈살을 찌푸리다. ≒頻·顰.〔後漢書〕舉首嚬眉之感. ②웃는 모양.
【嚬笑 빈소】상을 찡그림과 웃음.
【嚬呻 빈신】얼굴을 찡그리고 신음함.
【嚬蹙 빈축】①얼굴을 찡그림. ②비난하는 마음의 표현.

口 16 【嚥】 ⑲ 삼킬 연 霰 yàn
字解 삼키다, 마시다.〔論衡〕度口所能容, 然後嚥之.
【嚥日 연일】햇빛을 들이마시는 도교(道教) 수양법의 한 가지.
【嚥下 연하】삼켜 버림. 삼킴.

口 16 【嚫】 ⑲ 베풀 친 震 chèn
字解 베풀다, 시주(施主)하다. ≒儭.
【嚫物 친물】(佛) ①시주한 재물. ②승려가 베풀어 준 재물.

口 16 【嚮】 ⑲ 향할 향 漾 xiàng, xiǎng
字解 ①향하다, 바라보다, 대하다. ≒向.〔孟子〕相嚮而哭. ②접때, 지난번. ≒向.〔呂氏春秋〕嚮用五福, 威用六極. ④누리다, 대접을 받다. ≒饗.〔史記〕已嚮其利者, 爲有德. ⑤메아리, 메아리치다. ≒響.

〔莊子〕聲之於嚮.
【嚮導 향도】①길을 안내함. ②길라잡이.
【嚮利忘義 향리망의】이익만을 구하여 도리를 잊음.
【嚮明 향명】①밝아옴. ②날샐 무렵.
【嚮背 향배】따름과 배반함.
【嚮往 향왕】마음이 향하여 감. 심복(心服)함.
【嚮用 향용】①인계받아 씀. ②마음에 들어 임용(任用)함.
【嚮邇 향이】가까이 감. 다가감.
【嚮日 향일】①해를 향함. 태양이 있는 곳을 향하는 일. ②접때. 저번 날.
【嚮者 향자】접때. 지난 때. 向者(향자).
【嚮晦 향회】어두워질 무렵. 해질 무렵.

口 16 【歠】 ⑲ 歠(901)와 동자

口 17 【嚳】 ⑳ 고할 곡 沃 kù
字解 ①고하다, 급히 아뢰다. ②고대 제왕(帝王) 이름, 제곡(帝嚳). 오제(五帝)의 한 사람인 고신씨(高辛氏).〔禮記〕殷人禘嚳而郊冥.

口 17 【嚶】 ⑳ 새소리 앵 庚 yīng
字解 ①새소리, 새가 장단 맞추듯 서로 지저귀는 소리.〔詩經〕鳥鳴嚶嚶. ②벗이 상대방을 격려하는 소리. ③방울 소리.
【嚶喔 앵악】새가 우는 소리.

口 17 【嚷】 ⑳ 외칠 양 養 rǎng
字解 외치다, 큰 소리를 지르다.〔沈鯨·記〕遠道旅宿有何嚷.

口 17 【嚴】 ⑳ 엄할 엄 鹽 yán

嚴 𠩺 𠩴 𠩵 𠩶 𠩷 𠩸 𠩹 嚴

字源 形聲. 吅+厰→嚴. '厰(음)'이 음을 나타낸다.
字解 ①엄하다, 엄격하다.〔史記〕法家嚴而少恩. ②급하다, 임박하다, 바쁘다.〔孟子〕事嚴, 虞不敢請. ③혹독하다, 한기(寒氣)가 대단하다.〔韓愈·詩〕冬寒不嚴地恒泄. ④엄숙함, 위엄(威嚴) 있다.〔詩經〕有嚴有翼. ⑤존경하다, 숭상하다.〔禮記〕收族故宗廟嚴. ⑥삼가다, 공경하다.〔詩經〕下民有嚴. ⑦두려워하다, 두려워하며 삼가다.〔大學〕十目所視, 十手所指, 其嚴乎. ⑧경계하다, 경계.〔張衡·賦〕嚴更之署. ⑨치장하다, 옷을 차려 입다. 후한(後漢) 명제

(明帝)의 휘(諱)를 피하여 '裝'을 바꾸어 쓴 것.〔後漢書〕初無辦嚴之日. ⑩아버지.〔易經〕家人有嚴君焉. ⑪가파르다, ·험하다. ≒巖.〔春秋左氏傳〕制, 嚴邑也.

【嚴恪 엄각】 엄격하고 잔인함.
【嚴刻 엄각】 엄숙하고 조심성이 많음.
【嚴格 엄격】 매우 엄함. 嚴峻(엄준).
【嚴棍 엄곤】 형벌로 엄하게 곤장을 침.
【嚴科 엄과】 엄중한 규칙이나 법률.
【嚴具 엄구】 화장함(化粧函). 裝具(장구).
【嚴君 엄군】 ①아버지의 높임말. ②부모의 높임말. ③위엄이 있는 임금.
【嚴棘 엄극】 감옥. 교도소. ○옛날에는 죄수를 가시로 둘러싸 도망을 막았던 데서 온 말.
【嚴禁 엄금】 엄하게 금지함.
【嚴冬 엄동】 몹시 추운 겨울.
【嚴冬雪寒 엄동설한】 눈이 내리는 깊은 겨울의 심한 추위.
【嚴冷 엄랭】 ①몹시 추움. ②성질이 세속에 맞지 않으나 남과 친숙(親熟)해지지 않음. ③딱딱하고 무표정함.
【嚴烈 엄렬】 엄하고 격렬함. 嚴峻(엄준).
【嚴令 엄령】 엄한 명령.
【嚴明 엄명】 엄격하고 공명(公明)함.
【嚴命 엄명】 엄중하게 명령함.
【嚴密 엄밀】 ①아주 비밀히 함. ②엄중하여 빈틈이 없음. 세밀함.
【嚴父 엄부】 ①엄격한 아버지. ②자기 아버지의 높임말. 嚴親(엄친).
【嚴扎 엄비】 ①엄격하게 담판힘. 嚴詆(엄담). ②엄중한 비판. ③國상주(上奏)한 글에 대한 임금의 하답(下答).
【嚴祕 엄비】 엄중한 비밀.
【嚴査 엄사】 엄중하게 조사함.
【嚴師 엄사】 ①엄격한 스승. ②스승을 존경함.
【嚴霜 엄상】 ①된서리. ②엄중한 형벌.
【嚴色 엄색】 ①위엄이 있는 안색(顔色). ②엄숙한 표정을 지음.
【嚴守 엄수】 어기지 않고 꼭 지킴.
【嚴肅 엄숙】 ①엄하고 정숙함. ②가차 없고 단호함.
【嚴侍下 엄시하】 國어머니는 돌아가시고 아버지만 살아 계신 처지.
【嚴嚴 엄엄】 ①엄숙한 모양. ②위엄 있는 모양.
【嚴威 엄위】 ①엄격하고 위엄이 있음. ②두려워하고 삼감.
【嚴毅 엄의】 엄숙하고 의지가 굳음.
【嚴壯 엄장】 몸을 가지는 태도가 장대함.
【嚴莊 엄장】 엄숙함. 엄함.
【嚴切 엄절】 위엄이 있고 엄격함.
【嚴正 엄정】 엄격하고 올바름.
【嚴程 엄정】 엄중(嚴重)한 여정(旅程). 하루에 몇 리를 정하여 놓고 가는 일. ②기한이 한정되어 있는 여행.
【嚴題 엄제】 엄하게 내리는 제사(題辭).
【嚴朝 엄조】 규율 등이 엄한 조정.

【嚴誅 엄주】 엄하게 벌을 줌.
【嚴峻 엄준】 엄숙하고 준엄함. 嚴厲(엄려).
【嚴重 엄중】 몹시 엄함.
【嚴旨 엄지】 임금의 엄중한 교지(敎旨).
【嚴振 엄진】 엄숙하게 가다듬음.
【嚴責 엄책】 엄숙하게 꾸짖음. 엄격한 꾸중.
【嚴處 엄처】 엄중하게 처단함. 嚴斷(엄단).
【嚴勅 엄칙】 엄한 조칙(詔勅).
【嚴飭 엄칙】 엄하게 훈계함.
【嚴憚 엄탄】 두려워하여 꺼림.
【嚴辦 엄판】 ①임금의 거둥에 시중(侍中)이 아뢰는 말. 경호가 엄중히 이루어졌음을 뜻함. ②現엄중하게 처분(處分)함.
【嚴覈 엄핵】 사건의 실상을 엄격히 조사함.
【嚴酷 엄혹】 엄하고 혹독함.
【嚴訓 엄훈】 엄중한 훈계.

◐ 苛-, 家-, 警-, 戒-, 謹-, 禁-, 端-, 森-, 崇-, 威-, 莊-, 尊-, 峻-.

口 17 【嚵】⑳ 부리 참 厰 chán
[초서][소전] 字解 ①부리, 새의 주둥이. ②마시다, 먹다, 맛보다.〔黃香·賦〕粉白沙而嚵定言.

口 17 【嚲】⑳ 휘늘어질 타 圇 duǒ
[초서] 字解 ①휘늘어지다, 축축 드리우다.〔岑參·詩〕朝歌城邊柳嚲地. ②넓다. ③두껍디, 짙디.
【嚲鞚 타공】 굴레를 드리움. 굴레를 씌움.
【嚲煙 타연】 짙은 연기.

口 17 【嚱】⑳ 소리 희 圂 xì
[초서] 字解 ①소리, 말소리. ②아! 경탄하는 소리. ＝戲.〔李白·詩〕噫吁嚱危乎高哉.

口 18 【囁】㉑ 소곤거릴 섭 圈 niè, zhé
[초서][간체] 囁 字解 ①소곤거리다, 속삭이다.〔史記〕乃效女兒呫囁耳語. ②말을 머뭇거리다, 입만 움직이고 말은 똑똑하지 않다.〔王安石·詩〕或訕白翁囁. ③말이 많다.
【囁嚅 섭유】 ①말을 머뭇거리는 모양. ②속삭임. ③말이 많음. 떠들썩함.

口 18 【嚼】㉑ 씹을 작 圈 jué
[소전][초서] 字解 ①씹다, 입에 넣고 씹다.〔淮南子〕嚼而無味者. ②맛보다, 먹어 보다.〔王令·詩〕苦嚼味不盡. ③개먹다, 침식(浸蝕)하다.〔眞山民·詩〕水嚼沙洲樹出根. ④술을 권하는 말.〔後漢書〕嚼復嚼.

【嚼口 작구】 말의 입에 물리는 재갈.
【嚼蠟 작랍】 밀을 씹음. 맛이 없음의 비유.
【嚼復嚼 작부작】 한 잔 또 한 잔. 억지로 술을 권하는 말.
【嚼咀 작저】 잘 씹음. 咀嚼(저작).
◐吟-, 咀-, 呑-, 含-.

【囀】㉑ 지저귈 **전** 囦 zhuàn
字解 ❶지저귀다, 새가 잇따라 울다. 〔庾信·賦〕新年鳥聲千種囀. ❷울림, 가락. 〔謝朓·詩〕歌梁想遺囀. ❸소리를 바꾸다, 소리가 바뀌다.

【嚾】㉑ 부를 **환** 圂圂 huān, huàn
字解 ❶부르다, 오라고 부르다. =喚. 〔抱朴子〕仰嚾天墜, 俯呼地陷. ❷시끄럽다, 떠들썩하다. 〔新唐書〕怨言嚾流.
【嚾呼 환호】 시끄럽게 부름. 떠들어댐.

【囂】㉑ ❶들렐 **효** 圂 xiāo
❷많을 **오** 圂 áo
字解 ❶❶들레다, 왁자하다. 〔春秋左氏傳〕在陳而囂. ❷소리, 목소리. 〔春秋左氏傳〕啾隱囂塵. ❸한가하다, 겨를이 있다. 〔張居正·記〕囂然以娛. ❹공허하다, 허무하다. ❺주린 모양. 〔嵆康·養生論〕囂然思食. ❻걱정하는 모양, 근심하는 모양. 〔莊子〕天下何其囂囂也. ❼남의 말을 듣지 아니하는 모양. 〔詩經〕聽我囂囂. ❽자득(自得)하여 무욕(無欲)한 모양. 〔孟子〕人知之亦囂囂. ❾성(姓). ❷❶많다. 〔詩經〕讒口囂囂. ❷들레다. ※❶의 ❶과 같다. ❸산(山)의 움푹한 곳, 산의 후미진 곳. 〔梁宣帝·賦〕神囂嵒嵒而特立. ❹새 이름. 〔山海經〕其狀如夸父, 四翼一目, 犬尾, 名曰囂. ❺짐승 이름. 〔山海經〕有獸, 狀如禺, 長臂善投, 其名曰囂.
【囂煩 효번】 시끄럽고 번거로움.
【囂浮 효부】 ❶침착하지 못하고 경박한 모양. ❷시끄러운 속세(俗世).
【囂埃 효애】 시끄러운 속세.
【囂塵 효진】 ❶시끄럽고 먼지가 많음. 곧, 변화한 시가(市街)의 시끄러운 모양. ❷번거로운 속세의 일. ❸속세(俗世).
【囂風 효풍】 시끄럽게 떠들고 싸우는 풍습.
【囂譁 효화】 시끄러움.
【囂囂 효효】 ❶들레고 떠들썩한 모양. ❷한탄하고 근심하는 모양. ❸만족하여 욕심이 없는 모양. ❹텅 빈 모양. ❺오막한 모양.
【囂諠 효훤】 시끄러움. 떠들썩함.
◐煩-, 浮-, 紛-, 鬪-, 軒-, 謹-.

【嚻】㉑ 囂(322)와 동자

【囊】㉒ 주머니 **낭** 陽 náng
字解 ❶주머니. ㉮자루, 밑이 막힌 자루. 〔詩經〕迺裹餱糧, 于橐于囊. ㉯호주머니, 포켓. ㉰돈주머니, 지갑. 〔賀知章·詩〕囊中自有錢. ㉱물건을 넣어 감추어 두는 것의 범칭(汎稱). ❷주머니에 넣다, 싸서 동여매다. 〔新唐書〕晏命囊米而載以舟. ❸圂불알. ¶囊癰.
【囊空 낭공】 주머니에 돈이 없음.
【囊括 낭괄】 ❶자루에 넣거나 자루 아가리를 동여맴. ❷남김없이 죄다 싸서 가짐.
【囊沙之計 낭사지계】 한신(韓信)이 많은 모래 자루로 냇물 목을 막았다가, 적군이 그 하류를 건너는 때 한꺼번에 터놓아, 많은 적을 익사하게 한 계략.
【囊癰 낭옹】 불알에 나는 종기.
【囊中之錐 낭중지추】 주머니 속에 든 송곳. 재능이 있는 사람은 대중 속에 끼어 있어도 이내 그 재능이 드러남.
【囊橐 낭탁】 ❶자루, 전대. ◐'囊'은 한쪽 끝만 튼 자루, '橐'은 양쪽 끝을 튼 자루. ❷재주와 학식이 풍부한 사람. ❸숨김. 은닉함.
【囊螢 낭형】 개똥벌레를 주머니에 넣음. 고생하며 학문(學問)을 닦음. 故事 진(晉)나라의 차윤(車胤)이 개똥벌레를 주머니에 넣어서 그 불빛으로 책을 읽었다는 고사에서 온 말.
◐胚-, 背-, 水-, 繡-, 心-.

【囉】㉒ ❶소리 얽힐 **라** 歌 luó
❷지껄일 **라** 箇 luō
字解 ❶❶소리가 얽히다, 혀가 잘 돌지 아니하다. ¶嘍囉. ❷가락을 돕는 소리. ❸소리가 섞이다. 〔王褒·賦〕行鍾鎞以鯀囉. ❹어린아이의 말, 혀가 잘 돌지 않는 말. ❷지껄이다, 수다스럽다.

【囈】㉒ 잠꼬대 **예** 霽 yì
字解 ❶잠꼬대, 허황된 말. 〔列子〕眼中嚀呻呼, 徹旦息焉. ❷웃다.
【囈語 예어】 잠꼬대. 헛소리.

【囋】㉒ ❶기릴 **찬** 翰 zàn
❷지껄일 **찰** 黠 zá
字解 ❶❶기리다, 돕다. =讚. 〔荀子〕問一而告二, 謂之囋. ❷먹다, 마시다. =餐. ❸비난하다, 욕하다. ❷❶지껄이다, 시끄럽게 떠들다. 〔陸機·賦〕務嘈囋而妖冶. ❷북소리.

【囅】㉒ 웃는 모양 **천** 銑 chǎn
字解 웃는 모양, 껄껄 웃거나 빙그레 웃는 모양. 〔左思·賦〕東吳王孫囅而哈.

口 19 【囍】㉒ 國쌍희 희
字解 쌍희. ※우리나라에서 길상(吉祥)의 의미로 공예품·그릇·베갯머리 등에 무늬로 쓰이는 글자.

口 20 【囐】㉓ 신음할 암 國 yán
소전 㘝 字解 신음하다.

口 20 【囋】㉓ ❶소리 잘 國 zá
❷정죄할 얼 國 niè
❸위로할 언 國 yàn
字解 ❶①소리, 북소리. =囋.〔張衡·賦〕秦嚴鼓之嘈囋. ②나라 이름. 남북조(南北朝) 시대에 서역(西域)에 있었던 나라.〔周書〕囋噠國大月氏之種類. ❷정죄(定罪)하다, 죄를 다스려 바루다. ❸위로하다, 위문하다. =唁.

口 21 【囓】㉔ 齧(2141)과 동자

口 21 【囑】㉔ 부탁할 촉 國 zhǔ
초서 囑 속자 嘱 간체 嘱 字解 ①부탁하다, 당부하다.〔王維·歌〕征人去日慇懃囑. ②말기다.〔後漢書〕爲汝有事囑之而受乎.
囑望 촉망 잘되기를 기대함. 屬望(촉망).
囑付 촉부 분부함. 부탁함.
囑言 촉언 ①전갈함. 전언(傳言)함. ②뒷일을 남에게 당부하는 말.
囑託 촉탁 ①일을 부탁하여 맡김. ②관청이나 공공 기관의 임시직. 또는 그 직에 있는 사람.
➊ 懇-, 咐-, 委-, 哎-.

囗部

3획 부수 | 큰입구몸부

囗 0 【囗】③ ❶에울 위 國 wéi
❷나라 국 國 guó
字源 象形. 사방을 빙 두른 모양을 본뜬 글자.
字解 ❶①에우다. ※圍(334)의 고자(古字). ②한자 부수의 하나, 큰입구몸. ❷나라. ※國(332)의 고자.

囗 2 【四】⑤ 넉 사 國 sì

丨 冂 冂 四 四
소전 四 고문 亖 주문 亖 초서 四 갖은 肆

字源 指事. '口'는 사방(四方)·사우(四隅)를 본뜨고, '八'은 나눈다는 뜻. 곧, 사방 또는 사우를 각각 네 부분으로 나누는 모양으로 '넷'의 뜻을 나타낸다.
字解 ①넉, 넷, 네. '二'의 배수(倍數)로서 음(陰)의 수.〔易經〕天一地二, 天三地四. ②네번, 네 번 하다.〔春秋穀梁傳〕四不克請五. ③사방(四方).〔後漢書〕繽纍四野之飛征.
【四姦 사간】네 가지의 악(惡). 곧, 농(聾)·매(昧)·완(頑)·은(嚚). ☞ '聾'은 오음(五音)을 듣고도 구별하지 못함, '昧'는 오색(五色)을 보고도 구별하지 못함, '頑'은 덕의(德義)의 도(道)를 따르지 않음, '嚚'은 충성스러운 말을 하지 않음을 뜻함.
【四傑 사걸】①당대(唐代) 초기(初期)의 네 문장가. 곧, 왕발(王勃)·양형(楊炯)·노조린(盧照隣)·낙빈왕(駱賓王). ②명대(明代)의 네 문장가. 곧, 변공(邊貢)·이몽양(李夢陽)·하경명(何景明)·서정경(徐禎卿).
【四劫 사겁】(佛) 우주의 성립에서부터 멸망 때까지의 네 시기. 곧, 성겁(成劫;成立)·주겁(住劫;安住)·괴겁(壞劫;壞滅)·공겁(空劫;空虛).
【四季 사계】봄·여름·가을·겨울의 네 계절.
【四戒 사계】①네 가지의 경계. ㉠오(敖)·욕(欲)·지(志)·낙(樂). 이 네 가지를 마음내키는 대로 하면 스스로 화를 불러들임이 걸주(桀紂)와 같이 됨. ㉡덕(德)에 힘쓰고, 말을 삼가고, 아첨을 멀리하며, 간사함을 막는 일. ㉢술〔酒〕·맛난 음식〔美味〕·미색(美色)·높은 대〔臺〕와 못. ②(佛) 해탈계(解脫戒)·정공계(定共戒)·도공계(道共戒)·단계(斷戒).
【四季花 사계화】①네 철을 대표하는 살구·연(蓮)·국화·매화의 네 꽃. ②월계화(月季花).
【四苦 사고】(佛) 사람이 살면서 겪는 네 가지 고통. 곧, 생(生)·노(老)·병(病)·사(死).
【四庫 사고】①당(唐) 현종(玄宗)이 모든 책을 경(經)·사(史)·자(子)·집(集)의 네 가지로 나누어서 모아 간수하던 서고(書庫). 또는 그 서적. ②많은 책.
【四顧無親 사고무친】사방을 둘러보아도 친한 사람이 없음. 의지할 만한 사람이 도무지 없음.
【四空 사공】사방의 하늘.
【四科 사과】네 가지 과목(科目). ㉠공자가 제자에게 가르친 사과. 곧, 덕행(德行)·언어(言語)·정사(政事)·문학(文學). ㉡인품의 네 등급. 곧, 용렬(容悅)의 범신(凡臣), 사직(社稷)의 고굉(股肱), 도(道)를 행하는 천민(天民), 스스로 몸을 바르게 하는 대인(大人). ㉢한대(漢代)에 인재를 등용하는 사과. 곧, 질박(質樸)·돈후(敦厚)·손양(遜讓)·유행(有行).
【四館 사관】조선 때, 성균관(成均館)·예문관(藝文館)·승문원(承文院)·교서관(校書館).
【四敎 사교】네 가지 가르침. ㉠시(詩)·서(書)·예(禮)·악(樂). 봄과 가을에는 예·악을, 겨울과 여름에는 시·서를 가르쳤. ㉡공자(孔子)의 평소의 사교. 곧, 문(文)·행(行)·충(忠)·신(信). ㉢부인의 사교. 곧, 부덕(婦德)·부언(婦言)·부용

(婦容)·부공(婦功). ㉤집안을 다스리는 사교. 곧, 근(勤)·검(儉)·공(恭)·서(恕). ㉥(佛)석가모니가 일생 동안 가르친 것을 내용이나 교화의 형식에 따라 네 가지로 분류한 것. 곧, 장교(藏敎)·통교(通敎)·별교(別敎)·원교(圓敎).

【四衢 사구】①네거리. ②네 가닥.

【四衢八街 사구팔가】큰 길이 많은 큰 도시. 사통팔달(四通八達)의 대도시.

【四君子 사군자】①묵화(墨畫)에서 기품(氣品)을 군자(君子)에 비긴 네 가지 식물. 곧, 매화·난초·국화·대나무. ②네 가지 약초. 곧 인삼·백출·복령·감초.

【四窮 사궁】늙은 홀아비, 늙은 홀어미, 부모 없는 어린이, 자식 없는 늙은이의 총칭. 鰥寡孤獨(환과고독).

【四極 사극】①사방의 멀고 먼 끝. 사방의 극히 먼 곳에 있는 나라. 四遠(사원). ②사방의 경계.

【四近 사근】①임금을 가까이 모시던 네 신하. ㉠전의(前疑)·후승(後丞)·좌보(左輔)·우필(右弼). ㉡시신(侍臣)의 총칭. ②國주위. 근처.

【四起 사기】①사방에서 일어남. ②조정(朝廷)·제사(祭祀)·군려(軍旅)·상기(喪紀)의 네 가지의 경우에 알맞은 의식과 몸가짐.

【四器 사기】①빙례(聘禮)에 사용하는 네 가지의 기구. 곧, 규(圭)·장(璋)·벽(璧)·종(琮). ②형상을 정하는데 필요한 네 가지 도구. 곧, 규(規)·구(矩)·준(準)·승(繩).

【四端 사단】인간의 마음속에 선천적으로 구비되어 있는 네 가지 도덕의 단서. 곧, 인(仁)·의(義)·예(禮)·지(智)의 도덕적 단서인 측은(惻隱)·수오(羞惡)·사양(辭讓)·시비(是非).

【四唐 사당】시체(詩體)를 기준하여 당대(唐代)를 나눈 네 시기. 곧, 초당(初唐)은 고조(高祖)~현종(玄宗), 성당(盛唐)은 현종~대종(代宗), 중당(中唐)은 대종~문종(文宗), 만당(晚唐)은 문종~소종(昭宗).

【四大 사대】①(佛)사람 및 만물을 구성하고 있는 지(地)·수(水)·화(火)·풍(風)의 네 가지 요소. 四大種(사대종). ②도교(道敎)에서 만물이 이루어지는 근원으로 보는 도(道)·천(天)·지(地)·왕(王)의 네 가지.

【四大奇書 사대기서】명대(明代)에 지어진 네 편의 걸작 소설. 곧, 수호전(水滸傳)·삼국지연의(三國志演義)·서유기(西遊記)·금병매(金瓶梅). 금병매 대신 비파기(琵琶記)를 넣기도 함.

【四德 사덕】①주역(周易)에서 말하는 천지가 만물을 화육(化育)하는 네 가지 덕. 곧, 원(元)·형(亨)·이(利)·정(貞). ②요(堯)임금의 네 가지 덕행. 곧, 흠(欽)·명(明)·문(文)·사(思). ③여자로서 갖추어야 한다는 네 가지 품행. 곧, 마음씨·말씨·맵시·솜씨. ④인륜(人倫)과 관련이 깊다는 네 가지. 곧, 효(孝)·제(悌)·신(信)·충(忠).

【四瀆 사독】㉠국가의 운명과 관련이 깊다고 보고, 해마다 제사를 지내던 네 강(江). 곧, 낙동강(東瀆)·한강(南瀆)·대동강(西瀆)·용흥강(北瀆). ②중국의 네 강. 곧, 장강(長江)·황하(黃河)·회수(淮水)·제수(濟水).

【四靈 사령】네 가지의 신령한 동물. 곧, 기린·봉황·거북·용.

【四禮 사례】①관례(冠禮)·혼례(婚禮)·상례(喪禮)·제례(祭禮). ②임금과 신하, 어버이와 자식, 형제, 벗 사이에서 지켜야 할 예(禮).

【四六文 사륙문】한문 문체의 하나. 네 글자와 여섯 글자로 이루어지는 구(句)를 되풀이하되, 대구(對句)를 많이 써서 운율적으로 아름다운 느낌을 줌. 육조(六朝)와 당대(唐代)에 성행하였음.

【四魔 사마】(佛)음마(陰魔)·번뇌마(煩惱魔)·사마(死魔)·천마(天魔)의 네 장애.

【四末 사말】손과 발의 끝. 곧, 사지의 끝.

【四望 사망】①사방을 바라봄. ②천자가 멀리 바라보며 제사 지내던 일.

【四面楚歌 사면초가】사방에서 초(楚)나라 노래가 들려옴. ㉠적으로 둘러싸인 형세. ㉡아무런 도움을 받을 수 없는 상태. 故事 초(楚)나라 항우(項羽)가 해하(垓下)에서 한(漢) 고조(高祖) 유방(劉邦)의 군사에게 포위되었을 때, 밤중에 그를 포위한 한나라 진영 가운데서 초나라 노래를 부르는 소리를 듣고, 초나라 백성이 이미 한나라에 항복한 줄 알고 탄식했다는 고사에서 온 말.

【四牡 사모】수레를 끄는 네 마리의 말.

【四目 사목】①네 개의 눈. ②사방의 일을 널리 보고 앎.

【四門學 사문학】후위(後魏) 때에 일반 서민을 가르치기 위하여 국자학(國子學)의 사방의 문 곁에 세운 학교. 원대(元代)에 폐지되었음.

【四勿 사물】공자(孔子)가 안회(顔回)에게 가르친 네 가지 삼갈 일. 예가 아니면 보지도 듣지도 말하지도 움직이지도 마라는 가르침을 말함.

【四物 사물】네 가지 물건. ㉠기린·봉황·거북·용. 四靈(사령). ㉡(佛)법고(法鼓)·운판(雲板)·목어(木魚)·대종(大鐘). ㉢사방의 산물로 만든 그릇.

【四美 사미】네 가지 아름다운 것. ㉠양신(良辰)·미경(美景)·상심(賞心)·낙사(樂事). 곧, 좋은 때, 아름다운 경치, 경치를 즐기는 마음, 유쾌한 일. ㉡음(音)·미(味)·문(文)·언(言). ㉢인(仁)·의(義)·충(忠)·신(信).

【四民 사민】①네 부류의 백성. 곧, 사(士)·농(農)·공(工)·상(商). ②민중(民衆). 백성.

【四方之志 사방지지】①천하를 경영하려는 큰 뜻. ②여러 나라의 기록.

【四配 사배】㏄四侑(사유).

【四百四病 사백사병】①㉠사백 네 가지의 병. 오장(五臟)에 81종의 병이 있어서 모두 405종인데, 죽음을 빼면 404종의 병이 됨. ㉡많은 병(病). ②(佛)사람의 몸에 생기는 병의 총수. 우리의 몸은 지(地)·수(水)·화(火)·풍(風)의 네 가지 요소로 되었는데, 이 네 가지가 잘 조화되지 않으면 병이 생긴다고 함. 한 가지에는 각각 101종의 병이 있음.

【四法 사법】①시간을 재는 네 가지 방법. 곧, 동호(銅壺)·향전(香篆)·규표(圭表)·곤탄(輥彈).

②사람을 고르는 네 가지 방법. 곧, 신(身)·언(言)·서(書)·판(判). ③한시(漢詩)의 기(起)·승(承)·전(轉)·결(結)의 작법. ④(佛)불타(佛陀)가 말과 글로 가르친 교(敎)와, 그 가르침을 풀이 한 도리인 '이(理)'와, 그 도리를 따르는 수행(修行)인 '행(行)'과, 그 수행에 의하여 얻는 '과(果)'의 네 가지 법.

【四壁 사벽】 ①사방의 벽이나 성벽. ②세간이 없어 벽만 있는 집. 가난한 집.

【四輔 사보】 임금을 전후좌우에서 보좌하는 네 벼슬아치. 전의(前疑)·후승(後丞)·좌보(左輔)·우필(右弼). 사린(四隣).

【四府 사부】 ①네 개의 곳집. '府'는 물건을 간직하며, 또는 생산하는 곳. ㉠봄·여름·가을·겨울. 四季(사계). ㉡역경(易經)·시경(詩經)·서경(書經)·춘추(春秋). ②㉠네 개의 관청. 곧, 대장군부(大將軍府)·태위부(太尉府)·사도부(司徒府)·사공부(司空府). ㉡궁성을 호위하는 관청. 곧, 좌근위부(左近衛府)·우근위부(右近衛府)·좌병위부(左兵衛府)·우병위부(右兵衛府).

【四部書 사부서】 네 부분으로 분류한 서적. 곧, 갑부(甲部)·을부(乙部)·병부(丙部)·정부(丁部). 갑부는 육예(六藝)·소학(小學), 을부는 제자(諸子)·병서(兵書)·술수(術數), 병부는 사기(史記) 및 기재(記載), 정부는 시부(詩賦)·도찬(圖讚). ㉠사고(四庫)에 딸린 책. 곧, 경(經)·사(史)·자(子)·집(集).

【四分五裂 사분오열】 ①여러 갈래로 갈기갈기 찢어짐. ②질서 없이 뿔뿔이 갈라짐. ③천하가 크게 어지러워진 모양의 비유.

【四鄙 사비】 사방의 벽지(僻地).

【四史 사사】 ①황제(黃帝) 때의 네 사람의 사관(史官). 곧, 저송(沮誦)·창힐(蒼頡)·예수(隸首)·공갑(孔甲). ②네 가지 역사책. 곧, 사기(史記)·전한서(前漢書)·후한서(後漢書)·삼국지(三國志).

【四事 사사】 (佛)네 가지의 공양(供養). 곧, 와구(臥具)·의복·음식·탕약(湯藥).

【四捨五入 사사오입】 4이하의 수는 버리고 5이상의 수는 그 윗자리에 1을 더하여 주는 방법. 반올림.

【四象 사상】 주역(周易)에 있어서 음양의 네 가지 상징. 곧, 태양(太陽)·소양(少陽)·태음(太陰)·소음(少陰).

【四象醫學 사상의학】 주역(周易)의 사상(四象)을 인체에 적용하여 기질과 성격의 차이에 따라 치료하여야 한다는 한의학설(韓醫學說). 조선 때 이제마(李濟馬)가 주장함.

【四塞 ❶사새 ❷사색】 ❶①사방이 산과 강으로 둘러싸인 요해지(要害地). ②이복(夷服)·진복(鎭服)·번복(蕃服) 등 사방에서의 방비. ❷①안 개 따위가 사방에 차서 막힘. ②사방이 막힘.

【四色 사색】 ①네 빛깔. 곧, 적(赤)·청(靑)·흑(黑)·백(白). ②조선 때, 네 당파. 곧 노론(老論)·소론(少論)·동인(東人)·서인(西人).

【四色保 사색보】 조선 때, 군역의 면제를 받은 사람이 바치던 베나 곡식.

【四生 사생】 ①성왕(聖王)이 나라를 다스리어 백성이 죽음을 면하고 삶을 얻는 네 가지 길. ②(佛)중생이 태어나는 네 가지 유형. 곧, 태생(胎生)·포유류·난생(卵生;조류)·습생(濕生;벌레, 물고기 따위)·화생(化生;매미 따위).

【四書 사서】 유교의 네 가지 경전. 곧, 대학(大學)·중용(中庸)·논어(論語)·맹자(孟子).

【四善 사선】 당대(唐代) 고과법(考課法)에 있어서의 네 가지 선행(善行). 곧, 첫째 덕의(德義)로 이름나며, 둘째 청신(淸愼)함이 밝게 드러나며, 세째 공평함이 칭찬할 만하며, 네째 부지런히 힘써 게으르지 아니함.

【四聲 사성】 주로 한자가 가진 매 음절의 운(韻)을 그 성조에 따라 나누는 네 가지 유형. 곧, 평성(平聲)·상성(上聲)·거성(去聲)·입성(入聲).

【四聖 사성】 ①중국의 네 성인. 곧, 복희씨(伏羲氏)·문왕(文王)·주공(周公)·공자(孔子). ②동서고금(東西古今)에 으뜸가는 네 명의 성인. 주로 석가·예수·소크라테스·공자를 드나, 소크라테스 대신 마호메트를 넣기도 함. ③(佛)불도(佛道)를 실천하는 사람의 네 단계. 곧, 성문(聖聞)·연각(緣覺)·보살(菩薩)·불(佛)의 사계(四界). ④(佛)아미타불(阿彌陀佛)·관세음보살(觀世音菩薩)·대세지보살(大勢至菩薩)·대해중보살(大海衆菩薩)의 네 성자. ⑤네 어진 임금. ㉠전욱(顓頊)·제곡(帝嚳)·제요(帝堯)·제순(帝舜). ㉡요(堯)·순(舜)·우(禹)·탕(湯). ㉢복희·황제(黃帝)·제곡·우(禹).

【四垂 사수】 ①사방의 변경(邊境). ②사방으로 드리워짐.

【四術 사술】 ①선왕(先王)이 가르친 시(詩)·서(書)·예(禮)·악(樂)의 네 가지 도(道). ②나라를 다스리는 네 가지 도. 곧, 충애(忠愛)·무사(無私)·용현(用賢)·간능(簡能). ③조정(朝廷)·제사(祭祀)·군려(軍旅)·상기(喪紀)의 경우에 알맞은 말을 하는 법. ④사방으로 통하는 길.

【四時 사시】 ①봄·여름·가을·겨울. 四季(사계). ②하루의 네 때. 곧, 아침·낮·저녁·밤.

【四時長春 사시장춘】 ①늘 봄빛임. ②항상 잘 지냄.

【四神 사신】 네 방위를 맡은 신. 동은 청룡(靑龍), 서는 백호(白虎), 남은 주작(朱雀), 북은 현무(玄武).

【四岳 사악】 ①요(堯)임금 때 사방 제후(諸侯)의 일을 나누어 관장한 희씨(羲氏)와 화씨(和氏)의 네 사람. 곧, 희중(羲仲)·희숙(羲叔)·화중(和仲)·화숙(和叔). 일설에는 사방 제후를 통솔하는 벼슬. ②☞四嶽(사악).

【四嶽 사악】 ①사방에 높이 솟은 큰 산. 태산(泰山;東嶽)·화산(華山;西嶽)·형산(衡山;南嶽)·항산(恆山;北嶽). 여기에 중앙의 숭산(嵩山;中嶽)을 합하여 오악(五嶽)이라 이름. ②사방의 제후(諸侯). ③지방 장관.

【四惡趣 사악취】 (佛)육도(六道) 가운데 네 가지 악도로서, 괴로움만 있고 즐거움이 없는 곳. 곧, 지옥(地獄)·아귀(餓鬼)·축생(畜生)·수라(修羅). 四趣(사취). 四惡道(사악도).

【四業 사업】 시(詩)·서(書)·예(禮)·악(樂)의 네 수업(修業).
【四裔 사예】 나라의 사방의 끝.
【四友 사우】 ①네 사람의 벗. ㉠문왕(文王)의 네 벗. 곧, 굉요(閎夭)·태공망(太公望)·남궁괄(南宮适)·산의생(散宜生). ㉡공자(孔子)의 네 벗. 곧, 안회(顔回)·자공(子貢)·자장(子張)·자로(子路). ②눈 속에서 피는 네 가지 꽃. 곧, 옥매(玉梅)·납매(臘梅)·수선(水仙)·산다화(山茶花). ③네 가지 문방구. 곧, 지(紙)·필(筆)·묵(墨)·연(硯).
【四宇 사우】 온 천하(天下). 四海(사해).
【四運 사운】 봄·여름·가을·겨울의 네 계절.
【四遠 사원】 사방의 멀리 떨어진 토지.
【四威儀 사위의】 (佛)수행자(修行者)의 네 가지 몸가짐. 곧, 행(行)·주(住)·좌(坐)·와(臥).
【四侑 사유】 공자(孔子)의 묘(廟)에 함께 모시고 제사 지내는 네 어진 사람. 곧, 안자(顔子)·증자(曾子)·자사(子思)·맹자(孟子). 四配(사배).
【四維 사유】 ①나라를 유지하는 데 필요한 네 가지 대강령(大綱領). 곧, 예(禮)·의(義)·염(廉)·치(恥). ②사방의 구석. 곧, 건(乾;西北)·곤(坤;西南)·간(艮;東北)·손(巽;東南). ③그물의 네 벼리.
【四恩 사은】 (佛)네 가지의 은혜. ㉠은혜를 베푸는 네 가지. 곧, 보시(布施)·자애(慈愛)·화도(化導)·공환(共歡). ㉡은혜를 아는 네 가지. 곧, 부모(父母)·사장(師長)·국왕(國王)·시주(施主)의 은혜. 또는 부모·중생(衆生)·국왕·삼보(三寶)의 은혜.
【四夷 사이】 옛날 중국에서 한족(漢族) 이외의 이민족(異民族)을 사방의 오랑캐라고 이르던 말. 곧, 동이(東夷)·서융(西戎)·남만(南蠻)·북적(北狄).
【四者難幷 사자난병】 네 가지를 함께 얻기 어려운 것. 곧, 사미(四美). 四難(사난).
【四障 사장】 (佛)도(道)를 닦아 터득함에 있어서의 네 가지 장해(障害). 곧, 혹장(惑障)·업장(業障)·보장(報障)·견장(見障).
【四杖制 사장제】 주대(周代)에 지팡이의 사용을 허락하는 제도. 50세는 집 안에서, 60세는 향리(鄕里)에서, 70세는 나라 안에서, 80세는 조정에서 지팡이를 짚을 수 있음.
【四正 사정】 ①사례(射禮)에서 활을 쏘기 전에 먼저 정작(正爵)을 들어 빈(賓)·공(公)·경(卿)·대부(大夫)에게 드리는 일. ②나라의 중심인 군(君)·신(臣)·부(父)·자(子). ③백성에게 군신(君臣)이 다름을 나타낸 것. 하늘에 두 해가 없는 일, 땅에 두 임금이 없는 일, 집에는 두 주인이 없는 일, 존귀함에는 두 어른이 없는 일. ④國(자(子;北)·오(午;南)·묘(卯;東)·유(酉;西)의 네 방위.
【四諦 사제·사체】 (佛)영원히 변하지 않는 네 진리. 곧, 고제(苦諦)·집제(集諦)·멸제(滅諦)·도제(道諦). 四聖諦(사성제).
【四朝 사조】 ①제후가 천자를 알현(謁見)하는 일. ㉠천자가 사방의 제후를 순시할 때 사악(四嶽) 아래서 하는 조회. ㉡제후가 4년에 한 번씩 상경하여 천자를 알현하는 것. ㉢천자가 여러 제후의 나라를 순시한 다음 해부터 동·남·서·북방의 제후가 1년마다 차례로 알현하는 것. ②주대(周代) 천자의 사조(四朝). 곧, 외조(外朝)·중조(中朝)·내조(內朝)·순사지조(詢事之朝).
【四鳥別 사조별】 부모와 자식의 이별. 故事 환산(桓山)에 살던 새가 새끼 네 마리를 길렀는데, 다 키워서 사방으로 갈려갈 즈음에 다시 돌아오지 않을 것을 슬퍼하여 울었다는 고사(故事)에서 나온 말.
【四柱 사주】 ①사람이 태어난 연월일시(年月日時)의 네 간지(干支). ②땅을 지탱하고 있다는 전설상의 네 기둥.
【四衆 사중】 (佛)불문(佛門)의 네 가지 제자. 곧, 비구(比丘)·비구니(比丘尼)·우바새(優婆塞)·우바이(優婆夷).
【四肢 사지】 사람의 팔다리. 두 손과 두 다리.
【四智 사지】 불과(佛果)에 이르러 모든 부처가 갖추는 네 가지 지혜. 곧, 대원경지(大圓鏡智)·평등성지(平等性地)·묘관찰지(妙觀察智)·성소작지(成所作智).
【四知 사지】 비밀은 숨겨 두어도 언젠가는 반드시 드러남. 故事 후한(後漢)의 양진(楊震)이 동래(東萊) 태수(太守)로 있을 때 왕밀(王密)이 밤중에 찾아와서 금(金) 열 근을 뇌물로 바치면서 '아무도 모른다.'고 하자 양진이 '하늘이 알고 땅이 알고 내가 알고 자네가 안다.'고 하며 거절했다는 고사에서 온 말.
【四診 사진】 의사가 병을 진찰하는 네 가지 방법. 곧, 시진(視診)·청진(聽診)·문진(問診)·촉진(觸診).
【四集 사집】 사방에서 모여듦.
【四察 사찰】 눈·귀·입·마음의 네 가지로 살피어 아는 일.
【四天 사천】 ①사계(四季)의 하늘. 곧, 봄의 창천(蒼天)·여름의 호천(昊天)·가을의 민천(旻天)·겨울의 상천(上天). ②사방에 있는 하늘. 곧, 동방에 구기청천(九氣靑天)·남방에 삼기단천(三氣丹天)·서방에 칠기소천(七氣素天)·북방에 오기원천(五氣元天). ③사방의 넓은 하늘. ④➡四天王(사천왕).
【四天王 사천왕】 (佛)사방을 진호(鎭護)하는 네 신. 곧, 동쪽의 지국천왕(持國天王), 서쪽의 광목천왕(廣目天王), 남쪽의 증장천왕(增長天王), 북쪽의 다문천왕(多聞天王). 위로는 제석천(帝釋天)을 섬기고, 아래로는 팔부중(八部衆)을 지배하여 불법에 귀의한 중생을 수호한다고 함.
【四樞 사추】 사시(四時)를 어기고 구동(駆動)하는 음양(陰陽). 봄·여름·가을·겨울의 사시(時).
【四通五達 사통오달】 길이 사방으로 막힘없이 통함. 四通八達(사통팔달).
【四表 사표】 ①나라 사방의 바깥. 곧, 천하. 四方(사방). ②28수(宿)의 바깥의 상하 동서(上下東西)의 극(極)을 이름.
【四學 사학】 네 학교. ㉠주학(周學)·은학(殷學)·하학(夏學)·우학(虞學)의 사대(四代)의 학교.

ⓒ육조(六朝) 송(宋) 문제(文帝) 때 설치한 유학(儒學)·현학(玄學)·사학(史學)·문학(文學)의 네 학교. ⓓ조선 때 서울의 중앙과 동·서·남의 네 곳에 세운 학당.
【四海 사해】①사방의 바다. ②천하. 온 세상. ③(佛)수미산(須彌山)의 사방에 있는 바다.
【四海承風 사해승풍】천하가 다 그 교화(敎化)를 받음.
【四海爲家 사해위가】①천하를 자기 집안으로 만듦. 제업(帝業)의 광대함의 비유. ②나라 안 모든 곳을 집으로 삼음. 떠돌아다니며 일정한 주거가 없음.
【四海兄弟 사해형제】온 세계 사람이 형제와 다름없이 친함. 四海同胞(사해동포).
【四行 사행】①사람이 지켜야 할 네 가지 중요한 길. 곧, 효(孝)·제(悌)·충(忠)·신(信). ②여자가 지켜야 할 네 가지 행실. 곧, 부덕(婦德)·부언(婦言)·부용(婦容)·부공(婦功). ③선비를 등용하는 데 있어서의 네 과목(科目). 곧, 돈후(敦厚)·질박(質樸)·손양(遜讓)·절검(節儉). ④임금이 임금답지 못하며, 신하가 신하답지 못하며, 아버지가 아버지답지 못하며, 자식이 자식답지 못한 네 가지 악행.
【四虛 사허】사방의 하늘. 太虛(태허).
【四晧 사호】진시황(秦始皇) 때 난리를 피하여 상산(商山)에 은거한 네 노인. 곧, 동원공(東園公)·기리계(綺里季)·하황공(夏黃公)·녹리선생(甪里先生). 商山四皓(상산사호).
【四患 사환】①정치가에게 우환(憂患)이 되는 네 가지 일. 곧, 허위·사사(私私)로움·방심(放心)·사치(奢侈). ②일을 하는 데 방해가 되는 네 가지 일. 곧, 공명(功名)에 집착함·남의 권리를 침해함·패려궂음·자만듦. ③(佛)인생에서 네 가지 우려되는 일. 곧, 생(生)·로(老)·병(病)·사(死).
【四荒 사황】나라의 사방 변두리에 있는 미개국(未開國). 四裔(사예).
【四凶 사흉】순(舜)임금 때의 네 사람의 악인. 곧, 공공(共工)·환도(驩兜)·삼묘(三苗)·곤(鯀).
● 張三李一, 再三再四一, 朝三暮一.

【囚】⑤ 가둘 수 囚 qiú

丨 冂 冂 囚 囚

[소전] [초서] [자원] 會意. 囗＋人→囚. 사람[人]이 사방을 둘러친 담[囗] 안에 갇혀 있다는 데서 '가두다'의 뜻을 나타낸다. 갇혀 있는 사람의 대표적인 사례가 죄수이므로, '죄수'라는 뜻도 가진다.

[字解] ①가두다, 자유를 빼앗다. 〔書經〕囚蔡叔于郭鄰. ②죄인, 죄를 짓고 갇힌 사람. 〔史記〕赦櫟陽囚. ③포로, 인질(人質). 〔詩經〕在泮獻囚. ④사로잡다. 〔春秋左氏傳〕囚申公子儀孫公子邊以歸.
【囚繫 수계】①사로잡힌 몸. 포로. ②잡아서 묶음. 옥에 가둠.
【囚禁 수금】죄인을 감옥에 가두어 둠.
【囚徒 수도】감옥에 갇힌 사람. ○'囚'는 옥에 갇힌 죄인, '徒'는 형구(刑具)를 차고 노역(勞役)하는 죄인. 囚人(수인).
【囚虜 수로】갇힌 포로.
【囚殺 수살】괴로워함.
【囚首喪面 수수상면】죄수처럼 머리를 빗지 아니하고, 상주(喪主)같이 얼굴을 씻지 않음. 용모를 꾸미지 않은 모습.
【囚衣 수의】죄수가 입는 옷.
【囚人 수인】옥에 갇힌 사람. 罪囚(죄수).
【囚制 수제】①죄인을 단속함. ②죄인을 다루듯이 단속함.
【囚桎 수질】감옥에 갇힘. ○'桎'은 차꼬.
● 繫-, 拘-, 死刑-, 女-, 罪-, 脫獄-.

【曰】⑤ 因(327)의 속자

【孑】⑥ ❶아이 건 孒 jiǎn ❷달 월 囝 yuè
[字解] ❶아이, 어린이를 부를 때 쓰는 말. 〔顧況·詩〕囝生閩方, 閩吏得之. ❷달. ＝月.

【団】⑥ 團(336)의 속자

【囟】⑥ 정수리 신 匘 xìn
[소전] [고문] [혹체] [字解] ①정수리. ②숫구멍.
【囟門 신문】①숫구멍. 頂門(정문). ②정수리.

【因】⑥ 인할 인 囙 yīn

丨 冂 冂 兀 兀 因

[소전] [초서] [속자] [자원] 會意. 囗＋大→因. '囗'는 사방을 둘러친 일정한 구역으로 어떤 일을 하는 토대, 기초를 뜻한다. 이 토대를 바탕으로 하여 점점 더 커 가게[大]한다는 데서 '인하다, 말미암다'의 뜻이 되었다.

[字解] ①인하다, 말미암다, 원인이나 계기가 되다. 〔孟子〕時子因陳子而以告孟子. ②인(因), 원인을 이루는 근본. ¶因果應報. ③유래, 연유, 까닭. 〔漢書〕無因而至前者也. ④의거하다, 기초를 두다. 〔呂氏春秋〕因智而明之. ⑤이어받다, 이어받아 그대로 쓰다. 〔論語〕殷因於夏禮. ⑥잇닿다, 연달다. 〔漢書〕太倉之粟, 陳陳相因. ⑦친하게 하다, 친하게 지내다. 〔論語〕因不失其親. ⑧따르다, 좇다. 〔國語〕其民沓貪而忍不可因也. ⑨연고, 연줄, 인연. 〔劉長卿·詩〕渡海有良因. ⑩말미암아, 그래서, 그 까닭으로. 〔孟子〕無恒產, 因無恒心. ~때문에, ~의 이유로. 〔李白·詩〕因君樹桃李. ⑪에서, 부터 ≒由. 〔書經〕西傾因桓是來.

【因果 인과】①원인과 결과. ②(佛)㉠인연(因緣)과 과보(果報). ㉡과거의 인연으로 말미암은 현재의 과보. 현재의 인연으로 말미암은 미래의 과보.

【因果應報 인과응보】(佛)좋은 원인에는 좋은 결과가 나오고, 나쁜 원인에는 나쁜 결과가 나오는 일로, 자기가 지은 인업(因業)에 대하여 반드시 거기에 상응하는 과보(果報)가 있음.

【因國 인국】①전대(前代)의 나라. ②적국에 가까운 나라로서 이쪽에 내응하는 나라.

【因明 인명】(佛)고대 인도의 논리학(論理學). 오명(五明)의 하나. 사물(事物)의 정사(正邪)와 진위(眞僞)를 고찰·논증하는 법.

【因母 인모】친어머니.

【因事 인사】①실제의 일에 근거함. ②일을 평계 삼음.

【因山 인산】國태상왕(太上王)과 그 비(妃), 왕(王)과 왕비(王妃), 왕자(王子)와 그 비(妃)의 장례(葬禮). 國葬(국장).

【因循 인순】①낡은 인습을 버리지 아니하고 지킴. ②내키지 아니하여 머뭇거림.

【因是 인시】인간계의 상대적인 시비·선악의 다름에 연유하지 않고, 천지 자연의 이치에 따라 연유함.

【因襲 인습】이전부터 전하여 내려와 몸에 밴 풍습.

【因業 인업】(佛)①내세(來世)의 과보(果報)를 이끌어 내는 현세(現世)의 작업(作業). ②전세(前世)로부터의 인연(因緣)에 의하여 현세(現世)의 과보를 맺는 운명.

【因緣 인연】①서로의 연분. 연줄. ②사물의 내력. ㉠'因'은 사물을 성립·변화·발전시키는 직접적인 조건, '緣'은 간접적인 조건을 뜻함. ③의거함. 빙자함.

【因緣爲市 인연위시】재판할 때 관리가 사사로운 정에 의해 부정한 판결을 함. ㉠'因緣'은 뇌물과 같은 사적 관계, '爲市'는 물품을 매매할 때 값을 깎는 것같이 형(刑)의 경중(輕重)을 좌우하는 일.

【因噎廢食 인열폐식】목이 멘다고 음식을 먹지 않음. 사소한 장애 때문에 큰 일을 저버림.

【因應 인응】사심(私心)을 품지 아니하고 자연 그대로 맡김.

【因人成事 인인성사】다른 사람의 힘으로 일을 이룸.

【因子 인자】어떤 결과의 원인이 되는 낱낱의 요소.

【因敵爲資 인적위자】적국에서 병정과 군량을 징발함.

【因諸 인제】감옥.

【因地 인지】(佛)증과(證果)를 얻으려고 수행하는 지위에 있는 동안.

【因革 인혁】묵은 것을 따름과 그것을 고침.

【因忽不見 인홀불견】언뜻 보이다가 없어져 보이지 않음.

◐ 近一, 基一, 病一, 素一, 勝一, 惡一, 業一, 原一, 要一, 遠一, 敗一.

３【回】⑥ 돌 회 灰 huí

丨 冂 冃 冋 回 回

回（전）回（고）回（초）回（동）廻（동）迴（동）
囬（속）囘（고）

【字源】象形. 빙빙 돌고 있는 모양을 본뜬 글자.

【字解】①돌다. ㉠중심을 두고 빙빙 돌다, 선회하다. 〔詩經〕昭回于天. ㉡머리 에돌다, 구부러져 돌다. 〔漢書〕東道少回遠. ㉢정신을 차릴 수 없도록 어찔하여지다. 〔揚雄·賦〕耳駭目回. ②돌아오다. ㉠처음에 떠났던 곳으로 돌아오다. 〔王翰·詩〕古來征戰幾人回. ㉡도로 본디의 상태로 되다. ¶回春. ③돌리다, 돌아가게 하다. 〔荀子〕圖回天下於掌上而辨白黑. ④돌이키다, 방향을 반대쪽으로 돌리다. 〔楚辭〕回朕車以復路수. ⑤간사하다, 사특하다. 〔詩經〕其德不回. ⑥어기다, 거스르다. 〔詩經〕徐方不回. ⑦굽히다, 굴복하다. 〔後漢書〕群臣莫不回從. ⑧번, 횟수. 〔杜甫·詩〕一上一回新. ⑨둘레. 〔三輔黃圖〕周回二十餘里.

【回改 회개】돌이켜 고침.

【回啓 회계】임금의 하문(下問)에 대하여 심의하여 상주(上奏)함.

【回顧 회고】지난 일을 돌이켜 봄. 回想(회상).

【回曲 회곡】①휘어지고 꼬부라짐. ②간사하고 비뚤어짐. 邪惡(사악).

【回敎 회교】아라비아의 예언자 마호메트가 시한 종교. 이슬람교. 回回敎(회회교).

【回過 회과】돌아봄. 돌아섬.

【回光反照 회광반조】해가 자기 직전에 잠시 빛을 더냄. ㉠등불의 빛이 꺼지기 전에 잠시 밝이 더 남. ㉡사람이 죽기 직전에 잠깐동안 정신을 차리는 일.

【回光返照 회광반조】①도교 수련법의 하나. ②(佛)회고(回顧)하고 반성(反省)하여 수도(修道)하는 일.

【回軍 회군】군사를 되돌림. 還軍(환군).

【回歸 회귀】한 바퀴 돌아 다시 제자리로 옴.

【回極 회극】천중(天中). 하늘 가운데.

【回쯤 회근】國부부가 혼인한 지 60년 되는 날. 또는 그 해. 回婚(회혼).

【回忌 회기】①꺼려서 피함. 回避(회피). 顧忌(고기). ②(佛)사람이 죽은 뒤 해마다 돌아오는 기일(忌日). 年忌(연기).

【回納 회납】편지나 꾸러미 겉봉에 '회답의 편지' 또는 '회례(回禮)로 보내는 꾸러미'라는 뜻으로 받는 사람의 성명 아래에 쓰는 말.

【回德 회덕】바르지 못한 행위.

【回鑾 회란】①임금의 수레를 돌림. 임금이 환궁(還宮)함. ㉠'鑾'은 임금의 수레에 다는 방울. ②임금의 순행(巡行).

【回覽 회람】차례로 돌려가면서 봄.

【回曆 회력】달력이 한 바퀴 돎. 해가 바뀜.

【回禮 회례】①사례의 뜻을 표하는 예(禮). 返禮(반례). ②차례차례로 인사하며 도는 일.

【回祿 회록】 ①불〔火〕의 신(神). ②화재(火災).
【回馬 회마】 ①출가한 여자의 첫 근친. ②말을 돌려보냄.
【回文體 회문체】 한문 시체(詩體)의 한 가지. 바로, 거꾸로, 세로, 가로 어느 쪽으로 읽어도 뜻이 성립되는 시. 진(晉)나라 소백옥(蘇伯玉)의 아내가 지은 반중시(盤中詩)가 그 시초임.
【回復 회복】 이전의 상태로 돌아감.
【回附 회부】 문제, 사건, 서류 따위를 절차에 따라 관계 기관에 보내 줌.
【回邪 회사】 요사스럽고 바르지 못함.
【回信 회신】 회답하는 편지나 전보.
【回翔 회상】 ①새가 빙빙 돌면서 낢. ②배회함. ③유유자적함.
【回旋 회선】 빙빙 돎. 빙빙 돌림.
【回數 회수→횟수】 차례의 수효.
【回心 회심】 ①좋지 못한 마음을 고침. 改心(개심). ②옛날의 애정(愛情)을 되찾음.
【回雁 회안】 북쪽으로 돌아가는 기러기.
【回陽 회양】 양기(陽氣)를 회복함. 되살아남.
【回易 회역】 ①송대(宋代)에 외국에 파견되는 사신(使臣)이 자기 나라의 산물(産物)을 가지고 가서 그 나라 임금에게 바치고, 돌아올 때에는 그 나라의 산물(産物)을 가지고 오던 일. ②교역(交易).
【回枉 회왕】 ①애매한 죄. ②억울한 누명을 씀.
【回撓 회요】 옳지 않음. 비뚤어짐.
【回繞 회요】 빙 두름.
【回容 회용】 법(法)을 굽혀서 받아들임.
【回紆 회우】 에돎. 빙 돌아감.
【回隱 회은】 바르지 못하여 피하여 숨음.
【回籍 회적】 본적지로 감. 고향으로 감.
【回轉 회전】 한곳을 축으로 하여 그 둘레를 돎.
【回程 회정】 돌아오는 길에 오름. 또는 그런 이나 과정. 歸還(귀환).
【回族 회족】 돌궐족(突厥族)의 딴 이름. ◯돌궐족은 대부분이 회교(回敎)를 믿는 데서 온 말.
【回從 회종】 아첨하여 좇음. 阿附(아부).
【回診 회진】 의사가 환자가 있는 곳을 돌아다니며 진찰함.
【回天 회천】 하늘을 돌려 놓음. ㉠임금의 마음을 돌이키게 함. ㉡천하(天下)의 정세를 바꾸어 놓음. ㉢쇠잔한 세력을 다시 일으킴.
【回春 회춘】 ①봄이 다시 돌아옴. ②병이 나아 건강이 회복됨. ③도로 젊어짐.
【回憚 회탄】 피하고 꺼림.
【回風 회풍】 회오리바람. 旋風(선풍).
【回避 회피】 꺼리어 피함.
【回蹕 회필】 임금이 대궐로 돌아옴. ◯'蹕'은 도로를 경계하는 벽제(辟除).
【回向 회향】 ①얼굴을 다른 쪽으로 돌림. ②(佛) ㉠나의 공덕을 다른 사람에게 돌림. ㉡죽은 사람을 위하여 명복을 빎.
【回向文 회향문】 (佛)자기가 닦은 공덕(功德)을 중생에게 돌려보내기 위해 외는 염불의 기원문.
【回泬 회혈】 ①한결같지 않음. 고르지 못함. ②바르지 못함. 사악(邪惡)함.

【回互 회호】 ①산등성이가 꾸불꾸불 이어진 모양. ②서로 얽어 맞춤. ③꺼리어 멀리하는 생각을 품음.
【回婚 회혼】 ☞回卺(회근).
【回惶 회황】 두려워함. 恐惶(공황).
【回偟 회황】 방황(彷徨). 徊偟(회황).
【回黃轉綠 회황전록】 누렇게 낙엽졌던 초목이 이윽고 봄이 되어 초록색으로 바뀜.
【回回 회회】 ①돌고 도는 모양. ②빛나는 모양. ③마음이 어지러운 모양. ④뒤엉키는 모양. ⑤큰 모양. ⑥언제나. 자주. ⑦☞回敎(회교).
【回譎 회휼】 요사스럽고 정직하지 못함.
❶ 今-, 挽-, 每-, 徘-, 旋-, 紆-, 低-, 前-, 周-, 次-, 初-.

□ 【囶】㋅ 問(170)과 동자
4

□ 【困】㋅ 괴로울 곤 🔲 kùn
4

| 丨 冂 冂 冈 冈 困 困

소전 【囷】 고문 【㭻】 초서 【囷】 〔字源〕會意. 口+木→困. 사방을 둘러친 울타리〔口〕 안에 나무〔木〕가 있는 모양. 오래 묵은 집에는 흔히 큰 고목 나무가 있게 마련이어서, 조상 대대로 물려받은, 묵고 낡은 집을 뜻한다. 묵고 낡은 집을 새집으로 바꾸어야 할 '어려운 처지'라는 데서 '곤하다, 어렵다' 등의 뜻을 가지게 되었다.

〔字解〕 ①괴롭다, 괴로워하다. 〔書經〕汝不憂朕心之攸困. ②부족하다, 모자라다. 〔中庸〕事前定則不困. ③통하지 아니하다. 〔論語〕困而學之. ④막다르다, 극(極)에 이르다. 〔論語〕四海困窮. ⑤다하다, 끝까지 다하다. 〔荀子〕橫行天下, 雖困四夷, 人莫不貴. ⑥가난하다, 의식(衣食)이 없다. 〔呂氏春秋〕以振窮困. ⑦메마른 땅, 척박한 땅. 〔管子〕困殖之地, 必盡知之. ⑧위태롭다, 위험하다. 〔淮南子〕效忠者希不困其身. ⑨흐트러지다, 어지러워지다. 〔論語〕不爲酒困. ⑩곤하다, 지치다. 〔管子〕苑濁困帶. ⑪괴로움, 고생. 〔史記〕以公子高義, 爲能急人之困.

【困竭 곤갈】 고단하고 가난함. 困絶(곤절).
【困境 곤경】 어려운 처지나 경우.
【困苦 곤고】 곤란하고 고생스러움.
【困窶 곤구】 가난에 시달림.
【困窘 곤군】 가난하고 군색함.
【困窮 곤궁】 가난하고 곤란함.
【困倦 곤권】 괴로움과 피로함.
【困急 곤급】 곤란하고 위급함.
【困難 곤난→곤란】 ①처리하기 어려움. ②생활이 쪼들림. ③괴로움.
【困憋 곤대】 괴로워하고 원망함.
【困敦 곤돈】 고갑자(古甲子) 12지의 하나. 자년(子年)의 딴 이름.
【困頓 곤돈】 ①몹시 피곤함. ②지쳐서 쓰러짐.

③몹시 난감해짐.
【困屯 곤둔】고생. 고민.
【困懶 곤라】고단하여 기력이 없음. 나른함.
【困迫 곤박】매우 괴로워함. 궁지에 빠짐.
【困病 곤병】괴로워하고 마음 아파함.
【困否 곤비】행복스럽지 못함. 不幸(불행).
【困獸猶鬪 곤수유투】궁지에 빠진 짐승은 오히려 싸우려고 덤빔. 절박한 상황에서는 아무리 약자라도 저항함. 窮鼠齧猫(궁서설묘).
【困心衡慮 곤심횡려】마음으로 괴로워하며 가슴이 답답함. 困心橫慮(곤심횡려).
【困厄 곤액】①화(禍). 재난(災難). ②몹시 괴로워함. 고민함.
【困約 곤약】생활이 어렵고 궁함. 가난함.
【困汙 곤오】생활이 어렵고 미천(微賤)한 지위에 있음.
【困辱 곤욕】심한 모욕.
【困躓 곤지】고민함. 실패함. 좌절함.
【困知勉行 곤지면행】도(道)를 힘써 배워 알고 힘써 닦아서 행함.
【困弊 곤폐】곤궁하고 피폐함.
【困乏 곤핍】①고달파서 힘이 없음. ②가난함. 가난으로 고생함. 窮乏(궁핍).
【困逼 곤핍】몹시 피곤하고 급박함.
【困學 곤학】①막다르게 되어서야 비로소 배움. ②머리가 둔하여 괴로워하며 배움. ③가난에 시달리면서 글을 배움. 苦學(고학).
【困惑 곤혹】곤란한 일을 당하여 난처해 함. 쩔쩔맴.
▶ 飢-, 病-, 貧-, 春-, 疲-, 乏-.

□4 【囯】⑦ 國(332)의 속자

□4 【図】⑦ 圖(336)의 속자

□4 【囤】⑦ ❶곳집 돈 [阮] dùn
❷모을 돈 [阮] tún
[字解] ❶❶곳집, 규모가 작은 곡물 창고. ❷소쿠리. 대를 결어 만든, 곡식을 담는 그릇. 〔魏書〕諸倉囤穀麥充積者, 出賜貧民. ❸사다, 매점(買占)하다. ❷모으다.

□4 【囦】⑦ 淵(1007)의 고자

□4 【囮】⑦ 후림새 와·유 [歌] [宥] é
[字解] ❶후림새. 잡을 새를 꾀어 후려 들이기 위해 매어 둔 새. 〔楊維楨·雉子斑〕誤爲囮所危. ❷바뀌다, 태어나다. 늑化. ¶囮育. ❸꾀어 들이는 사물, 매개(媒介). 〔資治通鑑〕聞謗而怒者, 讒之囮育.
【囮育 와육】천지(天地)가 만물을 기르는 일. 化育(화육).

【囮鳥 와조】①잡아매 놓고서 다른 새를 유인하는 새. 媒鳥(매조). ②유인하기 위한 것의 총칭(總稱).

□4 【园】⑦ ❶刓(188)과 동자
❷團(336)과 동자
❸圓(335)과 통자

□4 【囲】⑦ 圍(334)의 속자

□4 【囱】⑦ ❶천창 창 [江] chuāng
❷굴뚝 총 [東] cōng
[字解] ❶천창(天窓), 환기창(換氣窓). =窗·窻. ❷굴뚝.

□4 【囫】⑦ 온전할 홀 [月] hú
[字解] ❶온전하다, 완전하다. 〔朱子語類〕不是囫圇一物. ❷막연하다, 똑똑하지 않다.
【囫圇 홀륜】결함이 없는 온전한 덩어리.
【囫圇呑棗 홀륜탄조】現통째로 대추를 삼킴. 따져 보지도 않은 채 무조건 받아들임.

□4 【囬】⑦ ❶回(328)의 속자
❷面(1991)의 고자

□5 【固】⑧ 굳을 고 [遇] gù

[字源] 形聲. □+古→固. '古(고)'가 음을 나타낸다.
[字解] ①굳다, 단단하다. 〔荀子〕兵勁城固. ②방비, 수비. 〔戰國策〕東有崤函之固. ③오로지, 한결같이. 〔國語〕守終純固. ④평온하다, 안정시키다. 〔國語〕夫固國者, 在親衆而善鄰. ⑤반드시, 틀림없이. 〔春秋公羊傳〕女能固納公乎. ⑦재삼(再三), 굳이. 〔書經〕禹拜稽首固辭. ⑧확고히, 단단히. 〔中庸〕擇善而固執之者也. ⑨처음부터, 본디. ㉮예로부터, 전부터. 늑故. 〔儀禮〕敢固而請. ㉡도리상, 상식상. 〔史記〕禁兵且破信, 越未有分地, 其不至固宜. ㉢말할 것도 없이, 물론. 〔論語〕君子固窮. ⑩이에, 도리어. 〔孟子〕仁人固如是乎. ⑪참으로, 진실로. 〔戰國策〕齊固弱. ⑫항상, 늘. 〔禮記〕求毋固. ⑬완고하다, 고루하다. 〔孔子家語〕子之問也固矣. ⑭독점하다. 〔禮記〕毋固獲. ⑮가두다, 감금하다. 〔素問〕諸厥固泄. ⑯버려지다, 못 쓰게 되다. 늑錮. 〔國語〕不識窮固, 而又求自邇.

口部 5~7획 固国困囷囹囿圄圃函

【固諫 고간】 간절히 간함. 굳이 간함.
【固拒 고거】 단단히 막음.
【固嘔 고구】 겉으로만 유순한 모양.
【固窮 고궁】 ㉠매우 곤란한 지경에 빠짐. ㉡곤궁한 경우를 당하게 되면 이를 잘 견디어 천명(天命)으로 받아들여 편안한 마음으로 지님.
【固牢 고뢰】 ①가축의 우리를 튼튼히 함. ②견고함.
【固陋 고루】 낡은 관념이나 습관에 젖어 고집이 세고 변통성이 없음.
【固辭 고사】 굳이 사양함.
【固塞 고새】 견고한 요새.
【固所願 고소원】 본디 바라던 바임.
【固守 고수】 굳게 지킴. 固持(고지).
【固有 고유】 타고 날 때부터 가지고 있거나 그 사물에만 특별히 있음.
【固陰 고음】 응고(凝固)한 음기(陰氣). 겨울의 몹시 추울 때를 이름.
【固意 고의】 뜻을 굳게 함. 결심함.
【固存 고존】 나라를 보호하여 안정시킴.
【固執 고집】 자기의 의견을 굽히지 아니함.
【固着 고착】 ①굳게 들러붙음. ②옮기지 않고 한 곳에 붙박혀 있음.
【固寵 고총】 ①변함이 없는 총애를 받음. ②더욱더 총애를 받도록 함.
● 強-, 堅-, 輩-, 頑-, 凝-, 滯-, 確-.

□5【坖】⑧ 國(332)의 고자

□5【囯】⑧ 國(332)의 속자

□5【囷】⑧ 곳집 균 〔眞〕 qūn
〔소전〕 〔초서〕 〔字源〕 會意. 囗+禾→囷. 벼〔禾〕를 넣어 둔 사방이 둘러막힌 곳〔囗〕, 곧 '곳집'을 뜻한다.
〔字解〕①곳집, 둥근 모양의 곡물 창고.〔詩經〕 胡取禾三百囷兮. ②꼬불꼬불 구부러져 있는 모양.〔杜牧·賦〕盤盤焉, 囷囷焉.
【囷京 균경】 곡물 창고(穀物倉庫). ☞'京'은 네모난 창고, 또는 큰 창고.
【囷囷 균균】 꼬불꼬불 구부러진 모양.
【囷鹿 균록】 곡물 창고. ☞'囷'은 원형, '鹿'은 방형(方形)의 곳집.
【囷倉 균창】 곡식 창고. 쌀 창고. ☞'囷'은 원형, '倉'은 방형의 곳집. 囷廩(균름).

〈囷①〉

□5【囹】⑧ 옥 령 〔靑〕 líng
〔소전〕 〔초서〕 〔字解〕옥, 감옥.〔禮記〕命有司省囹圄.

【囹圄 영어】 감옥. 囹圉(영어).
【囹圄空虛 영어공허】 감옥이 비어 있음. 나라가 잘 다스려짐의 비유.
【囹圄生草 영어생초】 죄인이 없어 감옥에 풀이 무성함. 나라가 잘 다스려짐의 비유.

□6【囶】⑨ 國(332)의 고자

□6【囿】⑨ 동산 유 〔宥〕 yòu
〔소전〕 〔주문〕 〔초서〕 〔字解〕①동산. ㉮담을 빙 두른 동산.〔大戴禮〕囿有見菲. ㉯담이 없는 동산. ㉰새·짐승·물고기 등을 놓아 기르는 동산.〔詩經〕王在靈囿. ㉱작은 정원. ②얽매이다, 구애받다.〔尸子·廣擇〕囿其學之相非也. ③모이다. ㉮모여들다.〔莊子〕從師而不囿. ㉯사물이 모여 있는 장소.〔司馬相如·賦〕游乎六藝之囿. ④구역.〔史記〕五入囿中.
【囿苑 유원】 새나 짐승을 기르는 동산.
【囿人 유인】 ①주대(周代) 궁중의 동물을 지키는 일을 맡아보던 벼슬아치. ②화초나 나무를 심어 가꾸는 사람. 園丁(원정).
● 廣-, 文-, 蔬-, 深-, 淵-, 靈-, 苑-, 園-, 場-, 圃-, 壚-.

□7【圄】⑩ 옥 어 〔語〕 yǔ
〔소전〕 〔초서〕 〔字解〕①옥, 감옥.〔晏子〕拘者滿圄. ②가두다, 죄인을 잡아 가두다.〔春秋左氏傳〕圄伯嬴于轑陽而殺之. ③지키다.〔漢書〕守圄扞敵之臣誠死城郭封疆.
【圄空 어공】 감옥이 텅 빔. 나라가 잘 다스려져 죄를 짓는 사람이 없음.
【圄囹 어령】 옥. 감옥. 囹圄(영어).
【圄犴 어안】 옥. 감옥.

□7【圃】⑩ 밭 포 〔麌〕 pǔ
〔소전〕 〔초서〕 〔字解〕①밭, 채소나 과실나무를 심어 가꾸는 밭.〔詩經〕九月築場圃. ②들일, 농삿일을 하는 사람.〔論語〕吾不如老圃. ③넓다, 크다. ¶圃田. ④들, 들판.〔楚辭〕覽芷圃之蠡蠡. ⑤정원, 뜰.〔楚辭〕遊兮瑤之圃.
【圃彊 포강】 채마밭. 圃疆(포강).
【圃師 포사】 밭을 일구는 사람. 밭을 가꾸는 사람. 圃人(포인). 圃丁(포정).
【圃囿 포유】 ①채마밭. ②궁중(宮中)의 동산.
【圃田 포전】 ①평평하게 넓은 밭. ②채소·과실 나무를 심는 밭.
● 老-, 農-, 茗-, 蔬-, 藥-, 苑-, 場-.

□7【函】⑩ 함 함 〔感〕 hán

口部 7~8획 圂 國

圂 ⑩ ❶뒷간 혼 ❷가축 환 hùn / huàn

字解 ❶❶뒷간, 변소. =溷. ❷돼지우리.〔漢書〕家出圂壞都竈. ❸괴롭히다, 수고를 끼치다. ❷가축, 집에서 기르는 짐승. =豢.〔禮記〕君子不食圂腴.

【圂腴 환유】가축의 내장(內臟). ◯'圂'은 개·돼지의 내장.

國 ⑪ 나라 국 国 guó

字源 會意. 口+或〔口+戈+一〕→國. 창〔戈〕을 든 사람〔口〕이 사방의 경계〔口〕 안의 땅〔一〕을 지킨다는 데서 '나라'의 뜻을 나타낸다.

字解 ❶나라. ㉮국가. ¶ 獨立國. ㉯일정한 국가의 영토. ¶ 國內. ㉰세상, 세계. ¶ 天國. ❷서울, 도읍(都邑).〔孟子〕在國曰市井之臣. ❸나라를 세우다.〔史記〕黥布叛逆, 子長國之. ❹고향.〔盧僕·詩〕去國三巴遠. ❺고장, 지방.〔周禮〕山國用虎節.

【國家 국가】 ①나라. ◯고대에는 '國'은 제후(諸侯)의 봉지(封地)를, '家'는 대부(大夫)의 봉지를 뜻하였음. ②조정. 公家(공가). ③황제. ④수도.

【國家柱石 국가주석】 국가의 기둥이 되고 초석(礎石)이 됨. 국가의 중요한 일을 맡은, 직위가 높은 사람.

【國綱 국강】 나라의 질서를 유지하는 벼리.

【國擧 국거】 나라가 추천함. 또는 그 사람.

【國計 국계】 ①국가의 정책. ②국가의 경제.

【國穀 국곡】 나라 소유의 곡식.

【國公 국공】 작위의 이름. 수대(隋代)부터 두었는데, 군공(郡公)의 위요, 군왕(郡王)에 다음가는 지위.

【國光 국광】 ①나라의 예악과 문물. ②나라의 성덕(盛德)이나 위광(威光).

【國交 국교】 나라와 나라 사이의 교제.

【國狗 국구】 ①나라에서 기르는 개. ②착하고 유능한 이를 해치는 사람의 비유. ③국정(國政)을 마음대로 휘두르는 간신(姦臣)의 비유.

【國舅 국구】 ①임금의 외삼촌이나 처남. ②國임금의 장인. 府院君(부원군).

【國軌 국궤】 국가가 국민의 생활 안정을 위하여 생산품을 수매하거나 방출하여 물가의 조절을 꾀하는 일.

【國鈞 국균】 ①국정(國政)을 처결하는 권력. ②국정을 잡은 사람. 대신(大臣).

【國忌 국기】 임금이나 왕후의 제삿날.

【國器 국기】 ①나라가 존중하는 그릇. 나라를 다스릴 수 있는 훌륭한 인격과 뛰어난 재능을 겸비한 인물. ②남의 자식을 칭찬하여 하는 말.

【國紀 국기】 ①나라의 질서를 지키는 규칙. 곧, 예(禮). ②나라 안의 모범이 되는 사람. ③자기 나라의 역사를 기록한 편년사(編年史).

【國記 국기】 나라의 기록(記錄). 나라의 일을 기록한 책.

【國基 국기】 나라가 이루어진 본바탕. 나라를 유지하는 근본.

【國棊 국기】 바둑의 기량이 한 나라에서 으뜸가는 사람.

【國機 국기】 나라가 흥하거나 망할 조짐.

【國難 국난】 나라의 위난(危難).

【國都 국도】 나라의 수도. 서울.

【國度 국도】 ①나라의 비용. 국가의 용도(用度). ②나라의 법. 國法(국법).

【國棟 국동】 나라의 동량(棟梁)이 되는 으뜸의 사람. 곧, 태자(太子).

【國亂思良相 국란사량상】 나라가 어지러워졌을 때는 어진 재상을 얻고자 생각함.

【國良 국량】 한 나라 안에서 가장 훌륭한 인물(人物).

【國老 국로】 ①감초(甘草)의 딴 이름. ②나라의 늙은 신하. 元老(원로). ③國영의정을 지낸 사람으로, 나랏일에 고문(顧問)이 될 만한 인물. ④경대부(卿大夫)의 벼슬을 그만둔 후에도 경대부의 대우를 받던 사람.

【國祿 국록】 나라에서 주는 녹봉.

【國論 국론】 나라 안의 공론(公論). 국민 일반의 의견. 世論(세론).

【國利民福 국리민복】 나라의 이익과 국민의 행복(幸福).

【國脈 국맥】 나라의 명맥(命脈). 나라의 수명.

【國命 국명】 나라의 정령(政令). 나라의 명령.

【國文 국문】 ①그 나라 고유의 글자. 또는 그 글자로 쓴 문장. ②나라의 문물(文物). ③우리나라 글. 한글.

【國柄 국병】 나라의 정사(政事)를 좌우하는 권력. 國秉(국병).

【國步 국보】 ①한 나라의 운명. ②나라의 영토. 國土(국토).

【國步艱難 국보간난】 나라의 운명이 어지럽고 위태로움.

【國本 국본】 ①국가의 근본. 國基(국기). ②태자(太子). 세자(世子). ③국민.

【國費 국비】 국가에서 내는 경비.

【國賓 국빈】 국가의 귀한 손님으로 우대를 받는 사람.

【國士 국사】 온 나라에서 가장 뛰어난 인물.

【國史 국사】 ①한 나라의 역사. ②우리나라의 역사. 韓國史(한국사).

【國社 국사】 제후가 백성을 위하여 세운, 토지신에게 제사 지내는 사당.

【國使 국사】 나라나 임금의 명(命)을 받들고 외국에 가는 사자(使者).

【國師 국사】 ①나라 군대. ②한 나라의 사표(師

表)가 되는 사람. ③벼슬 이름. 임금의 스승. ④☞國子祭酒(국자좨주). ⑤(佛)임금이 선종(禪宗)의 고승(高僧)에게 내린 존칭.

【國嗣 국사】임금의 후사(後嗣). 임금의 자리를 계승할 사람. 태자(太子). 國儲(국저).

【國士無雙 국사무쌍】온 나라에서 비교할 만한 사람이 없는 뛰어난 인물.

【國庠 국상】국도(國都)에 있는 학교.

【國相 국상】나라의 정승. 한 나라의 재상(宰相). 國宰(국재).

【國常 국상】나라의 상법(常法). 국가의 제도·규칙·문물 따위. 國典(국전).

【國殤 국상】나랏일에 목숨을 바친 사람.

【國璽 국새】①국가의 표지(標識)로서 사용하는 관인(官印). ②임금의 도장.

【國色 국색】①그 나라에서 가장 뛰어난 용모. 절세의 미인. ②모란(牡丹)의 딴 이름. 國色天香(국색천향).

【國壻 국서】임금의 사위.

【國仙 국선】(國)신라 때 화랑(花郞)을 이르는 말.

【國成 국성】나라의 태평(太平). 국가의 안녕(安寧). ○'成'은 '平'의 뜻.

【國姓 국성】①임금의 성. ②성(姓)과 본(本)이 임금과 같음.

【國叟 국수】한 나라 안에서 가장 덕이 높은 늙은이.

【國粹 국수】그 나라나 민족 고유의 장점이나 아름다운 점.

【國讐 국수】나라의 원수.

【國乘 국승】그 나라의 역사를 기록한 책. ○'乘'은 기재(記載)한다는 뜻. 史乘(사승).

【國是 국시】국민 전체의 의사로 결정된 국정(國政)의 기본 방침.

【國樂 ❶국악 ❷국락】❶①그 나라의 의식 따위에 쓰기 위하여 만든 음악. ②☞우리나라 고유의 음악. 향악(鄕樂)·아악(雅樂)·당악(唐樂) 따위. ❷온 나라가 즐김.

【國辱 국욕】나라의 수치. 國恥(국치).

【國用 국용】①나라의 비용. 나라의 씀씀이. 國度(국도). ②나라를 위해 쓰임. 나라에 등용됨.

【國容 국용】①☞國色(국색). ②국가 평상시의 의식(儀式)과 제도.

【國憂 국우】나라 전체의 근심.

【國位 국위】국가 원수(元首)의 자리.

【國威 국위】나라의 위력.

【國維 국유】나라의 기강. 國基(국기).

【國恩 국은】나라의 은혜. 천자의 은택.

【國儀 국의】나라의 공공(公共)의 의식.

【國彝 국이】나라의 법. 나라의 법규.

【國姻 국인】황실(皇室)의 인척(姻戚).

【國字 국자】①그 나라의 통용 문자. ②☞우리나라에서 만든 한자체(漢字體)의 글자. '畓' '乭' 따위.

【國子 국자】①공경 대부(公卿大夫)의 자제(子弟). ②☞國子學(국자학).

【國子監 국자감】①유학 훈도(儒學訓導)의 정령(政令)을 맡고, 국자학(國子學) 이하의 모든 학교를 다스리던 교육 행정 관청. ②고려 때의 학교. 1275년에 국학(國學), 1342년에 성균관(成均館)으로 이름을 고침.

【國子祭酒 국자제주→국자좨주】국자학(國子學)의 우두머리. ○'祭酒'는 옛날 향연(饗宴)에서 존장(尊長)이 먼저 술을 땅에 부어 신(神)에게 제사 지낸 데서 장관(長官)을 뜻하게 되었음.

【國子學 국자학】임금·제후·귀족의 자제(子弟) 및 전국의 준재(俊才)를 교육하던 학교. 도성(都城) 안에 두었음. 國學(국학).

【國齋 국재】(佛)왕실에서 비용을 부담하여 죽은 임금을 천도(薦度)하는 재.

【國賊 국적】①나라를 어지럽히는 역적. ②나라에 해(害)를 끼치는 자.

【國典 국전】①나라의 법전. ②국가 의식.

【國楨 국정】나라의 기둥. 한 나라를 지탱하는 명신(名臣). 國柱(국주).

【國政 국정】①나라의 정사(政事). ②나라의 정치를 맡아보는 사람. 正卿(정경).

【國制 국제】나라가 정하는 제약(制約)이나 방책(方策). 國策(국책).

【國祖 국조】나라의 시조(始祖).

【國祚 국조】①나라의 행운(幸運). 국가의 번영(繁榮). ②왕위(王位).

【國朝 국조】①당대(當代)의 조정. ②우리나라의 조정(朝廷). 聖朝(성조).

【國族 국족】①국빈(國賓)과 종족(宗族). ②國 임금과 같은 본(本)의 성을 가진 사람들.

【國主 국주】한 나라의 임금.

【國胄 국주】①임금의 맏아들. 세자(世子). ②왕후(王侯) 일족의 아이들.

【國志 국지】나라의 기록. 한 나라의 역사.

【國之猛狗 국지맹구】나라를 어지럽히는 사나운 개. 국정(國政)을 마음대로 하는 간신.

【國之爪牙 국지조아】나라의 손톱과 어금니. 국가를 수호하는 용맹한 무신(武臣).

【國鎭 국진】국가의 중진(重鎭).

【國策 국책】한 나라의 계책. 국가의 정책.

【國戚 국척】임금의 인척(姻戚)과 외척(外戚).

【國遷 국천】도읍을 옮김. 遷都(천도).

【國體 국체】①국가의 성격. 나라가 성립(成立)한 상태. ②주권의 소재(所在)에 따라 구별되는 국가의 형태. ③나라의 신체. 곧, 군주의 고굉지신(股肱之臣). ④나라의 체면이나 체통.

【國礎 국초】나라의 기초.

【國恥 국치】나라의 수치. 나라의 불명예.

【國恥民辱 국치민욕】나라의 수치(羞恥)와 국민의 욕됨.

【國琛 국침】나라의 보배가 될 만한 현인(賢人). ○'琛'은 寶.

【國帑 국탕】①국가의 재보(財寶)를 간직하는 창고. 國庫(국고). ②국가의 재산.

【國泰民安 국태민안】나라가 태평하고 백성이 편안함.

【國破山河在 국파산하재】전쟁으로 인하여 나라는 망하여 없어졌으나, 산천은 예전 그대로 남아 있어 슬픈 감회를 일으킴.

【國弊 국폐】 나라의 폐해(弊害).
【國風 국풍】 ①나라의 풍속. 國俗(국속). ②시경(詩經)에 실린 시(詩)의 한 체(體). 육의(六義)의 한 가지로, 여러 나라의 민요(民謠)를 이른다. ③시골 백성들이 읊은 시가(詩歌).
【國學 국학】 ①제후의 나라 서울에 설립한 학교. ②國성균관의 딴 이름. ③나라의 전통적인 문화·사상 등을 연구하는 학문.
【國香 국향】 ①나라에서 제일 가는 미인. ②난초의 딴 이름. ③매화의 딴 이름.
【國婚 국혼】 ①천자의 사위. 國婿(국서). ②國왕실의 혼인을 통틀어 이르는 말.
【國華 국화】 ①나라의 정화(精華). 나라의 영광. ②국가의 훌륭한 인재.
【國勳 국훈】 나라를 위하여 세운 공로.
【國諱 국휘】 임금의 이름. 옛날에 백성들이 임금의 휘자를 쓰거나 말하는 것을 꺼림.
【國徽 국휘】 나라의 표지(標識). 국기 따위.
【國恤 국휼】 ①나라가 근심할 만한 일. ②임금의 초상. 國喪(국상). 國哀(국애).
●開一, 擧一, 建一, 傾一, 故一, 貴一, 大一, 萬一, 亡一, 母一, 本一, 小一, 屬一, 我一, 愛一, 外一, 異一, 全一, 戰一, 祖一, 他一.

□【圈】⑪ ❶우리 권 虁 juàn, juān
8   ❷술잔 권 兕 quān
[소전] [초서] [속자] [字解] ❶①우리, 감방. 〔漢書〕登虎圈. ②가두다, 감금하다. 〔晉書〕圈閉親戚. ③우리에 가두어 기르는 가축이나 짐승. 〔儀禮〕犬家曰圈. ④경계, 울타리, 칸막이. ⑤발을 끌'다, 발을 끌며 걷다. 〔禮記〕圈豚行, 不舉足. ❷①술잔, 바리때. =棬. 〔禮記〕母沒而杯圈不能飲焉. ②동그라미. 〔儒林外史〕忙取筆細細圈點.
【圈內 권내】 일정한 범위 내.
【圈豚 권돈】 발을 질질 끌며 천천히 걷는 일.
【圈牢 권뢰】 우리. 짐승을 가두어 두는 곳.
【圈發 권발】 한자(漢字)의 사성(四聲)을 표시하기 위해 글자의 네 모퉁이 중의 한 곳에 찍는 반원(半圓). 좌하(左下)는 평성(平聲), 좌상(左上)는 상성(上聲), 우상(右上)은 거성(去聲), 우하(右下)는 입성(入聲).
【圈點 권점】 ①글을 끝맺는 곳에 찍는 둥근 점. ②글의 중요 부분에 찍은 동그라미. ③조선시대에, 벼슬아치를 임명할 때 뽑고자 하는 사람의 이름에 찍던 동그라미. ④한자 옆에 찍어서 사성(四聲)을 나타내는 둥근 점.
【圈套 권투】 ①새나 짐승을 잡는 올가미. ②세력의 범위.
【圈檻 권함】 짐승을 가두어 두는 우리.
●大一, 法一, 商一, 虎一.

□【圇】⑪ 완전할 륜 眞 lún
8
[초서] [간체] [字解] 완전하다, 이지러진 데 없이 동글동글하다.

□【圉】⑪ 마부 어 圄 yǔ
8
[소전] [초서] [字解] ①마부, 말을 기르는 사람. 〔春秋左氏傳〕男曰圉, 女曰妾. ②마구간, 외양간. ③감옥. 〔漢書〕囹圄空虛. ④기르다, 가축을 기르다. 〔春秋左氏傳〕將圉馬於成. ⑤국경, 변경〔邊境〕. 〔詩經〕我居圉來荒. ⑥막다, 막아 지키다. ≒禦. 〔莊子〕其來不可圉. ⑦몸이 괴로운 모양. ¶圉圉. ⑧악기〔樂器〕의 이름. ≒敔. 〔詩經〕鞉磬柷圉. ⑨양〔陽〕에 해당하는 달. 〔爾雅〕有在丁曰圉.
【圉禁 어금】 막아서 지킴.
【圉絆 어반】 감옥에 가둠. 감옥에 갇힘.
【圉師 어사】 주대(周代)에 말의 사육(飼育)에 관한 일을 맡아보던 으뜸 벼슬.
【圉圉 어어】 ①몸이 굳어 어릿어릿한 모양. ②피로하여 파리한 모양.
【圉余 어여】 음력 4월의 딴 이름.
【圉者 어자】 말을 기르는 사람. 마부.

□【圊】⑪ 뒷간 청 庚 qīng
8
[초서] [字解] 뒷간, 변소.
【圊桶 청통】 오줌통. 便器(변기).
【圊溷 청혼】 뒷간.

□【圏】⑫ 圈(334)의 속자
9

□【圓】⑫ 圓(335)의 속자
9

□【圍】⑫ 둘레 위 微 wéi
9
冂冃冋囲囲圍圍圍圍圍
[소전] [초서] [속자] [고체] [간체]
[字源] 形聲. 囗+韋→圍. '韋(위)'가 음을 나타낸다.
[字解] ①둘레. ㉮테두리. ¶周圍. ㉯한 바퀴 돈 길이. ¶胸圍. ②두르다, 둘러싸다. 〔春秋左氏傳〕宋人伐鄭, 圍長葛. ③사냥하다, 짐승을 에워싸서 잡다. 〔禮記〕天子不合圍. ④경계(境界), 구역. 〔詩經〕帝命式于九圍. ⑤지키다. ≒衞. 〔春秋公羊傳〕圍不言戰.
【圍擊 위격】 포위하여 침.
【圍徑 위경】 둘레와 지름.
【圍攻 위공】 포위하여 공격함.
【圍棘 위극】 ▷圍籬(위리).
【圍碁 위기】 ①바둑. ②바둑을 둠. 圍棋(위기).
【圍籬 위리】 ①울타리를 침. ②유배(流配)된 죄인의 거처에 가시로 울타리를 침.
【圍籬安置 위리안치】 배소(配所)에 가시나무로 울타리를 만들고 죄인을 그 안에 가두어 둠.

【圍擁 위옹】껴안음. 끌어안음.
【圍繞 위요】에워쌈. 둘러쌈.
【圍場 위장】사냥을 하는 곳.
【圍塹 위참】빙 두른 참호.
【圍護 위호】둘러싸고 지킴.
● 範-, 四-, 周-, 重-, 包-, 合-, 胸-.

囗 ⑬ 【圓】 둥글 원 冗 yuán

冂 冂 冂 冂 冋 同 圁 員 圓 圓

[소전] 圓 [초서] 圆 [속자] 圎 [속자] 圎 [일본] 円 [간체] 圆

〔字源〕形聲. 囗+貝→圓. '貝(원)'이 음을 나타낸다.

〔字解〕①둥글다. =圜. 〔大戴禮〕天圓而地方. ②원, 동그라미. 〔韓非子〕左手畫圓. ③둘레, 언저리. ¶ 一圓. ④모나지 아니하다, 사교(社交)에 능하다. 〔元結·惡圓〕不圓爲卿. ⑤알, 새알, 동글동글한 것. 〔山海經〕有鳳之圓. ⑥하늘, 상공(上空). 〔淮南子〕戴圓履方. ⑦원. 화폐의 단위. ≒元·圜. ⑧점치다, 판단하다. ≒原. ¶ 圓夢.

【圓覺 원각】(佛)부처의 원만한 깨달음.
【圓鏡 원경】①둥근 거울. ②달의 딴 이름.
【圓孔方木 원공방목】둥근 구멍에 네모난 나무를 꽂아 맞춤. 일이 잘 맞지 않음의 비유. 圓鑿方枘(원조방예).
【圓光 원광】①달이나 해의 원만한 빛. ②점치는 법의 한 가지. 점쟁이가 주문을 외우며, 거울이나 백지(白紙)로 눈을 가린 어린이에게 보여 점쳐 맞추게 함. ③(佛)불상의 머리 위에 나타나는 원형의 빛.
【圓丘 원구】①임금이 동짓날에 천제(天祭)를 지내던 원형(圓形)의 단(壇). 天壇(천단). ②약초(藥草)가 나고 선인(仙人)이 산다는 전설상의 언덕.
【圓機 원기】결음쇠의 중심.
【圓頓 원돈】(佛)원만히 신속하게 깨달음.
【圓頭方足 원두방족】둥근 머리, 네모난 발. 곧, 사람. 圓顱方趾(원로방지).
【圓顱 원로】둥근 머리. 圓頂(원정).
【圓滿 원만】①인품이나 성격이 너그럽고 결함이 없음. ②일의 진행이 순조로움.
【圓木警枕 원목경침】둥근 나무로 만든 베개. 고학(苦學)함의 비유. ○깊이 잠들게 되면 베개가 굴러서 잠이 깨도록 만들어져 있는 데서 온 말.
【圓夢 원몽】꿈을 점쳐서 길흉을 판단하는 일. 占夢(점몽). 解夢(해몽).
【圓妙 원묘】(佛)①참된 마음이 두루 이르고 원만하여 장애가 없음. ②삼제(三諦)가 원융(圓融)하여 불가사의(不可思議)함.
【圓方 원방】①둥근 그릇과 네모난 그릇. 맛있는 음식을 담는 그릇. 원형(圓形)과 방형(方形). ②하늘과 땅. ○하늘은 둥글고 땅은 네모졌다는 천원지방(天圓地方)에서 온 말.

【圓扉 원비】감옥의 문. 감옥(監獄).
【圓首方足 원수방족】⇨圓頭方足(원두방족).
【圓熟 원숙】①무르익음. ②충분히 손에 익어 숙련됨.
【圓影 원영】달의 딴 이름.
【圓銳 원예】①둥글며 끝이 뾰족함. ②침이나 송곳처럼 날카로운 일.
【圓悟 원오】사물의 이치를 완전하게 깨달음.
【圓融 원융】①널리 베풂. ②원만하여 막힘이 없음. ③(佛)널리 융화함.
【圓音 원음】(佛)원만하게 골고루 갖추어진 음성. 곧, 부처의 말씀.
【圓寂 원적】(佛)승려의 죽음. ○덕(德)을 원만히 갖춘 후에 적멸(寂滅)한다는 뜻으로, 열반(涅槃)의 의역어(意譯語).
【圓轉 원전】①돎. 구름. ②글의 뜻이 잘통함. ③언행이 모나지 않고 순조로움. ④막힘이 없음. 자유자재(自由自在)임.
【圓頂 원정】①둥근 머리. 圓顱(원로). ②머리를 박박 깎은 승려.
【圓鑿方枘 원조방예】둥근 구멍에 모난 장부. 사물(事物)이 서로 잘 맞지 아니함의 비유.
【圓周 원주】원의 둘레.
【圓卓 원탁】둥근 탁자.
【圓通 원통】①두루 사리에 통달(通達)함. ②문장이 치밀하고 막힘이 없음. ③(佛)지혜로써 진여(眞如)의 이치를 깨달음.
【圓通大士 원통대사】(佛)관세음보살(觀世音菩薩)의 이명.
【圓活 원활】①부자유스럽거나 막히는 데가 없음. ②숙부드럽고 생기가 있음.
【圓滑 원활】①일이 순조로움. ②모나지 않고 부드러움.
● 半-, 方-, 一-, 天-, 楕-.

囗 ⑬ 【園】 동산 원 园 yuán

冂 冂 門 周 周 周 園 園 園

[소전] 園 [초서] 园 [간체] 园

〔字源〕形聲. 囗+袁→園. '袁(원)'이 음을 나타낸다.

〔字解〕①동산, 정원. 〔舊唐書〕子恕私第, 有佳林園. ②과수원. ③울타리가 있는 밭. 〔詩經〕園囿之樂. ④밭의 울타리, 과수원의 울타리. 〔詩經〕無踰我園. ⑤무덤, 원소(園所). 황후의 무덤. 우리나라에서는 왕세자, 왕세자빈, 왕의 친척들의 산소. 〔後漢書〕遷呂太后廟主於園. ⑥묘소의 길. 〔顏延之·詩〕崇樹加園塋.

【園監 원감】정원지기.
【園頭幕 원두막】참외·수박 따위를 심은 밭을 지키기 위하여 밭 언저리 또는 중앙에 만든 다락집.
【園令 원령】능(陵)을 지키는 관리.
【園陵 원릉】임금의 묘(墓). 능(陵).
【園所 원소】왕세자, 왕세자빈, 임금의 사친(私親) 등의 산소.

【園藝 원예】채소·화초·과목 따위를 심어 가꿈.
【園囿 원유】꽃과 나무 따위를 심어 가꾸거나 여러 가지 짐승을 기르는 동산.
【園苑 원원】정원. 뜰.
【園邑 원읍】능(陵) 주위에 있는 능지기의 마을.
【園亭 원정】①뜰 안의 정자. ②정원(庭園).
【園庭 원정】정원. 뜰.
【園池 원지】①동산과 못. ②정원 안에 있는 못.
【園寢 원침】능(陵) 곁에 세워 제사(祭祀) 때에 쓰던 건물. 園廟(원묘).
【園圃 원포】과실나무나 채소 등을 심어 가꾸는 밭. '園'은 나무를 심는 곳, '圃'는 채소를 심은 곳.
【園戶 원호】차(茶)의 재배를 업으로 하는 백성. 園民(원민).

◐ 故―, 公―, 樂―, 農―, 田―, 菜―, 學―.

□ 11 【團】⑭ 둥글 단 寒 tuán

形聲. □+專→團. '專(전)'이 음을 나타낸다.

①둥글다. ②모이다, 모여들다.〔張說·詩〕爭騰群鳥散, 鬪伐百化團. ③덩이, 둥글게 뭉친 것.〔楊萬里·詩〕臘前三白已奇試, 年後六花仍作瑞. ④조(組), 군대 조직의 하나.〔唐書〕以三百人爲團, 團有校尉. ⑤통치하다, 지배하다.〔史記〕馮因團三國之兵. ⑥굴러가다.〔元稹·詩〕順俗唯團轉. ⑦가게, 점포.〔都城紀勝〕諸行又有名爲團者, 如城南之花團.

【團結 단결】많은 사람이 한마음으로 뭉침. 團合(단합).
【團團 단단】①둥근 모양. ②이슬이 동글동글하게 맺혀 있는 모양. ③늘어진 모양. 드리워진 모양.
【團欒 단란】①썩 원만함. ②가족 등의 생활이 화목하고 즐거움.
【團練 단련】편대(編隊)를 지어 교련(教練)함.
【團飯 단반】둥글둥글 뭉친 밥. 주먹밥.
【團匪 단비】떼를 지어 다니는 비적(匪賊).
【團扇 단선】둥근 모양의 부채. 둥글부채.
【團束 단속】잡도리를 단단히 함.
【團圓 단원】①둥긂. ②가족이 화목함. 團欒(단란). ③원만히 끝냄. 원만히 해결함. ④연극이 서의 종막(終幕). 大團圓(대단원).
【團圓節 단원절】북경(北京) 지방에서 시집간 여자가 음력 8월 15일에 근친(覲親) 갔다가 당일로 돌아오는 일을 이름.
【團月 단월】둥근 달. 滿月(만월).
【團長 단장】단(團)의 이름으로 불리는 집단의 우두머리.
【團坐 단좌】여러 사람이 둥글게 둘러앉음.
【團體 단체】같은 목적을 가진 사람들끼리 모인 집단.
【團焦 단초】짚이나 갈대 따위로 지붕을 이은

인 암자. 草庵(초암).
【團聚 단취】①한 집안 식구나 친한 사람들끼리 화목하게 한데 모임. ②단결함.
【團墮 단타】(佛)승려가 돌아다니며 동냥함.

◐ 軍―, 劇―, 分―, 師―, 樂―, 一―, 集―.

□ 11 【圖】⑭ 그림 도 虞 tú

會意. '□'은 '國(나라 국)'의 고자, '啚'는 '鄙(시골 비)'의 생략형. 합하여 나라 전체의 지도(地圖)라는 뜻을 나타낸다.

①그림.㉮인물·산수(山水)·기계·건축물 등을 그린 그림.〔莊子〕宋元君將畫圖, 衆史皆至.㉯통계 숫자 등을 일람(一覽)할 수 있게 그린 그림. ❶圖表.㉰지도(地圖).〔周禮〕職方氏掌天下之圖. ②꾀하다, 대책과 방법을 세우다.〔儀禮〕君與卿圖事. ③그리다, 베끼다.〔南史〕自圖宣尼像. ④책, 서적. ❶圖書. ⑤하도(河圖).〔蔡邕·碑〕探綜圖緯. ⑥도장, 인장.〔清會典〕四曰圖記. ⑦법(法), 규칙.〔楚辭〕前圖未改. ⑧세다, 계산하다.〔周禮〕圖國用而進退之. ⑨얻다, 꾀하여 손에 넣다.〔戰國策〕天下可圖也.

【圖鑑 도감】그림을 싣고 설명을 붙인 책.
【圖經 도경】①도서(圖書)와 경전(經典). ②산수(山水)의 지세(地勢)를 그린 책.
【圖窮匕見 도궁비현】지도를 다 펼치자 비수(匕首)가 드러남. 계획이나 비밀이 드러남. 故事 전국 시대에 연(燕)나라의 태자(太子) 단(丹)이 보낸 자객(刺客) 형가(荊軻)가 독항(督亢)의 지도(地圖)를 바치는 기회에 진왕(秦王)을 죽이려고 지도를 펼치는 순간 그 속에 숨겨 두었던 비수를 꺼내 진왕을 찔렀으나 일이 실패로 돌아간 고사에서 온 말.
【圖記 도기】①지리지(地理誌). ②도장(圖章)의 한 가지.
【圖南 도남】붕새가 날개를 펴고 남명(南冥)으로 날아가려고 함. 웅대(雄大)한 사업(事業)을 계획하고 있음의 비유.
【圖錄 도록】그림이나 사진을 넣은 기록.
【圖賴 도뢰】자기의 허물을 남에게 덮어씌우려고 함.
【圖利 도리】이익(利益)을 보려고 꾀함.
【圖免 도면】책임에서 벗어나려고 꾀함.
【圖謀 도모】앞으로 할 일에 대하여 수단과 방법을 꾀함.
【圖寫 도사】본떠서 그림. 묘사함.
【圖象 도상】①본떠서 그림. ②그림으로 그린 사람의 모습. 畫像(화상).
【圖生 도생】살아나가기를 꾀함.
【圖書 도서】①책. ②서적·글씨·그림의 총칭.
【圖案 도안】미술 공예품·건축물 따위의 제작이

나 장식을 위하여 일정한 모양으로 그려 낸 고안(考案).

【圖緯 도위】하도(河圖)와 위서(緯書). 미래와 점술(占術)에 관한 일을 기록한 책.
【圖籍 도적】①토지의 도면과 호적. ②그림과 서적.
【圖書 도서】그림(圖書).
【圖讚 도찬】그림의 여백(餘白)에 찬양하는 내용을 곁들여 써 넣은 시문(詩文).
【圖讖 도참】미래의 길흉화복(吉凶禍福)을 예언하는 술법. 또는 그러한 내용이 적힌 책. 圖錄(도록). 圖籙(도록).
【圖表 도표】그림으로 나타낸 표.
【圖形 도형】①그림의 모양이나 형태. 그림꼴. ②면·선·점 따위가 모여서 이루어진 꼴.
❶構-, 企-, 期-, 略-, 意-, 壯-, 地-, 版-, 海-, 畫-, 繪-, 橫-.

₁₁【圖】⑭ 圖(336)의 속자

₁₃【圓】⑯ ❶두를 환 huán ❷둥글 원 yuán
[字解] ❶두르다, 에우다, 에워싸다.〔漢書〕圓悼惠王家圓邑. ❷①둥글다. ②하늘.〔易經〕乾爲圓. ③양기(陽氣).〔太玄經〕圓煦釋物. ④돌다, 회전하다.〔孔子家語〕圓流九十里. ⑤널리 통하다, 두루 미치다.〔周禮〕齊太史爲周官九府圓法. ⑥감옥, 옥.〔周禮〕司圜中士六人.
【圜流 환류】빙 돌아 흐름. 還流(환류).
【圜繞 환요】에워 두름.
【圜冠 원관】둥근 갓. 유자(儒者)의 갓.
【圜丘 원구】①하늘의 모양을 본뜬 원형의 제단. 임금이 동지(冬至)에 천제(天祭)를 지내던 곳. ②선인(仙人)이 있는 곳.
【圜扉 원비】감옥의 문짝. 곧, 감옥.
【圜視 ❶원시 ❷환시】❶놀라서 눈을 둥글게 뜨고 봄. ❷휘둘러 봄.
【圜牆 원장】감옥. 圓土(원토).
【圜陣 원진】둥글게 친 진. 圓陣(원진).
【圜則 원칙】하늘의 도. 곧, 하늘.
【圜土 원토】감옥. 圜牆(원장).

₁₉【欒】㉒ 둥글 란 luán
[字解] 둥글다. 늑欒.

₂₃【欒】㉖ 欒(337)의 속자

土部
3획 부수 | 흙토부

土₀【土】③ ❶흙 토 tǔ ❷뿌리 두 dù ❸하찮을 차 chǎ

一十土

소전 土 초서 圡 [參考] 대법원 지정 인명용 한자의 음은 '토'이다.
[字源] 象形. 흙더미를 본뜬 글자.
[字解] ❶①흙.〔書經〕厥貢惟土五色. ②땅. ㉮토양, 육지. ¶ 土靑. ㉯영토(領土).〔國語〕其土又小. ㉰곳, 장소.〔詩經〕樂土樂土. ㉱고장, 일정한 어느 곳. ¶ 土寇. ㉲고향, 향토(鄕土).〔後漢書〕年老思土. ㉳경작지, 논밭. ¶ 農土. ③오행(五行)의 하나. 방위로는 중앙, 계절로는 사계절에 18일씩 나누어져 있고, 인륜(人倫)으로는 임금, 10간으로는 무·기(戊·己), 빛으로는 황(黃), 오음(五音)으로는 궁(宮), 맛으로는 감(甘), 냄새로는 향(香), 오상(五常)으로는 신(信), 별로는 토성(土星)을 가리킨다. ④토지의 신, 대지를 주재하는 신.〔春秋公羊傳〕諸侯祭土. ⑤흙을 구워서 만든 악기.〔周禮〕金石土革絲木匏竹. ⑥살다, 자리잡고 살다.〔詩經〕自土沮漆. ⑦헤아리다, 측량하다. 늑度.〔周禮〕以土圭土其地. ⑧흙일을 하다, 토목 공사를 하다.〔詩經〕土國城漕. ⑨사업(事業).〔皇極經世書〕天子以九州爲土. ⑩평평한 땅, 평지(平地).〔周禮〕土國用人節. ⑪성(姓). ❷뿌리, 초목의 뿌리.〔詩經〕徹彼桑土. ❸하찮다. 찌꺼기·티끌·흙덩이·두엄풀 등의 하찮은 것〔呂氏春秋〕道之眞以持身, 其緖餘以爲國家, 其土苴以治天下.
【土疆 토강】영지(領地). 영토(領土).
【土芥 토개】흙과 먼지. 하찮은 것이나 가치가 없는 것의 비유.
【土梗 토경】①흙으로 빚어 만든 인형(人形). 土偶(토우). ②흙으로 빚어 만든 인형처럼 조악(粗惡)한 것. 가짜.
【土階茅茨 토계모자】흙으로 쌓은 계단과 끝을 고르게 자르지 않은 띠풀로 인 지붕. 검소하게 지은 집의 모습.
【土膏 토고】①땅의 양분(養分). ②땅이 기름짐. 기름진 땅.
【土公 토공】①흙을 맡아보는 신(神). 봄에는 부엌, 여름에는 문, 가을에는 우물, 겨울에는 뜰에 살며, 그때 그 곳을 건드리면 재앙이 온다고 함. ②토민(土民) 중에서 우두머리 되는 사람. 촌장(村長).
【土貢 토공】조정(朝廷)에 바치는 그 지방의 토산물(土産物).
【土管 토관】흙으로 구워 대롱처럼 둥글게 만든 관. 연통·배수관 따위에 쓰임.
【土寇 토구】지방(地方)에서 일어나는 반란민. 土匪(토비). 土賊(토적).
【土狗 토구】①농작물의 뿌리를 먹고 사는 해충. 땅강아지. ②흙을 굳혀 개 모양으로 만든 것.
【土國 토국】①땅이 평평하고 산과 못이 없는 나라. ②국도(國都)에서 토목 공사를 함.

【土窟 토굴】 땅속으로 뚫린 큰 굴.
【土圭 토규】 해 그림자나 토지를 재는 데 쓰던 옥기(玉器).
【土囊 토낭】 ①큰 구멍. ②흙을 담은 섬.
【土斷 토단】 일정(一定)한 넓이의 땅에 사람 사는 호수(戶數)를 제한하는 일.
【土臺 토대】 ①흙으로 쌓은 대. ②건조물의 밑바탕. ③사물의 바탕이 되는 기초.
【土塗 토도】 진흙. 泥土(이토).
【土豚 토돈】 흙을 싸거나 담아 성을 쌓거나 물을 막는 데 쓰는 섬. 흙을 담은 섬.
【土龍 토룡】 ①흙으로 만든 용(龍). 기우(祈雨)하는 데 사용하였다. ②지렁이의 딴 이름. ③두더지의 딴 이름.
【土毛 토모】 땅의 터럭. 채소와 곡식의 비유.
【土木形骸 토목형해】 흙과 나무로 된 뼈대. 외모를 꾸미지 않음.
【土無二王 토무이왕】 천하에 두 임금이 있을 수 없음.
【土房 토방】 ①흙과 집. 곧, 국가(國家). ②진흙으로 지은 집. ③國마루를 놓을 수 있는 처마 밑의 땅. 흙마루.
【土蕃 토번】 미개한 지방에 오랫동안 붙박이로 사는 토착민.
【土崩瓦解 토붕와해】 흙이 무너지고 기와가 깨어짐. 어떤 사물이 근본적으로 무너져 걷잡을 수 없는 상태의 비유.
【土匪 토비】 어떤 지방을 중심으로 활동하는, 도둑의 떼. 土賊(토적). 土寇(토구).
【土殯 토빈】 장사를 지내기 전에 임시로 관을 땅에 묻음.
【土思 토사】 본토(本土)를 걱정함. 고향을 그리워함.
【土砂 토사】 흙과 모래.
【土壤細流 토양세류】 작은 흙덩이와 가느다란 내. 미세한 것도 이것을 쌓으면 큰 것이 됨.
【土域 토역】 ①나라 안. 領內(영내). ②땅. 토지(土地).
【土屋 토옥】 ①토담집. ②본토박이의 집. 변경에 사는 주민의 집.
【土旺 토왕】 토기(土氣)가 왕성한 일.
【土偶 토우】 흙으로 만든 허수아비. 흙으로 만든 인형. ☞土梗(토경)①.
【土牛木馬 토우목마】 흙으로 만든 소와 나무로 만든 말. ㉠겉은 훌륭하나 실속이 없음. ㉡가문(家門)이 좋을 뿐 아무 재능이 없는 사람.
【土宜 토의】 ①그 땅에 적합한 농작물(農作物). ②그 땅의 산물(產物).
【土葬 토장】 시체를 땅에 매장하는 일.
【土漿 토장】 황토 땅을 파고 거기서 나는 물을 저어 이것을 한 다음 다시 가라앉은 맑은 윗물. 해독에 씀. 地漿(지장).
【土藏 토장】 ①흙으로 덮음. ②오행(五行)으로 토(土)에 해당하는 장부(臟腑). 곧, 비장(脾臟).
【土猪 토저】 오소리.
【土積成山 토적성산】 흙이도 쌓으면 높은 산 됨. 작은 물건도 쌓이고 쌓이면 큰 것이 됨. 積土成山(적토성산).
【土鼎 토정】 질솥.
【土着 토착】 대대로 그 땅에 자리잡고 삶.
【土版 토판】 흙으로 만든 책판(冊版).
【土豹 토포】 스라소니.
【土風 토풍】 ①지방의 민요. ②그 지방의 풍속.
【土筆 토필】 ①나무 끝을 태워서 소묘(素描)에 쓰는 붓. ②뱀밥.
【土蝦 토하】 생이. 애새우.
【土鉶 토형】 국을 담는 토기(土器). 두 귀에 세 발이 달린 제기(祭器).
【土豪 토호】 그 지방의 토착민으로서 세력이 있는 사람.
【土化 토화】 ①썩어서 흙이 됨. ②토질(土質)에 맞게 거름을 주어 농작물을 가꿈.
【土花 토화】 ①땅 밑에 묻은 기물(器物)이 진흙 때문에 색(色)과 질(質)이 변화한 흔적. ②이끼. 鮮苔(선태). ③지상(地上)의 꽃.
【土貨 토화】 그 나라에서 만든 상품. 국산품.
【土梟 토효】 올빼미.
【土堠 토후】 이정표(里程標).
【土苴 차자】 ①쓰레기. 찌꺼기. ②미천한 것의 비유.

● 疆ㅡ, 故ㅡ, 國ㅡ, 樂ㅡ, 陶ㅡ, 方ㅡ, 邦ㅡ, 白ㅡ, 本ㅡ, 封ㅡ, 敷ㅡ, 腐ㅡ, 沙ㅡ, 壤ㅡ, 沃ㅡ, 王ㅡ, 瓷ㅡ, 赤ㅡ, 田ㅡ, 全ㅡ, 粘ㅡ, 淨ㅡ, 尺ㅡ, 拓ㅡ, 瘠ㅡ, 草ㅡ, 焦ㅡ, 寸ㅡ, 埴ㅡ, 風ㅡ, 鄕ㅡ, 黃ㅡ.

土1 【圠】 ④ 희미할 알 圝 yà

[초서][전서] [字解] ①희미하다, 확실하지 않다, 어둡다. 〔袁裘·遠遊聯句〕鉄衣入閭閻, 芥視圠圠. ②산모퉁이, 산곡(山曲). ③흙이 굳어지다.

土2 【圤】 ⑤ 樸(364)과 동자

土2 【圧】 ⑤ 壓(367)의 속자

土3 【圭】 ⑥ 홀 규 齊 guī

[소전]圭 [고문]珪 [초서]圭 [고자]珪 [字源] 會意. 土+土→圭. 영토(土)와 영토의 경계, 곧 제후로 책봉이 되어서 천자로부터 받은 자기 영토의 경계라는 데서, 제후의 신인(信印)인 '홀'을 뜻하게 되었다.

[字解] ①홀, 옥으로 만든 홀. 위는 둥글고 아래는 네모진 옥으로, 천자가 제후(諸侯)를 봉할 때 내리던 신인(信印). 〔周禮〕以青圭禮東方. ②모, 모서리. ¶圭角. ③용량(容量)의 단위. ㉮기장(黍) 64개의 양. 〔孟子〕 六十四黍爲一圭, 十圭爲一合. ㉯낟알(粟) 6개의 양. 〔孫子算經〕六粟爲一圭, 十圭爲一撮. ㉰낟알 10개

土部 3획 圯圬圩圮在

의 양.〔夏侯陽算經〕十粟爲一圭.㉣한 숟가락 가득한 양.〔本草綱目〕凡散藥有云刀圭者,十分方寸匕之.④무게의 단위. 낟알 10개의 무게.〔後漢書〕十粟重一圭,十圭重一銖.⑤결백하다,깨끗하다.〔儀禮〕圭爲而哀薦之饗.
【圭角 규각】①옥(玉)의 뾰족한 모서리. ②말이나 행동이 모가 나서 남과 잘 어울리지 않음.
【圭竇 규두】쪽문. 문 곁의 작은 창.
【圭璧 규벽】①규(圭)와 벽(璧). 제후(諸侯)가 천자를 알현할 때나 제사 때 표지로 지니던 구슬. ②인품(人品)이 뛰어남의 비유.
【圭臬 규얼】①해 그림자를 재는 기구. 해시계. ②법도(法度). 표준(標準).
【圭勺 규작】①규옥(圭玉)으로 만든 잔. 천자(天子)가 작위(爵位) 있는 사람에게 하사하는 것. ②영달(榮達). 영예(榮譽).
【圭璋 규장】①예식 때 장식으로 쓰는 구슬. ②인품이 높음. ③유용한 인재의 비유.
【圭田 규전】①임금이 경대부(卿大夫)에게 준 밭. ②벼슬아치가 받는 밭. 仕田(사전).
【圭撮 규촬】①적은 분량. 조금. ○'撮'은 한 자밤 정도의 양.
【圭表 규표】①해의 그림자를 재는 기기(器機). 해시계. ②규범. 표준.

◑ 刀-, 白-, 簪-, 土-, 桓-.

土 3 【圯】⑥ 무너질 비 𡉣 pǐ

圯 圯 圯 㕋考 圯(339)는 딴 자.
字解 무너지다, 허물어지다.〔書經〕方命圯族.
【圯缺 비결】무너지고 이지러짐.
【圯裂 비열】무너지고 갈라짐.
【圯溺 비익】홍수 때문에 땅이 물에 잠기어 허물어짐.
【圯絕 비절】허물어져 끊어짐. 斷絕(단절).
【圯毀 비훼】허물어짐.

土 3 【圬】⑥ 흙손 오 𡉤 wū

圬 杇 字解 흙손, 흙손질하는 사람.〔春秋左氏傳〕圬人以時.
【圬墁 오만】벽을 바르는 일. 미장이의 일.
【圬人 오인】미장이. 圬者(오자).

土 3 【圩】⑥ 오목할 우 𡉥 yú

圩 字解 ①오목하다, 움푹 패다.〔史記〕生而首上圩頂. ②제방, 둑.〔楊萬里·詩〕鄉有圩長. ③염전(鹽田).
【圩田 우전】지대가 수면보다 낮아서 주위에 둑을 쌓은 논.
【圩頂 우정】머리 위가 오목하게 들어간 정수리.

土 3 【圮】⑥ 다리 이 𡉦 yí

㕋考 圮(339)는 딴 자.
字解 다리, 흙을 쌓아 만든 다리.
【圮橋 이교】①흙다리. ②다리 이름. 강소성(江蘇省) 하비(下邳)에 있음.
【圮橋書 이교서】장량(張良)이 황석공(黃石公)으로부터 이교(圮橋) 위에서 받았다는 태공망(太公望)의 병서(兵書).
【圮上老人 이상노인】이교 위에서 장량에게 태공망의 병서를 준 노인. 곧, 황석공(黃石公).
【圮下取履 이하취리】이교 밑에서 신발을 주워 옴. 자신을 낮추어 가르침을 받음. 故事 장량이 황석공을 이교에서 만났을 때 그가 다리 밑에 떨어뜨린 신발을 주워다가 바치고 나서 태공망의 병서를 전해 받은 고사에서 온 말.

土 3 【在】⑥ 있을 재 𡉧 zài

一ナ大才存在

在 在 字源 形聲. 才+土→在. '才(재)'가 음을 나타낸다.
字解 ①있다. ㉮일정한 곳을 차지하고 있다.〔杜甫·詩〕雲在意俱遲. ㉯일정한 위치·벼슬 등에 자리하고 있다.〔易經〕在下位而不憂. ㉰살고 있다, 이 세상에 존재하고 있다.〔論語〕父在觀其志,父沒觀其行. ②보다, 살피다.〔書經〕在璿璣玉衡,以齊七政. ③제멋대로 하다, 자유자재로 하다.〔莊子〕聞在宥天下,不聞治天下也. ④묻다, 안부를 묻다.〔春秋左氏傳〕吾子獨不在寡人.
【在假 재가】현재 휴가 중임.
【在家出家 재가출가】승려는 아니나, 속세에 있으면서도 속세를 해탈(解脫)함.
【在阬滿阬 재갱만갱】구덩이에 있으면 구덩이에 가득 참. 도(道)가 도처에 가득함.
【在京 재경】서울에 머물러 있음.
【在告 재고】벼슬아치가 휴가를 얻어 귀근(歸覲) 중에 있음.
【在庫 재고】창고에 있음.
【在公 재공】공무(公務)에 종사함.
【在來 재래】전부터 있어 내려온 것.
【在留 재류】다른 나라 고장에 머물고 있음.
【在理 재리】①이치를 분명히 앎. 도리를 규명함. ②재판을 받음. 또는 재판받고 있는 기간.
【在三 재삼】가장 존경하여야 할 세 종류의 사람. 곧, 어버이·스승·임금.
【在三之義 재삼지의】군(君)·부(父)·사(師)의 은혜에 보답하고자 정성을 다하는 도리.
【在昔 재석】옛적.
【在世 재세】①세상에 살아 있음. ②살아 있는 동안. 生存(생존). 存命(존명).
【在俗 재속】(佛)출가(出家)하지 아니하고 속체(俗體)로 있음. 또는 그 사람.
【在室 재실】①방 안에 있음. ②㉠정혼(定婚)하였으나 아직 시집가지 않은 여자. ㉡이혼하고 친정에 있는 여자.

【在野 재야】 초야(草野)에 있음. 벼슬하지 않고 민간에 있음.
【在約思純 재약사순】 가난한 처지에 있어도 마음은 순일하여 외람된 생각을 하지 않음.
【在位 재위】 ①임금의 자리에 있음. ②임금 자리에 있는 동안.
【在宥 재유】 사람이나 사물이 자연스럽고 자유롭게 놓아 둠.
【在在 재재】 곳곳. 도처(到處).
【在舟 재주】 같은 배를 타고 있음. 근심과 걱정을 같이함.
【在中 재중】 속에 들어 있음. 주로 편지 겉봉에 쓰는 말.
【在職 재직】 직장에 근무하고 있음.
【在行 재행】 ⓥ일에 있어서 매우 익숙한 사람. 熟練家(숙련가).
◐ 介―, 健―, 不―, 散―, 所―, 實―, 自―, 存―, 駐―, 滯―, 偏―, 現―, 顯―.

土3 【尘】 ⑥ 塵(362)의 고자

土3 【地】 ⑥ 땅 지 ⓥ dì, de

一 十 土 圵 地 地

地[소전] 墬[주문] 坔[초서] 埊 [李源] 形聲. 土+也→地. '也(야)'가 음을 나타낸다.
[字解] ①땅. ㉮뭍, 육지.〔詩經〕乃生女子, 載寢之地. ㉯지구, 지구의 표면. ¶ 天地. ㉰토양, 농토, 논밭.〔孟子〕井地不均. ㉱곳, 장소.〔管子〕使民毋由接於淫之地. ㉲나라, 영토, 국토.〔史記〕不忘接地于齊. ②토지의 신(神).〔禮記〕祀天祭地. ③처지.〔孟子〕禹·稷·顏子, 易地則皆然. ④신분, 문벌.〔世說新語〕門地粗可. ⑤바탕, 본바탕.〔金圖經〕其門十二, 各有標名. 墨書粉地. ⑥살다, 거주하다.〔書經〕永地於新邑. ⑦사시(詞詩)에 사용하는 조사. 오늘날의 '的'과 같은 뜻으로 쓴다.〔李白·詞〕相看月未墮, 白地斷肝腸. ⑧다만. 뿐. 늘늘.〔漢書〕西曹地忍之.
【地價 지가】 땅의 값.
【地角 지각】 ①땅의 끝. 대지(大地)의 구석. ②곶(串). 육지가 가늘고 길게 해중(海中)에 튀어 나온 곳. ③관상술(觀相術)에서 사람의 협골(頰骨)을 이르는 말.
【地殼 지각】 지구의 표층(表層)을 이루는 단단한 부분.
【地角天涯 지각천애】 땅의 끝과 하늘의 끝. 서로 멀리 떨어져 있음.
【地甲 지갑】 ①땅. 토지. 大地(대지). ②거북의 딴 이름.
【地官 지관】 ①벼슬 이름. 주대(周代) 육직(六職)의 하나. 교육과 토지(土地)·인사(人事)에 관한 일을 맡아봄. ②중원(中元)음력 7월 15일)을 맡아본는 신(神)의 이름. 사람의 선

악(善惡)을 기록한다고 함. ③풍수지리설에 따라 집터·묏자리 따위를 가리어 잡는 사람.
【地廣人希 지광인희】 땅은 넓고 사람은 드묾.
【地紘 지굉】 ▷地維(지유)①.
【地久 지구】 땅이 영원히 존재함.
【地金 지금】 ①땅속의 금. ②제품으로 만들거나 세공하지 아니한 황금.
【地錦 지금】 ①담쟁이덩굴. ②지황(地黃)의 딴 이름.
【地祇 지기】 국토의 신(神). 地神(지신).
【地段 지단】 지구(地區). 지역(地域).
【地帶 지대】 한정된 일정한 구역.
【地大物博 지대물박】 땅이 넓고 산물이 많음.
【地道 지도】 ①땅의 도(道). ②땅속에 굴을 파서 만든 길. 갱도(坑道).
【地頭 지두】 ①전지(田地)의 양 끝. ②이 자리. ③처소. 장소. ④방면.
【地臘 지랍】 도교(道敎)에서 음력 5월 5일에 행하는 제사.
【地靈 지령】 ①대지(大地)의 신령(神靈). ②대지의 영묘(靈妙)함. ③그 고장의 풍습·상태 등이 영묘하게 빼어남.
【地靈人傑 지령인걸】 산천이 수려하고 지세(地勢)가 빼어나서, 그 지기(地氣)를 띠고 태어난 주민도 뛰어남.
【地爐 지로】 땅을 파고 마련한 난로.
【地牢 지뢰】 땅을 파서 만든 감옥.
【地籟 지뢰】 지상(地上)에서 나는 소리. 숲이나 골짜기에 부딪쳐 나는 바람 소리 등.
【地利 지리】 ①지형(地形)이 유리함. 지세(地勢)가 편리함. ②토지에서 나는 이익. 생산물·지대(地代) 따위.
【地利不如人和 지리불여인화】 지형상의 요해처를 얻어도 사람들이 화합 단결하는 힘만 못함.
【地望 지망】 지위와 명망(名望). 좋은 집안.
【地文 지문】 ①땅의 생김새. 땅의 온갖 상태. ②반하(半夏)의 딴 이름. ꘒ'半夏'는 약초 이름.
【地盤 지반】 ①땅(지각). ②건물 따위의 기초가 되는 지면(地面). ③나침반. ④술수가(術數家)에서 지상 십이신(地上十二辰)의 방위를 이르는 말.
【地步 지보】 ①자기가 있는 지위. 處地(처지). ②땅을 나누어서 가른 조각.
【地保 지보】 땅의 이로움. 要害(요해).
【地府 지부】 도교(道敎)에서 명부(冥府)를 이르는 말. 저승. 冥中(명중).
【地符 지부】 땅 위에 나타나는 상서로운 조짐.
【地負海涵 지부해함】 땅은 만물을 지고, 바다는 넓은 지역을 적심. 지식 따위의 넓고 큼.
【地分 지분】 ①지위(地位). ②나눔. 분봉(分封)한 땅. ③군대의 주둔지. ④지구(地區).
【地比 지비】 땅의 가까운 곳에서 점차로 먼 곳에 이름.
【地師 지사】 ▷地官(지관)③.
【地蟬 지선】 지렁이. 地龍子(지룡자).
【地勢 지세】 ①토지의 기복(起伏)·심천(深淺) 등의 상태. ②지위(地位). 처지.

【地小不足廻旋 지소부족회선】영토가 좁아서 마음껏 춤출 수 없음. 훌륭한 재능을 가졌으나 처지가 좋지 않아 역량을 발휘할 수 없음. 故事 장사(長沙)의 정왕(定王)이 한(漢)의 경제(景帝)에게 자기가 다스리는 나라의 땅이 좁음을 하소연한 고사에서 온 말.
【地水火風 지수화풍】(佛)우주를 구성하는 사대 원소(四大元素). 곧, 땅·물·불·바람.
【地心 지심】①지각(地殼)에 싸인 지구의 내부를 차지하는 고열부. ②지구의 중심.
【地域 지역】일정한 범위의 땅.
【地獄 지옥】①(佛)생전(生前)에 지은 죄로 말미암아 죽은 뒤에 가책(苛責)을 받는다는 곳. ②못 견딜 가책이나 고통을 받는 곳. 곧, 어둡고 추하고 처참한 곳.
【地維 지유】①대지(大地)를 지탱하는 밧줄. ②대지(大地)의 딴 이름. ③대지의 사방 보퉁이. ▷고대에는 대지는 네모 모양으로 되어 있고, 그 네모는 큰 밧줄로 묶여 있어서 지탱된다고 생각하였음.
【地銀 지은】①땅 위의 은. 하천(河川)의 비유. ②國90%의 순분(純分)이 들어 있는 은. 九成銀(구성은).
【地衣 지의】①지의류(地衣類)에 속하는 식물의 총칭. ②이끼의 한 가지. ③질경이의 딴 이름. ④땅 위에 까는 깔개. 멍석·돗자리 따위.
【地子 지자】당대(唐代)에 경작 면적의 넓이에 따라 가난한 사람들에게 주던 파종용(播種用)의 곡물(穀物).
【地漿 지장】①땅 속의 물. 또는 땅에서 솟아 나오는 물. ②황토 땅을 파고 거기에서 나는 생물을 저어 흐리게 한 다음 다시 가라앉힌 맑은 윗물. 해독에 씀.
【地藏 지장】①땅에 숨음. ②움. 움막. 地窖(지교). ③대지(大地).
【地籍 지적】①땅의 소속(所屬). ②소속하는 가문(家門). 신분과 문벌.
【地點 지점】일정한 지역 안에서의 구체적인 어떤 곳.
【地丁 지정】①민들레. ②지조(地租)와 인두세(人頭稅). ③소작인. 佃戶(전호).
【地精 지정】①토지의 정기(精氣). ②㉠인삼(人蔘)의 딴 이름. ㉡하수오(何首烏)의 딴 이름.
【地政 지정】①토지에 부과하는 조세(租稅). ②'政'은 조세. 地租(지조). ③땅이 행하는 정치. 곧, 만물을 낳은 일.
【地租 지조】토지에 부과하는 조세.
【地主 지주】①제후가 회합하는 곳으로 정한 나라의 임금. ②대지(大地)에 대한 주인. 곧, 하늘. ③땅의 소유자. 토지의 신.
【地支 지지】12지. 곧, 자(子)·축(丑)·인(寅)·묘(卯)·진(辰)·사(巳)·오(午)·미(未)·신(申)·유(酉)·술(戌)·해(亥).
【地誌 지지】산천·기후·풍속·산물 등을 기록한 책. 地理書(지리서). 地志(지지).
【地質 지질】①땅의 성질. ②지각(地殼)을 구성하는 암석, 지층(地層)의 성질이나 상태.

【地著 지착】①그 땅에서 나서 붙박이로 살고 있음. ②그 땅에 안주하고 있음.
【地醜德齊 지추덕제】토지의 크기가 같고 덕이 비슷함. 나라의 크기나, 군주의 덕망이 서로 차이가 없음.
【地嘴 지취】육지가 가늘고 뾰족하게 바다로 쑥 내민 곳. 곶. 岬(갑).
【地表 지표】지구의 표면. 땅의 겉면.
【地行仙 지행선】땅 위를 걸어 다니는 신선(神仙). 지상에 살고 있는 신선. ㉠나이가 많은 사람. 남의 장수(長壽)를 축하하는 말. ㉡한가롭게 사는 사람.
【地皇 지황】상고(上古)의 제왕(帝王). 천황씨(天皇氏)를 계승하였다고 함.
【地黃 지황】현삼과의 다년생 식물. 뿌리는 보혈 강장·지혈(止血)의 약재로 씀. 地髓(지수).
● 空一, 窮一, 樂一, 落一, 內一, 大一, 墓一, 邊一, 盆一, 死一, 實一, 餘一, 外一, 要一, 陸一, 立一, 田一, 戰一, 尺一, 拓一, 天一, 寸一, 土一, 平一.

土
4 【坎】㉮ 구덩이 감 國 kǎn
소전 [坅] 초서 [坎] 동musí [峪]
字解 ㉠구덩이. ㉮구덩이, 움푹 팬 곳. ¶坎井之蛙. ㉯무덤으로 판 구덩이. 〔禮記〕其 坎深不至於泉. ㉰신(神)에게 제사 지내기 위해 판 구덩이. 〔禮記〕四坎壇, 祭四方也. ②험하다, 평탄하지 아니하다. 〔柳宗元·文〕哀余衷之坎坎兮. ③악기를 치거나 나무를 베는 소리. ¶坎坎. ④8괘의 하나. 괘형은 ☵. 물·달·악인(惡人)·북쪽·군은 마음·숨다·괴로워하다 등을 상징한다. ⑤괴로워하다, 뜻을 얻지 못하여 애태우다. ¶坎壈. ⑥묻다, 묻어 숨기다. 〔唐書〕函使閉坎.
【坎坷 감가】길이 험하여 걸어가기에 힘듦. ㉠때를 만나지 못함. ㉡뜻을 이루지 못함. 坎軻(감가). 不遇(불우).
【坎坎 감감】①나무를 베는 소리. ②북치는 소리. ③불안(不安)한 모양. ④기쁜 모양. ⑤힘을 들이는 소리. ⑥속이 비어 있는 모양.
【坎卦 감괘】괘 이름. 8괘의 하나. 물·달·북쪽·악인(惡人) 등을 상징함. 괘형은 ☵.
【坎壇 감단】제사 지내기 위해 판 구덩이와 땅에 쌓은 단. ○'坎'은 한신(寒神)과 천곡천택(川谷泉澤)의 신(神)에게 제사 지내며, '壇'은 서신(暑神)과 산림구릉(山林丘陵)의 신에게 제사 지냄.
【坎壈 감람】불우(不遇)한 모양. 뜻을 얻지 못함. 失意(실의).
【坎井之蛙 감정지와】우물 안의 개구리. 견문이 좁은 사람의 비유.
【坎窞 감담】짐승을 사로잡기 위하여 파놓은 구덩이. 허방다리.
【坎止 감지】험난한 지경에 다다라 그만둠.
【坎侯 감후】공후(箜篌)의 본디 이름.
● 壈一, 屯一, 窨一, 幽一.

⁴[坑]㉠ 구덩이 갱 庚 kēng

坑(초서) 阬(동자) 字解 ❶구덩이, 움푹하게 팬 곳. 〔楚辭〕與麋鹿同阬. ❷구덩이에 묻다. 〔史記〕羽詐阬秦卒三十萬.

【坑谷 갱곡】 골짜기. 阬谷(갱곡).
【坑口 갱구】 ①굴의 어귀. ②갱도의 들머리.
【坑道 갱도】 ①갱내(坑內)의 길. ②땅속에 뚫어 놓은 길.
【坑殺 갱살】 구덩이에 처 넣어 죽임.
【坑儒 갱유】 진시황(秦始皇)이 수많은 유생(儒生)을 구덩이에 묻어 죽인 일.
【坑塹 갱참】 구덩이. 참호. 阬塹(갱참).
【坑坙 갱경】 구덩이. 구렁.
【坑陷 갱함】 ①구덩이. ②음모를 꾸며서 해침의 비유.
◐ 鑛―, 金―, 銅―, 炭―.

⁴[坚]㉠ 堅(350)의 속자

⁴[均]㉠
❶고를 균 眞 jūn
❷울림 운 問 yùn
❸따를 연 先

一十土圠圴均

坮(소전) 均(초서) 叄考 대법원 지정 인명용 한자의 음은 '균'이다.
字源 會意·形聲. 土+勻→均. 평평한 땅(土)에 고루 미친다(勻)는 뜻을 나타낸다. '勻(균)'이 음도 나타낸다.
字解 ❶①고르다. ㉮평평하게 하다, 높낮이를 없게 하다. 〔詩經〕大夫不均. ㉯가지런하게 하다, 조화(調和)를 이루다. 〔禮記〕均琴瑟管簫. ㉰한결같다, 같게 하다. 〔國語〕君王均之. ②갈다, 밭을 갈다. 〔大戴禮〕農率均田. ③녹로(轆轤). 오지그릇을 만드는 데 쓰는 물레. 〔管子〕猶立朝夕於運均之上. ④현악기의 조율기(調律器). 〔後漢書〕陳八音, 聽五均. ⑤헤아리다. 〔周禮〕掌均萬民之食. ❷울림, 소리 끝의 울림. =韻. 〔成公綏·賦〕音均不恆. ❸따르다, 물을 따라 내려가다. =沿. 〔書經〕均于江海.
【均等 균등】 차별없이 고름.
【均服 균복】 균일한 복장. 갖춘 복장.
【均勢 균세】 균등한 세력.
【均輸法 균수법】 한(漢) 무제(武帝)가 정한 경제 정책. 각 군(郡)에 균수관(均輸官)을 두어 그 지방에서 많이 나는 물건을 조세로 징수하거나 이를 산출이 적은 지방에 팔아 이익을 취하고, 서울에는 평준관(平準官)을 두어 각 지방의 저렴한 물건을 사들여 가격이 올랐을 때 팔아 물가 조절의 수단으로 삼았음.
【均役 균역】 부역을 공평하게 함.
【均一 균일】 한결같이 고름.
【均田 균전】 ①밭을 가는 일. ②국민에게 균등하게 토지를 나누어 주는 일. 또는 그 토지.
【均霑 균점】 평등하게 혜택을 입음. 均沾(균점).

⁴[均調 균조] 고르게 함. 조절함.

【均平 균평】 ①공평함. 공평하게 함. ②평화로움. 화평하게 됨.
【均布 균포】 평등하고 공평하게 널리 미침.
【均浹 균협】 두루 미침. 고루 돌아감.
【均衡 균형】 치우침이 없이 고름.
◐ 濟―, 調―, 平―.

⁴[坅]㉠ 구덩이 금 侵 qīn

字解 구덩이, 움푹 팬 곳. 〔儀禮〕甸人築坅坎.

⁴[圾]㉠ 위태할 급 緝 jí

圾(초서) 字解 위태하다, 위태롭다. =岌. 〔莊子〕殆哉圾乎天下.
【圾圾 급급】 위태로운 모양.
【圾乎 급호】 위태로운 모양. 岌乎(급호).

⁴[圻]㉠
❶경기 기 微 qí
❷끝 은 眞 yín

圻(초서) 叄考 대법원 지정 인명용 한자의 음은 '기·은'이다.
字解 ❶경기(京畿). 왕성(王城)을 중심으로 한 사방 1,000리의 땅. ≒畿. 〔孔子家語〕天子一圻. ❷끝, 지경. ≒垠. 〔淮南子〕四達無竟, 通于無圻.
【圻內 기내】 경계의 안. 境內(경내).
【圻鄂 기악】 ①옥(玉) 따위의 단면의 선이 융기한 무늬. ②물건의 가장자리.

⁴[坍]㉠ 무너질 담 覃 tān

字解 무너지다, 물이 언덕을 쳐서 무너지다.

⁴[坉]㉠ 막힐 둔 元 tún, dùn

字解 ①막히다, 물이 통하지 아니하다. ②막다, 쌓다. 흙을 채운 섬이나 가마니 따위로 물을 막거나 성을 쌓다. ③밭이랑, 전롱(田隴).

⁴[坊]㉠ 동네 방 陽 fāng, fáng

坊(소전) 坊(초서) 字解 ❶동네. ㉮마을. 〔舊唐書〕在邑居者爲坊. ㉯圈 동네, 조선 때 서울의 오부(五部)를 다시 나눈 행정 구역. 오늘날의 동(洞)에 해당한다. ¶坊民. ㉰조선 때 황해도와 평안도에서 면(面)에 해당하는 행정 구역. ㉱저자, 가게. 〔新唐書〕置市坊, 有貿易錄. ③절, 승려가 거처하는 곳. 〔傳燈錄〕俄拓寶坊. ④집, 거처하는 방. ¶別坊. ⑤둑, 제방. =防. 〔禮記〕祭坊與水. ⑥막다. =防. 〔禮記〕刑以坊淫. ⑦관아, 관서. 〔隋書〕共掌其坊之禁令.
【坊間 방간】 도시의 안. 길거리.
【坊閭 방려】 ①동네의 문. ②마을.
【坊民 방민】 ①백성의 과실을 미리 막는 일. ②

[國]방(坊)에 사는 백성.
【坊坊曲曲 방방곡곡】 한 군데도 빠짐 없는 모든 곳. 到處(도처).
【坊本 방본】 남송(南宋) 이후 민간 서점에서 출판한 책. 坊刻本(방각본).
【坊舍 방사】 승려가 거처하는 곳. 僧房(승방).
【坊市 방시】 동네. 坊間(방간).
【坊場 방장】 시장(市場). 장터.
【坊店 방점】 가게, 상점.
【坊廚 방주】 ①동네의 음식점. ②동네의 여인숙. ③동네의 찻집.
【坊巷 방항】 좁은 길. 골목길. 小路(소로).
◑ 教－, 內－, 本－, 宿－, 僧－.

土 4 **【坏】** ⑦ ❶언덕 **배** [灰] pī
❷무너질 **괴** [卦] huài

[소전] [초서] [동자] 坯 [字解] ❶①**언덕**, 나직한 산. ②**아직 굽지 않은 질그릇이나 기와**. 〔後漢書〕 參差同量坏冶一陶. ③**깔보다**, 게으르다. 〔法言〕 柔則坏. ④**바르다**, 막다, 흙으로 틈을 막다. 〔禮記〕 蟄蟲坏戶. ⑤**벽**(壁). 〔漢書〕 或鑿坏以遁. ⑥**움켜 뜨다**. 〔元好問·詩〕 坏土墳丘壑. ❷**무너지다**. ※壞(368)의 속자(俗字).
【坏冶 배야】 ①기와를 만들고 쇠를 불림. ②인재를 양성함. ③아직 굽지 않은 질그릇.
【坏車 배차】 축이 달린 널조각 위에 흙덩이를 놓고 돌리면서 도자기를 만드는 물레.
【坏土 배토】 ①얼마 안 되는 흙. ②[國]질그릇을 만드는 흙. ③무덤이 봉분.

土 4 **【坣】** ⑦ 封(472)의 고자

土 4 **【坋】** ⑦ 뿌릴 **분** [吻] fèn

[소전] [동자] 坌 [字解] ①**뿌리다**, 가루·분 따위를 끼얹다. 〔漢書〕 以末椒薑坋之. ②**둑**, 제방, 방죽. ③**먼지**, 티끌.

土 4 **【坌】** ⑦ ❶먼지 **분** [願] bèn
❷뿌릴 **분** [吻] bèn

[초서] [字解] ❶①**먼지**, 티끌. 〔元好問·詩〕 靄靄集微坌. ②**줄을 서다**, 나란히 서다. ¶ 坌入. ③**모이다**, 모여들다. 〔元稹·詩〕 我亦坌塵垢. ④**솟아오르는 모양**. 〔孔融·表〕 溢氣坌涌. ❷**뿌리다**. ＝坋.
【坌勃 분발】 먼지가 읾.
【坌涌 분용】 힘차게 솟아오름. 坌湧(분용).
【坌入 분입】 나란히 줄을 지어 들어감.
【坌集 분집】 떼 지어 모여듦.

土 4 **【坒】** ⑦ 섬돌 **비** [寘] bì

[소전] [字解] ①**섬돌**, 층층대. ≒陛. 〔漢書〕 人君如堂, 群臣如坒. ②**이어지다**, 잇닿다. 〔左思·賦〕 商賈騈坒.

土 4 **【坳】** ⑦ 坳(346)와 동자

土 4 **【坐】** ⑦ 앉을 **좌** [箇] zuò

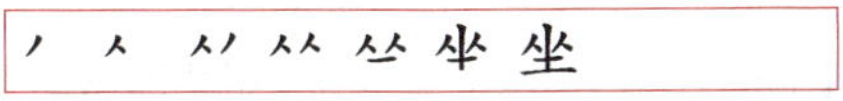

[소전] [고문] [초서] [본자] [동자]

[參考] 坐와 座(549)는 본디 같은 자이나, 뒤에 坐는 동사로, 座는 명사로 구별하여 쓰이게 되었다.
[字源] 會意. 두 사람〔人〕이 흙〔土〕 위에 마주 앉아 있는 모습을 나타내었다.
[字解] ①**앉다**. 〔墨子〕 孔某與其門弟子間坐. ②**앉아서**, 아무 일도 하지 않고서. ¶ 坐食. ③**무릎 꿇다**, 무릎을 꿇고 앉다. 〔春秋左氏傳〕 坐行而入. ④**지키다**, 방어하다. 〔春秋左氏傳〕 楚人坐其北門. ⑤**연좌(連坐)되다**, 남의 죄나 사건에 걸려들다. 〔漢書〕 除收帑相坐律令. ⑥**자리**, 좌석. ＝座. 〔後漢書〕 與虎賁同坐. ⑦**무릎맞춤하다**, 대질하다, 마주 대하여 시비를 따지다. 〔春秋左氏傳〕 使與邾大夫坐. ⑧**저절로**, 이렇다할 까닭 없이. 〔杜牧·詩〕 停車坐愛楓林晚. ⑨**죄에 빠지다**, 죄를 받다. 〔史記〕 及壯坐法黥. ⑩**기인하다**, 말미암다. 〔漢書〕 古者大臣有坐不廉而廢者. ⑪**사물의 단위**. ㉮건물을 세는 단위. 〔三國遺事〕 以賓館一坐二十餘間. ㉯기물·악기·불상(佛像) 등을 세는 단위. 〔萬機要覽〕 鉦三坐.
【坐間 좌간】 ①모인 자리. 席上(석상). ②앉아 있는 동안. 잠깐의 시간.
【坐感 좌감】 어쩐지 마음이 움직여짐.
【坐客 좌객】 ①자리에 있는 손. 座客(좌객). ②[國]못생긴 사람을 낮추어 이르는 말. ③[國]앉은뱅이.
【坐更 좌경】 ①궁중의 보루각(報漏閣)에서 밤에 징과 북을 쳐서 시각을 알리던 일. ②밤에 도둑이나 화재 따위를 경계하기 위하여 마을을 살핌, 또는 그 사람. 夜警(야경).
【坐繫 좌계】 남의 일에 휩쓸려 옥에 갇힘. 연좌(連坐)되어 구금(拘禁)됨.
【坐骨 좌골】 골반을 이루는 좌우 한 쌍의 뼈.
【坐觀成敗 좌관성패】 다만 승패(勝敗)의 귀추만을 관망(觀望)함.
【坐具 좌구】 (佛)육물(六物)의 한 가지. 앉아서 예배(禮拜)할 때에 쓰는 깔개.
【坐給 좌급】 가만히 있어도 저절로 채워짐.
【坐起 좌기】 ①앉음과 일어섬. ②[國]관청의 으뜸 벼슬에 있는 이가 출근하여 일을 맡아봄.
【坐堂受賀 좌당수하】 [國]새로 책봉된 왕세자가 자리에 나아가 백관(百官)에게 축하를 받는 일.
【坐大 좌대】 노력하지 아니하고도 자연히 나라가 강대해짐.
【坐忘 좌망】 잡념을 떠나 무아(無我)의 경지에 들어감.
【坐法 좌법】 ①벌을 받음. 처벌(處罰)됨. ②(佛) 부처나 승려들이 앉는 법식.

土部 4~5획 址 坂 坷 坩 坰 坤

【坐不重席 좌부중석】 앉을 때 깔개를 한 개 이상 쓰지 않음. 검소함.
【坐不垂堂 좌불수당】 마루 끝의 난간에 앉지 않음. 위험한 곳에 가까이 가지 않음.
【坐不安席 좌불안석】 불안하거나 걱정스러워 한 군데에 오래 앉아 있지 못함.
【坐禪 좌선】 (佛)조용히 앉아서 참선함. 주로 선종(禪宗)에서 행함.
【坐收魚利 좌수어리】 앉아서 어부지리를 거둠. 남들이 싸우는 틈에 손쉽게 이익을 얻음.
【坐愁行歎 좌수행탄】 앉아서 근심하고 가면서 탄식함. 언제나 슬퍼하고 탄식함.
【坐視 좌시】 ①앉아서 봄. ②간섭하지 않은 채 두고 보기만 함.
【坐食 좌식】 가만히 앉아서 먹음. 일하지 아니하고 먹음. 無爲徒食(무위도식).
【坐食山空 좌식산공】 國좌식하면 산도 빔. 아무리 재산이 많아도 놀고먹기만 하면 끝내는 없어지고 맒의 비유. 坐吃山空(좌흘산공).
【坐藥 좌약】 항문 따위에 끼워 넣는 약.
【坐言起行 좌언기행】 앉아서 한 말을 서서 행함. 말한 것은 반드시 실행함.
【坐臥 좌와】 앉음과 누움.
【坐褥 좌욕】 방석.
【坐率 좌율】 어리고 죄 없는 사람이 부형(父兄)의 죄로 말미암아 형벌을 받는 일.
【坐隱 좌은】 앉아서 은둔함. 바둑의 딴 이름.
【坐以待旦 좌이대단】 밤중부터 일어나 앉아 날이 새기를 기다림. 어떤 것을 얻고자 하는 마음이 간절함.
【坐作 좌작】 ①앉음과 일어남. 거동. 행동거지. ②앉아서 편안히 함.
【坐作進退 좌작진퇴】 앉고, 서고, 나아가고, 물러남. 곧, 사람 살아가는 모든 행동.
【坐定 좌정】 ①자리잡아 앉음. ②앉음의 높임말.
【坐井觀天 좌정관천】 우물에 앉아 하늘을 봄. 사람의 식견이 매우 좁음. 井中之蛙(정중지와).
【坐罪 좌죄】 ①죄를 짓고 처형됨. ②벌을 받음.
【坐次 좌차】 ①앉아 있는 곳. ②석차(席次).
【坐草 좌초】 산모(産母)가 아이를 낳으려고 함.
【坐礁 좌초】 배가 암초에 걸림.
【坐春風 좌춘풍】 봄바람 속에 앉아 있음. 훌륭한 스승 밑에서 가르침을 받음의 비유.
【坐致 좌치】 가만히 앉아서 이르게 함. 힘들이지 아니하고 얻음.
【坐化 좌화】 (佛)앉은 채로 죽음. 坐脫(좌탈).
◐ 端-, 對-, 別-, 禪-, 侍-, 安-, 連-, 危-, 正-, 鼎-, 靜-, 合-.

土₄【址】⑦ 터 지 紙 zhǐ
초서 圵 동자 阯 字解 터. ㉮토대, 기지. 〔左思·賦〕開國之所基址. ㉯자리, 곳.
【址臺 지대】 담이나 집채 등의 아랫도리의 지면에 돌로 쌓은 부분.
◐ 故-, 舊-, 基-, 寺-, 城-, 遺-, 廢-.

土₄【坂】⑦ 비탈 판 潸 bǎn
초서 坂 동자 岅 동자 阪 字解 ①비탈, 고개. 〔漢書〕帝欲下峻坂. ②둑, 제방.

土₅【坷】⑧ 평탄하지 않을 가 哿 kě
소전 坷 초서 坷 字解 ①평탄하지 않다, 길이 험하여 다니기 힘들다. 〔漢書〕濊南巢之坎坷兮. ②고생하다, 때를 만나지 못하여 고생하다. 〔蘇軾·詩〕空室自困坷.

土₅【坩】⑧ 도가니 감 覃 gān
초서 坩 字解 도가니. 쇠붙이를 녹이는 데 쓰는 그릇. 〔晉書〕以一坩鮮遺母.
【坩堝 감과】 도가니.

土₅【坰】⑧ 들 경 靑 jiōng
소전 坰 초서 坰 동자 冋 속 垧 字解 들. ㉮서울에서 멀리 떨어진 곳. 〔詩經〕在坰之野. ㉯국경에 근접해 있는 곳.
【坰外 경외】 먼 교외. 坰野(경야).

土₅【坤】⑧ 땅 곤 元 kūn
一 十 土 扗 圹 坁 坤 坤
소전 坤 초서 坤 字源 會意. 土＋申→坤. 토(土)의 자리는 12지의 신(申)에 있다는 뜻을 나타낸다.
字解 ①땅, 대지(大地). ②괘 이름, 8괘의 하나, 순음(純陰). 괘형은 ☷. 지(地)·모(母)·부(釜)·인색(吝嗇)의 상이며, 방위로는 서남. ③괘 이름, 64괘의 하나. 괘형은 ䷁. 유순함용(柔順含容)함을 상징한다. ㉮땅의 상. 〔易經〕天尊地卑, 乾坤定矣. ㉯음(陰)·여(女)의 상. 〔易經〕坤道成女. ㉰황후(皇后), 후위(后位)의 상. ㉱신(臣)·처(妻)·모(母)의 상. ㉲온순함의 상. 〔易經〕坤道其順乎.
【坤極 곤극】 황후의 자리. 황후의 신분.
【坤德 곤덕】 ①땅의 덕(德). 대지가 만물을 생육(生育)하는 힘. ②부덕(婦德). 후비(后妃)의 덕.
【坤道 곤도】 ①땅의 도(道). ②부인(婦人)이 지켜야 할 도리. 婦道(부도).
【坤靈 곤령】 땅의 신(神). 地祇(지기).
【坤母 곤모】 ①어머니. ②땅. ③불의 딴 이름.
【坤方 곤방】 팔방(八方)의 하나. 서남방.
【坤時 곤시】 24시의 열여섯째 시. 곧, 오후 2시 30분~3시 30분.
【坤輿 곤여】 대지(大地). ♪ '輿'는 수레의 짐을 싣는 곳으로서 만물을 싣고 있는 땅의 비유. 坤儀(곤의).
【坤倪 곤예】 대지의 끝.

【坤元 곤원】①땅. ②땅의 덕(德).
【坤育 곤육】대지(大地)가 만물을 보살펴 키움과 같이 귀여워하며 기름. 황후나 어머니의 덕을 이르는 말.
【坤儀 곤의】대지. 坤輿(곤여).
【坤軸 곤축】땅의 추축(樞軸). 地軸(지축).
【坤后 곤후】대지. 땅.
◑ 乾-, 旋乾轉-, 函蓋乾-.

土5 【坵】⑧ 丘(30)의 속자

土5 【坭】⑧ 泥(952)와 동자

土5 【坺】⑧ 泥(952)와 동자

土5 【坣】⑧ 堂(351)의 고자

土5 【坮】⑧ 國 터 대
字解 터, 집터.〔經國大典〕家坮打量.
【坮田 대전】①텃밭. ②집터와 밭.
【坮地 대지】집터.

土5 【坮】⑧ 臺(1470)와 동자

土5 【坺】⑧ 일굴 발 圖 bá
字解 ①일구다, 땅을 파 뒤집다. ②땅을 파서 뒤집어 놓은 흙덩이.

土5 【坏】⑧ 坏(343)와 동자

土5 【坿】⑧ ❶붙일 부 圖 fù
❷떼 부 圖 fú
字解 ❶①붙이다, 늘리다. =附.〔呂氏春秋〕坿城郭. ②석영(石英), 흰 수정.〔司馬相如·賦〕雌黃白坿. ❷떼, 뗏목. ≒泭.

土5 【坌】⑧ 쓸 분 圖 fèn
字解 쓸다, 깨끗이 쓸다.

土5 【坴】⑧ 坴(345)과 동자

土5 【坲】⑧ 자옥이 일 불 圖 fó
字解 자옥이 일다, 먼지가 자옥이 이는 모양.〔楚辭〕飄風蓬籠 埃坲坲兮.

土5 【垂】⑧ 드리울 수 囚 chuí

一 𠂉 𠂉 𠂉 𠂉 𠂉 垂 垂

소전 초서 속자 字源 象形. 초목의 가지·잎 등이 처져서 늘어진 모양을 본뜬 글자.
字解 ①드리우다. ㉮물체가 위에서 아래로 처져서 늘어지다.〔詩經〕垂帶而厲. ㉯명예·공적 등을 후세에 전하다.〔後漢書〕垂功名於竹帛. ②베풀다, 위에서 아래에 베풀어 주다.〔荀子〕垂事養民. ③가, 끝.〔史記〕坐不垂堂. ㉮가장자리, 전, 둘레.〔謝朓·詩〕江垂得清景. ㉯국토의 가, 국경 지대.〔荀子〕疆垂不喪. ④거의, 거의 이루어지려 하다.〔後漢書〕今董卓垂至.
【垂橐 수고】①활집을 늘어뜨림. 적의(敵意)가 없음. ②빈 전대를 손에 듦. 빈손. 맨손.
【垂顧 수고】돌봄. 은혜를 베풂.
【垂拱 수공】①옷소매를 늘어뜨리고 두 손을 가슴 앞에서 포개어 하는 경례. ②옷소매를 늘어뜨리고 팔짱을 끼고 있음. 아무 일도 하지 않고 있음.
【垂拱之治 수공지치】수공(垂拱)의 정치. 일부러 하지 않아도 천하가 다스려짐.
【垂教 수교】좋은 가르침을 후세에 남김. 垂示(수시). 垂訓(수훈).
【垂救 수구】은혜를 베풀어 구제함.
【垂眷 수권】은혜를 베푸는 일. 垂顧(수고).
【垂及 수급】거의 미침. 다다름.
【垂年 수년】늙어서 죽음이 가까운 나이.
【垂堂 수당】마루 끝에 앉음. 위험을 무릅씀의 비유.
【垂頭 수두】①머리를 숙임. 고개를 떨어뜨림. ②목을 길게 늘임. 간절히 바라는 모습.
【垂頭喪氣 수두상기】근심 걱정으로 고개가 숙어지고 맥이 풀림.
【垂頭塞耳 수두색이】머리를 숙여 아첨하고 귀를 막아 비난을 모른척 함. 아첨하는 모양.
【垂簾聽政 수렴청정】발을 드리우고 정사(政事)를 들음. 천자가 어려서 태황(太皇)·태후(太后)·황태후(皇太后) 등이 대신 나랏일을 돌봄. 垂簾之政(수렴지정).
【垂老 수로】70살이 가까운 노인.
【垂露 수로】①방울져 떨어지는 이슬. ②서법(書法)에서, 내리긋는 획의 끝을 삐치지 않고 붓을 눌러서 그치는 법.
【垂綸 수륜】낚싯줄을 드리움. 물고기를 낚음. 垂釣(수조).
【垂名竹帛 수명죽백】영예로운 이름을 역사에 기록하여 길이 후세에 남김. ○ '竹帛'은 종이가 없던 시대에 대쪽이나 천에 글을 써서 기록한 데서 온 말.
【垂暮 수모】만년(晩年)에 가까워짐. 연로(年老)함. 垂老(수로).
【垂髮 수발】①아이의 늘어뜨린 머리. ②아이. 垂髫(수초).

【垂範 수범】①모범이 됨. ②본보기를 후세에 남김.
【垂冰 수빙】고드름.
【垂死 수사】거의 다 죽게 됨. 瀕死(빈사).
【垂成 수성】어떤 일이 거의 이루어짐.
【垂垂 수수】①차츰차츰. 점점. ②아래로 드리워지는 모양.
【垂心 수심】인심(仁心)을 내림. 아랫사람에 대하여 마음을 씀.
【垂業 수업】공업(功業)을 후세에 남김.
【垂涎 수연】먹고 싶어 침을 흘림. 어떤 물건을 가지고 싶어함.
【垂直 수직】①똑바로 드리움. ②하나의 평면이나 직선에 대하여 90도 각도를 이루는 일.
【垂跡 수적】(佛)부처가 중생을 구하기 위하여 다시 이 세상에 출현하는 일.
【垂青 수청】청안(青眼)으로 봄. ㉠호의를 가지고 봄. ㉡사랑하고 돌보아 줌. 故事 진대(晉代)의 완적(阮籍)이 거만한 사람이 찾아오면 흰 눈위를 드러내며 대하고 마음이 맞는 사람이 오면 푸른 눈위를 보인 고사에서 온 말.
【垂聽 수청】아랫사람에게서 들음. 경청함.
【垂髫 수초】ㅁ垂髮(수발).
【垂髫戴白 수초대백】머리를 늘어뜨린 아이와 백발의 노인.
【垂統 수통】임금의 통서(統緒)를 자손에게 영원히 전하는 일.
【垂胡 수호】①턱수염이 늘어짐. 늘어진 턱수염. ②늠.
【垂訓 수훈】후세에 전하는 교훈.
❶ 倒-, 邊-, 胃下-, 低-, 下-, 懸-.

土 5 【坱】⑧ 먼지 앙 [養]陽 yǎng
소전 坱 초서 垲 字解 ①먼지, 티끌.〔柳宗元·詩〕高步謝塵坱. ②평평하지 않은 모양.〔左思·賦〕地勢坱圠. ③끝이 없는 모양.〔漢書〕坱圠無垠.
【坱圠 앙알】①끝이 없는 모양. 한없이 넓고 아득한 모양. 坱軋(앙알). ②지세(地勢)가 높고 낮아 평탄하지 않은 모양.

土 5 【坳】⑧ 팬 곳 요 [肴] āo
소전 垇 초서 垇 속체 坳 字解 팬 곳, 우묵한 곳.〔莊子〕覆杯水于坳堂之上.
【坳堂 요당】마당 가운데 우묵하게 팬 땅.
【坳塘 요당】작은 연못.
【坳窪 요와】깊이 우묵하게 팸, 또는 그런 땅.
【坳泓 요홍】움푹 패어 물이 괸 곳.

土 5 【堯】⑧ 堯(356)의 속자

土 5 【坫】⑧ 경계 점 [豔] diàn

字解 ①경계, 한계.〔淮南子〕設于無垠坫之宇. ②대(臺). 술잔·홀[圭]·음식물 등을 얹어 두는 대.〔禮記〕大夫於閣三, 士於坫一.

土 5 【坓】⑧ 坐(343)의 본자

土 5 【䂳】⑧ 坐(343)와 동자

土 5 【坁】⑧ ❶모래섬 지 [支] chí ❷머무를 지 [紙] ❸무너질 저 [薺] dǐ

土 5 【坻】혹체 汦 혹체 渚 초서 坻 동자 坘 동자 埿
字解 ❶①모래섬, 작은 섬.〔詩經〕宛在水中坻. ②물가. ¶坻岸. ③토대, 건물의 기초.〔張衡·賦〕坻崿鱗眴. ❷①머무르다.〔春秋左氏傳〕物乃坻伏. ②비탈, 고개.〔司馬相如·賦〕臨坻注壑. ❸무너지다.
【坻京 지경】물속의 높은 땅과 높은 언덕. 수확이 풍부함의 비유.
【坻石 지석】강 가운데 있는 모래섬과 돌.
【坻岸 지안】물가의 조금 높은 곳.
❶ 丘-, 涯-, 坂-.

土 5 【坘】⑧ 坻(346)와 동자

土 5 【埿】⑧ 坻(346)와 동자

土 5 【坧】⑧ 토대 척 [陌] zhí
字解 토대, 기초.

土 5 【坨】⑧ ❶비탈질 타 [歌] tuó ❷땅 이름 이 [支] yí
字解 ❶비탈지다. ※陀(1937)의 속자(俗字). ❷땅 이름.

土 5 【坼】⑧ 터질 탁 [陌] chè
소전 坼 초서 坼 字解 ①터지다, 갈라지다.〔淮南子〕天旱地坼. ②싹트다.〔易經〕雷雨作而百果草木皆甲坼. ③터진 금, 갈라진 무늬. 거북 등껍데기를 태워 생긴 균열(龜裂).〔周禮〕卜人占坼.
【坼裂 탁렬】터져 갈라짐.
【坼榜 탁방】國①과거에 급제한 사람의 이름을 게시(揭示)하던 일. ②일의 결말을 냄.
【坼封 탁봉】봉한 것을 뜯음.
【坼副 탁부】①찢어짐. 갈라짐. ②어렵게 아이를 낳음. 難產(난산). 坼剖(탁부).
【坼屋 탁옥】집을 허묾.
❶ 開-, 龜-, 發-, 離-, 地-, 焦-.

土 ⁵ 【坦】⑧ 평평할 탄 旱 tǎn

坦 소전 坦 초서 字解 ①평평하다, 평탄하다.〔莊子〕明乎坦途. ②너그럽다, 자질구레한 데에서 벗어나다.〔論語〕君子坦蕩蕩. ③편하다, 마음의 평정을 얻다. ¶坦然. ④크다, 큼직하다,〔張衡·賦〕雖斯宇之旣坦. ⑤드러나다, 분명하다.〔易經〕履道坦坦.

【坦道 탄도】 평탄한 길. 넓고 평평한 길.
【坦步 탄보】 태연하게 걸음.
【坦腹 탄복】 ①배를 깔고 엎드림. 엎드려 뒹굶. ②사위. 故事 진대(晉代)에 치감(郗鑒)이 왕도(王導)의 집안에서 사윗감을 고르기 위해 사람을 보냈을 때, 잘 보이려고 애쓰는 이들은 두고 동상(東床)에서 배를 드러내고 누워 있던 왕희지(王羲之)를 사위로 삼은 고사에서 온 말.
【坦率 탄솔】 ①깔끔하고 꾸미지 않음. ②國성품이 관대하여 사소한 예절에 거리끼지 않음.
【坦然 탄연】 안정되어 평온한 모양.
【坦夷 탄이】 평평함. 고저(高低)가 없음.
【坦坦 탄탄】 ①넓고 평평한 모양. ②남보다 월등한 점이 없는 모양. 평범함.
【坦坦大路 탄탄대로】 높낮이가 없이 평탄하고 넓은 큰 길. 탄로(坦路).
【坦蕩 탄탕】 평평하고 넓은 모양.
【坦平 탄평】 평평함. 坦夷(탄이).
【坦懷 탄회】 넓고 편안한 마음. 마음에 조금도 거리낌이 없음.
○ 東−, 順−, 夷−, 平−.

土 ⁵ 【坡】⑧ 고개 파 歌 pō

坡 소전 坡 초서 字解 ①고개, 비탈.〔阮籍·詩〕朝登洪坡顚. ②둑, 제방. =陂. ¶坡岸.
【坡塘 파당】 둑. 제방(堤防).
【坡岸 파안】 강 둔덕.
【坡陀 파타】 경사지고 평탄하지 않은 모양.

土 ⁵ 【坪】⑧ 평평할 평 庚 píng

坪 소전 坪 소전 坪 초서 坪 동자 字解 ①평평하다, 땅이 평평하다. ②國평. ㉮땅의 면적을 측정하는 단위. 6척(尺) 평방. ¶建坪. ㉯입체(立體)를 측정하는 단위. 6척 입방. ㉰헝겊·유리·벽 등을 측정하는 단위. 1척 평방. ㉱조각·동판 등을 측정하는 단위. 1촌(寸) 평방.
【坪當 평당】 한 평에 대한 비율.
【坪數 평수】 평으로 따진 넓이.
○ 建−.

土 ⁵ 【坙】⑧ 坪(347)과 동자

土 ⁶ 【垧】⑨ 垌(344)의 속자

土 ⁶ 【垢】⑨ 때 구 宥 gòu

垢 소전 垢 초서 字解 ①때, 티끌.〔史記〕要之去垢. ②때묻다, 더럽혀지다.〔春秋左氏傳〕冠帶垢, 和灰請漱. ③수치, 부끄러움. ≒詬.〔春秋左氏傳〕國君含垢. ④나쁘다.〔後漢書〕政令垢翫.

【垢故 구고】 때가 끼고 오래된 것.
【垢膩 구니】 ①때가 묻고 기름이 낌. ②기름때.
【垢黧 구려】 때가 묻어서 검음.
【垢離 구리】 더러운 것을 떨어버림. 신불(神佛)에게 발원(發願)할 때 목욕하여 심신(心身)을 맑게 하는 일.
【垢氛 구분】 더럽혀진 기운. 俗氣(속기).
【垢秕 구비】 ①때와 쭉정이. ②쓸모 없는 물건의 비유.
【垢穢 구예】 더러워짐. 더러움.
【垢汚 구오】 ①때가 묻어 더러움. ②때. 오물. ③명예가 더러워짐.
【垢滓 구재】 때와 찌끼. 더러움.
【垢塵 구진】 때와 먼지. 더러움.
【垢弊 구폐】 때가 묻고 해어짐.
○ 面−, 無−, 紛−, 纖−, 身−, 汚−, 塵−, 淸淨無−, 汗−.

土 ⁶ 【垝】⑨ 허물어질 궤 紙 guǐ

垝 소전 垝 혹체 垝 초서 字解 ①허물어지다, 무너지다.〔詩經〕乘彼垝垣. ②담, 허물어진 담.
【垝垣 궤원】 허물어진 담.

土 ⁶ 【垌】⑨ 항아리 동 董 tǒng

字解 ①항아리, 단지. ②國동막이, 동막이하다. ¶垌畓.
【垌畓 동답】 國간석지(干潟地)에 둑을 쌓고 바닷물을 퍼내어 일군 논.

土 ⁶ 【垡】⑨ 일굴 벌 月 fá

垡 동자 字解 ①일구다, 갈다, 파서 뒤집어 엎다.〔韓愈·詩〕謝病老耕垡. ②國개펄.

土 ⁶ 【垬】⑨ 垡(347)과 동자

土 ⁶ 【垘】⑨ 보 막을 복 屋 fú

字解 보를 막다.〔史記〕川塞谿垘.

土 ⁶ 【城】⑨ 城(349)과 동자

土 ⁶ 【垚】⑨ 堯(356)와 동자

土部 6~7획 垣垠堲塁垗垤垜垛垞垓型厔埆埒埓

垣 ⑨ 담 원 囦 yuán

[小篆] 垣 [小篆] 垣 [小篆] 垣 [주문] 𩫕 [주문] 𩫖
[초서] 垣
[字解] ①담. 〔書經〕若作室家, 既勤垣墉. ②관청 이름. 〔白居易·授給事例〕練垣郎署. ③별 이름, 태미(太微)·자미(紫微)·천시(天市)의 세 별자리의 구역. 〔史記〕太微宮垣十星.
【垣幹 원간】울타리. 왕실(王室)을 지키는 것. 藩屛(번병).
【垣宮 원궁】제후(諸侯)의 태학(太學). ♂남쪽을 향한 둘레의 반(半)은 못을 파고, 그 밖에 울타리를 둘러쳤기 때문에 이르는 말.
【垣屛 원병】울타리.
【垣屋 원옥】울타리와 지붕.
【垣有耳 원유이】울타리에도 귀가 있음. 비밀로 한 말도 쉽게 새어 나감.
【垣衣 원의】토담에 나는 이끼.
【垣牆 원장】담. 담장.
○ 壘−, 門−, 複−, 掖−, 女−, 紫薇−.

垠 ⑨ 끝 은 眞 yín

[小篆] 垠 [고문] 圻 𡋜 [字解] ①끝, 땅의 끝. =圻. 〔漢書〕垙圠無垠. ②벼랑, 낭떠러지. 〔韓愈·詩〕垠崖劃崩豁. ③모양, 형상. 〔淮南子〕不見朕垠. ④높이 솟은 모양. ¶ 垠垠.
【垠崖 은애】우뚝 솟은 벼랑.
【垠垠 은은】연이어 높이 솟은 모양.

堲 ⑨ 垠(348)의 고자

塁 ⑨ 垠(348)과 동자

垗 ⑨ 묏자리 조 篠 zhào

[小篆] 垗 [小篆] 垗 [통용] 兆 [字解] ①묏자리, 장지(葬地). ¶ 宅垗. ②사방을 둑으로 막은 제터. 또는 그곳에서 제사를 올리는 일.

垤 ⑨ 개밋둑 질 屑 dié

[小篆] 垤 [字解] ①개밋둑. 〔詩經〕鸛鳴于垤. ②언덕, 구릉. 〔孟子〕泰山之於丘垤.
【垤嵲 질얼】①개밋둑. ②작은 산.

垜 ⑨ 살받이 타 哿 duǒ, duò

[小篆] 垜 [동자] 垛 [字解] ①살받이. 과녁의 앞뒤 양쪽에 화살이 날아가 꽂히도록 쌓은 것. 〔元稹·詩〕築垜閑弓弩. ②장벽(牆壁), 전쟁에서 화살과 돌을 막는 벽.

垛 ⑨ 垜(348)와 동자

垞 ⑨ 성 이름 택 禡 chá

[字解] ①성(城) 이름. ②언덕.

垓 ⑨ ❶지경 해 木개 灰 gāi
     ❷층계 해 木개 佳 gāi

[小篆] 垓 [초서] 垓 [字解] ❶①지경, 경계. 〔淮南子〕設於無垓坫之宇. ②끝, 국토의 끝. 〔國語〕天子之田九垓. ③해(垓). 십진법에서 수의 단위. ㉮1,000억(億). ㉯경(京)의 1억 배. ❷①층계. 陔와 통용. 〔史記〕壇三垓. ②땅 이름. 해하(垓下)는 한 고조가 항우를 포위한 곳으로, 지금의 안휘성(安徽省) 동남쪽.
【垓心 해심】①일정한 경계 안의 한 가운데. ②포위된 가운데.
【垓埏 해연】천지(天地)의 끝.
【垓字 해자】國①능(陵)이나 묘의 경계. ②성(城) 밖으로 둘러 판 못. 垓子(해자).
【垓坫 해점】벼랑. 경계.

型 ⑨ 거푸집 형 靑 xíng

[小篆] 型 [小篆] 型 [본자] 𨯳 [字解] ①거푸집. 〔淮南子〕明鏡之始下型. ②모범, 본보기. 〔朱熹·詩〕晚來相對靜儀型.
【型紙 형지】본으로 쓰도록 오려서 만든 종이.
○ 金−, 模−, 木−, 儀−, 典−, 鑄−, 紙−.

厔 ⑨ 厚(249)의 고자

埆 ⑩ 메마를 각 覺 què

[초서] 埆 [字解] ①메마르다, 척박한 땅. 〔後漢書〕土地塉埆. ②험하다, 가파르다. 〔胡松·記〕石陵峭埆. ③모자라다, 흉년이 들다. 〔左思·賦〕同年而議豐埆.
【埆瘠 각척】토지가 척박함. 埆春(각척).

埒 ⑩ 바자울 날 木렬 屑 liè

[小篆] 埒 [속자] 埒 [字解] ①바자울, 낮은 담. 〔元稹·賦〕觀校埒百夫之禦. ②둑, 제방(隄防). ③정상에 못이 있는 산. ④경계, 한계. 〔淮南子〕游敖于無形埒之野. ⑤모양, 형상. 〔淮南子〕含氣化物, 以成埒類. ⑥같다, 비등(比等)하다. 〔漢書〕其愛幸埒韓嫣. ⑦따라, 집다. 〔淮南子〕埒略衰世古今之變.
【埒丘 날구】사방이 물에 둘러싸인 작은 산.
【埒略 날략】개요(概要)를 따서 말함.

埓 ⑩ 埒(348)의 속자

埌

土7 【埌】 ⑩ 무덤 랑 廣 làng

字解 ①무덤, 뫼. ②끝없이 넓은 모양. 〔莊子〕以處壙埌之野.

埋

土7 【埋】 ⑩ 묻을 매 匣 mái

一 十 土 扌 圢 坦 坦 坤 埋 埋

字源 形聲. 土+里→埋. '里(리)'는 '貍(삵 리)'의 생략형으로 음을 나타낸다.

字解 ①묻다, 땅속에 감추다. 〔春秋左氏傳〕埋璧於大室之庭. ②메우다, 채우다. ③시체를 묻다, 장사 지내다. 〔周禮〕相與葬埋. ④숨기다, 덮어 숨기다. 〔元稹·詩〕塵壁暗埋悲舊札. ⑤영락(零落)하다, 낙백하다. 〔江淹·詩〕憐佳人之埋暮.

【埋却 매각】 묻어 버림.
【埋根 매근】 ①뿌리를 땅에 박음. ②물러나지 아니함.
【埋頭沒身 매두몰신】 머리와 몸이 묻힘. 일이 많아 헤어나지 못하는 모양.
【埋立 매립】 ①우묵한 땅을 메움. ②하천·바다를 메워 육지로 만듦.
【埋暮 매모】 ①해질녘. ②사람이 영락(零落)하고 나이를 먹음.
【埋沒 매몰】 파묻음, 파묻힘.
【埋伏 매복】 적에 대한 불의의 습격을 목적으로 적당한 곳에 몰래 숨어 있음.
【埋設 매설】 땅속에 묻어 설치함.
【埋瘞 매예】 시체를 땅속에 묻음.
【埋玉 매옥】 옥(玉)을 파묻음. 재능 있는 사람이나 미인이 죽어서 땅속에 묻힘.
【埋幽 매유】 죽은 사람을 땅에 묻음.
【埋湮 매인】 가려져 보이지 않게 됨. 매몰됨.
【埋葬 매장】 ①시체를 땅속에 묻음. ②못된 짓을 한 사람을 사회적으로 낯 못 들게 함.
【埋藏 매장】 ①묻혀 있음. ②묻어서 감춤.
【埋窆 매폄】 관을 땅속에 넣어 묻음.
【埋香 매향】 향을 묻음. 미인(美人)을 매장함.
【埋魂 매혼】 혼백을 무덤 앞에 파묻음.
▶暗-, 瘞-, 幽-, 推-, 狐-.

垺

土7 【垺】 ❶나성 부 虞 fū ❷클 부 尤 fóu

字解 ❶나성(羅城), 외성(外城). =郭. ❷크다, 크고 성(盛)하다. 〔莊子〕垺大之殷也.

城

土7 【城】 ⑩ 성 성 庚 chéng

一 十 土 扌 圢 圻 坊 城 城 城

字源 會意·形聲. 土+成→城. 마을을 빙 둘러친, 흙〔土〕으로 쌓은 담이 성이라는 뜻을 나타낸다. '成(성)'은 음도 나타낸다.

字解 ①성. 도시를 둘러싼 울타리. 흔히 이중(二重)으로 되어 있는데, 안쪽의 것을 성(城), 바깥쪽의 것을 곽(郭)이라 한다. ¶城郭. ②나라, 도읍, 도시. 도시(都市) 국가 시대에는 성이 국가를 이루는 구획이 되었던 데서 발전한 뜻. 〔詩經〕哲夫成城. ③구축하다, 성을 쌓다. 〔詩經〕城彼朔方.

【城郭 성곽】 ①내성(內城)과 외성(外城). ②성(城). 성의 둘레.

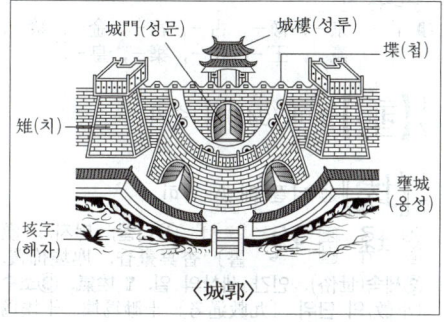
〈城郭〉

【城闕 성궐】 ①성을 드나드는 문. ②도성(都城). 도시 전체를 이름. ③제왕의 거소. 궁궐.
【城旦 성단】 진한대(秦漢代)의 형벌 이름. 매일 일찍 일어나 성을 쌓는 일에 4년 동안 복역(服役)시키던 형벌.
【城旦舂 성단용】 형벌 이름. 성단형(城旦刑)과 용형(舂刑). ○'舂'은 여자 죄인에게 4년 동안 쌀을 찧는 일에 복역시키던 형벌.
【城壘 성루】 본성에서 떨어진 요소(要所)에 쌓은 작은 성. 성채(城砦).
【城門 성문】 성을 드나드는 문. 城闕(성궐).
【城門失火 성문실화】 이유 없이 재앙을 입는 일. 故事 초(楚)나라 성문(城門)에 불이 나서 이를 끄기 위하여 성 밖의 못물을 썼기 때문에 못에 있던 물고기가 말라 죽었다는 고사에서 온 말. ☞池魚之殃(지어지앙).
【城堡 성보】 성. 성채(城砦).
【城復隍 성복황】 해자(垓字)를 파낸 흙으로 쌓은 성벽이 무너져 그 흙이 다시 해자로 돌아감. 복(福)이 극하면 화(禍)가 이르고, 이(利)가 극에 달하면 해(害)가 생김.
【城肆 성사】 성이 있는 도시.
【城戍 성수】 성. 성채(城砦).
【城市 성시】 성벽이 있는 도시. 市街(시가).
【城塢 성오】 성채(城砦). 작은 성.
【城隅 성우】 ①성곽의 구석. ②성 구석에 세운 높은 누각.
【城邑 성읍】 도성(都城)과 읍리(邑里).
【城闉 성인】 성문(城門). ○'闉'은 이중(二重)으로 만든 문.
【城池 성지】 ①성 둘레에 판 못. 垓字(해자). ②성벽과 그것을 둘러싼 해자.
【城砦 성채】 성과 진터.

【城柵 성책】 성에 둘러친 목책(木柵).
【城堞 성첩】 성가퀴. 女牆(여장).
【城下之盟 성하지맹】 성 밑에서 항복하여 맺는 맹약(盟約). 굴욕적인 강화(講和)의 맹약.
【城壕 성호】 ⇨城池(성지).
【城狐社鼠 성호사서】 성안에 사는 여우와 사직(社稷)에 사는 쥐. ㉠임금 곁에 있는 간신(奸臣)의 무리. ㉡권세에 기대어 나쁜 짓을 하는 무리.
【城隍 성황】 ①성을 지키기 위해 성 둘레에 파 놓은 마른 해자. ②圂서낭. 城隍神(성황신).
【城隍神 성황신】 圂서낭신. 토지와 마을을 지켜 준다는 신.
◐ 干―, 京―, 傾―, 古―, 宮―, 金―, 禁―, 落―, 籠―, 王―, 長―, 築―, 皇―.

土7【埀】⑩ 垂(345)의 속자

土7【埃】⑩ 티끌 애 灰 āi
字解 ①티끌, 먼지. 〔漢書〕杳冥晝昏, 塵埃拚覆. ②세속(世俗), 인간 세상의 일. ¶ 埃氣. ③소수(小數)의 단위. 〔九數通考〕十渺爲埃, 十埃爲塵. ④圂이집트. ¶ 埃及.
【埃及 애급】 나라 이름. 이집트. ○ 'Egypt'의 음역어(音譯語).
【埃氣 애기】 세속적인 기분. 俗氣(속기).
【埃煤 애매】 티끌과 그을음.
【埃滅 애멸】 티끌처럼 망함.
【埃霧 애무】 티끌이 안개와 같이 일어남.
【埃墨 애묵】 유연(油煙) 따위의 검은 티끌.
【埃氛 애분】 먼지가 많은 대기(大氣). 더러워진 속세의 기운. 氛埃(분애).
【埃壒 애애】 ①먼지. 티끌. ②먼지가 일어 어두워짐.
【埃靄 애애】 먼지가 일어서 연기나 안개처럼 보이는 것.
【埃風 애풍】 티끌 따위를 불어 올리는 바람. 회오리바람과 같은 바람.
◐ 氛―, 煙―, 塵―.

土7【埏】⑩ ❶땅의 끝 연 灰 yán
❷이길 선 灰 shān
字解 ❶①땅의 끝, 땅의 한계. ②무덤 속으로 통하는 길. 〔後漢書〕葬親而不閉埏隧. ❷이기다, 흙에 물을 부어 반죽하다. 〔荀子〕陶人埏埴而爲器.
【埏隧 연수】 땅을 파서 마련한, 무덤 속으로 통하는 길.
【埏埴 선식】 진흙을 이김.

土7【垸】⑩ 바를 완·환 寒翰 wán, huán
參考 대법원 지정 인명용 한자의 음은 '완'이다.
字解 ①바르다, 잿물에 옻을 타서 바르다. ②굴러 가다. ≒丸. 〔淮南子〕員而不垸. ③무게의 단위. ≒鍰. 〔周禮〕重三垸. ④독, 방죽.

土7【埇】⑩ 길 돋을 용 腫 yǒng
字解 ①길을 돋우다, 길 위에 흙을 더하다. ②땅 이름.

土7【垽】⑩ 앙금 은 震 yìn
字解 ①앙금, 찌꺼기. ②돌다, 빙 두르다. ≒圻.

土7【埈】⑩ 陖(1941)과 동자

土7【坒】⑩ 地(340)의 고자

土7【垻】⑩ 壩(369)의 본자

土7【型】⑩ 型(348)의 본자

土8【堈】⑩ 언덕 강 陽 gāng
字解 ①언덕. ②독, 항아리.
【堈硾 강대】 독으로 된 절구.

土8【堅】⑪ 굳을 견 先 jiān

一 丁 丂 丯 臣 臤 臤 臤 堅 堅

字源 會意. 臤+土→堅. 흙(土)이 굳다(臤)는 데서 '굳다'라는 뜻을 나타낸다.
字解 ①굳다. ㉮단단하다. 〔詩經〕實堅實好. ㉯마음이 굳다, 의지(意志)가 강하다. 〔後漢書〕窮當益堅. ②굳게, 튼튼하게. ¶ 堅忍不拔. ③굳게 하다, 단단하게 하다. 〔史記〕高壘堅營. ④굳어지다. 〔魏書〕流地十數里乃凝堅. ⑤굳세다, 강하다. 〔素問〕其氣急疾堅勁. ⑥변하지 아니하다. 〔管子〕如天地之堅. ⑦갑옷, 견갑(堅甲)의 약어. 〔漢書〕被堅執銳.
【堅塙 견각】 메마름. 땅이 돌이 많고 메마름.
【堅甲利兵 견갑이병】 튼튼한 갑옷과 날카로운 병기. 강한 병력의 비유.
【堅剛 견강】 성질이 굳세고 단단함.
【堅强之辯 견강지변】 억지로 이치를 끌어대는 변명.
【堅勁 견경】 굳세고 강함.
【堅硬 견경】 물질이 굳고 단단함.
【堅固 견고】 단단하고 튼튼함.
【堅窮 견궁】 굳세고 결단력이 있음.
【堅牢 견뢰】 굳고 튼튼함. 堅固(견고).

【堅白 견백】 ①주의와 절조를 굳게 지켜서 변하지 않음. ②☞堅白同異(견백동이).
【堅白同異 견백동이】 전국 시대 조(趙)나라 공손룡(公孫龍)이 주장한 궤변. 눈으로 돌을 볼 때에는 빛이 흰 것은 아나 굳은 것은 모르고, 손으로 돌을 만질 때에는 굳은 것은 아나 흰 것은 모르므로, 단단한 돌과 흰 돌이 동시에 성립하는 개념이 아니라는 논법. 시(是)를 비(非)라, 비(非)를 시(是)라, 동(同)을 이(異)라, 이(異)를 동(同)이라고 우겨대는 변론(辯論).
【堅壁淸野 견벽청야】 성벽을 굳게 하고, 들에 있는 것을 말끔히 치움. 물자를 얻지 못하게 하여 적을 괴롭히는 전법.
【堅實 견실】 ①단단함. ②미덥고 확실함.
【堅刃 견인】 ①단단하고 질김. ②잘 불려진 좋은 칼. ③꺾이지 않는 강한 군대.
【堅靭 견인】 단단하고 질김.
【堅忍不拔 견인불발】 굳게 참고 버티어 마음이 흔들리지 않음.
【堅忍持久 견인지구】 굳게 참아 오래 견딤.
【堅持 견지】 굳게 지니거나 지킴.
【堅革 견혁】 질긴 가죽으로 만든 갑옷.
【堅確 견확】 굳고 확실함.
◐ 剛―, 強―, 中―.

土8 【堌】⑪ 방죽 고 圓 gù
[字解] ①방죽, 둑, 제방. ②무덤, 고총(古冢).

土8 【堁】⑪ ❶먼지 일 과 圈 kě
❷먼지 과 圈 kè
[字解] ❶먼지 일다, 먼지가 이는 모양. ❷먼지, 티끌. 〔淮南子〕 譬猶揚堁而弭塵也.

土8 【堀】⑪ ❶굴 굴 圓 kū
❷팔 굴 圓 kū
[소전]堀 [초서]堀 [초서]坛 [字解] ❶①굴. ≒窟. ¶堀穴. ②바람이 불어 먼지가 이는 모양. ❷파다, 땅을 파다. =掘.
【堀室 굴실】 지하실. 窟室(굴실).
【堀穴 굴혈】 ①동굴. 굴. ②천한 사람의 거처.

土8 【埢】⑪ 둥글 권 园 juǎn, quán
[字解] ①둥근 모양. 〔揚雄·賦〕 登降刓嵓, 單埢垣兮. ②흙무더기. ③둥글 담〔垣〕, 굽은 담.

土8 【堇】⑪ ❶진흙 근 圓 qín
❷조금 근 圉 jǐn
[소전]堇 [고문]堇 [고문]堇 [초서]堇 [字解] ❶①진흙. ¶堇塊. ②때, 시기. 〔管子〕 以待乎天堇. ❷조금, 약간. 〔史記〕 堇堇物之所存.
【堇塊 근괴】 진흙. 粘土(점토). 堇泥(근니).
【堇堇 근근】 근소한 모양.
【堇泥 근니】 진흙.

土部 8획 堌 堁 堀 埢 堇 埼 基 堂   351

土8 【埼】⑪ 갑 기 囷 jī
[字解] 갑, 곶, 굽은 언덕. =崎. 〔司馬相如·賦〕 獨穹石, 激堆埼.

土8 【基】⑪ 터 기 囷 jī
一 丆 甘 甘 其 其 其 基
[소전]基 [초서]基 [字源] 形聲. 其+土→基. '其(기)'가 음을 나타낸다.
[字解] ①터, 토대. 〔詩經〕 自堂徂基. ②업, 사업. 〔太玄經〕 物失其基. ③꾀, 꾀하다. 〔書經〕 周公初基. ④비롯하다, 기인하다, 근거하다. 〔國語〕 基於其身. ⑤쟁기. 농기구의 한 가지. 〔孟子〕 雖有鎡基, 不如待時. ⑥일주년(一周年). 늦朞. 〔後漢書〕 於詩三基. ⑦國탑·비(碑)·무덤 등을 세는 단위.
【基幹 기간】 어떤 분야나 부문에서 기초가 되거나 중심이 되는 부분.
【基構 기구】 국가 경영의 기초. 국세(國勢).
【基金 기금】 어떤 목적을 위하여 적립하여 두는 자금.
【基盤 기반】 기초가 되는 지반(地盤). 기본이 되는 자리.
【基緖 기서】 바탕이 되는 사업.
【基宇 기우】 ①사람의 재능과 도량. 器量(기량). ②근본(根本). 基源(기원).
【基杖 기장】 토대와 지팡이. 도움이 되는 것.
【基底 기저】 기초가 되는 밑바닥.
【基楨 기정】 기초. 근본(根本).
【基兆 기조】 기초. 시작.
【基調 기조】 사상·작품·학설 등의 기본적인 경향(傾向).
【基準 기준】 기본이 되는 표준.
【基址 기지】 ☞基礎(기초).
【基礎 기초】 ①건물 따위의 무게를 받치기 위하여 만든 바닥. 土臺(토대). ②사물이 이루어지는 바탕.
【基築 기축】 성(城)·문(門) 따위의 기초.
◐ 開―, 國―, 根―, 水酸―, 鹽―.

土8 【堂】⑪ 집 당 陽 táng
丨 丨 丨 丨 丨 丨 丨 堂 堂 堂
[소전]堂 [고문]坐 [주서]壆 [초서]堂 [고자]坖
[字源] 形聲. 尙+土→堂. '尙(상)'이 음을 나타낸다.
[字解] ①집. ㉮집 중앙의 남향 방, 대청. 〔論語〕 由也升堂矣, 未入室也. ㉯정침(正寢), 공전(公殿). 사무를 보는 방. 〔詩經〕 狐裘在堂. ㉰정교(政敎)를 행하는 방, 명당(明堂). 〔淮南子〕 堂大足以周旋理文. ㉱큰 집, 큰 방. 〔漢書〕 親御講堂. ㉲신(神)을 모신 집. 〔杜甫·詩〕 丞相祠堂何處尋. ②향(鄕)의 학교. ③평평하다.

④밝다. ⑤동조(同祖)의 친척. ¶堂兄弟. ⑥아랫입술의 우하(右下). 상술가(相術家)의 말.
【堂構 당구】①부조(父祖)의 업을 계승하는 일. ②궁전의 만듦새.
【堂規 당규】한 집안의 규율. 家憲(가헌).
【堂內 당내】㉠같은 성(姓)을 가진 팔촌 이내의 친척. 堂內親(당내친).
【堂堂 당당】①용모가 훤칠하고 행동이 정당한 모양. ②용기 있는 모양. ③여럿 중 뛰어난 모양. ④지대가 높고 전망이 탁 트인 모양. ⑤국토(國土)가 빼어난 모양. ⑥숨기지 않는 모양.
【堂老 당로】①재상(宰相)끼리 서로 부르는 호칭. ②남의 어머니의 존칭. ③어머니.
【堂廡 당무】정전(正殿) 둘레에 있어 손을 응접하는 방. '廡'는 대청 주위의 복도.
【堂房 당방】큰 방과 행랑.
【堂山 당산】㉠토지나 마을의 수호신이 있다고 하여 신성시하는 산.
【堂上 당상】①마루 위. 대청 위. 궁전(宮殿)의 위. ②부모(父母)의 일컬음. ③공경(公卿), 곧 장관(長官). ㉠'堂上'에서 일을 다스린다는 데서 온 말. 堂官(당관). ④조선 때 정삼품 이상의 품계에 해당하는 벼슬의 총칭.
【堂上官 당상관】⇨'堂上(당상)'④.
【堂選 당선】재상(宰相)으로 등용됨.
【堂叔 당숙】아버지의 사촌 형제. 從叔(종숙).
【堂室 당실】①당(堂)과 실(室). ㉠'堂'은 집 중앙의 남향에 있는 대청, '室'은 집 중앙의 북향에 있는 거실. ②어머니와 아내.
【堂案 당안】재상(宰相)의 정무(政務)에 관한 조사 서류.
【堂奧 당오】①당(堂)과 방의 깊숙한 곳. ②문을 들어서면 당에 오르고, 당에서 방으로 들어감. 학문의 깊은 뜻의 비유.
【堂屋 당옥】임금이 정사를 보거나 의식을 행하는 정전(正殿).
【堂宇 당우】전당(殿堂).
【堂尊 당존】관리.
【堂姪 당질】오촌 조카. 곧, 사촌의 아들. 從姪(종질).
【堂帖 당첩】재상이 백관(百官)을 처분할 안(案)을 기록한 서류.
【堂下 당하】①마루 아래. 대청 아래. 궁전(宮殿)의 아래. ②조선 때 정삼품 이하의 품계에 해당하는 벼슬의 총칭.
【堂下官 당하관】⇨'堂下(당하)'②.
【堂兄弟 당형제】사촌 형제. 從兄弟(종형제).
❶ 講—, 高—, 滿—, 明—, 母—, 法—, 佛—, 書—, 聖—, 食—, 草—, 學—.

土 【培】⑪ ❶북돋을 배 佩 péi ❷무덤 부 有 pǒu ❸탈 배 灰 péi

㉠ 대법원 지정 인명용 한자의 음은 '배'이다.

形聲. 土+音→培. '音(부)'가 음을 나타낸다.
字解 ❶㉠북돋우다. ㉮식물을 북 주어 가꾸다. 〔中庸〕栽者培之. ㉯가꾸다, 길러 키우다. ¶培養. ②불리다, 불려 더 많게 하다. ③다스리다, 손질하여 다듬다. 〔禮記〕墳墓不培. ④담, 뒤꼍 담. 〔淮南子〕鑿培而遁之. ❷①무덤. ¶培塿. ②밭둑, 논두렁. 〔呂氏春秋〕高培則拔. ③언덕. ❸타다, 바람을 이용하다. ≒馮. 〔莊子〕而後乃今培風.
【培植 배식】①북돋워 심음. ②인재를 기름.
【培養 배양】①식물을 북돋워 기름. ②가르치고 기름. ③식물·미생물 따위를 인공적으로 기름.
【培背 배등】①바람을 탐. ②붕조(鵬鳥)가 풍력(風力)을 타고 승천(昇天)함.
【培塿 부루】①작은 무덤. ②스스로를 낮추는 겸사(謙辭).
【培堆 부퇴】언덕처럼 높이 쌓음.

土 【埠】⑪ 선창 부 宥 bù

字解 선창, 배를 댈 수 있게 만든 바닷가, 부두.
【埠頭 부두】항구에서, 배를 대어 여객이 타고 내리거나 짐을 싣고 부리는 곳. 船艙(선창).

土 【堋】⑪ ❶묻을 붕 徑 bèng ❷활터 붕 庚 péng

字解 ❶①묻다, 하관(下棺)하다. ②벗, 친구. ≒朋. ③보, 봇둑. 〔事物異名錄〕蜀人謂堰爲堋. ❷①활터, 살받이가 서 있는 곳. 〔庚信·詩〕橫弓先望堋. ②진동하다.
【堋淫 붕음】여럿이서 음당한 짓을 함.
【堋的 붕적】활터에 세운 과녁. 射的(사적).

土 【埤】⑪ ❶더할 비 支 pí ❷성가퀴 폐 霽 pì ❸하습한 땅 비 紙 bì

字解 ❶①더하다, 늘이다. 〔詩經〕政事一埤益我. ②낮은 담, 낮은 울타리. 〔杜甫·詩〕掖垣竹埤梧十尋. ③낮다, 천하다. ≒卑. ④돕다. ❷성가퀴. ❸①하습(下濕)한 땅. 〔國語〕松柏不生埤. ②밭 100묘(畝).
【埤薄 비박】습기가 많고 메마른 땅.
【埤濕 비습】낮고 축축한 땅. 卑濕(비습).
【埤汚 비오】비천(卑賤)하게 됨. 행실이 고상하지 못함. 卑汚(비오).
【埤下 비하】낮음. 낮은 곳.
【埤堄 폐예】성가퀴. 埤倪(폐예).

土 【埽】⑪ 쓸 소 晧 sǎo, sào

字解 ❶쓸다, 털다. =掃. 〔周禮〕閽人掌埽門庭. ②호안(護岸) 공사의 재료. 대나무로 엮은 가마니

土部 8획 埴 堊 埜 域 堨 場 埶 堄 堉 埩 埻 執

같은 것에 흙을 채워 넣은 것. ¶埽臺.
【埽臺 소대】 소(埽)를 쌓아 올린 방죽 위에 세워 놓은 대. 수세(水勢)를 살피는 데 이용함.
【埽除 소제】 쓸고 닦아서 깨끗하게 함.

土 8 【埴】 ⑪ 찰흙 식·치 zhí
[소전] 埴 [초서] 埴 [간체] 埴 [參考] 대법원 지정 인명용 한자의 음은 '식'이다.
[字解] ①찰흙, 점토(粘土). 〔莊子〕我善治埴. ②단단하다. 〔墨子〕埴固以脩久也.
【埴土 식토·치토】 찰흙.

土 8 【堊】 ⑪ 백토 악 è
[소전] 堊 [초서] 堊 [간체] 堊 [字解] ①백토(白土), 석회(石灰). 〔山海經〕大次之山, 其陽多堊. ②회칠하다, 벽을 희게 칠하다. 〔禮記〕居堊室. ③거칠다, 초벽(初壁)하다. ¶堊室.
【堊車 악거】 하얗게 칠한 수레. 상제(喪制)가 타는 수레.
【堊墁 악기】 백토(白土)를 발라서 꾸밈.
【堊慢 악만】 흰 흙으로 더럽힘. 흰 흙을 바름.
【堊室 악실】 흰 종이로 초벽만 바른 집. 상제가 거처하는 방.
【堊鬵 악추】 미장이가 벽 따위를 바르는 데 쓰는 솔. 풀비.
● 丹—, 白—, 不—.

土 8 【埜】 ⑪ 野(1872)의 고자

土 8 【域】 ⑪ 지경 역 yù
[소전] 域 [초서] 域 [동자] 堿 [字源] 會意. 或→域. 사방으로 둘러싸인(口) 땅(一)을 창(戈)을 들고 지키는 곳(土)이라는 데서 '나라, 나라의 지경'이라는 뜻을 나타낸다.
[字解] ①지경(地境), 땅의 경계. 〔詩經〕肇域彼四海. ②나라, 국토(國土). =或. 〔漢書〕以保爾域. ③한정된 일정한 곳이나 땅. ¶域外. ④묘지, 무덤 자리. 〔詩經〕葳蔓于域. ⑤보전하다. ⑥차지하다. 〔詩經〕正域彼四方. ⑦살다, 거처하다. 〔史記〕人域自域, 土君之也.
【域內 역내】 일정한 장소의 안.
【域外 역외】 ①일정한 장소의 밖. ②범위 밖. ③외국(外國).
【域中 역중】 ①나라의 안. ②온 세상.
● 區—, 聖—, 領—, 靈—, 流—, 異—, 地—.

土 8 【堨】 ⑪ 域(353)과 동자

土 8 【場】 ⑪ 밭두둑 역 [本]익 yì
[초서] 場 [字解] ①밭두둑, 두둑, 밭과 밭의 경계. ②국경(國境), 경계.

土 8 【埶】 ⑪ 藝(1560)와 동자

土 8 【堄】 ⑪ 성가퀴 예 nì
[초서] 堄 [字解] 성가퀴. 성 위에 쌓은 낮은 담. 〔孫子兵法〕發者所以當埤堄也.

土 8 【堉】 ⑪ 기름진 땅 육 yù
[字解] 기름진 땅, 옥토(沃土).

土 8 【埩】 ⑪ 다스릴 쟁·정 zhēng
[參考] 대법원 지정 인명용 한자음은 '정'이다.
[字解] ①다스리다. ②못 이름.

土 8 【埻】 ⑪ ❶과녁 준 zhǔn ❷쌓은 흙 준 zhǔn
[字解] ❶①과녁. ②법칙. 〔潛夫論〕平議無埻 的. ❷쌓은 흙.

土 8 【執】 ⑪ 잡을 집 zhí

十 土 幸 幸 幸 幸 執 執 執
[소전] 鞼 [초서] 執 [간체] 执 [字源] 會意·形聲. 사람이 꿇어앉아 있는 모습을 본뜬 '卂'과 두 손이 형틀에 묶여 있는 모습을 본뜬 '幸'을 합하여 '죄인을 체포하다'라는 뜻을 나타낸다.
[字解] ①잡다. ㉮잡다, 체포하다. 〔呂氏春秋〕使執連尹. ㉯막다, 멈추어 세우다. 〔周禮〕執駒. ②지키다. 〔禮記〕執爾顔. ③가지다. 〔禮記〕執天子之器則上衡. ④고집하다. 〔通俗編〕上曰, 卿何執那. ⑤누르다, 제어(制御)하다. 〔淮南子〕人主之所以執下. ⑥거느리다, 따르다, 복종시키다. 〔詩經〕執競武王, 無競維烈. ⑦관리하다, 담당하다. 〔春秋左氏傳〕作執秩以正其官. ⑧자르다, 끊다. 〔禮記〕足以有執也. ⑨처리하다, 조처하다. 〔禮記〕請誦其所聞, 而吾子自執焉. ⑩협박하다, 위협하다. ⑪교제하다. 〔禮記〕見父之執, 不問不敢對. ⑫맺다, 거듭하다. 〔國語〕與大國執讎. ⑬비끄러매다, 매어 두다. ≒縶. 〔禮辭〕執騰駒. ⑭짜다, 짜서 만들다. ≒織. 〔楚辭〕執組不能任. ⑮도려워하다. ≒慹. 〔漢書〕豪彊執服.
【執柯 집가】①도끼 자루를 손에 쥠. ○'柯'는 도끼 자루. ②중매인(中媒人). 매자(媒子). ○시경(詩經)에, 나뭇가지를 베는 데는 도끼를 사용하고, 아내를 얻는 데는 중매에 의뢰한다는 말에서 온 말.

【執巾櫛 집건즐】 세수 도구를 받들어 시중을 듦. 처(妻)나 첩(妾)이 됨.
【執劫 집겁】 붙들고 위협함.
【執權 집권】 정권을 잡음.
【執箕帚 집기추】 쓰레받기와 비를 잡음. ㉠신복(臣僕)이 되어 남을 섬김. ㉡처첩(妻妾)이 됨.
【執念 집념】 ①머리에서 떠나지 않는 생각. ②한 가지 일에 몰두함.
【執禮 집례】 ①예식을 집행함. ②지켜 행해야 할 예. ③國제사 때 홀기(笏記)를 읽는 사람.
【執務 집무】 사무를 맡아봄.
【執迷 집미】 고집이 세고 사리에 어두움.
【執方 집방】 ①도(道)를 지킴. 신하(臣下)가 됨. ②법칙을 굳게 지킴. 하나의 법술(法術)만을 고집함.
【執柄 집병】 ①기구의 자루를 잡음. ②정권을 잡음. 정권을 잡은 사람. 執權(집권).
【執紼 집불】 영구차의 밧줄을 잡음. 장송(葬送)하는 일.
【執事 집사】 ①일을 집행함. ②귀인의 집에서 가사(家事)를 돌보아 주는 사람. 侍者(시자). ③귀인의 존함 밑에 붙여 쓰는 말. ④國노형(老兄)은 지나고 존장(尊長)은 채 못 되는 사람에 대한 존칭.
【執徐 집서】 고갑자(古甲子)에서 천간(天干)의 다섯째. 12지(支)의 진(辰)에 해당함.
【執束 집속】 國타작하기 전에 곡식의 단수를 세어서 적음.
【執手 집수】 ①손을 잡음. 친애(親愛)의 표정. ②손을 잡고 노고를 위로함. 요대(遼代)에, 임금이 공신(功臣)을 대우하던 예(禮).
【執囚 집수】 잡아 가둠.
【執勝之地 집승지지】 승리를 거둘 수 있는 유리한 곳.
【執訊 집신】 ①음신(音信)을 연락하는 관리. ②신문(訊問)해야 할 죄인을 잡음. 죄인을 잡아서 신문함.
【執役 집역】 ①대관·귀인을 가까이에서 모시고 사무를 보는 사람. 執事(집사). ②국민이 공역(公役)을 치름.
【執熱不濯 집열불탁】 뜨거운 것을 쥘 때는 먼저 냉수에 손을 적셔야 하는데 그렇게 하지 않음. ㉠나라를 다스림에 현자를 등용하는 것을 잊음. ㉡일을 하는데 있어 수단 방법을 그르침.
【執拗 집요】 고집이 세고 끈질김.
【執友 집우】 ①뜻을 같이하는 친구. ②아버지의 친구.
【執牛耳 집우이】 동맹(同盟)의 영수(領袖)가 됨. 故事 제후(諸侯)가 회맹(會盟)할 때에, 맹주(盟主)가 쇠귀를 찢어 그 피를 마시고 맹세한 데서 온 말.
【執義 집의】 ①정도(正道)를 굳게 지킴. ②조선 때 사헌부(司憲府)의 종삼품 벼슬.
【執意 집의】 자기의 의견을 고집함.
【執一 집일】 ①하나만 고수(固守)함. 뜻을 오로지함. ②한 가지 일만 전념하여 변통이 없음. ③천리(天理)를 파악함.

【執政 집정】 ①정치를 맡아서 행하는 사람. 재상(宰相). ②정도를 굳게 지킴. 執正(집정).
【執照 집조】 ①외국인에게 여행의 편의를 위하여 내어 주던 증명서. ②국내 여행 허가증. ③증명서. 증표(證票).
【執奏 집주】 의견서 등을 중간에서 받아 임금에게 아룀.
【執中 집중】 ①중용의 도를 지킴. ②중간의 길을 취하여 지킴.
【執贄 집지】 ①신하가 임금을 처음으로 알현할 때, 옥백(玉帛)을 가지고 가서 경의를 표하던 일. ②예물을 바치고 제자가 됨.
【執捉 집착】 죄인을 체포함.
【執着 집착】 한 가지 일에만 마음이 쏠려 떠나지 않음.
【執頉 집탈】 國남의 잘못이나 허물을 집어내어 트집을 잡음.
【執鞭 집편】 ①채찍을 가짐. ②채찍을 잡고 남의 말을 모는 고용인. 馬夫(마부).
【執筆 집필】 붓을 잡음. 글이나 글씨를 씀.
【執行 집행】 실제로 시행함.
【執火 집화】 게의 딴 이름. ○게의 집게발이 붉은 데서 온 말.
▶固-, 父-, 我-, 確-.

$\frac{土}{8}$【埰】⑪ 영지 채 ㈜ cài, cǎi
字解 ①영지(領地), 식읍(食邑). =采. ②무덤.

$\frac{土}{8}$【埵】⑪ 언덕 타 ㈜ duǒ
소전 埵 초서 埵 字解 ①언덕, 두두룩하게 솟은 땅. ¶埵堁. ②단단한 흙. ③풀무에 딸린 철통(鐵筒).〔淮南子〕鼓橐 埵坊設. ④둑, 제방.〔淮南子〕狟狢得埵防, 弗去而緣.
【埵堁 타과】 두두룩하게 솟은 땅. 언덕.
【埵坊 타방】 풀무.

$\frac{土}{8}$【埭】⑪ 보 태 ㈜ dài
초서 埭 字解 보. 왕래하는 선박에서 통행세를 받기 위하여 쌓은 보.〔晉書〕築 埭於城北.
【埭堰 태언】 냇물을 가로막은 보.
【埭程 태정】 보를 지나면서 지불하는 통행세.
▶堰-.

$\frac{土}{8}$【堆】⑪ 언덕 퇴 ㈜ duī
초서 堆 字解 ①언덕, 사구(砂丘), 흙무더기.〔楚辭〕陵魁堆以蔽視兮. ②높이 쌓이다, 산더미처럼 쌓이다.〔蘇軾·詩〕蒼崖半入雲濤堆. ③두다, 밀쳐 두다.〔戰國策〕中旗堆琴.
【堆金積玉 퇴금적옥】 높이 쌓아 올린 금은보석. 재물이 많음.

【堆肥 퇴비】풀·짚 등 유기물을 썩혀서 만든 거름. 두엄.
【堆愁 퇴수】쌓이고 쌓인 근심.
【堆積 퇴적】많이 덮쳐 쌓임.
【堆疊 퇴첩】쌓이고 쌓임. 높이 쌓임.
【堆堆 퇴퇴】①겹겹이 쌓인 모양. ②오래도록 앉아 움직이지 않는 모양.
【堆紅 퇴홍】주칠(朱漆)을 두껍게 하여 산수(山水)·화조(花鳥) 따위의 모양을 새긴 세공(細工). 堆朱(퇴주).

土 9 【堪】⑫ 견딜 감 覃 kān

소전【堪】초서【堪】 字解 ①견디다. ㉮버터 내어 계속하다.〔國語〕口弗堪也. ㉯참다, 참아 내다.〔論語〕人不堪其憂. ②뛰어나다, 낫다.〔宋書〕其文武堪能, 隨才銓用. ③하늘, 천도(天道). ¶堪興. ④싣다. ⑤낮다. 늦坎. ⑥즐기다.
【堪耐 감내】참고 견딤.
【堪能 감능】①일을 감당해 냄. 일을 감당할 수 있는 능력. ②기예나 재능이 뛰어남.
【堪當 감당】일을 능히 참고 해냄.
【堪勝 감승】잘 견뎌 냄.
【堪興 감여】①하늘과 땅. ○'堪'은 받아들이는 것, 곧 하늘, '興'는 수레로서 싣는 것, 곧 땅을 뜻함. ②천지의 신(神).
【堪興家 감여가】①음양오행설에 의하여 묘지나 집터의 좋고 나쁨을 가리는 사람. 風水家(풍수가). ②역상(曆象)을 풀고, 짐싱술(占星術)을 행하는 사람. ③지리학자.
◐ 難-, 不-.

土 9 【堺】⑫ 界(1157)와 동자

土 9 【堦】⑫ 階(1948)와 동자

土 9 【堝】⑫ 도가니 과 歌 guō
초서【堝】 字解 도가니. 쇠붙이를 녹이는 데 쓰는, 흙으로 만든 그릇.

土 9 【堩】⑫ 길 긍 徑 gèng
字解 길, 도로(道路).〔禮記〕無免于堩.

土 9 【堵】⑫ ❶담 도 麌 dǔ ❷성 자 馬 zhě
소전【堵】주문【堵】초서【堵】간체【堵】 參考 대법원 지정 인명용 한자의 음은 '도'이다. 字解 ❶①담, 담장.〔莊子〕故滿若堵耳. ②거처, 주거. 담의 안이라는 뜻. ③이것, 저것. ④막다, 틀어막다. ❷①성(姓). ②산 이름. ¶堵山. ③강 이름, 자수(堵水). 호북성(湖北省)에

있는 강 이름. ④현(縣) 이름. ¶堵陽.
【堵塞 도색】막음. 틀어막음.
【堵列 도열】담을 두른 것처럼 죽 늘어섬.
【堵牆 도장】담. 울타리. 堵墙(도장).

土 9 【堗】⑫ 굴뚝 돌 月 tú
字解 ①굴뚝. ≒突. ②國구들, 구들장.〔經國大典〕堗匠八 車匠十.

土 9 【堘】⑫ 壘(368)의 속자

土 9 【堥】⑫ 언덕 무 尤 máo, móu
초서【堥】 字解 ①언덕, 앞은 높고 뒤는 나지막한 언덕. ¶堥敦. ②유약을 바르지 않고 구운 질그릇 병.
【堥敦 무돈】나지막한 언덕. 앞은 높고 뒤는 나지막한 언덕.

土 9 【堳】⑫ 담 미 支 méi
字解 담, 담장.
【堳埒 미날】단(壇)의 주위에 둘러친 낮은 담.

土 9 【堡】⑫ 작은 성 보 皓 bǎo
초서【堡】 字解 ①작은 성, 돌·흙 등으로 쌓은 성채(城砦). ¶堡壘. ②둑, 제방.
【堡臺 보대】성채(城砦).
【堡壘 보루】적을 막기 위하여 구축한 진지. 堡壁(보벽). 堡障(보장). 堡砦(보채).
【堡戍 보수】성채(城砦). 성채를 지킴.
【堡聚 보취】사람을 많이 모아서 보루(堡壘)를 지킴.

土 9 【報】⑫ ❶갚을 보 號 bào ❷나아갈 부 遇 fù

소전【報】초서【報】간체【报】 參考 대법원 지정 인명용 한자의 음은 '보'이다.
字源 會意. 幸+𠬝→報. '幸'은 큰 죄, '𠬝'은 죄에 대해 벌한다는 뜻. 죄를 짓고 벌을 받은 사람이란 데서 '갚다'의 뜻을 나타낸다.
字解 ❶①갚다, 은혜·도움·원한에 대해 그에 부합되는 행동을 해 주다.〔列子〕謀報父之讎. ②갚음, 상대편에게서 받은 만큼 알맞게 행동하여 주는 일.〔史記〕先王遠地, 不求其報. ③알리다, 여쭈다. ¶報道. ④알림, 통지(通知). ¶急報. ⑤판가름하다, 재판하다, 공초받다. ¶報囚. ⑥간통하다, 친족의 아내, 종복(從僕) 등을 간음하다.〔春秋左氏傳〕文公報鄭子之妃. ❷나아가다, 급히 가다. 늦赴.〔禮記〕毋報往.
【報告 보고】주어진 임무에 관한 내용이나 결과

를 말이나 글로 알림.
【報功 보공】 공덕(功德)에 보답함.
【報仇 보구】 원수를 갚음. 앙갚음함.
【報國 보국】 나라의 은혜를 갚음. 나라를 위해 충성을 바침.
【報答 보답】 남의 호의(好意)나 은혜(恩惠) 따위를 갚음.
【報德 보덕】 남의 은덕(恩德)을 갚음.
【報道 보도】 ①어떤 소식을 널리 알림. ②신문·통신 등의 뉴스.
【報李 보리】 남의 선물에 대하여 반례(返禮)하는 일. ◯시경(詩經)의 '投我以桃, 報之以李'에서 온 말.
【報命 보명】 명령받은 일의 결과를 보고함.
【報服 보복】 존속(尊屬)이 비속(卑屬)에 대해서 입는 복(服).
【報復 보복】 원수를 갚음. 앙갚음.
【報本反始 보본반시】 천지(天地)나 선조의 은혜에 보답함. 생겨나거나 자라난 근본을 잊지 않고 그 은혜를 갚음. 報本(보본).
【報聘 보빙】 다른 나라가 우호(友好)를 위하여 방문해 준 데 대한 답례로 그 나라를 방문함.
【報賽 보새】 신(神)의 은혜에 보답하여 지내는 제사.
【報生以死 보생이사】 자신의 삶의 은인인 군사부(君師父)에 대해서는 죽음으로써 보답함.
【報雪 보설】 받은 치욕을 씻음.
【報囚 보수】 죄인에게 형벌을 과함. 죄를 논정(論定)함.
【報酬 보수】 노력의 대가나 사례의 뜻으로 주는 돈이나 물품.
【報施 보시】 은혜를 갚아서 베풂.
【報身 보신】 (佛)삼신(三神)의 하나. 선행 공덕을 쌓은 결과로 얻은 불신(佛神).
【報衙 보아】 관아(官衙)에서 일의 시작 시간을 알리던 북.
【報營 보영】 🇰수령(守令)이 감영(監營)에 보고하는 일.
【報祐 보우】 보답하여 도움.
【報恩 보은】 은혜를 갚음.
【報應 보응】 선악의 행위에 따라 받게 되는 대갚음.
【報章 보장】 ①짜서 무늬를 놓음. ②회답하는 편지.
【報障 보장】 (佛)삼장(三障)의 하나. 악업(惡業)의 결과가 정도(正道)나 선근(善根)의 방해가 되는 일.
【報祭 보제】 예제(禮祭). 예제를 함. 해마다 가을 농사일이 끝난 뒤, 오곡(五穀) 신의 은혜에 보답하기 위하여 지내는 제사.
【報知 보지】 알림. 報告(보고).
【報罷 보파】 ①아뢰고 그만둠. ②아뢰고 물러남.
【報效 보효】 은혜를 갚기 위하여 힘을 다함.
【報往 부왕】 급히 감.
➊ 警—, 公—, 果—, 官—, 急—, 吉—, 朗—,
詳—, 速—, 旬—, 年—, 豫—, 月—, 應—,
日—, 雜—, 電—, 情—, 週—, 通—, 凶—.

土 9 【塗】⑫ 滕(359)과 동자

土 9 【堨】⑫ ❶보 알 圓 è ❷먼지 애 圂 ài
字解 ❶보, 방죽. 〔唐書〕渠堨爲寇毀. ❷①먼지. 〔淮南子〕揚塵起堨. ②벽의 틈.

土 9 【埜】⑫ 野(1872)와 동자

土 9 【堰】⑫ 방죽 언 𡉉 yàn
字解 ①방죽, 둑, 보. ¶ 堰堤. ②막다, 보를 막다, 흐르는 물을 막다.
【堰堤 언제】 ①물을 가두기 위하여 강이나 계곡을 가로질러 막은 둑. ②댐(dam). 堤堰(제언).
【堰埭 언태】 ①선박의 통행세를 받기 위하여 강 가운데에 막은 둑. ②전지(田地)의 관개(灌漑)를 위하여 쌓은 방죽.

土 9 【堧】⑫ 빈 터 연 𡊮 ruán
字解 ①빈 터, 묘(廟)의 안 담과 바깥 담 사이의 빈 터. ¶ 堧垣. ②성 밑에 있는 땅, 성곽에 잇닿은 땅. 〔漢書〕稅城郭堧及園田.
【堧垣 연원】 묘(廟)의 바깥 담.

土 9 【堯】⑫ 요임금 요 𡊮 yáo
字解 ①요임금. 중국 고대의 성군(聖君). 〔孟子〕言必稱堯舜. ②높다, 멀다. ¶ 堯堯.
【堯桀 요걸】 요임금과 걸임금. 성군과 폭군.
【堯年 요년】 요(堯)임금이 재위한 기간. 태평성대의 비유.
【堯舜 요순】 ①성군인 당요(唐堯)와 우순(虞舜). ②성군.
【堯堯 요요】 매우 높은 모양. 嶢嶢(요요).
【堯長舜短 요장순단】 요임금은 키가 크고 순임금은 작음. 성인은 외모와는 상관없음.
【堯天 요천】 요임금과 같이 덕이 높은 천자.
【堯趨舜步 요추순보】 요임금과 순임금의 총총걸음. 임금의 의용(儀容)과 동작(動作)을 높이 칭송하는 말.
【堯風舜雨 요풍순우】 순요(舜堯) 두 임금의 인덕(仁德)이 널리 천하에 베풀어짐을 풍우(風雨)의 혜택에 견준 말. 태평한 세상의 비유.

土 9 【堣】⑫ 모퉁이 우 𡋫 yú
字解 모퉁이, 귀퉁이. ≒嵎·隅.

土部 9획 堙場堤堲堞塚堶塔堿堭堠

土9 【堙】⑫ 막을 인 音 yīn

字解 ①막다, 틀어막다. 〔國語〕夷竈堙井. ②묻다, 빠지다. =湮. 〔國語〕堙替隸圉. ③사다리. 〔春秋公羊傳〕宋華元亦乘堙而出見之. ④흙을 쌓다, 산을 만들다. 〔春秋左氏傳〕堙之環城傳出於堞.

【堙陵 인릉】 점차로 쇠해짐.
【堙圮 인비】 묻히고 무너짐.
【堙塞 인색】 막힘. 막혀 통하지 않음.
【堙盡 인진】 멸망해 버림.
【堙窒 인질】 막혀 통하지 않음.
【堙替 인체】 내버려 둠. 묻혀 못 쓰게 됨.
【堙廢 인폐】 파묻혀 스러짐. 쇠퇴함.

土9 【場】⑫ 마당 장 陽 cháng, chǎng

十 土 圤 圻 坍 坥 場 場 場 場

소전 場 초서 场 동자 塲 간체 场 參考 場(353)은 딴 자.

字源 形聲. 土+昜→場. '昜(양)'이 음을 나타낸다.

字解 ①마당, 뜰, 정원. ㉮공지(空地), 경작하지 못하는 산지(山地). 〔國語〕道路若塞, 野場若棄. ㉯밭, 남새밭, 정원(庭園). 〔詩經〕食我場苗. ㉰타작 마당, 곡물을 거두어들이는 뜰. 〔詩經〕九月築場圃. ㉱광장, 평지. 〔漢書〕犧牲壇場. ㉲사냥이 쉬는 곳. 〔小爾雅〕鹿之所息, 謂之場. ㉳곳, 터. 〔齊書〕置射雉場二百九十六處. ②신을 모시는 곳, 신을 제사하는 곳. ③시험장, 시험을 치르는 곳. 〔柳宗元·書〕登場應對. ④시장, 저자. 〔班固·賦〕九市開場. ⑤무대(舞臺). 〔東京夢華錄〕繞場數遭. ⑥때, 경우, 사정. 〔王禹偁·詩〕紅藥開時醉一場.

【場期 장기】 과거(科擧)의 시험 기일.
【場捋 장날】 말을 타고 달리면서 활을 쏘는 곳.
【場面 장면】 어떤 장소에서 벌어진 광경.
【場師 장사】 정원을 가꾸는 사람.
【場屋 장옥】 관리를 채용할 때의 시험장.
【場圍 장위】 곳. 자리.
【場中 장중】 ①과장(科場)의 안. 과거를 보는 마당 안. ②밭 가운데.
【場圃 장포】 ①밭. ♁'場'과 '圃'는 같은 땅으로서, 봄·여름에 채소를 재배할 때에는 '圃', 가을에 추수하여 타작하는 마당으로 쓰일 때에는 '場'이라 이름. 場園(장원). ②집 근처에 있는 채소밭.

○ 工─, 科─, 敎─, 球─, 劇─, 農─, 登─, 滿─, 牧─, 射─, 上─, 市─, 入─, 戰─, 職─, 退─, 罷─, 現─, 刑─, 會─.

土9 【堤】⑫ ❶방죽 제 齊 dī ❷대개 시 支 shí

十 土 圤 圻 垾 垾 垾 堤 堤

參考 대법원 지정 인명용 한자의 음은 '제'이다.

字源 形聲. 土+是→堤. '是(시)'가 음을 나타낸다.

字解 ❶①방죽, 둑. =隄. ②실굽. 그릇 밑바닥에 가늘게 둘러 있는 굽. 〔淮南子〕瓶甌有堤. ❷대개, 개략. 늑提.

【堤防 제방】 둑. 방죽. 堤塘(제당).
【堤堰 제언】 ①물을 가두어 놓기 위해 강이나 계곡을 가로질러 막는 둑. ②댐(dam).
【堤封 시봉】 대범(大凡). 대개. 대략.

土9 【堲】⑫ ❶미워할 즉 職 jí ❷불똥 즐 質 jí

소전 堲 초서 垫

字解 ❶①미워하다, 증오하다. 〔書經〕朕堲讒說. ❷①불똥, 타다 남은 심지의 끄트머리. 〔管子〕左手秉燭, 右手折堲. ②불에 구운 벽돌이나 기와. ¶ 堲周. ※❶과 같다.

【堲周 즐주】 관(棺)을 쓰지 않고, 흙을 구워 만든 벽돌로 광(壙) 안을 빙 두르는 일. 중국 하후씨(夏后氏) 때 이 방법을 썼음.

土9 【堞】⑫ 성가퀴 첩 葉 dié

소전 堞 초서 堞

字解 성가퀴. 성벽 위에 쌓은 나지막한 담.

土9 【塚】⑫ 塚(360)의 와자(譌字)

土9 【堶】⑫ 돌팔매 타 歌 tuó

동자 砣 礌

字解 돌팔매, 돌팔매질, 돌팔매질하다. 〔梅堯臣·詩〕輕浮賭勝各飛堶.

土9 【塔】⑫ 塔(360)의 속자

土9 【堿】⑫ 鹹(2113)과 동자

土9 【堭】⑫ 전각 황 陽 huáng

字解 ①전각(殿閣), 벽이 없는 집. 늑皇. 〔漢書〕列坐堂堭上. ②당집. ③바깥 해자. =隍.

土9 【堠】⑫ 봉화대 후 宥 hòu

초서 堠

字解 ①봉화대, 적정(敵情)을 살피기 위하여 쌓은 돈대, 망을 보는 곳. ②이정표(里程標), 이정(里程)을 표시하기 위하여 쌓은 돈대. 〔韓愈·詩〕堆堆路傍堠.

【堠鼓 후고】 적의 침범을 알리기 위하여 망보는 초소에 비치한 북.
【堠槐 후괴】 이정(里程)을 표시하기 위해 쌓는

土部 10획 塙堁塊塘塗塓塜塞

돈대 대신 심은 홰나무.
【墩臺 돈대】 망루(望樓).
【墩吏 돈리】 변방에서 망보는 낮은 벼슬아치.
【墩望 돈망】 망대(望臺)에 올라가 망을 봄.
【墩碑 돈비】 길의 이수(里數)를 표시하여 세운 돌. 里程標(이정표).
【墩子 돈자】 이정표(里程標). 里墩(이후).
【墩程 돈정】 여행의 노정(路程). 旅程(여정).

土10 【塙】⑬ ❶단단할 각 囻 què
　　　❷자갈땅 교 囿 quāo

소전 塙 [字解] ❶단단하다, 흙이 굳고 단단하다. ❷자갈땅, 돌이 많은 메마른 땅.

土10 【堁】⑬ 높고 건조할 개 囲 kǎi

소전 堁 초서 垲 간체 垲 [字解] 높고 건조하다, 높고 건조한 땅.
【堁堁 개개】 언덕 같은 것이 높은 모양.

土10 【塊】⑬ 흙덩이 괴 囲 kuài

十 土 圹 圠 坤 坭 坱 塊 塊

소전 塊 초서 圠 동서 凷 간체 块 [字源] 形聲. 土+鬼→塊. '鬼(귀)'가 음을 나타낸다.
[字解] ❶흙덩이. 〔國語〕野人擧塊以與之. ❷흙. 〔儀禮〕寢苦枕塊. ❸덩어리, 뭉치. 〔宋史〕趙氏一塊肉. ❹홀로인 모양. 〔楚辭〕塊兮鞠, 當道宿. ❺편안한 모양. 〔春秋穀梁傳〕塊然受諸侯之尊已. ❻소박한 모양. 〔莊子〕大塊噫氣. ❼国뭉치. 한지(韓紙)를 세는 단위로, 100권을 한 묶음으로 한다. 〔萬機要覽〕壯紙 定以節行 一百四十塊.
【塊根 괴근】 덩이뿌리.
【塊獨 괴독】 외톨.
【塊石 괴석】 돌덩이.
【塊然 괴연】 ①홀로 있는 모양. ②편안한 모양.
● 金ㅡ, 大ㅡ, 石ㅡ, 肉ㅡ, 銀ㅡ, 土ㅡ.

土10 【塘】⑬ 못 당 圏 táng

소전 塘 초서 塘 [字解] ❶못, 연못. 〔王勃·賦〕枕箕岫之孤石, 泛磻溪之小塘. ❷둑, 제방. 〔後漢書〕因高下形勝, 起塘四百餘里. ❸저수지. 〔唐書〕泉州清源君縣, 晉江東, 有舊書塘, 漑田三百餘頃. ❹척후, 파수. ¶ 塘報.
【塘報 당보】 척후병(斥候兵)이 적의 정세를 살펴 알리는 일.
【塘池 당지】 둑을 쌓아 물을 괴게 한 못. 저수지(貯水池). 用水池(용수지).
● 蓮ㅡ, 堤ㅡ, 池ㅡ.

土10 【塗】⑬ 진흙 도 圄 tú

氵 氵 氵 泠 泠 涂 涂 涂 塗

소전 塗 초서 塗 간체 涂 [字源] 形聲. 涂+土→塗. '涂(도)'가 음을 나타낸다.
[字解] ❶진흙, 진흙탕. 〔孟子〕坐於塗炭. ❷칠하다, 칠하여 꾸미다, 바르다. ¶ 塗料. ❸길, 도로. 늑途. 〔論語〕遇諸塗. ❹더럽히다, 더럽혀지다. 〔莊子〕周以塗吾身, 不如避之以潔吾行. ❺두껍다, 두껍고 많다. ¶ 塗塗. ❻지우다, 칠하여 없애다. ¶ 塗竄.
【塗歌里抃 도가이변】 길을 가는 사람은 노래하고 마을 사람은 손뼉 치며 장단을 맞춤. 백성이 모두 태평을 구가함.
【塗改 도개】 ☞塗竄(도찬).
【塗塗 도도】 두껍고 많은 모양. 온통 뒤덮은 모양.
【塗料 도료】 물건을 썩지 않게 하거나 색을 칠하기 위하여 그 겉에 바르는 물질.
【塗抹詩書 도말시서】 어린아이. ○어린아이는 아무 생각 없이 중요한 책에도 마구 먹칠한다는 데서 온 말.
【塗褙 도배】 国벽 따위를 종이로 바름.
【塗附 도부】 진흙 위에 다시 진흙을 칠함. 못된 사람이 다시 못된 짓을 함.
【塗不拾遺 도불습유】 길에 떨어진 물건도 줍는 사람이 없음. 나라가 잘 다스려지고 풍속이 아름다움.
【塗說 도설】 길거리에서 듣고 곧장 길거리에서 말함. 경솔하게 듣고 경망하게 말함.
【塗鴉 도아】 ①손가락으로 문질러 그린 까마귀처럼 보이는 글자. 서투른 글씨. ②종이를 먹으로 새까맣게 칠함.
【塗乙 도을】 도자(塗字)와 을자(乙字). 문장에서 글자를 지우는 일과 탈자를 넣는 일.
【塗裝 도장】 도료를 칠하거나 발라 치장함.
【塗竄 도찬】 문장의 문구를 지우고 고쳐 씀.
【塗擦 도찰】 바르고 문지름.
【塗轍 도철】 ①길과 수레바퀴 자국. ②사물의 조리(條理). ③어떤 일을 해 나갈 방도.
【塗炭 도탄】 진구렁에 빠지고 숯불에 탐. 몹시 곤란하고 고통스러운 지경의 비유.
【塗巷 도항】 길. 거리.
● 堊ㅡ, 糊ㅡ.

土10 【塓】⑬ 맥질할 멱 圀 mì

소전 塓 [字解] 맥질하다, 매흙질하다. 〔春秋左氏傳〕圬人以時塓館宮室.

土10 【塜】⑬ 먼지 일 봉 囲 péng

초서 塜 〔参考〕塚(360)은 딴 자. [字解] 먼지가 일다, 먼지가 바람 따라 일다.

土10 【塞】 ❶변방 새 團 sài
　　　 ❷막을 색 團 sāi

土部 10획 塑塍塒塩塋塢塕塟

、宀宀宀宁宔実実寒寒塞

塞 [소전] **塞** [초서] **塞** [동자] **窞** [參考] 대법원 지정 인명용 한자의 음은 '새·색'이다.
[字源] 形聲. 㝛+土→塞. '㝛(한)'이 음을 나타낸다.
[字解] ❶①변방, 국경 지대.〔荀子〕築明堂於塞外. ②사이가 뜨다, 거리를 띄우다. ③성채(城砦), 변경에 설치하여 외적을 막는 작은 성.〔禮記〕完要塞. ④동북방의 국경(國境). ⑤험한 곳, 가파른 땅.〔戰國策〕世主不敢交陽侯之塞. ⑥굿을 하다. ≒賽.〔後漢書〕詔令大官給塞具. ⑦주사위.〔莊子〕博塞以遊. ⑧성(姓). ❷①막다, 가로막다. ㉮통하지 아니하다, 닫다.〔漢書〕疑塞治道. ㉯가리다, 은폐하다.〔荀子〕塞而避所短. ㉰막다, 차단하다.〔呂氏春秋〕不可塞也. ㉱가득 채우다, 채워 넣다.〔呂氏春秋〕五味芬芳, 以塞其口. ㉲당(當)하다, 감당하다.〔漢書〕毋使臣塞涌水之異. ㉳깁다, 보충하다.〔漢書〕將欲何施以塞此咎. ㉴답하다, 대답하다.〔漢書〕積之氣塞明. ㉵끊다, 근절하다.〔國語〕是自背其信而塞其忠. ②성채(城砦), 성곽·해자(垓字) 따위.〔春秋左氏傳〕凡啓塞從時. ③차다, 충만하다, 지기(志氣)가 충만하다.〔詩經〕秉心塞淵. ④평온함, 편안함. ⑤편안하지 못한 모양. ¶塞塞. ⑥얼굴빛, 안색(顔色).〔中庸〕不變塞焉.
【塞關 새관】국경의 관문.
【塞雁 새안】변방의 기러기.
【塞翁之馬 새옹지마】변방 늙은이의 말. 인생의 길흉화복은 변화가 많아 예측하기 어려움의 비유. [故事] 북쪽 변방의 늙은이가 기르던 말이 호지(胡地)로 달아났는데, 얼마 뒤에 그 말이 한 필의 준마를 데리고 돌아왔고, 아들이 그 준마를 타다가 떨어져 절름발이가 되었으나, 뒤에 그로 인하여 출전(出戰)을 면하고 목숨을 보전했다는 고사에서 온 말. 塞翁得失(새옹득실).
【塞外 새외】①성채의 밖. ②장성(長城)의 밖. 邊土(변토).
【塞要 새요】변경에 있는 요새(要塞).
【塞圍 새위】변방에 있는 보루(堡壘).
【塞斥 새척】변경의 성채가 있는 불모지(不毛地)를 개척하는 일.
【塞性 색성】본연의 성질을 덮어서 가림.
【塞心 색심】마음이 막힘.
【塞淵 색연】사려가 깊고 착실한 모양.
【塞源 색원】근원을 막음.
【塞職 색직】일에 대하여 성실하지 않음.
【塞責 색책】맡은 일의 책임을 다함.
【塞賢 색현】현자(賢者)를 쓰지 않음.
❶防-, 邊-, 四-, 語-, 要-.

土 10 **【塑】** ⑬ 토우 소 [圖] sù
[초서] **塑** [동자] **塐** [字解] ①토우(土偶). 흙으로 만든 사람이나 신불(神

佛)의 형체. ¶塑像. ②흙을 이겨서 물건의 형체를 만들다.
【塑像 소상】찰흙으로 만든 모형. 찰흙에 짚, 운모(雲母) 등을 섞어 만든 조상(彫像).
【塑偶 소우】흙으로 만든 인형.
❶彫-.

土 10 **【塍】** ⑬ 밭두둑 승 [圜] chéng
[소전] **塍** [초서] **塍** [동자] **㽟** [동자] **塖** [字解] 밭두둑, 둑.
【塍陌 승맥】밭과 밭 사이의 경계를 이루거나 밭 가에 둘러 있는 둑. 밭두둑.

土 10 **【塒】** ⑬ 홰 시 [支] shí
[소전] **塒** [간체] **埘** [字解] ①홰, 횃대. 닭이나 새가 올라앉을 수 있도록 닭장이나 새장에 가로질러 놓는 막대기.〔詩經〕鷄棲于塒. ②깃, 새가 깃들이는 곳.

土 10 **【塩】** ⑬ 鹽(2114)의 속자

土 10 **【塋】** ⑬ 무덤 영 [庚] yíng
[소전] **塋** [초서] **塋** [간체] **茔** [字源] 會意·形聲. 𤇾+土→塋. '𤇾'은 '營(영)'의 생략형으로, 음도 나타낸다. 사람이 죽으면 많(土)을 경영히어(營) 무덤을 만들어 장사 지낸다는 데서 '무덤'을 뜻한다.
[字解] ①무덤, 뫼, 묘지(墓地).〔後漢書〕塋域所極. ②경영하다, 계획하다. ≒營.〔禮記〕塋邱隴之大小高庳厚薄之度.
【塋記 영기】묘지(墓誌)의 한 가지.
【塋墓 영묘】무덤. 墳墓(분묘).
【塋田 영전】묘지(墓地). 塋域(영역).
❶舊-, 先-.

土 10 **【塢】** ⑬ 둑 오 [麌] wǔ
[초서] **塢** [간체] **坞** [字解] ①둑.〔後漢書〕繕城郭起塢候. ②성채(城砦), 작은 성. ¶塢壁. ③마을, 촌락.〔杜甫·詩〕谿行盡日無村塢.
【塢壁 오벽】흙을 쌓아 만든 성채.

土 10 **【塕】** ⑬ 티끌 옹 [董] wěng
[초서] **塕** [字解] ①티끌, 티끌이 일다. ②초목이 무성한 모양.〔史記〕觀衆樹之塕薆兮. ③바람이 이는 모양.〔宋玉·賦〕塕然起於窮巷之間.
【塕然 옹연】바람이 이는 모양.

土 10 **【塟】** ⑬ 葬(1527)의 속자

土 10 **【塡】**⑬ ❶메울 전 田 tián
❷누를 진 田 zhèn

소전 **塡** 초서 **塡** 간체 **填** 參考 대법원 지정 인명용 한자의 음은 '전·진'이다.

字解 ❶메우다, 메이다. ¶塡補. ❷채우다, 가득 차다. ≒塡. ¶塡溢. ❸북소리.〔孟子〕塡然鼓之. ❹따르다, 순종하다.〔班固·賦〕塡流泉而爲沼. ❺만족스러운 모양. ¶塡塡. ❷❶누르다, 평정하다. ≒鎭.〔漢書〕塡國家吾不如蕭何. ❷다하다. ≒殄.〔詩經〕哀我塡寡.

【塡補 전보】 채워서 메움. 塡充(전충).
【塡詞 전사】 한시(漢詩)의 한 체. 악부(樂府)에서 변한 사곡(詞曲)의 한 가지로, 악부의 보(譜)에 맞추어 자구(字句)를 채워 넣은 것.
【塡塞 전색】 ①메움. 메워짐. ②묻힘.
【塡安 전안】 평안하게 다스림.
【塡然 전연】 북소리가 요란한 모양.
【塡咽 전열】 많은 사람·물건 따위로 붐빔.
【塡委 전위】 갖가지 일들이 복잡하게 쌓임.
【塡溢 전일】 가득 차서 넘침.
【塡塡 전전】 ①만족한 모양. ②규율이 바르고 훌륭한 모양. ③거마(車馬)의 수가 많은 모양. ④우레가 울리는 모양. ⑤북소리가 연달아 나는 모양. ⑥독실(篤實)한 모양.
【塡湊 전주】 많이 모임.
【塡差 전차】 閏결원이 생긴 벼슬자리에 관리를 임명하여 채움.
【塡充 전충】 메워 채움.
【塡撫 진무】 백성을 평안하게 진정시키고 어루만져 달램.

● 補-, 裝-, 充-.

土 10 **【塀】**⑬ 塀(362)와 동자

土 10 **【塉】**⑬ 박토 척 田 jí

초서 **塉** 字解 박토(薄土), 메마른 땅.〔後漢書〕分別肥塉差爲三品.
【塉埆 척각】 메마른 땅. 토박한 땅.
【塉薄 척박】 □塉埆(척각).

土 10 **【塚】**⑬ 冢(173)의 속자

土 10 **【塔】**⑬ 탑 탑 田 tǎ

소전 **塔** 예서 **塔** 속자 **塔** 字源 形聲. 土＋荅→塔. '荅(답)'이 음을 나타낸다.

字解 ❶탑. 사리나 유골을 모시기 위하여 흙이나 돌을 쌓아 올려 만든 건축물. ¶塔婆. ❷절, 불당(佛堂). ¶魏書 故世稱塔廟.
【塔頭 탑두】 (佛)①선원(禪院)에서, 조사(祖師)의 탑이 있는 곳. ②큰 절의 경내(境內)에 있는 작은 암자. ❸탑의 꼭대기. 塔尖(탑첨).
【塔畔 탑반】 탑의 근처. 탑이 있는 언저리.
【塔碑 탑비】 탑과 비석.
【塔影 탑영】 탑의 그림자.
【塔婆 탑파】 (佛)탑. ○범어(梵語) 'stūpa'의 음역어(音譯語).

● 寶-, 佛-, 寺-, 石-, 鐵-, 層-.

土 10 **【塌】**⑬ 떨어질 탑 田 tā

초서 **塌** 字解 ❶떨어지다, 떨어뜨리다. ¶塌颯. ❷땅이 낮다. ❸넘어지다, 무너지다.〔杜甫·詩〕忽憶雨時秋井塌.
【塌颯 탑삽】 뜻을 이루지 못함. 失意(실의).

土 10 **【塤】**⑬ 壎(367)과 동자

土 11 **【嵌】**⑭ 언덕 감 田 kàn

字解 ❶언덕, 낭떠러지. ❷구덩이. ＝坎.

土 11 **【境】**⑭ 지경 경 田 jìng

十 土 尹 尹 圹 垮 培 塔 境

소전 **境** 초서 **境** 字源 形聲. 土＋竟→境. '竟(경)'이 음을 나타낸다.

字解 ❶지경. ㉮땅의 경계.〔荀子〕境內之聚也. ㉯경우, 형편. ❷곳, 장소.
【境界 경계】 ①지역이 갈라지는 한계. 臨界(임계). ②일정한 표준에 의하여 갈라지는 한계.
【境物 경물】 주위의 물건.
【境上斬 경상참】 두 나라 사이에 관계 있는 죄인을 국경에서 처형하던 일.
【境涯 경애】 ①경계. 한계. ②놓여 있는 환경이나 처지.
【境域 경역】 ①지경. 境界(경계). ②경내(境內)의 땅.
【境宇 경우】 경계. 나라의 경계.
【境遇 경우】 놓인 사정이나 형편.
【境地 경지】 ①학문·예술 등의 독자적 방식. ②어떤 단계에 이른 상태.

● 佳-, 國-, 老-, 邊-, 祕-, 死-, 仙-, 心-, 逆-, 絶-, 地-, 環-.

土 11 **【墐】**⑭ 매흙질할 근 田 jìn

소전 **墐** 초서 **墐** 字解 ❶매흙질하다, 벽을 흙으로 묻다. ❷묻다, 파묻다, 무덤에 묻다. ≒殣.〔詩經〕行有死人, 尙或墐之. ❸도랑가에 나 있는 길.〔國語〕陸阜陵墐.
【墐戶 근호】 출입구를 흙으로 발라 막음.

土 11 **【墍】**⑭ 매흙질할 기 田 xì

土部 11획 堩 塿 墁 墓 墨 塽 墅 塾 墉 場 塼 墆 墊

土11 【堩】
⑭ 매흙질하다, 벽을 칠하다.
〔漢書〕凶年不墍塗. ②취하다, 가지다. ≒摡.
〔詩經〕碩筐墍之. ③쉬다, 휴식하다. ≒呬. 〔詩經〕民之攸墍.

土11 【塈】
⑭ 墍(360)와 동자

土11 【塿】
⑭ 언덕 루 lǒu
[字解]①언덕, 작은 언덕.〔晉書〕何能爲培塿乎. ②흙, 마르고 거친 흙.

土11 【墁】
⑭ 흙손 만 màn
[字解]①흙손. 흙을 떠서 바르고 표면을 매끄럽게 하는 연장. ≒鏝. ②벽의 장식. 〔孟子〕毁瓦畫墁.
【墁治 만치】벽을 새로 바름.

土11 【墓】
⑭ 무덤 묘 mù

形聲. 莫+土→墓. '莫(모)'가 음을 나타낸다.
[字解]①무덤, 뫼. 능(陵)과 원소(園所)에 대하여 서인의 무덤.〔禮記〕稱古墓而不墳. ②묘지.〔禮記〕易墓非古也.
【墓碣 묘갈】무덤 앞에 세우는 등그스름한 모양의 작은 빗돌.
【墓幕 묘막】무덤 가까이에 지은, 묘지기가 사는 집.
【墓木已拱 묘목이공】무덤가에 심은 나무가 아름드리로 자람. 사람이 죽어서 이미 오랜 세월이 흐름.
【墓門 묘문】묘 입구에 세운 문.
【墓碑 묘비】죽은 사람의 사적(事蹟)을 새겨 무덤 앞에 세우는 돌의 총칭.
【墓所 묘소】뫼가 있는 곳. 山所(산소).
【墓隧 묘수】무덤으로 통하는 길.
【墓位土 묘위토】묘에서 지내는 제사의 비용으로 쓰기 위하여 경작하던 논밭.
【墓田 묘전】산소를 쓸 땅. 墓地(묘지).
【墓地 묘지】무덤이 있는 땅.
【墓誌 묘지】죽은 사람의 성명·신분·사적 등을 새겨서 무덤 옆에 파묻는 돌이나 도판(陶板). 또는 거기에 새긴 글.
【墓誌銘 묘지명】문체(文體) 이름. 묘지(墓誌)에 운문(韻文)으로 된 명(銘)을 붙인 것.
【墓表 묘표】①문체(文體) 이름. ②무덤 앞에 세우는 푯돌. 墓碑(묘비).
【墓標 묘표】무덤 앞에 표지로 세우는 돌이나 나무 기둥.
【墓穴 묘혈】관을 묻는 구덩이. 壙穴(광혈).
● 古一, 陵一, 墳一, 省一, 展一.

土11 【墨】
⑭ 墨(363)의 속자

土11 【塽】
⑭ 높고 밝은 땅 상 shuǎng
[字解]높고 밝은 땅.

土11 【墅】
❶농막 서 shù
❷들 야 yě
[참고] 대법원 지정 인명용 한자의 음은 '서'이다.
[字解]❶①농막. 논밭의 수확물을 넣어 두는 집. ¶墅扉. ②별장(別莊).〔晉書〕又於土山營墅. ❷(同)野(1872) 들, 교외(郊外).
【墅扉 서비】농막의 사립문.
【墅舍 서사】별장. 別墅(별서).

土11 【塾】
⑭ 글방 숙 shú
[字解]①글방, 서당.〔禮記〕家有塾. ②방, 문 좌우에 있는 방.〔書經〕先輅在左塾之前. ③과녁.〔後漢書〕皆畫伯升象於塾, 且起射之.
【塾堂 숙당】글방. 서당. 塾舍(숙사).
● 家一, 東一, 私一, 義一, 鄉一.

土11 【墉】
⑭ 담 용 yōng
[字解]①담. ②벽.〔禮記〕負墉南面. ③성(城), 보루.〔詩經〕以伐崇墉.

土11 【塲】
⑭ 場(357)과 동자

土11 【塼】
❶벽돌 전 zhuān
❷둥글 단 tuán
[참고] 대법원 지정 인명용 한자의 음은 '전'이다.
[字解]❶(同)甎(1148) ①벽돌. ¶塼甓. ②땅이름. ❷(同)團(336) 둥글다.
【塼甓 전벽】벽돌.

土11 【墆】
❶쌓을 절 zhì
❷높을 체 dì
[字解]❶쌓다, 쌓아서 모으다. ¶墆財. ❷①높다, 높은 모양. ¶墆霓. ②덮어 가리다. ¶墆翳.
【墆財 절재】재물을 쌓아 모음. 貯財(저재).
【墆霓 체예】높은 모양. 높고 위태로운 모양.
【墆翳 체예】①덮어 가리는 모양. ②그늘. 그늘을 지우는 도구. 일산 따위.

土11 【墊】
⑭ 빠질 점 diàn
[字解]①빠지다, 잠기다.〔書經〕下民昏墊. ②파다.

〔莊子〕廟足而墊之. ③땅이 낮다. ¶墊隘.
【墊溺 점닉】빠짐. 물에 빠짐.
【墊沒 점몰】빠져 가라앉음.
【墊隘 점애】①땅이 비습(卑濕)하고 좁음. ②피로하여 괴로움.

土 11 【瑽】⑭ 버섯 종 图 zōng
字解 버섯, 땅에서 나는 버섯의 한 가지.

土 11 【增】⑭ 增(364)의 속자

土 11 【墀】⑭ 섬돌 위 뜰 지 囻 chí
소전 동문 字解 섬돌 위 뜰, 섬돌.

土 11 【塵】⑭ 티끌 진 囻 chén
소전 고문 초서 간체 尘
字源 會意. 鹿+鹿+鹿+土→塵. 사슴(鹿) 세 마리가 무리를 지어 달릴 때 일어나는 흙먼지를 나타낸다.
字解 ①티끌. 〔春秋左氏傳〕且塵上矣. ②흙먼지. ③속세(俗世), 속사(俗事). 〔陶潛·詩〕遂與塵事冥. ④본성(本性)을 떠난 것. 〔莊子〕遊乎塵垢也. ⑤대(代), 세(世). 도가(道家)에서 쓰는 말. ¶塵塵. ⑥마음이 누그러지는 모양. ¶塵塵. ⑦오래다, 묵다. 늑陳. ⑧소수의 단위. (沙)의 10분의 1. 〔算經〕纖十沙, 沙十塵. ⑨(佛)인간의 관능(官能)을 자극하여 해탈(解脫)의 장애가 되는 것, 육진(六塵). 〔圓覺經〕根塵虛妄.
【塵芥 진개】쓰레기. 먼지.
【塵劫 진겁】(佛)무한한 시간. 永劫(영겁).
【塵垢 진구】①먼지와 때. ②더러운 세상. 俗世(속세). ③(佛)번뇌(煩惱).
【塵襟 진금】속세의 잡념. 저속한 생각.
【塵勞 진로】①속세의 일에 시달리는 괴로움. ②(佛)번뇌. ◯번뇌는 심신(心身)을 피로하게 한다는 데서 온 말.
【塵露 진로】①먼지와 이슬. ②미세한 것. ③덧없는 것.
【塵累 진루】①세상살이의 번잡한 일. ②(佛)번뇌·악업(惡業) 등이 나에게 누를 끼치는 것.
【塵網 진망】때문은 그물. 곧, 속세(俗世).
【塵務 진무】속세의 번거로운 사무.
【塵凡 진범】①더러움. 불결함. ②속세(俗世). ③평범한 사람.
【塵氛 진분】더러운 기(氣).
【塵事 진사】세속의 번거로운 일.
【塵想 진상】속세의 잡념.
【塵世 진세】티끌과 같은 이 세상. 俗世(속세). 塵界(진계).
【塵心 진심】속계(俗界)의 더러운 마음. 명리(名

利)를 탐하는 마음.
【塵鞅 진앙】세속의 번거로운 일로 말미암은 구속. 속세의 기반(羈絆).
【塵埃 진애】①티끌과 먼지. ②속세.
【塵涓 진연】한 가닥의 먼지와 한 방울의 물. 극히 작은 것의 비유.
【塵煙 진연】연기처럼 일어나는 티끌
【塵緣 진연】티끌 세상의 인연. 세속의 번거로운 인연. 俗緣(속연).
【塵穢 진예】더러움. 塵汚(진오).
【塵外孤標 진외고표】속세를 벗어난 곳에서 홀로 빼어남.
【塵塵 진진】①대대(代代). 세세(世世). ②화(和)한 모양.
【塵塵刹刹 진진찰찰】⇨塵塵刹土(진진찰토).
【塵塵刹土 진진찰토】(佛)①이루 헤아릴 수 없는 무수한 국토(國土). ②하나하나의 작은 티끌 속에 저마다 국토가 있음.
【塵土 진토】먼지와 흙.
【塵合泰山 진합태산】國티끌 모아 태산. 작은 물건도 많이 모이면 크게 이루어짐의 비유.
◯蒙-, 微-, 沙-, 六-, 紅-, 黃-.

土 11 【塹】⑭ 모래땅 참 囻 chěn
字解 ①모래땅, 모래흙. ②흐리다, 흐려지다.

土 11 【塹】⑭ 구덩이 참 囻 qiàn
소전 초서 동문 간체 堑
字解 ①구덩이, 해자. 〔史記〕使高壘深塹. ②파다, 구덩이·해자 등을 파다.
【塹壘 참루】참호(塹壕)와 성루(城壘).
【塹刺 참척】자자(刺字)함. 문신(文身).
【塹壕 참호】①성(城) 둘레에 판 못. ②적의 공격을 피하기 위하여 파 놓은 구덩이.

土 11 【塹】⑭ 塹(362)과 동자

土 11 【墄】⑭ 계단 측 囻 cè
초서 字解 계단, 층계. 층층대. 〔三輔黃圖〕左墄右平.

土 11 【墖】⑭ 塔(360)과 동자

土 11 【墟】⑭ 壚(1396)와 동자

土 11 【墟】⑭ 墟(365)의 속자

土 12 【墰】⑮ 壜(368)과 동자

土12 **【墩】**⑮ 돈대 돈 冠 dūn
초서 동자 字解 돈대, 흙무더기. 〔李白·詩〕 冶城訪遺跡猶有謝公墩.
【墩臺 돈대】 ①평지보다 조금 높직하고 평평한 땅. ②봉홧불을 피우기 위해 쌓은 단.

土12 **【墪】**⑮ 墩(363)과 동자

土12 **【磴】**⑮ 자드락길 등 徑 dèng
초서 字解 ①자드락길, 산기슭에 나 있는 돌층계. ¶磴道. ②잔도(棧道). ③물이 갈려 흐르는 곳.
【磴道 등도】 벼랑 같은 곳에 선반처럼 달아서 낸 길. 棧道(잔도). 閣道(각도).
【磴流 등류】 강의 분류(分流).

土12 **【瑠】**⑮ 뚝배기 류 宥 liù
字解 뚝배기, 공기, 보시기.

土12 **【墲】**⑮ 묏자리 무 虞 wǔ
字解 묏자리, 뫼터를 잡다.

土12 **【墨】**⑮ 먹 묵 職 mò

冂 囗 四 甲 里 黒 黑 黑 黒 墨

소전 초서 속자 字源 會意·形聲. 黑＋土→墨. '黑(흑)'은 음도 나타낸다. 옛날에는 토석(土石) 중의 흑질(黑質)을 먹으로 사용했기 때문에 '먹'의 뜻으로 쓰였다.
字解 ①먹. 〔太平御覽〕 近墨者黑. ②형벌 이름. ¶墨刑. ③검다, 검어지다. ≒黑. 〔孟子〕面深墨. ④더러워지다, 불결(不潔)하다. 〔春秋左氏傳〕貪以敗官爲墨. ⑤먹줄, 나무나 돌에 곧은 줄을 긋는 데 쓰는 도구. ≒繩. 〔太玄經〕物仰其墨. ⑥척도(尺度) 이름. 5尺의 길이. 〔國語〕墨丈尋常之間. ⑦묵자(墨子)의 학파, 묵가(墨家). 〔孟子〕天下之言不歸楊則歸墨. ⑧점괘, 귀갑(龜甲)의 무늬. 〔周禮〕史占墨. ⑨입을 다물다, 말이 없다. ≒默. 〔史記〕孔靜幽墨.
【墨家 묵가】 전국 시대 노(魯)나라의 묵적(墨翟)이 개창한 제자백가의 한 파. 겸애(兼愛)·숭검(崇儉) 등을 주장하였음.
【墨客 묵객】 서화·시문에 능한 사람.
【墨車 묵거】 주대(周代)에 대부(大夫)가 타던 검게 칠한 수레.
【墨黥 묵경】 자자(刺字)함. 묵형(墨刑)에 처함.
【墨卷 묵권】 과거(科擧)의 원답안지. ○등록관(謄錄官)이 주필(硃筆)로 필사(筆寫)한 것을 주권(硃卷)이라 한 데 대하여, 원답안은 먹으로

쓴 데서 온 말.
【墨涅 묵녈】 자자(刺字). 문신(文身).
【墨突不黔 묵돌불검】 묵자의 집 굴뚝이 검어지지 않음. 몹시 바빠 동분서주함의 비유. 故事 묵적(墨翟)이 자기 도(道)를 전하기 위해 천하를 두루 돌아다니느라 집에 있지 않았으므로, 굴뚝이 검어질 겨를이 없었다는 고사에서 온 말.
【墨斗 묵두】 목수가 먹줄을 놓을 때 쓰는 도구. 먹통.
【墨吏 묵리】 탐욕한 관리. 탐관오리(貪官汚吏).
【墨林 묵림】 서화가(書畫家)의 동아리.
【墨煤 묵매】 검댕. 매연.
【墨辟 묵벽】 자자(刺字)의 형벌.
【墨削 묵삭】 먹으로 글씨를 지워 버림.
【墨色淋漓 묵색임리】 먹빛이 윤이 남. 잘 쓴 글씨나 잘 그린 그림을 평하는 말.
【墨選 묵선】 명청대(明淸代) 향시(鄕試)·회시(會試)의 묵권(墨卷) 중에서 모범이 될 만한 것을 선간(選刊)한 것. 곧, 모범 답안집.
【墨水 묵수】 ①먹물. 묵즙(墨汁). ②학문.
【墨守 묵수】 묵적(墨翟)의 지킴. ㉠자기 의견이나 주장을 굳게 지킴. ㉡전통이나 관습을 굳게 지켜 융통성이 없음. 故事 춘추 시대에 초(楚)나라가 성을 공격하는 신무기를 만들어 송(宋)나라를 공격하려 하자, 묵적이 초나라로 찾아가서 신무기를 만든 공수반(公輸般)과 성을 공격하고 방어하는 기술에 관하여 논쟁하였는데, 공수반이 온갖 꾀를 다 써서 공격했지만 끝내 묵적의 방어를 뚫지 못했다는 고사에서 온 말.
【墨綬 묵수】 검은색의 인수(印綬).
【墨瀋 묵심】 먹물. 墨汁(묵즙).
【墨鴉 묵아】 서투른 글씨. 졸렬한 글씨.
【墨魚 묵어】 오징어. 烏賊(오적).
【墨義 묵의】 과거 시험에서 경의(經義)에 대한 필답 시험.
【墨子泣絲 묵자읍사】 묵자가 실을 보고 욺. 사람은 습관에 따라 그 성품이 선하게도 되고 악하게도 됨. 故事 묵자가 흰 실이 누른빛으로도 검은빛으로도 물들 수 있음을 알고 울었다는 고사에서 온 말. 墨子悲染(묵자비염).
【墨丈 묵장】 5척(尺)이나 1장(丈)의 길이. 곧, 얼마 안 되는 거리.
【墨莊 묵장】 장서(藏書)가 많음.
【墨粧 묵장】 화장을 하지 않고 본디 얼굴대로 검게 있는 일.
【墨猪 묵저】 먹으로 그린 멧돼지. 글씨가 굵기만 하고 뼈대가 없음의 비유.
【墨跡 묵적】 ①먹으로 쓴 흔적. ②친필의 글씨나 그림. 墨迹(묵적).
【墨詔 묵조】 임금이 직접 쓴 조서(詔書).
【墨罪 묵죄】 ☞墨刑(묵형).
【墨衰 묵최】 ①상중(喪中)에 종군할 때 상복에 검은 물을 들이던 일. ②國아버지가 살아 있을 때 돌아간 어머니의 담제(禫祭) 뒤와 생가 부모의 소상(小祥) 뒤에, 다음은 베 직령(直領)에 묵립(墨笠)과 묵대(墨帶)를 갖추어 입는 옷.
【墨勅 묵칙】 임금의 친필 조서. 외정(外廷)을 거

치지 않고 궁중에서 바로 내는 칙서(勅書).
【墨敗 묵패】 수뢰(受賂)로 벼슬을 더럽힘.
【墨海 묵해】 벼루의 딴 이름.
【墨香 묵향】 먹의 향기.
【墨刑 묵형】 고대 오형(五刑)의 한 가지. 죄인의 이마에 먹물로자자(刺字)하던 형벌.
【墨花 묵화】 ①먹의 빛깔이 스며든 벼루. 벼루에 스며든 먹의 빛깔을 꽃에 비유한 말. ②먹물로 그린 꽃.
【墨畫 묵화】 먹으로 그린 그림.
【墨戲 묵희】 먹물로 그린 그림. 墨畫(묵화).
❶ 佳-, 白-, 繩-, 硯-, 朱-, 筆-, 香-.

土12 【墦】 ⑮ 무덤 번 冗 fán
초서 墦 字解 무덤, 뫼.
【墦間酒肉 번간주육】 묘사(墓祀)에 쓰고 남은 술과 고기.

土12 【墣】 ⑮ 흙덩이 복·박 屋覺 pú
소전 墣 혹체 卜 字解 흙덩이.

土12 【墳】 ⑮ 무덤 분 文 fén
十 土 圤 圵 圿 垍 垍 墳 墳
소전 墳 초서 墳 간체 坟 字源 形聲. 土+賁→墳. '賁(분)'이 음을 나타낸다.
字解 ①무덤, 뫼. ¶古墳. ②언덕. ③섬. 〔楚辭〕登大墳以遠望兮. ④둑, 제방. 〔潘岳·賦〕崇墳夷廔. ⑤크다, 커다랗다. 〔詩經〕牂羊墳首. ⑥삼분(三墳). 고대의 삼황(三皇)인 복희(伏羲)·신농(神農)·황제(黃帝)의 사적을 적은 책. ⑦나누다. 눈분. 〔辭〕地方九則, 何以墳之. ⑧물가. 눈濆. ¶墳衍. ⑨땅속에 있다는 괴물 이름. 눈蠽. ¶墳羊.
【墳墟 분로】 부풀어오른 검은 석비레. 토질이 하등에 속함.
【墳墓之地 분묘지지】 조상의 묘가 있는 곳. 곧, 고향.
【墳史 분사】 고서(古書)와 사서(史書).
【墳寺 분사】 선조 대대의 위패를 모신 절.
【墳羊 분양】 땅속에 있다는 괴물 이름.
【墳壤 분양】 기름진 땅.
【墳衍 분연】 물가와 평지.
【墳塋 분영】 ①무덤. ②고향.
【墳倉 분창】 곡물(穀物)을 산더미처럼 쌓아 놓은 창고.
【墳燭 분촉】 큰 촛불. 大燭(대촉).
❶ 古-, 孤-, 舊-, 三-, 先-, 皇-, 荒-.

土12 【墡】 ⑮ 흰 흙 선 銑 shàn

字解 흰 흙.

土12 【墠】 ⑮ 제터 선 霰 shàn
소전 墠 초서 墠 字解 ①제터. 신(神)에게 제사를 올리기 위하여 정결하게 손질한 교외(郊外)의 땅. ②땅을 정결하게 손질하다.

土12 【壄】 ⑮ 野(1872)의 고자

土12 【墝】 ⑮ ❶메마른 땅 요 本교 肴 qiāo ❷평평하지 않을 요 本교 效 qiào
초서 墝 字解 ❶메마른 땅, 척박한 땅. 〔淮南子〕田者爭處墝埆. ❷평평하지 않다, 땅의 높낮이가 심하다. =墽.
【墝埆 요각】 ①자갈밭. 척박한 땅. ②지세가 험한 요해처(要害處).
【墝垤 요질】 땅이 조금 높은 곳.
【墝下 요하】 평평하지 않은 땅.

土12 【增】 ⑮ 불을 증 蒸 zēng
十 土 圹 圩 圪 圪 增 增 增
소전 增 초서 增 속체 增 간체 增 字源 形聲. 土+曾→增. '曾(증)'이 음을 나타낸다.
字解 ①붇다, 늘다. ¶增減. ②더하다, 늘리다. 〔墨子〕增氣充虛. ③거듭하다, 겹치다. ④많다, 넉넉하다. ⑤높다. 〔左思·賦〕增構峩峩.
【增加 증가】 양이나 수치가 늚. 양이나 수치를 늘림.
【增減 증감】 많아짐과 적어짐. 늘림과 줄임.
【增强 증강】 더 늘려 강화함.
【增估 증고】 國환곡(還穀)을 돈으로 대신 받을 때, 고을 원이 백성에게서는 시가(時價)로 받고 나라에는 상정한 가격대로 바쳐서 그 나머지를 착복하던 일.
【增廣 증광】 國나라에 큰 경사가 있을 때 임시로 보이던 과거.
【增大 증대】 더하여 커짐.
【增補 증보】 더 보태고 채움.
【增産 증산】 생산량을 늘림.
【增設 증설】 더 늘려서 설치함.
【增城 증성】 여러 겹으로 된 성(城).
【增修 증수】 ①정치·도덕 등을 더욱 힘써 닦음. ②책 따위를 증보하고 수정함.
【增殖 증식】 불어서 더 늚. 불려서 더 늘림.
【增額 증액】 액수를 늘림. 늘린 액수.
【增演 증연】 지식을 더 넓힘.
【增員 증원】 인원을 늘림.
【增援 증원】 ①인원을 늘려서 원조함. ②원조액을 늘림.
【增資 증자】 자본금을 늘림. 더 늘린 자본.

【增糴 증적】 국가에서 예년보다 쌀을 더 많이 팔아 들임.
【增進 증진】 점점 늘어가고 나아감.
【增秩 증질】 봉록(俸祿)을 늘림. 增俸(증봉).
【增築 증축】 기존 건물을 더 늘려서 지음.
【增戶 증호】 더 늘어난 호수(戶數).
● 加-, 激-, 急-, 倍-, 重-, 添-.

土 12 【墜】 ⑮ 떨어질 추 寘 zhuì

墜 㴒 坠 字解 ①떨어지다, 낙하(落下)하다. 〔論語〕未墜於地. ②떨어뜨리다. ③잃다. 〔國語〕敬不墜命. ④무너지다, 붕괴하다. 〔列子〕天地崩墜.
【墜錦 추금】 떨어져 흩어지는 단풍.
【墜落 추락】 높은 곳에서 떨어짐.
【墜緖 추서】 쇠퇴한 사업.
【墜岸 추안】 깎아지른 듯한 벼랑이나 낭떠러지.
【墜茵落溷 추인낙혼】 한 나무의 꽃이 바람에 날려, 혹은 요 위에 떨어지기도 하고 혹은 뒷간에 떨어지기도 함. 사람에게는 때를 만남과 때를 만나지 못함이 있음의 비유.
【墜地 추지】 땅에 떨어짐. 쇠망함.
【墜陷 추함】 함락됨. 빠짐.
● 擊-, 崩-, 失-, 弼-, 荒-.

土 12 【墮】 ⑮ 떨어질 타·휴 圖 duò

⻏ ⻏ 阝 阝 阝 隋 隋 墮

墯 㙜 憜 堕 參考 대법원 지정 인명용 한자의 음은 '타'이다.
字源 形聲. 隋+土→墮. '隋(수)'가 음을 나타낸다.
字解 ①떨어지다, 떨어뜨리다. 〔三國志〕兩瓦墮地. ②무너지다, 무너뜨리다, 낙하(落下)하다. 〔國語〕不墮山. ③부서지다, 부수다, 깨뜨리다. 〔國語〕必墮其壘培. ④들어가다, 빠져들다. 〔淮南子〕而後墮谿壑. ⑤게으르다. ⑥보내다, 보내주다. 〔春秋左氏傳〕寡君將墮幣焉.
【墮壞 타괴】 깨뜨림. 부서짐.
【墮落 타락】 도덕적으로 잘못된 길로 빠짐.
【墮弱 타약】 기력(氣力)이 약함.
【墮顚 타전】 대머리가 됨. 머리털이 빠짐.
【墮甑不顧 타증불고】 이미 깨어진 시루는 돌아보지 않음. 깨끗이 단념함. 故事 후한(後漢)의 맹민(孟敏)이 시루를 메고 가다가 떨어뜨려 깨어졌는데도 뒤도 돌아보지 않고 가므로 그 이유를 물으니, 이미 깨어진 것은 돌아보아도 소용 없다고 대답한 고사에서 온 말.
【墮替 타체】 ①쇠락하여 쓸모없게 됨. ②게을리 함. 단정히 못함.
【墮胎 타태】 태아를 인위적인 방법으로 떼어 냄.
【墮懈 타해】 싫증남. 나른해짐.
【墮突 휴돌】 격파함. 돌파함.

【墮損 휴손】 망가뜨림.
【墮祭 휴제】 서직(黍稷)과 소·양·돼지의 희생을 바쳐 신주(神主)를 모시는 제사.
● 怠-, 頹-, 飄-, 解-.

土 12 【憜】 ⑮ 墮(365)와 동자

土 12 【隳】 ⑮ 墮(365)와 동자

土 12 【墟】 ⑮ 언덕 허 魚 xū

塘 墟 墟 字解 ①언덕, 큰 터, 황폐한 터. ③기슭, 산기슭. 〔山海經〕崑崙墟在其東. ④저자, 시장.
【墟曲 허곡】 황폐한 마을.
【墟落 허락】 황폐한 마을. 墟里(허리).
【墟墳 허분】 덤불에 묻힌 옛 무덤.
【墟市 허시】 임시로 선 장.
【墟域 허역】 성터. 도읍터.
【墟巷 허항】 황폐한 거리.
● 故-, 郊-, 舊-, 廢-, 荒-.

土 13 【墾】 ⑯ 따비할 간 阮 kěn

墾 墾 垦 字解 ①따비하다, 개간하다. 〔國語〕墾田若藪. ②다스리다. ③힘쓰다, 침써 일하다. ④망그러지다, 파손되다.
【墾耕 간경】 개간하여 경작함.
【墾發 간발】 개간하여 넓힘. 개척함.
【墾闢 간벽】 황무지를 개간함.
【墾殖 간식】 땅을 개간하여 농작물을 심음.
【墾藝 간예】 땅을 개간하여 곡물(穀物)과 나무를 심음.
【墾田 간전】 논밭을 개간함. 개간한 논밭.
【墾鑿 간착】 땅을 개간함.
【墾荒 간황】 황무지를 개간함.
● 開-, 耕-, 新-.

土 13 【壈】 ⑯ 평평하지 않을 감 感 kǎn

壈 坎 字解 평평하지 않다, 땅이 고르지 아니하다.

土 13 【壃】 ⑯ 疆(1166)과 동자

土 13 【墼】 ⑯ 날벽돌 격 錫 jī

墼 字解 날벽돌, 아직 굽지 않은 벽돌.

土 13 【壊】 ⑯ 壞(368)의 속자

土13 【墽】⑯ 메마른 땅 교 圊 qiāo
墽 字解 메마른 땅, 척박하고 돌이 많은 땅.〔淮南子〕察水陸肥墽高下之宜.

土13 【壇】⑯ ❶단 단 本탄 寒 tán
❷평평할 단 翰 dàn

十 土 扩 圹 坧 垧 垧 壇 壇

壇 초서 壇 간체 坛 字源 形聲. 土＋亶→壇. '亶(단)'이 음을 나타낸다.

字解 ❶❶단, 흙을 쌓아 올려 만든 단. ㉮제사를 지내는 곳.〔莊子〕爲壇于郭門之外. ㉯임금이 조회를 보던 곳.〔儀禮〕爲壇盟. ㉰맹세할 때 이용하는 곳.〔國語〕王乃之壇列, 鼓而行之, 至於軍. ㉱대장을 임명하는 곳.〔漢書〕漢王齋戒設壇場, 拜韓信爲大將軍. ㉲당(堂)의 기초.〔管子〕利壇宅. ❷당(堂).〔楚辭〕南房小壇. ❸뜰, 안뜰.〔淮南子〕腐鼠在壇. ❹곳, 장소.〔淮南子〕標擧終始之壇也. ❷평평하다, 넓다.〔漢書〕安衍壇曼.

〈壇❶〉

【壇曼 단만】평평하고 넓음.
【壇上 단상】교단이나 강단의 위.
【壇墠 단선】제단(祭壇).
【壇宇 단우】①단과 궁실(宮室). ②범위·법칙·규칙 따위.
【壇位 단위】흙을 쌓아 올려 만든 단(壇).
【壇場 단장】①제사를 지내기 위하여 땅을 높게 돋운 곳. ②대장(大將)을 맞기 위하여 땅을 높게 돋운 곳. ③(佛)설법(說法)이나 송경(誦經)을 하는 곳.
【壇坫 단점】제후(諸侯)들이 맹약을 맺는 곳.
【壇兆 단조】▣壇場(단장)❶.
❶敎-, 劇-, 文-, 佛-, 祠-, 演-, 齋-, 祭-, 花-.

土13 【壈】⑯ 불우할 람 感 lǎn
壈 초서 字解 불우(不遇)하다, 뜻을 얻지 못하다.

土13 【壁】⑯ 벽 벽 錫 bì

ᆨ 尸 尽 居 居 居 辟 辟 壁 壁

壁 소전 壁 초서 字源 形聲. 辟＋土→壁. '辟(벽)'이 음을 나타낸다.

字解 ❶벽, 바람벽. ❶壁書. ❷울타리, 보루. ❸벼랑, 낭떠러지.〔隋書〕其山絕壁千尋. ❹별이름. 28수(宿)의 하나.
【壁經 벽경】①壁中書(벽중서). ②국자학(國字學)의 석경(石經).
【壁光 벽광】고학(苦學)을 함. 故事 후한(後漢)의 광형(匡衡)이 집이 가난하여 등불을 켜지 못하였으므로, 벽에 구멍을 뚫어 이웃집에서 새어 나오는 불빛으로 공부했다는 고사에서 온 말.
【壁記 벽기】문장을 돌에 새겨서 벽에 끼운 것.
【壁壘 벽루】쳐들어오는 적을 막아내기 위하여 흙·돌 따위로 쌓은 성채.
【壁立 벽립】①바람벽처럼 우뚝 섬. 낭떠러지가 깎아지른 듯이 솟아 있음. ②바람벽만 서 있음. 매우 가난함의 비유.
【壁報 벽보】벽에 써 붙여 여러 사람에게 알리는 글.
【壁上觀 벽상관】참가하지 않고 구경만 함.
【壁書 벽서】벽에 써 붙인 글.
【壁線 벽선】▣기둥에 붙여 세우는 네모진 굵은 나무.
【壁魚 벽어】반대좀. 衣魚(의어).
【壁陘 벽오】성채(城砦).
【壁有耳 벽유이】벽에 귀가 있음. 비밀은 새어 나가기 쉬움을 경계하는 속담.
【壁欌 벽장】▣바람벽을 뚫어 만든 장.
【壁中書 벽중서】한(漢) 무제(武帝) 때에 노(魯) 공왕(恭王)이 궁전을 확장하면서 공자의 옛집 벽 속에서 발견되었다는 고문상서(古文尙書)·고문효경(古文孝經) 따위의 책들.
【壁紙 벽지】벽에 바르는 종이.
【壁畫 벽화】바람벽에 그린 그림.
❶內-, 塗-, 面-, 石-, 堊-, 障-, 絶-, 紙-, 鐵-, 初-, 土-, 合-, 灰-.

土13 【壍】⑯ 隧(1956)와 동자

土13 【墺】⑯ 물가 오·욱 皓號 ào
墺 소전 墺 초서 參考 대법원 지정 인명용 한자의 음은 '오'이다.
字解 ❶물가. ❷隩·奧. ❷육지, 뭍.
【墺地利 오지리】'오스트리아'의 음역어.

土13 【壅】⑯ 막을 옹 困 yōng
壅 소전 壅 동자 擁 字解 ❶막다, 막아 통하지 못하게 하다. ❶壅蔽. ❷막히다. ❸북돋우다.〔宋史〕灌漑培壅. ❹구석지고 으슥한 곳.〔史記〕批巖衝壅.
【壅劫 옹겁】막아 누름.
【壅隔 옹격】막혀서 사이가 뜸. 소원(疏遠)함.
【壅固執 옹고집】▣억지가 아주 심한 고집.
【壅塞 옹색】▣①생활이 군색함. ②장소가 비좁음. ③소견이 옹졸함.
【壅場 옹알】둑. 보(洑).
【壅阻 옹조】가로막음.
【壅拙 옹졸】▣성질이 너그럽지 못하고 생각이 좁음.
【壅滯 옹체】막혀서 통하지 않고 걸림.
【壅土 옹토】수로(水路)를 막고 있는 흙.
【壅蔽 옹폐】윗사람의 총명을 막아서 가림.

土部 13~14획 擁墻壇檮壋壓壒壖壑壏壕壎　367

土13 【擁】⑯ 甕(366)과 동자

土13 【墻】⑯ 牆(1094)과 동자

土14 【壇】⑰ 簹(1322)와 동자

土14 【檮】⑰ 성채 도 語 dǎo
[소전][초서][字解] ①성채, 보루. ②돈대, 언덕. ③제방, 둑.

土14 【壋】⑰ 壐(1143)와 동자

土14 【壓】⑰
❶누를 압 洽 yā
❷숙일 엽 葉 yā
❸누를 녑 葉 yā
❹싫을 염 豔 yā

厂厃厊厎厏厭厭壓壓壓
[소전][초서][속자][간체] [參考] 대법원 지정 인명용 한자의 음은 '압'이다.
[字源] 形聲. 厭+土→壓. '厭(염)'이 음을 나타낸다.
[字解] ❶①누르다, 억압하다, 진압하다. ≒抑. 〔楚辭〕擧傑壓陛. ②무너뜨리다, 무너지다. ③막다, 가로막다. ④평정하다, 진압하다, 진정하다. 〔楚辭〕傷氣次而不發兮. ⑤항복 받다, 이겨서 항복 받다. 〔春秋公羊傳〕子以大國壓之. ⑥좁혀지다, 죄어들다, 답답해지다. ≒厭. ⑦죽이다, 살해하다. 〔戰國策〕刑馬壓羊. ⑧맞다, 들어맞다. ≒協. ❷①숙이다, 엎드리게 하다. ②합치다, 맞추다, 합하다. ❸누르다, 지압(指壓)하다. ❹싫다. ≒厭.
【壓驚 압경】놀란 마음을 가라앉힘. 놀란 사람에게 술과 음식을 먹여 진정시키는 일.
【壓卷 압권】모든 답안을 누름. 여럿 중에서 가장 뛰어난 것. ○과거에서 우수으로 급제한 사람의 답안을 가장 나중에 다른 답안 위에 올려놓는 데서 온 말.
【壓氣 압기】기세를 누름. 기세에 눌림.
【壓倒 압도】①눌러서 넘어뜨림. ②뛰어난 힘이나 재주로 남을 눌러 꼼짝 못하게 함.
【壓頭 압두】첫머리를 차지함.
【壓良爲賤 압량위천】양민(良民)의 자녀를 사서 종으로 삼음.
【壓力 압력】누르는 힘.
【壓顱破脣 압로파순】머리를 누르고 입술을 쩸. 남의 무덤을 침범하여 장사 지냄. ○'顱'는 무덤의 뒤쪽, '脣'은 무덤의 앞쪽.
【壓尾 압미】맨 끝. 大尾(대미). 最終(최종).
【壓迫 압박】①내리누름. ②기운을 못 펴게 누르고 구박함.

【壓伏 압복】위력으로 억눌러서 복종시킴.
【壓膝 압슬】죄인을 심문할 때 널빤지나 무거운 돌로 무릎을 누르던 일.
【壓條 압조】휘묻이. 取木(취목).
【壓縮 압축】물질 따위에 압력을 가하여 그 부피를 줄임.
【壓出 압출】눌러서 밀어냄.
○ 強―, 高―, 氣―, 變―, 水―, 威―, 指―.

土14 【壒】⑰ 티끌 애 泰 ài
[소전][초서][字解] ①티끌, 먼지. ②먼지가 일다. 〔韓愈·詩〕幽泥化輕壒.

土14 【壖】⑰ 공지 연 先 ruán
[초서][동자][字解] ①공지, 빈 땅. 묘(廟)·궁궐·성곽 등에 딸린 빈 터. ②연안(沿岸)에 붙어 있는 토지. 〔史記〕盡河壖棄地.
【壖垣 연원】사당이나 궁전의 안쪽 담 밖의 공지(空地)를 둘러싼 바깥 담.
【壖地 연지】빈 땅. 공지.

土14 【壏】⑰ 塹(362)과 동자

土14 【壑】⑰ 골 학 藥 hè
[초서][본자][字解] ①골, 산골짜기. 〔張衡·賦〕陵巒超壑. ②도랑, 수채, 개천. 〔孟子〕擧而委之於壑. ③해자(垓字), 성지(城池). 〔詩經〕實墉實壑. ④구렁. 〔禮記〕水歸其壑. ⑤석굴, 암굴. 〔春秋左氏傳〕吾公在壑谷.
【壑谷 학곡】①구렁. ②움.

土14 【壏】⑰
❶석비레 함 陷 xiàn
❷평평할 람 勘 làn
[字解] ❶석비레. 푸석푸석한 돌이 많이 섞인 흙. ❷평평하다, 땅이 평평하고 널따랗다.

土14 【壕】⑰ 해자 호 豪 háo
[초서] [字解] 해자, 도랑. 방어용으로 성(城) 둘레에 파 놓은 못. 〔許渾·詩〕雁迷寒雨下空壕.
【壕塹 호참】보루(堡壘)·포대(砲臺)·성(城) 따위의 둘레에 판 구덩이.

土14 【壎】⑰ 질나팔 훈 本훤 元 xūn
[소전][초서][동자][간체] [字解] 질나팔. 흙을 구워서 만든 취주 악기의 한 가지로, 알 모양이며 여섯 개나 여덟 개의 구멍이 뚫려 있다.

【壎篪 훈지】 훈과 지. 화목한 형제의 비유. ○'壎'은 흙으로 만들며, 부르짖는 듯한 소리를 내고, '篪'는 대나무로 만들며, 어린아이의 울음소리를 냄. 壎篪相和(훈지상화)
【壎篪相和 훈지상화】 훈과 지가 서로 조화된 음률을 이룸. 형제가 화목함의 비유.

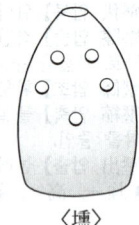
〈壎〉

土 15 【壙】⑱ 광 광 壙 kuàng
소전 壙 초서 壙 간체 圹 字解 ①광. 송장을 묻기 위하여 판 구덩이. ¶壙穴. ②들, 들판.〔孟子〕猶水之就下, 獸之走壙也. ③공허하다, 텅 비다. ≒曠.〔管子〕毋壙地利.
【壙埌 광랑】 ①들이 넓은 모양. ②무덤.
【壙僚 광료】 벼슬을 하지 않음.
【壙中 광중】 무덤 속. 壙內(광내).
【壙穴 광혈】 시체를 묻는 구덩이.

土 15 【壘】⑱ ❶진 루 壘 lěi ❷이을 루 壘 léi ❸끌밋할 뢰 壘 ❹귀신 이름 률 壘 lù
소전 壘 초서 壘 속체 壘 간체 垒 参考 대법원 지정 인명용 한자의 음은 '루'이다.
字解 ❶①진, 보루.〔禮記〕四郊多壘. ②쌓다, 포개다. ¶壘塊. ②잇다, 이어지다.〔荀子〕不憂其係壘也. ❸끌밋하다, 헌칠하다.〔漢書〕魁壘之士. ❹귀신 이름.〔張衡·賦〕守以鬱壘.
【壘塊 누괴】 가슴에 맺힌 감정. 마음속의 불평.
【壘壘 누루】 연이은 모양. 줄지은 모양.
【壘壁 누벽】 보루(堡壘). 城砦(성채).
【壘舍 누사】 진영과 병사(兵舍).
【壘石 누석】 ①돌을 굴림. ②쌓인 돌.
【壘尉 누위】 성채의 벼슬아치.
【壘和 누화】 성채(城砦)의 정문.

土 15 【壚】⑱ 塵(556)의 속자

土 16 【壞】⑲ ❶무너질 괴 壞 huài ❷땅 이름 회 壞 huái ❸앓을 회 壞 huì
土 圹 坏 壞 坏 壞 壞 壞
소전 壞 주문 壞 초서 壞 간체 坏 参考 대법원 지정 인명용 한자의 음은 '괴'이다.
字源 形聲. 土+褱→壞. '褱(회)'가 음을 나타냄.
字解 ❶①무너지다. ㉠허물어져 내려앉다. ㉡제도·사상·질서 등이 파괴되다.〔論語〕禮必壞.

②무너뜨리다.〔漢書〕魯恭王壞孔子宅. ❷땅 이름. 춘추 시대 노(魯)나라의 고을. ❸앓다, 나무의 혹. ≒瘣.〔詩經〕譬彼壞木.
【壞劫 괴겁】(佛)사겁(四劫)의 하나. 세계가 멸망하는 시기.
【壞決 괴결】 무너짐. 崩壞(붕괴).
【壞苦 괴고】(佛)삼고(三苦)의 하나. 사랑하던 것이 없어질 때에 느끼는 고통.
【壞潰 괴궤】 상하고 헒.
【壞爛 괴란】 썩어 문드러짐. 산산이 부서짐.
【壞滅 괴멸】 무너져 멸망함.
【壞俗 괴속】 풍속을 어지럽힘. 문란해진 풍속.
【壞壓 괴압】 눌러 찌그러뜨림.
【壞裂 괴열】 허물어지고 갈라짐.
【壞牆 괴장】 허물어진 담. 퇴락한 담.
【壞坐 괴좌】 앉음새를 고쳐서 편하게 함.
【壞舛 괴천】 부서져 흩어짐.
【壞敗 괴패】 ①부숨. 깨뜨림. ②부서짐.
【壞木 회목】 병든 나무. 썩은 나무.
⊙ 金剛不ー, 斷ー, 沮ー, 打ー, 破ー, 敗ー.

土 16 【壜】⑲ 술병 담 壜 tán
소전 壜 동자 罎 간체 坛 字解 술병, 술 단지.〔陸龜蒙·詩〕石壜封寄野人家.

土 16 【壚】⑲ 흑토 로 壚 lú
소전 壚 초서 壚 간체 垆 字解 ①흑토(黑土), 검은 석비레, 황흑색(黃黑色)의 흙.〔書經〕下土墳壚. ②화로, 향로. ≒鑪·爐. ③주막, 술집.〔世說新語〕經黃公酒壚下過.
【壚邸 노저】 술집. 주막.
【壚埴 노치】 검은 흙.

土 16 【壟】⑲ 언덕 롱 壟 lǒng
소전 壟 초서 壟 속체 壠 간체 垄 字解 ①언덕, 돈대, 구릉. ≒龍. ¶壟斷. ②밭이랑, 밭두둑.〔漢書〕輟耕之壟上. ③무덤.〔禮記〕適墓不登壟.
【壟斷 농단】 ①깎아 세운 듯이 높이 솟은 언덕. ②이익을 독점함. 故事 어떤 상인이 높은 곳에 올라가 시장을 살펴보고 싼 것을 사서 비싸게 팔아 이익을 독차지하였다는 고사에서 온 말.
【壟畝 농묘】 ①밭. ②시골.
【壟畔 농반】 밭이랑. 밭두둑.

土 16 【壠】⑲ 壟(368)과 동자

土 16 【壛】⑲ 거리 염 壛 yán
字解 ①거리, 마을. =閻. ②장대석, 섬돌.〔楚辭〕曲屋步壛.

土部 16~21획 壇壣壤壩 士部 0획 士

土16 【壇】 ⑲ 제단 유 紙 wěi
〔字解〕 제단, 토단. 〔周禮〕 設其社稷之壇.
【壇宮 유궁】 토담에 둘러싸인 궁전.
【壇壇 유단】 제단(祭壇).

土17 【壣】 ⑳ 남새밭 린 眞 lín
〔字解〕 남새밭, 채소밭.

土17 【壤】 ⑳ 흙 양 養 rǎng
〔字源〕 形聲. 土+襄→壤. '襄(양)'이 음을 나타낸다.
〔字解〕 ①흙, 부드러운 흙, 비옥한 흙. ②땅, 토지, 경작지. 〔管子〕 一農之量, 壤百畝也. ③국토, 영토. 〔戰國策〕 三國欲與秦界. ④곡식이 익다, 풍년이 들다. 늑穰. 〔莊子〕 居三年, 畏壘大壤. ⑤살찌다, 살이 오르다. ¶壤子. ⑥어지럽다, 어수선하다. ¶壤壤.
【壤界 양계】 땅의 경계.
【壤墳 양분】 ①농사짓는 데 적합한 기름진 땅. ②무덤, 봉분(封墳).
【壤壤 양양】 어지럽게 뒤섞인 모양.
【壤子 양자】 ①살찐 아들. 사랑스러운 아들. ②토지를 여러 아들에게 나누어 줌.
【壤奠 양진】 밭에서 난 채소 따위를 제사상에 올림.
【壤地 양지】 토지. 국토.
【壤土 양토】 농경지로 적당한, 모래와 점토가 알맞게 섞인 땅.
● 砂-, 天-, 土-.

土21 【壩】 ㉔ 방축 파 禡 bà
〔초서〕壩 〔본자〕垻 〔동자〕礧 〔간체〕坝 〔字解〕 방죽, 제방.

士 部
3획 부수 | 선비사부

士0 【士】 ③ 선비 사 紙 shì
一十士
〔소전〕士 〔초서〕士 〔字源〕 會意. 十+一→士. 일(一)에서 십(十)까지는 기수(基數)이며, 이를 배우는 것은 학업의 입문 과정이라는 데서 선비가 하는 일의 시초란 뜻이 된다. 이에서 '일', 또는 '벼슬에 나아가 일하는

사람'의 뜻이 되었다.
〔字解〕①선비, 학식·덕행·의리(義理)가 있는 사람. 〔論語〕 士見危致命. ②일하다, 일을 처리할 재능이 있는 사람. 〔詩經〕 士之行枚. ③출사(出仕)하여 일을 담당하는 사람. 좁은 뜻으로는 천자·제후의 신하, 넓은 뜻으로는 제후·경·대부, 기타 모든 벼슬아치. ④가신(家臣). 공·경·대부의 집에 딸려 그들을 섬기는 사람. ⑤하인의 우두머리. 〔儀禮〕 士受羊如受馬. ⑥병사, 군인, 전사(戰士). 〔孟子〕 興甲兵危士臣. ⑦옥관(獄官), 재판을 관장하는 벼슬아치. 〔孟子〕 管夷吾擧於士. ⑧촌장(村長), 주(州)·이(里)의 우두머리. 〔禮記〕 鄕人士君子. ⑨제후·대부의 천자에 대한 자칭(自稱). 〔禮記〕 列國之大夫, 入天子之國曰某士. ⑩세자, 천자의 세자. 〔儀禮〕 天子之元子猶士也. ⑪적자(嫡子), 벼슬아치의 적자. 〔周禮〕 掌公宮之士·庶子凡在版者. ⑫전문적인 도예(道藝)를 익힌 사람. 〔莊子〕 魯多儒士. ⑬사나이. ⑭장부의 통칭. 〔論語〕 士不可以不弘毅. ⑭남자의 미칭. 〔詩經〕 士曰昧旦. ⑮결혼하지 않은 남자. 〔荀子〕 婦人莫不願得以爲夫, 處女莫不願得以爲士. ⑭사람, 남. 〔詩經〕 豈無他士. ⑮여자의 미칭. 〔詩經〕 釐爾女士. ⑯자제(子弟). 〔詩經〕 有依其士. ⑰조사하다, 살피다. ⑱사관(仕官)하다, 관리로 근무하다. 늑仕. 〔周禮〕 宅田·士田·賈田·任近郊之地.
【士君子 사군자】 ①학문이 있고 덕행이 높은 사람. ②상류 사회의 사람. 紳士(신사).
【士氣 사기】 ①무사(武士)의 씩씩한 기운. 적에 대한 병사의 기세. ②선비의 꿋꿋한 기개.
【士女 사녀】 ①남자와 여자. ②미인(美人). 仕女(사녀).
【士農工商 사농공상】 선비·농부·장인·상인의 총칭. 四民(사민).
【士大夫 사대부】 ①벼슬자리에 있는 사람을 평민에 상대하여 이르던 말. ②벼슬이나 문벌이 높은 집안의 사람.
【士論 사론】 선비들의 주장.
【士林 사림】 ①책을 읽는 사람들의 무리. ②儒林(유림, 儒林).
【士民 사민】 ①사민(四民)의 하나인 선비. 도덕을 닦고 예(禮)·악(樂)·사(射)·어(御)·서(書)·수(數)를 학습하는 사람. ②선비와 백성. 모든 사람들.
【士兵 사병】 하사관 이하 군인의 총칭.
【士夫 사부】 ①젊은 남자. ②남자의 미칭.
【士庶人 사서인】 관리와 서민. 사대부와 서인(庶人).
【士伍 사오】 ①병사의 대오(隊伍). ②관위(官位)를 갖지 않은 비천한 지위·신분.
【士人 사인】 ①학문과 덕행을 쌓은 사람. 선비. ②싸움에 직접 참가하는 사람. 전투원(戰鬪員). ③인민. 백성.
【士子 사자】 ①과거를 준비하고 있는 선비. 공부하는 사람. ②관리(官吏).
【士節 사절】 선비의 절개.
【士操 사조】 선비의 지조.

【士衆 사중】①뭇사람. ②많은 병졸(兵卒).
【士風 사풍】①훌륭한 사람의 기풍(氣風). ②무사(武士)의 기풍. 士氣(사기).
【士行 사행】사대부로서의 훌륭한 행위.
【士禍 사화】조선 때, 조신(朝臣) 및 정치적 반대파로부터 선비가 참혹한 화를 입은 사건.
◐軍-, 技-, 道-, 名-, 武-, 文-, 博-, 兵-, 力-, 人-, 壯-, 學-.

士 1 【壬】 ④ 아홉째 천간 임 壬 rén

一二千壬

[소전] 壬 [초서] 壬 [字源] 象形. 양쪽으로 날이 있는 도끼를 본뜬 글자.
[字解] ①아홉째 천간. 10간(干)의 아홉째, 오행으로는 수(水), 방위로는 북(北), 고갑자(古甲子)로는 현익(玄黓). ②짊어지다, 책임 따위를 떠맡다. 늑任. ③아첨하다, 보비위하다. 〔漢書〕是故壬人在位. ④아이를 배다, 임신하다. 늑妊. ⑤크다. 〔詩經〕有壬有林.
【壬公 임공】①물의 딴 이름. ②물의 신(神). ●'壬'은 오행(五行)에서 '水'에 해당되는 데서 온 말. 壬夫(임부).
【壬佞 임녕】간사함. 마음이 비뚤어짐.
【壬夫 임부】물의 신(神). 壬公(임공).
【壬時 임시】24시의 스물넷째 시. 하오 10시 30분~11시 30분.
【壬人 임인】절조가 없고 간사한 사람.
【壬坐丙向 임좌병향】묏자리나 집터 등이 임방(壬方)을 등지고 병방(丙方)을 향한 방향.

士 3 【壯】⑥ 壯(370)의 속자

士 4 【売】⑦ 賣(1733)의 속자

士 4 【声】⑦ 聲(1429)의 속자

士 4 【壱】⑦ 壹(371)의 속자

士 4 【壯】⑦ ❶씩씩할 장 漾 zhuàng ❷성 장 陽 zhuāng

丨丬爿爿 壯 壯 壯

[소전] 壯 [초서] 壯 [속서] 壯 [간체] 壯 [字源] 形聲. 士→爿(장)'이 음을 나타낸다.
[字解] ❶①씩씩하다, 굳세다. 〔史記〕貴壯健賤老弱. ②장하다, 훌륭하다, 가륵하다. ¶壯志. ③성하다, 기세가 좋다. 〔後漢書〕老當益壯. ④젊다. ㉮나이가 어리다, 연소(年少)하다. 〔後漢書〕拜會稽都尉, 時年十九, 迎官驚其壯. ㉯한창나이, 남자 나이 서른 살. 〔禮記〕三十曰壯.

⑤음력 8월. ¶壯月. ⑥단단하다, 견고하다. 〔禮記〕仲冬之月, 冰始壯. ⑦크다, 커지다, 크게 하다. 〔詩經〕克壯其猶. ⑧상하다, 손상을 입다. 늑戕. 〔易經〕女壯. ⑨뜸질. 뜸을 한 번 뜨는 것을 1장(壯)이라 한다. 〔淮南子〕壯士之氣. ❷성(姓).
【壯骨 장골】기운이 세고 큼직하게 생긴 뼈대. 또는 그런 뼈대를 가진 사람.
【壯觀 장관】굉장하여 볼 만한 광경.
【壯佼 장교】몸이 건강하고 잘생긴 젊은이.
【壯騎 장기】강한 기병(騎兵).
【壯年 장년】한창 활동할 나이. 한창 활동할 나이의 사람. 壯齡(장령).
【壯談 장담】자신 있게 말함.
【壯膽 장담】씩씩한 담력.
【壯大 장대】①씩씩하고 큼. 크고 훌륭함. ②한창 젊은 나이. 장년(壯年).
【壯途 장도】중대한 사명을 띠고 떠나는 길. 용감히 떠나는 장한 길.
【壯圖 장도】크게 도모하는 계책이나 포부.
【壯麗 장려】장대하고 화려함.
【壯烈 장렬】씩씩하고 열렬함.
【壯士 장사】①젊은이. 청년. 壯丁(장정). ②혈기에 넘치는 용감한 사나이.
【壯事 장사】①성대한 사업. 웅대한 사적(事蹟). ②부역(賦役). ③장년 때의 일.
【壯心 장심】장렬(壯烈)한 마음.
【壯語 장어】①의기충천한 말. ②호언장담(豪言壯談).
【壯藝 장예】뛰어난 기예(技藝).
【壯勇 장용】혈기가 왕성하고 용감함.
【壯元 장원】國과거에서, 갑과(甲科)에 첫째로 급제함. 또는 그런 사람.
【壯月 장월】음력 8월의 딴 이름.
【壯偉 장위】힘차고 큼.
【壯猶 장유】①계획을 장대(壯大)하게 꾸밈. ②장대한 계획.
【壯遊 장유】①큰 뜻을 품고 멀리 유람함. ②푸짐한 잔치. 성대한 연유(宴遊).
【壯意 장의】혈기 왕성한 의기.
【壯丁 장정】①혈기가 왕성한 성년(成年)에 달한 남자. 정장(丁壯). ②부역이나 군역(軍役)에 소집된 남자. ③징병 적령자.
【壯志 장지】장대한 포부. 큰 뜻.
【壯紙 장지】國한지의 한 가지로, 두껍고 질기며 질이 좋은 종이.
【壯行 장행】①어릴 때 배운 것을 장년에 이르러 실행하려 함. ②장한 뜻을 품고 멀리 떠남.
【壯懷 장회】장한 회포.
◐剛-, 強-, 健-, 宏-, 老益-, 美-, 悲-, 少-, 勇-, 雄-, 豪-.

士 5 【壳】⑧ 殼(920)의 약자

士 5 【坒】⑧ 凭(179)과 동자

士部 8~11획 壷壻堲壹壺壼壽 371

士8 【壷】⑪ 壺(371)와 동자

士9 【壻】⑫ 사위 서 xù

[소전] [흑체] [초서] [동자] [동자]

[字源] 會意. 士+胥→壻. '士'는 젊은이, '胥'는 재주 있는 사람의 뜻. 합하여 '대장부'라는 뜻을 나타내고, 나아가 '사위'의 뜻이 되었다.

[字解] ①사위. ¶ 壻郞. ②사나이, 젊은이. 〔晉書〕陸下勿以常壻畜之. ③남편. ④동서(同壻). 자매의 남편끼리나 형제의 아내끼리 서로를 지칭하는 말.
【壻郞 서랑】남의 사위를 높여 이르는 말.
【壻養子 서양자】國사위를 양자로 삼음. 사위로써 삼은 양자.

士9 【堲】⑫ 堲(371)와 동자

士9 【壹】⑫ 한 일 yī

[소전] [초서] [속자]

[字源] 會意·形聲. 壺+吉→壹. '吉'이 음을 나타낸다. 병[壺] 속에 길[吉]한 것을 넣어 둔 형상으로, 오직 길한 마음을 품고 있다는 데서 '오직, 오로지'의 뜻을 나타낸다.

[字解] ①한, 하나. ※'一(일)'의 갖은자. ②오로지, 오직, 한결같이. 〔春秋穀梁傳〕靑明天子之禁. ③모두, 죄다. 〔孔子家語〕壹諸侯之相也. ④같다, 같이. 〔春秋左氏傳〕壹用之. ⑤막히다, 막다. 〔管子〕競得使民僻壹.
【壹槩 일개】일괄(一括)하여.
【壹鬱 일울】근심·걱정이 쌓여 마음이 답답하고 기가 막힘.
【壹意 일의】한 가지 일에 전심(專心)함.
【壹倡三歎 일창삼탄】종묘악(宗廟樂)에서 한 사람이 소리를 내면 세 사람이 이에 맞추어 노래하던 일.

士9 【壺】⑫ 병 호 hú

[소전] [초서] [동자] [간체] [參考] 壼(371)은 딴 자.

[字源] 象形. 병과 병뚜껑을 본뜬 글자.

[字解] ①병, 단지. 음료를 담는 배가 불룩한 그릇. ②박. ≒瓠. 〔詩經〕八月斷壺. ③투호(投壺). 병에 화살을 던져 넣어 승부를 가리는 놀이. 〔左思·賦〕捔射壺博. ④물시계. 〔禮記〕狄人出壺. ⑤예의(禮儀), 예법(禮法). 〔太玄經〕豎子提壺. ⑥와고(瓦鼓). 질그릇으로 된 틈을 가죽으로 메운 북.
【壺裏乾坤 호리건곤】호리병 속의 하늘과 땅. 늘 술에 취해 있는 상태의 비유.
【壺狀 호상】병이나 항아리처럼 생긴 모양.
【壺觴 호상】술병과 술잔.
【壺飧 호손】단지에 담은 밥. 물에 만 밥.
【壺漿 호장】병에 담은 음료(飮料).
【壺中物 호중물】술.
【壺中天 호중천】병 속의 하늘. 별천지(別天地). 선경(仙境). [故事] 한대(漢代)의 선인(仙人) 호공(壺公)이 항아리를 집으로 삼고 술을 즐기며 세속을 잊었다는 고사에서 온 말. 壺天(호천). 壺中天地(호중천지).

士10 【壼】⑬ 대궐 안길 곤 kǔn

[소전] [초서] [간체] [參考] 壺(371)는 딴 자.

[字解] ①대궐 안길, 대궐 안을 왕래하는 길. 〔左思·賦〕永巷壼術. ②문지방, 문지방의 안. 전하여 '여자'를 뜻한다. ≒梱·閫. ¶ 壼訓. ③넓다, 넓히다. 〔詩經〕室家之壼.
【壼範 곤범】여자의 모범적인 행실.
【壼奧 곤오】①궁중의 깊숙한 곳. 사물의 아주 깊은 곳의 비유. ②후비(后妃)가 거처하는 곳.
【壼闈 곤위】①궁중의 작은 문. ②궁중의 깊숙한 곳. ③부녀자가 거처하는 내실(內室).
【壼政 곤정】①궁중의 정치. ②내전(內殿)의 일.
【壼訓 곤훈】부녀자의 좋은 가르침.

士11 【壽】⑭ 목숨 수 shòu

[여러 서체들]

[소전] [초서] [고자] [속자]

[字源] 形聲. 老+𠷎→壽. '𠷎(수)'가 음을 나타낸다.

[字解] ①목숨, 수명. 〔春秋左氏傳〕人壽幾何. ②늙은이. 〔詩經〕三壽作朋. ③오래 살다, 명이 길다. 〔莊子〕壽則多辱. ④축수하다, 헌수하다. 〔漢書〕莊入爲壽. ⑤별 이름. 28수(宿) 중에서, 사람의 생명을 맡고 있다는 각(角)과 항(亢). ⑥보전하다. 〔國語〕臣能自壽也.
【壽豈 수개】오래 살고 즐김. ○'豈'는 '愷(개)'로, '즐기다'의 뜻.
【壽客 수객】①축하객(祝賀客). ②나이가 많은 손님. ③국화(菊花)의 딴 이름.
【壽考 수고】오래 삶. ○'考'는 '老(노)'로 '오래 살다'의 뜻.
【壽骨 수골】①수명(壽命). ②國오래 살 수 있게 생긴 골격.
【壽國 수국】나라를 잘 다스려 장구(長久)하도록 함.
【壽宮 수궁】①궁중의 침실. ②신(神)을 모신 곳. ③살아 있는 동안에 만든 묘(墓). 壽穴(수혈). 生壙(생광). ④國나라에서 생전에 미리 마

〈壺①〉

런해 두던 임금의 관(棺).
【壽器 수기】①관(棺)의 딴 이름. ②생전에 미리 마련해 두는 관(棺).
【壽禮 수례】장수를 축하하는 예나 예물.
【壽命 수명】목숨.
【壽民 수민】①백성을 잘 다스려 오래 살도록 함. ②장수하는 백성. 장수하는 남자. 노인.
【壽福康寧 수복강녕】오래 살고 복되며 건강하고 평안함.
【壽比南山 수비남산】오래 삶을 축하하는 말.
【壽詞 수사】술을 권하면서 남의 장수를 비는 말.
【壽觴 수상】축하의 술잔. 壽杯(수배).
【壽序 수서】남의 장수를 비는 글.
【壽石 수석】모양·빛깔·무늬가 아름답고 묘한 천연석.
【壽域 수역】①잘 다스려진 세상. ②다른 지역에 비해 수(壽)를 누리는 사람이 많은 고장. ③오래 살았다고 할 만한 나이. ④壽冢(수총).
【壽宴 수연】오래 삶을 축하하는 잔치. 보통 환갑(還甲)을 이름. 壽筵(수연).
【壽夭 수요】오래 삶과 일찍 죽음.
【壽衣 수의】염습할 때 시체에 입히는 옷.
【壽則多辱 수즉다욕】오래 살면 욕됨이 많음. 오래 살수록 그만큼 고생이나 망신이 많음.
【壽祉 수지】장수하고 복이 많음.
【壽職 수직】國해마다 정월(正月)에 80세 이상 관원과 90세 이상 백성에게 은전(恩典)으로 내리던 벼슬.
【壽冢 수총】생전에 미리 만들어 두는 무덤.
【壽限 수한】타고난 수명.
【壽穴 수혈】▷壽冢(수총).
▶老ー, 萬ー, 聖ー, 延ー, 眉ー, 長ー, 天ー.

夂 部

3획 부수 ｜ 뒤져올치부

夂 0 【夂】③ 뒤져 올 **치** 紙 zhǐ

[字源] 指事. 夂＋ㄟ→夂. 'ク'은 사람의 두 정강이를 본뜬 것이고, 'ㄟ'은 앞으로 가도록 뒤에서 밀고 있음을 나타낸다. 뒤에서 두 정강이(ク)를 밀어(ㄟ) 천천히 앞으로 나아가게 한다는 데서 '남보다 뒤져서 오다'의 뜻을 나타낸다.

[字解] 뒤져서 오다, 천천히 걷는 모양.

夂 3 【夅】⑥ 學(437)과 동자

夂 4 【麦】⑦ 麥(2118)의 속자

夂 4 【夆】⑦ 끌 **봉** 图 féng

[字解] ①끌다, 이끌다. ②만나다. ≒逢. ③벌. ≒蜂. ④봉우리. ≒峯.

夂 6 【変】⑨ 變(1704)의 속자

夂 7 【覔】⑩ 覺(1644)과 동자

夊 部

3획 부수 ｜ 천천히걸을쇠발부

夊 0 【夊】③ 천천히 걸을 **쇠** 囡 suī

[字源] 指事. ク＋ㄟ→夊. 'ク'은 사람의 두 정강이를 본뜬 것이고, 'ㄟ'은 앞으로 나아가지 못하게 제지하는 것을 나타낸다. 뒤에서 정강이(ク)가 빨리 걷지 못하도록 한다는 데서 '천천히 걷다'의 뜻을 나타낸다.

[字解] ①천천히 걷다. ②한자 부수의 하나, 천천히걸을쇠발.

夊 5 【夌】⑧ 언덕 **릉** 厤 líng

[字解] ①언덕. ≒陵. ②넘보다, 업신여기다. ≒凌.

夊 7 【夎】⑩ 절 **좌** 圖 cuò

[字解] 절, 무릎을 꿇지 않고 하는 예의에 어긋나는 절.

夊 7 【夏】⑩ ❶여름 **하** 碼 xià ❷중국 **하** 馬 xià

一 丆 丌 丙 百 頁 頁 夏 夏

[字源] 象形. 사람의 머리·손·다리 등을 그려 중원(中原)에 사는 사람을 뜻하였다. 뒤에 '여름'이라는 뜻으로 가차되었다.

[字解] ❶①여름. 오행으로는 불(火), 방위로는 남쪽, 색(色)으로는 적(赤). 〔書經〕有冬有夏. ②약초 이름, 반하(半夏). 〔禮記〕半夏生. ③(佛)안거(安居). 승려가 여름 90일간을 좌선 수행하는 일. ❷①중국, 중국 사람. 〔書經〕蠻夷猾夏. ②크다, 장대(壯大)하다. ≒嘏. ③크게 지은 건물. 〔楚辭〕曾不知夏之爲邱兮. ④무늬, 채색. 〔書經〕羽畎夏翟. ⑤나라 이름. 우(禹)임금에서부터 걸(桀)임금에 이르기까지 440년간 존속한 왕조. 〔論語〕夏禮, 吾能言之. ⑥나

(禹)임금이 만든 음악 이름. ¶ 大夏. ⑦나무 이름. 회초리를 만드는 나무. 늑檟.
【夏家 하가】 우(禹)임금이 세운 하(夏).
【夏殼 하각】 여름의 조개. 살이 적은 데서 '그 몸을 온전히 함'의 비유.
【夏桀 하걸】①하(夏)나라 말기의 걸(桀)임금. 이름은 계(癸). 은(殷)의 탕왕(湯王)에게 망함. ②천하의 폭군(暴君). 桀紂(걸주).
【夏季 하계】 여름의 시기(時期). 夏期(하기).
【夏穀 하곡】 여름에 거두는 곡식. 보리·밀 따위.
【夏臺 하대】①하대(夏代)의 옥(獄) 이름. 鈞臺 (균대). ②옥(獄).
【夏臘 하랍】 (佛)출가(出家)한 뒤부터 세는 승려의 나이.
【夏令 하령】①여름철에 시행하는 정령(政令). ②하후씨(夏后氏)가 매월(每月)의 기후와 풍물(風物)을 기록한 것. ③여름철.
【夏爐冬扇 하로동선】 여름의 화로와 겨울의 부채. 아무 소용 없는 말이나 재주의 비유.
【夏服 하복】 여름철에 입는 옷.
【夏扇冬曆 하선동력】 여름의 부채와 겨울의 책력. 철에 맞게 선물을 줌의 비유.
【夏安居 하안거】 (佛)여름 장마 때 한방에 모여서 수도(修道)하는 일.
【夏五郭公 하오곽공】 글자가 빠짐. 故事 춘추(春秋)에서, '환공(桓公) 14년 하오(夏五)'라 하고는 '하오(夏五)' 뒤에 월(月) 자를 빠뜨렸고, '장공(莊公) 24년 곽공(郭公)'이라 하고는 뒤에 기사(記事)가 없는 데서 온 말.
【夏屋 하옥】①많은 음식을 차리고 예품을 갖춤. ○'屋'은 '갖추다'의 뜻. ②넓고 큰 집.
【夏禹 하우】①하(夏)나라를 세운 임금. 황제(黃帝)의 증손. 성(姓)은 사씨(姒氏), 이름은 문명(文命), 호(號)는 우(禹). 순(舜)임금의 선양(禪讓)으로 임금이 됨.
【夏月飛霜 하월비상】 하(夏)나라의 걸(桀)임금이나 주(周)나라의 유왕(幽王) 등이 포악무도하였으므로, 여름철에도 서리가 내리는 천변(天變)이 있었음을 이르는 말.
【夏翟 하적】 오색(五色)의 깃을 가진 꿩.
【夏之日冬之夜 하지일동지야】 추울 때나 더울 때나, 밤이나 낮이나 한결같이.
【夏楚 하초】①학생을 벌할 때 쓰는 회초리. '夏'는 '榎'로 '회초리를', '楚'는 '荊'으로 '가시나무'를 뜻함. ②매질하여 가르침.
【夏蟲疑冰 하충의빙】 여름에만 사는 벌레는 얼음을 믿지 않음. 견문이 얕은 사람이 함부로 사물을 의심함의 비유.
【夏畦 하휴】 여름 염천(炎天)에 밭을 갊. ㉠힘써 노동(勞動)함. ㉡신고(辛苦)를 겪음.
➊晚-, 麥-, 孟-, 盛-, 陽-, 炎-, 立-, 仲-, 初-, 春-.

夂
11
【夐】⑭ 멀 형 𠀁 xiòng
소전 𠀁 본자 夐 초서 𡕍 字解 ①멀다, 아득하다. 늑逈. ¶ 夐絶. ②바라보는 모양. ¶ 夐夐.
【夐絶 형절】 멀리 떨어짐.
【夐夐 형형】 멀리 바라보는 모양.

夂
17
【夔】⑳ 조심할 기 𠀁 kuí
소전 𠀁 동자 夔 초서 𡕍 字解 ①조심하다, 삼가는 모양. 〔書經〕夔夔齊慄. ②외발짐승, 외발 달린 짐승의 이름. 〔莊子〕夔憐蚿.
【夔鼓 기고】①기(夔)의 가죽으로 만들었다는 북. 소리가 500리까지 들렸다고 함. ②먼 데까지 잘 들림.
【夔夔 기기】 조심하고 두려워하는 모양.

夂
19
【虁】㉒ 夔(373)와 동자

夕 部

3획 부수 | 저녁석부

夕
0
【夕】③ ❶저녁 석 𡕍 xī
❷國한 움큼 사

ノクタ

소전 𠀁 초서 夕 参考 대법원 지정 인명용 한자의 음은 '석'이다.
字源 象形. 달을 본뜬 글자. 본래 '夕'과 '月(달 월)'은 같은 글자였다.
字解 ❶①저녁, 해질 무렵. 〔論語〕子曰, 朝聞道, 夕死可矣. ②밤. 〔後漢書〕竟夕不眠. ③쏠리다, 기울다. 〔呂氏春秋〕是正坐於夕室也. ④끝, 연말(年末), 월말(月末), 주기(週期)의 끝. 늑汐. 〔洪範五行傳〕月之夕, 歲之夕. ⑤밤일. ㉮저녁에 나아가 임금을 뵙는 일. 〔春秋左氏傳〕朝而不夕. ㉡잠자리에서 시중을 드는 일. 〔禮記〕妻不在妾御, 莫敢當夕. ⑥예, 옛. 늑昔. ⑦달에 배례(拜禮)하다. 추분(秋分)에 천자가 서교(西郊)에서 달에 배례하던 일. 〔國語〕小采夕月. ❷한 움큼.
【夕刊 석간】 저녁때 배달되는 신문.
【夕改 석개】 당장 잘못을 고침.
【夕景 ❶석경 ❷석영】❶저녁때. 저녁 경치. ❷저녁 햇빛.
【夕麗 석려】 저녁놀의 아름다움.
【夕秀 석수】 저녁에 꽃이 핌. 또는 그 꽃.
【夕室 석실】①묘지(墓地). ②한쪽으로 기운 방.
【夕陽 석양】①저녁 해. ②저녁나절.
【夕靄 석애】 저녁 안개.
【夕煙 석연】 저녁 연기.
【夕月 석월】①저녁에 뜨는 달. ②천자가 추분(秋分)에 서교(西郊)에서 달에 절하던 예(禮).
【夕陰 석음】 해질 녘. 해진 뒤 어스레할 때.

【夕照 석조】저녁때에 비치는 햇빛. 저녁놀. 斜照(사조). 斜陽(사양).
【夕惕 석척】아침부터 저녁까지 두려워하고 삼감. 하루 종일 삼감.
【夕霞 석하】①저녁놀. ②저녁 안개.
【夕暉 석휘】저녁 해. 夕陽(석양).
【夕曛 석훈】저녁 해.

◐ 旦-, 宿-, 月-, 日-, 朝-, 秋-, 七-.

夕 2 【外】⑤ 밖 외 圏 wài

ノ ク タ 夕 外

[소전] 外 [고문] 外 [초서] 外

[字源] 會意. 夕+卜→外. 점〔卜〕은 보통 아침에 치는 법인데, 저녁〔夕〕에 점을 치는 것은 정상에서 벗어나는 일이라는 데서 '밖'이라는 뜻을 나타낸다.

[字解] ①밖, 바깥. ㉮구획 밖, 범위 밖.〔中庸〕君子素其位而行, 不願乎其外. ㉯집 앞, 문밖.〔周禮〕外有九室. ㉰위〔上〕, 상괘(上卦).〔易經〕吉凶見乎外. ②이전.〔荀子〕五帝之外, 無傳人. ③용의(容儀), 차림.〔法言〕其爲外也肅括. ④언행(言行).〔易經〕君子敬以直內, 義以方外. ⑤외국, 타국.〔周禮〕暴內陵外. ⑥타향.〔孟子〕禹八年於外. ⑦지방, 시골.〔唐書〕請出二息補外. ⑧남의 집.〔禮記〕君子非有大故, 不宿于外. ⑨서울에서 아주 먼 곳.〔陶弼·詩〕幾年來瘴外. ⑩남.〔禮記〕外擧不辟怨. ⑪백성, 민중.〔禮記〕合內外之道也. ⑫민간, 재야(在野).〔後漢書〕中外服從. ⑬공(公), 공사(公事).〔禮記〕女不言外. ⑭사랑방.〔禮記〕男子居外. ⑮외가 쪽. ⑯처가 쪽. ¶外姑. ⑰다르다, 다른.〔後漢書〕時白外事. ⑱아버지. '男子居外'에서 온 말. ¶外艱. ⑲내가 남편을 이르는 말. ⑳버리다, 벗어나다.〔淮南子〕嗜欲之心外矣. ㉑외대다. ㉒제외(除外)하다.〔淮南子〕外此, 其餘無足利矣. ㉓잊다.〔莊子〕參日而後, 能外天下. ㉔등한(等閑)히 하다, 소원(疏遠)히 하다.〔荀子〕人主則外賢而偏擧. ㉕소홀히 하다.〔大學〕外本內末.

【外家 외가】어머니의 친정.
【外家書 외가서】유교(儒敎)의 경서(經書)와 사서(史書) 이외의 서적을 통틀어 이르는 말.
【外艱 외간】①부친상(父親喪). ②밖에서 오는 근심. 外患(외환).
【外艱喪 외간상】아버지나 승중조부(承重祖父)의 상사.
【外感 외감】①외부 자극에 의한 감각. ②고르지 못한 기후로 생기는 온갖 병. 감기 따위.
【外剛內柔 외강내유】겉으로는 강하게 보이나 속은 부드러움.
【外擧 외거】①연고 관계가 없는 사람을 공평하게 천거함. ②외부에서 활동함.
【外擧不辟怨 외거불피원】군자가 사람을 등용할 때에는 자질에 따라 공평하게 하여, 비록 자기에게 원한을 품고 있는 사람이라도 자질을 갖춘 사람이면 천거(薦擧)함.
【外界 외계】①사람·사물을 둘러싸고 있는 모든 것. ②지구 밖의 세계.
【外姑 외고】주로 편지에서, 장모를 이르는 말.
【外貢 외공】외국에서 온 공물(貢物).
【外廓 외곽】①성(城) 밖으로 다시 둘러 쌓은 성. ②바깥 테두리.
【外槨 외곽】관(棺)을 담는 궤. 덧널.
【外巧 외교】겉만 잘 꾸밈.
【外交 외교】외국과의 교제.
【外敎 외교】①(佛)불교 이외의 가르침. 곧, 유교(儒敎). ②외국에서 전래한 종교.
【外巧內嫉 외교내질】겉으로는 좋은 얼굴을 하면서 내심(內心)으로는 질투함.
【外寇 외구】외국에서 쳐들어온 적(敵).
【外舅 외구】장인(丈人).
【外廐 외구】임금이나 제후(諸侯)가 외국산의 말을 치는 곳.
【外懼 외구】외환(外患)의 계구(戒懼). 나라 사람들을 항상 긴장하게 하기 위해 일부러 적국(敵國)을 멸망시키지 않음으로써 경계를 삼는 일.
【外難 외난】밖에서 오는 어려운 일.
【外堂 외당】①외부에 있는 당. ②(佛)선원(禪院)의 내외 승당(僧堂) 중 바깥쪽에 있는 당. ③바깥주인이 거처하며 손님을 접대하는 곳. 舍廊(사랑).
【外朗 외랑】용모나 태도 등이 명랑한 일.
【外論 외론】세상의 평판. 외부 사람의 평.
【外面 외면】①대면하기를 꺼려 얼굴을 돌림. ②거죽. 외양.
【外名 외명】표면의 명분을 세움. 핑계 댐.
【外侮 외모】①외국, 또는 남에게서 받는 모욕. ②외국을 깔봄.
【外貌 외모】겉에 나타난 모습.
【外慕 외모】마음 밖의 딴 것, 곧 명리(名利) 따위를 그리워함.
【外務 외무】①사회와 관련된 사무. ②자기 의무 밖의 일. 속세의 하찮은 일. ③외교에 관한 일. ④주색잡기 따위의 나쁜 길의 도락(道樂).
【外舞 외무】중심 무용수의 바깥쪽에서 춤추는 무용수.
【外聞 외문】①바깥의 소문. 세상의 평판. ②밖에서 정치 등에 참여함. ③누설됨.
【外物 외물】①제 심신(心身) 이외의 온갖 사물. 명리(名利)·부귀 따위. ②물욕(物慾)을 끊음.
【外泊 외박】정해진 거처가 아닌 곳에서 잠.
【外反 외반】밖에서 배반함.
【外藩 외번】①제왕(諸王)·제후(諸侯)의 봉국(封國). ②나라의 방비가 되는 속국(屬國). ③구경(九卿). ④외국(外國).
【外府 외부】①주대(周代)의 벼슬 이름. 국탕(國帑)의 출납(出納)을 맡아보았음. ②외국에 있는 창고. ③나라의 재물을 간직하는 창고. ④지방 관청, 또는 수도(首都) 이외의 지방. 주군(州郡)을 이름.
【外婦 외부】첩(妾). 外宅(외택).
【外傅 외부】배울 사람의 집이 아닌 데에서 가

르치는 사람. 학교 교사 따위.

【外史 외사】 ①주대(周代)의 벼슬 이름. 외방(外方)의 일과 외방에 전하는 왕명(王命)을 기록하는 관리. ②제후(諸侯)의 사관(史官). 망명한 사람의 명적(名籍)·맹사(盟辭) 등을 관장함. ③사관이 아니면서 사사로이 사료(史料)를 기록하는 사람, 또는 그 저술.

【外事 외사】 ①외부에 관한 일. ②외국 사정, 또는 외국에 관한 일. ③세간(世間)의 일. 世事(세사). ④밖에서 경영함. 밖에서 일을 함. ⑤교외(郊外)의 제사.

【外祀 외사】 나라 안의 산천(山川) 등에 제사 지내는 일.

【外師 외사】 ①외국과의 싸움. ②외국의 군대. ③향리(鄕里)에서 떨어진 먼 곳에 있는 스승.

【外勢 외세】 외국의 세력.

【外屬 외속】 어머니, 또는 아내의 친척.

【外臣 외신】 ①외국 사신(使臣). ②외국의 사신이 주재(駐在)한 나라의 임금에 대해 자기를 일컫던 말.

【外室 외실】 남자가 거처하는 곳. 舍廊(사랑).

【外壓 외압】 외부로부터 가해지는 압력(壓力).

【外洋 외양】 ①육지에서 멀리 떨어진 바다. ②외국의 화폐.

【外役 외역】 ①밖에 나가서 노동하는 일. ②외국으로 출병하는 일.

【外緣 외연】 ①밖에서 오는 물욕(物慾). ②(佛) 밖에서 이루어져 업과(業果)를 생기게 하는 인연. 증상연(增上緣) 따위.

【外翁 외옹】 외조부(外祖父). 外公(외공).

【外徼 외요】 국경 가까이 있는 외지(外地).

【外憂 외우】 ①아버지나 친할아버지의 상사(喪事). 外艱(외간). ②외적이 침입하는 근심. 外患(외환).

【外圍 외위】 ①둘레. 주위. ②바깥 포위.

【外游 외유】 마음을 다른 곳에 쏟음.

【外誘 외유】 밖에서의 유혹. 외계(外界)의 유혹.

【外柔內剛 외유내강】 겉으로 보기에는 순하고 부드러운 것 같으나 속은 꼿꼿하고 굳음.

【外邑 외읍】 외딴 시골.

【外議 외의】 조정(朝廷) 밖의 의론(議論). 세상의 소문.

【外夷 외이】 오랑캐. 외국 또는 외국 사람을 낮추어 이르는 말.

【外姻 외인】 ①혼인 관계가 있는 타국(他國). ②외가·처가 계통의 친척.

【外子 외자】 ①서자(庶子). ②양자(養子).

【外典 외전】 ①밖을 맡아봄. ②불서(佛書)·도서(道書)에 대하여 유가(儒家)의 책을 이르는 말.

【外傳 외전】 ①본전(本傳) 이외의 전기(傳記). ②정사(正史) 이외에 따로 기록한 전기.

【外廷 외정】 ①외국의 조정(朝廷). ②임금이 정(政政)을 듣는 곳. 外朝(외조).

【外政 외정】 ①표면으로 나타나는 공식적인 정치. ②외국에 관한 정치·외교(外交).

【外弟 외제】 ①아버지가 다른 동생. ②이종(姨從) 사촌 동생. ③손아래 남자.

【外朝 외조】 임금이 국정(國政)을 듣는 곳. 공식적인 궁정(宮廷). 外廷(외정).

【外周 외주】 바깥쪽의 둘레.

【外地 외지】 자기가 살고 있는 곳 밖의 땅. 外方(외방).

【外塹 외참】 성의 바깥 둘레의 해자(垓字). 外濠(외호).

【外戚 외척】 ①외가 쪽의 친척. ②성이 다른 사람으로서의 친척.

【外哨 외초】 바깥에 서 있는 초병(哨兵).

【外鏃 외촉】 (國)화살촉의 더데 아랫부분.

【外侈 외치】 가난한 사람이 분수 없이 사치함.

【外治 외치】 ①나라의 정사(政事). 궁중(宮中)의 정사와 구별하여 쓰는 말. 外政(외정). ②피부에 난 병을 외과적으로 치료함. ③나라 밖의 정치. 外交(외교).

【外親內疏 외친내소】 겉으로는 친한 체하면서 속으로는 멀리함.

【外套 외투】 양복 위에 덧입는 방한용(防寒用) 의복.

【外辦 외판】 임금이 거둥할 때 의장(儀仗)·호종(扈從) 등을 제자리에 정돈시킴.

【外嬖 외폐】 임금에게 아첨해 신임을 받는 남자.

【外圃契 외포계】 채소를 공물로 바치던 계.

【外表 외표】 ①드러난 표적. ②외국. 국경 밖. ③표면(表面). ④밖에 드러남. ⑤드러내어 본보기로 함.

【外學 외학】 ①송대(宋代)의 학교 이름. ②후한(後漢)의 학자가 위서(緯書)를 내학(內學)이라 한 데 대하여 육경(六經)을 일컫던 말. ③(佛)불교 이외의 학문. 곧, 유학(儒學).

【外幸 외행】 임금이 밖으로 거둥함.

【外虛 외허】 ①외부에 아무것도 없음. ②태양의 흑점 둘레의 약간 밝은 부분.

【外見 외현】 밖에 나타남.

【外刑 외형】 육체에 가해지는 형벌.

【外戶不閉 외호불폐】 대문 빗장을 벗겨 놓고 닫지 않음. 세상이 태평하여 부정이 없음의 비유.

【外貨 외화】 외국의 화폐.

【外患 외환】 ①외적의 침노에 대한 근심. ②밖에서 오는 근심. 외부에서 받는 걱정.

◐課―, 管―, 關―, 郊―, 校―, 國―, 內―, 對―, 等―, 疏―, 市―, 室―, 場―, 天―, 體―, 戶―, 號―.

夕 3 【多】 ⑥ 많을 다 　 duō

ノクタタ多多

〔篆〕多 〔古文〕多 〔草書〕多 〔동〕多 〔속〕多

〔字源〕會意. 夕＋夕→多. 저녁〔夕〕은 오늘이 지나면 내일이 또 닥치면서 무궁하도록 이어져 나간다는 데서 '많다'라는 뜻을 나타낸다.

〔字解〕①많다, 많이. 〔詩經〕未堪家多難. ②넓다, 도량이 넓다. 〔荀子〕寬裕而多容. ③겹치다, 포개다. ④두텁다, 두터이. 〔漢書〕亭長

戲曰 至府爲我多謝問趙君. ⑤크다. 〔呂氏春秋〕其患又將反以自多. 더 좋다. 〔禮記〕多矣乎予出祖者. ⑦붇다, 늘어나다, 많아지다. 〔後漢書〕漑田倍多, 人以殷富. ⑧남다, 나머지. ⑨많게 하다, 많도록 하다. 〔魏志〕多事好亂. ⑩중히 여기다. 〔漢書〕士亦以此多之. ⑪낫다, 뛰어나다. 〔呂氏春秋〕聽者自多而不得. ⑫공훈, 전공(戰功). 〔周禮〕治功曰力, 戰功曰多. ⑬다만, 단지, 겨우. 늑畬. 〔論語〕多見其不知量也.

【多間 다간】 틈이 많음. 사이가 몹시 나쁨.
【多艱 다간】 고생이 많음. 어려움이 많음.
【多故 다고】 ①귀찮은 일이 많음. 탈이 많음. ②교묘하게 속이는 일이 많음.
【多骨 다골】 ①뼈가 많음. ②필력(筆力)이 강하게 나타나 있는 일.
【多寡 다과】 많음과 적음.
【多口 다구】 말이 많음. 수다스러움. 多言(다언). 多辯(다변).
【多岐 다기】 ①갈림길이 많음. ②일이 다방면에 걸쳐 복잡함.
【多岐亡羊 다기망양】 갈림길이 많아 양을 잃어 버림. 학문의 길은 너무 다방면이 되면 진리를 찾기 어려움.
【多多 다다】 ①많으면 많을수록. ②現아무쪼록, 부디.
【多多益富 다다익선】 많을수록 한층 더 좋음.
【多端 다단】 할 일이 많음. 바쁨. ○'端'은 사업의 실마리.
【多羅 다라】 ①화장품 상자. ②청대(淸代)에 작위(爵位) 위에 붙이던 미칭(美稱). ③(佛)눈동자. ㉡다라보살(多羅菩薩). ㉢나무 이름. 다라수(多羅樹). ○범어(梵語) 'tara'의 음역어.
【多望 다망】 앞날에 바라는 바가 많음.
【多聞 다문】 ①많이 들음. 견문(見聞)이 많은 사람. ②(佛)많은 법문(法文)을 들어 잊지 않고 머리에 새겨 가짐.
【多聞天 다문천】 (佛)사천(四天)의 하나. 수미산(須彌山)의 제4층에 있어 북쪽을 지키며 복덕(福德)을 보호하고, 야차(夜叉)와 나찰(羅刹)을 통솔한다고 함.
【多般 다반】 많음. 일이 많음.
【多發將吏 다발장리】 國수령(守令)이 죄인을 잡으려고 포교와 사령을 많이 내보냄.
【多發刑吏 다발형리】 國형조(刑曹)나 한성부(漢城府)에서 죄인을 잡으려고 형리(刑吏)에게 많은 사령을 붙여서 내보내던 일.
【多辟 다벽】 ①여러 제후(諸侯). ○'辟'은 '임금'을 뜻함. ②부정(不正)이 많음. ○'辟'은 '사벽(邪辟)'을 뜻함.
【多寶 다보】 보물이 많음. 많은 보물.
【多謝 다사】 깊이 사례(謝禮)함.
【多事多難 다사다난】 일도 많고 어려움도 많음.
【多士濟濟 다사제제】 쟁쟁한 인물이 많음.
【多生 다생】 ①많이 남. ②(佛)생사(生死)를 거듭하여 몇 번이고 태어남.
【多少不計 다소불계】 國양이나 수의 많고 적음

을 헤아리지 않음.
【多時 다시】 다시간. 오랜 동안.
【多識 다식】 많은 사물을 앎. 博識(박식).
【多心 다심】 ①의심이 많음. ②생각이 많음.
【多樣 다양】 모양이나 종류가 많음.
【多言數窮 다언삭궁】 말이 많으면 자주 곤경(困境)에 빠짐. 말이 많음을 경계한 말.
【多容 다용】 널리 받아들임.
【多易 다이】 ①손쉬운 일이 많음. ②일을 데면데면히 함.
【多才多能 다재다능】 재주가 많아 여러 가지에 능함.
【多錢善賈 다전선고】 자본이 많은 사람이 장사도 잘함. 多財善賈(다재선고).
【多情 다정】 ①정이 많음. 애정이 깊음. ②교분(交分)이 두터움. ③사물에 대한 애틋한 정.
【多情多感 다정다감】 생각과 느낌이 섬세하고 풍부함. 多感多情(다감다정).
【多情多恨 다정다한】 사물에 대하여 애틋한 정이 많아서 몹시 마음 아파함.
【多情佛心 다정불심】 사물에 대하여 애틋한 정이 많은 자비심.
【多罪 다죄】 ①죄가 많음. ②무례한 말이나 지나친 말을 사과할 때 쓰는 말.
【多知爲雜 다지위잡】 여러 가지를 너무 많이 알면 도리어 뒤섞여 어지러움.
【多次 다차】 자주. 여러 번.
【多恨 다한】 ①원한이 많음. ②아쉬움이 많음.
【多該 다해】 많은 것을 겸하여 갖춤.
【多行 다행】 훌륭한 행동이 많음.
【多血 다혈】 ①몸에 피가 많음. ②감격하기 쉬움. 감정에 흐르기 쉬움. 격앙하기 쉬움.
【多種 다확】 곡물(穀物)의 수확이 많음.

◐ 過-, 三-, 數-, 頗-, 播-, 許-.

夕 [夙] ⑥일찍 숙 圖 sù
3 소전 㑛 고문 㝛 고문 㝝 초서 夙 字源 會意. 夕+丮→夙. '丮'은 일에 착수했다는 뜻을 나타낸다. 밤이 채 밝기도 전부터 아침 일을 할 준비를 갖춘다는 데서 '일찍'이라는 뜻을 나타낸다.
字解 ①일찍, 아침 일찍. 〔書經〕夙夜惟寅. ②삼가다, 조신하다. 〔詩經〕載震載夙. ③옛날, 옛날부터. 〔後漢書〕盧芳夙賊. ④아침 일찍부터 일을 하다.

【夙起 숙기】 아침 일찍 일어남. 夙興(숙흥).
【夙暮 숙모】 아침과 저녁. 朝夕(조석).
【夙茂 숙무】 젊어서부터 기량(器量)이 뛰어남.
【夙敏 숙민】 어려서부터 총명함.
【夙昔 숙석】 좀 오래된 옛날. 宿昔(숙석).
【夙成 숙성】 나이에 비하여 정신적·육체적 성장이 이름.
【夙世 숙세】 전전(前前)부터의 여러 세대.
【夙心 숙심】 일찍부터의 마음.
【夙夜 숙야】 ①이른 아침부터 깊은 밤까지. 조석(朝夕)으로. ②조조(早朝). 새벽.

【夙悟 숙오】일찍이 깨달음. 어릴 때부터 영리함. 夙敏(숙민).
【夙儒 숙유】학문이 넉넉하고 명망이 높은 선비. 宿儒(숙유).
【夙意 숙의】전부터의 의견. 夙志(숙지).
【夙志 숙지】일찍부터 품고 있던 뜻.
【夙就 숙취】일찍이 성취함.
【夙慧 숙혜】①어려서부터 총명함. ②(佛)좋은 과보를 얻게 해 주는 일. 善根(선근).
【夙興 숙흥】아침 일찍 일어남. 夙起(숙기).
【夙興夜寐 숙흥야매】아침에 일찍 일어나고 밤에는 늦게 잠. 밤낮으로 정무(政務)에 힘씀.

夕 5 【夜】⑧ ❶밤 야 屬 yè ❷고을 이름 액 圄 yè

丶亠广疒疒夜夜夜

[소전][초서][行書] 대법원 지정 인명용 한자의 음은 '야'이다.
[字源] 形聲. 亦+夕→夜. '亦(역)'이 음을 나타낸다.
[字解] ❶①밤. ㉮저녁 어두울 때부터 새벽 밝기까지의 동안. 〔春秋左氏傳〕夏四月辛卯夜. ㉯한밤중, 깊은 밤. 〔詩經〕夙興夜寐. ㉰저녁 무렵이나 새벽녘. ②성(姓). ❷①고을 이름. 늑掖. ¶夜邑. ②진, 즙. 늑液. 〔洪範五行傳〕時有脂夜之妖.
【夜客 야객】밤손님. 도적(盜賊).
【夜景 야경】밤의 경치나 정경.
【夜攻 야공】야간에 적을 공격함. 밤을 이용하여 적을 공격함. 夜襲(야습).
【夜光 야광】①밤에 빛남. ②밤에 빛나는 빛. ③달의 딴 이름. ④반딧불의 딴 이름. ⑤야광주(夜光珠). 야광벽(夜光璧).
【夜勤 야근】밤에 근무함.
【夜氣 야기】①밤기운. ②깨끗하고 조용한 마음. 정기(精氣)를 회복할 때의 정신 상태.
【夜對 야대】임금이 밤에 신하를 불러 강서(講書)하던 일.
【夜臺 야대】무덤의 구덩이. 壙穴(광혈).
【夜邏 야라】야경을 돎. 야경꾼.
【夜郞自大 야랑자대】야랑이 스스로를 큰 나라라고 여김. 세상 물정 모르고 함부로 잘난 체하고 뽐냄. [故事] 야랑(夜郞)은 한대(漢代)에 서남(西南) 오랑캐 중 가장 우세했던 나라로, 야랑후(夜郞侯)가 한나라 사신에게 자기 나라와 한나라의 우열(優劣)을 물었다는 고사에서 온 말.
【夜涼 야량】밤의 선선함.
【夜漏 야루】①밤 시간. ②밤의 물시계.
【夜寐 야매】밤늦게 잠.
【夜梵 야범】①밤에 불경을 읽음. ②밤에 나는 절의 종소리.
【夜分 야분】밤. 밤중.
【夜事 야사】①밤일. ②밤의 경계.
【夜思 야사】밤에 깊이 생각함. 밤에 여러 가지로 궁리함.
【夜肆 야사】밤에 벌이는 저자. 夜市(야시).

【夜雪 야설】밤에 내리는 눈.
【夜誦 야송】밤에 책을 읽음. 夜讀(야독).
【夜嗽 야수】밤에만 나는 기침.
【夜襲 야습】밤에 갑자기 들이침.
【夜食 야식】①월식(月蝕). ②밤에 음식을 먹음. 밤에 먹는 음식.
【夜深 야심】밤이 깊음.
【夜央 야앙】①한밤중. ②날이 샘.
【夜役 야역】밤에 하는 토목·건축 따위의 일.
【夜宴 야연】밤에 베푸는 술잔치.
【夜雨對牀 야우대상】밤비 소리를 들으며 침대를 나란히 하여 잠. 형제나 친구 사이가 다정함.
【夜陰 야음】밤의 어둠. 밤중.
【夜以繼日 야이계일】밤으로써 낮을 이음. 아침부터 밤까지 계속함. 夜以繼晝(야이계주).
【夜遊 야유】밤에 놂. 밤놀이.
【夜陰 야음】밤의 어두운 때.
【夜而忘寢 야이망침】밤이 되어도 자는 것을 잊음. 사물에 열중함.
【夜長夢多 야장몽다】밤이 길면 꿈꾸는 일이 많음. 오랜 세월 동안에는 변화도 많음의 비유.
【夜前 야전】①밤에 전진(前進)함. ②전날 밤. 간밤.
【夜操 야조】밤에 군사를 훈련함.
【夜坐 야좌】①밤에 앉아 있음. 밤늦게까지 자지 않고 침실에 앉아 있음. ②(佛)선문(禪門)에서 일몰부터 밤 12시까지 하는 좌선(坐禪).
【夜叉 야차】①두억시니. ②(佛)염라국에서 죄인을 벌하는 옥졸. 鬼卒(귀졸). 閻魔卒(염마졸). ③(佛)모양이 추괴(醜怪)하고 위력이 있는 귀신으로, 사람을 해치나 바른 불법(佛法)을 수호한다는 악귀(惡鬼). ○범어(梵語) 'Yaksa'의 음역어(音譯語).
【夜柝 야탁】야경을 돌 때 치는 딱딱이.
【夜寒 야한】①밤의 한기(寒氣). ②가을밤의 쌀쌀한 느낌, 또는 그 추위.
【夜合 야합】①밤에 합쳐짐. ②하수오(何首烏)의 딴 이름. ③자귀나무. 合歡木(합환목).
【夜行被繡 야행피수】수놓은 좋은 옷을 입고 밤길을 감. 공명(功名)이 세상에 알려지지 않음.
【夜話 야화】밤에 하는 이야기. 夜談(야담).
❶ 竟−, 經−, 達−, 深−, 暗−, 五−, 午−, 月−, 前−, 除−, 初−, 秋−, 漆−, 黑−.

夕 5 【姓】⑧ 晴(792)과 동자

夕 8 【夠】⑪ ❶모을 구 圄 gòu ❷많을 구 圄 gòu
[字解] ❶모으다, 모이다. ❷많다. 〔左思·賦〕繁富夥夠,不可單究.

夕 8 【够】⑪ 夠(377)와 동자

夕 8 【梦】⑪ 夢(378)의 속자

夕部 11획 夥夥夢夢夤　大部 0획 大

夕11 【夥】 ⑭ 많을 과 ⓑ화 簡 huǒ
[字解] ①많다, 넉넉하다. 〔史記〕萬物衆夥. ②동아리, 패거리. ¶夥伴.
【夥計 과계】 합자(合資)하여 영업함.
【夥多 과다】 많음.
【夥伴 과반】 한패. 동반자. 동아리.

夕11 【夥】 ⑭ 夥(378)와 동자

夕11 【夢】 ⑭ 꿈 몽 簡南 mèng, méng

[字源] 會意·形聲. 夕+莔 →夢. '莔'은 '瞢(어두울 몽)'의 생략형으로 음과 뜻을 나타낸다. 저녁〔夕〕이 되어 시계(視界)가 흐려져 잘 보이지 않는다는 데서 '밝지 않다'는 뜻을 나타낸다.
[字解] ①꿈. ②꾸자는 동안에 보는 환상(幻像). 〔莊子〕夢爲胡蝶. ④덧없는 현상. 〔楊萬里·詩〕古往今來眞一夢. ②꿈꾸다. 〔莊子〕其寢不夢. ③공상, 환상(幻想). 〔荀子〕不以夢劇亂知, 謂之靜. ④어둡다. ⑤흐릿하다, 똑똑하지 않다. 〔詩經〕視天夢夢. ⑥마음이 어지러워지다. 〔詩經〕視爾夢夢.
【夢覺 몽각】 꿈을 꿈과 꿈에서 깸.
【夢歸 몽귀】 꿈을 도피처로 삼음.
【夢寐 몽매】 ①꿈을 꾸고 있는 동안. ②잠을 자는 동안.
【夢夢 몽몽】 ①멀어서 똑똑하지 않은 모양. ②어지러워진 모양.
【夢卜 몽복】 ①꿈과 점. ②꿈으로 길흉을 점침. 제왕이 어진 재상(宰相)을 얻음의 비유. [故事] 은(殷) 고종(高宗)은 꿈을 꾸고 나서 부열(傅說)을 얻었고, 주(周) 문왕(文王)은 점을 쳐서 태공망(太公望)을 얻었다는 고사에서 온 말.
【夢死 몽사】 아무 일도 못하고 헛되이 죽음. 무의미하게 일생을 보냄.
【夢想 몽상】 ①꿈에서까지 생각함. ②되지 않을 일을 생각함. 空想(공상). ③(佛)꿈길의 상념(想念).
【夢泄 몽설】 잠자는 중에 저절로 정액(精液)이 흘러나오는 일. 夢色(몽색).
【夢魘 몽엽】 잠을 잘 때의 가위눌림.
【夢囈 몽예】 잠꼬대.
【夢遊 몽유】 꿈에 놂.
【夢一場 몽일장】 한바탕의 꿈. 인생의 영고성쇠(榮枯盛衰)가 덧없음의 비유.
【夢佇 몽저】 꿈에서조차 간절히 기다림.
【夢精 몽정】 성적(性的)인 쾌감을 얻는 꿈을 꾸면서 사정(射精)하는 일.
【夢中夢 몽중몽】 ①꿈속에서 또 꿈을 꿈. ②인생의 덧없음의 비유.
【夢中相尋 몽중상심】 꿈속에서 친구를 찾음. 매우 친밀함의 비유.
【夢枕 몽침】 ①베고 자면 꿈을 꿀 수 있다는 베개. ②꿈꾸고 있는 머리맡.
【夢幻 몽환】 꿈의 환상. 사물이 덧없음의 비유.
【夢幻泡影 몽환포영】 (佛)꿈·곡두·물거품·그림자. 사물이 덧없음의 비유.
○ 佳一, 吉一, 南柯一, 瑞一, 惡一, 雲一, 春一, 邯鄲一, 胡蝶一, 昏一, 凶一.

夕11 【夢】 ⑭ 夢(378)의 속자

夕11 【夤】 ⑭ 조심할 인 簡 yín
[字解] ①조심하다, 삼가다. 〔漢書〕中宗明明, 夤用刑名. ②연장되다. ≒延. ③연관되다, 연줄. 〔宋穆修·詩〕陰排密有夤. ④한계, 끝. ≒限. 〔淮南子〕九州之外, 乃有八夤. ⑤척추의 살, 등심. ≒䏝. 〔易經〕列其夤.
【夤亮 인량】 공손하고 진실됨.
【夤夜 인야】 깊은 밤. 深夜(심야).
【夤緣 인연】 ①덩굴진 풀이 무성함. 덩굴이 감김. ②뇌물을 쓰거나 연줄을 타서 출세하려 함. ③머뭇거리며 떠나지 않는 모양. ④연속함. 줄지어 있음. ⑤기어오름. 달라붙음.
【夤畏 인외】 삼가고 두려워함.

大部
3획 부수 ｜ 큰대부

大0 【大】 ③
❶ 큰 대 簡 dà
❷ 클 태 簡 tài
❸ 클 다 圖 tài

一ナ大

[秉秀] 대법원 지정 인명용 한자의 음은 '대'이다.
[字源] 象形. 정면에서 바라본 사람의 머리, 두 팔, 두 다리를 본뜬 글자.
[字解] ❶①크다. 〔老子〕道大天大地大人亦大. ②넓다. 〔詩經〕大賂南金. ③두루, 두루 미치다. 〔禮記〕大報天而主日也. ④처음, 시초. 〔禮記〕大昕鼓徵. ⑤살찌다, 비대(肥大)하다. 〔儀禮〕辨取庶羞之大, 以活賓. ⑥두껍다. 〔禮記〕致廣大而盡精微. ⑦많다, 뭇 사람. 〔管子〕不奧大慮始. ⑧다, 모두. 〔荀子〕夫是之謂大化至一. ⑨크게, 성(盛)하게. 〔穆天子傳〕大奏廣樂. ⑩무겁다, 무게. 〔禮記〕必察大小之比以成之. ⑪중히 여기다. 〔荀子〕大齊信焉, 輕貨

財. ⑫높다, 존귀하다. 〔論語〕畏大人. ⑬세차다, 거칠다. 〔史記〕大風起兮雲飛揚. ⑭훌륭하다. 〔論語〕林放問禮之本, 子曰, 大哉問. ⑮가멸다, 부하다. 〔禮記〕不願於大家. ⑯늙다, 나이를 먹다. 〔沈千運·詩〕年大自疎隔. ⑰넘다. 〔淮南子〕殫盡大半. ⑱멀다. 〔詩經〕逖荒大東. ⑲거칠다, 굵다. 〔莊子〕衣大布而補之. ⑳대강, 개략. ¶ 大較. ㉑자랑하다, 교만하다. 〔禮記〕不自大其事. ㉒위대한, 으뜸가는. ¶ 大王. ㉓형제의 차례의 첫째. ㉔천(天). 〔禮記〕大時不齊. ㉕성(姓). ❷ (通) 太(391). ① 크다. ②심하다, 지나치게. 〔論語〕無乃大簡乎. ❸①크다. ※❷의 ①과 같다. ②극치(極致), 극도. ③심하다. ※❷의 ②와 같다.

【大哥 대가】①맏형. 큰형. ❷❸지극히 친밀한 사이의 호칭. 형(兄). 귀하(貴下).
【大駕 대가】①임금이 타는 수레. ②임금. 鳳駕(봉가). 龍駕(용가).
【大姦 대간】①몹시 나쁜 일. ②몹시 나쁜 사람.
【大簡 대간】①심하게 충고함. ②지나치게 간략(簡略)한 일.
【大姦似忠 대간사충】극악(極惡)한 사람은 겉으로는 충실한 사람같이 보임.
【大綱 대강】①일의 가장 중요한 줄거리. 근본(根本). ②國대체로 추리는 정도로. 대충.
【大綱領 대강령】☞大綱(대강)①.
【大凱 대개】싸움에서 이기고 돌아올 때 연주하는 음악.
【大概 대개】①대체의 사연. 줄거리. ②대부분. ③대체로.
【大噱 대갹】크게 웃음. 또는 그 웃음소리.
【大去 대거】①한 번 가면 다시 돌아오지 않음. ②한 사람도 남지 않고 죄다 가버림.
【大歉 대겸】흉년이 크게 듦.
【大經 대경】①사람이 지켜야 할 큰 도리. 大道(대도). ②당대(唐代)에 진사 시험 과목으로 채택되었던 예기(禮記)와 춘추좌씨전(春秋左氏傳). 송대(宋代)에는 시경·예기·주례(周禮)·춘추좌씨전을 대경(大經)으로 하였음.
【大驚失色 대경실색】몹시 놀라 얼굴빛이 변함.
【大戒 대계】①범할 수 없는 커다란 법칙. ②크게 훈계함. ③(佛)비구(比丘)가 지켜야 할 250계(戒).
【大計 대계】①큰 계획. ②회계(會計)의 총계정(總計定). ③3년마다 관리(官吏)의 성적을 고과(考課)하던 일.
【大考 대고】주대(周代)에 3년마다 관리의 능력과 근태(勤怠)를 조사하던 일.
【大故 대고】①어버이의 상사(喪事). 親喪(친상). ②큰 사고. ③아주 나쁜 행동. 大罪(대죄).
【大賈 대고】크게 장사하는 사람.
【大工 대공】①큰 공사. ②뱃사공. ③솜씨 좋은 장인(匠人).
【大公 대공】❶대공 ❷태공. ❶매우 공평함. ❷태공망(太公望). 여상(呂尙).
【大功 대공】①큰 공(功). ②상복(喪服)의 이름. 오복(五服)의 하나. 복기(服期)는 아홉 달.

【大空 대공】하늘. 太空(태공).
【大功親 대공친】종형제·자매·중자부(衆子婦)·중손(衆孫)·중질녀(衆姪女)·질부(姪婦)와 남편의 조부모, 남편의 백숙부모(伯叔父母), 남편의 질부들의 겨레붙이의 총칭.
【大過 대과】①큰 허물. ②큰 재화(災禍). ③남보다 크게 뛰어남. ④64괘(卦)의 하나. 지나치게 성대(盛大)함을 상징함.
【大官 대관】❶대관 ❷태관. ❶①높은 관직(官職). 중요한 관직. 또는 그 자리에 있는 사람. ②경(卿). ③천자(天子). ❷한대(漢代)에 천자의 수라를 맡은 벼슬.
【大觀 대관】①사물의 도리를 깊이 이해함. 대국적(大局的) 견지에서 사물을 관찰함. ②웅대한 경치. ③널리 보임. 널리 보이는 곳.
【大塊 대괴】①땅. 大地(대지). ②자연. ③조물주(造物主).
【大魁 대괴】①장원 급제한 사람. ②큰 세력의 우두머리. 巨魁(거괴).
【大巧 대교】매우 교묘함.
【大郊 대교】제후가 천지(天地)에 지내는 제사.
【大教 대교】①훌륭한 가르침. ②부처의 가르침. ③유교·불교·도교의 총칭. ④남의 가르침의 경칭(敬稱).
【大較 대교】①대강의 줄거리. 개요. ②중요한 법칙. 大法(대법).
【大巧若拙 대교약졸】매우 교묘한 재주를 가진 사람은 보통 사람 눈에 오히려 서투른 사람으로 보임.
【大區 대구】하늘.
【大局 대국】①대체의 국면. ②큰 판국.
【大君 대군】①임금. ②천신(天神). ③맏아들. ④國왕후(王后)가 낳은 아들.
【大弓 대궁】①커다란 활. ②큰 자. 땅을 잴 때 다섯 자를 일궁(一弓)이라고 함. ③예식 때 쓰는 활의 하나. 여섯 자 길이에 모양은 각궁(角弓)과 같음. 禮弓(예궁). ④반궁(半弓)·양궁(楊弓) 등에 대하여 보통의 활. 길이는 일곱 자 다섯 치임.
【大卷 대권】①부피가 큰 책. 면수가 많은 책. ②황제(黃帝)의 음악 이름. ③응제서(應制書)의 한 가지. 전시(殿試)에 응하는 것.
【大權 대권】국가를 통치하는 권한.
【大闕 대궐】①큰 결점. ②國궁궐(宮闕).
【大歸 대귀】①여자가 이혼하여 친정에 돌아옴. ②근본으로 돌아감. 곧, 죽음. ③만물(萬物)이 돌아가는 곳.
【大逵 대규】큰 길. 사통오달(四通五達)의 길. 大道(대도).
【大均 대균】①그 본성(本性)을 따라 자득(自得)하게 함. ②옛 군례(軍禮)의 한 가지. 국민의 부담을 공평하게 하여 고루 균휼함. ③고르게 함. 평균함.
【大鈞 대균】①오음(五音) 중 궁상(宮商)의 음. ②하늘, 또는 조화(造化). ♫'鈞'은 옹기를 만들 때 쓰는 녹로(轆轤)로, 그 위에서 갖가지 도기(陶器)가 만들어지는 것과 같이 음양(陰陽)이

만물을 생성하고 조화한다는 데서 온 말.
【大禁 대금】중요한 금제(禁制). 나라의 법도.
【大衾長枕 대금장침】동침(同寢)하기 편리한, 큰 이불과 긴 베개. 친밀한 교분(交分)의 비유.
【大基 대기】①큰 토대. 큰 사업의 기초. ②왕업(王業).
【大期 대기】①아이가 태어나는 달. 곧, 열 달. ②매우 같음. ◐'期'는 '같다'를 뜻함.
【大器 대기】①큰 그릇. 중대한 그릇. 寶器(보기). ②임금의 자리나 국가 권력의 비유. ③기량(器量). 위대한 인물. 大才(대재). ④하늘.
【大機 대기】①천하의 정사(政事). ②중대한 기틀. ③나라의 기밀에 속하는 중요한 일.
【大器晩成 대기만성】큰 그릇은 시간이 오래 걸려야 완성됨. 크게 될 인물은 오랜 공적을 쌓아 늦게 이루어짐.
【大器小用 대기소용】큰 그릇을 작은 일에 씀. 뛰어난 인재를 낮은 지위에 씀의 비유.
【大內 대내】①임금의 침실. ②임금이 거처하는 곳. ③임금의 창고. ④임금의 창고를 맡아보던 벼슬.
【大年 대년】노인. 高年(고년).
【大端 대단】①큰 실마리. ②대강의 줄거리. 槪要(개요).
【大壇 대단】하늘을 제사 지내는 단.
【大當 대당】크게 화동하고 조화함. 음양이 잘 어울려 풍년 들고 태평함.
【大憝 대대】대악인(大憝人). ◐'憝'는 악(惡)하다는 뜻.
【大德 대덕】①높은 덕(德). 높은 덕을 지닌 사람. ②커다란 작용. 천지조화(天地造化)의 일. ③큰 혜택. ④중대한 절도(節度). ⑤(佛)고승(高僧)의 칭호(稱號).
【大度 대도】큰 도량. 마음이 넓음.
【大都 대도】①큰 도읍. 큰 도시. ②대략. 대개.
【大道 대도】①큰길. ②사람이 지켜야 할 큰 도리. ③우주의 본체. ④바른 길. 올바른 방법.
【大纛 대도】①절도사(節度使)의 기(旗). ②임금의 기.
【大刀頭 대도두】돌아감의 은어(隱語). ◐칼코등이를 뜻하는 도두(刀頭)의 고리(環). '環'은 '還'과 음이 같으므로 '何日大刀頭'는 '何日還'이라는 뜻이 됨.
【大同 대동】①조금의 차이는 있어도 대체로 같음. ②인심(人心)이 화동(和同)함. ③차별을 두지 않음. 잘 동화(同化)함. ④천지(天地)와 일체가 됨. ⑤고대에 대도(大道)가 행해졌다는 세상. 극히 공평하고 화평한 성세(盛世).
【大東 대동】①동쪽 끝. 極東(극동). ②시경(詩經) 소아(小雅) 곡풍(谷風)의 편명. 동국(東國)이 부역에 시달리고 재물을 상함을 꼬집은 노래. ③우리나라의 딴 이름.

【大同團結 대동단결】서로 다른 당파가 같은 목적을 이룩하기 위하여 작은 이견을 버리고 뭉쳐서 한 덩이로 됨.
【大同小異 대동소이】거의 같고 조금 다름.
【大頭腦 대두뇌】주안점(主眼點). 요점(要點).
【大頭蝦 대두하】머리가 큰 새우. 머리만 크고 살도 맛도 없는 데서, 사치만 부려 가난하게 된 사람을 놀리는 말.
【大得 대득】①크게 이득을 봄. 큰 이득. ②훌륭한 덕(德). 大德(대덕).
【大登 대등】큰 풍년이 듦.
【大量 대량】①큰 도량(度量). ②큰 말, 또는 큰 저울. ③많은 분량(分量). ④주량(酒量)이 큼. 또는 대주가(大酒家).
【大呂 대려】①주대(周代) 종묘(宗廟)의 대종(大鐘) 이름. 구정(九鼎)과 함께 주(周)의 보기(寶器). 귀중함의 비유. ②12율(律)의 하나. 섣달에 배당되므로 섣달의 별칭으로 씀.
【大旅 대려】재앙이 있을 때 상제(上帝)에게 지내는 제사.
【大慮 대려】①원대한 생각. ②꾀.
【大力 대력】①큰 힘. 뛰어나게 센 힘. ②조물자(造物者).
【大斂 대렴】소렴을 행한 다음 날 시체에 옷을 거듭 입히고 이불로 싸서 베로 묶는 일.
【大禮 대례】①한평생 동안에 있는 가장 중요한 예식. 관(冠)·혼(婚)·상(喪)·제(祭) 따위. ②조정(朝廷)의 중대한 의식. ③훌륭한 덕. ④제사의 일종. 임금이 친히 천·지·인(天地人)의 귀신에게 제사 지내는 예. ⑤커다란 법칙. 大法(대법).
【大老 대로】①할아버지. 祖父(조부). ②덕(德)·나이·지위가 가장 높은 사람. ③훌륭한 노인. 늙은 현인(賢人).
【大麓 대록】①산기슭의 광대한 숲. ㉠순(舜)임금이 폭풍과 뇌우(雷雨)를 만났던 들판. ㉡요(堯)임금이 순임금에게 선위(禪位)한 장소. ②크게 도맡아 다스림. ③천자(天子)의 일을 도맡아 다스리는 벼슬아치.
【大論 대론】①높고 훌륭한 의론. ②크게 논함. 실컷 의론함.
【大僚 대료】대관(大官). 高官(고관).
【大戮 대륙】①큰 형벌. 사형(死刑)에 처하고 효수(梟首)하는 일. ②큰 치욕.
【大倫 대륜】①큰 도리(道理). ②인륜(人倫)의 대도(大道). 곧, 오륜(五倫).
【大理 대리】①큰 도리(道理). 大倫(대륜). ②형옥(刑獄)을 다스리던 벼슬 이름. ③크게 다스림. ④크게 하사(下賜)함. 大賚(대뢰).
【大蟒 대망】이무기.
【大盟 대맹】천자가 친히 임하여 맺는 맹약.
【大名 대명】①크게 드러난 이름. 남을 높여 그의 이름을 이르는 말.
【大命 대명】①임금의 명령. ②임금이 될 운명. 天命(천명). ③목숨의 끄나풀. 命脈(명맥). ④군대를 출동시키는 명령.
【大明 ❶대명 ❷태명】❶①해와 달. ②지인(至人)의 지혜가 일월(日月)과 같이 매우 밝은 일.

③명(明)나라 조정을 높여 이르는 말. ④크게 밝힘. ❷태양의 딴 이름.
【大名難居 대명난거】 크게 이름을 떨치면 시기하고 질투하는 무리가 많아, 그 지위에 오래 머무르기 어려움.
【大明天地 대명천지】 환하게 밝은 세상.
【大暮 대모】 긴 밤. 죽음의 비유.
【大夢 대몽】 긴 꿈. 덧없는 인생의 비유.
【大妙 대묘】 대단히 깊고 오묘함.
【大武 대무】 ①주(周) 무왕(武王)이 지은 악곡(樂曲) 이름. 무왕이 주(紂)임금을 치고 무공으로써 천하를 평정한 것을 나타낸 것. ②훌륭한 무덕(武德). ③소의 딴 이름.
【大廡 대무】 큰 집. 大廈(대하).
【大文 대문】 주해(註解)가 있는 글의 본문.
【大米 대미】 백미(白米). ╱좁쌀을 소미(小米)라 하는 데 대하여 이르는 말.
【大方 대방】 ①큰 사각(四角). ②썩 방정(方正)함. ③땅. 大地(대지). ④각기 자기 분수를 얻게 하는 일. ⑤커다란 법칙. 근본적인 법칙. ⑥바른길. 올바른 방법. ⑦한방(漢方)에서 소아과(小兒科) 이외의 의술. 또는 그 의원.
【大拜 대배】 재상(宰相)을 제수(除授)함.
【大帛 대백】 ①흰 비단으로 만든 관(冠). ②굵은 실로 짠 비단. 제후(諸侯)의 상복(喪服)을 만드는 데 씀.
【大藩 대번】 큰 번병(藩屛). 영토가 넓은 제후(諸侯).
【大汎 대범】 매우 넓음. 광대(廣大)함.
【大法 대법】 ①중요한 법률. ②(佛)대승(大乘)이불법(佛法).
【大辟 대벽】 ①오형(五刑)의 하나. 사형(死刑). ②죽음.
【大卞 대변】 큰 법칙. 대법(大法).
【大辯如訥 대변여눌】 뛰어난 변설가(辯舌家)는 함부로 말을 하지 않으므로 오히려 눌변(訥辯)처럼 보임. 大辯不言(대변불언).
【大柄 대병】 큰 권력. 大權(대권).
【大寶 대보】 ①귀중한 보물. 大寶(지보). ②임금의 도장. 玉璽(옥새). ③임금의 지위. ④자신의 몸. ⑤부귀영화(富貴榮華). ⑥(佛)가지(加持)에 사용하는 호마단(護摩壇).
【大福不再 대복부재】 큰 행운(幸運)은 다시 오는 것이 아님.
【大本願 대본원】 (佛)불타(佛陀)가 중생을 제도하려는 큰 염원.
【大夫 대부】 ①주대(周代)의 벼슬 이름. 사(士)의 위, 경(卿)의 아래. ②벼슬자리에 있는 사람. ③소나무의 딴 이름.
【大府 대부】 ①조정의 부고(府庫). ②승상(丞相)의 부(府). ③상급 관청. 상관. ④벼슬 이름. 국고(國庫) 재물을 다스렸음.
【大富 대부】 재물이 썩 많음. 큰 부자.
【大鵬 대붕】 하루에 9만 리를 날아간다는, 상상상(想像上)의 아주 큰 새.
【大悲 대비】 (佛)부처의 삼덕(三德)의 하나. 넓고 큰 자비심(慈悲心).

【大悲菩薩 대비보살】 (佛)관음보살(觀音菩薩)의 딴 이름.
【大聘 대빙】 제후(諸侯)가 3년마다 경(卿)을 시켜 천자를 빙문(聘問)하게 하던 일.
【大士 대사】 ❶❶덕이 높은 사람. ②지위가 높은 사람. 권세가 있는 사람. ③(佛)보살(菩薩)의 통칭. ❷벼슬 이름. ㉠은대(殷代)에 제사를 맡음. ㉡주대(周代)에 형옥(刑獄)을 맡음. 太士(태사).
【大事 대사】 ①큰 사업. 큰 사건. ②제사와 군사(軍事). ③조상을 사당에 합사(合祀)하는 일. 대협(大祫) 제사. ④상사(喪事). ⑤제후의 맹약(盟約). ⑥요역(徭役). 부역(賦役). ⑦적서(嫡庶)의 폐립(廢立). ⑧농사(農事). ⑨國혼인. 혼인 잔치.
【大使 대사】 ①임금을 대신하는 최고의 사자(使者). ②절도사(節度使). ③원명대(元明代)에 장관(長官) 밑에서 사무를 관리하던 벼슬. ④한 나라를 대표하여 외국에 주재하는 외교관.
【大祀 대사】 임금이 몸소 지내는 큰 제사.
【大社 대사】 임금이 백관(百官) 이하 모든 백성을 위하여 세운 제단(祭壇).
【大師】 ❶대사 ❷태사 ❶①대군(大軍). ②조정에서 덕이 높은 승려에게 내리는 존호(尊號). ③國승려를 높여서 부르는 말. ❷①주대(周代)의 벼슬 이름. 악공(樂工)의 장(長). ②삼공(三公)의 하나. 문란(文官)의 최고관(最高官). ③대학자(大學者).
【大赦 대사】 ①천자(天子)가 십악(十惡) 이외의 모든 죄수를 방면(放免)하던 일 ②일반 사면(赦免).
【大肆 대사】 ①돌아간 임금의 시체를 목욕시키는 일. 大浴(대욕). ②몹시 방자하게 구는 일. 제멋대로 구는 일.
【大蜡 대사】 주대(周代)에, 섣달에 지내던 제사 이름.
【大賜 대사】 훌륭한 하사품(下賜品).
【大沙門 대사문】 (佛)①석가모니의 딴 이름. ②큰 사문(沙門). 곧, 승려. ③비구(比丘).
【大赦典 대사전】 대사(大赦)의 은전(恩典).
【大繖 대산】 비단으로 만든 큰 일산(日傘).
【大殺年 대살년】 매우 심한 흉년.
【大祥 대상】 ①장사를 지낸 뒤 두 돌 만에 지내는 제사. 大朞(대기). ②크게 상서로움. ③큰 변이(變異)의 기운. ④길흉(吉凶)이 먼저 크게 나타나는 일.
【大象 대상】 ①주역(周易)의 상(象)을 풀이한 말. 십익(十翼) 중의 제삼익(第三翼)으로서 괘(卦)의 총상(總象)이므로 대상이라 함. ②대법(大法). 大道(대도). ③큰 형상(形象). ④큰 현상(現象). ⑤큰 코끼리.
【大書特筆 대서특필】 큰 글씨로 비중 있게 씀.
【大禪 대선】 (佛)선종(禪宗)에서 초급(初級)의 법계(法階).
【大成 대성】 ①일이 완전히 이루어짐. 훌륭하게 성취함. ②크게 편안해짐. 큰 화평(和平). ③크게 공을 이루어 태평을 가져옴.

【大聲 대성】 ①큰 목소리. ②고상한 음악.
【大成若缺 대성약결】 참으로 완성된 물건은 속인의 눈에는 불완전한 것으로 보임.
【大成殿 대성전】 문묘(文廟) 안에 있는, 공자(孔子)의 위패(位牌)를 모셔 두는 집채.
【大聲痛哭 대성통곡】 큰 소리로 몹시 슬프게 욺. 放聲大哭(방성대곡).
【大勢 대세】 ①세상의 돌아가는 형편. 천하의 추세(趨勢). ②권세가 있는 높은 지위. ③부처의 덕호(德號).
【大韶 대소】 순(舜)임금의 음악 이름. 순임금이 옛 성인의 덕(德)을 잘 이음을 기린 것임.
【大率 대솔】 대략. 대충.
【大受 대수】 큰일을 맡김. 大用(대용).
【大樹 대수】 ①큰 나무. ②장군(將軍)의 딴 이름. 故事 후한(後漢) 때 풍이(馮異)는 겸손하여 여러 장군들이 서로 공(功)을 논할 때면 항상 나무 밑에 숨어 있었기 때문에 그를 대수장군(大樹將軍)이라고 부른 고사에서 온 말.
【大手筆 대수필】 조칙(詔勅) 등 국가의 중요한 문장.
【大醇小疵 대순소자】 가장 순수한 것에도 조금의 흠은 있음.
【大乘 대승】 (佛)소승(小乘)과 더불어 불교의 양대 교파(敎派)의 하나. 소승이 개인적 해탈을 위한 교법(敎法)인 데 대하여 대승은 널리 인간 전반적 구제를 목표로 함.
【大乘經 대승경】 (佛)대승의 교리(敎理)를 적은 경문(經文).
【大始 대시】 ①대도(大道)의 시초(始初). 천지개벽의 처음. 元始(원시). ②처음을 소중히 함. 시작을 중히 여김.
【大牙 대아】 임금, 또는 장군(將軍)이 세운 기(旗). ◯기간(旗竿) 위를 상아(象牙)로 장식한 데서 온 말.
【大兒 대아】 ①나이 많은 아이. 곧, 형(兄). ②두 사람의 훌륭한 인물 가운데서 연장자.
【大雅 대아】 ①시경(詩經)에 나오는 시의 한 체(體). 육의(六義)의 하나. 왕정(王政) 흥망의 자취를 읊은 것으로, 향연(饗宴)의 노래임. ②뛰어나고 바름. 몹시 우아함. ③학식(學識) 있는 사람. ④문인·학자가 서로 높여 이르는 말.
【大雅之人 대아지인】 바르고 품격이 높은 사람. 君子(군자).
【大言 대언】 ①훌륭한 말. ②큰소리.
【大業 대업】 ①큰 사업. ②제왕(帝王)의 업(業). ③심오(深奧)한 학업.
【大輿 대여】 ①큰 가마. ②國국상(國喪) 때 쓰던 큰 상여(喪輿).
【大疫 대역】 ①병이 심하게 유행함. ②큰 유행병(流行病).
【大逆無道 대역무도】 몹시 인륜(人倫)에 거스르고, 도리를 무시한 행위.
【大衍 대연】 ①50의 수(數). ◯복서(卜筮)의 산대가 50개인 데서 온 말. ②광대한 늪.
【大淵獻 대연헌】 해(亥)의 고갑자(古甲字). 태세(太歲)에 '亥'가 든 해.

【大悅 대열】 아주 기뻐함.
【大烈 대열】 큰 사업. ◯'烈'은 '사업, 또는 훌륭한 공훈(功勳)'을 뜻함. 大業(대업).
【大閱 대열】 ①거마(車馬)를 골라서 훈련하던 일. ②3년마다 군대를 검열하던 일. ③國임금이 몸소 참석하는 군대의 검열.
【大悟 대오】 ①크게 깨달음. ②(佛)번뇌를 벗어나 진리를 깨달음.
【大獄 대옥】 중대한 범죄 사건으로 많은 사람이 범죄자로 붙잡혀 갇히는 일. 큰 옥사.
【大王 ❶대왕 ❷태왕】 ❶①위대한 임금. ②왕(王)을 높여 이르는 말. ③진(晉)의 서예가 왕희지(王羲之). 소왕(小王)은 왕헌지(王獻之)임. ❷주(周)의 고공단보(古公亶父). 太王(태왕).
【大辱 대욕】 크나큰 치욕. 사형에 처한 시체를 묻지 않고 버려 두는 일.
【大用 대용】 ①크게 씀. 크게 임용함. ②큰 용도(用途). 有用(유용).
【大勇不忮 대용불기】 참된 용기를 가진 사람은 함부로 남을 해치지 않음.
【大勇若怯 대용약겁】 진정 용맹한 사람은 함부로 날뛰지 않으므로 도리어 겁쟁이같이 보임.
【大禹 대우】 하(夏)의 우임금. ◯'大'는 미칭(美稱).
【大憂 대우】 ①큰 근심. ②천자의 붕어(崩御). ③부모의 상(喪).
【大雄 대웅】 (佛)부처의 덕호(德號).
【大原 대원】 근본(根本). 大本(대본).
【大員 대원】 ①대관(大官). 高官(고관). ②☞大圓(대원)①.
【大圓 대원】 ①하늘. 大員(대원). ②큰 원.
【大圓鏡智 대원경지】 (佛)불타(佛陀)의 네 가지 지혜 중의 하나. 곧, 투철(透徹)한 지혜.
【大位 대위】 ①천자의 자리. 帝位(제위). ②높은 벼슬.
【大僞 대위】 큰 거짓. 곧, 자연 그대로가 아닌 인위(人爲).
【大威德 대위덕】 (佛)오대(五大) 명왕(明王)의 하나. 모든 독사(毒蛇)·악룡(惡龍)을 항복하게 한다고 함.
【大猷 대유】 ①커다란 꾀. ②☞大道(대도).
【大有卦 대유괘】 64괘(卦)의 하나. 괘형은 ䷍. 불이 천상(天上)에 있어서 비추는 데가 광범하므로, 성대하고 풍부함을 상징함.
【大有年 대유년】 크게 풍년이 든 해.
【大有爲 대유위】 ①큰 사업을 함. ②재능이 있어 쓸모가 있음.
【大戎 대융】 ①큰 병거(兵車). 元戎(원융). ②당(唐)대 병부 상서(兵部尙書)의 딴 이름. ③춘추시 오랑캐[戎]의 한 종족.
【大隱 대은】 속세를 초월한 철저한 은자(隱者). 진정한 은자.
【大恩敎主 대은교주】 (佛)석가모니의 딴 이름.
【大邑 대읍】 ①큰 고을. ②크고 넓은 봉강(封疆). ③큰 나라. ④고을을 크게 함.
【大義 대의】 ①정도(正道). 사람으로서 꼭 지켜야 할 길. ②경서(經書)의 요의(要義). ③대강

의 뜻. 대강의 줄거리.
【大儀 대의】①중대한 일. ②만물의 근원. ③태극(太極). ④대도(大道).
【大醫 ❶대의 ❷태의】❶훌륭한 의사. 名醫(명의). ❷궁중(宮中)의 시의(侍醫).
【大義滅親 대의멸친】큰 의리를 위해서는 사사로운 정(情)을 버림. 나라의 큰일을 위해서는 혈육의 정도 버림.
【大義名分 대의명분】사람이 마땅히 지켜야 할 도리와 본분.
【大人 대인】①어른. 成人(성인). ②유덕자(有德者)나 연장자(年長者)를 높여 이르는 말. ㉠덕(德)이 높은 사람. ㉡벼슬자리에 있는 사람. ㉢부모, 기타 집안 어른. ㉣스승. 장로(長老). ③몸집이 큰 사람. 巨人(거인). ④권세 있는 집안인. ⑤주대(周代)에 꿈을 점치던 벼슬.
【大人君子 대인군자】①크고 훌륭한 덕을 갖춘 사람. ②말과 행실이 바르고 점잖은 사람.
【大人虎變 대인호변】성덕(盛德)한 사람이 천하를 변혁(變革)함에 전왕(前王)의 제도를 손질하여 훌륭하게 제정하는 일. ☞'虎變'은 하추(夏秋)에 호랑이가 털갈이를 하는 일.
【大一 ❶대일 ❷태일】❶지극히 큼. ❷①천지가 아직 나누어지지 않은 혼돈(混沌)한 원기(元氣). ②태고(太古) 때.
【大日如來 대일여래】(佛)진언 밀교(眞言密敎)의 본존(本尊). 온 우주를 밝게 비추는 대일륜(大日輪)을 의미하며, 만물을 기르는 자모(慈母)와 같은 이지(理智)의 본체임을 의미함.
【大慈大悲 대자대비】(佛)넓고 커서 가없는 자비. 부처·보살의 한없이 큰 자비. ☞'慈'는 중생에게 즐거움을 주는 일, '悲'는 중생의 고통을 구해 주는 일.
【大自在 대자재】①전혀 속박이나 구애를 받지 않는 참된 자유. ②(佛)㉠광대한 신통력을 가지고 무슨 일이든 할 수 있음. ㉡☞大自在天(대자재천).
【大自在天 대자재천】(佛)눈은 셋, 팔은 여덟, 흰 소를 타고 흰 불자(拂子)를 든, 위덕(偉德)을 지닌 대천세계(大千世界)의 주(主). 大自在(대자재).
【大作 대작】①큰 사업을 일으킴. ②성하게 일어남. 창궐(猖獗)함. ③많은 저서(著書). 큰 작품. ④훌륭한 작품. 傑作(걸작). ⑤대신(大臣)이 하는 일. ⑥크게 토목 공사를 일으킴. ⑦남의 저서의 존칭.
【大壯 대장】①크게 씩씩함. ②64괘(卦)의 하나. 괘형은 ䷡. 양(陽)이 성하고 군자(君子)의 도(道)가 승(勝)함을 상징함.
【大長公主 대장공주】임금의 고모.
【大杖則走 대장즉주】효자가 어버이로부터 벌을 받을 때, 매로 치면 순순히 받아야 하지만 크게 화가 나 몽둥이로 쳐 죽이려 할 때는 달아나서, 어버이가 불의(不義)를 범하지 않도록 함.
【大菑 대재】심한 재해(災害).
【大箏 대쟁】현악기의 한 가지.
【大抵 대저】대개. 대체로 보아서. 大氐(대저).

【大適 대적】①아주 뜻에 맞음. 크게 즐김. ②약초 이름. 두루미냉이. 葶藶(정력).
【大磧 대적】넓은 모래벌판. 사막.
【大全 대전】①완전히 갖추어 모자람이 없음. 完全(완전). 完璧(완벽). ②어떤 부문에 관한 글을 모두 모아 편찬한 책의 이름으로 쓰는 말.
【大典 대전】①중요한 전적(典籍). 분량이 많은 기록. ②훌륭한 법칙. 중요한 법전(法典). ③국가의 큰 의식(儀式).
【大殿 대전】①후군(後軍). ②國임금.
【大篆 대전】서체(書體)의 하나. 주(周)나라 선왕(宣王) 때 사주(史籒)가 만들었다고 함. 籒文(주문).
【大節 대절】①유의하여 지켜야 할 중요한 일. ②직분상(職分上)의 큰 책임. ③나라의 큰 사변. ④사생존망(死生存亡)에 관한 대사건. ⑤사물의 전체에서 요령만 딴 줄거리. 大體(대체). ⑥손발의 첫 번째 굵은 마디.
【大漸 대점】크게 악화함. 병세가 차츰 위독해짐. 주로 임금의 경우에 사용함.
【大定 대정】①크게 안정됨. ②천지자연의 이법을 따라 변함이 없음.
【大政 대정】①천하의 정치. ②國매년 섣달에 벼슬아치들의 성적을 고사(考査)하던 일. 都目政事(도목정사).
【大弟 ❶대제 ❷태제】❶자기보다 나이 어린 벗을 친하게 부르는 말. ❷황태제(皇太弟). 太弟(태제).
【大帝 대제】①하늘. 하느님. ②특히 성덕(盛德)한 임금 ③자미궁(紫微宮). 北極星(북극성).
【大造 대조】큰 공(功)을 이룸. 또는 그 공. ☞'造'는 성취한다는 뜻.
【大朝 대조】①원단(元旦)·동지(冬至)·만수절(萬壽節) 같은 명절에 제후(諸侯) 또는 여러 신하가 천자(天子)를 배알(拜謁)하던 일. ②자기가 받드는 왕조를 높여 이르는 말. ③國섭정(攝政)하는 왕세자가 임금을 이르는 말.
【大宗 ❶대종 ❷태종】❶①시조(始祖)의 맏아들에서 이어 내려오는 종가(宗家). ②사물의 시초. ③천자(天子). ④세력이 있는 일족. ❷벼슬 이름. 육태(六大)의 하나. 태재(太宰)와 함께 태사(太史) 이하를 거느리고 천하의 정치를 맡아보았음.
【大坐 대좌】책상다리함.
【大衆 대중】①많은 사람. ②사회의 대다수를 이루는 사람.
【大衆供養 대중공양】(佛)불교 신자들이 승려들에게 음식을 대접하는 일.
【大指 대지】①대강의 뜻. 大旨(대지). 大意(대의). ②엄지손가락. 拇指(무지).
【大智 대지】①뛰어난 지혜. ②뛰어난 지혜를 지닌 사람.
【大智不智 대지부지】큰 지혜를 가진 사람은 꾀많은 사람처럼 그 지혜를 부리지 않음.
【大智如愚 대지여우】큰 지혜를 가지고 있는 사람은 잔재주를 부리지 않기 때문에 어리석은 사람과 같이 보임.

【大直若屈 대직약굴】 대의(大義)를 위하는 자는 소절(小節)에 구애하지 않으므로 언뜻 보기에는 곧은 사람이 아닌 것같이 보임.
【大盡 대진】 음력 큰달의 그믐날. 곧, 음력 30일.
【大震 대진】 크게 겁냄. 몹시 두려워함.
【大耋 대질】 아주 늙은 노인. ◎'耋'은 80세.
【大質 대질】 몸.
【大差 대차】 ①큰 차이. ②천자의 사자(使者).
【大錯 대착】 ①큰 줄〔鑢〕. ②큰 착오(錯誤).
[故事] 당대(唐代)에 전승사(田承嗣)가 아군(牙軍)을 만들어 방자하게 굴므로 나소위(羅紹威)가 이를 미워하여 주전충(朱全忠)의 군사를 빌려 그를 죽였으나, 주전충의 군사가 위(魏)에 남아서 금전(金錢)과 재보(財寶)를 요구하므로 위군(魏軍)이 크게 쇠하여졌다. 때문에 나소위가 곧 후회하여, 육주(六州)의 쇠를 다 모아도 이같이 문질러뜨릴 줄〔鑢〕을 만들 수는 없다고 탄식하였다는 고사에서 온 말.
【大漲 대창】 큰물이 불어서 넘침.
【大責 대책】 심히 꾸짖음.
【大處 대처】 뛰어나게 좋은 곳.
【大闡 대천】 國문과 급제(文科及第).
【大千世界 대천세계】 (佛)광대무변(廣大無邊)의 세계.
【大捷 대첩】 크게 이김. 大勝(대승).
【大禘 대체】 임금의 조상을 위한 큰 제사.
【大體 대체】 ①사물의 전체에서 요령만 추려 리. ②큰 모양. 큰 형체. ③완전함. ④큰 체구(體軀). ⑤마음.
【大焦熱地獄 대초열지옥】 (佛)팔대 지옥(八大地獄)의 일곱째 지옥. 초열지옥(焦熱地獄)보다 더 심한 불의 고통을 받는다고 함.
【大冢宰 대총재】 國이조 판서(吏曹判書)의 딴 이름.
【大畜 대축】 ①크게 저축함. ②64괘(卦)의 하나. 괘형은 ䷙. 몸에 학덕(學德)을 많이 쌓음을 상징함.
【大椿 대춘】 ①전설상의 큰 나무 이름. 8천 년을 봄, 8천 년을 가을로 하여, 3만 2천 년이 인간의 1년에 해당한다고 함. ②사람의 장수(長壽)를 축하하여 이르는 말.
【大椿之壽 대춘지수】 오래 삶. 長壽(장수).
【大蟲 대충】 ①독사(毒蛇). ②범〔虎〕의 딴 이름.
【大熾 대치】 기세가 크게 성함.
【大侵 대침】 아주 심한 흉년.
【大浸 대침】 큰물. 홍수.
【大宅 대택】 ①큰 저택(邸宅). ②천지(天地). ③얼굴.
【大澤 대택】 ①큰 못. 큰 늪. ②큰 은혜. 곧, 천자의 은총.
【大通 대통】 ①대도(大道)를 크게 통함. 막힌 것을 통하게 함. ②언행(言行)이 남의 눈에 띄지 않으면서 융통(融通)하여 조금도 막힘이 없음. 또는 그런 사람. ④사리가 탁 트임.
【大統 대통】 ①천자(天子)의 자리. 皇統(황통). ②국가 통일의 대업(大業).
【大旆 대패】 큰 기(旗). 천자의 대패에는 일월

(日月)과 용(龍)을 그렸음.
【大酺 대포】 임금이 백성에게 주식(酒食)을 나누어 줌.
【大風 대풍】 ①큰 바람. 심한 바람. ②크게 바람이 붊. ③대란(大亂)의 비유. ④서풍(西風). ⑤대국(大國)의 음악. ⑥훌륭한 음악. ⑦나쁜 병의 이름. ㉠문둥병. 癩病(나병). ㉡중풍(中風).
【大筆 대필】 ①큰 붓. ②훌륭한 글씨나 문장(文章). ③남의 글씨의 경칭(敬稱).
【大夏 대하】 ①하(夏)의 우(禹)임금이 만든 음악 이름. ②여름.
【大廈棟梁 대하동량】 큰 집을 지을 때 쓰는 기둥과 들보. 국가의 중임(重任)을 맡을 뛰어난 인재(人材)의 비유.
【大壑 대학】 바다의 딴 이름. 大海(대해).
【大旱 대한】 큰 가뭄. 심한 한발(旱魃).
【大限 대한】 수명이 끝남.
【大閑 대한】 훌륭한 규범. 중요한 규칙.
【大漢 대한】 ①한대(漢代) 사람이 자기 나라를 스스로 높여 이르던 말. ②몸집이 큰 사나이. 巨漢(거한).
【大旱望雲霓 대한망운예】 큰 가뭄에 구름이 일기를 바람. 몹시 간절히 기다림.
【大寒索裘 대한색구】 대한(大寒)에 이르러 갖옷을 구함. 미리 준비할 줄 모름의 비유.
【大行 대행】 ①크게 행하여짐. ②멀리 감. 遠行(원행). ③훌륭한 행위(行爲). ④임금의 죽음. ⑤빈객(賓客)을 접대하는 벼슬. ⑥임금이나 후비(后妃)가 돌아간 뒤에 시호(諡號)를 올리기 전의 존칭(尊稱).
【大幸 대행】 크게 다행한 일.
【大行李 대행리】 군대가 숙영(宿營)하는 데 쓰는 모든 군수품. 또는 이를 나르는 거마(車馬)의 부대.
【大憲 대헌】 ①큰 법(法). 大法(대법). ②헌법(憲法). ③대사헌(大司憲).
【大絃 대현】 거문고·비파 등의 굵은 줄.
【大賢 대현】 뛰어나게 어질고 지혜로운 사람.
【大俠 대협】 훌륭한 협객(俠客).
【大刑 대형】 무거운 형벌(刑罰).
【大形 대형】 ①몸의 전체 모양. 身體(신체). ②매우 큰 형체. ③훌륭한 법(法). ◎'形'은 '刑'으로 '법'을 뜻함.
【大惑 대혹】 편벽되게 좋아함. 크게 미혹됨.
【大昏 대혼】 임금의 혼인. 大婚(대혼).
【大閽 대혼】 대궐 문을 지키는 관리의 우두머리.
【大紅蓮 대홍련】 (佛)팔한 지옥(八寒地獄)의 여덟째. 혹심한 추위로 피부가 갈라져 붉은 연꽃처럼 된다고 함.
【大化 대화】 ①큰 변화. ②큰 덕화(德化).
【大和 ❶대화 ❷태화】 ❶가장 좋은 것. ❷만물이 생장하는 원기(元氣). 太和(태화).
【大廓 대확】 크고 넓음. ◎'廓'은 '虛'로 '텅 빔'을 뜻함.
【大患 대환】 ①큰 병. 중병. ②큰 근심이나 걱정. ③큰 결점.
【大寰 대환】 하늘 아래. 天下(천하).

【大荒 대황】①큰 흉년. ②중국에서 매우 멀리 떨어진 곳. ③원지(遠地). 해외(海外). ④하늘.
【大孝 대효】지극한 효도(孝道). 至孝(지효).
【大侯 대후】①활의 과녁. 큰 과녁. 연사(燕射)의 예에 사용하는 임금의 과녁. ②큰 나라의 제후(諸侯).
【大訓 대훈】①삼황오제(三皇五帝)의 서(書). ②커다란 교훈. 훌륭한 교훈. ③國임금이 백성에게 주는 훈시(訓示).
【大凶 대흉】①아주 흉악함. ②심한 흉년.
【大黑天 대흑천】(佛)삼보(三寶)를 옹호하고 먹을 것을 넉넉하게 한다는 신(神). 뒤에 복(福)의 신으로 주방(廚房)에 모셨슴.
【大昕 대흔】새벽. 早晨(조신).
【大喜 대희】큰 기쁨. 크게 기뻐함.
【大黠 대힐】매우 교활함.
【大羹 태갱】양념을 하지 않은 육즙(肉汁).
【大羹不和 태갱불화】태갱(太羹)에는 양념을 하지 않음. 사람에게 질소(質素)한 마음을 기르도록 하기 위해서임.
【大羹玄酒 태갱현주】①태갱과 현주. ◎'玄酒'는 제사 때 술 대신으로 쓰던 맹물. ②규칙에만 얽매여 담박하고 무미한 문장.
【大廟 태묘】종묘(宗廟).
【大史 태사】①역수(曆數)·법전(法典)·제사 따위를 맡아보던 벼슬. ②한림(翰林)의 딴 이름.
【大常 ❶태상 ❷대상】❶①구기(九旗)의 하나. 임금의 기(旗). 일월(日月)과 용(龍)을 그리고 깃술은 12개, 깃대 머리에 용의 머리가 달려 있음. ②한대(漢代)에 종묘(宗廟)의 의식을 맡아보던 벼슬. ❷떳떳한 법.
【大儀 ❶태의 ❷대의】❶①만물의 근원. 太極(태극). 大道(대도). ②당대(唐代) 태상경(大常卿)의 딴 이름. ③당대 예부 상서(禮部尙書)의 딴 이름. ❷중대한 의식(儀式). 大典(대전).
⊙ 強—, 巨—, 寬—, 廣—, 多—, 莫—, 厖—, 肥—, 遠—, 雄—, 偉—, 狀—, 長—, 尊—, 重—, 至—, 最—, 特—.

大1 【夬】④ ❶깎지 결 鳳 jué
❷괘 이름 쾌 鳳 guài
소전 **夬** 참고 대법원 지정 인명용 한자의 음은 '쾌'이다.
字解 ❶깎지. 활을 쏠 때, 시위를 잡아당기기 위하여 엄지손가락에 끼는 뿔로 만든 기구. =玦. ≒決. ❷①괘 이름, 64괘의 하나. 괘형은 ䷪. 소인이 물러나고 군자가 뜻을 펴는 것을 상징함. ②정하다, 결정하다. 〔呂氏春秋〕夬心中央. ③나누다, 가르다.
【夬夬 쾌쾌】결단하여 의심하지 않는 모양.

大1 【夫】④ ❶지아비 부 虞 fū
❷어조사 부 虞 fú
一 二 チ 夫
소전 **夫** 초서 **夫** 字源 會意. 一+大→夫. '一'은 관(冠)이 벗어지지

【大部】1획 夬 夫 385

않도록 갓끈에 매어 머리에 꽂던 비녀를 뜻하고, '大'는 '사람'을 뜻한다. 옛날에는 남자 나이 스물에 관례(冠禮)를 지냈는데, 사람[大]이 관례를 올리고 머리에 관[一]을 쓴 데서 '남자 중에서도 어른이 된 남자'라는 뜻을 나타낸다.
字解 ❶①지아비. 〔儀禮〕夫者, 妻之天也. ②사나이, 장정. 〔詩經〕射夫旣同. ③시중하는 사람. 〔詩經〕夫也不良. ④군사, 군인, 무사. 〔春秋左氏傳〕夫屯晝夜九日. ⑤하인, 일꾼. 〔新唐書〕輦夫多死. ⑥돕다, 거들다. ⑦부역, 노역. 〔南齊書〕均夫訂直. ⑧100묘(畝)의 밭. 주대(周代)에는 남자가 20세가 되면 나라에서 밭 100묘를 주었던 데서 이르는 말. ⑨다스리다. ≒敷. 〔禮經〕夫圭田無征. ⑩진(震). 주역(周易)에서 진에 해당된다. 〔易經〕夫妻反目. ❷①어조사. ㉮~련만, ~ㄴ저. 구말(句末)·구중(句中)에 놓여 감탄을 나타낸다. 〔呂氏春秋〕申子說我而戰, 我吾相也夫. ④~인가. 의문 조사. 〔春秋左氏傳〕猶義也夫. ②그, 이. 지시 대명사. 〔春秋左氏傳〕且夫易不可以占險. ③그, 그 사람. 인칭 대명사. 〔漢書〕夫將爲我危. ④저, 그. 발어사. 〔孟子〕夫舜惡得而禁之. ⑤많다, 많은. 〔國語〕夫人奉利而歸請上. ⑥성(姓).
【夫家之征 부가지정】주대(周代)에 직업이 없이 노는 사람에게 벌금으로 바치게 하던 세금. 농민 부부에게 주었던, 100묘(畝)의 논에 대한 세금에 상당하는 액수.
【夫課 부과】부역. 夫役(부역).
【夫君 부군】①임금. ②붕우(朋友). ③상대편을 높이어 그의 남편을 일컫는 말.
【夫貴妻榮 부귀처영】남편의 신분이 존귀해지면, 아내는 그를 따라 영광을 입게 됨.
【夫黨 부당】남편의 친족(親族).
【夫里之布 부리지포】부포(夫布)와 이포(里布). ◎'夫布'는 직업이 없는 사람에게 부과하던 세금을, '里布'는 뽕나무와 삼을 심지 않은 사람에게 부과하던 세금을 뜻함.
【夫婦 부부】남편과 아내.
【夫婦有別 부부유별】오륜(五倫)의 하나. 남편과 아내 사이에는 각각 일정한 직분이 있어서로 침범해서는 안 될 구별이 있어야 함.
【夫壻 부서】남편.
【夫爲婦綱 부위부강】삼강(三綱)의 하나. 남편은 아내의 벼리가 되어야 함.
【夫人 부인】①남의 아내의 존칭. ②자기의 아내. ③천자(天子)의 첩. ④제후(諸侯) 또는 귀인(貴人)의 아내. ⑤고려·조선 때 왕녀(王女)나 외명부(外命婦)의 봉호(封號).
【夫子 부자】①남자의 통칭. ②춘추 시대에 태자(太子)·대부(大夫)·선생·장자(長者)를 부르던 존칭. 공자의 제자들이 오로지 공자만을 이르게 되어, 후세에는 스승의 칭호로만 쓰임. ③장사(將士). ④아내가 남편을 부르는 말. ⑤아들이 아버지를 부르는 말. ⑥과거(科擧)에 합격한 사람이 시험관을 부르는 말.
【夫子自道 부자자도】공자(孔子)가 자기 일을 자기가 말함. 자기 일을 스스로 말함.

【夫唱婦隨 부창부수】 남편이 부르면 아내가 따름. 남편이 주장하고 아내가 이를 따르는 것이 부부가 화목하게 잘 어울리는 도리임. 夫倡婦隨(부창부수).

【夫布 부포】 주대(周代)에 직업이 없이 노는 사람에게 부과하던 세금.

⊙ 坑－, 農－, 大－, 馬－, 武－, 凡－, 先－, 漁－, 役－, 人－, 丈－, 壯－, 征－, 情－, 匹－.

大₁【夭】④
①어릴 요 籯 yāo
②젊어 죽을 요 濯 yāo
③땅 이름 옥 氐 wò
④옳지 않을 야·왜 畖 wāi
⑤갓난 새끼 오 鮨 yāo

[소전] [초서] [참고] 대법원 지정 인명용 한자의 음은 '요'이다.

[字源] 指事. 사람의 모양을 본뜬 '大'자에 가까우면서, 그 머리가 오른쪽으로 구부려져 있는 데서 제대로 쑥쑥 자라지 못하고 '일찍 죽는다'는 뜻을 나타낸다.

[字解] ①①어리다, 젊다. 〔詩經〕天之沃沃. ②한창때가 되다, 왕성한 모양. 〔書經〕厥草惟夭. ③화(禍), 재난. 〔周禮〕掌覆夭鳥之巢. ②①젊어서 죽다, 요절. 〔春秋左氏傳〕民不夭札. ②구부리다, 굽히다. 〔漢書〕德不試, 空言祿, 玆謂主窫臣夭. ③꺾이다, 부러지다. ④뽑다, 뽑아내다. ⑤죽이다, 살해하다. 〔後漢書〕天夭加. ⑥짐승의 한 쌍. ⑦어둡다, 빛깔 따위가 칙칙하다. 늦杳. ᄂ素問⌐ 色夭不澤. ⑧막다, 멈추게 하다. 늦遏. 〔春秋左氏傳〕水遇天塞. ③땅 이름. 〔山海經〕諸夭之野. ④옳지 않다, 그르다. ¶ 夭斜. ⑤①갓난 새끼, 새나 짐승의 새끼. 〔禮記〕孟春之月, 毋殺孩蟲胎夭. ②어린 나무. 〔國語〕澤不伐夭.

【夭妖 요교】 젊고 예쁜 모양.
【夭撟 요교】 자주 기지개를 켬. 夭蟜(요교)².
【夭矯 요교】 ①날아오르는 모양. ②자득(自得)한 모양. ③맘대로 하는 모양. ④굴곡(屈曲)이 있는 모양.
【夭蟜 요교】 ①용이 날아오르는 모양. ②늦夭撟 (요교). ③나무가 굽은 모양. ④홀로 빼어나 있는 모양. ⑤재목(材木)이 연이어져 빙 둘러서 있는 모양.
【夭娜 요나】 여자의 품위 있고 아름다운 자태. 妖娜(요나).
【夭桃 요도】 ①싱싱한 복숭아. ②젊은 부녀의 용모.
【夭厲 요려】 ①전염병. ②전염병으로 일찍 죽음.
【夭伐 요벌】 식물이 다 자라기 전에 베어 버림.
【夭死 요사】 젊은 나이에 죽음.
【夭殺 요살】 수명이 다 되지 않은 사람을 죽임. 곧, 살인함.
【夭傷 요상】 젊어서 죽음. 夭殤(요상).
【夭壽 요수】 요절(夭折)과 장수(長壽).
【夭閼 요알】 ①꺾이어 못하게 함. 막아서 못하게 함. ②젊어서 죽음. 夭折(요절).
【夭英 요영】 꽃을 꺾어 버림.

【夭柱 요왕】 젊어서 죽음. 夭折(요절).
【夭夭 요요】 ①젊고 용모가 아름다움. ②낯빛이 화기(和氣)가 있는 모양. ③하늘이 죽임. ◐앞의 '夭'는 '夭'의 잘못.
【夭妖 요요】 ①재난. 재앙. ②아직 성장하지 않은 것을 살상하는 일.
【夭折 요절】 젊어서 일찍 죽음.
【夭絶 요절】 수명이 아직 남은 사람을 죽임.
【夭札 요찰】 젊어서 죽음. ◐'夭'는 천수(天壽)를 다하지 못함을, '札'은 질병으로 인한 죽음을 뜻함.
【夭昏 요혼】 ①젊어서 죽음. ◐'昏'은 이름도 짓기 전에 죽음을 뜻함. ②젊어서 죽음과 미침.
【夭紅 요홍】 눈부시도록 산뜻한 붉은빛.
【夭斜 야사】 ①바르지 못함. ②용모가 단정하지 못하고 음란스러움.

大₁【天】④ 하늘 천 囝 tiān

一 二 チ 天

[소전] [초서] [字源] 會意. 大+一→天. 사람[大]의 머리 위에 있어 끝없이 넓다[一]는 데서 '하늘'이란 뜻을 나타낸다.

[字解] ①하늘. ㉮지극 무상(至高無上). 밝고 큼 등의 뜻. 〔顔氏家訓〕天爲積氣. ②천체(天體), 천체의 운행. 〔史記〕命南正重以司天. ③태양(太陽). ④우주의 주재자(主宰者), 조화(造化)의 신(神). 〔論語〕天何言哉, 四時行焉. ⑤자연(自然), 무위자연(無爲自然)의 도(道). 〔莊子〕先明天而道德次之. ⑥임금, 왕(王). 〔詩經〕天降滔德. ⑦아버지, 지아비. 〔詩經〕母也天只. ⑧의지(依支), 힘으로 믿을 만한 것. 〔漢書〕王者以民爲天. ⑨날, 날짜. ⑩양(陽). 〔易經〕飛龍在天. ⑪건(乾). 〔易經〕天之命也. ⑫세상, 세계. 〔路鐸·詩〕無機還我酒中天. ⑬운명, 자연의 분수. 〔列子〕樂天知命, 故不憂. ⑭천성, 타고난 성품. 〔淮南子〕不以人易天. ⑮크다. ⑯형벌 이름. 이마에 먹물을 넣어 표를 내거나, 머리를 깎아 버리던 형벌. 〔易經〕其人天且劓. ⑰목숨, 수명. 〔呂氏春秋〕全其天.

【天家 천가】 천하를 집으로 삼는 사람. 곧, 천자(天子).
【天假之年 천가지년】 하늘이 목숨을 빌려주어 장생(長生)시키는 일.
【天干 천간】 60갑자(甲子)의 윗부분을 이루는 요소. 곧, 갑(甲)·을(乙)·병(丙)·정(丁)·무(戊)·기(己)·경(庚)·신(辛)·임(壬)·계(癸). 십간(十干).
【天蓋 천개】① 하늘 ②(佛)불감(佛龕)이나 관(棺) 등의 위를 가리

〈天蓋②〉

는 양산 같은 것. ③國관(棺)을 덮는 뚜껑.
【天譴 천견】하늘의 꾸짖음. 天罰(천벌).
【天經 천경】①하늘의 상도(常道). ②효(孝). ③예(禮). ④해〔日〕. ⑤월경(月經).
【天警 천경】하늘의 훈계. 하늘의 경계.
【天經地緯 천경지위】①하늘이 정하고 땅이 받드는 길. 천지(天地)의 바른 도(道). ②천지의 도에 의하여 행함.
【天經地義 천경지의】하늘이 바른 길을 얻고, 땅이 적절함을 얻는 길. 정당하고 변할 수 없는 도리.
【天戒 천계】하늘의 경계. 신명의 가르침.
【天界 천계】①하늘. ②(佛)천상계(天上界).
【天癸 천계】월경(月經). 옛날에는 남자의 정액(精液)과 여자의 월경을 같이 일컬었으나 후대에는 월경만을 이름.
【天啓 천계】하늘의 계시(啓示).
【天繼 천계】하늘의 뜻을 이음. 곧, 하늘의 때. 天時(천시).
【天鼓 천고】①천둥. ②별 이름. 天鼓星(천고성). ③(佛)절에서 새벽에 치는 종.
【天高馬肥 천고마비】하늘은 높고 말은 살찜. 가을을 수식하는 말.
【天高聽卑 천고청비】하늘은 높아도 능히 낮은 곳의 일을 알아들음.
【天閫 천곤】①하늘의 문. 하늘. ②대궐의 문.
【天閫地垠 천곤지은】하늘의 문지방과 땅의 끝. 곧, 천지 사방(天地四方).
【天工 천공】①하늘이 하는 일. 곧, 천하를 다스리는 일. ②천년의 힘으로 된 세공(細工). 神技(신기). ③기예(技藝)가 뛰어난 일.
【天公 천공】①⊃天帝(천제). ②사도(司徒). 사마(司馬)를 인공(人公), 사공(司空)을 지공(地公)이라고 하는 데 대한 말. ③천자(天子).
【天空海闊 천공해활】하늘이 공허(空虛)하고 바다가 넓음. 도량이 크고 넓어서 기상(氣象)이 맑고 거리낌이 없음.
【天戈 천과】천자(天子)의 창(槍). 곧, 제왕의 군대. 王師(왕사).
【天廓 천곽】①관상가(觀相家)에서 왼쪽 귓불을 이르는 말. ②國눈(眼)의 흰자위.
【天官 천관】①주대(周代) 육관(六官)의 하나. 그 장관(長官)을 총재(冢宰)라 함. ②관리(官吏). ③천문(天文). ④귀·눈·입·코 형태(形態)의 오관(五官). ⑤國이조(吏曹)의 딴 이름.
【天光 천광】①햇빛 ②영묘한 광채.
【天衢 천구】①하늘의 길. 하늘의 도리. 天道(천도). ②서울. 國都(국도).
【天君 천군】①마음. ②삼한(三韓)에서 제사(祭祀)를 주관하던 제사장. ③천신(天神).
【天弓 천궁】①무지개의 딴 이름. ②활을 맡은 별 이름.
【天眷 천권】①하늘의 은혜. ②천자의 은혜.
【天鈞 천균】①자연 평등의 이치. ②북극(北極)의 추운 땅. ③악기(樂器) 이름.
【天極 천극】①자연의 도리. ②천도(天道)가 이르러 다하는 곳. ③북극성(北極星).

【天根 천근】자연적 바탕. 天性(천성).
【天衾 천금】國시체를 관(棺)에 넣을 때 덮는 이불.
【天紀 천기】①천체(天體)가 운행하는 원칙. 하늘의 강기(綱紀). 天綱(천강). ②별 이름.
【天氣 천기】①하늘의 기운. ②일정한 때 일정한 곳의 기상 상태(氣象狀態). 날씨.
【天機 천기】①하늘의 비밀. 조화(造化)의 기밀. ②저절로 갖추어진 기관. ㉠수족(手足) 따위. ㉡마음·소질·능력 따위. ③천마(天馬). 천기(天驥). ④임금의 지위. ⑤국가의 정치. ⑥별 이름.
【天女 천녀】①직녀성(織女星)의 딴 이름. ②하늘 세계에 사는 여자. 미인(美人)의 비유. ③제비의 딴 이름. ④㉠욕계 육천(欲界六天)에 사는 여성. ㉡여신(女神)의 이름 밑에 다는 말. 길상천녀(吉祥天女) 따위. ○범어 'devakanyā'의 음역어.
【天怒 천노】①하늘의 노여움. 폭풍·뇌우(雷雨) 따위. ②임금의 노여움.
【天德 천덕】①하늘의 덕. 만물을 만들고 기르는 광대무변(廣大無變)한 대자연의 작용. ②천자(天子)의 덕. 天力(천력). ③하늘의 복(福)을 맡은 신(神).
【天桃 천도】하늘나라에서 난다고 하는 복숭아.
【天道 천도】①천지 자연의 도리. ②천지를 다스린다는 신(神). ③천체(天體)의 운행. ④하늘. ⑤(佛)육도(六道)의 하나. 욕계(欲界)·색계(色界)·무색계(無色界)의 총칭.
【天童 천동】(佛)①호위하는 신(神). ②하늘 사람이 인간으로 대어난 동자(童子).
【天得 천득】하늘에서 얻음. 타고난 성품.
【天羅地網 천라지망】하늘의 그물과 땅의 그물. ㉠아무리 하여도 벗어날 수 없는 경계망의 비유. ㉡피할 길 없는 재액의 비유.
【天朗氣淸 천랑기청】하늘은 구름 한 점 없이 맑고, 날씨는 화창함.
【天來 천래】①하늘에서 옴. ②기술 따위가 신묘하여 사람 솜씨 같지 않은 일.
【天亮 천량】①마음이 밝고 성실함. ②밤이 샐 무렵. 새벽녘. 黎明(여명).
【天癘 천려】하늘이 내리는 재난. 곧, 유행병.
【天力 천력】①하늘의 힘. 자연의 작용. ②천자(天子)의 덕. 天德(천덕)².
【天歷 천력】하늘의 운행(運行).
【天路 천로】①천자의 정치. ②하늘의 법칙. ③아주 먼 길. ④천상(天上)의 길.
【天祿 천록】①하늘이 주는 복록(福祿). 하늘의 은혜. 天惠(천혜). ②짐승 이름. 사슴과 비슷하며 꼬리가 긴데, 건축(建築)·기구(器具) 등에 장식으로 새김. ③천자(天子)의 위(位). 天位(천위).
【天籟 천뢰】①자연(自然)의 소리. 바람 소리 따위. ②시문(詩文) 따위가 훌륭하여 자연의 가락에 맞음.
【天倫 천륜】①부자·형제 사이의 변하지 않는 떳떳한 도리. ②하늘의 도리. 天理(천리).
【天吏 천리】①천도(天道)를 잘 행하는 덕이 있

는 사람. 곧, 임금. ②임금의 관리. ③그 달의 흉신(凶神). 이 날에는 부임(赴任)이나 소송을 꺼렸음.
【天理 천리】①천지 자연의 도리. 천지 만물에 통하는 이치. ②타고난 본성(本性). 바른 도리를 갖추고 있는 사람의 본성.
【天馬 천마】①상제(上帝)가 타고 하늘을 달린다는 말. ②대완국(大宛國)에서 나는 좋은 말.
【天魔 천마】(佛)사마(四魔)의 하나. 하늘에 있는 악귀(惡鬼). 사람을 나쁜 길로 꾄다고 함.
【天幕 천막】비바람 따위를 막기 위하여 치는 장막.
【天網 천망】하늘이 친 그물. 곧, 천벌(天罰).
【天明 천명】①하늘의 밝은 도리. ②하늘에 있는 밝은 것. 해·달 따위. ③새벽. 날 샐 무렵. 黎明(여명).
【天命 천명】①하늘의 명령. 하늘의 뜻. ②하늘에서 받은 운명. 하늘이 준 사명(使命). ③하늘이 준 목숨. 壽命(수명). ④하늘이 부여(賦與)한 것. 본성(本性). ⑤하늘.
【天無私覆 천무사부】천도(天道)는 공평무사하여 감싸 기름에 치우침이 없음.
【天無三日晴 천무삼일청】맑은 날은 사흘을 계속함이 없음. 세상에는 편한 날이 오래 계속되지 못하는 비유.
【天無淫雨 천무음우】하늘에서 궂은비가 내리지 않음. 화평(和平)한 나라, 태평한 시대의 비유.
【天無二日 천무이일】하늘에 두 해가 없음. 곧, 한 나라에는 한 임금뿐임.
【天門 천문】①하늘의 문. 천제(天帝)가 살고 있는 궁문(宮門). ②도교(道敎)에서 콧구멍 또는 양미간(兩眉間)을 이르는 말. ③궁궐(宮闕)의 문. 天閽(천혼). ④탑(塔)의 꼭대기. ⑤만물이 생겨나는 문. ⑥자미궁(紫微宮)의 딴 이름.
【天門弗開 천문불개】도(道)에 들어가는 문이 열리지 않음. 도통(道通)하기 어려움.
【天民 천민】①하늘이 낸 백성. ②천리(天理)를 다하는 백성. 하늘의 법칙에 따르는 백성. ③도(道)를 체득한 사람.
【天半 천반】하늘의 복판. 中天(중천).
【天放 천방】자연 그대로 놓아 둠. 곧, 인위(人爲)가 없음.
【天方地軸 천방지축】①종작없이 덤벙거림. ②급하여 허둥지둥 날뛰는 모양.
【天杯 천배】임금이 주는 술잔.
【天翻地覆 천번지복】천지가 뒤집어짐. 질서가 어지러워짐.
【天罰 천벌】하늘이 내리는 형벌.
【天變地異 천변지이】하늘과 땅의 이변(異變). 곧, 일식(日蝕)·유성(流星)·지진(地震)·해일(海溢) 따위.
【天兵 천병】임금의 군대. 王師(왕사).
【天步 천보】①하늘의 운행(運行). 때의 순환. ②국가의 운명.
【天保 천보】①하늘이 편안하게 해 줌. 하늘이 임금의 자리를 안정시켜 줌. ②임금의 자리.
【天報 천보】하늘이 갚음. 자연(自然)의 보답.
【天步艱難 천보간난】나라의 운수가 트이지 않아 세상 형편이 어려움.
【天保九如 천보구여】하늘이 구여(九如)를 보전함. 곧, 장수를 축복(祝福)하는 말. ◯'天保'는 시경 소아(小雅)의 편명(篇名). 이 시는 임금의 장수와 복록(福祿)을 비는 내용으로 되어 있는데, '如'자를 아홉 번 사용한 데서 온 말.
【天府 천부】①천연(天然)의 창고. 천연의 요해(要害)를 이루고, 땅이 기름지며, 재물이 풍부한 땅. ②㉠학문의 심원(深遠)함. ㉡도(道)를 체득하거나 학문을 깊이 닦은 사람. ◯천연의 곳집은 아무리 가져도 다하지 않는 데서 온 말. ③임금의 창고. ④천신(天神)의 관청. ⑤별 이름. ⑥몸의 한 부분. 팔꿈치 뒤의 안쪽에 있는 맥(脈).
【天符 천부】①하늘이 내리는 상서(祥瑞). ②하늘의 부명(符命). ③하늘의 운행(運行)을 주장하는 사천기(司天氣)와 땅의 운행을 주장하는 중기(中氣)가 그 운행을 합친 때.
【天賦 천부】하늘이 줌. 타고난 성질.
【天覆地載 천부지재】하늘이 덮고 땅이 실음. 천지와 같은 넓고 큰 사랑의 비유.
【天府之土 천부지토】흙이 매우 걸어서 온갖 생산물(生產物)이 많이 나는 땅.
【天分 천분】①하늘이 나누어 준 것. 하늘이 준 재능(才能). ②하늘이 갈라짐.
【天崩之坼 천붕지탁】하늘이 무너지고 땅이 갈라짐. 큰 변동이나 사변(事變), 매우 큰 소리 등의 비유.
【天崩之痛 천붕지통】하늘이 무너지는 것과 같은 슬픔. 임금이나 아버지를 잃은 슬픔.
【天士 천사】천도(天道)를 아는 사람. 천문(天文)에 정통한 사람.
【天使 천사】①천제(天帝)의 사자(使者). ㉠해와 달. ㉡유성(流星). ㉢화성(火星). ②천자의 사자. 황제의 사자. ③하늘의 소위(所爲). 자연의 마음.
【天嗣 천사】①천도(天道)를 잇는 사람. ②임금의 후손(後孫). 天胤(천윤).
【天賜 천사】①하늘이 내린 것. 天錫(천석). ②임금의 하사품.
【天煞 천살】길하지 못한 별의 이름.
【天常 천상】하늘의 상리(常理). 오상(五常)의 도(道).
【天象 천상】천체(天體)의 현상. 곧, 일월성신(日月星辰).
【天上天下唯我獨尊 천상천하유아독존】(佛)천지 사이에 내가 가장 존귀함. 석가(釋迦)가 처음 났을 때 스스로 한 말.
【天生 천생】①태어날 때부터 타고남. ②저절로 이루어짐.
【天眚 천생】하늘이 내린 재해(災害).
【天序 천서】①해와 달이 자연적으로 갈마듦. 하늘의 질서. ②제왕(帝王)의 자리. ③제왕의 계통을 이음.
【天瑞 천서】하늘이 내리는 상서(祥瑞).
【天鼠 천서】박쥐의 딴 이름.

【天錫 천석】 하늘이 내려 줌. 또는 그것.
【天仙 천선】 ①하늘에서 산다고 하는 신선. ②미인의 비유.
【天旋地轉 천선지전】 하늘이 돌고 땅이 구름. ㉠세상일이 크게 변함. ㉡전란(戰亂)이 평정됨. ㉢정신이 헷갈려 어수선함.
【天成 천성】 저절로 이루어짐.
【天笑 천소】 마른 천둥. 비가 오지 않으면서 번갯불이 번적이는 현상.
【天素 천소】 타고난 성질. 天性(천성).
【天守 천수】 자연의 도(道)를 보존하여 지킴. 천성(天性)을 지킴.
【天授 천수】 하늘이 내려 줌. 타고난 성품.
【天時 천시】 ①때의 운행(運行). ㉠하늘의 도리(道理). ㉡그 날의 일진(日辰)·운수(運數). ②천자(天子)의 비위(脾胃)나 기분. ③하늘이 내리는 재앙.
【天神地祇 천신지기】 하늘의 신과 땅의 신.
【天心 천심】 ①하늘의 마음. 하늘의 뜻. ②하늘의 중심. ③임금의 마음. 天意(천의).
【天鵝聲 천아성】 國①급한 일이 있을 때 군사를 모으기 위하여 불던 나팔 소리. ②임금이 대궐을 나설 때에 불던 태평소 소리.
【天眼 천안】 (佛)육안(肉眼)으로는 보이지 않는 사물을 내다볼 수 있는 안식(眼識).
【天殃 천앙】 하늘이 내리는 재앙.
【天涯 천애】 ①하늘의 끝. 아주 먼 곳. ②國온 세상. 天下(천하).
【天涯地角 천애지각】 하늘의 가와 땅의 끝. 아주 멀리 떨어진 곳. 地角天涯(지각천애).
【天壤 천양】 하늘과 땅. ㉠차이가 심함의 비유. ㉡끝닿은 데가 없음의 비유. ㉢광대함의 비유.
【天壤無窮 천양무궁】 하늘과 땅처럼 끝이 없음. 천지와 더불어 끝이 없음.
【天壤之判 천양지판】 하늘과 땅의 차이. 아주 심한 차이.
【天語 천어】 임금의 말.
【天淵 천연】 ①하늘과 못(淵). 하늘과 땅. ②썩 멀리 떨어져 있는 모양. ③별 이름.
【天然 천연】 자연 그대로. 타고난 그대로.
【天倪 천예】 ①자연의 분수. ②하늘 끝.
【天王 천왕】 ①임금. ②하늘의 왕. 심성(心星)의 빛이 가장 강한 별을 이에 배당함. ③(佛)욕계(欲界)·색계(色界)의 주(主). 곧, 지국(持國)·광목(廣目)·증장(增長)·다문(多聞)의 네 천왕.
【天宇 천우】 ①천하(天下). ②하늘. ③임금이 있는 국도(國都).
【天佑神助 천우신조】 하늘이 돕고 신령이 거들어 줌.
【天韻 천운】 ①시(詩)가 자연스럽게 흘러나오는 교묘한 일. ②임금이 지은 시가(詩歌).
【天元 천원】 ①하늘의 원기(元氣)가 운행하는 일. ②동짓달을 정월(正月)로 하는 주대(周代)의 역법(曆法). ③임금. ④바둑판의 한가운데에 있는 성점(星點).
【天位 천위】 ①임금의 지위. 천자의 자리. ②하늘이 준 벼슬. 곧, 그 사람에게 알맞은 벼슬.

③하늘의 위치.
【天威 천위】 ①상제(上帝)의 위력. 하늘의 형벌(刑罰). ②임금의 위광(威光). ③하늘 같은 위력. 또는 그런 위력을 가진 사람.
【天威咫尺 천위지척】 임금의 위광(威光)이 지척에 있음. 임금을 가까이 모셔 대단히 황공함. 天咫(천지).
【天維 천유】 하늘을 지탱하는 밧줄. ㉠하늘이 이루어지는 근본. ㉡나라의 기강.
【天胤 천윤】 천자(天子)의 후계자. 임금의 혈통.
【天恩 천은】 ①하늘의 은혜. ②임금의 은혜.
【天銀 천은】 품질이 좋은 은(銀).
【天邑 천읍】 ①하늘이 세운 나라. ②천하 중앙의 고을. 곧, 수도(首都).
【天泣 천읍】 맑은 날에 오는 비. 여우비.
【天泣地哀 천읍지애】 하늘이 울고 땅이 슬퍼함. 곧, 아주 기막힌 슬픔.
【天衣 천의】 ①(佛)하늘나라 사람의 옷. 매우 가볍다고 함. ②임금의 옷. 衮衣(곤의). ③선인(仙人)의 옷.
【天意 천의】 하늘의 뜻. 天心(천심). ②임금의 마음.
【天衣無縫 천의무봉】 하늘나라 사람의 옷에는 솔기가 없음. 시가(詩歌)나 문장 등이 기교의 흔적이 없이 자연스럽게 잘 되어 있음.
【天人 천인】 ①하늘과 사람. ②천의(天意)와 인사(人事). ③도(道)를 닦은 사람. ④하늘나라 사람. 선인(仙人) 따위. ⑤용모가 아주 빼어난 사람. 곧, 미인(美人). ⑥임금. ⑦(佛)욕계(欲界) 제육천(第六天)에 살며, 하늘 위로 널나나닌다는 여신(女神). 飛天(비천). ⑧재학(才學)·무용(武勇) 등이 비상한 사람.
【天姻 천인】 천자(天子)·황후(皇后)의 친척.
【天人共怒 천인공노】 하늘과 사람이 함께 노함. 누구나 분노를 참을 수 없을 만큼 몹시 증오스러움.
【天日 천일】 ①해. 태양. ②천자(天子).
【天一方 천일방】 먼 저쪽. 天一遇(천일우).
【天日之表 천일지표】 사해(四海)에 군림(君臨)할 상(相). 곧, 임금의 인상(人相).
【天子 천자】 천제(天帝)의 명을 받아서 천하를 다스리는 사람. 황제.
【天姿 천자】 ①타고난 모습. ②임금의 용모. ③타고난 재능. 天資(천자).
【天資 천자】 타고난 자질. 天性(천성).
【天慈 천자】 천자(天子)의 자애(慈愛).
【天子無戲言 천자무희언】 임금에게는 실없는 말이 없음. 임금은 한 마디 말이나 한 가지 행동이라도 삼가야 함.
【天爵 천작】 ①사람에게 갖추어진 자연의 미덕(美德). ②하늘이 준 벼슬.
【天章 천장】 ①하늘의 모양. 하늘의 현상. 天文(천문). ②하늘. ③임금의 사장(詞章).
【天障 천장】 ①지붕의 안쪽. 보꾹. ②반자의 겉면.
【天長地久 천장지구】 하늘과 땅은 영원함. 곧, 매우 장구(長久)함.
【天宰 천재】 백관(百官)을 통솔하고 임금을 보

필(輔弼)하는 벼슬아치.
【天裁 천재】 천자(天子)의 재결(裁決).
【天在內 천재내】 천연(天然)의 도(道)는 바로 마음속에 있음.
【天災地變 천재지변】 자연현상으로 일어나는 재앙이나 괴변.
【天災地妖 천재지요】 하늘과 땅에서 일어나는 재난(災難)이나 괴이한 일.
【天占 천점】 하늘에 나타난 길흉의 징조.
【天井 천정】 ①사방이 험한 산으로 둘러싸인 골짜기. ②별자리 이름. 정수(井宿).
【天政 천정】 하늘이 행하는 정치. 선(善)에는 복을 주고, 악에는 벌을 주는 정치. 상벌(賞罰)의 정령(政令).
【天庭 천정】 ①별 이름. 天府(천부). ②천제(天帝)의 궁정(宮廷). 곧, 태미성(太微星). ③하늘. ④관상술(觀相術)에서 이마의 중앙을 일컫는 말. 천중(天中)의 아래.
【天井不知 천정부지】 國천장(天障)을 알지 못함. 물건 값 등이 자꾸 오르기만 함의 비유.
【天帝 천제】 ①하늘을 다스리는 신(神). 上帝(상제). ②별 이름.
【天齊 천제】 ①하늘이 사람의 마음이나 행동을 바르게 함. ②태산(泰山) 신(神)의 봉호(封號).
【天阻 천조】 ☞天險(천험).
【天祚 천조】 하늘이 내리는 복(福). 특히 천자의 자리. 天幸(천행).
【天造 천조】 ①천연으로 된 것. ②하늘이 만물을 창조함.
【天朝 천조】 조정(朝廷)의 존칭(尊稱). 원래 속국(屬國)이 본국(本國)을 이르던 말.
【天造草昧 천조초매】 하늘이 만물을 창조하기 시작하여 아직 천지의 구별이 분명하지 않은 일. 천지개벽.
【天縱 천종】 ①하늘이 용납하여 마음대로 하게 함. ②날 때부터 훌륭함.
【天柱 천주】 ①하늘을 받치는 기둥. 세상을 이끌어 나가는 도의. ②별 이름. ㉠자미궁(紫微宮) 가운데 있는 다섯 별. ㉡삼태성(三台星). ③귀[耳]의 딴 이름. ④인체 경락(經絡)의 이름. 뒤통수 밑의 오목한 곳. 꼭뒤.
【天誅 천주】 하늘이 내리는 벌. 덕(德)이 있는 이가 하늘의 뜻을 받들어 내리는 벌.
【天柱折 천주절】 천주(天柱)가 부러짐. 천하가 어지러워짐.
【天中節 천중절】 단오절(端午節). 음력 5월 5일.
【天咫 천지】 ☞天威咫尺(천위지척).
【天智 천지】 하늘이 준 지혜.
【天之美祿 천지미록】 하늘이 내려 준 아름다운 녹(祿). 술의 딴 이름.
【天地不仁 천지불인】 천지는 만물을 생성화육(生成化育)함에 일부러 어진 마음을 쓰는 것이 아니라 자연 그대로 행할 뿐임.
【天之曆數 천지역수】 제왕(帝王)이 되는 천운. 제왕이 되는 자연의 섭리.
【天地人三才 천지인삼재】 우주를 주장하는 삼원(三元)인 하늘과 땅과 사람.

【天職 천직】 ①천제(天帝)의 직분. 사계(四季)를 운행(運行)하고 만물을 생성하는 따위. ②하늘이 준 직무. 사람으로서 마땅히 하여야 할 직분. ③천성(天性)에 적합한 직업.
【天眞 천진】 ①타고난 그대로의 성품. 인간의 본성. ②순진함. 꾸밈이 없음. ③(佛)불생불멸(不生不滅)의 참된 마음.
【天眞爛漫 천진난만】 조금도 꾸밈이 없이 순진하고 참됨.
【天眞挾詐 천진협사】 어리석게 보이는 가운데 거짓이 섞임.
【天疾 천질】 타고난 병.
【天質 천질】 타고난 성질. 天性(천성).
【天塹 천참】 ①천연(天然)의 해자(垓字). ②양자강(楊子江)의 비유.
【天聽 천청】 ①상제(上帝)가 들음. ②하늘이 준 총명(聰明). 天聰(천총). ③임금의 귀. 임금의 생각과 판단.
【天寵 천총】 ①하늘의 은혜. ②임금의 사랑.
【天樞 천추】 ①하늘의 중심. 하늘의 중추(中樞). ②별 이름. ㉠북극성. 北辰(북신). ㉡북두칠성(北斗七星)의 첫째 별. ③국토의 중앙. 곧, 서울. ④천하의 정권(政權). ⑤배꼽.
【天竺 천축】 인도(印度)의 옛 이름.
【天則 천칙】 천지 자연의 법칙.
【天澤 천택】 ①하늘과 못. 곧, 상하(上下). ②하늘의 은혜. ③임금의 은택.
【天統 천통】 ①천도(天道)의 기강(紀綱). ②임금의 핏줄. ③건자(建子)의 달. 곧, 동짓달을 정월(正月)로 하는 주대(周代)의 역법(曆法).
【天陛 천폐】 하늘에 오르는 계단. 곧, 임금이 사는 궁전의 섬돌.
【天表 천표】 ①하늘 밖. 하늘의 저쪽. ②하늘 높이. ③임금의 표징이나 의용(儀容). ④하늘에 나타내어 보임.
【天稟 천품】 타고난 성품. 天性(천성).
【天風 천풍】 하늘 높이 부는 센 바람.
【天必厭之 천필염지】 하늘이 몹쓸 사람을 미워하여 벌을 내림.
【天河 천하】 은하수(銀河水). 雲漢(운한).
【天下母 천하모】 만물을 생육(生育)하는 어머니. ㉠도리(道理). ㉡국모(國母). 왕후(王后).
【天下無雙 천하무쌍】 세상에서 견줄 사람이 없음. 天下第一(천하제일).
【天下喉咽 천하후인】 천하의 목이 되는 곳. 세상에서 가장 긴요한 곳.
【天旱 천한】 가뭄.
【天漢 천한】 은하(銀河). 은하수(銀河水).
【天幸 천행】 하늘이 준 은혜. 天祚(천조).
【天香國色 천향국색】 천하에서 제일 가는 향기와 빛깔. 모란꽃의 딴 이름.
【天憲 천헌】 조정(朝廷)에서 정한 법. 나라의 법령(法令).
【天險 천험】 천연으로 험난한 곳. 자연의 요해지(要害地). 天阻(천조).

【天顯 천현】 ①하늘의 밝은 도리. 곧, 존비상하(尊卑上下)의 분수. ②하늘이 밝음. 하늘이 명백하게 함.
【天刑 천형】 ①자연의 법. ②하늘이 주는 벌. 天罰(천벌). ③불알을 깜.
【天刑病 천형병】 문둥병.
【天惠 천혜】 ①천자(天子)의 은혜. ②하늘이 베풀어 준 은혜. 자연의 은혜.
【天祜 천호】 하늘이 내려 주는 복(福).
【天閽 천혼】 궁궐의 문. 天門(천문).
【天花 천화】 ①(佛)천상(天上)의 묘화(妙花). ②천연두. ③눈〔雪〕의 딴 이름. 天華(천화).
【天和 천화】 ①하늘의 화한 기운. ②조화를 얻은 자연의 길.
【天宦 천환】 ①거세(去勢)한 남자로 궁중에서 근무하던 사람. 內侍(내시). ②날 때부터 생식 기능이 없는 사람. 타고난 고자.
【天皇 천황】 ①임금. ②☞天帝(천제). ③상고(上古) 때의 삼황(三皇)의 한 사람.
【天荒 천황】 ①천지가 미개할 때의 혼돈한 모양. ②동떨어지게 먼 땅.
【天潢 천황】 ①☞天河(천하). ②천자(天子)의 일족(一族). 皇族(황족).
【天休 천휴】 ①기릴 만한 하늘의 아름다움. ②하늘의 아름다운 도리.
◯ 九-, 冬-, 上-, 先-, 昇-, 仰-, 雨-, 中-, 靑-, 晴-, 皇-, 曉-, 後-.

大 1
【太】④ 클 태 ⓣ tài

一ナ大太

초서 太

字源 指事. '大(대)'자에 점을 찍어 大와 다름을 표시하고, '大보다 더 크다'는 뜻을 나타낸다.

字解 ①크다. ㉮부피·규모 등이 크다. ≒泰·大.〔書經〕王入太室. ㉯존칭(尊稱)을 나타낸다.〔史記〕文帝與太后言之. ②심히, 매우, 심하다.〔五代史〕昨太草草耳. ③통하다.〔陸雲·九愍〕命險太其靡通. ④國콩.〔萬機要覽〕大豆之爲太.

【太監 태감】 환관(宦官). 內監(내감).
【太古 태고】 아주 오랜 옛날.
【太高 태고】 ①조부(祖父) 이상에 대한 통칭(通稱). 祖上(조상). ②몹시 높음.
【太公 태공】 ①조부. ②아버지. ③남을 높이어 그 사람의 아버지를 이르는 말. ④나이가 많은 사람을 높이어 이르는 말. ⑤증조부의 속칭.
【太空 태공】 하늘. 天空(천공).
【太公望 태공망】 ①주(周) 문왕(文王)의 스승인 여상(呂尙)의 호(號). ②낚시질하는 사람. 故事 태공망이 위수(渭水)에서 낚시질하면서 등용되기를 기다린 고사에서 온 말.
【太鈞 태균】 조물주(造物主). ◯조물주가 만물(萬物)을 만듦에, 도공(陶工)이 그릇을 녹로(轆轤) 위에서 만드는 것과 같다는 데서 온 말. '鈞'은 '轆轤'를 뜻함.

【太極 태극】 ①천지가 개벽하기 전의 혼돈한 상태. 우주 만물 구성의 근원이 되는 본체. ②만물의 근원을 그림으로 나타낸 상징.
【太急 태급】 매우 급함.
【太寧 태녕】 ①땅. ②몹시 많음.
【太牢 태뢰】 ①제사에 소·양·돼지의 세 희생이 갖추어짐. ②맛좋은 음식. ③성대한 잔치.
【太母 태모】 ①조모. 大母(대모). ②천자(天子)의 어머니. 太后(태후).
【太廟 태묘】 역대 임금의 위패를 모신 사당. 宗廟(종묘).
【太半 태반】 절반을 훨씬 넘긴 수량. 거의 3분의 2를 넘음.
【太白 태백】 ①지극히 결백함. ②금성(金星)의 딴 이름.
【太保 태보】 삼공(三公)의 하나. 천자가 도덕을 지키도록 보필한다는 뜻.
【太父 태부】 조부(祖父).
【太史 태사】 ①천시(天時)·성력(星曆)·제사 따위를 맡아보던 벼슬. ②한림(翰林)의 딴 이름.
【太社 태사】 임금이 나라를 위하여 제사 지내는 사당.
【太姒 태사】 주(周) 문왕(文王)의 비(妃). 무왕(武王)의 어머니.
【太史簡 태사간】 사관(史官)이 죽음을 무릅쓰고 부정한 사실을 직필(直筆)함. 故事 춘추 시대, 제(齊)의 최서(崔杼)가 그의 임금 장공(莊公)을 시해(弑害)하자, 태사(太史)가 죽음을 무릅쓰고 이 사실을 사적(史籍)에 그대로 기록하였다는 고사에서 온 말.
【太山之安 태산지안】 태산과 같이 모든 것이 매우 태평(泰平)함.
【太上 태상】 ①태고(太古). ②최상의 것. ③임금. 또는 황후(皇后). ④태상황(太上皇).
【太上老君 태상노군】 도교(道敎)에서 노자(老子)를 높이어 이르는 말.
【太上王 태상왕】 자리를 물려준 임금.
【太歲 태세】 ①목성(木星)의 딴 이름. ②악당(惡黨)의 우두머리. ③그 해의 간지(干支).
【太素 태소】 ①천지(天地)가 미처 이루어지지 못한 때. 곧, 개벽(開闢) 이전. 태시(太始)의 다음에 해당함. ②질박(質朴)함.
【太宵 태소】 긴 밤.
【太孫 태손】 임금의 손자. 皇孫(황손).
【太守代記官 태수대기관】 國원 대신 책방(冊房). 아랫사람이 윗사람 대신 벌(罰)을 받음의 비유. ◯'冊房'은 원의 비서 일을 맡아보던 사람.
【太守爲脫頷頤 태수위탈함이】 國원이 되자 턱이 떨어짐. 복이 없음의 비유. ◯원이 되면 잘 먹을 판인데 턱이 빠져서 먹을 수가 없게 되었다는 데서 온 말.
【太始 태시】 천지(天地)의 시초. 형체가 나타나기 시작할 때. 태초(太初)의 다음에 해당함.
【太息 태식】 한숨.
【太甚 태심】 매우 심함.
【太陽 태양】 ①천체의 하나인 해〔日〕. ②양기(陽氣)만 있고 음기(陰氣)가 조금도 없는 상태.

③여름. ④남쪽. ⑤머리. ⑥관자놀이. 太陽穴(태양혈). ⑦맥(脈)의 이름.
【太易 태역】①우주 혼성(混成) 이전의 상태. 아직 기(氣)가 나타나지 않은 때. 太極(태극). ②천지의 변동.
【太綏 태완】너무 느즈러짐.
【太乙 태을】☞太一(태일)②.
【太陰 태음】①달(月). ②음기(陰氣)뿐이고 양기(陽氣)가 조금도 없는 상태. ③겨울. ④북쪽. ⑤천신(天神). 靑龍(청룡). ⑥맥(脈)의 이름.
【太一 태일】①만유(萬有)를 포함한 대도(大道). 천지창조의 혼돈한 원기(元氣). 太初(태초). ②천신(天神)의 이름. 또는 천제(天帝). 太乙(태을). ③별 이름.
【太任 태임】주(周) 왕계(王季)의 비(妃). 문왕(文王)의 어머니.
【太子宮 태자궁】①황태자(皇太子)의 존칭. 春宮(춘궁). ②황태자의 궁전. 東宮(동궁).
【太宰 태재】은대(殷代)의 천관 육대(六官)의 으뜸 벼슬. 태종(太宗)과 더불어 태사(太史)의 일을 이끌고 육전(六典)을 주관하였음.
【太弟 태제】임금의 아우.
【太祖 태조】①개국(開國)한 임금의 묘호(廟號). ②시조(始祖). ③일의 맨 처음.
【太宗 태종】①사물의 근본. ②한 왕조의 선조(先祖) 가운데에서 그 공과 덕이 태조(太祖)와 견줄 만한 임금.
【太簇 태주】①육률(六律), 또는 12율(律)의 하나. ②음력 정월(正月)의 딴 이름.
【太眞 태진】①우주를 구성하는 음양의 두 원기(元氣). 우주의 원질(原質). ②황금(黃金)의 딴 이름.
【太倉稊米 태창제미】큰 곡식 창고 속에 있는 한 알의 돌피. 곧, 매우 광대한 것에 대하여 극히 작은 것. 滄海一粟(창해일속).
【太淸 태청】①하늘. ②천도(天道). ③도교(道敎)에서 말하는 삼청(三淸)의 하나. 40리(里) 상층(上層)의 공간(空間).
【太初 태초】①천지가 개벽하기 전. 上古(상고). 太始(태시). 太一(태일). ②도리의 근본.
【太促 태촉】몹시 급하게 재촉함.
【太沖 태충】만물(萬物)을 창조하는 음양(陰陽)의 두 원기(元氣). 太虛(태허).
【太平 태평】①세상이 매우 화평함. 세상이 잘 다스려짐. 세상이 잘 다스려진 모양. ②풍년(豊年). ③해가 돋는다는 극동(極東)의 땅.
【太平道 태평도】후한(後漢) 때 장각(張角)이 창시한 도교(道敎)의 한 파. 황건적(黃巾賊)의 난을 일으켰음.
【太平聖代 태평성대】어질고 착한 임금이 잘 다스려 태평한 세상.
【太平簫 태평소】우리나라 관악기의 한 가지. 날라리.
【太學 태학】①옛날 임금이 세운 학교. ②성균관(成均館)의 딴 이름.
【太虛 태허】①하늘. 太空(태공). ②우주의 대원기(大元氣). 混氣(혼기).

【太皡 태호】복희씨(伏羲氏). 수인씨(燧人氏)에 뒤이어 황제가 되었으며, 팔괘(八卦)·서계(書契)·혼인 제도를 만들고 그물을 얽고 희생(犧牲)을 기르고 금슬(琴瑟)을 만들었음. 太昊(태호). 太皥(태호).
【太和 태화】①음양이 조화된 원기(元氣). 만물 생성의 원기. 大和(대화). ②악부(樂府)의 이름. ③세상이 잘 다스려짐. 太平(태평).
【太皇太后 태황태후】임금의 조모.
【太后 태후】임금의 어머니.

大
2 【本】⑤ 本(819)의 속자

大
2 【失】⑤ ❶잃을 **실** 圓 shī
❷놓을 **일** 圓 yì

╱ 一 二 失 失

[소전][초서] [參考] 대법원 지정 인명용 한자의 음은 '실'이다.
[字源] 形聲. 手+乙→失. '乙(을)'이 음을 나타낸다.
[字解] ❶①잃다, 잃어버리다. ㉮잃다, 없어지다. 〔荀子〕 如是則人有合之憂. ㉯놓치다, 달아나다. 〔書經〕 時哉, 弗可失. ㉰잃다, 보던 것을 놓치다. 〔史記〕 孔子適鄭, 弟子相失. ㉱흐트러지다, 어지러워지다. 〔國語〕 不失其序. ㉲잘못 보다, 오인하다. 〔淮南子〕 有相馬而失馬者. ㉳남기다, 빠뜨리다. 〔鶡冠子〕 賢者萬乘而一失. ㉴마음 상하다, 마음 상하게 하다. 〔孝經〕 治家者, 不敢失於臣妾. ㉵어긋나다, 틀어지다. 〔素問〕 三部九候, 皆相者死. ㉶바꾸다. 〔淮南子〕 徙樹者失其陰陽之性. ㉷가다, 떠나다. 〔禮記〕 故人情不失. ②잘못, 착오(錯誤). 〔漢書〕 臣聞, 奈有十失. ③지나침, 과(過)함. 〔禮記〕 詩之失, 愚. ④그릇되게 하다. 〔漢書〕 循行天下, 察吏治得失. ❷①놓다, 놓아주다, 풀어놓다. ②달아나다, 벗어나다. ≒逸. 〔荀子〕 其馬將失. ③즐기다, 좋아하다. ≒佚.
【失脚 실각】①발을 헛디딤. ②실패하여 지위(地位)를 잃음.
【失格 실격】자격을 잃음.
【失計 실계】잘못된 계획. 失策(실책).
【失蹶 실궐】발끝이 걸려 비틀함.
【失己 실기】자기의 본성을 잃음.
【失機 실기】기회를 놓침.
【失念 실념】잊음. 忘却(망각).
【失當 실당】이치·도리에 맞지 않음.
【失德 실덕】①덕(德)에 어긋난 짓을 함. ②덕망을 잃음.
【失道 실도】①무위 자연(無爲自然)의 도(道)를 잃음. ②도의(道義)에 벗어남. ③등지고 멀어지는 길.
【失禮 실례】언행이 예의에 벗어남.
【失路 실로】①길을 잃음. ②출세할 길을 잃음. ③처리를 잘못함.
【失鹿 실록】임금의 자리를 잃음. 천하를 잃음.

○'鹿'은 임금을 비유한 말.
【失利 실리】①이익을 잃음. 손해를 봄. ②패배함. 짐. ③낙제(落第)함.
【失馬治廐 실마치구】國말 잃고 외양간 고침. 이미 실패한 뒤에 손을 써도 소용없음의 비유. 亡羊補牢(망양보뢰).
【失望 실망】일이 뜻대로 되지 않아 낙심함.
【失寐 실매】잠이 오지 않음.
【失名 실명】①남의 이름을 잊음. ②이름을 모름. ③원고 따위에 기명(記名)을 잊음. 또는 기명하지 않음.
【失命 실명】①명령에 어긋남. ②목숨을 잃음. 죽음.
【失明 실명】시력(視力)을 잃음.
【失本 실본】근본을 잃음.
【失斧得斧同 실부득부동】國잃은 도끼나 얻은 도끼나 일반임. 곧, 주고받은 결과가 같아서 이익도 손해도 없음.
【失色 실색】①부드러운 낯으로 남에게 아첨하는 일. ②몹시 놀라서 얼굴빛이 달라짐.
【失聲 실성】심하게 울어서 소리가 나오지 않음.
【失笑 실소】저도 모르게 웃음.
【失損 실손】잃음.
【失手 실수】①손을 뗌. ②國㉠잘못하여 그르침. 또는 그런 짓. ㉡실례(失禮).
【失恃 실시】어머니의 죽음.
【失身 실신】①생명(生命)을 잃음. ②절조(節操)를 잃음. 특히 여자가 정조를 잃음.
【失神 실신】본 정신을 잃음. 기절함.
【失心 실심】①정신이 나감. 넋정하게 있음. ②실성(失性). 실신(失神). ③미침. 정신 이상이 됨. 失性(실성).
【失馭 실어】말을 모는 법을 그르침. 나라를 다스리는 법을 그르침의 비유.
【失言 실언】실수로 말을 잘못함.
【失業 실업】직업을 잃음.
【失戀 실연】사랑이 이루어지지 않음. 연애에 실패함.
【失隕 실운】떨어뜨림. 놓침. 失墜(실추).
【失音 실음】목소리가 쉼. 쉰 목소리.
【失意 실의】①기분을 상함. 비위에 거슬림. ㉠미움받음. ㉡화를 냄. ②뜻과 같이 되지 않음. 失望(실망).
【失人 실인】사람을 잃음. 사람이 자기를 멀리함. 남에게 버림을 받음.
【失入 실입】죄는 가벼운데 벌이 무거워, 법 적용이 공정하지 않음.
【失跡 실적】자취를 감춤. 행방불명이 됨.
【失傳 실전】①전수(傳授)를 잃는 일. ②國묘지(墓地)·고적(古跡) 따위의 전해 오던 사실을 알 수 없게 됨.
【失節 실절】절조를 지키지 못함. 失身(실신). 失貞(실정).
【失貞 실정】①동정(童貞)을 잃음. ②정조(貞操)를 잃음. 失節(실절).
【失措 실조】조치를 잘못함.
【失踪 실종】소재가 분명치 않고 간 곳을 알 수 없음.

나 생사를 알 수 없게 됨.
【失中 실중】알맞은 정도를 잃음. 중용(中庸)을 벗어남.
【失眞 실진】①진상을 잘못 앎. 진상을 잃음. ②國기절함.
【失錯 실착】잘못함. 실패함.
【失策 실책】①잘못된 계책. ②잘못된 처리. 失計(실계).
【失體 실체】①표준 체재(體裁)에 맞지 않음. ②체면을 잃음. 체면이 상함.
【失出 실출】죄가 무거운데 벌이 가벼워, 법 적용이 공정하지 않음.
【失敗 실패】일을 그르쳐 헛일이 됨.
【失捕 실포】잡았던 죄인이나 짐승을 놓치는 일.
【失合 실합】부부의 짝을 잃음.
【失行 실행】①도의에 어그러진 좋지 못한 행동을 함. ②천체의 운행(運行)이 궤도를 벗어남.
【失血 실혈】출혈(出血)이 그치지 않음.
【失怙 실호】아버지의 죽음.
【失喜 실희】미칠 듯이 기뻐함. 억제할 수 없을 만큼 기뻐함.
◐過−, 得−, 亡−, 紛−, 燒−, 損−, 遺−.

大 2【央】⑤ ❶가운데 앙 陽　yāng
❷선명한 모양 영 庚　yīng

소전 㫃　초서 央　隷書 대법원 지정 인명용 한자의 음은 '앙'이다.

[字源] 會意. 冂+大＝央. '冂'은 '洞'의 고문(古文)으로 국경(國境)의 고문로서 사람을 뜻한다. 사람이 국경의 중앙에 들어가 있는 형상이 되므로 '가운데'란 뜻을 나타낸다.

[字解] ❶①가운데. ㉮한가운데. 어느 쪽으로도 치우치지 않는 곳. 〔詩經〕宛在水中央. ㉯양쪽의 사이, 중간, 반. 〔漢書〕惜蕃華之未央. ②다되다, 끝장나다. 〔楚辭〕時亦猶其未央. ③오래다, 시간적으로 멀다. 〔素問〕未央絕滅. ④넓은 모양. 〔司馬相如·賦〕覽曲之央央. ⑤그치다, 그만두다. 〔楚辭〕爛昭昭兮未央. ❻구하다, 원하다. 〔曹唐·詩〕無央公子停鸞轡. ❷①선명한 모양. 〔詩經〕旂旐央央. ②소리가 부드러운 모양. 〔詩經〕和鈴央央.
【央告 앙고】원(願)함. 요구함.
【央及 앙급】간절히 원함. 탄원(歎願)함.
【央瀆 앙독】부엌에서 물을 흘려 보내는 도랑.
【央亡 앙망】교활함. 어린아이가 교활함.
【央屬 앙속】부탁.
【央央 앙앙】❶영영 ❶넓은 모양. ❷①선명한 모양. ②소리가 부드러운 모양.

大 2【夯】⑤ 멜 항 陽　hāng

초서 夯

[字解] ①메다, 어깨에 걸치거나 올려놓다. 〔禪林寶訓〕反累及他人擔夯.
②나무로 달구질하다. ¶夯硪.

大部 3획 夯 夷

【夯硪 항아】 달구질로 땅을 다지는 일. ▷'夯'은 나무로, '硪'는 돌로 하는 달구질을 뜻함.

大 3 【夯】 ⑥ 자랑할 과 ▣ kuā

〔字解〕 ①자랑하다, 뽐내다. 〔呂氏春秋〕富有天下而不騁夯. ②사치하다. 〔荀子〕貴而不爲夯. ③뻗다, 퍼지다. 〔漢書〕夯條直暢. ④겨루다. 〔漢書〕帶劍者, 夯殺人, 以矯奪. ⑤공허하다, 속이 비다. 〔呂氏春秋〕非夯以爲名也. ⑥아름답다, 예쁘다. ≒華. 〔傅毅〕夯容乃理. ⑦음란한 모양, 난잡한 모양. ≒汙. ⑧약하다. 〔淮南子〕刑夯骨佳. ⑨지렁이, 지벌레. ≒蠖.

【夯稱 과칭】 자랑함. 뽐냄.
【夯論 과론】 ⇨夸言(과언).
【夯謾 과만】 교만하고 남을 얕봄.
【夯父逐日 과보축일】 자기의 힘을 헤아리지 않고 큰 일을 계획하는 비유. 故事 과보(夯父)가 자기의 힘을 헤아리지 않고 태양과 경주를 하다가 마침내 목말라 죽었다는 고사에서 온 말.
【夯毗 과비】 비굴하게 남에게 굽실거림.
【夯詐 과사】 큰소리를 쳐서 속임.
【夯言 과언】 과장하는 말. 큰소리.
【夯耀 과요】 자랑하고 빛냄.
【夯淫 과음】 사치하고 방탕함.

大 3 【夷】 ⑥ 오랑캐 이 ▣ yí

一 二 三 弓 夷 夷

〔字源〕 會意. 大+弓→夷. '大'는 사람을 뜻한다. 동쪽에 있는 군자(君子) 나라의 사람[大]이 원뜻이었으나 '동쪽 오랑캐'란 뜻으로 변하였다.

〔字解〕 ①오랑캐. ㉮중국 동쪽에 있는 미개의 종족. 〔禮記〕東方曰夷. ㉯중국의 사방에 살고 있는 종족의 총칭. 〔范甯·序〕四夷交侵. ②평평하다. ㉮바닥이 고르다. ≒侇. ㉯평평하게 하다. 〔呂氏春秋〕往而夷夫壘. ③온화하다, 마음이 편안하다. ≒怡. ④다스리다, 다스려지다. 〔詩經〕我心則夷. ⑤기뻐하다. ≒台. 〔詩經〕實靖我夷邦. ⑥크다, 성대하다. 〔詩經〕既夷既懌. ⑥크다, 성대하다. 〔詩經〕降福孔夷. ⑦상하다. ⑧다치다. 〔孟子〕繼之以怒則反夷矣. ⑭상처, 칼자국. ≒痍. 〔春秋左氏傳〕察夷傷. ⑧무리, 또래. ≒儕. 〔史記〕皆階故等夷. ⑨멸하다, 죽여 없애다. 〔後漢書〕禽獸珍夷. ⑩깎다, 풀을 베다. 〔周禮〕夏日至而夷之. ⑪베풀다, 늘어 세우다. ≒侇. 〔禮記〕奉尸夷于堂. ⑫떳떳하다. ≒彝. 〔孟子〕民之秉夷. ⑬웅크리고 앉다, 예의에 벗어나 앉다. 〔論語〕原壤夷俟. ⑭교만을 떨다, 뽐내다. 〔荀子〕則夷固僻違. ⑮공경하다, 조심하다. ⑯빛깔이 없는 것, 무색(無色). 〔老子〕視之不見, 名曰夷. ⑰손쉽다, 용이하다. ⑱보통, 평범. 〔書經〕有億兆夷人. ⑲주검.

〔周禮〕大喪, 共其夷槃冰.
【夷簡 이간】 평이하고 번잡하지 않음.
【夷踞 이거】 웅크리고 앉음. 또는 한쪽 무릎을 세우고 앉음. 예의에 벗어난 앉음새.
【夷庚 이경】 ①수레가 내왕하는 평탄한 길. ②수레를 넣어 두는 곳. ③만물을 생겨나게 하는 근원(根源)인 항구 불변의 길. 임금의 덕(德)의 비유.
【夷界 이계】 오랑캐의 땅. 蠻界(만계).
【夷考 이고】 공평하게 생각함.
【夷曠 이광】 ①땅이 평평하고 넓음. ②성격이 온화하고 활달함.
【夷戮 이륙】 죽임. 誅戮(주륙)함.
【夷隆 이륭】 낮음과 높음. 성함과 쇠함.
【夷漫 이만】 ①평정하여 멸망시킴. ②갈리고 깎아져서 평평함.
【夷蠻戎狄 이만융적】 사방의 모든 야만국. 곧, 동이(東夷)·남만(南蠻)·서융(西戎)·북적(北狄).
【夷滅 이멸】 ①멸망시킴. ②지형(地形) 따위가 메워져 평평하게 됨.
【夷謐 이밀】 편안하고 조용함.
【夷博 이박】 평탄하고 넓음.
【夷服 이복】 구복(九服)의 하나. 만복(蠻服)의 외방(外方) 500리(里)의 지역.
【夷俘 이부】 포로(捕虜).
【夷俟 이사】 웅크리고 앉아서 사람을 기다림. 예(禮)에 벗어나게 처신(處身)함.
【夷三族 이삼족】 모반의 대역죄(大逆罪)로 부족(父族)·모족(母族)·처족(妻族)의 삼족을 죽임.
【夷傷 이상】 상처가 남. 상처.
【夷晏 이안】 잠잠하고 맑음. ▷'晏'은 '淸'으로 '맑다'를 뜻함.
【夷羊 이양】 ①신수(神獸)의 이름. ②현자(賢者)의 비유.
【夷懌 이역】 ⇨夷悅(이열).
【夷延 이연】 지세(地勢)가 평평하고 넓음.
【夷悅 이열】 즐거워함. 기뻐함. 夷懌(이역).
【夷遠 이원】 자연스럽고 고상함.
【夷由 이유】 ①주저함. 망설임. 夷猶(이유). ②날다람쥐의 딴 이름.
【夷儀 이의】 일정한 법칙. 떳떳한 법칙.
【夷易 이이】 평탄하고 편안함. 平易(평이).
【夷狄 이적】 오랑캐. ▷'夷'는 중국 동쪽에 살던 이민족(異民族)을, 狄은 중국 북쪽에 살던 이민족을 뜻함. 野蠻(야만). 夷翟(이적).
【夷翦 이전】 삼족(三族)을 멸함.
【夷齊 이제】 주대(周代)의 현인(賢人)인 백이(伯夷)와 숙제(叔齊).
【夷族 이족】 종족(宗族)을 멸망시키는 형벌.
【夷跖 이척】 백이(伯夷)와 도척(盜跖). 곧, 선인(善人)과 악인(惡人).
【夷則 이칙】 ①12율(律)의 하나. 양률(陽律)에 속함. ②음력 7월의 딴 이름.
【夷坦 이탄】 마음이 편하고 고요함. 平坦(평탄).
【夷蕩 이탕】 평온함. 편안함.
【夷平 이평】 ①일가(一家) 권속(眷屬)을 몰살함. ②평평함.

大部 3~5획 夸夻叒夾奇

【夷夏 이하】 오랑캐와 중국.
❶九-, 東-, 四-, 洋-, 攘-, 征-, 荒-.

大3 【夸】 ⑥ 夷(394)와 동자

大3 【夻】 ⑥ 國대구 화
字解 대구(大口), 대구어(大口魚).

大4 【叒】 ⑦ 클 운 陽 yǔn
字解 ①크다. ②높다. 〔蘇源明·傳〕 觀其辭則叒然而不及.

大4 【夾】 ⑦ ❶낄 협 ㊝갑 洽 jiā
❷손잡이 협 ㊝겹 葉 jiá
소전 夾 초서 夹 간체 夹 字源 會意. 人+大+人→夾. '大'도 사람을 뜻한다. 한 사람이 양쪽 겨드랑이에 각각 한 사람씩을 끼고 있는 자형(字形)에서 '끼다'란 뜻을 나타낸다.
字解 ❶①끼다. ㉮벌어진 사이에 넣어 좌우에서 누르다. ≒挾. ¶夾攻. ㉯가까이 두다, 곁에 데리고 있다. 〔書經〕 爾曷不夾介乂我周王享天之命. ㉰끼우다, 끼워 넣다. 〔柳宗元·文〕膠加鉗夾. ②부축하다, 좌우에서 돕다. 〔春秋左氏傳〕 夾輔成王. ❷①손잡이, 칼자루. 〔莊子〕 韓魏爲夾. ②곁. ¶夾房. ③좁다. ≒狹. 〔後漢書〕 其東南夾. ④성(姓).
【夾介 협개】 가까이 모시고 도움.
【夾攻 협공】 적(敵)을 가운데 두고 양쪽에서 침. 挾攻(협공).
【夾袋 협대】 호주머니.
【夾帶 협대】 몸이나 다른 물건 속에 물건을 숨겨 지님.
【夾路 협로】 길 양편에 늘어섬.
【夾門 협문】 ①정문 옆의 작은 문. ②문이 좁을 정도로 많이 모여듦.
【夾房 협방】 정당(正堂) 좌우에 있는 방.
【夾榜 협방】 성문(城門)·관문(關門)의 양 곁에 내거는 팻말.
【夾輔 협보】 좌우에서 도움.
【夾扶 협부】 좌우에서 부축함. 좌우에서 모심.
【夾侍 협시】 ①좌우에서 모심. 또는 그 사람. ②(佛)불상 좌우의 보살.
【夾室 협실】 당(堂)의 안방 양쪽에 있는 방.
【夾繞 협요】 좌우에서 둘러쌈.
【夾牆 협장】 겹으로 쌓은 담.
【夾鐘 협종】 ①12율(律)의 하나. ②음력 2월의 딴 이름.
【夾持 협지】 겨드랑이에 낀 물건. 숨겨 가짐.

大5 【奇】 ⑧ ❶기이할 기 囡 qí
❷홀수 기 囡 jī
一ナ大卉岺奇奇奇

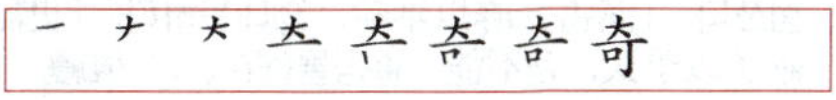

소전 奇 초서 奇 字源 會意·形聲. 大+可→奇. 크게(大) 옳다(可)고 함은 남보다 뛰어나다는 뜻이요, 남보다 뛰어남은 남과 다르다는 뜻에서 '기이하다'라는 뜻을 나타낸다. '可(가)'는 음도 나타낸다.
字解 ❶①기이하다, 이상야릇하다. 〔宋書〕 風骨奇特. ②뛰어나다, 보통과 다르다. ¶奇骨. ③갑자기, 돌연, 느닷없이. ¶奇襲. ④거짓, 거짓말. 〔老子〕 以奇用兵. ⑤부정(不正), 바르지 않음. 〔禮記〕 國君不乘奇車. ⑥알아주다, 중시하다. 〔史記〕 然奇其材. ❷①홀수, 짝수로 나눌 수 없는 수. 〔易經〕 陽卦奇陰卦耦. ②불운(不運), 운수가 사납다. ¶奇薄. ③나머지, 우수리. 〔漢書〕 首長八分有奇.
【奇車 기거】 규격에 맞지 않는 수레.
【奇傑 기걸】 드물게 보는, 뛰어난 인물.
【奇警 기경】 뛰어나고 재치가 있음.
【奇計 기계】 기묘한 꾀. 기발(奇拔)한 계책(計策). 奇策(기책).
【奇古 기고】 두드러지게 예스러움.
【奇觚 기고】 진기한 책. 奇書(기서).
【奇骨 기골】 ①특이(特異)한 골상(骨相). ②뛰어난 기상(氣象)이 있음. 절의(節義)를 굽히지 않는 준수(俊秀)한 인물.
【奇璣 기기】 진귀한 물건. 珍奇(진기).
【奇矯 기교】 보통에서 벗어난 언행.
【奇覯 기구】 기이한 인연으로 만남. 이상하게 만남. 불가사의(不可思議)한 대면.
【奇崛 기굴】 ①산이 험하고 변화가 있는 모양. ②시문(詩文)이 기발하고 훌륭한 모양. ③國용모가 기이하고 웅장함.
【奇詭 기궤】 기이하고 이상스러움.
【奇譚 기담】 이상야릇하고 재미있는 이야기.
【奇道 기도】 ①희한한 방법. 비범한 계책. ②보통 사람들이 다니지 않는 길. 샛길.
【奇童 기동】 희한하게 꾀와 재주가 많은 아이.
【奇麗 기려】 뛰어나게 아름다움.
【奇零 기령】 단위(單位) 이하의 단수(端數).
【奇論 기론】 기이한 논설이나 이론.
【奇利 기리】 ①뜻밖의 이익. ②여분의 이익.
【奇巒 기만】 기이하게 생긴 산봉우리.
【奇文 기문】 기이하고 묘한 글. 훌륭한 글.
【奇聞 기문】 기이한 소문. 희한한 이야기.
【奇物 기물】 진귀한 물건. 희한한 물건.
【奇璞 기박】 진기한 옥돌. 숨은 인재.
【奇薄 기박】 팔자가 사납고 운수가 불길함.
【奇拔 기발】 ①아주 빼어남. 유달리 뛰어남. ②남이 생각지도 못하는 색다른 것.
【奇方 기방】 신비(神秘)한 방술(方術).
【奇僻 기벽】 괴팍한 버릇. 偏僻(편벽).
【奇變 기변】 ①기병(奇兵)을 이용하는 변화 있는 싸움. ②國뜻밖의 난리. ③기이하게 변함.
【奇別 기별】 소식을 전함.
【奇兵 기병】 기이한 꾀를 써서 불의에 적(敵)을 치는 군사. ②새끼손가락.
【奇福 기복】 뜻밖의 행복(幸福).
【奇芬 기분】 희한하게 좋은 향기(香氣). 견줄 만

한 것이 없는 방향(芳香).
【奇士 기사】 무리에서 뛰어난 인물(人物).
【奇邪 기사】 상리(常理)에 벗어남.
【奇思 기사】 ①보통 사람과는 다른 생각. ②기발한 생각.
【奇狀 기상】 기이한 형상. 奇形(기형).
【奇相 기상】 기이한 생김새.
【奇想天外 기상천외】 보통으로는 상상도 못할 기발한 생각.
【奇書 기서】 기이한 내용의 책.
【奇瑞 기서】 이상한 길조. 異瑞(이서).
【奇羨 기선】 장사하여 남은 이익. 剩餘(잉여).
【奇聲 기성】 기이한 소리.
【奇術 기술】 기이한 기술. 요술.
【奇襲 기습】 갑자기 공격함.
【奇勝 기승】 ①드물게 뛰어난 경치. ②기묘한 꾀를 써서 이김. 奇捷(기첩).
【奇巖怪石 기암괴석】 기이하게 생긴 바위와 괴상하게 생긴 돌.
【奇愛 기애】 유달리 사랑함.
【奇緣 기연】 기이한 인연.
【奇穎 기영】 뛰어나게 영리함.
【奇贏 기영】 남은 재산으로 사서 모은 진기한 물건. 장사해서 남긴 이익.
【奇玩 기완】 기이한 노리개.
【奇遇 기우】 기이하게 만남. 뜻밖에 만남.
【奇偉 기위】 뛰어나게 훌륭함.
【奇瑋 기위】 기이하고 아름다움.
【奇異 기이】 기묘하고 이상함.
【奇人 기인】 ①성질이나 행동이 보통 사람과 다른 사람. ②가업(家業)에 보탬이 되지 않는 사람. 한가한 사람. ○'奇'는 '餘'로 '여유가 있음'을 뜻함. ③성질이나 행동이 보통 사람과는 다른 기이한 사람.
【奇逸 기일】 뛰어남.
【奇才 기재】 뛰어난 재주. 또는 그 재주를 가진 사람. 奇材(기재).
【奇績 기적】 기이한 공적(功績).
【奇蹟 기적】 기묘하고 신기한 일. 奇跡(기적). 奇迹(기적).
【奇籍 기적】 기이한 책.
【奇絶 기절】 매우 기묘함. 비할 데 없이 기이함.
【奇節 기절】 뛰어난 지조.
【奇正 기정】 ①병법(兵法)에서 측면을 불의에 치는 기병(奇兵)과 정면에서 당당히 공격하는 정병(正兵). ②기습(奇襲)과 정공(正攻).
【奇峻 기준】 산 모양이 기이하고 험함.
【奇儁 기준】 뛰어난 재주와 식견이 있는 일. 또는 그 사람.
【奇地 기지】 아주 신기한 땅.
【奇智 기지】 기발한 재주.
【奇疾 기질】 기묘(奇妙)함. 진기한 병.
【奇疾 기질】 괴상한 병.
【奇徵 기징】 기이한 징조. 이상한 조짐.
【奇捷 기첩】 ▷奇勝(기승)².
【奇峭 기초】 산이 기이하게 우뚝 솟음.
【奇致 기치】 진귀한 풍취. 奇趣(기취).

【奇特 기특】 ①보통이 아니고 특이함. ②신통하고 귀여움.
【奇葩 기파】 진기한 꽃.
【奇品 기품】 ①빼어난 인품(人品). ②진기한 물품. 珍品(진품).
【奇筆 기필】 뛰어난 글씨. 뛰어난 필적.
【奇行 기행】 기이한 행동.
【奇驗 기험】 훌륭한 효험.
【奇貨 기화】 ①진기한 재물이나 보배. ②뜻밖의 행운. 절호의 기회.
【奇禍 기화】 뜻밖에 당하는 재난.
【奇貨可居 기화가거】 진기한 물건을 잘 간직해 두었다가 나중에 큰 이익을 남기고 팖. 故事 조(趙)나라에 인질로 잡혀 있으면서 고생하던 진(秦)의 왕자 자초(子楚)를 여불위가 여러 가지 방법으로 도와주었다가 뒷날 자초가 진의 장양왕(莊襄王)이 되자 그 공로로 재상이 되었다는 고사에서 온 말.
【奇花異草 기화이초】 기이한 화초(花草).
【奇幻 기환】 이상야릇한 환상. 또는 허깨비.
【奇畫 기획】 뛰어난 계획. 奇計(기계).
【奇譎 기휼】 꾸며서 남을 속임. 詭譎(궤휼).
【奇戲 기희】 희한한 장난. 견줄 것 없는 놀이.
▷怪−, 神−, 新−, 傳−, 珍−, 好−.

大 5 【奈】⑧ ❶어찌 내 簢 nài
         ❷나락 나 噢 nài

一ナ大太杏杏奈奈

초서: 大法院 지정 인명용 한자의 음은 '내·나'이다.
字源 形聲. 大+示→奈. '示(시)'가 음을 나타낸다.
字解 ❶어찌. ≒那·奈. 〔國語〕奈吾君何. ❷나락. ¶奈落.
【奈何 내하】 어떻게. 어찌하여.
【奈落 나락】 지옥. 불가락(不可樂). 墮落(타락). ○범어(梵語) 'Naraka'의 음역어(音譯語).

大 5 【奉】⑧ 받들 봉 噇囷 fèng

一二三夫夫夫奉奉

소전/초서: 字源 會意·形聲. 手+卄+丰→奉. 두 손(卄)으로 물건을 떠받들고 있는 형상에서 '받들다'란 뜻을 나타낸다. '丰(봉)'이 또한 음도 나타낸다.
字解 ❶받들다. ㉮이어받다, 이어 지키다. ㉯받아 손에 들다. ㉰드리다, 바치다. 〔周禮〕祀五帝, 奉牛牲. ㉱섬기다, 모시다. 〔春秋左氏傳〕奉戴厲公. ㉲기르다. 〔春秋左氏傳〕奉之以仁. ㉳돕다. 〔淮南子〕風雨奉之. ❷편들다, 역성들다. 〔春秋左氏傳〕天奉我也. ❸깔다, 깔개. 〔國語〕鎛纂以爲奉. ❹보내다. 〔周禮〕若遷寶則奉之. ❺실어 가다. 〔周禮〕奉主車. ❻힘쓰다. 〔漢書〕春以奉耕. ❼대우하다. 〔史記〕奉子以季氏, 吾不能. ❽공물(貢物). 〔儀禮〕加

其奉於古皮上. ⑪공궤(供饋)하다, 음식을 드리다. 〔孟子〕 妻妾之奉. ⑫씀씀이. 〔孫子〕 公家之奉. ⑬녹(祿), 녹봉. 늑俸. 〔戰國策〕 奉厚而無勞. ⑭경의(敬意)를 나타내는 말. ¶奉迎.
【奉客 봉객】 손님에게 식사를 대접하는 일.
【奉巾櫛 봉건즐】 수건과 빗을 받듦. ㉠아내가 됨. ㉡남편을 섬김.
【奉檄 봉격】 소서(召書)를 받음. 관직(官職)에 취임함. 故事 후한(後漢)의 모의(毛義)가 취임(就任)의 소서(召書)를 받고 얼굴에 기쁨을 나타내었다는 고사에서 온 말.
【奉檄之喜 봉격지희】 國부모가 살아 있는 사람이 고을의 원이 되는 기쁨.
【奉公 봉공】 공사(公事)를 위하여 힘씀.
【奉戴 봉대】 공경하여 높이 받듦.
【奉讀 봉독】 삼가 읽음. 받들어 읽음.
【奉頭鼠竄 봉두서찬】 머리를 감싸 쥐고 살금살금 도망쳐 숨음.
【奉祿 봉록】 녹. 녹봉(祿俸).
【奉髮 봉발】 윤기 있는 아름다운 머리털.
【奉陪 봉배】 임금이나 귀인을 수행함.
【奉別 봉별】 윗사람과 이별함.
【奉使 봉사】 사명(使命)을 받들고 감.
【奉祀 봉사】 ①신(神)을 받들어 제사 지냄. ②國 조상의 제사를 받듦.
【奉祠 봉사】 신(神)을 받들어 제사 지냄.
【奉仕 봉사】 ①남을 위하여 일함. ②임금을 받들어 모심.
【奉朔 봉삭】 정삭(正朔)을 받듦. 한 왕조(王朝)의 치하(治下)에 있어 그 개정한 역법(曆法)을 따름. 곧, 그 치하(治下)에 속함.
【奉嘗 봉상】 새로 나온 곡물(穀物)을 바침. 또는 그 제사.
【奉先 봉선】 선조(先祖)의 덕업(德業)을 이어 지킴. 또는 선조의 제사를 받들어 모심.
【奉粟 봉속】 봉록으로 받는 쌀. 녹미(祿米).
【奉率 봉솔】 ①이어받아서 실행함. ②위로 부모를 모시고 아래로 처자를 거느림. '상봉하솔(上奉下率)'의 준말.
【奉送 봉송】 ①귀한 사람이나 윗사람을 배웅함. ②선물을 보냄.
【奉修 봉수】 군명(君命)을 받들어 행함.
【奉承 봉승】 ①웃어른의 뜻을 받듦. ②섬김. 시중듦. ③現아침함.
【奉審 봉심】 왕명(王命)을 받들어 능묘(陵廟)를 보살핌.
【奉安 봉안】 ①임금이나 아버지를 장사 지내는 일. ②신주(神主)·불상(佛像)·위패(位牌) 등을 일정한 곳에 둠. ③청대(淸代)에 임금의 관(棺)을 빈궁(殯宮)에서 산릉(山陵)으로 옮겨 장사 지내던 일.
【奉養 봉양】 받들어 모심.
【奉榮 봉영】 존경하는 사람을 맞이함.
【奉邀 봉요】 ①마중 나감. ②존경하는 사람을 초청함.
【奉邑 봉읍】 종묘(宗廟) 제사(祭祀)의 비용을 지급하는 고을.

【奉引 봉인】 공경(公卿)이 천자의 수레를 인도하는 일.
【奉將 봉장】 명(命)을 받들어 행함. 奉行(봉행).
【奉錢 봉전】 다른 사람의 여비(旅費)에 보태어 주는 돈.
【奉呈 봉정】 받들어 올림.
【奉祭祀 봉제사】 제사를 받들어 모심.
【奉佐 봉좌】 돕는 일. 補佐(보좌).
【奉遵 봉준】 지키고 따름. 받들어 지킴.
【奉旨 봉지】 윗사람의 뜻을 받듦. 임금의 명(命)을 받듦.
【奉職 봉직】 공직에 종사함.
【奉天 봉천】 하늘을 받듦. 천명을 따름.
【奉祝 봉축】 공경하는 마음으로 축하함.
【奉勅 봉칙】 칙령(勅令)을 받듦. 奉詔(봉조).
【奉親 봉친】 어버이를 받들어 모심.
【奉行 봉행】 상명(上命)을 받들어 시행함.
【奉憲 봉헌】 법을 좇고 따름.
【奉獻 봉헌】 삼가 바침. 봉로(奉呈).
【奉還 봉환】 받들어 돌려 드림.
【奉候 봉후】 귀인(貴人)의 안부(安否)를 물음.
【奉諱 봉휘】 ①죽은 사람을 존경하여 살아 있을 때의 이름을 피함. ②남이 상(喪)에 있음.

◐ 虔一, 供一, 貢一, 嗣一, 順一, 營一, 傳一,
遵一, 參一, 推一.

大 【奔】 ⑧ 奔(398)의 속자
5

大 【奄】 ⑧ 가릴 엄 圈 yǎn
5
소전 金 초서 奄 字源 會意. 大+申→奄. 위에서 크게〔大〕 펼쳐서 〔申〕 덮는다는 데서 '가리다'란 뜻을 나타낸다. 字解 ①가리다, 덮어 가리다. 〔詩經〕 奄有龜蒙. ②문득, 갑자기. 〔漢書〕 奄忽如神. ③고자, 환관(宦官). 〔周禮〕 奄十人. ④오래, 오래다. 〔詩經〕 奄觀銍艾. ⑤숨이 끊어질 듯한 모양. 〔李密·表〕 氣息奄奄. ⑥어루만지다, 위로하다. 〔詩經〕 奄受北國. ⑦크다, 크게. 〔詩經〕 奄有四方. ⑧함께, 모두. 〔書經〕 奄有四海. ⑨문지기. 늑閽. ⑩쉬다, 휴식하다.
【奄息 엄식】 쉼. 휴식함.
【奄奄 엄엄】 ①숨이 곧 끊어질 듯한 모양. 생기(生氣)가 없는 모양. ②어두운 모양.
【奄然 엄연】 ①부합(符合)하는 모양. ②가리어지는 모양. 어두운 모양. ③갑작스러운 모양. 돌연한 모양. ④숨이 곧 끊어질 듯한 모양. ⑤쉬는 모양.
【奄冉 엄염】 ①머뭇거림. ②세월이 빨리 지나감.
【奄虞 엄우】 크게 즐김. 오래 즐김.
【奄有 엄유】 토지(土地)를 전부 차지함.
【奄尹 엄윤】 환관(宦官)의 우두머리.
【奄人 엄인】 환관.
【奄遲 엄지】 적이 다가와도 행동하지 않는 일.
【奄忽 엄홀】 갑자기. 홀연. 奄然(엄연).
【奄欻 엄홀】 갑자기. 변화가 빠른 모양.

大 5 【夲】⑧ 點(2126)의 속자

大 5 【奅】⑧ 돌쇠뇌 포 諕 pào
[소전] [자해] 돌쇠뇌. ≒砲·礮.

大 5 【奊】⑧ 분개없을 혈 諕 xǐ
[소전] [자해] ①분개(分槪)없다, 지조(志操)가 없다.〔漢書〕奊詬亡節. ②머리가 비뚤다.
【奊詬 혈후】분개없음. 지조(志操)가 없음.

大 6 【契】⑨
❶맺을 계 諕 qì
❷애쓸 결 諕 qiè
❸종족 이름 글 諕 qì
❹사람 이름 설 諕 xiè

一 ニ 三 丰 却 契 契 契 契

[소전] [초서] [참고] 대법원 지정 인명용 한자음은 '계·글·설'이다.
[자원] 形聲. 刧+大→契. '刧(갈)'이 음을 나타낸다.
[자해] ❶①맺다, 인연이나 관계를 짓다.〔陸游·文〕未見心先契. ②맞다, 합치하다, 맞추다.〔詩話〕少與道契終與俗違. ③약속, 언약.〔戰國策〕獨知之契也. ④인연.〔晉書〕叶宜尼之遠契. ⑤교분, 정분.〔晉書〕定金蘭之密契. ⑥계약서, 증서.〔周禮〕聽取予以書契. ⑦귀갑(龜甲)을 지지다.〔詩經〕爰契我龜. ⑧새기다.¶契舟. ⑨괴로워하다.¶契契. ⑩자르다, 끊다, 가르다.〔列子〕契骨以誓. ⑪國서로 친목이나 상부상조를 도모하는 협동 조직.〔大典會通〕新廛新契. ❷①애쓰다, 애써 노력하다.〔詩經〕死生契闊. ②소원(疎遠)하다.〔梅堯臣·詩〕契闊十五年. ❸종족 이름, 북이(北夷)의 칭호.¶契丹. ❹사람 이름. 우(禹)를 도와 치수(治水)에 공을 세워 상(商)에 책봉되었다. ≒偰·高.〔書經〕讓於稷契曁皐陶.
【契經 계경】(佛)경문(經文). 경전(經典).
【契契 계계】근심과 괴로움을 견디어 내지 못하는 모양.
【契券 계권】①어음. 證書(증서). ②부신(符信). 부절(符節).
【契機 계기】어떤 일의 발생 또는 결정의 근거나 기회.
【契刀 계도】한(漢) 왕망(王莽) 시대의 화폐. 칼 모양이며 길이는 두 치 정도다.
【契盟 계맹】중대한 약속을 맺음.
【契文 계문】①은대(殷代) 도읍 유적지에서 발굴된 갑골(甲骨) 문자. 계도(契刀) 모양인 데서 이름. 現계약서. 약정서(約定書).
【契父 계부】現의부(義父). 養父(양부).
【契分 계분】①인연(因緣). 緣分(연분). ②친한 벗 사이의 정분. 交分(교분).

【契需 계수】①말발굽이 상하여 갈 길이 멂을 두려워함. ②겁이 많고 나약함.
【契繻 계수】관청에서 발행하는 부신(符信). 관문(關門)이나 시장에서 화물세를 징수할 때 징표로 삼음.
【契約 계약】법적 효과를 발생시키는, 합의에 따라 성립되는 법률 행위.
【契弟 계제】現의리로 맺은 아우. 義弟(의제).
【契照 계조】어음. 부절(符節). ○'照'는 '대조하며 증거로 삼는다'는 것을 뜻함.
【契舟 계주】배에 새김. 구법(舊法)에 얽매이어 현실에 어두움.[故事]초(楚)나라 사람이 배에서 칼을 물 속에 떨어뜨리고는 그 떨어뜨린 지점을 뱃전에 표를 한 후 배가 강기슭에 도착하자 그 표한 뱃전 밑을 찾았다는 고사에서 나온 말.
【契酒生面 계주생면】곗술로 생색을 냄. 여러 사람의 것으로 자기가 생색을 냄.
【契合 계합】부절을 맞추듯이 꼭 맞음. 일치함. 符合(부합).
【契兄 계형】現의리로 맺은 형. 義兄(의형).
【契闊 결활】①멀리 떨어짐. 멀어짐. 소원하게 됨. ②부지런히 노력함. 매우 애씀. ③헤어지는 일과 만나는 일. ④군은 약속을 함. ⑤여기저기 돌아다님. ⑥어떤 일에 골몰하여 거기에 빠짐.
【契丹 글단→거란】10세기 초에 요(遼)를 세운 종족의 이름.
❶ 勘-, 官-, 交-, 舊-, 同-, 盟-, 默-, 文-, 書-, 心-, 要-, 印-, 情-, 合-.

大 6 【奎】⑨
❶별 이름 규 諕 kuí
❷걷는 모양 규 諕 kuí

[소전] [초서] [자해] ❶①별 이름. 28수(宿)의 하나로, 서쪽 하늘에 있는 16개의 별을 이른다. ㉮글, 문장(文章). 별로서의 규(奎)는 문장을 주관한다는 데서 전용된 뜻.〔初學記〕孝經緯援神契曰, 奎主文章. ②가랑이, 샅.〔莊子〕奎蹄曲隈. ❷걷는 모양, 다리를 벌리고 걷는 모양. =跬.〔張衡·賦〕袒裼戟手, 奎踽盤桓.
【奎文 규문】학문(學問)과 문물(文物).
【奎星 규성】28수(宿) 중 병(兵)으로써 폭력을 막는 일을 맡아보는 별. 또는 도량을 주관하고 문운(文運)을 맡아봄.
【奎蹄 규제】팔자(八字)걸음으로 걷는 모양.
【奎運 규운】문운(文運).
【奎章 규장】임금의 글씨. 奎翰(규한).

大 6 【奔】⑨ 달릴 분 諕 bēn

一 ナ 大 太 本 本 夲 夲 奔

[소전] [초서] [속자] [자원] 會意. 금문을 보면 '夲'로, 사람이 팔을 휘젓고 있고 그 아래에는 발을 뜻하는 '止(지)'자가 세 개 있는 모습이다. 곧, '사람이 뛰어간다'를 뜻한다.
[자해] ①달리다, 빨리 가거나 오거나 하다.〔詩

經〕駿奔走在廟. ②**향해 가다**, 급히 향해 가다. 〔春秋左氏傳〕攻難之士, 將奔走之. ③**야합**(野合)**하다**, 동서(同棲)하다. 〔國語〕有三女奔之. ④**달아나다**, 도망쳐 내닫다, 패주(敗走)하다. ≒賁. 〔孔子家語〕奔軍之將. ⑤**빨리**, 빠르다. ⑥**별똥**, 유성(流星). ¶ 奔星. ⑦**오르다**, 올라가다. 〔淮南子〕後奔蛇. ⑧**무너지다**. 〔通志〕故多奔決.

【奔競 분경】경주함. 앞을 다투어 경쟁함. 다투어 이록(利祿)을 구함.
【奔潰 분궤】무너져 달아남. 패하여 달아남.
【奔女 분녀】정식 예를 갖추지 않고 동거하는 여자. 사통(私通)하는 여자. 淫奔女(음분녀).
【奔衄 분뉵】전쟁에 패하여 달아남.
【奔湍 분단】여울. 급류.
【奔突 분돌】달려가서 부딪침. 날뜀.
【奔騰 분등】①물이 세차게 흐름. ②물가가 갑자기 크게 오름.
【奔浪 분랑】몰아치는 사나운 물결.
【奔雷 분뢰】아주 심한 천둥.
【奔流 분류】힘차게 빨리 흐름. 또는 그 물줄기. 急流(급류).
【奔馬 분마】빨리 닫는 말.
【奔亡 분망】달아남. 도망감.
【奔命 분명】①임금의 명령을 받들어 분주히 돌아다님. 東奔西走(동분서주). ②국외로 도망한 사람. 망명자(亡命者).
【奔放 분방】①힘차게 달림. 질주(疾走)하는 모양. ②물살이 셈. ③기세가 대단한 모양. 시문(詩文)이 힘참. ④얽매이지 않고 자유로움.
【奔北 분배】전쟁에서 패주(敗走)함.
【奔赴 분부】①달려감. ②부고(訃告)를 받고 급히 감.
【奔奔 분분】①서로 싸워서 추한 모양. ②새의 암수 관계가 일정하여 그 유별(類別)을 어지럽히지 않는 모양.
【奔駛 분사】빨리 달림. 기마(騎馬)·수류(水流) 따위의 기세(氣勢)가 빠름.
【奔星 분성】유성(流星). 별똥.
【奔佚 분일】달려 벗어남. 奔逸(분일).
【奔逸 분일】①달아남. 도망침. ②제멋대로 구는 일. 逸走(일주).
【奔霆 분정】빠른 번개.
【奔潮 분조】세찬 조수(潮水).
【奔注 분주】물이 기세 있게 흐름.
【奔奏 분주】임금의 덕을 널리 백성들에게 알려 이에 따르게 하는 일. 奔走(분주).
【奔湊 분주】달려 모여듦.
【奔走之友 분주지우】주선하고 힘쓰는 벗.
【奔竄 분찬】도망쳐 숨음. 遁竄(둔찬).
【奔趨 분추】달려감.
【奔馳 분치】말을 타고 빨리 달림.
【奔波 분파】①빨리 흐르는 물. 또는 세차게 이는 파도. ②앞을 다투어 감. ③고생함. 애씀.
【奔渾 분혼】①물이 빠르게 흐르는 일. ②물의 빠른 흐름. 奔流(분류).
◑ 驚−, 狂−, 淫−, 出−.

大 6 【奏】⑨ 아뢸 **주** [宥] zòu, còu

[소전] [고문] [고문] [초서]

[字源] 會意. 屮+𠬞+夲→奏. '屮(도)'는 초목이 싹틈을, '𠬞'는 두 손으로 받쳐 든 모습을, '夲'는 나아감을 뜻한다. 곧, '두 손으로 물건을 받들고 나아가다, 바치다'라는 뜻을 나타낸다.

[字解] ①**아뢰다**. ㉮여쭈다, 윗사람에게 말씀 드려 알리다. ¶ 奏請. ㉯연주하다, 윗사람 앞에서 풍악을 잡히다. ¶ 奏樂. ②**상소**. 임금에게 올리는 글. ¶ 上奏. ③**모이다**. ≒湊. 〔周禮〕津梁相奏. ④**달리다**, 향하여 가다. ≒走. 〔詩經〕予曰有奔奏. ⑤**음악의 한 곡**. 〔周禮〕九奏乃終. ⑥**하다**, 이루다. 〔詩經〕以奏膚公. ⑦**몸짓**. 〔禮記〕要其節奏. ⑧**살결**. ≒腠. 〔儀禮〕皆右體進奏.

【奏歌 주가】악기를 타면서 노래 부르는 일.
【奏凱 주개】전승(戰勝)의 개가(凱歌)를 연주함. 개선가(凱旋歌)를 부름.
【奏決 주결】임금에게 아뢰어 결정함.
【奏啓 주계】군주(君主)에게 올리는 상주문.
【奏功 주공】①공을 세움. 또는 일의 성공을 임금에게 아룀. ②일이 성취됨.
【奏達 주달】임금에게 아뢰는 일.
【奏對 주대】①임금에게 상주(上奏)함. ②임금의 물음에 대답하여 말함.
【奏牘 주독】임금에게 올리는 간찰(簡札). 奏章(주장).
【奏聞 주문】임금에게 아룀. 奏上(주상).
【奏覽 주람】임금이 보도록 바치어 올림.
【奏事 주사】①일을 임금에게 아룀. ②임금에게 아뢰는 사항.
【奏上 주상】임금에게 말씀드림.
【奏書 주서】임금에게 올리는 문서(文書).
【奏宣 주선】임금에게 아룀.
【奏疏 주소】문체(文體)의 하나. 신하가 임금에게 올리는 상주문(上奏文)의 총칭(總稱).
【奏申 주신】임금에게 아룀.
【奏樂 주악】음악을 연주함. 또는 그 음악.
【奏按 주안】임금에게 아뢰어 죄를 조사함.
【奏案 주안】①상주문(上奏文)을 놓아 두는 책상. ②주청(奏請)하여 죄를 다스림. ③상주(上奏)하여 임금의 재가를 받은 사건(事件). ④상주문의 초(草) 잡은 글.
【奏御 주어】임금에게 아룀.
【奏議 주의】문체(文體)의 하나. 자신의 의견을 임금에게 아룀. 또는 그 글.
【奏裁 주재】임금에게 아뢰어 재결(裁決)함.
【奏陳 주진】임금에게 아룀.
【奏薦 주천】관원을 추천하여 임금에게 아룀.
【奏請 주청】임금에게 아뢰어 요청함.
【奏草 주초】상주문(上奏文)의 초고(草稿).
【奏彈 주탄】임금에게 상주(上奏)하여 벼슬아치의 죄과(罪過)를 조사하여 밝힘.

【奏劾 주핵】임금에게 상주하여 관리의 죄를 다 스림.
【奏效 주효】①공효(功效)를 상주(上奏)함. ②보람이 나타남.
◐ 獨−, 伴−, 封−, 上−, 疏−, 演−, 議−, 前−, 傳−, 吹−, 彈−, 稟−, 合−, 劾−.

大6 【夅】⑨ ❶오만할 차 馬 chǐ
❷사치할 치 紙 chǐ
字解 ❶오만하다, 교만을 떨다, 거만하게 굴다. ¶夅靡. ②열다, 열리다. 〔莊子〕日中夅戶 而入. ❷사치하다, 지나치게 치레하다. =侈·奢. 〔張衡·賦〕心夅體忕.
【夅靡 차미】교만하고 방자함.
【夅戶 차호】문을 엶.
【夅心 치심】사치하는 마음.
【夅言 치언】과장하는 말.

大6 【奕】⑨ 클 혁 㴱역 陌 yì
字解 ①크다, 부피·규모 등이 크다.〔太玄經〕往小 來奕. ②아름답다. ¶奕傑. ③겹치다, 잇달다. ¶奕世. ④아름다운 모양. ¶奕奕. ⑤근심하는 모양.〔詩經〕憂心奕奕. ⑥가볍게 춤추는 모양. ¶奕奕. ⑦익숙해지다.〔詩經〕萬舞有奕. ⑧이어지다, 거듭되다.〔國語〕奕世載德. ⑨바둑, 노름. ≒弈.
【奕棋 혁기】바둑. 圍棋(위기).
【奕世 혁세】대대(代代). 累代(누대).
【奕傑 혁걸】용모가 아름다운 모양.
【奕奕 혁혁】①사물이 큰 모양. ②아름다운 모양. ③빛나는 모양. ④왕성한 모양. ⑤가는 모양. ⑥춤추는 모양. ⑦근심하는 모양. ⑧연속되는 모양.

大6 【奐】⑨ 빛날 환 翰 huàn
字解 ①빛나다, 빛나는 모양. ≒煥.〔禮記〕美哉奐焉. ②성대한 모양.〔漢書〕惟懿惟奐. ③흩어지는 모양. ≒渙. ¶奐衍.
【奐衍 환연】널리 흩어지는 모양. 또는 많은 모양. 渙焉(환언).
【奐奐 환환】빛남. 밝은 모양. 煥煥(환환).

大7 【奘】⑩ 클 장 漾 zàng
字解 會意·形聲. 壯+大 →奘. '壯(장)'이 음도 나타내고 '성하고 크다'는 뜻을 나타낸다.
字解 ①크다, 몸집이 크다.〔方言〕秦晉之間, 凡人之大, 謂之奘, 或謂之壯. ②성하다. ③튼튼하다, 건강하다.

大7 【套】⑩ 덮개 투 號 tào
字解 ①덮개, 씌우개. ②한 벌, 일조(一組).〔西湖志餘〕一套六個. ③規정한 대로의, 버릇이 되어 이루어진 일정한 틀. ④國방식, 일의 방법.
【套間 투간】곁방.
【套頭 투두】規차례. 順次(순차).
【套習 투습】본을 떠서 함. 틀에 박힌 관습이나 양식.
【套語 투어】생동한 맛이 없는, 틀에 박힌 말. 常套語(상투어). 套話(투화).
◐ 舊−, 封−, 常−, 外−.

大7 【奚】⑩ 어찌 해 齊 xī

字源 會意. 爫+幺+大 →奚. 사람(大)의 많은 머리(玄)를 손(爫)으로 잡아당기는 모습으로, 노예를 뜻한다. '어찌'라는 뜻은 뒤에 가차된 것이다.
字解 ①어찌, 어찌 ∼하느냐? '어떻게'의 뜻을 나타내는 반어(反語). ≒何.〔論語〕奚其爲爲政. ②어느, 무엇, '어떤'의 뜻을 나타내는 말. ≒何.〔呂氏春秋〕必任巧匠奚故. ③여자 종. ≒婏. ¶奚隷. ④종족 이름, 동호족(東胡族).〔新唐書〕奚亦東胡種.
【奚琴 해금】두 줄로 된 현악기.
【奚囊 해낭】명승지를 찾아다니며 지은 시가(詩歌)를 넣는 주머니. 시문(詩文)을 넣어 두는 주머니. 詩囊(시낭). 故事 당현(唐代)의 이하(李賀)가 명승지를 찾아다니며 지은 시가(詩歌)를 해노(奚奴)가 들고 있는 주머니에 넣었다는 고사에서 온 말.
【奚奴 해노】하인. 종.
【奚童 해동】사내아이 종.
【奚隷 해례】남녀의 종. 奴婢(노비).
【奚兒 해아】호인(胡人). 胡兒(호아).
【奚若 해약】어찌. 어떻게. 何如(하여).

大8 【套】⑪ 套(400)의 본자

大9 【奛】⑫ 缺(1395)과 동자

大9 【奢】⑫ 사치할 사 麻 shē
字解 ①사치하다, 호사하다.〔論語〕禮與其奢也寧儉. ②자랑하다, 뽐내다.〔司馬相如·賦〕奢言淫樂. ③낫다, 더 좋다.〔張衡·賦〕麗美奢乎許史. ④지나치다, 분수에 넘치다.
【奢麗 사려】사치하여 화려하게 꾸밈.
【奢靡 사미】분수에 지나친 사치.
【奢肆 사사】⇨奢恣(사자).
【奢言 사언】자랑스레 하는 말.
【奢欲 사욕】사치하고자 하는 욕심.

【奢佚 사일】 사치하고 놀기를 좋아함.
【奢恣 사자】 사치하고 방자함.
【奢僭 사참】 분수에 지나친 사치를 함.
【奢泰 사태】 사치가 지나침.
【奢華 사화】 사치스럽고 호화스러움.
○ 嬌-, 驕-, 僭-, 侈-, 豊-, 豪-, 華-.

大
9 【奡】 ⑫ 오만할 오 圖 ào
소전 奡 초서 奡 字解 ①오만하다, 남을 깔보다. ≒傲. ②힘이 세다, 헌걸차다. 〔韓愈·詩〕安貼力排奡.

大
9 【奧】 ⑫ 奥(401)과 동자

大
9 【奠】 ⑫ 제사 지낼 전 圖 diàn
소전 奠 초서 奠 간체 奠 字源 會意. 酋+丌→奠. 빚은 지 오래된 술(酋)을 대(丌) 위에 올려놓는 데서 주식(酒食)을 갖추어 '제사 지내다'라는 뜻을 나타낸다.
字解 ①제사 지내다. 〔詩經〕于以奠之. ②전. 장례 전에 영좌 앞에 술·과실 등을 차려 놓는 일. ③정하다, 정해지다. ≒定. 〔書經〕奠高山大川. ④두다, 안치(安置)하다. 〔詩經〕于以奠之. ⑤제수, 신불에 올리는 물건. ¶香奠. ⑥드리다, 바치다, 받들어 올리다.
【奠居 전거】 있을 곳을 정함. 奠接(전접).
【奠都 전도】 도읍을 정함.
【奠物 전물】 부처나 신에게 올리는 물건.
【奠雁 전안】 ①기러기를 헌상하는 일. ○경(卿)·대부(大夫)가 임금을 알현할 때 빙물(聘物)로 기러기를 사용하였음. ②혼인 때 신랑이 기러기를 가지고 신부집에 가서 상 위에 놓고 절하는 예(禮).
【奠儀 전의】 죽은 사람의 영전에 바치는 물건.
【奠接 전접】 살 곳을 정함.
【奠枕 전침】 베개를 정함. 정착함. 또는 안정함.
【奠饗 전향】 음식을 차려놓고 제사 지냄.
○ 饋-, 薄-, 夕-, 釋-, 祭-, 進-.

大
10 【奧】 ⑬ ❶속 오 圖 ào
❷따뜻할 욱 圍 yù
소전 奧 초서 奥 동자 奥 동자 奧 속자 奧
參考 대법원 지정 인명용 한자음은 '오'이다.
字解 ❶①속, 깊숙한 안쪽. 〔張協·七命〕呑響乎幽山之窮奧. ②아랫목. 방 안에서 가장 깊숙한 곳. 〔楚辭〕經堂入奧. ③안, 나라의 안. 〔春秋左氏傳〕國有奧主. ④깊숙하다, 그윽하다. ¶奧妙. ⑤흐리다, 흐려지다. ≒澳. 〔班固·典引〕有沈而奧. ❷①따뜻하다, 덥다. ≒燠. 〔詩經〕安且奧兮. ②후미, 굽이. ≒隩. 〔漢書〕四奧旣宅.
【奧境 오경】 깊고 오묘한 경지. 奧旨(오지).

【奧區 오구】 깊숙한 곳. 나라의 중심이 되는 곳.
【奧妙 오묘】 심오(深奧)하고 미묘(微妙)함.
【奧衍 오연】 문장의 의미가 심오함.
【奧窔 오요】 방의 깊숙한 곳. ○'奧'는 '방의 서남쪽 구석', '窔'는 '동남쪽 구석'을 뜻함.
【奧藏 오장】 깊숙이 숨은 곳.
【奧主 오주】 ①생각이 깊어 사람을 볼 줄 아는 총명한 임금. ②깊은 방에 거처하는 주인. ③나라 안에 있는 주인.
【奧旨 오지】 학예 따위의 심오한 뜻.
○ 祕-, 深-, 幽-, 玄-.

大
10 【奬】 ⑬ 奬(401)의 속자

大
10 【奪】 ⑬ 奪(401)의 본자

大
11 【奩】 ⑭ 화장 상자 렴 圖 lián
초서 奩 동자 匳 동자 區 간체 奁 字解 ①화장 상자. 부인들의 화장용 제구를 담는 그릇. 〔後漢書〕帝視大后鏡奩中物. ②궤짝, 함. 〔蘇軾·詩〕春蚓秋蛇總入奩.
【奩幣 염폐】 시집갈 때 가져가는 화장용 제구와 지참금(持參金).

大
11 【奬】 ⑭ 권면할 장 圍 jiǎng
丨 丬 ㅓ 丬ㅓ 丬夕 將 將 將 奬 奬
속자 奬 간체 奖 字源 形聲. 將+大→奬. '將(장)'이 음을 나타낸다.
字解 ①권면하다, 권장하다. ¶奬勵. ②돕다. 〔春秋左氏傳〕皆奬王室. ③칭찬하다, 표창하다. ④이루다, 성취하다. 〔國語〕以奬王室.
【奬勸 장권】 장려하여 권함.
【奬導 장도】 권장하고 인도함.
【奬勵 장려】 권하여 힘쓰게 함.
【奬拔 장발】 장점(長點)을 추어 주며 발탁함.
【奬率 장솔】 격려하며 이끎.
【奬順 장순】 권하여 따라 행하게 함.
【奬諭 장유】 권하여 타이름.
【奬挹 장읍】 사람을 추천함. 칭찬함.
【奬進 장진】 권해서 나아가게 함. 권하여 이끎.
【奬擢 장탁】 장려하여 발탁(拔擢)함.
【奬學 장학】 학문을 장려함.
【奬訓 장훈】 권장하여 가르침.
○ 勸-, 推-, 褒-, 訓-.

大
11 【奪】 ⑭ 빼앗을 탈 圖 duó
一 ナ 大 本 夲 査 奞 奞 奪 奪
소전 奪 초서 奪 간체 夺 字源 會意. 大+隹+寸→奪. 옷

〔衣〕안에 있는 새〔隹〕를 손〔寸〕으로 잡으려는 모습으로, 손에 쥐고 있던 새를 놓쳤다는 데서 '빼앗기다, 잃다' 등의 뜻을 나타낸다. 윗부분의 大는 衣 자를 잘못 쓴 것이 굳어진 것이다.

字解 ①빼앗다, 약탈하다. ㉮징수하다, 징발하다. 〔論語〕奪伯氏駢邑三百. ㉯강요하여 취하다. 〔史記〕毋爲家所奪. ㉰쳐서 얻다, 공격하여 취하다. 〔史記〕襲奪帝王軍. ㉱훔치다, 도둑질하다. 〔書經〕奪攘矯虔. ㉲바꾸다. 〔後漢書〕未有不允豫奪常者也. ②잃다, 잃게 되다. 〔孟子〕勿奪其時. ③없어지다, 탈진하다. 〔素問〕精氣奪則虛也. ④선양되다, 널리 떨치다. ⑤어지러워지다, 혼란해지다. 〔禮記〕給奪慈仁. ⑥잘못하다, 틀리다. ⑦정하다, 결정하다, 가부를 결정하다. 〔名義考〕行移家以祥定爲奪.

【奪氣 탈기】①놀라거나 겁에 질려 기운이 빠짐. ②國몹시 지쳐서 기운이 빠짐.
【奪倫 탈륜】 질서를 어지럽힘.
【奪目 탈목】 강렬한 빛 때문에 눈이 부심.
【奪席 탈석】 남의 지위를 빼앗음.
【奪衣婆 탈의파】 (佛)죽어 지옥으로 가는 도중 삼도(三途)의 냇가에 이르면 입었던 옷을 빼앗는다는 귀신 할미.
【奪嫡 탈적】 서자(庶子)가 적자(嫡子)의 자리에 들어섬.
【奪情 탈정】 친상(親喪) 중인 사람에게 출사(出仕)를 명(命)하는 일. 복(服)을 입는 효심을 빼앗는다는 뜻.
【奪志 탈지】 강제로 남의 지조를 굽히게 함.
【奪胎 탈태】 옛 사람의 시(詩)를 바탕으로 하여 말을 만듦. 奪胎換骨(탈태환골).
【奪還 탈환】 다시 빼앗아 찾음.
●强一, 劫一, 剝一, 略一, 掠一, 與一, 爭一, 侵一.

大 12 【奭】 ⑮ ❶클 석 囿 shì ❷붉을 혁 囿 shì
參考 대법원 지정 인명용 한자의 음은 '석'이다.
字解 ①크다, 성하다. 〔商君書〕農不能喜酣奭. ②성(姓). ①붉다, 붉은 모양. ≒赫. 〔詩經〕路車有奭. ②성내는 모양. 〔漢書〕如有兩宮奭將軍.

大 12 【奫】 ⑮ 물 깊고 넓을 윤 眞 yūn
字解 물이 깊고 넓다, 물이 깊고 넓은 모양.

大 13 【奮】 ⑯ 떨칠 분 問 fèn

广 六 亣 本 夲 奓 奪 奞 奮

字源 會意. 옷〔衣〕 안에 있는 새〔隹〕가 몸부림치며 탈출해서 들〔田〕로 날아간다는 뜻이다. 윗부분의 大는 衣 자를 잘못 쓴 것이 굳어진 것이다.
字解 ①떨치다, 위세·용맹·명성 등을 드날리다. ¶ 奮戰. ②흔들리다, 움직이다. 〔易經〕雷出地奮. ③격분하다, 성내다. 〔史記〕項羽怨秦破項梁軍奮. ④휘두르다, 흔들다. 〔宋書〕手奮長刀. ⑤힘내다. 〔史記〕自奮絶脰而死.
【奮激 분격】 세차게 마음을 떨쳐 일으킴.
【奮擊 분격】 용감하여 적을 침. 또는 그 병사.
【奮勁 분경】 떨쳐 일어나 억셈.
【奮起 분기】 힘차게 기운을 내어 일어남.
【奮怒 분노】 분하여 몹시 성냄. 忿怒(분노).
【奮勵 분려】 마음과 힘을 떨쳐 힘씀.
【奮力 분력】 힘을 떨침. 분발(奮發)함.
【奮發 분발】 마음과 힘을 떨쳐 일어남.
【奮飛 분비】 새가 날개를 활짝 펴고 세차게 높이 날아오르는 모양.
【奮臂 분비】 팔뚝을 흔듦. 곧, 힘을 내어 용기를 북돋움.
【奮辭 분사】 큰소리. 호언장담.
【奮迅 분신】 떨쳐 일어나 기세가 성함.
【奮躍 분약】 떨쳐 일어남. 분발하여 일어남.
【奮揚 분양】 떨쳐 일으킴. 發揚(발양).
【奮然 분연】 분발하여 일어나는 모양.
【奮戰 분전】 힘껏 싸움.
【奮進 분진】 기운을 떨쳐 나아감.
【奮討 분토】 힘을 다하여 토벌함.
【奮效 분효】 분기하여 힘씀.
●感一, 發一, 自一, 興一.

大 15 【奰】 ⑱ 성낼 비 寘 bì
字解 ①성내다. 〔詩經〕內奰于中國. ②장대하다.
【奰逆 비역】 분(憤)이 쌓여 난을 일으킴.

大 21 【虁】 ㉔ ❶관대할 차 馬 chě ❷풍부한 모양 타 哿 duǒ
參考 대법원 지정 인명용 한자의 음은 '차'이다.
字解 ①관대(寬大)하다. ②풍부한 모양.

女 部

3획 부수 | 계집녀부

女 0 【女】 ③ ❶계집 녀 語 nǚ ❷너 여 語 rǔ ❸짝 지을 녀 禦 nǜ

字源 象形. 사람이 무릎을 꿇고 두 손을 가지런히 모으고 앉아 있는 모습을 그린 것이다.

字解 ❶①계집, 여자.〔易經〕女正位乎內. ②딸, 처녀.〔春秋左氏傳〕諸侯之女. ③작고 연약한 것의 비유.〔詩經〕猗彼女桑. ❷녀. 늑汝.〔孝經〕女知之乎. ❸①짝 짓다, 짝 지어 주다, 시집보내다.〔書經〕女于時. ②섬기다.〔漢書〕奚必云女彼高邸.

【女傑 여걸】여장부(女丈夫).
【女莖 여경】국화(菊花)의 딴 이름.
【女戒 여계】여색(女色)에 대한 경계.
【女公 여공】손위의 시누이.
【女紅 여공】여자들이 하는 일. ○'紅'은 '工'으로 '베를 짜다'를 뜻함.
【女官 여관】궁녀(宮女). 나인(內人).
【女校書 여교서】기녀(妓女). ○당대(唐代)의 문재(文才) 있는 기녀 설도(薛濤)가 책을 교정한 데서 온 말.
【女國 여국】①여자들만 산다는 동방(東方)의 해중(海中)에 있다는 전설의 나라. 女人國(여인국). ②여자만 사는 곳.
【女君 여군】①첩이 본처를 부르는 말. ②황후(皇后).
【女權 여권】여성의 사회적 권리.
【女紀 여기】여자가 지킬 법도(法度).
【女難 여난】여색 때문에 당하는 곤란함.
【女娘 여낭】묘령의 여자. 아가씨.
【女德 여덕】①여자로서 마땅히 행하여야 할 도리. 婦德(부덕). ②여자의 성정(性情). ③여색(女色). ④비구니. ○송(宋) 휘종(徽宗)이 '니(尼)'를 고쳐서 부른 이름.
【女徒 여도】죄를 저질러서 종이 된 여자.
【女郞 여랑】소녀(少女).
【女伶 여령】①진연(進宴)에 참가하는 기생. ②진연 때 의장(儀仗)을 드는 여자 종.
【女禮 여례】여자의 예법.
【女巫 여무】무당.
【女卜 여복】여자 점쟁이.
【女士 여사】학문과 덕행이 있는 여자.
【女史 여사】①주대(周代)에 왕후(王后)의 예사(禮事)를 맡아보던 여관(女官). ②후궁(後宮)의 기록을 맡아보던 여관(女官).
【女色 여색】①미인. ②여자와의 육체적 관계.
【女壻 여서】사위. 딸의 남편.
【女星 여성】수선화(水仙花)의 딴 이름.
【女息 여식】딸.
【女謁 여알】궁녀가 임금의 총애를 믿고, 권세를 농간하며 청탁을 하는 일.
【女御 여어】주대(周代)의 여관(女官). 임금의 숙식(宿食)을 시중함.
【女媧氏 여왜씨】①중국 상고 시대 임금의 이름. 복희씨(伏羲氏)의 누이. 오색(五色)의 돌을 반죽해서 하늘을 깁고, 큰 거북의 발을 잘라서 사극(四極)을 세웠다고 함. 女希(여희). ②우(禹)의 비(妃). 女嬌(여교).
【女垣 여원】성(城) 위의 얕은 담. 성가퀴.
【女戎 여융】여자로 인한 재앙. 女禍(여화).
【女夷 여이】①풍신(風神)의 이름. ②꽃의 신(神). ③봄·여름에 만물의 생장을 맡은 신.

【女牆 여장】☞女垣(여원).
【女賊 여적】①(佛)남자의 마음을 어지럽히는 여색(女色). ②여자 도둑.
【女節 여절】①국화(菊花)의 딴 이름. ②상고 시대 방뢰씨(方雷氏)의 딸. 황제(黃帝)의 비(妃)였음.
【女貞 여정】①여자의 절개가 바름. ②광나무.
【女直 여직】여진(女眞)의 딴 이름. ○요(遼) 흥종(興宗)의 이름이 종진(宗眞)이었으므로, 요인(遼人)이 그 어휘(御諱)를 피하여 '眞'을 '直'으로 고친 데서 온 말.
【女妻 여처】나이가 어린 아내.
【女儈 여쾌】①중매하는 여인. ②부녀자의 매매를 거간하는 여자.
【女必從夫 여필종부】아내는 반드시 남편을 따라야 함.
【女楷 여해】여자의 본보기. 女鑑(여감).
【女戶 여호】과부의 집. 남자가 없어 여자가 주장(主掌)인 집안.
【女禍 여화】여색(女色)으로 인한 재앙. 여색에 빠져 일을 그르침.
【女訓 여훈】여자가 지켜야 할 교훈.
❶ 歌-, 工-, 宮-, 妓-, 美-, 婦-, 石-, 仙-, 少-, 淑-, 侍-, 養-, 烈-, 長-, 織-, 姪-, 次-, 處-, 下-, 海-.

女 2【奶】⑤ 젖 내 圖 nǎi

本字 嬭 初書 奶 字解 ①젖. ¶ 奶娘. ②유모, 어머니. ¶ 奶奶.
【奶奶 내내】①하인(종)이 젊은 주부(主婦)를 일컫는 말. ②손자가 조모를 부르는 말. ③형수(兄嫂). ④現부인(婦人)의 존칭.
【奶娘 내랑】現유모.

女 2【奴】⑤ 종 노 庚 nú

< ㄠ ㄠ 奴 奴

小篆 奴 古文 奴 初書 奴 字源 會意. 女+又→奴. 여자(女)가 일을 한다(又)는 데서 '종'의 뜻을 나타낸다.
字解 ①종, 노예. ㉮관노(官奴), 죄에 연좌되어 관청의 천업에 종사하는 남녀. ㉯남자 종.〔宋書〕耕當問奴, 織當問婢. ㉰하인, 천한 일에 종사하는 사람.〔晉書〕樗蒲者, 牧猪奴技耳. ②포로. 옛날에 포로를 노예로 한 데서 온 말. ③자기의 비칭.〔宋史〕楊太妃垂簾與群臣語, 猶自稱奴. ④접미어. 동물·식물·집기 등의 명사에 붙여 쓴다.〔黃庭堅·詩〕青奴元不解梳粧. ⑤놈, 천한 놈.〔晉書〕叛逆胡奴.
【奴角 노각】①무소의 딴 이름. ②코뿔소의 뿔.
【奴虜 노로】사로잡혀 노예가 된 사람.
【奴戮 노륙】욕보여 종으로 삼음. 종으로 삶.
【奴僕 노복】사내 종.
【奴婢 노비】남자 종과 여자 종.
【奴書 노서】아무리 공부하여도 좀처럼 늘지 않

는 사람의 글씨.
【奴視 노시】종 대하듯 함. 깔봄.
【奴顔婢膝 노안비슬】노비의 태도. 남을 대할 때 비굴(卑屈)한 태도를 보이는 일.
【奴隷 노예】자유를 잃어 남에게 부림을 당하고, 매매 대상이었던 신분의 사람.
【奴才 노재】①열등(劣等)한 재주. ②자기의 비칭. ③현노복(奴僕).
【奴畜 노휵】종처럼 천하게 양육함.
● 家-, 官-, 農-, 賣國-, 匈-, 黑-.

女2 【妣】⑤ 妣(408)의 고자

女3 【奸】⑥ ❶범할 간 寒 gān
❷간사할 간 刪 jiān

[字解] ❶①범하다, 위반하다, 저지르다. 늑干. 〔春秋左氏傳〕臣敢奸之. ②간통하다, 간음의 죄를 범하다. 늑姦. ③구하다, 요구하다. 〔史記〕以漁釣奸周西伯. ❷간사하다. 늑姦. 〔管子〕奸邪得行.
【奸計 간계】간교한 꾀나 속임수.
【奸巧 간교】간사하고 교활함.
【奸佞 간녕】마음이 비뚤어지고 간사함. 또는 그 사람.
【奸黨 간당】간사한 무리. 나쁜 도당.
【奸毒 간독】간사하고 독살스러움.
【奸婦 간부】간악한 여자. 간음한 여자.
【奸邪 간사】성품이 간교하고 바르지 못함.
【奸詐 간사】교묘하게 남을 속임.
【奸細 간세】간사한 짓을 하는 사람.
【奸臣賊子 간신적자】간사한 신하와 부모에게 거역하는 자식.
【奸惡 간악】간사하고 악독함.
【奸雄 간웅】간악한 지혜가 많은 사람.
【奸才 간재】간사한 재주.
【奸賊 간적】간악한 도적.
【奸慝 간특】간악하고 능갈침.
【奸鄕 간향】간악한 좌수(座首)나 별감(別監).
【奸猾 간활】간특하고 교활함. 또는 그런 사람.
【奸譎 간휼】간사하고 음흉함.
【奸凶 간흉】흉악함. 또는 그런 사람.
【奸黠 간힐】간사하고 꾀바름.
● 弄-.

女3 【妄】⑥ 망령될 망 漾 wàng

丶亠亡亡妄妄

[字解] 形聲. 亡+女→妄. '亡(망)'이 음을 나타낸다.
[字解] ①망령되다, 말이나 행동이 도리나 예의에 어그러지다. 〔列子〕好怪而妄言. ②허망하다, 헛되다. ¶妄想. ③거짓. 〔圓覺經〕認妄爲眞. ④대개, 모두, 널리. 〔漢書〕諸妄校尉下. ⑤잊다, 잊어버리다. 늑忘. 〔易經〕物與无妄.

⑥제멋대로, 함부로. 〔禮記〕不妄指.
【妄擧 망거】분별하지 않고 제멋대로 날뛰는 행동. 輕擧妄動(경거망동).
【妄計 망계】무모(無謀)한 계획.
【妄斷 망단】멋대로 판단함. 그릇된 판단.
【妄靈 망령】늙거나 정신이 온전하지 못하여 언행이 정상적이지 못함.
【妄謬 망류】거짓과 잘못. 엉터리.
【妄想之纆 망상지승】(佛)몸을 괴롭히는 미혹(迷惑).
【妄信 망신】함부로 그릇 믿음.
【妄心 망심】(佛)무명(無名)의 마음. 미망(迷妄)의 마음.
【妄言 망언】법도에 맞지 않는 그릇된 말. 妄發(망발).
【妄妖 망요】망령되고 요사스러움.
【妄意 망의】①망령된 생각. ②멋대로 생각함.
【妄人 망인】무슨 일이나 사리를 모르고 되는대로 거칠게 하는 사람.
【妄認 망인】잘못 인정함. 誤認(오인).
【妄自尊大 망자존대】함부로 저만 잘난 체하고 남을 경시(輕視)함.
【妄傳 망전】허황된 전달.
【妄進 망진】멋대로 나아감. 무턱대고 나아감.
【妄執 망집】①망령된 고집. ②(佛)망상을 고치지 못하고 집착하려는 일.
【妄誕 망탄】터무니없는 거짓말.
【妄悖 망패】망령되고 막됨.
● 老-, 無-, 迷-, 妖-, 僞-, 虛-, 荒-.

女3 【妃】⑥ ❶왕비 비 微 fēi
❷짝 맞출 배 隊 pèi

[字源] 形聲. 女+己→妃. '己(기)'가 음을 나타내다.
[字解] ❶①왕비. 〔春秋左氏傳〕惠公元妃孟子. ④황태자의 아내. 〔新唐書〕皇太子納妃. ②여신(女神)의 존칭. ❷①짝을 맞추다. 늑配. 〔春秋左氏傳〕子叔姬妃齊昭公. ②짝, 배우자.
【妃嬪 비빈】①圖비(妃)와 빈(嬪). 임금의 정실(正室)과 소실(小室). ②여관(女官) 이름.
【妃色 비색】①여색(女色). ②현담홍색(淡紅色).
【妃耦 비우】배필. 배우자.
【妃妾 비첩】첩. 소실(小室). 側室(측실).
【妃合 비합】배필. 배우자.
● 貴-, 大-, 王-, 正-, 太子-, 后-.

女3 【如】⑥ 같을 여 魚 rú

丶ㄅ女如如如

[字源] 形聲. 女+口→如. '女(녀)'가 음을 나타낸다.
[字解] ①같다. ㉮다르지 않다, 한 모양으로 되어 있다. 〔詩經〕一日不見如三秋兮. ㉯~로

짐작되다, ~인 것 같다. 〔史記〕出如食頃, 秦追果至關. **②같게 하다**, ~과 같이 하다. 〔孟子〕如舜而已矣. **③따르다**, 좇다. 〔史記〕懷王曰, 如約. **④가다**, 일정한 곳에 이르다. 〔呂氏春秋〕與將軍之節以如秦. **⑤어찌하랴**, 어떠하냐. ≒奈. 〔論語〕匡人其如予何. **⑥접속어**. ㉮그리하여, 그러나. ≒而. 〔春秋左氏傳〕室如縣罄. ㉯곧. ≒則. ㉰와, 과. ≒與. **⑦만일**, 만약. ≒若. 〔孟子〕王如知此則無望民之多於鄰國也. **⑧마땅히 ~하여야 하다**. ≒當. **⑨막 ~하려 하다**. ≒將. **⑩~보다**, ~에, ~에 있어서. ≒於. **⑪어조를 고르는 말**. ≒然. **⑫2월(月)의 딴 이름**. 〔爾雅〕二月爲如.

【如干 여간】얼마. 얼마간. 약간.

【如鼓琴瑟 여고금슬】거문고와 비파를 타는 것과 같음. 부부 사이가 화락함.

【如今 여금】방금(方今). 이제. 지금.

【如得千金 여득천금】천금을 얻은 것같이 마음속에 만족을 느낌.

【如來 여래】(佛)석가모니.

【如來禪 여래선】(佛)스스로 부처의 경지를 깨닫고, 그로써 남에게도 중생으로서는 알 수 없는 불가사의한 불력(佛力)을 미칠 수 있는 여래(如來)의 삼매경(三昧境).

【如流 여류】흐르는 물과 같음. ㉠수종(隨從)하는 모양. ㉡빠른 모양. ㉢치맛자락이 땅에 끌리는 모양. ㉣순조로이 진행되어 거침이 없는 모양. ㉤가면 돌아오지 않는 일. 如水(여수).

【如履薄氷 여리박빙】살얼음을 밟듯 매우 조심히고 경계하는 마음가짐.

【如反掌 여반장】손바닥을 뒤집는 것처럼 일이 썩 쉬움.

【如法 여법】(佛)①이치에 맞고 법에 맞음. ②석가(釋迦)의 교훈에 맞음.

【如臂使指 여비사지】팔이 손가락을 부림과 같음. 마음대로 사람을 부림.

【如拾遺 여습유】땅에 떨어져 있는 물건을 줍는 것처럼 일이 매우 쉬움.

【如是 여시】①그와 같이. 如斯(여사). ②지당함. 당연함.

【如是我聞 여시아문】(佛)이와 같이 나는 듣고 있음. 불교 경문(經文)의 모두(冒頭)에 쓰는 말.

【如實 여실】사실과 같음.

【如蛾赴火 여아부화】부나방이 불에 날아드는 것과 같음. 탐욕으로 말미암아 몸을 망침.

【如如 여여】①음력 2월의 딴 이름. ②변하지 않는 모양. ③(佛)사려 분별을 더하지 않은 생긴 그대로의 모습. 如實(여실).

【如怨如慕 여원여모】원망하는 것 같기도 하고 그리워하는 것 같기도 함.

【如月 여월】음력 2월.

【如月之恒 여월지항】상현달이 점차 만월로 나아감과 같음. 일이 날로 번영해짐. '恒'은 '弦'으로 '초승달'을 뜻함.

【如蝟負瓜 여위부과】國고슴도치가 오이 짊어지듯 함. 빚을 많이 짊어짐의 비유.

【如律令 여율령】법대로 집행함. 한대(漢代)에 조서나 격문 마지막에 쓰던 말.

【如意 여의】①뜻대로 함. 제 생각대로 함. 또는 일이 뜻대로 됨. ②(佛)독경·법회 등을 할 때 강사인 승려가 가지는 도구. ③도사(道士)가 가지는 영험을 나타내는 기물.

【如意寶珠 여의보주】①(佛)영묘(靈妙)한 구슬. 이것을 가지면 원하는 대로 뜻이 이루어진다고 함. ②國용의 턱 밑에 있는 구슬. 이것이 있으면 온갖 조화를 마음대로 부릴 수 있다고 함.

【如意珠 여의주】☞如意寶珠(여의보주).

【如蟻偸垤 여의투질】國개미가 둑 쌓듯 함. 자꾸 쌓아서 공을 이룸.

【如入芝蘭之室 여입지란지실】향기 풍기는 방에 들어가는 것과 같음. 착한 사람과 사귀면 저도 모르는 사이에 감화되어 또한 착해짐. 🔎'芝蘭'은 지초와 난초로 모두 향초임.

【如足如手 여족여수】발과 같고 손과 같음. 형제는 서로 떨어질 수 없는 깊은 사이임.

【如指諸掌 여지저장】손바닥을 가리킴과 같음. 일이 극히 명백하고 쉬움.

【如出一口 여출일구】한 입에서 나오는 것처럼, 여러 사람의 말이 같음.

【如廁二心 여측이심】뒷간에 갈 적 마음 다르고 올 적 마음 다름. 자기에게 긴할 때에는 다급하게 굴다가 그 일이 끝나면 마음이 변함.

【如湯沃雪 여탕옥설】끓는 물을 눈〔雪〕에 붓는 것 같음. 일이 쉽게 이루어짐.

【如何 여하】①어찌하여. ②어떻게. ③어찌하랴.

【如合符節 여합부절】부절(符節)이 합하는 것과 같음. 사물이 꼭 들어맞음.

【如或 여혹】만일. 혹시.

◑ 缺－, 突－, 焚－, 不－, 躍－, 一－, 眞－.

女 3 【妷】⑥ 궁녀 **익** 職 yì

소전  字解 **궁녀**, 여관(女官). 〔北史〕皇后率六宮三妃三妷.

女 3 【妁】⑥ 중매 **작** 藥 shuò

소전 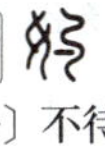 소전 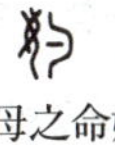 초서 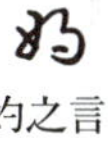 字解 **중매**, 결혼 중매. ≒酌. 〔孟子〕不待父母之命媒妁之言.

女 3 【她】⑥ ❶아가씨 **저** ㊍**자** 馬 tā ❷그녀 **타** 歌 tā

字解 **❶아가씨**, 여자. ＝姐. **❷**現**그녀**, 여성의 제3인칭.

女 3 【奼】⑥ 자랑할 **타** ㊍**차** 禡 chà

소전  字解 **①자랑하다**. ≒咤·詫. 〔司馬相如·賦〕子虛過奼烏有先生. **②소녀**, 아가씨. ＝姹.

女 3 【好】⑥ ❶좋을 **호** 晧 hǎo ❷좋아할 **호** 號 hào

女部 4획 姸

ㄱ ㅕ 女 好 好 好

[소전][초서][동자][고자] 字源 會意. 女+子→好. 젊은 여자는 아름답다는 데서 '좋다, 아름답다'라는 뜻을 나타낸다.

字解 ❶①좋다, 옳다, 마땅하다. 〔詩經〕緇衣之好兮. ②아름답다, 예쁘다. 〔國語〕不可謂好. ③자상하다. 〔顔氏家訓〕夫物體自有精麤, 精麤謂之好惡. ④의가 좋다, 화목하다. 〔詩經〕知子之好之. ⑤우의, 정분, 교분. 〔周禮〕琬圭以治德, 以結好. ⑥자, 좋아. 마땅히 ~해야 하다. 긍정하는 말. 〔魏志〕建功動動. ⑦잘, 곧잘. 걸핏하면, 자주. 〔楚辭〕好蔽美而稱惡. ④제멋대로, 방자하게 〔宋史新編〕好爲之. ⑧끝나다, 완료하다. 〔韓偓·詩〕粧好方長歎. ⑨기뻐하다. ¶ 好好. ⑩조그맣다, 귀엽다. 〔易經〕我有好爵. ⑪구멍, 벽(壁)의 구멍. 늑孔. 〔周禮〕璧羨度尺, 好三寸. ❷①좋아하다. ㉮칭찬하다, 가상히 여기다. 〔論語〕惟仁者, 能好人, 能惡人. ㉯귀여워하다, 사랑하다. 〔楚辭〕父信讒而不好. ②즐기다. 〔漢書〕今陛下好與諸生語. ③선물, 손님에게 주는 선물. 〔春秋左氏傳〕宴有好貨. ④매우. ⑤성(姓).

【好歌 호가】좋은 노래. 훌륭한 노래.
【好家居 호가거】덕이 부족한 어린 나이에 벼슬길에 나아감은 화(禍)를 부르기 때문에 집에 있으며 덕(德)을 잘 닦으라는 말.
【好感 호감】좋은 감정.
【好仇 호구】좋은 반려(伴侶). 늑好逑(호구).
【好逑 호구】좋은 짝. 좋은 배우자.
【好奇 호기】신기한 것을 좋아함.
【好氣 호기】①혈기(血氣)에 날뜀. ②천지(天地)의 아름다운 기운. ③좋은 향기.
【好期 호기】좋은 시기.
【好機 호기】좋은 기회.
【好奇心 호기심】신기하거나 새로운 것에 끌리는 마음.
【好女 호녀】아름다운 여자. 美女(미녀).
【好大 호대】①풍 떨기를 좋아함. ②現매우 큼.
【好名 호명】①명예를 좋아함. ②現좋은 평판(評判).
【好物 호물】①좋은 물건. ②좋아하는 일. ③좋아하는 음식.
【好味 호미】맛이 좋음. 또는 좋은 맛.
【好不好 호불호】좋음과 좋지 않음. 好否(호부).
【好士 호사】①훌륭한 인물을 좋아함. ②훌륭한 인물.
【好事 호사】①좋은 일. 은택을 베푸는 일. 유익한 일. 善事(선사). ②윗사람을 잘 섬김. ③경(經)을 읽으며 불사(佛事)를 영위함. 法事(법사). ④기쁜 일. 慶事(경사). ⑤진귀한 일을 좋아함. 好奇(호기). ⑥일을 벌여 놓기를 좋아함.
【好辭 호사】①좋은 말. 교묘한 말. ②사(辭)를 즐겨 지음. ◦'辭'는 운문(韻文)의 한 가지.
【好事多魔 호사다마】좋은 일이 있을 때는 이를 방해하는 일이 따라 들기 쉬움.
【好尙 호상】즐기고 좋아하는 것.
【好喪 호상】오래 살고 자손이 잘 되어 복이 많은 사람의 죽음.
【好色 호색】①아름다운 용모. ②여색(女色)을 좋아함.
【好生 호생】①생명을 소중히 함. ②심히. 몹시. 매우.
【好聲 호성】좋은 소리. 아름다운 소리.
【好羞 호수】맛있는 음식.
【好勝 호승】경쟁하여 이기고자 하는 마음이 강함. 승벽(勝癖)이 대단함.
【好心好報 호심호보】착한 마음을 쓰면 좋은 갚음을 받음.
【好狎 호압】무람없이 굶.
【好言 호언】좋은 말. 훌륭한 말.
【好惡 호오】좋아함과 싫어함. 愛憎(애증).
【好雨 호우】때에 맞추어 내리는 비.
【好竽鼓瑟 호우고슬】피리를 좋아하는데 거문고를 탐. ㉠남이 좋아하는 바에 맞지 않음. ㉡구(求)하는 방법이 틀림. 故事 제(齊)나라 왕이 피리를 좋아하였는데, 제나라에서 벼슬하고자 하는 사람이 궁문 앞에서 3년 동안 거문고를 타고도 벼슬을 얻지 못하였다는 고사에서 온 말.
【好音 호음】①기쁜 소식. ②고운 소리. 아름다운 소리. ③친절한 말씨.
【好意 호의】호감(好感). 친절한 마음.
【好衣好食 호의호식】잘 입고 잘 먹음.
【好人 호인】①일을 잘하는 사람. 솜씨가 좋은 사람. ②남편. ③마음이 좋은 사람. 품행이 순정(純正)한 사람.
【好在 호재】작별할 때 상대에게 건강하게 지내기를 빈다는 인사말.
【好敵手 호적수】대등한 상대. 좋은 상대.
【好晴 호청】좋은 날씨. 활짝 갠 날씨.
【好醜 호추】얼굴의 예쁨과 못남.
【好時侯 호치후】종이의 딴 이름.
【好評 호평】좋은 평판.
【好下物 호하물】좋은 술안주. ◦'下物'은 '술을 잘 내리게 하는 것'을 뜻함.
【好漢 호한】①쓸 있는 훌륭한 사나이. 좋은 사람. ②용감한 사람.
【好漢識好漢 호한식호한】위인(偉人)은 위인을 알아봄.
【好合 호합】마음이 맞음.
【好好 호호】①기뻐하는 모양. ②몹시 좋음. ③좋은 사람을 좋아함.
【好況 호황】경기(景氣)가 좋은 상황.
◐ 嗜―, 同―, 不―, 修―, 愛―, 良―, 友―, 絶―.

女 4 姸 ⑦ ❶외숙모 금 囯 jīn ❷방정맞을 함 囸 xiān
[소전][소전] 鑫攷 대법원 지정 인명용 한자의 음은 '금'이다.
字解 ❶외숙모. 외삼촌의 아내. 〔聊齋志異〕兒少受身姸. ❷①방정맞다. ②기뻐하는 모양.

女部 4획 妓 妠 姌 妙 妨 妢

女4 【妓】㉠ 기생 기 紙 jì

소전 특 초서 妓 字解 ❶기생, 노래나 춤을 파는 여자.〔後漢書〕發取妓女御者. ❷창녀, 유녀.〔陳子·詩〕翠戶妝營妓, 紅橋稅海商. ❸음전한 여자, 미녀(美女).

【妓女 기녀】노래하고 춤추는 일로 생계를 꾸리거나, 몸을 파는 일을 업으로 하던 여자. 妓生(기생).

【妓樂 기악】①기생과 음악. ②기생이 연주하는 음악.

❶官−, 童−, 名−, 義−, 娼−, 退−.

女4 【妠】㉠ ❶장가들 납 合 nà ❷살찔 놜 黠 nà

字解 ❶장가들다.〔後漢書〕順烈梁皇后諱妠. ❷살찌다, 어린아이의 살찐 모양.

女4 【姌】㉠ 날씬할 념 琰 rǎn

소전 姌 동자 姺 字解 날씬하다, 여자의 모습이 우아하고 날씬하다.

女4 【妙】㉠ 묘할 묘 嘯 miào

〔ㄑ ㄑ 女 女 女丿 妙 妙〕

초서 妙 동자 竗 동자 玅 동자 䂤 字源 形聲. 女+少→妙. '少(소)'가 음을 나타낸다.

字解 ①묘하다. ㉮재주·솜씨·꾀 등이 뛰어나거나 약빠르다. ¶妙策. ㉯생김새·동작 등이 신기하거나 보기 좋다. ¶妙技. ㉰호기심을 끌 정도로 별스럽다. ②젊다, 나이가 20살 안팎이다. ¶妙齡. ③멀다.〔韓非子〕妙遠不測.

【妙歌 묘가】절묘한 노래. 소리가 아름답고 썩 잘 부르는 노래.

【妙覺 묘각】(佛)좋은 깨달음. 불과(佛果)의 무상정각(無上正覺) 따위.

【妙簡 묘간】잘 골라 뽑음. 정밀하게 뽑음.

【妙感 묘감】이상한 감응(感應). 예측할 수 없는 신묘한 감응.

【妙訣 묘결】뛰어난 방법. 영묘한 비결.

【妙計 묘계】교묘한 계책.

【妙契 묘계】기묘하게 부합(符合)함.

【妙果 묘과】(佛)묘한 인연(因緣)에 의하여 생기는 훌륭한 결과. 곧, 보리(菩提)·열반(涅槃).

【妙極 묘극】①절묘함이 더할 데 없음. ②現좋음. 훌륭함.

【妙齡 묘령】①기예(技藝)에 뛰어난 기생. ②얼굴이 예쁘고 몸매가 날씬한 기생.

【妙技 묘기】기묘한 재주.

【妙德 묘덕】①썩 뛰어난 덕. 또는 그런 덕을 갖춘 사람. ②(佛)문수보살(文殊菩薩).

【妙道 묘도】오묘한 도(道). 최상의 방법.

【妙麗 묘려】용모가 뛰어나게 아름다움.

【妙齡 묘령】여자 스물 안팎의 나이.

【妙味 묘미】미묘한 재미.

【妙方 묘방】①교묘한 방법. ②효험 있는 처방.

【妙法 묘법】①기묘한 방법. ②(佛)대승(大乘)의 법. 특히 묘법연화경(妙法蓮華經)을 이름.

【妙士 묘사】훌륭한 인물(人物).

【妙思 묘사】뛰어난 생각. 영묘(靈妙)한 사상.

【妙算 묘산】교묘한 계책. 妙策(묘책).

【妙速 묘속】교묘하고 신속함.

【妙數 묘수】①기묘한 운수. ②묘한 수.

【妙身 묘신】어린 몸.

【妙樂 묘악】❶묘악 ❷묘락】❶오묘한 음악. 妙曲(묘곡). ❷선미(善美)하고 즐거움.

【妙藥 묘약】효과가 탁월한 약.

【妙語 묘어】풍취 있는 말. 묘미(妙味) 있는 말. 미묘한 말.

【妙悟 묘오】충분히 깨달음. 극치(極致)에 도달한 깊은 깨달음.

【妙意 묘의】심오한 생각.

【妙才 묘재】뛰어난 재주. 걸출한 재능.

【妙在心手 묘재심수】기예가 뛰어남은 그 사람의 마음과 손에 달려 있음.

【妙典 묘전】미묘한 내용의 서적. 불교 서적.

【妙絕 묘절】더할 나위 없이 묘함.

【妙策 묘책】교묘한 계책.

【妙處 묘처】뛰어난 곳. 언어로 표현할 수 없을 정도로 멋이 있는 곳. 妙所(묘소). 妙境(묘경).

【妙諦 묘체】뛰어난 진리.

【妙態 묘태】아름다운 자태. 妙姿(묘자).

【妙品 묘품】훌륭한 작품. 뛰어난 작품. 名作(명작), 佳作(가작).

【妙筆 묘필】썩 잘 쓴 글씨나 썩 잘 그린 그림.

【妙解 묘해】신기하게 잘 풂. 훌륭히 해석함. 또는 그 일.

【妙訓 묘훈】훌륭한 가르침. 의미 심원(深遠)한 교훈. 名敎(명교).

❶高−, 巧−, 奇−, 微−, 神−, 英−, 奧−, 絕−, 玄−.

女4 【妨】㉠ 방해할 방 陽 fáng

〔ㄑ ㄑ 女 女 女一 妨 妨〕

소전 妨 초서 妨 字源 形聲. 女+方→妨. '方(방)'이 음을 나타낸다.

字解 ①방해하다.〔楚辭〕敬而無妨. ②거리끼다.〔韓愈·詩〕叉牙妨食物. ③해롭게 하다, 해치다.〔國語〕將妨於國家.

【妨遏 방알】방해하여 막음.

【妨沮 방저】방해함. 헤살 놓음.

【妨害 방해】남의 일을 잘못되게 함.

【妨賢 방현】어진 사람의 진로를 막음.

女4 【妢】㉠ 나라 이름 분 文 fén

字解 나라 이름.

【妢胡 분호】중국 초(楚)나라 가까이 있었던 나라의 이름.

女部 4획 妣 妤 姸 妧 妖 妘 妊 妝 姃 妐 妥

妣 ㉠ 죽은 어미 비 🅲 bǐ
字解 ①죽은 어미. ②어미. 〔書經〕百姓如喪考妣.

妤 ㉠ 여관 여 🅰 yú
字解 ①여관(女官), 한대(漢代) 궁녀의 벼슬 이름. ②아름답다. =伃.

姸 ㉠ 姸(414)의 속자

妧 ㉠ 좋을 완 🅲 wàn
字解 좋다, 곱다.

妖 ㉠ 아리따울 요 🅰 yāo
字解 ①아리땁다, 아름답다. ¶ 妖艶. ②괴이하다, 요망하다. 〔荀子〕口言善身行惡國妖也. ③도깨비, 요사한 귀신. 〔呂氏春秋〕若國有妖乎.
【妖蠱 요고】교태를 지어 남을 매혹함. 남을 호릴 정도로 요염함.
【妖怪 요괴】도깨비. 요사스러운 귀신.
【妖氣 요기】상서롭지 못하고 요사스러운 기운.
【妖女 요녀】①요염한 여자. 妖媛(요원). ②요망하고 간사스러운 계집. 妖婦(요부).
【妖童 요동】예쁘고 잘생긴 소년. 또는 남색(男色). 妖僮(요동).
【妖靈 요령】도깨비. 요괴(妖怪).
【妖魔 요마】요망하고 간사스러운 마귀.
【妖妄 요망】①요사스럽고 망령됨. ②언행이 경솔함.
【妖魅 요매】괴상한 도깨비. 妖怪(요괴).
【妖妙 요묘】우아하고 아리따움.
【妖霧 요무】①해를 끼치는 나쁜 안개. 惡霧(악무). ②나쁜 풍습. 악습(惡習).
【妖物 요물】요사스러운 사람. 또는 그런 존재.
【妖靡 요미】요사스럽고 아름다움.
【妖變 요변】①요사스럽게 행동함. ②요사스러운 변화나 사건.
【妖氛 요분】①불길한 기운. ②전란(戰亂).
【妖邪 요사】요망하고 사악함.
【妖眚 요생】화. 불행. 재난.
【妖術 요술】사람을 현혹하는 기이한 술법.
【妖僧 요승】정도(正道)를 어지럽히는 요사스러운 승려.
【妖冶 요야】요염하고 아름다움. 또는 그런 자태.
【妖孼 요얼】재앙(災殃). 또는 재앙의 징조.
【妖姸 요연】요염하게 아리따움.
【妖艶 요염】사람의 마음을 움직일 정도로 매우 아름다움.
【妖婉 요완】요염하게 아리따움.
【妖妖 요요】요염하고 아름다운 모양.
【妖嬈 요요】아름답고 요염함. 또는 그런 부인.
【妖雲 요운】불길한 낌새가 있는 구름.
【妖異 요이】요사스럽고 괴상함.
【妖精 요정】①요사스러운 정기(精氣). 도깨비. ②사람을 미혹(迷惑)시킬 만한 아름다운 여자.
【妖誕 요탄】언행이 괴상하고 허무맹랑함.
【妖態 요태】요염하게 애교 부리는 태도.
【妖嬖 요폐】요염하여 귀여움을 받는 사람.
【妖惑 요혹】괴상한 말로 남을 미혹하게 함.
【妖火 요화】괴이한 불. 도깨비 불.
【妖幻 요환】야릇한 술법으로 사람의 눈을 속임. 홀리어 정신을 헷갈리게 함.
【妖釁 요흔】재앙의 조짐.
【妖姬 요희】요사스럽고 간사한 계집.

妘 ㉠ 성 운 🅲 yún
字解 ①성(姓). 중국의 성씨. ②여자의 자(字).

妊 ㉠ 아이 밸 임 🅰 rèn
字解 아이를 배다. ¶ 妊婦.
【妊婦 임부】아이를 잉태한 여자.
【妊娠 임신】아이를 뱀.
❶ 可－, 不－, 避－, 懷－.

妝 ㉠ 꾸밀 장 🅰 zhuāng
字解 ①꾸미다. =粧. ㉮화장하다, 좋게 드러나도록 매만져 차리다. ¶ 妝奩. ❹사실인 것처럼 거짓으로 하다. ②화장, 단장. 〔李商隱·詩〕忍寒應欲試梅妝.
【妝匣 장갑】☞妝奩(장렴).
【妝奩 장렴】화장 도구를 담아 두는 상자.
【妝扮 장분】치장하는 일.
【妝靚 장정】단장하여 꾸밈.

姃 ㉠ 안존할 정 🅲 jìng
字解 안존하다, 얌전하고 조용함.

妐 ㉠ 아주버니 종 🅰 zhōng
字解 ①아주버니. 남편의 형. 〔爾雅〕夫之兄爲兄妐. ②시아버지. 〔呂氏春秋〕姑妐知之. ③맏시누이.

妥 ㉠ 온당할 타 🅲 tuǒ

一 ⺈ ⺈ 四 乎 妥 妥

女部 4～5획 妒 妎 姑 㚻 姌 姂 妮 妲 姏 姈 妺 妹

【字源】 會意. 宀＋女→安. 손〔宀〕으로 여자〔女〕를 어루만져 편안하게 한다는 뜻을 나타낸다.
【字解】 ①온당하다, 마땅하다. 〔韓愈·詩〕語法就平安. ②편온하다. ③편히 앉다. 편히 앉히다. 〔儀禮〕祝主人皆拜安尸. ④떨어지다. ≒墮. 〔杜甫·詩〕花安鶯捎蝶.
【安結 타결】 서로 타협하여 합의를 봄.
【安當 타당】 사리에 맞음.
【安安 타안】 평온함. 안온함.
【安議 타의】 온당하게 서로 타협하고 의논함. 安商(타상).
【安定 타정】 現 순순히 결정함.
【安帖 타첩】 온당함.
【安協 타협】 서로 좋도록 의논함.

女 4 【妒】 ⑦ 투기할 투 圖 dù
【字解】 ①투기하다, 강샘하다. ≒妬. 〔春秋左氏傳〕叔向之母, 妒叔虎之母美而不使. ②시기하다, 샘하다. 〔列子〕爵高者, 人妒之.
【妒忌 투기】 시새움하여 꺼림.
【妒昧 투매】 시새움하여 숨김.
【妒殺 투살】 몹시 질투함.
【妒癡 투치】 정도에 지나친 질투.
【妒恨 투한】 질투하고 원망함.
【妒賢嫉能 투현질능】 어질고 능력 있는 사람을 시기하고 미워함.
● 嫉－.

女 4 【妎】 ⑦ 시새울 해 圖 hài
【字解】 ①시새우다, 시기하다. 〔路史〕人無妎物之心. ②덮다, 덮어 가리다. 〔國語〕妎其讒慝.

女 5 【姑】 ⑧ 시어미 고 圖 gū

ㄥ ㄥ ㄥ ㄥ ㄥ ㄥ ㄥ 姑

【字源】 形聲. 女＋古→姑. '古(고)'가 음을 나타낸다.
【字解】 ①시어미, 남편의 어머니. 〔國語〕吾聞之先姑. ②고모, 아버지의 누이. 〔詩經〕問我諸姑. ③여자, 부녀(婦女)의 통칭. ¶ 姑息. ④잠시, 잠깐. 〔春秋左氏傳〕子姑待之.
【姑待 고대】 잠시 기다림.
【姑舅 고구】 ①시부모. 舅姑(구고). 姑公(고공). ②現 사촌 동생. 從弟(종제).
【姑母 고모】 아버지의 누이.
【姑婦 고부】 시어머니와 며느리.
【姑壻 고서】 고모부.
【姑洗 고선】 ①12율(律)의 다섯 번째 음 이름. ②음력 3월의 딴 이름. ③종(鐘) 이름.
【姑息 고식】 ①임시 모면을 함. 당장에는 탈 없이 편안함. ②부녀자와 어린이.
【姑子 고자】 ①결혼 전의 여자. ②고종 사촌.

【姑姊 고자】 아버지의 손위 누이. 큰고모.
【姑嫜 고장】 시어머니와 시아버지.
【姑妐 고종】 시어머니와 시아버지. 시부모.
【姑從 고종】 고모의 자녀. 내종(內從) 사촌.
【姑姪 고질】 ①아주머니와 질녀. ②國 고모부에 대하여 자신을 이르는 말.
【姑且 고차】 잠깐. 잠시.
● 舅－, 先－, 少－, 外－, 慈－.

女 5 【㚻】 ⑧ 비역 기 厭 jī
【字解】 비역, 계간(鷄姦). 남자끼리 육체적 교접을 하듯이 하는 짓.

女 5 【妸】 ⑧ 婀(428)와 동자

女 5 【姌】 ⑧ 姌(407)의 속자

女 5 【妮】 ⑧ 계집종 니 囡 nī
【字解】 ①계집종. 〔新五代史〕吾有梳頭妮子. ②여자의 자(字).

女 5 【妲】 ⑧ 여자의 자 달 圖 dá
【參考】 姐(411)는 딴 자. 【字解】 여자의 자(字). 〔國語〕有蘇以妲己女焉.
【妲己 달기】 은대(殷代) 주왕(紂王)의 비(妃). ○달(妲)은 자(字), 기(己)는 성(姓). 주왕(紂王)과 더불어 포악(暴惡)하였음.

女 5 【姏】 ⑧ 할미 담 本 맘 圍 mán
【字解】 할미, 늙은 여자.

女 5 【姈】 ⑧ 여자 이름 령 圊 líng
【字解】 ①여자 이름. ②교활하다.

女 5 【妺】 ⑧ 여자의 자 말 圙 mò
【字解】 여자의 자(字).
【妺喜 말희】 하대(夏代) 걸왕(桀王)의 비(妃).

女 5 【妹】 ⑧ 누이 매 圝 mèi

ㄥ ㄥ ㄥ ㄥ ㄥ ㄥ ㄥ 妹

【字源】 形聲. 女＋未→妹. '未(미)'가 음을 나타낸다.
【字解】 ①누이, 손아래 누이. 〔詩經〕東宮之妹. ②소녀, 나이가 아래인 소녀에 대한 애칭.

女部 5획 姆姅姒姐姍姗姓始妸委

【姝家 매가】 시집간 누이가 사는 집.
【姝妹 매매】①며느리. 또는 아내. ②現손아래 누이.
【姝夫 매부】①손위 누이의 남편. 姊兄(자형). ②손아래 누이의 남편. 妹弟(매제).
❶女─, 令─, 義─, 姉─, 弟─.

女5【姆】⑧ ❶여 스승 모 粵 mǔ
❷어미 무 篇 mǔ

[소전][초서] 參考 대법원 지정 인명용 한자의 음은 '모'이다.

字解 ❶㉮여 스승. ㉯부도(婦道)를 가르치는 부인.〔禮記〕姆教婉娩聽從. ㉰現여교사. ¶保姆. ②맏동서, 형님. 남편 형의 아내를 부르는 말. ¶姆姆. ❷어미, 여자. 늙母.
【姆教 모교】여 스승의 가르침.
【姆姆 모모】손위 동서를 부르는 말.
【姆傅 모부】여도(女道)를 가르치는 부인(婦人).
❶妣─, 保─, 侍─.

女5【姅】⑧ 경도 반 鄱 bàn

[소전] 胖

字解 경도, 월경(月經). 다달이 있는 여자의 생리 현상.

女5【姒】⑧ 동서 사 粵 sì

[초서][고문] 姐

字解 ①동서. ㉮맏동서. 남편의 형의 아내. ¶姒婦. ㉯동서. 형제의 아내끼리 서로 상대방을 일컫는 말.〔春秋左氏傳〕長姒生男. ②언니. ㉮여자가 같은 어머니에서 태어난 여자 언니를 부르는 말.〔列女傳〕魯公乘子皮之姒也. ㉯같은 남편을 섬기는 여자 사이에서 연소자가 연장자를 부르는 말.
【姒婦 사부】손위 동서를 이르는 말.
【姒娣 사제】손위 동서와 손아래 동서.

女5【姐】⑧ 姒(410)의 고자

女5【姍】⑧ ❶헐뜯을 산 粵 shān
❷비틀거릴 선 冤 xiān

[소전][초서][동자] 姗 字解 ❶①헐뜯다, 비방하다. 늙訕. ②비웃다.〔漢書〕姍笑三代. ❷비트적거리다. =姺. ¶姍姍.
【姍笑 산소】헐뜯고 비웃음. 嘲笑(조소).
【姍姍 선선】여자가 자늑자늑하게 걷는 모양.

女5【姗】⑧ 姍(410)과 동자

女5【姓】⑧ 성 성 粵 xìng

[ㄣ ㄥ 女 女 女ㄏ 姅 姓]

[소전][초서] 字源 會意·形聲. 女+生→姓. 여자〔女〕가 자식을 낳아〔生〕, 한 조상에서 태어난 사람을 다른 사람과 구별하기 위하여 쓴 것을 나타낸다. '生(생)'은 음도 나타낸다.

字解 ①성. 족속(族屬) 간의 구별을 위하여 이름 위에 붙이는 칭호.〔詩經〕不如我同姓. ②겨레, 씨족, 일가, 혈족. ③아들, 낳은 자식.〔春秋左氏傳〕問其姓. ④백성, 인민.〔漢書〕撫百姓.
【姓系 성계】씨족의 계통.
【姓鄕 성향】國시조(始祖)가 난 땅. 본(本). 본관(本貫). 貫籍(관적).
【姓衛 성함】성과 이름을 높여 부르는 말.
❶改─, 同─, 本─, 小─, 異─, 族─, 宗─.

女5【始】⑧ 처음 시 粵 shǐ

[ㄑ ㄣ 女 女ㄅ 女ㄅ 始 始]

[소전][초서] 字源 形聲. 女+台→始. '台(이)'가 음을 나타낸다.

字解 ①처음. ㉮시간이나 순서의 맨 앞. ¶始祖. ㉯비로소, 처음으로, 최초에, 옛날에.〔孟子〕始作俑者. ②비롯하다, 시작하다.〔淮南子〕虐始於楚. ③근본, 근원.〔國語〕堅樹在始. ④초하루.〔太玄經〕凡十有二始. ⑤아침.〔漢書〕今日蝕於三始.
【始覺 시각】(佛)불법(佛法)을 듣고 본각(本覺)으로 향하여 차츰 깨달아 나감.
【始動 시동】처음 움직이기 시작함.
【始原 시원】시초. 起源(기원).
【始作 시작】처음으로 함.
【始祖 시조】①한 가계나 왕계의 초대(初代)가 되는 사람. ②어떤 학술·기술 따위를 맨 처음 연 사람.
【始終如一 시종여일】처음부터 끝까지 한결같음. 始終一貫(시종일관).
【始創 시창】처음으로 만듦. 創始(창시).
【始孩 시해】①처음으로 웃음. ②젖먹이.
❶開─, 無─無終, 年─, 原─, 終─, 創─.

女5【妸】⑧ 여자의 자 아 粵 ē

[소전] 妸 字解 ①여자의 자(字). ②아름답다. =婀.

女5【委】⑧ ❶맡길 위 粵 wěi
❷응응할 위 叉 wēi
❸비축할 위 廙 wèi

[一 二 千 千 千 禾 禾 委 委]

[소전][초서] 字源 會意. 禾+女→委. 본래 '구부러졌다'는 뜻인데, 이는 벼가 익어 고개를 숙인 모습에서 비롯되었으며 고개 숙인 벼처럼 다소곳한 여자라는 데서 '따르다, 순종하다'라는 뜻을 나타낸다.

女部 5획 委 姉 姐

【字解】 ❶①맡기다, 위임하다, 부탁하다.〔春秋左氏傳〕委之常秩. ②버리다, 내버려 두다.〔春秋左氏傳〕是委君貺於草莽也. ③막히다, 밀리다.〔唐書〕詔書雲委. ④두다, 놓다.〔管子〕大家委貲家. ⑤따르다, 온순하다. ⑥굽어 따르다. ⑦굽히다.〔後漢書〕委質爲臣, 無有二心. ⑧편안하다, 편안하게 하다. ⑨관(冠)의 테두리.〔禮記〕委武玄縞而后蕤. ⑩주대(周代)의 관(冠) 이름.〔春秋穀梁傳〕桓公委端搢笏, 而朝諸侯. ⑪자세하다, 하나하나 자세히.〔史記〕委瑣握齪. ⑫게으르다하다, 태만히 하다.〔楚辭〕欲愁悴而委惰兮. ⑬시들다, 이울다.〔謝朓·詩〕時菊委嚴霜. ⑭끝, 말단.〔禮記〕或原也, 或委也. ⑮쌓다, 포개다.〔鮑照·賦〕委骨窮城. ⑯성(姓). ❷①옹용(雍容)하다, 마음이 화락하고 조용하다.〔荀子〕委然成文. ②문채가 있는 모양. ❸①비축하다, 저축하다.〔周禮〕委積, 膳獻. ②쌓다, 곳집에 쌓다.〔孟子〕孔子嘗爲委吏矣. ③운반하다.〔後漢書〕督委輸.

【委去 위거】 미련 없이 버리고 떠남.
【委結 위결】 ①모여서 하나로 맺힘. ②한(恨)을 품음.
【委曲 위곡】 ①찬찬하고 자상함. 委細(위세). ②허리를 굽히고 좇음. 隨從(수종).
【委官 위관】 (制)죄인을 추국(推鞠)할 때 의정 대신(議政大臣) 가운데서 임시로 뽑아서 임명하던 재판장.
【委咎 위구】 자기의 죄를 남에게 전가함.
【委屈 위굴】 ①몸을 굽히어 남에게 복종함. ②낮은 지위에 있어서 뜻을 얻지 못함.
【委禽 위금】 혼례의 납채(納采)에 기러기를 보내는 일. ◯ '禽'은 '雁'을 뜻함.
【委寄 위기】 맡김. 위탁함. 委付(위부).
【委棄 위기】 버림. 버리고 돌보지 않음.
【委頓 위돈】 힘이 빠짐. 지침. 疲困(피곤).
【委吏 위리】 곡식의 출납을 맡아보던 관리.
【委靡 위미】 쇠퇴함. 약해짐. 활기가 없음.
【委伏 위복】 ①버림받고 은둔(隱遁)함. ②쓸어 넘어짐.
【委付 위부】 맡겨 부탁하는 일. 맡겨 넘기는 일.
【委分 위분】 분수를 따라 마음 편안히 일이 되어 가는 형편에 맡김.
【委蛻 위세】 뱀이나 매미 따위의 허물.
【委瑣 위쇄】 ①작은 일에 구애됨. 좀스러움. ②행동이 촌스러움.
【委隨 위수】 ①성질이 온순한 모양. ②굴신(屈伸)이 자유롭지 못한 모양. ③유약(柔弱)한 모양. ④길이 구불구불한 모양.
【委順 위순】 ①자연(自然)의 되어 가는 형편. 자연의 운행(運行). ②자연의 추세에 순응함. ③죽음.
【委捐 위연】 버림. 버려 둠. 委棄(위기).
【委然 위연】 ①문채가 있는 모양. ②옥(玉)의 정기(精氣).
【委咽 위열】 흐느껴 욺.
【委委 위위】 평온하고 아름다운 모양.

【委佗佗 위위타타】 마음이 너그럽고 온화한 모양.
【委迆 위이】 구불구불한 모양. 委蛇(위이).
【委積 위적】 ①모아 쌓음. ◯ '積'는 조금 쌓고, '積'는 많이 쌓는 것을 뜻함. ②흉년에 대비하여 미곡(米穀)을 저축함.
【委折 위절】 ①까닭이 많음. 曲折(곡절). ②구불구불 굽어짐.
【委罪 위죄】 ⇨委咎(위구).
【委注 위주】 정성을 기울여 간절히 부탁함.
【委質】 ❶위지 ❷위질 ❶처음으로 벼슬하는 사람이 예물을 임금 앞에 두는 일. 예물로는 죽은 꿩을 썼는데, 이것은 임금을 위하여 필사(必死)의 충성을 다한다는 뜻을 나타냄. 委摯(위지). 委贄(위지). ❷임금에게 몸을 바침(맡김).
【委遲 위지】 길이 돌아서 먼 모양. 倭遲(왜지).
【委囑 위촉】 남에게 맡겨 부탁함.
【委佗 위타】 ①마음의 여유가 있는 모양. ②아름다운 모양. ③걸어가는 모양.
【委惰 위타】 싫증이 나며 나른함.
【委託 위탁】 남에게 맡기거나 의뢰함.
【委巷 위항】 꼬불꼬불하고 지저분한 거리. 일반 백성들이 사는 곳.
【委形 위형】 하늘이 준 몸.
【委化 위화】 조화(造化)에 맡김. 운명에 맡김.
【委和 위화】 음양(陰陽)이 모이고 쌓여 화합함.
◐ 信−, 任−, 典−, 注−, 親−.

女5 【姉】⑧ 손위 누이 자 紙 zǐ

〰 〰 女 女 如 姉 姉

[소전] 姉 [초서] 姉 [속] 姉 【字源】形聲. 女+ 宀→姉. '宀(지)'가 음을 나타낸다.

【字解】①손위 누이. ¶姉妹. ②여자를 부르는 말. 여자를 친근하게, 또는 공경하는 뜻에서 부르는 말.〔李商隱·詩〕階前達阿姉. ③어머니.
【姉妹 자매】 ①손위 누이와 손아래 누이. 여자 형제. ②기녀(妓女). 기생.
【姉夫 자부】 손위 누이의 남편. 姉兄(자형).
【姉壻 자서】 ⇨姉夫(자부).
【姉姉 자자】 ①유모(乳母). ②생모(生母). ③적모(嫡母). ④손위 누이.
◐ 大−, 小−, 阿−, 長−, 弟−.

女5 【姊】⑧ 姉(411)의 속자

女5 【姐】⑧ ❶누나 저 馬 jiě ❷교만할 저 ⿸ jù

[소전] 姐 [초서] 姐 【參考】姐(409)은 딴 자. 【字解】❶①누나, 손위 누이.〔李白·詩〕與姐亦齊肩. ②어머니. ③아가씨, 여자의 통칭. =她. ¶小姐. ❷교만하다, 오만하다.〔嵆康·詩〕恃愛肆姐, 不訓不師.
【姐姐 저저】 누나.

女
5 【姃】 ⑧ 여자 이름 정 庚 zhēng
字解 ❶여자 이름. ❷단정하다.

女
5 【姓】 ⑧ 여자 이름 주 宥 tǒu
字解 ❶여자 이름.〔春秋左氏傳〕華姓居于公里. ❷아름다운 모양.

女
5 【妷】 ⑧ 姪(416)과 동자

女
5 【妻】 ⑧ ❶아내 처 齊 qī
　　❷시집보낼 처 霽 qì

一　フ　ᄏ　ᆿ　串　妻　妻　妻

小篆 古文 古文 草書 行書 古文

字源 會意. 女+屮+又→妻. 여자(女)가 손(又)으로 머리를 매만지거나 비녀(一)를 꽂은 모습이다. 여자가 비녀를 꽂은 것은 결혼했다는 뜻이므로 '결혼한 여자'를 나타낸다.
字解 ❶아내. 신분·연령 등을 막론하고 쓰며, 비(妃)나 첩(妾) 등에 대해 사서인(士庶人)의 정실을 뜻한다.〔易經〕不見其妻. ❷❶시집보내다.〔詩經〕齊侯請妻之. ❷간음하다.〔後漢書〕妻略宮人.
【妻家 처가】 아내의 본 집.
【妻公 처공】 장인(丈人).
【妻男 처남】 아내의 남자 형제.
【妻女 처녀】 ❶아내. ❷아내와 딸.
【妻帑 처노】 아내와 아들. 또는 가족.
【妻德 처덕】 아내로 인한 덕택.
【妻略 처략】 약탈하여 아내로 삼음.
【妻嫂 처수】 ❶아내와 형수. ❷처남의 부인.
【妻子眷屬 처자권속】 집안 식구.
【妻弟 처제】 아내의 여동생.
【妻族 처족】 아내의 친정 친척.
【妻娶 처취】 아내를 얻음. 장가듦.
【妻兄 처형】 아내의 언니.
❶亡−, 夫−, 先−, 愛−, 愚−, 前−, 糟糠之−, 賢−, 荊−, 後−.

女
5 【妾】 ⑧ 첩 첩 葉 qiè

ˋ　亠　ㅗ　立　芆　妾　妾

小篆 草書 字源 會意. 辛+女→妾. '辛'은 옛날에 죄를 지은 여자를 몸종으로 삼았던 것을 나타내서 남의 몸종이 된 여자를 뜻한다.
字解 ❶첩. ❷본처 외에 데리고 사는 여자.〔孟子〕齊人有一妻一妾而處室者. ❸여자가 남자에 대하여 '자기'를 낮추어 이르는 말. ❹계집종.〔書經〕臣妾逋逃.
【妾婦 첩부】 첩(妾).
【妾婦之道 첩부지도】 아내의 도리. 시비(是非)를 가리지 않고 오직 남편을 따르는 행동거지.
【妾侍 첩시】 시녀.
【妾室 첩실】 남의 첩을 이르는 말. 小室(소실).
【妾御 첩어】 첩이 남편의 잠자리에 드는 일.
【妾媵 첩잉】 신부(新婦)를 따라 그의 시가에 가서 첩이 되는 여자. ○'媵'은 제후(諸侯)의 딸이 시집갈 때 그를 따라가는 동성(同姓)의 여자를 뜻함. 妾婦(첩부). 妾嬖(첩폐).
【妾出 첩출】 첩이 낳은 자식.
❶臣−, 愛−, 妻−, 賤−, 寵−, 蓄−, 姬−.

女
5 【妯】 ⑧ ❶동서 축 屋 zhóu
　　❷움직일 추 尤 chōu
小篆 字解 ❶동서. 형제의 아내끼리 서로 상대방을 부르는 말. ❷❶움직이다, 두근거리다. ❷애도하다, 죽음을 슬퍼하다. 늑悼.〔詩經〕憂心且妯.
【妯娌 축리】 여자 동서 간에 부르는 호칭.

女
5 【妒】 ⑧ 강샘할 투 遇 dù
小篆 草書 同字 字解 강샘하다, 시새우다, 투기하다, 시기하다.
【妒心 투심】 시기하는 마음.
【妒妻 투처】 시새움이 심한 아내.
【妒悍 투한】 질투가 심하고 사나움.
【妒賢 투현】 현인(賢人)을 질투함.
❶嬌−, 憎−, 嫉−.

女
5 【姁】 ⑧ ❶할미 후 麌 xù, xǔ
　　❷예쁠 후 虞 구 虞 xū
小篆 字解 ❶할미, 늙은 여자. ❷❶예쁘다, 아름답다. ¶姁媮. ❷즐거워하는 모양, 단란한 모양.〔呂氏春秋〕姁姁焉相樂也.
【姁媮 후유】 ❶아름다움. ❷단란한 모양.
【姁姁 후후】 ❶즐기는 모양. ❷화락함.

女
6 【姦】 ⑨ 간사할 간 删 jiān

ㄑ　ㄨ　女　玆　姦　姦　姦　姦

小篆 古文 草書 同字 簡体 參考 '奸'과의 통자훈(通字訓)에 대해서는 '奸'(404)을 참고하라.
字源 會意. 女+女+女→姦. 부정(不正)과 불의(不義)라는 뜻을 나타낸다.
字解 ❶❶간사하다, 간교하다. =奸.〔漢書〕有姦謀. ❷옳지 않다, 비뚤어지다. ❸나쁘다.〔楚辭〕多賊姦些. ❹악한, 나쁜 놈.〔春秋左氏傳〕允姓之姦, 居於瓜州. ❺속이다, 거짓말하다.〔春秋左氏傳〕而以姦終之. ❻훔치다, 사사로이 하다.〔春秋左氏傳〕盜器爲姦. ❼흩트리다, 어지럽게 하다, 어기다. 늑干.〔淮南子〕各守其職, 不得相姦. ❽어지러워지다. ㉮내란(內亂).〔楚辭〕盪湎湲姦兮. ㉯외환(外患).

女部 6획 奷姜姱姣姤媿姞姥

〔書經〕寇賊姦宄. ⑨음란하다, 간음하다.〔後漢書〕信侍婢亦對信姦通. ⑩아름답다, 용모가 아름답다.
【姦計 간계】간사한 꾀나 계략.
【姦宄 간귀】나쁜 사람. ○'姦'은 내악(內惡), '宄'는 외악(外惡)을 뜻함.
【姦吏 간리】부정(不正)한 관리.
【姦夫 간부】①간사한 사람. ②샛서방.
【姦婦 간부】간통한 여자.
【姦富 간부】부정한 수단으로 얻은 부귀.
【姦非 간비】간사하고 나쁨. 不正(부정).
【姦私 간사】간사하고 공명정대하지 못함.
【姦邪 간사】교활하고 사악함.
【姦事 간사】나쁜 일. 부정한 일. 도리에 벗어난 일. 姦事(간사).
【姦胥 간서】간악한 아전(衙前). 奸胥(간서).
【姦胥猾吏 간서활리】간악하고 교활한 관리.
【姦聲亂色 간성난색】부정(不正)한 음악과 부정한 빛깔.
【姦臣 간신】간사한 신하. 奸臣(간신).
【姦心 간심】나쁜 마음. 사악함 마음.
【姦惡 간악】간사하고 악독함.
【姦言 간언】간사한 말.
【姦雄 간웅】간사한 지혜가 많은 사람.
【姦淫 간음】부부(夫婦)가 아닌 남녀가 성 관계를 맺음.
【姦贓 간장】공금이나 관물(官物)을 속여서 착복함.
【姦情 간정】①나쁜 마음. ②간통(姦通).
【姦智 간지】간악한 꾀.
【姦治 간치】나쁜 정치. 부정한 정치.
【姦慝 간특】간사하고 능갈침. 奸慝(간특).
【姦倖 간행】간사한 총신(寵臣).
【姦險 간험】간악하고 음험함.
【姦俠 간협】간악한 불량배. 무뢰한.
【姦猾 간활】간특하고 교활함. 또는 그 사람.
【姦回 간회】도리에 어긋남. 또는 그 사람.
【姦凶 간흉】간사하고 흉악함. 姦兇(간흉).
○ 强-, 輪-, 通-, 和-.

女6【奷】⑨ 姦(412)과 동자

女6【姜】⑨ 성 강 陽 jiāng
字解 ①성(姓).〔說文解字〕姜, 神農居姜水, 因以爲姓. ②굳세다. 늑疆.〔禮記〕鵠之姜姜.
【姜姜 강강】굳센 모양. 격렬한 모양.
【姜戎 강융】강성(姜姓)의 융(戎). 서융(西戎)의 별종.
【姜太公 강태공】주대(周代) 초기의 현명한 신하였던 여상(呂尙)의 딴 이름.

女6【姱】⑨ 아름다울 과 麻 kuā
字解 ①아름답다, 예쁘다, 아리땁다.〔楚辭〕

姱女倡兮容與. ②크다. ¶ 姱麗. ③사치하는 모양. ④자랑하다.〔宋書〕以相姱尙.
【姱麗 과려】①크고 아름다움. ②아름다움.
【姱名 과명】아름다운 이름. 좋은 평판.
【姱容 과용】아름다운 얼굴 모습.
【姱姿 과자】아름다운 용모. 美貌(미모).
【姱嬉 과희】사치하고 즐김.

女6【姣】⑨ ❶예쁠 교 肴 jiāo
❷음란할 효 肴 xiáo
參考 대법원 지정 인명용 한자의 음은 '교'이다.
字解 ❶①예쁘다, 아름답다, 우아하다.〔列子〕鄕有處子之娥姣者. ②요염하다. ③깨끗하다. ❷①음란하다, 음란한 짓.〔春秋左氏傳〕棄位而姣, 不可謂貞. ②예쁘다. ※❶의 ①과 같다.〔孟子〕不知子都之姣者.
【姣童 교동】얼굴이 예쁜 소년.
【姣麗 교려】용모가 아름답고 예쁨.
【姣美 교미】용모가 아름다움.
【姣冶 교야】요염함. 艶冶(염야).
【姣弱 교약】예쁘고 가냘픔.
【姣好 교호】얼굴이 아름다움.
○ 夸-, 娥-, 娃-, 天-, 妖-.

女6【姤】⑨ 만날 구 宥 gòu
字解 ①만나다.〔易經〕姤其角. ②우이히디, 아름답다, 예쁘다.〔管子〕其人夷姤. ③추하다, 보기 흉하다.〔張衡·賦〕吝姤嫮之難並兮. ④괘 이름, 64괘의 하나. 괘형은 ䷫. 여자의 기운이 성한 것을 상징한다.

女6【媿】⑨ 자늑자늑 걷는 모양 궤 紙 guǐ
字解 ①자늑자늑 걷는 모양, 음전하게 걷는 모양. ②암전하다.

女6【姞】⑨ 성 길 質 jí
字解 ①성(姓).〔萬姓統譜〕姞氏爲后稷之妃. ②삼가다.

女6【姥】⑨ 할미 모 麌 mǔ, lǎo
字解 ①할미, 늙은 여자.〔晉書〕見一老姥, 持六角扇賣之. ㉡늙은 어머니, 노모(老母). ㉮시어머니.〔古詩〕勤心養公姥, 好自相扶將. ㉰장모.〔晉書〕后母羨氏, 名穆, 立第南掖門外, 世謂杜姥宅云. ㉱외할머니, 나이 든 여자. ③아내, 처.〔世說新語〕若使姥撰詩, 當無此言. ④유모(乳母). 아이를 돌보는 여자. ⑤㿿조산원(助産員), 산파(産婆).
【姥姥 모모】①외할머니. 나이 든 부인. ②할미. 늙은 여종.

女 6 【姺】⑨ ❶나라 이름 신 銑 shēn
❷걸을 선 霰 xiān

字解 ❶나라 이름. 은대(殷代) 제후의 나라. ❷걷다, 걷는 모양, 비틀거리는 모양.

女 6 【姶】⑨ 예쁠 압 洽 ē

字解 ❶예쁘다, 아름답다. ❷여자(字).

女 6 【妍】⑨ 예쁠 연 先 yán

字解 예쁘다, 아름답다, 우아하다.

【妍麗 연려】 예쁨. 아름다움.
【妍芳 연방】 아름답고 향기로움.
【妍豔 연염】 몹시 아름다움. 요염함.
【妍粧 연장】 예쁘게 화장함. 또는 그 화장.
【妍倡 연창】 아름다운 배우(俳優).
【妍蚩 연치】 아름다움과 추함. 美醜(미추).
● 嬌−, 爭−, 華−.

女 6 【娟】⑨ 娟(417)과 동자

女 6 【婑】⑨ 예쁠 와 哿 nuǒ

字解 ❶예쁘다, 아름답다. ❷연약하다, 자그마하다.
〔太玄經〕不宜熒且婑.

女 6 【娃】⑨ 예쁠 왜·와 佳 廌 wā

參考 대법원 지정 인명용 한자의 음은 '왜'이다.

字解 ❶예쁘다, 아름답다. ¶娃姣. ❷미녀, 아름다운 여자. 〔漢書〕資娥娃之珍髢兮. ❸어린 아이, 동물의 새끼.

【娃姣 왜교】 아름다운 여인.
【娃娃 와와】 어린아이.

女 6 【姚】⑨ ❶예쁠 요 蕭 yáo
❷이름 도 豪 yáo
❸경솔할 조 蕭 tiáo
❹날랠 요 蕭 yào

參考 대법원 지정 인명용 한자의 음은 '요'이다.

字解 ❶예쁘다, 아름답다. ≒燿. 〔荀子〕莫不美麗姚冶. ❷멀다, 멀다. ≒遙. 〔漢書〕雅揉遠姚. ❸성(姓), 사람. ≒桃. 〔春秋傳〕周有頹叔桃子. ❹경솔하다. ≒窕. 〔莊子〕姚佚啓態. ❺굳세고 빠른 모양. ≒佻.

【姚江學派 요강학파】 양명학파(陽明學派). 명대(明代)의 왕수인(王守仁)은 절강성(浙江省) 여요(餘姚) 사람이므로, 요강(姚江)의 이름을 따서 그의 학문 계통을 요강학파(姚江學派)라 함.
【姚姒 요사】 순(舜)임금과 우(禹)임금. ○ '姚'는 우(虞)나라 순임금의 성(姓), '姒'는 하대(夏代) 우임금의 성(姓)을 뜻함.
【姚冶 요야】 요염함.
【姚姚 요요】 ❶아름답고 성(盛)한 모양. ❷자득(自得)한 모양.
【姚黃 요황】 모란(牡丹)의 딴 이름.
【姚佚 조일】 경솔하고 제멋대로임.
● 輕−, 剽−, 嫖−.

女 6 【威】⑨ 위엄 위 微 wēi

一 厂 厂 厂 威 威 威

字源 會意. 女+戌→威. 戌은 무기로서 '위협하다'라는 뜻을 나타낸다.

字解 ❶위엄, 존엄. 〔書經〕有辟作威. ❷두려워하다, 두려움. 〔國語〕內齓而外威. ❸으르다, 협박하다. 〔易經〕以威天下. ❹구박하다, 해치다. 〔老子〕民不畏威. ❺위세(威勢), 위광(威光). 〔韓非子〕威者, 所行令也. ❻예모(禮貌), 용의(容儀). 〔禮記〕收其威也. ❼시어머니. ¶威姑. ❽벌레 이름, 쥐며느리. ≒蠍. 〔詩經〕伊威在室. ❾험하다, 가파르다. 〔潘岳・賦〕登崎坂之威夷. ❿형벌. 〔商君書〕賞少而威薄. ⓫법칙. 〔詩經〕旣有淫威. ⓬공덕(功德). 〔書經〕滅威.

【威劫 위겁】 위협하고 협박함.
【威姑 위고】 시어머니. 君姑(군고).
【威光 위광】 사람에게 외경심(畏敬心)을 일으키게 하는 덕(德)의 힘. 감히 범할 수 없는 위엄.
【威權 위권】 위세와 권력.
【威怒 위노】 으르고 성냄, 또 그런 일.
【威德 위덕】 ❶위엄과 덕망. 무위(武威)와 덕화(德化). ❷엄숙하여 범할 수 없는 덕.
【威力 위력】 위세 있고 강한 힘.
【威令 위령】 위엄이 있는 명령. 威名(위명).
【威稜 위릉】 ❶신령(神靈)의 위력. ❷임금의 위광(威光). 稜威(능위).
【威望 위망】 위력과 명망. 위세와 인망.
【威網 위망】 법률(法律). 法網(법망).
【威名 위명】 ❶위광(威光)과 명예. ❷위력을 떨치는 명성. 威聲(위성).
【威武 위무】 ❶위력과 무력. ❷위엄 있고 씩씩한 힘. 武威(무위).
【威服 위복】 ❶위력으로 남을 복종시킴. ❷위력에 굴복함.
【威福 위복】 위력으로 위협하거나 은혜를 입혀 남을 억누름.
【威勢 위세】 ❶위광(威光)과 세력(勢力). ❷사납고 용감한 기세.
【威信 위신】 위엄과 신의. 위엄이 있고 충실함.
【威神 위신】 무게가 있고 그윽함.

女部 6획 娀姨姻姙委姿姼姝

【威壓 위압】위력으로 억누름.
【威如 위여】위엄이 있는 모양.
【威容 위용】위엄 있는 모습.
【威儀 위의】①위엄이 있는 의용. ②(佛)규율에 맞는 기거동작(起居動作). ③예(禮)의 세칙(細則). 曲禮(곡례). ④행렬(行列)의 수행원들.
【威夷 위이】①일이 어려운 모양. 또는 길이 험한 모양. 險阻(험조). ②긴 모양. 구불구불한 모양. ③기(旗)가 펄럭이는 모양.
【威霆 위정】격렬한 천둥. 굉장한 위력(威力).
【威重 위중】위엄이 있고 무게가 있음.
【威燀 위천】위광(威光)이 성함.
【威澤 위택】위광(威光)과 은택(恩澤).
【威風 위풍】위용(威容).
【威脅 위협】위력으로 협박함.
【威刑 위형】위광(威光)과 형벌(刑罰). 또는 위엄 있는 형벌.
○ 國-, 權-, 猛-, 武-, 暑-, 神-, 嚴-, 炎-, 恩-, 天-, 寒-, 脅-, 狐假虎-.

女6【娀】⑨ 나라 이름 융 ⓐ숭 ㊀ sōng
[字解] ①나라 이름. 〔詩經〕有娀左將. ②성(姓). ③여자의 자(字). 설(偰)의 어머니의 자.

女6【姨】⑨ 이모 이 ㊀ yí
[字解] ①이모. 어머니의 자매. 〔春秋左氏傳〕穆姜之姨子也. ②아내의 자매. 처형과 처제. 〔詩經〕邢侯之姨. ③서모. 〔南史〕須待姨差.
【姨母 이모】어머니의 자매.
【姨從 이종】이종 사촌.
【姨姪 이질】여자 형제의 자녀.

女6【姻】⑨ 혼인 인 ㊀ yīn
[字解] 會意·形聲. 女+因→姻. '因(인)'이 음도 나타낸다. 여자〔女〕가 따라가는〔因〕곳이라는 데서 '시집', 곧 '혼인'이란 뜻을 나타낸다.
[字解] ①혼인, 가취(嫁娶). 〔禮記〕某以得爲外昏姻. ②사위의 집. ③사위의 아버지. ④아내, 처(妻). 〔禮記〕昏姻之禮. ⑤인척, 친척. 아내 쪽, 사위 쪽의 핏줄이라는 뜻으로 먼 친척을 이른다. 〔春秋左氏傳〕外姻至. ⑥인연, 연분. 〔蘇軾·詩〕醉眠中山酒, 結夢南柯姻. ⑦장인. 〔春秋左氏傳〕王有姻喪.
【姻家 인가】인척(姻戚)의 집.
【姻嫁 인가】혼인. 또는 혼인함.
【姻故 인고】친척과 오랜 친구. 親故(친고).
【姻媾 인구】①사돈 간의 결혼. 중혼(重婚). ②결혼(結婚)함. ③친척(親戚).

【姻私 인사】친척의 인연을 맺고 자기의 이익을 도모함.
【姻亞 인아】사위 쪽의 사돈 및 남자 쪽의 동서 간의 총칭. ○ '姻'은 '사위의 아버지', '亞'는 '남자 동서'를 뜻함.
【姻婭 인아】☞姻亞(인아).
【姻族 인족】배우자의 일방(一方)과 타방(他方)의 혈족 사이에 생긴 인척.
【姻戚 인척】외가와 처가에 딸린 겨레붙이.
【姻親 인친】사돈(査頓).
【姻兄 인형】①편지에서, 매제가 손위 처남을 높여 부르는 말. ②혼인으로 맺어진 사람 중 나이 많은 동렬의 사람을 높여 부르는 말.
○ 國-, 良-, 外-, 族-, 戚-, 親-, 婚-.

女6【姙】⑨ 姙(408)과 동자

女6【委】⑨ 姙(408)과 동자

女6【姿】⑨ ❶맵시 자 ㊀ zī ❷모양낼 자 ㊁ zī
[字解] 形聲. 次+女→姿. '次(차)'가 음을 나타낸다.
[字解] ❶①맵시, 모양, 모습. 〔世說新語〕風姿特秀. ②풍취, 멋. 〔陸龜蒙·詩〕自然鍾野姿. ③비양, 소질, 성품. ❷①교양내다, 지혜를 꾸미다. ¶ 姿媚. ②방종하다. 〔北齊書〕姿情强暴.
【姿望 자망】풍채(風采). 모습.
【姿媚 자미】모양을 내고 애교를 부림.
【姿狀 자상】용모. 모습.
【姿色 자색】아름다운 여자 얼굴.
【姿勢 자세】몸가짐. 태도.
【姿容 자용】모습. 모양. 容姿(용자).
【姿宇 자우】품격(品格).
【姿儀 자의】용모. 모습.
【姿采 자채】모습. 風采(풍채).
【姿態 자태】모습.
○ 芳-, 仙-, 聖-, 神-, 妍-, 艶-, 英-, 容-, 雄-, 天-, 風-.

女6【姼】⑨ 예쁠 제 ㊂ shí
[字解] 예쁘다, 아름답다, 귀엽고 우아하다, 미녀. 〔漢書〕姼姼公主.
【姼姼 제제】아름다운 모양. 예쁜 모습.

女6【姝】⑨ 예쁠 주 ㊀ shū
[字解] ①예쁘다, 아름답다, 곱다. 〔詩經〕靜女其姝. ②순종(順從)하는 모양, 앳되고 숫접다. ¶ 姝姝.
【姝麗 주려】예쁘고 아름다움. 美麗(미려).

【姝姝 주주】①아름다움. ②순순히 뒤따르는 모양. ③유약(柔弱)한 모양.
【姝好 주호】①아름다움. ②아름다운 여자.
【姝姬 주희】아름다운 여자. 美女(미녀).
● 名-, 仙-, 麗-.

女6【姫】⑨ 삼갈 진 𦔳 zhěn
[참고] '姫(416)'는 딴 자. 오늘날 '姬'의 속자로 쓰인다.
[字解] 삼가다, 조심하다.

女6【姪】⑨ 조카 질 𧚩 zhí
[字解] ①조카. 〔聞見錄〕臣諸子皆豚犬, 有姪夷簡宰相才也. ②조카딸. 〔春秋左氏傳〕姪其從姑. ③늙은이. 늘耋.
【姪婦 질부】조카의 아내.
【姪壻 질서】조카의 남편.
● 堂-, 甥-, 叔-, 姨-, 長-.

女6【姹】⑨ ❶자랑할 차 𠁁 chà
❷소녀 차 𡂶 chà
[字解] ❶자랑하다, 뽐내다, 자만하다. 늘咤·詫. 〔史記〕欲以姹鄙縣. ❷①소녀, 아가씨. =奼. ¶姹女. ②예쁜 여자, 아름다운 여자.
【姹女 차녀】①소녀(少女). ②미녀(美女).

女6【妻】⑨ 妻(412)의 고자

女6【姮】⑨ 항아 항 𪔂 héng
[字解] 항아.
【姮宮 항궁】①'달'의 딴 이름. ②달 나라에 있다는 궁전(宮殿)의 이름.
【姮娥 항아】①달에 산다는 미인의 이름. ● 원래 예(羿)의 아내였으나, 예가 서왕모(西王母)에게 얻은 불사약을 훔쳐 먹고 신선이 되어 달로 달아났다고 함. ②달의 딴 이름. ● 한(漢) 문제(文帝)의 이름이 '恆(항)'이고 '恆'의 본자가 '姮'이라는 설 때문에 '嫦'으로도 썼음.

女6【姞】⑨ 교활할 활 𦣻 huó
[字解] 교활하다, 간사한 꾀로 잘 속이다. 〔詩經〕姞然有面目.

女6【姬】⑨ ❶성 희 (本)기 𠀠 jī
❷아가씨 희 (本)이 𠀠 jì

[字解] ❶①성(姓). 주대(周代) 왕의 성(姓). 〔張衡·賦〕周姬之末. ②근본, 기원. 〔史記〕姬者, 本也. ③자국, 자취. 〔論衡〕后稷母, 履大人跡, 而生后稷, 故周姓曰姬. ④첩(妾), 곁마누라. 〔史記〕見呂不韋姬. ❷①아가씨, 여자의 미칭(美稱). 〔漢書〕母曰薄姬. ②황후, 중궁. 〔漢書〕母曰薄姬. ③천자, 종실의 딸. 〔宋史〕可改公主爲帝姬.
【姬姜 희강】①귀족의 여자. ●'姬'는 주대(周代)의 성(姓), '姜'은 제(齊)나라의 성이니, 곧 '큰 나라의 공주' 또는 '궁중(宮中)의 부인(婦人)'을 이름. ②미녀(美女).
【姬旦 희단】주공(周公)의 이름.
【姬滕 희등】첩. 곁마누라.
【姬周 희주】주(周)를 이르는 말. ●'姬'는 주(周)나라의 성(姓).
【姬漢 희한】주대(周代)와 한대(漢代).
● 歌-, 舞-, 美-, 寵-.

女7【娜】⑩ 아리따울 나 𡂶 nuó
[字解] ①아리땁다, 숙부드러운 모양. ②천천히 흔들리는 모양. 늘那.
【娜娜 나나】①아름다운 모양. ②흔들리는 모양.

女7【娚】⑨ ❶말소리 남 𠀠 nán
❷國 오라비 남
[字解] ❶말소리. =喃·𡂶. ❷國 오라비. 남자 형제 또는 아내의 형제를 이른다.

女7【娘】⑩ 아가씨 낭 𨻳 niáng
[字解] 形聲. 女+良→娘. '良(량)'이 음을 나타낸다.
①아가씨, 소녀. =孃. ¶娘子. ②어머니. 아버지를 '爺(야)'라고 하는 것에 대칭(對稱). 〔太平廣記〕娘欲寫何經.
【娘家 낭가】(現) 어머니의 친정. 외가(外家).
【娘娘 낭낭】①어머니. ②왕비(王妃). 皇后(황후). 천하의 어머니라는 뜻.
【娘子 낭자】①처녀. 少女(소녀). ②어머니. ③아내. ④궁녀. ⑤창기(娼妓).
【娘子軍 낭자군】①여자들로 조직된 군대. ②부녀자의 일단(一團).
● 嬌-, 老-, 夫-, 小-, 村-.

女7【娌】⑩ 동서 리 𥘅 lǐ
[字解] 동서. 형제의 아내끼리 부르는 호칭.

女7【娩】⑩ ❶해산할 만 (本)면 𡉉 miǎn
❷순박할 만 𡂶 wǎn
[字解] ❶해산하다, 아이를 낳다. =挽. 〔新唐書〕毛仲力于牧事, 娩息不

女部 7획 娓娉娑娍娊娠娚娥娭娟娫娛

女 7 【婉】

⓵순박하다, 정숙하다. ¶婉娩. ❷아양 떨다, 교태를 부리다. ≒媚.〔禮記〕姆敎婉娩聽從.
【婉順 완순】 유순(柔順)함.
【婉息 완식】 낳아 수가 늘어 감.
【婉澤 완택】 아름답고 얼굴에 윤기가 있음.
【婉痛 완통】 해산(解產)할 때의 복통.
◐ 分-, 嬿-, 婉-.

女 7 【娓】 ⑩ 장황할 미 尾 wěi

字解 ❶장황하다, 장황하게 늘어놓다. ¶娓娓. ❷힘쓰다, 열심히 일하다. ≒媺.〔宋書〕娓娓心化. ❸예쁘다. ≒亹.
【娓娓 미미】 ⓵장황한 모양. ②부지런한 모양.

女 7 【娉】 ❶장가들 빙 敬 pìn ❷예쁠 병 庚 pīng

字解 ❶장가들다. ≒聘.〔荀子〕婚姻娉內. ❷예쁘다, 예쁜 모양. ¶娉婷.
【娉內 빙납】 혼례 과정 중의 문명(問名)과 납폐(納幣).
【娉命 빙명】 혼인(婚姻)의 약속. 혼약(婚約).
【娉財 빙재】 혼약을 보증하기 위하여 주고받는 물건. 납폐(納幣) 등을 이름.
【娉婷 병정】 아름다운 모양. 또는 미인.

女 7 【娑】 ❶춤출 사 歌 suō ❷사 사 禡 suō

字解 ❶⓵춤추다, 춤추는 모양.〔詩經〕婆娑其下. ②옷이 너울거리는 모양.〔後漢書〕脩初服之娑娑兮. ❷범어(梵語) 'Sa'의 음역자. ¶娑婆.
【娑婆 사바】 ⓵춤추는 모양. ②㉠인간이 갖가지 고뇌(苦惱)를 견디고 있는 곳. ㉡석가가 설법(說法)하는 곳. ㉢이 세상. 현세(現世). ㉣범어(梵語) 'sabhā'의 음역어.
【娑娑 사사】 ⓵옷이 너울거리는 모양. ②바람에 산들산들 흔들리는 모양.

女 7 【娍】 ❶여자 이름 성 庚 chéng ❷아름다울 성 敬 shèng

字解 ⓵여자 이름. ②아름답다.

女 7 【娊】 ⑩ 嫂(423)와 동자

女 7 【娠】 ⑩ 애 밸 신 真 shēn

字解 ⓵애를 배다, 잉태하다. ② 하인(下人), 심부름꾼.
◐ 妊-.

女 7 【娚】 ⑩ 娠(417)과 동자

女 7 【娥】 ⑩ 예쁠 아 歌 é

字解 ⓵예쁘다, 아름답다.〔楚辭〕衆女嫉余之娥眉兮. ②여자의 자(字). ¶娥皇. ❸미녀, 미인(美人).〔江淹·賦〕秦娥吳娃. ❹달(月).
【娥媌 아묘】 요염하게 아름다움.
【娥眉 아미】 아름다운 눈썹. 미인.
【娥娥 아아】 여자의 아름다운 얼굴.
【娥英 아영】 ⓵순(舜)임금의 두 비(妃)인 아황(娥皇)과 여영(女英). ②여관(女官) 이름.
【娥影 아영】 ⓵달빛. 月光(월광). ②거울에 비친 미인의 영상을 달 속의 항아(嫦娥)에 비유하여 이름.
【娥皇 아황】 요(堯)임금의 딸. 곧, 순(舜)임금의 아내를 말함.
◐ 宮-, 仙-, 素-, 姮-, 嬌-.

女 7 【娭】 ❶계집종 애 賄 āi ❷장난칠 희 囷 xī

字解 ❶⓵계집종, 하녀(下女). ②장난치다.〔漢書〕神來宴娭. ❷⓵장난치다. ※❶의 ②와 같다. ②부인(婦人)의 비칭. ❸즐거워하다, 즐겁게 놀다.
【娭光 희광】 즐거워하는 눈빛.

女 7 【娟】 ⑩ 예쁠 연 先 juān

字解 ⓵예쁘다, 어여쁘다.〔范仲淹·歌〕嬋娟不似人間者. ②숙부드러운 모양. ❸가볍게 나는 모양. ¶娟娟. ❹굽이진 모양.
【娟秀 연수】 뛰어나게 아름다움.
【娟娟 연연】 ⓵아름다운 모양. ②희미하게 먼 모양. ❸달빛이 맑고 밝은 모양. ❹나비가 나는 모양.
◐ 嬋-, 麗-, 便-.

女 7 【娫】 ⑩ 예쁠 연 先 yán

字解 예쁘다.

女 7 【娛】 ⑩ 즐거워할 오 虞 yú

字源 形聲. 女+吳→娛. '吳(오)'가 음을 나타낸다.
字解 ⓵즐거워하다, 즐겁다.〔詩經〕聊可與娛. ②안정되다, 편안하다. ❸장난치다, 농담하다.
【娛樂 오락】 즐겁게 놂.
【娛娛 오오】 유쾌하게 즐기는 모양.
【娛遊 오유】 즐기며 놂. 娛游(오유).
【娛適 오적】 즐거워하고 만족함.
【娛嬉 오희】 즐거워하고 기뻐함.
◐ 遊-, 歡-, 戲-.

女部 7~8획 娯婏娗娣娖娙婣婘婪婁婁嫵婦

女7【娯】 ⑩ 娯(417)의 속자

女7【婏】 ⑩ 婏(414)의 속자

女7【娗】 ⑩ ❶속일 전銑 tiǎn
❷모양낼 정迥 tiǎn
字解 ❶속이다, 기만하다. 〔列子〕眠娗諈諉. ❷모양내다, 치장하다. ≒婷.

女7【娣】 ⑩ 여동생 제霽 dì
字解 ❶여동생. ㉮한 어머니의 여동생을 손위 언니가 부르는 말. ㉯처첩(妻妾) 사이에서 나이가 적은 사람. 〔詩經〕諸娣從之. ㉰첩(妾). 정처(正妻)에 대하여 동생뻘이 되기 때문이다. ❷손아래 동서를 부르는 말.
【娣婦 제부】 시동생의 아내. 손아래 동서.
【娣姒 제사】 ①손아래 동서와 손위 동서. ②손아래 누이와 손위 누이. 姉妹(자매). ③첩(妾) 사이에서 손아래와 손위.

女7【娖】 ⑩ 삼갈 착覺 chuò
字解 ❶삼가다, 조심하다. 〔史記〕娖娖廉謹. ❷정제하다, 정돈하다. 〔資治通鑑〕娖隊不發. ❸재촉하다. ≒促.
【娖娖 착착】 일이나 행동을 삼가는 모양.

女7【娙】 ⑩ ❶여관 이름 형庚 xíng
❷예쁠 경庚 xíng
字解 ❶여관(女官) 이름, 한대(漢代)의 여관 이름. ¶ 娙娥. ❷예쁘다, 몸매가 날씬하고 아름답다. ¶ 娙娥.
【娙娥 형아】 ❶경아 ❶한대(漢代)의 여관(女官) 이름. ❷예쁨.

女8【婣】 ⑪ 연모할 고本호 遇 hù
字解 연모(戀慕)하다, 애타게 그리워하다.

女8【婘】 ⑪ 살붙이 권霰 juàn
字解 살붙이, 혈연이 가까운 집안 식구. =眷. 〔史記〕呂須婘屬.
【婘屬 권속】 가족. 眷屬(권속).

女8【婪】 ⑪ 탐할 람覃 lán
字解 탐하다, 탐욕이 심하다. 〔楚辭〕衆皆競進以貪婪兮.
【婪酣 남함】 탐내어 먹음. 게걸스럽게 먹음.
【婪沓 남답】 욕심이 많고 물건을 탐냄.

女8【婁尾酒 남미주】 ❶연회(宴會) 때 손에게 골고루 돌아가는 술. ❷마지막 잔.
【婁尾春 남미춘】 작약(芍藥)의 딴 이름.

女8【婪】 ⑪ 예쁠 람感 lǎn
字解 예쁘다.

女8【婁】 ⑪ ❶별 이름 루尤 lóu
❷끌 루麌 lú
❸자주 루遇 lǚ
字解 ❶①별 이름. 28수(宿)의 하나. 〔禮記〕日在婁女昏婁中. ②성기다, 드문드문하다. ③거두다, 거두어들이다. 〔詩經〕莫肯下遺, 式居婁驕. ④암퇘지. 〔春秋左氏傳〕既定爾婁豬. ⑤영리하다. ❷①끌다, 바닥에 대고 당기다. ≒摟. 〔詩經〕弗曳弗婁. ❷아로새기다. 〔何晏·賦〕丹綺離婁. ❸자주. ≒數·屢. 〔漢書〕婁蒙嘉瑞.
【婁驕 누교】 교만을 버리고 겸손하게 됨.
【婁婁 누루】 텅 빔. 성김.
【婁宿 누수】 성수(星宿) 이름. 28수의 하나.
【婁曳 누예】 끎. 끌어당김.
【婁豬 누저】 암퇘지. 암내 낸 암퇘지.
❶ 部一, 離一, 把一.

女8【婁】 ⑪ 婁(418)의 속자

女8【嫵】 ⑪ 嫵(426)와 동자

女8【婦】 ⑪ 며느리 부宥 fù

字源 會意. 女+帚→婦. 여자(女)가 빗자루(帚)를 들고 청소를 한다는 데서 '며느리'라는 뜻을 나타낸다.
字解 ❶며느리, 아들의 아내, 시부모가 있는 여자. 〔詩經〕三歲爲婦. ❷아내, 남편이 있는 여자. 〔詩經〕婦人能閔其君子. ❸여자. ❹정숙하다. 〔荀子〕其服組, 其容婦. ❺주부(主婦).
【婦家 부가】 아내의 친정. 妻家(처가).
【婦功 부공】 여자의 일. 아내로서 해야 할 빨래 · 길쌈 등을 이름. 婦業(부업).
【婦敎 부교】 여자에 대한 가르침.
【婦黨 부당】 아내 쪽의 집안. 妻族(처족).
【婦德 부덕】 부녀로서 지켜야 할 어진 덕행.
【婦道 부도】 여자가 마땅히 지켜야 할 도리.
【婦寺 부시】 부인과 환관. 또는 시녀(侍女).
【婦言 부언】 여자의 좋은 말씨.
【婦翁 부옹】 아내의 아버지. 丈人(장인).
【婦容 부용】 여자의 올바른 몸가짐.

女部 8획 斐婔婢嬰婀婭婗婑婑婉婠

【婦幼 부유】 여자와 어린아이.
【婦人 부인】 ①士(사)의 아내. ◦'士'는 벼슬아치를 뜻함. 서인(庶人)의 아내는 妻(처)라 함. ②여자.
【婦人之仁 부인지인】 하찮은 동정.
❶ 姦−, 寡−, 毒−, 夫−, 産−, 新−, 妖−, 妊−, 子−, 宗−, 主−, 倡−, 妾−, 村−, 醜−, 賢−.

女8【斐】⑪ 오락가락할 비 微 fēi
소전 婔 동자 婔 字解 ①오락가락하다. ≒騑.〔揚雄·騷〕斐斐遲遲而周邁. ②여신(女神).〔左思·賦〕娉江斐與神遊. ③향기가 짙음.
【斐斐 비비】 ①오락가락하는 모습. ②향이 짙음.

女8【婔】⑪ 斐(419)와 동자

女8【婢】⑪ 여자종 비 紙 bì

ㄟ 女 女 奴 奴 妒 妒 婢 婢 婢

소전 婢 초서 婢 字源 形聲. 女+卑→婢. '卑(비)'가 음을 나타낸다.
字解 ①여자 종. ㉮신분이 낮은 여자.〔禮記〕父母有婢子. ㉯하녀(下女).〔北史〕馮淑妃, 名小憐, 大穆后從婢也. ㉰죄에 연좌되어 관청에 딸려 천한 일에 종사히는 여지.〔周禮〕今之奴婢, 古之罪人也. ㉱노예, 사고 팔고 하는 여자 노예.〔世說新語〕奴價倍婢. ②소첩(小妾). 부인이 스스로를 낮추어 이르는 말. ③첩(妾), 곁마누라. ¶婢子.
【婢女 비녀】 계집종.
【婢僕 비복】 계집종과 사내종. 婢僮(비동).
【婢子 비자】 ①계집종. ②여자가 자신을 낮추어 이르는 말. ③여자 종이 낳은 자식. ④첩(妾).
【婢妾 비첩】 여자 종과 첩. 거느리는 여자들.
❶ 官−, 奴−, 僕−, 侍−, 下−.

女8【嬰】⑪ ❶아리따울 아 歌 ē
❷머뭇거릴 아 歌 ē
소전 嬰 동자 婀 字解 ❶아리땁다, 아름답고 날씬한 모양. =婀. ¶嬰娜. ❷머뭇거리다, 주저하며 결단하지 못하다.
【嬰娜 아나】 아름답고 단아한 모양.

女8【婀】⑪ 嬰(419)와 동자

女8【婭】⑪ 동서 아 禡 yà, yǎ
초서 婭 간체 娅 字解 ①동서. 자매의 남편끼리의 관계.〔新唐書〕內恃玄宗婭堛. ②아양 떨다. ③요염한 자태.

【婭堛 아서】 동서(同堛). 자매의 남편끼리나 형제의 아내끼리 서로를 일컫는 말.

女8【婗】⑪ 갓난아이 예 齊 ní
소전 婗 字解 ①㉮갓난아이, 갓 태어난 아기. ㉯갓난아이의 울음소리. ②아양 떨다, 알랑거리다.

女8【婑】⑪ 정숙할 와 哿 wǒ
소전 婑 동자 婑 字解 정숙하다, 날씬하고 아리땁다.
【婑娜 와나】 날씬하고 아름다움. 부인(婦人)에게 하는 말.

女8【婑】⑪ ❶정숙할 와 哿 wǒ
❷아리따울 유 灰 wǒ
동자 婑 參考 대법원 지정 인명용 한자의 음은 '유'이다.
字解 ❶정숙하다, 날씬하고 아리땁다.〔列子〕皆擇稚齒婑媠者以盈之. ❷아리땁다.
【婑媠 와타】 정숙하고 아름다움.

女8【婉】⑪ 순할 완 阮 wǎn
소전 婉 초서 婉 參考 대법원 지정 인명용 한자의 음은 '완·원'이다.
字解 ①순하다, 유순하다.〔春秋左氏傳〕婦聽而婉. ②예쁘다, 아름답다.〔詩經〕淸揚婉兮. ③은근하다, 에둘러 말하다.〔詩經〕婉而成章. ④젊은 모양.〔詩經〕婉兮孌兮. ⑤정숙하다, 숙부드러운 모양. ¶婉美. ⑥친하다, 사랑하다. ¶婉愉.
【婉曲 완곡】 부드럽고 모가 나지 않음. 표현을 노골적으로 하지 않고 빙 둘러서 하는 모양.
【婉麗 완려】 ▷婉美(완미).
【婉孌 완련】 ①나이가 젊고 아름다움. ②친하게 지내며 사랑함.
【婉婉 완만】 순하고 착함. 婉順(완순).
【婉穆 완목】 정숙하고 유순함.
【婉美 완미】 얌전하고 아름다움.
【婉媚 완미】 예쁘고 애교 있음.
【婉嬋 완선】 곱고 아름다운 모양.
【婉約 완약】 유순하고 겸손함.
【婉艶 완염】 숙부드럽고 아름다움.
【婉婉 완완】 ①낭창거리는 모양. ②착하고 순한 모양. ③아름다운 모양. ④구불구불한 모양.
【婉縟 완욕】 아름답게 꾸민 모양. 문사(文辭)의 아름다운 모양.
【婉容 완용】 부드러운 모습. 점잖은 태도.
【婉愉 완유】 사랑하며 즐김.
【婉奕 완혁】 아름다움. 婉麗(완려).
❶ 淑−, 燕−, 妖−, 柔−, 貞−, 華−.

女8【婠】⑪ 품성 좋을 완·왈 寒黠 wān

女部 8획 婑 婬 婣 婥 婧 婥 娼 婇 婕 娵 娶 婆 婞 婚

【婠】
〔참고〕 대법원 지정 인명용 한자의 음은 '완'이다.
〔字解〕 ①품성이 좋다. ②어린 아이의 살찐 모양. 〔韓愈, 孟郊·詩〕邱文載妻嬴, 巴嚴收婠妠.
【婠妠 완날】어린아이의 살찐 모양.

女8【婑】⑪ 妖(408)와 동자

女8【婬】⑪ 음탕할 음 侵 yín
〔字解〕 음탕하다, 음탕하게 놀다.〔孔子家語〕欲正一國之婬昏.
【婬亂 음란】음탕하고 난잡함. 淫亂(음란).
【婬俗 음속】음탕한 풍속. 淫俗(음속).
【婬火 음화】음욕(婬欲)의 열정(熱情).

女8【婣】⑪ 姻(415)과 동자

女8【婥】⑪ 예쁠 작 藥 chuò
〔字解〕 예쁘다, 아름답다, 용모가 아리땁다.
【婥約 작약】얼굴이나 몸가짐이 아름다운 모양.

女8【婧】⑪ 날씬할 정 敬 jìng
〔字解〕 ①날씬하다, 허리가 가는 모양. ②조촐하다, 여자가 정조를 지키다. ③아름답다.

女8【婷】⑪ 婧(420)과 동자

女8【娼】⑪ 몸 파는 여자 창 陽 chāng
〔字解〕 몸 파는 여자, 몸 파는 일이 직업인 여자.
【娼家 창가】창기(娼妓)의 집.
【娼妓 창기】몸을 파는 여자. 기생.
【娼女 창녀】몸을 파는 여자. 娼婦(창부).

女8【婇】⑪ 여자 이름자 채 賄 cǎi
〔字解〕 여자 이름자.

女8【婕】⑪ 궁녀 첩 葉 jié
〔字解〕 ①궁녀(宮女), 한대(漢代)의 여관(女官).〔史記〕幸夫人尹婕妤. ②예쁘다, 아름답다.
【婕妤 첩여】한대(漢代)의 여관(女官) 이름.

女8【娵】⑪ ①별 이름 추 虞 jū ②미녀 추 宥 jū
〔字解〕 ①①별 이름.〔春秋左氏傳〕歲在娵訾口. ②물고기.〔世說新語〕娵隅躍淸池. ②미녀, 아리따운 여자.
【娵隅 추우】물고기.
【娵訾 추자】성수(星宿) 이름.

女8【娶】⑪ 장가들 취 遇 qǔ
〔字解〕 장가들다, 아내를 맞다.〔書經〕娶于塗山.
【娶嫁 취가】장가가고 시집가는 일.
【娶妻 취처】아내를 맞아들임. 장가듦.
○婚-.

女8【婆】⑪ 할미 파 歌 pó
〔字解〕 ①할미, 늙은 여자, 늙은 어머니.〔韓愈·文〕十八翁及十八婆盧氏. ②사물의 형용. ¶婆娑. ③범어(梵語) 'Bha'의 음역자. ¶婆羅門. ④아내, 부인.
【婆娑 파사】①춤추는 모양. 옷자락이 날리는 모양. ②시들어서 처지는 모양. ③나뭇잎이 무성한 모양. ④거문고의 소리가 가냘프고 억양이 있는 모양. ⑤주저함.
【婆心 파심】①노파(老婆)의 친절한 마음. ②쓸데없는 걱정.
【婆婆 파파】①늙은 여자. ②할머니. ③어머니. ④아내.
【婆羅門 바라문】인도 사성(四姓) 가운데 가장 높은 지위의 승족(僧族). ○범어(梵語) 'Brāhmana'의 음역어(音譯語).
【婆羅門行 바라문행】승려의 건방진 행동.
○老-, 媒-, 娑-, 産-, 塔-, 湯-.

女8【婞】⑪ 강직할 행 迥 xìng
〔字解〕 ①강직하다, 바르고 곧다.〔楚辭〕曰鯀婞直以亡身兮. ②패려궂다, 도리에 어긋나다.
【婞直 행직】강직함.

女8【婚】⑪ 혼인할 혼 元 hūn
〔字解〕 ①혼인하다.〔國語〕同姓不婚. ②아내의 친정, 아내의 친정 살붙이.〔爾雅〕婦之黨爲婚兄弟.
【婚家 혼가】혼사(婚事)를 치르는 집. 신랑과 신부의 집.

女部 9획 媧媒婳媢媔婺媚媄媍婿

【婚期 혼기】결혼하기에 적당한 나이.
【婚談 혼담】결혼을 위해 남자 편과 여자 편 사이에 오가는 말.
【婚禮 혼례】①혼인의 예절. ②혼인의 의식. 결혼식. 婚儀(혼의).
【婚配 혼배】혼인하여 부부가 됨. 또는 배우자.
【婚事 혼사】혼인과 관련된 여러 가지 일.
【婚書 혼서】①國혼인 때에 신랑 집에서 신부 집으로 보내는 편지. ②결혼 계약서. ○홍색 바탕에 금빛의 용봉(龍鳳) 무늬가 있는 접지. '용봉예서(龍鳳禮書)'라고도 함.
【婚屬 혼속】어머니나 아내의 집안. 외족(外族)이나 처족(妻族).
【婚需 혼수】결혼에 필요한 비용과 물품.
【婚約 혼약】약혼.
【婚姻 혼인】남녀가 부부로 맺어지는 일.
【婚處 혼처】결혼하기에 적당한 상대.
【婚戚 혼척】혼인으로 맺어진 척분.
○ 結—, 旣—, 晩—, 未—, 成—, 新—, 約—,
離—, 再—, 早—, 重—, 初—, 許—.

女9【媧】⑫ 여신 과·와 佳 wā
字解 여신(女神), 여와(女媧). 천지 만물을 화육(化育)하였다는 여신.〔淮南子〕於是女媧煉五色石以補蒼天.

女9【媒】⑫ ❶중매 매 灰 méi ❷어두울 매 國 mèi
字源 形聲. 女+某→媒. '某(모)'가 음을 나타낸다.
字解 ❶①중매, 중매하다.〔詩經〕子無良媒. ②매개, 매개하다.〔新書〕大臣疑主, 亂之媒也. ③술밑, 누룩.〔漢書〕隨而媒蘖其短. ④미끼. 다른 새나 짐승을 꾀기 위해 매어 두는 같은 무리의 새나 짐승.〔潘岳·賦〕翳媒翳之事. ⑤끌어들이다. ❷어둡다, 어두운 모양. ≒霾.
【媒介 매개】주선함. 알선함. 중개함. 중간에서 줄을 놓음. 仲介(중개).
【媒嫗 매구】혼인(婚姻)을 중매하는 할멈. 媒婆(매파).
【媒媒 매매】어두운 모양. 미련한 모양.
【媒蘖 매얼】죄를 짓도록 유도하여 함정에 빠트림. ○'媒'·'蘖'은 모두 '누룩'을 뜻함.
【媒妁 매작】중매를 함. 또는 그 사람.
【媒鳥 매조】다른 새를 꾀어서 잡기 위하여 기르는 새.
【媒質 매질】한 곳에서 다른 곳으로 물리적 작용을 전하여 주는 매개물.
【媒婆 매파】중매하는 할멈.
【媒合 매합】혼인을 중매함. 媒嫗(매구).
【媒合容止 매합용지】남자와 여자를 자기 집에 묵게 하여 정사(情事)를 매합함.
○ 溶—, 鳥—, 仲—, 觸—, 蟲—, 風—.

女9【婳】⑫ ❶눈매 예쁠 면 先 mián ❷투기할 면 銑 miǎn
字解 ❶눈매가 예쁘다.〔楚辭〕美目婳只. ❷투기하다, 강샘하다.

女9【媢】⑫ 강샘할 모 號 mào
字解 ①강샘하다, 시새우다. ¶ 媢怨. ②노려보다, 쏘아보다. ≒冒.
【媢忌 모기】질투하고 꺼림.
【媢怨 모원】질투하고 원망함.
【媢嫉 모질】꺼리고 싫어함. 질투하여 미워함.

女9【媔】⑫ 예쁠 모·묘 宥 mián
字解 ①예쁘다, 아리땁다, 아름답다. ②키가 크다. ③눈매가 아름답다.
【媔娷 묘형】아름답고 예쁜 여자. 媔娥(묘아).

女9【婺】⑫ 별 이름 무 遇 wù
字解 ①별 이름. 포백(布帛)을 맡고 있다고 한다.〔禮記〕旦婺女中. ②고을 이름.

女9【媚】⑫ 아첨할 미 寘 mèi
字解 ①아첨하다, 비위를 맞추다. ¶ 媚附. ②풍치가 아름답다. ③아양 부리다, 요염한 느낌을 주다. ¶ 媚態. ④사랑하다.〔詩經〕媚兹一人. ⑤따르다, 순종하다.〔詩經〕媚于天子. ⑥도깨비, 요괴.〔列子〕鬼媚不能欺.
【媚客 미객】장미의 딴 이름.
【媚嫵 미무】요염한 모습으로 알랑거림.
【媚附 미부】아부함. 아첨함.
【媚承 미승】아첨하여 뜻을 맞추어 줌.
【媚藥 미약】색욕(色慾)을 돋우는 약.
【媚子 미자】①도(道)로써 군신(君臣)을 화합시키는 사람. 현인(賢人). ②사랑하는 사람. 또는 요염한 여자.
【媚竈 미조】임금이나 권신에게 아부함.
【媚態 미태】아양을 떠는 태도.
【媚好 미호】잘생김. 아름다움.
○ 綺—, 明—, 阿—, 姸—, 婉—, 諛—, 柔—.

女9【媄】⑫ 빛 아름다울 미 紙 měi
字解 빛이 아름답다, 곱다.

女9【媍】⑫ 婦(418)와 동자

女9【婿】⑫ 壻(371)와 동자

女部 9획 媟 嫂 媤 媕 媆 媼 媛 媦 嫛 婷 婼 媠 媮 媥 婚 媓

女9 【媟】⑫ 깔볼 설 屑 xiè
字解 ①깔보다, 얕보다. 〔漢書〕魚鼈媟之. ②친압하다, 무람없다. 〔漢書〕古者大臣不媟. ③문란하여지다. ¶ 媟嬻. ④경솔하고 오만하다.
【媟近 설근】친압(親狎)하여 무람없음. 또는 임금에게 친압하여 무람없이 구는 사람.
【媟嬻 설독】①친압(親狎)하여 더럽힘. ②남녀 사이가 문란하여짐.
【媟嫚 설만】친압(親狎)하여 무람없음.
【媟語 설어】경박하거나 음란한 말.
【媟汚 설오】예를 잃을 정도로 버릇없이 굶.

女9 【嫂】⑫ 嫂(423)와 동자

女9 【媤】⑫ 國시집 시
字解 ①시집, 남편의 집. 〔秋官志〕不思媤叔之義. ②여자의 자(字).
【媤家 시가】시집. 남편의 집안.
【媤宅 시댁】시가의 존칭.
【媤父母 시부모】남편의 부모.
【媤叔 시숙】남편의 형제.

女9 【媕】⑫ 머뭇거릴 암 覃 ān
字解 ①머뭇거리다. ¶ 媕娿. ②여자가 연모하여 따르는 모양. ③아름답다. 〔魏源·詩〕嘆喜無不媕.
【媕娿 암아】주저하며 결정짓지 못함.
【媕媕 암암】①여자가 연모하여 따르는 모양. ②마음을 정하지 못하는 모양.

女9 【媆】❶예쁠 연 銑 ruǎn ❷어릴 눈 願 nèn
字解 ❶예쁘다, 예쁜 모양. ※嫩(1788)의 본자(本字). ❷〔同〕嫩(425). ①어리다, 약하다. ②예쁘다, 용모가 아름다운 모양.

女9 【媼】⑫ 媼(424)의 속자

女9 【媛】❶미인 원 霰 yuàn ❷끌 원 元 yuán
字解 ❶①미인, 우아한 여자. 〔詩經〕展如之人兮, 邦之媛也. ②예쁘다, 아름답다. ③궁녀(宮女). 〔新唐書〕太子內官, 良媛六人. ❷끌다, 끌어당기는 모양.

女9 【媦】⑫ 여동생 위 未 wèi
字解 여동생. 〔春秋公羊傳〕若楚王之妻媦.

女9 【嫛】⑫ ❶기쁠 이 支 yí ❷착할 희 支 xī
參考 대법원 지정 인명용 한자음은 '이'이다.
字解 ❶기쁘다. ❷착하다.

女9 【婷】⑫ 예쁠 정 靑 tíng
字解 예쁘다, 아름다운 모양.
【婷婷 정정】①아름답고 예쁜 모양. ②꽃이 흔들리지 않는 모양. 꽃이 고요한 모양.
【婷嫋嫋 정정요뇨】용모가 아름답고 몸매가 가냘픈 모양.

女9 【婼】⑫ ❶거역할 착 藥 chuò ❷나라 이름 야 禡 ruò
字解 ❶거역하다. ❷나라 이름. 한대(漢代) 서역(西域) 36국의 하나.

女9 【媠】⑫ 게으를 타 哿箇 duò, tuǒ
字解 ①게으르다. =惰. 〔書〕妾不敢以燕媠見帝. ②예쁘다, 곱고 아름답다. ¶ 媠服.
【媠嫚 타만】게으르고 거만함.
【媠服 타복】곱고 아름다운 옷.

女9 【媮】⑫ ❶훔칠 투 尤 tōu ❷즐길 유 虞 yú
字解 ❶①훔치다. =偸. 〔漢書〕媮可用也. ②얼버무리다, 일시적인 안락을 원하다. ¶ 媮食. ③구차하다. 〔漢書〕媮合苟從. ④경박하다, 천박하다. ¶ 媮薄. ❷①즐기다, 기분이 부드러워지다. =愉. 〔楚辭〕聊媮娛以自樂. ②아름답다.
【媮樂 ❶투락 ❷유락】❶일시적인 안락을 탐함. 偸樂(투락). ❷즐김.
【媮薄 투박】언행이 경솔하고 천박함.
【媮生 ❶투생 ❷유생】①생(生)을 훔침. 무익한 삶을 누림. ❷삶을 즐김.
【媮食 투식】①일시적 안락만을 구하여 생활함. 偸安(투안). ②공금(公金)이나 관곡(官穀)을 도둑질해 먹음. 偸食(투식).
【媮惰 투타】임시 모면으로 한때의 안일을 꾀함.
【媮合 투합】구차하게 남과 영합함.
【媮娛 유오】즐김. 즐거워함.

女9 【媥】⑫ 가벼울 편 先 piān
字解 가볍다, 가벼운 모양, 옷이 펄럭이는 모양. 〔史記〕媥姺.

女9 【婚】⑫ 婚(420)과 동자

女9 【媓】⑫ 어머니 황 陽 huáng
字解 어머니. 중국 방언(方言)에서 쓰는 말.

女部 10획   嫁 媿 媾 嫐 嫋 媽 嫇 嫩 媻 媲 嬋 嫂 媳 嫈

女10 【嫁】⑬ 시집갈 가 禡 jià

[字解] ①시집가다, 시집보내다. 〔詩經〕來嫁於周. ②떠넘기다, 허물·죄 등을 남에게 밀다. 〔史記〕是欲嫁禍於趙也. ③가다, 향하여 가다. 〔列子〕將嫁於衛.
【嫁女 가녀】 딸을 시집보냄.
【嫁奩 가렴】 시집갈 때 가지고 갈 물건을 넣어 두는 상자. 결혼 준비.
【嫁母 가모】 아버지가 죽은 후에 개가한 어머니.
【嫁殤 가상】 결혼하기 전에 죽은 여자를 약혼자에게 시집보냄.
【嫁裝 가장】 시집갈 준비. 시집갈 때 가지고 갈 물건.
【嫁娶 가취】 혼인. 시집가고 장가드는 일.
【嫁禍 가화】 화를 남에게 전가함.
● 改-, 轉-, 出-, 娶-, 婚-.

女10 【媿】⑬ 창피 줄 괴 寘 kuì

[字解] ①창피를 주다, 나무라다. ≒愧. 〔漢書〕更加賞賜, 以媿其心. ②부끄럽다, 부끄러워하다. ≒愧. ③고마워하다. 〔新唐書〕臣常媿其長者, 思有以報.
【媿辱 괴욕】 부끄러움. 수치.

女10 【媾】⑬ 화친할 구 宥 gòu

[字解] ①화친하다, 화해하다. ≒講. ¶媾和. ②겹혼인, 친척끼리의 혼인. 〔春秋左氏傳〕如舊婚媾. ③성교하다. ¶媾合. ④총애하다, 사랑하다. 〔詩經〕不遂其媾.
【媾合 구합】 남녀가 서로 육체적으로 관계함. 性交(성교). 房事(방사).
【媾和 구화】 싸우던 나라끼리 평화를 의논함.

女10 【嫐】⑬ 희롱할 뇨 皓 nǎo

[字解] 희롱하다, 놀리다, 시시덕거리다.

女10 【嫋】⑬ 예쁠 뇨 篠 niǎo

[字解] ①예쁘다, 아리땁다. 〔左思·賦〕嫋嫋素女. ②바람에 산들산들 흔들리는 모양. 〔楚辭〕嫋嫋兮秋風. ③소리가 가늘고 길게 이어지는 모양. 〔蘇軾·賦〕餘韻嫋嫋, 不絕如縷.
【嫋娜 요나】 ①아름다움. ②낭창낭창함. 부드럽고 긴 모양.
【嫋嫋 요뇨】 ①약하디 약함. ②바람이 솔솔 부는 모양. ③감기어 휘도는 모양. ④소리가 가늘게 이어져 끊이지 않는 모양. ⑤낭창낭창함. 부드럽고 긴 모양. ⑥부드럽고 아름다운 모양.

女10 【媽】⑬ 어미 마 麻 mā

[字解] ①어미, 어머니, 할미. ¶媽媽. ②여자 종. 여자 종을 부를 때 그 성에 붙여 쓴다. ③암말, 말의 암컷.
【媽媽 마마】 ①어머니를 부르는 말. ②늙은 여자. 노부(老婦).

女10 【嫇】⑬ 조심조심할 명 庚 míng, méng

[字解] ①조심조심하다, 소심(小心)한 모양. ②밝고 깨끗한 모양. ③나이 어린 부인, 새색시. ④수줍어하다.

女10 【嫩】⑬ 착하고 아름다울 미 紙 měi

[字解] 착하고 아름답다, 선미(善美)하다. =媄. 与美. 〔周禮〕以貞來歲之嫩惡.

女10 【媻】⑬ 비틀거릴 반 寒 pán

[字解] ①비틀거리다, 절뚝거리다. ¶媻珊. ②왕래하는 모양. ¶媻媻. ③첩, 소실. ④느리게 걷다.
【媻媻 반반】 가고 오고 함. 왕래하는 모양.
【媻珊 반산】 비틀거리며 걸음.

女10 【媲】⑬ 짝 비 ㊗피 霽 pì

[字解] ①짝, 짝하다, 결혼하다. ②견주다.

女10 【嬋】⑬ 嬋(426)과 동자

女10 【嫂】⑬ 형수 수 皓 sǎo

[字解] ①형수. 우리나라에서는 부인의 뜻으로도 쓴다. 〔孟子〕嫂溺則援之以手乎. ②부인의 노칭(老稱). 〔儀禮〕嫂亦可謂之母乎.
【嫂叔 수숙】 형수와 시동생. ○우리나라에서는 형제의 아내와 남편의 형제를 뜻함.
● 季-, 弟-, 兄-.

女10 【媳】⑬ 며느리 식 職 xí

[字解] 며느리. 아들의 아내. 〔元史〕世祖每稱之爲賢德媳婦.
【媳婦 식부】 며느리.

女10 【嫈】⑬ 예쁠 앵·영 庚 yīng

[字解] ①예쁘다, 아름다운 모양. ¶嫈嫈. ②추하다, 보기 흉하다. ¶嫈

女部 10~11획 媼嫋嫄媵嫉嫦嫜嫌嫝嫗

媆. ③젊은 부인, 새색시. ¶ 㜝媆. ④소심(小心)한 모양. 〔韓愈,孟郊·詩〕彩伴颯㜝媆.
【㜝媆】앵명 ①추함. 천함. ②젊은 부인. ③소심한 모양. 또는 새색시가 수줍어하는 모양.
【㜝㜝】앵앵 예쁜 모양.

女10【媼】⑬ ❶할미 온 本오 韻 ǎo ❷살찔 올 月 wò
[소전][초서][속] 媼 [叅考] 대법원 지정 인명용 한자의 음은 '온'이다.
[字解] ❶①할미, 늙은 여자. ②어머니, 노모(老母). 〔韓非子〕請歸與媼計之. ③토지의 신(神). ¶ 媼神. ❷살찌다. ¶ 媼妠.
【媼媼】온구 늙은 여자. 老婆(노파).
【媼神】온신 토지의 신(神).
【媼妠】올날 좀 살찜.

女10【嫋】⑬ 예쁠 요 蕭 yáo
[소전] 嫋 [字解] ①예쁘다, 아름답다. ②등을 구부리고 걷는 모양. ③춤추는 모양. 〔楚辭〕音晏衍兮要嫋.

女10【嫄】⑬ 사람 이름 원 元 yuán
[소전] 嫄 [字解] 사람 이름. 주대(周代)의 선조인 기(棄)의 어머니의 자(字). 〔詩經〕厥初生民, 時維姜嫄.

女10【媵】⑬ 보낼 잉 徑 yìng
[초서] 媵 [字解] ①보내다. ㉮전송하다. 〔楚辭〕魚隣隣兮媵予. ㉯건네주며 권하다. 〔儀禮〕主人媵觚于賓. ②몸종. 옛날에 귀인(貴人)이 시집갈 때 데리고 간 여자. 〔春秋左氏傳〕以媵秦穆姬.
【媵母】잉모 어머니가 시집올 때 따라온 여자.
【媵侍】잉시 시집가는 여자를 따라가던 시녀. 媵婢(잉비).
【媵臣】잉신 옛날에 귀한 집 여자가 시집갈 때 데리고 가던 남자 하인.
【媵嬙】잉장 여관(女官) 이름. ○황후(皇后)의 다음은 비(妃), 그 다음은 빈(嬪), 그 다음은 잉(媵), 그 다음은 장(嬙)이라 함.
【媵妾】잉첩 옛날 귀한 집 딸이 시집갈 때 데리고 가던 몸종. 媵婢(잉비). 媵御(잉어).

女10【嫉】⑬ 시기할 질 質 jí
[소전] 嫉 [초서] 嫉 [字解] ①시기하다, 시샘하다. ¶ 嫉妬. ②미워하다, 싫어하다. 〔史記〕嫉濁世之政.
【嫉視】질시 흘겨봄. 시기하여 봄.
【嫉妒】질투 ▷嫉妬(질투).
【嫉妬】질투 ①샘. 우월한 사람을 시기하여 증오함. 또는 그러한 일. ②강샘.

【嫉賢妬能】질현투능 덕과 재능이 자신에 비해 뛰어난 사람을 시기하고 질투함.

女10【嫦】⑬ ❶애 밸 추 虞 chú ❷과부 추 本수 麌 chú
[소전] 嫦 [초서] 嫦 [字解] ❶①애 배다, 임신하다. ¶ 嫦婦. ②예쁘다. ❷과부, 미망인. ¶ 嫦孀.
【嫦婦】추부 임신한 여자.
【嫦孀】추상 과부. 미망인.

女10【嫜】⑬ 추할 치 支 chī
[字解] ①추하다, 보기 흉하다. 〔史通〕善惡不分, 妍嫜永滅者矣. ②업신여기다, 깔보다. 늑蚩.
【嫜妍】치연 ①추한 일과 아름다운 일. ②현명함과 어리석음.

女10【嫌】⑬ 싫어할 혐 鹽 xián
[자형변천] [소전] 嫌 [초서] 嫌 [字源] 形聲. 女+兼→嫌. '兼(겸)'이 음을 나타낸다.
[字解] ①싫어하다, 미워하다. 〔後漢書〕曹操旣積嫌忌. ②의심하다. 〔禮記〕使民無嫌. ③불만스럽다, 불평스럽다. ④혼동하기 쉽다, 가깝다, 닮다. 〔呂氏春秋〕固嫌於危. ⑤원망하다.
【嫌隙】혐극 서로 의심하여 사이가 나쁨.
【嫌忌】혐기 꺼리고 싫어함.
【嫌怒】혐노 싫어서 성냄.
【嫌名】혐명 ①혼동하기 쉬운 발음(發音)의 이름. '禹'와 '雨' 따위. ②군부(君父)의 이름과 소리가 비슷한 이름. 기휘(忌諱)함.
【嫌猜】혐시 꺼리고 의심함. 미워하고 시기함.
【嫌厭】혐염 꺼림. 싫어함.
【嫌惡】혐오 싫어하고 미워함.
【嫌貳】혐이 의심. 의심함.

女11【嫝】⑭ 여자 이름자 강 陽 kāng
[字解] ①여자의 이름자. ②편안하다.

女11【嫗】⑭ ❶할미 구 本우 麌 yù ❷산 이름 후 尤 kōu
[소전] 嫗 [초서] 嫗 [간체] 妪 [字解] ❶①할미, 늙은 여자. 〔史記〕有一老嫗, 夜哭. ②어머니. ③여자. 〔南史〕從少嫗三十. ④안아서 따뜻하게 하다, 어머니가 자식을 기르다. 〔禮記〕煦嫗覆育萬物. ⑤빛깔, 아름다운 빛깔. ¶ 嫗煦. ❷산 이름.
【嫗伏】구복 새가 알을 품어 따뜻하게 함.
【嫗育】구육 잘 보살펴 기름.
【嫗煦】구후 ①잘 보살펴 기름. 어버이가 자식을 기르는 것과 같이 백성을 사랑하고 보호함. ②아름다운 빛깔. 예쁜 모양.
❶老-, 巫-, 媼-, 乳-.

女部 11획 墐 嫩 嫰 嫟 嫢 嫪 嫠 嫚 嬤 嬞 嫣 嫛 嫕 嫜 嫡 嫖

女11 【墐】⑭ ❶여자 이름 근 匯 jìn ❷아름다울 근 囫 jìn
字解 ❶여자 이름. ❷아름답다.

女11 【嫩】⑭ 어릴 눈 願 nèn
字解 ❶어리다, 어리고 연약하다. ¶嫩芽. ❷예쁘다.
【嫩綠 눈록】 새로 돋아난 잎의 푸른 빛.
【嫩芽 눈아】 새로 돋아난 어린 싹. 새싹.
【嫩葉 눈엽】 새로 돋아난 부드러운 잎.
【嫩晴 눈청】 비가 오래 오다가 비로소 갬.

女11 【嫰】⑭ 嫩(425)의 속자

女11 【嫟】⑭ 친압할 닉 職 nì
字解 ❶친압하다, 친숙하여지다. ≒暱. ❷음탕하다.

女11 【嫢】⑭ 嫟(425)과 동자

女11 【嫪】⑭ ❶사모할 로 號 lào ❷시기할 로 號 láo
字解 ❶사모하다, 그리워하다.〔韓愈·詩〕感物增戀嫪. ❷시기하다.

女11 【嫠】⑭ 과부 리 囡 lí
字解 과부, 홀어미.〔春秋左氏傳〕嫠不恤其緯.
【嫠婦 이부】 홀어미. 과부.
【嫠不恤緯 이불휼위】 과부가 베 짜는 일을 근심하지 않음. ㉠대장부는 마땅히 나랏일을 걱정하여야 함. ㉡자기의 직분을 다하지 않음. 故事 한 과부가 베 짜는 일은 걱정하지 않고 나라가 망할까 염려하였다는 고사에서 온 말.

女11 【嫚】⑭ 업신여길 만 諫 màn
字解 ❶업신여기다, 깔보다. =慢. ¶嫚罵. ❷더럽히다, 음란하게 굴다. ¶嫚戲. ❸게으리하다.〔淮南子〕而職事不嫚.
【嫚罵 만매】 깔보고 마구 욕함.
【嫚戲 만희】 음란한 희롱. 추잡한 희롱.

女11 【嬤】⑭ 추녀 모 虞 mó
字解 추녀, 못생긴 여자.〔淮南子〕嬤母有所美.
【嬤母 모모】 황제(黃帝)의 넷째 비(妃)의 이름. ○현덕(賢德)하였으나 매우 추부(醜婦)였던 데서 '추녀(醜女)'를 이르는 말이 되었음.

女11 【嫙】⑭ 예쁠 선 先 xuán
字解 예쁘다, 아름답다.

女11 【嫣】⑭ 상긋 웃을 언 先 yān
字解 ❶상긋 웃다, 예쁘게 웃는 모양. ¶嫣然. ❷아리땁다, 아리따운 모양. ¶嫣紅. ❸연하다, 잇닿다.〔漢書〕有周氏之嬋嫣兮.
【嫣然 언연】 미소 짓는 모양.
【嫣紅 언홍】 아리따운 붉은색.

女11 【嫛】⑭ ❶유순할 예 齊 yī ❷갓난아이 예 齊 yī
字解 ❶유순하다, 순박하다. =嬇. ❷갓난아이.
【嫛婗 예예】 갓난아이. 嬰兒(영아).

女11 【嬇】⑭ 유순할 예 齊 yì
字解 유순(柔順)하다, 순박하다, 정직하다.

女11 【嫜】⑭ 시부모 장 陽 zhāng
字解 ❶시부모, 남편의 부모.〔杜甫·詩〕何以拜姑嫜. ❷시숙, 남편의 형.

女11 【嫡】⑭ 정실 적 錫 dí
字源 形聲. 女+商→嫡. '商(적)'이 음을 나타낸다.
字解 ❶정실(正室), 본처(本妻).〔詩經·序〕嫡能悔過也. ❷본처가 낳은 아들.〔北史〕崇儒術以訓世嫡. ❸맏아들, 정실이 낳은 맏아들로서 대를 이을 사람.
【嫡男 적남】 본처에게서 난 아들. 嫡子(적자).
【嫡女 적녀】 정실의 몸에서 난 맏딸.
【嫡庶 적서】 적자(嫡子)와 서자(庶子).
【嫡長 적장】 정실이 낳은 후사(後嗣).
【嫡傳 적전】 가계(家系)를 정통(正統)에서 정통으로 전함.
【嫡妻 적처】 육례(六禮)를 갖추어 정식으로 맞은 아내.
【嫡出 적출】 본처가 낳은 자녀.
【嫡派 적파】 가계(家系)에서 정실의 계통. 嫡統(적통).
▶嗣-, 世-, 元-, 長-.

女11 【嫖】⑭ 날랠 표 蕭 piào
字解 ❶날래다, 민첩하다. 재빠르다. ≒剽.〔杜甫·詩〕恐是霍嫖姚. ❷음란하다, 음탕하다. ¶嫖子.
【嫖客 표객】 기생집을 드나드는 남자.
【嫖姚 표요】 ❶민첩(敏捷)하고 굳센 모양. ❷한

대(漢代)의 무관(武官) 이름.
【嫖子 표자】 <현>기녀(妓女). 매음부.

女11 【嫦】 ⑭ 항아 **항**·상 陽 cháng
<본자> 姮
<참고> 대법원 지정 인명용 한자의 음은 '항'이다.
<자해> 항아(姮娥), 상아. = 姮.

女11 【嫭】 ⑭ 아름다울 **호** 遇 hù
<동자> 嫮
<자해> ①아름답다, 예쁜 모양. ②시기하다, 시새움하다.

女11 【嫮】 ⑭ 아름다울 **호** 遇 hù
<동자> 嫭
<자해> ①아름답다, 예쁜 모양. ②시기하다, 시새움하다.
【嫮嫽 호교】 아름다운 모양. 예쁜 모양.

女12 【嫴】 ⑮ 잠시 **고** 虞 gū
<소전> 嫴
<자해> ①잠시, 덧없다, 임시. ≒姑. ¶ 嫴嫌. ②도거리, 독차지하다. ¶ 嫴榷. ③맡기다.
【嫴榷 고각】 모두. 다. 合計(합계).
【嫴嫌 고투】 덧없음. 구차함. 姑偸(고투).

女12 【嬌】 ⑮ 아리따울 **교** 蕭 jiāo
<소전> 嬌 <초서> 嬌 <간체> 娇
<자해> ①아리땁다, 예쁘다, 요염한 모양. ≒姣. 〔江淹·賦〕羅與綺兮嬌上春. ②미녀(美女), 요염한 부인. ③사랑하다, 사랑스럽다. 〔杜甫·詩〕平生所嬌兒. ④계집애, 딸. ⑤뽐내다, 교만하다. ≒驕.
【嬌歌 교가】 아름다운 노래. 고운 노래.
【嬌客 교객】 ①신랑(新郞). ②작약(芍藥)의 딴 이름. ③사위.
【嬌娘 교낭】 귀엽고 사랑스러운 소녀.
【嬌女 교녀】 아리따운 여자. 고운 여자.
【嬌童 교동】 사랑스러운 사내아이.
【嬌面 교면】 요염한 얼굴. 귀여운 얼굴.
【嬌顰 교빈】 요염하게 눈살을 찌푸림. 미인이 수심에 잠긴 모습을 형용한 말.
【嬌奢 교사】 요염하게 치장함.
【嬌聲 교성】 아양 떠는 소리. 아름다운 목소리.
【嬌羞 교수】 귀엽게 수줍어함.
【嬌兒 교아】 ①사랑스러운 사내아이. ②사랑하는 아들.
【嬌娥 교아】 아리따운 여자.
【嬌顔 교안】 아리따운 얼굴.
【嬌愛 교애】 예쁘고 귀여움. 愛嬌(애교).
【嬌嬈 교요】 귀여운 보조개. 애교 있는 보조개.
【嬈嬈 교요】 아리따움. 요염함, 또 그런 여자.
【嬌雲 교운】 가볍고 부드럽게 보이는 구름.
【嬌逸 교일】 뛰어나게 아름다움.

【嬌姿 교자】 아름다운 자태.
【嬌稚 교치】 사랑스럽고 어림.
【嬌癡 교치】 몸은 다 성숙했으나 아직 남녀간의 정사(情事)를 모름, 또는 그런 사람. 숫보기.
【嬌妒 교투】 아름답고 질투가 많음. 嬌妬(교투).
【嬌花 교화】 요염한 꽃. 아름다운 꽃.
● 阿—, 愛—, 含—.

女12 【嬀】 ⑮ 성 **규** 支 guī
<소전> 嬀 <초서> 嬀 <간체> 妫
<자해> ①성(姓). ②강 이름. ③고을 이름.
【嬀汭 규예】 규수(嬀水)의 굽은 곳. ○'汭'는 '물굽이'를 뜻함. 규수(嬀水)는 산서성(山西省) 영제현(永濟縣)의 남쪽, 역산(歷山)에서 서쪽으로 흘러 황하(黃河)로 들어가는 강.

女12 【嬈】 ⑮ ①번거로울 **뇨** 篠 rǎo ②약할 **뇨** 嘯 ③예쁠 **요** 篠 yǎo
<소전> 嬈 <초서> 嬈 <간체> 娆
<자해> ①①번거롭다, 괴로워하다. 〔漢書〕除苛解嬈. ②희롱하다, 재미로 놀리다. ≒獿. ❷약하다, 가냘프다. ❸예쁘다, 아름다운 모양. = 偠.
【嬈惱 요뇌】 마음으로 몹시 괴로워함.
【嬈嬈 요뇨】 가냘프며 아름다운 모양.

女12 【嫽】 ⑮ ①외조모 **로** 晧 lǎo ②예쁠 **료** 篠 liǎo
<소전> 嫽 <자해> ❶외조모. ¶ 嫽嫽. ❷①예쁘다, 아리땁다. ¶ 嫽妙. ②장난치다, 가지고 놀다. ③영리하다.
【嫽嫽 노로】 외조모(外祖母).
【嫽妙 요묘】 예쁘고 절묘한 모양.

女12 【嫵】 ⑮ 아리따울 **무** 麌 wǔ
<소전> 嫵 <초서> 嫵 <동자> 娬 <간체> 妩
<자해> 아리땁다, 교태를 부리다, 아양 떨다. 〔漢書〕嫵媚纖弱.
【嫵媚 무미】 아양을 떪. 교태를 부림. 아리따운 자태.

女12 【嫳】 ⑮ 발끈할 **별** 屑 piè
<소전> 嫳
<자해> ①발끈하다, 갑자기 성을 내다. ②경박한 모양, 가벼운 모양. ③너울거리다, 펄럭이다. 〔司馬相如·賦〕使姍嫳屑.

女12 【嬋】 ⑮ 고울 **선** 先 chán
<소전> 嬋 <초서> 嬋 <동자> 嬋 <통자> 嬗 <간체> 婵
<자해> ①곱다, 예쁘다, 아름답다. ¶ 嬋娟. ②잇닿다, 두 사물이 이어져 끊이지 않다. 〔柳宗元·

女部 12~13획 嬃 嬈 嶕 嫺 嫻 嬅 嬇 嬉 嬝 嬗 嬐 孃 嬴 嬴 嬴 嬙 嬖

女12 【嬃】⑮ 누이 수 虞 xū
[字解] 누이, 손위 누이. 〔楚辭〕女嬃之嬋媛兮.

女12 【嬈】⑮ ❶성 연 先銑 rán ❷아리잠직할 연 銑 rǎn
[字解] ❶성(姓). ❷아리잠직하다, 작으면서 얌전한 모양.

女12 【嶕】⑮ 수척할 초 蕭 qiáo
[字解] 수척하다, 여위어 초라하여지다. =憔.

女12 【嫺】⑮ 우아할 한 刪 xián
[字解] ❶우아하다, 단아하다. 〔後漢書〕辭言嫻雅. ❷익다, 익숙하여지다. 〔史記〕嫺於辭令.
【嫺麗 한려】 우아하고 미려함.
【嫺熟 한숙】 숙달함. 익숙함. 鍊熟(연숙).
【嫺雅 한아】 우아함.

女12 【嫻】⑮ 嫺(427)의 속자

女12 【嫻】⑮ 嫺(427)과 동자

女12 【嬅】⑮ 여자 이름 화 禡 huà
[字解] ❶여자 이름. ❷아름답다.

女12 【嬇】⑮ 정숙할 획 囮 huà
[字解] ❶정숙하다, 안존하다, 얌전하다. ❷예쁘다, 아리땁다. ❸자랑하다, 뽐내다. 〔左思·賦〕風俗以韰惈爲嬇.

女12 【嬉】⑮ 즐길 희 支 xī
[字解] ❶즐기다, 즐거워하다, 기뻐하다. 〔張衡·賦〕追漁夫同嬉. ❷놀다, 장난하다. 〔韓愈·進學解〕業精于勤荒于嬉.
【嬉笑 희소】 기뻐하며 웃음. 장난하며 웃음.
【嬉娛 희오】 즐거움. 즐김.
◐樂−, 遊−.

女13 【嬝】⑯ 嫋(423)의 속자

女13 【嬗】⑯ ❶물려줄 선 霰 shàn ❷고울 선 先 chán
[字解] ❶①물려주다, 전하여 주다. 늑禪. 〔漢書〕堯以天下. ②이어지다, 끊이지 않다. 〔史記〕化變而嬗. ③바뀌다, 바뀌어 달라지다. 〔史記〕午年之間, 號令三嬗. ❷곱다, 자태(姿態)가 아리땁다. =嬋.

女13 【嬐】⑯ 빠를 섬 鹽 xiān, yǎn
[字解] ①빠르다, 재빠르다. ②조심하다. ③정돈되다.

女13 【孃】⑯ 孃(429)의 속자

女13 【嬴】⑯ 찰 영 庚 yíng
[字解] ①차다, 가득 차다. 늑盈. 〔爾雅〕夏爲長嬴. ②남다, 넘쳐서 남다. ¶嬴餘. ③나타나다, 나아가 나타나다. ¶嬴縮. ④펴다, 늘이다. ¶嬴絀. ⑤끝, 가, 변두리. ⑥풀다, 얽힌 것을 풀다. 〔禮記〕天地始肅, 不可以嬴. ⑦이기다. 〔史記〕嬴則兼欺舅與母. ⑧바구니. ⑨성(姓). 진대(秦代) 왕실의 성.
【嬴蓋 영개】 바구니와 우산. 빈천한 사람이 여행하는 모습.
【嬴鏤 영부】 아름다운 무늬를 새겨 넣음.
【嬴餘 영여】 나머지. 剩餘(잉여).
【嬴嬴 영영】 얼굴이 아름다운 모양.
【嬴顚劉蹶 영전유궐】 진(秦)도 한(漢)도 모두 망한 일. ◐'嬴'은 진대(秦代) 천자의 성(姓)을, '劉'는 한대(漢代) 천자의 성을 뜻함.
【嬴縮 영축】 ①가득 참과 줆. 盈虛(영허). ②이름과 늦음. ③나아가 도(道)를 행함과 물러나 은거함. 盈縮(영축).
【嬴絀 영출】 편과 오그림.
【嬴虛 영허】 가득 참과 텅 빔. 남고 모자람.

女13 【嬴】⑯ 嬴(427)과 동자

女13 【嬴】⑯ 嬴(427)과 동자

女13 【嬙】⑯ 궁녀 장 陽 qiáng
[字解] 궁녀, 여관(女官)의 하나로 비(妃) 다음의 위계(位階). 〔春秋左氏傳〕宿有妃·嬙·嬪·御焉.
【嬙媛 장원】 궁녀(宮女). 侍女(시녀).

女13 【嬖】⑯ 사랑할 폐 霽 bì

女部 13~15획 嬖 嬛 嬈 嬭 嬲 嬤 嬪 嬰 嬴 嬬 嬥 嬻

嬖

字解 ①사랑하다, 총애하다. 〔春秋左氏傳〕嬖人之子也. ②귀인에게 총애받는 미천한 사람. 남녀 구별 없이 쓰인다. 〔楚辭〕斥讒夫與便嬖. ③친압(親狎)하다, 무람없이 굴다. ④비천하다.

【嬖近 폐근】 총애하여 가까이 함. 또는 마음에 드는, 곁에서 시중드는 사람.
【嬖女 폐녀】 마음에 드는 여자. 총애하는 여자.
【嬖御 폐어】 총애를 받음. 또는 그런 첩.
【嬖艷 폐염】 임금이 총애하는 미인. 마음에 드는 미녀(美女).
【嬖寵 폐총】 총애를 받는 사람.
【嬖幸 폐행】 천한 신분으로 임금의 총애를 받음. 또는 그 사람. 嬖愛(폐애).
○ 妖—, 寵—.

女13 【嬛】⑯

①경편할 현 _匣　xiān
②홀로 경 _匣　qióng

字解 ①경편(輕便)하다, 몸이 가볍고 재빠르다. 〔司馬相如·賦〕便嬛綽約. ②숙부드러운 모양, 정숙한 모양, 얌전하다. ¶ 嬛嬛. ❷홀로, 외톨이리. 늑煢. 〔詩經〕嬛嬛在疚.
【嬛佞 현녕】 경박하고 교묘히 아첨함.
【嬛嬛】 ❶현현 ❷경경 ①정숙한 모양. ②의지할 곳 없는 모양. 煢煢(경경).

女14 【嬭】⑰

젖 내 _蟹　nǎi

字解 ①젖. ②기르다, 양육하다. 〔北齊書〕崔中書是我嬭母. ③어미, 젖어미.
【嬭嬭 내내】 부인(婦人)의 존칭.
【嬭媼 내온】 ①젖어머니. 乳母(유모). ②어머니.
【嬭婆 내파】 젖어머니. 乳母(유모).

女14 【嬲】⑰

희롱할 뇨 _篠　niǎo

字解 ①희롱하다, 놀리다. ②흩뜨리다, 어지럽게 하다. 〔韓駒·詩〕堂中走相嬲.

女14 【嬤】⑰

엄마 마 _麻　mā

字解 ①엄마. 어머니를 부르는 속칭. ②할머니. 늙은 부인을 부르는 통칭.

女14 【嬪】⑰

아내 빈 _眞　pín

字解 ①아내. ㉮죽은 아내의 호칭. 〔禮記〕生日父, 曰妻, 死日考, 曰妣, 曰嬪. ㉯궁첩, 임금의 소실. 〔禮記〕三夫人九嬪. ②여관(女官). 우리나라에서는 정일품(正一品)의 내명부(內命婦) 품계. ¶ 妃嬪. ③부인(婦人)의 미칭(美稱) 또는 범칭(汎稱). ¶ 嬪物. ④시집가다, 아내로서 남편을

섬기다. 〔書經〕嬪于虞. ⑤많다, 많은 모양. 〔漢書〕嬪然成行.
【嬪儷 빈려】 부부(夫婦). 配偶(배우).
【嬪物 빈물】 부녀(婦女)가 만든 물건.
【嬪婦 빈부】 ①궁중(宮中)의 여관(女官). ②덕행(德行)이 있는 부녀자의 미칭.
【嬪侍 빈시】 천자(天子)의 시녀.
【嬪娥 빈아】 궁녀. 嬪御(빈어). 嬪妾(빈첩).
【嬪然 빈연】 수효가 많은 모양.
【嬪從 빈종】 궁중(宮中)에서 일하는 여관들.
【嬪妾 빈첩】 임금의 침석에 시중드는 궁녀. 임금의 첩. 嬪御(빈어). 嬪媵(빈잉).
○ 貴—, 奉—, 妃—.

女14 【嬰】⑰

①갓난아이 영 _庚　yīng
②연약할 영 _梗　yǐng

字解 ❶①갓난아이. ②두르다, 빙 둘러치다. 〔陸機·詩〕世網嬰我身. ③목에 걸다. 〔荀子〕使處女嬰寶珠. ④잇다, 꿰다. 〔山海經〕嬰以百珪百璧. ⑤지니다, 가지다. 〔漢書〕單于長嬰大罪. ⑥더하다, 보태다. 〔漢書〕嬰以廉恥. ⑦닿다, 저촉(抵觸)하다. ⑧안다, 감싸 안다. 〔淮南子〕以與天和相嬰薄. ⑨목줄기. ⑩목걸이. ⑪가슴걸이. 늑纓. ⑫갓끈. ⑬병에 걸리다. ❷①연약하다. ②갓난아이. ※❶의 ①과 같다.
【嬰城 영성】 성문(城門)을 굳게 닫고 성을 지킴. 농성(籠城)하여 굳게 지킴.
【嬰守 영수】 성벽(城壁)을 굳게 지킴.
【嬰孺 영유】 젖먹이. 嬰兒(영아). 嬰孩(영해).

女14 【嬴】⑰

嬴(427)과 동자

女14 【嬬】⑰

아내 유 _虞　rú

字解 ①아내. ②첩, 소실. ③약하다.

女14 【嬥】⑰

날씬할 조 _篠　tiǎo

字解 ①날씬하다, 날씬하고 아리땁다. ②춤추다. 늑趒. ¶ 嬥歌. ③오가는 모양, 왕래하는 모양. ¶ 嬥嬥. ④바꾸다.
【嬥歌 조가】 여러 남녀가 손을 잡고 춤을 추면서 부르는 노래. 跳歌(도가).
【嬥嬥 조조】 ①오가는 모양. ②경박한 모양. 佻佻(조조). ③아리따운 모양.
【嬥包兒 조포아】 못생긴 여자를 대신하여 맞선 보는 여자. 가짜로 진짜를 바꿔치기 함.

女15 【嬻】⑱

더럽힐 독 _屋　dú

字解 더럽히다, 썩다, 오손(汚損)되다. 〔國語〕不亦嬻姓矣乎.

女部 15~21획

嬸 女15 ⑱ 숙모 심 寢 shěn
[간체] 婶
[字解] ❶숙모, 작은어머니. ❷現形 아내가 아우 동서를 부르는 말.

嬾 女16 ⑲ 게으를 란 旱 lǎn
[소전] 嬾 [서] 嬾 [동문] 孄 [속] 懶
[字解] ❶게으르다, 게으름을 피우다. 〔嵆康·書〕嬾與慢相成. ❷패 나른하다, 싫증을 내다. ❸엎드리다, 눕다.
【嬾架 난가】 책을 올려놓고 누워서 볼 수 있도록 만든 대(臺).
【嬾癖 난벽】 게으름 피우는 버릇.
【嬾婦 난부】 ①게으른 여자. ②귀뚜라미의 딴 이름.
【嬾拙 난졸】 몸이 나른하고 모든 일이 귀찮음.

嬿 女16 ⑲ 아름다울 연 霰 yàn
[소전] 嬿 [동] 㜩
[字解] 아름답다, 마음이 곱고 아리땁다. 〔後漢書〕展中情之嬿婉.
【嬿服 연복】 아름다운 옷.
【嬿私 연사】 아름다워서 남몰래 사랑함. 또는 그 사람.
【嬿婉 연완】 숙부드럽고 아름다운 모양.

嫛 女16 ⑲ 嬿(429)과 동자

孀 女17 ⑳ 과부 상 陽 shuāng
[초서] 孀
[字解] 과부, 홀어미. 〔淮南子〕弔死問疾, 以養孤孀.
【孀閨 상규】 과부가 거처하는 방.
【孀單 상단】 과부, 과부 생활.
【孀娥 상아】 홀어미. 과부. 孀婦(상부).
【孀雌 상자】 과부. 과부 생활.
● 孤-, 靑-寡婦.

孅 女17 ⑳ ❶가늘 섬 鹽 xiān ❷아첨할 첨 鹽 qiān
[소전] 孅 [초서] 孅
[字解] ❶①가늘다, 가냘프다. ≒纖. 〔漢書〕嫵媚孅弱. ②자질구레하다. 〔史記〕孅嗇筋力. ❷아첨하다, 교활하다.
【孅介 섬개】 매우 작음. '介'는 '小'로 '작다'를 뜻함.
【孅嗇 섬색】 얼마 되지 않는 것을 아낌.
【孅阿 섬아】 ①여자의 얼굴이 아름다운 모양. ②예전에 말을 잘 몰던 사람의 이름.
【孅弱 섬약】 ①가냘프고 약함. ②필치(筆致)가 가늘고 약함.
【孅姸 섬연】 날씬하고 아름다움.
【孅趨 섬추】 지나치게 공손한 태도로 나아감. 아첨하여 굽실거리는 나아감.

子部 0획 子

孃 女17 ⑳ 계집애 양 本냥 陽 niáng
[소전] 孃 [초서] 孃 [속] 娘
[字解] 形聲. 女+襄→孃. '襄(양)'이 음을 나타낸다.
[字解] ❶계집애. ㉮딸. ㉯아가씨. 처녀의 뜻으로 여자의 성명 아래에 붙여 대접하여 이르는 말. ❷어미, 어머니. 〔南史〕孃今何處.

孌 女19 ㉒ 아름다울 련 銑 luán
[소전] 孌 [서] 孌 [간체] 娈
[字解] ❶아름답다, 젊고 예쁘다. 〔詩經〕孌彼諸姬. ❷순하다, 순종하다.
● 嬖-.

孋 女19 ㉒ 나라 이름 리 支 lí
[초서] 孋
[字解] ❶나라 이름. ❷여자 이름. ❸성(姓).

孎 女21 ㉔ 嬾(429)과 동자

子部

3획 부수 | 아들자부

子 子0 ③ ❶아들 자 紙 zǐ, zī ❷사랑할 자 寘 zǐ, zī

𡿨 了 子

[소전] 𢀖 [주문] 㜽 [고문] 𣎵 [초서] 子 [字源] 象形. 어린 아이의 머리와 두 팔을 본뜬 것이다.
[字解] ❶①아들, 사내 자식. 〔春秋左氏傳〕帝乙之元子也. ②맏아들, 가계(家系)를 잇는 아들. 〔呂氏春秋〕已爲吾子矣. ③자식, 아들딸, 자손. 〔荀子〕聖王之子也. ④새끼, 생물의 암수 사이에서 태어난 것. 〔詩經〕螟蛉有子. ⑤사람. 〔詩經〕招招舟子. ⑥남자에 대한 통칭·미칭(美稱)·존칭. ⑦스승, 학덕(學德)이 높은 스승. 성(姓) 밑에 붙이는 것이 보통이나, 성 위에 놓는 수도 있다. ¶ 孔子. ⑧일가(一家)의 학설을 세운 학자나 그의 저서. 〔漢書〕諸子十家. ⑨오등작(五等爵)의 네 번째. 〔禮記〕王者之制祿爵, 公侯伯子男, 凡五等. ⑩씨, 열매, 과실(果實). 〔漢武故事〕三千年一結子. ⑪너, 당신, 자네. 신분·연령·계급의 상하나 남녀의 구별 없이 쓴다. 〔論語〕子亦有異聞乎. ⑫만물, 천지 사이의 온갖 생물(生物). 〔漢書〕子猶萬物也. ⑬알, 생물이 낳은 알. ¶ 魚子. ⑭이자, 이식(利息). 〔史記〕子貸金錢千貫. ⑮사물의 이름 밑에 붙이는 말. ⑯서적 분류의 한 갈래.

¶ 經史子集. ⑰⑫지(支)의 첫 번째. ㉑방위로는 북(北), 오행으로는 수(水), 동물로는 쥐에 배당된다. ㉔달로는 동짓달, 시간으로는 밤 11시에서 새벽 1시까지. ⑱작다, 잘다. 미소한 것에 첨가하여 사용한다. 〔後漢書〕葛子升越. ⑲붇다, 무성해지다. 늑兹. 〔齊民要術〕子息萬計. ⑳젊은이, 청년. 〔北史〕此郞子好相表, 大必爲良將. ㉑사랑하다. 늑慈. 〔中庸〕子庶民也. ㉒양자로 삼다.

【子癎 자간】임신 후기나 분만 전후에 갑자기 온몸에 경련이 일어나는 병.
【子宮 자궁】여성 생식기의 하나인 아기집.
【子規 자규】소쩍새.
【子來 자래】자식처럼 옴. 자식이 부모를 그리워하여 찾아오듯, 서민이 유덕(有德)한 임금 밑에 모여듦.
【子母錢 자모전】①변리가 붙은 돈. 밑천과 변리. 원리금(元利金). 子本(자본). ②큰 돈과 작은 돈. 화폐의 경중을 이름.
【子卯 자묘】불길(不吉)한 날. ◐은(殷) 주왕(紂王)은 갑자일(甲子日)에, 하(夏) 걸왕(桀王)은 을묘일(乙卯日)에 망하였으므로 이 날을 꺼림. 子卯不樂(자묘불악).
【子煩 자번】임신 중 가슴이 답답한 증세.
【子婦 자부】며느리.
【子史 자사】제자(諸子)의 책과 역사책. ◐'子'는 노자(老子)·순자(荀子)·장자(莊子) 등 자류(子類)의 책을, '史'는 사기(史記)·한서(漢書) 등 사류(史類)의 책을 뜻함.
【子壻 자서】사위. 女壻(여서).
【子姓 자성】자손(子孫). 후손. ◐'姓'은 '生'으로 '많은 자손'을 뜻함.
【子誠齊人 자성제인】견문이 좁고 고루한 사람.
[故事] 맹자(孟子)가 자기 나라의 것만 아는 제(齊)나라의 공손추(公孫丑)에게, '당신은 참 제(齊)나라 사람이오'라고 한 고사에서 온 말.
【子孫 자손】아들과 손자. 또는 후손.
【子嗽 자수】임신 중인 부인이 늘 기침을 하는 병.
【子時 자시】12시(時)의 첫째 시간. 오후 11시부터 오전 1시까지.
【子息 자식】아들. 자녀.
【子愛 자애】①자식과 같이 사랑함. ②자애(慈愛). ◐'子'는 '慈'와 통함.
【子午 자오】12지(支)의 '子'와 '午'. ◐방향으로는 각각 정북(正北)과 정남(正南)을, 시각으로는 각각 자정(子正)과 정오(正午)를 뜻함.
【子月 자월】음력 동짓달의 딴 이름.
【子爲父隱 자위부은】자식이 타인에게 아비의 나쁜 일을 숨김. 부자(父子)간의 천륜(天倫).
【子錢 자전】이자(利子). 이식(利息).
【子弟 자제】①아들과 아우. '父兄(부형)'의 대. ②젊은 사람. 손아랫사람. '父老(부로)'의 대. ③남을 높이어 그의 '아들'을 이르는 말.
【子腫 자종】아이를 밴 뒤 대여섯 달쯤 되어, 몸이 붓고 뱃가죽이 트면서 배가 불러지는 병.
【子坐午向 자좌오향】북쪽을 등지고 남쪽을 바라보는 좌향(坐向).

【子枝 자지】분고 늘어서 번성하게 퍼진 자손. 많이 번성한 자손.
【子鞭 자편】도리깨열.
【子戶 자호】①분가(分家). ②자궁(子宮).

❶骨—, 公—, 君—, 卵—, 男—, 末—, 母—, 帽—, 父—, 分—, 嗣—, 庶—, 小—, 養—, 梁上君—, 王—, 原—, 義—, 長—, 才—, 嫡—, 種—, 册—, 天—, 蕩—, 太—, 孝—.

子【孑】③ ❶짧을 궐[月] jué
0   ❷장구벌레 궐 ⓑ공 [腫] jué
[字解] ❶짧다, 길지 않다. ¶孑孑. ❷장구벌레. 모기의 애벌레. ¶孑孑.

子【孑】③ 외로울 혈 ⓑ결 [屑] jié
0
[字解] ❶외롭다, 홀로, 혼자. 〔孔融·書〕單子獨立. ❷남다, 남기다. 〔詩經〕靡有孑遺. ❸짧다, 길지 않다. ¶孑孑. ❹장구벌레. ¶孑孑. ❺작다, 조그마하다. 〔宋書〕勿以小智孑義而圖大功. ❻창, 날이 없는 창. 〔春秋左氏傳〕授師孑焉. ❼뛰어나다, 특출하다. 늑傑. 〔詩經〕孑干旄.
【孑孑 혈혈】①장구벌레. 모기의 애벌레. ②짧음. 작음.
【孑立 혈립】외롭게 섬. 외따로 있음.
【孑遺 혈유】단 하나 남은 것. 소량의 여분.
【孑義 혈의】작은 의(義).
【孑孑 혈혈】①외로이 선 모양. ②작은 모양. ③특출(特出)한 모양.
【孑孑孤蹤 혈혈고종】객지(客地)에 있어서 적적한 나그네의 종적.
【孑孑單身 혈혈단신】아무에게도 의지할 곳이 없는 홀몸.
【孑孑無依 혈혈무의】혼자의 몸으로 의지할 곳이 없음.

子【孔】④ 구멍 공 [董] kǒng
1
ㄱ 了 孒 孔
[字源] 象形. 어린 아이의 머리 윗부분에 있는 아직 완전히 닫히지 않은 구멍을 본뜬 것이다.
[字解] ❶구멍, 굴. 〔白虎通〕亦有孔穴. ❷매우, 심히. 늑甚. 〔詩經〕德音孔昭. ❸크다. 〔老子〕孔德之容. ❹새 이름, 공작(孔雀). 〔漢書〕其上則有宛雛孔鸞. ❺깊다. 〔淮南子〕孔乎莫知其所終極. ❻공자(孔子)의 약칭. 〔淮南子〕孔墨之弟子.
【孔蓋 공개】①공작(孔雀)의 깃털로 만든 수레의 덮개. ②흉금을 터놓고 이야기하는 일.
[故事] 공자가 담(郯)으로 가는 도중에 제(齊)나라의 정목자(程木子)를 만나, 수레의 덮개를 걸고 종일토록 담론했다는 고사에서 온 말.

【孔敎 공교】 공자의 가르침.
【孔竅 공규】 구멍. 인체(人體)의 코·귀·눈·입 등의 구멍.
【孔棘 공극】 매우 급한 일. 외환(外患)이 급함.
【孔隙 공극】 ①구멍. ②빈틈.
【孔劇 공극】 몹시 지독함.
【孔多 공다】 매우 많음.
【孔德 공덕】 노자(老子)가 주장한 허무(虛無)의 도덕. ◐'孔'은 '크다'를 뜻함.
【孔道 공도】 ①큰 길. 大路(대로). ②산을 뚫을 길. 터널. ③공자(孔子)가 가르친 도.
【孔老 공로】 공자와 노자. 유교와 도교.
【孔孟 공맹】 공자와 맹자.
【孔猛 공맹】 대단히 강한 사람.
【孔明 공명】 ①대단히 밝음. ②제갈량(諸葛亮)의 자(字).
【孔門十哲 공문십철】 공자의 제자 중에 학덕(學德)이 빼어난 열 사람을 일컫는 말. 덕행(德行)에 뛰어났던 안연(顔淵)·민자건(閔子騫)·염백우(冉伯牛)·중궁(仲弓), 언어(言語)에 뛰어났던 재아(宰我)·자공(子貢), 정사(政事)에 뛰어났던 염유(冉有)·계로(季路), 문학(文學)에 뛰어났던 자유(子遊)·자하(子夏).
【孔方 공방】 네모난 구멍이 있는 옛날 동전.
【孔壁 공벽】 고문상서(古文尙書)·예기(禮記)·논어(論語) 등이 나왔다는 공자(孔子)의 구택(舊宅)의 벽(壁).
【孔父 공보】 공자.
【孔碩 공석】 매우 큼.
【孔席不暖 공석불난】 세상을 구제하기 위하여 안주(安住)할 겨를이 없음. 故事 공자는 도(道)를 펴기 위하여 천하를 주유(周遊)하느라 바빴으므로, 앉은 자리가 따뜻해질 겨를이 없었다는 고사에서 나온 말.
【孔聖 공성】 ①아주 뛰어난 성인. 大聖(대성). ②공자(孔子)의 존칭.
【孔昭 공소】 매우 밝음.
【孔繇 공요】 공자(孔子)의 도(道). ◐'繇'는 '道'로 '길'을 뜻함.
【孔憂 공우】 큰 근심.
【孔壬 공임】 간악한 사람. 또는 그러한 사람. ◐'壬'은 '任'으로 '악(惡)을 간직하다'라는 뜻임.
【孔子 공자】 (B.C. 552~B.C. 479) 노(魯)나라 추읍(陬邑), 지금의 산동성(山東省) 곡부현(曲阜縣) 사람. 이름은 구(丘), 자는 중니(仲尼). 인(仁)을 이상(理想)의 도덕이라 하여 효제(孝悌)·충서(忠恕)로써 이상을 이루는 근저로 삼고, 여러 나라를 두루 돌아다니며 치국(治國)의 도(道)를 설(說)함. 68세에 노나라에 돌아와 6경(經), 곧 예(禮)·악(樂)·시(詩)·서(書)·역(易)·춘추(春秋)를 산술(刪述)하여 후세에 유교(儒敎)의 시조가 되었음. 그의 언행을 적은 책으로 논어(論語)가 있음.
【孔罅 공하】 구멍. 틈.
【孔穴 공혈】 ①구멍. ②사람 몸의 혈도(穴道).
【孔懷 공회】 몹시 생각함. 형제간의 우애.
【孔姬 공희】 공자(孔子)와 주공(周公). ◐주공

은 성이 '희(姬)'임.
◐毛-, 百-, 鼻-, 眼-, 穴-.

【㲚】⑤ 孔(430)의 고자

【孕】⑤ 아이 밸 잉 圊 yùn
字解 ①아이를 배다. 임신하다.〔易經〕婦孕不育. ②품다. 품어 가지다. ③낳아 기르다.〔淮南子〕毛者孕育.
【孕別 잉별】 ①새끼를 낳음. 분만(分娩). ②수컷을 떠나 새끼를 품는 일.
【孕婦 잉부】 아이를 밴 부인.
【孕乳 잉유】 아이를 배고 낳음. ◐'乳'는 '아이를 낳는 일'을 뜻함.
【孕鬻 잉육】 잉태한 아이를 낳아 기름.
【孕重 잉중】 아이·새끼를 뱀.
【孕胎 잉태】 아이를 가짐. 임신.
◐懷-.

【字】⑥ 글자 자 圊 zì
字源 會意·形聲. 宀+子 →字. 어린아이〔子〕가 집〔宀〕 안에 있는 모습으로, 집 안에서 자식을 낳아 젖을 먹여 기른다는 것을 뜻한다. '子'는 음도 나타낸다.
字解 ①글자, 문자. ②아이를 배다.〔易經〕女子貞不字. ③기르다, 양육하다.〔春秋左氏傳〕使字敬叔. ④사랑하다. ≒慈.〔春秋左氏傳〕樂王鮒字而敬. ⑤자(字). 이름을 중히 여겨 함부로 부르지 않는 관습에서, 결혼한 후에 부르기 위하여 짓는, 이름에 준한 것.〔儀禮〕冠而字之, 敬其名也. ⑥암컷. ≒牸.
【字格 자격】 ①글자를 쓰는 법칙. ②現영지(影紙). 정간지(井間紙).
【字句 자구】 문자와 어구.
【字內 자내】 도성(都城)의 안팎을 각 영(營)에서 갈라 맡아 경계·호위하던 구역 안.
【字母 자모】 철음(綴音)의 근본이 되는 글자. 곧, 자음(子音)과 모음(母音).
【字撫 자무】 사랑하여 어루만짐.
【字牝 자빈】 암컷.
【字書 자서】 글자를 모아서 풀이해 놓은 책. 字典(자전).
【字性 자성】 글씨 재주. 글씨를 쓰는 재능.
【字小 자소】 ①작은 나라를 돌봄. 작고 연약한 사람을 사랑하고 돌봄. ②글자가 작음.
【字眼 자안】 시문(詩文) 가운데에서 가장 주요한 글자. 字面(자면).
【字愛 자애】 아랫사람을 도탑게 사랑함.
【字源 자원】 글자가 구성된 밑뿌리. '地'는 土와 也, '信'은 人과 言으로 이루어진 것 따위.

【字乳 자유】 젖을 먹이어 기름. 哺育(포육).
【字育 자육】 양육하는 일. 기름. 키움.
【字義 자의】 글자의 뜻.
【字字 자자】 ①기러기가 줄지어 날아가는 줄을 '字'에 비유하여 이름. ②한 글자 한 글자마다.
【字字珠玉 자자주옥】 글자마다 구슬임. 필법(筆法)이 뛰어나 글씨가 잘 쓰여진 것.
【字體 자체】 글자의 모양. 붓글씨의 서체.
【字學 자학】 문자에 관한 학문. 자체(字體)나 자의(字義)를 연구하는 학문.
【字解 자해】 글자의 풀이. 문자의 해석.
【字號 자호】 ①활자의 크기를 나타내는 호수. ②문자로써 표시한 명호(名號). 商號(상호). ③상점(商店). ④자(字)와 호(號).
【字訓 자훈】 ①한자의 우리말 새김. ②글자의 새김.
【字彙 자휘】 ①일정한 체계로 글자를 모아 놓은 책. 字典(자전). ②명대(明代)의 매응조(梅膺祚)가 지은 자전(字典).
【字恤 자휼】 백성을 어루만져 사랑함.
❶缺一, 古一, 舊一, 國一, 大一, 同一, 名一, 文一, 本一, 小一, 俗一, 略一, 誤一, 點一, 正一, 脫一, 漢一, 解一, 活一.

子3 【孖】 ⑥ 쌍둥이 자 皮虞 zī

[초서] 孖 [字解] ①쌍둥이. 孶孼. ②우거지다, 무성해지다. 늑滋.
【孖生 자생】 쌍둥이로 태어남.

子3 【存】 ⑥ 있을 존 元 cún

一ナオ存存存

[소전] 㧏 [초서] 存 [동전] 拵 [字源]會意. 子+𠂇〔在의 생략체〕
→存. 어린이〔子〕를 평안하게 있게〔在〕 한다는 의미로, '잘 있느냐 어떠냐를 물어보다'라는 뜻을 나타낸다.
[字解] ①있다. ㉮존재하다.〔孟子〕操則存, 舍則亡. ㉯살아 있다. ㉰머무른 상태로 계속해 있다.〔易經〕成性存存. ②안부를 묻다, 노고(勞苦)를 위로하다.〔後漢書〕存問寡孤. ③가엾게 여기다.〔禮記〕存諸孤. ④살피다, 살펴보다, 관리하다.〔禮記〕處其所存. ⑤이르다, 다다르다.〔荀子〕所存者神. ⑥생각하다, 기억하다, 그리워하다.〔禮記〕致愛則存, 致慤則著. ⑦맡아보다, 구실, 구실아치. 늑司.〔論語〕則有司存. ⑧편안하다.〔史記〕存亡之難. ⑨설치하다.〔漢書〕侍御史周敞勸上存之.
【存饋 존궤】 옛날 수령이 그 지역의 노인들을 찾아보고 음식을 대접하는 일.
【存念 존념】 늘 생각하고 잊지 않음.
【存錄 존록】 ①잊지 않게 기록하여, 불실(不失) 여김. ②등록하여 잊지 않고 회상함.
【存立 존립】 존재하여 자립함. 계속 존재함.
【存亡 존망】 ①삶과 죽음. 존립과 멸망. 存沒(존몰). ②망하려는 것을 도와서 살게 함.
【存亡之機 존망지기】 사느냐 죽느냐의 중대한 시기. 存亡之秋(존망지추).
【存命 존명】 살아 있음.
【存撫 존무】 위로하여 편안하게 함.
【存問 존문】 ①안부(安否)를 물음. 위문함. ②고을의 원이 민정(民情)을 살피기 위하여 관하의 백성을 찾아가 봄.
【存本取利 존본취리】 돈이나 곡식을 꾸어주고 밑천을 그대로 둔 채 그 변리만을 받음.
【存否 존부】 있고 없음.
【存想 존상】 ①깊이 생각함. ②마음을 외부에 흐트러지지 않게 하여 본성(本性)을 보존함.
【存續 존속】 계속 존재함.
【存身之道 존신지도】 몸을 온전히 보존하는 길.
【存心 존심】 본심을 잃지 않고 이를 기름. 放心(방심)하지 않음. 存神(존신).
【存案 존안】 ①기록하여. 기록에 남김. ②國보존(保存)하여 두는 안건(案件).
【存養 존양】 ①본심을 잃지 않고 타고난 착한 성품을 기름. ②은혜를 베풀어 살아가도록 함.
【存慰 존위】 찾아가 위로함. 노고를 치하하고 위로함.
【存潤 존윤】 안부를 묻고 가엾게 여김. 가긍(可矜)히 여겨 은혜를 베풂.
【存肄 존이】 보존(保存)하여 익히는 일. 곧, 자연에 따를 뿐, 시비를 논하지 않음.
【存而不論 존이불론】 어떤 사실의 존재는 인정하나 그 존재하는 까닭은 논하지 않음.
【存貯 존저】 저축함. 存儲(존저).
【存底貨 존저화】 圓재고품. 잔품(殘品).
【存存 존존】 ①존재함. ②보존함. ③만물을 존하고 자라나게 함.
【存拯 존증】 구제하여 살려 줌.
【存置 존치】 그대로 둠.
【存廢 존폐】 보존과 폐지.
【存活 존활】 살아감. 목숨을 부지함.
【存候 존후】 안부를 물음. 위문함.
【存恤 존휼】 ①위문하고 구제함. ②청대(淸代)에 병졸이 죽은 뒤 석 달 동안 그 전 봉급을 가족에게 지급하던 일.
❶保一, 生一, 實一, 嚴一, 適者生一, 現一.

子3 【扜】 ⑥ 存(432)과 동자

子3 【孜】 ⑥ 好(405)의 고자

子4 【孚】 ⑦ ❶미쁠 부 虞 fú
❷기를 부 遇 fú
❸빛날 부 尤 fú

[소전] 𡥀 [소전] 𡥆 [초서] 孚 [字源]會意. 爪+子→孚. 새가 알을 품어 발톱〔爪〕으로 그 알을 굴리면서 새끼〔子〕를 부화시킨다는 뜻을 나타낸다.
[字解] ❶①미쁘다, 참되고 믿음성이 있다.〔詩

子部 4~5획 孚字孛旴孝季

經〕成王之孚. ❷껍질, 겉겨. ≒稃. 〔太玄經〕陽氣孚微. ❸붙다, 붙이다. ≒附·付. 〔書經〕天旣孚命正厥德. ❹달리다. ≒篤. 〔易經〕贏豕孚蹢躅. ❺알이 깨다. ❷기르다, 자라다. =孵. ¶ 孚育. ❸빛나다, 옥(玉)이 빛나는 모양. 〔禮記〕孚尹旁達.
【孚甲 부갑】 종자(種子)의 외피(外皮).
【孚信 부신】 성실(誠實). 신실(信實).
【孚佑 부우】 성심으로 도움.
【孚乳 부유】 새가 알을 품어 깜.
【孚育 부육】 보호하여 기름.
【孚尹 부윤】 옥(玉)이 빛나는 모양.
❶ 信-.

子⁴【孜】⑦ 힘쓸 자 囝 zī

[字解] 힘쓰다, 부지런히 힘쓰는 모양. 〔書經〕予思日孜孜.
【孜孜 자자】 부지런히 힘쓰는 모양.

子⁴【孛】⑦ ❶살별 패 國 bèi ❷안색 변할 발 月 bó

[字解] ❶①살별, 혜성. ¶ 孛彗. ②빛이 환히 빛나는 모양. ¶ 孛孛. ❷①안색(顏色)이 변하다. ≒勃. 〔論語〕色孛如也. ②어둡다, 밝지 않다. ¶ 孛然. ❸무성해지다.
【孛孛 ❶패패 ❷발발】❶빛이 사방으로 비치는 모양. ❷환히지 않은 모양.
【孛彗 패혜】 살별, 혜성. 孛星(패성). ○이 별의 출현은 난리가 일어날 조짐이라 함.
【孛散 발산】 무성한 초목이 바람에 이리저리 흔들리는 모양.
【孛然 발연】 ①어두운 모양. 孛孛(발발). ②안색을 바꾸어 성내는 모양. 勃然(발연).

子⁴【孝】⑦ 學(437)의 속자

子⁴【𡥃】⑦ 好(405)와 동자

子⁴【孝】⑦ 효도 효 囫 xiào

一 十 土 耂 孝 孝 孝

[字源] 會意. 耂+子→孝. '耂'는 '老'의 생략체. 아이〔子〕가 노인〔老〕을 업고 있는 모습으로, '부모를 잘 섬기다, 효도'라는 뜻을 나타낸다.
[字解] ①효도. ㉮부모를 잘 섬기는 일. 〔論語〕弟子入則孝. ㉯선조의 뜻을 올바르게 계승하는 일. 〔書經〕追孝于前文人. ❷부모의 상(喪)을 입다, 상복(喪服). 〔北史〕崔九作孝, 風吹卽倒. ③보모(保姆). 〔大戴禮〕孝子繦之. ❹맏, 맏자식. 〔禮記〕祝曰孝子某使介子某執其常事.

鄭玄注, 孝, 宗子之稱.
【孝感 효감】 효행(孝行)의 덕이 신인(神人)을 감동시킴.
【孝巾 효건】 상중(喪中)에 머리에 쓰는 건.
【孝敬 효경】 ①어버이를 잘 섬기고 웃어른을 공경함. ②부모를 섬겨 효도를 다하고, 형을 받들어 순종하는 사람. ③웃어른에게 물건을 드림. 또는 웃어른에게 물건을 받음.
【孝謹 효근】 어버이를 섬김에 조심성이 깊음.
【孝道 효도】 부모를 잘 섬기는 도리.
【孝廬 효려】 집상(執喪) 중에 거처하는 곳.
【孝廉 효렴】 효성스럽고 청렴한 사람.
【孝服 효복】 ①상복(喪服). ②부모상을 입음.
【孝婦 효부】 효성이 지극한 며느리.
【孝慕 효모】 효심(孝心)이 깊어 어버이를 애타게 그리워함.
【孝誠 효성】 부모를 잘 섬기는 정성.
【孝順 효순】 부모의 마음이 편하도록 잘 받듦.
【孝心 효심】 효성스러운 마음.
【孝愛 효애】 어버이를 잘 섬기는 일.
【孝養 효양】 효행으로 부모를 봉양함.
【孝烈 효열】 효성이 지극하며 절개가 굳음.
【孝友 효우】 부모에 대한 효도와 형제에 대한 우애. 孝弟(효제). 孝悌(효제).
【孝義 효의】 효행(孝行)과 절의(節義). 또는 그런 덕이 있는 사람.
【孝慈 효자】 부모에 대한 효도와 자식에 대한 자애.
【孝子 효자】 ①부모를 잘 섬기는 아들. ②부모의 제사에서 맏아들의 자칭 또는 부모의 상중(喪中)에 있는 사람.
【孝子不匱 효자불궤】 효자의 효성은 지극하여 다함이 없음. 한 사람이 효도를 다하면 이것에 감화되어 잇달아 효자가 나옴.
【孝子愛日 효자애일】 효자는 날을 아낌. 효자가 부모에게 효성을 다하여 오래도록 섬기고자 하는 마음.
【孝弟 효제】 ①부모를 섬겨 효도를 다하고, 형을 받들어 순종하는 일. 孝悌(효제). ②형의 뒤를 잇는 아우.
【孝鳥 효오】 까마귀. ○까마귀는 커서 먹이를 물어다 어미에게 주어 보은(報恩)한다는 데서 온 말. 孝烏(효오).
【孝中 효중】 남을 높이어 그의 상중(喪中)을 이르는 말.
【孝親 효친】 어버이에게 효도함.
【孝行 효행】 부모를 잘 섬기는 행실.
【孝享 효향】 조상의 제사를 잘 지냄.
❶ 大-, 篤-, 反哺-, 不-, 純-, 仁-, 至-, 忠-.

子⁵【季】⑧ 끝 계 囝 jì

一 二 千 禾 禾 季 季

[字源] 會意. 禾+子→季. 어린〔子〕 벼〔禾〕라는 데서

'막내'라는 뜻을 나타낸다.
〔字解〕①끝, 차례의 마지막. ¶季指. ②막내, 형제자매 중의 제일 손아래. ¶孟仲叔季. ③말년(末年), 말세(末世). 〔春秋左氏傳〕惠公之季年. ④젊다, 나이가 어리다. 〔詩經〕有齊季女. ⑤철. 석 달이 한 철이 된다. 〔白居易·詩〕四季徒支妝粉錢. ⑥쇠미해지다. 〔周書〕魏室將季.
【季刊 계간】일 년에 네 번 인쇄물을 발간함. 또는 그 간행물.
【季諾 계낙】약속을 반드시 지키는 승낙. 〔故事〕초나라의 계포(季布)는 약속을 철저히 지켰다는 고사에서 온 말. 季布一諾(계포일낙).
【季方 계방】㉸남의 사내 동생.
【季父 계부】아버지의 막내 아우. 막내 삼촌.
【季商 계상】음력 9월의 딴 이름. ◯'商'은 '가을'을 뜻함. 暮商(모상).
【季世 계세】정치·도덕·풍속이 쇠퇴한 시대. 季末(계말). 末世(말세).
【季月 계월】각 철의 끝 달. 곧, 음력 삼월·유월·구월·섣달.
【季節 계절】철.
【季指 계지】새끼손가락이나 새끼발가락.
【季札挂劍 계찰괘검】신의를 중히 여김. 〔故事〕오(吳)나라의 계찰(季札)이 사신(使臣)으로 가는 길에 서국(徐國)에 들렀다가 그 나라 군주(君主)가 자기의 칼을 가지고 싶어하는 것을 알고, 돌아오는 길에 칼을 선물하려고 다시 들렀더니 군주는 이미 죽은 뒤라 그 칼을 그의 묘소에 걸어 놓고 돌아왔다는 고사에서 온 말.
◐冬−, 伯仲叔−, 四−, 秋−, 春−, 夏−.

子
5 【孤】⑧ 외로울 고 ᴱ gū

㇀ 了 孑 孑 孑 孤 孤 孤
〔소전〕〔초서〕〔亨源〕形聲. 子＋瓜→孤. '瓜(과)'가 음을 나타낸다.
〔字解〕①외롭다, 의지할 데가 없다. 〔晉書〕勢孤力屈. ②홀로, 외따로, 하나. ㉮아비지가 죽어 없는 아이. 〔孟子〕幼而無父曰孤. ㉯부모가 죽어 없는 아이. ④나랏일을 하다 죽은 이의 자식. 〔管子〕起諸孤. ⑤나, 왕후(王侯)의 겸칭. 〔禮記〕凡自稱, 小國之君曰孤. ⑥벼슬 이름, 삼공(三公)의 다음가는 벼슬. 〔書經〕少師·少傅·少保, 曰三孤. ⑦떨어지다, 멀다. 〔漢書〕孤於外官. ⑧어리석다. 〔禮記〕陋而寡聞. ⑨저버리다, 배반하다. 〔李陵·書〕陵雖孤恩, 漢亦負德. ⑩버리다, 벌하다. 兏辜. 〔國語〕以心孤句踐. ⑪돌보다. 兏顧. 〔易經〕孤遇元夫. ⑫늙어서 자식 없는 사람.
【孤介 고개】마음이 굳고 곧아 남과 잘 어울리지 않음. ◯'介'는 '짝이 없이 외로운 짐승'을 뜻함.
【孤客 고객】외로운 나그네.
【孤劍 고검】①한 자루의 칼. ②간단한 무장. ③도움이 없는 외로운 무사.
【孤高 고고】홀로 초연(超然)한 모양.

【孤寡 고과】①고아와 과부. 孤孀(고상). ②왕후(王侯)의 자기에 대한 겸칭.
【孤軍 고군】후원이 없이 고립된 군사.
【孤窮 고궁】①고립되어 위급함. ②돕는 이 없이 힘들게 삶.
【孤衾 고금】외로운 잠자리.
【孤羇 고기】외로운 나그네. 孤客(고객).
【孤單 고단】의지할 바 없는 외로움. 또는 그런 신세.
【孤獨 고독】①외로이 도움받을 데 없음. ②어려서 부모 잃은 사람과 늙어서 자손 없는 사람.
【孤犢觸乳 고독촉유】어미 없는 송아지가 젖을 찾아 어미를 구함. 의지할 곳 없는 고독한 사람이 구원(救援)을 구(求)함.
【孤老 고로】의지할 데 없는 외로운 늙은이.
【孤露 고로】고독하고 돌보아 주는 이가 없음. ◯'孤'는 '부모가 없음'을, '露'는 '나를 감싸 주는 이가 없음'을 뜻함.
【孤陋 고루】견문과 학식이 부족하고 진부함.
【孤立無依 고립무의】외톨이가 되어 기댈 곳이 없음. 孤立(고립).
【孤藐 고묘】나이 어린 고아.
【孤芳 고방】①인품이 고결(高潔)한 모양. ②홀로 뛰어나게 향기로움.
【孤帆 고범】외로운 돛단배. 孤舟(고주).
【孤僻 고벽】①어울리지 않는 성질(性質). 비뚤어진 성격(性格). ②벽촌(僻村).
【孤負 고부】배반함. 반역함. 背違(배위).
【孤憤 고분】고립하여 세력이 절로 약해짐.
【孤憤 고분】홀로 충성을 다하였으나 세상에 용납되지 않음을 분개하는 일.
【孤傷 고상】①혼자서 슬퍼하고 마음 아파함. ②어려서 부모를 잃음.
【孤孀 고상】고아와 과부. 孤寡(고과).
【孤塞 고색】자기의 의견만 옳다 하고 남의 의견을 받아들이지 않는 사람.
【孤城 고성】①외딴 성. ②지원군이 없어 고립된 성.
【孤城落日 고성낙일】고립무원(孤立無援)의 성에 석양이 비침. 의지할 길 없는 불안함.
【孤竦 고송】외로이 우뚝 솟음. 孤聳(고용).
【孤愁 고수】외로이 수심에 잠김.
【孤僧 고승】외로운 승려.
【孤臣 고신】임금의 버림을 받은 신하. 또는 임금 곁에 멀리 떨어져 있는 신하.
【孤臣孼子 고신얼자】임금의 신임을 얻지 못하는 신하와 부모의 사랑을 받지 못하는 서자.
【孤兒 고아】부모를 여읜 아이. 孤遺(고유).
【孤哀子 고애자】부모를 여의고 상제가 된 사람의 자칭.
【孤弱 고약】도와주는 사람이 없어 외롭고 힘이 약함.
【孤孼 고얼】임금에게 버림받은 신하와 첩(妾)의 자식.
【孤影蕭然 고영소연】혼자 있어 쓸쓸한 모양.
【孤往 고왕】혼자 감.
【孤雲 고운】①외로이 떠 있는 구름. ②빈사(賓

士) 또는 현사(賢士)의 비유.
【孤危 고위】단신(單身)으로 도움이 없음.
【孤危之禍 고위지화】혈혈단신(孑孑單身)으로 의지할 곳이 없게 된 불행.
【孤遺 고유】부모에게서 버림받은 자식. 의지할 곳 없는 자식.
【孤恩 고은】은혜를 저버림. 背恩(배은).
【孤子 고자】아버지의 상중(喪中)에 있는 사자(嗣子). 또는 그가 자기를 이르는 말.
【孤掌難鳴 고장난명】외손뼉만으로 박수를 치지 못함. 혼자서는 일을 이루지 못함.
【孤寂 고적】외롭고 쓸쓸함.
【孤貞 고정】마음이 외곬으로 곧음.
【孤族 고족】일가가 적어 외로운 집안.
【孤宗 고종】자손이 드문 종가.
【孤主 고주】①외롭고 권력이 없는 임금. ②임금을 고립시킴.
【孤竹 고죽】①대나무의 한 가지. ②조릿대로 만든 저〔笛〕. ③독생(獨生)한 대. ④곡명(曲名)의 하나. ⑤은대(殷代)의 나라 이름.
【孤疾 고질】고아(孤兒)와 병든 사람.
【孤斟 고짐】홀로 술을 마심. 독작(獨酌).
【孤峭 고초】①바위가 험하게 불쑥 솟아 있음. ②성품이 엄격하고 세속(世俗)을 따르지 않음.
【孤忠 고충】외롭게 혼자서 바치는 충성.
【孤枕單衾 고침단금】한 개의 베개와 한 채의 이불. 젊은 여자가 혼자 쓸쓸히 잠.
【孤特 고특】도움이 없이 고립하여 있음. 또는 그러한 사람.
【孤標 고표】①홀로 뛰어나 있는 모양 ②특별히 뛰어난 품격(品格).
【孤鶴 고학】한 마리의 학. 출중한 사람의 비유.
【孤孑單身 고혈단신】혈육이 없는 홀몸. 孤子(고혈).
【孤魂 고혼】의지할 곳 없이 외로이 떠돌아다니는 넋.
【孤懷 고회】의지할 곳 없는 마음. 외롭고 쓸쓸한 생각.
● 德不一, 獨一, 託一.

子 5 【孥】⑧ ❶자식 노 虞 nú ❷처자 노 遇 nú
초서 孥 字解 ❶①자식. 〔書經〕予則孥戮汝. ②종. ≒奴. ❷처자(妻子). 〔孟子〕罪人不孥.
【孥戮 노륙】죄인의 처자(妻子)까지 아울러 벌하는 일.
【孥稚 노치】어린아이.
● 妻一.

子 5 【孟】⑧ ❶맏 맹 敬 mèng ❷동 닿지 않을 맹 本망 漾 mèng
フ 子 子 孟 孟 孟 孟
소전 孟 고문 孟 초서 孟 字源 形聲. 子＋皿→孟. '皿（명)'이 음을 나타낸다.

字解 ❶①맏, 맏이, 여러 형제나 자매 중에서 제일 손위. 〔詩經〕美孟姜矣. ②첫, 처음. ③힘쓰다, 애쓰다. 〔班固・賦〕盍孟晉以逌群兮. ④허세를 부리다, 사납고 용맹스럽다. ≒猛. 〔管子〕莫敢高言孟行以過其情. ⑤맹자(孟子)의 약칭. 〔張衡・賦〕主希孔孟. ⑥성(姓). ❷동 닿지 않다, 허무맹랑하다. ＝猛. 〔莊子〕夫子以爲孟浪之言.
【孟冬 맹동】①초겨울. ②음력 10월의 딴 이름.
【孟浪 맹랑】이치에 맞지 않는 언행.
【孟母斷機 맹모단기】맹자의 어머니가 베틀의 베를 끊어 학업을 중도에 포기해서는 안 됨을 가르침. 故事 맹자가 학업을 중도에 그만두고 집으로 돌아올 때, 그의 어머니가 짜던 베를 칼로 끊어 보이면서 중간에 그만두면 아무 쓸모가 없음을 훈계하여 학업을 완성하게 했다는 고사에서 온 말.
【孟母三遷 맹모삼천】맹자의 어머니가 맹자를 잘 교육시키기 위하여 세 번 이사함. 故事 처음에 공동묘지 가까이 살았는데 맹자가 장사 지내는 흉내만 내므로 시장 가까이로 옮겼더니 이번에는 물건 파는 흉내만 내기에 글방 있는 곳으로 옮겼더니, 그제야 공부를 열심히 하더라는 고사에서 온 말.
【孟陽 맹양】음력 정월의 딴 이름.
【孟月 맹월】사계(四季)가 시작되는 달. 곧, 정월・사월・칠월・시월.
【孟子 맹자】①전국 시대 추(鄒)나라 사람. 이름은 가(軻), 자는 자여(子輿). 공자의 도(道)를 이어 제국(諸國)을 순회하며 왕도(王道) 정치(政治)와 인의(仁義)를 주장하였다. ②칠서(七書)의 하나. 맹자(孟子)의 제자들이 맹자의 언행(言行)을 모아 기록한 것. 14권.
【孟仲叔季 맹중숙계】맏이와 둘째와 셋째와 넷째의 형제자매의 차례.
【孟晉 맹진】힘써 나아감. 진취(進取)함.
【孟陬 맹추】음력 정월의 딴 이름.
【孟春 맹춘】①초봄. ②음력 정월의 딴 이름.
【孟婆 맹파】강남(江南)에서, 바람의 신(神)을 이름.
【孟八郎 맹팔랑】난폭한 사나이. 불량자. 난폭함. ○ '孟'은 '맹랑(孟浪)'을, '八郎'은 '여덟째 아이'를 뜻함.
【孟行 맹행】법도에 벗어난 행위. 대범한 행위.
【孟侯 맹후】제후(諸侯)의 우두머리.
● 孔一, 論一.

子 5 【学】⑧ 學(437)의 속자

子 6 【孩】⑨ 어린아이 해 灰 hái
고문 㜾 초서 孩 字解 ①어린아이. 〔孟子〕孩提之童. ②어리다, 나이가 어리다, 마음이 어리다. 〔陸游・詩〕老客天涯心尙孩. ③어린아이가 웃다. ※咳(292)의 고자(古字). 〔老子〕如嬰兒之未孩. ④어르다, 달

래다.〔禮記〕孩而名之.
【孩笑 해소】 어린아이의 천진난만한 웃음.
【孩嬰 해영】 갓난아이. 幼子(유자).
【孩乳 해유】 젖먹이. 孩兒(해아).
【孩孺 해유】 아이. 小兒(소아).
【孩抱 해포】 어르면 웃기도 하고 안기기도 할
만할 때의 유아(幼兒).
○ 孤−, 兒−, 嬰−.

子 【挽】 ⑩ 해산할 만·면 [외] miǎn
字源 會意·形聲. 子+免
→挽. 아이(子)가 어머니의
배 속에서 벗어난다(免)는 뜻을 나타낸다. '免
(면)'은 음도 나타낸다.
字解 해산하다, 아이를 낳다.〔資治通鑑〕欲
親皇后挽乳.
【挽身 만신】 아이를 낳음. 해산함.
【挽乳 만유】 아이를 낳음.

子 【孫】 ⑩ ❶손자 손 [원] sūn
❷달아날 손 [원] xùn
字源 會意. 子+
系→孫. 아들(子)
이 아버지를 잇고(系) 다시 그 아들에게 이어
(系) 준다는 데서 '손자'라는 뜻을 나타낸다.
字解 ❶①손자(孫子).〔禮記〕子孫曰孫. ②자
손, 후손. 동성(同姓)의 손자 이하의 핏줄을
'孫'이라 한다. ¶十二世孫. ③움, 움돋이, 나
무 그루터기에서 돋아나는 새싹.〔周禮〕孫竹
之管. ④성(姓). ❷ (通) 遜(1828) ①달아나다.
〔春秋經文〕夫人孫于齊. ②공손하다, 순종하
다.〔禮記〕民有孫心.
【孫康映雪 손강영설】 손강이 눈빛을 이용하여
책을 읽음. 어려운 환경에서 열심히 공부함.
故事 집안이 몹시 가난하여 등불을 피울 기름
이 없었던 손강이 겨울 밤에 눈빛을 이용하여
책을 읽었다는 고사에서 온 말. 映雪讀書(영설
독서). 雪案(설안).
【孫謀 손모】 자손(子孫)을 위한 계책.
【孫婦 손부】 손자 며느리.
【孫辭 손사】 ①빼져 나가려고 꾸며 내는 말. 遁
辭(둔사). ②겸손한 말씨. 遜辭(손사).
【孫壻 손서】 손녀의 남편.
【孫友 손우】 친구를 따름.
【孫接 손접】 겸손한 마음으로 남을 접대함.
【孫枝 손지】 가지에서 다시 돋은 곁가지. 주로
오동나무의 곁가지를 이름. 桐孫(동손).
○ 末−, 神−, 王−, 外−, 子−, 嫡−, 祖−,
族−, 宗−, 從−, 曾−, 天−, 玄−, 孝−.

子 【孰】 ⑪ 누구 숙 [옥] shú

字源 會意. 富+羊+丮→
孰. 음식물을 익히는 그릇
(富)을 잡고(丮) 그 그릇에 양고기(羊)를 넣어
익힌다는 데서 '익다'가 원뜻이었는데, 뒤에
'누구'라는 뜻으로 가차되면서 본래의 뜻으로
는 '熟(숙)'자를 새로 만들어 쓰게 되었다.
字解 ①누구. 誰也.〔論語〕孰謂微生高直.
②어느, 어느 것, 무엇. 何.〔論語〕是可忍
也, 其孰不可忍也. ③익다, 끓여 익히다. ④익
다, 곡식이 익다. 熟.〔禮記〕五穀時孰. ⑤
어느 쪽이냐. 비교·대조하는 말.〔史記〕大王自
料, 勇悍仁彊, 孰若項王. ⑥도탑다, 자상하다.
〔禮記〕寗欲諫.
【孰能禦之 숙능어지】 누가 능히 막으랴. 막을
사람이 없음.
【孰是孰非 숙시숙비】 누가 옳고 누가 그른지 알
기 어려움.
【孰若 숙약】 어느 쪽인가. 양쪽을 비교해서 물어
보는 말. 孰與(숙여).

子 【孱】 ⑫ ❶잔약할 잔 [선] chán
❷나쁠 산 [산] zhàn
參考 대법원 지정 인명용
한자의 음은 '잔'이다.
字解 ❶①잔약하다, 나약하다.〔史記〕吾王孱
王也. ②산이 높고 험한 모양. 巉. ③삼가다.
〔大戴禮〕君子博學而孱守之. ❷나쁘다.
【孱骨 잔골】 약한 골격이나 체력. 弱骨(약골).
【孱羸 잔리】 몸이 허약함.
【孱微 잔미】 미천한 신분(身分).
【孱瑣 잔쇄】 취할 바가 없는 사람. 곧, 신분이
낮고 재능이 없는 사람.
【孱顏 잔안】 산이 높고 험한 모양. ○ '顏'은
'산 이마(山額)'를 뜻함.
【孱愚 잔우】 잔약하고 어리석음.
○ 老−, 病−.

子 【穀】 ⑬ 기를 누 [유] gòu
字解 기르다, 젖을 먹여 기르다.
〔春秋左傳〕楚人謂乳穀.

子 【𡃁】 ⑬ ❶성할 의 [지] nǐ, yì
❷우물우물할 읍 [집] nì
字解 ❶①성하다, 성한 모
양. ②많다, 많은 모양.〔杜
甫·賦〕羅詭異以戢𡃁. ❷우물우물한 모양, 고기
의 모이는 모양.
【𡃁𡃁 읍읍】 많은 모양. 우물거리는 모양.

子 【孳】 ⑬ ❶부지런할 자 [지] zī
❷낳을 자 [치] zì
字解 ❶
①부지런
하다. 孜.〔孟子〕鷄鳴而起孳孳爲善者. ②
붇다, 늘리다, 불어나다. ¶孳蔓. ❷①낳다, 번
식하다.〔晉書〕萬物孳育而舒生也. ③흘레하

子部 11~13획 孵孺孼學

다, 교미하다. 〔列子〕孳尾成群.
【孳蔓 자만】번식하여 자꾸 늘어 감.
【孳尾 자미】새·짐승·벌레 등의 암수가 교접(交接)하여 새끼를 낳음.
【孳息 자식】불음. 번식함.
【孳育 자육】동물이 새끼를 낳아 기름.
【孳孕 자잉】동물이 새끼를 낳음.
【孳孳 자자】부지런히 힘써 일하는 모양. 孜孜(자자).

子 11【孵】⑭ ❶알 깔 부 麌 fū
　　　　　❷자랄 부 圇 fū
[초서] 孵 [字解] ❶알을 까다, 부화하다. ¶孵化. ❷자라다, 기르다. ＝孚.
【孵化 부화】새, 어류, 곤충 따위의 알이 깸.

子 12【孺】⑮ 孺(438)의 속자

子 13【孼】⑯ 孽(438)과 동자

子 13【學】⑯ 배울 학 覺 xué

[자형들] 学 𩒹 斅 學 孝 斈 斈 𡥈 学
[字源] 會意. 爻＋冂＋臼＋子→學. 어린이(子)가 건물(冂) 안에서 두 손으로(臼) 가르침(爻)을 받아 무지(無智)에서 벗어난다는 뜻을 나타낸다.
[字解] ①배우다. ㉮가르침을 받다. 〔論語〕學而時習之. ㉯지식·기술 등을 익히다. 〔中庸〕吾學周禮. ㉰본받아 익히다. ②학문. 〔老子〕爲學日益. ③학자. 〔南史〕鴻儒碩學. ④학교. 〔後漢書〕學校如林. ⑤학파(學派), 학통(學統). 〔韓非子〕世之顯學. ⑥가르침, 가르치다. 〔禮記〕凡學世子.
【學界 학계】학자들이 학문을 연구하는 세계. 또는 그 분야.
【學古 학고】옛 법(法)을 배움. 옛것을 배움.
【學科 학과】①관리 선발 시험 과목. ②학문의 여러 분야.
【學官 학관】①학교의 관사(官舍). 학교 건물(建物). 學舍(학사). ②학교의 교직원. 敎官(교관). ③학사(學事)를 맡아보는 관리.
【學貫天人 학관천인】학문을 하여 천리(天理)와 인도(人道)를 꿰뚫음.
【學究 학구】①학문을 깊이 연구함. ②글방의 선생. 訓長(훈장). ②學窮(학궁)①.
【學宮 학궁】①학예·도덕을 가르치는 곳. 學校(학교). ②유교의 교육을 맡아보던 곳. 成均館(성균관).
【學窮 학궁】①학문(學問)에만 몰두하여 세정(世情)에 어두운 사람. 學究(학구). ②쓸모없는 학자, 곤궁(困窮)한 학자. 가난한 서생(書生).

③학자가 '자신'을 낮추어 이르는 말.
【學期 학기】일 년 동안 가르치는 수업의 일정 기간.
【學老於年 학노어년】학문이 나이에 비하여 노성(老成)함.
【學堂 학당】①글방. 학교. ②남아(男兒)를 합장(合葬)한 곳. ③관상가가 귀(耳)에 가까운 곳을 이르는 말.
【學德 학덕】학식(學識)과 덕행(德行).
【學等 학등】그 재능의 등급에 따라 배우게 하는 일.
【學侶 학려】①학문에서의 벗. 學友(학우). ②학문하는 승려.
【學歷 학력】학문을 쌓아 온 과정.
【學齡 학령】교육을 받기 시작할 나이.
【學寮 학료】학교의 기숙사.
【學理 학리】학문상의 이론.
【學林 학림】①학문이 성한 곳. 學界(학계)의 중심. ②학교에 딸린 임야(林野). ③(佛)불교의 학교.
【學名 학명】학술상 동식물 등에 붙이는 세계 공통의 이름.
【學文 학문】①글을 배움. ②학문(學問).
【學問 학문】모르는 것을 배우고, 의심나는 것을 물어 익힘. 또는 그 일.
【學閥 학벌】같은 학교 출신이나 학파에 의한 파벌.
【學步邯鄲 학보한단】걸음걸이를 한단에서 배움. 자기의 본분을 버리고 다른 사람의 행위를 본뜨려다가는 드리어 양쪽을 다 잃게 됨. 邯鄲學步(한단학보). 故事 연(燕)나라 소년이 조(趙)나라 서울 한단에 가서 그곳 걸음걸이를 배우려다가 배우지 못하고 오히려 자기 고유의 걸음걸이도 잊어버렸다는 고사에서 온 말.
【學僕 학복】스승 집의 종처럼 곁에서 수학함.
【學府 학부】①학문이나 학자가 모이는 곳. 흔히 대학교(大學校)를 이름. ②학문의 대가(大家). ③학문의 중심이 되는 곳.
【學不可已 학불가이】학문은 그칠 수 없음. 학문은 잠시도 그쳐서는 안 됨.
【學士 학사】①4년제 대학 과정을 마친 사람에게 주는 학위(學位) 이름. ②학식 있는 사람.
【學事 학사】①학문에 관한 일. ②학교의 교육·경영 등에 관한 일. ③좇아 배움. 배우며 섬김.
【學尙 학상】학재(學才)가 있고 인품이 고상함.
【學生 학생】①학문을 닦는 사람. 학교에서 공부하는 사람. ②벼슬 못한 고인(故人)의 명정(銘旌)이나 신주(神主)에 쓰는 존칭. ③신라 때 국학(國學)에서 교수를 받던 사람. ④제자로 있는 사람. ⑤선배나 후배의 자칭(自稱). 존장자(尊長者)에 대한 겸칭(謙稱). ⑥동관(同官)끼리의 자칭(自稱). ⑦(佛)절에 있으면서 불전(佛典) 이외의 학문을 하는 사람.
【學書 학서】①글을 배움. ②글씨를 배움. 서도(書道)를 배움.
【學修 학수】학문을 닦음.
【學邃 학수】학문이 깊음.

【學須靜 학수정】 학업을 닦을 때는 반드시 마음을 고요하게 하여야 함.
【學術 학술】 이론 체계를 갖춘 전문 학문.
【學僧 학승】 (佛)①불학(佛學)·속학(俗學) 따위에 조예가 깊은 승려. ②수학(修學) 중인 승려.
【學殖 학식】 ①학문을 쌓음. ②학문의 소양.
【學業 학업】 공부하여 학문을 닦는 일.
【學如不及 학여불급】 학문하는 일은 마치 달아나는 자를 뒤쫓되 늘 미치지 못하는 것과 같음. 노력을 거듭하여 학문의 오묘한 진리에 도달하기가 어려우므로, 분발하고 노력하여야 함.
【學如穿井 학여천정】 학문은 우물을 파는 것과 같음. 배우면 배울수록 어려워짐.
【學藝 학예】 ①학문과 기예. ②덕행(德行)과 육예(六藝)를 배움. 도예(道藝)를 배움.
【學位 학위】 어떤 학문 분야를 깊이 연구하는 과정을 거친 사람에게 수여하는 칭호. 박사(博士)·석사(碩士)·학사(學士).
【學而時習 학이시습】 선배에게 길(道)을 배우고, 그리하여 언제나 반복 연습함. ○'習'은 몇 번이고 되풀이하는 것'을, '時'는 '항상·언제나'를 뜻함.
【學而知之 학이지지】 배워서 앎.
【學者三多 학자삼다】 학자가 되기 위해서는 독서(讀書)와 지론(持論)과 저술(著述)의 세 가지가 많아야 함.
【學箴 학잠】 학문하는 사람에 대한 경계(警戒). 배우는 자가 지켜야 할 사항.
【學匠 학장】 ①학자. ②(佛)불도를 닦아 스승이 될 자격을 갖춘 승려.
【學籍 학적】 학교에 비치하는, 학생의 성명·생년월일·주소·성적 등의 기록.
【學債 학채】 글방 선생에게 보수로 주던 쌀 따위. 講米(강미).
【學則 학칙】 학교의 규칙.
【學派 학파】 학문상의 주장이 다른 갈래.
【學風 학풍】 학문상의 경향.
【學海 학해】 ①냇물이 끊임없이 흘러서 바다에 이르듯, 사람도 꾸준히 배움에 힘써야 함. ②넓고 깊은 바다와 같은 학문.
【學行 학행】 학문과 품행. 學德(학덕).

❶ 苦―, 工―, 敎―, 科―, 官―, 國―, 農―. 大―, 道―, 獨―, 同―, 晚―, 勉―, 無―. 文―, 博―, 史―, 商―, 碩―, 性理―. 小―, 數―, 洋―, 語―, 力―, 留―, 遊―. 儒―, 醫―, 入―, 在―, 中―, 淺―, 哲―. 初―, 就―, 退―, 好―, 化―, 後―.

子14 【孺】⑰ 젖먹이 유 㘌虞 rú
[소전][초서][속자] [字解]①젖먹이, 어리다. 〔孟子〕今人乍見孺子將入於井. ②날다. 늦乳. 〔莊子〕烏鵲孺. ③사모하다, 우러러 따르다. ¶孺慕. ④딸리다, 종속된 사람. ㉠대부(大夫)의 아내. 〔禮記〕天子之妃曰后, 諸侯曰夫人, 大夫曰孺人. ④國품계의 하나. 구품(九品)의 문무관(文武官) 아내의 품계. 여기서 발전하여 벼슬하지 않은 양반의 아내의 통칭으로도 쓴다. ¶孺人.
【孺慕 유모】①어린애가 부모를 그리워하듯 깊이 사모함. ②國돌아가신 부모를 사모함.
【孺嬰 유영】 젖먹이. 갓난아기.
【孺人 유인】①대부(大夫)의 처(妻). ○'孺'는 '속(屬)'으로 '남편에 종속(從屬)되어 있는 것'을 뜻함. ②구품의 문무관(文武官) 아내의 품계(品階). ③벼슬이 없는 사람의 아내에 대한 통칭. 그 명정(銘旌)이나 신주(神主)에 씀.
【孺子 유자】 어린아이.

子16 【孼】⑲ 서자 얼 㔾 niè
[소전][초서][동자][속자] [字解]①서자. 〔史記〕子楚秦諸孼孫. ②꾸미다, 치장하다. 〔詩經〕庶姜孼孼. ③무너지다. ¶孼孼. ④불길하다, 흉악하다. ¶孼臣. ⑤재앙, 폐, 폐를 끼치다. 〔書經〕天作孼, 猶可違. ⑥움, 움돋이. ¶孼牙.
【孼星 얼성】 불길한 별. 妖星(요성).
【孼孫 얼손】 서출(庶出)의 자손.
【孼臣 얼신】 내숭한 신하. 姦臣(간신).
【孼牙 얼아】①싹틈. 움이 틈. ②단서(端緖).
【孼孼 얼얼】①머리를 화려하게 꾸민 모양. ②막 무너지려는 모양.
【孼子 얼자】 첩에게서 난 아들. 庶子(서자).
【孼妾 얼첩】 신분이 낮은 첩.
❶ 庶―, 妖―.

子17 【孽】⑳ 孼(438)의 속자

子19 【孿】㉒ 쌍둥이 산·련 㔾㚘 luán
[소전][초서][동자][간체] [字解]①쌍둥이. 〔戰國策〕夫孿子之相似者. ②잇다, 이어지다. 〔易經〕有孚孿如.
【孿如 산여】 이어짐. ○'如'는 조자(助字).
【孿子 산자】 쌍둥이. 雙生子(쌍생자).

子22 【孿】㉕ 孿(438)과 동자

宀部

3획 부수 | 갓머리부

宀0 【宀】③ 집 면 㔾 mián
[字源] 象形. 지붕이 덮어 씌워져 있는 모양을 본뜬 글자.

一部 2~3획 宄它宂宄宁守

字解 ①집, 사방이 지붕으로 덮어 씌워져 있는 집. ②한자 부수의 하나, 갓머리.

【宄】⑤ 도둑 귀 紙 guǐ
字解 도둑. 〔書經〕寇賊姦宄.

【它】② ❶뱀 사 廐 tā ❷다를 타 歌 tā
字解 ❶뱀. ※蛇(1578)의 고자(古字). ❷다르다, 딴 것. =他. 늑佗.
【它故 타고】다른 까닭. 다른 사정.
【它牛豹 타우표】낙타(駱駝)의 딴 이름.

【宂】⑤ 守(439)와 동자

【宂】⑤ 쓸데없을 용 腫 rǒng
字解 會意. 宀+儿→宂. 사람들〔儿〕이 들에 나가 일하지 않고 집〔宀〕안에 있는 모양으로, '겨를, 한가하다'의 뜻을 나타낸다.
字解 ①쓸데없다, 무익하다, 남아돌다. 〔新唐書〕其事愈繁而官益宂. ②겨를, 여가. ③섞이다. ¶ 宂雜. ④번잡하다, 번거롭다. 〔師友談記〕文宂事迂. ⑤떠다니다, 유랑(流浪)하다. ⑥흐트러지다, 어지러워지다. 〔宋史〕貝旣濫宂.
【宂官 용관】직책이 없는 벼슬아치. 또는 한가한 벼슬. 散官(산관).
【宂談 용담】쓸데없는 말. 客談(객담).
【宂漫 용만】글이나 말이 쓸데없이 긺.
【宂費 용비】필요하지 않은 비용.
【宂員 용원】쓸데없는 인원. 남는 인원.
【宂雜 용잡】뒤섞여서 분잡함. 混雜(혼잡).
❶ 孔-, 空-, 舊-, 墓-, 凡-, 巢-.

【宁】⑤ 쌓을 저 語 zhù
字解 ①쌓다, 저장하다. =貯. 〔孫綽·賦〕惠風宁芳于陽林. ②잠시 멈추어 서다. 늑佇·竚. ¶ 宁立. ③고대 중국의 군주(君主)가 조회(朝會)를 받기 위하여 마련한 자리. 정문(正門) 안의 중간 뜰에 있었다. 〔禮記〕天子當宁而立.
【宁立 저립】잠시 멈추어 섬. 佇立(저립).

【守】⑥ ❶지킬 수 宥 shǒu ❷벼슬 이름 수 宥 shòu

字源 會意. 宀+寸→守. 법도〔寸〕로써 관청〔宀〕이 공무를 처리한다는 뜻을 나타낸다.
字解 ❶①지키다. ㉮보호하다. 〔宋史〕置官兵, 守護之. ㉯방어하다. 〔易經〕以守其國. ㉰감시하다. ¶ 守株. ㉱규정·약속 등을 어기지 않고 그대로 실행하다. ㉲정조 등을 굽히지 않다. ㉳어떤 상태를 그대로 계속 유지하다. 〔易經〕王公設險以守其國. ②직무, 직책, 임무. 〔孟子〕有官守者, 不得其職則去. ③정조, 지조, 절개. 〔呂氏春秋〕喜之以驗其守. ④거두다, 손에 넣다. 〔北史〕拘宁別室. ⑤구하다, 손에 넣으려고 하다. 〔漢書〕數守大將軍光. ⑥임시, 가짜. 〔戰國策〕趙以爲守相. ⑦벼슬의 지위는 낮고 관직은 높음을 나타내는 말. 〔韓愈·書〕將仕郞守國子四門博士. ❷①벼슬 이름. 지방 장관을 이르는 말. 〔史記〕任鄙爲漢中守. ②지방에 파견되어 그곳을 지키는 일이나 사람. 늑狩. 〔書經〕東巡守. ③조선 때의 벼슬 이름. ㉮종친부(宗親府)에 두었던 정사품. 왕자군(王子君)의 증손(曾孫)들에게 주었다. ㉯관직이 관계(官階)보다 높은 경우에 관직 명칭 앞에 붙임. ¶ 通政大夫守禮曹參判某.
【守閣 수각】의정(議政)이 긴급한 중대사로 임금에게 알현하기를 청하고, 그 하답(下答)이 있을 때까지 편전(便殿)의 문에서 기다리던 일.
【守兼 수겸】본무(本務) 이외의 다른 직무를 겸하는 일. 또는 그 일. 兼任(겸임).
【守口 수구】①말을 삼감. 비밀을 지킴. ②관문(關門)이나 나루터를 감시하고 지킴.
【守舊 수구】묵은 관습을 따름. 保守(보수).
【守口如甁 수구여병】입을 병마개 막듯이 봉함. 비밀을 잘 지키어 누설하지 않음.
【守器 수기】①간직하고 있는 기물. 소장품(所藏品). ②기물(器物)을 보관함. ③종묘(宗廟)의 제기(祭器)를 관장한다는 뜻에서 '태자(太子)'를 이름. 主器(주기).
【守道 수도】①인륜(人倫)의 상도(常道)를 지킴. ②수비하는 방법.
【守望 수망】서로 경계하여 도둑을 망보고 막음.
【守母 수모】만물의 모태(母胎)인 도리를 지킴. ○'母'는 '道'로, 천하의 만물을 낳는 근원을 뜻함.
【守文 수문】①글을 지킴. 선조(先祖)의 법칙(法則)을 지킴. 조업(祖業)을 이어서 나라를 다스려 지킴. ②옛날의 예문(藝文)을 지키는 사람.
【守門 수문】문을 지킴.
【守僕 수복】묘(廟)·사(社)·능(陵)·원(園)·서원(書院) 같은 곳의 제사에 관한 일을 맡아보던 구실아치.
【守分 수분】분수, 본분을 지킴.
【守死 수사】①죽을 때까지 지킴. 목숨을 걸고 지킴. 死守(사수). ②반드시. 꼭.
【守常 수상】항상 행하여야 할 떳떳한 길을 지킴. 常法(상법)을 굳게 지킴.
【守成 수성】이룬 사업을 지켜 잃지 않음. 선군(先君)의 성법(成法)을 지킴.
【守歲 수세】①세성(歲星)의 자리를 범(犯)함.

②섣달 그믐날 밤에 자지 않고 밤을 세움.
【守身 수신】 자기 몸을 지켜 불의(不義)에 빠지지 않게 함.
【守丞 수승】 ①군(郡)의 속관(屬官). ②옥(獄)을 지키는 속관.
【守約施博 수약시박】 지키는 바는 간단하지만, 이를 행하면 널리 어떤 일에도 통용됨.
【守宇 수우】 국토(國土).
【守愚 수우】 똑똑한 체하지 않음.
【守義 수의】 ①신하로서의 도리를 지킴. ②정조를 지킴. 절개를 지킴. 守節(수절).
【守貳 수이】 주임(主任)과 보좌(補佐). 각 지방의 수령(守令)과 보좌관(補佐官).
【守雌 수자】 유약(柔弱)한 태도를 취함. 항시 비천한 태도를 지킴.
【守戰 수전】 쳐들어온 적을 막아서 싸움.
【守錢奴 수전노】 돈을 모으기만 하고 쓸 줄 모르는 인색한 사람.
【守節 수절】 ①절개를 지킴. 守貞(수정). ②과부(寡婦)가 재가(再嫁)하지 않음.
【守正 수정】 정도(正道)를 지킴.
【守貞 수정】 ①정조를 지킴. 守節(수절). ②여자가 뜻을 지켜 결혼하지 않음.
【守精 수정】 눈동자. ◎ '精'은 '睛'으로 '눈동자'를 뜻함.
【守拙 수졸】 스스로의 졸렬(拙劣)한 생활 태도에 만족함. 시세(時世)에 약빠르게 적응(適應)하지 않고 만족함.
【守終 수종】 끝을 완전하게 함.
【守株 수주】 ⇨守株待兎(수주대토).
【守株待兎 수주대토】 나무 그루터기를 지키며 토끼를 기다림. ㉠융통성이 없이 어리석게 고집하여 지키기만 함. ㉡구습(舊習)에만 젖어 시대(時代)의 변천을 모름. ㉢한 가지 일에만 얽매이어 발전을 모르는 어리석은 사람. 故事 어떤 농부가 밭일을 하다가 우연히 나무 그루터기에 토끼가 부딪쳐 죽은 것을 잡은 후 또 그와 같이 토끼를 잡을까 하여 일도 하지 않고 나무 그루터기만 지켜보고 있었다는 고사에서 온 말. 守株(수주).
【守眞 수진】 도교(道敎)에서, 자연의 본성(本性)을 온전히 함을 이름.
【守則 수칙】 모두가 지켜야 할 규칙.
【守護 수호】 지키고 보호함.
❶看─, 堅─, 固─, 郡─, 大─, 墨─, 保─, 死─, 城─, 留─, 遵─, 鎭─.

【安】⑥ 편안할 안 ⟦安⟧ ān

丶丷宀宁安安

會意. 宀＋女→安. 집(宀) 안에 여자(女)가 있으니 집안일을 제대로 돌볼 터이고, 집안일을 제대로 돌보니 온 집안이 편안함을 얻을 수 있다는 데서 '편안하다'의 뜻을 나타낸다.
字解 ①편안하다. ㉮편하다.〔史記〕人人自安

樂之. ㉯걱정 없이 좋다. ¶安心. ②즐기다, 좋아하다.〔淮南子〕百姓安之. ③즐거움에 빠지다.〔春秋左氏傳〕懷輿安, 實敗名. ④편안하게 하다.〔書經〕在知人, 在安民. ⑤안으로, 속으로.〔荀子〕安忘其志. ⑥어찌. 늑何·焉.〔史記〕君安得高枕而臥乎. ⑦이에, 곧.〔管子〕民衣食而繇, 下安無怨咎.
【安車 안거】 노인이나 부녀자들이 앉아서 타는 작은 수레. 말 한 필이 끎.
【安居 안거】 ①편안하게 있음. 조용히 있음. ②자기가 생활하고 있는 곳에 만족함. ③편안한 주거(住居). ④(佛)승려가 여름과 겨울에 날을 정하여 한곳에 모여서 수행(修行)하는 일.
【安車蒲輪 안거포륜】 안거의 바퀴를 부들로 싸서 그 충격을 덜하게 한 것. 노인을 우대함.
【安寧 안녕】 ①몸이 건강하고 마음이 편안함. 安康(안강). 安泰(안태). ②겨울.
【安堵 안도】 마음을 놓음.
【安頓 안돈】 ①사물을 잘 정돈함. ②안착함.
【安樂 안락】 ①편안하고 즐거움. ②(佛)극락정토(極樂淨土).
【安老 안로】 노인을 편안하게 함.
【安賴 안뢰】 안심하고 의지함.
【安利 안리】 ①편안하고 위해(危害)의 근심이 없음. ②안락(安樂)과 이익(利益).
【安眠 안면】 편히 잘 잠.
【安命 안명】 ①천명(天命)을 따라 분수에 맞게 삶. ②태어난 시(時)와 달(月)로 그 사람의 운명(運命)을 점(占)치는 법.
【安撫 안무】 백성을 평안하게 다스림. 백성을 편안하게 정착시킴.
【安民 안민】 백성들이 편안하게 살도록 함.
【安謐 안밀】 조용하고 평안함. 安靜(안정).
【安排 안배】 ①알맞게 배치하거나 벌임. 按排(안배). ②사물이 있는 그대로 만족함.
【安保 안보】 편안하게 잘 지킴.
【安分 안분】 편안한 마음으로 분수를 지킴.
【安貧樂道 안빈낙도】 가난한 생활 속에서도 평안한 마음으로 도(道)를 즐김.
【安肆 안사】 놀고 즐기어 제멋대로 행동함. 마음 편하고 즐겁기만 하여 예법을 돌보지 않음.
【安詳 안상】 ①(佛)안온(安穩)하고 미묘(微妙)한 모양. 安祥(안상). ②(성질이) 찬찬하고 자상함.
【安舒 안서】 편안하고 조용함. 평온함.
【安禪 안선】 심신을 편안히 하여 참선함.
【安綏 안수】 편안함.
【安息 안식】 편히 쉼.
【安身 안신】 ①몸을 편안히 함. 심신을 편안히 함. ②입신출세(立身出世)함. ③편안한 몸.
【安身立命 안신입명】 천명(天命)이 돌아가는 곳을 알아 몸을 세워 마음에 근심하고 번뇌하는 바가 없음.
【安心 안심】 근심 걱정 없는 편안한 마음. 또는 마음이 편안히 가짐.
【安心立命 안심입명】 마음을 편안히 하여 천명(天命)을 다함.
【安安 안안】 ①마음을 편안히 가질 만한 곳에서

편안히 지냄. ②천성 그대로 할 뿐, 노력하지 않고도 덕성(德性)이 아름다움. ③경솔하거나 난폭하지 않은 모양.
【安養 안양】 (佛)마음을 편안하게 지니고 몸을 쉬게 함.
【安如泰山 안여태산】 편안하기가 태산과 같음. 태산같이 마음이 든든하고 끄떡하지 않음. 安如盤石(안여반석).
【安燕 안연】 편안함. 편히 쉼. ○'燕'은 '安'으로 '편안하다'를 뜻함.
【安豫 안예】 편안하게 즐김.
【安穩 안온】 편안하고 안정됨.
【安危 안위】 편안함과 위태로움.
【安慰 안위】 ①위로하여 마음을 편하게 함. 慰安(위안). ②정착하여 편안히 지냄.
【安易 안이】 편안하고 쉬움.
【安忍 안인】 ①예사로 잔인한 짓을 함. ②(佛)안심(安心)하고 인내(忍耐)함.
【安逸 안일】 편안히 즐김. 安佚(안일).
【安葬 안장】 죽은 이를 편안하게 장사지냄.
【安定 안정】 일이나 마음이 편안하게 정해짐.
【安靖 안정】 편안하게 다스림.
【安靜 안정】 편안하고 고요함.
【安存 안존】 ①성품이 안온하고 얌전함. ②편안하게 오래도록 계속됨.
【安尊 안존】 안온(安穩)하고 귀한 지위에 있음.
【安坐 안좌】 ①편히 앉음. 아무 일도 하지 않고 있음. ②(佛)㉠부처를 법당에 봉안함. ㉡부처 앞에서 무릎을 꿇고 앉음.
【安重 안중】 침착하고 무게가 있음.
【安集 안집】 편안함. ○'集'은 '安'으로 '평온하다'를 뜻함.
【安置 안치】 ①일정한 곳에 편안하게 비치(備置)해 둠. ②잠자리에 듦. ③송대(宋代)에 대신(大臣)을 귀양 보내던 일. ④도형(徒刑) 죄수에게 일을 시킴. ⑤귀양 간 죄인을 가두어 둠. ⑥불상(佛像)을 두고 정성을 드림.
【安胎 안태】 태아가 동태(動胎)된 것을 다스리어 태아와 임신부를 평안하게 함.
【安宅 안택】 ①편안히 살 만한 곳. 안전하고 걱정이 없는 곳. ②인(仁)을 이름. ③무당·판수가 집안에 탈이 없도록 터주를 위로하는 일.
【安宅正路 안택정로】 사람이 있어야 할 곳과 좇아야 할 곳. 곧, 인(仁)과 의(義).
【安土 안토】 ①국토를 편안히 함. ②그 땅에 편히 삶.
【安土重遷 안토중천】 고향 떠나기를 즐겨하지 않음. ○'重'은 '꺼리다'를 뜻함.
【安閑 안한】 편안하고 한가함. 편안하고 조용함. 安閑(안한). 安舒(안서).
【安行 안행】 ①안심하고 행함. ②조용히 감. 천천히 감. 徐行(서행). 安步(안보).
【安行疾鬪 안행질투】 조용히 가서 민첩하게 싸움.
【安享 안향】 하늘이 준 복을 편안히 누림.
【安候 안후】 안부를 물음.

○ 苟-, 大-, 問-, 保-, 不-, 慰-, 長-, 治-, 便-, 平-.

宀部 3획 宇宇宅 441

【宇】⑥ 집 우 䨻 yǔ

丶 宀 宀 宁 宇

[소전] 阜 [주문] 颪 [초서] 宇 [동자] 穻 [동자] 寓

[字源] 形聲. 宀+于→宇. '于(우)'가 음을 나타냄.

[字解] ①집, 주거(住居). 〔詩經〕八月在宇. ②지붕. 〔漢書〕五帝廟同宇. ③처마. 〔易經〕上棟下宇. ④경계, 한계, 끝. 〔荀子〕君子言有壇宇. ⑤변방, 국경 지대. 〔春秋左氏傳〕失其守宇. ⑥들, 벌판. 〔楚辭〕其外曠宇些. ⑦하늘, 공간(空間), 천지 사방. ¶宇宙. ⑧나라, 국토(國土). ¶宇內. ⑨기량(器量), 국량. 〔莊子〕宇泰定者, 發乎天光. 〔晉書〕母儀天宇. ⑪곳, 부근. ⑫비호(庇護)하다.

【宇內 우내】 온 세상. 하늘 아래.
【宇量 우량】 기량(器量). 도량(度量). 器宇度量(기우도량).
【宇文 우문】 복성(複姓). 선비족(鮮卑族)의 천자(天子).
【宇庇 우비】 감싸 비호함.
【宇守 우수】 국토(國土).
【宇室 우실】 집. 가정.
【宇域 우역】 하늘 아래. 천하(天下).
【宇蔭 우음】 지위가 높은 사람의 거처.
【宇宙 우주】 ①천지 사방(天地四方)과 고왕금래(古往今來). 곧, ㉠공간과 시간. ㉡세계(世界). ○ '宇'는 '공간'을 '宙'는 '시간'을 뜻함. ②처마와 마룻대의 사이.
【宇下 우하】 ①처마 밑. 가까이. ②부하(部下).
【宇縣 우현】 중국의 딴 이름. ○ '宇'는 '우주', '縣'은 '적현신주(赤縣神州)'를 뜻함.

○ 氣-, 器-, 眉-, 御-, 屋-, 天-, 寰-.

【穻】⑥ 宇(441)와 동자

【宅】⑥ ❶집 택 䨻 zhái ❷國댁 댁

丶 宀 宀 宁 宅

[소전] 阝 [고문] 用 [고문] 庄 [초서] 宅 [참고] 대법원 지정 인명용 한자의 음은 '택·댁'이다.

[字源] 形聲. 宀+乇→宅. '乇(탁)'이 음을 나타냄.

[字解] ❶①집, 주거. 〔晉書〕宅宇舊物, 不革於昔. ②대지(垈地), 집이 들어앉을 부지. 〔陶潛·詩〕方宅十餘畝. ③무덤. 〔禮記〕大夫卜宅與葬日. ④살다, 삶을 영위하다. 〔書經〕宅嵎夷. ⑤정하다, 결정하다. 〔書經〕亦惟助王宅天命. ⑥편안함, 편안하게 하다. 〔禮記〕土反其宅. ⑦헤아리다. 능度. 〔詩經〕宅是鎬京. ⑧벼슬하다. 〔書經〕使宅百揆. ❷國댁. ㉮상대방의 집을 이르는 말. ㉯상대방의 가정을 이르는 말.

一部 4획 宏变宍宋

¶宅內. ㉢남의 아내를 이르는 말. ㉣남의 집이나 부인을 이르는 말. ¶慶州宅.
【宅居 택거】주택. 집.
【宅眷 택권】가족. 처자. 眷屬(권속).
【宅里 택리】마을. 촌락.
【宅上 택상】집 근처. 집 부근.
【宅神 택신】①살아 있으면서 신(神)이 됨. ②집을 지키는 신(神). 또는 부엌을 맡은 신.
【宅心 택심】마음에 새겨 두고 잊지 않음.
【宅宇 택우】①집. ②처마.
【宅憂 택우】상중(喪中)에 있음.
【宅人 택인】본디 살고 있던 사람.
【宅者 택자】벼슬에서 물러나 집에 있는 사람.
【宅田 택전】주대(周代)에 벼슬에서 물러난 사람이 받던 봉록.
【宅兆 택조】무덤. 묘소(墓所). ○'宅'은 '광중(壙中)', '兆'는 '영역(塋域)'을 뜻함.
【宅土 택토】있어야 할 땅. 살아야 할 땅.
【宅號 택호】國벼슬 이름이나 장가든 곳의 이름을 붙여 그 사람의 집을 부르는 이름.
【宅內 댁내】집안. 격식을 차려 남의 집안을 높여 이르는 말.
○ 家一, 居一, 故一, 舊一, 貴一, 歸一, 別一, 私一, 社一, 媤一, 新一, 幽一, 自一, 邸一, 住一.

宀
4【宏】㉠클 굉 庚 hóng

소전 宖 초서 宮 통用 弘 參考 청대(淸代)에는 고종(高宗)의 휘(諱)가 '홍력(弘曆)'이었기 때문에, '弘' 자 대신에 '宏' 자를 쓰도록 하였다.
字解 ①크다. 〔後漢書〕臨乎宏池. ②넓다. 넓히다. 늑弘. ¶宏放. ③두루. 널리. 〔陸機·文〕丕大德以宏覆. ④머금다. 포용하다. 〔易經〕含宏光大.
【宏傑 굉걸】아주 크고 뛰어남.
【宏高 굉고】광대(宏大)하고 숭고(崇高)함.
【宏廓 굉곽】넓고 큼.
【宏構 굉구】①큰 구조(構造). 큰 건축물. ②대저작(大著作).
【宏規 굉규】①큰 계획. 宏謀(굉모). ②훌륭한 모범. 또는 모범이 될 만한 사람.
【宏器 굉기】큰 그릇. 큰 기량(器量).
【宏達 굉달】널리 사리에 통달함.
【宏大 굉대】넓고 큼. 또는 넓고 크게 함.
【宏圖 굉도】원대한 계획. 宏猷(굉유).
【宏羅 굉라】큰 그물. ○'羅'는 새를 잡는 그물.
【宏覽 굉람】널리 봄. 博覽(박람).
【宏亮 굉량】①크게 거행(擧行)함. ②크고 명료(明瞭)함.
【宏麗 굉려】크고 아름다움. 弘麗(홍려).
【宏謨 굉모】광대한 계획. 宏猷(굉유).
【宏文 굉문】훌륭한 문장(文章).
【宏博 굉박】크고 넓음.
【宏拔 굉발】마음이 넓고 학문과 재주가 남보다 뛰어남.

【宏放 굉방】마음이 넓고 작은 일에 구애되지 않음.
【宏富 굉부】훌륭하고 내용이 풍부함.
【宏域 굉역】넓은 지역. 곧, 세상.
【宏儒 굉유】뛰어난 학자. 대학자(大學者).
【宏議 굉의】크고 바른 의견(意見).
【宏逸 굉일】크고 뛰어남.
【宏壯 굉장】아주 크고 훌륭함.
【宏才 굉재】큰 재능. 크고 넓은 재지(才智).
【宏才卓識 굉재탁식】큰 재능과 뛰어난 견식.
【宏闊 굉활】큼직하고 시원스럽게 넓음.
○ 泓一, 恢一.

宀
4【变】㉠宪(439)의 고자

宀
4【宍】㉠貧(1723)의 고자

宀
4【宋】㉠송나라 송 宋 sòng

소전 宋 초서 宋 字解 송나라. ㉮춘추 시대 열국(列國)의 하나. 주(周) 무왕(武王)이 은(殷)을 치고 주왕(紂王)의 서형(庶兄)인 미자계(微子啓)를 봉했던 나라. 지금의 하남성(河南省)에 위치하였다. ㉯남북조 시대 남조(南朝)의 한 왕조. 유유(劉裕)가 세운 왕조로, 건업(建業)에 도읍하였다. 4대 60년 만에 멸망하였다. ㉰오대(五代)의 뒤를 이어 조광윤(趙匡胤)이 세운 왕조. 960년에 변경(汴京)에 도읍하였고, 금나라의 침입으로 1127년에 강남(江南)의 임안(臨安)에 도읍하였다. 임안으로 옮기기 전을 북송(北宋), 그 이후를 남송(南宋)이라 한다. 1270년 원(元)에게 패망하였다.
【宋官 송관】송대(宋代) 사람으로 원(元)에 벼슬한 사람.
【宋文 송문】송대(宋代)의 문장. 역대(歷代)의 문학의 특징으로 한사(漢史)·당시(唐詩)·송문(宋文)·원곡(元曲)이라 병칭(倂稱)됨. 송대의 문장가로는 구양수(歐陽脩), 순(洵)·식(軾)·철(轍)의 삼소(三蘇), 왕안석(王安石)·증공(曾鞏) 등이 있음.
【宋襄之仁 송양지인】너무 착하기만 하여 쓸데없는 동정을 베풂. 故事 송(宋)나라 양공(襄公)이 초(楚)나라와 홍(泓)에서 싸울 때 공자(公子) 목이(目夷)가 적이 포진(布陣)하기 전에 공격하자고 진언(進言)하였으나, 양공은 군자(君子)는 남이 곤궁(困窮)에 빠져 있을 때 괴롭혀서는 안 된다면서 듣지 않다가 도리어 패망하였다는 고사에서 온 말.
【宋儒 송유】송대(宋代)의 성리학자(性理學者).
【宋人 송인】송(宋)나라 사람. 우매한 사람의 비유.
【宋板 송판】송대에 간행된 책. 宋刻(송각).
【宋學 송학】송대(宋代)의 유교(儒敎) 철학. 염계(濂溪) 주돈이(周敦頤)에게서 비롯하여, 낙양(洛陽)의 정호(程顥)·정이(程頤), 관중(關中)의

장재(張載)를 거쳐 민중(閩中)의 주희(朱熹)에 와서 대성(大成)된 학문. 한당(漢唐) 이래의 훈고학적(訓詁學的) 태도를 지양(止揚)하고 철학적인 사색으로 인성(人性)과 우주와의 관계 등 만물의 이법(理法)을 밝히려는 학문. 성리학(性理學)·의리학(義理學)·성명학(性命學)·이학(理學)·정주학(程朱學)·주자학(朱子學) 등 별칭이 많음.

❶ 南－, 唐－, 北－.

【完】⑦ 완전할 완 wán

丶 丶 宀 宀 宀 宇 完

[소전][초서][초서] [字源] 形聲. 宀＋元→完. '元(원)'이 음을 나타낸다.

[字解] ①완전하다, 온전하다.〔荀子〕衣則豎褐不完. ②완전하게 하다, 지켜서 보전하다.〔春秋左氏傳〕不如完舊. ③끝내다, 일을 완결 짓다.〔紅樓夢〕若看完了. ④다스리다, 수선하다.〔孟子〕父母使舜完廩. ⑤튼튼하다, 견고하다. 〔荀子〕尚完利. ⑥둥글다, 둥근 모양. ¶完完. ⑦몸에 상처를 입지 않는 형벌. 현대의 금고형(禁錮刑)과 같은 형벌.〔漢書〕完者使守積. ⑧스스로 만족해하는 모양.〔漢書〕完然有自玩之志. ⑨갖추다.〔論語〕少有日苟完矣.

【完堅 완견】 흠이 없고 튼튼함. 결점이 없고 견실함. 完全堅固(완전견고).
【完決 완결】 완전히 끝을 맺음.
【完潔 완결】 ①흠이 없고 깨끗함. 행동이 바르고 깨끗함. ②손질이 두루 미쳐 깨끗함.
【完久 완구】 완전하여 오래 견딜 수 있음.
【完具 완구】 완전히 갖추어짐.
【完柩 완구】 완전한 널. 횡사자(橫死者)가 아닌 온전한 죽음을 한 사람의 관(棺).
【完納 완납】 다 바침.
【完牢 완뢰】 흠집이 없이 견고함.
【完了 완료】 완전히 끝냄.
【完利 완리】 ①완전하고 편리함. 견고하고 편리함. ②검(劍) 따위가 견고하고 예리함.
【完璧 완벽】 ①흠이 없는 구슬. 결점이 없이 완전함. ②빌렸던 물건을 온전히 반환함. [故事] 전국 시대 조(趙)나라의 인상여(藺相如)가 진(秦)나라 소양왕이 열다섯 개의 성(城)과 화씨벽(和氏璧)이라는 보옥(寶玉)을 바꾸자고 하여 진에 사신으로 갔다가 그 구슬을 빼앗기지 않고 무사히 가지고 돌아왔다는 고사에서 온 말. 完璧歸趙(완벽귀조).
【完富 완부】 모자라는 데가 없이 풍족함.
【完膚 완부】 상처가 없는 완전한 살가죽. 흠이 없는 곳.
【完士 완사】 특별히 다른 데가 없는 사람. 보통 사람. 凡人(범인).
【完事 완사】 ①완전한 계책. 完計(완계). ②現 끝남. 완료함.
【完善 완선】 조금도 나무랄 데가 없음.

【完遂 완수】 일을 모두 수행함.
【完熟 완숙】 완전히 익음.
【完勝 완승】 완전하게 승리함.
【完飾 완식】 충분히 갖추어짐.
【完身 완신】 ①몸을 온전히 함. ②천수(天壽)를 다함.
【完實 완실】 ①완전히 갖추어짐. ②축적(蓄積)함.
【完安 완안】 완전하고 편안함.
【完然 완연】 ①결점이 없는 모양. 완전한 모양. ②자득(自得)하는 모양.
【完完 완완】 부족함이나 흠이 없는 모양.
【完全無缺 완전무결】 부족함이나 결점이 없고 충분함.
【完節 완절】 한결같이 정절(貞節)을 지킴.
【完整 완정】 충분히 갖추어짐.
【完帙 완질】 남김없이 다 모음.
【完聚 완취】 ①성(城)을 손질하여 백성을 모음. ❷ '聚'는 '군량(軍糧)'을 갖추는 일'을 뜻함. ②흩어져 있던 가족(家族)이 모두 모임. ③부부(夫婦) 사이가 원만함.
【完治 완치】 병을 다 치료함.
【完窆 완폄】 장사(葬事)를 끝냄. 完葬(완장).
【完好 완호】 완전히 갖추어져 훌륭함.

❶ 未－, 補－, 修－.

【宎】⑦ 구석 요 yǎo

[초서][동자] [字解] ①구석, 방 안의 동남쪽 구석.〔莊子〕鶉生於宎. ②바람이 굴 속을 지날 때 나는 소리.〔莊子〕宎者咬者.

【宆】⑦ 容(455)의 고자

【宍】⑦ 肉(1434)의 와자(譌字)

【冝】⑦ 宜(445)의 본자

【㝎】⑦ 定(446)의 속자

【冢】⑧ 家(451)의 고자

【官】⑧ 벼슬 관 guān

丶 丶 宀 宀 宁 宁 官 官

[소전][초서] [字源] 會意. 宀＋目→官. '目'은 '自'의 생략형으로 '여럿'을 뜻한다. 여러[目] 사람을 집[宀] 안에 있게 한다는 데서 여러 사람을 잘 살 수 있게 다스리는 '벼슬아치'란 뜻을 나타낸다.

[字解] ①벼슬, 관직.〔呂氏春秋〕無以封侯立

大官. ②벼슬아치. 〔書經〕 建官惟賢. ③관청. 공무를 집행하는 곳. 〔禮記〕 在官不俟屨. ④일, 직무. 〔周禮〕 設官分職. ⑤임금, 아버지, 시아버지 등을 이르는 말. 〔宋書〕 官是一人. ⑥직무로서 담당하다, 관리하다. 〔管子〕 不官於物而旁通於道. ⑦섬기다, 벼슬살이하다. 〔禮記〕 大德不官. ⑧벼슬을 주다, 임관(任官)하다. 〔禮記〕 天地官矣. ⑨본받다, 기준으로 삼아 따르다. 〔禮記〕 其官於天也. ⑩관능(官能), 이목구비(耳目口鼻) 등 사람의 기관(器官). 〔孟子〕 耳目之官. ⑪공유(公有).

【官家 관가】①임금. ②왕실. ③벼슬아치들이 모여 나랏일을 보는 집. 政府(정부). ④고을의 원.
【官權 관각】정부에서 전매(專賣)하는 일.
【官客 관객】①포로(捕虜)가 된 여자. ②現남자.
【官健 관건】주병(州兵) 중 정부에서 의복과 식량을 지급받는 사람.
【官戒 관계】관리가 지켜야 할 계칙(戒飭).
【官契 관계】관청에서 증명한 문서.
【官繫 관계】벼슬살이에 몸이 매임.
【官告 관고】관리 임명의 사령. 官誥(관고).
【官敎 관교】조선 때 임금이 사품 이상의 문무관에게 주던 사령(辭令). 敎旨(교지).
【官軍 관군】정부의 군대. 官兵(관병).
【官權 관권】관청 혹은 관리의 권한.
【官紀 관기】관청의 규칙. 관리의 규율.
【官奴 관노】관가에 딸려 있는 종.
【官能 관능】①관리의 재능. ②재능이 있는 사람에게 벼슬을 맡김. ③감각 기관 및 오관(五官)의 작용(作用). ④육체적 쾌감. 특히 성적(性的) 감각을 말함.
【官等 관등】관직의 등급.
【官令 관령】관청의 명령.
【官祿 관록】①관위(官位)와 봉록(俸祿). ②관리가 받는 봉급.
【官僚 관료】관리. 공무원.
【官廩 관름】정부의 미곡(米穀) 창고.
【官命 관명】정부의 명령. 公命(공명).
【官沒 관몰】①정부에서 백성의 소유물을 몰수함. ②백성의 자유를 박탈하여 관(官)의 노예로 삼음.
【官閥 관벌】①관위(官位)의 등급. ②관작(官爵)과 문벌.
【官邊 관변】①관청 주변이나 관청 계통. ②國나라에서 법령으로 규정한 변리.
【官報 관보】①정부가 법률·서임(敍任), 그 밖의 공지(公知)할 사항을 실어서 매일 발간하는 공보(公報). ②관청 또는 관리가 내는 공용 전보(電報). ③관아(官衙)의 통보서(通報書).
【官府 관부】①조정(朝廷). 정부(政府). 官廳(관청). ②장관(長官).
【官簿 관부】관청의 장부.
【官婢 관비】죄로 말미암아 관(官)에 붙잡혀서 노예가 된 여자. 계집종.
【官仕 관사】관도(官途)에 오름. 官吏(관리).
【官司 관사】①관직(官職). 관리(官吏). ②관청. 官衙(관아).

【官邪 관사】관리(官吏)의 행실이 나쁜 일.
【官使 관사】관직을 주어 그 재주를 씀.
【官社 관사】제후(諸侯)가 세운 지신(地神).
【官常 관상】①벼슬아치가 그 직책을 지키는 일. ②관리. 관원.
【官書 관서】①공무상의 서류. 公文(공문). ②조정 또는 공공 기관에서 간행(刊行)하거나 소장(所藏)하고 있는 서적.
【官守 관수】관리의 직책. 직무상의 책임.
【官修 관수】①정부에서 책을 편수(編修)하거나 수정함. ②정부에서 어떤 것을 수선함.
【官寺 ❶관시 ❷관사】❶①관아(官衙). ②환관(宦官)이 일을 보는 곳. 또는 환관. ❷나라에서 세운 절.
【官衙 관아】예전에, 벼슬아치들이 모여 나랏일을 처리하던 곳.
【官案 관안】①벼슬아치의 관등(官等) 성명을 적은 책. ②각 마을의 이름과 그곳에 딸린 벼슬 이름을 적은 책.
【官用 관용】관청의 비용. 관청에서 사용함.
【官運 관운】①정부가 운반함. 나라의 전매품(專賣品)을 관(官)에서 운반함. ②國벼슬할 운수. 또는 승진할 운수.
【官遊 관유】①관리가 되기 위하여 고향을 떠남. ②관리가 되어 먼 데에 가서 근무함.
【官蔭 관음】부조(父祖)의 공으로 인하여 자손에게 관직을 세습하던 일.
【官人 관인】①벼슬에 있는 사람. 벼슬아치. 官吏(관리). ②왕명(王命)의 출납(出納)과 정부의 중대한 언론을 맡은 사람. 喉舌之臣(후설지신). ③남을 부를 때 붙이는 경칭. ④아내가 남편을 이르는 말. ⑤사람을 관리에 임명함.
【官箴 관잠】①백관(百官)이 왕을 경계하게 하기 위하여 만든 사(辭).ノ'辭'는 문체(文體)의 하나로 운문(韻文)에 속함. ②관리의 계율(戒律). 官規(관규).
【官場 관장】①관청. 官界(관계). ②관(官)에서 세운 시장(市場). ③세 사람이 공을 차는 유희. 두 사람이 하는 것을 백타(白打)라고 함.
【官邸 관저】고급 관리에게 제공되는 집.
【官猪腹痛 관저복통】國관가 돼지 배 앓기. 자기와 아무 관계가 없는 사람이 당하는 고통.
【官典 관전】조정(朝廷)의 전제(典制).
【官呈 관정】관청에 소장(訴狀) 등을 제출하여 하소연함. 呈官(정관).
【官制 관제】관청의 조직·권한 및 관리의 직무·권한 등을 정한 규칙.
【官租 관조】조세(租稅).
【官曹 관조】관청. 또는 관리(官吏).
【官尊民卑 관존민비】관리는 존귀(尊貴)하고 백성은 비천(卑賤)함.
【官罪 관죄】관리의 범죄. 공죄(公罪)와 사죄(私罪) 두 가지가 있음.
【官秩 관질】①관리의 봉급. 官祿(관록). ②관위(官位).
【官次 관차】①관사(官舍). 관청(官廳).ノ'次'는 '舍'로 '거처, 곳'을 뜻함. ②관리나 벼슬의

계급. 官階(관계).
【官差 관차】①관청에서 보내던 아전. 곧, 군뢰·사령 따위. ②現관직.
【官牒 관첩】벼슬아치의 성명을 기록한 명부.
【官治 관치】①관부(官府)에서 다스리는 일. ②국가의 행정 기관이 직접 맡아 하는 행정.
【官板 관판】정부에서 간행한 서적.
【官牌子 관패자→관배자】③정부에서 발행한 체포 영장(逮捕令狀).
【官銜 관함】벼슬아치의 봉호(封號), 품급(品級), 지낸 관직 등의 통칭.
【官海 관해】관리의 사회. 宦海(환해).
【官廨 관해】관청.
【官行 관행】위의(威儀)를 차려 길을 가는 관원의 일행.
【官憲 관헌】①국가의 규칙. 명령(命令). ②관리(官吏). ③現상관(上官).
【官刑 관형】벼슬아치에게 베풀던 가벼운 형벌. 오형(五刑) 외에 따로 두었음. ㉠편형(鞭刑). 벼슬아치로서 직무를 게을리 한 사람에게 주던 형벌. ㉡각 부(府)의 출척(黜陟)·폐치(廢置)·주상(誅賞)을 행하는 형(刑).
【官戶 관호】①관직에 있는 사람의 집. ②범죄로 관노(官奴)가 된, 주·현(州縣)에 적(籍)이 없는 사람.
【官話 관화】청대(淸代)에 관청에서 쓰던 표준말. 북경(北京) 관화, 남경(南京) 관화, 서방(西方) 관화의 세 가지가 있는데 주로 북경 관화를 이름. ○'官'은 '공중(公衆)'을 뜻함.
【官宦 관환】관원(官員).
❶諫—, 兼—, 高—, 敎—, 器—, 堂上—, 堂下—, 大—, 名—, 武—, 文—, 微—, 法—, 士—, 仕—, 史—, 上—, 屬—, 譯—, 任—, 長—, 次—, 判—, 顯—, 宦—.

宀 5 【宝】⑧ 寶(470)의 속자

宀 5 【宓】⑧ ❶성 복 圀 fú
❷편안할 밀 圀 mì
[소전] [초서] [참고] 대법원 지정 인명용 한자의 음은 '복'이다.
[字解] ❶성(姓). ≒伏. 〔漢書〕太昊帝宓羲氏. ❷①편안하다. ≒密. 〔淮南子〕宓穆休于太祖之下. ②몰래, 비밀히. ¶祕宓.
【宓妃 복비】중국 고대 전설상의 제왕(帝王)인 복희씨(伏羲氏)의 딸. 낙수(洛水)에 빠져 죽어 수신(水神)이 되었다고 한다.
【宓羲 복희】중국 고대의 전설상의 제왕(帝王). 伏羲(복희).
【宓穆 밀목】조용하고 평화로움.

宀 5 【実】⑧ 實(465)의 속자

宀 5 【实】⑧ 實(465)의 속자

宀 5 【宛】⑧ ❶굽을 완 阮 wǎn
❷나라 이름 원 阮 yuān
❸작을 원 願 wǎn
[소전] [혹체] [초서] [참고] 대법원 지정 인명용 한자의 음은 '완'이다.
[字解] ❶①굽다, 구부정하게 하다, 굽히다. 〔漢書〕宛舌而固聲. ②완연히, 마치. 〔詩經〕宛在水中央. ③움푹 패다, 움푹 들어가다. ¶宛邱. ④쌓다, 저장하다. ≒蘊. 〔孔子家語〕富則天下無宛財. ⑤따르다, 순종하다. 〔管子〕然則天爲粵宛. ⑥뒹굴다, 누워 뒹굴다. ⑦성(姓). ❷나라 이름. 한대(漢代)에 서역(西域)에 있었던 나라. 〔史記〕出軍宛. ❸①작다, 작을 모양. 〔詩經〕宛彼鳴鳩. ②언덕, 동산. ③억울하다.
【宛邱 완구】사방이 높고 중앙이 낮은 언덕.
【宛妙 완묘】①굴곡(屈曲)이 묘하여 운치가 있는 모양. ②소리가 가늘고 고운 모양.
【宛似 완사】꼭 닮은 모양.
【宛延 완연】①길고 굽은 모양. ②물이 굽이돌아 흐름.
【宛然 완연】①마치. 흡사. 명료한 모양. ②남에게 양보하여 비키는 모양.
【宛頓 완연】순하고 부드러운 모양.
【宛轉 완전】①변화하는 일. ②눈썹이 아름답게 굽은 모양. ③흩어지는 모양. ④구슬 따위가 구르는 모양. ⑤천천히 춤추는 모양. ⑥따르는 모양.
【宛惱 원뇌】억울함.
❶曲—, 東—.

宀 5 【宜】⑧ 마땅할 의 支 yí
丶ノ宀宀宀冖官宜
[소전] [고문] [혹체] [초서] [본서] [동자]
[字源] 會意·形聲. 宀+夕+一→宜. '夕'는 '多'의 생략형으로 '많음'을, '一'은 지면(地面)을 뜻한다. 땅 위[一]에 있는 집[宀] 안에 많은[夕] 물건을 쌓아 둔다는 데서 '안심하고 정착하다, 마땅하다'란 뜻을 나타낸다.
[字解] ①마땅하다. ㉮알맞다, 마땅하다. 〔呂氏春秋〕主之賞罰爵祿之所加者宜. ㉯도리에 맞아 옳다. 〔禮記〕衣服異宜. ②마땅히, 마땅히 ～하여야 하다. 〔詩經〕宜鑒于殷. ③화목하다, 화순(和順)하다. 〔詩經〕宜其室家. ④형편이 좋다, 사정이 좋다. 〔後漢書〕計日用之權宜. ⑤아름답다, 선미(善美)하다. 〔太玄經〕好是宜德. ⑥과연, 정말. 윗말을 이어받아 아랫말에 이어 주는 말. 〔詩經〕宜爾子孫振振兮. ⑦제사 이름. 출진(出陣)에 앞서 사당이나 종묘에 올리는 제사. 〔書經〕宜于冢土. ⑧안주, 술안주. 〔詩經〕與子宜之. ⑨거의. ≒殆. 〔孟子〕宜與夫禮若不相似然.
【宜家 의가】집안 식구끼리 화목하게 지냄. 또는 집안이 화목함.

【宜君 의군】 군주(君主) 되기에 적합함.
【宜男 의남】 아들을 많이 낳는 일.
【宜男草 의남초】 훤초(萱草)의 딴 이름. ○임부(妊婦)가 이 꽃을 차면 아들을 낳는다고 함.
【宜年 의년】 풍년.
【宜當 의당】 마땅함. 적절함. 으레.
【宜稻 의도】 벼 심기에 알맞음.
【宜民 의민】 백성을 편안히 살게 함.
【宜笑 의소】 아름답게 웃음.
【宜人 의인】 ①남의 마음에 듦. ②외명부(外命婦)의 하나. 6품 문무관과 종친의 부인의 품계.
【宜子 의자】 아이를 낳을 능력이 많은 여자.
【宜春 의춘】 비와 바람이 고른 봄. 곧, 입춘. ○입춘일에 봄을 반기는 뜻에서, '宜春'이라고 쓴 종이, 곧 의춘첩(宜春帖)을 문에 붙였음.
【宜稱 의칭】 ①좋은 이름. ②적당함.
◐ 機-, 時-, 適-, 土-, 便-.

宀
5 【宜】⑧ 宜(445)와 동자

宀
5 【定】⑧ 정할 정 【徑】 dìng

丶丶宀宀宀宀宁定定

〔字源〕形聲. 宀+正→定. '正(정)'이 음을 나타낸다.

〔字解〕 ①정하다. ㉮결정하다. 〔禮記〕論進士之賢者, 以告於王而定其論. ㉯편안하게 하다. 〔詩經〕以定王國. ㉰정리하여 바로잡다. 〔禮記〕昏定而晨省. ㉱바로잡다. 〔孔安國·序〕遂乃定禮樂. ㉲평정하다. 〔史記〕擊定之. ②정해지다. ㉮다스려지다. 〔書經〕一戎衣, 天下大定. ㉯조용해지다. ㉰멈추다, 그치다. 〔詩經〕辭靡有定. ㉱되다, 이루어지다. 〔淮南子〕秋分蔈定. ㉲변동하지 않다. 〔大學〕知止而后有定. ㉳귀착(歸着)하다. 〔孟子〕天下惡乎定, 我對曰定于一. ③반드시, 꼭. 〔史記〕陳王定死. ④별 이름, 영실(營室). 〔詩經〕定之方中. ⑤익다, 끓다. 〔儀禮〕羹定. ⑥자다. 〔後漢書〕臣夜人定後.
【定價 정가】 정해진 값.
【定格 정격】 일정한 기준이나 격식.
【定見 정견】 분명한 의견.
【定境 정경】 ①변경(邊境)의 땅을 안정시킴. ②(佛)안신입명(安身立命)의 경지.
【定傾 정경】 위태로운 것을 안정되게 함.
【定計 정계】 계략을 세움.
【定交 정교】 벗이 됨. 친구로 사귐.
【定規 정규】 ①원형(圓形)을 만듦. ②現정함. 결정. ③정해진 규칙. 規約(규약).
【定極 정극】 머물러 영주(永住)하는 곳.
【定根 정근】 ①배(胚)의 유근(幼根)이 자라서 된 뿌리. ②(佛)선정(禪定)에서 우러나온 공덕의 뿌리. 곧, 마음을 하나로 모아서 흐트러지지 않게 하는 일. 오근(五根)의 하나.

【定期 정기】 정해진 기한.
【定賭 정도】 풍흉(豊凶)에 관계없이 해마다 일정하게 징수하는 도조(賭租).
【定量 정량】 정해진 수량.
【定力 정력】 (佛)선(禪)을 지켜 속된 생각에 흔들리지 않는 힘. 오력(五力)의 하나.
【定例 정례】 일정한 규례.
【定禮 정례】 ①예(禮)를 정함. ②납폐(納幣)하여 혼약을 하는 예.
【定論 정론】 ①일정한 결론에 도달하여 움직일 수 없는 이론. 定說(정설). ②품등(品等)의 고하(高下)를 결정함.
【定律 정률】 ①정해진 규칙. 일정한 규칙. ②규칙을 정함.
【定理 정리】 영원한 진리.
【定名 정명】 ①변하지 않는 일정한 이름. ②이름을 정함. 이름을 붙임. ③반드시 합격함. 定名筆(정명필).
【定命 정명】 ①선천적으로 정해진 운명의 정수(定數). 天命(천명). 宿命(숙명). ②(佛)타고난 수명(壽命). ③변경하지 못할 명령. ④천명(天命)을 다함. ⑤천하를 안정하라는 천명.
【定配 정배】 귀양 보낼 곳을 정하고 죄인을 귀양 보냄.
【定保 정보】 나라를 평정(平定)하고 집안을 편안하게 함.
【定本 정본】 오류를 정정(訂正)한 책. 이본(異本)이 많은 고전 등에서 오류·오식을 검토·정정한 가장 표준이 될 만한 책. 校定本(교정본).
【定分 정분】 ①군신(君臣)·부자(父子)·부부(夫婦) 등의 정해진 신분. ②자연적으로 정해진 운명. ③지위·신분을 정함. ④어느 정도의 제한.
【定產 정산】 어느 정도의 기본 재산.
【定石 정석】 일처리 과정에서 합리적인 일정한 방식.
【定省 정성】 밤에는 잠자리를 깔아 편안히 쉬게 하고, 아침에는 안부를 물어 살핌. 자식이 부모를 잘 섬김. 昏定晨省(혼정신성).
【定屬 정속】 죄인을 종으로 삼음.
【定時 정시】 ①사시(四時)의 절후를 정하여 바룸. ②일정한 시간.
【定額 정액】 정해진 금액.
【定業 정업】 ①일정한 직업. ②업을 정함. 대업(大業)을 성취함. ③(佛)전세부터 정해진 업보(業報).
【定義 정의】 사물이나 말의 개념을 명확하게 규정함.
【定著 정저】 교정하여 정본(正本)을 만듦.
【定定 정정】 머물러 있는 모양.
【定情 정정】 결혼함. 예를 갖추어 부부가 됨.
【定鼎 정정】 도읍을 정함. ○하(夏)의 우(禹)임금이 구주(九州)의 쇠붙이를 모아 아홉 개의 솥을 만들어 왕위(王位) 계승을 상징하는 보기(寶器)로 삼고, 뒤에 주(周)의 성왕(成王)이 이를 겹욕(郟鄏)에 옮겨 주의 서울로 삼은 데서 온 말. 奠都(전도). 奠鼎(전정).
【定策 정책】 ①대신(大臣)이 임금의 존립(尊立)

을 도모함. ◯임금이 즉위하면 그 사실을 간책(簡册)에 써서 종묘(宗廟)에 고한 데서 온 말. '策'은 '죽간(竹簡)'을 뜻함. ③계책을 결정함. 획책함.
【定策國老 정책국로】천자(天子)를 세우거나 폐위(廢位)하는 나라의 원로(元老). 故事 당대(唐代)에 경종(敬宗)에서 선종(宣宗)까지의 천자 폐립(廢立)을 환관(宦官)이 마음대로 하였는데, 환관 양복공(楊復恭) 등이 스스로를 '정책국로'라 한 데서 온 말.
【定處 정처】정한 곳. 일정한 곳.
【定礎 정초】①주춧돌. ②사물의 기초.
【定則 정칙】일정한 규칙.
【定奪 정탈】가부(可否)를 결정함.
【定評 정평】일반적으로 인정받는 평판.
【定限 정한】①일정한 정도·제한. ②날짜를 한정함. ③기한을 정함.
【定形 정형】①일정한 형체. ②형체를 정함.
【定慧 정혜】(佛)삼학(三學) 중의 두 법(法). 곧, 선정(禪定)과 지혜(智慧).
【定昏 정혼】①해가 저물 무렵. 저녁때. ②밤에 잘 자라고 인사하는 일. 昏定(혼정).
◐ 假―, 鑑―, 改―, 檢―, 決―, 固―, 規―, 旣―, 內―, 斷―, 未―, 法―, 不―, 否―, 査―, 選―, 設―, 安―, 約―, 豫―, 議―, 認―, 作―, 酌―, 暫―, 制―, 指―, 測―, 特―, 判―, 平―, 評―, 限―, 協―, 確―.

[宗] ⑧ 마루 종 图 zōng

丶 ⺆ 宀 宀 宗 宗 宗

소전 宗 초서 宗 [字源] 會意. 宀+示→宗. 집(宀) 안에 신주(示)가 있는 모습으로, 조상 또는 신주를 모시는 곳인 '종묘, 사당' 등의 뜻을 나타낸다.
[字解] ①마루, 일의 근원. [國語] 禮之宗也. ②사당, 종묘. [孔子家語] 設爲宗祧. ③우두머리, 가장 뛰어난 것. [漢書] 爲世儒宗. ④제사, 제사하다. [中庸] 陳其宗器. ⑤제사하는 대상. [書經] 禋于六宗. ⑥제사·예의 등을 맡은 벼슬. ¶宗伯. ⑦일족(一族), 동성(同姓). [書經] 覆宗絶祀. ⑧갈래, 유파(流派). ¶禪宗. ⑨시조(始祖)의 적장자(嫡長子). [詩經] 以擘我宗. ⑩높이다, 으뜸으로 높이다. [史記] 學者宗之. ⑪존숭하는 사람, 으뜸으로 존중하는 사람. [後漢書] 導人追宗. ⑫선조 가운데 덕망이 있는 조상, 또는 그 묘호(廟號). [書經] 殷王中宗. ⑬조현(朝見)하다. [書經] 江漢朝宗於海. ⑭불교 교리. [辨宗論] 庶定求宗之悟.
【宗家 종가】한 씨족에서 맏이로 이어온 집.
【宗系 종계】본가(本家).
【宗工 종공】①학문이나 기술이 뛰어난 사람들의 추앙을 받는 사람. ②문중(門中)에서 벼슬이 있는 사람. ③사공(司空)의 직(職).
【宗敎 종교】절대적이고 초인간적인 대상을 신앙하고 숭배하는 일의 전반적인 체계.

【宗器 종기】제기(祭器)와 악기(樂器). 곧, 종묘(宗廟)에서 쓰는 기구.
【宗女 종녀】황실의 딸. 王女(왕녀).
【宗畓 종답】國문중(門中) 소유의 논과 밭.
【宗徒 종도】종교의 신도.
【宗老 종로】①동족 중의 존장자(尊長者). ②가신(家臣) 중에 예악(禮樂)을 맡은 사람.
【宗盟 종맹】①임금과 제후의 동맹. ②같은 종파끼리 하는 맹세.
【宗廟 종묘】①조상을 모시는 사당(祠堂). 임금이나 제후(諸侯)가 그 조상에게 제사를 올리는 사당. ②국가. 社稷(사직).
【宗廟丘墟 종묘구허】종묘가 허물어지고 옛터만 남았음. 나라가 쇠망했음.
【宗廟社稷 종묘사직】왕실과 나라의 병칭.
【宗門 종문】①일족(一族), 종족(宗族). ②(佛)같은 종지(宗旨)에 속한 일파(一派).
【宗伯 종백】①㉠주대(周代) 관직인 육경(六卿)의 하나. 종묘의 제사를 맡아보았음. ㉡한대(漢代)에 왕실의 일을 관장하던 벼슬 이름. ②존경받는 훌륭한 학자.
【宗法 종법】①대종(大宗)과 소종(小宗)의 계통을 밝히는 규칙. ②(佛)종문(宗門)의 법규(法規). ③본받음.
【宗婦 종부】①대종(大宗)의 맏며느리. 본가의 주부. ②동성의 대부(大父)의 처(妻).
【宗社 종사】종묘(宗廟)와 사직(社稷).
【宗祀 종사】①나라의 오사(五祀) 중의 하나. 종(宗)으로 받들어 제사를 지냄. ②높이 받들어 제사를 지냄.
【宗師 종사】①숭앙받는 스승. ②받들어 모범을 삼음. ③㉠종족(宗族)의 자제(子弟)를 다스리던 벼슬. ㉡각 부(府)의 학정(學政)을 맡은 벼슬. ④(佛)각 종(宗)의 조(祖). 정법(正法)을 전하여 대중에게 존숭(尊崇)을 받는 대사(大師). 宗匠(종장).
【宗姓 종성】▷宗親(종친)①.
【宗孫 종손】國종가(宗家)의 대를 이을 적장(嫡長)인 자손.
【宗臣 종신】①중직(重職)에 있으면서 세상에서 추앙을 받고 있는 신하. 重臣(중신). ②왕족으로서 벼슬자리에 있는 사람.
【宗室 종실】①태종(太宗)의 묘(廟). 곧, 선조의 사당. ②왕족. 임금의 일가. ③대본(大本). 근본(근본). ④대종(大宗)의 집.
【宗氏 종씨】동족(同族) 또는 촌수나 항렬을 따지지 않는 사이의 호칭.
【宗英 종영】일족(一族) 중에서 뛰어난 인물.
【宗彝 종이】종묘(宗廟) 제사 때 쓰는 제기의 하나. 술통.
【宗匠 종장】①공인(工人)의 우두머리. 工師(공사). ②스승으로 받드는 사람. 師宗(사종). ③宗師(종사)④.
【宗宰 종재】종척(宗戚)의 재신(宰臣).
【宗正 종정】①한 문중의 가장 높은 어른. ②(佛)불교의 최고 관리자.
【宗祧 종조】①원조(遠祖)를 옮겨 모시던 사당.

宗廟(종묘). ②국가(國家).
【宗主 종주】①으뜸. 근본(根本). ②적실(嫡室)에서 난 후손의 맏아들과 맏손자. 嫡長子(적장자). ③종묘의 위패(位牌).
【宗周 종주】①주대(周代)의 왕도(王都), 또는 창업지(創業地). 풍(豊)·호(鎬)·낙양(洛陽)으로 변하였으나 종주(宗周)라고 통칭함. ②주대(周代)의 사직(社稷).
【宗中 종중】성(姓)이 같고 본(本)이 같은 한 겨레붙이의 문중(門中).
【宗支 종지】한 종중(宗中)의 종파(宗派)와 지파(支派).
【宗旨 종지】①주요한 뜻. 主旨(주지). ②(佛)㉠종문(宗門)의 취지. ㉡종파(宗派).
【宗戚 종척】왕의 종친(宗親)과 외척(外戚).
【宗親 종친】①國임금의 친족. ②친족. 一族(일족). ③동모(同母)의 형제.
【宗統 종통】주 종교나 가문의 주 계통.
【宗會 종회】문중이나 종파의 모임.
◐改一, 敎一, 大一, 禪一, 小一, 儒一, 六一, 正一, 祖一, 他一.

【宙】⑧ 집 주 宥 zhòu
ノ丶宀宀宁宙宙

字源 形聲. 宀+由→宙. '由(유)'가 음을 나타낸다.
字解 ①집, 주거. ②하늘〔王勃·賦〕霜凝碧宙, 水瑩丹霄. ③동량(棟梁), 마룻대와 들보.〔淮南子〕以爲不能與之爭於宇宙之閒. ④때, 무한한 시간.〔莊子〕有長而無本剽者宙也.
【宙然 주연】넓은 모양.
【宙宇 주우】왕고래금(往古來今)과 사방 상하(四方上下). 곧, 시간과 공간. 宇宙(우주).
【宙表 주표】하늘 밖. 天外(천외).
【宙合 주합】①상하(上下)와 고금(古今)의 도를 망라함. ②세상. 천하.

【宔】⑧ 신주 주 麌 zhǔ
字解 신주(神主), 죽은 사람의 위패(位牌). 늑主.

【宕】⑧ 방탕할 탕 漾 dàng
字解 ①방탕하다, 방자하다. 게 굴다. 늑蕩.〔春秋穀梁傳〕長狄兄弟三人, 佚宕中國. ②거칠다, 대범하다.〔北史〕疏宕不拘. ③지나치다, 통과하다. ④넓다, 크다, 광대하다. ⑤채석(採石)하는 사람. ⑥國탕건. ⑦어둡다, 우매하다.〔王襃·賦〕於是乃使夫性昧之宕冥.
【宕巾 탕건】國관직자만이 사용하던, 망건 위에 쓰는 관건(冠巾)의 한 가지.
【宕子 탕자】떠돌이.
◐跌一, 豪一.

【宏】⑧ 집 울릴 굉 庚 hóng
字解 ①집이 울리다. ②편안하다.

【客】⑨ 손 객 陌 kè
ノ丶宀宀宀宀宊客客

字源 形聲. 宀+各→客. '各(각)'이 음을 나타낸다.
字解 ①손, 찾아오거나 찾아가거나 한 사람.〔禮記〕主人敬客, 則先拜客. ②붙이다, 의탁하다.〔素問〕今風寒客於人. ③상객(上客), 한 자리에서 공경받는 사람.〔春秋左氏傳〕趙孟爲客. ④식객(食客).〔漢書〕跖之客可使刺由. ⑤외래자(外來者).〔春秋左氏傳〕宋先代之後也, 於周爲客. ⑥나그네, 여행자.〔李白·序〕光陰者百代之過客. ⑦여행, 나그네길.〔晁補之·詩〕天寒鴉聲急, 歲晚客程遙. ⑧떠도는 사람.〔史記〕一楚國之俗, 禁游客之民. ⑨사람.〔後漢書〕吳王好劍客. ⑩단골손님, 고객.〔南史〕估客不至. ⑪과거, 지나간 때.〔劉世敎·序〕客歲南邁. ⑫예우하다.〔戰國策〕孟嘗君客我.
【客家 객가】①주로 광동(廣東), 광서(廣西) 지방에 거주하는 한족(漢族)의 일파(一派). ②國단골 손님. 顧客(고객).
【客卿 객경】타국(他國)에서 와서 경상(卿相)이 된 사람.
【客苦 객고】國객지에서 겪는 고생.
【客工 객공】임시 직공.
【客誇 객과】손의 자만(自慢).
【客官 객관】①타국에 들어가서 관리가 됨, 또는 그 사람. ②관청의 사무에 직접 책임이 없는 벼슬아치. ③다른 관아에서 와서 임시로 일을 보는 벼슬아치.
【客觀 객관】①외관(外觀). 容貌(용모). ②주관(主觀)의 인식 및 행동의 대상이 되는 것. ③주관의 작용과는 상관없이 독립하여 존재한다고 생각되는 것.
【客衾 객금】①여행 중에 입는 잠옷. 客衣(객의). ②國손님용으로 갖추어 둔 이부자리.
【客氣 객기】①쓸데없는 허세. 혈기(血氣)에서 나온 용기. ②그 해의 운(運)을 움직이는 외부에서 온 운기(運氣).
【客難 객난】손님이 비난함. 손님의 비난.
【客談 객담】객적은 말. 군소리.
【客慮 객려】마음이 흩어짐. 마음이 흩어지는 데 생기는 잡념.
【客禮 객례】손으로서 예우(禮遇)함. 또는 손을 대하는 예의.
【客反爲主 객반위주】손이 거꾸로 주인 행세를 함. 일의 부차적인 것과 주되는 것이 뒤바뀜.
【客兵 객병】①다른 나라에 주둔하는 병사(兵士). ②손님. 客(객).
【客司 객사】①중간에서 연결짓는 사람. 謁者(알자). ②(佛)선림(禪林)에서, 찾아온 손을 접대하는 곳.

【客舍 객사】 나그네를 묵게 하는 집. 여관.
【客使 객사】 ①다른 나라에서 온 사자(使者). ②조선 때, 새해 첫날이나 동지(冬至)에 문무백관이 조하(朝賀)할 때 반열(班列)에 참여시키던 일본·유구(琉球)의 사신들과 모든 야인(野人)의 관원이.
【客思 객사】 객지에서 느끼는 생각.
【客席 객석】 손님의 자리.
【客戍 객수】 변방(邊方)에 나아가 외구(外寇)의 침입을 막기 위하여 주둔(駐屯)하는 일.
【客愁 객수】 객지에서 느끼는 쓸쓸한 느낌이나 호젓한 생각. 객지에서의 수심(愁心).
【客心 객심】 ①객지에서 느끼는 쓸쓸하고 불안한 마음. ②國딴 마음.
【客傭 객용】 타향에서 고용살이를 함.
【客寓 객우】 ①손이 되어 몸을 의탁함. ②손이 되어 거처하는 임시의 집.
【客遇 객우】 빈객(賓客)으로 대우함.
【客員 객원】 정원 외의 인원.
【客遊 객유】 여기저기 떠돌아다님. 유랑함.
【客子 객자】 나그네. 旅人(여인). 遊子(유자).
【客作 객작】 고용되어 일함. 또는 고용인.
【客棧 객잔】 여관(旅館). 客店(객점).
【客籍 객적】 ①빈객(賓客)의 명찰(名札). ②떠돌아다니며 붙어 사는 사람. ③우거(寓居)함.
【客戰 객전】 타향에서 싸움. 객지의 전투.
【客店 객점】 길 가는 손이 음식을 사 먹거나 자는 곳. 여관. 客棧(객잔).
【客亭 객정】 ①사신을 송영(送迎)하는 곳. 驛亭(역정). ②여관. 客舍(객사).
【客主 객주】 ①손과 주인. ②적과 아군. ③國상인의 물건을 위탁받아 팔거나 매매를 소개하며, 또 그 상인을 숙박시키는 영업.
【客塵 객진】 ①객지에서의 풍진(風塵). ②(佛)번뇌(煩惱).
【客次 객차】 ①손을 응접(應接)하는 곳. ②여관. 旅宿(여숙).
【客窓 객창】 나그네가 거처하는 방의 창. 곧, 여관의 방.
【客土 객토】 ①토질(土質)을 개량하기 위하여 논밭에 넣는 흙. ②딴 곳에서 옮겨 온 흙. ③객지(客地). 타향.
【客夏 객하】 작년 여름.
【客鄕 객향】 타향.
【客戶 객호】 ①다른 지방에서 새로 입적(入籍)한 사람의 집. ②남의 집에서 몸을 붙여 삶. 寄留(기류). ③단골. 顧客(고객).
【客懷 객회】 객지에서 품는 쓸쓸한 회포.
◐ 劍—, 顧—, 過—, 來—, 門—, 訪—, 賓—, 上—, 商—, 俗—, 食—, 旅—, 刺—, 弔—, 主—, 珍—, 醉—, 賀—, 行—, 俠—.

宀 6획 㝅 宣

【㝅】 ⑨ 寧(464)과 동자

【宣】 ⑨ 베풀 선 [宣] xuān

㝅宣 〔字源〕形聲. 宀十亘→宣. '亘(선)'이 음을 나타낸다.
〔字解〕①베풀다, 은혜 따위를 끼치어 주다.〔書經〕日宣三德. ②펴다. ㉮생각을 말하다, 의사를 밝히다.〔春秋左氏傳〕未宣其用. ㉯널리 알리다, 널리 공포하다.〔周禮〕乃宣布于四方. ㉰널리 퍼뜨리다. ¶ 宣傳. ③임금이 말하다, 임금이 하교(下敎)를 내리다. ¶ 宣旨. ④조서(詔書), 조칙.〔新五代史〕予讀梁宣底. ⑤떨치다, 발양(發揚)하다. ¶ 宣揚. ⑥궁전, 임금이 거처하는 곳. ¶ 宣室. ⑦밭을 갈다, 계절에 따라 밭을 갈다.〔詩經〕酒宣酒獻. ⑧머리가 세다, 나이를 먹어 머리털이 희끗희끗하다.〔易經〕巽爲宣髮. ⑨통하다, 통해지다.〔管子〕去欲則宣, 宣則靜矣. ⑩쓰다, 사용하다.〔春秋左氏傳〕有列國之權, 而弗敢宣也.
【宣講 선강】 여러 사람 앞에서 강연함.
【宣告 선고】 ①널리 알림. ②재판관이 법정에서 판결을 언도함.
【宣驕 선교】 교만을 나타내 보임.
【宣氣 선기】 음양의 기(氣)를 왕성하게 함.
【宣尼 선니】 공자(孔子). 한(漢) 평제(平帝) 때에 추시(追諡)한 것임.
【宣德 선덕】 ①덕(德)을 폄. ②한대(漢代)의 장락궁(長樂宮) 안에 있던 궁전 이름.
【宣達 선달】 막힌 것을 틔게 함. 疏通(소통).
【宣讀 선독】 여러 사람 앞에서 낭독함.
【宣頭 선두】 임금의 조칙(詔勅). ○'宣'은 중서(中書)를 거치지 않고 직접 내리는 조칙을, '頭子'는 중서를 거쳐 내리는 조칙을 뜻함.
【宣騰 선등】 임금의 뜻을 널리 전함.
【宣力 선력】 힘을 다함. 진력함.
【宣勞 선로】 ①선지(宣旨)를 내려 노고를 위로함. ②힘을 다하여 수고함.
【宣麻 선마】 ①대신(大臣)에게 임명 조서(詔書)를 내림. ○당송대(唐宋代)에 대신의 임명 조서를 지을 때 황(黃)·백(白)의 마지(麻紙)에 쓴데서 온 말. ②임금이 신하에게 궤장(几杖)을 사송(賜送)할 때에 함께 껴서 주던 글.
【宣明 선명】 뚜렷이 나타남. 명확하게 밝혀 선언하거나 선포함.
【宣命 선명】 ①조서(詔書). 조칙(詔勅). ②교명(敎命)을 전달함.
【宣撫 선무】 정부의 뜻을 전해 인심을 안정시킴.
【宣飯 선반】 관청에서 끼니 때 관원에게 제공하던 식사.
【宣髮 선발】 반백(斑白)이 된 머리털.
【宣父 선보】 공자(孔子)의 존칭.
【宣索 선색】 왕명(王命)으로 유사(有司)의 재물을 빼앗음.
【宣泄 선설】 ①통함. 소통함. ②새어 나감. 비밀이 누설됨.
【宣聖 선성】 공자의 존칭. 宣父(선보).
【宣召 선소】 임금이 신하를 불러서 봄.

【宣示 선시】 선포(宣布)하여 널리 알림.
【宣室 선실】 임금이 거처하는 정실(正室).
【宣揚 선양】 널리 세상에 드날림.
【宣醞 선온】 임금이 신하에게 술을 하사(下賜)하던 일. 또는 그 술.
【宣威 선위】 위광(威光)을 빛냄. 위력을 떨침.
【宣諭 선유】 널리 여러 사람을 꾀함. ◎'猶'는 '도모하다'를 뜻함.
【宣諭 선유】 國임금의 훈유(訓諭)를 백성에게 널리 포고함.
【宣淫 선음】 공공연하게 음란한 행위를 하고 숨기지 않음.
【宣飮 선음】 여럿이 함께 마심.
【宣慈 선자】 널리 사랑함. 은혜가 골고루 미침.
【宣底 선저】 중서성(中書省)에서 보관해 두는 조서(詔書)의 저본(底本). 聖語簿(성어부).
【宣著 선저】 뚜렷하게 드러남.
【宣績 선적】 힘을 다함. 실적을 올림.
【宣傳 선전】 ①위에서 아래로 명령을 전함. ②말을 퍼뜨림. ③어떤 사물이나 사상・주의 등을 많은 사람에게 퍼뜨려 설명해서 이해와 공명(共鳴)을 구함.
【宣戰 선전】 상대국(相對國)에게 전쟁을 개시한다는 일방적인 의사를 표시함.
【宣政 선정】 정치와 교화를 널리 폄.
【宣詔 선조】 조서(詔書)를 전함.
【宣旨 선지】 임금의 명령. 조칙(詔勅).
【宣哲 선철】 사리에 밝고 사리에 밝음.
【宣招 선초】 ☞宣召(선소).
【宣托 선탁】 신의 계시(啓示).
【宣布 선포】 널리 펴 알림. 公布(공포).
【宣下 선하】 조서(詔書)를 내림.
【宣惠 선혜】 모두 따름.
【宣化 선화】 ①선정(善政)을 폄. ②덕화(德化)를 선포(宣布)함.
【宣洽 선흡】 널리 퍼짐. 골고루 미침.

❍ 口-, 究-, 明-, 敷-, 不-, 昭-, 述-, 丞-, 流-, 翼-, 傳-, 節-, 正-, 振-, 弘-, 曉-.

宀6 【室】⑨ 집 실 屋 shì

`、丶宀宀宝宊宰室`

[소전] 室 [초서] 室 [字源] 會意・形聲. 宀+至→室. 사람이 이르러(至)사는 집(宀)이란 뜻을 나타낸다. '至(지)'가 음도 나타낸다.
[字解] ①집, 건물. 〔詩經〕作于楚室. ②방. 〔論語〕未入於室也. ③거처(居處), 사는 곳. 〔周禮〕以其室數制之. ④아내. 〔禮記〕三十曰壯, 有室. ⑤칼집. 〔史記〕劍長操其室. ⑥가족, 일가(一家). 〔孟子〕不得罪于巨室. ⑦구덩이, 무덤. 〔詩經〕歸于其室. ⑧가재(家財). 〔國語〕施二師而分其室. ⑨몸, 신체. 〔淮南子〕虛室生白. ⑩별 이름. 28수(宿)의 하나. ⑪장가들다. 〔韓非子〕丈夫二十而室. ⑫시집보내다.

〔春秋左氏傳〕復室其子.
【室家 실가】 ①집. 방. ②부부(夫婦). ③가정(家庭). ◎'室'은 '부부가 거처하는 방'을, '家'는 '집안'을 뜻함.
【室廬 실려】 집. 家屋(가옥).
【室老 실로】 가신(家臣)의 장(長).
【室婦 실부】 아내의 비칭(卑稱). 息婦(식부).
【室不崇壇 실불숭단】 방을 드려도 집의 돌층계를 높게 하지 않음. 사치하지 않음.
【室如縣磬 실여현경】 집안이 텅 비어 들보와 서까래만 있어 마치 경쇠를 걸어 놓은 것 같음. 매우 빈한(貧寒)함.
【室宇 실우】 집. 가옥.
【室邇人遠 실이인원】 그리워하는 남자의 집은 가까운데, 그 애인(愛人)은 오지 않음. 사모하면서 만나지 못함.
【室人 실인】 ①주인(主人). ②처첩(妻妾)의 총칭(總稱). ③남편의 자매와 형제의 아내. 집안 사람. 가족. 家人(가인). ④자기의 아내를 일컫는 말.
【室第 실제】 집. 가옥. 주택.

❍ 居-, 敎-, 宮-, 內-, 茶-, 密-, 別-, 病-, 産-, 石-, 船-, 暗-, 溫-, 王-, 浴-, 幽-, 入-, 蠶-, 嫡-, 正-, 帝-, 宗-, 側-, 寢-, 夾-, 皇-, 後-.

宀6 【夋】⑨ 宊(443)과 동자

宀6 【宥】⑨ 용서할 유 圄 yòu

[소전] 宥 [초서] 宥 [字解] ①용서하다, 벌하지 않다. 〔書經〕流宥五刑. ②돕다, 보좌하다. 〔漢書〕神若宥之. ③권하다, 식사나 술을 권하다. ≒侑. 〔周禮〕王大食, 三宥. ④오른쪽. ≒右. 〔荀子〕宥坐之器. ⑤너그럽고 어질다, 넓고 깊다. 〔詩經〕夙夜基命宥密. ⑥사로잡히다, 국한되다. 〔莊子〕棱萬物以別宥爲始.
【宥減 유감】 너그러이 용서하여 형(刑)을 경감(輕減)함.
【宥過 유과】 잘못을 용서함.
【宥貸 유대】 죄를 용서함.
【宥免 유면】 죄를 용서함. 宥恕(유서).
【宥密 유밀】 ①너그럽고 조용함. 관인(寬仁)과 안정(安靜). ②굉심(宏深)과 정밀(靜密).
【宥赦 유사】 죄를 용서함. 宥罪(유죄).
【宥恕 유서】 ①너그러이 봐줌. 묵인해 줌. ②죄를 용서함. 宥免(유면).
【宥善 유선】 좋은 행동을 하도록 권함.
【宥全 유전】 도와서 안전하게 함.
【宥坐之器 유좌지기】 곁에 두고 스스로 훈계(訓戒)로 삼을 물건. ◎'宥'는 '右'로, 고대에는 오른쪽을 높다 여겨 '귀하다' 등의 뜻을 나타내었음.
【宥罪 유죄】 죄(罪)를 너그러이 용서함.
【宥弼 유필】 ①도움. ②돕는 사람.

【宥還 유환】 귀양 간 죄인이 용서되어 돌아옴. ◑ 寬-, 赦-, 特-.

宧 ⑨ 방구석 이 囡 yí
[字解] ①방구석, 방안의 동북(東北) 구석. ②햇빛이 들어오는 곳. ③기르다. ≒頤.

害 ⑨ 害(456)와 동자

宦 ⑨ 벼슬 환 謙 huàn
[字源] 會意. 宀+臣→宦. 집(宀) 안에서 신하(臣)로서의 일을 한다는 뜻을 나타낸다.
[字解] ①벼슬, 관직. 〔南史〕弱年薄宦. ②벼슬아치. 〔新唐書〕群宦不平. ③벼슬살이하다. 〔國語〕入宦於吳. ④배우다, 벼슬살이하는 길을 닦다. 〔春秋左氏傳〕宦三年矣, 未知母之存否. ⑤내시, 환관. 〔後漢書〕豎宦充朝.
【宦官 환관】 ①궁중에서 일하는 남자. 內侍(내시). ②벼슬아치.
【宦女 환녀】 ①궁중의 여자 종. 관부(官府)의 여자 종. 官婢(관비). ②환관과 여자.
【宦達 환달】 벼슬아치로서 입신(立身)함.
【宦途 환도】 ①관리의 위계(位階)와 승강(昇降). ②사관(仕官)의 길. 官路(환로).
【宦味 환미】 관계(官界)의 분위기.
【宦事 환사】 벼슬살이함. 벼슬아치로 일함.
【宦成 환성】 벼슬하여 입신 출세함. 官成(관성).
【宦業 환업】 벼슬아치의 업적.
【宦遊 환유】 ①타국에서 관리가 됨. ②벼슬하기 위해 향리를 떠남. 官遊(관유).
【宦情 환정】 관리가 되고 싶은 뜻.
【宦學 환학】 관리가 되기 위한 소양을 배움. 관리로서의 교양을 쌓음. 곧, 육예(六藝)를 배움.
【宦海 환해】 관리(官吏)의 사회. 官界(관계).
◑ 內-, 薄-, 仕-, 戚-.

家 ⑩ ❶집 가 麻 jiā ❷마나님 고 虞 gū

丶 宀 宀 宀 宁 宁 宇 宋 家 家

[소전] 家 [고문] 𠖔 [초서] 家 [고문] 㝢 [参考] 대법원 지정 인명용 한자의 음은 '가'이다.
[字源] 會意. 宀+豕→家. 집(宀) 안에 돼지(豕)가 있는 모습으로 '돼지우리'를 뜻하였으나 후세에 '사람이 사는 집'으로 뜻이 바뀌었다.
[字解] ①집, 건물. 〔史記〕平原君家樓, 臨民家. ②집 안. 〔春秋左氏傳〕在家則化雷. ③지아비, 남편. 〔孟子〕女子生而願爲之有家. ④아내, 처〔妻〕. 〔楚辭〕泆又貪夫厥家. ⑤가정, 가족. 부부를 단위로 하는 생활 집단. 〔周禮〕上地家七人. ⑥한 집안의 계통, 가계(家系).

〔詩經〕克定厥家. ⑦한집안, 일족(一族). 〔詩經〕宜其室家. ⑧살다, 주거하다. 〔漢書〕往家焉. ⑨조정(朝廷). 〔呂氏春秋〕爭先入公家. ⑩도성(都城). 〔周禮〕國家宮室. ⑪천자(天子), 임금. 〔後漢書〕軼越三家, 馳騁五帝. ⑫태자, 황족(皇族). 〔後漢書〕太子家令一人. ⑬경(卿), 대부(大夫). 〔書經〕永建乃家. ⑭식읍(食邑), 채지(采地). 〔周禮〕家司馬. ⑮자가(自家). 남에게 대하여 자기를 이르는 말. 〔荀子〕此家言邪學之所以惡儒者也. ⑯학파, 학자. 〔漢書〕表章六經, 罷黜百家. ⑰전문의 학예·기술에 능통한 사람. 〔漢書〕上嘗使諸數家射覆. ⑱자산(資産), 값어치. 〔莊子〕千金之家. ❷마나님, 시어머니. ≒姑. 〔後漢書〕令皇后諸貴人師事焉, 號曰大家.

【家家 ❶가가 ❷고고】 ❶집마다. 집집이. 家家戶戶(가가호호). ❷천자·태자·제왕이 적모(嫡母)를 부르는 말.
【家居 가거】 ①벼슬하지 않고 집에 있음. ②시집가지 않고 생가(生家)에 있음. ③집. 주거(住居). 家處(가처).
【家慶 가경】 ①집안의 즐거운 일. ②양친(兩親)이 건재(健在)함. 具慶(구경).
【家系 가계】 집안의 계통.
【家計 가계】 한 집안의 살림살이.
【家雞野雉 가계야치】 ①집의 닭을 싫어하고 들의 꿩을 좋아함. 집안에 있는 좋은 것을 버리고 밖에 있는 나쁜 것을 탐냄. ②좋은 필적(筆跡)을 버리고 나쁜 필적을 좋아함. ③정처(正妻)를 버리고 첩(妾)을 사랑함.
【家故 가고】 집안에서 생긴 일. 집안의 변고.
【家公 가공】 ①남에게 대하여 자기 아버지를 이르는 말. 家君(가군). ②남에게 대하여 자기 조부(祖父)를 이르는 말. ③남에게 대하여 외조부(外祖父)를 이르는 말. ④집 주인.
【家具 가구】 살림에 필요한 여러 물건.
【家君 가군】 남에게 대하여 자신의 아버지를 일컫는 말.
【家眷 가권】 가족. 家率(가솔).
【家規 가규】 한 집안의 규율. 家憲(가헌).
【家禽 가금】 집에서 기르는 거위·닭·오리 따위의 새.
【家給 가급】 집집마다 넉넉함. 집집마다 생활이 풍족함.
【家給人足 가급인족】 집집마다 넉넉하고 사람마다 풍족함.
【家難 가난】 집안의 재난. 집안의 불행.
【家奴 가노】 개인 집의 사내 종.
【家道 가도】 ①가족이 집안에서 지켜야 할 도리. ②집안을 다스리는 길. ③살림살이. 집안 살림을 다스리는 일. 家計(가계).
【家堂 가도】 집안의 살림살이. 家道(가도).
【家徒壁立 가도벽립】 집안에 아무것도 없고 네 벽만 서 있음. 지극히 가난함의 비유.
【家督 가독】 한 집안을 상속을 맡아 함.
【家豚 가돈】 남에게 자기 아들을 일컫는 말.
【家僮 가동】 ①집의 종. ②집안의 아이 종.

宀部 7획 家

【家令 가령】①고관(高官)이나 대가(大家)에서 그 집안 고용인(雇傭人)을 지휘·감독하고 살림 전부를 맡아보는 사람. ②벼슬 이름. 태자(太子)를 섬기는 속관(屬官)으로 태자의 가무(家務)를 맡아보았음. ③온 집안 식구가 지켜야 할 규율.
【家禮 가례】한 집안의 예법.
【家老 가로】①일족(一族)의 장로(長老). ②대부(大夫) 등의 가신(家臣) 가운데 우두머리.
【家祿 가록】대대로 이어서 받는 나라의 녹봉.
【家累 가루】일가(一家)의 계루(係累). 짐이 되는 가족. 眷率(권솔).
【家名 가명】집안의 명성이나 명예.
【家廟 가묘】조상(祖上)의 사당(祠堂).
【家務 가무】집안일. 家事(가사).
【家無二主 가무이주】한 집에 두 주인은 없음. 상하 군신의 다름이 있음.
【家門 가문】가족이나 일가로 이루어진 공동체.
【家邦 가방】집안과 나라. 國家(국가).
【家伯 가백】남에게 대하여 자기 맏형을 겸손하게 이르는 말.
【家閥 가벌】문벌(門閥). 선대의 공적.
【家法 가법】①한 집안의 규율. ②그 집안의 대대로 내려오는 비법. ③사제(師弟)가 상전(相傳)하는 일가(一家)의 학문.
【家譜 가보】①한 집안의 계보(系譜). ②한 집안의 족보(族譜).
【家寶 가보】집안의 보배. 대대로 전하여 내려오는 집안의 값진 물건.
【家僕 가복】집에서 부리는 사내 종. 사유(私有)의 노비(奴婢).
【家福 가복】집안의 행복.
【家事 가사】①집안일. ②가구. ③완구(玩具).
【家舍 가사】집. 屋舍(옥사).
【家山 가산】고향(故鄕). 家鄕(가향).
【家産 가산】집안의 재산.
【家相 가상】①가신(家臣)의 우두머리. ②집 모양. 한 집안의 운명을 좌우한다는 집의 위치·방향·구조 등을 이름.
【家常 가상】가정에서 흔히 있는 일. 家常茶飯(가상다반).
【家常茶飯 가상다반】가정에서 평소에 먹는 간편한 식사. ㉠늘 있는 일. ㉡당연한 일. 家常(가상). 家常飯(가상반).
【家生 가생】①한 집안의 생계. 家計(가계). ②집안에서 쓰는 집기(什器). ③대대로 그 집을 섬겨 온 사람.
【家生子 가생자】노비가 상전 집에서 낳은 아이. 상전 집에서 태어난 노비의 자식.
【家緖 가서】가전(家傳)의 사업. 家業(가업).
【家書 가서】①그 집에 전하는 책. 家本(가본). ②집으로 부치는 편지. 또는 집에서 온 편지.
【家書萬金 가서만금】타향에 있을 때, 집에서 부쳐 온 편지는 천만금보다 더 귀하고 반가움.
【家聲 가성】그 집안의 명예나 명성.
【家世 가세】①가계(家系). 문벌. ②대대의 조상.
【家勢 가세】한 집안의 여러 형세.

【家塾 가숙】①개인이 경영하는 글방. 私塾(사숙). ②주대(周代)의 교육 제도. 25가(家)를 여(閭;里)라고 하고, 그 한 동리(洞里)의 문(門)·閭門) 양쪽에 집을 지어 숙(塾) 또는 가숙(家塾)이라고 하여 이중(里中)의 자제(子弟)를 교육하였음.
【家乘 가승】한 집안의 역사. 또는 집안의 계보(系譜). 家史(가사).
【家食 가식】벼슬하지 않고 놀고 먹음.
【家臣 가신】경(卿)·대부(大夫)에게 벼슬을 하는 부하. 陪臣(배신).
【家信 가신】고향 집에서 온 소식.
【家室 가실】①집. 주택. ②아내. ③가족.
【家約 가약】한 집안의 규약(規約).
【家醸 가양】가정에서 가용(家用)으로 빚은 술. 家醞(가온).
【家言 가언】한 파(派)의 언론. 한 개인의 의견. 편견(偏見).
【家言邪學 가언사학】편견(偏見)과 바르지 않은 학문. 편견으로 이루어진 일가(一家)의 학설.
【家嚴 가엄】남에게 대하여 자기 아버지를 이르는 말. 家公(가공). 家親(가친).
【家業 가업】①집안이 대대로 이어 온 생업(生業). ②한 집안의 재산과 문벌(門閥).
【家烈 가열】조상(祖上)의 공업(功業).
【家榮 가영】집안의 영예.
【家屋 가옥】집.
【家人 가인】①집안의 사람. 家族(가족). ②종. 下僕(하복). ③일반 사람. 집에 있으면서 벼슬하지 않는 사람. 庶民(서민). 人民(인민). ④64괘(卦)의 하나. 괘형은 ䷤. 내외(內外)가 모두 바름을 얻음을 상징한다. 家人卦(가인괘).
【家人子 가인자】①한대(漢代)에 양가(良家)의 자녀(子女)로 후궁(後宮)에 들어가 직(職)이 정해지지 않은 사람. ②서인(庶人)의 자식. ③황손(皇孫)의 처.
【家慈 가자】남에게 대하여 자기 어머니를 이르는 말. 慈親(자친).
【家作 가작】자기 집에서 직접 만듦. ②경작함.
【家狀 가장】집안 조상의 전기적(傳記的) 기록.
【家長 가장】한 집안의 어른. 戶主(호주).
【家藏什物 가장집물】집안의 온갖 세간.
【家丁 가정】집에서 부리는 남자 상일꾼.
【家政 가정】①집안 살림을 다스리는 일. ②한 집안의 경제.
【家庭 가정】집.
【家丁胡 가정호】國가정오랑캐. ㉠청(淸)에서 사신이 올 때 하인으로 따라온 막일꾼. ㉡행세를 더럽게 하는 사람.
【家第 가제】집. 저택. 家邸(가저).
【家祚 가조】가정의 행복.
【家尊 가존】①남의 아버지에 대한 존칭. ②國남에게 대하여 자기 아버지를 이르는 말.
【家主翁 가주옹】한 집안의 어른.
【家衆 가중】가족(家族).
【家至戶曉 가지호효】집마다 찾아가 깨우쳐 줌.

㉠널리 알림. ㉡집집마다 설명해 줌.
【家珍 가진】①집안에 있는 보배. 家寶(가보). ②(佛)참된 불제자(佛弟子).
【家秩 가질】나라에서 대대로 받는 그 집안의 봉록(俸祿).
【家集 가집】한 가문의 문집(文集).
【家牒 가첩】한 집안의 계보를 적은 책.
【家畜 가축】집에서 기르는 동물.
【家親 가친】남에게 대하여 자기 아버지를 이르는 말.
【家宅 가택】집.
【家風 가풍】집안 대대의 예의 범절과 기풍.
【家學 가학】①그 집안에 대대로 전하여 내려오는 학문. ②집에서 배운 학문.
【家巷 가항】①동네 안에 들어박혀 삶. ②동네. 마을. 閭巷(여항).
【家鄕 가향】고향(故鄕). 家山(가산).
【家兄 가형】①남에게 대하여 자기의 형을 이르는 말. ②금전(金錢)의 딴 이름.
【家患 가환】집안의 우환.
【家訓 가훈】조상이 자손에게 남긴 교훈.
【家諱 가휘】자기의 부조(父祖) 이름을 부르는 것을 피하는 일. 私諱(사휘).

○ 古—, 故—, 官—, 舊—, 國—, 貴—, 歸—, 農—, 大—, 貸—, 道—, 名—, 墨—, 民—, 邦—, 法—, 別—, 兵—, 本—, 富—, 分—, 佛—, 貧—, 史—, 私—, 商—, 生—, 僧—, 新—, 室—, 實—, 良—, 王—, 外—, 儒—, 一—, 隣—, 自—, 作—, 在—, 田—, 傳—, 諸—, 宗—, 主—, 借—, 出—, 寒—, 好—, 事—, 畫—, 皇—.

⼧ 【寇】 ⑩ 寇(456)의 속자
7

⼧ 【宭】 ⑩ 군색할 군 囡 qún
7
[字解] 군색하다. ≒窘.

⼧ 【宮】 ⑩ 집 궁 函 gōng
7

丶 丷 宀 宀 宀 宀 宀 宫 宫

[소전] 宮 [초서] 宮 [간체] 宮 [字源] 象形. 宀+呂→宮. '宀'은 지붕이고, '呂'는 집과 집이 연결되어 있는 모습이다.

[字解] ①집. ㉮일반 백성이 거처하는 집. 진한(秦漢) 이후에는 이 뜻으로는 쓰이지 않았다. 〔禮記〕儒有一畝之宮. ㉯궁궐, 임금이 거처하는 집. 〔史記〕阿房宮. ㉰대군(大君)·왕자군(王子君)·공주(公主)·옹주(翁主)의 궁전(宮殿). 家宮(궁가). ㉱종묘(宗廟). 〔詩經〕自郊徂宮. ㉲신을 위하는 사당, 신사(神祠). 〔唐太宗·詩〕丹陵幸舊宮. ㉳신선의 주거. 〔皮日休·詩〕波神宮裏受齊歸. ②담, 장원(牆垣). 〔儀禮〕爲宮方三百步. ③두르다, 위요(圍繞)하다. 〔禮記〕君爲廬宮之. ④

임금의 아내나 첩. 〔杜甫·詩〕二宮泣西郊. ⑤오음(五音) 음계의 제일음.〔莊子〕鼓宮宮動. ⑥궁형, 오형(五刑)의 하나. 사형 다음가는 무거운 형벌로, 생식 기능을 거세하는 형.〔漢書〕宮罪五百. ⑦마음.〔管子〕潔其宮. ⑧절, 불사(佛寺).〔梁簡文帝·詩〕慈波流淨宮. ⑨널.〔後漢書〕奉安梓宮. ⑩학교.〔詩經〕離騷在宮.
【宮家 궁가】대군, 공주, 옹주 등의 집.
【宮監 궁감】①궁중의 일을 다루는 관리. ②궁중(宮中). 官衙(관아).
【宮車晩駕 궁거만가】임금의 붕어(崩御). 宮車晏駕(궁거안가).
【宮壼 궁곤】①대궐의 복도. 궁중(宮中)의 왕래하는 길. ②궁중의 깊은 곳. ③후비(后妃).
【宮官 궁관】동궁(東宮)에 딸렸던 관리.
【宮觀 궁관】①이궁(離宮)·별관(別館) 등 임금이 놀고 쉬는 곳의 총칭. ②도교(道敎)의 사관(寺觀). 道宮(도궁). ③도를 닦는 사람. 道士(도사).
【宮敎 궁교】궁중의 법도. 대궐 안의 규칙.
【宮闕 궁궐】궁성(宮城). ○'闕'은 왕궁의 정문 앞에 둔 전망대(展望臺)를 뜻함.
【宮禁 궁금】①왕궁의 금령(禁令). ②황후(皇后)의 거소(居所). ○사람들이 들어오는 것을 금(禁)한 데서 이르는 말.
【宮女 궁녀】궁중에서 일하는 여자.
【宮闥 궁달】왕궁(王宮)의 문. 궁중.
【宮童 궁동】궁중에서 부리는 아이.
【宮廟 궁묘】①임금의 영혼을 모신 사당(祠堂). ②왕실.
【宮房 궁방】①궁중의 여관(女官)들의 방. ②國대군(大君), 왕자군(王子君), 공주(公主), 옹주(翁主)의 궁전(宮殿). 家宮(궁가).
【宮坊 궁방】①태자. ②태자의 관서(官署).
【宮罰 궁벌】☞宮刑(궁형).
【宮辟 궁벽】☞宮刑(궁형).
【宮詞 궁사】궁내(宮內)의 비사(祕事)나 소문을 풍자하여 읊은 칠언 절구의 시체(詩體).
【宮司 궁사】후궁(後宮)의 일을 맡은 벼슬.
【宮事 궁사】①부녀자의 일로 가장 중요한 잠상(蠶桑)의 일. ②부녀자가 행하는 가사(家事).
【宮商 궁상】①오음(五音) 중의 기본이 되는 궁(宮)과 상(商). ②음률(音律).
【宮商角徵羽 궁상각치우】음악의 다섯 가지 기본 음(音). 군(君)·신(臣)·민(民)·사(事)·물(物)에 배당됨.
【宮市 궁시】궁중(宮中)에 둔 시장. 후한(後漢)의 영제(靈帝)가 처음 두었음.
【宮室 궁실】①집. 가옥. ②궁전(宮殿). ③처자(妻子). ④묘(廟)와 제전(祭奠)을 행하는 곳.
【宮掖 궁액】①내전(內殿). ○'掖'은 비빈(妃嬪)이 거처하는 방사(旁舍)를 뜻함. ②國각 궁(宮)에 딸려 있던 하인. 宮隸(궁례).
【宮樣 궁양】궁중에서 행하여지는 양식(樣式).
【宮醞 궁온】임금이 내리는 술.
【宮娃 궁왜】궁녀(宮女). ○'娃'는 '미인'을 뜻함.

【宮媛 궁원】궁녀(宮女).
【宮垣 궁원】궁궐의 담.
【宮闈 궁위】궁중의 내전(內殿). 황후의 궁전.
【宮人 궁인】①후궁(後宮)에 딸린 부녀자. ②임금의 침실을 맡고, 겸하여 임금의 의복에 관한 일을 맡았던 주대(周代)의 벼슬.
【宮墻 궁장】①집 둘레의 담. 宮牆(궁장). ②사문(師門). ○자공(子貢)이 공자를 궁장에 비유한 데서 온 말.
【宮殿 궁전】왕이 거처하는 곳. 宮闕(궁궐).
【宮罪 궁죄】궁형(宮刑)에 해당하는 죄.
【宮主 궁주】고려 때 백성이 왕비(王妃)를 이르던 말.
【宮體 궁체】①육조(六朝) 말기에서 당대(唐代) 초기까지 유행한 시체(詩體). 궁정(宮廷)의 생활, 남녀 사이의 애정을 주로 담고 있음. ②애정시. ③國궁녀(宮女)들이 쓰던 한글 글씨체.
【宮合 궁합】國남녀의 사주(四柱)를 맞추어 보고 부부로서 적합한가를 알아보는 일.
【宮刑 궁형】오형(五刑)의 하나. 사형(死刑) 다음으로 무거운 형벌로서, 남자는 거세(去勢)하고 여자는 감방(監房)에 유폐하였음. 宮罰(궁벌). 宮罪(궁죄).
【宮壺 궁호】궁중에서 하사하던 술병.
● 東−, 迷−, 王−, 龍−, 月−, 離−, 齋−, 學−, 行−, 皇−, 後−.

宀 7 【㝗】⑩ 휑뎅그렁할 랑 閬溪 láng
字解 휑뎅그렁하다, 큰 건물 안이 텅 빈 모양.

宀 7 【宬】⑩ 서고 성 庚 chéng
字解 서고(書庫), 장서실(藏書室).

宀 7 【宵】⑩ 밤 소 蕭 xiāo
字解 ①밤, 야간(夜間).〔書經〕宵中星虛. ②작다. ≒小.〔禮記〕宵雅肄三. ③닮다. ≒肖.〔漢書〕夫人宵天地之貌. ④생명주. ≒綃. ¶宵衣.
【宵旰 소간】⇨宵衣旰食(소의간식).
【宵明 소명】①밤이 밝은 일. ②밤에 빛을 내는 풀.
【宵半 소반】밤중. 한밤중.
【宵分 소분】밤중.
【宵不下堂 소불하당】밤에는 집 밖에 나가지 않음. 여자가 삼갈 일의 하나.
【宵小 소소】도적(盜賊). 도둑놈.
【宵熠 소습】개똥벌레.
【宵晨 소신】밤과 새벽. 밤과 아침.
【宵餘 소여】밤의 한가한 시간.
【宵煙 소연】저녁 노을. 밤안개.
【宵宴 소연】밤에 베푸는 잔치.
【宵月 소월】초저녁 달.
【宵衣 소의】①검은 명주로 만든 제복(祭服). 고대(古代) 부인이 제사를 도울 때에 입던 옷. ○‘宵'는 ‘綃'로 ‘얇은 비단'을 뜻함. ⇨宵衣旰食(소의간식).
【宵衣旰食 소의간식】날이 채 밝기 전에 일어나 정복(正服)을 입고, 해가 진 후에 저녁밥을 먹음. 임금이 정사(政事)에 부지런함. 宵旰(소간). 宵衣(소의).
【宵人 소인】음침한 사람. 小人(소인).
【宵滴 소적】밤이슬.
【宵征 소정】밤길을 감. 夜行(야행).
【宵中 소중】①밤낮의 길이가 같음. 추분(秋分). ②한밤중.
【宵燭 소촉】개똥벌레.
【宵寢 소침】밤 늦게 잠.
【宵行 소행】①밤길을 감. ②개똥벌레.
【宵暈 소훈】달무리.
● 今−, 夙−, 良−, 元−, 晝−, 春−.

宀 7 【宸】⑩ 집 신 眞 chén
字解 ①집, 처마.〔何晏·賦〕槐楓被宸. ②대궐. ㉮궁궐, 궁전. ㉯임금에 관한 일에 쓰는 말. ③하늘, 허공.〔張衡·賦〕消雰埃於中宸.
【宸鑑 신감】천자(天子)가 봄.
【宸居 신거】천자가 거처하는 곳.
【宸眷 신권】천자의 은총(恩寵).
【宸極 신극】①천자의 거소(居所). ②제왕(帝王)의 자리. 君位(군위). 皇位(황위). ③북극성.
【宸襟 신금】천자의 마음. 천자의 뜻.
【宸怒 신노】제왕의 분노.
【宸斷 신단】천자의 결단(決斷). 天裁(천재).
【宸悼 신도】천자의 애도(哀悼).
【宸慮 신려】천자의 사려. 임금의 생각.
【宸謀 신모】천자의 모책(謀策). 宸謨(신모).
【宸算 신산】천자의 계책(計策).
【宸掖 신액】대궐. 궁궐. ○‘掖'은 정문(正門)의 좌우에 있는 문을 뜻함.
【宸影 신영】제왕의 초상화.
【宸宇 신우】처마. 지붕.
【宸威 신위】천자의 위엄.
【宸遊 신유】천자의 순유(巡遊).
【宸扆 신의】천자의 자리에 세워 두는 병풍. ㉠궁전(宮殿). 어전(御殿). ㉡왕위(王位).
【宸儀 신의】①천자의 규범. 천자의 행실. ②천자의 용자(容姿).
【宸章 신장】제왕이 지은 시나 문장.
【宸旨 신지】천자의 뜻.
【宸樞 신추】①천자의 권위. ②궁궐의 안.
【宸筆 신필】천자의 친필(親筆). 宸翰(신한).
【宸翰 신한】제왕의 그림이나 글씨.
● 槐−, 王−, 紫−, 帝−, 中−, 楓−.

宀 7 【寀】⑩ 審(469)과 동자

宀部 7획 宴 容

宀
7 【宴】⑩ 잔치 연 𠁈 yàn

丶 丶 宀 宀 宀 宴 宴 宴 宴 宴

[소전]宴 [초서]宴 [통서]醼

[字源] 會意·形聲. 宀+妟→宴. 집[宀]에서 편안[妟]하게 지낸다라는 뜻을 나타낸다. '妟(안)'이 음도 나타낸다.

[字解] ①잔치, 술자리. ②잔치하다, 술자리를 베풀다. 〔孟子〕不敢以宴. ③즐기다. 〔春秋左氏傳〕衡父不忍數年之不宴. ④편안하다, 편안하게 쉬다. 〔漢書〕是與太子宴者也.

【宴歌 연가】①주연을 베풀고 노래함. ②연회 때에 부르는 노래.
【宴酣 연감】주연(酒宴)이 무르익을 때.
【宴居 연거】집에서 한가하게 있음.
【宴樂 연락·연악】❶①편안히 즐김. ②주연으로 즐김. 宴娛(연오). ③놀기를 좋아하여 소인(小人)들과 가까이 지냄. ❷주연과 음악.
【宴醑 연서】잔치. ○'醑'는 '좋은 술'을 뜻함.
【宴席 연석】술자리.
【宴需 연수】잔치에 소용되는 물건과 비용.
【宴室 연실】침실.
【宴安 연안】편안히 지냄. 놀고 즐김.
【宴安酖毒 연안짐독】일하지 않고 놀고 즐기는 것은 짐주(酖酒)의 독(毒)과 마찬가지로 사람을 해침. ○'酖毒'이란 짐새의 깃으로 담근 술로서 마시면 즉사(卽死)함.
【宴語 연어】술을 마시며 즐겁게 이야기함.
【宴筵 연연】간치히는 지리. 연회의 자리.
【宴飮 연음】술잔치. 酒宴(주연). 宴醑(연서).
【宴餞 연전】잔치를 베풀어 전송(餞送)함.
【宴坐 연좌】①한가하여 집에서 쉼. 편안히 쉼. ②(佛)좌선(坐禪)함. 燕坐(연좌).
【宴集 연집】연회에 모임. 모여서 잔치를 함. 宴會(연회).
【宴處 연처】편안하게 있음.
【宴饗 연향】주연을 베풀어 제신(諸臣)이나 빈객(賓客)을 대접함. 宴享(연향).
【宴見 연현】천자가 한가할 때 뵘.
【宴好 연호】주연을 베풀고, 선물을 줌. 정(情)을 통하여 우의(友誼)를 맺음.
【宴犒 연호】주식(酒食)을 베풀어 사람들을 위로함.
【宴會 연회】잔치를 베풀고 노는 모임.
【宴嬉 연희】즐겁게 장난하며 놂.
❶ 嘉−, 曲水−, 私−, 賜−, 送別−, 遊−, 酒−, 招−, 祝−, 披露−, 賀−, 饗−, 歡−, 會−.

宀
7 【容】⑩ ❶얼굴 용 𠁈 róng
❷날아오르는 모양 용 𠁈 yǒng

丶 丶 宀 宀 宀 宀 宀 容 容 容

[소전]容 [고문]㞐 [초서]容 [고자]㝐

[字源] 會意. 宀+谷→容. 집[宀]과 골[谷]은 다 같이 물건을 넣어 두거나 갈무리해 둘 수 있는 곳이라는 데서, 두 글자를 합하여 '물건을 담다, 받아들이다'라는 뜻을 나타낸다.

[字解] ❶①얼굴, 모양, 모습. 〔韓愈·辭〕如見其容. ②몸가짐, 일상생활의 동작. ¶容止. ③예법, 법도. 〔韓非子〕夫物有常容. ④담다, 그릇 안에 넣다. 〔禮記〕容斗五升. ⑤받아들이다. ㉮일정한 곳에 받아들이다. ¶收容. ㉯남의 말을 들어주다. 〔後漢書〕容其請託. ㉰감싸다, 포용하다. ㉱용서하다, 처벌하지 않다. 〔書經〕有容, 德乃大. ⑥담는 양(量), 용량(容量). 〔漢書〕用度數以審其容. ⑦쉽다, 손쉽다. ⑧속내, 속에 든 것. ¶內容. ⑨치장하다, 맵시를 내다. 〔史記〕女爲說己者容. ⑩조용하다, 느긋하다. ¶從容. ⑪혹, 혹은. 〔後漢書〕帝王子在京, 容有非常, 亟宜發遣, 各還本國. ⑫어찌. 〔三國志〕苟時未可, 容得已乎. ⑬기뻐하다, 좋아하다. 〔呂氏春秋〕未順令以取容者. ⑭동의하다, 마땅하게 여기다. 〔班固·戲〕遇時之容. ⑮쓰다, 채용하다. 〔史記〕夫子之道大, 故天下莫能容. ⑯여유 있는 모양, 느는 모양. 〔詩經〕容兮遂兮. ⑰움직이다. ≒動. 〔禮記〕有不戒其容止者. ⑱덮개, 가리개. 〔周禮〕三侯三獲三容. ❷①날아오르는 모양, 날아올라 가는 모양. 〔漢書〕神之行旌容容. ②권하다, 권장하다. =慂. 〔史記〕日夜從容王密謀反事.

【容假 용가】남을 용납함. 남을 용서함.
【容蓋 용개】수레의 휘장과 덮개.
【容觀 용관】용모와 태도. 儀容(의용).
【容光 용광】①듬으로 들어오는 빛. ②모습. 봉모. 風采(풍채).
【容納 용납】받아들임.
【容貸 용대】죄나 잘못 등을 관대하게 처리함.
【容量 용량】담을 수 있는 분량.
【容貌 용모】얼굴 모습.
【容媚 용미】아부하여 채용됨. 아부하여 출세함.
【容赦 용사】용서하여 놓아 줌. 容恕(용서).
【容狀 용상】용모(容貌).
【容恕 용서】남을 이해하여 너그러이 받아들여 책망하지 않음.
【容受 용수】받아들임. 청을 들어줌.
【容手 용수】수단을 씀.
【容遂 용수】느긋한 모양. 여유 있는 모양.
【容膝 용슬】무릎이나 넣을 정도로 방이나 장소가 비좁음. 容身(용신).
【容飾 용식】모양을 만들어 꾸밈.
【容身 용신】①몸을 둠. ②몸을 무리하지 않음. ③모양을 냄. ④편안함. 苟安(구안).
【容與 용여】①느긋한 모양. 여유 있는 모양. ②구애됨이 없는 모양. ③장난하며 노는 모양. ④자득(自得)한 모양. ⑤배·수레 따위가 한가로이 가는 모양. ⑥마음이 크고 너그러운 모양.
【容悅 용열】아첨함. 아양부림.
【容裔 용예】①높고 낮은 모양. ②가는 모양. ③물결의 모양. ④한가한 모양. ⑤조용하고 아름다운 모양. ⑥민속(敏速)한 모양.
【容容 용용】①구름이 생겨나는 모양. ②변동하

는 모양. ③대중(大衆)을 따라 움직임. 세류(世流)에 따라 흐름. ④구차스럽게 세상에 인정을 받고자 하는 모양. ⑤우러러 바라는 모양. ⑥낯 아오르는 모양. ⑦앞뒤로 늘어선 모양.
【容隱 용은】 골육(骨肉)의 죄를 숨긴 죄는 특별히 용서함. 容匿(용닉).
【容儀 용의】 몸을 가지는 태도와 행동거지.
【容裕 용유】 마음이 넓고 너그러움.
【容姿 용자】 용모와 자태. 姿容(자용).
【容積 용적】 용기 속에 담을 수 있는 물건의 부피. 容量(용량).
【容接 용접】 ①찾아온 손을 만나 봄. ②가까이 사귐. 交際(교제).
【容止 용지】 몸가짐. 진퇴(進退)와 거동(擧動). 行動擧止(행동거지).
【容質 용질】 용모와 체질.
【容體 용체】 용모와 자태(姿態).
【容臭 용취】 향료(香料)를 넣은 주머니.
【容態 용태】 ①용모와 태도. ②병의 상태나 모양. 病狀(병상).
【容惑無怪 용혹무괴】 혹시 그럴 수도 있으므로 괴이한 것이 없음.
【容華 용화】 얼굴이 아름다움.
【容喙 용훼】 입을 놀림. 말참견을 함.
○ 寬-, 內-, 美-, 收-, 威-, 理-, 從-, 包-, 表-, 許-, 形-, 花-.

宀 7 【宰】⑩ 재상 재 zǎi

會意. 宀+辛→宰. '辛(신)'은 큰 죄를 지은 사람을 뜻한다. 집 안(宀)에서 큰 죄를 지은 사람(辛)을 다스리는 이, 곧 '벼슬아치'란 뜻을 나타낸다.

字解 ①벼슬아치. ㉮재상(宰相), 백관(百官)의 우두머리로 임금을 보필하는 벼슬아치. 〔禮記〕宰正百官. ㉯우두머리. 장(長). 제관(諸官)·식읍(食邑) 등 한 기관의 우두머리 벼슬. 〔禮記〕乃命宰祝. ②주관하다, 맡아 다스리다. 〔老子〕爲而不恃長而不宰. ㉮관가의 요리를 맡은 요리사(料理師). 〔國語〕使鮑叔爲宰. ④무덤. ≒冢. 〔春秋公羊傳〕宰上之木拱矣. ⑤잡다, 도살(屠殺)하다. 〔漢書〕損膳省宰.
【宰官 재관】 ①관리. ②(佛)관세음보살의 33현신(現身)의 하나. 정치를 맡아봄.
【宰老 재로】 나라를 다스리는 노신(老臣).
【宰木 재목】 무덤가에 표로 심은 나무.
【宰牧 재목】 일국의 재상과 한 지방의 장관.
【宰物 재물】 사물을 적절히 다스림.
【宰柄 재병】 재상(宰相)의 권력.
【宰輔 재보】 ≒재상(宰相).
【宰府 재부】 재상(宰相)이 일보는 관청.
【宰社 재사】 사일(社日)에 제사 고기를 나누는 일을 맡음. 곧, 남의 일을 주선하고 돌보아 주는 사람.

【宰殺 재살】 짐승을 잡아 죽임.
【宰相 재상】 ①임금을 돕고 백관(百官)을 지휘·감독하는 최고의 관직. ○주공(周公)이 총재(冢宰)가 되어 성왕(成王)을 도운 데서 이르는 말. 宰臣(재신). ○당대(唐代)의 어사(御史).
【宰匠 재장】 ①기물(器物)을 만드는 사람. ②천하를 다스리는 사람. 丞相(승상). ③통솔(統率)함.
【宰制 재제】 전권(全權)을 잡고 처리함. 이리저리 요리함. 宰割(재할).
【宰執 재집】 정권(政權)을 쥐고 있는 재상.
【宰衡 재형】 재상(宰相). ○주공(周公)은 태재(太宰), 이윤(伊尹)은 아형(阿衡)으로 임금을 도운 데서 온 말.
○ 家-, 卿-, 大-, 州-, 主-, 冢-, 太-.

宀 7 【害】⑩ ❶해칠 해 hài
❷어찌 할 ㉰갈 hé

字源 形聲. 宀+口→害. '宀'는 '余(여)'로 음을 나타낸다.
字解 ❶①해치다. ㉮해롭게 하다. 〔漢書〕以文毋害. ㉯죽이다. 〔三國志〕爲陶謙所害. ②손해, 해독, 재앙. 〔詩經〕無災無害. ③훼방하다, 방해하다. 〔漢書〕不害爲輔佐. ④시기하다, 질투하다. 〔史記〕心害其能. ⑤험조(險阻)한 곳. ¶要害地. ❷①어찌. ≒何. 〔書經〕王害不違卜. ②어찌 ~하지 않느냐? ≒盍. 〔孟子〕時日害喪.
【害覺 해각】 (佛)남을 해치고자 하는 마음.
【害咎 해구】 재난. 災殃(재앙).
【害菑 해재】 재앙으로 인한 피해.
【害政 해정】 정사(政事)를 그르침. 災害(재해).
【害蟲 해충】 사람에게 해로운 벌레.
【害虐 해학】 해치고 학대함.
○ 加-, 毒-, 無-, 迫-, 妨-, 殺-, 傷-, 霜-, 損-, 水-, 實-, 要-, 危-, 有-, 利-, 自-, 風-, 被-, 旱-.

宀 8 【害】⑪ 居(488)와 동자

宀 8 【寇】⑪ 도둑 구 kòu

字源 會意. 完+攴→寇. 온전하기[完]를 기다려 친다[攴]는 데서 '도적, 침략자' 등의 뜻을 나타낸다.
字解 ①도둑, 떼를 지어 백성의 재물을 약탈하는 사람. 〔書經〕寇賊姦宄. ②원수. 〔孟子〕臣視君如寇讎. ③난리, 외적의 침략. 〔周禮〕以恤禮. 哀寇亂. ④약탈하다, 침범하다. 해치

다.〔書經〕無敢寇攘.
【寇羯 구갈】침입해 오는 오랑캐.
【寇警 구경】적의 침입을 알리는 경보.
【寇難 구난】침입해 오는 외적의 난.
【寇盜 구도】①남의 나라에 쳐들어가서 도둑질함. ②침범하여 도둑질하는 자.
【寇亂 구란】외구(外寇)와 내란(內亂).
【寇掠 구략】남의 나라에 쳐들어가 재물 등을 빼앗음.
【寇兵 구병】①멀리 쳐들어가 침해함. 적병을 무찌름. ②외적과 무기.
【寇讎 구수】원수. 仇敵(구적). 寇敵(구적).
【寇擾 구요】외적(外敵)이 쳐들어와 소요를 일으킴.
【寇戎 구융】적대(敵對)하는 오랑캐. 공격해 오는 야만인.
【寇賊 구적】떼를 지어 다니며 백성을 해치고 재물을 강탈하는 도둑.
【寇敵 구적】①외적(外敵). ②원수.
【寇賊姦宄 구적간귀】원수. ✐'寇'는 떼 지어 침입하는 자, '賊'은 사람을 죽이는 자, '姦'은 밖에서 '宄'는 내부에서 일어나는 나쁜 자.
【寇竊 구절】노략질. 떼를 지어 재물을 약탈함. 떼를 지어 재물을 약탈하는 자. 寇盜(구도).
【寇偸 구투】침입하여 도둑질하는 자.
【寇虐 구학】침입하여 잔학한 짓을 함.
【寇昏 구혼】원수. 난폭한 사람.
【寇患 구환】①적으로부터 받는 손해. ②외적이 쳐들어오는 근심.
◐ 彊-, 內-, 兵-, 倭-, 外-, 侵-.

宀 8 【寇】⑪ 寇(456)와 동자

宀 8 【寄】⑪ 부칠 기 📦 jì

〔字源〕形聲. 宀+奇→寄. '奇(기)'가 음을 나타낸다.

〔字解〕①부치다, 주다, 보내다.〔南史〕前以一匹錦相寄. ②맡기다, 부탁하다.〔國語〕令可以寄政. ③마음을 붙이다.〔晉書〕一生所寄唯在此兒. ④부탁하다, 의뢰하다.〔史記〕請寄無所聽. ⑤전하다. ⑥생각하다, 마음을 기울이다.〔沈約·書〕風趣高寄, 志託夷遠. ⑦의존하다, 의지하다.〔後漢書〕方有事山東, 未知所寄. ⑧의지, 의지할 사람이나 물건.〔魏書〕故ær門下, 爲腹心之寄. ⑨위임(委任).〔漢書〕任天下之寄. ⑩임무, 책임.〔宋史〕使主兵官兼郡寄. ⑪임시 주거. 늑幫.〔國語〕國無寄寓. ⑫나그네, 여객(旅客).
【寄稼 기가】남의 아내를 간통(姦通)함. ✐'稼'는 씨받이 수퇘지로, 간부(姦夫)의 비유.
【寄客 기객】남의 집에 붙어 문객(門客) 노릇을 하는 사람. 食客(식객).
【寄居 기거】임시 주거. 남의 집에 덧붙어서 거처(居處)함. 寓居(우거).
【寄稿 기고】신문사나 출판사에 원고를 보냄.
【寄公 기공】나라를 잃고 딴 나라에 망명한 군주(君主). 寓公(우공).
【寄款 기관】정성을 기울임. 성의를 베풂.
【寄留 기류】남의 집이나 타향에 머묾.
【寄命 기명】①국정(國政)을 맡김. ②생명을 맡김. ③현세(現世)에 임시로 맡긴 목숨.
【寄別 기별】소식을 전함.
【寄附 기부】공공 단체나 자선 사업 기관에 재산을 내놓음.
【寄死 기사】남의 집에 더부살이하다가 죽음.
【寄似 기사】보냄. 부침. ✐'似'는 '呈'으로 '보내다'를 뜻함.
【寄生 기생】남에게 붙어서 삶.
【寄生囊 기생낭】목숨을 깃들이게 하는 부대. 곧, 사람의 몸. 신체.
【寄聲 기성】전갈. 친구가 보낸 전갈.
【寄宿 기숙】남의 집에 기거함.
【寄語 기어】인편에 말을 전함. 傳言(전언).
【寄與 기여】①부쳐 보냄. 보내 줌. 贈與(증여). ②이바지함. 貢獻(공헌).
【寄傲 기오】아무 거리낌 없이 유유자적(悠悠自適)하며 즐겁게 지냄.
【寄寓 기우】①얹혀 있음. 신세를 지고 있음. ②임시의 거처(居處).
【寄人籬下 기인이하】남의 울타리 아래에 몸을 의탁함. 남의 세력에 붙어삶.
【寄贈 기증】물건을 선물이나 기념으로 남에게 거저 줌.
【寄贄 기지】처음으로 임금을 뵐 때 예물(禮物)을 올림. 처음으로 사관(仕官)함. ✐'贄'는 '贄'로 '예물'을 뜻함. 幣帛(폐백).
【寄託 기탁】①부탁해서 맡김. ②몸을 의지하거나 맡김. ③글이나 말 속에 어떤 뜻을 담음.
【寄港 기항】배가 항구에 들름.
【寄懷 기회】품고 있는 마음을 사물에 붙여서 말함.
◐ 高-, 邊-, 深-, 委-, 任-, 託-, 投-.

宀 8 【寧】⑪ 寧(464)의 속자

宀 8 【冥】⑪ 冥(172)의 속자

宀 8 【密】⑪ 빽빽할 밀 📦 mì

〔字源〕形聲. 宓+山→密. '宓(복)'이 음을 나타낸다.

〔字解〕①빽빽하다, 촘촘하다.〔易經〕密雲不雨. ②조용하다, 고요하다.〔張衡·賦〕京室密清. ③깊숙하다, 그윽하다.〔易經〕退藏于密. ④숨기다, 감추다.〔易經〕幾事不密, 則害成. ⑤숨기고 있는 일, 사사일.〔禮記〕不窺密. ⑥

닫다, 닫히다. 〔禮記〕陰而不密. ⑦**편안하다**, 평온하다. 〔詩經〕止旅乃密. ⑧**몰래**, 비밀히, 은밀하다. 〔列子〕天地密移. ⑨**자세하다**, 꼼꼼하다. 〔史記〕罔亦少密焉. ⑩**가깝다**, 가까이하다, 친하다. 〔春秋左氏傳〕以陳蔡之密邇於楚. ⑪**바르다**, 자상하다. 〔周禮〕傳人則密. ⑫**삼가다**, 조심하다. 늑愳. 〔易經〕是以君子愼密而不出也. ⑬**노력하다**, 힘쓰다. 〔漢書〕密勿從事, 不敢告勞.

【密諫 밀간】 몰래 간함. 내밀히 충고함.
【密擧 밀거】 남몰래 등용함.
【密計 밀계】 비밀의 계략.
【密啓 밀계】 비밀히 아룀. 임금에게 넌지시 올리는 글.
【密敎 밀교】 ①(佛)㉠해석하거나 설명할 수 없는 경전(經典)·주문(呪文)·진언(眞言) 따위. ㉡불교의 한 파(派). 眞言宗(진언종). ②國임금의 은밀한 교서.
【密近 밀근】 ①몰래 접근함. ②가까운 친척.
【密談 밀담】 비밀히 나누는 이야기.
【密度 밀도】 정밀한 정도.
【密獵 밀렵】 허가받지 않고 몰래 사냥함.
【密理 밀리】 살결이 고움.
【密網 밀망】 ①코가 촘촘한 그물. ②엄격한 법.
【密賣 밀매】 규정을 어기고 몰래 팖.
【密謀 밀모】 주로 좋지 않은 계획을 비밀히 꾸밈. 비밀히 모의하는 계획. 密計(밀계).
【密勿 밀물】 ①부지런히 힘씀. ②군주(君主)의 곁에 있어 나라의 기밀(機密)에 참여함.
【密微 밀미】 자세함. 세밀함.
【密密 밀밀】 ①자상한 모양. 촘촘한 모양. ②빽빽하게 선 모양. 우거진 모양. ③⇨密勿(밀물)①.
【密房 밀방】 깊숙한 방. 密室(밀실).
【密白 밀백】 내밀히 아룀.
【密封 밀봉】 단단하게 봉함.
【密夫 밀부】 샛서방. 姦夫(간부).
【密符 밀부】 國유수(留守)·감사(監司)·병사(兵使)·수사(水使)·방어사(防禦使)에게, 병란(兵亂)이 일어나면 곧 응전할 수 있게 하기 위하여 내리는 병부(兵符).
【密事 밀사】 비밀스런 일.
【密石 밀석】 결이 고운 돌. 숫돌. 砥石(지석).
【密疏 밀소】 내밀히 상소함. 내밀한 상주(上奏).
【密訴 밀소】 몰래 아룀. 몰래 호소함.
【密輸 밀수】 법을 어기고 외국 상품을 거래함.
【密室 밀실】 남이 함부로 출입할 수 없는, 비밀스런 방.
【密約 밀약】 비밀히 약속함. 비밀 약속.
【密語 밀어】 ①비밀히 하는 말. 남이 알아듣지 못하게 소곤대는 말. 密談(밀담). 密話(밀화). ②(佛)밀교(密敎)에서 여래(如來)의 교의(敎義)를 설법하는 말.
【密用 밀용】 몰래 씀.
【密友 밀우】 친밀한 벗. 親友(친우).
【密雨 밀우】 촘촘히 내리는 비. 가랑비.
【密雲 밀운】 ①짙게 낀 구름. ②거짓 울음. 거짓 눈물.

【密雲不雨 밀운불우】 구름이 많이 모여 짙게 끼기만 하고 비는 오지 않음. ㉠어떠한 일의 조짐만 보이고 그 일은 오지 않음. ㉡은혜나 혜택이 아래에까지 미치지 못함.
【密諭 밀유】 남모르게 내리는 임금의 명령. 密旨(밀지).
【密意 밀의】 ①숨은 뜻. 비밀 뜻. ②(佛)부처의 깊은 뜻.
【密議 밀의】 비밀히 의논함.
【密章 밀장】 ①비밀 상소(上疏). ②사후(死後)에 벼슬을 내림. 密印(밀인).
【密藏 밀장】 ①비밀히 간직함. 祕藏(비장). ②(佛)밀교(密敎)의 경전(經典). 密經(밀경).
【密接 밀접】 ①떨어지기 어려울 만큼 관계가 긴밀함. ②서로 빈틈 없이 맞닿음.
【密偵 밀정】 몰래 적국의 동정을 정탐함. 몰래 살피는 첩자.
【密詔 밀조】 비밀리에 내리던 조서(詔書).
【密坐 밀좌】 가까이 모시고 앉음.
【密呪 밀주】 (佛)비밀스러운 주문(呪文). 다라니(陀羅尼).
【密酒 밀주】 허가 없이 몰래 술을 담금. 허가 없이 빚은 술.
【密旨 밀지】 임금의 내밀한 뜻. 비밀 칙지(勅旨). 密指(밀지).
【密直 밀직】 치밀하고 정직함.
【密陳 밀진】 몰래 말함. 내밀히 진술함.
【密集 밀집】 빽빽하게 모임.
【密捉 밀착】 내밀히 적을 잡음.
【密着 밀착】 단단히 꼭 붙음.
【密察 밀찰】 자세히 살핌.
【密牒 밀첩】 비밀 문서.
【密淸 밀청】 조용하고 깨끗한 모양.
【密緻 밀치】 ①자상하고 꼼꼼함. ②결이 곱고 질이 단단함.
【密勅 밀칙】 비밀히 내린 칙지(勅旨).
【密親 밀친】 가장 가까운 친척. 密近(밀근).
【密通 밀통】 ①남녀가 비밀히 정을 통함. ②비밀을 몰래 알려 줌.
【密函 밀함】 ①비밀 문서를 넣어 둔 상자. ②비밀 편지. 密書(밀서).
【密航 밀항】 규정을 따르지 않고 불법으로 배를 타고 오감.
【密行 밀행】 ①비밀히 돌아다님. 미행(微行)함. ②비밀히 어떤 곳에 감. ③수상한 사람의 뒤를 몰래 밟음. ④(佛)오로지 불도(佛道)의 수행에만 힘씀.
【密會 밀회】 ①비밀히 모임. 비밀히 만남. ②마음속 깊이 서로 통함.

● 近─, 機─, 緊─, 內─, 綿─, 祕─, 詳─, 細─, 嚴─, 精─, 稠─, 周─, 緻─, 親─.

【宬】⑪ 叟(259)와 동자

【宭】⑪ 叟(259)와 동자

宿

宀 8획 宿

⑪ ❶묵을 숙 圉 sù
❷성수 수 圅 xiù

`丶 宀 宀 宀 宀 宀 宿 宿 宿`

소전 𤕫 초서 宿 본자 㝛   䆯䆯 대법원 지정 인명용 한자의 음은 '숙'이다.

字源 會意. 宀+人+百→宿. 집(宀) 안에 사람(人)이 돗자리(百)를 깔고 그 위에 누워서 앉거나 쉰다는 데서 '묵다, 숙박하다'의 뜻을 나타낸다.

字解 ❶①묵다, 하룻밤을 숙박하다. 〔詩經〕有客宿宿. ②머무는 집, 묵는 집, 여관(旅館). 〔周禮〕三十里有宿, 宿有路室. ③머무르다, 한 곳에 머물러 있다. 〔漢書〕孝文寤於兵之不可宿. ④번, 번들다. ¶宿衞. ⑤망설이다, 주저하다. 〔論語〕子路無宿諾. ⑥오래다, 오래되다. ¶宿痾. ⑦숙달한 사람, 노련한 사람. 〔後漢書〕耆儒大賢. ⑧거듭하다, 되풀이하다. 〔儀禮〕不宿戒. ⑨미리, 일찍, 앞서. ¶夙. 〔管子〕宿定所征伐之國. ⑩편안하다, 안심하고 정착하다. 〔春秋左氏傳〕官宿其業. ⑪지키다, 어기지 아니하다. 〔周禮〕國有故則令宿. ⑫깨끗하게 하다, 몸가짐을 깨끗이 하다. 〔禮記〕三日宿. ⑬경계하다, 타이르다. 〔禮記〕宮宰宿夫人. ❷성수, 별자리. 〔列子〕日月星宿不當墜邪.

【宿憾 숙감】 전부터 품어 온 원한.
【宿戒 숙계】 의식(儀式) 등의 기일에 앞서서 재계(齋戒)함.
【宿契 숙계】 전세(前世)부터의 인연.
【宿構 숙구】 미리 마음속으로 시문(詩文)의 초(草)를 잡음.
【宿眷 숙권】 오랫동안의 은고(恩顧).
【宿根 숙근】 ①(佛)전세(前世)부터 이미 정해진 근성(根性). ②겨울에 땅 위에 있는 줄기는 말라 죽고 뿌리만 남았다가 이듬해 봄에 새로 움이 돋는 묵은 뿌리.
【宿耆 숙기】 덕망이 있는 늙은이.
【宿諾 숙낙】 승낙한 것을 묵힘. 승낙한 일을 미루고 이행하지 않음.
【宿德 숙덕】 ①덕망 있는 노인. ②오래도록 쌓은 덕망(德望).
【宿蠹 숙두】 오래도록 직(職)에 있는 나쁜 관리. 탐관오리(貪官汚吏). ○'蠹'는 나무좀.
【宿老 숙로】 경험을 많이 쌓아서 사리에 밝은 노인. 耆宿(기숙). 耆老(기로).
【宿望 숙망】 ①오래도록 품은 소망. ②전부터 쌓아 온 명망. 명망이 있는 사람.
【宿麥 숙맥】 보리. ○보리는 가을에 심어서 이듬해 거두어들이기 때문에 '宿' 자를 붙여 씀.
【宿墨 숙묵】 갈아서 하룻밤을 묵힌 먹물.
【宿問 숙문】 ①의심스러운 일을 가슴에 간직하고 묻지 않음. ②國오래전부터 품은 의문.
【宿病 숙병】 오래 묵은 병. 宿痾(숙아).
【宿負 숙부】 묵은 빚. 오래된 부채(負債).
【宿分 숙분】 전세(前世)부터 정해진 운명.
【宿舍 숙사】 잠자는 집.

【宿夕 숙석】 하룻밤. 잠긴 사이.
【宿昔 숙석】 ①예로부터. 오래전부터. 從來(종래). ②⇨宿夕(숙석). ③연로(年老)함.
【宿善 숙선】 ①좋은 일을 즉시 행하지 않고 질질 끎. ②(佛)전세(前世)에서 닦은 선근(善根).
【宿世 숙세】 (佛)지난 세상. 前世(전세).
【宿素 숙소】 ①평소의 염원(念願). ②일찍부터 위세와 신망이 있는 사람. ③늙어서 두터운 신망이 있는 사람. 夙素(숙소).
【宿囚 숙수】 죄수를 학대하여 음식을 주지 않고 잠을 자지 못하게 함.
【宿宿 숙숙】 ①이틀 밤을 묵음. ②종종걸음으로 걷는 모양. 踧踖(축축).
【宿習 숙습】 ①미리 익힘. 미리 배움. ②(佛)전세(前世)부터 익혀 온 습성. ③예로부터 내려와 굳어진 풍습.
【宿食 숙식】 자고 먹음.
【宿痾 숙아】 오래 묵은 병(病). 持病(지병).
【宿夜 숙야】 밤새도록. 온밤.
【宿業 숙업】 ①편안하게 업(業)에 종사함. ②(佛)전세(前世)에 지은 선악에 대한 과보.
【宿緣 숙연】 전세부터의 인연.
【宿雨 숙우】 ①장맛비. 霖雨(임우). ②간밤부터 계속하여 내리는 비.
【宿願 숙원】 오래전부터 간직해 온 소원.
【宿衞 숙위】 밤에 숙직(宿直)하여 지킴.
【宿儒 숙유】 학식과 덕망이 높은 선비.
【宿恩 숙은】 이전부터 입은 은혜.
【宿將 숙장】 전쟁에 경험이 많은 장군. 노련한 상군. 老將(노장).
【宿情 숙정】 타고난 심정.
【宿鳥 숙조】 보금자리에 든 새. 寐鳥(매조).
【宿罪 숙죄】 전세(前世)에서 지은 죄.
【宿志 숙지】 오래전부터 품은 뜻.
【宿直 숙직】 밤새 지킴.
【宿次 숙차】 묵음. 머무름. ○하룻밤 묵는 것을 '宿', 이틀 묵는 것을 '信', 사흘 이상 묵는 것을 '次'라 함.
【宿債 숙채】 ①오래된 빚. ②(佛)전세에 진 빚.
【宿哲 숙철】 경험이 많은 어진 사람.
【宿滯 숙체】 오래 묵은 체증.
【宿草 숙초】 묵은 뿌리에서 난 풀. 곧, 1년이 지난 풀.
【宿恥 숙치】 오래된 치욕.
【宿醉 숙취】 다음 날까지 깨지 않은 술기운.
【宿敗 숙패】 처음부터 지게 된 싸움.
【宿弊 숙폐】 오래된 폐해. 이전부터의 폐단.
【宿逋 숙포】 납세자가 달아났기 때문에 생긴 밀린 조세.
【宿飽 숙포】 저녁밥을 많이 먹어 다음 날 아침까지 배가 부름.
【宿學 숙학】 오랫동안 학문을 깊이 연구하여 학리(學理)에 통한 사람.
【宿嫌 숙혐】 오래된 혐오.
【宿好 숙호】 ①이전부터 좋아하는 것. ②예전부터 가까이 지내 온 정의(情誼).
【宿虎衝鼻 숙호충비】 國자는 범의 코를 찌름.

공연히 건드려서 화를 불리(不利)를 자초함.
【宿火 숙화】재 속에 묻어 둔 불.
【宿患 숙환】오래된 병.
◐ 歸-, 寄-, 旋-, 星-, 野-, 留-, 在-, 投-, 下-, 合-.

【宿】⑪ 宿(459)의 본자

【寃】⑪ 冤(173)의 속자

【寅】⑪ 셋째 지지 인 圓 yín

〔字源〕會意. 宀+天+臼→寅→寅. 사람〔丈=人〕이 집〔宀〕 안에서 두 손을 맞잡고 굳게 약속〔臼〕한다는 데서 '삼가다'의 뜻을 나타낸다.
〔字解〕①셋째 지지. 달로는 음력 정월(正月), 방위로는 동북동(東北東), 시각으로는 오전 3~5시, 오행(五行)으로는 목(木), 동물로는 범에 배당된다. ②〔同〕夤(378) ㉮삼가다.〔書經〕寅賓出日. ㉯크다.〔淮南子〕寅丘無堅. 集解 寅丘, 謂大丘也. ③동료, 동관(同官). ¶ 寅誼. ④지하수(地下水). ⑤나아가다. ≒ 演.〔白居易・詩〕寅緣潭島間. ⑥당기다, 끌다.
【寅虔 인건】삼가고 공경함.
【寅丘 인구】①지하수가 있는 언덕. ②큰 언덕.
【寅念 인념】삼가 생각함.
【寅亮 인량】삼가 밝힘. 삼가 정성을 다함.
【寅方 인방】24방위의 하나. 동북동쪽.
【寅賓 인빈】삼가 인도함. ◐'寅'은 '敬'으로 '삼가다'를, '賓'은 '導'로 '인도하다'를 뜻함.
【寅時 인시】오전 3~5시까지 시간.
【寅畏 인외】공경하고 두려워함.
【寅月 인월】음력 정월(正月)의 딴 이름.
【寅誼 인의】동료 간의 정의(情誼).
【寅餞 인전】삼가 전송(餞送)함.
【寅淸 인청】행실을 삼가고 몸을 깨끗이 함.

【寁】⑪ 빠를 잠・첩 厴匱 zǎn
〔字解〕빠르다, 재빨리.〔詩經〕不寁故也.

【宰】⑪ 宰(456)의 고자

【寂】⑪ 고요할 적 鯠 jì
〔字源〕形聲. 宀+叔→寂. '叔(숙)'이 음을 나타낸다.
〔字解〕①고요하다, 쓸쓸하다.〔老子〕寂兮寥兮. ②평온하다, 편안하다.〔莊子〕其心志其容寂. ③(佛)적멸(寂滅), 죽음.〔維摩問疾品〕導人入寂.
【寂光 적광】(佛)①번뇌를 끊고 열반의 경계로 들어 발하하는 참된 지혜의 빛. ②⇒寂光土(적광토).
【寂光土 적광토】(佛)부처가 머무는 진리의 세계. 깨달음의 세계. 寂光(적광).
【寂慮 적려】①조용한 생각. ②번뇌가 없는 고요한 마음. 寂念(적념).
【寂寥 적료】①텅 비어 고요하고 아무 소리도 없음. ②마음이 편안하고 고요함. ③확 트여 광활함.
【寂寞 적막】①적적하고 쓸쓸함. ②아무것도 없이 텅 비어 고요함. ③맑고 고요함.
【寂寞 적매】조용하고 깊숙함.
【寂滅 적멸】①사라져 없어짐. ②번뇌에서 벗어나 생사를 초월한 경지. ③열반.
【寂滅宮 적멸궁】(佛)불상을 모시지 않고 법당만 있는 불전.
【寂滅爲樂 적멸위락】(佛)생사(生死)의 고통에 대하여 열반(涅槃)을 즐거움으로 삼음.
【寂默 적묵】말을 하지 않음. 잠잠함.
【寂常 적상】(佛)열반(涅槃). ◐'寂'은 '번뇌가 없음'을, '常'은 '생멸(生滅)이 없음'을 뜻함.
【寂然無聞 적연무문】①조용하고 고요하여 아무 소리도 들리지 않음. ②아무 소식 없이 감감함.
【寂靜 적정】①세상과 멀리 떨어져 쓸쓸하고 고요. ②(佛)번뇌에서 벗어나 모든 고통이나 어려움이 없어진 경지.
【寂天寞地 적천막지】천지가 조용하여 소리가 없음. 사물이 밀장(密藏)되어 활동이 없음.
◐ 空-, 幽-, 入-, 靜-, 閑-.

【寀】⑪ 녹봉 채 圓 cài
〔字解〕①녹봉(祿俸), 녹봉으로 지급되는 토지. ②벼슬.〔司馬相如・文〕以展寀錯事.
【寀地 채지】경대부(卿大夫)에게 식읍(食邑)으로 준 땅.

【㝡】⑪ 最(806)의 속자

【寍】⑪ 寑(467)의 고자

【寗】⑫ 寧(464)의 고자

【寐】⑫ 잠잘 매 圓 mèi
〔字解〕①잠자다.〔春秋左氏傳〕寢不寐數日. ②죽다.〔陸機・賦〕寤大暮而同寐. ③곤히매기. ≒ 穌.

〔山海經〕諸鉤之山多寐魚.
【寐息 매식】수면 중의 호흡.
【寐語 매어】잠꼬대. 囈語(예어).
▶ 夢-, 寤-.

【寐】⑫ 놀랄 병 㮃 bìng, bǐng

[소전] 寐 [字解] ①놀라다, 자면서 깜짝깜짝 놀라다. ②잠들다, 푹 자다. ③음력 3월의 딴 이름.

【富】⑫ 가멸 부 宥 fù

丶宀宀宁宁宣宫富富富

[소전] 富 [초서] 富 [속지] 富 [字源] 形聲. 宀+畐→富. '畐(부)'가 음을 나타낸다.

[字解] ①가멸다, 재물이 많고 넉넉하다.〔論語〕富而無驕. ②풍성하다. ¶ 富歲. ③성하다, 세차다.〔論語〕富哉言乎. ④가득 차서 많다.〔禮記〕不饒富. ⑤나이가 아직 젊다, 어리다.〔史記〕皇帝春秋富. ⑥가멸게 하다, 넉넉하게 하다. ¶ 富國強兵. ⑦부(富), 복(福).〔大學〕富潤屋, 德潤身. ⑧행복.〔詩經〕維昔之富不如時. ⑨國몸이 뚱뚱하다.
【富姦 부간】재산 많은 악인(惡人).
【富康 부강】재산이 많고 편안함.
【富強 부강】나라에 재물이 많고 군사가 강함.
【富驕 부교】재산을 믿고 부리는 교만.
【富國 부국】①나라를 부유하게 함. ②재물이 풍부한 나라.
【富國強兵 부국강병】나라를 부유하게 하고 병력(兵力)을 강하게 함.
【富貴功名 부귀공명】재산이 많고 지위가 높으며, 공을 세워 이름을 널리 떨침.
【富貴在天 부귀재천】부하고 귀함은 하늘이 주는 것으로서 사람의 힘으로는 어쩔 수 없음. 사람은 부귀를 하늘에 맡기고, 자기의 행할 도리를 할 뿐임.
【富貴逼人 부귀핍인】부귀가 사람에게 다가옴. 사람이 스스로 노력하면, 구하지 않아도 부귀가 저절로 찾아옴.
【富大 부대】國몸집이 뚱뚱하고 큼.
【富祿 부록】많은 녹(祿)을 줌.
【富民 부민】①넉넉하게 잘사는 국민. ②백성을 넉넉하게 함.
【富不如貧 부불여빈】부유한 것보다 가난한 쪽이 나음.
【富庶 부서】백성이 많고 부유함. 부유한 백성.
【富贍 부섬】①재물이 넉넉함. ②문재(文才)·학식 따위가 풍부함.
【富歲 부세】풍년(豐年).
【富植 부식】넉넉하고 번영하여 근본이 단단해지는 일.
【富安 부안】재산이 풍족하고 편안함.
【富衍 부연】재산이 넉넉하여 남음.
【富翁 부옹】재산이 매우 많은 사람.
【富裕 부유】재산이 많음.
【富潤 부윤】재물이 많고 넉넉함.
【富潤屋 부윤옥】재물은 집을 윤택하게 함.
【富益富 부익부】부자일수록 더욱 부자가 됨.
【富逸 부일】①경제적 여유가 있고 안락함. ②문사(文詞)가 풍부함.
【富溢 부일】재화(財貨)가 넘치도록 많음.
【富在知足 부재지족】부(富)는 족한 것을 아는 데 있음. 자기 분수를 알아 이에 만족해야 함.
【富則多事 부즉다사】재물이 많으면 어려운 일이 많음.
【富寵 부총】살림이 넉넉하여 행복함.
【富豪 부호】재산이 많고 권세가 있는 사람.
【富厚 부후】재물이 풍부함.
▶ 奸-, 甲-, 巨-, 國-, 貧-, 殷-, 猝-, 豐-, 豪-.

【寔】⑫ 이 식 職 shí

[소전] 寔 [초서] 寔 [字解] ①이, 이것.〔詩經〕寔命不同. ②참으로, 진실로.〔禮記〕寔受其福. ③두다. ≒實.

【寓】⑫ 머무를 우 遇 yù

[소전] 寓 [혹체] 庽 [초서] 宮 [字源] 形聲. 宀+禺→寓. '禺(우)'가 음을 나타낸다.

[字解] ①머무르다, 객지에서 묵나.〔孟子〕無寓人於我室. ②숙소, 여관, 객사. ¶ 旅寓. ③붙어살다, 임시로 살다, 남에게 의지하여 살다.〔禮記〕諸侯不臣寓公. ④부치다, 보내다.〔春秋左氏傳〕子產寓書於子西. ⑤맡기다, 위탁하다.〔禮記〕大夫寓祭器於大夫. ⑥핑계 삼다, 구실 삼다. ¶ 寓話. ⑦나무 위에서 살거나 혈거(穴居)하는 짐승. ¶ 寓屬.
【寓居 우거】남의 집이나 타향에서 임시로 삶. 임시로 사는 집.
【寓公 우공】나라를 잃고 다른 나라에 몸을 붙여 사는 군주나 제후(諸侯).
【寓命 우명】운명(運命).
【寓目 우목】주의해서 봄. 注視(주시).
【寓生 우생】남에게 덧붙어 삶.
【寓書 우서】편지를 보냄. 寄書(기서).
【寓屬 우속】①나무 위에서 사는 짐승. 원숭이 따위. ②혈거(穴居)하는 짐승.
【寓宿 우숙】①기숙(寄宿)함. ②객지에서 묵음. 숙박(宿泊)함.
【寓乘 우승】남이 탄 수레에 함께 탐.
【寓食 우식】남의 집에 밥을 붙여 먹음.
【寓言 우언】자기의 생각을 다른 사물에 빗대어 은근히 나타내는 말. 우의(寓意)의 말.
【寓意 우의】어떤 뜻을 다른 사물에 붙여서 암시함.
【寓人 우인】장례(葬禮)에 쓰는, 사람 모양으로 만든 나무 인형.

宀部 9획 寓寀寢寒

【寓錢 우전】 흙이나 종이로 만든 돈.
【寓話 우화】 다른 사물에 빗대어 의견이나 교훈을 은연 중에 나타내는 말.
【寓懷 우회】 ①생각을 빗대어 말함. ②뜻을 둠.
◑ 奇-, 旅-, 流-, 託-, 飄-.

【寓】⑫ 宇(441)와 동자

【寀】⑫ 親(1642)의 고자

【寢】⑫ 잠잘 침 qǐn
[통자] 寝 [參考] 본디 '寢(467)'은 '앓아눕다'라는 뜻이고, '寢'은 '잠자다'라는 뜻인데도 '잠자다'의 뜻으로는 관용적으로 '寢'자를 쓰고 '寢'자는 쓰지 않는다.
[字解] ①잠자다, 자리에 눕다. ②침실, 안방.
〔漢書〕 劉寢戶之簾.

【寒】⑫ 찰 한 hán

〔획순〕 丶宀宀宀宀宀宀寒寒寒

[소전] [초서] [字源] 會意. 宀+茻+仌→寒. '仌'은 '冰(얼음 빙)'의 고자(古字). 얼음이 얼자〔仌〕 사람들이 집〔宀〕안에 풀〔茻〕을 상하로 두껍게 깔고 생활한다는 데서 '차다, 춥다' 등의 뜻을 나타낸다.
[字解] ①차다, 차갑다. ㉮춥다, 차다.〔呂氏春秋〕夏熱以下, 化而爲寒. ㉯떨다, 오들오들 떨다.〔宋玉·賦〕孤子寡婦, 寒心酸鼻. ㉰냉담하다.〔春秋左傳〕雖知其寒惡不可取. ②얼다, 추위로 손발 등이 곱다.〔戰國策〕有老人, 涉淄而寒. ③차게 하다, 식히다.〔孟子〕一日暴之, 十日寒之. ④괴롭다, 고통스럽다.〔張衡·賦〕齊急舒於寒燠. ⑤가난하다, 쓸쓸하다.〔史記〕范叔一寒如此哉, 乃取其一綈袍, 以賜之. ⑥적다, 박(薄)하다. ⑦말하지 않다, 울지 아니하다.〔後漢書〕自同寒蟬. ⑧물〔水〕, 물기.〔素問〕風寒並興. ⑨음기(陰氣).〔素問〕寒者, 陰氣也. ⑩추위. ¶ 傷寒. ⑪절기(節氣) 이름. ¶ 大寒. ⑫멈추다, 그만두다.〔春秋左傳〕亦可寒也. ⑬차다, 가득 차다. ⑭굽다, 불에 쬐어 굽다. 능脛.〔曹植·七啓〕寒芳炙之巢龜.
【寒家 한가】①가난한 집. 한미한 집안. ②자기 집의 겸사.
【寒客 한객】①빈민(貧民). ②쓸쓸한 사람. 추위에 언 사람. ③납매(臘梅).
【寒乞 한걸】남루한 거지.
【寒檠 한경】한등(寒燈).
【寒苦 한고】①추위가 심함. ②추운 고통. ③가난의 괴로움. 심한 가난.
【寒空 한공】겨울 하늘. 차가운 하늘.
【寒瓜 한과】①수박의 딴 이름. ②동아. 동과(冬瓜)의 딴 이름.

【寒官 한관】낮은 벼슬. 하급 관리.
【寒具 한구】①방한용(防寒用) 의복. ②한식(寒食) 때 먹는 과자. 산자(饊子).
【寒窶 한구】가난에 찌듦. 가난함.
【寒菊 한국】겨울 국화.
【寒閨 한규】썰렁한 방. 空閨(공규).
【寒冷 한랭】춥고 참.
【寒女 한녀】가난한 집의 여인. 貧女(빈녀).
【寒餒 한뇌】추움과 굶주림.
【寒突 한돌】차가운 굴뚝. 조석을 끓이지 못하는 가난한 집.
【寒燈 한등】①쓸쓸하게 보이는 등불. ②겨울밤의 등불.
【寒露 한로】①24절기(節氣)의 하나. 음력 9월의 절기로 양력 10월 8·9일경임. ②찬 이슬.
【寒鷺 한로】겨울의 해오라기.
【寒陋 한루】가난하고 미천함. 寒微(한미).
【寒漏 한루】물시계.
【寒盟 한맹】약속이나 맹세를 배반함.
【寒毛 한모】①털. ②털이 곤두섬. 곧, 몹시 두려워함.
【寒門 한문】①북극(北極)의 땅. ②가난하고 문벌이 낮은 집안. 寒族(한족). ③자기 집의 겸사.
【寒微 한미】가난하고 지체가 변변치 못함.
【寒膚 한부】추위로 언 피부.
【寒士 한사】가난한 선비. 미천하고 가난한 사람. 寒流(한류). 寒生(한생).
【寒酸 한산】가난함. 생활하기 어려움. ◑ '寒'은 한기(寒氣), '酸'은 신맛. 둘 다 몸에 배어들면 고통을 주는 데서 온 말. 貧苦(빈고).
【寒色 한색】①쓸쓸한 경치. ②찬 느낌을 주는 빛깔. 푸른빛, 또는 그에 가까운 빛깔.
【寒生 한생】①한기(寒氣)가 생김. ②추운 가운데에서 자라남. 겨울에 자라남. ③가난한 선비. 寒士(한사).
【寒暑 한서】①추위와 더위. ②겨울과 여름. 세월(歲月).
【寒蟬 한선】①가을 매미. 쓰르라미. ②울지 않는 매미.
【寒蟾 한섬】겨울의 달〔月〕. ◑ '蟾'은 달 속에 사는 두꺼비.
【寒素 한소】①검약하고 검소함. ②진(晉)에서 선비를 뽑던 과목 이름.
【寒粟 한속】추울 때 몸에 돋는 소름.
【寒水 한수】①찬물. 冷水(냉수). ②얼음.
【寒羞 한수】찬밥. 아침밥.
【寒濕 한습】①차고 습함. ②습기로 허리의 아래가 찬 병.
【寒食 한식】동지(冬至)에서 105일째 되는 날. 4월 5·6일쯤이 됨. [故事] 진(晉) 문공(文公)의 공신이면서도 면산(綿山)에 숨어 살던 개자추(介子推)가 벼슬하라는 권유를 거절하고 산에서 불에 타 죽었으므로, 그를 애도(哀悼)하는 뜻에서 불 때는 것을 금지하고 찬 음식을 먹는 풍습이 생겼다고 하는 고사에서 온 말.
【寒心 한심】①몹시 두려워 몸이 오싹해짐. ②안타깝고 어이없음. ③國가엾고 딱함.

【寒餓 한아】 추위와 굶주림.
【寒烈 한열】 심한 추위.
【寒英 한영】 ①매화(梅花). ②국화(菊花).
【寒玉 한옥】 ①아름다운 옥. ㉠옥이 원래 찬 데서 온 말. ②맑은 모양. ③맑은 물. ④달. 달빛. ⑤대〔竹〕의 딴 이름. ⑥금슬(琴瑟)의 이름.
【寒雨 한우】 ①찬비. 겨울비. ②쓸쓸한 비.
【寒燠 한욱】 ①추위와 더위. 寒暑(한서). ②고락(苦樂).
【寒威 한위】 ①심한 추위. ②추위의 위세.
【寒慄 한율】 추위에 떪. 寒戰(한전).
【寒意 한의】 싸늘한 정취(情趣).
【寒笛 한적】 쓸쓸하게 들리는 피리 소리.
【寒蜩 한조】 ▷寒蟬(한선).
【寒族 한족】 한미(寒微)한 집안.
【寒俊 한준】 집안은 가난하나 재주와 지혜가 뛰어난 사람.
【寒畯 한준】 가난한 선비. 농사를 짓고 있던 미천한 선비.
【寒疾 한질】 감기. 感冒(감모).
【寒窓 한창】 ①겨울의 창(窓). 쓸쓸한 창. ②가난한 생활. ③객지(客地).
【寒天 한천】 ①추운 하늘. 겨울 하늘. ②우무. 우뭇가사리를 끓여 식혀서 굳힌 반투명의 음식.
【寒賤 한천】 가난하고 미천함. 寒陋(한루).
【寒村 한촌】 가난한 마을. 쓸쓸한 마을.
【寒柝 한탁】 추운 밤에 치는 딱딱이. 싸늘하게 들리는 딱딱이 소리.
【寒波 한파】 갑자기 밀려오는 추위.
【寒鄉 한향】 ①추운 곳. 寒境(한경). ②가난하고 쓸쓸한 곳. 窮境(궁경). 窮鄉(궁향). ③가난한 형편. 어려운 집안. 寒境(한경).
【寒荊 한형】 자기 아내의 겸칭. 荊妻(형처).
【寒冱 한호】 심한 추위. 매우 추워서 얼음이 얾.
【寒花 한화】 겨울에 피는 꽃.
【寒灰 한회】 ①불이 꺼져 식은 재. 死灰(사회). ②감정의 움직임이 없음.
【寒暄 한훤】 ①추위와 더위. ②기후(氣候). ③날씨의 춥고 더움에 대한 인사말. ④세월(歲月). 春秋(춘추).
● 輕—, 苦—, 極—, 飢—, 大—, 防—, 貧—, 小—, 嚴—, 餘—, 春—, 避—, 酷—.

【寬 관】 ⑬ 寬(467)의 속자

【寗 녕】 ⑬ 寧(464)과 동자

【寧 녕】 ⑬ 寧(464)의 속자

【寤 보】 ⑬ 寶(470)의 속자

【索 색】 ⑬ 索(1345)과 동자

【宣 선】 ⑬ 宣(449)의 고자

【寙 유】 ⑬ 게으를 유 yǔ
〔字解〕 게으르다. 〔史記〕楷寙偸生.

【寅 인】 ⑬ 寅(460)의 본자

【寘 치】 ⑬ 둘 치 zhì, tián
〔字解〕 ①두다, 일정한 곳에 두다. 〔詩經〕寘予于懷. ②받아들이다, 들어 두다. ¶ 寘耳. ③차다, 채우다. 〔漢書〕皆負薪寘決河. ④다하다. 〔春秋左氏傳〕貪冒之民將寘力焉.
【寘耳 치이】 남의 말을 들어 둠.
【寘酒 치주】 ①술잔에 술을 채움. ②주연(酒宴)을 베풂.
【寘懷 치회】 마음에 둠. 친하여 잊지 못함.

【浸 침】 ⑬ 잠길 침 jìn
〔字解〕 ①잠기다, 물에 흠뻑 적시다. =浸. 〔漢書〕寖數百里. ②점점, 차차, 차츰. 〔漢書〕寖弱日久.
【寖廣 침광】 차츰 넓혀짐. 점점 더 넓어짐.
【寖壞 침괴】 차츰 무너짐.
【寖盛 침성】 차차 성해짐. 浸盛(침성).
【寖潤 침윤】 물기가 차차 젖어듦.
【寖淫 침음】 어떠한 풍습에 차차 젖어듦.

【寝 침】 ⑬ 寢(467)의 속자

【康 강】 ⑭ 빌 강 kāng
〔字解〕 비다, 텅 비다.

【寡 과】 ⑭ 적을 과 guǎ

宀 宁 宂 宐 宣 宲 宲 寡 寡

〔字源〕 會意. 宀+頒→寡. 집 안(宀)에 저장해 놓은 물건을 나누어 주면(頒) 줄어든다는 데서 '적다'의 뜻을 나타낸다.
〔字解〕 ①적다, 수량이 적다. 〔易經〕吉人之辭寡. ②나, 임금이 자기 자신을 일컫는 겸칭(謙稱). ¶ 寡人. ③주상(主上), 자기가 섬기는 임금을 다른 나라에 대하여 일컫는 겸칭. 덕(德)이 적다는 뜻으로 일컫는다. 〔儀禮〕寡君有不腆之酒. ④홀어미, 과부. 〔詩經〕哀此鰥寡. ⑤약하다. 〔春秋左氏傳〕寡我襄公. ⑥돌아보다.

늑顧. 〔禮記〕 故君子寡其言而行, 以成其信.
⑦**가족**, 다섯 사람 이하의 가족. 〔周禮〕 登其
族之大家之衆寡.
【寡居 과거】 과부살이. 寡處(과처).
【寡君 과군】 덕이 적은 임금. 다른 나라 사람에게 자기 나라 임금을 일컫는 겸칭.
【寡女 과녀】 홀어미. 寡婦(과부).
【寡德 과덕】 덕(德)이 적음. 덕망이 적음.
【寡獨 과독】 불쌍한 독신자. ○'寡'는 늙고 남편이 없는 사람, '獨'은 늙고 자식이 없는 사람.
【寡廉鮮恥 과렴선치】 염치가 없고 부끄러워할 줄을 모름. 厚顏無恥(후안무치).
【寡陋 과루】 견문이 적어 완고함.
【寡貌 과모】 겉을 꾸미는 일이 적음.
【寡默 과묵】 말이 적음.
【寡聞 과문】 견문이 적음.
【寡不敵衆 과부적중】 적은 수로 많은 수를 대적할 수 없음. 衆寡不敵(중과부적).
【寡守 과수】 홀어미. 寡婦(과부).
【寡識 과식】 견식이 적음. 견문이 좁음.
【寡約 과약】 검소하고 절약함.
【寡慾 과욕】 욕심이 적음. 욕심을 적게 함.
【寡虞 과우】 걱정이 적음. ○'虞'는 '慮'로 '걱정'을 뜻함.
【寡人 과인】 덕이 적은 사람. ⓐ임금이 자기 자신을 일컫는 겸칭. ⓑ제후(諸侯)의 부인의 자칭(自稱).
【寡妻 과처】 ①첩(妾)에 대한 정부인(正夫人). 嫡妻(적처). ②홀로 된 부인. 寡婦(과부). ③자기 아내의 겸칭.
【寡處 과처】 과부 생활. 寡居(과거).
【寡特 과특】 고립되어 구원받을 데가 없음. 孤特(고특).
○ 簡—, 孤—, 多—, 衆—, 鰥孤獨—.

宀 11 【婁】⑭ ❶가난할 구 jù ❷무덤 루 lóu

[소전][자해] ❶①**가난하다**. 〔一切經音義〕 無財曰貧, 無財備饋曰婁. ②**작다**, 조그마하다. ¶ 婁藪. ❷**무덤**, 언덕.
【婁藪 구수】 행상인(行商人)들이 물건을 일 때 머리에 얹어서 받치는 또아리.
【婁儒 구유】 가난한 선비.
○ 甌—, 僂—, 貧—, 淍—, 寒—.

宀 11 【寧】⑭ 편안할 녕 níng, nìng

`丶 宀 宀 宀 宀 宀 宓 寍 寧`

[소전][초전][동자][속자][간자]
[자원] 會意·形聲. 寍+丂→寧. '寍(녕)'이 음을 나타낸다. 그릇(皿)이 집(宀) 안에 있으니 마음(心)이 편안하다는 뜻을 나타낸다.
[자해] ①**편안하다**. ㉮몸이나 마음이 편안하다.

¶ 康寧. ㉯편안하게 하다, 안심시키다. 〔逸周書〕 各寧其親. ㉰탈이 없다, 무사하다. ¶ 寧靜. ②**문안(問安)하다**, 귀녕(歸寧)하다. 시집간 여자가 친정집에 돌아가 부모를 찾아뵙는 일. 〔詩經〕 歸寧父母. ③**거상(居喪)**, 복(服)을 입다. 〔漢書〕 博士弟子父母死, 予寧三年. ④**공손함**, 정중함. 〔漢書〕 丁寧陛下. ⑤**차라리**. 선택(選擇)의 뜻을 나타낸다. 〔史記〕 寧爲雞口, 勿爲牛後. ⑥**어찌**, 어찌하여, 어찌 ~하랴? 의문·반어(反語)의 뜻을 나타낸다. 〔國語〕 寧其得此國也. ⑦**곧**, 그러한데. 어세(語勢)를 고르는 구실을 한다. ⑧**國**㉮곡식이 잘 익은 해. ¶ 寧歲. ㉯틀림없이, 꼭. 늑嚀. ¶ 丁寧. ㉰조선 말에 평안북도를 이르던 말. ¶ 寧察.
【寧家 영가】 집안을 잘 조정하여 편안하게 함.
【寧嘉 영가】 편안해서 좋음. 편안히 즐거워함.
【寧康 영강】 마음이 편안하고 몸이 건강함. 편안 무사함. 康寧(강녕).
【寧居 영거】 마음 편안히 있음. 편안히 삶.
【寧渠 영거】 어찌, 어찌하여. ○'渠'는 '詎'로 반어(反語)의 뜻.
【寧儉 영검】 편안하고 검소함.
【寧考 영고】 돌아가신 아버지.
【寧極 영극】 지극한 도(道)를 지켜 편안히 있음.
【寧近 영근】 가까이 있는 사람을 편안하게 함.
【寧吉 영길】 평온하고 좋음. 편안하고 좋음.
【寧樂 영락】 편안하고 즐거움. 安樂(안락).
【寧亂 영란】 전란(戰亂)을 평정함.
【寧邊 영변】 국경을 편안하게 함.
【寧歲 영세】 ①평화로운 해. 평온한 세월. 寧日(영일). ②國풍년(豐年).
【寧所 영소】 편안한 곳.
【寧肅 영숙】 편안하고 조용함.
【寧順 영순】 따르고 복종함.
【寧息 영식】 편안히 쉼. 安息(안식).
【寧神 영신】 편안히 마음을 놓음. 안심함.
【寧業 영업】 편안히 가업(家業)에 종사함.
【寧王 영왕】 천하를 편안하게 하는 임금. 곧, 주(周)나라 문왕(文王)과 무왕(武王).
【寧宇 영우】 집에서 편안히 삶. 편안한 집.
【寧爲雞口勿爲牛後 영위계구물위우후】 닭의 부리는 될망정 소의 꼬리는 되지 마라. 큰 것의 뒤에 붙기보다는 작은 것의 머리가 되는 것이 나음.
【寧日 영일】 평안한 날.
【寧靖 영정】 평온함. 평온하게 다스려짐.
【寧靜 영정】 평안하고 고요함. 寧謐(영밀).
【寧濟 영제】 편안하게 구제함. 평안하게 함.
【寧察 영찰】 國평안도 관찰사의 딴 이름.
【寧處 영처】 마음을 놓음. 사는 곳에서 평안히 지냄.
【寧親 영친】 ①어버이를 편안하게 함. ②부모를 뵙기 위하여 고향집에 돌아감. 歸省(귀성).
【寧泰 영태】 평온하게 다스려짐.
【寧平 영평】 평화롭게 다스려짐.
【寧馨兒 영형아】 이러한 아이. 이런 착한 아이. ○'寧馨'은 '이러한(如此)'의 뜻으로, 진송대

(晉宋代)에 쓰던 어조사.
【寧和 영화】 평온히 잘 다스려짐.
● 康-, 歸-, 安-, 丁-.

寥 ⑭ 쓸쓸할 료 蕭 liáo

[字解] ①쓸쓸하다. 〔李白·詩〕寂寥無所歡. ②휑하다, 텅 비다, 공허하다. 〔呂氏春秋〕九竅寥寥. ③하늘. ④고요하다.
【寥闃 요격】 쓸쓸하고 고요함. ○ '闃'은 아주 조용한 모양.
【寥落 요락】 ①드묾. 별 따위가 드문드문 보이는 모양. ②거칠어 황량함. 쓸쓸함. ③영락(零落). 몰락한 모양.
【寥亮 요량】 소리 높이 명랑하게 울려 퍼짐.
【寥戾 요려】 ①소리가 맑고 깨끗한 모양. ②바람이 세차게 부는 소리.
【寥唳 요려】 기러기 우는 소리가 맑고 깨끗한 모양.
【寥寥 요료】 ①쓸쓸하고 고요한 모양. 寂寞(적막). 寂寥(적료). ②공허한 모양. ③수가 적은 모양. 稀少(희소).
【寥寥無聞 요료무문】 명성이 드날리지 않음.
【寥廓 요확】 ①휑뎅그렁함. 텅 비고 넓은 모양. ②천지(天地)의 기(氣)가 나누이지 않은 상태. ③도량이 넓음. ④멀고 아득함. 久遠(구원).
【寥闊 요활】 휑뎅그렁하고 넓은 모양.
● 碧-, 寂-.

寞 ⑭ 쓸쓸할 막 藥 mò

[字解] ①쓸쓸하다. ≒漠. 〔淮南子〕寞然不見所觀焉. ②고요하다. ③욕심이 없다. 〔呂氏春秋〕意氣得遊乎寂寞之宇矣.
【寞寞 막막】 쓸쓸하고 괴괴한 모양.
【寞天寂地 막천적지】 몹시 쓸쓸한 일. 어사(御史)가 임지를 떠나는 것.
● 落-, 索-, 寂-.

窭 ⑭ 塞(358)와 동자

實 ⑭ ❶열매 실 質 shí ❷이를 지 寘 zhì

宀 宂 宄 宇 宎 宝 寠 寠 實 實

[小篆] 實 [初書] 寔 [俗字] 实 [日字] 実 [簡字] 实

[参考] 대법원 지정 인명용 한자음은 '실'이다.

[字源] 會意. 宀+貫→實. 집(宀) 안에 재물(貫)이 가득하다는 데서 '차다, 옹골차다'의 뜻을 나타낸다. 속이 찬 것이 열매이므로 '열매'의 뜻으로 바뀌었다.

[字解] ❶①열매, 초목의 열매. ¶ 果實. ②차다, 가득 차다. 〔禮記〕盛氣顚實. ③채우다, 가득 차게 하다. 〔楚辭〕實羽觴些. ③익다, 곡식이 익다. 〔論語〕秀而不實者有矣夫. ④씨, 종

자. 〔詩經〕實函斯活. ⑤속, 내용. 〔國語〕吾有卿之名而無其實. ⑥참으로, 진실로. 〔陶潛·辭〕實迷塗. ⑦드디어, 마침내. 〔呂氏春秋〕其實無不安者. ⑧이, 발어사(發語詞). 〔詩經〕實維伊何. ⑨바탕, 본질. ¶ 實質. ⑩자취, 행적(行跡). 〔國語〕而咨於故實. ⑪참, 참됨, 정성스러움. 〔楚辭〕恬愉虛而豔實兮. ⑫굳다, 튼튼하다. 〔孫子〕避實而擊虛. ⑬자라다, 자라나다. 〔淮南子〕四月草木不實. ⑭담다, 그릇에 넣다. 〔孟子〕實玄黃于匪. ⑮적용하다, 죄책에 알맞게 하다. 〔書經〕閱實其罪. ⑯책임을 다하다. ¶ 口實. ⑰실제로 행하다. 〔春秋左氏傳〕實其言. ⑱밝히다, 확인하다. 〔淮南子〕吾將擧類而實之. ⑲재물, 재화. 〔春秋左氏傳〕聚斂積實. ⑳녹봉, 작록(爵祿). 〔禮記〕旣受其實. ㉑공물(貢物). 〔後漢書〕於是庭實百品. ㉒성(姓). ❷이르다. ≒至. 〔禮記〕使某實.

【實感 실감】 직접 체험하는 듯한 느낌.
【實鑑 실감】 실제의 본보기.
【實景 실경】 실제 풍경.
【實果 실과】 먹을 수 있는 열매. 果實(과실).
【實敎 실교】 ①실제의 일에 도움이 되는 가르침. ②(佛)진실한 교리(敎理)의 이치를 탐구하는 교법(敎法).
【實權 실권】 실제로 행사할 수 있는 권한.
【實記 실기】 실제로 있었던 사실의 기록.
【實年 실년】 실제의 나이.
【實談 실담】 ①실제로 있었던 이야기. ②거짓이 아닌 참말.
【實例 실례】 실제 있는 예.
【實錄 실록】 ①사실을 있는 그대로 적은 역사. ②재위(在位)하는 동안의 임금의 사적(事蹟)을 적은 기록. ③개인이 선조의 사적을 기록한 것. ④國조선왕조실록(朝鮮王朝實錄).
【實綿 실면】 목화에서 아직 씨를 빼지 않은 솜.
【實名 실명】 ①사실에 상응하는 이름. 진정한 명성. ②예명(藝名)·아호(雅號)·가명(假名) 등에 대한 본명(本名).
【實務 실무】 실제로 맡아 하는 업무.
【實物 실물】 실제 물건.
【實福 실복】 진정한 복. 참된 행복.
【實卜馬 실복마】 國무거운 짐을 실을 수 있는 튼튼한 말.
【實封 실봉】 ①제후(諸侯)가 영유하는 논밭. ②실지로 받는 봉록의 정도. ③단단히 봉함.
【實封公文 실봉공문】 단단히 봉한 공문서. 임금 앞에서만 뜯어 보는 공문서.
【實費 실비】 실제 드는 비용.
【實事 실사】 실지로 있는 일. 실제의 일.
【實査 실사】 실제의 조사. 실지 조사.
【實事求是 실사구시】 사실에 토대를 두고 진리를 탐구함.
【實相 실상】 ①실제의 모양이나 형편. 있는 그대로의 상황. 正體(정체). 眞相(진상). ②(佛)이 세상의 자연계. 곧, 만유(萬有)의 진상(眞相)이 불변의 진리와 실재.
【實性 실성】 ①실제의 성품. 本性(본성). ②(佛)

진여(眞如)의 딴 이름.
【實誠 실성】진심. 참마음.
【實習 실습】배운 것을 실천하며 익힘.
【實實 실실】①광대(廣大)한 모양. ②친절한 모양. ③확실한 모양.
【實實落落 실실낙락】확실한 모양.
【實心 실심】①참마음. ②마음에 가득 채움.
【實語 실어】①참된 말. ②(佛)㉠진실과 부합하고 실제나 실행과 서로 맞는 말. ㉡진여(眞如)를 설명하는 말.
【實業 실업】상업·공업·농업 등 실제의 경제적 사업.
【實用 실용】실제에 쓰임.
【實意 실의】①본뜻. 진실한 마음. ②마음을 참되게 함.
【實義 실의】(佛)진실한 의리.
【實子 실자】자기가 낳은 아들.
【實字 실자】①실재(實在)의 사물을 나타내는 문자. 곧, 명사와 대명사. ②뜻이 있는 글자.
【實才 실재】①실제로 쓸모있는 재능. ②國글재주가 있는 사람.
【實在 실재】①실제로 존재함. ②주관을 떠나 객관적으로 존재함. 곧, 우리의 인식·사유(思惟)를 떠나 독립하여 존재하는 사물. ③현재 있는 수량(數量).
【實積 실적】①열매가 쌓임. ②실제의 면적이나 용적.
【實績 실적】실제의 성적·업적·공적 따위.
【實情 실정】①실제의 사정. 實況(실황). ②참된 마음. 眞情(진정).
【實弟 실제】친아우. 친동생.
【實際 실제】거짓이 아닌 실지의 경우.
【實諦 실제】(佛)진실된 깊은 도리.
【實題 실제】시제(詩題)를 사서(史書) 중에서 구한 제목.
【實存 실존】①실제로 있음. 현실적으로 존재함. ②인간이 이 세상에서 자기의 존재에 관심을 가지면서 그 존재 이유를 자기 자신이 결정하여 나갈 수 있다는 일.
【實竹 실죽】줄기의 속이 비지 않은 대나무.
【實證 실증】①확실한 증거. ②사실로써 증명함.
【實地 실지】①실제의 처지. 실제의 장소. ②진실. 정말. 진짜. 實際(실제).
【實指虛掌 실지허장】서도(書道)에서 붓을 잡는 법. 손가락으로는 붓을 꽉 쥐고 손바닥은 넓게 함.
【實直 ❶실직 ❷실치】❶성실하고 정직함. ❷실제의 값.
【實職 실직】國①문무 양반(文武兩班)만이 하던 벼슬. 正職(정직). 顯官(현관). ②실무를 맡는 실제의 관직.
【實質 실질】실상(實相)의 본바탕. 사물의 내용이나 성질. 本質(본질).
【實踐 실천】실제로 행함. 몸소 실제로 이행함.
【實踐躬行 실천궁행】몸소 실제로 행함.
【實體 실체】①정체(正體). 本體(본체). ②영구히 변하지 않는 본체(本體). 영원히 변하지

는 본질적 존재(存在).
【實測 실측】실제로 측량함.
【實學 실학】①실용(實用)의 학문. 실천궁행(實踐躬行)의 학문. ②조선 때, 실제 문제의 해결에 목적을 둔 학풍. 17세기부터 18세기에 성하였으며, 실사구시(實事求是)와 이용후생(利用厚生)을 중시하였음.
【實銜 실함】國실제로 근무하는 벼슬.
【實覈 실핵】사실을 조사함.
【實驗 실험】①실제의 효험이나 경험. ②자연에 인공을 가하여 그 변화를 관찰, 탐구하는 일.
【實兄 실형】친형(親兄).
【實惠 실혜】실제로 받는 은혜나 혜택.
【實話 실화】실제 있는 이야기.
【實況 실황】실제 상황.
【實效 실효】실제 효과.

❶ 堅-, 結-, 果-, 口-, 內-, 篤-, 名-, 無-, 不-, 史-, 事-, 誠-, 如-, 眞-, 質-, 充-, 忠-, 行-, 虛-, 現-, 確-.

【寤】⑭ 깰 오 圖 wù
①깨다, 잠에서 깨다. 〔詩經〕寤寐求之. ②깨닫다, 각성하다. ≒悟. 〔淮南子〕欲一言而寤 ③꿈. 〔孔子家語〕寤夢徵怪, 所以儆人臣者也.
【寤歌 오가】잠에서 깨자 노래함. 잊지 못함.
【寤寐 오매】①잠을 깸과 잠을 잠. ②자나깨나.
【寤寐不忘 오매불망】자나깨나 항상 잊지 못함.
【寤寐思服 오매사복】자나깨나 잊지 않음. 항상 생각하고 있음.
【寤夢 오몽】①낮에 있었던 일을 밤에 꿈에서 봄. ②잠에서 깸과 잠을 잠. 寤寐(오매).
【寤生 오생】태아(胎兒)의 이상(異常) 출산. ㉠산모가 잠을 자는 동안에 출산함. ㉡태아가 눈을 뜨고 나옴. ㉢다리부터 나옴. 逆産(역산).
【寤宿 오숙】잠에서 깨었으나 그대로 누워 있음.
【寤言 오언】①잠에서 깨어 혼자 중얼거림. 잊기 어려움의 비유. ②마주 대하여 말함.
【寤歎 오탄】깨어 탄식함. 곧, 잊고 있는 것을 잠잘 동안 뿐임. 寤嘆(오탄).
【寤擗 오표】깨어나 가슴을 침. 마음속에 근심이 있는 모양.
【寤懷 오회】자나깨나 생각함. 늘 생각함.

❶ 愧-, 幽-.

【𥨊】⑭ 貯(1728)와 동자

【察】⑭ 살필 찰 圖 chá

宀 宀 宀 宀 究 容 察 察 察

字源 形聲. 宀+祭→察. '祭(제)'가 음을 나타낸다.
字解 ①살피다. ㉮주의하여 보다. ¶觀察. ㉯

어떤 현상을 잘 따져 관찰하다. 〔易經〕俯以察
於地理. ②알다, 살펴서 알다. 〔孟子〕察於人
倫. ③조사하다, 생각하여 보다. 〔論語〕衆惡之
必察焉. ④자세하다, 밝고 자세하다. ¶察察.
⑤깨끗하다, 결백하다. 〔楚辭〕安能以身之察
察, 受物之汶汶者乎. ⑥드러나다, 널리 알려지
다. 〔中庸〕言其上下察也. ⑦밀다, 천거하다.
〔後漢書〕後察司徒廉.
【察看 찰간】 조사해 봄.
【察勘 찰감】 실지로 조사함. 검사함.
【察擧 찰거】 잘 살펴서 임용(任用)함.
【察見 찰견】 자세히 앎. 분명히 앎.
【察警 찰경】 비위(非違)를 조사하고, 비상을 경계함.
【察究 찰구】 관찰하고 연구함.
【察納 찰납】 잘 조사한 후에 들어줌.
【察覽 찰람】 환히 뚫어 봄.
【察敏 찰민】 영리하고 민첩함.
【察相 찰상】 명찰(明察)한 재상.
【察色 찰색】 안색을 살펴 의중을 헤아림.
【察書 찰서】 남의 글씨를 모사(模寫)함.
【察選 찰선】 사람을 골라 추천함.
【察按 찰안】 곰곰이 생각해서 조사함.
【察言 찰언】 남의 말뜻을 살펴서 잘 앎.
【察議 찰의】 사정을 살펴서 그 처분을 의논함.
관리 징계의 한 방법으로서 죄상(罪狀)이 가벼운 사람에게 적용함.
【察子 찰자】 당송대(唐宋代)에 관(官)의 앞잡이가 되어 탐정(探偵)에 종사하던 사람.
【察照 찰조】 ①잘 생각해서 명백히 해 둠. ②國 편지나 문서 따위를 살펴서 자세히 봄.
【察知 찰지】 ①國명백히 앎. 환히 앎. ②살펴서 앎. 미루어 헤아려 앎.
【察察 찰찰】 ①밝고 썩 자세한 모양. ②결백한 모양. ③사소한 일까지 밝혀 가차 없는 모양. 조사가 세밀한 모양.
【察隻 찰척】 슬기로워도 견줄 만한 사람이 없음.
【察度 찰탁】 자세히 조사하여 헤아림.
【察慧 찰혜】 똑똑함. 현명함. 총명함.
◑ 監-, 檢-, 警-, 考-, 觀-, 究-, 糾-, 明-, 査-, 詳-, 省-, 巡-, 視-, 按-, 診-, 推-, 洞-, 賢-.

宀
11 【寨】 ⑭ 울짱 채 國 zhài
초서 寨
字解 ①울짱, 울타리. =柴. ②작은 성, 성채. =砦. ③마을, 촌락.

宀
11 【寢】 ⑭ 잠잘 침 國 qǐn
宀 宀 宀 宀 宀 宀 宀 宀 宀 宀
소전 寢 초서 寢 속자 寢 고자 寢 통자 寢
간체 寢
字源 形聲. 宀+侵→寢. '侵(침)'이 음을 나타낸다.
字解 ①잠자다, 잠들다. 〔文中子〕先寢食而後

針藥. ②눕다, 누워서 쉬다. 〔論語〕宰予晝寢.
③앓아눕다. 〔楚辭〕身寢疾而自惑兮. ④그치다, 쉬다. 〔漢書〕漢典寢而不著. ⑤멈추다.
〔大戴禮〕無席則寢其趾. ⑥사당, 조묘(祖廟).
〔呂氏春秋〕執彝於太寢. ⑦방. ㉠안방, 침실.
〔逸周書〕予獨服在寢. ㉡거실, 정침(正寢).
〔禮記〕庶人祭於寢. ⑧능(陵)의 정전(正殿), 능 옆에 있는, 제전(祭典)을 행하는 곳. ⑨묘
(廟)의 뒷건물. 의관(衣冠)을 간직하는 곳. 〔禮記〕寢廟單備. ⑩범(犯)하다. 늑침. ⑪못생기다, 풍채가 볼품없다. 〔史記〕武安者貌寢.
【寢戈 침과】 ①몸 곁에 둔 무기(武器). 침실(寢室)에 비치해 둔 무기. ②쌍닫창 위에서 잠. 원수를 갚는 데 고생함.
【寢具 침구】 이부자리.
【寢陋 침루】 풍채가 볼품없음. 못남.
【寢廟 침묘】 ①영묘(靈廟). 종묘(宗廟)의 제도에서 앞 건물을 묘(廟), 뒤의 건물을 침(寢)이라 함. ②침(寢)과 묘(廟). 곧, 주택과 사당. ○ '寢'은 사람이 거처하는 방, '廟'는 조상의 영혼을 모신 사당(祠堂).
【寢門 침문】 침전(寢殿)의 문. 내전(內殿)의 문.
【寢兵 침병】 전쟁을 그만둠.
【寢不尸 침불시】 잠을 자도 죽은 사람과 같은 꼴은 하지 않음. 공자(孔子)가 일상 기거(起居)를 소홀히 하지 않았음을 이르는 말.
【寢不言 침불언】 잠자리에 들어가서는 말을 하지 않음. 공자(孔子)가 일상 기거(起居)를 소홀히 하지 않았음을 이르는 말.
【寢石 침석】 가로놓여 있는 돌.
【寢席 침석】 잠자리.
【寢睡 침수】 잠을 잠.
【寢息 침식】 ①쉼. 잠잠함. ②그침. 없어짐.
【寢室 침실】 ①잠자는 방. ②종묘의 후전.
【寢園 침원】 능묘(陵墓) 곁에 만든 영묘(靈廟).
【寢衣 침의】 잘 때 입는 옷. 잠옷.
【寢帳 침장】 침실에 치는 휘장.
【寢藏 침장】 눕혀 둠. 눕힌 채 둠.
【寢殿 침전】 ①임금의 침방(寢房)이 있는 집. 내전(內殿). 정전(正殿). ②능(陵) 앞에 있는 정자형(丁字形)으로 된 집의 뒷건물로, 의관궤장(衣冠几仗)을 넣어 둔 곳. ③잠자는 방.
【寢苫 침점】 거적자리를 깔고 잠. 불안하고 괴로운 생활. ㉠부모의 상중에 있음. ㉡부모의 원수를 갚으려는 사람의 신고(辛苦). 寢苫枕塊(침점침괴).
【寢疾 침질】 병(病)으로 누움. 臥病(와병).
【寢處 침처】 눕고 앉고 함. 기거(起居)함.
◑ 孤-, 內-, 陵-, 廟-, 安-, 正-, 就-.

宀
12 【寬】 ⑮ 너그러울 관 國 kuān
宀 宀 宀 宀 宀 宀 宀 宀 寬 寬
소전 寬 초서 寬 속자 寬 간체 寬
字源 形聲. 宀+
莧→寬. '莧(현)'이 음을 나타낸다.

宀部 12획 寮寯寫

[字解] ①너그럽다, 도량이 크다. 〔詩經〕寬兮綽兮. ②넓다, 집이 크다. 〔宋之問·詩〕乘高宇宙寬. ③느긋하고 거리낌 없는 모양. 〔史記〕則寵名譽之人, 急則用介胄之士. ④온후하다, 온화하다. 〔春秋左氏傳〕太叔爲政, 不忍猛而寬. ⑤느슨하다, 늦추다. 〔史記〕鄙賤之人, 不知將軍寬之至此也. ⑥떨어지다, 멀어지다. 〔國語〕以恭給事, 則寬於死. ⑦불쌍히 여기다, 사랑하다. 〔書經〕 恭敷五教在寬. ⑧용서하다. 〔荀子〕是謂惠暴而寬賊也.
【寬假 관가】 느긋하게 섐. 느슨하게 늦춤.
【寬暇 관가】 ①여유가 있음. 재물이 넉넉함. ②느긋함. 한가함. 寬假(관가).
【寬簡 관간】 마음이 너그럽고 대범함.
【寬宏 관굉】 마음이 느긋하고 넓음.
【寬農 관농】 정치를 너그러이 하여 농사철을 빼앗지 않는 일.
【寬大 관대】 마음이 너그럽고 큼.
【寬待 관대】 너그럽게 대접함.
【寬貸 관대】 너그럽게 용서함.
【寬樂 관락】 느긋하게 즐김.
【寬令 관령】 너그러운 법령.
【寬網 관망】 ①법률을 너그럽게 함. ②너그러운 법률.
【寬猛 관맹】 너그러움과 엄격함.
【寬猛相濟 관맹상제】 너그러움과 엄격함을 아울러 지녀 치우침이 없음. 원만함.
【寬免 관면】 조세(租稅)를 가볍게 함.
【寬博 관박】 ①마음이 넓음. 대범(大泛)함. 관대(寬大)함. ②큰 옷. 천한 사람의 옷.
【寬譬 관비】 예를 들어 가며 타일러서 슬픔을 덜게 함.
【寬恕 관서】 ①마음이 넓고 인정이 있음. ②너그럽게 용서함.
【寬舒 관서】 너그럽고 느긋함.
【寬繕 관선】 관대하게 다스림.
【寬疎 관소】 법이 엄하지 않고 소홀함.
【寬順 관순】 너그럽고 유순함.
【寬嚴 관엄】 관대함과 엄격함.
【寬緩 관완】 느슨함. 느긋함.
【寬容 관용】 너그럽게 이해하여 받아들임.
【寬柔 관유】 마음이 너그럽고 부드러움.
【寬裕 관유】 너그러움.
【寬易 관이】 느긋하고 안온함.
【寬仁 관인】 마음이 너그럽고 어짊.
【寬綽 관작】 느긋하고 마음이 넓음.
【寬征 관정】 조세를 면제하거나 연기함. ○'征'은 조세의 뜻.
【寬政 관정】 너그럽게 다스리는 정치.
【寬靜 관정】 느슨하고 조용함.
【寬窄 관착】 ①넓음과 좁음. 廣狹(광협). ②편안함과 답답함. ③비좁음.
【寬敞 관창】 텅 비고 넓음.
【寬沖 관충】 너그럽고 부드러움. 너그러움.
【寬平 관평】 ①너그럽고 공평함. 관인공평(寬仁公平)함. ②넓고 평평함.
【寬限 관한】 촉박한 기한을 넉넉하게 잡아서 물

림, 연기함. 展限(전한).
【寬閑 관한】 넓고 한가함.
【寬刑 관형】 형벌을 너그럽게 함. 관대한 형벌.
【寬弘 관홍】 마음이 크고 넓음. 도량이 큼.
【寬闊 관활】 ①한없이 넓음. ②마음이 넓고 활달함.
【寬厚 관후】 인정이 많고 후함.
【寬厚宏博 관후굉박】 관후하고 넓고 큼.
【寬厚長者 관후장자】 인정이 많고 후하며 점잖아 남의 위에 설 만한 사람.
◐ 優—, 裕—, 政—, 平—, 絃—.

寮 ⑮벼슬아치 료 蕭 liáo

[字解] ①벼슬아치. 〔書經〕百寮庶尹. ②동료, 같은 직무에 있는 사람. ≒僚. ¶官寮. ③집. ¶寮舍. ④창, 작은 창. ⑤작은 집. 〔陸游·詩〕屋窄似僧寮.
【寮舍 요사】 승려들이 거처하는 집.
【寮友 요우】 같은 일자리에 있는 벗.
【寮佐 요좌】 윗사람을 돕는 관리.
【寮寀 요채】 관직. 관청.
◐ 官—, 同—, 百—, 新—, 窓—, 下—, 學—.

寯 ⑮둥글 륭 lóng

[字解] 둥글다, 활 모양으로 굽다, 한가운데는 높고 주위는 차차 낮은 하늘의 형상. ＝窿.

寫 ⑮❶베낄 사 馬 xiě ❷부릴 사 碼 xiè

寶宁宇宇宇宜宜寫寫寫

[소전] 寫 [초서] 寫 [속자] 写 [속자] 寫 [속자] 寫
[간체] 写 [字源] 形聲. 宀+舄→寫. '舄(석)'이 음을 나타낸다.
[字解] ❶①베끼다, 등초(謄鈔)하다. 〔晉書〕三都賦成, 競相傳寫, 洛陽爲之紙貴. ②옮겨 놓다, 바꿔 놓다. 〔禮記〕器之漑者不寫, 其餘皆寫. ③없애다, 제거하다. 〔詩經〕以寫我憂. ④털어내다. 〔詩經〕我心寫兮. ⑤흘러들다, 쏟다, 붓다. 〔周禮〕以澮寫水. ⑥배우다, 연습하여 익히다. 〔淮南子〕可以鐘鼓寫. ⑦본뜨다. 〔周髀算經〕笠以寫天. ⑧그리다, 본떠서 그리다. 〔史記〕秦每破諸侯, 寫放其宮室, 作之咸陽北阪上. ⑨토하다. 〔漢書〕胗醫布寫. ⑩다하다, 진력(盡力)하다. ⑪걱정하다, 근심하다. ⑫생각하다. ❷부리다, 내리다, 짐을 풀다. ＝卸. 〔晉書〕發檐寫鞍.
【寫霧 사무】 산골짜기에서 흘러나오는 안개.
【寫本 사본】 ①원본을 베낌. ②원본을 베낀 문서나 책.
【寫生 사생】 실제 물건이나 풍경을 그대로 그림.
【寫水 사수】 물을 부음. 瀉水(사수).
【寫神 사신】 형체뿐만이 아니라 그 신수(神髓)까지도 그림. 마치 산 사람처럼 그림.

【寫實 사실】①실정을 토로함. ②사물이나 상황을 있는 그대로 그려냄.
【寫心 사심】심중(心中)을 묘사함.
【寫鞍 사안】말의 안장을 내리合 쉼.
【寫染 사염】시(詩)를 쓰거나 그림을 그림.
【寫影 사영】물체의 형상을 비추어 나타냄, 또는 비친 그림자. 映寫(영사).
【寫憂 사우】근심을 없앰. 際憂(제우).
【寫潤 사윤】물을 부어서 축임. 왕성해지는 일.
【寫意 사의】①성의를 다함. ②사물의 내용·정신을 그려 내는 데 힘쓰는 화법(畫法).
【寫字 사자】글자를 베껴 씀.
【寫情 사정】실정을 묘사함.
【寫照 사조】초상화(肖像畫)를 그림. 참모습을 그려 냄. 畫像(화상).
【寫形 사형】①의원이 병자의 형태를 진찰함. ②도형(圖形)을 베낌.
【寫懷 사회】심중을 묘사함. 마음속에 있는 것을 말함.
○ 謄─, 模─, 描─, 複─, 書─, 映─, 誤─, 移─, 轉─, 抄─, 縮─, 透─, 筆─.

㊀【寫】⑮ 寫(468)의 속자
12

㊀【審】⑮ ❶살필 심 圖 shěn
12   ❷돌 반 pán

宀 宀 宀 空 宀 宋 宻 審 審
[소전][고문][초서][동자][간체]圇 冢 宣 宋 审

➤참고 대법원 지정 인명용 한자음은 '심'이다.
➤字源 會意. 宀+釆→寀→審. 집(宀) 안에서 자세히 살펴 분별한다(釆)는 뜻. 이에 짐승의 발을 본뜬 '田'을 더하여 조수(鳥獸)의 발자국을 보고 사물의 서로 다름을 분별하여 안다는 뜻을 나타낸다.
➤字解 ❶①살피다, 잘 따져 관찰하다.〔史記〕察盛衰之里, 審權勢之宜. ②자세히 하다.〔呂氏春秋〕公怒不審. ㉮상세하게.〔中庸〕博學之, 審問之. ㉯환히 알다, 밝히 알다.〔論語〕謹權量, 審法度. ④깨닫다.〔陶潛·辭〕審容膝之易安. ⑤바루다, 바르게 하다.〔國語〕審吾疆場. ⑥정하다, 안정시키다.〔呂氏春秋〕必先審民心. ⑦듣다, 잘 들어 두다.〔周禮〕審其誓戒. ⑧참으로. ㉮정말, 틀림없이.〔史記〕吾王審出乎. ㉯참되게 하다, 믿음성 있게 하다.〔呂氏春秋〕審此言也. ⑨만일, 만약. 가정(假定)의 뜻을 나타낸다.〔漢書〕審有內亂殺人. ⑩성(姓). ❷돌다, 물이 빙빙 돌다.〔莊子〕流水之審爲淵.
【審曲 심곡】용재(用材)·지형(地形)의 곡직(曲直)을 조사하여 다스림.
【審交 심교】사귈 사람을 고름. 사람의 좋고 나쁜 점을 상세히 안 연후에 교제함.
【審鞠 심국】죄상을 자세히 물어 밝힘.
【審克 심극】자세히 살핌. 철저히 조사함.

【審期 심기】①정해진 기일. 定期(정기). ②조사하는 날짜.
【審端 심단】①충분하게 바로잡음. ②자세하고 바름.
【審理 심리】상세하게 조사하여 처리함.
【審問 심문】자세히 물음.
【審美 심미】아름다움을 찾아 살핌.
【審美眼 심미안】아름다움을 알아볼 줄 아는 안목(眼目).
【審別 심별】명확하게 구별함.
【審分 심분】①본분(本分)이나 직무를 명백히 함. ②신분(身分)을 잘 생각함.
【審思 심사】자세히 생각함.
【審査 심사】자세히 살펴봄.
【審識 심식】잘 식별함.
【審愼 심신】실수가 없도록 충분히 조심함.
【審喩 심유】자세하게 타이름.
【審議 심의】자세히 살피고 논의함.
【審正 심정】꼼꼼하고 바름.
【審定 심정】자세히 조사하여 정함.
【審察 심찰】①자세히 봄. ②곰곰이 생각함. ③주밀하고 밝음.
【審聽 심청】남김없이 들음. 빠짐없이 들음.
【審判 심판】일이 옳고 그름을 살펴 판단함. 또는 그러한 일을 하는 사람.
【審行 심행】①행위를 상세히 살핌. ②어떻게 행할 것인가를 깊이 생각함.
○ 檢─, 不─, 三─, 詳─, 豫─, 誤─, 初─.

㊀【寫】⑮ 성 위 紙 wěi
12
[소전][초서]圇 寫 ➤字解 ①성(姓).〔春秋左氏傳〕公館于寫氏. ②집의 모양, 집을 개방해 놓은 모양.

㊀【寪】⑮ 살필 혜 霽 huì
12   ➤字解 살피다.

㊀【奧】⑯ 奧(401)와 동자
13

㊀【寯】⑯ 모을 준 震 jùn
13
➤字解 ①모으다. ②뛰어나다.

㊀【寰】⑯ 기내 환 刪 huán
13
[소전][초서]圇 寰 ➤字解 ①기내(畿內), 천자(天子)가 직할하던 도읍 주변의 영지(領地).〔春秋穀梁傳〕寰內諸侯. ②천하(天下), 하늘 아래.〔易林〕寰宇可驅. ③인간 세상, 진세(塵世).〔白居易·詩〕處所非人寰. ④궁전(宮殿)의 담. ⑤에워싸다.〔顏延之·詩〕皇居體寰極.
【寰區 환구】천자의 직할 구역. ㉠넓은 경계 내. ㉡천하. 천지.

宀部 14～17획 㝱寳寴寵寶

【寰內 환내】 ①임금이 다스리는 영토 전체. ②천하. 온 세계. 宇內(우내). 畿內(기내). 寰宇(환우).
【寰埏 환연】 천지(天地)의 끝.
【寰宇 환우】 ☞寰內(환내).
【寰海 환해】 ①육지와 바다. ②천하(天下). 온 세상.
◐ 宇-, 人-.

【㝱】⑰ 잠꼬대 예 yì
①잠꼬대. =囈. ②놀라다, 깜짝 놀라다.
【㝱病 예병】 잠꼬대하는 병.

【寳】⑲ 寶(470)의 속자

【寴】⑲ 親(1642)의 고자

【寵】⑲ ❶괼 총 chǒng ❷현 이름 룡 lóng

대법원 지정 인명용 한자의 음은 '총'이다.
①괴다, 사랑하다.〔漢書〕寵愛日甚. ②은혜.〔易經〕在師中吉承天寵也. ③첩, 특히 임금의 첩.〔春秋左氏傳〕齊侯好內, 多內寵. ④영화, 영예.〔國語〕其寵大矣. ⑤높이다, 우러러 받들다.〔國語〕寵神其祖. ⑥교만하다, 교만.〔張衡·賦〕好璯物以窮寵. ⑦성(姓). ❷현 이름. 한대(漢代) 구진군(九眞郡)에 두었던 현(縣)의 이름.
【寵嘉 총가】 사랑하고 귀여워함.
【寵顧 총고】 귀여워함. 손윗사람의 두터운 사랑. 寵眷(총권).
【寵光 총광】 특별히 사랑을 받는 영광. 임금의 은덕. 光寵(광총).
【寵給 총급】 사랑하여 물품을 줌.
【寵靈 총령】 은혜와 행복을 내림. ◐'靈'은 복을 줌을 뜻함.
【寵祿 총록】 총애하여 봉록(俸祿)을 많이 줌.
【寵利 총리】 특별한 은우(恩遇)를 받는 일. 은총(恩寵)과 이록(利祿). 특별한 총애.
【寵命 총명】 임금의 은고(恩顧). 임금의 총애 있는 명령.
【寵媚 총미】 아첨하여 총애를 받음.
【寵賜 총사】 ①총애를 받으면서 물건을 받음. ②음숭한 하사품(下賜品). 寵錫(총석).
【寵賞 총상】 특별히 주는 후한 상.
【寵錫 총석】 사랑하여 물품을 하사(下賜)함. 또는 그 물품. 寵賜(총사).
【寵綏 총수】 사랑하여 평안하게 함.
【寵樹 총수】 ①사랑하여 발탁함. ②특별한 등용.
【寵信 총신】 사랑하고 믿음.
【寵兒 총아】 많은 사람에게 사랑받는 사람.

【寵愛 총애】 남달리 귀여워하고 사랑함.
【寵榮 총영】 총애를 받아 번영함.
【寵辱 총욕】 총애(寵愛)와 모욕(侮辱). 명예(名譽). 榮辱(영욕).
【寵辱不驚 총욕불경】 총영(寵榮)이나 치욕을 조금도 개의하지 않음. 이해와 득실을 초월하여 마음에 두지 않음.
【寵遇 총우】 후한 대우. 사랑하여 특별히 대우함. 寵待(총대).
【寵異 총이】 유달리 사랑함. 특별한 대우.
【寵任 총임】 총애하여 벼슬에 임용함. 총애하여 신임(信任)함.
【寵獎 총장】 특별한 대우와 칭찬을 받음.
【寵秩 총질】 특별히 사랑하여 벼슬을 줌.
【寵擢 총탁】 특별히 대우하여 등용함.
【寵嬖 총폐】 마음에 들어 사랑함. 마음에 드는 사람.
【寵幸 총행】 특별히 사랑함.
【寵惠 총혜】 ①어여삐 여겨 은혜를 베풂. ②총애와 혜택.
【寵厚 총후】 특별하게 사랑함. 두터운 대우함.
【寵姬 총희】 총애를 받는 계집.
◐ 光-, 恩-, 天-, 親-.

【寶】⑳ 보배 보 bǎo

會意·形聲. 宀+玉+缶+貝→寶. '缶'(부)가 음을 나타낸다. 집(宀) 안에 옥(玉)이나 화폐로 쓰는 조개(貝) 등이 차 있다는 데서 '보배'라는 뜻을 나타낸다.
①보배, 보물. ㉮금은주옥(金銀珠玉) 등의 보배.〔國語〕以其寶來奔. ㉯화폐(貨幣).〔蜀志〕求萬兵及資費, 欲以東行. ㉰신체(身體).〔老子〕輕敵幾喪吾寶. ㉱자녀, 자식.〔留青日札〕今人愛惜其子, 每呼之曰寶. ㉲귀중한 것.〔易經〕聖人之大寶曰位. ②보배롭게 여기다. ㉮존중하다, 숭상하다.〔淮南子〕侯王寶之. ㉯소중히 하다.〔漢書〕戒後世善寶之. ③신(神).〔書經〕無墜天之降寶令. ④도(道), 도리(道理).〔禮記〕仁親以爲寶. ⑤옥새, 임금의 도장.〔唐書〕至武后, 改諸璽皆爲寶. ⑥임금에 관한 일에 붙여 쓰는 말.〔李程·詩〕守寶位而厚群生. ⑦상대방을 높일 때 쓰는 말.〔李商隱·啓〕寶肆廻腸, 只期和氏, 醫門投足, 永念倉公. ⑧불교에 관련된 일에 쓰는 말.〔王勃·碑〕著寶籍于經山. ⑨도교(道教)에 관련된 일에 쓰는 말.〔雲笈七籤〕上皇寶經, 皆結自然之章. ⑩포로. 늑俘.〔春秋公羊傳〕冬齊人來歸衛寶.
【寶駕 보가】 임금이 타는 수레. 大駕(대가).
【寶鑑 보감】 ①좋은 거울. ㉮일상의 좌우명(座右銘). ㉯모범이 되는 책. ②태양.
【寶蓋 보개】 (佛)보옥으로 장식한 천개(天蓋).

불상의 머리 위를 가리는 장식.
【寶劍 보검】 매우 좋은 칼. 寶刀(보도).
【寶偈 보게】 (佛)불가(佛家)의 시(詩)를 높여서 이르는 말.
【寶訣 보결】 도교(道教) 등의 비결(祕訣).
【寶鏡 보경】 ①좋은 거울. 寶鑑(보감). ②해와 달. ③(佛)지보(至寶)의 명경(明鏡).
【寶戒 보계】 귀중한 계율(戒律). 계율을 높여 이르는 말.
【寶庫 보고】 귀중한 물건을 보관하는 창고.
【寶冠 보관】 ①보옥으로 꾸민 관(冠). ②여제(女帝)가 의식에 쓰던 왕관(王冠).
【寶弓 보궁】 임금의 활.
【寶眷 보권】 ①은혜(恩惠). ②남의 가족을 높여 이르는 말.
【寶燈 보등】 신불(神佛)에게 바치는 등불. 獻燈(헌등).
【寶曆 보력】 ①천자(天子)가 백성에게 나누어 주던 달력. ②천자의 나이. 寶算(보산). ③국조(國祚). 황위(皇位).
【寶輦 보련】 ①천자(天子)의 수레. 鳳輦(봉련). ②훌륭한 수레.
【寶齡 보령】 임금의 나이. 寶算(보산).
【寶命 보명】 하늘의 명령. 상제(上帝)의 명령. 천자의 명령. 大命(대명).
【寶墨 보묵】 훌륭한 필적. 남의 필적을 높여 이르는 말.
【寶物 보물】 보배로운 물건.
【寶坊 보방】 사원(寺院)의 미칭(美稱).
【寶帛 보백】 보옥과 비단 귀중한 것.
【寶筏 보벌】 보물로 만든 뗏목을 타는 것과 같음. 불법에 귀의함.
【寶思 보사】 ①임금의 마음. 宸襟(신금). ②착한 마음. ③부처의 마음.
【寶璽 보새】 임금의 도장. 玉璽(옥새).
【寶書 보서】 ①대대로 전하여 경계(警戒)로 삼아야 할 글. 곧, 역사서(歷史書). ②천자(天子)의 옥새(玉璽)가 찍혀 있는 문서. 璽書(새서). ③귀중한 서적.
【寶惜 보석】 소중히 아낌. 소중히 간직함.
【寶扇 보선】 보석으로 꾸민 아름다운 부채.
【寶性 보성】 ①태어난 그대로의 천성(天性). 천성을 다함. ②(佛)여래장(如來藏)의 딴 이름.
【寶勝 보승】 아름다운 목걸이. 首飾(수식).
【寶鴨 보압】 훌륭한 향로(香爐). ▷옛날 향로를 오리 모양인 데서 온 말.
【寶衣 보의】 ①비단으로 만든 화려한 옷. ②(佛) 승려가 입는 옷. 僧衣(승의).
【寶意 보의】 임금의 마음. 임금의 뜻.
【寶章 보장】 ①훌륭한 필적(筆蹟). 귀중한 법첩(法帖). ②남의 문장을 높여 이르는 말.
【寶藏 보장】 ①보배로서 간직함. ②귀중품을 간직하는 창고. 寶庫(보고). ③산물(産物)이 많이 나는 곳. 천연(天然)의 부원(富源). ④(佛)부처의 교법(教法).
【寶典 보전】 보배로운 문서나 책.
【寶祚 보조】 제왕(帝王)의 자리. 皇位(황위).

【寶座 보좌】 임금의 자리. 王座(왕좌).
【寶冑 보주】 훌륭한 자손(子孫).
【寶重 보중】 보물로서 소중히 함. 귀중한 보물.
【寶地 보지】 ①뛰어나게 좋은 곳. ②절이 있는 지역. 절의 비유.
【寶刹 보찰】 절. 寺刹(사찰).
【寶蓄 보축】 소중히 보존함.
【寶唾 보타】 ①미인의 침이나 눈물. ②좋은 글귀나 명언(名言).
【寶鐸 보탁】 (佛)당(堂)이나 탑(塔)의 네 귀퉁이에 걸린 큰 방울.
【寶貝 보패】 ①진귀한 조개. ②보배. 보물.
【寶篋 보협】 보물을 넣어 두는 상자.
【寶貨難售 보화난수】 보물은 쉽사리 팔리지 않음. 훌륭한 사람은 기량(器量)이 크므로 남에게 등용되기 어려움.
◐家—, 古—, 國—, 大—, 萬—, 祕—, 三—, 御—, 財—, 至—, 珍—, 七—, 通—.

【䆳】 ㉑ 夢(378)과 동자

寸 部

3획 부수 | 마디촌부

【寸】 ③ 마디 촌 圓 cùn

一十寸

[字源] 指事. 又+、→寸. 손[又]에서 조금 떨어진 맥박이 뛰는 곳[、]을 표시하였다. 이곳은 동맥이 있어 의사가 맥을 짚는 곳으로, 손목에서 손가락 하나를 끼워 넣을 정도의 거리에 위치하고 있는데 이 거리를 '寸'이라 한다.
[字解] ①마디. 손가락 하나의 굵기의 폭. 〔春秋公羊傳〕 膚寸而合. ②치. 길이의 단위. 〔漢書〕 十分爲寸, 十寸爲尺. ③경맥(經脈)의 한 부분. 〔素問〕 氣口成寸. ④조금, 약간. 〔史記〕 無有分寸之功. ⑤마음. 〔王僧孺·表〕 奉命深懃, 有灼丹寸. ⑥헤아리다. 忖. ⑦國촌수. 〔雅言覺非〕 伯父叔父曰三寸.
【寸暇 촌가】 아주 짧은 겨를. 寸隙(촌극).
【寸刻 촌각】 아주 짧은 시간.
【寸功 촌공】 보잘것없는 작은 공로.
【寸口 촌구】 손목의 맥 짚는 곳. 寸脈(촌맥).
【寸器 촌구】 ☞寸陰(촌음).
【寸隙 촌극】 작은 틈. 아주 짧은 겨를.
【寸牘 촌독】 짧은 편지. ♡'牘'은 서찰(書札).
【寸量銖稱 촌량수칭】 한 치의 길이, 한 수(銖)의 무게도 재고 닮. 작은 일까지 조사함.
【寸祿 촌록】 아주 적은 녹봉(祿俸).
【寸馬豆人 촌마두인】 먼 곳의 인마(人馬)가 작

게 보임. 그림 속의 원경(遠景)의 인마를 형용하는 말. ○'寸·豆'는 '작다'는 뜻.
【寸眸 촌모】 눈[眼].
【寸碧 촌벽】 약간의 푸른빛. 구름 사이로 나타난 푸른 하늘.
【寸步 촌보】 짧은 걸음. 곧, 매우 짧은 거리.
【寸謝 촌사】 약소한 사례. 선사품의 포장지에 쓰는 말.
【寸絲不挂 촌사불괘】 몸에 실오라기 하나도 걸치지 않음. 아무런 근심이 없음.
【寸誠 촌성】 얼마 안 되는 성의. 자기의 성의를 겸손하게 이르는 말. 微衷(미충).
【寸數 촌수】 國친척(親戚)의 멀고 가까움을 나타내는 수.
【寸心 촌심】 ①마음. 方寸(방촌). ②작은 성의.
【寸壤 촌양】 얼마 안 되는 땅. 寸土(촌토).
【寸陰 촌음】 아주 짧은 시간. 寸晷(촌구).
【寸陰若歲 촌음약세】 아주 짧은 시간이 오랜 기간처럼 느껴짐. 기다리고 바라는 일이 간절함.
【寸意 촌의】 약간의 뜻. 자기 뜻의 겸칭. 寸志(촌지).
【寸長 촌장】 약간의 기능(技能). 약간의 장점.
【寸楮 촌저】 ①명함(名啣). ②짧은 편지.
【寸田 촌전】 ①방촌(方寸)의 전지(田地). 곧, 마음. ②두 눈썹 사이.
【寸田尺宅 촌전척택】 ①적은 재산. ②조그만 땅뙈기. ○'寸田'은 미간(眉間), '尺宅'은 안면(顔面).
【寸情 촌정】 약간의 인정.
【寸地 촌지】 ①약간의 토지. 尺寸地(척촌지). ②마음. 寸府(촌부).
【寸志 촌지】 ①자그마한 뜻. 자기 뜻의 겸칭. ②약간의 성의. 선물의 포장지에 쓰는 말. 寸心(촌심). 微衷(미충).
【寸進尺退 촌진척퇴】 한 치 나아가고 한 자 물러섬. 얻는 것은 적고 잃는 것이 많음.
【寸磔 촌책】 갈기갈기 찢음.
【寸鐵 촌철】 작은 칼. 작은 무기(武器).
【寸鐵殺人 촌철살인】 촌철(寸鐵)로 사람을 죽임. 짤막한 경구(警句)로 사람의 마음을 찌름.
【寸草心 촌초심】 보잘것없는 마음. 부모의 은혜를 갚으려는 마음.
【寸寸 촌촌】 ①마디마디. ②갈가리. ③조금씩.
【寸衷 촌충】 작은 뜻. 寸心(촌심).
○ 徑-, 方-, 分-, 銖-, 一-, 尺-.

寸2 【对】⑤ 對(478)의 속자

寸3 【寺】⑥ ❶절 사 ㊀시 圖 sì
           ❷내시 시 圖 shì

[篆] [書] [參考] 대법원 지정 인명용 한자음은 '사'이다.
[字源] 形聲. 之+寸→寺. '之(지)'가 음을 나타낸다.

[字解] ❶절. 승려가 불상을 모시고 수도하면서 교법(敎法)을 펴는 집. ❷㉠내시(內侍), 환관(宦官). ㉡시. 〔詩經〕時維鳲寺. ❷관청. 공무를 집행하는 기관이나 곳. 〔漢書〕城郭官寺.
【寺格 사격】 (佛)본산(本山)·말사(末寺) 따위의 절의 등급.
【寺庫 사고】 전당포. ○절에서 흔히 저당 잡은 데서 온 말.
【寺觀 사관】 불사(佛寺)와 도관(道觀). 승려가 수도하는 절과 도사(道士)가 수도하는 도관을 아울러 이르는 말.
【寺門 사문】 ❶사문 ❷시문】 ❶절의 문. 산문(山門). ❷관청의 문.
【寺舍 사사】 ❶사사 ❷시사】 ❶승려가 거처하는 곳. ❷관사(官舍).
【寺田 사전】 절에 딸린 논밭.
【寺刹 사찰】 ①절. ②절과 탑.
【寺人 시인】 임금을 곁에서 모시던 신하. 후궁(後宮)의 사무를 맡은 벼슬. 宦官(환관).
○ 古-, 末-, 本-, 佛-, 山-, 太常-, 廢-.

寸4 【対】⑦ 對(478)의 속자

寸4 【寿】⑦ 壽(371)의 속자

寸5 【㝵】⑧ 礙(1247)와 동자

寸5 【旹】⑧ 爵(1092)과 동자

寸5 【旾】⑧ 叵(268)와 동자

寸6 【封】⑨ 봉할 봉 圖 fēng

一 十 土 圭 圭 圭 封 封

[小篆] [古書] [周書] [草書] [古書]

[字源] 會意. 之+土+寸→封. 제후(諸侯)로 봉하여 그 영지[土]에 보내어[之] 법도[寸]를 따라 다스리게 한다는 뜻이다.

[字解] ①봉하다. ㉮일정한 땅을 떼어 주어 제후를 삼다. 〔禮記〕封黃帝之後於薊. ㉯작위나 작품(爵品)을 내리다. ¶封爵. ㉰아가리나 구멍을 붙이거나 싸서 막다. ¶封緘. ㉱무덤을 만들다. 〔禮記〕於是封之崇四尺. ㉲단(壇)을 쌓다. 〔周禮〕聚土曰封. ②봉. ㉮봉하는(封地), 제후(諸侯)가 천자(天子)에게 받은 땅. 〔周禮〕封疆方五百里. ㉯國㉠봉지. 종이로 큰 봉투 비슷이 만든 주머니. ㉡혼인 때에 신랑 집에서 선채(先綵) 밖에 따로 신부 집으로 보내는 돈. ㉢봉지나 봉투 편지의 수를 세는 단위. ③북돋우다, 배양하다. ¶封殖. ④크다, 거대하다. ≒豐.

寸部 6~7획 村 尅 㝵

〔詩經〕無封靡于爾邦. ⑤경계(境界). ㉮지경, 흙을 쌓아 만든 경계. 〔春秋左氏傳〕田有封洫. ㉯경계하다, 흙을 쌓아 경계로 삼다. 〔周禮〕制其畿疆而溝封之. ⑥봉사(封祀). 높은 산꼭대기에 흙을 쌓아 단(壇)을 만들어서 하늘에 제사를 올리는 의식. 천자(天子)가 즉위(卽位)했을 때에 행한다. 〔大戴禮〕封泰山而禪梁甫. ⑦무덤, 뫼. 〔禮記〕吾見封之若堂者矣. ⑧편지, 봉한 편지. 〔漢書〕先發副封. ⑨가멸다, 부자. ¶素封. ⑩붙다, 부착(附着)하다. 〔張協·七命〕霏霜封其條. ⑪높이다. 〔漢書〕登封泰山. ⑫후하게 하다, 돈독하게 하다. 〔國語〕是勤民以自封也. ⑬땅 넓이의 단위. 100리 평방의 10배 넓이의 땅. 〔漢書〕方百里, 同十爲封, 封十爲畿.
【封疆 봉강】①경계(境界). 국경(國境). ②경계 안의 땅. 領土(영토).
【封建 봉건】천자가 영토를 나누어 준 제후(諸侯)를 세워 통치하는 제도.
【封境 봉경】국경(國境). 영지(領地)의 안.
【封庫罷黜 봉고파출】어사(御史)나 감사(監司)가 못된 원을 파면하고 관가(官家)의 창고를 봉(封)하여 잠그던 일.
【封裹 봉과】⓻물건을 싸서 봉함.
【封口 봉구】①입을 다묾. 입을 봉함. ②⓻물건을 싸서 봉한 자리.
【封君 봉군】군주로부터 봉읍(封邑)을 받는 일. 또는 그 사람.
【封內 봉내】영지(領地)의 안.
【封泥 봉니】죽간(竹簡)·비단 등으로 된 문서나 서함(書函)을 끈으로 묶고 봉할 때 쓰던 아교질의 진흙 덩어리. 그 위에 도장을 찍어 남이 함부로 개봉하지 못하게 했음. 泥封(이봉).
【封略 봉략】나라의 경계. 國境(국경).
【封墓 봉묘】무덤 위에 흙을 더 쌓아 은명(恩命)을 베풂.
【封彌 봉미】당송대(唐宋代)에 시험관의 불공평을 막기 위하여 수험자의 이름을 풀로 봉하여 암호로 답안을 제출하게 하던 일.
【封靡 봉미】①이익을 독점하여 사치함. ②크게 폐를 끼침. 몹시 성가시게 함.
【封駁 봉박】상서(上書)하여 일의 잘못됨을 논박함. 잘못된 조칙(詔勅)을 봉환(封還)하고 반박 의견을 말함.
【封拜 봉배】제후(諸侯)에 봉(封)함과 벼슬에 임명함.
【封墳 봉분】흙을 쌓아 무덤을 만듦.
【封事 봉사】밀봉(密封)하여 임금에게 상주(上奏)하던 의견서(意見書). 封奏(봉주).
【封祀 봉사】산 위에 제단(祭壇)을 쌓아 신(神)에게 제사함. 封禪(봉선).
【封璽 봉새】봉한 물건에 도장을 찍음.
【封禪 봉선】천자(天子)가 행하는 제사. ○'封'은 사방의 흙을 높이 쌓아서 제단을 만들고 하늘에 제사 지내는 일, '禪'은 땅을 정(淨)하게 하여 산천에 제사 지내는 일.
【封鎖 봉쇄】봉하여 꼭 잠금. 외부와 단절시킴.
【封守 봉수】국경(國境)을 지킴. 또는 그 사람.

【封授 봉수】토지와 벼슬을 줌.
【封樹 봉수】흙을 높이 쌓아 무덤을 만들고 묘표(墓標)로서 나무를 심음. 곧, 사(士) 이상의 장례(葬禮).
【封豕 봉시】①큰 돼지. ②돼지처럼 탐욕스럽게 먹음.
【封豕長蛇 봉시장사】큰 돼지와 긴 구렁이. 탐욕스런 악인(惡人).
【封植 봉식】①제후(諸侯)에 봉함. ②흙을 쌓아 나무를 심음.
【封殖 봉식】①북돋우어 자라게 함. 부강하게 함. ②재물을 거두어들임.
【封戎 봉융】흩어지고 어지러운 모양.
【封邑 봉읍】제왕이 제후나 공신에게 영지나 식읍을 나누어 줌.
【封人 봉인】국경을 지키는 관리.
【封印 봉인】봉한 곳에 도장을 찍음.
【封爵 봉작】①제후로 봉하고 관작을 줌. ②⓻의빈(儀賓)·내명부·외명부 따위를 봉하던 일.
【封章 봉장】☞封事(봉사).
【封藏 봉장】봉하여 둠. 간직해 둠.
【封典 봉전】조정에서 공신이나 그 선조에게 작위(爵位)·명호(名號)를 내리던 영전(榮典).
【封傳 봉전】여행 증명서.
【封奏 봉주】다른 사람이 보는 것을 꺼려 굳게 밀봉한 상서(上書)함. 또는 그 글.
【封贈 봉증】봉전(封典)을 받음. ○'封'은 살아 있는 사람에게, '贈'은 죽은 이에게 주는 일.
【封畛 봉진】밭두둑. 영지(領地)의 경계.
【封垤 봉질】개밋둑. 蟻垤(의질).
【封秩 봉질】제후의 녹봉(祿俸). 封祿(봉록).
【封册 봉책】왕후(王侯)에 봉하는 뜻을 쓴 천자(天子)의 조서(詔書).
【封土 봉토】①흙을 높이 쌓아 올려 제단(祭壇)을 만듦. ②제후(諸侯)에게 나누어 준 땅. 領地(영지). 采邑(채읍). 封地(봉지).
【封表 봉표】①흙을 쌓아 올려 땅의 경계 표시를 함. ②봉분(封墳)을 더욱 높이 쌓아 올려 공(功)을 표창함.
【封緘 봉함】편지 따위를 봉투에 넣고 봉함.
【封洫 봉혁】논밭의 경계(境界).
【封穴 봉혈】흙으로 구멍을 막음.
【封還 봉환】사표 따위를 수리하지 않고 그대로 돌려보냄.
【封堠 봉후】제후(諸侯)의 영지의 경계를 표시한 둔덕.

◐ 開−, 同−, 密−, 襲−, 嚴−, 蟻−, 泥−, 作−, 緘−.

寸6 【村】⑨ 叔(258)과 동자

寸7 【尅】⑩ 剋(197)의 속자

寸7 【㝵】⑩ 得(586)의 고자

寸 7 【尃】⑩ ❶펼 부 fū
❷퍼질 포 bù
[字解] ❶펴다, 깔다, 깔리다. =敷. 〔史記〕雲尃霧散. ❷퍼지다, 널리 퍼지다, 두루 알리다. =佈.

寸 7 【射】⑩
❶궁술 사 shè
❷쏠 사 shè
❸맞힐 석 shè
❹벼슬 이름 야 yè
❺싫어할 역 yì

대법원 지정 인명용 한자의 음은 '사'이다.
[字源] 會意. 身+矢→躲→射. 화살〔矢〕이 몸에서 떠나 먼 곳에 날아가 닿다, 곧 '맞히다'라는 뜻을 나타낸다.
[字解] ❶❶궁술(弓術). 육예(六藝)의 하나로서 활 쏘는 법. 〔周禮〕禮樂射御書數. ❷사궁(射宮)의 약칭. 〔禮記〕秋îĄ諸學. ❸산 이름. ❹성(姓). ❺쏘다. ㉮활·총 따위를 쏘다. 〔詩經〕射則臧兮. ㉯쏘는 화살처럼 나가다. ¶注射. ❻맞히다, 쏘아서 적중시키다. 〔論語〕弋不射宿. ❹①벼슬 이름. 진대(秦代)의 벼슬 이름. 〔史記〕縛籩令僕射. ②밤. 늑夜. ❺①싫어하다. =斁. 〔詩經〕無射於人斯. ②12율(律)의 하나. ¶無射. ③또. 늑亦. 〔春秋穀梁傳〕世子射姑來朝.
【射擊 사격】활·총 등을 쏨.
【射界 사계】사격할 수 있는 한계.
【射工 사공】물여우(蜮)의 딴 이름.
【射空中鵠 사공중곡】허청대고 쏜 화살이 과녁을 맞음. 무턱대고 한 일이 성공함.
【射宮 사궁】①천자(天子)가 대사례(大射禮)를 행하던 곳. ②향시(鄕試)에 합격한 사람을 고시(告示)하던 곳.
【射器 사기】활과 화살.
【射機 사기】화살이나 돌을 쏘는 장치. 쇠뇌.
【射殺 사살】활이나 총을 쏘아 죽임.
【射不主皮 사불주피】활을 쏠 때 과녁을 맞히는 것을 주로 하지 않음. 활을 쏘는 태도가 예에 맞는지 여부를 중요하게 여김.
【射御 사어】활쏘기와 말타기. 궁술(弓術)과 마술(馬術).
【射影 사영】⇨射工(사공).
【射藝 사예】활 쏘는 기예(技藝).
【射的 사적】①과녁. ②과녁을 쏨.
【射亭 사정】활량들이 모여 활을 쏘는 활터에 세운 정자.
【射精 사정】정액(精液)을 내쏨.
【射帖 사첩】❶사첩 ❷석첩 ❶활의 과녁. 射的(사적). ❷과녁을 쏨.
【射出 사출】①쏘아 내보냄. ②부챗살 모양으로 쫙 퍼져 나감.
【射倖 사행】우연한 이익을 얻고자 함.

【射鄕 사향】향사(鄕射)와 향음주(鄕飮酒)를 할 때의 예(禮).
【射侯 사후】①활 쏠 때의 과녁. ♻'侯'는 사방 10척(尺)의 과녁으로, 가운데에 곡(鵠)을 그림. ②과녁을 쏨. ③천자(天子)가 행하는 대사(大射)의 예(禮).
【射官 석관】관리(官吏)가 됨.
【射利 석리】수단과 방법을 가리지 않고 이익만 노림.
【射覆 석부】물건을 그릇으로 덮어 놓고 무엇인가를 알아맞히는 놀이.
【射石飮羽 석석음우】돌을 범인 줄 알고 활을 쏘았더니 깃까지 들어가 박힘. 열성(熱誠)이 지극하면 어떤 일이든지 성취할 수 있음.
【射中 석중】쏘아 맞힘.
【射招 석초】과녁을 쏨. ♻'招'는 과녁.
【射革 석혁】물소 가죽 방패를 쏨. 약한 활로 질긴 가죽을 쏘는 일. 꿰뚫지 못함.
❶亂-, 反-, 發-, 放-, 速-, 注-, 投-.

寸 7 【將】⑩ 將(474)과 동자

寸 7 【将】⑩ 將(474)의 속자

寸 8 【寽】⑪ 守(439)의 고자

寸 8 【尊】⑪ 守(439)의 고자

寸 8 【尉】⑪ 尋(476)과 동자

寸 8 【尉】⑪
❶벼슬 위 wèi
❷다리미 울 yùn, yù

대법원 지정 인명용 한자의 음은 '위'이다.
[字源] 會意. 尸+又+火→尉. 불(火)을 손(又)에 들고 위에서 아래로 내리눌러 주름을 편다(尸)는 데서 '다리다'의 뜻을 나타낸다.
[字解] ❶①벼슬, 벼슬 이름. 도둑의 무리를 치거나 옥사(獄事)를 다스리는 벼슬에 붙이는 이름. ¶校尉. ②위로하다. ※慰(644)의 고자(古字). 〔漢書〕以尉士大夫. ❷①다리미, 다리미로 주름을 펴다. =熨. 〔資治通鑑〕穆使渾拿尉斗於堅. ②성(姓).
【尉官 위관】대위, 중위, 소위 등의 총칭.
【尉安 위안】위로하여 마음을 편하게 해줌. 慰安(위안).
【尉斗 울두】다리미. 熨斗(울두).
❶校-, 大-, 都-, 准-.

寸 8 【將】⑪
❶장차 장 jiāng
❷장수 장 jiàng

寸部 8획 專

｜ㅣㅓㅓ´ㅓク ㅓ宁 ㅓ宁 將 將

[소전] 將 [초서] 𢪇 [동자] 将 [속자] 将 [간체] 将

【字源】形聲. 爿+寸→將. '爿(장)'이 음을 나타낸다.

【字解】 ❶ ①장차. ㉮막 ~하려 하다.〔禮記〕斯道也將亡矣. ㉯마땅히 ~하여야 한다.〔春秋左氏傳〕君人者將禍是務去. ②어찌. ≒何.〔春秋左氏傳〕將得已乎. ③오히려. ≒尚.〔列子〕旣爲盜矣, 仁將焉在. ④다만. ≒惟.〔春秋左氏傳〕寡人將君是望. ⑤만일, 만약, 혹은. ≒若.〔春秋左氏傳〕令尹將必來辱, 爲惠已甚. ⑥이, 이것. ≒此.〔春秋左氏傳〕將何事也, 且可飾乎. ⑦무릇, 대저. 전환(轉換)의 뜻을 나타낼 때 쓴다.〔孟子〕將爲君子焉, 將爲野人焉. ⑧거의, 대부분.〔孟子〕今滕絶長補短, 將五十里也. ⑨또한, 한편. ≒且.〔詩經〕將恐將懼. ⑩와, 과. ≒與.〔說苑〕有知將無知也. ⑪그리고, 그리하여. ≒而.〔孟子〕使民盼盼然將終歲勤動. ⑫함께, ~과 함께 하다.〔春秋左氏傳〕鄭伯將王, 自圉門入. ⑬써, ~으로써.〔戰國策〕蘇秦始將連橫, 說秦惠王. ⑭원하건대, 바라노라.〔詩經〕將子無怒. ⑮되다. ≒爲.〔論語〕固天縱之將聖. ⑯얻다. ≒得.〔陶潛·詩〕將非促齡具. ⑰돕다.〔詩經〕福履將之. ⑱지키다.〔漢書〕知我自將, 부처 보내다.〔詩經〕百兩將之. ⑳나아가다, 발전하다.〔詩經〕日就月將. ㉑전진(前進)시키다.〔詩經〕無將大車. ㉒차나 말을 몰다.〔史記〕爲人將車. ㉓다하다, 바치다.〔儀禮〕束帛加書將命. ㉔전하다, 전(傳)하여 주다.〔儀禮〕請還贄於將命者. ㉕행하다, 행동으로 옮기다.〔書經〕奉將天罰. ㉖받들다.〔周禮〕以時將瓚祼. ㉗가지다, 취하다.〔荀子〕吏謹將之. ㉘기르다, 양육하다.〔詩經〕天不我將. ㉙사라지다, 흘러가다.〔荀子〕時幾將矣. ㉚좇다, 순종하다.〔漢書〕九夷賓將. ㉛청하다, 원하다, 바라다.〔詩經〕將伯助予. ㉜거스르다, 거역하다.〔史記〕人臣無將. ㉝가지런히 하다, 정제하다. ≒牂.〔詩經〕或肆或將. ㉞크다. ≒奘.〔詩經〕亦孔之將. ㉟성(盛)하다. ≒壯.〔詩經〕鮮我方將. ㊱길다.〔楚辭〕哀余壽之弗將. ㊲곁. ≒傍.〔詩經〕在渭之將. ㊳성(姓). ❷①장수, 인솔자.〔呂氏春秋〕軍必有將. ②거느리다, 인솔하다.〔史記〕將軍擊趙.

【將計就計 장계취계】 저편의 계략을 미리 알아채고 그것을 역이용하는 계략.

【將校 장교】 소위 이상의 고급 무관.

【將近 장근】 ①머지않아. ②거의.

【將器 장기】 장수가 될 만한 기량(器量). 또는 그런 사람.

【將帶 장대】 거느림. 인솔함.

【將臺 장대】 장수가 올라서서 지휘하는 대(臺).

【將落之日 장락지일】 장차 지려는 해. ㉠석양(夕陽). ㉡늙어서 죽을 날이 가까움.

【將來 장래】 아직 오지 않은 미래.

【將略 장략】 장수로서의 지략(智略). 용병(用兵)의 계략.

【將領 장령】 ①통솔(統率)함. ②⇨將帥(장수).

【將牢 장뢰】 굳게 지켜 움직이지 않음.

【將命 장명】 ①장군의 명령. ②명령을 행함. ③말을 중간에 서서 전함.

【將牧 장목】 장수(將帥)와 지방 장관.

【將門有將 장문유장】 장군의 집안에서는 장군이 나옴.

【將兵 장병】 장교와 병사. 將卒(장졸).

【將士 장사】 장수와 병졸(兵卒). 將校(장교)와 병사. 將卒(장졸). 將兵(장병).

【將相 장상】 장수와 재상(宰相). 將軍(장군)과 대신(大臣).

【將相器 장상기】 대장(大將)이나 재상(宰相)이 될 만한 기량이 있는 인물.

【將攝 장섭】 조섭을 잘하여 몸을 튼튼히 함. 휴식(休息)함.

【將星 장성】 장군(將軍).

【將聖 장성】 거의 성인(聖人)에 가까움.

【將星隕 장성운】 대장이 진중(陣中)에서 죽음. 영웅이나 위인의 죽음.

【將率】❶장솔 ❷장수 ❶지휘함. 통솔함. ❷전군(全軍)을 지휘하는 대장. 將帥(장수).

【將帥 장수】 군대를 거느리는 장군. 군(軍)의 우두머리. 大將(대장). 將領(장령).

【將順 장순】 받아들여 순종함. 좇아 행함.

【將息 장식】 ①양생(養生)함. 섭생(攝生)함. 이별할 때, 또는 편지 끝에 쓰는 말. 將攝(장섭). 養息(양식). ②서거고 힘. 휴식하려고 함.

【將養 장양】 ①양육(養育)함. 將攝(장섭). ②⇨將順(장순).

【將御 장어】 거느려 다스림. 統御(통어).

【將迎 장영】 ①사람을 보냄과 맞음. ②보양(保養)함.

【將將 장장】 ①엄하고 바른 모양. ②옥(玉)이 부딪쳐 울려 나는 소리. 패옥(佩玉)의 소리. 鏘鏘(장장). ③소리가 어울려서 조화를 이룬 모양. ④종을 치는 소리. 鎗鎗(쟁쟁). ⑤말방울 소리. 鏘鏘(장장). ⑥떠들썩한 모양. ⑦매우 아름다운 모양. ⑧넓고 큰 모양.

【將材 장재】 장수가 될 만한 기량(器量).

【將種 장종】 장군 집안에 태어난 사람. 장군의 자손(子孫).

【將佐 장좌】 고급 무관(武官).

【將次 장차】 머지않아.

【將就 장취】 ①그런대로 맞춤. 임시변통함. ②㉠참음. 견딤. ㉡그런대로. 겨우겨우. ③[國] 나날이 진보함.

● 客－, 軍－, 老－, 大－, 代－, 猛－, 名－, 武－, 副－, 少－, 宿－, 良－, 勇－, 日就月－, 主－, 准－, 中－, 智－, 虎－, 驍－.

寸 8 【專】⑪ ❶오로지 전 [旡] zhuān ❷둥글 단 [團] tuán

一 丆 甴 叀 叀 帯 車 專 專

寸部 9획 尋

專 [소전][초서][간체]

【參考】대법원 지정 인명용 한자의 음은 '전'이다.

[字源] 形聲. 叀+寸→專. '叀(전)'이 음을 나타낸다.

[字解] ❶오로지, 오직 한 곬으로. 〔漢書〕其言專商鞅韓非之語也. ❷마음대로, 멋대로 하다. 〔淮南子〕所以制有司使無專行也. ❸섞이지 아니하다. 〔易經〕夫乾其靜也專. ❹홀로, 단독으로. 〔國語〕敢專承之. ❺독차지하다, 독점하다. 〔國語〕夫榮公好專利. ❻하나로 되다, 하나로 합쳐지다. 〔淮南子〕血氣能專於五藏. ❼사사로이. 〔荀子〕不敢專造家. ❽다스리다. 〔禮記〕爾專之. ❾한 장, 한 겹. 〔禮記〕有喪者專席而坐. ❿차다, 가득 차다. 〔郭璞·賦〕洪蚍專車. ⓫무겁다, 권세가 많다. 〔戰國策〕執輿文信君專. ⓬성(姓). ⓭말다. 〔禮記〕我喪於斯岾爾專之. ❷둥글다. ≒團.

【專車 전거】①수레에 가득함. ②물건이 큰 모양. ③차의 좌석을 독점함. ④現특별 열차, 임시 열차.

【專經 전경】①경학(經學)을 전공함. ②오로지 경서(經書)로 선비를 시험함.

【專閫 전곤】지방의 군무(軍務). 무인(武人)이 성문(城門) 밖에서 오로지 군사의 일을 맡음.

【專功 전공】전문적으로 연구함.

【專念 전념】한 가지 일에만 몰두함.

【專斷 전단】혼자 마음대로 일을 처리함.

【專擔 전담】혼자 도맡음. 專任(전임).

【專對 전대】독단으로 자유로이 응답함.

【專對之材 전대지재】외국에 사신으로 가서 혼자 능히 응대할 만한 재간을 지닌 사람.

【專利 전리】①이익을 독점함. ②한결같이 날카로움. 專一銳利(전일예리).

【專賣 전매】특정 상품의 매매를 독점함.

【專命 전명】①제 마음대로 명령함. ②명령을 기다리지 않고 마음대로 일을 행함.

【專門 전문】한 분야에 전력을 다함.

【專美 전미】미명(美名)을 혼자 차지함.

【專房 전방】방을 독점함. 처첩(妻妾)들 가운데 한 사람이 총애를 독차지함.

【專殺 전살】제멋대로 죽임.

【專習 전습】오로지 그 일만을 익힘. 전문으로 배움. 專攻(전공).

【專心一意 전심일의】마음을 오로지 한 가지 일에만 쏟음.

【專業 전업】전적으로 종사하는 일.

【專威 전위】위엄을 오로지함. 위세(威勢)를 혼자서 부림.

【專爲 전위】제멋대로 함.

【專意 전의】뜻을 오로지 한 곳에만 기울임.

【專人 전인】어떤 일을 위하여 특별히 보냄. 專足(전족). 專伻(전팽).

【專恣 전자】제멋대로임. 방자(放恣)함.

【專專 전전】오로지함. 한결같이 함.

【專征 전정】①천자(天子)의 명(命)을 받고 정벌(征伐)을 오로지함. ②천자의 명을 기다리지

고 마음대로 정벌함.

【專精 전정】①한결같이 순수함. ②정신을 한 가지 일에 쏟음.

【專制 전제】①독단(獨斷)으로 일을 처리함. 정사(政事)를 마음대로 함. ②관리가 멋대로 법문(法文)을 늘림.

【專足 전족】긴급한 일로 특별히 파견하는 사람. 專人(전인).

【專主 전주】제 마음대로 함. 專斷(전단).

【專州 전주】주(州)를 오로지함. 곧, 지방 장관.

【專執 전집】제멋대로 받아들임. 멋대로 해석함.

【專策 전책】전단(專斷)의 책략(策略).

【專擅 전천】오로지 마음대로 함.

【專輒 전첩】제멋대로 행동함. ◎'輒'도 '專'의 뜻.

【專寵 전총】총애를 한 몸에 받음.

【專愎 전퍅】방자(放恣)해서 사리에 어긋남.

【專行 전행】마음대로 행함.

【專橫 전횡】권세를 독차지하여 제 마음대로 함. 專恣(전자).

○ 驕−, 獨−, 自−, 貞−, 精−, 靜−.

尋 ⑫ 찾을 심 [甲] xún

尋 [소전][초서][동자][고자][간체]

[字源] 會意. 又+工+口+寸→尋. 난리〔工·口〕를 법도〔寸〕에 따라 손〔又〕으로 다스린다는 뜻. 어떻게 하는 것이 법도에 맞게 다스리는 것일까의 실마리를 찾아야 한다는 데서 '찾다'의 뜻을 나타낸다.

[字解] ❶찾다. ㉮보거나 만나기 위하여 찾다. ¶ 尋訪. ㉯얻어 내려고 뒤지다. 〔陶潛·辭〕旣窈窕以尋壑. ㉰알기 위하여 캐묻다. 〔北史〕硏精尋問. ②생각하다. 〔謝靈運·詩〕退尋平常時. ③보통, 평소. ¶ 尋常. ④잇다. ㉮계승하다. 〔春秋公羊傳〕尋舊盟也. ㉯뒤를 이어달다. 〔梁書〕存問相尋. ⑤첨가하다, 거듭하다. ≒燖. 〔春秋左氏傳〕曰必尋盟, 若可尋也, 亦可寒也. ⑥쓰다, 사용하다. 〔春秋左氏傳〕日尋干戈. ⑦치다, 토벌하다. 〔國語〕夫三軍之所尋. ⑧미치다, 이르다. 〔漢書〕寖尋於泰山矣. ⑨갑자기, 얼마 되지 아니하여. 〔舊唐書〕開元十二年, 罷行軍參謀, 尋復置. ⑩발. 두 팔을 벌린 길이. 7자〔尺〕 또는 8자라는 두 가지 설이 있다. 〔詩經〕是尋是尺. ⑪자〔尺〕. 〔柳宗元·傳〕所職尋引規矩繩墨. ⑫의지하다.

【尋求 심구】찾음. 搜索(수색).

【尋究 심구】물어서 밝혀냄. 尋討(심토).

【尋矩 심구】규칙. 법칙.

【尋盟 심맹】옛 맹세를 새로이 함. ◎'尋'은 거듭하다의 뜻.

【尋問 심문】①캐물음. ②⇨尋訪(심방).

【尋味 심미】깊은 정취(情趣)를 찾음.

【尋芳 심방】아름다운 경관(景觀)을 찾아가 감

寸部 9획 尉 尊　477

상(鑑賞)하고 즐김.
【尋訪 심방】 사람을 찾아봄. 尋問(심문).
【尋思 심사】 마음을 차분하게 하여 사색함.
【尋常 심상】 ①대수롭지 않음. 예사로움. 보통임. ②얼마 안 되는 거리나 넓이. ◯'尋'은 8척(尺), '常'은 1장(丈) 6척.
【尋繹 심역】 ①되풀이해서 행함. 재삼 복습함. ②사리(事理)를 궁구함.
【尋人 심인】 사람을 찾음. 찾는 사람.
【尋引 심인】 자. 尺度(척도).
【尋章 심장】 장(章)마다 깊이 파고듦.
【尋章摘句 심장적구】 ①자그마한 장(章) 하나, 구(句) 하나를 천착(穿鑿)함. 시문(詩文)을 짓는 데 자구(字句)를 다듬음. ②國옛사람의 글귀를 여기저기서 따옴.
【尋討 심토】 깊이 살펴 찾음. 尋究(심구).
【尋行數墨 심행수묵】 ①글자 수나 줄 수에 얽매여 글 짓는 데 고심함. ②문자에 구애되어 도리에 밝지 못함.
◐ 考-. 究-. 訪-. 思-. 千-. 追-. 探-.

寸
9 【尉】⑫ 尉(474)와 동자

寸
9 【尊】⑫ ❶높을 존 园 zūn
　　　 ❷술통 준 园 zūn

[소전][획체][초서][속자][간체]

[參考] 대법원 지정 인명용 한자음은 '존'이다.
[字源] 會意. 酋+廾→尊. 두 손[廾]을 모아 술통을 떠받들고 있는 모양으로, 뒤에 '廾'를 '寸'으로 바꾼 것은 술을 윗사람이나 신(神)에게 올리는 데에는 법도[寸]가 있어야 한다는 생각에서이다.
[字解] ❶①높다. ㉮높이가 높다. 〔易經〕天尊地卑. ㉯지위가 높다. 〔荀子〕執位至尊. ②높이다. ㉮지위를 높이다. 〔中庸〕尊其位, 重其祿. ㉯윗사람을 높이다, 존경하다. 〔禮記〕夫禮者, 自卑而尊人. ㉰높임말을 쓰다. ¶尊稱. ③우러러보다. 〔論語〕尊五美. ④중히 여기다, 소중하게 생각하다. 〔孟子〕尊德樂義. ⑤무겁다, 소중하다. 〔淮南子〕名尊於實. ⑥높은 사람. 임금·부형(父兄) 등을 이르는 말. 〔禮記〕養尊者必易服. ⑦관리(官吏), 벼슬아치. 〔蜀志〕宜一來與州尊相見. ⑧어떤 경향으로 향하다. ≒撙. 〔後漢書〕沛獻尊節. ⑨성(姓). ⑩신불(神佛)의 상(像)을 세는 말. 일좌(一座)를 일존(一尊)이라 한다. 〔儒林外史〕壁桌上供着一尊觀音. ❷
①술통, 술단지. ≒樽.〔禮記〕尊用犧象山罍.
②따르다, 좇다. ≒遵.

〔墨子〕君尊用之.
【尊庚 존경】 남의 나이의 높임말.
【尊敬 존경】 높여 공경함.
【尊經 존경】 경서(經書)를 존중함.
【尊高 존고】 귀하고 높음. 또는 그 신분.
【尊貴 존귀】 높고 귀함. 또는 그러한 사람.
【尊堂 존당】 남의 어머니의 높임말.
【尊大 존대】 ①교만하게 뽐냄. ②벼슬이 높고 귀함. ③벼슬이 높고 큰 체함.
【尊待 존대】 높이 대하거나 대접함.
【尊名 존명】 ①훌륭한 명예. ②제호(帝號). ③이름을 존중함. ④존귀한 이름. 곧, 남의 이름의 경칭(敬稱).
【尊命 존명】 ①사시(四時) 정교(正教)의 명령을 존중함. ②남의 명령의 높임말.
【尊無二上 존무이상】 최상의 귀한 것에는 둘이 없음. 가장 귀한 것은 오직 하나임.
【尊問 존문】 ①남의 물음의 높임말. ②방문(訪問)의 높임말.
【尊卑 존비】 신분이나 지위의 높고 낮음.
【尊師 존사】 ①스승을 존경함. ②도사(道士)에 대한 존칭(尊稱).
【尊像 존상】 ①천자(天子)의 옥체(玉體). ②유덕(有德)한 사람의 상(像).
【尊屬 존속】 부모와 같은 항렬 이상의 친족.
【尊宿 존숙】 (佛)학문과 덕행이 뛰어나 남의 사표가 될 만한 승려. 尊老(존로).
【尊崇 존숭】 존경하고 숭배함.
【尊信 존신】 존경하고 신뢰함.
【尊身忽物 존신올물】 자기 몸을 소중히 하고 외물을 소홀히 함.
【尊顔 존안】 어른의 모습에 대한 높임말.
【尊仰 존앙】 존경하고 추앙함.
【尊嚴 존엄】 ①존귀하고 엄숙함. ②國㉠지위나 인품이 높아서 범할 수 없음. ㉡임금의 지위.
【尊榮 존영】 지위가 높고 영화로움.
【尊影 존영】 남의 화상이나 사진의 높임말. 尊照(존조).
【尊王攘夷 존왕양이】 왕실을 높이고 이적(夷狄)을 물리침. 尊攘(존양).
【尊意 존의】 남의 의사(意思)의 높임말.
【尊儀 존의】 ①(佛)불타(佛陀)·보살(菩薩)의 형체. ②귀인(貴人)의 초상·위패에 대한 높임.
【尊異 존이】 존경하여 특별히 대우함.
【尊者 존자】 ①웃어른. 尊長(존장). ②(佛)덕(德)·행(行)·지(智)를 구비한 사람.
【尊爵 존작】 고귀한 자리. 존귀한 작위(爵位).
【尊獎 존장】 공경하여 도움.
【尊正 존정】 남의 부인(夫人)의 경칭(敬稱).
【尊重 존중】 ①높이고 중하게 여김. ②지위가 높고 권세가 많음.
【尊戚 존척】 고귀한 혈통. 지위가 높은 친척.
【尊寵 존총】 ①아끼고 사랑함. 존중하여 총애함. ②國남의 총애에 대한 높임말.
【尊稱 존칭】 특정 대상을 높여 부르는 호칭.
【尊銜 존함】 남의 성명(姓名)을 높여 부르는 말.
【尊見 존현】 부모를 만나 뵙는 일.

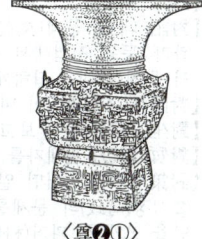
〈尊❷①〉

【尊賢 존현】①현인(賢人)을 존경함. ②존귀하고 현명함. 또는 그 사람.
【尊顯 존현】지체가 높고 이름이 드러남.
【尊兄 존형】동년배에 대한 높임말.
【尊號 존호】①남을 높여 부르는 칭호. ②왕·왕비의 덕을 칭송하여 올리던 칭호.
【尊候 존후】주로 편지 글에 쓰는, 남의 건강 상태의 높임말.
【尊所 준소】제향 때에 준상(樽床)을 차리는 곳. 樽所(준소).
【尊俎 준조】연회석(宴會席). ◯'尊'은 술 그릇, '俎'는 제기(祭器).
【尊俎折衝 준조절충】병력(兵力)을 쓰지 않고, 적의 군신 사절(君臣使節)과 회합하여 주연을 베푼 자리에서 외교로써 평화롭게 자기 나라의 세력을 넓힘.
● 本-, 三-, 釋-, 世-, 嚴-, 唯我獨-, 自-, 至-, 天-地卑, 推-, 追-.

【尌】⑫세울 주 圍 shù
 ①세우다, 서다. ≒樹. ②종, 하인(下人). ¶尌子.
【尌子 주자】종. 아이종.

【尋】⑬尋(476)의 고자

【對】⑭대답할 대 國 duì

[glyph variants shown]

字源 會意. 丵+口+寸→ 對→対. 입(口)으로 자유롭게〔丵〕응대하되 법도〔寸〕에 맞게 한다는 데서 '대답하다'의 뜻을 나타낸다.

字解 ①대답하다. 〔詩經〕聽言則對. ②대하다. ㉮앞에 두고 마주 대하다. 〔舊唐書〕猶對面語耳. ㉯접촉하여 관계를 맺다. ¶對敵. ㉰행위의 대상으로 하다. ③대. ㉮짝, 배우자. 〔後漢書〕擇對不嫁. ㉯상대, 적대자. 〔吳志〕劉備今在境界, 此彊對也. ㉰두 짝을 합해 한 벌이 되는 물건을 세는 단위. ㉱사물과 사물의 대비나 대립을 나타낼 때 쓰는 말. ㉲~에 대한. ㉳서로 대립되게 짝을 만드는 수사적 표현. ¶對句. ㉴國장기에서 쌍방이 말 하나씩을 서로 바꾸어 따 먹고 없애 버리는 일. ④만나다. 〔後漢書〕貞期難對. ⑤같다, 동일하다. 〔呂氏春秋〕本大而莖葉格對. ⑥이루다, 성하게 하다. 〔經〕對揚王休. ⑦소(疏)의 한 체. 임금의 물음에 대하여 의견을 적어 올리는 글. 〔文心雕龍〕公孫之對, 簡而未博. ⑧다스리다.
【對勘 대감】이해를 달리하는 두 사람을 대질시켜 조사함.
【對客 대객】①손님의 물음에 대답하여 줌.

②손님을 마주 대함.
【對決 대결】서로 맞서 승부를 가림.
【對境 대경】객관(客觀)의 사물. 對象(대상).
【對局 대국】①어떤 상황에 마주함. ②장기나 바둑을 둠.
【對談 대담】마주하여 이야기를 나눔.
【對待 대대】쌍방이 서로 마주 섬.
【對頭 대두】적(敵). 적수(敵手). 對敵(대적).
【對等 대등】①서로 견주어 낫고 못함이 없음. ②서로 대하는 데 어떤 차별을 둠이 없음.
【對聯 대련】①시문(詩文) 등에서 대(對)가 되는 연(聯). ②문이나 기둥에 써 붙이는 글귀.
【對壘 대루】적을 상대하기 위하여 흙으로 쌓은 성(城).
【對立 대립】마주 보고 서거나 적대함.
【對辯 대변】어떤 사람이나 기관을 대신하여 그의 의견이나 입장을 발표함.
【對備 대비】어떤 일에 대처하기 위해 미리 준비함.
【對象 대상】①목표가 되는 사물. ②인식 작용의 객체.
【對笑顏唾亦難 대소안타역난】國웃는 낯에 침 못 뱉는다. 좋게 대하는 사람에게는 미워도 괄시하기 어려움.
【對手 대수】기량(技倆)이 엇비슷한 상대. 상대할 만한 적수(敵手).
【對食 대식】①마주 앉아서 먹음. ②궁인(宮人)끼리 짝이 되어 부부가 됨.
【對岸 대안】건너편 언덕.
【對揚 대양】임금의 명령에 부응하여 그 뜻을 천하에 폄.
【對譯 대역】원문과 맞추어 번역함.
【對偶 대우】①짝. ②시문(詩文)의 대구. ③어떠한 명제에 대하여 종결을 부정한 것을 가설로 하고, 가설을 부정한 것을 종결로 한 명제.
【對耦 대우】대등한 짝. 곧, 부부(夫婦).
【對牛彈琴 대우탄금】소를 위하여 거문고를 탐. 어리석은 사람에게 도를 깨치게 해도 되지 않음. 牛耳讀經(우이독경).
【對應 대응】①서로 마주 대함. 상대함. ②상대에 따라 일을 함. ③쌍방이 서로 같음. 서로 어울림.
【對酌 대작】마주하고 술을 마심.
【對仗 대장】①호위하는 병사와 마주 대하는 일. 당대(唐代)에 승지(承旨)가 주청(奏請)할 때 기밀을 지키기 위하여 시행하였음. ②시부(詩賦)의 대우(對偶).
【對敵 대적】적과 마주함.
【對詔 대조】문체(文體)의 이름. 한대(漢代)에 관리 등용 시험에서 정사(政事), 경의(經義)에서 문제를 내어 답하게 하던 일.
【對照 대조】맞대어 비교함.
【對坐 대좌】마주 보고 앉음.
【對質 대질】관계자를 대면시켜 캐물음.
【對策 대책】①어떤 일에 대처할 계획이나 수단. ②시정(時政)의 문제를 제시하고 그에 대한 답안을 쓰게 한 과거(科擧) 시험 과목의 하나.

【對處 대처】 어떤 상황에 대하여 조치함.
【對蹠 대척】 서로 정반대임.
【對峙 대치】 서로 마주 섬. 對立(대립).
【對匹 대필】 배우자(配偶者). 配匹(배필).
【對抗 대항】 서로 맞서 겨룸.
【對向 대향】 두 사람이 마주 대함.
【對壕 대호】 적을 공격하기 위하여 만든 산병호(散兵壕).
【對話 대화】 서로 마주 대하여 하는 이야기.
○ 反-, 相-, 應-, 敵-, 絶-.

寸₁₃ 【對】 ⑯ 對(478)와 동자

寸₁₃ 【導】 ⑯ 이끌 도 dǎo

形聲. 道+寸→導. '道(도)'가 음을 나타낸다.
①이끌다, 안내하다, 인도하다, 유도하다. ㉠길잡이를 하다. 〔孟子〕君將使人導之出疆. ㉡유인하다, 권하다. 〔論語〕導之以政. ㉢앞장서다, 앞서다. 〔呂氏春秋〕忠信以導之. ㉣가르치다, 가르쳐 인도하다. 〔國語〕則德以導諸侯. ②간하다, 충고하다. 〔淮南子〕導於左右. ③통하게 하다, 소통하다. 〔國語〕川者決之使導. ④계몽하다, 깨우치다. 〔國語〕將導利而布之上下者也. ⑤이루다, 닿다. 〔國語〕夫天道導而省否. ⑥다스리다. 〔論語〕導千乘之國. ⑦인도(引導). ㉠길잡이. 〔國語〕候人爲導. ㉡가르침, 교훈(敎訓). 〔晉書〕光導弘訓. ㉢선구(先驅). 〔五代史〕誤衝其先導. ⑧빗치개. ⑨고르다, 뽑다. 〔後漢書〕導擇之勞. ⑩행하다, 행동으로 옮기다. 〔國語〕而導之以訓辭.
【導呵 도가】 꾸짖고 이끎.
【導達 도달】 ①이끌어서 이르게 함. ②國윗사람이 알지 못하는 사정을 아랫사람이 때때로 넌지시 알려 줌.
【導師 도사】 〔佛〕①중생을 불도(佛道)로 인도하는 승려. ②죽는 사람을 불도로 인도하는 일을 맡은 승려.
【導言 도언】 중매(仲媒)하는 말.
【導迎 도영】 잘 인도하여 맞이함.
【導誘 도유】 꾀어서 이끎. 誘導(유도).
【導引 도인】 ①길을 인도함. ②신선한 공기를 몸 안에 끌어들인다는 도교(道敎)의 양생법(養生法).
【導入 도입】 끌어들임.
【導從 도종】 앞뒤의 수행원.
【導體 도체】 전기나 열을 전달하는 물체.
【導火 도화】 ①폭약을 터뜨리기 위하여 옮아 붙게 하는 불. ②사건이 일어나는 동기.
【導訓 도훈】 이끌어 가르침. 訓導(훈도).
○ 敎-, 輔-, 先-, 善-, 誘-, 引-, 前-, 傳-, 指-, 唱-, 嚮-, 訓-.

小 部

3획 부수 | 작을소부

小₀ 【小】 ③ 작을 소 xiǎo

會意. 八+丨→小. 아주 미세한 물건(丨)을 둘로 나눈다는 데서 '작다'라는 뜻을 나타낸다.
①작다. 〔論語〕管仲之器小哉. ②적다. 늑少. 〔易經〕力小而任重. ③짧다, 시간적으로 짧다. 〔莊子〕小年不及大年. ④낮다, 지위가 낮다. ⑤어리다. ㉠어리다, 젊다. 늑幼. 〔晉書〕我小未能營養. ⑥협소하다, 좁다. 〔書經〕好問則裕, 自用則小. ⑦작다고 여기다, 가볍게 여기다. 〔春秋左氏傳〕必小羅. ⑧첩(妾). 〔詩經〕慍于群小. ⑨삼가다, 주의하다. ¶ 小心. ⑩조금, 적게. 〔荀子〕小齊則治鄰敵. ⑪소인. ㉠도량이 좁은 사람. 〔漢書〕衆小在位. ㉡어린이, 나이 어린 사람. 〔北史〕老小殘疾. ㉢천한 사람, 신분이 낮은 사람. 〔晉書〕好與群小遊戲. ⑫작은, 조그마한. ⑬작은달. 음력에서 그 달의 날수가 30일이 못 되는 달. ¶ 小月. ⑭겸양의 뜻을 나타내는 말. ¶ 小子.
【小苛 소가】 번거롭고 귀찮음.
【小家 소가】 ①세가백가(諸子百家)의 하나. 소설가(小說家). ⑴일가(一家)를 이룬 사람. ②작은 집, 가난한 집. ③첩(妾). 첩의 집.
【小暇 소가】 잠깐 동안의 짧은 겨를.
【小駕 소가】 천자가 타는 약식(略式)의 수레.
【小家女 소가녀】 빈천(貧賤)한 집의 딸.
【小家子 소가자】 미천(微賤)한 사람. 신분이 천하고 재학(才學)이 없는 사람.
【小閣 소각】 ①조그마한 누각(樓閣). ②부녀(婦女)들의 방.
【小簡 소간】 ①작은 대쪽. ②짤막한 편지. ③國좁고 작은 간지(簡紙).
【小康 소강】 ①소란하던 세상이 조금 안정됨. 잠시 무사함. ②정치(政治)·교화(敎化)가 잘 행해져서 세상이 태평함. ③부역(賦役)을 줄여 백성을 편히 쉬게 함. ④얼마간의 재산이 있어 생활에 지장이 없는 일.
【小憩 소게】 잠깐 쉼.
【小徑 소경】 작은 길. 좁은 길.
【小經 소경】 권수(卷數)가 적은 경서(經書). 주역(周易)·상서(尙書)·춘추(春秋) 따위.
【小計 소계】 작은 부분의 합계.
【小薊 소계】 조방가새의 뿌리. 지혈제(止血劑)·해독제(解毒劑)로 씀.
【小姑 소고】 남편의 누이. 시누이.
【小鼓 소고】 한 면만 가죽으로 꾸민 조그마한 북. 두 개의 채로 침. 單皮鼓(단피고).
【小古風 소고풍】 國한시체(漢詩體)의 한 가지.

운을 달지 않으며 칠언(七言) 십구(十句)로 되어 있음.

【小曲 소곡】①조금 굽음. ②속된 노래. 촌스러운 노래. ③짤막한 곡조.

【小功 소공】①오복(五服)의 하나. 소공친(小功親)의 상사(喪事)에 다섯 달 동안 입는 복제(服制). ②얼마의 공로(功勞). 작은 공.

【小共 소공】작은 옥(玉). 小球(소구).

【小科 소과】조선 때, 생원(生員)과 진사(進士)를 뽑던 과거.

【小官 소관】관리가 스스로를 일컫는 말.

【小巧 소교】①잔손이 많이 가는 수공. ②교묘하게 다룸.

【小舅 소구】①어머니의 아우. 외숙(外叔). ②배우자(配偶者)의 형제. 처남(妻男).

【小君 소군】①제후의 신하가 그 제후의 아내를 부르는 말. ②아내의 통칭(通稱). ③고려 때 왕후 이외의 몸에서 태어나 승려가 된 왕자를 일컫던 말.

【小屈 소굴】조금 굽혀서 후일의 대성을 기함.

【小己 소기】천하고 하찮은 사람. 개인(個人)을 이르는 말.

【小朞 소기】☞小祥(소상).

【小娘子 소낭자】자기의 딸, 또는 남의 딸을 이르는 말.

【小年 소년】①1년 정도의 세월. ②짧은 수명(壽命). ③나이가 어림. 少年(소년). ④음력 12월 24일. 이날 부엌신을 제사 지냄.

【小年夜 소년야】①음력 12월 24일. ②제야(除夜)의 하루 전날. ③절강(浙江)·해녕(海寧) 지방에서는 정월(正月) 초이틀.

【小膽 소담】담력이 작음. 용기가 없음.

【小大朞 소대기】☞小大祥(소대상).

【小大祥 소대상】소상(小祥)과 대상(大祥).

【小道 소도】①작은 길. ②이단(異端). 제자백가(諸子百家)를 이름. ③도사(道士)가 자기 자신을 낮추어 이르는 말. ④협소한 도의(道義). 보잘것없는 도덕(道德).

【小頓 소돈】잠깐 쉼. 조금 쉼.

【小童 소동】①아이. ②제후(諸侯)의 아내가 남편에게 자기를 낮추어 이르는 말. ③상(喪)을 입고 있을 때에 임금이 스스로를 일컫는 말.

【小豆 소두】①낟알이 작은 콩. ②팥.

【小杜 소두】만당(晩唐)의 시인 두목(杜牧). 두보(杜甫)를 노두(老杜)라 하는 데 대한 말.

【小鑼 소라】악기 이름. 징. 후위(後魏)의 선무(宣武) 때부터 있었음.

【小郞 소랑】시집간 여자가 시동생을 이르는 말.

【小來 소래】소년(少年).

【小殮 소렴】시체를 옷과 이불로 싸는 일.

【小錄 소록】①과거(科擧)의 제명록(題名錄). ②조그마한 기록.

【小牢 소뢰】제사에 쓰려고 잡은 양(羊).

【小滿 소만】24절기의 하나. 입하(立夏)의 다음으로, 양력 5월 21일경.

【小賣 소매】물건을 도거리로 사서 조금씩 나누어 팖.

【小麥奴 소맥노】밀깜부기.

【小命 소명】①작은 일의 명령. ②젊어서 죽음.

【小方 소방】①소두목(小頭目). 渠首(거수). ②방술(方術). ③소아과(小兒科).

【小辟 소벽】사형(死刑) 이외의 형벌.

【小便 소변】오줌.

【小補 소보】조그마한 보충. 많지 않은 이익.

【小服 소복】도검(刀劍) 등을 씌우는 칼집의 한 가지.

【小腹 소복】아랫배.

【小僕 소복】젊은 종.

【小婦 소부】①첩(妾). 작은집. ②젊은 여자. 少婦(소부).

【小使 소사】심부름꾼.

【小産 소산】유산(流産). 半産(반산).

【小相 소상】제왕(帝王)의 예(禮)를 돕는 사람.

【小祥 소상】죽은 뒤 1년 되는 날에 지내는 제사. 一周忌(일주기).

【小生 소생】나이와 지체가 위인 사람에 대한 자신의 겸칭.

【小序 소서】①짧은 머리말. ②문체(文體) 이름. 시문(詩文) 앞에 저작(著作)의 뜻을 간략하게 적은 것.

【小暑 소서】24절기의 하나. 하지(夏至)의 다음으로, 양력 7월 7일경.

【小鮮 소선】작은 물고기.

【小雪 소설】24절기의 하나. 입동(立冬)의 다음으로, 양력 11월 23일경.

【小成 소성】①작은 일을 성취함. 작은 성공. ②과거(科擧)의 소과(小科)에서 초시(初試), 또는 종시(終試)에 합격함.

【小姓 소성】신분이 천한 사람의 딸.

【小星 소성】①작은 별. ②첩(妾).

【小小 소소】①극히 작음. 些少(사소). ②나이가 어림. 젊음.

【小瑣 소쇄】얼마 안 됨. 많지 않음.

【小水 소수】①작은 강. 시내. ②오줌.

【小豎 소수】어린 녀석. 못난 자식. 남을 무시하여 이르는 말.

【小乘 소승】(佛)지식과 이론에 의하여서가 아니라 멸신고행(滅身苦行)에 의하여 극락세계에 제도한다고 하는 불교 교리의 한 갈래.

【小臣 소신】①신분이 낮은 신하. ②임금에 대하여 신하가 자기를 일컫는 말.

【小室 소실】첩. 작은집.

【小心 소심】①도량이 좁음. ②대담하지 못하고 지나치게 겁이 많음.

【小心謹慎 소심근신】매우 조심하여 잔일에도 주의를 게을리 하지 않음.

【小心文 소심문】문체(文體)의 이름. 미세(微細)한 점까지 주도면밀하게 논의한 문체.

【小心翼翼 소심익익】공경하는 마음으로 삼가는 모양.

【小兒 소아】①어린아이. ②하찮은 사람.

【小弱 소약】①작고 힘이 약함. 또는 그런 사람이나 나라. ②어리고 약함.

【小洋 소양】화폐 이름. 은으로 작게 만든 돈.

【小恙 소양】 조금 앓는 병. 微恙(미양).
【小汙 소오】 ①약간 천함. ②병과 죽음.
【小用 소용】 ①약간의 소용(所用). ②오줌.
【小遺 소유】 오줌. 小便(소변).
【小戎 소융】 병거(兵車)의 이름. ◯큰 것을 '元戎', 작은 것을 '小戎'이라 함.
【小隱 소은】 ①소덕(小德)의 은자(隱者). 세상을 싫어하여 피하고는 있으나 아직 마음이 철저하지 못한 은자. ②은자의 조그마한 집.

〈小戎〉

【小人 소인】 ①일반 민간인. 庶民(서민). ②덕(德)이 없는 사람. 수양(修養)이 부족한 사람. 마음이 간사한 사람. ③사동(使童). 노복(奴僕). ④자기 자신의 겸칭. ⑤몸집이 작은 사람.
【小引 소인】 짧은 서문(序文).
【小人儒 소인유】 ①명리(名利)만을 구하는 덕(德)이 없는 학자. ②고대에 상례(喪禮) 등 종교적 의례(儀禮)를 전문적으로 집행하는 사람.
【小人革面 소인혁면】 간사한 사람도 밝은 임금이 재위(在位)하면 마음까지는 고치지 못할지라도 외면만은 꾸며 나쁜 일을 함부로 하지 않음.
【小一 소일】 지극히 작은 것.
【小子 소자】 ①아이. 小兒(소아). 童子(동지). ②아들이 부모에 대하여 자기를 이르는 말. ③스승이나 어른이 제자나 손아랫사람을 부르는 말. ④수양이 부족한 사람. ⑤남을 업신여겨 부르는 말.
【小字 소자】 ①어릴 때 부르던 이름. 幼名(유명). ②작은 글자. 細字(세자).
【小疵 소자】 조그마한 홈집. 小過(소과).
【小字文書 소자문서】 여진(女眞)의 글. 우리나라에는 고려 때 전습했다고 함.
【小子後生 소자후생】 젊고 학문 수업 중인 사람. 연소(年少)한 후진(後進)의 무리.
【小作 소작】 圀남의 전답을 빌려 경작함.
【小姐 소저】 ①미혼녀(未婚女)의 통칭(通稱). 處女(처녀). ②남의 딸에 대한 경칭(敬稱).
【小底 소저】 ①어린 사람. ②사역(使役)되는 사람. 소리(小吏). 노복(奴僕). ㉠백성이 벼슬아치에 대하여 자기를 이르던 말. ㉡종이 주인에 대하여 자기를 이르던 말. ③오대(五代) 때 군관(軍官)의 이름.
【小篆 소전】 서체(書體)의 하나. 진시황(秦始皇) 때에 이사(李斯)가 창시(創始)하였다고 함.
【小除 소제】 제석(除夕) 하루 전날.
【小照 소조】 ①소형(小形)의 사진. ②자기의 사진 초상을 겸손히 이르는 말.
【小朝廷 소조정】 ①규모가 조정과 같음. ②굴욕을 달게 받으며 약소국이 되는 일.
【小族 소족】 신분(身分)이 낮은 집안. 신분이 미

천(微賤)한 가계(家系).
【小宗 소종】 대종(大宗)에서 여럿으로 갈려 나간 방계(傍系).
【小鍾 소종】 조그마한 술잔.
【小鐘 소종】 편종(編鐘) 중 작은 종.
【小坐 소좌】 궁중(宮中)의 휴게실. 궁중의 정침(正寢) 곁에 있는 객실(客室).
【小至 소지】 동지(冬至)의 하루 전날.
【小盡 소진】 음력 작은달의 그믐날.
【小次 소차】 작은 장막(帳幕). 춘분(春分)에 오제(五帝)를 제사 지내고 물러나 있는 곳.
【小參 소참】 (佛)①선가(禪家)에서 주지(住持)가 임시로 방장(方丈)에 승려들을 모아 놓고 행하는 시회(示誨), 또는 설법(說法). ②불도(佛道)를 닦는 사람이 스승과 수시로 문답하는 일.
【小妾 소첩】 ①나이 어린 첩. ②여자가 자신을 낮추어 이르는 말.
【小醜 소추】 소인(小人)의 무리. 小人輩(소인배). ◯'醜'는 '類'로 '무리'를 뜻함.
【小春 소춘】 음력 10월의 딴 이름.
【小寢 소침】 ①쉬는 방. 寢室(침실). ②천자(天子)나 제후(諸侯)가 거처하는 침실. 중앙에 있는 정전(正殿)을 노침(路寢), 그 양쪽에 있는 편전(便殿)을 소침(小寢)이라 팜.
【小貪大失 소탐대실】 圀작은 것을 탐하다가 큰 것을 잃음. 貪小失大(탐소실대).
【小偸 소투】 좀도둑. 小盜(소도).
【小波 소파】 잔물결. 물놀이.
【小圃 소포】 작은 남새밭 따위.
【小品 소품】 크기가 작은 그림이나 문량이 적은 문학 작품.
【小學 소학】 ①태자(太子)·왕자(王子)·제후(諸侯)의 아들 및 공경대부(公卿大夫)의 적자(嫡子)에게 소절(小節)·소의(小義)·소예(小藝)를 가르치던 학교. ②글자의 형상(形象)·훈고(訓詁)·음운(音韻) 등을 연구하는 학문. ③송대(宋代)에 유자징(劉子澄)이 주희(朱熹)의 가르침을 받아 옛 책에서 예법(禮法)과 선행(善行) 등의 내용을 뽑아 편찬한 책.
【小寒 소한】 24절기의 하나. 동지와 대한 사이에 있어, 양력 1월 5일경에 듦.
【小閑 소한】 얼마 안 되는 여가. 잠깐의 틈.
【小奚 소해】 14, 15세 나이로 노역에 종사하는 사람. 젊은 하인(下人).
【小慧 소혜】 조그마한 슬기. 小智(소지).
【小戶 소호】 ①주량(酒量)이 적은 사람. ②작은 집. 가난한 집.
【小紅 소홍】 ①상복(喪服)의 이름. 小功(소공). ②조그마한 붉은색의 과일.
【小話 소화】 짤막한 이야기.
【小鬟 소환】 ①머리를 조그맣게 쪽을 찜. ②천한 여자.
【小茴香 소회향】 회향(茴香)의 하나. 산증(疝症), 요통(腰痛) 따위에 약으로 씀.
【小侯 소후】 ①사이(四夷)의 임금. ②제후가 아니면서 제후의 대우를 받는 사람.
【小醺 소훈】 술이 약간 취함. 술이 얼근하게 취

함. 微醺(미훈). 微醉(미취).
○ 輕-, 群-, 極-, 短-, 大-, 微-, 細-, 少-, 瑣-, 弱-, 矮-, 最-, 縮-, 貪-, 失大, 狹-.

小 1 【少】④ ❶적을 소 篠 shǎo
❷젊을 소 嘯 shào

ノ 小 小 少

[소전][소전][초서] 力 [字源] 形聲. 小+ノ→少. '小(소)'가 음을 나타낸다.

[字解] ❶①적다, 많지 아니하다.〔易經〕夫少者, 多之所宗. ②약간, 조금, 얼마간.〔儀禮〕賓少進. ③적다고 여기다, 부족하다고 생각하다.〔史記〕豈少朕羹. ④비방하다, 깔보다.〔史記〕素習知蘇秦, 皆少之. ⑤잠깐, 잠시, 조금 지난 뒤에.〔孟子〕少則洋洋焉. ⑥뒤떨어지다, 미치지 못하다.〔管子〕大男食鹽五升少半. ⑦미미하다, 쇠약해지다. ⑧줄다, 적어지다.〔後漢書〕墾田減少. ⑨결(缺)하다, 빠지다.〔史記〕約與食客門下二十人偕, 不外索, 今少一人. ❷①젊다.〔春秋左氏傳〕敝邑之少卿也. ②어리다.〔國語〕午之少也. ③나이 서른 이전.〔論語〕少之時, 血氣未定. ④젊은이, 어린이.〔晉書〕王氏諸少皆佳. ⑤버금, 다음.〔書經〕少師少傅少保. ⑥작다. ≒小.〔左思·賦〕亞以少城. ⑦성(姓).

【少間 소간】①잠시 동안, 잠시의 틈. ②병이 조금 나아짐. ③조그마한 빈틈. ④잠깐 쉼.
【少憩 소게】잠시 동안 쉼.
【少頃 소경】잠깐, 잠시 동안.
【少卿 소경】벼슬 이름.
【少姑 소고】부인이 남편의 서모(庶母)를 이르는 말.
【少孤 소고】①어린 고아(孤兒). ②어릴 때 고아가 됨.
【少君 소군】①제후(諸侯)의 처(妻). 小君(소군). ②어린 임금. 幼君(유군).
【少年登科 소년등과】젊은 나이에 과거에 급제하던 일.
【少得 소득】①약간의 이득. ②조그마한 선덕(善德).
【少量 소량】적은 분량.
【少論 소론】조선 때 당파의 하나. 서인(西人)에서 갈라져 나옴.
【少牢 소뢰】제사에 쓰기 위하여 잡은 양(羊)과 돼지. 小牢(소뢰).
【少母 소모】자식이 서모(庶母)를 이르는 말.
【少半 소반】3분의 1. 3분의 2는 대반(大半)이라 함.
【少傅 소부】벼슬 이름.
【少不如意 소불여의】조금도 뜻대로 되지 않음.
【少不下 소불하】적어도.
【少選 소선】극히 짧은 시간.
【少小 소소】나이가 어림.
【少溲 소수】오줌. 小便(소변).

【少艾 소애】젊고 아름다움. 또는 그런 사람. 남녀를 다 이름.
【少額 소액】적은 액수.
【少陽 소양】①동방(東方). ②동궁(東宮)의 딴 이름.
【少言 소언】말수가 적음. 寡默(과묵).
【少焉 소언】①잠깐 동안. 얼마 후. 暫時(잠시). ②병이 조금 나음.
【少陰 소음】①주역(周易)에서 여덟의 수를 이르는 말. ②인체 경맥(經脈)의 신경(腎經). ③상술가(相術家)에서, 바른쪽 눈꺼풀의 끝을 이르는 말.
【少日 소일】짧은 일수(日數). 며칠.
【少子 소자】가장 나이 어린 자식. 막내 자식.
【少壯 소장】①젊고 혈기왕성함. ②20~30대의 사람.
【少許 소허】얼마 안 되는 적은 분량.
【少昊 소호】상고 시대의 임금. 황제(黃帝)의 아들. ◦태호 포희씨(太昊庖犧氏)의 법을 닦았기 때문에 '少昊'라 이름. 金天氏(금천씨).
○ 減-, 過-, 寡-, 極-, 僅-, 老-, 多-, 些-, 鮮-, 尠-, 年-, 幼-, 稀-.

小 2 【尒】⑤ 너 이 紙 ěr
[동자] [字解] ①너, 그대. ≒爾·而. ②가깝다, 가까워지다. ≒邇.

小 2 【尔】⑤ 尒(482)와 동자

小 3 【当】⑥ 當(1164)의 속자

小 3 【朩】⑥ ❶菽(1516)과 동자
❷叔(258)과 통자

小 3 【尖】⑥ 뾰족할 첨 鹽 jiān

ノ 小 小 尐 尖 尖

[초서] 尖 [字源] 會意. 小+大→尖. 아래는 크고(大) 위는 작은(小) 모양으로 '끝이 날카롭다'는 뜻을 나타낸다.

[字解] ①뾰족하다, 끝이 날카롭다. =銛.〔李白·詩〕靄峰尖似筆. ②거칠다, 격렬하다.〔姚合·詩〕詩冷語多尖. ③끝, 날카로운 끝.〔劉輩·詩〕柔尖帶淺紅. ④봉우리, 산봉우리.〔王安石·詩〕縹緲浮靑尖. ⑤꼭대기, 정상(頂上).〔五代史〕爲浮圖者, 必合其尖. ⑥작다, 좁다.〔손가락, 발가락.〔楊維楨·詩〕玉尖搨管蘸香雲. ⑧앞서 가다.
【尖刻 첨각】매우 가혹(苛酷)한 일.
【尖端 첨단】①물건의 뾰족한 끝. ②사조(思潮), 유행 등의 맨 앞. 先端(선단).
【尖頭木驢 첨두목로】성(城)을 공격할 때 사용

하는 병기의 한 가지.
【尖利 첨리】 뾰족하고 날카로움. 尖銳(첨예).
【尖尾 첨미】 뾰족한 끝이나 꽁지.
【尖兵 첨병】 군대가 전진할 때 앞서 가면서 적의 상황을 살피는 병사.
【尖纖 첨섬】 뾰족하고 가늚.
【尖袖 첨수】 좁은 소매.
【尖銳 첨예】 뾰족하고 날카로움.
【尖叉 첨차】 시를 짓는 데 까다로운 운자(韻字). ○송대(宋代)에 소식(蘇軾)이 '尖'자와 '叉'자를 운자로 하여 유명한 시를 지은 데서 온 말.
【尖尖 첨첨】 끝이 뾰족한 모양.
【尖塔 첨탑】 끝이 뾰족한 탑.

〈尖頭木驢〉

● 眉―, 蜂―, 新―, 十―, 玉―, 指―, 靑―, 翠―, 塔―, 筆―.

小4【尣】⑦ 當(1164)과 동자

小4【尐】⑦ 些(64)와 동자

小5【尙】⑧ 오히려 상 shàng

ㅣ ㅣ ㅣ 亇 产 产 产 尙 尙

[字源] 形聲. 向+八→尙. '向(향)'이 음을 나타낸다.

[字解] ①오히려, 생각과는 달리, 도리어. [詩經] 尙有典刑. ②바라다, 바라건대. [儀禮] 尙饗. ③높다, 높이다, 숭상하다. [杜甫·詩] 此邦今尙武. ④더하다, 보태다. [論語] 好仁者, 無以尙之. ⑤자랑하다, 자만하다. [禮記] 不自尙其功. ⑥주관하다, 맡아 다스리다. 늑掌. [史記] 尙符節. ⑦반드시. [孔子家語] 尙有說也. ⑧좋아하다. [國語] 剛而尙寵. ⑨흠모하다, 사모하다. [後漢書] 尙前良之遺風兮. ⑩맡. ¶尙子. ⑪받들다. [楚辭] 師何以尙之. ⑫꾸미다, 장식하다. [詩經] 尙之以瓊華乎而. ⑬강요하다, 억지로 권하다. [國語] 子尙良食. ⑭오래다, 오래되다. [史記] 五帝三代之記尙矣. ⑮옛, 전날. 전날의 기록. ⑯공주(公主)에게 장가들다. [漢書] 娶天子女, 則曰尙公主. ⑰짝하다, 짝짓다, 부부가 되다. [易經] 得尙于中行. ⑱존칭으로 붙이는 말. [詩經] 維師尙父. ⑲위, 위에 얹다. [禮記] 操幣圭璧, 則尙左手. ⑳위, 자리에 오르다. [孟子] 舜尙見帝. ㉑존중하다, 숭상히 여기다. [老子] 不尙賢. ㉒칭찬하다, 먼저 바치다. [禮記] 尙用氣. ㉓노력하다, 힘쓰다. [春秋左氏傳] 尙速有悔于子身. ㉔돕다. [詩經] 肆皇天弗尙.
【尙古 상고】 옛의 문물제도를 소중히 여김.

【尙功 상공】 공을 자랑함.
【尙校 상교】 ①윗사람과 다툼. ②상부(上部)에 반항함.
【尙奇 상기】 색다른 것을 좋아함. 보통과 다른 것을 좋아함.
【尙年 상년】 노인을 존경함. 尙齒(상치).
【尙論 상론】 고인(古人)의 언행·행적 등을 논함.
【尙武 상무】 무예(武藝)를 숭상함.
【尙文 상문】 문예(文藝)를 숭상함.
【尙父 상보】 아버지와 같이 높여 모심. 또는 그렇게 높임을 받는 사람.
【尙書 상서】 ①서경(書經)의 딴 이름. ②벼슬 이름.
【尙崇 상숭】 존경하며 숭배함.
【尙羊 상양】 한가롭게 거닒. 倘佯(상양).
【尙友 상우】 상대(上代)의 현인을 벗으로 함. 고인(古人)을 벗으로 함.
【尙優 상우】 높이 뛰어남.
【尙遠 상원】 오래고 멂.
【尙義 상의】 의(義)를 숭상함.
【尙儀 상의】 옛적 사람. 상고인(上古人).
【尙子 상자】 맏아들. 長子(장자).
【尙章 상장】 십간(十干)의 '계(癸)'의 딴 이름. 昭陽(소양).
【尙赤 상적】 붉은빛을 숭상함. 주대(周代)와 한대(漢代)에는 붉은빛을 숭상했음.
【尙早 상조】 아직 이름. 아직 그때가 아님.
【尙主 상주】 공주(公主)의 짝이 됨. 천자(天子)의 딸을 취(娶)함.
【尙志 상지】 뜻을 높임. 생각하는 것을 고상(高尙)하게 함.
【尙質 상질】 질박함을 숭상함.
【尙齒 상치】 노인을 존경함. ○'齒'는 '나이 [齡]'의 뜻.
【尙齒會 상치회】 나이를 숭상하는 모임. 나이 많은 사람들을 나이 차례대로 모시고 시가(詩歌)를 지으며 잔치를 베푸는 모임. 당대(唐代)에 백거이(白居易)가 처음 열었음.
【尙饗 상향】 흠향(歆饗)하기를 원한다는 뜻으로 제문(祭文) 끝에 쓰는 말.
【尙賢 상현】 어진 사람을 존경함.
【尙黑 상흑】 검은빛을 숭상함.

● 高―, 崇―, 和―.

小6【尣】⑨ 弁(561)과 동자

小7【尗】⑩ 妙(407)와 동자

小10【尟】⑬ 적을 선 xiǎn

[字解] 적다, 드물다. [易林] 利得尟少.
【尟少 선소】 적음. 鮮少(선소).
【尟疇 선주】 같은 무리가 적음.

小
10 **尴**⑬ 尴(483)과 동자

尢 部
3획 부수 | 절름발이왕부

尢
0 **尢** ③ 절름발이 왕 陽 wāng

[소전] 𡯂 [고문] 𨙻 [동자] 尣 [동자] 尪 [동자] 允

[字源] 象形. 사람을 본뜬 '大' 자에 대하여, 한쪽 정강이가 굽은 사람의 모양을 본뜬 글자. 그래서 '절름발이'라는 뜻을 나타낸다.

[字解] ①절름발이, 한쪽 정강이가 굽은 사람. =尪. ②등이 굽고 키가 작은 사람.

尢
0 **尣** ③ 尢(484)과 동자

尢
0 **尣** ③ ❶尢(484)과 동자 ❷尢(484)의 본자

尢
0 **允** ④ 尢(484)과 동자

尢
1 **尤** ④ 더욱 우 yóu

一 ナ 尢 尤

[소전] 𠃬 [초서] 尤 [본자] 尤 [동자] 兂 [字源] 指事. 又+一→尤. 손(又)에 '一'을 표시하여 손에 무엇이 걸려 있는 모습을 나타낸다.

[字解] ①더욱, 특히, 그 중에서도. 〔晉書〕帝聰明有機斷, 尤精物理. ②같지 않다, 달리하다. 〔春秋左氏傳〕夫有尤物. ③멀리 떨어지다. 〔管子〕有知強弱之所尤. ④수상하다, 괴이하다. ⑤훌륭한 사람, 뛰어난 것. 〔莊子〕夫子物之尤也. ⑥너무 심하다, 과도하다. 〔春秋左氏傳〕視之尤. ⑦허물, 문책(問責), 힐책(詰責), 책망하다. ≒訧. 〔詩經〕莫知其尤. ⑧원망하다, 원한을 품다. 〔史記〕般紛紛其離此尤兮. ⑨많다. ⑩주저하다, 망설이다. ⑪가까이 친하게 지내다, 사모하여 의좋게 지내다. 〔柳永·詞〕莫聞愁, 共綠蟻紅粉相尤.

【尤詬 우구】 꾸짖어 부끄러움을 줌.
【尤極 우극】 더욱.
【尤妙 우묘】 말다툼. 언쟁(言爭).
【尤妙 우묘】 더욱 묘함. 매우 신통함.
【尤物 우물】 ①가장 뛰어난 물건. ②미인(美人).
【尤甚 우심】 더욱 심함.
【尤異 우이】 가장 뛰어남.

【尤而效之 우이효지】 다른 사람의 비행(非行)을 나무라면서 스스로 비행을 함.
【尤著 우저】 특히 두드러짐.
【尤最 우최】 가장 뛰어남. 最上(최상).
【尤悔 우회】 잘못과 뉘우침.

◐ 愆─, 慢─, 殊─, 怨─, 出─, 瑕─, 效─.

尢
2 **尣** ⑤ 尢(484)와 동자

尢
4 **尬** ⑦ 절름발이 개 皆 gà

[소전] 𢨬 [字解] 절름발이, 바른 자세로 걸을 수 없다. 〔王伯成·哨遍〕活計尷尬.

尢
4 **尨** ⑦ 삽살개 방 江 máng

[소전] 尨 [고서] 尨 [초서] 尨 [字解] ①삽살개, 털이 많은 개. 〔詩經〕無使尨也吠. ②섞이다. ㉮검은 머리에 흰 머리카락이 희끗희끗 섞인 모양. ¶尨眉皓髮. ㉯빛이 얼룩얼룩하다, 순색(純色)이 아니다. 〔春秋左氏傳〕衣之尨服. ③크다. ≒厖.
【尨犬 방견】 털이 북슬북슬한 개. 삽살개.
【尨奇 방기】 잡색(雜色)으로, 기괴(奇怪)함.
【尨眉皓髮 방미호발】 반백(斑白)의 눈썹과 흰 머리. 노인.
【尨大 방대】 매우 큼.
【尨服 방복】 여러 가지 색이 섞인 의복.
【尨茸 방용】 뒤섞인 모양. 난잡한 모양.

尢
4 **尪** ⑧ 절름발이 왕 陽 wāng

[본자] 尪 [동자] 尫 [동자] 尩 [字解] ①절름발이. =尢. ②곱사등이, 꼽추. 〔春秋左氏傳〕公欲焚巫尪. ③약하다. ④절뚝거리다. 〔太玄經〕候尪之撲, 終不可治也.
【尪蹇 왕건】 곱사등이와 절름발이.
【尪傴 왕구】 꼽추.
【尪陋 왕루】 파리하고 추함.
【尪羸 왕리】 연약해서 고단함. 羸弊(이폐).
【尪病 왕병】 연약하여 잘 앓음.
【尪闇 왕암】 나약하고 우매함.
【尪弱 왕약】 약함. 허약(虛弱)함.
【尪弊 왕폐】 파리하고 피곤함.

尢
4 **尫** ⑦ 尪(484)과 동자

尢
4 **尩** ⑦ 尪(484)과 동자

尢
5 **尬** ⑧ 跛(1755)와 동자

尢
7 **尴** ⑩ 尴(484)의 본자

九部 9~14획 尰就尳尵尶 尸部 0획 尸

尰 ⑫ 수중다리 종 腫 zhǒng
[字解] ①수중다리. 각기병(脚氣病)과 같은 유의 병. 〔詩經·傳〕 腫足爲尰. ②붓다, 부어오르다. 〔詩經〕 既微且尰.

就 ⑫ ❶이룰 취 宥 jiù ❷관대할 여 御 jiù

大篆 小篆 古文 參考 대법원 지정 인명용 한자의 음은 '취'이다.

[字源] 會意. 京+尤→就. 사람의 힘으로 쌓은 언덕이 남다르다〔尤〕는 데서 원뜻은 '높다'였으나 뒤에 '이루다'란 뜻으로 바뀌었다.

[字解] ❶①이루다. ㉮어떤 상태나 결과로 되게 하다. 〔禮記〕 日就月將. ㉯뜻한 바를 그대로 되게 하다. 〔呂氏春秋〕 所以就大務也. ㉰어떤 상태나 결과로 되어 있다. 〔陶潛·辭〕 三徑就荒. ②나아가다. ㉮앞을 향하여 가다. 〔後漢書〕 去愚就義. ㉯일자리나 벼슬자리에 나가다. 〔大戴禮〕 日旦就業. ③좇다, 따르다. 〔禮記〕 就賢體遠. ④마치다, 끝내다. 〔國語〕 先人就世. ⑤길을 떠나다. 〔後漢書〕 急使軍就道. ⑥돌다, 한 바퀴 돌다. 〔周禮〕 五采五就. ⑦좋다, 아름답다. 〔儀禮〕 若就器, 則坐奠于陳. ⑧잘, 능히, 능하게. 〔春秋左氏傳〕 就用命焉. ⑨곧, 이에. 〔晉書〕 就可詔許之. ⑩만일, 가령, 가사. 〔韓愈·序〕 就其能鳴者. ❷관대하다, 디급히기 재촉하지 않는 모양. ¶ 就就.
【就眠 취면】 잠을 잠. 就寢(취침).
【就木 취목】 죽어 관(棺) 속에 듦. 죽음.
【就縛 취박】 잡힘. 체포됨.
【就緖 취서】 업(業)에 나아감. 사업을 시작함.
【就世 취세】 ①죽음. 卽世(즉세). ②세상에 나아감. 교제함.
【就時 취시】 시기를 포착함.
【就養 취양】 부모의 곁에서 효양(孝養)함.
【就業 취업】 일자리를 잡음.
【就縟 취욕】 잠자리에 듦.
【就日 취일】 ①해가 있는 곳으로 향함. ②천자의 덕을 사모함. 천자를 가까이에서 모심.
【就任 취임】 직무를 맡음.
【就正 취정】 ①도(道)를 닦은 사람에게 나아가 자기의 잘못을 바로잡음. ②시문(詩文)의 첨삭(添削)을 바라는 일. ③바른 일을 좇음.
【就第 취제】 관직(官職)을 그만두고 사택(私宅)에 돌아감.
【就中 취중】 여럿 중에서 무엇을 지적해 말할 때 '그 가운데'의 뜻을 나타냄.
【就地 취지】 실지로. 그 자리에서.
【就職 취직】 직업을 잡아 직장에 나감.
【就次 취차】 자기가 있어야 할 자리로 감.
【就草 취초】 아이를 낳음. 分娩(분만).
【就寢 취침】 잠자리에 듦.
【就學 취학】 학교에 들어감.

尳 ⑬ 절뚝거릴 감 勘 gān

小篆 尳 俗字 尵 初書 尶 參考 尷

[字解] ①절뚝거리다, 비틀거리다, 바르게 걷지 못하다. ②어긋나다, 엇갈리다.
【尷尬 감개】 비틀거림. 절뚝거림.

尵 ⑮ 들피질 퇴 灰 tuí

[字解] 들피가 지다, 말이 병으로 들피가 지다.

尶 ⑰ 尳(485)의 속자

尸部

3획 부수 | 주검시엄부

尸 ③ 주검 시 支 shī

小篆 尸 小篆 尸 初書 尸 參考 한자 부수의 명칭으로는 '주검시엄'이라고 부른다.

[字源] 象形. 머리를 숙이고 등을 구부린 채 배를 깔고 드러누운 사람의 모양, 곧 죽은 사람의 모양을 본뜬 글자.

[字解] ①주검, 시체. 〔春秋左氏傳〕 不獲其尸. ②시동, 제사 지낼 때 신위 대신으로 교의에 앉히는 어린아이. 후세에 내려오면서 시동을 화상(畫像)으로 바꾸어 썼다. 〔儀禮〕 祝迎尸. ③효시(梟示)하다, 죄인의 시체를 매달아 뭇사람에게 보이다. 〔國語〕 殺三郤而尸諸朝. ④위패, 신주. 〔楚辭〕 載尸集戰何所急. ⑤몸을 엎드리고 손발을 쭉 펴다. 〔論語〕 寢不尸. ⑥주장하다, 맡아 다스리다. 〔詩經〕 誰其尸之. ⑦진(陣), 진을 치다. 〔春秋左氏傳〕 楚武王荊尸. ⑧늘어세우다, 잇대어 줄을 서다. 〔詩經〕 有母之尸饔. ⑨게을리 하다, 직책을 완수하지 아니하다.
【尸諫 시간】 시체로써 임금에게 간함. 죽음을 무릅쓰고 임금에게 간언함. [故事] 춘추 시대 위(衛)나라 대부(大夫) 사어(史魚)가 영공(靈公)에게 어진 사람을 등용하고 간사한 사람을 물리칠 것을 간하였으나 듣지 않았는데, 임종에 이르러 아들에게 명하여 자기를 장사하기 전에 다시 임금에게 간하게 하였다는 고사에서 온 말. 屍諫(시간).
【尸官 시관】 벼슬자리에 있을 뿐 그 직책(職責)을 다하지 못함. 尸位(시위).
【尸童 시동】 제사를 지낼 때 신위(神位) 대신

그 자리에 앉던 어린아이.
【尸羅 시라】①신라(新羅)의 딴 이름. ②(佛)청량계(淸涼戒). 선도(善道)를 즐겨 행하고 스스로 방일(放逸)하지 않는 일.
【尸祿 시록】봉록(俸祿)만 탐내고 직책을 다하지 않음. 尸位素餐(시위소찬).
【尸利 시리】일에는 충실하지 않고 이익만 꾀함.
【尸盟 시맹】동맹(同盟)을 주관함. 또는 그 사람. 主盟(주맹).
【尸素 시소】☞尸位素餐(시위소찬).
【尸臣 시신】일을 맡아 다스리는 신하.
【尸饔 시옹】주방 일을 맡아 다스림. ○'饔'은 고기를 요리하는 것.
【尸位 시위】①시동(尸童)을 앉히는 자리. ②☞尸位素餐(시위소찬).
【尸位素餐 시위소찬】관위(官位)에 있을 뿐, 직책을 다하지 않고 녹봉만 받아먹음. 尸素(시소). 尸位(시위).
【尸坐齋立 시좌재립】시동(尸童)처럼 앉고 재계할 때처럼 섬. 몸가짐이 단정하고 신중함.
【尸祝 시축】신주(神主)와 제문(祭文).
【尸解 시해】도교에서, 도통한 사람이 시신은 남기고 혼백이 빠져나가 신선(神仙)이 됨.

【尹】④ 다스릴 윤 ⓑ yǐn
[소전][고문][초서]
字源 指事. 又+丿→尹. 어떤 일〔丿〕을 손에 쥔 손〔又〕의 뜻으로, 정사(政事)를 손아귀에 넣는다는 데서 '다스리다'라는 뜻이 되었다.
字解 ①다스리다, 바로잡다.〔春秋左氏傳〕以尹天下. ②벼슬아치, 장관(長官)인 벼슬아치.〔書經〕百尹御事. ③미쁨, 참. ④광택.〔禮記〕孚尹旁達.
【尹司 윤사】벼슬아치.
【尹祭 윤제】종묘(宗廟)의 제사 때 쓰는 포(脯). 정방형(正方形)으로 베어 씀. ○'尹'은 '正'으로 '네모'를 뜻함.
● 關-, 府-, 師-, 庶-, 閣-, 令-.

【尺】④ 자 척 ⓑ chǐ, chě
[필순] ㄱ 그 尸 尺
[소전][초서]
字源 指事. 尸+乙→尺. 사람 몸〔尸〕의 등 뒤에 여기까지라는 표지〔乙〕를 한 모양을 나타내었다. 표지가 있는 곳까지의 길이, 곧 10치〔寸〕를 단위(單位)로 삼은 '자'라는 뜻을 나타낸다.
字解 ①자. ㉮길이를 재는 자. ¶曲尺이의 단위. 1尺=10寸.〔論語〕可以託六尺之孤. ②법, 법도(法度).〔ინ史〕文有繩尺. ③길이.〔陳書〕布帛幅尺. ④편지, 서간(書簡).〔韓駒·詩〕欲憑書尺問寒溫. ⑤작다, 조금.〔宋玉·對楚王問〕尺澤之鯢. ⑥맥(脈)의 한 부위(部位). 손목의 맥에서 10치〔寸〕 떨어진 팔꿈치에

있는 맥.〔素問〕是寸脈急而尺緩也. ⑦나이 두 살 반.〔周禮〕六尺, 謂年十五. ⑧문진(文鎭), 서진(書鎭).〔適生八牋〕有玉碾雙螭尺. ⑨國 ㉮기술자.〔三國史記〕舞尺一人. ㉯증명서. ¶尺文.
【尺簡 척간】편지. 尺牘(척독).
【尺口 척구】어린아이. 幼兒(유아).
【尺度 척도】평가나 측정의 기준.
【尺牘 척독】편지. 尺簡(척간). 書簡(서간).
【尺文 척문】國세금을 바친 영수증. 自文(자문).
【尺璧 척벽】지름이 한 자 되는 보옥(寶玉). 귀중한 구슬.
【尺兵 척병】짧은 무기(武器). 尺鐵(척철).
【尺山寸水 척산촌수】높은 데서 내려다보면 산수(山水)가 작게 보임.
【尺書 척서】①편지. 尺楮(척저). ②책.
【尺雪 척설】한 자나 쌓인 눈. 大雪(대설).
【尺素 척소】편지. ○'素'는 '帛'으로 '비단'을 뜻함.
【尺水 척수】얼마 안 되는 물.
【尺吳寸楚 척오촌초】오(吳)·초(楚)가 다 같이 큰 나라이나 높은 곳에서 내려다보면 아주 작게 보임.
【尺二秀才 척이수재】속된 수재(秀才). [故事] 송대(宋代)의 양만리(楊萬里)가 호남(湖南)의 시험관이 되었을 때, '盡'을 속자 '尺'으로 쓴 수재를 '척이수재'라 하며 과거에서 낙방시킨 고사에서 온 말.
【尺刃 척인】한 자 길이 되는 칼.
【尺一 척일】조서(詔書). ○한대(漢代)에 조서를 쓸 때 한 자 한 치의 목판을 쓴 데서 온 말.
【尺楮 척저】편지. 尺書(척서).
【尺籍 척적】①㉠군대의 명령을 기록하는 사방(四方) 한 자의 널빤지. ㉡이졸(吏卒)의 참수(斬首)의 공(功)을 기록한 사방 한 자의 널빤지. ②보잘것없는 책.
【尺鐵 척철】짧은 무기. 寸鐵(촌철).
【尺寸 척촌】①한 자와 한 치. 수량·거리 등이 얼마 안 됨. ②치수. ③법치. 法度(법도). ④척맥(尺脈)과 촌맥(寸脈).
【尺宅 척택】얼굴. 顔面(안면). ○눈썹·눈·입·코가 사방 한 자 안에 있다는 데서 온 말.
【尺澤之鯢 척택지예】작은 못의 송사리. 소견이 좁은 사람. 井底之蛙(정저지와).
【尺土 척토】얼마 안 되는 땅. 尺地(척지).
【尺布斗粟 척포두속】한 자의 베, 한 말의 곡식. 형제가 서로 불화(不和)함. [故事] 한(漢) 문제(文帝)의 동생 회남려왕(淮南厲王) 유장(劉長)이 모반했다가 촉(蜀)으로 유배되는 도중에 밥을 먹지 않아 죽자, 이에 사람들이 '한 자의 베는 꿰맬 수 있고, 한 말의 조는 찧을 수 있지만, 형제 두 사람은 서로 용납할 수 없다네'라고 노래불렀다는 고사에서 온 말.
● 竿-, 鯨-, 曲-, 三-, 先-, 繩-, 咫-.

【尻】⑤ 居(488)와 동자

尸部 2~4획 尻尼尽局屍局尿

尻 ⑤ 꽁무니 고 **kāo**

[字解] ①꽁무니. ㉮뒤꽁무니, 엉덩이를 중심으로 한 부분.〔禮記〕兔去尻. ㉯뒤, 맨 끝, 뿌리.〔楚辭〕其尻安在. ②자리 잡다, 엉덩이를 땅에 대다.〔名山記〕昂首尻坐.
【尻坐 고좌】볼기를 땅에 대고 무릎을 세워 앉음. 자리 잡고 앉음.

尼 ⑤ ❶승려 니 ❷그치게 할 닐 **ní nǐ**

[參考] 대법원 지정 인명용 한자의 음은 '니'이다.
[字解] ❶①승려, 여승(女僧), 비구니(比丘尼). ¶尼僧. ②산(山) 이름. 이구(尼丘)의 약칭. ¶尼. ③성(姓). ❷①그치게 하다.〔孟子〕行或使之, 止或尼之. ②가깝다, 가까이하다. 늑昵.〔尸子〕悅尼而遠來.
【尼姑 이고】(佛)여자 승려. 比丘尼(비구니).
【尼房 이방】(佛)여자 승려들이 사는 집.
【尼父 이보】공자(孔子)를 높여 이르는 말.
【尼寺 이사】(佛)비구니(比丘尼)들이 있는 절. 尼院(이원).
【尼僧 이승】(佛)여자 승려. 女僧(여승).
【尼院 이원】여승들이 있는 절. 尼寺(이사).
● 陀羅-, 比丘-, 僧-, 仲-.

尽 ⑥ 盡(1202)의 속자

局 ⑩ 身(1772)과 동자

屍 ⑦ 尻(487)와 동자

局 ⑦ 판 국 **jú**

ᄀ ᄀ 尸 尸 局 局 局

[字源] 會意. 尺+口→局. 자〔尺〕밑에 입〔口〕이 있는 모양. '尺'은 또 법도(法度)의 뜻으로, 입을 법도에 맞게 놀린다는 데서 '일정한 한계'를 뜻하게 되었다.
[字解] ①판. ㉮판국, 일이 벌어진 형편이나 장면. ¶政局. ㉯장기·바둑·윷 따위의 판을 그린 판.〔班固·奕旨〕局必方正. ②국. ㉮관청, 행정 기관이나 단체의 한 관청.〔南史〕乃以誣人之罪, 收縣職局. ㉯어떤 사무를 맡아보는 부분.〔禮記〕左右有局, 各司其局. ㉰바둑·장기 등의 승부.〔南史〕一局始竟. ㉱풍수지리설에서 말하는, 혈(穴)과 사(砂)가 합하여 이룬 자리. ③재능, 도량(度量).〔晉書〕忠正有幹局. ④구획. ㉮구획한 방(房)이나 집.〔王建·詞〕宮局總來爲喜樂. ㉯구획한 한 부분. ¶局部.

⑤굽다, 굽히다, 웅크리다. 늑跼.〔詩經〕不敢不局. ⑥말리다, 실 따위가 감기다. 늑曲.〔詩經〕予髮曲局. ⑦모임, 회합. ¶飮局. ⑧좀스럽다, 좀스럽게 굴다, 좁다.〔潘尼·箴〕意自而辭野. ⑨웃는 모양.〔莊子〕季徹局局然笑.
【局見 국견】좁은 견해.
【局局 국국】몸을 움츠리며 킥킥 웃는 모양, 또는 크게 웃는 모양.
【局度 국도】마음의 작용. 도량(度量).
【局量 국량】재주와 도량.
【局力 국력】재주와 슬기의 힘.
【局面 국면】일의 형세나 상황.
【局部 국부】전체 중의 한 부분.
【局詐 국사】미리 계획을 짜고 남을 속임. 局騙(국편).
【局所 국소】①전체 가운데 어느 한 곳. ②몸의 관절이 맞는 곳.
【局識 국식】견문과 지식이 좁음.
【局外 국외】①장기나 바둑을 둘 때에 옆에서 구경하는 사람. ②벌어진 어떤 일에 관계없는 위치.
【局節 국절】협소(狹小)한 법도.
【局地 국지】한정된 지역.
【局天蹐地 국천척지】하늘에 부딪힐세라 등을 구부리고, 땅이 꺼질세라 발소리를 죽여서 걸음. 이 세상에 몸을 편안히 둘 곳이 없음. '局'은 '跼'으로 '몸을 웅크림'을 뜻함. 局蹐(국척).
【局促 국촉】①몸을 움츠리는 모양. 局縮(국축). ②두려워하는 모양.
【局騙 국편】교묘한 방법으로 타인의 재물을 사취(詐取)함. 대개 도박을 이용함.
【局限 국한】어느 부분이나 정도 등에 한정함.
【局戲 국희】국면 위에서 하는 승부 겨룸. 장기·바둑·쌍륙 따위.
● 開-, 結-, 當-, 對-, 本-, 分-, 時-, 藥-, 全-, 戰-, 政-, 終-, 支-, 形-.

尿 ⑦ 오줌 뇨 **niào**

[字源] 會意. 尸+水→尿. 사람〔尸〕이 오줌〔水〕을 눈다는 데서 '오줌, 소변'의 뜻을 나타낸다.
[字解] 오줌, 소변.〔寒山·詩〕不飯復不尿.
【尿道 요도】오줌을 배출하는 관.
【尿毒症 요독증】오줌이 잘 빠지지 못하여 해로운 물질이 혈액 중에 섞여서 생기는 병.
【尿意 요의】오줌이 마려움.
【尿精 요정】정액(精液)이 오줌에 섞여 나오는 병의 증세.
【尿閉 요폐】하초(下焦)에 열이 생겨 오줌이 잘 안 나오는 방광병.
【尿血 요혈】오줌에 피가 섞여 나오는 병. 요도 기관의 병이나 그 외의 중독 때문에 생김. 血尿(혈뇨).
● 檢-, 排-, 糞-, 泌-, 數-, 夜-, 血-.

尸4 【尾】 ⑦ 꼬리 미 尾 wěi

ㄱ ㄱ ㄹ 尸 尸 尸 屋 尾

[字源] 會意. 尸+毛→尾. 사람의 몸[尸] 뒤에 짐승의 털[毛]로 만든 장식물을 늘어뜨린 모양. 새나 짐승의 꼬리가 이 장식물을 닮은 데서 '꼬리'의 뜻을 나타낸다.

[字解] ①꼬리. ㉮짐승의 꼬리. [書經] 若蹈虎尾. ㉯끝, 뒤끝. [史記] 獻恆山之尾五城. ②뒤, 등 뒤. [北史] 吾等宜附其尾. ③흘레하다. [書經] 鳥獸孶尾. ④별 이름. 28수(宿)의 하나. [淮南子] 旦尾中. ⑤마리. 물고기를 세는 단위. [李覯·詩] 肥魚斫千斤. ⑥예쁘다, 아름답다. [詩經] 瑣兮尾兮. ⑦뒤를 밟다, 뒤쫓다. [後漢書] 囂出兵尾擊諸營.

【尾擊 미격】 뒤쫓아 침. 追擊(추격).
【尾騎 미기】 추격하는 기병. 追騎(추기).
【尾大不掉 미대부도】 짐승의 꼬리가 너무 크면 흔들지 못함. 신하의 세력이 너무 강해지면 임금도 제어하기 어려움.
【尾閭 미려】 ①그칠 사이 없이 물이 솟아나고 모든 강의 출구가 된다는, 대해(大海)의 밑에 있는 곳. ○'尾'는 백천(百川)의 끝, '閭'는 '聚'로 모든 강물이 모인다는 뜻. ②꽁무니뼈.
【尾生之信 미생지신】 미생(尾生)의 신의(信義). ㉠굳게 신의를 지킴. ㉡융통성 없이 우직(愚直)함. [故事] 미생이란 사람이 어떤 여자와 다리 밑에서 만나기로 약속을 하였는데, 시각이 지나도록 여자는 오지 않고 때마침 큰비로 강물이 불었으나 다리 기둥을 붙들고 약속을 지키다가 죽었다는 고사에서 온 말.
【尾數 미수】 계산상의 우수리의 수.
【尾酒 미주】 맛이 삼삼한 술. 싱거운 술.
【尾行 미행】 본인 몰래 뒤를 밟음.
● 交─, 九─, 狐─, 大─, 末─, 首─, 試─, 鳶─, 燕─, 徹頭徹─, 後─.

尸4 【屁】 ⑦ 방귀 비 屁 pì

[字解] 방귀. [儒林外史] 放了兩個大屁.

尸5 【居】 ⑧ ❶있을 거 居 jū ❷어조사 기 居 jī

ㄱ ㄱ 尸 尸 尸 尸 居 居

[參考] 대법원 지정 인명용 한자음은 '거'이다.
[字源] 形聲. 尸+古→居. '古(고)'가 음을 나타낸다.
[字解] ❶①있다. ㉮살다, 거주하다. [易經] 上古穴居而野處. ㉯일정한 자리를 차지하다. [書經] 居上克明. ㉰일정한 처지에 처하여 있다. ¶居喪. ㉱벼슬에 나아가지 아니하다. [禮記] 居士錦帶. ㉲있게 하다, 살게 하다. [禮記] 度地以居民. ㉳있는 그대로. [淮南子] 居數月. ②앉다. [國語] 居, 吾語汝. ③차지하다, 자리 잡다. [晉書] 天下不如意, 恒十居七八. ④평상시, 보통 때. [老子] 是以君子, 居則貴左, 用兵則貴右. ⑤쌓다, 저축하다. [漢書] 居物致富. ⑥쌓은 것, 저축한 것. [書經] 懋遷有無化居. ⑦곳, 자리, 거처하는 곳. [孟子] 居移氣. ⑧무덤, 뫼. [詩經] 歸于其居. ⑨살아 있는 사람. [春秋左氏傳] 送往事居. ⑩법(法), 법도. [史記] 禮居成物. ⑪까닭, 이유. 늑故. [莊子] 何居乎. ⑫성(姓). ❷①어조사. 늑其·期. 의문의 뜻을 나타낸다. [春秋左氏傳] 國有人焉, 居誰, 其孟椒乎. ②어조사. 지정·강세·영탄의 뜻을 나타낸다. 이때는 '기'의 본음으로 읽지 않고, 관용음 '거'로 읽는다. [詩經] 日居月諸, 胡迭而微.

【居甲 거갑】 첫째 자리를 차지함. 우두머리가 됨. 居魁(거괴). 居首(거수).
【居居 거거】 ①나쁜 마음을 품고 서로 친하지 않는 모양. ②안정(安靜)된 모양.
【居敬 거경】 삼가는 몸가짐. 항상 마음과 몸이 긴장되고 순수한 상태를 지니는 것으로서 덕성(德性)을 함양(涵養)함.
【居官 거관】 벼슬살이를 하고 있음.
【居奇 거기】 기화(奇貨)를 간직해 두고 값이 오를 때를 기다림.
【居徒四壁 거도사벽】 주거(住居)에 네 벽만 있고 아무런 설비도 없음. 가난하게 사는 모양.
【居留 거류】 남의 나라 영토에 머물러 삶.
【居不重席 거부중석】 앉을 때 깔개를 포개어 깔지 않음. 검약한 생활.
【居士 거사】 ①재덕(才德)을 겸비하였으나 벼슬을 하지 않는 선비. 후세에 흔히 호(號)에 씀. 處士(처사). ②(佛)출가하지 않으면서 불도(佛道)를 믿는 사람.
【居常 거상】 ①도를 지켜 변하지 않음. ②항상. 일상. 평소.
【居喪 거상】 ①상중(喪中)에 있음. 喪中(상중). ②상복(喪服).
【居守 거수】 ①뒤에 남아서 지킴. ②유수(留守)의 관(官)을 둠.
【居瑟邯 거슬한】 신라 때 박혁거세(朴赫居世)의 왕호(王號). 居西干(거서간).
【居室 거실】 일상생활을 하는 방이나 집.
【居心 거심】 ①침착하고 편안한 마음. ②늘 생각하고 잊지 않음. 항상 마음에 둠.
【居安思危 거안사위】 편안한 처지에 있을 때에도 위험한 때의 일을 미리 생각하고 경계함.
【居然 거연】 ①그대로, 온통. ②편안한 모양. 安然(안연). ③사물에 동요되지 않는 모양. 꿈쩍하지 않는 모양. ④뚜렷이 나타나는 모양. 顯然(현연).
【居憂 거우】 상중(喪中)에 있음.
【居移氣 거이기】 사람은 지위나 형편에 따라 기분이 달라짐.
【居諸 거저】 ①해와 달. 日月(일월). ②임금으

신하. ③아버지와 어머니. ◎시경(詩經) 패풍·백주편(邶風·柏舟篇)의 일거월저(日居月諸)에서 온 말. '居·諸'는 조자(助字).
【居接 거접】 잠시 몸을 의탁하여 거주함.
【居貞 거정】 정절(貞節)을 지킴.
【居停 거정】 ①막빈(幕賓), 또는 가정교사가 그 주인을 이르는 말. ②숙사(宿舍). ③圖귀양 간 사람이 머물러 있는 곳.
【居中 거중】 ①가운데 둠. ②중간에 있음. ③중간에 있어 한쪽에 치우치지 않음. ④양편의 중간에 서서 힘씀.
【居止 거지】 ①주거(住居). ②행동(行動). 행동거지(行動居止).
【居次 거차】 흉노(匈奴) 여자의 호(號). 공주(公主)와 같음.
【居處 거처】 자리 잡고 사는 일정한 곳.
【居治 거치】 말을 사육(飼育)하는 일과 이를 조련(調練)하는 일. ◎'居'는 마구간이나 목장에서 기르는 일, '治'는 말을 조련하는 일.
【居宅 거택】 사는 집. 住宅(주택).
【居鄕 거향】 시골에서 삶.
◐ 群-, 起-, 獨-, 同-, 別-, 山-, 安-, 寓-, 幽-, 隱-, 移-, 離-, 雜-, 謫-, 轉-, 住-, 蟄-, 平-, 閑-, 穴-.

尸
5 【屉】⑧ 居(488)의 고자

尸
5 【届】⑧ 이를 계 圄 jiè

[소전]届 [초서]届 [속]届 字解 ①이르다, 다다르다. 〔書經〕 無遠弗屆. ③지극하다, 다하다. 〔詩經〕 君子所屆. ③차례, 횟수. ④圖신고하다, 신고서.
【届期 계기】 때가 됨. 정한 시간에 이름.
【届滿 계만】 기한이 참. 만기(滿期)가 됨.
【届出 계출】 圖행정 관청에 일정한 사실을 문건으로 제출함.

尸
5 【届】⑧ 届(489)의 속자

尸
5 【屈】⑧ ❶굽을 굴 物 qū
❷깎을 궐 月 qū

ᄀ ᄀ 尸 尺 屏 屏 屈 屈

[소전]屈 [초서]屈 参考 대법원 지정 인명용 한자의 음은 '굴'이다.
字源 形聲. 尸+出→屈. '出(출)'이 음을 나타낸다.
字解 ❶①굽다, 굽히다. ②굽다, 구부러지다. 〔孟子〕 有無名之指, 屈而不信者. ④굽히다, 움츠리다. 〔春秋左氏傳〕 曲而不屈. ⑤오그라들다, 움츠리다. 〔易經〕 尺蠖之屈, 以求信也. ⑥꺾다, 억누르다, 제압하다. 〔孟子〕 威武不能屈. ⑦기개·의지·지조 따위를 굽히다. 〔後漢書〕 往日之喜, 乃爲親屈也. ②물러나다, 물리치다.

〔素問〕 大氣乃屈. ③베다, 자르다. 〔史記〕 麋屈虹而爲綱. ④짧다, 길이가 짧다. 〔淮南子〕 聖人無屈奇之服. ⑤강하다, 굳세다. 〔漢書〕 屈强於此. ⑥다하다. ㉮없어지다, 끊어지다. 〔荀子〕 財力不屈. ㉯있는 힘을 다하다. 〔呂氏春秋〕 堯且屈力. ⑦쇠하다, 쇠퇴하다. 〔淮南子〕 何小節伸而大略屈. ⑧이상하다, 색다르다. 〔漢書〕 謀屈奇起自絕. ⑨솟다, 솟아나다. ≒崛. 〔漢書〕 屈起在此位. ⑩거두다, 거두어 다스리다. 〔詩經〕 屈此群醜. ⑪섞다, 섞이다. 〔儀禮〕 其南醯醢屈. ⑫성(姓). ⑬땅 이름. 〔春秋左氏傳〕 屈産之乘. ❷①깎다. =掘. ≒劂. 〔禮記〕 君命屈狄. ②땅 이름. ≒厥.
【屈竭 굴갈】 다하여 없어짐. 다함.
【屈強 굴강】 성정이 강하여 남에게 굴하지 않음.
【屈巾 굴건】 圖상복을 입을 때 머리에 쓰는 모자의 한 가지.
【屈曲 굴곡】 구불구불함.
【屈己 굴기】 사심(私心)·아욕(我欲)을 억누름. 자기의 주의 주장을 꺾음.
【屈奇 굴기】 기괴하고 이상함. 奇異(기이).
【屈起 굴기】 일어섬. 일어서는 모양.
【屈蟠 굴반】 나뭇가지 따위가 얽히고 서림. 뱀이 똬리를 틂.
【屈伏 굴복】 뜻을 굽혀 복종함. 屈服(굴복). 屈從(굴종).
【屈首 굴수】 고개를 숙임. 남에게 머리를 숙임.
【屈首受書 굴수수서】 스승에게 나아가 머리를 숙이고 가르침을 받음.
【屈膝 굴슬】 무릎을 꿇음. 무릎을 꿇고 절을 함. 항복함. 굴복함.
【屈伸 굴신】 몸의 굽힘과 폄. 屈申(굴신).
【屈身 굴신】 ①몸을 앞으로 굽힘. ②겸손하게 처신함.
【屈心 굴심】 ①본심(本心)을 굽힘. ②사심(私心)·아욕(我欲)을 억누름. 곧, 겸손함.
【屈抑 굴억】 억누름. 억압함.
【屈枉 굴왕】 휘어져 굽음.
【屈撓 굴요】 휘어 굽음.
【屈辱 굴욕】 굴복당하여 치욕을 받음. 굴복당하고 있는 수치.
【屈節 굴절】 절조(節操)를 굽힘.
【屈從 굴종】 ☞屈伏(굴복).
【屈指 굴지】 ①무엇을 셀 때, 손가락을 꼽음. ②여럿 가운데에서 손꼽을 만함.
【屈就 굴취】 절조를 굽혀 명령을 따름.
【屈致 굴치】 복종시켜서 오게 함.
【屈蟄 굴칩】 때를 못 만나서 집에 파묻혀 있음.
◐ 不-, 卑-, 委-.

尸
5 【屄】⑧ 보지 비 圄 bī
字解 보지, 여자의 음부.
【屄屦 비취】 보지. 여자의 음부.

尸
5 【屆】⑧ 屜(492)의 속자

尸6 【屛】⑨ 屛(491)의 속자

尸6 【屎】⑨ ❶똥 시 📖 shǐ
❷앓을 히 📖 xī
대법원 지정 인명용 한자음은 '시'이다.
字解 ❶똥. ≒矢. ¶屎尿. ❷앓다. 끙끙거리며 앓다. 〔詩經〕民之方殿屎.
【屎尿 시뇨】똥과 오줌.

尸6 【屍】⑨ 주검 시 📖 shī
소전 尸 초서 屍 통자 尸 통자 死 字源 會意. 尸+死→屍. 주검[尸]과 죽다[死]라는 두 자를 합하여 '주검'의 뜻을 나타낸다.
字解 주검, 송장. 죽은 사람의 몸뚱이. 〔春秋左氏傳〕封殽屍而還.
【屍諫 시간】시체로써 임금에게 간(諫)하여 정도(正道)를 걷게 함. ❸尸諫(시간).
【屍床板 시상판】📖입관(入棺)하기 전에 시체를 얹어 놓는 긴 널.
【屍水 시수】📖屍汁(시즙).
【屍身 시신】송장. 주검.
【屍汁 시즙】시체에서 흐르는 물. 추깃물. 屍水(시수).
【屍體 시체】죽은 사람의 몸. 死體(사체).
【屍臭 시취】시체에서 풍기는 썩는 냄새.
● 檢-, 戮-.

尸6 【屋】⑨ 집 옥 📖 wū

一 ̄ 尸 尸 戶 屋 屋 屋

소전 屋 고문 屋 주문 屋 초서 屋 字源 會意. 尸+至→屋. 사람이 이르러[至] 머물러 있는 곳[尸]이라는 데서 '집'이라는 뜻을 나타낸다.
字解 ①집. 〔易經〕豐其屋. ②지붕. 〔詩經〕何以穿我屋. ③덮개, 수레의 덮개. 〔史記〕乘黃屋車. ④무거운 형벌로 다스리다. ≒剭. 〔周禮〕邦若屋誅. ⑤공조(貢租)를 바치게 하는 연대 조합(連帶組合). 주대(周代)에 세 집을 한 조로 하여 공조를 바치는 연대 조합을 두었다. 그 밭은 3천 보(步). 〔周禮〕掌野之鉏粟·屋粟·閒粟.
【屋棟 옥동】마룻대.
【屋梁 옥량】집의 들보. 屋廡(옥무).
【屋梁月 옥량낙월】친구를 그리워하는 간절한 마음. 故事 두보(杜甫)가 이백(李白)이 강남(江南)으로 유배(流配)된 것을 동정한 나머지, 그를 꿈에 보고 지은 시구(詩句)에서 온 말. 落月屋梁(낙월옥량).
【屋漏 옥루】①지붕이 샘. ②방 안의 서북 귀퉁이에서 중류(中霤)의 신(神)을 제사 지내는 곳. 사람이 잘 보지 않는 구석진 곳.
【屋霤 옥류】낙숫물.

【屋廡 옥무】①지붕과 추녀. ②처마.
【屋背 옥배】지붕마루. 屋山(옥산).
【屋比 옥비】집이 즐비하게 늘어선 품. 늘어선 집들.
【屋上架屋 옥상가옥】지붕 위에 지붕을 더함. 물건이나 일을 부질없이 거듭함.
【屋椽 옥연】지붕 서까래.
【屋烏之愛 옥오지애】그 사람을 사랑하면 그 지붕 위에 앉은 까마귀도 귀엽게 보임. ㉠깊은 사랑. ㉡편애(偏愛). 屋上烏(옥상오).
【屋瓦 옥와】지붕을 인 기와.
【屋外 옥외】집 밖.
【屋誅 옥주】①삼족(三族)을 베어 멸함. ②신분(身分)이 높은 사람을 집에서 죽임.
【屋脊 옥척】용마루.
【屋下架屋 옥하가옥】지붕 밑에 또 지붕을 만듦. 흉내만 내고 발전이 없음.
● 家-, 陋-, 茅-, 社-, 舍-, 書-, 瓦-, 牆-, 草-, 土-, 破-.

尸6 【昼】⑨ 晝(789)의 속자

尸6 【屌】⑨ 자지 초 📖 diǎo
字解 자지, 남자의 음부.

尸7 【屐】⑩ 나막신 극 📖 jī
소전 屐 초서 屐 속자 屐 字解 나막신, 나무 짚 따위로 만든 사람이 신는 신의 범칭. 〔南史〕常著木屐.
【屐履 극리】①신. ②유람함.
【屐履間 극리간】길을 걷는 동안. 작은 일의 비유. 履屐間(이극간).
【屐聲 극성】나막신 소리. 屐響(극향).
【屐子 극자】신. 나막신 따위.
【屐齒 극치】나막신의 굽.
【屐痕 극흔】나막신의 굽 자국.
● 輕-, 木-, 草-.

〈屐〉

尸7 【屖】⑩ 쉴 서 📖 xī
소전 屖 소전 屖 字解 ①쉬다, 휴식하다. ≒栖·棲. ②굳다, 견고하다. 〔後漢書〕器不屖利.

尸7 【屑】⑩ 가루 설 📖 xiè
소전 屑 초서 屑 字解 ①가루, 부스러기. 〔儀禮〕醴醴屑. ②부수다, 가루가 되게 부수다. 〔禮記〕屑桂與薑. ③깨끗하다, 결백하다. ≒絜. 〔詩經〕不我屑以. ④힘쓰다, 수고하다. 〔漢書〕晨夜屑屑. ⑤잗달다,

尸部 7〜8획 展 屍 屛

잘달고 수효가 많다. ¶屑然. ⑥마음을 쓰다, 마음에 두다. 〔後漢書〕盡心納忠, 不屑毀譽. ⑦업신여기다, 가볍게 보다. 〔書經〕屑播天命.
【屑金 설금】별의 딴 이름.
【屑屑 설설】①잘단 모양. ②부지런한 모양. ③마음이 안정되지 못한 모양. ④가랑비가 내리는 모양.
【屑然 설연】①잡다한 모양. ②갑자기. 卒然(졸연). ③소리가 희미한 모양. ④힘쓰는 모양.
【屑意 설의】마음에 두고 생각함.
【屑塵 설진】티끌. 먼지.
◐瑣－, 玉－.

尸7 【展】⑩ 펼 전 旣 zhǎn

ㄱㄱㄷ尸尸屄屆展展展

소전 展 초서 厏 〔字源〕形聲. 尸＋袞→展. '袞(전)'이 음을 나타낸다.
〔字解〕①펴다. ㉮넓게 벌리다. 〔金史〕增展太廟. ㉯열다, 젖혀 벌리다. ¶展開. ㉰널리 공포하다, 널리 펴다. 〔北史〕敷展德音. ㉱말하다, 의사를 발표하다. 〔春秋左氏傳〕敢展謝其不恭. ㉲뜻을 펴다. 〔吳志〕但恨微志未展. ㉳펼쳐지다, 펴지다. 〔蔡伸·詞〕鸞首征帆展. ②늘이다. ㉮기한을 미루다. 〔漢書〕冬令展一月. ㉯신장(伸長)하다. 〔國語〕侈必展. ③발달하다, 더 나아지다. ¶發展. ④베풀다. ㉮진열하다, 늘어놓다. ¶展示. ㉯차리다, 어떤 자리를 마련하다. 〔談苑〕必展歡宴. ㉰구르다, 뒹굴다. ≒輾. 〔楚辭〕憂心展轉. ⑤살피다, 살펴보다. 〔禮記〕展墓而入. ⑦정의를 두터이 하다. 〔書經〕時庸展親. ⑧적다, 조사하여 기록하다. 〔周禮〕展其功緖. ⑨가지런히 하다, 정돈하다. 〔周禮〕稽器展事. ⑩옷의 이름. ≒禮. 〔周禮〕展衣. ⑪참되다, 진실되다. 〔詩經〕展矣君子.
【展開 전개】펼침. 어떤 일이 펼쳐짐.
【展技 전기】기량을 발휘함.
【展期 전기】연기(延期).
【展讀 전독】펴서 읽음.
【展覽 전람】펼쳐 놓고 봄. 여러 가지 물건을 진열하여 놓고 봄. 展觀(전관).
【展墓 전묘】선조의 산소를 살핌.
【展眉 전미】찡그린 눈살을 폄. 근심이 사라짐.
【展拜 전배】이마를 땅에 대고 절함. 곧, 공손히 절함.
【展謝 전사】잘못을 사과함.
【展敍 전서】진술함. 展布(전포).
【展省 전성】☞展墓(전묘).
【展示 전시】펴 놓고 보임.
【展衣 전의】①주대(周代)에 왕후(王后)가 입던 육복(六服)의 하나. 예(禮)로써 임금이나 손님을 맞이할 때 입었음. ②주대(周代)에 경대부(卿大夫)의 처(妻)가 입던 옷.
【展展 전전】수레가 움직이는 소리.
【展轉 전전】①뒤쳤다 배반했다 함. ②구르듯이 급하여 가는 모양. ③누워서 이리저리 뒤척임.

輾轉(전전).
【展志 전지】뜻을 폄.
【展縮 전축】신축(伸縮).
【展限 전한】기한을 늘림. 연기함.
【展效 전효】힘을 폄. 힘씀.
◐發－, 進－, 親－.

尸7 【屍】⑩ 屬(494)와 동자

尸8 【屛】⑪ ❶병풍 병 靑 píng ❷두려워할 병 庚 bīng ❸물리칠 병 梗 bǐng

ㄱㄱㄷ尸屎屎屎屎屛屛

소전 屛 초서 屛 속체 屛 간체 屛 〔字源〕形聲. 尸＋幷→屛. '幷(병)'이 음을 나타낸다.
〔字解〕❶①병풍. 〔韋莊·詩〕欲別無言倚畫屛. ②울, 담. 〔白居易·記〕巖石爲屛. ③가리다, 가려 막다, 가리려 막히다. 〔呂氏春秋〕屛王之耳目. ④숨다, 은퇴하다. 〔禮記〕左右屛而待. ⑤지키다, 감싸다. 〔春秋左氏傳〕夏肆是屛. ⑥시골. 〔禮記〕屛之臣某. ❷①두려워하다, 마음이 불안한 모양. ¶屛營. ②방황하다. 〔國語〕屛營仿偟於山林之中. ❸①물리치다. ㉮치워 없애다, 제거하다. 〔論語〕屛四惡. ㉯내쫓다, 쳐서 물러가게 하다. 〔禮記〕屛之遠方. ②물러나다, 뒤로 물러나다. 〔禮記〕左右屛而待. ③감추다, 숨겨 두다. 〔書經〕我乃屛璧與珪. ④울이 되다, 울이 되어 지켜 주다. 〔國語〕以屛周室. ⑤죽이다, 숨을 죽이다. 〔論語〕屛氣似不息者.
【屛間 병간】①담 사이. ②담. ③(佛)절의 큰 판도방(版圖房)이나 법당(法堂) 정문의 좌우에 있는 간(間).
【屛去 병거】없앰. 버림. 제거함.
【屛居 병거】세상을 피하여 숨어서 삶.
【屛氣 병기】숨을 죽이고 가슴을 졸임.
【屛棄 병기】물리쳐 버림.
【屛當 병당】물건을 받아서 정리함.
【屛藩 병번】①☞屛翰(병한). ②사면(四面)에 있어서 방비하는 군대.
【屛攝 병섭】①존비(尊卑)를 분별해서 제사의 순위를 나타내는 것. ②종묘사직(宗廟社稷).
【屛息 병식】☞屛氣(병기).
【屛語 병어】소곤대는 말. 소곤소곤 말함.
【屛營 병영】①방황하는 모양. ②두려워하는 모양. 마음이 갈팡질팡하여 편하지 않은 모양.
【屛翳 병예】①풍신(風神). ②뇌신(雷神). ③우신(雨神). ④운신(雲神). ⑤천신(天神)의 사자(使者).
【屛畏 병외】숨을 죽여 두려워함.
【屛幛 병장】①칸막이 휘장. ②실내(室內).
【屛障 병장】①보이지 않게 가리는 휘장. ②병풍과 장지.
【屛黜 병출】물리침.

【屛廁 병측】 변소.
【屛退 병퇴】 물리침. 물러남.
【屛蔽 병폐】 막아 가림. 막아 지키는 사람.
【屛風 병풍】 바람을 막거나 가리기 위해, 또는 장식하기 위해 쓰는 물건.
【屛扞 병한】 지킴. 방위(防衛).
【屛翰 병한】 담과 그 양쪽 가에 있어서 이것을 지탱하는 기둥. 나라의 버팀목이 되는 신하(臣下)의 비유.
● 曲-, 藩-, 素-, 硯-, 枕-, 畫-.

尸 8 【扉】 ⑪ 짚신 비 困 fèi
[소전] [초서] [字解] ①짚신, 볏짚으로 삼은 신. 〔春秋左氏傳〕 共其資糧屝屨. ②숨기다. 〔禮記〕 西北屝薪.
【扉屨 비구】 짚신. 미투리. ○'扉'는 짚으로 만든 것, '屨'는 삼으로 만든 것.

尸 8 【屇】 ⑪ 뒷간에 갈 아 厵 è
[字解] 뒷간에 가다, 대소변을 보다.

尸 8 【屜】 ⑪ 언치 체 圖 tì
[속자] 屉 [字解] ①언치, 안장 밑에 까는 물건. 〔淸會典〕 披藍屜. ②서랍. 〔庾信·賦〕 還抽鏡屜. ③깔창, 구두의 안창. =屟.

尸 9 【屠】 ⑫ ❶잡을 도 虞 tú ❷흉노 왕 저 魚 tú
[소전] [초서] [참고] 대법원 지정 인명용 한자의 음은 '도'이다.
[字解] ❶①잡다, 짐승을 잡다. 〔周禮〕 凡屠者斂其皮角筋骨. ②무찌르다. 〔漢書〕 今屠沛. ③가르다, 살과 뼈를 가르다. 〔楚辭〕 何勤子屠母. ④백장, 백정. 가축을 잡는 일을 업으로 삼는 사람. 〔史記〕 在市屠中. ⑤앓다. ≒瘏. 〔詩經〕 予口卒屠. ⑥땅 이름. ⑦성(姓). ❷흉노 왕(匈奴王)의 칭호. 〔史記〕 渾谷王殺休屠王.
【屠家 도가】 백장. 또는 그의 집.
【屠沽 도고】 ①백장과 술 파는 사람. ②천한 직업에 종사하는 사람.
【屠者 도기】 현자(賢者). 흉노의 사투리임.
【屠毒筆墨 도독필묵】 읽으면 도리어 해가 되는 글과 책.
【屠龍之技 도룡지기】 용을 잡는 기술. 아무리 교묘하여도 실용적 가치가 없는 기술.
【屠戮 도륙】 모두 잡아 죽임. 屠殺(도살).
【屠腹 도복】 배를 가르고 자살함. 割腹(할복).
【屠肆 도사】 푸주. 정육점.
【屠殺 도살】 짐승을 죽임.
【屠城 도성】 성(城)이 함락됨. ○성이 함락되면 성 중의 사람을 살육하는 데서 온 말.
【屠燒 도소】 마구 죽이고 태움.
【屠蘇酒 도소주】 설날에 먹으면 사기(邪氣)를 물리친다는 술. 길경(桔梗)·방풍(防風)·산초(山椒)·육계(肉桂) 따위의 약초를 넣어 빚음.
【屠所之羊 도소지양】 도살장(屠殺場)으로 끌려가는 양. ○죽음이 목전에 닥친 사람. ○덧없는 인생.
【屠身 도신】 몸을 망침. 亡身(망신).
【屠宰 도재】 동물을 잡아 죽임. 屠殺(도살). 屠獸(도수).
【屠販 도판】 짐승을 잡아서 팖. 또는 그 일을 업(業)으로 하는 사람. 백장.
【屠漢 도한】 소·돼지를 잡는 일을 업으로 하던 사람. 백장. 庖丁(포정). 庖漢(포한).
● 狗-, 浮-.

尸 9 【屟】 ⑫ 屧(492)의 속자

尸 9 【屣】 ⑫ 屣(493)의 본자

尸 9 【属】 ⑫ 屬(494)의 속자

尸 10 【屪】 ⑬ 보지 취 魚 qú
[字解] 보지, 여자의 음부. ¶ 尸屪.

尸 11 【屢】 ⑭ 여러 루 遇 lǚ
〔ᄀ ᄀ ᄀ ᄀ 尸 屄 屢 屢 屢〕
[소전] [초서] [속자] 屡 [간체] 屡 [字源] 形聲. 尸+婁→屢. '婁(루)'가 음을 나타낸다.
[字解] ①여러, 수효가 많은. ②자주, 여러 번. ≒數. 〔詩經〕 君子屢盟. ③매양, 늘. 〔論語〕 回也其庶乎, 屢空. ④빠르다, 빨리. 〔詩經〕 屢豐年. ⑤번거롭다, 번잡하다. 〔文同·詩〕 日進豈厭屢.
【屢空 누공】 늘 가난함.
【屢年 누년】 여러 해.
【屢代 누대】 여러 대.
【屢月 누월】 여러 달.
【屢次 누차】 여러 번.

尸 11 【屣】 ⑭ 신 사 紙 ⑧시 紙 xǐ
[초서] [字解] ①신, 짚신. ≒蹝. 〔漢書〕 如脫屣耳. ②신으로 여기다, 보잘것없는 것으로 여기다. 〔孔稚珪·文〕 屣萬乘, 其如脫. ③신을 끌다, 신을 끌고 바삐 나오다. 〔後漢書〕 國相孔融, 深敬於玄, 屣履造門.
【屣履 사리】 신을 미처 신지 못하고 끌면서 급하게 나감. 손님을 반갑게 맞이함.
● 倒-, 破-.

尸 11 【層】 ⑭ 層(493)의 속자

尸部 12~15획 履履屦層屧屦

尸 12 【履】 ⑮ 신 리 𩕙 lǚ

[필순] 尸尸尸屏屏屛履履

[소전] 履 [고문] 𩕙 [초서] 𡳐 [본서] 履

[字源] 會意. 尸+彳+夂+舟→履→履. '尸'는 신을 신을 정도의 지위에 있는 사람, '彳'와 '夂'는 다 같이 간다는 뜻, '舟'는 신의 모양을 본뜬 것인 데서 '신'이라는 뜻을 나타낸다.

[字解] ①신. 발에 신는 것의 총칭. 〔列子〕脫履戶外. ②신다. 신을 신다. 〔史記〕良因長跪履之. ③밟다. ㉠발로 밟다. 〔論語〕行不履閾. ㉡밟으며 걷다, 밟으며 가다. 〔易經〕跛能履. ㉢행하다. 〔禮記〕處其位而不履其事. ㉣겪다, 경험하다. 〔元史〕同履艱艱者. ④지위에 오르다, 자리에 나아가다. 〔易經〕履帝位而不疚. ⑤행하는 바, 행동. 〔晉書〕性履純深. ⑥밟는 땅, 영토(領土). 〔春秋左氏傳〕賜我先君履. ⑦복, 복록. ≒釐. 〔詩經〕福履綏之. ⑧예(禮). ≒禮. 〔詩經〕率履不越. ⑨괘(卦) 이름. 64괘의 하나. 괘형은 ䷉. 밟고 나아감을 상징한다. 〔易經〕履柔履剛也.

【履勘 이감】 측량함. 실제로 검사함.
【履屐 이극】 ①짚신과 나막신. ②미세한 사물.
【履屐之才 이극지재】 사소한 일에까지 미치는 재주.
【履端 이단】 ①책력을 정하는 원점(元點)으로 함. ②정월 초하루. 신년(新年). 履新(이신). ③인군이 즉위 초에 개인(改元)하는 일.
【履歷 이력】 걸어온 경력(經歷). 지금까지 거쳐온 학업·직업 따위의 차례.
【履氷 이빙】 얇은 얼음을 밟음. 아주 위험한 지경을 무릅씀. 如履薄氷(여리박빙).
【履尙 이상】 품행이 고상함.
【履霜之戒 이상지계】 서리가 내리면 머지않아 얼음이 얾. 어떤 조짐을 보고 앞날의 화를 경계하라는 훈계.
【履舃 이석】 신. ○'履'는 한 겹 바닥의 신, '舃'은 겹바닥의 신.
【履修 이수】 과정에 따라 학업을 연마함.
【履新 이신】 ①새로운 것을 밟음. ②새해. 履端(이단).
【履長 이장】 동지(冬至).
【履祚 이조】 왕위(王位)에 오름. 卽位(즉위).
【履蹤 이종】 밟은 발자국. 사람이 다닌 자취.
【履踐 이천】 이행함. 행함.
【履行 이행】 실행함.
【履虎尾 이호미】 범의 꼬리를 밟음. 위험한 일을 함.

❶木-, 敝-, 踐-, 草-.

尸 12 【履】 ⑮ 履(493)의 본자

尸 12 【屧】 ⑮ 안창 섭 𡲤 xiè

尸 [소전] 屦 [본자] 屧 [字解] ①안창, 신발의 안바닥에 까는 물건. 〔南史〕日研屧爲業. ②나막신. ≒履. ③걸어가다. 〔南史〕又嘗步屧白楊郊野間.

尸 12 【層】 ⑮ 층 층 层 céng

[필순] 尸尸尸居居屇屇屒層層

[소전] 層 [초서] 层 [속자] 層 [간체] 层

[字源] 形聲. 尸+曾→層. '曾(증)'이 음을 나타낸다.

[字解] ①층집, 이 층 이상으로 지은 집. 〔劉孝綽·棲隱寺碑〕珠殿連雲, 金星輝泉. ②계단(階段), 층층대. 〔虞集·詩〕積石拾層級. ③층, 켜. 〔南史〕立九層佛寺. ④높다. 〔江淹·賦〕巡層檻而空掩.

【層階 층계】 층층이 올라가는 계단.
【層空 층공】 극히 높은 하늘.
【層觀 층관】 여러 층으로 지은 고루(高樓).
【層構 층구】 층층으로 지은 집. 층집.
【層穹 층궁】 높은 하늘.
【層濤 층도】 겹쳐서 밀어 닥치는 파도.
【層輪塔 층륜탑】 (佛)층층으로 둥글게 쌓은 탑. 相輪塔(상륜탑).
【層巒 층만】 첩첩이 솟은 산봉우리.
【層榭 층사】 여러 층으로 높이 지은 전각(殿閣)이나 망루(望樓). 層臺(층대). 層樓(층루).
【層霄 층소】 높은 하늘. 九霄(구소).
【層岫 층수】 겹친 산의 봉우리.
【層深 층심】 높이 솟아 있고 그윽함.
【層阿 층아】 겹쳐진 산. 겹산.
【層崖 층애】 바위가 겹쳐이 쌓인 언덕.
【層嶂 층장】 첩첩이 이어진 산봉우리.
【層層侍下 층층시하】 ▣조부모, 부모를 다 모시고 사는 상황.
【層塔 층탑】 여러 층으로 쌓은 탑.
【層巘 층헌】 겹쳐 연한 봉우리. 層嶂(층장).

❶ 高-, 卷-雲, 單-, 斷-, 富裕-, 上-, 中-, 地-, 下-.

尸 14 【屦】 ⑰ 신 구 屨 jù

[소전] 屦 [소전] 屨 [초서] 𡲰 [간체] 屦 [字解] ①신. 짚신·가죽신·미투리 등의 신발. ≒履. 〔詩經〕糾糾葛屨. ②신다, 신을 신다. 〔易經〕屨校滅趾. ③자주, 여러 번. ≒屢. 〔禮記〕臨事而屨斷.

【屨賤踊貴 구천용귀】 신 값은 싸고 용(踊)의 값은 비쌈. ㉠죄를 범한 사람이 많음. ㉡법의 남용이 심함. ○'踊'은 형벌로 발을 잘린 사람이 신는 신.

尸 15 【屦】 ⑱ 신 각·교 蹻蹩 jué

[소전] 屦 [초서] 屦 [통자] 蹻 [字解] 신. 짚신·미투리 등의 신발.

尸部 15~21획

屪 ⑱ 자지 료 𧮫 liáo
[字解] 자지, 남자의 음부.

屬 ㉑ ❶이을 촉 zhǔ ❷무리 속 shǔ ❸부을 주 zhǔ

尸 尸 尸 尸 屬 屬 屬 屬 屬

[소전] 屬 [초서] 屬 [속자] 属 [간체] 属
[參考] 대법원 지정 인명용 한자의 음은 '속'이다.
[字源] 形聲. 尾+蜀→屬. '蜀(촉)'이 음을 나타낸다.
[字解] ❶①잇다. ㉮잇달다, 연속하다.〔漢書〕相屬於道. ㉯두 끝을 맞대어 붙이다.〔漢書〕刑者不可復屬. ②붙다, 붙이다, 부착(附着)하다.〔詩經〕白梴相樸兩而生者. ③부탁하다, 맡기다, 위임하다. ≒囑.〔呂氏春秋〕寡人將誰屬國. ④모이다, 모여들다.〔淮南子〕龍擧而景雲屬. ⑤모으다, 불러 모으다.〔孟子〕乃屬其耆老而告之. ⑥맺다, 원한을 맺다.〔國語〕必屬怨焉. ⑦가깝다, 다가서다.〔漢書〕天下屬安定. ⑧권하다.〔蘇軾·賦〕擧酒屬客. ⑨족하다, 흡족하다.〔春秋左氏傳〕屬厭而已. ⑩가엾게 여기다, 동정하여 인정을 베풀다.〔書經〕至于屬婦. ⑪공경하는 모양, 삼가고 조심하는 모양. ¶屬屬. ⑫기울이다, 귀를 기울이다, 마음을 기울이다.〔國語〕恐國人之屬耳目於我也. ⑬아뢰다, 고하다.〔春秋穀梁傳〕退而屬其二三大夫. ⑭요즈음.〔漢書〕屬者頗有變改. ❷①무리, 동아리, 한패.〔史記〕以此取天下. ②살붙이, 혈족. ¶尊屬親. ③좇다, 복종하다. ¶屬國. ④뒤따르다, 수행하다.〔史記〕騎能屬者百餘人耳. ⑤엮다, 글을 짓다. ¶屬文. ⑥벼슬아치, 하급 관리.〔書經〕各率其屬. ⑦나누다. ㉮분류하다.〔周禮〕乃屬禽. ㉯분류한 한 단위. 생물을 분류할 때 쓴다. ⑧때마침, 마침, 이제 막.〔春秋左氏傳〕下臣不幸, 屬當戎行. ❸❶붓다, 쏟아 넣다, 술을 붓다. ≒注.〔禮記〕酌玄酒, 三屬於尊.

【屬客 촉객】손님에게 권(勸)함.
【屬纊 속광】임종(臨終). ◯숨을 거두려는 사람의 코에 새 솜을 대어 호흡하는지를 알아본 데서 온 말.
【屬聯 촉련】잇대어 이어짐.
【屬令 촉령】훈계하여 명함.
【屬望 촉망】희망을 걺. 기대함.
【屬目 촉목·속목】살펴봄. 주의하여 봄.
【屬辭比事 촉사비사】비슷한 언사(言辭)나 사건을 열거하는 일.
【屬心 촉심】마음을 둠. 희망을 걺.
【屬厭 촉염】싫증이 남.
【屬垣 속원】귀를 담에 대고 몰래 엿들음.
【屬怨 속원】원한을 맺음.
【屬臾 속유】삼감. 勤愼(근신).
【屬意 촉의·속의】①마음을 붙임. ②희망을 걺.

【屬耳 촉이】귀를 기울여 들음.
【屬者 촉자】❶촉자 ❷속자】❶요즈음, 근래. 頃者(경자). ❷딸려 있는 사람.
【屬茨 촉자】지붕을 임. ◯'茨'는 이엉.
【屬酒 촉주】술잔을 권함.
【屬疾 촉질】병 핑계를 댐.
【屬草 촉초】초고(草稿)를 잡음.
【屬屬 촉촉】①공경하는 모양. ②한결같은 모양. ③오로지 삼가는 모양. ④착하고 순한 모양.
【屬託 촉탁】부탁하거나 의뢰함.
【屬統 촉통】혈통(血統)을 계승함.
【屬車 속거】임금이 거둥할 때 여벌로 따라가는 수레. 副車(부거).
【屬觀 속관】눈여겨봄. 주목함.
【屬國 속국】정치적으로 다른 나라에 매여 있는 나라.
【屬累 속루】핑계함. 구실 삼음.
【屬文 속문】문장을 지음.
【屬婦 속부】①처첩(妻妾)을 가엾이 여겨 돌봄. ②첩(妾). 小室(소실).
【屬性 속성】사물 본래의 성질.
【屬籍 속적】한 집안에 딸린 호적.
【屬佐 속좌】하급 관리.
【屬和 속화】다른 사람의 노래에 이어서 노래함.
❶家—, 官—, 軍—, 歸—, 服—, 附—, 卑—, 所—, 衙—, 魚—, 營—, 隷—, 轉—, 從—, 直—, 親—, 婚—.

尸 21 **屭** ㉔ 힘쓸 희 屭 xì
[초서] 屭 [동자] 屓
[字解] ①힘쓰다, 힘을 내는 모양, 힘이 있는 모양. ②몸시 세찬 모양.

屮 部

3획 부수 | 왼손좌부

屮 0 **屮** ③ 왼손 좌 zuǒ
[소전] 屮 [동자] 左
[字源] 象形. 왼손을 본뜬 글자.
[字解] 왼손.

屮 0 **屮** ③ ❶싹날 철 屮 chè ❷풀 초 cǎo
[소전] 屮
[字源] 象形. 풀에서 싹이 움터 나온 모양을 본뜬 글자. 가운데로 내려그은 'ㅣ'은 자라는 모양을, 양쪽은 싹의 두 가지를 나타낸다.
[字解] ❶①싹나다, 싹트다. ②싹. ❷풀. ※艸 (1485)의 고자(古字).〔荀子〕刺中殖穀.
【屮蹻 초갹】짚신. 草屩(초갹). 草履(초리).
【屮藁 초고】초벌로 쓴 원고. 草稿(초고).

【屮茅 초모】①풀숲. ②백성. 민간(民間).

屮 1 【屯】④ ❶진칠 둔 冤 tún
❷어려울 준 𠧋 zhūn
❸성 둔 𪩘 tún

一 𠃋 屮 屯

[소전] 𠧋 [초서] 屯 [𦓤考] 대법원 지정 인명용 한자의 음은 '둔'이다.

[字源] 象形. 一+屮→屯. 대지(一)를 뚫고 싹이 움터 나오려고 애쓰는 모양을 본뜬 글자. '屮'의 자라는 모양을 나타내는 가운데 '丨'이 'ㄣ'와 같이 바뀌어 자라기 어려움을 나타낸 데서 '어렵다'는 뜻을 나타낸다.

[字解] ❶①진치다, 군대를 일정한 곳에 모아 수비하다.〔春秋左氏傳〕夫屯晝夜九日. ②진, 병영(兵營).〔管子〕置屯籍農. ③언덕, 구릉(丘陵). 늑自.〔列子〕生於陵屯. ❷①어렵다, 어려움에 시달리다.〔莊子〕慰暋沈屯. ②많다, 무리를 이루다.〔後漢書〕屯朋篤論之士. ③견고하다, 험난하다.〔春秋左氏傳〕屯固比入. ④괘(卦) 이름, 64괘의 하나. 괘형은 ䷂. 험난하여 나아가기 어려움을 상징함. ⑤태초(太初), 천지개벽의 시초. ¶ 屯蒙. ❸성(姓).

【屯墾 둔간】둔전제(屯田制)에 의한 황무지의 개간. 屯田(둔전).
【屯據 둔거】머물러 웅거함.
【屯耕 둔경】☞屯田(둔전).
【屯落 둔락】마을.
【屯防 둔방】진을 치고 도둑을 막음.
【屯兵 둔병】어느 곳에 머물러 있는 군사.
【屯堡 둔보】병사가 진을 치고 있는 성채(城砦). 屯所(둔소).
【屯戍 둔수】군대를 주둔시켜 변방(邊方)을 지킴. 屯守(둔수). 屯衛(둔위).
【屯宿 둔숙】군대가 지방에 머물러 있음.
【屯禦 둔어】병사가 주둔하여 도둑을 막음.
【屯營 둔영】군사가 주둔하고 있는 군영.
【屯長 둔장】주둔한 군사의 으뜸되는 사람.
【屯田 둔전】군대가 변경에 주둔하여 평시(平時)에는 그곳에서 농사를 짓고, 전시(戰時)에는 전투에 참가하여 그곳을 지키던 일. 屯耕(둔경).
【屯駐 둔주】군대가 머무름. 駐軍(주군).
【屯土 둔토】둔전(屯田)과 둔답(屯畓).
【屯坎 준감】고생함. 고민함. 困(준곤).
【屯蹇 준건】고민함. 고민. 屯坎(준감).
【屯膏 준고】은택(恩澤)을 아랫사람에게 베풀지 않음. ☞'膏'는 고택(膏澤), 곧 은혜(恩惠).
【屯困 준곤】고생함. 고민하함. 屯難(준난).
【屯蒙 준몽】①사물의 시초와 어림. ②천지(天地)가 만물을 생성하는 시초. ☞'屯'은 만물의 비롯, '蒙'은 만물의 어림.
【屯剝 준박】모든 일의 앞이 막힘. ☞'屯'과 '剝'은 괘(卦) 이름으로 괴로움을 상징함.
【屯否 준비】운수가 비색(否塞)함.
【屯如 준여】일이 잘 되지 않는 모양. 일알

안 되어 곤란한 모양. 迍如(준여).
【屯邅 준전】①몹시 곤란하고 어려움. ②지쳐 괴로워함.
【屯險 준험】험난하여 나아가기 어려움.
❶邊—, 兵—, 分—, 駐—, 險—.

屮 1 【𡴑】④ 之(42)의 본자

山 部

3획 부수 | 메산부

山 0 【山】③ 메 산 𠵹 shān

丨 屮 山

[소전] 𠦂 [초서] 山 [字源] 象形. 산의 모양을 본뜬 글자. 위는 봉우리가 셋인 산을, 밑의 '一'은 땅을 나타낸다.

[字解] ①메, 산.〔書經〕奠高山大山. ②산신(山神).〔論衡〕山川其舍諸. ③무덤, 분묘.〔任昉·表〕瞻彼景山. ④산의 모양. 십장(十章)의 하나로, 임금의 의복(儀服)에 수놓는다.〔荀子〕天子山冕. ⑤임금의 상(象).〔春秋穀梁傳〕梁山崩. ⑥움직이지 아니하다.〔禮記〕山立時行. ⑦(佛)절, 사찰(寺刹).〔蘇軾·碑〕歸老於阿育王山廣利寺.

【山家 산가】산속에 있는 집. 山房(산방). 山莊(산장).
【山歌 산가】①시골에서 불리는 속요(俗謠). ②뱃사람들이 부르는 노래. 俚謠(이요).
【山歌野唱 산가야창】산야에서 부르는 노래. 곧, 시골 사람들이 부르는 노래.
【山脚 산각】산기슭. 山足(산족).
【山閣 산각】산중에 세운 누각(樓閣).
【山龕 산감】산사(山寺). ☞'龕'은 탑(塔) 또는 탑 아래에 있는 방으로, 부처를 모시는 곳.
【山客 산객】①산에 사는 사람. ②[國]등산하는 사람. ③척촉화(躑躅花)의 딴 이름.
【山車 산거】제례(祭禮) 때 수레 위에 산·바위·인물(人物) 같은 것을 꾸며서 끄는 수레.
【山筧 산견】산속의 물을 끌어 대는 홈통.
【山景 산경】산의 경치. 山光(산광).
【山溪 산계】산과 골짜기. 산골짜기.
【山薊 산계】①삽주. ②삽주의 덩어리진 뿌리. 白朮(백출). 山薑(산강).
【山鷄野鶩 산계야목】[國]산꿩과 들오리. 성미가 사나워 제 마음대로만 하고 다른 이의 말을 듣지 않는 사람의 비유.
【山高水長 산고수장】산은 높고 물은 깊. ㉠산천이 가로막아서 더 갈 길이 없음. ㉡인품과 절조(節操)가 고결함.
【山谷之士 산곡지사】세상을 도피하여 산중에

사는 사람. 隱士(은사).
【山骨 산골】①산의 토사(土砂)가 씻겨 노출된 암석. ②산의 진수(眞髓).
【山公 산공】 원숭이.
【山郭 산곽】 산촌(山村). 두메산골. ◦'郭'은 마을의 둘레.
【山轎 산교】 산길 등에서 이용하던, 대로 엮은 간편한 가마.
【山君 산군】①산의 신령(神靈). 산신령. ②범의 딴 이름.
【山窟 산굴】 산중의 동굴.
【山窮水盡 산궁수진】 國산이 막히고 물줄기는 끊어져 더 갈 길이 없음. 막다른 지경에 이름.
【山根 산근】①산기슭. 山足(산족). 山麓(산록). ②관상가(觀相家)가 콧마루와 두 눈썹 사이를 이르는 말.
【山禽 산금】 산새.
【山氣 산기】①산의 기운. 산의 운기(雲氣). ②산에 끼는 아지랑이.
【山衲 산납】①산승(山僧)의 옷. ◦'衲'은 승려의 옷. ②⇨山僧(산승).
【山內 산내】①산의 속. ②절의 구역 안.
【山童 산동】 두메산골에서 자라난 아이.
【山斗 산두】 매우 존경을 받는 사람. 泰山北斗(태산북두).
【山頭 산두】①산꼭대기. ②화장(火葬)하는 곳. ◦대개 산꼭대기에 있었던 데서 온 말.
【山梁 산량】①산골짜기에 건너지른 다리. 계류(溪流)를 가로질러 놓은 암석. ②꿩의 딴 이름.
【山厲河帶 산려하대】 태산(泰山)이 숫돌처럼 평평하게 닳고, 황하(黃河)가 띠처럼 좁게 되는 한이 있더라도 변하지 않음. 영원히 변하지 않을 것을 맹세하는 말. 礪山帶河(여산대하).
【山麓 산록】 산기슭. 山足(산족). 山脚(산각).
【山籟 산뢰】 산에서 부는 바람 소리.
【山陵 산릉】①산과 언덕. 산악과 구릉. ②임금의 무덤. ③國국장(國葬)을 하기 전에 아직 이름을 짓지 않은 새 능. ④천자의 죽음.
【山陵崩 산릉붕】 천자(天子)의 붕어(崩御)를 꺼려 이르는 말.
【山梨 산리】 돌배.
【山林 산림】①산과 숲. ②산에 있는 숲. ③학식과 덕이 있으나 시골에 묻혀 지내는 선비.
【山林處士 산림처사】 산골에 살며 글이나 읽으며 지내는 사람. 山林學士(산림학사).
【山立 산립】 산과 같이 바르게 섬. 흔들리지 않는 모양.
【山魅 산매】 산속의 괴물(怪物), 또는 악귀(惡鬼). 요사스러운 산귀신. 山怪(산괴).
【山鳴谷應 산명곡응】 산이 울면 골짜기가 응함. 소리가 산골짝이에 울려 퍼짐.
【山姥 산모】 산가(山家)에 사는 할미.
【山門 산문】①(佛)절의 누문(樓門). 또는 절 전체. ②산의 어귀.
【山紋 산문】 산 모양으로 된 무늬. 山文(산문).
【山味 산미】 산나물이나 산과일 따위의 맛.
【山房 산방】①산속의 가옥. ②산장(山莊). ③서

재(書齋). ④절의 건물(建物).
【山樊 산번】①산의 곁. 산의 그늘. ②⇨山林(산림)②.
【山伐 산벌】 산에 있는 나무를 벌채함.
【山阜 산부】 산. ◦'阜'는 토산(土山).
【山寺 산사】 산에 있는 절.
【山上 산상】①산의 위. ②國무덤을 쓰는 일을 하는 곳.
【山塞 산새】 산상(山上)의 성채(城砦).
【山棲 산서】 산에서 삶. 은둔(隱遁)함.
【山墅 산서】 산속에 있는 별장. 山莊(산장).
【山城 산성】 외침을 막기 위해 산에 쌓은 성.
【山所 산소】①무덤의 존칭. ②무덤이 있는 곳.
【山魈 산소】 산중의 괴물(怪物). 비비(狒狒)의 유(類). 山精(산정).
【山水 산수】①산과 물. 산하의 경치. ②산에 흐르는 물. ③산수화(山水畫).
【山叟 산수】 산에 사는 노인.
【山藪 산수】①산과 못. 山澤(산택). ②산속에 숨어 벼슬을 하지 않는 일.
【山僧 산승】①산사(山寺)의 승려. ②승려의 자기에 대한 겸칭.
【山神 산신】 산을 주관하는 신령. 山君(산군). 山神靈(산신령).
【山嶽 산악】 높고 험준한 산.
【山靄 산애】 산에 낀 아지랑이.
【山養 산양】①산중에 길러지는 것. 사슴·멧돼지 따위. ②國산에 옮겨 심어 기른 인삼.
【山陽 산양】 산의 남쪽.
【山役 산역】 무덤을 만드는 일.
【山翁 산옹】①산골에 사는 늙은이. ②이백 년이 지난 하수오(何首烏).
【山王 산왕】①진대(晉代)의 산도(山濤)와 왕융(王戎). ②(佛)㉠가장 높은 산. ㉡석전(釋典) 시왕경(十王經)의 십대 산왕(十大山王).
【山隈 산외】 산모퉁이. 山曲(산곡). 山阿(산아).
【山腰 산요】 산의 허리. 산의 중복(中腹).
【山容水態 산용수태】 산이 솟은 모양과 물이 흐르는 모양.
【山隅 산우】 산모퉁이. 山陬(산추).
【山雲 산운】①산과 구름. ②산에서 이는 구름. 산에 낀 구름.
【山園 산원】①산에 있는 화원(花園). 산속에 있는 별장. ②임금의 능. 山陵(산릉).
【山陰 산음】 산그늘. 산의 북쪽.
【山夷 산이】①산이 평평함. ②산적(山賊).
【山益 산익】 산과 같이 늘어남. 산처럼 쌓임.
【山人 산인】 속세를 떠나 은거하는 사람.
【山資 산자】 산을 살 비용. 은거(隱居) 생활에 드는 비용.
【山紫水明 산자수명】 산은 자줏빛이고 물은 맑음. 산수(山水)의 경치가 아름다움.
【山長 산장】①산중(山中)의 장자(長者). 산속에 은거하면서 학문을 가르치는 사람. ②산이 길게 이어짐.
【山莊 산장】 산에 있는 별장.

【山嶂 산장】 병풍처럼 둘려 있는 산봉우리.
【山瘴 산장】 산의 나쁜 기운. 산중(山中)의 독기(毒氣).
【山長水遠 산장수원】 ①산수(山水)가 멀리 이어짐. ②멀리 떨어져 있음.
【山積 산적】 산더미처럼 많이 쌓임.
【山田 산전】 ①산에 있는 밭. ②산중의 사냥터.
【山巓 산전】 산꼭대기.
【山戰水戰 산전수전】 圈산에서도 싸우고 물에서도 싸움. 온갖 어려움과 고생을 다 겪었음.
【山節藻梲 산절조절】 두공(枓栱)에 산을 새기고, 동자기둥에 마름〔水藻〕을 새김. ㉠화려하고 훌륭한 건물. ㉡예나 신분에 어긋날 정도로 호화로운 건물.
【山頂 산정】 산꼭대기. 山巓(산전).
【山庭 산정】 ①콧대. ②산에 있는 넓은 광장.
【山靜日長 산정일장】 산은 고요하고 해는 긺. 산속에서 사는 한정(閑靜)의 정취.
【山齊 산제】 산과 그 높이를 같이함. 물건이 썩 많음의 비유.
【山照 산조】 해가 산을 비춤. 산이 빛남.
【山臊 산조】 산속의 괴인(怪人)이나 괴수(怪獸). 山操(산조).
【山足 산족】 산기슭.
【山峻水急 산준수급】 산이 험하고 물살이 빠름.
【山中宰相 산중재상】 ①산중에 은거(隱居)하면서 나라의 자문(諮問)에 응하는 사람. 故事 양(梁)나라의 도홍경(陶弘景)이 구곡산(句曲山)에 은거하면서, 나라에 큰일이 있을 때면 늘 자문하였다는 고사에서 온 말. ②재상될 재능을 지니면서 산에서 헛되이 평생을 마치는 사람.
【山中豪傑 산중호걸】 圈①범〔虎〕. ②범의 기상.
【山阯 산지】 산기슭. 山址(산지). 山趾(산지).
【山紙 산지】 ①산중에서 만들어 내는 질이 낮은 종이. ②산의 이끼.
【山珍 산진】 산중에서 나는 진귀한 물건.
【山鎭 산진】 그 나라의 국토를 진호(鎭護)한다 하여 높임을 받는 명산(名山).
【山盡水窮 산진수궁】 산이 다하고 물이 막힘. 막다른 길에 이르러 헤어나갈 수 없게 됨.
【山珍海錯 산진해착】 산과 바다에서 나는 진기(珍奇)한 음식. 풍성하게 잘 차린 음식. ○'錯'은 섞인다는 뜻. 山海珍味(산해진미).
【山竄 산찬】 ①산중으로 피하여 숨음. ②산에 은닉함.
【山窓 산창】 산사(山舍)의 창문.
【山菜 산채】 산나물.
【山妻 산처】 ①은사(隱士)의 아내. ②산가(山家)에서 자란 아내. 자기 아내의 겸칭(謙稱).
【山川相繆 산천상무】 산과 내가 서로 뒤얽힘. 산과 내가 서로 겹쳐서 포개져 있음.
【山川草木 산천초목】 산과 물과 풀과 나무. 곧, 자연.
【山草 산초】 ①산에 나는 풀. ②초야에 묻혀 삶. 在野(재야).
【山椒 산초】 ①산마루. 山頂(산정). ②산초나무의 열매.

【山樵 산초】 나무꾼. 樵夫(초부).
【山椒魚 산초어】 도롱뇽.
【山陬 산추】 산모퉁이.
【山湫 산추】 산속에 있는 못〔池〕.
【山醉 산취】 ①산이 안개에 싸여 분명하지 않은 모양. ②산악병(山嶽病).
【山墮 산타】 좁고 긴 산. ○'墮'는 좁고 긴 것.
【山啄木鳥 산탁목조】 메딱따구리.
【山頹木壞 산퇴목괴】 태산(泰山)이 허물어지고 들보가 무너짐. 현인(賢人)의 죽음.
【山風 산풍】 산에서 불어오는 바람. 산바람.
【山下 산하】 ①산 아래. ②선산(先山)의 밑.
【山河 산하】 ①산과 강. ②영토. 강역(疆域). ③자연.
【山河襟帶 산하금대】 산이나 강이 옷깃이나 띠처럼 둘림. ㉠견고한 자연의 요해처(要害處). ㉡형세가 좋은 땅. 襟帶(금대).
【山海 산해】 ①산과 바다. ②은둔(隱遁)의 땅. ③먼 거리. 멀리 떨어져 있는 곳. ④사물이 많고 큼.
【山海珍味 산해진미】 산과 바다의 산물을 다 갖춘 진귀한 음식. 온갖 귀한 재료로 만든 맛 좋은 음식.
【山行 산행】 ①산길을 감. ②산놀이.
【山峽 산협】 ①산속의 골짜기. ②두메.
【山蹊 산혜】 산속의 소로(小路). 산중(山中)의 지름길.
【山戶 산호】 산에 사는 화전민의 집.
【山呼 산호】 백성이 '만세(萬歲)'라고 불러 임금을 축복하던 일. 故事 한(漢) 무제(武帝)가 숭산(嵩山)에서 제사를 지낼 때 백성들이 만세를 부른 고사에서 온 말. 嵩呼(숭호).
【山肴 산효】 산나물.
【山鴞 산효】 올빼미.
【山肴野蔌 산효야속】 산에서 사냥한 짐승 고기와 들에서 뜯은 채소. 산야에서 나는 안주나 반찬.
【山喜鵲 산희작】 메까치.

● 故-, 高-, 鑛-, 金-, 禁-, 南-, 東-, 銅-, 登-, 名-, 墳-, 雪-, 深-, 連-, 靈-, 愚公移-, 雲-, 遠-, 遊-, 銀-, 中-, 靑-, 泰-, 土-, 火-.

山2 【屴】⑤ 높이 솟을 력 䮍 lì
字解 ①높이 솟다, 산이 높이 솟은 모양.〔貢師泰·詩〕屴崱西來勢何壯. ②산이 잇달아 솟아 있는 모양. ¶屴崱.
【屴崱 역측】 산봉우리가 높이 솟은 모양.

山2 【仚】⑤ 仙(77)과 동자

山3 【屺】⑥ 민둥산 기 䡊 qǐ
소전 屺 소전 屺 동문 岊 字解 민둥산, 독산(禿山).〔詩經〕陟彼屺兮.

山部 3～4획

山3 【嵒】⑥ 屺(497)와 동자

山3 【屼】⑥ 민둥산 올 囲 wù
 [초서] [字解] ①민둥산, 산이 민둥민둥한 모양. ②산이 높이 솟은 모양.
 【屼屼 올올】 산이 높이 솟은 모양.

山3 【㟁】⑥ 危(243)의 고자

山3 【岀】⑥ 出(181)의 속자

山3 【屹】⑥ 산 우뚝 솟을 흘 囲 yì
 [초서] [字解] 산이 우뚝 솟다, 산이 험한 모양. 〔王延壽·賦〕屹山峙以紆鬱.
 【屹立 흘립】 우뚝 솟아 있음.
 【屹然 흘연】 ①屹屹(흘흘). ②홀로 서서 굴하지 않는 모양. 毅然(의연).
 【屹屼 흘올】 민둥산이 높은 모양.
 【屹出 흘출】 산이 우뚝 솟음.
 【屹屹 흘흘】 산이 높이 우뚝 솟은 모양.

山4 【岍】⑦ 岍(501)의 속자

山4 【岌】⑦ 높을 급 囲 jí
 [소전] [초서] [字解] ①높다. ㉮높은 모양. 〔楚辭〕高余冠之岌岌兮. ㉯산이 우뚝 솟은 모양. ¶ 岌峨. ②위태로운 모양. 〔孟子〕天下殆哉, 岌岌乎. ③급한 모양. 〔潘岳·賦〕雪燁岌岌. ④성한 모양. ¶ 岌岌.
 【岌岌 급급】 ①높은 모양. ②위태로운 모양. ③급한 모양. ④성한 모양.
 【岌峨 급아】 산이 높이 솟은 모양.
 【岌嶪 급업】 산이 높고 험한 모양.
 ◐ 嵬一.

山4 【岐】⑦ 갈림길 기 囲 qí
 [초서] [고문] [字解] ①갈림길. ≒歧. 〔劉禹錫·詩〕臨岐無限意. ②자라나는 모양, 지각이 드는 모양. 〔詩經〕克岐克嶷. ③날아가는 모양. ¶ 岐岐. ④산 이름. 섬서성(陝西省)에 있는, 주(周)나라의 발상지. 〔詩經〕至于岐下. ⑤울퉁불퉁하다, 험하다. 〔陸機·表〕岐嶇自列.
 【岐岐 기기】 ①슬기로운 모양. 지각이 드는 모양. ②날아가는 모양. ③뿔이 가지 벋어 자란 모양.
 【岐路 기로】 갈림길. 몇 갈래로 갈라진 길.
 【岐旁 기방】 갈림길.

【岐嶷 기억】 어릴 때부터 재능이 뛰어남.
【岐穎 기영】 성질(性質)이 뛰어나고 우수함.
【岐周 기주】 서주(西周)의 딴 이름. ○나라를 기산(岐山)에 세운 데서 온 말.
【岐黃 기황】 ①기백(岐伯)과 황제(黃帝). 모두 의가(醫家)의 시조(始祖). ②의술(醫術).
 ◐ 多一, 分一.

山4 【峷】⑦ 峯(502)과 통자

山4 【岎】⑦ 산 높을 분 囲 fén
 [동자] [字解] 산이 높다, 산이 높은 모양. 〔揚雄·賦〕岎崟廻叢.
 【岎崟 분음】 산이 높은 모양.

山4 【岔】⑦ ①산 높을 분 囲 chà ②갈림길 차 囲 chà
 [초서] [字解] ①산이 높다, 산이 높은 모양. =岎. ②①갈림길. 〔水滸傳〕到了一箇三岔路口. ②산과 산이 가닥져 나누어지는 곳. ③어긋나다.

山4 【岋】⑦ 흔들릴 압 囲 è
 [字解] 흔들리다, 흔들리는 모양. 〔揚雄·賦〕天動地岋.

山4 【岉】⑦ 嶸(513)과 동자

山4 【岏】⑦ 가파를 완 囲 wán
 [字解] ①가파르다, 산이 뾰족이 솟은 모양. ¶ 巑岏. ②높다.
 【岏巑 완찬】 높고 험한 산봉우리.

山4 【岑】⑦ ①봉우리 잠 囲 cén ②벼랑 음 囲 cén
 [소전] [소전] [초서] [참고] 대법원 지정 인명용 한자의 음은 '잠'이다.
 [字解] ①①봉우리, 산봉우리. 〔陸機·詩〕長嘯高山岑. ②높다, 높이 솟다. 〔楚辭〕漂流隕往觸岑石兮. ③크다. ④나라 이름. 주(周) 문왕(文王)이 동생을 봉한 나라. ⑤성(姓). ②벼랑, 물가의 언덕. 〔莊子〕未始離於岑.
【岑嶺 잠령】 봉우리. 산봉우리.
【岑樓 잠루】 ①높이 솟은 뾰족한 산. ②높은 다락집. ③봉우리와 높은 누각.
【岑峨 잠아】 가지런하지 못한 모양. 높낮이가 있는 모양.
【岑嵓 잠암】 높고 험한 모양. 岑巖(잠암).
【岑蔚 잠예】 산봉우리의 숲이 무성한 곳.
【岑蔚 잠울】 산이 깊고 숲이 무성한 곳.
【岑崟 잠음】 산이 높고 험한 모양.

【岑岑 잠잠】①머리가 아픈 모양. 몸부림치며 괴로워하는 모양. ②높은 모양.
【岑寂 잠적】①고요함. ②쓸쓸하게 높이 솟은 모양.
【岑壑 잠학】봉우리와 골짜기.
○嶺−, 尖−.

山4 【屵】⑦ 산모롱이 절 jié
字解 ①산모롱이. 〔左思·賦〕貪綠山嶽之屵. ②산이 높은 모양. =節.

山4 【岅】⑦ 坂(344)과 동자

山5 【岬】⑧ 산허리 갑 jiá
字解 ①산허리, 산허구리. 〔淮南子〕傍徨于山岬之旁. ②산골짜기, 산과 산 사이. 〔左思·賦〕傾藪澤倒岬岫. ③줄지어 잇닿은 모양. 〔張協·賦〕車駕岬碣. ④물굽이, 갑, 바다 쪽으로 좁고 길게 들어간 육지. ¶岬角.
【岬角 갑각】바다에 뻗어 나가서 모나게 내민 산줄기.
【岬碣 갑갈】줄지어 잇닿은 모양.
【岬岫 갑수】①산허구리, 산허리. ②산에 있는 암혈(巖穴).

山5 【岡】⑧ 언덕 강 gāng
字解 ①언덕, 구릉(丘陵). 〔詩經〕如岡如陵. ②산등성이. 〔詩經〕陟彼高岡. ③산봉우리. 〔楚辭〕覽高岡兮嶢嶢.
【岡曲 강곡】언덕 모퉁이.
【岡陵 강릉】언덕. 구릉(丘陵). ○'岡'은 낮은 언덕, '陵'은 큰 언덕.
【岡巒 강만】언덕. 낮은 산. 丘山(구산).
【岡阜 강부】작은 산. 언덕.
○高−, 天−.

山5 【罡】⑧ 岡(499)의 속자

山5 【岠】⑧ 큰 산 거 jù
字解 ①큰 산. ②이르다, 다다르다. 〔漢書〕元龜岠冉長尺二寸. ③떠나다, 떨어지다. ≒距·距. 〔爾雅〕岠齊州以南.

山5 【岣】⑧ 산꼭대기 구 gǒu
字解 ①산꼭대기. ¶岣嶁. ②봉우리 이름. 형산(衡山)의 주봉(主峯) 이름. 〔韓愈·詩〕岣嶁山尖神禹碑.
【岣嶁 구루】산꼭대기. 山頂(산정).

山5 【岯】⑧ 岠(509)와 동자

山5 【岱】⑧ 대산 대 dài
字解 ①대산(岱山). ㉮오악(五嶽)의 하나. 동악(東嶽)으로, 태산(泰山)의 딴 이름. 〔書經〕至於岱宗. ㉯대산을 중심으로 한 지방. 곧, 하동(河東)의 땅. ②크다, 큼직하다. ¶岱駕.
【岱駕 대가】크고 훌륭한 수레.
【岱輿 대여】해중(海中)의 선산(仙山). 발해(渤海)의 동쪽에 있다고 하는 다섯 선산의 하나.
【岱宗 대종】태산(泰山). 오악(五嶽) 중에 제일 높으므로 종(宗)이라 이름.
【岱華 대화】태산(泰山)과 화산(華山).
○東−, 嵩−.

山5 【岭】⑧ 산 이름 령 líng
字解 ①산 이름. ②산이 깊다. ¶岭嶸. ③돌 소리. ¶岭嶙.
【岭嶙 영린】돌 소리.
【岭嶸 영영】깊숙하고 끝없는 모양.

山5 【岑】⑧ 岭(499)과 동자

山5 【岷】⑧ 산 이름 민 mín
字解 ①산 이름. ≒汶. 〔書經〕岷山之陽. ②강 이름.

山5 【岪】⑧ 산길 불 fú
字解 ①산길, 산허리를 빙 두른 산길. 〔楚辭〕山曲岪. ②첩첩하다, 산이 겹겹이 둘러싸여 깊숙하다. ¶岪鬱. ③일어나는 모양. 〔管子〕美哉岪岪.
【岪岪 불불】일어나는 모양.
【岪蔚 불울】산이 우뚝 솟은 모양.
【岪鬱 불울】산이 높고 겹겹이 둘러싸여 깊숙한 모양.

山5 【岫】⑧ 岪(499)과 동자

山5 【岫】⑧ 산굴 수 xiù
字解 ①산굴, 암혈(巖穴). 〔陶潛·辭〕雲無心以出岫. ②산봉우리, 산꼭대기. 〔謝朓·詩〕窓中列遠岫.

山部 5획 岫岳岞岸岾岩峽崖岝岵岨岪岺岧

【岫雲 수운】산에서 피어나는 구름.

山5 【岫】⑧ 岫(499)와 동자

山5 【岳】⑧ 큰 산 악 yuè

一 ⼂ ⼃ ⼇ 丘 乒 岳 岳

[초서] 岳 [고자] 岳 [동자] 嶽 [참고] 어휘는 동자(同字)인 '嶽(513)'을 아울러 참고하라.
[자원] 會意. 丘+山→岳. 봉우리가 두 개인 산을 본뜬 '丘'를 '山' 위에 놓아 '큰 산'이라는 뜻을 나타낸다.
[자해] ①큰 산. ㉮큰 산.〔張衡·賦〕二女感於崇岳兮. ㉯제후(諸侯)의 맹주(盟主). '山'은 임금의 상(象)이라는 데서 온 말. ¶列岳. ②처의 부모.
【岳家 악가】아내의 친정. 妻家(처가).
【岳頭 악두】산꼭대기.
【岳母 악모】장모.
【岳伯 악백】사악(四岳)과 방백(方伯). 변방을 지키는 관리(官吏).
【岳父 악부】아내의 아버지. 丈人(장인).
【岳翁 악옹】장인(丈人).
【岳丈 악장】장인(丈人). ○진(晉)의 악광(樂廣)은 위개(衛玠)의 장인이어서 악장(樂丈)으로 써야 할 것을 악장(岳丈)으로 잘못 쓴 데서 온 말. 岳父(악부). ㉮嶽公(악공).
▶四−, 山−, 列−, 五−.

山5 【岞】⑧ 岳(500)의 고자

山5 【岸】⑧ 언덕 안 àn

′ ⼭ ⼭ ⼫ ⼫ 岸 岸

[소전] 岸 [초서] 岸 [동자] 岍
[자원] 形聲. 屵+干→岸. '屵(알)'이 음을 나타낸다.
[자해] ①언덕, 물가의 낭떠러지.〔詩經〕淇則有岸. ②기슭, 강기슭. ¶江岸. ③뛰어나다.〔漢書〕充爲人魁岸. ④높다. ⑤높은 곳, 높은 지위.〔詩經〕誕先登于岸. ⑥층계, 계단.〔張衡·賦〕襄岸夷塗. ⑦옥(獄), 역참(驛站)에 있는 옥.〔詩經〕宜岸宜獄. ⑧소송(訴訟), 소송하다. ⑨이마를 드러내다. ¶岸幘.
【岸傑 안걸】체구가 크고 늠름함.
【岸曲 안곡】물가의 깊이 굽어진 곳. 후미.
【岸頭 안두】☞岸畔(안반).
【岸畔 안반】언덕의 가. 물가.
【岸壁 안벽】①해안(海岸)이나 하안(河岸)에 배를 댈 수 있게 쌓은 벽. 擁壁(옹벽). ②깎아지른 듯한 언덕.

【岸垂 안수】언덕의 가.
【岸獄 안옥】죄인을 가두는 감옥.
【岸幘 안책】①두건을 젖혀 머리를 드러냄. ②예법(禮法)에 구애되지 않고 친숙하게 대함.
【岸忽 안홀】뽐내며 남을 멸시함.
▶江−, 對−, 沿−, 彼−, 河−, 海−, 湖−.

山5 【岾】⑧ 岸(500)과 동자

山5 【岩】⑧ ❶巖(515)의 속자 ❷嵒(508)의 속자

山5 【峽】⑧ 후미질 앙 yǎng
[자해] ①후미지다. ㉮산이 휘어 돌다. ㉯매우 구석지고 으슥하다.〔左思·賦〕山林幽峽. ②산기슭.〔太玄經〕賴彼峽岵.

山5 【崖】⑧ 산 높을 작 zuò
[초서] 崖 [동자] 岝 [자해] 산이 높다, 산이 높은 모양.
【崖峇 작액】산이 높고 낮은 모양.

山5 【岝】⑧ 崖(500)과 동자

山5 【岵】⑧ ❶國재 재 ❷國절 점
[참고] 대법원 지정 인명용 한자음은 '점'이다.
[자해] ❶재, 고개.〔金宗直·記〕永郞岵. ❷절, 절 이름. ¶楡岵寺.

山5 【岨】⑧ ❶돌산 저 qū ❷울퉁불퉁할 저 jǔ
[초서] 岨 [자해] ❶①돌산, 산꼭대기는 흙이 덮인 돌산. =砠. ②험하다, 가파르다. =阻. ¶岨嶮. ❷①울퉁불퉁하다. ¶岨峿. ②불안하다, 편하지 않다.
【岨峿 저어】①산의 모양. ②어긋나 편하지 못한 모양.
【岨峻 저준】산이 험하고 높음.
【岨嶮 저험】험함. 가파름. 阻險(저험).

山5 【岪】⑧ 族(769)의 고자

山5 【岺】⑧ 倉(118)의 고자

山5 【岧】⑧ 산 높을 초 tiáo
[초서] 岧 [동자] 岹 [자해] 산이 높다, 산이 높은 모양.
【岧嶢 초요】산이 높은 모양.

【岩岩 초초】 산이 높은 모양.

山5 【岹】⑧ 岩(500)과 동자

山5 【岮】⑧ 비탈 타 厥 tuó
字解 ①비탈, 비탈진 모양. =陀. ②무너지는 모양.

山5 【岥】⑧ 비탈 파 厥 pō
字解 ①비탈, 비탈진 모양. =陂. ②고개. =坡. ③무너지는 모양.

山5 【岤】⑧ 산굴 혈 屑 xué
通字 穴 字解 산굴, 산에 있는 굴. 〔楚辭〕 燎兮慄虎豹岤.

山5 【岵】⑧ 산 호 麌 hù
小篆 岵 字解 산. ㉮초목이 우거진 산. ㉯민둥산, 독산(禿山). 〔詩經〕陟彼岵兮.

山6 【岍】⑨ 산 이름 견 冼 qiān
俗字 岍 通字 汧 字解 산 이름. 섬서성(陝西省)에 있는 산. 견산(岍山)·견산(开山)·악산(嶽山)·오악(吳岳)·오산(吳山) 등으로도 불린다. 〔書經〕導岍及岐.

山6 【峒】⑨ ❶산 이름 동 東 tóng ❷산굴 동 送 dòng
초서 峒 字解 ❶산 이름. ¶ 崆峒. ❷①산굴, 산에 있는 굴. ≒洞. ②만이가 살던 곳. 특히 서남(西南) 중국의 만이(蠻人), 주로 묘족(苗族)이 살던 곳. ¶ 峒獠.
【峒蠻 동만】 ▷峒人(동인).
【峒獠 동요】 중국 서남쪽 지방의 산간(山間)에 살고 있는 묘족(苗族)의 하나.
【峒人 동인】 만인(蠻人)의 하나. 중국 서남(西南) 지역에 삶. 峒蠻(동만).
【峒丁 동정】 만인(蠻人)의 장정(壯丁). 동만의 군사(軍士).

山6 【峛】⑨ 고개 리 紙 lǐ
초서 峛 字解 ①고개, 고갯길. 〔漢書〕登降峛崺. ②고개 이름. ③낮은 산줄기가 길게 뻗어 있는 모양. 〔法言〕升東嶽而知衆山之峛崺也.
【峛崺 이이】 ①고갯길. ②고개 이름. ③낮은 산줄기가 길게 뻗어 있는 모양.

山6 【峦】⑨ 巒(514)의 속자

山6 【峠】⑨ 언덕길 꼭대기 상
參考 본래 일본에서 만든 글자이다.
字解 언덕길 꼭대기.

山6 【峋】⑨ 깊숙할 순 眞 xún
小篆 峋 초서 峋 字解 ①깊숙하다, 산이 첩첩이 싸여 깊은 모양. 〔漢書〕岭巆峋. ②산이 높고 낮음이 있는 모양. ¶ 嶙峋.

山6 【峌】⑨ 가파를 앙 江 yáng
字解 가파르다, 산이 가파른 모양, 험준하다. 〔韓愈·詩〕詎可陵峌峌.

山6 【峉】⑨ 웅장할 액 陌 è
초서 峉 字解 ①웅장하다, 산이 웅장한 모양. ¶ 峉峉. ②산이 높고 낮은 모양.
【峉峉 액액】 산이 높고 큰 모양.

山6 【峗】⑨ ❶산 이름 위 支 wéi ❷높을 외 灰 wěi
字解 ❶산 이름. =危. 〔莊子〕投三苗於三峗. ❷높다, 산이 높다. ¶ 峗巍.
【峗巍 외외】 산이 높고 험한 모양.

山6 【峎】⑨ 산 이름 은 阮 ěn
動字 峎 字解 ①산 이름. ②산모롱이, 산모퉁이의 휘어 들어간 곳. ¶ 峎崿.
【峎崿 은악】 산모롱이, 산기슭.

山6 【峎】⑨ 峎(501)과 동자

山6 【峌】⑨ 높을 질 屑 dié
字解 높다. ㉮정자(亭子) 등이 높게 서 있다. ㉯산이 우뚝 솟은 모양. =嵽.
【峌峴 질얼】 ①정자가 높게 솟은 모양. ②산이 우뚝 솟은 모양.

山6 【峙】⑨ 우뚝 솟을 치 紙 zhì
초서 峙 字解 ①우뚝 솟다. 〔列子〕五山始聚似京峙. ②언덕, 높은 언덕. 〔班固·賦〕以峙其粻. ③쌓다, 골고루 저장하다. 〔詩經〕以峙其糧. ④머물다, 머물러 살다. 〔後漢書〕將各基峙. ⑤서다. 〔潘岳·賦〕擢身竦峙. ⑥고개.
【峙糧 치량】 양식을 쌓아 비축(備蓄)함.
【峙立 치립】 우뚝 섬.
【峙積 치적】 갖추어 쌓음. 모아 쌓음.
➊對─, 列─.

山[峐] ⑨ 민둥산 해 ㊍개 灰 gāi
字解 민둥산, 초목이 자라고 있지 않은 산.

山[峽] ⑨ 峽(504)의 속자

山[猺] ⑩ 산 이름 노 豪 náo
소전 㺲 字解 ①산 이름. 산동성(山東省)에 있는 산. 〔詩經〕遭我乎猺之間兮 ②개. 늑대.
【猺陽 노양】 노산(猺山)의 남쪽.

山[島] ⑩ 섬 도 皓 dǎo
′ ㄏ ㄏ 户 自 鸟 鳥 島 島
소전 㠀 초서 㠀 본자 嶹 동자 嶋 간체 岛
字源 形聲. 鳥+山→島. '鳥(조)'가 음을 나타낸다.
字解 섬, 사면이 바다에 둘러싸인 육지. 〔史記〕入海居島中.
【島監 도감】 圖울릉도를 다스리던 벼슬.
【島民 도민】 섬에 사는 주민.
【島配 도배】 죄인을 섬으로 귀양 보내던 일.
【島嶼 도서】 섬. ○'島'는 '큰 섬'을, '嶼'는 '작은 섬'을 뜻함.
【島夷 도이】 ①섬에 사는 오랑캐. ②남북조 시대에 북인(北人)이 남인(南人)을 힐뜯어서 이르던 말.
【島渚 도저】 섬. ○'島'는 '큰 섬'을, '渚'는 '작은 섬'을 뜻함.
● 孤-, 群-, 諸-, 半-, 列-, 遠-, 海-.

山[峯] ⑩ 봉우리 봉 图 fēng
′ ㄩ 屮 岁 岁 峑 峞 峯 峯
소전 峯 초서 峯 동자 峰 통자 夆 字源 形聲. 山+夆→峯. '夆(봉)'이 음을 나타낸다.
字解 ①봉우리, 산봉우리. 〔荊州記〕衡山一峯名芙蓉. ②뫼, 산. 〔謝靈運·詩〕遠峯隱半規. ③봉우리 모양을 한 것. 〔杜甫·行〕紫駝之峯出翠釜.
【峯岠 봉거】 산봉우리가 뾰족하고 큰 산.
【峯頭 봉두】 산꼭대기. 峯頂(봉정).
【峯巒 봉만】 날카로운 산봉우리들.
【峯勢 봉세】 산봉우리가 높은 모양.
【峯崖 봉애】 산봉우리의 벼랑.
【峯嶂 봉장】 험한 산봉우리.
【峯尖 봉첨】 봉우리의 뾰족한 꼭대기.
【峯疊 봉첩】 산봉우리가 겹겹이 겹침.
● 高-, 孤-, 群-, 奇-, 起-, 上-, 連-, 靈-, 主-, 峻-, 疊-.

山[峰] ⑩ 峯(502)과 동자

山[峓] ⑩ 峓(454)과 동자

山[峷] ⑩ 짐승 이름 신 真 shēn
字解 ①짐승 이름. 모양이 개와 비슷하다고 한다. ②도깨비 이름. 개와 비슷한 모양에 뿔이 있고, 몸에는 오채(五采)의 무늬가 있다 한다. 〔莊子〕丘有峷.

山[峨] ⑩ 높을 아 歌 é
소전 峨 초서 峨 동자 峩 字解 ①높다. 구름 따위가 높이 떠 있다. ㉮峨峨. ㉯산이 높고 험한 모양. ¶嵯峨. ②재, 높은 재. 〔謝靈運·賦〕興陟峨而善狂. ③위엄이 있다, 위의(威儀)가 당당하다. 〔詩經〕奉璋峨峨. ④산 이름. 아미산(峨眉山)의 약칭. 〔新唐書〕彷徉岷峨.
【峨冠 아관】 높은 관(冠). 관을 높게 씀.
【峨眉 아미】 산 이름. 산동성(山東省) 박산현(博山縣)에 있으며, 금이 난다고 함. 峨帽(아미).
【峨峨 아아】 ①산이 높고 험한 모양. 嵯峨(차아). ②의용이 엄숙하고 위엄이 있는 모양.
● 嵬-, 巍-, 嵯-.

山[峩] ⑩ 峨(502)와 동자

山[峿] ⑩ 울퉁불퉁할 어 魚 yǔ, wú
字解 ①울퉁불퉁하다, 산의 높낮이가 심하다. ¶岨峿. ②불안하다, 마음이 놓이지 않는 모양. 〔陸機·賦〕或岨峿而不安.

山[峪] ⑩ ❶골 욕 沃 yù ❷산 이름 유 遇 yù
초서 峪 字解 ❶골, 골짜기. =谷. ❷①산 이름. 감숙성(甘肅省)에 있는 산. ②고을 이름. 하북성 평곡현(平谷縣)의 옛이름.

山[㟺] ⑩ 유유 유 尤 yóu
字解 유유(㟺㟺), 짐승 이름. 전설상의 동물로 말과 비슷하게 생겼으며 네 개의 뿔이 나 있다고 한다. 〔山海經〕硎山有獸焉, 其狀如馬, 羊目四角, 牛尾, 其音如獆狗, 其名曰㟺㟺.

〈㟺〉

山[峾] ⑩ 소용돌이칠 은 眞 yín
字解 소용돌이치다.

【泓淪 은륜】물이 소용돌이치는 모양.

山 7 【峻】 ⑩ 높을 준 jùn

소전 𡾰 혹체 峮 초서 峻 동자 陖 字解 ①높다. ㉮높고 크다. ¶峻德. ㉯산이 높고 험하다.〔國語〕高山峻原. ②엄하다, 엄하고 심하다, 엄하게 하다. ¶峻嚴. ③길다, 길이가 길다.〔淮南子〕山無峻幹. ④자라다, 생장하다. ¶峻茂. ⑤훌륭하다, 뛰어나다, 아름답다. ¶峻幹.

【峻刻 준각】매우 가혹함. 너무 엄격하여 정애(情愛)가 없음.
【峻幹 준간】①나무의 긴 줄기. ②훌륭한 재목(材木).
【峻拒 준거】단호히 거절함.
【峻潔 준결】엄하고 결백함.
【峻科 준과】엄격한 법률. 峻法(준법).
【峻極 준극】지극히 높은 모양.
【峻急 준급】①성질이 엄하여 사람을 용납하지 못함. 아량이 없음. ②물의 흐름이 심히 빠름.
【峻湍 준단】여울. 급류(急流).
【峻德 준덕】뛰어난 덕(德). 밝은 덕.
【峻厲 준려】엄하고 과격함. 준열(峻烈)함.
【峻嶺 준령】높고 험한 산봉우리나 고개.
【峻艫 준로】큰 배. 대선(大船).
【峻論 준론】엄정하고 날카로운 언론.
【峻法 준법】엄한 법방. 엄한 형법(刑法).
【峻命 준명】중(重)한 명령. 임금의 큰 명령.
【峻茂 준무】풀이나 나무가 무성함.
【峻密 준밀】①준엄(峻嚴)하고 세밀함. ②험하고 무성함.
【峻法 준법】엄격한 법.
【峻竦 준송】높이 솟음.
【峻秀 준수】①산 따위가 높고 빼어남. ②인물이 뛰어남.
【峻嶽 준악】높고 가파른 산.
【峻岸 준안】가파른 절벽.
【峻隘 준애】①산이 높이 솟아 험함. ②마음이 너그럽지 못함.
【峻藥 준약】독한 약.
【峻嚴 준엄】①엄숙함. ②험하고 높음.
【峻烈 준열】①매우 엄하고 매서움. ②맹렬함.
【峻宇 준우】높고 훌륭한 집.
【峻岑 준잠】높은 산봉우리. 峻峯(준봉).
【峻邸 준저】높이 솟은 저택(邸宅).
【峻詆 준저】엄하게 들추어냄. 과격하고 비난함.
【峻絶 준절】산이 몹시 험함. 險絶(험절).
【峻節 준절】고상한 절조(節操). 높은 절개.
【峻挺 준정】높이 빼어남. 峻特(준특).
【峻整 준정】엄숙하고 가지런히 갖추어짐.
【峻制 준제】엄한 법률. 嚴制(엄제).
【峻阻 준조】험준함. 阻險(조험). 險峻(험준).
【峻直 준직】높고 곧음. 고상하고 정직함.
【峻秩 준질】높은 벼슬. 峻爵(준작).
【峻責 준책】준엄하게 꾸짖음.
【峻峭 준초】①산이 높고 험한 모양. ②뛰어나

고 기품(氣品)이 있음.
【峻峙 준치】우뚝 솟아 서로 맞대함.
【峻擢 준탁】특별히 뽑아 씀. 특별히 발탁함.
【峻坂 준판】험한 산비탈. 峭坂(초판).
【峻筆 준필】엄격하고 매서운 문장(文章).
【峻險 준험】산이 높고 험함. 險峻(험준).
【峻狹 준협】산의 골이 험하고 좁음.
【峻刑 준형】엄한 형벌(刑罰). 嚴刑(엄형).
【峻酷 준혹】엄하고 가혹함. 지나치게 엄함.
◐ 高一, 嚴一, 幽一, 絶一, 阻一, 峭一, 險一.

山 7 【峭】 ⑩ 가파를 초 qiào

초서 峭 동자 崩 字解 ①가파르다, 높고 험하다.〔楚辭〕上高巖之峭岸兮. ②엄하다, 엄하고 성급하다. ¶峭整. ③산뜻한 모양, 선명한 모양.〔左思·詩〕峭蒨青葱間. ④시와 문장이 뛰어나다.〔姚鵠·詩〕詩句峭無敵.

【峭刻 초각】엄하고 가혹함. 인정이 없음.
【峭格 초격】높이 그물을 쳐서 짐승을 잡는 연장. ○'格'은 그물을 치는 나무.
【峭鯁 초경】마음이 엄하고 강직(剛直)함.
【峭急 초급】엄하고 날카로움.
【峭厲 초려】①엄하고 굳셈. ②예기(銳氣)가 선뜻 밖으로 나타나는 모양.
【峭麗 초려】엄숙하며 아름다움.
【峭拔 초발】①여럿 속에서 훨씬 높이 솟아남. ②서풍(書風)이 여럿 가운데서 뛰어남.
【峭法 초법】매우 엄한 법률.
【峭壁 초벽】벽처럼 험하게 솟은 벼랑.
【峭訐 초알】남을 지나치게 비난함.
【峭崖 초애】깎아지른 듯한 절벽.
【峭嚴 초엄】지극히 엄격함. 峻嚴(준엄).
【峭然 초연】엄한 모양. 峭乎(초호).
【峭絶 초절】산이 깎은 듯이 높이 솟은 모양. 險絶(험절).
【峭正 초정】엄정(嚴正)함.
【峭整 초정】엄숙하고 바르게 갖춤. 峻整(준정).
【峭峻 초준】①산이 높고 험한 모양. ②엄한 모양. ③고상한 모양.
【峭直 초직】마음이 엄하고 바름. 강직함.
【峭蒨 초천】산뜻하고 분명한 모양.
【峭皮 초피】생김새가 좋은 모양.
【峭寒 초한】몹시 추움. 몹시 참.
【峭覈 초핵】기상이 날카롭고 엄함. 사물에 대하여 철저함.
【峭刑 초형】엄한 형벌. 峻刑(준형).
【峭乎 초호】엄한 모양.
◐ 苛一, 深一, 嚴一, 峻一, 險一.

山 7 【㩖】 ⑩ 가파를 투 tóu

字解 가파르다, 산이 험준한 모양.

山 7 【峴】 ⑩ 재 현 xiàn

초서 【𡺲】 간체 【岘】 字解 ❶재, 고개.〔謝靈運·行〕沼遞陟陘岘. ❷산 이름. 호북성(湖北省)에 있는 산.

山7 【峽】⑩ 골짜기 협 㽞 xiá

초서 【峡】 속자 【峡】 통자 【狹】 간체 【峡】 字源 形聲. 山+夾→峽. '夾(협)'이 음을 나타낸다.
字解 ❶골짜기, 산골짜기. =陜.〔淮南子〕仿洋于山峽之旁. ❷좁다, 사이가 좁다. ❸삼협(三峽)의 약칭.〔世說新語〕桓公入峽.
【峽谷 협곡】 골, 계곡.
【峽路 협로】 산길. 두멧길.
【峽氓 협맹】 두메에 사는 농사꾼.
【峽岬 협비】 산기슭. 山足(산족).
【峽水 협수】 골짜기를 흐르는 내. 특히 삼협(三峽)의 험한 곳을 흐르는 장강(長江).
【峽雨 협우】 계곡에 내리는 비.
◐ 澗-, 山-, 三-, 海-.

山8 【㟎】⑪ 坎(341)과 동자

山8 【岡】⑪ 岡(499)의 속자

山8 【崏】⑪ 산 이름 거 㞘 jū
字解 산 이름. 사천성(四川省)에 있는 몽산(蒙山).

山8 【崓】⑪ 섬 고 㞘 gù
字解 ❶섬, 물 가운데 있는 육지.〔宋史〕出沒骨崓. ❷산 이름. 산동성(山東省)에 있는 산.

山8 【崑】⑪ 산 이름 곤 㞘 kūn
소전 【𡽾】 초서 【崑】 동자 【崐】 字解 ❶산 이름. ㉮곤륜(崑崙).〔文心雕龍〕傾崑取琰. ㉯곤산(崑山). ❷서곤(西崑)의 약칭. ¶崑體.
【崑岡 곤강】 곤륜산(崑崙山)의 딴 이름.
【崑腔 곤강】 곡조(曲調) 이름. 곤산(崑山)의 위양보(魏良輔)가 옛 곡조를 고쳐 만든 것으로, 남곡(南曲)이라고 함. =崑腔.
【崑曲 곤곡】 =崑腔(곤강).
【崑閬 곤랑】 곤륜산(崑崙山)의 낭원(閬苑). '閬'을 넓적한 곳으로, 선인(仙人)이 사는 곳.
【崑崙 곤륜】 서왕모(西王母)가 사는 산으로, 아름다운 옥(玉)이 산출된다는 신화 속의 산.
【崑崙瓜 곤륜과】 가지의 딴 이름. 茄子(가자).
【崑陵 곤릉】 곤륜산(崑崙山).
【崑山片玉 곤산편옥】 곤륜산(崑崙山)에서 나는 이름난 옥(玉)의 한 가지. 얻기 어려운 인물이나 물건의 비유.

【崑體 곤체】 송대(宋代) 초기에 유행한 시체(詩體). 화려한 수사, 대구, 고사 등을 중시하였음. 西崑體(서곤체).

山8 【崐】⑪ 崑(504)과 동자

山8 【崆】⑪ ❶산 이름 공 㞘 kōng ❷산 높고 험할 강 㞘 kōng
초서 【崆】 字解 ❶산 이름. ¶崆峒. ❷산이 높은 모양.〔陸機·賦〕山崆巏以含瘁. ❷산이 높고 험하다, 높고 험한 산의 모양.
【崆峒 공동】 ❶산이 높고 험준함. ❷산에 있는 동굴. ❸감숙성(甘肅省)에 있는 산 이름.
【崆巏 공앙】 산의 바위가 우뚝한 모양.

山8 【崚】⑪ 당길 괴 㞘 kuì
字解 당기다, 힘줄이 당기는 모양.〔列子〕筋節崚急.

山8 【崛】⑪ 우뚝 솟을 굴 㞘 yù
소전 【崛】 초서 【崛】 동자 【岉】 字解 우뚝 솟다, 산이 홀로 우뚝 솟다.〔揚雄·賦〕洪臺崛其獨出兮.
【崛起 굴기】 갑자기 일어섬. 우뚝 솟음.
【崛崎 굴기】 산이 험한 모양.
【崛岉 굴물】 산이 높은 모양.
【崛出 굴출】 산이 우뚝 솟음.
◐ 奇-.

山8 【崮】⑪ 崛(504)과 동자

山8 【崎】⑪ ❶험할 기 㞘 qí ❷갑 기 㞘 qí
초서 【崎】 字解 ❶험하다. ㉮산길이 험하다. ¶崎嶇. ㉯살길이 험하다.〔晉書〕崎嶇六年乃還. ❷갑, 곶. 바다로 길쭉하게 내민 육지. =埼.〔晉書〕望之若崎.
【崎嶇 기구】 ❶산길이 험함. ❷고생함. 세상살이에 어려움을 많이 겪음. ❸기욺.
【崎嶔 기금】 ❶산길이 험함. ❷뜻을 이루지 못하고 어려움을 겪음.
【崎錡 기기】 편안하지 않은 모양.
【崎釜 기음】 험악한 산봉우리.
【崎巇 기의】 산이 높고 험한 모양.

山8 【碁】⑪ 岐(498)의 고자

山8 【崍】⑪ 산 이름 래 㞘 lá
간체 【崃】 字解 산 이름. 양자강(揚子江)의 발원(發源)이 되는, 사천성(四川省)에 있는 산.

山部 8획 崙崘崚崏崩崪峭崧崇 505

山8 【崙】⑪ 산 이름 륜 囨 lún
[소전] 崙 [서] 峑 [간체] 崘 [간] 岺 [字解]① 산 이름.
¶ 崑崙. ②산이 험한 모양. ¶ 崙菌.
【崙菌 윤균】산이 험준한 모양.

山8 【崘】⑪ 崙(505)과 동자

山8 【崚】⑪ 험준할 릉 囨 líng
[초서] 崚 [동서] 陵 [字解] 험준하다, 산이 높고 첩첩한 모양.
【崚嶒 능증】①산이 높고 가파르며 첩첩이 겹쳐 있는 모양. ②특출남.
【崚層 능층】산이 높고 첩첩이 겹쳐 있는 모양. 崚嶒(능증).

山8 【崏】⑪ 岷(499)과 동자

山8 【崩】⑪ 무너질 붕 囨 bēng
[자형 변천] 山 片 片 片 片 崩 崩 崩
[소전] 崩 [초서] 崩 [초서] 崩 [동서] 崩 [字源] 形聲. 山+朋→崩. '朋(붕)'이 음을 나타낸다.
[字解]①무너지다. ㉮산·언덕 따위가 무너지다.〔史記〕岸善崩. ㉯쇠퇴하다, 파괴되다.〔論語〕三年不樂, 樂必崩. ㉰무너뜨리다, 파괴하다.〔孟子〕百姓歸周, 若崩厥角. ②흩어지다, 떠나가다.〔論語〕邦分崩離析. ③앓다, 아파서 괴로워하다.〔詩經〕不懲不崩. ④죽다, 천자(天子)가 죽다.〔禮記〕天子死曰崩, 諸侯曰薨, 大夫曰卒, 士曰不祿, 庶人曰死.
【崩角 붕각】머리를 땅에 댐. 머리를 조아림. 稽首(계수).
【崩壞 붕괴】허물어짐.
【崩湍 붕단】물결이 부서지는 여울. 곧, 요란하게 물결치는 여울.
【崩漏 붕루】부인병의 한 가지. 대하(帶下). 냉.
【崩剝 붕박】①무너져 어지러이 흩어짐. ◎'剝'은 '亂'으로 '어지럽다'를 뜻함. 崩擾(붕요). ②벗겨져 떨어짐.
【崩御 붕어】임금의 죽음.
【崩殂 붕조】☞崩御(붕어).
【崩隆 붕추】허물어져 떨어짐.
【崩頹 붕퇴】무너짐. 허물어짐.
◐ 潰一, 分一.

山8 【崪】⑪ 崩(505)과 동자

山8 【峭】⑪ ❶산기슭 비 囨 bǐ
❷평평해질 비 囻 pí

[字解]❶산기슭.〔太玄經〕賴彼峽峭. ❷평평해지다, 산이 차츰 평평해지는 모양.

山8 【崧】⑪ 우뚝 솟을 숭 囨 sōng
[초서] 崧 [동서] 嵩 [字解]①우뚝 솟다, 산이 우뚝 솟은 모양.〔詩經〕崧高維嶽. ②산 이름, 중악(中嶽).〔韓愈·詩〕三月崧少步.
【崧高 숭고】산이 높고 웅장한 모양.
【崧峻 숭준】산이 높음.

山8 【崇】⑪ 높을 숭 囨 chóng
[자형 변천] 山 山 山 山 山 崇 崇 崇 崇
[소전] 崇 [초서] 崇 [동서] 崇 [字源] 形聲. 山+宗→崇. '宗(종)'이 음을 나타낸다.
[字解]①높다. ㉮높이가 높다.〔周禮〕崇於軹四尺. ㉯높이.〔儀禮〕大侯之崇, 見鵠于參. ②높게 하다. ㉮쌓아 올리다.〔國語〕封崇九山. ㉯높은 지위를 주다.〔國語〕天所崇之子孫. ③존중하다. ㉮우러러 공경하다. ¶ 崇尙. ㉯소중하게 여기다.〔漢書〕崇財利. ④모으다, 모이다. 늑叢.〔詩經〕福祿來崇. ⑤차다, 채우다, 차게 하다. 늑充.〔儀禮〕主人不崇酒. ⑥마치다, 끝나다. 늑終.〔詩經〕曾不崇朝. ⑦숭아(崇牙)의 약칭.〔孔子家語〕設崇殷也.
【崇肩 숭견】딱 벌어진 어깨
【崇扃 숭경】높은 문. ◎'扃'은 빗장.
【崇敬 숭경】공경하여 높임. 尊敬(존경).
【崇高 숭고】지위가 높거나 인품이 고상함.
【崇丘 숭구】높은 언덕.
【崇劇 숭극】높은 자리에 있어서 바쁨.
【崇期 숭기】①팔방으로 통하는 길. ②좋은 시기.
【崇德 숭덕】①덕(德)을 숭상함. 덕이 있는 사람을 존중함. ②덕을 높이 쌓음. ③덕업(德業)을 크게 일으킴.
【崇棟 숭동】높은 집의 용마루.
【崇麗 숭려】높고 아름다움.
【崇嶺 숭령】높은 산봉우리. 高峯(고봉).
【崇邈 숭막】높고 멂. 고상하고 그윽함.
【崇文 숭문】무(武)가 아닌 문(文)으로 하는 정치를 높이 여김.
【崇美 숭미】숭고하고 아름다움.
【崇拜 숭배】①높이 우러름. 존경함. ②귀의(歸依)함. 신앙(信仰)함.
【崇報 숭보】은덕을 갚음.
【崇佛 숭불】부처를 숭상함.
【崇事 숭사】종묘·사직 등을 공경하여 섬김.
【崇祀 숭사】높여 제사 지냄.
【崇尙 숭상】높여 소중히 여김.
【崇昔 숭석】아득히 먼 옛날. 태고(太古).
【崇城 숭성】①천자의 성. ②천자(天子). 제후(諸侯)를 간성(干城)이라 하는 데 대한 말.
【崇盛 숭성】①존귀하고 광대함. ②지위가 높고

山部 8획　崟 崖 崥 峴 崦 崟 嶘 嵏 崢 崢 崷 崒

세력이 성함. ③숭상함.
【崇信 숭신】 공경하여 믿음.
【崇牙 숭아】 악기(樂器)의 종(鐘)이나 장식. 경(磬)을 거는 고리.
【崇嚴 숭엄】 숭고하고 엄숙함.
【崇遇 숭우】 융숭하게 대우함. 공경하여 대우함.
【崇遠 숭원】 높고 멂.
【崇儒 숭유】 유교(儒教)를 숭상함.
【崇奬 숭장】 널리 권장함.
【崇情 숭정】 품위 있는 고상한 마음.
【崇朝 숭조】 이른 새벽부터 아침밥을 먹을 때까지의 사이.
【崇祖尙門 숭조상문】 조상을 숭배하고 문중을 위함.
【崇峻 숭준】 높음. 품위가 높고 귀함.
【崇替 숭체】 ①사물이 끝나서 폐기(廢棄)됨. '崇'은 '終'으로 '끝나다'를, '替'는 '廢'로 '폐하다'를 뜻함. ②형세의 성함과 쇠함. 興亡(흥망). 盛衰(성쇠).
【崇患 숭환】 중병(重病).
● 隆-, 信-, 尊-, 欽-.

山 8 【崟】⑪ 崇(505)과 동자

山 8 【崖】⑪ 벼랑 애 佳 yá
벼랑, 낭떠러지, 언덕.〔馬融·賦〕于終南之陰崖. ②모, 모나다.〔漢書〕磐石振崖. ③기슭, 물기슭. 늑涯.〔荀子〕淵生珠而崖不枯. ④경계, 지경(地境).〔淮南子〕肆吟崖之道. ⑤교만하다, 남과 화합(和合)하지 아니하다.〔宋史〕自號乖崖.
【崖檢 애검】 행동을 조심함.
【崖略 애략】 대개. 대략. 概略(개략).
【崖蜜 애밀】 험한 단애(斷崖)에 벌이 친 꿀.
【崖壁 애벽】 깎아 세운 듯한 낭떠러지.
【崖岸 애안】 ①물가의 단애(斷崖). ②오만하여 남과 어울리지 않음.
【崖崟 애음】 높고 험한 산.
【崖異 애이】 ①도도하여 남과 사귀지 않음. ②고독을 즐겨 남과 사귀지 않음.
● 斷-, 絶-, 懸-.

山 8 【崥】⑪ 崖(506)와 동자

山 8 【峴】⑪ 산 높을 얼 屑 niè
嵲　①산이 높다, 산이 높은 모양.〔木華·賦〕岊峴孤亭. ②불안한 모양.〔李白·詩〕大人峴屼當安之.
【峴屼 얼올】 마음이 불안한 모양.

山 8 【崦】⑪ 산 이름 엄 鹽 yān

崦　嶸　산 이름.
【崦嵫 엄자】 ①감숙성(甘肅省) 천수현(天水縣)에 있는 산 이름. ②해가 지는 곳. ③사람의 만년(晚年). 노경(老境).

山 8 【崟】⑪ 험준할 음 侵 yín
崟　崟　崟　①험준하다, 산이 높고 가파른 모양.〔揚雄·賦〕玉石嶜崟. ②봉우리, 산봉우리. ③수효가 많은 모양.〔楚辭〕叢林兮崟崟.
【崟崟 음음】 ①높고 가파른 모양. ②수효가 많은 모양.
● 崎-, 岑-.

山 8 【嶘】⑪ 험준할 잔 潸 zhàn
嵏　棧　험준하다, 산이 가파른 모양.

山 8 【嵏】⑪ 嶘(506)과 동자

山 8 【崢】⑪ 가파를 쟁 庚 zhēng
峥　嶸　崢　崢　①가파르다, 산이 높고 험한 모양.〔孟郊·詩〕太行路崢嶸. ②높은 재.〔韓愈,孟郊·詩〕高言軋崢峥. ③추위가 혹독한 모양.〔羅隱·詩〕寒氣轉崢嶸. ④쌓여서 높게 되다.
【崢嶸 쟁영】 ①산이 높고 가파른 모양. ②깊고 험한 모양. ③추위가 매우 심한 모양. ④재주가 특출한 모양. ⑤한 해가 저물어 감.
● 峻-.

山 8 【崢】⑪ 崢(506)과 동자

山 8 【嶸】⑪ 崢(506)과 동자

山 8 【崒】⑪ ❶험할 줄 質 zú
❷모일 취 寘 cuì
崒　崒　①①험하다, 산이 높고 험한 모양.〔韓愈·頌〕崒乎泰山不足爲高. ②무너지다, 붕괴되다.〔詩經〕山冢崒崩. ③서로 스치는 소리. ¶崒崒. ❷모이다, 모으다.〔漢書〕異物來崒.
【崒嵂 줄률】 높고 평평하지 않은 모양.
【崒崩 줄붕】 산 따위가 무너져 내림.
【崒然 줄연】 산이 우뚝 솟은 모양.
【崒兀 줄올】 험하고 높은 모양.
【崒崒 줄줄】 ①산이 험한 모양. ②물건이 서로 스치는 소리.

【崒乎 줄호】산이 높고 험한 모양.
❶崇-, 屹-.

山8 【崪】⑪ 崒(506)과 동자

山8 【嵥】⑪ 산 높을 첩 [疊] jié
[동자] 嶫 [字解] 산이 높다, 산이 높이 솟아 있는 모양.
【嵥嶫 첩업】산이 높은 모양.

山8 【崔】⑪ ❶높을 최 [灰] cuī
❷섞일 최 [賄] cuǐ
[소전][초서] [字解]❶❶높다, 높고 크다.〔漢書〕大山崔.❷성(姓).❷❶섞이다, 뒤섞여 얽히다.〔漢書〕崔錯癹.❷움직이는 모양.〔莊子〕崔乎其不得已乎.
【崔嵬 최외】①꼭대기가 흙으로 덮인 돌산.②꼭대기에 바위가 있는 흙산.③산꼭대기.④산이 아주 높고 험한 모양.⑤전각, 누대 따위가 높고 큰 모양.⑥심기가 편하지 않은 모양.
【崔巍 최외】산이 높고 험함.
【崔崒 최줄】높고 험악한 모양.
【崔錯 최착】서로 뒤섞임. 뒤섞여 얽힘.
【崔崒 최줄】산이 우뚝하게 솟는 모양.
【崔隤 최퇴】①발끝이 걸려서 넘어짐.②중도에 실패함.
【崔頹 최퇴】①허물어짐.②지친 모양.

山8 【崋】⑪ 산 이름 화 [麻][禡] huà
[소전][초서][통자] 華 [字解] 산 이름. 사악(四嶽)의 하나로, 섬서성(陝西省)에 있는 산.

山8 【崤】⑪ 산 이름 효 [肴] xiáo
[초서] [字解] 산 이름.
【崤函 효함】효산(崤山)과 함곡관(函谷關). 모두 하남성(河南省)에 있는 험준한 요해지.

山9 【碣】⑫ 비 갈 [月] jié
[초서] [字解]①비, 비석. ≒碣.〔後漢書〕封神丘兮建隆嵑.②높이 솟다.

山9 【嶄】⑫ 험준할 감 [覃] kān
[초서] [字解]①험준하다, 산이 높고 평탄하지 않은 모양.〔莊子〕故賢者伏處大山嶄巖之下.②가파르다.
【嶄崿 감악】산이 높고 험한 모양.
【嶄巖 감암】①산이 높고 험한 모양.②산골짜기가 깊고 험한 모양.③높고 험준한 바위.
【嶄絕 감절】매우 가파름.

山9 【嵌】⑫ ❶산 깊을 감 [咸] qiān
❷끼워 넣을 감 [陷] qiàn
❸벌릴 참 [陷] qiàn
[소전][초서] [參考] 대법원 지정 인명용 한자의 음은 '감'이다.
[字解]❶①산이 깊다, 산이 깊은 모양.〔武元衡·詩〕集旅布嵌谷.②골짜기, 깊은 골짜기.③굴, 동굴.〔杜甫·詩〕爆嵌魍魅泣.④산이 험하다, 산이 가파르다.〔沈約·曲〕寧計路崟嵌.❷①끼워 넣다, 새겨 끼워 넣다.〔史記評林〕每於句中旁注.②새기다, 아로새기다.〔遼生八賤〕紬嵌雲雷紋片.❸벌리다, 쩍 벌린 모양.〔揚雄·賦〕嵌巖巖其龍鱗.
【嵌谷 감곡】깊은 골짜기.
【嵌工 감공】금, 은, 나무의 세공(細工).
【嵌空 감공】①굴, 동굴.②영롱(玲瓏)한 모양.
【嵌巖 감암】❶감암 ❷참암 ❶구멍이 뚫린 바위.❷쩍 벌린 모양.
【嵌巉 감참】산이 험한 모양.
【嵌然 참연】산이 헤벌어져 펼쳐진 모양.
❶山-, 象-.

山9 【嵐】⑫ 남기 람 [覃] lán
[소전][초서][간체] 岚 [字解]①남기(嵐氣), 이내.〔王維·詩〕夕陽蒼翠忽成嵐.②산 이름. ¶崶嵐.③산바람.〔謝靈運·詩〕夕曛嵐氣陰.④거센 바람, 폭풍우.
【嵐徑 남경】남기(嵐氣)가 어린 작은 길.
【嵐光 남광】햇빛에 빛나는 남기(嵐氣).
【嵐氣 남기】산에 가득 찬 산기운. 이내.
【嵐岫 남수】산안개에 둘러싸인 산봉우리.
【嵐煙 남연】푸른빛을 띤 남기.
【嵐翠 남취】푸른색의 산기운.

山9 【嵂】⑫ 가파를 률 [質] lù
[초서] [字解] 가파르다, 산이 높고 험한 모양.〔司馬相如·賦〕降崇嵂崒.
【嵂崒 율줄】산이 높고 험한 모양.

山9 【嵄】⑫ 산 미 [紙] měi
[字解] 산, 메.

山9 【嵋】⑫ 산 이름 미 [支] méi
[초서] [字解] 산 이름. 사천성(四川省)에 있는 아미산(峨嵋山).

山9 【崏】⑫ 岷(499)과 동자

山9 【峯】⑫ 산 이름 봉 [冬] fēng
[字解] 산 이름. 광동성(廣東省)에 있는 용문산

山部 9획 嵗 崿 嵒 嵓 嵃 嵑 嵔 嵬 嵗 嵎 嵛 嵏 嵕 嵞 崷 嶃 崱 嵇 嵆

(龍門山)으로, '登龍門(등용문)'이란 말이 유래한 곳이다.

山9 【嵗】 ⑫ 歲(908)의 속자

山9 【崿】 ⑫ 낭떠러지 악 藥 è
초서 동자 字解 ①낭떠러지, 벼랑, 언덕. ¶ 坻崿. ②높고 험하다, 가파르고 높다.

山9 【嵒】 ⑫ 바위 암 咸 yán
소전 동자 字解 ①바위. =巖. ②가파르다, 높이 솟다.〔江淹·賦〕峯岑嵒而蔽日.
【嵒崿 암악】 ①바위가 연이어 있는 언덕. ②낭떠러지. ③산세(山勢)가 험한 모양. ④높이 솟은 산.
【嵒窟 암악】 바위굴. 巖窟(암굴).
【嵒嵒 암암】 위엄 있게 서 있는 모양.
【嵒峻 암준】 높고 가파른 모양. 巖峻(암준).

山9 【嵓】 ⑫ 嵒(508)과 동자

山9 【嵃】 ⑫ 가파를 언 銑 yǎn
字解 가파르다, 산이 가파른 모양.〔潘岳·賦〕峻嵃峭以繩直.

山9 【嵑】 ⑫ 崦(506)과 동자

山9 【嵔】 ⑫ ❶구불구불할 외 灰 wěi ❷산 이름 외 微 wēi
동자 字解 ❶①구불구불하다, 산이 꼬불꼬불 굽어져 있는 모양.〔司馬相如·賦〕嵔硊嵔廆. ②산세가 험준하다. ❷산 이름. ¶ 嵔壘.
【嵔壘 외루】 ①꼬불꼬불 굽음. 얽히어 구부러짐. ②산 이름.
【嵔廆 외외】 높고 험한 산이 길게 이어진 모양.

山9 【嵬】 ⑫ 嵔(508)와 동자

山9 【嵗】 ⑫ 높을 외 灰 wēi
초서 字解 ①높다, 산이 높고 험한 모양.〔楚辭〕軫石嵗兒. ②울퉁불퉁하여 평탄하지 않은 모양.
【嵗兒 외외】 ①산이 높고 험한 모양. ②울퉁불퉁하여 평탄하지 않은 모양.
【嵗巍 외외】 산이 가파른 모양.
【嵗硊 외외】 높고 험한 산들이 길게 잇닿은 모양.

山9 【嵎】 ⑫ 산모롱이 우 虞 yú
소전 동자 字解 ①산모롱이.〔孟子〕虎負嵎. ②구석. 늑隅.〔列子〕西極之南嵎有國焉. ③높고 험하다, 산이 가파르다.〔柳宗元·賦〕山嵎嵎以嵓立兮. ④산이름. ¶ 封嵎.
【嵎嵎 우우】 산이 겹겹이 쌓여 높은 모양.
【嵎夷 우이】 해가 돋는 곳.

山9 【嵛】 ⑫ 산 이름 유 虞 yú
字解 ①산 이름. 산서성(山西省)에 있는 산. ②섬 이름. 복건성(福建省) 동쪽 바다 속에 있는 산으로 된 섬.

山9 【嵞】 ⑫ 구릉 이름 이 紙 yǐ
字解 ①구릉(丘陵) 이름. ¶ 崵嵞. ②산줄기가 낮고 길게 뻗은 모양. ¶ 崵嵞.

山9 【嵏】 ⑫ 산 이름 종 東 zōng
소전 동자 字解 ①산 이름, 구종산(九嵏山). ㉮섬서성(陝西省)에 있는 산. ㉯호북성(湖北省)에 있는 산. ②많이 모여 있는 산봉우리.〔漢書〕夷嵏築堂.

山9 【嵕】 ⑫ 嵏(508)과 동자

山9 【嵞】 ⑫ 峭(503)와 동자

山9 【崷】 ⑫ 산 높을 추 尤 qiú
字解 산이 높다, 산이 높은 모양.

山9 【嶃】 ⑫ 崷(508)와 동자

山9 【崱】 ⑫ 잇닿을 측 職 zè
字解 ①잇닿다, 산이 잇닿은 모양. ¶ 嶃崱. ②산이 높고 험준한 모양. ¶ 崱屴. ③가지런하지 않은 모양.〔王延壽·賦〕崱繒綾而龍鱗.
【崱屴 측력】 산이 높이 솟은 모양.

山9 【嵇】 ⑫ 산 이름 혜 齊 jī
소전 초서 동자 字解 산 이름. 하남성(河南省)에 있는 산.

山9 【嵆】 ⑫ 嵇(508)와 동자

山部 10～11획 嶱嶸嶟嵩嶘嶍嵬嵬嵱嶒嶺嶺嶐嵯嵳嶇 509

山10 **【嶱】**⑬ 높을 걸 囷 jié
字解 높다, 우뚝 솟다.
【嶱豎 걸수】우뚝 서 있는 모양.
【嶱峙 걸치】높이 우뚝 솟음.

山10 **【嶸】**⑬ 谿(1708)와 동자

山10 **【嶟】**⑬ 산 높을 명 迥 mǐng
字解 산이 높다, 산이 높은 모양. ¶嶸嶟.

山10 **【嵩】**⑬ 높을 숭 東 sōng
[소전][초서][동자] 字解 ①높다, 높고 크다. ¶嵩高. ②우뚝 솟다, 높이 솟다. ¶嵩峻. ③산 이름. 오악(五嶽)의 하나로 중악(中嶽)이라고도 한다. 〔韓愈·詩〕四方環鎭嵩當中.
【嵩高 숭고】①숭산(嵩山). ②산이 높은 모양. ③존엄하고 고귀함.
【嵩箕 숭기】숭산(嵩山)과 기산(箕山). 은자(隱者)가 사는 곳.
【嵩嶽 숭악】숭산.
【嵩峻 숭준】높고 험함.
【嵩呼 숭호】숭산(嵩山)의 부르짖음. 백성이 임금을 송축하여 만세(萬歲)를 부름. 故事 한(漢) 무제(武帝)가 숭산에 오를 때에 어디선가 만세 소리가 들렸다는 고사에서 온 말. ∥呼(산호)

山10 **【嶘】**⑬ ❶산 이름 승 蒸 shèng ❷역참 이름 승 蒸 shèng
字解 ❶산 이름. 절강성(浙江省)에 있는 산. ②고을 이름. 송대(宋代)에 설치한 현(縣). ❷역참(驛站) 이름.

山10 **【嶍】**⑬ 峴(506)과 동자

山10 **【嵬】**⑬ 높을 외 灰 wéi
[소전][초서][동자] 字解 ①높다, 산이 높고 험하다. =巍. ¶嵬峩. ②평평하지 않은 모양. =歲. 〔左思·賦〕或嵬嶷而複陸. ③허망하다, 쓸데없다. 〔荀子〕喬言嵬瑣. ④술병. ⑤기이하다. 〔唐順之·記〕嵬才傑士.
【嵬崛 외굴】산이 높고 큰 모양.
【嵬礧 외뢰】산이 평평하지 않은 모양.
【嵬瑣 외쇄】①음험하고 간사함. ◯'嵬'는 광험(狂險)한 행동을 하는 사람, '瑣'는 간세(奸細)한 행동을 하는 사람. ②자질구레하여 조금도 취할 점이 없음.
【嵬峩 외아】①높고 큰 모양. ②소리가 높고 센 모양. ③최고의 과제(科第). ④술에 취해 비틀 거리는 모양. 巍峩(외아).
【嵬嶷 외억】높고 험한 모양.
【嵬才 외재】기이한 재주를 가진 사람.

山10 **【嵬】**⑬ 嵬(509)와 동자

山10 **【嵱】**⑬ ❶산 이름 용 图 yóng ❷봉우리 모양 용 腫 yǒng
字解 ❶산 이름. 광성성(廣西省)에 있는 산. ❷봉우리 모양, 산봉우리가 높고 낮게 서 있는 모양. 〔揚雄·賦〕陵高岭之嵱嵷兮.
【嵱嵷 용송】높고 낮은 봉우리들이 울쑥불쑥 솟은 모양.

山10 **【嵫】**⑬ 산 이름 자 支 zī
字解 ❶산 이름. ㉮감숙성(甘肅省)에 있는 산. ¶嵫景. ㉯산동성(山東省)에 있는 산. ②가파르다, 산이 높고 험하다.
【嵫景 자경】①엄자산(崦嵫山)의 경치. 엄자산은 감숙성(甘肅省)의 서쪽에 위치하여, 해가 져서 들어가는 곳이라 함. ②나이가 많음.

山10 **【嶺】**⑬ 산꼭대기 전 先 diān
[속자] 嶺 字解 ①산꼭대기. 늑顚. ②막히다, 꽉 차서 막히다. 늑塡.

山10 **【嶺】**⑬ 嶺(509)의 속자

山10 **【嶐】**⑬ 峻(503)과 동자

山10 **【嵯】**⑬ ❶우뚝 솟을 차 歌 cuó ❷울쑥불쑥할 치 支 cī
[소전][초서][동자][동자][간체] 嵳 㞳 嵯
參考 대법원 지정 인명용 한자음은 '차'이다. 字解 ❶우뚝 솟다, 산이 가파르다. 〔楚辭〕山氣巃嵸兮石嵯峩. ❷울쑥불쑥하다, 산이 높고 낮고 한 모양. 늑差. ¶嵾嵯.
【嵯峩 차아】①산이 높고 험한 모양. ②섬서성(陝西省)에 있는 산 이름.

山10 **【嵳】**⑬ 嵯(509)와 동자

山11 **【嶇】**⑭ 험할 구 虞 qū
[초서][동자][간체] 㟼 岖 㟺 字解 ①험하다, 가파르다. 〔後漢書〕崎嶇危難之間. ②산길이 평탄치 않다. 〔李敬方·詩〕嶇崎問遠公. ③괴로워하다, 가탈이 많다. ¶崎嶇.
【嶇嶔 구금】산이 험한 모양. 험한 산.

山部 11획

【嶇路 구로】 험한 길.
【嶇岑 구잠】 산이나 바위가 험한 모양.

山 11 【嵩】⑭ 崑(502)와 동자

山 11 【嶋】⑭ 島(502)와 동자

山 11 【嵒】⑭ 岛(502)의 본자

山 11 【㠑】⑭ 산 모양 뢰·루 圖 因 lěi
동자 㠝 字解 산의 모양. =礧.

山 11 【㠝】⑭ 㠑(510)와 동자

山 11 【嶚】⑭ 우뚝 솟을 료 蕭 liáo, jiāo
동자 嵺 字解 ①우뚝 솟다, 산이 우뚝 솟은 모양. ②골짜기가 깊숙한 모양. ¶嶚廓. ③넓고 멀다. 〔漢書〕上嶚廓而無天. ④높다. =嶛. ⑤쓸쓸하다, 텅 비고 조용하다, 헛되다. 〔楚辭〕老嶚廓而無處.
【嶚愀 요초】 텅 비고 쓸쓸한 모양.
【嶚廓 요곽】 ①넓고 먼 모양. ②쓸쓸함, 헛됨. ③산골짜기가 깊숙한 모양.

山 11 【嵺】⑭ 嶚(510)와 동자

山 11 【嶛】⑭ ❶산 이름 료 蕭 láo ❷가파를 료 藥 láo
字解 ❶산 이름. ❷①가파르다, 산이 가파른 모양. =嶚. ②산골짜기가 횡뎅그렁한 모양.
【嶛嶆 요조】 ①산이 가파른 모양. ②산골짜기가 횡뎅그렁한 모양.

山 11 【嶁】⑭ ❶봉우리 루 麌 lǒu ❷산꼭대기 루 麌 lǒu
동자 嶁 간체 嵝 字解 ❶봉우리, 산봉우리 이름. ¶岣嶁. ❷산꼭대기.
〔後漢書〕瘦疏嶁領.

山 11 【嶁】⑭ 嶁(510)와 동자

山 11 【陵】⑭ 崚(505)과 동자

山 11 【嶄】⑭ 산 굽이질 산 潸 chǎn
字解 산이 굽이지다, 산이 구불구불 뻗은 모양. ≒產.

山 11 【嶂】⑭ 높고 가파른 산 장 漾 zhàng
字解 높고 가파른 산, 병풍처럼 솟은 봉우리.
〔沈約·詩〕峻嶂起青靄.
【嶂密 장밀】 높고 가파른 봉우리가 첩첩이 쌓임.
【嶂雲 장운】 높고 가파른 봉우리에 끼어 있는 구름.
【嶂表 장표】 높고 가파른 봉우리의 꼭대기.
❶峯一, 嶺一.

山 11 【嶈】⑭ 산 높을 장 陽 qiāng
字解 ①산이 높다, 산이 높은 모양. ②물소리.

山 11 【嶆】⑭ 깊을 조 豪 cáo
字解 깊다. ㉮산이 깊은 모양. ㉯산골짜기가 횡뎅그렁한 모양.

山 11 【嵷】⑭ ❶산 홀로 우뚝할 종 董 sǒng ❷높고 험할 송 腫 sǒng
동자 嵸 字解 ❶산 홀로 우뚝하다, 산이 외롭게 서 있는 모양. ¶龍嵷. ❷높고 험하다, 산봉우리가 우뚝 솟다. 〔漢書〕陵高衍之嵱嵷兮.
【嵷森 송삼】 산봉우리가 높이 솟고 초목이 무성한 모양.

山 11 【嵸】⑭ 嵷(510)과 동자

山 11 【嶥】⑭ ❶높을 질 屑 dié ❷멀리 잇닿을 체 霽 dì
字解 ❶높다, 산이 높은 모양. =岊. 〔杜甫·詩〕御榻在嶻嶭. ❷멀리 잇닿다, 산줄기가 멀리 뻗어 있는 모양. 〔王延壽·賦〕浮柱岧嶻以星懸.
【嶥嶭 질얼】 산이 높은 모양. 높은 산.
【嶥霓 질예】 산이 높은 모양.

山 11 【嵾】⑭ 울쑥불쑥할 참 侵 cēn
동자 嵾 통자 參 字解 울쑥불쑥하다, 산이 가파르고 높낮이가 고르지 않은 모양.
【嵾嵳 참치】 산봉우리가 높기도 하고 낮기도 하여 고르지 않은 모양.

山 11 【嵾】⑭ 嵾(510)과 동자

山 11 【嶄】⑭ 높을 참 咸 zhǎn, chán
초서 嶄 동자 嶃 간체 崭 字解 ❶높다, 산이 높고 가파른 모양. =巉. ②파다, 도려내다. ¶嶄鑿. ③빼어나다. 〔韓愈·銘〕嶄然見頭角.

【嶄嵌 참감】험하고 깊숙함.
【嶄壁 참벽】깎아지른 낭떠러지.
【嶄新 참신】가장 새로움. 斬新(참신).
【嶄巖 참암】①산이 뾰족하고 날카로운 모양. ②계곡이 깊고 험준한 모양.
【嶄然 참연】①산이 뾰족하게 솟은 모양. ②특출남.
【嶄絶 참절】①산이 높고 험한 모양. ②글씨나 시문이 뛰어난 모양.
【嶄崒 참줄】산이 높고 험준함. 嶄絶(참절).
【嶄鑿 참착】파냄. 도려냄.
【嶄崱 참측】산이 험하고 높은 모양.

山11【嶄】⑭ 嶄(510)과 동자

山11【塹】⑭ 塹(362)과 동자

山11【巢】⑭ 높을 초 肴 cháo
字解 높다, 산이 높은 모양.〔林紓·記〕奇石寮巢.

山12【嶮】⑮ 가파를 건 阮 jiǎn
動字 嶘 字解 ①가파르다, 산이 가파른 모양. ¶嶮嵲. ②산이 굽이져 구불구불한 모양. ¶嶮嶮.
【嶮峰 건사】산이 굽이져 뻗은 모양.
【嶮嵲 건얼】산이 가파르고 험한 모양.

山12【嶠】⑮ 뾰족하게 높을 교 蕭 jiāo
小篆 嶠 初書 嶢 異 嶠 同字 喬 簡體 峤
字解 ①뾰족하게 높다, 뾰족하게 높은 산. ¶嶠嶽. ②산길. ¶嶠道. ③악곡 이름.〔逸周書〕王子歌嶠. ④고개, 산마루.
【嶠道 교도】산마루에 난 길. 산길.
【嶠霧 교무】높은 산에 끼어 있는 안개.
【嶠嶽 교악】①뾰족하게 솟은 높은 산. ②태산(泰山)의 딴 이름.

山12【嶢】⑮ 嶠(511)와 동자

山12【嶡】⑮ ❶우뚝 솟을 귀 霽 guì ❷도마 궐 月 jué
字解 ❶우뚝 솟다, 산이 우뚝 솟은 모양. ❷도마, 네 발이 달린 도마.〔禮記〕夏后氏以嶡.

山12【嶔】⑮ 높고 험할 금 侵 qīn
初書 嶔 動字 礉 通字 歁 簡體 嵚 字解 높고 험하다, 산이 몹시 높고 가파른 모양.〔王延壽·賦〕處嶄巖之嶔崎.
【嶔嶇 금구】산이 험한 모양. 嶇嶔(구금).
【嶔嶔 금금】입을 크게 벌리는 모양. 하품하는 모양.
【嶔崎 금기】①산이 험악한 모양. ②세속(世俗)을 벗어나 고결함.
【嶔巖 금암】①험악하게 생긴 바위. ②기울어진 바위.
【嶔崟 금음】산이 우뚝 솟은 모양.
【嶔岑 금잠】①산이 높고 험한 모양. ②세상살이가 험난함.
【嶔巇 금희】산이 험하게 솟은 모양.

山12【嶍】⑮ ❶외딴 산 단 寒 dān ❷산 이름 저 寒 dān
字解 ❶외딴 산, 외롭게 솟은 산. ❷산 이름.

山12【峒】⑮ 민둥산 동 東 tóng
字解 ①민둥산. 늑童. ②산의 모양.

山12【嶝】⑮ 고개 등 徑 dèng
初書 㱙 字解 ①고개, 나지막한 고개. ②비탈길, 오르막길.

山12【嶚】⑮ 높을 료 蕭 liáo
動字 嶢 通字 嶛 字解 높다, 산이 높은 모양.
【嶚巢 요초】산이 높은 모양.
【嶚嶕 요초】산이 높은 모양.

山12【嶛】⑮ 嶚(511)와 동자

山12【嶙】⑮ ❶가파를 린 眞 lín ❷벼랑 깊숙한 모양 린 眞 lín
小篆 嶙 初書 嶙 字解 ❶가파르다, 산이 가파른 모양. ¶嶙峋. ❷벼랑이 깊숙한 모양. ¶嶙峋.
【嶙嶙 인린】높기도 하고 낮기도 하여 평평하지 않은 모양.
【嶙峋 인순】①벼랑이 겹겹이 솟아 한없이 깊은 모양. ②층층대 모양을 이루어 높이 솟은 모양.

山12【嶏】⑮ 嶏(508)과 동자

山12【嶢】⑮ 높을 요 蕭 yáo
小篆 嶢 小書 嶢 初書 嶢 簡體 峣
字解 ①높다, 산이 높은 모양. ¶嶢屼. ②높고 멀다. ¶嶢闕. ③위태로운 모양. ¶嶢屼. ④관(關) 이름.〔後漢書〕關函守嶢. ⑤산 이름. ⑥메마르다.

山部 12~13획 嶤 棧 嶟 嶒 嶣 嶕 嶜 嶞 嶱 嶲 嶬 嶭 嶪 嶪 嶧 嶴 嶬 嶬 嶨 嶰

【嶤嶤 요계】 기괴하고 이상함.
【嶤闕 요궐】 ①높고 멀리 보이는 문. ②궁궐의 높은 문.
【嶢崎 요기】 ①산이 구불구불 구부러진 모양. ②일이 순탄하게 진행되지 않음.
【嶢榭 요사】 높은 정자.
【嶢巖 요암】 높고 험준한 모양.
【嶢屼 요올】 위태하고 불안한 모양.
【嶢屼 요올】 산이 높고 험한 모양.
【嶢嶢 요요】 ①위태한 모양. ②산이 높은 모양. ③뜻이 높은 모양.
【嶢崢 요쟁】 높은 모양.

山12【嶤】⑮ 嶢(511)와 동자

山12【棧】⑮ 嶘(506)과 동자

山12【嶟】⑮ 가파를 준 阮 zūn
[초서] 嶟 [字解] 가파르다, 산이 가파르고 뾰족하게 솟은 모양. ¶嶟嶟.
【嶟嶟 준준】 산이 높게 우뚝 솟은 모양.

山12【嶒】⑮ 산 높고 험할 증 蒸 céng
[초서] 嶒 [간체] 嶒 [字解] 산이 높고 험하다, 산이 높고 험한 모양.
【嶒崚 증릉】 산이 높고 몹시 험한 모양.
【嶒峻 증준】 높이 솟음. 특출함.

山12【嶣】⑮ 嶕(507)과 동자

山12【嶕】⑮ 높을 초 蕭 jiāo
[초서] 嶕 [동자] 焦 [字解] ①높다, 산이 높고 험한 모양. ¶嶕嶢. ②산꼭대기, 산정(山頂). 늑椒.
【嶕嶢 초요】 산이 매우 높고 험한 모양.

山12【嶣】 嶕(512)와 동자

山12【嶜】⑮ 가파를 침 侵 jīn
[초서] 嶜 [字解] 가파르다, 산봉우리가 뾰족하게 솟아 험하다.〔漢書〕玉石嶜岑.
【嶜岑 침음】 높이 뾰족하게 솟은 모양.
【嶜岑 침잠】 산봉우리가 뾰족하고 험한 모양.

山12【嶞】⑮ 산 높을 타 哿 duò
[소전] 嶞 [초서] 嶞 [字解] ①산이 높다. ②좁고 길게 뻗은 산.
【嶞山 타산】 좁으나 길게 뻗어 있는 산.

山13【嶱】⑯ 산 험할 갈 曷 kě
[동자] 嵑 [字解] 산이 험하다, 산의 돌이 높고 험한 모양.
【嶱嵑 갈갈】 산의 돌이 높고 험한 모양.

山13【嶱】⑯ 민둥산 굴 月 kū
[字解] 민둥산, 초목이 자라지 않는 산.
【嶱屼 굴올】 민둥산. 독산(禿山).

山13【嶩】⑯ 猱(502)와 동자

山13【嶭】⑯ 높을 얼 屑 niè
[소전] 嶭 [동자] 嶭 [字解] 높다, 산이 험준하다.〔司馬相如·賦〕九嵕嶻嶭.

山13【嶪】⑯ 높고 험할 업 葉 yè
[초서] 嶪 [동자] 嶫 [字解] 높고 험하다, 산이 험준한 모양.〔杜甫·詩〕岌嶪土囊口.
【嶪岌 업급】 ①산이 높고 험한 모양. ②의기(意氣)가 왕성한 모양.
【嶪嶪 업업】 산이 높고 몹시 험한 모양.

山13【嶫】⑯ 嶪(512)과 동자

山13【嶧】⑯ 산 이름 역 陌 yì
[소전] 嶧 [초서] 嶧 [간체] 峄 [字解] ①산 이름. ㉮강소성(江蘇省)에 있는 갈역산(葛嶧山). ㉯산동성(山東省)에 있는 추역산(鄒嶧山). ②죽 잇닿아 있는 산.

山13【嶴】⑯ 奧(401)와 동자

山13【嶬】⑯ 산 높을 의 紙 yǐ
[동자] 義 [字解] 산이 높다, 산이 높은 모양.
【嶬峨 의아】 산이 높고 험한 모양.

山13【義】⑯ 嶬(512)와 동자

山13【嶨】⑯ 돌산 학 覺 xué
[소전] 嶨 [간체] 峃 [字解] 돌산, 석산(石山), 큰 돌이 많은 산.

山13【嶰】⑯ 골짜기 해 卦 xiè, jiè

【嶰潤 해간】물이 흐르는 산골짜기.
【嶰谷 해곡】곤륜산(崑崙山) 북쪽의 골짜기. 황제(黃帝) 때 영륜(伶倫)이 여기에서 대〔竹〕를 가지고 음률(音律)을 정했다고 함. 嶰谿(해계).

山13 【嶮】⑯ 險(1956)과 동자

山14 【嶺】⑰ 재 령 硬 lǐng

字源 形聲. 山+領→嶺. '領(령)'이 음을 나타낸다.
字解 ①재, 산마루의 고개. ②산봉우리. ③연산(連山). 잇닿아 뻗어 있는 산줄기. ④오령(五嶺)의 약칭. 오령은 대유(大庾)·시안(始安)·임하(臨賀)·계양(桂陽)·게양(揭陽)〔史記〕兵不能踰嶺. ⑤산맥〔漢書〕限以葱嶺.
【嶺氣 영기】산기운.
【嶺東 영동】國대관령 동쪽의 강원도 지방.
【嶺竇 영두】①산봉우리와 계곡. ②산수(山水).
【嶺樹 영수】산꼭대기에서 자생(自生)하는 나무.
【嶺阨 영애】산령(山嶺)의 험하고 좁은 곳.
【嶺雲 영운】산봉우리에 걸린 구름.
【嶺岑 영잠】산봉우리. 높은 산봉우리.
【嶺嶂 영장】높고 험한 산봉우리.
【嶺下 영하】산기슭. 산록(山麓).
【嶺湖 영호】산정(山頂)의 호수(湖水).
○山-, 雪-, 五-, 峻-, 重-, 疊-, 葱-.

山14 【嶼】⑰ 섬 서 語 yǔ

섬, 작은 섬.
○島-, 連-.

山14 【㠘】⑰ 嶼(513)와 동자

山14 【嶽】⑰ 큰 산 악 覺 yuè

字解 ①큰 산, 높은 산.〔陸游·詩〕五千仞嶽上摩天. ②오악(五嶽)의 총칭. ③대신(大臣)·제후(諸侯)를 이르는 말.
【嶽降 악강】남이 아들을 낳음을 축하하는 말. 故事 요(堯)임금 때 강성(姜姓)의 신을 잘 받들어 보(甫)와 신(申) 같은 어진 이를 얻게 된 고사에서 온 말.
【嶽公 악공】장인(丈人). ○'嶽'은 태산(泰山)으로, 태산 꼭대기에 장인봉(丈人峯)이 있는 데서 온 말. ⇨岳丈(악장).
【嶽祇 악기】산의 신(神).
【嶽蓮 악련】①화산(華山)에 있는 연(蓮). 이것을 먹으면 날개가 생겨 등선(登仙)한다고 함. ②화산(華山)·형산(衡山)의 딴 이름.
【嶽立 악립】우뚝 섬.
【嶽母 악모】장모(丈母).
【嶽牧 악목】①사악(四嶽)과 십이목(十二牧). ②공경(公卿)·제후(諸侯) 등과 같은 높은 벼슬아치.
【嶽父 악부】⇨嶽公(악공).
【嶽崇海豁 악숭해활】산과 같이 높고 바다와 같이 넓음.
【嶽嶽 악악】①강직하고 위엄이 있는 모양. ②사슴뿔의 형용.
○山-, 五-, 海-.

山14 【巌】⑰ 산 형상 안 寒 án

參考 대법원 지정 인명용 한자음으로 '한'은 속음(俗音)이다.
字解 산의 형상, 산이 높은 모양.

山14 【嶸】⑰ 가파를 영 庚 róng

字解 가파르다, 험하다.〔班固·賦〕金石崢嶸.

山14 【嶾】⑰ 산 높을 은 吻 yǐn

字解 산이 높다, 산이 높은 모양.

山14 【嶷】⑰ ❶산 이름 의 支 yí ❷높을 억 職 nì

字解 ❶산 이름. 호남성(湖南省)에 있는 구의산(九嶷山)으로 우(虞)임금과 순(舜)임금의 무덤이 있다고 전한다. ❷①높다. ㉠嶷嶷. ②알다, 어린 아이가 영리하다.〔詩經〕克岐克嶷.
【嶷嶷 억억】①덕(德)이 높은 모양. ②어린아이의 지혜가 뛰어난 모양.
【嶷然 억연】높이 빼어난 모양.

山14 【巏】⑰ 巏(514)과 동자

山14 【巆】⑰ 崤(507)와 동자

山15 【礨】⑱ 높고 낮을 뢰 賄 lěi, léi

字解 높고 낮다, 산이 가파르고 울쑥불쑥한 모양.
【礨礨 뢰뢰】높낮이가 있는 모양. 산이 울쑥불쑥한 모양.

山部 15～19획 巀 巃 巄 巅 巆 巇 巇 巉 巇 巉 巇 巍 巎 巎 巒 巏 巔

山 15 【𡶆】⑱ 嵞(513)와 동자

山 15 【巑】⑱ 巑(515)의 속자

山 15 【巀】⑱ ❶산 이름 찰 囷 jié ❷산 험할 절 囷 jié
[소전] 巀 [동자] 嶻 [字解] ❶산 이름. 섬서성(陝西省)에 있는 산. 차아산(嵯峨山)이라고도 한다. ¶ 巀嶭. ❷산이 험하다. ¶ 巀嶭.
【巀嶭 절헐】높고 가파른 모양.

山 16 【巃】⑲ 가파를 롱 囷 lóng
[동자] 巄 [동자] 龓 [字解] ❶가파르다, 산이 가파른 모양. ❷높다, 산이 높은 모양. ❸자욱하다. ❹산 이름. =隴.
【巃嵷 농종】①산이 가파르고 험한 모양. ②산이 높은 모양. ③구름이나 이내 따위가 자욱하게 낀 모양. ④산이 외롭게 솟아 있는 모양.

山 16 【巄】⑲ 巃(514)과 동자

山 16 【巋】⑲ 嶭(512)과 동자

山 17 【巆】⑳ 嶸(511)과 동자

山 17 【巌】⑳ 巖(515)의 속자

山 17 【巇】⑳ 어두울 영 囷 yǐng
[字解] ①어둡다, 짙어서 어둡다. ②산이 높다.
【巇嵿 영명】산기(山氣)가 짙어서 어두운 모양.

山 17 【巇】⑳ 嵤(513)과 동자

山 17 【巉】⑳ 가파를 참 囷 chán
[초서] 巉 [동자] 嶃 嶄 가파르다, 높고 험하다.
【巉巌 참암】산이나 바위가 높고 험한 모양.
【巉峭 참초】산이 높고 험한 모양.
【巉岏 참암】산이 깎아지른 듯이 험함.
【巉嶮 참험】깎아지른 듯이 가파름.

山 17 【巇】⑳ 험준할 희 囷 xī
[초서] 巇 [字解] ①험준하다, 산이 험하고 가른 모양. ¶ 巇嶮. ②틈, 빈틈, 짬.
〔法言〕巇可抵乎.

【巇隙 희극】틈. 빈틈.
【巇道 희도】가파른 길. 험준한 길.
【巇嶮 희험】험하고 가파른 모양.

山 18 【巋】㉑ ❶험준할 귀 囷 kuī ❷홀로 우뚝 설 귀 囷 kuì
[소전] 巋 [간체] 岿 [字解] ❶험준하다, 높고 가파른 모양. ❷홀로 우뚝 선 모양.〔莊子〕巋然而有餘.
【巋焉 귀언】①홀로 우뚝 서 있는 모양. ②높고 큰 모양.
【巋然 귀연】①우뚝 높이 선 모양. ②홀로 자족(自足)한 모양.

山 18 【巍】㉑ 높을 외 困위 囷 wēi
[소전] 巍 [초서] 巍 [동자] 魏 [동자] 嵬 [동자] 巙 [字解] 높다, 높고 큰 모양.〔論語〕巍巍乎, 舜禹之有天下也.
【巍然 외연】산이나 건축물 따위가 매우 높게 솟아 있는 모양.
【巍巍 외외】높고 크고 웅장함.
【巍巍蕩蕩 외외탕탕】높고 크며 넓고 먼 모양.

山 18 【魏】㉑ 巍(514)와 동자

山 18 【巙】㉑ 巍(514)와 동자

山 19 【巒】㉒ 메 만 囷란 囷 luán
[소전] 巒 [초서] 巒 [속자] 峦 [간체] 峦 [字解] 메. 가작은 산.〔楚辭〕登石巒以遠望兮. ㉯길게 뻗은 좁은 산. ㉰산봉우리. ㉱산등성이.〔楚辭〕陟玉巒兮逍遙.
【巒岡 만강】산봉우리. 언덕.
【巒巘 만헌】산봉우리.
❶岡−, 峯−, 石−, 重−, 層−.

山 19 【𡹰】㉒ 산 이름 미 囷 mǐ
[字解] ①산 이름. ②산이 가파른 모양.

山 19 【巔】㉒ 산꼭대기 전 囷 diān
[초서] 巔 [통자] 顚 [간체] 巅 [字解] ①산꼭대기, 산정(山頂).〔詩經〕首陽之巔. ②머리. ¶ 巔疾. ③떨어지다, 떨어뜨리다.〔楚辭〕行不群以巔越兮. ④오로지.
【巔根 전근】산꼭대기에 뻗어 난 뿌리.
【巔倒 전도】①엎어져 넘어짐. 또는 엎어 넘어뜨림. ②순서나 위치 등을 거꾸로 함.
【巔靈 전령】사람의 죽음. ◎'巔'은 사람의 시체가 땅에 들어가는 것, '靈'은 사람의 넋이 하

늘에 올라가 신(神)이 되는 것.
【巔越 전월】 높은 데서 낮은 데로 떨어짐.
【巔一 전일】 오로지 한결같은 모양.
【巔巔 전전】 ①오로지 한결같은 모양. ②근심하는 모양. ③어리석은 모양.
【巔疾 전질】 ①머리의 병. 정신병. ②미치광이.

山 19 【巑】 ㉒ 높이 솟을 찬 攢 cuán

초서 【巑】 속자 【巑】 字解 높이 솟다, 높이 뾰족하게 솟은 모양.
【巑岏 찬완】 ①산이 높이 솟은 모양. ②산이 높이 솟아 연이은 모양. ③쭈뼛함. 날카로움.

山 20 【巖】 ㉓ 바위 암 巌 yán

[전서/초서/동자/속자/속자 이체자들]
字源 形聲. 山+嚴→巖. '嚴(엄)'이 음을 나타낸다.
字解 ①바위. 〔鮑照・詩〕千巖盛阻積. ②가파르다, 험하다. 〔春秋左氏傳〕制, 巖邑也. ③낭떠러지, 벼랑. 〔揚雄・賦〕探巖排碕. ④굴, 석굴(石窟). 〔楚辭〕穴巖石而窟伏. ⑤험준하다, 높다. 〔詩經〕泰山巖巖.
【巖居 암거】 바위틈에서 삶. 속계(俗界)를 피하여 산야에 은거함.
【巖扃 암경】 바위에 의지하여 만든 문.
【巖窟 암굴】 바위에 뚫린 굴.
【巖竇 암두】 바위에 난 구멍.
【巖廊 암랑】 ①궁전(宮殿) 곁에 있는 행랑(行廊). ②조정(朝廷).
【巖溜 암류】 바위틈에서 떨어지는 물방울.
【巖盤 암반】 암석으로 된 지반(地盤).
【巖扉 암비】 ☞巖扃(암경).
【巖棲伴 암서반】 석굴(石窟)에서 사는 은자(隱者)의 동아리.
【巖石 암석】 바위. 바윗돌.
【巖岫 암수】 바위에 난 동굴.
【巖阿 암아】 ①바위의 후미진 곳. ②산골짜기의 사이. 계곡.
【巖巖 암암】 ①돌이 높이 쌓인 모양. ②산이 높고 험한 모양. ③궁전(宮殿) 따위가 높은 모양.
【巖狖 암유】 바위 틈서리에서 사는 원숭이.
【巖幽 암유】 바위가 있는 고요한 곳.
【巖邑 암읍】 사면이 산으로 둘러싸인 험한 고을. 험요(險要)한 성읍(城邑).
【巖嶂 암장】 바위로 이루어진 봉우리. 험준한 산봉우리.
【巖漿 암장】 마그마.
【巖牆 암장】 ①높고 위험한 담. ②무너질 듯한 담. ③돌로 쌓은 담. 돌담.
【巖電 암전】 눈빛이 강렬함. 또는 그 눈.
【巖阻 암조】 험한 곳. 험준한 곳.
【巖泉 암천】 바위 틈에서 솟는 샘.

【巖築 암축】 ①담장이나 성벽(城壁) 등을 쌓는 공사. ②은거(隱居)하는 곳. 故事 은(殷)의 고종(高宗)이 부열(傅說)을 등용할 때, 부열이 부암(傅巖)에서 담장을 쌓는 일을 하고 있었던 고사에서 온 말.
【巖陛 암폐】 ①궁전(宮殿)의 섬돌. 궁전의 돌층계. ②엄숙한 궁전.
【巖壑 암학】 ①골짜기. ②바위에 뚫린 굴. 石窟(석굴).
【巖穴之士 암혈지사】 속세를 떠나 깊은 산중에 은거하는 선비. 隱士(은사).
◐ 欽-, 奇-, 白-, 嶢-, 嶄-, 頹-.

山 20 【巘】 ㉓ 巖(515)과 동자

山 20 【巘】 ㉓ 봉우리 헌 巘 yǎn

간체 【巘】 字解 ①봉우리, 산봉우리. ¶巘路. ②낭떠러지, 벼랑. ¶巘崿. ③가파르다, 험하다. ¶巘巘.
【巘路 헌로】 산봉우리에 나 있는 길.
【巘崿 헌악】 언덕. 벼랑.
【巘巘 헌헌】 산이 높고 험한 모양.

巛部

3획 부수 | 개미허리부

巛 0 【巛】 ③ 川(515)의 본자

參考 현대에는 독립된 글자로는 쓰이지 않고 부수로만 쓰인다. 부수의 명칭은 '개미허리'라고 부른다.

巛 0 【川】 ③ 내 천 巛 chuān

丿 丿丨 川

[소전/초서/본자/이체자]
字源 象形. 도랑을 파서 물을 흐르게 하는 모양을 본뜬 글자.
字解 ①내, 개천. 〔周禮〕兩山之間, 必有川焉. ②물귀신. 〔論語〕山川其舍諸. ③굴, 팬 곳. 〔山海經〕其川在尾下. ④들판, 평원(平原). 〔五代史〕平川廣野. ⑤느릿한 모양, 무겁게 움직이는 모양. 〔太玄經〕大車川川. ⑥사천성(四川省)의 약칭. 〔宋史〕西至川蜀.
【川渠 천거】 내와 도랑.
【川界 천계】 냇가.
【川谷 천곡】 ①내와 골짜기. ②내.
【川獵 천렵】 냇물에서 물고기를 잡는 일.
【川流 천류】 ①냇물의 흐름. 水流(수류). 河流(하류). ②냇물이 그 유역을 적심. ③혜택이 어

떤 범위에 미침.
【川防 천방】 냇둑.
【川上之嘆 천상지탄】 냇가에서 탄식함. 故事 공자가 물가에 서서 물을 바라보며, 한번 지나가면 다시 돌아오지 않는 만물의 변화를 탄식한 고사에서 온 말.
【川施餓鬼 천시아귀】 (佛)냇물에 빠져 죽은 사람의 영혼을 위로하기 위하여 염불 공양하는 불제(佛祭). 끝난 다음에 제물(祭物)은 물에 버림.
【川壅 천옹】 냇물이 막힘.
【川原 천원】 ①하천 유역의 벌. ②내와 고원(高原). ③☞川源(천원).
【川源 천원】 냇물의 근원. 川原(천원).
【川奠 천전】 내에서 나는 제물(祭物). 물고기·게·굴 따위.
【川程 천정】 냇물의 이수(里數).
【川川 천천】 큰 수레 따위가 장엄하고 느리게 움직이는 모양.
【川澤 천택】 내와 못.
【川澤納汙 천택납오】 하천이나 못은 더러운 물도 받아들임. 우두머리 되는 사람이 모든 사람을 널리 포용함의 비유.
【川平 천평】 냇물의 흐름이 잔잔함. 평야를 흐르는 내의 모양.
【川后 천후】 물을 맡아 다스리는 신. 수신(水神). 河伯(하백).
◐ 大-, 百-, 山-, 支-, 河-.

巛 3 【州】⑥ 고을 주 宥 zhōu

字源 會意. 巛＋◊→州. ◊은 물이 빙 돌아 흐르는 곳에 있는 땅을 나타낸다. 곧, 사람이 살 수 있는 곳을 뜻한다.
字解 ①고을, 행정 구역의 단위. ㉮순(舜)임금 때 12주를 둔 이래로, 그 명칭과 수·경계 등의 변화를 거치면서 존속된 지방 행정 구역.〔書經〕禹회九州. ㉯신라 때 처음 둔 이래로 고려·조선 때까지 존속된 지방 행정 구역.〔三國史記〕王親定國內州郡縣. ②섬, 모래톱. 늑 洲.〔詩經〕在河之州. ③마을, 동네. ¶ 州閭. ④나라 이름. ⑤모이다, 모여서 살다.〔國語〕群萃而州處.
【州曲 주곡】 시골. 村里(촌리).
【州閭 주려】 마을. 州巷(주항). 鄕里(향리).
【州廩 주름】 주(州)에 설치한 식량 창고.
【州里 주리】 마을. 향리(鄕里). ◎'州'는 2,500호(戶), '里'는 25호의 취락.
【州牧 주목】 주(州)의 장관.
【州伯 주백】 ①주대(周代)의 주(州)의 장관. ②구주(九州)의 방백(方伯).
【州序 주서】 향리(鄕里)의 학교.
【州壤 주양】 향리(鄕里).
【州宰 주재】 주(州)의 장관. 刺史(자사).
【州處 주처】 사람들이 모여 사는 곳.

【州學 주학】 주(州)에서 설치한 학교.
【州廨 주해】 주의 행정 사무를 보는 관청.
【州縣 주현】 지방 행정 구역인 주(州)와 현(縣). 곧, 지방.
◐ 九-, 神-, 十二-, 諸-, 中-, 知-.

巛 4 【巠】⑦ 지하수 경 靑 jīng

字源 會意·形聲. 一＋巛＋壬→巠. 흐르는 물(巛)이 땅(一) 밑에 있는 모양으로 '지하수'를 뜻한다. '壬(정)'은 음도 나타낸다.
字解 ①지하수(地下水). ②물이 질편하게 흐르는 모양.

巛 4 【巡】⑦ 돌 순 眞 xún

字源 形聲. 辶＋巛→巡. '川(천)'이 음을 나타낸다.
字解 ①돌다. ㉮임금이 그 영토 안을 돌다.〔書經〕歲二月, 東巡守. ㉯벼슬아치가 그 관할 구역 안을 돌아보다.〔周禮〕晝三巡之. ㉰널리 돌아다니다.〔春秋左氏傳〕三巡數之. ②어루만지다, 위로하다.〔後漢書〕巡靖黎庶. ③활 쏘는 수를 세는 단위.
【巡更 순경】 밤에 도둑·화재 따위를 경계하기 위하여 돌아다님.
【巡警 순경】 ①國 경찰관의 맨 아래 계급. ②돌아다니며 경계함.
【巡功 순공】 천자(天子)가 제후(諸侯)의 나라를 돌면서 그 공적(功績)을 살피던 일.
【巡邏 순라】 ①國 ☞巡邏軍(순라군). ②순찰. 돌아봄.
【巡邏軍 순라군】 조선 때 도둑·화재 따위를 경계하기 위하여 순찰하던 군졸.
【巡覽 순람】 사방으로 돌아다니며 봄.
【巡禮 순례】 ①여러 곳을 돌아다니며 배례함. ②종교적인 목적으로 성지(聖地)를 두루 참예(參詣)하는 일.
【巡撫 순무】 각처를 순회하면서 백성들을 위무(慰撫)함.
【巡訪 순방】 여러 곳을 차례로 방문함.
【巡杯 순배】 술잔을 돌림.
【巡錫 순석】 (佛)승려가 각지를 다니며 포교함. ◎'錫'은 승려가 짚는 지팡이.
【巡省 순성】 두루 다니며 살핌. 巡視(순시).
【巡守 순수】 ☞巡狩(순수).
【巡狩 순수】 천자가 수렵(狩獵)을 통하여 병사를 단련하고, 한편으로는 제후국의 민정을 살피던 일. 후에는 단순히 여러 지방을 돌면서 민정을 살피던 일을 이름. 巡守(순수). 巡幸(순행).
【巡視 순시】 두루 다니며 살핌.
【巡按 순안】 순행하며 안찰함. 주현(州縣)을 두루 다니며 관리의 근무 상태와 민정을 살핌.

【巡閱 순열】돌아다니며 검열함.
【巡靖 순정】두루 다니며 백성을 편안히 함.
【巡察 순찰】돌아다니며 정황을 살핌.
【巡哨軍 순초군】돌아다니며 적의 사정을 염탐하던 군사.
【巡行 순행】①두루 돌아다님. ②여행이나 공무를 위해 여러 지역을 돌아다님.
【巡幸 순행】☞巡狩(순수).
【巡廻 순회】여기저기 돌아다님.

巢 ⑪ 집 소 圍 cháo

字源 象形. 나무〔木〕위에 새집〔臼〕이 있고, 그 위에 세 마리의 새〔巛〕가 앉아 있는 모양을 본뜬 글자.
字解 ①집. ㉮새의 보금자리. 〔詩經〕維鵲有巢. ㉯원시 시대에 나무 위에 지은 집. 〔禮記〕夏則居橧巢. ㉰오랑캐나 도둑떼의 집. ¶巢窟. ㉱짐승·가축·벌레·물고기 들의 집. ¶蜂巢. ㉲사람의 집. 〔司馬光·詩〕自稱安樂巢. ㉳깃들이다, 보금자리를 짓다. 〔莊子〕鷦鷯巢於深林, 不過一枝. ③모이다, 무리짓다. 〔呂氏春秋〕周唯巢於林. ④악기(樂器) 이름, 대생(大笙). ⑤완두, 완두의 새싹. ¶巢菜. ⑥사람 이름. 소보(巢父)의 약칭. 〔晉書〕挾由巢抗矯之節.
【巢車 소거】망루(望樓)를 설치하여 적의 동정을 살필 수 있는 병거(兵車). 멀리서 보면 새의 보금자리처럼 생긴 데서 이르는 말.
【巢居 소거】새처럼 나무 위에 집을 짓고 삶. 巖棲(암서).
【巢窟 소굴】①새의 둥지와 짐승의 굴. 나무 위에 집을 짓고 사는 것과 땅에 굴을 파고 사는 것. 巢穴(소혈). ②도둑·악한(惡漢) 따위들이 모여서 활동의 근거지로 삼는 곳.

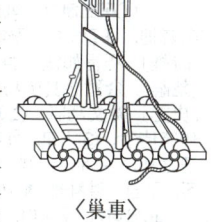
〈巢車〉

【巢林一枝 소림일지】새는 숲 속에 둥우리를 틀어도 나뭇가지 하나에 한할 뿐임. 작은 집에서도 만족하게 삶의 비유.
【巢幕燕 소막연】천막에 집을 짓는 제비. 지극히 위태로움의 비유.
【巢笙 소생】큰 피리.
【巢燧 소수】①유소씨(有巢氏)와 수인씨(燧人氏). ②태고 시대(太古時代). ◯유소씨 때는 나무 위에 집을 짓고 살았으며, 수인씨 때는 부싯돌이나 나무를 이용하여 불을 얻었음.
【巢由 소유】소보(巢父)와 허유(許由). 다 요(堯)나라 때의 고사(高士). 巢許(소허).
◯古─, 空─, 卵─, 蜂─, 燕─, 鵲─, 賊─.

巢 ⑪ 巢(517)의 속자

工部
3획 부수 | 장인공부

工 ③ 장인 공 圂 gōng

一丁工

字源 會意. 二+丨→工. '二'는 수준기(水準器), 'ㅣ'는 먹줄을 나타낸다. 에서 '장인'의 뜻이 되었다.
字解 ①장인(匠人). 물건을 만드는 일을 업으로 하는 사람. 사농(士農)보다 낮고 상(商)보다는 높은 사회 계급에 속하던 기술자. 〔論語〕工欲善其事. ②공교(工巧)하다, 교묘하다. 〔南史〕帝工書善畫. ③일, 만드는 일. 〔書經〕天工人其代之. ④악인(樂人), 가악(歌樂)을 하는 사람. 〔春秋左氏傳〕工歌文王之三. ⑤벼슬아치. ≒官. 〔詩經〕嗟嗟臣工. ⑥점쟁이. 〔史記〕使工占之. ⑦공(功). ≒功. 〔書經〕苗頑弗卽工.
【工歌 공가】①멋지게 노래함. ②장인(匠人)들의 노래.
【工賈 공고】장인(匠人)과 상인(商人).
【工巧 공교】①솜씨가 좋음. 교묘함. ②좋은 목수. ③경박함.
【工具 공구】물건을 만들거나 고치는 데 쓰이는 도구.
【工氣 공기】인공(人工)을 베푼 흔적.
【工力 공력】①토목 공사의 인부. ②사려(思慮)와 역량(力量).
【工本 공본】①원대(元代)에 정부가 소금을 사들일 때 치르던 돈. ②공사(工事)의 비용 또는 자본.
【工夫 공부】①수단을 강구함. 여러 모로 생각함. ②정신의 수양과 의지의 단련을 위하여 힘쓰는 일. ③토목 공사의 인부(人夫). ④시간, 여가.
【工否 공부】능숙함과 서투름.
【工事 공사】토목이나 건축 등에 관한 일.
【工師 공사】①공장(工匠)을 다스리던 벼슬. ②공인(工人)의 우두머리. 또는 공인.
【工手 공수】①공인(工人). ②잘 만드는 솜씨.
【工業 공업】원료를 가공하여 쓸 만한 물건을 만들어 내는 일.
【工藝 공예】조형미를 갖춘 물건을 만드는 재주와 기술.
【工人 공인】장인(匠人).
【工作 공작】①물건을 만듦. ②어떤 목적을 위하여 일을 꾸밈.
【工雀 공작】뱁새의 딴 이름.
【工匠 공장】수공업에 종사하던 장인.
【工程 공정】공사가 진행되는 과정이나 정도.
【工拙 공졸】기교(技巧)가 능란함과 서투름.
【工遲 공지】재주가 있어 솜씨 있게 잘 하기는

하나 더됨. 巧遲(교지).
【工祝 공축】 제사(祭祀)·신사(神事)를 맡아보는 사람. 巫祝(무축). ○'祝'은 제사를 맡은 벼슬.
【工緻 공치】 기술이 공교하고 치밀함.
○ 加—, 起—, 大—, 陶—, 名—, 木—, 石—, 良—, 竣—, 職—, 着—, 天—, 漆—, 土—, 畫—, 靴—.

五
④ 巨(518)의 고자

巨
⑤ 클 거 jù

一厂F F 巨

[字源] 象形. 자[工]를 손[⺄]에 들고 있는 모양으로, 원뜻은 '자, 곡척(曲尺)'을 나타낸다.
[字解] ①크다. ≒鉅.〔孟子〕爲巨室. ②많다.〔史記〕費以萬計. ③거칠다, 조악(粗惡)하다.〔孟子〕巨屨小屨同價. ④어찌. ≒詎.〔漢書〕公巨能入乎. ⑤자, 곡척(曲尺).〔管子〕必有巨獲.

【巨姦 거간】 큰 죄를 저지른 간악한 사람.
【巨鯨 거경】 큰 고래. 큰 것의 비유.
【巨款 거관】 큰 돈. 巨額(거액).
【巨觀 거관】 ①굉장하고 볼 만한 광경. 壯觀(장관). ②커다란 누각(樓閣).
【巨魁 거괴】 일당의 우두머리. 頭目(두목).
【巨觥 거굉】 큰 잔. ○'觥'은 외뿔소의 뿔로 만든 잔.
【巨軀 거구】 큰 체격.
【巨口細鱗 거구세린】 입이 크고 비늘이 가늘고 잔 물고기.
【巨金 거금】 큰돈. 많은 돈.
【巨大 거대】 아주 큼.
【巨濤 거도】 큰 파도. 巨浪(거랑).
【巨頭 거두】 우두머리.
【巨浪 거랑】 큰 물결. 큰 파도. 巨濤(거도).
【巨鱗 거린】 큰 물고기.
【巨萬 거만】 심히 많음. 막대한 수.
【巨木 거목】 큰 나무. 큰 인물의 비유.
【巨物 거물】 큰 인물이나 물건.
【巨擘 거벽】 ①엄지손가락. 擘指(벽지). ②뛰어난 인물의 비유.
【巨富 거부】 큰 부자. 豪富(호부).
【巨商 거상】 장사를 크게 하는 사람.
【巨星 거성】 ①큰 별. ②위대한 사람의 비유.
【巨姓 거성】 대대로 번성한 집안.
【巨細 거세】 ①큰 것과 작은 것. ②크고 작음.
【巨帥 거수】 대장. 장수(將帥).
【巨室 거실】 ①큰 집. 大廈(대하). ②권력이 있는 대가렬(大家巨族).
【巨眼 거안】 ①큰 눈. ②위대한 안력(眼力).
【巨額 거액】 큰돈.
【巨億 거억】 매우 많은 수.

【巨儒 거유】 이름난 유학자. 학식이 많은 선비.
【巨人 거인】 몸이 아주 큰 사람.
【巨子 거자】 ①묵가(墨家)에서 도(道)를 체득한 사람을 이름. 유가(儒家)의 유석(儒碩)과 같음. ②중심인물(中心人物).
【巨匠 거장】 예술·과학·기술 등의 분야에서 특히 뛰어난 사람.
【巨材 거재】 ①큰 재목. ②뛰어난 재능.
【巨接 거접】 國①과장(科場)에 모인 선비들의 무리. ②과거를 보려고 글방이나 절에서 글공부를 하는 선비의 무리.
【巨族 거족】 대대로 부귀를 누리는 집안.
【巨指 거지】 엄지손가락.
【巨鎭 거진】 조선 때 절제사(節制使)를 배치하였던 군사상 중요한 고을.
【巨浸 거침】 ①큰 물. ②큰 못. 大澤(대택).
【巨砲 거포】 큰 포. 대포.
【巨逋 거포】 國관원(官員)이 큰 액수의 공금(公金)을 사사로이 써 버림.
【巨壑 거학】 ①큰 골. ②큰 바다.
【巨漢 거한】 몸집이 매우 큰 남자.
【巨猾 거활】 매우 교활하고 악함.

巧
⑤ 공교할 교 qiǎo

一丁工巧

[字源] 形聲. 工+丂→巧. '丂(고)'가 음을 나타낸다.
[字解] ①공교하다. ㉮솜씨가 있다.〔老子〕大巧若拙. ㉯잘하다, 꾸며서 하는 말씨가 있다.〔詩經〕巧言如流. ㉰재치가 있다, 날렵하다.〔楚辭〕余猶惡其佻巧. ㉱공교하게, 기묘하게.〔史記〕舞文巧詆. ②예쁘다, 아름답다.〔詩經〕巧笑倩兮. ③기교. ㉮재주, 기능.〔孟子〕公輸子之巧. ㉯계교, 꾀.〔漢書〕各用智巧. ㉰거짓, 꾸밈, 겉치레. ¶巧故. ④꾸미다, 겉을 꾸미다, 교묘하게 꾸미다.〔漢書〕外巧內嫉.

【巧計 교계】 교묘한 계략. 妙計(묘계).
【巧故 교고】 거짓. 속임수.
【巧巧佞佞 교교영녕】 ①입에 발린 말로 아첨하는 모양. ②똑똑한 체하는 모양.
【巧佞 교녕】 교묘한 재주. 교묘하게 아첨함.
【巧妙 교묘】 능란하고 기묘함.
【巧敏 교민】 ①약고 재치가 있음. 巧智(교지). ②재치 있는 말로 아첨함.
【巧密 교밀】 교묘하고 세밀함.
【巧發奇中 교발기중】 교묘하게 한 말이 용하게 들어맞음. 잘 맞혀서 말함.
【巧辯 교변】 아주 재치 있게 잘하는 말.
【巧婦 교부】 ①부공(婦功)에 재주가 있는 여자. ○'婦功'은 바느질·길쌈 등 부인들의 일감. ②뱁새의 딴 이름.
【巧詐不如拙誠 교사불여졸성】 교묘히 남을 속이는 것보다 옹졸(壅拙)하나마 성의를 다하는 것이 나음.
【巧思力索 교사역색】 여러모로 생각하고 힘써

찾음. 곧, 여러모로 궁리함.
【巧夕 교석】 칠석(七夕). ○이날 걸교전(乞巧奠)을 행하는 데서 온 말.
【巧舌 교설】 교묘한 말. 재치 있는 말.
【巧笑 교소】 귀엽게 웃음.
【巧手 교수】 교묘한 수단. 妙手(묘수).
【巧言 교언】 실상이 없이 교묘하게 꾸며 대는 말. 巧語(교어).
【巧言亂德 교언난덕】 교언은 시비(是非)를 어지럽게 하므로 덕을 잃게 함.
【巧言令色 교언영색】 번지르르하게 발라맞추는 말과 알랑거리는 낯빛. 남에게 아첨함.
【巧諛 교유】 교묘하게 아첨함.
【巧意 교의】 교묘한 생각.
【巧人 교인】 솜씨가 좋은 사람.
【巧匠 교장】 ①솜씨가 썩 뛰어난 목수. ②교묘한 장인(匠人). 良匠(양장).
【巧詆 교저】 교묘하게 비방함.
【巧拙 교졸】 교묘함과 졸렬함. 익숙함과 서투름. 工拙(공졸).
【巧遲 교지】 교묘하기는 하나 더딤.
【巧妻 교처】 슬기로운 아내.
【巧捷 교첩】 교묘하고 민첩함.
【巧琢 교탁】 솜씨 좋은 옥세공(玉細工).
【巧態 교태】 여자의 요염한 자태.
【巧幸 교행】 교묘하게 비위를 잘 맞추어 사랑을 받음.
【巧儇 교현】 교묘함. 솜씨가 좋음.
【巧宦 교환】 상관에게 교묘하게 빌붙거나 그렇게 하여 출세함. 또는 그런 사람.
○ 計一, 奇一, 技一, 機一, 辯一, 詐一, 纖一, 精一.

工 2 【左】 ⑤ 왼 좌 ⓟ zuǒ

一ナ ナ 左 左

[소전][초서] [字源] 會意. ナ+工→左.
일은 오른손으로 하는데, 그 일[工]을 왼손[ナ]으로 돕고 있다는 데서 원뜻은 '돕다'이다. 뒤에 '왼쪽'이란 뜻으로 가차(假借)되자 '돕다'란 뜻으로는 'イ'를 더하여 '佐'자를 만들어 쓰게 되었다.

[字解] ①왼. ㉮왼쪽, 왼편.〔禮記〕左右有局. ㉯왼손. ㉰음양(陰陽)에서의 양(陽).〔禮記〕軍尙左. ㉱방위에서의 동쪽.〔詩經〕生于道左. ㉲북향(北向) 때의 서쪽.〔儀禮〕賓入門左. ㉳아래, 하위(下位).〔史記〕名錄在下. ㉴곁. ②왼쪽으로 하다. ㉮왼쪽 자리로 정하다.〔國語〕仍左提鼓, 右援枹. ㉯물리치다, 깔보다. ㉰멀리하다, 싫어하다.〔國語〕是左之也. ㉱내리다, 아래에 두다, 낮추다.〔史記〕右賢左戚. ③그르다, 어긋나다.〔韓愈·書〕身衜而事左. ④증거(證據), 증거를 대다.〔漢書〕左驗明白. ⑤돕다. =佐.〔書經〕予欲左右有民.

【左降 좌강】 ①왼쪽 계단을 내려감. ②낮은 데로 옮김. 관등(官等)을 낮춤.

【左拒 좌거】 왼쪽에 두는 군대. 左軍(좌군).
【左建 좌건】 사도(邪道)를 써서 자기의 권위(權威)를 세움.
【左建外易 좌건외역】 ①사도(邪道)를 써서 권위를 세우고, 밖에 있으면서 군명(君命)을 바꿈. ②새로 세운 바가 도(道)에 어긋나고, 개역(改易)하는 바의 법이 이치에 어긋러짐.
【左傾 좌경】 ①왼쪽으로 기움. ②급진적(急進的) 사회주의 사상에 기울음. 좌익 사상(左翼思想)을 가지는 일. ③마음이 평온하지 못함.
【左計 좌계】 잘못된 계획.
【左契 좌계】 ①계약을 두 장의 종이에 적어 그 하나를 좌계(左契), 다른 하나를 우계(右契)라 하여 후일 대조하여 증거로 삼는 것. ②둘로 나눈 부절(符節)의 왼쪽 반 조각. 左券(좌권).
【左顧 좌고】 ①왼쪽을 향함. 왼쪽을 봄. ②윗사람이 아랫사람을 찾아옴. ③윗사람이 아랫사람을 아낌. ④윗사람은 오른쪽에 자리하고 아랫사람은 왼쪽에 자리한 데서 온 말.
【左顧右眄 좌고우면】 왼쪽으로 돌아보고 오른쪽으로 곁눈질함. 앞뒤를 재고 망설임. 이모저모 살핌. 左右顧眄(좌우고면).
【左官 좌관】 ①좌천됨. ②천자를 버리고 제후(諸侯)를 섬기는 관리. ○한대(漢代)에 우(右)를 좌(左)보다 높인 데서 생긴 말.
【左券 좌권】 둘로 나눈 부절(符節)의 왼쪽 조각. 증거(證據) 또는 증서(證書). 證左(증좌). 左契(좌계).
【左揆 좌규】 조선 때 좌의정(左議政)의 딴 이름. 노배(좌상).
【左袒 좌단】 ①왼쪽 어깨를 벗음. ②남에게 동의(同意)하는 일. 어느 한쪽을 편듦. [故事] 한(漢)나라 여후(呂后)가 반란을 꾀할 때, 주발(周勃)이 군사들을 모아 놓고, 여씨(呂氏)를 돕고자 하는 자는 우단(右袒)하고 유씨(劉氏)를 돕고자 하는 자는 좌단하라고 명하자 군사 모두가 좌단한 고사에서 온 말.
【左道 좌도】 ①올바르지 못한 종교나 사상. ②조선 때 경기도의 남부와 충청도의 북부, 황해·전라·경상의 각 도를 둘로 나눈 것 중 동부.
【左圖右史 좌도우사】 장서(藏書)가 많음. [故事] 당대(唐代)에 양(楊)의 방 좌우가 다 책이었다는 고사에서 온 말.
【左癖 좌벽】 춘추좌씨전(春秋左氏傳)을 좋아하는 성벽(性癖).
【左史右經 좌사우경】 사서(史書)를 왼쪽에 두고, 경서(經書)를 오른쪽에 둠. 곧, 책을 항상 곁에 둠.
【左思右考 좌사우고】 이렇게도 저렇게도 생각하고 헤아림. 左思右量(좌사우량).
【左史 좌사】 고대에 천자의 행동을 기록하던 벼슬이름.
【左書 좌서】 ①왼손으로 글씨를 씀. ②예서(隸書). ○'左'는 '佐'로, 예서는 전서(篆書)가 미치지 못한 곳을 돕는다는 뜻에서 나온 말.
【左旋右抽 좌선우추】 수레를 탄 장군(將軍)의 왼쪽에 있는 어자(御者)는 수레를 굴리고, 오른

쪽에 있는 사람은 칼을 뽑아서 찌름. ○'左'는 장군의 왼쪽에 있는 어자(御者), '右'는 오른쪽에 있는 용사(勇士).
【左授右捧 좌수우봉】 ①그 자리에서, 한쪽으로는 내어주면서 다른 한쪽으로는 받아 들임. ②돈을 주고 물건을 받음.
【左酬右應 좌수우응】 여기저기 바쁘게 응수(應酬)함.
【左言 좌언】 ①사리에 어긋나는 말. ②야만의 말. 중국의 언어 문자를 모르는 이민족의 말.
【左右傾側 좌우경측】 어느 쪽으로도 기욺. 때와 형편을 따라 좋은 쪽을 따름.
【左右顧眄 좌우고면】 이쪽 저쪽 돌아다봄. 앞뒤를 재고 망설임. 左雇眄(좌고면).
【左右具宜 좌우구의】 좌우에 다 마땅함. 곧, 무슨 일에도 능히 통함.
【左右逢原 좌우봉원】 좌우 어느 것을 취하거나 그 근원에서 만남. 도(道)를 자득(自得)한 사람의 융통자재(融通自在)함.
【左右手 좌우수】 ①좌우(左右)의 손. 양손. ②서로 돕고 힘을 합하는 사람. 또 가장 의뢰할 만한 보좌(輔佐). ③좌우에서 섬기는 사람. 근신(近臣).
【左宜右有 좌의우유】 좌에도 우에도 마땅하고 또한 있음. 재덕(才德)을 겸비함.
【左議政 좌의정】 조선 때, 의정부(議政府)의 정일품 벼슬.
【左翼 좌익】 ①왼쪽 날개. 왼편의 부대. ②사회주의를 신봉하는 경향.
【左衽 좌임】 왼쪽 섶을 오른쪽 섶 안으로 함. 곧, 이적(夷狄)의 옷 입는 방식. 야만의 풍속, 또는 야만의 나라.
【左傳 좌전】 춘추좌씨전(春秋左氏傳). 춘추 때 노(魯)나라의 좌구명(左丘明)이 은공(隱公)에서 도공(悼公) 4년까지 260년간을 편년체로 기술한 노나라의 역사서인 춘추를 해설한 책.
【左提右挈 좌제우설】 왼쪽으로 끌고 오른쪽으로 이끔. 서로 의지해서 도움.
【左祖 좌조】 종묘(宗廟)를 왼쪽으로 함.
【左支右吾 좌지우오】 이리저리 버티어 겨우 이끌어 나감. ○'支吾'는 '枝捂'와 통하여 '버티다'의 뜻.
【左之右之 좌지우지】 이리저리 제 마음대로 다루거나 휘두름.
【左遮右欄 좌차우란】 온갖 힘을 다하여 이리저리 막아 냄.
【左驂 좌참】 사두(四頭) 마차의 왼쪽 부마(副馬).
【左戚 좌척】 친척을 낮은 지위(地位)에 앉힘. 혹은 친척을 멀리함.
【左遷 좌천】 왼쪽으로 옮김. 직위가 아래로 떨어짐. ○지난날 직위가 낮은 사람이 왼쪽에 선데서 온 말.
【左寸 좌촌】 노비(奴婢)의 수결(手決). 왼손 윗손가락의 첫째 마디와 둘째 마디 사이의 길이를 재어 그림을 그려서 도장 대신으로 썼음. 手寸(수촌).

【左衝右突 좌충우돌】 이리저리 마구 찌르고 치고받고 함.
【左學 좌학】 은대(殷代)의 학교인 소학(小學). 서민층의 노인을 위로하며 노인을 공경하는 예를 자제들에게 가르쳤음.
【左閤 좌합】 조선 때 좌의정(左議政)의 딴 이름.
【左海 좌해】 ①동쪽 바다. ②우리나라의 딴 이름. ○바다를 동쪽에 두었다는 데서 온 말.
【左驗 좌험】 직접 그 일을 본 사람의 증언.
● 江-, 極-, 尙-, 如-, 證-, 虛-.

工3 【㪿】⑥ 國사람 이름 격
[字源] 巨+ㄱ→㪿. 우리말의 '격'음을 적기 위하여 '巨(거)'에 'ㄱ(기역)'을 더하여 만든 글자.
[字解] 사람 이름. ¶林㪿正.

工4 【巫】⑦ 무당 무 麌 wū
[소전] 巫 [고문] 巫 [초서] 巫
[字源] 象形. ㏜+工→巫. '㏜'는 춤을 출 때 펄럭이는 두 소매의 모양이고, '工'은 그 추는 춤이 규정이나 법도에 맞음을 뜻한다. 합하여 '무당'이란 뜻을 나타낸다.
[字解] ①무당. 춤과 노래로 강신(降神)하게 하여 소원을 비는 사람. 후세에 와서는 여자 무당을 무(巫), 박수인 남자 무당을 격(覡)이라 부르기도 한다. 〔儀禮〕巫止于廟門外. ②산 이름, 무산(巫山)의 약칭. 〔春秋左氏傳〕齊侯登巫山. ③의사(醫師). 〔淮南子〕巫之用精. ④사리에 어긋나다. 무근(無根)하다, 터무니없다. 〔法言〕人以巫鼓.
【巫覡 무격】 무당과 박수. ○'巫'는 여자 무당, '覡'은 남자 무당.
【巫瞽 무고】 무당과 판수.
【巫蠱 무고】 무술(巫術)로 남을 미혹(迷惑)함. ○'巫'는 무당, '蠱'는 사도(邪道)로서 남을 미혹하게 하는 사람.
【巫女 무녀】 무당.
【巫堂 무당】 國길흉을 점치거나 굿을 하여 해로운 귀신으로부터 사람을 구제하는 일에 종사하는 여자. 巫女(무녀).
【巫卜 무복】 무당과 점쟁이.
【巫史 무사】 신(神)을 섬기며 제사(祭事)·신사(神事)를 맡은 사람. 무당. 巫祝(무축).
【巫師 무사】 무당.
【巫山之夢 무산지몽】 남녀의 교정(交情). 故事 초(楚)나라 양왕(襄王)이 고당(高唐)에 유락(游樂)할 때, 꿈에 무산 신녀(神女)와 만나 잠자리를 같이하며 즐겼는데, 신녀가 떠나면서 자기는 무산 남쪽 높은 언덕에 살며 아침에는 구름이 되고 저녁에는 비가 된다고 말하였다. 그 후 과연 그러하므로 여신의 사당을 세워 영혼을 위로하였다는 고사에서 온 말. 巫山雲雨(무산운우). 雲雨之情(운우지정).
【巫俗 무속】 무당과 연관이 깊은 풍속.

【巫術 무술】 무당의 방술(方術).
【巫醫 무의】 ①무격(巫覡)과 의사(醫師). ②의원(醫員).
【巫呪 무주】 주문을 욈. 무당의 주문.
【巫祝 무축】 신(神)을 섬기며 제사(祭事)·신사(神事)를 맡은 사람. 무당. 巫史(무사).

❶ 靈-.

工 7 【差】 ⑩
❶어긋날 차 庋 chā
❷차별 치 庋 chà
❸참람할 차 庋 chāi
❹나을 차 ⓑ채 庋 chài

[소전][주문][초서][간체] 差 [참고] 대법원 지정 인명용 한자의 음은 '차'이다.

[字源] 會意. 垂+左→差. 왼손〔左〕이 아래로 드리워져서〔垂〕 오른손과 서로 맞지 않는 데서 '어긋나다'란 뜻을 나타낸다.

[字解] ❶①어긋나다. ㉮일치하지 않다, 엇갈리다. ㉯마음이 맞지 않다, 두 마음을 가지다. ②실수, 잘못.〔荀子〕亂生其差. ③틀림, 상이(相異).〔晉書〕能闇中物色, 晝視無差. ④실수하다, 틀리다.〔禮記〕毋有差貸. ⑤지나다, 지나치다.〔呂氏春秋〕智差自亡也. ⑥엇갈리다, 교차하다.〔漢書〕紛湛湛其差錯兮. ⑦나머지, 제한 나머지.〔太玄經〕或生之差. ⑧비뚤어지다, 비스듬하다.〔淮南子〕衣無隅差之削. ⑨탄식하다. 늑嗟.〔詩經〕穀士女之差. ❷①사별, 구분.〔禮記〕明尊卑之差. ②등급을 매기다, 등급을 정하다.〔荀子〕差爵祿. ③나란히 하다, 나란히 하여 조금 뒤지다.〔管子〕管子差肩而問. ④층지다, 가지런하지 않다.〔春秋左氏傳〕何敢差池. ⑤부족하다, 모자라다. ❸①참람하다, 거만하게 굴다. ②보내다, 파견하다.〔白居易·詩〕好去青鳥使, 封爲百花王. ③부리다, 사역하다.〔文獻通考〕委令據簿輪差. ④심부름 가는 벼슬아치, 흠차(欽差). ⑤겸관(兼官).〔清會典事例〕各關復差. ⑥산법(算法)의 이름. ¶ 差分. ⑦성(姓). ❹①낫다, 병이 낫다. 늑瘥.〔魏志〕病分差難.
【差減 차감】 비교하여 덜어 냄.
【差强人意 차강인의】 사람의 마음을 얼마간 든든히 하여 줌.
【差拘 차구】 관원을 보내어 포박(捕縛)함.
【差劇 차극】 병세(病勢)의 나아짐과 더함.
【差度 ❶차도 ❷차탁】 ❶병이 나아 가는 정도. ❷비교하여 헤아림. 가림.
【差等 차등】 등급의 차이가 있음.
【差配 차배】 예속(隸屬)시키어 부림. 관청에서 백성에게 부세와 노역을 배당함.
【差別 차별】 차이가 나게 나눠 가름.
【差分 차분】 차등을 두어 공평하게 나눔.
【差備 차비】 國준비를 갖춤.
【差事 차사】 ①이상한 일. 괴이한 일. ②現공용(公用).

【差使 차사】 ①관직이나 직무. ②國임금이 중한 임무를 맡겨 파견하던 임시 벼슬. ③國고을 원이 죄인을 잡으려고 보내던 이속(吏屬).
【差使例債 차사예채】 國차사로 파견된 사람에게 죄인이 뇌물로 주는 돈. 足債(족채).
【差額 차액】 어떤 액수(額數)에서 다른 액수를 뺀 나머지 액수.
【差役 차역】 ①빈부(貧富)에 따라 민가에서 징발하던 노역(勞役). ②용인(傭人). 사환. ③그 지방의 치안을 담당하던 관원.
【差訛 차와】 잘못. 어긋남. 差誤(차오).
【差緩 차완】 조금 느즈러짐.
【差異 차이】 서로 구별됨.
【差人 차인】 ①관청의 최하급 관원. ②괴이한 사람. ③심부름꾼. 사자(使者). ④國장사하는 일에 시중 드는 고용인. 차인꾼.
【差任 차임】 맡겨짐. 委任(위임).
【差竣 차준】 공무(公務)가 끝남. 공용(公用)이 끝남.
【差錯 차착】 순서가 틀리고 앞뒤가 서로 뒤섞이거나 잘못됨.
【差出 차출】 國사람을 뽑아냄.
【差貸 ❶차특 ❷치특】 ❶틀림. 뒤섞임. 差異(차이). ❷가지런하지 못함. 差忒(차특).
【差下 차하】 ①파견(派遣)되어 옴. ②國벼슬을 시킴.
【差回 차회】 직무를 마치고 귀임(歸任)함.
【差池 ❶치지 ❷차지】 ①가지런하지 않은 모양. 參差(참치). ②서로 어긋나는 모양.
【差池 치치】 가지런하지 않은 모양 고르지 못한 모양.

❶ 落-, 大-, 等-, 小-, 時-, 誤-, 參-, 欽-.

己 部

3획 부수 | 몸기부

己 0 【己】 ③ 자기 기 紙 jǐ

[소전][고문][초서]

[字源] 象形. 새를 쏘는 활의 모양을 본뜬 글자. '천간, 자기' 등의 뜻은 가차된 것이다.

[字解] ①자기. ㉮자기 자신, 자아(自我). 몸.〔書經〕舍己從人. ㉯사삿일, 사욕(私慾).〔論語〕克己復禮爲仁. ②여섯째 천간. 방위로는 중앙, 오행으로는 토(土)에 배당된다. 고갑자(古甲子)는 도유(屠維). ③다스리다. 늑紀.〔詩經〕式夷式己. ④어세를 고르는 조사. 늑其.
【己生 기생】 자기가 낳은 아이.
【己身 기신】 자기. 제 몸. 自身(자신).

○ 屈―, 克―, 及―, 舍―, 利―, 自―, 知―, 知彼知―.

己⁰【巳】③ 여섯째 지지 사 紙 sì

ㄱㄷ巳

[소전][초서] [字源] 象形. 뱀이 몸을 도사리고 꼬리를 드리우고 있는 모양을 본뜬 글자.

[字解] ①여섯째 지지. 달로는 음력 4월, 방위로는 동남, 시각으로는 오전 9〜11시까지, 오행으로는 화(火), 동물로는 뱀에 배당된다. 고갑자(古甲子)는 대황락(大荒落). ②삼짇날, 상사(上巳)의 약칭. 〔沈佺期·詩〕三巳禊堂開. ③자식, 태아(胎兒). ④일어나다. 〔白虎通〕巳者, 物必起. ⑤잇다, 계승하다. ⑥평온해지다, 평화롭게 되다. 〔淮南子〕巳爲也. ⑦정해지다, 결정되다. 〔淮南子〕巳則生, 巳定也. ⑧지키다, 수호하다. ⑨복, 행복. 〔風俗通〕巳者, 祀也, 邪疾已去. 祈分祀也. ⑩이미, 이전에, 벌써. =已.

【巳時麻旨 사시마지】(佛)사시(巳時)에 부처 앞에 올리는 메.
【巳進申退 사진신퇴】國시시(巳時)에 출근하고 신시(申時)에 퇴근함.
【巳初 사초】사시(巳時)의 첫 시각. 곧, 오전 9시가 지날 무렵.

○ 己―, 三―, 上―, 元―, 初―.

己⁰【已】③ 이미 이 紙 yǐ

ㄱㄷ已

[소전][소전][초서] [字源] 象形. 농사를 짓는 데 쓰던 구부러진 나무를 본뜬 글자. 뒤에 '이미' 등의 뜻으로 가차되었다.

[字解] ①이미, 벌써. 〔史記〕王已立在莒. ②말다, 그치다, 그만두다, 끝나다. 〔詩經〕雞鳴不已. ③버리다, 버려두다. 〔論語〕三已之. ④뿐, 따름. 단정이나 한정의 뜻을 나타내는 조사(助辭). 〔論語〕辭達而已矣. ⑤매우, 너무, 대단히. 〔詩經〕無已太康. ⑥조금 있다가, 얼마 안 있어. 〔史記〕已而有娠. ⑦낫다, 병이 낫다. 〔呂氏春秋〕疾乃遂已. ⑧용서하지 않다, 허락하지 않다. 〔禮記〕寧有己怨. ⑨써, 쓰다. =以. 〔素問〕在理已盡. ⑩이, 이것. ⑪아. 감탄의 조사(助辭). 〔書經〕已, 予惟小子. ⑫반드시. 〔漢書〕已然諾.

【已降 이강】이후(以後).
【已決 이결】이미 결정되거나 끝남.
【已久 이구】이미 오래됨.
【已今當 이금당】(佛)과거·현재·미래를 통틀어 이르는 말.
【已來 이래】그러한 뒤로. 以來(이래).
【已發之矢 이발지시】이미 시위를 떠난 화살. 이왕 시작한 일은 중지하기 어려움.

【已成 이성】이미 이루어짐. 旣成(기성).
【已甚 이심】매우 심함. 정도에 넘침.
【已完 이완】이미 교부(交付)가 끝남.
【已往 이왕】지나간 때. 旣往(기왕).
【已矣 이의】절망하는 말. '틀렸도다'의 뜻.
【已矣乎 이의호】➡已矣(이의).
【已而 이이】말하는 모양.
【已而 이이】그만두자. 그치자. ○ '而'는 감탄조자.
【已知 이지】벌써 앎. 旣知(기지).
【已還 이환】그 뒤로. 以來(이래).

○ 不得―.

己¹【巴】④ 땅 이름 파 麻 bā

巴巴

[소전][초서] [字源] 象形. 코끼리를 잡아먹는 큰 뱀의 모양을 본뜬 글자.

[字解] ①땅 이름. 사천성(四川省)에 있는 지명. 〔戰國策〕西有巴蜀, 漢中之利. ②파조(巴調)의 약칭. 〔李商隱·詩〕歌能莫雜巴. ③대사(大蛇)의 한 가지. 코끼리를 잡아먹는다고 한다. 〔山海經〕巴蛇食象.

【巴豆霜 파두상】기름을 빼어 버린 파두씨의 가루. 하제(下劑)로 씀.
【巴籬 파리】울타리. 笆籬(파리).
【巴蛇 파사】큰 뱀의 한 가지.
【巴人 파인】①파(巴) 지방 사람. 지금의 사천성(四川省) 옆 중경(重慶) 지방 사람. ②촌뜨기. 시골의 교양 없는 사람. 野人(야인).
【巴且 파저】파초(芭蕉)의 딴 이름.
【巴調 파조】①파인(巴人)이 노래하는 속된 가락. 俗曲(속곡). 俗謠(속요). 巴人調(파인조). ②자기가 지은 시가(詩歌)의 겸칭. 俚調(이조).
【巴蜀 파촉】파군(巴郡)과 촉군(蜀郡). 지금의 사천성(四川省) 지역.
【巴巴 파파】①매우. 심히. ②노인. ③단단히 붙어 굳어진 모양.

己²【吕】⑤ 以(78)의 본자

己³【卮】⑥ 厄(248)과 동자

己⁴【卮】⑦ 厄(243)의 속자

己⁶【卷】⑨ 卷(246)의 속자

己⁶【巹】⑨ 술잔 근 吻 jǐn

巹

[초서] [字解] ①술잔, 합환주(合歡酒)를 따르는 술잔. 혼례 때 신랑과 신부가 서로 술을 따라 바꾸어 마시는 술잔. 〔儀禮〕四爵合巹. ②따르다, 삼가다, 순종하다.

【巹禮 근례】혼인의 예식. 婚禮(혼례).
❶合-.

己 6 【巷】⑨ 거리 항 xiàng

一 十 廾 丑 产 共 共 共 巷

[소전][전문][초서] [字源] 會意. 邑+共+邑→巷. 마을〔邑〕과 마을〔邑〕에서 함께〔共〕쓰는 것이라는 데서 '거리'라는 뜻을 나타낸다.

[字解] ①거리, 마을 안에 있는 거리, 골목. ②궁궐(宮闕) 안의 통로나 복도. ③마을, 동네.〔禮記〕而弟達乎州巷矣. ④문 밖.〔詩經〕俟我乎巷兮.
【巷間 항간】일반 민중들 사이. 민간(民間).
【巷哭 항곡】거리에서 욺. 생전에 베푼 선정(善政)을 칭송함. [故事] 춘추 시대 정(鄭)나라의 재상 자산(子産)이 죽자 사람들이 거리로 몰려 나와 통곡하였고, 석 달 동안 음악 소리가 들리지 않았다는 고사에서 온 말.
【巷談 항담】민간에 떠도는 말. 巷說(항설). 風聞(풍문).
【巷醪 항료】거리에서 파는 술. 하급주.
【巷陌 항맥】거리. 도시(都市)의 거리.
【巷伯 항백】왕후(王后)의 명(命)을 맡던 환관(宦官). 奄官(엄관). 寺人(시인).
【巷說 항설】거리에 떠돌아다니는 소문. 세상의 풍설. 巷語(항어).
【巷迎 항영】서니에서 우인이 만님.
【巷飮 항음】거리에서 술을 마심.
【巷議 항의】세상 평판. 길거리의 뜬소문.
【巷戰 항전】시가지에서 하는 전투.
【巷族 항족】문벌 있는 집안. 豪族(호족).
【巷職 항직】시인(寺人)의 직(職). 宦官(환관).
【巷處 항처】벼슬을 내놓고 거리나 시골에서 삶.
❶街-, 衢-, 陋-, 門-, 閭-, 幽-, 州-.

己 9 【巽】⑫ 손괘 손 xùn

[소전][전문][예서][초서]

[字解] ①손괘. ⑦8괘의 하나. 괘형은 ☴. 사물을 받아들여 감싸는 덕을 상징한다. ④64괘의 하나. 괘형은 ䷸. 사양하여 물러나는 유순(柔順)함을 상징한다. ②동남쪽. ③유순하다, 공손하다.〔論語〕巽與之言. ④사양하다. ≒遜.〔書經〕汝能庸命巽朕位.
【巽令 손령】천자(天子)의 명령.
【巽方 손방】24방위(方位)의 하나. 東南(동남).
【巽時 손시】24시의 열째 시. 진시 말에서 사시(巳時) 초에 이르는 시각. 오전 8시 30분부터 9시 30까지의 동안.
【巽與之言 손여지언】유순하고 온화하여 남의 마음을 거스르지 않는 말. ♪'與'는 '和'로 '화합함'을 뜻함. 巽言(손언).
【巽羽 손우】닭.

【巽二 손이】바람을 맡은 신.

巾 部

3획 부수 ｜ 수건건부

巾 0 【巾】③ 수건 건 jīn

[소전][초서] [字源] 象形. 수건이 걸려 있는 모양을 본뜬 글자.

[字解] ①수건.〔禮記〕盥卒授巾. ②건. ⑦건. 상례에서, 남자 상제나 복인(服人)이 머리에 쓰는 쓰개. ④헝겊 따위로 만든 쓰개.〔釋名〕士冠, 庶人巾. ③헝겊, 피륙, 행주.〔唐書〕紅紫綿巾. ④공포(功布). 관을 묻을 때, 관을 닦는 삼베 헝겊.〔儀禮〕巾待於昨階下. ⑤책을 넣어 두는 상자. ¶巾箱. ⑥덮다, 입히다.〔莊子〕巾以文繡.
【巾車 건거】①베나 비단으로 막(幕)을 쳐서 꾸민 수레. ②주대(周代) 춘관(春官)에 속한 거관(車官)의 우두머리. 공거(公車)의 정령(政令)을 맡았음.
【巾卷 건권】①건상(巾箱)과 책. 상자에 넣은 책. ②태학생(太學生).
【巾幗 건귁】①부녀자들의 머리 장식(裝飾). ②부인이 상중(喪中)에 쓰는 관(冠).
【巾笈 건급】헝겊을 발라서 만든 책상자.
【巾帶 건대】①옷과 띠. 衣冠(의관). ②國상복(喪服)에 쓰는 삼베 두건과 삼 띠.
【巾幂 건멱】①헝겊으로 물건을 덮는 일. ②술단지를 덮는 헝겊.
【巾笥 건사】비단을 발라 만든 조그마한 상자.
【巾箱 건상】자리 곁에 두고 책을 넣어 두는 작은 상자. 베를 발라 만들었음.
【巾箱本 건상본】작은 책. 가지고 다니기에 편하게 한 축인본(縮印本). 文庫本(문고본).
【巾帨 건세】수건.
【巾衣 건의】두건(頭巾)을 쓰고 옷을 입음. 복장을 정제(整齊)하는 일.
【巾子 건자】건(巾)의 꼭대기 뒤쪽의 불쑥 나온 부분. 상투를 끼움.
【巾櫛 건즐】①수건과 빗. ②낯을 씻고 머리 빗는 일.
【巾幘 건책】머리에 쓰는 수건.
【巾篋 건협】포백(布帛)을 넣는 상자.
❶角-, 葛-, 唐-, 頭-, 手-, 儒-, 綸-, 諸葛-, 布-, 汗-.

巾 1 【巿】④ ❶슬갑 불 fú ❷무성할 발 pó

[소전][초서] [字解] ❶슬갑(膝甲). 앞치마. ≒韍. 紱.〔說文解字〕天子朱巿, 諸侯赤巿. ❷무성하다, 초목이 무성한 모양.

巾部 1~2획 帀 市 布

巾₁ 【帀】 ④ 두를 잡 zā
소전 帀 초서 帀 字解 ①두르다, 빙 두르다, 한 바퀴 빙 돌다. ¶ 帀旬. ②두루, 널리. ¶ 帀洽. ③벌. 옷이나 그릇 따위가 몇 가지 갖추어져서 하나의 완전한 것을 이루는 것.
【帀旬 잡순】 열흘〔旬〕을 한번 돎. 곧, 10일 동안. 一旬(일순).
【帀筵 잡연】 가득 찬 자리. 滿坐(만좌).
【帀洽 잡흡】 두루 혜택을 줌.

巾₂ 【市】 ⑤ 저자 시 紙 shì
丶一宀市市
소전 㫃 초서 市 字源 會意·形聲. 出+八→市. 일정한 경계〔出〕가 있는 저자에 온갖 물건이 모여들어〔八〕, 사람들이 그 곳에 가서〔出〕 그 구역 안에서 물건을 팔고 사고 하는 곳이란 뜻을 나타낸다. '出'는 '之(갈 지)'의 고자로 음도 나타낸다.
字解 ①저자, 시장(市場). 〔漢書〕商相與語財利於市井. ②시가(市街), 번화한 곳. 〔後漢書〕未曾入城市. ③장사, 거래, 매매. 〔易經〕日中爲市. ④장사하다, 거래하다. 〔史記〕以市於齊. ⑤벼슬 이름, 사시(司市)의 약칭. 〔禮記〕命市納皮. ⑥팔다. 〔新唐書〕我知其不市恩也. ⑦사다. 〔論語〕沽酒市脯. ⑧벌다, 돈벌이를 하다. 〔國語〕身與之市. ⑨國행정 구획의 단위.
【市街 시가】 시장거리. 시중의 중심가. 큰 길거리.
【市賈 ❶시가 ❷시고】 ❶=市價(시가). ❷상인. 장수.
【市價 시가】 상품이 시장에서 매매되는 값. 시장 가격. 市賈(시가). 市勢(시세). 市値(시치).
【市價不貳 시가불이】 에누리 없음.
【市估 시고】 물건 값. 市價(시가).
【市甿 시맹】 두메산골 사람이 시정(市井)을 이르는 말.
【市屠 시도】 시중의 도살업자(屠殺業者).
【市道 시도】 ①시장 안의 길. ②시장 안의 사람들. ③장사의 길.
【市道之交 시도지교】 시정(市井)의 장사와 같이, 이(利)가 있으면 모이고 이가 없으면 헤어지는 사귐.
【市買 시매】 ①사고파는 일. 매매(賣買). ②삼. 물건을 삼.
【市民 시민】 도시의 주민.
【市舶 시박】 상업용 선박. 商船(상선).
【市肆 시사】 점방. 시장. 市廛(시전).
【市聲 시성】 시장의 시끄러운 소리.
【市勢 시세】 ①시장의 경기(景氣). ②시의 종합적 상황.
【市恩 시은】 속셈이 있어 남에게 은혜를 베풂.
【市隱 시은】 세상을 피하여 시중(市中)에 숨어 사는 사람.

【市人 시인】 ①시가에 사는 사람. ②저자에서 장사하는 사람.
【市場 시장】 여러 가지 상품을 매매하는 곳.
【市糴 시적】 쌀을 사들임.
【市廛 시전】 시중의 가게. 상점. 市肆(시사).
【市井 시정】 ①장이 서는 곳. 저자. ②인가(人家)가 많이 모인 곳. ○고대에는 우물이 있는 곳에 사람이 많이 모여 산 데서 온 말. 市街(시가). ③거리의 장사치.
【市亭 시정】 ①시정(市政)을 맡은 관청. 市廳(시청). ②시중(市中)의 정자(亭子).
【市井之臣 시정지신】 성(城) 밑에 사는 백성. 벼슬을 하지 않으면서 서울에 사는 사람.
【市井之人 시정지인】 시중(市中)의 속인(俗人).
【市租 시조】 ①시민이 바치는 조세(租稅). ②상품에 부과하는 조세.
【市曹 시조】 ①관직(官職)을 팖. 또는 돈으로 산 관직. ②사람을 처형(處刑)하던 곳. ○옛날에 죄인을 거리에서 처형한 데서 온 말. ③저자의 일을 맡아보던 벼슬아치.
【市駿 시준】 준마(駿馬)를 삼. 현인을 구함.
【市儈 시쾌】 시장의 거간꾼.
【市販 시판】 시장이나 시중에서 일반에 판매함.
【市況 시황】 시장에서 거래되는 정황.
● 賈一, 關一, 交一, 都一, 貿一, 門前成一, 司一, 夕一, 成一, 城一, 夜一, 魚一, 鹽一, 朝一, 波一, 花一.

巾₂ 【布】 ⑤ 베 포 遇 bù
ノナ才布布
소전 布 초서 布 字源 形聲. 父+巾→布. 'ナ'는 '父(부)'의 변형으로 음을 나타낸다.
字解 ①베. ㉮식물의 섬유로 짠 베. 〔孟子〕必織布然後衣乎. ㉯피륙의 총칭. 〔隋書〕貢綾紋布. ②돈, 화폐(貨幣). 〔詩經〕抱布貿絲. ③펴다. ㉮늘. ㉯넓게 깔다. 〔山海經〕禹鯀是始布土. ㉰널리 알리다, 널리 실시하다. 〔周禮〕正歲則布而訓四方. ㉱진을 치다. ¶ 布陣. ㉲흩어지다. ¶ 布護. ④베풀다. ㉮나누어 주다. ¶ 布施. ㉯벌여놓다. 〔春秋左氏傳〕寡君使虎布之. ⑤널리 알리는 글, 포고문. 〔唐書〕憎作捷布. ⑥별을 위하는 제사를 올리다. 〔釋名〕祭星曰布.
【布巾 포건】 ①헝겊. ②國베로 만들어 머리에 쓰는 건.
【布告 포고】 국가의 결정 의사를 일반에게 널리 알림.
【布穀 포곡】 뻐꾸기의 딴 이름.
【布袴 포과】 무명 바지.
【布教 포교】 ①가르침을 널리 폄. ②종교를 널리 폄. 宣教(선교).
【布裙 포군】 무명 치마. 거친 옷.
【布衾 포금】 무명으로 만든 침구(寢具). 보잘것없는 침구.

【布袋 포대】①무명이나 삼베 따위로 만든 자루. ②데릴사위. ③놀고 먹는 무리를 욕하는 말.
【布德 포덕】①덕(德)을 폄. 덕을 베풂. ②신흥민족 종교에서, '상제(上帝)님의 덕을 이 세상에 폄'을 이르는 말.
【布令 포령】법률·명령 따위를 널리 알림.
【布路 포로】길에 흩어짐. 분산(分散)함.
【布縷 포루】베와 끈 실. 옛날 연공(年貢)으로 징수(徵收)한 것.
【布木 포목】國베와 무명.
【布防 포방】군대의 일부를 전선(前線)의 위험한 곳에 배치하는 일.
【布白 포백】서법(書法)에서, 획과 획 사이.
【布帛 포백】베와 비단. 직물(織物)의 총칭.
【布帆 포범】베로 만든 돛. 돛단배.
【布帆無恙 포범무양】뱃길이 무사함. 여행의 무사함.
【布薩 포살】승려가 서로 설계(設戒)하고 참회하는 의식.
【布石 포석】①장래의 성취를 위한 준비. ②바둑을 둘 때 바둑돌의 배치.
【布昭 포소】천하(天下)에 명시(明示)함.
【布素 포소】①소박한 베옷. ②가난하고 검소한 사람.
【布施 ❶포시 ❷보시】❶남에게 물건을 베풂. ❷(佛)탐욕이 없는 깨끗한 마음으로 남에게 재물(財物)이나 불법(佛法)을 베풂. 檀那(단나).
【布演 포연】덧붙여 자세히 설명을 늘어놓음. 敷演(부연). 敷衍(부연).
【布諭 포유】유고(諭告)를 널리 폄.
【布衣 포의】①베로 지은 옷. 베옷. ②서인(庶人)의 옷. ◯옛날 서인은 모로(耄老;70세 또는 80세)에 이르기 전에는 비단 옷을 입지 못한 데서 온 말. ③벼슬이 없는 상인(常人). 匹夫(필부). 庶人(서인).
【布衣韋帶 포의위대】베옷을 입고 가죽 띠를 띰. 벼슬을 하지 않음.
【布衣之極 포의지극】평민으로서 출세할 수 있는 최고의 자리.
【布衣之友 포의지우】귀천을 떠나서 참된 우정으로 사귀는 벗.
【布衣寒士 포의한사】벼슬이 없는 가난한 선비.
【布廛 포전】國베를 팔던 육주비전(六注比廛)의 하나. 후에 저포전(苧布廛)과 합쳤음.
【布政 포정】정사를 베풂.
【布陣 포진】진을 침.
【布陳 포진】①펴서 늘어놓음. ②사방(四方)으로 흩어짐.
【布泉 포천】①화폐(貨幣). ②남북조 시대에 북주(北周)·진(陳)에서 사용하던 돈의 이름. 泉布(천포).
【布置 포치】갈라 나누어 벌여 놓음. 배치함.
【布被 포피】무명 이불. 검소한 이불.
【布護 포호】흩어지는 모양. 널리 미치는 모양.
【布貨 포화】신(新)의 왕망(王莽) 때 만든 돈.
【布侯 포후】베로 만든 과녁.
◐葛−, 昆−, 公−, 露−, 大−, 麻−, 綿−,

毛−, 頒−, 發−, 白−, 分−, 散−, 撒−, 宣−, 施−, 練−, 流−, 紵−, 展−, 塵−, 調−, 造−, 周−, 麁−, 榻−, 瀑−, 貨−, 黑−.

巾 3 【帆】⑥ ❶돛 범 國 fān ❷돛 달 범 陷 fàn
[초서] 帆 [동서] 帆 [字解] ❶①돛, 바람을 받아 배를 나아가게 하는 베. ¶帆船. ②돛단배. 〔王昌齡·詩〕夜帆歸楚客. ❷돛을 달다, 돛을 달아서 배를 나아가게 하다. 〔韓愈·詩〕無因帆江水.
【帆竿 범간】돛대. 帆檣(범장).
【帆腹飽滿 범복포만】돛폭에 한껏 바람을 받아 불룩해진 모양.
【帆席 범석】돗자리 따위로 만든 돛.
【帆船 범선】돛단배. 돛배.
【帆弱 범약】돛의 힘이 약함. 곧, 배의 나아감이 느림.
【帆影 범영】돛의 모습. 멀리 보이는 돛이나 배.
【帆布 범포】돛을 만드는 베.
【帆海 범해】배로 바다를 건넘. 航海(항해).
◐孤−, 出−, 片−, 布−, 風−, 軒−.

巾 3 【帆】⑥ 帆(525)과 동자

巾 3 【师】⑥ 師(529)의 속자

巾 4 【帋】⑦ 紙(1347)와 동자

巾 4 【帊】⑦ 쓰개 파 國 pà
[소전] 帊 [동서] 帕 [字解] ①쓰개. 복두(幞頭)나 두건(頭巾)과 같이 머리에 쓰는 쓰개. 〔吳志〕常著絳帊. ②휘장. 〔车轍·詩〕黃帊封林未敢開. ③베, 피륙. 〔新唐書〕覆以帊.

巾 4 【希】⑦ 바랄 희 國 xī

ノ ㄨ ア ヂ 圣 希 希

[초서] 希 [동서] 希 [동서] 希 [字源] 會意. 爻 + 巾→希. 얼기설기 성긴 모습을 뜻하는 '爻'와 천을 뜻하는 '巾'을 합하여 '드물다'라는 뜻을 나타내었다.
[字解] ①바라다. ㉮기대하다. 〔莊子〕希世而行. ㉯바라보다. 〔漢書〕希世用事. ㉰사모하다. 〔左思〕吾希段干木. ㉱구하다. 〔後漢書〕諂謁希爵. ②드물다, 희소하다. ≒稀. 〔論語〕怨是用希. ③성기다, 사이가 많지 않다. 〔論語〕鼓瑟希. ④멀다. 〔孟子〕其所以異於深山之野人者幾希. ⑤수를 놓은 옷. ≒黹. 〔周禮〕祭社稷五祀, 則希冕. ⑥고요하다, 조용하다.

〔老子〕聽之不聞, 名曰希. ⑦흩어지다. ⑧베풀다. ⑨마르다. 늑晞. ⑩갈다, 문지르다.
【希求 희구】원하고 바람. 欲求(욕구).
【希覯 희구】보기 드묾. 드묾.
【希冀 희기】쓸데없는 생각.
【希覬 희기】쓸데없는 생각.
【希圖 희도】기도(企圖)함. 계획함.
【希望 희망】앞일에 대하여 기대를 가지고 바람.
【希毛 희모】성긴 털. 드문드문 난 털.
【希慕 희모】유덕한 사람을 사모하여 자기도 그렇게 되기를 바람.
【希微 희미】드물거나 어슴푸레함.
【希聖 희성】성인(聖人)이 되기를 바람.
【希聲 희성】또렷하지 못한 소리. 희미한 소리.
【希世 희세】①세상에 드묾. 稀世(희세). 稀代(희대). ②세속적 명예를 바람.
【希有 희유】드물게 있음. 稀有(희유).
【希衣 희의】임금이 사직(社稷)·오사(五祀)를 제사지낼 때 입던 수놓은 옷.
【希夷 희이】①심오(深奧)한 도리. 도(道)의 본체(本體). ②영지(靈芝)의 딴 이름.
【希指 희지】남의 뜻에 영합하여 비위를 맞춤.
【希罕 희한】①매우 진귀함. ②아주 드묾.
【希向 희향】바라고 지향함. 바람.
【希革 희혁】새와 짐승의 털이 성김. 곧, 털을 갊.
【希闊 희활】드묾. 적음.
●幾−, 鮮−, 知−.

巾
4 【希】 ⑦ 希(525)와 동자

巾
4 【希】 ⑦ 希(525)와 동자

巾
5 【帘】 ⑧ 주막 기 렴 圖 lián
[초서] 주막 기. 주막(酒幕)의 표지로 세우는 기.

巾
5 【帓】 ⑧ 머리띠 말 圖 mò
[초서][동자] 帕 [字解] ①머리띠, 머리동이. ¶帓首. ②수건. ③버선.
【帓首 말수】머리동이. 머리띠.

巾
5 【帕】 ⑧ ❶머리띠 말 圖 mò ❷휘장 파 圖 pà
[초서] 帕 [字解] ❶①(同)帓(526). (俗)帕(527). ①머리띠, 머리동이. ¶帕額. ②싸다, 싸서 매다. ¶(同)帊(525). ①휘장. 〔王建·詞〕柘黃新帕御床高. ②물건을 싸는 헝겊. ¶錦帕.
【帕首 말수】머리에 쓰거나 매는 수건.
【帕額 말액】머리에 매는 수건. 부녀의 머리에 꽂는 장식품.
【帕腹 파복】배를 감는 헝겊. 배띠.

巾
5 【帛】 ⑧ 비단 백 圖 bó
[소전][초서] 帛 [字解] ①비단. ㉮견직물. 〔後漢書〕必書功於竹帛. ㉰예물로 보내는 비단. 〔周禮〕幣帛之式. ②풀이름.
【帛巾 백건】비단 헝겊. 絹織物(견직물).
【帛書 백서】비단에 쓴 글자. 또는 그 비단.
●竹−, 幣−, 布−.

巾
5 【帗】 ⑧ 모직 불 圖 fú
[소전] 帗 [字解] ①모직(毛織), 모직물. ¶帗縷. ②앞치마. ¶帗帶. ③춤출 때 손에 드는 오색의 기. 〔周禮〕鼓兵舞帗舞者.
【帗帶 불대】앞치마에 두르는 띠.
【帗縷 불루】모직물(毛織物).
【帗舞 불무】①춤을 추는 사람이 드는, 오색(五色) 비단으로 된 기. ②오색 비단으로 된 기를 들고 추는 춤.

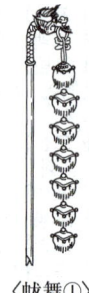
〈帗舞①〉

巾
5 【䘓】 ⑧ 구의 저 圖 zhǔ
[동자] 褚 [字解] 구의(柩衣). 시체를 넣을 널을 덮는 누른빛의 긴 보자기.

巾
5 【帙】 ⑧ 책갑 질 圖 zhì
[소전][혹체][초서] 帙 [字解] ①책갑, 책가위. 〔南史〕惟㹲上有數帙書. ②책의 권수의 차례. 〔南史〕部帙之間, 仍有殘缺. ③책. 〔梁元帝·詩〕留神緗帙. ④國여러 권으로 된 책의 한 벌.

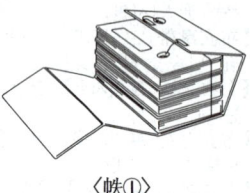
〈帙①〉

巾
5 【帖】 ⑧ ❶표제 첩 葉 tiè, tiě, tiē ❷國체 체
[소전][초서] 帖 [參考] 대법원 지정 인명용 한자의 음은 '첩'이다.
[字解] ❶①표제(標題), 비단에 적은 표제. ②주련, 기둥이나 바람벽에 써 붙이는 글귀. 〔南史〕家寡貧, 惟有質錢帖子數百. ③휘장. 〔李商隱·詩〕犀帖釘窓油. ④진사(進士) 등용 시험의 한 법. 당대(唐代)에 시행했던 과거의 방법. ¶帖經. ⑤편지, 서한(書翰). 〔侯鯖錄〕右軍爲換鵝帖. ⑥어음, 증서(證書). 〔宋史〕家素貧, 惟有質錢帖子數百. ⑦장부, 서류. 〔宋史〕有甲帖. ⑧수첩(手帖), 법첩(法帖). 옛사람의 필적으로 체법이 될 만한 글씨. ¶帖學.

巾部 5~6획 帚帑帔帢帣帤帕帗帶帥 527

⑨첩, 한약 한 봉지. 늑貼. 〔四朝聞見錄〕三四帖. ⑩國책, 사진이나 그림 같은 것을 붙이기 위하여 맨 책. ⑪과녁의 표지로 쓰는 헝겊. ⑫패(牌), 포고(布告)의 문서. ⑬명함, 명찰. ⑭붙다, 붙이다. ¶帖著. ⑮정하다, 정해지다. 〔晉書〕互相領帖. ⑯좇다, 따르다. 〔晉書〕遠近帖然. ⑰드리우다, 늘어뜨리다. ⑱편안하다, 마음의 평정을 얻다. ¶帖安. ⑲벽보, 쪽지. ❷國체, 체지. 〔朝鮮宣祖實錄〕帖文七十二丈.
【帖經 첩경】 당대(唐代) 과거 시험의 방법. 경서(經書)를 덮고 그 1행(行)만 보인 뒤, 다시 1행 중 몇 자만 보이고, 경서 전반에 대한 답안을 쓰게 한 암기 시험.
【帖括 첩괄】 당대(唐代) 첩경(帖經)의 응시자가 많아져서 시험관이 난어구(難語句)를 출제하자, 수험자들이 경서의 난어구를 뽑아 모아 기억하기 쉽게 노래와 같이 만든 것. 帖試(첩시).
【帖木兒 첩목아】 몽고(蒙古)의 딴 이름.
【帖伏 첩복】 ①帖服(첩복). ②침착해짐.
【帖服 첩복】 유순하게 복종함. 帖伏(첩복).
【帖息 첩식】 마음을 놓음. 안도(安堵)함.
【帖耳 첩이】 귀를 드리움. 곧, 아첨해 가며 동정을 바라는 모양.
【帖子詞 첩자사】 송대(宋代), 명절 날 궁중에서 베푼 연회 석상에서 한원(翰苑)의 여러 선비가 지은 사장(詞章).
【帖著 첩착】 붙여서 떨어지지 않게 함.
【帖帖 첩첩】 ①유연(悠然)하고 침착한 모양. 帖然(첩연). ②붙어서 떨어지지 않는 모양. ③드리워진 모양. ④심복(心服)함.
【帖安 첩타】 편안함. 조용함.
【帖黃 첩황】 당대(唐代) 칙서(勅書)에 고칠 점이 있을 경우, 황지(黃紙)를 붙이고 항목을 적어 봉피(封皮)에 나타내던 일.
【帖紙 체지】 國①관청에서 이예(吏隸)를 고용할 때에 쓰던 임명장. 곧, 사령(辭令). ②돈을 받았다는 표. 곧, 영수증.
❶ 揭-, 計-, 券-, 名-, 墨-, 文-, 榜-, 法-, 浮-, 射-, 書-, 手-, 試-, 禮-, 泥-, 傳-, 請-, 招-, 下-, 畫-.

巾 5【帚】⑧ 비 추 㞢 zhǒu
[소전][초서][통자] 〔字源〕會意. 又+冖+巾→帚. 손〔又〕에 헝겊〔巾〕을 들고서 일정하게 정해진 경계 안〔冂〕을 닦는다는 데서 '쓸다'란 뜻을 나타낸다.
〔字解〕①비, 쓰는 비. 〔禮記〕必加帚於箕上. ②쓸다, 쓸어서 깨끗하게 하다. ¶帚拂. ③별 이름. 혜성(彗星)의 딴 이름.
【帚拂 추불】 쓸고 떪.
【帚星 추성】 살별. 혜성(彗星). 꼬리별.
❶ 箕-, 掃-.

〈帚①〉

巾 5【帑】⑧ ❶금고 탕 㞢 tǎng
❷처자 노 㦛 nú
[소전][초서]帑 [參考] 대법원 지정 인명용 한자의 음은 '탕'이다.
〔字解〕❶①금고, 곳집. 〔漢書〕以虛費府帑. ❷①처자, 자손(子孫). 늑孥. 〔禮記〕樂爾妻帑. ②새의 꼬리. 〔春秋左氏傳〕以害鳥帑. ③포로, 붙잡힌 사람. 〔後漢書〕魴用絳帑. ④수컷.
【帑庫 탕고】 재화를 넣어 두는 곳집.
【帑廥 탕괴】 곳간. ○'帑'은 돈을 넣어 두는 곳간, '廥'는 여물 곳간.
【帑廩 탕름】 금고와 쌀 창고.
【帑藏 탕장】 재화(財貨)를 보관하는 창고.
❶ 公-, 內-, 府-, 鳥-, 妻-.

巾 5【帔】⑧ 치마 피 㞢 pèi
[소전][초서]帔 〔字解〕①치마, 아랫도리옷. 〔新唐書〕巾褐裋帔. ②배자, 소매 없는 웃옷. 〔南史〕冬月著葛帔練裙. ③수건, 손수건.
【帔子 피자】 저고리 위에 입는 소매 없는 옷. 배자(褙子).

巾 6【帢】⑧ 모자 갑 㞢 겹 㞢 qià
[통자]帢 〔字解〕모자. 위(魏) 무제(武帝)가 옛날의 가죽 고깔을 본떠서 만들게 한 모자의 한 가지. 빛깔로 신분의 귀천(貴賤)을 식별할 수 있게 하였다. 〔晉書〕著白帢.

巾 6【帣】⑨ ❶자루 권 㞢 juǎn
❷멜빵 견 㦛 juān
[소전][초서]帣 〔字解〕❶자루. 서른 말들이의 자루. ❷멜빵.

巾 6【帤】⑨ 걸레 녀 㞢 rú
[소전][초서]帤 〔字解〕①걸레, 헌 헝겊. 〔黃庭內景經〕人間紛紛, 臭帤如. ②활의 몸에 덧대는 나무. 활을 메울 때에 휘는 몸이 든든하게, 그 몸의 중앙에 덧대는 나무. 늑弣. 〔周禮〕厚其帤則木堅.

巾 6【帕】⑨ 帕(526)❶의 속자

巾 6【帗】⑨ 帗(531)의 속자

巾 6【帶】⑨ 帶(529)의 고자

巾 6【帥】⑨ ❶장수 수 㞢 shuài
❷거느릴 솔 㞢 shuài
ノ 亻 ㅏ 自 自 帥 帥

帥

[소전] 帥 [획체] 帥 [초서] 帥 [간체] 帅 【參考】 대법원 지정 인명용 한자의 음은 '수·솔'이다.
【字源】 形聲. 自+巾→帥. '自(퇴)'가 음을 나타낸다.
【字解】 ❶①장수, 군대의 장군. 〔論語〕 三軍可奪帥也. ②통솔자, 인솔자, 우두머리. 늑師. 〔孟子〕 夫志氣之帥也. ❷①거느리다. 늑率. ㉮부하로 데리고 거느리다. 〔書經〕 長子帥師. ㉯앞장서다. 〔論語〕 子帥以正. ㉰인도하다. 〔儀禮〕 帥大夫以入. ②좇다, 따르다. 〔禮記〕 奉帥天子. ③바루다, 바르게 하다. 〔易經〕 初筮辭. ④모이다, 모여들다. 〔漢書〕 帥卆陰閱. ⑤성(姓).
【帥乘 수승】 대장과 병졸(兵卒).
【帥臣 수신】 ㉠병마절도사(兵馬節度使)와 수군절도사(水軍節度使)를 아울러 이르는 말.
【帥長 수장】 우두머리. 통솔자.
【帥甸 수전】 ①지방을 수비하던 장군. ②공읍(公邑)의 대부(大夫).
【帥師 솔사】 군대를 통솔(統帥)함.
【帥先 솔선】 인도하여 앞섬. 남보다 앞서서 행함. 率先(솔선).
【帥示 솔시】 인도하여 가르침.
【帥由 솔유】 따름. 率由(솔유).
【帥志 솔지】 나의 뜻을 따름. 뜻에 맡김.
◐魁—, 元—, 將—, 統—.

帗
巾 6
[帗] ⑨ 拭(691)과 동자

帟
巾 6
[帟] ⑨ 장막 역 團 yì
[소전] 帟 [초서] 帟 【字解】 장막. 티끌이 떨어지는 것을 막기 위하여, 위에 넓게 치는 차일 같은 것. 〔周禮〕 凡喪王則張帟三重.

帠
巾 6
[帠] ⑨ 법 예 團 yì
【字解】 법, 법칙, 법도(法度). 〔莊子〕 汝又何帠以治天下, 感予之心爲.

帝
巾 6
[帝] ⑨ 임금 제 團 dì

丶 亠 产 产 产 帝 帝

[소전] 帝 [고체] 帝 [초서] 帝 【字源】 象形. 꽃받침의 모양을 본뜬 글자. 꽃의 근본이 꽃받침이므로 '제왕'이란 뜻이 나왔다.
【字解】 ①임금, 천자. 〔孟子〕 自耕稼陶漁以至於帝. ②하느님, 조화(造化)의 신(神). 〔書經〕 帝乃震怒. ③오제(五帝)의 약칭. 〔詩經〕 帝立子生商. ④크다. 〔詩經〕 旣受帝趾.
【帝車 제거】 ①북두칠성(北斗七星)의 딴 이름. ②제왕의 수레.
【帝嚳 제곡】 고대의 제왕(帝王). 전욱의 뒤를 이어 제왕이 되어 고신씨(高辛氏)라 제호(帝號)하고 박(亳) 땅에 도읍하였음. 帝佶(제곡).
【帝紘 제굉】 제왕의 도리. 제왕(帝王)이 나라를 다스리는 대강(大綱). 帝綱(제강).
【帝國 제국】 제왕이 통치하는 나라.
【帝君 제군】 ①신(神)의 존칭. ②존귀한 신선.
【帝弓 제궁】 ①천제(天帝)의 활. ②무지개의 딴 이름.
【帝闕 제궐】 ①천자(天子)의 궁문(宮門). 궁성(宮城)의 문. ②황성(皇城).
【帝畿 제기】 제도(帝都)가 있는 지방. 천자의 직할지(直轄地).
【帝德 제덕】 천자(天子)의 위덕(威德).
【帝道 제도】 ①황제(皇帝)가 행하는 국가 통치의 도(道). 백성을 교화(敎化)하기를 인덕(仁德)으로써 하며, 무위자연(無爲自然)으로 다스림. ②제위(帝位).
【帝旅 제려】 제왕의 군사.
【帝命 제명】 ①하늘의 명령. 天命(천명). ②천자의 명령.
【帝傅 제부】 ①천자의 스승. ②재상(宰相).
【帝釋 제석】 ①(佛)수미산(須彌山) 도리천(忉利天)의 임금. 선견성(善見城)에 있어 사천왕(四天王)과 32천(天)을 통솔해서 불법(佛法)과 불법에 귀의하는 사람을 보호하며 아수라(阿修羅)의 군대를 정벌한다는 신(神). 帝釋天(제석천). ②무당이 숭봉하는 신의 하나.
【帝宸 제신】 제왕의 궁전.
【帝掖 제액】 제왕이 사는 곳. 大闕(대궐).
【帝業 제업】 제왕(帝王)의 사업. 제왕이 그 나라를 통치하는 일. 帝緖(제서). 帝載(제재).
【帝王 제왕】 ①천하 만민(萬民)의 군주(君主). 국가를 통치하는 원수(元首). ②오제(五帝)와 삼왕(三王).
【帝王之兵 제왕지병】 덕(德)으로써 천하를 다스리는 천자(天子)의 군대.
【帝祐 제우】 천제(天帝)의 도움.
【帝位 제위】 제왕의 자리. 帝座(제좌).
【帝威 제위】 천자의 위광. 제왕의 위엄.
【帝猷 제유】 천자가 걸어야 할 길. ㉠제왕(帝王)의 길. ㉡제왕의 계획. 皇猷(황유).
【帝胤 제윤】 제왕의 혈통. 제왕의 자손.
【帝載 제재】 천자의 사업. 帝業(제업).
【帝儲 제저】 황태자.
【帝政 제정】 제왕이 다스리는 정치.
【帝制 제제】 제왕(帝王)이 정한 제도나 법칙. 帝則(제칙).
【帝祉 제지】 상제(上帝)가 내린 복지(福祉).
【帝則 제칙】 ①천제(天帝)가 정한 법칙. 天道(천도). ②천자(天子)가 정한 법칙.
【帝閑 제한】 제왕의 마굿간.
【帝鄕 제향】 ①천제(天帝)의 서울. 신선(神仙)이 사는 곳. 천상(天上). ②제왕의 고향. 출신지. ③제왕의 거처. 서울.
【帝閽 제혼】 ①제왕의 궁문(宮門). 禁門(금문). 宮闕(궁궐). ②천제(天帝)를 지키는 문위(門衛)

巾部 7획 帬帰帶帯帹幫師

衞). ③천제의 궁문(宮門).
◐大—, 白—, 上—, 先—, 女—, 炎—, 五—, 赤—, 天—, 皇—, 后—.

巾 7 【帬】⑩ 치마 군 qún
[字解] ❶치마, 치맛자락. [宋書] 獻之書帬數幅而去. ❷속옷, 내복. ¶中帬. ③조끼, 배자. ¶帬屐.
【帬屐 군극】조끼와 신. 몸치장에 힘씀.

巾 7 【帾】⑩ 帬(529)과 동자

巾 7 【帰】⑩ 歸(909)의 속자

巾 7 【帶】⑩ 带(530)와 동자

巾 7 【带】⑩ 带(530)의 속자

巾 7 【帹】⑩ ❶굴건 문 wèn ❷면류관 면 miǎn
[字解] ❶굴건. 상중(喪中)에 상제가 쓰는 두건의 한 가지. =絻. ❷면류관. =冕.

巾 7 【幫】⑩ 幇(536)의 속자

巾 7 【師】⑩ 스승 사 shī

[字源] 會意. 自+帀→師. '自'는 '堆'의 본자로 '작은 언덕'을 뜻하고, '帀'은 '사방, 주위'를 뜻한다. 합하여 사람들을 모아 이룬 집단이라는 데서 '군대'를 뜻한다.
[字解] ①스승. ㉮선생. ㉯사람을 깨우쳐 이끄는 사람. [論語] 溫故而知新, 可以爲師矣. ㉰남의 모범이 될 사람. ¶師表. ㉱주대(周代)에 백성을 교도하던 벼슬아치. ㉲여자에게 부덕(婦德)을 가르치던 여자 스승. [詩經] 言告師氏. ㉳임금의 스승. 〔詩經〕 赫赫師君. ②전문적인 기예를 닦은 사람. 〔孟子〕 今有場師. ③스승으로 삼다, 모범으로 하다, 따르다. 〔孟子〕 莫若師文王. ④신(神)의 칭호. 〔三國史記〕 風師雨師. ⑤군사. ㉮군대. 〔春秋左氏傳〕 取三師焉. ㉯주대(周代)의 군제(軍制)로 2500명을 이르는 말. 〔周禮〕 五人爲伍, 五伍爲兩, 四兩爲卒, 五卒爲旅, 五旅爲師, 五師爲軍. ⑥64괘의 하나. 괘형은 ䷆. 여러 사람을 통솔할 임금·장수

등을 상징한다. ⑦여러, 많은 사람. 〔詩經〕 殷之未喪師. ⑧많다, 수효가 많다. 〔春秋左氏傳〕 師乎師乎. ⑨벼슬아치. ㉮장관(長官), 우두머리인 벼슬아치. 〔書經〕 州十有二師. ㉯관리(官吏). 〔孟子〕 工師得大木. ㉰악관(樂官), 악공(樂工). 〔淮南子〕 邯鄲師有出新曲者. ⑪기준으로 삼고 따르다, 법으로 삼게 하다. 〔書經〕 百僚師師. ⑫사자. ≒獅. ⑬군대가 주둔하다. 〔春秋左氏傳〕 秦伯師于河上.
【師姑 사고】(佛)여승(女僧). 尼僧(이승).
【師曠 사광】춘추 시대 진(晉)나라의 악사(樂師). 자(字)는 자야(子野). 소리를 잘 분별해 길흉을 점쳤다고 함. 저서로 금경(禽經)이 있음.
【師矩 사구】①모범(模範). ②모범으로 함.
【師徒 사도】①군대(軍隊). 군세(軍勢). 士卒(사졸). ②스승과 제자.
【師道 사도】올바른 스승의 길.
【師旅 사려】①군대(軍隊). ○병사 500명을 여(旅), 5여를 사(師)라 함. ②전쟁.
【師範 사범】①본받을 만한 모범. ②학술·무술 등을 가르치는 사람.
【師法 사법】①스승으로 삼음. 본받아 배움. ②스승이 전수(傳授)한 법(法). ③군대가 출동(出動)하는 방법.
【師保 사보】①군주(君主)를 가르쳐 보좌함. 또는 그 사람. ②가르쳐 편안하게 함.
【師輔 사보】①가르쳐 인도하는 사람과 도와 이끄는 사람. ②스승과 벗. 師友(사우).
【師父 사부】①스승. ②불교의 승려나 도교의 도사.
【師傅 사부】①스승. ②벼슬 이름. ③승려.
【師事 사사】스승으로 섬겨 가르침을 받음.
【師師 사사】①스승으로 삼아 본받음. 본받을 만한 훌륭한 스승. ②본받을 만한 훌륭한 용의(容儀). ③많음.
【師承 사승】스승에게서 가르침을 받음.
【師心 사심】①자기의 마음을 스승으로 삼음. ②자기의 마음. 제 생각.
【師心自是 사심자시】자기 생각만을 옳다고 함.
【師嚴道尊 사엄도존】스승이 엄격하면 그 가르치는 도(道)도 자연히 존엄하게 됨.
【師役 사역】전쟁.
【師尹 사윤】①주대(周代)의 태사(太師)였던 윤씨(尹氏). ②많은 정관대부(正官大夫). 윤(尹)은 정관대부로, 경사(卿士)의 아래.
【師律 사율】군의 규율. 군율(軍律).
【師子 사자】①사자(獅子). ②(佛)부처.
【師資 사자】①스승. 선생. ○'資'는 도움. ②스승과 제자.
【師子奮迅 사자분신】(佛)사자처럼 분기(奮起)하여 달리는 기세. 부처의 위맹(威猛).
【師子座 사자좌】(佛)부처의 앉을 자리.
【師子吼 사자후】①(佛)불교도(佛敎徒)가 모든 박해를 두려워하지 않고 큰소리를 내어 설법하는 일. ○'師'는 '獅'로, 사자가 으르렁거리면 모든 짐승이 두려워한 데서 비유한 말. ②큰 소리로 기운차게 연설함. 獅子吼(사자후).

【師匠 사장】①훌륭한 스승. ②사표(師表)가 될 사람. 모범이 되는 사람.
【師長 사장】①백관(百官)의 장(長). ②스승이나 손위 사람. 尊者(존자). ③2500명의 장(長).
【師田 사전】출정(出征)과 전렵(田獵). 전장(戰場)에 나가는 일과 사냥하는 일.
【師弟 사제】①스승과 제자. ②(佛)자기보다 나이가 적은 승려. ③동문(同門)의 후배. ④스승의 아들.
【師祭 사제】무운(武運)을 비는 제사.
【師祖 사조】①(佛)스승의 스승. ②스승으로 섬김. ③조사(祖師).
【師宗 사종】스승으로 받들어 모심.
【師主 사주】모범. 본보기.
【師表 사표】학식과 인격이 높아 남의 모범이 됨. 또는 그런 사람.
【師風 사풍】사표(師表)가 될 만한 풍격(風格).
【師行 사행】①군대의 행진(行進). 行軍(행군). ②많은 사람이 감.
【師兄 사형】①같은 스승에게 먼저 배운 사람. ②학덕이 자신보다 높은 사람에 대한 존칭.

❶京一, 工一, 敎一, 軍一, 大一, 牧一, 禪一, 水一, 樂一, 藥一, 王一, 律一, 恩一, 醫一, 祖一, 宗一, 舟一, 出一, 太一.

巾
7 【席】⑩ 자리 석 囥 xí

字源 形聲. 庶+巾→席. '庶'의 생략형으로 음을 나타낸다.
字解 ①자리. ㉮바닥에 까는 자리. 〔周禮〕加縟席畫純. ㉯차지하고 있는 곳. 〔孟郊·詩〕拂拭貧士席. ㉰직위, 지위. 〔論語〕群居五人, 則長者必異席. ㉱일정한 일이 벌어진 자리. 〔李商隱·雜纂〕醉客逃席. ②깔다, 자리를 깔다. 〔漢書〕相枕席於道路. ③앉음새, 앉는 법. 〔論語〕必正席. ④베풀다, 벌이다, 벌여 놓다. 〔禮記〕有席上之珍以待聘. ⑤의뢰하다, 믿고 의지하다. 〔漢書〕席太后之寵. ⑥돛, 배에 다는 돛. 〔謝靈運·詩〕掛席拾海月.
【席藁待罪 석고대죄】거적을 깔고 엎드려 처벌을 기다림. 죄에 대한 처분을 기다림.
【席具 석구】깔개.
【席卷 석권】자리를 둘둘 말듯이 손쉽게 모조리 차지하는 일. 닥치는 대로 공략(攻略)하는 일. 席捲(석권).
【席面 석면】연회(宴會)에서 주인과 마주 앉는 사람.
【席門 석문】멍석으로 문(門)을 가림. ㉠가난한 집. ㉡은자(隱者)의 거처.
【席不暇暖 석불가난】앉은 자리가 따뜻해질 겨를이 없음. 매우 바쁘게 돌아다님.
【席上 석상】①유가(儒家). ②어떤 모임의 자리.
【席上才子 석상재자】시 짓는 데 즉석에서 짓는 문사(文詞)에 뛰어난 사람.
【席上之珍 석상지진】자리 위의 보배. ①유자(儒者)의 학덕(學德)을 석상의 진품(珍品)에 비유한 말. ②'상(上)의 진(珍)을 펴다'로 해석하여, 옛 성인(聖人)의 아름다운 도리(道理)를 늘어놓음. ○'席'은 '陳'.
【席順 석순】⇨席次(석차).
【席勝 석승】승전(勝戰)의 힘을 빎.
【席褥 석욕】자리와 요. 깔개.
【席次 석차】①자리의 순서. ②성적의 차례.
【席薦 석천】깔개. 멍석·돗자리·방석 따위.
【席寵 석총】임금의 은총을 입음. 남의 총애에 의지함.

❶客一, 缺一, 末一, 紋一, 陪一, 上一, 首一, 宴一, 筵一, 燕一, 座一, 主一, 酒一, 卽一, 次一, 着一, 寢一, 花一, 會一.

巾
7 【帨】⑩ 수건 세 囦 shuì

字解 ①수건. 허리에 차는 수건. 〔禮記〕尊卑垂帨. ②닦다, 손을 닦다. =挩. 〔禮記〕巾以帨手.

❶乾一.

巾
7 【帢】⑩ 깃 첩 囦 zhé

字解 깃, 깃의 끝, 옷깃의 끝.

巾
7 【帣】⑩ 幟(536)와 동자

巾
8 【帶】⑪ 띠 대 囦 dài

字源 象形. 허리띠에 패옥(佩玉)이 달려 있는 모양을 본뜬 글자.
字解 ①띠. ㉮옷 위의 허리에 두르는 띠. 〔論語〕束帶立於朝. ㉯물건의 둘레를 동여매는 너비가 좁고 기다란 천. 〔周禮〕鐘帶謂之篆. ㉰띠처럼 너비가 좁고 기다랗게 되어 있는 곳이나 그 근처. 〔李白·詞〕寒山一帶傷心碧. ②띠다. ㉮끈이나 띠를 두르다. 〔漢書〕父兄綏帶. ㉯어떤 물건을 몸에 지니다. 〔世說新語〕遂帶以從軍. ㉰빛깔·색채 등을 가지다. 〔杜甫·詩〕頗帶憔悴色. ③차다. 허리에 차다. 〔禮記〕僕者右帶劍. ④두르다, 위요하다. 〔戰國策〕帶以河曲之利. ⑤데리다, 데리고 다니다, 붙이다. ㉮거느리다. 〔王褒·賦〕帶以象牙. ⑦뱀. 〔莊子〕螂且甘帶.
【帶甲 대갑】갑옷을 입음. 또는 그런 병사.
【帶劍 대검】칼을 참. 또는 몸에 차는 칼. 帶刀(대도).
【帶同 대동】함께 데리고 감.
【帶礪之誓 대려지서】공신(功臣)의 집안은 영구

巾部 8획 帲 常

히 단절시키지 않는다는 약속. ○태산(泰山)이 숫돌처럼 평평하게 되고 황하(黃河)가 띠처럼 좁아져도 변하지 않는다는 데서 온 말.
【帶累 대루】 남의 범죄에 관계됨.
【帶麻 대마】 삼 띠를 두름. 상복 차림.
【帶兵 대병】 ①무기를 몸에 지님. ②군대를 통솔하는 일.
【帶箭 대전】 ①화살이 몸에 박힘. ②화살을 몸에 지님.
【帶妻僧 대처승】 아내를 두고 살림을 하는 중.
【帶下 대하】 생식기와 관련된 부인병.
【帶下醫 대하의】 부인병을 치료하는 의사.
【帶笏 대홀】 큰 띠와 홀. 곧, 문관(文官)의 조복(朝服).
○冠-, 束-, 連-, 熱-, 玉-, 溫-, 腰-, 紐-, 一-, 地-, 寒-, 携-.

巾
8 【帲】 ⑪ 장막 병 圃 píng
帺 (초서) 庰 (동자) 帲 字解 장막. 위를 덮어 가리는 차일과 같은 것.
【帲幪 병몽】 막(幕). 휘장. ○'帲'은 둘러치는 것, '幪'은 위를 가리는 것.
【帲覆 병부】 덮개. 보호(保護). 비호(庇護).

巾
8 【常】 ⑪ 항상 상 陽 cháng
字源 形聲. 尚+巾→常. '尚(상)'이 음을 나타낸다.
字解 ①항상. ㉮늘, 언제나.〔史記〕常稱病不朝從. ㉯일정하다, 오래도록 변하지 않다.〔詩經〕魯邦是常. ㉰보통 때, 평일.〔南史〕常膳不過數品. ㉱늘 하다, 언제나 행하다.〔易經〕君子以常德行. ㉲떳떳하다. ②법, 전법(典法).〔國語〕無忘國常. ③불변의 도, 사람으로서 행해야 할 도.〔書經〕敗常亂俗. ④보통, 보통의 정도. ¶凡常. ⑤법도, 일정한 형벌.〔逸周書〕有常無赦. ⑥관례, 통례.〔後漢書〕權者, 反常者也. ⑦정해진 바, 결정되어 있는 바.〔漢書〕變化無常. ⑧명수(命數), 운.〔管子〕及其常者. ⑨천체(天體)의 운행.〔素問〕應常不應卒. ⑩일찍이, 옛날에. ≒嘗.〔禮記〕馬不常秣. ⑪길이의 단위. 1장(丈) 6척(尺). 1심(尋)의 2배.〔周禮〕八尺曰尋, 倍尋曰常. ⑫산앵도나무 이스랏나무. ≒棠.〔詩經〕維乎之華. ⑬성한 모양. ¶常常. ⑭조금, 적음, 작음.〔春秋左氏傳〕爭尋常以盡其民. ⑮기, 해·달·황룡 등을 그린 기.〔書經〕紀于太常. ⑯헤매는 모양, 머뭇거리는 모양. ¶常羊. ⑰대개, 대체로.〔韓愈·銘〕率常屈其座人. ⑱점괘. ≒祥.〔儀禮〕假爾大筮有常.
【常車 상거】 위의(威儀)를 갖춘 수레.
【常經 상경】 영구불변(永久不變)의 도리. 사람

으로서 항상 지켜야 할 떳떳한 도리.
【常科 상과】 ①평생 지켜야 할 규범. ②통상(通常)의 부과(賦課), 또는 할당(割當).
【常軌 상궤】 항상 지켜야 할 바른 길.
【常規 상규】 ①일반적인 법규. ②불변의 규칙.
【常談 상담】 늘 하는 보통의 이야기.
【常度 상도】 ①영구불변의 법규. 常規(상규). 常典(상전). ②평소의 태도.
【常途 상도】 보통의 길. 일상(日常)의 일.
【常道 상도】 ①때와 곳에 따라 변하지 않는, 사람이 지켜야 할 도리. 常軌(상궤). ②보통의 방법. 흔히 쓰는 방법.
【常例 상례】 흔히 보통 있는 예.
【常綠樹 상록수】 일년 내내 잎이 푸른 나무. 늘 푸른나무.
【常理 상리】 떳떳한 도리. 당연한 이치.
【常鱗凡介 상린범개】 흔한 물고기와 조개. 평범한 인물.
【常民 상민】 ①일반 백성. ②양반이 아닌 보통 사람.
【常辟 상벽】 일정한 규칙. 불변의 형법(刑法). 定法(정법).
【常備 상비】 늘 준비하여 둠.
【常山蛇勢 상산사세】 ①적(敵)의 내습이 있으면 지체없이 모두가 서로 원호(援護)하는 진법(陣法). ②문장의 수미(首尾)가 잘 호응함. 故事 상산(常山)에 머리가 두 개인 뱀이 있어, 머리를 치면 꼬리가 덤비고, 꼬리를 치면 머리가 덤비고, 허리를 치면 머리와 꼬리가 합세(合勢)하여 대든다는 전설(傳說)에서 온 말.
【常山舌 상산설】 죽는 한이 있어도 굽히지 않음. 故事 당대(唐代)의 현종(玄宗) 때 상산(常山)의 태수 안고경(顔杲卿)이 반란을 일으킨 안녹산(安祿山)을 꾸짖다 혀를 잘렸으나 끝까지 절개를 굽히지 않은 고사에서 온 말.
【常常 상상】 ①항상. 늘. ②무심(無心)한 모양. ③성(盛)한 모양.
【常設 상설】 항상 마련해 둠.
【常性 상성】 일정하여 변하지 않는 성질.
【常性惺 상성성】 마음이 항상 밝음.
【常守 상수】 ①늘 지킴. 평소의 수비. ②일정(一定)한 규칙(規則).
【常羞 상수】 평소(平素)의 음식. 常食(상식).
【常習 상습】 몇 차례고 같은 짓을 되풀이함.
【常時 상시】 ①항상. ②보통 때.
【常識 상식】 보통 사람이 으레 지닌 일반 지식이나 판단력.
【常娥 상아】 달의 딴 이름. 嫦娥(상아).
【常羊 상양】 ①헤매어 거니는 모양. 逍遙(소요). ②진퇴를 결정 짓지 못하는 모양.
【常義 상의】 사람이 항상 행하여야 하는 도리.
【常因 상인】 정해진 인연(因緣).
【常任 상임】 일정한 직무를 늘 계속하여 맡음.
【常寂光土 상적광토】 (佛) 항상 변하지 않는 광명 세계. 부처의 처소나 빛나는 마음의 세계.
【常情 상정】 일상의 마음. 보통의 인정.
【常調 상조】 ①보통의 율조(律調). ②늘 하는

놀이. ③관리로 선용(選用)함.
【常調擧生 상조거생】 관리의 시험에 응하는 보통 사람들. ◦'常調'는 이미 벼슬아치로 임명된 사람, '擧生'은 과거를 치러 벼슬아치가 되고자 하는 사람.
【常主 상주】 ①정(定)해진 주인. ②항상 맡아 다스림.
【常駐 상주】 늘 주둔해 있음.
【常住坐臥 상주좌와】 앉을 때나 누울 때나. 항상. 언제나.
【常準 상준】 일정한 법칙. 항상 정해져 있는 표준(標準).
【常秩 상질】 일정한 관직.
【常棣 상체】 ①나무 이름. 아가위나무. 산사(山査)나무. 棠毬子(당구자). 唐棣(당체). 棠棣(당체). ②형제(兄弟).
【常態 상태】 일반적인 형태나 모습.
【常套 상투】 늘 하는 일반적인 투나 버릇.
【常平通寶 상평통보】 조선 숙종 때부터 통용된 동전 이름.
【常行 상행】 ①예로부터 관례에 따라 행하여지는 길. ②누구나 일상 행하는 일.
【常憲 상헌】 일정한 규칙(規則). 항상 지켜야 할 규범. 常法(상법). 常典(상전).
【常刑 상형】 일정한 형벌. 정해진 형법.
【常懷 상회】 일정 불변의 생각. 정해진 마음.
◦居ㅡ, 經ㅡ, 無ㅡ, 凡ㅡ, 非ㅡ, 習ㅡ, 尋ㅡ, 五ㅡ, 異ㅡ, 日ㅡ, 正ㅡ, 通ㅡ, 平ㅡ, 恒ㅡ.

巾
8 【裺】⑪ 두건 업 〔業〕 yé
字解 두건. 머리띠.

巾
8 【帵】⑪ 자투리 완 〔完〕 wān
字解 자투리. 팔거나 쓰다가 남은 피륙 조각.

巾
8 【帷】⑪ 휘장 유 〔因〕 wéi
소전 帷 고문 闈 초서 帷 字解 ①휘장. 〔戰國策〕連衽成帷擧袂成幕. ②수레에 치는 씌우개. 〔詩經〕漸車帷裳. ③널에 치는 씌우개. 〔禮記〕君龍帷.
【帷蓋 유개】 ①수레의 휘장과 덮개. ②덮어서 감쌈.
【帷簾 유렴】 휘장과 발.
【帷幕 유막】 ①휘장과 천막. ②기밀(機密)을 의논하는 곳. 작전 계획을 짜는 곳.
【帷薄 유박】 ①휘장과 발. 대부(大夫)·사(士)의 집. ◦'薄'은 '簾'으로 '발'을 뜻함. ②부인이 거처하는 방. 규방(閨房).
【帷薄不修 유박불수】 부인의 품행이 좋지 못함의 비유. 閨房不肅(규방불숙).
【帷裳 유상】 ①주름이 없는 치마. 네모 반듯한 폭(幅)의 치마. 제사 때나 출사(出仕) 때에 입음. ②부인이 타는 수레의 휘장.
【帷幄 유악】 ①휘장과 막(幕). ②진영(陣營)에

치는 장막. ③작전 계획을 짜는 곳. 참모부. 帷幕(유막). ④참모(參謀).
【帷幄 유악】 ①휘장(揮帳). 장막. ②작전 계획을 하는 곳.
【帷牆 유장】 ①휘장과 담. ②비천한 사람.
【帷牆之制 유장지제】 임금이 근신(近臣)이나 시첩(侍妾) 등에게 자유를 구속당하는 일. ◦'帷'는 휘장으로서 비첩(婢妾)이 있는 곳, '牆'은 담으로서 근신(近臣)이 있는 곳.
【帷殿 유전】 휘장을 둘러친 궁전.
◦講ㅡ, 幔ㅡ, 門ㅡ, 書ㅡ, 幄ㅡ, 簾ㅡ, 下ㅡ.

巾
8 【帳】⑪ 휘장 장 〔掌〕 zhàng

冂 巾 帄 帆 帆 帆 帐 帳 帳

소전 帳 초서 帳 간체 帐 字源 形聲. 巾+長→帳. '長(장)'이 음을 나타낸다.
字解 ①휘장, 방장·휘장·장막 등을 두루 이르는 말. ¶帳幕. ②군막(軍幕). ¶帳下. ③천막, 유목민(遊牧民)의 집. 〔晉書〕接帳連幙. ④공책, 장부. 〔隋書〕墾田籍帳. ⑤장. 휘장·방장 등을 세는 단위. 〔春秋左氏傳〕帳幕九帳.
【帳落 장락】 유목민(遊牧民)이 모여 사는 부락.
【帳幕 장막】 둘러치는 휘장(揮帳).
【帳房 장방】 노천(露天)에 치는 장막.
【帳簿 장부】 금품의 수입·지출 등에 관한 것을 적은 수첩(手帖).
【帳飮 장음】 교외(郊外)에 유장(帷帳)을 치고 송별(送別)의 주연(酒宴)을 베풂.
【帳籍 장적】 호적 등기(戶籍登記)나 재물 출납의 장부.
【帳前 장전】 ①임금이 임어(臨御)한 장막의 앞. ②장수(將帥)의 앞.
【帳下 장하】 ①장막의 아래. 장막의 안. ②대장군(大將軍)이 있는 곳. 幕下(막하).
◦計ㅡ, 記ㅡ, 臺ㅡ, 蚊ㅡ, 房ㅡ, 簿ㅡ, 元ㅡ, 寢ㅡ, 通ㅡ, 布ㅡ, 揮ㅡ.

巾
8 【帴】⑪ ❶언치 천 〔天〕 jiān
     ❷치마 전 〔翦〕 jiǎn
소전 帴 초서 帴 字解 ❶언치. 말이나 소의 등에 덮는 방석이나 담요. =韉. ❷①치마. ②포대기, 기저귀. ③좁다, 협소하다. 〔周禮〕則是以博爲帴也. ④얇다.

巾
8 【帳】⑪ 帳(533)와 동자

巾
8 【帢】⑪ 모자 흡 〔本〕겹 〔匣〕 qià
동 帢 字解 모자. 비단으로 만든 모자. 〔晉書〕裁縑帛以爲帢.

巾
9 【㡌】⑫ 褌(1626)과 동자

巾部 9~10획 㫧帽帽幇幄幃幀幋幅帿幏縢

巾 9 【㫧】⑫ 기 도 粟 dǔ
字解 ①기(旗). ②기에 새긴 표지. ③솜옷, 핫옷. 늑 裻. 〔荀子〕無㫧絲萛縷翣.

巾 9 【帽】⑫ 모자 모 號 mào
초서 帽 속자 帽 字解 모자, 사모(紗帽), 두건. 머리에 쓰거나 모자처럼 덮어 씌우는 것. 〔後漢書〕脫帽, 抱馬足降.
【帽帶 모대】사모(紗帽)와 각띠.
【帽帶官 모대관】모대(帽帶)한 지체 낮은 관리.
【帽羅 모라】모자의 겉을 싸는 얄팍한 깁.
【帽憑 모빙】충분히 생각해서 봄.
【帽簷 모첨】모자의 차양.
❶冠−, 官−, 校−, 軍−, 登山−, 禮−, 制−, 着−, 脫−, 學−.

巾 9 【帽】⑫ 帽(533)의 속자

巾 9 【幇】⑫ 幫(536)과 동자

巾 9 【幄】⑫ 휘장 악 霙 wò
초서 幄 字解 ①휘장. 〔漢書〕照紫幄. ②천막, 군막(軍幕). ¶帷幄. ③막을 쳐놓은 곳. 〔春秋左氏傳〕二子在幄.
【幄幕 악막】진중(陣中)에 친 장막 幄帳(악장).
【幄手 악수】소렴(小殮) 때 시체의 손을 싸는 헝겊.
【幄帳 악장】휘장. 장막. 幄帷(악유).
【幄殿 악전】휘장을 쳐서 만든 임금의 임시 처소.
【幄座 악좌】휘장으로 둘러싼 자리.
【幄次 악차】임금이 거둥할 때 쉴 수 있도록 막을 친 곳.
❶經−, 裙−, 帷−, 紫−, 帳−.

巾 9 【幃】⑫ 휘장 위 霙 wéi
소전 幃 초서 幃 간체 帏 字解 ①휘장. 늑 帷. ¶幃幄. ②향낭, 향을 넣는 주머니. 〔楚辭〕蘇糞壤以充幃兮. ③부인의 정복(正服). 늑 褘.
【幃幔 위만】휘장(揮帳). 幃幕(위막).
【幃幄 위악】①휘장. ②작전 계획을 세우는 곳.
【幃帟 위역】①내실에 친 휘장. ②작전 계획을 짜는 곳.
【幃帳 위장】둘러치는 휘장(揮帳).
【幃幌 위황】휘장.
❶羅−, 屛−, 書−, 紙−, 佩−.

巾 9 【毹】⑫ 토끝 유·수 粟 xū, shū
소전 毹 字解 ①토끝. 피륙의 끄트머리. ②명주. =繻.

巾 9 【幀】⑫ 그림 족자 정 本쟁 敬 zhèng
초서 幀 동자 幀 간체 帧 字解 ①그림 족자, 비단에 그린 그림. ¶幀畫. ②그림틀, 수틀. ③冕책의 겉장이나 싸개. ¶裝幀.
【幀畫 정화→탱화】(佛)부처를 그려 벽에 거는 그림.

巾 9 【幋】⑫ 幋(536)와 동자

巾 9 【幅】⑫ ❶폭 폭 本복 屋 fú ❷행전 핍 本벽 職 bī
㇐ 巾 巾⺊ 巾匕 巾冨 幅 幅 幅
소전 幅 초서 幅 參考 대법원 지정 인명용 한자의 음은 '폭'이다. 字源 形聲. 巾+畐→幅. '畐(복)'이 음을 나타낸다. 字解 ❶①폭. ㉮너비. 〔漢書〕布帛廣二尺二寸爲幅. ㉯도량(度量). 〔北史〕宜選貞良宿德, 有方幅者. ㉰國하나로 넓게 연결하기 위하여 같은 길이로 잘라 놓은 천·종이·널 따위의 조각. ¶袁枚·詩〕愛君寒齊之畫幅. ②넓이. 〔詩經〕幅員旣長. ③가, 가장자리. 〔儀禮〕裳內削幅. ④천, 포백(布帛). 〔孫樵·乞巧對〕繡文錦幅. ❷①행전(行纏). 바짓가랑이 위를 둘러싸는 물건. 〔春秋左氏傳〕帶裳幅舃. ②붙이다. 늑 偪.
【幅廣 폭광】한 폭이 될 만한 너비.
【幅利 폭리】이익을 제한함. ○'幅'은 가, 모서리라는 뜻으로 '제한함'을 뜻함.
【幅員 폭원】넓이. ○'幅'은 면적, '員'은 둘레의 뜻. 幅圓(폭원).
【幅尺 폭척】①한 폭의 길이. ②폭을 잼.
【幅巾 복건】①한 폭의 천으로 만든 두건(頭巾)의 하나. 은사(隱士)가 썼음. ②사내아이가 돌 때나 명절 때에 머리에 쓰던 쓰개.
❶巾−, 廣−, 大−, 半−, 邊−, 帳−, 前−, 全−, 横−.

巾 9 【帿】⑫ 과녁 후 尤 hóu
본자 侯 동자 帿 字解 과녁. 활터에 세운 과녁판.

巾 10 【幏】⑬ 세포 가 禡 jià
소전 幏 字解 세포(稅布). 만이(蠻夷)들이 조공으로 바치던 베. 〔後漢書〕其民戶出幏布八丈二尺.

巾 10 【縢】⑬ 향낭 등 蒸 téng
소전 縢 字解 ①향낭, 향주머니. ②주머니, 자루.

巾部 10〜11획 幎幪幋幌幗幕幙幔幓

巾10 【幎】 ⑬ 덮을 멱 [䥻] mì

①덮다, 덮어 씌우다. =幕. 〔淮南子〕舒之幎於六合. ②물건을 덮는 보, 가리개. ≒幦. 〔呂氏春秋〕乃爲幎以冒面而死. ③평평한 모양, 고른 모양. 〔周禮〕欲其幎爾而下迆也.

【幎歷 멱력】 나타났다 사라졌다 하는 모양. 보이다 안 보이다 하는 모양.

【幎冒 멱모】 멱목(幎目)으로 얼굴을 가림. ◎'幎'은 죽은 자의 얼굴을 가리는 명주, '冒'는 얼굴을 가리는 일.

【幎目 멱목】 소렴(小殮) 때 시체의 얼굴을 싸는 명주.

巾10 【幪】 ⑬ 보 몽 [東] méng

①보, 옷보, 책보. ②건, 머리띠. 옛날에 형(刑)이 가벼운 자에게는 관을 쓰지 못하게 하고, 관 대신 두르게 하던 건. 〔尙書大傳〕下刑墨幪.

巾10 【幋】 ⑬ 횃댓보 반 [寒] pán

①횃댓보. 횃대에 옷을 걸쳐 놓고, 그 위에 덮어 치는 보. ②머리 꾸미개.

巾10 【幌】 ⑬ 휘장 황 [養] huǎng

①휘장. 〔南史〕拂簾幌. ②포장, 덮개. 수레 위에 덮어 놓은 포장. 〔劉永之·詩〕露幌行春移畫輪. ③술집에 세운 기. 〔陸龜蒙·詩〕小爐低幌還遮掩. ④現간판(看板).
❶書—, 幃—.

巾11 【幗】 ⑭ 머리 장식 귁 [木]괵 [囿] guó

①머리 장식, 부인들이 머리에 쓰는 꾸미개. 〔晉書〕因遺帝巾幗婦人之飾. ②부인이 상중(喪中)에 쓰는 쓰개.

巾11 【幕】 ⑭ ❶막 막 [藥] mù ❷막 만 màn

대법원 지정 인명용 한자이다. 음은 '막'이다.
[字源] 形聲. 莫+巾→幕. '莫(막)'이 음을 나타낸다.
[字解] ❶①막. ㉮장막, 천막. 공간을 막거나 위에 덮어 씌우거나 둘러치는 데 쓰는 물건. 〔春秋左氏傳〕以幄幕九張行. ㉯임시로 지은 막.

〔楚辭〕離榭脩幕. ㉰가로막. 〔春秋穀梁傳〕舞於魯君之幕下. ②진(陣), 진영(陣營). 〔春秋左傳〕楚幕有烏. ③장군의 군막, 군사·관직에 관한 일을 처리하는 곳. 〔晉書〕可謂入幕之賓矣. ④덮다, 덮어 가리다. 〔易經〕井收, 勿幕. ⑤사막, 모래 벌판. ≒漠. 〔史記〕益北絶幕. ⑥팔뚝 받침, 정강이 받침. 〔史記〕當敵則斬堅甲鐵幕. ⑦바르다, 칠하다. 〔春秋左氏傳〕茸牆幕室. ❷①막, 휘장. =幔. ②화폐의 뒷면. ≒漫. 〔漢書〕幕爲人面.

【幕間 막간】 연극에서 한 막이 끝나고 다음 막이 시작되기까지의 동안.

【幕南 막남】 사막의 남쪽 지방. 朔南(삭남).

【幕絡 막락】 덮고 두르고 함.

【幕僚 막료】 막부에 속한 부하.

【幕幕 막막】 ①어두운 모양. ②성(盛)한 모양.

【幕僕 막복】 의논 상대가 되는 신하. 자문(諮問)에 응하는 신하.

【幕府 막부】 대장군(大將軍)의 본영(本營). ◎장소가 일정하지 않고 필요한 곳에 막을 치고 군사를 지휘한 데서 온 말.

【幕裨 막비】 ☞裨將(비장).

【幕賓 막빈】 비밀 모의에 참여하여 막부의 빈객(賓客)으로서 대접을 받는 사람.

【幕舍 막사】 판자나 천막 따위로 임시로 간단하게 지은 집.

【幕朔 막삭】 고비 사막 이북의 땅. ◎'朔'은 북쪽을 뜻함.

【幕上燕 막상연】 막(幕) 위에 집을 짓고 사는 제비. 매우 위험한 지위에 있는 사람.

【幕天席地 막천석지】 하늘을 덮개로 하고 땅을 깔개로 하여 그 사이에서 기거(起居)함. ㉠의기(意氣)가 호방(豪放)함. ㉡한데서 잠을 잠.

【幕下 막하】 ①장군이 거느리던 장교 및 종사관. ②대장의 휘하.

【幕後 막후】 ①막의 뒤. ②표면으로 드러나지 않은 뒤편. 背後(배후).
❶開—, 軍—, 帷—, 銀—, 字—, 帳—, 終—, 酒—, 天—, 土—, 閉—, 黑—.

巾11 【幙】 ⑭ 幕(534)과 동자

巾11 【幔】 ⑭ 막 만 [翰] màn

①막, 천막, 휘장. =幕. 〔三國志〕盛施帷幔. ②장식이 없는 수레. ≒縵. 〔國語〕乘幔不擧.

【幔幕 만막】 빙 둘러쳐 놓은 휘장.

【幔城 만성】 장막으로 둘러놓은, 임시의 성.

【幔帷 만유】 휘장. ◎사방을 둘러친 것은 '幔', 한쪽만을 가린 것은 '帷'.
❶羅—, 帳—.

巾11 【幓】 ⑭ ❶수레 휘장 삼 [覃] shēn ❷깃발 삼 [咸] shān ❸머리띠 초 [蕭] qiāo

巾部 11~12획 幘 幑 幜 幢 幠 幡 幞 幩 幰 幐 幬 幝

字解 ❶①수레 휘장, 수레 휘장에 달아 놓은 장식품이 늘어진 모양.〔漢書〕灘厚幓纚. ②옷 따위가 차랑차랑 늘어진 모양. ¶ 幓纚. ❷깃발, 기폭. =縿.〔漢書〕垂旬始以爲幓兮. ❸머리띠, 건. =幔.〔儀禮·注〕如著幓頭焉.
【幓纚 삼사】①수레에 달아 놓은 장식품이 아래로 늘어진 모양. ②의상(衣裳)이 차랑차랑 늘어진 모양.
【幓頭 조두】머리털이 흐트러지지 않도록 묶는 머리띠나 건. 幧頭(조두).

巾
11【幘】⑭ 건 책 囲 zé, cè
소전 幘 초서 幘 간체 帻 字解 ①건, 머리띠, 머리쓰개.〔急就篇〕冠幘簪簧結髮紐. ②꼭대기, 정수리.〔梅堯臣·詩〕全如難幘丹. ③고르게 난 이가 아름답다.

巾
11【幑】⑭ 표기 휘 囻 huī
소전 幑 초서 幑 동자 徽 字解 표기, 표지를 한 기.

巾
12【幜】⑮ 비단 경 硬 jǐng
字解 ①비단. ②장옷. 옷에 때나 티끌이 묻지 않도록 옷 위에 덧입는 것.〔隋書〕帶綏佩, 加幜. ③밝다, 빛나다.

巾
12【幢】⑮ ❶기 당 江 chuáng ❷드리워진 모양 동 東
소전 幢 초서 幢 参考 대법원 지정 인명용 한자의 음은 '당'이다. 字解 ❶①기, 의장(儀仗)이나 군(軍)에서 지휘용으로 쓰는 기.〔漢書〕帥持幢. ②막(幕), 휘장, 덮개. ¶ 幢容. ③군대 편성의 한 단위. 병사 100명을 1당(幢)이라 이른다.〔資治通鑑〕領內幢幢將. ❷드리워진 모양, 새털·천 같은 것이 늘어진 모양.〔張衡·賦〕樹羽幢幢.
【幢竿 당간】(佛)당(幢)을 달아 세우는 대. ○ '幢'은 절에 세우는 기(旗).
【幢竿支柱 당간지주】(佛)당간(幢竿)을 받쳐 세우기 위한 기둥.
【幢蓋 당개】기(旗)를 단 창(槍). ○ 蓋는 빨간색과 검은색 비단으로 싼 쌍날의 창(槍).
【幢戟 당극】기(旗)가 달린 창(槍).
【幢幡】❶당번 ❷동번 ❶기(旗). ❷(佛)당간에 드리워진 기.
【幢牙 당아】정당(旌幢)의 아기(牙旗). 대장기.
【幢容 당용】수레 안에 치는 휘장. 수레 휘장.
【幢主 당주】①한 군대의 우두머리. ②신라 때

〈幢❶①〉

무관(武官)의 벼슬 이름.
【幢幢 동동】①깃털이 드리워지는 모양. ②나부끼는 모양. 흔들리는 모양.
● 法—, 石—, 牙—, 羽葆—, 施—.

巾
12【幠】⑮ 덮을 무 囻 hū
소전 幠 字解 ①덮다. ㉮덮다. ㉯보, 덮어 싸는 것. ¶ 幠䘸. ②크다, 큰 모양. ③깔보다, 업신여기다. ≒侮.〔禮記〕毋幠毋敖.
【幠䘸 무도】보. ○ '幠'는 주검을 덮는 것, '䘸'는 관(棺)을 덮는 것.

巾
12【幡】⑮ 기 번 元 fān
소전 幡 초서 幡 字解 ①기, 표기. ≒旛. ¶ 幡旗. ②나부끼다, 펄럭이다. ≒翻.〔史記〕落英幡纚. ③먹걸레, 먹수건. ④마음을 돌리다, 마음을 고쳐먹다. ≒反.〔孟子〕旣而幡然改. ⑤장부.
【幡旗 번기】표지(標識)가 있는 기. 標旗(표기).
【幡幡 번번】①경솔한 모양. ②박 잎이 흔들리는 모양.
【幡纚 번사】나부끼는 모양.
【幡信 번신】기(旗)를 써서 명령을 전함.
【幡然 번연】선뜻 태도를 바꾸는 모양. 깨끗하게 번의(翻意)하는 모양. 翻然(번연).
【幡紙 번지】글자를 쓰는 데 사용하는 비단.
【幡幟 번치】표지(標識)가 있는 기.
● 三—, 信—, 翻—, 風—.

巾
12【幞】⑮ 건 복 囲 fú
소전 幞 초서 幞 동자 襆 동자 㡤 字解 건, 두건, 보자기.〔新唐書〕幞頭起於後周.
【幞巾 복건】①도복(道服)에 갖추어서 머리에 쓰는 건. ②國사내아이가 명절이나 돌 때 머리에 쓰는 건.

巾
12【幩】⑮ 幩(536)의 속자

巾
12【幰】⑮ ❶纖(1386)과 동자 ❷傘(128)과 동자

巾
12【幐】⑮ 幀(533)과 동자

巾
12【幬】⑮ 幬(536)와 동자

巾
12【幝】⑮ 해진 모양 천 銑 chǎn
소전 幝 초서 幝 字解 해진 모양. 수레가 망가지거나 옷이 해진 모양.

〔詩經〕檀車幝幝.
【幝幝 천천】수레가 부서진 모양.

巾12 【幟】⑮ 기 치 zhì

字解 ①기, 표기, 표로 세워 보이는 기.〔漢書〕以黃輿白爲幟. ②표지, 표적.〔後漢書〕以采綖縫其裙爲幟.
◐ 旗-, 標-.

巾12 【幣】⑮ 비단 폐 bì

字解 形聲. 敝＋巾→幣. '敝(폐)'가 음을 나타낸다.

字解 ①비단.〔書經〕惟恭奉幣. ②예물. ㉮신(神)에게 예물로 바치는 비단.〔周禮〕及祀之日, 贊玉幣爵之事. ㉯폐백, 예물로 보내는 비단.〔孟子〕事之以皮幣. ③돈.〔史記〕辭天下幣. ④재물, 재화.〔管子〕以珠玉爲上幣. ⑤상사(喪事)에 보내어 조의(弔意)를 표시하는 물건.〔周禮〕掌其戒令與其幣器財用. ⑥공용(公用)에 지급한 물건의 나머지.〔周禮〕掌式瀆以斂官府都鄙, 與凡用邦財者之幣. ⑦해지다. ≒敝.
【幣貢 폐공】조정에 바치던 옥(玉)·말·가죽·비단 따위의 공물(貢物).
【幣器 폐기】장례(葬禮)에 쓰는 부의(賻儀)와 명기(明器).
【幣物 폐물】선사하는 물건.
【幣帛 폐백】①신에게 바치는 비단. ②천자(天子)에게 예물(禮物)로 보내는 비단. ③빈객(賓客)에게 위로의 뜻으로 선물하는 비단. ④선사하는 물건. ⑤돈과 비단. ⑥예의를 갖추어 내거나 가지고 가는 예물. ⑦혼인 때 신랑이 신부에게 보내는 채단(采緞). ⑧신부가 처음으로 시부모를 뵐 때 올리는 대추나 포 따위.
【幣聘 폐빙】예물을 보내어 남을 초대함. 예(禮)를 다하여 현자(賢者)를 초빙함.
【幣制 폐제】국가에서 정한 화폐 제도.
◐ 納-, 奉-, 聘-, 歲-, 御-, 錢-, 造-, 紙-, 徵-, 皮-, 貨-, 厚-.

巾13 【幦】⑯ 수레 덮개 멱 mì

字解 수레 덮개. 수레가 갈 때 이는 먼지를 막기 위하여 수레를 덮는 보.〔禮記〕君羔幦虎犆.

巾13 【幩】⑯ 재갈 장식 분 fén

字解 재갈 장식. 재갈의 입 밖에 나오는 부분에 감아서, 말이 달릴 때에는 바람을 일으켜 말의 땀을 식히는 한편, 장식품 역할도 하는 색깔 있는 천.

巾13 【幧】⑯ 머리띠 조 qiāo

字解 머리띠, 머리에 감는 헝겊, 망건.

巾13 【幨】⑯ ❶휘장 첨 chān ❷옷깃 첨 chàn

字解 ❶①휘장. ㉮커튼, 휘장. ㉯수레에 둘러치는 휘장.〔新唐書〕乃改車白布幨帷. ㉰화살을 막기 위하여 치는 휘장.〔淮南子〕渠幨以守. ②끊다, 단절(斷絶)하다.〔周禮〕夫筋之所由幨. ❷옷깃.〔管子〕列大夫豹幨.
【幨車 첨거】천으로 덮어 씌운, 부인들이 타는 수레.
【幨帷 첨유】①수레에 친 휘장. ②수레에 타고 있는 사람을 높여서 부르는 말.

巾14 【幬】⑰ 襧(1633)과 동자.

巾14 【幪】⑰ ❶덮을 몽 méng ❷무성한 모양 몽 měng

字解 ❶①덮다, 덮어씌우다.〔逸周書〕若能幪字反而復之. ②건, 머리띠. 형(刑)이 가벼운 죄인에게 관 대신 씌우던 건. ＝幪. ❶幪巾. ❷무성한 모양.〔詩經〕麻麥幪幪.
【幪巾 몽건】죄가 가벼운 자에게 씌운 건.
【幪幪 몽몽】무성한 모양.

巾14 【幫】⑰ 도울 방 bāng

字解 ❶돕다, 보좌하다. ❶幫助. ②패거리, 패.〔老殘遊記〕東隔壁店裏午後走了一幫客. ③동업 조합(同業組合), 동향(同鄕) 상인들의 단체.〔淸史稿〕太倉爲一幫.
【幫間 방간】①중개자(仲介者). ②연석에서 주흥(酒興)을 돋우는 사람.
【幫助 방조】①거들어서 도와줌. ②남의 범행에 편의를 주는 일.

巾14 【幬】⑰ ❶휘장 주 chóu ❷덮을 도 dào

字解 ❶①휘장. ㉮커튼. ❶幬尉. ㉯모기장. ❶幬帳. ②수레바퀴에 씌운 가죽.〔周禮〕欲其幬之廉也. ❷덮다, 덮어 가리다. ≒燾.〔春秋左氏傳〕如天之無不幬也.

【幬尉 주위】그물과 같은 휘장.
【幬帳 주장】모기장. 蚊帳(문장).

巾 15 【幭】⑱ 덮개 멸 厭 miè
[소전][초서] 幭 犧 [통자] 帑 [字解] 덮개, 덮어 씌우는 것의 총칭.
〔詩經〕鞹鞃淺幭.

巾 15 【幬】⑱ 휘장 주 厭 chú
[초서] 幬 [字解] 휘장, 장막·커튼·모기장 따위의 총칭.

巾 16 【幰】⑲ 수레 포장 헌 阮 xiǎn
[소전][초서] 幰 [字解] 수레 포장, 수레에 둘러치는 휘장.

巾 17 【襕】⑳ 내리닫이 란 寒 lán
[字解] ①내리닫이, 상하의(上下衣)가 이어진 옷. ②난간. ≒欄.

巾 17 【幨】⑳ 幀(533)과 동자

干部
3획 부수 │ 방패간부

干 0 【干】③ ❶방패 간 寒 gān ❷주사 안 翰 àn

一 二 干

[소전] 干 [초서] 干 [參考] 대법원 지정 인명용 한자의 음은 '간'이다.
[字源] 象形. 끝이 두 갈래로 갈라진 방패를 본뜬 글자.
[字解] ❶방패. 창·화살 따위를 막는 물건. 〔書經〕稱爾戈, 比爾干. ❷범하다. ㉮법·규칙 등을 위반하다. 〔春秋左氏傳〕其敢于大禮以自取戾. ㉯질서를 어지럽히다, 넘어서는 안 될 계선을 넘어 어기다. 〔國語〕趙孟使人以其乘車干行. ㉰인격·위신 등을 감히 함부로 건드리다. 〔國語〕上不干下. ㉱과오·오류 등을 저지르다, 어떤 죄를 저지르다. ¶干犯. ③막다, 방어하다. ≒扞. 〔詩經〕公侯干城. ④구하다, 요구하다. 〔論語〕子張學干祿. ⑤간여하다, 참여하다. 〔後漢書〕以直言干政. ⑥헛되다, 실속이 없다. 〔禮記〕大夫士有大事, 省於其君, 干祿及其祖. ❼물가. 〔詩經〕寘之河之干兮. ⑧산골, 계곡(溪谷). ≒澗. 〔詩經〕秩秩斯干. ⑨말리다, 마르게 하다. ≒乾. 〔莊子〕方將被

髮而干. ⑩과녁. 〔儀禮〕公射大侯, 大夫射參, 士射干. ⑪수사(數詞)에 붙이는 어조사. 개(箇)의 뜻. ¶若干. ⑫천간(天干). 오행(五行)을 각각 음(陰)과 양(陽)으로 나누어, 이를 역수(曆數)에서 쓸 때의 이름. 곧, 갑(甲)·을(乙)·병(丙)·정(丁)·무(戊)·기(己)·경(庚)·신(辛)·임(壬)·계(癸). ¶干支. ⑬교외(郊外), 국도(國都) 둘레의 땅. 〔詩經〕出宿于干. ❷①주사(朱砂). =矸. ②國새앙. ¶干三召二.
【干戈 간과】①방패와 창. ②전쟁에 쓰는 모든 병기(兵器)의 총칭. ③전쟁. ④무무(武舞).
【干求 간구】구함. 바람.
【干國 간국】나라를 다스림.
【干黷 간독】범(犯)하고 더럽힘. 남에게 면회를 청할 때 쓰는 말. 冒瀆(모독).
【干櫓 간로】방패. ◯'干'은 작은 방패, '櫓'은 큰 방패.
【干祿 간록】녹을 구함. ㉠천우(天佑)를 바람. ㉡봉록(俸祿)을 구함. 사관(仕官)을 바람.
【干滿 간만】간조(干潮)와 만조(滿潮). 썰물과 밀물.
【干犯 간범】①남의 권리를 침범함. ②범죄를 저지름.
【干潟地 간석지】바닷물이 드나드는 개펄.
【干涉 간섭】남의 일에 참견함.
【干城 간성】①방패와 성(城). 나라의 밖과 안을 지킴. ②나를 지키는 군인. 무사(武士).
【干世 간세】세속(世俗)의 영합(迎合)함.
【干與 간여】어떤 일에 참여함.
【干羽 간우】춤출 때 쥐는 방패와 꿩이 깃. 간무(干舞)와 우무(羽舞). 깃은 문무(文舞) 때, 방패는 무무(武舞) 때 사용함.
【干雲蔽日 간운폐일】구름을 범하고 해를 덮음. 나무가 크고 무성함.
【干潮 간조】썰물.
【干證 간증】①소송에 관련된 증인. ②기독교에서 지은 죄를 고백하거나 신적 체험을 이야기하는 일.
【干支 간지】10간(干)과 12지(支).
【干進 간진】벼슬을 바람. 관리가 되고자 함.
【干拓 간척】바다나 호수에 제방을 쌓아 물을 빼고 경작지나 육지로 만드는 일.
【干戚 간척】①방패와 큰 도끼. 무기(武器)의 총칭. 干戈(간과). ②무무(武舞)에 쓰는 도끼. 또는 무무.
【干囑 간촉】부탁함. 의뢰함. 請囑(청촉).
【干掫 간추】①야경(夜警). ②야경을 도는 사람. 딱따기. ◯'干'은 막음, '掫'는 침.
【干澤 간택】은택(恩澤)을 바람. 녹(祿)을 바람. 干祿(간록).

❶ 欄一, 十一, 若一, 如一, 支一, 天一.

干 2 【开】⑤ 开(539)의 속자

干 2 【平】⑤ ❶평평할 평 庚 píng ❷나눌 편 ㊀변 先 pián

干部 2획 平

一 ア 六 二 平

[소전] 쭈 [고문] 乑 [초서] 乎 [參考] 대법원 지정 인명용 한자의 음은 '평'이다.

[字源] 會意. 八+于→平. '八'은 둘로 나눈다는 뜻, '于'는 기운이 위로 평평하게 퍼져 오르려는 모양. 합하여 퍼져 오르는 기운이 다시 나누어져 평평하게 깔린다는 뜻을 나타낸다.

[字解] ❶①평평하다, 바닥이 고르고 판판하다. 〔孫子〕平陸處易. ②다스리다, 국가·가정 등을 보살펴 통제하거나 관리하다. 〔大學〕修身齊家治國平天下. ③바르다. ㉮바르다, 곧다. 〔禮記〕必平體正. ㉯바로잡다. 〔國語〕平八索以成人. ④평정하다. ㉮평벌하다, 어지러운 사태를 수습하다. 〔淮南子〕平夷狄之亂. ㉯평정되다. 〔詩經〕喪亂旣平. ⑤화목하다, 화친하다. 〔春秋左氏傳〕齊侯使管夷吾平戎于王. ⑥고르다, 고르게 하다. 〔書經〕平秩東作. ⑦편안하다, 무사하다. 〔大學〕國治而后天下平. ⑧쉽다, 손쉽다. 〔管子〕其理之也以平易. ⑨보통, 보통의 수준. ¶平凡. ⑩보통 때, 평상시. ¶平日. ⑪들판, 평원(平原). 〔韓愈, 孟郊詩〕沙篆印廻中. ⑫표준(標準). 〔史記〕廷尉下之平也. ⑬이루어지다, 토지와 산천이 정하여지다. 〔書經〕地平天成. ⑭정하다, 제정하다. 〔後漢書〕是爲尙書之平決於百石之吏. ⑮갖추어지다. 〔周禮〕平野民. ⑯정리되다, 가지런해지다. 〔素問〕神氣乃平. ⑰산제(山祭), 산에 지내는 제사. 〔書經〕蔡蒙旅平. ⑱사사로움이 없다. ¶公平. ⑲사성(四聲)의 하나. 〔南齊書〕以平上去入爲四聲. ⑳운(韻)의 하나. ¶平仄. ❷나누다, 골고루 다스려지다. 〔書經〕平章百姓.

【平康 평강】①평안함. ②유곽(遊廓). ○평강은 당대(唐代) 장안(長安)에 있던 마을 이름으로서 창기(娼妓)가 모여 살던 곳인 데서 온 말.
【平格 평격】공평하여 천의(天意)에 통함. 공평 무사함.
【平交 평교】나이가 비슷한 친구 사이의 교제.
【平郊 평교】널찍한 교외(郊外). 넓은 들판.
【平均 평균】①많고 적음이 없이 고름. ②수양의 중간값.
【平履子 평극자】평나막신.
【平氣 평기】①화평한 기운. ②마음을 침착하게 가짐.
【平起 평기】절구(絶句)에서 기구(起句)의 둘째 글자를 평자(平字)로 짓는 일.
【平氣虛心 평기허심】마음이 평온하고 걸리는 일이 없음.
【平吉 평길】마음이 평화롭고 선량함.
【平旦 평단】새벽. 黎明(여명).
【平斷 평단】공정하게 죄를 다스림.
【平旦之氣 평단지기】아직 다른 사물과 접촉하기 전인, 새벽의 맑은 정신.
【平淡 평담】온화하고 담담(淡白)함. 모나지 않음. 집요하지 않음. 平澹(평담).
【平澹 평담】마음이 고요하고 담백함.

【平頭 평두】①수효가 다 참. 꼭. 정확히. ②시(詩)를 지을 때 피하여야 할 팔병(八病)의 하나. 첫째 자와 여섯째 자, 둘째 자와 일곱째 자가 동성(同聲)의 것. ③위가 편편한 두건(頭巾). ④하인(下人).
【平亂 평란】난리를 평정함.
【平良 평량】①공평하고 선량함. ②진평(陳平)과 장량(張良). 다 같이 한(漢) 고조(高祖)의 공신(功臣)으로 지모(智謀)에 뛰어났음.
【平面 평면】평평한 표면.
【平明 평명】①동틀 때. 새벽녘. 平旦(평단). ②공평하고 정명(正明)함.
【平明之治 평명지치】공평하고 밝은 정치.
【平蕪 평무】잡초가 우거진 평원. 광활(廣闊)한 들판.
【平文 평문】산문(散文).
【平問 평문】형틀을 씌우지 않고 그대로 죄을 심문함.
【平民 평민】일반 백성.
【平白 평백】①이유 없이. 까닭 없이. ②넓고 공허함.
【平反 평번】거듭 조사하여 죄를 밝히고 바로잡음. 조사하여 죄를 가볍게 함.
【平凡 평범】뛰어난 데가 없이 보통임.
【平法 평법】법을 공평하게 다룸.
【平碧 평벽】전면(全面)이 초록(草綠) 일색(一色)임. 편편하고 푸른 들판.
【平服 평복】평상시 입는 옷.
【平復 평복】병이 나아 회복됨.
【平沙落雁 평사낙안】모래톱에 내려 앉는 기러기. ㉠소상팔경(瀟湘八景)의 하나. ㉡거문고의 곡조 이름. ㉢국화의 한 가지.
【平牀 평상】나무로 만든 평평한 침상이나 대용 의자. 平床(평상).
【平生 평생】태어나서 죽을 때까지의 동안.
【平生歡 평생환】평소의 극진한 교분.
【平署 평서】한 문서(文書)에 여러 사람이 서명함. 連書(연서).
【平昔 평석】예로부터. 이전부터.
【平聲 평성】사성(四聲)의 하나. 평평하고 높낮이가 없는 소리. 상평(上平)과 하평(下平) 두 가지로 나누는데, 상평에는 東·冬·江·支·微·魚·虞·齊·佳·灰·眞·文·元·寒·刪의 15운(韻)이, 하평에는 先·蕭·肴·豪·歌·麻·陽·庚·靑·蒸·尤·侵·覃·鹽·咸의 15운이 있음.
【平世 평세】잘 다스려진 세상. 태평한 세상.
【平素 평소】보통 때. 平時(평시).
【平時 평시】①평화스러운 때. 무사한 때. ②보통 때. 平素(평소).
【平視 평시】얼굴을 맞대어 바로 봄.
【平身 평신】절한 뒤에 몸을 일으켜 바로 섬.
【平信 평신】무사함을 알리는 편지.
【平心 평심】①평온한 마음. 침착한 마음. ②마음을 평온하게 함. 마음을 진정시킴.
【平安 평안】마음이 편안함.
【平衍 평연】평평하고 넓음. 平廣(평광).
【平午 평오】태양이 정남(正南)에 평형(平衡)을

【平穩 평온】편안하고 안정됨.
【平遠 평원】땅이 평평하여 멀리까지 조망(眺望)할 수 있음.
【平原 평원】평탄한 들. 平野(평야).
【平原督郵 평원독우】나쁜 술. 故事 진대(晉代)에 환온(桓溫)의 하리(下吏) 가운데 한 사람이 좋은 술을 '청주종사(靑州從事)', 나쁜 술을 '평원독우(平原督郵)'라고 한 데에서 온 말.
【平愈 평유】병이 나아서 본래 상태와 같이 됨. 平復(평복). 平癒(평유).
【平允 평윤】①공평하고 편듦이 없음. ②성질이 온순함.
【平允之士 평윤지사】공평하고 성실하며 가혹하지 않은 선비. 공평하고 사심(私心)이 없는 재판관.
【平夷 평이】평편(平便)함.
【平易 평이】①까다롭지 않고 쉬움. 용이(容易)함. ②평평하게 함. 평탄하게 함. ③편안함. 온화함.
【平易近人 평이근인】정치를 쉽게 하여 백성들에게 친근함.
【平一 평일】난(亂)을 평정(平定)하여 통일함. 平壹(평일).
【平日 평일】특별한 일이 없는 보통 때. 평상시(平常時).
【平字 평자】사성(四聲) 가운데 평성(平聲)에 속하는 글자.
【平章 평장】①공명정대히 다스리는 일. ②공평하게 품평(品評)하여 품위(品位)를 밝힘. ③결혼을 중매함.
【平在 평재】분간하여 봄. 공평하게 살핌.
【平賊 평적】적을 평정함.
【平糴 평적】쌀을 팔아들임.
【平正 평정】공평하여 치우침이 없음.
【平定 평정】난리를 평온하게 진정시킴. 적(賊)을 진압함.
【平亭 평정】공평하게 결정함. 분명하게 변별(辨別)함.
【平整 평정】높고 낮은 데가 없이 잘 고름.
【平糶 평조】쌀을 내어 팖.
【平晝 평주】오정(午正) 때.
【平疇 평주】평탄한 밭.
【平準 평준】①한(漢) 무제(武帝) 때 비롯된 물가 조절 방법. 물가가 떨어질 때는 관(官)에서 사고, 물가가 오를 때는 관에서 팔아 물가의 높낮이를 조절하던 일. ②수준기(水準器). ③수평(水平)이 되도록 함. 平均(평균).
【平地落傷 평지낙상】國평지에서도 넘어져 다침. 뜻밖에 불행한 일을 당함.
【平直 평직】평평함과 곧음. 평정하고 곧음.
【平織 평직】씨와 날을 한 올씩 엇바꾸어서 짬. 또는 그렇게 짠 피륙.
【平秩 평질】분별 있게 질서를 세움.
【平澄 평징】넓고 널리 탁 트이게 맑음.
【平楚 평초】높은 곳에서 내려다보아 평지같이 보이는 숲.
【平出 평출】문서에 천자(天子)나 고귀한 사람, 공경하여야 할 사람의 이름이 나올 때 행을 옮겨 다음 행의 첫머리에 쓰는 서식(書式).
【平仄 평측】한자의 평운(平韻)과 측운(仄韻).
【平仄式 평측식】한시(漢詩)의 평측(平仄)에 관한 법식. 평측의 배열상 두 가지 법식이 있는데, 제1구(句)의 둘째 자(字)가 평자(平字)로 시작되는 것을 평기식(平起式), 측자(仄字)로 시작되는 것을 측기식(仄起式)이라 함. 오절(五絕)·오율(五律)은 측기식을 정격(正格), 평기식을 편격(偏格)이라 함. 칠절(七絕)·칠률(七律)은 이와 반대임.
【平治 ❶평치 ❷편치】❶①태평하게 다스림. ②다스려짐. ❷공정하게 재판함.
【平坦 평탄】①평평하고 넓음. ②일이 순조로움.
【平蕩 평탕】①평정(平定)함. 편안하게 다스림. ②평탄하고 넓음.
【平板 평판】①씨 뿌릴 때 땅을 고르는 데 쓰는 농구(農具). ②시문(詩文) 등에 억양(抑揚)의 변화가 없이 시종(始終) 같은 흐름으로 정채(精彩)가 없고 단조로움. 單調(단조).
【平虛 평허】마음이 평온하고 아무 생각이 없음. 平氣虛心(평기허심).
【平衡 평형】①저울을 바르게 함. 한쪽으로 치우치지 않음. ②허리를 굽혀, 머리와 허리가 수평이 되도록 하여 절을 함.
【平和 평화】①평온하고 화목함. ②전쟁이 없이 세상이 잘 다스려짐.
【平滑 평활】평평하고 매끄러움.
【平闊 평활】평평하고 넓음. 平廣(평광).
○ 開-, 公-, 均-, 不-, 上-, 水-, 承-, 升-, 昇-, 地-, 治-, 太-, 泰-, 和-.

干 3 【开】⑥ 평평할 견 죄 jiān
소전 开 속 开 字解 ①평평하다. ②오랑캐 이름. 강족(羌族)의 한 갈래. 〔漢書〕先零·䍐·开. ③산 이름. 늑岍.

干 3 【年】⑥ ❶해 년 죄 nián
❷아첨할 녕 죄 nìng
丿 丨 匕 匕 竺 年
소전 초서 고자 秊 参考 대법원 지정 인명용 한자의 음은 '년'이다.
字源 形聲. 禾+千→秊→年. '千(천)'이 음을 나타낸다.
字解 ❶①해, 정월 초하루부터 섣달그믐까지. 〔春秋穀梁傳〕四時具而後爲年. ②나이, 연령. 〔呂氏春秋〕坐必以年. ③새해, 신년(新年). 〔陳師道·詩〕度臘不成雪, 迎年遽得春. ④때, 시대. 〔漢書〕當年不能究其禮. ⑤익다, 오곡(五穀)이 잘 익다, 풍년들다. 〔春秋穀梁傳〕五穀皆孰爲有年. ⑥콧마루, 비량(鼻梁). 상술가(相術家)에서 쓰는 말. ⑦사격(四格)의 하나. 청(淸)의 제도로서, 경찰(京察)이 인물을 기용

할 때의 표준의 하나로, 젊고 건장(健壯)한 것. 〔淸會典〕乃完以四格, 四曰². ⑧성(姓). ❷①아첨하다. ≒佞. 〔十六經〕年辭乃止. ②사람 이름. 〔春秋公羊傳〕天王殺其弟年夫.

【年家 연가】 같은해에 과거에 급제한 사람끼리 서로 부르는 말. 또는 그 교의(交誼).
【年鑑 연감】 한 해 동안에 일어난 여러 가지 일이나 기록을 모아 한 해에 한 번 내는 간행물.
【年庚 연경】 ①생년월일 및 그 간지(干支). ②나이. 연령(年齡).
【年穀 연곡】 곡물. ○'年'은 곡식의 결실.
【年功 연공】 여러 해 동안 쌓은 공로.
【年關 연관】 세밑. 年末(연말). 세모(歲暮).
【年光 연광】 ①세월(歲月). 光陰(광음). ②젊은 나이. ③봄의 경치(景致). 年華(연화).
【年久月深 연구월심】 오랜 세월.
【年金 연금】 국가·단체에서 개인에게 일정 기간이나 종신토록 해마다 지급하는 일정액의 돈.
【年紀 연기】 ①나이. ②연수(年數). 연대(年代). ③연호(年號).
【年期 연기】 ①만 1년. ②1년을 단위로 정한 기간. 年限(연한).
【年年歲歲 연년세세】 해마다.
【年德 연덕】 ①연령과 덕. ②풍수가(風水家)의 말로, 연덕신(年德神)이 산다는 좋은 방향.
【年德俱尊 연덕구존】 나이도 많고 덕도 높음.
【年頭月尾 연두월미】 ①일년 내내. ○'年頭'는 세수(歲首), '月尾'는 월말(月末). ②관리가 명경(明經) 시험에서 경의 대의는 묻지 않고 지엽적인 자구(字句)만을 묻는 것을 비방하는 말.
【年登 연등】 곡식이 잘 여묾. 豐作(풍작).
【年臘 연랍】 〔佛〕승려의 나이. ○승려가 수계(受戒)한 이후의 햇수를 계랍(戒臘)이라고 하는 데서 온 말.
【年例 연례】 해마다 하는 관례(慣例).
【年輪 연륜】 ①나이테. ②나이. 햇수. ③해마다 성장·변화하여 이룩된 역사.
【年晩 연만】 國 나이가 많음.
【年貌 연모】 나이와 용모.
【年物 연물】 새해의 선물.
【年輩 연배】 서로 나이가 비슷한 사람. 또는 서로 비슷한 나이.
【年伯 연백】 아버지나 백숙부(伯叔父)와 같은 해에 과거에 급제한 사람. 또는 자기와 같은 해에 급제한 사람의 아버지.
【年譜 연보】 사람이나 회사 등의 사적을 연대순으로 간략히 적은 기록.
【年俸 연봉】 1년 단위로 정한 봉급.
【年富力强 연부역강】 나이가 젊고 힘이 셈.
【年祀 연사】 國
【年涉危境 연섭위경】 어느 때 죽을지 모를 정도의 늙은 나이.
【年成 연성】 곡식이 잘 됨.
【年歲 연세】 ①나이. 年齡(연령). ②해. 歲月(세월). ③곡물(穀物). 年穀(연곡).
【年歲祀載 연세사재】 해[年]. 또는 나이. ○주(周)는 '년(年)', 하(夏)는 '세(歲)', 은(殷)은

'사(祀)', 당우(唐虞)는 '재(載)'를 썼음.
【年少 연소】 세월. ○'所'는 조자(助字).
【年深 연심】 ①세월이 오램. 또는 오랜 세월. ②해마다 깊어짐.
【年長 연장】 자신보다 나이가 많음.
【年載 연재】 나이. 연세.
【年災月殃 연재월앙】 가장 불행한 날.
【年祚 연조】 ①나라의 수명(壽命). 歷年(역년). ②사람의 수명.
【年尊 연존】 나이가 많음. 年長(연장).
【年次 연차】 햇수의 차례.
【年齒 연치】 나이. 年齡(연령).
【年豊 연풍】 곡식이 잘 익음. 풍년이 듦.
【年賀 연하】 ①새해의 복을 빌고 축하함. 新禧(신희). ②노인의 장수(長壽)를 축하함.
【年限 연한】 정해진 햇수.
【年號 연호】 임금의 재위(在位) 연대에 붙이는 칭호.

● 去—, 來—, 老—, 當—, 同—, 晚—, 每—, 明—, 生—, 少—, 數—, 新—, 年—, 閏—, 翌—, 昨—, 長—, 壯—, 前—, 停—, 中—, 初—, 靑—, 編—, 平—, 豐—, 後—, 凶—.

干 3 【幷】⑥ 幷(540)의 속자

干 4 【玵】⑦ 汀(939)과 동자

干 5 【幷】⑧ ❶어우를 **병** 庚 bìng ❷나란히 할 **병** 敬 bìng

[소전] [초서] [속자] 幷 [字源] 會意. 从+开→幷. 두 사람이 각각 방패[干]를 들고 서로 나란히 따름을 나타낸다.

[字解] ❶①어우르다. ㉮하나로 합하다. 〔漢書〕幷爲蒼頡篇. ㉯모으다, 모아서 함께 가지다. 〔漢書〕令野獸幷角. ②어울리다, 하나가 되다, 모이어서 하나를 이루다. 〔素問〕血氣未幷. ③함께, 함께 하다, 같게, 같게 하다. ④주(州)의 이름. ¶幷州. ⑤종려나무. ≒栟. ❷①나란히 하다. =倂. 〔禮記〕幷紐約. ②버리다, 물리치다. ≒屛. 〔莊子〕至貴國爵幷焉. ③치우다, 갈무리하다. 〔管子〕旣徹幷器.

【幷介 병개】 천하를 널리 이롭게 하고 스스로 만족하여 고민이 없음.
【幷兼 병겸】 하나로 합침. 幷合(병합).
【幷容 병용】 오는 사람을 막지 않고 모두 받아들임.
【幷容徧覆 병용편부】 한결같이 포용(包容)하여 비호(庇護)함.
【幷有 병유】 아울러 소유함. 倂有(병유).
【幷日 병일】 날을 아우름. 곧, 하루치를 이틀 사흘에 나누어 씀.
【幷州之情 병주지정】 오래 살던 타향을 제2의 고향으로 그리워하는 생각. 故事 당(唐代)의 가도(賈島)가 병주(幷州)에 오래 살다가 떠난

후 시를 지어 그곳을 고향처럼 그리워했다는 고사에서 온 말.
【幷吞 병탄】 아울러 삼킴. 아울러서 모두 자기 것으로 함. 併合(병합).
◐ 兼−, 騈−, 合−, 混−.

干
5 【幸】⑧ 다행 행 㘽 xìng

一 十 土 十 去 去 幸

소전 㚖 초서 幸 동자 幸 字源 會意. 夭 + 屰→幸. 사람이 일찍 죽음(夭)을 면하는(屰) 것은 길한 일이라는 데서 '다행'의 뜻을 나타낸다.
字解 ①다행, 행복, 좋은 운. [論語] 丘也幸, 苟有過, 人必知之. ②다행하다, 운이 좋다. [論語] 不幸短命死矣. ③바라다, 희망하다. [漢書] 幸得召見. ④요행, 뜻하지 않은 좋은 운. =倖. [荀子] 朝無幸位, 民無幸生. ⑤거동, 임금의 외출(外出). [漢書] 設ения場望幸. ⑥다행히, 운좋게. [史記] 幸來會飮. ⑦좋아하다, 즐기다. ¶幸酒. ⑧기뻐하다. [史記] 獨自歡幸. ⑨은총, 베풀어 준 은혜. [漢書] 得幸於武帝. ⑩임금이 사랑하다, 임금의 침소(寢所) 시중을 들게 하다. [史記] 襄公有賤妾, 幸之有身. ⑪행복을 주다, 은혜를 베풀다. [漢書] 願大王以幸天下. ⑫가엾게 여기다.
【幸冀 행기】 ①원하고 바람. ②소원(所願).
【幸臨 행림】 임금이 다다름.
【幸免 행면】 운이 좋아 죽음이나 재앙을 피함.
【幸媚 행미】 ①마음에 들어 귀여워함. 사랑함. ②사랑을 받음. 굄을 받음.
【幸反爲禍 행반위화】 행(幸)이 바뀌어 도리어 화(禍)가 됨.
【幸福 행복】 만족하여 불만이 없는 상태.
【幸生 행생】 ①살기를 원함. ②하는 일 없이 놀면서 목숨을 부지하는 일. ③행복하게 태어남.
【幸臣 행신】 마음에 드는 신하. 寵臣(총신).
【幸御 행어】 ①임금의 행차. ②사랑하여 가까이함. 침소 시중을 들게 함.
【幸用之士 행용지사】 형기(刑期)를 마친 사람으로 군대에 징용되어, 나라에 봉직함으로써 전과(前科)를 면제받기를 바라는 사람.
【幸運 행운】 복된 운수.
【幸位 행위】 요행으로 얻은 벼슬.
【幸酒 행주】 술을 좋아함.
【幸學 행학】 임금이 학교에 행행(幸行)함.
【幸姬 행희】 총애를 받는 여자. 군주(君主)의 첩(妾). 寵妾(총첩).
◐ 近−, 多−, 不−, 巡−, 臨−, 天−, 行−.

干
5 【㚓】⑧ 幸(541)과 동자

干
10 【幹】⑬ ❶줄기 간 㘽 gàn
❷귀틀 간 㘽 hán
❸주관할 관 㘽 guǎn

十 古 古 吉 直 卓 卓㑒 卓㑆 卓㑅 幹

소전 𠦝 초서 幹 본자 榦 간체 干 參考 대법원 지정 인명용 한자의 음은 '간'이다.
字源 形聲. 倝 + 木→榦→幹. '倝(간)'이 음을 나타낸다.
字解 ❶ ①줄기. ㉮나무나 풀의 대. [王勃‧賦] 風低綠幹. ㉯줄기 같은 구실을 하는 것. ¶幹線. ②기둥, 담을 쌓을 때 양쪽에 세우는 나무 기둥. [書經] 山寺乃幹. ③몸, 뼈대, 체구. [魏書] 猛少以姿幹充虎賁. ④근본, 본질, 주체. [淮南子] 生之幹也. ⑤재능, 기량, 간능. [三國志] 有文幹. ⑥옆구리. [春秋公羊傳] 搚幹而殺之. ⑦바탕, 기물(器物)의 재료. [禮記] 羽翮幹. ⑧화살대. =笴. ¶竹幹. ⑨떠맡다, 떠맡아서 바로잡다. [易經] 幹父之蠱. ⑩일, 맡은 일. [書經] 爾乃向寧幹止. ⑪강하다, 굳세다. [淮南子] 此善爲充幹者也. ⑫뛰어나다, 빼어나다. [魏志] 才識拔幹. ⑭주된, 중심의, 중요한. ¶幹吏. ⑮10간(干). 늑干. [後漢書] 作甲乙以名日, 謂之幹. ⑯마을. 늑閈. [楚辭] 去君之恆幹. ❷귀틀. 우물 위에 나무로 '井' 자 모양으로 짜서 설치하는 난간. [漢書] 單極之統斷幹. ❸주관하다, 관장하다. 늑管. [漢書] 擅幹山海之貨.
【幹蠱 간고】 ①부모의 잘못을 아들이 덮어바름. 허물이 있는 사람의 재지(才智) 있는 아들. ②일을 맡아 처리함. ③기능(機能). 재능(才能).
【幹略 간략】 재간(才幹)과 모략(謀略).
【幹了 간료】 일을 끝냄. 일을 성취(成就)함.
【幹吏 간리】 ①주요한 관리. ②노련한 관리.
【幹部 간부】 조직이나 단체의 우두머리가 되는 사람들. 首腦部(수뇌부).
【幹事 간사】 조직이나 단체의 중심이 되어 일을 맡아 처리하는 사람. 또는 그 직무.
【幹線 간선】 철도‧도로 등의 중요한 선로.
【幹才 간재】 일을 잘 처리해 나가는 재간(才幹).
【幹濟 간제】 ①훌륭하게 성취(成就)함. 또는 맡아서 성취함. ②잘 처리함. 또는 그 재능.
【幹止 간지】 ①생업(生業)과 거처(居處). 생업에 힘쓰며 고향에 머무름. ②노동과 휴식.
【幹翮 간핵】 중심이 되는 날개. 중심이 되어 일을 함.
◐ 骨−, 根−, 基−, 本−, 才−, 楨−, 主−.

幺部

3획 부수 | 작을요부

幺
0 【幺】③ 작을 요 㘽 yāo

소전 㓜 초서 幺 字源 象形. 갓 태어난 어린아이를 본뜬 글자. 여기

幺部 1~6획 幻 幼 幽

幺 1

字解 ❶작다.〔陸機·賦〕猶絃幺而徽急. ❷어리다.〔班彪·論〕又況幺麽不及數子. ❸하나. 주사위의 한 점. ❹어둡다, 그윽하다.〔郭璞·贊〕熠燿宵行, 蟲之微ého.
【幺麽 요마】①작음. 미소(微小). ②쓸모없음. 보잘것없음. 또는 그런 사람.
【幺微 요미】극히 작음. 微幺(미요).
【幺弱 요약】어리고 약함. 幼弱(유약).
◐ 微-, 六-.

幻 1 ④변할 환 諫 huàn

字解 ❶변하다, 변하여 바뀌다.〔張衡·賦〕奇幻儵忽. ❷미혹(迷惑)하다, 홀리게 하다, 어지럽히다. ≒眩.〔書經〕民無或胥譸張爲幻. ❸허깨비, 가상(假象)이 언뜻 나타났다가는 사라져 버리는 것. ¶幻影. ❹요술.〔後漢書〕獻樂及幻人, 能吐火.
【幻覺 환각】실재하는 사물이나 상황이 없는데도 마치 실재하는 것처럼 느껴지는 착각.
【幻境 환경】환상의 세계. 몽환(夢幻)의 경지. 허무한 이 세상.
【幻燈 환등】그림, 사진 등에 강한 빛을 쏘여 렌즈로 확대해서 영사막에 보이도록 하는 장치.
【幻沫 환말】환상(幻像)과 거품. 소멸(消滅)하기 쉬운 것. 夢幻泡沫(몽환포말).
【幻滅 환멸】기대나 희망의 환상이 사라졌을 때 느끼는 허무한 심정.
【幻夢 환몽】허황한 꿈.
【幻想 환상】현실에 없는 현상을 있을 것처럼 느끼는 망상(妄想).
【幻生 환생】①환상처럼 나타남. ②(佛)형상을 바꾸어서 다시 태어남.
【幻世 환세】①덧없는 세상. 무상한 세상. ②현세(現世).
【幻術 환술】남의 눈을 속이는 술법. 魔術(마술). 妖術(요술).
【幻心 환심】(佛)환상과 같은 마음. 곧, 사람의 마음.
【幻影 환영】①실재하지 않는 것이 존재하는 것처럼 보임. ②사실이 아닌 것을 사실처럼 느끼는 환각. 幻像(환상).
【幻人 환인】요술사. 마술사.
【幻塵 환진】(佛)속세(俗世)의 일. 덧없고 때문에 어 있다는 뜻.
【幻出 환출】환영과 같이 몽롱하게 나타남.
【幻泡 환포】허깨비와 물거품. 지극히 덧없는 것의 비유.
【幻惑 환혹】사람의 눈을 홀리게 하고 정신을 어지럽게 함. 眩惑(현혹).
【幻化 환화】①우주 만물이 환상(幻像)과 같이 변화하는 일. ②(佛)환(幻)과 화(化). ♩ '幻'은 환인(幻人)의 소작(所作)을, '化'는 불보살(佛菩薩)의 통력(通力)의 변화를 말함.
◐ 夢-, 變-, 浮-, 妖-, 虛-, 荒-.

幼 2 ⑤ ❶어릴 유 宥 yòu
❷그윽할 요 嘯 yào

↓ ↓ ↓ 幺 幼

參考 대법원 지정 인명용 한자의 음은 '유'이다.
字源 會意. 幺+力→幼. 힘(力)이 작음(幺), 곧 힘이 약하다는 데서 '어리다'라는 뜻을 나타낸다.
字解 ❶①어리다. ㉮나이가 어리다. ¶幼年. ㉯경험이 적거나 수준이 낮다.〔漢書〕加以幼穉愚惑. ②어린아이.〔禮記〕敬長慈幼. ③사랑하다, 어린이를 사랑하다.〔孟子〕幼吾幼, 以及人之幼. ❷작다, 조그마하다.〔楚辭〕嗟爾幼志. ❸①그윽하다, 시원하다, 정미(精微)하고 훌륭하다.〔漢書〕窮極幼眇. ②어둡다, 희미하다. ≒窈. ③아리땁다, 우아하다.〔漢書〕惟幼眇之相羊.
【幼君 유군】나이 어린 임금. 幼主(유주).
【幼根 유근】씨의 배(胚) 안에 있는, 자라서 뿌리가 될 부분.
【幼年 유년】어린 나이. 어린아이.
【幼昧 유매】어려서 어리석음. 미련함.
【幼色 유색】①나이가 젊고 예쁨. 또는 그런 사람. ②잘 생긴 얼굴로 임금의 총애(寵愛)를 받는 젊은이.
【幼少 유소】나이가 어림. 또는 그런 사람.
【幼兒 유아】어린아이.
【幼艾 유애】①젊고 예쁜 사람. 미소년(美少年)이나 미소녀(美少女). 小艾(소애). ②어린이와 어른.
【幼孺 유유】어린아이. 幼童(유동).
【幼帝 유제】어린 천자(天子).
【幼主 유주】나이 어린 임금.
【幼冲 유충】☞幼少(유소).
【幼蟲 유충】애벌레.
【幼稚 유치】①나이가 어림. ②수준·정도가 미숙함.
【幼風 유풍】어린아이와 같이 지덕(智德)이 부족함.
【幼學 유학】①열 살에 처음으로 글을 배운다는 뜻에서, 열 살을 이르는 말. ②어려서 배움. 또는 그 아이.
【幼學之士 유학지사】어려서 학문을 하는 사람.
【幼妙 요묘】오묘(奧妙)함. 기품이 있고 훌륭함.
【幼眇 요묘】그윽하고 아름다움. 微妙(미묘).
◐ 老-, 臺-, 長-, 稚-, 孩-.

幽 6 ⑨ 그윽할 유 尤 yōu

丨丨丨 幺 幺 幺 幽 幽

字源 會意. 幺+山→幽. 산(山)이 깊숙하다(幺)는 데서 '그윽하다'란 뜻을 나타낸다.
字解 ❶그윽하다. ㉮깊숙하고 으슥하다.〔詩

經〕出自幽谷. ❹웅숭깊다, 미묘하다, 심원하다.〔史記〕極幽而不隱. ❷숨다, 피하여 숨다.〔呂氏春秋〕我適有幽隱之病. ❸멀다, 아득하다.〔孫綽·賦〕其路幽洄. ❹어둡다, 밝지 않다.〔楚辭〕世俗之幽昏兮. ❺가두다, 갇히다. ¶幽閉. ❻조용하다, 고요하다.〔杜甫·詩〕長夏江村事事幽. ❼귀신, 초현실적인 것.〔北史〕至順感幽. ❽저승. ¶幽明. ❾어두운 곳.〔楚辭〕元文處幽兮. ❿구석, 구석진 곳.〔後漢書〕光被六幽. ⓫검다, 검은빛. 늑黝.〔詩經〕其葉有幽. ⓬마음.〔太玄經〕幽遇神. ⓭음(陰). 양(陽)의 대(對).〔史記〕幽明之占. ⓮밤(夜).〔何晏·賦〕若幽星之纚連也. ⓯달(月).〔禮記〕祭日於壇, 祭月於坎, 以別幽明, 以制上下. ⓰암컷.〔史記〕幽明, 雌雄也. ⓱무형(無形), 무성(無聲).〔易經〕知幽明之故. ⓲피(血).〔禮記〕毛血, 告幽全之物也. ⓳주(州) 이름. 고대 13주의 하나로 현재의 북경 부근.
【幽佳 유가】 고요하며 경치가 좋음.
【幽澗 유간】 산속 깊이 흐르는 시내.
【幽坎 유감】 ①깊은 구덩이. ②묘혈(墓穴).
【幽塏 유개】 고요하고 그윽한 언덕.
【幽客 유객】 ①은사(隱士). ②난초.
【幽居 유거】 세상을 피하여 외딴 곳에 삶. 또는 그 집. 幽處(유처).
【幽景 유경】 그윽하고 고요한 경치.
【幽境 유경】 깊숙한 곳. 고요한 곳.
【幽界 유계】 눈에 보이지 않는 세계. 저승.
【幽谷 유곡】 깊은 산골. 고요한 골짜기.
【幽光 유광】 그윽한 곳에서 비치는 빛. 남에게 알려지지 않은 덕망(德望).
【幽柩 유구】 관(棺).
【幽窮 유궁】 깊숙이 갇힘. 유폐(幽閉)됨.
【幽禽 유금】 깊은 산에 사는 새. 幽鳥(유조).
【幽琴 유금】 고요히 들려오는 맑은 거문고 소리.
【幽禁 유금】 감금(監禁)함.
【幽襟 유금】 고요한 생각. 깊은 생각.
【幽期 유기】 ①비밀의 약속. ②❷남녀의 내밀(內密)한 약속.
【幽念 유념】 깊은 생각. 幽思(유사).
【幽堂 유당】 ①조용하고 그윽한 방. ②무덤.
【幽途 유도】 (佛)명도(冥途). 지옥 아귀도(地獄餓鬼道). 幽都(유도).
【幽獨 유독】 한적하게 홀로 있음.
【幽囹 유령】 ☞幽圄(유어).
【幽靈 유령】 죽은 사람의 혼령. 亡魂(망혼).
【幽淚 유루】 남모르게 흘리는 눈물.
【幽履 유리】 세상을 버리고 숨어 삶.
【幽昧 유매】 어두움.
【幽明 유명】 ①어두움과 밝음. 明暗(명암). ②천지의 이치와 인간의 일. 유형(有形)과 무형(無形). ❸저승과 이승. 명토(冥土)와 현세(現世). 귀신과 사람. ❹선(善)과 악(惡). 암우(暗愚)와 현명(賢明). ❺암컷과 수컷. 雌雄(자웅). ❻해와 달. 낮과 밤. ❼음(陰)과 양(陽).
【幽冥 유명】 ①그윽하고 어두움. 깊숙하고 묘함. 高妙(고묘). 微妙(미묘). ②(佛)저승.

【幽明之理 유명지리】 관원(官員)의 성적이 좋으면 승진시키고, 나쁘면 내어 쫓는 이치.
【幽眇 유묘】 ①소리가 경묘(輕妙)함. ②깊고 오묘함. 현묘(玄妙)의 이치. 幽妙(유묘).
【幽茂 유무】 초목이 무성함.
【幽門 유문】 ①위(胃)와 십이지장을 연결하는 부분. ②정신이 깃들어 있는 곳.
【幽芳 유방】 ①그윽한 향기. 幽香(유향). ②그윽하게 핀 꽃. ③미인(美人).
【幽放 유방】 유폐(幽閉)하여 추방함.
【幽僻 유벽】 시골. 변두리. 외딴 곳.
【幽幷之氣 유병지기】 시(詩)에 협기(俠氣)가 있는 것. ◯유(幽)와 병(幷)은 옛날 연(燕)·조(趙)의 주(州)로 그곳 풍속이 협기를 숭상하였으므로 시에 전용된 말.
【幽憤 유분】 남모르는 울분. 울분이 쌓이는 일.
【幽思 유사】 고요히 생각에 잠김. 또는 그 생각. 幽念(유념).
【幽朔 유삭】 북방 오랑캐의 땅.
【幽殺 유살】 ①유폐(幽閉)하여 죽임. ②그늘에서 말림. 陰乾(음건).
【幽賞 유상】 조용히 감상(鑑賞)함.
【幽囚 유수】 ①잡힘. 감옥에 갇힘. 拘禁(구금). ②죄수(罪囚). 囚人(수인).
【幽愁 유수】 깊은 근심. 남모를 탄식.
【幽邃 유수】 깊숙하고 그윽함. 幽深(유심).
【幽囚受辱 유수수욕】 감금되어 치욕을 당함.
【幽勝 유승】 그윽하고 좋은 경치.
【幽心 유심】 ①깊은 생각. ②조용한 마음.
【幽哦 유아】 조용히 노래함. 또는 그 노래.
【幽雅 유아】 조용하고 우아함. 점잖음.
【幽厄 유액】 갇힌 괴로움. 유폐(幽閉)의 재액.
【幽夜 유야】 고요하고 쓸쓸한 밤.
【幽約 유약】 속세를 떠난 한아(閑雅)한 약속.
【幽壤 유양】 천하(泉下). 사후(死後)의 세계. 무덤. 저승.
【幽圄 유어】 어두운 감옥. 幽囹(유령).
【幽言 유언】 ①유현(幽玄)하고 오묘(奧妙)한 말. 깊이 있는 말. ②도깨비나 귀신의 말.
【幽然 유연】 그윽하고 조용한 모양.
【幽咽 유열】 흐느낌.
【幽裔 유예】 변두리. 변방(邊方). 먼 나라.
【幽憂 유우】 근심하며 괴로워함.
【幽鬱 유울】 ①마음이 답답하고 개운하지 못함. 鬱結(울결). ②초목이 무성(茂盛)함.
【幽冤 유원】 밝혀지지 않는 억울한 죄.
【幽圓 유원】 하늘. 天空(천공).
【幽遠 유원】 깊숙하고 멂. 심오(深奧)함.
【幽蔚 유위】 초목이 빽빽하게 들어선 모양.
【幽悠 유유】 깊고 멂. 아득히 멂.
【幽隱 유은】 ①세상을 피하여 깊이 숨어 삶. 또는 그 사람. 隱君子(은군자). ②깊이 숨어서 나타나지 않음. ③어두움. 모호함.
【幽意 유의】 깊은 생각. 조용한 마음.
【幽人 유인】 세상을 피하여 숨어 사는 사람. 隱者(은자).
【幽潛 유잠】 ①물이 속으로 스며서 흐름. ②깊

숙이 숨음. ③깊이 숨은 도리(道理).
【幽絕 유절】속세에서 멀리 떨어져 고요함. 또는 그런 곳.
【幽情 유정】고요한 심정. 우아한 정치(情致).
【幽靜 유정】깊숙하고 고요함. 또는 그런 곳.
【幽眞 유진】자연 그대로여서 그윽함.
【幽贊 유찬】①남이 알지 못하게 숨어서 도움. ②귀신의 도움을 받음.
【幽天 유천】서북쪽의 하늘.
【幽賤 유천】신분이 천한 사람.
【幽翠 유취】초목(草木)이 우거져 검푸른 모양.
【幽襯 유친】널. 관(棺).
【幽探 유탐】조용히 찾음. 명승지(名勝地)를 탐방(探訪)함.
【幽宅 유택】죽은 이의 집. 무덤.
【幽閉 유폐】①깊숙이 가두어 둠. 拘禁(구금). ②깊이 들엎드림. 마음이 답답함. ③고대에 부인에게 적용한 형벌.
【幽壑 유학】깊숙한 골짜기.
【幽恨 유한】마음속 깊이 간직한 원한(怨恨). 남 모르는 원한.
【幽閒 유한】①고요하고 오묘함. ②어둡고 조용함. 또는 그런 곳. 구석진 시골. 幽閑(유한).
【幽閒靜貞 유한정정】부녀의 마음씨가 얌전하고 정조가 바름.
【幽巷 유항】①깊숙한 뒷골목. ②인가(人家)를 벗어난 외딴 곳. 深巷(심항).
【幽險 유험】①마음이 음흉함. ②멀리 떨어진 험악한 곳.
【幽玄 유현】①깊고 미묘함. 유원(幽遠)하고 현묘(玄妙)함. 이치가 매우 깊어 알기 어려움. ②노장(老莊)이나 선(禪)의 철리(哲理)가 심원한 것. ③유명(幽冥)의 나라.
【幽顯 유현】①숨음과 나타남. 사람이 안 보는 데와 보는 데. ②유세(幽世)와 현세(顯世).
【幽戶 유호】깊숙한 문(門). 조용한 문.
【幽篁 유황】고요한 대숲.
【幽懷 유회】마음속 깊이 품은 생각.
【幽興 유흥】그윽한 흥취(興趣). 幽趣(유취).
● 九-, 僻-, 六-, 情-, 探-.

幺 9 【幾】⑫ ❶기미 기 ❷몇 기 ji / jǐ

〔字源〕 會意. 絲+戍→幾. 적은(絲) 수의 군대가 지키니(戍) 위태롭기 짝이 없다는 데서 '위태하다'란 뜻을 나타낸다.

〔字解〕 ❶①기미, 낌새, 조짐, 징조. 〔易經〕君子見幾而作. ②거의. 〔太玄經〕七日幾絕. ③위태하다, 위태롭다. 〔詩經〕維其幾矣. ④바라건대, 원하건대. 〔漢書〕子孫幾及君時. ⑤바라다, 원하다. ≒覬. 〔史記〕毋幾爲君. ⑥가깝다, 가까워지다. ≒近. 〔論語〕知樂則幾於禮. ⑦조용히, 조용하고 공손하게. 〔論語〕事父母幾諫. ⑧고동, 기틀, 요령. ≒機. 〔書經〕一日二日萬

幾. ⑨때, 기회. ≒期. 〔後漢書〕斯誠雄心伺武之幾. ⑩살피다, 자세히 살펴보다. ≒譏. 〔周禮〕幾出入不物者. ⑪시작하다. ❷①幾事. ②다하다, 끝나다. ≒訖. 〔莊子〕三子之知幾乎. ⑬가, 언저리. 〔禮記〕車不雕幾. ⑭헌걸차다. ≒頎. 〔莊子〕幾乎後言. ⑮그. 어세를 고르는 조사. 〔易經〕君子幾不如舍. ❷①몇, 얼마, 어느 정도. 〔春秋左氏傳〕亦無幾求. ②자주, 종종. 〔春秋左氏傳〕幾爲之笑而不陵我. ③어찌. ≒豈. 〔荀子〕幾不甚美矣哉.
【幾諫 기간】감정을 상하지 않도록 은근하게 간(諫)함.
【幾度 기도】여러 번. 몇 번.
【幾望 기망】매월 음력 14일. 또는 그날 밤의 달. ○ '幾'는 近, '望'은 望月(망월). 곧 보름달.
【幾微 기미】①김새. ②미세함. 機微(기미).
【幾死之境 기사지경】거의 죽게 된 지경(地境).
【幾事 기사】기밀(機密)의 일. 비밀한 일.
【幾朔 기삭】몇 달.
【幾然 기연】헌걸찬 모양. 키가 큰 모양.
【幾運 기운】기회와 운수.
【幾日 기일】며칠.
【幾殆 기태】위급함. 위기일발(危機一髮).
【幾何 기하】①얼마. 몇. ②기하학(幾何學).
【幾許 기허】얼마.
【幾乎 기호】거의 근사함.
【幾希 기희】대단히 드묾. 거의 없다시피 함.
● 萬-, 無-, 未-, 非-, 庶-.

幺 11 【㡭】⑭ 繼(1390)와 동자

广 部

3획 부수 | 엄호부

广 0 【广】③ 집 엄 〔國〕 yǎn

〔字源〕 指事. 丶+厂→广. 언덕〔厂〕 위에 있는 지붕〔丶〕을 나타내어 '언덕 위에 있는 집'이란 뜻을 나타낸다.

〔字解〕 ①집. 〔袁桷·詩〕草广突如峙. ②마룻대. 〔韓愈·詩〕開廊架崖广. ③한자 부수의 하나, 엄호.

广 2 【広】⑤ 廣(555)의 속자

广 2 【庀】⑤ 다스릴 비 〔紙〕 pǐ

〔字解〕 ①다스리다. 〔國語〕夜庀其家事. ②갖추다, 구비하다. 〔春秋左氏傳〕宰庀家器.

广[广]⑤ 廳(559)의 속자

广[庂]⑤ 돈 이름 측 職 zè
字解 돈 이름, 적측(赤庂). 한대(漢代)의 화폐 이름.
【庂陋 측루】 보잘것없는 지위.

广[庅]⑥ 度(547)의 고자

广[庄]⑥ ❶농막 장 陽 zhuāng
❷평평할 팽 庚 péng
參考 대법원 지정 인명용 한자음은 '장'이다.
字解 ❶농막, 전장. ※莊(1511)의 속자(俗字). ❷평평하다.
【庄土 장토】개인이 가지고 있는 논과 밭. 田庄(전장).

广[庍]⑥ 廈(554)와 동자

广[庋]⑦ 시렁 기 紙 guǐ
字解 ①시렁, 주로 음식물을 올려놓는 시렁. ¶庋閣. ②갈무리해 두다, 올려놓다.〔新唐書〕前後賜予, 緘庋不敢用.
【庋閣 기각】선반. 찬장.
【庋置 기치】시렁 위에 올려놓음

广[庉]⑦ 곳간 돈 阮 園 dùn, tún
字解 ①곳간. ②망루(望樓), 울타리. 망루에는 성가퀴도 마련되어 있다. ③물건의 소리. ¶庉庉. ④불이 세차게 타는 모양. 늑焞. ¶庉庉. ⑤사람이 떼지어 모이는 곳. 늑屯.
【庉庉 돈돈】①물결치는 소리. 沌沌(돈돈). ②불이 세차게 활활 타오르는 모양.

广[庐]⑦ 廬(558)의 속자

广[庎]⑦ 府(546)와 동자

广[庇]⑦ 덮을 비 寘 bì
字解 ①덮다. ㉮덮어 씌워 가리다.〔國語〕口以庇信. ㉯감싸다, 덮어 숨겨 주다.〔宋書〕或寧亂庇民. ②감싸는 도움, 그늘.〔蘇軾書〕尤爲失巨庇也. ③의탁하다, 의지하다.〔呂氏春秋〕民知所庇矣.
【庇賴 비뢰】①의뢰하게 함. ②감쌈. 보호함.
【庇免 비면】덕택으로 벗어남.

【庇佑 비우】감싸 줌. 보호함.
【庇廕 비음】감쌈. 옹호함.
【庇蔭 비음】차양이나 나무 그늘이 우로(雨露)를 막고 물건을 감싸듯이 사람을 옹호함. 庇廕(비음).
【庇護 비호】감싸서 보호함. 도움.
➊ 保−, 依−.

广[床]⑦ ❶평상 상 陽 chuáng
❷國상 상
、 亠 广 广 庄 床 床
字源 본래 '牀'의 속자인데 '牀'은 형성자(形聲字)이다. 爿+木→牀으로 '爿(장)'이 음을 나타낸다.
字解 ❶평상. ※牀(1094)의 속자(俗字). ❷①상, 밥상·책상·평상 등의 통칭. ¶册床. ②소반, 자그마한 밥상. ③잠자리. ¶起床. ④못자리, 바닥. ¶溫床.
【床蓋 상개】뚜껑.
【床固工 상고공】개울 바닥이나 둑 허리 등이 물에 씻기지 않게, 그 바닥을 든든히 하는 공사의 한 가지.
【床飯 상반】낱상으로 파는 밥. 상밥.
【床石 상석】무덤 앞에 제물을 차려 놓기 위하여 만들어 놓은 돌상. 상돌.
【床廛 상전】잡화(雜貨)를 파는 가게.
【床卓 상탁】제상(祭床)과 향탁(香卓).
【床播 상파】못자리에 씨를 뿌림.
➊ 溫−, 河−.

广[序]⑦ 차례 서 語 xù
、 亠 广 广 庐 序
字源 形聲. 广+予→序. '予(여)'가 음을 나타낸다.
字解 ①차례. ㉮장유(長幼)의 순서.〔荀子〕長幼有序. ㉯전후(前後)의 차례.〔易經〕與四時合其序. ㉰등급의 차례.〔春秋左氏傳〕卿大夫以序守之. ②차례를 매기다, 순서를 정하다.〔詩經〕序爵以賢. ③담. 집의 동서에 있어 내외를 구별하는 담.〔禮記〕檳者于西序. ④학교. 하(夏)·은(殷)·주(周) 삼대(三代)에 있던 향학(鄕學)의 이름.〔孟子〕申之以庠序之敎. ⑤실마리, 단서(端緖). 늑緒.〔詩經〕繼序思不忘. ⑥잇다, 계속하다.〔國語〕夕序其業. ⑦잇닿다, 죽 벌여 놓다.〔國語〕班序顛毛. ⑧말하다, 차례를 따라 서술하다.〔詩經〕序其事以風焉. ⑨서문. ㉮머리말. ¶序文. ㉯머리말을 쓰다.〔韓愈·序〕愈因推其意而序之. ⑩문체(文體) 이름.
【序歌 서가】서사(序詞)에 쓰이는 노래.
【序開 서개】처음. 개시. 發端(발단).
【序曲 서곡】①극(劇)에서 막을 열기 전에 연주하는 음악. ②일의 발단.
【序內 서내】동서쪽에 있는 담장의 안.

【序端 서단】 동서(東西) 낭하(廊下)의 끝.
【序論 서론】 논문이나 책의 첫머리에 기술하는 본론의 실마리가 되는 글. 머리글. 序說(서설).
【序幕 서막】 ①연극에서 처음 여는 막. ②일의 시작. 發端(발단).
【序文 서문】 머리말. 序言(서언).
【序跋 서발】 서문(序文)과 발문(跋文).
【序事 서사】 ①일에 차례를 세움. ②사실을 적어 나감.
【序詞 서사】 머리말.
【序庠 서상】 서와 상. ◯ 모두 향읍(鄕邑)에 있는 지방 학교. 庠序(상서).
【序說 서설】 서론(序論).
【序陞 서승】 관직에 있는 햇수를 따라서 관직·품계를 올리는 일.
【序詩 서시】 책의 첫머리에 서문 대신 싣는 시.
【序列 서열】 ①차례로 늘어놓음. ②차례. 順序(순서).
【序傳 서전】 저작자가 그 저작의 취지를 적은 글. 敍傳(서전).
【序戰 서전】 첫 경기. 첫 싸움.
【序志 서지】 자기의 의견을 진술함.
【序次 서차】 ①차례. 순서. ②계절. 철.
【序讚 서찬】 문체(文體)의 한 가지. 여러 사람이 차례로 짓는 찬(讚).
【序興 서흥】 차례차례 일어남.
◐ 小−, 順−, 有−, 自−, 長幼有−, 節−, 秩−, 次−.

广
4 【序】 ⑦ 집 아 𢉖 yǎ
소전 𢉖 [字解] ①집. 개인의 집이나 관청의 집. ②맞다, 맞아들이다. ≒迓. ¶序舍. ③차양. 〔周禮〕夏序馬.
【序舍 아사】 한대(漢代)에 빈객(賓客)을 맞기 위해서 길가에 지어 놓은 집.

广
4 【应】 ⑦ 應(652)의 속자

广
4 【底】 ⑦ 底(547)와 동자

广
5 【庚】 ⑧ 일곱째 천간 경 𢉖 gēng
丶 一 广 广 庐 庐 庚 庚
소전 𢉖 초서 𢉖 [字源] 象形. 본래 만물이 열매를 맺는 모양을 본뜬 글자.
[字解] ①일곱째 천간. 방위로는 서(西), 오행으로는 금(金), 사시로는 추(秋)에 배당된다. 고갑자(古甲子)는 상장(上章). 〔春秋左氏傳〕庚午之日. ②도(道). 도리. ≒經·徑. 〔詩經〕由庚, 萬物得其道也. ③나이. 〔周密·發辛雜識〕旁引同庚者數十. ④도로, 통로. 〔春秋左氏傳〕以塞夷庚. ⑤바꾸다, 고치다. 〔易經〕先庚三日,

⑥물다, 배상하다. 〔禮記〕犯人之禾申詳以告, 曰, 請庚之. ⑦잇다, 뒤를 잇다. ≒賡. 〔詩經〕西有長庚. ⑧다시금, 더욱. ≒更. 〔列子〕心庚言是非. ⑨의(義). 〔太玄經〕庚斷911. ⑩얼레.
【庚庚 경경】 ①가로놓인 모양. ②곡식·열매 따위가 익는 모양. ③굳세고 단단한 모양.
【庚癸 경계】 진중(陣中)에서 양식과 물을 요구할 때 쓰는 은어(隱語). ◯'庚'은 서쪽으로 곡식을, '癸'는 북쪽으로 물을 다스린다는 데서 온 말.
【庚伏 경복】 삼복(三伏).
【庚時 경시】 24시의 열여덟째 시. 곧, 오후 4시 30분∼5시 30분.
【庚帖 경첩】 혼인(婚姻)을 약속하였을 때 남녀 양가의 성명(姓名)·연령·적관(籍貫)·3대(代)의 경력을 써서 서로 교환하는 문서.
◐ 盜−, 商−, 光−, 由−, 長−, 倉−, 後−.

广
5 【庙】 ⑧ 廟(556)의 속자

广
5 【府】 ⑧ 곳집 부 𢉖 fǔ
丶 一 广 广 广 庐 府 府
소전 𢉖 초서 𢉖 동자 𢉖 [字源] 形聲. 广 + 付→府. '付(부)'가 음을 나타낸다.
[字解] ①곳집. 문서나 재물을 갈무리해 두는 곳. 〔漢書〕史書而藏之府. ②마을, 도회지. 〔後漢書〕未嘗入城府. ③관청(官廳). 〔張衡·賦〕據其府庫. ④고을. 당대(唐代)에 처음 두었던 행정 구역의 하나. ¶安東府使. ⑤영묘(靈廟). 〔周禮〕登之于天府. ⑥창자. ≒腑. 〔白虎通〕六府謂大腸小腸胃膀胱三焦膽也. ⑦구부리다. ≒俯. 〔列子〕三府而視之. ⑧가슴. 〔素問〕毛脈合精, 行氣於府. ⑨사물이 모이는 곳. 〔漢書〕智之府也. ⑩죽은 아비. ¶先府君.
【府庫 부고】 문서나 재물을 보관하는 관(官)의 창고.
【府君 부군】 ①한대(漢代)에 부(府)의 태수의 존칭. ②죽은 아버지나 대대의 할아버지의 존칭. ③존자(尊子)·장자(長者)를 이르는 말.
【府兵 부병】 궁성(宮城)에 직속되어 있는 병사(兵士). 서위(西魏)에서 시작하여 수·당(隋唐)에 이르러 정비되었음.
【府史 부사】 관청의 서기(書記).
【府寺 부시】 관청(官廳). 관서(部署).
【府院君 부원군】 조선 시대 왕비의 친정 아버지나 정일품의 공신에게 주던 작호(爵號).
【府人 부인】 곳집을 맡은 벼슬아치. 고지기.
【府庭 부정】 ①관아(官衙). ②관아의 뜰.
【府第 부제】 관아.
【府朝 부조】 ①관아. ②관아에서 정무를 봄.
【府中 부중】 ①대장군(大將軍)의 막부(幕府). ②재상(宰相)이 집무하는 관아.
【府帑 부탕】 정부의 금고(金庫). 國庫(국고).

广部 5~6획 庛底店庖度

○京―, 公―, 官―, 國―, 軍―, 內―, 大―, 都―, 幕―, 冥―, 城―, 樂―, 兩―, 外―, 六―, 政―, 州―, 知―, 天―, 泉―, 學―, 胸―.

广
5 【庛】⑧ 쟁깃술 자 寘 cì
字解 쟁깃술. 쟁기의 몸 아래로 비스듬히 뻗어 있는, 보습을 맞추는 바닥이 있는 나무.〔周禮〕車人爲耒, 庛長尺有一寸.

广
5 【底】⑧ ❶밑 저 薺 dǐ
　　　　❷이룰 지 紙 dǐ

、一广广广庄庄底底

소전 庄 초서 庅 동자 底 고자 厎 參考 대법원 지정 인명용 한자의 음은 '저'이다.
字源 形聲. 广＋氏→底. '氏(저)'가 음을 나타낸다.
字解 ❶①밑. ㉮사물의 바닥을 이루는 부분. ¶井底之蛙. ㉯사물의 아래, 아래쪽.〔白居易·詩〕笑容花底迷. ㉰맨 끝, 끝나는 곳이나 때. ¶歲底. ㉱기초, 근본이 되는 것. ¶根底. ②속, 안.〔杜甫·詩〕屋底達官走避胡. ③이르다, 도달하다.〔詩經〕無所底止. ④멎다, 그치다.〔國語〕戾久將底. ⑤초고, 원고. ¶底本. ⑥붙다.〔國語〕夫民氣縱則底.〔宋史〕厚其瀦蓄, 去其壅底.⑦언덕, 고개. 늦砥.〔後漢書〕冥昆與赤眉戰於崤底. ⑨고르다, 고르게하다.〔春秋左氏傳〕日官居卿以底日. ⑩어찌, 어떤, 어찌하여. 의문사.〔韓愈·詩〕有底忙時不肯來. ⑪어조사. '的'과 의 같이 쓰였다.〔朱子語類〕那是做人底樣子. ❷①이루다, 성취하다.〔春秋左氏傳〕底祿以德. ②숫돌. 늦砥.〔漢書〕磨礱底厲. ③정(定)하다.
【底稿 저고】원고(原稿). 草稿(초고).
【底極 저극】①종극(終極)에 이름. 끝남. ②끝. 종극.
【底力 저력】속에 간직하고 있는, 끈기 있는 힘.
【底流 저류】①강이나 바다 밑의 물흐름. ②드러나지 않는 내부의 움직임.
【底邊 저변】사회적·경제적으로 기저(基底)를 이루는 계층.
【底本 저본】①원본(原本). ②문장의 초고(初稿).
【底事 저사】왜. 어찌하여. 何事(하사).
【底豫 저예】즐기게 됨. ○'豫'는 '樂'으로 '즐기다'의 뜻.
【底蘊 저온】깊숙한 곳. 마음속 깊이 간직한 것. 蘊奧(온오).
【底意 저의】드러내 보이지 않는 속마음.
【底作 저작】'무엇을 할 것인가'의 뜻.
【底下 저하】①낮음. 낮추다. ②비열(卑劣)함. ③(佛)가장 천한 사람.
【底荷 저하】배의 균형을 유지하도록 홀수(吃水)를 크게 하기 위하여 배의 바닥에 쌓는 돌·석탄·쇳덩이 따위. 바닥짐.
【底貨 저화】팔거나 쓰다 남은 물품.
【底厲 지려】①숫돌. ○'底'는 고운 숫돌, '厲'는 거친 숫돌. ②갊. 다듬음.
【底定 지정】안정된 상태를 이룸. 곧, 조용히 가라앉음. 또는 조용히 가라앉힘.

○基―, 到―, 小―, 心―, 徹―, 海―.

广
5 【店】⑧ 가게 점 豔 diàn

、一广广广庁店店

초서 店 字源 形聲. 广＋占→店. '占'이 음을 나타낸다.
字解 ①가게, 전방, 물건을 파는 곳. ¶商店. ②여관, 여인숙.〔蘇軾·詩〕山店初嘗竹葉酒.
【店頭 점두】가게 앞.
【店肆 점사】점포(店鋪). 商店(상점).
【店員 점원】남의 가게에서 일을 보아 주고 보수를 받는 사람.
【店主 점주】가게의 주인.
【店鋪 점포】가게를 벌인 집. 가게. 商店(상점).

○開―, 賣―, 本―, 分―, 商―, 書―, 支―, 閉―.

广
5 【庖】⑧ 부엌 포 肴 páo

소전 庖 초서 庖 字解 ①부엌, 취사장.〔孟子〕庖有肥肉. ②요리사(料理師).〔史記〕伊尹爲庖. ③요리, 요리 음식.〔晉書〕庖膳窮水陸之珍. ④복희씨(伏犧氏)의 약칭.〔漢書〕河圖命庖. ⑤國푸주. ¶庖丁.
【庖廩 포름】부엌과 곳집. 부엌과 광.
【庖人 포인】①주대(周代)에 요리를 맡아보던 벼슬. ②요리하는 사람.
【庖宰 포재】요리하는 사람.
【庖丁 포정】①옛날 이름난 요리인. 소를 잡아 뼈와 살을 발라내는 데 솜씨가 뛰어났음. ②요리하는 사람. 庖人(포인). 庖宰(포재). ③國소나 돼지 따위 잡는 일을 업으로 하던 사람. 백장. 白丁(백정).
【庖丁解牛 포정해우】포정(庖丁)이 소의 살을 발라냄. 기술이 뛰어남.
【庖廚 포주】①부엌. 廚房(주방). ②푸줏간. 고깃간.
【庖犧 포희】중국 전설상(傳說上) 최초의 제왕(帝王). 伏義(복희).

○同―, 良―, 典―, 族―, 廚―, 珍―, 寒―.

广
6 【度】⑨ ❶법도 도 遇 dù
　　　　❷헤아릴 탁 藥 duó

、一广广广庁庐度度

소전 度 초서 庋 속자 慶 고자 厇 參考 대법원 지정 인명용 한자의 음은 '도·탁'이다.
字源 形聲. 庶＋又→度. '庶'는 '庶(서)'의

广部 6~7획 庠庬座庤麻庫

생략형으로 음을 나타낸다.
字解 ❶①법도, 법제(法制), 법. 〔春秋左氏傳〕度不可改. ②제도(制度), 정해진 규정. 〔周禮〕以度敎節. ③기량, 국량. 〔史記〕常有大度. ④자, 길이의 표준. 〔書經〕同律度量衡. ⑤정도(程度). 〔國語〕物無過度, 妨於財. ⑥모양, 모습, 풍채. 〔後漢書〕此子之風度. ⑦도수, 횟수, 번. ⑧건너다, 건네다. 능渡. 〔漢書〕度江河. ⑨現度. 각도, 온도, 습도, 경·위도 등을 나타내는 단위. ⑩(佛)승려가 되다, 출가하여 수계(受戒)하다. 〔舊唐書〕妄爲剃度. ⑪태양, 하루의 해. 〔素問〕六十度而奇. ⑫천체의 속도. 〔周髀算經〕月度疾, 日度遲. ⑬때, 기회. 〔楚辭〕皇覽揆予於初度. ⑭가락, 율려(律呂). 〔後漢書〕聲樂曲度. ⑮기준으로 삼아 따르다, 본받다. 〔春秋左氏傳〕進退可度, 周旋可則. ⑯넘다, 넘어서다. 〔漢書〕度百里之限. ⑰나르다, 운반하다. 〔史記〕度四百萬石. ⑱가다, 떠나다, 통과하다. 〔楚辭〕年忽忽而日度. ⑲(佛)깨닫다, 번뇌에서 해탈하다, 깨닫게 하여 번뇌에서 헤어나게 하다. 〔般若心經〕度一切苦厄. ⑳성(姓). ❷①헤아리다. ㉮광협장단(廣狹長短)을 재다. 〔孟子〕度然後知長短. ㉯짐작하다. 미루어 짐작하다. 〔詩經〕神之格思, 不可度思. ㉰수량을 따지어 셈하다. 〔禮記〕不度民械. ㉱따지어 가늠하다, 비교 고량(考量)하다. 〔戰國策〕臣竊度之. ②꾀하다, 생각하다. 〔春秋左氏傳〕豈敢度其私. ③바루다, 바로잡다. 〔荀子〕君子之度己則以繩. ④살다, 자리잡고 살다. ⑤던지다. 능投. 〔詩經〕度之薨薨. ⑥베다. 능劇. 〔春秋左氏傳〕山有木則工度之. ⑦시호(諡號). 〔逸周書〕心能制義曰度.
【度曲】❶도곡 ❷탁곡】❶노래의 박자. 노래를 불러서 음악에 맞추는 일. ❷가곡을 지음. 작곡(作曲).
【度矩 도구】법(法). 규칙. 법규.
【度揆】❶도규 ❷탁규】❶규칙. 법칙(法則). ❷헤아림. 계료(計料).
【度量】❶도량 ❷탁량】❶자(尺)와 말(斗). ❷사물을 너그럽게 포용(包容)하는 품성. 국량(局量). ❷사물을 헤아림. 적당한 도수를 생각함.
【度量衡 도량형】①자와 되와 저울. ②길이, 분량, 무게를 재는 일.
【度世 도세】①세속(世俗)을 초월함. 선인(仙人)이 되는 일. ②(佛)세속(世俗)을 초월하는 일. 또는 생사(生死)의 고해(苦海)를 넘어 열반(涅槃)에 이름.
【度數 도수】①각도, 온도 등의 정도를 나타내는 수. ②정해진 길.
【度厄 도액】액막이.
【度外視 도외시】관계되는 일의 밖으로 여겨 문제로 삼지 않음. 상대하지 않음.
【度越 도월】남보다 뛰어남.
【度日 도일】세월을 보냄.
【度牒 도첩】(佛)승려가 되었을 때 나라에서 주는 허가증(許可證). 입적(入寂)하면 환속하면

도로 반납(返納)해야 함.
【度脫 도탈】(佛)생사를 초월하여 번뇌(煩惱)를 해탈하는 일.
【度紀 탁기】수명(壽命)을 연장함.
【度內 탁내】가슴 속을 헤아림.
【度德量力 탁덕양력】자신의 덕행과 역량을 헤아림.
【度料 탁료】헤아림.
【度地 탁지】토지를 측량함. 測地(측지).
▷角-, 强-, 經-, 高-, 光-, 速-, 年-, 溫-, 緯-, 程-, 進-, 尺-, 態-, 限-.

广
6 【庠】⑨ 학교 상 陽 xiáng
소전 庠 초서 庠 字解 학교. 은대(殷代)와 주대(周代)에 있었던 향학(鄕學). 〔孟子〕夏曰校, 殷曰序, 周曰庠.
【庠上 상교】고대의 학교(學校). 庠斅(상효).
【庠序 상서】고대 중국의 지방 학교. ○은(殷)은 '序', 주(周)는 '庠'이라 하였음.
【庠學 상학】500가구(家口)의 읍(邑)에 설치한 학교. 鄕學(향학).
【庠斅 상효】⇨庠校(상교).

广
6 【庬】⑨ 차지 않을 조 蕭 tiāo
字解 차지 않다, 그릇에 가득 차지 않은 모양. 〔漢書〕旁有庬焉.

广
6 【座】⑨ ❶막을 질 質 zhì ❷밑 저 霽 zhì
소전 座 字解 ❶①막다, 막아서 멎게 하다. ¶座沓. ②고을 이름. ③물굽이. ❷밑. ※底(547)의 고자(古字).
【座沓 질답】감정을 억제했다가 다시 분통을 터뜨리는 일.

广
6 【庤】⑨ 쌓을 치 紙 zhì
소전 庤 초서 庤 字解 ①쌓다, 집 안에 물건을 쌓아 두다. ②갖추다, 지니다. 〔詩經〕庤乃錢鎛.

广
6 【麻】⑨ 그늘 휴 尤 xiū
소전 麻 초서 麻 字解 ①그늘, 나무 그늘. ②쉬다, 휴식을 취하다. ≒休. 〔柳宗元 記〕可列坐而麻焉. ③좋다, 훌륭하다. ④감싸다, 비호하다.

广
7 【庫】⑩ ❶곳집 고 遇 kù ❷성 사 禡 kù
丶 亠 广 广 广 庐 庐 庐 唐 庫
소전 庫 초서 庫 간체 库 參考 대법원 지정 인명용 한자의 음은 '고'이다.

广部 7획 庋庬庮庭座

[字源] 會意. 广+車→庫. 집(广) 안에 수레(車)가 있는 모습으로 '무기나 전차를 보관하는 곳'을 뜻한다.
[字解] ❶⑪곳집. ㉮병거(兵車)를 넣어 두는 곳집. 〔禮記〕 在庫言庫. ㉯문서를 넣어 두는 곳집. ¶書庫. ㉰여러 가지 물건을 넣어 두는 곳집. ¶倉庫. ㉱감옥. 〔史記〕 故拘之鬴里之庫百日. ❷문 이름. ¶庫門. ❸성(姓).
【庫廐 고구】 창고와 마구간.
【庫樓 고루】 ①무기고의 다락. ②별 이름.
【庫裏 고리】 (佛) ①절의 부엌. ②주지(住持)나 그 가족이 거처하는 방.
【庫門 고문】 ①왕궁(王宮)의 5문(門)의 하나. 치문(雉門) 밖에 있는 문. ②제후궁(諸侯宮)의 외문(外門). ③곳집의 문.
【庫房 고방】 창고. 곳간.
【庫直 고직】 창고지기. 고지기.
【庫帑 고탕】 관고(官庫)에 들어 있는 재물.
【庫平 고평】 청대(淸代)에 관청에서 만든 표준 저울.
〇 金-, 武-, 文-, 兵-, 寶-, 府-, 史-, 書-, 齋-, 在-, 車-, 倉-, 出-, 帑-

广7 【庋】⑩ 산신제 기 [紙] guǐ
[字解] ①산신제(山神祭). 산신에게 지내는 제사. 〔爾雅〕 祭山曰庋縣. ②시렁. ≒庪. ③도리.
【庋縣 기현】 산신제.

广7 【庬】⑩ ❶클 방 [江] máng
❷어렴풋할 봉 [董] méng
[字解] ❶크다, 넉넉하다, 두텁다. ※ 厖(248)의 속자. 〔漢書〕 湛恩厖洪. ❷어렴풋하다, 확실하지 않은 모양. ≒濛.
【厖洪 방홍】 푼푼하고 큼.
【厖鴻 봉홍】 어렴풋한 모양.
〇 豊-.

广7 【庮】⑩ 썩은 나무 유 [有] yǒu
[字解] 썩은 나무, 오래된 집의 나무가 썩다, 썩는 냄새. 〔周禮〕 牛夜鳴則庮.

广7 【庭】⑩ ❶뜰 정 [靑] tíng
❷동안 뜰 정 [徑] tíng

[字源] 形聲. 广+廷→庭. '廷(정)'이 음을 나타낸다.
[字解] ❶❶뜰. 집 안에 있는 마당. 〔儀禮〕 賓入及庭. ②집안. 〔晉語〕 庭訓益峻. ③조정(朝廷). ≒廷. 〔張衡·賦〕 龍輅充庭. ④관청, 군(郡)이나 현(縣)의 정청(正廳). ≒廳. 〔魏書〕 訟於郡庭. ⑤궁중(宮中), 궁궐의 안. ¶椒庭. ⑥곳, 장소. 〔晉書〕 始涉學庭. ⑦사냥하는 곳. 〔春秋左氏傳〕 其庭小. ⑧곧다, 바르다. =挺. 〔詩經〕 既庭且碩. ⑨내공(來貢)하다. 〔書經〕 四征弗庭. ⑩성(姓). ❷동안이 뜨다, 차이가 큼. 〔莊子〕 大有徑庭.
【庭柯 정가】 뜰에 심은 나무. 또는 그 나뭇가지.
【庭決 정결】 법정(法廷)의 판결.
【庭誥 정고】 가정의 교훈(敎訓).
【庭壼 정곤】 대궐 안.
【庭敎 정교】 ①친히 와서 가르침. ②집에 와서 가르침.
【庭鞠 정국】 國 의금부(義禁府)·사헌부(司憲府)에서 왕명(王命)에 따라 죄인을 국문(鞠問)하던 일. 庭鞫(정국).
【庭燎 정료】 밤중에 참내(參內)하는 제신(諸臣)을 위해 대궐 뜰에 밝힌 횃불.
【庭試 정시】 國 나라에 경사가 있을 때 대궐 안에서 보던 과거.
【庭辱 정욕】 조정의 만좌 중에서 욕을 보임. 공중(公衆) 앞에서 모욕함.
【庭園 정원】 집 안의 뜰과 꽃밭.
【庭闈 정위】 어버이가 거처하는 방. ㉠부모. ㉡가정.
【庭爭 정쟁】 ①조정에서 기탄없이 임금에게 간(諫)함. ②신하끼리 다툼.
【庭除 정제】 뜰. 마당. ○'除'는 대문(大門)과 담 사이.
【庭享 정향】 國 공로 있는 신하가 죽은 뒤에 종묘(宗廟) 제사에 부제(祔祭)하는 일. 고려 때부터 행하여짐. 廟庭配享(묘정배향).
【庭戶 정호】 ①뜰에 마련된 문. ②실마리. 단서.
【庭訓 정훈】 기정에서의 가르침. 집안 사람에 대한 교훈. 故事 공자(孔子)가 아들 이(鯉)가 뜰에 지나갈 때 불러 세우고, 시(詩)와 예(禮)를 배워야 한다고 가르친 고사에서 온 말.
【庭詰 정힐】 조정에서 힐책(詰責)함.
〇 家-, 宮-, 來-, 洞-, 法-, 山-, 按-, 王-, 園-, 前-, 天-, 學-, 戶-, 後-

广7 【座】⑩ 자리 좌 [箇] zuò

[字源] 形聲. 广+坐→座. '坐(좌)'가 음을 나타낸다.
[字解] ①자리. ㉮앉거나 눕는 자리. 〔史記〕 埽除設座. ㉯직위, 지위. 〔常袞·制〕 再分五曹之座. ㉰사람이 앉도록 만들어 놓은 설비. 〔仇遠·詩〕 蕙帳手凝蒲席暖. ㉱일정한 사람이 모이도록 한 자리. 〔晉書〕 共至酒座. ㉲위치, 일정한 대상이 차지하는 공간적 위치. ¶座標. ②좌. 집·부처·거울 등을 세는 단위. ③별자리. 〔後漢書〕 客星犯御座甚甚. ④대(臺), 기구를 차려 놓는 대. 〔元史〕 至沙洋堡, 立砲座十有二.
【座客 좌객】 자리를 함께하는 손님.
【座鼓 좌고】 틀에 달고 채로 치게 된 북.
【座談 좌담】 마주 자리잡고 앉아서 하는 이야기.
【座師 좌사】 명대(明代)에 과거(科擧)에 합격한 사람이 그 시험관을 높이어 부르던 말.

【座席 좌석】 앉는 자리.
【座首 좌수】 조선 때 지방의 주(州)·부(府)·군(郡)·현(縣)에 두었던 향청(鄕廳)의 으뜸인 자리. 또는 그 사람. 首鄕(수향).
【座右銘 좌우명】 늘 자리 옆에 갖추어 놓고 경계로 삼는 격언.
【座長 좌장】 집회 등에서 추대되어 그 자리를 이끄는 사람. 席長(석장).
【座主 좌주】 ①당대(唐代) 이후 과거(科擧)에 급제한 사람이 그 시험관을 높이어 부르는 말. ⓒ座師(좌사). ②고려 때 감시(監試)에 급제한 사람이 시관(試官)을 높이어 부르던 말. 恩門(은문). ③(佛)선가(禪家)에서 주로 경·논을 강(講)하는 스님.
【座中 좌중】 여럿이 모인 자리.
【座標 좌표】 수학에서 점이나 자리를 정하는 표준이 되는 표.
【座興 좌흥】 여럿이 모인 자리의 흥취.
❶ 講-, 滿-, 寶-, 星-, 首-, 御-, 王-, 典-, 帝-.

广 7 【庨】⑩ 집 높을 효 園
字解 집이 높다, 집이 높은 모양. 〔柳宗元·詩〕反宇臨呀庨.

广 8 【康】⑪ ❶편안할 강 陽 kāng
❷들 강 漾 kàng
亠广广户户庐序庚庚康康
초서 康 字源 形聲. 禾+米+庚→糠→康. '庚(경)'이 음을 나타낸다.
字解 ❶❶편안하다, 몸과 마음이 편하고 걱정 없어 좋다. 〔國語〕成王不敢康. ❷온화해지다, 마음이 누그러지다, 정답게 지내다. 〔史記〕而民康樂. ❸즐거워하다, 즐겁다. ≒慷. 〔詩經〕無已大康. ❹탐닉하다, 열중하여 빠지다. 〔淮南子〕康樂沈湎. ❺크다. 〔史記〕而寶康瓠. ❻성하다. 〔淮南子〕十二歲一康. ❼기리다, 칭송하다. 〔禮記〕康周公. ❽풍년이 들다. 〔詩經〕迄用康年. ❾비다, 공허하다. 〔詩經〕酌彼康爵. ❿오거리. ¶康衢(강구). ❷들다, 들어올리다. ≒亢. 〔禮記〕崇坫康圭.
【康健 강건】 몸에 탈이 없고 건강함.
【康衢 강구】 사통오달(四通五達)한 화려한 거리. ○'康'은 오거리, '衢'는 사거리. 康莊(강장).
【康衢煙月 강구연월】 번화한 거리 위로 연기 사이에 은은히 비치는 달빛. 태평한 시대의 평화로운 거리 풍경.
【康國 강국】 나라를 편안하게 다스림.
【康逵 강규】 큰 길. 大路(대로).
【康年 강년】 농사가 잘 된 해. 豊年(풍년).
【康寧 강녕】 몸이 튼튼하고 마음은 편안함.
【康梁 강량】 향락에 빠짐. 耽樂(탐락).
【康保 강보】 편안하게 하여 보전함.
【康阜 강부】 편안하고 풍족함.
【康時具 강시구】 세상을 편안하게 하는 재능.

【康乂 강예】 평안히 다스려짐. ○'乂'는 '治'로 '다스리다'의 뜻.
【康爵 강작】 ①빈 술잔. ②큰 술잔.
【康莊 강장】 번화한 거리. 사통오달한 큰 길거리. ○'康'은 오거리, '莊'은 육통의 거리.
【康哉之歌 강재지가】 천하가 태평함을 기리는 노래. ○순(舜)임금이 노래를 지어 정사(政事)에 관하여 신하를 책망하였을 때, 고요(皐陶)이 이에 답한 노래.
【康濟 강제】 백성을 평안히 하고 구제함.
【康瓠 강호】 흙으로 구운 단지. 보잘것없는 물품의 비유.
【康侯 강후】 나라를 평안히 다스리는 제후.
❶ 健-, 小-, 安-, 寧-, 平-, 惠-, 歡-.

广 8 【庮】⑪ 漏(1024)와 동자

广 8 【庿】⑪ 廩(558)의 고자

广 8 【廎】⑪ 정자 이름 릉 庼 chěng
소전 廎 字解 ①정자 이름. ②지명(地名). 〔吳志〕建安二十三年, 孫權射虎於廎亭.

广 8 【庰】⑪ 가릴 병 迸 並 bìng
소전 庰 字解 ①가리다, 덮개, 씌우개. 〔六書故〕庰, 門閒屏蔽者. 所謂塞門也. ②갈무리하다, 거두어 넣다. ③숨어 사는 집. ④뒷간, 변소.

广 8 【庳】⑪ ❶집 낮을 비 紙 bì
❷낮을 비 寘 bì
소전 庳 초서 庳 동자 庳 字解 ❶집이 낮다, 용마루가 나지막한 집. 〔春秋左氏傳〕宮室卑庳. ❷①낮다, 낮추다. ≒卑. 〔史記〕楚民俗好庳車. ②짧다. 〔周禮〕其民豐肉而庳. ③모이다. 〔太玄經〕澤庳其容. ④돕다. ≒毗. 〔荀子〕天子是庳.
【庳車 비거】 나지막한 수레.
【庳短 비단】 짧음.

广 8 【庫】⑪ 庫(550)와 동자

广 8 【庶】⑪ ❶여러 서 御 shù
❷제거할 서 禡 zhù
亠广广户户庐庐庶庶庶
소전 庶 초서 庶 동자 庶 동자 庶 字源 會意. 广+炗→庶. '炗'은 '光(빛 광)'과 같다. 지붕〔广〕 밑에 등불이 많이 빛나고 있다는 뜻을 나타낸다. 지붕 밑에 등불이 있는 곳에는 사람이

广部 8획 庶庶庵庸

많이 모여든다는 데서 '여러, 많다' 등의 뜻이 나왔다.
字解 ❶①여러. ㉮갖가지, 여러 가지.〔書經〕庶績咸熙. ㉯많은 사람, 온갖 사람.〔詩經〕庶無罪悔. ㉰많다, 수효가 넉넉하다.〔詩經〕旣庶且多. ③살찌다.〔詩經〕爲豆孔庶. ④거의. ㉮거의, 가까운. ¶庶幾. ㉯가깝다, 거의 되려 하다.〔論語〕回也其庶乎. ⑤바라다, 바라건대. ≒度·慮.〔詩經〕庶見素冠兮. ⑥서출(庶出). 첩의 자식이나 자손.〔春秋左氏傳〕殺嫡立庶. ⑦지손(支孫), 지파(支派).〔漢書〕慶流支庶. ⑧벼슬이 없는 사람, 평민.〔春秋左氏傳〕三后之姓, 于今爲庶. ⑨천하다, 비천하다.〔晉書〕勤苦同于貧庶. ❷제거하다, 제독(除毒)하다.〔周禮〕凡庶蠱之事.
【庶功 서공】많은 사업.
【庶官 서관】모든 관리. 百官(백관).
【庶揆 서규】▫庶官(서관).
【庶幾 서기】①가까움. 가까울 것임. ②바람. 바라건대. ③현인(賢人). ▫공자(孔子)가 안회(顔回)를 일컬은 데서 온 말.
【庶女 서녀】①평민의 아내. 평민의 딸. ②첩의 몸에서 난 딸.
【庶黎 서려】백성. 庶民(서민).
【庶老 서로】사(士)나 서인(庶人) 출신으로 벼슬에 있다가 연로하여 치사(致仕)한 사람.
【庶僚 서료】뭇 벼슬아치. 百僚(백료).
【庶母 서모】아버지의 첩.
【庶務 서무】여러 가지 잡다한 사무. 또는 그런 사무를 맡은 사람.
【庶物 서물】①온갖 물건. ②많은 일. 많은 사항. 諸物(제물). 萬物(만물).
【庶民 서민】벼슬이 없는 일반 사람들. 백성.
【庶方 서방】모든 나라.
【庶士 서사】①많은 사람. ②군사(軍士)·하사(下士). ③결혼의 중매인.
【庶姓 서성】왕가(王家)와 성(姓)이 다르며 친척이 아닌 제후(諸侯).
【庶羞 서수】온갖 맛있는 음식.
【庶孼 서얼】서자(庶子)와 그 자손.
【庶威 서위】위세를 부리며 남을 학대하는 많은 사람들.
【庶尹 서윤】백관(百官)의 우두머리.
【庶人 서인】①일반 백성. 보통 사람. 庶民(서민). 平民(평민). ②서민(庶民)으로 관(官)에 있는 사람. 아전(衙前) 따위.
【庶人食力 서인식력】벼슬 없는 평민은 제각기 막일로써 생계를 세움.
【庶子 서자】①첩에게서 태어난 아들. ②맏아들 외의 여러 아들.
【庶績 서적】모든 공적(功績). 많은 공업.
【庶正 서정】중관(衆官)의 장(長).
【庶政 서정】온갖 정사(政事).
【庶族 서족】①모든 씨족(氏族). ②서민. 평민. ③國서파(庶派)의 족속.
【庶徵 서징】많은 징조(徵兆). 인사(人事)의 득실에 따라서 하늘이 내리는 갖가지 상징.

【庶品 서품】①온갖 것. ②여러 계급의 관직.
【庶乎 서호】가까움. 庶幾(서기).
【庶彙 서휘】①백성. 신민. ②서물(庶物).
◑凡-, 士-, 中-, 衆-, 支-.

⑧【庻】⑪ 庶(550)와 동자

⑧【庻】⑪ 庶(550)와 동자

⑧【庵】⑪ 암자 암 ān
초서 庵 고자 菴 字解 ①암자. 승려가 도를 닦기 위해 임시로 거처하는 작은 집.〔蘇軾·詩〕曉日雲庵暖. ②초막(草幕).〔南齊書〕編草結庵. ③호(號)에 붙이는 자. ¶尤庵. 宋時烈.
【庵廬 암려】암자(庵子). 초암(草庵).
【庵室 암실】승려나 은자(隱者)가 사는 초막.
【庵主 암주】①암자를 가진 중. ②암실(庵室)의 주인. ③여승(女僧).

⑧【庸】⑪ 쓸 용 yōng
亠 广 户 庐 庐 庐 肩 肩 庸
소전 庸 초서 庸 字源 會意·形聲. 庚+用→庸. '庚'은 '更'과 같이, 일을 고쳐 바꾼다는 뜻. 변경 일을 새롭게 고쳐 바꾸어 소용(用)에 이바지한다는 데서 '쓰다'란 뜻을 나타낸다. '用(용)'이 음도 나타낸다.
字解 ①쓰다, 채용(採用)하다.〔書經〕疇咨若時登庸. ②공(功).〔春秋左氏傳〕君庸多矣. ③써, ~로써. ≒以.〔書經〕王庸作書以誥. ④항상, 일정하여 변하지 않다.〔中庸〕庸德之行. ⑤범상, 보통. ≒中·衆.〔國語〕君之庸臣也. ⑥조세(租稅)의 한 가지. 당대(唐代)의 제도로, 정년(丁年) 이상의 남자에게 해마다 20일간의 노역(勞役)을 부과하고, 이에 빠진 자에게는 하루에 비단 3자(尺)씩을 내게 하였다. ¶租庸調. ⑦어리석다, 우매하다.〔晉書〕不有亂常則多庸暗. ⑧수고, 노고(勞苦).〔詩經〕我生之初, 尙無庸. ⑨공로가 있는 사람. ¶保庸. ⑩법, 법도.〔太玄經〕首尾可以爲庸也. ⑪범인, 보통 사람.〔莊子〕其與庸亦遠矣. ⑫크다.〔太玄經〕過庸夷. ⑬고용하다, 고용된 사람. ≒傭.〔漢書〕取庸苦之不與錢. ⑭큰 종, 쇠 북. ≒鏞.〔詩經〕庸鼓有斁. ⑮어찌. 반어사. ㉮豈(기)와 같은 뜻으로 쓰인다.〔春秋左氏傳〕庸非貳乎. ㉯何(하)와 같은 뜻으로 쓰인다.〔管子〕雖得賢, 庸必能用之乎. ⑯수문(水門).〔禮記〕祭坊與水庸. ⑰담, 작은 성. ≒墉.〔詩經〕以作爾庸. ⑱곧, 즉.〔書經〕帝庸作歌. ⑲떳떳하다.〔易經〕庸言之信. ⑳갚다, 보답하다.〔孟子〕利之而不庸.
【庸丐 용개】품팔이꾼과 거지. 천한 사람.

【庸詎 용거】 어찌. 반문(反問)하는 말. ◯용(庸)과 거(詎) 모두 '何(하)'의 뜻.
【庸狗 용구】 미련한 개. 남을 욕할 때 쓰는 말.
【庸器 용기】 ①공로(功勞)를 명기(銘記)한 그릇. ②적에게서 노획하는 그릇. ③庸才(용재).
【庸懦 용나】 평범하고 나약함.
【庸短 용단】 어리석음.
【庸德 용덕】 ①평범한 덕. ②변하지 않는 덕.
【庸劣 용렬】 어리석고 변변치 못함.
【庸輩 용배】 보통 사람들.
【庸保 용보】 보증인을 세우고 고용(雇傭)됨. 또는 그 사람. 庸保(용보).
【庸夫 용부】 ①보통 사람. ②품팔이. 머슴. ③어리석은 사람.
【庸常 용상】 대수롭지 않음.
【庸俗 용속】 평범한 사람. 품격이 낮은 사람.
【庸暗 용암】 어리석음. 미련함. 暗愚(암우).
【庸言 용언】 ①중용(中庸)을 얻은 말. ②평소의 말. 일상의 말.
【庸庸祗祗 용용지지】 쓸 만한 사람을 쓰고, 공경할 만한 사람을 공경함.
【庸儒 용유】 평범한 학자.
【庸音 용음】 평범한 소리. 평범한 시문(詩文).
【庸醫 용의】 평범한 의사. 돌팔이 의사.
【庸人 용인】 평범한 사람. 보통 사람.
【庸才 용재】 용렬한 재주. 庸器(용기).
【庸績 용적】 공훈. 공적.
【庸節 용절】 법도에 의거함.
【庸情 용정】 보통 사람의 심정(心情).
【庸租 용조】 부역(賦役)과 연공(年貢).
【庸主 용주】 범용(凡庸)한 군주(君主).
【庸中佼佼 용중교교】 평범한 사람들 가운데서 조금 우수한 사람.
【庸知 용지】 어찌 알리오. ㉠물을 바가 아님. 문제로 삼지 않음. ㉡생각이 미치지 않음.
【庸次 용차】 번갈아. 교대로.
【庸行 용행】 ①중용(中庸)을 얻은 행위. ②평소의 행실이나 품행. 素行(소행).
【庸虛 용허】 평범하고 재능(才能)이 없음.
【庸回 용회】 어리석고 성질이 비뚤어짐.
◐ 登一, 凡一, 附一, 中一, 徵一, 采一, 動一.

【㢉】⑪ ❶고을 이름 젹 囷 jí ❷국움집 움
字解 ❶고을 이름. 〔漢書〕淸河郡伯㢉縣. ❷움집. 〔權陽村集〕有㢉幕.
【㢉幕 움막】 國땅을 파고 위를 덮어 비바람이나 추위를 막도록 지은 집. 움막집.

【座】⑪ 座(549)의 속자

【㢋】⑪ 或(662)의 고자

【㢌】⑫ 架(834)의 속자

【庿】⑫ 廟(556)의 고자

【廂】⑫ 행랑 상 陽 xiāng
[소전][초서][예서]
字解 ❶행랑. 대문간에 붙어 있는 방. ❷곁간. 집의 주체가 되는 칸의 동서(東西) 양쪽에 딸려 붙은 칸살. 〔史記〕呂后側耳於東廂. ❸몸채의 동서(東西)쪽에 있는 벽. ≒序. 〔儀禮〕東西廂謂之序.
【廂軍 상군】 □廂兵(상병).
【廂廊 상랑】 몸채 주위의 조붓한 방.
【廂兵 상병】 당송대(唐宋代) 각 주(州)의 주병(州兵) 가운데서 용장(勇壯)한 자를 뽑아서 서울에 두어 금군(禁軍)에 넣고, 남은 자를 본성(本城)에 둔 군대.

【廄】⑫ 廋(553)와 동자

【廅】⑫ 寓(461)와 동자

【㢊】⑫ 곳집 유 麌 yǔ
[초서][예서]
字解 ❶곳집. 물가에 베풀어 둔, 미곡(米穀)을 넣어 두는 창고. 〔史記〕發倉㢊. ❷노적가리. 지붕 없이 들에 쌓아 두는 일. 〔詩經〕我㢊維億. ❸용량(容量)의 단위. 16두(斗)란 설도 있고, 2두 4승(升)이란 설도 있다. 〔春秋左氏傳〕粟五千㢊. ❹활 이름. 〔周禮〕夾弓㢊弓.
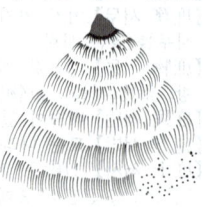
〈㢊②〉
【㢊弓 유궁】 힘이 약하여 가까운 거리를 쏘는 데 적당한 활.
【㢊廩 유름】 쌀 창고.
【㢊億 유억】 창고에 곡식이 가득함.
【㢊積 유적】 노천(露天)에 쌓아 둔 곡식더미. 노적가리.
◐ 倉一, 帑一.

【廁】⑫ ❶뒷간 측 [본]치 寘 cè ❷곁 측 職 cè
[소전][초서][예서][간체]
字解 ❶뒷간. 변소. 〔史記〕沛公起如廁. ❷돼지우리. 돈사(豚舍). 〔漢書〕廁中豕群出. ❸섞다. 섞이다. ≒雜·次. 〔史記〕廁之賓客之中. ❹❶곁. 옆. ≒側. 〔史記〕居北海臨廁. ❷기울이다, 한쪽을 높게 세우다. 〔莊子〕廁足而墊之. ❸구석. ≒仄. 〔史記〕要之置廁.
【廁間 측간】 뒷간. 변소.

广部 9~10획 廃廊廉廇廋

【廁竇 측두】 ①변소의 똥을 퍼내는 구멍. ②뒷간. 변소.
【廁鼠 측서】 國뒷간의 쥐. 지위를 얻지 못한 사람의 비유.
【廁足 측족】 발돋움함. 側足(측족).
【廁牏 측투】 ①변소의 담. ②속옷. 땀받이.
【廁溷 측혼】 뒷간. 변소.
◐ 屛−, 雜−.

广 9 【廃】 ⑫ 廢(557)의 속자

广 10 【廊】 ⑬ 복도 랑 陽 láng

亠广广广庐庐庐廊廊廊

[소전] 廨 [초서] 廊 [字源] 形聲. 广+郞→廊. '郞(랑)'이 음을 나타낸다.
[字解] ①복도. ¶ 廊腰. ②행랑. 〔司馬相如·賦〕 高廊四注.
【廊廟 낭묘】 ①정전(正殿). 정사(政事)를 보는 곳. ②조정(朝廷)을 이름. 廟堂(묘당).
【廊廟器 낭묘기】 재상·대신이 되어 정사를 맡아 볼 만한 재능을 가진 사람.
【廊廡 낭무】 정전(正殿)에 딸린 건물.
【廊房 낭방】 ①명(明) 영락(永樂) 초에 북경 사문(四門) 종고루(鐘鼓樓) 등에 두었던 점포(店舖). 상인에게 빌리고 그 임대료(賃貸料)로써 정부의 연회(宴會) 비용에 충당했다. ②곁방. 측실(側室).
【廊腰 낭요】 몸체의 주위를 두른 복도의 벽.
【廊底 낭저】 행랑(行廊).
【廊下 낭하】 ①방과 방 또는 건물과 건물을 잇는, 지붕이 있는 좁고 긴 통로. 複道(복도). 회랑. ②행랑.
◐ 高−, 宮−, 步−, 長−, 畵−, 回−, 廻−.

广 10 【廉】 ⑬ 청렴할 렴 鹽 lián

亠广广产庐庐庿庿廉廉

[소전] 廉 [초서] 庚 [속서] 廉 [간체] 廉 [字源] 形聲. 广+兼→廉. '兼(겸)'이 음을 나타낸다.
[字解] ①청렴하다, 결백하다. ≒濂. 〔大戴禮〕潔廉而果敢者也. ②검소하다, 검박(儉朴)하다. 〔淮南子〕不以廉爲悲. ③곧다, 바르다. 〔國語〕殺君以爲廉. ④싸다, 값이 헐하다. ¶ 廉價. ⑤모, 모퉁이, 구석. ¶ 廉隅. ⑥날카롭다, 예리하다. 〔呂氏春秋〕其器廉而深. ⑦살피다, 살펴보다. 〔漢書〕武使從事廉得其罪. ⑧계산법의 한 가지. ¶ 廉法. ⑨곁, 옆. 〔儀禮〕設席于堂廉東上. ⑩모가 나다, 원만하지 않다. 〔論語〕古之矜也廉. ⑪끊다, 끊어지다. 〔周禮〕外不廉而內不挫. ⑫삼가다. 〔韓愈·書〕不必廉于自進也.
【廉價 염가】 싼 값. 低價(저가).
【廉幹 염간】 청렴하고 일을 잘 처리함.
【廉介 염개】 결백하고 올바름.
【廉裾 염거】 모나고 거만함. 廉倨(염거).
【廉儉 염검】 청렴하고 검소함.
【廉潔 염결】 청렴결백(淸廉潔白)함. 마음이 깨끗하고 인품이 조촐하며 탐욕이 없음.
【廉勁 염경】 마음이 깨끗하고 바름. 청렴하고 강직함.
【廉公 염공】 청렴하고 공평함.
【廉愧 염괴】 마음이 맑고, 사욕(私慾)의 행위를 부끄러워 함.
【廉謹吏 염근리】 마음이 곧고 바르며, 조심성이 많은 관리.
【廉能 염능】 마음이 깨끗하고 재주가 있음.
【廉利 염리】 모가 서서 날카로움.
【廉明 염명】 마음이 청렴하고 밝음.
【廉問 염문】 조사함. 물어 따짐.
【廉白 염백】 청렴결백함. 廉潔(염결).
【廉士 염사】 지조 있는 선비.
【廉纖 염섬】 ①가랑비가 내리는 모양. ②가느다란 모양.
【廉愼 염신】 청렴하고 신중함.
【廉按 염안】 명백히 조사함. 廉察(염찰).
【廉約 염약】 청렴하고 검소함.
【廉讓 염양】 청렴하여 남에게 양보를 잘함.
【廉隅 염우】 물건의 모서리. 품행(品行)이 방정(方正)하고 절조(節操)가 굳음.
【廉遠堂高 염원당고】 임금의 존엄을 전당(殿堂)의 높음에 비유하여 이르는 말.
【廉毅 염의】 청렴하고 강직함.
【廉而不劌 염이물귀】 옥(玉)이 모가 나 있어도 다른 물건을 상하게 하지 않는 것과 같이, 군자(君子)는 의(義)를 따라 제재(制裁)하지만 그로 인해서 남을 다치게 하지는 않음.
【廉貞 염정】 결백하고 곧음.
【廉察 염찰】 자세히 조사함. 자세히 살펴고침. 廉問(염문). 廉按(염안).
【廉淸 염청】 마음이 깨끗함.
【廉恥 염치】 조촐하고 깨끗하여 부끄러움을 아는 마음.
【廉探 염탐】 남몰래 사정을 조사함.
【廉平 염평】 마음이 결백하고 공평함.
【廉悍 염한】 청렴결백하고 강직함.
◐ 刻−, 潔−, 謙−, 方−, 貞−, 淸−, 孝−.

广 10 【廇】 ⑬ 중정 류 宥 liù

[소전] 廇 [字解] ①중정(中庭). 집 안에서 건물과 건물 사이에 있는 뜰. 〔楚辭〕剿讒賊於中廇. ②들보. 〔爾雅〕宋廇謂之梁.

广 10 【廋】 ⑬ 숨길 수 尤 sōu

[초서] 廋 [동자] 廀 [字解] ①숨기다, 숨다. 〔論語〕人焉廋哉. ②찾다, 구하다. ≒搜. 〔漢書〕廋索私屠酤. ③세다, 헤아리다. ≒數. 〔周禮〕廋人. ④모롱이, 산모롱이. 〔楚辭〕步從容於山廋.

【廋伏 수복】 적을 가슴하기 위하여 요긴한 목에 숨겨 둔 군사. 伏兵(복병).
【廋辭 수사】 은어(隱語). 에둘러 하는 말. 수수께끼.
【廋索 수색】 찾음. 搜索(수색).

广10 【鬼】⑬ ❶담 외 ㊌회 畫 huì
❷산 이름 외 ㊌괴 灰 guī
❸사람 이름 외 ㊌외 wěi
字解 ❶담〔牆〕. ❷산 이름. 하남성(河南省) 낙양현(洛陽縣)의 서남. 지금의 곡구산(谷口山). ❸사람 이름. 〔晉書〕單于遼東郡公慕容廆.

广10 【廌】⑬ 해태 채 蟹 zhì
소전 동자 통자 字解 ❶해태. 소 닮은, 뿔이 하나인 짐승. 옛날에는 죄를 지었다고 여겨지는 자를 이 짐승에 닿게 하여, 그 죄의 유무를 알았다고 한다. 〔論衡〕解廌者一角羊, 性知有罪. ❷추천하다. 늑薦.

广10 【鷹】⑬ 廌(554)와 동자

广10 【廈】⑬ 큰 집 하 馬 shà
소전 초서 동자 속자 字解 ❶큰 집, 규모가 큰 집. 〔太玄經〕大廈微. ❷헐소청. 처마를 사방으로 빼서 만든 방.
【廈屋 하옥】 큰 집. 夏屋(하옥).
【廈氈 하전】 ❶임금이 기거하는 곳. 宇宙眞(우주진). ❷경연청(經筵廳)의 딴 이름.
◐ 高-, 廣-, 大-, 崇-, 豊-.

广11 【廓】⑭ ❶둘레 곽 藥 kuò
❷클 확 ㊌곽 藥 kuò
초서 참고 대법원 지정 인명용 한자의 음은 '곽·확'이다.
字解 ❶❶둘레, 한 구역을 이루는 지역. 〔王度·記〕周遽輪廓. ❷외성, 성·요새 따위를 두른 울타리. 〔晏子〕婢妾東廓之野人也. ❷❶크다. 〔詩經〕憯其式廓. ❷너그럽다. 〔吳志〕性度恢廓. ❸휑뎅그렁하다, 텅 비다. 〔淮南子〕處大廓之字. ❹넓히다, 열리다, 확장하다. 〔淮南子〕廓四方. ❺바로잡다, 바르게 하다. 〔張衡·賦〕是廓是極. ❻칼집.
【廓開 확개】 넓힘. 크게 함. 확장함.
【廓寧 확녕】 ❶주거(住居)를 넓혀 편안하게 함. ❷널리 편안하게 함. 난을 평정함.
【廓大 확대】 ❶면적, 도량 등이 넓고 큼. ❷넓혀서 크게 함. 擴大(확대).
【廓落 확락】 ❶큰 모양. ❷공허하고 쓸쓸한 모양. 또는 실망한 모양. 零落(영락) ❸마음이 넓고 시원한 모양. 磊落(뇌락).
【廓如 확여】 텅 빈 모양. 활짝 열려 큰 모양. 豁

然(활연).
【廓正 확정】 바로잡음. 올바로 고침.
【廓清 확청】 세상의 혼란을 깨끗이 몰아냄. 완전히 소탕(掃蕩)함. 肅清(숙청).
【廓廓 확확】 공허한 모양. 덧없는 모양.
◐ 高-, 宏-, 恢-.

广11 【廣】⑭ 廣(555)의 속자

广11 【廄】⑭ 마구간 구 宥 jiù
소전 고문 초서 속자 속자
간체 字解 ❶마구간. 〔詩經〕乘馬在廄. ❷모이다, 마소가 모이는 곳. ❸벼슬 이름, 말에 관한 일을 관장하던 벼슬. 〔春秋左氏傳〕養由基爲官廄.
【廄舍 구사】 마구간. 廄閑(구한).
【廄人 구인】 말을 기르는 사람.
【廄卒 구졸】 마구간지기.
【廄騶 구추】 기사(騎士)로서 말에 관한 일을 관장하는 사람.
【廄置 구치】 통행 도중에 말을 갈아타는 곳. 역참(驛站).
【廄閑 구한】 ㄷ廄舍(구사).
◐ 宮-, 內-, 馬-, 御-, 外-, 典-, 華-.

广11 【廐】⑭ 廄(554)의 속자

广11 【廑】⑭ 작은 집 근 文 jǐn, qín
소전 동자 간체 字解 ❶작은 집. ❷겨우, 조금. 늑僅. 〔漢書〕其次廑得舍人. ❸노력하다, 소임에 힘쓰다. 늑勤. ¶廑身.
【廑身 근신】 몸을 닦기에 힘씀. 勤身(근신).
【廑注 근주】 정성을 다 기울여 애씀. 편지에 쓰는 말.

广11 【廖】⑭ ❶공허할 료 蕭 liáo
❷성 료 蕭 liáo
소전 초서 字解 ❶공허하다, 속이 텅 비다. 〔韓愈·詩〕座下廖落如明星. ❷❶성(姓). ❷나라 이름. 〔漢書〕湖陽, 故廖國地.
【廖廓 요확】 매우 멀고 텅 빈 모양.

广11 【廔】⑭ 창 루 尤 lóu
소전 字解 ❶창(窓), 광창(光窓). ❷씨 뿌리는 수레. 늑樓.

广11 【廒】⑭ 곳간 오 豪 áo
字解 곳간, 미곡 창고.

广 11【廕】⑭ 덮을 음 [沁] yìn

[초서] 𢊆 [字解] ①덮다, 감싸다. 〔戰國策〕 席隴畝而廕庇桑. ②그늘. ㉮덮어 가리어진 곳. ㉯보살펴 주는 보호나 혜택. 부모 조상의 여택(餘澤)이 자손에게 미치는 것.
【廕官 음관】 부모나 조상의 덕으로 얻은 벼슬. 또는 그 벼슬아치.
【廕補 음보】 ☞廕除(음제).
【廕庇 음비】 덮어서 감쌈. 보호함. 은혜를 입음.
【廕生 음생】 부조(父祖)의 훈공으로 벼슬자리를 얻거나, 국자감(國子監) 학생이 된 사람.
【廕除 음제】 부조의 덕택으로 관위를 받음. 🔍'除'는 임명의 뜻.

广 12【廘】⑮ [國]곳간 곡

[字解] 곳간.

广 12【廣】⑮ ❶넓을 광 [養] guǎng ❷넓이 광 [漾] guàng, kuàng

广 户 庐 庐 庐 庴 席 席 廥 廣

[소전] 廣 [초서] 廣 [속자] 廣 [속자] 広 [간체] 广

[字源] 形聲. 广+黃→廣. '黃(황)'이 음을 나타낸다.
[字解] ❶①넓다. ㉮면적이 크다. 〔詩經〕 漢之廣矣, 不可泳思. ㉯폭의 길이가 길다. ¶ 廣狹長短. ㉰너르나, 마음 쓰는 노량이 크다. 〔春秋左氏傳〕 齊聖廣淵. ㉱포괄하는 내용이 걸치는 데가 많다. ¶ 廣義. ②넓히다, 넓게 하다. 〔國語〕 必廣其身. ③넓어지다, 넓게 되다. 〔呂氏春秋〕 地日廣. ④광동성(廣東省)·광서성(廣西省)의 약칭. ⑤성(姓). ❷①넓이. ㉮일정하게 차지하는 평면의 크기. ㉯너비, 가로, 동서(東西)의 길이. ≒橫. ¶ 廣輪. ②직경(直徑), 지름. 〔周禮〕 信其桯圍以爲部廣. ③병거 15승(乘). 〔春秋左氏傳〕 廣有一卒. ④널찍하다, 널따랗게 뻗어 있다. 〔荀子〕 人主胡不廣焉. ⑤비다, 공허하다. ≒曠. 〔漢書〕 師出過時之謂廣. ⑥무덤. ≒壙. 〔孔子家語〕 自望其廣. ⑦빛나다. ≒光.
【廣居 광거】 넓은 처소(處所). 인(仁)에 비유하여 이르는 말.
【廣告 광고】 세상에 널리 알림.
【廣衢 광구】 넓은 길. 큰 길. 한길.
【廣己 광기】 자기의 도덕(道德)을 훌륭하게 함.
【廣記 광기】 널리 기재(記載)함.
【廣大 광대】 넓고 큼.
【廣德 광덕】 넓고 큰 덕.
【廣度 광도】 넓은 도량(度量).
【廣塗 광도】 넓은 길. 廣途(광도).
【廣遼 광료】 넓고 아득함. 또는 그 곳.
【廣柳車 광류거】 ①장사(葬事)에 쓰는 큰 수레. 🔍'柳'는 갖가지 색칠을 한 장의용(葬儀用) 수레. ②수레를 두루 이르는 말.
【廣輪 광륜】 넓이. 🔍'廣'은 동서, '輪'은 남북. 廣運(광운). 廣袤(광무).
【廣莫風 광막풍】 북풍(北風).
【廣謀從衆 광모종중】 널리 많은 사람들과 의논하여 다수의 의견을 따름.
【廣袤 광무】 땅의 면적. 🔍'廣'은 동서의 길이, '袤'는 남북의 길이.
【廣廡 광무】 넓은 차양. 높고 큰 건물.
【廣文 광문】 ①광대한 문덕(文德). ②교수(敎授)의 딴 이름.
【廣博 광박】 넓음. 특히 학문·견식 등이 넓음.
【廣範 광범】 범위가 넓음.
【廣肆 광사】 ①넓은 점포. ②제멋대로 함. 몹시 방자함.
【廣嗣 광사】 ①자식이 많음. ②후사(後嗣)가 끊이지 않게 함.
【廣榭 광사】 넓고 큰 정자.
【廣宵 광소】 묘혈(墓穴). 광중(壙中).
【廣野 광야】 넓은 들판.
【廣言 광언】 큰소리. 호언장담. 大言(대언).
【廣域 광역】 넓은 지역.
【廣衍 광연】 ①넓고 평평함. 曠衍(광연). ②널리 퍼짐.
【廣淵 광연】 넓고 깊음. 광대(廣大)하고 심원(深遠)함.
【廣演 광연】 널리 폄. 널리 퍼지게 함.
【廣饒 광요】 땅이 넓고 산물(産物)이 많음.
【廣耀 광요】 널리 빛냄.
【廣運 광운】 ①널리 또는 멀리 퍼져 감. ②넓이. 🔍'廣'은 동서, '運'은 남북.
【廣遠 광원】 한없이 멂. 넓고 멂.
【廣圓 광원】 둘레. 周圍(주위).
【廣囿 광유】 너른 동산.
【廣義 광의】 어떤 말의 뜻을 넓은 범위로 해석했을 때의 뜻.
【廣益 광익】 널리 세상에 이익을 줌.
【廣長舌 광장설】 ①(佛)부처의 몸에 갖춘 독특한 모양의 하나. 혀가 넓고 길고 부드러워 이것을 내밀면 얼굴 전체를 덮고 이마 위까지 올라가는 것을 나타냄. ②훌륭한 변설(辯舌). 쓸데없이 장황하게 늘어놓는 말. 長廣說(장광설).
【廣磧 광적】 넓은 모래톱.
【廣濟 광제】 세상 사람을 널리 구제함.
【廣坐 광좌】 ①여러 사람이 앉아 있는 자리. ②너른 자리.
【廣敞 광창】 너르고 앞이 탁 트임.
【廣斥 광척】 넓은 간석지(干潟地).
【廣布 광포】 ①널리 폄. 세상에 널리 알림. ②폭이 넓은 마포(麻布).
【廣被 광피】 널리 미치게 함. 두루 베풂.
【廣寒宮 광한궁】 달 속에 있다는 궁전 이름. 월궁전(月宮殿). 廣寒府(광한부).
【廣欬 광해】 큰 헛기침.
【廣虛 광허】 ①널찍하고 텅 빈 곳. ②넓은 허공(虛空). 하늘.
【廣闊 광활】 탁 트이고 매우 넓음.
◑ 少-, 深-, 增-, 平-, 幅-, 弘-.

555

广部 12획 廉廟廡厮廛

【廉】⑭ 廉(553)의 속자

【廟】⑮ 사당 묘 miào

字源 形聲. 广+朝→廟. '朝(조)'가 음을 나타낸다.

字解 ①사당. 조상의 신주를 모셔 두고 제사 지내는 곳. 〔春秋公羊傳〕納于太廟. ②신을 제사 지내는 곳. 주로 위인(偉人)이나 성현(聖賢)을 모시는 곳. 〔史記〕於是作渭陽五帝廟. ③위패(位牌). 〔荀子〕負三王之廟而辟於陳蔡之間. ④빈소(殯所), 빈궁(殯宮). 〔禮記〕至於廟門. ⑤정전(正殿). 〔呂氏春秋〕天子居太廟太坐. ⑥한 나라의 정사를 집행하는 곳. 〔吳志〕不下堂廟而天下治也. ⑦절. 〔晉書〕惟誦佛經修營塔廟而已.

【廟啓 묘계】조정(朝廷)에서 임금에게 올리는 상주(上奏).
【廟堂 묘당】①조종(祖宗)의 영(靈)을 모신 곳. 종묘(宗廟). 사당(祠堂). ②종묘(宗廟)와 명당(明堂). ③조정(朝廷). ○조정에서 국사를 집행하기 전에 먼저 종묘(宗廟)에서 조상에게 고하고 군신(群臣)에게 자문(諮問)한 데서 온 말. ④國의정부의 딴 이름.
【廟堂之量 묘당지량】천하의 정령(政令)을 잡을 만한 기량(器量).
【廟略 묘략】조정의 정책(政策), 묘의(廟議)에서 결정한 계획.
【廟貌 묘모】선조의 영혼을 모신 사당(祠堂). 영묘(靈廟).
【廟社 묘사】종묘(宗廟)와 사직(社稷).
【廟祠 묘사】①사당에 제사 지냄. ②선조의 영혼을 모신 사당.
【廟算 묘산】조정의 계략. ○전투 전에 묘당에서 작전 계획을 짠 데서 온 말. 또는 장군을 임명할 때 묘당에서 재계(齋戒)시키고 성산(成算)을 주는 데서 온 말.
【廟牲 묘생】태묘(太廟)의 제사에 쓰이는 희생(犧牲). 고귀한 자리에 있으나 몸이 위태로운 사람을 이름. 故事 장자(莊子)가 벼슬살이하는 것을 희우(犧牛)에 비유한 고사에서 온 말.
【廟勝 묘승】직접 전투를 하지 않고 조정에서 세운 계략만으로 승리하는 일.
【廟食 묘식】사당(祠堂)에 모시게 됨.
【廟室 묘실】종묘의 신주를 안치하는 방.
【廟宇 묘우】①사당. ②절.
【廟院 묘원】①한 집안의 사당. 家廟(가묘). 祠堂(사당). ②절. 사원(寺院).
【廟垣之鼠 묘원지서】영묘(靈廟)의 담 안에 사는 쥐. 군주(君主) 측근의 간신(姦臣).
【廟議 묘의】조정(朝廷)의 의논(議論).
【廟庭配享 묘정배향】공로가 있는 신하가 죽은

뒤에 종묘(宗廟) 제사에 부제(祔祭)하는 일.
【廟祧 묘조】□廟堂(묘당).
【廟主 묘주】사당(祠堂)에 모신 신주(神主).
【廟寢 묘침】종묘(宗廟). ○앞에 있는 것을 '廟', 뒤에 있는 것을 '寢'이라 함.
【廟塔 묘탑】(佛)불상을 안치(安置)하는 곳.
【廟學 묘학】묘당(廟堂)의 경내에 있는 학교.
【廟見 묘현】①사당에 참배함. ②신부(新婦)가 처음으로 남편 집 사당(祠堂)에 참배하는 일. 廟現(묘현).
【廟號 묘호】임금이 죽은 뒤 신주를 태묘(太廟)에 모실 때 추존(追尊)하는 이름.
【廟諱 묘휘】종묘에 모신 선제(先帝)의 휘(諱). 또는 임금의 이름을 죽은 뒤 이르는 말.

❶家─, 高─, 宮─, 廊─, 大─, 寺─, 社─, 靈─, 五─, 祠─, 祖─, 宗─, 寢─, 特─.

【廡】⑮ ❶집 무 wǔ ❷무성할 무 wú

字解 ❶①집. 〔左思·賦〕千廡萬室. ②처마, 지붕. 〔王勃·碑文〕桂廡松楹. ③큰 집, 규모가 큰 건물. 〔左思·賦〕千廡萬室. ④복도, 거느림채. 〔後漢書〕高廡百尺. ❷무성하다, 초목이 우거져 있다. 늦 蕪. 〔張衡·賦〕草木蕃廡.

【厮】⑮ 하인 시 sī

字解 ①하인, 종. 〔春秋公洋傳〕厮役扈養. ②비천(卑賤)하다. 〔後漢書〕厮輿之卒. ③나누다, 가르다. =澌·斯. 〔史記〕乃厮二渠, 以引其河. ④서로, 서로서로. ¶ 厮咬.
【厮咬 시교】서로 물어뜯음. 嘶敵(시교).
【厮臺 시대】신분이 천한 사람. 천인(賤人).
【厮徒 시도】①잡일을 맡아보던 하인. 머슴. ②군졸(軍卒).
【厮豎 시수】머슴. 하인. ○'豎'는 동복(童僕). 厮徒(시도).
【厮養卒 시양졸】군졸(軍卒). 나무를 하고 말을 먹이는 천(賤)한 사람. 厮養(시양). 厮役(시역).

【廛】⑮ 가게 전 chán

字源 會意. 广+里+八+土→廛. 사나이 사람에게 집(广)을 지으라고 나누어(八) 준 마을(里)의 땅(土)이란 뜻으로 본뜻은 '집'이고, 이에서 발전하여 '가게'란 뜻도 나타낸다.

字解 ①가게. ⑭상점. 〔禮記〕市廛而不稅. ④가게에 대하여 매기는 세금. 〔孟子〕廛而不征. ②터, 집터. 한 집이 차지하는 2.5묘(畝) 넓이의 택지(宅地). 〔孟子〕願受一廛而爲氓. ③밭, 100묘(畝) 넓이의 밭. 〔潘岳·賦〕儀儲駕於廛左今.

【廛房 전방】 가게. 商店(상점). 廛鋪(전포). 店鋪(점포).
【廛肆 전사】 가게. 상점.
【廛市 전시】 저자거리.
【廛野 전야】 도시와 시골.
【廛宅 전택】 일반 주민들의 집.
【廛布 전포】 관청의 곳집에 보관한 화물(貨物)에 부과하는 세(稅).
【廛閈 전한】 ①일반 시민이 사는 마을 어귀에 세운 문. ②거리의 점포.
◑ 郊-, 肆-, 市-, 六注比-, 邑-.

【廚】⑮ 부엌 주 廚 chú

字解 ①부엌, 취사장. 〔孟子〕是以君子遠庖廚也. ②요리인(料理人). 음식 만드는 일이 전문인 사람. 〔漢書〕長安廚給祠具. ③상자, 함. 〔晉書〕愷之嘗以一廚畫糊題其珍. ④음식.
【廚房 주방】 음식을 만들거나 차리는 방. 부엌.
【廚人 주인】 요리하는 사람. 요리사.
【廚子 주자】 ①요리인. ②지방 관청에서 음식을 만들던 사람.
【廚宰 주재】 음식 만드는 일을 맡아보는 사람.
【廚傳 주전】 ①음식과 여관. ②주포(廚庖)와 역전(驛傳).
【廚庖 주포】 ①주방(廚房). ②요리(料理).
【廚下 주하】 부엌. 廚房(주방).
◑ 軍-, 佛-, 御-, 齋-, 庖-.

【廠】⑮ 헛간 창 厰 chǎng

字解 ①헛간, 벽이 없는 건물. 〔韓偓·詩〕枳籬茅廠共桑麻. ②공장, 물건을 만드는 곳. 〔明史〕近京及蘇州皆有甄廠. ③마구간. ④넓다. ≒敞. 〔太平廣記〕殿宇高廠.
【廠房 창방】 공장(工場).
【廠舍 창사】 문짝이 없는 광. 헛간.
【廠獄 창옥】 명대(明代)에 칙명(勅命)에 의하여 체포한 죄인을 가두던 감옥. 동·서 두 창(廠)이 있었음.
◑ 工-, 工作-, 茅-, 兵器-, 被服-.

【廢】⑮ 폐할 폐 废 fèi

广 广 广 广 庐 庼 廖 廖 廖 廢

字源 形聲. 广+發→廢. '發(발)'이 음을 나타낸다.

字解 ①폐하다. ㉮있어 온 제도·기관·풍습 등을 버리거나 없애다. 〔詩經〕廢撤不遲. ㉯어떤 신분의 사람을 그 자리에서 몰아내다. ¶廢黜. ②그만두다, 그치다. 〔中庸〕半塗而廢. ③부서지다, 못 쓰게 되다, 쇠퇴하다. 〔淮南子〕走獸廢脚. ④해이해지다, 느슨해지다. 〔禮記〕教之所由廢也. ⑤기울어지다, 집이 한쪽으로 넘어가다. 〔淮南子〕四極廢. ⑥엎드리다. 〔史記〕千人皆廢. ⑦떨어지다. 〔春秋左氏傳〕廢於爐炭. ⑧행하여지지 않다. 〔老子〕大道廢而有仁義. ⑨발이 달리지 않은 그릇. 〔儀禮〕廢敦重廅. ⑩두다, 붙잡아 두다. 〔春秋公羊傳〕廢其無聲者. ⑪변하다, 바뀌다. 〔詩經〕廢爲殘賊. ⑫크다. 〔列子〕廢虐之主. ⑬앓다. 병. ≒癈. 〔淮南子〕走獸廢脚. ⑭움직이다, 발동하다. ≒發. 〔論語〕廢中權.
【廢家 폐가】 ①허물어진 집. ②대가 끊긴 집안.
【廢刊 폐간】 신문이나 잡지 따위의 정기 간행물의 발간을 그만둠.
【廢講 폐강】 강의를 없앰.
【廢居 폐거】 ①상품을 쌓아 간직해 두고 값이 오르기를 기다리는 일. ②사람이 살지 않는 내버려진 집. ③관직에서 물러나 집에 있음.
【廢擧 폐거】 물가가 비쌀 때는 팔고, 쌀 때는 사들임.
【廢格沮誹 폐격저비】 행하여지지 못하도록 훼방하고 비방함.
【廢缺 폐결】 이지러져 쓸모없게 됨.
【廢錮 폐고】 종신토록 관리가 될 수 없게 함. 관리가 될 수 있는 자격을 박탈함.
【廢校 폐교】 학교를 폐지함.
【廢國 폐국】 ①망한 나라. 亡國(망국). ②뭇 공자(公子)를 해(害)하는 일.
【廢棄 폐기】 ①못 쓰는 물건을 버림. ②법규나 약속 등을 무효로 함.
【廢屠 폐도】 천한 일을 하는 사람. 세상에서 버림을 받아 백정이 된 사람.
【廢禮 폐례】 ①예의를 버림. ②폐지된 예법.
【廢立 폐립】 임금을 내쫓고 새 임금을 세움.
【廢慢 폐만】 대수롭지 않게 여기어 폐지함.
【廢務 폐무】 ①사무를 게을리 함. ②폐조(廢朝) 등을 위하여 신하가 정무(政務)나 사무(事務)를 집행하지 않음.
【廢物 폐물】 아무 소용 없게 된 물건.
【廢放 폐방】 관직(官職)을 파(罷)하고 추방함. 버리고 등용하지 않음.
【廢塞 폐색】 영락(零落)함. 불운(不運)하여 승진(昇進)의 길이 막힘.
【廢失 폐실】 쓸모없게 됨.
【廢淹 폐엄】 세상에 버림받아 쓰이지 않는 사람.
【廢業 폐업】 영업을 그만둠.
【廢營 폐영】 황폐한 진영(陣營).
【廢苑 폐원】 황폐한 동산. 廢園(폐원).
【廢位 폐위】 왕위(王位)를 폐함.
【廢弛 폐이】 규율이 피폐하고 해이해짐.
【廢人 폐인】 심신(心身)의 문제로 제구실을 못하는 사람.
【廢殘 폐잔】 ①못쓰게 되어 남아 있음. ②병을 앓는 사람이나 불구자(不具者).
【廢嫡 폐적】 호주 상속인(戶主相續人)으로서의 신분 등을 폐지함.
【廢典 폐전】 쓰지 않는 의식. 폐지된 의식.

【廢絶 폐절】 허물어져 없어짐. 廢滅(폐멸).
【廢朝 폐조】 황실(皇室)의 흉사(凶事)나 그 밖의 사고로 천자(天子)가 정무를 못 보는 일.
【廢止 폐지】 실시하던 일이나 제도 따위를 그만두거나 없앰.
【廢疾 폐질】 ①불치(不治)의 병. 痼疾(고질). 癈疾(폐질). ②불구자(不具者).
【廢撤 폐철】 걷어치움. 종래의 제도나 관습을 폐지함. 撤廢(철폐). 撤罷(철파).
【廢置 폐치】 ①폐지와 존치. 存廢(존폐). ②면직과 등용. ㉠능하지 못한 사람을 물리치고 어진 사람을 등용하는 일. ㉡어진 사람을 물리치고 아첨하는 사람을 등용하는 일. ㉢천자를 폐립(廢立)하는 일. ④國폐지한 채로 버려 둠.
【廢退 폐퇴】 벼슬에서 물러나게 함.
【廢罷 폐파】 행정 행위를 취소하는 행위.
【廢品 폐품】 사용하기 어렵게 되어 버리는 물건.
【廢墟 폐허】 건물이나 성곽(城郭) 따위가 파괴되어 황폐해진 터. 廢址(폐지).
【廢興 폐흥】 쇠퇴함과 흥왕(興旺)함.
● 改-, 全-, 存-, 撤-, 頽-, 荒-, 興-.

广12 【廞】⑮ ❶진열할 흠 㑒 xīn
❷막힐 흠 [本]音 ㄑ xīn
[字解] ❶①진열하다, 죽 벌여 놓다.¶廞飾. ②일으키다, 일을 시작하다. 〔周禮〕廞其樂器. ③험한 모양. ¶廞 臘. ❷①막히다, 진흙이 쌓이다. 〔新唐書〕久廞塞. ②노하다, 성내다. 〔太玄經〕虎虩振廞.
【廞塞 흠색】 막힘.
【廞飾 흠식】 승여(乘輿)와 관복(冠服)을 뜰에 진열하여 꾸미는 일.
【廞淤 흠어】 진흙으로 막힘.
【廞衛 흠위】 國임금의 장례 행렬에 쓰던 기구.

广13 【廥】⑯ 곳간 괴 㑒 kuài
[字解] ①곳간, 창고. 〔新唐書〕頻發官廥. ②여물을 저장하는 곳간. 〔史記〕邯鄲廥燒. ③저장하다.
【廥廩 괴름】 여물을 저장하는 곳간과 미곡(米穀)을 쌓아 두는 창고. 또는 곳간.
【廥儲 괴저】 창고(倉庫)에 물건을 저장함. 또는 그 물건.

广13 【廡】 ❶庒(554)과 동자
❷僅(130)과 동자

广13 【廩】⑯ 곳집 름 㑒 lǐn
[字解] ①곳집, 쌀광. 〔漢書〕朕庶倉廩. ②갈무리하다, 저장하다. 〔管子〕君已廩之矣. ③쌀, 모으다. 〔素問〕廩於腸胃. ④녹미(祿米), 녹봉. 〔管子〕死事之

寡, 其餼廩何如. ⑤나라에서 공급(供給)하다, 녹미·식량 따위를 공급하다. 〔漢書〕廩食太官. ⑥다스리다. ≒理. 〔春秋公羊傳〕御廩者何. ⑦적다, 드물다. ≒鮮·歉. ⑧풍채(風采)가 있는 모양. ≒懍. 〔漢書〕此廩廩庶幾德讓君子之遺風矣.
【廩庫 늠고】 쌀 곳간. 미곡 창고.
【廩囷 늠균】 쌀 창고. ☞'廩'은 네모난 창고, '囷'은 둥근 창고.
【廩餼 늠기】 ①쌀로 주는 급여. 녹미(祿米). 수당(手當). ②청대(淸代)에 늠생(廩生)에게 일률적으로 지급한 학자금(學資金).
【廩料 늠료】 관원의 급료(給料).
【廩廩 늠름】 ①위의(威儀)가 바름. 풍채(風采)가 있음. ②위태로운 모양.
【廩生 늠생】 관에서 녹미(祿米)를 받는 학생.
【廩膳 늠선】 ①끼니때의 음식. ②관(官)에서 지급하는 음식.
【廩粟 늠속】 ①창고에 있는 쌀. ②관에서 주는 쌀. 관급미(官給米).
【廩食 늠식】 정부에서 주는 녹미(祿米). 給料(급료). 祿俸(녹봉).
【廩庾 늠유】 쌀 곳간.
【廩入 늠입】 봉록(俸祿)으로서 받는 미속(米粟)의 수입. 俸給(봉급).
【廩振 늠진】 관에서 쌀 창고를 열어 빈민을 구제함. 빈민에게 쌀을 배급함. ☞'振'은 '賑'으로 '구휼함'을 뜻함.
【廩稍 늠초】 관에서 주는 식료(食料). ☞'稍'는 조금씩 주는 일.
【廩秋 늠추】 추위가 오싹 느껴지는 가을.
【廩蓄 늠축】 창고에 쌀을 간직함.
● 公-, 官-, 米-, 月-, 廈-, 振-, 倉-.

广13 【廧】⑯ 담 장 㒰 qiáng
[字解] ①담. ≒牆. 〔漢書〕牽帷廧之制. ②신분과 지위가 낮은 신하. ≒嗇. 〔戰國策〕廧夫空. ③오랑캐 이름. 춘추 시대에 있던, 적적(赤狄)의 한 갈래.

广13 【廨】⑯ 관아 해 㑒 xiè
[字解] 관아(官衙), 공관(公館).
【廨舍 해사】 관아의 건물. 官舍(관사).
【廨署 해서】 공무를 집행하는 곳. 官衙(관아).
【廨宇 해우】 ☞廨署(해서).

广16 【廬】⑲ ❶오두막집 려 㑒 lú
❷창자루 로 㑒 lú
[參考] 대법원 지정 인명용 한자의 음은 '려'이다.
[字解] ❶①오두막집. ㉮농막. 고대에 농민에게 분배되었던 밭에, 경작의 편의를 위하여 임시로 지은 집. 〔詩經〕中田有廬. ㉯초옥(草屋), 볼

품없는 조잡한 집.〔荀子〕屋室廬廋. ㉣상제가 거처하는, 무덤 근처에 지은 집. ¶廬幕. ❷주막, 여인숙.〔周禮〕十里有廬, 廬有飮食. ❸임시 거처, 임시로 거처하다.〔國語〕衞人出廬於曹. ❹살다, 주거로 삼다.〔張衡·賦〕恨阿房之不可廬. ❺집, 살고 있는 집. ¶三顧草廬. ❻숙직실, 숙직하는 방.〔漢書〕日碑小疾卧廬. ❼성(姓). ❷❶창자루. ≒簰.〔周禮〕秦無廬. ❷줄. ≒鑢.

【廬落 여락】❶촌락(村落). ❷담, 담장.
【廬幕 여막】 시묘(侍墓)를 위해 상제(喪制)가 거처하는, 무덤 근처에 지은 초막. 廬舍(여사).
【廬墓 여묘】상제가 무덤 근처에 여막을 짓고 기거하며 돌아가신 분을 모시는 일.
【廬廡 여무】집. 屋宇(옥우).
【廬寺 여사】여사(廬舍)와 사찰(寺刹).
【廬舍 여사】❶식사와 휴식을 위해 밭 가운데 세운 초막(草幕). 農幕(농막). 田舍(전사). ❷무덤 옆에 세운, 상제가 거처하는 초막. 의려(倚廬)와 악실(堊室)로 되어 있음. ❸나그네의 편의를 위해 길가에 세운 건물. 廬幕(여막). ❹군대가 일시 머물기 위해 세운 가옥(假屋).
【廬山眞面目 여산진면목】 여산의 참모습. 사물이나 상합의 본래 모습.
【廬兒 여아】관아(官衙)의 사환. 하인.
【廬庵 여암】암자(庵子). 庵舍(암사).
【廬帳 여장】장막으로 된 만이(蠻夷)의 집.
【廬井 여정】정전제(井田制)에서 공전(公田) 100묘(畝) 중 20묘를 떼몫 집의 여사(廬舍)가 되던 것.

❶ 結—, 陋—, 茅—, 蓬—, 僧—, 庵—, 野—, 屋—, 田—, 草—, 出—, 學—, 菴—.

广 ⑳【廳】 廳(559)의 속자
17

广 ㉑【廱】화락할 옹 圖 yōng
18
[소전][字解]❶화락(和樂)하다, 화평하다. ≒雝.〔楚辭〕雁廱廱而南遊兮. ❷막다, 막히다. ≒壅.〔春秋穀梁傳〕廱河三日不流. ❸천자(天子)의 학교, 벽옹(辟廱).〔詩經〕於樂辟廱.
【廱偃 옹언】부드럽게 대하여 따르게 함.
【廱廱 옹옹】화락한 모양.
【廱和 옹화】화평하게 다스려짐.

广 ㉕【廳】 관청 청 圖 tīng
22

广 广 庁 庁 庁 廎 廎 廳 廳
[초전][속자][속자][간체] [字解] 形聲. 广+聽→廳. '聽(청)'이 음을 나타낸다.
廳→廰. '聽(청)'이 음을 나타낸다.
[字解]❶관청, 마을, 관아. ❷대청, 마루, 건물.〔洛陽名園記〕涼榭錦廳.
【廳舍 청사】청사 건물.

❶ 官—, 郡—, 道—, 市—, 支—.

廴 部

3획 부수 | 민책받침부

廴 [⓪]【廴】❸ 길게 걸을 인 圂 yǐn
0
[소][전][㸃][考] 한자 부수 명칭으로는 '辶(책받침)'에서 점이 없는 것이라 하여 민책받침이라고 한다.
[字源] 指事. 조금씩 걷는다는 뜻의 'ㄔ'에서 내리그은 획을 더 늘여 '길게 늘이다'의 뜻을 나타낸다.
[字解]❶길게 걷다. ❷한자 부수의 하나, 민책받침.

廴 [④]【延】❶끝 연 园 yán
4   ❷면류관 덮개 연 跣 yán
            ❸서로 통할 연 霰 yán

ㅡ ㅣ ㅜ 正 疋 延 延

[소전][초서][字源] 形聲. 廴+丿→延. '延(천)'이 음을 나타낸다.
[字解]❶❶끌다. ㉠길게 늘이다.〔漢書〕延頸鶴望. ㉡일이나 시간을 미루거나 지연시키다.〔左傳〕君亦悔禍之延. ❷끌어들이다.〔漢書〕開東閣, 以延賢人. ❸이끌다, 인도하다, 맞이하다.〔禮記〕主人延客祭. ❹늘어놓다, 벌여 놓다.〔左思·賦〕延閣胤宇以經營. ❺넓어지다, 퍼지다.〔顔延之·詩〕黍苗延高填. ❻미치다, 미치게 하다.〔書經〕賞延于世. ❼높다.〔淮南子〕延樓棧道. ❽오래다, 장구하다.〔班固·賦〕歷十二之延祚. ❾무덤 길. ¶延道. ❿멀리.〔史記〕延袤萬餘里. ⓫성(姓). ❷면류관 덮개, 면류관의 맨 윗부분. ≒綖.〔禮記〕天子玉藻十有二旒, 前後邃延. ❸서로 통하다.〔張衡·賦〕轉相踰延.
【延閣 연각】❶길게 연이어 있는 누각(樓閣). ❷한대(漢代) 조정(朝廷)의 서고(書庫) 이름. 궁정(宮廷)의 서고.
【延見 연견】손을 맞아들여 접견함. 引見(인견).
【延頸 연경】목을 길게 뺌. ㉠멀리 바라봄. ㉡고대(苦待)함. 翹首(교수). 鶴首(학수).
【延光 연광】❶명성(名聲)을 오래 전함. ❷명성을 넓힘.
【延亘 연긍】길게 뻗침.
【延企 연기】발을 돋우고 목을 빼어 멀리 바라봄. 延頸企踵(연경기종). 延頸擧踵(연경거종).
【延期 연기】정한 기간을 물려 미룸.
【延納 연납】불러들임. 끌어들임.
【延年 연년】수명을 연장함.
【延年益壽 연년익수】오래오래 삶.
【延道 연도】❶광중(壙中)에 이르도록 만든 길.

廴部 4~6획 廷廹廸㐱廻建

埏道(연도). ②터널. 지하도. ③강물의 본류(本流)가 불어남.
【延登 연등】①한대(漢代) 승상(丞相)·어사대부(御史大夫)를 임명할 때 임금이 친히 조서(詔書)를 내리기 위하여 궁전에 오르게 하던 일. ②인재를 초빙하여 등용하는 일.
【延攬 연람】①끌어들여 자기편으로 함. ②발탁(拔擢)함. 등용함.
【延蔓 연만】널리 퍼짐. 蔓延(만연).
【延命 연명】목숨을 겨우 이어 감.
【延命法 연명법】(佛)연명보살(延命菩薩)을 본존으로 하여 손으로 밀인(密印)을 맺고 입으로 금강수명다라니(金剛壽命陀羅尼)를 외어 수명을 늘이고, 복덕(福德)과 지혜 있고 똑똑한 자녀를 얻을 것을 비는 수법(修法).
【延袤 연무】넓이와 길이. ○'延'은 가로로서 동서(東西), '袤'는 세로로서 남북.
【延問 연문】불러들여 물음.
【延燒 연소】불길이 그 부근에 번져 나감.
【延髓 연수】숨골.
【延壽堂 연수당】(佛)①양로(養老), 또는 치병(治病)을 위하여 절 안에 베푼 집이나 방. ②선가(禪家)에서 화장장(火葬場)을 이르는 말.
【延諡 연시】조상에게 내리는 시호(諡號)를 배명(拜命)하는 일.
【延緣 연연】머뭇거려 나아가지 않는 모양. 오래 머무는 모양.
【延譽 연예】명예를 드높임. 널리 알려진 명예. 세간의 호평(好評).
【延引 연인】①시간을 끎. 늦어짐. 遲延(지연). ②이끌어 들임. 안내함.
【延長 연장】①끊이지 않고 장구(長久)함. ②길이, 시간 등을 본래보다 늘임.
【延奬 연장】이끌어 권장함.
【延佇 연저】오랫동안 멈춰 서서 기다림.
【延祚 연조】①오래 계속되는 행복. ②조상(祖上)의 여덕(餘德)으로 누리는 행복.
【延眺 연조】목을 늘여 멀리 바라봄.
【延着 연착】예정보다 늦게 이름.
【延請 연청】손을 청함. 請邀(청요).
【延滯 연체】금전의 지급이나 납입을 기한이 지나도록 지체함.
○ 經-, 蔓-, 綿-, 順-, 連-, 聯-, 宛-, 接-, 遲-, 遷-, 招-.

廴 4 【廷】⑦ 조정 정 靑 tíng

一ニ千壬任廷廷

[字源] 形聲. 廴+壬→廷. '壬(임)'이 음을 나타낸다.
[字解] ①조정. 제후가 조회하고, 임금이 정사를 펴며 의식(儀式)을 행하는 곳. 〔漢書〕游漢廷公卿間. ②관청, 관아. 벼슬아치가 정무(政務)를 보고, 백성의 소송 사건을 재판하는 곳. 〔後漢書〕母欲給給事縣廷. ③공정하다, 공변되다. ④뜰. 마당. 庭. 〔詩經〕子有廷內.

【廷寄 정기】청대(淸代)에 군기대신(軍機大臣)이 천자에게서 직접 받은 군사상의 기밀 사항을 병부(兵部)에 봉교(封交)하여 각 성(省)으로 보내던 문서.
【廷譏 정기】조정에서 비방함. 어떤 사람을 조정의 여러 사람 앞에서 비방하는 일.
【廷對 정대】조정(朝廷)에서 천자(天子)의 물음에 답하는 일.
【廷論 정론】조정의 공론(公論).
【廷吏 정리】①조정 하급 관리. ②법원에서 잡무나 소송 서류의 송달 등을 맡아보는 직원.
【廷理 정리】옛날, 형법(刑法)을 맡아보던 벼슬.
【廷辯 정변】조정에서 논판(論判)하는 일.
【廷試 정시】궁전에서 행하던 과거. 殿試(전시).
【廷臣 정신】조정에서 벼슬하는 신하.
【廷儀 정의】조정의 의식.
【廷議 정의】조정에서 논의함. 廷論(정론).
【廷杖 정장】명대(明代)에 관리에게 잘못이 있거나 임금에게 거슬린 간(諫)을 했을 때, 대궐 섬돌 밑에서 곤장을 치던 벌(罰).
【廷爭 정쟁】조정의 다수의 면전에서 간(諫)하고 다투는 일. 廷諍(정쟁).
【廷折 정절】조정의 여러 사람 앞에서 꾸짖어 욕되게 함. 廷辱(정욕).
【廷推 정추】명대(明代)의 관리 전선법(銓選法)의 하나. 삼품 이상 및 구경(九卿)·검도어사(劍道御史)·좨주(祭酒) 등의 관리를 전선(銓選)할 때 미리 둘이나 셋을 추천하여 그 안에서 임금이 임명을 결정하던 일.
【廷毀 정훼】조정에서 공공연히 비난함.
○ 宮-, 法-, 入-, 朝-, 出-, 退-.

廴 5 【廹】⑧ 迫(1804)의 속자

廴 5 【廸】⑧ 迪(1805)의 속자

廴 5 【㐱】⑧ 趁(1747)과 동자

廴 5 【廻】⑧ 回(561)와 동자

廴 6 【建】⑨ ❶세울 건 願 jiàn
❷엎지를 건 阮 jiàn

フヨヨ圭圭聿津建建

[字源] 會意. 聿+廴→建. '聿'은 법으로 '律'의 생략형, '廴'은 조정으로 '廷'의 생략형. 조정에서 나라의 법을 세운다는 데서 '법률을 제정하다'란 원뜻을 나타낸다.
[字解] ❶①세우다. ㉮규율·질서 등을 세우다, 법을 정하다. 〔素問〕考建五常. ㉯바닥에서 위를 향하여 곧게 세우다. 〔儀禮〕建鼓在阼階西. ㉰나라 기관(機關) 따위가 건립되다. 〔周禮〕

廴部 6~7획 廻廻 廾部 0~2획 廾 廿 弁

惟王建國. ㉔두다, 베풀어 마련하다. 〔老子〕建言有之. ㉕의견을 말하다, 의론을 내놓다. 〔漢書〕皆建以爲不可. ㉖이루어지다, 이룩하다. 〔戰國策〕可建大功. ②월건(月建). 음력 매월 초하룻날에 북두성의 자루가 가리키는 달의 12신(辰). 〔庚信·賦〕從月建而左轉. ③북두성(北斗星)의 자루 쪽에 있는 여섯 개의 별. 〔周牌算經〕日月俱起建星. ④열쇠, 자물쇠. ≒鍵. ⑤끼우다, 사이에 두다. ※捷(705)의 오용(誤用). ⑥성(姓) ❷엎지르다. 〔史記〕猶居高屋之上, 建瓴水也.

【建囊 건고】 무기(武器)를 자루에 넣어 두고 다시 쓰지 않음. 곧, 세상이 태평함. ◊'建'은 자물쇠.
【建國 건국】 나라를 세움.
【建極 건극】 인륜 도덕(人倫道德)의 모범·표준을 세워 만민(萬民)의 법칙을 정함.
【建幢 건당】 (佛)승려의 수행 구도(修行求道)가 원만하여 당(幢)을 세우고 법호를 받는 일.
【建德 건덕】 ①확고하여 움직이지 않는 덕(德). 또는 덕(德)을 행함. 덕정(德政)을 베풂. ②유덕자(有德者)를 제후(諸侯)로 삼음.
【建瓴 건령】 병의 물을 옥상(屋上)에서 쏟음. 세력이 강함.
【建立 건립】 ①세움. ②제정함. ③설치함.
【建明 건명】 일을 일으켜서 밝게 함.
【建物 건물】 집·창고 등의 건축물.
【建白 건백】 윗사람에게 의견을 말함.
【建設 건설】 ①건물을 짓거나 시설들을 이룩함. ②어떤 사업을 이룩함.
【建樹 건수】 베풀어 세움. 설치함.
【建牙 건아】 출사(出師)할 때 군(軍)의 선두에 세우는 아기(牙旗). 무신(武臣)이 출진함.
【建安體 건안체】 후한(後漢)의 헌제(獻帝) 건안(建安) 연간에 조조(曹操) 부자(父子) 및 건안칠자(建安七子)가 쓴 시(詩)의 한 체.
【建安七子 건안칠자】 후한(後漢)의 건안(建安) 때 시문(詩文)으로 세상에 널리 알려진 일곱 사람의 문인. 공융(孔融)·진림(陳琳)·왕찬(王粲)·서간(徐幹)·완우(阮瑀)·응창(應瑒)·유정(劉楨). 모두 업(鄴)에 살았으므로 업중 칠자(鄴中七子)라고도 함.
【建議 건의】 자신의 의견을 냄.
【建節 건절】 ①사자(使者)임을 증명하는 임금이 내린 기(旗)를 세움. ②절조(節操)를 지킴. ③〔國〕감사(監司)나 관찰사(觀察使)로 등용됨.
【建中 건중】 중정(中正)의 길을 정함.
【建策 건책】 방책(方策)을 세움. 대계(大計)를 세움.
【建築 건축】 건물 등을 지음.
【建坪 건평】 〔國〕건물만의 평수(坪數).

◑封-, 再-, 創-, 土-.

廴
6 【廻】⑨ 돌 회 灰 huí

초전 迴 동서 廻 廻 간체 回 字解 ❶돌다. 빙

빙 돎. ≒回. 〔太玄經〕天日廻行. ②돌리다, 머리를 돌리다. 〔史記〕墨子廻車. ③피하다. 〔淮南子〕天下納其貢職者廻也. ④통하다, 고루 미치다. 〔呂氏春秋〕德廻乎天. ⑤바르지 않다. 〔班固·賦〕叛廻穴其若玆兮.
【廻溪 회계】 굽이를 돌아 흐르는 시내.
【廻塗 회도】 돌게 된 길. 廻途(회도).
【廻鑾 회란】 임금이 대궐로 돌아옴.
【廻文 회문】 한시체(漢詩體)의 하나. 내리읽거나 거꾸로 읽어도 운(韻)이 맞는 시.
【廻旋 회선】 둘레를 빙빙 돎. 回旋(회선).
【廻幹 회알】 빙빙 돌림. 빙빙 돎.
【廻縈 회영】 돌고 돎.
【廻轉 회전】 빙빙 돎.
【廻汀 회정】 꾸불꾸불한 물가.
【廻天挽日 회천만일】 하늘을 돌리고 지는 해를 잡아당김. 힘이 매우 셈. 廻天之力(회천지력).
【廻天之力 회천지력】 하늘을 돌리는 힘. ㉠임금의 마음을 되돌리게 하는 힘. ㉡시세(時勢)를 아주 달라지게 하는 힘.
【廻風 회풍】 회오리바람. 旋風(선풍).
【廻避 회피】 ①책임·만남 따위를 피함. ②꺼림. 어려워함.

◑廻-, 上-, 巡-.

廴
7 【廻】⑩ 廻(561)의 속자

廾 部

3획 부수 | 스물입발부

廾
0 【廾】③ 바칠 공 董 gǒng

소전 ㈠ 고문 廾 字源 會意. 왼손과 오른손을 모아 떠받들고 있는 모양으로 '두 손으로 바친다'는 뜻을 나타낸다.
字解 ①바치다. ②들다. ③한자 부수의 하나, 스물입발.

廾
1 【廿】④ 스물 입 緝 niàn

소전 廿 초서 廿 동서 廾 字源 會意. 열(十)을 둘 합하여 스물의 뜻을 나타낸다.
字解 스물. 10의 2배.

廾
2 【弁】⑤ ❶고깔 변 霰 biàn
      ❷즐거워할 반 寒 pán

초서 弁 동서 覚 参考 대법원 지정 인명용 한자의 음은 '변'이다.
字解 ❶①고깔. ㉮관(冠). 옛날에는 대부(大夫) 이상은 면류관이나 이 '弁'을 썼고, 사(士)는 면류관을 쓰지 못하고 이 '弁'만을 썼다.

〔詩經〕有頍者弁. ❹관(冠)의 총칭. ❺말에게 씌우는 씌우개. 〔張衡·賦〕璿弁玉纓. ❷빠르다, 서두르다. 〔禮記〕弁行, 剡剡起屨. ❸두려워하다, 두려워서 떨다. 〔漢書〕予甚弁焉. ❹치다, 손으로 치는 무술의 한 가지. 〔漢書〕試弁, 爲期門. ❺땅 이름. 지금의 산동성(山東省)에 있는 지명. ❻나라 이름. 삼한(三韓) 때의 우리나라 이름. ¶弁韓. ❼성(姓). ❷즐거워하다. =般. 〔詩經〕弁彼鸒斯.
【弁冕 변면】 ①변(弁)과 면(冕). 모두 옛날의 관(冠). ②우두머리. 首魁(수괴).
【弁髦 변모】 쓸데없는 물건. 무용지물(無用之物). ○'弁'은 중국에서 관례(冠禮) 때에 한번만 쓰는 치포관(緇布冠), '髦'는 동자(童子)의 다리〔垂髦〕로 모두가 관례가 끝나면 버리고 다시 쓰지 않는 데서 이르는 말.
【弁目 변목】 병사(兵士)의 두목. 하급(下級) 무관(武官). 總目(총목). 弁兵(변병).
【弁裳 변상】 관(冠)과 바지. 또는 의관(衣冠).
【弁言 변언】 책의 첫머리에 쓰는 말. 머리말. 序文(서문).
【弁絰 변질】 흰 관(冠)에 수질(首絰)을 한 상복(喪服).
【弁行 변행】 급히 감.
○ 武─, 皮─.

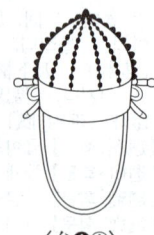
〈弁❶〉

廾
3 【㠭】⑥ 箕(1311)의 고자

廾
3 【异】⑥ ❶그만둘 이 囡 yí ❷다를 이 寘 yì
〔字解〕 ❶①그만두다, 물리치다. 늑已. 〔書經〕异哉, 試可乃已. ②아아! 감탄하여 내는 소리. ❷다르다, 달리하다. 늑異. 〔列子〕何以异哉.

廾
4 【弃】⑦ 棄(857)의 고자

廾
4 【弄】⑦ 희롱할 롱 圉 nòng
一 丅 F 王 王 手 弄
〔字源〕會意. 玉+廾→弄. 구슬(王)을 두 손(廾)에 가지고 노는 모습으로, '희롱하다'란 뜻을 나타낸다.
〔字解〕 ①희롱하다, 말이나 행동으로 실없이 놀리다. ¶弄假成眞. ②가지고 놀다. 〔詩經〕載弄之璋. ③제 마음대로 다루다. ¶弄權. ④솜씨 있게 다루다. 〔史記〕舞文弄法. ⑤업신여기다. 〔春秋左氏傳〕愚弄其民. ⑥좋아하다, 흥에 겨워하다. 〔梁簡文帝·七勵〕永弄林泉. ⑦노리개, 장난감. 〔郭璞·贊〕爰及雕弄. ⑧타다, 악기를 연주하다. 〔沈約·詩〕或弄兩三弦. ⑨곡조, 악곡. 악부(樂府)의 하나. 〔王褎·賦〕詩奏狡弄. ⑩거리. 늑巷. 〔南史〕帝出西弄遇弒.
【弄假成眞 농가성진】 國장난삼아 한 짓이 진심으로 한 것같이 됨.
【弄奸 농간】 남을 농락하여 속이거나 남의 일을 그르침.
【弄巧 농교】 지나치게 기교를 부림.
【弄巧成拙 농교성졸】 기교를 너무 부리다가 도리어 졸렬해진다는 뜻.
【弄口 농구】 ①조리가 없는 말. 거짓으로 꾸며서 남을 참소함. ②말이 많음.
【弄具 농구】 노리개. 장난감.
【弄權 농권】 사사로이 정권(政權)을 농락함. 제 분수를 넘어 권력을 남용함. 弄機(농기).
【弄琴 농금】 거문고를 탐.
【弄機 농기】 정권을 함부로 휘두름.
【弄談 농담】 장난삼아 하는 말. 실없는 말.
【弄法 농법】 법을 제 마음대로 악용함.
【弄舌 농설】 혀를 놀림. 쓸데없이 잘 지껄임.
【弄臣 농신】 임금이 총애하여 가까이 두고 놀이 상대로 삼는 신하.
【弄瓦 농와】 딸을 낳음. 딸이 태어남. ○'瓦'는 실패. 魯弄璋(농장).
【弄玩 농완】 즐기며 가지고 놂. 玩弄(완롱).
【弄月 농월】 달을 바라보고 즐김.
【弄姿 농자】 몸치장을 하여 미태(媚態)를 부림.
【弄璋 농장】 아들을 낳음. 故事중국에서 아들이 태어나면 구슬〔璋〕 장난감을 주고, 딸이 태어나면 실패〔瓦〕 장난감을 준 고사에서 온 말. 魯弄瓦(농와).
【弄田 농전】 임금이 장난치고 즐기는 곳. 연유(宴遊)하는 장소. 한대(漢代)에 미앙궁(未央宮)에 있었음.
【弄蕩 농탕】 남녀가 섞여 질펀하게 놂.
【弄筆 농필】 ①사실을 왜곡(歪曲)하여 씀. 舞文(무문). ②멋을 부려 흥청거려서 쓴 글씨. ③희롱조로 지은 글.
【弄翰 농한】 심심풀이로 글씨나 그림 따위를 쓰거나 그리는 일.
【弄花 농화】 ①꽃을 보고 즐김. ②화초를 가꿈.
【弄丸 농환】 ①구슬을 공중에 던졌다가 받는 곡예(曲藝). ②말똥구리·쇠똥구리의 딴 이름.
○ 翻─, 玩─, 愚─, 嘲─.

廾
4 【弅】⑦ 붕긋한 모양 분 囡 fèn
〔字解〕붕긋한 모양, 언덕이 높직하게 솟아 있는 모양.

廾
5 【弆】⑧ 감출 거 圄 jǔ
〔字解〕감추다, 저장하다, 남몰래 숨겨 두다. 〔金史〕其弆藏應禁器物.

廾
6 【舁】⑨ 思(607)의 고자

卄部 6~12획 弇 弈 奬 弊   弋部 0획 弋

卄 【弇】⑨
❶덮을 엄 琰 yǎn
❷좁은 길 엄 鹽 yān
❸성 남 覃 nán

[字解] ❶①덮다, 덮어 씌우다. ¶弇蓋. ②깊다. 〔呂氏春秋〕其器宏以弇. ③아가리는 작고 속은 넓다. ¶弇聲. ④뒤따르다, 뒤따라 밟다. 〔荀子〕法禹舜而能弇迹者邪. ⑤안으로 향하다. 〔周禮〕棧車欲弇. ❷①좁은 길. 〔春秋左氏傳〕行及弇中. ②산 이름. 〔穆天子傳〕升於弇山. ❸성(姓).

【弇蓋 엄개】 덮어 씌움.
【弇斂 엄렴】 덮어 가리어 밖으로 나타나지 않도록 함.
【弇聲 엄성】 입 안에서 우물거려 똑똑하지 않은 소리.
【弇中 엄중】 좁은 길. 小路(소로).
【弇汗 엄한】 말〔馬〕의 땀을 막는 기구.

卄 【弈】⑨ 바둑 혁 陌 yì

[字解] ①바둑. 〔論語〕不有博弈者乎. ②도박, 노름. 〔孟子〕今夫弈之爲數. ③바둑을 두다, 도박을 하다. 〔春秋左氏傳〕弈者擧棋不定. ④휘장, 문장(門帳). 〔逸周書〕堲上張赤車陰狃. ⑤밝고 빛나다, 아름답다. ⑥대대로, 여러. 〔宋書〕諸賢弈世忠義.

【弈棋 혁기】 바둑. 바둑을 둠.
【弈世 혁세】 대대로.
【弈秋 혁추】 바둑의 명인(名人). 추(秋)는 그의 이름.
【弈楸 혁추】 바둑판. 碁盤(기반).
【弈弈 혁혁】 빛나는 모양. 아름다운 모양.
➊ 博-.

卄 【奬】⑭ 獎(401)과 동자
11

卄 【弊】⑮
12
❶해질 폐 霽 bì
❷섞일 별 屑 bì

| 丶 | 丿 | 宀 | 内 | 市 | 肖 | 敝 | 敝 | 弊 |

[소전] [혹체] [초서] [간체] [参考] 대법원 지정 인명용 한자의 음은 '폐'이다.

[字源] 形聲. 敝+卄→弊. '敝(폐)'가 음을 나타낸다.

[字解] ❶①해지다, 옷이 낡다. ¶弊鎧. ②넘어지다, 넘어뜨리다. 〔周禮〕及弊田. ③나쁘다, 좋지 않다. 〔周禮〕句者謂之弊弓. ④자신의 사물에 붙이는 겸칭. 〔春秋左氏傳〕弊邑以賦與陳. ⑤國폐. ㉑귀찮은 신세나 괴로움. ㉔폐단. ⑥곤하다, 피곤하다. ≒疲. 〔戰國策〕兵弊於周. ⑦다하다, 멎다, 끝나다. 〔管子〕澤不弊而養足. ⑧숨다, 들어앉다, 가리다. ≒蔽. 〔戰國策〕南陽之弊幽. ⑨끊다, 단절하다. 〔周禮〕

弊邦治. ⑩비단. ≒幣. 〔莊子〕搏幣而扶翼. ⑪힘쓰는 모양. ¶弊弊. ❷섞이다. ≒瀸. 〔淮南子〕不與物相弊撥.

【弊家 폐가】 자기 집의 겸칭(謙稱).
【弊鎧 폐개】 해어진 갑옷.
【弊困 폐곤】 피로하여 괴로움. 困弊(곤폐).
【弊國 폐국】 자기 나라의 겸칭. 弊邦(폐방).
【弊端 폐단】 옳지 못한 경향이나 해로운 현상.
【弊竇 폐두】 폐단과 손해가 있는 곳. ◯'竇'는 구멍.
【弊履 폐리】 해어진 신.
【弊社 폐사】 자기 회사의 겸칭.
【弊習 폐습】 나쁜 버릇. 좋지 못한 풍습.
【弊幽 폐유】 곤궁하여 숨어서 삶. 또는 그 사람.
【弊邑 폐읍】 ①피폐(疲弊)한 마을. ②자기 나라의 겸칭.
【弊衣 폐의】 떨어진 옷. 해어진 옷.
【弊絕風淸 폐절풍청】 폐단이 없어지고 풍습(風習)이 맑아짐. 나라가 잘 다스려짐.
【弊箒千金 폐추천금】 몽당비를 천금의 가치가 있는 것처럼 생각함. 분수를 모르는 과실(過失) 또는 제가 가진 것은 다 좋다고 생각함.
【弊弊 폐폐】 힘써 경영함. 부지런히 힘써서 심신이 피로한 모양.
【弊風 폐풍】 나쁜 버릇이나 좋지 못한 풍속. 弊習(폐습).
【弊害 폐해】 폐단과 해로움.
【弊撥 별살】 뒤섞인 모양.
➊ 舊-, 宿-, 時-, 惡-, 語-, 積-, 疲-.

弋 部
3획 부수 | 주살익부

弋 【弋】③ 주살 익 職 yì
0

[字源] 象形. 꺾은 나뭇가지 옆으로 뾰족하게 내민 미늘 같은 것이 있고 거기에 물건이 걸려 있는 모양을 본뜬 글자.

[字解] ①주살. 오늬에 줄을 매어 쏘는 화살. 〔論語〕弋不射宿. ②잡다, 사냥하다. 〔晉書〕出則漁弋山水. ③검은 빛깔. 〔漢書〕身衣弋綈. ④말뚝, 홰. 〔詩經〕雞棲于弋曰桀. ⑤취(取)하다, 빼앗다. 〔書經〕敢弋殷命.

【弋羅 익라】 주살과 그물.
【弋獵 익렵】 사냥을 함. ◯'弋'은 새의 사냥, '獵'은 짐승의 사냥.
【弋射 익사】 주살로 새를 쏨.
【弋繳 익작】 주살.
【弋綈 익제】 ①검은 명주. ②두꺼운 명주.
【弋釣 익조】 주살로 새를 잡고, 낚시로 고기를 낚음. 유유자적(悠悠自適)한 생활.
【弋繒 익증】 주살.

弋部 1~10획 弌 弍 弎 式 牂 弒 弒   弓部 0획   弓

【弋取 익취】 주살로 새를 잡음.
【弋獲 익획】 주살로 새를 잡음.
○ 浮-, 游-, 綈-, 繒-, 馳-, 玄-.

弋₁【弌】④ 一(1)의 고자

弋₂【弍】⑤ 二(53)의 고자

弋₃【弎】⑥ 三(10)의 고자

弋₃【式】⑥ ❶법 식 職 shì
❷악할 특 職 tè

一 二 三 弌 式 式

[소전] 弌 [초서] 式 [참고] 대법원 지정 인명용 한자의 음은 '식'이다.
[字源] 形聲. 工+弋→式. '工(공)'이 음을 나타낸다.
[字解] ❶①법. ㉮법규. 제도. 〔漢書〕品式備具. ㉯표준, 본보기. 〔詩經〕下土之式. ㉰규격, 격식. 〔北史〕其不依新式者. ❷본받다, 기준으로 삼고 따르다. 〔孟子〕皆有所矜式. ③드러내다, 표창(表彰)하다. 〔漢書〕式箕子門. ④정도, 절도(節度). 〔周禮〕以九式均節財用. ⑤점치는 기구. =栻. 〔史記〕旋式正棊. ⑥수레의 손잡이 나무. 늑軾. 수레의 앞쪽에 가로질러 놓은 나무로, 수레에 탄 사람이 이에 손을 얹고 몸을 앞으로 굽히어 경례한다. 〔周禮〕兵車之式. ⑦절하다, 식(式)에 의지하여 경례를 하다. ※⑥을 참고하라. 〔書經〕式商容閭. ⑧머리를 숙여 경의를 표하다. 〔儀禮〕君式之. ⑨쓰다, 사용하다. 늑試. 〔春秋左氏傳〕不式王命. ⑩닦다, 걸레질하다. 늑拭. 〔荀子〕三式而止. ⑪써, ~(으)로써. ⑫아아! 감탄의 뜻을 나타내는 발어사. ⑬國식. ㉮의식(儀式). ¶ 卒業式. ㉯계산의 순서를 숫자나 기호로써 나타낸 것. ¶ 方程式. ㉰방식, 법식. ¶ 自動式. ㉱투(套). ❷악하다, 나쁘다. =慝. 〔詩經〕式勿從謂.
【式監 식감】 본보기. 모범.
【式車 식거】 수레 앞 가로막이 나무에 손을 얹고 경의(敬意)를 나타냄.
【式敬 식경】 존경함.
【式穀 식곡】 착한 사람을 씀. ○ '穀'은 '善'으로 '착하다'를 뜻함.
【式年 식년】 國과거 보이는 시기로 정한 해. 3년에 한 번씩으로, 지지(地支)에 자(子)·묘(卯)·오(午)·유(酉)가 들어 있는 해.
【式閭 식려】 마을에 절을 함. 현인(賢人)이 사는 마을을 지날 때, 수레에서 경의(敬意)를 표하는 일. ○ '閭'는 마을 어귀.
【式禮 식례】 ①예법(禮法). ②예법을 기준으로 삼고 좇음.
【式望 식망】 우러러 사모함.

【式微 식미】 나라의 세력이 쇠퇴하기. 쇠미함. ○ '式'은 발어사.
【式盤 식반】 나침반(羅針盤).
【式法 식법】 옛날부터 정해져 내려오는 양식. 法式(법식).
【式辭 식사】 식장에서 인사로 하는 말이나 글.
【式順 식순】 의식의 진행 순서.
【式式 식식】 공경하는 모양.
【式樣 식양】 모양. 격식. 樣式(양식).
【式場 식장】 의식을 행하는 장소.
【式典 식전】 의식과 전례(典禮).
【式廓 식확】 ①높은 자리에서 정사(政事)를 행함. ②악(惡)을 행함이 큼. ○ '廓'은 '大'로 '크다'를 뜻함. ②규모.
○ 格-, 公-, 舊-, 圖-, 法-, 數-, 新-, 略-, 禮-, 儀-, 整-, 形-.

弋₄【牂】⑦ 말뚝 장 陽 zāng
[字解] 말뚝, 나루터에 배를 매어 두기 위하여 박아 놓은 말뚝.

弋₉【弒】⑫ 弒(564)의 속자

弋₁₀【弒】⑬ 죽일 시 寘 shì

[소전] 弒 [초서] 弒 [속서] 弒   [字解] 죽이다. '殺(919)'의 뜻과 같으나, 대체로 신하가 임금을, 자식이 어버이를, 아랫사람이 윗사람을 죽이는 데 쓴다. 〔易經〕臣弒其君.
【弒逆 시역】 신하가 임금을 죽임. 대역(大逆) 행위. 弒虐(시학).
【弒戕 시장】 시역(弒逆). ○ '弒'는 내부의 사람이 죽임, '戕'은 외부의 사람이 죽임.
【弒害 시해】 부모나 임금을 죽임. 弒殺(시살). 弒逆(시역).

弓 部

3획 부수 │ 활궁부

弓₀【弓】⑬ 활 궁 東 gōng

弓 弓 弓

[소전] 弓 [초서] 弓 [字源] 象形. 활의 모양을 본뜬 글자.
[字解] ①활. 〔書經〕備乃弓矢. ②궁술(弓術). 활을 쏘는 법이나 기술. 〔關尹子〕師弓不師羿. ③길이의 단위. 처음에는 과녁까지의 거리를 재는 단위로서 6척(尺) 또는 8척이란 설이 있으나, 현대에는 땅을 재는 단위로도 쓰이며 그 길

弓部 1획 引

이도 1궁(弓)이 5척으로 고정되었다. ④궁형(弓形)의 것. 〔西陽雜俎〕汝不見我作弓腰乎. ⑤우산의 살. 〔周禮〕弓鑿四枚.

【弓鞬 궁건】☞弓衣(궁의).

【弓裘之業 궁구지업】활을 만들고 갖옷을 만드는 일. 조상 대대로 전해오는 가업(家業).

【弓馬 궁마】①활과 말. ②궁술(弓術)과 마술(馬術). ③무예(武藝) 또는 무사(武士).

【弓馬家 궁마가】무사(武士)의 집안.

【弓勢 궁세】①활처럼 둥글게 굽은 형상. 활꼴. ②활의 기세. 화살이 나가는 힘.

【弓手 궁수】①송대(宋代)에 차역(差役)으로 징발된 사람 가운데 도둑을 잡는 일을 맡은 사람. 원대(元代)에도 두었다. ②길이를 재는 장대를 가지는 소임. ③활 쏘는 사람.

【弓術 궁술】활 쏘는 재주.

【弓矢 궁시】활과 화살. 弓箭(궁전).

【弓室 궁실】활집. 활자루.

【弓冶 궁야】부조(父祖) 대대로 전해오는 가업.

【弓腰 궁요】①활처럼 나긋나긋하게 휘는 허리. 춤출 때의 나긋나긋한 허리 놀림. ②허리를 중심으로 하여 활처럼 휘어지는 일.

【弓衣 궁의】활집. 弓鞬(궁건).

【弓繳 궁작】주살. 또는 주살로 새를 쏘아 잡음. 弋繒(익증).

【弓折刀盡 궁절도진】활은 부러지고 칼은 망가짐. 무기가 다 떨어져 더 이상 싸울 수 없게 됨. 온갖 계략이 헛되어 어찌할 수 없게 됨. 弓折矢盡(궁절시진).

【弓旌之召 궁정지소】활과 기의 부름. 고관(高官)으로 채용됨. ◯사(士)를 초빙할 때는 궁(弓)으로 하고, 대부(大夫)를 초빙할 때는 기(旗)로 한 데서 온 말.

【弓尺 궁척】國①한량(閑良). ②신라 때 활 쏘던 병졸.

【弓弦 궁현】①활시위. ②곧은 모양. 또는 길 따위가 곧게 나 있어 가까움. 弓絃(궁현).

【弓形 궁형】활처럼 생긴 모양. 활꼴.

【弓鞋 궁혜】중국 부인의 전족용 가죽신.

【弓弧 궁호】활.

◐ 強-, 大-, 半-, 良-, 禮-.

弓 【引】 ④ ❶끌 인 ⓟ yǐn
1   ❷가슴걸이 인 ⓠ yǐn

フ フ 弓 引

[소전]引 [초서]引 [동자]弘

〔字源〕會意. 弓+丨→引. '弓(궁)'은 '활', '丨'은 '나아가다' 또는 '화살'을 뜻하며, 활에 화살을 먹여 과녁에 나아가도록 하는 데서 '당기다'란 뜻을 나타낸다.

〔字解〕❶①끌다. ㉮끌어당기다. 그물·물체·수레 따위를 잡아당기다. 〔孟子〕君子引而不發. ㉯인도(引導)하다. 〔管子〕引而使之. ㉰인용(引用)하다. 〔中庸〕子思引孔子之言. ㉱길게 뻗도록 늘이다. 〔詩經〕子子孫孫, 勿替引之. ㉲일이나 시간을 오래 끌다. 〔爾雅〕子子孫孫, 引無極也. ②활을 쏘다. 〔孟子〕引而不發. ③물러나다, 물리치다. 〔禮記〕必引而去君之黨. ④떠맡다, 책임을 지다. ¶引責. ⑤매다, 치다. 〔南史〕江上橫引大索. ⑥구름·안개 따위가 가로 길게 뻗다. 〔張說·頌〕千旗雲引, 萬戟林行. ⑦부르다, 불러들이다. 〔晉書〕廣引時彦. ⑧등용하다, 올려 쓰다. 〔陳書〕隨利詮引. ⑨추천(推薦)하다. 〔史記〕兩人相爲引重. ⑩발전하다, 성하게 되다. 〔國語〕國家不日引. ⑪이어지다, 뒤가 잇닿다. 〔孔子家語〕蜻蛉知寂寥. ⑫퍼지다, 만연하다. 〔孔子家語〕民引而不從. ⑬바루다, 바로잡다. 〔春秋左氏傳〕引其封疆. ⑭다투다. 〔管子〕上下交引而不和同. ⑮죽다, 자살하다. ¶自引. ⑯벗, 붕우(朋友). 〔殷仲文·詩〕逸爵紆勝引. ⑰길이. ㉮긴 정도. 〔元史〕縱引橫引三丈. ㉯길이의 단위. 10장(丈)의 길이. 〔漢書〕十丈爲引. ⑱돈, 지폐. 〔金史〕復鈔引法. ⑲허가증. 국가 전매품의 판매, 소금의 운반 등을 허가하는 증명서. 소금 수송 허가증 1장에 의하여 허가된 소금의 무게를 나타내는 단위로도 쓴다. ⑳악부(樂府)의 한 체. ㉑문체(文體)의 한 가지. ❷가슴걸이. 말의 가슴에 걸어 안장에 매는 가죽 끈. 늑횡. 〔荀子〕結引馳外. ②끈, 영구차를 끄는 밧줄. 〔禮記〕弔於葬者必執引. ③악곡(樂曲). ¶筮筴引.

【引喝 인갈】수리를 길게 끌어 외침. 벽제(辟除) 소리 따위.

【引據 인거】인용하여 근거로 함.

【引愆 인건】잘못 저지른 일의 책임을 짐. ◯'愆'은 '허물'을 뜻함.

【引見 인견】불러들여 만나봄.

【引決 인결】책임을 지고 스스로 자살함.

【引磬 인경】(佛)법회(法會) 때 대중의 주의를 끌기 위해서 울리는 경쇠.

【引繼 인계】물건·일 따위를 남에게 넘겨 주거나 남으로부터 이어받음.

【引過 인과】①잘못의 책임을 짐. ②구인(拘引)함.

【引咎 인구】책임을 스스로 짐. 引責(인책).

【引汲 인급】추천하여 도움.

【引年 인년】①나이가 많을수록 두터운 은사(恩賜)를 받음. ②수명을 연장함. 좀 더 오래 삶. 延年(연년). ③나이가 많음을 구실로 함. ◯'引'은 '陳述(진술)'을 뜻함.

【引渡 인도】물건이나 권리 등을 넘겨 줌.

【引導 인도】가르쳐 일깨움. 이끌어 인도함.

【引頭 인두】①목을 길게 뺌. ②(佛)법회(法會) 때 여러 승려를 선도하는 중.

【引力 인력】떨어져 있는 두 물체가 서로 당기는 힘.

【引領 인령】①목을 길게 뺌. ㉠멀리 바라봄. ㉡기대(期待)·사모(思慕)의 정으로 멀리 바라봄. ②인솔함, 안내함.

【引路 인로】①길을 인도함. ②출발함.

【引滿 인만】①활시위를 한껏 잡아당김. ②잔에 술을 가득 따름.
【引服 인복】없는 죄를 있다고 자복하고 형(刑)을 받음.
【引分 인분】☞引決(인결).
【引紼 인불】상여 줄을 끌고 감.
【引上 인상】①끌어올림. ②요금, 봉급, 물가 등이 올라감.
【引商 인상】①상조(商調)의 음악을 연주함. ②現소금 장수. ○'引'은 '소금의 무게 단위'를 뜻함.
【引觴 인상】술잔을 듦. 잔을 잡음.
【引商刻羽 인상각우】상성(商聲)은 길게 늘이고 우성(羽聲)은 새기듯이 연주함. 곧, 고상(高尙)한 음악을 연주함.
【引線 인선】①실을 잡아당김. 낚싯줄을 끌어당김. ②現㉠안내함. ㉡바늘.
【引聲 인성】①소리를 길게 끎. ②(佛)음성에 가락을 붙여 아미타불(阿彌陀佛), 경문(經文), 게송(偈頌) 등을 외는 일.
【引稅 인세】염세(鹽稅). ○'引'은 '소금의 무게 단위'를 뜻함.
【引率 인솔】손아랫사람이나 무리를 이끌고 감.
【引受 인수】넘겨받음.
【引繩批根 인승비근】새끼줄을 걸어서 잡아당겨 뿌리째 뽑아 버림. 둘이서 새끼를 꼬는 것처럼 힘을 합하여 남을 배척함.
【引伸 인신】①잡아 늘임. 길게 함. ②응용(應用)함. ③의미가 확대됨.
【引御 인어】가까이 불러들여 잠자리 시중을 들게 함.
【引鹽 인염】정부에서 매매하는 소금.
【引燿 인요】빛을 끎. 빛을 냄. 번쩍거림.
【引用 인용】남의 말이나 글의 일부를 자신의 말이나 글 속에 끌어다 씀.
【引援 인원】①끌어당김. 잡아당김. 끌어들여 자기편을 삼음. ②함께 감. 동행함. 援引(원인).
【引喩 인유】인용하여 비교함.
【引誘 인유】꾐. 꾀어 냄. 誘引(유인).
【引而不發 인이불발】화살을 메겨 시위를 당기기까지는 하나 활을 쏘지는 않음. 남을 가르칠 때는 스스로 그 이치를 깨달을 수 있도록 학문하는 방법만 가르치고, 함부로 모든 것을 다 이르지 않음.
【引而伸之 인이신지】당기어 늘임. 응용함.
【引節 인절】절개를 지켜 물러남.
【引肘 인주】팔을 끎. 간섭하여 자유롭지 못하게 함.
【引證 인증】다른 사례를 끌어다 증거로 삼음.
【引疾 인질】병을 이유로 함. 병을 핑계로 삼음. ○'引'은 '진술(陳述)'을 뜻함.
【引責 인책】스스로 책임을 짐.
【引出 인출】예금을 찾음.
【引致 인치】①가까이 불러들임. 데리고 다님. ②사람을 강제로 끌어 가거나 끌어 옴.
【引擢 인탁】등용(登用)함. 拔擢(발탁).
【引退 인퇴】①벼슬에서 물러남. 세상 일을 피

하여 한적하게 삶. ②뒤로 물러남.
【引避 인피】①꺼리어 피함. 회피함. ②은퇴(隱退)함.
【引下 인하】①끌어내림. ②요금, 봉급, 물가 따위를 내림.
【引嫌 인혐】의심받을 일을 하지 않아 혐의를 피함.
【引火 인화】불이 옮아 붙음. 導火(도화).
● 牽-, 拘-, 援-, 誘-, 吸-.

弓 【弔】④ ❶조상할 조 圖 diào
1　　　❷이를 적 鬩 dì

┌ ㄱ 弓 弔

圗弔 圕予 圔弔 圇吊 參考 대법원 지정
인명용 한자의 음은 '조'이다.
字源 會意. 弓+丨→弔. 사람이 주살을 가지고 있는 모습으로, 주살의 줄을 뜻한다. '丨'은 '人(인)'의 변형이고, '弓(궁)'은 주살의 줄을 그린 것이다. 뒤에 '문상(問喪)하다'라는 뜻으로 가차되었다.
字解 ❶①조상하다. ㉮영혼을 위로하다. 〔史記〕爲賦以弔屈原. ㉯유족(遺族)을 위로하다. ¶弔問. ②문안하다, 위문하다. 〔莊子〕孔子圍於陳蔡之閒, 七日不火食, 太公任往弔之. ③안부를 묻다. 〔孟子〕三月無君, 則弔. ④불쌍히 여기다. 〔春秋左氏傳〕有君不弔. ⑤마음 아파하다. 〔詩經〕中心弔兮. ⑥좋다고 하다, 훌륭하다고 하다. 〔孔子家語〕昊天不弔. ⑦매어달다. 우리나라에서는 이때에 음을 '적'으로도 읽는다. ¶弔橋. ⑧불러들여 조사하다. 〔福惠全書〕別委他官, 別弔件作. ❷이르다, 와서 닿다. 〔詩經〕神之弔矣.
【弔客 조객】죽은 이를 애도하고 남은 이를 위로하러 온 사람.
【弔古 조고】옛일을 생각하여 마음 아파하고 슬퍼함.
【弔旗 조기】조의를 나타내기 위해 세우는 기.
【弔橋 조교】강이나 좁은 해협의 양쪽에 줄이나 쇠사슬 따위로 건너질러 매달아 놓은 다리.
【弔禮 조례】①조상하는 예절. 남의 상(喪)에 대하여 슬픈 뜻을 표함. ②천재(天災)를 위문함.
【弔臨 조림】상가(喪家)에 가서 조상함.
【弔勉 조면】상제를 위로하고 격려함.
【弔文 조문】죽은 사람을 조상하고, 애석한 정을 적은 글의 문체. 이 체(體)에는 사언체(四言體)와 소체(騷體)가 있음.
【弔問 조문】죽은 이를 애도하고 그 가족을 위로하는 일. 弔喪(조상).
【弔民伐罪 조민벌죄】백성을 불쌍히 여겨 죄를 침. 포학한 임금을 토벌해 백성을 구제함.
【弔死 조사】①남의 죽음을 애도함. ②목을 매어 자살함. 또는 그 사람.
【弔事 조사】천자가 사람을 보내어 제후(諸侯)·제신(諸臣)을 조상하는 일.
【弔詞 조사】죽은 이를 애도하고 추모하는 뜻

을 표하는 글이나 말. 弔辭(조사).
【弔喪 조상】 남의 죽음에 대하여 슬퍼하는 뜻을 표함.
【弔唁 조언】 조상함.
【弔影 조영】 조상하러 간 자신의 모습. 조상할 때의 쓸쓸한 자기의 모습.
【弔意 조의】 죽은 이를 애도하는 마음.
【弔祭 조제】 죽은 사람의 영혼을 위로하여 제사 지냄. 또는 그 제사.
【弔鐘 ❶조종 ❷적종】 ❶①죽은 사람에 대하여 슬퍼하는 뜻으로 치는 종. ②한때 성하였던 제 도나 세력 등이 완전히 허물어져 종말을 고하는 소리. ❷조루(弔樓)에 달린 종.
【弔賀 조하】 조상함과 하례함. 慶弔(경조).
【弔鶴 조학】 조객(弔客). 故事 진(晉)나라 때 도간(陶侃)의 조객이 학으로 변했다는 고사에서 온 말.
【弔恤 조휼】 불쌍히 여겨 구휼함.
【弔詭 적궤】 ①세속(世俗)과 크게 다름. ②남을 속임.
➊ 敬-, 慶-, 哀-, 追-, 形影相-, 會-.

弓1 【彐】 ④ 彈(572)의 고자

弓1 【弓】 ④ 彈(572)과 동자

弓2 【弗】 ⑤ 아닐 불 物 fú
소전 弗 초서 弗 字源 會意. 새끼줄〔5〕로 두 개의 물건()을 묶어 세워 놓은 모습으로, '바로잡다'·'교정하다'라는 뜻을 나타낸다. 뒤에 부정사(否定詞)로 가차되었다.
字解 ①아니다. ≒不. 부정하는 뜻을 나타낸 다. 〔書經〕 績用弗成. ②빠른 모양. 세차고 성 한 모양. 〔詩經〕 飄風弗弗. ③떨다, 떨어 버리 다. ≒祓. 〔詩經〕 以弗無子. ④근심하다, 걱정 하다. 〔漢書〕 魚弗鬱兮柏冬日. ⑤어긋나다, 위배되다. ⑥다스리다. ≒拂. ⑦現 달러 (dollar). 미국의 화폐 단위.
【弗弗 불불】 ①바람이 세게 부는 모양. ②수긍 (首肯)하지 않음. 찬동(贊同)하지 않음.
【弗素 불소】 치약 등에 넣는 할로겐 원소의 한 가지.
【弗豫 불예】 즐거워하지 않음. 임금이 편하지 않음. 不豫(불예).
【弗鬱 불울】 근심하여 즐거워하지 않는 모양.
【弗庭 불정】 조정에 내공(來貢)하지 않음. 귀화 하지 않음. 또는 그런 사람.
【弗乎 불호】 아니로구나. 불우(不遇)한 처지를 탄식하는 말.
【弗貨 불화】 달러를 단위로 하는 화폐.

弓2 【弘】 ⑤ 引(565)과 동자

弓2 【丐】 ⑤ 弔(566)의 본자

弓2 【弘】 ⑤ 넓을 홍 ⑧횡 曆 hóng

弓 弘 弘

소전 弘 초서 弘 字源 指事. 본래 활〔弓〕에 'ノ'이 더해진 모양으로 'ノ'이 'ム'로 변하였다. 'ノ'은 활에 힘이 가해지는 부분을 표시한 것으로, '높고 크다'는 뜻을 나타낸다.
字解 ①넓다. 〔詩經〕 而式弘大. ②넓히다. 〔論語〕 人能弘道. ③널리. 〔張衡·賦〕 乃隆崇 而弘敷. ④높다. 〔漢書〕 正瀏灠以弘惝兮. ⑤ 크다. ≒宏. 〔管子〕 人無弘量, 但有小謹. ⑥활 소리, 활시위 소리.
【弘簡 홍간】 마음이 넓고 대범함.
【弘經 홍경】 (佛)불경을 세상에 널리 전하는 일.
【弘敎 홍교】 ①넓은 가르침. ②가르침을 넓힘.
【弘基 홍기】 큰 근본. 큰 사업을 이루는 기초.
【弘度 홍도】 ①큰 계획. ②큰 도량(度量).
【弘道 홍도】 도를 널리 폄.
【弘量 홍량】 ①큰 도량. ②도량을 넓힘. ③많은 양. 많은 주량(酒量).
【弘麗 홍려】 뛰어나게 아름다움.
【弘謀 홍모】 ①큰 꾀. 원대한 계책. ②널리 꾀함.
【弘妙 홍묘】 크게 뛰어남. 매우 묘함.
【弘懋 홍무】 대단히 성함. 성대(盛大)함.
【弘文 홍문】 학문을 보급시킴.
【弘法 홍법】 (佛)불법을 세상에 보급함. 또는 광대(廣大)한 불법(佛法). 布敎(포교).
【弘辯 홍변】 변론의 식견이 넓고 큼.
【弘報 홍보】 널리 알림. 또는 그 보도(報道).
【弘敷 홍부】 널리 베풂.
【弘誓 홍서】 (佛)중생을 제도하여 불과(佛果)를 얻게 하려는 불보살(佛菩薩)의 큰 서원(誓願).
【弘誓船 홍서선】 (佛)부처가 중생을 제도하고자 하는 홍대(弘大)한 서원(誓願)을 배가 사람을 태워서 피안(彼岸)으로 건네 준 데 비유한 말.
【弘宣 홍선】 널리 펴서 그 뜻을 밝게 함.
【弘深 홍심】 ①넓고 깊음. ②두터움.
【弘雅 홍아】 마음이 넓고 바름.
【弘願 홍원】 넓고 큰 서원. 아미타불(阿彌陀 佛)의 본원(本願) 중에서 근본이 되는 서원. 곧, 48원(願)을 이름.
【弘潤 홍윤】 넓고 윤기가 있음. 마음이 넓고 인 정이 많음.
【弘毅 홍의】 마음이 넓고 뜻이 굳셈.
【弘益 홍익】 ①큰 이익. ②널리 이롭게 함.
【弘益人間 홍익인간】 國널리 인간 세계를 이롭 게 함. 우리나라의 건국 이념, 교육 이념임.
【弘濟 홍제】 널리 구제함.
【弘敞 홍창】 넓고 높음. 넓고 큼.
【弘侈 홍치】 ①크고 넓음. ②크게 뽐냄. 사치함.
【弘通 홍통】 (佛)불법이 널리 퍼짐. 또는 불법 을 널리 폄.

【弘播 홍파】 널리 퍼짐.
【弘化 홍화】 ①널리 덕화(德化)를 미치게 함. ②큰 덕화.
❶ 寬―, 廣―, 宣―, 闡―, 深―, 豐―, 恢―.

弓 3 【弛】⑥ ❶늦출 이 紙 chí ❷떨어질 치 紙 chí

[소전][획체][초서][동자] [참고] 대법원 지정 인명용 한자의 음은 '이'이다.

[字解] ❶❶늦추다, 켕겼던 것을 느슨하게 하다, 바싹 죈 것을 헐겁게 하다.〔素問〕春病熱而筋弛. ❷활부리다, 활시위를 벗기다.〔禮記〕弛弓尙角. ❸없애다, 제거하다.〔春秋左氏傳〕弛周室之憂. ❹한물 가다, 행하여지지 않게 되다.〔荀子〕大事殆乎弛. ❺손을 떼다, 내버리고 돌보지 않다.〔淮南子〕人不弛弓. ❻느슨하다, 헤식다, 죄어 있지 않다.〔素問〕春病熱而筋弛. ❼쉬다, 쉬게 하다.〔周禮〕四曰弛力. ❽방종하다, 방탕하다.〔漢書〕跅弛之士. ❾부수다, 부서지다.〔國語〕文公欲弛孟文子之宅. ❿게으르다.〔南史〕莫敢弛惰. ⓫베풀다. ≒施.〔周禮〕斂弛之聯. ❷떨어지다, 떨어뜨리다.〔淮南子〕有時而弛.

【弛壞 이괴】 깨져 무너짐.
【弛期 이기】 기한을 늦춤.
【弛力 이력】 주관(周官) 대사도(大司徒)의 12황정(荒政)의 하나. 부역(夫役)을 면제(免除)하는 일. ❍「力」은 '역역(力役)'을 뜻함.
【弛紊 이문】 해이하여 어지러움.
【弛馭 이어】 말 모는 손을 느슨하게 함. 정치를 게을리 함.
【弛然 이연】 여유 있어 태연한 모양.
【弛緩 이완】 ①느슨함. 늦추어짐. ②맥이 풀림.
【弛張 이장】 느즈러짐과 켕김. 이완(弛緩)과 긴장(緊張). 張弛(장이).
【弛縱 이종】 느즈러지고 풀어짐.
【弛墜 이추】 느즈러져 떨어짐. 해이하여 멸망함.
【弛廢 이폐】 쇠퇴하여 행하여지지 않음.
【弛解 이해】 늦추어 풂. 느즈러져 풀림.
❶ 傾―, 一張―, 張―, 彫―, 縱―, 跅―, 偸―, 廢―, 懈―.

弓 3 【弘】⑥ 彈(572)과 동자

弓 4 【𢎨】⑦ 깍지 결 屑 jué

[초서] [字解] 깍지. 활을 쏠 때, 시위를 잡아당기기 위하여 엄지손가락에 끼는 뿔로 된 기구. =夬.

弓 4 【哂】⑦ 웃을 신 軫 shěn

[소전][동자] [字解] 웃다, 웃음을 띠다, 미소 짓다.〔宋書〕孫叔未進, 優孟見哂.

弓 4 【弟】⑦ 아우 제 霽 dì

丶丿丷丷㐅弟弟

[소전][고문][서체] [字源] 會意. 새를 잡는 화살인 주살〔弋〕을 끈〔弓〕으로 묶은 모양이다. 주살을 끈으로 묶는 데도 순서가 있어야 하므로 '차례, 순서'라는 뜻을 나타내었다. 뒤에 다시 '형제'라는 뜻이 파생되었다.

[字解] ①아우.〔書經〕惟孝友于兄弟. ②나이 어린 사람.〔禮記〕知其能弟長而無遺矣. ③자기의 겸칭(謙稱).〔杜甫·詩〕賢者是兄愚者弟. ④제자.〔王若虛·論語辨惑〕二子皆門高弟也. ⑤순서, 차례. ≒第.〔呂氏春秋〕亂必有弟. ⑥공손하다. 아우가 형을, 나이 어린 사람이 나이 많은 사람을 섬기는 공경의 도(道). ≒悌.〔詩經〕豈弟君子. ⑦편안하다, 즐기다.〔禮記〕凱弟君子. ⑧발어사. ㉮다만. ≒但.〔史記〕顧弟弗深求. ㉯또한.〔史記〕君弟重射. ⑨손아랫누이.〔孟子〕彌子之妻, 與子路之妻兄弟也.

【弟昆 제곤】 아우와 형. 弟兄(제형).
【弟嫂 제수】 동생의 아내. 季嫂(계수).
【弟氏 제씨】 남을 높여 그의 동생을 부르는 말. 季氏(계씨).
【弟友 제우】 형이나 형뻘되는 사람을 섬기기를 공손하게 함.
【弟子 제자】 ①스승의 가르침을 받았거나 받는 사람. 門人(문인). ②남의 아우나 아들. 나이 어린 사람. ③창기(倡伎).
【弟兄 제형】 ①아우와 형. 형제. ②남을 친밀하게 이르는 말.
❶ 高―, 昆―, 難兄難―, 徒―, 門―, 舍―, 少―, 實―, 愛―, 令―, 義―, 異―, 子―, 從―, 賢―, 兄―.

弓 4 【弝】⑦ 줌통 파 禡 bà

[초서] [字解] ①줌통. 활 한가운데의 손으로 쥐는 부분.〔王維·詩〕玉弝角弓珠勒馬. ②칼자루.〔李賀·歌〕劍弝懸蘭纓.

弓 5 【弩】⑧ 쇠뇌 노 麌 nǔ

[소전][초서] [字解] 쇠뇌. 화살이나 돌을 잇달아 쏠 수 있게 만든 활.〔史記〕善射者萬弩.
【弩弓 노궁】 쇠뇌. 돌쇠뇌.
【弩臺 노대】 쇠뇌를 장치하여 적에게 시석(矢石)을 쏘는 대(臺).
【弩士 노사】 쇠뇌를 쏘는 군대.
【弩師 노사】 쇠뇌를 만드는 것을 업(業)으로 삼는 사람.

〈弩〉

弓部 5〜6획 㢦 㢧 弣 弤 弫 弬 弭 弮 弰 弱 569

【弩手 노수】 쇠뇌를 잘 쏘는 사람.
【弩牙 노아】 쇠뇌의 시위를 걸어 매는 곳.
【弩砲 노포】 쇠뇌.
◐ 彊−, 勁−, 萬−, 伏−, 火−.

弓5 【㢦】⑧ 활집 도 ⓒ tāo
[소전][초서] [字解] ①활집, 활을 넣어 두는 주머니. 〔國語〕㢦無弓. ②기(旗)를 넣어 두는 주머니. 〔春秋左氏傳〕內旌於㢦中. ③숨기다.

弓5 【弥】⑧ 彌(573)와 동자

弓5 【弣】⑧ 줌통 부 ⓒ fǔ
[초서] [字解] 줌통. 활 한가운데의 손으로 쥐는 부분. 〔禮記〕左手承弣.

弓5 【弤】⑧ 弛(568)와 동자

弓5 【弫】⑧ 張(571)의 고자

弓5 【弤】⑧ 활 저 ⓒ dǐ
[초서][통자] [字解] 활, 붉은 옻칠을 한 활. 〔孟子〕琴朕, 弤朕.

弓5 【弨】⑧ 시위 느슨할 초 ⓒ chāo
[소전][초서] [字解] 시위가 느슨하다. 〔詩經〕彤弓弨兮.

弓5 【弦】⑧ 시위 현 ⓒ xián
[소전][초서] [字源] 形聲. 弓+玄→弦. '玄(현)'이 음을 나타낸다.
[字解] ①시위, 활시위. 〔儀禮〕左執弣, 右執弦. ②시위의 울림, 활을 쏠 때 나는 소리. 〔漢書〕應弦而倒. ③반원형(半圓形)의 달, 반달. 〔漢書〕晦朔望弦. ④악기의 줄. 또는 줄을 이용하여 만든 악기. 늑絃. 〔禮記〕舜作五弦之琴. ⑤혈관이 부어 맥박이 빠르게 뛰다. ¶弦脈. ⑥타다, 현악기를 타다. 〔禮記〕春誦夏弦. ⑦직각삼각형의 사변(斜邊), 호(弧)의 두 끝을 잇는 직선. ⑧활시위 모양, 활모양의 모양. 〔晉書〕根榦未朴, 而牙淺弦急. ⑨엄하다, 급하다, 세차다. 〔任昉·序〕夷稚之禮, 無待韋弦. ⑩아내, 처(妻). 금슬(琴瑟)의 조화를 부부(夫婦)의 의(義)에 비유한 데서 나온 말. 〔通俗編〕今俗謂喪妻曰斷弦. ⑪나라 이름, 주대(周代)의 나라. 춘추(春秋) 때 초(楚)에 망하였으며, 지금의 하남성(河南省) 황천현(潢川縣)의 서남쪽 현성(弦城).

【弦管 현관】 거문고와 저. 현악기와 관악기.
【弦琴 현금】 거문고를 탐.
【弦望 현망】 반달과 보름달.
【弦脈 현맥】 맥박이 빠르게 뛰는 일.
【弦索 현삭】 ①악기의 줄. ②현(絃)으로 소리를 내는 모든 악기.
【弦上箭 현상전】 ①활시위에 메운 화살. ②신속(迅速)함. 한 번 가면 돌아오지 않음. ③행동이 자유롭지 못함.
【弦誦 현송】 거문고를 타며 노래함. 또는 거문고를 타면서 낭송(朗誦)함. 학업(學業)의 한 가지.
【弦矢 현시】 활시위와 화살.
【弦影 현영】 반월(半月)의 모양. 또는 그 빛.
【弦韋 현위】 활시위와 다룸가죽. 완급(緩急). [故事] 춘추 때 진(晉)나라의 동안우(董安于)는 느린 성격을 고치려고 활줄을 지니고 다녔고, 전국 때 위(魏)나라의 서문표(西門豹)는 성급한 성격을 고치려고 무두질한 가죽을 지니고 다녔다는 고사에서 온 말.
【弦吹 현취】 현악기와 관악기. 弦匏(현포).
◐ 弓−, 斷−, 上−, 正−, 初−, 下−.

弓5 【弧】⑧ 활 호 ⓒ hú
[소전][초서] [字解] ①활, 나무 활. 〔漢書〕弧弓射獵. ②깃발을 펴는, 활 모양의 기구. 〔禮記〕乘大輅, 載弧韣旂. ③활 모양으로 굽은 선(線), 곡선이나 원주(圓周)의 한 부분. 〔戴震·記〕截圓周爲弧背. ④별 이름. ¶弧星. ⑤혼자, 외톨이. 〔柳宗元·天對〕擧土作仇, 徒怙身弧.
【弧弓 호궁】 ①나무로 만든 활. ②나무로 만든 활과 뼈로 만든 활.
【弧剌 호랄】 활의 비뚤어짐.
【弧矢 호시】 ①나무로 만든 활과 화살. ②별 이름. ③아들을 낳음.
【弧張 호장】 조수(鳥獸)를 잡으려 쳐 놓은 그물. 새·짐승을 잡는 활과 그물.
【弧旌 호정】 기(旗)가 팽팽해지도록 하는 활 모양의 대오리.
【弧形 호형】 활등처럼 굽은 형상.
◐ 括−, 設−.

弓6 【弮】⑨ 쇠뇌 권 ⓒ juàn
[초서] [字解] 쇠뇌. 화살이나 돌을 잇달아 쏠 수 있게 만든 힘이 센 활. 〔漢書〕張空弮.

弓6 【弭】⑨ 활고자 미 ⓒ mǐ
[소전][혹체][초서] [字解] ①활고자. 활의 두 머리, 곧 시위를 매게 된 부분. 〔詩經〕象弭魚服. ②각궁(角弓). 소나 양의 뿔로 꾸민 활. ③그치다, 늑止. 〔國語〕弭其百苛. ④잊다, 잊어버리다. 〔江淹·詩〕俯仰未能弭. ⑤편안히 하

다. 〔史記〕治國家, 而弭人民者. ⑥따르다, 복종하다. 〔後漢書〕城邑莫不望風弭從. ⑦드리우다, 늘어지다. 〔史記〕弭節裵回.
【弭口 미구】입을 다묾. 말을 하지 않음.
【弭忘 미망】잊어버림.
【弭兵 미병】전쟁을 그만둠. 息兵(식병).
【弭息 미식】그치게 함. 멈추게 함.

弓 7 【弰】 ⑩ 활고자 소 肴 shāo
〔字解〕활고자. 활의 양 머리로, 시위를 매는 곳.

弓 7 【弱】 ⑩ 약할 약 藥 ruò
〔字源〕會意. 弓+彡+弓+彡→弱. '弓'은 휘어진 모양을, '彡'은 구부러지고 약한 털을 그린 것이다. 약한 것은 제 홀로는 설 수 없기에 둘을 나란히 놓아서 '약하다'란 뜻을 나타내었다.
〔字解〕❶약하다. ㉮기력·체력·능력·세력 등의 힘이 세지 못하다. 〔史記〕妻子軟弱. ㉯각오·의지 등이 굳세지 못하다. ¶柔弱. ㉰남에게 감잡힐 만한 틈이 많다. 〔楚辭〕理弱而謀拙今. ㉱연약하다, 부드럽다. ❷약한 자, 힘·의지 등이 약한 자. 〔書經〕兼弱攻昧. ❸약하지다, 쇠해지다. 〔春秋左氏傳〕姜族弱矣. ❹약하게 만들다, 약하여지게 하다. 〔春秋左氏傳〕專禍楚國, 弱寡王室. ❺침노하다. 〔春秋左氏傳〕華臣弱皋比之室. ❻약, 수가 모자라다. 〔晉書〕與赤道東交于角五少弱. ❼젊다. ㉮나이가 어리다. 〔史記〕弱而能言. ㉯나이가 어린 사람. 〔孟子〕老弱饋食. ❽패하다. 〔春秋左氏傳〕頡遇王子, 弱焉. ❾부족하다. 〔晉書〕與赤道東交于角五少弱.
【弱骨 약골】몸이 약한 사람. 屛骨(잔골).
【弱冠 약관】남자 나이 스무 살. 또는 스무 살 전후의 나이.
【弱口 약구】젊은 사람.
【弱年 약년】나이가 젊음. 또는 스무 살.
【弱能制強 약능제강】약한 것이 강한 것을 누름. 弱勝強(약승강).
【弱齡 약령】젊음. 젊은이. 弱年(약년).
【弱步 약보】자늑자늑한 걸음걸이.
【弱不好弄 약불호롱】어리면서 장난하기를 좋아하지 않음.
【弱喪 약상】젊을 때부터 타향으로 떠돌아 다님.
【弱勢 약세】약한 세력.
【弱小 약소】힘이 부족함.
【弱孫 약손】어린 손자.
【弱息 약식】남에게 대하여 '자기 아들'을 낮추어 이르는 말. 愚息(우식).
【弱植 약식】①약하여 능히 자립(自立)하지 못함, 세력이 없는 일. ②지조(操持)가 굳지 않음.
⚬ '植'은 '樹立(수립)'을 뜻함.

【弱顔 약안】부끄럼을 잘 탐. 수줍음.
【弱肉強食 약육강식】약자의 살은 강자의 먹이가 됨. 강한 자가 약한 자를 침해함. '생존 경쟁의 격렬함'을 이름.
【弱而能強 약이능강】겉보기는 약한 듯하나 내실은 매우 강함.
【弱敵 약적】적을 약하게 함. 또는 약한 적.
【弱點 약점】부족하거나 불완전한 점.
【弱弟 약제】어린 동생.
【弱主 약주】①나이 어린 임금. ②세력이 없는 임금. ③정사(政事)에 밝지 못한 임금.
【弱志 약지】①약한 의지. ②마음을 순진하게 가짐. 욕심을 적게 가짐.
【弱翰 약한】붓의 딴 이름.
【弱行 약행】①실행력이 약함. 일에 굳은 의지가 없음. ②절름거림. 또는 절름발이.
▶ 強-, 怯-, 懊-, 懦-, 老-, 文-, 微-, 薄-, 貧-, 衰-, 軟-, 胃-, 劾-, 柔-, 纖-, 脆-, 虛-.

弓 8 【強】 ⑪ ❶굳셀 강 陽 qiáng
❷힘쓸 강 養 qiǎng
❸굳을 강 漾 jiàng

〔字源〕形聲. 弘+虫→強. '弘(홍)'이 음을 나타낸다. 본뜻은 '쌀 바구미'였으나 뒤에 '강하다'의 뜻으로 가차되었고, '강하다'의 뜻으로 쓰이던 '彊(강)'은 잘 쓰이지 않게 되었다.
〔字解〕❶①굳세다. 늑彊. ㉮힘차고 튼튼하다. 〔中庸〕子路問強. ㉯의지가 억세다. ¶頑強. ②힘이 있는 자, 세력이 있는 자. 〔漢書〕誅鉏豪强. ③성하다, 세차다. 〔戰國策〕兵革之強. ④강, 남다. 주로 소수 이하의 수에서 어떤 자리 이하의 수를 끊어 버렸을 때 실지 표현한 수보다 원수가 많다는 뜻을 나타내는 말. 〔蘇軾·詩〕一年強半在城中. ⑤마흔 살. 〔禮記〕四十曰強. ⑥강궁(強弓). 〔後漢書〕引強持滿. ⑦태세(太歲)의 이름. ¶強圉. ❷①힘쓰다. ≒彊. 〔禮記〕知困然後能自強也. ②억지로, 억지로 시키다. 〔李白·詩〕強笑惜日晚. ③권하다. 〔周禮〕正其行而強之道藝. ④포대기. ≒襁. 〔史記〕成王少, 在強葆之中. ❸①굳다, 단단하다. 〔禮記〕強樂之地. ②거스르다, 순종하지 않다. 〔荀子〕強足以反是獨立. ③단호하다. 〔戰國策〕謝病強辭.
【強姦 강간】부녀를 강제로 욕보이는 일.
【強諫 강간】강경하게 간함.
【強幹弱枝 강간약지】줄기를 강하게 하고 가지를 약하게 함. 정치에서 중앙을 강하게 하여 지방을 제어(制御)함.
【強健 강건】굳세고 건강함.
【強梗 강경】①유순하지 않음. 고집이 셈. ②만만하지 않음. 거셈.
【強硬 강경】굳세게 버티어 굽히지 않음.

【強固 강고】 굳세고 튼튼함.
【強哭 강곡】 하는 수 없이 표면상으로만 곡(哭)을 함.
【強敎 강교】 힘써 가르침.
【強勸 강권】 강제로 권함. 억지로 권함.
【強記 강기】 오래도록 잘 기억함. 또는 그 기억. 強悟(강오).
【強起 강기】 ①억지로 일어남. ②강제로 기용(起用)함. 억지로 관(官)에 취임하게 함.
【強弩 강노】 센 쇠뇌.
【強盜 강도】 폭력으로 남의 재물을 빼앗는 사람.
【強覽 강람】 힘써 책을 많이 읽음.
【強梁 강량】 ①완고하여 기력이 셈. ②강한 힘.
【強賣 강매】 물건을 억지로 팖.
【強勉 강면】 힘써 애씀.
【強迫 강박】 억지로 핍박함. 억눌림.
【強半 강반】 반 이상. 太半(태반).
【強飯 강반】 힘써 밥을 더 먹음. 몸을 소중히 함.
【強辨 강변】 잘 분별함.
【強辯 강변】 ①억지로 자기 주장을 합리화(合理化)하거나 우김. ②무리한 변명.
【強仕 강사】 나이 마흔에 처음으로 벼슬을 하게 됨. 마흔 살.
【強盛 강성】 굳세고 흥성함.
【強笑 강소】 억지로 웃음.
【強襲 강습】 적의 저항·방어를 무릅쓰고 습격을 강행함.
【強食 강식】 ①부지런히 음식을 먹어 몸을 보양(保養)함. ②강한 자의 먹이. 강한 자의 밥.
【強臣 강신】 권력이 강대한 신하.
【強顔 강안】 낯가죽이 두꺼움. 부끄러움을 모름.
【強陽 강양】 ①활발하게 움직임. ②불어넣어 준 힘. 도와준 힘.
【強圉 강어】 ①천간(天干)의 '정(丁)'을 고갑자(古甲子)로 이르는 말. ②힘이 셈. 또는 그런 사람.
【強禦 강어】 ①강악(強惡)하여 선(善)을 물리침. ②무용(武勇)이 뛰어남. 또는 그런 사람. 強圉(강어).
【強悟 강오】 기억력이 좋음. 強記(강기).
【強頑 강완】 마음이 비뚤어지고 고집이 셈.
【強要 강요】 억지로 시키거나 무리하게 요구함.
【強忍 강인】 애써 참고 견딤.
【強靭 강인】 억세고 질김.
【強恣 강자】 세력이 강하여 방자하게 굶.
【強作 강작】 억지로 함.
【強壯 강장】 ①몸이 씩씩하고 튼튼함. 혈기 왕성함. ②30~40대의 무렵. ○40세를 '強', 30세를 '壯'이라 함.
【強敵 강적】 대적하기 어려운 상대.
【強占 강점】 억지로 남의 것을 차지함.
【強制 강제】 본인의 의사를 무시하고 우격으로 따르게 함.
【強調 강조】 강력하게 주장함.
【強宗 강종】 세력이 센 종족(宗族).
【強志 강지】 기억력이 좋음. 強識(강지).
【強持 강지】 힘써 오래 지속함.

【強進 강진】 날카로운 기세로 나아감. 또는 억지로 나아감.
【強僭 강참】 권세가 있고 방자(放恣)함.
【強鐵之秋 강철지추】 圖강철이 간 데는 가을도 봄임. 악독한 방해자가 나타남으로 다 되어가던 일이 망쳐짐. ○'強鐵'은 전설상의 악독한 용(龍)의 이름.
【強打 강타】 매우 세게 침.
【強奪 강탈】 폭력을 써서 빼앗음.
【強貪 강탐】 심하게 탐냄.
【強暴 강포】 힘이 세고 포악함. 우악스럽고 사나움. 또는 그러한 사람.
【強學 강학】 학문에 힘씀. 열심히 공부함.
【強悍 강한】 힘이 세고 몹시 사나움.
【強項 강항】 목덜미가 강하여 쉽게 머리를 숙이지 않음. 강직(剛直)함.
【強行 강행】 힘든 과정을 헤치고 억지로 시행함.
【強活 강활】 억지로 생기(生氣)를 드러냄.
❶牽—, 屈—, 補—, 富—, 列—, 頑—, 豪—.

弓 8 【弴】 ⑪ 활 돈 园 diāo
소전 鞏 통자 弤 통자 敦 字解 활, 붉은 옻칠을 한 활.

弓 8 【彌】 ⑪ 彌(572)과 동자

弓 8 【弸】 ⑪ ❶화살 소리 붕 圊 pēng ❷찰 팽 庚 péng
소전 彌 초서 弸 字解 ❶화살 소리. 화살이 시위를 떠났을 때 나는 소리. ¶弸彋. ❷①차다, 가득 차다. ¶弸中. ②활시위. 〔太玄經〕絶弸破車. ③바람에 장막이 펄럭이는 소리. 〔揚雄·賦〕帷弸彋其拂汨兮.
【弸彋 ❶붕횡 ❷팽횡】❶화살이 시위를 떠났을 때, 시위가 울려 나는 소리. ❷바람이 휘장을 펄럭이게 할 때 나는 소리.
【弸中 팽중】 속을 채움.

弓 8 【張】 ⑪ ❶베풀 장 陽 zhāng ❷뽐낼 장 漾 zhàng

| 一 | 弓 | 引 | 弘 | 弡 | 弡 | 張 | 張 | 張 |

소전 張 초서 張 고체 弡 간체 张 字源 形聲. 弓+長→張. '長(장)'이 음을 나타낸다.
字解 ❶①베풀다, 어떤 일을 차리어 벌이다. 〔戰國策〕張樂設飮. ②메다. ㉮활시위를 메다. 〔詩經〕既張我弓. ㉯거문고의 줄을 메다. 〔禮記〕琴瑟張而不平. ㉰휘장을 치다. 〔史記〕高祖復留止, 張飮三日. ㉱그물을 치다, 그물질을 하다. 〔後漢書〕擧羅張之. ③넓히다, 크게 하다. 〔春秋左氏傳〕我張吾三軍. ④세게 하다, 성하게 하다. 〔戰國策〕破秦而張韓魏. ⑤성하게 되다, 기세가 오르다. 〔北史〕軍威必張. ⑥말하다, 크게 떠벌리다. 〔柳宗元·書〕軍威必

張. ⑦내밀다, 드러내다.〔易林〕白虎張牙. ⑧어그러지다, 어긋나다. ¶ 乖張. ⑨속이다, 기만하다.〔書經〕譸張爲幻. ⑩장. ㉮얇은 물건이나 활·거문고·비파·휘장 따위를 세는 단위. ㉯얇은 물건을 말할 때 붙이는 말. ⑪별자리 이름. 28수(宿)의 하나.〔史記〕西至于張. ❷①뽐내다, 교만을 부리다.〔春秋左氏傳〕隨張, 必棄小國. ②부어오르다, 불룩해지다. ≒脹.〔春秋左氏傳〕晉侯將食, 張, 如廁. ③휘장, 장막. ≒帳.〔荀子〕居則設張容.
【張冠李戴 장관이대】장(張)의 모자를 이(李)가 씀. ㉠명(名)과 실(實)이 상부하지 않음. ㉡잘못 인식함.
【張力 장력】①길게 늘어나는 힘. ②넓게 퍼지는 힘. 물체가 서로 끌어당기는 힘.
【張目 장목】눈을 부릅뜸.
【張門戶 장문호】주택을 장려(壯麗)하게 꾸며 화사(華奢)를 부림. 학예(學藝) 등으로 일가를 이룸.
【張本 장본】①뒤에 쓸 문장의 근본이 되는 것을 앞에 적은 것. 伏線(복선). ②어떤 일이 벌어지게 되는 원인.
【張本人 장본인】물의를 일으킨 바로 그 사람.
【張三李四 장삼이사】장씨 성의 셋째 아들과 이씨 성의 넷째 아들. 흔한 성씨의 사람들. 보통 사람들.
【張王 장왕】세력이 왕성함. ○'王'은 '旺'으로 '왕성함'을 뜻함.
【張飮 장음】휘장을 둘러치고 술을 마심.
【張弛 장이】①팽팽하게 켕김과 느즈러짐. ②성함과 쇠함. 弛張(이장).
【張皇 장황】①번거롭고 너절하게 긺. ②넓히어 크게 함. ③당황함.
❶ 誇−, 緊−, 伸−, 主−, 出−, 鋪−, 擴−.

弓9 【强】⑫ 强(570)의 속자

弓9 【㙡】⑫ 깍지 섭 㥛 shè
字解 깍지. 화살을 쏠 때 시위를 잡아 당기는 엄지손가락의 아랫마디에 끼는 뿔로 만든 기구.

弓9 【彌】⑫ 활짱 휜 곳 연 㱏 yuān
參考 재래의 자전에서는 弓部 8획으로 다루었으나 여기서는 현실적 획수를 따랐다.
字解 활짱의 휜 곳, 활고자와 줌통 사이의 휘어진 활짱 부분.

弓9 【弾】⑫ 彈(572)과 동자

弓9 【弼】⑫ 도울 필 㥛 bì
字解 ❶돕다, 거들다.〔書經〕以弼五敎. ❷돕는 사람.㉮보좌역.〔國語〕憎輔遠弼. ㉯천자(天子)의 보좌역. ③도지개. 틈이 가거나 뒤틀린 활을 바로잡는 틀. ④바루다, 바로잡다.〔書經〕予違汝弼.
【弼匡 필광】도와서 바로잡음. 匡弼(광필).
【弼寧 필녕】도와서 편안하게 함.
【弼導 필도】도와서 인도함.
【弼亮 필량】도와줌. 보좌(輔佐)함. ○'亮'은 佐. 輔弼(보필).
【弼違 필위】도리에 어긋난 것을 바로잡음.
【弼佐 필좌】도움. 또는 돕는 사람.
【弼諧 필해】도와서 알맞게 함.
❶ 匡−, 保−, 輔−, 良−, 元−, 俊−, 台−.

弓9 【弻】⑫ 弼(572)과 동자

弓10 【彀】⑬ ❶당길 구 㥛 gòu ❷활고자 구 㥛 gòu
字解 ❶①당기다, 화살을 쏘기 위해 세게 잡아당기다. ¶ 彀率. ②활을 쏘다.〔史記〕彀者十萬人. ③활을 쏘기에 알맞은 거리. ¶ 彀中. ④과녁, 함정.〔管子〕羿有以感弓矢, 故彀可得中也. ⑤곤궁, 함정. ❷활고자.
【彀騎 구기】활을 쏘는 기병.
【彀率 구율】활시위를 당기는 정도. 표준.
【彀中 구중】①화살이 미치어 닿는 거리. ②남을 계략에 빠뜨림. 곧, 남을 농락함.

弓11 【彄】⑭ 활고자 구 㥛 kōu
字解 ①활고자. 활짱 머리에 있는, 시위를 메는 곳. =彀.〔蔡邕·銘〕弓不受彄. ②고리, 가락지.
【彄環 구환】고리.

弓11 【彃】⑭ 쏠 필 㥛 bì
字解 ①쏘다, 활을 쏘다. ②활시위.

弓12 【彆】⑮ 활 뒤틀릴 별 㥛 biè
동자 彌 간체 別 字解 활이 뒤틀리다, 활짱이 뒤틀리다.

弓12 【彈】⑮ ❶탄알 탄 㥛 dàn ❷튀길 탄 㥛 tán
〔字形〕ᄀ 弓 ᄃ ᄃ" 弾 彈 彈 彈
소전 彈 혹체 弛 초서 弓 동자 弓
동자 弐 속자 弾 고자 弖 간체 弹 字源 形聲. 弓+單→彈. '單(단)'이 음을 나타낸다.

弓部 12〜14획 彉彊彋彌

字解 ❶㉮탄알. ㉮활에 메워 쏘는 돌. 〔徐陵·詩〕珠彈落雙鴻. ㉯대포·총 따위로 쏘는 탄알. ¶ 砲彈. ❷탄알을 쏘는 활. 〔戰國策〕左挾彈, 右攝丸. ❸열매, 과실(果實). 〔徐貪·詩〕朱彈星丸燦日光. ❷①튀기다. ㉮손가락으로 튀기다. 〔楚辭〕新沐者必彈冠. ㉯쏘다. 〔春秋左氏傳〕從臺上彈人. ❷두드리다. 〔史記〕馮驩彈其劍而歌. ❸따지다, 힐책하다. ¶ 彈劾. ❹타다, 연주하다. 〔史記〕舜彈五弦之琴.

【彈界 탄계】 현탄환이 도달하는 한계.
【彈冠 탄관】 ①갓의 먼지를 떨어 버림. 세진(世塵)을 떨어 버림. ②갓의 먼지를 떨고 임금의 소명(召命)을 기다림. 곧, 출사(出仕)할 뜻이 있음.
【彈弓 탄궁】 ①탄환을 쏘는 활. ②활시위를 울림. ③솜을 타는 데 쓰는 활.
【彈糾 탄규】 죄를 밝힘. 잘못을 따지고 캐어 밝힘. 糾彈(규탄).
【彈琴 탄금】 거문고를 탐.
【彈道 탄도】 발사된 탄알이 공중을 지나가는 길.
【彈力 탄력】 ①용수철처럼 튀거나 팽팽하게 버티는 힘. ②물체에 가해지는 힘이 멈춘 후에 본래 상태로 돌아가려는 힘.
【彈綿 탄면】 현솜을 탐.
【彈墨 탄묵】 ①=彈文(탄문). ②현목수(木手)가 목재에 먹줄을 퉁김.
【彈文 탄문】 과실을 탄핵하는 글.
【彈拍 탄박】 거문고 등을 탐.
【彈事 탄사】 사람을 탄핵하는 일.
【彈詞 탄사】 운어(韻語) 속에 많은 고사를 엮어서 악기에 맞추어 노래하게 한 것.
【彈絲吹竹 탄사취죽】 음악을 연주하는 일. '絲'는 현악기, '竹'은 관악기.
【彈性 탄성】 물체에 가해지는 힘이 멈춘 후 본래 상태로 돌아가려고 하는 성질.
【彈壓 탄압】 권력을 써서 억누름.
【彈子 탄자】 ①배를 끄는 밧줄. ②탄알. 총탄·포탄 등의 탄알을 이르는 말. ③현당구(撞球).
【彈章 탄장】 사람을 탄핵하는 문장(文章).
【彈箏 탄쟁】 쟁(箏)을 탐.
【彈正 탄정】 나쁜 일을 바로잡음.
【彈奏 탄주】 ①죄상을 밝혀 상주(上奏)함. 彈劾(탄핵). 彈文(탄문). ②현가야금·바이올린 따위의 현악기를 탐.
【彈指 탄지】 ①손끝으로 튀김. ②(佛)매우 짧은 시간. 彈指頃(탄지경).
【彈黜 탄출】 비방하여 물리침. 탄핵하여 몰아냄.
【彈治 탄치】 폐습을 바로잡아 잘 다스림.
【彈劾 탄핵】 과실이나 죄상을 조사하여 책임을 물음.
【彈弦 탄현】 현악기를 두드림.
【彈鋏 탄협】 칼자루를 두드림. 가난 중에서도 어떤 소망이 있음. 故事 맹상군(孟嘗君)의 문객(門客) 풍환(馮驩)이 자기의 칼자루를 두드리며 자신의 소망을 노래하였다는 고사에서 온 말.
【彈花 탄화】 현솜(綿)을 탐.
【彈丸 탄환】 총이나 대포를 쏠 때 사용하는 쇠

구슬. 탄알. 총알. 총탄.
【彈痕 탄흔】 탄알에 맞은 흔적.
【彈徽 탄휘】 현악기를 탐.
【彈詰 탄힐】 죄과를 따져 힐문(詰問)함.

❶ 糾—, 飛—, 實—, 流—, 裝—, 敵—, 銃—, 砲—, 爆—.

弓12 【彉】⑮ 당길 확 蠖 guō
소전 彉 字解 당기다, 활을 잡아당기다. 〔孫子〕勢如彉弩.

弓13 【彊】⑯ ❶군셀 강 陽 qiáng
❷힘쓸 강 養 qiǎng
❸굳을 강 漾 jiàng
소전 彊 초서 彊 동자 強 參考 어휘는 '強(570)'을 참고하라.
字解 ❶①군세다. 늑勍. 〔書經〕彊而義. ②힘이 센 활. 〔史記〕材官引彊. ③서로 따르는 모양. ¶ 彊彊. ④국경(國境). 늑疆. ¶ 啓彊. ❷①힘쓰다. 〔國語〕彊忍不義. ②억지로, 억지로 시키다. 〔孟子〕彊而後可. ③돕다. 〔太玄經〕莫不彊梁. ❸굳다, 굳어지다. = 僵.
【彊彊 강강】 ①암수가 서로 따르는 모양. ②다투고 미워하는 모양.
【彊記 강기】 기억을 잘함. 기억력이 좋음. 強記(강기).
【彊弩 강노】 센 쇠뇌. 強弩(강노).
【彊食自愛 강식자애】 입맛이 없더라도 억지로 음식을 먹어 몸을 소중히 함.
【彊悍 강한】 힘이 세고 사나움. 強悍(강한).

❶ 盛—, 力—, 自—.

弓13 【彋】⑯ 화살 소리 횡 庚 hóng
字解 ①화살 소리. 화살을 쏘았을 때 시위가 울려 나는 소리. ②휘장이 바람에 펄럭이는 소리. 〔揚雄·賦〕帷弸彋其拂汩兮.

弓14 【彌】⑰ ❶두루 미 支 mí
❷그칠 미 紙 mǐ
❸갓난아이 미 齊 ní
소전 彌 초서 彌 동자 弥 간체 弥 字解 ❶①두루, 널리. 〔周禮〕彌祀社稷禱祠. ②오래다. 〔書經〕既彌留. ③그치다, 끝나다. 〔詩經〕俾爾彌爾性. ④걸리다, 일정 시간 동안 계속되다. 〔周禮〕七日彌. ⑤다하다, 극에 다다르다. 〔張衡·賦〕慾不可彌. ⑥멀다, 멀리. ¶ 彌望. ⑦차다, 가득 메우다. 〔史記〕彌山跨谷. ⑧더욱, 점점. 〔論語〕仰之彌高, 鑽之彌堅. ⑨깁다, 꿰매다. 〔春秋左氏傳〕彌縫其闕. ⑩얽히다, 휘감기다. 〔淮南子〕橫之而彌于四海. ⑪눈에 티가 들어가 눈멀다. 〔春秋左氏傳〕抾彌明目. ❷①그치다, 중지하다. =弭. 늑弭. 〔周禮〕彌裁兵. ②장식(裝飾). ¶ 彌龍. ❸드리우다, 늘어뜨리다. 〔穆天子傳〕彌旗以節. ❹거두다, 거두어들이다.

〔漢書〕望舒彌彌. ⑤차다, 물이 꽉 찬 모양. ≒彌. ¶彌彌. ❸갓난아이. ¶鷺彌.
【彌久 미구】매우 오래됨. 오래 끎.
【彌亘 미긍】널리 걸침. 두루 퍼짐.
【彌龍 미룡】수레의 장식. 끌채의 횡목(橫木) 끝을 용의 머리 모양으로 새긴 것.
【彌留 미류】오랫동안 병이 낫지 않음. 병이 위중함. 병이 오래 끎.
【彌綸 미륜】두루 다스림.
【彌滿 미만】가득 참. 그들먹함. 彌漫(미만).
【彌望 미망】멀리 두루 바라봄. 조망(眺望)이 확트임.
【彌彌 미미】①조금씩 차차로 불어 감. ②불어서 퍼져 나감.
【彌縫 미봉】①떨어진 곳을 꿰맴. ②결점이나 잘못된 것을 임시변통으로 이리저리 주선하여 꾸며 댐.
【彌甥 미생】외손자.
【彌盛 미성】더욱더 성함.
【彌旬 미순】열흘 동안.
【彌月 미월】①달을 넘김. 여러 달. ②잉태하여 10개월의 기간을 마침. 또는 만 10개월. ③생후 만 1개월.
【彌日 미일】여러 날. 날짜를 거듭함.
【彌天 미천】①하늘에 가득 참. ②뜻이 고원(高遠)함.
◑ 昆−, 沙−, 斯−, 須−, 嬰−.

弓 15 【彍】⑱ 당길 확 ㉰ guō
[초서][자해]①당기다, 활을 쏘기 위하여 시위를 당기다. 〔漢書〕十賊彍弩. ②달리다, 재빠르게 움직이다. 〔韓愈·文〕駕塵彍風, 與電爭先. ③타다.
【彍弩 확노】쇠뇌를 당김.
【彍風 확풍】바람을 탐.

弓 19 【彎】㉒ 굽을 만 ㉧완 ㉿ wān
[소전][초서][간체][자해]①굽다. ¶彎曲. ②당기다, 화살을 활시위에 메다. 〔淮南子〕彎某衛之箭.
【彎曲 만곡】활처럼 휘우듬하게 굽음.
【彎弓 만궁】화살을 쏘려고 활시위를 한껏 잡아당김.
【彎碕 만기】굽이진 강기슭.
【彎蛾 만아】미녀의 눈썹.
【彎月 만월】구붓이 이지러진 달. 초승달이나 그믐달.
【彎入 만입】바다나 강의 물이 뭍 쪽으로 활등 모양처럼 휘어듦. 灣入(만입).
【彎形 만형】활처럼 굽은 모양.

弓 20 【彏】㉓ 당길 확 ㉿ jué
[자해] 당기다, 활시위를 급히 당기다. 〔漢書〕彏天狼之威弧.

彐 部

3획 부수 | 튼가로왈부

彐 0 【彐】③ 돼지 머리 계 ㉰
[소전][동자][동자][참고]①이 부수 글자는 한자의 구성에서 글자 모양이 '彑'나 '彐'로 쓰이기도 한다. ②부수의 명칭은 글자 모양이 '日(가로왈)'자에서 왼쪽의 내리긋는 획이 없다는 데서 '튼가로왈'이라고 부른다.
[자원] 象形. 돼지 머리의 모양을 본뜬 글자.
[자해] ①돼지 머리. ②한자 부수의 하나, 튼가로왈.

彐 2 【归】⑤ 歸(909)의 속자

彐 3 【彡】⑥ 多(375)의 속자

彐 3 【当】⑥ 當(1164)의 속자

彐 5 【彔】⑧ 새길 록 ㉿ lù
[자해] ①새기다. ②근본, 근원. ③영롱하다.

彐 6 【彖】⑨ 단 단 ㉿ tuàn
[소전][초서][자해]①단, 단사(彖辭). 주역(周易)에서 각 괘(卦)의 총론. 〔周易正義〕所以名爲彖也. ②판단하다, 점치다.
【彖辭 단사】각 괘(卦)의 뜻을 풀이한 주역의 총론. 주(周) 문왕(文王)이 지었다고 함.
【彖傳 단전】주역에서 10익(翼)의 하나. 단사(彖辭)를 해석해 놓은 것. 공자(孔子)가 지었다는 설이 있으나 확실하지 않음.

彐 8 【彗】⑪ 비 혜 ㉿ huì
[소전][고문][혹체][초서][자해]①비, 쓰는 비. 〔史記〕擁彗先驅. ②쓸다. ¶彗雲. ③살별, 꼬리별. 〔新序〕天之有彗, 以除穢也. ④밝다. 〔太公兵法〕日中不彗, 是謂失時. ⑤총명하다. ≒慧. 〔史記〕王有女陵, 彗有口辯.
【彗星 혜성】①별 이름. 꼬리별. 살별. ②갑자기 두각을 나타냄.
【彗掃 혜소】비로 깨끗이 쓸어 냄.
【彗雲 혜운】구름을 쓺.
【彗日 혜일】해를 떨쳐 버림.
◑ 掃−, 擁−, 妖−, 流−.

彑部 9~23획 彘彙彚彝彝彠 彡部 0~4획 彡形形

彑 9 【彘】⑫ 돼지 체 ⓘ zhì
[字解] 돼지. 〔孟子〕鷄豚狗彘之畜.

彑 10 【彙】⑬ 무리 휘 (본)위 困 huì
[字解] ①무리, 동류(同類). 〔易經〕拔茅茹, 以其彙. ②고슴도치. =蝟. ③모으다. ¶ 彙交. ④성하다, 번무(繁茂)하다. 〔漢書〕柯葉彙而靈茂. ⑤國휘, 열다섯 말들이. 俗書에 보인다.
【彙交 휘교】한데 모아서 한꺼번에 건네 줌.
【彙繳 휘교】물건을 뭉뚱그려 상납(上納)함.
【彙單 휘단】문서를 모음.
【彙類 휘류】같은 종류를 모음.
【彙報 휘보】①여러 자료를 종류에 따라 모아서 알리는 기록물. ②잡지.
【彙征 휘정】동행함. 같이 감.
【彙進 휘진】모여 나아감. 뜻을 같이하는 사람끼리 모여 조정에 나아감.
【彙集 휘집】같은 종류의 물건을 갈래를 따라 모음. 類聚(유취).
【彙纂 휘찬】여러 가지의 사실을 모아, 그 종류별로 갈라서 편찬함. 類聚(유찬).
● 辭-, 語-, 字-.

彑 10 【彚】⑬ 彙(575)와 동자

彑 13 【彝】⑯ 彝(575)의 속자

彑 15 【彝】⑱ 떳떳할 이 因 yí
[字解] ①떳떳하다. ¶ 彝倫. ②법, 영구히 변하지 않는 도(道), 이치. 〔詩經〕民之秉彝. ③술병. 종묘(宗廟)에 비치해 두는 제기(祭器)의 한 가지.
【彝器 이기】종묘에 갖추어 두고 의식(儀式) 때 쓰는 제기(祭器).
【彝倫 이륜】사람으로서 지켜야 할 떳떳한 도리.
【彝典 이전】변하지 않는 제도나 규칙. 常道(상도). 常規(상규).
【彝鼎 이정】종묘(宗廟)에서 신주(神酒)를 따르는 세 발 솥. 공로가 있는 신하의 공적을 새겨 넣었음.
【彝樽 이준】술두루미.

〈彝③〉

彑 23 【彠】㉖ 獲(1230)과 동자

【彝則 이칙】지켜야 할 떳떳한 법칙.
【彝憲 이헌】언제나 변하지 않는 도리.
【彝訓 이훈】사람으로서 항상 지켜야 할 교훈.
● 民-, 秉-, 六-, 典-, 鼎-, 尊-, 皇-.

彡部

3획 부수 | 터럭삼부

彡 0 【彡】③ ❶터럭 삼 國 shān
❷성 삼 㲒 xiǎn
[참고] 부수의 명칭으로는 주로 '터럭삼'이라고 하나, '三(석 삼)'의 변형(變形)이라는 데서 '삐친석삼'이라고도 한다.
[字源] 象形. 터럭을 빗질하여 놓은 모양을 본뜬 글자.
[字解] ❶터럭, 길게 자란 머리털, 아름답게 꾸민 머리털. ❷성(姓).

彡 4 【彤】⑦ 붉을 동 圄 tóng
[字源] 會意. 丹+彡→彤. 커알(丹)로 붉게(彡) 칠을 한다는 데서 '붉게 칠하다'의 뜻을 나타낸다.
[字解] ①붉다, 빨갛다. 〔書經〕皆麻冕彤裳. ②붉은 칠, 붉게 칠하다. 〔詩經〕貽我彤管.
【彤管 동관】붉게 칠한 붓대.
【彤鏤 동루】색칠과 아로새김. 장식함.
【彤矢 동시】붉게 칠한 화살.
【彤雲 동운】붉은빛의 구름.
【彤闈 동위】붉게 칠한 궁궐의 문. 궁전.
【彤庭 동정】궁궐의 뜰. ㉠임금이 거처하던 궁궐의 뜰을 붉게 색칠한 데서 온 말.
【彤霞 동하】붉게 물든 놀. 丹霞(단하).
【彤軒 동헌】붉게 칠한 처마.
● 管-, 丹-, 珥-, 朱-.

彡 4 【形】⑦ 모양 형 圊 xíng

一 二 チ 开 开 形 形

[字源] 形聲. 开+彡→形. 彡→形. '开(견)'이 음을 나타낸다.
[字解] ①모양. ㉠물건의 모양이나 생김새. 〔易經〕品物流形. ㉡맵시, 차림새. 〔春秋穀梁傳〕望遠者察其貌而不察其形. ㉢꼴, 상태. 〔史記〕問其地形與其兵勢. ㉣접미사처럼 쓰인다. ②몸, 육체. 〔素問〕形樂志苦. ③형세, 세력. 〔戰國策〕周君形不好利. ④이치, 도리. 〔列

子〕形物甚著. ⑤형상(形象)하다, 형상을 이루다. 〔國語〕天地未形而先爲之征. ⑥나타나다, 드러나다. 〔禮記〕形於動靜. ⑦나타내다, 드러내 보이다. 〔國語〕天地形之. ⑧바르다. 〔淮南子〕五音形矣. ≒刑. 〔荀子〕形是詰. ⑩거푸집. ≒型.〔春秋左氏傳〕形民之力.

【形幹 형간】몸. 身體(신체).
【形格勢禁 형격세금】형세가 거지(拒止)됨. 곧, 행동을 자유로이 할 수 없게 됨. ○'格'은 '拒止'를 뜻함.
【形教 형교】외형에 나타난 가르침. 존비(尊卑)·대소(大小)·배복(拜伏) 등.
【形局 형국】어떤 일의 상황.
【形氣 형기】겉모양과 기운.
【形單影隻 형단영척】형체도 하나이고 그림자도 하나임. 외롭고 의지할 곳이 없음.
【形勞 형로】몸을 지치게 함. 남을 위해 바쁘게 활동함.
【形名 형명】①형상과 이름〔名〕. ②신하의 의론〔形〕과 그 실제의 성적〔名〕. ③기(旗)와 금고(金鼓). 기폭〔形〕과 금고〔名〕로 군대를 지휘하던 신호법.
【形貌 형모】겉모습.
【形魄 형백】몸. 肉體(육체). ○'魄'은 '신체의 정기(精氣)'를 뜻함.
【形似 형사】외형이 비슷함.
【形相 형상】생김새.
【形象 형상】생긴 모양.
【形色 형색】①형상과 빛깔. ②얼굴빛이나 표정.
【形性 형성】모양과 성질.
【形聲 형성】①모양과 소리. ②한자 육서(六書)의 하나. 뜻을 나타내는 글자와 음을 나타내는 글자를 합하여 새로운 한자를 만드는 방법. '나무'를 뜻하는 '木(나무목 변)'과 음을 나타내는 '可(가)'를 합한 '柯(가)' 따위.
【形勢 형세】일의 형편이나 상태.
【形勢之途 형세지도】권력 있는 사람들이 있는 곳. 또는 그 지위.
【形壽 형수】목숨. 壽命(수명).
【形勝 형승】①지세가 아주 훌륭함. 땅의 이(利)가 풍부함. ②경치가 좋은 곳. 景勝(경승).
【形勝之國 형승지국】지세가 좋아서 승리하기에 편리한 위치에 있는 나라.
【形式 형식】①겉모습. ②격식. 절차.
【形役 형역】마음이 육체의 부림을 받음. 정신이 물질의 지배를 받음.
【形鹽 형염】제사에 썼던, 호랑이 모양으로 굳힌 소금.
【形影 형영】형체와 그림자. 언제나 서로 떨어져 있지 않음.
【形影相同 형영상동】형체의 굽고 곧음을 따라 그림자도 굽고 곧고 함. 마음의 선악이 그대로 행동에 드러남.
【形影相弔 형영상조】몸과 그 그림자가 서로 불쌍히 여김. 몹시 외로워 의지할 곳이 없음.
【形容 형용】①사물의 생긴 모양. ②사람의 생김새. ③사물이나 사람을 말·글·몸짓 등

을 통하여 나타냄.
【形儀 형의】예의 범절과 태도. 容儀(용의).
【形而上 형이상】물질적 형체를 초월한 정신적인 대상.
【形而上學 형이상학】우주와 인생의 궁극적인 이치·원리 등을 탐구하는 학문.
【形而下 형이하】외형적으로 지각할 수 있는 유형적·물질적인 대상.
【形而下學 형이하학】동물학·식물학·자연과학과 같은 물질적·유형적인 대상을 탐구하는 학문.
【形制 형제】①지형(地形)을 이용하여 남을 휘어잡아 복종시킴. ②만들어진 모양.
【形兆 형조】모습. 모양. 兆朕(조짐).
【形質 형질】①형태와 성질. 곧, 생긴 모양과 그 바탕. ②몸의 모양.
【形體 형체】①사물의 모양과 바탕. ②사람의 몸. 身體(신체).
【形態 형태】사물의 형상이나 상태.
【形便 형편】일이 되어 가는 상황.
【形廢 형폐】무아(無我)의 경지에서 몸뚱이를 잊음.
【形解 형해】①망연자실(茫然自失)함. ②신선의 죽음. 尸解(시해).
【形骸 형해】①사람의 몸과 뼈. 肉體(육체). ②송장. ③구조물에서 뼈대를 이루는 부분.
【形骸之外 형해지외】육체의 밖. 심덕(心德)을 '內'라 하는 데 대하여 육체·외모를 이름.
【形形色色 형형색색】형태나 종류 등이 서로 다 가지가지.

○角─, 固─, 球─, 奇─, 大─, 圖─, 忘─, 無─, 方─, 山─, 象─, 成─, 外─, 圓─, 人─, 定─, 造─, 地─, 弧─, 幻─, 換─, 環─.

彡 4 【形】⑦ 形(575)과 동자

彡 6 【彥】⑨ 선비 언 㻞 yàn

彥 [소전] 彥 [초서] 彥 [속자] 字解 선비. 재덕(才德)이 뛰어난 남자. 또는 그러한 남자의 미칭(美稱).〔詩經〕邦之彥兮.
【彥士 언사】재덕이 뛰어난 남자. 훌륭한 인물. 彥俊(언준).
【彥聖 언성】뛰어나고 현철(賢哲)한 인물.
【彥會 언회】영재(英才)들이 한자리에 모임.

○群─, 秀─, 時─, 英─, 才─, 俊─, 賢─.

彡 6 【彦】⑨ 彥(576)의 속자

彡 6 【形】⑨ 形(575)의 본자

彡 7 【𢒉】⑩ 徒(585)와 동자

彡部 7~8획 浦彧彬彫彩彪

浦 ⑩ 補(1621)의 고자

彧 ⑩ 문채 욱 圜 yù
[字解] ①문채, 문채가 빛나는 모양. ②무성한 모양. 〔詩經〕黍稷彧彧.
【彧彧 욱욱】①초목이 무성한 모양. ②문채가 있는 모양. 빛나는 모양.

彬 ⑪ ❶빛날 빈 圓 bīn ❷밝을 반 圓 bān
[參考] 대법원 지정 인명용 한자의 음은 '빈'이다.
[字解] ❶빛나다, 문(文)과 질(質)이 갖추어져 훌륭한 모양. 〔史記〕文學彬彬稍進. ❷밝다, 무늬가 또렷하다. 〔劉禹錫·記〕白黑彬班.
【彬彬 빈빈】글의 수식과 내용이 서로 어우러져 조화된 모양.
【彬蔚 빈위】문채가 성(盛)한 모양.

彫 ⑪ 새길 조 蕭 diāo
[字源] 形聲. 周+彡→彫. '周(주)'가 음을 나타낸다.
[字解] ①새기다, 파다. 〔論語〕朽木不可彫也. ②아로새기다, 금은 보석 따위를 박다. 〔詩經〕金曰彫. ③꾸미다, 수식하다. 〔史記〕救其彫敝. ④다스리다. 〔魏志〕任性而行, 不自彫勵. ❺쪼다, 쪼아먹다. ¶彫啄. ⑥시들다. ㉮식물이 물기가 말라서 생기가 없어지다. ≒凋. 〔論語〕歲寒然後知松柏之後彫也. ㉯기력·기세가 줄어들다. ¶彫弊.
【彫刻 조각】글씨·그림·물건의 형상 등을 돌이나 나무·금속 따위에 새김. 또는 새긴 그 작품.
【彫困 조곤】영락하여 곤궁함. 또는 그런 사람.
【彫弓 조궁】조각을 한 활.
【彫落 조락】①초목의 잎이 시들어 떨어짐. ②쇠퇴함. ③사람이 죽음. 사망함.
【彫鏤 조루】새김.
【彫紊 조문】쇠퇴하여 문란하여짐.
【彫喪 조상】①쇠퇴하여 멸망함. ②의기소침(意氣銷沈)함.
【彫傷 조상】시들어 완전히 망가짐.
【彫像 조상】조각한 상.
【彫塑 조소】사람이나 동물 등 여러 가지 형상을 나무로 조각하거나 흙으로 빚는 일.
【彫飾 조식】조각하여 장식함.
【彫琰 조염】조각한 옥(玉).
【彫僞 조위】①가짜 물건을 조각하여 진짜와 같이 보이게 함. ②겉을 꾸며 속임.
【彫殘 조잔】①손상(損傷)을 입음. ②쇠하여 느른해짐. 또는 그런 사람.
【彫鐫 조전】새김. 雕鐫(조전).
【彫題 조제】①이마에 자자(刺字)함. ♂'題'는 '이마'를 뜻함. ②책의 난외(欄外)의 주(注).

【彫盡 조진】①다 시들어 버림. ②힘이 다 빠짐.
【彫斲 조착】새기고 깎음. 조각함.
【彫蟲 조충】벌레가 잎을 갉음. 잔재주.
【彫蟲小技 조충소기】학문·기예(技藝) 등을 낮추어 이르는 말.
【彫蟲篆刻 조충전각】충서(蟲書)를 새기고 각부(刻符)를 전서(篆書)로 새김. 문장을 짓는 데 지나치게 어구(語句)의 수식에 얽매임. ♂충서와 각부는 진서(秦書) 팔체(八體)의 하나.
【彫啄 조탁】새가 먹이를 쪼아 먹음.
【彫琢 조탁】①옥이나 돌을 새기고 쪼음. ②문장의 자구(字句)를 아름답게 다듬음.
【彫敝 조폐】①사치(奢侈)의 폐해(弊害). ②☞彫弊(조폐).
【彫弊 조폐】시들어 쇠약해짐. 彫敝(조폐).
● 木-, 浮-, 後-.

彩 ⑪ 무늬 채 賄 cǎi
[字源] 形聲. 采+彡→彩. '采(채)'가 음을 나타낸다.
[字解] ①무늬. 〔晉書〕縟彩彫煥. ②채색, 고운 빛깔. 〔隨書〕煙雲獻彩. ③빛, 윤기, 광택. 〔傳玄·賦〕豐彩外盈. ④모양, 풍도. 〔晉書〕幼而穎悟, 神彩秀徹. ⑤노름, 도박. 〔鶴林玉露〕此舉有萬全之策乎, 亦睹彩一擲也.
【彩旗 채기】아름다운 빛깔의 기.
【彩色 채색】①여러 가지 아름다운 빛깔. ②색을 칠함.
【彩船 채선】國나라 잔치 때 선유락(船遊樂)에 쓰던 배. 彩舫(채방).
【彩線 채선】눈물이 흐른 자국.
【彩繡 채수】아름답게 수놓은 옷.
【彩霭 채애】빛이 아름다운 놀.
【彩雲 채운】아롱진 채색으로 물든 구름.
【彩鷁 채익】①익(鷁)을 뱃머리에 그리어 수환(水患)을 예방하던 배. ♂'鷁'은 해오라기 비슷한 물새. ②'배'를 이르는 말. 畫鷁(화익).
【彩蝶 채접】아름다운 빛깔을 지닌 나비.
【彩翠 채취】아름다운 비취빛.
【彩筆 채필】①그림 붓. ②아름다운 문장.
【彩霞 채하】아름다운 놀.
【彩絢 채현】무늬. 채색.
【彩虹 채홍】빛깔이 고운 무지개.
【彩畫 채화】채색으로 그린 그림.
【彩繪 채회】채색을 하여 그린 그림. 채색.
● 光-, 淡-, 文-, 色-, 鮮-, 水-, 映-, 五-, 縟-, 月-, 輪-, 彫-.

彪 ⑪ 무늬 표 尤 biāo
[字源] 會意. 虎+彡→彪. 범[虎]의 가죽에 있는 무늬[彡]를 뜻한다.

【彪炳 표병】범 가죽처럼 문채가 뚜렷하고 아름다움.
【彪蔚 표울】문채가 찬란한 모양.
【彪彪洒洒 표표간간】물이 빠르고 세차게 흐르는 모양.
【彪乎 표호】밝게 빛남.
【彪煥 표환】무늬가 빛나는 모양. 광채가 찬연(粲然)한 모양.
【彪休 표휴】①노(怒)하는 모양. ②물이 시원스럽게 빨리 흐르는 모양.

彡 9 【彭】 ⑫ ❶성 팽 本봉 庚 péng
❷곁 방 陽 pāng, bāng

參考 대법원 지정 인명용 한자의 음은 '팽'이다.

字解 ❶①성(姓). ②나라 이름. ③땅 이름. 춘추 때 하남성(河南省)에 있었다. ④방패. 〔南史〕設彭排于轅上. ⑤팽조(彭祖)의 약칭. 발전하여 '오래 살다'의 뜻으로도 쓰인다. ¶彭殤. ⑥매질하다. 〔後漢書〕每上彭考. ❷①곁, 옆. 〔易經〕匪其彭. ②부풀어오르다, 불룩해지다. ¶彭亨. ③성(盛)한 모양, 교만을 부리는 모양. 〔詩經〕駟騵彭彭. ④가깝다.

【彭排 팽배】방패.
【彭漫 팽비】모이어 쌓이는 모양.
【彭殤 팽상】장수(長壽)와 단명(短命). ∅700여 년을 살았다는 팽조(彭祖)와 스무 살에 죽은 사람.
【彭彭 방방】①많은 모양. 성한 모양. ②많이 가는 모양. ③힘이 세고 예용(禮容)이 단아(端雅)한 모양. ④많은 수레의 소리.
【彭彭魄魄 방방백백】타작하는 소리.
【彭湃 방배】큰 물결이 맞부딪쳐 솟구친. (기세나 사조 따위가) 맹렬한 기세로 일어남. 澎湃(팽배).
【彭亨 방형】①스스로 건장(健壯)하다고 자만하는 모양. ②부풀어오름. 膨脹(팽창).

彡 11 【彰】 ⑭ 밝을 창 陽 zhāng

字源 形聲. 章+彡→彰. '章(장)'이 음을 나타낸다.

字解 ①밝다, 뚜렷하다. 〔呂氏春秋〕忠信親愛之道彰. ②밝히다, 드러내다. ≒章. 〔書經〕彰厥有常. ③무늬. 〔詩經〕織文鳥彰.

【彰德 창덕】선행이나 미덕 따위를 세상에 드러내어 밝힘.
【彰明 창명】밝게 드러냄. 또는 드러남.
【彰善懲惡 창선징악】착한 일을 드러내고 악한 일을 징벌함.
【彰往察來 창왕찰래】과거를 밝히며 미래의 득실(得失)을 살핌. 觀往知來(관왕지래).
【彰著 창저】밝게 나타남. 눈에 잘 보임.
【彰彰 창창】밝은 모양. 뚜렷한 모양.

【彰顯 창현】남이 알도록 밝게 나타냄.
【彰乎 창호】밝은 모양. 彰彰(창창).

↻ 孔-, 照-, 表-, 顯-.

彡 11 【彯】 ⑭ 경편할 표 蕭 piāo

字解 ①경편(輕便)하다, 날렵하다. 〔王融·序〕彯搖武猛, 扛鼎揭旗之士. ②끈이 치렁거리는 모양. ¶彯彯. ③가벼운 모양. 〔木華·賦〕彯沙礐石. ④버리다. ≒摽. 〔袁淑·詩〕彯節去函谷.

【彯搖 표요】경편(輕便)한 모양.
【彯節 표절】신표로 하는 부절(符節)을 버림.
【彯彯 표표】①끈이 치렁거리는 모양. ②가볍게 날리는 모양.

彡 12 【影】 ⑮ 그림자 영 梗 yǐng

囗 日 모 몯 몸 昮 景 景 景 影 影

字源 會意·形聲. 景+彡→影. 햇빛〔景〕을 받아서 무늬〔彡〕가 생긴 것이므로 '그림자'를 뜻한다. '景'이 음도 나타낸다.

字解 ①그림자. ㉮물체에 광선이 비치어 나타난 그림자. 〔三國志〕形影相弔. ㉯거울이나 물속에 나타난 물체의 형상. 〔後漢書〕引鏡窺影. ②사람의 모양, 모습. 〔梁簡文帝·詩〕弱影颭風斜. ③초상(肖像), 화상. 〔南史〕神影亦有酒色. ④햇살, 햇발. 〔潘岳·詩〕日無餘影. ⑤빛. 〔杜甫·詩〕燈影照夢寐. ⑥도움, 덕택. 〔舊五代史〕以求影庇. ⑦찍다, 박다, 모뜨다. ⑧現영화(映畫).

【影國 영국】속국(屬國). ∅'影'은 '따르다'를 뜻함.
【影堂 영당】①조상의 위패를 모신 집. ②이름난 사람의 화상을 모신 사당. 影殿(영전). ③(佛)불조(佛祖)의 진영(眞影)을 모신 집.
【影本 영본】①금석(金石)에 새긴 글씨나 그림을 그대로 박아 냄. 또는 박은 종이. 榻本(탑본). 拓本(탁본). ②사진판(寫眞版). 영인본(影印本).
【影庇 영비】덮어 주며 보호함.
【影射 영사】①몸을 숨김. ②속임. 남의 명의(名義)를 빌는 따위의 행위로서 상대편을 현혹시킴.
【影寫 영사】글씨나 그림 등의 원본을 밑에 받쳐 놓고 그대로 베끼는 일.
【影像 영상】①족자 등에 그린 사람의 모습. ②광선의 굴절, 반사, 차단 등에 의해 생기는 상이나 모습.
【影印本 영인본】사진 따위로 찍어 원본(原本)과 똑같이 만든 책.
【影子 영자】現그림자.
【影殿 영전】①임금의 화상을 모신 전각. ②이름난 사람의 화상을 모신 사당.
【影幀 영정】화상을 그린 족자.
【影柱 영주】해 그림자를 측정하는 푯대.

【影駭響震 영해향진】 그림자를 보고도 놀라고 소리의 울림을 들어도 떪. 겁이 많음.
【影向 영향】 (佛)부처가 이 세상에 그의 몸을 나타내는 일.
【影響 영향】 ①그림자와 울림. ②형상에 그림자, 소리에 울림이 따르는 것과 같이 한 사물에 작용이 미쳐 변화를 주는 일.
【影護 영호】 (佛)그림자가 형상을 따르듯이 항상 곁에서 옹호(擁護)함.
【影戲 영희】 ①물건·인형 등의 그림자를 비추어 노는 놀이. ②現영화(映畫).
◑ 孤—, 燈—, 月—, 人—, 日—, 眞—, 撮—, 投—, 幻—.

⌒[⿰彡景]⌒ ⑮ 影(578)과 동자

⌒[麗]⌒ ⑫ 이무기 리 ⓐ치 因 chī

⌒鱺⌒ [字解] 이무기. 용이 되려다 못 되고 물속에 산다는 상상의 동물. 〔史記〕所獲非龍非鱺.

彳 部

3획 부수 │ 두인변부

⌒[彳]⌒ ③ 조금 걸을 척 囷 chì
[參考] 한자 부수의 명칭은 '彳(사람인변)'에 삐침이 하나 거듭되어 있는 데서 '두인변' 또는 '중인변(重人邊)'이라고 부른다.
[字源] 象形. 넓적다리·정강이·발의 세 부분을 그려서 처음 걷기 시작함을 나타낸다.
[字解] ①조금 걷다. 능숙하게 걷지 못하고 조금씩 걷다가는 제자리에서 자축거림을 이른다. ②한자 부수의 하나, 두인변.
【彳亍 척촉】 자축거림. ◐왼쪽 걸음을 '彳', 오른쪽 걸음을 '亍'이라 함.

⌒[犯]⌒ ⑤ 犯(1105)의 고자

⌒[㣔]⌒ ⑤ 홀로 걸을 정 靑 dīng
[字解] 홀로 걷다, 홀로 걷는 모양, 타달타달 걷는 모양.

⌒[仕]⌒ ⑥ 徒(585)와 동자

⌒[彴]⌒ ⓺ ❶별똥 박 藥 bó
❷외나무다리 작 藥 zhuó

[字解] ❶별똥, 별찌. = 伩. 〔爾雅〕奔星爲彴約. ❷①외나무다리. ¶ 彴橋. ②돌다리. 〔新唐書〕隥彴橫邪.
【彴約 박약】 운성(隕星). 별똥.
【彴橋 작교】 외나무다리. 獨木橋(독목교).
◑ 溪—, 橫—.

⌒[彷]⌒ ⑦ ❶거닐 방 陽 páng
❷비슷할 방 養 fǎng
[字解] ❶①거닐다, 어정거리다. 〔莊子〕彷徨乎, 無爲其側. ②벌레 이름. 뱀 같은 모양에 머리가 둘인 벌레. 〔莊子〕野有彷徨. ❷비슷하다, 확연히 구별할 수 없는 모양. ≒仿·髣. ¶ 彷彿.
【彷彿 방불】 ①거의 비슷함. 근사함. ②멍하여 분명하지 못한 모양. 髣髴(방불).
【彷徉 방양】 여기저기 헤매는 모양. 徘徊(배회).
【彷徨 방황】 여기저기 목적 없이 헤맴.

⌒[彸]⌒ ⑦ 두려워서 당황할 송 冬 zhōng
[字解] 두려워서 당황하다, 눈이 휘둥그레진 모양, 다급하게 가는 모양. 〔王襃·論〕百姓征彸, 無所措其手足.

⌒[役]⌒ ⑦ 부릴 역 陌 yì

丿 彡 彳 彳 彳 役 役

[소전] 役 [고문] 伇 [초서] 役 [字源] 會意. 彳+殳→役. 무기(殳)를 들고 이리저리 다니면서(彳) 나라를 지킨다는 데서 '수자리'라는 뜻을 나타낸다.
[字解] ①부리다, 일을 시키다. 〔周禮〕徵役于司隷而役之. ②수자리. 〔詩經〕勞還役也. ③싸움, 전쟁. 〔戰國策〕宜陽之役. ④병사(兵士), 사졸(士卒). 〔詩經〕役久病在外. ⑤요역(徭役). 백성에게 구실로 시키던 강제 노동. 〔春秋左氏傳〕以其役邑入者無征. ⑥직무(職務). ¶ 兵役. ⑦일, 육체노동. 〔荀子〕程役而不錄. ⑧일꾼, 종, 남의 부림을 받는 사람. 〔春秋公羊傳〕厮役扈養. ⑨일하다, 힘쓰다, 경영하다. 〔禮記〕君子恭儉, 以求役仁. ⑩제자, 학도(學徒). 〔莊子〕老耼之役. ⑪낮다, 천하다. 〔楚辭〕不歎役只. ⑫줄짓다, 죽 늘어서다. 〔詩經〕禾役穟穟. ⑬벼슬하다.
【役徒 역도】 인부(人夫). 役夫(역부).
【役夫 역부】 ①일꾼. 인부. ②남을 낮추어 이르는 말.
【役夫夢 역부몽】 역부의 꿈. 인생의 부귀 영화는 꿈과 같이 허무함. [故事] 주대(周代)의 부호인 윤씨(尹氏)의 역부가 낮에는 고된 노동을 하지만 밤에는 꿈속에서 왕후(王侯)가 되어 온갖 영화를 누렸다는 고사에서 온 말.
【役事 역사】 일. 사무. 토목·공사 따위의 공사.
【役使 역사】 불러서 일을 시킴. 使役(사역).
【役數 역삭】 공사(工事)가 거듭됨.

【役役 역역】 ①심력(心力)을 기울이는 모양. ②경박하고 간사한 모양.
【役政 역정】 부역(賦役)과 조세(租稅).
【役調 역조】 부역과 조세.
【役終身 역종신】 무기 징역.
【役割 역할】 특별히 맡은 소임.
○ 苦-, 軍-, 勞-, 免-, 兵-, 服-, 賦-, 使-, 徭-, 雜-, 戰-, 主-, 重-, 懲-, 賤-, 現-, 戶-.

彳4 【从】 ⑦ 從(588)과 동자

彳5 【徑】 ⑧ 徑(585)의 속자

彳5 【伶】 ⑧ 걷는 모양 령 唐 líng
[字解] 걷는 모양, 홀로 가는 모양.
【伶仃 영정】 홀로 걸어감. 홀로 타달타달 걷는 모양.

彳5 【彿】 ⑧ 비슷할 불 物 fú
[초서] 彿 [통자] 髴 [字解] 비슷하다, 확연히 구별하기가 어려움. 〔李白·詩〕彷彿如舊丘.

彳5 【往】 ⑧ ❶갈 왕 養 wǎng
❷향할 왕 漾 wàng
ノ ノ 彳 彳 彳 ⾏ 徍 往
[소전] 徃 [고문] 逞 [초서] 㳍 [속자] 徃
[字源] 形聲. 彳+坒→往. '坒(황)'이 음을 나타낸다.
[字解] ❶①가다. ㉮일정한 곳을 향하여 가다. 〔禮記〕大夫有所往. ㉯일정한 곳에 이르다. ㉰시간이 지나다. ¶古往今來. ㉱사람이 죽다. 또는 죽은 사람.〔春秋左氏傳〕送往事居. ㉲달아나다, 떠나가다.〔管子〕無以畜之, 則往而不可止也. ②예, 이미 지나간 일, 과거.〔論語〕不保其往也. ③이따금.〔史記〕往往稱黃帝堯舜之處. ④보내다, 물품을 보내 주다.〔王羲之·帖〕今往絲布單衣財一端. ⑤뒤.〔論語〕禘自旣灌而往者, 吾不欲觀之矣. ⑥임금. 늑王.〔呂氏春秋〕難與往也. ⑦방문(訪問)하다.〔陳書〕居處率素, 傍無交往. ❷향하다, 향하여 가다.〔史記〕雖不能至, 然心嚮往之.
【往鑒 왕감】 후세의 귀감(龜鑑)이 될 만한 사적(事蹟).
【往古 왕고】 옛날.
【往年 왕년】 옛날. 지난간 해.
【往答 왕답】 나아가서 상대의 예(禮)에 답함.
【往來 왕래】 가고 오고 함. 교류.
【往路 왕로】 가는 길.
【往亡日 왕망일】 음양도(陰陽道)에서 외출이나 출진(出陣) 등을 꺼리는 흉일(凶日).
【往返 왕반】 갔다가 돌아옴. 往反(왕반).
【往復 왕복】 갔다가 돌아옴.
【往相 왕상】 (佛) 쌓은 공덕(功德)을 중생(衆生)에게 베풀어 함께 극락정토에 왕생하기를 원하는 일.
【往生 왕생】 (佛) 다른 세계에 가서 태어남. 극락정토로 감.
【往昔 왕석】 옛적.
【往聖 왕성】 옛 성인(聖人).
【往往 왕왕】 이따금. 때때로.
【往諭 왕유】 임금의 명령을 받고 가서 회유(懷柔)함.
【往而不來 왕이불래】 ①한 번 가면 두 번 다시 돌아오지 않음. 세월 등을 이름. ②현답례(答禮)하러 오지 않음.
【往因 왕인】 전세(前世)의 인연.
【往者勿止 왕자물지】 가는 것은 자연에 맡게 할 것이요, 부질없이 잡아 두어서는 안 됨.
【往診 왕진】 의사가 환자가 있는 곳으로 가서 진찰하는 일.
【往體 왕체】 ①활시위를 부린 모양. ②고체(古體)의 시(詩).
【往弊 왕폐】 전대(前代)부터의 적폐(積幣). 이전부터의 폐해(弊害).
【往行 왕행】 ①옛사람의 덕행. ②과거의 행위.
【往悔 왕회】 지난날에 대한 후회(後悔). 또는 회회되는 일. 前非(전비).
【往誨 왕회】 옛 교훈(敎訓).
○ 旣-, 來-.

彳5 【徃】 ⑧ 往(580)의 속자

彳5 【低】 ⑧ 거닐 저 齊 dī
[초서] 低 [字解] 거닐다, 목적 없이 걸어서 왔다갔다하다.
【低徊 저회】 어떤 목적이 없이 이리저리 왔다갔다 함. 徘徊(배회).

彳5 【征】 ⑧ 칠 정 庚 zhēng
ノ ノ 彳 彳 彳 ⾏ 征 征
[소전] 𢓺 [흑체] 征 [초서] 征 [字源] 形聲. 彳+正→征. '正(정)'이 음을 나타낸다.
[字解] ①치다. ㉮윗사람이 아랫사람의 무도(無道)함을 공격하여 바로잡다.〔禮記〕以征不義. ㉯천자(天子)의 명으로 무도한 자를 치다.〔荀子〕以征則強. ②가다, 바르게 가다.〔詩經〕肅肅宵征. ③취하다, 손에 넣어 자기 것으로 만들다.〔孟子〕上下交征利. ④구실. ㉮조세, 세금.〔禮記〕圭田無征. ㉯구실을 받다, 조세를 매기다.〔孟子〕關市譏而不征. ⑤축(逐). 바둑을 둘 때에 끝수로 몰리는 수.
【征榷 정각】 조세의 징수와 전매에 의한 이익의

독점. ○'征'은 '백성의 이익을 취함', '推'은 '관이 그 이익을 오로지 함'을 뜻함.
【征客 정객】①여행하는 사람. 나그네. ②출정하는 사람. 또는 출정하고 있는 사람.
【征科 정과】부세를 거두어들임.
【征念 정념】나그네의 근심. 旅情(여정).
【征途 정도】①정벌하러 가는 길. ②여행하는 길. 征路(정로).
【征旅 정려】①토벌(討伐)하는 군대. ②나그네.
【征輪 정륜】멀리 떠나가는 수레.
【征利 정리】이익을 취함.
【征馬 정마】①전장에서 타는 말. ②여행길에 타는 말.
【征伐 정벌】적군이나 반역도를 군대로 쳐서 바로잡음. ○'征'은 正을 뜻함. 征討(정토).
【征帆 정범】항해하는 배.
【征服 정복】정벌하여 복종시킴.
【征夫 정부】①출정하는 사람. ②먼 길을 가는 사람. 나그네. ③사신(使臣).
【征商 정상】상인(商人)한테서 세금을 받음.
【征繕 정선】조세(租稅)를 거두어들여 군기(軍器)를 수선함. 전쟁 준비를 함.
【征稅 정세】조세를 징수함. 征賦(정부).
【征忪 정송】①바쁘게 가는 모양. ②두려워서 어쩔 줄 모르는 모양.
【征戍 정수】변방에 가서 지킴. 또는 그 수비병. 수자리.
【征雁 정안】멀리 날아가는 기러기.
【征鞍 정안】정도(征途)에 있는 안장을 지운 말.
【征役 전역】조세와 요역(徭役).
【征衣 정의】①여행 중의 옷. 客衣(객의). ②진중(陣中)에서 입는 옷. 軍服(군복).
【征人 정인】①여행하는 사람. 游子(유자). 旅客(여객). ②출진(出陣)한 사람.
【征戰 정전】①전쟁. ②전쟁에 나아감.
【征鳥 정조】①매. 새를 잡아먹는 데서 이르는 말. ②철새. 候鳥(후조).
【征驂 정참】멀리 떠나가는 마차.
【征旆 정패】정벌(征伐)에 사용하는 기. 진군(進軍)하는 기치(旗幟).
【征布 정포】나라에서 거두는 세금.
【征行 정행】①정벌의 길을 떠남. 出征(출정). ②여행의 길을 떠남. 旅行(여행).

○ 力-, 外-, 遠-, 長-, 徂-, 出-, 親-.

⑴ 【徂】 ⑧ 갈 조 廣 cú
[소전] 趄 [주문] 趄 [혹체] 徂 [초서] 徂 [字解] ①가다. ㉮일정한 곳으로 나아가다. 〔詩經〕自西徂東. ㉯일정한 곳에 이르다, 이르러 미치다. 〔詩經〕堂徂基. ㉰떠나가다. 〔楚辭〕實沛徂兮. ㉱죽다, 사람이 죽다. 〓殂. 〔史記〕于嗟徂兮. ②비로소, 비롯하다. 〔詩經〕六月徂暑. ③나라 이름. 주대(周代)의 제후국. 〔詩經〕侵阮徂共. ④막다, 저지하다. 〓阻. 〔莊子〕已死不可徂.
【徂落 조락】늙어 기력이 쇠함.

【徂來 조래】갔다가 왔다가 함. 往來(왕래). 徂徠(조래).
【徂旅 조려】앞으로 나아가는 군대.
【徂師 조사】정벌하러 가는 군대.
【徂謝 조사】①죽어 세상을 하직함. ②쇠퇴함.
【徂生 조생】죽음에 다가가는 생명. 인간은 결국은 죽을 육체임.
【徂逝 조서】감. 죽음.
【徂暑 조서】①물러가는 더위. ②더위가 시작됨. ③음력 6월의 딴 이름.
【徂玆 조자】옛날. 과거. 往者(왕자).
【徂征 조정】①가서 정벌(征伐)함. ②감.

⑴ 【彼】 ⑧ 저 피 紙 bǐ
ノ ㇒ 彳 ㇑ 㣺 㣻 彼 彼
[소전] 𢓸 [초서] 彼 [字源] 形聲. 彳+皮→彼. '皮(피)'가 음을 나타낸다.
[字解] ①저. ㉮저, 저 사람. 삼인칭 대명사. 〔後漢書〕彼採其華, 我收其實. ㉯저기. 장소를 지시하는 말. 〔詩經〕在彼無惡, 在此無射. ㉰저것. 사물을 지시하는 말. 〔詩經〕嘒彼小星, 三五在東. ②그, 그이. 자기 이외의, 대(對)가 되는 상대를 가리키는 말. 〔孫子〕知彼知己. ③아니다. 〓匪·非. 〔詩經〕彼交匪舒. ④덮다. 〓被. 〔靈臺碑〕德彼四表.
【彼己 피기】그 사람을 가리키는 말. ○'己'는 조자.
【彼同分 피동분】〔佛〕근(根)·경(境)·식(識) 셋이 서로 작용하지 않아 자업(自業)을 이루지 못함.
【彼黍離離 피서이리】나라가 망하여 그 성터에 기장만이 무성함. 국가의 멸망을 탄식한 시구.
【彼我 피아】남과 나. 저편과 이편.
【彼岸 피안】저편의 언덕. ①〔佛〕일체의 번뇌에서 벗어난 경지. 인간 세계의 저쪽에 있다는 정토(淨土). ②현실 밖의 경지.
【彼一時此一時 피일시차일시】그때는 그때, 이때는 이때. 각각 때에 따라서 행한 일이며, 조금도 모순이 없음.
【彼哉彼哉 피재피재】그렇다, 그렇다. 사람을 대수롭지 않게 보고 낮추어 하는 말.
【彼此 피차】①서로. ②저것과 이것.
【彼蒼 피창】저 푸른 하늘. 가슴 속에 있는 번뇌를 하늘에 호소할 때에 하는 말.
【彼隻 피척】소송 행위에서 당사자가 서로 상대편을 이르는 말.
【彼出於此 피출어차】'저'라는 개념은 '이'라는 개념이 있기 때문에 생기는 것임. 개념이 상대적(相對的) 관계에 의하여 생겨남을 이름.

⑴ 【待】 ⑨ 기다릴 대 賄 dāi
ノ ㇒ 彳 ㇑ 什 𨒠 待 待
[소전] 𢓜 [초서] 待 [字源] 形聲. 彳+寺→待. '寺(사)'가 음을 나타낸다.

彳部 6획 律

옛날에 '待'와 '寺'는 음이 비슷하였다.
字解 ①기다리다, 오는 것을 기다리다, 기다려 맞이하다, 준비하고 기다리다.〔易經〕待時而動. ②갖추다, 대비하다.〔國語〕厚戒筴國以待之. ③막다, 방비하다.〔國語〕其獨何力以待之. ④시일을 빌려 주다.〔論語〕其誰能待之. ⑤대접하다, 대우하다.〔孟子〕以季孟之閒待之. ⑥기대를 걸다.〔張籍·詩〕薦待皆寒羸, 但取其才良. ⑦임용하다.〔唐書〕帝終始信待. ⑧더하다, 더해 주다.〔周禮〕待國之用. ⑨돕다, 거들다.〔陶潛·詩〕智巧旣萌, 資待靡因. ⑩저축하다, 비축하다. 늑序. ⑪지속하다, 지탱하다. =持.〔儀禮〕左人待載. ⑫모시다, 곁에서 모시다, 시중들다. 늑侍.〔莊子〕竊待于下風. ⑬의지하다, 기대다. 늑恃.〔商君書〕國待農戰而安. ⑭때. 늑時.〔易經〕有待而行也.

【待賈】❶대가 ❷대고 ❶값이 오르기를 기다림. 기회를 기다려 벼슬에 오름. ❷좋은 장수를 기다려 팖. 어진 임금의 부름을 기다려 벼슬에 오름.
【待機】대기 준비를 갖추고 행동할 때를 기다림.
【待年】대년 나이가 들기를 기다림.
【待旦】대단 날이 새기를 기다림.
【待令】대령 ①명령을 기다림. ②미리 갖춰 두고 기다림.
【待漏】대루 관원이 입조(入朝)하는 시각. ○누각(漏刻)을 보고 입조한 데서 이르는 말.
【待望】대망 기다리고 바람.
【待命】대명 ①명령을 기다림. ②운명에 맡김. ③國㉠벼슬아치가 과실이 있을 때에, 상부의 처분을 기다림. ㉡대기 명령(待機命令).
【待不好】대불호 現냉대(冷待)함.
【待遇】대우 예의를 갖추어 대함.
【待人】대인 ①사람을 기다림. ②처녀가 나들이 할 때 보호해 줄 만한 사람과 같이 가고, 결코 혼자 가지 않던 일. ③사람을 대접함.
【待接】대접 음식을 차리어 손님의 시중을 듦. 接待(접대).
【待制】대제 조서(詔書)가 내리는 것을 기다림.
【待詔】대조 ①조칙(詔勅)을 기다림. ②임금의 부름을 받았으나, 아직 임관되지 않음.
【待罪】대죄 ①죄인이 처벌의 명령이 있기를 기다림. ②관리가 자신이 벼슬에 있음을 겸손하여 이르는 말.
【待避】대피 위험 따위를 잠시 피함.

● 苦−, 企−, 期−, 冷−, 薄−, 相−, 優−, 尊−, 接−, 賤−, 招−, 虐−, 歡−, 厚−.

【律】⑨ 법 률 圓 lǜ

丿 ㇒ 彳 彳 律 律 律 律

소전【律】초서【律】
字源 形聲. 彳+聿→律. '聿(율)'이 음을 나타낸다.
字解 ①법. ㉮법령.〔漢書〕前主所是著爲律. ㉯형법(刑法), 범죄자를 처벌하는 법. ②정도, 비율.〔淮南子〕以治日月之行律. ③자리, 지위, 등급.〔禮記〕加地進律. ④법에 맞게 행동 하다, 기준으로 삼고 따르다. ¶律己. ⑤말하다, 뜻을 펴다.〔中庸〕上律天時. ⑥가락. ㉮음악적 가락, 음률(音律). ㉯피리의 음으로써 정한 음계.〔書經〕律和聲. ㉰육률(六律). 양(陽)에 딸린 6음계. ⑦음계(音階)를 정하는 피리.〔禮記〕律中大簇. ㉱빗질하다, 빗으로 머리를 빗다.〔荀子〕三律而止. ⑨율시(律詩). 오언(五言)·칠언(七言)의 8구(句)로 된 시. ⑩(佛)계율(戒律).〔張籍·詩〕講律豈曾眠. ⑪(佛)불교의 한 종파. 계율을 지키는 일을 불도를 닦는 가장 중요한 일로 여긴다.

【律格】율격 격률(格律).
【律科】율과 ①법. 율령(律令)으로 정한 조항(條項). ②율관(律官)을 선발하는 과거.
【律貫】율관 법률의 줄거리. 조리(條理).
【律己】율기 ①안색을 바로잡아 엄정히 함. ②자기가 자신을 단속함. 律身(율신).
【律紀】율기 ①지켜야 할 관례. 법도. ②법규. 규칙. 紀律(기율).
【律度】율도 음률(音律)과 척도(尺度). 또는 도량형(度量衡)을 이름.
【律度量衡】율도량형 '律'은 음률(音律), '度'는 척도(尺度)의 표준, '量'은 말(斗), '衡'은 저울.
【律動】율동 주기적으로 움직이는 운동.
【律呂】율려 ①성음(聲音)을 바로잡는 기구. ○황제(黃帝) 때 영윤(伶倫)이 만들었으며, 대〔竹〕를 자른 통이 음양(陰陽) 각각 6통의 장단에 의하여 성음에 청탁(淸濁)·고하(高下)가 생김. 육률(六律)과 육려(六呂). ②음악. 또는 그 가락.
【律曆】율력 1년 12개월의 음양 계절에 관한 법칙. 책력. 曆法(역법).
【律令】율령 형률(刑律)과 법령(法令). 법률과 명령. 모든 국법(國法)을 통틀어 이름.
【律律】율률 ①산이 높고 험한 모양. ②마음이 악한 모양.
【律文】율문 ①법률의 조문. ②國율격에 맞추어 지은 글. 곧, 운율을 가진 문장.
【律法】율법 ①법규. 법도(法度). ②법률(法律). 형률(刑律)과 영(令)·격(格)·식(式)의 네 가지 법(法)의 총칭. ③율려(律呂)의 법(法). ④(佛)계율(戒律). ⑤신이 인간에게 종교적·도덕적으로 지켜야 할 것을 내린 규범(規範).
【律賦】율부 한시(漢詩)에서 부(賦)의 한 형식. ○일정한 격률(格律)이 있음. 당인(唐人)의 문체(文體)로, 구(句)마다 단순히 대우(對偶)·음률(音律)·성조(聲調)만을 주로 하고, 정(情)이(理)는 논하지 않았음.
【律師】율사 ①변호사. ②(佛)계율(戒律)을 잘 아는 중. ③당대(唐代) 도사(道士)의 존칭.
【律手】율수 운문을 짓는 사람. 시인(詩人).
【律詩】율시 한시(漢詩)의 한 체(體). ○8구(句)로 되어 있으며, 1구가 5자로 된 것을 오언율시(五言律詩), 7자로 된 것을 칠언율시(七言律詩)라 함.
【律儀】율의 ①(佛)계율을 지키고 위의를 갖추

어, 일체의 악(惡)을 행하지 않는 일. 계율(戒律). ②의리가 굳음.
【律藏 율장】 (佛)석존(釋尊)이 제정한 계율의 조례를 모은 교전(敎典). 경장(經藏)·논장(論藏)과 함께 삼장(三藏)의 하나.
【律學 율학】 형률(刑律)에 관한 학문. 또는 법률을 가르치는 학교.
● 格―, 戒―, 軍―, 規―, 紀―, 法―, 排―, 佛―, 不文―, 聲―, 韻―, 音―, 一―, 自―, 調―, 進―, 千篇一―, 他―, 刑―.

徇 ⑥

❶주창할 순 震 xùn
❷두루 순 眞 xùn

[소전] 狥 [초서] 徇 [동자] 侚

字解 ❶①주창하다, 주의·주장을 앞장서서 부르짖다. 〔書經〕以木鐸徇于路. ②호령하다, 군령(軍令)을 내리다. 〔春秋左氏傳〕 莫敢徇使于師. ③자랑하여 보이다. 〔左思·賦〕徇蹲鴟之沃, 則以爲世濟陽九. ④빼앗다. 〔史記〕諸將徇地. ⑤거느리다, 복종시키다. 〔漢書〕張良亦徇韓地. ⑥구하다, 원하다. 〔史記〕貪夫徇財. ⑦좇다. ≒順. ㉮복종하다. 〔春秋左氏傳〕國人不徇. ㉯따르다. 〔漢書〕烈士徇名. ⑧돌다, 순행(巡行)하다. ≒循·巡. 〔書經〕王乃徇師而誓. ⑨두르다, 둘러싸다. 〔後漢書〕徇以離殿別寢. ⑩지키다. 〔太玄經〕勤躬徇國. ⑪빠르다. 〔素問〕徇蒙招尤. ⑫총명하다, 영리하다. ≒濬. 〔史記〕幼而徇齊. ⑬따라 죽다. ≒殉. 〔春秋左氏傳〕以木鐸徇. ❷①두루, 널리. ≒均. 〔墨子〕思慮徇通. ②영위하다, 경영하다. ≒營. 〔史記〕徇其私. ③부리다. 〔莊子〕夫徇耳目內通.
【徇國 순국】 나라를 위해 죽음. 殉國(순국).
【徇難 순난】 국난(國難)을 구하기 위하여 목숨을 버림. 殉難(순난).
【徇財 순재】 목숨을 걸고 재보(財寶)를 얻으려고 함.
【徇齊 순제】 어린 나이로 총민(聰敏)한 일. 숙성(夙成)함.
【徇地 순지】 그 땅을 순행(巡行)하여 그곳의 백성을 복종시키킴. 略地(약지).
【徇通 순통】 널리 통함.
● 徧―.

徉 ⑥

노닐 양 陽 yáng

[초서] 徉

字解 노닐다, 아무 목적 없이 걸어서 어정거리다. 〔楚辭〕彷徉無所倚.
【徉狂 양광】 ①배회함. ②미친 척함.
【徉徜 양상】 한가로이 거닒.

徊 ⑥

노닐 회 灰 huí

[초서] 徊 [동자] 佪

字解 ①노닐다, 일없이 어정거리다. ¶ 徘徊. ②꽃이름. 매괴(玫瑰: 장미·대찔레)를 '배회화(徘徊花)'라고 이른다.

【徊翔 회상】 ①새가 하늘을 빙빙 날아 돎. ②승진(昇進)이 늦음.
【徊徨 회황】 배회(徘徊)함. 서성거림.
【徊徊 회회】 일정한 목적 없이 걸어서 왔다 갔다 함.
● 徘―, 低―, 遲―.

後 ⑨

❶뒤 후 宥 hòu
❷뒤로할 후 宥 hòu

丿 ⺁ 彳 𥃲 𥃵 𥃶 𥃷 後

[소전] 後 [고문] 逡 [초서] 後 [고자] 遂 [통자] 后 [간체] 后

字源 會意. 彳+幺+夊→後. 작은 〔幺〕것이 천천히 걸어서 〔夊〕앞으로 나아가는〔彳〕것이란 데서 '뒤지다'란 뜻을 나타낸다.

字解 ❶①뒤. ㉮향하고 있는 반대의 쪽이나 곳. 〔後漢書〕擧兵襲其後. ㉯시간상·순서상의 다음이나 나중. 〔呂氏春秋〕知古則可知後. ㉰다음을 잇는 그것. 〔史記〕僇辱以禁後. ㉱자손(子孫). 〔詩經〕或救爾後. ㉲엉덩이. 〔戰國策〕寧爲雞口, 無爲牛後. ㉳끝이나 마지막 부분. 〔太平廣記〕每卷後必自題. ㉴어떤 일이 끝난 다음. ¶ 戰後. ②늦다. ㉮시간적으로 뒤지다. 〔國語〕君之殺我也後矣. ㉯뒤지다, 일정한 때에 미치지 못하다. 〔漢書〕戒于後時. ㉰늦게 오다. 〔論語〕子畏於匡, 顏淵後. ③능력 따위가 뒤떨어지다. 〔植·表〕今也朝士矣. ④아랫사람. 〔禮記〕今之用民者後. ⑤뒤로 돌리다. 〔禮記〕居室爲後. ⑥곁, 딸림. 〔詩經〕命彼後車. ❷①뒤로하다. 〔論語〕事君敬其事而後其食. ②뒤서다. 〔論語〕非敢後也, 馬不進也.
【後架 후가】 ①선가(禪家)에서 승당(僧堂) 뒤에 있는 세면소(洗面所). ②변소(便所).
【後覺 후각】 나중에 깨달은 사람.
【後艱 후간】 뒷날의 어려움. 후일의 괴로움.
【後拒 후거】 ☞後距(후거)².
【後車 후거】 ①주인이 탄 수레에 따른 수레. 副車(부거). ②호종(扈從)하는 사람이 탄 수레. ③뒤에 가는 수레.
【後距 후거】 ①며느리발톱. 짐승의 뒷발, 새의 다리 뒤쪽에 달린 발톱. ②대열의 맨 꽁무니에서 방비하는 군대. 後拒(후거).
【後勁 후경】 후미(後尾)의 정병(精兵).
【後顧 후고】 ①뒤를 돌아봄. ②지나간 일을 못 잊어서 돌아보아 살피거나 생각함. ③후일의 은고(恩顧).
【後光 후광】 ①부처의 몸에서 비치는 광명(光名). ②불상의 뒤에 붙인 원환(圓環). ③어떤 사물을 더욱 빛나게 하는 배경이 되는 현상.
【後矩 후구】 후세의 모범(模範).
【後宮 후궁】 제왕의 비빈(妃嬪). 또는 그들이 거처하는 곳.
【後期 후기】 ①나중 시기. ②뒷날의 기약.
【後難 후난】 뒷날의 재난이나 곤란.
【後堂 후당】 ①후비(后妃)가 거처하는 방. ②정

당(正堂) 뒤쪽에 있는 별당(別堂).
【後代哂 후대신】 후세(後世)에 남는 수치.
【後頭 후두】 🕲뒤통수.
【後樂 후락】 ①뒤에 즐김. ②천하의 사람들보다 뒤에 즐김.
【後來 후래】 이후. 나중.
【後糧 후량】 군대의 후방에서 공급하는 군량. 전위 부대에 보급되는 군량.
【後慮 후려】 뒷날의 염려.
【後斂 후렴】 시·가사에서 반복되어 나타나는 각 절(節)의 마지막 부분.
【後錄 후록】 글이 끝난 뒤 그 끝에 다시 덧붙여 쓰는 기록.
【後望 후망】 열엿새부터 그믐날까지의 기간.
【後命 후명】 ①뒤의 명령. 다음 명령. ②國유배된 죄인에게 다시 사약(賜藥)을 내리던 일.
【後門 후문】 ①뒷문. ②북경(北京) 내성(內城)의 뒷문. 지안문(地安門)을 이름. ③성문 닫는 시간에 늦음. 해가 저물어 성문이 이미 닫혔다는 뜻에서, '묵을 곳이 없음'을 이름.
【後尾 후미】 꽁무니. 끝.
【後房 후방】 ①뒷방. ②희첩(姬妾)의 방.
【後輩 후배】 나이·경력 따위가 아랫인 사람.
【後壁 후벽】 ①뒤쪽에 있는 벽. 뒷벽. ②고려 때 활과 살로 장비하여 대궐 안에 들어가서 곳곳에 시위(侍衞)하던 세도가(勢道家)의 자제들.
【後夫 후부】 ①늦어짐. 뒤늦게 다다름. ◯'夫'는 부(扶)의 남편. 홋서방.
【後佛 후불】 (佛)①장차 나타나리라고 믿는 부처. 彌勒菩薩(미륵보살). ②불상 뒤에 모시는 그림으로 된 부처.
【後嗣 후사】 대를 잇는 자식.
【後生 후생】 ①뒤에 난 사람. ②나이가 적은 사람. 後輩(후배). ③뒤를 이을 자손(子孫). 後世(후세). ④(佛)훗세상에 태어나는 일. 來生(내생). ⑤생지(生地)를 뒤쪽으로 함. ◯'生地'는 초목이 난 땅.
【後生可畏 후생가외】 뒤에 태어난 사람이 두려움. 후배의 역량이 뛰어남. 故事 후배는 나이가 젊고 의기가 장하므로 학문을 계속 쌓고 덕을 닦아 가면 그 진보는 선배를 능가하는 경지에 이른다는 데서 나온 말.
【後素 후소】 ①그림을 그릴 때 먼저 여러 빛깔을 칠하고, 뒤에 흰빛을 점철(點綴)하여 마무름. ②그림.
【後溲 후수】 똥. 대변.
【後綬 후수】 國제복(祭服)이나 예복(禮服)을 입을 때에 뒤로 늘어뜨리는 띠.
【後乘 후승】 ①어가(御駕)를 모시고 좇는 신하가 타는 말. ②여벌로 따라가는 수레.
【後食 후식】 녹봉을 첫째로 생각하지 않고 뒤로 돌림.
【後身 후신】 다시 태어난 몸.
【後信 후신】 ①장래의 신용(信用). ②그 후의 소식.
【後薪 후신】 후에 더 쌓아 올리는 땔나무. 전공(前功)이 무시됨.

【後身外己 후신외기】 내 몸을 뒤로 하고 자기를 밖으로 함. 자기의 일을 뒷전으로 돌리고, 남을 위하여 힘을 다함.
【後約 후약】 ①약속에 늦음. ②뒷날의 기약(期約)을 약속.
【後彦 후언】 후진(後進)의 영재. 세후의 영재.
【後裔 후예】 후대의 자손. 後孫(후손).
【後憂 후우】 훗날의 걱정. 後患(후환).
【後援 후원】 뒤에서 도와줌.
【後園 후원】 집 뒤의 정원.
【後胤 후윤】 자손. 後裔(후예).
【後任 후임】 전임자에 이어 일을 맡은 사람.
【後子 후자】 ①뒤를 이을 아들. 後嗣(후사). ②그 대를 뒤로 돌림.
【後者處上 후자처상】 남에게 앞을 양보하는 사람은, 도리어 남의 위에 처하게 됨.
【後殿 후전】 ①후비(后妃)나 궁녀가 살고 있는 궁전. ②군대가 퇴각할 때 맨 뒤에 남아 적의 추격을 방어하는 군대. 殿軍(전군).
【後庭花 후정화】 가곡조 이름. 원명은 옥수후정화(玉樹後庭花). 남조(南朝) 때 진(陳)의 후주(後主)가 지었다고 하는데, 가사가 매우 경박하고 곡조가 몹시 슬픔. 일반적으로 망국(亡國)의 음악으로 일컬음.
【後凋 후조】 ①늦게 시듦. ②유속(流俗)에 따르지 않고 굳게 절개를 지킴.
【後朝 후조】 ①어느 왕조(王朝)의 다음에 선 왕조. ②다음날 아침.
【後重 후중】 ①군수품. ②말에 실은 짐.
【後知 후지】 ①남보다 뒤에 깨달은 사람. ②뒤에 지우(知遇)를 받은 사람.
【後陣 후진】 뒤에 있는 군대. 後軍(후군).
【後進 후진】 ①후배(後輩). ②문물의 발달이 뒤떨어짐. ③후퇴(後退).
【後塵 후진】 ①사람이나 거마가 지나간 뒤에 일어나는 먼지. ②남의 뒤를 따름.
【後進領袖 후진영수】 후진(後進) 중에서 가장 빼어난 사람.
【後采 후채】 뒤에 채집함.
【後天 후천】 ①천운(天運)에 뒤짐. 천운이 정해진 뒤에 일을 알게 되고 또한 행하게 됨. ②(曆)이 하늘의 바른 때에 뒤짐. ③장수(長壽)하는 일. ④세상에 나온 뒤에 여러 가지 경험이나 지식에 의하여 가지는 성질 또는 체질. ⑤세상에 나온 뒤에 학문·경험 등에 의하여 얻은 지식이나 습관. ⑥⊙천도교(天道敎)가 창건(創建)된 경신(庚申) 4월 5일 이후의 세상. ⓛ민족 종교에서 말하는 다음 세계.
【後天圖 후천도】 팔괘(八卦)의 방위를 나타낸 것으로, 진(震)을 동, 태(兌)를 서, 이(離)를 남, 감(坎)을 북, 간(艮)을 동북, 건(乾)을 서북, 손(巽)을 동남, 곤(坤)을 서남으로 함. 문왕팔괘(文王八卦)라고도 함.
【後學 후학】 ①후진 학자. ②선배 학자에게 자신을 겸손하게 이르는 말.
【後行 후행】 ①뒤에 오는 대열. ②國⊙혼례 때 가족이나 친척 중에서 신랑이나 신부를 데리고

가는 사람. 上客(상객). ㉢뒤져 감. ㉣뒤에 일어나거나 진행됨.
【後患 후환】 나중에 생기는 근심이나 재난.
【後悔 후회】 이전의 잘못을 뒤늦게 깨닫고 뉘우치는 일.
【後悔莫及 후회막급】 잘못된 뒤에 아무리 후회하여도 어찌할 수가 없음.
【後悔噬臍 후회서제】 일이 일어난 뒤에 아무리 후회해도 소용이 없음. ↪'噬臍'는 배꼽을 문다는 뜻으로 '미칠 수 없음'을 뜻함.
【後效 후효】 ①뒤에 나타나는 효험(效驗). ②뒤의 공적. 장래의 공적.
➊ 空前絶-, 今-, 背-, 死-, 事-, 産-, 先-, 食-, 豫-, 午-, 以-, 前-, 戰-, 酒-, 最-, 向-.

彳 6 【很】⑨ 패려궂을 흔 阮 hěn
소전 很 초서 狠 동자 佷 字解 ①패려궂다, 말을 듣지 않다. 〔春秋左氏傳〕太子瘱美而很. ②어기다, 거스르다. 〔國語〕今王將很天而伐齊. ③다투다, 말다툼하다. 〔禮記〕很毋求勝. ④매우, 몹시.
【很戾 흔려】 ①심술궂고 뒤틀려 있음. 很愎(흔 팍). ②도리(道理)에 어그러짐.
【很心 흔심】 모질고 잔악한 마음.
【很忤 흔오】 거스름. 말을 듣지 않음.
【很子 흔자】 어버이의 말을 안 듣는 아들.
【很愎 흔팍】 ①심술궂고 행실이 패려(悖戾)함. 很戾(흔려). ②거만하여 남의 말을 듣지 않음.
➊ 剛-, 猜-, 戾-, 傲-, 疾-, 鬪-.

彳 7 【徑】⑩ ❶지름길 경 徑 jìng ❷건널 경 青 jīng
소전 徑 초서 徑 속자 径 간체 径 字源 形聲. 彳+巠→徑. '巠(경)'이 음을 나타낸다.
字解 ❶①지름길. 〔禮記〕送喪不由徑. ②길, 좁은 길, 논두렁길. 〔論語〕行不由徑. ③지름. ¶ 直徑. ④쉽다. 〔荀子〕少言則徑而省. ⑤빠르다, 민첩하다. 〔荀子〕莫徑由禮. ⑥곧다, 바르다, 정직하다. 〔枚乘·文〕徑而寡失. ⑦곧바로, 바로. 〔後漢書〕徑至洛陽. ⑧간사하다, 사곡(邪曲)하다. 〔禮記〕道而不徑. ⑨지나다, 지나가다. 〔漢書〕出隴西徑匈奴. ⑩연유하다, 기인하다. 〔漢書〕徑淫辟之路. ⑪가다, 좁은 길을 가다. 〔周禮〕禁野之橫行徑踰者. ⑫길, 금수(禽獸)의 통로. 〔禮記〕塞徯徑. ⑬자취, 자국. ⑭가다, 걸어가다. 〔春秋左氏傳〕趙衰以壺飱從徑. ⑮넘다, 건너다. 〔張衡·賦〕徑百常而莖擢. ⑯달리다, 향하여 가다. 〔管子〕而徑於利者必衆矣. ⑰세로. 經. ⑱목줄기, 등성이. 늑頸. 〔孟子〕山徑之蹊間. ⑲쪽 곧은 파도. ❷건너다, 지나다. 〔史記〕高祖被酒, 夜徑澤中.
【徑到 경도】 곧 이름. 곧 도착함.
【徑道 경도】 좁은 길. 지름길. 사잇길.
【徑路 경로】 ①소로(小路). ②지름길.
【徑輪 경륜】 지름과 둘레.
【徑畔 경반】 좁은 길거리.
【徑爲 경위】 직접 자기가 함.
【徑庭 경정】 ①차이가 심함. 좁은 길과 뜰은 넓이의 차가 심한 데서 이르는 말. ②비스듬히 뜰을 가로지름.
【徑情 경정】 마음 내키는 대로 행하여 절제가 없는 것.
【徑畛 경진】 논두렁 길.
【徑寸 경촌】 한 치〔寸〕의 지름.
【徑出 경출】 곧바로 나옴. 숙직할 때에 교대할 사람이 오기 전에 물러 나감.
【徑行 경행】 조금도 꾸밈이 없이 생각한 그대로를 행함.
➊ 牛-, 斜-, 山-, 石-, 小-, 直-, 捷-, 險-, 狹-, 徯-, 荒-.

彳 7 【徒】⑩ 무리 도 虞 tú
ノ 丿 彳 彳 徏 徏 徒 徒 徒
소전 赴 초서 徒 동자 徎 仗 徙
字源 形聲. 辵+土→徒. '土(토)'가 음을 나타낸다.
字解 ①무리, 동아리. 〔孟子〕聖人之徒. ②걷다, 걸어다니다. 〔易經〕舍車而徒. ③보병(步兵). 〔詩經〕公徒三萬. ④제자, 문인(門人). 〔孟子〕其徒數十人. ⑤종, 하인. 〔淮南子〕廝徒馬圉. ⑥일꾼, 인부(人夫). 〔荀子〕人徒有數. ⑦맨손, 맨발. 아무것도 걸치지 않은 손 또는 발. 〔史記〕徒裼以趨敵. ⑧죄수, 갇힌 사람. 〔史記〕送徒驪山. ⑨형벌, 고된 노동을 시키는 형벌. ¶ 徒刑. ⑩헛되다, 보람없다. 〔春秋左氏傳〕齊師徒歸. ⑪다만, 단지. 〔呂氏春秋〕非徒網鳥也. ⑫홀로, 따르는 이가 없다. 〔孟子〕徒善不足以爲政. ⑬곁, 옆. 〔列子〕食于道徒. ⑭웃통을 벗음. 또는 그 모습.
【徒歌 도가】 반주(伴奏) 없이 노래를 부름. 또는 그 노래.
【徒杠 도강】 도보자(徒步者)만 건너는 작은 다리. 小橋(소교).
【徒黨 도당】 의견을 같이하는 무리. 떼 지은 무리. 떼거리.
【徒勞 도로】 보람 없이 애씀. 또는 헛수고.
【徒流 도류】 도형(徒刑)과 유형(流刑).
【徒搏 도박】 맨손으로 짐승을 쳐서 죽임.
【徒伴 도반】 길동무. 同行(동행).
【徒配 도배】 도형에 처한 뒤에 귀양을 보냄.
【徒法 도법】 유명무실한 법.
【徒兵 도병】 보병(步兵).
【徒步 도보】 걸어서 감.
【徒費 도비】 돈을 헛되이 씀. 허비(虛費)함.
【徒山 도산】 우뚝 솟은 산.
【徒跣 도선】 ①벌거벗음. ②벌거벗음과 맨발.

【徒善 도선】 한갓 착하기만 하고 주변성이 없음.
【徒跣 도선】 맨발. 徒踐(도천).
【徒涉 도섭】 걸어서 물을 건넘.
【徒手 도수】 맨손. 赤手(적수).
【徒囚 도수】 체포된 사람. 囚徒(수도).
【徒食 도식】 하는 일 없이 놀고 먹음. 無爲徒食(무위도식).
【徒御 도어】 교군꾼과 마부. 종자(從者)들.
【徒言 도언】 실없는 말.
【徒役 도역】 ①인부(人夫). ②부역에 나온 인부.
【徒然 도연】 ①까닭 없이. 부질없이. ②공허함. 거짓. ③그저 그럴 뿐. 그저 그것뿐. ④하는 일 없이 적적함. 심심한 모양.
【徒隸 도예】 노복. 종.
【徒維 도유】 10간(干)의 무(戊)의 딴 이름.
【徒爾 도이】 부질없음. 무익함.
【徒弟 도제】 스승한테서 학술・기예 등을 배우는 제자. '門徒弟子(문도제자)'의 준말.
【徒罪 도죄】 도형(徒刑)의 죄.
【徒踐 도천】 맨발. 徒跣(도선).
【徒取 도취】 ①힘들이지 않고 얻음. ②거저 가짐. ③공 없이 벼슬함.
【徒行 도행】 탈 것을 타지 않고 걸어감.
【徒刑 도형】 ①(制)오형(五刑)의 하나. 일정 기간 노역(勞役)을 시키던 형벌(刑罰). ②國오형의 하나. ○복역(服役) 기한은 1년부터 3년까지 5등급으로 나누고, 곤장 10대와 복역 반 년을 한 등급으로 하였음.
○ 奸—, 公—, 敎—, 門—, 匪—, 私—, 使—, 生—, 囚—, 信—, 逆—, 宗—, 暴—, 學—.

【徐】⑩ 천천할 서 圓 xú

字源 形聲. 彳+余→徐. '余(여)'가 음을 나타낸다.
字解 ①천천하다. ㉮급하지 않고 느리다. 〔梁簡文帝・詩〕清ླ疾且徐. ㉯천천히 하다, 늦추다. 〔戰國策〕臣請受遠城, 徐其攻, 而留其日. ㉰천천히. 〔蘇軾・賦〕清風徐來. ②평온하다, 조용하다. 〔國語〕安徐而重且. ③다, 모두. 〔春秋公羊傳〕魯人徐傷歸文之無後也. ④고을 이름. ⑤나라 이름. 〔春秋左氏傳〕吳滅徐.
【徐看 서간】 조용히 바라봄.
【徐軌 서궤】 일을 천천히 진행시킴.
【徐羅伐 서라벌】 신라 또는 경주(慶州)의 옛 이름. 徐那伐(서나벌). 徐伐(서벌).
【徐來 서래】 천천히 옴.
【徐步 서보】 천천히 걸음.
【徐傷 서상】 함께 마음 아파함.
【徐徐 서서】 ①행동이 침착한 모양. ②잠 자고 있는 모양. ③조용히. 천천히. ④의심하는 모양.
【徐緩 서완】 천천히. 진행이 느림.
【徐行 서행】 천천히 감.
○ 安—, 緩—, 執—.

【從】⑩ 從(588)의 속자

【得】⑪ 얻을 득 職 dé

會意. 彳+貝+寸→得. 길을 가다가(彳) 재물(貝)을 주웠다(寸)는 데서 '얻다, 이득'의 뜻을 나타낸다.
字解 ①얻다. ㉮손에 넣다, 차지하다. 〔孟子〕求則得之, 舍則失之. ㉯병을 얻다. ㉰아이를 얻다. ㉱지식을 얻다, 알다. ㉲능하다, 자신・힘・용기 등을 가지게 되다. 〔韓詩外傳〕不能勤苦, 焉得行此. ②이익(利益), 이득. 〔漢書〕漢購我頭千金邑萬戶, 吾爲公得. ③덕(德). 늘德. 〔荀子〕尙得推賢. ④고맙게 여기다, 감사하다. 〔孟子〕所識窮乏者得我與. ⑤만나다. 〔莊子〕得者時也. ⑥탐하다, 탐내다. 〔論語〕戒之在得. ⑦만족하다. ⑧알맞다, 적합하다. 〔荀子〕百官得序. ⑨맞다, 뜻이 서로 통하다. 〔南史〕開卷有得, 便欣然忘食. ⑩이루다, 이루어지다. 〔禮記〕陰陽和而萬物得. ⑪밝다, 분명하다. 〔漢書〕去無用之言, 則事情得. ⑫붙잡다, 체포하다. 〔史記〕吏遂得欲法之. ⑬제어하다, 누르다. 〔後漢書〕夫婦之好, 父不能得之於子.
【得匣還珠 득갑환주】 형식에만 현혹되어 내용을 잊어버림. 故事 정(鄭)나라 사람이 갑(匣)을 사는데, 갑의 아름다움에 혹하여, 갑은 사고 그 속의 구슬을 돌려주었다는 고사에서 온 말.
【得君 득군】 임금의 신임(信任)을 얻음.
【得達 득달】 목적지에 도달함.
【得談 득담】 남의 비방을 들음.
【得當 득당】 ①틀리나 잘못됨이 없이 아주 마땅함. ②죄값음을 함.
【得度 득도】 ①법도(法度)를 얻음. ②(佛)㉠생사(生死)의 바다를 건넘. 곧, 생사를 초월하여 열반(涅槃)에 이름. ㉡출가하여 중이 됨.
【得道 득도】 ①바른 길을 얻음. ㉠得脫(득탈). ②길을 바로 찾음. ③도술(道術)을 얻음.
【得得 득득】 ①일부러. 새삼스러이. ②득의(得意)의 모양. 의기(意氣)가 오르는 모양.
【得隴望蜀 득롱망촉】 농(隴)을 얻고 촉(蜀)을 바람. 사람의 욕심은 한이 없음. 故事 한(漢)의 광무제(光武帝)가 농(隴)을 평정한 뒤에 촉(蜀)을 치려 한 고사에서 온 말.
【得名 득명】 ①명성(名聲)을 얻음. ②이름이 널리 알려짐.
【得喪 득상】 ①얻음과 잃음. ②성공과 실패.
【得色 득색】 득의(得意)한 빛. 일이 뜻대로 되어 뽐내는 기색.
【得勢 득세】 세력을 얻음.
【得所 득소】 ①생각한 바와 같이 됨. ②알맞은 자리를 얻음.
【得手 득수】 ①손에 가짐. ②돈을 많이 얻음.

【得勝頭廻 득승두회】'각설(却說)'과 같이 소설 따위에서 화제를 바꿀 때 앞에 내세우는 제시어.
【得辛 득신】해가 지남. 성숙함.
【得失 득실】얻음과 잃음. 이익과 손해.
【得心 득심】①마음의 만족을 얻음. ②민심(民心)을 거두어 잡음. ③마음으로 잘 앎.
【得魚忘筌 득어망전】고기를 잡고는 통발을 잊어버림. 바라던 바를 달성하고는, 그에 소용되었던 것을 잊어버림. ㉠은혜를 잊음. ㉡학문을 닦음에 있어서 언어에 구애되지 않고 그의 진의(眞意)를 얻음.
【得意 득의】①뜻을 이룸. ②뜻대로 되어 만족하게 여김.
【得意之人 득의지인】마음에 드는 사람.
【得人 득인】①쓸 만한 사람을 얻음. ②現 남에게 사랑을 받음. 인기를 얻음.
【得一 득일】①절대의 도(道)를 얻는 일. ②순수(純粹)의 도를 얻는 일.
【得雋 득전】선비가 과거에 급제하는 일.
【得雋之句 득전지구】멋있는 문장의 구절. '雋'은 '살진 새고기'를 뜻함.
【得點 득점】점수를 얻음.
【得正而斃 득정이폐】바른 도를 얻고서 죽음.
【得中 득중】①지나치거나 모자람이 없이 꼭 알맞음. ②시험에 합격함.
【得衆得國 득중득국】대중의 마음을 얻으면 나라도 얻을 수 있음.
【得捷 득첩】①(制)과거에 급제함. ②國싸움이나 경쟁 따위를 하여 승리를 얻음.
【得體 득체】①관(官)을 마련하고 식(職)을 나누어 각기 그 존비(尊卑)의 체(體)를 얻게 하는 일. ②現거동이 예의에 맞음.
【得蟲忘精 득총망정】대강은 이해하고 있으나 가장 중요한 내용은 터득하지 못하고 있음.
【得脫 득탈】①(佛)해탈을 얻음. 모든 번뇌와 생사의 속박에서 벗어나서 보리(菩提) 열반(涅槃)의 묘과(妙果)를 터득하여 자유롭게 됨. 得道(득도). ②도망칠 수 있음.
【得解 득해】①죄로 인하여 묶일 것을 용서받음. ②진리를 깨달음.
【得幸 득행】임금의 알뜰한 사랑을 받음.
● 旣-, 納-, 生-, 所-, 修-, 搜-, 拾-, 習-, 利-, 採-, 體-, 取-, 獲-.

₁【徠】⑪ ❶올 래 灰 lái
⁸   ❷위로할 래 隊 lài
 徠 字解 ❶오다. =來. 〔漢書〕氐羌徠服. ❷위로하다. =勑. 〔隋書〕親自勞徠.

₁【徘】⑪ 노닐 배 灰 pái
⁸ 俳 徘 字解 노닐다, 어정거리다. 〔漢書〕宿夜徘徊.
【徘徊徊徊 배배회회】자꾸 배회(徘徊)함.
【徘徊 배회】①어정거림. 하릴없이 이리저리 거닒. ②마음이 정해지지 않음.

₁【俾】⑪ 俾(114)와 동자
⁸

₁【徙】⑪ ❶옮길 사 紙 xǐ
⁸   ❷고을 이름 사 支 sī
 辿 徙 屣 徙 字解 ❶①옮기다. ㉮장소·자리를 옮기다. 〔史記〕范蠡三徙, 成名於天下. ㉯변하다, 다른 사실로 되게 하다. 〔禮記〕使人日徙善遠罪, 而不自知也. ②넘기다, 한도를 넘어서다. 〔禮記〕徙用樂. ㉰귀양 보내다, 물리쳐 내쫓다. 〔漢書〕議免湯爲庶人徙邊. ④잡다, 취하다, 빼앗다. 〔國語〕徙其大舟. ⑤거닐다. 〔楚辭〕步徙倚而遙思兮. ⑥나뭇가지가 한쪽으로 쏠리다. ¶徙靡. ❷고을 이름. 한대(漢代)에 사천성(四川省) 천전현(天全縣) 동쪽에 있던 고을.
【徙木之信 사목지신】나라를 다스리는 사람은 백성을 속이지 않음. 백성에게 신의를 얻음. 故事 진대(秦代)의 상앙(商鞅)이 법령을 믿게 하기 위하여, 세 길 정도의 나무를 남문에서 북문으로 옮기면 상을 주겠다고 공포한 뒤 이를 옮긴 이에게 약속한 상금을 주었다는 고사에서 온 말.
【徙靡 사미】나뭇가지가 옆으로 휘어짐.
【徙邊 사변】변방(邊方)으로 귀양 보냄.
【徙散 사산】사방으로 흩어짐. 四散(사산).
【徙市 사시】圖몹시 가물 때 기우제(祈雨祭)를 지내고 시장을 옮기던 일.
【徙月 사월】달을 넘김. 踰月(유월).
【徙倚 사의】서성거림. 배회함. 低佪(저회).
【徙逐 사축】옮겨 추방함.
【徙宅忘妻 사택망처】이사하며 아내를 잊어버림. ㉠심한 건망증이 있는 사람. ㉡의리(義理)를 분변하지 못하는 어리석은 사람.
【徙播 사파】옮음.
● 流-, 移-, 遷-.

₁【徜】⑪ 노닐 상 陽 cháng
⁸ 徜 字解 노닐다, 어정거리다. 〔李邕·賦〕降神女以徜佯.
【徜佯 상양】어정거려 노닒. 생각에 잠기어 왔다 갔다함. 尙羊(상양). 逍遙(소요).

₁【御】⑪ ❶어거할 어 御 yù
⁸   ❷막을 어 語 yù
      ❸맞을 아 禡 yà
 彳 亻 亻 亻 忄 忄 忄 徍 徍 御 御
 御 馭 䛊 參考 대법원 지정 인명용 한자의 음은 '어'이다.
 字源 會意. 彳+卸→御. 마차(馬車)를 몰고 가다가(彳), 그 마차를 세우고 메운 멍에를 푼다[卸]는 뜻. 멍에를 메우거나 푸는 일은 말을 모는 이의 일이라는 데서 '어거(御車)하다'란 뜻을 나타낸다.

【字解】 ❶①어거하다. ㉮말을 몰다. 〔史記〕 使造父御. ㉯어거하는 기술. 〔周禮〕 禮樂射御書數. ㉰어거하는 사람. 〔詩經〕 徒御不驚. ②짐승을 길들이다. ③다스리다. 〔詩經〕 以御于家邦. ④거느리다, 지배하다. 〔國語〕 皆曲相御. ⑤부리다, 조종하다. 〔呂氏春秋〕 鮑叔御公子小白僨. ⑥등용하다. 〔荀子〕 時擧而代御. ⑦권하다, 종용하다. 〔禮記〕 御食於君. ⑧드리다, 바치다. 〔詩經〕 飮御諸友. ⑨모시다, 가까이서 모시다. 〔書經〕 御其母以從. ⑩맡다, 주장하다. 〔禮記〕 長曰能御矣. ⑪후궁(後宮). 〔國語〕 王御不參一族. ⑫근시(近侍), 시녀(侍女). 〔儀禮〕 御者四人. ⑬괴다, 잠자리의 시중을 들게 하다. 〔張衡·賦〕 斥西施而弗御兮. ⑭막다, 억제하다. 〔史記〕 弊御於諸. ⑮천자·제후에 관한 사물이나 행위에 붙이는 말. ¶ 御駕. ⑯다다르다, 그 자리에 나아가다. ¶ 臨御. ⑰때, 시간. 〔管子〕 日至睹甲子木行御. ⑱아내. 〔呂氏春秋〕 農不出御. ⑲벌여 놓다, 늘어 세우다. 〔後漢策〕 御東序之祕寶. ⑳엿보다, 살피다. 〔戰國策〕 韓楚必相御也. ❷①막다, 막아서 멎게 하다. ≒禦. 〔春秋左氏傳〕 季孫不御. ②노(魯)나라의 고을 이름. 〔春秋左氏傳〕 雨過御叔. ❸맞다, 맞아들이다. ≒訝·迓. 〔詩經〕 百兩御之.

【御駕 어가】 임금이 타는 수레.
【御袞 어곤】 임금이 곤복(袞服)을 입음. 곧, 정사를 봄.
【御極 어극】 극(極)을 다룸. 곧, 천자의 자리에 있음. 在位(재위).
【御氣 어기】 ①혈기를 억누름. ②바람을 타고 낢. ③어원(御苑)의 아름다운 기운. ④우주의 원기(元氣) 속을 몲.
【御道 어도】 천자가 통행하는 길. 거둥길.
【御冬 어동】 겨울 추위를 막음. 禦冬(어동).
【御覽 어람】 ①임금이 봄. ②임금이 보는 글이나 그림.
【御令 어령】 임금의 명령. 御命(어명).
【御路 어로】 ①임금이 다니는 통로. ②임금이 타는 수레. ♉'路'는 '輅'로 '임금의 수레'를 뜻함.
【御廩 어름】 임금이 조상의 제사에 쓰기 위하여 친히 경작한 쌀을 간직하는 곳간.
【御名 어명】 임금의 이름. 御諱(어휘).
【御命 어명】 임금의 명령. 御令(어령).
【御物 어물】 임금이 쓰는 물건. 御用(어용).
【御寶 어보】 임금의 도장. 國璽(국새). 大寶(대보). 玉璽(옥새).
【御本 어본】 임금의 장서(藏書).
【御府 어부】 임금의 물건을 넣어 두던 곳집.
【御批 어비】 ①임금이 정사(政事)를 처리함. ②임금이 열람한 문서(文書) 위에 붙이는 말.
【御師 어사】 임금의 시의(侍醫).
【御史雨 어사우】 희우(喜雨). 故事 당대(唐代)에 오랜 가뭄으로 백성이 고생하고 있을 때, 안진경(顔眞卿)이 감찰어사(監察御使)로서 옥사(獄事)를 결단하니 갑자기 비가 쏟아진 고사(故事)에서 온 말.

【御書 어서】 ①임금에게 올리던 글. ②임금이 쓴 글이나 글씨.
【御膳 어선】 임금에게 올리던 음식.
【御世 어세】 천하를 다스림. 御宇(어우).
【御試 어시】 임금이 친히 행하는 진사(進士) 시험. 親試(친시).
【御食 어식】 임금에게 올리는 음식. 御膳(어선). ②식사를 권함. ③식사의 시중을 듦. ④궁중에서 내린 식사.
【御愛 어애】 천자(天子)가 사랑하는 일.
【御筵 어연】 ①임금이 앉는 자리. ②임금이 베푼 술자리.
【御用 어용】 ①임금이 쓰는 물건. 御物(어물). ②정부에서 씀. ③권력에 아첨하고 자주성이 없는 사람이나 단체를 경멸하여 이르는 말.
【御宇 어우】 천하를 다스림, 또는 그 기간.
【御醫 어의】 임금의 건강을 책임지는 의원.
【御人 어인】 ①임금을 모시고 있는 사람. ②거마(車馬)를 구종드는 사람. ③남을 부림. 남을 억압하여 자유를 빼앗음.
【御者 어자】 ①당직(當直)하는 낮은 관원. ②모시고 시중을 드는 사람. 侍子(시자). ③말을 부리는 사람. 馬夫(마부).
【御仗 어장】 거둥 때에 임금을 호위하던 병정, 또는 그들이 가진 무기.
【御前 어전】 임금의 앞.
【御殿 어전】 ①임금이 있는 궁전. ②임금이 조정에 나옴.
【御箋 어전】 임금이 친히 쓴 서면.
【御製 어제】 ①임금이 만듦. ②임금이 지은 글이나 시가(詩歌). 또는 음악.
【御題 어제】 ①임금이 친히 낸 시가(詩歌)의 제(題). ②임금이 친히 쓴 제자(題字). ③(制)임금이 친히 보이던 과거(科擧) 글제.
【御眞 어진】 임금의 화상이나 사진.
【御纂 어찬】 칙명(勅命)으로 책을 편찬하게 하던 일. 勅撰(칙찬).
【御策 어책】 말을 모는 채찍.
【御天 어천】 ①하늘을 낢. ②궁전(宮殿)의 문 이름.
【御榻 어탑】 임금이 앉는 상탑(牀榻).
【御袍 어포】 천자의 옷. 御衣(어의).
【御風 어풍】 바람을 탐.
【御患 어환】 임금의 병.

❶崩—, 射—, 侍—, 臨—, 入—, 制—, 進—, 統—, 還—.

1 8 【從】⑪ ❶좇을 종 图 cóng, zòng
❷시중들 종 困 cóng, zòng
❸높고 클 총 重 zǒng

【소전】 【초전】 【동자】 【속전】 【고자】 【갑자】 【참고】 대법원 지정 인명용 한자의 음은 '종'이다.

【字源】 會意·形聲. 从+辵→從. 서로 뒤따라

〔从〕 간다〔辵〕는 데서 '따라가다, 쫓다'라는 뜻을 나타낸다. '从(종)'이 음도 나타낸다.

字解 ❶①좇다. ㉮뒤를 밟아 따르다. 〔禮記〕弔非從主人也. ㉯남의 말을 듣다, 남의 뜻을 따라 그대로 하다. ㉰복종하다. 〔中庸〕不信則民不從. ②순직(純直)하다. 〔禮記〕氣志旣從. ③나아가다. 〔禮記〕從而謝焉. ④다가서다, 다가가다. 〔禮記〕必操几杖以從之. ⑤하다, 일하다. ¶從事. ⑥쫓다, 뒤쫓다. 〔春秋左氏傳〕晉韓厥從鄭伯. ⑦부터. ≒自. 〔孟子〕施施從外來. ⑧말미암다, 인연하다. 〔漢書〕欲貴其小女, 道無從. ⑨모이다, 무리를 이루다. 〔戰國策〕從而伐齊. ⑩세로, 남북(南北). ≒縱. 〔荀子〕以能合從. ⑪자취, 흔적. ≒蹤. 〔漢書〕從迹安起. ⑫근심하다. ≒慫. 〔太玄經〕卒而從而. ⑬느릿하다. 〔書經〕從容以和. ⑭오래다. ¶從容. ❷①시중들다. 〔漢書〕喩等四人步從. ②시중들게 하기 위하여 데리고 다니다. 〔漢書〕常幸從. ③시중드는 사람, 심부름꾼. 〔書經〕其侍御僕從. ④보내다. 〔呂氏春秋〕諸養生之具, 無不從者. ⑤제멋대로 하다, 방자하게 굴다. ≒縱. 〔禮記〕欲不可從. ⑥놓아주다, 내보내다. 〔論語〕從之純如也. ⑦친척 사이의 관계를 나타내는 말. 부계(父系)나 모계(母系)에서 사촌(四寸) 관계에 있음을 나타낸다. ¶從祖父·外從·姑從. ⑧종(從). 직위(職位)는 같으나 직급(職級)은 낮은 것. ❸높고 크다, 높고 큰 모양. 〔禮記〕爾母衆從爾.

【從駕 종가】 거둥하는 임금의 수레를 따라 수종(隨從)함.

【從諫 종간】 간(諫)함을 따름. 간하는 말을 받아들임.

【從諫如流 종간여류】 물이 낮은 곳으로 흐르듯이, 순순히 간언(諫言)을 따름.

【從官 종관】 ①임금을 따라 다니는 벼슬아치. ②문학으로 임금의 곁에서 섬기는 벼슬아치.

【從軍 종군】 군대를 따라 싸움터로 나아감.

【從騎 종기】 말을 탄 종자(從者).

【從良 종량】 國노예(奴隸)나 천민(賤民)으로서 양민(良民)이 됨.

【從流 종류】 그 때의 유행을 따름.

【從物 종물】 ①외계의 사물에 마음이 끌림. 외계의 사물에 좌우됨. ②사물에 종순(從順)하는 일. 순종함. ③주물(主物)에 딸려 법률 행위의 목적이 되는 사물.

【從兵 종병】 따라다니는 병사. 從卒(종졸).

【從祀 종사】 종묘(宗廟)나 문묘(文廟)에 신주를 모심. 配享(배향). 從享(종향).

【從事 종사】 ①어떤 일을 일삼아 함. ②어떤 사람을 좇아 섬김.

【從善 종선】 선도(善道)를 따름. 착한 일을 함.

【從善如登 종선여등】 선을 좇아 행하는 일은 산에 오르는 것처럼 어려움.

【從善如流 종선여류】 선을 행함에는 주저함이 없이 재빨리 함. ○'流'는 빠름을 뜻함.

【從聲 종성】 오음(五音) 가운데 궁(宮)·상(商)·각(角)의 세 음.

【從所願 종소원】 소원대로 들어 줌.

【從屬 종속】 주된 것에 딸려 있음.

【從孫 종손】 형이나 아우의 손자.

【從叔 종숙】 아버지의 사촌 형제. 堂叔(당숙).

【從順 종순】 순하고 말을 잘 들음.

【從臣 종신】 늘 시종하는 신하.

【從心 종심】 ①70세의 딴 이름. ◐공자가 70세가 되니 마음 내키는 대로 행동하여도 법도에 어긋남이 없었다고 한 데서 온 말. ②생각나는 대로 행동함.

【從心所欲 종심소욕】 마음에 하고 싶은 대로 좇아 함.

【從約 종약】 전국 시대, 소진(蘇秦)이 주창하여 실현한 한(韓)·위(魏)·제(齊)·초(楚)·조(趙)·연(燕)의 여섯 나라가 남북으로 연합하여 서쪽에 있는 진(秦)에 대항한 공수 동맹. 從親(종친). 合從(합종).

【從吾所好 종오소호】 자기가 좋아하는 대로 좇아 함.

【從隗始 종외시】 외(隗)부터 시작함. 현자를 초빙하는 데는, 먼저 그리 대단하지 않은 자기와 같은 사람을 우대하라는 뜻. **故事** 전국 시대 연(燕)나라의 소왕(昭王)이 사방의 현자를 부르려고 했을 때 곽외(郭隗)가 '나부터 초빙하라'고 한 데서 온 말.

【從欲厭私 종욕염사】 욕심 내키는 대로 하여 사사로운 감정을 만족시킴.

【從容 종용】 ①자연스럽고 태연한 모양. 떠들지 않고 유유한 모양. ②하릴없이 유유히 지냄. ③오램. ④피어서 귀함. 慫慂(종용). ⑤행동 거지. ⑥슬슬 거닒. ⑦조용히 부드럽게 말하는 모양. ⑧안온하게 조화(調和)되어 있음. ⑨침착하고 서두르지 않음.

【從遊 종유】 ①따라서 놂. ②학덕이나 덕행이 있는 사람을 좇아 그에게서 배움.

【從前 종전】 이전. 그전. 이전부터.

【從井救人 종정구인】 ①우물에 들어가서 남을 구함. ②남을 구하려다가 도리어 내가 죽음. ③해 놓은 일에 아무런 이익이 없음.

【從祖父 종조부】 할아버지의 형이나 아우.

【從卒 종졸】 ①따라다니며 심부름하는 사람. ②특정한 부서나 사람에게 종속되어 있는 병졸. 從兵(종병).

【從從 종종】 ❶종종 ❷총총 ❶①수레의 방울 소리. ②여섯 발 달린 개. ❷☞從從爾(총총이).

【從罪 종죄】 종법(從犯)에 과하는 죄.

【從重推考 종중추고】 관리의 죄과(罪過)를 엄중하게 신문하고 살핌. 從推(종추).

【從此 종차】 이 다음. 이후.

【從便 종편】 일을 편한 대로 좇음.

【從風 종풍】 ①바람이 부는 대로. ②초목이 바람에 쏠리듯이 쏠리어 좇음.

【從風而靡 종풍이미】 대세에 휩쓸리어 좇음.

【從兄 종형】 사촌 형.

【從懷如流 종회여류】 마음 내키는 대로 행동하여도 아무런 제지도 받지 않는 일.

【從衡 종횡】 ☞從橫(종횡)③.

【從橫 종횡】①세로와 가로. ②남북과 동서. ③전국 시대, 소진(蘇秦)의 합종설(合從說)과 장의(張儀)의 연횡설(連衡說). 衡衡(종횡). ④공수(攻守)·화전(和戰)의 계략(計略). ⑤뜻대로. 자유로이.

【從從爾 총총이】높고 큰 모양. 從從(총총).
❶姑-, 屈-, 盲-, 陪-, 服-, 三-, 相-, 順-, 侍-, 姨-, 一-, 專-, 主-, 合-.

彳 8 【待】⑪ 쌓을 치 寘 zhì
字解 ①쌓다, 저축하다. 〔國語〕待而畚楊. ②희망을 품고 가다.

彳 9 【徧】⑫ ❶두루 변·편 霰 biàn
❷치우칠 편 兒 piān, piǎn
字解 〔通〕遍·辯·辨. ①두루, 널리, 모두. 〔淮南子〕天下徧為儒墨矣. ②돌다, 돌아다니다. 〔晉書〕周徧天下. ③두루 미치다, 골고루 미치다. 〔周禮〕其流行無不徧. ④번, 횟수. 〔三國志〕讀書百徧而義自見. ❷①치우치다. =偏. ②절음발이. =踞.

【徧讀 편독】두루 전부 읽음.
【徧歷 편력】두루 돌아다님. 遍歷(편력).
【徧報 편보】두루 보답함. 한결같이 보은함.
【徧賜 편사】모든 사람에게 내려 줌.
【徧搜 편수】두루 찾음.
【徧循 편순】두루 추종(追從)함.
【徧身 편신】전신(全身). 遍身(편신).
【徧照 편조】빠짐없이 비춤.
【徧頫 편조】천자가 순수(巡狩)하는 삼 년째에 사신을 시켜 널리 제후(諸侯)를 성찰(省察)하게 한 예(禮).
【徧存 편존】천자(天子)가 순수(巡狩)하지 않는 해에 사신을 시켜 모든 제후를 두루 존문하게 한 예(禮).
【徧周 편주】전체에 미침. 두루 미침.
【徧地 편지】온 땅에. 滿地(만지).
❶均-, 不-, 周-.

彳 9 【復】⑫ ❶돌아올 복 屋 fù
❷다시 부 宥 fù

ⅰ ⅰ ⅰ 彳 彳 彳 復 復 復
소전 復 초서 复 간체 复 秦篆 대법원 지정 인명용 한자의 음은 '복·부'이다.
字源 形聲. 彳+复→復. '复(복)'이 음을 나타낸다.
字解 ❶①돌아오다. ㉮처음 있던 곳으로 돌아오다. 〔易經〕無往不復. ㉯둘레로 돌아오다. 〔後漢書〕反素復始. ㉰원상태로 돌아가다. 〔禮記〕克己復禮. ②돌려보내다, 되돌리다. 〔詩經〕復我邦族. ③뒤집다. 〔禮記〕君吊則復殯服. ④채우다, 보충하다. 〔漢書〕雖有大令, 猶不能復. ⑤갚다, 은혜를 갚다. 〔春秋左氏傳〕我必復楚國. ⑥되풀이하다. ≒覆. 〔詩經〕顧我復我. ⑦복(復). 초혼(招魂)할 때 내는 소리. 〔禮記〕復, 盡愛之道也. ⑧실천(實踐)하다. 〔春秋左氏傳〕能欲復言. ⑨성(盛)하다. 〔呂氏春秋〕水澤復. ⑩머무르다. 〔淮南子〕轉而不復. ⑪가라앉다, 여유를 가지게 되다. 〔漢書〕士卒之復. ⑫덜다, 제거하다. 〔後漢書〕將何以消復災眚. ⑬면제하다, 요역·조세 따위를 면제하다. 〔漢書〕復勿租稅二歲. ⑭사뢰다, 말씀드리다. 〔孟子〕有復於王者. ⑮복명(復命)하다. ⑯주청(奏請)하다. 〔周禮〕諸臣之復. ⑰겹치다, 중복되다. ≒複. ⑱흙을 쌓아 지은 집. ¶ 復穴. ⑲괘 이름, 64(卦)의 하나. 괘형은 ䷗. 기운(機運)이 순환(循環)하는 것을 상징한다. ⑳고을 이름. ㉑성(姓). ❷①다시, 거듭. ¶ 復興. ②거듭하다, 다시 또 하다. 〔春秋左氏傳〕無復怒.

【復刊 복간】간행을 중지하였거나 폐간하였던 출판물을 다시 간행함.
【復古 복고】상태나 경향 따위가 옛날식으로 돌아감.
【復光 복광】다시 빛남.
【復舊 복구】본래의 상태로 회복함.
【復權 복권】잃었던 권리나 자격을 되찾음.
【復歸 복귀】본래의 상태로 돌아감.
【復棋 복기】바둑이 끝난 후 처음부터 다시 순서대로 놓아보는 일.
【復禮 복례】예에 돌아감. 예의를 지킴.
【復命 복명】①명령을 받고 일을 처리한 사람이 그 결과를 보고함. 反命(반명). ②처음의 본성(本性)으로 되돌아감. 復初(복초).
【復文 복문】답장.
【復辟 복벽】①뒤집혔던 왕조를 회복하거나, 물러났던 임금을 도로 임금 자리에 앉힘. ②임금에게 복명(復命)함.
【復姓 복성】딴 성(姓)을 일컫던 사람이 다시 본성(本姓)으로 돌아감.
【復性 복성】사람의 본성을 흐리게 하는 욕망을 떨쳐 버리고, 고유(固有)의 선(善)으로 복귀하는 일.
【復讎 복수】앙갚음. 원수를 갚음.
【復習 복습】배운 것을 다시 익힘.
【復飾 복식】(佛)한번 중이 되었던 사람이 다시 속인(俗人)이 됨. 還俗(환속).
【復言 복언】약속한 것을 실행함.
【復言重諾 복언중낙】약속을 이행하고, 연낙(然諾)을 중히 여김.
【復逆 복역】천자에게 상주(上奏)함. ○'復'은 '복명(復命)', '逆'은 '상서(上書)'를 뜻함. 또는 '復'은 '주상(奏上)', '逆'은 '천자가 그 상주를 받아들임'을 뜻함.
【復元 복원】원래의 상태나 위치로 돌아감.
【復圓 복원】일식이나 월식이 끝나고 해나 달이 도로 둥근 모양으로 되돌아가는 일.
【復位 복위】폐위되었던 임금이나 후비(后妃)가 다시 그 지위에 오르는 일.
【復除 복제】요역(徭役)을 면제함.

【復租 복조】 조세(租稅)를 면제함.
【復職 복직】 그만두었던 일자리로 다시 돌아옴.
【復唱 복창】 명령이나 남의 말을 그대로 받아서 다시 욈.
【復土 복토】 ①판 흙을 원 장소로 되돌아가게 함. ②광중(壙中)에 하관(下棺)하고 흙을 덮음.
【復穴 복혈】 흙으로 지은 집. ◐'復'은 '땅 위에 흙을 쌓아 만든 집', '穴'은 '땅을 파서 만든 집'을 뜻함.
【復戶 복호】 조선 때 군인·양반의 일부와 궁중의 노비 등 특정한 대상자에게 조세(租稅)나 호역(戶役) 따위를 면제하여 주던 일.
【復生 부생】 소생(蘇生)함. 또는 재생(再生).
【復活 부활】 ①죽었다가 다시 살아남. ②폐지하였던 일을 다시 하거나, 쇠퇴하였던 것이 다시 일어남.
【復興 부흥】 ①어떤 일을 다시 일으킴. ②쇠(衰)하였던 것이 전과 같이 다시 흥함.
◐ 光—, 克—, 反—, 報—, 收—, 往—, 回—, 恢—, 興—.

【循】⑫ 좇을 순 眞 xún

彳 彳 彳 𠂉 𠂉 𠂉 循 循 循 循

[소전] 循 [초서] 循

字源 形聲. 彳+盾→循. '盾(순)'이 음을 나타낸다.
字解 ①좇다. ㉮뒤따르다, 뒤를 밟아 따르다. 〔淮南子〕 五星循軌. ㉯따르다, 의지하여 가다. 〔春秋左氏傳〕 循山而南. ㉰그대로 행하다. 〔淮南子〕 聖人作而弟子循. ㉱복종하다, 따르게 되다. 〔荀子〕 上不循於亂世之君. ㉲밟다, 답습하다. 〔論語〕 足踏踖如有循. ③돌다, 빙빙 돌다. ≒巡. 〔史記〕 若循環終而復始. ③말하다. 〔禮記〕 無循枉. ④크다. 〔呂氏春秋〕 流散循饑無日矣. ⑤주저하다, 머뭇거리다, 결단을 내리지 못하는 모양. 〔韓愈·詩〕 無用祇因循. ⑥어루만지다, 위무(慰撫)하다. 〔漢書〕 拊循其民. ⑦차례가 바르다, 질서 정연하다. 〔論語〕 夫子循循然善誘人.
【循良 순량】 법을 지키며 선량(善良)함. 또는 그런 사람.
【循吏 순리】 법을 잘 지키며 열심히 근무하는 관리.
【循俗 순속】 풍속을 좇음.
【循守 순수】 규칙이나 명령 등을 그대로 좇아서 지킴.
【循循 순순】 질서 바른 모양. 정연한 모양.
【循轉 순전】 돌아서 그치지 않음. 빙빙 돎.
【循行 순행】 ①여러 곳을 돌아다님. 巡行(순행). ②명령을 따라 행함.
【循環無端 순환무단】 일이 끊임없이 되풀이하여 끝이 없음.
◐ 良—, 綠—, 因—, 蹲—, 持—.

【徨】⑫ 노닐 황 陽 huáng

[초서] 徨

字解 노닐다, 어정거리다, 방황하다. 〔莊子〕 彷徨乎馮閎.

【微】⑬ 작을 미 微 wēi

彳 彳 𠂉 𠂉 𠂉 𢾭 𢾭 𢾭 微 微

[소전] 微 [초서] 微 [속자] 微

字源 形聲. 彳+散→微. '散(미)'가 음을 나타낸다.
字解 ①작다, 자질구레하다. 〔孟子〕 具體而微. ②적다, 많지 않다. 〔禮記〕 雖有危邪, 而不治者則微矣. ③숨다, 숨기다. 〔春秋左氏傳〕 其徒微之. ④몰래, 은밀히, 비밀히. 〔漢書〕 昔仲尼沒而微言絕. ⑤정묘하다, 묘(妙)하다, 심오하다. 〔史記〕 微妙難識. ⑥어렴풋하다, 또렷하지 않다. ¶稀微. ⑦어둡다, 밝지 않다. 〔詩經〕 彼月而微, 此日而微. ⑧천하다, 비천(卑賤)하다. 〔書經〕 虞舜側微. ⑨쇠하다, 쇠미하다. 〔史記〕 杞小微. ⑩엿보다, 몰래 살피다. 〔漢書〕 使人微知賊處. ⑪아니다. ≒非. 〔詩經〕 微我無酒. ⑫없다, 없다고 하면. ≒無. 〔論語〕 微管仲, 吾其被髮左衽矣. ⑬다치다, 상처를 입다. 〔詩經〕 故迭而微. ⑭종기, 다리가 부어오르는 병. 〔詩經〕 既微且尰. ⑮소수(小數)의 이름. 0.000001을 이르는 말. ⑯발, 대발. ⑰조금, 약간.
【微感 미감】 약간의 감동. 마음이 조금 내킴.
【微譴 미견】 작은 죄. 하찮은 견책(譴責).
【微戒 미계】 넌지시 훈계함.
【微功 미공】 암암리에 공격함.
【微官 미관】 아주 낮은 관직.
【微官末職 미관말직】 변변찮은 벼슬과 말단 직책. 곧, 지위가 낮은 벼슬.
【微動 미동】 아주 조금 움직임.
【微瀾 미란】 잔물결. 細波(세파).
【微量 미량】 아주 적은 분량.
【微力 미력】 ①작은 능력. 적은 힘. ②'자기의 노력이나 성의'의 겸칭.
【微祿 미록】 얼마 되지 않는 봉급.
【微末 미말】 ①신분이 낮고 천한 사람. ②치우치어 중정(中正)하지 않음.
【微茫 미망】 흐릿한 모양. 모호한 모양.
【微昧 미매】 그윽하여 알기 어려움.
【微蔑 미멸】 ①아주 작은 것. ②신분이 미천한 사람.
【微明 미명】 ①희미하게 밝음. ②명백하기는 하나 미묘하여 알 수 없음.
【微妙 미묘】 매우 정밀하고 오묘함.
【微眇 미묘】 ①아주 보잘것없음. 미천함. ②가볍고 묘함. 미(微)묘함.
【微妙玄通 미묘현통】 앎의 의식 작용이 미묘하고 유현(幽玄)한 곳에 통철(通徹)함. 곧, 진리를 앎.
【微文 미문】 ①자세한 법률(法律). 또는 사소한 죄(罪). ②≒微辭(미사)①.
【微物 미물】 작은 물건. 보잘것없는 물건.

【微微 미미】 ①보잘것없이 썩 작은 모양. ②그 윽하고 고요한 모양.
【微薄 미박】 ①바치는 물품이나 인정·성의 등이 박함. ②발〔簾〕.
【微芳 미방】 약간의 향내. 그윽한 향기.
【微白 미백】 ①희부염. ②희붐함. 날이 샐녘.
【微服 미복】 신분을 감추기 위한 복장.
【微辭 미사】 ①뜻을 속에 숨기고 은근히 말함. 또는 그런 말. ②몇 마디 되지 않는 말.
【微尙 미상】 자기 '기호(嗜好)'의 겸칭.
【微誠 미성】 조그마한 정성. 남에게 표시하는 '자기 정성'의 겸칭. 微素(미소).
【微細 미세】 매우 가늘고 작음.
【微笑 미소】 빙그레 웃음. 소리를 내지 않고 가볍게 웃는 웃음.
【微瑣 미쇄】 ①작고 가늚. ②재능이 별로 없음.
【微時 미시】 한미(寒微)하거나 미천(微賤)하여 보잘것없을 때.
【微息 미식】 미약한 숨. 자기의 생명.
【微恙 미양】 대단하지 않은 병. '자기의 병'을 겸손하게 이를 때 씀.
【微言 미언】 ①미묘(微妙)한 말. ②속뜻은 숨기고 다른 것에 빗대어 말함.
【微與 미여】 하지 말라고 말리는 말. ▷'與'는 감탄하는 말.
【微溫 미온】 온도가 낮음.
【微婉 미완】 말이나 글 내용을 에둘러 말하는 투가 부드러움.
【微雨 미우】 가랑비. 이슬비.
【微陰 미음】 ①음력 5월. ②하늘에 구름이 엷게 낀 날씨.
【微意 미의】 ①약간의 성의. '자기 성의'의 겸칭. 微志(미지). ②속 깊은 미묘한 뜻.
【微旨 미지】 깊고 미묘한 취지.
【微志 미지】 ①작은 뜻. ②☞微意(미의)①.
【微知 미지】 엿보아 앎. 탐지함.
【微喘 미천】 ①가늘게 쉬는 숨. ②얼마 되지 않는 여생(餘生).
【微賤 미천】 신분·지위가 보잘것없고 천함.
【微忠 미충】 변변하지 못한 충성. 자기의 충성.
【微衷 미충】 '조그마한 성의'라는 뜻으로, 물품을 남에게 선사하면서 쓰는 말.
【微忱 미침】 적은 정성. 자기의 성의.
【微諷 미풍】 은근히 풍자함.
【微行 미행】 ①임금이나 높은 벼슬아치들이 무엇을 살피기 위하여 남이 언뜻 알아차리지 못하도록 몸을 차리고 넌지시 다님. ②좁은 길. 微服潛行(미복잠행). ③적은 행적.
【微顯闡幽 미현천유】 ①누구나가 알 수 있는 환한 일도 이를 궁구(窮究)하여 미묘한 경지에 이르러, 아무도 알 수 없는 원리를 뚜렷하게 헤쳐 밝힘. ②명백한 일을 노골적으로 말하지 않고, 또 명백하지 못한 일을 명료하게 밝힘.
【微和 미화】 약간 따스함.
【微醺 미훈】 얼근히 취함. 微醉(미취).

◐ 輕－, 機－, 細－, 衰－, 隱－, 至－, 寒－, 稀－.

【傍】⑬ ❶시중들 방 bàng ❷곁 방 páng
[字解] ❶시중들다, 따라다니다. ❷①곁, 옆. =傍. ②방황하다. =彷. 〔國語〕傍徨於山林之中.
【傍徨 방황】 ①이리저리 헤매어 돌아다님. ②목적을 바로 정하지 못하고 갈팡질팡함.

【㣲】⑬ 너울거릴 설 xiè
[字解] 너울거리다. ❶옷자락이 흔들리는 모양. ❶㣲㣲. ❷흔들리다. ❶㣲㣲.

【徭】⑬ 구실 요 yáo
[字解] 구실, 부역(賦役), 역사(役事). 〔韓非子〕徭役多則民苦.
【徭賦 요부】 요역(徭役)을 부과(賦課)함.
【徭稅 요세】 요역과 조세(租稅).
【徭戍 요수】 변경(邊境)을 수비하는 병사. 수자리. 戍徭(수요).
【徭役 요역】 정부에서 구실 대신으로 시키던 강제 노동.
【徭合 요합】 관고(官庫)와 민고(民庫)의 곡식을 서로 섞음.

【徯】⑬ 샛길 혜 xī
[字解] ①샛길, 좁은 길. ❶徯徑. ②기다리다, 바라며 기다리다. 〔書經〕惟動丕應徯志. ③위태하다. ❶徯醯.
【徯徑 혜경】 작고 좁은 길. 샛길.
【徯志 혜지】 뜻하는 바를 기다림. 곧, 뜻한 바에 어긋나지 않게 행동함.
【徯醯 혜혜】 위태로움. 위태함.

【德】⑭ 德(592)의 속자

【微】⑭ 微(591)의 속자

【㣲】⑭ 흔들릴 설 xiè
[字解] 흔들리다, 요동하다. ❶㣲㣲.
【㣲㣲 설설】 흔들림. 요동함.

【徵】⑭ 徵(593)의 속자

【德】⑮ 덕 덕 dé

彳部 12획 德 徵

[字源] 形聲. 彳+悳→德. '悳(덕)'이 음을 나타냄.

[字解] ❶덕. ㉮공정하고 포용성 있는 마음, 품성.〔禮記〕道德仁義. ㉯인품, 품격.〔韓愈·原道〕德有凶有吉. ㉰본성(本性).〔大戴禮〕有天德, 有地德, 有人德, 此謂三德. ㉱덕택, 혜택.〔論語〕何以報德. ㉲어떤 유리한 결과를 가져오게 한 원인. ❷행위, 절조(節操).〔論語〕大德不踰閑. ❸어진 이, 현자(賢者).〔周禮〕以德詔爵. ❹능력, 작용.〔易經〕通神明之德. ❺가르침.〔禮記〕命相布德和令. ❻은혜를 베풀다.〔戰國策〕西德於秦. ❼은혜로 여기다, 고맙게 생각하다.〔春秋左氏傳〕王德狄人. ❽복(福), 행복. ≒福.〔禮記〕百姓之德也. ❾오르다, 타다.〔易經〕君子德車. ❿별 이름. ¶德星. ⓫주역 건괘(乾卦)의 상(象).

【德車 덕거】사람이 타는 수레. 병거(兵車)·전거(田車)와 구별하여 이름.
【德廣 덕광】덕화(德化)가 널리 행해지는 일.
【德敎 덕교】도덕으로써 사람을 착한 길로 인도하는 가르침.
【德器 덕기】너그럽고 어진 도량과 재간. 또는 그러한 도량과 재간을 가진 사람. 훌륭한 인격(人格).
【德談 덕담】잘 되기를 바라며 해주는 말이나 인사.
【德令 덕령】은혜로운 명령.
【德隆望尊 덕륭망존】덕행이 높고 인망(人望)이 두터움.
【德望 덕망】①덕행으로 얻은 명망. ②인품과 명망.
【德無陋 덕무루】유덕(有德)한 사람은 어떠한 사람이든 다 교화할 수 있으므로 풍속(風俗)이 비천한 고장이라도 안거(安居)함.
【德門 덕문】덕망(德望)이 높은 집안.
【德博而化 덕박이화】공덕을 널리 베풀어 백성을 교화함.
【德配 덕배】①덕이 나란함. ②상대편을 높이어 그의 '아내'를 일컫는 말.
【德法 덕법】인덕(人德)과 법도(法度).
【德分 덕분】덕택.
【德不孤 덕불고】덕이 있는 사람은 외롭지 않다. 덕으로 다른 사람을 감화하여 자기와 친한 이웃이 되게 함.
【德士 덕사】①덕이 있는 선비. ②'중'의 별칭.
【德色 덕색】남에게 은혜를 베풀어 준 것을 자랑하는 말이나 얼굴빛. 은혜를 베푼 것을 자랑하는 기색.
【德性 덕성】어질고 너그러운 품성.
【德星 덕성】①상서로운 표시로 나타나는 별. 瑞星(서성). ②덕행이 있는 사람.
【德水 덕수】①황하(黃河)의 별칭. ②(佛)여덟 가지의 공덕(功德)을 가졌다는 물. ◐여덟 가지 공덕이란 감(甘)·냉(冷)·연(軟)·경(輕)·청정(淸淨)·불취(不臭), 마실 때 목을 상(傷)하지 않음, 마신 뒤에 배가 아프지 않음이다. 功德水(공덕수).

【德容 덕용】좋은 평판. 德音(덕음).
【德友 덕우】①착하고 어진 마음으로 사귀는 벗. ②덕(德)으로써 사귀는 벗.
【德宇 덕우】①기량(器量). 도량(度量). ②덕(德)이 천하를 덮음.
【德輶如毛 덕유여모】도덕을 행함은 털의 가벼움과 같이 용이함. ◐'輶'는 '輕'으로 '가벼움'을 뜻함.
【德育 덕육】덕성(德性)을 기르는 교육. 도덕 의식을 앙양하는 교육.
【德潤身 덕윤신】①덕(德)은 몸을 윤택하게 함. ②덕이 속에 있으면 반드시 겉으로 나타남.
【德音 덕음】①임금의 말. 綸言(윤언). ②좋은 말. 善言(선언). ③좋은 평판. 德容(덕용). ④덕이 나타난 음악.
【德音無良 덕음무량】말에 실(實)이 없는 일. 또는 유덕(有德)하다는 소문 뿐, 그럴 만한 내용이 없음.
【德義 덕의】①사람으로서 마땅히 지켜야 할 도덕상의 의무. ②상과 벌이 그 타당성을 얻음.
【德政 덕정】어질고 바른 정치. 덕으로써 다스리는 정치.
【德操 덕조】변함없는 도덕심. 확고부동(確固不動)한 절조(節操).
【德蕩乎名 덕탕호명】덕은 명예를 구하면 허물어짐.
【德澤 덕택】남에게 끼친 혜택.
【德風 덕풍】도덕의 교화(敎化). 인덕(仁德)의 감화(感化).
【德行 덕행】어질고 은혜로운 행실.
【德惠 덕혜】은혜. 仁惠(인혜).
【德號 덕호】①천자로서의 덕. ②천자의 호령.
【德化 덕화】덕행(德行)으로써 교화함.
【德厚流光 덕후유광】덕이 두터우면 자손이 번영함.

❶功−, 達−, 大−, 道−, 明−, 美−, 薄−, 福−, 不−, 婦−, 聖−, 失−, 惡−, 恩−, 蔭−, 人−, 仁−, 才−, 積−, 地−, 厚−.

彳12 【徿】⓯ 너울거릴 별 圐 bié

[字解] 너울거리다, 옷자락이 펄럭이는 모양.〔史記〕嬋姢徿綿.
【徿綿 별설】옷자락이 흔들리는 모양.

彳12 【徵】⓯ ❶부를 징 圐 zhēng ❷음률 이름 치 圕 zhǐ

[參考] 대법원 지정 인명용 한자음은 '징'이다.
[字源] 會意. 微+壬→徵. '㣺'는 '微'의 생략형. 신분이 비록 미천하더라도〔微〕착한 일〔壬〕을 행하는 자는 임금의 부름을 받게 된다는 데에서 '부르다'란 뜻을 나타낸다.

[字解] ❶①부르다, 사람을 불러들이다.〔史記〕

擧烽火徵兵. **②구하다**, 요구하다. 〔呂氏春秋〕桓公樂之而徵燭. **③거두다**, 거두어들이다. 〔周禮〕以時徵其賦. **④캐어묻다**. 〔春秋左氏傳〕寡人是徵. **⑤증거**. ≒證. 〔中庸〕雖善無徵. **⑥효험**, 효과. 〔中庸〕久則徵. **⑦조짐**. 〔春秋左氏傳〕是其徵也. **⑧증거를 세우다**. 〔論語〕杞不足徵也. **⑨밝히다**, 명백히 하다. 〔春秋左氏傳〕以徵過也. **⑩이루다**, 성취하다. 〔淮南子〕聖人見化以觀其徵也. **⑪그치다**, 그만두다. 〔易經〕君子以徵忿窒欲. **⑫징계하다**. ≒懲. 〔史記〕荊荼是徵. **⑬성**(姓). **❷음률 이름**. 오음(五音)의 하나로, 우(羽)에 버금가는 청징(淸澄)한 음. 오행(五行)으로는 불, 12(支)로는 오(午), 사시(四時)로는 여름에 배당된다. 〔禮記〕其蟲羽, 其音徵.

【徵歌 징가】 노래를 부르게 함.
【徵君 징군】 징사(徵士)의 존칭.
【徵納 징납】 ①조정에서 부름. ②수령(守令)이 세금을 거두어서 나라에 바침.
【徵斂 징렴】 조세(租稅)를 거둠.
【徵令 징령】 ①징병(徵兵)의 영(令). ②징역(懲役)·징부(徵賦)의 법령을 선포함.
【徵命 징명】 부름. 임금의 부름.
【徵拔 징발】 불러서 가려 뽑음.
【徵辟 징벽】 임금이 초야(草野)에 있는 사람을 불러서 벼슬을 시킴.
【徵兵 징병】 법에 의거하여 해당자를 군대에 복무시키기 위하여 모음.
【徵聘 징빙】 조정에서 예를 갖추어 부름.
【徵士 징사】 학문과 덕행이 높아 임금이 불러도 나아가 벼슬하지 않는 사람.
【徵祥 징상】 좋은 징조. 吉兆(길조).
【徵色 징색】 얼굴에 나타남.
【徵瑞 징서】 경사로운 징조. 祥瑞(상서).
【徵收 징수】 세금·수수료 따위를 거두어 들임.
【徵役 징역】 불러내어 부림.
【徵用 징용】 징수하여 사용함. 징발하여 씀.
【徵應 징응】 조짐.
【徵引 징인】 추천함.
【徵入 징입】 사람을 불러들임.
【徵兆 징조】 어떤 일이 생길 조짐. 징후.
【徵集 징집】 불러 모음. 병역법에 의거하여 장정을 뽑아서 병역에 보충함.
【徵招 ❶징초 ❷치소】 ❶초야(草野)에 묻힌 사람을 벼슬 자리에 불러서 씀. 徵召(징소). ❷악곡(樂曲) 이름. 춘추 때 제(齊)나라의 경공(景公)이 태사(太師)에게 짓게 하였음. 🔍'招'는 '韶'로 '풍류 이름'을 뜻함.
【徵逐 징축】 부르고 불리고 하여 친하게 왕래함.
【徵幣 징폐】 폐물을 보내어 결혼함.
【徵驗 징험】 어떤 징후를 통해 실제 경험함.
【徵還 징환】 소환(召還).
【徵會 징회】 불러서 모음.
【徵效 징효】 보람. 效驗(효험).
【徵日 치일】 오행(五行)에 배당하여 치(徵)에 해당되는 날. '徵'는 12지(支)의 午.
◑ 納－, 明－, 象－, 瑞－, 追－, 特－, 表－.

彳 12【徹】⑮ 통할 **철** [屑] chè

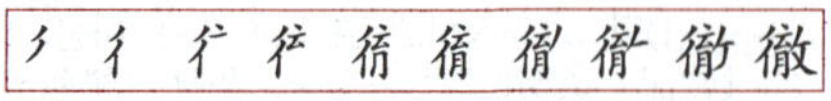

[소전]  [고문]  [초서]  [고자] 徹 [고자] 徹

[간체] 彻 [字源] 會意. 彳+育+攴→徹. 자식을 양육〔育〕할 때 매질하여〔攴〕 바르게 행동하게 한다〔彳〕는 데서 어디든 다 '통하다'란 뜻을 나타낸다.

[字解] **①통하다**. ㉮막힘 없이 트이다. 〔莊子〕目徹爲明. ㉯내적으로 관계를 맺고 이어지다. ¶ 徹侯. ㉰전달되다. 〔春秋左氏傳〕徹命于執事. **②뚫다**. ㉮구멍을 내다. 〔春秋左氏傳〕射之徹七札. ㉯막히거나 가려진 것을 헤치고 통하다. ¶ 貫徹. **③환하다**, 밝다. 〔國語〕其何事不徹. **④부수다**, 허물어지다. 〔詩經〕徹我牆屋. **⑤다스리다**. 〔詩經〕徹田爲糧. **⑥벗기다**, 가죽·껍질 따위를 벗기다. 〔詩經〕徹彼桑土. **⑦치우다**, 거두어들이다. ＝撤. 〔儀禮〕徹筵席. **⑧없애다**, 제거(除去)하다. 〔儀禮〕乃徹豐與觶. **⑨떠나가다**. 〔禮記〕客徹重席. **⑩주대(周代)의 조세법**. 〔論語〕有若對曰盍徹乎. **⑪길**. 〔詩經〕天命不徹.

【徹頭徹尾 철두철미】 처음부터 끝까지 철저함.
【徹法 철법】 중국 주대(周代)의 조세법(租稅法). 사방 1리(里)의 농지를 9등분하여 8가(家)에 사전(私田) 100묘(畝)씩을 나누어 주고, 나머지 100묘는 공전(公田)으로 하고 20묘의 택지를 뺀 80묘의 공전을 8가에서 공동으로 경작하여 그 수확을 조세로 하였음.
【徹兵 철병】 군대를 철수시킴. 撤軍(철군).
【徹上徹下 철상철하】 상하로 관통함.
【徹曙 철서】 밤을 밝힘. 徹夜(철야).
【徹夜 철야】 밤을 새움.
【徹悟 철오】 속속들이 꿰뚫어 깨달음.
【徹底 철저】 ①속 깊이 밑바닥까지 투철함. ②의사(意思)가 구석구석까지 잘 통함. ③학문이 오의(奧義)에 달함.
【徹饌 철찬】 제사 지낸 음식을 거두어 치움.
【徹天之寃 철천지원】 하늘에 사무치는 크나큰 원한. 徹天之恨(철천지한).
【徹透 철투】 사리가 밝고 확실함. 꿰뚫음.
【徹曉 철효】 밤을 새움.
【徹侯 철후】 천자의 일족(一族) 이외에 공덕이 있는 자로써 봉(封)함을 받은 제후(諸侯).
◑ 貫－, 深－, 峻－, 淸－, 洞－, 通－, 透－.

彳 13【徼】⑯ ❶구할 **요** ㊍**교** [蕭] yāo
❷순찰할 **요** ㊍**교** [嘯] jiào
❸맞을 **요** ㊍**교** [篠]

[소전] 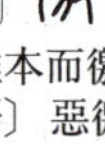 [초서] 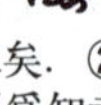 [字解] **❶①구하다**, 바라다, 요구하다. ≒儌. 〔漢書〕民離本而徼末矣. **②훔치다**, 빼앗다. ≒絞. 〔論語〕惡徼以爲知者. **❷①순찰하다**, 순행(巡行)하다, 돌아다니며 살피다. 〔漢書〕行徼邯鄲中. **②순라군**, 순찰하는 사람. 〔史記〕或千里無亭

徽. ③변방의 경계. 나무 울타리를 치거나, 돌을 쌓거나, 도랑을 빙 둘러서 경계를 만든다. 옛날 중국의 서남쪽에 설치한 것을 말한다. 〔史記〕南至牂柯爲徼. ④막다, 차단하다. 〔史記〕徼麋鹿之怪獸. ⑤길. ㉮교외(郊外)의 길. 〔史記〕常夜從走卒行徼. ㉯좁은 길. 〔班固·賦〕徼道綺錯. ⑥미묘하다, 심원(深遠)한 경지나 곳. 〔老子〕常有欲以觀其徼. ❸맞다, 적을 맞다, 맞아 싸우다.
【徼擊 요격】 기다리고 있다가 맞받아 침.
【徼功 요공】 공을 구함. 곧, 공을 세우려 함.
【徼冀 요기】 바람. 구하여 바람.
【徼道 요도】 순찰을 도는 길. 정찰하기 위하여 도는 길.
【徼妙 요묘】 지극히 정미(精微)한 작용이나 도리(道理).
【徼巡 요순】 순찰함.
【徼外 요외】 국경의 밖. 나라 밖.
【徼以爲知 요이위지】 남의 의중(意中)을 헤아려서, 스스로 앎이 있다고 여기는 일.
【徼幸 요행】 분수 외의 복을 바람.
❶ 塞—, 巡—, 外—, 亭—, 周—, 行—, 幸—.

彳13 【徹】⑯ 徹(594)의 고자

彳13 【𢓜】⑯ 避(1836)의 고자

彳14 【𢕉】⑰ 徹(594)의 고자

彳14 【徽】⑰ 아름다울 휘 🔲 huī

徽 [소전] 𢕲 [초서] 〔字解〕①아름답다, 훌륭하다. 늑媺. 〔詩經〕君子有徽猷. ②표기. ㉮어떤 표지로 세운 기. 〔春秋左氏傳〕揚徽者公徒也. ㉯표지(標識). ¶徽章. ③기러기발, 금휘(琴徽). 거문고나 가야금 따위의 줄을 고르는 기구. ④노끈, 줄. 〔漢書〕免於徽索. ⑤타다, 악기를 타다. 〔淮南子〕鄒忌一徽, 而威王終夕悲感於憂. ⑥묶다, 묶음, 다발로 묶다. 〔漢書〕徽以糾墨. ⑦안휘성(安徽省)의 약칭. 〔洞天墨錄〕近世稱徽墨. ⑧광휘, 빛.
【徽車 휘거】 ①표기(標旗)를 단 수레. ②빨리 달리는 수레.
【徽墨 휘묵】 안휘성(安徽省)에서 나는 먹.
【徽索 휘삭】 오랏줄. 捕繩(포승).
【徽言 휘언】 착한 말. 아름다운 말.
【徽猷 휘유】 좋은 꾀. 훌륭한 계획.
【徽音 휘음】 ①칭찬하는 말. 좋은 평판. ②아름다운 음악. ③좋은 소식. ④國후비(后妃)의 아름다운 덕행과 언어.
【徽章 휘장】 소속·신분·명예 등을 나타내기 위하여 붙이는 표.
【徽裁 휘재】 왕세자(王世子)가 임금을 대리할 때의 재결(裁決).
【徽旨 휘지】 ①왕세자가 내리는 문감(門鑑). ②왕세자가 임금을 대리하여 내린 명령.
【徽幟 휘치】 ①표지를 단 기(旗). ②기장(旗章).
【徽赫 휘혁】 아름답게 빛남.
【徽號 휘호】 ①기장(旗章). ②제왕(帝王)의 공덕을 칭송하기 위하여 바치는 존호(尊號). 후대에는 주로 후비(后妃)가 승하(昇遐)한 후에 시호(諡號)와 함께 올리는 존호로 썼음.
【徽爘 휘획】 빨리 달리는 모양.
❶ 繹—, 英—, 仁—, 淸—, 鴻—.

心 部

4획 부수 | 마음심부

【心】④ 마음 심 㱃 xīn

丶 心 心 心

<소전> <초서> 參考 '心'이 한자의 구성에서 변에 쓰일 때는 글자 모양이 '忄'으로 바뀌고, '심방변'이라고 부른다. 발에 쓰일 때는 글자 모양이 '㣺'으로 바뀌기도 한다.

字源 象形. 사람의 심장 모양을 본뜬 글자.

字解 ①마음. ㉠생각·감정 등 정신 활동의 총체. 〔大學〕心不在焉, 視而不見. ㉡기분, 느낌. 〔咸用·詩〕柳轉春心梅豔香. ㉢뜻, 의지(意志). 〔易經〕二人同心, 其利斷金. ②염통, 심장. 〔呂氏春秋〕祭先心. ③가슴. 〔莊子〕西施病心. ④한가운데, 중앙(中央). 〔邵雍·詩〕月到天心處. ⑤도(道)의 본원(本源). 〔易經〕復其見天地之心乎. ⑥별자리 이름. 28수(宿)의 하나. 〔史記〕心宿三星. ⑦(佛)진수(眞髓). 제경(諸經) 중에서 일체의 요의(要義)를 모은 것. ⑧심(心). ㉠나무 줄기 가운데의 연한 줄기. ㉡무·배추 따위의 뿌리 속의 질긴 줄기. 〔南史〕菜不食心. ㉢연필대의 빛깔을 내는 부분. ㉣양복의 어느 부분을 빳빳하게 하기 위하여 넣는 천. ㉤죽에 섞인 낟알이나 새알심. ㉥종기나 상처 구멍에 넣는, 약을 바른 헝겊이나 종이. ㉦심지. ㉧꽃술.

【心肝 심간】①심장과 간장. 참마음. 丹心(단심). ②아주 친애함. 또는 친애하는 사람.

【心坎 심감】①명치. ②심중(心中). 마음속. ③친애하는 정.

【心怯 심겁】소심하고 겁이 많음. 마음이 약하여 대단하지 않은 일에 겁을 냄.

【心境 심경】마음의 상태. 마음가짐.

【心鏡 심경】①거울과 같이 맑고 밝은 마음. ②마음의 거울.

【心競 심경】도덕이나 지혜로써 서로 경쟁함.

【心境 심경】마음 상태.

【心計 심계】①암산(暗算). 속셈. ②계획.

【心悸 심계】①심장의 고동. ②마음속으로 두려워함. 일을 삼감.

【心契 심계】①이해함. ②마음이 맞고 서로 지향하는 바가 같음.

【心曲 심곡】이러저러하게 생각하는 마음의 깊은 속. 心中(심중).

【心骨 심골】마음과 뼈. 정신과 신체.

【心筋 심근】심장의 벽을 싸고 있는 근육.

【心琴 심금】어떤 사물이나 상황에 의해 촉발되는 마음의 움직임. 자극에 따라 미묘하게 움직이는 마음을 거문고에 비유한 말.

【心曠神怡 심광신이】마음이 넓고 너그러우며 애됨이 없음.

【心廣體胖 심광체반】마음이 너그러우면 몸이 편안함. 마음에 한 점의 부끄러워할 바가 없이 넓고 너그러우면, 몸 또한 편안하고 태평함.

【心氣 심기】사물이나 현상에 대하여 느끼는 마음이나 기본.

【心期 심기】①심중에 기약하여 바람. ②마음을 허락한 벗.

【心機 심기】마음을 움직이게 하는 기틀. 마음의 움직임.

【心機一轉 심기일전】지금까지 품었던 마음 자세를 완전히 바꿈.

【心念 심념】①마음속. 심중(心中). ②마음 깊이 생각함. ③(佛)심식(心識)의 상념.

【心膽 심담】심지(心地)와 담력.

【心動 심동】①가슴이 두근거림. ②마음이 움직여 어지러워짐.

【心頭 심두】가슴. 마음. 念頭(염두).

【心得 심득】사물의 이치를 깊이 이해함.

【心慮 심려】염려. 생각.

【心膂 심려】①가슴과 등뼈. ②임금을 보좌하는 중신(重臣). ③낼 수 있는 온 힘.

【心力 심력】①마음과 힘. ②마음이 작용하는 힘. 정신력(精神力).

【心靈 심령】①마음의 작용을 일으킨다는 근원적인 존재. ②육체를 떠나 존재한다는 마음의 주체. 魂靈(혼령).

【心理 심리】마음 속의 상태와 현상.

【心魔 심마】(佛)물욕이나 애착의 마음 등 사람을 사도(邪道)로 이끄는 마음의 마귀.

【心滿意足 심만의족】現 마음에 흡족함.

【心門 심문】①코. ②입.

【心煩 심번】①마음을 앓음. 번민함. ②걱정. 혐오(嫌惡)의 정(情).

【心法 심법】①마음을 수련하는 법. ②송대(宋代) 유학자(儒學者)의 말로서, 심체(心體)를 존양(存養)하고 심용(心用)을 성찰(省察)하는 도(道). ③(佛)우주 만유를 색(色)·심(心)의 둘로 분류할 때는 심왕(心王)과 심소(心所), 오위(五位)로 분류할 때는 심왕(心王)을 일컬음. ④이심전심(以心傳心)의 도(道).

【心病 심병】①마음을 태움. 근심함. ②마음속의 번민(煩悶)이 병이 됨. ③남에게 말할 수 없는 원망. ④심장병(心臟病).

【心服 심복】마음으로 기꺼이 복종함.

【心腹 심복】①가슴과 배. ②진심(眞心). 정성스러운 마음. ③㉠격의(隔意) 없이 가까이 사귀는 일. 서로 믿고 지내는 사이. 또는 그 사람. ㉡마음 놓고 믿을 수 있는 부하. ④중요한 곳. 복이 인체의 요처(要處)인 데서, 지형(地形)의 요해에 비유함. 要地(요지).

【心府 심부】마음이 있는 곳. 또는 마음.

【心佛 심불】(佛)①자기 마음속의 부처. 곧, 거룩한 마음의 본바탕. ②마음이 곧 부처일 때 그 마음을 이름.

【心酸 심산】마음에 슬픔을 느낌. 비애(悲哀).

【心算 심산】속셈.

【心狀 심상】 마음의 상태.
【心喪 심상】 거상도 복(服)도 입을 의무가 없는 사람으로 망인의 죽음을 슬퍼하여 상제나 복인 모양으로 근신하는 일. 제자가 스승의 상을 입음과 같은 경우.
【心想 심상】 마음속의 생각.
【心象 심상】 ①마음속에 일어나는 망상(妄想). ②마음속에 생긴 인상.
【心緖 심서】 마음속의 회포. 마음의 움직임. 情緖(정서). 心懷(심회).
【心性 심성】 ①심(心)과 성(性). ○'性'은 마음의 본체(本體)를 뜻함. ②마음. 마음의 본질(本質). 本心(본심). ③(佛)㉠변하지 않는 마음의 본체. 眞心(진심). ㉡생멸 무상(生滅無常;心)과 항상 불변(恒常不變;性).
【心聲 심성】 언어(言語). 말은 마음을 소리로 표현한 것.
【心誠求之 심성구지】 정성을 다하여 도(道)를 구함.
【心素 심소】 성심(誠心). 참마음.
【心受 심수】 마음으로 깨달음. 납득함.
【心髓 심수】 ①중심. 사물의 가장 요긴한 곳. ②마음속.
【心手相應 심수상응】 마음과 손이 서로 응(應)하는 일. 마음먹은대로 손이 움직임.
【心術 심술】 ①온당하지 않게 고집 부리는 마음. ②남을 괴롭히거나 시기하는 마음.
【心身 심신】 마음과 몸.
【心心相印 심심상인】 묵묵한 가운데 마음과 마음이 서로 통함. 以心傳心(이심전심).
【心眼 심안】 ①마음과 눈. ②사물을 관찰하고 식별하는 마음의 작용. ③(佛)관념의 마음.
【心愛 심애】 ①속으로 사랑함. ②마음속의 애정.
【心億則樂 심억즉락】 마음이 편안하면 즐길 수 있음.
【心如水 심여수】 마음이 물과 같음. 마음이 담박하여 이욕(利慾)의 생각이 없음.
【心如搖旌 심여요정】 마음이 나부끼는 깃발과 같음. 마음이 흔들려 안정되지 못함.
【心熱 심열】 ①정성을 기울임. 또는 마음속의 열망. ②울화로 일어나는 열.
【心悅誠服 심열성복】 마음속에서부터 기꺼이 복종함.
【心窩 심와】 ①심중(心中). 마음. ②명치.
【心外 심외】 ①마음의 밖. 생각의 밖. ②뜻밖. 의외.
【心猿 심원】 마음이 원숭이와 같이 방정맞음. 산란하여 침착성이 없음. 心猿意馬(심원의마).
【心願 심원】 ①마음으로 바람. 또는 그 일. ②신(神)이나 부처에게 마음속으로 기원을 함.
【心月 심월】 (佛)밝은 마음. 도를 깨달은 마음. 명월(明月)처럼 청명(淸明)·투철(透徹)한 데서 이르는 말.
【心凝形釋 심응형석】 마음이 엉기고 형체가 풀림. 마음이 도(道)에 열중(熱中)하여 무념무상(無念無想)의 경지(境地)에 들고 형체를 망각함. 곧, 마음이 도(道)와 융합(融合)함.

【心意 심의】 마음. 생각. 心思(심사).
【心印 심인】 (佛)선가(禪家)에서, 글이나 말에 의하지 않고 이심전심(以心傳心)으로 전하여진 깨달음의 내용.
【心匠 심장】 마음속에서 여러모로 생각함.
【心腸 심장】 ①창자. ②마음속.
【心臟 심장】 염통. 오장(五臟)의 하나.
【心齋 심재】 잡념을 배제하여 마음을 순일하게 비움.
【心田 심전】 마음. 마음은 마치 선악의 씨를 자라게 하는 밭 같다는 데서 이르는 말.
【心戰 심전】 ①두려워서 마음이 벌벌 떨림. ②지혜의 싸움.
【心情 심정】 마음속에 품은 생각과 감정(感情).
【心旌 심정】 바람에 펄럭이는 깃발처럼 마음이 산란함.
【心制 심제】 ①마음으로 아랫사람을 제어(制御)함. ②國대상(大祥) 때부터 담제(禫祭)까지 입는 복(服).
【心中有心 심중유심】 마음속에 또 마음이 있음. 마음으로써 마음을 견제함. 이성(理性)으로 감성(感性)을 억제하는 따위.
【心證 심증】 마음속에 갖는 확신.
【心旨 심지】 생각.
【心地 심지】 ①마음의 본바탕. 마음 자리. ②(佛)마음. 정신.
【心志 심지】 마음에 지니는 의지. 마음.
【心疾 심질】 근심·걱정 등으로 가슴을 앓는 일.
【心醉 심취】 어떤 사물에 깊이 마음을 빼앗김.
【心通 심통】 마음이 통함. 말 밖에 품은 뜻을 깨달음.
【心痛 심통】 ①마음이 아픔. 또는 마음의 고통. ②가슴의 병.
【心統性情 심통성정】 성(性)은 마음의 본체(本體)이며, 정(情)은 마음의 작용(作用)이므로, 마음은 성과 정을 통괄하는 것임.
【心學 심학】 ①마음을 닦는 학문. ②마음의 본체를 인정하고 몸을 닦는 학문. 곧, 양지(良知)의 학(學)을 이름. 육상산(陸象山)·왕양명(王陽明) 등이 주창하였음.
【心閑 심한】 ①마음이 편안하고 고요함. ②마음에 푹 배어 있음. ○'閑'은 '習'으로 '익숙해지다'를 뜻함.
【心閑手敏 심한수민】 마음과 손이 익숙함.
【心閑體正 심한체정】 마음이 고요하고 몸가짐이 바름.
【心虛 심허】 ①마음이 공허함. ②現마음이 불안함. ③정신이 허약한 병증.
【心許 심허】 ①진정한 마음으로 허락함. ②기뻐하며 기림.
【心血 심혈】 정신력과 육체의 모든 것. 최대의 정성과 정력.
【心魂 심혼】 참마음. 본심(本心). 神魂(신혼).
【心火 심화】 ①불과 같이 타오르는 격렬한 마음. 마음속에 일어나는 울화. ②별 이름. 심수(心宿)를 이름. ③심중의 화기로 가슴이 아프고 번조(煩燥)하는 병.

【心畫 심화】 글씨. 글씨는 쓰는 이의 마음을 그려 놓은 것과 같다는 뜻에서 나온 말.
【心懷 심회】 마음속의 회포.
【心胸 심흉】 가슴속. 진심. 心中(심중).
○ 苦-, 關-, 落-, 丹-, 道-, 同-, 童-, 銘-, 無-, 放-, 變-, 本-, 腐-, 佛-, 私-, 傷-, 善-, 誠-, 小-, 愁-, 安-, 野-, 良-, 熱-, 慾-, 有-, 疑-, 二-, 人-, 一-, 掌-, 專-, 操-, 中-, 眞-, 盡-, 天-, 寸-, 忠-, 寒-, 協-, 歡-.

心 4획

【必】 ⑤ 반드시 필 [音] bì

`ヽ ソ 必 必 必`

[字源] 會意·形聲. 八+弋→必. '八(팔)'이 음도 나타내고, '나누다'라는 뜻도 나타낸다. 어떤 표적으로 말뚝(弋)을 박아 확실하게 그 경계를 갈라(八) 놓는다는 데서 '단정하다'라는 뜻을 나타낸다. 여기서 '반드시'라는 뜻도 나왔다.

[字解] ①반드시, 틀림없이, 꼭. 〔論語〕必也使無訟乎. ②기필하다, 이루어 내다. 〔論語〕毋意毋必. ③오로지, 전일(專一)하다. 〔太玄經〕石赤不奪, 節士之必. ④가벼이, 소홀히. 〔法言〕必進易儷也, 必退易儷也. ⑤모두, 다. 〔戰國策〕四國必從.
【必方 필방】 ①불의 신(神)의 이름. ②목신(木神)의 이름.
【必死 필사】 ①꼭 죽음. ②죽을 각오로 일함. 있는 힘을 다함.
【必須 필수】 ①반드시 있어야 함. ②반드시. ③반드시 해야 함.
【必需 필수】 꼭 필요함. 꼭 쓰임.
【必也 필야】 ①반드시. 꼭. ②군이 말한다면.
【必然 필연】 반드시 그렇게 됨.
【必要 필요】 반드시 있어야 함.
【必有曲折 필유곡절】 반드시 무슨 까닭이 있음. 必有事端(필유사단).
【必傳 필전】 반드시 후세에 전해짐.
【必定 필정】 ①반드시 정해짐. ②㉠(佛)반드시 열반(涅槃)에 듦. ㉡꼭. 반드시.
【必至 필지】 ①반드시 이름. ②반드시 그 일이 일어남. 必然(필연).
【必携 필휴】 반드시 가지고 있어야 함. 반드시 가지고 있어야 할 물건.
○ 期-, 不-, 何-.

【忉】 ⑤ 근심할 도 [音] dāo

[字解] 근심하다, 걱정하다. 〔詩經〕勞心忉忉.
【忉怛 도달】 근심하고 슬퍼함.
【忉忉 도도】 근심하는 모양.
【忉利天 도리천】 (佛)욕계 육천(欲界六天)의 둘째 하늘. 수미산(須彌山) 꼭대기에 있으며, 중앙에 제석천(帝釋天)이 사는 선견성(善見城)이 있음. 三十三天(삼십삼천).

【忯】 ⑥ 징계할 애 [音] ài

[字解] 징계(懲戒)하다. 〔晉書〕懲忯戰國, 削黜列侯.

【忑】 ⑦ 恐(611)의 고자

【忌】 ⑦ 꺼릴 기 [音] jì

`フ 己 己 己 忌 忌 忌`

[字源] 形聲. 己+心→忌. '己(기)'가 음을 나타낸다.
[字解] ①꺼리다. ㉮싫어하다, 싫어하여 피하다. ¶忌避. ㉯꺼림하게 여기다, 꺼리하여 피하다. ¶忌諱. ②미워하다, 증오하다. 〔國語〕而忌處者. ③질투하다. 〔春秋左氏傳〕忌則多怨. ④두려워하다. 〔春秋左氏傳〕勍敵不忌. ⑤기(忌). ㉮기일, 부모나 조상이 죽은 날. ¶忌故. ㉯사람의 사후(死後) 7일. 〔辭海〕死以七日爲忌. ㉰음양가(陰陽家)에서 꺼리는 방위(方位)와 일시(日時). 〔齊民要術〕種之不避其忌. ⑥공경하다, 삼가다. 〔春秋左氏傳〕非羈何忌. ⑦경계하다, 타일러 주의시키다. 〔易經〕居德則忌. ⑧원망하다. 〔國語〕小人忌而不思. ⑨생각, 뜻. 〔書經〕日未就予忌. ⑩어조사. =其·己·記. 〔詩經〕叔善射忌.
【忌刻 기각】 남을 시기하며 성품이 잔인함.
【忌故 기고】 ⓒ기일(忌日)에 지내는 제사.
【忌克 기극】 남의 재능을 시새워 그것을 이기려 고 함.
【忌歲 기세】 일을 하는 데 삼가고 조심해야 하는 해.
【忌辰 기신】 사람이 죽은 날. 忌日(기일).
【忌月 기월】 ①무슨 일을 하는 데 꺼려야 할 달. 음력 9월. ②기일(忌日)이 있는 달. 祥月(상월).
【忌日 기일】 ①어버이 죽은 날. ②사람이 죽은 날. ③꺼려야 할 불길(不吉)한 날.
【忌祭祀 기제사】 기일(忌日)에 지내는 제사. 忌祭(기제).
【忌妻 기처】 투기를 잘하는 아내.
【忌憚 기탄】 어렵게 여겨 꺼림.
【忌避 기피】 꺼려서 피함.
【忌嫌 기혐】 꺼리고 싫어함.
【忌諱 기휘】 ①꺼리고 싫어함. ②나라의 금령(禁令). ③입에 올려 말하기를 꺼리는 것. 남의 비밀·불상사 따위.
○ 禁-, 大-, 猜-, 週-, 妬-, 嫌-.

【念】 ⑦ 念(601)과 동자

【忙】 ⑥ 바쁠 망 [音] máng

`ヽ ソ 忄 忙 忙`

心部 3획 忘忘忘応忍

【忙】 字源 形聲. 心+亡→忙. '亡(망)' 이 음을 나타낸다.
字解 ①바쁘다, 겨를이 없다.〔白居易·詩〕五月入倍忙. ②조급하다, 마음이 조급해지다.〔杜甫·詩〕無乃太忽忙. ③두려워하다. 늑怔.
【忙工 망공】 ①바쁜 일. ②모내기나 파종 따위로 바쁜 농사철에 고용되는 인부.
【忙劇 망극】 매우 바쁨.
【忙裡偸閑 망리투한】 바쁜 중에도 틈을 타 놂.
【忙忙 망망】 바쁜 모양.
【忙迫 망박】 일에 몰려 몹시 바쁨.
【忙殺 망살】 대단히 바쁨. ○'殺'은 조자(助字). 忙煞(망살).
【忙些 망사】 바쁨. ○'些'는 조자(助字).
【忙食噎喉 망식열후】 바쁘게 먹는 밥은 목이 메임. 급히 서두르는 일은 실패하기 쉬움.
【忙然 망연】 어안이 벙벙한 모양.
【忙月 망월】 1년 가운데 농사일에 가장 바쁜 달.
【忙中有閑 망중유한】 바쁜 가운데서도 한가한 짬이 있음. 忙中閑(망중한).
◐ 多-, 煩-, 繁-, 奔-, 慌-, 惶-.

【忘】⑦ 잊을 망 陽 wàng

丶亠亡亡忘忘忘

字源 形聲. 亡+心→忘. '亡(망)' 이 음을 나타낸다.
字解 ①잊다. ㉮기억하지 못하다.〔易經〕民忘其勞. ㉯알아차리지 못하다, 자각하지 못하다.〔莊子〕回坐忘. ㉰마음에 새겨 두지 아니하고 저버리다. ¶背恩忘德. ㉱품었던 생각을 끊어 버리다.〔後漢書〕貧賤之交, 不可忘. ②건망증, 기억을 상실하는 병.〔列子〕中年病忘. ③다하다, 끝나다.〔儀禮〕壽考不忘. ④소홀히 하다.〔史記〕無使忘職業.
【忘却 망각】 잊어버림.
【忘機 망기】 세속(世俗)의 일을 잊음. 욕심을 잊음. ○'機'는 마음의 기틀.
【忘年 망년】 ①나이를 잊음. ②한 해의 괴로움을 잊음. ③나이의 차를 따지지 않음.
【忘年交 망년교】 나이의 차이를 따지지 않고 재주와 학문을 존중하여 사귐.
【忘死生 망사생】 죽고 사는 것을 돌보지 않음. 忘死(망사).
【忘食 망식】 식사조차 잊고 어떤 일에 온 정신을 쏟음.
【忘失 망실】 남의 잘못을 잊음.
【忘我 망아】 자신을 잊고 사심 없이 공정하게 일함.
【忘言 망언】 ①말을 잊음, 말을 잃음. 표현할 알맞은 말을 찾지 못함. ②마음이 잘 맞아 서로의 뜻을 통함에는 말이 필요없음.
【忘吾 망오】 자기 자신을 잊음. 무념무상의 경지에 이름.
【忘憂物 망우물】 온갖 근심을 잊게 하여 주는 물건. 곧, 술을 이름.
【忘遠 망원】 ①길이 멂을 의식하지 않음. ②먼 조상을 잊음.
【忘八 망팔】 효(孝)·제(悌)·충(忠)·신(信)·예(禮)·의(義)·염(廉)·치(恥)의 여덟 가지 덕(德)을 잊음. 흔히 욕으로 하는 말.
【忘形 망형】 ①육체를 잊음. 물아(物我)를 초월하여 무위자연의 도를 깨달음. ②용모·지위 등을 문제 삼지 않음.
【忘形交 망형교】 용모나 지위 등을 문제 삼지 않고 마음으로 사귀는 친밀한 교제.
【忘懷 망회】 생각을 버림. 사물에 마음을 두지 않음.
◐ 健-, 備-, 不-.

心 3 【忘】⑦ 忘(599)의 본자

心 3 【忿】⑦ 恕(613)의 고자

心 3 【応】⑦ 應(652)의 속자

心 3 【忍】⑦ ❶참을 인 軫 rěn
　　　　　 ❷질길 인 震 rèn

フ刀刃刃忍忍忍

字源 形聲. 刃+心→忍. '刃(인)' 이 음을 나타낸다.
字解 ❶①참다. ㉮견뎌 내다. ¶忍耐. ㉯마음을 억누르다.〔荀子〕志忍私然後能公. ②용서하다, 참고 용서해 주다.〔論語〕是可忍也, 孰不可忍也. ③잔인하다, 동정심이 없다.〔孟子〕臣固知王之不忍也. ❷질기다. =肕.〔詩經〕柔忍之木.
【忍苦 인고】 괴로움을 참고 견딤.
【忍氣吞聲 인기탄성】 분함을 참고 소리를 죽임.
【忍耐 인내】 참고 견딤.
【忍勉 인면】 참고 힘씀.
【忍事 인사】 일에 견딤. 일을 참음.
【忍羞 인수】 수치를 견디고 참음.
【忍心 인심】 ①모진 마음. 잔혹(殘酷)한 마음. ②참음.
【忍愛 인애】 애정을 참고 견뎌 냄.
【忍辱 인욕】 ①욕되는 일을 참고 견딤. ②(佛)어떠한 모욕이나 고뇌, 박해에도 견뎌 마음을 움직이지 않음.
【忍辱鎧 인욕개】 (佛)가사(袈裟). 인욕(忍辱)의 마음은 능히 일체의 외난(外難)을 막음의 비유.
【忍辱負重 인욕부중】 세상의 비난을 참으면서 맡은 중대한 임무를 힘써 수행함.
【忍辱衣 인욕의】 (佛)가사(袈裟).
【忍人 인인】 잔인한 사람. 잔학(殘虐)한 짓을 하는 사람.
【忍忍 인인】 차마 참을 수 없는 모양.

【忍從 인종】 참고 따름.
【忍土 인토】 (佛)이승. 사바세계(娑婆世界).
◑ 剛－, 堅－, 不－, 隱－, 殘－.

心 3【㤜】⑦ 忍(599)과 동자

心 3【志】⑦ 뜻 지 [寘] zhì

一 十 士 士 志 志 志

[소전] [고자] [字源] 會意·形聲. 之＋心→志. 마음〔心〕 가는〔之〕 쪽, 곧 마음이 지향하는 곳이라는 데서 '뜻, 뜻하다'라는 뜻을 나타낸다. '之(지)'는 음도 나타내며, '士'는 之(갈 지)의 본자(本字)인 '㞢'의 변형이다.

[字解] ①뜻. ㉮의향(意向). 〔論語〕 父在觀其志. ㉯마음, 본심(本心). 〔列子〕 志彊而氣弱. ㉰희망, 바람, 원하는 바. 〔論語〕 亦各言其志也. ㉱감정(感情). 〔春秋左氏傳〕 以制六志. ②사심(私心), 사사로운 생각. 〔禮記〕 義與, 志與. ③뜻하다, 뜻을 두다. ¶ 志學. ④의로움을 지키다, 절개가 있다. ¶ 志士. ⑤알다, 기억하다. 〔後漢書〕 博聞彊志. ⑥적다, 기록하다. 〔孔子家語〕 弟子志之. ⑦기록. ¶ 三國志. ⑧표지(標識), 표기(標旗). 〔禮記〕 公西赤爲志焉. ⑨문체 이름. ≒誌. 사물의 연혁 등을 기록하는 문체. ⑩화살의 한 가지. 〔儀禮〕 志矢一乘.

【志介 지개】 의지와 절개. 志節(지절).
【志格 지격】 뜻이 고아(高雅)함.
【志氣 지기】 의지와 기개. 어떤 일을 이루려는 의기(意氣).
【志氣相合 지기상합】 서로 뜻이 맞음.
【志氣之帥 지기지수】 지(志)는 마음의 발동(發動)이며, 한 몸의 주재(主宰)로서 기(氣)를 통수(統帥)하는 것임.
【志慮 지려】 생각. 마음.
【志不可滿 지불가만】 바라는 바를 남김없이 만족시켜서는 안 됨. 생각했던 것보다 좀 부족한 정도로 달성되는 것이 좋음.
【志不舍命 지불사명】 뜻하는 바가 천리(天理)에 어긋나지 않음. 🔍'舍'는 '捨'로 '버리다'를 뜻함.
【志不偕 지불해】 의욕이 식어져서 임금의 왕성한 의욕을 따라가지 못함.
【志士 지사】 고매한 뜻을 품은 사람. ㉠의(義)를 지키는 사람. ㉡나라에 충성을 다하는 사람. ㉢구세(救世)의 뜻이 있는 사람.
【志尙 지상】 뜻. 뜻이 고상함.
【志性 지성】 뜻. 훌륭한 뜻.
【志乘 지승】 사료(史料)를 기록한 글. 기록.
【志意 지의】 뜻. 의사(意思).
【志義 지의】 ①정의(正義)에 뜻을 둠. 뜻이 바름. ②마음속에 생각하고 있는 일. '義'는 '意'로 '생각하다'를 뜻함.
【志在千里 지재천리】 뜻이 천 리 밖에 있음. 뜻이 원대함.
【志節 지절】 ①지조와 절개. ②굳게 지켜 변함없는 절개. 志操(지조).
【志操 지조】 의로움을 지키는 굳은 의지.
【志趣 지취】 의지와 취향. 志向(지향).
【志學 지학】 ①학문에 뜻을 둠. ②뜻을 두는 일과 배우는 일. ③15세.
【志行 지행】 ①의지(意志)와 품행. ②뜻과 행동이 뛰어남. ③뜻한 바를 행함.
【志向 지향】 마음이 쏠려 향하는 바.
◑ 大－, 同－, 微－, 素－, 宿－, 雄－, 有－, 遺－, 意－, 立－, 壯－, 初－, 寸－, 鴻－.

心 3【忖】⑥ 헤아릴 촌 [阮] cǔn

[소전] [초서] [字解] ①헤아리다, 미루어 생각하다. 〔詩經〕 他人有心, 予忖度之. ②쪼개다, 절단하다. ≒刌. 〔漢書〕 以成之數, 忖該之積.

【忖度 촌탁】 남의 마음을 미루어 헤아림.

心 3【忕】⑥ ❶사치할 태 [泰] tài ❷익힐 세 [霽] shì

[소전] [동자] [동자] [參考] 대법원 지정 인명용 한자의 음은 '세'이다.

[字解] ❶①사치하다. ¶ 忕侈. ②자세히 살피다. 〔管子〕 小廉而苛忕. ❷익히다, 익숙해지도록 하다. 〔史記〕 忕邪臣計謀爲淫亂.

【忕侈 태치】 사치함. 사치를 부림.

心 3【忒】⑦ 변할 특 [職] tè

[소전] [초서] [字解] ①변하다, 새롭게 고쳐지다. 〔詩經〕 享祀不忒. ②어긋나다, 틀리다. 〔易經〕 四時不忒. ③의심하다. 〔詩經〕 其儀不忒. ④매우, 몹시. ¶ 忒殺.

【忒殺 특쇄】 매우. 심히. 몹시.

心 3【忔】⑥ 기쁠 흘 [物] qì, yì

[초서] [동자] [字解] ①기쁘다, 기뻐하다. ②싫다, 싫어하다. 〔史記〕 數忔飮食.

心 4【忼】⑦ 강개할 강 [養] kāng

[소전] [초서] [字解] 강개하다, 의기가 북받쳐 원통하고 슬프다. ＝慷. 〔史記〕 悲歌忼慨.

【忼慨 강개】 마음에 북받쳐 분개하고 한탄함. 慷慨(강개).

心 4【忣】⑦ 急(605)과 동자

心 4【㤂】⑧ 急(605)과 동자

心 4 【忮】⑦ 해칠 **기** [本]**지** [寘] zhì

[소전] [초서] [字解] ①**해치다**, 다치게 하다.〔莊子〕大勇不忮. ②**거스르다**, 거역하다.〔莊子〕不忮於衆. ③**원망하다**, 원한을 품다.〔漢書〕民俗懻忮. ④**뜻이 굳다**, 고집스럽다.〔漢書〕汲黯爲忮.

【忮求 기구】남을 시기하여 해치고 탐욕을 부림.
【忮辯 기변】거역하는 변설(辯舌).
【忮心 기심】싫어하고 미워하는 마음. 증오하는 마음.
【忮忒 기특】그 말이 남을 해치고 속여 떳떳함이 없음.
【忮害 기해】몹시 모질어서 사람을 해침.
【忮佷 기흔】고집이 세고 사리에 어긋남.
◑ 懻－, 忿－, 陰－, 險－.

心 4 【念】⑧ 생각할 **념** [豔] niàn

丿 人 𠆢 今 今 念 念 念

[소전] [초서] [동자] 㱖 [字源] 形聲. 今＋心→念. '今(금)'이 음을 나타낸다.

[字解] ①**생각하다**.〔詩經〕無念爾祖. ②**생각**.〔鮑照·詩〕溫念終不渝. ③**외다**, 읊다.〔杜牧·書〕口念心禱而求者. ④**스물**. '廿'의 변음(變音)에서 온 말.〔顧炎賦·記〕辛未陽月念五日題. ⑤**삼가다**.〔儀禮〕將受念趨. ⑥(佛)**극히 짧은 시간**.〔仁王經〕一念中有九十刹那. ⑦**어여삐 여기다**, 불쌍히 여기다.

【念經 염경】①(佛)경문(經文)의 뜻을 생각함. ②경문을 외거나 읽음.
【念念 염념】①항상 마음에 둠. 유의함. ②생각마다. ③(佛)아주 짧은 순간.
【念念生滅 염념생멸】(佛)세상의 모든 사물은 시시각각으로 나고 죽고 하여 잠시도 그치는 일이 없음.
【念頭 염두】생각. 마음속의 중요한 계획.
【念力 염력】①온 정성을 다 쏟은 힘. ②(佛)한 가지에 전념하여 장애를 극복하는 힘.
【念法 염법】(佛)온 마음으로 법을 생각함.
【念佛 염불】(佛)부처의 이름을 외는 일.
【念佛三昧 염불삼매】(佛)일심불란(一心不亂)으로 염불을 하는 일.
【念書 염서】책을 읽음. 讀書(독서).
【念願 염원】원하고 바람.
【念日 염일】스무날. 20일. 🔍'念'은 '廿'과 음이 서로 가까워 속화(俗化)된 것.
【念前 염전】한 달의 스무날이 되기 전. 念內(염내).
【念珠 염주】(佛)부처에게 절하거나 염불할 때 손에 쥐는 법구의 하나.
【念後 염후】그 달의 스무날이 지난 뒤.
◑ 概－, 觀－, 紀－, 記－, 斷－, 無－, 邪－, 思－, 想－, 俗－, 信－, 失－, 實－, 餘－, 怨－, 一－, 雜－, 專－, 執－, 諦－, 通－.

心 4 【忸】⑦ ❶부끄러워할 **뉵** [屋] niǔ ❷길들 **뉴** [宥] niǔ

[초서] [字解] ❶**부끄러워하다**, 겸연쩍다. ＝恧.〔書經〕顏厚有忸怩. ❷**길들다**, 버릇이 되다. ≒狃.〔後漢書〕忸行無義.

【忸怩 육니】부끄러워하는 모양. 수줍은 모양.
【忸恨 육한】부끄러워하고 원망함.
【忸忕 유설】익숙해짐. 길들임. 慣習(관습).
【忸行 유행】버릇이 된 행동.

心 4 【忳】⑦ ❶근심할 **돈** [元] tún ❷꾸준할 **순** [眞] zhūn ❸어리석을 **돈** [願] dùn

[字解] ❶**근심하다**, 근심에 잠기다. ❷①**꾸준하다**, 게으름을 피우지 아니하다. ②**타이르는 태도가 친절한 모양**. ＝諄. ❸**어리석다**, 어리석은 모양. ≒沌.〔新書〕忳忳猶醉也.

【忳忳 ❶돈돈 ❷순순】❶①근심하는 모양. ②어리석은 모양. ❷①남을 꾸준히 가르치는 모양. ②전일(專一)하는 모양.

心 4 【忞】⑧ ❶힘쓸 **민** [眞] mín ❷어지러울 **민** [吻] wěn

[소전] [동자] 忟 [字解] ❶①**힘쓰다**, 노력하다. ②**어둡다**, 잘 이해되지 않는 모양.〔法言〕傳千里之忞忞者莫如書. ❷**어지럽다**, 어지러워지다.

【忞忞 민민】①어두운 모양. 마음으로 깨닫지 못하는 모양. ②어지러운 모양.

心 4 【忟】⑦ 忞(601)과 동자

心 4 【忭】⑦ 기뻐할 **변** [霰] biàn

[초서] [字解] **기뻐하다**, 기뻐하고 즐거워하는 모양.

心 4 【忿】⑧ 성낼 **분** [問] fèn

[소전] [초서] [字解] ①**성내다**, 화내다. ¶激忿. ②**분한 마음**. ≒憤.〔禮記〕身有所忿懥. ③**원망하다**, 원한을 품다.〔楚辭〕懲違改忿兮. ④**차다**, 차서 넘치다.〔莊子〕忿滀之氣.

【忿憾 분감】화를 내며 원망함.
【忿激 분격】몹시 성냄.
【忿忮 분기】성내어 해침.
【忿怒 분노】몹시 화냄.
【忿懟 분대】성내어 원망함.
【忿戾 분려】분개하여 거역함. 분이 나서 어김.
【忿懣 분만】화가 치밀어 번민함.
【忿罵 분매】성내어 꾸짖음.
【忿發 분발】성이 남. 성을 냄.
【忿兵 분병】마음이 격앙되어 떠드는 군대.
【忿忿 분분】성내는 모양.
【忿憤 분분】분하고 원통하게 여김.

心部 4획 忕忎忓忤忨忪忯忝忞忩忡忠

【忿恚 분에】 화내고 원망함.
【忿怨 분원】 분하게 여기고 원망함.
【忿爭 분쟁】 성이 나서 다툼.
【忿疾 분질】 ①성내어 꾸짖음. ②미워함.
【忿嫉 분질】 성내어 미워함. 성내어 시기함.
【忿懥 분치】 화를 내어 짜증을 부림.
【忿恨 분한】 노엽고 분함. 아주 분함.
❶ 激-, 憤-, 積-, 懲-.

心 4 【忕】 ⑦ 익을 설 囸 shì
字解 익다, 익숙하다, 익숙해지다. 〔史記〕 諸侯或驕忕邪臣計謀, 爲淫亂.

心 4 【忎】 ⑧ 愛(632)의 고자

心 4 【忓】 ⑦ 거스를 오 囸 wǔ
[초서] 好 字解 ①거스르다, 거역하다, 반대하다. 〔漢書〕 大與高恭顯忤. ②어지럽다, 뒤섞여 갈피를 잡을 수 없다. 〔春秋元命苞〕 陰陽散忤.
【忤物 오물】 남과 화합(和合)하지 않음. 남과 어울리지 않음.
【忤色 오색】 ①거역하는 얼굴빛. ②남의 안색이 좋지 않음을 무릅쓰고 언동(言動)함.
【忤視 오시】 똑바로 봄. 상대의 위압에 굴하지 않고 정시(正視)함.
【忤逆 오역】 ①불효(不孝). ②거스름. 배반함.
【忤耳 오이】 충고하는 말이 귀에 거슬림.
【忤旨 오지】 임금의 뜻을 거스름.
【忤恨 오한】 거스르며 원한을 품음.
❶ 乖-, 反-, 違-, 狠-.

心 4 【忢】 ⑧ 悟(618)의 고자

心 4 【忨】 ⑦ 탐할 완 囸 wán
[소전] 忨 [초서] 忨 字解 ①탐하다, 과분하게 욕심을 부리다. 〔國語〕 今忨日而渴歲. ②헛되이 보내다. ¶ 忨日.
【忨愒 완게】 삶을 탐냄. 헛되이 세월을 보냄. 허송세월함.
【忨日 완일】 날짜를 탐냄. 게으름을 피워 헛되이 날짜를 보냄.
【忨懪 완조】 탐냄. 분수에 넘치는 욕심을 부림.

心 4 【忪】 ⑦ 당황할 종 囸 zhōng
字解 ①당황하다, 놀라 당황하다. ②가슴이 두근거리다.
【忪懞 종몽】 당황해하는 모양.

心 4 【忯】 ⑧ 志(600)의 고자

心 4 【忝】 ⑧ 더럽힐 첨 囸 tiǎn
[소전] 忝 [초서] 忝 [고자] 忝 字解 ①더럽히다, 욕되게 하다. 〔書經〕 忝厥祖. ②욕, 욕됨. 〔班固·賦〕 忝莫痛兮.

心 4 【忞】 ⑧ 忝(602)의 고자

心 4 【忩】 ⑧ 恖(620)의 속자

心 4 【忡】 ⑦ 근심할 충 囸 chōng
[소전] 忡 [초서] 忡 [초서] 忡 字解 근심하다, 걱정하다, 근심하는 모양. 〔詩經〕 憂心有忡.
【忡怛 충달】 근심하고 슬퍼함.
【忡悵 충창】 근심하고 슬퍼함.
【忡忡 충충】 몹시 근심하고 슬퍼하는 모양.

心 4 【忠】 ⑧ 충성 충 囸 zhōng
丶 口 口 中 中 忠 忠 忠
[소전] 忠 [초서] 忠 字源 形聲. 中+心→忠. '中(중)'이 음을 나타낸다.
字解 ①충성. 신하가 임금을 섬기는 도(道). 임금을 섬김에 정성을 다하는 일. 〔論語〕 君使臣以禮, 臣事君以忠. ②진심, 참마음, 진실. 〔論語〕 爲人謀而不忠乎. ③정성을 다하다. 〔論語〕 忠恕而已矣. ④삼가다, 공경하다. 〔荀子〕 忠者惇愼此者也. ⑤바르다, 곧다, 올바르다. 〔呂氏春秋〕 事君不忠. ⑥맞다, 걸맞다. 〔春秋左氏傳〕 外內倡和爲忠. ⑦남의 처지를 헤아리다, 동정하다. 〔國語〕 考中度衷爲忠. ⑧아끼다, 소중히 여기다. 〔呂氏春秋〕 將以忠於君王之身. ⑨융숭하다, 마음씀이 두텁다. 〔楚辭〕 交不忠兮怨長. ⑩공변되다, 사사로움이 없다. 〔後漢書〕 私臣不忠, 忠臣不私.
【忠恪 충각】 성실하고 조심성이 많음.
【忠肝 충간】 충성스러운 마음.
【忠諫 충간】 충성스러운 마음으로 간함.
【忠懇 충간】 참되고 정성스러움.
【忠慨 충개】 충성에서 우러나오는 개탄.
【忠謇 충건】 충성스럽고 바름. 忠直(충직).
【忠鯁 충경】 정성스럽고 강직함.
【忠計 충계】 정성을 들여 꾸민 계략.
【忠告 충고】 정성스럽게 권고함.
【忠悃 충곤】 아주 진실하고 정성스러움.
【忠君 충군】 임금에게 충성을 다함.
【忠規 충규】 충실한 계략. 忠謀(충모).
【忠亮 충량】 ▷忠信(충신)②.
【忠烈 충렬】 충성스럽고 열렬함.
【忠謀 충모】 충성된 계교. 忠規(충규).
【忠朴 충박】 성실하고 꾸밈이 없음. 진실하고 소박함.

【忠僕 충복】 충성스러운 종.
【忠憤 충분】 충성심이 많음, 또는 진실하여 그 일의 옳지 않음을 분개함.
【忠奮 충분】 충의(忠義)를 위해 떨치고 일어남.
【忠士 충사】 ①진실한 사람. ②충의를 다하는 사람. 義士(의사).
【忠死 충사】 충의를 위하여 죽음.
【忠邪 충사】 충성됨과 간사스러움. 忠姦(충간).
【忠恕 충서】 충직하고 동정심이 많음. ◯'忠'은 정성을 다하여 남을 위함이고, '恕'는 자기를 두남두는 마음으로 남의 형편을 헤아림을 뜻함.
【忠誠 충성】 진정에서 우러나오는 정성.
【忠肅 충숙】 충성스러우며 삼가는 마음이 깊음.
【忠純 충순】 마음이 충성스럽고 참됨.
【忠臣 충신】 충성스러운 신하.
【忠信 충신】 ①충성과 신의. ②진심을 다하고 거짓이 없음.
【忠實 충실】 충성스럽고 진실함.
【忠心 충심】 충성스러운 마음.
【忠愛 충애】 ①충성과 사랑. ②진심을 다해 사랑함.
【忠言 충언】 충직한 말. 진심으로 간(諫)하는 말. 忠告(충고).
【忠言逆耳 충언역이】 바른 말은 귀에 거슬림.
【忠逆 충역】 충의(忠義)와 반역(叛逆).
【忠裔 충예】 충신(忠臣)의 자손.
【忠勇 충용】 ①충의와 용맹. ②충실하고 담력(膽力)이 큼.
【忠友 충우】 진심으로 사귄 벗. 친절한 벗.
【忠允 충윤】 충신한 마음.
【忠義 충의】 충성과 절의. 국가나 임금에게 진심을 다함.
【忠毅 충의】 충성스럽고 꿋꿋함.
【忠益 충익】 세상의 이익을 위해 마음을 다함.
【忠赤 충적】 성심. 참마음.
【忠節 충절】 충성스러운 절개. 충의(忠義)를 지키는 지조(志操).
【忠正 충정】 충실하고 올바름.
【忠貞 충정】 마음이 참되고 지조가 곧음.
【忠情 충정】 충성스러운 마음.
【忠志 충지】 충성스러운 깊은 뜻.
【忠魂 충혼】 ①충의에 넘치는 정신. ②충의를 위하여 목숨을 버린 사람의 넋.
【忠孝兩全 충효양전】 충성과 효도를 다 온전히 갖춤. 忠孝雙全(충효쌍전).
◯ 孤−, 不−, 誠−, 愚−, 盡−.

心4 【忰】⑦ 悴(628)의 속자

心4 【忱】⑦ 정성 침 㾱 chén

字解 정성, 참마음. 〔詩經〕天難忱斯.
【忱辭 침사】 진실한 말.
【忱恂 침순】 정성스럽고 참됨. 誠信(성신).

心4 【忳】⑦ 忳(603)과 동자

心4 【快】⑦ 쾌할 쾌 㾱 kuài

丶丨忄忄快快

字源 形聲. 心+夬→快. '夬(쾌)'가 음을 나타낸다.

字解 ①쾌하다, 상쾌하다. 〔宋玉·賦〕快哉此風. ②병세가 좋아지다. 〔後漢書〕體有不快. ③기뻐하다, 즐거워하다. 〔北史〕公私慶快. ④즐기다, 좋아하다. 〔戰國策〕文信侯去而不快. ⑤바르다, 정당하다. ⑥빠르다, 날래다. 〔晉書〕此馬雖快, 然力薄不堪苦行. ⑦제멋대로 하다, 방자하게 굴다. 〔戰國策〕恭于教而不快. ⑧날카롭다, 잘 들다. 〔杜甫·詩〕焉得幷州快翦刀. ⑨오로지, 결코. 금지(禁止)를 나타내는 말.
【快感 쾌감】 상쾌하고 즐거운 느낌.
【快擧 쾌거】 시원스럽고 장한 거사(擧事).
【快劍 쾌검】 예리한 칼. 날카로운 검.
【快果 쾌과】 배〔梨〕의 딴 이름.
【快刀 쾌도】 아주 잘 드는 칼.
【快刀亂麻 쾌도난마】 잘 드는 칼로 헝클어진 삼 가닥을 자름. 어지럽게 뒤섞인 사물을 명쾌하게 처단함.
【快讀 쾌독】 기분 좋게 읽음.
【快犢破車 쾌독파거】 기세 좋은 송아지는 흔히 그 끄는 수레를 깨뜨림. 장래에 큰일을 하려는 젊은이는 스스로 경계해야 함.
【快樂 쾌락】 유쾌하고 즐거움.
【快利 쾌리】 날카로움. 예리함. 재빠름.
【快馬 쾌마】 빨리 달리는 말.
【快眠 쾌면】 잘 잠. 기분 좋게 잠.
【快報 쾌보】 ①듣기에 시원스러운 소식. ②급보(急報).
【快壻 쾌서】 마음에 드는 좋은 사위.
【快速 쾌속】 빠른 속도.
【快心 쾌심】 뜻대로 되어 만족스럽게 여기는 마음. 좋은 기분.
【快兒 쾌아】 젓가락. 快子(쾌자).
【快眼 쾌안】 날카로운 눈.
【快癒 쾌유】 병이 완전히 나음.
【快意 쾌의】 즐거운 마음. 유쾌한 뜻.
【快意當前 쾌의당전】 현재를 즐김. 현재의 만족을 꾀함.
【快人 쾌인】 유쾌한 사람. 씩씩하고 시원스러운 사람.
【快子 쾌자】 ①젓가락. 快兒(쾌아). ②國소매가 없고 등솔기를 길게 쨴 전복(戰服)의 한 가지.
【快適 쾌적】 심신에 적합하여 기분이 썩 좋음.
【快戰 쾌전】 마음껏 싸움. 통쾌하게 이긴 싸움.
【快翦刀 쾌전도】 잘 드는 가위.
【快差 쾌차】 ▷快癒(쾌유).
【快擲 쾌척】 좋은 곳에 금품을 기분좋게 내놓음.
【快晴 쾌청】 하늘이 맑게 갬.
【快快 쾌쾌】 ①기분이 좋은 모양. ②쾌활(快活).

心部 4~5획 怢忺忽惚怀惱忻忼怯悲怪

한 모양. ③아주 급하게. 빨리.
【快活 쾌활】 ①즐거움. 즐김. 기꺼움. ②씩씩하고 활발함.
【快闊 쾌활】 시원하게 매우 넓음.
○ 輕—, 明—, 不—, 爽—, 完—, 壯—, 痛—.

心4 【怢】⑦ 怢(600)와 동자

心4 【忺】⑦ 바랄 험 xiān
字解 바라다, 원하다, 하고자 하다. 〔林逋·詩〕散帙揮毫總不忺.

心4 【忽】⑧ 소홀히 할 홀 hū

ノ 勹 勹 勿 勿 忽 忽 忽

소전 초서 동자
字源 形聲. 勿+心→忽. '勿(물)'이 음을 나타낸다.
字解 ①소홀히 하다, 탐탁지 않게 여겨 경시(輕視)하다. 〔漢書〕忽於小過. ②갑자기, 돌연히. 〔列子〕涼風忽至. ③다하다, 멸(滅)하다, 망하다. 〔詩經〕是絶是忽. ④형체가 없는 모양. 〔淮南子〕忽兮怳兮. ⑤어두운 모양, 밝게 깨닫지 못하는 모양. ¶忽似. ⑥작은 수(數)의 단위. 10微는 1忽, 10忽은 1絲. 〔漢書〕造計秒忽. ⑦북해(北海)를 맡아 다스리는 제왕(帝王). 〔莊子〕北海之帝爲忽. ⑧손쉽다, 용이하다. 〔荀子〕剗盤盂刎牛馬, 忽然耳. ⑨비슷하다, 분명하지 아니한 모양. 늑佛·髣. 〔尙書大傳〕禦視於忽似. ⑩문득, 무심한 모양. 〔莊子〕忽然出, 勃然動. ⑪잊다.
【忽遽 홀거】 갑자기. 느닷없이.
【忽待 홀대】 國대접을 소홀히 함.
【忽微 홀미】 아주 잘고 가늚.
【忽似 홀사】 밝지 못한 모양.
【忽視 홀시】 소홀히 하거나 가벼이 여김.
【忽焉 홀언】 갑자기. 신속한 모양.
【忽如過隙 홀여과극】 홀연히 틈을 지나감과 같음. 세월의 지나감이 매우 빠름.
【忽然 홀연】 ①갑자기. ②무심히 응하는 모양. ③일을 소홀히 여기는 모양. ④근본이 없는 모양. ⑤손쉬운 모양.
【忽易 홀이】 소홀함. 등한히 함.
【忽諸 홀저】 ①문득 사라지는 모양. ②소홀히 함. 忽略(홀략).
【忽地 홀지】 문득. 홀연. ○'地'는 조자.
【忽忽 홀홀】 ①문득. 갑작스레. ②황홀한 모양. ③소홀하여 일을 돌보지 않는 모양. ④실망한 모양. ⑤갑자기 떠나가는 모양. ⑥헤매는 모양. ⑦도는 모양, 순회(巡回)하는 모양. ⑧명백하지 않은 모양.
【忽怳 홀황】 형체를 잡지 못하는 상(象). 忽荒(홀황). 恍惚(황홀).
○ 輕—, 閃—, 疏—, 治—, 怠—, 飄—, 荒—.

心4 【惚】⑦ 忽(604)과 동자

心4 【怀】⑦ 懷(656)의 속자

心4 【惱】⑦ 惱(617)과 동자

心4 【忻】⑦ 기뻐할 흔 xīn
소전 초서 字解 ①기뻐하다, 즐거워하다. 늑欣. 〔淮南子〕忻忻然常自以爲治. ②열다, 마음이 열리다.
【忻賴 흔뢰】 기뻐하여 의뢰함.
【忻慕 흔모】 기쁜 마음으로 사모함.
【忻然 흔연】 즐거워하는 모양.
【忻忻 흔흔】 기뻐하는 모양. 欣欣(흔흔).

心4 【忼】⑦ 忼(600)과 동자

心5 【怯】⑧ 겁낼 겁 qiè
초서 字解 ①겁내다, 무서워하다. 〔後漢書〕見小敵怯. ②약하다, 비겁하다, 무서움을 잘 타다. 〔荀子〕勇力撫世, 守之以怯. ③피하다, 회피하다. 〔史記〕勇士不怯死而滅名.
【怯劣 겁렬】 비겁하고 용렬함.
【怯懾 겁섭】 겁냄. 두려워함.
【怯心 겁심】 두려워하는 마음.
【怯勇虧完 겁용휴완】 겁쟁이는 용자(勇者)가 되고, 무너진 성(城)은 보수하여 완전하게 됨.
【怯疑 겁의】 두려워서 당황함. 겁이 나서 어찌할 바를 모름.
【怯惰 겁타】 겁이 많고 게으름.
○ 懦—, 卑—, 生—.

心5 【悲】⑨ 恐(611)의 고자

心5 【怪】⑧ 기이할 괴 guài

ノ 丷 忄 忆 怀 怪 怪

소전 초서 속서 字源 形聲. 心+圣→怪. '圣(골)'이 음을 나타낸다.
字解 ①기이하다. ㉮행동이 기이하다. 〔中庸〕素隱行怪. ㉯마음이 기이하다. 〔周禮〕奇服怪民不入宮. ㉰형체가 기이하다. ¶奇巖怪石. ㉱이상야릇하다, 불가사의하다. 〔論語〕子不語怪力亂神. ②의심하다, 의심스럽다, 의심스러워하다. 〔淮南子〕知者不怪. ③도깨비, 정상(正常)이 아닌 것. ¶妖怪.
【怪傑 괴걸】 괴상한 재주나 힘이 있는 호걸. 색

다르고 뛰어난 인물.
【怪怪 괴괴】몹시 이상야릇함.
【怪怪奇奇 괴괴기기】매우 기이함.
【怪巧 괴교】뛰어나고 교묘함.
【怪詭 괴궤】의아스러움. 괴이쩍음.
【怪鬼 괴귀】도깨비. 妖怪(요괴).
【怪禽 괴금】기이한 새.
【怪力 괴력】①괴상할 만큼 큰 힘. ②괴이(怪異)와 용력(勇力).
【怪力亂神 괴력난신】괴이(怪異)와 용력(勇力)과 패란(悖亂)과 귀신. 이성적으로 설명하기 어려운 불가사의한 존재나 현상.
【怪物 괴물】①괴상하고 기이한 물체. ②용모나 생각·행동이 괴상한 사람.
【怪變 괴변】괴이한 재난이나 사고.
【怪石 괴석】①괴상하게 생긴 돌. 古石(고석). ②옥(玉)과 비슷한 예쁜 돌.
【怪說 괴설】기괴한 설(說).
【怪祟 괴수】괴상한 빌미. 알 수 없는 재앙.
【怪訝 괴아】의심스럽게 여김. 수상히 여김.
【怪惡 괴악】언행이 괴이하고 흉악함.
【怪勇 괴용】괴상한 용기.
【怪迂 괴우】괴상하게 바르지 않음.
【怪偉 괴위】뛰어나고 웅대함.
【怪異 괴이】이상야릇함.
【怪鳥 괴조】①괴상하게 생긴 새. 怪羽(괴우). ②마음이 비뚤어진 사람.
【怪疾 괴질】괴이한 병.
【怪誕 괴탄】괴이하고 허황된 이야기.
【怪歎 괴탄】괴상망측하게 여겨 탄식함.
【怪特 괴특】괴상하고 특이함.
【怪漢 괴한】행동이 괴상하거나 정체를 알 수 없는 남자.
◐ 古−, 奇−, 神−, 妖−, 駭−.

心 5 【怐】⑧ 어리석을 구 胄 kòu
초서 怐 字解 어리석다, 우직한 모양. 〔楚辭〕直怐愗而自苦.
【怐愗 구무】어리석은 모양. 우직한 모양.

心 5 【急】⑨ 급할 급 國 jí

丿 ク 스 刍 刍 刍 急 急 急

소전 急 초서 急 동자 伋 동자 㤂 字源 形聲. 及+心→急. '及(급)'이 음을 나타낸다.
字解 ①급하다. ㉮서두르다, 바쁘다. 〔史記〕耕事方急. ㉯사정·형편이 지체할 겨를이 없다. ¶急務. ㉰병세가 위태하다. ¶참을성이 없다. ¶性急. ㉱몹시 딱하거나 군색하다. 〔史記〕襄王告急于晉. ②갑자기. 늑亟. ¶急變. ③빠르다. 〔史記〕項羽急擊秦軍. ④긴요하다. 〔晉書〕鹽者食之急也. ⑤켕기다, 팽팽하게 하다. 〔漢詩外傳〕大絃急則 小絃絕矣. ⑥줄다, 오그라다. 〔齊民要術〕桃性皮急. ⑦엄하다,
굳게. 〔禮記〕急繕其怒. ⑧경계하다, 잡도리하다. 〔詩經〕我是用急. ⑨휴가(休暇). 진대(晉代)에 썼던 말. 〔南史〕又不請急.
【急刻 급각】엄격함. 엄숙함.
【急遽 급거】①몹시 서두름. ②國갑자기. 썩 급하게.
【急激 급격】상황의 변화나 행동 등이 몹시 급하고 격렬함.
【急景 급경】광음(光陰)이 빠름. 세월이 빠름.
【急管 급관】음조(音調)가 빠른 피리 소리.
【急救 급구】서둘러 구함.
【急急 급급】몹시 급함. 至急(지급).
【急急如律令 급급여율령】①한대(漢代)에 공문서에서, 빨리 법령대로 따르라는 뜻으로 쓰던 말. ②주술가(呪術家)가 잡신을 쫓는 주문(呪文) 끝에 붙여 그 위에서 말한 대로 따르라는 뜻으로 쓰는 말.
【急難 급난】위급한 곤란.
【急湍 급단】급한 여울.
【急艣 급로】바삐 젓는 노.
【急流勇退 급류용퇴】급류를 용감하게 건넘. 관직 따위를 결단성 있게 물러남.
【急務 급무】급히 할 일.
【急變 급변】①갑작스럽게 달라짐. ②별안간 일어난 사고.
【急病 급병】갑작스럽게 일어난 병.
【急事 급사】급한 일.
【急使 급사】서둘러 사자(使者)를 보냄. 급한 일로 보내는 사자.
【急數 급삭】매우 잦음.
【急霰 급산】갑자기 오는 싸라기눈.
【急煞 급살】國①그것을 보면 운수가 나빠진다는 별. ②갑자기 닥쳐오는 재액(災厄).
【急逝 급서】갑자기 죽음. 急死(급사).
【急舒 급서】급함과 완만함.
【急性 급성】①성미가 급함. 급한 성질. ②증세가 갑자기 나타나거나 아주 빠르게 진행되는 병의 성질.
【急速 급속】아주 빠름.
【急須 급수】급히 술을 데울 때 쓰는 냄비. ◯ '須'는 '用'으로, 급할 때 쓰이는 것을 이름.
【急要 급요】급히 소요됨.
【急用 급용】①급한 용무. ②급히 쓸 일.
【急雨 급우】갑자기 쏟아지는 비. 소나기.
【急裝 급장】①급히 차림. 급히 치장함. ②견고하게 무장함. 완전 무장.
【急轉直下 급전직하】형세가 갑자기 바뀌어 걷잡을 수 없이 내리 밀림.
【急切 급절】매우 급하게 닥침.
【急足 급족】급한 소식을 전하는 심부름꾼.
【急走 급주】①빨리 달아남. ②각 역(驛)에 배치된 주졸(走卒).
【急竹繁絲 급죽번사】연주하는 음악 소리가 야단스러움. 번거로운 음악. ◯ '竹'은 관악기, '絲'는 현악기.
【急增 급증】갑자기 빠르게 증가함.
【急促 급촉】갑자기 촉박함. 急迫(급박).

心部 5획 忔 恼 怒 㐫 怩 㥽 怛 怾 㤜 怜 㥓 㤕

【急就 급취】 빨리 성취함.
【急行 급행】 급히 감.
❶ 剛-, 救-, 緊-, 不-, 性-, 時-, 緩-, 危-, 應-, 躁-, 至-, 特-, 火-, 遑-.

心 5 【忔】 ⑧ 國 산 이름 기
字解 산 이름, 기달(忔怛). 금강산의 딴 이름.

心 5 【恼】 ⑧ 어지러울 뇨 圄 náo
字解 어지럽다, 어수선하다, 질서 없이 떠들다. 〔詩經〕以謹惽恼.

心 5 【怒】 ⑨ 성낼 노 圖 nù

〈 夕 女 如 奴 奴 怒 怒 怒

字源 形聲. 奴+心→怒. '奴(노)'가 음을 나타낸다.
字解 ①성내다, 화내다. 〔國語〕怒而不怒. ②성, 화. ¶忿怒. ③힘쓰다, 떨쳐 일어나다. 〔莊子〕怒而飛. ④꾸짖다, 나무라다. 〔禮記〕不可敎而后怒之. ⑤세차다, 기세가 오르다. 〔後漢書〕鮮車怒馬. ⑥기세, 위세(威勢). 〔禮記〕急繕其怒. ⑦가시. 늑奴. 〔漢書〕其怒靑黑色. ⑧넘다, 초과하다. 〔荀子〕刑罰不怒罪.
【怒譴 노견】 성내어 견책함.
【怒叫 노규】 성내어 부르짖음.
【怒氣相加 노기상가】 서로 다투는 사이에 노기가 자꾸 더해 감.
【怒氣衝天 노기충천】 노기가 하늘을 찌를 듯함.
【怒鬧 노뇨】 성내어 큰 소리로 떠듦.
【怒濤 노도】 무섭게 밀려오는 큰 파도.
【怒浪 노랑】 용솟음치는 파도.
【怒馬 노마】 ①성난 말. ②살찌고 기운이 센 말.
【怒罵 노매】 성내어 꾸짖음.
【怒發大發 노발대발】 國몹시 화를 냄.
【怒髮衝冠 노발충관】 격노하여 곤두선 머리카락이 관을 밀어 올림. 몹시 성난 모양.
【怒生 노생】 초목의 싹이 힘차게 자라남.
【怒水 노수】 용솟음치는 물.
【怒蠅拔劍 노승발검】 파리에게 성을 내어 칼을 뺌. ㉠사소한 일에 화를 냄. ㉡사소한 일에 어울리지 않게 커다란 대책을 세움. 見蚊拔劍(견문발검).
【怒恚 노에】 성냄.
【怒移蟹 노이해】 어떤 사람에 대한 노여움을 다른 비슷한 것에 옮김. 故事 진대(晉代)에 사마 윤(司馬倫)이 대장(大將) 해계(解系)를 미워하여, 그의 이름과 음인 해(蟹), 즉 게까지도 미워했다는 고사에서 온 말.
【怒張 노장】 터질 듯이 부풀어 오름. 필력(筆力)이 웅건(雄健)함.
【怒潮 노조】 노호하는 바닷물. 몹시 거친 조수.

【怒號 노호】 ①성내어 부르짖음. ②바람·물결 따위의 세찬 소리.
【怒哮 노효】 성내어 부르짖음.
❶ 激-, 大-, 忿-, 憤-, 震-, 遷-, 喜-.

心 5 【㐫】 ⑨ 怒(606)의 고자

心 5 【怩】 ⑧ 부끄러워할 니 囡 ní
소전 초서 고문 字解 부끄러워하다, 겸연쩍어하다. 〔書經〕顔厚有怩怩.

心 5 【㥽】 ⑨ 怩(606)의 고자

心 5 【怛】 ⑧ 슬플 달 國 dá
소전 혹체 초서 동문 參考 이 자의 음에 대해서는 '得案切→단, 當割切→달' 등의 두 설이 있으나, 전자는 '旦'이 음을 나타낸다고 본 결과이다. 우리나라에서는 '단' 음으로는 사용되지 않으므로 후자만을 내세웠다.
字解 ①슬프다, 슬퍼하다. 〔詩經〕中心怛兮. ②놀라다, 경악하다. 〔列子〕易怛也哉. ③두려워하다. 〔列子〕知其所由然, 則無所怛. ④근심하다, 근심 때문에 애쓰는 모양. ¶勞心怛怛.
【怛怛 달달】 근심하고 애씀. 애태움.
【怛悼 달도】 슬퍼함. 슬퍼서 마음이 아픔.
【怛傷 달상】 슬퍼하고 마음 아파함.
【怛然 달연】 깜짝 놀라는 모양. 愕然(악연).
【怛惕 달척】 슬퍼하고 두려워함.
❶ 驚-, 傷-, 震-, 慘-, 惻-, 駭-, 惶-.

心 5 【怾】 ⑨ 怛(606)과 동자

心 5 【㤜】 ⑧ 잊을 돌 圍 tū
字解 잊다, 깜박 잊다. 〔後漢書〕㤜不自視.

心 5 【怜】 ❶영리할 령 圕 líng ❷가엾게 여길 련 冘 lián
초서 參考 대법원 지정 인명용 한자의 음은 '령'이다.
字解 ❶영리하다, 지혜롭다. ¶怜悧. ❷가엾게 여기다, 불쌍히 여기다. ≒憐. ¶怜殺.
【怜悧 영리】 약고 민첩함. 伶俐(영리).
【怜殺 연살】 가엾게 여김. ♪'殺'은 조자.

心 5 【㥓】 ⑨ 謀(1684)의 고자

心 5 【㤕】 ⑨ 戀(652)와 동자

心部 5획 怲 怤 怫 怭 恵 思 性

心 5 【怲】⑧ 근심할 병 梗 bǐng
怲 怲 字解 근심하다, 걱정하다.〔詩經〕憂心怲怲.
【怲怲 병병】 근심으로 마음을 태우는 모양.

心 5 【怤】⑨ 생각할 부 虞 fū
怤 怤 怤 字解 ①생각하다. ≒思. ②기뻐하다. ≒悅.

心 5 【怤】⑧ 怤(607)와 동자

心 5 【怫】⑧ ❶발끈할 불 尾 fèi ❷답답할 불 物 fú
怫 怫 悖 字解 ❶①발끈하다, 발끈 화를 내다.〔莊子〕怫然作色. ②마음이 불안한 모양. ❷①답답하다, 울적하다.〔漢書〕則太后怫鬱泣血. ②어그러지다, 도리에 어긋나다. ≒拂.〔史記〕五家之文怫異.
【怫戾 불려】 도리에 어그러짐. 怫異(불이).
【怫恚 불에】 불끈 성냄.
【怫然 불연】 불끈 성내는 모양. 성을 왈칵 내는 모양.
【怫悅 불열】 생각이 잘 안 나는 모양.
【怫鬱 불울】 불만이나 불평이 있어 마음이 끓어오르고 답답함. 鬱怫(울불).
【怫異 불이】 도리에 어그러짐. 怫戾(불려).

心 5 【恵】⑨ 怫(607)과 동자

心 5 【思】⑨ ❶생각할 사 支 sī ❷생각 사 寘 sì ❸수염 많을 새 灰 sāi
丨 冂 冊 囲 田 思 思 思
思 思 思 恩 思 㐂
参考 대법원 지정 인명용 한자음은 '사'이다.
字源 會意·形聲. 田+心→思. 두뇌〔囟→田〕와 마음〔心〕이라는 데서 '생각, 생각하다'를 뜻한다. '田(전)'이 음도 나타낸다.
字解 ❶①생각하다.〔論語〕三思而後行. ④바라다, 원하다.〔詩經〕思皇多士. ㉰따르다, 사모하다.〔詩經〕寤寐思服. ㉱사랑하다, 귀여워하다.〔詩經〕于惠思我. ㉲쓸쓸해하다, 슬퍼하다.〔張華·詩〕吉士思秋. ②어조사. ㉮발어사.〔詩經〕思樂泮水. ㉯구말(句末)에 놓여, 어세(語勢)를 고르는 말.〔詩經〕不可求思. ❷①생각, 뜻, 마음. ¶思想. ②시호(諡號). ③성(姓). ❸수염이 많다.〔春秋左氏傳〕于思于思.
【思考 사고】 이치 등을 깊이 생각함.
【思過半 사과반】 생각하여 깨닫는 바가 퍽 많

음. 태반 이상을 앎.
【思舊 사구】 옛 친구를 생각함.
【思內樂 사내악】 신라 내해왕(奈解王) 때의 풍류 이름. 詞腦樂(사뇌악).
【思念 사념】 ①깊은 생각. ②그리워함.
【思量 사량】 생각하여 헤아림. 思料(사료).
【思戀 사련】 생각하여 그리워함.
【思路 사로】 글을 짓는 심경. 思致(사치).
【思慕 사모】 ①그리워함. ②우러러 받듦.
【思無邪 사무사】 생각에 사특함이 없음. 마음이 순정(純正)하여 사악(邪惡)함이 없음.
【思服 사복】 늘 잊지 않고 마음속에 생각함.
【思婦 사부】 근심이 있는 여자.
【思想 사상】 ①생각, 생각함. ②사회나 인생에 대한 일정한 견해. ③통일된 판단 체계. ④판단과 추리를 거쳐 생긴 의식 내용.
【思索 사색】 이치 등을 깊이 생각함.
【思緖 사서】 갈피 많은 생각, 생각이 어지러움.
【思憶 사억】 생각함.
【思惟 사유】 ①생각함. ②정신의 이론적 활동. 경험을 통하여 주어진 감각 내용과 표상(表象)을 마음속에서 구별, 결합하여 판단을 내리는 이성(理性)의 작용.
【思人 사인】 남을 사모함.
【思潮 사조】 그 시대 사람들의 사상의 일반적인 경향. 사상의 흐름.
【思存 사존】 마음을 붙임. 마음을 둠.
【思致 사치】 ☞思路(사로).
【思親 사친】 어버이를 생각함.
【思度 사탁】 생각하고 헤아림.
【思鄕 사향】 고향 생각.
❶ 多一, 相一, 愁一, 熟一, 心一, 深一熟考, 意一, 靜一, 秋一, 春一, 沈一.

心 5 【性】⑧ 성품 성 敬 xìng
丶 丷 丨 忄 忄 忙 性 性
性 性 性 字源 形聲. 心+生→性. '生(생)'이 음을 나타낸다.
字解 ①성품, 천성(天性).〔中庸〕天命之謂性. ②성질, 사물의 본질.〔孟子〕是豈水之性哉. ③생명, 목숨.〔春秋左氏傳〕莫保其性. ④살다, 생활.〔春秋左氏傳〕民樂其性. ⑤모습, 자태(姿態).〔淮南子〕不待脂粉芳澤而性可說者. ⑥오행(五行).〔漢書〕觀性以歷. ⑦(佛)만유(萬有)의 원인.〔大智度論〕如火, 熱是其性, 煙是其相. ⑧남녀(男女)·자웅(雌雄)의 구별. ¶異性.
【性格 성격】 특유의 품성.
【性空 성공】 (佛)모든 사물의 근본이 공허함.
【性交 성교】 이성과 성적 관계를 맺음.
【性根 성근】 본래의 성질.
【性急 성급】 성격이 급함.
【性能 성능】 기계나 물건 등의 성질과 기능.
【性度 성도】 성품과 도량.
【性來 성래】 본래의 성질. 生來(생래).

【性靈 성령】 ①영혼. 정신. ②끈기. ③중묘(衆妙)한 도리. 妙理(묘리).
【性理 성리】 ①동양 철학에서 인성(人性)과 천리(天理)를 이르는 말. ②천성. 본성.
【性理學 성리학】 인성(人性)과 천리(天理)를 논한 유교 철학. 송대(宋代)에 주돈이(周敦頤)·장재(張載)·정호(程顥)·정이(程頤)·주희(朱熹) 등이 제창한 학설.
【性命 성명】 ①천성(天性)과 천명(天命). ②만물이 제각기 가지고 있는 천부의 성질. ③생명. 수명.
【性命理氣 성명이기】 성리학(性理學)의 학설. 하늘이 부여하는 것을 명(命)이라 하고, 이를 받아서 내게 있는 것을 성(性)이라 한다. 이(理)는 일체 평등하나, 기(氣)는 각각 다르다. 성은 이를 받은 것이기 때문에 성인과 범인이 다르지 않으며, 재(才)는 기(氣)를 받은 것이므로 현인(賢人)과 우인(愚人)이 같을 수 없다는 학설.
【性癖 성벽】 굳어진 좋지 않은 버릇.
【性別 성별】 남녀의 구별. 암수의 구별.
【性病 성병】 불결한 성교로 말미암아 주로 생식기를 통하여 전염되는 병. 임질·매독 따위. 花柳病(화류병).
【性分 성분】 타고난 성질.
【性狀 성상】 ①성질과 상태. ②됨됨이나 모양새.
【性相 성상】 (佛)삼라만상의 본체와 현상.
【性善說 성선설】 맹자가 제창한 도덕설. 사람의 본성은 착하나, 물욕(物慾) 때문에 악하게 된다는 학설.
【性說 성설】 사람의 본성(本性)에 관한 설. 성선설·성악설 따위.
【性術 성술】 심지(心志). 마음씨.
【性惡說 성악설】 순자(荀子)가 제창한 도덕설. 사람의 본성은 악하며, 선천적으로 이욕(利慾)의 마음이 강하다는 학설.
【性業 성업】 성질(性質)과 학업(學業).
【性慾 성욕】 성교를 하고 싶어 하는 욕구.
【性僞 성위】 천부(天賦)와 인위(人爲). 본심과 예의.
【性猶湍水 성유단수】 사람의 본성은 여울물과도 같아, 동으로 트면 동으로 흐르고, 서로 트면 서로 흐르듯이 착하게도 악하게도 될 수 있는 것이므로, 본성은 착하지도 악하지도 않다는 고자(告子)의 학설.
【性情 성정】 사람이 본디 가지고 있는 성질.
【性靜情逸 성정정일】 품성이란 본디 안정(安靜)한 것으로 고요하지만, 정욕은 분주하고 방일(放逸)한 것임.
【性燥 성조】 성질이 조급함.
【性智 성지】 본디 타고난 지혜.
【性眞 성진】 (佛)본성(本性).
【性質 성질】 본래의 특성이나 자질.
【性體 성체】 마음의 본체(本體).
【性稟 성품】 타고난 본성. 性情(성정).
【性行 성행】 성질과 행실.
【性向 성향】 성질의 경향.
○ 見-, 慣-, 根-, 急-, 男-, 德-, 慢-, 本-, 佛-, 酸-, 善-, 屬-, 習-, 神-, 心-, 惡-, 野-, 兩-, 陽-, 女-, 悟-, 雄-, 異-, 理-, 人-, 自-, 雌-, 磁-, 才-, 情-, 中-, 天-, 惰-, 彈-, 特-, 特有-, 品-, 慧-, 活-, 厚-.

心 5 【恣】⑨ 悉(618)의 고자

心 5 【怏】⑧ 원망할 앙 圖 yàng
〔字解〕 ①원망하다, 납득하지 않다. ②불만스럽다, 마음이 쾌하지 않다. 〔漢書〕塞其怏怏之心.
【怏怏 앙앙】 마음에 차지 않거나 야속하여 원망하는 모양. 鞅鞅(앙앙).
【怏然 앙연】 앙앙한 마음을 품은 모양.
【怏鬱 앙울】 불만이 있어 마음이 우울함.
【怏悒 앙읍】 불만스럽고 못마땅하여 근심함.
【怏意 앙의】 마음이 쾌하지 않은 일.
【怏悵 앙창】 원망함.

心 5 【怨】⑨ ❶원망할 원 圓 ❷원수 원 阮 yuàn
〔字解〕 ❶①원망하다, 원망을 품다. 〔國語〕怨而不怒. ②슬퍼하다, 한탄하다. 〔呂氏春秋〕其民必怨. ③미워하다. 〔淮南子〕不怨人棄之. ④힐책하다, 비난하다. 〔孔子家語〕心不怨. ⑤어그러지다. 〔新書·道術〕施行得理, 謂之德, 反德爲怨. ⑥헤어지다, 이별하다. 〔陳琳·文〕怨曠思歸. ❷①원수, 앙숙. 〔禮記〕外擧不避怨. ②원망하다. ※①과 같다. 〔易經〕困以寡怨.
【怨家 원가】 ①원한이 있는 집. ②(佛)자기에게 원한을 품은 사람.
【怨結 원결】 마음에 품은 원한이 굳게 엉키어 풀리지 않음.
【怨骨 원골】 원한을 품고 죽은 사람.
【怨曠 원광】 ①짝과 이별하여 슬퍼하고 원망함. ②헤어진 지 오래됨. ③원녀(怨女)와 광부(曠夫). 홀어미와 홀아비.
【怨咎 원구】 원망하고 타박함. 怨尤(원우).
【怨屈 원굴】 원망하며 죽음.
【怨女 원녀】 원한을 품은 여자. 과부(寡婦).
【怨懟 원대】 원망함. 원망.
【怨毒 원독】 몹시 원망하고 미워함. 큰 원한.
【怨讟 원독】 원망하여 비방함.
【怨望 원망】 ①못마땅하게 여겨 탓함. ②불평을 품고 미워함.
【怨慕 원모】 임금이나 부친(父親)의 무정을 원망하면서도 사모함.
【怨畔 원반】 미워하여 배반함. 怨叛(원반).
【怨謗 원방】 원망하여 비방함.

心部 5획

【怨府 원부】 대중의 원한이 쏠리는 단체나 기관.
【怨婦 원부】 ①원한을 품은 여자. ②임금의 총애를 잃은 여자. ③혼기를 놓친 여자.
【怨誹 원비】 원망하고 비방함.
【怨聲 원성】 원망하는 소리.
【怨讎 원수】 원한이 있는 상대 사람.
【怨愛 원애】 원망과 그리워함.
【怨惡 원오】 남을 원망하고 미워함.
【怨刺 원자】 남을 원망하고 비방(誹謗)함.
【怨詛 원저】 원망하고 저주함.
【怨敵 원적】 원수진 적. 원수. 怨仇(원구).
【怨罪 원죄】 원한과 죄악. 억울한 죄.
【怨疾 원질】 원망하고 미워함.
【怨嗟 원차】 원망하고 한탄함.
【怨天 원천】 하늘을 원망함.
【怨慝 원특】 원망하여 간사한 짓을 함.
【怨恨 원한】 원통하고 한스러움.
【怨嫌 원혐】 원망하고 미워함.
◐仇-, 構-, 報-, 私-, 宿-, 積-, 含-.

心 5 【㤪】⑨ 怨(608)의 고자

心 5 【怮】⑧ 근심할 유 庚 yōu
[字解] ①근심하다, 근심하는 모양. ¶怮怮. ②부루퉁하다, 말없이 화난 얼굴빛을 짓다.

心 5 【怞】⑧ 근심할 유 庚 yóu
[字解] 근심하다, 근심하는 모양. 〔楚辭〕永余思兮怞怞.

心 5 【怡】⑧ 기쁠 이 支 yí
[字解] ①기쁘다, 기쁘게 하다, 기뻐서 화기(和氣)가 돌다. 〔論語〕兄弟怡怡如也. ②온화하다. 〔禮記〕父母有過, 下氣怡色.
【怡色 이색】 화기(和氣)를 띤 얼굴.
【怡聲 이성】 부드러운 소리. 기쁜 말소리.
【怡神 이신】 마음을 즐겁게 함. 怡心(이심).
【怡顏 이안】 기쁜 낯을 함. 안색을 부드럽게 함.
【怡悅 이열】 기뻐서 좋아함. 기쁨. 怡懌(이역).
【怡豫 이예】 기뻐하고 즐거워함.
【怡愉 이유】 기뻐하는 모양.
【怡怡 이이】 즐거워하는 모양. 기뻐서 좋아하는 모양. 怡然(이연).
【怡蕩 이탕】 방탕하게 놂.
◐不-, 安-, 養-, 邀-, 自-, 歡-, 嬉-.

心 5 【怍】⑧ 부끄러워할 작 藥 zuò
[字解] ①부끄러워하다, 부끄럽게 여

기다. 〔論語〕其言之不怍. ②안색을 바꾸다, 화내다. 〔禮記〕容毋怍.
【怍色 작색】 부끄러워하는 얼굴빛.
【怍慍 작온】 부끄러워하며 화를 냄.
◐羞-.

心 5 【怚】⑧ ❶교만할 저 御 jù
❷거칠 조 麌 cū
[字解] ❶①교만하다, 뽐내다. 〔晉書〕恃愛肆怚. ❷거칠다, 세정(細情)이 없는 모양. ≒粗. 〔史記〕秦王怚而不信人.

心 5 【怔】⑧ 두려워할 정 庚 zhēng
[字解] ①두려워하다, 두려워하여 가슴이 두근거리다, 당황하다. 〔後漢書〕怔營惶怖. ②신경 쇠약증. ¶怔忡.
【怔營 정영】 두려워서 어찌할 바를 모르는 모양. 당황하여 불안한 모양.
【怔怔 정정】 ①움직이지 않고 바라보는 모양. 응시(凝視)하는 모양. ②하염없이.
【怔忪 정종】 두려워하는 모양.
【怔忡 정충】 ①▷怔忡症(정충증). ②마음이 가라앉지 않는 모양.
【怔忡症 정충증】 〔漢〕까닭 없이 가슴이 울렁거리는 증세.

心 5 【怎】⑨ 어찌 즘 寑 zěn
[字解] 어찌, 어찌하여. 속어(俗語)에서 의문사나 반어사로 쓰이는 말. 〔朱子全書〕怎生便信得他.
【怎麽 즘마】 어떻게. 어째서.

心 5 【帖】⑧ ❶고요할 첩 葉 tiē
❷막힐 첨 鹽 zhān
[字解] ❶①고요하다, 조용하다. ¶怗怗. ②따르다, 복종하다. ¶怗服. ❷막히다, 막혀 어수선하다.
【怗服 첩복】 따르며 복종함.
【怗怗 첩첩】 ①고요한 모양. 안정된 모양. ②순종하는 모양.
【怗滯 첩체】 악음(樂音)이 뒤섞여 조화되지 않는 모양.

心 5 【怊】⑧ 슬퍼할 초 蕭 chāo
[字解] ①슬퍼하다, 한탄하다. 〔莊子〕怊乎若嬰兒之失其母. ②실의(失意)한 모양. ¶怊悵.
【怊悵 초창】 ①원망하는 모양. ②서로 바라보는 모양. ③실의(失意)한 모양.
【怊乎 초호】 슬퍼하는 모양. 비통하게 하는 모양.

心 5 【怱】⑨ 悤(620)의 속자

心部 5획 怵怸怠怕怦怖怭怰怙

心 5 【怵】
⑧ ❶두려워할 출 眞 chù
❷꾈 술 眞 xù

字解 ❶두려워하다.〔孟子〕皆有怵惕惻隱之心. ❷슬퍼하다, 가엾게 여기다.〔禮記〕心怵而奉之以禮. ❸달리다, 분주하다.〔漢書〕怵奐以梁倚. ❹꾀다, 유혹하다. =訹.〔管子〕君子不怵乎好.

【怵然 출연】①두려워하는 모양. ②그리워하는 모양. 怵怵(출출).
【怵惕 출척】두려워함. 마음이 편하지 않음.
【怵迫 술박】①이익에 꾀이고 가난에 시달림. ②협박함. 위협함.

心 5 【怸】
⑨ 흙 부드러울 출 眞 shù

字解 흙이 부드럽다.〔管子〕中土曰五怸.

心 5 【怠】
⑨ ❶게으를 태 賄 dài
❷새 이름 이 支 yí

丶 厶 乌 台 台 台 怠 怠 怠

參考 대법원 지정 인명용 한자의 음은 '태'이다.

字源 形聲. 台+心→怠. '台(태)'가 음을 나타낸다.

字解 ❶㉠게으르다, 게을리 하다. ㉡게으름 피우다.〔禮記〕吉事雖止不怠. ㉢싫증나다, 지쳐지다.〔漢書〕怠而後游于淸池. ㉣해이해지다, 언행이 맺힌 데가 없고 깔끔하지 못하다.〔禮記〕毋怠荒. ㉤방심하다, 부주의로 실수하다.〔國語〕可先而不備, 謂之怠. ㉥그만두다, 중지하다.〔莊子〕儻乎其怠疑. ❷업신여기다, 깔보다.〔國語〕其民怠沓其君, 而未及周德. ❸쇠약해지다, 약해지다, 위태롭다. ≒殆.〔春秋左氏傳〕滋敝邑休怠. ❹피곤하다, 지치다.〔司馬相如·賦〕怠而後發. ❷❶새 이름.〔莊子〕東海有鳥焉, 其名曰怠. ❷게을리 하다, 태만히 하다. ❸기뻐하다, 즐거워하다. ≒怡.〔易經〕而豫怠也.

【怠倦 태권】싫증이 나서 게을러짐.
【怠禮 태례】예(禮)를 게을리 함.
【怠慢 태만】게을러서 소홀히 함.
【怠敖 태오】게으름 피우며 놂. 안일(安逸)을 꾀함. 怠驁(태오).
【怠傲 태오】방심하고 교만하게 굶.
【怠疑 태의】지나치게 의심함을 그침.
【怠惰 태타】몹시 게으름.
【怠荒 태황】게을러서 일이 거칠.
❶ 倦-, 勤-, 衰-, 惰-, 疲-, 懈-, 荒-.

心 5 【怕】
⑧ ❶두려워할 파 禡 pà
❷고요할 박 禡 bó

字解 ❶㉠두려워하다. ¶怕懼. ㉡아마도, 아마, 대개.〔儒林外史〕只怕弟一出來. ㉢부끄러워하다. ¶怕羞. ❷㉠고요하다, 평온하다. ≒泊. ㉡

수수방관하다.〔司馬相如·賦〕怕乎無爲.
【怕懼 파구】두려워함. 怕畏(파외).
【怕婦 파부】질투심이 강한 아내를 두려워함.
故事 당대(唐代)의 어사대부(御史大夫) 배담(裴談)이 질투가 심한 그의 아내를 두려워하고 꺼려하였다는 고사에서 온 말.
【怕羞 파수】부끄러워함. 수줍어함. 수줍음.
【怕乎 박호】아무것도 하는 일이 없는 모양.
❶怯-, 驚-, 畏-.

心 5 【怦】
⑧ 조급할 평 庚 pēng

字解 ❶조급하다, 마음이 조급하다. ❷성실하게 일하는 모양.〔楚辭〕心怦怦兮諒直.〔補注〕怦, 一曰, 忠謹貌. ❸만족하지 않다, 마음에 차지 않는 모양.〔楚辭〕心怦怦兮諒直.〔集注〕五臣云, 怦怦, 心不足貌.

心 5 【怖】
⑧ 두려워할 포 遇 bù

字解 ❶두려워하다, 두려움.〔莊子〕吾驚怖其言. ❷떨다, 두려워서 전율하다.〔沈遘·詩〕欲蹄毛骨怖. ❸으르다, 협박하다.〔後漢書〕依託鬼神, 詐怖愚民.
【怖遽 포거】두려워서 허둥거림.
【怖悸 포계】두려워서 가슴이 두근거림.
【怖懼 포구】두려워함. 怖慴(포습).
【怖覆 포복】①놀라서 넘어짐. ②넘어질 정도로 깜짝 놀람.
【怖慴 포섭】겁내고 두려워함.
【怖畏 포외】두려워함.
【怖慄 포율】두려워서 떪.
【怖駭 포해】두려워하고 놀람.
❶驚-, 恐-, 畏-, 戰-.

心 5 【怭】
⑧ 설만할 필 質 bì

字解 설만(褻慢)하다, 무례하고 방자하다, 행동이 야무진 데가 없다.〔詩經〕曰旣醉止, 威儀怭怭.
【怭怭 필필】①남을 업신여기는 모양. 행동이 무례하고 방자한 모양. ②경망스러운 모양.

心 5 【怰】
⑧ 팔 현 霰 xuàn

字解 팔다. ≒賣.

心 5 【怙】
⑧ 믿을 호 麌 hù

字解 ❶믿다, 믿고 의지하다.〔春秋左氏傳〕怙其儁才. ❷아버지의 이칭(異稱). 어머니를 '恃(시)'라 이르는 데 대한 상대적 개념. 흔히 '어버이'라는 뜻으로도 쓴다.〔詩經〕無父何怙, 無母何恃.
【怙氣 호기】기운에 의지함. 용기를 믿음.
【怙亂 호란】혼란한 틈을 타서 쳐들어감.

心部 5~6획 恨 怳 恪 㤼 恝 㤽 恐 恭

【怙恃 호시】 ①믿고 의지함. ②부모(父母).
【怙終 호종】 믿는 데가 있어 다시 죄를 저지름.
● 恃-, 依-.

心5 【恨】⑧ 憛(629)과 동자

心5 【怳】⑧ 멍할 황 ⦗⦘ huǎng
怳 忱 字解 ①멍하다, 자실(自失)한 모양. 〔楚辭〕臨風怳兮浩歌. ②놀라서 바라보다, 놀란 눈으로 보다. 〔江淹·詩〕怳然若有失. ③황홀하다. 〔宋玉·序〕精神怳惚. ④어슴푸레하다, 분명하지 아니하다. 늑怳. 〔老子〕道之爲物, 惟怳惟惚. ⑤잠시, 잠깐, 수유(須臾).
【怳然 황연】 ①놀라 쳐다보는 모양. ②자실(自失)한 모양. ③정신이 흐릿하게 마음이 팔리는 모양.
【怳惚 황홀】 ①눈이 부셔 어릿어릿할 정도로 찬란하거나 화려함. ②한 가지 사물에 마음이나 정신이 쏠려 어리둥절함. ③아주 짧은 시간. 慌惚(황홀). 怳忽(황홀).
● 儻-, 㝡-, 倘-, 忽-, 恍-.

心6 【恪】⑨ 삼갈 각 ⦗⦘ kè
恪 㤼 㥛 字解 ①삼가다, 삼감으로써 상대방을 공경하다. 〔詩經〕執事有恪. ②법, 표준. ¶恪言.
【恪虔 각건】 삼가고 조심함. 恪肅(각숙).
【恪勤 각근】 정성껏 부지런히 힘써 일함.
【恪謹 각근】 조심함. 삼감. 恪愼(각신).
【恪敏 각민】 조심성이 있고 기민함.
【恪守 각수】 삼가며 지킴. 정성을 다하여 힘써 지킴. 恪遵(각준).
【恪肅 각숙】 매우 조심함. 恪虔(각건).
【恪愼 각신】 조심함. 공경하고 삼감.
【恪言 각언】 표준이 되는 바른 말. 법률로 삼을 만한 말. 格言(격언).
【恪遵 각준】 삼가 좇음.
● 虔-, 勤-, 嚴-, 忠-.

心6 【㤼】⑩ 恪(611)과 동자

心6 【㥛】⑩ 懇(651)의 속자

心6 【恝】⑩ ❶걱정 없을 개 ⦗⦘ jiá
❷여유 없을 괄 ⦗⦘ 갈 ⦗⦘ jiá
❸산 이름 계 ⦗⦘ qì
㤽 参考 대법원 지정 인명용 한자의 음은 '괄'이다.
字解 ❶걱정이 없다, 근심이 없다. 〔孟子〕夫公明高, 以孝子之心爲不若是恝. ❷①여유가 없다. ②소홀히 하다, 푸대접하다. 자신의 마음에 여유가 없기 때문에 남에게 소홀해진다는 뜻으로 전용하였다. 〔孟子〕爲不若是恝. ❸①산 이름. 〔山海經〕大荒之中, 有恝恝之山. ②사람 이름. 〔山海經〕炎帝之孫, 名曰靈恝.
【恝置 개치】 내버려 둠. 방치해 둠.
【恝然 개연 괄연】 ❶무심히. 태연히. ❷업신여기는 태도.
【恝待 괄대】 푸대접. 푸대접함.
【恝視 괄시】 업신여겨 하찮게 대함.

心6 【恐】⑩ ❶두려워할 공 ⦗⦘ kǒng
❷아마 공 ⦗⦘ kǒng
一 丁 工 刀 巩 巩 巩 恐 恐 恐
字源 形聲. 巩+心→恐. '巩(공)'이 음을 나타낸다.
字解 ❶두려워하다, 두려움. ㉮겁내다, 무서워하다. 〔張說·詩〕預絕豺狼憂, 知免牛羊恐. ㉯삼가다, 황공하다. 〔禮記〕行必恐. ㉰걱정하다, 우려하다. 〔春秋左氏傳〕室而懸磬, 野無靑草, 何恃而不恐. ❷협박하다, 으르대다. 〔漢書〕令弟光恐王. ❷아마, 의심컨대. 〔史記〕秦城恐不可得.
【恐喝 공갈】 무섭게 으르고 위협함.
【恐悸 공계】 무서워서 가슴이 두근거림.
【恐懼 공구】 몹시 두려워함.
【恐動 공동】 두려워서 동요함.
【恐慄 공률】 무서워 부들부들 떪.
【恐竦 공송】 몹시 무서워 몸을 움츠림.
【恐愼 공신】 두려워하고 삼감.
【恐諛 공유】 두려워하여 아첨함.
【恐怖 공포】 두려워함. 두려움.
【恐駭 공해】 두려워하고 놀람.
【恐脅 공협】 무섭게 을러 댐.
【恐惑 공혹】 두려워서 미혹(迷惑)함.
【恐惶 공황】 두려워서 어찌할 바를 모름.
● 驚-, 大-, 畏-, 震-, 脅-, 惶-.

心6 【恭】⑩ 공손할 공 ⦗⦘ gōng
一 十 卄 丑 丑 共 共 恭 恭 恭
字源 形聲. 共+心→恭. '共(공)'이 음을 나타낸다.
字解 ①공손하다, 예의 바르다. 〔禮記〕君子恭敬撙節. ②삼가다, 조심하다. 〔漢書〕內曰恭, 外曰敬. ③섬기다, 직분을 다하다. 〔書經〕允恭克讓. ④겸손하다, 겸양하다. 〔論語〕恭近於禮. ⑤본받다, 기준으로 삼고 따르다. 〔書經〕今予惟恭行天之罰. ⑦바치다, 드리다. 늑供. 〔老子·注〕貸之, 非唯恭其乏而已.
【恭虔 공건】 공손하고 삼감. 恭謹(공근).

心部 6획 恭 恇 恎 恔 恬 悗 愗 恋 恅 恈 恈

【恭儉 공검】공손하고 검소함. 남에 대해서는 공경하고, 자기에 대해서는 검소함.
【恭謙 공겸】삼가 자기를 낮춤. 恭讓(공양).
【恭饋 공궤】공손하게 음식을 바침.
【恭勤 공근】진심으로 삼가고 힘씀. 공손하고 부지런함.
【恭給 공급】일을 충실히 함.
【恭己 공기】①자기 자신을 삼감. ②실권은 신하에게 있고 임금은 다만 왕위에 있을 뿐임.
【恭待 공대】圖①공손하게 대접함. ②상대에게 높임말을 씀.
【恭默 공묵】공손하고 조용함.
【恭敏 공민】공손하고 민첩함. 恪敏(각민).
【恭士 공사】조심성 있는 선비.
【恭肆 공사】공손함과 방자함.
【恭遜 공손】공경하고 겸손함.
【恭肅 공숙】몹시 삼감.
【恭畏 공외】삼가고 두려워함.
【恭愿 공원】조심스럽고 성실함.
【恭惟 공유】공경하고 생각함. 삼가 생각함.
【恭賀 공하】삼가 축하함.
  ❶ 敬一, 不一, 溫一.

心 6 【恭】⑩ 恭(611)의 본자

心 6 【恇】⑨ 겁낼 광 陽 kuāng
[소전][초서][字解] 겁내다, 두려워하다. 〔後漢書〕內外恇懼.
【恇怯 광겁】겁냄.
【恇恇 광광】무서워하는 모양. 두려워하는 모양.
【恇懼 광구】겁내고 두려워함.
【恇擾 광요】겁내어 어지러워짐.
【恇駭 광해】겁내고 놀람. 驚駭(경해).

心 6 【恎】⑨ 怪(604)의 속자

心 6 【恔】⑨ 쾌할 교 本효 蕭 xiào
[소전][초서][字解] 쾌하다, 유쾌하다. 〔孟子〕於人心獨無恔乎.

心 6 【恬】⑨ 편안할 념 本점 鹽 tián
[소전][초서][동자][字解] ①편안하다, 마음의 평정을 얻다. ¶恬淡. ②조용하다, 고요하다. 〔莊子〕以恬養知.
【恬簡 염간】마음이 평정하고 검소함.
【恬淡 염담】마음이 편안하여 욕심이 없음. 이익을 탐내는 생각이 없음. 恬泊(염박).
【恬憺 염담】편안함. ❷'憺'은 안정(安靜).
【恬澹 염담】깨끗하고 고요함.
【恬瀾 염란】고요한 파도. 세상살이가 평탄함의 비유.
【恬漠 염막】마음이 평온하고 고요함. 마음이 평온하고 욕심이 적음.
【恬謐 염밀】고요하고 편안함. 靜謐(정밀).
【恬性 염성】①평온하고 조용한 성질. ②마음을 편안하게 함.
【恬養 염양】마음을 편안하게 하여 품성을 기름.
【恬臥 염와】편안하게 잠을 잠. 무위(無爲)로 살고 있는 일.
【恬裕 염유】마음이 고요하고 느긋함.
【恬愉 염유】마음이 편안하고 즐거움.
【恬逸 염일】마음이 편안하고 속박이 없음.
【恬靜 염정】마음이 편안하고 고요함.
【恬蕩 염탕】마음이 편안하여 제멋대로 함.
【恬泰 염태】조용하여 마음이 태평함.
【恬退 염퇴】①마음이 편안하며 겸손함. ②명예나 이익에 뜻이 없어 남과 다투지 않음. ❷'退'는 겸퇴(謙退).
【恬波 염파】잔잔하여 물결이 없음. 물결을 일으키지 않음.
【恬虛 염허】마음이 평정되고 욕심이 없음.
【恬忽 염홀】마음이 상쾌하며 사물에 거리끼지 않음.
【恬豁 염활】마음이 편하고 활달함.
【恬熙 염희】나라가 태평무사함.
【恬嬉 염희】편안하고 기뻐함.
  ❶ 安一, 淸一, 虛一.

心 6 【悗】⑨ 恬(612)과 동자

心 6 【愗】⑩ 부끄러울 뉵 屋 nǜ
[소전][초서][동자][字解] 부끄럽다, 부끄러워하다, 겸연쩍게 여기다. 〔唐書〕士良等愗縮不得對.
【愗怩 육니】부끄러워함.
【愗焉 육언】부끄러워함.
【愗然 육연】부끄러워하는 모양.
【愗縮 육축】부끄러워 움츠림.

心 6 【恋】⑩ 戀(658)의 속자

心 6 【恅】⑨ 심란할 로 皓 lǎo
[字解] ①심란하다, 마음이 어수선하다. ②조용하다, 고요하다.

心 6 【恈】⑨ ❶ 吝(277)과 동자 ❷ 悋(617)과 동자

心 6 【恈】⑨ 탐할 모 尤 móu
[字解] 탐하다, 탐내는 모양, 탐내어 아끼는 모양. 〔荀子〕恈恈然唯利飮食之見.
【恈恈然 모모연】탐하고 아끼는 모양.

心部 6획 恩 恕 恂 恃 息

心6 **【恩】** ⑩ 思(607)의 본자

心6 **【恕】** ⑩ 용서할 서 圃 shù

〔字源〕形聲. 如+心→恕. '如(여)'가 음을 나타낸다.
〔字解〕①용서하다. 〔史記〕竊自恕. ②어질다, 인애(仁愛). 〔論語〕忠恕而已矣. ③깨닫다, 밝게 알다. 〔墨子〕恕也者, 以其知論物, 而其知之也, 著若明.
【恕免 서면】 죄를 용서하여 면함.
【恕思 서사】 남을 동정함. 동정하는 마음.
【恕而行之 서이행지】 남의 처지를 깊이 동정하는 마음으로 일을 행함.
【恕直 서직】 어질고 곧음.
● 寬-, 容-, 宥-, 仁-, 忠-.

心6 **【恂】** ⑨
❶정성 순 眞 xún
❷갑자기 순 震 shùn

〔字解〕❶①정성, 참된 마음. ②미쁘다, 진실하게 여기다, 믿다. 〔列子〕且恂士師之言可也. ③두려워하다, 두려워서 떨다. ¶恂懼. ④통달하다. 〔莊子〕思慮恂達. ❷①갑자기, 별안간. 〔莊子〕恂然棄而走. ②꽉 조이다, 다잡이하다. ¶恂慄. ③끔벅거리다, 눈을 자꾸 끔벅거리다. 〔莊子〕女忧然有恂目之志.
【恂懼 순구】 두려워함. 벌벌 떨며 두려워함.
【恂目 순목】 ①눈을 끔벅거림. ②마음으로 두려워함.
【恂恂 순순】 ①매우 삼가는 모양. ②진실한 모양. 진실성이 있는 모양. ③두려워하고 근심하는 모양. ④잘 꾀어 이끄는 모양. ⑤공손하고 유순한 모양.
【恂然 순연】 ①별안간. 갑작스럽게. ②두려워하는 모양. 허둥거리는 모양.
【恂慄 순율】 ①두려워 부들부들 떪. ②썩 야무져 위엄이 있는 모양.

心6 **【恃】** ⑨ 믿을 시 紙 shì

〔字解〕믿다. ㉮믿고 의지하다. 〔楚辭〕余以蘭爲可恃兮. ㉯어머니. 믿고 의지하는 대상이라는 뜻으로 전용(轉用)된 뜻 갈래이며, 아버지를 '怙(호)'라 하는 데 대한 상대적 개념이다. 〔詩經〕無父何怙, 無母何恃. ㉰자부(自負)하다. 〔呂氏春秋〕士有孤而自恃.
【恃德者昌 시덕자창】 덕에 의지하는 사람은 번영함.
【恃賴 시뢰】 믿고 의지함. 의지로 삼음.
【恃才傲物 시재오물】 재능 있음을 믿고 거만하게 부름.

【恃怙 시호】 부모.
● 矜-, 負-, 憑-, 依-, 倚-, 怙-.

心6 **【息】** ⑩ 숨쉴 식 職 xī

〔字源〕會意·形聲. 自+心→息. 마음속〔心〕에 있는 기운이 코〔自〕를 통하여 밖으로 나간다는 데서 '숨쉬다'라는 뜻을 나타낸다. '自(자)'는 음도 나타낸다.
〔字解〕①숨 쉬다, 숨, 호흡하다. ¶喘息. ②숨 한 번 쉬는 동안. 〔史記〕不容息. ③쉬다. 〔詩經〕莫敢遑息. ④살다, 생활하다. ¶棲息. ⑤아이, 자식. 〔戰國策〕老臣賤息舒祺最少. ⑥그치다, 그만두다, 중지하다. ≒熄. 〔戰國策〕戰攻不息. ⑦변, 이자(利子). 〔史記〕貸錢者, 多不能與其息. ⑧자라다, 기르다. 〔孟子〕其日夜之所息. ⑨번식하다. 〔史記〕畜多息. ⑩여관, 휴게소. 〔周禮〕野之道路宿息井樹. ⑪군더더기 살. ¶息肉. ⑫망하다, 멸(滅)하다. 〔中庸〕其政息. ⑬어조를 고르는 종결사. ≒思. 〔詩經〕南有喬木, 不可休息. ⑭나라 이름. 주대(周代)에 지금의 하남성(河南省) 서남쪽에 있었던 나라. 〔春秋左氏傳〕息侯伐鄭. ⑮편안하게 하다, 평온하게 하다. 〔春秋左氏傳〕臣必致死, 禮以息楚國. ⑯위로하다, 위무(慰撫)하다. 〔儀禮〕乃息之. ⑰없어지다, 다하다. 〔禮記〕使大文足論而不息. ⑱버리다. 〔史記〕一發不中者, 百發盡息. ⑲비옥하다, 기름지다. 〔大戴禮〕息土之人, 美. ⑳소식(消息). 〔梁書〕今遣候承音息. ㉑國 30리. 거리를 나타내는 단위. 〔增補文獻備考〕三十里爲一息.
【息肩 식견】 ①짐을 부리고 어깨를 쉼. 책임을 벗음. ②어깻숨을 쉼.
【息交 식교】 세상 사람과의 교제를 끊음.
【息男 식남】 내가 낳은 아들.
【息女 식녀】 내가 낳은 딸.
【息留 식류】 휴식과 머무름. 쉼. 휴식.
【息脈 식맥】 맥박. 脈息(맥식).
【息耗 식모】 ①이익과 손실. ②좋은 일과 나쁜 일. 吉凶(길흉). ③소식.
【息謗 식방】 비방을 그치게 함.
【息兵 식병】 전쟁을 그만둠. 휴전(休戰)함.
【息婦 식부】 ①며느리. ②아내의 낮춤말.
【息壤在彼 식양재피】 약속은 지켜야 함. 〔故事〕진(秦) 무왕(武王)이 감무(甘茂)와 식양(息壤)에서 맹세를 한 뒤에 그 맹세를 깨뜨리려 하자, 감무가 '식양이 저기 있습니다〔息壤在彼〕'라고 하여 맹세를 지키게 했다는 고사에서 온 말.
【息偃 식언】 쉬기 위해 누움. 누워서 쉼.
【息燕 식연】 ①편안하게 쉼. 휴식. ②보금자리에서 쉬는 제비.
【息影 식영】 그림자를 쉬게 함. 활동을 멈추고 휴식함. 한거(閒居)함.
【息肉 식육】 혹과 같은 군더더기 살. 군살.

心部 6획 㤼㤺恙恚悅恩

【息銀 식은】이자(利子).
【息災 식재】(佛)진언 수법(眞言修法)의 한 가지. 부처의 힘으로 재액(災厄)을 막는 일.
【息停 식정】머물러 쉼.
【息調 식조】①공부(貢賦)의 징수를 중지함. ②호흡을 조절함.
【息喘 식천】숨이 참. 호흡이 곤란함.
【息土 식토】①비옥한 토지. 기름진 땅. ②지반(地盤)이 솟아오르는 땅.
【息化 식화】교화(敎化)하는 일을 그침.
◐氣ー, 棲ー, 消ー, 蘇ー, 安ー, 女ー, 令ー, 利ー, 子ー, 窒ー, 喘ー, 嘆ー, 太ー, 休ー.

心6【㤼】⑨ 息(613)과 동자

心6【㤺】⑩ 悉(618)과 동자

心6【恙】⑩ 근심 양 養 yàng
[字解]①근심, 근심하다, 걱정하다.〔史記〕何恙不已. ②병(病). ¶無恙. ③진드기의 유충. 독충(毒蟲). ④재앙.〔戰國策〕歲亦無恙耶.
【恙憂 양우】염려되는 일. 근심.
◐無ー, 微ー.

心6【恚】⑩ 성낼 에 寘 huì
[字解]성내다, 화를 내다, 분노.〔魏書〕未曾恚忿.
【恚憾 에감】성을 내며 원한을 품음.
【恚忿 에분】성을 냄. 에노(恚怒).
【恚憤 에분】노하여 분개함.
【恚汗 에한】성이 나서 땀이 남.
【恚恨 에한】노하여 원망함.
◐忿ー, 怫ー, 憂ー, 怨ー, 震ー, 憝ー, 恨ー.

心6【悅】⑨ 悅(618)의 속자

心6【恩】⑩ 은혜 은 元 ēn
丨冂冃因因因恩恩恩
[字源]形聲. 因+心→恩. '因(인)'이 음을 나타낸다.
[字解]①은혜, 고맙게 베푸는 혜택. ②사랑하다, 예쁘게 여기다.〔詩經〕恩斯勤斯. ③인정, 동정, 남의 처지를 헤아림.〔孟子〕今恩足以及禽獸. ④측은하게 여기다. ⑤은혜로 알다, 고마워하다, 감사하다.
【恩假 은가】은혜로 베풀어 주는 휴가. 임금이 내려 주는 휴가. 恩暇(은가).
【恩敬 은경】인정을 베풀며 공경함.
【恩顧 은고】은혜로 돌보아 줌. 恩倖(은행).

【恩功 은공】은혜와 공로.
【恩舊 은구】은의(恩誼)로 오래 사귀어 온 친교(親交).
【恩眷 은권】☞恩倖(은행).
【恩勤 은근】귀여워하고 위로함.
【恩紀 은기】은애(恩愛)는 인륜의 강기(綱紀)임. 곧, 은애.
【恩寄 은기】은명(恩命)으로 부여된 직무.
【恩德 은덕】은혜와 덕택.
【恩賚 은뢰】☞恩賜(은사).
【恩綸 은륜】임금의 고마운 분부.
【恩免 은면】①임금의 특명(特命)에 의해 죄를 용서함. 恩赦(은사). ②임금의 특명에 의해 세금을 면제함.
【恩眄 은면】은혜를 베풀어 돌보아 줌.
【恩命 은명】관리의 임명이나 은사(恩赦)와 같은 임금의 은혜로운 명령.
【恩門 은문】①은혜 있는 집. 제자가 선생 등을 이르는 말. ②國과거에 급제한 사람이 그 시관(試官)을 이르던 말.
【恩師 은사】①은혜를 많이 입은 스승. 가르침을 받은 선생. 恩傅(은부). ②(佛)승려가 된 후 처음 길러 준 스님.
【恩赦 은사】은명(恩命)으로 죄인을 특별히 사면함.
【恩賜 은사】임금이 내려 줌. 또는 그 물건.
【恩賞 은상】임금이 상을 내림. 임금이 내린 상.
【恩錫 은석】고마운 하사품(下賜品).
【恩揜義 은엄의】은혜가 의리를 가림. 가정에서는 의리를 주로 하지 말고, 은애(恩愛)를 주로 해야 함.
【恩愛 은애】①은혜와 사랑. ②애정.
【恩榮 은영】은혜를 받는 영광. 임금의 은혜를 입는 영예(榮譽).
【恩遇 은우】은혜롭게 대우함. 임금의 은총.
【恩怨 은원】은혜와 원한.
【恩威 은위】은혜와 위력.
【恩宥 은유】은혜를 베풀어 용서함. 恩赦(은사).
【恩潤 은윤】은택(恩澤)을 흐뭇하게 베풂.
【恩蔭 은음】부조(父祖)의 덕으로 벼슬함.
【恩意 은의】은혜를 베풀고자 하는 뜻.
【恩義 은의】은혜와 의리. 인정(人情)과 도리. 恩誼(은의).
【恩人 은인】은혜를 베푼 사람. 신세진 사람.
【恩引 은인】남의 초대에 대한 높임말.
【恩田 은전】(佛)부모와 스승. ○부모는 나를 낳고 스승은 나를 법신(法身)으로 이끈 은혜를 베푼 사람이라는 데서 온 말. '田'은 곡식을 낳는 곳.
【恩詔 은조】은혜로운 임금의 말.
【恩地 은지】①은혜. ○'地'는 조자(助字). ②과거(科擧)의 시관(試官).
【恩波 은파】임금의 은혜. ○백성에게 널리 미침이 물결과 같다는 데서 온 말.
【恩海 은해】(佛)넓고 깊은 바다와 같은 은혜.
【恩倖 은행】①임금의 특별한 총애. 임금의 총애를 받는 사람. ②은혜로 돌보아 줌. 어여삐

心部 6획 恁恈恣恌恓恥恀恜侘恫恨

여겨 돌보아 줌.
【恩好 은호】 정의(情誼).
【恩化 은화】 은혜와 덕화(德化). 자애로운 정치.
【恩煦 은후】 두텁고 따사로운 은혜.
◑ 感−, 國−, 君−, 大−, 背−, 報−, 師−, 謝−, 聖−, 殊−, 天−, 親−, 鴻−, 厚−.

心6 【恁】⑩ ❶생각할 임 ❷당신 님 nèn / nín

恁 恁 恁 恁 [參考] 대법원 지정 인명용 한자의 음은 '임'이다.
[字解] ❶①생각하다.〔後漢書〕宜亦勤恁旅力. ②이같이, 이 같은. ¶ 恁地. ❸당신.
【恁麽 임마】 ①어떻게. ②이와 같은.
【恁地 임지】 이와 같은. 이와 같이. ◯ '地'는 조자(助字).

心6 【恀】⑨ 恁(615)과 동자

心6 【恣】⑩ 방자할 자 zì

ヽ ソ 氵 汏 次 次 恣 恣

[字源] 形聲. 次+心→恣. '次(차)'가 음을 나타낸다.
[字解] 방자하다. ㉮제멋대로이다, 내키는 대로 하다.〔史記〕趙王不得自恣. ㉯맡기다, 하고 싶은 대로 맡기다.〔戰國策〕恣君之所使之.
【恣樂 자락】 삼가지 않고 제멋대로 즐김.
【恣肆 자사】 방자하게 자기 주장대로 함.
【恣意 자의】 마음대로 함.
【恣縱 자종】 마음대로 함. 제멋대로 함.
【恣聽 자청】 제멋대로 시킴. 제멋대로 허락함.
【恣暴 자포】 제멋대로 날뜀.
【恣行 자행】 제멋대로 하는 방자한 행동.
【恣橫 자횡】 제멋대로임. 방자(放恣)함.
【恣睢 자휴】 ①멋대로 행동하며 젠체함. ②멋대로 하며 남을 흘겨봄. ③제멋대로 하여 성냄. ④남을 욕함. ⑤남의 말을 듣지 않고 고집대로 함. ⑥자득(自得)의 모양.
◑ 狂−, 驕−, 忌−, 放−, 專−, 縱−, 擅−.

心6 【恌】⑨ ❶성의 없을 조 tiāo ❷근심할 요 yáo

恌 [字解] ❶성의가 없다, 경박하다. = 佻.〔詩經〕視民不恌. ❷근심하다, 두려워하다. = 怮.

心6 【恓】⑨ 悽(627)와 통자

心6 【恥】⑩ 부끄러워할 치 chǐ

一 丆 F F 王 耳 耳 耻 恥 恥

耻 耻 耻 [字源] 形聲. 耳+心→恥. '耳(이)'가 음도 나타낸다.
[字解] ①부끄러워하다, 부끄럽게 여기다.〔書經〕其心愧恥, 若撻于市. ②부끄럼, 도(道)에 어긋남을 부끄럽게 여기는 마음.〔孟子〕人不可以無恥. ③욕보이다, 창피를 주다.〔春秋左氏傳〕恥匹夫, 不可以無備, 況恥國乎. ④욕, 남에게 당한 부끄러움.〔呂氏春秋〕越王苦會稽之恥.
【恥慨 치개】 부끄러워하며 개탄함.
【恥格 치격】 부끄러움을 알고 스스로 바로 잡음.
【恥愧 치괴】 부끄러워함.
【恥骨 치골】 골반 앞쪽 아랫부분의 뼈.
【恥辱 치욕】 부끄러움과 욕보임.
【恥歎 치탄】 부끄러워하며 탄식함.
◑ 國−, 無−, 雪−, 羞−, 廉−, 破廉−, 厚顔無−.

心6 【恀】⑨ 믿을 치 shì

[字解] 믿다. ㉮믿고 의지하다. ㉯어머니. 믿고 의지하는 대상이라는 데서 전용(轉用)한 뜻.〔爾雅·注〕今江東呼母爲恀.

心6 【恜】⑨ 조심할 칙 chì

[字解] ①조심하다, 두렵게 여겨 삼가다. ②불안하다.

心6 【侘】⑨ ❶헤아릴 탁 duó ❷정하지 못할 차 chà

侘 [字解] ❶헤아리다. ≒ 度. ❷①정하지 못하다. ②실의(失意)한 모양.

心6 【恫】⑨ ❶상심할 통 tōng ❷뜻 얻지 못할 동 dòng

恫 恫 [字解] ❶①상심하다, 마음이 아프다. ≒ 慟.〔詩經〕神罔時恫. ②두려워하다.〔史記〕百姓恫恐. ❷①뜻을 얻지 못하다, 뜻을 얻지 못한 모양.〔抱朴子〕憁恫官府之間. ②으르다, 협박하다.
【恫恐 통공】 두려워함.
【恫瘝 통관】 아프고 병듦. 상심하여 괴로워함.
【恫矜 통긍】 마음 아파하며 근심함.
【恫怨 통원】 마음 아파하며 원망함.
【恫疑 통의】 두려워하여 주저주저함.
【恫喝 동갈】 허세를 부리면서 공갈함. 마음속으로는 두려워하면서 위협함.

心6 【恨】⑨ 한할 한 hèn

ヽ ソ 忄 忄 忉 忄 恨 恨 恨

恨 怾 恨 [字源] 形聲. 心+艮→恨. '艮(간)'이 음을 나타낸다.

心部 6획 悁 恒 恆 恵 協 恍 慌 恢

【字解】①한하다, 원통하다, 원망스럽게 생각하다, 미워하다.〔史記〕知公子恨之復返也. ②뉘우치다, 후회하다.〔漢書〕吾詐而盡殺之, 至今大恨. ③억울하다, 아까운 생각이 들다.〔杜甫·歌〕恨不移封向酒泉. ④한. 억울하거나 원통하고 원망스럽게 생각하여 뉘우치거나 맺힌 마음.〔漢書〕抱恨而入地.

【恨毒 한독】커다란 원한(怨恨).
【恨望 한망】원한을 품음. 怨望(원망).
【恨憤 한분】한탄하고 분개함.
【恨死 한사】한을 품고 죽음.
【恨詞 한사】원한의 말. 한을 나타낸 글.
【恨恚 한에】원망하고 성냄.
【恨惋 한완】원망하고 슬퍼함.
【恨紫愁紅 한자수홍】한에 젖은 자줏빛. 수심에 겨운 분홍빛. 꽃의 애련한 모양.
【恨歎 한탄】한스럽게 여겨 탄식함.
【恨血 한혈】한을 품고 죽은 사람의 피.
【恨惑 한혹】한탄하여 어찌할 바를 모름.

● 多一, 餘一, 怨一, 長一, 情一, 痛一, 悔一.

心 6 【悁】⑨ 恨(615)의 본자

心 6 【恒】⑨ ❶항상 항 héng ❷뻗칠 긍 gèng

, 忄 忄 忄 忄 忄 忄 恒 恒

소전 고문 초서 본자 참고 대법원 지정 인명용 한자의 음은 '항'이다.
【字源】形聲. 心+亘→恒. '亘(긍)'이 음을 나타낸다.
【字解】❶①항상, 늘, 언제나.〔易經〕恒不死. ②언제나 변하지 아니하다.〔孟子〕無恒產. ③괘 이름, 64괘의 하나. 괘형은 ䷟. 항구 불변함을 상징한다. ④고법(故法), 고사(故事).〔禮記〕文繡有恒. ⑤정직하다, 순박하다. ⑥항아(姮娥). ≒姮. ⑦산 이름. ¶恒山. ⑧떳떳한 도리, 법칙, 윤리. ❷①뻗치다, 걸치다, 두루 미치다.〔漢書〕恒以年歲. ②초승달.〔詩經〕如月之恒.
【恒居 항거】침착하게 있음.
【恒教 항교】일반적인 평범한 가르침.
【恒久 항구】오래오래 변함이 없음.
【恒士 항사】보통 사람.
【恒山 항산】중국 오악(五嶽)의 하나인 북악(北嶽). 하북성(河北省) 곡양현(曲陽縣) 서북쪽에 있음. 常山(상산).
【恒產 항산】①생활할 수 있는 일정한 재산. ②일정한 생업.
【恒常 항상】늘, 언제나.
【恒星 항성】스스로 빛을 발하는 붙박이별.
【恒心 항심】언제나 지니고 있는 떳떳한 마음. 항상 품고 있어 변하지 않는 도덕심.
【恒制 항제】영구불변의 제도.
【恒操 항조】항상 변함이 없는 지조(志操).

【恒河沙 항하사】갠지스 강의 모래. 헤아릴 수 없을 만큼 수효가 많음. 恒沙(항사).

心 6 【恆】⑨ 恒(616)의 본자

心 6 【協】⑨ 協(238)과 동자

心 6 【惠】⑩ 惠(628)의 속자

心 6 【恍】⑨ 황홀할 황 huǎng

초서 忄 【字解】①황홀하다, 마음을 빼앗겨 멍한 모양.〔韓非子〕恍惚之言. ②형체가 없는 모양, 미묘하여 알 수 없는 모양.〔老子〕惚兮恍兮. ③어슴푸레하다, 분명하지 않은 모양.〔朱熹·中庸章句序〕一旦恍然, 似有以得其要領者.
【恍然 황연】①어슴푸레하여 확실하지 않은 모양. ②황홀한 모양.
【恍遊 황유】황홀한 기분으로 놂.
【恍惚 황홀】①미묘하여 그 속내를 헤아려 알 수 없는 모양. ②어떤 사물에 마음을 빼앗겨 멍한 모양. 怳惚(황홀).

心 6 【慌】⑨ 慌(640)과 동자

心 6 【恢】⑨ 넓을 회 ㈜괴 灰 huī

소전 초서 【字解】①넓다. ㉮넓고 크다. ¶恢遠. ㉯마음이 크고 넓다.〔後漢書〕恢廓大度同符高祖. ②넓히다, 크게 넓히다.〔漢書〕恢我疆宇, 外博四荒. ③갖추다, 갖추어지다.〔呂氏春秋〕有事則有不恢矣. ④돌이키다. ≒回.
【恢公 회공】⑧①일의 결정을 여러 사람의 의논에 부침. ②과거나 도목정사(都目政事) 때 평점을 매우 공정하게 함.
【恢郭 회곽】성 밖의 큰 바깥 성(城).
【恢宏 회굉】①넓음. 넓힘. ②포용력이 큼.
【恢詭 회궤】몹시 이상야릇함. 駭怪(해괴).
【恢奇 회기】①크고 훌륭함. 恢偉(회위). ②몹시 진기함.
【恢大 회대】넓고 큼.
【恢文 회문】학문과 예술을 중히 여겨 지원함.
【恢遠 회원】넓고 멂. 크고 넓음.
【恢偉 회위】생김생김이 크고 훌륭함.
【恢闡 회천】크게 넓힘. 확장함. 恢拓(회척).
【恢誕 회탄】아주 엉터리임. 몹시 허망함.
【恢弘 회홍】①넓고 큼. 광대함. ②널리 폄.
【恢廓 회확】①크게 넓힘. 擴張(확장). ②마음이 넓고 큼. 도량이 넓음.
【恢恢 회회】①넓고 큰 모양. 크게 포용하는 모양. ②여유 있는 모양.

心部 6~7획 恛恤㤿恟恰㟱誡悃惱悢俐悋恾悗

心6 【恛】 ⑨ 혼란할 회 灰 huí
字解 혼란(昏亂)하다, 어지러운 모양.

心6 【恤】 ⑨ 구휼할 휼 本술 質 xù
소전 㥆 초서 恀 통자 卹 字解 ①구휼하다, 어려운 처지에 놓인 사람에게 금품을 주다. 〔禮記〕恤孤寡. ②근심, 근심하다. 〔詩經〕胡轉予于恤. ③동정하다, 가엾게 여기다. 〔大學〕上恤孤而民不倍. ④돌보다, 마음 쓰다. 〔戰國策〕不恤楚交. ⑤편안하게 하다, 안심시키다. 〔漢書〕恤我九列. ⑥장의(葬儀), 상(喪). 〔南史〕會稽打鼓送恤.
【恤孤】 휼고 고아를 구제함.
【恤辜】 휼고 죄를 불쌍히 여김. 재판에서 피고인을 불쌍히 여기는 정(情)으로 대함.
【恤功】 휼공 백성의 생업(生業)을 염려하여, 일의 노고를 위로함. ♂'功'은 일.
【恤匱】 휼궤 가난한 사람을 구제함.
【恤米】 휼미 극빈자나 이재민을 구제하기 위해 관청에서 주는 쌀.
【恤民】 휼민 백성을 가엾이 여겨 은혜를 베풂.
【恤貧】 휼빈 빈민(貧民)을 구휼(救恤)함.
【恤緯】 휼위 길쌈하는 과부가 베 짜는 일은 걱정하지 않고 나라의 위난(危難)을 근심함. ♂송대(宋代) 이증백(李曾伯)의 시(詩)에서 온 말. ㉰不恤緯(불휼위).
【恤敗】 휼패 패자(敗者)를 가엾게 여김.
【恤刑】 휼형 ①형(刑)을 신중히 시행함. ②형을 엄정히 집행함. 정실에 기울거나 권위를 두려워하여 관대하게 하지 않음. ③재판이나 형을 시행할 때 죄인을 위무(慰撫)함.
● 救-, 矜-, 撫-, 不-, 恩-, 弔-, 賑-.

心6 【㤿】 ⑨ ❶미칠 휼 質 xù ❷화낼 결 屑 xuè
字解 ❶미치다, 정신이 돌다. =怴. 〔春秋公羊傳〕曷爲以二日卒之, 㤿也. ❷①화내다, 성내다. ②미련한 모양.

心6 【恟】 ⑨ 두려워할 흉 图 xiōng
초서 恟 동자 忷 字解 두려워하다, 두려움으로 어수선하다.
【恟懼】 흉구 부들부들 떨면서 두려워함.
【恟駭】 흉해 두려워함. 무서워서 흠칫거림.
【恟恟】 흉흉 두려워서 술렁술렁하는 모양.

心6 【恰】 ⑨ 마치 흡 洽 qià
소전 㤕 초서 恰 字解 ①마치, 꼭, 흡사. 〔杜甫·詩〕恰似春風相欺得. ②새 우는 소리. ③사이가 좋다.
【恰似】 흡사 거의 같음. 비슷함.
【恰恰】 흡흡 ①새의 울음소리. ②때마침. ③화합하다.

心6 【㟱】 ⑩ 맞을 흡 緝 xí
字解 맞다, 딱 들어맞다. 〔太玄經〕陰氣㟱而㟱之.

心7 【誡】 ⑩ 신칙할 계 卦 jiè
통자 誡 字解 신칙(申飭)하다, 단단히 일러서 경계하다.

心7 【悃】 ⑩ 정성 곤 阮 kǔn
소전 㤗 초서 悃 字解 ①정성, 거짓이 없는 마음, 외곬으로 쏟는 마음. 〔楚辭〕親忠正之悃分. ②성실하다.
【悃懇】 곤간 인정스럽고 자상함. 친절.
【悃悃】 곤곤 ①자상하고 성실한 모양. ②뜻이 순일(純一)한 모양.
【悃款】 곤관 꾸밈이 없는 모양.
【悃望】 곤망 간절하게 바람. 懇望(간망).
【悃誠】 곤성 정성. 至誠(지성).
【悃愚】 곤우 성실하기만 하고 임기응변의 술책이 없음. 고지식함.
【悃願】 곤원 간절히 바람.
【悃愊→곤복】 참되고 정성스러움.
● 丹-, 誠-, 愚-, 忠-.

心7 【惱】 ⑩ 惱(631)의 속자

心7 【悢】 ⑩ 슬퍼할 량 漾 liàng
초서 悢 字解 ①슬퍼하다, 서러워하다. ②사랑하여 돌보는 모양. 〔後漢書〕天之於漢, 悢悢無已.
【悢悢】 양량 ①슬퍼하고 아파하는 모양. ②불쌍히 여겨 돌보는 모양.

心7 【俐】 ⑩ 俐(102)와 동자

心7 【悋】 ⑩ 아낄 린 震 lìn
동자 怪 동자 吝 속자 悋 字解 아끼다, 인색하다. 〔孔子家語〕甚悋於財.
【悋想】 인상 인색한 생각.
【悋惜】 인석 재물을 아낌. 吝惜(인석).

心7 【恾】 ⑩ 두려워할 망 陽 máng
초서 恾 字解 ①두려워하다, 무서워하다. =忙. 〔列子〕子產恾然. ②근심하다, 걱정하다. ③바쁘다. =忙.

心7 【悗】 ⑩ 잊을 문 阮 mèn

心部 7획 悚悉惡忢悇悁悅悟

心7 【悚】⑩ 두려워할 송 ㄕㄨ sǒng

[초서] 悚 [자해] ❶두려워하다, 무서워하다.〔孔子家語〕不戁不悚. ❷당황하다, 허둥거리다. ❸공경하다.〔晉書〕整服傾悚.
【悚懼 송구】①무서워 부들부들 떪. ②圖마음에 두렵고 미안함.
【悚慄 송률】두려워하여 부들부들 떪.
【悚悚 송송】몹시 두려워하는 모양.
【悚息 송식】두려워 헐떡임.
【悚然 송연】몹시 두려워하는 모양.
【悚怍 송작】두려워하고 부끄러워함.
● 恐-, 戰-, 惶-.

心7 【悉】⑪ 다 실 ㄒㄧ xī

[소전] 悉 [고문] 恶 [초서] 悉 [동서] 悉 [고자] 悉

[자해] ❶다, 모두, 남김없이.〔張衡·賦〕悉率百禽. ❷다하다. ㉮다 알다.〔漢書〕上所問禽獸簿, 甚悉. ㉯끝까지 궁구하다.〔漢書〕至纖至悉. ㉰갖추다.〔史記〕占不悉.
【悉甲 실갑】병사(兵士)를 죄다 내보냄.
【悉皆 실개】다, 모두, 남김없이.
【悉達 실달】(佛)석가모니(釋迦牟尼)가 출가하기 전, 정반왕(淨飯王)의 태자였을 때의 이름. ○범어 'Siddhārtha'의 음역어. 悉達多(실달다). 悉多(실다).
【悉曇 실담】범자(梵字)의 딴 이름. 성스러운 문자라는 뜻으로 주로 경전을 기록하는 데 씀. 悉曇文字(실담 문자).
【悉數 실수】하나하나 자세하게 설명함.
【悉心 실심】마음을 다함.
【悉銳 실예】정예(精銳)한 군사를 모두 동원함.
【悉盡 실진】죄다. 남김없이.
● 備-, 詳-, 昭-, 審-, 委-, 知-, 該-.

心7 【惡】⑪ 惡(624)의 속자

心7 【忢】⑪ 잊을 여 ㄩˋ yù

[소전] 忢 [초서] 怣 [자해] ❶잊다, 잊어버리다. ❷기뻐하다. ≒豫.〔隋書〕帝不忢. ❸근심하다. ≒悇.

心7 【悇】⑩ ❶근심할 여 ㄩˊ yú
❷의심스러울 도 ㄊㄨˊ tú

[자해] ❶근심하다, 애태우며 근심하다. ≒忢. ¶ 悇憛. ❷의심스럽다, 화복(禍福)이 정해지지 않은 모양.
【悇憛 ❶여담 ❷도담】❶마음속으로 근심하는 모양. ❷화복이 아직 정해지지 않은 모양.

心7 【悁】⑩ ❶성낼 연 ㄩㄢ yuān
❷조급할 견 ㄐㄩㄢˋ juàn

[소전] 悁 [주문] 悁 [속자] 悁 [자해] ❶①성내다, 화내다.〔戰國策〕然而心忿悁含怒之日久矣. ②근심하다, 염려하다, 괴로워하다. ❷조급하다, 초조해하다.〔南史〕果以輕悁而至於窮.
【悁急 연급】성을 잘 내고 조급함. 성미가 급함.
【悁勞 연로】근심하여 지침.
【悁想 연상】근심 걱정에 잠김.
【悁悁 연연】①근심하는 모양. ②성냄.
【悁憂 연우】화가 나고 걱정이 됨.
【悁悟 연오】화를 내면서 걱정함.
● 結-, 煩-, 忿-.

心7 【悅】⑩ 기쁠 열 ㄩㄝˋ yuè

丶丷忄忄忄怊怊怊悅

[초서] 悅 [속자] 悦 [동서] 說 [동서] 兌 [자원] 形聲. 心+兌→悅. '兌(태)'가 음을 나타낸다.
[자해] ❶기쁘다. ㉮마음에 즐겁다. ¶ 喜悅. ㉯기뻐하다, 즐거워하다.〔張衡·賦〕海內同悅. ❷심복(心服)하다, 기뻐하며 따르다.〔詩經〕我心則悅. ❸사랑하다.〔史記〕悅而取之.
【悅康 열강】기뻐하며 즐김.
【悅口之物 열구지물】입에 맞는 음식.
【悅勸 열권】기뻐하며 힘씀.
【悅樂 열락】기뻐하고 즐거워함. 悅豫(열예).
【悅慕 열모】기뻐하고 사모함.
【悅目 열목】눈을 즐겁게 함. 보고 즐김.
【悅懌 열역】기뻐하며 즐김. 悅欣(열흔).
【悅玩 열완】즐겨 희롱함.
【悅澤 열택】광택이 아름답고 윤이 남.
【悅好 열호】기뻐 좋아함. 좋아짐.
【悅喜 열희】기뻐함. 큰 기쁨.
● 大-, 滿-, 法-, 愉-, 和-, 喜-.

心7 【悟】⑩ 깨달을 오 ㄨˋ wù

丶丷忄忄忄怔怔怔悟悟

[소전] 悟 [고문] 悟 [초서] 悟 [고자] 吾 [자원] 形聲. 心+吾→悟. '吾(오)'가 음을 나타낸다.
[자해] ❶깨닫다, 도리를 알다, 진리를 체득하다.〔書經〕今天降疾, 殆弗興弗悟. ❷깨달음, 깨닫는 일.〔困知記〕有所覺之謂悟. ❸총명하다, 이해력이 강하다.〔南史〕阿連才悟如此. ❹깨우치다, 계발(啓發)하다.〔崔駰·達旨〕唐雎華顚以悟秦. ❺눈 뜨다, 잠 깨다. ¶ 寤. 〔潘岳·賦〕怛驚悟兮無聞. ❻(佛)실상(實相)의 이치를 깨닫다.〔法華經〕欲令衆生悟佛知見.
【悟歌 오가】마음이 트여 노래함.
【悟空 오공】허무의 도리를 깨달음.
【悟道 오도】(佛)깨달음의 길. 번뇌를 해탈하고

心部 7획 悮唇恿恿恿悠悒您怸悛悌

불계(佛界)에 들어가는 부처의 가르침.
【悟禪 오선】(佛)선도(禪道)를 깨달음. 불심(佛心)을 깨달음.
【悟性 오성】이성과 감성의 중간에 있는 논리적 사유의 능력. 사물을 이해하고 분석하는 성질.
【悟悅 오열】깨달아 희열(喜悅)을 느낌.
【悟入 오입】(佛)충분히 이치를 깨달음. 실상(實相)의 이치를 깨달아서 그 이치에 들어감. 오도(悟道)에 들어감.
【悟悔 오회】깨닫고 뉘우침.
○ 覺-, 開-, 大-, 頓-, 妙-, 省-, 圓-, 聰-, 悔-, 會-.

心 7 【悮】 ⑩ 그릇할 오 虞 wù
字解 ①그릇하다, 착오로 어떤 일을 저지르다. =誤. 〔周書〕 無容悮欽. ②속이다, 기만하다.
【悮蹈 오도】잘못 디딤. 헛디딤.
【悮事 오사】일을 그르침. 불합리한 일을 함.

心 7 【唇】 ⑪ 辱(1799)의 고자

心 7 【恿】 ⑪ 날랠 용 腫 yǒng
字解 ①날래다. =勇. ②종용(慫恿)하다. =慂.

心 7 【恿】 ⑩ 찰 용 腫 yǒng
字解 ①차다, 가득 차다. ②성내다, 화내다.
【恿偪 용폭】가득 참. 恿偪(용핍).

心 7 【悠】 ⑪ 멀 유 尤 yōu

亻 亻 亻 伦 攸 攸 悠 悠 悠

字源 形聲. 攸+心→悠. '攸(유)'가 음을 나타낸다.
字解 ①멀다, 아득하다. 〔詩經〕 於乎悠哉. ②걱정하다, 근심하다. 〔詩經〕 悠悠我里. ③생각하다. 〔詩經〕 悠哉悠哉. ④아파하다. ⑤길다, 오래다. 〔禮記〕 微則悠遠. ⑥여유 있는 모양, 느긋하다, 한가롭다. 〔張衡·賦〕 紛焱悠以容裔. ⑦많은 모양. 〔後漢書〕 悠悠者, 皆是.
【悠隔 유격】사이가 멀리 뜸.
【悠曠 유광】아주 멂. 아주 오램.
【悠久 유구】연대가 아득하게 오램.
【悠邈 유막】아득히 멂. 悠緬(유면).
【悠闇 유암】멀고 컴컴함.
【悠揚 유양】시간·장치·음성(音聲) 등이 길고 먼 모양.
【悠陽 유양】해가 멀어짐. 해가 지는 모양.
【悠然 유연】시간·장치·음성이나 심적 상황 등이 아득한 모양.
【悠遠 유원】①아득히 멂. ②아주 오래됨.
【悠悠 유유】①걱정하는 모양. ②썩 먼 모양. ③

매우 한가한 모양. ④느릿느릿한 모양. ⑤널리 퍼지는 모양. ⑥많은 모양. ⑦생각하는 모양.
【悠悠自適 유유자적】어디에도 구속되지 않고 여유롭고 한가로운 모습.
【悠悠忽忽 유유홀홀】일도 하지 않고 유유히 세월을 보냄.
【悠長 유장】오램. 긺.
【悠哉 유재】①생각에 끝이 없음. ②시간이 길게 생각됨.
【悠忽 유홀】빈둥빈둥 세월을 보냄.
○ 鬱-, 幽-, 謬-.

心 7 【悒】 ⑩ 근심할 읍 緝 yì
字解 ①근심하다, 마음이 즐겁지 아니하다. 〔楚辭〕 武發殺殷何所悒. ②마음이 자유롭지 아니한 모양, 뜻대로 되지 않아 마음이 무거운 모양.
【悒怏 읍앙】마음이 답답하고 편안하지 않은 모양. 怏悒(앙읍).
【悒鬱 읍울】근심스러워 마음이 답답해짐.
【悒悒 읍읍】①우울하여 마음이 편하지 않은 모양. ②퍼지지 않음. 맺힌 듯이 불편함.
○ 愁-, 快-, 憂-.

心 7 【您】 ⑪ 恁(615)과 동자

心 7 【怸】 ⑪ 怍(609)과 동자

心 7 【悛】 ⑩ ❶고칠 전 先 quān
❷고칠 준 眞 quān
❸정성 순 眞 xún
參考 대법원 지정 인명용 한자의 음은 '전'이다.
字解 ❶①고치다, 새롭게 하다. 〔書經〕 惟受罔有悛心. ②중지하다, 그만두다. 〔春秋左氏傳〕 長惡不悛. ③깨닫다, 개오(改悟)하다. 〔春秋左氏傳〕 亦無悛志. ④잇다, 차례를 짓다. 듭銓. 〔春秋左氏傳〕 外內以悛. ⑤공경하다, 깊은 경의를 표하다. ❷고치다. ※❶의 ①과 같다. ❸①정성, 진정, 진중. =恂. ②고치다. ※❶의 ①과 같다.
【悛改 전개】과거의 잘못을 뉘우쳐 마음을 바르게 고침. 改悛(개전).
【悛心 전심】뉘우쳐 마음을 고침.
【悛容 전용】①위의(威儀)를 차려 얼굴빛을 고침. ②잘못을 뉘우친 모양.
【悛志 전지】마음에 깨달음.
【悛革 전혁】고침.
【悛悛 순순】진중하여 말이 적은 모양.

心 7 【悌】 ⑩ 공경할 제 薺 tì
字解 ①공경하다, 어린 사람이 어른을 잘 공경하다.

心部 7획 愁惄悄悤悖悍恚患

늑弟.〔孟子〕入則孝, 出則悌. ❷화락하다, 화평하고 즐겁다. 늑弟.〔後漢書〕性愷悌多智.
【悌友 제우】 형제나 장유(長幼) 사이가 화목하고도 유순함. 友悌(우제). 弟友(제우).
【悌弟 제제】 형에게 유순한 아우.
【悌弟 제제】 손윗사람을 잘 섬김.
◐ 愷-, 謹-, 友-, 仁-, 和-, 孝-.

心 7 【愁】⑪ 惕(627)과 동자

心 7 【惄】⑪ 공경할 철 㩇 zhé
[字解] ❶공경하다. ❷알다, 지혜롭다. =哲.〔漢書〕知人則惄.

心 7 【悄】⑩ ❶근심할 초 篠 qiǎo ❷엄할 초 嘯 qiào
[字解] ❶근심하다, 근심 걱정에 잠기다.〔詩經〕勞心悄兮. ❷고요하다, 조용하다.〔張說·詩〕月白夜悄. ❸엄하다, 엄격하다, 혹독하다.
【悄去明來 초거명래】 남몰래 살짝 가서 성공하고, 공공연하게 버젓이 돌아옴.
【悄然 초연】 의기가 떨어져서 초라하고 쓸쓸한 모양. 근심하는 모양. 悄悄(초초).
【悄切 초절】 사무치게 슬픔. 절실하게 근심함.
【悄愴 초창】 ❶걱정스럽고 슬픔. ❷적적한 모양.
【悄悄 초초】 ❶풀이 죽어 근심하는 모양. 悄然(초연). ❷고요한 모양.
【悄乎 초호】 ❶과격하고 엄한 모양. ❷무뚝뚝하여 친절하지 않은 모양.

心 7 【悤】⑪ 바쁠 총 東 cōng
[字解] ❶바쁘다, 급하다, 일에 몰려 급한 모양.〔晉書〕悤悤不暇草書. ❷밝다, 슬기롭다. 늑聰.〔漢書〕悤明上通.
【悤遽 총거】 ❶바쁜 모양. 부산한 모양. ❷바쁘게 설침. 부산함.
【悤明 총명】 밝음. 슬기로움.
【悤卒 총졸】 분주함. 분주스러움.

心 7 【悖】 ❶어그러질 패 隊 bèi ❷성할 발 月 bó
[字解] ⓐ參考 ❶본디 ❶, ❷ 모두 月 운통 (韻統)에 딸려 있었으나, 우리나라에서는 위와 같이 구별하여 사용하고 있다. ❷대법원 지정 인명용 한자의 음은 '패'이다.
[字解] ❶어그러지다, 도리·사리·기준에서 벗어나다.〔中庸〕道並行而不相悖. ❷성하다, 우쩍 일어나다. 늑勃.〔春秋左氏傳〕其興也悖焉.
【悖談 패담】 이치에 어긋나는 말.
【悖德 패덕】 덕의(德義)에 어그러짐. 어그러진 행실.
【悖道 패도】 도리에 어긋남.

【悖亂 패란】 ❶도리에 벗어난 짓을 하며, 일을 어지럽힘. ❷모반(謀反)함.
【悖禮 패례】 예의에 어그러짐. 도리에 어그러진 예의.
【悖謬 패류】 사리에 어긋나 일을 그르침. 도리에 벗어나 오류(誤謬)를 범함.
【悖倫 패륜】 윤리 도덕에 어긋남.
【悖理 패리】 사리에 어긋남.
【悖習 패습】 인륜에 어긋나는 좋지 못한 버릇이나 풍습.
【悖惡 패악】 인륜에 어긋나고 흉악함.
【悖逆 패역】 모반(謀叛)함. 모반.
【悖入悖出 패입패출】 부정한 방법으로 번 돈은 또 그렇게 나감. 도리에 어긋난 짓을 하면 역시 도리에 어그러진 갚음을 받음.
【悖焉 발언】 부쩍 일어나는 모양.
【悖然 발연】 ❶갑작스레 성을 내거나 놀라는 모양. ❷갑자기. 느닷없이.
◐ 狂-, 暴-, 行-, 荒-, 凶-.

心 7 【悍】⑩ 사나울 한 翰 hàn
[字解] ❶사납다, 성질이나 행동이 억세고 모질다.〔荀子〕析愿禁悍. ❷성급하다.〔漢書〕其俗愚悍少慮. ❸세차다, 빠르다.〔史記〕水端悍. ❹눈을 부릅뜨다. 늑睅.〔潘岳·賦〕瞵悍目以旁睞. ❺날카롭다.〔素問〕石藥之氣悍. ❻용맹하다.〔史記〕解爲人短小精悍.
【悍梗 한경】 성질이 사납고 남을 따르지 않음.
【悍輕 한경】 억세고 재빠름.
【悍驕 한교】 사납고 교만함.
【悍忌 한기】 포악하고 시기심이 많음.
【悍戾 한려】 포악하고 도리에 어그러짐.
【悍吏 한리】 포악한 관리.
【悍馬 한마】 사나운 말. 드센 말.
【悍婦 한부】 성미가 사나운 여자.
【悍室 한실】 거센 아내.
【悍藥 한약】 극약(劇藥).
【悍疾 한질】 성질이 사납고 순종하지 않음.
【悍驚 한오】 포악함. 사나움.
【悍勇 한용】 몹시 사납고 용맹스러움.
【悍將 한장】 억센 장수. 猛將(맹장).
【悍酋 한추】 용맹스러운 추장(酋長).
◐ 猛-, 勇-, 精-, 妒-, 慓-.

心 7 【患】⑪ 근심 환 諫 huàn

串串患患患

[字源] 形聲. 串+心→患. '串(관)'이 음을 나타낸다.
[字解] ❶근심. ㉮근심, 걱정.〔呂氏春秋〕大臣同患. ㉯고통, 고난.〔戰國策〕而無後患. ㉰재난, 재해.〔易經〕君子以思患, 以豫防之. ㉱병

心部 7～8획 悝悔悕悸悾悹悺惓惎

(病).〔北史〕遇風患, 手足不隨, 口不能言. ②근심하다, 걱정하다.〔論語〕不患人之不己知. ③앓다, 병들다.〔晉書〕疾患不能自存.
【患苦 환고】 괴로워함. 근심으로 인한 고통.
【患咎 환구】 재앙. 재난.
【患忌 환기】 근심하며 꺼림.
【患難 환난】 근심과 재난.
【患難相救 환난상구】 어려움을 당했을 때는 서로 구제함.
【患毒 환독】 걱정이 되어 쓰디쓰게 생각함. 근심이 되어 몹시 괴롭게 여김.
【患累 환루】 ①재앙. ②근심. 걱정.
【患貧 환빈】 빈한함을 걱정함.
【患御 환어】 가까이 모시는 신하. ○'患'은 '串', 곧 '꿸'으로 '가까운 사람'을 뜻함.
【患憂 환우】 걱정과 근심.
【患悔 환회】 근심하고 괴로워함.
【患候 환후】 어른의 병환.
◐ 國—, 急—, 內—, 老—, 大—, 病—, 外—, 憂—, 重—, 疾—, 親—, 後—.

心7【悝】⑩ ❶농할 회 困 kuī ❷근심할 리 紙 kuī
소전 悝 초서 悝 字解 ❶①농하다, 비웃다.〔張衡·賦〕由余以西戎孤臣而悝繆公於宮室. ②사람 이름.〔漢書〕李悝爲魏文侯. ❷①근심하다, 걱정하다. ②슬퍼하다.

心7【悔】⑩ 뉘우칠 회 隊賄 huǐ
丶 丶 忄 忄 忙 忙 悔 悔 悔 悔
소전 悔 초서 悔 字源 形聲. 心+每→悔. '每(매)'가 음을 나타낸다.
字解 ①뉘우치다, 후회하다. ㉮아깝고 분하다, 미련이 남다.〔詩經〕宜無悔怒. ㉯이전의 잘못을 깨닫다, 뉘우쳐 고치다.〔後漢書〕亭長乃慙悔還牛. ②아깝게도, 유감스럽게도.〔王昌齡·詩〕忽見陌頭楊柳色, 悔敎夫壻覓封侯. ③뉘우침, 후회. ㉮마음에 걸림, 결정.〔論語〕則寡悔. ㉯잘못, 허물, 실패.〔春秋公羊傳〕尙速有悔於予身. ④깔보다, 얕보다.〔詩經〕庶無大悔. ⑤주역(周易)의 외괘(外卦). 괘의 여섯 효(爻)에서 윗부분의 세 효는 외괘, 아랫부분의 세 효를 내괘(內卦)라 한다.〔書經〕曰貞曰悔.
【悔改 회개】 잘못을 뉘우쳐 고침.
【悔愆 회건】 잘못을 뉘우침.
【悔過 회과】 허물을 뉘우침. 잘못을 뉘우침. 悔咎(회구).
【悔戾 회려】 죄. 과실(過失).
【悔吝 회린】 ①뉘우치고 한탄함. ②작은 과실.
【悔心 회심】 잘못을 뉘우치는 마음.
【悔悟 회오】 잘못을 뉘우쳐 깨달음.
【悔尤 회우】 허물. 잘못.
【悔悛 회전】 잘못을 뉘우쳐 바르게 고침.
【悔罪 회죄】 죄를 뉘우침.
【悔恥 회치】 뉘우쳐 부끄럽게 여김.
【悔恨 회한】 이전의 잘못을 뉘우치며 한탄함.
【悔禍 회화】 화를 다시 받지 않도록 뉘우침.
◐ 憾—, 悲—, 傷—, 五—, 悟—, 懺—, 追—, 痛—, 恨—, 患—, 後—.

心7【悕】⑩ 슬퍼할 희 微 xī
초서 悕 字解 슬퍼하다.〔春秋公羊傳〕在招丘悕矣.

心8【悸】⑪ 두근거릴 계 寘 jì
소전 悸 초서 悸 동자 憒 字解 ①두근거리다, 가슴이 뛰다.〔後漢書〕肌慄心悸. ②가슴이 두근거리는 병.〔漢書〕使我至今病悸. ③두려워하다.〔楚辭〕惶悸兮失氣. ④늘어지다, 띠가 아래로 축 늘어진 모양.〔詩經〕垂帶悸兮. ⑤절도(節度)가 있는 모양. ¶悸悸.
【悸悸 계계】 ①놀라고 두려워서 가슴이 두근거리는 모양. ②절도(節度)가 있는 모양.
【悸動 계동】 놀랍고 두려워 떪.
【悸病 계병】 가슴이 두근거리는 병.
【悸慄 계율】 부들부들 떨며 두려워함.
◐ 驚—, 恐—, 動—, 羞—, 心—, 惶—.

心8【悾】⑪ ❶정성 공 東 kōng ❷뜻 얻지 못할 공 董 kǒng
초서 悾 字解 ❶①정성, 진심, 참된 마음. ¶悾款. ②정성을 다하는 모양, 지성스러운 모양.〔論語〕悾悾而不信. ❷뜻을 얻지 못하다, 마음먹은 대로 되지 아니하는 모양. ¶悾憁.
【悾款 공관】 정성. 진심. 참된 마음.
【悾憁 공총】 일이 바빠서 뜻한 대로 되지 않는 모양. 倥傯(공총).

心8【悹】⑫ 근심할 관 翰 quàn
소전 悹 동자 悹 字解 ①근심하다, 걱정하다. ②의지할 곳이 없는 모양.〔梅堯臣·詩〕泛然去中流, 鷄呼心悹悹.

心8【悺】⑪ 悹(621)과 동자

心8【惓】⑪ ❶삼갈 권 先 quán ❷싫증날 권 霰 juàn
초서 惓 字解 ❶①삼가다. ②정성스럽다, 진심을 다하는 모양, 간절하다.〔宋玉·賦〕願盡心之惓惓. ❷싫증나다, 싫증나도록 피로하다. = 倦.
【惓懇 권간】 몹시 간절함.

心8【惎】⑫ 해칠 기 寘 jì

心部 8획

【惎】
字解 ①해치다, 해롭게 하다.〔春秋左氏傳〕惎間王室. ②미워하다, 꺼리다.〔春秋左氏傳〕趙襄子由是惎智伯. ③가르치다.〔張衡·賦〕天啓其心, 人惎之謀.
【惎間 기간】남을 헐뜯고 이간함.
【惎悔 기회】그와 같은 것은 뉘우쳐서 고쳐야 할 것이라고 가르치는 일.

心8【惎】⑪ 憝(621)와 동자

心8【惄】⑫ 허출할 녁 圄 nì
字解 ①허출하다, 시장기가 있는 모양.〔詩經〕惄如調飢. ②근심하다, 걱정하다. ≒惒. ③생각하다, 마음 아프게 생각하다.〔詩經〕惄如如擣.
【惄憮 역무】근심으로 괴로워함. 번민함.
【惄焉 역언】생각하는 모양. 근심에 싸여 슬퍼하는 모양.
【惄如調飢 역여주기】허출함이 아침을 먹지 못한 공복(空腹)과 같음. 사람을 그리는 정이 간절함. ◯'調'는 '朝'로 '아침'을 뜻함.

心8【懇】⑫ 悃(606)과 동자

心8【惔】⑪ 탈 담 圄 tán, dàn
字解 ①타다. ≒炎. ㉮불이 타다. ¶惔焚. ㉯속이 타다, 애태우다.〔詩經〕憂心如惔. ②편안하다. ≒倓·憺.〔莊子〕以恬惔爲上者.
【惔焚 담분】태움. 가뭄이 극심함.

心8【惪】⑫ 덕 덕 職 dé
字解 덕, 선행(善行), 선심(善心).

心8【悳】⑫ 惪(622)과 동자

心8【悼】⑪ 슬퍼할 도 號 dào
字源 形聲. 心+卓→悼. '卓(탁)'이 음을 나타낸다.
字解 ①슬퍼하다. ㉮죽음을 슬퍼하다. ¶哀悼. ㉯마음 아프다, 가엾게 여기다.〔淮南子〕墨子聞而悼之. ②떨다, 두려워서 떨다.〔國語〕隱悼播越. ③어린이의 죽음. 일곱 살쯤 된 어린 아이의 죽음.〔漢書〕全貞信及眊悼之人.
【悼歌 도가】죽은 사람을 애도하는 노래. 장송(葬送)할 때 부르는 노래. 挽歌(만가).
【悼亡 도망】아내의 죽음을 비통해함. 故事 진대(晉代)에 반악(潘岳)이 아내가 죽었을 때 도망시(悼亡詩) 세 수(首)를 지어 슬퍼한 고사에서 온 말.
【悼惜 도석】죽은 사람을 애석하게 여겨 슬퍼함.
【悼慄 도율】비통해하고 두려워함.
【悼痛 도통】몹시 슬퍼함. 슬프고 마음 아픔.
◐ 眊−, 悲−, 傷−, 哀−, 追−, 嘆−, 痛−.

心8【悳】⑫ 悼(622)와 동자

心8【惇】⑪ 도타울 돈 园 dūn
字解 ①도탑다, 인정이 도탑다. ≒敦.〔書經〕惇德允元. ②진심, 참된 마음. ③애쓰다, 힘쓰다.〔國語〕守學彌惇.
【惇謹 돈근】인정이 도탑고 조심성이 많음.
【惇大 돈대】두텁고 큼. 두텁고 크게 함.
【惇德 돈덕】덕이 높은 사람을 돈독하게 대함.
【惇篤 돈독】인정이 후하고 독실함.
【惇惇 돈돈】어질고 순후(純厚)한 모양.
【惇敍 돈서】돈독하게 하여 질서를 세움. 친애(親愛)하는 가운데 질서를 세워 평화롭게 함. 敦序(돈서).
【惇信 돈신】믿음을 도탑게 함. 깊이 믿음.
【惇愼 돈신】①마음으로 깊이 따름. ②인정이 도탑고 정성이 있음. ◯'愼'은 '誠'으로 '정성'을 뜻함.
【惇惠 돈혜】인정이 도탑고 은혜로움.
【惇誨 돈회】애써 가르침. 열심히 가르침.
【惇厚 돈후】인정이 많고 후함. 敦厚(돈후).

心8【惏】⑪ ❶탐할 람 圄 lán ❷차가울 림 圂 lín
字解 ❶탐하다, 탐내다. =婪·惏.〔大戴禮〕飽而惏. ❷①차갑다, 추운 모양, 추워서 떨다. ≒凓.〔宋玉·賦〕狀直憯悽惏栗. ②슬퍼서 마음 아파하는 모양.〔宋玉·賦〕令人憯悽惏憀.
【惏悷 임려】슬픔으로 마음 아파하는 모양.
【惏露雨 임로우】가을비의 딴 이름.
【惏慄 임률】①추운 모양. 추워서 떪. ②음성이 맑고 시원스러운 모양.

心8【悷】⑪ 서러워할 려 霽 lì
字解 서러워하다, 슬퍼하는 모양.〔宋玉·賦〕惏悷憯悽.

心8【悷】⑪ 놀랄 릉 蒸 líng
字解 ①놀라다, 놀라서 두려워하다.〔張衡·賦〕百禽悷遽. ②가엾게 여기다, 불쌍하게 여기다.

【悷遽 능거】 무서워서 어쩔 줄 모름.

心 8 【惘】⑪ 멍할 망 ㉻ wǎng

[字解] 멍하다, 멍한 모양. 〔潘岳·賦〕惘輆駕而容輿.
【惘惘 망망】①낙심하여 멍한 모양. ②뜻대로 되지 않아 당황하는 모양.
【惘然 망연】맥이 풀려 멍한 모양. 실망하거나 놀라 멍한 모양.
➊ 悽-, 慌-.

心 8 【悶】⑫ ❶번민할 민 ㉻ mèn ❷깨닫지 못할 민 ㉺문 ㉻ mēn ❸뒤섞일 민 ㉺ mèn

[字解] ❶①번민하다, 마음이 우울해지다.〔易經〕遯世無悶, 不見是而無悶. ②어둡다. ≒惽. ¶悶悶. ❷깨닫지 못하다. ❸뒤섞이다, 한데 뒤얽히다.
【悶沓 민답】괴로움으로 가슴이 답답함.
【悶懣 민만】고민함. 괴로워함.
【悶默 민묵】고민하여 말이 없음.
【悶悶 민민】①어두운 모양. 이지적(理智的)이 아닌 모양. ②마음이 컴컴한 모양. 사리에 어두운 모양. ③속이 답답한 모양. 마음속으로 고민하는 모양.
【悶死 민사】①고민하다가 죽음. ②죽도록 고민함. ③숨이 막혀 죽음.
【悶癢 민양】안타깝고 답답함.
【悶懷 민회】고민하여 마음속에 두고 생각함.
➊ 苦-, 迷-, 煩-, 憤-, 愁-, 憂-, 鬱-.

心 8 【悗】⑪ 悶(623)과 동자

心 8 【閔】⑫ 悶(623)과 동자

心 8 【悱】⑪ 표현 못할 비 ㉻ fěi

[字解] 표현을 못하다, 마음 속으로는 알면서도 입으로는 표현하지 못하다.〔論語〕不悱不發.
【悱憤 비분】입 밖으로 나타내지 않는 노여움. 말 못하는 분한(憤恨).
【悱悱 비비】마음속으로는 알면서도 말로써 표현하지 못하는 모양.
【悱惻 비측】마음속으로 슬퍼함.

心 8 【悲】⑫ 슬플 비 ㉻ bēi

[字源] 形聲. 非+心→悲. '非(비)'가 음을 나타낸다.

[字解] ①슬프다, 서럽다.〔楚辭〕悲哉秋之爲氣也. ②슬픔, 비애.〔周弘正·詩〕將申湘女悲. ③슬퍼하다, 마음 아파하다.〔詩經〕女心傷悲. ④(佛)동정, 가없이 여기는 마음, 가없게 여겨 은혜를 베푸는 일.〔大智度論〕大悲拔一切衆生苦.
【悲歌忼慨 비가강개】슬프고 애절하게 노래하며 마음이 격(激)하여 한탄함. 격분하여 비통해 하는 소리를 냄.
【悲感 비감】슬픈 마음.
【悲憾 비감】슬퍼하고 원망함.
【悲苦 비고】슬퍼하고 괴로워함.
【悲觀 비관】인생이나 상황에 대해 슬프고 괴롭게 여김.
【悲劇 비극】①삶의 불행을 소재로 하여 슬픈 결말로 끝나는 연극. ②인간 사회의 여러 가지 비참한 일들.
【悲悼 비도】죽음을 몹시 슬퍼함.
【悲涼 비량】슬퍼함. 슬프고 쓸쓸함.
【悲戀 비련】①슬퍼하며 그리워함. ②이루어지지 못하고 슬프게 끝나는 연애.
【悲報 비보】슬픈 소식.
【悲夫 비부】슬프도다. ✎'夫'는 조자(助字).
【悲憤慷慨 비분강개】슬프고 분하여 의기가 솟구침.
【悲傷 비상】슬퍼하고 마음 아파함.
【悲嘯 비소】슬피 부르짖음. 슬프게 소리침.
【悲愁 비수】슬퍼하고 근심함. 悲戚(비척).
【悲哀 비애】쓰라린 슬픔.
【悲惋 비완】슬퍼하고 괴로워함. 찬탄함.
【悲運 비운】슬픈 운명.
【悲願 비원】①(佛)보살이 중생을 구제하려는 자비로운 서원(誓願). ②기필코 이루어 보려는 비장한 소원.
【悲壯 비장】슬프면서도 그 감정을 억제하여 의기가 씩씩함.
【悲田 비전】(佛)삼복전(三福田)의 하나. 가난한 사람에게 보시(布施)하는 일. ✎'悲'는 자비(慈悲), '田'은 선행을 베풀어야 할 대상을 밭에 비유한 말.
【悲慘 비참】슬프고 처참함.
【悲愴 비창】슬프고 아파함.
【悲愴 비창】마음이 상하고 슬픔.
【悲戚 비척】슬퍼하고 근심함.
【悲秋 비추】①만물이 구슬픈 느낌을 가지는 가을철. 쓸쓸한 느낌을 주는 가을. ②가을 기분에 잠겨 슬퍼함.
【悲歎 비탄】슬퍼 탄식함.
【悲痛 비통】슬프고 가슴 아픔.
【悲風 비풍】①구슬픈 느낌을 주는 바람. ②늦은 가을의 쓸쓸한 바람.
【悲恨 비한】슬퍼하고 한탄함.
【悲泫 비현】슬퍼서 눈물을 흘림. 슬픈 눈물.
【悲話 비화】슬픈 이야기.
【悲悔 비회】슬퍼하고 뉘우침.
【悲懷 비회】슬픈 회포. 슬픈 심사.
➊ 大慈大-, 傷-, 慈-, 積-, 喜-.

心 8 【惜】⑪ 아낄 석 囲 xī

ㅣ ㅏ ㅏ 忄 忄 忄 忄 忄 惜 惜 惜

[소전] 惜 [초전] 惜 [字源] 形聲. 心+昔→惜. '昔(석)'이 음을 나타낸다.

[字解] ①아끼다. ㉮아깝게 여기다. 〔呂氏春秋〕爲天下惜死. ㉯탐하다, 한없이 욕심을 부리다. 〔後漢書〕諸將貪惜財貨. ②아까워하다, 아쉬워하다. ¶惜陰. ③아깝다, 가엾다. 〔論語〕子謂顏淵曰, 惜乎. ④가엾게 생각하다, 애처로워하다. 〔陸機·賦〕惜此景之屢戢.

【惜吝 석린】 아낌. 아까워함.
【惜暮 석모】 해가 지는 것을 아쉬워함.
【惜愍 석민】 아까워하고 슬퍼함.
【惜別 석별】 헤어짐을 안타깝게 여김.
【惜福 석복】 검소하게 생활하여 복을 길이 누리게 함. 비용을 아껴 사치하지 않음.
【惜陰 석음】 광음을 아낌. 시간을 귀중히 여김. 惜景(석영).
【惜春 석춘】 가는 봄을 아쉬워함.
【惜敗 석패】 아깝게 짐.

❶ 賣-, 哀-, 愛-, 各-, 自-, 貪-, 痛-.

心 8 【悐】⑫ 근심할 석 錫 xī

[字解] ①근심하다, 염려하는 모양. ②공경하다, 삼가다.

心 8 【惥】⑫ 儱(1705)의 고자

心 8 【惡】⑫
❶ 악할 악 藥 è
❷ 미워할 오 遇 wù
❸ 어찌 오 虞 wū

一 厂 厂 亞 亞 亞 惡 惡 惡

[소전] 惡 [소전] 惡 [초서] 惡 [속자] 惡 [간체] 恶

[參考] 대법원 지정 인명용 한자의 음은 '악·오'이다.

[字源] 形聲. 亞+心→惡. '亞(아)'가 음을 나타낸다.

[字解] ❶①악하다. ㉮모질고 사납다. ¶惡刑. ㉯성질이나 행동이 도덕적으로 보아 못되고 나쁘다. ¶惡俗. ㉰추하다. ㉮얼굴이 못생겨서 보기에 흉하다. 〔莊子〕衛有惡人焉. ㉯지저분하고 더럽다, 불쾌하다. ¶惡臭. ③불길(不吉)하다. ¶惡日. ④흉작(凶作), 흉년이 들다. 〔漢書〕歲惡民流. ⑤잘못, 바르지 아니한 일, 악(惡). 〔春秋左氏傳〕吾以志乎前. ⑥재난, 화액(禍厄). 〔淮南子〕反爲惡. ⑦죄인을 형벌로써 죽이다. 〔荀子〕或美或惡. ⑧악인(惡人), 나쁜 사람. 〔新語〕承天誅惡. ⑨더러움, 추악함. 늑污. 〔春秋左氏傳〕有汾澮以流其惡. ⑩병, 질병. 〔春秋左氏傳〕其惡易覯. ⑪똥, 대변. 〔吳越春秋〕太宰嚭奉溲惡以出. ⑫위세(威勢), 권위(權威). 〔漢書〕易隷以惡. ❷①미워하다. 〔論語〕能惡人. ②부끄러워하다. 〔孟子〕羞惡之心. ③두려워하다. 〔史記〕王必惡趙. ④병들다, 앓다. 〔呂氏春秋〕非惡其勞也. ⑤헐뜯다, 비방하다. 늑譖. 〔漢書〕人有惡喻黨於呂氏. ⑥싫어하다, 기피하다. 〔漢書〕惡察察言. ⑦기일(忌日). 〔禮記〕奉諱惡. ⑧불화(不和)하다. 〔戰國策〕齊魯之交惡. ❸①어찌, 어찌하여. 늑曷. 의문을 나타내는 말. 〔春秋左氏傳〕惡用子矣. ②어디, 어느. 〔論語〕君子去仁, 惡乎成名. ③아! '嗚呼(오호)'와 같은 뜻의 탄식하는 소리. 〔孟子〕惡, 是何言也.

【惡果 악과】(佛) 나쁜 짓에 대한 갚음.
【惡口 악구】 ①남을 헐어 말하기를 좋아하는 짓. 險口(험구). ②(佛) 십악(十惡)의 하나. 남에게 악한 말을 하는 짓.
【惡鬼 악귀】 악한 귀신.
【惡氣 악기】 ①사람에게 해를 주는 독기. ②고약한 냄새. 惡臭(악취).
【惡念 악념】 모진 생각. 나쁜 마음.
【惡談 악담】 남을 욕하거나 잘못되도록 저주하는 말.
【惡黨 악당】 못된 자들의 무리.
【惡道 악도】 ①나쁜 길. 사람의 도리에 어그러지는 행위. ②(佛) 악한 사람이 죽어서 가는 지옥. 惡處(악처). 惡趣(악취).
【惡毒 악독】 흉악하고 독살스러움.
【惡辣 악랄】 악독하고 표독스러움.
【惡戾 악려】 마음이 좋지 못하고 언행이 도리에 어그러짐.
【惡靈 악령】 원한을 품고 죽어 사람을 해치는 영혼.
【惡魔 악마】 ①(佛) 사람의 마음을 어지럽혀 선행을 방해하는 귀신. ②몹시 흉악한 사람.
【惡罵 악매】 욕하고 꾸짖음.
【惡名 악명】 몹시 나쁜 평판.
【惡夢 악몽】 기분 나쁘고 불길한 꿈.
【惡報 악보】 ①나쁜 소식. 상서롭지 못한 기별. ②(佛) 나쁜 짓에 대한 갚음.
【惡事 악사】 ①못된 일. 해서는 안 되는 일. 罪惡(죄악). ②흉악한 일. 災難(재난).
【惡聲 악성】 ①나쁜 소리. 듣기 거북한 음성. ②좋지 못한 소문. ③예가 아닌 소리. 음탕한 노래 따위. ④상서롭지 못한 소리.
【惡歲 악세】 음양(陰陽)의 조화가 잘되지 않는 해. 흉년.
【惡少 악소】 행실이 좋지 못한 젊은 사람.
【惡俗 악속】 나쁜 풍속.
【惡習 악습】 나쁜 풍습이나 습관.
【惡心】 ❶악심 ❷오심 ❶악한 마음. 남을 해치려는 마음. ❷속이 불쾌하고 토할 것 같은 기분이나 그런 현상.
【惡言 악언】 나쁘게 욕하는 말. 남을 해치는 말. 惡說(악설).
【惡業 악업】 ①좋지 못한 짓. ②(佛) 전세(前世)에서 지은 나쁜 행위.
【惡逆 악역】 몹시 악하여 의리에 벗어나는 짓.

【惡緣 악연】 ①화목하지 못하거나 헤어지는 남녀의 인연 관계. ②맺어서 좋지 않은 인연. 불행한 인연.
【惡用 악용】 나쁜 일에 이용함.
【惡月 악월】 음력 5월의 딴 이름.
【惡衣惡食 악의악식】 좋지 못한 의복과 맛없는 음식. 변변치 못한 의식(衣食).
【惡因 악인】 (佛)나쁜 결과를 주는 원인.
【惡日 악일】 ①운이 좋지 못한 날. 불길(不吉)한 날. 인연이 좋지 못한 날. 凶日(흉일). ②음력 5월 5일의 딴 이름.
【惡戰苦鬪 악전고투】 어려운 상황에서 몹시 힘들게 싸움.
【惡卒 악졸】 ①나쁜 병졸. ②겁쟁이 병졸.
【惡種 악종】 國성질이 악독한 사람이나 동물.
【惡知識 악지식】 ①(佛)사람을 그르치고 좋지 못한 곳으로 이끌어 가는 승려. ②남에게 알려진 나쁜 사람.
【惡疾 악질】 ①고치기 힘든 병. ②나쁜 습관.
【惡質 악질】 아주 못된 성질. 못된 성질을 가진 사람.
【惡草 악초】 ①해로운 풀. ②수조(水藻)의 딴 이름. ③질이 나쁜 담배.
【惡臭 악취】 나쁜 냄새.
【惡評 악평】 좋지 못한 평판.
【惡風 악풍】 ①모진 바람. 暴風(폭풍). ②나쁜 풍습이나 풍조.
【惡漢 악한】 못된 짓을 일삼는 사람.
【惡血 악혈】 ①고름이 섞여 나오는 피. ②해산한 뒤에 나오는 궂은 피.
【惡刑 악형】 모진 형벌.
【惡貨 ❶악화 ❷오화】 ❶나쁜 화폐. 지금(地金)의 가격이 법정 가격보다 낮은 화폐. ❷재화(財貨)를 미워함.
【惡戲 악희】 몹쓸 장난.
【惡不去善 오불거선】 사람을 미워하더라도 그 사람의 착한 점은 버리지 않음.
【惡阻症 오조증】 입덧. 惡阻(오조).
【惡醉强酒 오취강주】 취하기를 싫어하면서 굳이 술을 마심. 희망과 실행이 상반함.
【惡寒 오한】 ①추위를 싫어함. ②병적으로 몸이 오슬오슬 추위지는 증상.
❍姦-, 極-, 邪-, 善-, 性-, 羞-, 愛-, 積-, 罪-, 憎-, 醜-, 暴-, 險-, 凶-.

心 8 【惢】⑫ ❶蕊(1546)와 동자 ❷蘂(1563)와 동자

心 8 【惋】⑪ 한탄할 완 🔊 wǎn
字解 한탄하다, 놀라며 탄식하다. 〔晉書〕悵惋不已.
【惋怛 완달】 ①깜짝 놀라며 슬퍼함. ②한탄하며 슬퍼함.
【惋懣 완만】 한탄하며 번민함. 한탄하며 분개함.
【惋傷 완상】 탄식하며 비통해함.

【惋惜 완석】 한탄하며 아까워함.
【惋愕 완악】 놀라워하며 슬퍼함.
【惋愴 완창】 한탄하며 슬퍼함.
【惋慟 완통】 몹시 슬퍼함.
【惋恨 완한】 슬퍼하며 한탄함.
❍悲-, 悽-, 惆-.

心 8 【惟】⑪ 생각할 유 因 wéi
ㅣ ㅏ ㅑ ㅒ 忄 忄 忏 忏 惟 惟
字源 形聲. 心+佳→惟. '佳(추)'가 음을 나타낸다.
字解 ①생각하다. 〔詩經〕載謀載惟. ②도모하다, 꾀하다. ③늘어서다, 벌여 놓다. 〔國語〕師尹惟旅. ④맞다, 들어맞다. 〔呂氏春秋〕子惟之矣. ⑤오직, 홀로, 유독. ≒唯·獨. 〔書經〕惟明克允. ⑥~로써, 그것으로써. ≒以. 〔書經〕亦惟汝故以丕從厥志. ⑦~이다, 되다. ≒爲. 지정·단정의 뜻을 나타낸다. 〔書經〕萬邦黎獻, 共惟帝臣. ⑧~와, ~과, 함께. ≒與·及. ⑨이, 이에. 발어사. 〔書經〕惟十有三祀. ⑩예. ≒唯. 허락하는 말.
【惟德動天 유덕동천】 덕의 힘은 하늘도 움직임. ❍'惟'는 발어사.
【惟獨 유독】 오직 홀로.
【惟利是視 유리시시】 의리야 어찌 되었든 오직 이해관계만 따져서 봄.
【惟命是聽 유명시청】 어떠한 일이든지 오직 명령대로 복종함.
【惟我獨尊 유아독존】 ①(佛)나 자신이 가장 존귀함. ❍석가모니가 세상에 태어나 처음으로 했다는 말. ②세상에서 자기 혼자 잘난 체 뽐내는 태도.
【惟有劍耳 유유검이】 오직 칼이 있을 뿐임. 법을 어기는 자가 있으면 즉시 처단함.
【惟日不足 유일부족】 바쁘고 일이 많아 시간이 모자람.
【惟適之安 유적지안】 다만 자기 마음에 맞는 것에 만족함. 자기 마음 내키는 대로 행하여 편안히 지냄.
【惟精惟一 유정유일】 오직 한 가지 일에 마음을 쏟음. 인심(人心)과 도심(道心)의 구별을 자세히 살펴, 본심의 바른길을 전일(專一)하게 지킴. 精一(정일).
【惟齊非齊 유제비제】 오직 가지런히만 하는 것은 정제(整齊)함이 아님. 형벌은 때의 형편에 따라 경중을 알맞게 해야 하며, 시세(時勢)를 무시하고 천편일률적으로 부정을 바로잡으려 하는 것은 참된 바로잡음의 길이 아님.
【惟肖 유초】 서로 닮음. ❍'惟'는 발어사.
【惟度 유탁】 헤아림. 생각함. ❍'惟'는 발어사.
❍謀-, 伏-, 思-.

心 8 【惢】⑫ 惟(625)의 고자

心 8 【慙】 ⑪ 부끄러워할 전 [銓] tiǎn

[字解] 부끄러워하다. 부끄럽게 여기다. 〔左思·賦〕慙墨而謝.

【慙墨 전묵】 부끄러워서 얼굴빛이 거메지는 일.

心 8 【情】 ⑪ 뜻 정 [庚] qíng

[필순] 丶 丨 忄 忄 忄 忄 情 情 情

[소전] [초서] [동자] [간체]

[字源] 形聲. 心+青→情. '青(청)'이 음을 나타낸다.

[字解] ①뜻, 무엇을 하리라고 먹은 마음. 〔楚辭〕恐情質之不信兮. ②정. ㉮외물(外物)에 끌려 일어나는 느낌. 〔漢書〕情亂其性. ㉯남녀 사이의 애정. 〔宋玉·賦〕歡情未接, 將辭而去. ㉰인정, 동정의 따뜻한 정. 〔晉書〕聖人忘情. ③본성(本性), 타고난 성질. 〔淮南子〕人愛其情. ④마음의 작용. 마음의 본체를 '성(性)'이라 함에 대하여 이르는 말. ¶性情. ⑤정신, 심의(心意). 〔荀子〕情文俱至. ⑥진심, 성심, 참마음. 〔淮南子〕不戴其情. ⑦사실, 진상. 〔孟子〕聲聞過情, 君子恥之. ⑧이치, 진리. 〔呂氏春秋〕則得敎之情. ⑨사정, 형편, 상태. 〔戰國策〕盡輸西周之情于東周. ⑩멋, 정취. 〔段成式·詩〕村情山趣頓忘機. ⑪참으로, 진실로. 〔方言藻〕情知海上三年別.

【情歌 정가】 남녀 간의 정을 읊은 노래.
【情款 정관】 친분이 두터운 교제. 우의(友誼).
【情交 정교】 친한 교제.
【情念 정념】 감정에서 생기는 생각.
【情談 정담】 ①가까운 사이의 정다운 이야기. ②남녀 간의 사랑 이야기.
【情郞 정랑】 남편 이외에 정을 두고 지내는 남자. 情夫(정부).
【情戀 정련】 연모(戀慕)함. 연정(戀情).
【情禮 정례】 인정과 예의.
【情禮兼到 정례겸도】 인정과 예의가 다 같이 충분함.
【情露 정로】 실정이 드러남. 숨기는 바가 없음.
【情累 정루】 ①마음의 괴로움. 마음에 걸림. ②인정에 이끌림.
【情理 정리】 인정과 이치.
【情網 정망】 애정에 사로잡힘. 애정의 포로.
【情貌 정모】 심정과 용모.
【情文 정문】 ①내용과 형식. 정신과 형식. ②질(質)과 문(文). 사람의 본바탕과 글재주.
【情味 정미】 ①마음의 느낌. 은근한 정취. ②따뜻한 정의 맛.
【情報 정보】 ①정세에 관한 구체적인 소식. 정세에 관한 내용이나 자료. ②적(敵)의 실정에 관한 소식이나 보고.
【情婦 정부】 아내 외에 정을 두고 지내는 여자.
【情死 정사】 남녀가 사랑 때문에 함께 죽음.
【情事 정사】 ①남녀 간의 사랑에 관한 일. ②실정. 사정(事情).

【情思 정사】 ①감정에서 생기는 생각. 심정. ②이성을 그리워하는 마음.
【情絲 정사】 ①정서(情緖). ②國실이 얽힘. 남녀 간의 길고 긴 사랑의 정.
【情絲怨緖 정사원서】 원한의 감정이 실같이 엉크러짐.
【情狀 정상】 ①실제의 사정과 형편. ②가엾은 형편.
【情想 정상】 생각. 감정과 생각.
【情緖 정서】 ①어떤 사물에 부딪혀서 일어나는 감정. ②희로애락(喜怒哀樂) 등의 복잡한 감정. 본능적으로 일어나 외부에 표출되기 쉬운 감정.
【情性 정성】 타고난 마음. 本性(본성).
【情勢 정세】 사정과 형세. 일이 되어 가는 형편.
【情素 정소】 마음속. 진심.
【情疏 정소】 정이 멀어짐.
【情熟 정숙】 정분이 두터워서 친숙함.
【情緣 정연】 남녀 관계의 인연.
【情欲 정욕】 ①마음속에 생기는 욕망. ②성욕(性慾).
【情願 정원】 진정으로 원함. 진심으로 바라는 바.
【情僞 정위】 진정과 거짓.
【情義 정의】 따뜻한 마음과 의리.
【情意 정의】 ①감정과 의지. 정과 뜻. ②생각.
【情誼 정의】 인정과 의리. 우의(友誼).
【情人 정인】 ①벗. 친구. ②애인.
【情田 정전】 정이 생겨나는 밭. 사람의 마음의 비유.
【情節 정절】 ①마음과 행위. ②사정(事情).
【情調 정조】 ①분위기. ②느낌.
【情至 정지】 ①감정이 솟아남. ②교정(交情)이 극진한 데에 이름.
【情地 정지】 ①몸 둘 곳이나 마음 붙일 곳. ②딱한 사정에 있는 가엾은 처지.
【情志 정지】 마음.
【情知 정지】 명확하게 앎. 정말 앎.
【情塵 정진】 (佛)①육근(六根)과 육진(六塵). 곧, 정욕(情慾).
【情債 정채】 國정례(情禮)로 주는 돈. 시골 아전이 서울 선혜청(宣惠廳), 호조(戶曹)에 있는 서리에게 무슨 일을 청할 때 주었음.
【情趣 정취】 멋. 정서와 흥취.
【情癡 정치】 ①애정이 지나치게 깊은 어리석은 사람. ②색정(色情)에 빠져 이성을 잃음. 癡情(치정).
【情態 정태】 ①사정과 상태. ②마음씨와 태도.
【情表 정표】 사랑이나 친분에 따라 성의로 주는 물건.
【情恨 정한】 마음속의 원한.
【情核 정핵】 실정(實情).
【情見勢屈 정현세굴】 실정이 드러나고 쇠잔함. 情露力屈(정로역굴).
【情火 정화】 격렬한 정열. 불꽃같이 일어나는 정욕. 熱情(열정).
【情話 정화】 ①애정을 주고받는 이야기. ②인정 어린 이야기.
【情懷 정회】 마음속의 생각. 감정과 회포.

感─, 激─, 多─, 同─, 無─, 薄─, 非─,
事─, 性─, 純─, 實─, 心─, 愛─, 溫─,
友─, 人─, 眞─, 忠─, 衷─, 癡─, 表─.

心8 【情】⑪ 情(626)과 동자

心8 【悰】⑪ 즐길 종 图 cóng
字解 ①즐기다, 즐겁다, 즐거워하다.〔謝朓·詩〕戚戚苦無悰. ②생각, 마음.

心8 【慘】⑪ 慘(644)의 속자

心8 【惝】⑪ 멍할 창 圖 chǎng
초서 愴 字解 ①멍하다, 멍한 모양.〔莊子〕君惝然若有亡也. ②놀라는 모양. =懺. ¶惝怳. ③실망하는 모양, 맥이 풀린 모양. ¶惝怳. ④뚜렷하지 않은 모양, 어렴풋한 모양.〔楚辭〕聽惝怳而無聞.
【惝惘 창망】 놀라워 멍한 모양.
【惝然 창연】 멍한 모양. 실심한 모양.
【惝惝 창창】 넋을 잃고 멍하게 있는 모양.
【惝怳 창황】 ①실망으로 맥이 풀린 모양. ②놀라는 모양. 마음이 편안하지 않은 모양. ③어렴풋한 모양. 귀가 멍한 모양.

心8 【悵】⑪ 슬퍼할 창 圖 chàng
소전 愴 초서 怅 간체 怅 字解 ①슬퍼하다, 마음 아파하다. ②원망하다, 한탄하다, 한스러워하다.〔史記〕悵恨久之. ③희망을 잃다.
【悵惘 창망】 몹시 슬프고 근심스러워 아무 경황이 없음.
【悵望 창망】 한스럽게 바라봄. 슬프게 바라봄.
【悵怏 창앙】 한탄하고 원망함.
【悵恨 창한】 비통하고 원망스러움. 원망하고 한을 품음.
【悵怳 창황】 실의(失意)한 모양. 실망하는 모양.
【悵悔 창회】 원망하고 후회함.

◐ 悲─, 怏─, 悄─, 憯─, 惆─.

心8 【悽】⑪ 슬퍼할 처 圖 qī
소전 愴 초서 悽 통체 恓 字源 形聲. 心+妻→悽. '妻(처)'가 음을 나타낸다.
字解 ①슬퍼하다, 구슬픈 생각이 들다.〔淮南子〕悽愴之志. ②차갑다, 추위로 오싹 소름이 끼치다. ¶悽愴. ③입은 은혜를 갚으려는 모양. ≒萋. ¶悽悽. ④굶주려 괴로워하는 모양. ¶悽悽. ⑤마음의 안정을 잃은 모양. ≒棲.〔三國志〕悽悽焉.
【悽苦 처고】 몹시 애통해함.

【悽斷 처단】 ①아주 슬픔. ②찬 바람이 독함.
【悽悼 처도】 슬퍼함. 哀悼(애도).
【悽唳 처려】 슬픈 소리. ◎ '唳'는 학(鶴)이나 기러기의 울음소리.
【悽戀 처련】 슬퍼하며 연모함.
【悽淚 처루】 슬프게 욺. 悽戾(처려).
【悽惘 처망】 슬퍼 경황이 없음.
【悽憫 처민】 딱하게 여김. 애처롭게 여김.
【悽如 처여】 비통한 모양.
【悽然 처연】 슬프고 처량한 모양.
【悽惋 처완】 슬퍼하고 원망함.
【悽絶 처절】 몹시 슬픔.
【悽慘 처참】 슬프고 참혹함.
【悽愴 처창】 ①마음이 몹시 구슬픔. ②차가움. 오싹한 느낌이 듦.
【悽悽 처처】 ①마음이 매우 구슬픈 모양. ②굶어 병든 모양. ③입은 은혜를 갚으려고 마음먹는 모양. ④마음의 안정을 잃은 모양.
【悽戚 처척】 슬퍼하고 근심함.
【悽惻 처측】 비통하여 한탄함. 悽惋(처완).
【悽惶 처황】 ①슬퍼하고 두려워함. ②황급한 모양. 경황 없는 모양.

◐ 愁─, 慘─, 惻─.

心8 【惕】⑪ 두려워할 척 圖 tì
소전 惕 혹체 惖 초서 惕 고자 悐 字解 ①두려워하다.〔春秋左氏傳〕無日不惕. ②놀라다, 깜짝 놀라다〔張衡·賦〕猶忧惕於一夫. ③근심하다, 걱정하다.〔易經〕血去惕出. ④빠르다, 신속하다.〔國語〕一日惕, 一日留. ⑤사랑하는 모양. ¶惕惕.
【惕懼 척구】 두려움. 두려워함. 惕慴(척섭).
【惕兢 척긍】 두려워함.
【惕厲 척려】 두렵고 위태로워함. 군자가 염려하고 두려워하면서 몸을 수양함.
【惕傷 척상】 근심하고 생각함.
【惕悚 척송】 두려워하여 삼감.
【惕息 척식】 너무 두려워 숨이 참.
【惕若 척약】 두려워하고 삼감.
【惕惕 척척】 ①몹시 두려워하는 모양. ②염려하는 모양. ③사랑하는 모양.
【惕喘 척천】 놀랍고 두려워 숨이 가빠짐.
【惕墜 척추】 두려워 기가 꺾임.
【惕號 척호】 두려워 울부짖음.

◐ 警─, 懼─, 悚─, 畏─, 憂─, 忧─, 惶─.

心8 【悥】⑫ 惕(627)의 고자

心8 【惙】⑪ 근심할 철 圖 chuò
소전 惙 초서 惙 字解 ①근심하다, 애태우는 모양.〔詩經〕憂心惙惙. ②고달프다, 피로하다.〔唐書〕貌力癃惙. ③그치다, 그만두다. ≒輟.〔莊子〕弦歌不惙. ④마음

心部 8획 惉惌惆悴悻惠惑

의 안정(安定)을 잃다.
【憯怛 철달】 근심하고 슬퍼함.
【憯憯 철철】 근심하는 모양. 근심하여 마음이 산란한 모양.
● 癉−, 憂−, 危−, 患−.

【惉】⑫ 팰 첨 zhān
[소전][속자][동자][字解] 패다, 목소리가 막혀 음조가 고르지 아니하다. 〔史記〕五者不亂則無惉懘之音矣.
【惉懘 첨체】 목이 쉬어서 소리의 조화가 깨어짐.

【憁】⑪ 憁(645)의 속자

【惆】⑪ 실심할 추 chóu
[소전][초서][字解] ①실심하다, 실망하다, 실망하는 모양. 〔後漢書〕情惆悵以增傷. ②슬퍼하다, 한탄하다, 개탄하다. 〔荀子〕惆然不嗛.
【惆然 추연】①슬퍼하고 한탄하는 모양. ②실망하고 슬퍼하는 모양.
【惆悵 추창】①실망하는 모양. ②개탄하며 슬퍼하는 모양.
【惆愴 추창】 비통함. 구슬픔.

【悴】⑪ 파리할 췌 cuì
[소전][초서][字解] ①파리하다, 야위어 수척하다. ¶ 憔悴. ②근심하다, 마음 아파하다, 괴로워하다. 〔魏書〕百姓窮悴. ③시들다, 생기를 잃다. 〔魏書〕春苗萎悴.
【悴薄 췌박】 초라함.
【悴顔 췌안】 파리한 얼굴.
【悴容 췌용】 초췌한 얼굴. 파리한 얼굴 모습.
【悴賤 췌천】 초췌하고 천함.
● 窮−, 傷−, 愁−, 萎−, 憔−, 疲−.

【悻】⑪ 성낼 행 xìng
[초서][字解] 성내다, 발끈 화를 내는 모양. 〔孟子〕諫於其君而不受, 則怒悻悻然見於其面.

【惠】⑫ 은혜 혜 huì
一 亠 亖 寺 車 叀 叀 惠 惠
[소전][고문][초서][숙자][字源] 會意. 叀+心→惠. 골고루 자상하게 마음을 쓰다〔叀〕에 '心'을 더하여 '은혜, 은혜를 베풀다'의 뜻을 나타낸다.

[字解] ①은혜. ㉮은덕, 베풀어 주는 사랑. 〔論語〕小人懷惠. ㉯혜택, 고맙게 베풀어 주는 물질적 도움. 〔周禮〕以王命施惠. ②은혜를 베풀다. 〔孟子〕分人以財, 謂之惠. ③사랑하다. 〔詩經〕惠此中國. ④순하다, 유순하다. 〔詩經〕惠于朋友. ⑤아름답다, 예쁘다. 〔江淹·詩〕惠色出喬樹. ⑥꾸미다, 장식하다. 〔山海經〕五彩惠之. ⑦슬기롭다, 총명하다. ≒慧. 〔後漢書〕觀君所言, 將不早惠乎. ⑧세모창. 날이 세모난 창. 〔書經〕二人雀弁執惠. ⑨높이다. 상대방을 높일 때 쓰는 말.
【惠肯 혜긍】①남을 초청함. ②남의 내방에 대한 높임말.
【惠念 혜념】 어려운 사정을 돌보아 생각함.
【惠來 혜래】 남이 '자기를 방문하여 줌'에 대한 높임말. 惠臨(혜림).
【惠撫 혜무】 은혜를 베풀어 주고 달램.
【惠愍 혜민】 은혜를 베풀어 불쌍히 여김.
【惠書 혜서】 상대편의 편지에 대한 높임말. 惠音(혜음). 惠柬(혜간).
【惠聲 혜성】 인자하다는 평판.
【惠渥 혜악】 두터운 은혜.
【惠養 혜양】 은혜를 베풀어 기름.
【惠然肯來 혜연긍래】 좋은 마음으로 옴. 사모하여 옴.
【惠雨 혜우】 만물을 촉촉이 적셔 자라게 하는 비. 임금의 은혜가 두루 미침.
【惠育 혜육】 은혜를 베풀어 기름.
【惠音 혜음】①▷惠書(혜서). ②부드러운 소리.
【惠而不費 혜이불비】 남에게 많은 혜택을 주나, 그 때문에 낭비하지는 않음.
【惠人 혜인】①남에게 은혜를 베풂. ②조선 때 정·종사품 종친의 아내에게 주던 봉작(封爵).
【惠政 혜정】 은혜로써 베푸는 정치. 인자한 정치. 仁政(인정).
【惠弔 혜조】 은혜를 베풀어 조상(弔喪)함. 남의 조상에 대한 높임말.
【惠存 혜존】 자기의 저서나 작품을 남에게 기증할 때, '받아 간직하여 달라'는 뜻으로 쓰는 높임말. 惠鑑(혜감).
【惠主 혜주】 어진 주인. 자비로운 군주.
【惠招 혜초】 남의 초대에 대한 높임말.
【惠澤 혜택】 은혜나 덕택.
【惠風 혜풍】①화창하게 불어오는 봄바람. ②음력 3월의 딴 이름. ③임금의 은혜.
【惠化 혜화】 은혜를 베풀어 남을 교화함. 은혜로운 감화.
【惠和 혜화】①은혜롭고 부드러움. ②온화함. 화창함.
【惠貺 혜황】 은혜를 베풀어 내려 줌.
【惠訓 혜훈】①은혜로 가르침. ②인자한 가르침.
【惠恤 혜휼】 자비심을 가지고 어루만져 돌봄.
● 德−, 私−, 受−, 施−, 愛−, 溫−, 恩−, 仁−, 慈−, 寵−, 推−, 厚−.

【惑】⑫ 미혹할 혹 huò

一 丁 丁 或 或 或 惑 惑 惑

惑 字源 形聲. 或＋心→惑. '或(혹)'이 음을 나타낸다.

字解 ①미혹하다. ㉮현혹되다, 무엇에 홀려서 제정신을 못 차리다.〔詩經〕莊公惑於嬖妾. ㉯정신이 헷갈려서 갈팡질팡하다.〔素問〕用之不惑. ②의심하다, 수상해하다, 의아해하다.〔呂氏春秋〕世必惑之. ③미혹되게 하다, 정신이 헷갈리게 하다.〔呂氏春秋〕察而不飾非惑愚. ④미혹, 의혹.〔漢書〕棄正作淫, 玆謂惑.

【惑惱 혹뇌】 미혹되어 번민(煩悶)함.
【惑溺 혹닉】 미혹되어 빠짐. 미혹되어 본심(本心)을 잃음.
【惑亂 혹란】 미혹하여 어지럽게 함. 미혹되어 지러워짐.
【惑世 혹세】 ①어지러운 세상. ②세상을 현혹(眩惑)함.
【惑世誣民 혹세무민】 세상 사람을 미혹하게 하여 속임.
【惑信 혹신】 미혹되어 믿음.
【惑心 혹심】 의심함. 疑惑(의혹).
【惑志 혹지】 마음을 미혹함. 미혹된 마음.
【惑惑 혹혹】 미혹된 모양. 마음이 어두운 모양.

● 蠱一, 欺一, 當一, 魅一, 迷一, 不一, 誘一, 疑一, 眩一, 幻一.

心 8 【惛】⑪ ❶어리석을 혼 冠 hūn ❷번민할 민 願 mèn

수전 惛 초서 惛 동자 惛 동자 惃 字解 ❶①어리석다, 마음이 밝지 아니하다, 도리에 어둡다.〔漢書〕臣甚惛焉. ②정신이 흐릿한 모양, 늙어서 혼모한 모양.〔孟子〕吾惛不能進於是矣. ③어지럽다, 시끄럽고 어수선하다. ¶ 惛恔. ❷번민하다. ＝悶.〔後漢書〕不見是而不悋.

【惛恔 혼노】 ①크게 어지러움. ②매우 시끄럽고 어수선함.
【惛眊 혼모】 마음이 어두워짐.
【惛耄 혼모】 늙어서 정신이 흐리고 쇠약함.
【惛憒 혼몽】 ①눈이 어두워 환히 볼 수 없음. ②정신이 흐릿하고 가물가물함.
【惛瞀 혼무】 ①어두움. 사리에 어두움. ②도리에서 벗어나 어수선함.
【惛嚅 혼비】 흐림. 어둡고 분명하지 않음.
【惛然 혼연】 ①우울한 모양. ②마음이 산란한 모양. ③정신이 흐린 모양.
【惛悅 혼황】 어둡고 흐리멍덩함.

● 鈍一, 迷一, 不一.

心 8 【惚】⑪ 황홀할 홀 月 hū

초서 惚 字解 ①황홀하다, 마음을 빼앗겨 멍한 모양.〔三國志〕琰失志慌惚. ②흐릿하다, 확실하게 보이지 아니하는 모양.〔老子〕惟恍惟惚.
【惚惚 홀홀】 모호한 모양. 분명하지 않은 모양.

【惚怳 홀황】 ①황홀한 모양. 정신을 잃고 도취된 모양. ②희미한 모양. 깊숙하여 헤아릴 수 없는 모양.
● 悾一, 怳一, 恍一, 慌一.

心 8 【愶】⑪ 欣(896)과 동자

心 9 【㥣】⑬ 恪(611)과 동자

心 9 【感】⑬ ❶느낄 감 勘 gǎn ❷한할 감 勘 hàn

丿 厂 厂 后 咸 咸 咸 感 感

感 字源 形聲. 咸＋心→感. '咸(함)'이 음을 나타낸다.

字解 ❶①느끼다. ㉮마음에 느끼다, 사물을 대했을 때 어떤 정(情)이 일어나다.〔禮記〕其感人深. ㉯느낌, 감동, 감응. ¶ 萬感. ②마음이 움직이다, 마음에 깊이 느껴 감동하다. ¶ 感愧. ③고맙게 여기다, 은혜를 새겨 두다.〔張華·詩〕是用感嘉貺. ④감응(感應)하다, 느낌이 통하다. ¶ 交感. ⑤닿다, 부딪치다.〔莊子〕感周之穎. ⑥생각하다.〔何晏·賦〕感物衆而思深. ⑦병에 걸리다.〔北史〕遂感風氣. ❷한하다, 원한을 품다.〔春秋左氏傳〕以其私憾. ＝憾.

【感覺 감각】 내적 또는 외적 자극에 의해 일어나는 느낌.
【感慨 감개】 깊이 느껴 탄식함 마음속 깊이 사무치게 느끼는 한탄.
【感慨無量 감개무량】 너무 감격하여 마음속의 느낌을 헤아릴 수 없음.
【感慨泣下 감개읍하】 한탄하며 눈물을 흘림.
【感激 감격】 ①매우 감동함. ②고마움을 깊이 느낌.
【感結 감결】 사물(事物)에 느껴 마음이 우울해짐. 마음이 막혀 답답함.
【感哽 감경】 감동하여 목메어 욺.
【感官 감관】 외부의 자극을 뇌에 전달하는 기관. 감각 기관.
【感愧 감괴】 남의 덕(德)에 감동하여 자기가 미치지 못함을 부끄럽게 여김.
【感舊 감구】 옛날을 회상하여 감동함.
【感達 감달】 느껴 도달함. 샅샅이 느끼게 함.
【感戴 감대】 입은 혜택에 대하여 감사히 여기며 썩 공경하여 받듦.
【感悼 감도】 마음으로 느껴 슬퍼함.
【感動 감동】 마음이 움직일 정도로 깊이 느낌.
【感懣 감만】 마음에 느껴 번민함.
【感銘 감명】 깊이 느껴 마음에 새김.
【感慕 감모】 마음에 느껴 사모함.
【感服 감복】 깊이 느껴 따름.
【感附 감부】 은덕에 감격하여 붙좇음.
【感謝 감사】 고맙게 여김.
【感傷 감상】 ①마음에 느껴 슬퍼함. ②하찮은 자극에도 쓸쓸하고 슬프게 느껴 마음이 상함.

【感想 감상】 마음에 느껴 생각함.
【感賞 감상】 마음에 느껴 좋다고 여김.
【感性 감성】 느끼는 성질 또는 능력.
【感受 감수】 외부로부터 느낌을 받음.
【感心 감심】 마음에 스미게 깊이 느낌.
【感咽 감열】 감동하여 목메어 욺.
【感悅 감열】 감동하여 기뻐함.
【感染 감염】 ①병에 옮음. ②깊이 감동됨.
【感悟 감오】 느껴 깨달음. 느껴 깨닫게 함.
【感恩 감은】 은혜에 대하여 고맙게 여김.
【感應 감응】 ①마음이 사물에 저촉되어 감동함. ②두 가지 물건이 서로 느껴 반응이 생김. ③(佛)신심(信心)의 정성이 신불(神佛)에 통함.
【感而遂通 감이수통】 ①마음에 느껴 마침내 통함. ②점괘에 신이 감응되어 모든 일이 마침내 통함.
【感篆 감전】 마음에 깊이 새겨 오래 잊지 않음. ○'篆'은 '銘'으로 '새기다'를 뜻함.
【感情 감정】 외부의 자극으로 느끼는 기쁨, 슬픔, 즐거움 등의 심리적 반응.
【感慙 감참】 마음에 느껴 부끄러워함.
【感愴 감창】 마음에 사무쳐 슬픔.
【感觸 감촉】 ①외계의 자극으로 닿아서 피부에 일어나는 느낌. 觸感(촉감). ②손으로 만질 때의 느낌.
【感歎 감탄】 깊이 느껴 탄복함.
【感通 감통】 마음에 느껴 앎. 마음속에 통함. 感徹(감철).
【感慟 감통】 마음에 느껴 한탄함.
【感佩 감패】 기리는 마음으로 깊이 느껴 잊지 않음.
【感荷 감하】 받은 은혜를 감사하게 생각함.
【感忽悠闇 감홀유암】 군대가 매우 빨라서 적이 헤아리지 못하게 함. ○'感忽'은 움직임이 매우 빠르다는 뜻, '悠闇'은 멀어서 분명하지 않은 모양의 뜻.
【感化 감화】 감동시켜 변화하게 함.
【感悔 감회】 감동하여 후회함.
【感會 감회】 ①때마침 만남. ②좋은 운명(運命).
【感懷 감회】 마음에 느껴 오래 남는 감정.
【感興 감흥】 느껴 일어나는 흥취.
【感喜 감희】 고맙게 느껴 기뻐함.

❶ 共−, 交−, 多−, 同−, 鈍−, 萬−, 味−, 美−, 敏−, 反−, 善−, 靈−, 豫−, 五−, 六−, 情−, 直−, 觸−, 痛−, 快−, 好−.

心9【愆】⑬ 허물 건 佡 qiān

[字解] ①허물, 죄, 과실(過失). 〔論語〕侍於君子, 有三愆. ②잘못하다, 허물을 저지르다. 〔詩經〕式禮莫愆. ③어그러지다, 어기다. ¶愆期. ④병(病), 악질(惡疾). 〔春秋左氏傳〕王愆於厥身. ⑤잃다. 〔春秋左氏傳〕用愆厥位.
【愆過 건과】 ⇨愆尤(건우).
【愆期 건기】 기일을 어김. 違期(위기).
【愆謬 건류】 잘못. 過誤(과오).
【愆伏 건복】 철(時候)에 어그러짐. 겨울에 따뜻하고 여름에 서늘함. 愆序(건서).
【愆尤 건우】 잘못. 과실(過失). 愆過(건과).
【愆義 건의】 의리(義理)에 어그러짐.
【愆滯 건체】 잘못하여 연체(延滯)함.
❶ 引−, 悔−.

心9【諐】⑬ 愆(630)과 동자

心9【愒】⑫ ❶쉴 게 〔霽〕 qì ❷탐할 개 〔泰〕 kài ❸으를 할 〔曷〕 hè

[字解] ❶쉬다, 휴식하다. ≒憩·偈. 〔詩經〕 汔可小愒. ❷①탐하다, 탐내다. 〔春秋左氏傳〕 翫歲而愒日. ②서두르다, 급하게 굴다. ❸으르다, 협박하다. ≒曷. 〔史記〕日夜務以秦權恐愒諸侯.
【愒時 개시】 때를 탐함. 곧, 하는 일 없이 세월만 보냄.
【愒欲 개욕】 탐내고 욕심 부림.

心9【愲】⑫ 변할 격 〔陌〕객 〔囮〕 gé

[字解] ①변하다, 바뀌다. ¶愲詭. ②꾸미다, 삼가다, 고치다. ≒革.
【愲詭 격궤】 변하여 달라진 기이함에 대하여 품는 놀라움.

心9【惸】⑫ 근심할 경 〔庚〕 qióng

[字解] ①근심하다, 근심하는 모양. 〔詩經〕憂心惸惸. ②외로운 몸, 독신자, 형제가 없는 사람. 〔詩經〕哀此惸獨.
【惸孤 경고】 의지할 곳 없는 독신자.
【惸惸 경경】 근심하는 모양.
【惸獨 경독】 아무 데도 의지할 곳이 없는 사람.
【惸嫠 경리】 의지할 곳 없는 과부.
【惸鰥 경환】 의지할 곳 없는 홀아비.

心9【悸】⑫ 悸(621)와 동자

心9【㥛】⑫ 경망할 극 〔職〕 jí

[字解] ①경망하다, 진득하지 못하다. ②말을 더듬다. 〔列子〕護㥛凌誶. 성질이 급하다.

心9【愞】⑫ ❶약할 나 〔哿〕 nuò, ruǎn ❷약할 유 〔麌〕 nuò, ruǎn ❸여릴 연 〔銑〕 nuò, ruǎn

[字解] ❶①약하다. 〔漢書〕太守以畏愞棄市. ❷약하다. ❸여리다, 쇠약하다.

心部 9획 惱悖惎愗愍想偦惺惛愁

心9 【惱】⑫ 괴로워할 뇌 ㉗노 𪜁 nǎo

㇒ 丨 忄 忄 忄 忄 悩 悩 悩 悩

[초서] 怒 [속자] 悩 [속자] 悩 [간체] 恼 [字源] 形聲. 心+𡃤→惱. '𡃤(뇌)'가 음을 나타낸다.

[字解] ①괴로워하다. ¶苦惱. ②괴롭히다, 괴롭게 굴다. 〔雍陶·詩〕 風惱花枝不耐頻. ③괴로움. 〔陳書〕曾無痛惱.

【惱苦 뇌고】 몹시 괴로움.
【惱亂 뇌란】 고민하여 어지러움. 고민하게 함.
【惱殺 뇌쇄】 몹시 괴롭힘.
【惱害 뇌해】 괴롭히고 방해함.

❶ 苦-, 煩-, 心-, 御-, 懊-, 憂-, 痛-.

心9 【悖】⑫ 悖(622)의 속자

心9 【惎】⑬ 譏(1694)의 고자

心9 【愗】⑬ 어리석을 무 ㊨ mào

[字解] 어리석다, 어리석은 모양.

心9 【愍】⑬ ❶근심할 민 ㊨ mǐn ❷힘쓸 민 ㊨ mǐn

[소전] 愍 [초서] 愍 [字解] ❶①근심하다, 걱정하다 〔春秋左氏傳〕 吾代二子愍矣. ②근심, 걱정. 〔楚辭〕惜誦以致愍兮. ③불쌍히 여기다, 가엾게 여기다. ¶愍凶.
❷힘쓰다, 노력하다. 〔周禮〕民不愍作勞.

【愍然 민연】 가엾은 모양. 愍焉(민언).
【愍悴 민췌】 가엾이 여겨 근심함.
【愍卹 민휼】 불쌍히 여겨 걱정함.
【愍凶 민흉】 부모와 사별(死別)한 불행.

❶ 哀-, 憐-, 慰-, 弔-, 嗟-.

心9 【想】⑬ 생각할 상 ㊀ xiǎng

十 木 村 村 相 相 相 想 想 想

[소전] 想 [초서] 忠 [字源] 形聲. 相+心→想. '相(상)'이 음을 나타낸다.

[字解] ①생각하다. ㉮잊고 있던 것을 다시 생각하다. ¶回想. ㉯생각에 잠기다, 생각을 돌리다. 〔陶潛·詩〕 逸想不可淹. ㉰바라다, 원하다. 〔晉書〕 欣想盛德. ②생각. 〔高允·頌〕披襟散想, 解帶舒懷. ③모양, 형상. ≒像. 〔周禮〕掌十輝之法, 云云, 十曰. 想.

【想起 상기】 지난 일을 생각함.
【想念 상념】 마음에 떠오르는 생각.
【想到 상도】 생각이 미침.
【想望 상망】 ①생각하며 바라봄. 사모함. ② 기대함.
【想味 상미】 생각하여 음미함. 음미하며 생각함.

【想思 상사】 생각함. 그리워함.
【想像 상상】 어떤 상황이나 사물을 머릿속에 그려 봄.
【想憶 상억】 ①생각함. ②생각.

❶ 假-, 感-, 空-, 妄-, 冥-, 夢-, 無-, 思-, 豫-, 理-, 着-, 追-, 幻-, 回-.

心9 【偦】⑫ 지혜 서 ㊥ 𧦪 xū

[字解] 지혜, 슬기, 재치. =諝.

心9 【惺】⑫ ❶영리할 성 ㊀ xīng ❷깨달을 성 ㊀ xīng

[초서] 惺 [字解] ❶①영리하다, 슬기롭다. ¶惺惺. ②고요한 모양, 조용한 모양. ③꾀꼬리의 울음소리. ¶惺惺. ④주사위. ¶惺惺.
❷《同》悟. 깨닫다, 사물의 도리를 깨닫다. 〔抱朴子〕 始皇惺惺.

【惺惺 성성】 ①영리한 모양. 똑똑한 모양. ②꾀꼬리의 울음소리. ③주사위의 딴 이름.
【惺悟 성오】 깨달음.
【惺忪 성종】 ①흔들려 일정(一定)하지 않은 모양. ②깨어 정신이 듦.

心9 【惛】⑫ 惺❷(631)과 동자

心9 【愁】⑬ 시름 수 ㊨ chóu

㇒ 二 千 禾 禾 秒 秋 秋 愁 愁

[소전] 愁 [초서] 愁 [동자] 愖 [字源] 形聲. 秋+心→愁. '秋(추)'가 음을 나타낸다.

[字解] ①시름, 근심. ¶鄕愁. ②시름겹다, 시름겨워하다, 근심하다. 〔唐書〕 民居愁歎而就安. ③얼굴빛을 바꾸다. 〔易經〕 晉如愁如. ④슬퍼하다. ⑤원망하다. 〔戰國策〕 上下相愁, 民無所聊.

【愁看 수간】 근심스럽게 봄.
【愁感 수감】 근심스러움. 근심 걱정함.
【愁困 수곤】 근심 걱정으로 고생함. 간난신고(艱難辛苦)함.
【愁勤 수근】 근심하고 수고함.
【愁襟 수금】 근심하는 마음.
【愁毒 수독】 근심하고 괴로워함.
【愁淚 수루】 근심하여 흘리는 눈물.
【愁眠 수면】 ①걱정하면서 잠을 잠. ②여수(旅愁) 때문에 잠이 깊이 들지 않음.
【愁夢 수몽】 우수(憂愁)에 겨워 꾸는 꿈.
【愁悶 수민】 근심하고 괴로워함.
【愁殺 수살·수쇄】 몹시 슬프게 함. ○ '殺'은 어세를 강하게 하는 말.
【愁霜 수상】 근심한 나머지 생긴 백발.
【愁色 수색】 근심스러운 기색.
【愁緒滿懷 수서만회】 시름이 가슴에 가득 참.
【愁城 수성】 근심 걱정으로 고생하는 처지.

【愁心 수심】 매우 근심함. 근심스러운 마음.
【愁容 수용】 ①근심하는 모양. ②수심이 어린 얼굴.
【愁雲 수운】 ①슬픔을 느끼게 하는 구름. ②수심스러운 기색.
【愁怨 수원】 근심하고 원망함.
【愁吟 수음】 시름에 겨워 읊음. 슬피 읊는 소리.
【愁人 수인】 ①근심이 있는 사람. ②사물에 대하여 애수를 느끼는 사람. ③시인(詩人).
【愁腸 수장】 근심하는 마음.
【愁絶 수절】 아주 근심함. ♂'絶'은 조자.
【愁歎 수탄】 근심하여 탄식함.
【愁痛 수통】 근심하며 마음 아파함.
【愁怖 수포】 근심하며 두려워함. 愁惕(수척).
【愁海 수해】 바다와 같이 한없는 근심 걱정.
➊客-, 深-, 哀-, 旅-, 憂-, 春-, 鄕-.

心 9 【愁】⑬ 愁(631)와 동자

心 9 【慫】⑫ 냄새 코 찌를 수 圖 zōng
字解 냄새가 코를 찌르다. 〔莊子〕五臭薰鼻, 困慫中顙.

心 9 【愖】⑫ ❶정성 심 圖 chén ❷즐길 담 圖 dān ❸마음 바르지 않을 흠 圖 xīn
[초서] 忱 字解 ❶①정성, 진심. =忱. ②주저하다, 망설이다.〔後漢書〕意鬱愖而不湛. ❷즐기다, 즐거워하다. ❸마음 바르지 아니하다.

心 9 【愕】⑫ ❶놀랄 악 圖 è ❷갑자기 오 圖 è
[參考] 대법원 지정 인명용 한자의 음은 '악'이다.
字解 ❶①놀라다, 놀라 당황하다.〔史記〕群臣皆愕. ②직언(直言)하다. =諤.〔吳志〕未嘗切愕. ❷갑자기, 창졸간에.〔後漢書〕二人錯愕不能對.
【愕驚 악경】 놀람. 驚愕(경악).
【愕立 악립】 깜짝 놀라 일어섬.
【愕視 악시】 놀라 서로 바라봄.
【愕愕 악악】 바른말을 거리낌 없이 함.
【愕眙 악치】 놀라서 보는 모양.
➊驚-, 切-, 卒-, 嗟-, 錯-, 駭-.

心 9 【愛】⑬ 사랑 애 國 ài
字源 形聲. 㤅+夊→愛. '㤅(애)'가 음을 나타낸다. '㤅'는 '旡'의 변형이다.
字解 ①사랑, 자애, 인정, 자비심.〔後漢書〕老牛舐犢之愛. ②사랑하다. ㉮귀중하게 여겨 아끼고 소중히 하다.〔呂氏春秋〕慈親之愛其子也. ㉯이성(異性)을 따르고 그리워하다.〔戰國策〕孟嘗君舍人有與君之夫人相愛者. ㉰즐기다, 좋아하다. ¶愛賞. ③친밀하게 대하다.〔論語〕汎愛衆而親人. ④가엾게 여기다, 가엾게 여겨 은혜를 베풀다.〔晏子〕又愛其死也. ⑤역성들다, 두남두다. ¶寵愛. ⑥사모하다, 따르다.〔論語〕愛之能勿勞乎. ⑦사랑하는 대상.〔春秋左氏傳〕古之遺愛也. ⑧아끼다, 아깝게 여기다.〔孟子〕百姓皆以王爲愛也. ⑨몽롱하다, 어렴풋하다. ≒僾.〔詩經〕愛而不見. ⑩(佛) 탐욕. 12인연(因緣)의 하나.〔俱舍論〕貪資具婬愛.
【愛見 애견】 (佛)①사람에게 집착하여 사랑을 일으킴. ②애(愛)와 견(見)의 두 가지 번뇌. ♂'愛'는 탐욕진에(貪欲瞋恚), '見'은 아견(我見)·사견(邪見) 등.
【愛顧 애고】 사랑하여 돌보아 줌.
【愛及屋烏 애급옥오】 사랑이 지붕에 앉은 까마귀에 미침. 사람을 사랑하게 되면 그 집 지붕 위에 앉은 까마귀까지도 귀엽게 보임.
【愛嗜 애기】 귀여워하고 좋아함.
【愛戴 애대】 기뻐하여 받듦.
【愛讀 애독】 즐겨 읽음.
【愛憐 애련】 사랑하며 가엾게 여김.
【愛恪 애린】 아깝게 여김. 인색함.
【愛慕 애모】 사랑하고 사모함.
【愛撫 애무】 사랑하여 어루만짐.
【愛物 애물】 ①만물을 사랑함. ♂'物'은 금수초목(禽獸草木). ②사랑하여 아끼는 물건.
【愛別 애별】 이별을 서운해함. 惜別(석별).
【愛別離苦 애별리고】 (佛)팔고(八苦)의 하나. 사랑하는 사람과 이별하는 괴로움.
【愛賞 애상】 완상하며 칭찬함.
【愛惜 애석】 사랑하고 아낌.
【愛誦 애송】 시나 문장 따위를 즐겨 읊거나 욈.
【愛視 애시】 ①사랑하여 눈여겨봄. 돌보아 줌. ②눈으로 보는 것을 좋아함.
【愛兒 애아】 사랑하는 어린 자식.
【愛眼 애안】 (佛)자비스러운 부처의 눈.
【愛狎 애압】 친근함. 가까이하여 친함.
【愛養 애양】 사랑하여 기름. 소중하게 기름.
【愛緣 애연】 (佛)은애(恩愛)에서 생기는 사람과 사람 사이의 인연.
【愛悅 애열】 사랑하고 기뻐함.
【愛慾 애욕】 애욕의 정에 불탐.
【愛玉 애옥】 '남의 딸'의 높임말. 令愛(영애).
【愛玩 애완】 ①매우 사랑하여 가까이 두고 구경하며 즐김. ②귀여워함. 愛翫(애완).
【愛欲 애욕】 ①애정과 욕심. ♂'愛'는 貪愛(탐애), '欲'은 貪慾(탐욕). ②이성에 대한 성적인 욕망.
【愛友 애우】 형제 사이의 사랑.
【愛育 애육】 사랑하여 기름. 귀엽게 기름.
【愛人 애인】 ①남을 사랑함. ②인자하게 사랑함. ♂'人'은 '仁'. 仁愛(인애). ③이성 간에 사랑

하는 사람. 戀人(연인).
【愛日 애일】①사랑스러운 해. 겨울 해의 비유. ②시간을 아낌. ③효양(孝養). ○시간을 아껴 잠시도 효도와 봉양을 게을리 하지 않는다는 데서 온 말.
【愛獎 애장】 사랑하여 추천함. 사랑하여 발탁함.
【愛情 애정】 사랑하는 마음.
【愛憎 애증】 사랑과 미움.
【愛之重之 애지중지】 사랑하고 소중하게 여김.
【愛執 애집】 (佛)애정에 집착함. 자기의 소견이나 소유를 지나치게 생각함. 愛染(애염).
【愛着 애착】 몹시 집착하여 떨치기 어려운 마음.
【愛親 애친】①어버이를 사랑으로 섬김. ②사랑스럽고 정다운 사람.
【愛稱 애칭】 본이름 외에 정답게 부르는 이름.
【愛河 애하】 애욕(愛慾)의 강. ○애욕을 강물에 비유한 말.
【愛幸 애행】 총애함. 귀여워함. 愛寵(애총).
【愛惠 애혜】①사랑하고 은혜를 베품. ②은혜를 베풀기를 좋아함.
【愛好 애호】 사랑하고 좋아함.
【愛火 애화】①불을 아낌. ②열렬한 애정.
【愛恤 애휼】 불쌍히 여겨 은혜를 베품.
【愛姬 애희】 마음에 드는 계집. 총애하는 여자. 愛寵(애총).
◐ 兼ㅡ, 敬ㅡ, 博ㅡ, 戀ㅡ, 熱ㅡ, 友ㅡ, 恩ㅡ, 仁ㅡ, 慈ㅡ, 寵ㅡ, 親ㅡ, 貪ㅡ, 偏ㅡ, 割ㅡ.

心9 【惹】⑬ 이끌 야 禡 rě

字解 ①이끌다, 끌어당기다. 〔何遜·詩〕晴軒連瑞氣, 同惹御香芬. ②흐트러지다, 어지러워지다, 혼란해지다. ③끼다, 엉겨붙다. 〔顧非熊·詩〕雲低收藥徑, 苔惹取泉瓶. ④부르다, 초대하다. 〔羅鄴·詩〕微香暗惹遊人步. ⑤속이다, 거짓말하다. ⑥비방하다, 헐뜯다. ⑦가볍다, 가벼운 모양. 〔韓偓·詩〕莊南縱步遊荒野, 獨鳥寒煙輕惹惹. ⑧걸리다, 속박하다.
【惹起 야기】 일을 일으킴.
【惹氣 야기】 ▷惹鬧(야뇨)².
【惹起鬧端 야기요단】 시비의 시초를 일으킴.
【惹鬧 야뇨→야료】①생트집을 부리고 마구 떠들어대는 짓. ②성나게 함.

心9 【慍】⑫ 慍(639)의 속자

心9 【愚】⑬ 어리석을 우 虞 yú

口 卩 日 昌 禺 禺 禺 愚 愚 愚

字源 形聲. 禺+心→愚. '禺(우)'가 음을 나타낸다.
字解 ①어리석다. ㉮슬기롭지 아니하다, 옳고 그름을 분별하지 못하다. 〔論語〕不違如愚. ④정직하여 변통성이 없다, 고지식하다. 〔論語〕 柴也愚. ②어리석은 사람. 〔唐書〕嚇愚欺庸. ③어리석은 마음, 어리석은 생각. 〔漢書〕敢不罄陳愚而抒情懷. ④자기의 겸칭. 〔諸葛亮·表〕愚以爲, 宮中之事, 事無大小, 悉以咨之. ⑤자기에 관계되는 사물에 붙이는 겸칭. 〔漢書〕欲竭愚誠.
【愚見 우견】 어리석은 견해. 자기 의견의 겸칭.
【愚固 우고】 어리석고 완고함.
【愚聾 우고】 어리석고 몽매한 사람.
【愚悃 우곤】 어리석지만 참됨.
【愚公移山 우공이산】 우공(愚公)이 산을 옮김. 어떤 일이든지 끊임없이 노력하면 마침내 성공함. 故事 우공이 자기 집 앞의 산을 불편하게 여겨, 오랜 세월을 두고 다른 곳으로 옮기려고 노력하여 마침내 이루었다는 고사에서 온 말.
【愚狂 우광】 어리석고 정상적이 아님.
【愚衲 우납】 어리석은 승려. 승려의 겸칭(謙稱). 愚僧(우승). 愚禿(우독).
【愚短 우단】 어리석고 재주가 모자람.
【愚魯 우로】 어리석은 사람. 바보.
【愚陋 우루】 어리석고 비루함. 愚鄙(우비).
【愚謬 우류】 어리석어서 일을 그르침.
【愚氓 우맹】 어리석은 백성. 미욱한 백성.
【愚問 우문】 어리석은 질문.
【愚民 우민】①어리석은 백성. 愚氓(우맹). ②백성을 어리석게 만듦.
【愚樸 우박】 어리석고 순박함.
【愚夫愚婦 우부우부】①어리석은 남녀. ②우민(愚民). 愚氓(우맹).
【愚鄙 우비】 어리석고 저속함. 자기의 재능에 대한 겸사.
【愚士繫俗 우사계속】 어리석은 선비는 세속에 얽매임.
【愚息 우식】 자기 자식의 겸칭.
【愚惡 우악】 ▷어리석고 포악함.
【愚案 우안】 어리석은 생각. 자기 생각의 겸칭.
【愚暗 우암】 어리석어서 사리에 어두움.
【愚騃 우애】 어리석음. 지혜가 없는 사람.
【愚者一得 우자일득】 어리석은 사람이라도 여러 가지 일을 하거나 생각하는 가운데에 때로는 옳은 것이 있음.
【愚拙 우졸】 어리석고 못남.
【愚蠢 우준】 어리석음.
【愚智 우지】 어리석음과 슬기로움. 어리석은 사람과 슬기로운 사람. 愚知(우지).
【愚直 우직】 어리석고 고지식함.
【愚淺 우천】 어리석고 지혜가 얕음.
【愚忠 우충】 고지식하고 충실함. 자기의 충성(忠誠)에 대한 겸사.
【愚衷 우충】 어리석은 충심(衷心). 자기의 충심에 대한 겸사.
【愚癡 우치】 못나고 어리석음. 바보.
【愚蔽 우폐】 어리석고 사리에 어두움.
【愚效 우효】 어리석은 공(功). 자기의 공에 대한 겸사.
◐ 大ㅡ, 樸ㅡ, 凡ㅡ, 守ㅡ, 癡ㅡ, 下ㅡ, 賢ㅡ.

心 9획 惲 悻 愉 愉 愈 愔 意

心9 【惲】 ⑫ 도타울 운 問 yùn
〔소전〕 〔초서〕 〔간체〕 惲
【字解】 ①도탑다, 중후(重厚)하다. ②꾀하다, 계획하다.

心9 【悻】 ⑫ 원망할 위 尾 wěi
【字解】 ①원망하다, 원한을 품다. ②좋다, 옳다. 〔漢書〕悻世業之可懷.

心9 【愉】 ⑫ ❶즐거울 유 虞 yú
❷구차할 투 尤 tōu
❸게으를 유 麌 yǔ
〔소전〕 〔초서〕 〔동자〕 愉 【參考】 대법원 지정 인명용 한자의 음은 '유'이다.
【字源】 形聲. 心+兪→愉. '兪(유)'가 음을 나타낸다.
【字解】 ❶①즐겁다, 즐거워하다. 〔詩經〕他人是愉. ②기뻐하다, 기쁘다. 〔素問〕以恬愉爲務. ③누그러지다, 부드러워지다. 〔淮南子〕其心愉而不僞. ④노래하다, 노래하다. ≒歈. 〔左思·賦〕吳愉越吟. ⑤깨우치다. ❷구차하다. =偸. 〔周禮〕則民不愉. ❸게으르다, 맥이 풀리다. ≒愈. 〔呂氏春秋〕莫敢愉綎.
【愉樂 유락】 기뻐하며 즐김. 愉歡(유환).
【愉色 유색】 기뻐하는 안색. 기쁨이 넘쳐 흐르는 얼굴빛.
【愉心 유심】 마음을 기쁘게 함.
【愉悅 유열】 유쾌하고 기쁨.
【愉愉 유유】 얼굴을 부드럽게 하여 기뻐하는 모양. 화락(和樂)하는 모양.
【愉逸 유일】 유쾌하여 마음이 편함.
【愉快 유쾌】 즐겁고 상쾌함.
○ 恬−, 慍−, 婉−, 怡−, 和−, 歡−, 欣−.

心9 【愉】 ⑫ 愉(634)와 동자

心9 【愈】 ⑬ 나을 유 麌 yù
入 厶 亼 亽 育 兪 兪 愈 愈 愈
〔초서〕
【字源】 形聲. 兪+心→愈. '兪(유)'가 음을 나타낸다.
【字解】 ①낫다, 일정한 대상보다 더 뛰어나다. 〔論語〕女與回也孰愈. ②낫다. ㉮병이 낫다. 〔孟子〕昔日疾, 今日愈. ㉯병을 고치다. ≒癒. 〔宋玉·賦〕愈病析酲. ③더욱, 점점 더. 〔詩經〕政事愈蹙. ④근심하다, 근심하는 모양. ≒癒. 〔詩經〕憂心愈愈. ⑤즐기다. ≒愉. 〔荀子〕心至愈.
【愈愚 유우】 어리석은 마음을 고침.
【愈愈 유유】 ①걱정하는 모양. ②더욱 심해지는 모양.
○ 小−, 瘳−, 快−.

心9 【愔】 ⑫ 화평할 음 侵 yīn
〔초서〕 愔 【字解】 ①화평하다, 화평하고 고요한 모양. 〔春秋左氏傳〕祈招之愔愔. ②깊숙하고 조용한 모양. 〔唐書〕朕不能愔愔度日.
【愔嫕 음예】 ①겨우 목숨이 붙어 있다고 생각될 정도로 가늘게 숨 쉬는 모양. ②그윽하고 고요한 모양.
【愔愔 음음】 ①평화롭고 안락한 모양. ②화락한 모양. ③깊숙하고 조용한 모양. ④침묵을 지키는 모양.

心9 【意】 ⑬ ❶뜻 의 寘 yì
❷아아 희 未 의 因 yī
亠 产 音 音 音 意 意 意
〔소전〕 〔초서〕 【參考】 대법원 지정 인명용 한자의 음은 '의'이다.
【字源】 會意. 音+心→意. 말소리(音)를 들으면 그 사람의 마음(心)을 알 수 있다는 데서 '뜻'이라는 뜻을 나타낸다.
【字解】 ❶①뜻. ㉮무엇을 하려고 먹은 마음. 〔呂氏春秋〕善持養吾意. ㉯의미, 말·행동 등으로 나타내는 그 내용. 〔唐書〕文遠說經, 偏擧先儒異論, 分明是非, 乃出新意. ㉰의의, 어떤 일이나 행동 등이 가지는 까닭이나 중요성. 〔神仙傳〕滿紙各有意義. ②생각하다. ㉮생각, 마음. 〔漢書〕從諛承意, 陷主於不義. ㉯생각하다. 〔禮記〕非意之也. ㉰헤아리다, 추측(推測)하다. 〔莊子〕夫妄意室中之藏. ㉱의심하다. 〔漢書〕於是天子意梁. ㉲생각하건대, 생각해 보건대. 〔柳宗元·辨〕吾意不然. ③정취, 풍정. 〔杜甫·詩〕從來多古意. ④사사로운 마음, 사욕(私慾). 〔論語〕毋意, 毋必, 毋固, 毋我. ⑤대저, 무릇, 혹은. 〔莊子〕知不足邪, 意知而力不能行邪. ⑥포부. 〔漢書〕寬仁愛人, 意豁如也. ❷아아! 불편하거나 개탄하거나 분개할 때 내는 소리. ≒噫. 〔莊子〕意, 治人之過也.
【意見 의견】 ①어떤 대상에 대하여 가지는 일정한 생각. ②충고(忠告).
【意忌 의기】 남을 의심하고 꺼림.
【意氣 의기】 ①득의한 마음이나 기개(氣槪). ②의지와 용기. ③패기(霸氣). 기분.
【意氣銷沈 의기소침】 의지와 기개가 사그라짐.
【意氣揚揚 의기양양】 스스로에 대한 자부심이 대단한 모양.
【意氣自若 의기자약】 의기가 본디와 같아 조금도 꺾이지 않음.
【意氣自如 의기자여】 안정하여 흔들리지 않음. 예사로워 평소와 다름없음.
【意氣衝天 의기충천】 득의한 마음이 하늘을 찌를 듯이 솟아오름.
【意氣投合 의기투합】 뜻과 취향이 잘 맞음.
【意圖 의도】 어떤 목적을 위한 생각이나 계획. 意向(의향).
【意馬心猿 의마심원】 (佛)생각은 말처럼 달리고 마음은 원숭이처럼 설렘. 마음이 세속의 번뇌와

心部 9획 慈 㦸 惷 愀 惚 惴 惻

욕정 때문에 불안정하고 어지러움.
【意望 의망】 소원. 소망.
【意味 의미】 말이나 글의 뜻.
【意思 의사】 뜻. 생각.
【意想 의상】 생각함. 생각.
【意識 의식】 ①마음에 깨달음. ②(佛)육식(六識) 또는 팔식(八識)의 하나. 대상을 총괄하여 판단 분별하는 마음의 작용. ③지·정·의(知情意)를 포함한 정신 현상.
【意深 의심】 뜻이 깊음. 심중(心中)이 깊음.
【意業 의업】 (佛)삼업(三業)의 하나. 심정(心情)의 발동으로 범하는 죄업.
【意慾 의욕】 ①무엇을 구하거나 하고자 하는 마음. ②선택한 하나의 목표에 의지가 적극적으로 활동하는 것.
【意字 의자】 뜻을 나타내는 글자. 뜻글자. 한자(漢字) 따위. 表意文字(표의 문자).
【意者 의자】 속으로 생각하건대. 추측하는 말.
【意匠 의장】 물건의 외관을 치장하기 위한 고안.
【意匠慘憺 의장참담】 시문(詩文)·회화 등을 제작할 때 그 착상(着想)에 골몰하여 무척 애쓰는 모양.
【意在言外 의재언외】 뜻이 말 밖에 있음. 문학의 내용을 이루는 의미가 직접 표현된 언어의 개념과는 다른 방면에 있는 것.
【意在筆先 의재필선】 뜻이 붓끝에 나타나 있음. 글씨를 보고 쓴 사람의 마음을 살필 수 있음.
【意適 의적】 마음에 맞음. 뜻에 맞음.
【意轉心回 의전심회】 때때로 생각을 바꿈.
【意中之人 의중지인】 ①마음속에 새겨져 잊을 수 없는 사람. ②마음속으로 지목한 사람. 意中人(의중인).
【意地 의지】 (佛)마음. ○'地'는 마음이 존재하는 곳.
【意志 의지】 ①마음. 뜻. ②사물에 대하여 깊이 생각하고 선택하고 결심하여 실행하려는 적극적인 마음가짐.
【意指 의지】 무엇을 하려는 생각. 意旨(의지).
【意衷 의충】 속마음의 참뜻.
【意趣 의취】 의지와 취향. 의향과 취미.
【意表 의표】 의외. 뜻밖.
【意必固我 의필고아】 사의(私意)·기필(期必)·고집(固執)·자아(自我).
❶佳-, 刻-, 介-, 敬-, 故-, 氣-, 達-, 當-, 大-, 得-, 妙-, 文-, 微-, 發-, 釀-, 本-, 私-, 謝-, 辭-, 殺-, 上-, 生-, 善-, 誠-, 素-, 隨-, 猜-, 失-, 心-, 惡-, 如-, 餘-, 用-, 寓-, 留-, 恩-, 任-, 作-, 戰-, 情-, 精-, 造-, 尊-, 指-, 贊-, 創-, 天-, 趣-, 快-, 託-, 筆-, 下-, 合-, 好-, 會-, 厚-.

心 9 【慈】 ⑬ 慈(639)의 속자

心 9 【㦸】 ⑫ 두려워할 접 䪞 dié

【字解】 두려워하다, 상대의 위엄에 위압당하다. 〔後漢書〕官房㦸息.
【㦸懼 접구】 두려워함.
【㦸息 접식】 두려워서 숨을 죽임.
【㦸㦸 접접】 두려워하는 모양.

心 9 【惷】 ⑬ 어수선할 준 𧒽 chǔn

【字解】 ①어수선하다, 어지러운 모양. ¶ 惷惷. ②꿈틀거리다. ¶ 惷惷. ③어리석다. 〔淮南子〕愚夫惷婦皆能論之.
【惷惷 준준】 ①벌레가 꿈틀거리는 모양. ②혼들리는 모양. 蠢蠢(준준).

心 9 【愀】 ⑫ ❶정색할 초 䎡 qiāo
❷쓸쓸할 추 䫻 qiū

【字解】 ❶①정색(正色)하다, 태도를 갑자기 바꾸는 모양. ¶ 愀然. ②얼굴빛을 바꾸다, 안색이 변하는 모양. 〔禮記〕愀然作色而對. ③근심하다, 근심하는 모양. 〔荀子〕愀然憂戚. ④삼가다, 삼가는 모양. 〔法言〕聞其言者, 愀如也. ❷쓸쓸하다, 쓸쓸한 모양. 〔後漢書〕原野蓼愀.
【愀如 초여】 삼가는 모양.
【愀然 초연】 ①얼굴빛이 변하는 모양. ②근심스럽고 두려워하는 모양. ③용모를 올바르게 고치는 모양. 정색(正色)하는 모양.

心 9 【惚】 ⑫ 惚(645)의 속자

心 9 【惴】 ⑫ 두려워할 췌 圓 zhuì

【字解】 두려워하다, 두려워하여 벌벌 떨다. 〔詩經〕惴惴其慄.
【惴恐 췌공】 근심하고 두려워함.
【惴蝡 췌연】 꿈틀거림. 발 없는 벌레.
【惴慄 췌율】 두려워하여 부들부들 떪. 무서워서 벌벌 떪.
【惴惕 췌척】 두려워하고 근심함.
【惴惴 췌췌】 두려워서 벌벌 떠는 모양.

心 9 【惻】 ⑫ 슬퍼할 측 䫻 cè

【字解】 ①슬퍼하다, 가엾게 여기다. 〔易經〕爲我心惻. ②진심을 다하는 모양, 정성이 도타운 모양. 〔後漢書〕聞聞惻惻, 出於誠心. ③간절하다, 절실하다.
【惻怛 측달】 불쌍히 여겨 슬퍼함.
【惻憫 측민】 가엾게 여기고 근심함.
【惻隱 측은】 가엾고 애처로움. 불쌍히 여김.
【惻切 측절】 몹시 가엾고 슬픔.
【惻愴 측창】 가엾고 슬픔.

心部 9획 愬惰惲惕愎愊愎愜愿惜惶

【惻楚 측초】 가엾게 여겨 괴로워함.
【惻惻 측측】 ①딱하고 가엾게 여기는 모양. 비통한 모양. ②간절하고 정중함.
【惻痛 측통】 몹시 슬퍼함.
● 懇-, 憫-, 悲-, 傷-, 愴-.

【愬】⑬ 惻(635)의 고자

【惰】⑫ ❶게으를 타 墮 duò ❷사투리 타 歐 duò
字解 ❶①게으르다, 나태하다. 〔荀子〕佚而不惰, 勞而不侵. ②삼가지 아니하다, 불경(不敬)스럽다. 〔禮記〕臨祭不惰. ③소홀히 하다, 업신여기다. 〔春秋左氏傳〕今成子惰, 弃其命矣. ④게으름. 〔宋史〕警驕惰戒淫泆. ❷사투리, 천하고 바르지 아니한 말씨. 〔禮記〕言不惰.
【惰慢 타만】 게으르고 남을 업신여김.
【惰民 타민】 ①거지. ②직업이 없이 떠돌아다니는 사람.
【惰肆 타사】 게을러 빠짐.
【惰性 타성】 굳어 버린 버릇.
【惰傲 타오】 게으르고 오만함. 일을 되는대로 하여 조심성이 없음.
【惰容 타용】 게을러진 모양. 빈둥거리는 모양.
【惰游 타유】 게으름을 피우며 놂.
【惰卒 타졸】 게으른 병졸(兵卒). 나태한 병사.
【惰態 타태】 게으름.
【惰偸 타투】 게으르고 경솔함. 게으름을 피우며 일시적인 안일을 탐함.
【惰廢 타폐】 할 일을 하지 않고 방치함. 게을러서 일을 방치함. 怠廢(태폐).
● 懶-, 遊-, 怠-, 懈-.

【愯】⑫ 度❷(547)의 속자

【愓】⑫ ❶방자할 탕 漾 dàng ❷빠를 상 陽 shāng
字解 ❶①방자하다, 제 마음 내키는 대로 하다. ¶ 愓悍. ②평평하다, 태평하다. ¶ 愓暢. ❷빠르다, 곧바로 가다. 〔禮記〕凡行容愓愓.
【愓暢 탕창】 태평스럽고 느긋함.
【愓悍 탕한】 방탕(放蕩)하고 성질이 간사함.
【愓愓 상상】 바로 가서 빠른 모양.

【愎】⑫ 괴팍할 퍅 陌 bì
字解 ①괴팍하다, 너그럽지 못하다. 〔春秋左氏傳〕君愎而虐. ②어긋나다, 남의 말을 듣지 아니하다. ¶ 愎諫.
【愎諫 퍅간】 간함을 받아들이지 않음. 간언(諫言)을 듣지 않음.
【愎戾 퍅려】 거역함. 남을 따르지 않음.
● 剛-, 乖-, 頑-, 專-, 貪-.

【偏】⑫ 좁을 편 銑 biǎn
字解 偏 좁다, 마음이 너그럽지 아니하다, 편협하다. 〔莊子〕雖有愊心之人不怒.
【愊心 편심】 도량이 좁은 마음.
【愊狹 편협】 도량이 좁음. 偏屈(편굴).

【愊】⑫ ❶정성 픽 本벽 職 bì ❷답답할 핍 本벽 職 bì
字解 ❶정성, 성의. 〔漢書〕發憤愊愊. ❷①답답하다, 막히다, 다가서다. ¶ 愊怛. ②성내다, 노여워하다. 〔漢書〕策慮愊億.
【愊愊 픽픽】 생각이 가슴에 맺힘.
【愊怛 픽달】 ①막혀 답답함. ②성급함. 조급함.
【愊抑 픽억】 ①슬퍼하고 노여워함. ②가슴에 맺혀 풀리지 않음.
【愊億 픽억】 성내는 모양.
【愊憶 픽억】 마음이 울적하여 풀리지 않음. 가슴이 멤.
● 惆-.

【愜】⑫ 쾌할 협 葉 qiè
字解 ①쾌하다, 마음이 상쾌하다. 〔漢書〕天下人民, 未有愜志. ②차다, 맞다, 흡족하다. ¶ 愜志. ③두려워하는 모양. ¶ 愜愜. ④합당하다, 마땅하다. 〔晉書〕詞愜事當.
【愜當 협당】 분수에 잘 맞음. 도리에 잘 맞음.
【愜服 협복】 마음에 맞아 따름.
【愜心 협심】 마음에 만족함.
【愜志 협지】 ①뜻하는 바를 만족시킴. ②흡족한 마음.
【愜愜 협협】 두려워서 숨을 죽이는 모양.
● 勝-, 快-, 歡-.

【愿】⑬ 愜(636)과 동자

【惜】⑫ 惜(629)과 동자

【惶】⑫ 두려워할 황 陽 huáng
字解 ①두려워하다, 황공해하다. 〔史記〕對言惶懼. ②당황하다, 갈작스러워 어찌할 바를 모르다. 〔三國志〕備惶遽奔走. ③미혹되다.
【惶遽 황거】 두려워 당황함.
【惶悸 황계】 두려워서 가슴이 두근거림.
【惶恐 황공】 두려워함. 위엄이나 지위에 눌려 어쩔 줄 모르도록 두려워함.
【惶愧 황괴】 황송하고 부끄러움.

心部 9~10획　愃慤愷愾慊惛愧　637

【惶急 황급】두렵고 다급함.
【惶迫 황박】두려워서 움츠림.
【惶悚 황송】몹시 두려움. 惶恐(황공).
【惶擾 황요】두려워서 들렘.
【惶惕 황척】황송하여 근심함.
【惶汗 황한】너무 두려워서 흘리는 땀.
【惶駭 황해】두려워하며 놀람.
【惶惑 황혹】두려워하여 당혹함. 두려워하여 갈 팡질팡함.
【惶惶 황황】①몹시 두려워하는 모양. ②당황해 하는 모양.
● 驚-, 恐-, 兢-, 憂-, 蒼-.

心⁹【愃】¹² ❶너그러울 훤 阮 xuǎn
❷상쾌할 선 霰 xuàn
[參考] 대법원 지정 인명용 한자음은 '선'이다.
[字解] ❶너그럽다, 도량이 넓다. [詩經] 赫兮愃兮. ❷상쾌하다, 편안하다.

心¹⁰【慤】¹⁴ 삼갈 각 覺 què
소전 慤 초서 慤 속자 慤 간체 愨　[字解] ❶삼가다, 행동을 조심하다. [荀子] 其容愨. ❷바르다, 성실하다. ¶慤士. ❸정성, 성실한 마음. [淮南子] 其民樸重端慤. ❹순박하다, 질박하다. [孔子家語] 其親也愨.
【慤謹 각근】성실하고 삼감.
【慤士 각사】성실한 선비.
【慤善 각선】성실하고 착함.
【慤誠 각성】정성스럽고 성실함.
【慤素 각소】바르고 온순함.
【慤愿 각원】조심성이 많음. 순진함.
● 謹-, 大-, 愿-, 切-.

心¹⁰【愷】¹³ 즐거울 개 賄 kǎi
소전 愷 초서 恺 속자 凱 통자 豈 간체 恺
[字解] ①즐겁다, 즐거워하다. [莊子] 中心物愷, 兼愛無私. ②마음이 누그러지다, 마음이 편안해지다. [春秋左氏傳] 謂之八愷. ③승전(勝戰)의 음악. ¶愷樂. ④열리다, 개명하다. ≒闓. ⑤크다, 장대하다. [呂氏春秋] 詩曰, 愷悌君子, 民之父母.
【愷歌 개가】승전가(勝戰歌). 凱歌(개가).
【愷樂 개악】❶개악 ❷개락】❶전쟁에 이겼을 때 연주하는 음악. 개선 음악. 凱樂(개악). ❷즐김.
【愷悌 개제】①덕이 장대(長大)함. ②마음이 누그러져 화락함.
【愷風 개풍】부드러운 바람. 곧, 남쪽 바람. 凱風(개풍).
● 大-, 八-, 和-.

心¹⁰【愾】¹³ ❶성낼 개 隊 kài
❷한숨 쉴 희 未 xì
❸이를 흘 物 qì

[參考] 대법원 지정 인명용 한자의 음은 '개'이다.
[字解] ❶①성내다, 분개하다. ≒慨. ②차다, 가득하다. ❷한숨 쉬다, 한탄하다. [詩經] 愾我寤歎. ❸이르다, 도달하다. ≒迄. [禮記] 君行此吾者, 則愾乎天下矣.
【愾憤 개분】분개함.
【愾然 개연】①감정이 북받치는 모양. ②탄식하는 모양.
● 憤-, 敵-心.

心¹⁰【慊】¹³ ❶찐덥지 않을 겸 琰 qiǎn
❷족할 협 葉 qiè
❸의심할 혐 鹽 xián
소전 慊 초서 慊　[參考] 대법원 지정 인명용 한자의 음은 '겸'이다.
[字解] ❶①찐덥지 아니하다, 마음에 흐뭇하지 아니하다, 쾌하다. [孟子] 吾何慊乎哉. ②흡족하다, 마음이 쾌하다. [孟子] 行有不慊於心. ③좋다, 훌륭하다. [戰國策] 苟可以慊齊貌辨者. ④성의, 정성. [任昉·表] 不任丹慊之至. ⑤한하다, 원망하다. [禮記] 貴不慊於上. ❻가난하다. [淮南子] 不以慊爲悲. ❷족하다, 만족하다. ＝嗛. ❸의심하다, 마음으로 싫어하다. ≒嫌. [漢書] 嫌得避慊之便.
【慊慊 겸겸】불만스러운 모양. 마음에 덜 차게 여기는 모양. 慊然(겸연).
【慊吝 겸린】아낌. 검소(儉素)함.
【慊如 겸여】⇒慊然(겸연)².
【慊然 겸연】①상쾌한 모양. ②마음에 차지 않는 모양. 慊如(겸여). ③겸쩍은 모양.

心¹⁰【惛】¹³ 심란할 골 月 gǔ
초서 惛　[字解] 심란(心亂)하다, 마음이 뒤숭숭하다. [漢書] 心結惛兮傷肝.

心¹⁰【愧】¹³ 부끄러워할 괴 寘 kuì

丿 亻 忄 忄 忄 忄 愧 愧 愧

초서 愧　[字源] 形聲. 心+鬼→愧. '鬼(귀)'가 음을 나타낸다.
[字解] ①부끄러워하다, 부끄러움. ＝媿. [中庸] 尙不愧于屋漏. ②창피를 주다, 모욕하다. [後漢書] 季孟嘗折愧子陽, 而不受其爵. ③탓하다, 책망하다. [禮記] 不以人之所不能者愧人.
【愧懼 괴구】수치스러워하며 두려워함.
【愧赧 괴난】창피를 당하여 얼굴을 붉힘.
【愧服 괴복】무안하여 복종함. 부끄러워 굴복함.
【愧負 괴부】부끄러워함. 부끄러워 배반함.
【愧死 괴사】죽을 정도로 매우 부끄러워함.
【愧笑 괴소】무시하여 비웃음.
【愧畏 괴외】부끄럽고 두려움.
【愧慚 괴참】부끄러워함. 羞恥(수치).
【愧恥 괴치】부끄러워함.

【愧汗 괴한】 부끄러워 땀을 흘림.
【愧恨 괴한】 ①부끄럽고 한스러움. ②무안하여 원망함.
● 感-, 赧-, 羞-, 慙-, 痛-.

心 10 【偲】 ⑭ 懼(657)의 고자

心 10 【惄】 ⑬ 근심할 녁 錫 nì
소전 惄 동자 愵 字解 근심하다, 근심하는 모양, 우려하는 모양.

心 10 【愵】 ⑭ 惄(638)과 동자

心 10 【慆】 ⑬ 기뻐할 도 豪 tāo
소전 慆 초서 㤁 字解 ①기뻐하다. =謟. 〔春秋左氏傳〕 非以慆心也. ②방자하다, 깔보아 제 마음대로 하다. ≒滔. 〔書經〕 無卽慆淫. ③지나다, 경과하다. 〔詩經〕 日月其慆. ④감추다, 숨기다. ≒韜. 〔春秋左氏傳〕 以樂慆憂. ⑤오래다, 어지러워지다. 〔詩經〕 我徂東山, 慆慆不歸. ⑥의심하다, 어긋나다. ≒忒. 〔春秋左氏傳〕 天命不慆久矣.
【慆慆 도도】 ①오래된 모양. ②어지러운 모양.
【慆憂 도우】 근심을 숨김.
【慆淫 도음】 방자하고 음탕함.

心 10 【慄】 ⑬ 두려워할 률 質 lì
초서 㥶 字解 ①두려워하다. 〔莊子〕 吾甚慄之. ②떨다, 벌벌 떨다. ¶ 戰慄. ③오싹하다, 소름이 끼치다. 〔史記〕 郡中不寒而慄. ④슬퍼하다, 비통해하다. 〔漢書〕 懰慄不言.
【慄烈 율렬】 추위가 혹독한 모양. 慄冽(율렬).
【慄慄 율률】 ①두려워하는 모양. 떨고 있는 모양. ②매우 추운 모양.
【慄然 율연】 두려워 떠는 모양.
● 愧-, 懍-, 戰-.

心 10 【㝠】 ⑬ 마음 다하지 못할 명 梗迥 mǐng
字解 ①마음을 다하지 못하다. ②근심하다.

心 10 【愽】 ⑬ 博(240)의 와자 (譌字)

心 10 【愬】 ⑭ ❶하소연할 소 遇 sù ❷두려워할 색 陌 sè
초서 愬 字解 ❶①하소연하다. 〔詩經〕 薄言往愬. ②일러바치다, 헐뜯어 말하다. =訴. 〔論語〕 公伯寮愬子路於季孫. ③향하다, 거슬러 맞서다. ≒遡. ¶ 愬風. ❷두려워하다. 〔春秋公羊傳〕 愬而再拜.
【愬風 소풍】 바람을 향함. 바람에 맞섬.

【愬愬 색색】 놀라 두려워하는 모양.

心 10 【愫】 ⑬ 정성 소 遇 sù
초서 愫 字解 정성, 참된 마음, 진정. 〔漢書〕 披心腹見情愫.

心 10 【慅】 ⑬ ❶흔들릴 소 豪 sāo ❷고달플 초 皓 cǎo
소전 慅 초서 㥶 字解 ❶흔들리다, 떠들썩하다. ≒騷. ❷①고달프다, 고달픈 모양. ②시름겹다, 슬픈 생각이 들다. 〔詩經〕 勞心慅兮.
【慅慅 ❶소소 ❷초초】 ❶불안한 모양. ❷①지친 모양. ②근심스러운 모양.

心 10 【愻】 ⑭ 따를 손 願 xùn
소전 愻 속자 遜 字解 따르다, 공손하게 순종하다. 〔說苑〕 致敬以愻.

心 10 【愼】 ⑬ 삼갈 신 震 shèn
八 忄 忄 忄 忄 愼 愼 愼 愼 愼 愼
소전 愼 전서 㥶 예서 愼 동자 愼 고자 㥶
간체 慎 字源 形聲. 心+眞→愼. '眞(진)' 이 음을 나타낸다.
字解 ①삼가다, 조심하다. 〔禮記〕 愼其身, 以輔翼之. ②진실로, 참으로. 〔詩經〕 予愼無罪. ③이루다, 이룩하다. 〔詩經〕 考愼其相. ④고요하다, 조용하다. ⑤생각하다. ⑥두려워하다, 걱정하다. 〔楚辭〕 哀子胥之愼事. ⑦마음이 움직이다. ⑧훈계하다, 경계하다. 〔淮南子〕 肅愼民. ⑨따르다, 순종하다. ≒順. 〔荀子〕 布基愼聖人. ⑩당기다, 밧줄을 끌다. ≒引. 〔禮記〕 其愼也, 蓋殯也. ⑪뉘우치다, 후회하다. 〔大戴禮〕 往者不愼也. ⑫다섯 해 된 짐승.
【愼謹 신근】 삼가고 조심함. 謹愼(근신).
【愼機 신기】 기회를 소홀히 하지 않음. 일의 기틀을 삼감.
【愼獨 신독】 홀로를 삼감. 홀로 있을 때에도 도리에 어그러짐이 없도록 삼감.
【愼慮 신려】 삼가 생각함. 신중히 생각함.
【愼微 신미】 작은 일에도 삼가고 조심함.
【愼密 신밀】 조심성이 많아 빈틈이 없음.
【愼思 신사】 삼가 생각함.
【愼色 신색】 음란한 짓을 삼감.
【愼終 신종】 ①일의 끝을 삼감. 일을 온전히 마무리 짓기 위해 삼감. ②부모의 장사(葬事)나 제사(祭事) 따위를 정중히 함.
【愼終如始 신종여시】 일의 끝에 이르러서도 처음과 같이 마음을 늦추지 않고 애씀.
【愼終追遠 신종추원】 부모의 상에는 슬픔을 다하여 장례를 정성껏 하고, 조상의 제사에는 공경을 다하여 추모함.

【愼重 신중】매우 조심스러움.
【愼厚 신후】깊이 삼가고 묵중(默重)함.
【愼候 신후】國병석에 있는 웃어른의 안부.
❶ 戒-, 恐-, 恭-, 謹-, 修-, 淑-, 畏-.

心10 【愳】 ⑭ 愼(638)의 고자

心10 【愼】 ⑬ 愼(638)과 동자

心10 【慍】 ⑬ ❶성낼 온 畵 yùn ❷괴로워할 온 阮 wěn
字解 ❶①성내다, 발끈 화를 내다. 〔詩經〕慍于群小. ②성, 화, 노여움. 〔詩經〕肆不殄厥慍. ③원망하다. 〔論語〕人不知而不慍. ❷①괴로워하다, 괴로워서 마음이 흐트러지다. ¶ 慍愉.
【慍見 온견】사람을 성내어 만남.
【慍怒 온노】성을 발칵 냄.
【慍懟 온대】성내어 원망함.
【慍憤 온분】분노함. 성냄.
【慍色 온색】성내고 원망하는 얼굴빛.
【慍容 온용】성낸 얼굴.
【慍愉 온유】마음이 괴로워서 심란함.
❶ 煩-, 憤-, 憂-, 懷-.

心10 【傜】 ⑬ 두려워할 요 蕭 yáo
字解 ①두려워하다. ②근심하는 모양, 근심스러우나 의지할 곳이 없는 모양.

心10 【慂】 ⑭ 권할 용 腫 yǒng
字解 권하다, 억지로 권유하다. 〔方言〕慫慂勸也.

心10 【惲】 ⑬ 근심할 운 囡 yún
字解 근심하다, 근심하는 모양, 걱정하는 모양.

心10 【愿】 ⑭ 삼갈 원 願 yuàn
字解 ①삼가다, 공손하다, 정중하다. 〔書經〕愿而恭. ②성실하다, 질박(質朴)하다. 〔禮記〕而民作愿. ③바라다. ≒願.
【愿慤 원각】솔직하고 성의가 있음.
【愿恭 원공】성실하고 공손함.
【愿款 원관】공손하고 성의가 있음.
【愿謹 원근】성실하고 신중함.
【愿朴 원박】솔직하여 꾸밈이 없음.
【愿心 원심】바람. 소원(所願).
❶ 慤-, 謹-, 端-, 溫-, 柔-, 鄕-.

心10 【慇】 ⑭ 괴로워할 은 眞 yīn
字解 ①괴로워하다, 몹시 애태우다. 〔詩經〕憂心慇慇. ②은근하다, 친절하다. 〔史記〕慈仁慇勤. ③부유하다.
【慇懃 은근】①정성을 다함이 남모르게 살뜰함. ②몹시 근심함. ③남녀의 정애(情愛).
【慇憂 은우】깊이 근심함. 깊은 근심.
【慇潤 은윤】부유하고 윤택함.
【慇慇 은은】매우 근심하는 모양.

心10 【憖】 ⑬ 慇(639)과 동자

心10 【慈】 ⑭ 사랑 자 支 cí
字源 形聲. 玆+心→慈. '玆(자)'가 음을 나타낸다.
字解 ①사랑. ㉠깊은 은애(恩愛). ¶ 慈愛. ㉡인정, 동정, 측은한 마음. 〔儀禮〕以慈已加也. ㉢자식에 대한 부모의 사랑. 〔大學〕爲人父, 止於慈. ㉣부모를 잘 봉양하는 사랑. 〔國語〕不慈孝於父母. ②사랑하다. 〔國語〕慈保庶民. ③어머니. 아버지를 '嚴'이라 할 때의 상대적 개념. ¶ 慈親. ④(佛)자비, 중생에게 낙(樂)을 주는 일. 〔智度論〕大慈與一切衆生樂.
【慈儉 자검】자애롭고 검소함. 자애와 검소.
【慈姑 자고】①아내의 어머니. 嶽母(악모). ②시어머니.
【慈壼 자곤】어머니. ♀'壼'은 대궐 안의 길이라는 뜻으로, 집의 안쪽을 이름.
【慈光 자광】부처의 대자대비한 빛.
【慈堂 자당】남의 어머니의 높임말.
【慈淚 자루】인자한 마음에서 가엾이 여겨 흘리는 눈물.
【慈臨 자림】자애로운 마음으로 아래에 임함. 남의 내방(來訪)의 높임말.
【慈母 자모】①애정이 깊은 어머니. ②어머니. ③어머니를 여읜 뒤에 자기를 길러 준 서모.
【慈武 자무】인자하고 용맹스러움.
【慈撫 자무】사랑하여 어루만짐.
【慈愍 자민】사랑하여 불쌍히 여김.
【慈恕 자서】인자하고 동정심이 많음.
【慈善 자선】①불쌍히 여겨 은혜를 베풂. ②불쌍한 사람을 도와줌.
【慈膝 자슬】자애 깊은 무릎. 양친의 슬하.
【慈侍下 자시하】國아버지는 돌아가시고 어머니만 모시고 사는 처지.
【慈眼 자안】(佛)자비로운 눈. 중생에 대한 보살의 자비에 넘친 눈.
【慈愛 자애】①아랫사람을 도탑게 사랑함. ②도타운 사랑.
【慈雨 자우】만물을 촉촉이 적셔 자라게 하는

비. 임금의 은혜가 두루 미침.
【慈雲 자운】(佛)은혜가 구름처럼 널리 미침. 부처의 은혜가 넓고 큼.
【慈育 자육】은혜를 베풀어 기름.
【慈意 자의】인자한 마음. 자비심.
【慈仁 자인】자애롭고 인자함.
【慈殿 자전】(國)임금의 어머니.慈聖(자성).
【慈尊 자존】(佛)미륵불(彌勒佛)의 딴 이름.
【慈寵 자총】도탑게 사랑함.
【慈親 자친】①자애로운 어버이. ②어머니.
【慈航 자항】(佛)부처가 자비심으로 중생을 제도(濟度)함을 배에 비유한 말.
【慈誨 자회】자애가 넘치는 가르침.
【慈孝 자효】①어버이를 존경하여 섬기며 효도를 다함. ②어버이의 자애와 자식의 효도. 곧, 어버이와 자식 사이의 애정.
【慈訓 자훈】①인자한 가르침. ②어머니의 훈육(訓育).
● 家-, 大-, 仁-, 至-, 天-, 惠-, 孝-.

心10【憖】⑭ 整(752)의 속자

心10【愴】⑬ ❶슬퍼할 창 陽 chuàng
❷실의할 창 陽 chuàng
[字解] ❶슬퍼하다, 마음 아파하다. 〔禮記〕必有悽愴之心. ❷차다, 차갑다. ≒ 滄. 〔列子〕愴愴涼涼. ❸어지럽다, 어지러워지다, 뜻과 의욕을 잃다. ¶愴況.
【愴囊 창낭】어지러움. 어지러운 모양.
【愴愴 창창】슬퍼하는 모양.
【愴恨 창한】슬퍼하고 원망함.
【愴怳 창황】①뜻이나 의욕을 잃은 모양. ②가엾게 여겨 슬퍼하는 모양.
【愴惶 창황】겨를 없이 바쁨.
● 悲-, 悽-, 惆-.

心10【態】⑭ 모양 태 隊 tài

丶ㅗ 乍 乍 育 能 能 態 態

[字源] 形聲. 能+心→態. '能(태)'가 음을 나타낸다.
[字解] ①모양, 형상. 〔楚辭〕容態好比. ②짓, 몸짓. 〔張衡·賦〕盡變態乎其中. ③모양, 형편, 상황. 〔獨孤及·詩〕況聽鄂中曲, 復識湘南態. ④재능(才能)이 있다.
【態度 태도】몸가짐의 모양이나 맵시.
【態臣 태신】아첨하여 총애를 얻는 신하.
● 嬌-, 舊-, 動-, 美-, 媚-, 變-, 狀-, 生-, 世-, 容-, 姿-, 醜-, 形-.

心10【慔】⑬ 忕(600)와 동자

心10【㥯】⑬ 으를 협 葉 xié
[字解] 으르다, 힘으로써 협박하다. ≒脅. 〔魏志〕劫㥯使者.

心10【慌】⑬ ❶어렴풋할 황 養 huǎng
❷황홀할 황 養 huǎng
❸다급할 황 陽 huāng
[字解] ❶어렴풋하다, 희미한 모양. 〔後漢書〕追慌忽於地底. ❷황홀하다. =恍. 〔北齊書〕性忽慌. ❸①다급하다, 절박하다. ¶慌忙. ②잃다, 잃어버리다. =荒. 〔楚辭〕僕夫慌悴散若流分.
【慌罔 황망】다급하여 허겁지겁함.
【慌忙 황망】몹시 바쁨.
【慌惘 황망】①어두운 모양. ②뜻을 잃은 모양.

心10【愰】⑬ ❶밝을 황 養 huǎng
❷들뜰 황 養 huǎng
[字解] ❶밝다, 마음이 밝다, 영리하다. ❷들뜨다, 마음이 가라앉지 아니하다.
【愰懩 황양】마음이 가라앉지 않고 들뜸.
【愰惚 황홀】마음이 들뜬 모양.

心10【慉】⑬ ❶기를 휵 屋 xù
❷맺힐 축 屋 chù
[字解] ❶기르다, 양육하다. ≒畜. 〔詩經〕不我能慉. ②일키다, 일으켜 세우다. ③쌓다, 축적하다. ≒蓄. 〔後漢書〕疏越蘊愴. ④교만하다. ❷맺히다, 우울해지다. ¶慉結.
【慉結 축결】마음이 우울해짐. 울적한 심경이 됨. 鬱結(울결).

心10【慁】⑭ 근심할 혼 願 hùn
[字解] ❶근심하다, 마음에 걸리다. 〔春秋左氏傳〕主不慁賓. ②더럽히다, 욕보이다, 명예를 손상시키다. ≒溷. 〔禮記〕不慁君王.

心10【惛】⑬ 慁(640)과 동자

心11【愨】⑮ 慤(637)의 속자

心11【慳】⑭ 아낄 간 刪 qiān
[字解] ❶아끼다, 쩨쩨하게 굴다. ¶慳吝. ②망설이다, 머무적거리다. 〔韓愈·詩〕辭慳義卓闊. ③굳다, 굳게 감추어 두다. 〔朱熹·詩〕洪源瀉天慳. ④드물다.
【慳吝 간린】구두쇠. 인색함. 慳嗇(간색).
【慳貪 간탐】①몹시 탐하고 인색함. ②(佛)물건을 아껴 남에게 주지 않고, 탐내어 구하면서

만족할 줄 모르는 마음.
❶ 天-, 偏-, 寒-.

心 11 【慷】 ⑭ 강개할 강 ⓟ kāng

초서 慷 자해 ①강개하다, 의기가 북받쳐 원통해하고 슬퍼하다.〔後漢書〕性剛毅慷慨. ②호탕하다.〔後漢書〕慷慨有大節.
【慷慨 강개】①의분(義憤)이 북받쳐 슬퍼하고 한탄함. ②뜻을 잃은 모양. 비탄(悲歎)하는 모양. ③의기가 넘치고 감격하기 쉬운 성질.
【慷慨之士 강개지사】세상의 그릇됨을 분하게 여겨 탄식하는 사람.
【慷喟 강위】탄식함. 격분하여 개탄함.

心 11 【慨】 ⑭ 분개할 개 ⓟ kǎi

忄 忄' 忄口 忄白 忄白 忄白 忄旣 忄旣 忄旣 慨

소전 慨 초서 慨 자원 形聲. 心＋旣→慨. '旣(기)'가 음을 나타낸다.
자해 ①분개하다, 개탄하다, 뜻을 얻지 못하여 분격하다.〔潘岳·賦〕慨然而賦. ②슬퍼하다, 탄식하다. ≒嘅·愾.〔張衡·賦〕慨長思而懷古. ③피로한 모양.〔禮記〕慨焉如不及其反而息..
【慨慨 개개】한탄하는 모양.
【慨憤 개분】매우 분해함. 憤慨(분개).
【慨世 개세】세상을 근심하여 한탄함.
【慨息 개식】한숨을 쉬며 한탄함.
【慨焉 개언】①☞慨然(개연)②. ②지친 모양. 피로한 모양.
【慨然 개연】①뜻을 떨쳐 일으키는 모양. ②슬퍼 탄식하는 모양. 慨焉(개언).
【慨嘆 개탄】한탄함. 의분이 북받쳐 탄식함.
【慨恨 개한】탄식하고 원망함.
❶感-, 慷-, 憤-.

心 11 【憇】 ⑮ 憩(646)의 속자

心 11 【慶】 ⑮ ❶경사 경 ⓟ qìng ❷발어사 강 ⓟ qiāng

广 广 户 庐 庐 唐 唐 廖 慶

소전 慶 초서 慶 간체 庆 참고 대법원 지정 인명용 한자의 음은 '경'이다.
자원 會意. 鹿＋心＋夊→慶. 녹비(鹿皮)를 가지고 가서〔夊〕마음〔心〕으로 축하한다는 데서 '경사, 경사스럽다'의 뜻을 나타낸다.
자해 ❶①경사, 축하할 만한 기쁜 일.〔晉書〕誠爲大慶. ②경사스럽다, 축하하다, 기뻐하다.〔國語〕固慶其喜, 而弔其憂. ③상(賞), 상으로 내리는 것.〔禮記〕行慶施惠. ④선행(善行).〔書經〕一人有慶. ❺복, 다행한 일.〔國語〕有慶未嘗不怡. ❻성(姓). ❷발어사, 아! ≒羌.〔漢書〕慶天悖而喪榮.
【慶科 경과】ⓘ나라에 경사(慶事)가 있을 때 보이는 과거. 慶擧(경거).
【慶忌 경기】물속에 사는 괴물.
【慶禮 경례】경사에 대한 예식(禮式).
【慶賴 경뢰】기뻐하며 의지함.
【慶抃 경변】기뻐하며 손뼉을 침.
【慶福 경복】경사스러운 복.
【慶事 경사】축하할 만한 기쁜 일.
【慶賜 경사】기려 상을 줌.
【慶瑞 경서】경사스러운 일의 조짐. 祥瑞(상서).
【慶善 경선】경사로움. 경사스럽고 좋음.
【慶壽 경수】임금의 탄생일.
【慶仰 경앙】기뻐하며 우러러봄.
【慶宴 경연】경사 때의 잔치.
【慶煙 경연】경사로운 일이 있을 징조의 안개. 서상길조(瑞祥吉兆)의 안개.
【慶雲 경운】경사가 생길 조짐이 되는 구름. 상서로운 구름. 瑞雲(서운).
【慶宥 경유】나라에 경사가 있을 때 죄인을 사면함.
【慶弔 경조】경사와 흉사.
【慶祚 경조】경사스러운 복. 커다란 행복.
【慶弔相問 경조상문】경사에 서로 축하하고, 흉사에 서로 위문함.
【慶讚 경찬】(佛)①부처나 보살의 공덕을 찬탄함. ②불상·경전을 맞이하거나 절·탑 등의 건축을 마쳤을 때, 경축하여 행하는 법사(法事).
【慶祝 경축】함께 기뻐하며 축하함. 慶賀(경하).
【慶幸 경행】경사스럽고 다행한 일.
【慶喜 경희】경사스러운 일을 기뻐함. 기쁨.
❶ 具-, 吉-, 大-, 同-, 餘-, 賀-, 休-.

心 11 【慣】 ⑭ 버릇 관 ⓟ guàn

丶 忄 忄" 忄ㄇ 忄日 忄毌 忄毌 慣 慣 慣

초서 慣 통자 貫 간체 惯 자원 形聲. 心＋貫→慣. '貫(관)'이 음을 나타낸다.
자해 ①버릇, 버릇처럼 익숙해진 것. ¶ 習慣. ②버릇이 되다, 익숙해지다.〔抱朴子〕猶須慣習, 然後能善.
【慣例 관례】습관처럼 된 예.
【慣習 관습】①익숙함. ②버릇. ③풍습.
【慣狎 관압】익숙하여 친함. 친압함.
【慣用 관용】습관처럼 씀.
【慣行 관행】습관처럼 행해짐.

心 11 【憖】 ⑭ ❶근심할 근 ⓟ qín ❷겨우 근 ⓟ jìn

자해 ❶①근심하다, 근심하며 서러워하다. ≒勤. ②날래다, 용기가 있다.〔列子〕無以立憖於天下. ❷겨우.〔春秋公羊傳〕憖然後得免.

心 11 【慱】 ⑭ 근심할 단 ⓟ tuán

자해 ①근심하다, 근심하는 모양.〔詩經〕勞心

愽愽兮. ❷둥글다. ≒團. 〔太玄經〕月闕其愽.

심 【慮】⑮ ❶생각할 려 御 lǜ
11   ❷사실할 록 屋 lù

广广卢虍虑虑虑慮慮

소전 圖 소전 圖 초서 圖 간체 虑 參考 대법원 지정 인명용 한자의 음은 '려'이다.

字源 形聲. 虍＋思→慮. '虍(호)'가 음을 나타낸다.

字解 ❶①생각하다, 이리저리 헤아려 보다. ¶ 考慮. ②꾀하다, 생각을 세우다. 〔詩經〕弗慮弗圖. ③근심하다, 걱정하다. ¶ 念慮. ④생각, 염려. 〔論語〕人無遠慮, 必有近憂. ⑤꾀, 계획. 〔呂氏春秋〕管子之慮近之. ⑥근심, 걱정. 〔後漢書〕省國家之邊慮. ⑦대략, 대강. ¶ 無慮. ⑧맺다, 연결하다. 〔莊子〕何不慮以爲大樽. ⑨의심, 의혹. 〔晉書〕決孤疑之慮. ⑩흐트리다, 어지럽게 하다. 〔呂氏春秋〕無慮吾農事. ❷①사실하다, 조사하다. ≒錄. 〔舊唐書〕凡禁囚, 五日一慮.

【慮嗛 여겸】모자랄 때의 일을 염려함.
【慮無 여무】없는 바를 염려함. 오늘날의 척후병(斥候兵)이 '무성(無聲)을 듣고, 무형(無形)을 봄'과 같은 뜻.
【慮周藻密 여주조밀】생각이 두루 미쳐 문채(文采)가 완전하고 세밀함.
【慮患 여환】마음에 걸림. 걱정함.
【慮後 여후】장래의 일에 대하여 염려함.
【慮囚 녹수】범인의 죄상을 헤아려 조사함.

❶計一, 考一, 顧一, 短一, 配一, 思一, 熟一, 心一, 深一, 念一, 憂一, 遠一, 千一, 淺一.

심 【憀】⑭ 의뢰할 료 蕭 liáo
11

소전 憀 속자 憀 字解 ①의뢰하다, 의지하다, 힘입다. ≒賴. 〔淮南子〕吏民不相憀. ②쓸쓸하다, 서글퍼하다. 〔陸龜蒙·詩〕雲晴山晚動情憀. ③소리가 맑다, 맑고 낭랑하다.

【憀亮 요량】소리가 맑고 낭랑한 모양.
【憀慄 요율】서글퍼하고 마음 아파함.

심 【慺】⑭ 정성스러울 루 虞 lóu
11

초서 慺 간체 偻 字解 ①정성스럽다, 정성스러운 모양. ②공근한 모양. 〔抱朴子〕慺誠以爲爾.
【慺慺 누루】①정성스러운 모양. ②공근하고 깊이 삼가는 모양.
【慺誠 누성】공손하고 정성스러움.

심 【慢】⑭ 게으를 만 諫 màn
11

丶忄忄忄忄慢慢慢

소전 慢 초서 慢 속자 慢 字源 形聲. 心＋曼→慢. '曼(만)'이 음을 나타낸다.

字解 ①게으르다, 게으름을 피우다. ¶ 怠慢. ②거만하다, 오만하다. ¶ 慢而侮人. ③모멸하다, 업신여기다. ≒嫚. 〔書經〕慢神虐民. ④느리다, 더디다. 〔詩經〕叔馬慢忌. ⑤느슨하다, 엄하지 아니하여 어지럽다. 〔呂氏春秋〕刑慢則懼及君子. ⑥거칠다, 간략하다. 〔孔子家語〕其大讓如慢. ⑦질하다. 〔莊子〕郢人堊慢其鼻端.

【慢舸 만가】느리게 가는 배.
【慢棄 만기】가벼이 보고 쓰지 않음.
【慢罵 만매】만만히 여겨 함부로 꾸짖음. 거만스럽게 꾸짖음.
【慢侮 만모】만만히 보아 업신여김. 깔봄.
【慢舞 만무】춤을 느리게 춤.
【慢性 만성】①쉽게 낫지 않고 천천히 진행되어 오래 끄는 병. ②빠르지 않고 느긋한 성질.
【慢心 만심】①(佛)근본 번뇌의 하나. 자신을 지나치게 믿고 자랑하며 남을 업신여기는 마음. ②지나친 자부. 자만.
【慢狎 만압】업신여겨 함부로 굶.
【慢然 만연】①교만하여 의기양양한 모양. ②맺힌 데가 없이 헤벌어져 풀어진 모양. ③막연한 모양. 분명하지 않은 모양. 漠然(막연). ④어떤 일정한 목적이 없이 되는대로.
【慢遊 만유】여러 곳을 마음 내키는 대로 돌아다니며 제멋대로 놂. 漫遊(만유).
【慢易 만이】①만만히 보아 업신여김. 여지없이 깔봄. ②음악의 곡조가 장중(莊重)하지 못함.
【慢而侮人 만이모인】교만하여 업신여김.
【慢藏誨盜 만장회도】창고의 문단속을 게을리 함은 도둑에게 도둑질을 가르치는 것과 같음.
【慢詑 만탄】제멋대로 굶. 방자함.

❶驕一, 我一, 傲一, 頑一, 緩一, 自一, 怠一.

심 【慕】⑮ 그리워할 모 遇 mù
11

丶艹艹艹莫莫莫慕慕

소전 慕 초서 慕 고자 慕 字源 形聲. 莫＋心→慕. '莫(모)'가 음을 나타낸다.

字解 ①그리워하다, 사모하다. 〔孟子〕人少則慕父母. ②뒤를 따르다. 〔禮記〕其往也如慕. ③바라다, 원하다. 〔柳宗元·傳〕他植者, 雖窺伺傚慕, 莫能如也. ④높이다, 우러러 받들어 본받다. 〔孟子〕巨室之所慕, 一國慕之. ⑤탐하다. 〔淮南子〕誘慕於名位.

【慕藺 모린】현자(賢者)를 경모(敬慕)함. 故事 한대(漢代)의 사마상여(司馬相如)가 전국 시대 조(趙)나라의 인상여(藺相如)를 존경하여 자신의 이름을 '相如'로 고쳤다는 고사에서 온 말.
【慕心 모심】그리워하는 마음.
【慕愛 모애】사모하고 사랑함.
【慕悅 모열】사모하며 기뻐함.

心部 11획 慕懑憑慴憿慾慵憃憂

【慕義 모의】 정도(正道)를 사모함.
【慕化 모화】 덕화(德化)를 그리워함. 덕을 그리워하여 교화(敎化)를 따름.
【慕效 모효】 그리워하여 본받음. 그 사람의 덕을 사모하여 언행을 본받음.
◐ 景-, 傾-, 思-, 哀-, 愛-, 戀-, 追-.

心11【慕】⑮ 慕(642)의 고자

心11【懑】⑮ 총명할 민 ⊕ mǐn
字解 총명하다, 영리하다. 〔管子〕人謂我懑.

心11【憑】⑮ 憑(648)의 속자

心11【慴】⑭ 두려워할 습 ㊍접 ⊕ shè
字解 ①두려워하다, 두려워서 벌벌 떨다. 〔漢書〕萬夷慴伏. ②으르다, 협박하다. 〔曹植·七啓〕威慴萬乘.
【慴悸 습계】두려워서 가슴이 뜀.
【慴伏 습복】두려워서 엎드림. 두려워서 복종함. 慴服(습복).
【慴懾 습체】겁이 나서 벌벌 떪.
【慴憚 습탄】두려워서 꺼림.
◐ 威-, 戰-, 怖-.

心11【憿】⑭ 오만할 오 ⊕ ào
字解 오만하다, 젠체하며 날뛰다, 거만하다. 〔晉書〕性憿誕, 不拘禮法.
【憿慢 오만】남을 깔보며 잘난 체함.
【憿邁 오매】젠체하며 교만을 떪.
【憿誕 오탄】태도가 거만하며 큰소리를 침.

心11【憿】⑮ 憿(643)와 동자

心11【慾】⑮ 욕심 욕 ⊕ yù

字解 본디 欲(897)의 속자(俗字)이나, 우리나라에서는 '하고자 하다'의 뜻으로는 쓰지 않고, 주로 그 명사인 '욕심'의 뜻으로만 쓴다.
字源 會意·形聲. 欲+心→慾. 하고자 하는〔欲〕마음〔心〕, 곧 '욕심'이라는 뜻을 나타낸다. '欲(욕)'이 음도 나타낸다.
字解 욕심, 욕정. 〔論語〕棖也慾, 焉得剛.
【慾界 욕계】(佛)삼계(三界)의 하나. 욕심이 난무하는 인간 세계.
【慾念 욕념】분수에 넘치게 무엇을 하고자 하는

나 가지고 싶어 하는 생각. 慾心(욕심).
【慾望 욕망】어떤 것을 갖고자 하는 마음.
【慾心 욕심】지나치게 탐내거나 누리고 싶어 하는 마음.
【慾情 욕정】이성에 대한 정욕.
【慾海 욕해】애욕이 바다와 같은 속세.
【慾火 욕화】불같이 일어나는 욕심.
◐ 寡-, 多-, 大-, 上-, 無-, 色-, 食-, 肉-, 淫-, 人-, 情-, 貪-.

心11【慵】⑭ 게으를 용 ⊕ yōng
字解 게으르다, 게으름을 피우다, 마음이 내키지 아니하다.
【慵起 용기】어쩐지 나른하여 아침에 일어날 마음이 내키지 않음.
【慵懶 용라】게으름. 慵惰(용타).
【慵惰 용타】게으름. 慵懶(용라).

心11【憃】⑮ ❶천치 용 ㊍송 ⊕ chōng ❷어리석을 창 ⊕ chōng
字解 ❶천치(天癡), 어리석어 사리에 어두운 사람. =憧. ¶ 憃愚. ❷어리석다. 〔淮南子〕愚夫憃夫, 皆能論之.
【憃騃 용애】물건을 구별 못할 만큼 어리석은 사람.
【憃愚 용우】어리석음.
【憃樸 창박】어리석어서 거짓이나 꾸밈이 없음.
【憃乎 창호】어리석은 모양.

心11【憂】⑮ 근심할 우 ⊕ yōu

字源 形聲. 㥯+夊→憂. '㥯(우)'가 음을 나타낸다.
字解 ①근심하다. ㉮근심하다, 걱정하다. 〔論語〕仁者不憂. ㉯괴로워하다. 〔國語〕文王在胎, 母不憂. ㉰가엾게 여기다. 〔周禮·疏〕謂見災厄而不憂恤, 亦刑之. ㉱두려워하다. 〔呂氏春秋〕余何憂於龍焉. ②근심. ㉮근심, 걱정. 〔論語〕樂而忘憂. ㉯두려움, 괴로움. 〔呂氏春秋〕君子在憂. ㉰고단함, 지침.〔禮記〕某有負薪之憂. ③상(喪), 상중(喪中).〔書經〕王宅憂. ④막히다, 지체(遲滯)하다.〔鬼谷子〕憂者閉塞而不泄也.
【憂慨 우개】근심하고 개탄함.
【憂結 우결】걱정이 되어 속이 답답함.
【憂耿 우경】걱정. 걱정. ◎ '耿'은 불안으로 잠을 이루지 못함.
【憂悸 우계】걱정이 되어 가슴이 두근거림.
【憂苦 우고】①근심하고 괴로워함. 마음 아파함. ②근심과 괴로움.
【憂咎 우구】근심. 憂患(우환).

【憂憒 우궤】근심하여 마음이 산란함.
【憂惱 우뇌】근심하고 번민함.
【憂端 우단】근심의 시초.
【憂樂 우락】걱정스러운 일과 즐거운 일.
【憂來無方 우래무방】근심이란 언제 어디서 오는지 정해져 있지 않음.
【憂慮 우려】근심함. 근심과 걱정.
【憂勞 우로】근심하여 괴로워함. 마음을 수고로이 함.
【憂悶 우민】근심하여 번민함.
【憂迫 우박】근심하여 가슴을 바짝 죔.
【憂憤 우분】근심이 되어 화를 냄.
【憂傷 우상】걱정하며 마음 아파함.
【憂世 우세】세상일을 탄식하고 걱정함. 국가의 안위를 염려함. 세도(世道)를 근심함.
【憂囚 우수】근심에 잠겨 헤아리지 못함.
【憂心有忡 우심유충】걱정하는 마음이 가슴 가득히 참. '忡'은 '充'으로 '차다'를 뜻함.
【憂心殷殷 우심은은】마음에 근심을 안음. '殷殷'은 근심하는 모양.
【憂恚 우에】근심하고 성냄.
【憂慍 우온】걱정하며 성냄. 걱정과 노여움.
【憂虞 우우】근심하고 걱정함.
【憂鬱 우울】걱정으로 가슴이 답답함.
【憂愉 우유】근심과 기쁨.
【憂悒 우읍】근심으로 가슴이 막힘.
【憂慘 우참】근심하며 슬퍼함.
【憂惕 우척】근심하고 두려워함.
【憂慽 우척】근심하며 슬퍼함.
【憂悁 우철】근심을 품음.
【憂焦 우초】근심하여 마음 아파함.
【憂惴 우췌】걱정하고 두려워함.
【憂憚 우탄】근심하며 꺼림. 걱정하고 두려워함.
【憂怖 우포】근심하고 두려워함.
【憂惑 우혹】근심하며 망설임.
【憂患 우환】집안에 복잡한 일이나 환자가 있어 겪는 근심.
【憂惶 우황】근심하며 두려워함.
【憂懷 우회】근심하는 마음. 걱정하는 마음.
【憂恤 우휼】①근심하고 염려함. 근심. ☞'恤'도 '憂'의 뜻. ②동정함. 불쌍히 여김.
【憂喜 우희】근심과 기쁨.
○近-, 杞-, 內-, 深-, 丁-, 後-, 喜-.

心 11【慰】⑮ 위로할 위 困 wèi

ㄱㄹㄹㄹㄹ尉尉慰慰

[소전][초서][동자][통자] [字源] 形聲. 尉+心→慰. '尉(위)'가 음을 나타냄.
[字解] ①위로하다, 정신적·육체적 고달픔을 풀도록 따뜻하게 대하여 주다. 〔後漢書〕慰撫吏民. ②위로. 〔後漢書〕因數召見, 加賜慰. ③우울해지다, 울적해지다. ≒鬱. 〔莊子〕慰暋沈屯. ④성내다, 원망하다. 〔詩經〕以慰我心. ⑤성, 화, 원망. 〔莊子〕貪財而取慰.

【慰劬 위구】노고(勞苦)를 위로함.
【慰答 위답】위로하여 보답함.
【慰勞 위로】괴로움을 풀도록 따뜻하게 대해 줌.
【慰勉 위면】위로하고 격려함. 慰勵(위려).
【慰撫 위무】위로하여 어루만짐.
【慰問 위문】위로하고 안부를 물음.
【慰愍 위민】위로하고 가엾게 여김.
【慰拊 위부】어루만져 위로함. 慰撫(위무).
【慰釋 위석】마음을 위로하여 근심을 없앰.
【慰安 위안】위로하여 마음을 편하게 가짐.
【慰唁 위언】유족(遺族)을 조문(弔問)함.
【慰諭 위유】위로하고 타일러 잘 달램.
【慰情勝無 위정승무】충분히 마음을 만족시킬 정도는 아니나, 없는 것보다는 나음.
【慰誨 위회】위로하며 가르침. 친절하게 타이름.
【慰懷 위회】마음을 위로함.
【慰曉 위효】☞慰諭(위유).
【慰恤 위휼】위로하고 구휼(救恤)함. 위로하여 베풂.
○安-, 自-, 弔-.

心 11【慰】⑮ 慰(644)와 동자

心 11【慥】⑭ 착실할 조 囍 zào
[字解] ①착실하다, 착실한 모양, 언행(言行)이 일치하는 모양. 〔中庸〕君子胡不慥慥爾. ②성급한 모양, 성급히 서두는 모양.
【慥慥 조조】독실한 모양. 성의 있는 모양.

心 11【慫】⑮ 권할 종 腫 sǒng
[소전][소서][초서][간체] [字解] ①권하다, 남에게 이렇게 함이 좋다고 권하다. 〔王安石·詩〕造物誰慫慂. ②놀라다, 놀라 두려워하다. ¶ 慫兢.
【慫兢 종긍】두려워서 마음이 편안하지 않음. 놀라서 전전긍긍함.
【慫慂 종용】달라고 부추겨 권함.

心 11【慹】⑮ ❶두려워할 집 緝 zhí ❷움직이지 않을 접 葉 zhé
[소전] [字解] ❶두려워하다. ¶ 慹服. ❷움직이지 아니하다, 꼼짝도 하지 아니하는 모양. 〔莊子〕慹然似非人.
【慹服 집복】두려워서 복종함.
【慹然 접연】움직이지 않는 모양.

心 11【慘】⑭ 참혹할 참 感 cǎn

ㅣㅣ忄忄忄悙悙慘慘

[소전][초서][속자][속자][간체] [字源] 形聲. 心+參→慘. '參(삼·참)'이 음을

心部 11획 慚慙憯憯感慽憁

나타낸다.
〔字解〕①참혹하다, 무자비하다.〔後漢書〕細政苛慘. ②비참하다, 애처롭다.〔許渾·詩〕月慘罷琴時. ③아프다, 아프게 하다.〔列子〕慘於腹. ④해치다, 상하게 하다.〔漢書〕慘毒於民. ⑤근심하다, 염려하다. ≒憯·憯.〔詩經〕勞心慘兮. ⑥춥다, 추위로 얼다.〔張衡·賦〕水霜慘烈. ⑦수척해지다, 쇠약해지다.〔陸贄·賦〕草木春慘, 風煙晝昏. ⑧근심, 상중(喪中).〔晉書〕芬功之慘, 不廢伎樂. ⑨어둡다, 캄캄하다.〔王粲·賦〕天慘慘而無色.

【慘苛 참가】☞慘酷(참혹).
【慘刻 참각】참혹하게 사람을 학대함.
【慘苦 참고】참혹한 고통.
【慘憒 참궤】마음이 상하고 어지러움. 심란함.
【慘急 참급】몹시 엄격함.
【慘怛 참달】아프고 슬픔.
【慘憺 참담】①어둠침침하고 쓸쓸함. ②괴롭고 슬픈 모양. ③여러 가지로 뜻을 다하여 생각함. ④참혹하고 암담함.
【慘切 참도】몹시 아픔. 격렬하게 아픔.
【慘毒 참독】①참혹하게 남을 해롭게 함. ②마음 아파하고 슬퍼함.
【慘烈 참렬】①몹시 참혹함. ②매우 혹독함.
【慘凜 참름】①아주 참혹함. ②추위가 심함.
【慘死 참사】끔찍한 죽음.
【慘事 참사】끔찍한 일.
【慘殺 참살】참혹하게 죽임.
【慘狀 참상】참혹한 상황.
【慘喪 참상】①[겪은 일. ②國자손이 부모·조부모보다 먼저 죽는 일.
【慘傷 참상】슬퍼하며 마음 아파함.
【慘黯 참암】어둠침침하고 쓸쓸함.
【慘咽 참열】슬퍼하며 목이 메도록 옮.
【慘獄 참옥】비참한 옥사(獄事). 많은 사람을 죽이는 큰 옥사.
【慘沮 참저】슬퍼하여 마음이 울적함.
【慘切 참절】비참한 마음이 절박함.
【慘嗟 참차】슬퍼하고 한탄함. 비통해함.
【慘慘 참참】①비통한 모양. ②암담한 모양.
【慘愴 참창】몹시 슬퍼함. 몹시 비통해함.
【慘惻 참측】슬퍼하며 마음 아파함.
【慘慽 참척】①몹시 근심함. 慘慽(참척). ②國자손이 부모·조부모보다 먼저 죽는 일.
【慘惻 참측】몹시 슬픔. 몹시 슬퍼함.
【慘敗 참패】참혹하게 짐.
【慘刑 참형】참혹한 형벌.
【慘酷 참혹】몸서리칠 정도로 보기에 끔찍함.
➊ 苛-, 無-, 悲-, 酸-, 傷-, 悽-.

心 11【慚】⑭ 慙(645)과 동자

心 11【慙】⑮ 부끄러워할 참 圖 cán
斤 片 直 車 軋 軋 軋 軋 慙 慙

心部 11획 慚慙憯憯感慽憁 645

【慙】〔字源〕形聲. 斬+心→慙. '斬(참)'이 음을 나타낸다.
〔字解〕①부끄러워하다, 부끄럽게 여기다.〔史記〕客慙自到. ②부끄러움, 수치.〔春秋左氏傳〕一慙之不忍.
【慙慨 참개】몹시 부끄러워하며 개탄함.
【慙悸 참계】☞慙懼(참구).
【慙愧 참괴】부끄러워함. 부끄러움.
【慙懼 참구】부끄러워하고 두려워함.
【慙德 참덕】부덕(不德)을 부끄러워함. 덕(德)을 닦지 못함을 부끄러워함.
【慙伏 참복】부끄러워서 머리를 수그림.
【慙服 참복】부끄러워하며 복종함.
【慙死 참사】치욕을 견디기 어려워서 죽으려 하거나 죽을 지경에 이름.
【慙色 참색】부끄러워하는 얼굴빛.
【慙悚 참송】부끄러워하고 두려워함.
【慙羞 참수】부끄러워함. 부끄러워 얼굴을 붉힘.
【慙怍 참작】부끄러워함. 부끄러움.
【慙沮 참저】부끄러워하며 기가 꺾임.
【慙靦 참전】부끄러워함. 부끄러워 얼굴을 붉힘.
【慙恥 참치】부끄러워함. 부끄러움.
【慙恨 참한】부끄러워하고 한스러워함.
【慙悔 참회】부끄러워하며 후회함.
➊ 感-, 愧-, 無-, 悚-.

心 11【憯】⑮ 가시 채 圈 dì

〔字解〕①가시. ¶憯芥. ②마음에 걸리다, 마음의 안정을 잃다.〔史記〕細故憯葪兮, 何足以疑.
【憯芥 채개】가시. 마음에 걸리는 일.

心 11【憯】⑭ 憯(645)와 동자

心 11【慽】⑮ 근심할 척 圈 qī

〔字解〕①근심하다. ¶慽容. ②근심.〔春秋公羊傳〕自貽伊慽. ③슬퍼하다, 서러워하다.
【慽貌 척모】근심하고 있는 모습. 근심스러운 안색. 慽容(척용).
【慽容 척용】근심에 싸인 모습. 慽容(척용).
【慽慽 척척】근심에 싸여 생각하고 있는 모양.

心 11【慼】⑭ 慽(645)과 동자

心 11【憁】⑭ 바쁠 총 圈 cōng

〔字解〕①바쁘다.〔抱朴子〕憁恫官府之間. ②뜻을 얻지 못한 모양. ③무지하다.

心部 11~12획 慟憨慝慓慧憨憞憩憇

【憁恫 총통】①바삐 뛰어다님. ②뜻을 얻지 못한 모양.

心11 【慟】⑭ 서럽게 울 통 送 tòng
[초서] 慟 [동자] 憅 [통자] 恫 [간자] 㤥 [字解] 서럽게 울다, 큰 소리로 울면서 슬퍼하다. 〔論語〕子哭之慟.
【慟哭 통곡】슬퍼서 큰 소리로 욺.
【慟絶 통절】너무 서러워서 정신을 잃음.
【慟懷 통회】서럽게 울면서 생각함.
○ 哀―.

心11 【憅】⑮ 慟(646)과 동자

心11 【慝】⑮ ❶사특할 특 職 tè ❷숨길 닉 職 nì
[초서] 慝 [参考] 대법원 지정 인명용 한자의 음은 '특'이다.
[字解] ❶①사특하다, 간사하다. 〔詩經〕之死矢靡慝. ②악하다, 못되다. 〔國語〕觀其苛慝. ③악한 일. 〔詩經〕無俾作慝. ④악한 사람. 〔管子〕而民無慝矣. ⑤악한 짓, 결점. 〔論語〕敢問崇德修慝. ⑥재앙, 재해(災害). 〔漢書〕亦罹咎慝. ⑦사투리, 방언(方言). 〔周禮〕掌道方慝. ⑧더럽혀지다. 〔禮記〕世亂則禮慝而樂淫. ⑨재앙의 기운, 음기(陰氣). ❷숨기다, 속이다.
【慝姦 특간】간악한 사람. 惡人(악인).
【慝禮 특례】나쁜 예(禮), 나쁜 행위.
【慝淑 특숙】악과 선. 악한 일과 선한 일.
【慝怨 익원】원한을 숨김.
○ 苛―, 姦―, 蠱―, 咎―, 邪―, 淫―, 凶―.

心11 【慓】⑭ 날랠 표 嘯 piào
[소전] 慓 [초서] 慓 [통자] 剽 [字解] 날래다, 재빠르다, 용맹하다. 〔漢書〕慓悍禍賊.
【慓毒 표독】사납고 독살스러움.
【慓悍 표한】날래고 사나움. 사납고 강함.

心11 【慧】⑮ 슬기로울 혜 霽 huì
一 三 丰 圭丰 彗丰 彗 慧 慧
[소전] 慧 [초서] 慧 [字源] 形聲. 彗+心→慧. '彗(혜)'가 음을 나타낸다.
[字解] ①슬기롭다, 총명하다, 사리에 밝다. 〔國語〕聰慧質仁. ②슬기, 능력. 〔論語〕好行小慧. ③교활하다, 간교하다. 〔蜀志〕便辟佞慧. ④상쾌하다, 시원스럽다. 〔素問〕慧然獨立. ⑤㋐깨달음. 사리(事理)를 분별하여 의혹에서 해탈하는 작용. ㋑공리(空理)에 통달하는 작용. 유위(有爲)의 사상(事相)에 통달함을 '지(智)'라 하는 데 대한 상대적 개념.

【慧劍 혜검】(佛)지혜의 검. 일체 번뇌의 속박을 끊어 버리는 날카로운 지혜.
【慧力 혜력】(佛)오력(五力)의 하나. 번뇌를 제거하는 힘.
【慧命 혜명】(佛)①지혜를 생명에 비유한 말. ②비구(比丘)의 존칭. ○불법의 명맥을 이어 간다는 데서 온 말.
【慧敏 혜민】슬기롭고 민첩함.
【慧性 혜성】총명한 성질. 슬기로운 천품.
【慧聖 혜성】뛰어나게 총명함. 또 그 사람.
【慧心 혜심】①슬기로운 마음. ②(佛)마음의 본체(本體)가 밝아, 사리를 꿰뚫어 보는 슬기로운 마음.
【慧眼 혜안】①안식(眼識)이 예리함. 活眼(활안). ②(佛)오안(五眼)의 하나. 이 세상의 진리를 식별하는 심안(心眼).
【慧叡 혜예】뛰어나게 슬기로움.
【慧悟 혜오】민첩하고 슬기로움.
【慧日 혜일】태양처럼 밝고 만물을 비추는 불보살(佛菩薩)의 지혜.
【慧典 혜전】불서(佛書). 불교에 관한 서적.
【慧知 혜지】똑똑하고 슬기로움.
【慧解 혜해】(佛)①민첩하고 총명함. ②지혜로 사리를 잘 해득함.
【慧黠 혜힐】교활함. 간사한 꾀가 많음.
○ 警―, 明―, 敏―, 俊―, 知―, 智―, 聰―.

心12 【憨】⑯ ❶어리석을 감 覃 hān ❷해칠 감 勘 hàn
[초서] 憨 [동자] 憞 [字解] ❶①어리석다, 바보다, 상하게 하다. ¶ 憨害.
【憨笑 감소】바보같이 웃음. 웃을 자리도 아닌데 자꾸 웃음.
【憨實 감실】천진하고 성실함.
【憨寢 감침】정신 없이 깊이 잠듦. 푹 잠.
【憨態 감태】몸은 성숙하여 예쁘나 아직 남녀의 정사(情事)를 모르는 모양. 숫된 모양.
【憨害 감해】해침. 살상(殺傷)을 함.

心12 【憞】⑮ 憨(646)과 동자

心12 【憩】⑯ 쉴 게 霽 qì
[초서] 憩 [동자] 憇 [속자] 憩 [字解] 쉬다, 숨을 돌리다, 휴식하다. 〔唐書〕如李廣北征, 解鞍憩息.
【憩榭 게사】휴게 장소로 지은 정자.
【憩石 게석】쉬기 위하여 돌에 걸터앉음.
【憩息 게식】휴식함.
【憩止 게지】머물러 쉼.
【憩歇 게헐】쉼.
○ 小―, 休―.

心12 【憇】⑯ 憩(646)와 동자

心部 12획 憬憍㤿憒憻憹憝憧憐慈憭憮

心12 【憬】⑮ 깨달을 경 [硬] jǐng

[소전] 憬 [초서] 憬 字解 ❶깨닫다, 알아차리다. ¶憬悟. ❷멀리 가는 모양.〔詩經〕憬彼淮夷.❸그리워하다. ¶憧憬.
【憬憧 경동】그리워함. 憧憬(동경).
【憬悟 경오】깨달음. 각성함.
【憬集 경집】먼 곳으로부터 모여듦.

心12 【憍】⑮ 교만할 교 [蕭] jiāo

[초서] 憍 [통서] 驕 字解 ❶교만하다, 거만하다.〔莊子〕方虛憍而恃氣. ❷방자하다, 제멋대로 하다. ¶憍憍.
【憍蹇 교건】거만함. 교만함. 驕蹇(교건).
【憍憍 교교】①제멋대로 행동하는 모양. ②교만을 떠는 모양.
【憍慢 교만】잘난 체하며 겸손하지 못하고 방자함. 驕慢(교만).
【憍奢 교사】교만하고 사치함. 驕奢(교사).
【憍盈 교영】교만을 부리며 뽐냄.
【憍逸 교일】제멋대로 날뜀.

心12 【㤿】⑯ 懼(657)의 고자

心12 【憒】⑮ 심란할 궤 [隊] kuì

[소전] 憒 [초서] 憒 [간체] 愦 字解 ❶심란하다, 마음이 어시럽다.〔楚辭〕心煩憒兮意無聊. ❷어둡다, 어리석다.〔漢書〕憒眊不明.
【憒憒 궤궤】①[憒亂](궤란). ②어두운 모양. 확실하지 않은 모양.
【憒亂 궤란】마음이 어지러움. 憒憒(궤궤).
【憒眊 궤모】마음이 어지럽고 눈이 어두움. 마음이 혼미(昏迷)하고 어지러워 밝지 못함.
【憒辱 궤욕】흐트러지고 더러워짐.
❶ 亂-, 煩-, 愁-, 憂-, 慘-.

心12 【憻】⑮ ❶염려할 담 [覃] tán ❷수심에 잠길 염 [鹽] tán ❸당황할 탐 [感] tán

字解 ❶염려하다. ❷수심에 잠기다. ¶憻悇. ❸①당황하다. ②걱정으로 갈팡질팡하다, 수심 때문에 어찌할 바를 모르다.
【憻悇 염도】수심에 잠김.

心12 【憞】⑮ ❶원망할 대 [隊] duì ❷성가실 돈 [願] dùn ❸어리석을 돈 [톤] 阮 tūn

字解 ❶원망하다, 미워하다. ≡憝.〔法言〕憞羣策, 而屈其力. ❷성가시다, 번거롭다. ❸①어리석다, 사리에 밝지 못하다. ¶憞恨.
【憞恨 돈한】어리석음. 사리에 밝지 못함.
【憞溷 돈혼】성가시고 번거로움. 어수선하고 어지러움.

心12 【憝】⑯ 원망할 대 [隊] duì

[소전] 憝 [초서] 憝 字解 ❶원망하다, 미워하다, 원한을 품다. =憞.〔書經〕凡民罔弗憝. ❷악인(惡人), 악한 사람.〔書經〕元惡大憝.

心12 【憧】⑮ 그리워할 동 [本]冬 [图] chāng

[소전] 憧 [초서] 憧 字解 ❶그리워하다, 그리움. ¶憧憬. ❷왕래(往來)가 끊이지 아니하는 모양.〔易經〕憧憧往來. ❸마음이 정해지지 아니한 모양. ¶憧憧. ❹둔하다, 무디다. ≒憃.
【憧憬 동경】어떤 것에 마음이 팔려 그것만을 그리워하고 생각함.
【憧憧 동동】①마음이 잡히지 않는 모양. ②끊임없이 오가는 모양.
【憧愚 동우】어리석은 모양. 어리석은 사람.

心12 【憐】⑮ 불쌍히 여길 련 [先] lián

丶 忄 忄 忄 怜 怜 憐 憐

[소전] 憐 [초서] 憐 [동서] 慈 [간체] 怜 字源 形聲. 心+粦→憐. '粦(린)'이 음을 나타낸다.
字解 ❶불쌍히 여기다, 가엾게 생각하다.〔商君書〕悲憐在心. ❷어여삐 여기다, 사랑하다.〔柳宗元·文〕逆知喜怒, 默測憎憐.
【憐悼 연도】죽은 사람을 불쌍히 여김. 불쌍히 여겨 슬퍼함. 哀悼(애도).
【憐憫 연민】가련하고 불쌍하게 여김.
【憐惜 연석】불쌍히 여겨 아낌. 가련하고 애석히 여김.
【憐愛 연애】가엾이 여겨 사랑함.
【憐察 연찰】가엾이 여겨 동정함.
【憐恤 연휼】가엾이 여겨 물건을 베풂.
❶ 可-, 同病相-, 哀-.

心12 【慈】⑯ 憐(647)과 동자

心12 【憭】⑮ ❶총명할 료 [篠] liǎo ❷애처로워할 료 [蕭] liáo

[소전] 憭 [초서] 憭 字解 ❶총명하다, 사리에 밝다.〔韋昭·國語敍〕大義略擧, 爲已憭矣. ❷애처로워하다, 구슬픈 생각이 들다.
【憭慄 요율】몹시 구슬픔. 悽愴(처창).

心12 【憮】⑮ 어루만질 무 [麌] wǔ

[소전] 憮 [초서] 憮 [간체] 怃 字解 ❶어루만지다, 애무하다. ¶憮悛. ❷멍한 모양, 실의(失意)한 모양.〔論語〕夫子憮然曰. ❸이상히 여기는 모양. ¶憮然. ❹

心部 12획 憫 憋 憁 憤 憊 憑

예쁘다, 아리땁다. 〔漢書〕 長安中傳張京兆眉憮. ⑤붇다, 커지다. 〔詩經〕 亂如此憮. ⑥업신여기다, 뽐내다. ≒侮. 〔禮記〕 毋憮毋傲.
【憮悓 무엄】 사랑함. 귀여워함.
【憮然 무연】 ①멍한 모양. 뜻을 얻지 못한 모양. ②괴이하게 여기는 모양.
◐ 媚-, 泰-, 歡-.

心12【憫】⑮ 근심할 민 軫 mǐn

忄 忄 忄 忄 憫 憫 憫 憫 憫
초서 통자 통자 간체 字源 形聲. 心+閔→憫. '閔(민)'이 음을 나타낸다.
字解 ①근심하다, 고민하다. 〔孟子〕 阨窮而不憫. ②불쌍히 여기다, 가엾게 생각하다. 〔宋史〕 情可矜憫.
【憫悼 민도】 애석하고 섭게 여김.
【憫憫 민망】 國 답답하고 딱하여 걱정스럽거나 안쓰러움.
【憫憫 민민】 근심하는 모양. 매우 딱함.
【憫笑 민소】 어리석음을 조소(嘲笑)함.
【憫然 민연】 가엾이 여기는 모양. 불쌍히 여기는 모양.
【憫察 민찰】 ①가엾이 여겨 보살펴 줌. ②윗사람이 아랫사람을 헤아려 동정함.
【憫恤 민휼】 가엾이 여겨 은혜를 베품.
◐ 哀-, 愛-, 憐-, 慈-, 慘-, 惻-.

心12【憋】⑯ 악할 별 屑 biē

초서 동자 字解 ①악하다, 모질다, 나쁘다. ≒敝. ¶ 憋腸. ②성급하다, 조급하게 굴다. ¶ 憋怂.
【憋怂 별부】 성급함.
【憋腸 별장】 나쁜 마음. 악한 마음.

心12【憁】⑮ 憋(648)과 동자

心12【憤】⑮ 결낼 분 吻 fèn

忄 忄 忄 忄 忄 忄 忄 憤 憤
소전 초서 본자 간체 字源 形聲. 心+賁→憤. '賁(분)'이 음을 나타낸다.
字解 ①결내다, 성을 내다. 〔舊唐書〕 人神共憤, 法令不容. ②괴로워하다, 번민하다. 〔論語〕 不憤不啓. ③흥분하다, 감정이 북받치다. 〔晉書〕 違遙議之道, 肆我憤之氣. ④분기하다, 떨쳐 일어서다. 〔元稹·表〕 此誠仁人孝子, 決憤激忠之日也. ⑤원망하다, 개탄하다. 〔孫逖·墓誌銘〕 屈原逐, 賈生憤, 公其近之矣. ⑥괴로워하다, 시달리다. ⑦차다, 가득 차다. ⑧쌓다, 쌓이다. 〔國語〕 陽癉憤盈. ⑨성하다. 〔傳

咸·賦〕 亢陽火憤, 野無生類. ⑩일어나다, 생기다. 〔淮南子〕 憤於中, 則應於外. ⑪흐트러지다, 어지러워지다. 〔班固·賦〕 周賈蕩而貢憤分.
【憤慨 분개】 그럴 수가 없다고 매우 분하게 여김. 憤愾(분개). 憤嘆(분탄).
【憤激 분격】 몹시 노엽고 분한 감정이 북받쳐 오름.
【憤怒 분노】 몹시 화남.
【憤懣 분만】 ❶분만 ❷분문 ❶화가 치밀어 번민함 ❷ 불평을 억누를 수 없음.
【憤憤 분분】 ①마음에 맺혀서 풀리지 않는 모양. 번민하는 모양. ②마음속이 편하지 않은 모양. 분개하는 모양.
【憤恚 분에】 분개하여 성냄. 노함.
【憤悁 분온】 분개하여 번민함.
【憤惋 분완】 성내며 한탄함. 화가 나서 원망함.
【憤鬱 분울】 분한 마음 때문에 속이 답답함.
【憤冤 분원】 몹시 분해하며 원망함.
【憤痛 분통】 몹시 화나고 마음 아픔.
【憤敗 분패】 분하게 짐.
◐ 激-, 公-, 發-, 悲-, 雪-, 鬱-, 義-, 痛-, 含-.

心12【憊】⑯ 고달플 비 隊 bèi

憊 憊 憊 憊 憊 字解 ①고달프다. 〔楊萬里·詩〕 力憊志猶在. ②앓다, 병으로 고생하다. 〔莊子〕 貧也, 非憊也.
【憊懣 비만】 지쳐서 앓음. 지쳐서 답답함.
【憊色 비색】 피로한 안색. 고달픈 얼굴빛.
【憊臥 비와】 몸이 곤하여 누움.
【憊喘 비천】 고달파 헐떡거림.
◐ 困-, 憂-, 昏-.

心12【憑】⑯ 기댈 빙 蒸 píng

憑 憑 馮 凭 字解 ①기대다. ㉮몸이나 물건을 무엇에 의지하다. 〔書經〕 憑玉几. ㉯남의 힘에 의지하다. 〔新唐書〕 上憑神明之佑, 下賴英賢之輔. ②의거하다, 전거로 삼다. 〔舊唐書〕 所引經旨, 足可依憑. ③붙다, 귀신이 들리다. 〔唐書〕 此爲魅所憑. ④의탁하다, 맡기다. ¶ 憑虛. ⑤의거할 곳, 의거하는 대상. 〔隋書〕 丈尺規矩, 皆有准憑. ⑥증거, 증서. 〔宋史〕 不知何所憑據. ⑦성(盛)하다, 대단하다, 크게. ¶ 憑怒. ⑧차다, 가득 차다. 〔楚辭〕 憑不厭求索. ⑨건너다, 걸어서 건너다. 〔論語〕 暴虎憑河.
【憑據 빙거】 근거로 함.
【憑肩 빙견】 서로 친밀하여 어깨를 기댐.
【憑公營私 빙공영사】 공적인 일을 핑계로 사적인 이익을 추구함.
【憑怒 빙노】 몹시 성냄.
【憑陵 빙릉】 세력을 믿고 사람을 업신여김.
【憑憑 빙빙】 성(盛)한 모양.

【憑軾 빙식】 수레 앞턱의 가로나무에 의지함.
【憑信 빙신】 의지로 삼고 믿음. 憑據(빙거)로서 신용함.
【憑妖 빙요】 요망한 것에 빙자하여 주장함.
【憑依 빙의】 ①남의 힘을 빌려서 의지함. ②달라붙음. 신(神)이 지핌.
【憑藉 빙자】 다른 일에 의지함. 핑계를 댐.
【憑仗 빙장】 의지함. 기댐.
【憑弔 빙조】 고적(古跡) 같은 데에 들러서 조문(弔問)함.
【憑眺 빙조】 높은 곳에서 멀리 바라봄.
【憑河 빙하】 강을 걸어서 건넘. 무모한 용기.
【憑虛 빙허】 ①형질이 없는 것. ②허공을 오름. ③무(無)에 의탁함. ④기상(氣象)이 큼.
◐ 公一, 歸一, 文一, 恃一, 信一, 神一, 依一, 證一, 追一, 狐一.

心 12 【憗】 ⑯ 懕(654)의 속자

心 12 【憖】 ⑯ ❶억지로 은 震 yìn ❷땅 이름 은 眞 yín
[소전] 憖 [초서] 憖 [속자] 憖 [字解] ❶①억지로, 무리하게. 〔詩經〕不憖遺一老. ②바라건대, 될 수 있다면. 〔國語〕憖庇州犂焉. ③빠지다, 모자라다. 〔春秋左氏傳〕兩軍之士皆未憖也. ④근심하다, 마음 아파하다. ⑤삼가다, 공근하다. ¶ 憖憖. ⑥기뻐하다. ❷땅 이름. 〔春秋左氏傳〕會于厥憖.
【憖遺一老 은유일로】 녹으로 바라던 바는 아니지만, 한 사람의 노성인(老成人)일지라도 잠시 남겨 두고 싶음.
【憖憖 은은】 ①공경하는 모양. ②교만을 떨며 자기를 낮추지 않는 모양.

心 12 【憗】 ⑯ 憖(649)의 속자

心 12 【懿】 ⑮ 懿(657)의 고자

心 12 【憏】 ⑮ 정해지지 않을 제 霽 chì
[字解] 정해지지 아니하다, 아무 요량도 없다.

心 12 【憎】 ⑮ 미워할 증 蒸 zēng
忄 忄 忄 忄 忄 忄 憎 憎 憎
[소전] 憎 [초서] 㣵 [간체] 憎 [字源] 形聲. 心+曾→憎. '曾(증)'이 음을 나타낸다.
[字解] ①미워하다. 〔韓非子〕憎愛無度. ②미움.
【憎忌 증기】 미워하고 꺼림.
【憎毒 증독】 미워하여 해침.
【憎憐 증련】 미워함과 귀여워함. 憎愛(증애).
【憎酸 증산】 신맛을 싫어함.

【憎惡 증오】 몹시 미워함.
【憎怨 증원】 미워하고 원망함.
【憎嫉 증질】 미워하여 질투함. 憎疾(증질).
【憎嫌 증혐】 미워하고 싫어함.
◐ 可一, 愛一, 好一.

心 12 【憯】 ⑮ 슬퍼할 참 感 cǎn
[소전] 憯 [초서] 憯 [동자] 憯 [속자] 憯 [字解] ①슬퍼하다, 비통해하다. 〔淮南子〕怨之憯於骨髓. ②잔혹하다, 무자비하다. 늑慘. 〔漢書〕法令煩憯. ③날카롭다, 예리하다. 〔淮南子〕兵莫憯于志. ④일찍이, 앞서. 늑曾. 〔詩經〕憯不畏明.
【憯怛 참달】 슬퍼서 마음이 쓰림. 비통함.
【憯憯 참참】 몹시 근심하는 모양.
【憯悵 참창】 마음이 아프고 슬픔.
【憯慟 참통】 마음이 아픔. 매우 슬픔.
【憯酷 참혹】 끔찍하게 비참함. 가혹함.
◐ 刻一, 煩一, 嚴一.

心 12 【憯】 ⑮ 憯(649)과 동자

心 12 【憯】 ⑮ 憯(649)의 속자

心 12 【憯】 ⑮ 慘(644)의 속자

心 12 【憳】 ⑮ 놀랄 창 養 chǎng
[통자] 惝 [字解] ①놀라다. ¶ 憳怳. ②멍한 모양, 황홀한 모양. 〔張衡·賦〕魂憳惘而無疇.
【憳惘 창망】 놀라는 모양. 놀라서 멍한 모양. 憳罔(창망).
【憳然自失 창연자실】 놀라서 멍하게 됨.
【憳怳 창황】 놀라서 어찌할 바를 모름.
【憳恍 창황】 ①황홀한 모양. ②어리둥절함.

心 12 【憔】 ⑮ 수척할 초 蕭 qiáo
[초서] 憔 [字解] ①수척하다, 야위어 쇠약하다. 〔楚辭〕顏色憔悴. ②애태우다, 애태우느라 쇠약하다. ¶ 憔慮.
【憔慮 초려】 수심(愁心)에 잠겨 애태우느라 수척함.
【憔瘦 초수】 지쳐 여윔.
【憔悴 초췌】 수척해짐. 지침.

心 12 【憱】 ⑮ 슬퍼할 추 宥 cù
[字解] 슬퍼하다. 〔韓非子〕公憱然不悅.

心 12 【憳】 ⑮ 惰(636)와 동자

心 12획 憚 罿 憪 憪 憲 憓 懂 憢 憙 憘

心 12 【憚】⑮
❶꺼릴 탄 〔閒〕 dàn
❷갈볼 천 〔閒〕 chǎn

소전 憚 초서 㣪 동자 罿 간자 惮

参考 대법원 지정 인명용 한자의 음은 '탄'이다.

字解 ❶①꺼리다, 삼가다. ㉮꺼려 피하다, 어렵게 여기다, 괴로워하다. 〔詩經〕豈敢憚行. ㉯구애되다, 구애받다. 〔春秋左氏傳〕何憚于病. ㉰두려워하다. 〔詩經〕我心憚暑. ㉱존경하다, 공경하다. 〔漢書〕昔伯姬燔而諸侯憚. ㉲고생하다, 애쓰다. 〔詩經〕我心憚暑. ㉳미워하다. ②화내다, 성내다. ≒㦖. ③협박하다, 떨게 하다. 〔楚辭〕君王親發兮憚青兕. ④피로해지다, 고달프다. 〔詩經〕哀我憚人. ⑤위태로워하다, 의심하다, 두려워하다. 〔莊子〕以瓦注者巧, 以鉤注者憚, 以黃金注者殙. ⑥탐하다, 욕심을 부리다. 〔淮南子〕則雖王公大人, 有嚴志頏頩之行者, 無不憚僳癢心, 悅其色矣. ⑦좋아하다. 〔王褒·賦〕其奏歡娛, 則莫不憚漫宕凱. ❷①깔보다, 얕보다. ②수레가 낡은 모양. ≒㣪.

【憚改 탄개】고치기를 두려워하고 망설임.
【憚服 탄복】두려워서 복종함.
【憚畏 탄외】꺼리고 두려워함. 憪畏(담외).
【憚憚】❶탄탄 ❷천천】❶근심에 싸여 두려워함. 염려하는 모양. ❷①변하지 않는 모양. ②파괴되고 낡은 모양.
【憚赫 탄혁】위세가 몹시 성하여 놀랄 만함.

❶ 敬一, 驚一, 忌一, 忿一, 憎一, 嚴一, 畏一, 憂一, 嫌一, 回一.

心 12 【罿】⑯
憚(650)과 동자

心 12 【憪】⑮
❶즐길 한 〔閒〕 xián
❷불안할 한 〔閒〕 xiàn

소전 憪 초서 㣪 동자 憪 속 憪

字解 ❶①즐기다. ②안온하다, 안존하다. ❷①불안하다, 불안한 모양. 〔史記〕憪然念外人之有非. ≒㦖의 ①과 같다. ②즐기다. ③노하여 오만을 부리는 모양. 〔新唐書〕憪然以爲天下無人. ④너그러운 모양.
【憪然 한연】①마음이 불안한 모양. ②몹시 노하고 교만한 모양.

心 12 【憪】⑮
憪(650)과 동자

心 12 【憲】⑯
❶법 헌 〔閒〕 xiàn
❷뻐쓸 헌 〔閒〕 xiǎn

丶 宀 宁 寍 寍 寍 宔 憲 憲 憲

소전 憲 초서 憲 간자 宪

字源 形聲. 宔+目+心→憲. '宔'는 '害(해)'의 생략형으로 음을 나타낸다.

字解 ❶①법. ㉮법규, 규정. ¶憲法. ㉯모범, 본보기. 〔詩經〕萬邦爲憲. ②가르치다, 깨우치다. 명령하다. 〔穆天子傳〕天子出憲. ③상관(上官). 〔金史〕臺憲固在分別邪正. ④본뜨다, 본받다. 〔書經〕惟聖時憲. ⑤나타내 보이다, 고시(告示)하다. ≒宣. 〔詩經〕文武是憲. ⑥높다, 높이다. ≒軒. 〔禮記〕武坐致右憲左. ⑦시호(逸周書〕博聞多記曰憲. ⑧성(姓). ❷①기뻐하다, 기뻐하는 모양. 〔中庸〕憲憲令德. ②성하다, 성하게 일어나는 모양. ¶憲憲.

【憲綱 헌강】①으뜸이 되는 중요한 법률. 법의 강령이나 조문. ②관직의 질서.
【憲矩 헌구】법. 본보기. 法則(법칙).
【憲禁 헌금】①금령(禁令)을 게시함. ②법. 법도.
【憲度 헌도】법칙. 法度(법도).
【憲令 헌령】나라의 법. 국법. 법령.
【憲方 헌방】규칙. 법칙. 법도.
【憲法 헌법】①국가의 기본법. ②법령을 공포함.
【憲部 헌부】형부(刑部)의 딴 이름.
【憲臣 헌신】법을 취급하는 신하. 어사(御史).
【憲章 헌장】①본받아 명백히 함. ②법. 법칙. ③법적으로 규정한 규범.
【憲典 헌전】나라의 법.
【憲憲 헌헌】①성하게 일어나는 모양. 顯顯(현현). ②기뻐하는 모양. 欣欣(흔흔).

❶ 官一, 國一, 大一, 違一, 立一, 朝一, 護一.

心 12 【憓】⑮
사랑할 혜 〔閒〕 huì

초서 憓 통자 惠

字解 ①사랑하다. ②따르다, 순종하다. 〔史記〕義征不憓.

心 12 【懂】⑮
괴려할 획 〔閒〕 huò

초서 懂

字解 ①괴려하다, 사리에 어그러지다. 〔顔氏家訓〕懂懂不道車. ②완고하다, 고집이 세다.
【懂懂 획획】①괴려(乖戾)한 모양. 사리에 어그러져 온당하지 않은 모양. ②완고한 모양.

心 12 【憢】⑮
두려워할 효 〔閒〕 xiāo

字解 ①두려워하다. =嘵. ②속이다, 거짓말하다. =僥. ③날래다, 거칠다, 용맹하다. 〔淮南子〕憢悍遂過. ④인색하다.
【憢悍 효한】성질이 거칠. 용맹함. 驍悍(효한).
【憢憢 효효】두려워하는 모양.

心 12 【憙】⑯
❶기뻐할 희 〔閒〕 xǐ
❷탄식하는 소리 희 〔閒〕 xǐ

소전 憙 초서 㣪 간자 憘

字解 ❶①기뻐하다. =喜. 〔史記〕無不欣憙. ②좋아하다, 즐기다. 〔漢書〕群臣自憙. ❷탄식하는 소리, 허허! 〔後漢書〕試潛聽之, 曰, 憙.

心 12 【憘】⑮
憙(650)의 고자

心部 13획 懇憾懅憼懃懄憹憺憧懍憪

心 13 【懇】 ⑰ 정성 간 阮 kěn

懇 [초서] 貇 [간체] 㹞 [자원] 形聲. 貇+心→懇. '貇(간)'이 음을 나타낸다.

[자해] ❶정성, 성심. 〔吳志〕忠懇內發. ❷간절하다, 정성스럽다. 〔司馬遷·書〕意氣勤勤懇懇. ❸힘쓰다, 노력하다. ❹구(求)하다.

【懇懇 간간】매우 간절하고 지성스러운 모양.
【懇曲 간곡】간절하고 곡진함.
【懇悃 간곤】정성스러움.
【懇款 간관】☞懇悃(간곤).
【懇求 간구】간절히 구함.
【懇談 간담】마음을 터놓고 정답게 이야기함. 정답게 주고받는 이야기. 懇話(간화).
【懇到 간도】극히 살뜰함. 懇至(간지).
【懇篤 간독】정이 깊고 도타움. 친절함.
【懇望 간망】절실한 소망. 간절히 바람. 절실하게 바람. 懇願(간원).
【懇謝 간사】정중하게 사례함. 정중하게 사과함.
【懇誠 간성】지성. 정성.
【懇切 간절】매우 절실함.
【懇惻 간측】①간절하고 지성스러움. ②몹시 가엾고 딱함.
◐悃−, 懃−, 別−, 誠−, 昵−, 精−, 忠−.

心 13 【憾】 ⑯ ❶한할 감 勘 hàn ❷근심할 담 感 dàn

憾 [초서] [참고] 대법원 지정 인명용 한자의 음은 '감'이다.

[자원] 會意·形聲. 心+感→憾. 마음(心)에 원한을 품는다(感)는 데서 '한, 한하다'를 뜻한다. '感'은 음도 나타낸다.

[자해] ❶①한하다, 서운해하다. 〔中庸〕天地之大也, 人猶有所憾. ②한, 서운함. 〔春秋左氏傳〕不可使畜憾. ❷근심하다, 마음이 불안하다. 〔楚辭〕志欲憾而不憺兮.

【憾恚 감에】원망하며 성을 냄.
【憾怨 감원】원망함.
【憾情 감정】불평·불만을 품어 원망하거나 언짢게 여기는 마음.
【憾悔 감회】한하고 뉘우침. 悔恨(회한).
◐舊−, 悲−, 私−, 宿−, 遺−.

心 13 【懅】 ⑯ 부끄러울 거 御 jù

懅 [초서] 㥜

[자해] ❶부끄럽다, 부끄러워하다. 〔後漢書〕霜憨懅而還. ❷서두르다, 조급히 굴다. 〔後漢書〕主人見之驚懅. ❸두려워하다.

心 13 【憼】 ⑰ 공경할 경 梗 jǐng

憼 [소전] [초서] [자해] ①공경하다. ＝敬. ②갖추다. 〔荀子〕無

私罪人, 憼革貳兵. ③경계하다.

心 13 【懃】 ⑰ 은근할 근 囚 qín

懃 [초서] 慬 [자해] ①은근하다, 친절한 모양. ¶慇懃. ②일에 힘쓰다, 부지런히 일하다. 〔蘇軾·文〕雖不負米, 實勞且懃.

【懃懇 근간】은근하고 간절함. 친절함.
【懃懃 근근】은근한 모양. 성의(誠意)를 다하는 모양.
【懃勞 근로】부지런히 일함. 勤勞(근로).

心 13 【懄】 ⑯ 懃(651)과 동자

心 13 【憹】 ⑯ 괴로워할 뇌 豪 náo

憹 [초서] 憹 [자해] 괴로워하다, 뉘우치며 한하다. 㥶惱. 〔宋書〕就其中煎憹若此.

心 13 【憺】 ❶편안할 담 感 dàn ❷고요할 담 覃 dàn ❸떨 담 勘 dàn

憺 [소전] [초서] [자해] ❶①편안하다, 평온하다. 〔司馬相如·賦〕憺乎自持. ②정하다, 결정되다. 〔淮南子〕蜂蠆螫指, 而神不能憺. ❷고요하다, 조용하다. ❸떨다, 두려워하다. 〔漢書〕威稜憺乎鄰國.

【憺憺 담담】①편안한 모양. ②위세가 두려운 모양.
【憺怕 담박】깨끗하여 욕심이 없는 모양. 마음이 고요하고 욕심이 없는 모양.
【憺然 담연】편안한 모양.
【憺畏 담외】벌벌 떨면서 두려워함. 憚畏(탄외).
◐蕭−, 恬−, 威−, 慘−.

心 13 【憧】 ⑯ 심란할 동 董 dǒng

憧 [초서] 憧 [자해] ①심란(心亂)하다. 〔西湖志餘〕一時憒憧. ②마음이 어리석다, 정신이 흐릿하다. ③알다, 이해하다.

心 13 【懍】 ⑯ 위태할 름 寢 lǐn

懍 [초서] [자해] ①위태하다, 위태로운 모양. ¶懍乎. ②삼가다, 조심하다. ¶懍懍. ③벌벌 떨다. ㉮두려워서 떨다. ¶懍慄. ㉯추위서 떨다. 〔杜甫·詩〕救汝寒懍慄.

【懍慄 늠률】①추워서 떪. ②두려워서 벌벌 떪.
【懍懍 늠름】①추워하고 두려워하는 모양. ②위엄이 있는 모양. ③삼가고 조심하는 모양.
【懍乎 늠호】위태한 모양.
◐坎−, 危−, 祗−.

心 13 【憪】 ⑯ 慢(642)과 동자

心部 13획 懋憤憸憶懱懌懊憿應

心13 【懋】⑰ 힘쓸 무 囿 mào

[字解] ①힘쓰다, 노력하다. 〔書經〕 汝平水土, 惟時懋哉. ②성대하다, 성대히 하다. ≒茂. 〔書經〕 予懋乃德. ③아름답다, 빛나고 훌륭하다. 〔後漢書〕 嗚呼懋哉. ④기뻐하다. 〔張衡·賦〕 四靈懋而允懷. ⑤바꾸다, 옮기다. ≒貿.

【懋戒 무계】 힘써 경계함.
【懋績 무적】 ①공적을 세우도록 힘씀. ②위대한 공적. 뛰어난 공훈(功勳).
【懋典 무전】 성대한 의식. 盛典(성전).
【懋遷 무천】 ①교역에 힘씀. ②교역을 함. ☞ '懋'는 교환의 뜻.
【懋勳 무훈】 빛나는 공훈.

心13 【憤】⑯ 憤(648)의 본자

心13 【憸】⑯ 간사할 섬 鹽 xiān

[字解] ①간사하다, 알랑거리다, 약삭빠르다. 〔書經〕 無昵于憸人. ②생각함이 많다, 뜻이 일정하지 아니하다. ¶ 憸憸.
【憸巧 섬교】 간사하여 잘 아첨함.
【憸佞 섬녕】 간사하여 아첨함.
【憸民 섬민】 마음이 비뚤어진 백성. 간사한 백성.
【憸邪 섬사】 간사하게 아첨함. 奸邪(간사).
【憸人 섬인】 마음이 간사하여 아첨하는 사람.
● 姦─, 俺─, 凶─.

心13 【憶】⑯ 생각할 억 職 yì

[字源] 形聲. 心+意→憶. '意(의)'가 음을 나타낸다.
[字解] ①생각하다. ㉮늘 생각하다, 잊지 않다. 〔晉書〕 猶憶疇昔. ㉯추억하다, 기억을 살리다. 〔駱賓王·詩〕 別後能相憶. ②생각, 기억, 추억. 〔梁簡文帝·書〕 分別以來, 每增慨憶. ③우울해지다, 근심하다. 〔後漢書〕 心憧憶而紛紜.
【憶念 억념】 (佛)생각함. 깊이 생각하여 잊지 않음. 思念(사념).
【憶昔 억석】 옛날을 생각함. 옛일을 생각하건대.
● 舊─, 記─, 思─, 想─, 暗─, 長─, 追─.

心13 【懱】⑯ 두려워할 업 葉 yè

[字解] 두려워하다. ≒業.

心13 【懌】⑯ 기뻐할 역 陌 yì

[字解] ①기뻐하다. 〔書經〕 予一人以懌. ②순종하다, 열복(悅服)하다. 〔詩經〕 旣夷旣懌. ③풀다. ≒釋. 〔詩經〕 說懌女美. ④잇다, 잇닿다. ≒繹. 〔詩經〕 辭之懌矣.
【懌說 역열】 기뻐함.
【懌懷 역회】 마음을 기쁘게 함.
● 悅─, 娛─, 怡─, 欣─, 喜─.

心13 【懊】⑯ ❶한할 오 皓 ào ❷아낄 오 yù

[字解] ❶①한하다, 괴로워하다, 뉘우치며 한하다. ¶ 懊惱. ②뱃노래, 고기잡이하는 노래. ¶ 懊藹. ❷아끼다, 탐내다. 〔晉書〕 門生驚懊者.
【懊惱 오뇌】 근심하고 괴로워함. 뉘우쳐 한탄하고 괴로워함. 懊憹(오뇌).
【懊藹 오애】 고기잡이하면서 부르는 노래. 어부가(漁夫歌).
【懊嘆 오탄】 원망하고 한탄함.
【懊恨 오한】 원망하고 뉘우치고 한탄함.
【懊悔 오회】 뉘우침. 悔恨(회한).

心13 【憿】⑯ ❶요행 요 本교 蕭 jiǎo ❷성의 있을 요 篠 jiǎo ❸빠를 격 錫 jī

[字解] ❶요행, 요행을 바라다. ≒僥·徼. ❷성의 있다, 성의껏 아뢰다. ¶ 憿憿. ❸빠르다. ≒激. ¶ 憿鑅.
【憿憿 요료】 성의껏 고함. 사실대로 아룀.
【憿鑅 격격】 빠른 모양. 빨리 가는 모양.

心13 【應】⑰ ❶당할 응 蒸 yīng ❷대답할 응 徑 yìng

[字源] 形聲. 雁+心→應. '雁(응)'이 음을 나타낸다.
[字解] ❶①당하다, 감당(堪當)하다, 직접 만나거나 겪다. 〔淮南子〕 無事不應. ②받다, 거두어 가지다. 〔國語〕 其叔父實應且憎. ②응당 ~하여야 하다. 추량(推量)·당연(當然)·지정(指定) 등의 뜻을 나타내는 재역자(再譯字). 〔南史〕 公亦應不忘司馬之言. ④나라 이름. ⑤성(姓). ❷①대답하다, 응하다. 〔戰國策〕 齊王不應. ②승낙하다, 허락하다. 〔古詩〕 汝可去應之. ③따라 움직이다, 화동(和同)하다. 〔易經〕 同聲相應. ④화답하다, 남의 시나 글에 화답하다. ⑤어떤 사물에 응하여 나타나는 조짐이나 대답. 〔詩經〕 關雎之應也.
【應供 응공】 (佛)여래(如來) 십호(十號)의 하나. 모든 번뇌를 끊어, 인간과 천상(天上)의 중생들로부터 공양(供養)을 받을 만한 사람. 곧, 부처.
【應器 응기】 (佛)법(法)에 응한 식기(食器). 바리때. 應量器(응량기).
【應機 응기】 좋은 기회에 응하여 행함.
【應諾 응낙】 대답함. 승낙함.

【應當 응당】①당연함. ②마땅히 해야 함.
【應對 응대】응하여 대답함.
【應圖受籙 응도수록】도록(圖籙)에 응하여 천명을 받음. 천자가 됨. ○도록(圖籙)은 미래의 길흉화복을 예언한 기록. 예언서. '圖'는 하도(河圖).
【應量器 응량기】(佛)바리때. 應器(응기).
【應命 응명】명령에 응함. 명령에 따름.
【應募 응모】모집에 응함.
【應門 응문】①고대 궁정(宮廷)의 정문. ②찾아온 손님을 응대함. 방문객을 주인에게 안내함.
【應病與藥 응병여약】(佛)병에 따라 적당한 약을 줌. 상대방의 학문·교양 등의 정도에 따라 설법(說法)을 베풂.
【應報 응보】(佛)선악의 행위에 대하여 나타나는 화와 복.
【應付 응부】①요구에 응하여 급부(給付)함. ②다룸. 알맞게 처리함. 대접함.
【應符之兆 응부지조】부명(符命)에 응하여 임금이 될 조짐.
【應瑞 응서】①사람의 선악(善惡)에 대하여 늘 내리는 징조. ②상서로운 징조에 응함.
【應聲 응성】소리에 응함.
【應訟 응송】송사에 응함. 應訴(응소).
【應酬 응수】어떤 상황에 응대함.
【應繩 응승】먹줄에 잘 맞음. 쪽 곧음.
【應時 응시】①시기에 맞추어 응함. ②바로. 때에 따라. 즉시.
【應試 응시】시험에 응함.
【應身 응신】(佛)삼신(三身)의 하나. 신여(眞如)와 상응하는 불신(佛身)의 뜻. 부처가 중생을 구하기 위하여 여러 가지 형체로 나타나는 몸[身]. 現身(현신).
【應我 응아】남이 자기를 따름.
【應用 응용】실제에 활용함.
【應唯 응유】대답. 응답(應答)의 높임말.
【應有盡有 응유진유】응당 있어야 할 것은 죄다 가지고 있음.
【應戰 응전】상대편의 도전에 응하여 싸움.
【應接 응접】맞이하여 접대함.
【應制 응제】國①임금의 특명으로 임시로 실시하던 과거. ②임금의 명에 의하여 시문(詩文)을 짓던 일. 應詔(응조).
【應從 응종】응하여 그대로 따름.
【應鐘 응종】①십이율(十二律)의 하나. ②음력 10월의 딴 이름. ③응종의 소리를 내는 종.
【應天順人 응천순인】천의(天意)에 응하고 민의(民意)에 순종함.
【應驗 응험】①작용한 일에 대하여 드러난 표시. ②징조가 나타나 맞음. 또는 그 징조.
【應弦而倒 응현이도】활시위 소리가 날 때마다 적이 넘어짐. 활 쏘는 솜씨가 뛰어난 모양.
【應護 응호】(佛)부처·보살 등이 중생의 소원에 응하여 내리는 가호(加護).
【應和 응화】서로 응하여 대답함. 서로 조화함.
○ 感-, 內-, 答-, 對-, 反-, 相-, 祥-, 瑞-, 順-, 適-, 響-, 饗-, 呼-.

心13【懆】⑯ 근심할 조 cǎo
字解 근심하다, 불안하여 마음의 안정을 잃은 모양. 〔詩經〕念子懆懆, 視我邁邁.

心13【懈】⑯ 게으를 해 xiè
字解 ①게으르다, 게으름을 피우다. 〔後漢書〕正身立朝, 未嘗懈惰. ②느슨해지다, 헐렁하다. ③피곤하다.
【懈倦 해권】게을러 권태를 느낌.
【懈慢 해만】게으름. 怠慢(태만).
【懈弛 해이】마음이나 행동이 느즈러짐.
【懈怠 해태】게으름. 태만(怠慢)함. 마음이 해이해져 일을 소홀히 함. 懈惰(해타).
○ 勞-, 墮-, 怠-.

心13【懕】⑰ 懈(653)의 고자

心13【懁】⑯ ❶성급할 환 xuān
❷격렬할 견 huān
字解 ❶성급하다, 조급하다. 〔莊子〕順懁而達. ❷격렬하다, 세차다. 〔史記〕民俗懁急.
【懁促 환촉】성급함. 조급함.
【懁急 견급】몹시 급함.

心13【憒】⑯ 미워할 회 wèi
字解 ①미워하다, 증오하다. ②번민하다, 고민하다.

心13【懐】⑯ 懷(656)의 속자

心14【懦】⑰ 나약할 나·유 nuò
參考 대법원 지정 인명용 한자의 음은 '나'이다.
字解 ①나약하다, 무기력하다. 〔孟子〕懦夫有立志. ②낮다, 낮아지다. 〔陸機·行〕急絃無懦響.
【懦怯 나겁】겁이 많음. 비겁함.
【懦鈍 나둔】나약하고 지둔(遲鈍)함.
【懦薄 나박】의지가 약하고 덕이 적음.
【懦夫 나부】겁이 많고 의지가 약한 사람.
【懦語 나어】겁먹은 말.
【懦劣 나열】①나약하고 용렬함. ②기개가 없음. 무기력함.
【懦者 나자】비겁한 사람. 의기가 없는 사람.
○ 怯-, 庸-, 柔-.

心14【懧】⑰ 懦(653)와 동자

心部 14~15획 懟憗憨懣懞慭懙厭憪懠懤懘懫懭廣懰

心14 【懟】 ⑱ ❶원망할 대 麌 duì
❷고민 추 寘 duì
字解 ❶원망하다, 원한을 품다. ≒憝.〔春秋左氏傳〕以死誰懟.❷❶고민하다, 근심하다.〔淮南子〕不爲愁悴怨懟.❷위배되다, 도리에 어긋나다.〔詩經〕彊禦多懟. ❸사납다.
【懟憾 대감】원망함.
【懟怒 대노】원망하여 성냄.
【懟怨 대원】원망함.
【懟險 추험】도리에 어긋나 옳지 않음.
❶困-, 忿-, 怨-.

心14 【懡】 ⑰ 부끄러울 마 哿 mǒ
字解 ❶부끄럽다, 부끄러워하다. ❷성기다, 드문드문한 모양.
【懡㦬 마라】❶부끄러워함. ❷성김. 드문드문한 모양.

心14 【憗】 ⑱ 憨(655)과 동자

心14 【懣】 ⑱ ❶번민할 만 旱 mèn
❷번거로울 문 本 원 mèn
字解 ❶❶번민하다, 괴로워 가슴이 답답하다.〔漢書〕不得舒憤懣. ❷화내다, 분개하다.〔楚辭〕惟煩懣而盈匈. ❷번거롭다.
【懣懣 만만】번민하는 모양. 괴로워 가슴이 답답한 모양.
【懣然 만연】번민하는 모양.
❶感-, 悶-, 煩-, 憤-, 德-, 憂-, 喘-.

心14 【懞】 ⑰ 어두울 몽 東 měng, méng
字解 ❶어둡다, 마음이 어둡다, 어리석다. ≒懵. ❷후하다, 돈독(敦篤)하다, 성실한 모양.〔管子〕敎懞純固.
【懞懂 몽근】사리에 어둡고 어리석음.
【懞懂 몽동】어둡고 밝지 못한 모양. 흐리멍덩한 모양.
【懞漢 몽한】어리석은 사람. 무지(無知)한 사람.

心14 【憭】 ⑰ 憯(655)과 동자

心14 【懇】 ⑱ 공경할 여 魚 yú, yǔ
字解 ❶공경하다, 공손히 섬기다. ❷천천히 점잖게 걷는 모양.〔韓愈·詩〕懇懇江南子.
【懇懇 여여】편안한 자세로 천천히 걷는 모양.

心14 【懌】 ⑰ 憨(654)와 동자

心14 【懕】 ⑱ ❶편안할 염 鹽 yān
❷넉넉할 염 豔 yàn
字解 ❶❶편안하다, 평안한 모양. ❷앓는 모양. ❸나른하다. ❷넉넉하다, 차고 남음이 있다.
【懕懕 염염】❶편안한 모양. 厭厭(염염). ❷병을 앓는 모양.

心14 【懕】 ⑰ 懕(654)과 동자

心14 【懠】 ⑰ 성낼 제 齊 qí
字解 ❶성내다, 화내다.〔詩經〕天之方懠. ❷의심하다.

心14 【懤】 ⑰ 근심할 주 尤 chóu
字解 근심하다, 근심에 잠겨 괴로워하다.〔楚辭〕懼吾心兮懤懤.

心14 【懘】 ⑱ 가락 맞지 않을 체 霽 chì
字解 가락이 맞지 아니하다, 음악이 조화를 잃은 모양.〔禮記〕五者不亂, 則無怗懘之音矣.
【懘籥 체약】❶화음(和音)을 이루지 못하는 음. ❷시대 조류에 뒤떨어진 문장.

心14 【懫】 ⑰ 성낼 치 寘 zhì
字解 ❶성내다, 화내다.〔大學〕身有所忿懫. ❷한하다, 원망하다.

心15 【懭】 ⑱ 뜻 얻지 못할 광 養 kuǎng
字解 뜻을 얻지 못하다, 마음먹은 대로 되지 아니하다.
【懭悢 광랑】뜻을 얻지 못함. 마음먹은 대로 되지 않음.

心15 【廣】 ⑲ 너그러울 광 漾 kuàng
字解 ❶너그럽다, 넓다.〔詩經〕廣彼淮夷. ❷비다, 공허한 모양. ≒曠.〔漢書〕眾僚久廣, 未得其人, 元元失望.

心15 【懰】 ⑱ ❶근심할 류 尤 liú
❷아름다울 류 有 liǔ
字解 ❶❶근심하다, 걱정하는 모양. ❷머무르다, 숙박하다.〔潘岳·賦〕懰檄轡以奔邀. ❸바람이 세차게 부는 모양.〔楚辭〕秋風懰以蕭蕭. ❷아름답다, 멋지다.〔詩經〕佼人懰兮.
【懰慄 유율】근심하는 모양. 괴로워하는 모양.

心部 15~16획 懱懩懮懲懴憻懶懶懇憎懵懸

心15 【懱】 ⑱ 업신여길 멸 屑 miè

字解 ①업신여기다, 깔보다. 〔書經〕以相陵懱. ②망하다, 멸망하다. ③굴뚝새.

心15 【懩】 ⑱ 바랄 양 養 yǎng

字解 ①바라다, 원하다. ②가렵다. ≒癢.

心15 【懮】 ⑱ 느릿할 우 有 yǒu, yōu

字解 ①느릿하다, 천천하다. 〔詩經〕舒懮受兮. ②근심하다, 슬퍼하다. 〔楚辭〕傷余心之懮懮. ③몸매가 아름답다.
【懮懮 우우】 근심하는 모양.

心15 【懲】 ⑲ 혼날 징 蒸 chéng

字源 形聲. 徵+心→懲. '徵(징)'이 음을 나타낸다.

字解 ①혼나다, 혼이 나서 잘못을 뉘우치거나 고치다. 〔詩經〕予其懲而毖後患. ②혼내 주다, 벌주다, 응징하다. ¶ 勸善懲惡. ③징계, 응징. 〔舊唐書〕不忍加懲. ④그치다, 그만두다. 〔詩經〕寧莫之懲. ⑤경계하다. ⑥교훈으로 삼다. 〔韓非子〕不誅過則民不懲而易爲非.
【懲改 징개】 ①잘못을 거울삼아 스스로 고침. ②징계하여 잘못을 고치게 함.
【懲戒 징계】 잘못을 처벌함.
【懲寇 징구】 외적(外敵)을 응징함.
【懲勸 징권】 ①악을 징계하고 선을 권장함. 勸善懲惡(권선징악). ②상(賞)과 벌.
【懲罰 징벌】 벌을 줌.
【懲忿窒慾 징분질욕】 분한 생각을 경계하고 욕심을 막음.
【懲毖 징비】 이전의 잘못을 뉘우쳐 삼감.
【懲艾 징애】 혼이 남. 징계함. 懲忿(징애).
【懲禦 징어】 외적을 응징하여 침입을 막음.
【懲役 징역】 죄인을 교도소에 가두고 일을 시키는 형벌.
【懲乂 징예】 혼남. 혼내 줌.
【懲膺 징응】 정벌(征伐)하여 징계함.
【懲一勵百 징일여백】 한 사람을 징벌함으로써 여러 사람을 격려함.
【懲前毖後 징전비후】 이전의 허물을 뉘우쳐 뒷일을 삼감.
【懲止 징지】 그침.
【懲窒 징질】 그침과 막음. 사사로운 정을 누름.
【懲創 징창】 ①혼내 줌. 징계함. ②혼남. 혼나서 스스로 경계함. ⟳'創'도 혼낸다는 뜻.
【懲治 징치】 징계하여 다스림. 제재를 가하여 선도함. 허물을 징계하여 고치게 함.
【懲貶 징폄】 징계하기 위하여 관직을 낮춤.

心15 【懴】 ⑱ 懺(657)의 속자

心15 【懫】 ⑱ 성낼 치 寘 zhì

字解 ①성내다, 화내다. ②어그러지다, 남이 말하는 것을 듣지 아니하다. 〔書經〕惟有夏之民, 叨懫日欽.

心16 【懶】 ⑲ ❶게으를 라 本란 旱 lǎn ❷미워할 뢰 泰 lài

❂考 대법원 지정 인명용 한자의 음은 '라'이다.
字解 ❶①게으르다, 나른하다, 의욕이 없다. 〔南史〕吾少懶學問. ②미워하다, 혐오하다. 〔蘇轍·詩〕傍人任嫌懶.
【懶架 나가】 누워서 책을 얹어 놓고 보는 기구.
【懶農 나농】 농사일을 게을리 함.
【懶眠 나면】 게을러서 잠.
【懶不自惜 나부자석】 게을러서 자기의 재능을 세상에 보여 명성을 얻는 일을 하지 않음. 스스로 자기를 버림.
【懶惰 나타】 어수선하여 게을러짐. 게으르고 느림. 懶怠(나태).
❷困-, 老-, 放-.

心16 【懶】 ⑲ 嬾(429)의 속자

心16 【懇】 ⑳ 넘볼 막 藥 miǎo

字解 ①넘보다, 업신여기다. 〔後漢書〕沮先聖之成論兮, 懇名賢之高風. ②능가하다. ③아름답다. 〔後漢書〕懇哉緬矣.

心16 【懵】 ⑲ ❶어리석을 몽 董 měng ❷어두울 몽 送 mèng

字解 ❶①어리석다, 무지(無知)한 모양. 〔白居易·書〕其他懵然無知. ②부끄러워하다. ❷어둡다, 흐릿한 모양. ≒懜.
【懵懵 몽몽】 마음이 밝지 못하고 흐트러짐.
【懵懂 몽동】 ①어리석어 사리에 어두움. 懞懂(몽동). ②흐릿한 모양. 명료하지 않은 모양.
❶昏-.

心16 【懿】 ⑳ 懿(657)와 동자

心16 【懸】 ⑳ 매달 현 先 xuán

字源 形聲. 縣+心→懸. '縣(현)'이 본디 '매달다'

心部 16획 懸

라는 뜻이었으나, 뒤에 행정 구역의 이름으로 가차(假借)되자 '心'을 더해 '懸' 자를 새로 만들어 '매달다, 달아매다'라는 뜻을 나타냈다. '縣'이 음도 나타낸다.

字解 ①매달다, 달아매다. 〔孟子〕 猶解倒懸也. ②매달리다, 늘어지다. 〔李白·賦〕 孤影孤懸. ③걸다, 상을 걸다. 〔鹽鐵論〕 懸賞以待功. ④떨어지다, 동떨어지다. 〔馬融·疏〕 優劣相懸. ⑤멀리, 멀다. 〔南史〕 一人之思, 遲速天懸. ⑥헛되이, 헛되다. 〔庾信·詩〕 懸想爾山雪.

【懸車 현거】 수레를 걺. 관직(官職)을 그만둠. 故事 한대(漢代)에 설광덕(薛廣德)이 관직을 사퇴하고 은거(隱居)할 때, 임금이 내린 안거(安車)를 매달아 자손에게 전하여 광영(光榮)을 보였다는 고사에서 온 말.

【懸隔 현격】 서로 거리가 매우 멂.
【懸磬 현경】 가난하여 집 안에 들보만이 경가(磬架)처럼 보이고, 아무것도 볼 만한 것이 없음.
【懸橋 현교】 매달아 놓은 다리. 弔橋(조교).
【懸軍 현군】 응원군(應援軍)의 후속이 없이 홀로 깊이 적지(敵地)에 쳐들어가는 군대.
【懸念 현념】 마음에 두고 늘 생각함.
【懸湍 현단】 높은 곳에서 떨어지는 물. 폭포.
【懸斷 현단】 아무 근거 없이 억측함.
【懸頭刺股 현두자고】 상투를 천장에 달아 매고, 송곳으로 허벅다리를 찔러 잠을 깨움. 애써 노력하여 공부함.
【懸燈 현등】 ①등불을 높이 매닮. ②國밤에 행군할 때에 깃대에 매달던 등.
【懸鈴 현령】 ①방울을 닮. ②기둥 같은 데 달아 놓고 사람을 부를 때 줄을 당겨서 울리는 방울. 설령. 招人鐘(초인종). ②國속달 통신(速達通信)의 한 가지.
【懸瀨 현뢰】 ☞懸湍(현단).
【懸溜 현류】 ①흘러내리는 물의 물방울. ②폭포.
【懸邈 현막】 매우 동떨어짐. 동떨어져서 멂.
【懸命 현명】 목숨을 걺. 縣命(현명).
【懸罰 현벌】 國궁중에서 죄가 있는 사람을 벌하기 위해 두 손을 묶어 나무에 매달던 형벌.
【懸氷 현빙】 고드름.
【懸殊 현수】 동떨어짐. 큰 차이가 있음.
【懸鶉 현순】 해어진 옷. 옷이 해어져서 너덜너덜한 것이 메추리의 꽁지깃이 빠진 것과 같음.
【懸鶉百結 현순백결】 누더기. 누덕누덕 기운 옷.
【懸案 현안】 이전부터 의논하여 오면서도 아직 결정하지 못한 의안. 해결되지 않은 문제.
【懸崖 현애】 ①깎아지른 듯한 낭떠러지. ②분재(盆栽)의 줄기나 곁가지가 뿌리보다 낮게 처지도록 만든 것.
【懸崖勒馬 현애늑마】 깎아지른 듯한 벼랑에 이르러서야 말고삐를 잡아 쥠. 방탕하게 지내다가 위험에 직면하고서야 깨달아 깨달음.
【懸魚 현어】 ①생선을 매닮. 뇌물로 주는 물건을 먹지 않고 달아 두어서 거절함. 故事 후한(後漢)의 양속(羊續)이 태수(太守)로 있을 때 생선을 선사한 관리가 있었는데, 속(續)이 그 생선을 매달아 놓았으나 그 또다시 생선을

져오자 이를 보여주며 경계하였다는 고사에서 온 말. ②물고기 모양의 패부(佩符). ③물고기 모양으로 만들어 처마 끝에 붙이는 장식.
【懸壅垂 현옹수】 목젖.
【懸腕直筆 현완직필】 필법(筆法)의 한 가지. 팔목을 들고 붓을 수직으로 잡고 쓰는 필법.
【懸旌 현정】 ①바람에 나부끼는 기. 마음이 동요하여 안정되지 않음. 懸旗(현기). ②멀리 출군(出軍)함.
【懸蹄 현제】 말의 앞다리 무릎 위 안쪽에 붙은 군살. 밤눈.
【懸題 현제】 國과거(科擧) 때에 문제를 제시하던 일.
【懸肘 현주】 운필법(運筆法)의 한 가지. 팔꿈치를 들고 쓰는 필법.
【懸珠 현주】 구슬을 달아 놓은 것처럼 보이는 눈. 아리따운 눈.
【懸進 현진】 적지(敵地) 깊이 진격함.
【懸泉 현천】 폭포(瀑布).
【懸榻 현탑】 걸상을 매닮. ㉠손을 후하게 대접함. ㉡귀한 손님. 故事 후한(後漢)의 진번(陳蕃)은 손을 만나지 않기로 유명하였으나, 서치(徐穉)가 올 때만은 걸상을 내놓고 후히 대접하였다가, 그가 떠나면 걸상을 걸어 두고 쓰지 않았다는 고사에서 온 말.
【懸板 현판】 글씨나 그림 등을 새겨서 문 위나 벽에 거는 판자.
【懸圃 현포】 신선(神仙)이 산다는 곳.
【懸瀑 현폭】 폭포(瀑布). 낭떠러지에서 내리 떨어지는 폭포.
【懸風槌 현풍추】 매달려서 바람이 부는 대로 흔들거리는 망치. 꾸벅꾸벅 조는 모양.
【懸河 현하】 ①급히 흐르는 내. 急流(급류). ②☞懸河之辯(현하지변).
【懸河之辯 현하지변】 도도히 흐르는 물과 같이 거침없이 잘하는 말. 懸河(현하).
【懸解 현해】 ①거꾸로 매달린 데서 풀려남. 생사의 고락(苦樂)을 초월함. ②매우 괴로운 상태에서 풀려남.
【懸懸 현현】 ①마음이 안정되지 않는 모양. ②마음에 걸리는 모양. ③아득히 먼 모양.
【懸弧 현호】 사내아이가 태어남. ㉠사내아이가 태어나면 활을 문 왼편에 걸어 놓고 앞날을 축하한 관습에서 온 말.

◑ 倒-, 殊-, 危-, 天-.

懷

心 16 【懷】 ⑲ 품을 회 围 huái

字源 形聲. 心＋褱→懷. '褱(회)'가 음을 나타낸다.

字解 ①품다. ㉮품에 넣어 안거나 가지다. 〔楚辭〕 懷瑾握瑜兮. ㉯어떤 생각을 마음속에 가지다. 그리워하다. 〔詩經〕 有女懷春. ㉰몸

心部 17~18획 懷懺懼憽懾懿

지니다. 〔淮南子〕懷萬物. ②품, 품안, 가슴. 〔論語〕然後免於父母之懷. ③마음, 생각, 정(情). 〔詩經〕寘予于懷. ④길들이다, 따르게 하다. 〔詩經〕懷柔百神. ⑤편안히 하다, 편안히 되다. 〔詩經〕願言則懷. ⑥싸다, 둘러싸다. 〔書經〕蕩蕩懷山襄陵. ⑦이르다, 다다르다. 〔詩經〕有懷于衛. ⑧오다, 이리로 오다. 〔詩經〕曷又懷止. ⑨보내다, 보내어 위로하다. 〔詩經〕懷之好音. ⑩임신하다. 〔顏氏家訓〕懷子三月. ⑪숨기다. 〔論語〕邦無道則可卷而懷之.
【懷古 회고】 옛일을 생각함.
【懷顧 회고】 옛일을 생각하여 되돌아봄.
【懷橘 회귤】 귤을 품음. 효성이 지극함. 故事 후한(後漢)의 육적(陸績)이 어린 시절에 구강(九江)으로 원술(袁術)을 뵈러 가서, 원술이 대접한 귤을 어머니에게 드리려고 몰래 품속에 넣었다는 고사에서 온 말.
【懷瑾握瑜 회근악유】 근(瑾)을 품고 유(瑜)를 쥠. 미덕(美德)을 품고 있음. ○'瑾'과 '瑜' 모두 옥(玉).
【懷襟 회금】 가슴. 품. 懷衿(회임).
【懷金垂紫 회금수자】 황금의 인(印)을 품고 자줏빛 인끈을 늘어뜨림. 높은 벼슬자리에 오름.
【懷德 회덕】 덕을 흠모함. 덕을 항상 염두에 둠.
【懷慕 회모】 마음속 깊이 사모함.
【懷撫 회무】 잘 어루만져 안심시킴. 잘 달램.
【懷想 회상】 그리워함.
【懷玉 회옥】 옥을 품음. 좋은 성질을 품음.
【懷誘 회유】 어루만져 달램. 달래서 따르게 함.
【懷疑 회의】 의심을 품음.
【懷貳 회이】 두 가지 마음을 품음.
【懷人 회인】 마음에 있는 사람을 생각함.
【懷姙 회임】 아이를 뱀. 懷胎(회태).
【懷衽 회임】 가슴. 품. ○'衽'은 옷깃.
【懷藏 회장】 마음속 깊이 남몰래 간직함.
【懷抱 회포】 ①가슴에 품음. 어버이가 자식을 가슴에 품거나 안아서 기르는 일. ②마음속으로 생각함. 가슴에 품은 정.
【懷鄕 회향】 고향을 그리워함.
◐ 感—, 窮鳥入—, 本—, 悲—, 鄙—, 所—, 述—, 情—, 追—.

心 17 【懯】 ⑳ 강직할 기 圖 jì
字解 ①강직하다, 강직하여 바른 모양. 〔史記〕人民矜懯忮 ②어그러지다, 어긋나다.
【懯忮 기기】 강직하여 사리에 어긋남.

心 17 【懺】 ⑳ 뉘우칠 참 陷 chàn
字解 뉘우치다, 저지른 잘못을 뉘우치고 고백(告白)하다. 〔晉書〕愕然愧懺.
【懺禮 참례】 (佛)부처에게 참회하고 예배하여 복을 빎.
【懺洗 참세】 (佛)참회하여 마음을 깨끗이 함.

【懺悔 참회】 잘못을 깨달아 뉘우침.

心 18 【懼】 ㉑ 두려워할 구 遇 jù
字源 形聲. 心+瞿→懼. '瞿(구)'가 음을 나타낸다.
字解 ①두려워하다. ㉮겁이 나다, 무서운 마음이 들어 불안을 느끼다. 〔論語〕勇者不懼. ㉯상대방을 어렵게 여겨 조심하다. 〔論語〕臨事而懼. ②위태로워하다, 위태롭게 여기다. 〔周書〕上下猜懼. ③두려움, 근심, 걱정. 〔春秋左氏傳〕盍釋楚以爲外懼乎. ④으르다, 협박하다. 〔史記〕懼士卒.
【懼懣 구만】 두려워하며 번민함.
【懼震 구진】 두려워서 떪. 震懼(진구).
【懼惕 구척】 두려워함.
【懼喘 구천】 두려워서 숨가쁘게 헐떡임.
【懼怕 구파】 두려워함. 怕懼(파구).
◐ 驚—, 恐—, 悚—, 危—, 疑—, 怕—, 怖—.

心 18 【憽】 ㉑ 두려워할 쌍・송 江 匯 sǒng
字解 ①두려워하다, 무서워하다. ＝悚. ②권하다, 권장하다. 〔漢書〕憽之以行.

心 18 【懾】 ㉑ 두려워할 섭 葉 접 匯 shè
字解 ①두려워하다, 겁내다, 무서워하다. 〔淮南子〕據義行理而志不懾. ②으르다, 협박하다. 〔呂氏春秋〕威所以懾之. ③가지다, 유지하다. 〔後漢書〕徒感王綱之不懾.
【懾服 섭복】 두려워서 복종함.
【懾聳 섭용】 두려워서 선뜩해짐.
【懾處 섭처】 두려워하고 있음.
【懾怖 섭포】 두려워함.
【懾號 섭호】 두려워하여 외침.
◐ 怯—, 驚—, 憂—, 震—, 惕—.

心 18 【懿】 ㉒ 아름다울 의 寘 yì
字解 ①아름답다, 좋다, 훌륭하다. 〔詩經〕好是懿德. ②기리다, 칭찬하다. 〔易經〕君子以懿文德. ③깊다. 〔詩經〕女執懿筐. ④아! 늑韙. 감탄할 때 내는 탄성(歎聲). 〔詩經〕懿厥哲婦.
【懿軌 의궤】 좋은 표본. 훌륭한 법칙.
【懿德 의덕】 아름답고 뛰어난 덕. 훌륭한 행실.
【懿文 의문】 아름다운 문장. 훌륭한 법규.
【懿鑠 의삭】 아름답고 왕성함.
【懿業 의업】 훌륭한 업적.

心部 18~24획　懿 懽 戁 儸 戀 戃 戄 戇 戇　戈部 0획　戈

【懿懿 의의】①향기로운 모양. ②아름답고 착한 모양.
【懿績 의적】훌륭한 공훈.
【懿旨 의지】황후의 분부.
【懿戚 의척】①▷懿親(의친). ②왕실과 가깝고 친밀한 외척(外戚).
【懿親 의친】친밀한 친척. 懿戚(의척).
【懿訓 의훈】훌륭한 교훈.
◐ 淑-, 純-, 雅-, 貞-, 親-.

心 18 【懺】㉑ 忡(602)과 동자

心 18 【懽】㉑ 기뻐할 환 圜 huān
소전 懽 초서 懽 동자 歡 字解 ①기뻐하다. 기뻐서 좋아하다. 〔孝經〕得萬國之懽心. ②맞다, 들어맞다, 합당하다. 〔戰國策〕大國與之懽.
【懽懌 환역】기뻐함. 기쁨.
【懽豫 환예】기뻐하고 즐거워함.
【懽娛 환오】기뻐하여 즐김.
【懽暢 환창】기뻐하여 마음이 화창함.

心 19 【戁】㉓ 두려워할 난 圉 nǎn
소전 戁 초서 戁 字解 ①두려워하다, 무서워하다. 〔詩經〕不戁不竦. ②공경하다, 삼가다. ③부끄러워하다, 부끄러워서 얼굴을 붉히다. ≒赧.

心 19 【儸】㉓ 부끄러워할 라 圌 luǒ
字解 ①부끄러워하다. ②적다, 드문드문 있는 모양. 〔楊萬里·詩〕人煙懷懷不成村.

心 19 【戀】㉓ 사모할 련 圂 liàn
亠 亠 言 結 結 結 戀 戀 戀
초서 恋 속자 恋 간체 恋 字源 形聲. 緣+心→戀. '緣(련)'이 음을 나타낸다.
字解 ①사모하다. ㉮생각하고 그리워하다. 〔後漢書〕兄弟相戀. ㉯남녀가 서로 그리워하다. 〔晉子夜歌〕春別猶春戀. ②그리움, 사랑의 정, 연애. ¶邪戀. ③사랑하는 이. 〔張纘·賦〕捨城中之常戀, 慕遊仙之戀族.
【戀歌 연가】사랑을 읊은 노래.
【戀慕 연모】사랑하여 그리워함.
【戀班 연반】벼슬길에 오를 것을 원함.
【戀賞 연상】사모하여 칭찬함.
【戀愛 연애】남녀가 서로 사랑함.
【戀戀 연연】①사랑하여 그리워함. ②쉽게 단념하지 못하는 정.
【戀情 연정】사랑하고 그리워하는 마음.
【戀着 연착】사랑하고 그리워하는 마음이 깊어 헤어져도 잊을 수 없음.
【戀枕 연침】베개가 그리움. 성가시고 귀찮아 일어나기 싫음.
◐ 悲-, 邪-, 思-, 失-, 愛-.

心 20 【戃】㉓ 惝(627)과 동자

心 20 【戄】㉓ ❶놀랄 확 圝 jué ❷두려워할 구 圚 jué
초서 戄 字解 ❶놀라다, 놀라워 당황하다. 〔史記〕晏子戄然. ❷두려워하다, 상대방을 어렵게 여겨 삼가다. ≒懼.
【戄然 ❶확연 ❷구연】❶당황하여 바라보는 모양. ❷상대방을 두렵게 여겨 삼가는 모양.

心 21 【戇】㉕ 戇(658)의 속자

心 24 【戇】㉘ 어리석을 당 ㉛장 巠 zhuàng, gàng
소전 戇 초서 戇 속자 戇 간체 戆 字解 ①어리석다. ②외고집인 성질. 〔史記〕甚矣, 汲黯之戇也.
【戇冥 당명】어리석고 어두움. 우매함.
【戇朴 당박】고지식하고 순박함.
【戇愚 당우】정직은 하나 어리석음.
【戇直 당직】어리석고 정직함.

戈 部

4획 부수 ｜ 창과부

戈 0 【戈】④ 창 과 歌 gē
소전 戈 초서 戈 字源 象形. 弋+一→戈. '弋'은 주살을, '一'은 가로로 덧붙인 날을 나타낸다. 날이 옆에 달려 있는 주살, 곧 찌르거나 잡아당기게 되어 있는 병기라는 데서 '창'을 뜻한다.
字解 ①창. 무기의 한 가지로, 끝은 뾰족한데 한쪽 옆에만 날이 덧붙은 것은 '戈', 양쪽에 날이 덧붙은 것은 '戟(극)'이라고 한다. 〔詩經〕修我戈矛. ②싸움, 전쟁. 〔吳志〕止戈興仁.
【戈劍 과검】①창과 칼. ②병기(兵器).
【戈戟 과극】①창. 병기. ②전쟁.
【戈矛 과모】창. ▷'矛'는 가지가 없는 창.
【戈兵 과병】①병기(兵器). ②전쟁.
【戈船 과선】①악어·수충(水蟲) 따위의 해를 막기 위하여 배 밑면에 창을 장치한 배. ②창을 싣고 다니며 적을 막는 배.
【戈盾 과순】창과 방패.

〈戈①〉

【戈戚 과척】창과 도끼.
○ 干-, 矛-, 兵-, 鋒-, 盾-, 義-, 天-.

戈 1 【戊】⑤ 다섯째 천간 무 音 wù

ノ 厂 广 戊 戊

[소전] [초서] [字源] 象形. 도끼류의 무기를 본뜬 글자. 뒤에 천간(天干)의 뜻으로 가차(假借)되었다.
[字解] ①다섯째 천간. 십간(十干)의 다섯째로, 고갑자(古甲子)로는 저옹(著雍), 방위로는 중앙(中央), 오행으로는 토(土), 시간으로는 오전 3~5시에 배당된다.〔詩經〕吉日維戊. ②무성하다, 우거지다. ③창. ※矛(1226)의 고자(古字).
【戊己校尉 무기교위】한대(漢代)의 벼슬이름. 서역(西域)에 주둔하여 여러 나라를 진무(鎭撫)하던 무관(武官). ○ '戊己'가 십간(十干)의 중앙인 데서 온 말.
【戊夜 무야】하룻밤을 다섯 부분으로 나누었을 때, 오전 3시에서 5시 사이. 五更(오경).

戈 1 【戉】⑤ 도끼 월 音 yuè

[소전] [字解] 도끼. 처음에는 무기로 쓰다가 뒤에는 의장(儀仗)에 사용됨. =鉞.

戈 2 【成】⑥ 成(660)의 속자

戈 2 【戍】⑥ 지킬 수 音 shù

[소전] [초서] [参考] 戍(659)・戌(659)・戊(659)은 딴 자.
[字源] 會意. 人+戈→戍. 사람[人]이 창[戈]을 들고 있다는 데서 '지키다'의 뜻을 나타낸다.
[字解] ①지키다, 무기를 가지고 국경・국가 등을 지키다.〔詩經〕不與我戍申. ②수자리, 국경을 지키는 임무나 그 사람.〔詩經〕我戍未定. ③병사(兵舍), 경비병이 주둔하고 있는 병영(兵營).〔北史〕築成於軹關.
【戍甲 수갑】변경을 지키는 병사. 수자리.
【戍鼓 수고】변새(邊塞)를 수비하는 군중(軍中)에서 치는 북.
【戍旗 수기】변방을 지키는 군사가 내거는 기.
【戍樓 수루】적의 동정을 살피기 위하여 성위에 지은 망루(望樓).
【戍兵 수병】국경을 지키는 병사.
【戍死 수사】국경을 지키다가 전사함.
【戍人 수인】수자리 사는 사람의 통칭.
○ 屯-, 邊-, 烽-, 城-, 守-, 衞-, 留-, 適-, 謫-, 征-, 鎭-, 築-, 行-.

戈 2 【戌】⑥ 개 술 音 xū

ノ 厂 F 戌 戌

[소전] [초서] [参考] 戌(659)는 딴 자.
[字解] 象形. 도끼류의 무기를 본뜬 글자. 뒤에 지지(地支)의 뜻으로 가차(假借)되었다.
[字解] ①개, 열한째 지지. 고갑자(古甲子)로는 엄무(閹茂), 띠로는 개의 해, 달로는 음력 9월, 일진(日辰)으로는 개의 날, 시간으로는 오후 7~9시, 방위로는 서북(西北), 오행으로는 토(土), 동물로는 개에 배당된다. ②마름질하다.〔司馬相如・賦〕揚袘戌削. ③정연하여 아름답다.≒郵.〔漢書〕揚袘戌削. ④가엾게 여기다, 불쌍히 여기다. ⑤정성, 진정. ⑥온기(溫氣).〔風俗通〕戌者溫氣也.
【戌削 술삭】①깎아 냄. 대패로 밀어서 만듦. ②정연하여 아름다운 모양.
【戌月 술월】음력 9월.

戈 2 【戎】⑥ 되 융 音 róng

[소전] [초서] [字解] ①되, 오랑캐. 중국에서는 서쪽의 오랑캐, 우리나라에서는 북방 오랑캐를 이른다.〔大戴禮〕西辟之民曰戎. ②병기, 무기(武器)의 총칭.〔禮記〕以習五戎. ③병거(兵車), 전투에 쓰는 수레.〔詩經〕小戎俴收. ④싸움, 전쟁, 전투.〔書經〕惟甲胄起戎. ⑤군사, 병사.〔易經〕戎伏于莽. ⑥크다.≒崇.〔詩經〕念茲戎功. ⑦도움, 보좌.〔詩經〕烝也無戎. ⑧너, 그대.≒汝.〔詩經〕戎雖小子.
【戎歌 융가】전쟁의 노래. 軍歌(군가).
【戎羯 융갈】오랑캐. ○ '羯'은 산서성(山西省)에 살던 흉노(匈奴)의 한 종족.
【戎戒 융계】전쟁 준비.
【戎功 융공】큰 공훈(功勳).
【戎校 융교】장교(將校).
【戎寄 융기】군사(軍事)를 위임함.
【戎機 융기】①전쟁의 대권(大權). ②전쟁.
【戎壇 융단】대장(大將)의 자리. 戎垣(융원).
【戎毒 융독】큰 폐해(弊害).
【戎路 융로】①싸움터에서 임금이 타는 수레. ②흰 장식을 한 병거(兵車). 戎輅(융로).
【戎馬 융마】①전쟁에 쓰는 말. 軍馬(군마). ②무기와 군마. ③전쟁. 軍事(군사).
【戎兵 융병】①군복과 병기. ②군사. 병사.
【戎俘 융부】포로(捕虜).
【戎備 융비】전쟁 준비.
【戎士 융사】병사(兵士).
【戎事 융사】전쟁.
【戎越 융월】이민족(異民族)이 사는 미개국. 월(越)은 중국 남쪽에 있던 미개국.
【戎戎 융융】성(盛)한 모양.
【戎夷 융이】오랑캐. 오랑캐 나라 사람.
【戎場 융장】전장(戰場). 싸움터.
【戎裝 융장】싸움의 장비. 전쟁 준비.
【戎陣 융진】싸움의 포진(布陣). 軍陣(군진).
【戎捷 융첩】전쟁에서 이김. 戰勝(전승).
【戎醜 융추】많은 사람. 大衆(대중).

【戎艦 융함】군함. 戰艦(전함).
【戎行 융행】①군대의 행렬. ②행군함. 진군(進軍)함.
【戎軒 융헌】①전쟁에 쓰는 수레. 兵車(병거). ②병기(兵器)와 수레. ③전쟁. 군사.
【戎華 융화】미개국과 중국. ☞'戎'은 미개한 이민족(異民族), '華'는 중화(中華), 즉 중국. 戎夏(융하).
【戎麾 융휘】①전쟁에서 지휘하는 기(旗). ②군대(軍隊).

◐ 犬一, 軍一, 大一, 服一, 西一, 小一, 御一, 元一, 佐一, 八一.

戈 2 【戋】 ⑥ 錢(1895)의 속자

戈 3 【戒】 ⑦ 경계할 계 囲 jiè

一 二 于 开 戒 戒 戒

소전 㦸 초서 戒 자원 會意. 戈＋廾→戒. 두 손〔ㄆㄟ→廾〕으로 창〔戈〕을 높이 들고 있는 모습에서 '경계하다'의 뜻을 나타낸다.

자해 ①경계하다, 막아 지키다, 무기를 가지고 경비하다〔荀子〕勝敵而愈戒. ②조심하고 주의하다, 삼가다. 늑怵.〔孟子〕必敬必戒, 無違夫子. ③타이르다, 알리다. 늑誡.〔儀禮〕主人戒賓. ④교훈, 훈계.〔孟子〕辭曰, 聞戒. ⑤이르다, 분부하다.〔春秋左氏傳〕軍政不戒而備. ⑥재계, 재계하다.〔禮記〕七日戒. ⑦이르다, 도달하다. 늑屆.〔詩經〕旣戒旣平. ⑧경계(境界), 늑界.〔新唐書〕江爲南北兩戒. ⑨(佛)계율(戒律), 승려가 지켜야 할 행동 규범.〔涅槃經〕戒是一切善法梯橙. ⑩문체(文體)의 이름. 경계하는 뜻을 내용으로 하는 문체.〔文體明辯〕文旣有箴, 而又有戒.
【戒懼 계구】조심하고 두려워함.
【戒禁 계금】①타일러 금지함. ②(佛)모든 악을 경계하여 금지함. 戒律禁制(계율금제).
【戒旦 계단】밤이 새었음을 경고하는. 이른 아침. 早朝(조조).
【戒刀 계도】(佛)비구가 가지는 작은 칼. 승구(僧具)와 삼의(三衣) 따위를 베는 데 씀.
【戒名 계명】(佛)①승려가 계(戒)를 받을 때 스승에게 받는 이름. ②죽은 사람에게 붙여 주는 이름.
【戒法 계법】(佛)불제자에게 주는 경계. 오계(五戒), 팔계(八戒), 십계(十戒) 따위.
【戒備 계비】경계. 警備(경비).
【戒師 계사】(佛)①계법(戒法)을 일러 주는 스승. 戒和尙(계화상). ②계(戒)를 받은 승려. 계법을 잘 지키는 승려.
【戒色 계색】여색(女色)을 경계함.
【戒善 계선】(佛)계(戒)를 지켜 선근(善根)을 키워 나감.
【戒勝災 계승재】항상 경계하고 조심하면 재앙

(災殃)이 일어나지 않음.
【戒愼 계신】경계하여 삼감. 조심함.
【戒嚴 계엄】큰 사건이나 전쟁이 있을 때 군대로 일정 지역을 경계함.
【戒律 계율】지켜야 할 규범.
【戒飮 계음】술을 삼감. 음주를 조심하고 경계함. 戒酒(계주).
【戒杖 계장】(佛)승려나 산중(山中)의 수행자가 가지는 지팡이. 錫杖(석장).
【戒定慧 계정혜】(佛)불도(佛道)에 들어가는 세 가지 요체인 계율, 선정(禪定), 지혜.
【戒責 계책】①경고하고 꾸짖음. ②견책(譴責)함. ③잘못하는 일이 다시 생기지 않도록 경계하여 마음에 각성이 일게 함.
【戒尺 계척】(佛)①계(戒)를 일러 줄 때 법식의 차례를 규율 있게 하거나, 독경할 때 박자를 맞추기 위하여 치는 기구. ②승려가 제자를 편달(鞭撻)하는 대쪽.
【戒牒 계첩】(佛)승려가 계(戒)를 받았다는 증명서. 度牒(도첩).
【戒飭 계칙】타이름. 책망함.
【戒飭 계칙】경계하여 타이름. 훈계하여 정신을 가다듬게 함. 戒敕(계칙).

◐ 警一, 勸一, 受一, 授一, 十一, 嚴一, 遺一, 齋一, 持一, 懲一, 破一, 訓一.

戈 3 【成】 ⑦ 이룰 성 囮 chéng

丿 厂 厂 厈 成 成 成

소전 𢦏 고문 戚 초서 𢦏 속자 成 고자 戚

자원 會意·形聲. 戊＋丁→成. '戊'는 '茂'와 같은 뜻이고, '丁'에는 '충실하다'라는 뜻이 담겨 있으므로, 어떤 사물이든 성해져서〔戊〕충실하게〔丁〕되면 이루어져 간다는 데서 '이루다, 이루어지다'라는 뜻을 나타낸다. '丁(정)'이 음도 나타낸다.

자해 ①이루다, ㉮뜻한 바를 이루다.〔詩經〕庶民攻之, 不日成之. ㉯어떤 상태나 결과로 되게 하다. ¶完成. ②이루어지다. ㉮완성되다, 다 되다.〔太玄經〕成者, 功就不可易也. ㉯어떤 상태나 결과로 되다. ③정하여지다.〔國語〕吳晉爭長未成. ④익다, 성숙하다.〔國語〕是穀不成也. ⑤끝나다.〔書經〕簫韶九成. ⑥갖추어지다, 정리되다, 구비되다.〔詩經〕儀旣成兮. ⑦우거지다, 무성해지다.〔呂氏春秋〕松柏成而塗之人已蔭矣. ⑧살찌다, 비대해지다.〔孟子〕犧牲不成. ⑨일어나다, 흥기(興起)하다.〔戰國策〕黃帝不以姬水成. ⑩나아가다, 진보하다.〔逸周書〕大命日成. ⑪크다, 큼.〔春秋左氏傳〕國不過半天子之軍. ⑫어른이 되다, 성인(成人)이 되다.〔春秋左氏傳〕齊燕姬生子, 不成而死. ⑬다스리다, 평정하다.〔春秋左氏傳〕以成宋亂. ⑭고르게 하다, 균평(均平)하게 하다.〔周禮〕掌成市之貨賄人民牛馬兵器珍異. ⑮화해하다.〔氏春秋〕乃與晉成. ⑯재판, 심판.

〔詩經〕虞芮質厥成. ⑰권형(權衡), 균형. 〔詩經〕誰秉國成. ⑱총계(總計), 셈한 계산. 〔禮記〕司會以歲之成質於天子. ⑲층(層), 층계지다. ≒重. 〔呂氏春秋〕九成之臺. ⑳정성, 참으로, 기대하다. ≒誠. 〔詩經〕成不以富. ㉑사방 10리(里)의 땅. 〔春秋左傳〕有田一成. ㉒길제(吉祭). 〔禮記〕卒哭曰成事. ㉓북두칠성이 술(戌)의 방위를 가리키는 날. 건제 십이신(建除十二神)에 의하여 길(吉)에 해당한다는 날.
【成家 성가】①혼인하여 한 가정을 이룸. ②기술이나 학문이 하나의 체계를 이룸.
【成劫 성겁】(佛)사겁(四劫)의 하나. 세계가 이루어져 인류가 살게 된 최초의 시대.
【成格 성격】격식(格式)을 이룸.
【成功 성공】①공적이나 사업을 이룸. ②뜻한 바 목적을 이룸.
【成果 성과】이룩한 좋은 결과.
【成冠 성관】관례(冠禮)를 행함.
【成局 성국】체격이나 구조 따위가 잘 어울림.
【成規 성규】성문화(成文化)한 규칙.
【成均 성균】주대(周代)의 태학(太學).
【成均館 성균관】①조선 때 유학(儒學) 교육을 맡아보던 관아. 太學(태학). 學宮(학궁). ②공자를 제사하는 문묘(文廟)와 유학을 강학(講學)하던 명륜당(明倫堂)의 총칭.
【成均試 성균시】고려 때 국자감(國子監)에서 진사를 뽑던 시험. 國子監試(국자감시).
【成器 성기】①완성된 그릇. 좋은 그릇. 善器(선기). ②재예(才藝)와 기능을 완성함.
【成膿 성농】상처 따위가 곪아서 고름이 생김. 化膿(화농).
【成德 성덕】몸에 덕을 지님. 또는 그 덕.
【成道 성도】(佛)불도의 진리를 깨달음.
【成童 성동】①8세 이상의 소년 ②15세 이상의 소년.
【成鸞鳳 성란봉】①부부의 인연을 맺음. ②동지(同志)의 벗이 됨.
【成名 성명】①명예를 얻어 명성이 높음. ②특정한 기예(技藝)에 뛰어남.
【成文 성문】①문장으로 써서 나타냄. 완성한 문장. ②문채(文彩)를 이룸.
【成門戶 성문호】스스로 일가를 이룸. 집을 일으킴.
【成美 성미】①미덕(美德)을 권장하여 행하게 함. ②훌륭하게 이루어 냄.
【成坏 성배】도자기의 몸을 만듦.
【成服 성복】초상이 난 뒤에 상제와 복인들이 상복(喪服)을 처음 입는 일.
【成否 성부】일의 성공 여부. 成敗(성패).
【成分 성분】①서로 합하여 하나의 복합체를 형성하는 물질. ②문장을 이루는 각 부분. 주어・서술어 따위. ③화합물・혼합물을 이루고 있는 각 원소나 분자.
【成墳 성분】흙을 둥글게 쌓아 올려 무덤을 만듦. 또는 그 무덤. 封墳(봉분).
【成佛 성불】①모든 번뇌를 해탈하여 불과(佛果)를 얻음. ②부처가 됨. ③죽음.

【成石 성석】회(灰) 따위가 굳어져서 돌과 같이 됨. 돌이 됨.
【成俗 성속】①풍속이 됨. ②좋은 풍속을 만듦.
【成數 성수】①일정한 수효를 이룸. ②정해진 운수.
【成熟 성숙】①곡식이나 과일이 익음. ②어떤 현상이 한 단계 발전할 수 있는 상황이 됨.
【成習 성습】습관이 됨. 버릇이 됨.
【成實 성실】열매를 맺음.
【成語 성어】①숙어(熟語). ②고인(古人)이 만들어 세상에 널리 쓰이는 말.
【成人 성인】①인격・교양이 구비된 훌륭한 사람. 全人(전인). ②어른. 정년(丁年)이 된 사람. 成丁(성정).
【成長 성장】자람.
【成赤 성적】國혼인날 신부가 얼굴에 분을 바르고 연지를 찍는 일.
【成丁 성정】성년이 된 남자. 成人(성인).
【成周 성주】서주(西周)의 도읍인 낙읍(洛邑).
【成竹 성죽】대〔竹〕를 그리려 할 때, 먼저 대 모양을 마음속에 그려 본 뒤에 붓을 잡음. 미리 마음속에 계획을 세움.
【成川浦落 성천포락】國논밭이 냇물에 스쳐 떨어져 나감.
【成貼 성첩】國문서에 관인(官印)을 찍음.
【成軸 성축】①법도를 제정함. ②시회(詩會) 때에 지은 글을 두루마리에 차례로 벌여 적음.
【成娶 성취】장가듦.
【成湯 성탕】상(商)나라(뒤의 은〈殷〉나라)를 세운 임금. 하(夏)나라의 걸(桀) 임금이 무도(無道)하므로 쳐 내쫓고 임금이 되었음.
【成敗 성패】성공과 실패.
【成蹊 성혜】작은 길이 생김. 덕이 많은 사람에게는 절로 사람이 많이 따름.
【成婚 성혼】혼인이 이루어짐.
【成火 성화】①몹시 마음을 태워서 답답하고 번거로움. ②몹시 귀찮게 굶.

○ 結−, 構−, 落−, 老−, 達−, 大−, 大器晚−, 生−, 速−, 守−, 垂−, 遂−, 養−, 完−, 育−, 作−, 早−, 助−, 造−, 贊−, 天−, 編−, 合−, 混−, 化−.

戈 3 【我】⑦ 나 아 圖 wǒ

ノ 二 千 手 我 我 我

[전]我 [고]𢦠 [초]𠨂 [동]㦲 [字源]象形. 무기 또는 농기구를 본뜬 글자. 뒤에 '나'라는 뜻으로 가차(假借)되었다.
[字解]①나. ㉮나 자신. 〔孟子〕萬物皆備於我矣. ㉯나의 편. 나의 나라. 〔漢書〕虜亦不得犯我. ㉰나의 임금. 〔後漢書〕天齊乎人, 假我一日. ②우리. ㉮자기에게 속해 있는 것임을 나타내는 말. 〔詩經〕我田旣臧. ㉯내가 친애(親愛)하는 바임을 나타내는 말. 〔論語〕竊比於我老彭. ③외고집, 자기의 생각을 굽히지 아니하는

戈部 3~6획 我 或 彧 戔 戕 戗 或 戚 战 戙

일.〔論語〕毋固毋我.④굶주리다.≒餓.〔莊子〕吾無糧, 我無食.
【我歌査唱 아가사창】國내가 부를 노래를 사돈이 부름. 책망을 들어야 할 사람이 도리어 큰소리를 침.
【我見 아견】①나의 의견. ②(佛)칠견(七見)의 하나. 자기의 의견에 집착한 그릇된 견해.
【我空 아공】(佛)'나'라고 하는 것은 오온(五蘊)이 쌓여 된 것이므로 이것이 흩어질 때 없어지는 것이니, '나'는 영구한 주재자(主宰者)가 되지 못한다는 말.
【我儂 아농】나.
【我慢 아만】①자기 자신을 자랑하면서 남을 업신여기는 마음.
【我武維揚 아무유양】우리 편의 무위(武威)가 들날림.
【我輩 아배】우리들. 我曹(아조).
【我修 아수】(佛)삼수(三修)의 하나. 불타의 몸인 법신(法身)이 진아(眞我)의 자유를 보는 법.
【我心如秤 아심여칭】내 마음 저울과 같음. 마음이나 자세가 공평함.
【我田引水 아전인수】國제 논에 물을 댐. 자기에게 이로울 대로만 굽혀서 말하거나 행동함.
【我曹 아조】우리들. 我輩(아배).
【我執 아집】①자신의 의견만 고집함. ②(佛)존재의 실체가 항상 제 마음속에 있다고 믿음.
❶大一, 忘一, 無一, 物一, 小一, 自一, 彼一.

戈 3【戜】⑦ 我(661)와 동자

戈 3【或】⑦ 或(662)과 동자

戈 3【彧】⑦ 或(662)의 속자

戈 4【戔】⑧ ❶해칠 잔 寒 cán ❷적을 전 冠 jiān
소전 戔 초서 戋 간체 戋 字解 ❶(通)殘(915). ①해치다. 상처를 입히다. ②나머지. 〔周禮〕雖其潘瀾戔餘. ❷①적다, 얼마 되지 아니하는 모양. 〔易經〕束帛戔戔. ②수효가 많은 모양. ¶ 戔戔.
【戔餘 잔여】나머지.
【戔戔 전전】①적은 모양. 얼마 되지 않는 모양. ②수가 많은 모양.

戈 4【戕】⑧ 죽일 장 陽 qiāng
소전 戕 초서 戕 字解 ①죽이다. ¶ 戕戮. ㉯다른 나라의 신하가 자기 나라의 임금을 죽이다. 〔春秋左氏傳〕凡自虐其君曰弒, 自外曰戕. ②상하게 하다, 손상을 입히다. 〔孟子〕將戕賊杞柳. ③착하다, 마음이 곱고 어질다. ≒臧. 〔詩經〕曰予不戕.
【戕戮 장륙】죽임. 殺戮(살륙).
【戕殺 장살】죽임.
【戕賊 장적】쳐 죽임. 殺害(살해).
【戕虐 장학】남을 해치고 잔학한 짓을 함.
【戕害 장해】죽임. 殺害(살해).

戈 4【哉】⑧ 哉(290)의 속자

戈 4【或】⑧ ❶혹 혹 職 huò ❷나라 역 職 yù
一ㄧㄱ百戸戸或或
소전 或 초서 域 고자 戓 동자 或
속자 戓 参考 대법원 지정 인명용 한자의 음은 '혹'이다.
字源 會意. 口+戈+一→或. 창(戈)을 들고 어느 일정한 땅(一)의 사방 경계(口)를 지킨다는 데서 본뜻은 '나라'이다. 후세 사람들이 이것만으로는 사방을 지킨다는 뜻이 약하다 하여 '或+口→國'과 같이 사방의 경계를 뜻하는 '口'을 더하여 '나라'라는 뜻으로는 '國'자를 쓰게 되고, '或'자는 '혹'이라는 뜻으로 가차(假借)되었다.
字解 ❶①혹, 혹은. ㉠어쩌다가 더러. ¶或是或非. ㉤어떤 이, 어떤 사람. 〔論語〕或謂孔子曰, 子奚不爲政. ㉢어떤 것, 어떤 사물. 〔史記〕物有不可忘, 或有不可忘. ㉣어떤 경우. 〔春秋左氏傳〕天或啓之. ②있다. ≒有.〔書經〕罔或干予正. ③늘, 계속하여 언제나.〔老子〕或不盈. ④괴이쩍게 여기다, 이상하게 생각하다.〔孟子〕無或乎王之不智. ⑤헤매다, 갈팡질팡하다. ≒惑.〔漢書〕別從東道, 或失道. ❷나라. ≒國. =域.
【或問 혹문】①어떤 사람이 물음. ②질문자에게 대답하는 체재로 기술하는 문체.
【或是 혹시】①만일에. ②어쩌다가.
【或時 혹시】어쩌다가. 어떠한 때에.
【或是或非 혹시혹비】혹은 옳기도 하고 혹은 그르기도 함. 시비(是非)를 가릴 수 없음.
【或者 혹자】①어떤 사람. ②혹시(或是).
【或出或處 혹출혹처】혹은 벼슬을 하여 조정에 나아가고, 혹은 은퇴하여 집에 있음.
❶間一, 設一.

戈 5【戚】⑨ 戚(660)의 고자

戈 5【战】⑨ 戰(664)의 속자

戈 6【戙】⑩ 널빤지 동 董 dòng
字解 ①널빤지, 배 바닥에 깔아 놓은 널빤지. ②말뚝, 배를 매기 위하여 나루터에 박아 놓은 말뚝.

戈部 6~9획 戚戛戞戟㦸戞戡戣戰㦰

戈6 【戚】⑩ 滅(1016)의 고자

戈7 【戛】⑪ 창 알 jiá
[소전][초서][속자][자해] ①창, 긴 창. 〔張衡·賦〕立戈迤戛. ②법, 예법. ≒楷. 〔書經〕不率大戛. ③두드리다, 가볍게 치다. 〔書經〕戛擊鳴球. ④어긋나다. ¶ 戛戛. ⑤쇠나 돌이 부딪치는 소리. 〔蘇軾·賦〕戛然長鳴, 掠予舟而西也. ⑥멍석, 짚. 〔漢書〕三百里內戛服.
【戛擊 알격】 악기를 가볍게 쳐서 소리를 냄.
【戛戛 알알】 ①사물이 서로 어긋나고 맞지 않는 모양. ②물건이 서로 부딪치는 소리. ③이(齒)를 가는 소리.
【戛然 알연】 ①학이 우는 소리. ②금석(金石)이 부딪는 소리.
○ 敲-, 交-, 大-, 摩-, 玉-.

戈7 【戚】⑪ ❶겨레 척 qī ❷재촉할 촉 cù
丿 厂 𠂉 厈 厎 厇 戚 戚 戚
[소전][초서][참고] 대법원 지정 인명용 한자의 음은 '척'이다.
[자원] 形聲. 戊+尗→戚. '尗(숙)'이 음을 나타낸다.
[자해] ❶①겨레, 친족(親族). ≒族. 〔孟子〕有貴戚之卿. ②도끼. 의식(儀式)이나 형구(刑具)로 쓰는 큰 도끼. 〔詩經〕干戈戚揚. ③슬퍼하다, 마음 아파하다. ≒慽. 〔論語〕喪與其易也, 寧戚. ④근심하다, 염려하다. 〔國語〕戚然服士, 以司吾聞. ⑤성내다, 분개하다. 〔禮記〕慍斯戚. ⑥가깝다. 〔書經〕未可以戚我先王. ⑦친하다, 친하게 지내다. 〔詩經〕戚戚兄弟. ❷재촉하다, 조급하다. =促. 〔周禮〕無以爲戚速也.
【戚黨 척당】 외척(外戚)과 처족(妻族).
【戚里 척리】 ①한대(漢代)에 임금의 외척(外戚)이 모여 살던 장안(長安)의 동네 이름. ②임금의 외척. 戚畹(척완).
【戚末 척말】 척당(戚黨) 사이에서 '자기'의 낮춤말. 戚下(척하).
【戚屬 척속】 성(姓)이 다른 일가.
【戚施 척시】 ①곱사등이. 佝僂(구루). ②두꺼비. 추한 것의 비유. ③남의 비위를 맞추고 아첨하는 사람.
【戚臣 척신】 임금의 외척이 되는 신하.
【戚揚 척양】 도끼. 큰 도끼.
【戚容 척용】 근심하는 얼굴. 슬퍼하는 얼굴.
【戚誼 척의】 인척 간의 정의(情誼).
【戚戚 척척】 ①서로 친밀한 모양. ②근심하고 두려워하는 모양. ③마음이 움직이는 모양. ④근심하고 슬퍼하는 모양.
【戚速 촉속】 빨리 하라고 재촉함.
【戚促 촉촉】 마음이 조급하여 안달함.
○ 國-, 近-, 外-, 憂-, 遠-, 姻-, 親-.

戈8 【戟】⑫ 창 극 jǐ
[소전][초서][동자][속자][자해] ①창. 끝이 두 가닥으로 갈라진 창. 끝이 외가닥인 창은 '戈'라 한다. 〔詩經〕修我矛戟. ②극(戟) 모양으로 굽히다. ¶戟手. ③찌르다, 刺戟.
【戟架 극가】 창을 거는 도구.
【戟鋩 극망】 창끝.
【戟槊 극삭】 창. ㆍ'戟'은 끝이 세 가닥인 창, '槊'은 외가닥인 창. 矛槊(모삭).
【戟手 극수】 ①화가 났을 때의 동작. 한 손은 쳐들고 한 손은 팔꿈치를 아래로 굽혀 극(戟) 모양을 만듦. ②주먹을 불끈 쥐고 내저음.
【戟盾 극순】 창과 방패. 戟楯(극순).
【戟戶 극호】 창으로 만든 집. 진영(陣營).
○ 劍-, 矛-, 刺-.

戈8 【㦸】⑫ 戟(663)의 속자

戈8 【戞】⑫ 戛(663)의 속자

戈9 【戡】⑬ 칠 감 kān
[소전][초서][자해] ①치다, 적을 쳐 이기다, 평정하다. 〔書經〕西伯既戡黎. ②죽이다. ¶戡珍.
【戡難 감난】 국난(國難)을 평정함.
【戡亂 감란】 난리를 평정함.
【戡夷 감이】 난리를 평정함. ㆍ'夷'는 '平'으로 '평정하다'를 뜻함.
【戡定 감정】 전쟁에 이겨 난리를 평정함.
【戡珍 감진】 적(敵)을 몰살함. 모조리 죽여 멸망시킴.

戈9 【戣】⑬ 창 규 kuí
[소전][초서][자해] 창. 창끝이 세모 진 무기. 〔書經〕一人冕執戣.

戈9 【戰】⑬ 戰(664)의 속자

戈9 【㦰】⑬ 거둘 즙 jí
[소전][초서][자해] ①거두다, 무기(武器)를 거두어들이다. 〔春秋左氏傳〕載㦰干戈. ②그치다, 그만두다. 〔漢

書〕其兵猶火也, 弗戢, 必自焚. ③온화하다. 〔孟子〕思戢用光. ④모으다. 집중시키다. 〔詩經〕載戢干戈.
【戢干戈 즙간과】 무기를 거두어 간직함. 군사를 거두어 싸움을 끝냄.
【戢囊 즙고】 거두어 치움. 무기를 거두어 모아 다시는 쓰지 않음. 전쟁을 그만둠.
【戢兵 즙병】 군대를 거두어들여 부리지 않음. 전쟁을 그만둠.
【戢伏 즙복】 자기의 재능을 숨기고 은둔함.
【戢翼 즙익】 새가 날개를 접음. 벼슬을 그만두고 은거(隱居)함.
【戢戢 즙즙】 모여드는 모양.

戈 10 【榦】 ⑭ 戟(663)의 속자

戈 10 【戩】 ⑭ 멸할 전 厴 jiǎn
[소전][초서][字解] ①멸하다, 멸망시키다. ②죄다, 모두, 다. 〔詩經〕俾爾戩穀. ③복, 행복. 〔隋書〕方憑戩福.
【戩穀 전곡】 ①선(善)을 다함. ○'穀'은 '善'으로 '착하다'를 뜻함. ②복복(福祿), 행복. ○'穀'은 '祿'으로 '복·행복'을 뜻함.

戈 10 【截】 ⑭ 끊을 절 屑 jié
[소전][초서][字解] ①끊다. ㉮동강을 내다, 절단하다. ¶截長補短. ㉯막다, 관계를 아주 없이하다. 〔李華·文〕徑截輜重, 橫攻士卒. ②말을 잘하는 모양. 〔書經〕惟截截善諞言. ③다스리다, 정제(整齊)하다. 〔詩經〕海外有截.
【截斷 절단】 끊음. 切斷(절단).
【截髮留酒 절발역주】 머리털을 잘라 술을 바꿈. 어진 어머니가 빈객(賓客)을 환대함. 故事 진대(晉代)에 도간(陶侃)의 어머니가 아들의 친구인 범규(范逵)가 찾아왔으나 집이 가난하여 차려 낼 음식이 없자, 머리털을 잘라 판 돈으로 술을 사서 대접하였다는 고사에서 온 말.
【截長補短 절장보단】 긴 것을 끊어 짧은 것에 보탬. ㉠장점으로 결점이나 부족한 점을 보충함. ㉡넉넉한 것으로 부족한 것을 보충함.
【截截 절절】 ①구변(口辯)이 좋은 모양. ②성(盛)한 모양.
【截取 절취】 끊어 가짐.
【截破 절파】 끊어 깨뜨림.
● 隔−, 斷−, 直−, 割−, 橫−.

戈 10 【戧】 ⑭ 다칠 창 陽 qiāng
[간체][字解] ①다치다. ※創(203)의 고자(古字). ②새겨 넣다, 칠기(漆器) 겉면에 금은 가루로 그림을 그려 넣다.
【戧金 창금】 그릇 겉면에 금세공(金細工)으로 그림이나 무늬를 박아 넣음.

戈 11 【國】 ⑮ 摑(718)의 속자

戈 11 【戮】 ⑮ 죽일 륙 屋 lù
[소전][초서][字解] ①죽이다. ㉮살해하다. ¶殺戮. ㉯사형에 처하다. 〔周禮〕斬殺刑戮. ②육시하다, 죽은 사람에게 형벌을 가하여 목을 베다. 〔國語〕殺其生者, 而戮其死者. ③벌, 형벌. 〔史記〕有顯戮. ④욕, 욕보이다. 〔呂氏春秋〕爲天下戮. ⑤합하다, 힘을 합하다. ＝勠. 〔國語〕戮力同德.
【戮力 육력】 서로 힘을 합함. 協力(협력).
【戮笑 육소】 욕을 당하여 웃음거리가 됨.
【戮屍 육시】 ①이미 죽은 사람에게 형벌을 가하여 목을 벰. ②죄인을 처형하여 여러 사람에게 구경시켜 욕되게 함.
【戮辱 육욕】 ①욕되게 함. 凌辱(능욕). ②부끄러움. 恥辱(치욕). ③형벌을 받음.
● 大−, 屠−, 殺−, 誅−, 刑−.

戈 11 【戭】 ⑮ ❶창 인 軫 yǎn ❷사람 이름 연 銑 yǎn
[소전][초서][字解] ❶①창, 장창(長槍). ❷①성(姓). ②사람 이름.

戈 11 【戯】 ⑮ 戲(665)의 속자

戈 12 【戰】 ⑯ 싸울 전 霰 zhàn
丶 冂 旦 單 單 戰 戰 戰
[소전][초서][속자] 戦 [간체] 战
[字源] 會意·形聲. 單+戈→戰. 무기를 뜻하는 '戈'와 무기를 맞댄다는 뜻의 '單'을 합하여 '적과 무기를 맞대고 싸워 쓰러뜨린다'는 뜻을 나타낸다. '單(단)'이 음도 나타낸다.
[字解] ①싸우다. ㉮전쟁을 하다. 〔書經〕大戰于甘. ㉯맞붙어 싸우다, 서로 드잡이를 하다. 〔易經〕龍戰于野. ㉰겨루다, 경쟁을 하다. 〔茅亭客話〕酒戰猶能敵百夫. ②싸움, 전쟁. 〔孟子〕王好戰, 請以戰喩. ③두려워하다, 두려워서 떨다. ≒顫. 〔漢書〕股戰而慄. ④흔들리다, 살랑거리다. 〔蘇軾·詩〕棠梨葉戰暝禽呼. ⑤꺼리다.
【戰悸 전계】 두려워서 떪.
【戰鼓 전고】 싸울 때 울리는 북.
【戰功 전공】 전투에서 세운 공. 戰勳(전훈).
【戰懼 전구】 두려워하며 떪.
【戰國 전국】 ①전쟁을 하고 있는 나라. ②전쟁으로 어지러운 세상. 亂世(난세).
【戰國時代 전국 시대】 주(周)의 위열왕(威烈王) 때부터 진시황(秦始皇)이 천하를 통일하기까지의, 여러 제후국이 패권을 다투었던 시대(B.C. 403~B.C. 221).

【戰國七雄 전국 칠웅】 전국 시대의 일곱 강국(強國). 곧, 제(齊)·초(楚)·연(燕)·한(韓)·조(趙)·위(魏)·진(秦).
【戰兢 전긍】 몹시 두려워하고 조심하는 모양. 戰戰兢兢(전전긍긍).
【戰機 전기】 ①전쟁이 일어나려는 기미. ②전쟁의 기밀(機密). 軍機(군기).
【戰騎 전기】 말을 타고 싸우는 군사.
【戰掉 전도】 두려워서 벌벌 떪.
【戰圖 전도】 ①전쟁이 행해지고 있는 범위. ②전장(戰場)의 지도. 작전 지도. ③전쟁의 상황을 그린 그림.
【戰亂 전란】 전쟁으로 말미암은 난리.
【戰略 전략】 전쟁이나 전투의 작전 계획.
【戰利品 전리품】 전쟁에서 적으로부터 빼앗은 물품.
【戰笠 전립】 ⓝ군인이 쓰던 모자. 벙거지. 갓벙거지.
【戰馬 전마】 싸움에 쓰는 말. 軍馬(군마).
【戰亡將卒 전망장졸】 전쟁에서 죽은 장수와 군사. 戰歿將兵(전몰장병).
【戰歿 전몰】 전쟁에서 죽음. 戰死(전사).
【戰犯 전범】 침략 전쟁을 주도한 범죄자.
【戰堡 전보】 보루(堡壘).
【戰鋒 전봉】 전쟁의 기세.
【戰備 전비】 ①전쟁 준비. ②전쟁이 일어났을 경우에 대한 대비.
【戰死 전사】 싸움터에서 싸우다가 죽음.
【戰射 전사】 싸움에서 활을 쏘는 법.
【戰色 전색】 벌벌 떨며 두려워하는 얼굴빛.
【戰線 전선】 적과 대치하거나 전투가 진행 중인 지역.
【戰悚 전송】 두려워서 떪. 벌벌 떨며 옴쭉 못함. 戰竦(전송).
【戰術 전술】 전쟁 등 어떤 목적을 달성하기 위한 여러 가지 수단과 방법.
【戰勝攻取 전승공취】 싸우면 이기고, 공격하면 반드시 빼앗음. 연전연승함.
【戰雲 전운】 전쟁이 일어날 것 같은 상황.
【戰慄 전율】 두려워서 떪.
【戰意 전의】 싸우고자 하는 의지.
【戰爭 전쟁】 국가 사이의 무력 다툼.
【戰跡 전적】 전쟁을 한 자취.
【戰戰兢兢 전전긍긍】 몹시 두려워하여 벌벌 떨면서 조심함.
【戰陣 전진】 ①진을 치고 싸우는 곳. 戰場(전장). ②싸우기 위하여 벌여 친 진영(陣營). ③싸움의 수단. 戰法(전법).
【戰鬪 전투】 전쟁 상대방과의 싸움.
【戰怖 전포】 두려워서 몸이 떨림.
【戰袍 전포】 ①갑옷 위에 입는 긴 웃옷. ②전쟁할 때 입는 군복. 戎衣(융의).
【戰汗 전한】 무섭고 떨려서 나는 식은땀.

○ 酣-, 激-, 決-, 苦-, 交-, 挑-, 督-, 奮-, 宣-, 舌-, 速-, 水-, 勝-, 實-, 惡-, 野-, 作-, 接-, 停-, 終-, 主-, 初-, 出-, 敗-, 血-, 會-.

戈 12 【戲】⑯ 戲(665)의 속자

戈 13 【戴】⑰ 일 대 國 dài

[소전][주문][초서] [字解] ①이다, 머리 위에 얹다. 〔孟子〕男負女戴. ②느끼다, 생각하다. 〔淮南子〕凡有戴情. ③널〔棺〕을 묶는 끈. 〔禮記〕士戴. ④탄식하다, 슬퍼하다. 〔淮南子〕意而不戴. ⑤받들다, ㉮떠받들다, 공경하여 모시다. 〔國語〕欣戴武王. ㉯내려 준 사물을 감사하게 받다. 〔柳宗元·文〕捧戴皇恩.
【戴冠式 대관식】 임금이 즉위할 때 왕관을 쓰는 의식.
【戴高帽 대고모】 자만심이 많아서 남의 아첨에 잘 넘어감.
【戴白 대백】 ①머리에 흰 털이 많이 남. ②노인(老人).
【戴盆望天 대분망천】 동이를 이고 하늘을 바라보려 함. 동시에 두 가지 일을 병행할 수 없음.
【戴星 대성】 ①별을 머리에 임. 아침 일찍이 집을 나가 저녁 늦게 돌아옴. ②말〔馬〕의 이름. 戴星馬(대성마).
【戴勝 대승】 ①부녀자가 머리에 장식품을 꽂음. ㉡'勝'은 부녀자의 머리 장식품. ②뻐꾸기. 布穀鳥(포곡조). ③서왕모(西王母).
【戴天 대천】 하늘을 머리에 임. 이 세상에 생존(生存)함.

① 男負女-, 奉-, 推-.

戈 13 【戱】⑰ ❶놀 희 國 xì ❷기 휘 國 huī ❸아 호 國 hū

𢦏 广 户 庐 唐 虗 虛 戯 戱 戲
[소전][초서][속자][속자][간체] 戱 戈 戲 戲 戏

[參考] 대법원 지정 인명용 한자음은 '희'이다.
[字源] 形聲. 虛+戈→戱. '虛(희)'가 음을 나타낸다.
[字解] ❶①놀다. ㉮재미있게 시간을 보내다. 〔張衡·賦〕渚戱躍魚. ㉯담소(談笑)로써 흥겹게 시간을 보내다. 〔禮記〕閨門之內, 戱而不嘆. ㉰어떤 내기를 하다. 〔孔子家語〕俳優侏儒戱於前. ②희롱하다, 말이나 행동으로 실없이 놀리다. 〔詩經〕無敢戱豫. ③힘을 겨루다. 〔國語〕請與之戱. ④놀이, 장난. 〔魏志〕以獵戱多殺群衆. ⑤연기, 연극. 〔晉書〕于宣武場觀戱. ⑥성(姓). ⑦산 이름. 〔國語〕幽滅於戱. ⑧고을 이름. 〔逸周書〕呂他命伐戱·方. ❷①기, 대장기(大將旗). =麾. 〔漢書〕戱下騎從者八百餘人. ②기울다, 기울어지다. 〔周禮〕執披備傾戱. ❸아! 감탄할 때 쓰는 말. =呼. 〔禮記〕於戱前王不忘.
【戱曲 희곡】 ①주로 대화와 연기로 표현하는 문학의 한 형식. ②연극 대본.

【戲劇 희극】 웃기는 장면이 주가 되는 연극.
【戲談 희담】 웃음거리로 실없이 하는 담화.
【戲論 희론】 쓸데없이 논함. 쓸모없는 이론.
【戲弄 희롱】 실없이 놀리는 짓.
【戲文 희문】 ①원대(元代)에 일어난 희곡의 한 체(體). ②장난삼아 쓴 글. 익살을 주로 한 글.
【戲書 희서】 장난이나 익살로 쓴 글.
【戲媟 희설】 여자를 데리고 희롱하며 놂. 戲狎(희압).
【戲笑 희소】 익살.
【戲言 희언】 익살로 하는 말.
【戲豫 희예】 놀며 즐김. 게으름을 피우며 놂.
【戲玩 희완】 장난으로 가지고 놂.
【戲遊 희유】 실없는 희롱을 하며 놂.
【戲作 희작】 장난삼아 쓴 글.
【戲嘲 희조】 익살을 부림. 농담함.
【戲綵娛親 희채오친】 어버이의 마음을 즐겁게 함. 故事 춘추 시대 초(楚)나라의 노래자(老萊子)가 일흔 살에 오색 무늬옷을 입고 어버이 앞에서 어린애 짓을 하여 즐겁게 하였다는 고사에서 온 말.
【戲稱 희칭】 ①실없이 희롱하여 일컫는 말. ②풍자(諷刺).
【戲謔 희학】 실없는 농지거리.
【戲畫 희화】 ①장난삼아 그린 그림. ②익살스러운 그림.
● 弄—, 博—, 兒—, 惡—, 於—, 演—, 玩—, 遊—, 飮—, 作—, 雜—, 嬉—.

戈 18 【戳】 ㉒ 창 구 廏 qú
동자 鏂 자자 瞿 字解 창. 극(戟)이나 과(戈)의 한 가지로, 무기의 이름.

戶 部

4획 부수 | 지게호부

戶 0 【戶】 ④ 지게 호 麌 hù

一厂戶戶

소전 戶 고자 戾 초서 戶 고자 戾 字源 象形. 돌쩌귀를 달아 여닫게 되어 있는 문(門)의 한 쪽을 본뜬 글자.
字解 ①지게, 지게문. 외짝 문.〔一切經音義〕一扇曰戶, 兩扇曰門. 又在於堂室曰戶, 在於宅區域曰門. ②출입구. 방이나 집, 또는 사물의 출입구.〔老子〕不出戶, 知天下. ③구멍, 구덩이, 굴.〔禮記〕蟄蟲咸動, 啓戶始出. ④방.〔易經〕不出戶庭. ⑤집, 가옥.〔易經〕其邑人三百戶. ⑥사람, 주민(住民).〔唐書〕溫戶疆

丁. ⑦막다, 붙잡아 못 하게 막다.〔春秋左氏傳〕屈蕩戶之. ⑧주관(主管)하다.〔漢書〕坐戶殿門失闌. ⑨주량, 술을 마시는 양.〔元稹·詩〕酒户年年減. ⑩특정 직업에 종사하는 사람.〔宋史〕其鬻鹽之地日亭場, 民日亭戶, 或謂之竈戶. ⑪무늬가 있는 모양. 늑하.〔揚雄·賦〕戶豹能黃. ⑫國㉑벼슬 이름. 고려 때의 중서사인(中書舍人).〔東國李相國集〕要職方當戶. ㉔호(毫). 무게의 단위로 리(厘)의 10분의 1.〔萬機要覽〕生銅九分七里四戶六糸六忽六微.
【戶口 호구】 가구의 수와 인구수.
【戶口別星 호구별성】 國집집마다 찾아다니며 천연두를 앓게 한다는 여신. 痘神(두신).
【戶大 호대】 술고래. 주량(酒量)이 센 사람.
【戶辯 호변】 집마다 다니면서 설명함.
【戶席 호석】 문호(門戶)와 좌석(坐席).
【戶扇 호선】 문짝. 門扇(문선).
【戶說 호설】 집마다 다니면서 설명함.
【戶牖 호유】 지게문과 창문.
【戶者 호자】 문을 지키는 사람. 문지기.
【戶長 호장】 ①한 마을의 장. 里正(이정). ②國각 고을 아전의 우두머리.
【戶籍 호적】 ①가구 수, 인구 등을 기록한 장부. ②國호주(戶主)를 중심으로 한 집안의 가족 관계와 각 가족의 성명, 생년월일 등 신분에 관한 사항을 기록한 공문서.
【戶典 호전】 조선 때 호조(戶曹)의 사무 규정 등을 기록한 육전(六典)의 하나.
【戶庭 호정】 뜰. 마당.
【戶庭出入 호정출입】 앓던 사람이나 늙은이가 겨우 마당 안에나 드나듦.
【戶主 호주】 한 집안의 대표자.
【戶樞不蠹 호추부두】 문지도리는 좀먹지 않음. 늘 활동하면 안전 무사함.
【戶布 호포】 고려·조선 때, 집집마다 봄·가을에 무명이나 모시로 징수하던 세금.
【戶限 호한】 ①문지방. 門閾(문역). ②물건과 물건의 사이.
【戶闔 호합】 ①문짝. ②문이 닫혀 있음.
● 客—, 大—, 門—, 蓬—, 貧—, 上—, 柴—, 新—, 漁—, 庭—, 酒—, 竹—, 下—.

戶 1 【戹】 ⑤ 좁을 액 陌 è
소전 戹 초서 戹 통자 厄 통자 阨 字解 ①좁다, 구멍이 작다.〔漢書〕壺口梩戹. ②괴로워하다, 고생하다.〔孟子〕君子之戹於陳蔡之間, 無上下之交也. ③재난(災難), 위난(危難). =厄.〔後漢書〕況當今之世有三空之戹哉.
【戹窮 액궁】 재난을 당하여 괴로움.
【戹運 액운】 재난을 당하는 운수. 지진·홍수·해일 따위.
● 困—, 兵—, 水—, 禍—.

戶 3 【卯】 ⑦ 卯(243)의 본자

戶部 3~4획 戺扅戾房所

戶3 【戺】 ⑦ 지도리 시 shì
[초서] 戺 [동자] 扅 [字解] ①지도리, 문지도리. ②집의 모퉁이. ③계단(階段) 양쪽에 박아 놓은 돌.〔書經〕夾兩戺.

戶3 【扅】 ⑦ 戺(667)와 동자

戶4 【戾】 ⑧ 어그러질 려 lì
[소전] 戾 [초서] 戾 [字解] ①어그러지다, 맞지 아니하다, 틀어지다.〔淮南子〕擧事戾蒼天. ②사납다, 흉포하다.〔詩經〕暴戾無親. ③허물, 죄.〔詩經〕亦維斯戾. ④탐하다, 탐내다. 늑利.〔大學〕一人貪戾. ⑤이르다, 다다르다.〔詩經〕鳶飛戾天. ⑥안정(安定)하다, 자리가 잡히다.〔詩經〕民之未戾. ⑦빠르다, 거세다.〔潘岳·賦〕勁風戾而吹帷. ⑧거느리다.〔國語〕未以果戾順行. ⑨마르다, 말리다.〔禮記〕風戾而食之.
【戾止 여지】 ①옴〔來〕. 이름〔至〕. ②내림〔來臨〕. 왕림〔枉臨〕.
【戾天 여천】 높이 낢. 날아서 하늘에 이름.
【戾行 여행】 몸가짐을 바르게 하기에 힘씀.
○反一, 返一, 背一, 拂一, 罪一, 貪一, 悖一.

戶4 【房】 ⑧ 방 방 fáng
`丶丿广户户房房`
[소전] 房 [초서] 房 [字源] 形聲. 戶+方→房. '方(방)'이 음을 나타낸다.
[字解] ①방. ㉠정당(正堂)의 뒤쪽에 있는 방. 대부(大夫) 이상은 둘, 사(士)는 하나의 방(房)을 가지도록 되어 있었다.〔書經〕在東房. ㉡규방(閨房), 침실(寢室).〔宋書〕妾當守空房. ㉢거실(居室), 거처하는 방.〔溫庭筠·詩〕山房霜氣晴. ②방성(房星). 28수(宿)의 하나.〔淮南子〕句星在房心之間.〔王建·詩〕夜地房前小竹聲. ㉣관아(官衙).〔北史〕君職典文武. ㉤사당(祠堂).〔後漢書〕壞郡國諸房祀. ㉥새·짐승·벌레 따위의 집.〔淮南子〕蜂房不容鵠卵. ④전동, 화살을 넣는 통.〔春秋左氏傳〕納諸廚子之房. ⑤송이, 꽃송이.〔陸雲·詩〕綠房含青實. ⑥아내, 처첩(妻妾).〔晉書〕後房百數, 皆曳紈繡珥金翠. ⑦도끼.〔詩經〕籩豆大房. ⑧향시(鄕試). 지방에서 실시하던 과거.〔明史〕兩京房考. ⑨둑, 제방. 늑防.〔謝莊·賦〕徘徊房露.
【房官 방관】 청대(清代)에 회시(會試)·향시(鄕試)의 시험관.
【房忌諱 방기휘】 ᐉ해산한 집에서 산실(産室)의 부정(不淨)과 통하지 않게 함.
【房闥 방달】 궁중(宮中)의 방.
【房杜姚宋 방두요송】 당대(唐代)의 네 현명한 재상인 방현령(房玄齡)·두여회(杜如晦)·요숭(姚崇)·송경(宋璟)의 병칭(並稱).
【房事 방사】 남녀의 성행위.
【房外犯色 방외범색】 ᐉ자기 아내 이외의 다른 여자와 육체관계를 맺음.
【房牖 방유】 방의 창(窓).
【房子 방자】 ①본처가 낳은 아들. ②㉠조선 초, 왕실(王室)에 두었던 여자 종. ㉡조선 때, 지방 관아에서 심부름하던 남자 종.
○茄一, 空一, 官一, 閨一, 煖一, 冷一, 茶一, 大一, 獨一, 洞一, 蜂一, 山一, 僧一, 新一, 六一, 子一, 廚一, 寢一, 後一.

戶4 【所】 ⑧ 바 소 suǒ
`丶丿斤斤斤斤所所所`
[소전] 所 [초서] 所 [고자] 処 [속자] 所 [字源] 會意. 戶+斤→所. '집'을 뜻하는 '戶'와 도끼를 뜻하는 '斤'을 합하여 '일을 한다'는 뜻을 나타낸다. 뒤에 '사람(벌목공)이 사는 곳'이라는 뜻으로 바뀌었다.
[字解] ①바, 일정한 곳이나 지역. 늑處.〔詩經〕獻于公所. ②지위, 자리, 위치.〔論語〕居其所. ③경우(境遇).〔春秋左氏傳〕非歎所也. ④기초(基礎).〔書經〕王敬作所. ⑤도리(道理), 사리(事理).〔禮記〕求得當欲, 不以其所. ⑥관아(官衙), 어떤 일을 처리하는 곳.〔元史〕始立徵收課稅所. ⑦장소를 세는 단위.〔班固·賦〕離宮別館三十六所. ⑧바, 동사를 명사화(名詞化)하여 지사(指事)의 뜻을 가지는 말.〔孟子〕問其所與飮食者. ⑨있다, 거처하다. 늑處.〔書經〕君子所其無逸. ⑩쯤, 정도.〔漢書〕涉居谷口半歲所. ⑪만일. 맹세할 때 내세우는 말.〔論語〕予所否者, 天厭之. ⑫〜을 당하다. 수동(受動)의 뜻을 나타내는 말.〔史記〕所殺蛇, 白帝之子, 殺者赤帝之子. ⑬나무 베는 소리, 톱으로 베는 소리.
【所感 소감】 느낀 바나 생각.
【所見 소견】 어떤 일이나 사물을 살펴보고 가지게 되는 생각이나 의견.
【所管 소관】 맡아 다스리는 일.
【所期 소기】 기대한 바. 마음속으로 기약한 바.
【所得 소득】 얻는 이익이나 수입.
【所領 소령】 ①소유하고 있는 땅. 領地(영지). ②자기가 영유(領有)한 바.
【所望 소망】 바라는 바.
【所勞 소로】 ①위로하는 일. ②피로.
【所聞 소문】 사람들 사이에 전하여 들리는 말.
【所司 소사】 ①맡아 다스리는 바. ②장관(長官).
【所思 소사】 ①생각하는 바. ②생각. ③사모(思慕)하는 사람.
【所生 소생】 ①낳은 어버이. 부모. ②낳은 자식.
【所所 소소】 ①나무를 베는 소리. 벌목(伐木) 소리. ②곳곳. 여기저기. 處處(처처).
【所屬 소속】 어떤 조직에 딸림.
【所率 소솔】 자기에게 딸린 가족.

【所信 소신】 스스로 확신하는 믿음.
【所業 소업】 ①업으로 하는 일. ②한 짓. 한 일. 所爲(소위).
【所要 소요】 요구되거나 필요한 것.
【所用 소용】 쓸 곳. 또는 쓰이는 바.
【所願 소원】 원하고 바라는 것.
【所謂 소위】 이른바. 말하는 바.
【所由 소유】 ①말미암은 바. 까닭. ②國사헌부(司憲府)의 구실아치.
【所有 소유】 어떤 것을 가짐.
【所以 소이】 ①하는 일이나 짓. ②까닭.
【所以然 소이연】 그렇게 된 까닭.
【所任 소임】 ①맡은 직책. ②하급의 관리. 色掌(색장).
【所子 소자】 양자(養子).
【所自出 소자출】 나온 근본이나 출처.
【所長 소장】 ①소(所) 자가 붙는 기관의 우두머리. ②가진 바의 장기(長技).
【所掌 소장】 맡아보는 바, 또는 일.
【所藏 소장】 간직함.
【所在 소재】 있는 곳.
【所詮 소전】 ①(佛)경문(經文)으로 나타내는 문구 속의 뜻과 이치. ○'詮'은 '顯'으로 '나타내다'를 뜻함. ②결국. 필경.
【所存 소존】 ①있는 바. ②생각하는 바.
【所從來 소종래】 ①어디에서 왔는지의 그 바. ②지내 온 내력.
【所志 소지】 國청원이 있을 때 관청에 내던 서면. 訴狀(소장).
【所知 소지】 ①학문으로 안 도리. ②알고 있는 사람.
【所持 소지】 지님.
【所天 소천】 하늘로 삼을 만큼 존경하는 사람. 신하가 임금을, 아내가 남편을, 자식이 어버이를 이르는 말.
【所請 소청】 남에게 청하거나 바라는 일.
【所致 소치】 어떤 까닭으로 이루어진 바.
【所親 소친】 ①서로 친하게 지내는 사람. 가까이 지내는 사람. ②방계(傍系)의 친척.
【所逋 소포】 관청의 물건이나 공금 등을 횡령하거나 사사로이 소비함.
【所荷 소하】 책임. 직책.
【所轄 소할】 어떤 일이나 땅을 관할함. 관할하는 범위나 사항. 所管(소관).
【所行 소행】 이미 해 놓은 일이나 짓.
【所向無敵 소향무적】 가는 곳마다 대적할 적(敵)이 없음.
【所怙 소호】 의지로 삼는 바. 곧, 양친(兩親).
【所化 소화】 ①화(化)하는 바. ②(佛)교화(敎化)를 받은 사람. 제자.
【所懷 소회】 품고 있는 감회(感懷).
【所欽 소흠】 ①마음으로 우러러 바라는 일. ②존경하고 흠모하는 사람. ㉠형(兄). ㉡아우. ㉢친구.
◐ 居-, 高-, 急-, 短-, 名-, 妙-, 墓-, 配-, 便-, 殯-, 宿-, 漁-, 場-, 適-, 適-, 住-, 處-, 行在-, 會-.

戶 4 【扈】 ⑧ 두레박 호 圖 hù
字解 두레박. 물 푸는 기구. =滹. 〔陸游·詩〕水車罷踏扈藏.
【扈斗 호두】 ①배에 스며든 물을 퍼내는 기구. ②논에 물을 퍼붓는 데 쓰는 농기구. 두 사람이 마주 보고 서서, 끈의 양쪽을 잡고, 중간에 매단 두레박을 흔들어 물을 퍼서 필요한 곳에 쏟아 부음. 두레.

〈扈斗②〉

戶 4 【戽】 ⑧ 戶(666)의 고자

戶 5 【扃】 ⑨ ❶빗장 경 圍 jiōng ❷밝을 경 圍 jiǒng
字解 ❶①빗장, 문빗장. 〔禮記〕入戶奉扃. ②문(門), 출입문. 〔皇甫松·賦〕於是掩蓬扃閉茅屋. ③닫다, 문을 닫고 틀어박히다. 〔顔延之·誄〕和門畫扃. ④수레의 가로대. 병거(兵車)에 설치하여 기(旗)나 창 등을 기대어 세우는 데 쓴다. 〔張衡·賦〕旗不脫扃. ❷①밝다. 늑炯. 〔春秋左氏傳〕我心扃扃. ②살피다. 〔春秋左氏傳〕我心扃扃.
【扃鍵 경건】 ①빗장과 열쇠. ②문단속.
【扃扃 경경】 밝게 살피는 모양. 炯炯(형형).
【扃關 경관】 문빗장.
【扃堂 경당】 고구려 때 각 지방에 세운 사학(私學) 기관. 평민층의 자제에게 경학(經學)·문학·무예 등을 가르쳤음.
【扃扉 경비】 ①문. ②문을 잠금.
【扃鐍 경쇄】 자물쇠. 문을 잠그는 기구.
【扃鑰 경약】 문단속.
【扃牖 경유】 빗장과 창. 문(門).
【扃鐍 경휼】 ①상자를 잠그는 자물쇠. 자물쇠를 걺. ②빗장과 자물쇠. ③문단속.
◐ 關-, 鎭-, 柴-, 玉-, 紫-.

戶 5 【戺】 ⑨ 所(667)의 고자

戶 5 【店】 ⑨ 빗장 점 㷰 diàn
字解 빗장, 문빗장.
【店楔 점설】 문빗장과 문설주.

戶 5 【扁】 ⑨ ❶넓적할 편 㷰 biǎn ❷치우칠 편 㷰번 piān ❸두루 편 㷰번 biàn
字解 ❶①넓적하다. 납작하다. 〔後漢書〕欲其頭扁.

戶部 5~8획 扇扆廖扈扉扊 669

押之以石. ❷액자, 문 위나 방 안에 거는 액자.
❸낮고 얕은 모양. 〔詩經〕 有扁斯石, 履之卑
兮. ❹병 이름. 신체의 일부가 부자유스러운 병.
❺기뻐하는 모양. ¶ 扁扁. ❻성(姓). ❼치우
치다, 치우쳐서 작다. ≒偏. ❷엮다, 곁다. ≒
編. 〔莊子〕扁虎須. ❸검(劍) 이름. ❹거룻배,
돛 없는 작은 배. 〔史記〕乘扁舟, 浮於江湖.
❸두루, 널리. 〔莊子〕扁然而萬物古以固存.
【扁旁 편방】 한자 구성상의 이름. 한자의 왼쪽
부분을 이루는 '편(扁)'과 오른쪽 부분을 이루
는 '방(旁)'. 偏旁(편방).
【扁額 편액】 글씨를 쓰거나 그림을 그려 벽이나
문 위에 걸어 놓는 액자.
【扁鵲 편작】 전국 시대의 명의(名醫). 환자의 오
장(五臟)을 투시하는 경지에 이르렀다고 함.
【扁舟 편주】 조각배. 작은 배. 거룻배.
【扁倉 편창】 편작(扁鵲)과 창공(倉公). 다 같이
전국 시대의 명의(名醫).
【扁扁 편편】 기뻐하는 모양.
【扁平 편평】 넓고 평평함.
【扁表 편표】 패(牌)를 달아서 밝힘.

戶 【扇】⑩ ❶사립문 선 ㉰ shàn
6   ❷부채질할 선 ㉮ shān
[소전] 扇 [초서] 扇 [字解] ❶사립문. 〔禮記〕
乃修闔扇. ❷부채. 〔世說新
語〕以扇拂塵. ❸햇빛을 가
리는 의장기(儀仗旗)인 단선
(團扇). ¶ 扇翣. ❹행주·수건
따위. 〔潘岳·賦〕候扇擧而淸
叫. ❺부추기다, 선동하다.
≒煽. 〔魏志〕更相扇動. ❻
성하다, 세차다. 〔梁書〕北道
彌扇. ❼거세(去勢)하다, 거
세한 말. 〔新五代史〕至於扇
馬. ❷부채질하다. 〔東觀漢
記〕暑月則扇枕.
【扇馬 선마】 거세(去勢)한 말.
【扇翣 선삽】 의장(儀仗)에 쓰
는, 자루가 긴 단선(團扇). 티끌을 막고, 해를
가리는 데 씀. 掌扇(장선).
〈扇❶❸〉
【扇揚 선양】 추어올림. 치켜세움. 煽揚(선양).
【扇子 선자】 부채. 團扇(단선).
【扇枕溫被 선침온피】 여름에는 베개를 부채질하
여 시원하게 하고, 겨울에는 제 몸으로 잠자리
를 따뜻하게 함. 효성이 지극함.
【扇赫 선혁】 불길이 센 모양. 화세(火勢)가 대단
한 모양.
【扇惑 선혹】 치켜세워서 어리둥절하게 함.
● 絹─, 團─, 白─, 羽─, 太極─.

戶 【扆】⑩ 병풍 의 㔲 yǐ
6
[소전] 扆 [초서] 扆 [통용] 衣 [字解] ❶병풍, 칸
막이. 도끼 모양을
수놓은 높이 8척(尺)의 병풍으로, 천자(天子)

거처에 친다. 〔荀子〕
負扆而坐. ❷숨다, 숨
기다.
【扆座 의좌】 임금의 자
리. ○임금이 제후(諸
侯)를 인견(引見)할 때
병풍을 뒤에 치고 남면
(南面)한 데서 온 말.
玉座(옥좌).
● 丹─, 負─, 宸─.

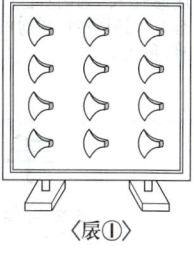
〈扆❶〉

戶 【廖】⑩ 빗장 이 㔲 yí
6
[초서] 廖 [字解] 빗장, 문빗장. 〔陸游·詩〕自
掩柴門上廖廖.

戶 【扈】⑪ 뒤따를 호 㘳 hù
7
[소전] 扈 [고문] 岿 [초서] 扈 [字解] ❶뒤따르다,
시중들기 위하여
뒤따르다. 〔唐詩紀事〕五王扈駕夾城路. ❷넓
다, 마음이 넓다. 〔淮南子〕儲輿扈冶. ❸만연
하다, 창궐하다, 퍼지다. ¶ 跋扈. ❹막다, 못하
게 하다. 〔春秋左氏傳〕扈民無淫者也. ❺마부
(馬夫), 말을 기르는 사람. ¶ 扈養. ❻입다, 띠
다. ≒被. ¶ 扈帶. ❼새 이름. 〔詩經〕交交桑
扈. ❽통발. 물고기를 잡는 도구. ¶ 扈業. ❾선
명(鮮明)한 모양, 성한 모양, 아름다운 모양. ¶
扈扈. ❿박, 바가지. ≒葫. ¶ 扈魯.
【扈駕 호가】 임금이 탄 수레를 수행함.
【扈帶 호대】 띰. 참. 佩帶(패대).
【扈輦 호련】 임금이 탄 연(輦)을 호위하여 따름.
【扈魯 호로】 박. 葫蘆(호로).
【扈冶 호야】 넓고 큼.
【扈養 호양】 종자(從者). ○'扈'는 마부(馬夫),
'養'은 요리하는 사람.
【扈業 호업】 통발로 물고기를 잡는 직업.
【扈衛 호위】 궁성을 경호함.
【扈從 호종】 임금이 탄 수레를 호위하여 따름.
임금을 수행하는 사람.
【扈蹕 호필】 천자의 거둥을 호종(護從)함. ○
'蹕'은 거둥 때의 도로의 경계(警戒).
【扈扈 호호】 ❶넓은 모양. 마음이 넓은 모양. ❷
선명한 모양. 아름다운 모양.
● 跋─, 陪─, 桑─.

戶 【扉】⑫ 문짝 비 㚨 fēi
8
[소전] 扉 [초서] 扉 [字解] ❶문짝. 〔春秋左氏
傳〕子尾抽桷擊扉三. ❷집,
주거(住居). 〔白居易·詩〕欲去公門歸野扉.

戶 【扊】⑫ 빗장 염 㔲 yǎn
8
[초서] 扊 [字解] 빗장, 문빗장.
【扊扅 염이】 문빗장.

【屢屢佳人 염이가인】 가난한 사람의 아내. 집이 가난하여 빗장마저도 땔나무로 한다는 데서 온 말.

手 部

4획 부수 | 손수부

手 0 【手】 ④ 손 수 囿 shǒu

一 二 三 手

소전 고문 초서 ㈜參考 '手'가 한 자의 구성에서 변에 쓰일 때는 글자 모양이 '扌'으로 바뀌고, 자형(字形)이 '才(재주 재)'자와 닮은 데서 특히 '재방변'이라고 부른다.

㈜字源 象形. 다섯 손가락을 펼치고 있는 손의 모양을 본뜬 글자.

㈜字解 ①손. ㉮손. 손목에서 손끝까지의 부분. 〔詩經〕 執子之手. ㉯손가락. 〔大學〕 十手所指. ㉰손바닥. 〔唐書〕 唾手可取. ㉱팔, 어깨에서 손가락 끝까지의 부분. 〔後漢書〕 拱手自談.

②사람. 〔北史〕 遂爲名手. ③힘, 도움이 될 힘이나 행위. 〔書經〕 假手于我有命. ④솜씨. ㉮기량(伎倆). 〔法書要錄〕 心有疎密, 手有巧拙. ㉯國바둑·장기 등을 두는 기술. ⑤수단, 방법, 계략. 〔南史〕 勞煩於商販之手. ⑥가락, 곡조. 〔後漢書〕 煩手超北里. ⑦필적(筆跡). 〔漢書〕 天子識其手. ⑧권능(權能), 권한(權限). 〔後漢書〕 權門請託, 殘吏放手. ⑨쥐다, 손으로 잡다. 〔春秋公羊傳〕 曹子手劍而從之. ⑩스스로, 손수. 〔後漢書〕 帝報以手書. ⑪치다, 손바닥으로 치다. 〔司馬相如·賦〕 手熊羆. ⑫속박하다, 묶어 두다. 〔法言〕 聖人以不手爲聖人.

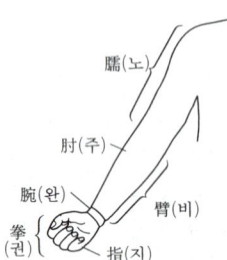
〈手의 각 부분 명칭〉
臑(노) 肘(주) 腕(완) 拳(권) 臂(비) 指(지)

【手格 수격】 손으로 침. 맨손으로 쳐서 잡음.
【手脚慌忙 수각황망】 갑자기 생긴 일에 놀라서 어찌할 바를 모름.
【手決 수결】 國도장 대신에 자기 성명이나 직함 아래에 쓰는 일정한 자형(字形).
【手械 수계】 죄인의 손목에 채워 자유를 속박하는 형구(刑具). 쇠고랑. 手匣(수갑).
【手工 수공】 손으로 하는 공예.
【手巧 수교】 손재주.
【手交 수교】 손수 건네줌.
【手記 수기】 ①자기의 체험을 손수 적은 기록.

②지환·팔찌 따위. ㉡후궁(後宮)이 임금을 침석에 모셨을 때 이것을 손에 끼어 표지(標識)로 한 데서 온 말. ③國수표(手標).
【手談 수담】 바둑. 바둑을 둠. ㉡서로 마주 앉아 말없이 뜻이 통한다는 데서 온 말.
【手練 수련】 國솜씨가 능란함.
【手理 수리】 손금. 手文(수문). 手紋(수문).
【手母 수모】 國전통 혼례에서 신부의 단장과 예절을 행하는 일 등을 곁에서 도와주는 여자.
【手舞足蹈 수무족도】 손과 발이 춤을 춤. 너무 기뻐서 어쩔 줄 모름.
【手墨 수묵】 손수 쓴 글이나 글씨.
【手文 수문】 손금. 手理(수리).
【手搏 수박】 ①손으로 때림. 맨손으로 격투하여 잡음. ②손과 손으로 서로 쳐서 승부를 가리는 경기. 유도·권투 따위.
【手牓 수방】 손수 쓴 글이나 편지.
【手配 수배】 國①어떤 일을 각자 맡아서 하게 함. ②범인을 잡으려고 수사망을 폄.
【手法 수법】 일을 처리하는 솜씨.
【手付 수부】 손수 줌. 손수 건넴.
【手不釋卷 수불석권】 손에서 책을 놓지 않음. 부지런히 학문에 힘씀.
【手寫 수사】 손수 베낌. 자기 손으로 씀.
【手書 수서】 손수 씀. 손수 쓴 편지.
【手署 수서】 國손수 서명함.
【手勢 수세】 손짓.
【手疏 수소】 ①손수 상소(上疏)를 씀. ②손수 조목별로 써서 진술함.
【手熟 수숙】 손에 익어서 능숙함.
【手語 수어】 ①거문고 소리. ㉡손으로 타서 어떤 생각을 나타낸다는 데서 온 말. ②손짓으로 말을 함. 손짓으로 의사를 통함.
【手刃 수인】 손수 칼을 들고 죽임.
【手印 수인】 ①손바닥을 물들여 누른 도장. 손도장. ②무인(拇印).
【手刺 수자】 관직·성명을 손수 써 넣은 명자(名刺). ㉡'名刺'는 명함 비슷한 자기 소개서
【手才 수재】 손재주
【手迹 수적】 손수 쓴 글씨. 筆跡(필적).
【手製 수제】 손으로 만듦.
【手爪 수조】 손톱.
【手詔 수조】 임금이 손수 쓴 조서(詔書). 手敕(수칙).
【手足異處 수족이처】 손과 발이 있는 곳을 달리함. 몸이 잘려 두 동강이 남.
【手足之愛 수족지애】 형제의 우애.
【手足之情 수족지정】 형제의 정.
【手指 수지】 손가락.
【手織 수직】 손으로 짬. 손으로 짠 물건.
【手陳 수진】 國수지니. 사람이 손으로 길들인 새나 새매.
【手帖 수첩】 ①손수 쓴 서류. ②각 증명 쪽지를 모아 엮은 작은 책. ③가지고 다니며 간단한 기록을 하는 작은 공책.
【手抄 수초】 손수 베낌. 손수 베낀 것.
【手澤 수택】 ①책이나 그릇 따위에, 자주 손이

手部 0〜2획 才 扎 扐 扒 扑　671

닿아서 남아 있는 손때나 윤택. ②선인(先人)이 쓰던 유품.
【手板 수판】홀(笏). 관원이 어전(御前)에서 비망(備忘)으로 적기 위하여 지니던 작은 판자.
【手標 수표】國돈 대신 주고받는 증서.
【手下 수하】손아랫사람 부하.
【手慌症 수황증】남의 물건을 훔치는 버릇이 있는 병적인 증세.

● 歌—, 擧—, 高—, 鼓—, 空—, 拱—, 國—, 技—, 旗—, 騎—, 名—, 選—, 握—, 兩—, 赤—, 敵—, 助—, 拙—, 着—, 投—, 捕—, 下—, 凶—.

手0【才】③ 재주 재 灰 cái

一 十 才

[소전] 才 [초서] 才

[参考] 이 자는 '手'가 변에 쓰일 때의 글자 모양인 'ㅜ'과 글자 모양이 비슷하여 이 부수에 포함시키고 있다.

[字源] 會意. 一+丨+丿→才. 나무나 풀의 줄기가 땅〔一〕을 뚫고 내밀고〔丨〕 있는 것도 있고, 아직 땅 밑에 있는〔丿〕 것도 있다는 데서 초목이 움트는 시초를 나타내어, 원뜻은 '처음'이다. 또 초목이 움트는 것은 흡사 사람이 태어난 처음에는 온갖 가능성을 갖추고 있는 것과 같다는 데서 '재주'라는 뜻도 나타내게 되었다.

[字解] ①재주. ㉮선천적으로 타고난 소질이나 능력.〔孟子〕爲不善, 非才之罪也. ㉯지혜, 역량(力量).〔論語〕旣竭吾才. ②재능이 있는 사람.〔列子〕東里多才. ③기본(基本), 근본.〔後漢書〕三才理通. ④겨우, 조금. ≒纔.〔晉書〕才小富貴, 便豫人家事. ⑤결단하다. ≒裁.〔戰國策〕惟王才之. ⑥재산.
【才幹 재간】재주와 솜씨.
【才格 재격】①재능의 정도. ②뛰어난 재능.
【才骨 재골】재주가 있을 골상. 재주가 있어 보이는 사람.
【才器 재기】재지(才智)와 기량(器量). 재지가 뛰어난 사람.
【才能 재능】재주와 능력.
【才德兼備 재덕겸비】재주와 덕을 겸하여 갖춤.
【才度 재도】재능과 도량.
【才略 재략】재주와 꾀. 才數(재수)
【才量 재량】재주와 도량. 才局(재국).
【才力 재력】①재주와 역량. ②생각하는 능력. 지혜의 운용(運用)
【才望 재망】재능과 인망(人望).
【才門 재문】대대로 재주가 있는 집안.
【才美 재미】재능의 아름다움.
【才辯 재변】재치 있게 잘하는 말.
【才分 재분】타고난 재능.
【才士 재사】재주가 많은 남자.
【才思 재사】재치 있는 생각. 才情(재정).
【才色 재색】여자의 뛰어난 재주와 아름다운 외모(外貌).

【才數 재수】재주와 계략. 才略(재략).
【才術 재술】재능과 기술. 才와 학예.
【才勝德薄 재승덕박】재주는 있으나 덕이 적음.
【才識 재식】재주와 식견.
【才穎 재영】재주가 매우 뛰어남.
【才藝 재예】재지(才智)와 기예(技藝).
【才雄 재웅】재기(才氣)가 뛰어난 사람.
【才媛 재원】재주 있는 젊은 여자.
【才人 재인】①지혜가 뛰어난 사람. 재주가 있는 사람. 才子(재자). ②가무(歌舞)와 곡예 등을 직업으로 하던 사람. ③한대(漢代) 여관(女官)의 이름.
【才子佳人 재자가인】재주 있는 남자와 아름다운 여인.
【才藻 재조】①재지(才智)와 문조(文藻). ②시가·문장을 짓는 재능.
【才俊 재준】재주가 뛰어난 사람.
【才哲 재철】재주가 있고 사리에 밝음.
【才捷 재첩】재주가 있고 민첩함.
【才筆 재필】시문(詩文)을 짓는 뛰어난 재능. 뛰어난 문장.
【才學 재학】재주와 학식
【才學識 재학식】재주와 학문과 식견.
【才慧 재혜】재주가 있고 슬기로움.
【才華 재화】빛나는 재주.

● 高—, 口—, 鬼—, 奇—, 器—, 多—, 大—, 鈍—, 文—, 薄—, 不—, 菲—, 三—, 手—, 秀—, 殊—, 詩—, 試—, 偉—, 吏—, 異—, 人—, 逸—, 俊—, 天—, 通—.

手1【扎】④ 뺄 찰 黠 zhá, zhā

[초서] 扎

[字解] ①빼다, 뽑다.〔孔子家語〕毫末不扎. ②베 짜는 소리. ¶扎扎. ③구축(構築)하다.〔水滸傳〕扎下一箇山塞. ④표. ※札(821)의 속자(俗字).
【扎扎 찰찰】베 짜는 소리.

手2【扐】⑤ 손가락 사이 륵 職 lè

[소전] 扐 [초서] 扐

[字解] 손가락 사이. 손가락 사이에 끼다.〔易經〕歸奇於扐以象閏.

手2【扒】⑤ ❶뺄 배 卦 bài
　 　 ❷깨뜨릴 팔 黠 bā
　 　 ❸중재할 별 屑 bié

[字解] ❶①빼다, 뽑다. ≒拜.〔王應麟·詩攷〕勿剪勿扒. ②기다, 기어오르다. ❷①깨뜨리다, 쳐부수다. ②치다. =捌. ❸중재하다, 분별하여 처리하다. =捌.

手2【扑】⑤ 칠 복 屋 pū

[초서] 扑

[字解] ①치다, 때리다. =攴. ≒撲.〔史記〕擧筑扑秦皇帝. ②매, 종아리

채. 〔書經〕扑作教刑. ③넘어뜨리다, 넘어지다.
늑仆. 〔史記〕秦破韓魏扑師武.
【扑擊 복격】침. 때림.
【扑撻 복달】매로 때림. 鞭撻(편달).
● 敲-, 楚-, 捶-, 鞭-, 革-.

手
2【払】⑤ 拂(684)의 속자

手
2【扎】⑤ 收(737)의 고자

手
2【扔】⑤ 당길 잉 圊　rēng, rèng
[소전]㧕 [초전]扔 [초서]扔　[字解]①당기다, 끌어당기다. 〔老子〕攘臂而扔之. ②부수다, 깨뜨리다. 〔後漢書〕竇伏扔輪.

手
2【打】⑤ 칠 타 馬　dǎ
一 丁 才 扌 打
[소전]㧁 [초서]打　[字源]形聲. 手+丁→打. '丁(정)'이 음을 나타낸다.
[字解]①치다. =撻. ㉮목적물을 때리다. 〔北史〕以瓦石, 擊打公門. ㉯공격하다. 〔南史〕打賀援景. ㉰소리 나게 두드리다. ¶ 打鐘. ㉱전신(電信)을 보내다. ¶ 打電. ②및, 와(과). 〔俗呼小錄〕赤洪崖打白洪崖. ③하다. 어떤 동작을 함을 뜻하는 말. ¶ 打算. ④㉮말하다. ㉯사다. ㉰세다. ㉱더하다. ⑤現타, 다스. 영어 'dozen'의 음역자(音譯字). 12개가 한 벌이 되는 것.
【打擊 타격】①때려 침. ②심한 충격이나 손실.
【打穀 타곡】國곡식의 이삭에서 낟알을 떨어냄. 脫穀(탈곡).
【打毬 타구】옛날, 운동 경기의 한 가지. 두 패로 갈라서 각각 말을 타고 내달아 경기장 가운데 놓인 자기편 공을 먼저 자기편 구문(毬門)에 넣으면 이김.
【打量 타량】①헤아려 살핌. 생각하여 헤아림. ②토지를 측량함. ③계산함. ④상의(相議)함.
【打令 타령】①술을 권하는 놀이를 함. ②國㉠광대의 판소리와 잡가의 총칭. ㉡어떤 것에 대하여 자꾸 이야기함.
【打麥 타맥】보리타작.
【打扮 타분】분장(扮裝)을 함. 화장을 함.
【打碑 타비】비문(碑文)을 탁본(拓本)함.
【打算 타산】이해관계를 따져 봄.
【打鴨驚鴛鴦 타압경원앙】하찮은 물오리를 잡으려다가 아름다운 원앙새를 놀라게 함. 한 사람을 잘못 벌주어 뭇사람을 경동(驚動)시킴.
【打夜胡 타야호】섣달에 가난한 사람들이 십여 명씩 떼를 지어 귀신 차림을 하고 문전마다 돌아다니며 액땜을 해 주고 동냥하던 일. 打夜狐(타야호).
【打魚 타어】그물을 쳐서 고기를 잡음.

【打圍 타위】①사냥을 함. 田獵(전렵). 임금이 직접 하던 사냥. 몰이꾼이 몰이한 짐승을 임금이 쏘아서 잡았음. ②바둑을 둠.
【打印 타인】도장을 찍음. 捺印(날인).
【打作 타작】國①곡식의 이삭을 두드려 그 낟알을 거둠. 마당질. ②배메기. ③농지 소출에 대한 지주와 소작인 사이의 배분(配分).
【打電 타전】무선이나 전보를 침.
【打鐘 타종】종을 침.
【打擲 타척】후려 때림. 후려침.
【打草驚蛇 타초경사】풀을 두드려 뱀을 놀라게 함. 한쪽을 징계하여 다른 쪽을 깨우침.
【打破 타파】때려 부숨.
● 强-, 擊-, 毆-, 亂-, 安-, 連-, 軟-.

手
3【扛】⑥ 들 강 江　gāng, káng
[소전]扛 [초전]扛 [동주]損　[字解]①들다. ㉮두 손으로 들어 올리다. 〔吳子〕力輕扛鼎. ㉯두 사람이 마주 들다. 〔後漢書〕令十人扛之, 猶不擧. ②메다, 지다. ¶ 扛轎夫.
【扛擧 강거】들어 올림.
【扛轎夫 강교부】가마를 메는 사람.
【扛鼎 강정】①솥을 들어 올림. 힘이 무척 셈. ②필력(筆力)이 왕성함.

手
3【扢】⑥ ❶문지를 골 月　qǔ
　　　❷기뻐할 흘 陽　qì
[초서]扢　[字解]❶①문지르다, 갈다. 〔漢書〕扢嘉壇椒蘭芳. ②닦다, 물기 등을 닦다. 〔淮南子〕濡不給扢. ❷①기뻐하다, 기뻐하는 모양. ¶ 扢然. ②떨쳐 일어나는 모양, 떨쳐 일어나 춤추는 모양. 〔莊子〕子路扢然執干而舞.
【扢然 흘연】①떨쳐 일어나 춤을 추는 모양. ②기뻐하는 모양.

手
3【扣】⑥ 두드릴 구 宥　kòu
[소전]扣 [초서]扣　[字解]①두드리다, 치다. 늑叩. 〔晉書〕扣之則鳴. ②당기다. ㉮말고삐를 잡아당기다. 〔淮南子〕扣繆公之驂. ㉯칼자루를 잡다. 〔曹植·賦〕扣劍清歌. ③덜다, 빼다, 제거(除去)하다. ¶ 扣除. ④묻다. ¶ 扣問. ⑤굽히다, 구부리다, 물러나다. 〔張協·七命〕扣跋幽叢.
【扣問 구문】질문함. 叩問(고문).
【扣除 구제】뺌. 덞.
【扣制 구제】만류함. 붙잡아 못하게 함.
【扣舷 구현】①뱃전을 두드림. ②뱃전을 두드리는 소리.

手
3【扤】⑥ 흔들릴 올 月　wù
[소전]扤 [소전]扤 [초서]扤　[字解]①흔들리다, 흔들다. 〔龍飛御天

手部 3~4획 扜抙拘扴扱扞扡托扜扴扢扐扣

歌〕根深之木, 風亦不扤. ❷움직이다, 움직이게 하다. 〔詩經〕天之扤我. ❸불안(不安)한 모양. 〔書經〕邦之扤隉.

手3 【扜】 ⓖ 당길 우 廣 yū
[소전][동문] 字解 ❶당기다, 잡아당기다. 〔山海經〕有人方扜弓射黃蛇. ❷끌어들이다.

手3 【抙】 ⓖ 抙(673)와 동자

手3 【拘】 ⓖ ❶끌어당길 적 錫 dí ❷손금 약 藥 yuè
[소전][소전] 字解 ❶끌어당기다. 〔史記〕拘雲. ❷손금, 손가락에 있는 금.

手3 【扴】 ⓖ 집을 차 麻 chā
[초서][동문] 字解 ❶집다, 집어 들다. 늑叉. 〔韓愈, 孟郊·詩〕饞扴飽活鱍. ❷작살. 물고기를 찔러서 잡는 어구(漁具). ¶ 魚扴. ❸가지런하지 아니한 모양.
【扴扜 차아】가지런하지 않은 모양. 참치(參差)한 모양. 叉牙(차아).

手3 【扴】 ⓖ 扴(673)와 동자

手3 【扢】 ⓖ 攉(721)의 속자

手3 【扡】 ⓖ 끌 타 歌 tuō
[초서][속서] 字解 ❶끌다, 끌어당기다. =拖. ❷쪼개다, 나뭇결을 따라 쪼개다. 〔詩經〕析薪扡矣.

手3 【托】 ⓖ 밀 탁 藥 tuō
一 十 扌 扌 扦 托
[초서] 托 [字源] 形聲. 手+乇→托. '乇(탁)'이 음을 나타낸다.
字解 ❶밀다, 손으로 밀어서 열다. =拓. ❷받침, 대(臺). 〔資暇錄〕遂始爲茶托子. ❸맡기다, 의지하다, 부탁하다. 늑託. 〔紀效新書〕一手托銃, 一手點火.
【托故 탁고】사고를 핑계 삼음.
【托鉢 탁발】 (佛)①승려가 바리때를 들고 경문(經文)을 외면서 돌아다니며 구걸하는 일. ②절에서 끼니때 바리를 가지고 승당(僧堂)으로 나아가는 일.
【托生 탁생】①세상에 태어나 살아감. ②의탁하여 살아감. ③(佛)전세(前世)의 인연으로 중생

이 모태(母胎)에 몸을 붙임.
【托身 탁신】몸을 맡김. 몸을 의지함.
【托子 탁자】찻잔을 받치는 받침.
【托處 탁처】몸을 의탁함. 託處(탁처).
❶ 依-, 蓮-, 生-, 茶-.

手3 【扞】 ⓖ 막을 한 翰 hàn
[초서][초서] 字解 ❶막다, 막아 지키다. ¶ 扞拒. ❷거절하다, 막아내다. 〔漢書〕抵冒殊扞. ❸덮다, 덮어 가리다. 〔荀子〕白刃扞乎胷. ❹덮개. ¶ 扞蔽. ❺팔찌, 갑옷의 토시. 〔漢書〕被鎧扞持刀兵. ❻범범하다, 침범하다. 늑干. 〔史記〕時扞當世之文罔. ❼사납다, 거칠다. ¶ 扞馬. ❽시위를 당기다. 〔呂氏春秋〕因扞弓而射之.
【扞拒 한거】방어함. 항거해서 막음.
【扞格 한격】서로 막아서 들이지 않음. 완강히 거절하여 가까이하지 못하게 함.
【扞馬 한마】사나운 말. 힘이 썩 좋은 말.
【扞禦 한어】막고 지킴. 防禦(방어).
【扞衞 한위】막아 지킴.
【扞制 한제】막아 제지함.
【扞蔽 한폐】①방어하여 덮음. ②덮개.
❶ 剋-, 屛-, 禦-, 障-, 蔽-.

手4 【扴】 ⓖ 긁을 갈 黠 jiá
[소전][초서] 字解 ❶긁다, 깎다, 문지르다, 긁는 소리. 〔韓愈, 孟郊·詩〕室晏絲曉扴. ❷악기를 타다.

手4 【扢】 ⓖ 갈 개 泰 gài
字解 갈다, 문지르다.

手4 【抉】 ⓖ 도려낼 결 屑 jué
[소전][초서] 字解 ❶도려내다, 후벼 내다. 〔莊〕子胥抉眼. ❷들추어내다, 폭로하다. 〔新唐書〕構抉過失. ❸파다, 구멍을 뚫다. 〔春秋左氏傳〕聊人紇抉之以出門者. ❹깍지. 늑夬. ¶ 抉拾.
【抉拾 결습】깍지와 팔찌. 決拾(결습).
【抉摘 결적】숨겨진 것을 찾아냄. 정미(精微)한 뜻을 찾아냄.
【抉剔 결척】도려냄. 剔抉(척결).
❶ 構-, 剔-.

手4 【扣】 ⓖ 팔 골 月 hú, gǔ
[초서] 字解 ❶파다, 구덩이를 파다. 늑掘. 〔荀子〕深扣之而得甘泉焉. ❷들추다, 헤치다. 〔呂氏春秋〕不可不扣. ❸굴리다, 굴러 가게 하다. 〔柳宗元·愚溪對〕掎扣泥淖. ❹어지럽히다. 늑滑. 〔呂氏春秋〕人之性壽, 物者扣之, 故不得壽.

手部 4획 拘扱技扭抖抚扠扳掱拔抃扶

手4 【拘】㋠ 拘(681)의 속자

手4 【扱】㋠ ❶미칠 급 qì, xī ❷거두어 모을 삽 chā
소전 报 초서 扱 참고 대법원 지정 인명용 한자의 음은 '급'이다.
字解 ❶㉮미치다, 어느 곳에 이르다. ≒及. 〔儀禮〕婦拜扱地. ㉯다루다, 처리하다. ¶ 取扱. ❷㉮거두어 모으다, 수렴(收斂)하다. 〔禮記〕以箕自鄕而扱之. ㉯끌어당기다. ¶ 扱綸. ❸끼우다. ≒插. 〔禮記〕徒跣扱衽.
【扱免 급면】 옷자락을 여며 끼우고 어깨를 내놓음.
【扱綸 삽륜】 낚싯줄을 잡아당김.
● 取-.

手4 【技】㋠ 재주 기 jì

一 十 扌 扌 抃 抃 技

소전 技 초서 技 字源 形聲. 手+支→技. '支(지)'가 음을 나타낸다.
字解 ❶재주 ㉮기예, 재능. 〔書經〕然他技. ㉯재력, 능력. 〔荀子〕齊人隆técnical擊. ❷방술(方術), 의술(醫術)·점술(占術) 따위. ❸공인(工人), 장인(匠人). 〔荀子〕故百技所成, 所以養一人也. ❹기술, 묘기. 〔梁昭明太子·七契〕邊隴才童, 邯鄲妙技. ❺바르지 아니하다. 〔莊子〕是相於技也. ❻짐작하다. 〔史記〕技桓公之心.
【技擊 기격】 ①격검(擊劍). ②무예(武藝)에 뛰어난 사람.
【技巧 기교】 정밀한 기술이나 재주.
【技能 기능】 기술적인 능력이나 재능.
【技法 기법】 정교한 방법.
【技術 기술】 공예·문학 등 여러 방면의 재주.
【技癢 기양】 가진 재주를 쓰지 못하여 안달함. 伎癢(기양). 伎痒(기양).
【技藝 기예】 ①재주. 기술(技術) ②예능(藝能). ③수예(手藝).
● 競-, 球-, 國-, 末-, 妙-, 武-, 小-, 施-, 演-, 雜-, 長-, 絶-, 鬪-, 特-.

手4 【扭】㋠ 묶을 뉴 niǔ
字解 ❶묶다, 체포하다. ❷잡다, 손으로 붙잡아 쥐다. ❸어기다.

手4 【抖】㋠ 떨 두 dǒu
字解 ❶떨다, 떨어 흔들다. 〔西游記〕長老遂將裂裟抖開. ❷구하다, 들어올리다.
【抖擻 두수】 ㉠(佛)깨끗이 씻어 버리거나 털어 버림. 의식주(衣食住)에 대한 집착을 없애 버림. ㉡속세를 버린 사람. ♎범어(梵語) 'Dhuta'의 음역어. 斗藪(두수). 頭陀(두타). ❷분발함, 떨쳐 일으킴. ❸물건을 듦. ❹정신을 차리게 함.

手4 【抚】㋠ 撫(723)의 속자

手4 【抆】㋠ 닦을 문 wěn
초서 抆 字解 닦다. ㉮훔치다, 닦아 내다. ¶ 抆淚. ㉯문지르다, 갈다. 〔新唐書〕未嘗抆觸器用車服.
【抆淚 문루】 눈물을 닦음.
【抆拭 문식】 갈고 문지름.

手4 【扳】㋠ 끌어당길 반 bān
초서 扳 통자 攀 字解 ❶끌어당기다, 오르려고 잡아당기다. ❷어기다. 〔新唐書〕故扳公議立之.
【扳價 반가】 값을 끌어 올림. 값을 올림.
【扳連 반련】 견제(牽制)함.
【扳龍 반룡】 세력 있는 사람에게 빌붙음.
【扳指 반지】 깍지. 활을 쏠 때, 엄지손가락에 끼우는, 상아나 옥 따위로 만든 것. 班指(반지).

手4 【掱】㋠ 칠 발 pō, bá
소전 掱 字解 ❶치다, 때리다. 〔淮南子〕游者以足蹶, 以手掱. ❷제멋대로 행동하다. ¶ 掱扈.
【掱扈 발호】 ①제멋대로 행동함. ②순리(順理)에 맞지 않음.

手4 【拔】㋠ 拔(682)의 속자

手4 【抃】㋠ 손뼉칠 변 biàn
초서 抃 字解 ❶손뼉 치다, 기뻐하며 손뼉 치다. 〔晉書〕坤神抃舞. ❷손으로 때리다. 〔張衡·賦〕鼇雖抃而不傾.
【抃舞 변무】 ☞ 抃踊(변용).
【抃悅 변열】 손뼉을 치며 기뻐함.
【抃踊 변용】 손뼉을 치며 기뻐 춤춤.
【抃賀 변하】 손뼉 치며 축하함.

手4 【扶】㋠ ❶도울 부 fú ❷길 포 pú

一 十 扌 扌 抃 抃 扶

소전 扶 고문 扶 초서 扶 참고 대법원 지정 인명용 한자의 음은 '부'이다.
字源 形聲. 手+夫→扶. '夫(부)'가 음을 나타낸다.
字解 ❶①돕다. 〔論語〕顚而不扶. ②떠받치다, 붙들다. 〔荀子〕蓬生麻中, 不扶自直. ③곁, 옆. 〔淮南子〕去高木而巢扶枝. ④의지하다, 연유하다. 〔國語〕侏儒扶盧. ⑤일어나다, 발동(發動)하다. 〔淮南子〕扶搖而登之. ⑥더위

手部 4획 抔扮批抒

잡다.〔淮南子〕扶搖抮抱, 羊角而上. ⑦다스리다.〔淮南子〕扶撥以爲正. ⑧큰절. 부인들이 두 손을 이마에 맞대고 앉아서 하는 절. ⑨네 손가락을 나란히 한 길이. ≒膚.〔禮記〕庭中九扶. ⑩센 바람, 질풍(疾風).1扶風. ❷기다. = 匍.〔春秋左氏傳〕扶伏而擊之.
【扶傾 부경】기운 것을 도와 바로 세움.
【扶起 부기】도와 일으킴. 안아 일으킴.
【扶老携幼 부로휴유】노인은 부축하고 어린이는 이끎. 노인을 보호하고 어린이를 보살펴 줌.
【扶扶 부부】소아(小兒)의 어린 모양.
【扶桑 부상】①동쪽 바다의 해가 뜨는 곳. ②동쪽 바다 속에 있다는 신목(神木). 또는 그 신목이 있는 나라. 부상국(扶桑國).
【扶挈 부설】노인을 부축하고 어린아이를 데리고 감.
【扶疏 부소】①나뭇가지가 자라서 사방으로 퍼지는 모양. 扶疎(부소). ②(佛)원전(原典)의 이해를 돕는 주석서(主釋書).
【扶蘇 부소】전차(戰車) 위를 덮어 화살을 막는 씌우개.
【扶植 부식】①뿌리를 박아 심음. ②확고하게 세움. 도와서 세움. 扶樹(부수).
【扶植綱常 부식강상】인륜(人倫)의 길을 바로 세움.
【扶腋 부액】곁부축.
【扶養 부양】생활 능력이 없는 사람의 생활을 돌봄.
【扶輿 부여】①기운이 상서로운 모양. ②회오리 바람. 旋風(선풍). ③탈것을 도움, 가마를 메고 호종(扈從)함. ④가마에 태우고 돌보아 줌.
【扶搖 부요】①힘차게 움직여 일어남. ②회오리 바람. 旋風(선풍). ③동쪽 바다에서 자란다는 신령스러운 나무.
【扶翼 부익】①보호하고 도움. 扶助(부조). ②덮어서 가림.
【扶助 부조】①남을 거들어 도움. ②남의 경조사에 물질적으로 도움을 줌.
【扶枝 부지】줄기에서 난 곁가지.
【扶風 부풍】몹시 센 바람. 疾風(질풍).
【扶護 부호】붙들어 주고 도와줌.
【扶伏 부복】김. 엎드려 김. 扶服(포복).
【扶服 포복】①☞扶伏(포복). ②매우 갑작스러운 모양. ③황송하게 여기는 모양.
【扶匐 포복】☞扶伏(포복).
❶ 給-, 相-, 協-, 挾-.

手 4 【抔】⑦ 움킬 부 㕔 póu
[초서] 抔 [字解] ❶움키다, 움켜 뜨다.〔禮記〕汚尊而抔飮. ❷움큼, 움켜질 정도의 분량. 1抔土.
【抔飮 부음】손으로 움켜서 마심.
【抔土 부토】①흙을 움켜 뜸. 손으로 움켜 뜰 정도의 흙. 한 움큼의 흙. ②무덤.
【抔土未乾 부토미건】무덤의 흙이 아직 마르지 않음. 매장한 지 얼마 안 됨.

手 4 【扮】⑦ ❶꾸밀 분 諫 bàn
❷아우를 분 吻 fěn
[소전] 扮 [초서] 扮 [字解] ❶꾸미다. ㉮매만져 차리다. 1扮飾. ㉯배우가 맡은 역(役)의 인물로 가장하다. 1扮裝. ❷아우르다, 합하다.〔太玄經〕地則虛三以扮天之十八也.
【扮飾 분식】몸치장함. 粉飾(분식).
【扮裝 분장】①몸을 치장함. ②출연 배우가 등장 인물로 꾸밈.
【扮戲 분희】연극(演劇).
【扮戲子 분희자】배우(俳優).

手 4 【批】⑦ ❶칠 비 齊 pī
❷비파 비 因 pí
❸거스를 별 屑
一 十 扌 扌 扌 抄 批
[소전] 批 [소전] 批 [초서] 批 [參考] 대법원 지정 인명용 한자의 음은 '비'이다.
[字源] 形聲. 手+比→批. '比(비)'가 음을 나타낸다.
[字解] ❶①치다, 손으로 때리다.〔春秋左氏傳〕批而殺之. ②비답. 상소에 대한 임금의 대답.〔谷響集〕帝皇詔答謂之批者, 批之所上表奏尾也. ③밀다, 밀치다.〔書經〕則會批之六沴. ④바로잡다, 바르게 고치다.〔漢書〕函谷批難. ⑤표를 하다, 찌지를 붙이다.〔舊唐書〕制勅不便者, 黃紙後批之. ⑥품평(品評)하다, 비평하다.〔姚桐壽·樂郊私語〕揚運筆批選. ⑦평(評)한 말, 품평의 말.〔米芾·書史〕後有兩行謝安批. ⑧물리치다, 밀어젖히다.〔史記〕批亢擣虛. ⑨굴리다, 굴러 가게 하다.〔史記〕批亢衝壅. ⑩베다, 엇비슷이 베다.〔杜甫·詩〕竹批雙耳峻. ❷비파. ≒琵.〔風俗通〕批把, 近世樂家所作. ❸거스르다, 기휘(忌諱)를 건드리다.〔史記〕欲批其逆鱗哉.
【批難 비난】좋지 못한 점을 꾸짖어 나무람.
【批答 비답】신하의 상소(上疏)에 대해 내리는 임금의 답변.
【批點 비점】①시·문장 등의 잘된 곳에 주묵(朱墨)으로 찍는 둥근 점. ②시문(詩文)의 비평.
【批准 비준】①신하의 주청을 임금이 허가하는 일. ②국가 간의 조약을 국가 원수가 최종적으로 허가하는 절차.
【批旨 비지】國비답(批答)의 내용.
【批判 비판】평하여 판단함.
【批評 비평】옳고 그름이나 선악 등을 따짐.
【批亢 비항】①서로 배격하고 항거함. ②적의 요해처를 침. ◯'亢'은 '목'을 뜻함.
【批頰 비협】남의 뺨을 때림.

手 4 【抒】⑦ 풀 서 語 shū
[소전] 抒 [초서] 抒 [字解] ❶푸다, 퍼내다, 떠내다.〔管子〕抒井易水. ②

펴다, 토로하다.〔楚辭〕發憤以抒情.❸누그러지다, 풀리다. =紓.〔春秋左氏傳〕難必抒矣.
【抒情 서정】 자기의 감정을 폄.
【抒廁 서측】 뒷간의 오물을 퍼냄.

手4 【承】⑧ ❶받들 승 chéng ❷건질 증 zhěng

인명용 한자의 음은 '승'이다.
[字源] 會意.卪+𠬞+手→承. 임금에게서 부절(卪)을 손(手)에 받아, 두 손(𠬞)으로 떠받치고 있는 모양으로 삼가 무엇을 '받들다, 받는다'의 뜻을 나타낸다.
[字解] ❶①받들다.㉮밑에서 받아 올려 들다.〔春秋左氏傳〕承飮而進獻.㉯공경하여 높여 모시다.〔禮記〕承一人焉以爲尸.㉰가르침·명령·지시·의도 등을 지지하고 소중히 여기다.〔禮記〕弟子敢不承乎.②잇다, 계승하다. ¶ 繼繼承承.③받다, 받아들이다.〔禮記〕是謂承天之祜.④장가들다.〔漢書〕國人承翁主.⑤절구(絕句)에서 둘째 구의 이름. ¶ 起承轉結.⑥도움, 돕다. ≒丞. ¶ 請承.⑦차례, 순서.〔春秋左氏傳〕子產爭承.⑧후계, 후사(後嗣).〔春秋左氏傳〕鄭師爲承.❷건지다, 빠진 것을 구출하다. ≒拼·拯.〔列子〕使弟子並流而承之.
【承繼 승계】 이어받음.
【承敎 승교】 가르침을 받음.
【承句 승구】 한시 절구(絕句)의 제2구, 또는 율시(律詩)의 제3·4구. 기구(起句)의 내용을 이어받아 그 뜻을 넓힘.
【承諾 승낙】 요청을 허락함.
【承露盤 승로반】 한(漢)의 무제(武帝)가 감로(甘露)를 받기 위하여 만든 동반(銅盤).
【承命 승명】 어른의 명령을 받음.
【承聞 승문】 어른의 소식을 들음.
【承服 승복】 ①잘 이해하여 복종함. 납득함. 承伏(승복). ②죄를 스스로 고백함.
【承嗣 승사】 ①대대로 이어받음. ②대를 이을 아들. 嗣子(사자).
【承上接下 승상접하】 윗사람을 받들고 아랫사람을 거느려 그 사이를 잘 주선함.
【承召 승소】 임금의 부름을 받음.
【承襲 승습】 이어받음. 承繼(승계).
【承承 승승】 자손이 차례차례로 이어받아 전함.
【承安 승안】 ①남의 안색을 살펴 거슬리지 않게 함. ②접견(接見)함. 면회가 됨. ③웃어른을 만나 뵘.
【承業 승업】 사업을 이어받음. 부조(父祖)의 업을 계승함.
【承允 승윤】 임금의 허락을 받음.
【承意 승의】 ①남의 뜻을 이어받음. ②상대편의 마음에 들도록 비위를 맞춤.
【承恩 승은】 은혜를 입음.
【承認 승인】 인정하여 승낙함.

【承藉 승자】 다른 사람의 힘에 의지함.
【承嫡 승적】 國서자(庶子)가 적자(嫡子)로 됨.
【承前 승전】 ①앞글의 뒤를 이어 계속함. ②이전(以前). 종전(從前).
【承傳 승전】 ①이어받아 전함. ②임금의 뜻을 전함.
【承接 승접】 ①남의 뜻을 받아 그 시중을 듦. ②문장법의 한 가지. 윗글을 받아 아랫글로 이어 줌. ③앞을 받아 뒤에 이음.
【承從 승종】 명령에 복종함.
【承重 승중】 제사를 받드는 중한 책임을 이음. 소종(小宗)의 사람이 대종가(大宗家)를 잇는 경우나 아버지를 일찍 여의고 조부(祖父)의 상속자가 된 경우에 해당함.
【承旨 승지】 ①하명(下命)을 받들어 모심. ②조선 때 승정원(承政院)에 속하여 왕명의 출납을 맡아보던 정삼품 당상관.
【承志 승지】 ①남의 뜻을 이어받음. ②남의 마음에 들도록 비위를 맞춤.
【承知 승지】 ①지우(知遇)를 받음. 은총을 입음. ②깨달아 얻음. 앎.
【承塵 승진】 먼지 같은 것이 떨어지지 않도록 임금의 좌소(座所) 위에 치던 막(幕).
【承寵 승총】 임금의 총애를 받음.
【承澤 승택】 ①은택(恩澤)을 받음. ②보석으로 꾸민 부채. 寶扇(보선).
【承牌 승패】 國임금에게서 소명(召命)의 패(牌)를 받음.
【承平 승평】 대대로 평화로운 치세(治世)가 계속됨.
【承弊 승폐】 피폐(疲弊)한 나라를 인수(引受)함. 쇠퇴하고 혼란한 세상을 이어받음. 承敝(승폐).
【承稟 승품】 명령을 받고 이를 따름.
【承乏 승핍】 인재가 없어서 재능이 없는 사람이 벼슬을 함. 출사(出仕)하는 사람의 스스로에 대한 겸사.
【承歡 승환】 ①남의 마음에 들도록 함. 알랑거림. ②임금이나 부모의 기쁜 마음을 받아 그 기쁨을 도움.
【承候 승후】 웃어른께 문안드림.
➊ 敬−, 繼−, 供−, 恭−, 拜−, 奉−, 不−, 襲−, 仰−, 尊−, 請−, 統−.

手4 【丞】⑧ 承(676)의 속자

手4 【迓】⑦ ❶굽을 아 yá ❷갈 아 yà

[字解] ❶굽다, 곧지 아니한 모양.〔王延壽·賦〕枝牙迓而斜據. ❷갈다. =砑.

手4 【抳】⑦ 누를 액 è

[字解] ❶누르다, 내리눌러 꼼짝 못하게 하다.〔漢書〕力抳虎. ❷멍에. ≒軛.〔莊子〕加之以衡抳. ❸잡다, 움키다, 가지다. ≒搤. ¶ 抳腕.

【扼據 액거】 요해지(要害地)를 차지하고 굳게 지킴.
【扼殺 액살】 눌러 죽임.
【扼腕 액완】 ①성이 나거나 분해서 주먹을 불끈 쥠. ②팔을 걷어 올림.
【扼吭 액항】 ①목을 조름. 급소(急所)를 누르거나 요해지(要害地)를 점령함. ②분기(憤氣)가 치밀어 오름.
【扼喉撫背 액후무배】 앞으로는 목을 누르고, 뒤로는 등을 눌러, 도망갈 길이 없게 함.

手4 【扚】 ⑦ 於(765)의 속자

手4 【抑】 ⑦ 누를 억 㱃 yì

一 十 扌 扌 扌 抑 抑 抑

字源 會意. 手＋印→抑. '印'은 '印' 자를 거꾸로 하여, 도장을 찍으려 하고 있는 모양인 데서 '손(手)으로 도장을 누른다'는 뜻을 나타낸다.

字解 ①누르다. ㉠도장을 누르다. 〔淮南子〕若璽之抑埴. ㉡어떤 마음이 일어나지 못하게 누르다. 〔楚辭〕抑心而自彊. ㉢윽박질러 내리누르다. ¶ 抑壓. ②굽히다, 숙이다. 〔史記〕皆伏抑首. ③물러나다, 물리치다. 〔後漢書〕不激詭, 不抑抗. ④막다, 다스리다. 〔史記〕禹抑鴻水. ⑤가라앉다. 〔淮南子〕民之滅抑夭隱. ⑥아름답다, 예쁘다. 〔詩經〕抑若揚兮. ⑦발어사(發語辭). ㉠그런데, 각설하고. 화제(話題)를 돌림을 나타낸다. 〔春秋左氏傳〕抑人亦有言曰. ㉡혹은, 생각하건대. 의문(疑問)의 뜻을 나타낸다. 〔春秋左氏傳〕抑臣又聞之. ㉢또한, 내지(乃至). 〔論語〕求之與 抑與之與. ㉣그런데도, 게다가, 그러고서. 반어(反語)의 뜻을 나타낸다. 〔孟子〕抑王興甲兵危士臣, 構怨於諸侯, 然後快於心與. ㉤아! 탄식의 뜻을 나타낸다. 〔春秋左氏傳〕抑齊人不盟, 若之何. ㉥곧, 이에. 〔詩經〕抑磬控忌抑縱送忌. ⑧조심하다, 삼가다. 〔詩經〕其未醉止, 威儀抑抑. ⑨우울해지다, 마음에 맺히다. 〔楚辭〕情沈抑而不達兮.

【抑強扶弱 억강부약】 강자를 누르고 약자를 도움. 抑彊扶弱(억강부약).
【抑留 억류】 붙잡아 억눌러 둠.
【抑買 억매】 남의 물건을 억지로 삼.
【抑賣 억매】 제 물건을 억지로 팖.
【抑塞 억색】 ①억눌러 막음. ②억눌러서 마음이 답답함. ③물리치고 쓰지 않음.
【抑損 억손】 ①줄임, 감퇴(減退)시킴. ②거만한 마음을 억제함. 얌전하게 행동함.
【抑首 억수】 ①머리를 숙임. 고개를 숙임. 俯首(부수). ②머리를 누름.
【抑壓 억압】 억누름.
【抑揚 억양】 ①음조(音調)의 높낮이와 강약. ②문장의 문세(文勢)를 올리기도 하고 내리기도 함. ③칭찬하기도 하고 깎기도 함. ④비난

과 칭찬. 毁譽(훼예). ⑤시세에 따라 출사(出仕)하기도 하고 은퇴하기도 함. 浮沈(부침).
【抑抑 억억】 매우 삼감. 삼가고 조심함.
【抑畏 억외】 거만한 마음을 억누르고 공손하게 행동함.
【抑鬱 억울】 근심이나 불만 따위로 원통하고 답답함.
【抑制 억제】 억눌러서 못하게 함.
【抑止 억지】 억눌러 멈추게 함. 抑制(억제).
【抑黜 억출】 억눌러 물리침.
【抑奪 억탈】 억지를 써서 빼앗음.
【抑退 억퇴】 억눌러 물리침.
【抑貶 억폄】 억눌러 물리침. 헐뜯어 떨어뜨림.
【抑何心情 억하심정】 國무슨 마음으로 하는 짓인지 알 수 없음.
【抑或 억혹】 설령(設令).
【抑婚 억혼】 國당사자의 의견을 무시하고 강제로 하는 혼인.
❶屈—, 壓—, 冤—, 裁—, 沮—, 節—, 擠—.

手4 【抏】 ⑦ ❶꺾을 완 㱃 wán ❷가지고 놀 완 㱃 wán

字解 ❶①꺾다, 기세를 꺾다. 〔史記〕抏士卒之精. ②무지러지다, 줄어들다. ¶ 抏弊. ③주무르다, 안마하다. 〔史記〕案抏毒熨. ❷가지고 놀다, 희롱하다. ＝翫. 늑玩. 〔荀子〕游抏之脩.
【抏弊 완폐】 줄어들어 피폐(疲弊)함.

手4 【抝】 ⑦ 拗(685)의 속자

手4 【抎】 ⑦ ❶잃을 운 㱃 yǔn ❷떨어질 운 㱃 yǔn

字解 ❶①잃다. ②소리가 나다. 〔字彙〕鐘鼓不抎. ❷떨어지다, 떨어뜨리다. ＝隕. 〔戰國策〕折淸風而抎矣.

手4 【抈】 ⑦ 꺾을 월 㱃 yuè

字解 ①꺾다, 꺾이다. 〔太玄經〕車軸折, 其衡抈. ②흔들리다, 흔들다. 늑扤. 〔國語〕其置本也固矣, 故不可抈也.

手4 【折】 ⑦ ❶꺾을 절 㱃 zhé ❷편안한 모양 제 㱃 tí

一 十 扌 扌 扌 折 折

字源 會意. 扌＋斤→折. 도끼(斤)로 풀(艸)을 벤다는 데서 '꺾다, 휘어서 베다'의 뜻을 나타낸다.

字解 ❶①꺾다. ㉠휘어서 부러뜨리다. 〔詩經〕無折我樹杞. ㉡굽히다. 〔春秋左氏傳〕三折肱,

手部 4획 抓挅扨抵扯抄

知爲良醫. ㉣굽다, 방향을 바꾸어 돌리다. 〔淮南子〕河九折注於海. ㉤힘·기세·생각 등을 제대로 펴지 못하게 억누르다. 〔史記〕輕折辱秦士卒. ㉥어려서 죽다, 죽다. 〔書經〕一日凶短折. ❷자르다, 쪼개다. 〔儀禮〕其俎折一膚. ❸꺾이다, 부러지다. 〔春秋左氏傳〕末大必折. ❹결단하다, 판단하다. 〔易經〕君子以折獄致刑. ❺깎다, 값을 깎다, 할인(割引)하다. 〔荀子〕良賈不爲折閱不市. ❻찢다, 훼기(毁棄)하다. 〔漢書〕兩家常折券棄責. ❼따지다, 힐난하다, 헐뜯다. 〔史記〕面折廷爭. ❽흙을 방형(方形)으로 쌓은 제단(祭壇). 〔禮記〕瘞埋於泰折. ❾밝은 모양. ≒晢. ¶折. ❿성(姓). ❷편안한 모양. 〔禮記〕吉事欲其折折爾.
【折價 절가】①지폐를 정금(正金)으로 바꿈. ②값을 결정함. 決價(결가). ③물건의 값을 깎음. ④일정한 물품 대신에 다른 물품을 받을 적에, 값을 헤아려 그 받을 물품의 수량을 정함.
【折角 절각】①뿔을 꺾음. ②오만한 자의 콧대를 꺾음. ③두건의 각(角)을 접음.
【折簡 절간】①전지(全紙)를 둘로 끊어서 적은 짧은 편지. ②관리를 임면(任免)할 때의 서찰(書札). 策書(책서).
【折桂 절계】계수나무의 가지를 꺾음. 과거에 급제함.
【折槀振落 절고진락】마른 나무를 꺾어 마른 잎을 흔들어 떨어뜨림. 일이 아주 쉬움.
【折肱 절굉】팔뚝을 꺾음. 몹시 고생하거나 쓰라린 경험을 함.
【折短 절단】나이 젊어서 죽음. 夭折(요절).
【折斷 절단】꺾거나 끊음.
【折柳 절류】①버들가지를 꺾음. 송별(送別)함. 故事 한대(漢代)에 장안 사람이 손님을 배웅할 때 패교(覇橋)까지 가서 버들가지를 꺾어 주며 다시 만날 것을 기약하였다는 고사에서 온 말. 折枝(절지).
【折北 절배】전쟁에 패하여 도망함.
【折本 절본】철(綴)하지 않고 접어서 만든 책.
【折傷 절상】①뼈가 부러져 다침. ②젊어서 죽음. 夭折(요절).
【折閱 절열】손해를 보고 물건을 팖.
【折銳 절예】예기(銳氣)를 꺾음. 折訟(절송).
【折獄 절옥】옥사(獄事)를 처결함. 折訟(절송).
【折腰 절요】①허리를 구부려 일함. ②허리가 굽은 신체. ③허리를 굽혀서 남에게 절을 함. 남에게 굽힘.
【折辱 절욕】①굴복함. ②억눌러 욕되게 함. 경멸(輕蔑)함.
【折右 절우】오른 팔뚝을 꺾음. 일이 성취되지 못함.
【折長補短 절장보단】남는 것으로 모자란 것을 보충함.
【折折 ❶절절 ❷제제】❶밝은 모양. ❷편안한 모양.
【折節 절절】절조(節操)를 굽힘. 지금까지의 주의(主義)나 태도를 바꿈.
【折足覆餗 절족복속】솥발을 부러뜨려 음식물을 엎지름. 소인은 등용이 되어도 임무를 감당하지 못하여 정사를 그르치고 국가를 파멸로 이끎.
【折挫 절좌】꺾음. 꺾임. 挫折(좌절).
【折枝 절지】①가지를 꺾음. 꺾인 가지. ②꽃을 꺾음. 꺾은 나뭇가지. ③뿌리는 그리지 않고 꽃가지나 나뭇가지만 그리는 화법(畫法). ④팔을 주무름. 손을 안마함. ○'枝'는 '肢'로 '사지'를 뜻함. ⑤허리를 굽힘. 절함. 배읍(拜揖)함.
【折衝 절충】①적의 공격을 꺾음. 적의 침입을 막음. ②적과 흥정하여 자기편의 체면을 보전함. ③국제상의 담판(談判).
【折衝禦侮 절충어모】공격해 오는 적을 무찔러서 감히 깔보지 못하게 함.
【折檻 절함】①강경하게 간(諫)함. 故事 한대(漢代)에 주운(朱雲)이 효성제(孝成帝)에게 장우(張禹)를 참(斬)할 것을 간하자, 이에 진노한 효성제가 주운을 끌어내도록 하였는데, 이때 그가 간하면서 붙잡았던 난간이 부러졌다는 고사에서 온 말. ②엄하게 꾸짖음.
▶價-, 曲-, 骨-, 九-, 屈-, 短-, 斷-, 末大必-, 半-, 百-, 夭-, 挫-.

手 4 【抓】㊆ 긁을 조 囿 zhuā
字解 ①긁다, 손톱으로 긁다. 〔莊子〕委蛇攫抓. ②집다, 움켜쥐다. 〔枚乘·書〕手可攫而抓. ③따다, 집어 따다.

手 4 【挅】㊆ 捽(704)의 속자

手 4 【扨】㊆ 들 증·승 迥徑 zhěng
字解 ①들다, 들어 올리다, 건져 내다. ②구휼(救恤)하다. 〔周書〕以財與之, 謂之扨.

手 4 【抵】㊆ 손뼉 칠 지 紙 zhǐ
字解 ①손뼉 치다. 〔戰國策〕抵掌而談. ②근심하다. ≒疧. ¶抵國. ③받다, 당하다. 〔戰國策〕臣罪. ④쳐부수다. ＝抵. 〔揚雄·解嘲〕抵穰侯而代. ⑤던지다. 〔張衡·賦〕抵璧於谷.
【抵國 지국】앞뒤에 큰 나라가 있어 언제나 근심이 떠나지 않는 나라.
【抵掌 지장】손뼉을 침. 拍手(박수).

手 4 【扯】㊆ ❶撦(725)과 동자 ❷扡(673)의 속자

手 4 【抄】㊆ 노략질할 초 肴 chāo

一 十 扌 扌 扚 抄 抄

手部 4획 抚択投 679

抄 [초/서]
[字源] 形聲. 手+少→抄. '少(소)'가 음을 나타낸다.
[字解] ①노략질하다. =鈔. 〔魏志〕抄略諸郡. ②뜨다. ㉮숟가락 같은 것으로 뜨다. 〔杜甫·詩〕飯抄雲子白. ㉯종이를 뜨다, 종이를 만들다. 〔天工開物〕抄紙槽. ③베끼다, 문서(文書)를 베끼다. 〔唐書〕仲郢, 嘗手抄六經. ④초(抄)하다, 필요한 것만을 뽑아서 기록하다. 초본(抄本). ⑤초(抄), 초록(抄錄). 〔南史〕百家譜集抄十五卷. ⑥부피의 단위. 1작(勺)의 10분의 1. 〔孫子〕十抄爲一勺. ⑦國번, 차례. 〔增補文獻備考〕陸補試復設十二抄. ⑧하인. 〔高麗史〕丁吏黃衣抄紫衣.
【抄啓 초계】國인재를 뽑아 임금에게 아룀.
【抄掠 초략】폭력으로 빼앗음.
【抄錄 초록】필요한 부분만을 뽑아 베껴 씀.
【抄本 초본】내용의 필요한 부분만을 뽑아서 베낀 문서.
【抄譯 초역】원문에서 필요한 부분만 뽑아서 번역함.
【抄出 초출】빼냄. 빼내어 씀.
【抄筆 초필】잔글씨를 쓸 때에 사용하는 가느다란 붓.
◐謄-, 文-, 拔-, 手-, 詩-, 類-, 雜-.

手4 【抚】⑦ 때릴 침 國 dǎn
[초전] 忧 [초서] 抚 [字解] ①때리다, 치다. ②밀치다, 손으로 밀다.

手4 【択】⑦ 擇(729)의 속자

手4 【投】⑦ ❶던질 투 宥 tóu
❷머무를 두 麌 dòu
一 十 扌 扌 护 抄 投
[소전] 投 [초서] 投 [參考] 대법원 지정 인명용 한자의 음은 '투'이다.
[字源] 形聲. 手+殳→投. '殳(수)'가 음을 나타낸다.
[字解] ❶①던지다. ㉮손에 든 물건을 내던지다. 〔春秋左氏傳〕受其書而投之. ㉯자기 몸을 던지다. 〔古詩〕乃投水而死. ㉰내버리다, 추방하다. 〔春秋左氏傳〕投諸四裔. ㉱하던 일을 그만두다. 〔魏徵·詩〕投筆事戎軒. ②주다, 보내다, 증여(贈與)하다. 〔詩經〕投我以木瓜. ③들이다, 받아들이다. 〔禮記〕投殷之後於宋. ④덮어 가리다. 〔詩經〕相彼投兔. ⑤맞다, 합치다. ¶意氣相投. ⑥편들다, 자기편이 되다. 〔史記〕左則投項王勝. ⑦향하다, 향하여 가다. 〔蘇軾·詩〕曷不走投陳孟公. ⑧의지하다, 기탁(寄託)하다. 〔南史〕有遠來相投者. ⑨묵다, 숙박(宿泊)하다. ¶投宿. ⑩떨치다, 세게 흔들다. 〔春秋左氏傳〕投袂而起. ⑪투호(投壺). 화살을 던져 병 속에 넣어서 승부를 겨루는 놀이. 〔禮記〕侍投則擁矢. ⑫주사위를 던지다. 노름을 하다. 〔史記〕君獨不觀夫博者乎, 或欲大投, 或欲分功. ⑬성(姓). ❷①머무르다. ≒逗. 〔杜甫·詩〕遠投錦水波. ②이르다, 어느 때에 다다르다. 〔後漢書〕投暮入堂陽界. ③구두(句讀). ≒讀. 〔馬融·賦〕察度於句投. ④두 번 빚은 술. ≒酘. 〔梁簡文帝·曲〕宣城投酒令行熟.
【投瓊 투경】①주사위를 던짐. ②구슬을 선물함.
【投稿 투고】신문·잡지 등에 원고를 보냄.
【投瓜得瓊 투과득경】모과(木瓜)를 선물하고 구슬을 얻음. 사소한 선물에 훌륭한 답례를 받음.
【投幾 투기】기회를 탐. 기회를 타서 허점을 이용함. 投機(투기).
【投機 투기】①귀뚜라미의 딴 이름. ②(佛)크게 깨달아 부처의 심기(心機)에 합함. ③요행을 바라고 하는 모험적인 상행위. ④득실(得失)의 확신 없이 요행만 바라는 사행(射倖) 행위.
【投網 투망】물고기를 잡는 그물. 그물을 던짐.
【投命 투명】목숨을 버림. 죽음.
【投袂而起 투메이기】소매를 떨치고 일어섬. 분기(奮起)하는 모양.
【投錨 투묘】닻을 내림.
【投報 투보】①남의 선물에 대한 답례. ②남녀가 서로 연정(戀情)을 통함. ③은혜를 갚음.
【投死 투사】죽음. 몸을 내던짐.
【投射 투사】①빛이 비침. ②기회를 틈타 이익을 취함.
【投書 투서】어떤 사실을 알리기 위해 자신을 밝히지 않고 몰래 글을 써서 보냄.
【投鼠恐器 투서공기】무엇을 던져서 쥐를 때려 잡고 싶으나, 그 옆에 있는 그릇을 깰까 두려워 움. 임금 측근에 알랑거리는 간신을 제거하고 싶으나, 임금을 상하게 할까 걱정됨.
【投屬 투속】國①投託(투탁)². ②도망간 노비가 관가에 자수하고 본역(本役)에 돌아감.
【投水 투수】①물속에 몸을 던져 넣음. ②물속에 넣음.
【投宿 투숙】임시로 머물러 묵음.
【投身 투신】어떤 일에 뛰어듦.
【投影 투영】물체를 비추어 그림자로 봄.
【投入 투입】던져 넣음. 집어넣음.
【投刺 투자】①명함(名銜)을 내놓음. 면회를 청함. ②명함을 내던짐. 면회를 사절하거나 세상과의 관계를 끊음.
【投資 투자】어떤 사업의 밑천을 댐.
【投足 투족】①발을 내디딤. ②약간의 수고. ③國어떤 일에 관계함.
【投止 투지】걸음을 멈춰서 들름. 묵음.
【投擲 투척】던짐.
【投託 투탁】①믿고 부탁함. 남의 세력에 의뢰함. ②國㉠지배층의 착취에 의하여 파산한 양민(良民)이나 농민이 토호(土豪) 지주에게 의탁하여 그 노비가 되던 일. ㉡조상이 분명하지 않은 사람이 유명한 남의 조상을 자기 조상으로 삼아 섬기던 일.
【投鞭斷流 투편단류】채찍을 내던져 강의 흐름을 막음. 강을 건너는 병사의 수가 많음.
【投翰 투한】붓을 놓음. 붓을 던져 버림. 글을

짓는 일을 그만둠.
【投閑置散 투한치산】 몸을 한산한 지위에 둠. 요직에 있지 않음.
【投轄 투할】 수레의 굴대 비녀장을 빼서 우물에 던짐. 손님을 억지로 머무르게 함.
【投笏 투홀】 홀(笏)을 내던짐. 곧, 벼슬살이를 그만둠.
【投繯 투환】 목을 매어 죽음.
【投荒 투황】 변방(邊方)으로 귀양 보냄.
【投酒 두주】 두 번 빚은 술. 酘酒(두주).
◐ 失-, 惡-, 力-, 意氣相-, 暴-, 好-.

手 4 【把】⑦
❶잡을 파 馬 bǎ
❷비파 파 麻 pá
❸줌통 파 禡 bà
❹밭 파

一 十 扌 扌 把 把 把
[소전] 把 [초서] 扌巴
[字源] 形聲. 手+巴→把. '巴(파)'가 음을 나타낸다.
[字解] ❶①잡다, 한 손으로 쥐다. 〔戰國策〕左手把其袖. ②줌. 다섯 가락과 손바닥으로 감싸 쥘 정도의 크기. 〔孟子〕拱把之桐梓. ③자루, 손잡이. 기물(器物)의 손잡이나 자루. ¶劍把. ④묶음, 다발. 〔杜甫·詩〕清江送菜把. ⑤가지다, 쥐다. 〔漢書〕把其宿負. ⑥길이의 단위. 손가락 네 개를 나란히 한 넓이의 길이. 궁시(弓矢)의 길이를 잴 때 쓴다. 〔射經注〕十把之長. ⑦갈퀴, 비. ¶箒把. ❷①비파. ≒琶. 〔風俗通〕以手批初, 因以為名. ③줌통. ≒弰. ❹발. 두 팔을 벌린 길이. 〔萬機要覽〕十尺爲把. ②줌. 조세(租稅)를 부과하기 위한 논밭 넓이의 단위. 한 줌은 1뭇의 10분의 1. 〔萬機要覽〕一握者謂之把. ③인삼 밭을 파수하는 곳. 〔萬機要覽〕以每把一將三卒.
【把弄 파롱】 손에 쥐고 희롱함. 把玩(파완).
【把束 파속】 國논밭에 매기던 결세(結稅) 단위인 줌[把]과 뭇[束].
【把手 파수】 ①손을 잡음. ②그릇의 손잡이.
【把握 파악】 ①서로 손을 잡음. 제휴함. ②어떠한 일을 잘 이해하여 확실하게 앎. ③손에 쥠. ④한 줌 정도의 근소한 양이나 좁은 범위.
【把酒臨風 파주임풍】 술잔을 손에 잡고, 때마침 불어오는 맑은 바람에 대함. 자적(自適)하는 경지의 비유.
【把持 파지】 ①꽉 쥠. 세력을 한 손에 쥐고 마음대로 함. ②매점(買占)함. 이익을 독점함. ③떠받침. 지탱함.
【把筆 파필】 붓대를 잡음. 글씨를 씀.
◐ 劍-, 拱-, 批-, 菜-, 箒-.

手 4 【抛】⑦ 抛(688)의 속자

手 4 【抗】⑦ 막을 항 ㊀강 陽 kàng

一 十 扌 扌 扩 扩 抗
[소전] 扗 [소전] 抏 [혹체] 杭 [초서] 抗 [字源] 形聲. 手+亢→抗. '亢(항)'이 음을 나타낸다.
[字解] ①막다. 〔荀子〕能抗君之命. ②구하다, 두둔하다. 〔國語〕未報楚惠而抗宋. ③들다, 들어 올리다. 〔詩經〕大侯旣抗. ④승진시키다. 〔後漢書〕不激詭, 不抑抗. ⑤겨루다, 대항하다, 대적하다. ≒伉. 〔史記〕與天子抗衡. ⑥높다. ≒亢. 〔淮南子〕自沈于淵而溺者, 不可以爲抗. ⑦건너다, 물을 건너다. 〔淮南子〕百人浮抗. ⑧감추다, 숨기다. 〔周禮〕賓客之事則抗皮. ⑨오래다, 멀다.
【抗拒 항거】 맞서 대항함.
【抗禮 항례】 서로 기울지 않은 대등한 예(禮)로 대함. 동등한 교제.
【抗論 항론】 ①직언(直言)하여 굴하지 않음. ②어떤 이론에 서로 맞서서 논함. 抗辯(항변).
【抗疏極論 항소극론】 임금에게 상소문(上疏文)을 올려 극력 시비를 주장함.
【抗顔 항안】 교만한 얼굴.
【抗然 항연】 의기(意氣)가 드높은 모양.
【抗議 항의】 이의를 제기하거나 반대의 뜻을 표시함.
【抗章 항장】 임금에게 글을 올림.
【抗莊 항장】 사통팔달(四通八達)한 큰길. 번화한 거리.
【抗爭 항쟁】 항거하여 투쟁함.
【抗敵 항적】 버텨 대적함. 대항함.
【抗節 항절】 절조(節操)를 지켜 굽히지 않음.
【抗直 항직】 엄하고 곧음. 강경하고 정직함.
【抗塵走俗 항진주속】 속세에서 바삐 돌아다님. 세속에 기용(起用)됨. ◐ '抗'은 '擧'로 '등용하다'를, '走'는 '聘'으로 '부르다'를 뜻함.
【抗策 항책】 ①채찍을 치켜올림. ②말[馬]을 몲.
【抗表 항표】 자기의 의견을 쓴 글을 임금에게 올림. 上表(상표). 上疏(상소).
【抗行 항행】 ①행위가 몹시 고상함. ②서로 앞서거니 뒤서거니 함. 동등함.
【抗衡 항형】 맞섬. 서로 지지 않고 팽팽히 버팀.
◐ 拒-, 答-, 對-, 反-, 抵-.

手 5 【拒】⑧
❶막을 거 語 jù
❷방진 구 麌 jǔ

一 十 扌 扌 扌 拒 拒 拒
[초서] 拒 [參考] 대법원 지정 인명용 한자의 음은 '거'이다.
[字源] 形聲. 手+巨→拒. '巨(거)'가 음을 나타낸다.
[字解] ❶①막다, 거부하다. 〔論語〕其不可者拒之. ②막아 지키다, 방어하다. 〔荀子〕内以拒城, 外以拒難. ③겨루다, 적대(敵對)하다. ❷방진(方陣). 네모 모양으로 친 진(陣). ≒矩. 〔春秋左氏傳〕將右拒卒.
【拒却 거각】 거절(拒絶)함.

【拒門木 거문목】대문의 빗장.
【拒否 거부】허락하지 않고 물리침. 拒絶(거절).
【拒逆 거역】항거하여 거스름.
【拒絶 거절】응낙하지 않고 물리침.
【拒止 거지】막아서 그치게 함. 방어하여 멈추게 함. 阻止(저지).
○ 左右-, 扞-, 抗-.

手5【挶】⑧ 據(726)의 속자

手5【拑】⑧ 입 다물 겸 圖 qián
소전 柏 초서 拑 통자 鉗 통자 箝 字解 ①입을 다물다, 입을 다물고 말하지 아니하다. 〔漢書〕臣畏刑而拑口. ②재갈 먹이다. 〔春秋公羊傳〕拑馬而秣之.
【拑口 겸구】①입을 다물. 말하지 않음. ②언론의 자유를 속박함.
【拑勒 겸륵】말에 재갈을 먹임.
【拑者 겸자】입을 다물고 말하지 않는 사람.
【拑制 겸제】자유를 억누름. 鉗制(겸제).

手5【拐】⑧ 속일 괴 圖 guǎi
초서 拐 字解 ①속이다, 꾀어내다. 속임수로 남을 데려가다. ¶ 誘拐. ②지팡이. 〔新五代史〕賜以木拐一.
【拐帶 괴대】①속여서 꿈. ②속여서 물건을 가지고 달아남.
【拐子 괴자】거짓말로 속여 사람을 유괴하거나 물건을 가로채는 사람. 拐兒(괴아).
【拐騙 괴편】부녀(婦女)·재보(財寶) 따위를 속여 빼앗음.
○ 誘-, 鐵-.

手5【拘】❶잡을 구 虞 jū ❷껴안을 구 尤 gōu ❸내 이름 구 麌 jǔ

一 十 扌 扩 扚 拘 拘 拘

소전 拘 초서 拘 字源 形聲. 手+句→拘. '句(구)'가 음을 나타낸다.
字解 ❶①잡다, 잡히다, 체포하다, 체포되다. 〔書經〕盡執拘以歸于周. ②꺼리다, 구애받다. 〔史記〕不拘文法. ③한정하다, 경계 짓다. 〔後漢書〕無拘那界. ④바로잡다, 단속하다. 〔淮南子〕賢者立節而不肖者拘焉. ⑤망설이다, 주저하다. 〔漢書〕使人拘而多畏. ⑥마음이 좁다, 융통성이 없다. ¶ 拘儒. ⑦굽히다, 구부리다. 능구(能拘). 〔莊子〕能之不拘坵. ❷껴안다, 두 팔을 벌려 껴안다. 〔禮記〕以袂拘而退. ❸가지다, 쥐다, 취하다. 〔禮記〕自下拘之. ❸굽다, 굽히다. 능구. 〔荀子〕古之王者, 有務而拘領者. ❸내 이름. 한단(邯鄲)에서 백거(白渠)로 흘러든다.

【拘檢 구검】①자신의 언행을 바로 다잡음. ②國언행을 마구 하지 못하게 단속함.
【拘牽 구견】①얽매임. 구애받음. ②만류됨. 만류를 받음.
【拘拘 구구】①굽어서 펴지지 않는 모양. ②좋은 모양 ③사물에 구애되는 모양.
【拘禁 구금】붙잡아 가둠. 拘置(구치).
【拘忌 구기】좋지 않게 여겨 꺼리거나 피함.
【拘女 구녀】구속되어 있는 여자. 임금의 후궁.
【拘泥 구니】①어떤 일에 얽매임. 집착하여 변통할 줄 모름. ②고집스러움. 완고함.
【拘攣 구련】①손발에 경련이 일어나는 병. ②사물에 구애됨.
【拘囹 구령】감옥에 갇힘.
【拘領 구령】끝을 둥글게 한 깃. 질박(質朴)한 깃. 句領(구령).
【拘絆 구반】잡아 묶음. 자유를 구속함.
【拘士 구사】사물에 얽매여 융통성이 없는 사람.
【拘世 구세】세속(世俗)에 구애됨.
【拘束 구속】행동이나 의사의 자유를 제한함.
【拘俗 구속】속세의 풍속에 휩쓸림.
【拘鎖 구쇄】구류하여 쇠사슬로 맴. 잡아 묶음. 拘繫(구계).
【拘囚 구수】죄인을 가둠. 갇힌 죄인.
【拘守 구수】①굳게 지킴. 묵수(墨守)함. ②붙잡아서 자유를 주지 않음.
【拘礙 구애】거리낌.
【拘儒 구유】융통성이 없는 유학자(儒學者). 편협한 학자.
【拘執 구집】①죄인을 포박(捕縛)함. 체포됨. ②고집함.
【拘致 구치】붙잡아 데리고 옴. 拘引(구인).
【拘學 구학】학문에 얽매여 융통성이 없음.
○ 牽-, 絆-, 不-, 囚-, 攣-, 執-.

手5【拏】⑨ 붙잡을 나 麻 ná
소전 拏 초서 拏 속자 拿 字解 ①붙잡다. ㉮손에 쥐다, 손으로 잡다. ¶ 拏攫. ㉯죄인을 붙잡다, 포박하다. =拿. ¶ 拏捕. ②비비다, 뒤섞다. 〔楚辭〕拏黃粱也.
【拏捕 나포】적이나 죄인을 붙잡음.
【拏攫 나확】붙잡음. 사로잡음.
○ 交-, 紛-.

手5【拈】⑧ 집을 념·점 圖 鹽 niān
소전 拈 초서 拈 參考 대법원 지정 인명용 한자의 음은 '념'이다.
字解 집다, 손가락으로 집어 비틀다, 집어 들다, 따다. 〔杜甫·詩〕舍西柔桑葉可拈.
【拈出 염출】①집어냄. 끄집어냄. ②자구(字句)를 생각해 냄.
【拈香 염향】향을 피움. 燒香(소향).
【拈華微笑 염화미소】(佛)꽃을 따니 빙그레 웃음. 문자나 말에 의하지 않고 마음에서 마음으

로 전함. 〔故事〕 석가모니가 영산회(靈山會)에서 연꽃 한 송이를 따서 제자들에게 보이자 오직 가섭(迦葉)만이 그 뜻을 알고 미소 지었으므로, 불교의 진리를 가섭에게 전하였다는 고사에서 온 말. 拈花示衆(염화시중).

手5 【担】⑧
❶떨칠 단 旱 dǎn
❷올릴 걸 霽 jiē
❸멜 담 勘 dān

〔字解〕❶①떨치다, 힘있게 흔들다. ②치다, 매를 때리다. =笪. ❷올리다, 오르다. =揭. 〔楚辭〕意恣睢以担撟. ❸메다. ※擔(728)의 속자(俗字).
【担撟 걸교】 ①의기를 떨침. 의기가 당당함. 軒擧(헌거). ②들어 올림.

手5 【拉】⑧ 꺾을 랍 合 lā

〔字解〕①꺾다. ㉮부러뜨리다. ¶拉朽. ㉯세력을 꺾다, 비틀어 놓다. 〔史記〕襄公使彭生拉殺魯桓公. ②데려가다, 끌어가다. ¶拉致. ④바람소리. 〔揚雄·賦〕㴠拉雷厲.
【拉殺 납살】 손으로 목을 비틀어 죽임.
【拉致 납치】 억지로 끌고 감.
【拉朽 납후】 썩은 나무를 꺾음. 어떤 일이 쉬움. 拉枯(납고).
○ 摺ー, 麇ー, 摧ー.

手5 【抹】⑧ 바를 말 曷 mǒ

〔字解〕①바르다, 칠하다. ¶塗抹. ②쓰다듬다, 문지르다, 비비다. 〔李紳·詩〕轉腕攏絃促揮抹. ③지우다, 지워 없애다. 〔韓愈·銘〕與世抹摋. ④화장(化粧)하다. 〔麻九嶹·詩〕淡抹濃妝得自由. ⑤지나가다, 통과하다. 〔蘇軾·詩〕快馬輕衫來一抹. ⑥가루, 가루로 만들다. ≒末. 〔傳燈錄〕細抹淸風. ⑦國말뚝. ≒林.
【抹茶 말다】 가루로 만든 차.
【抹摋 말살】 지워 없앰. 抹殺(말살).
【抹消 말소】 지워 없앰.
【抹香 말향】 주로 불공(佛供) 때 사용하는 가루 향(香).
○ 濃ー, 淡ー, 塗ー, ーー, 紅ー.

手5 【拇】⑧ 엄지손가락 무 有 mǔ

〔字解〕엄지손가락. 〔易經〕解而拇.
【拇印 무인】 손도장.
【拇指 무지】 엄지손가락.
○ 駢ー枝指, 手ー.

手5 【抿】⑧ 어루만질 민 軫 mǐn

〔字解〕①어루만지다. =撋. ②닦다, 훔치다. ≒ 扠. 〔呂氏春秋〕吳起抿泣而應之. ③입을 오므리다. 〔紅樓夢〕只抿著嘴笑.
【抿泣 민읍】 눈물을 닦음.

手5 【拍】⑧
❶칠 박 陌 pāi
❷어깨 박 藥 bó

一 十 扌 扩 扚 拍 拍 拍

〔字源〕形聲. 手+白→拍. '白(백)'이 음을 나타낸다.
〔字解〕❶①치다, 손으로 두드리다. ¶拍掌大笑. ②어루만지다, 사랑하다. =拊. 〔後漢書〕撫拍豪強. ③박자, 음악의 리듬. 〔方干·詩〕舞蝶似隨歌拍轉. ④박(拍). 춤이나 풍악을 시작할 때나 그칠 때, 또는 곡조의 빠르고 느림을 지도하는 데 쓰는 악기의 한 가지. 〔張羽·詩〕淺按紅牙拍. ⑤병기(兵器)의 한 가지. 수레나 배 위에 설치해 놓고, 적의 성벽이나 배를 공격하는 데 쓴다. 〔陳書〕發拍中干賊艦. ❷어깨, 어깻죽지. ≒膊. 〔周禮〕饋食之豆, 其實豚拍.
【拍刀 박도】 ①쌍날칼, 기다란 쌍날칼. ②몹시 긴 패도(佩刀).
【拍拍 박박】 푸드덕거리는 모양. 새가 날개 치는 소리.
【拍髀 박비】 넓적다리를 두드림. 몹시 기뻐하는 모양.
【拍掌大笑 박장대소】 손뼉을 치며 크게 웃음.
【拍車 박차】 ①부딪쳐서 성벽 따위를 깨뜨리는 데 쓰는 수레. 衝車(충거). ②말을 탈 때 신는 구두의 뒤축에 붙인, 쇠로 만든 물건. 말을 빨리 달리게 하기 위하여 말의 복부(腹部)를 자극하는 기구.
【拍彈 박탄】 갖가지 몸짓을 지으면서 노래하는 유희.
○ 歌ー, 急ー, 節ー.

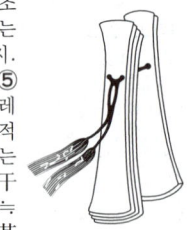
〈拍④〉

手5 【拌】⑧ 버릴 반 旱 寒 pān

〔字解〕①버리다, 내버리다. ②쪼개다, 가르다. ≒判. 〔呂氏春秋〕瞀瞍乃拌五絃之瑟. ③뒤섞다, 휘저어 뒤섞다.
【拌蚌 반방】 대합조개를 쪼개어 구슬을 취함.

手5 【拔】⑧
❶뺄 발 黠 bá
❷빠를 발 曷 bá
❸성할 패 泰 bèi

一 十 扌 扩 扩 抜 拔 拔

〔參考〕 대법원 지정 인명용 한자의 음은 '발'이다.

手部 5획 抚拜拜

【字源】 形聲. 手+犮→拔. '犮(발)'이 음을 나타낸다.

【字解】 ❶①빼다. ㉮뽑다, 잡아당기다. ¶ 拔劍. ㉯뽑아내다, 뽑아서 없애 버리다. 〔易經〕確乎其不可拔. ②쳐서 빼앗다, 공략(攻略)하다. 〔戰國策〕拔宜陽. ③빼어나다, 특출(特出)하다. 〔南史〕神采英拔. ④빠지다, 빠져 떨어지다. 〔史記〕龍髥拔. ⑤쥐다, 손으로 잡다. 〔莊子〕操拔篲以侍門庭. ❷①빠르다, 빨리, 갑자기, 급히. 〔禮記〕毋拔來. ②머무르다, 살다. 〔漢書〕拔蘭堂. ③오늬. 화살의 머리를 시위에 끼우도록 에어 낸 부분. 〔詩經〕舍拔則獲. ④기울다, 기울어지다. 〔史記〕舊疾而不拔也. ⑤흔들리다. ¶ 拔擻. ⑥활을 당겨 구부정한 모양. ¶ 拔剌. ⑦땅 이름. 산동성(山東省)에 있다. 〔春秋穀梁傳〕盟于拔. ❸성한 모양. 가지와 잎이 무성한 모양. 〔詩經〕柞棫拔矣.

【拔角脫距 발각탈거】 짐승의 뿔을 뽑고, 닭의 며느리발톱을 벗김. 적(敵)의 날카로운 병기를 탈취함.
【拔去 발거】 뽑음. 빼어 버림.
【拔距 발거】 여러 사람이 잇대어 땅에 꼭 붙어 앉아 있는 것을 빼내는 유희(遊戲).
【拔劍 발검】 검을 뽑음.
【拔群 발군】 여럿 가운데 특별히 뛰어남.
【拔剌 발랄】 ①활을 잡아당긴 모양. ②새소리.
【拔來報往 발래보왕】 빨리 왔다가 빨리 감.
【拔錨 발묘】 닻을 올림. 배가 떠남. 出帆(출범).
【拔本塞源 발본색원】 뿌리를 뽑고 근원을 막음. 원인을 철저히 없애지 못하게 함.
【拔貧 발빈】 가난을 벗어남. 가난하던 사람이 부유하게 됨.
【拔山蓋世 발산개세】 힘은 산을 뽑고, 의기는 세상을 뒤덮음. 기력(氣力)이 웅대함.
【拔擻 발살】 흩어짐. 분산(分散)함.
【拔涉 발섭】 산을 넘고 강을 건넘. 여행에서 겪는 어려움.
【拔出 발출】 ①빼어남. 拔群(발군). ②여럿 가운데서 골라냄.
【拔萃 발췌】 여럿 중에서 골라 뽑음.
【拔齒 발치】 이를 뽑음.
【拔河 발하】 줄다리기.
➊ 攻-. 奇-. 不-. 選-. 卓-. 擇-. 海-.

手 5 【抚】⑧ 拔(682)과 동자

手 5 【拜】⑧ 拜(683)의 속자

手 5 【拜】⑨ 절 배 🔲 bài

一 二 三 手 手 𠂤 𠂤 拜 拜

[소전] [혹체] [혹체] [초서] [속자]

【字源】 會意·形聲. 手+手→拜. '𠂤(배)'가 음도 나타내고, '빠르다'라는 뜻도 나타낸다. 사람들이 남에게 뒤질세라 서로 빨리〔手〕나와 경의(敬意)를 표하려고, 머리가 손〔手〕에 닿는 동작을 한다는 데서 '절하다'라는 뜻을 나타낸다.

【字解】 ①절, 절하다. 〔周禮〕辨九拜之儀. ②삼가고 공경하다. ③감사하다, 사의(謝意)를 표하다. 〔呂氏春秋〕明日不拜樂己者. ④내리다, 벼슬을 내리다. 〔史記〕至拜大將, 乃信也. ⑤받다, 주는 것을 받다. 〔北史〕拜恩私室. ⑥뵙다, 찾아뵙다. 〔韓愈, 孟郊·詩〕高居限參拜. ⑦뽑다, 굽히다. 〔詩經〕勿翦勿拜.

【拜家慶 배가경】 오래도록 헤어져 있던 자식이 집으로 돌아와 부모를 뵘.
【拜見 배견】 ①귀인을 뵘. ②삼가 남의 글이나 물건을 봄. 拜覽(배람).
【拜官 배관】 벼슬아치가 됨. 임관(任官)됨.
【拜納 배납】 삼가 바침.
【拜年 배년】 신년을 축하함. 신년 인사를 함.
【拜讀 배독】 받드는 마음으로 편지를 읽음.
【拜冬 배동】 동짓날의 하례(賀禮).
【拜領 배령】 예물(禮物)을 받음.
【拜命 배명】 ①분부를 받음. 상명(上命)을 받음. ②관직에 임명됨.
【拜墓 배묘】 성묘(省墓). 拜掃(배소).
【拜聞 배문】 공경하는 마음으로 삼가 들음.
【拜眉 배미】 삼가 뵘. 삼가 만나 봄.
【拜別 배별】 존경하는 사람과 작별함.
【拜捧 배봉】 엎드려 절하고 두 손으로 받음. 공손히 받음. 拜受(배수).
【拜俯 배부】 머리를 숙여 절함.
【拜賜 배사】 삼가 주신 것을 받음.
【拜謝 배사】 삼가 사례함.
【拜辭 배사】 ①삼가 작별을 고함. ②삼가 사절(謝絶)함. 삼가 사퇴함.
【拜相 배상】 재상(宰相)에 임명됨.
【拜席 배석】 의식 때 절하는 데 쓰는 자리.
【拜掃 배소】 삼가 소분(掃墳)함. 省墓(성묘).
【拜疏 배소】 삼가 상소문을 올림.
【拜誦 배송】 삼가 읽음. 편지를 공경하는 마음으로 읽음. 拜讀(배독).
【拜手 배수】 머리를 손에 닿을 정도로 숙여서 하는 절.
【拜授 배수】 벼슬을 줌. 관직에 임명함.
【拜承 배승】 삼가 받아 봄.
【拜謁 배알】 지위가 높은 사람이나 웃어른을 만나 뵘.
【拜位 배위】 ①관위(官位)를 삼가 받음. 곧, 임관(任官)됨. ②제사 따위에서, 헌관(獻官)이 나아가 절하는 자리.
【拜章 배장】 ①관직에 임명되었을 때 삼가 받는다는 뜻을 아뢰는 글. ②소임을 빛나게 하고 위로 받은 것을 고맙게 여김.
【拜甎 배전】 ①종묘·문묘 등의 절하는 단(壇)에 깔아 놓은 벽돌.
【拜呈 배정】 ①삼가 올림. 進上(진상). 呈上(정상). ②삼가 아룀. 편지의 첫머리에 쓰는 말. 拜啓(배계). 謹啓(근계).

【拜除 배제】 새로운 관직에 임명됨.
【拜披 배피】 편지 따위를 삼가 펴 봄.
【拜候 배후】 방문함. 찾아가 뵘. 문안(問安)함.
🌘 九一. 跪一. 謹一. 答一. 望一. 百一. 伏一. 崇一. 禮一. 遙一. 再一. 頂一. 除一. 參一.

【抃】 手5

⑧ ❶칠 변 [艱] biàn
❷날 번 [元] fān
❸쓸 분 [圃] fèn

[소전] [초서] [字解] ❶치다. ㉮손뼉을 치다. ≒抃. 〔宋書〕歌抃就路. ㉯쌍륙 따위를 치다. ≒抃. 〔左思·賦〕抃射壺博. ❷날다. 새·짐승이 나는 모양. ≒翻. 〔詩經〕抃飛維鳥. ❸쓸다. 청소하다. ≒奔. 〔儀禮〕既抃以俟矣.
【抃飛 변비】 날개를 치며 낢.

【拟】 手5

⑧ 밀칠 별 [屑] bì

[字解] 밀치다, 밀쳐 거꾸러뜨리다, 때려서 넘어뜨리다. 〔列子〕攦拟挨抌.

【拊】 手5

⑧ 어루만질 부 [麌] fǔ

[소전] [초서] [字解] ❶어루만지다, 사랑하다. 〔詩經〕拊我畜我. ❷악기 이름. 작은 북과 비슷한데, 주악(奏樂)을 시작할 때 이를 쳐서 가락을 잡는다. ❸치다, 가볍게 두드리다. 〔書經〕予擊石拊石. ❹손잡이, 자루. 〔禮記〕屈韣執拊. ❺붙다. ≒附. 〔馬融·賦〕拊藻踊躍.

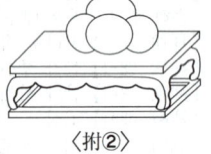
〈拊②〉

【拊拊 부불】 두드려서 떨어냄.
【拊髀 부비】 넓적다리를 툭 침. ㉠분발하는 모양. ㉡기뻐하는 모양. ㉢비분강개하는 모양.
【拊循 부순】 어루만져 위안함. 위무(慰撫)함.
【拊心 부심】 가슴을 두드림. ㉠슬퍼하는 모양. ㉡분개하는 모양. 拊膺(부응).
【拊膺 부응】 가슴을 쳐 어루만짐. ㉠분하게 여기는 모양. ㉡슬퍼하는 모양. 拊心(부심).
【拊絃 부현】 거문고·비파 따위를 탐.
🌘 搏一. 慰一. 捶一.

【拂】 手5

⑧ ❶떨 불 [物] fú
❷도울 필 [質] bì, pì

[소전] [초서] [속서] [參考] 대법원 지정 인명용 한자의 음은 '불'이다.
[字源] 形聲. 手+弗→拂. '弗(불)'이 음을 나타낸다.
[字解] ❶떨다. ㉮먼지 따위를 떨다. 〔禮記〕進几杖者拂之. ㉯떨어 없애다.
〔太玄經〕拂其惡. ㉢추어올리다, 추켜올리다. 〔國語〕拂衣從之. ㉣닦다, 씻다. 〔楚辭〕長袂拂面. ㉤스치다, 스쳐 지나가다. 〔李白·詩〕春風拂檻露華濃. ㉥먼지떨이. 〔南史〕塵尾蠅拂, 是王謝家許. ㉦도리깨. 〔漢書〕必躬載拂. ㉧거스르다. 〔漢書〕拂於耳. ㉨어긋나다, 위배되다. ≒咈·弗. 〔詩經〕四方以無拂. ㉩바로잡다. 〔漢書〕拂世矯俗. ㉪지나다, 다다르다. 〔淮南子〕拂于扶桑. ㉫덮다, 덮어 가리다. 〔楚辭〕折若木以拂日兮. ㉬비틀다, 베다, 자르다. 〔漢書〕其先至者則拂其勁. ㉭[國]치르다, 값을 건네주다. ¶支拂. ❷❶돕다. =弼. 〔漢書〕匡拂天子. ❷바람이 부는 모양.
【拂去 불거】 떨어 버림. 청소함.
【拂經 불경】 상도(常道)에 어긋남.
【拂旦 불단】 동틀 무렵. 새벽. 黎明(여명).
【拂亂 불란】 어긋나고 어지러워짐.
【拂戾 불려】 어긋남. 어그러짐.
【拂鬚 불수】 남의 수염의 먼지를 떨어 줌. 상관에게 아첨함.
【拂拭 불식】 ❶티끌을 털고 훔침. ❷임금의 총애를 받아 특별히 등용됨.
【拂逆 불역】 거스름. 어김.
【拂衣 불의】 ❶옷자락을 추어올림. 분연(奮然)히 일어나는 모양. ❷옷의 먼지를 떪. ❸결연히 떠나감. ❹은자(隱者)가 됨.
【拂耳 불이】 충언(忠言)이 귀에 거슬림.
【拂子 불자】 ❶먼지떨이. 총채. 拂塵(불진). ❷(佛)승려가 번뇌나 장애를 물리치는 표지로 쓰는 총채.
【拂塵 불진】 ❶티끌을 떪. ❷먼지떨이.
【拂天 불천】 하늘을 떪. 하늘을 찌를 듯이 높음.
【拂枕席 불침석】 잠자리를 털어 깨끗이 함. 남의 시중을 듦.
【拂奪 불탈】 도리에 어긋나게 빼앗음.
【拂士 필사】 임금을 정도(正道)로써 보필하는 현사(賢士). 弼士(필사).
【拂汨 필율】 바람에 흔들리는 모양.
🌘 扮一. 洗一. 掃一. 拭一. 除一. 支一.

【抻】 手5

⑧ ❶늘일 신 [眞] chēn
❷펼 신 [眞] shēn

[字解] ❶늘이다, 뻗치다. ❷펴다. =伸.

【押】 手5

⑧ ❶누를 압 [洽] yā
❷단속할 갑 [洽] xiá

一 十 才 扌 扣 抈 押

[초서] [參考] 대법원 지정 인명용 한자의 음은 '압'이다.
[字源] 形聲. 手+甲→押. '甲(갑)'이 음을 나타낸다.
[字解] ❶❶누르다, 내리누르다. ≒壓. 〔晉書〕便以石押其頭使扁. ❷수결. 문서의 증명이나 확인을 위해서, 자기 이름을 일정한 체로 서명(署名)한 것. 〔宋史〕必先書押而後行之. ❸감독하다, 관리하다. 〔唐書〕分司押事. ❹시를 지

手部 5획 抳抰拗抗抵拙

【抵】⑧ ❶거스를 저 薺 dǐ
❷칠 지 紙 zhǐ

一 十 扌 扌 扩 扡 抵 抵

[소전] 柢 [초서] 抵 [참고] 대법원 지정 인명용 한자의 음은 '저'이다.

[字源] 形聲. 手+氏→抵. '氏(저)'가 음을 나타낸다.

[字解] ❶①거스르다, 막다, 거절하다. 〔漢書〕抵欄置辭. ②밀다, 밀어젖히다. ③닥뜨리다, 부딪다. ≒牴. 〔漢書〕作角抵戲. ④이르다, 다다르다. ≒底. 〔史記〕道九原抵雲陽. ⑤딸리다, 부속(附屬)되다. 〔史記〕抵營室. ⑥의지하다, 믿고 따르다. ≒邸. 〔史記〕去抵交客. ⑦당하다, 해당하다. ≒柢. 〔史記〕傷人及盜抵罪. ⑧던지다, 내던지다. ≒擿. 〔後漢書〕因毀以抵地. ⑨속이다. ≒詆. 〔後漢書〕抵言於長壽街上得之. ⑩근본, 뿌리. ≒柢. 〔周禮〕賈者各從其抵. ⑪대저(大抵), 무릇. 〔史記〕大抵盡詆以不道. ❷치다, 손으로 치다. ≒抵. 〔漢書〕奮髥抵几.

【抵當 저당】①막음. ②금전을 빌리면서 담보로 동산이나 부동산을 전당잡힘.
【抵冒 저모】 거슬러 어김. 법을 어김.
【抵排 저배】 밀어 물리침. 저항하여 배척함.
【抵死 저사】①죽음에 이름. 사형(死刑)에 처함. ②어디까지나. 끝까지.
【抵牾 저오】 서로 어긋남. 서로 모순(矛盾)됨. 抵梧(저오).
【抵敵 저적】①서로 낯서서 겨룸. 넘벼듦. ②적을 맞두어 싸움. 抵抗(저항).
【抵罪 저죄】 죄의 경중(輕重)에 따라 그에 상당한 형(刑)을 줌.
【抵擲 저척】 내던짐. 投擲(투척).
【抵瑕 저하】 남의 단점을 지적함.
【抵抗 저항】 항거하거나 대항함.
【抵掌 저장】①손뼉을 침. ②신나게 이야기하는 모양.

○ 角−, 過−, 大−.

【拙】⑧ 졸할 졸 本절 屑 zhuō

一 十 扌 扌 扎 扒 拙 拙

[소전] 拙 [초서] 拙 [字源] 形聲. 手+出→拙. '出(출)'이 음을 나타낸다.

[字解] ①졸하다. ㉮솜씨가 서투르다. 〔老子〕大巧若拙. ㉯재주 없다, 어리석다. 〔楚辭〕理弱而媒拙兮. ㉰주변 없고 고리삭다. 〔陸龜蒙·詩〕白石又太拙. ②운이 나쁘다, 불우(不遇)하다. 〔杜甫·詩〕益歎身世拙. ③소용이 없다, 쓸 모가 없다. 〔史記〕鐵劍利而倡優拙. ④자신의 것을 겸사하여 이르는 말. ¶拙稿.

【拙稿 졸고】 서투르게 쓴 원고. 자기가 쓴 원고의 겸칭.
【拙鳩 졸구】 비둘기. ◦비둘기는 집을 짓는 것이 몹시 서투른 데서 온 말.

을 때 운자(韻字)를 달다. ¶押韻. ⑤도장. 〔宋史〕金押玉鈕. ⑥도장을 찍다. ¶押署. ⑦억지로 누르다. ¶押收. ⑧잡아 가두다. ¶押送. ❷①단속하다, 검속(檢束)하다. ¶檢押. ②따르다, 친압하다. 〔漢書〕羽檄重迹而押至.

【押交 압교】 죄인을 압송함. 押附(압부).
【押券 압권】 서명(署名)한 문서.
【押捺 압날】 도장을 찍음. 捺印(날인).
【押班 압반】 조정에서 백관(百官)이 착석하는 위차(位次)를 주관함. 또는 그 벼슬.
【押署 압서】 도장을 찍고 이름을 씀. 서명 날인(捺印)함.
【押送 압송】 죄인을 호송함.
【押收 압수】 법원이나 수사 기관 등이 직권으로 증거물이나 몰수할 물건을 점유 확보함.
【押收 압수】①물건 따위를 강제로 빼앗음. ②물건의 점유를 취득하는 강제 처분.
【押韻 압운】①한시(漢詩)를 지을 때 일정한 자리에 운자(韻字)를 달아 짓는 일. ②시의 일정한 곳에 같은 운(韻)을 닮.
【押字 압자】①수결(手決). 花押(화압). ②시의 압운(押韻).

○ 檢−, 拱−, 署−, 典−, 差−, 花−.

【抳】⑧ 扼(676)과 동자

【抰】⑧ 끌 예 霽 yè

[소전] 抴 [초서] 抴 [동자] 拽

[字解] ①끌다. 〔荀子〕接人則用抴. ②배의 키. ≒枻. 〔楚辭〕桂櫂兮蘭抴.

【拗】⑧ ❶꺾을 요 巧 ǎo
❷비뚤 요 巧 ào
❸누를 욱 屋 yù

[소전] 㘥 [초서] 拗 [속자] 㧿 [참고] 대법원 지정 인명용 한자의 음은 '요'이다.

[字解] ❶꺾다, 부러뜨리다. ¶拗矢. ❷①비뚤다, 마음이 비뚤어지다. ¶拗强. ②비틀다, 비틀어 돌리다. 〔唐·時升·詩〕風拗藤枝脫覺樹. ③어기다. 〔元稹·詩〕和蠻歌字拗. ❸누르다, 억누르다. ¶拗怒.

【拗强 요강】 성질이 비뚤어지고 고집스러움.
【拗矢 요시】 화살을 꺾음. 꺾인 화살.
【拗體 요체】 한시(漢詩)에서 일정한 평측(平仄)의 규칙을 따르지 않는 근체시(近體詩). 절구(絶句)와 율시(律詩)의 변격으로, 두보(杜甫)의 시에서 많이 볼 수 있음.
【拗怒 욱노】 노여움을 누름. 분노를 억제함.

○ 執−, 摧−.

【抗】⑧ 퍼낼 요·유 篠 yǎo

[동자] 舀 [字解] 퍼내다, 확에서 퍼내다, 물 위를 퍼내다. 〔周禮〕女舂抗二人.

手部 5획 拄拯抶拃拓招

【拙衲 졸납】 (佛)승려의 겸칭. 拙僧(졸승).
【拙劣 졸렬】 서투르고 보잘것없음.
【拙老 졸로】 늙은이의 겸칭.
【拙論 졸론】 보잘것없고 서투른 이론. 자기의 이론에 대한 겸칭.
【拙妄 졸망】 옹졸하고 잔망(孱妄)함.
【拙樸 졸박】 극히 순박함. 꾸밈이 없고 생긴 그대로임.
【拙手 졸수】 서투른 손재주. 졸렬한 솜씨.
【拙愚 졸우】 용렬하고 어리석음.
【拙吟 졸음】 잘 짓지 못한 시가(詩歌).
【拙醫 졸의】 서투른 의사. 돌팔이 의원.
【拙著 졸저】 졸렬한 저술. 자기의 저술에 대한 겸칭. 拙作(졸작).
【拙妻 졸처】 ①자기 아내의 겸칭. 山妻(산처). 荊妻(형처). 拙荊(졸형). ②자기 남편에 대한 아내의 겸칭.
【拙筆 졸필】 ①잘 쓰지 못한 글씨. ②뛰어나지 않은 시문(詩文). ③자기 글씨나 그림의 겸칭.
【拙荊 졸형】 ⇨拙妻(졸처).
○ 工−, 巧−, 守−, 壅−, 愚−, 藏−, 稚−.

手 5 【拄】 ⑧ 떠받칠 주 麌 zhǔ
拄 [字解] ①떠받치다, 괴대를 세우다. 〔戰國策〕僑劍拄頤. ②거절하다, 거부하다. 〔漢書〕連拄五鹿君. ③손가락질하다. 〔傳燈錄〕使當心一拄.
【拄杖 주장】 짚고 의지하는 막대기. 지팡이.

手 5 【拯】 ⑧ 되돌릴 진 軫 zhěn
拯 [字解] ①되돌리다, 되돌아오다. 〔淮南子〕扶搖抱抱, 羊角而上. ②붙다, 고착(固着)하다. 〔淮南子〕雖天地覆育, 亦不與之拯抱矣.

手 5 【抶】 ⑧ 매질할 질 寘 chì
抶 抶 [字解] 매질하다, 종아리를 때리다. 〔春秋左氏傳〕抶其僕以徇.

手 5 【拃】 ⑧ 拶(693)의 속자

手 5 【拓】 ⑧ ❶주울 척 陌 zhí
❷넓힐 척 (木)탁 藥 tuò
❸박을 탁 藥 tà
一 十 扌 扌 扩 扩 拓 拓
柘 拓 [參考] 대법원 지정 인명용 한자의 음은 '척·탁'이다.
[字源] 形聲. 手+石→拓. '石(석)'이 음을 나타낸다.
[字解] ❶①줍다, 떨어진 것을 줍다. 〔儀禮·註〕拓果樹實. ②꺾다, 부러뜨리다. 〔後漢書〕拓若

華而躊躇. ❷①넓히다, 확장하다. 〔漢書〕拓迹開統. ②개척하다, 열다. 〔後漢書〕恢拓境宇. ③크다. ≒碩. ④불우(不遇)하다. 〔揚雄·解嘲〕何爲官之拓落也. ⑤올리다, 들어 올리다. 〔列子〕能拓國門之關. ❸①박다, 금석문(金石文)을 종이에 박다. 〔隋書〕其相承傳拓之本. ②밀다, 밀치다. =托. 〔李山甫·詩〕一拓纖痕更不收.
【拓落 척락】 ①불우함. 영락(零落)함. 落魄(낙백). ②광대(廣大)한 모양. ③매조짐이 없는 모양. 落拓(낙척).
【拓地 척지】 ①토지를 개척함. 拓土(척토). ②국토를 넓힘.
【拓土 척토】 토지를 개척함. 拓地(척지).
【拓本 탁본】 금석(金石)에 새긴 글씨나 그림을 그대로 종이에 박아 냄. 또는 그 박은 종이. 搨本(탑본).
○ 干−, 開−, 落−.

手 5 【招】 ⑧ ❶부를 초 蕭 zhāo
❷풍류 이름 소 蕭 sháo
❸들 교 蕭 qiáo
一 十 扌 扌 扚 扔 扨 招 招
招 招 [參考] 대법원 지정 인명용 한자의 음은 '초'이다.
[字源] 形聲. 手+召→招. '召(소)'가 음을 나타낸다.
[字解] ❶①부르다. ㉮오라고 부르다, 손짓하다. ¶ 招聘. ㉯불러일으키다, 가져오게 하다. ¶ 招災. ②구하다. 〔漢書〕將招權而爲亂首矣. ③얽어매다, 속박하다, 결박하다. 〔孟子〕又從而招之. ④과녁. 녹의. 〔呂氏春秋〕共射一招. ⑤흔들리다. ¶ 招尤. ⑥성(姓). ⑦별 이름. 북두칠성의 일곱째 별. ¶ 招搖. ⑧나타내다, 밝히다. ≒昭. 〔張衡·賦〕招有道側佃陋. ⑨몸을 움직이다, 허리를 펴다. ❷풍류 이름. 순(舜)임금이 지었다는 풍류. =韶. 〔漢書〕舜作招. ❸①들다, 들어올리다, 위로 쳐들다. ≒撟. 〔淮南子〕操其瓠招其末. ②게시하다, 높이 들어 남에게 보이다. 〔莊子〕有虞氏招仁義, 以撓天下. ③높이, 높이 오르다. ≒翹. 〔漢書〕諸族樂人, 兼雲招.
【招諫函 초간함】 신하가 자유로이 간언을 할 수 있게 마련해 놓은 투서함(投書函).
【招過 초과】 잘못을 하나하나 듦.
【招待 초대】 사람을 불러 대접함.
【招來 초래】 ①어떤 결과를 가져오게 함. ②불러서 오게 함. 招徠(초래).
【招徠 초래】 ①불러서 오게 함. 招來(초래). ②불러서 위로함.
【招撫 초무】 ①불러서 무마함. ②불러서 따르게 함. 귀순(歸順)시킴.
【招辟 초벽】 어진 사람에게 벼슬을 주기 위해 불러 옴.
【招聘 초빙】 예(禮)를 갖추어 남을 부름.
【招辭 초사】 죄인이 범죄 사실을 자백하는 말.

手部 5획 抽 拖 拕 拆 抬

供辭(공사). 供招(공초).
【招壻 초서】①사위를 맞음. ②데릴사위.
【招世之士 초세지사】①충량(忠良)을 권장하고, 인물을 초치(招致)하는 사람. ②세상을 초요(招搖)하는 선비.
【招召 초소】사람을 부름. ▷'招'는 손짓으로 부름, '召'는 말로써 부름.
【招尋 초심】①부름. 초대함. ②방문함.
【招安 초안】①악당(惡黨)을 귀순하게 하여 편안한 생활을 누리게 함. ②죄를 용서함. 은사(恩赦)를 공포함.
【招延 초연】불러들임. 모집함.
【招要 초요】불러서 오게 함. 불러 맞이함.
【招搖 초요】①북두칠성의 일곱째 별. 搖光(요광). ②기지개를 켜는 모양. ③정한 곳 없이 슬슬 거닐어 돌아다님. 逍遙(소요). ④군기(軍旗)의 이름. 북두칠성을 그렸음. 招搖旗(초요기). ⑤㉠말을 퍼뜨림. ㉡이름을 거짓으로 꾸밈. ⑥㉠받음. 받아 가짐. ㉡산 이름. ㉢신(神) 이름. ⑨뽐냄. 으스댐.
【招邀 초요】①불러서 맞음. ②연회(宴會)에 부름. 招宴(초연).
【招尤 초우】①잘못이나 실수를 저지름. ②현기증. 어지럼증.
【招慰 초위】①불러서 위로함. ②달래어 귀순(歸順)시킴.
【招諭 초유】불러서 타이름. 召諭(소유).
【招引 초인】불러들임. 招延(초연).
【招入 초입】불러서 안으로 들임.
【招災 초재】스스로 재해를 가져오게 함.
【招箭 초전】과녁 옆에서 화살의 적중 여부를 확인하는 사람.
【招提 초제】(佛)①사방(四方)의 승려들이 모여 사는 곳. 절. 寺院(사원) 伽藍(가람). ②관부에서 사액(賜額)한 절.
【招請 초청】사람을 청하여 부름.
【招招 초초】①손을 들고 부르는 모양. ②큰 소리로 부르는 모양.
【招出 초출】불러냄.
【招牌 초패】①간판. ②㉠승지가 임금의 지시를 받고 신하를 부를 때에 쓰던 붉은 패.
【招魂 초혼】①사람이 죽었을 때 발상(發喪)하기 전에 죽은 사람의 혼을 부르는 행사. ②죽은 사람의 혼을 불러 돌아오게 함.
【招還 초환】불러 돌아오게 함. 召還(소환).
❶供-, 目挑心-, 問-.

手
5 【抽】⑧ 뺄 추 宥 chōu

一 十 才 扌 扣 抽 抽 抽

[초서] 抽 [자원] 形聲. 手+由→抽. '由(유)'가 음을 나타낸다.
[자해] ①빼다. ㉮뽑다, 뽑아내다.〔春秋左氏傳〕抽矢菆. ㉯없애다, 제거(除去)하다.〔詩經〕言抽其棘. ②당기다, 잡아당기다. =搐.〔莊子〕挈水若抽. ③싹트다, 싹이 나오다.〔束

晳·詩〕木以秋零, 草以春抽. ④거두다, 거두어들이다.〔太玄經〕群綸抽緒. ⑤찢다, 부수다.〔春秋左傳〕不抽屋.
【抽讀 추독】발췌하여 읽음. 많은 책 중에서 어떤 부분만을 솎아 내어 읽음.
【抽拔 추발】골라서 뽑음. 拔擢(발탁)함.
【抽象 추상】구체적인 사물이나 관념에서 공통되는 성질을 뽑아 내어 종합하는 일.
【抽賞 추상】여럿 가운데서 뽑아 기림.
【抽身 추신】어떤 자리에서 몸을 빼어 떠남.
【抽芽 추아】①초목의 눈이 싹틈. ②싹튼 눈.
【抽裂 추열】①찢음. ②찢어짐.
【抽獎 추장】여럿 가운데 뽑아서 칭찬함.
【抽擢 추탁】많은 것 중에서 뽑아 씀.
【抽脅 추협】갈비의 힘줄을 뽑아 내는 형벌의 한 가지.
【抽黃對白 추황대백】황색을 뽑아 흰색과 짝을 맞춤. 교묘한 문구를 써서 사륙변려체(四六駢儷體)의 글을 지음.
❶芽-, 花-.

手
5 【拖】⑧ 끌 타 歌箇 tuō

[소전] 拕 [초서] 拖 [동자] 拕
[자해] ①끌다. ㉮끌어당기다, 잡아끌다. ¶拖鉤. ㉯미루다, 지연시키다. ¶拖延. ②풀어 놓다, 마음대로 내버려 두다.〔淮南子〕縱體披髮. ③빼앗다, 빼앗기다.〔淮南子〕遇盜拖其衣裘. ④던지다.〔禮記〕拖諸帶.
【拖鉤 타구】즐디러다.
【拖紳 타신】큰 띠를 질질 끎. 대신이 병이 남.
【拖延 타연】시간을 끎. 유예(猶豫)함.
【拖紫 타자】자색 인수(紫色印綬)를 참. ㉠고관(高官)이 됨. ㉡출세함.

手
5 【拕】⑧ 拖(687)와 동자

手
5 【拆】⑧ 터질 탁 陌 chāi

[초서] 拆 [자해] ①터지다, 갈라지다, 쪼개다. ※坼(346)의 와자(譌字).〔詩經〕不拆不副. ②뜯다.〔韓愈·詩〕拆書放牀頭. ③분별하다, 식별하다.
【拆開 탁개】엶. 개봉(開封)함.
【拆裂 탁렬】①쪼갬. ②쪼개어 깨뜨림.
【拆封 탁봉】①편지 따위의 봉한 것을 엶. 開封(개봉). ②봉인(封印)을 뜯음.
【拆字 탁자】점복(占卜)의 한 가지. 글자를 편(偏)·방(旁)·관(冠)·각(脚) 등으로 나누고, 그 부분의 뜻을 가지고 일의 길흉(吉凶)을 점치는 일. '松'을 '十八公', '貨泉'을 '白水眞人'으로 부르는 따위.

手
5 【抬】⑧ ❶笞(1304)와 동자
❷擡(731)의 속자

手5 【抨】⑧ 탄핵할 평 庚 pēng, bēng

字解 ①탄핵하다, 나쁜 일을 들추어 내어 책망하다. ¶抨劾. ②~로 하여금 ~하게 하다. 사역(使役)의 뜻을 나타내는 재역자(再譯字). 〔漢書〕抨雄鳩以作媒兮.
【抨彈 평탄】☞抨劾(평핵)
【抨劾 평핵】죄상(罪狀)을 들추어내어 책망함. 抨彈(평탄). 彈劾(탄핵).

手5 【抱】⑧ ❶안을 포 皓 bào ❷던질 포 看 pāo

一 十 扌 扌 扚 扚 抂 抱

字源 形聲. 手+包→抱. '包(포)'가 음을 나타낸다.
字解 ❶①안다, 품다. ㉮아기를 안다, 껴안다, 마음속에 품다. 〔南史〕乳媼攜抱, 匿於廬山. ㉯알을 품다, 알을 안다. ≒孚. 〔方言〕北燕朝鮮洌水之間, 謂伏雞曰抱. ㉰둘러싸다, 에워싸다. 〔獨孤及·詩〕鬱律衆山抱. ㉱가지다, 지니다. 〔戰國策〕是抱空質. ㉲지키다. 〔禮記〕抱義而處. ㉳받들다, 높이 받들다. 〔呂氏春秋〕周公抱少主而成之. ②품, 품에 안기다. 〔後漢書〕三年乃免于懷抱. ③가슴, 흉부. 〔儀禮〕凡與大人言, 始視面, 中視抱. ④마음, 생각. 〔宋書〕區區丹抱. ⑤아름, 두 팔을 벌려 껴안은 둘레. 〔司馬相如·賦〕長千仞, 大連抱. ⑥성(姓). ❷①던지다, 버리다. =拋. 〔史記〕姜嫄生后稷, 抱之山中. ②되돌리다, 되돌아오다. 〔淮南子〕扶搖抮抱, 羊角而上.
【抱告 포고】청대(淸代)에, 관리나 부녀자가 친족이나 하인을 대리(代理)로 보내어 소송(訴訟)을 제기하던 일.
【抱關擊柝 포관격탁】관문(關門)을 지키고 딱따기를 침. 문지기, 야경꾼.
【抱德煬和 포덕양화】덕을 간직하고, 화기(和氣)를 기름. 덕과 화기를 소중히 기름.
【抱病 포병】병을 지님.
【抱服絕倒 포복절도】배를 그러안고 넘어짐. 몹시 웃음.
【抱薪救火 포신구화】섶을 안고 불을 끔. 재난을 구하려다가 도리어 더 크게 하거나 자멸(自滅)함.
【抱玉哭 포옥곡】옥을 껴안고 욺. 억울한 죄를 받고 욺. 故事 초(楚)나라의 변화(卞和)가 옥(玉)을 얻어 회왕(懷王)에게 바쳤다가, 가짜로 오인(誤認)되어 도리어 형벌을 받은 고사에서 온 말.
【抱擁 포옹】서로 껴안음. 얼싸안음.
【抱怨 포원】원망함. 앙심을 품음.
【抱義 포의】정의(正義)를 품음.
【抱一 포일】하나를 안아 지킴. 도(道)를 보전하여 지킴.
【抱殘守缺 포잔수결】얼마 남지 않은 책. 또는 낙질(落帙)된 책을 귀중히 간직함.
【抱柱 포주】신의(信義)를 지키는 일. 故事 미생(尾生)이 여자와 다리 밑에서 만나기로 약속했는데, 여자는 오지 않고 갑자기 내린 큰비로 물이 불어 마침내 다리 기둥을 안고 죽었다는 고사에서 온 말. ☞尾生之信(미생지신).
【抱志 포지】훌륭한 뜻을 품음.
【抱炭希涼 포탄희량】숯불을 안고 시원하기를 바람. 행하는 바와 바라는 바가 상반됨.
【抱痛西河 포통서하】자식을 잃고 슬퍼함. 故事 공자의 제자인 자하(子夏)가 서하에서 위 문후(魏文侯)의 스승으로 있을 때, 아들을 잃고, 너무 비통(悲痛)한 나머지 실명(失明)한 고사에서 온 말.
【抱合 포합】①抱擁(포옹). ②서로 다른 종류의 물질이 물질상의 변화가 없이 결합하는 일. ❶襟-, 辛-, 擁-, 乳-, 合-, 孩-, 懷-.

手5 【抪】⑧ 펴질 포 虞遇 pū

字解 ①퍼지다, 널리 퍼지다. ≒溥. 〔漢書〕塵埃抪覆. ②깔다, 펴다. ≒敷.
【抪覆 포부】널리 퍼져 덮임.

手5 【拋】⑧ ❶던질 포 看 pāo ❷전거 포 看 pāo

字解 ❶①던지다, 내던지다. ¶拋擲. ②버리다, 내버리다. 〔後漢書〕同抛財産. ❷전거(戰車). 투석(投石) 때 쓰는 전거의 한 가지. 〔唐書〕列拋車飛大石.
【拋車 포거】전쟁 때 돌을 던지기 위하여 사용한 수레. 霹靂車(벽력거).
【拋物 포물】물건을 집어 던짐.
【拋擲 포척】①내던짐. 팽개침. ②돌보지 않음. ③상관하지 않음. 放擲(방척).

手5 【披】⑧ ❶나눌 피 支 pī ❷찢을 피 紙 pī ❸관 줄 피 寘 pī

字解 ❶①나누다, 쪼개다. 〔春秋左氏傳〕披其地. ②열다, 개척하다. 〔史記〕披山通道. ③입다, 옷을 걸치다. 〔唐書〕披裘曳索. ④쓰러지다, 쏠리어 넘어지다. ¶披靡. ⑤폭로하다, 들추어내다. ¶披抉. ⑥풀다, 끈을 풀다. ¶披斷. ❷찢어지다. 〔史記〕木實繁者, 披其木. ❸①관 줄. 운구(運柩)할 때, 널 좌우에서 널을 들도록 감아 놓은 끈. 〔周禮〕執披. ②성(姓).
【披肝 피간】간장(肝臟)을 엶. 곧, 마음속을 털어놓음.
【披見 피견】책이나 편지 따위를 펴서 봄. 披覽(피람).
【披抉 피결】①헤치고 후벼 냄. ②감춘 것을 추어냄. 남의 비밀을 폭로함.
【披款 피관】진심을 털어놓음.
【披襟 피금】①옷깃을 열어젖힘. ②마음속을 털어놓음.

【披斷】피단 풀어서 자름.
【披讀】피독 책을 읽음. 繙讀(번독).
【披覽】피람 책이나 문서 따위를 펼쳐서 읽음.
【披瀝】피력 속마음을 조금도 숨기지 않고 털어 놓음.
【披露】피로 ①털어 내놓음. 속마음을 털어놓음. 披瀝(피력). ②일반에게 널리 알림. 公表(공표)함. ③파헤침. 폭로(暴露)함.
【披離】피리 ①산산조각이 남. 뿔뿔이 흩어짐. ②지엽(枝葉)이 어지럽게 흩어지는 모양.
【披麻】피마 화법(畫法)의 하나. 삼〔麻〕의 잎을 편 것처럼 돌의 주름을 그림.
【披霧】피무 안개를 헤침. 장해물을 제거함.
【披靡】피미 ①초목(草木)이 바람을 받아 한편으로 쓰러짐. ②위력이나 권세에 눌려 굴복함.
【披髮徒跣】피발도선 부모가 돌아가셨을 때, 머리를 풀고 버선을 벗는 일.
【披髮左衽】피발좌임 머리를 풀어 헤치고 옷깃을 왼쪽으로 여밈. 미개한 종족의 풍속.
【披腹】피복 속마음을 엶. 진정(眞情)을 보임.
【披拂】피불 ①㉠초목의 잎이 바람에 나부낌. ㉡풀 따위를 없앰. ②부추김. 선동함.
【披攘】피양 열어 헤침. 미개지를 개척하여 국토를 평정함.
【披閱】피열 ①열어서 조사해 봄. ②책이나 서류를 펴 놓고 열람(閱覽)함.
【披緇】피치 승복을 입음. 승려가 됨.
【披針】피침 곪은 데를 째는 침. 바소.
【披披】피피 ①긴 모양. 被被(피피). ②움직이는 모양. ③머리카락이 흐트러진 모양.
【披懷】피회 흉금을 털어놓음. 披襟(피금).
●霧-, 拜-, 分-, 離-, 昌-, 風-.

手 5 【拡】⑧ 擴(733)의 속자

手 6 【挙】⑩ 擧(730)의 속자

手 6 【挌】⑨ 칠 격 囿 gé
소전 𢪬 초서 挌 字解 ①치다. 늑格. ㉮때리다. 〔後漢書〕此奴下車, 因挌殺之. ㉯싸우다, 다투다. ¶挌鬪. ②굳다, 흙에 물기가 없어지다. 〔管子〕乾而不挌.
【挌鬪】격투 서로 맞붙어 싸움.

手 6 【拷】⑨ 칠 고 皓 kǎo
초서 拷 字解 ①치다, 자백(自白)을 받기 위해 세게 때리다. ②빼앗다, 약탈하다.
【拷掠】고략 고문(拷問)하여 자백을 강요함.
【拷問】고문 죄상을 자백시키기 위하여 육체적인 고통을 주는 일.

手 6 【挎】⑨ 가질 고 麌 kū

字解 ①가지다, 소유하다. 〔儀禮〕挎越內弦. ②에다, 도려내다. 늑剜. 〔易經〕挎木爲舟.

手 6 【拱】⑨ ❶두 손 맞잡을 공 腫 gǒng ❷보옥 공 图 gǒng
소전 𢪏 초서 拱 字解 ❶①두 손을 맞잡다. ㉮예(禮)의 한 가지. 두 손을 들어 가슴 앞에서 마주 잡는다. 남자는 길시(吉時)에는 왼손을 앞으로, 흉시(凶時)에는 오른손을 앞으로 하며, 여자는 남자와 반대로 한다. 〔論語〕子路拱而立. ㉯팔짱을 지르다, 아무 일도 하지 않는 모양. 〔書經〕垂拱而天下治. ②껴안다, 두 팔로 껴안다. 〔淮南子〕交拱之木. ③아름, 두 팔을 벌려 껴안을 정도의 둘레. 〔孟子〕拱把之桐梓. ④두르다, 빙 둘러치다. 〔論語〕北辰居其所而衆星拱之. ⑤거두다, 가지다, 잡다. 〔國語〕攝齊拱稽. ❷보옥(寶玉). 늑珙. 〔春秋左氏傳〕與我其拱璧.
【拱稽】공계 ①창을 잡음. ②병적(兵籍)과 병장기(兵仗器)의 장부를 관장함.
【拱木】공목 ①둘레가 한 아름이 넘는 큰 나무. 아름드리나무. ②무덤가에 심은 나무.
【拱手】공수 ①두 손을 마주 잡아 행하는 절. ㉠길사(吉事)에는 남자는 왼손, 여자는 오른손을 앞으로 하고, 흉사(凶事)에는 그 반대로 함. ②두 손을 마주 잡고 아무 일도 하지 않음.
【拱辰】공신 많은 별들이 북극성을 향함. 사방의 백성이 임금의 덕화(德化)에 따름.
【拱揖】공읍 두 손을 마주 잡고 가볍게 머리를 수여 인사함. 拱揖(공읍).
【拱把】공파 ①한 아름. ②두 팔을 벌려 에워쌀 만한 굵기.
●端-, 墓木已-, 拜-, 把-, 合-.

手 6 【桻】⑩ 수갑 공 腫 gǒng
소전 𢬱 혹체 𢪏 字解 수갑, 두 손을 나무에 묶어 두는 고랑. 〔周禮〕上罪桔桻二桎.

手 6 【括】⑨ 묶을 괄 曷 kuò
소전 𢬘 초서 括 字解 ①묶다. ㉮다발을 짓다, 끈으로 동이다. ¶括髮. ㉯여럿을 하나에 망라하다, 여럿을 한 체계로 합치다. ②감독하다, 단속하다. 〔新唐書〕鑄錢括苗. ③담다, 담아서 싸다. 〔賈誼·過秦論〕有席卷天下, 包擧宇內, 囊括四海之意. ④오늬. 늑𥬲. 〔書經〕往省括于度. ⑤이르다, 다다르다, 모여들다. 〔詩經〕羊牛下括. ⑥찾다, 궁구하다, 구명하다. 〔陶弘景·序〕硏括煩省. ⑦받아들이다, 수용(收用)하다. 〔北史〕時大括人爲軍士. ⑧일어나다, 시작되다. 〔易經〕動而不括.
【括結】괄결 묶음. 다발로 묶음.
【括囊】괄낭 ①주머니의 주둥이를 잡아매듯이 입을 다물고 말하지 않음. 침묵(沈默)함. ②하

手部 6획 挂挍拳拮拿挐挑

나로 포괄(包括)함.
【括髮 괄발】삼[麻]으로 머리털을 묶음. 중국의 옛 상례(喪禮)의 한 가지. 髺髮(괄발).
【括約 괄약】①모아서 한데 묶음. ②일의 뒤끝을 수습함.
【括羽 괄우】오늬와 깃털. 오늬를 만들고 깃털을 붙여 화살을 완성함. 학문을 닦고, 슬기를 모아 유용한 인재가 됨.
❶ 槪−, 一−, 總−, 統−, 包−.

手 【挂】⑨ ❶걸 괘 圈 guà
6   ❷나눌 괘·규 圈 guà
소전 挂 초서 挂 字解 ❶《通》掛(699)·卦(242). ①걸다, 걸리다, 매달다, 매달리다. ¶挂冠. 〔王維·詩〕早朝方暫挂, 晚沐更來簪. ③건너다, 통과하다. 〔李白·詩〕星橋北挂象天星. ④옷, 의상(衣裳). 〔潘岳·詩〕遺挂猶在壁. ❷나누다, 갈라서 구분을 짓다. 〔莊子〕以挂功名.
【挂冠 괘관】관(冠)을 벗어 걺. 관직을 그만둠. 故事 벼슬을 그만둔 벼슬아치가 관을 벗어 성문(城門)에 걸어 놓고 떠났다는 고사에서 온 말. 挂綬(괘수).
【挂榜 괘방】방(榜)을 걺. ①정령(政令)이나 포고(布告)를 붙임. ②과거(科擧)에 합격한 사람의 이름을 개시함. ③이름을 밝히지 않고 글을 써 붙임.
【挂帆 괘범】돛을 닮. 挂席(괘석).
【挂席 괘석】배에 돛을 닮. 挂帆(괘범).
【挂錫 괘석】석장(錫杖)을 걸어 둠. 승려가 한 곳에 체류(滯留)함.
【挂綬 괘수】인수(印綬)를 걸어 둠. 관직을 그만둠. 挂冠(괘관).
❶ 擧−, 鉤−, 倒−, 典−, 懸−.

手 【挍】⑨ 견줄 교 圈 jiào
6
초서 挍 參考 명(明) 희종(熹宗)의 휘(諱)가 '校(교)'자여서 이 글자의 사용을 피하려고 '挍'자를 쓴 경우가 많다.
字解 ①견주다, 비교하다. ②갚다, 보답하다.

手 【拳】⑩ 주먹 권 圈 guán
6
丿 八 ヒ 屮 쓰 失 关 券 卷 拳
소전 拳 초서 拳 속자 拳 간자 拳 字源 形聲. 失+手→拳. '失(권)'이 음을 나타낸다.
字解 ①주먹. 〔晉書〕攘袂奮拳. ②주먹을 쥐다, 주먹질하다. 〔顏氏家訓〕手不得拳, 膝不得屈. ③힘. 〔詩經〕無拳無勇. ④권법(拳法). 중국 고유의 무술(武術) 이름. ⑤소중히 받들어 지키다, 정성껏 지키는 모양. 〔禮記〕拳拳服膺. ⑥사랑하다. 〔列女傳〕拳拳若親. ⑦공손하다, 정중하다. 〔漢書〕拳拳之忠. ⑧힘쓰다, 부지런하다. 〔後漢書〕違慈母之拳拳乎. ⑨굽다, 구부

러지다. ≒卷.
【拳踘 권국】허리 따위가 구부러져서 자유롭지 못한 모양.
【拳拳 권권】①진실한 마음으로 정성껏 지키는 모양. ②부지런함. 근면함. ③사랑함. 자애로움. ④공손함. 정중함.
【拳拳服膺 권권복응】늘 마음에 간직하여 정성스럽게 지킴.
【拳攣 권련】사랑하고 사모함.
【拳握 권악】①주먹. ②얼마 되지 않음.
【拳勇 권용】권술(拳術)에 능하고 용맹함.
【拳菜 권채】고사리. ○처음 돋아날 때의 모양이 주먹 같은 데서 생긴 이름.
【拳打 권타】주먹으로 침.
❶ 強−, 空−, 振−, 鐵−, 揮−.

手 【拮】⑨ ❶일할 길 圈 jié
6   ❷죄어칠 갈 圈 jiá
소전 拮 초서 拮 參考 대법원 지정 인명용 한자의 음은 '길'이다.
字解 ❶①일하다, 손과 입을 함께 놀리며 일하다. 〔詩經〕予手拮据. ②맞서다, 겨루다. ¶拮抗. ❷죄어치다, 심하게 핍박하다. 〔戰國策〕句踐終拮而殺之.
【拮据 길거】①바쁘게 일하는 모양. ②곤란을 당함. 재정이 넉넉하지 못하여 생활이 어려움.
【拮抗 길항】맞서 대항함.

手 【拿】⑩ 붙잡을 나 圈 ná
6
초서 拿 본자 拏 字解 ①붙잡다, 사로잡다. ②손에 넣다. ※拏(681)의 속자(俗字).
【拿鞫 나국】죄인을 잡아다 국문(鞫問)함.
【拿捕 나포】죄인이나 적선(敵船) 따위를 사로잡음.
【拿獲 나획】☞拿捕(나포).

手 【挐】⑩ ❶붙잡을 나 圈 ná
6   ❷끌 녀 圈 rú
소전 挐 參考 대법원 지정 인명용 한자의 음은 '나'이다.
字解 ❶붙잡다, 손에 넣다. ≒拏. ❷①끌다, 지연되다. 〔漢書〕禍挐而不解. ②뒤섞다, 혼합하다. ≒拏. 〔楚辭〕挐黃梁些. ③어지럽다, 어지러워지다. ¶挐莖.
【挐戮 나륙】붙잡아 죽임.
【挐莖 여경】뒤섞여 얽힌 나뭇가지나 풀의 줄기.
【挐首 여수】빗질을 하지 않아 헝클어진 머리.
【挐音 여음】물이 어지러이 흐르는 소리.

手 【挑】⑨ ❶휠 도 本조 圈 tiǎo
6   ❷오가는 모양 도 圈 tāo
一 十 扌 扌 扌 扌 扪 挑 挑
소전 挑 소전 挑 초서 挑 字源 形聲. 手+兆→挑. '兆(조)'

가 음을 나타낸다.

字解 ❶①휘다, 굽다. 〔莊子〕撓挑無極. ②돋우다. ㉮심지를 돋우다. 〔白居易·歌〕孤燈挑盡未成眠. ㉯기분·의욕 등을 부추기다. 〔史記〕以琴心挑之. ㉰성이 나게 충동하다, 싸움을 걸어 오게 하다. ¶ 挑戰. ③어깨에 메다. 〔陸游·詩〕擔挑雙毛履. ④가리다, 가려서 쓰다. 〔後漢書〕挑取功譽. ⑤후비다, 도려내다. ≒銚. 〔異苑〕倪以鍼挑令徹. ⑥긁어 내다, 준설(浚渫)하다. 〔通州志〕官銀挑濬. ⑦가볍다. ≒佻. 〔荀子〕其服不挑. ⑧꿩의 깃. ≒翟. ¶ 挑文. ❷①오가는 모양. 〔詩經〕挑兮達兮. ②뛰다, 몸이 가벼운 모양.

【挑達 도달】①오가며 서로 보는 모양. ②침착하지 못하고 제멋대로인 모양. ③남근(男根)이 발기하여 시들지 않음.
【挑動 도동】꼬드겨 마음을 움직임. 남을 집적거려 흥분하게 함.
【挑燈 도등】등불의 심지를 돋우어서 불을 더 밝게 함.
【挑文 도문】꿩의 깃의 무늬. ✎ '挑'는 '翟'으로 '꿩의 깃'을 뜻함.
【挑選 도선】고름. 선택함.
【挑戰 도전】싸움을 걺. 전쟁을 도발(挑發)함.
❶鉤-, 擔-, 燈-, 目-心招, 撓-.

手6 【挏】⑨ 밀었다 당겼다 할 **동** 圜 dòng

字解 ①밀었다 당겼다 하다. 〔淮南子〕撢掞挺挏, 世之風俗. ②관직 이름. ¶ 挏馬.
【挏馬 동마】관직 이름. 한대(漢代)에 황태후(皇太后)가 타는 수레를 관장하였음.
【挏馬酒 동마주】말의 젖으로 빚은 술.

手6 【拵】⑨ 弄(562)의 속자

手6 【挏】⑨ 拍(682)과 동자

手6 【挧】⑨ 拌(682)과 동자

手6 【挈】⑩ ❶손에 들 **설** ㊌결 鳳 qiè ❷끊을 **계** 霽 qì

字解 ❶①손에 들다, 휴대하다. 〔禮記〕班白不提挈. ②거느리다, 이끌다. 〔春秋公羊傳〕挈其妻子. ③이루다, 다스리다. 〔莊子〕以挈天地. ④전하여 나타내 보이다. 〔春秋穀梁傳〕挈國之辭也. ⑤돕다. 〔漢書〕左提右挈. ⑥급한 모양. ¶ 挈挈. ❷①끊다, 단절하다. 〔禮記〕挈三神之驩. ②새기다, 파서 새기다. ≒契. 〔漢書〕且箠祀于挈龜. ③문서, 증표. ≒契. ¶ 挈令. ④알다. 총명하다. ¶ 挈然.
【挈缾智 설병지】손에 들 만한 작은 병에 담길

정도의 슬기. 작은 슬기.
【挈挈 설설】급한 모양. 절박한 모양.
【挈令 계령】널빤지에 새겨 놓은 조문(條文).
【挈然 계연】아는 모양. 총명한 모양.
❶扶-, 提-, 左提右-, 摧-, 割-.

手6 【拾】⑨ ❶주울 **습** 緝 shí ❷열 **십** 緝 shí ❸서로 **겁** 葉 jié ❹오를 **섭** 葉 shè

一 十 扌 扌 扲 扲 拎 拾 拾

소전 拾 **초서** 拾 **參考** 대법원 지정 인명용 한자의 음은 '습·십'이다.
字源 形聲. 手+合→拾. '合(합)'이 음을 나타낸다.
字解 ❶①줍다. 〔史記〕塗不拾遺. ②칼집. ③팔찌. 활을 쏠 때에 활을 쥐는 팔의 소매를 걷어 매는 띠. 〔詩經〕決拾旣佽. ④발어사(發語辭). =甚·什. ¶ 拾沒. ⑤성(姓). ❷열. ※ '十 (230)'의 갖은자. ❸서로, 번갈아. ≒迭. 〔禮記〕請拾投. ❹오르다, 올라가다, 건너가다. ≒陟·涉. 〔禮記〕拾級聚足, 連步以上.
【拾沒 습몰】무엇이냐고 묻는 일.
【拾收 습수】①주워 가짐. ②흩어진 물건을 거두어 정돈함. 收拾(수습).
【拾遺 습유】①남이 잃어버린 것을 주움. ②빠진 글을 뒷날 보충함. 고기록(古記錄)에 빠진 것을 찾아서 기재(記載)함. ③임금이 깨닫지 못하고 있는 과실(過失)을 들어 간(諫)함.
【拾掇 습철】주움. 주워 가짐. 拾撫(습척).
❶收-, 採-, 掇-.

手6 【拭】⑨ 닦을 **식** 職 shì

초서 拭 **동자** 帨 **字解** 닦다, 닦아서 깨끗하게 하다, 훔치다. 〔漢書〕拭目傾耳.
【拭目 식목】눈을 닦고 봄. 자세히 봄.
【拭拂 식불】먼지를 떨고 훔침. 의심이나 부조리한 점을 말끔히 떨어 없앰. 拂拭(불식).
【拭淸 식청】①씻어서 깨끗하게 함. ②나쁜 폐단을 제거함. 拭淨(식정).
❶磨-, 拂-, 洗-, 掃-, 收-.

手6 【按】⑨ ❶누를 **안** 翰 àn ❷막을 **알** 曷 àn

소전 按 **초서** 按 **參考** 대법원 지정 인명용 한자의 음은 '안'이다.
字解 ❶①누르다. 〔韓愈·銘〕按中爲空. ㉯억누르다, 제지하다. 〔管子〕按彊助弱. ②어루만지다. 〔史記〕毛遂按劍. ③당기다, 잡아당기다. 〔史記〕天子乃按轡而行. ④악기를 타다. 〔宋書〕按絃拭徽. ⑤편안하게 하다. 〔史記〕按據上黨之民. ⑥주무르다, 문지르다. 〔素問〕其治導引按蹻. ⑦맥을 짚다. ¶ 按脈. ⑧조사하다, 죄를 묻다. 〔漢書〕遣吏考按. ⑨

묻다, 이치를 더듬어 밝히다. 〔唐書〕 討按故事. ⑩**생각하다,** 헤아리다. 〔漢書〕 按之當今之務. ⑪**순찰하다,** 단속하다. 〔史記〕 按檢谿絕塞. ⑫**힐책하다,** 탄핵하다. 〔後漢書〕 窮按其姦. ⑬ **차례를 따라 나란히 하다.** 〔漢書〕 各按行伍. ⑭ **이에,** 이에 있어서. 발어사(發語詞). 〔荀子〕 我按起而治之. ❷**막다,** 저지하다. ≒遏. 〔詩經〕 以按徂旅.

【按講 안강】 강의할 것을 미리 연습함.
【按檢 안검】 조사함.
【按劍相視 안검상시】 칼을 어루만지며 서로 노려봄. 서로 원수같이 대함.
【按圖索駿 안도색준】 그림을 보고 준마를 찾음. 사실을 통하여 얻은 것이 아닌 지식은 실용성이 없음.
【按脈 안맥】 의사가 병자의 맥을 짚어 보고 진찰함. 察脈(찰맥). 診脈(진맥).
【按撫 안무】 백성의 형편을 살펴서 어루만져 위로함. 案撫(안무).
【按問 안문】 죄를 조사하여 심문(審問)함.
【按兵 안병】 군대를 멈추어 세움. 진군(進軍)을 하지 않음.
【按轡 안비】 고삐를 당김.
【按殺 안살】 죄상을 조사하여 죽임.
【按察 안찰】 자세히 살펴 바로잡음.
【按治 안치】 죄를 조사하여 다스림.
【按覈 안핵】 자세히 살펴 조사함.
【按驗 안험】 잘 살펴서 증거를 세움.
【按絃 안현】 거문고를 탐.
◑ 檢－, 考－, 鞠－, 收－, 巡－, 捕－, 劾－.

手 6 【捎】 ⑨ 捐(695)의 속자

手 6 【拽】 ⑨ 끌 **예** [霽] yè

[초서]  [동자] 抴 [字解] **끌다,** 질질 끌다.

【拽白 예백】 탁류(濁流)가 지나간 뒤 막 그 물이 맑아지려고 하는 곳.
【拽身 예신】 몸을 질질 끌다시피 하여 걸음. 곧, 벼슬에서 물러남.

692

手 6 【拴】 ⑨ 맬 **전** [先] shuān

[字解] **매다,** 묶다.

手 6 【拯】 ⑨ 건질 **증** [迥] zhěng

[소전]  [초서]  [동자] 抍 [字解] ①**건지다,** 구조(救助)하다, 돕다. 〔蜀志〕 聖賢拯恤之秋. ②**들어올리다,** 취하다. 〔易經〕 不拯其隨. ③**받다,** 받아들이다. 〔易經〕 用拯馬壯吉.

【拯救 증구】 구제함. 구원함. 救恤(구휼).
【拯溺 증닉】 물에 빠진 사람을 구조함.
【拯劣米 증렬미】 물에 잠겼던 쌀.
【拯撫 증무】 구하여 위로함. 慰撫(위무).
【拯恤 증휼】 구하여 도와줌. 救恤(구휼).
◑ 匡－, 援－, 存－.

手 6 【持】 ⑨ 가질 **지** [支] chí

一 扌 扌 扌 扌 拄 拄 持 持

[소전]  [초서]  [字源] 形聲. 手＋寺→持. '寺(시)'가 음을 나타낸다.

[字解] ①**가지다.** ㉮손에 쥐다. 〔禮記〕 持弓矢審固. ㉯몸에 지니다. 〔史記〕 齎持金玉. ㉰얻다, 소유하다. 〔呂氏春秋〕 將以忠於君王之身而持千歲之壽. ②**보전하다,** 보존하다. 〔荀子〕 以相持養. ③**지키다,** 유지하다. 〔國語〕 有持盈. ④**돕다,** 부조(扶助)하다. 〔荀子〕 能持管仲. ⑤**버티다,** 견디어 내다. 〔漢書〕 曠日持久, 積數十年. ⑥**믿다,** 의지하다. ≒恃. 〔春秋左氏傳〕 持其世而已. ⑦**균형이 깨지지 아니하다,** 형편에 변화가 없다. 〔春秋左氏傳〕 子與子家持之. ⑧**바루다,** 바로잡다. 〔荀子〕 猶引繩墨以持曲直. ⑨**괴롭히다,** 구박하다. 〔史記〕 持吏長短. ⑩**빅수.** 장기나 바둑에서 승부가 없는 수.

【持戒 지계】 (佛)계를 받은 사람이 계행(戒行)을 지킴. 持律(지율).
【持國天王 지국천왕】 (佛)동쪽 천국을 지키며 선악자(善惡者)를 가려 상벌한다는 사천왕(四天王)의 하나.
【持戟 지극】 ①창을 가짐. ②창을 가진 병사.
【持論 지론】 늘 가지고 있거나 주장하여 온 이론(理論).
【持滿 지만】 ①활시위를 충분히 당김. ②가득 차서 넘치지 않을 정도를 유지함. 곧, 높은 지위(地位)를 지속(持續)함. 盈滿(영만). ③충분히 준비함.
【持明 지명】 (佛)진언(眞言)을 수지(受持)함. 🔍'明'은 진언(眞言)의 딴 이름, '持'는 범어(梵語)의 다라니(陀羅尼)의 뜻.
【持斧伏闕 지부복궐】 도끼를 가지고 대궐 밖에 나아가 엎드림. 왕에게 상소할 때에 만일 뜻이 이루어지지 않으면 이 도끼로 죽여 달라는 결의를 보이는 것.
【持循 지순】 좇아서 행함.
【持盈 지영】 차서 넘치지 않을 정도를 유지함.
【持律 지율】 (佛)부처의 계(戒)를 굳게 지킴.
【持節 지절】 ①천자에게서 받은 부절(符節)을 가짐. ②지조(志操)를 지킴.
【持重 지중】 ①정도(正道)를 굳게 지킴. ②위엄을 유지함. 신중히 함. ③종묘(宗廟)의 제사(祭祀)를 담당하는 사람.
【持贈 지증】 몸소 가지고 가서 바침.
【持之有故 지지유고】 자기의 설(說)을 고수하기 위하여 옛사람 중에도 이 설을 말한 이가 있다고 주장함.
【持平 지평】 공평하여 한쪽으로 치우치지 않음.
◑ 堅－, 固－, 保－, 不－, 扶－, 相－, 所－, 受－, 維－, 住－, 支－, 挾－, 護－.

手部 6획 指拍抠抯拶挱

手6 【指】 ⑨ 손가락 지 紙 zhǐ

一 十 才 扌 扩 护 指 指 指

소전 𢪙 초서 指 교자 指 字源 形聲. 手+旨→指. '旨(지)'가 음을 나타낸다.

字解 ①손가락. 〔孟子〕 今有無名之指, 屈而不信. ②발가락. 〔北史〕 作得李長史一脚指不. ③가리키다, 손가락질하다. 〔漢書〕 千人所指. ④지시하다. 〔史記〕 以其策指之. ⑤서다, 곧추서다. 〔呂氏春秋〕 目裂髮指. ⑥마음, 뜻. 〔孟子〕 言近而指遠者. ⑦아름답다, 곱다. 늑旨. 〔荀子〕 物其指矣.

【指甲花 지갑화】 봉선화(鳳仙花). ㅇ손톱을 물들이는 데서 이르는 말.
【指顧 지고】 손가락질을 하며 돌아봄. ㉠짧은 거리. ㉡짧은 시간.
【指歸 지귀】 ①마음이 귀착(歸着)하는 바. ②모범으로 하여 좇음.
【指南 지남】 ①남쪽을 가리킴. ②가르쳐 인도함.
【指頭書 지두서】 손가락 끝으로 쓴 글씨.
【指路 지로】 길을 가리켜 인도함.
【指鹿爲馬 지록위마】 사슴을 가리켜 말이라고 함. 윗사람을 농락하여 권세를 마음대로 휘두름. 故事 진대(秦代)의 조고(趙高)가 난을 일으키려고 할 때에 신하들이 따르지 않을까 염려하여 그들의 마음을 떠보려고 황제 앞에서 사슴을 가리켜 말이라 하니, 혹은 침묵하고, 혹은 틀렸다고 하였다. 그 후에 틀렸다고 하는 자들을 엄하게 처단하니, 모두 조고를 두려워하여 따랐다는 고사에서 온 말.
【指紋 지문】 손가락 끝마디 안쪽에 있는 물결 같은 무늬.
【指腹之約 지복지약】 배 속에 있는 태아를 두고 혼인을 약속하는 일. 故事 후한(後漢)의 광무제(光武帝)가, 가복(賈復)의 아내가 임신하였다는 말을 듣고, 태어날 아이와 자기 자식을 혼인시키자고 하였다는 고사에서 온 말.
【指不勝屈 지불승굴】 이루 다 손꼽아 셀 수 없음. 수효가 아주 많음.
【指事 지사】 ①사물을 가리켜 보임. ②한자(漢字) 육서(六書)의 한 가지. 이미 이루어진 글자나 어떤 부호를 이용하여 새 글자를 만드는 일. '一·二·上·下' 등이 이에 속함.
【指使 지사】 ①지휘하여 부림. ②지휘관.
【指授 지수】 지시하여 가르쳐 줌.
【指要 지요】 문장 속에 담겨 있는 중요한 뜻. 요지(要旨).
【指意 지의】 마음. 뜻.
【指日可期 지일가기】 날을 지적하여 기약할 수 있음. 훗날에 성공할 것을 꼭 믿음.
【指掌 지장】 ①손바닥을 가리킴. ㉠알기 쉬움. ㉡하기 쉬움. ②손가락과 손바닥.
【指摘 지적】 ①어느 한 부분을 꼭 집어서 가리킴. ②잘못을 드러내어 폭로함.
【指擿 지적】 ①긁음. ②持摘(지적).

【指嗾 지주】 달래고 꾀어서 나쁜 일을 시킴.
【指陳 지진】 일일이 가리켜 설명함.
【指斥 지척】 ①가리킴. 손가락질함. ②웃어른의 언행을 지적하여 탓함.
【指天射魚 지천사어】 물고기를 잡으려고 하늘을 향하여 활을 쏨. 사물을 구하는 방법이 그릇됨. 늑緣木求魚(연목구어).
【指天爲誓 지천위서】 하늘에 맹세함.
【指趣 지취】 근본이 되는 중요로운 뜻.
【指飭 지칙】 가리켜서 타이름. 지적하여 신칙(申飭)함.
【指彈 지탄】 ①손가락으로 튀김. ②비난함. 지목하여 비방함. ③짧은 시간.
【指瑕 지하】 흠을 지적함. 트집을 잡음.
【指向 지향】 ①뜻하여 향함. ㉡어떤 방향으로 쏠리는 마음. ②작정하거나 지정한 방향.
【指環 지환】 가락지.
【指呼 지호】 ①손짓을 하여 부름. ②지시하여 명령함.
【指呼之間 지호지간】 손짓으로 부를 만한 가까운 거리.
【指畫 ❶지획 ❷지화】 ❶손가락으로 그려 보이며 친절히 가리킴. ❷손가락 끝에 먹을 묻혀 그림을 그림. 당대(唐代)의 장조(張璪)가 창시하였음. 指頭畫(지두화).

● 巨一, 屈一, 大一, 明一, 無名一, 拇一, 食一, 藥一, 要一, 中一, 彈一.

手6 【拍】 ⑨ 指(693)의 고자

手6 【抠】 ⑨ 닦을 진 軫 zhèn

소전 𢪙 초서 抠 字解 ①닦다, 씻다, 떨다. 〔禮記〕 抠用浴衣. ②내주다, 지급(支給)하다.

手6 【抯】 ⑨ 찌를 질 質 zhì

소전 𢪙 초서 抯 字解 ①찌르다, 치다. 〔淮南子〕 五指之更彈, 不若捲手之一抯. ②벼 베는 소리. 〔詩經〕 穫之抯抯.
【抯抯 질질】 곡식을 베는 소리.

手6 【拶】 ⑨ 핍박할 찰 曷 zā, zǎn

초서 拶 속자 拃 字解 ①핍박하다, 들이닥치다. ¶拶逼. ②형구(刑具)의 한 가지. ¶拶指.
【拶指 찰지】 형구(刑具)의 한 가지. 다섯 개의 나무토막을 엮어, 이를 죄인의 손가락 사이에 끼워서 죄는 고문(拷問) 기구.
【拶逼 찰핍】 바싹 가까이 다가붙음.

手6 【挱】 ⑨ 쪼갤 치 紙 chǐ

字解 ①쪼개다, 둘로 쪼개다. =搋. ②버리다,

내버리다.〔莊子〕介者挼畫. ③옮기다, 옮겨 가다. =移. ¶ 挼畫.
【挼畫 치화】①법도에 얽매이지 않음. ②용모를 꾸미지 않음. ③떠남. 옮겨 감.

手6【採】⑨ 헤아릴 타 圖 duǒ, duò
字解 ①높이를 헤아리다. =揣. ②길이를 헤아리다. ③닻을 내리다.

手6【挄】⑨ 擴(733)과 동자

手6【挋】⑨ 당길 흔 囸 hén
초서 挋 字解 ①당기다, 끌어당기다.〔漢書〕引繩排挋. ②물리치다, 밀어젖히다.〔唐書〕力挋郤之.

手7【捔】⑩ ❶뿔 잡을 각 圞 jué
❷찌를 삭 圞 zhuó
字解 ❶①뿔을 잡다, 짐승의 뿔을 잡고 내리누르다. ≒角. ②공손하다, 정중하다. ❷①찌르다, 찔러서 꿰뚫다. ②어둑어둑하다, 어두컴컴하다.〔淮南子〕麋燭捔, 膏燭澤也.

手7【捆】⑩ 두드릴 곤 囸 kǔn
초서 捆 속자 捆 字解 ①두드리다, 두드려 단단하게 하다.〔孟子〕捆屨織席以爲食. ②묶다.
【捆屨 곤구】짚신을 삼음.
【捆致 곤치】맺어서 가까이 지냄. 사이좋게 지냄. 捆逼(곤핍).
【捆逼 곤핍】➡捆致(곤치).

手7【捁】⑩ 어지럽힐 교 啢 jiǎo
초서 捁 동자 攪 字解 어지럽히다, 어지럽다.〔後漢書〕捁羿群.

手7【捄】⑩ ❶담을 구 冘 jū, qiú
❷건질 구 圄 jiù
소전 捄 초서 捄 字解 ❶①담다, 흙을 삼태기 따위에 퍼담다.〔詩經〕捄之陾陾. ②길다, 가늘고 긴 모양.〔詩經〕有捄棘匕. ③솟이, 과실 송이.〔詩經〕一捄之實. ❷건지다, 구원하다. ≒救.〔大學〕不能捄之.

手7【捐】⑩ 들것 국 囻 jū
소전 捐 초서 捐 字解 들것, 흙을 나르는 기구.〔春秋左氏傳〕陳畚捐, 具綆缶.

手7【捃】⑩ 주울 군 囻 jùn

초서 捃 동자 攈 字解 줍다, 주워 가지다.

手7【挪】⑩ 옮길 나 囻 nuó
초서 挪 字解 ①옮기다, 유용(流用)하다. ②비비다, 문지르다.

手7【捏】⑩ 이길 날 本녈 囻 niē
초서 捏 字解 ①이기다, 반죽하다. ¶ 捏造. ②근거 없는 일을 있는 것처럼 만들어 내다.
【捏詞 날사】전연 근거 없는 말.
【捏造 날조】①흙을 이겨 물건의 모양을 만들어 냄. ②근거가 없는 것을 사실인 듯이 거짓으로 꾸며 댐.

手7【揑】⑩ 捏(694)의 와자(譌字)

手7【挼】⑩ ❶주무를 뇌 囻 ruó
❷제사 지낼 휴 囻 suī
소전 挼 초서 挼 字解 ❶①주무르다, 문지르다. =捼. ②꺾다, 누르다. ❷제사 지내다, 제수(祭需)에 대한 제사. =隋.
【挼拏 뇌나】억눌러 붙잡음.
【挼祭 휴제】신(神)에게 제수(祭需)를 올리기 전에, 그 제수에 대해 지내는 제사.

手7【捋】⑩ 집어 딸 랄 囻 luō
소전 捋 초서 捋 字解 ①집어 따다, 따내다.〔詩經〕薄言捋之. ②쓰다듬다, 어루만지다.〔潘岳·賦〕鬱捋劫挌.

手7【挊】⑩ 弄(562)과 동자

手7【挽】⑩ 당길 만 囻 wǎn
초서 挽 字解 ①당기다, 끌어당기다. =輓.〔杜甫·詩〕挽弓當挽強. ②말리다, 잡아당겨 못하게 하다.
【挽歌 만가】①장례식 때 영구(靈柩)를 실은 수레를 끄는 사람들이 부르는 노래. 輓歌(만가). ②죽은 사람을 애도(哀悼)하는 시가(詩歌). 挽詩(만시). 挽詞(만사).
【挽留 만류】붙잡고 말림.
【挽詩 만시】죽은 사람을 애도하여 지은 시.
【挽引 만인】끌어당기거나 잡아당김.

手7【拼】⑩ 拌(682)의 속자

手7【挷】⑩ 搒(714)의 속자

手 7【捗】⑩ ❶거둘 보 遇 bù ❷칠 척 職 zhì

초서 字解 ❶거두다, 수렴(收斂)하다. ❷치다, 때리다.

手 7【括】⑩ 掊(701)의 와자(譌字)

手 7【捊】⑩ 거둘 부 尤 póu

소전 혹체 字解 ①거두다, 거두어들이다. ＝抔. ②밭을 갈다, 농사짓다.

手 7【挱】⑩ ❶만질 사 歌 suō ❷넓힐 사 麻 shā

동자 挲 字解 ❶만지다, 주무르다. ❷넓히다, 벌리다.

手 7【挲】⑪ 挱(695)와 동자

手 7【挿】⑩ 插(708)의 속자

手 7【掟】⑩ 旋(768)의 속자

手 7【捎】⑩ ❶없앨 소 肴 shāo, xiāo ❷칠 소 巧 shǎo

소전 초서 字解 ❶①없애다, 제거하다. ②스치다, 살짝 닿다. 〔杜甫·詩〕 花妥鶯捎蝶. ③베다, 칼로 베다. 〔曹植·行〕 拔劍捎羅網. ④높다. ≒梢. ¶ 捎雲. ❷치다, 때리다.

【捎殺 소살】 침. 때림. 🔍'殺'은 조자(助字).
【捎雲 소운】 높은 구름. 梢雲(소운).

手 7【捜】⑩ 搜(715)의 속자

手 7【挨】⑩ 칠 애 蟹 āi

소전 초서 字解 ①치다, 등을 때리다. ②밀치다, 떼밀다. ¶ 挨抗. ③다가오다, 가까이 닥치다. ④㊍㉮차례차례로. ㉯받다, 입다. ㉰참다, 참고 견디다.

【挨拶 애찰】 ①앞의 것을 헤치고 나아감. ②문하의 승려와 이리저리 문답하여, 오도(悟道)의 깊이를 시험함. ③소식을 주고받음.
【挨抗 애침】 떼밂. 밀어젖힘.

手 7【捓】⑩ ❶놀릴 야 麻 yé ❷나머지 여 魚 yú

초서 동자 揶 字解 ❶놀리다, 조롱하다. ≒邪. ❷나머지.

【捓揄 야유】 남을 빈정거려 놀림. 조롱함.

手 7〖挻〗⑩ 늘릴 연 ㊍선 先 shān

소전 초서 字解 ①늘이다, 길게 하다. ②이기다, 반죽하다. ¶ 挻埴. ③늦추다, 느슨하게 하다. ④끌다, 당기다. 〔唐書〕 相挻爲亂. ⑤취하다, 빼앗다. 〔漢書〕 主上有敗, 則因而挻之矣.

【挻埴 연식·연치】 찰흙을 이김.

手 7〖捐〗⑩ 버릴 연 先 juān

소전 초서 속자 字解 ①버리다, 소유하던 것을 버리다. 〔漢書〕 自我得之, 自我捐之. ②없애다, 있던 것을 없애다. 〔史記〕 捐不急之官. ③주다, 내놓다, 기부하다. 〔漢書〕 出捐千金. ④돈으로써 벼슬을 사다. ¶ 捐納. ⑤수레바퀴의 테.

【捐館 연관】 ①살고 있던 집을 버림. ②귀인(貴人)의 죽음.
【捐軀 연구】 의(義)를 위하여 몸을 버림. 죽음.
【捐納 연납】 돈이나 곡식을 상납하여 벼슬자리를 얻는 일.
【捐忘 연망】 버리고 잊음.
【捐背 연배】 버리고 배반함.
【捐生 연생】 목숨을 버림. 捐命(연명).
【捐世 연세】 사망(死亡)의 존칭. 棄世(기세).
【捐助 연조】 금품으로 남을 도와줌.
◑ 棄－, 委－, 違－, 義－金, 出－.

手 7【捂】⑩ 닿을 오 遇 wǔ

초서 字解 ①닿다, 접촉하다. 〔史記〕 莫敢枝捂. ②거스르다, 어긋나다. 〔漢書〕 或有抵捂. ③향하다, 마주 대하다. 〔儀禮〕 若無器則捂受之. ④버티다, 괴다.

手 7【捖】⑩ 깎을 완 寒 wán

字解 ①깎다, 밀다. ②문지르다, 비비다, 갈다.

手 7【挹】⑩ 뜰 읍 緝 yì

소전 초서 字解 ①뜨다, 물을 푸다. ≒揖. 〔荀子〕 弟子挹水而注之. ②당기다, 잡아당기다. 〔郭璞·詩〕 左挹浮丘袖. ③누르다, 겸양하다. ≒抑. 〔荀子〕 挹而損之. ④읍하다. ≒揖. 〔荀子〕 拱挹指麾. ⑤추중(推重)하다. 〔唐書〕 大加獎挹.

【挹損 읍손】 ①줄임. 줄여서 작게 함. ②겸손함.
【挹酌 읍작】 퍼냄. 떠냄.
【挹注 읍주】 ①물을 길어다 부음. ②여유 있는 것으로 부족한 것을 채움.
【挹退 읍퇴】 겸양(謙讓)함.
◑ 降－, 謙－, 敬－, 拱－, 推－.

手 7【捇】⑩ 덜 적 陌 huò

695

手部 7획 挺挫捘振

椊
①덜다, 제거하다. ≒赤. ②파다, 굴을 파다. ③찢다, 쪼개다.

手 7 【挺】⑩ 뺄 정 tǐng

挺 **挺** **挺**
①빼다, 뽑다, 빼내다. 〔戰國策〕挺劍而起. ②이탈하다, 빠져나오다. 〔史記〕尉áy挺. ③빼어나다, 특출하다. 〔晉書〕以天挺之資, 應期受命. ④솟다, 높이 솟다. ¶挺立. ⑤돋다, 나오다. 〔左思·賦〕旁挺龍目, 側生荔枝. ⑥내놓다, 내밀다. 〔宋史〕挺戈而前. ⑦앞서다, 선등(先登)하다. 〔漢書〕挺身亡. ⑧곧다, 굽지 아니하다. ¶挺挺. ⑨총·낫대·양초·먹 등 곧게 생긴 물건을 세는 단위. ≒脡. ⑩달리다, 빨리 내닫다. 〔李華·文〕獸挺亡群. ⑪움직이다, 흔들리게 하다. 〔呂氏春秋〕不足以挺其心矣. ⑫늦추다, 너그럽게 다스리다. 〔禮記〕挺重囚. ⑬점대. 점을 치는 데 쓰는 댓가지. 점패의 글이 적혀 있음. 〔後漢書〕挺專.

【挺傑 정걸】①아주 월등하게 뛰어남. ②남보다 월등하게 뛰어난 사람.
【挺立 정립】①높이 우뚝 솟음. ②남보다 뛰어남. 挺秀(정수).
【挺秀 정수】훌륭하게 뛰어남. 挺拔(정발).
【挺身 정신】①무슨 일에 남들보다 앞서서 나아감. 솔선(率先)함. ②몸을 뺌. 간신히 모면하여 빠져나옴.
【挺然 정연】남들보다 뛰어난 모양.
【挺爭 정쟁】선두에 나와 다툼.
【挺專 정전】점(占)의 한 가지. 대나무를 꺾어서 치는 점.
【挺戰 정전】앞장서서 싸움.
【挺節 정절】절개를 굳게 지킴.
【挺挺 정정】바른 모양. 곧은 모양.
【挺出 정출】특별히 뛰어남. 傑出(걸출).

▶奇−, 森−, 英−, 超−, 特−.

手 7 【挫】⑩ 꺾을 좌 cuò

挫 **挫** **挫**
①꺾다. ㉮부러지다. 〔後漢書〕脫角挫脰. ㉯기세를 꺾다, 꼼짝 못하게 누르다. 〔漢書〕久挫於刀筆之前. ㉰꺾이다, 기세가 꺾이다. ¶挫折. ②창피를 주다, 손상시키다. 〔孟子〕思以一毫挫於人. ③묶다, 결박하다. 〔老子〕或挫或隳. ④문지르다, 주무르다. 〔莊子〕挫鍼治繲.

【挫衄 좌뉵】꺾어 실패함. 패함.
【挫北 좌배】꺾어 달아남.
【挫鋒 좌봉】①창 끝을 부러뜨림. ②적의 기세를 꺾음.
【挫傷 좌상】①기운이 꺾이고 마음이 상함. ②기세가 꺾여 패(敗)함.
【挫辱 좌욕】①기세가 꺾이어 굴복함. ②실패하여 욕보임.
【挫折 좌절】①뜻이나 기세가 꺾임. ②실패함.

【挫鍼 좌침】①침을 놓음. ②바느질을 함.
▶頓−, 伐−, 傷−, 捻−, 折−.

手 7 【捘】 밀칠 준 zùn

捘 **捘** **捘**
①밀치다, 떼밀다. 〔春秋左氏傳〕捘衛侯之手. ②억누르다, 내리누르다.

手 7 【振】⑩ ❶떨칠 진 zhèn ❷홀겹 진 zhěn

一 十 扌 扩 扩 护 折 振 振

振 **振**
〔字源〕形聲. 手+辰→振. '辰(진)'이 음을 나타낸다.
〔字解〕❶①떨치다, 위세·명성 등을 들날리다. ¶振舒. ②떨쳐 일어나다, 속력을 내다, 무리를 지어 날다. 〔詩經〕振鷺于飛. ③떨다. ㉮흔들려 움직이다. 〔孟子〕金聲而玉振之也. ㉯겁나다, 두려워서 떨다. 〔史記〕燕王振怖. ㉰달리거나 붙은 것을 떨어지게 하다. 〔左思·詩〕振衣千仞岡. ④들다, 들어 올리다. 〔荀子〕明毫夫. ⑤열다, 열어서 내놓다. 〔春秋左氏傳〕振廩同食. ⑥받아들이다, 수납하다. ≒笃·袗. 〔中庸〕振河海而不洩. ⑦정돈하다, 정제하다. ≒整. ¶振旅. ⑧뽑다, 빼내다. 〔孔子家語〕弗可振也. ⑨바루다, 바로잡다. ≒正. 〔管子〕以振其淫. ⑩예, 오래되다. ≒塵. 〔詩經〕振古如玆. ⑪건지다, 구제하다. 〔禮記〕振乏絕. ⑫무던하다, 인후(仁厚)하다. ¶振振. ⑬조사하다, 알아보다. 〔周禮〕振掌事者之餘財. ⑭버리다, 내버리다. 〔春秋左氏傳〕振除火災. ⑮맺다, 그만두다. 〔莊子〕振于無竟. ❷홀겹, 한 겹. =袗. 〔禮記〕振絺綌不入公門.

【振驚 진경】놀라 떨게 함. 깜짝 놀라게 함.
【振古 진고】①옛날. ②옛날부터.
【振窮 진궁】가난한 사람을 도와줌.
【振起 진기】떨치고 일어남. 분기(奮起)함. 振擧(진거). 振刷(진쇄).
【振女 진녀】여자 아이. 侲女(진녀).
【振貸 진대】빈민에게 재물을 대어 줌.
【振掉 진도】세차게 흔들림.
【振旅 진려】①싸움에서 이기고 돌아옴. ②군대가 대오(隊伍)를 정비하여 돌아오는 일.
【振鈴 진령】(佛)①제존(諸尊)을 부름. ②기쁨을 나타내기 위해 방울을 흔들어 울림.
【振拔 진발】①힘씀. ㉠험난한 곳을 힘써 뛰쳐 나옴. ㉡가난한 사람을 도와줌.
【振舒 진서】떨쳐서 폄.
【振刷 진쇄】①▷振起(진기). ②지금까지의 나쁜 점을 전부 고쳐서 새롭게 함.
【振肅 진숙】①두려워서 떨며 삼감. ②어지러진 규율을 엄숙하게 바로잡음.
【振施 진시】어려운 사람을 구제함. 振濟(진제).
【振揚 진양】떨쳐 들날림. 선양(宣揚)함.
【振衣 진의】①옷의 먼지를 텀. ②세속을 벗어나 뜻을 고상하게 함.

【振子 진자】 ①흔들이. ②동남동녀(童男童女). 侲子(진자).
【振張 진장】 위력(威力)을 떨치는 모양.
【振除 진제】 털어 버림. 제거함.
【振濟 진제】 ☞振施(진시).
【振振 진진】 ①마음이 인후(仁厚)한 모양. ②성대(盛大)한 모양. ③신의심(信義心)이 두터운 모양. ④새들이 떼지어 나는 모양. ⑤혼자 잘난 체하여 우쭐거리는 모양.
【振天 진천】 소리가 하늘까지 떨쳐 울림. 명성(名聲)이 높음.
【振鐸 진탁】 방울을 흔들어 울림. ①정교(政敎)나 법령을 선포할 때, 방울을 흔들어 대중을 깨우치던 일. ②후학을 가르침. ◯'鐸'은 교령(敎令)을 내릴 때 흔들던 방울.
【振盪 진탕】 몹시 울려서 흔들림.
【振怖 진포】 떨며 두려워함.
【振駭 진해】 ①☞振驚(진경). ②물결이 용솟음쳐 일어남.
◐不—, 奮—, 宣—, 刷—, 嚴—, 隆—, 弘—.

手7【捉】⑩ 잡을 착 𝓚 zhuō
一十才扌扩扣抨抨捉
소전 초서 [字源] 形聲. 手+足→捉. '足(족)'이 음을 나타낸다.
[字解] 잡다. ㉠손에 쥐다, 거머쥐다. 〔漢書〕周公躬吐捉之勞. ㉡붙잡다, 사로잡다. 〔唐懿宗·敕書〕捕捉木獲.
【捉去 착거】 붙잡아 감.
【捉搦 착닉】 붙잡아 묶음.
【捉刀 착도】 칼을 잡음. ㉠남을 대리함. ㉡대필(代筆)을 함. [故事] 위(魏)나라의 무제(武帝)가 흉노의 사신을 만날 적에 최계규(崔季珪)를 대신 내세우고 자기는 칼을 잡고 옆에 서 있었다는 고사에서 온 말.
【捉來 착래】 붙잡아 옴.
【捉迷藏 착미장】 헝겊으로 눈을 가리고 더듬어 사람을 잡는 유희. 술래잡기. 捉戱(착희).
【捉髮 착발】 머리를 빗으려고 풀어 헤쳤다가 갑자기 걷어쥐고 일어섬. ㉠일을 서두름. ㉡당황하여 딴 일을 하게 됨. 握髮(악발).
【捉鼻 착비】 코를 쥠. 달갑지 않게 여김. 捻鼻(염비).
【捉送 착송】 붙잡아 보냄.
【捉囚 착수】 죄인을 잡아 가둠.
【捉撮 착촬】 쥠.
【捉捕 착포】 붙잡음. 捕捉(포착).
【捉戱 착희】 ☞捉迷藏(착미장).
◐擒—, 推—, 吐哺—髮, 把—, 捕—.

手7【挐】⑩ 摠(721)의 본자

手7【挩】⑩ ❶칠 탈 𝓚 tuō ❷씻을 세 𝓚 shuì

手7【挩】 소전 초서 [字解] ❶①치다, 때리다. ②벗다, 벗어 버리다. ≒脫. ❷씻다, 닦다. 〔儀禮〕坐挩手, 遂祭酒.

手7【捅】⑩ 나아갈 통 𝓚 tǒng
[字解] ①나아가다, 앞으로 나서다. ②당기다, 끌어당기다, 끌다. ③[現]손가락·막대기·칼 따위로 찌르다.

手7【捌】⑩ ❶깨뜨릴 팔 𝓚 bā ❷처리할 별 𝓚 bié
소전 초서 [參考] 대법원 지정 인명용 한자의 음은 '팔'이다.
[字解] ❶①깨뜨리다, 쳐부수다. =扒. ②고무래, 곡식을 끌어 모으는 농기구. ③여덟. ※八(157)의 갖은자. ❷①처리하다, 분별하여 처리하다. 〔淮南子〕解捽者, 不在於捌格. ②비틀다.
【捌格 별격】 싸움을 중재함. ◯'格'은 싸움.

手7【捕】⑩ 사로잡을 포 𝓚 bǔ
一十才扌扑扑捐捕捕
소전 초서 [字源] 形聲. 手+甫→捕. '甫(보)'가 음을 나타낸다.
[字解] ①사로잡다, 붙잡다, 붙잡히다. 〔漢書〕遣吏分曹逐捕. ②구하다, 찾다. 〔周髀算經〕捕影而視之.
【捕繫 포계】 잡아서 묶어 둠.
【捕告 포고】 ①죄인을 잡음. ②죄인을 신고함.
【捕盜 포도】 도둑을 잡음.
【捕虜 포로】 ①적군을 사로잡음. ②사로잡은 적.
【捕亡 포망】 도망한 죄인을 잡음.
【捕影 포영】 그림자를 잡음. 허망한 짓을 함. 捕風(포풍).
【捕捉 포착】 ①붙잡음. ②요점이나 요령을 얻음. ③기회나 정세를 알아차림.
【捕治 포치】 죄인을 잡아다가 다스림.
【捕風 포풍】 바람을 잡음. 잡을 곳이 없음. 捕影(포영).
◐拿—, 生—, 捉—, 逮—, 追—, 逐—, 討—.

手7【捍】⑩ ❶막을 한 𝓚 hàn ❷움직일 한 𝓚 xiàn
초서 [字解] ❶①막다, 막아 지키다. =扞. ②팔찌. 〔禮記〕能捍大患, 則祀之. ②팔찌. 〔禮記〕右佩玦捍. ③사납다, 세차다. 〔史記〕民雕捍少慮. ④굳은 모양. 〔管子〕五浮之狀, 捍然如米. ❷움직이다, 흔들리다. ¶ 捍撥.
【捍撥 한발】 비파(琵琶)의 채에 붙인 금(金)·은(銀)·상아(象牙) 등의 장식. 채가 상하는 것을 막음.
【捍邊 한변】 국경을 지킴.
【捍撥 한산】 움직임. 요동(搖動)함.

【捍然 한연】 굳은 모양.
【捍衞 한위】 막아서 지킴.
◑ 抉-, 雕-, 慓-.

手7【挾】⑩ 낄 협 [葉] xié, jiā

[소전] [초서] [간체] 挟 [字解] ①끼다. ㉮겨드랑·손가락 사이에 끼다. ¶ 挾太山超北海. ㉯끼고 돌다, 자기 편으로 만들다. 〔蜀志〕 挾天子以令諸侯. ②가지다. ㉮몸에 지니다. 〔春秋左氏傳〕 三軍之士, 皆如挾纊. ㉯숨기다, 숨겨 가지다. 〔漢書〕 除挾書律. ③끼우다, 끼워 넣다. 〔五代史〕 以筯挾之, 首得文紀. ④만나다, 모이다. 〔國語〕 兆挾以銜骨. ⑤생각하다, 마음에 품다. ¶ 挾憾. ⑥믿고 뽐내다, 믿고 의지하다. 〔孟子〕 不挾長, 不挾貴. ⑦저, 젓가락. 〔管子〕 右執挾匕. ⑧해어지다, 찢어지다. ¶ 挾斯. ⑨빰. ≒頰. ⑩지키다, 돕다. ≒夾. ⑪두루 미치다, 두루 통하다. ≒浹. 〔詩經〕 使不挾四方. ⑫열흘, 10일 동안. ¶ 挾日. ⑬꽂다, 화살을 시위에 메기다. ≒插. 〔儀禮〕 兼挾乘矢.
【挾憾 협감】 원망을 품음. 含憾(함감).
【挾攻 협공】 적을 사이에 두고 양쪽에서 공격함.
【挾纊 협광】 솜을 몸에 지님. 몸이 따뜻함.
【挾貴 협귀】 자기의 부귀를 믿고 뽐냄.
【挾輔 협보】 받들어 보좌함.
【挾私 협사】 사사로운 정을 둠.
【挾邪 협사】 사특한 마음을 품음.
【挾斯 협사】 옷이나 기물(器物) 따위가 해어지거나 깨어지거나 더럽혀진 모양.
【挾詐 협사】 간사한 생각을 품음.
【挾山超海 협산초해】 산을 옆구리에 끼고 바다를 넘음. 불가능한 일의 비유.
【挾書律 협서율】 진시황(秦始皇)이 의약·복서(卜筮)와 관계된 책 이외의 서적을 개인이 소유하지 못하도록 금지한 법률.
【挾勢 협세】 위세를 믿고 뽐냄.
【挾術 협술】 책략(策略)을 가슴속에 품음.
【挾日 협일】 열흘 동안. 挾旬(협순).
【挾雜 협잡】 옳지 못한 방법으로 남을 속임.
【挾持 협지】 ①물건을 손에 들거나 몸에 지님. ②마음에 품음.
◑ 扶-, 藏-, 懷-.

手8【掆】⑪ ❶들어 올릴 강 [陽] gāng ❷멜 강 [漾] gàng

[초서] [字解] ❶①들어 올리다, 쳐들다. =扛. ②악기 이름. 〔新唐書〕 掆鼓金鉦. ❷메다, 어깨에 메다.

手8【据】⑪ ❶일할 거 [魚] jū ❷의거할 거 [御] jù

[소전] [초서] [字解] ❶일하다, 경영(經營)하다. 〔詩經〕 予手拮据. ❷①의거하다. ≒據. 〔漢書〕 据法守正. ②교만하다, 불손하다. ≒倨. 〔史記〕 据以驕鶩.
【据傲 거오】 거만하고 남을 얕보아 업신여기는 태도.
【据臥 거와】 거만을 떨며 누움. 제 마음대로 하는 모양. 倨臥(거와).

手8【揭】⑪ 揭(708)의 속자

手8【掔】⑫ 끌 견 [先] qiān

[소전] [초서] [동자] 掔 [字解] ①끌다, 몰다. ≒牽. ¶ 掔羊. ②단단하다, 튼튼하다. ¶ 掔掔.
【掔掔 견견】 튼튼한 모양. 견고한 모양.
【掔羊 견양】 양을 몲.

手8【掔】⑫ 掔(698)과 동자

手8【掐】⑪ 딸 겹 [洽] qiā

[字解] ①따다, 손가락이나 손톱으로 꺾어서 따다. ¶ 掐摘. ②두드리다. ¶ 掐膺. ③할퀴다, 집다. ¶ 掐鼻. ④손을 꼽다, 손꼽아 세다. ¶ 掐指.
【掐鼻 겹비】 코를 할퀌.
【掐膺 겹응】 가슴을 두드림. 근심이나 한(恨)이 있는 모양.
【掐摘 겹적】 손톱으로 순·잎 따위를 땀.
【掐指 겹지】 손가락을 꼽음.

手8【掴】⑪ 摑(694)의 속자

手8【控】⑪ ❶당길 공 [送] kòng ❷칠 강 [江] qiāng

[소전] [초서] [인명] 대법원 지정 인명용 한자의 음은 '공'이다.
[字解] ❶①당기다. ㉮끌어당기다, 잡아끌다. 〔馬汝驥·詩〕 北控黑河湍. ㉯활시위를 당기다. ¶ 控弦. ㉰말고삐를 당기다. 〔詩經〕 抑磬控忌. ②고하다, 아뢰다. 〔詩經〕 控于大邦. ③던지다, 두드리다. 〔莊子〕 時則不至而控於地而已矣. ④급하다, 위급한 일. ❷치다, 두드리다. 〔莊子〕 儒以金椎控其頤.
【控捲 공권】 주먹으로 침. 捲拳(공권).
【控揣 공단】 생명을 아끼고 소중히 함.
【控勒 공륵】 ☞控御(공어). 🔍'勒'은 굴레.
【控轡 공비】 고삐를 잡아서 제어함.
【控訴 공소】 하소연함.
【控壓 공압】 제어하여 누름.
【控御 공어】 말[馬]을 다루듯 남의 자유를 억누름. 억눌러 단속함. 控勒(공륵).
【控禦 공어】 당기어 못하게 막음.
【控制 공제】 ①억눌러 단속함. ②남의 자유를 빼앗음.
【控除 공제】 받을 돈이나 물품 등에서 일정한 금액이나 수량을 뺌.

【控弦 공현】 ①활시위를 당김. ②활을 쏘는 병사(兵士). 弓手(궁수).
● 彀-, 鎭-, 解-.

手 8 【掛】⑪ 걸 괘 掛 guà

一 十 扌 扌 扩 护 拝 挂 掛 掛

초서 掛 동자 挂 통자 卦 간체 挂 字源 形聲. 手+卦→掛. '卦(괘)'가 음을 나타낸다.
字解 ①걸다, 걸어 놓다. 〔易經〕掛一以象三. ②마음에 걸리다.
【掛冠 괘관】관(冠)을 쓰지 않고 걸어 둠. 관직을 내놓고 물러남. ≒挂冠(괘관).
【掛佛 괘불】①그림으로 그려서 걸게 된 불상(佛像). 掛佛幀(괘불탱). ②부처의 모습을 그린 그림을 걺.
【掛書 괘서】이름을 숨기고 벽보(壁報) 따위의 글을 내어 걺. 반역(叛逆)을 도모하거나 남을 모함할 때, 또는 관리의 비행을 폭로할 때 궁문(宮門)·성문(城門) 따위에 써 붙임.
【掛軸 괘축】벽에 걸어 놓은 서화(書畫).

手 8 【掬】⑪ 움킬 국 掬 jū

字解 ①움키다, 두 손으로 움켜쥐다. ≒匊. 〔春秋左氏傳〕舟中之指可掬也. ②손바닥, 두 손바닥. 〔禮記〕受珠玉者以掬. ③용량(容量)의 단위. 한 움큼에 해당하는, 두升[合]의 양.
【掬弄 국롱】두 손으로 물을 떠서 장난함.
【掬飮 국음】물을 움켜 마심.
● 手-, 把-, 一一.

手 8 【掘】⑪ ❶팔 굴 掘 jué ❷뚫을 궐 掘 kū ❸서투를 졸 掘 zhuō

소전 掘 초서 掘 參考 대법원 지정 인명용 한자의 음은 '굴'이다.
字源 形聲. 手+屈→掘. '屈(굴)'이 음을 나타낸다.
字解 ❶①파다, 파내다. ¶掘鑿. ②우뚝 패다. 〔晉書〕山陵毀掘. ③우뚝 솟은 모양. ≒崛. 〔揚雄·賦〕洪臺掘其獨出兮. ④다하다, 있는 대로 다 써 버리다. ≒屈. 〔老子〕虛而不掘, 動而愈出. ⑤끝이 모지라지다. ¶掘筆. ❷①뚫다, 구멍을 뚫다. 〔易經〕掘地爲臼. ②구멍. ¶掘門. ③움직이지 않는 모양. 〔莊子〕掘若槁木. ❸서투르다. ≒拙. 〔史記〕田農掘業.
【掘檢 굴검】땅에 묻었던 송장을 파내어서 검증(檢證)함.
【掘起 굴기】우뚝 솟음. 崛起(굴기).
【掘變 굴변】무덤을 파내어 생긴 재앙이나 사고.
【掘移 굴이】무덤을 파서 옮김. 이장(移葬)함.
【掘鑿 굴착】파서 구멍을 뚫음. 掘穿(굴천).
【掘穿 굴천】☞掘鑿(굴착).
【掘筆 굴필】끝이 다 닳아서 매우 무디어진 붓.

몽당붓. 禿筆(독필).
【掘門 궐문】담을 뚫어 낸 문. 가난한 집의 문.
● 開-, 露天-, 發-, 試-, 採-, 穿-.

手 8 【捲】⑪ ❶말 권 捲 juǎn ❷힘쓸 권 捲 quán

소전 捲 초서 捲 간체 卷 字解 ❶말다, 감아 말다, 걷다. ≒卷. 〔王勃·詩〕珠簾暮捲西山雨. ②①힘쓰다, 힘써 일하는 모양. ≒拳. 〔莊子〕捲捲乎后之爲人, 葆力之士也. ②주먹. ≒拳. 〔後漢書〕捲握之物. ③분발하다, 용기를 내다. 〔國語〕有捲勇. ④말다. ※❶과 같다. 〔史記〕席捲常山之險. ⑤구부러지다.
【捲捲 권권】힘쓰는 모양. 애쓰는 모양.
【捲堂 권당】①당내(堂內)의 사람 모두. 全堂(전당). ②당내의 모든 사람이 과업(課業)을 중지하는 일. ③國성균관의 유생들이 제 주장이 관철되지 아니하였을 때에 시위하느라고 일제히 관에서 나가 버리던 일. 空館(공관).
【捲手 권수】주먹.
【捲握 권악】거머쥠.
【捲勇 권용】큰 용기.
【捲土重來 권토중래】땅을 말아 일으킬 것 같은 기세로 다시옴. 한 번 실패한 사람이 힘을 가다듬어 다시 그 일에 착수함. 故事 당(唐)나라 두목(杜牧)이, 항우가 유방과 대결하여 패하자 오강 근처에서 자결한 것을 탄식하며 지은 시의 구절에서 온 말. 卷土重來(권토중래).
● 控-, 席-.

手 8 【掎】⑪ ❶당길 기 掎 jǐ ❷바르지 않을 의 掎 yǐ

소전 掎 초서 掎 字解 ❶①당기다, 다리를 잡아당기다. ¶掎角. ②쏘다, 활시위를 당기다. 〔班固·賦〕機不虛掎. ③뽑다, 뽑아 내다. 〔木華·賦〕掎拔五嶽. ④끌어 당기다. ¶掎撫. ❷바르지 않다.
【掎角 기각】앞뒤에서 적을 공격함. ○사슴을 붙잡을 때, 다리를 잡는 것을 '掎', 뿔을 잡는 것을 '角'이라고 한 데서 온 말.
【掎擊 기격】등 뒤에서 공격함.
【掎止 기지】뒤에서 붙잡아 가지 못하게 함.
【掎撫 기척】끌어당겨서 거두어 가짐.

手 8 【捺】⑪ 누를 날 捺 nà

초서 捺 字解 ①누르다, 찍다. ②파임. '永'에서 '\'의 획을 긋는 서법(書法).
【捺染 날염】피륙에 무늬를 찍어 물들임.
【捺印 날인】도장을 찍음.

手 8 【捻】⑪ 비틀 념 捻 niǎn

소전 捻 초서 捻 동자 拈 字解 ①비틀다, 비꼬다. ¶捻鼻. ②붙잡다, 손가락으로 집다. ③國꼬다, 드리다.

몇 가닥의 실·끈 등을 하나로 꼬다.
【捼鼻 염비】코를 쥠. 달갑지 않게 여기는 모양. 捉鼻(착비).

手8【捼】⑪ 비빌 뇌 㖆 ruó
[소전] [초서] [동자] 挼 [字解] 비비다, 문지르다.

手8【掉】⑪ 흔들 도 嘯 diào
[소전] [초서] [字解] ①흔들다, 움직이게 하다.〔國語〕大能掉小. ②흔들리다, 요동하다.〔素問〕筋骨掉肱. ③바로잡다, 정돈하다.〔春秋左氏傳〕掉鞅而還. ④상앗대, 삿대. ≒棹.
【掉尾 도미】①꼬리를 흔듦. ②끝판에 더욱 세차게 활동함.
❶尾大不ㅡ, 戰ㅡ, 揮ㅡ.

手8【掏】⑪ 가릴 도 豪 tāo
[초서] [字解] ①가리다, 골라잡다. ②꺼내다, 끄집어내다. ③퍼내다, 떠내다. ④더듬어서 금품(金品)을 소매치기하다. ¶ 掏摸.
【掏摸 도모】손으로 더듬어서 남의 물건을 훔침. 소매치기. 掏兒(도아).

手8【捯】⑪ 擣(731)와 동자

手8【掠】⑪ 노략질할 략 藥 lüè
一 十 扌 扌 扩 护 护 掠 掠
[소전] [초서] [동자] 剠 [字源] 形聲. 手+京→掠. '京(경)'이 음을 나타낸다.
[字解] ①노략질하다, 탈취하다.〔春秋左氏傳〕輸掠其聚. ②스쳐 지나가다.〔蘇軾·賦〕掠予舟而西也. ③서법(書法)의 한 가지. 획을 빼치는 일을 이른다. ④베다, 칼을 휘둘러 자르다.〔穆天子傳〕命虞人掠林. ⑤매질하다, 죄인의 자백을 받기 위하여 매질하다. ≒擽.〔唐書〕楚掠慘棘, 鍛成其罪.
【掠考 약고】매질하면서 조사함. 죄인을 고문함.
【掠盜 약도】남의 눈을 속여 훔침. 들치기.
【掠治 약치】볼기를 쳐 죄인을 다스림. 매질하여 조사함. 掠笞(약태).
【掠奪 약탈】폭력을 써서 남의 것을 억지로 빼앗음.
❶劫ㅡ, 拷ㅡ, 盜ㅡ, 侵ㅡ, 奪ㅡ, 剽ㅡ.

手8【捩】⑪ ❶술대 려 霽 lì
❷비틀 렬 屑 liè
[초서] [字解] ❶술대, 비파를 타는 도구.〔梁簡文帝·詩〕插捩擧琵琶. ❷비틀

다, 꼬다. ¶ 捩柁.
【捩柁 열타】키를 틀어서 배의 방향을 바꿈.

手8【捰】⑪ 攞(718)과 동자

手8【掄】⑪ 가릴 론·륜 元 㴽 lún
[소전] [초서] [간체] 抡 [字解] ①가리다, 선택하다.〔周禮〕君掄賢人之後有常位於國者而立之. ②꿰뚫다.
【掄材 논재】①좋은 재목(材木)을 가려서 취함. ②인재(人材)를 선택함. 掄才(논재).
【掄擇 논택】가림. 選擇(선택).

手8【捬】⑪ 撫(723)와 동자

手8【捫】⑪ 어루만질 문 元 mén
[소전] [초서] [간체] 扪 [字解] ①어루만지다, 쓰다듬다. ¶ 捫心. ②붙잡다, 잡다.〔詩經〕莫捫朕舌. ③비틀다, 비틀어 죽이다.〔晉書〕捫蝨而言旁若無人. ④더듬다, 찾다.
【捫摸 문모】①잡음. 붙잡음. ②더듬어 찾음.
【捫腹 문복】배를 쓰다듬음.
【捫舌 문설】①혀를 놀리지 못하게 함. 말을 못하게 함. ②말하지 아니함. ③現혀를 내두름.
【捫蝨 문슬】사람들 앞에서 이를 잡음. 주위 사람들을 신경 쓰지 않고 거리낌 없이 행동함.
[故事] 진(晉)나라의 왕맹(王猛)이 사람들 앞에서 이를 잡으면서 당대의 일을 논했다는 고사에서 온 말.
【捫心 문심】손으로 가슴을 어루만짐.

手8【搫】⑫ 搬(714)과 동자

手8【搒】⑪ 榜(714)의 본자

手8【排】⑪ ❶밀칠 배 佳 pái
❷풀무 배 卦 bài
一 十 扌 扌 扌 扌 抈 抈 排 排
[소전] [초서] [字源] 形聲. 手+非→排. '非(비)'가 음을 나타낸다.
[字解] ❶①밀치다, ⑦밀어젖히다.〔揚雄·賦〕探嚴排碕. ㈂밀어서 열다.〔禮記〕排闔說屨於戶內者, 一人而已矣. ②물리치다, 배척하다.〔後漢書〕諸儒內懷不服, 相與排之. ③없애다, 제거하다.〔史記〕爲人排患釋難. ④트다, 소통(疏通)하다.〔孟子〕決汝漢, 排淮泗. ⑤박두하다, 다가오다.〔後漢書〕囂勢排迮, 不得延退. ⑥바로잡다, 교정(矯正)하다.〔荀子〕然而不得排檠, 則不能自正. ⑦둑, 제방(堤防).〔水經〕

手部 8획 捧掊掤拼捨

修防排以正水路. ⑧방패. 〔炙轂子錄〕馬軍用朱漆排. ⑨늘어서다, 줄서다. 〔白居易·詩〕松排山面千重翠. ⑩줄, 세로줄〔縱列〕. 〔紀效新書〕二人一排. ⑪형제의 차례. ②①풀무. ≒鞴. 〔後漢書〕造作水排, 鑄爲農器. ②세게 찌르다. ¶排搽.
【排却 배각】거절하여 물리침.
【排搽 배개】세게 찌름.
【排擊 배격】배척하여 물리침.
【排遣 배견】밀어젖힘. 물리침.
【排檠 배경】도지개. 뒤틀린 활을 바로잡는 틀.
【排難 배난】곤란을 배제함.
【排闥直入 배달직입】주인의 승낙 없이 대문을 밀어젖히고 쑥 들어감. ✎'闥'은 작은 문.
【排門 배문】①문을 밀어서 엶. ②죄인의 집에 그 죄목을 써서 붙이던 일.
【排悶 배민】마음속의 번민(煩悶)을 떨쳐 버림. 消暢(소창).
【排拂 배불】밀어내어 없앰. 제거함.
【排擯 배빈】밀어내어 물리침. 擯斥(빈척).
【排朔 배삭】한 달에 얼마씩으로 정하여 여러 달에 걸쳐 나누어 줌. 排月(배월).
【排山壓卵 배산압란】산을 밀어붙여 달걀을 누름. 매우 하기 쉬움.
【排泄 배설】①안에서 밖으로 새어 나가게 함. ②동물체가 음식의 영양을 섭취하고 불필요하게 된 찌꺼기를 몸 밖으로 내보냄.
【排設 배설】의식·연회 등에서 필요한 제구(諸具)를 차려 놓음.
【排幹 배알】밀어서 돌림.
【排抑 배억】물리쳐 억제함.
【排律 배율】한시(漢詩)의 한 체(體). 오언(五言)이나 칠언(七言)의 대구(對句)를 여섯구 이상 우수(偶數)로 늘어놓은 것.
【排入 배입】방해하는 사람을 밀치고 들어 옴.
【排詆 배저】배척하여 비방함.
【排折 배절】물리쳐 기세를 꺾음.
【排除 배제】물리쳐 제거함. 排拂(배불).
【排擠 배제】물리쳐 밀어뜨림. 排斥(배척).
【排連 배쳬】박두(迫頭)함. 눈앞에 닥침.
【排斥 배척】반대하여 물리침.
【排置 배치】①순서 있게 벌여 놓음. ②일정한 직무에 보내어 그 자리에 앉힘.
【排陷 배함】배격하여 죄에 빠뜨림.
⦿譏ㅡ, 謗ㅡ, 安ㅡ, 嘲ㅡ, 衝ㅡ.

手8 【捧】⑪ 받들 봉 圖 pěng
초서 捧 字解 ①받들다. ≡奉. ㉮바치다, 두 손으로 받들다. 〔穆天子傳〕捧饋而哭. ㉯들어올리다, 양팔로 껴안다. 〔潘岳·賦〕捧黃間以密彀. ㉰두 손으로 떠올리다. ②들다, 들어올리다. ¶捧手.
【捧腹絶倒 봉복절도】배를 움켜잡고 넘어질 정도로 몹시 웃음. 抱腹絶倒(포복절도).
【捧負 봉부】안기도 하고 업기도 함. 도와줌. 扶持(부지).
【捧手 봉수】손을 들어올림. 두 손을 마주 잡아올려, 공수(拱手)의 예를 행하는 일.
【捧持 봉지】공경하여 두 손으로 받듦.
⦿對ㅡ, 拜ㅡ, 手ㅡ, 承ㅡ, 執ㅡ.

手8 【掊】⑪ ❶그러모을 부 有 póu
❷가를 부 宥 pǒu
❸넘어뜨릴 부 遇 fù
❹성 배 灰 péi
소전 掊 초서 掊 字解 ❶①그러모으다, 가렴주구. 〔詩經〕曾是掊克. ②헤치다, 헤쳐 드러내게 하다. 〔漢書〕掊視得鼎. ③깊다, 심하다. 〔孟子〕掊克在位. ④자랑하다, 뽐내다. ≒掊. 〔詩經〕曾是掊克. ❷①가르다, 쪼개다. 〔莊子〕掊斗折衡. ②치다, 공격하다. 〔莊子〕自掊擊於世俗. ❸넘어뜨리다, 넘어지다. ≒仆·踣. 〔史記〕掊兵罷去. ❹성(姓). 〔史記〕乃之掊生所聞占.
【掊擊 부격】침. 공격함. 打擊(타격).
【掊克 부극】①스스로 뽐내며 남에게 이기기를 좋아함. ②지나치게 세금을 거두어들여 백성을 못살게 굶.
【掊摘 부적】주워 모음. 모아 가짐.
⦿擊ㅡ, 攻ㅡ, 矜ㅡ, 手ㅡ.

手8 【掤】⑪ 전동 뚜껑 붕 蒸 bīng
소전 掤 초서 掤 字解 전동 뚜껑, 화살을 넣는 통의 뚜껑. 〔詩經〕抑釋掤忌.

手8 【拼】⑪ 畀(1157)와 동자

手8 【捨】⑪ 버릴 사 馬 shě
一 十 扌 扌 扫 扩 拴 拴 捨 捨
소전 捨 초서 捨 간체 舍 字源 形聲. 手＋舍→捨. '舍(사)'가 음을 나타낸다.
字解 ①버리다. ㉮그만두다, 중단하다. 〔宋書〕愛好文義未嘗違捨. ㉯놓다, 놓아 버리다. 〔鄭谷·詩〕浮蟻滿杯難實捨. ㉰제거하다, 물리치다. 〔漢書〕莫如先審取捨. ㉱내버려 두다, 돌보지 아니하다. 〔韓愈·詩〕誰肯捨汝眠. ㉲베풀다, 신불(神佛)을 위하여 금품(金品)을 내놓다. 〔隋煬帝·文〕捨撤淨財, 豈可聞計. ②(佛)마음이 평온하고 집착(執着)이 없는 상태. 〔大乘義章〕亡懷稱捨.
【捨近取遠 사근취원】가까운 것을 버리고 먼 것을 취함. 일의 순서나 차례를 바꾸어서 함.
【捨糧沈船 사량침선】군량미를 버리고 타고 간 배를 가라앉힘. 전쟁터에서 살아서는 돌아가지 않을 뜻을 보임. 破釜沈船(파부침선).
【捨生取義 사생취의】목숨을 버리고 의를 좇음. 목숨을 잃을지언정 옳은 일을 그만두지 않음.

手部 8획 捿掃授挨掖掩

【捨身 사신】(佛)①속계(俗界)를 버리고 불문에 들어가 수행함. ②불도의 수행을 위하여 몸과 목숨을 버림.
【捨撤 사철】베풀어 줌.
● 取-, 喜-.

手8 【捿】⑪ ❶栖(846)와 동자 ❷棲(859)와 동자

手8 【掃】⑪ 쓸 소 中 sǎo
一 十 扌 扌 扌 扌 扌 掃 掃
[초서] 扫 [간체] 扫 [자원] 形聲. 手+帚→掃. '帚(추)'가 음을 나타낸다.
[자해] ①쓸다, 비로 쓸다. =埽. 〔周禮〕掌掃門庭. ②버리다. 〔南史〕屛居閑掃, 不通賓客. ③제거하다. 〔張衡·賦〕掃項軍於城下. ④정토(征討)하다, 멸망시키다. 〔梁簡文帝·書〕皇帥外掃, 天鉞四臨. ⑤바르다, 칠하다. 〔杜甫·詩〕淡掃蛾眉朝至尊. ⑥쓰다, 붓을 휘두르다. 〔王令·詩〕慎掃百筆禿. ⑦거절하다, 사양하다. 〔孟浩然·詩〕門還魏公掃.
【掃萬 소만】모든 일을 제쳐 놓음.
【掃滅 소멸】쓸어 없애 버림. 제거(除去)함.
【掃墓 소묘】성묘함. 산소(山所)에 제사 지냄. 展墓(전묘).
【掃灑 소쇄】비로 먼지를 쓸고 물을 뿌림. 掃除(소제).
【掃刷 소쇄】먼지를 떪. 소제함. 掃拭(소식).
【掃愁帚 소수추】수심(愁心)을 쓸어 내는 비. 술의 비유.
【掃地 소지】①땅을 쓸어 깨끗이 함. ②앉을 자리를 깨끗하게 쓺. ③자취도 없이 사라짐.
【掃滌 소척】쓸고 씻어서 깨끗하게 함.
【掃晴娘 소청랑】장마가 졌을 때 날이 개기를 기원하는 주술(呪術). 종이로 인형을 만들어 손에 비[箒]를 쥐어서 처마에 매달아 놓았음.
【掃蕩 소탕】쓸 듯이 모조리 무찔러 없앰. 평정(平定)함.
● 刷-, 灑-, 一-, 淨-, 淸-.

手8 【授】⑪ 줄 수 中 shòu
一 十 扌 扌 扌 扌 扌 护 授 授
[초서] 授 [간체] 授 [자원] 形聲. 手+受→授. '受(수)'가 음을 나타낸다.
[자해] ①주다. 〔禮記〕男女不親授. ④손수 건네주다. 〔周禮〕則從而授之. ⑤내려주다, 수여(授與)하다. 〔張衡·東京賦〕授鉞四七. ⑥안기다, 맡기다. 〔史記〕授之以政. ⑦가르치다, 전하여 주다. 〔史記〕子夏居西河, 敎授爲魏文侯師. ⑨임명(任命)하다. 〔吳志〕近寢今日謬授之失. ⑨세워서 주다. 〔春秋左氏傳〕獻俘授馘. ⑩돌려주다. 〔國語〕

子犯授公子載璧. ②내려지다. 〔晉書〕以能擢, 授殿中侍御史. ③받다. ≒受. 〔周禮〕凡授嬪婦功.
【授戒 수계】(佛)처음으로 불문에 들어온 사람에게 스승이 오계(五戒)·십계(十戒) 등의 계율(戒律)을 주는 일.
【授記 수기】(佛)①부처의 설법 중에서 문답식 또는 분류적 설명으로 되어 있는 부분. ②부처가 그 제자에게 내생(來生)에 부처가 되리라고 예언함.
【授命 수명】목숨을 줌. 목숨을 내놓고 진력(盡力)함.
【授產 수산】일자리를 마련해 주어 생활 방도를 세워 줌.
【授受 수수】①주는 일과 받는 일. ②주고받음.
【授與 수여】넘겨 줌. 내려 줌.
【授乳 수유】젖을 먹임.
【授衣 수의】①옷을 줌. ②겨울옷을 준비함. ③음력 9월의 딴 이름.
【授爵 수작】①작위를 줌. ②술잔을 줌.
● 敎-, 口-, 拜-, 受-, 習-, 神-, 傳-, 銓-, 除-, 指-, 天-, 親-.

手8 【挨】⑪ 막을 애 中 ái
[자해] ①막다, 저지하다. ¶挨牌. ②늘어지다, 느슨하게 되다. ¶挨過. ③맞다, ~하게 되다. ≒捱.
【挨過 애과】질질 끌어서 늘어짐.
【挨牌 애패】방패[盾]의 한 가지.

手8 【掖】⑪ 겨드랑 액 中 yè
[소전] 掖 [초서] 掖 [자해] ①겨드랑. ≒腋. 〔史記〕千羊之皮, 不如一狐之掖. ②끼다, 겨드랑이에 끼다. 〔後漢書〕斐豹以虢國燔書, 禮至以掖國作銘. ③부축하다, ¶扶掖. ④돕다. 〔詩經〕誘掖其君. ⑤곁문, 궁문(宮門)의 좌우에 있는 작은 문. ¶掖門. ⑥정전(正殿)에 딸린 궁(宮). ¶掖庭. ⑦궁궐 안의 뜰. 〔沈佺期·詩〕御柳垂仙掖.
【掖門 액문】궁궐 정문의 좌우에 있는 작은 문.
【掖省 액성】당대(唐代)의 문하성(門下省)과 중서성(中書省). ◯궁문의 좌우에 있었던 데서 온 말.
【掖垣 액원】궁중 정전(正殿) 옆의 담.
【掖誘 액유】도와서 인도함.
【掖庭 액정】①궁중의 정전(正殿) 옆에 있는 궁전. 비빈(妃嬪)이나 궁녀들이 거처하던 곳. ②한대(漢代)의 궁인(宮人)의 벼슬 이름.
● 宮-, 闕-, 禁-, 扶-, 宸-, 誘-.

手8 【掩】⑪ 가릴 엄 中 yǎn
[소전] 掩 [초서] 掩 [통용] 揜 [자해] ①가리다, 보이지 않게 가리다. 〔禮記〕處必掩身. ②닫다, 문을 닫다. 〔南

手部 8획 掞掜捥掌挣振捵

史〕席門常掩. ③감싸다, 비호하다. ④숨기다. 〔春秋左氏傳〕掩賊爲藏. ⑤불의에 치다, 갑자기 공격하다. ¶掩襲. ⑥합치다, 어우르다. 〔孔子家語〕掩有四方. ⑦그치다, 그만두다. ≒俺. 〔班昭·女誡〕室人和則謗掩. ⑧바로잡다, 고치다. ≒檢. 〔淮南子〕大人之行, 不掩以繩. ⑨엿보다, 머리를 문틈에 넣고 몰래 보다. ≒閃. 〔淮南子〕其兄掩戶而入覘之. ⑩시체의 머리를 싸는 건. ⑪쏟다, 물을 붓다. ≒淹. ⑫향기가 질다. ¶掩掩. ⑬바람에 쏠리다. ¶掩苒.

【掩蓋 엄개】 ①덮음, 덮어서 감춤. ②적탄(敵彈)을 막기 위하여 참호나 방공호 따위의 위를 덮은 덮개.
【掩口 엄구】 손으로 입을 가림. ㉠숨을 죽임. ㉡말을 하지 않음. ㉢웃는 모양.
【掩卷輒忘 엄권첩망】 책을 덮자마자 잊어버림. 기억력이 부족함.
【掩目捕雀 엄목포작】 눈을 가리고 참새를 잡으려 함. 매우 얕은 수로 남을 속이려 함.
【掩鼻 엄비】 ①냄새가 싫어서 코를 막음. ②속임수를 써서 남을 모함함.
【掩殺 엄살】 별안간 습격하여 죽임.
【掩塞 엄색】 덮어서 가림. 掩閉(엄폐).
【掩襲 엄습】 뜻하지 못한 사이에 습격함.
【掩身 엄신】 ①몸을 가림. ②집이 가난하여 겨우 몸이 가릴 정도로 옷을 걸침.
【掩掩 엄엄】 향기가 짙게 풍김.
【掩苒 엄염】 바람이 불어 옆으로 쏠림.
【掩映 엄영】 ①덮어서 가림. ○'映'은 '隱'으로 '가리다'는 뜻. ②덮어 두루 비춤.
【掩翳 엄예】 가리어 숨김.
【掩耀 엄요】 빛을 덮어서 가림.
【掩泣 엄읍】 얼굴을 가리고 욺.
【掩耳偸鈴 엄이투령】 귀를 막고 방울을 훔침. 얕은 꾀를 써서 남을 속이려 하나 아무 성과가 없음.
【掩障 엄장】 덮어 가림.
【掩涕 엄체】 얼굴을 가리고 눈물을 흘림. 掩泣(엄읍).
【掩土 엄토】 시체를 흙으로 겨우 가릴 정도로 묻음. 掩埋(엄매).
【掩蔽 엄폐】 ①보이지 않도록 가리어 숨김. 掩諱(엄휘). ②남의 견문(見聞)을 방해함.
【掩護 엄호】 ①덮거나 가려서 보호해 줌. ②적의 습격에 대비하여 자기편을 안전하게 보호함.
❶ 撫-, 圍-, 隱-, 遮-, 蔽-.

手 【掞】⑪ ❶빛날 염 yàn
8   ❷펼 섬 shàn
         ❸날카롭게 할 염 yǎn
초서 掞 字解 ❶①빛내다, 빛나다. ≒炎. ¶掞光. ②펴다, 생각을 펴다. ❷펴다. ❸날카롭게 하다, 끝이 뾰족하게 깎다. =剡. 〔淮南子〕擢掞挺挏.
【掞光 염광】 빛을 냄.
【掞張 염장·섬장】 미사여구(美辭麗句)로써 과장되게 표현함.

手 【掜】⑪ ❶비길 예 nǐ
8   ❷땅길 예 yì
         ❸성 열 niè
초서 掜 字解 ❶비기다, 견주다. ❷땅기다, 켕기어지다. 〔莊子〕終日掜而手不掜. ❸①성(姓). ②이기다, 반죽하다. ≒捏.

手 【捥】⑪ 팔 완 wàn
8
초서 捥 통 腕 통 掔 字解 팔. 〔史記〕海上燕齊之閒, 莫不搤捥而自言有禁方能神僊矣.

手 【掌】⑫ 손바닥 장 zhǎng
8
[掌 자형 변천]
소전 掌 초서 掌 字源 形聲. 手+尚→掌. '尚(상)'이 음을 나타낸다.
字解 ①손바닥. 〔中庸〕治國其如示諸掌乎. ②발바닥. 〔孟子〕熊掌亦我所欲也. ③솜씨, 수완. 〔梁簡文帝·碑〕事僨神掌. ④치다, 손바닥으로 치다. 〔揚雄·賦〕掌蒺藜. ⑤맡다, 주관(主管)하다. 〔孟子〕舜使益掌火. ⑥바로잡다, 고치다. 〔周禮〕掌家禮. ⑦받들다. 〔詩經〕王事鞅掌. ⑧늪, 못, 웅덩이.
【掌理 장리】 맡아서 처리함.
【掌狀 장상】 손바닥을 편 것과 같은 모양.
【掌典 장전】 맡음, 관장(管掌)함.
【掌中寶玉 장중보옥】 손 안에 있는 보옥. 보배롭게 여기는 물건.
【掌中珠 장중주】 손 안의 구슬. ㉠사랑하는 아내. ㉡사랑하는 자녀. 掌珠(장주).
【掌篇 장편】 ①매우 짧은 산문. ②콩트.
❶ 兼-, 股-, 管-, 分-, 仙人-, 所-, 手-, 熊-, 典-, 專-, 指-, 職-, 車-, 合-.

手 【挣】⑪ ❶찌를 쟁 zhēng
8   ❷참을 쟁 zhèng
간체 挣 字解 ❶찌르다, 끝이 뾰족한 것으로 찌르다. ❷①참다, 참고 견디다. ②열심히 일하다, 노력하다. ③떨쳐 버리다. 개방(開放)하다.

手 【振】⑪ 닿을 쟁 chéng
8
字解 닿다, 접촉하다.
【振觸 쟁촉】 닿음. 접촉함.

手 【捵】⑪ ❶늘일 전 tiǎn
8   ❷밟을 년 niǎn
字解 ❶늘이다, 잡아당겨 늘이다. ❷밟다, 비틀다, 꼬다, 드리다. ≒撚.

手8 【掂】 ⑪ 겨냥할 점 圖 diān
字解 겨냥하다, 손으로 무게를 어림잡다.

手8 【接】 ⑪ 사귈 접 眞 jiē

一 丁 扌 扩 扩 护 护 挭 接 接

字源 形聲. 手＋妾→接. '妾(첩)'이 음을 나타낸다.
字解 ①사귀다, 교제하다. 〔禮記〕君子之接如水. ②엇갈리다, 교차하다. 〔呂氏春秋〕兵不接刃. ③흘레하다. ¶ 交接. ④대접하다, 대우하다. ¶ 接伴. ⑤모으다, 모이다, 회합하다. 〔國語〕兩君偃兵接好. ⑥이어받다, 계승(繼承)하다. 〔史記〕漢興接秦之弊. ㉡계속되다, 이어지다. 〔楚辭〕憂與愁其相接. ㉢접하다. 〔淮南子〕聖人之食足以接氣. ⑦가까이하다, 가까이 다. 〔儀禮〕賓立接西塾. ⑧접, 접붙이다. ≒楼. ¶ 接本. ⑨받다, 받아들이다. ¶ 接卷. ⑩빠르다, 신속하다. 〔淮南子〕接經歷遠. ⑪접촉하다, 체험하다, 견문하다. ¶ 接物. ⑫대답하다, 응대하다. ¶ 接給. ⑬동아리.

【接口 접구】 입에 댐. 음식을 조금 먹음. 接脣(접순).
【接卷 접권】 수험자가 답안 용지를 받음.
【接給 접급】 묻는 대로 응하여 대답함.
【接納 접납】 가까이하여 그 말을 받아들임.
【接鸞鳳之翅 접란봉지시】 난조(鸞鳥)와 봉황(鳳凰)의 날개에 닿음. 남과 함께 과거에 급제함의 겸칭(謙稱).
【接目 접목】 눈을 붙임. 잠을 잠.
【接武 접무】 두 발이 앞뒤로 서로 닿을 정도로 천천히 걸음. ❍'武'는 족적(足跡).
【接吻 접문】 입을 맞춤. 키스(kiss).
【接聞 접문】 본인한테서 직접 들음.
【接物 접물】 ①물건에 접함. ②남과 교제함.
【接伴 접반】 손님을 접대함.
【接本 접본】 접을 붙일 때 그 바탕이 되는 나무.
【接煞 접살】 죽은 사람의 혼을 맞아들이는 일.
【接手 접수】 손을 잡음.
【接袖 접수】 ①소매를 맞댐. ②現소매를 덧붙임.
【接脣 접순】 ➡接口(접구).
【接膝 접슬】 ①서로 무릎을 맞대고 가까이 앉음. ②다정하게 이야기함.
【接神 접신】 ①신(神)과 접함. ②신들림. ③섣달 그믐날 밤에 조신(竈神)을 제사 지내는 일.
【接語 접어】 말을 서로 주고받음.
【接遇 접우】 손을 맞아 대접함. 접대함.
【接引 접인】 가까이 끌어 불러들임.
【接任 접임】 직무를 이어받음. 후임(後任).
【接戰 접전】 ①서로 맞붙어 싸움. ②두 편이 서로 힘이 비슷하여 승부가 쉽게 나지 않는 경기나 전투.
【接濟 접제】 어려운 처지에 빠진 사람을 도와줌. 구제(救濟)함.
【接足 접족】 ①발을 붙임. 발을 들여 놓음.

②(佛)두 손을 존자(尊者)의 발에 대고 절을 하는 일.
【接踵 접종】 발꿈치를 접함. ㉠남의 뒤를 바싹 따름. ㉡사물이나 사건이 잇따라 일어남.
【接會 접회】 ①가까이하여 회합함. ②남녀의 교접(交接).

❍ 間―, 交―, 近―, 待―, 面―, 密―, 相―, 延―, 連―, 迎―, 熔―, 應―, 隣―, 直―.

手8 【措】 ⑪ ❶둘 조 圖 cuò ❷잡을 책 囿 zé

扌 扌 扌 扌 扌 扌 挤 措 措

粢考 대법원 지정 인명용 한자의 음은 '조'이다.
字解 ❶①두다. ㉠일정한 자리에 두다, 붙이다. 〔禮記〕措之廟. ㉡베풀다, 베풀어 펴다. 〔易經〕擧而措之天下之民. ②그만두다, 하던 일을 버리다. 〔中庸〕學之弗能, 弗措也. ③섞다, 섞이다. 〔史記〕內措齊晉. ④처리하다, 조처하다. 〔中庸〕時措之宜也. ⑤찌르다. ≒籍. 〔淮南子〕猨狖之捷來措. ⑥가난한 선비. ≒醋. ¶ 措大. ❷①잡다, 뒤따라가서 붙잡다. 〔漢書〕迫脅靑徐盜賊. ②사이에 두다, 끼우다. ≒笮. 〔漢書〕李太后與爭門措指.
【措大 조대】 청빈한 선비.
【措辭 조사】 글을 지을 때 문구를 적절히 배열하는 일.
【措手不及 조수불급】 손을 써도 미치지 못함. 손쓸 수 없을 정도로 일이 급함.
【措處 조처】 어떤 문제나 사태를 해결하기 위하여 필요한 대책을 세움. 措置(조치).
【措畫 조획】 조치함.

❍ 擧―, 不知所―.

手8 【捽】 ⑪ 잡을 졸 月 zuó

扌 扌 扌 扌 扌 拎 捽

字解 ①잡다, 머리채를 잡다. ¶ 捽引. ②잡아 뽑다, 뽑아 내다. ③겨루다, 맞붙다, 맞붙어 싸우다. 〔國語〕戎夏交捽.
【捽搏 졸박】 머리채를 잡고 손으로 때림.
【捽髮 졸발】 머리채를 거머잡음.
【捽抑 졸억】 머리채를 거머잡고 억누름.
【捽引 졸인】 머리채를 잡고 끎.

手8 【拯】 ⑪ 拯(692)과 동자

手8 【採】 ⑪ 캘 채 賄 cǎi

一 丁 扌 扌 扌 扩 挖 採 採

字源 形聲. 手＋采→採. '采(채)'가 음을 나타낸다.
字解 ①캐다, 따다, 묻힌 것을 파내다. 〔北史〕採掘北芒及南山佳石. ②가리다, 가려내다. ¶ 採擇. ③나무꾼, 초부(樵夫). 〔後漢書〕至爲園採芻牧之處.

【採根 채근】①식물의 뿌리를 캠. ②어떤 일의 내용이나 원인 등을 밝혀냄. ③따지어 독촉함.
【採納 채납】의견·요구 등을 받아들임.
【採得 채득】조사하여 사실을 찾아 냄.
【採問 채문】탐문하여 채집하는 일.
【採訪 채방】물어 가며 찾음. 採探(채탐).
【採拾 채습】①주워 가짐. 주워 모음. 採集(채집). ②섶나무를 베고 나무 열매를 주움. 가난한 생활.
【採薪之憂 채신지우】병이 들어 땔나무를 할 수 없음. 자기 병의 겸칭. 負薪之憂(부신지우).
【採挹 채읍】물을 퍼냄.
【採摘 채적】잎 따위를 땀.
【採種 채종】씨앗을 골라서 받음. 좋은 씨앗을 받음.
【採摭 채척】①뽑아서 가려냄. ②주움.
【採取 채취】풀, 나무, 광석 따위를 찾아 베거나 캐거나 하여 얻어 냄.
【採擇 채택】골라서 가려냄. 가려서 택함.
【採擷 채힐】①손으로 땀. ②치맛자락을 걷어 올려 허리띠에 꽂고 물건을 넣음.
◑ 博－, 伐－, 收－.

手 8【掇】⑪ 주울 철 [本]탈 [屑] duó

[소전] [초서] [字解] ①줍다, 주워 모으다. ¶ 掇拾. ②가리다, 선택하다.〔漢書〕掇其切當世施朝廷者. ③깎다, 삭제하다. ④찌르다.〔史記〕刺掇身. ⑤그만두다, 중지하다. ≒輟.〔左思·賦〕剞劂罔掇.
【掇拾 철습】주워 모음. 채집함.
【掇遺 철유】선대 사람이 남겨 준 사업을 주워 모음.
◑ 收－, 拾－, 摘－, 精－, 采－, 抄－, 取－.

手 8【掣】⑫ ❶당길 철 [屑] chè ❷끌 체 [霽] chè

[초서] [동자] 掣 [字解] ❶당기다, 끌어당기다. ❷①끌다. ㉮못 떠나게 붙들다, 억누르다.〔詩經·箋〕非但以手攜掣之. ㉯뽑다, 잡아당기다.〔晉書〕羲之密從後掣其筆, 不得. ㉰지연하다, 연기하다.〔羅玘·詩〕千載風神一揮掣. ㉱길게 뻗다.〔梁簡文帝·賦〕星流電掣. ②억눌리다, 억압되다.〔易經〕見輿曳, 其牛掣. ③바람에 쏠리는 모양.
【掣臂 체비】☞掣肘(체주)
【掣曳 체예】끌어당겨 방해함. 말림.
【掣搖 체요】끌어당겨 흔듦.
【掣電 체전】번개를 끌어당김. ㉠빠름. ㉡짧은 시간.
【掣肘 체주→철주】남의 팔꿈치를 옆에서 끎. 남의 일을 방해하여 못 하게 제지함. 掣臂(체비).
【掣掣 체체】바람이 부는 대로 쏠리는 모양.
◑ 牽－, 輓－, 電－.

手 8【掣】⑪ 掣(705)과 동자

手 8【捷】⑪ ❶이길 첩 [葉] jié ❷꽂을 삽 [洽] chā

[소전] [초서] [參考] 대법원 지정 인명용 한자의 음은 '첩'이다.
[字解] ❶①이기다.〔詩經〕一月三捷. ②노획품, 전리품.〔春秋左氏傳〕諸侯來獻戎捷. ③승전(勝戰), 승리.〔宋書〕泉浦之捷, 威震滄溟. ④빠르다, 민첩하다. ≒倢. ¶ 輕捷. ⑤빨리, 빠르게. ≒倢.〔荀子〕事業捷成. ⑥지름길을 택하다, 질러서 가다. ¶ 捷徑. ⑦잇닿다, ～에 미치다.〔漢書〕豈駕鵝之能捷. ⑧무게의 단위. 1.5냥의 무게. ⑨기르다.〔呂氏春秋〕捷于肌理. ⑩성(姓). ❷꽂다. ＝插.〔儀禮〕捷柶興.
【捷勁 첩경】날래고 강함.
【捷徑 첩경】①지름길. 捷逕(첩경). ②쉽고 빠른 방법. ③[國]흔히 그렇게 되기가 쉬움.
【捷巧 첩교】빠르고 교묘함.
【捷口 첩구】날쌘 입. 말을 잘함.
【捷給 첩급】①재빠르게 공급함. 민첩하고 재빠름. ②대화를 잘하고 응대에 능숙함.
【捷路 첩로】지름길. 捷徑(첩경).
【捷利 첩리】날쌤. 재빠름.
【捷敏 첩민】민첩(敏捷)함.
【捷書 첩서】전쟁에 승리하였음을 보고하는 글.
【捷成 첩성】빠르게 이룸.
【捷足 첩족】빠른 걸음.
【捷疾 첩질】빠름.
【捷捷 첩첩】①거동이 민첩한 모양. ②말을 많이 지껄임.
◑ 輕－, 勁－, 敏－, 勝－, 戰－.

手 8【捴】⑪ 摠(721)과 동자

手 8【捶】⑪ ❶종아리칠 추 [紙] chuí ❷불릴 타 [哿] duǒ

[소전] [초서] [字解] ❶①종아리 치다, 채찍질하다, 매질하다. ¶ 捶笞. ②채찍, 종아리채. ≒箠.〔莊子〕橛以馬捶. ③망치. ≒錘.〔莊子〕皆在鑪捶之間耳. ④찧다, 절구에 빻다.〔禮記〕捶反側之. ❷불리다, 단련하다.〔莊子〕大馬之捶鉤者.
【捶擊 추격】매질함. 종아리를 때림.
【捶撻 추달】☞捶打(추타).
【捶扑 추박】매로 때림. 매질함.
【捶殺 추살】매질하여 죽임. 때려 죽임.
【捶楚 추초】죄인을 매질함. 죄인을 문초함.
【捶打 추타】매질함. 捶撻(추달).
【捶笞 추태】매질함.
◑ 驅－, 馬－, 鞭－.

手 8【掫】⑪ 지킬 추 [尤][有] zōu

[소전] [초서] [字解] ①지키다, 딱따기를 치며 야경(夜警)을 돌다.〔春秋左氏傳〕陪臣干掫. ②땔나무.〔漢書〕民驚走, 持藁或掫一枚. ③땅 이름.

手 **【推】**⑪ ❶옮을 **추** 因 tuī
8　　　　 ❷밀 **퇴** 灰 tuī

一 十 扌 扌 扩 扩 扩 拧 推 推

[소전] 推　[초서] 推　[참고] 대법원 지정 인명용 한자의 음은 '추'이다.

[字源] 形聲. 手＋隹→推. '隹(추)'가 음을 나타낸다.

[字解] ❶①옮다, 변천하다.〔易經〕寒暑相推而歲成焉. ②천거하다, 추천하다.〔書經〕推賢讓能. ③받들다, 공경하여 높이 받들다.〔梁書〕萬有樂推. ④헤아리다, 추측하다.〔淮南子〕因其自然而推之. ⑤넓히다, 확충(擴充)하다.〔孟子〕推惡惡之心. ⑥꾸짖다, 따지다, 힐난하다.〔史記〕天水駱壁推減. ⑦꾸미지 아니하다. 늑推. ¶推車. ❷①밀다, 앞으로 밀다. ¶推進. ㉮물려주다. ㉯밀치다.〔孫作·詩〕鵝掌推不受. ㉰제거하다, 떨쳐 버리다.〔詩經〕則不可推. ㉱물려주다, 양보하다.〔史記〕推食食我. ②성(盛)한 모양.

【推勘 추감】죄를 조사함.
【推去 추거】찾아서 가져감.
【推車 추거】①수레를 묾. ②인력으로 밀고 가는 외바퀴 수레. ③꾸미지 않은, 소박한 수레.
【推考 추고】①미루어 생각함. ②國벼슬아치의 죄과(罪過)를 추궁하여 고찰함.
【推故 추고】다른 일을 핑계로 거절함.
【推校 추교】미루어 생각함. 推考(추고).
【推及 추급】미루어 생각하여서 미침.
【推給 추급】찾아서 내어 줌.
【推己及人 추기급인】자기를 미루어 남에게 미침. 제 마음을 표준으로 삼아 남의 마음을 미루어 앎.
【推納 추납】찾아내어 바침.
【推奴 추노】도망친 종을 찾아서 데려옴.
【推斷 추단】①미루어 판단함. ②범죄를 심문하여 처단함.
【推談 추담】핑계로 하는 말.
【推戴 추대】윗사람으로 떠받듦.
【推明 추명】추리(推理)하여 밝힘.
【推問 추문】죄상을 문초함.
【推步 추보】①천체의 운행을 관측함. ②천체의 운행을 관측하여 역서(曆書)를 만드는 일.
【推捧 추봉】돈이나 곡식 등을 추심(推尋)하여 받아들임.
【推辭 추사】남에게 사양하고 자기는 물러남.
【推選 추선】추천하여 선발함.
【推誠 추성】성의를 다하여 남을 대함.
【推刷 추쇄】①빚을 모두 받아들임. ②부역·병역을 기피한 사람이나 달아난 노비를 찾아내어 본고장에 돌려보내던 일.
【推數 추수】앞으로 올 운수를 미리 헤아려 앎.
【推尋 추심】①찾아내어 가지거나 받아 냄. ②은행이 소지인의 의뢰를 받아 수표나 어음을 지급인에게 제시하여 지급하게 하는 일.
【推讓 추양】남을 추천하고 자기는 사양함.
【推衍 추연】널리 미치게 함. 推演(추연).

【推閱 추열】범죄자를 심문함.
【推原 추원】근원을 추구(推究)함.
【推委 추위】책임을 남에게 전가함. 推諉(추위).
【推挹 추읍】추앙(推仰)함. 존중함.
【推移 추이】①변천함. ②일이나 형편이 시간의 흐름에 따라 변해 가는 일.
【推引 추인】①사람을 발탁해 씀. ②밀고 당김.
【推重 추중】높이 받들어 존경함. 推尊(추존).
【推進 추진】①진척되도록 밀고 나아감. ②남을 추천함.
【推此可知 추차가지】이 일을 미루어서 다른 일을 알 수 있음.
【推捉 추착】범죄자를 수색하여 체포함.
【推察 추찰】미루어 생각하여 살핌.
【推治 추치】죄를 헤아려 다스림.
【推托 추탁】①다른 일을 핑계로 거절함. 推故(추고). ②추천하여 일을 맡김. 推託(추탁).
【推擇 추택】인재를 등용함. ○'推'는 아래에서 천거함, '擇'은 위에서 선발함.
【推覈 추핵】범죄를 자세히 조사함.
【推敲 퇴고】글을 지을 때 자구(字句)를 다듬어 고치는 일. [故事] 당(唐)나라 시인 가도(賈島)가 '僧敲月下門(승고월하문)'이란 시구(詩句)를 지을 때 '推'로 할까 '敲'로 할까 궁리하다가, 한유(韓愈)의 의견을 따라 '敲'로 정했다는 고사에서 온 말.
【推轂 퇴곡】수레를 밀어서 앞으로 나아가게 함. ㉠뒤를 밀어 주어 나아가게 함. 남의 사업을 도와줌. ㉡현재(賢才)를 천거함. 推薦(추천). ㉢임금이 출전하는 장군의 수레를 친히 밀어서 출발시키던 일.
【推倒 퇴도】①밀어 넘어뜨림. 남을 자기 아래에 예속시킴. ②심신(心身)을 기울여 다함.
【推輓 퇴만】수레를 뒤에서 밀고 앞에서 끎. 사람을 추천함.
【推食 퇴식】음식을 남에게 권함.
【推舟於陸 퇴주어륙】육지에서 배를 끎. 무리한 일을 고집스레 함.
【推築 퇴축】옆에서 쿡쿡 찔러 의사를 통하거나 사정을 알림. ○'築'은 땅을 두드림.
【推推 퇴퇴】성(盛)한 모양.
【推戶 퇴호】지게문을 밀어서 엶.

○ 究-, 輓-, 上授下-, 選-, 類-.

手 **【探】**⑪ 찾을 **탐** 覃 tàn
8

一 十 扌 扩 扩 扫 抨 抨 探 探

[소전] 探　[초서] 探　[字源] 形聲. 手＋罙→探. '罙(삼)'이 음을 나타낸다.

[字解] 찾다. ㉠더듬어 찾다.〔易經〕探賾索隱. ㉡시험하다. ㉢염탐하다, 엿보다.〔春秋穀梁傳〕已探先君之邪志. ㉣구명하다, 깊이 연구하다.〔漢書〕深探其獄. ㉤잡다, 가지다.〔淮南子〕必探籌而定分. ㉥탐승(探勝)하다, 유람(遊覽)하다.〔朱松·詩〕伴誰操筆賦幽探.

【探看 탐간】찾아봄.

【探檢 탐검】 탐색하여 두루 살핌.
【探抉 탐결】 찾아서 들추어 냄.
【探騎 탐기】 적의 동정을 살피는 기병(騎兵).
【探囊中之物 탐낭중지물】 주머니 안에 든 물건을 찾음. 일이 아주 손쉬움의 비유. 探囊取物(탐낭취물).
【探卵之患 탐란지환】 어미새가 자리를 비운 사이에 보금자리의 알을 잃을까 봐 근심함. ㉠거처를 습격당할까 근심함. ㉡내막이 드러날까 봐 근심함.
【探驪龍 탐리룡】 ☞探驪獲珠(탐리획주).
【探驪獲珠 탐리획주】 검은 용의 턱 밑을 더듬어 여의주를 얻음. ㉠위험을 무릅쓴 결과 큰 이득을 얻음. ㉡문장의 요령을 얻음.
【探報 탐보】 더듬어 찾아 알림.
【探査 탐사】 더듬어 찾음.
【探賞 탐상】 경치 좋은 곳을 찾아다니며 기리고 즐김.
【探索 탐색】 ①드러나지 않은 사물이나 현상을 이리저리 찾음. ②범죄와 관련된 물건이나 범죄인의 죄상 등을 알아내기 위하여 샅샅이 찾음.
【探龍頷 탐용함】 용의 턱 밑에 감추어져 있는 구슬을 더듬어 찾음. 귀중한 것을 얻기 위하여 큰 위험을 무릅씀.
【探友 탐우】 벗을 방문함.
【探韻 탐운】 시를 지을 때 운자를 찾음.
【探情 탐정】 남의 뜻을 넌지시 살핌.
【探題 탐제】 ①시회(詩會)에서 시제(詩題)를 찾아 나누어 가짐. ②(佛)법회(法會)에서 논의할 일을 고르고 그 의가 끝나면 그 논지(論旨)를 평가하는 소임을 맡은 승려.
【探知 탐지】 더듬어 찾아 알아냄.
【探春 탐춘】 봄 경치를 찾아다니며 구경함.
【探湯 탐탕】 ①끓는 물에 손을 넣음. ②나쁜 일에서 빨리 빠져 나감. ♡끓는 물에 손이 닿으면 재빨리 손을 뗀다는 데서 온 말.
【探討 탐토】 찾아냄. 찾아 밝힘.
【探險 탐험】 위험을 무릅쓰고 살펴보고 조사함.
【探虎穴 탐호혈】 호랑이 굴을 뒤짐. 몹시 위험한 짓을 함.
【探花郞 탐화랑】 ①당대(唐代)에 정시(庭試)에 셋째로 급제한 사람. ②조선 때 과거 시험에서 갑과(甲科)에 셋째로 급제한 사람.
【探花蜂蝶 탐화봉접】 꽃을 찾아 다니는 벌과 나비. 여색(女色)을 좋아하는 사람.
【探花宴 탐화연】 당대(唐代)에 새로 급제한 진사(進士)가 처음으로 베푸는 잔치.
【探候 탐후】 남의 안부(安否)를 물음.
❶內-, 密-, 搜-, 刺-, 偵-.

手⁸【掿】⑪ ❶칠 패 圄 bǎi
❷가를 벽 圄 bā
[字解] ❶①치다, 두 손으로 치다. 〔左思·賦〕拉掿摧藏. ②열다. 〔鬼谷子〕掿之者料其情也. ❷가르다, 쪼개다. ≒擘 〔周禮〕燔黍掿豚.

手⁸【揊】⑪ 揊(707)와 동자

手⁸【拼】⑪ ❶부릴 평 庚 pīn
❷덜 병 徑 pīn
[字解] ❶①부리다, 시키다. ②튕기다. ❷덜다, 제거하다.

手⁸【掝】⑪ 어두울 혹 職 huò
[字解] 어둡다, 흐릿하다. ≒惑.

手⁸【捆】⑪ 混(1001)과 동자

手⁸【掀】⑪ 치켜들 흔·헌 囡 xiān
[字解] ①치켜들다, 번쩍 들다, 높이 들어 올리다. ¶掀炬. ②높은 모양, 높이 솟은 모양. ¶掀掀.
【掀炬 흔거】 횃불을 높이 듦.
【掀舞 흔무】 춤추듯 날아오름.
【掀翻 흔번】 높이 나부낌. 掀天(흔천).
【掀腫 흔종】 부어 오름.
【掀天 흔천】 하늘 높이 나부낌. 掀翻(흔번).
【掀天動地 흔천동지】 하늘을 치켜들고 땅을 움직임. 천지가 뒤흔들리게 기세를 크게 떨침.
【掀簸 흔파】 높이 날려 올림.
【掀掀 흔흔】 ①높이 솟은 모양. ②높이 치켜드는 모양.

手⁹【揀】⑫ 가릴 간·련 銑 jiǎn
[字源] 대법원 지정 인명용 한자의 음은 '간'이다.
[字解] ①가리다, 가려 뽑다. ≒柬. ¶揀擇. ②구별하다, 분별하다. 〔韓愈·詩〕粹美無可揀.
【揀選 간선】 가려 뽑음. 선택함.
【揀擇 간택】 ①분간(分揀)하여 선택함. ②임금이나 왕자의 배우자를 고름.

手⁹【揩】⑫ ❶문지를 개 佳 kāi
❷악기 이름 개 洽 jiá
[字解] ❶문지르다, 닦다, 갈다. ¶揩痒. ❷①악기 이름. ㉮북의 한 가지. ¶揩鼓. ㉯주악(奏樂)의 박자를 고르기 위하여 치는 악기. ¶揩擊. ②세게 찌르다.
【揩擊 개격】 악기 이름. 주악(奏樂)의 박자를 고르기 위하여 치는 악기.
【揩鼓 개고】 악기 이름. 손가락으로 쳐서 소리를 내는 북.
【揩痒 개양】 가려운 데를 긁음.

手⁹【揵】⑫ ❶멜 건 囡 qián
❷세울 건 阮 jiàn
[字解] ①①메다, 어깨에 메다. 〔後漢書〕揵弓韣九鞬. ②들다, 들어 올리

다.〔漢書〕揵鰭掉尾. ❷①세우다, 서다.〔史記〕頹竹林兮揵石菑. ②경계(境界), 경계로 삼다.〔漢書〕淮陽包陳以南, 揵之江. ③빗장, 문을 닫아 걸다. ≒楗.〔莊子〕將內揵. ❹둑.〔漢書〕塞瓠子決河下淇園之竹以爲揵.
【揵然 건연】꼬리 끝이 위로 치켜 올라간 모양.

手⁹【揭】⑫ ❶들 게 困 jiē
❷질 갈 用 jiē
❸세울 걸 因 jiē

揭(소전) 揭(초서) 揭(속자) 参考 대법원 지정 인명용 한자의 음은 '게'이다.

字解 ❶❶들다. ㉮높이 들다.〔詩經〕維北有斗, 西柄之揭. ㉯걸다, 걸어 두다. ¶揭板. ②추다, 추어올리다.〔詩經〕深則厲, 淺則揭. ③현(縣) 이름. 남월(南越)에 있었다. ❷①지다, 등에 지다.〔後漢書〕揭節垂組. ④높은 모양, 우뚝 솟은 모양.〔詩經〕西柄之揭. ⑤표시, 표지.〔郭璞·賦〕蛾帽爲泉陽之揭. ④기다란 모양. ¶揭揭. ⑤풀 이름. 향초(香草)의 한 가지. ⑥성(姓). ❸①세우다.〔漢書〕揭竿爲旗. ②나타내다, 표시하다.〔張衡·賦〕揭以熊耳. ③빠른 모양. ¶揭揭. ④휘다, 벋다.〔戰國策〕脣揭者齒必寒.

【揭開 게개】엶, 걷어 올림.
【揭榜 게방】①공고문이나 간판을 내어 겖. ②시험 성적을 발표함. 揭榜(게방).
【揭示 게시】여러 사람에게 알리기 위하여 내붙이거나 내걸어서 보여 줌.
【揭帖 게첩】①내어 걸어 붙임. ②내어 건 문서. 揭貼(게첩).
【揭板 게판】시문(詩文)을 새겨 누각에 걸어 두는 나무 판.
【揭曉 게효】시험 성적 등을 게시하여 알림. '曉'는 알림.
【揭揭】❶갈갈 ❷걸걸 ❸게게 ❶①긴 모양. ②높은 모양. ❷①빨리 달리는 모양. 偈偈(걸걸). ②박힌 물건이 막 뽑힐 것 같은 모양. ❸높이 오르는 모양.
【揭斧入淵 게부입연】도끼를 들고 못에 들어감. 쓸데없는 짓을 함.
【揭竿 걸간】장대를 세움.
❶ 高-, 揚-, 表-, 標-, 掀-.

手⁹【揆】⑫ 헤아릴 규 紙 kuí

揆(소전) 揆(초서) 字解 ①헤아리다, 상량(商)하다.〔詩經〕揆之以日. ¶揆一. ③꾀, 계책. ¶揆策. ②도(道), 법(法). ¶揆一. ③꾀, 계책. ¶揆策. ④벼슬. ㉮벼슬아치, 관리(官吏).〔書經〕百揆時敍. ㉯재상(宰相).〔晉書〕桓溫居揆.
【揆敍 규서】헤아려 차례를 정함.
【揆一 규일】천하를 다스리는 도(道)는 동일함.
【揆策 규책】계책을 세움.
【揆度 규탁】헤아림. 미루어 헤아림.
❶ 端-, 百-, 右-, 一-, 度-.

手⁹【搌】⑫ 搏(718)과 동자

手⁹【揬】⑫ 문지를 돌 月 tú
字解 ①문지르다. ¶衝揬. ②닿다, 부딪다. ¶塘揬.

手⁹【描】⑫ 그릴 묘 蕭 miáo
描(초서) 字解 그리다, 그림을 그리다.
【描摸 묘모】본떠서 그림. 描摹(묘모).
【描寫 묘사】어떤 대상이나 사물 따위를 언어로 서술하거나 그림을 그려서 표현함.
【描畫 묘화】①그림을 그림. ②그림을 본떠서 그림.
❶ 白-, 線-, 素-.

手⁹【揩】⑫ ❶어루만질 민 眞 mín
❷닦을 문 吻 wěn
字解 ❶어루만지다, 문지르다. =抿. ❷닦다, 훔치다, 걸레질하다. =抆.

手⁹【摒】⑫ 摒(719)의 속자

手⁹【揸】⑫ 摣(719)와 동자

手⁹【揳】⑫ 날씬할 삭 藥 xiāo
揳(소전) 字解 ①날씬하다, 팔뚝이 날씬한 모양. ②뾰족하게 깎인 모양. ¶揳爾.
【揳爾 삭이】가늘고 뾰족하게 깎인 모양.

手⁹【插】⑫ 꽂을 삽 ㉠잡 洽 chā
插(소전) 插(초서) 挿(속자) 挿 字解 ①꽂다, 박아 넣다, 끼워 넣다. ¶插秧. ②가래의 한 가지. ≒鍤.〔戰國策〕立則杖插.
【插架 삽가】①책을 서가에 꽂음. ②現벽에 거는 대나무로 만든 서가(書架).
【插抹 삽말】말뚝을 박음.
【插木 삽목】식물의 가지·줄기·잎 등을 자르거나 꺾어서 흙 속에 꽂아서 뿌리가 내리게 하는 일. 꺾꽂이.
【插樹 삽수】삽목에 쓰려고 일정한 길이로 자른 나뭇가지.
【插秧 삽앙】①논에 볏모를 심음. ②심은 지 얼마 안 된 볏모.
【插羽 삽우】군대를 소집할 때 매우 급함을 나타내기 위하여 격문에 새의 깃을 꽂는 일.
【插話 삽화】이야기 줄거리 사이에 끼어 넣는 짤막한 다른 이야기.
❶ 亂-, 斜-, 散-, 雜-, 杖-, 栽-, 表-.

手部 9획 揷揎揳揲揂握擖揞揶揚

手9 【揷】⑫ 揷(708)의 속자

手9 【揎】⑫ 걷을 선 冤 xuān
字解 ①걷다, 소매를 걷어 올리다. 〔元史〕吏令崔自揎袖. ②現맨손으로 때리다.

手9 【揳】⑫
❶닦을 설 屑 xiè
❷잴 혈 屑 xié
❸칠 결 屑 jiá

字解 ❶①닦다, 씻다. ¶ 攦揳. ②바르지 아니하다, 비뚤다. ¶ 攦揳. ❷재다. ≒絜.〔荀子〕不揣長, 不揳大. ❸치다, 쳐서 울리다. ¶ 揳擊.

【揳擊 결격】 악기(樂器)를 쳐서 울림.

手9 【揲】⑫ 셀 설 屑 shé

字解 ①세다, 수효를 손으로 집어 세다. ¶ 揲蓍. ②짚다, 맥을 짚다.〔史記〕揲荒爪幕. ③치다, 두드리다. ≒鍱.〔淮南子〕揲挺其土而不益厚. ④혀. ≒舌. 키(箕)의 앞의 넓고 평평한 부분.〔管子〕執箕膺揲.

【揲蓍 설시】 시초점(蓍草占)을 칠 때, 시초를 손으로 셈.

手9 【揂】⑫ 搜(715)와 동자

手9 【握】⑫
❶쥘 악 覺 wò
❷작을 옥 覺 wò
❸악수 악 奉우 屋 òu

字解 ❶①쥐다. ㉮손가락을 굽혀 물건을 쥐다.〔詩經〕握粟出卜. ㉯주먹을 쥐다.〔莊子〕終日握而手不掜. ㉰잡다, 마음대로 휘두르다, 손에 쥐다. ②주먹. ¶ 拳握. ③손아귀, 수중(手中). ¶ 掌握. ④줌. 한 줌의 분량을 나타내는 양의 단위. ⑤길이의 단위. 주먹을 쥐었을 때 엄지손가락을 뺀, 네 손가락을 나란히 한 길이. 약 4치(寸).〔儀禮〕長尺有握. ⑥휘장. ≒幄. ❷작다, 작은 모양.〔易經〕一握爲笑. ❸악수. 소렴 때 손을 싸는 헝겊. ≒幄. ¶ 握手.

【握管 악관】 ①붓을 손에 쥠. 글씨를 쓰거나 글을 지음. ②서법(書法)에서 붓을 잡는 법의 한 가지. 붓을 네 손가락으로 쥐고, 현완직필(懸腕直筆)로 쓰는 방법.

【握髮 악발】 현인(賢人)을 얻으려고 애씀. 故事 주공(周公)이 머리를 감을 때 손님이 찾아오면 머리카락을 잡은 채 맞았다는 고사에서 온 말. 握沐(악목). 吐哺握髮(토포악발).

【握手 악수】 ①손으로 손을 잡음. 서로 손을 붙잡

아 친애하는 정을 보임. ②서양식 예법의 하나. 서로 손을 맞잡고 하는 인사. ③소렴 때에 시체의 손을 싸는 헝겊.

【握月擔風 악월담풍】 달을 손에 쥐고 바람을 어깨에 멤. 풍월을 그지없이 사랑하는 모양.

❶角－, 滿－, 一－, 掌－, 把－.

手9 【揠】⑫ 뽑을 알 黠 yà

字解 뽑다.〔孟子〕其苗之不長而揠之者.

【揠苗 알묘】 곡식의 고갱이를 뽑아 올림. 성공을 서두르다가 도리어 해를 봄.

手9 【揞】⑫ 숨길 암 感 ǎn

字解 ①숨기다, 감추다. ②덮다, 덮어씌우다.

手9 【揶】⑫ 揶(695)와 동자

手9 【揚】⑫
❶오를 양 陽 yáng
❷國흉배 양 yáng

十 扌 扌 扌 扩 护 揚 揚 揚

字源 形聲. 手＋昜→揚. '昜(양)'이 음을 나타낸다.

字解 ❶①오르다, 위로 오르다.〔易經〕揚于王庭. ②날다, 하늘을 날다.〔詩經〕載飛載揚. ③바람에 흩날리다.〔列子〕塵不揚. ④쳐들다, 위로 번쩍 휘둘러 올리다.〔史記〕絃歌于揚. ⑤들날리다, 알려지다.〔孝經〕揚名於後世. ⑥나타나다, 드러나다.〔楚辭〕滿內而外揚. ⑦나타내다, 드러내다. ⑧들어올려 쓰다.〔書經〕明明揚側陋. ⑨밝히다, 명백하게 하다.〔淮南子〕不揚其聲. ⑩도끼, 부월(斧鉞).〔詩經〕干戈戚揚. ⑪말하다, 칭찬하다.〔淮南子〕名不可得而揚. ⑫슬퍼하다, 애도하다. ≒愓.〔詩經〕不吳不揚. ⑬불이 세차게 타오르다.〔詩經〕火烈具揚. ⑭누그러지다, 고르게 되다.〔淮南子〕其聲舒揚. ⑮이마, 눈썹 언저리. ¶ 눈언저리가 널찍하고 아름답다.〔詩經〕子之淸揚. ⑯고대의 구주(九州)의 하나. 지금의 양쯔강(揚子江)의 남부 일대를 가리킨다. ❷흉배(胸背).

【揚歌 양가】 소리 높이 노래를 부름.

【揚光 양광】 빛을 발함. 빛남.

【揚歷 양력】 ①발탁하여 그의 재능을 시험해 봄. ②경력(經歷)을 드러내어 밝힘.

【揚烈 양렬】 ①공적을 들날림. ②강한 향기(香氣)를 감돌게 함.

【揚名 양명】 이름을 드날림.

【揚眉 양미】 ①눈썹을 치켜 올림. ②눈을 크게 뜸, 의기가 왕성한 모양.

【揚揚 양양】 뜻을 이루어 만족해하는 모양.

【揚言 양언】 ①큰소리침. 말을 과장함. ②널리 알림.

手部 9획

【揚旌 양정】 ①기(旗)를 세움. ②전쟁을 함.
【揚州之鶴 양주지학】 많은 욕망을 다 채우고자 탐냄. [故事] 여러 사람이 모여 각자 자기의 희망을 말하는데, 어떤 사람은 양주 자사(揚州刺史)가 되겠다 하고, 어떤 사람은 많은 재물을 원한다 하고, 어떤 사람은 학을 타고 하늘에 오르겠다고 하자, 남은 한 사람이 허리에 10만 관의 돈을 차고 학을 타고 양주에 오르겠다고 한 고사에서 온 말.
【揚擲 양척】 들어 올려 던짐.
【揚波 양파】 ①파도를 일으킴. ②시세(時勢)를 따라 세상 사람과 행동을 같이함.
【揚鞭 양편】 채찍을 듦. 말을 기운차게 몲.
○ 干-, 揭-, 激-, 廣-, 驕-, 發-, 浮-, 飛-, 宣-, 抑-, 止-, 讚-, 淸-, 稱-.

【揜】 ⑫ 가릴 엄 [韻] yǎn
[소전] 揜 [초서] 揜 [통자] 掩 [字解] ①가리다, 가리어 덮다, 가리어 싸다. ≒奄. 〔孟子〕從而揜之. ②붙잡다, 덮쳐 잡다. 〔春秋穀梁傳〕揜禽旅. ③깊다. 〔呂氏春秋〕處必揜. ④이어받다, 답습하다. 〔荀子〕能揜迹於文武. ⑤감추다, 숨기다. 〔大學〕揜其不善. ⑥절박하다, 다그치다. ≒厭·險. 〔禮記〕篤以不揜. ⑦빠른 모양. ¶揜乎. ⑧도박, 노름. ≒閃. ¶博揜.
【揜耳盜鈴 엄이도령】 귀를 막고 방울을 훔침. 얕은 꾀로 남을 속이려 함. 어리석음. 掩耳盜鈴(엄이도령).
【揜取 엄취】 덮쳐 잡음. 掩取(엄취).
【揜乎 엄호】 빠른 모양.

【掾】 ⑫ 도울 연 [韻] yuàn
[소전] 掾 [초서] 掾 [字解] ①돕다, 바삐 돌아다니며 경영(經營)하다. ¶陳掾. ②아전, 하급 관리. ¶掾吏. ③전, 옷깃, 소맷부리.
【掾吏 연리】 말단의 행정 실무를 담당하던 하급 관리. 아전. 掾屬(연속).
【掾史 연사】 하급 관리. 丞史(승사).
○ 丞-, 曹-, 陳-.

【㨰】 ⑫ 적실 연 [韻] ruán
[소전] 㨰 [字解] ①적시다, 담그다. 〔儀禮〕右取渜㨰于醢. ②주무르다. =挼.

【揅】 ⑬ 硏(720)의 속자

【捏】 ⑫ ①모을 열 [韻] niē ②이길 날 [韻] niē
[字解] ①①모으다, 주워 모으다. =捏. ②성(姓). ②①이기다, 반죽하다. ④붙잡다. ⑤억누르다. ②손가락으로 집다. ④꾸며 대다, 꾀하다.

【腕】 ⑬ 팔뚝 완 [韻] wàn
[소전] 腕 [통자] 腕 [통자] 捥 [字解] ①팔뚝, 팔. ②쥐다, 손으로 잡다. ③밟다.

【揺】 ⑫ 搖(716)의 속자

【援】 ⑫ ❶당길 원 [元] yuán ❷도울 원 [韻] yuán ❸발호할 환 [韻] huàn
一 十 扌 扌 扌 扌 扩 护 援 援
[소전] 援 [초서] 援 [參考] 대법원 지정 인명용 한자의 음은 '원'이다.
[字源] 形聲. 手+爰→援. '爰(원)'이 음을 나타냄.
[字解] ❶①당기다. ㉮끌어당기다, 잡아당기다. 〔禮記〕不援其所不及. ㉯가까이 끌어들이다. 〔禮記〕擧賢援能. ㉰증거로 삼다. ¶援用. ②잡다, 쥐다. ¶援筆. ③취(取)하다. 〔禮記〕上弗援. ④뽑다, 뽑아내다. 〔荀子〕不肖者敢援而廢之. ❷①돕다. ¶援助. ②도움. ¶孤立無援. ③매달리다, 의탁하다. 〔中庸〕在下位, 不援上. ④창(戈). ❸발호(跋扈)하다, 순종하지 않다. ≒換. 〔詩經〕無然畔援.
【援繫 원계】 출세하거나 영달할 수 있는 연줄.
【援救 원구】 도와줌. 救援(구원).
【援庇 원비】 구원하여 비호함.
【援手 원수】 손을 잡아당겨 구제함.
【援用 원용】 자기에게 도움이 되게 끌어 이용함.
【援引 원인】 ①끌어당김. 자기편으로 만듦. ②남의 설(說)을 끌어대 증거로 삼음.
【援助 원조】 도와줌.
【援筆 원필】 붓을 잡음. 글을 씀.
【援護 원호】 도와주고 보호함.
○ 救-, 無-, 聲-, 應-, 支-, 攫-, 後-.

【揄】 ⑫ ❶끌 유 [虞] yú ❷늘어뜨릴 추 [尤] chōu ❸요적 요 [蕭] yáo
[소전] 揄 [초서] 揄 [參考] 대법원 지정 인명용 한자의 음은 '유'이다.
[字解] ❶①끌다, 질질 끌다. ≒曳. 〔史記〕揄紵縞. ②끌어내다, 생각을 남에게 말하다. 〔淮南子〕揄策于廟堂之上. ③끌어올리다, 칭찬하다. ④조롱하다, 빈정거리다. ¶揶揄. ⑤벗다, 벗어 버리다. ¶揄袘. ⑥퍼내다, 절구질한 곡식을 퍼내다. 〔詩經〕或舂或揄. ⑦모직물(毛織物). ≒毹. ¶揄鋪. ⑧기운 모양, 기우는 모양. ❷늘어뜨리다. ¶揄袟. ❸요적(揄狄).
【揄揚 유양】 ①끌어올림. ②찬양함. ③칭찬하여 치켜세움.
【揄堶 유타】 벗음. 벗어 버림.
【揄鋪 유포】 새나 짐승의 털로 짠 피륙.
【揄狄 요적】 고대에 왕후(王后)가 입던 제복(制

手部 9획 揉揖揃提

服)과 부인(夫人)이 입던 명복(命服).
【揄袂 투몌】①소매를 늘어뜨림. ②소매 속에 손을 넣음.

❍ 摳-, 邪-, 閃-, 揶-.

手 9 【揉】⑫ ❶주무를 유 囷 róu ❷휠 유 囿 róu

[초서] 揉

[字解] ❶①주무르다, 주물러 부드럽게 하다. 〔王建·詩〕暖手揉雙目. ②순하게 하다, 유순하게 만들다. ≒柔. 〔詩經〕揉此萬邦. ③섞다, 한데 뒤섞이다. ¶雜揉. ❷휘다, 구부정하게 휘다. ≒煣. ¶揉輪.
【揉輪 유륜】나무를 휘어 수레바퀴를 만듦.
【揉木 유목】나무를 휘어 바로잡음.

❍ 矯-, 紛-, 雜-.

手 9 【揖】⑫ ❶읍 읍 緝 yī ❷모일 집 緝 jí ❸절할 의 寘 yì

[소전] 揖 [초서] 揖

[參考] 대법원 지정 인명용 한자의 음은 '읍'이다.

[字解] ❶①읍. 공경의 뜻을 나타내는 예의 한 가지. 〔諫篇〕晏子下車揖之. ②읍하다. 〔春秋公羊傳〕獻公揖而進之. ③사양하다, 사퇴하다. 〔漢書〕揖大福之恩. ④푸다, 퍼내다. ≒挹. 〔王禹偁·記〕近乎揖江瀨. ⑤밀다, 추천하다. 〔儀禮〕揖弓. ⑥사이에 끼우다, 끼워 넣다. 〔尙書大傳〕見君揖杖. ❷①모이다, 모으다. ≒緝. 〔詩經〕螽斯羽揖揖兮. ②합하다. 〔史記〕搏心揖志. ❸설하나, 손을 가슴에 내고 절하나.
【揖禮 읍례】읍을 하는 예법.
【揖遜 읍손】겸손함.
【揖讓 읍양】①예를 다하여 사양함. 손과 주인이 상견(相見)하는 예. ②명령하거나 강요하지 않는, 겸허하고 온화한 동작. ③현인(賢人)에게 임금의 자리를 양위(讓位)하는 일. 禪讓(선양).
【揖揖 집집】많이 모여 있는 모양.

❍ 拱-, 拜-, 三-, 時-, 長-, 天-, 土-.

手 9 【揃】⑫ ❶자를 전 銑 jiǎn ❷적을 전 霰 jiǎn

[소전] 揃

[字解] ❶①자르다, 베다. ≒剪. 〔儀禮〕蚤揃如他日. ②나누다, 분할하다. ¶揃剿. ③뽑다, 뽑아내다. 〔唐書〕吾年五十, 拭鏡揃白. ④가지런히 하다. ¶揃搣. ⑤멸망시키다. ¶揃落. ❷적다, 기록하다. 〔周禮〕既揭書揃其數也.
【揃落 전락】멸망시킴.
【揃搣 전멸】눈썹이나 머리털을 뽑아 가지런히 하는 일.
【揃剿 전표】찢어 나눔. 쪼갬.

手 9 【提】⑫ ❶끌 제 齊 tí ❷날 시 支 shí ❸끊을 제 霽 dì

ㅗ ㅓ 扌 扩 护 护 押 捏 提 提 提

手 9 【提】⑫ ❶끌 제 齊 tí [초서] 提

[參考] 대법원 지정 인명용 한자의 음은 '제'이다.

[字源] 形聲. 手+是→提. '是(시)'가 음을 나타낸다.

[字解] ❶①끌다. ㉮끌고 가다, 같이 가다. 〔禮記〕長者與之提攜. ㉯가까이에 가져가다. 〔詩經〕匪面命之, 言提其耳. ㉰끌어 일으키다. 〔周禮〕王提馬而走. ②들다, 손에 들다, 휴대하다. 〔國語〕范蠡乃左提鼓. ③걸다, 들어 올리다. 〔淮南子〕提名責實. ④돕다, 상부상조하다. ¶提挈. ⑤쓰다, 사용하다. 〔太玄經〕豎子提壺. ⑥거느리다, 책임 맡아 관리하다. ¶提督. ⑦대치(對峙)하다, 세력이 걸맞다. 〔管子〕與天子提衡, 爭秋於諸侯. ⑧손잡이. 〔遵生八牋〕古銅小提卣. ⑨복장, 치장, 설비. 〔管子〕百全之提. ⑩구부정한 나무에 매달아 말 위에 세우는 북. 〔周禮〕師帥執提. ⑪느슨하다, 엄하지 아니하다. 〔荀子〕不由禮則勃亂提僈. ⑫바루다, 바로잡다. ≒是. 〔太玄經〕明者定之, 疑者提之. ⑬요력. 그림. ¶提. ⑭편안한 모양. ¶提提. ⑮명백한 모양. ¶提提. ⑯대강, 개략. ¶提封. ⑰성(姓). ❷①날다, 새가 나는 모양. ≒題. ¶提提. ②고을 이름. ¶朱提. ❸①끊다, 단절하다. ≒斯. 〔禮記〕牛羊之肺, 離而不提心. ②던지다, 내던지다. ≒擿. 〔史記〕以冒絮提文帝.

【提綱 제강】☞提要(제요).
【提擊 제격】내던져 침.
【提高 제고】쳐들어 높임.
【提供 제공】갖다 주어 이바지함.
【提導 제도】잡아 이끎.
【提頭 제두】머리를 위로 올림. 문장 가운데 천자 또는 황실에 관한 글자를 별행으로 잡아 위로 올려 써서 존경의 뜻을 나타냄.
【提燈 제등】①자루가 달려서 손에 들고 다니는 등. ②(佛)등불을 들고 부처에게 축원함.

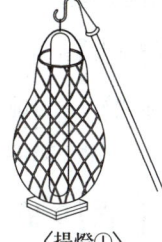
〈提燈①〉

【提理 제리】①통솔하여 다스림. 통치함. ②통솔하여 다스리는 직책.
【提封 제봉】①대강. 개략. ②모두. 통틀어. ③제후(諸侯)의 봉지(封地). 隄封(제봉).
【提挈 제설】①거느림. 인솔함. ②휴대함. ③처리함. ④도움. 서로 도움. ⑤드러냄. 내세움.
【提醒 제성】①주의(注意)를 환기(喚起)함. 암시를 줌. ②잊었던 것을 깨우치게 함.
【提撕 ❶제시 ❷제세】❶①후진(後進)을 가르쳐 인도함. ②떨쳐 일으킴. 힘을 냄. 진작(振作)함. ③서로 도움. ❷(佛)제자를 타일러 깨닫게 하여 이끎.
【提要 제요】요점을 뽑아 제시함. 提綱(제강). 摘要(적요).
【提月 제월】음력 그믐. 晦日(회일).
【提議 제의】의논·의안을 내어 놓음.

【提耳面命 제이면명】 귀에다 입을 가까이 하고 얼굴을 마주 보며 가르침. 친절하게 타이르고 가르침.
【提提】 ❶제제 ❷시시 ❶①우아하고 마음에 여유가 있는 모양. ②편안하여 만족해하는 모양. ③명백한 모양. ❷새가 떼를 지어 나는 모양.
【提調 제조】 ①단속함. 관리함. ②조선 시대 관제상의 우두머리가 아닌 관원으로 각 관청의 일을 다스리던 벼슬.
【提孩 제해】 두세 살 된 어린아이. ⚬'提'는 '손으로 안음'을, '孩'는 '어린아이가 처음 웃을 무렵'을 뜻함. 孩提(해제).
【提衡 제형】 ①서로 나란함. 서로 비등함. 필적(匹敵)함. ②서로 제휴함. ③공평하게 함.
【提携 제휴】 ①서로 손을 잡고 이끎. ②서로 도와줌.
○菩前−, 左−右挈, 招−, 孩−.

手
9 【揌】 ⑫ 撰(725)의 본자

手
9 【揥】 ⑫ 빗치개 체 替 tì
초서 揥 字解 ①빗치개, 상아(象牙)로 만든 부인의 머리에 꽂는 장식품.〔詩經〕象之揥也. ②버리다, 내버리다.〔陸機・賦〕意徘徊而不能揥.

手
9 【揔】 ⑫ ❶통합할 총 薑 zǒng ❷보낼 송 蓋 sōng ❸바쁠 총 圂 zǒng
字解 ❶(同) 摠(721)・總(1376). ①통합하다. ②거느리다, 통솔하다. ❷보내다, 손으로 물건을 밀어 주다. ❸(同) 怱(124). ①바쁘다. ②괴로워하다.

手
9 【揫】 ⑬ 모을 추 尤 jiū
소전 揫 揫 揪 揫 字解 ①모으다.〔後漢書〕揫斂九藪之動物. ②묶다, 다발을 짓다.

手
9 【揂】 ⑬ 揫(712)와 동자

手
9 【揪】 ⑫ 揫(712)와 동자

手
9 【揣】 ⑫ ❶잴 췌 ❄취 紙 chuǎi ❷둥글게 할 단 僴 tuán
소전 揣 초서 揣 字解 ❶①재다, 높이를 측량함.〔春秋左氏傳〕揣高卑. ②생각하다, 헤아리다.〔漢書〕揣知其指. ③시험하다, 뜻을 알아보다.〔蜀志〕令裨往揣延意指. ④불리다, 단련(鍛鍊)하다.〔老子〕揣而銳之. ❷둥글게 하다. ≒搏・團.〔漢書〕何足控揣.

【揣摩 췌마】 자기 마음으로 미루어 남의 마음을 헤아림. 추측함.
【揣而銳之 췌이예지】 쇠를 단련하여 날카롭게 만듦.
【揣知 췌지】 헤아려 깨달음.
【揣度 췌탁】 미루어 헤아림. 생각하여 헤아림. 忖度(촌탁).
○控−, 鉤−, 譏−.

手
9 【揕】 ⑫ 찌를 침 沁 zhèn
字解 ①찌르다.〔史記〕右手揕其胷. ②치다, 때리다.

手
9 【換】 ⑫ 바꿀 환 翰 huàn
扌 扌 扌 扩 护 抦 抣 揰 換 換
소전 㨾 초서 换 간체 换 字源 形聲. 手+奐→換. '奐(환)'이 음을 나타낸다.
字解 ①바꾸다, 주고받고 하다. ¶交換. ②바뀌다, 교체되다.〔王勃・詩〕物換星移幾度秋. ③고치다, 새롭게 하다, 새로워지다.〔魏收・文〕改換朝章, 變易官品. ④제멋대로 하다, 방자하게 굴다.〔漢書〕項氏畔換.
【換價 환가】 물건을 어림쳐서 값을 매김.
【換穀 환곡】 곡식을 서로 바꿈.
【換骨奪胎 환골탈태】 뼈를 바꾸고 태(胎)를 빼앗음. ㉠옛사람의 시문(詩文)을 고쳐 먼저 것보다 잘되게 함. ⚬'換骨'은 옛사람의 시를 바탕으로 하여 만듦, '奪胎'는 고시(古詩)의 뜻을 바탕으로 하여 뜻을 조금 바꿈. ㉡좋은 방향으로 변하여 새롭게 됨.
【換局 환국】 시국 또는 판국이 바뀜.
【換名 환명】 남의 이름을 자기 이름인 양 거짓 행세함.
【換父易祖 환부역조】 아버지와 할아버지를 바꿈. 지체가 낮은 사람이 부정한 수단으로 자기의 가계(家系)를 바꾸어 양반 행세를 함.
【換歲 환세】 ①해가 바뀜. ②설을 쇰.
【換鵝 환아】 거위와 바꿈. 글씨를 청하여 얻음. 故事 진(晉)나라 왕희지(王羲之)가 어느 도사(道士)에게 도덕경(道德經)을 써 주고 대신 거위를 답례로 받았다는 고사에서 온 말.
【換言 환언】 바꾸어 말함.
【換用 환용】 바꾸어 씀.
【換銀 환은】 ①물건을 팔아서 돈으로 바꿈. ②한 나라의 화폐를 다른 나라의 화폐로 바꿈. 換金(환금). 換算(환산).
【換衣 환의】 다른 옷으로 갈아입음.
【換腸 환장】 정상적인 정신 상태에서 벗어나게 마음이 바뀌어 달라짐. 換心(환심).
【換錢 환전】 서로 종류가 다른 화폐와 화폐, 또는 화폐와 지금(地金)을 교환함.
【換土 환토】 논밭을 서로 바꾸거나 논밭을 팔고 대토(代土)를 얻음.

手部 9~10획　揘揮推擺揞搴搞搞搰搆　713

手9 【揘】⑫ 칠 황 廘　huáng
字解 치다, 때리다. ¶揘鷩.
【揘鷩 황필】치고 찌름. 때리고 찌름.

手9 【揮】⑫ ❶휘두를 휘 微　huī
　　　　❷완전할 혼 冠　hún

扌扌扩扩扩挦挦挿揮

소전 𢮦　초서 揮　간체 挥　条参 대법원 지정 인명용 한자의 음은 '휘'이다.
字源 形聲. 手+軍→揮. '軍(군)'은 음을 나타냄.
字解 ❶㉮휘두르다. ㉯휘두르다.〔郭璞·賦〕龍劍揮而不恐. ㉰흔들리다.〔傅毅·賦〕順微風揮若芳. ㉱흩뜨리다.〔易經〕發揮于剛柔. ㉲놓아주다, 풀어 놓다.〔莊子〕揮斥八極. ㉳드러내다, 나타내다.〔李德裕·記〕博采舊史, 發揮新意. ㉴열다, 펴다.〔鬼谷子〕揮之于太山之本. ㉵뿌리다.〔戰國策〕揮汗成雨. ❷움직이다.〔曹植·七啓〕琴瑟交揮. ❸지휘하다, 지시하다.〔梁元帝·檄〕抽戈而揮. ❹날다, 날아오르다.〔潘岳·賦〕終奮翼而高揮. ❺빛나다. 늑輝.〔王粲·詩〕良苗實已揮. ❻기, 표지. 늑徽.〔陳琳·文〕揚素揮以啓降路. ❼옮기다. 늑運. ❷완전하다, 완전하여 해지지 않다. ¶揮掄.
【揮却 휘각】거절하고 돌아보지 않음.
【揮喝 휘갈】큰 소리를 지르며 지휘함.
【揮霍 휘곽】①상하로 움직이는 모양. ②기세가 세참. ③빠른 모양. ④변하여 바뀌는 모양. ⑤생각 따위를 떨쳐 버림. ⑥돈을 함부로 씀. 사치함. 낭비함.
【揮悼 휘도】떨쳐 일어남. 분기(奮起)함.
【揮淚斬馬謖 휘루참마속】눈물을 뿌리며 마속(馬謖)의 목을 벰. 공정한 법도를 지키기 위해서는 사사로운 정이 있을 수 없음. 故事 촉(蜀)나라 제갈공명(諸葛孔明)이 군령을 어기고 가정(街亭) 싸움에서 대패한 마속을 눈물을 머금고 목을 베었다는 고사에서 온 말. 泣斬馬謖(읍참마속).
【揮拍 휘박】쳐서 소리 나게 함. 악기를 연주함.
【揮掃 휘소】①털다, 털어 버림. ②힘차게 붓을 휘둘러 글씨를 쓰거나 그림을 그림.
【揮灑 휘쇄】①붓을 휘두르고 먹을 뿌림. 글씨를 쓰고 그림을 그림. 揮毫(휘호). ②때를 씻어 버림. 깨끗이 닦음. ③다 써 버림.
【揮手 휘수】①악기를 연주함. ②손을 흔들어 이별을 아쉬워함. ③거절의 뜻으로 손을 흔듦.
【揮揚 휘양】떨쳐 올림. 왕성하게 함.
【揮斥 휘척】①㉮마음대로 놂. ㉯빨리 감. ②차게 떨침. ③반품(返品)됨.
【揮翰 휘한】붓을 휘두름. 글씨를 쓰거나 시문을 짓는 일.

手【揮毫 휘호】붓을 휘두름. 붓으로 글씨를 쓰거나 그림을 그림. 揮墨(휘묵). 揮筆(휘필).
【揮掄 휘륜】완전하여 해지지 아니함.
❶高~, 發~, 揚~, 指~, 毫~.

手10 【推】⑬ ❶칠 각 覺　què
　　　　❷손 뒤집을 확 藥　huō
소전 𢮦　초서 推　字解 ❶치다, 때리다, 두드리다.〔漢書〕推其眠以爲人彘. ②끌어 쓰다.〔漢書〕揚推古今. ③독차지하다, 오로지하다. ¶推巧. ④생각하다, 헤아리다.〔北史〕商推古今. ⑤대략, 개요. ¶推揚. ❷손을 뒤집다. =攉.
【推巧 각교】교묘한 솜씨를 오로지함. 그 방면에 정통함.
【推利 각리】나라에서 상품을 전매(專賣)하여 그 이익을 독점함.
【推揚 각양】개요. 대략.
【推場 각장】매매를 감독하는 곳.
❶商~, 揚~, 研~.

手10 【擺】⑬ 들 강 江　gāng
동체 扛　동체 杠　字解 들다, 메다, 지다.〔晉書〕大駕鹵簿, 有擺鼓.

手10 【揞】⑬ 扛(672)과 동자

手10 【搴】⑭ 빼낼 건 先　qiān
초서 搴　字解 ①빼내다, 뽑아내다.〔楚辭〕搴芙蓉兮木末. ②들어 올리다, 걷어 올리다.
【搴旗 건기】싸움에 이겨 적의 기를 빼앗음.
【搴擷 건힐】뽑아냄. 뽑아서 가짐.

手10 【搞】⑬ 칠 격 陌　gé
소전 𢪏　혹체 揤　동체 扼　동체 挖　字解 쥐다, 잡아 쥐다.〔儀禮〕苴絰太搞.

手10 【搞】⑬ 敲(750)와 동자

手10 【搰】⑬ 팔 골 月　hú, kū
소전 𢮠　초서 搰　간체 搰　字解 ①파다, 파내다.〔國語〕狐埋之, 而狐搰之. ②흐리게 하다, 흩트리다.〔呂氏春秋〕水之性情, 土者撓之. ③힘쓰는 모양, 부지런히 일하는 모양. ¶搰搰.
【搰搰 골골】힘쓰는 모양.

手10 【搆】⑬ ❶이해 못할 구 宥　gòu
　　　　❷끌 구 尤　gōu

手部 10획 搦搪搯搗搯搣搏搬擎搒搋搓

搆 ❶이해하지 못하다, 사리(事理)를 깨닫지 못하다. ¶ 搆攏. ❷①끌다, 이끌다, 끌어당기다. ②차리다, 꾸미다, 얽어 만들다. ≒構.〔劉從益·詩〕明堂幾時搆. ③일으키다.
【搆難 구난】 난리를 일으킴. 서로 다투며 싸움.
【搆離 구리】 이간함. 서로 불화(不和)하도록 꾐. 構離(구리).
【搆兵 구병】 군대를 응전(應戰)의 태세로 배치함. 군대를 출동시킴. 構兵(구병).
【搆成 구성】 얽어 만듦. 構成(구성).
【搆攏 구유】 사리(事理)를 이해하지 못함.

搦 ⑬ 억누를 닉 nuò
❶억누르다.〔左思·賦〕搦秦起趙. ②닦다, 갈다.〔班固·答賓戱〕搦朽摩鈍. ③잡다, 쥐다.〔郭璞·賦〕舟子於是搦棹. ④묶다, 결박하다.

搪 ⑬ 뻗을 당 táng
①뻗다, 뻗치다.〔王安石·詩〕旗纛千里相搪挨. ②찌르다, 부딪다. ¶ 搪揆. ③막다, 통하지 못하게 하다. ¶ 搪塞. ④아무렇게나 되는 대로 당장을 모면하다. ¶ 搪塞.
【搪揆 당돌】 ①부딪힘. ②느닷없이.
【搪塞 당색】 ①틈을 막음. ②아무렇게나 해 둠. 얼버무려 그 자리를 모면함.

搯 ⑬ 꺼낼 도 tāo
①꺼내다, 퍼내다. ¶ 搯膺. ②치다, 때리다.〔國語〕無搯膺. ③뽑다, 뽑아내다. ≒抽.〔詩經〕左旋右搯.
【搯膺 도응】 가슴을 두드림. 가슴을 침.
【搯擢 도탁】 꺼냄.

搗 ⑬ 찧을 도 dǎo
①찧다, 확에 넣어 찧다.〔杜甫·詩〕半濕搗香粳. ②두드리다, 다듬이질하다.〔庾信·詩〕秋夜搗衣聲.
【搗衣 도의】 옷을 다듬이질함. 擣衣(도의).
【搗精 도정】 곡식을 찧는 일.
【搗砧 도침】 피륙·종이 따위를 다듬잇돌에 놓고 다듬어 반드럽게 하는 일.

搚 ⑬ 拉(682)과 동자

搣 ⑬ 비빌 멸 miè
①비비다, 주무르다, 어루만지다. ②붙잡다, 움켜지다. ③뽑다.

搏 ⑬ ❶잡을 박 bó ❷사로잡을 포 bó
❶①잡다, 찾아내어 붙잡다.〔周禮〕搏諜賊. ②가지다, 취(取)하다.〔史記〕鏤金百鎰, 盜跖不搏. ③치다, 때리다, 맨손으로 때리다.〔荀子〕罰侮搏捽. ④회치다.〔禮記〕鷙鳥攫搏. ⑤두드리다, 장단에 맞추어 치다.〔史記〕彈箏搏髀. ⑥책형(磔刑)에 처하다. ≒膊.〔周禮〕掌斬殺賊諜而搏之. ⑦걸, 옆.〔山海經〕各在一搏. ⑧다가오다. ≒迫·薄.〔春秋左氏傳〕水火合而相搏. ❷사로잡다, 사냥하여 사로잡다. =捕.〔詩經·箋〕搏禽獸以來歸也.
【搏擊 박격】 몹시 후려침.
【搏拊 박부】 ①현악기 따위를 탐. ②손을 듦. 손을 올림. ③악기 이름. 고(鼓)보다 작은 북.
【搏噬 박서】 움켜쥐고 먹음.
【搏影 박영】 그림자를 붙잡음. 잡을 수 없음.
【搏搖 박요】 날개로 회오리바람을 침. 회오리바람을 타고 낢.
【搏戰 박전】 몹시 심하게 때리며 싸움.
【搏執 박집】 포박(捕縛)함.
【搏鬪 박투】 서로 치고 때리며 싸움.
【搏虎 박호】 범을 맨손으로 때려 잡으려 함. 무모한 용기.
❶ 擊-, 徒-, 手-, 龍虎相-, 捽-, 攫-.

搬 ⑬ 옮길 반 bān
옮기다. ㉮이사를 하다. ㉯나르다, 운반하다. =搴. ¶ 搬出.
【搬出 반출】 운반하여 냄.

擎 ⑭ 덜 반 bān, pó
①덜다, 없애다.〔潘岳·賦〕擎場拄楔. ②옮기다. =搬.

搒 ⑬ ❶배 저을 방 bàng ❷매질할 방 péng
❶배를 젓다. =榜.〔宋書〕輒自搒船送妻還孔氏. ❷매질하다, 볼기를 치다. ≒笞. ¶ 搒笞.
【搒掠 방략】 죄인을 매질함.
【搒人 방인】 뱃사공. 榜人(방인).
【搒捶 방추】 ⇨搒笞(방태).
【搒笞 방태】 죄인의 볼기를 침. 搒捶(방추).

搋 ⑬ 批(675)와 동자

搓 ⑬ ❶더듬을 삭 suǒ ❷구할 색 suǒ
❶더듬다, 손으로 더듬다. ❷구하다. ≒索.〔太玄經〕參珍晬精, 以搓數.

手10【搑】⑬ 칠 상 圕 sǎng
字解 ①치다, 때리다. ②規힘을 주어 누르다.

手10【挒】⑬ 빠를 섬 㷎 shǎn
字解 빠르다, 빠르게 움직이는 모양. 〔潘岳·賦〕挒降丘以馳敵.

手10【摂】⑬ 攝(734)의 속자

手10【搔】⑬ ❶긁을 소 豪 sāo
❷손톱 조 巧 zhǎo
參考 대법원 지정 인명용 한자의 음은 '소'이다.
字解 ❶①긁다, 손톱 따위로 긁다. 〔詩經〕搔首踟躕. ②마음이 움직이다. ≒懆. ¶搔法. ③떠들다. ≒騷. ¶搔擾. ❷손톱, 손톱을 깎다. =爪. 〔儀禮〕沐浴櫛搔翦.
【搔頭 소두】①머리를 긁음. 머리를 매만짐. ②비녀.
【搔法 소법】법률을 굳게 지키려고 노력함.
【搔首 소수】머리를 긁음. ㉠마음이 안정되지 않는 모양. ㉡근심이 있음.
【搔癢 소양】가려운 데를 긁음.
【搔擾 소요】요란하게 떠듦.
【搔爬 소파】생체의 연조직을 긁어내는 일.
◐ 抑-, 爬-.

手10【損】⑬ 덜 손 阮 sǔn
字源 形聲. 手+員→損. '員(원)' 이 음을 나타낸다.
字解 ①덜다, 줄이다. ¶損減. ②줄다, 감소(減少)하다. 〔後漢書〕學道日損. ③잃다, 손해를 보다. ¶損益. ④해치다, 상하게 하다. 〔吳志〕勞損聖慮. ⑤헐뜯다, 비난하다. 〔淮南子〕小人之譽, 人反爲損. ⑥낮추다, 겸손하다. 〔晉書〕常自退損. ⑦손괘(損卦). 64괘(卦)의 하나. 괘형은 ䷨. 아래의 것을 덜어 내어 위에 보탬을 상징한다. 〔易經〕損有孚吉.
【損減 손감】줄임. 삭감(削減)함.
【損氣 손기】①건강을 해침. ②음(陰)의 기운. 숙살(肅殺)의 기운. ③甚심한 자극을 받아서 기운이 상함.
【損年 손년】①나이를 낮추어 적게 말함. ②수명이 줆.
【損福 손복】복을 잃음.
【損省 손생】줄이고 생략함.
【損膳 손선】반찬의 가짓수를 줄임. 식비(食費)를 줄여 검약함.
【損失 손실】①축나서 없어짐. ②손해를 봄.
【損抑 손억】①억제하여 물러나게 함. ②자신을 억제하여 겸양(謙讓)함. 抑損(억손).
【損友 손우】사귀어서 이롭지 못한 벗.
【損益 손익】①손해와 이익. ②줄고 늚. ③손괘(損卦)와 익괘(益卦).
【損者三樂 손자삼요】몸에 해로운 세 가지를 좋아함. 곧, 교만하고 사치함을 좋아하는 일, 편안하게 놀기를 즐기는 일, 잔치를 베풀고 즐기기를 좋아하는 일을 좋아함.
【損者三友 손자삼우】사귀어서 이롭지 못한 세 부류의 벗. 곧, 편벽된 편벽우(便辟友), 착하기만 하고 줏대가 없는 선유우(善柔友), 말만 잘 하고 성실하지 못한 편녕우(便佞友).
【損弟 손제】친구끼리 편지를 할 때의 자기의 겸칭(謙稱).
【損瘦 손척】쇠약하여 수척함.
【損下益上 손하익상】아랫사람에게 해를 입히고 윗사람을 이롭게 함.
【損害 손해】①물질적·정신적으로 밑짐. ②해를 입음.
◐ 減-, 缺-, 抑-, 污-, 增-, 破-, 毀-.

手10【搜】⑬ ❶찾을 수 尤 sōu
❷움직이는 모양 수 蕭 xiāo
❸사람 이름 수 尤 sǒu
❹흐트러질 소 巧 shǎo
參考 대법원 지정 인명용 한자의 음은 '수'이나.
字源 形聲. 手+叟→搜. '叟(수)'는 음을 나타낸다.
字解 ❶①찾다. ㉮얻어 내려고 뒤지거나 살피다. ¶搜索. ㉯모르는 것을 알아내거나 밝혀내다. 〔江總·序〕好事研搜. ②가리다, 고르다. 〔揚雄·賦〕酒搜述索偶. ③많다. 〔詩經〕束矢其搜. ④빠르다. 〔詩經〕束矢搜然. ⑤가을 사냥. ≒獀·蒐. 〔春秋左氏傳〕文公搜被廬. ❷움직이는 모양. =叜. ¶搜搜. ❸사람 이름. 〔莊子〕王子搜援綏登車. ❹흐트러지다, 어지러워지다. ¶搜擾.
【搜求 수구】찾아 구함. 조사하여 찾음.
【搜得 수득】찾아서 얻음.
【搜訪 수방】찾아서 가 봄. 尋訪(심방).
【搜査 수사】①찾아다니며 조사함. ②범인의 행방을 찾고 증거 등을 수집함.
【搜索 수색】더듬어 찾음.
【搜所聞 수소문】세상에 떠도는 소문을 더듬어 찾음.
【搜搜 수수】①움직이는 모양. ②구구(區區)한 모양.
【搜探 수탐】수사하고 탐지함.
【搜討 수토】찾아서 구함. ◐ '討'는 '尋'으로 '찾다'를 뜻함.
【搜擾 소교】①어지러워짐. 攪亂(교란). ②휘저음. 뒤섞음.
◐ 攪-, 研-, 精-.

手部 10획 搤搵搖損搌搘搢搨搓搽搾

手10 【搤】⑬ 잡을 액 囿 è
字解 ①잡다, 쥐다. ≒握. ②조르다, 목을 조르다, 거머잡고 누르다. ¶搤殺. ③막다, 통하지 못하게 하다. ≒隘. 〔管子〕搤之可也. ④멍에. ≒軛.
【搤劍 액검】 검을 잡음.
【搤殺 액살】 목을 졸라 죽임. 扼殺(액살).
【搤腕 액완】 ①팔을 잡음. ②분노하여 팔짓을 함. 분격(憤激)하여 흥분한 모양.
【搤咽拊背 액인부배】 멱살을 잡고, 등을 침. 적의 급소를 눌러 꼼짝 못 하게 함.

手10 【搵】⑬ 잠길 온 願 wèn
字解 ①잠기다, 물에 빠지다, 흠뻑 젖다. ¶搵死. ②담그다, 적시다, 물들이다. ¶搵染. ③누르다, 억압하다.
【搵死 온사】 물에 처박혀 죽음.
【搵染 온염】 물들임.

手10 【搖】⑬ 흔들 요 蕭 yáo

十 扌 扩 护 护 护 捽 揺 揺 搖

字源 形聲. 手+䍃→搖. '䍃(요)'가 음을 나타낸다.
字解 ①흔들리다. ㉠요동하다. 〔管子〕搖者不定. ㉡마음이 흔들리다. 〔唐書〕群心震搖. ②움직이다, 흔들다. 〔楚辭〕鏗鏘搖簴. ③오르다, 올라가다. 〔漢書〕將搖擧. ④새, 새 이름. ≒鷂. ⑤부인의 머리에 남자의 상투에 꽂는 장식품. 〔曹植·七啓〕戴金搖之熠燿.
【搖撼 요감】 ①흔듦, 흔들어 움직임. ②자극을 주어서 흔들리게 함.
【搖動 요동】 ①흔들리어 움직임. 흔들림. ②흔들어 움직임.
【搖頭顚目 요두전목】 머리를 흔들고 눈을 굴림. 행동이 침착하지 못함.
【搖籃 요람】 ①젖먹이를 놀게 하거나 재우기 위하여 올려놓고 흔들도록 만든 물건. ②어떤 사물의 발생지나 근원지.
【搖鈴 요령】 흔들면 소리가 나도록, 작은 종 모양으로 만든 물건.
【搖尾乞憐 요미걸련】 개가 꼬리를 흔들어 사람에게 아첨함. 비굴한 태도로 아첨함.
【搖舌 요설】 혀를 움직임. 말을 함.
【搖脣鼓舌 요순고설】 입술을 움직이고 혀를 참. 함부로 남을 비평함.
【搖揚 요양】 흔들어 올림. 흔들려 올라옴.
【搖漾 요양】 ①흔들려 떠돎. ②물 위에 떠돎. ③날아다니는 모양. 낢.
【搖曳 요예】 ①흔들림. ㉠흔들리어 나부낌. ②긴 물건이 흔들리는 모양. ②나부끼는 모양. 나

부껴 나는 모양. 颻颻(표표). ③느긋한 모양. 한가한 모양.
【搖搖 요요】 ①흔들리는 모양. ②마음이 흔들리어 안정을 잃은 모양.
【搖蕩 요탕】 흔들려 움직임. 搖盪(요탕).
❶ 金-, 動-, 星-, 消-, 雲-, 震-, 漂-.

手10 【損】⑬ 칠 전 先 tián
字解 ①치다, 때리다. 〔楚辭〕損鳴鼓些. ②올리다, 높이 올리다. ③끌다, 끌어당기다.

手10 【搌】⑬ ❶펼 전 銑 zhǎn ❷닦을 전 霰
字解 ❶①펴다, 활짝 펴다. ②묶다, 동여매다. ❷①닦다, 씻다. ②말다, 걷어 올리다.

手10 【搘】⑬ 버틸 지 支 zhī
초서 搘
字解 버티다, 괴다. ≒支.
【搘捂 지오】 버팀. 굄.

手10 【搢】⑬ ❶꽂을 진 震 jìn ❷흔들 장 漾
소전 㨶 초서 搢 속자 搢
參考 대법원 지정 인명용 한자의 음은 '진'이다.
字解 ❶①꽂다, 사이에 끼워 넣다. ≒晉·縉. 〔禮記〕天子搢珽. ❷흔들다, 떨치다. ¶搢鐸.
【搢紳 진신】 홀(笏)을 큰 띠에 꽂음. 높은 벼슬아치.
【搢笏 진홀】 홀(笏)을 띠에 꽂음.
【搢鐸 장탁】 방울을 흔듦.

手10 【搨】⑬ 搭(716)의 속자

手10 【搓】⑬ 비빌 차 歌 cuō
초서 搓
字解 ①비비다, 손으로 문지르다. 〔戴叔倫·詩〕雨搓金縷細. ②끊다, 자르다. 〔後漢書〕冒櫼柘搓棘枳.

手10 【搽】⑬ 칠할 차 麻 chá
字解 칠하다, 바르다.
【搽旦 차단】 창부(娼婦)로 분장하는 배우.
【搽粉 차분】 분을 바름.

手10 【搾】⑬ 짤 착 禡 zhà
초서 搾 본자 搾
字解 짜다, 짜내다.
【搾取 착취】 ①누르거나 비틀어서 짜냄. ②자본가나 지주가 노동자나 농민을 부려서 생긴 이익을 독점함.

手部 10~11획 搶摛搊搥搐搭搨搩携摡據攄擊摜

手10 【搶】⑬
❶닿을 창 陽 qiān
❷돛 올릴 창 漾 qiàng
❸어지러울 창 庚 chēng

[초서] 搶 [간체] 抢 [字解] ❶①닿다, 이르다, 부딪다.〔戰國策〕以頭搶地爾. ②모이다, 모여들다.〔莊子〕搶楡枋. ③빼앗다, 약탈하다. ¶搶奪. ④거부하다, 거절하다. ❷돛을 올리다, 돛이 바람을 받다. ❸어지럽다, 어지러워지는 모양.〔漢書〕國制搶攘.
【搶攘】창양 몹시 어지러운 모양.
【搶地】창지 땅에 닿음. 엎드려 애걸(哀乞)함.
【搶奪】창탈 폭력을 써서 빼앗음. 掠奪(약탈).
【搶風】창풍 돛이 바람을 받음.

手10 【摛】⑬
❶가를 체 紙 chǐ
❷때릴 차 佳 chuāi

[字解] ❶①가르다, 쪼개다. ②끌다, 끌어당기다. ❷때리다, 주먹으로 치다. =扠.

手10 【搊】⑬
탈 추 尤 chōu

[字解] ①타다, 악기를 타다.〔新唐書〕後人習爲搊琵琶. ②동여매다, 붙들어 매다.

手10 【搥】⑬
❶칠 추 灰 chuí
❷던질 퇴 灰 duì

[字解] ❶치다.〔唐書〕搥一鼓爲一嚴. ❷던지다, 투척하다.
【搥鼓】추고 북을 침.
【搥牀】추상 손으로 앉아 있는 사리를 두드림.
【搥提】퇴제 던져 버림.

手10 【搐】⑬
경련할 축 屋 chù

[초서] 搐 [字解] 경련하다, 쥐가 나다.〔漢書〕一二指搐, 身慮亡聊.

手10 【搭】⑬
탈 탑 合 dā

[초서] 搭 [字解] ①타다, 수레·배·비행기 따위를 타다. ¶搭乘. ②태우다, 싣다. ¶搭載. ③치다, 때리다.〔北史〕搭奴肋折. ④걸다, 매달다, 걸쳐 놓다.〔林逋·詩〕肩搭道衣歸. ⑤섞다.〔宋史〕品搭內輸. ⑥박다, 베끼다. ≒搨.〔梅堯臣·詩〕韓幹本摸搭時.
【搭鉤】탑구 ①갈퀴. ②갈퀴처럼 생긴 무기.
【搭寫】탑사 베낌. 搨寫(탑사).
【搭乘】탑승 배·비행기·차 따위에 탐.
【搭載】탑재 짐을 실음.
【搭住】탑주 ①걸리어 머무름. ②㉠삶. ㉡멈춤. ③달라붙음.
◐ 掛-, 鐵-, 蹄-.

手10 【搨】⑬
베낄 탑 合 tà

[초서] 搨 [字解] ①베끼다, 원본 위에 종이를 대고 그대로 박다. ≒搭.〔王建·

詩〕古碣憑人搨. ②박다, 금석문(金石文) 위에 종이를 대어 박아 내다. ≒拓.
【搨本】탑본 기와나 비석 따위에 새긴 글씨나 그림을 종이에 그대로 박아 냄. 拓本(탁본).
【搨寫】탑사 베낌.
【搨影】탑영 어떤 형상을 그대로 본떠서 그림.
【搨地錢】탑지전 당대(唐代)에 다상(茶商)에게서 거두어들이던 세금.
◐ 摸-, 寫-, 饗-.

手10 【搩】⑬
끼워 넣을 혜 本 하 佳 xié

[字解] ①끼워 넣다. ¶搩履. ②돕다, 도와주다.
【搩履】혜리 신에 발을 끼워 넣음. 신을 신음.

手10 【携】⑬
끌 휴 齊 xié

扌 扌 扌 扩 扩 扩 拦 推 推 携

[초서] 携 [본자] 攜 [동자] 擕 [속자] 携 [간체] 携

[字源] 形聲. 手+雋→攜→携. '雋(휴)'가 음을 나타낸다.

[字解] ①끌다, 이끌다.〔春秋公羊傳〕携其妻子. ②들다, 손에 가지다. ③잇다, 연(連)하다.〔漢書〕枸携龍角. ④떨어지다, 떼어 놓다, 떨어져 있는 사람.〔春秋左氏傳〕招携以禮.
【携筇】휴공 길을 걸을 때 지팡이를 지님. 지팡이를 짚고 감.
【携帶】휴대 손에 들거나 몸에 지님.
【携扶】휴부 어린아이를 이끌고 노인을 부축함. 도와줌.
【携手】휴수 손을 마주 잡음. 친밀(親密)함.
【携貳】휴이 서로 어그러져 믿지 아니하거나 다른 마음을 가짐.
◐ 扶-, 相-, 提-, 必-, 解-.

手11 【摡】⑭
씻을 개 隊 gài

[소전] 摡 [초서] 扠 [字解] ①씻다, 물을 쏟아 부어 씻다. ≒溉. ②닦다, 더러운 것이나 눈물 따위를 닦다.〔周禮〕帥女官而濯摡.

手11 【據】⑭
據(726)와 동자

手11 【攄】⑭
據(726)의 속자

手11 【擊】⑮
擊(727)의 속자

手11 【摜】⑭
익숙해질 관 諫 guàn

[소전] 摜 [초서] 摜 [간체] 摜 [字解] ①익숙해지다. =慣. ②던지

手部 11획 摑摳摎摫搏摶摞擥搨捷攎摟摘摩

다, 내던지다. 〔西遊記〕意欲往下摜.
【摜稻簟 관도점】볏단.

手11【摑】⑭ 칠 괵 囲 guó
[소전]摑 [초서]啝 [간체]掴 [字解] 치다, 후려 갈기다. 〔避暑錄話〕摑其口.

手11【摳】⑭ 출 구 尤 kōu
[소전]摳 [초서]摳 [간체]抠 [字解] ①추다, 추어올리다. ¶摳衣. ②던지다, 투척하다. ≒投. 〔列子〕以黃金摳者惛. ③조숙(早熟)하다.
【摳衣 구의】옷의 앞자락을 추어올림. 옛사람들이 손님을 맞이하여 공경을 표시하는 동작.

手11【摎】⑭ 맬 규 尤 jiū
[소전]摎 [초서]摎 [字解] ①매다, 묶다, 졸라매다, 동여매다. 〔儀禮〕殤之経, 不摎垂. ②구(求)하다, 찾다. 〔後漢書〕摎天道, 其焉如. ③휘감기다, 엉겨 붙다. ≒糾. 〔漢書〕天雨草而葉相摎結. ④얼크러지다, 뒤얽히다. 〔太玄經〕死生相摎. ⑤돌다, 빙 돌다. ¶摎流.
【摎結 규결】①엉겨 붙어 굳어짐. ②한데 묶은 것처럼 뭉침.
【摎流 규류】빙 돌아서 흐름.

手11【摫】⑭ 마를 규 囡 guī
[字解] 마르다, 재단(裁斷)하다. 〔左思·賦〕紙摫兼呈.

手11【搏】⑭ ①뭉칠 단 ⦅寒⦆ tuán ②오로지 전 尤 zhuān ③묶을 전 ⦅銑⦆ zhuàn
[소전]搏 [초서]搏 [동서]摶 [간체]抟 [字解] ①뭉치다, 둥글게 하다. ¶搏飯. ②맺다, 엉기다. 〔管子〕搏氣如神, 萬物備乎. ③모이다. 〔管子〕不搏不聽. ④치다. ≒搏. ⑤둥글다. ≒團. 〔楚辭〕圓果搏兮. ⑥꾀꼬리. ¶搏黍. ②①오로지. ≒專. ¶搏心. ②마음대로 하다, 제멋대로 하다. ≒剸·專. 〔史記〕搏三國之兵. ③①묶다, 다발을 짓다. 〔周禮〕卷而搏之. ②묶음. 〔周禮〕百羽爲搏.
【搏搏 단단】①둥글게 엉기어 뭉쳐진 모양. ②늘어진 모양.
【搏飯 단반】①밥을 뭉침. ②뭉친 밥.
【搏沙 단사】모래를 뭉침. 단결력이 적은 것의 비유.
【搏黍 단서】①꾀꼬리. ②기장을 뭉침.
【搏心 전심】마음을 오로지 한 곳에 기울임. 專心(전심).

手11【搗】④ 擣(731)와 동자

手11【摞】⑭ 정돈할 라 ⦅圖⦆ luò
[字解] ①정돈하다, 정리하다. 〔後漢書〕續其顏卻摞之. ②포개어 쌓다, 쌓아 올리다.

手11【擥】⑮ 탈취할 략 ⦅藥⦆ lüè
[속서]搨 [字解] ①탈취하다, 노략질하다. ※掠(700)의 속자(俗字). ②現가 올리다. ④내리다.

手11【搨】⑭ 擥(718)의 속자

手11【捷】⑭ 멜 련 ⦅銑⦆ liǎn
[字解] 메다, 지다. 〔南史〕以錢買井水, 不受錢者, 捷水還之.

手11【攎】⑭ 흔들 록 ⦅屋⦆ lù
[초서]攎 [동서]掾 [字解] 흔들다, 진동시키다. 〔周禮〕司馬攎鐸.

手11【摟】⑭ 끌어 모을 루 尤 lōu
[소전]摟 [초서]摟 [간체]搂 [字解] ①끌어 모으다, 가까이 잡아 끌다. 〔孟子〕五伯者, 摟諸侯以伐諸侯也. ②꾀다, 유인하다. 〔孟子〕摟其處子. ③안다, 두 팔로 끌어안다.

手11【摘】⑭ 퍼질 리 囡 chī
[초서]摘 [초서]摘 [字解] ①퍼지다, 널리 알려지다. 〔梁簡文帝·碑〕英名遠摘. ②표현하다, 글을 짓다. ¶摘藻.
【摘藻 이조】글을 지음. 摘翰(이한).
【摘翰 이한】⇨摘藻(이조).

手11【摩】⑮ 갈 마 ⦅歌⦆ mó
[소전]摩 [초서]摩 [고문]攠 [字解] ①갈다, 문지르다, 비비다. ≒磨. 〔禮記〕濯手以摩之. ②연마하다, 닦아서 곱게 하다. ≒磨. 〔漢書〕摩民以誼. ③쓰다듬다, 어루만지다. 〔陳書〕手摩其頂. ④닿다, 스치다. 〔戰國策〕人肩摩. ⑤가까이 가다, 접근하다. 〔春秋左氏傳〕摩壘而環. ⑥고치다, 새롭게 하다. 〔管子〕能摩故造新道. ⑦줄다, 소멸하다. 〔莊子〕循古而不摩. ⑧갈무리하다, 감추다. 〔周禮〕強者在內而摩其筋. ⑨유쾌하다, 기분이 좋다. 〔禮記〕不摩蚤. ⑩헤아리다, 미루어 생각하다.

【摩乾軋坤 마건알곤】 천지(天地)에 가깝게 다가섬. 천지에 접근함.
【摩壘 마루】 적의 성루(城壘)에 접근함.
【摩撫 마무】 ①어루만짐. ②달래어 위로함. 撫摩(무마). ③안마(按摩)함.
【摩拂 마불】 문질러 텖.
【摩挲 마사】 손으로 어루만짐. 애무(愛撫)함.
【摩戛 마알】 물건이 서로 스쳐 소리가 남.
【摩耶 마야】 (佛)석가모니(釋迦牟尼)의 어머니. 본디 이름은 마하마야(摩訶摩耶).
【摩切 마절】 ①갈고 닦음. 사람이 훌륭하게 도야(陶冶)됨. ②접근(接近)함.
【摩頂放踵 마정방종】 정수리부터 닳아서 발뒤꿈치까지 이름. 자기를 돌보지 않고 남을 위하여 희생함.
【摩擦 마찰】 ①서로 닿아서 비벼짐. ②뜻이 맞지 않아서 옥신각신함.
【摩旨 마지】 (佛)부처에게 올리는 밥.
【摩天 마천】 하늘을 문지름. 하늘에 닿을 만큼 높음.
◑ 規－, 按－, 硏－, 維－, 切－, 攝－, 揣－.

手 11【攠】⑭ 摩(718)의 고자

手 11【摹】⑭ 베낄 모 [虞] mó

[소전] 摹 [초서] 摹 [字解] ①베끼다, 본뜨다. ＝摸. ¶ 摹寫. ②본받다, 보고 익히다.〔漢書〕規摹弘遠矣. ③본. ≒模.
【摹本 모본】 ①사본(寫本). ②글씨의 본보기가 되는 책. ③견직물(絹織物)의 한 가지.
【摹寫 모사】 본떠 베낌. 摸寫(모사).
◑ 規－, 手－, 臨－.

手 11【摸】⑭ ❶찾을 모 [本]막 [藥] mō ❷본뜰 모 [虞] mó

[초서] 摸 [字解] ❶①찾다, 더듬어 찾다. ¶ 摸索. ②잡다, 쥐다. 가지다. ❷베끼다, 본뜨다. ＝摹. ≒掬.〔唐書〕文宗勅摸.
【摸稜 모릉】 모서리를 더듬음. 이것인가 저것인가를 결정짓지 못하는 일. [故事] 당(唐)나라의 소미도(蘇味道)가 국사(國事)에 대한 물음을 받고 확답은 하지 않은 채 책상의 모서리만 쓸고 있었다는 고사에서 온 말.
【摸索 모색】 더듬어 찾음. 摸捉(모착).
【摸擬 모의】 실제의 것을 모방함. 모방하여 흉내 냄. 模擬(모의).
【摸搨 모탑】 금석(金石)에 새겨진 문자(文字)를 그대로 박아 냄.
◑ 規－, 描－, 捫－, 手－, 收－.

手 11【擗】⑭ 쨀 벽 [錫] pì

[초서] 擗 [동자] 副 [字解] 째다, 베어 가르다.〔韓非子〕不擗痤則寖益.
【擗痤 벽좌】 곪은 데를 째어서 고름을 짬.

手 11【摒】⑭ 제거할 병 [敬] bìng

[속자] 摒 [동자] 屛 [간체] 摒 [字解] 제거(除去)하다, 치우다.
【摒擋 병당】 [現]정돈함. 처리함.

手 11【摓】⑭ 꿰맬 봉 [冬] féng

[초서] 摓 [字解] ①꿰매다, 옷을 꿰매다. ＝縫. ②받들다. ≒捧. ¶ 摓策. ③크다. ≒逢.〔莊子〕摓衣淺帶.
【摓策 봉책】 시초점(蓍草占)을 칠 때, 점대를 두 손에 나누어 끼는 일.

手 11【摣】⑭ 잡을 사 [本]자 [麻] zhā

[초서] 摣 [동자] 揸 [字解] 잡다, 움켜쥐다.〔張衡·賦〕摣狒猬.

手 11【摌】⑭ 흔들 산 [潸] chǎn

[字解] ①흔들다, 움직이다. ②골라내다.

手 11【摋】⑭ ❶칠 살 [曷] sà, shā ❷떨 쇄 [蟹] shǎi

[동자] 殺 [字解] ❶①치다, 손바닥으로 때리다.〔春秋公羊傳〕宋萬臂摋仇牧. ②지우다, 지워 없애다. ¶ 抹摋. ③뒤섞이다.〔淮南子〕不與物相弊摋. ❷떨다, 털다. ¶ 擺摋.

手 11【摻】⑭ ❶잡을 삼 [琰] shǎn ❷가늘 섬 [鹽] shān ❸가질 삼 [侵] chān ❹칠 참 [勘] càn

[소전] 摻 [초서] 摻 [간체] 掺 [字解] ❶잡다, 쥐다.〔詩經〕摻執子之袪兮. ❷가늘다, 여리고 가냘프다. ≒纖. ¶ 摻摻. ❸①가지다, 취하다. ¶ 摻搓. ②한군데에 많이 나 있는 모양. ¶ 摻落. ❹치다, 북을 쳐서 연주하는 악곡. ≒參.〔後漢書〕漁陽摻撾.
【摻落 삼락】 무더기로 더부룩하게 나는 모양.
【摻執 삼집】 손으로 잡음. 쥠.
【摻搓 삼차】 가짐. 취하여 가짐.
【摻摻 섬섬】 여자의 손이 여리고 가냘픈 모양.

手 11【摵】⑭ 털어 낼 색 [陌] shè

[소전] 摵 [초서] 摵 [字解] ①털어 내다, 제거하다. ②잎이 떨어진 나무의 앙상한 모양.〔潘岳·賦〕庭樹摵以灑落兮. ③잎이 지는 소리. ≒瑟〔盧諶·詩〕摵摵芳葉零.

手 11【摔】⑭ 땅에 버릴 솔 [質] shuāi

[字解] ①땅에 버리다. ②[現]㉮내던지다. ㉯화를 내며 세차게 손을 흔들다. ㉰떨어지다, 떨어져서 깨어지다.

手部 11획 搎摯擥掔搖搗搗摘搦摺撌摯

手11 【搎】⑭ 뽑을 숙 囯 suō
소전 𢱅 통자 縮 字解 뽑다, 뽑아내다, 끌어내다.

手11 【摯】⑮ ❶陧(1950)과 동자
❷掣(705)과 동자

手11 【擥】⑮ 갈 연 囻 yán
소전 𡺟 속 擥 研 字解 갈다. ㉮문지르다, 연마하다.
㉯연구하다.

手11 【掔】⑮ 칠 오 囯 áo
초서 𢶈 字解 치다, 때리다. 〔春秋公羊傳〕公怒, 以斗掔而殺之.

手11 【搖】⑭ 搖(716)와 동자

手11 【搗】⑭ 찌를 용 囶 chōng
초서 搗 통자 舂 字解 ❶찌르다. 〔春秋左氏傳〕富父終甥搗其喉, 以戈殺之. ❷치다, 두드리다. ❸찧다.

手11 【搗】⑭ 노름 저 囮 chū
소전 𢳒 초서 搗 속 據 字解 노름, 도박. ≒樗.

手11 【摘】⑭ 딸 적 囯 zhāi
一十才扩护护挤摘摘摘
소전 摘 초서 搞 字源 形聲. 手+商→摘. '商(적)'이 음을 나타낸다.
字解 ❶따다. 〔唐書〕一摘使瓜好, 再摘令瓜稀. ❷요점만 가려서 쓰다, 남의 글을 따다 쓰다. ❸악기를 타다, 연주하다. 〔熊朋來·賦〕立揚臥摘. ❹들추어내다. ¶摘奸. ❺어지럽히다. 〔後漢書〕東摘濊貊. ❻손가락으로 가리키다. ¶指摘.
【摘奸 적간】 부정이 있나 없나 조사함.
【摘抉 적결】 들추어냄, 폭로함.
【摘句 적구】 중요한 글귀를 뽑아냄.
【摘錄 적록】 ①요점을 추려서 적음. ②적바림.
【摘發 적발】 숨겨져 있는 것이나 드러나지 아니한 것을 들추어냄.
【摘擗 적벽】 ①몸을 굽히는 모양. ②예절(禮節)이 지나친 모양.
【摘示 적시】 지적하여 제시함.
【摘要 적요】 요점을 따서 적음.
【摘齊 적제】 지적하여 정리하게 함. 하나하나 지적

하여 가지런히 함.
【摘摋 적철】 땀. 손가락으로 집어서 땀.
【摘草 적초】 풀잎을 땀.
❶甄−, 抉−, 一−, 指−, 探−.

手11 【搦】⑭ 揃(711)의 속자

手11 【摺】⑭ ❶접을 접 囶 zhé
❷꺾을 랍 囷 lā
소전 𢾅 초서 摺 간체 折 參考 대법원 지정 인명용 한자의 음은 '접'이다.
字解 ❶①접다, 접어서 겹으로 되게 하다. ¶摺扇. ②주름. 〔方鳳·金華遊錄〕袪褰纔摺皆天成. ❷꺾다, 부러뜨리다. =拉. 〔淮南子〕摺脅傷幹.
【摺本 접본】 책장을 베지 않고 긴 것을 차례차례 접어 책처럼 만든 것. 접책(摺冊).
【摺扇 접선】 접었다 폈다 하게 된 부채. 쥘부채. 摺疊扇(접첩선).
【摺奏 접주】 임금에게 직접 올리는 문서.
【摺紙 접지】 ①종이를 접음. ②제본할 때 인쇄된 종이를 차례로 접는 일.
【摺疊 접첩】 접어서 갬.
【摺疊橋 접첩교】 넓은 해자(垓字)를 건널 때 쓰는, 접었다 폈다 할 수 있는 사다리.
【摺疊扇 접첩선】 ☞摺扇(접선).
【摺枕 접침】 ①접었다 폈다 할 수 있게 만든 목침. ②장방형 헝겊에 짐승의 털을 두껍게 두고 드문드문 누벼서 병풍처럼 여러 조각을 접첩저 포개서 만든 베개.
【摺拉 납랍】 꺾음.
【摺齒 납치】 이를 부러뜨림.
【摺脅 납협】 갈빗대를 부러뜨림.
❶卷−, 手−, 折−, 接−, 奏−.

手11 【撌】⑭ 집을 제 囯 dì
소전 𢴄 혹체 𢴊 혹체 𢴋 字解 ①집다, 손끝으로 집다. ②빼앗다, 약탈하다. 〔張衡·賦〕超殊榛撌飛騰.

手11 【摯】⑮ 잡을 지 囯 zhì
소전 𡘺 초서 摯 간체 挚 字解 ①잡다, 손으로 쥐다. 〔史記〕以鷹擊毛摯爲治. ②이르다, 도달하다. 〔書經〕大命不摯. ③도탑다, 정의(情意)가 극진하다. ④권하다, 진언(進言)하다. 〔戰國策〕近習之人, 其摯諂也固矣. ⑤거칠다, 사납다. ≒鷙. 〔詩經〕摯如翰. ⑥폐백. ≒贄. 〔禮記〕名執摯以相見. ⑧꺾다, 꺾이다. 〔禮記〕雪霜大摯.
【摯見 지견】 혼례(婚禮)를 올릴 때, 신랑이 기러기를 폐물(幣物)로 가지고 신부를 만나는 일.
【摯拘 지구】 잡음. 잡아 맴.

手部 11획 摰 摲 摐 摭 攓 摠 撮 摧 摽 捪 摳

【摰獸 지수】사나운 짐승. 猛獸(맹수).

手11【摲】⑮ 벨 참 $\Box$ cán
摲 〔字解〕베다, 베어 내다, 풀을 베다.

手11【摲】⑭ ❶던질 참 $\Box$ chàn ❷벨 참 $\Box$ cán, chàn
〔字解〕❶①던지다. ②막다, 물을 막다. ❷①베다, 풀을 베다. =摲.〔禮記〕君子之於禮也, 有摲而播也. ②없애다, 제거하다.

手11【摐】⑭ 칠 창 $\Box$ chuāng
摐 〔字解〕①치다, 두드리다.〔漢書〕摐金鼓. ②소리가 크고 명랑한 모양. ③어지러운 모양.〔韓愈·詩〕曲節初摐摐.
【摐摐 창창】①소리가 크면서 명랑한 모양. ②뒤얽혀 어지러운 모양.

手11【摭】⑭ 주울 척 $\Box$ zhí
拓 〔字解〕줍다, 주워 모으다, 습득하다.〔漢書〕采經摭傳.
【摭拾 척습】주움. 주워 모음. 摭採(척채).

手11【攓】⑭ 꽂을 천 $\Box$ qiān
扦 〔字解〕꽂다, 사이에 끼워 넣다.

手11【摠】⑭ 모두 총 $\Box$ zǒng
摠 挏 總 捴 惣 〔參考〕어휘는 總(1384)과 아울러 보라.
〔字解〕①모두. ②지배하다.
【摠南宗 총남종】(佛)칠종(七宗) 십이파(十二派)의 하나. 남산종(南山宗)과 총지종(摠持宗)을 합한 것으로 나중에 조계종과 다시 합쳐 선종(禪宗)이 됨.

手11【撮】⑭ 撮(725)과 동자

手11【摧】⑭ ❶꺾을 최 $\Box$ cuī ❷물러날 취 $\Box$ cuī ❸꼴 좌 $\Box$ cuò
摧 摧 〔字解〕❶①꺾다, 부러뜨리다.㋑부러지다.〔古詩〕寒風摧樹木. ④기세를 꺾다, 기가 꺾이다.〔唐書〕何敵不摧. ②누르다, 억압하다.〔史記〕季布能摧剛爲柔. ③막다, 저지하다.〔詩經〕室人交徧摧我. ④밀치다, 배제하다.〔素問〕其變振法摧拔. ⑤멸하다, 쇠퇴하다.〔詩經〕將自此而摧. ⑥이르다, 다다르다.〔詩經〕

先祖于摧. ⑦향하여 가다.〔太玄經〕丈人摧拏. ⑧구명하다, 깊이 연구하다.〔太玄經〕摧上萬物. ⑨슬퍼하다, 근심하다.〔古詩〕阿母大悲摧. ❷①물러나다.〔易經〕晉如摧如. ③꼴, 여물, 꼴. =莝.〔詩經〕摧之秣之.
【摧感 최감】기가 꺾이고 깊이 느껴 슬퍼함.
【摧枯拉朽 최고납후】마른 나무를 꺾고 썩은 나무를 부러뜨림. 일이 매우 쉬움.
【摧拉 최랍】꺾음.
【摧北 최배】패배함. 패주함.
【摧謝 최사】굴복하여 사죄함.
【摧傷 최상】꺾이고 상함. 조락(凋落)함.
【摧碎 최쇄】쳐서 부숨. 摧破(최파).
【摧抑 최억】①상대편의 힘을 꺾어서 누름. ②마음을 억누름.
【摧殘 최잔】①꺾이어 손상을 입음. ②꺾어 손상을 입힘.
【摧沮 최저】기세가 꺾이어 풀이 죽음.
【摧折 최절】꺾고 부러뜨림. ①마음이나 기운이 꺾임. ②억눌러서 제어함.
【摧殄 최진】꺾어서 멸망시킴.
【摧肺肝 최폐간】몹시 애써 생각하는 일.
【摧陷 최함】①기를 꺾어 함정에 빠뜨림. ②명예를 꺾어 죄에 빠뜨림. ③좌절시켜 파괴함.
【摧朽 최후】썩은 나무를 꺾음. 부수기 쉬움.
❍ 擊-, 悲-, 玉-, 擠-, 墮-.

手11【摽】⑭ ❶칠 표 $\Box$ piāo ❷손짓할 표 $\Box$ biào, biāo, pāo
摽 摽 摽 〔字解〕❶①치다.㋑두드리다.〔春秋左氏傳〕長木之斃, 無不摽也. ④가슴을 치다.〔詩經〕靜言思之, 寤辟有摽. ②떨어지다.〔詩經〕摽有梅. ❷①손짓하다, 손짓하여 부르다.〔孟子〕摽使者, 出諸大門之外. ②버리다, 내던지다. ¶ 摽劍. ③펴다, 널리 미치게 하다. ¶ 摽拂. ④높이 오르다. ≒票. ¶ 摽然. ⑤끝, 칼끝. ≒標·鏢. ⑥가볍다, 경박하다. ≒僄.
【摽劍 표검】칼을 버림.
【摽擊 표격】침. 두드림.
【摽棄 표기】①경박(輕薄)함. ②가벼이 여김.
【摽落 표락】떨어짐.
【摽末 표말】①칼끝. ②근소(僅少)함.
【摽梅 표매】매화나무의 열매가 무르익어 땅에 떨어짐. 처녀가 혼인할 나이가 되었음.
【摽榜 표방】남의 선행(善行)을 기록하여 널리 여러 사람에게 보이고 칭찬함. 標榜(표방).
【摽拂 표불】널리 미치게 폄. ○'拂'은 '敷'.
【摽然 표연】높이 오르는 모양.
❍ 搒-, 窘-.

手11【捪】⑭ ❶버틸 호 $\Box$ hù ❷노름 저 $\Box$ chū
〔字解〕❶버티다, 막아내다. ❷노름, 도박. =摴.

手11【摳】⑭ ❶순하지 않을 호 $\Box$ hù ❷베풀 호 $\Box$ hù

手部 11~12획 摦 㩂 㩃 撟 撅 撽 撚 撓 撞

字解 ❶순하지 아니하다, 순조롭지 아니하다. ❷베풀다, 펴다. 늑㩇.〔路史〕彌綸布㩃.

手11 【摦】 ⑭ 넓을 화 🏛 huà

소전 摦 초서 摦 字解 넓다, 가로로 넓다.〔春秋左氏傳〕小者不窕, 大者不摦, 則和於物, 今鐘摦矣.

手11 【㩂】 ⑭ 擴(733)과 동자

手12 【㩃】 ⑮ 牽(1102)의 고자

手12 【撟】 ⑮ ❶들 교 🏛 jiǎo ❷올라갈 교 🏛 jiǎo ❸빼앗을 교 🏛 jiāo

소전 撟 초서 撟 간체 挢 字解 ❶(通)矯(1230). ①들다, 위로 향하여 들다. ¶撟首. ②모두 들다.〔晏子〕撟魯國化而爲一心. ③안마(按摩)하다, 손발을 폈다 굽혔다 하다. ¶撟引. ④바로잡다. ㉮굽은 것을 곧게 하다. 늑矯. ¶撟角. ㉯잘못된 것을 올바르게 고치다. ¶撟邪. ⑤굽히다, 굴복시키다. ¶撟君. ⑥칭탁하다, 핑계를 대다.〔漢書〕撟制以令天下. ⑦속이다. ¶撟虔吏. ⑧어긋나다, 위배되다. ¶撟言. ⑨굳센 모양. ¶撟撟. ❷①올라가다, 치켜들다.〔史記〕舌撟然而不下. ②가리다, 선택하다. ¶撟捎. ③취하다, 습득하다. ¶撟摯. ❸빼앗다, 훔치다. ¶撟抄.

【撟角 교각】 굽은 뿔을 바로잡음.
【撟虔吏 교건리】 바른 것을 바르지 아니하다고 속여, 백성에게서 무리하게 물품을 거두어 가는 벼슬아치.
【撟撟 교교】 ①굳센 모양. ②용맹스러운 모양.
【撟君 교군】 ①임금을 굴복시킴. ②임금의 행동을 바로잡음.
【撟誣 교무】 그럴듯한 말로 꾸며서 남을 속임.
【撟邪 교사】 옳지 않음을 바로잡음.
【撟捎 교소】 가림, 가려서 취함.
【撟首 교수】 머리를 듦.
【撟舌 교설】 혀가 위로 들리어 소리를 내지 못함. 놀라서 말을 못 하는 모양.
【撟言 교언】 옳지 아니하여 도리에 어긋난 말.
【撟引 교인】 수족을 펴고 잡아당김.
【撟制 교제】 임금의 명이라 핑계를 대고 일을 행함. 矯詔(교조).
【撟摯 교철】 주움. 습득(拾得)함.
【撟抄 교초】 약탈함. 탈취함.

手12 【撅】 ⑮ ❶칠 궐 🏛 juē ❷출 궤 🏛 guì ❸뽑힐 결 🏛 jué

소전 撅 초서 撅 字解 ❶①치다, 공격하다.〔唐書〕撅高昌, 纓突厥. ②파다, 파내다. 늑掘.〔杜牧·序〕撅其城郭. ③현재 ㉮꺾다. ㉯쪼개다. ㉰입을 내밀다. ❷추다, 추어올리다, 들어 올리다. 늑揭.〔禮記〕不涉不撅. ❸뽑히다, 박힌 것을 뽑아내다.〔韓詩外傳〕草木根荄淺, 未必撅.

手12 【撽】 ⑮ 칠 극 🏛 jǐ

초서 撽 字解 ①치다. 늑擊.〔史記〕救鬪者不搏撽. ②가지다, 소지(所持)하다.〔漢書〕撽高后挾.

手12 【撚】 ⑮ 비틀 년 🏛 niǎn

소전 撚 초서 撚 字解 ①비틀다, 꼬다. 실·노·종이 따위를 꼬다. 늑捻.〔揚萬里·詩〕金撚千絲翠萬行. ②이기다, 반죽하다.〔揚萬里·詩〕倩誰細撚成湯餠. ③밟다, 짓밟다. =蹨.〔淮南子〕先後不相撚, 左右不相干. ④좇다, 따르다.〔逸周書〕後動撚之. ⑤비파를 타는 법의 한 가지.〔白居易·詩〕輕攏慢撚撥復挑.

【撚斷 연단】 손끝으로 비틀어 끊음.
【撚絲 연사】 두 가닥 또는 여러 가닥의 실을 합하여 꼬아 놓은 실. 縒絲(치사).
【撚紙 연지】 ①종이를 꼼. ②종이를 비벼 꼬아서 만든 끈.

手12 【撓】 ⑮ ❶어지러울 뇨 🏛 náo ❷꺾일 뇨 🏛 ❸돌 효 🏛 xiáo ❹부드럽게 할 효 🏛

소전 撓 소전 撓 초서 撓 간체 挠 参考 대법원 지정 인명용 한자의 음은 '뇨'이다.

字解 ❶①어지럽다, 어지럽히다, 교란하다.〔春秋左氏傳〕撓亂我同盟. ②휘다, 구부러지다, 구부러지게 하다.〔孟子〕不膚撓, 不目逃. ③마음이 바르지 아니하다.〔呂氏春秋〕枉辟邪撓之人退矣. ④약하게 하다, 줄이다.〔呂氏春秋〕若是則荊國終天下撓. ❷①꺾이다, 패(敗)하다. ¶撓敗. ❸돌다, 순환하다. ¶撓挑. ❹①부드럽게 하다, 누구러뜨리다. ②어지럽게 하다.

【撓改 요개】 휘어서 고침.
【撓屈 요굴】 ①휘어서 굽힘. ②굴복함.
【撓撓 요뇨】 ①어지러운 모양. ②움직이는 모양.
【撓法 요법】 법을 굽힘. 법을 남용함.
【撓擾 요요】 어지럽고 괴롭힘.
【撓敗 요패】 전쟁에 패함.
【撓亂 요란】 🏛
【撓挑 효조】 순환하는 모양.

❶ 曲一, 攪一, 屈一, 逗一, 不一不屈.

手12 【撞】 ⑮ 칠 당 🏛 zhuàng

소전 撞 초서 撞 字解 치다. ㉮두드리다.〔禮記〕善待問者, 如撞鐘焉.

手部 12획 攔撈撩撛撫撲

㉣처서 찌르다. ¶撞衝. ㉤부딪치다. ¶撞突. ㉥돌진하다, 장애를 뚫고 나아가다. ¶撞入. ㉦절구질하다. ¶撞地.
【撞車 당거】성(城)을 지키는 데 쓰는 병기. 수레 위에 철판을 댄 당목(撞木)을 매달아 어느 쪽을 향해서도 쏠 수 있게 만든 기구.
【撞突 당돌】서로 부딪침. 衝突(충돌).
〈撞車〉
【撞入 당입】돌진하여 쳐들어감.
【撞鐘舞女 당종무녀】종을 치고 여자를 춤추게 함. 욕심을 마음대로 부리고 호화롭게 생활함.
【撞地 당지】절구질하듯 땅을 다져서 굳힘.
【撞著 당착】①서로 맞부딪침. ②앞뒤가 서로 맞지 않음. 矛盾(모순). ○'著'은 조자(助字).
【撞衝 당충】푹 찌름. 衝撞(충당).

手 12 【攔】⑮ 攔(732)의 속자

手 12 【撈】⑮ 잡을 로 [攦] lāo
[초서] 捞 [간체] 捞 [字解] ①잡다, 건져 내다, 물속에 들어가 잡다. ¶撈採. ②國끙게. 농기구의 하나.
【撈救 노구】물에 빠진 것을 건져 구함.
【撈採 노채】물속에 들어가 채취함.

手 12 【撩】⑮ 다스릴 료 [蓼] liáo
[소전] 撩 [초서] 撩 [字解] ①다스리다. 〔通鑑文〕理亂, 謂之撩理. ②돋우다, 싸움을 걸어오다. ③취하다. ㉮잡다, 물고기를 잡다. ¶撩罟. ㉯잡아 따다. ¶撩摘. ④놀리다, 조롱하다. ¶撩亂. ⑥現㉮방치하다. ⑤선동(煽動)하다.
【撩罟 요고】물고기를 잡는 그물.
【撩亂 요란】가지런하지 못하고 어지러움.
【撩理 요리】난리를 진압함.
【撩摘 요적】집어서 땀.

手 12 【撛】⑮ 도울 린 [㦬] lǐn
[字解] ①돕다. ②빼다, 뽑다.

手 12 【撫】⑮ 어루만질 무 [廡] fǔ
[소전] 撫 [고문] 拊 [초서] 撫 [동서] 抚 [속자] 抚
[간서] 抚 [字解] ①어루만지다. ㉮가볍게 쓰다듬다. 〔陶潛·辭〕撫孤松而盤桓. ㉯누르다, 손으로 달래다, 위로하다. ¶慰撫. ㉰사랑하다. 〔禮記〕國君撫式. ㉱손에 쥐다. 〔楚辭〕撫長劍兮玉珥. ④사랑하다. 〔後漢書〕

我畜我. ⑤좇다, 따르다. 〔史記〕撫十二節. ⑥치다, 두드리다. ¶撫掌. ⑦돌다, 순찰(巡察)하다. 〔後漢書〕撫未央. ⑧덮다. ¶撫世.
【撫結 무결】친밀하게 사귐.
【撫軍 무군】①임금을 돕고 군사를 잘 어루만져 복종하게 함. ②태자가 임금을 좇아 출정함.
【撫勞 무로】어루만져 위로함. 撫慰(무위).
【撫弄 무롱】현악기를 탐.
【撫摩 무마】①손으로 어루만짐. ②마음을 달래어 위로함.
【撫世 무세】①세상 사람을 위로하여 편안하게 함. ②기세가 세상을 덮음.
【撫綏 무수】어루만져 편안하게 함.
【撫循 무순】어루만져 복종하게 함.
【撫心 무심】마음을 가라앉혀 편안하게 함.
【撫養 무양】어루만져 기름.
【撫御 무어】어루만져 다스림. 撫馭(무어).
【撫慰 무위】어루만져 위로함. 撫勞(무로).
【撫有 무유】사랑하여 내 것으로 함.
【撫柔 무유】어루만져 유순하게 함.
【撫育 무육】사랑하여 기름. 撫鞠(무국).
【撫字 무자】☞撫育(무육).
【撫掌 무장】손바닥을 침. 즐겁게 담소(談笑)하는 모양.
【撫情 무정】감정을 눌러 가라앉힘.
【撫存 무존】편안하게 어루만지고 위로하여 물어봄. ○'存'은 위문(慰問)함.
【撫輯 무집】어루만져 화목하게 함. 撫緝(무집).
【撫恤 무휼】어루만져 은혜를 베풂.
○督-, 摩-, 宣-, 巡-, 按-, 安-存問, 愛-, 慰-, 柔-, 恩-, 存-, 鎭-, 招-.

手 12 【撲】⑮ ❶칠 박 [攇] pū ❷닦을 복 [匐]
[소전] 撲 [초서] 撲 [동서] 撲 [간체] 扑 [參考] 대법원 지정 인명용 한자의 음은 '박'이다.
[字解] ❶①치다, 때리다, 두드리다. ¶撲殺. ②넘어지다, 때려누이다. 〔韓愈, 孟郊·詩〕朽朽俱傾撲. ③가지다, 소유하다. ¶撲曲. ④다, 모두, 다하다. ¶撲地. ⑤잠족(蠶簇), 누에섶. 〔淮南子〕具撲曲筥筐. ⑥바둑 두는 법의 한 가지. 패를 쓰지 아니하고, 금방 따 낸 자리에 두어, 상대방의 말을 잡는 수. ❷닦다, 땀·먼지 따위를 닦아 내다. 〔白居易·詩〕粉汗紅塵撲.
【撲曲 박곡】잠구(蠶具)를 가짐. ○'曲'은 누에치는 기구의 이름.
【撲落 박락】어지럽게 흩어지는 모양.
【撲滿 박만】푼돈을 넣어 모아 두는 작은 저금통. 벙어리저금통. ○가득 차면 부수어서 돈을 꺼내는 데서 온 말.
【撲滅 박멸】모조리 잡아 없앰.
【撲殺 박살】때려서 죽임. 打殺(타살).
【撲地 박지】①갑자기. 忽然(홀연). ②땅에 가득 참. ③땅에 내던짐.
【撲筆 박필】붓을 내던짐. 문필 생활을 그만둠.
○相-, 打-, 鞭-.

手部 12획 撥撒擘撒捒撕挼擪撏撙撜

手12 【撥】⑮ ❶다스릴 발 圖 bō
❷방패 벌 月 fá
[소전] [초서] [간체] 參考 대법원 지정 인명용 한자의 음은 '발'이다.

字解 ❶다스리다. ¶撥亂反正. ❷덜다, 없애다. ¶撥去. ❸튀기다, 휜 것이 반대쪽으로 다시 휘다. ¶撥弓. ❹치켜들다. 〔禮記〕衣毋撥. ❺완상하다, 가지고 놀다. 〔孟浩然·詩〕手撥金翠花. ❻파다, 파내다. ¶撥土. ❼일으키다, 시작하다. ≒發. ¶撥爾. ❽일어나다, 생기다. 〔童蒙訓〕見根撥而花之高下. ❾빛나다, 술이 익다. ≒醱. 〔蘇軾·詩〕快瀉銀瓶不須氷. ❿휘저어 뒤섞다. 〔謝惠連·序〕以物振撥之. ⓫타다, 현악기를 타다. 〔張祐·詩〕撚撥間關漫態生. ⓬채, 현악기의 줄을 퉁기는 도구. 〔舊唐書〕以木撥彈之. ⓭배, 바다에 떠 있는 큰 배. 〔泰不華·詩〕卻乘赤撥上神州. ⓮배를 젓다. 〔陸龜蒙·詩〕殷勤撥香池. ⓯바르지 아니하다. ¶撥剌. ⓰상여 줄, 상여를 끄는 줄. 〔禮記〕哀公欲設撥. ⓱끊다, 끊어지다. 〔詩經〕本實先撥. ❷방패, 큰 방패. 〔史記〕矛戟劍撥.

【撥去 발거】 떨어서 없앰, 제거함.
【撥弓 발궁】 휘어서 바르지 않은 활.
【撥亂反正 발란반정】 어지러운 세상을 바로잡아 다스려 정상적인 치안 상태를 회복함.
【撥剌 발랄】 ①활을 당기는 모양. ②바르지 않음. ③물고기가 물에서 뛰는 소리.
【撥木 발목】 비파(琵琶)를 타는 데 쓰는, 나무로 만든 채. 술대.
【撥悶 발민】 고민을 없애 버림.
【撥爾 발이】 울음소리가 나는 모양.
【撥條 발조】 용수철.
【撥土 발토】 흙을 파 뒤집.
● 亂─, 反─, 撩─, 指─, 觸─.

手12 【撒】⑮ 닦을 별 圖 piē
[소전] [초서] [동자] 字解 ❶닦다, 눈물 등을 닦다. 〔王褒·賦〕撒涕抆淚. ❷흔들다, 휘두르다. 〔揚雄·賦〕浮蟻蠓而撒天. ❸치다, 때리다. ¶撒波. ❹삐침, 삐치다. 서법(書法)의 한 가지. 〔蔡邕·篆勢〕揚波振撒.
【撒涕 별체】 흐르는 눈물을 닦음.
【撒波 별파】 물결을 침. 물결을 헤치고 나감.

手12 【擘】⑯ 撒(724)과 동자

手12 【撒】⑮ 뿌릴 살 圖 sǎ
[초서] 字解 ❶뿌리다, 물・가루 따위를 뿌려서 흩뜨리다. 〔韓愈·詩〕星如撒砂出. ❷놓다, 놓아주다. 〔吳志〕出見雄鶩, 手自撒壞.
【撒袋 살대】 활과 화살을 넣어 가지고 다니는

된 주머니. 箭筒(전동).
【撒砂 살사】 모래를 흩어 뿌림.
【撒扇 살선】 쥘부채. 접었다 폈다 하게 된 부채.
【撒手 살수】 손을 놓음. 손을 뗌.
【撒菽 살숙】 콩을 뿌림. 굵은 빗방울이 쏟아지는 모양.
【撒布 살포】 흩어 뿌림.
【撒火 살화】 '火'를 '灬'로 쓸 때의 일컬음. 연화발.

手12 【捒】⑮ ❶摻(719)의 속자
❷操(728)의 속자

手12 【撕】⑮ ❶훈계할 서 圖 xī
❷찢을 시 圖 sī
[초서] 字解 ❶훈계하다, 잡도리하다. 〔顔氏家訓〕提撕子孫. ❷찢다, 잡아당겨 찢다. =斯.

手12 【挼】⑮ 비빌 연 圖 ruó, ruí
[초서] 字解 ❶비비다, 문지르다. 〔黃庭堅·說〕炙手挼凍. ❷적시다, 액체에 담그다. ≒擩.

手12 【擪】⑮ 읍 예 圖 yì
[소전] [초서] 字解 읍(揖). 꿇어앉아서 고개를 들고, 손은 아래로 드리운 자세로 하는 절. 〔春秋左氏傳·注〕擪, 手至地, 若今之擪.

手12 【撏】⑮ 딸 잠 圖 xián
[초서] [간체] 字解 ❶따다, 달려 있는 것을 붙잡아 따다. ❷뽑다, 뽑아내다.

手12 【撙】⑮ 누를 준 ⓐ존 圖 zǔn
[초서] 字解 ❶누르다, 억제하다. 〔荀子〕以相薦撙, 以相恥作. ❷모이다, 모여드는 모양. ≒譐・蹲. ¶撙撙. ❸겸손하다, 겸양하다. ¶撙詘. ❹절약하다, 검약(儉約)하다. 〔管子〕撙衣服. ❺꺾다, 제압하다. 〔戰國策〕伏軾撙衘.
【撙詘 준굴】 겸손함. 절제하여 겸양함.
【撙節 준절】 ①씀씀이를 아낌. 비용을 절약함. ②법도를 지킴. ③억제함.
【撙撙 준준】 모여드는 모양.

手12 【撜】⑮ ❶건질 증 圖 zhěng
❷닿을 쟁 圖 chéng
字解 ❶①건지다, 건져 올리다. =拯. 〔淮南子〕子路撜溺. ❷닿다, 접촉하다. 〔韓愈·詩〕不爲手所撜.

手部 12획 撦撰撤撮搏㨨揮撏搭撑撐撡

手12 【撦】⑮ 찢을 차 馬 chě
초서 撦 동자 扯 字解 찢다, 여러 조각으로 가르다. 〔梅堯臣·詩〕日畏 撦裂防嬰孩.

手12 【撰】⑮ ❶지을 찬 霰 zhuàn ❷가질 선 銑 xuǎn
초서 撰 본자 譔 参考 대법원 지정 인명용 한자의 음은 '찬'이다.
字解 ❶(通) 纂(1391). ①짓다, 시문(詩文)을 짓다. ¶撰文. ②가지다, 품다. 〔楚辭〕結撰至思. ③갖추어진 내용이나 방법. 〔論語〕異乎三子者之撰. ④세다, 헤아리다. 계산하다. ¶撰德. ⑤법, 규칙, 규정. 〔易經〕以體天地之撰. ⑥만들다. 〔潘岳·賦〕司農撰殖之器. ❷(通) 選(1832). ①가지다, 쥐다. 〔禮記〕撰杖屨. ②가리다, 선택하다. 〔班昭·賦〕撰良辰而將行. ③화폐(貨幣)의 이름. 〔漢書〕白金三品, 其一重八兩, 名白撰, 直三千.
【撰德】찬덕 덕(德)을 셈.
【撰文】찬문 글을 지음. 지은 글.
【撰述】찬술 책이나 글을 지음. 著述(저술).
【撰進】찬진 임금에게 글이나 책을 지어서 바침.
【撰集】찬집 시나 문장을 골라 모음.
【撰次】찬차 순서를 정하여 편집함.
◐ 改一, 論一, 修一, 新一, 著一, 精一, 纂一.

手12 【撤】⑮ 거둘 철 屑 chè
초서 撤 字解 거두다, 치우다, 그만두다. 〔國語〕不撤薑食.
【撤簾】철렴 수렴청정(垂簾聽政)을 철폐함.
【撤床】철상 상을 거두어 치움.
【撤瑟】철슬 악기를 치움. 병이 위독함. ◯집안에 환자가 있으면 현악기를 타지 않았다는 데서 온 말.
【撤市】철시 시장·가게 따위의 문을 닫음.
【撤饌】철찬 제사가 끝난 뒤에 제사 음식을 거두어 치움.
【撤廢】철폐 걷어치워서 폐지함. 撤罷(철파).

手12 【撮】⑮ 취할 촬 曷 cuō
소전 撮 초서 撮 字解 ①취(取)하다. ㉮손가락으로 집다. ¶撮土. ㉯요점을 취하다. ¶撮要. ②모으다. ¶撮徒. ③용량(容量)의 단위. ㉮1승(升)의 10000분의 1. ㉯60속(粟). ㉰네 순가락의 양. 1작(勺)의 10분의 1. ⑤國사진을 찍다. ¶撮影.
【撮徒】촬도 무리를 모음.
【撮影】촬영 國형상을 사진이나 영화로 찍음.
【撮要】촬요 요점을 간추림.
【撮土】촬토 한 줌의 흙. 매우 적은 양의 비유. 撮壤(촬양).
◐ 簡一, 抄一, 緇一, 把一, 會一.

手12 【搏】⑮ ❶당길 추 尤 chōu ❷평평하게 할 류 尤 chōu
소전 搏 혹체 抽 혹체 搉 혹체 搉 字解 ❶당기다, 잡아당기다. =抽. ❷평평하게 하다, 벽에 흙을 바르다. ¶搏土.
【搏土 유토】담을 쌓고 흙을 발라 울퉁불퉁하지 않게 고름.

手12 【㨨】⑮ 길둥글 타 哿 tuǒ
초서 㨨 통자 橢 통자 楕 字解 길둥글다.

手12 【揮】⑮ ❶손에 들 탄 寒 tān ❷당길 선 先 chán
소전 揮 초서 挗 간체 掸 字解 ❶①손에 들다, 가지다. ②닿다, 접촉하다. ③공경하는 모양. ④나라 이름. 한대(漢代)에 서남쪽 오랑캐가 세운 나라. ❷①당기다, 끌어당기다. ②물려주다. ≒禪.
【揮繋 탄계】접촉하여 걸려듦.
【揮揮 탄탄】공경하는 모양. 삼가는 모양.
【揮援 선원】①끌어당김. ②줄지어 잇닿음.

手12 【撏】⑮ ❶더듬을 탐 覃 tàn ❷털 탐 感 dǎn
소전 撏 초서 撏 字解 ❶①더듬다, 더듬어 찾다. 〔周禮〕誦王志者, 若撏取王之志. ②당기다, 이익을 끌어당기다. ¶撏捈. ❷털다, 떨어 버리다. ¶撏塵.
【撏捈 탐염】이익을 끌어들임.
【撏塵 탐진】먼지를 떪. 여행에서 돌아온 사람을 환대함. 洗塵(세진).

手12 【搭】⑮ 搭(717)과 동자

手12 【撑】⑮ 버틸 탱 木청 庚 chēng
초서 撑 속자 撐 속자 樘 간체 撑 字解 ①버티다. ¶支撑. ②버팀목, 지주(支柱). 〔韓愈·孟郊·詩〕摧机饒孤撑. ③배를 저어 나아가다. 〔朱熹·詩〕破月衝雲取次撐. ④배부르다. 〔李潭·詩〕蝦蟹不足饞腸撐.
【撐船 탱선】배를 저음. 배를 저어 나아감.
【撐腸 탱장】배가 아주 부름.
【撐柱 탱주】쓰러지지 않도록 받치는 기둥. 버팀 기둥. 撐支(탱지).
【撐刺 탱척】배를 저음.

手12 【撐】⑮ 撑(725)의 속자

手12 【樘】⑮ 撑(725)의 속자

手 12 【播】⑮ ❶뿌릴 파 圄 bō
❷못 이름 파 豳 bō

扌 扌 扩 护 押 採 播 播 播

[소전]播 [고문]籲 [초서]揢 [字源] 形聲. 手+番→播. '番(번)'이 음을 나타낸다.

[字解] ❶①뿌리다, 씨를 뿌리다. 〔詩經〕播厥百穀. ②퍼뜨리다. ③베풀다, 널리 미치게 하다. 〔禮記〕播刑之不迪. ④흩다, 흩뜨리다. 늦판. 〔張衡·賦〕播余香而莫聽. ⑤나뉘다, 나누어지다. 〔書經〕又北播爲九河. ⑥옮기다, 가다. ¶播遷. ⑦까부르다, 키질을 하다. 늦簸. ⑧버리다, 방기(放棄)하다. 〔楚辭〕播規榘以背度兮. ⑨달아나다, 도망하다. 〔書經〕于伐殷逋播臣. ⑩소리를 올렸다 내렸다 하다. 〔周禮〕播之以八音. ⑪움직이다, 움직이게 하다. ¶播揚. ⑫울타리. 늦藩. ❷못 이름. 예주(豫州)에 있다.
【播告 파고】 널리 고함. 布告(포고).
【播弄 파롱】 희롱함.
【播敷 파부】 널리 폄, 널리 베풂.
【播殖 파식】 씨앗을 뿌려 번식하게 함.
【播揚 파양】 ①힘써 움직임. 발동(發動)함. ②펴서 넓힘. 전파(傳播)함.
【播越 파월】 ☞播遷(파천).
【播遷 파천】 ①정처 없이 떠돌아다님. 유랑함. ②임금이 도성을 떠나 다른 곳으로 피란하던 일. 播越(파월).
【播蕩 파탕】 ☞播遷(파천).
○乾-, 傳-, 條-, 直-, 秋-, 春-.

手 12 【撊】⑮ 성낼 한 圃 xiàn

[초서]挧 [字解] ①성내다, 화내다. ¶撊然. ②사납다, 사납고 용맹스럽다. 늦俰. ¶撊潰. ③막다, 저지하다. 〔管子〕撊潰盜賊.
【撊潰 한독】 ①막고 지킴. ②흑독하게 수사하여 잡음.
【撊然 한연】 불끈 화내는 모양.

手 12 【撝】⑮ ❶찢을 휘 囮 huī
❷도울 위 囮 wéi

[소전]撝 [초서]挧 [간체]㧑 [字解] ❶①찢다, 끌어당겨 찢다. ②겸손하다, 자기를 낮추다. ¶撝讓. ③높이 올려서 휘두르다. ¶撝謙. ④손짓하다. 〔淮南子〕瞋目而撝之. ❷돕다. 〔太玄經〕事貌用恭撝肅.
【撝謙 휘겸】 ①손을 높이 들어 겸양의 뜻을 나타냄. 겸손함. ②겸양의 뜻을 널리 베풀어 폄.
【撝讓 휘양】 겸손하여 사양함.
【撝挹 휘읍】 겸양하여 물러남. 謙挹(겸읍). '挹'은 '물러가다'의 뜻.

手 13 【擖】⑯ ❶깎을 갈 囫 qiā
❷키의 바닥 엽 囷 yè

[초서]擖 [字解] ❶①깎다, 칼 따위로 깎아서 표면을 반듯하게 하

다. ②채찍질하다, 격려하다. ❷키의 바닥. 〔禮記〕執箕膺擖.

手 13 【撼】⑯ 흔들 감 豏 hàn

[초서]撼 [字解] 흔들다, 흔들리다. 〔韓愈·詩〕蚍蜉撼大樹.
【撼頓 감돈】 흔들흔들하다가 넘어짐.
【撼動 감동】 ①흔들어 움직임. 搖撼(요감). ②죄(罪)에 빠뜨림.
○敲-, 搖-, 震-.

手 13 【據】⑯ ❶의거할 거 圄 jù
❷움킬 극 圍 jù

扌 扌 扩 扩 扩 护 护 擄 據 據

[소전]擄 [초서]挧 [동자]據 [속자]擄 [속자]㨿
[간체]据 [參考] 대법원 지정 인명용 한자의 음은 '거'이다.
[字源] 形聲. 手+豦→據. '豦(거)'가 음을 나타낸다.

[字解] ❶①의거하다. ㉮일정한 사실에 근거하다. 〔漢書〕今天子據先帝之遺業, 左規山東, 右制關中. ㉯의지하여 웅거하다. ¶群雄割據. ②증거로 삼다. 〔後漢書〕引據大義, 正之經典. ③의탁하다, 의지하다. 〔詩經〕亦有兄弟, 不可以據. ④살다, 어떤 자리에 있다. 〔國語〕不據其安. ⑤굳게 지키다, 믿고 의지하다. 〔論語〕據於德. ⑥기댈 곳, 의지할 데. 〔後漢書〕州郡先據, 長吏多逃亡. ⑦근원(根源), 증거(證據). ¶根據. ⑧누르다, 덮쳐 누르다. ¶據掌. ⑨붙잡다. 〔老子〕猛獸不據. ⑩건너뛰다. 〔書經〕東南據濟. ❷움키다, 손톱을 세워서 움키다. 〔史記〕見物如蒼犬, 據高后掖.
【據舊以鹽新 거구이잠신】 옛일에 의거하여 새 일의 거울로 삼음.
【據德 거덕】 덕(德)을 굳게 지킴.
【據守 거수】 어떤 곳에 자리 잡고 버티어 지킴.
【據軾 거식】 수레 앞쪽의 가로대에 몸을 기댐.
【據實 거실】 사실에 의거함.
【據鞍顧盼 거안고반】 말 안장에 앉아 뒤를 돌아보며 위세를 보임. 늙어서도 기운이 정정함.
【據掌 거장】 왼손으로 오른손을 덮어 눌러 어루만짐.
【據點 거점】 근거가 되는 중요한 곳.
【據虛搏影 거허박영】 허공에 의지하여 그림자를 침. 적(敵)이 힘을 쓸 수 없도록 함.
【據火 거화】 반딧불이.
○根-, 明-, 蹯-, 本-, 憑-, 雄-, 依-, 人-, 引-, 典-, 占-, 證-, 割-.

手 13 【撿】⑯ 단속할 검 琰 jiǎn

[소전]撿 [초서]揢 [동자]檢 [字解] ①단속하다, 순찰하다. ②조사하다, 살펴서 맞추어 보다. 〔後漢書〕撿閱庫藏.

【撿校 검교】 살펴서 바르게 함.
【撿束 검속】 단속함.

手 【擊】⑰ ❶칠 격 䰟 jī
13   ❷사람 이름 계 䰟 jì

<small>소전 擊 초서 擊 속 擊 간체 击 참고 대법원 지정</small>

인명용 한자의 음은 '격'이다.
字源 形聲. 手+毄→擊. '毄(격)'이 음을 나타낸다.

字解 ❶①치다. ㉮두드리다. ¶擊拊. ㉯때리다. ¶擊搏. ㉰공격하다, 습격하다. ¶擊沈. ㉱싸우다, 다투다. 〔莊子〕日夜相擊于前. ②쳐서 죽이다. 〔儀禮〕司士擊豕. ③쳐서 꺾다, 쳐서 물리치다. 〔漢書〕搏擊豪彊. ④부딪치다, 충돌하다. 〔戰國策〕車轂擊, 人肩摩. ⑤베다, 찌르다. ¶劍擊. ⑥다스리다, 계도(啓導)하다. ¶擊蒙. ⑦칼날. 〔淮南子〕槽矛無擊. ⑧움직이다, 눈이 움직이다. ⑨어긋러지다, 등지다. ⑩악기(樂器) 이름, 축(柷). 〔後漢書〕夏擊鳴球. ❷사람 이름, 도屠擊.

【擊劍 격검】 장검(長劍)을 쓰는 법.
【擊毬 격구】 말을 달리며 공채로 공을 쳐 승패를 겨루는 유희. 주로 무신(武臣)들이 하였음.
【擊斷 격단】①쳐서 끊음. ②마음대로 법률을 적용하여 처벌함.
【擊蒙 격몽】 무지한 어린이를 가르쳐 깨우침.
【擊搏 격박】①침, 때림. ②비평함.
【擊拊 격부】 악기 같은 것을 가볍게 침.
【擊掊 격부】 쳐서 부스러뜨림.
【擊攘 격양】 쳐서 쫓아 버림. 擊退(격퇴).
【擊壤歌 격양가】 태평시대(太平盛代)를 구가하는 노래. 故事 요(堯)임금 때 한 농부가 땅을 두드리며 천하가 태평함을 노래 불렀다는 고사에서 온 말.
【擊刺 격자】①치고 찌름. ②검으로 사람을 찔러 죽임. 擊劍(격검).
【擊錚 격쟁】①꽹과리를 침. ②조선 때 원통한 일이 있는 사람이 임금에게 하소연하려고 거동하는 길목에서 꽹과리를 쳐서 하문(下問)을 기다리던 일.
【擊節嘆賞 격절탄상】 무릎을 치며 탄복하고 칭찬함. 擊節稱賞(격절칭상).
【擊鐘鼎食 격종정식】 종을 쳐서 식구를 모아 솥을 벌여 놓고 밥을 먹음. 부귀한 생활.
【擊沈 격침】 배를 쳐서 가라앉힘.
【擊柝 격탁】①딱따기를 침. ②딱따기.
【擊破 격파】 쳐서 깨뜨림.
◐ 攻-, 突-, 排-, 射-, 襲-, 電-, 進-, 追-, 推-, 衝-, 打-, 砲-.

手 【擏】⑯ 도지개 경 䰟 qíng
13

<small>동 檠</small> 字解 도지개. 활을 바로잡는 틀. 〔淮南子〕擏不正而可以正弓.

手 【擎】⑰ 들 경 䰟 qíng
13

<small>초서 擎</small> 字解 ①들다, 높이 들어 올리다. ¶擎劍. ②높다, 높이 솟다. 〔曾鞏·詩〕里表仍孤擎. ③떠받치다. ¶擎天.
【擎劍 경검】 검을 높이 치켜듦.
【擎跽曲拳 경기곡권】 손은 드리우고, 발은 꿇고 앉고, 몸은 굽히고, 머리는 숙임. 삼가 예(禮)를 행하는 모양.
【擎雨蓋 경우개】 비를 받는 우산. 연(蓮)의 잎.
【擎天 경천】 하늘을 떠받침. 나무가 높이 솟은 모양.

手 【撾】⑯ 칠 과 䰟 zhuā
13

<small>초서 抱 간체 挝</small> 字解 ①치다. ㉮때리다. ¶撾殺. ㉯북을 치다. ¶撾鼓. ②북채, 술대. 〔宣和畵譜〕操撾之次. ③음곡(音曲). ¶辨撾. ④다리, 가랑이. 〔潘岳·賦〕罵綺轝而輕撾.
【撾鼓 과고】 북을 침.
【撾殺 과살】 때려서 죽임. 撲殺(박살).
◐ 亂-, 辨-, 操-.

手 【撽】⑯ 칠 교 䰟 qiào
13

<small>소전 撽 초서 挍 동자 擎</small> 字解 치다, 때리다. 〔莊子〕撽以馬捶.
【撽滋 교수】 하늘이 만물을 매질하여 성장시킴.

手 【撀】⑰ 撽(727)와 동자
13

手 【擒】⑯ 사로잡을 금 䰟 qín
13

<small>초서 捨</small> 字解 사로잡다, 붙잡다, 생포하다. 〔杜甫·詩〕擒賊先擒王.
【擒縛 금박】 사로잡아 묶음.
【擒生 금생】 짐승 따위를 산 채로 잡음.
【擒縱 금종】 사로잡는 일과 놓아주는 일.
【擒斬 금참】①사로잡는 일과 베어 죽이는 일. ②사로잡아 베어 죽임.
◐ 縛-, 生-, 七縱七-.

手 【撻】⑯ 매질할 달 䰟 tà
13

<small>소전 撻 고문 䩞 초서 挞 확대 擹 간체 挞</small>

字解 ①매질하다. 〔周禮〕凡有罪者, 撻戮而罰之. ②빠르다. 〔詩經〕撻彼殷武.
【撻戮 달륙→달육】 ☞撻辱(달욕).
【撻罰 달벌】 매질하여 벌을 줌. 笞刑(태형).
【撻辱 달욕】 매질하여 욕을 보임. 撻戮(달육).
【撻楚 달초】 회초리로 볼기나 종아리를 때림.
【撻笞 달태】 매질함.
◐ 撾-, 斫-, 杖-, 楚-, 捶-, 笞-, 鞭-.

手 13 **擔** ⑯ ❶멜 담 匨 dān
❷짐 담 匭 dàn

扌 扌 扩 扩 扩 扩 护 擔 擔 擔

[초] 揼 [속] 担 [간] 担 [字源] 形聲. 手+詹→擔. '詹(첨)'이 음을 나타낸다.
[字解] ❶①메다.〔漢書〕大家牛車, 小家擔負. ②맡다, 떠맡다.〔白居易·碑〕荷擔大事. ③들다, 들어 올리다.〔管子〕擔竿而欲ить其末. ❷①짐, 맡은 일. ¶負擔. ②양(量)의 단위. 지금의 100근(斤)에 해당하다. ③부피의 단위. 지금의 1섬(石)에 해당한다.
【擔鼓 담고】견우성(牽牛星)의 딴 이름.
【擔夫 담부】짐꾼.
【擔着 담착】담당함.
【擔板漢 담판한】널빤지를 멘 남자. 하나를 알고 둘은 모르는 사람.
【擔荷 담하】①짐을 짐. ②현책임을 짐.
❶加−, 負−, 分−, 全−, 專−, 荷−.

手 13 **擋** ⑯ 숨길 당 漾 dǎng

[초] 挡 [간체] 挡 [字解] ①숨기다, 덮어 숨기다, 피하다. ②방해하다, 막다. ≒攩.

手 13 **擄** ⑯ 사로잡을 로 麌 lǔ

[초] 擄 [간체] 掳 [字解] ①사로잡다. =虜. ②노략질하다. ¶擄掠.
【擄掠 노략】떼를 지어 다니면서 재물이나 생명을 빼앗음.

手 13 **擂** ⑯ ❶갈 뢰 灰 léi
❷칠 뢰 隊 lèi

[초] 擂 [본체] 攂 [字解] ❶갈다, 문지르다. ②①치다.〔宋史〕旗下擂鼓. ②돌을 굴리다. =礧. ¶擂石車. ③코고무래.
【擂石車 뇌석거】돌을 굴려 성(城)을 공격하는 데 쓰던 전차(戰車).

手 13 **擗** ⑯ ❶가슴 칠 벽 陌 pǐ
❷열 벽 錫 pǐ
❸엄지손가락 벽 陌 bò

[초] 擗 [字解] ❶①가슴을 치다, 손으로 가슴을 치며 슬퍼하다. ≒擘.〔孝經〕擗踊哭泣. ②열다. ¶擗開. ③엄지손가락. =擘.
【擗開 벽개】엶. 처부수고 엶.
【擗踊 벽용】가슴을 두드리고 땅을 치며 통곡함. 부모의 상(喪)을 당하여 슬퍼함. 擗踊(벽용).
【擗摽 벽표】⇨擗踊(벽용).

手 13 **擘** ⑰ 엄지손가락 벽 陌 bò

[초전] 擘 [초서] 擘 [동체] 擗 [동체] 擗 [字源] 엄지손가

락. ¶巨擘. ②쪼개다, 찢다, 가르다. ≒劈.〔張衡·賦〕擘肌分理.
【擘刻 벽각】①전각(篆刻)할 때, 글자를 고르게 배치하기 위하여 도장의 면에 가로세로 그은 선(線). ②큰 글자를 쓰는 서법.
【擘肌 벽기】살가죽을 찢음.
【擘柳風 벽류풍】버드나무의 가지를 꺾는 바람. 봄에 부는 폭풍.
【擘畫 벽획】처리함. 결단함.

手 13 **撽** ⑯ 摖(709)과 동자

手 13 **擁** ⑯ ❶안을 옹 腫 yōng
❷가릴 옹 腫 yōng

扌 扌 扩 扩 扩 捎 掮 掮 擁 擁

[초전] 攤 [초서] 擁 [본체] 攤 [동체] 攀 [간체] 拥 [字源] 形聲. 手+雍→擁. '雍(옹)'이 음을 나타낸다.
[字解] ❶①안다, 끌어안다. ¶抱擁. ②들다, 손에 쥐다. ¶擁彗. ③잡다, 소유하다.〔漢書〕擁天下之樞. ④지키다.〔後漢書〕擁衞親族. ⑤거느리다, 복종시키다.〔晉書〕坐擁大衆. ⑥싸다, 막다, 묻다.〔朱熹·詩〕雪擁山腰洞口. ⑦비축(備蓄)하다, 점유(占有)하다.〔王融·書〕良書獨擁. ⑧혼잡하다, 떼를 지어 모이다.〔梅堯臣·詩〕夾道邪人擁. ❷가리다, 막다.〔禮記〕女子出門, 必擁蔽其面.
【擁衾 옹금】이불로 몸을 덮음.
【擁立 옹립】①돌보아 제구실을 하게 함. ②임금의 자리에 모시어 세움.
【擁膝 옹슬】무릎을 두 팔로 안음. 시(詩)를 지을 때 고심하는 모양.
【擁遏 옹알】눌러서 막음. 막힘.
【擁衞 옹위】부축하여 호위함.
【擁腫 옹종】①나무에 옹이가 많음. 못생기거나, 무지(無知)한 모양. ②조그마한 부스럼.
【擁彗 옹혜】비를 손에 듦. 청소하여 손님을 맞이함. ▷옛날에 존귀한 사람을 맞이할 때, 항상 비를 안고 공경의 뜻을 나타낸 데서 온 말.
【擁護 옹호】도와서 지킴.
❶屛−, 捧−, 扶−, 圍−, 抱−.

手 13 **搴** ⑯ 擁(728)과 동자

手 13 **揸** ⑯ 섞을 잡 洽 zá

[字解] ①섞다, 뒤섞다. ②똥, 더러운 것.

手 13 **擖** ⑯ 接(704)과 동자

手 13 **操** ⑯ ❶잡을 조 號 cāo
❷절개 조 號

手部 13획 擉擅擇擵擐擖擕

操

字源 形聲. 手＋柔→操. '柔(소)'가 음을 나타낸다.

字解 ❶①잡다, 쥐다, 가지다. 〔春秋公羊傳〕操飮而至. ②부리다, 조종하다. 〔莊子〕津人操舟若神. ③다가서다, 닥쳐오다. 〔春秋公羊傳〕蓋以操之爲已蹙矣. ④군사(軍事) 훈련. ¶操練. ⑤體운동. ¶體操. ❷①절개, 절조, 뜻. 〔楚辭〕夫何執操之不固. ②풍치, 운치. 〔南史〕淸整有風操. ③곡조(曲調), 금곡(琴曲)의 이름. 〔後漢書〕樂詩曲操.

【操檢 조검】 굳은 절조.
【操潔 조결】 지조가 깨끗함.
【操觚 조고】 문필에 종사함. ◦'觚'는 옛날에 종이가 없었을 때 종이 대신에 쓰던 사각(四角)으로 된 나무 패.
【操練 조련】 ①전투에 필요한 지식이나 기술을 가르쳐 단련함. ②國못되게 남을 괴롭힘.
【操舍 조사】 굳게 지킴과 버림.
【操守 조수】 삼가서 지킴. 정조나 지조 등을 굳게 지켜 변함이 없음. 操植(조식).
【操植 조식】 ▷操守(조수).
【操韻 조운】 지조(志操)와 운치(韻致).
【操切 조절】 단단히 잡아서 단속함.
【操井臼 조정구】 우물물도 긷고 절구질도 함. 살림살이에 힘씀.
【操縱 조종】 ①기계를 다루어 부림. ②다른 사람을 마음대로 부림.
【操柁 조타】 배의 키를 잡음.
【操筆 조필】 글씨를 쓰기 위하여 붓을 잡음.
◐立-, 節-, 貞-, 情-, 志-, 淸-, 體-.

手13 【擉】⑯ 찌를 착 chuò

字解 ①찌르다, 물속의 물고기를 작살로 찔러 잡다. 〔莊子〕冬則擉鼈於江. ②작살.
【擉鼈 착별】 자라를 작살로 찔러 잡음.
【擉刃 착인】 작살.

手13 【擅】⑯ 멋대로 천 本선 shàn

字解 ①멋대로, 마음대로. 〔春秋左氏傳〕擅及鄭盟. ②멋대로 하다. 〔史記〕擅國之謂王. ③차지하다. 〔史記〕得丹穴而擅其利數世. ④물려주다. 늑禪. ¶擅讓.
【擅國 천국】 국정(國政)을 총리(總理)하여 마음대로 함.
【擅斷 천단】 멋대로 처단함.
【擅利 천리】 이익을 독점(獨占)함.
【擅赦 천사】 제멋대로 죄를 용서함.
【擅讓 천양】 자리를 어진 이에게 물려줌.
【擅議 천의】 제멋대로 추측하여 정함.
【擅恣 천자】 마음대로 하여 꺼림이 없음.

【擅場 천장】 ①그 장소에서 대적(對敵)할 사람이 없는 제일인자. ②당대(唐代)에 송별 또는 연회(宴會)에서 시(詩)를 지을 때 일등한 사람.
【擅朝 천조】 조정의 권력을 차지하여 제멋대로 흔듦.
【擅許 천허】 제멋대로 허가함.
【擅橫 천횡】 거리낌 없이 제 마음대로 함. 專橫(전횡).
◐姦-, 獨-, 雄-, 咨-, 專-.

手13 【擇】⑯ ❶가릴 택 囲 zé ❷사람 이름 역 囲 yì

參考 대법원 지정 인명용 한자음은 '택'이다.
字源 形聲. 手＋睪→擇. '睪(역)'이 음을 나타낸다.
字解 ❶가리다. ㉮고르다, 좋은 것을 가려 뽑다. 〔中庸〕擇善而固執之者也. ㉯가려서 구분하다, 차별을 두다. 〔孟子〕牛羊何擇焉. ❷사람 이름.
【擇交 택교】 ①사귈 나라를 고름. ②사귈 친구를 고름.
【擇良 택량】 좋은 것을 선택함.
【擇鄰 택린】 ①이웃을 고름. ②살기 좋은 곳을 고름.
【擇善 택선】 ①선을 택함. ②착한 사람을 고름.
【擇送 택송】 가려 보냄.
【擇言 택언】 ①도리에 맞는 말만 가려서 함. ②선악을 가려야 할 말.
【擇偶 택우】 배우자를 고름.
【擇日 택일】 운수가 좋은 날을 가려 고름.
【擇定 택정】 여럿 가운데서 골라 정함.
【擇處 택처】 살 곳이나 머물 곳을 고름.
【擇出 택출】 골라냄.
【擇行 택행】 선악(善惡)을 가려서 분간해야 할 행동.
◐揀-, 簡-, 選-, 銓-, 精-, 採-, 推-.

手13 【擵】⑯ 擵(721)과 동자

手13 【擐】⑯ 입을 환 huàn

字解 입다, 옷을 입다, 투구·갑옷 등을 몸에 걸치다. 〔淮南子〕躬擐甲冑.
【擐甲 환갑】 갑옷을 입음.
【擐衣 환의】 옷을 걸침. 옷을 입음.

手13 【擕】⑯ 携(717)의 속자

手13 【攜】⑯ 携(717)의 속자

手部 14획 擱擧擰

擱 ⑰ 놓을 각 [擱] gē

[字解] ①놓다, 잡고 있던 것을 놓다. 〔畢仲游·書〕擱筆不復論詩. ②얹다, 좌초하다. ¶擱坐.
【擱坐 각좌】배가 암초에 얹힘. 좌초(坐礁)함. 擱淺(각천).
【擱淺 각천】①擱坐(각좌). ②일이 어려움에 봉착함. ③現상점의 자본 회전이 막힘.
【擱筆 각필】①붓을 놓음. 쓰던 글을 멈춤. ②글을 다 쓰고 붓을 내려놓음.

擧 ⑱ 들 거 jǔ

[字源] 形聲. 與+手→擧. '與(여)'가 음을 나타낸다.

[字解] ①들다. ㉮두 손으로 들어 올리다. 〔淮南子〕擧白而進之. ㉯권하다. 〔儀禮〕擧觶于賓. ㉰손에 들다. 〔五代史〕能手擧百斤. ㉱메다, 지다. 〔史記〕持擧其書. ㉲제겨디디다. 〔呂氏春秋〕莫不延頸擧踵. ㉳높이 올리다. 〔北史〕擧烟于城北. ㉴칭찬하다. 〔後漢書〕諸公多薦擧之者. ㉵일으키다, 세우다. 〔中庸〕擧廢國. ㉶등용(登用)하다. 〔論語〕擧賢人. ㉷행하다. 〔呂氏春秋〕佐齊桓公擧事. ㉸낱낱이 들다, 사실을 들어서 말하다. 〔禮記〕過而擧君之諱則起. ㉹쳐서 멸망시키다. 〔戰國策〕三十日而擧燕國. ㉺몰수하다. 〔周禮〕犯禁者擧之. ㉻낳다, 기르다. 〔史記〕其母竊擧生之. ②오르다. ㉮높아지다, 앙양(昂揚)하다. 〔庾信·碑〕風神祥擧. ㉯잘 행하여지다, 일다. 〔中庸〕其政擧. ㉰날아오르다. 〔張衡·賦〕鳥不暇擧. ㉱어서다. 〔國語〕擧而從之. ㉲떠나다. 〔楚辭〕願離群而遠擧. ③움직이다. ④행동, 행동거지(行動擧止). ⑤받들다, 존경하다. 〔禮記〕山川神祇, 有不擧者. ⑥가려 뽑다. 〔後漢書〕孝廉之擧. ⑦시험, 과거(科擧). 〔舊唐書〕始ối武擧. ⑧모두, 다. 〔春秋左氏傳〕君擧不信群臣乎. ⑨가마.

【擧皆 거개】거의 모두.
【擧擧 거거】행동거지가 단정하고 우아한 모양.
【擧功 거공】공로 있는 사람을 등용함.
【擧國一致 거국일치】온 나라가 하나가 됨.
【擧頭 거두】고개를 듦.
【擧論 거론】어떤 사항을 논제로 삼아 제기함.
【擧白 거백】잔을 들어 술을 마심. 또는 술을 권함. 擧杯(거배).
【擧兵 거병】군사를 일으킴.
【擧不失選 거불실선】사람을 등용하는 데에 그 선택을 그르치지 아니함.
【擧事 거사】큰일을 일으킴.
【擧召 거소】관리 따위를 등용함.
【擧手 거수】손을 위로 들어 올림.
【擧讎擧子 거수거자】원수를 천거하고 자식을 추천함. 자기와의 이해관계는 따지지 않고 인물의 능력에 따라 천거함.
【擧案齊眉 거안제미】밥상을 눈썹 높이만큼 받들어 올림. 아내가 남편을 깍듯이 공경함.
【擧哀 거애】상례(喪禮)에서, 초혼(招魂)을 하고 난 뒤 상제가 머리를 풀고 슬프게 곡(哭)을 하는 일.
【擧揚 거양】①칭찬하여 의기를 높임. ②높이 들어 올림.
【擧業 거업】과거(科擧)에 대비한 학문. 관리 등용 시험을 위한 학문.
【擧用 거용】사람을 천거하거나 추천하여 씀.
【擧人 거인】①사람을 등용함. ②관리에 추천되거나 등용 시험에 응시하던 자. ③고려·조선 때, 각종 과거에 응시한 사람을 이르던 말. 擧子(거자).
【擧逸 거일】은둔하고 있는 사람을 등용함.
【擧一明三 거일명삼】하나를 들어 보이면 셋을 이해함. 이해력이 날카로움.
【擧一反三 거일반삼】한 모서리를 가르쳐 주면 다른 세 모서리를 스스로 헤아려서 앎. 재지(才智)가 뛰어남.
【擧子 거자】①아들을 천거함. ②관리의 등용 시험에 응시하는 사람. ③자식을 낳음. 자녀를 키움.
【擧場 거장】과거를 보이는 장소. 科場(과장).
【擧正 거정】①바른 표준을 제시함. ②정직한 사람을 등용함.
【擧措 거조】드는 일과 놓는 일. 행동함과 정지(靜止)함. 행동거지(行動擧止).
【擧錯 거조】①⇨擧措(거조). ②사람을 기용(起用)하는 일과 버려두어 쓰지 않는 일.
【擧族 거족】①일족 모두. ②민족 전부.
【擧踵 거종】①발꿈치를 듦. ②발돋음을 하고 있을 만큼 간절히 바라고 기다림.
【擧酒 거주】술잔을 듦. 술을 마시기 시작함.
【擧證 거증】증거를 제시함. 立證(입증).
【擧止 거지】몸을 움직이는 모든 짓. 모든 행동. 擧措(거조). 擧錯(거조)①.
【擧黜 거출】사람을 등용함과 물러나게 함.
【擧劾 거핵】죄 있는 사람을 그 이름을 들어 탄핵함.
【擧行 거행】들어 행함. 공적으로 행함.
【擧火 거화】①불을 땜. ②생계를 세움. 생활함. ③횃불을 켬. 뜻밖의 재변을 빨리 알리기 위하여 밤에 산 위에 올라가 횃불을 올림. ④억울한 사정을 임금에게 호소하기 위하여 횃불을 들어 올리는 일.

◐輕一, 枚一, 美一, 未一, 選一, 列一, 壯一, 再一, 推一, 快一.

擰 ⑰ 어지러워질 녕 [擰] níng

[字解] ①어지러워지다, 어지럽다. ②비틀다, 비벼 꼬다.

手部 14획 擡擣搫擥撲擯擪撫擩擬擠擦攃

手14 【擡】⑰ 들 대 灰 tái
[초서] 搚 [속자] 抬 [간체] 抬 [字解] ①들다. ㉮들어 올리다. 〔白居易·詩〕腰重倩人擡. ㉯치켜들다. ¶擡頭. ②두 사람이 메다.
【擡擧 대거】①들어 올림. ②발탁함.
【擡頭 대두】①머리를 쳐듦. ②어떤 현상이 머리를 쳐들고 나타남. ③서신이나 공문에서 경의(敬意)를 표하기 위하여 줄을 바꾸어 다른 줄보다 몇 자 올려 쓰거나 몇 자 비우고 씀.

手14 【擣】⑰ ❶찧을 도 皓 dǎo ❷모일 주 尤 chóu
[소전] 擣 [초서] 搗 [동자] 捯 搗 擣
[字解] ❶①찧다, 빻다. ¶擣肉. ②찌르다, 공격하다. ¶擣虛. ③두드리다, 다듬이질하다. 〔李白·歌〕長安一片月, 萬戶擣衣聲. ④닿다, 접촉하다. ¶擣毀. ⑤근심하다, 괴로워하다. 〔詩經〕怒焉如擣. ❷모이다, 빽빽이 모여들다. ≒稠. 〔史記〕上有擣著, 下有神龜.
【擣肉 도육】살코기를 잘게 다짐.
【擣衣 도의】다듬이질함.
【擣虛 도허】허점을 이용함. 적의 허점을 노려 공격함.
【擣毀 도훼】건드려 깨뜨림.
【擣著 주저】모아서 합친 점대.

手14 【搫】⑱ 攬(736)과 동자

手14 【擥】⑰ 攬(736)과 동자

手14 【撲】⑰ 撲(723)과 동자

手14 【擯】⑰ 물리칠 빈 震 bìn
[소전] 擯 [초서] 擯 [간체] 摈 [字解] ①물리치다, 배척하다. 〔後漢書〕爲鄕黨所擯. ②인도(引導)하다, 인도하는 사람. ≒儐·賓. 〔周禮〕掌儀之賓客擯相之禮.
【擯介 빈개】주객(主客)의 사이에 서서 주선하여 주는 사람. ◐'擯'은 주인 측의 사람, '介'는 손님 측의 사람. 儐介(빈개).
【擯棄 빈기】내쳐서 버림.
【擯斥 빈척】물리쳐 멀리함. 擯却(빈각).
◐滅—, 排—, 嘲—.

手14 【擪】⑱ 누를 엽 葉 yè
[소전] 擪 [초서] 擪 [간체] 擪 [字解] 누르다, 손가락으로 누르다.
【擪息 엽식】맥(脈)을 짚어 봄. 診脈(진맥).
【擪籥 엽약】손가락으로 피리의 구멍을 누름.

手14 【撫】⑰ 擪(731)과 동자

手14 【擩】⑰ 담글 유 麌 rǔ
[소전] 擩 [초서] 擩 [字解] ①담그다, 적시다. ¶擩祭. ②가지다, 쥐다. 〔唐書〕擩嚌道眞, 涵泳聖涯.
【擩祭 유제】고대인이 음식을 먹을 때, 간(肝)과 폐(肺)를 염해(鹽醢)에 절여, 먼저 신(神)에게 감사의 인사를 올리던 의식.
【擩嚌 유제】손에 쥐고서 입으로 맛봄. 어떤 일에 깊이 몰입(沒入)함.

手14 【擬】⑰ 헤아릴 의 紙 nǐ
[소전] 擬 [초서] 擬 [간체] 拟 [字解] ①헤아리다, 상량(商量)하다. 〔易經〕君子以正位擬命. ②비기다, 비교하다. 〔後漢書〕乃與五經相擬. ③본뜨다, 흉내 내다. 〔漢書〕侈擬於君. ④향하다. 〔潘岳·賦〕屬剛挂以潛擬.
【擬經 의경】①경서(經書)를 본떠서 지음. ②경서를 본떠서 지은 책. 한대(漢代)에 양웅(揚雄)이 논어(論語)를 본뜬 법언(法言), 역경(易經)을 본뜬 태현경(太玄經) 따위.
【擬古 의고】①옛것을 모방함. ②시문을 옛사람의 풍격(風格)이나 형식에 맞추어 지음.
【擬論 의론】①말다툼. 論爭(논쟁). ◐'擬'는 '대항한다'는 뜻. ②망령된 말이니 이름.
【擬似 의사】실제와 분간이 어려울 만큼 비슷함.
【擬作 의작】①만들려고 함. 하려고 함. ②본떠서 만듦.
【擬制 의제】①비겨서 정함. ②현실에 존재하지 않은 사실을 제도로서 가정(假定)하는 일.
【擬足投跡 의족투적】함부로 걷지 않고, 남의 발자국을 밟아 걸음. 두려워 삼가면서 걸어감.
◐模—, 妙—, 配—, 比—, 備—, 準—, 僭—.

手14 【擠】⑰ 밀 제 霽 jǐ
[소전] 擠 [초서] 擠 [간체] 挤 [字解] ①밀다, 밀치다. ②배척하다. ③해치다, 상하게 하다. 〔莊子〕因其脩而擠之. ④꺾다, 기세를 꺾다. ¶擠摧. ⑤다가서다, 접근하다.
【擠脚 제각】발을 뺌. 발을 상하게 함.
【擠摧 제최】꺾음. 기세가 꺾임.
【擠陷 제함】악의를 가지고 남을 죄에 빠뜨림.

手14 【擦】⑰ 비빌 찰 曷 cā
[초서] 擦 [字解] 비비다, 문지르다, 마찰하다.

手14 【攃】⑰ 毚(1169)와 동자

手部 14~15획 擢擤攫擽撊攀撒擮擾摘

手14 【擢】⑰ 뽑을 탁 囻 zhuó

字解 ❶뽑다, 뽑아내다, 뽑아 버리다.〔莊子〕擢德塞性.❷버리다, 제거하다.〔禮記〕不擢馬.❸발탁(拔擢)하다, 뽑아 올리다.〔戰國策〕擢之于賓客之中.❹솟다, 빼어나다, 뛰어나다.〔張衡·賦〕徑百常而莖擢.

【擢登 탁등】 골라 뽑아서 벼슬을 올림.
【擢拔 탁발】 많은 사람 중에서 추려 올려서 씀. 拔擢(발탁).
【擢髮難數 탁발난수】 머리카락을 뽑은 것처럼 수를 세기 어려움. 수없이 많음.
【擢秀 탁수】 ①인품이 무리에서 빼어남. ②초목의 이삭이 길게 자람.
【擢授 탁수】 발탁하여 높은 벼슬을 줌.
【擢用 탁용】 많은 사람 중에서 뽑아 씀.
【擢第 탁제】 시험에 합격함. 及第(급제).
◐ 簡−, 莖−, 搯−, 拔−, 選−, 超−, 抽−.

手14 【擤】⑰ 코 풀 형 硬 xǐng

字解 코를 풀다.

手14 【攫】⑰ ❶잡을 확 囻 wò ❷덫 확 囻 huò

字解 ❶잡다, 쥐다, 붙잡다, 가지다.〔張衡·賦〕攫獬豸.❷덫, 짐승을 사로잡는 함정.〔周禮〕春令爲阱攫.

手15 【擽】⑱ ❶칠 력 囻 lüè ❷굳은 모양 락 囻 lüè

동擸 字解 ❶치다, 때리다. ②스치다, 지나치며 닿다.〔漢書〕擽蠻邁.❸어루만지다. ¶ 擽拌.❷굳은 모양, 돌이 단단한 모양. ¶ 擽然.
【擽拌 역랄】 현악기의 줄을 어루만지는 모양.
【擽然 낙연】 ①굳은 모양, 돌이 단단한 모양. ②확고하게 함.

手15 【撊】⑱ ❶가질 렵 囻 liè ❷꺾을 랍 囻 là

소전擸 초서撊 동擸 字解 ❶가지다, 정리하여 가지다. ¶ 撊持. ❷섞다, 섞이다. ¶ 撊摲. ❷❶꺾다, 부러뜨리다. 늑攝. ❷부서지는 소리.
【撊摲 엽잡】 섞음. 뒤섞임.
【撊持 엽지】 現가짐. 손에 쥠.

手15 【攝】⑱ 擂(728)의 본자

手15 【攀】⑲ 더위잡을 반 删 pān

초서攀 字解 ❶더위잡다.〔莊子〕烏鵲之巢, 可攀援而闚.❷매달리다, 달라붙

다. ❸의지하다, 힘으로 이용하다. ¶ 攀慕.
【攀桂 반계】 계수나무에 오름. 과거에 급제함의 비유.
【攀登 반등】 더위잡고 오름. 기어오름.
【攀戀 반련】 수레를 붙들고 사모함. 선정을 베푼 수령이 떠날 때, 고을 백성이 이별을 아쉬워함.
【攀龍附鳳 반룡부봉】 용을 끌어 잡고 봉황에 붙음. 훌륭한 인물을 의지하여 붙좇음.
【攀慕 반모】 의지하고 그리워함.
【攀緣 반연】 ①더위잡아 오름. 攀援(반원). ②(佛)세속의 일에 끌림. ③세력 있는 사람에게 의지함. 연줄로 함.
【攀援 반원】 ①더위잡아 오름. ②잡아끎. ③만류함. ④도움. 의지함. ⑤도로 끌어옴. 되돌림.
【攀轅臥轍 반원와철】 끌채에 매달리고 수레바퀴 앞에 드러누움. 수령(守令)의 유임(留任)을 원하는 정이 간절함.
【攀鱗翼 반인익】 용의 비늘과 봉의 날개에 매달림. 권세 있는 사람의 힘을 빌려 일을 함.
◐ 牽−, 登−, 仰−, 連−, 追−.

手15 【撒】⑱ 버릴 수 囿 sǒu, sòu

초서撒 간체撒 字解 ❶버리다, 떨어 버리다. ❷번뇌 따위를 떨어 버리다.〔法苑珠林〕能行此法, 即能抖撒煩惱. ❷들다. ❸떨다, 진동(振動)하다.

手15 【撫】⑱ ❶무찌를 오 囻 āo ❷잡을 부 囯 póu

字解 ❶무찌르다, 몰살하다. =鏖. ❷잡다, 끌어당겨 쥐다.

手15 【擾】⑱ 어지러울 요 囻 rǎo

소전擾 초서擾 간체扰 字解 ❶어지럽다, 어지럽히다. ¶ 擾奪. ❷흐려지다, 탁해지다.〔呂氏春秋〕水擾則魚鼈不大. ❸길들이다. ¶ 擾民. ❹순진하다, 유순하다.〔書經〕擾而毅. ❺편안히 하다.〔周禮〕以佐王安擾邦國. ❻가축(家畜).〔周禮〕其畜宜六擾.〔注〕六擾, 馬·牛·羊·豕·犬·雞.
【擾亂 요란】 시끄럽고 떠들썩함. 어수선함.
【擾民 요민】 백성을 길들여 따르게 함.
【擾順 요순】 온순함. 유순함.
【擾攘 요양】 시끄럽고 어지러움. 擾亂(요란).
【擾擾 요요】 ①어지러운 모양. 소란한 모양. ②부드러운 모양.
【擾柔 요유】 순하고 부드러움.
【擾者 요자】 ❶요축 ❷요휵 ❶잘 길들인 말. ❷길들여서 기름.
【擾奪 요탈】 어지럽게 하여 빼앗음.
◐ 苟−, 驚−, 教−, 群−, 煩−, 紛−, 不−, 騷−, 安−, 憂−, 六−, 侵−, 惶−, 喧−.

手15 【摘】⑱ ❶들출 적 囻 tī ❷던질 척 囻 zhì

手部 15~16획 攢 攃 擲 攄 擺 擴 攜 擷 攓 攛 擨 攏

手15 【攪】 초전 擱 字解 ❶《通》 摘(720). ① 들추다. 〔後漢書〕以攪發其姦. ❷치다, 때리다. ❶攪鼓. ❸열리다, 열다. 〔淮南子〕攪蚌蜃. ❹뒤지다, 더듬어 찾다. 〔法言〕攪埴索塗. ❺꼬드기다, 꾀다. 〔漢書〕攪永令發去. ❷《通》 擲(733). ①던지다, 내던지다. ②비녀. 〔後漢書〕簪以瑇瑁爲攪. ❸긁다, 손톱으로 긁다. 〔列子〕指攪無痛癢.
【攪抉 적결】 숨겨진 악한 일을 들추어냄.
【攪鼓 ❶적고 ❷척고】 ❶북을 침, 북을 두드림. ❷북을 내던짐.
【攪盡 적진】 남김없이 들추어냄.
❶檢-, 發-, 指-.

手15 【攢】⑱ 攢(735)의 속자

手15 【攃】⑱ 뿌릴 찰 囡 sǎ, cā
字解 ①뿌리다, 헤뜨리다. 〔韓愈·詩〕星如攃沙出. ②비비다, 문지르다. 〔益州名畫錄〕以筆端搶攃, 文理縱横.

手15 【擲】⑱ 던질 척 囡 zhì
초서 擲 간체 掷 字解 ①던지다, 내던지다. ❶擲去. ②버리다. 〔陶潛·詩〕日月擲人去. ③노름을 하다, 도박하다. 〔晉書〕摴蒱一擲. ④뛰다, 뛰어 오르다. 〔周賀·詩〕澄波月上見魚擲.
【擲去 척거】 던져서 내버림.
【擲梭 척사】 ①피륙을 짜느라고 북을 좌우로 엇바꾸어 지름. ②재빨리 움직이는 북. ㉠신속하게 움직임. ㉡빠른 모양.
【擲柶 척사】 ①윷. ②윷놀이.
【擲殺 척살】 던져 죽임, 쳐 죽임.
【擲錢 척전】 ①돈을 던지는 놀이. ②國동전 같은 것을 던져 드러나는 그 표리(表裏)에 따라 길흉(吉凶)을 점치는 일.
【擲地金聲 척지금성】 땅에 던지면 금석(金石)처럼 청아(淸雅)한 소리가 남. 문사(文詞)가 뛰어남의 비유.
❶乾坤一-, 放-, ー-萬金, 投-, 抛-.

手15 【攄】⑱ 펼 터 囡 shū
초서 攄 간체 摅 字解 ①펴다. ㉮말을 늘어놓다. 〔後漢書〕獨攄意乎宇宙之外. ㉯넓게 깔거나 벌리다. 〔漢書〕攄之無窮. ❶攄頌. ②오르다, 높이 뛰어오르다. 〔後漢書〕八乘攄而超驤. ③國헤아리다, 상량하다. ❶攄得.
【攄得 터득】 깊이 생각하여 깨달아 알아냄.
【攄頌 터송】 칭송하는 말을 널리 퍼뜨림.
【攄意 터의】 마음을 말로 늘어놓음.
【攄破 터파】 자기가 품은 속마음을 털어놓고 이야기하여 남의 의혹을 풀어 줌.

手15 【擺】⑱ 열릴 파 圈 bǎi
초서 擺 간체 摆 字解 ①열리다, 열려지다. 〔韓愈·詩〕乾坤擺雷硠. ②벌여 놓다, 배열하다. ③털다, 털어 버리다. 〔海內十州記〕振擺其垢. ④흔들리다, 요동하다. 〔裵說·詩〕魚擺大江寬.
【擺落 파락】 털어 없앰.
【擺弄 파롱】 ①가지고 놂. ②흔들림.
【擺撥 파발】 ①뿌리쳐 버림, 털어 버림. ②(制) ㉠공문을 빨리 보내기 위하여 설치한 역참(驛站). ㉡파발꾼. ㉢파발마.
【擺脫 파탈】 ①벗어남, 제거(除去)함. ②달아남, 도망침.

手15 【擴】⑱ 넓힐 확 團 kuò
扌 扩 扩 扩 扩 擴 擴 擴 擴
초서 擴 동자 挄 동자 搩 속자 拡 간체 扩
字源 形聲. 手+廣→擴. '廣(광)'이 음을 나타낸다.
字解 넓히다, 규모·세력 등을 넓히다. 〔論衡〕擴施善政.
【擴大 확대】 넓혀서 크게 함.
【擴張 확장】 넓혀서 늘림.
【擴充 확충】 넓히고 보태어 충실하게 함.

手15 【攜】⑱ 携(717)와 동자

手15 【擷】⑱ 딸 힐 圈 xié
초서 擷 간체 撷 字解 ①따다, 붙어 있는 것을 따다. ②캐다, 손으로 뽑다.

手16 【攓】⑲ 추어올릴 건 囡 qiān
소전 攓 통자 搴 字解 추어올리다, 소매·옷자락 등을 추어올리다. 〔淮南子〕可攓裳而越也.

手16 【攛】⑲ 捃(694)과 동자

手16 【擨】⑲ 擽(732)과 동자

手16 【攏】⑲ ❶누를 롱 圏 lǒng ❷빗을 롱 圏 lǒng
초서 攏 간체 拢 字解 ❶①누르다, 쓰다듬다. 〔白居易·詩〕輕攏慢撚撥復挑. ②묶다, 합하다. 〔郭璞·賦〕攏萬川乎巴梁. ③머무게 하다, 배를 정박시키다. 〔丁仙芝·詩〕且請攏船頭. ❷빗다, 머리를 빗다.

手 16 攉

⑲ ❶손 뒤집을 확 藥 huò
❷독점할 각 藥 què

[초서] 攉 [동자] 㧬 [字解] ❶①손을 뒤집다. ❷엎드리다, 반죽하다. ❹견주다, 비교하다. ❷①독점하다, 전매(專賣)하다. 〔漢書〕令豪吏猾民, 辜而攉之. ②거칠다, 조략(粗略)하다. 〔淮南子〕物豈可謂無大揚攉乎.

手 16 㩚

⑲ 울짱 환 酒 huǎn

[초서] 㧬 [字解] ❶울짱, 목책(木柵). 〔史記〕㩚如囚抱. ❷체포하여 감옥에 가두다.

手 17 搴

⑳ ❶취할 건 先 qiān
❷업신여길 건 銑 qiǎn

[字解] ❶①취(取)하다, 손에 잡다. =搴. ¶搴雲. ②오그라들다. ❸①업신여기다, 낮잡다. 〔淮南子〕望我而笑, 是搴也. ②뽑아 쥐다.
【搴攐 건건】 옷자락·소매 등을 걷어 올림.
【搴雲 건운】 구름을 잡음.

手 17 攔

⑳ 막을 란 寒 lán

[초서] 攔 [간체] 拦 [字解] ①막다, 차단하다. 〔杜甫·詩〕牽衣頓足攔道哭. ②칸막이. =闌.
【攔街 난가】 길을 가로막음. 도로를 차단함.
【攔告 난고】 고소(告訴)를 가로막음. 소송의 제기를 방해함.
❶句-, 排-, 遮-.

手 17 攩

⑳ 청소할 분 問 fèn

[字解] 청소하다, 깨끗이 쓸고 닦다. =坋.

手 17 攘

⑳ ❶물리칠 양 陽 rǎng
❷어지럽힐 녕 庚 níng

[소전] 攘 [초서] 攘 [參考] 대법원 지정 인명용 한자의 음은 '양'이다.
[字解] ❶①물리치다, 쫓다. 〔詩經〕外攘四夷. ②물러나다. 〔漢書〕隨流而攘. ③덜다, 제거하다. 〔素問〕濕熱不攘. ④걷어 올리다, 소매·옷자락을 걷어 올리다. 〔漢書〕攘袂而正議. ⑤훔치다, 도둑질하다. 〔淮南子〕直躬其父攘羊. ⑥사양하다, 사양하여 물러나다. ¶攘辟. ⑦쫓다, 털어 내다. 신(神)에게 빌어 재앙(災殃)이나 질병(疾病)을 쫓아 버리는 일. ¶攘擇. ⑧거부하다. ¶攘獄. ⑨거스르다, 거역하다. 〔莊子〕心無天遊則六鑿相攘. ❷①어지럽히다, 어지럽게 하다. ≒擾. 〔淮南子〕至於攘天下. ②빨리 가는 모양. 〔傅毅·賦〕攘攘就駕. ③보내다, 먹는 것을 주다. =饟. ≒餉. 〔詩經〕攘其左右.
【攘袂 양몌】 소매를 걷어 올림.
【攘伐 양벌】 쳐서 물리침.
【攘臂 양비】 소매를 걷어 올림. 힘을 줌.
【攘羊 양양】 양을 훔침. 제 집에 들어온 양을

주인에게 돌려주지 않고 감춤. ②고지식한 행동이 오히려 도리에 맞지 않음. [故事] 춘추시대 초(楚)의 직궁(直躬)이라는 사람이 자기 아버지가 양을 훔친 것을 고발하여 스스로 정직을 밝혔다는 고사에서 온 말.
【攘獄 양옥】 감옥에 끌려가는 것을 거부함.
【攘除 양제】 물리쳐 없앰.
【攘斥 양척】 물리침.
【攘擇 양택】 상서롭지 아니한 일은 털어 내고, 길(吉)한 일은 가려서 취함.
【攘辟 양피】 물러나 피함. ♪'辟'는 避.
【攘攘 양양】 ①어지럽고 요란한 모양. ②많은 모양.
❶寇-, 擾-, 損-, 搶-, 奪-, 披-, 浩-.

手 17 攖

⑳ 다가설 영 庚 yīng

[초서] 攖 [간체] 撄 [字解] ①다가서다, 접근하다. 〔孟子〕虎負嵎, 莫之敢攖. ②매다, 잡아당겨 매다. 〔莊子〕汝愼無攖人心. ③묶다. 〔淮南子〕勿撓勿攖. ④어그러지다. 〔呂氏春秋〕能養天下之所生而勿攖之. ⑤어지럽히다. 〔莊子〕不以人物利害相攖.
【攖寧 영녕】 항상 마음이 안정되어 있어 외물(外物)에 의하여 어지러워지지 않음.

手 17 攙

⑳ 찌를 참 咸 chān

[초서] 攙 [간체] 搀 [字解] ①찌르다, 꿰뚫게 찌르다. ②날카롭다. 〔牛僧孺·詩〕攙叉鋒刃簇. ③돕다. ④섞다, 혼합하다. 〔蘇軾·書〕妄論利害, 攙得失. ⑤혜성(彗星)의 이름. ¶攙搶.
【攙抢 참각】 질러서 찔.
【攙扶 참부】 도움. 부지(扶持)하도록 도움.
【攙搶 참창】 혜성(彗星) 이름. 李星(패성).

手 18 攬

㉑ 攬(735)과 동자

手 18 攝

㉑ ❶당길 섭 葉 shè
❷편안할 녑 葉 niè
❸깃 꾸미개 삽 洽 shà

[表: 扌 扌 扌 扌 扌 扌 扌 拹 攝 攝]

[소전] 攝 [초서] 攝 [속자] 摂 [간체] 摄 [參考] 대법원 지정 인명용 한자의 음은 '섭'이다.
[字源] 形聲. 手+聶→攝. '攝(섭)'이 음을 나타낸다.
[字解] ❶①당기다, 끌어당기다. ¶攝弓. ②잡다, 쥐다. ¶攝持. ③굳게 지키다, 유지하다. 〔國語〕能執固不解以久. ④추다. 〔論語〕攝齊升堂. ⑤다스리다, 단정히 매만지다. ⑥알맞게 하다, 조절하다. 〔儀禮〕攝酒. ⑦돕다, 보좌하다. 〔詩經〕朋友攸攝. ⑧바루다, 바르게 하다. 〔後漢書〕攝幘復戰. ⑨기르다, 보양하다.

¶攝持. ⑩거느리다, 관할하다.〔宋史〕統攝億兆. ⑪적다, 기록하다.〔宋史〕列奏申攝. ⑫매다, 단단히 맺다.〔莊子〕攝緘縢. ⑬나아가다. ¶攝進. ⑭대신하다, 대리(代理)하다. 늑代. ¶攝祀. ⑮겸하다, 임시로 다른 일을 겸하다. 늑夾.〔論語〕官事不攝. ⑯끼이다, 사이에 끼이다.〔論語〕攝乎大國之間. ⑰빌리다, 빌려 쓰다.〔禮記〕冉子攝帛乘馬而將之. ⑱두려워하다, 무서워하다.〔漢書〕攝讋者弗取. ⑲으르다, 위압하다. ¶攝威. ⑳따라잡다, 따라가 잡다.〔國語〕攝少司馬玆. ㉑기가 꺾이다.〔呂氏春秋〕卑爲布衣而不瘁攝. ㉒근심하다, 슬퍼하다.〔荀子〕不至於隘攝傷生. ㉓옷의 가장자리를 꾸미다, 선(縇)을 둘러 꾸미다. ¶攝服. ㉔〔现〕사진을 찍다. ❷편안하다, 고요하고 편안하다. ¶攝然. ❸깃 꾸미개. 부채 모양으로 된, 관(棺)을 꾸미는 물건. 늑翣.〔國語〕屛攝之位.
【攝固 섭고】굳게 지킴. 굳건히 유지함.
【攝弓 섭궁】활시위를 얹어 화살을 메김.
【攝理 섭리】①병을 조섭함. ②대신하여 처리하고 다스림. ③신(神)·정령(精靈)이 인간을 위하여 세상을 다스리는 일.
【攝服 섭복】옷의 가장자리를 꾸밈.
【攝祀 섭사】남을 대신하여 제사를 지냄.
【攝生 섭생】건강관리를 잘하여 오래 살기를 꾀함. 攝養(섭양). 養生(양생).
【攝葉 섭엽】주름이 펴지지 않는 모양.
【攝威 섭위】위협함. 협박함.
【攝衣 섭의】①옷을 단정하게 여밈. ②옷을 추어올림
【攝齊 섭자】옷자락을 추어올림.
【攝政 섭정】임금을 대신하여 정치를 함.
【攝提格 섭제격】지지(地支)의 인(寅)의 고갑자(古甲子) 이름.
【攝衆 섭중】(佛)중생을 거두어 보호함.
【攝持 섭지】①섭생(攝生)을 지킴. ②가짐. 보지(保持)함.
【攝進 섭진】나아감. 어디를 향하여 감.
【攝然 엽연】편안한 모양. 고요한 모양.
❶居-, 兼-, 管-, 代-, 總-, 瘁-, 統-.

手18【㩲】㉑ 움츠릴 송 腫 sǒng
[간체] 㧐 [字解]①움츠리다, 한쪽으로 기울이다.〔杜甫·詩〕㩲身思狡兔. ②잡다, 쥐다.
【㩲㩲 송송】잡는 모양.

手18【攏】㉑ 擁(728)의 본자

手18【攛】㉑ 던질 찬 寒 cuān
[초서]攛 [간체]㧍 [字解]①던지다, 내던지다. ¶攛去. ②교사(敎唆)하다, 부추기다, 꾀다.〔朱熹·書〕且莫相攛掇. ③섞다, 혼합하다. ¶攛上. ④일을 다그치다, 서둘러 일을 끝내게 하다. ¶攛梭.
【攛去 찬거】내던짐. 던져 버림.
【攛梭 찬사】빈번히 왔다 갔다 하는 베틀의 북. 왕래가 빈번함의 비유.
【攛上 찬상】섞어서 내놓음.
【攛掇 찬철】①꾐. 교사함. ②재촉함. ③도움.

手18【關】㉒ 관련될 관 删 guān
[字解] 관계되다, 구애받다.〔太玄經〕關神明而定摹.

手19【攟】㉒ 주울 군 问 jùn
[초서]攟 [동자]捃 [동자]攈 [동자]㩆 [字解]줍다.〔國語〕收攟而蒸納要也.

手19【攩】㉒ 撻(727)의 고자

手19【攦】㉒ 찢을 라 问 luǒ
[字解]①찢다, 찢어지다. ②가리다, 고르다.

手19【攦】㉒ 꺾을 려 霽 lì
[字解] 꺾다, 꺾어서 부러뜨리다.〔莊子〕攦工倕之指, 而天下始人有其巧矣.

手19【攣】㉓ ❶걸릴 련 先 luán
❷오그라질 련 霰 luán
[소전]攣 [초서]攣 [간체]挛 [字解]❶①걸리다, 이어지다.〔易經〕有孚, 攣如. ②연관되다.〔後漢書〕帝知群寮拘攣. ③경련이 나다, 쥐가 나다. ¶攣急. ❷①오그라지다, 손발이 오그라들다. ¶攣踠. ②그리워하다, 사모하다. 늑戀.
【攣拘 연구】묶임. 속박됨.
【攣拳 연권】굽음. 굽어서 펴지지 않음.
【攣急 연급】쥐가 남.
【攣躄 연벽】손발이 굽어서 펴지지 않음. 앉은뱅이.
【攣如 연여】연이어져 끊이지 않음.
【攣踠 연원】손발이 오그라드는 병.
❶脚-, 痙-, 繫-, 拘-, 拳-, 攀-.

手19【攡】㉒ ❶배치할 리 支 chī
❷말할 치 支 chī
[字解]❶배치하다, 베풀어 놓다.〔太玄經〕幽攡萬類. ❷말하다, 펴다. 늑摛.

手19【攢】㉒ 모일 찬 寒 cuán

手部 19~21획 攤攪攩攫攪攬攩　支部 0획　支

攢 [찬서] 攅 [찬속] 攢 [간찬]
〔字解〕①모이다, 모으다. 속鑽. ¶攢生. ②토롱(土壟). 〔宋史〕擇地攢殯. ③뚫다, 도려내다. 속鑽. 〔禮記〕抯梨曰攢之.
【攢宮 찬궁】천자(天子)의 시체를 일시 안치(安置)하는 곳. 攢所(찬소). 殯殿(빈전).
【攢眉 찬미】눈살을 찌푸림. 얼굴을 찡그림.
【攢峰 찬봉】겹겹이 싸인 산봉우리.
【攢生 찬생】한곳에 모여서 자람.
【攢蹙 찬축】①한곳에 모임. ②퍼졌던 것이 오므라듦.
【攢聚 찬취】많이 모임.

手19 攤 ㉒ 펼 탄 (壇) tān
[소전] 攤 [초서] 攤 [간체] 摊
〔字解〕①펴다, 펼치다. 〔杜甫·詩〕攤書解滿牀. ②벼르다, 배당하다. 〔白居易·詩〕攤令賦役均. ③노름, 도박. ¶攤賭. ④누긋하다, 나른하다. ⑤覝노점(露店).
【攤賭 탄도】도박.
【攤書 탄서】책을 폄.
【攤派 탄파】배당함. 균분(均分)함.

手20 攪 ㉓ 어지러울 교 (巧) jiǎo
[소전] 攪 [초서] 攪 [간체] 搅
〔字解〕①어지럽다, 어지럽게 하다. 〔詩經〕祇攪我心. ②뒤섞다, 휘젓다. ¶攪水. ③물소리. ¶攪攪. ④흔들다.
【攪車 교거】목화의 씨를 빼는 기계. 씨아.
【攪棍 교곤】사침대.
【攪攪 교교】뒤섞여 어지러운 모양.
【攪拌 교반】휘저어 섞음.
【攪水 교수】물을 휘저어 뒤섞음.
【攪搜 교수】①어지러워짐. ②물소리.
◐ 祇―我心, 亂―, 情―.

手20 攩 ㉓ 무리 당 (養) dǎng
[소전] 攩 [초서] 攩
〔字解〕①무리, 또래. =黨. 儻. ②치다, 때리다. ③가로막다, 가로막고 못 가게 하다.

手20 攢 ㉓ 잡을 찰 (黠) zuàn
〔字解〕잡다, 잡아 쥐다.

手20 攫 ㉓ 붙잡을 확 (藥) jué
[소전] 攫 [초서] 攫
〔字解〕①붙잡다, 잡아 쥐다. 〔禮記〕鷙蟲攫搏. ②움키다, 급히 빼앗아 움키다.
【攫金 확금】돈·재물을 빼앗음.
【攫搏 확박】①잡아 후려갈김. ②'搏'은 발로 움켜쥠, '搏'은 날개로 침. ②약탈(掠奪)함.
【攫噬 확서】움켜서 물어뜯음.

攪揉 확원 ①낚아채어 움켜쥐고 끌어당김. ②주움. 습득함.
【攪鳥 확조】다른 동물을 죽이는 맹금(猛禽).
◐ 拏―, 擘―, 蟬―, ――千金, 觸―.

手21 攬 ㉔ ❶벌거숭이 라 (麻) luó　❷나눌 례 (霽) lì
[초서] 攬 〔字解〕❶벌거숭이, 깃이나 털이 없는 모양. ¶攬攬. ❷나누다, 나누어지다.
¶攬分.
【攬攬 라라】깃이나 털이 없는 모양.
【攬分 예혜】나눔. 나누어짐.

手21 攬 ㉔ 잡을 람 (感) lǎn
[소전] 擥 [초서] 揽 [동자] 擥 [동자] 攬 [간체] 揽
〔字解〕①잡다, 손에 쥐다. 〔六韜〕主將之法, 在務攬英雄之心. ②따다, 가려 뽑아서 취하다. ¶攬要. ③따다, 붙어 있는 것을 따다. ④주관(主管)하다, 총괄(總括)하다.
【攬轡澄淸 남비징청】말고삐를 잡고 천하를 맑게 함. 관리가 되어 어지러운 정치를 바로잡아 보려는 큰 뜻. ◐ '攬轡'는 출발을 뜻함.
【攬要 남요】요점을 땀. 요점을 가려 뽑음.
◐ 收―, 總―, 包―.

手21 攭 ㉔ 欘(895)의 속자

支 部

4획 부수 | 지탱할지부

支0 支 ④ 가를 지 (支) zhī
一 十 支 支
[소전] [고문] [초서] 〔字源〕會意. 十+又→支. '十'은 '个'로 '竹'의 반(半)임을 나타내고, '又'는 '手'로 가진다는 뜻. '支'는 대나무(竹)의 한쪽 가지를 나누어 손으로 쥐고 있다는 데서 '나누다, 가르다' 등의 뜻을 나타낸다.
〔字解〕①가르다, 갈리다. ㉮뿔뿔이 흩어지다. 〔莊子〕支離楚者. ②가지. ㉮초목의 가지. 녹枝. ㉯철날의 가지. 〔後漢書〕擧弓射戟, 正中小支. ㉰갈라진 혈통. 종가에 대해서는 분가, 적출(嫡出)에 대해서는 서출(庶出)을 이른다. 〔詩經〕本支百世. ㉱갈라져 나온 것. 〔李端·詩〕巴水一支長. ③지탱하다, 버티다. ㉮쓰러지지 않게 받치다. 〔國語〕天之所支, 不可壞也. ㉯막다, 맞서서 막다. 〔戰國策〕魏不能支. ㉰견디다. 〔國語〕皆知其資財

不足以支長久也. ④팔다리. 늑肢. 〔易經〕美在其中, 而暢於四支. ⑤헤아리다, 계산하다. 〔大戴禮〕燕支地計衆. ⑥치르다, 지출하다. 〔宋史〕其五日, 收支. ⑦급여(給與), 수당. 〔宋史〕邊兵每歲寒食·端午·冬至, 有特支. ⑧지지(地支), 십이지. 〔周禮〕和合支幹善日. ⑨유지하다, 보전하다. 〔後漢書〕天之所壞, 人不得支. ⑩부절(符節). 〔魏書〕一支付勳人.

【支干 지간】 12지와 10간. 干支(간지).
【支徑 지경】 갈려 나간 길. 支路(지로).
【支供 지공】 음식을 보내어 줌.
【支給 지급】 돈이나 물품 따위를 정해진 몫만큼 내줌.
【支那 지나】 중국. ○원래 인도 사람이 중국을 부르던 명칭을 음역(音譯)한 것.
【支途 지도】 ①금전의 용도. ②돈을 지불(支拂)할 사유.
【支郞 지랑】 승려(僧侶). ○후한(後漢)의 고승 지겸(支謙)을 '支郎'이라고 한 데서 온 말.
【支流 지류】 원줄기에서 갈려 흐르는 물줄기.
【支離滅裂 지리멸렬】 갈갈이 흩어지고 찢기어 갈피를 잡을 수 없이 됨.
【支撥 지발】 지출(支出)함. 支放(지방).
【支分 지분】 ①잘게 나눔. 잘게 가름. 分割(분할). ②☞支解(지해). ③☞支拂(지불).
【支分節解 지분절해】 지체(支體)를 나누고 관절을 분해함. 글의 내용을 세밀하게 밝힘.
【支拂 지불】 돈을 내어 줌. 값을 치름.
【支孼 지얼】 ①움. 움돋이. ②첩의 아들.
【支菓碩茂 지엽석무】 가지와 잎이 그게 무성함. 본가(本家)와 분가(分家)가 함께 번성함.
【支裔 지예】 ①본(本)에서 갈려 나온 것. 末流(말류). ②갈려 나온 혈통(血統).
【支吾 지오】 ①버팀. 항변함. 枝梧(지오). ②시간을 보냄. 지냄. 지새움. ③속임. 발뺌을 함.
【支用 지용】 ①지출하여 씀. ②지불함.
【支移 지이】 ①나누어 옮김. 남는 데서 모자라는 데로 나누어 옮김. ②☞세금을 유용함.
【支頤 지이】 손으로 턱을 받침.
【支子 지자】 ①첩의 아들. 庶子(서자). ②적자(嫡子) 이외의 아들.
【支節 지절】 팔다리의 뼈마디.
【支柱 지주】 ①떠받침. ②떠받치는 기둥.
【支冑 지주】 지파(支派)의 자손. 支孫(지손).
【支地 지지】 땅을 잼. 토지를 측량함.
【支出 지출】 ①갈려 나옴. ②첩의 몸에서 난 아들. ③돈이나 물품 따위를 내줌.
【支度 지탁】 길이를 재고 수를 셈. 계산함.
【支抗 지항】 항거하여 버팀.
【支解 지해】 ①팔다리를 찢어 내던 가혹한 형벌. 肢解(지해). ②분열되고 와해됨.
【支犒 지호】 금품을 나누어 주어 위로함.

❶ 干—, 氣管—, 反—, 本—, 分—, 四—, 收—, 十二—, 月—, 地—, 度—, 特—.

支
6 【攲】 ⑩ 攲(737)와 동자

支
6 【攲】 ⑩ 매주 시 圓 chī
[소전] 枝 [혹전] 鼓 [초서] 枝
[字解] ①메주, 된장. 〔史記〕鹽攲千合. ②양념하다, 간을 맞추다.

支
8 【攲】 ⑫ 기울 기 圓 qī
[소전] 攲 [초서] 鼓 [동자] 攲
[字解] ①기울다, 기울어지다. 〔新語〕心無攲斜之慮. ②높이 솟다.
【攲架 기가】 ☞攲案(기안).
【攲攲 기기】 우뚝 솟은 모양.
【攲器 기기】 기울어져 엎어지기 쉬운 그릇. 물을 가득 담으면 엎어지고, 물을 전혀 넣지 않으면 한쪽으로 기울고, 8할 정도의 물을 담으면 똑바로 서도록 만들어 경계를 삼았음.
【攲案 기안】 독서(讀書)에 편리하도록 책을 비스듬히 올려놓게 된 대(臺).

支
12 【厰】 ⑯ 바를 리 圓 lì
[字解] 바르다, 반듯하다.

支
12 【尋】 ⑯ 길 심 圉 xún
[字解] 길다, 길이가 길다. 〔後漢書〕踔尋枝杪標端.

支 部

4획 부수 | 칠복부

支
0 【支】 ④ 칠 복 圂 pū
[소전] 㞢 [동자] 攵 [參考] '支'이 한자의 구성에서 방(旁)에 쓰일 때는 글자 모양이 '攵'으로 바뀌고 '등글월문'이라고 부른다.
[字源] 形聲. 卜+又→支. '卜(복)'이 음을 나타낸다. 손(又)으로 '폭' 소리가 나게 두드린다는 데서 '치다'라는 뜻을 나타낸다.
[字解] ①치다, 채찍질하다. ②한자 부수의 하나, 등글월문.

支
2 【攷】 ⑥ 考(1418)의 고자

支
2 【收】 ⑥ ❶거둘 수 圧 shōu
❷길을 수 圀 shōu
[소전] 攷 [초서] 収 [속자] 収 [고자] 扎 [字源] 形聲. 攴+

니→收. '니(구)'가 음을 나타낸다.

字解 ❶①거두다. ㉮거두어들이다. 수확을 얻다.〔千字文〕秋收冬藏. ㉯널려 있거나 흩어져 있는 것을 한데 모으다.〔詩經〕我其收之. ㉰받아들이다, 징수하다.〔漢書〕租稅勿收. ㉱맡아서 돌보다, 몸이나 신변 등에 관한 일을 잘 보살피다.〔春秋左氏傳〕辱收寡君. ㉲유해(遺骸)를 관에 넣다.〔史記〕至今日收乎. ②정제(整齊)하다, 거두어들여 정리하다.〔禮記〕夏楚二物, 收其威也. ③쉬다, 그만두다, 그치다.〔戰國策〕秦可以少割而收害也. ④잡다. ㉮달아나지 못하게 손으로 붙들다.〔詩經〕女反收之. ㉯차지하여 가지다, 소지하다.〔國語〕收以奔褒. ⑤빼앗다, 약탈하다.〔荀子〕矜糾收繚之屬. ⑥시들다, 오그라들다, 쇠하여지다.〔唐中宗·詩〕長房黃早熟, 彭澤菊初收. ⑦수레에 가로로 댄 나무.〔詩經〕小戎俴收. ⑧관(冠) 이름. 하대(夏代)에 썼던 관.〔禮記〕夏后氏收而祭. ⑨익다, 곡식이 여물다.〔後漢書〕今玆蠱麥善收. ⑩수확, 수확물.〔春秋左氏傳〕爲平公築臺, 妨於農收. ⑪끝나다, 그치다.〔李德裕·賦〕天地肅而雷霆收. ⑫불이 꺼지다, 사라져 없어지다.〔劉克莊·詩〕漁店燈收戶不開. ❷긷다, 물을 긷다.〔易經〕井收勿幕.

【收家 수가】빚쟁이의 청구로 빚진 사람의 집을 관아에서 압류하던 일.
【收監 수감】옥에 가둠. 下獄(하옥).
【收繫 수계】잡아서 옥(獄)에 가둠.
【收穀 수곡】가난한 사람을 맡아 기름. ○ '穀'은 '養'의 뜻.
【收管 수관】①죄인(罪人)을 맡음. ②맡아서 돌봄. ③인수(引受)하는 서류(書類).
【收敎 수교】옥(獄)에 가두고 가르침.
【收納 수납】받아서 넣어 둠.
【收得 수득】①붙잡음. 붙듦. ②거두어들임. 收穫(수확).
【收攬 수람】거두어 손에 넣음.
【收纜 수람】닻줄을 올림. 출범(出帆)함.
【收掠 수략】약탈함. 노략질함.
【收殯 수빈】시체(屍體)를 관(棺)에 넣음.
【收斂 수렴】①금품·곡물·과실 따위를 거두어들임. ②세금을 받아들임. ③몸을 단속함. 근신함. 정신을 차림. ④모아 쥠. 수축시킴. ⑤생각·주장 등을 한군데로 모음.
【收買 수매】물건을 거두어 사들임.
【收沒 수몰】죄인의 재산이나 범죄에 쓰인 물건을 관에서 거두어 감.
【收縛 수박】붙잡아 묶음.
【收捧 수봉】①세금을 거두어들임. ②남에게 준 빚을 거두어들임.
【收司 수사】①죄를 들추어냄. ②잡아서 조사함.
【收食 수식】떠맡아서 기름.
【收生 수생】아기를 받음. 조산(助産).
【收贖 수속】속전(贖錢)을 거두어들임.
【收熟 수숙】수확해도 좋을 정도로 잘 익음.
【收拾 수습】①어수선하고 흩어진 물건을 주워 모음. 정돈함. ②어지러운 정신이나 사태를 가라앉혀 안정되게 함.
【收屍 수시】주검의 머리와 수족 등을 바로잡음.
【收視 수시】①거두어 치움. ○'視'는 '納'으로 '치움'을 뜻함. ②시력(視力)을 쓰지 않음. 보지 않음.
【收案 수안】잡아서 조사함.
【收養 수양】남의 자식을 떠맡아서 기름.
【收容 수용】사람이나 물건을 일정한 장소에 넣어 둠.
【收藏 수장】거두어 실음.
【收之桑楡 수지상유】전에 실패한 일을 뒤에 만회함.
【收採 수채】①거두어들임. 收穫(수확). ②인재(人材)를 골라서 씀.
【收責 수책】❶빚 따위를 받아들임. ❷죄를 떠맡아 책임짐. 스스로 죄의 책임을 짐.
【收摭 수척】주워 모음. 收拾(수습).
【收擅 수천】마음대로 차지함. 독점함.
【收縮 수축】오그라듦. 줄어듦.
【收齒 수치】조관(朝官)으로 등용됨.
【收捕 수포】잡음. 체포함. 拿捕(나포).
【收穫 수확】곡식 따위를 거두어들임.
【收賄 수회】뇌물을 받음.
【收恤 수휼】거두어 구휼(救恤)함.

◑ 減—, 買—, 沒—, 未—, 領—, 月—, 日—, 藏—, 增—, 徵—, 撤—, 秋—, 還—, 回—.

支3 【改】⑦ 고칠 개 gǎi

一丁丁己已改改

字源 形聲. 己+攴→改. '己(기)'가 음을 나타낸다.

字解 ①고치다. ㉮못 쓰게 된 것을 새롭게 고치다.〔後漢書〕宜改收堤防, 以安百姓. ㉯그릇된 것을 바로잡다.〔易經〕有過則改. ②따로, 다시, 새삼스럽게.〔詩經〕敝予又改爲兮. ③고쳐지다, 바뀌어지다.〔國語〕執政未改.

【改過不吝 개과불린】허물을 고치에 인색하지 않음. 과실이 있으면 곧 이를 고치는 데 조금도 주저하지 않음.
【改過遷善 개과천선】허물을 고치고 옳은 길에 들어섬. 改過自新(개과자신).
【改棺 개관】이장할 때, 새 관에 입관하는 일.
【改觀 개관】①모습을 바꿈. 면목을 일신함. ②견해를 바꿈. 생각을 바꿈.
【改構 개구】가옥 따위를 다시 고쳐 지음. 개축(改築)함.
【改金 개금】불상(佛像)에 금칠을 다시 함.
【改年 개년】①한 해의 첫머리를 변경함. 하(夏)는 인건(寅建)의 달을, 은(殷)은 건축(建丑)의 달을, 주(周)는 건자(建子)의 달을 각각 정월로 하였음. 改歲(개세). ②새해.
【改頭換面 개두환면】①머리를 고치고 얼굴을 바꿈. ②겉만 바꾸고 내용은 같음. ③근본은 고치지 않고 지엽적인 것만 고침.
【改良 개량】나쁜 점을 고쳐 좋게 함.

【改量 개량】 다시 고쳐 측량하는 일.
【改勵 개려】 마음을 고쳐먹고 힘씀.
【改曆 개력】 묵은해를 보내고 새해를 맞음.
【改闢 개벽】 다시 개척함. 改闢(개벽).
【改服 개복】 옷을 바꾸어 입음. 옷을 갈아 입음. 更衣(갱의).
【改備 개비】 갈아 내고 다시 장만함.
【改莎草 개사초】 國무덤의 떼를 갈아입힘.
【改色 개색】 ①빛깔을 바꿈. ②같은 용도의 물건 중에서 마음에 드는 것으로 바꿈. ③색을 바꾸어 칠함.
【改容 개용】 긴장한 태도를 취함. 용의(容儀)를 바르게 함.
【改姓 개성】 성(姓)을 고침.
【改俗 개속】 나쁜 습속(習俗)을 고침.
【改修 개수】 고쳐 바로잡거나 다시 만듦.
【改易 개역】 갊. 바꿈.
【改悟 개오】 잘못을 뉘우쳐 고침. 改悟(개오).
【改玉改行 개옥개행】 패옥(佩玉)을 바꾸면 걸음걸이도 바꾸어야 함. 지위가 달라지면 예절도 따라서 달라져야 함의 비유.
【改元 개원】 연호(年號)를 바꿈.
【改議 개의】 ①고쳐 의논함. ②회의에서 동의(動議)를 고침.
【改葬 개장】 장사를 다시 지냄. 改窆(개폄).
【改悛 개전】 잘못을 뉘우쳐 고침.
【改正 개정】 ①잘못된 것을 바르게 고침. ②정삭(正朔)을 고침.
【改定 개정】 고쳐 다시 정함.
【改訂 개정】 고쳐 바로잡음.
【改題 개제】 제목을 바꿈.
【改鑄 개주】 녹여서 다시 부어 만듦.
【改撰 개찬】 글을 고쳐 지음.
【改竄 개찬】 글이나 글자를 고쳐 씀. ◯'竄'이 '易'으로 '고침'을 뜻함.
【改轍 개철】 수레가 통행하는 길을 바꿈. 이전의 방법을 고침. 易轍(역철).
【改置 개치】 바꾸어 놓음. 고쳐서 둠.
【改漆 개칠】 ①다시 칠함. ②획을 그은 위에 다시 붓을 대어 고침.
【改痛 개통】 병이 나았다가 다시 더침.
【改編 개편】 ①책 따위를 고쳐 다시 엮음. ②조직을 다시 편성함.
【改窆 개폄】 ☞改葬(개장).
【改標 개표】 푯말·표지(標識) 따위를 고침.
【改弦 개현】 ①현악기의 현(弦)을 고침. ②법도를 고침.
【改號 개호】 ①명호(名號)를 고침. ②연호(年號)를 고침.
【改換 개환】 바꿈. 바뀜. 易換(역환).
【改悔 개회】 잘못을 뉘우쳐 고침.
● 變—, 朝令暮—, 朝變夕—, 增—, 沽—.

支 3 【攻】 ⑦ 칠 공 匣㊂ gōng

一丁工 工攻攻

【소전】攻 【초서】攻 [字源] 形聲. 工+攵→攻. '工(공)'이 음을 나타낸다.
[字解] ①치다, 공격하다. 〔韓非子〕 攻擊不休. ②불까다, 거세하다. 〔周禮〕 頒馬攻特. ③다스리다. ㉮다듬다, 가공(加工)하다. 〔詩經〕 他山之石, 可以攻玉. ㉯병을 다스리다, 병을 고치다. 〔周禮〕 瘍醫以五毒攻之. ④닦다, 배우다, 연구하다. 〔論語〕 攻乎異端. ⑤짓다, 만들다. 〔詩經〕 庶民攻之. ⑥길들이다, 길들게 하다. 〔大戴禮〕 執駒攻駒. ⑦힐책하다, 책망하다. 〔論語〕 小子鳴鼓而攻之. ⑧바치다, 드리다, 공급(供給)하다. ≒貢. 〔書經〕 左不攻于左. ⑨굳다, 견고하다. 〔詩經〕 我車旣攻. ⑩베다, 벌목(伐木)하다. 〔山海經〕 有雲雨之山, 禹攻雲雨. ⑪괴롭히다, 훔치다, 빼앗다. 〔漢書〕 臧命作姦剽攻. ⑫공교하다. ≒工. 〔戰國策〕 是攻用兵.
【攻擊 공격】 ①적을 침. ②시비(是非)를 가려 공박(攻駁)함. 심히 꾸짖음.
【攻苦 공고】 ①고난(苦難)과 싸움. 고생함. ②애써 학문을 익힘.
【攻苦食啖 공고식담】 어려운 여건과 싸우며 거친 음식을 먹음. 고심하여 학문에 힘씀.
【攻究 공구】 연구함. 攻研(공연).
【攻略 공략】 공격하여 빼앗음. 攻奪(공탈).
【攻療 공료】 병을 다스림. 治療(치료).
【攻駁 공박】 남의 잘못을 따져 공격함.
【攻拔 공발】 적의 성을 공격하여 빼앗음.
【攻防 공방】 서로 공격하고 방어함.
【攻伐 공벌】 침. 쳐부숨. 攻討(공토).
【攻伐劑 공벌제】 중수(重數)를 높여 독하고 기운이 세게 만든 약.
【攻病 공병】 병을 치료함.
【攻掊 공부】 치료(治療)함.
【攻城略地 공성약지】 성을 치고 땅을 빼앗음.
【攻守 공수】 공격과 수비.
【攻守同盟 공수동맹】 다른 나라에 대한 공격이나 자기 나라에의 방어를 같이 할 목적으로 나라 사이에 맺는 동맹.
【攻研 공연】 ☞攻究(공구).
【攻玉 공옥】 ①옥을 갊. ②지덕(知德)을 닦음.
【攻圍 공위】 포위하여 공격함.
【攻慰 공위】 환부(患部)에 약을 붙임. 환부를 따뜻하게 함. 병을 다스림.
【攻蹂 공유】 공격하여 짓밟음.
【攻戰 공전】 ①공격하여 싸움. ②성을 공격하는 일과 들에서 싸우는 일.
【攻錯 공착】 숫돌로 옥을 갊. 남의 장점을 본받아 나의 단점을 고침.
【攻特 공특】 수말을 거세함.
【攻砭 공폄】 돌침〔石針〕을 놓아 병을 고침. 준엄한 조치.
【攻剽 공표】 으르고 쳐서 물건을 약탈함.
【攻學 공학】 학문을 닦음. 硏學(연학).
【攻獲 공획】 적국을 공격하여 성읍(城邑)을 빼앗음.
● 難—, 先—, 速—, 水—, 守—, 研—, 遠交近—, 專—, 侵—, 挾—, 火—.

攸

支3 【攸】⑦ ❶바 유 囷 yōu
❷위태할 유 囿 yōu

字解 ❶❶바. '所'와 같은 뜻의 어조사. 〔詩經〕禍祿攸降. ❷다스리다, 닦다. 늑修. 〔婁壽碑〕不攸廉隅. ❸태연한 모양, 여유 있는 모양. ¶攸然. ❹빠르다. 〔孟子〕攸然而逝. ❺성(姓). ❶길다, 멀다. 늑悠. 〔張表·碑〕令德攸兮. ❷위태하다. 〔春秋左氏傳〕湫乎攸乎.

【攸然 유연】①빨리 가는 모양. ②여유 있는 모양. 태연한 모양.

【攸攸 유유】①썩 먼 모양. 아득한 모양. ②매우 여유 있고 한가한 모양. ③빠른 모양.

【攸乎 유호】위태롭게 걸려 있는 모양.

【攸好德 유호덕】좋아하는 바는 덕. 덕을 좋아하며 즐겨 덕을 행하려고 하는 일.

支4 【效】⑦ 敎(743)의 고자

支4 【効】⑦ 敎(743)와 동자

支4 【攽】⑧ 나눌 반 删 bān

字解 나누다, 나누어 주다. 〔書經〕乃惟孺子攽朕不暇.

支4 【放】⑧ ❶놓을 방 㵍 fàng
❷본플 방 愇 fǎng
❸늘어놓을 방 陽 fāng

、二方方方放放

字源 形聲. 方+攴→放. '方(방)'이 음을 나타낸다.

字解 ❶❶놓다. ㉮구속하고 있던 상태를 풀다. 〔書經〕放牛于桃林之野. ㉯불을 지르다, 불을 붙이다. ¶放火. ㉰쏘다, 발사하다. 〔王積·詩〕無令燭繼放. ㉱내치다, 쫓아내다, 추방하다. ¶放逐. ❸놓이다, 석방되다, 추방되다. 〔楚辭〕屈平既放, 游于江潭. ❹내놓다, 꾸어 주다. ¶放債. ❺버리다. 〔淮南子〕放麛麑于三苗. ❻내걸다, 게시하다. 〔賈公談錄〕放進士標. ❼널리 펴다, 넓히다. 〔中庸章句序〕放之則彌六合. ❽내쏘다, 빛을 발하다. ¶放光. ❾피다, 꽃이 피다. 〔趙師秀·詩〕花放林連村. ❿멋대로 하다, 거리낌 없이 하다. ¶放言. ⓫달아나다, 떠나가다. 〔孟子〕人有難犬放, 則知求之. ⓬그만두다, 하지 아니하다. 〔論語〕隱居放言. ⓭고대 형벌의 한 가지. 우리나라의 귀양 보내는 형벌과 같다. 〔書經〕伊尹放諸桐. ⓮크다, 크게. 〔禮記〕毋放飯, 毋流歠. ⓯바라다, 향하여 좇다. ¶放口耳爲. ⓰어긋나다. ¶放紛. ⓱급여(給與)하다, 지급하다. ¶放給. ❷①본뜨다, 본받다. =倣. 늑仿. 〔書經〕帝堯曰放勳. ②준(準)하다, 기준으로 삼아 따르다. 〔漢書〕治放尹齊. ③서로 닮다. 〔漢

書〕相放悉. ④의(依)하다, 의지하다. 늑榜. 〔論語〕放於利而行. ⑤이르다, 다다르다. 늑旁. 〔孟子〕放於琅邪. ⑥성(姓). ❸늘어놓다, 배를 나란히 줄지어 놓다. 〔荀子〕不放舟, 不避風, 則不可涉也.

【放暇 방가】휴가(休暇).
【放遣 방견】놓아서 돌려보냄.
【放光 방광】빛을 발함.
【放殛 방극】귀양 보냄. 유배(流配)함.
【放給 방급】지불함. 지급함.
【放棄 방기】아주 내버리고 돌보지 않음.
【放達 방달】사물에 구애받지 않고 제멋대로 행동함. 放曠(방광).
【放談 방담】생각대로 거리낌 없이 말함.
【放膽文 방담문】다소 문법(文法)에 맞지 않는 곳이 있더라도 필법이 대담하고 생각한 대로 자유롭게 쓴 문장. 송(宋)의 사첩산(謝疊山)이 문장궤범(文章軌範)을 편차(編次)하면서 방담문·소심문(小心文)으로 나누어 수록하였음.
【放倒即寢 방도즉침】식사를 마치자마자 곧 자는 일.
【放豚 방돈】①놓아기른 돼지. ②다잡지 않고 제멋대로 자라난 아이를 낮잡아 이르는 말.
【放濫 방람】제멋대로 굶. 방자함.
【放流 방류】①귀양 보냄. 추방(追放)함. ②마음대로 빛을 냄. ③양식(養殖)을 위하여 어린 물고기를 물에 놓아 보내는 일.
【放民 방민】방자(放恣)한 백성. 放人(방인).
【放飯 방반】①손에 붙은 밥알을 떼어 밥그릇에 넣음. ②입을 크게 벌려 먹음.
【放飯流歠 방반유철】한입에 밥을 가득 떠 넣고 국을 부어 넣듯이 마구 먹음. 예절 없이 음식을 먹음.
【放榜 방방】①과거(科擧)에 급제한 사람의 성명을 발표함. ②조선 때, 과거에 급제한 사람에게 증서를 주던 일.
【放伐 방벌】①쫓아내어 죽임. ②학정을 하는 군주는 마땅히 쫓아내고 덕이 있는 군주로 바꾸어야 한다는 역성혁명(易姓革命)을 인정한 군주 경질의 한 방법. 放殺(방살).
【放僻 방벽】거리낌 없이 제멋대로 행동함.
【放紛 방분】뒤얽힘. 뒤범벅임.
【放射 방사】①바퀴살 모양으로 중심에서 사방으로 내뿜음. ②발사(發射).
【放肆 방사】방자함. 제멋대로임.
【放散 방산】①흩뿌림. 사방으로 흩어짐. 發散(발산). ②제멋대로임. 방자함.
【放生 방생】잡힌 물고기나 날짐승 등을 놓아줌.
【放釋 방석】용서하여 놓아줌. 釋放(석방).
【放禪 방선】참선(參禪)을 쉼.
【放率 방솔】가식(假飾)이 없음. 솔직함.
【放手 방수】①욕심이 많고 방자함. ②손을 뗌. 손을 멈춤.
【放囚 방수】죄수를 놓아줌.
【放臣 방신】멀리 추방된 신하.
【放神 방신】①멋대로 생각함. 방자한 마음. ②마음을 놓음. 방심(放心)함.

【放夜 방야】정월 열나흘부터 열엿새까지 사흘 동안 성문을 열어 놓고 백성들에게 밤놀이를 허락하던 일.
【放洋 방양】배를 타고 해외(海外)로 감.
【放言 방언】무책임(無責任)하게 또는 거리낌 없이 함부로 말함. 放語(방어).
【放言高論 방언고론】마음대로 말함. 아무 거리낌 없이 드러내 놓고 말함.
【放人 방인】산야에 숨어 속세의 구속을 받지 않고 자기 뜻대로 사는 사람. 放士(방사).
【放任 방임】간섭하지 않고 내버려 둠.
【放恣 방자】제멋대로 거리낌 없이 행동함.
【放縱 방종】제멋대로임.
【放走 방주】달리기 시합을 함. 競走(경주).
【放志 방지】①방자(放恣)한 뜻. ②제멋대로 생각함.
【放債 방채】돈놀이를 함.
【放逐 방축】쫓아냄. 추방함.
【放春 방춘】①꽃이 한창 피는 봄. ○'放'은 '當'으로 '당하다'를 뜻함. ②봄이 되어 화초가 피는 일.
【放黜 방출】물리쳐 내쫓음.
【放置 방치】내버려 둠.
【放誕 방탄】터무니 없이 큰소리를 침.
【放風 방풍】①바람에 의지함. 바람을 쫓음. ②이러러하기 바란다고 타이름.
【放下 방하】①내려놓음. 버려 둠. ②마음을 놓음. 안심함.
【放火 방화】①불을 지름. ②등잔불을 붙임. 초롱에 불을 붙임.
【放勳 방훈】사관(史官)이 요(堯)임금을 찬미(讚美)한 말. 상대(上代)의 공화(功化)를 본받아서 교화(教化)를 베풀었다는 뜻으로, 요임금의 호(號) 또는 이름으로 쓰임.
◐ 開—, 經—, 爲良, 奔—, 釋—, 流—, 任—, 恣—, 粗—, 縱—, 追—, 黜—, 誕—, 通—, 頹—, 廢—, 閑—, 解—, 豪—, 荒—, 訓—.

支 4 【政】⑧ ❶정사 정 國 zhèng
　　　　 ❷구실 정 庚 zhēng

一 丁 丅 正 正 正 政 政

[소전] 政 [초서] 政
[字源] 會意·形聲. 正+支→政. '正'이 음도 나타낸다. 바르지 않은 자를 쳐서[攵] 바르게[正] 만든다는 뜻을 나타낸다.
[字解] ❶①정사(政事), 나라를 다스리는 일. ¶政治. ②바루다, 부정(不正)을 잡다. 〔江淹·表〕肅政黎人. ③법규, 정사를 행하는 규칙. 〔論語〕道之以政. ④정사를 행하는 사람, 임금·관리들. 〔大戴禮〕均五政. ⑤벼슬아치의 직무나 관직. 〔國語〕棄政而役. ⑥부역(賦役), 노역(勞役). 〔禮記〕五十不從力政. ⑦가르침, 도(道). 〔大戴禮〕御天地輿人輿事者, 亦有六政. ⑧확실히, 틀림없이, 정말로. 〔墨子〕上稽之堯舜禹湯文武之道, 而政逆之. ⑨성(姓). ❷①구실, 조세(租稅). 능징. 〔周禮〕掌均地政.

②치다, 정벌하다. 〔史記〕政適伐國.
【政見 정견】정치상의 의견이나 식견.
【政教 정교】①정치와 교화(教化). ○'教'는 예의(禮義), '政'은 형금(刑禁). ②정치와 교육. ③정치와 종교. ④군중(軍中)의 호령.
【政黨 정당】주의나 주장이 같은 사람들이 정권을 잡고 정치적 이상을 실현하기 위하여 조직한 단체.
【政道 정도】정치의 길. 시정(施政)의 방침.
【政塗 정도】①정치하는 방법. ○'塗'는 '途'. ②벼슬길.
【政略 정략】정치상의 책략.
【政令 정령】정치상의 모든 법령.
【政理 정리】①정치의 도리. 정치. ②인사(人事)가 잘 다스려지는 일.
【政法 정법】①정치의 방법. ②정치와 법률. ③수단 방법.
【政辟 정벽】정치상의 법령.
【政變 정변】정권 쟁탈을 위해 비합법적인 수단으로 일어난 정치상의 큰 변동.
【政柄 정병】정치상의 권력. 政權(정권).
【政本 정본】①정치의 근본. ②땅. ③농사. ④예법(禮法).
【政府 정부】①입법(立法), 행정(行政), 사법(司法)의 삼권을 포함하는 통치 기구의 총칭. ②행정부. ③國의정부(議政府).
【政事 정사】①정치에 관계되는 일. ○'政'은 큰 정치를, '事'는 작은 정치를 뜻함. ②벼슬아치의 임면(任免)과 출척(黜陟)에 관한 사무.
【政事堂 정사당】①낭성내(唐宋代)에 문하성(門下省)에 두어 정사를 의논하게 하던 곳. ②신라 때 임금이 정사를 보거나 국가의 중대사를 논의하던 곳.
【政聲 정성】선정(善政)으로 드날리는 명성. 정사(政事)를 잘 본다는 평판.
【政術 정술】정치하는 방법. 政道(정도).
【政丞 정승】조선 때, 의정부(議政府)의 영의정·좌의정·우의정을 이름.
【政如魯衛 정여노위】두 나라의 정치가 서로 비슷함. ○노(魯)나라의 시조(始祖) 주공(周公)과 위(衛)나라의 시조인 강숙(康叔)이 형제이기 데서 온 말.
【政如蒲盧 정여포로】정치가 쉽게 자라는 부들이나 갈대와 같음. 정치의 효과가 빨리 나타남.
【政要 정요】정치의 중요한 점. 시정(施政)의 주안(主眼). 政樞(정추).
【政院 정원】國승정원(承政院).
【政者正也 정자정야】정(政)의 본디 뜻은 천하를 바로잡는다는 것임.
【政典 정전】①선왕(先王)의 정치에 관한 전적(典籍). ②부정(不正)을 바로잡는 법식.
【政治 정치】나라를 다스리는 일.
【政通人和 정통인화】어진 정치가 행해져서 인민이 화목함.
【政刑 정형】정치와 형벌.
【政況 정황】정치계의 상황.
◐ 苛—, 家—, 國—, 軍—, 內—, 民—, 法—,

支部 5획 叟故敏

善-, 攝-, 聖-, 市-, 施-, 新-, 惡-,
糧-, 王-, 議-, 仁-, 臨-, 財-, 帝-,
祭-, 執-, 虐-, 行-, 憲-, 形-, 酷-.

支 5 【叟】⑨ 更(803)과 동자

支 5 【故】⑨ 예 고 gù

一 十 十 古 古 古 古 故 故

[소전] 故 [초서] 故 [字源] 形聲. 古+攴→故. '古(고)'가 음을 나타낸다.

[字解] ①예, 이미 지나간 때. 〔莊子〕證曏今故. ②옛, 예전의, 옛날의. ¶故處. ③원래, 본래. 〔荀子〕凡禮義者, 是生於聖人之僞, 非故生於人之性也. ④처음부터, 옛날부터. 〔史記〕食其故得辛太后. ⑤참으로, 확실히. 〔春秋左氏傳〕然故不可誣也. ⑥오래되다. ⑦해가 지나다. 〔孟子〕所謂故國者, 非有喬木之謂也. ⑧고풍스럽다, 예스럽다. 〔吳志〕怪其書之坮故. ⑨오래된 일, 옛날 일. 〔論語〕溫故知新. ⑦죽다. ¶故君. ⑧관례, 관습, 선례(先例). 〔春秋左氏傳〕齊魯之故. ⑨예부터 친숙한 벗, 잘 아는 친구. 〔周禮〕議故之辟. ⑩나이 많은 사람. 〔詩經〕召彼故老. ⑪연고, 까닭. 〔淮南子〕勒問其故. ⑫고(故)로, 까닭에. 윗말을 받아 뒷말을 일으키는 구실을 한다. 〔禮記〕故安其學而親其師. ⑬써, 늣 . 〔史記〕余幷論次, 擇其言尤雅者, 故著爲本紀書首. ⑭일, 대사(大事), 중요한 일. 〔荀子〕身盡其故則美. ⑮사변(事變), 사고(事故). 〔周禮〕國有故則令宿. ⑯재앙이 되는 일. 〔禮記〕君無故, 玉不去身. ⑰도리에 어긋나는 일. 〔漢書〕損棄細故. ⑱도리(道理), 사리(事理). 〔易經〕知幽明之故. ⑯일부러, 짐짓, 고의(故意)로. 〔史記〕嘉坐自如, 故不爲禮. ⑰고의로 한 일, 일부러 한 일. 〔書經〕刑故無小. ⑱거짓, 꾸민 계략. 〔國語〕多爲之故, 以變其志. ⑲끝. 〔詩經〕無禮義故. ⑳훈고, 주해. 늣詁. 〔漢書〕學者傳訓故而已. ㉑반드시. 늣固. 〔戰國策〕吳不亡越, 越必亡吳. ㉒시키다, 하게 하다. 〔大戴禮〕故趙高傳胡亥, 而敎之獄.

【故家大族 고가대족】여러 대를 두고 현달(顯達)한 집안. 故家世族(고가세족).
【故故 고고】①새 따위의 울음소리. ②종종, 가끔. ③일부러, 고의로.
【故丘 고구】고향(故鄕).
【故舊 고구】사귄 지 오래된 친구.
【故國 고국】①오래된 나라, 역사가 긴 나라. ②조상 때부터 살던 나라. 祖國(조국). ③고향. ④멸망하여 없어진 나라. 옛 왕조.
【故君 고군】죽은 임금. 故主(고주).
【故道 고도】①옛길. 舊道(구도). ②옛 법도.
【故老 고로】①나이가 많고 밝은 사람. ②연륜이 높고 덕망이 있는 사람. 古老(고로). ②구신(舊臣).
【故路 고로】옛길. 故道(고도).
【故吏 고리】본디 관리였던 사람.
【故里 고리】고향(故鄕). 향리(鄕里).
【故買 고매】훔친 물건인 줄 알면서 삼.
【故犯 고범】일부러 죄를 범함.
【故步 고보】①본디의 걸음걸이. ②진취적이 못되고 구태(舊態)를 벗지 못하는 일.
【故夫 고부】전의 남편. 헤어진 남편.
【故事 고사】①옛날에 있었던 일. ②유래가 있는 옛날의 일. 또는 그런 일을 표현한 어구. ③옛날부터 전해 오는 규칙이나 정례(定例).
【故山 고산】고향. 고국.
【故實 고실】예전에 있었던 일. 옛 의식.
【故心 고심】오래도록 품고 있는 뜻.
【故吾 고오】이전의 나. 옛날의 나.
【故友 고우】옛날부터 사귀어 온 친구.
【故苑 고원】옛 동산. 故園(고원).
【故園 고원】①옛 뜰. 옛 동산. 故苑(고원). ②고향.
【故衣 고의】①평소에 입는 옷. 평상복. ②헌 옷.
【故意 고의】①일부러 하는 일. 의도적으로 꾸미는 일. ②예전 생각. ③예스러운 정취.
【故誼 고의】예전부터 사귀어 온 정.
【故人 고인】①죽은 사람. ②오래전부터 사귀어 온 친구. 故舊(고구).
【故雌 고자】죽은 아내. 前妻(전처).
【故情 고정】전부터 사귀어 온 정의(情宜).
【故程 고정】①본디 걸어온 길. ②옛길.
【故縱 고종】일부러 놓아줌.
【故志 고지】①옛날부터 가졌던 뜻. 본래의 뜻. ②옛 기록. 묵은 기록. 故記(고기).
【故知 고지】전부터 아는 사람. 舊知(구지).
【故智 고지】이미 써 본 계책. 옛사람의 지혜.
【故瘡 고창】옛 상처. 이전의 피폐(疲弊). 古瘡(고창).
【故處 고처】옛날 살던 곳.
【故寵 고총】①옛날에 받은 총애(寵愛). ②옛날과 변함없는 총애.
【故宅 고택】옛집.
【故土 고토】①전에 가 본 일이 있는 땅. 옛날에 놀던 땅. ②조국. 고향.
【故敗 고패】낡아서 찢어짐.
【故編 고편】옛 서적.
【故穸 고폄】오래된 묘(墓).
【故鄕 고향】①태어나서 자란 곳. ②조상 대대로 살아온 곳.
○ 久-, 舊-, 無-, 物-, 變-, 事-, 喪-, 緣-, 有-, 典-, 親-, 訓-.

支 5 【敏】⑨ 두드릴 구 kòu

[소전] 敂 [초서] 敂 [동] 扣 [字解] 두드리다, 때리다, 치다.
【敏關 구관】관문(關門)을 두드림. 관을 지키는 벼슬아치를 만나 봄.

支部 5～7획 敃敁敉效敎

攴 5 【敃】⑨
❶강할 **민** 眞 mǐn
❷어지러울 **분** 囡 fēn

参考 대법원 지정 인명용 한자음은 '민'이다.

字解 ❶①강하다, 사납다. ≒暋. ②힘쓰다, 애쓰다. ❷어지럽다. ≒紛.

攴 5 【敁】⑨
헤아릴 **첨** 鹽 diān

字解 헤아리다, 손대중하다.

攴 6 【敉】⑩
어루만질 **미** 紙 mǐ

소전 敉 혹체 侎 초서 敉

字解 ①어루만지다. ¶敉寧. ②편안하게 하다. 〔書經〕率惟敉功.

【敉功 미공】 천하를 편안하게 한 공.
【敉寧 미녕】 무마하여 편안하게 함.

攴 6 【效】⑩
본받을 **효** 囡 xiào

丶 亠 亠 ☆ 亥 亥 亥攵 效 效

소전 敎 초서 敓 속자 効

字源 形聲. 交＋攴→效. '交(교)'가 음을 나타낸다.

字解 ①본받다, 본받아 배우다. 〔易經〕效法之謂坤. ②주다, 수여하다. 〔春秋左氏傳〕宣王有志而後效官. ③드리다, 바치다. 〔禮記〕效馬效羊者, 右牽之. ¶效節. ④제출하다, 전하여 보내다. ⑤힘쓰다, 힘을 다하다. 〔漢書〕願効愚忠. ⑥아뢰다. 〔禮記〕效駕. ⑦밝히다, 명백히 하다. ≒覺. 〔荀子〕故桀紂無天下, 而湯武不弒君, 由此效之也. ⑧나타내다, 나타나다. ¶效情. ⑨보람, 효험. ¶效能. ⑩공, 공적. 〔淮南子〕其澤之所及者, 效亦大矣. ⑪교만을 떨다, 거만하게 굴다. ≒傲. 〔荀子〕出辭氣效. ⑫조사하다, 고사(考査)하다. ¶效功. ⑬세다, 헤아리다. 〔史記〕諸將效首虜.

【效駕 효가】 ①수레에 말을 매는 일이 끝났음을 임금께 사룀. ②수레를 끌어들임.
【效功 효공】 ①공을 세움. 훌륭한 일을 이룸. ②한 일의 다과(多寡)를 조사함.
【效能 효능】 효험을 나타내는 능력.
【效力 효력】 ⇨效驗(효험).
【效勞 효로】 힘들인 보람. 功勞(공로).
【效顰 효빈】 찡그리는 것을 본받음. 함부로 다른 사람의 흉내를 냄. 故事 월(越)나라의 미녀(美女) 서시(西施)가 위병이 있어 눈살을 찌푸리는 것을 본 못난 여자가 그렇게 하면 자기도 아름답게 보이는 줄 알고 따라서 찌푸리기를 일삼았다는 고사에서 온 말. 效矉(효빈).
【效死 효사】 목숨을 바침. 죽을 힘을 다함.
【效忠 효충】 충성을 다함.
【效尤 효우】 남의 나쁜 짓을 흉내 냄.
【效績 효적】 ①공(功)을 세움. ②효과를 드러냄. ③공적. 성과.
【效節 효절】 ①부신(符信)을 반환함. 임무가 풀려남. ②충성을 다함.
【效情 효정】 진정을 나타냄. 정성을 다함.
【效忠 효충】 충성을 다함.
【效則 효칙】 본받아서 법을 삼음.
【效驗 효험】 일의 좋은 보람. 效力(효력).

❶ 功－, 發－, 神－, 失－, 實－, 藥－, 靈－, 自－, 卽－, 則－, 特－, 顯－.

攴 7 【敎】⑪
가르칠 **교** 囡 囿 jiào, jiāo

ノ 乂 爻 孝 孝 孝 孝攵 敎攵 敎

소전 敎 고문 敎 고문 斆 초서 敎 동자 效
속자 敎 고자 效 간체 教

字源 會意·形聲. 孝＋攴→敎. '孝(효)'가 음도 나타낸다. '攴'은 '때린다'는 뜻으로, 윗사람이 아랫사람에게 베푸는 동작이고, '孝'가 '본받다'란 뜻으로, 아랫사람이 윗사람에게서 배우는 동작이다. 이 두 동작은 서로 작용을 가하는 것이므로 '가르치다'란 뜻을 나타낸다.

字解 ①가르치다. ㉮지식·기술·이치 등을 알려 주다. 〔周禮〕以敎國子. ㉯올바른 길로 일깨우다. 〔孟子〕古者易子而敎. ㉰그릇된 것을 바로잡아 주다. 〔呂氏春秋〕願仲父之敎寡人也. ②가르침. ㉮지도, 일깨움. 〔管子〕先生施敎, 弟子是則. ㉯종교, 종지(宗旨), 교리(敎理). ¶敎派. ㉰훈계, 교훈. 〔趙岐·題詞〕幼被慈母三遷之敎. ③교령(敎令), 왕이나 제후의 명령. 하남의 문체(文體)를 이루었다. 〔淮南子〕行不言之敎. ④학교. ≒校. 하대(夏代)에 이르던 명칭. 〔後漢書·注〕夏曰敎, 殷曰庠, 周曰序. ⑤스승, 선생. 〔通典〕置助敎十五人. ⑥~로 하여금 ~하게 하다. 使·令과 같이 사역(使役)의 뜻을 나타낸다. 〔韓非子〕進則敎良民作姦, 退則令善人有禍.

【敎諫 교간】 가르치고 간함. 충고함.
【敎觀 교관】 (佛)각 종문의 이론인 교상(敎相)과 실천을 뜻하는 관심(觀心).
【敎勸 교권】 가르치고 권장함.
【敎規 교규】 ①교수상의 규칙. 敎則(교칙). ②現 종교상의 규정.
【敎禁 교금】 가르쳐 깨닫게 함과 어떤 행위를 금하는 규칙.
【敎猱升木 교노승목】 원숭이에게 나무에 오르는 것을 가르침. 나쁜 사람에게 나쁜 일을 하도록 권함.
【敎道 교도】 ①가르치고 인도함. 敎導(교도). ②종교적인 도리.
【敎令 교령】 ①임금의 명령. ②부모의 가르침. ③교화(敎化). ④시절에 따라 해야 할 일의 규정. ⑤부추김. 敎唆(교사).
【敎命 교명】 황후(皇后)의 명령.
【敎坊 교방】 ①고려 때 기생을 가르치던 곳. ②조선 때 장악원(掌樂院)의 좌방(左坊)과 우방(右坊)을 아울러 이르던 말. ○좌방은 아악(雅

樂)을, 우방은 속악(俗樂)을 맡았음.
【教範 교범】 가르치는 법식(法式). 교육 방법이나 형식. 教程(교정).
【教唆 교사】 남을 부추겨 못된 일을 하게 함.
【教相 교상】 (佛)①석가 일대의 교법의 설상(說相). ②각 종(宗)의 교리 이론.
【教相判釋 교상판석】 (佛)석가 일대(一代)의 교리를 종파(宗派)의 처지에서 자세히 분류, 해석하는 일. 教判(교판).
【教順 교순】 가르쳐 순종하게 함. 教化(교화)하여 도리를 따르도록 함.
【教馴 교순】 가르쳐 길들임. 教擾(교요).
【教養 교양】 ①가르쳐 기름. ②배워서 얻은 지식과 소양.
【教語 교어】 가르쳐 담론(談論)함.
【教外別傳 교외별전】 (佛)선종(禪宗)에서, 말이나 문자를 쓰지 않고 부처의 가르침을 마음에서 마음으로 전하는 일.
【教擾 교요】 가르쳐 길들임. 짐승을 길들임. 教馴(교순).
【教友 교우】 ①가르치고 이끌어 주는 벗. ②같은 종교를 믿는 사람.
【教誘 교유】 가르쳐 이끎.
【教諭 교유】 가르치고 타이름.
【教育 교육】 가르쳐 기름. 지식을 가르치며 인격을 길러 줌.
【教意 교의】 교훈의 취지.
【教肄 교이】 가르쳐 익히게 함.
【教子以義方】 자식에게는 바른 도리를 가르침. ○'義方'은 義(의)가 있는 곳.
【教典 교전】 ①교육의 기본이 되는 법칙. ②종교의 근거가 되는 법전.
【教弟 교제】 교우(教友) 사이에서 자기를 일컫는 겸칭(謙稱).
【教祖 교조】 한 종교나 종파를 세운 사람.
【教宗 교종】 (佛)불교의 두 파 중 하나로, 교리(教理)를 중심으로 하여 세운 종파.
【教旨 교지】 ①종교의 취지. ②조선 때 사품(四品) 이상의 벼슬아치에게 내리던 사령(辭令). ③임금의 전지(傳旨). 王旨(왕지).
【教治 교치】 ①가르쳐 다스림. ②교화(教化)에 관한 정치.
【教飭 교칙】 가르쳐 훈계함. 教戒(교계).
【教派 교파】 같은 종파의 갈래.
【教判 교판】 ☞教相判釋(교상판석).
【教鞭 교편】 교사가 학생을 가르칠 때 필요한 사항을 가리키기 위하여 사용하는 막대기.
【教學 교학】 ①가르치는 일과 배우는 일. ②학교를 세우고 교사를 두어 가르치는 일. ③교육과 학문.
【教學半 교학반】 가르치는 일은 절반은 자기 공부임.
【教學相長 교학상장】 남을 가르치는 일과 스승에게서 배우는 일은 다 함께 자기의 학업을 증진시킴. 敎學相長(효학상장).
【教刑 교형】 학교에서 행하는 체벌(體罰). 학업을 게을리하는 학생에게 가하는 매질.

【教化 교화】 ①교도하여 감화시킴. 가르쳐서 착한 사람이 되게 함. ②(佛)불법(佛法)으로 사람을 가르쳐 착한 마음을 가지게 함.
【教誨 교회】 잘 가르쳐서 지난날의 잘못을 깨우치게 함.
【教訓 교훈】 가르치고 타이름. ◯'教'는 학예상(學藝上), '訓'은 도의상(道義上)의 가르침을 뜻함. 教誡(교계).
◗ 善-, 殉-, 儒-, 諭-, 胎-, 布-, 下-.

⽀ 7 【教】⑪ 敎(743)의 속자

⽀ 7 【救】⑪ 건질 구 [宥] jiù

㔾 㔾 㐅 㐅 求 求 救 救 救

[소전] 救 [초서] 救
[字源] 形聲. 求+攴→救. '求(구)'가 음을 나타낸다.
[字解] ①건지다, 구원하다. 〔後漢書〕上下惟心, 相望救護. ②고치다, 치료하다. 〔呂氏春秋〕是救病而飮之以菫也. ③막다, 금지하다. 〔論語〕女弗能救與. ④도움, 구원. 〔戰國策〕求救於齊.

【救急 구급】 위급한 상황에서 구원함.
【救溺 구닉】 물에 빠진 사람을 건짐.
【救療 구료】 ①구하여 치료함. 병을 고쳐 줌. ②어려움을 풀어 줌.
【救命 구명】 목숨을 건져 줌.
【救焚拯溺 구분증닉】 불에 타는 사람을 구하고 물에 빠진 사람을 건짐. 곤경에서 구해 줌.
【救死 구사】 거의 죽게 된 사람을 구함.
【救世濟民 구세제민】 어지러운 세상을 구하고 고통 받는 백성을 구제함. 濟世安民(제세안민).
【救時 구시】 쇠해진 세상을 구제함. 시폐(時弊)를 바로잡음.
【救禦 구어】 구원하여 방어함.
【救援 구원】 곤란을 면하도록 도와줌.
【救濟 구제】 어려운 지경에 빠진 사람을 건져 줌. 救恤(구휼).
【救助 구조】 어려운 처지에 빠진 사람을 구원하여 도와줌.
【救弊 구폐】 피폐(疲弊)한 것을 구함. 폐해(弊害)를 고침.
【救扞 구한】 도와서 막음.
【救解 구해】 도와주어 걱정거리나 재난 등에서 벗어나게 함.
【救護 구호】 구조하여 보호함.
【救火 구화】 ①불을 끔. ②반딧불이의 딴 이름.
【救火揚沸 구화양비】 불을 끄려고 끓는 물을 끼얹음. ㉠관(官)의 다스림이 과격하고 어수선함. ㉡일시적인 대응만으로는 폐단을 근본적으로 없애기가 어려움.
【救火以薪 구화이신】 불을 끄려고 섶나무를 더함. 해를 막으려다가 더 큰 해를 초래함.
【救患 구환】 재난(災難)을 구함.
【救荒 구황】 흉년에 사람들이 굶주림에서 벗어

나도록 도와줌. 救凶(구흉).
【救恤 구휼】 빈민이나 재난을 당한 사람에게 금품을 주어 도와줌.
❶ 乞-, 匡-, 療-, 援-, 慈-, 濟-, 振-.

攴 7 【敏】⑪ 재빠를 민 🔊 mǐn

[필순] 𠂉 亠 与 与 与 每 每 每 敏 敏

[소전] 敏 [초서] 敃

[字源] 形聲. 每+攴→敏. '每(매)'가 음을 나타낸다.

[字解] ①재빠르다, 민첩하다. 〔論語〕敏於事而愼於言. ②총명하다, 영리하다, 지혜롭다. 〔論語〕敏而好學. ③힘쓰다, 애써 일하다. 〔中庸〕人道敏政. ④자세하다, 소상하다. 〔春秋左氏傳〕禮成而加之以敏. ⑤엄지발가락. 〔詩經〕履帝武敏歆.

【敏給 민급】 ①약삭빠름. ②구변이 좋음.
【敏達 민달】 총명하고 사리에 통달함.
【敏邁 민매】 영민하고 고매함.
【敏贍 민섬】 민첩하고 지식이 많음.
【敏銳 민예】 총명하고 예민함.
【敏悟 민오】 총명함. 영리함. 悟敏(오민).
【敏腕 민완】 민첩한 수완.
【敏切 민절】 영민하고 적절함.
【敏政 민정】 ①정사(政事)에 힘씀. ②정령(政令)을 좇음이 매우 빠름.
【敏俊 민준】 영리하고 준수(俊秀)함.
【敏智 민지】 민첩한 지혜. 機智(기지).
【敏捷 민첩】 빠르고 날램.
【敏行 민행】 ①힘써 행함. 부지런히 힘씀. ②행동을 민첩히 함.
【敏慧 민혜】 총명하고 슬기로움. 銳敏(예민).
【敏活 민활】 날쌔고 활발함.
【敏黠 민힐】 재빠르고 교활함.
❶ 過-, 克-, 勤-, 機-, 敦-, 明-, 不-, 秀-, 時-, 英-, 穎-, 銳-, 叡-, 精-, 俊-, 駿-, 捷-, 聰-, 慧-.

攴 7 【敎】⑪ 勑(213)과 동자

攴 7 【敍】⑪ 차례 서 🔊 xù

[필순] 𠂉 𠂉 亠 午 全 余 金 敘 敘 敍

[소전] 敍 [초서] 敘 [속자] 敘 [간체] 叙

[字源] 形聲. 余+攴→敍. '余(여)'가 음을 나타낸다.

[字解] ①차례. ㉮순번(順番), 서차(序次). 〔淮南子〕不失其敍. ㉯차례대로 선 행렬(行列). 〔周禮〕以次敍分地而經市. ㉰등급, 품계(品階). 〔周禮〕行其秩敍. ②차례를 매기다. 〔書經〕天敍有典. ③차례대로 행하다, 차례가 정하여지다. 〔書經〕百揆時敍. ④품계나 관직을 주다. 〔晉書〕宜蒙銓敍. ⑤

펴다, 서술하다. ¶敍情. ⑥늘어서다, 차례로 서다. 〔蜀志〕不得齒敍. ⑦머리말, 머리말을 짓다. 늑序. 〔詩經·傳〕首章總敍, 以發端也.

【敍景 서경】 경치를 글로써 나타냄.
【敍論 서론】 ①순서를 따라 논함. 또는 그 논설. ②머리말로서의 논설. 序論(서론).
【敍別 서별】 작별을 고함. 告別(고별).
【敍事 서사】 사실을 있는 그대로 서술함.
【敍任 서임】 벼슬을 내림.
【敍爵 서작】 작위(爵位)를 내림.
【敍情 서정】 자기가 느낀 감정을 나타냄.
【敍擢 서탁】 발탁하여 관위(官位)를 줌.
【敍勳 서훈】 훈등(勳等)과 훈장을 내림.
❶ 封-, 述-, 昇-, 列-, 位-, 自-, 銓-, 陳-, 秩-, 次-, 暢-, 遷-, 齒-.

攴 7 【敘】⑪ 敍(745)의 속자

攴 7 【敔】⑪ 막을 어 🔊 yǔ

[소전] 敔 [초서] 敌

[字解] ①막다, 못 하게 금하다. 늑圄·禦. ②악기 이름. 음악을 그치게 할 때 쓰던 나무로 만든 악기. 범이 웅크린 형상이며, 등에 27개의 톱니 같은 것이 있는데, 나무로 된 채로 이를 타서 소리 낸다.

〈敔②〉

攴 7 【敖】⑪ ❶놀 오 🔊 áo ❷거만할 오 🔊 ào

[소전] 敖 [초서] 敖

[字解] ❶①놀다, 멋대로 놀다. ¶敖民. ②시끄럽다, 떠들썩하다. 늑嗷·嚻. 〔荀子〕百姓讙敖. ③볶다. 늑熬. ¶敖然. ④집게발, 게의 집게발. 늑螯. 〔荀子〕蟹六跪而二敖. ⑤장대(長大)한 모양. 〔詩經〕碩人敖敖, 說于農郊. ⑥지명(地名). 〔詩經〕搏獸于敖. ⑦성(姓). ❷①거만하다, 뽐내다. 늑傲. 〔大學〕之其所敖惰而辟焉. ②시시덕거리다, 놀리다, 조롱하다.

【敖客 오객】 시시덕거리며 조롱하는 사람.
【敖蔑 오멸】 거만하게 남을 멸시함.
【敖民 오민】 빈둥빈둥 놀고 있는 백성.
【敖不可長 오불가장】 오만한 마음을 키워서는 안 됨.
【敖然 오연】 ①지고 볶는 모양. ②근심 걱정하는 모양.
【敖敖 오오】 ①긴 모양. 장대한 모양. ②많은 사람이 남을 비방하는 모양. ③거만한 모양.
【敖遊 오유】 멋대로 놀며 지냄.
【敖惰 오타】 오만하고 게으름.
❶ 驕-, 燕-, 遊-, 逸-, 怠-.

攴 7 【敕】⑪ 勅(214)과 동자

支 7 【敓】 ⑪ 빼앗을 탈 duó

字解 빼앗다, 억지로 빼앗다. 〔周禮〕敓攘矯虔.

支 7 【敗】 ⑪ 깨뜨릴 패 bài

字源 會意·形聲. 貝+攴→敗. '貝(패)'가 음도 나타낸다. 고대에 화폐 구실하던 조개(貝)를 이를 두드려서(攴) 깨뜨린다는 데서 '깨뜨리다, 부수다' 등의 뜻을 나타낸다.

字解 ①깨뜨리다, 부수다. 〔史記〕敗壞其功. ②무너지다, 파손하다. 〔史記〕轉折車敗. ③해치다, 손상시키다. 〔書經〕反道敗德. ④패하다. 〔史記〕敗軍之將, 不可以言勇. ⑤실패하다. 〔春秋左氏傳〕是以鮮有敗事. ⑤썩다. 〔論語〕魚餒而肉敗. ⑥시들다, 시들어 떨어지다. 〔許渾·詩〕葉殘花敗倚維舟. ⑦해지다, 떨어지다. 〔司空曙·詩〕安貧着敗衣. ⑧재앙, 재화(災禍). 〔禮記〕四方有敗. ⑨흉년. 〔春秋穀梁傳〕豊年補敗.

【敗家亡身 패가망신】 가산(家産)을 탕진하고 몸을 망침.
【敗却 패각】 패배하여 물러섬.
【敗鼓 패고】 가죽이 찢어져 못 쓰게 된 북.
【敗壞 패괴】 부수어 깨뜨림. 부서져 무너짐.
【敗潰 패궤】 싸움에 져 무너짐.
【敗撓 패뇨】 겨서 기세가 꺾임.
【敗衄 패뉵】 싸움에 짐. 敗北(패배).
【敗德 패덕】 도의(道義)를 깸. 인도(人道)를 거스름. 도리를 벗어난 행동.
【敗亂 패란】 ①패하여 어지러움. ②질서가 문란(紊亂)함.
【敗柳殘花 패류잔화】 마른 버드나무와 시든 꽃. 미인의 용모가 시든 모양.
【敗亡 패망】 싸움에 져서 망함. 敗沒(패몰). 敗喪(패상).
【敗盟 패맹】 맹세를 어김. 약속을 깸.
【敗沒 패몰】 ①⇒敗亡(패망). ②싸움에 져서 죽음. 敗死(패사).
【敗民 패민】 법을 어기는 백성.
【敗北 패배】 ①싸움에 짐. ②패주(敗走).
【敗壁 패벽】 헐어진 벽.
【敗報 패보】 싸움에 진 소식.
【敗腐 패부】 썩어 헐어짐. 腐敗(부패).
【敗死 패사】 싸움에 져서 죽음.
【敗散 패산】 싸움에 져 뿔뿔이 흩어짐. 지리멸렬(支離滅裂)이 됨.
【敗傷 패상】 ①깨지고 상함. ②깨서 상처를 냄.
【敗勢 패세】 싸움에 패할 형세.
【敗訴 패소】 소송에서 짐.
【敗俗 패속】 ①풍속을 어김. ②쇠퇴한 풍속.

【敗碎 패쇄】 부서짐. 산산조각이 남.
【敗葉 패엽】 낙엽(落葉).
【敗屋 패옥】 부서진 집. 퇴락한 집.
【敗運 패운】 기울어져 가는 운수.
【敗子 패자】 가산을 탕진하는 자식.
【敗殘 패잔】 패하여 세력이 꺾임.
【敗績 패적】 ①싸움에 크게 짐. 大敗(대패). 실패함. 일을 그르침. ③대열(隊列)을 헝클임.
【敗戰 패전】 싸움에 짐. 진 싸움.
【敗兆 패조】 싸움이나 사업에 실패할 징조. 패전(敗戰)의 징후. 敗徵(패징).
【敗走 패주】 싸움에 져서 달아남. 敗北(패배).
【敗酒 패주】 썩은 술. 맛이 변한 술.
【敗村 패촌】 쇠퇴한 촌락(村落).
【敗親 패친】 친근한 사이를 깨뜨림.
【敗退 패퇴】 싸움에 지고 물러감. 敗却(패각).
【敗頹 패퇴】 무너짐. 퇴락함. 몰락함.
【敗筆 패필】 모지라진 붓. 禿筆(독필).
【敗荷 패하】 찢어진 연(蓮)잎. 枯荷(고하).
【敗朽 패후】 썩음. 腐敗(부패).
【敗興 패흥】 흥(興)을 깸. 재미가 없음.
○ 大−, 腐−, 債−, 憤−, 惜−, 成−, 勝−, 慘−, 頹−, 荒−, 興−.

支 7 【戹】 ⑪ 그칠 한 hàn

字解 그치다, 멈추다. 〔周書〕戹我于艱.

支 8 【敢】 ⑫ 감히 감 gǎn

字源 會意. 극+月+攴→敢. 주문의 글자 모양을 따르면 손톱(극)으로 창(攴)을 가지고서 무릅쓰고(月) 나아간다는 데서 '감히, 감히 하다' 등의 뜻을 나타낸다.

字解 ①감히. ㉮두려움을 무릅쓰고. 〔儀禮〕臣敢辭. ㉯주제넘게, 함부로. 〔儀禮〕敢用絜牲剛鬣. ㉰결연히, 과단성 있음. 〔荀子〕天下有中, 敢用其身. ②감히 하다, 감행하다. 〔論語〕若聖與仁則吾豈敢. ③굳세다, 용맹스럽다. 〔唐書〕敢毅善戰. ④감히 하지 아니하랴. '不敢'의 뜻을 반어(反語)로 표현하는 말. 〔春秋左氏傳〕敢辱大館.
【敢決 감결】 과감하게 결정함. 敢斷(감단).
【敢斷 감단】 과단성 있게 결단함.
【敢當 감당】 ①과감히 대적(對敵)함. ②과감히 떠맡음. ③향하는 곳에 적(敵)이 없음.
【敢不生心 감불생심】 감히 하려고 마음먹지 못함. 감히 엄두도 내지 못함.
【敢不受敎 감불수교】 어찌 가르침을 받지 않고 있을 것인가. 가르침을 꼭 받아야 함. ○ '敢不'은 반어(反語).
【敢死 감사】 죽음을 두려워하지 않음. 필사적(必

死的)임. 決死(결사).
【敢言之臣 감언지신】 거리낌 없이 자기 의견을 말하는 신하.
【敢然 감연】 과단성 있는 모양. 대담한 모양. 決然(결연).
【敢往 감왕】 감연(敢然)히 나아가 뒤돌아보지 않음.
【敢爲 감위】 거리낌 없이 행함. 단호히 결행(決行)함. 敢行(감행).
【敢毅 감의】 과감하고 굳셈.
【敢爭 감쟁】 감연히 투쟁함. 나아가 싸움.
【敢戰 감전】 용감하게 싸움.
◐ 果-, 不-, 勇-.

支8 【𢽎】⑫ 敢(746)의 고자

支8 【敬】⑫ 敬(749)의 속자

支8 【𢾅】⑫ 막을 녑 葉 niè
字解 막다, 들어막다, 메워서 막다. 〔書經〕 𢾅乃穽.

支8 【敦】⑫
❶도타울 돈 元 dūn
❷다스릴 퇴 灰 duī
❸모일 단 寒 tuán
❹새길 조 蕭 diāo
❺제기 대 隊 duì
❻덮을 도 號 dào
❼어두울 돈 阮 dùn
❽낮을 돈 願 dùn
❾폭 순 軫 zhǔn

參考 대법원 지정 인명용 한자의 음은 '돈'이다.
字源 形聲. 𦎫+攴→𢾅→敦. '𦎫(순)'이 음을 나타낸다.
字解 ❶①도탑다, 도탑게 하다. ≒惇. 〔周易〕 敦艮, 吉. ②진을 치다. ≒屯. 〔詩經〕 鋪敦淮濆. ③힘쓰다, 노력하다. ≒譂. 〔漢書〕 敦衆神 使式道兮. ④감독하다. 〔孟子〕 使虞敦匠事. ⑤단속하다, 자세히 살피다. 〔周易〕 敦復, 无悔. ⑥성내다, 노하다. ¶ 敦圉. ⑦내던지다, 내던져 치다, 일설에는 강요하다. 〔詩經〕 王事敦我. ⑧정성, 진심. ¶ 敦敏. ⑨권하다. 〔後漢書〕 遣人敦寔. ⑩성(姓). ❷①다스리다. 〔詩經〕 敦商之旅. ②베다, 자르다. ¶ 敦劍. ③가리다, 선택하다. ¶ 敦琢. ④원망하다, 미워하다. ¶ 敦惡. ⑤모이다, 떼지어 모이다. 〔詩經〕 敦彼行葦. ②주렁주렁 달리다. 〔詩經〕 有敦瓜苦. ❹새기다, 조각하다. ≒彫. ¶ 敦弓. ❺①제기(祭器). 서직(黍稷)을 담은, 옛날의 제기. ¶ 敦牟. ②쟁반. 〔周禮〕 珠槃玉敦. ❻덮

다. 〔周禮〕 每敦一几.
❼어둡다, 열리지 않아 어두운 모양. ≒沌.
❽①낮다, 낮은 언덕. 〔漢書〕 欲從垫敦而度高乎泰山. ②세우다, 곧게 세우다. ≒竴. 〔莊子〕 敦杖, 蹙之乎頤立. ❾폭, 너비. ≒準. 〔周禮〕 出其度量敦制.

〈敦❺①〉

【敦槪 돈개】 말이나 되에 곡식을 담고 이를 밀어 평평하게 하는 방망이 모양의 기구. 평미레.
【敦固 돈고】 정이 도탑고 의지가 견고함.
【敦寧 돈녕→돈령】 조선 때 왕실(王室)의 친척. 왕과 같은 성은 9촌 이내, 다른 성은 6촌 이내, 왕비와 같은 성은 8촌 이내, 다른 성은 5촌 이내의 사람.
【敦篤 돈독】 인정이 두터움.
【敦敦 ❶돈돈 ❷단단 ❸퇴퇴】 ❶힘쓰는 모양. ❷모여드는 모양. ❸혼자 살면서 옮겨 가지 않는 모양.
【敦勉 돈면】 ①교지(教旨)로써 의정(議政)과 유현(儒賢)을 면려함. ②정성을 들여 힘씀.
【敦睦 돈목】 정이 도탑고 서로 화목함.
【敦穆 돈목】 인정이 도탑고 화목함.
【敦敏 돈민】 행동에 정성이 있고 총명함.
【敦朴 돈박】 친절하고 꾸밈이 없음.
【敦迫 돈박】 쉴 새 없이 재촉함.
【敦比 돈비】 충실하게 다스림. 자세히게 고시함.
【敦尙 돈상】 깊이 숭상함. 敦崇(돈숭).
【敦淳 돈순】 인정이 도탑고 순박함. 敦厚(돈후).
【敦崇 돈숭】 깊이 존중(尊重)함.
【敦實 돈실】 돈후(敦厚)하고 진실함.
【敦雅 돈아】 돈후하고 우아함.
【敦圉 돈어】 크게 노함. 화를 냄.
【敦悅 돈열】 대단히 기뻐함. 敦說(돈열).
【敦閱 돈열】 정성을 들여 조사함.
【敦愿 돈원】 인정이 도탑고 순박함.
【敦諭 돈유】 ①친절하게 타이름. ②의정(議政)과 유현(儒賢)에게 면려(勉勵)하는 임금의 말.
【敦牂 돈장】 고갑자(古甲子)에서 12지의 일곱째인 '오(午)'를 이르는 말.
【敦至 돈지】 마음씨나 주의가 두루 미침.
【敦忠 돈충】 돈후하고 충실함.
【敦學 돈학】 깊이 배움. 학문에 열중함.
【敦害 돈해】 큰 해(害).
【敦化 돈화】 백성을 두텁게 교화함.
【敦厚 돈후】 인정이 도타움. 친절하고 정중함. 敦篤(돈독). 篤厚(독후).
【敦劍 퇴검】 검(劍)으로 쳐서 베거나 자름.
【敦惡 ❶퇴오 ❷돈오】 ❶서로 미워함. 원망하며 미워함. ❷깊이 미워함. 몹시 미워함.
【敦琢 ❶퇴탁 ❷조탁】 ❶가림. 선택함. ❷새기거나 쫌. 彫琢(조탁).
【敦弓 조궁】 활의 이름. 천자(天子)가 쓰던, 그림을 아로새겨 꾸민 활. 畫弓(화궁).

【敦牟 대모】 서직(黍稷)을 담는 옛날 그릇.
◐ 可─, 困─, 陪─, 玉─, 鋪─, 渾─.

支 【散】⑫ ❶흩을 산 閒 sǎn
8   ❷비틀거릴 산 趣 sān

一 卄 丱 艹 昔 昔 昔 散 散 散

[소전][초서][동자] 【字源】會意·形聲.
㪔＋月→㪔＝散.
'㪔(산)'이 음도 나타낸다. 쪼개 나누어(㪔) 놓은 고기(月)라는 데서 '흩다'란 뜻을 나타낸다.
【字解】❶①흩다, 흩뜨리다. 〔易經〕風以散之. ②흩어지다, 헤어지다. 〔大學〕財聚則民散. ③풀어놓다. 〔禮記〕馬散之華山之陽. ❹나누어지다, 분파(分派)하다. 〔漢書〕師徒彌散. ❺쓸모없다. 〔莊子〕散人又惡知散木. ⑥겨를, 여가. 〔韓愈·解〕投閒置散, 乃分之宜也. ⑦한가롭다, 볼일이 없다. ❶散士. ❽가루약. ❶散藥. ❾문체의 이름. 운도 밟지 않고 대구도 쓰지 않는 글. ❶散文. ⑩술잔 이름. 용량 5승(升)의 술잔. 〔詩經〕不過一散. ⑪거문고의 곡조 이름. 〔晉書〕廣陵散. ⑫소략하다. 〔後漢書〕此制散略. ⑬뒤범벅되다, 뒤섞여 혼잡하다. 〔淮南子〕不與物散. ⑭어둡다, 밝지 아니하다. 〔後漢書〕日闇月散. ⑮나누어 주다, 부여하다. 〔書經〕散庶臺之財. ⑯달아나다, 도망가다. 〔呂氏春秋〕貍處堂而衆鼠散. ⑰천하다, 속되다. ❶散樂. ⑱성(姓). ❷비틀거리다, 절룩거리다 ～절다. 〔史記〕槃散行汲.
【散官 산관】 한산한 지위에 있는 관리.
【散畓 산답】 國 한 사람의 소유로 여기저기 흩어져 있는 논.
【散落 산락】 뿔뿔이 흩어짐. 흩어져 떨어짐.
【散錄 산록】 붓 가는 대로 적음. 또는 그 글. 漫錄(만록). 漫筆(만필).
【散僚 산료】 ①하급 관리. ②한가(閒暇)한 관리.
【散吏 산리】 직무가 한가한 관리.
【散馬 산마】 ①길들이지 않은 말. 야생마(野生馬). ②병마(兵馬)를 해산함.
【散亡 산망】 뿔뿔이 흩어져 달아남.
【散賣 산매】 國 물건을 낱개로 팖. 小賣(소매).
【散木 산목】 쓸모없는 나무.
【散文 산문】 글자의 수나 운율의 제한 없이 자유롭게 쓴 문장.
【散髮 산발】 ①머리를 풀어 헤침. 풀어 헤친 머리. ②현실을 버리고 은거(隱居)함.
【散史 산사】 벼슬을 하지 않고 민간에서 문필에만 종사하던 사람. 재야의 문인(文人).
【散釋 산석】 흩어져 녹음. 일의 의혹이 풀림.
【散殊 산수】 각양각색임. 각각 다름.
【散樂 산악】 중국의 속악(俗樂).
【散陽 산양】 겨울에 날씨가 따뜻한 현상. 겨울에 얼지 않거나, 자두·매실(梅實) 따위 여는 것 등을 이름.
【散熱 산열】 열을 방산(放散)함.
【散鬱 산울】 울적한 기분을 풂. 消暢(소창).

【散員 산원】 한가한 관리. 맡은 일이 없는 벼슬아치.
【散位 산위】 직위(職位)만 있고 직무가 없는 벼슬자리.
【散意 산의】 마음을 흩어뜨림. 생각을 딴 데로 돌림.
【散人 산인】 ①벼슬을 하지 않고 민간에서 한가하게 지내는 사람. ②쓸모없는 사람. 무용의 인물. 散士(산사).
【散佚 산일】 흩어져 일부가 빠져 없어짐. 散逸(산일). 散軼(산일).
【散材 산재】 쓸모없는 재목. 쓸모없는 사람. 散木(산목).
【散財 산재】 ①재물을 나누어 줌. ②돈을 씀. 돈을 낭비함.
【散齋 산재】 제사를 지내기 전에 목욕재계(沐浴齋戒)하는 일. 散齊(산재).
【散錢 산전】 ①사슬돈. 잔돈. ②돈을 뿌림.
【散卒 산졸】 ①뿔뿔이 흩어진 병사. ②도망친 군졸.
【散地 산지】 ①자기의 영내(領內)에서 벌어진 싸움터. ▷영내에서 싸울 때는 군사들이 집 생각을 하여 굳은 뜻이 없으므로 흩어지기 쉽다는 데서 생긴 말. ②권세가 없는 한산한 지위. 閒地(한지).
【散職 산직】 일정한 직책(職責)이 없는 벼슬. 散官(산관).
【散秩 산질】 일정한 직책이 없는 관리.
【散策 산책】 한가히 거닒. 散步(산보). ▷'策'은 지팡이.
【散擲 산척】 던져 흩뜨림. 흩뜨려 던짐.
【散草 산초】 ①묶지 않은 살담배. ②진(晉)의 채모(蔡謨)에서 비롯된 초서체(草書體)의 하나. 飛草(비초).
【散布 산포】 흩어 뿌림. 撒布(살포).
【散華 산화】 ①낙화(落花)가 되어 흩어짐. ②전쟁에서 죽음. ③부처를 공양하기 위하여 꽃을 뿌림. 散花(산화).
【散花 산화】 ①꽃을 뿌림. ②⇨散華(산화)③.
◐ 開─, 潰─, 亡─, 霧─, 發─, 放─, 犇─, 飛─, 四─, 消─, 零─, 雲消霧─, 流─, 移─, 離─, 集─, 聚─, 退─, 敗─, 飄─, 風飛雹─, 閒─, 解─, 魂飛魄─.

支 【敞】⑫ 높을 창 漾 chǎng
8
[소전][초서] 【字解】 ❶높다, 높고 평평하다. 〔史記〕行營高敞地. ②드러나다, 드러내다. 〔王粲·賦〕實顯敞而寡仇. ③널찍한 모양, 광대(廣大)한 모양. ❶敞罔. ④마음을 빼앗겨 멍하다. 〔漢書〕敞罔靡徙.
【敞麗 창려】 광활하고 화려함.
【敞罔 창망】 ①크거나 넓은 모양. ②자기 자신을 잃고 멍한 모양. 뜻을 얻지 못한 모양. 愴悧(창망).
【敞豁 창활】 탁 트여서 시원스러운 모양.
◐ 高─, 廣─, 博─, 平─, 弘─.

攴部 8~9획 敠 敝 敬

敠 ⑫ 달 철 圖 duō
字解 ①달다, 손으로 무게를 헤아리다. ②저절로 오다, 부르지 아니하였는데 오다.

敝 ⑫ ❶해어질 폐 圖 bì ❷힘쓸 폐 ㊀비 紙 ❸옷 별 屑
字解 ❶①해어지다, 옷이 떨어지다. ¶ 敝衣. ②깨지다, 부서지다. 〔易經〕甕敝漏. ③지다, 패배하다. 〔春秋左氏傳〕敝於韓. ④피폐하다, 지쳐 쇠약하다. ¶ 敝族. ⑤망하다, 다하다. 〔淮南子〕齒堅於舌而先之敝. ⑥깨뜨리다, 부수다, 해치다. 〔史記〕靡敝中國. ⑦버리다, 내버리다. 〔禮記〕冠而敝之可也. ⑧피폐하게 하다, 쇠하게 하다. 〔春秋左氏傳〕還師以敝楚. ⑨자기를 낮추는 뜻을 나타내는 말. ≒弊. ⑩덮어 가리다, 덮어 숨기다. ≒蔽. 〔禮記〕必見其敝. ⑪줌통. 〔周禮〕長其畏而薄其敝. ⑫성(姓). ❷힘쓰다. 〔莊子〕敝跬譽無用之言. ❸옷, 천한 사람이 입는 옷. ¶ 敝膝.

【敝甲 폐갑】 해어진 갑옷. 弊甲(폐갑).
【敝蓋 폐개】 해어진 수레의 덮개.
【敝蹻 폐갹】 해어진 짚신. 소용없는 물건.
【敝居 폐거】 자기 집의 겸칭(謙稱).
【敝垢 폐구】 해어지고 때 묻음.
【敝裘 폐구】 해어진 갖옷.
【敝跬 폐규】 크게 힘써 일하는 모양.
【敝屩 폐극】 다 닳아서 못 신게 된 나막신.
【敝衲 폐납】 해어진 장삼(長衫).
【敝廬 폐려】 ①허술한 집. 廢屋(폐옥). ②자기 집에 대한 겸칭. 敝居(폐거).
【敝履 폐리】 닳아서 못 신게 된 짚신. 敝屨(폐리).
【敝笠 폐립】 부서져 못 쓰게 된 갓. 破笠(파립).
【敝賦 폐부】 자기 군병(軍兵)의 겸칭. ✎ '賦'는 '兵'으로 군대를 뜻함.
【敝惡 폐악】 해어지고 더러움. 낡고 나쁨.
【敝縕袍 폐온포】 해어진 솜옷. 떨어진 핫옷.
【敝衣破冠 폐의파관】 해어진 옷과 부서진 갓. 구차한 차림새.
【敝人 폐인】 ①비천(卑賤)한 사람. ②피로한 병졸. 敝卒(폐졸). ③자기의 겸칭. 小生(소생).
【敝族 폐족】 ①쇠퇴한 집안. ②자기 일족에 대한 겸칭.
【敝帚 폐추】 ①모지랑비. ②자기 분수도 모르고 자랑함.
【敝翳 폐예】 가려서 보이지 않음. 덮어서 가림.
【敝膝 ❶폐슬 ❷폐슬】 ❶천한 사람의 옷. ❷國 조복(朝服)·제복(祭服)을 입을 때 가슴에서 늘어뜨려 무릎을 가리는 헝겊.

◐ 靡-, 衰-, 積-, 破-, 疲-, 毁-.

敬 ⑬ 공경할 경 圖 jìng
字解 ①공경하다. 〔荀子〕王者敬日. ②훈계하다, 잡도리하다. 〔詩經〕既敬既戒. ③정중하다, 예의가 바르다. 〔史記〕敬順昊天. ④삼가다, 마음을 절제하다. 〔詩經〕夙夜敬止. ⑤예(禮), 감사하는 예. 〔後漢書〕遣生送敬.

【敬戒 경계】 삼가고 경계함.
【敬恭 경공】 존경하고 섬김. 공손히 섬김. 恭敬(공경).
【敬勤 경근】 삼가며 힘씀. 근신하고 근면함.
【敬謹 경근】 공경하고 삼감.
【敬諾 경낙】 공손히 승낙함.
【敬內義外 경내의외】 근신(謹愼)으로써 내심(內心)을 바르게 하고, 의(義)로써 외물(外物)을 바르게 함.
【敬昵 경닐】 공경하고 친애(親愛)함.
【敬覽 경람】 삼가 봄.
【敬文 경문】 정중한 태도와 예의 바른 모양.
【敬敏 경민】 공손하고 총명함.
【敬服 경복】 공경하여 복종함. 존경하여 심복(心服)함.
【敬敷 경부】 삼가 널리 폄.
【敬事 경사】 ①일을 삼가 행함. ②삼가 섬김.
【敬遜 경손】 신중하고 공손함.
【敬順 경순】 삼가 좇음. 공경하여 순종함.
【敬崇 경숭】 존경힘. 숭상(崇尙)힘.
【敬承 경승】 ①삼가 받듦. ②삼가 계승함.
【敬視 경시】 삼가 봄. 공손히 봄.
【敬仰 경앙】 존경하여 우러름.
【敬若 경약】 공경하고 순종함. 敬順(경순).
【敬憶 경억】 우러러 생각함.
【敬畏 경외】 공경하고 두려워함. 敬懼(경구).
【敬遠 경원】 ①겉으로는 공경하는 체하나 속으로는 꺼려 멀리함. ②존경하나 가까이하지 않음. 敬而遠之(경이원지).
【敬挹 경읍】 공경하고 자기를 낮춤.
【敬應 경응】 삼가 뒤좇음.
【敬異 경이】 특별히 존경함.
【敬而遠之 경이원지】 ①귀신을 공경하여 모독하지도 않고, 귀신이 내리는 화복(禍福)에도 마음을 쓰지 않음. ②☞敬遠(경원).
【敬以直內 경이직내】 공경으로써 마음을 바르게 함.
【敬弔 경조】 삼가 죽은 이를 조상함.
【敬從 경종】 공경하여 복종함.
【敬重 경중】 존경하고 중히 여김.
【敬止 경지】 삼가 멈추어야 할 곳에 멈춤.
【敬職 경직】 직무(職務)를 소중히 여김.
【敬天愛人 경천애인】 하늘을 공경하고 사람을 사랑함.
【敬請 경청】 삼가 청함.
【敬寵 경총】 공경하고 사랑함.
【敬忠 경충】 임금을 공경하고 충성을 다함.

【敬稱 경칭】①공경하여 부르는 칭호(稱號). ②존대하여 이름.
【敬憚 경탄】공경하면서 한편 두려워함. 敬畏(경외).
【敬歎 경탄】공경하여 탄복함.
【敬厚 경후】공경하여 후히 대접함. 敬重(경중).
● 居-, 謙-, 恭-, 謹-, 篤-, 拜-, 不-, 誠-, 愛-, 畏-, 尊-, 忠-, 欽-.

支 9 【敨】⑬ 敬(749)의 본자

支 9 【𣀤】⑬ 敦(747)과 동자

支 9 【数】⑬ 數(750)의 속자

支 9 【敭】⑬ 揚(709)의 고자

支 9 【㱣】⑬ 殘(915)과 동자

支 10 【敲】⑭ 두드릴 고 屑 qiāo

[字解] ①두드리다, 가볍게 두드리다. 〔春秋左氏傳〕奪之杖以敲之. ②매, 짤막한 회초리. 〔賈誼·論〕執敲扑以鞭笞天下.
【敲撼 고감】두드리고 흔듦.
【敲金擊石 고금격석】쇠를 두드리고 돌을 침. 시문(詩文)의 운율(韻律)·성조(聲調)가 매우 훌륭함.
【敲扑 고복】①매. ②매질함.
【敲石 고석】부싯돌. 부싯돌을 침.

支 10 【高攴】⑭ 敲(750)와 동자

支 10 【敷】⑭ 敷(750)와 동자

支 11 【敺】⑮ 驅(2059)의 고자

支 11 【敹】⑮ 가릴 료 蕭 liáo

[字解] 가리다, 고르다, 선택하다. 〔書經〕善敹乃甲胄.

支 11 【敷】⑮ 펼 부 虞 fū

[字解] ①펴다. ㉮넓게 깔거나 벌리다. ¶敷設. ㉯널리 베풀다, 널리 실시하다. ¶敷政. ㉰널리 공포하다, 진술하다. ¶敷奏. ②나누다, 분할하다. ¶敷土. ③퍼지다, 널리 흩어지다. 〔書經〕文命敷于四海. ④다스리다. 〔孟子〕舉舜而敷治焉. ⑤두루, 널리. 〔詩經〕敷求先王. ⑥초목이 번무(繁茂)하다. 〔漢書〕篠簜旣敷. ⑦이어지다, 잇닿다. 〔韓愈·詩〕敷散花披萼.
【敷告 부고】널리 알림. 布告(포고).
【敷教 부교】가르침을 널리 베풂.
【敷求 부구】널리 구함.
【敷敷 부부】넓게 이어져 있는 모양.
【敷宣 부선】널리 베풂. 널리 보급함.
【敷設 부설】철도·교량·지뢰 등을 설치함.
【敷揚 부양】널리 세상에 나타냄.
【敷衍 부연】①널리 폄. ②알기 쉽게 덧붙여 설명함.
【敷榮 부영】초목이 번성(繁盛)함.
【敷愉 부유】즐김. 기쁨을 나타냄.
【敷政 부정】정사(政事)를 널리 베풂.
【敷奏 부주】의견을 사룀.
【敷地 부지】건물·도로 등을 짓거나 만드는 데 쓰이는 땅.
【敷贊 부찬】널리 펴서 도움.
【敷治 부치】다스림. 분담하여 다스림.
【敷土 부토】①토지를 나눔. ②토지를 다스림. 흙이나 모래를 펴서 깖.
【敷化 부화】교화(敎化)를 폄. 布化(포화).
● 光-, 紛-, 森-, 星-, 弘-.

支 11 【敷】⑮ 敷(750)와 동자

支 11 【數】⑮
❶셀 수 麌 shǔ
❷수 수 遇 shù
❸자주 삭 藥 shuò
❹빠를 속 屋 shuò
❺촘촘할 촉 沃 shuò

[參考] 대법원 지정 인명용 한자의 음은 '수·삭'이다.
[字源] 形聲. 婁+攴→數. '婁(루)'가 음을 나타낸다.
[字解] ❶①세다, 계산하다. 〔周禮〕以歲之上下數邦用. ②셈에 넣다, 세어서 취하다. 〔魏志〕餘子碌碌, 莫足數. ③세어서 말하다, 들어 말하다. 〔禮記〕遽數之, 不能終其物. ④헤아리다, 생각하다. 〔詩經〕心焉數之. ⑤살피다, 조사하여 보다. 〔荀子〕不足數於大君之前. ⑥책하다, 죄목을 하나하나 들어 책망하다. 〔史記〕數嬰之罪. ❷①수, 양(量)을 헤아릴 때의 수. 1, 2, 3, …등. ②일정한 수량이나 수효. 〔周禮〕男巫無數, 女巫無數. ③약간, 서너너덧, 대여섯. 〔孟子〕數口之家. ④산법(算法), 셈. 주대(周代)의 육예(六藝)의 하나. 〔周禮〕禮樂射御書

支部 11～12획 數數敵隊叟敲

數. ❺규칙, 예법(禮法). 〔太玄經〕 數爲品式. ❻등급, 구분. 〔春秋左氏傳〕 滋而後有數. ❼이치, 도리. 〔老子〕 多言數窮. ❽운명, 운수. 〔江淹·詩〕治亂惟冥數. ❾정세, 되어 가는 형편. 〔呂氏春秋〕知先後遠近縱舍之數. ❿기술, 재주, 솜씨. 〔孟子〕今夫奕之爲數. ⓫꾀, 책략(策略), 〔呂氏春秋〕任其數而已矣. ⓬수단, 방법. 〔荀子〕其數則始乎誦經. ⓭역법(曆法). 〔淮南子〕 周室之執數者也. ⓮점치는 법. 〔史記〕試之卜數. ❸①자주. ¶數飛. ❷자주 하다, 여러 번 되풀이하다. 〔論語〕事君數, 斯辱矣. ❸빨리 하다, 급히 서둘러 하다. 〔淮南子〕數之則不中. ❹황급하다, 바삐 서두르다. ¶數數. ❺다가서다, 접근하다. 〔春秋左氏傳〕無日不數于六卿之門. ❻빠르다. ≒速. 〔禮記〕不知其之遲數. ❺촘촘하다. 〔孟子〕數罟, 不入洿池.
【數刻 수각】 잠시(暫時).
【數窮 수궁】 ❶수궁 ❷삭궁 ❶운수가 트이지 않음. ❷자주 곤란을 당함.
【數奇 수기】 운수가 기박함. 불행함. 불운함.
【數器 수기】 수를 재는 기구. ㉠도량형(度量衡)을 재는 기구. ㉡저울.
【數目 수목】 ❶수목 ❷속목 ❶수. 수효(數爻). ❷빨리 보는 일.
【數米而炊 수미이취】 ①쌀알을 세어 밥을 지음. 좀스러움의 비유. ②인색하거나 생활이 곤궁함.
【數式 수식】 수나 양을 나타내는 숫자나 문자를 계산 기호로 쓴 식.
【數厄 수액】 운수에 관한 재액(災厄).
【數節 수절】 ①두 마디. ②문장 따위의 몇 개의 구절. ③마디가 짧은 대(竹)의 일종.
【數罪 수죄】 죄를 일일이 들어서 책함.
【數珠 수주】 염주(念珠).
【數次 수차】 두서너 차례. 몇 차례.
【數合 수합】 몇 번 적(敵)과 서로 맞부딪침. 몇 차례 적과 교전함.
【數行 수행】 ❶수행 ❷수항 ❶글의 두서너 줄. ❷두서너 줄기 눈물을 뚝뚝 떨어뜨리는 모습.
【數行並下 수행병하】 책을 읽을 때 몇 줄을 한번에 읽어 나감. 독서하는 안목이 날카로움.
【數爻 수효】 사물의 낱낱의 수.
【數飛 삭비】 ①어미 새가 새끼에게 나는 것을 거듭 가르침. ②부모가 자식을 열심히 가르침. ③학문이나 기예(技藝)를 꾸준히 익혀야 함.
【數數 삭삭】 ①자주. 여러 번. 屢次(누차). ②바쁜 모양. 황급히 구하는 모양.
【數遞 삭체】 벼슬아치가 자주 바뀜.
【數罟 촉고】 코가 촘촘한 그물.
❶加−, 假−, 減−, 箇−, 計−, 卷−, 極−, 級−, 奇−, 多−, 大−, 代−, 度−, 等−, 枚−, 命−, 無−, 牛−, 倍−, 番−, 變−, 分−, 算−, 常−, 小−, 少−, 術−, 乘−, 實−, 約−, 曆−, 偶−, 運−, 里−, 人−, 字−, 正−, 指−, 函−, 虛−.

支 11 【數】 ⑮ 數(750)와 동자

支 11 【數】 ⑮ 數(750)의 속자

支 11 【敵】 ⑮ 원수 적 圖 dí

二 十 芮 芮 芮 商 商 啇 啇 敵

소전 敵 초서 敵 간체 敌

字源 形聲. 商+攴→敵. '商(적)' 이 음을 나타낸다.

字解 ①원수. 〔戰國策〕鄰國敵也. ②상대방. ㉠서로 겨루는 상대. ¶敵手. ㉣짝. 〔國語〕在禮, 敵必三讓. ③대등하다, 맞서다. 〔春秋左氏傳〕若以匹敵, 則亦晉君之母也. ④겨루다, 대항하다, 거역하다. 〔春秋左氏傳〕敵君之路. ⑤같다, 보답하다. 〔春秋左氏傳〕敵惠敵怨.
【敵愾 적개】 ①자기 군주에게 원한을 품은 자에게 적대함. 공적(公敵)에게 대항함. ②적과 싸우고자 하는 의기.
【敵國 적국】 ①적대 관계에 있는 나라. ②국력이 엇비슷한 나라. 대등한 제후(諸侯)의 나라. ③재물이 많아서 국가에 필적할 만한 사람.
【敵禮 적례】 대등한 예. 평등한 예.
【敵虜 적로】 적인 오랑캐. 원수들.
【敵樓 적루】 성채(城砦)의 누대(樓臺).
【敵壘 적루】 적군의 보루(堡壘). 적군의 진지. 敵堡(적보).
【敵侔 적모】 힘이 필적함. 역량이 대등함.
【敵手 적수】 ①서로 대적할 만한 상대. ②적의 손길.
【敵讎 적수】 원수. 仇讎(구수).
【敵耦 적우】 대등하게 나란히 섬. 필적(匹敵)함. 敵偶(적우).
【敵僞 적위】 적이 꾸민 계략. 적의 함정.
【敵戰 적전】 적대(敵對)하여 싸움.
【敵情 적정】 적군의 사정이나 형편.
【敵衆 적중】 ①많은 사람에 필적함. ②적의 인원수.
【敵陣 적진】 적의 진영(陣營).
【敵體 적체】 동렬(同列)임. 상하위(上下位) 구별이 없음. 대등한 사람.
【敵彈 적탄】 적군이 쏜 총알이나 포탄.
【敵惠 적혜】 은혜에 보답함.
【敵患 적환】 적의 침범이나 습격에 대한 근심.
❶強−, 公−, 仇−, 國−, 大−, 對−, 無−, 雄−, 怨−, 政−, 天−, 匹−.

支 11 【隊】 ⑮ 벌여 놓을 진 圖 chén

소전 隊 통자 陳 字解 벌여 놓다, 늘어놓다. 〔楚辭〕隊鐘按鼓.

支 11 【叟】 ⑮ 叟(373)의 본자

支 12 【敲】 ⑯ 맬 교 圖 jiāo

支 12 【散】⑯ 散(748)과 동자

支 12 【敾】⑯ 國사람 이름 선
字解 사람 이름.

支 12 【整】⑯ 가지런할 정 硬 zhěng

字源 會意·形聲. 束+攴+正→整. 어떤 사물을 쳐서(攴) 다발을 지어(束) 바룬다(正)는 데서 '가지런히 하다'란 뜻을 나타낸다. '正(정)'이 음도 나타낸다.
字解 ①가지런하다, 정돈되다.〔春秋左氏傳〕戎輕而不整. ②가지런히 하다. 정돈하다.〔詩經〕爰整其旅. ③現우수리 없는 모양, 꼭. 돈의 액수 아래에 붙인다.

【整軍 정군】군대를 정돈함. 整旅(정려).
【整襟 정금】옷깃을 여밈. 용의를 단정히 함.
【整頓 정돈】가지런히 바로잡음.
【整旅 정려】군대를 정돈함. 整軍(정군).
【整厲 정려】몸을 바로 하고 기운을 차림.
【整列 정렬】가지런히 열(列)을 맞추어 섬.
【整勒 정륵】조절하고 통어(統御)함. 훈련함.
【整理 정리】①어수선하거나 어지러운 것을 바로잡음. ②체계적으로 분류하고 종합함. ③문제가 되거나 불필요한 것을 줄이거나 없애서 바로잡음.
【整武 정무】군비(軍備)를 정돈함.
【整比 정비】정리하여 늘어놓음.
【整備 정비】①가다듬어 바로 갖춤. ②매만져 보살피거나 수리함.
【整秀 정수】단정하고 준수(俊秀)함.
【整肅 정숙】정돈되어 있고 엄숙함.
【整飾 정식】정돈하고 꾸밈. 일에 조리가 있음.
【整嚴 정엄】바르고 엄숙함. 整肅(정숙).
【整然 정연】가지런하고 질서가 있음.
【整儀 정의】위의(威儀)를 바로잡음.
【整整 정정】단정하게 갖추어진 모양.
【整齊 정제】①한결같이 가지런함. 정돈하여 가지런히 함. ②매무시를 바르게 함.
【整峻 정준】단정하고 엄함. 바르고 거룩함.
【整地 정지】땅을 반반하게 고름.
❶ 端―, 不―脈, 修―, 肅―, 嚴―, 完―, 裁―, 齊―, 調―, 平―.

支 12 【𢿐】⑯ 整(752)과 동자

支 13 【斂】⑰ ❶거둘 렴 鹽 liǎn
❷지명 렴 鹽 liǎn

字解 ❶①거두다. ㉮흩어져 있는 것을 모으다.〔荀子〕下斂黨與. ㉯긁어모으다, 부과(賦課)하여 거두어들이다.〔書經〕降監殷民, 用乂讎斂. ㉰거두어들이다.〔詩經〕此有不斂穧. ②넣다, 저장하다.〔周禮〕旣射則斂之. ③숨기다, 숨기려고 그만두다. ¶斂迹. ④오므리다. ¶斂手. ⑤단속하다, 잡도리하다.〔漢書〕閉戶自斂. ⑥염하다. 시체에 옷을 입히는 일이 소렴(小斂), 관(棺)에 시체를 넣는 일이 대렴(大斂)이다. =殮. ⑦장사(葬事)하다, 장사 지내다. =窆. ¶斂死. ⑧거의, 대략. ≒儉. 〔史記〕去沙丘鉅鹿, 斂三百里. ⑨험하다. ≒險.〔呂氏春秋〕門中有斂陷. ⑩성(姓). ❷지명(地名).〔春秋左氏傳〕晉侯齊侯盟于斂盂.

【斂去 염거】하던 일을 그만두고 달아남.
【斂更 염경】거두어들여 바꿈.
【斂局 염국】①한 판을 끝냄. ②노름에서 이김.
【斂衾 염금】상(牀)에 옮겨 놓을 때 시체를 덮는 이불.
【斂襟 염금】옷깃을 여밈.
【斂眉 염미】눈살을 찌푸림. 언짢은 낯을 함.
【斂髮 염발】머리를 쪽지거나 틀어 올림.
【斂死 염사】죽은 자를 거두어 장사함.
【斂手 염수】①손을 오므림. 두려워하고 삼감. ②두 손을 공손히 모아 잡고 서 있음.
【斂兵 염병】무릎을 가지런히 모아 앉음.
【斂容 염용】용모를 단정히 하여 경의를 표함.
【斂翼 염익】날개를 접음. 날기를 그만둠.
【斂衽 염임】옷깃을 여밈. 복장을 단정히 함.
【斂藏 염장】거두어 감춤. 거두어 모음. 축적함.
【斂迹 염적】①자취를 감춤. 두려워서 몸을 삼감. ②관계하던 일에서 발을 뺌. 斂跡(염적).
【斂錢 염전】돈을 거두어 모음.
【斂足 염족】발을 옴츠림. ㉠삼가며 나아가는 모양. ㉡두려워서 나아가지 못하는 모양.
【斂聚 염취】거두어들임.
【斂昏 염혼】황혼(黃昏).
【斂穫 염확】곡물 따위를 거두어들임.
❶ 苟―, 大―, 小―, 收―, 出―, 聚―, 含―.

支 13 【斁】⑰ ❶싫어할 역 陌 yì
❷갤 두 遇 dù
❸바를 도 虞 tú

字解 ❶①싫어하다, 싫증나다.〔詩經〕服之無斁. ②성(盛)하다, 성한 모양.〔詩經〕庸鼓有斁. ③가리다, 선택하다.〔詩經〕古之人無斁. ❷①깨다, 부수다.〔書經〕彛倫攸斁. ②정도. ≒度.〔後漢書〕惟盤逸之無斁. ❸바르다, 칠하다. ≒塗.〔周禮〕斁丹臒.

支 13 【斀】⑰ 형벌 탁 覺 zhuó

字解 형벌. 불알을 까는 형벌의 한 가지.〔周禮〕刖斀黥劓.

支部 14~16획

【𣀏】⑱ 버릴 수 因 chóu
字解 ①버리다. 〔詩經〕無我𣀏兮.
②치다, 토벌하다. ≒討.

【𢿙】⑱ 저절로 올 총 因 zōng
字解 저절로 오다, 부르지 않았는데도 오다.

【斀】⑱ 찌를 탁 本착 覺 chuō, zhuó
字解 ①찌르다. 〔五燈會元〕會把虛空一斀破.
②주다. ③아프다. ④찧다. ⑤쌓다.

【斃】⑱ 넘어질 폐 霽 bì
字解 ①넘어지다, 쓰러지다. ¶斃踣. ②넘어져서 죽다. 〔禮記〕斃以後已. ③넘어뜨리다, 넘어뜨려 죽게 하다. 〔禮記〕射之斃一人.
【斃踣 폐북·폐부】넘어짐.
【斃死 폐사】쓰러져 죽음.
【斃而後已 폐이후이】죽을 때까지 그치지 않고 힘씀. 최선을 다하다가 죽은 뒤에야 그침. 死而後已(사이후이).

【𢻹】⑲ ❶털 긴 소리 리 因 lí
❷땅 이름 태 因 tái
字解 ❶털이 긴 소. ≒犛. ❷땅 이름. 오늘날의 섬서성(陝西省) 무공현(武功縣)의 서남쪽.

【斅】⑳ 가르칠 효 因 xiào
字解 가르치다, 교육하다. ≒學·教. 〔書經〕盤康斅于民.
【斅學半 효학반】남을 가르치는 일은 자기 학업의 반을 차지함. 학업의 반은 남을 가르치는 동안에 이루어짐.
【斅學相長 효학상장】남을 가르치는 일과 자신의 학문을 닦는 일은 서로 도움이 됨. 教學相長(교학상장).

【斆】⑳ 斅(753)와 동자

文部

4획 부수 | 글월문부

【文】④ ❶무늬 문 因 wén
❷꾸밀 문 圖 wén

字源 象形. 무늬가 놓인 모양을 본뜬 글자.
字解 ❶①무늬. 〔禮記〕五色成文而不亂. ②채색, 빛깔. 〔山海經〕赤水之, 東爰有文貝. ③반점. ¶文魚. ④결, 나뭇결. ¶文梓. ⑤조리(條理). ¶文理. ⑥아름다운 외관(外觀). 〔論語〕文質彬彬. ⑦법도(法度), 예의(禮儀), 위의(威儀). 〔國語〕以文脩之. ⑧예악 제도(禮樂制度). ¶文教. ⑨나타남, 현상(現象). ¶天文. ⑩글자. 글자 중에서 한 자 한 자가 뜻을 나타내는 글자. 〔中庸〕書同文, 車同軌. ⑪서적, 책. 〔國語〕小不從文. ⑫어구(語句), 말. 〔孟子〕不以文害辭. ⑬글월, 문장. 운문(韻文)과 산문(散文)을 통틀어 이르는 말. ¶感想文. ⑭산문(散文). ¶詩文. ⑮무사(武事) 이외의 일. ¶文武兼全. ⑯학문이나 예술. 〔論語〕行有餘力, 則以學文. ⑰돈, 엽전. 둥근 주화(鑄貨)의 한가운데에 네모의 구멍이 나 있는 전화(錢貨)의. ¶一文. ⑱빛나다, 화려하다. 〔荀子〕多言則文而類. ⑲아름답다. 선미(善美)하다. 〔禮記〕以進爲文. ⑳어지러워지다. ≒紊. 〔書經〕咸秩無文. ㉑고악(鼓樂)의 이름. 〔禮記〕始奏以文, 復亂以武. ㉒주(周) 문왕(文王)의 약칭. 〔詩經〕下武繼文也. ㉓문체(文體)의 한 가지. ¶四六騈儷文. ㉔성(姓). ㉕國신발 치수의 단위. ❷①꾸미다. ④모양이 나도록 꾸미다. 〔國語〕文錯其服. ④정돈하다, 가지런하게 하다. 〔論語〕文之以禮樂. ㉒잘못을 잘못이 아닌 양 꾸미다. 〔論語〕小人之過也, 必文. ②문신(文身)하다, 자자(刺字)하다. 〔禮記〕被髮文身.
【文竿 문간】물총새의 깃으로 장식한 낚싯대.
【文甲 문갑】대모(玳瑁)의 딴 이름.
【文傑 문걸】문사(文詞)에 뛰어난 사람.
【文格 문격】①글의 품격. ②글을 짓는 격식. 文體(문체).
【文檄 문격】격문(檄文).
【文稿 문고】문장의 초고(草稿).
【文藁 문고】한 사람의 시문을 모아 놓은 원고.
【文縠 문곡】무늬 있는 오글쪼글한 비단.
【文科 문과】①경학 문장(經學文章)으로써 문관(文官)을 뽑던 과거. ②대학에서, 문학 내지 인문 과학에 관한 학과(學科).
【文過 문과】허물을 감추기 위하여 꾸밈.
【文過其實 문과기실】꾸밈이 실제보다 더함.
【文過遂非 문과수비】허물을 숨겨서 마침내 잘못됨. 허물을 어물어물 숨기고 뉘우치지 않음.
【文魁 문괴】문과(文科)의 장원(壯元).
【文交 문교】글로써 사귐. 文字交(문자교).
【文巧 문교】①화려하고 교묘함. ②꾸미고 거짓말함.
【文教 문교】①예악 법도(禮樂法度)로써 민속(民俗)을 교화함. 教育(교육). ②문화와 교육.
【文驕 문교】학식을 믿고 부리는 교만.
【文禽 문금】공작(孔雀)·산꿩·원앙(鴛鴦)의 딴 이름.

【文氣 문기】 문장의 기세.
【文綺 문기】 채문(彩文)이 있는 비단.
【文壇 문단】 문인(文人)들의 사회. 文苑(문원).
【文恬武嬉 문념무희】 세상이 태평하여 문관이나 무관이 안일(安逸)에 빠짐.
【文當學遷 문당학천】 문장은 마땅히 사마천(司馬遷)을 배울 것임.
【文牘 문독】 ①편지. ②공무상의 서류.
【文棟 문동】 문단(文壇)의 동량(棟梁).
【文練 문련】 무늬가 있는 누인 비단.
【文吏 문리】 ①문관(文官). 문신(文臣). ②법률을 다루는 관리.
【文理 문리】 ①문장의 조리. 文脈(문맥). ②글의 뜻을 아는 힘. ③결. 무늬.
【文林 문림】 ①문인들의 사회. 文壇(문단). ②시문을 모은 것. 詩文集(시문집).
【文莫 문막】 힘씀. 힘써 행함.
【文罔 문망】 법. 규범(規範). 文網(문망).
【文望 문망】 학문으로 널리 알려진 명망(名望).
【文盲 문맹】 글자를 읽지 못함. 글자를 읽지 못하는 사람. 까막눈이.
【文面 문면】 ①문장에 나타난 대강의 내용. ②서면(書面). ③문신(文身)한 얼굴.
【文名 문명】 글을 잘한다는 명성. 文聲(문성).
【文命 문명】 ①문덕(文德)의 가르침. ②하(夏)의 우왕(禹王)의 이름.
【文明 문명】 ①문채(文彩)가 있고 빛남. ②덕(德)이나 교양이 갖추어져 훌륭함.
【文貌 문모】 몸가짐. 행동거지.
【文廟 문묘】 공자(孔子)를 모신 사당.
【文武 문무】 ①문덕(文德)과 무공(武功). 문치(文治)와 무사(武事). ②문재(文才)와 무략(武略). ③문신(文臣)과 무장(武將). 문무 관원. ④주(周)의 문왕(文王)과 무왕(武王).
【文舞 문무】 아악(雅樂)을 연주할 때, 문관의 복색으로 추는 일무(佾舞).
【文武兼全 문무겸전】 문식(文識)과 무략(武略)을 다 갖춤.
【文武火 문무화】 문화(文火)와 무화(武火). 뭉근하게 타는 불과 강하게 타는 불.
【文墨 문묵】 ①시문을 짓거나 서화를 하는 일. 文筆(문필). ②법률.
【文物 문물】 학문·예술·종교 따위의 문화의 산물(産物).
【文舫 문방】 화려하게 꾸민 배.
【文房 문방】 ①문사(文詞)를 맡아보던 지위. ②독서실. 서재(書齋).
【文房四寶 문방사보】 종이·붓·벼루·먹의 네 가지 문방구. 文房四友(문방사우).
【文範 문범】 ①문장의 모범. 모범이 되는 문장. ②모범이 되는 문장을 모아 엮은 책. 文章軌範(문장궤범).
【文法吏 문법리】 법률에 밝은 관리.
【文柄 문병】 학문상 또는 문치상(文治上)의 권세(權勢).
【文簿 문부】 문서와 장부.
【文不加點 문불가점】 문장이 다 된 뒤에 한 점도 가필(加筆)하지 않음. 문장이 완전무결함.
【文憑 문빙】 증빙 서류.
【文史 문사】 문장과 역사. 문학과 사학(史學).
【文思 문사】 ①재지(才智)와 도덕(道德). 고대에 제왕을 칭송하는 표현으로만 쓰임. ②글을 짓기 위한 구상. ③문장 속에 담겨 있는 사상.
【文選 문선】 ①문관(文官)의 인사 문제나 훈봉(勳封) 등을 사정하는 일. ②많은 글 가운데서 좋은 글만을 가려서 뽑음, 또는 그러한 글을 모은 책.
【文宣王 문선왕】 공자(孔子)의 시호(諡號). 당(唐)의 현종(玄宗)이 추증(追贈)함.
【文繡 문수】 ①그린 무늬와 수놓은 무늬. ②아름다운 옷.
【文術 문술】 학문. 문도(文道).
【文飾 문식】 ①꾸밈. 수식함. ②실수나 잘못을 변명함. 꾸며댐.
【文識 문식】 학문과 지식.
【文深 문심】 ①세밀히 주의함. ②법조문을 고집하여 가혹(苛酷)하게 처벌함.
【文雅 문아】 ①운치가 있고 우아함. ②문사(文事)에 능하고 풍아(風雅)함.
【文樂 문악】 문도(文道)의 음악.
【文案 문안】 문서나 문장의 초안.
【文野 문야】 문명과 야만. 개화와 미개(未開).
【文弱 문약】 문사(文事)에만 골몰하여 나약함.
【文魚 문어】 반점이 있는 물고기.
【文言 문언】 ①주역(周易) 십익(十翼)의 하나인 문언전(文言傳)의 약칭(略稱). 건(乾)과 곤(坤)의 두 괘(卦)를 해석한 것. ②꾸미기만 하고 내용이 없는 말. ③문장.
【文如春華 문여춘화】 문장이 봄 꽃과 같음. 문장이 화려함.
【文譽 문예】 ☞文名(문명).
【文藝 문예】 ①문물(文物)과 학예(學藝). 학문과 예술. ②문학(文學).
【文曜 문요】 문채(文采)가 있고 빛나는 것. 해·달·별 따위.
【文耀 문요】 아름다운 빛.
【文友 문우】 글로써 사귄 벗.
【文運 문운】 ①학문과 예술이 일어나는 기운. 문명의 기운. ②학문상의 기운. 학예의 추세.
【文雄 문웅】 문장이 일세(一世)에 뛰어난 사람. 文傑(문걸). 文豪(문호).
【文囿 문유】 ①문단(文壇). ②문학을 하는 선비.
【文儒 문유】 학자. 뛰어난 유학자.
【文茵 문인】 호피(虎皮)로 만든 깔개. 호피에는 무늬가 있는 데서 이르는 말.
【文人相輕 문인상경】 문인은 서로 상대를 경멸(輕蔑)하는 버릇이다.
【文字交 문자교】 시문(詩文)으로써 서로 사귐.
【文字癖 문자벽】 몹시 글을 좋아하는 성벽.
【文字飮 문자음】 시문(詩文)을 지으면서 술을 마시는 일.
【文章三易 문장삼이】 문장을 짓는 데 세 가지 쉽게 해야 할 것. 보기 쉽게, 알기 쉽게, 읽기 쉽게 지어야 한다는 말.

【文章絕唱 문장절창】 세상에서 가장 뛰어난 문장을 이름.
【文梓 문재】 ①결이 고운 가래나무. ②좋은 재목(材木).
【文政 문정】 문치(文治)를 주로 하는 정치. 학문과 법령을 운용(運用)하여 나라를 다스리는 일. 文治(문치).
【文情 문정】 ①문장과 감정(感情). ②글에 담긴 감정. 글의 운치.
【文藻 문조】 ①문장의 멋. 문채(文彩). ②문장을 짓는 재주. 文才(문재).
【文宗 문종】 문장의 대가(大家)로 세상 사람의 숭앙을 받는 사람. 문학의 大家(대가).
【文酒 문주】 술을 마시며 시문(詩文)을 지음.
【文繪 문증】 무늬가 있는 고운 비단.
【文陣 문진】 문인(文人)들의 사회. 문학의 세계를 군진(軍陣)에 비겨 이르는 말.
【文質 문질】 ①문화(文華)와 질박(質朴). 화려함과 순수함. ②새로운 왕조의 예제(禮制)를 바꾸는 원리가 된 것. 은대(殷代)에는 질(質)을 숭상하고, 주대(周代)에는 문(文)을 숭상하여, 왕조의 교체에 따라 문화와 질박이 바꾸어 가며 쓰인 것을 이름.
【文質彬彬 문질빈빈】 문(文)과 질(質)이 알맞게 섞여 조화를 이룸.
【文質三統 문질삼통】 문질과 삼통. ◐삼통(三統)은 하(夏)의 인통(人統), 은(殷)의 지통(地統), 주(周)의 천통(天統)으로 왕조의 교체에 따라 순환하여 쓰인 것을 이름. 文質(문질).
【文采 문채】 ①오성(五聲)이 화합하여 상응하여 아름다운 음곡(音曲)을 이룸. ②장식(裝飾)의 복 등의 아름답고 화려함. ③문장 저술의 훌륭함. ④빛깔을 넣은 천. 무늬 있는 피륙. ⑤모양. 풍채. 文彩(문채).
【文榱 문최】 무늬를 새긴 화려한 서까래.
【文致 문치】 ①문장의 운치. 문장의 뜻. ②법문을 제멋대로 적용하여 무고한 사람을 죄 주고, 죄가 있는 사람을 구제하는 일. ③문화(文華)의 극치(極致).
【文風 문풍】 ①글의 풍류(風流). ②글을 숭상하는 풍습.
【文翰 문한】 ①문장(文章)과 필묵(筆墨). ②글을 잘 짓는 사람. ③문채 있는 새〔鳥〕.
【文蛤 문합】 ①백합(白蛤). ②오배자(五倍子)의 딴 이름.
【文行忠信 문행충신】 공문(孔門) 교육의 네 가지 강령(綱領). 곧, 시서예악(詩書禮樂)·궁행(躬行)·충성(忠誠)·신실(信實).
【文軒 문헌】 ①화려하게 꾸민 수레. ②그림을 장식한 전각(殿閣)의 난간.
【文憲 문헌】 ①문학의 법. 학문의 길. ②법규(法規).
【文獻 문헌】 ①제도(制度)와 문물(文物)에 관한 문자 자료와 이에 대해 많이 알고 있는 사람. ②연구의 자료가 되는 서적이나 문서.
【文衡 문형】 ①장식(裝飾)이 있는 병거(兵車)의 횡목(橫木). ②國대제학(大提學)의 딴 이름.

【文豪 문호】 뛰어나고 이름 높은 문학가.
【文話 문화】 ①문장 또는 문학에 관한 이야기. ②문장에 쓰이는 말. 文語(문어).
【文華 문화】 ①문명의 화려함. ②문학에 뛰어난 사람. ③문장의 화려함.
【文會 문회】 문사(文事)의 모임. 학문이나 시문(詩文)에 관한 집회.
【文勳 문훈】 문정(文政)의 공적. 문신(文臣)의 공적.

◐ 經-, 古-, 公-, 口-, 今-, 短-, 名-, 複-, 本-, 不-, 祕-, 碑-, 序-, 成-, 言-, 諺-, 衍-, 戀-, 艷-, 英-, 例-, 禮-, 藝-, 人-, 作-, 雜-, 長-, 全-, 前-, 祭-, 條-, 主-, 注-, 呪-, 識-, 彩-, 天-, 祝-, 學-, 漢-, 好-.

文
4 【斉】⑧ 齊(2137)의 속자

文
7 【覓】⑪ 覺(1644)의 속자

文
7 【斎】⑪ 齋(2138)의 속자

文
8 【斑】⑫ 얼룩 반 ▣ bān

字解 ①얼룩, 얼룩진 무늬. ¶斑文. ②어지러워지는 모양. 〔楚辭〕斑陸離其上下. ③나누다. ≒班.
【斑鳩 반구】 산비둘기.
【斑禿 반독】 머리가 군데군데 벗겨짐.
【斑爛 반란】 얼룩무늬가 있고 화려함.
【斑文 반문】 얼룩얼룩한 무늬. 斑紋(반문).
【斑駁 반박】 여러 가지 빛깔이 뒤섞여 아롱진 모양.
【斑白 반백】 희끗희끗하게 센 머리털. 머리털이 희끗희끗하게 센 사람. 頒白(반백).
【斑然 반연】 얼룩얼룩한 모양.
【斑衣之戲 반의지희】 나이가 들어서도 어버이를 잘 봉양함. 故事 춘추 시대 노(魯)나라의 노래자(老萊子)가 일흔 살에도 알록달록한 옷을 입고 늙은 어버이에게 어리광을 부려 어버이의 늙음을 잊게 했다는 고사에서 온 말.
【斑節蝦 반절하】 참새우의 딴 이름.
【斑紬 반주】 명주실과 무명실을 섞어서 짠 피륙. 아랑주.
【斑竹 반죽】 얼룩무늬가 있는 대나무.
【斑指 반지】 한 짝으로 된 가락지.
【斑疹 반진】 마진(痲疹)·성홍열(猩紅熱) 등으로 온몸에 붉고 좁쌀만 한 점이 돋는 병.
【斑布 반포】 반물색의 실과 흰 실을 섞어서 짠 수건감의 폭이 좁은 무명. 반베.

◐ 斕-, 白-, --, 豹-, 虎-.

文
8 【斐】⑫ 아름다울 비 ▣ fěi

文部 8~17획 斌煸鐅爛 斗部 0획 斗

【斐】 ①아름답다, 문채 나는 모양. 〔大學〕有斐君子. ②가벼운 모양. 〔史記〕郁郁斐斐. ③옆으로 쏠리다. 능靡. 〔史記〕斐然爭人事秦.
【斐斐 비비】 ①가벼운 모양. ②무늬가 화려한 모양.
【斐然 비연】 ①문채(文彩)가 있고 아름다운 모양. ②쏠려 향하는 모양.
【斐然成章 비연성장】 학문·수양이 성취되어 문장이 훌륭함.

文8 【斌】 ⑫ 빛날 빈 眞 bīn
①빛나다, 외관(外觀)과 내용이 아름답게 조화되어 있는 모양. =彬. 〔史記〕斌斌多文學之士矣. ②뒤범벅이 된 모양, 뒤섞여 얽힌 모양. 〔潘岳·賦〕士女頒斌而咸戾.
【斌斌 빈빈】 외양과 실질이 잘 어우러져 조화된 모양. 彬彬(빈빈).

文9 【煸】 ⑬ 얼룩얼룩할 반 刪 bān
얼룩얼룩하다, 얼룩진 빛깔이 아름다운 모양.
【煸爛 반란】 ①얼룩져 있는 것이 아름다움. 爛煸(난반). 斑爛(반란). ②문장(文章).

文15 【鐅】 ⑲ 㸌(758)와 동자

文17 【爛】 ㉑ 문채 란 寒 lán
문채, 문채 있는 모양.
【爛斑 난반】 문채 있는 모양. 斑爛(반란).

斗部

4획 부수 | 말두부

【斗】 ④ 말 두 宥 dǒu
丶ソ두斗
象形. 자루가 달려 있는, 물건의 양을 잴 때 쓰던 용기를 본뜬 글자.
①말. ㉮용량의 단위. 10되(升)에 해당하는 용량. 〔漢書〕十升爲斗. ㉯1말(斗)을 되는 용기. 〔淮南子〕角斗桶. ㉰용량을 되는 용기의 총칭. 〔史記〕平斗斛度量. ②구기. 자루가 달린, 술·죽·기름 따위를 푸는 기구. 〔詩經〕酌以大斗. ③별 이름. '斗'라고 할 때에는 대개 북두(北斗)를 지칭하나 원뜻은 북두(北斗)·남두(南斗)·소두(小斗)의 세 별자리를 총칭함. 〔易經〕日中見斗. ④기둥 위에 꾸민 구조. ¶斗栱. ⑤뾰족하다, 툭 튀어나오다. 〔史記〕成山斗入海. ⑥깎아지른 듯이 서 있다. 〔後漢書〕河西斗絕, 在羌胡中. ⑦갑자기. 〔韓愈·詩〕斗覺霜毛一半加. ⑧떨다, 털다. ※抖(674)의 속자(俗字).
【斗覺 두각】 문득 깨달음. 갑자기 느낌.
【斗格 두격】 평미레. 평목.
【斗斛 두곡】 ①곡식을 되는 말과 휘. ◎ '斗'는 10되(升), '斛'은 10말(斗). ②되질하는 일. ③얼마 안 되는 분량.
【斗穀 두곡】 한 말가량 되는 곡식. 말곡식.
【斗栱 두공】 들보 위에 세우는 짧은 기둥. 쪼구미. 동자주(童子柱). 枓栱(두공).
【斗魁 두괴】 북두칠성의 첫째 별에서 넷째 별에 이르는 추(樞)·선(璇)·기(璣)·권(權)의 네 별.
【斗極 두극】 ①북두칠성과 북극성. ②북두칠성.
【斗箕 두기】 28수(宿)에 속하는 두성(斗星)과 기성(箕星).
【斗南 두남】 ①북두칠성 이남(以南). ②천하(天下). 온 세상.
【斗膽 두담】 한 말들이만 한 담. 담력이 큼. 故事 촉(蜀)의 강유(姜維)의 담이 말[斗]처럼 컸다는 고사에서 온 말.
【斗量 두량】 ①말로 됨. 말로 된 분량. ②일을 두루 헤아려 처리함.
【斗祿 두록】 얼마 안 되는 녹봉(祿俸).
【斗門 두문】 ①수문(水門). 둑의 물문. ②북두(北斗)의 문.
【斗柄 두병】 북두칠성에서 국자 모양의 자루에 해당하는 부분. 곧, 다섯째 별에서 일곱째 별까지의 세 별.
【斗城 두성】 작은 성. 작은 고을.
【斗筲 두소】 ①기량이 좁은 사람. ②녹봉이 적음. ◎ '斗'는 한 말들이 말, '筲'는 한 말 두 되들이 죽기(竹器).
【斗升 두승】 ①말과 되. ②극히 적은 양.
【斗食 두식】 ①하루에 한 말의 양식을 먹음. ②녹봉이 적은 낮은 벼슬.
【斗室 두실】 한 말들이만 한 방. 썩 작은 방.
【斗十千 두십천】 미주(美酒) 한 말이 만전(萬錢)의 가치가 있음. ◎ '十千'은 만(萬)의 뜻.
【斗然 두연】 ①문득. ②우뚝 솟은 모양.
【斗屋 두옥】 썩 작은 집.
【斗牛 두우】 ①북두성(北斗星)과 견우성(牽牛星). ②남두성과 견우성.
【斗宇 두우】 온 세상. 우주(宇宙).
【斗入 두입】 날카롭게 들이박힘.
【斗儲 두저】 약간의 저축(貯蓄). 얼마 안 되는 재산.
【斗絕 두절】 절벽처럼 험준하게 솟음.
【斗折蛇行 두절사행】 북두칠성처럼 꺾이고, 뱀이 기어가듯 꼬불꼬불함.
【斗酒百篇 두주백편】 한 말의 술을 마시며, 그 동안에 시(詩) 백 편을 지음. 故事 이백(李白)

이 술을 사랑하여, 음주 중에 곧잘 시를 지은 고사에서 온 말.
【斗酒隻鷄 두주척계】 한 말의 술과 한 마리의 닭. 죽은 벗을 생각하는 정. 故事 위(魏)의 조조(曹操)가 지기(知己)인 교현(橋玄)의 묘소에 참배하면서 한 말.
◐ 科-, 南-, 漏-, 大-, 墨-, 北-, 星-, 小-, 升-, 玉-, 刁-, 抽-, 泰-, 火-.

斗 5 【斛】⑨ 斟(758)과 동자

斗 6 【斝】⑩ 斝(758)의 속자

斗 6 【酙】⑩ 斟(757)과 동자

斗 6 【料】⑩ 되질할 료 ❶❷ liào

`` ´´ ⺍ 斗 米 米 米 料 料

소전 耗 초서 料 字源 會意. 米+斗→料. 쌀[米]이 말[斗] 속에 들어 있다는 데서 '되질하다, 헤아리다'의 뜻을 나타낸다.
字解 ❶되질하다, 말로 용량을 헤아리다. 〔史記〕嘗爲季氏史, 料量平. ❷세다, 수효를 세다. 〔國語〕王料民於太原. ❸헤아리다, 생각하다. 〔諸葛亮·表〕凡事如是, 難可逆料. ❹다스리다, 꾀하다. 〔蜀志〕當與卿共料四海之士. ❺쓰다듬다, 집다. 〔莊子〕料虎頭. ❻녹(祿), 급여(給與). 〔新唐書〕給外官半料. ❼거리, 감. 〔朱子類語〕或賤而爲厠料. ❽사료(飼料). 〔新五代史〕食以三品料. ❾國삯, 값.
【料簡 요간】 헤아려서 선택함. 가려 뽑음. 料揀(요간).
【料計冤情 요계원정】 억울한 죄의 실정을 헤아려 생각함.
【料給 요급】 급료(給料).
【料得 요득】 헤아림. 짐작함.
【料量 요량】 잘 헤아려 생각함.
【料理 요리】 ①헤아려 다스림. 규모 있게 처리함. ②돌봄. 시중을 듦. ③國음식물을 조리함.
【料米 요미】 급료로 주는 쌀.
【料民 요민】 백성의 수효를 헤아림.
【料外 요외】 뜻밖. 생각 밖.
【料峭 요초】 봄바람이 찬 모양.
【料度 요탁】 남의 심중을 헤아림.
◐ 給-, 垈-, 肥-, 史-, 思-, 顔-, 燃-, 染-, 原-, 有-, 飮-, 資-, 材-.

斗 7 【斛】⑪ 휘 곡 木 혹 風 hú

소전 斛 초서 斛 동자 斞 字源 ①휘. ㉮10 말[斗]의 용량(容量). 〔儀禮〕十斗曰斛. ㉯곡식을 되는 그릇의

총칭. 〔史記〕平斗斛度量. ②헤아리다. 〔太玄經〕日月相斛.
【斛斗 곡두】 양(量)을 되는 그릇의 총칭. '斛'은 10두(斗), '斗'는 10승(升).
◐ 斗-, 石-, 小-, 升-, 儲-.

〈斛①〉

斗 7 【斢】⑪ 斗(756)의 속자

斗 7 【斜】⑪ ❶비낄 사 厖 xié
❷땅 이름 야 厖 yé

`` ´´ ⺍ ㇳ 亽 余 余 余-斜

소전 絈 초서 斜 參考 대법원 지정 인명용 한자의 음은 '사'이다.
字源 形聲. 余+斗→斜. '余(여)'가 음을 나타낸다.
字解 ❶①비끼다. ㉮비끼다, 비스듬하다. 〔陸龜蒙·詩〕風斜細雨相逢. ㉯기울다. 〔白居易·詩〕低斜力不支. ㉰지다, 해나 달이 기울다. 〔南史〕白日西斜. ②굽다, 구불구불하다. 〔梁簡文帝·銘〕紫水廻斜. ③성(姓). ❷땅 이름. 지금의 섬서성(陝西省)에 있다. 〔班固·賦〕右界褒斜隴首之險.
【斜柯 사가】 비스듬히 기욺.
【斜景 ❶사경 ❷사영】 ❶①저녁 해, 석양(夕陽). ②노년(老年). ❷=斜影(사영).
【斜窺 사규】 비스듬히 엿봄.
【斜敧 사기】 비스듬히 기욺. 경사짐.
【斜路 사로】 ①비탈길. ②큰길에서 비껴 나간 길.
【斜面 사면】 경사진 면. 비탈.
【斜瞥 사별】 곁눈질로 잠깐 봄. 흘끗 봄.
【斜封 사봉】 조정의 올바른 명령에 의해 제수되지 않음.
【斜斜 사사】 ①경사진 모양. 기운 모양. ②비나 눈이 오는 모양. ③달빛 따위가 비스듬히 비치는 모양.
【斜線 사선】 비스듬하게 비껴 그은 선. 빗금.
【斜視 사시】 ①곁눈질로 봄. ②사팔눈.
【斜陽 사양】 ①기울어지는 해. 저녁볕. ②왕성하지 못하고 시들어지는 현상.
【斜影 사영】 비스듬히 비낀 그림자.
【斜縈 사영】 비스듬히 휘감김.
【斜雨 사우】 바람에 비껴 뿌리는 비.
【斜月 사월】 서쪽으로 기울어진 달. 막 지려 하는 달.
【斜位 사위】 배 속에 있는 태아의 위치가 바르지 못하고 비스듬히 놓여 있는 상태.
【斜截 사절】 비스듬히 자름.
【斜瞻 사첨】 곁눈질하여 봄. 斜視(사시).
【斜矗 사촉】 비스듬히 솟음.
【斜風細雨 사풍세우】 비껴 부는 바람과 가늘게

내리는 비. 細雨斜風(세우사풍).
【斜皮 사피】國장구의 줄을 고를 때 늦추었다 죄었다 하는 가죽 고리.
【斜漢 사한】은하수(銀河水).
【斜巷 사항】노는 계집의 거리. 유곽(遊廓).
【斜暉 사휘】저녁의 햇빛. 斜照(사조).
○ 傾―, 西―, 狹―, 廻―, 橫―.

斗8【斝】⑫ 술잔 가 馬 jiǎ

字解 ①술잔, 옥(玉)으로 만든 술잔. 하(夏)나라에서는 잔(琖), 은(殷)나라에서는 가(斝), 주대(周代)에는 작(爵)이라 하였다. 〔詩經〕洗爵奠斝. ②빌다, 신(神)에게 복을 빌다.
【斝歷 가력】옥배(玉杯)에 남은 술. ◯ '歷'은 '瀝'으로 '잔에 남은 술'을 뜻함.
【斝耳 가이】옥으로 만든 술잔.
【斝彝 가이】제기(祭器)의 하나로, 벼 이삭의 무늬를 새긴 술잔.

〈斝①〉

斗8【斜】⑫ 斜(758)과 동자

斗9【斞】⑬ 용량 단위 유 麌 yǔ

字解 용량(容量)의 단위. 용적(容 積)은 확실하지 않으나, '庾(552)'와 같은 용량으로, 6곡(斛) 4두(斗)라는 설이 있다.

斗9【斟】⑬ 술 따를 짐 本침 侵 zhēn

字解 ①술을 따르다. ¶斟酒. ②술잔을 서로 주고받다, 주연(酒宴). 〔劉楨·詩〕玉杯斟處綵霞鮮. ③마실 것, 술·국물 등 마시는 음식. 〔史記〕廚人進斟. ④헤아리다, 짐작하다. 〔諸葛亮·表〕斟酌損益, 進盡忠言. ⑤처분(處分)하다. ¶斟酌. ⑥듣다, 방울져 떨어지다. 따른 술이 넘쳐 흐른다는 뜻. 〔范成大·詩〕空簷細細斟.
【斟酌 짐작】①사정이나 형편을 어림쳐서 헤아림. ②술잔을 주고받음. ③처분(處分)함.
【斟酒 짐주】술을 따름.

斗10【斠】⑭ 될 각 覺 jiào

字解 되다, 분량(分量)을 알아보다. 늑校.

斗10【斡】⑭ ①관리할 알 本관 寒 guǎn ②돌 알 曷 wò

字解 ①관리하다, 돌봐 주다. 늑幹. ¶斡施. ②①돌다, 빙빙 돌다, 돌리다. 〔盧諶·賦〕知時運之斡遷. ②성(姓).
【斡棄 알기】내버림.
【斡流 알류】물이 빙빙 돌아 흐름. 또는 돌아 흐르는 물.
【斡旋 알선】①돎. 돌림. ②남의 일을 잘 되도록 마련하여 줌. 周旋(주선). ③사세(事勢)를 만회하여 결실(缺失)을 메움.
【斡運 알운】돌아감.
【斡維 알유】빙빙 도는 물건을 잡아매는 중심축(軸).
【斡遷 알천】돌아 바뀜.

斗10【斢】⑭ 斢(758)와 동자

斗11【斣】⑮ 斣(1081)와 동자

斗13【斮】⑰ 뜰 구 虞 jū

字解 뜨다, 푸다, 퍼내다.

斗15【斮】⑲ 斮(758)와 동자

斤 部

4획 부수 | 날근부

斤0【斤】④ ①도끼 근 囡 jīn ②살필 근 圁 jīn

一厂斤斤

字源 象形. 날이 선, 자루 달린 도끼를 본뜬 글자.
字解 ①①도끼, 자귀. 나무를 베거나 깎는 연장. 〔孟子〕斧斤以時入山林. ②베다, 나무를 베다. 〔南史〕橫斤山木. ③근(斤). 무게의 단위로, 16냥(兩)에 해당한다. 〔漢書〕十六兩爲斤. ④불쌍히 여기다, 삼가다. ¶斤斤. ⑤성(姓). ②살피다, 밝게 살피는 모양. 〔詩經〕斤斤其明.
【斤斤 근근】①밝게 살피는 모양. ②불쌍히 여기는 일.
【斤斗 근두】공중제비. 筋斗(근두).
【斤兩 근량】①무게를 나타내는 단위인 근과 냥. ②저울로 무게를 닮.
【斤量 근량】무게. 무게를 닮.
【斤斧 근부】도끼.
【斤秤 근칭】100근까지 달 수 있는 저울.
○ 斧―, 運―成風, 千―力士.

斤部 1~7획 斥斧所斨斪斫斷斬

斤1 【斥】⑤
❶물리칠 척 囸 chì
❷방자할 탁 囼 chì
❸성 자 囿 chè

一 厂 斤 斥 斥

[소전][초서] [참고] 대법원 지정 인명용 한자의 음은 '척'이다.
[자원] 指事. 도끼날(斤)에 물체가 부서진 것〔ヽ〕을 표시해 '내쫓다'라는 뜻을 나타낸다.
[자해] ❶●물리치다, 내쫓다.〔荀子〕世之愚, 惡大儒, 逆斥不通孔子拘. ❷가리키다, 지적하다.〔後漢書〕擬斥乘輿. ❸나타나다, 드러나다.〔春秋左氏傳〕寇盜充斥. ❹망보다.〔春秋左氏傳〕晉人使司馬斥山澤之險. ❺열다, 열리다, 넓히다.〔禮記〕斥大九州之界. ❻간석지(干潟地), 개펄.〔書經〕海濱廣斥. ❼늪, 못, 소. ❽물가, 늪가, 못가.〔張衡·賦〕絕阬蹟斥. ❾크다, 큼직하다.〔後漢書〕暴斥虎, 搏狂兕. ❿붉다. 늑赤. ⓫서까래. 늑榱. ❷방자하다, 제 멋대로 하다.〔莊子〕揮斥八極. ❸성(姓).

【斥譴 척견】물리치고 책망함. 거절하고 꾸짖음.
【斥力 척력】자기(磁氣)를 가진 두 물체가 서로 밀어내는 힘.
【斥鹵 척로】염분(鹽分)이 많은 땅.
【斥賣 척매】싼 값으로 마구 팖.
【斥邪 척사】①요사스러운 것을 물리침. ②사교(邪敎)를 물리침.
【斥埴 척식·척치】붉은 찰흙.
【斥言 척언】①사물의 득실(得失)을 지적하여 말함. ②지명(指名)하여 말함. ③바른말로 과실을 책망함.
【斥絕 척절】물리쳐 교제를 끊음.
【斥地 척지】땅을 넓힘. 개척한 땅.
【斥竄 척찬】내쳐 귀양 보냄.
【斥斥 척척】광대(廣大)한 모양.
【斥黜 척출】벼슬을 빼앗고 내쫓음.
【斥退 척퇴】물리침. 추방함.
【斥虎 척호】큰 호랑이.
【斥呼姓名 척호성명】지적하여 성명을 부름. 어른의 성명을 함부로 부름.
【斥和 척화】화의(和議)를 물리침.
【斥候 척후】몰래 적의 형편을 살핌. 적의 형편을 살피는 군병. 斥兵(척병).
⊙ 排-, 擯-, 疎-, 攘-, 指-, 黜-, 退-.

斤4 【斧】⑧ 도끼 부 囸 fǔ

[소전][초서] [자해] ①도끼. 벌목(伐木)·의장(儀仗)·병기(兵器)·형구(刑具) 등 여러 가지 용도로 썼다.〔詩經〕析薪如之何, 匪斧不克. ②베다, 도끼로 베다. ¶ 斧質. ③도끼의 무늬. ¶ 斧扆.
【斧柯 부가】①도끼 자루. ②도끼. ③정권(政權)의 비유.
【斧斤 부근】도끼. 큰 도끼와 작은 도끼.
【斧木 부목】베어서 깎기만 하고 다듬지 않은 나무.

【斧劈 부벽】산수화를 그릴 때, 산이나 암석의 거칠고 주름진 모양을 도끼로 나무를 깎은 것과 같이 표현하는 화법.
【斧鉞 부월】작은 도끼와 큰 도끼. ㉠병기(兵器). ㉡형벌(刑罰). 살육(殺戮).
【斧扆 부의】붉은 비단에 자루가 없는 도끼 무늬를 수놓아 만든 병풍(屛風). 천자(天子)가 제후(諸侯)를 접견할 때, 등 뒤에 치고 남면(南面)하여 앉았음. 斧依(부의).
【斧斨 부장】도끼.
【斧藻 부조】깎아서 꾸밈. 수식(修飾)함.
【斧質 부질】①사람을 베는 형구와 사람을 벨 때 올려놓는 모탕. ②형륙(刑戮). 주륙(誅戮). 斧鑕(부질).
【斧鑿痕 부착흔】①도끼와 끌로 다듬은 흔적. ②시(詩)나 문장에 기교를 다한 흔적.
【斧鑊 부확】도끼로 목을 베어 죽이고 가마솥에 삶아 죽임. 곧, 극형(極刑).
⊙ 鬼-, 雷-, 資-, 樵-, 投-.

斤4 【斦】⑧ 斯(760)의 고자

斤4 【斨】⑧ 도끼 장 囼 qiāng

[초서] [자해] 도끼, 자루를 박는 구멍이 네 모진 도끼.〔詩經〕取彼斧斨.

斤5 【斪】⑨ 괭이 구 囿 qú

[소전] [자해] 괭이, 가래, 쟁기.

斤5 【斫】⑨ 벨 작 囼 zhuó

[초서] [자해] ①베다, 자르다, 찍다.〔後漢書〕拔戟斫机. ②어리석다, 무지하다. ¶ 鄙斫. ③잘라서 쪼갠 땔나무. ¶ 長斫.
【斫却 작각】베어 버림. 벰. 자름.
【斫撻 작달】베고 침.
【斫刀 작도】약재·풀·짚 등을 써는 연장. 작두.
【斫伐 작벌】나무를 찍어 벰.
【斫刺 작자】베어 죽임. 斫斬(작참).
【斫斬 작참】➡斫刺(작자).
⊙ 新-, 茭-, 長-, 斬-, 採-, 鄙-.

斤7 【斷】⑪ 斷(762)의 속자

斤7 【斬】⑪ 벨 참 囼 zhǎn

[간체] [자해] ①베다. ㉮날카로운 연장으로 자르거나 베다.〔禮記〕爲宮室, 不斬於丘木. ㉯베어서 죽이다.〔國語·吳語〕明日徙舍, 斬有罪者以徇. ㉰목을 쳐서 죽이는 형벌. ②끊어지다, 끊기다.〔孟子〕君子之澤, 五世而斬. ③매우, 가장, 심히. ¶ 斬新. ④상복

(喪服)의 한 가지. 옷의 도련을 꿰매지 않은 상복. 〔儀禮〕斬者何, 不緝也.
【斬奸 참간】 악인을 베어 죽임. 斬姦(참간).
【斬決 참결】 베어 자름. 잘라 깨뜨림.
【斬馘 참괵】 적의 목을 벰. 斬首(참수).
【斬級 참급】 적의 목을 벰. 벤 적의 목.
【斬伐 참벌】 ①쳐서 멸망시킴. 정벌(征伐)함. ②죄인을 베어 죽임. 주륙(誅戮)함. ③나무를 벰.
【斬殺 참살】 베어 죽임.
【斬首 참수】 목을 베어 죽임.
【斬新 참신】 매우 새로움. 極新(극신).
【斬剠哀 참통애】 몸을 에는 듯한 애처로운 슬픔. 상중(喪中)의 슬픔.
【斬刈 참예】 ①초목을 벰. ②베어 죽임.
【斬斫 참작】 벰. 베어 죽임. 살육(殺戮)함.
【斬截 참절】 목을 베고 수족을 자름.
【斬釘截鐵 참정절철】 못을 끊고 쇠를 자름. 결단성 있게 일을 처리함.
【斬除 참제】 베어 없앰.
【斬罪 참죄】 목을 베는 형벌. 참수를 당할 죄.
【斬衰 참최】 오복(五服)의 하나. 거친 삼베로 짓고 아랫단을 꿰매지 않은 상복. 외간상(外艱喪)에 입음.
【斬破土 참파토】 무덤을 만들려고 풀을 베고 땅을 팜.
【斬刑 참형】 목을 베어 죽이는 형벌.
【斬獲 참획】 참수(斬首)와 생포(生捕). 목을 벰과 사로잡음.
● 擊−, 擒−, 屠−, 腰−, 斫−.

【斬】⑫ 剗(201)와 동자

斤8【斯】⑫ 이 사 因 sī

一 十 甘 其 其 其 斯 斯 斯

[소전] [초서] [고자] 〔字源〕會意. 其+斤→斯. '其'는 '箕(키 기)'의 생략형. 본래 도끼(斤)로 키(其)를 쪼갠다는 뜻이었으나 뒤에 '이것'이라는 뜻으로 가차되었다.

〔字解〕①이. 사물을 가리키는 대명사. 〔論語〕有美玉於斯. ②어조사. ㉮곧. 則과 같은 뜻을 나타낸다. 〔論語〕再斯可矣. ㉯이에. 乃와 같은 뜻을 나타낸다. 〔詩經〕弓矢斯張. ㉰강조(強調)의 뜻을 나타낸다. 〔詩經〕如失斯棘, 如鳥斯革. ㉱구(句)의 중간이나 끝에 놓여 어조(語調)를 고르는 구실을 한다. 〔詩經〕鑫斯羽, 詵詵兮. ㉲말 끝에 붙여 然과 같은 뜻을 나타낸다. 〔詩經〕王赫斯怒. ③쪼개다, 가르다. 〔詩經〕斧以斯之. ④떠나다, 떨어지다. 〔列子〕不知斯齊國幾千萬里. ⑤희다, 하얗다. 〔詩經〕有兎斯首. ⑥천(賤)하다, 낮다. 〔後漢書〕郞官部吏, 職斯祿薄. ⑦잠시, 잠깐. 〔禮記〕禮樂不可斯須去身. ⑧다하다. 〔禮記〕我喪也斯沾. ⑨죄다, 모두. 〔呂氏春秋〕斯食之.

【斯界 사계】 이 방면. 이 사회. 이 부분에 관한 전문 분야.
【斯道 사도】 이 길. 성현(聖賢)의 길. 공맹(孔孟)의 가르침. 儒道(유도).
【斯盧 사로】 신라(新羅)의 옛 이름. 徐羅伐(서라벌).
【斯文 사문】 ①이 글. 이 학문. 이 도(道). 유교의 학문과 도의. ②유학자(儒學者)의 존칭.
【斯文亂賊 사문난적】 유교에서 그 교리에 어긋나는 언동을 하는 사람.
【斯須 사수】 잠시. 須臾(수유).
【斯螽 사종】 ①누리. 蝗蟲(황충). ②베짱이.
● 雞−, 露−, 如−, 螽−, 波−.

斤8【斮】⑫ 剶(202)과 동자

斤8【斱】⑫ 벨 착 麗 zhuó

[소전] [초서] 〔字解〕①베다, 자르다. 〔書經〕斱朝涉之脛. ②치다. 〔張衡·賦〕斱猶狂. ③깎다, 발라내다. 〔爾雅〕魚曰斱之.

斤8【斲】⑫ 斷(762)과 동자

斤9【斷】⑬ 斷(762)과 동자

斤9【新】⑬ 새 신 眞 xīn

一 十 六 辛 辛 亲 亲 新 新

[소전] [초서] [본자] 〔字源〕會意·形聲. 辛+木+斤→新. '辛'이 음도 나타낸다. 도끼(斤)로써 나무(木)를 벤다(辛)는 뜻. 살아 서 있는 나무를 베는 것은 새것이라는 데서 '새, 새롭다' 등의 뜻을 나타낸다.

〔字解〕①새, 새로운. 〔庚信·詩〕新年鳥聲千種囀. ②처음, 처음으로. 〔淮南子〕而刀如新剖硎. ③새로, 새롭게, 새롭게 다시. 〔春秋公羊傳〕新作南門. ④새로워지다, 개선되다. 〔書經〕咸與惟新. ⑤새롭게 하다, 새롭게 고치다. 〔春秋左氏傳〕春新延廐. ⑥새로움, 새것, 새로운 일. 〔論語〕溫故知新. ⑦새해, 신년. ¶送舊迎新. ⑧새로 안 사람. 〔國語〕禮新親故. ⑨새로 개간한 땅. 〔詩經〕如何新畬. ⑩친하이, 친하게 지내다. 昵親. 〔書經〕惟朕小子其新迎. ⑪나라 이름. 왕망(王莽)이 전한(前漢)을 멸망시키고 세운 나라.

【新柯 신가】 새로 나온 나뭇가지.
【新嫁 신가】 새로 시집감. 새로 시집온 여자.
【新嫁娘 신가낭】 새댁. 新婦(신부).
【新墾 신간】 땅을 새로 개간함.
【新腔 신강】 새로운 노래의 곡조. 新曲(신곡).

【新開 신개】 새로 개간함. 새로 개간한 땅.
【新渠 신거】 새로 판 도랑.
【新潔 신결】 새롭고 때묻지 않음.
【新穀 신곡】 햇곡식.
【新科 신과】 ①새로운 벌칙(罰則). ②새로운 과목(科目).
【新鬼 신귀】 최근에 죽은 사람의 혼백.
【新規 신규】 ①새로 제정한 규정(規定). ②새롭게 어떤 일을 함.
【新奇 신기】 새롭고 기이함. 새롭고 별남.
【新機軸 신기축】 전에 있던 것과는 판이한 새로운 방법이나 체제.
【新茶 신다】 새싹을 따서 만든 차. 新茗(신명).
【新畓 신답】 國새로 개간한 논.
【新渡 신도】 ①새로 도래(渡來)함. ②새로 만든 나루터.
【新來 신래】 ①새로 옴. ②새로 과거에 급제한 사람. 新恩(신은).
【新涼 신량】 첫가을의 서늘함.
【新旅 신려】 새로 외지에서 온 사람.
【新麗 신려】 새롭고 아름다움.
【新曆 신력】 ①새로이 제정한 역법(曆法). ②새해의 책력. ③태양력. 양력.
【新牡 신모】 젊은 남자. 원기 왕성한 남자.
【新米 신미】 햅쌀.
【新味 신미】 ①그 해에 처음으로 맛보는 것. 맏물. 時新(시신). ②새로운 맛. 새 맛.
【新發意 신발의】 (佛)새로 불문(佛門)에 들어간 사람. 새로 보리(菩提)를 구하려는 뜻을 품은 사람.
【新榜 신방】 과거에 새로 급제한 사람의 이름을 써 붙인 방.
【新附 신부】 새로이 추종(追從)함.
【新山 신산】 國새로 쓴 산소(山所).
【新甞 신상】 ①햇곡식으로 사당(祠堂)에 제사지냄. ②임금이 그 해의 햇곡식을 처음으로 먹음. 嘗新(상신).
【新相知 신상지】 처음으로 서로 알게 됨. 새로 사귄 친지(親知).
【新壻 신서】 새 사위. 새로 맞은 사위.
【新釋 신석】 새로운 해석. 새로이 해석함.
【新鮮 신선】 ①새롭고 산뜻함. ②채소나 생선 따위가 싱싱함.
【新星 신성】 ①새로 발견된 별. ②갑자기 나타나서 강한 빛을 내다가 얼마 후에 없어지는 별. ③어떤 분야나 단체에 새로 나타나 주목이나 인기를 받는 사람.
【新歲 신세】 새해. 新年(신년).
【新訟 신송】 새로 일으킨 소송.
【新修 신수】 ①새로 수선함. ②새로 편수함.
【新愁 신수】 새로운 근심.
【新樹 신수】 새잎이 푸릇푸릇한 나무.
【新熟 신숙】 새로 익음.
【新習 신습】 ①새로 배워 익힘. ②새 풍습.
【新蛾 신아】 ①갓 나온 누에나방. ②부녀자의 가늘게 그린 눈썹.
【新案 신안】 새로운 고안이나 제안.

【新陽 신양】 ⇨新春(신춘).
【新樣 신양】 새로운 양식. 新體(신체).
【新英 신영】 새로 핀 꽃. 막 피어난 꽃.
【新銳 신예】 ①새롭고 기세나 힘이 뛰어남. ②새로 나타나 만만찮은 실력을 보이는 존재.
【新雨 신우】 새로 비가 옴. 새로 내린 비.
【新元 신원】 ①새해. 설날. ②國음력 정월.
【新月 신월】 ①음력 3, 4일경의 달. 초승달. ②갓 돋은 달. ③음력 초하루.
【新柔 신유】 새로 나온 초목의 보드라운 싹.
【新律 신율】 새로 정한 법률.
【新恩 신은】 새로 과거에 급제한 사람.
【新意 신의】 새 마음. 새 뜻.
【新義 신의】 새 뜻. 새로운 설(說).
【新異 신이】 새롭고 특이함. 신기(新奇)함.
【新人 신인】 ①새로 맞이한 아내. 먼저 아내에 대하여 이르는 말. ②새로 가입한 사람. 새로운 사상을 가진 사람. ③신부(新婦). ④새 남편.
【新田 신전】 ①새로 사들인 밭. ②새로 개간한 밭. 新起田(신기전).
【新占 신점】 집터나 묏자리를 새로 정함.
【新接 신접】 ①살림을 새로 차림. ②다른 곳에서 이사하여 새로 자리를 잡아 삶.
【新條 신조】 ①새로 제정한 법령(法令). ②새로 나온 나뭇가지.
【新調 신조】 ①새로 어울리게 만듦. ②새로운 곡조.
【新注 신주】 ①새로운 주석. ②송대(宋代) 이후의 경서(經書)에 관한 주(注). 한·당대(漢唐代)의 주를 고주(古注)라 하는 데 대하여 이르는 말임.
【新知 신지】 ①새로이 앎. 처음으로 앎. ②새로 알게 된 사람. 새로운 지기(知己).
【新祉 신지】 새해의 복. 新禧(신희).
【新陳 신진】 ①새것과 묵은 것. ②國그 해를 묵힌 논밭. 결세(結稅)를 받아들일 때 쓰던 말.
【新什 신집】 새 기물(器物).
【新參 신참】 ①새로 들어온 사람. ②새로 벼슬한 사람이 처음으로 관청에 들어감.
【新采 신채】 새로 캠. 새로 채취함. ◦'采'는 '採'로 '캐다'를 뜻함.
【新薦 신천】 새 거적. 새 멍석.
【新晴 신청】 오랫동안 내리던 비가 멎고 새로 맑게 갬.
【新體 신체】 ①새로운 체제. ②한시(漢詩)의 신체시(新體詩). 수·당(隋唐) 이후에 확립된 율시(律詩)·배율(排律)·절구(絶句)를 이름.
【新春 신춘】 새봄. 새해. 開春(개춘).
【新趣 신취】 새로운 정취(情趣). 새로운 멋.
【新特 신특】 갓 시집온 아내. 신부(新婦). 새색시. ◦'特'은 '匹'로 '짝'을 뜻함.
【新學 신학】 ①새로운 학문. 新學問(신학문). ②처음으로 배움. 初學(초학). ③한(漢)에서 왕망(王莽) 시대의 학문을 이름.
【新銜 신함】 새로 임명된 벼슬. 새로운 관위(官位). ◦'銜'은 관위(官位).
【新穴 신혈】 國새로 발견된 광맥(鑛脈).

【新禧 신희】 새해의 복. 新祉(신지).
○ 改一, 更一, 刷一, 迎一, 惟一, 維一, 一一, 日一, 自一, 斬一, 嶄一, 最一, 革一.

斤 10 【斷】 ⑭ 斷(762)의 속자

斤 10 【新】 ⑭ 新(760)의 본자

斤 10 【斲】 ⑭ 깎을 착 䂣 zhuó

字解 ①깎다, 깎아 내다.〔荀子〕積斲削, 而爲工匠. ②베다, 나무를 베다. ¶ 斲木. ③새기다, 아로새기다.〔淮南子〕木工不斲.

【斲礱 착롱】 깎고 갊. 礱斲(농착).
【斲輪 착륜】 나무를 깎아서 바퀴를 만듦.
【斲木 착목】 ①나무를 벰. ②딱따구리. 啄木鳥(탁목조).
【斲削 착삭】 ①쪼개고 깎음. 엇벰. ②일을 제재(制裁)함.
【斲喪 착상】 ①깎아 없앰. 손상(損傷)함. ②정력(精力)을 주색(酒色)으로 소모함.
【斲琱 착조】 아로새긴 문식(文飾)을 깎아 없앰.
【斲雕 착조】 ①조각(彫刻), 곧 문식(文飾)을 깎아 냄. ②퇴폐한 풍속을 바로잡음.
○ 刻一, 礱一, 彫一.

斤 12 【斵】 ⑯ 斲(763)의 속자

斤 13 【斷】 ⑰ 斲(762)의 속자

斤 13 【斶】 ⑰ 사람 이름 촉 㕁 chù

字解 사람 이름.〔集韻〕呂氏春秋, 齊有顔斶.

斤 14 【斷】 ⑱ ❶끊을 단 𣃔 duàn ❷결단할 단 𣃔 duàn

會意. 𢇍+斤→斷. '𢇍'은 '絕(끊을 절)'의 고문(古文). 도끼〔斤〕로 실을 자른다〔𢇍〕는 데서 '끊다'라는 뜻을 나타낸다.

字解 ❶①끊다. ㉮절단하다, 동강을 내다.〔易經〕斷木爲杵. ㉯그만두다.〔梁書〕長斷腥膻, 持齊疏食. ㉰거절하다, 사절하다.〔古詩〕自可斷來信. ②쪼개다, 뻐개다.〔後漢書〕斷盜數千萬. ③근절시키다, 없애다.〔禮記〕不斷其威.

④단념하다, 상대하지 않고 버리다.〔書經〕乃祖乃父, 乃斷棄汝. ⑤베다.〔漢書〕大者立斷. ⑥조각, 단편(斷片).〔莊子〕比犧樽於溝中之斷. ❷①결단하다. ㉮단정하다. ¶ 斷定. ㉯판가름하다, 판단을 내리다.〔周禮〕聽而斷之. ②결단. ¶ 獨斷. ③끊어지다. ¶ 斷績. ④단연, 단연히.〔史記〕斷而敢行. ⑤나누다, 나뉘다.〔易經〕剛柔斷矣. ⑥사물의 모양.〔書經〕斷斷猗, 無他技.

【斷簡 단간】 조각조각난 문서. 斷篇(단편).
【斷見 단견】(佛) 상주불멸(常住不滅)의 본성(本性)에 반(反)하여, 함부로 공적단멸(空寂斷滅)의 견해를 품는 일. 곧, 사람은 한번 죽으면 그것으로 생명이 단절된다는 견해.
【斷經 단경】 여자의 경도(經度)가 끊어짐.
【斷交 단교】 ①교제를 끊음. 絕交(절교). ②국가 간의 외교 관계를 끊음.
【斷金 단금】 쇠를 끊음. 두 사람의 우정이 쇠붙이도 끊을 만큼 단단함.
【斷金契 단금계】 친구 사이의 굳은 맹세.
【斷金侶 단금려】 굳게 맺은 벗.
【斷機之戒 단기지계】 학문을 중도에서 그만둠은 짜던 베를 끊어 버림과 같다는 경계. 故事 학문을 중단하고 집에 돌아온 맹자(孟子)를 그 어머니가 짜던 베를 끊고 훈계한 데서 온 말.
【斷劓 단단】 칼로 끊음. 절단함.
【斷斷 단단】 ①전일(專一)한 모양. 지켜 변하지 않는 모양. ②그렇게 결정하여 반드시 틀림 없는 일.
【斷斷無他 단단무타】 결코 딴 뜻이 없음.
【斷爛朝報 단란조보】 여러 조각이 난 조정(朝廷)의 기록. 춘추(春秋)를 헐뜯는 말. 故事 왕안석은 처음에 자기가 춘추를 주해하고 싶었으나, 이미 손신로(孫莘老)의 춘추경해(春秋經解)가 나왔고, 그와 견줄 수가 없음을 깨닫자 마침내 춘추를 헐뜯어 '이것은 단란조보이다'라고 한 고사에서 온 말.
【斷例 단례】 판결의 준거(準據). 판단 기준.
【斷末魔 단말마】(佛) ①숨이 끊어질 때의 고통. ②죽는 찰나. 臨終(임종).
【斷梅 단매】 매우(梅雨)가 그침. 장마가 갬.
【斷髮 단발】 머리털을 짧게 자름.
【斷房 단방】 방사(房事)를 끊음.
【斷峯 단봉】 깎아지른 듯한 험한 산봉우리.
【斷不容貸 단불용대】 절대로 용서하지 않음.
【斷碑 단비】 깨어진 비석.
【斷想 단상】 ①생각을 끊음. ②단편적인 생각.
【斷送 단송】 끊어졌다 이어졌다 함.
【斷送 단송】 ①시간을 헛되이 보냄. 虛送(허송). ②내던짐. 버림.
【斷岫 단수】 험준한 산봉우리.
【斷澌 단시】 얼음이 녹아 없어지듯이 사라지짐.
【斷岸 단안】 깎아지른 듯한 낭떠러지.
【斷案 단안】 옳고 그름을 딱 잘라서 판단함.
【斷言 단언】 딱 잘라서 말함.
【斷煙 단연】 ①피어오르다 말았다 하는 연기. ②國담배를 끊음.

斤部 21획 斸　方部 0획 方

【斷獄 단옥】 재판함. 죄를 처단함. 斷罪(단죄).
【斷雲 단운】 조각구름.
【斷章 단장】 ①시문에서 한 장(章)만 떼어 냄, 또는 그 한 장. ②체계를 이루지 않은 산문체의 토막글.
【斷腸 단장】 ①창자를 끊음. ②더할 수 없는 슬픔. 故事 진(晉)의 환온(桓溫)이 삼협(三峽)을 지날 때 하인 하나가 원숭이의 새끼를 붙들었는데, 어미 원숭이가 울며 백여 리(里)를 따라오다가 마침내 죽었다. 그 배를 갈라 보았더니 창자가 갈기갈기 찢겨 있었다는 데서 온 말.
【斷長補短 단장보단】 남는 것을 끊어 모자라는 것을 기움. 장점을 취하여 단점을 보충함. 採長補短(채장보단).
【斷章取義 단장취의】 문장의 일부분을 끊어 내어 그 뜻을 취함. 시나 문장의 한 부분만을 끊어 내어, 자기대로 해석하여 씀.
【斷腸花 단장화】 ①사람에게 슬픈 생각을 나게 하는 꽃. ②해당화의 딴 이름.
【斷定 단정】 결단하여 정함.
【斷薺畫粥 단제획죽】 냉이를 자르고 죽을 가름. 가난을 참고 학문에 힘씀. 故事 송(宋)나라 범중엄(范仲淹)이 어렸을 때 집이 몹시 가난하여 죽을 쑤어 엉기게 한 후에 토막을 내어 아침에 두 개 저녁에 두 개씩 먹었으며, 또한 냉이 줄기를 잘게 잘라 먹었다는 고사에서 온 말.
【斷罪 단죄】 죄상(罪狀)에 대하여 판결을 내림.
【斷察 단찰】 잘 조사하여 결단함.
【斷綻 단탄】 옷이 터짐. 옷이 터진 자리.
【斷割 단할】 ①칼로 자름. 결딘힘. ②일을 꺽결히 처리함.
【斷港絶潢 단항절황】 흘러갈 곳이 끊어진 지류(支流)와 이어질 곳이 없는 못(池). 연락이 두절됨. ∥'港'은 지류(支流), '潢'은 연못.
【斷行 단행】 결단하여 실행함. 決行(결행).
【斷絃 단현】 ①현악기(絃樂器)의 끊어진 줄. ②아내의 죽음.

◐ 間-, 決-, 果-, 禁-, 壟-, 道-, 獨-, 武-, 不-, 聖-, 速-, 兩-, 臆-, 英-, 勇-, 裁-, 專-, 切-, 絶-, 截-, 縱-, 中-, 診-, 處-, 擅-, 寸-, 判-, 橫-.

斤21 【斸】 ㉕ 괭이 촉 沃 zhú

소전 斸 초서 斸 속 斸 字解 ①괭이. 농구의 한 가지. ②베다, 찍다.

方部
4획 부수 ｜ 모방부

方0 【方】 ④ 모 방 陽 fāng

、一亍方

소전 方 혹제 㫄 초서 方 字源 象形. 두 척의 조각배를 나란히 하여 놓고 이물을 서로 묶어 놓은 모양을 본 뜬 글자.
字解 ①모, 각(角). 〔禮記〕毁方而瓦合. ②사방(四方). 〔孟子〕文王之囿, 方七十里. ③방위(方位), 방향. 〔詩經〕東方明矣, 朝旣昌矣. ④나란히 하다, 어우르다. 〔莊子〕方舟而濟于河. ⑤뗏목, 뗏목으로 건너다. 〔詩經〕江之永矣, 不可方思. ⑥견주다, 비교하다. 〔論語〕子貢方人. ⑦나누다, 구별하다. 〔國語〕不可方物. ⑧땅, 대지(大地). 〔淮南子〕戴圓履方. ⑨바르다, 곧다. 〔管子〕夫王者之心, 方而不最. ⑩널조각, 목판(木板). 〔儀禮〕不及百名, 書於方. ⑪나라. 〔詩經〕誕告萬方. ⑫곳, 처소(處所). 〔易經〕辨物居方. ⑬제사의 이름. 사방의 기(氣)를 교외(郊外)에서 맞는 제사. 〔詩經〕以社以方. ⑭법, 도(道), 길, 떳떳한 일. ≒法. 〔荀子〕博學而無方. ⑮방법, 수단, 술책(術策). 〔春秋左氏傳〕官儋其方. ⑯술법(術法). ㉑신선(神仙)의 술법. ¶方士. ㉔의술(醫術). 〔史記〕夫子之爲方也. ㉕주술(呪術). 〔後漢書〕能爲越方. ⑰거스르다, 거역하다. 〔孟子〕方命虐民. ⑱향하다, 마주 대하다. ≒望. 〔史記〕日方南. ⑲약(藥), 약을 조합(調合)하는 일. ¶方藥. ⑳당하다, 때를 만나다. 〔漢書〕方春和時. ㉑바야흐로, 이제 막. 〔論語〕血氣方剛. ㉒가지다, 소유하다. 〔詩經〕維鳩方之. ㉓내놓다. 〔淮南子〕方車而蹟越. ㉔묶다, 동여매다. 〔孫子〕方馬埋輪. ㉕제멋대로 하다. ≒放. 〔莊子〕有人治道若相方. ㉖널리 뻗어서 퍼지다. 〔詩經〕實方實苞.
【方駕 방가】 ①수레를 나란히 하여 감. ②필적(匹敵)함.
【方槪 방개】 바른 절개.
【方客 방객】 사방(四方)에서 온 빈객(賓客).
【方檢 방검】 품행이 방정하고 절도가 있음.
【方格 방격】 바르고 표준이 됨. 바른 표준.
【方潔 방결】 ①바르고 깨끗함. 방정하고 결백함. ②종이의 딴 이름.
【方計 방계】 수단. 계책.
【方丘 방구】 방형(方形)으로 흙을 높게 쌓아 올린 제단(祭壇). 하지(夏至)에 지신(地神)에게 제사 지내던 곳.
【方矩 방구】 곡척(曲尺).
【方技 방기】 ①의술(醫術)·점술(占術) 등을 이름. ②의가(醫家)·복가(卜家)·점성가(占星家) 등을 이름.
【方今 방금】 바로 이제. 이제 막.
【方道 방도】 어떤 일을 하거나 문제를 풀어 가는 방법. 方途(방도).
【方冬 방동】 음력 시월.
【方等 방등】 (佛)①대승(大乘). ②진여진상(眞如眞相)의 묘리(妙理). 부처 사람들에게 이익을 고루 주는 일.

【方略 방략】 ①무슨 일을 하는 방법과 둘러대는 꾀. 方策(방책). ②군공(軍功). 무공(武功). ③무공을 기록한 책.
【方廉 방렴】 바르고 깨끗함. 方潔(방결).
【方笠 방립】 圖상제(喪制)가 밖에 나갈 때 쓰는 갓. 방갓. 喪笠(상립).
【方望 방망】 제왕이 근교(近郊)에서 사방(四方)의 신(神)에게 지내는 제사.
【方面寄 방면기】 한 지방을 지켜야 할 임무를 맡김.
【方命 방명】 왕명(王命)을 버림. 왕명을 거스름. ◯'方'은 放, 또는 逆.
【方明 방명】 ①제사 때 혼령이 와서 머문다는, 나무로 만든 방형(方形)의 물건. ②상하 사방의 일에 밝게 통함.
【方聞 방문】 행실이 바르고 지식이 넓음.
【方物 방물】 ①그 지방의 특산물. ②사물을 식별함. ③일상(日常)의 일. ◯'方'은 常, '物'은 事.
【方伯 방백】 ①은·주대(殷周代)에 한 지방 제후의 우두머리. ②관찰사(觀察使)의 딴 이름.
【方士 방사】 ①선술(仙術)을 부리는 사람. 道士(도사). ②벼슬 이름. 주대(周代)에 재판을 맡았음.
【方社 방사】 사방의 신(神)과 토지의 신.
【方繖 방산】 의장(儀仗)의 한 가지. 우산과 모양이 비슷하며, 자방산(紫方繖)·청방산(靑方繖)·청화방산(靑華方繖)·적방산(赤方繖)·홍방산(紅方繖) 등이 있었음.
【方山冠 방산관】 ①한대(漢代)에, 악인(樂人)이 쓰던 관. ②당·송대(唐宋代)에 은사(隱士)들이 쓰던 관.
【方相 방상】 ①口方相氏(방상시). ②장사 지낼 때 무덤의 네 귀에 창을 들고 서서 감호(監護)하는 사람. ③두려워할 만한 형상.
【方相氏 방상시】 ①圖구나(驅儺)할 때의 나자(儺者)의 하나. 무덤 구덩이의 악귀(惡鬼)를 쫓는 데 썼음. ②주대(周代)의 벼슬 이름. 옛날의 신(神)으로 분장하여 열병의 마귀를 쫓는 일을 맡아보았음. 方相(방상).
【方書 방서】 ①사방의 문서. 각 지방의 기록. ②방술(方術) 또는 의술(醫術)에 관한 서적.
【方俗 방속】 지방 풍속.
【方術 방술】 ①장생불사(長生不死)의 선술(仙術). ②의술·점술 따위의 잡기(雜技). ③학예·기술.
【方雅 방아】 방정하고 우아함.
【方案 방안】 일을 처리할 방법이나 방도에 관한 안(案). 計劃(계획).
【方藥 방약】 ①약제(藥劑)를 조합하는 일. ②처방에 따라 지은 약.
【方椽 방연】 ①네모진 서까래. ②굴도리 밑에 받치는 네모진 나무.
【方裔 방예】 먼 변두리 지방. 邊境(변경).
【方枘圓鑿 방예원조】 모난 장부에 둥근 구멍. 사물이 서로 맞지 않음. 方底圓蓋(방저원개).
【方外 방외】 ①세속(世俗)을 초월한 세계. ②구역 밖. 구획 밖. ③오랑캐의 땅. 중국(中國)의 밖이라는 뜻.
【方外學 방외학】 유교(儒敎)에서, 도교(道敎)나 불교를 이르는 말.
【方圓可施 방원가시】 방형이나 원형이나 다 들어맞음. 여러 가지 재능이 있어서 어떠한 일에도 적합함.
【方人 방인】 ①인물을 비교 논평함. ②남의 허물을 비난함. ③서융(西戎)의 딴 이름.
【方任 방임】 방백(方伯)의 임무.
【方丈 방장】 ①사방 1장(一丈)의 넓이. ②(佛)㉠절의 주지나 고승(高僧)이 거처하는 방. ㉡절의 주지. ③삼신산(三神山)의 하나.
【方將 방장】 ①이제 막. 바야흐로. ②사방(四方)에 행함.
【方長不折 방장부절】 ①자라나는 초목을 꺾지 않음. ②전도가 양양한 사람이나 사업에 헤살을 놓지 않음.
【方正 방정】 ①말이나 행동이 의젓하고 바름. ②모양이 네모반듯함.
【方纔 방재】 방금. 지금. 方才(방재).
【方底圓蓋 방저원개】 바닥이 네모난 그릇에 둥근 뚜껑. 일이 어긋나고 맞지 않음.
【方田 방전】 ①논밭을 네모반듯하게 구획함. 네모반듯한 논밭. ②구장산술(九章算術)의 하나. 변(邊)의 길이로 면적을 구하는 것.
【方折 방절】 직각(直角)으로 꺾임.
【方井 방정】 소란 반자. 우물 반자.
【方正 방정】 ①언행이 바르고 점잖음. ②물건이 네모지고 반듯함.
【方舟 방주】 ①배를 나란히 함. 나란히 한 배. ②뗏목과 배.
【方峻 방준】 마음이 바르고 엄격함.
【方重 방중】 행동이 방정하고 진중(鎭重)함.
【方直 방직】 바르고 곧음. 方正(방정).
【方鎭 방진】 한 지방을 진수(鎭戍)하는 벼슬, 또는 그 주재지(駐在地).
【方策 방책】 ①나무쪽과 대쪽에 쓴 글. 역사책. 典籍(전적). 冊(방책). ②방법과 계책.
【方寸 방촌】 ①사방 한 치의 넓이. 얼마 안 되는 크기. ②마음. ◯마음은 가슴 속 방촌의 사이에 있다는 데서 온 말.
【方錐 방추】 ①네모진 송곳. ②밑면이 정사각형인 각뿔.
【方針 방침】 사업이나 행동 방향의 지침(指針).
【方土 방토】 ①어느 한 지방의 땅. ②그 지방의 토질이나 기후. ③각 지방의 모습이나 사정.
【方便 방편】 ①형편에 따라 일을 쉽게 처리할 수 있는 수단. ②(佛)중생을 구제하기 위하여 세운 수단과 방법.
【方幅 방폭】 ㉠㉠가로세로가 같고 바름. ㉡규범(規範). 법칙. ②세상에 널리 알려져 있는 모양. 공공연한 모양.
【方夏 방하】 사방(四方)과 중하(中夏). ◯'中夏'는 중국.
【方環 방환】 네모진 고리.
【方賄 방회】 그 지방에서 나는 재화(財貨).

方部 4~5획　㫄於旀施

❶多一, 祕一, 四一, 朔一, 時一, 雙一, 五一, 外一, 遠一, 六一, 異一, 離一, 一一, 前一, 正一, 地一, 處一, 他一, 八一, 平一, 漢一, 行一, 向一, 後一.

方 4 【㫄】 ⑧ 旁(767)의 본자

方 4 【於】 ⑧ ❶어조사 어 🔊 yú
　　　　 ❷탄식할 오 🔊 wū

丶 亠 方 方 方 於 於

[초서] 扵 [속서] 扵 [參考] 대법원 지정 인명용 한자의 음은 '어'이다.
[字源] 象形. 까마귀의 깃을 줄에 걸어놓은 모양을 본뜬 글자.
[字解] ❶①어조사. 늑于. ㉮~에, ~에서. 구 중에서 처소격 조사의 구실을 한다.〔論語〕八佾舞於庭. ㉯~에서, 에게서. 구 중에서 유래격 조사의 구실을 한다.〔論語〕獲罪於天, 無所禱也. ㉰~보다, ~보다 더. 구 중에서 비교격 조사의 구실을 한다.〔論語〕季氏富於周公. ㉱~을, ~를. 구 중에서 목적격 조사의 구실을 한다.〔論語〕君子博學於文. ㉲~에게, ~한테. ㉳구 중에서 여격(與格) 조사의 구실을 한다.〔中庸〕己所勿施於人. ㉴구 중에서 상대격 조사의 구실을 한다.〔愛日齋叢鈔〕辱於奴隷. ㉵~까지. 구 중에서 도급(到及) 보조사의 구실을 한다.〔文章正宗〕積於今六十歲矣. ㉶발어(發語)의 조사 접두어(接頭語)의 구실을 한다.〔春秋左氏傳〕於越敗吳於橋李. ②있어서, 있어서~하다.〔論語〕子於是日, 哭則不歌. ③이에, 이에 있어서.〔詩經〕於論鼓鍾, 於樂辟雍. ④있다, 살고 있다, 존재하다.〔呂氏春秋〕衛有士十人, 於吾所. ⑤기대다, 의지하다.〔韓愈·詩〕冠昏之所於. ⑥성(姓). ❷①탄식하다, 감탄하는 소리, 아! ＝烏.〔詩經〕於昭于天. ②범의 딴 비칭. ¶ 於菟. ③까마귀. ※烏(1064)의 고자(古字).〔穆天子傳〕於鵲與處. ④땅 이름. ¶ 商於.
【於是乎 어시호】 이제야. 이에 있어서.
【於焉間 어언간】 어느덧. 어느새. 於焉(어언).
【於于 어우】①자랑하는 모양. ②인은(仁恩)을 베푸는 모양. ③아첨하는 모양.
【於菟 오도】 범의 딴 이름.
【於穆不已 오목불이】 아, 아름다움의 그침이 없음이여! 천명(天命)의 무궁함을 찬미하는 말. ○ '於'는 감탄사, '穆'은 '美'로 '아름다움'을 뜻함.
【於邑 오읍】①번민과 수심에 잠김. 슬퍼하고 우울해짐. ②목이 멤.
【於鵲 오작】 까마귀와 까치. 烏鵲(오작).
【於乎 오호】 감탄하는 소리.

方 5 【旀】 ⑨ 國며 며
[字解] ①며. 우리말에서 '며' 음을 적기 위

하여 만든 글자. ②땅 이름. 신라(新羅) 때 며 현(旀知縣)이 있었다.

方 5 【施】 ⑨ ❶베풀 시 🔊 shī
　　　　 ❷은혜 시 🔊 shī
　　　　 ❸버릴 시 🔊 shǐ
　　　　 ❹옮을 이 🔊 yì
　　　　 ❺기울 이 🔊 yí

丶 亠 方 方 方 於 於 施

[소전] 𣃦 [초서] 施 [參考] 대법원 지정 인명용 한자의 음은 '시'이다.
[字源] 形聲. 㫃+也→施. '也(야)'가 음을 나타낸다.
[字解] ❶①베풀다, 어떤 일을 차려서 벌이다. ¶ 施設. ②퍼지다, 널리 전하여지다.〔淮南子〕名施後世. ③행하다, 시행하다.〔書經〕施政于我童子. ④쓰다, 사용하다.〔淮南子〕譬若斤斧椎鑿之各有所施. ⑤나타내다.〔禮記〕勤大命施于烝彛鼎. ⑥나누다, 고루 돌아가게 하다.〔周禮〕施其功事. ⑦번식하다, 널리 퍼져 살다.〔管子〕鳥獸安施. ⑧효시(梟示)하다, 기시(棄市)하다.〔國語〕秦人殺冀芮而施之. ⑨꾸짖다, 나무라다.〔春秋左氏傳〕乃施邢侯. ⑩길이 7척(尺)의 큰 자.〔管子〕夫管仲之匡天下也, 其施七尺. ⑪곱사등이, 개구리.〔詩經〕得此戚施. ⑫기뻐하는 모양, 나아가기 어려운 모양.〔詩經〕將其來施施. ⑬발어사.〔孟子〕孟施舍之所養勇也. ⑭성(姓). ❷①은혜.〔國語〕夫齊侯好示務施. ②은혜를 베풀다.〔論語〕博施於民. ③공로(功勞), 근로(勤勞)하다.〔春秋左氏傳〕施者未厭. ❸①버리다, 유기(遺棄)하다.〔楚辭〕夫何三年不施. ②자랑하다, 과장(誇張)하다. 늑侈.〔論語〕不施勞. ③늦추다, 느슨하게 하다. 늑弛.〔鹽鐵論〕利以施刑. ❹①옮다, 옮아가다. 늑迻.〔詩經〕施於中谷. ②뻗다, 연장되다.〔莊子〕施及三王. ③미치다, 이르게 하다.〔儀禮〕旁親無施服. ④깔보다, 앝보다. 늑斁.〔禮記〕施其四國. ❺①기울다, 서쪽으로 기울다.〔史記〕庚子日施夕. ②비낌, 경사짐.〔淮南子〕接徑直施. ③옳지 않음, 비뚤어짐.〔淮南子〕去非者非被邪施. ④기뻐하는 모양.〔孟子〕施施從外來, 驕其妻妾.
【施敬 시경】 경의(敬意)를 베풂. 경의를 보임.
【施工 시공】 공사를 시행함.
【施教 시교】 가르침을 폄. 教訓(교훈).
【施禮 시례】 예를 베풂.
【施無畏 시무외】 (佛)무외를 베풂. 중생(衆生)에게 위해(危害)를 주지 않고 두려운 마음이 생기지 않게 하는 일.
【施舍 시사】①은덕을 베풀고 노역(勞役)을 면해 줌. 은혜를 베풀고 부채(負債)를 면해 줌. ②흥함과 망함. 興廢(흥폐). ③나그네가 짐을 푸는 곳. 여관. ④주는 일과 주지 않는 일.
【施賞 시상】 상을 줌.
【施生 시생】①살아 있는 사람에게 형벌(刑罰)을 가함. ②만물을 자라게 함. 생육(生育)시킴.

方部 5~6획 㫃 斻 㫃 旂 㫂 旅

③은혜를 베풀어 삶을 온전하게 함.
【施生戮死 시생육사】 산 사람에게는 형벌을 행하고, 죽은 사람에게는 그 시체를 욕보임.
【施設 시설】 도구·장치 따위를 베풀어서 갖춘 설비.
【施術 시술】 의술·최면술 등 술법(術法)을 베풂.
【施施】 ❶시시 ❷이이】 ❶나아가지 못하는 모양. 천천히 가는 모양. ❷기뻐하는 모양. 자득(自得)하는 모양.
【施視 시시】 사방을 봄.
【施用 시용】 베풀어서 씀. 베풀어서 행함.
【施爲 시위】 일을 행함. 실행함.
【施展 시전】 베풀어 폄. 발전함.
【施政 시정】 국가의 정무(政務)를 시행함.
【施主 시주】 승려나 절에 물건을 베풀어 주는 일, 또는 그런 일을 하는 사람.
【施賑 시진】 물건을 베풀어 구함.
【施鍼 시침】 침을 놓음.
【施行】 ❶시행 ❷이행】 ❶일을 감당하여 처리함. ②실제로 행함. ❷구불구불 돌면서 비스듬히 감.
【施刑】 ❶시형 ❷이형】 ❶형벌을 집행함. ❷죄를 용서함.
【施惠 시혜】 은혜를 베풂.
【施化 시화】 만물(萬物)을 기름.
【施易 이역】 옮겨서 교환함.
▶勿-. 布-. 普-. 實-. 陽-.

方 【㫃】 ⑨ 깃발 유 因 yóu
5
[초서] 㫃 [字解] 깃발, 기의 깃대에 다는 부분.

【㫃旒 유조】 깃술이 달린 기.
【㫃斾 유패】 깃발. 旗脚(기각).

方 【斻】 ⑨ 旌(769)과 동자
5

方 【㫂】 ⑨ 斾(768)의 속자
5

方 【旂】 ⑩ 기 기 圈 qí
6
[소전] 旂 [초서] 旂 [속자] 旇 [字解] 기. ㉮날아 오르는 용과 내려 오는 용을 그린 붉은 기. 깃대 끝에 방울을 달았으며, 제후(諸侯)가 세우던 기. ¶旂旆. ㉯기(旗)의 범칭(泛稱). 〔楚辭〕 鳳凰翼其承旂兮.
【旂頭 기두】 병졸(兵卒)의 우두머리.
【旂鈴 기령】 깃대 머리에 다는 방울.
【旂常 기상】 ①기(旗). ◎'常'은 해와 달을 그려 넣은 기. ②왕후(王侯).

〈旂㉮〉

【旂旐 기조】 기. ◎'旐'는 거북과 뱀을 그려 넣은 기.

方 【㫂】 ⑩ 旗(770)와 동자
6

方 【旅】 ⑩ 군사 려 圍 lǚ
6
丶 亠 方 方 方 㫃 㫃 旅 旅
[소전] 旅 [고문] 㫱 [초서] 旅 [고자] 旅 [字源] 會意. 㫃+从→㫃→旅. 바람에 나부끼고 있는 깃발[㫃] 아래 여러 사람이 나란히 서 있는[从] 모양을 그려 '군기(軍旗)를 중심으로 모여 있는 군사'라는 뜻을 나타낸다.
[字解] ①군사. ㉮500명을 1대(隊)로 하는 군제(軍制). 〔論語〕 軍旅之事. ㉯군대, 군사(軍事). 〔詩經〕 爰整其旅. ㉰여(旅)의 장관(長官). 〔春秋左氏傳〕 旅不偪師. ②무리, 많은 사람. 〔詩經〕 殷商之旅. ③많다. ¶旅楹. ④자제(子弟). 〔詩經〕 侯亞侯旅. ⑤함께, 여럿이 같이. ¶旅進旅退. ⑥늘어서다. ¶旅見. ⑦길. 〔禮記〕 臺門而旅樹. ⑧여행(旅行), 여행하다. ¶旅炊. ⑨나그네, 길손. 〔春秋左氏傳〕 老有嘉惠, 旅有施舍. ⑩야생(野生)하다, 저절로 남. ¶旅生. ⑪괘 이름, 육십사괘(六十四卦)의 하나. 괘형은 ䷷. 머물던 곳을 떠나서 있지 않은 상(象)이다. ⑫제사의 이름. 상제(上帝)·천신(天神)·산천(山川) 등에 올리는 제사. 〔論語〕 季氏旅於泰山. ⑬등뼈. 膂脊.
【旅客 여객】 여행하는 사람. 나그네.
【旅距 여거】 ①따르지 않는 모양. 거역하는 모양. ②군중(群衆)이 서로 떨어져 있는 모양. 旅拒(여거).
【旅憩 여게】 여로(旅路)에서 쉼.
【旅券 여권】 외국에 여행하는 사람의 신분·국적을 증명하는 문서.
【旅團 여단】 육군 부대 편성의 한 단위. 연대(聯隊)의 위, 사단(師團)의 아래.
【旅毒 여독】 여행으로 생긴 피로나 병.
【旅力 여력】 ①등뼈의 힘. 膂力(여력). ②모든 힘. 많은 힘. ③힘을 합함.
【旅路 여로】 여행길. 나그네가 가는 길.
【旅泊 여박】 ①여관에서 묵음. 旅次(여차). ②배에서 묵음.
【旅拜 여배】 사람들이 죽 늘어서서 함께 절함.
【旅思 여사】 나그네의 마음. 客心(객심).
【旅生 여생】 씨를 뿌리지 않았는데 저절로 남. 野生(야생).
【旅愁 여수】 객지(客地)에서 느끼는 호젓함이나 쓸쓸함.
【旅酬 여수】 제사가 끝나고 음복(飮福)을 할 때 먼저 어른께 잔을 드리고, 차례로 잔을 돌리던 일. ◎'旅'는 '序'로 '차례'를 뜻함.
【旅食 여식】 ①여럿이 먹음. 서인(庶人)으로 벼슬에 있는 사람. ②나그네가 되어 타향에서 지

냄. ③평민의 음식. ④기식(寄食)함. ⑤사(士)로서 일정한 봉록이 없는 사람을 위한 잔치.
【旅心 여심】 여행 중에 마음에 우러나는 회포. 나그네의 심정. 旅情(여정).
【旅鴈 여안】 먼 곳으로 날아가는 기러기.
【旅楹 여영】 줄지어 서 있는 많은 기둥.
【旅寓 여우】 여관. 旅宿(여숙).
【旅人 여인】 ①여행하는 사람. 나그네. ②벼슬 이름. 서인(庶人)으로 벼슬에 있는 사람. ③백성. 서민.
【旅逸 여일】 나그네가 되어 떠돌아다님.
【旅裝 여장】 여행할 때의 차림.
【旅前 여전】 무리를 지어 나아감.
【旅情 여정】 나그네의 심정. 旅抱(여포).
【旅津 여진】 나그네가 많이 건너는 나루.
【旅進旅退 여진여퇴】 ①여럿이 함께 나아가고 함께 물러남. ②일정한 절조나 견식이 없이 남에게 부화뇌동함.
【旅次 여차】 여행 중에 묵음. 旅泊(여박).
【旅窓 여창】 나그네가 묵고 있는 방.
【旅體 여체】 객지에 있는 몸. 客體(객체).
【旅炊 여취】 여행길에서 밥을 지음.
【旅抱 여포】 나그네의 회포. 旅情(여정).
【旅行 여행】 ①함께 감. 동행(同行)함. ②다른 고장이나 외국에 나다니는 일.
【旅見 여견】 많은 사람이 함께 뵘.
【旅魂 여혼】 객지에서 느끼게 되는 울적한 느낌. 旅懷(여회).
【旅況 여황】 객지에서 지내는 형편.
❶ 客-, 軍-, 驪-, 師-, 商-, 逆-, 一-, 征-, 徂-, 振-, 下-, 行-.

方6 【旅】 ⑩ 旅(766)의 고자

方6 【旄】 ⑩ ❶깃대 장식 모 䍙 máo ❷늙은이 모 䭉 mào
소전 㫃 초서 旄 字解 ❶①깃대 장식. 깃대의 꼭대기를 소의 꼬리로 새의 깃을 달아 드리운 장식. 이것이 있는 기(旗)를 정(旌)·수(䜹)라 하며, 이 장식은 지휘봉(指揮棒)이나 춤추는 사람이 손에 드는 기구의 끝에 달기도 했다. ¶ 旄鉞. ②긴 털을 가진 소. ¶ 旄牛. ③앞은 높고 뒤는 낮은 언덕의 모양. ¶ 旄丘. ❷늙은이. 나이 80~90세의 노인.
【旄丘 모구】 앞이 높고 뒤가 낮은 언덕.
【旄期 모기】 늙은이. ◯ '旄'는 80세나 90세, '期'는 100세.
【旄倪 모예】 늙은이와 어린이. 老幼(노유).
【旄牛 모우】 털이 긴 소.
【旄鉞 모월】 ①흰 기와 누런 도끼. ②천자(天子)의 명(命)을 받은 장수가 갖는 지휘봉과 큰 도

끼. ③군대의 지휘권.
❶ 白-, 羽-, 節-, 旌-.

方6 【旁】 ⑩ ❶두루 방 陽 páng ❷풀 이름 팽 庚 pēng ❸기댈 방 漾 bàng
소전 㫃 고문 㫃 고문 㫃 주문 㫃 초서 㫃 본자 旁 [桑旁] 대법원 지정 인명용 한자의 음은 '방'이다.
字解 ❶①두루, 널리. 〔書經〕旁招俊乂, 列于庶位. ②곁, 옆. =傍. 〔漢書〕食於道旁. ③가깝다, 다가서다. ≒傍. 〔書經〕旁死魄. ④가지, 곁가지. 〔莊子〕其可以爲舟者, 旁十數. ⑤도움, 보좌(輔佐). 〔楚辭〕日有志極而無旁. ⑥쏠리다, 편파(偏頗)하다. ¶ 旁薄. ⑦similar로. 늦妄. ¶ 旁狎. ⑧갈림길. ¶ 岐旁. ⑨방. 한자의 구성에서, 한자의 부수나 형성자(形聲字)의 음부자(音符字)가 그 한자의 오른쪽에 있는 것. ❷①풀 이름. 쑥의 한 가지. ②튼튼하고 힘이 센 모양. 〔詩經〕清人在彭, 駟介旁旁. ❸①기대다, 의지하다. 〔莊子〕旁日月. ②오가다. 〔漢書〕使者旁午.
【旁格 방격】 골고루 미침. 널리 궁구함.
【旁觀 방관】 ①두루 봄. ②곁에서 봄. 직접 관여하지 않고 곁에서 보고만 있음.
【旁求 방구】 널리 구함. 빠뜨림 없이 찾아다님.
【旁國 방국】 이웃 나라. 鄰國(인국).
【旁岐曲徑 방기곡경】 꾸불꾸불한 길. 부정한 방법을 써서 어지료 함.
【旁唐 방당】 ①한없이 널리 퍼짐. ②옥의 이름.
【旁得香氣 방득향기】 한 사람이 향을 가지고 있으면 곁에 있는 사람도 그 좋은 향기를 얻음.
【旁錄 방록】 두루 베껴 기록함.
【旁薄 방박】 ①혼동(混同)함. 뒤섞음. ②널리 퍼짐. 旁魄(방박). 旁礴(방박). ③지형(地形)이 넓고 큼.
【旁旁 방방】 ❶방방 ❷팽팽 ❶왕성한 모양. 傍傍(방방). ❷말이 쉬지 않고 힘차게 달리는 모양.
【旁僻 방벽】 ①한쪽으로 기욺. 편파(偏頗). ②남의 뜻에 영합(迎合)함. 偏僻(편벽).
【旁舍 방사】 곁에 있는 작은 집.
【旁死魄 방사백】 ①음력 초이튿날. ◯ '死魄'은 초하룻날, '魄'은 달이 빛나는 부분. ②달이 빛나지 않는 부분.
【旁生 방생】 ①두루 생김. 만물이 생성(生成)함. ②곁에 생김. ③〔佛〕축생(畜生).
【旁搜 방수】 사방으로 두루 찾음.
【旁狎 방압】 함부로 친압(親狎)하게 굶.
【旁午 방오】 ①일이 번잡(煩雜)함. ②일이 번갈아 왕래하는 사람이 많음.
【旁引 방인】 널리 찾아냄. 상세히 고증(考證)함. 博引(박인). 旁搜(방수).
【旁尊 방존】 가까운 친척. ㉠형제의 아들. ㉡백숙부(伯叔父).
【旁進 방진】 두루 이르러 통함. 모두 통달함.
【旁春 방창】 팔만(八蠻)의 하나.

【旁暢 방창】 두루 퍼짐.
【旁燭 방촉】 두루 비춤.
【旁矚 방촉】 빠짐없이 두루 봄.
【旁側 방측】 ①곁. 옆. ②가까이에서 모시는 사람. 近侍(근시).
【旁通 방통】 자세하고 간곡하게 함. 곡진함.
【旁行 방행】 ①두루 미침. 두루 돌아다님. ②글씨를 가로줄로 씀. 橫書(횡서). ③옆으로 감. ④걸음이 정확하지 못함.
○ 岐—, 道—, 四—, 兩—, 偏—.

方 6 【旃】⑩ 기 전 zhān

旜 흑체 櫋 초서 梅 동자 旜 속자 旃

字解 ①기. ㉮깃대가 구부러진 붉은 기. 여러 사람에게 보이는 기. 〔孟子〕庶人以旃. ㉯무늬를 그리지 않은 붉은 비단의 기. 주대(周代)에 제후(諸侯)나 구경(九卿)이 세우던 기. 〔詩經·傳〕注旃於干首, 大夫之旃也. ㉰기의 범칭(泛稱). 〔張衡·賦〕樹修旃. ②장막, 휘장. 〔齊書〕契闊戎旃. ③모직물(毛織物). 늑氈. ¶ 旃裘. ④이, 이를. '之·焉' 두 자를 합한 뜻. 〔春秋左氏傳〕虞公求旃.
【旃裘 전구】 털로 짠 옷. 털옷.
【旃蒙 전몽】 고갑자(古甲子) 천간(天干)의 을(乙)을 이르는 말. 端蒙(단몽).
【旃茵 전인】 털로 짠 담요.
【旃旌 전정】 기(旗). ○ '旃'은 무늬가 없는 붉은 비단의 기, '旌'은 오색의 우모(羽毛)를 기 드림으로 단 기.
○ 勉—, 修—, 愼—.

方 6 【旆】⑩ 기 패 pèi

旆 초서 族 속자 斾 字解 ①기. ㉮대장(大將)이 세우는 기. 검은 바탕에, 잡색(雜色)을 달고 그 가장자리를 꾸미고, 끝은 갈라져서 제비 꼬리처럼 된 기. 〔詩經〕白旆央央. ㉯기의 범칭(泛稱). 〔詩經〕武王載旆. ②깃발, 깃발이 펄럭이다. 〔春秋左氏傳〕建而不旆. ③앞장서다, 선구(先驅). 〔春秋左氏傳〕以兵車旆之. ④드리워진 모양. 〔詩經〕胡不旆旆.
【旆旌 패정】 기(旗).
【旆旆 패패】 ①㉮기가 아래로 드리워진 모양. ㉯깃발이 날리는 모양. ②긴 모양.
○ 卷—, 錦—, 旗—, 大—, 白—, 飛—, 旋—, 征—, 旌—, 酒—, 懸—.

方 7 【旎】⑪ 깃발 펄럭이는 모양 니 nǐ

초서 旎 字解 ①깃발이 펄럭이는 모양, 바람에 깃발이 힘차게 나부끼는 모양. 늑施. 〔文選·賦〕夭矯旖旎之旖旎也. ②구름이 길게 낀 모양. ¶ 旖旎. ③성(盛)한 모양. ④숙드러운 모양. 〔辛棄疾·行〕更旋旎眞旖旎.

【旖旎 의니】 성(盛)한 모양. 旖旎(의니).

方 7 【旈】⑪ 旒(770)와 동자

方 7 【𣄴】⑪ 옹기장 방 fǎng

초서 𣄴 字解 옹기장, 옹기 그릇을 굽는 사람. 〔周禮〕搏埴之工陶旊.

方 7 【旉】⑪ 敷(750)의 고자

方 7 【旋】⑪ 돌 선 xuán, xuàn

一 ナ 方 方 方 㫃 斿 旂 旋 旋

소전 旋 초서 乾 속자 㨆 字源 會意. 㫃+正→旋. 기〔㫃〕를 흔들어 지시하는 대로 발〔正〕을 옮겨 진퇴(進退)한다는 데서 '되돌아오다, 돌다' 등의 뜻을 나타낸다.
字解 ①돌다, 회전하다. 〔楚辭〕旋入雷淵, 麋散而不可止些. ②돌리다, 돌게 하다. 〔莊子〕於是焉河伯始旋其面目. ③되돌아오다, 돌아오다. ㉮還. 〔詩經〕言旋言歸, 復我邦族. ④굽다, 굴곡을 이루다. ¶ 旋室. ⑤도리어, 오히려. 〔史記〕旋遂之瑯邪. ⑥둥글다, 원을 그리다. 〔莊子〕工倕旋而蓋規矩. ⑦주선(周旋). ¶ 斡旋. ⑧구슬, 옥(玉). 늑瓊. ¶ 旋玉. ⑨빙 두르다, 물이 돌며 흐르다. 늑洑. ¶ 旋淵. ⑩오줌, 소변. 〔春秋左氏傳〕夷射姑旋焉. ⑪빨리, 갑자기. 〔史記〕病旋已.
【旋乾轉坤 선건전곤】 건곤(乾坤)이 선전(旋轉)함. 천지가 회전함. 천하(天下)를 일신(一新)함.
【旋曲 선곡】 돎. 휘돎.
【旋歸 선귀】 가다가 되돌아옴.
【旋璣 선기】 ①옛날 천문 관측기의 한 가지. 渾天儀(혼천의). 璇璣(선기). ②북두성(北斗星).
【旋流 선류】 소용돌이쳐 흐름.
【旋毛 선모】 ①머리의 가마. ②고수머리, 곱슬머리. ③곱슬곱슬한 털.
【旋反 선반】 되돌림. 돌려 고침.
【旋師 선사】 싸움에 이기고 군사를 돌려 돌아옴.
【旋室 선실】 ①고불고불 굽이져 있는 집. 曲屋(곡옥). ②회전할 수 있는 방. ③선옥(旋玉)으로 꾸민 방.
【旋斡 선알】 돎. 돌림.
【旋淵 선연】 소용돌이치는 깊은 못.
【旋渦 선와】 ①물이 소용돌이침. 소용돌이. ②일이 몹시 뒤얽힘.
【旋日 선일】 하루를 경과함.
【旋踵 선종】 발길을 되돌림. 잠깐, 곧 시간의 짧음의 형용.
【旋止 선지】 돌아옴.
【旋風 선풍】 ①회오리바람. ②돌발적으로 생겨 사회에 큰 동요(動搖)를 일으킬 만한 사건.

【旋跰 선피】 주저함. 문치적문치적함.
【旋環 선환】 돎. 돌림.
【旋回 선회】 둘레를 빙빙 돎.
◐ 凱—, 螺—, 斡—, 轉—, 周—, 回—, 廻—.

方 7 【旍】⑪ 旌(768)의 속자

方 7 【旌】⑪ 기 정 庚 jīng

[소전] 㸷 [초서] 旌 [동자] 㫋 [동자] 旍 [동자] 旌

[字解] ①기. ㉮천자(天子)가 사기(士氣)를 고무할 때 쓰던 기. 오색(五色)의 깃털을 깃대 끝에 드리워 꾸민 기. ㉯청대(淸代)에 천자가 거둥할 때 쓰던 기. 깃대 끝에 창(矛) 모양이고 붉은 깃털로 꾸민 기. ㉰기의 범칭(泛稱).〔史記〕朝有親善之旌. ②절(節). 왕명(王命)을 받은 사신(使臣)에게 신임의 표시로 주던 기. ¶旌節. ③나타내다. ㉮표창(表彰)하다.〔春秋左氏傳〕且旌善人. ㉯밝히다, 분명히 하다. ¶旌別. ㉰표시(表示)하다.〔國語〕故爲車服旗章以旌之.
【旌簡 정간】 표창(表彰)하여 발탁〈旌①가〉(拔擢)함.
【旌蓋 정개】 기와 비단으로 만든 일산(日傘).
【旌揭 성게】 뭇사람에게 알리어 써붙임.
【旌鼓 정고】 기와 북.
【旌旗 정기】 ①기(旗)의 총칭(總稱). ②군사.
【旌閭 정려】 충신·효자·열녀 등을 그들이 살던 고을에 정문(旌門)을 세워 표창함.
【旌勞 정로】 공로를 표창함.
【旌錄 정록】 공훈을 표창하여 기록에 남김.
【旌命 정명】 ①현사(賢士)를 부르고, 인재(人材)를 등용함. ②현사를 부르러 가는 사자(使者).
【旌旄 정모】 ①기의 총칭. ②지휘하는 기.
【旌門 정문】 ①제사나 연회 등에서 마련하는, 기(旗)로 꾸민 문. ②충신·효자·열녀 등을 기려 나라에서 그 집 앞에 세우던 붉은 문.
【旌別 정별】 선인과 악인을 구별함.
【旌敍 정서】 표창하여 천거(薦擧)함.
【旌揚 정양】 나타내어 칭찬함. 稱揚(칭양).
【旌引 정인】 표창하여 끌어올림.
【旌節 정절】 ①사자(使者)가 들고 가던 기(旗). ②기와 부절. ③지휘권.
【旌擢 정탁】 표창하여 발탁함.
【旌表 정표】 선행을 여러 사람에게 알림.
【旌夏 정하】 ①무사(舞師)가 춤추기 위하여 세우는 기. ②행렬(行列)의 표시로 쓰는 큰 기.
【旌顯 정현】 남의 선행(善行)을 세상에 널리 나타내어 보임.
【旌麾 정휘】 지휘하는 데 쓰는 기.
◐ 旗—, 銘—, 茅—, 流—, 旒—, 追—, 旆—, 表—, 懸—, 麾—.

方 7 【旇】⑪ ❶旌(769)과 동자 ❷旇(766)와 동자

方 7 【族】⑪ ❶겨레 족 屋 zú ❷음률 주 宥 zòu

[필순] 一 亠 方 㫃 㫃 㫁 㫂 族 族

[소전] 㫫 [초서] 族 [고자] 㞴

[參考] 대법원 지정 인명용 한자의 음은 '족'이다.

[字源] 會意. 放+矢→族. 목표가 되게 세워 놓은 깃발(放) 아래 화살(矢)이 쌓여 있다는 뜻. 많은 무리가 모여 한 덩어리로 뭉쳐 있다는 데서 '겨레'란 뜻을 나타낸다.

[字解] ❶①겨레. ≒屬. ㉮자손, 같은 혈통의 친족.〔書經〕九族旣睦. ㉯인척(姻戚). 모(母)·처(妻)의 친족(親族).〔大戴禮〕三族輔之. ㉰같은 동족, 인종(人種)의 갈래. ¶蒙古族. ②가계(家系). 성(姓)의 갈라짐을 씨(氏), 씨(氏)의 갈라짐을 족(族)이라 한다. ¶氏族. ③무리, 동류(同類). ¶魚族. ④벌(罰)이 일족(一族)에게 미치는 극형(極刑).〔書經〕罪人以族. ⑤백 집을 한 떼로 한 취락. 주대(周代)의 제도.〔周禮〕四閭爲族. ⑥모이다, 떼짓다.〔莊子〕雲氣不待族而雨下. ⑦멸(滅)하다.〔大戴禮〕族人之讐, 不與聚처. ⑧성(姓). ❷①음률(音律). ≒族. ¶太族. ②음악을 연주하다. ≒奏.〔漢書〕調五聲使有節族.
【族居 족거】 모여 삶. 떼지어 삶.
【族類 족류】 ①일가붙이. ②같은 동아리.
【族望 족망】 씨족(氏族) 가운데 명망(名望)이 있는 사람.
【族閥 족벌】 큰 세력을 가진 문벌의 일족(一族).
【族譜 족보】 한 집안의 계통과 혈통 관계를 적어 놓은 책.
【族生 족생】 풀숲 등의 떨기가 더부룩하게 남. 簇生(족생). 叢生(총생).
【族姓 족성】 ①일족(一族)과 가족의 성씨. ②동성(同姓)과 이성(異姓). ③어떤 집안의 문벌이나 성망(聲望). 族望(족망).
【族屬 족속】 같은 문중이나 계통의 겨레붙이. 族黨(족당).
【族緣 족연】 친척의 인연.
【族夷 족이】 일족을 멸함. 族滅(족멸).
【族姻 족인】 인척(姻戚) 관계에 있는 집안.
【族長 족장】 ①일족(一族)의 우두머리. ②주대(周代)의 지방 조직. 100가(家)를 족(族), 5족을 당(黨)이라 함.
【族誅 족주】 한 사람의 죄로 일족 또는 삼족(三族)을 죽임.
【族戚 족척】 친족(親族)과 인척(姻戚). 한 집안 사람. 族人(족인).
【族親 족친】 성(姓)은 같지만 복(服)을 입는 가까운 친척이 아닌 일가.
◐ 家—, 甲—, 巨—, 擧—, 公—, 九—, 國—, 貴—, 近—, 大—, 同—, 名—, 民—, 班—.

方部 8~14획 㫃旖旌旐旒旓旒旗旖旛

蕃―, 閥―, 部―, 附―, 士―, 三―, 盛―,
勢―, 水―, 收―, 氏―, 魚―, 語―, 王―,
右―, 遺―, 異―, 姻―, 一―, 宗―, 種―,
親―, 太―, 土―, 合―, 血―, 豪―, 皇―.

方8 【㫃】⑫ 깃발 바람에 날릴 나 nuǒ

字解 깃발이 바람에 날리다.

方8 【旖】⑫ 旖(770)와 동자

方8 【旌】⑫ 旌(769)과 동자

方8 【旐】⑫ 기 조 zhào

字解 ①기. 거북과 뱀을 그려 넣은, 폭이 넓은 검은 빛깔의 기. 왕성(王城) 50리(里) 밖의 고을인 향수(鄕遂)의 대부(大夫)가 세웠다.〔孔子家語〕綢練設旐. ②운구(運柩) 때 앞세우는 기.〔潘岳賦〕飛旐翩以啓路.

〈旐①〉

方9 【旒】⑬ 깃발 류 liú

字解 ①깃발, 기각(旗脚). 깃대에 매지 않은 쪽의 기폭 귀에 붙인 긴 오리. 보통 붉은 비단으로 한다. ¶旒旗. ②면류관의 앞 뒤에 드리운 주옥(珠玉)을 꿴 술. 천자(天子)는 12줄, 제후(諸侯)는 9줄을 드리운다.〔禮記〕天子玉藻十有二旒. ③무늬.〔詩經〕爲下國綴旒.
【旒冕 유면】실에 꿴 구슬 술을 앞뒤에 드리운, 귀인(貴人)의 관(冠).
【旒旌 유정】기각(旗脚)이 열두 개 달린 기.
【旒綴 유철】깃발. 기각(旗脚).

方9 【旓】⑬ 깃발 소 shāo

字解 깃발, 기각(旗脚).〔漢書〕建光耀之長旓.

方9 【旒】⑬ 국땅 이름 엇

字解 ①땅 이름. ②엇시조(旒時調).

方10 【旗】⑭ 기 기 qí

一 亠 方 方 扩 抗 旂 旌 旗 旗

字源 形聲. 㫃+其→旗. '其(기)'가 음을 나타낸다.

字解 ①기. ㉮곰과 범을 그린 붉은 기. 군대의 장수가 세우는 기. ㉯기의 범칭. 늑旂.〔周禮〕熊虎爲旗. ②표, 표지(標識).〔春秋左氏傳〕佩, 夷之旗也. ③덮다.〔呂氏春秋〕昔舜欲旗古今而不能. ④별 이름. 늑箕.〔星經〕左右旗各九星. ⑤군대의 부서. 청대(淸代)에 기의 빛깔에 따라 구분했던 군대의 부서. ¶八旗.

〈旗①㉮〉

【旗脚 기각】①기의 깃대에 다는 부분. ②깃대에 매지 않는 쪽의 기폭 귀에 붙인 긴 오리. 깃발. 旗綴(유철).
【旗鼓 기고】①군대를 지휘하는 데 쓰는 기와 북. ②군령(軍令). ③병력과 군세(軍勢).
【旗鼓相當 기고상당】①양군(兩軍)이 대치함. 양군이 승패를 다툼. ②양쪽의 군세(軍勢)가 엇비슷함.
【旗鼓相望 기고상망】군대의 기와 북이 서로 보임. 대군(大軍)의 행렬이 잇닿은 모양.
【旗手 기수】①행렬 등의 앞에서 기를 드는 사람. ②사회 활동에서 대표로 앞장서는 사람의 비유.
【旗章 기장】깃발의 총칭. 旗標(기표).
【旗亭 기정】술집. 요릿집. ◯문 밖에 기를 세워 표를 한 데서 온 말.
【旗幟 기치】①군중(軍中)에서 쓰던 온갖 기. ②어떤 목적을 위하여 표명(表明)하는 태도나 주장. ③기의 표지(標識).
【旗幟槍劍 기치창검】진중에서 쓰는 기·창·칼 따위의 총칭.
【旗飄 기표】깃발이 펄럭임.
【旗下 기하】①깃발 아래. ②대장(大將)이 있는 본진(本陣). 또는 그 부하. 幕下(막하).
【旗艦 기함】함대의 사령관(司令官)이 타고 있는 군함.
【旗號 기호】기의 표지(標識). 旗幟(기치).

● 校―, 九―, 國―, 軍―, 反―, 半―, 叛―, 白―, 社―, 手―, 右―, 弔―, 降―.

方10 【旖】⑭ 깃발 펄럭이는 모양 의 yǐ

字解 깃발이 펄럭이는 모양, 깃발이 나부끼는 모양.
【旖旒 의니】①깃발이 바람에 나부끼는 모양. ②유순한 모양. ③번성한 모양. ④구름이 길게 뻗친 모양.

方14 【旛】⑱ 기 번 fān

字解 기. ㉮기의 범칭(泛稱).〔後漢

方部 14~16획　旛檐旞旝旟　无部 0~7획　无旡既旣

書〕立靑旛. ④청대(淸代)에 천자(天子)가 거둥할 때 쓰던 기.

方14 【旞】 ⑱ 幟(536)와 동자

方15 【檐】 ⑲ 기 괴　盝 kuài
[소전] 檐　[초서] 掩　[字解] ①기. 대장(大將)이 지휘할 때 쓰는, 붉은색 바탕의 기. 〔春秋左氏傳〕檐動而鼓. ②돌쇠뇌. 돌을 쏘도록 꾸민 쇠뇌. 〔唐書〕爲大檐連弩.

方15 【旞】 ⑲ 기 수　寘 suì
[소전] 旞　[혹체] 繸　[字解] 기(旗). 깃대의 꼭대기에 오색(五色)의 새털을 붙여서 장식(裝飾)한 기. 모양은 정(旌)과 많이 비슷하며, 천자(天子)만이 사용하던 기의 한 가지이다. 〔周禮〕道車載旞.

〈旞〉

方15 【旝】 ⑲ 斾(768)과 동자

方16 【旟】 ⑳ 기 여　魚 yú
[소전] 旟　[초서] 旟　[字解] ①기(旗). ㉮붉은 비단에 송골매를 그려 넣은 기. 행군(行軍)할 때 이 기를 올리면, 빨리 맡은 일에 나가도록 지시하는 신호가 된다. 〔詩經〕子子干旟. ㉯기의 범칭. ②휘날리다, 오르다. 〔詩經〕髮則有旟.
【旟檐 여괴】 기(旗).
【旟旐成陰 여패성음】 기가 그늘을 이룸. 기가 매우 많음.

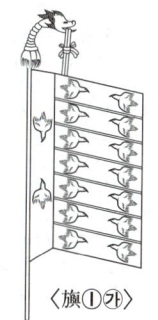
〈旟①㉮〉

无部
4획 부수 ｜ 없을무부

无0 【无】 ④ 없을 무　虞 mó, wú
[소전] 无　[초서] 旡　[동자] 無　[통자] 毋　[參考] '无'가 한자의 구성에서 방에 쓰일 때는 글자 모양이 '旡'로 바뀌고, '이미기방'이라고 부른다.
[字源] 會意. 一+大→无. 사람(大)의 머리 위에 '一'을 더하여 머리가 보이지 않게 한다는 데서 '없다'란 뜻을 나타낸다.
[字解] ①없다. =亡·無. 〔易經〕无咎. ②발어사. 불경(佛經)을 욀 때의 발어사.
【无垢 무구】 (佛) 번뇌(煩惱)를 끊어 세속적인 때가 없이 깨끗함. 無垢(무구).
【无妄之災 무망지재】 까닭없이 당하는 재앙. 빗맞은 재앙. 无妄(무망).

无0 【旡】 ④ 목 멜 기　寘 jì
[소전] 旡　[고문] 旡　[초서] 旡　[字解] 목이 메다, 음식물이 들어가 목이 메다.

无5 【既】 ⑨ 旣(771)의 속자

无7 【旣】 ⑪ ❶이미 기　寘 jì　❷녹미 희　寘 xì

[소전] 旣　[초서] 既　[속자] 既　[속자] 旣　[간체] 既
[參考] 대법원 지정 인명용 한자음은 '기'이다.
[字源] 會意·形聲. 皀+旡→旣. '旡(기)'가 음도 나타낸다. 껍질을 겨 벗긴 맛있는 곡물(皀)을 먹어서 배가 불러 목이 멘다는 뜻. 한도(限度)에 차도록 먹었다는 데서 '이미'란 뜻을 나타낸다.
[字解] ❶①이미, 벌써, 이전에. 〔書經〕九族旣睦, 平章百姓. ②원래, 처음부터. 〔詩經〕爾酒旣淸. ③그러는 동안에, 이윽고. 〔春秋左氏傳〕旣而悔之. ④다하다, 다 없어지다, 다 없애다. 〔莊子〕旣其文, 未旣其實. ⑤끝나다, 끝내다. 〔韓愈·解〕言未旣, 有笑於列者. ❷녹미(祿米), 다달이 급료(給料)로 주는 쌀. ≒餼. 〔禮記〕旣廩稱事.
【旣決 기결】 이미 결정됨.
【旣得權 기득권】 정당한 절차를 밟아 이미 차지한 권리.
【旣望 기망】 이미 보름이 지남. 음력 16일.
【旣死魄 기사백】 ①음력 초하루. ✎'魄'은 달의 빛나는 부분. 삭(朔)에는 달빛이 전혀 보이지 않으므로 사백(死魄)이라 한다. '旣'는 '죄다'의 뜻. 旣死霸(기사백). ②음력 23일 이후 그믐까지 기간.
【旣生魄 기생백】 음력 15일. 滿月(만월). 旣生霸(기생백).
【旣成 기성】 ①사물이 이미 이루어짐. 이미 다 만들어짐. ②國신주(神主)를 만듦.
【旣往 기왕】 이미 지나간 때.
【旣往不咎 기왕불구】 이미 지나간 일은 탓하지 않음.

【旣爲 기위】國이미.
【旣已 기이】이미. 벌써.
【旣張之舞 기장지무】벌인춤. 이미 시작하여 중간에 그만둘 수 없음을 이름.
【旣定 기정】이미 정해짐.
【旣濟 기제】①64괘의 하나. 모든 일이 잘 되어 감을 상징함. 괘형은 ䷾. ②일이 이미 끝남.
【旣存 기존】이전부터 있음.
【旣婚 기혼】이미 결혼함.
【旣廩 희름】다달이 주는 녹미(祿米).
◑ 皆-, 蝕-.

无 7 【旣】 ⑪ 旣(771)의 속자

无 9 【旤】 ⑬ 禍(1260)의 고자

日 部

4획 부수 ㅣ 날일부

日 0 【日】 ④ 해 일 圓 rì

ㅣ 冂 冃 日

소전 ⊙ 고문 ⊖ 초서 日

字源 象形. 해의 모양을 본뜬 글자.
字解 ①해, 태양. 음양(陰陽)으로는 양(陽), 오행으로는 화(火), 인도(人道)로는 군(君)·덕(德) 등에 해당한다. 〔易經〕日月相推. ②햇빛, 햇볕. 〔後漢書〕玄甲耀日. ③햇발, 해의 움직임. 〔詩經〕春日遲遲. ④날. ㉮하루. 자정(子正)에서 다음 날 자정까지의 동안. 〔漢書〕合時月正日. ㉯낮, 대낮. 〔孟子〕夜以繼日. ㉰날짜. 〔春秋左氏傳〕衆父卒, 公不與小殮, 故不書日. ㉱세월, 광음(光陰). 〔南史〕不宜忽略以棄日也. ㉲때, 시기(時期). 〔孟子〕壯者以暇日, 修其孝悌忠信. ㉳날씨. ¶日氣. ⑤기한, 하루의 기한. 〔國語〕不日成之. ⑥날수. 〔漢書〕曠日經年. ⑦나날이, 날마다. 〔大學〕又日新. ⑧접때, 이전에. 〔國語〕日吾來此也. ⑨뒷날에, 다른 날에. 〔列子〕日與偕來. ⑩달력. 〔春秋左氏傳〕天子有日官. ⑪점치다. 〔史記〕卜筮候時日通名目者.

【日角 일각】①이마 중앙의 뼈가 해 모양으로 두두룩함. 귀인(貴人)의 상. ②왼쪽 이마.
【日脚 일각】햇발. 햇살.
【日刊 일간】날마다 발행함.
【日旰 일간】날이 저묾. 日暮(일모).
【日改月化 일개월화】날로 달로 변천함.
【日居月諸 일거월저】①해여 달이여. ㉠임금과 신하. ㉡임금과 왕비. ㉢부모. ○'居·諸'는 조자(助字). ②세월이 흘러감.

【日高三丈 일고삼장】國해가 세 길이나 떠올랐음. 날이 밝아 해가 중천에 떠 있음.
【日工 일공】①날품팔이. ②하루의 품삯. ③날삯을 주고 시키는 일.
【日課 일과】날마다 일정하게 하는 일.
【日官 일관】달력에 관한 일을 맡아보는 벼슬아치. 천문(天文)을 맡은 벼슬아치.
【日光 일광】햇빛.
【日晷 일구】①해의 그림자. ②해시계.
【日久月深 일구월심】날이 오래되고 달이 깊어감. 세월이 흘러 오래될수록 자꾸 더하여짐.
【日軌 일궤】해가 지나가는 길. 태양의 궤도. 黃道(황도).
【日記 일기】①날마다 일어난 일이나 생각 따위를 적은 기록. ②國폐위된 임금의 치세를 적은 역사.
【日氣 일기】그날그날의 천기(天氣). 날씨.
【日暖風和 일난풍화】날씨가 따뜻하고 바람이 부드러움.
【日南中 일남중】태양이 자오선(子午線)에 이르는 일.
【日南至 일남지】동지(冬至).
【日來 일래】①날마다 옴. ②해가 돋음. ③근래. 요사이.
【日曆 일력】①사관(史官)이 그날그날 조정의 일을 기록한 책. ②날짜별로 볼 수 있는 책력.
【日錄 일록】①날마다 일어난 일을 기록함. 日記(일기). ②사건을 기록하는 데 있어서 반드시 그 날짜를 표시하는 일.
【日輪 일륜】태양의 딴 이름.
【日陵月替 일릉월체】나날이 쇠퇴함.
【日母 일모】해. 태양.
【日暮途遠 일모도원】날은 저물고 갈 길은 멂. 늙고 쇠약한데 할 일은 아직 많음.
【日沒 일몰】해가 짐.
【日薄西山 일박서산】해가 서산에 가까워짐. 늙어서 죽을 때가 가까워짐.
【日邊 일변】①태양의 언저리. 태양이 있는 곳. ②왕성(王城)의 근처. ③임금의 좌우(左右). ④國하루하루 셈을 치는 변리(邊利).
【日捧 일봉】날마다 거두어들임.
【日復日 일부일】나날이 날마다.
【日不暇給 일불가급】날마다 일이 바빠서 여가가 없음.
【日不移晷 일불이구】태양도 그림자를 옮기지 못함. 매우 짧은 동안.
【日削月割 일삭월할】날로 깎이고 달로 잘려 나감. 나날이 쇠해짐.
【日常 일상】①태양은 항상 같음. 영원히 변하지 아니함. ②날마다. 평소에.
【日夕 일석】①낮과 밤. 日夜(일야). 旦夕(단석). ②저물 때. 저녁 무렵.
【日乘 일승】①양기(陽氣)가 음기(陰氣)를 억누름. 임금의 힘이 신하들의 세력보다 강함. ②나날의 기록. 日記(일기).
【日蝕 일식】달이 태양과 지구 사이에 끼어서 태양의 일부 또는 전부를 가리는 현상.

【日辰】 ❶일신 ❷일진 ❶☞日月星辰(일월성신). ❷날의 간지(干支). 곧, 갑자일(甲子日)·을축일(乙丑日) 따위.
【日新 일신】 날로 새로워짐. 매일매일 잘못을 고쳐 나감.
【日新又日新 일신우일신】 나날이 새롭게 하고 또 날로 새롭게 함. 나날이 진보함.
【日新月盛 일신월성】 날로 새로워지고 달로 왕성하여짐. 나날이 발전함.
【日深 일심】 나날이 깊어 감.
【日夜 일야】 낮과 밤. 晝夜(주야).
【日夜不絕 일야부절】 밤낮으로 계속함.
【日御 일어】 ①제후(諸侯)에 딸려 천문(天文)을 맡아보는 벼슬아치. ②해. 태양.
【日域 일역】 ①해가 뜨는 곳. 暘谷(양곡). ②해가 비치는 범위. 天下(천하).
【日亦不足 일역부족】 하루 종일 일을 해도 시간이 모자람.
【日曜 일요】 해가 빛남.
【日用 일용】 날마다 씀.
【日傭 일용】 날품팔이.
【日月 일월】 ①해와 달. ②세월(歲月). 광음(光陰). ③하루나 한 달.
【日月其除 일월기제】 세월이 감. 세월은 사람을 기다리지 않음. ◯'除'는 '去'로 '간다'는 뜻.
【日月無私照 일월무사조】 해와 달은 사사롭게 비추지 아니함. 은혜를 공평하게 베풂.
【日月相推 일월상추】 해와 달이 번갈아 비춤.
【日月星辰 일월성신】 해와 달과 별.
【日月如流 일월여류】 해와 달이 흐르는 물과 같음. 세월이 덧없이 빨리 지나감.
【日月麗天 일월여천】 해와 달이 하늘에 걸려 있음. 밝은 빛이 사방을 비춤.
【日月逾邁 일월유매】 세월이 덧없이 지나가 버림. 늙어서 죽을 때가 가까워짐.
【日者 일자】 ①점술가(占術家). 그날그날 길흉(吉凶)을 점치는 사람. ②지난날. ③근래.
【日昨 일작】 ①어제. ②지난날.
【日程 일정】 ①그날 해야 할 일. ②그날 하루에 가야 할 도정(道程).
【日精 일정】 ①태양의 정기. ②국화의 딴 이름.
【日際 일제】 해 가까이. 태양 가까이.
【日中 일중】 ①한낮. 정오(正午). ②밤과 낮의 길이가 같은 때. 춘분(春分)과 추분(秋分). ③☞日中食(일중식).
【日中食 일중식】 國가난한 사람이 낮에만 한 번 밥을 먹음. 日中(일중).
【日中則移 일중즉이】 해도 정오가 되면 차츰차츰 기움. 성함이 극에 이르면 반드시 쇠함.
【日增月加 일증월가】 날로 달로 자꾸 늘어감.
【日至 일지】 하지(夏至)와 동지(冬至).
【日誌 일지】 그날그날의 일을 적은 책.
【日進月步 일진월보】 날로 달로 진보함.
【日參 일참】 날마다 부근. 태양 出仕(출사).
【日出三竿 일출삼간】 해가 떠서 3간(竿) 높이에 이름. 오전 8시경.
【日就月將 일취월장】 나날이 다달이 자라고 발

전함. 日將月就(일장월취).
【日昃 일측】 해가 기욺. 정오가 조금 지났을 무렵. 곧, 오후 2시경.
【日晡 일포】 저녁때. ◯'晡'는 신시(申時), 곧 오후 4시경. 日舗(일포).
【日下 일하】 ①해가 비추는 아래. 천하(天下). ②서울. ③먼 곳. 하늘 밑. ④동쪽의 먼 나라. ⑤해가 짐.
【日行 일행】 ①하루에 걷는 걸음. ②태양의 운행. ③해가 돎. 절기(節氣).
【日魂 일혼】 태양의 정기(精氣).
【日和 일화】 햇빛이 화창함.
【日華 일화】 햇빛. 해의 광화(光華).
【日後 일후】 뒷날. 후일.
【日暈 일훈】 태양 둘레에 보이는 무지개와 같은 현상. 햇무리.
【日興 일흥】 ①날마다 즐거워함. ②날로 번성하여 일어남.
◐ 近-, 今-, 忌-, 吉-, 同-, 冬-, 每-, 明-, 白-, 百-, 餘-, 迎-, 往-, 曜-, 耀-, 元-, 月-, 移-, 翌-, 昨-, 前-, 祭-, 週-, 卽-, 祝-, 春-, 他-, 擇-, 平-, 休-, 凶-.

日 1 【旧】⑤ ❶舊(1473)의 속자
❷臼(1471)의 속자
❸舅(1472)의 속자

日 1 【旦】⑤ 아침 단 圝 dàn

丨 冂 日 日 旦

[字源] 會意. 日＋一→旦. 해〔日〕가 지평선〔一〕에 막 솟아올랐다는 데서 '아침'이란 뜻을 나타낸다.
[字解] ①아침, 해가 돋을 무렵. 〔柳宗元·傳〕旦視而暮撫. ②밤을 새우다. 〔詩經〕誰與獨旦. ③밤이 새다. 〔甫戚·歌〕長夜漫漫何時旦. ④형벌의 이름. 아침 일찍 노동을 시키는 형벌. 〔漢書〕當爲城旦春者.
【旦那 단나】 〔佛〕①보시(布施). ②시주(施主). ◯범어(梵語) 'dana'의 음역어.
【旦旦 단단】 ①날마다. 매일 아침. ②공손하고 성의가 있는 모양. ③환한 모양. ④마음이 누그러지는 모양.
【旦望 단망】 ①삭일(朔日)과 망일(望日). 음력 초하루와 보름. 朔望(삭망). ②주공(周公) 단(旦)과 태공(太公) 망(望).
【旦明 단명】 새벽녘. 朝明(조명).
【旦暮 단모】 ①해뜰 무렵과 해질 무렵. 아침과 저녁. 旦夕(단석). ②아침저녁으로. 늘. 언제나. ③머지않아. 이내. 곧. ④하루.
【旦復旦兮 단부단혜】 아침마다. 날마다.
【旦夕 단석】 아침과 저녁.
【旦日 단일】 ①아침 해. ②내일 아침. 내일.
【旦朝 단조】 아침.

日部 1~2획 百 旬 旭 旮 早

【旦晝 단주】 낮.
○ 待－, 明－, 朔－, 爽－, 歲－, 晨－, 旭－, 元－, 一－, 正－, 早－, 清－, 曉－.

【旭日昇天 욱일승천】 아침 해가 하늘에 떠오름. 아침 해가 떠오르는 듯한 기세.
○ 朗－, 始－, 陽－, 朝－, 晴－, 初－, 紅－.

日1 【百】 ⑤ 昏(780)의 고자

日2 【旮】 ⑥ 旭(774)의 속자

日2 【旬】 ⑥ ❶열흘 순 眞 xún
　　　　 ❷부역 균 眞 xún

丿 勹 勹 旬 旬 旬

[초서] 旬　[해고] 대법원 지정 인명용 한자의 음은 '순'이다.
[字源] 會意. 勹+日→旬. '勹'는 '包(쌀 포)'의 생략형. 날[日]을 한 둘림 돌게 싼다[勹]는 뜻. 날은 십간(十干)에 따라 갑(甲)에서 계(癸)에 이르는 열흘에 한 번을 돌기 때문에 '열흘'이란 뜻을 나타낸다.
[字解] ❶①열흘, 열흘 동안. [書經] 朞, 三百有六旬有六日. ②열 번. [魏志] 修之旬年. ③십 년(十年). [白居易·詩] 且喜同年滿七旬. ④차다, 꽉 차다. [後漢書] 旬歲間, 免兩司隸. ⑤두루, 골고루 미치다. [詩經] 來旬來宣. ⑥돌다, 한 번 돌다. [管子] 入國四旬. ⑦고르다, 균일하다. 늑균. [易經] 雖旬无咎. ⑧성(姓). ❷부역(賦役), 노역(勞役). [周禮] 豐年則公旬用三日焉.
【旬刊 순간】 열흘마다 간행함. 旬報(순보).
【旬望間 순망간】 음력 초열흘과 보름 사이.
【旬報 순보】 열흘에 한 번씩 발간하는 신문.
【旬朔 순삭】 ①초하룻과 초하루. ②열 흘 동안.
【旬宣 순선】 사방으로 두루 다스려 왕명을 폄.
【旬歲 순세】 만 일 년.
【旬液 순액】 열흘에 한 번 오는 비. 알맞은 비.
【旬餘 순여】 열흘 남짓한 동안.
【旬月 순월】 ①만 한 달. ②열 달. ③열흘이나 달포 가량.
【旬日 순일】 ①음력 초열흘. ②열흘 동안.
【旬葬 순장】 죽은 지 열흘 만에 지내는 장사.
【旬製 순제】 ①성균관(成均館)에서 열흘마다 유생들에게 보이던 시문(詩文)의 시험. ②승문원(承文院)의 관리들에게 열흘마다 보이던 이문(吏文)의 시험.
○ 三－, 上－, 中－, 初－, 下－.

日2 【旭】 ⑥ 아침 해 욱 沃 xù

소전 旭　초서 旭　속자 旮　[字解] ①아침 해, 돋는 해. ¶旭光. ②해가 뜨다, 해가 돋는 모양. ¶旭旭. ③득의(得意)한 모양. ¶旭旭. ④아름답다.
【旭光 욱광】 아침 햇빛. 旭暉(욱휘).
【旭旦 욱단】 해뜰 무렵.
【旭旭 욱욱】 ①아침 해가 떠오르는 모양. 기세가 좋음. ②득의(得意)하여 교만한 모양. ③울려 퍼지는 소리. ④망연자실(茫然自失)한 모양.
【旭日 욱일】 아침 해.

日2 【早】 ⑥ 새벽 조 皓 zǎo

丶 丨 冂 日 旦 早

[소전] 早　[초서] 早　[字源] 會意. 日+十→早. '十'은 '甲(머리 갑)'의 생략형. 태양(日)이 사람의 머리(十) 위에 있다는 데서 '새벽, 아침' 등의 뜻을 가진다.
[字解] ①새벽, 이른 아침. [詩經·箋] 或早或夜. ②이르다. ㉮때가 아직 오지 아니하다. [春秋左氏傳] 盛服將朝, 尙早, 坐而假寐. ㉯기준되는 때보다 앞서 있다. [顔延之·詩] 秋至恒早寒. ③일찍. 늑蚤. ㉮때가 오기 전에. [李白·歌] 早臥早行君早起. ㉯미리, 앞서. [易經] 由辨之不早辨也. ㉰첫, 처음. ¶早秋. ④서두르다, 서둘러. [戰國策] 早救之. ⑤젊다. [顔氏家訓] 早迷而晚寤.
【早計 조계】 깊은 사려 없이 일을 서두름.
【早孤 조고】 어려서 어버이를 여읨.
【早蛩 조공】 초가을에 우는 귀뚜라미.
【早期 조기】 이른 시기.
【早旦 조단】 이른 아침. 早朝(조조).
【早達 조달】 ①일찍 출세(出世)함. 젊어서 영달(榮達)함. ②나이보다 숙됨.
【早涼 조량】 철보다 일찍 서늘해짐.
【早老 조로】 나이에 비해 일찍 늙음. 겉늙음.
【早漏 조루】 성교(性交) 때에 정액이 비정상적으로 너무 빨리 나오는 일.
【早晩 조만】 ①이름과 늦음. ②아침과 저녁. 조석(朝夕). 旦暮(단모). ③이르건 늦건. 언젠가. 머지않아. ④요사이. 작금(昨今).
【早晩間 조만간】 ①머지않아. ②이르든지 늦든지 간에.
【早白 조백】 ①서둘러 아룀. 바삐 보고함. ②國 머리가 일찍 셈.
【早産 조산】 달이 차기 전에 아기를 낳음.
【早歲 조세】 젊은 나이. 早年(조년).
【早速 조속】 이르고도 빠름.
【早衰 조쇠】 일찍 쇠약하여짐.
【早穗 조수】 올벼의 이삭.
【早熟 조숙】 ①곡식·과일 따위가 일찍 익음. ②나이에 비하여 어른스러움.
【早食 조식】 아침밥을 일찍 먹음. 아침밥.
【早晨 조신】 새벽. 이른 아침.
【早失父母 조실부모】 어려서 부모를 여읨.
【早衙 조아】 관아(官衙)에서 아침에 행하던 예식(禮式).
【早鴉 조아】 새벽에 우는 까마귀.
【早晏 조안】 ①이름과 늦음. 이르건 늦건. 早晚(조만). ②이른 아침과 깊은 밤에 통행하는 일.

日部 2〜4획 旨㫖旰昊时旴舌旱昆

【早秋 조앙】 일찍 낸 볏모.
【早시 조예】 곡식을 일찍 베는 일.
【早朝 조조】 ①새벽. 이른 아침. ②아침 일찍부터 정무(政務)를 봄.
【早潮 조조】 ①아침 조수(潮水). ②빠르게 흐르는 조수(潮水).
【早天 조천】 새벽. 이른 아침. 早朝(조조).
【早秋 조추】 초가을. 初秋(초추).
【早出暮歸 조출모귀】 아침 일찍 집을 나섰다가 저녁 늦게 돌아옴.
【早退 조퇴】 정해진 시각보다 일찍 돌아감.
【早慧 조혜】 어려서부터 지혜가 많음.
【早婚 조혼】 결혼 적령기(適齡期)보다 일찍 결혼함.
【早曉 조효】 새벽.
◐ 尙-, 歲-, 春-.

日2 【旨】⑥ 맛있을 지 紙 zhǐ

소전 旨 고자 㫖 초서 旨 동자 盲 고자 香

字解 ①맛있다, 맛이 좋다. 〔詩經〕爾酒旣旨. ②맛있는 음식. 〔論語〕食旨不甘. ③아름답다, 선미(善美)하다. 〔書經〕王曰, 旨哉. ④뜻. ㉮속에 먹은 마음. 〔舊五代史〕好書史, 復835善伺太祖旨. ㉯내용, 의의. 〔韓愈·書〕辱惠書, 語高而旨深. ㉰천자의 의향(意向). 〔漢書〕奉使稱旨. ⑤명령, 상관의 명령. 〔宋書〕依旨奉行. ⑥어조사. ≒只. 어조(語調)를 고르는 데 쓴다. 〔春秋左氏傳〕樂旨君子.
【旨甘 지감】 맛 좋은 음식. 어버이를 봉양하는 음식.
【旨意 지의】 뜻. 생각.
【旨義 지의】 뜻. 의미.
【旨酒 지주】 맛이 좋은 술.
【旨蓄 지축】 저장해 둔 맛있는 음식.
◐ 高-, 內-, 大-, 微-, 密-, 本-, 宣-, 聖-, 令-, 宗-, 趣-, 勅-.

日2 【㫖】⑥ 旨(775)와 동자

日3 【旰】⑦ 해질 간·한 翰 gàn, hàn

소전 旰 초서 旰 字解 ①해가 지다, 저물어서 때가 늦다. 〔春秋左氏傳〕日旰不召. ②빛이 성한 모양. ¶ 旰旰.
【旰旰 간간·한한】 빛이 성한 모양.
【旰食 간식·한식】 늦게 식사함. 임금이 정사(政事)에 바빠서 끼니를 늦게 먹음.
◐ 爛-, 宵-, 日-.

日3 【昊】⑦ ❶햇빛 대 隊 tái
            ❷클 영 yīng

參考 대법원 지정 인명용 한자의 음은 '대·영'이다.
字解 ❶햇빛. ❷크다.

日3 【时】⑦ 時(786)의 속자

日3 【旴】⑦ 클 우 虞 xū

초서 旴 字解 ①크다. ≒盱. ②해가 돋다, 해가 돋는 모양. ≒旭. 〔易經〕六三旴豫悔.

日3 【舌】⑦ 旨(775)의 고자

日3 【旱】⑦ 가물 한 旱 hàn

丨 冂 冂 日 旦 阜 旱

소전 旱 초서 旱 字源 形聲. 日+干→旱. '干(간)'이 음을 나타낸다.
字解 ①가물다, 가뭄. 〔詩經〕旱旣大甚. ②물, 육지. 〔願林集〕旱道車馬, 水路舟楫.
【旱乾 한간→한건】 가뭄으로 비가 마름. ㉮오랫동안 비가 오지 아니하여 땅이 말라서 습기가 없음. ㉯논밭이 가뭄을 잘 타는 성질이 있음.
【旱儉 한검】 가뭄으로 흉년이 듦. ◑'儉'은 기근(饑饉).
【旱氣 한기】 가뭄. 한발.
【旱稻 한도】 밭벼. 陸稻(육도).
【旱路 한로】 육상(陸上)의 길. 陸路(육로).
【旱雷 한뢰】 맑은 날에 치는 천둥. 마른 번개.
【旱潦 한료】 가뭄과 장마.
【旱魃 한발】 ①가뭄. ②가뭄을 맡아 한해를 일으킨다는 귀신.
【旱騷 한소】 가뭄으로 말미암은 소동.
【旱災 한재】 가뭄으로 인하여 생기는 재앙. 旱害(한해).
【旱田 한전】 밭을 논에 비기어 이르는 말.
【旱祭 한제】 기우제(祈雨祭).
【旱徵 한징】 가뭄의 징조.
【旱天 한천】 ①여름 하늘. ②몹시 가문 날씨.
◐ 救-, 大-, 炎-.

日4 【昆】⑧ 형 곤 元 kūn

소전 昆 초서 昆 字源 會意. 日+比→昆. 태양(日) 아래 여럿이 나란히(比) 모여 있다는 데서 '함께, 같다' 등의 뜻을 나타낸다.
字解 ①형, 맏. 〔詩經〕終遠兄弟, 謂他人昆. ②뒤, 다음, 나중. 〔書經〕昆命于元龜. ③자손, 후예. 〔書經〕垂裕後昆. ④같이, 함께. 〔漢書〕嚎嚎昆鳴. ⑤많다, 잡다(雜多)하다. 〔大戴禮〕昆小蟲抵蚳. ⑥뒤섞이다, 뒤얽히다. ≒混. ¶ 昆侖. ⑦벌레. ¶ 昆蟲. ⑧종족 이름. ¶ 昆夷. ⑨산 이름. ≒崑·崐.
【昆季 곤계】 형제. ◑'昆'은 맏형, '季'는 막내 동생. 昆弟(곤제).
【昆侖 곤륜】 ①물건에 구별이 없어 확실하지 아

니한 모양. 混沌(혼돈). ②산 이름.
【昆苗 곤묘】①원지(遠地)의 묘족(苗族). ②후대. 후예.
【昆孫 곤손】①현손(玄孫)의 손자(孫子). 육대손(六代孫). ②먼 후손을 두루 이르는 말.
【昆吾 곤오】①둥근 그릇. 圓器(원기). ②산 이름. ③칼 이름. 곤오검. ④제련(製鍊)을 맡은 관리의 이름.
【昆夷 곤이】옛 서융(西戎)의 나라.
【昆弟 곤제】형과 아우. 형제.
【昆蟲 곤충】벌레의 총칭.
【昆布 곤포】다시마. 갈조류의 하나.
◐ 玉-, 弟-, 後-.

日4 【昑】⑧ 밝을 금 侵 qǐn
字解 밝다, 환하다.

日4 【旽】❶밝을 돈 元 tūn
❷친밀할 준 眞 zhūn
參考 대법원 지정 인명용 한자음은 '돈'이다.
字解 ❶밝다, 동이 트다. =暾. ❷친밀하다, 정이 도타운 모양.

日4 【明】⑧ 밝을 명 庚 míng 
l ⁊ Ħ 日 旳 明 明 明
소전 ⦿⦿ 고문 ⦿)) 초서 ⑳ 동자 眀 字源 會意. 日+月→明. 해(日)와 달(月)이 함께 있으면 밝다는 데서 '밝다'란 뜻을 나타낸다.
字解 ①밝다. ㉮빛이 밝다. 〔荀子〕在天者莫明於日月. ㉯눈이 밝다. 〔史記〕明者見於未形. ㉰사리(事理)에 밝다. ¶明君. ㉱날이 밝다. 〔詩經〕東方明矣. ㉲확실하다, 명백하다. ¶明表. ②밝히다. ㉮알려주다, 깨닫게 하다. 〔大學〕在明明德. ㉯구별하여 똑똑하게 하다. 〔禮記〕黃帝正名, 百物以明. ③나타나다, 명료하게 드러나다. ¶明著. ④깨끗하다, 결백하다. 〔中庸〕齊明盛服. ⑤질서가 서다. 〔淮南子〕天地以明. ⑥갖추어지다. 〔詩經〕祀事孔明. ⑦높이다, 숭상하다. 〔禮記〕明大宗也. ⑧희다, 하얗다. 〔錢起·詩〕水碧沙明兩岸苔. ⑨낮, 주간(晝間). ¶明夜. ⑩새벽. 〔漢書〕待明而入. ⑪다음. ¶明日. ⑫밝은 곳, 양지(陽地). ¶明堂. ⑬빛, 광채. 〔易經〕日月相推, 而明生焉. ⑭이승, 현세(現世). 〔禮記〕明則有禮樂. ⑮신령(神靈). ¶明器. ⑯시력(視力). 〔孟子〕明足以察秋毫之末. ⑰해·달·별. 〔荀子〕天見其明. ⑱양(陽). 〔史記〕幽明之占. ⑲밖, 겉. 〔史記〕明則有禮樂. ⑳맹세하다. ㉀盟. 〔詩經〕不可與明. ㉑왕조 이름. 주원장(朱元璋)이 원(元)을 멸하고 세운 왕조.
【明鑑 명감】밝은 거울. ㉠뛰어난 감식(鑑識). 식견(識見)이 많은 사람. ㉡밝은 본보기. 귀감(龜鑑). ㉢마음이 비어 있고 밝음.

【明疆 명강】총명하고 의지가 굳음.
【明見萬里 명견만리】만 리 밖을 내다봄. 매우 총명함.
【明經 명경】①경학(經學)에 밝음. ②과거(科擧)의 과목(科目) 이름. 경서(經書)에 밝은 사람을 뽑았음. ③(佛)불경을 강독함.
【明鏡 명경】맑은 거울. ②달(月)의 딴 이름.
【明鏡止水 명경지수】맑은 거울과 고요한 물. 잡념과 가식과 허욕이 없는 아주 맑고 깨끗한 마음.
【明公 명공】높은 벼슬아치를 부를 때 높여 일컫는 말.
【明果 명과】사리(事理)에 밝고 과단성이 있음.
【明光 명광】①밝게 빛남. 밝은 빛. ②햇빛. 태양. ③갑옷의 이름.
【明君 명군】총명한 임금.
【明規 명규】명백한 규범(規範).
【明氣 명기】①맑고 아름다운 산천의 기운. 밝은 기운. ②상쾌하고 명랑한 얼굴빛.
【明器 명기】장사 지낼 때에 시체와 같이 묻는 여러 가지 기물(器物).
【明年 명년】다음 해. 來年(내년).
【明旦 명단】내일 아침.
【明達 명달】사리에 밝게 통달함.
【明堂 명당】①임금이 정교(政敎)를 행하던 곳. ②풍수설(風水說)에서 좋은 묏자리나 집터. ③별 이름. ④무덤 바로 앞에 있는 평지. ⑤상술가(相術家)에서 사람의 이마를 이르는 말. ⑥사람 몸에서 침을 놓거나 뜸을 뜨는 자리.
【明德 명덕】밝은 덕(德). 흐리지 않은 맑은 덕성(德性).
【明度 명도】넓은 도량.
【明道 명도】①밝은 도리. ②도리를 분명히 함.
【明瞳 명동】맑은 눈동자.
【明朗 명랑】①흐린 데가 없이 밝고 환함. ②유쾌하고 활발함.
【明亮 명량】현명한 임금과 충량(忠良)한 신하.
【明麗 명려】밝고 아름다움.
【明瞭 명료】분명하고 똑똑함.
【明倫 명륜】인륜(人倫)을 밝히는 일.
【明倫堂 명륜당】①공자묘(孔子廟)의 대전(大殿). ②성균관(成均館) 안의 유학(儒學)을 강학(講學)하던 곳.
【明滅 명멸】켜졌다 꺼졌다 함.
【明命 명명】밝은 명령. ㉠하늘의 명령. ㉡임금의 명령
【明明 명명】①환희 드러난 모양. 분명한 모양. ②명덕(明德)이 있는 사람을 잘 살펴 등용함.
【明明白白 명명백백】추호(秋毫)도 의심할 여지가 없음. 아주 명백함.
【明明赫赫 명명혁혁】광명(光明)이 빛남.
【明眸皓齒 명모호치】밝은 눈동자와 흰 이. 미인의 아름다운 용모.
【明目 명목】①밝은 눈. 잘 보이는 눈. ②눈을 밝게 함. 똑똑히 봄.
【明目張膽 명목장담】눈을 밝게 하고 담을 펴. 두려워하지 않고 분발하여 일을 함.

【明楙 명무】 공명하고 성대함.
【明文 명문】 ①법전(法典)에 분명히 기록되어 있는 조문. ②증서. ③훌륭하고 밝은 문장. ④상사(上司)의 지시 문서(指示文書).
【明媚 명미】 아름답고 고움.
【明敏 명민】 사리에 밝고 재지(才智)가 있음.
【明發 명발】 ①저녁부터 아침까지. 밤새도록. ②새벽.
【明法 명법】 ①당대(唐代)의 과거(科擧) 과목의 하나. 법률을 시험하였음. ②법을 바로잡아 밝힘. ③밝게 정해 놓은 법률
【明辟 명벽】 현명한 임금. 明君(명군).
【明辯 명변】 ①명확한 변설. 분명히 말함. ②명백하게 분별함.
【明府 명부】 ①명법(明法)을 간직하여 두는 곳. ②태수(太守). 현령(縣令).
【明分 명분】 ①분수를 밝힘. 분한(分限)을 분명히 함. ②당연한 직분(職分).
【明師 명사】 학문에 밝은 스승.
【明賞 명상】 미리 제시(提示)한 상(賞). 상을 분명히 함.
【明庶風 명서풍】 동쪽에서 불어 오는 바람. 東風(동풍).
【明晳 명석】 생각이나 판단이 분명하고 똑똑함.
【明宣 명선】 명백하게 밝힘. 분명하게 나타내어 보임. 명시(明示)함.
【明鮮 명선】 밝고 산뜻함. 밝고 고움.
【明蟾 명섬】 밝은 달. ○'蟾'은 달에 살고 있다는 두꺼비.
【明星 명성】 ①밝게 빛나는 별. 샛별(金星). ②만인에게 추앙(推仰)을 받는 사람. 위인(偉人).
【明聖 명성】 총명하고 덕(德)이 높은 임금의 지덕(智德).
【明卲 명소】 밝고 아름다움.
【明水 명수】 맑고 깨끗한 물. 제사를 지낼 때, 떠 놓는 물.
【明秀 명수】 총명하고 빼어남.
【明淑 명숙】 현명하고 정숙함.
【明肅 명숙】 공명(公明)하고 엄숙함.
【明示 명시】 분명하게 드러내 보임.
【明時 명시】 ①평화스러운 세상. 태평한 세상. ②명(明)나라 때.
【明視 명시】 물건을 똑똑히 봄. 밝은 눈.
【明識 명식】 밝게 앎. 밝은 식견.
【明信 명신】 ①마음이 밝고 성실함. ②정확한 소식.
【明愼 명신】 명확하고 신중함.
【明悉 명실】 환하게 죄다 앎.
【明十才子 명십재자】 명대(明代)에 시사(詩社)를 맺은 시인 열 사람. 곧, 이몽양(李夢陽)·하경명(河景明)·서정경(徐禎卿)·변공(邊貢)·고린(顧璘)·정선부(鄭善夫)·진기(陳沂)·주응등(朱應登)·강해(康海)·왕구사(王九思).
【明暗 명암】 밝음과 어두움. 밝기.
【明夜 명야】 ①낮과 밤. ②내일 밤.
【明若觀火 명약관화】 불빛을 보는 것과 같이 뚜렷함. 더 할 나위 없이 명백함.

【明嶷 명억】 총명하고 지혜로움.
【明言 명언】 명백히 말함.
【明穎 명영】 밝고 슬기로움.
【明叡 명예】 밝고 지혜로움.
【明悟 명오】 환히 깨달음. 총명함.
【明遠 명원】 밝고 심원함.
【明月 명월】 밝은 달.
【明月爲燭 명월위촉】 밝은 달을 등불로 삼음.
【明幽 명유】 ①밝음과 어두움. ②수컷과 암컷. ③현자(賢者)와 우자(愚者). ④이승과 저승. 귀신과 사람.
【明允 명윤】 분명하고 진실함.
【明衣 명의】 ①염습할 때 맨 먼저 입히는 옷. ②재계(齋戒)할 때 목욕한 뒤에 입는 속옷.
【明禋 명인】 정결하게 하여 삼가 제사 지냄.
【明日 명일】 이튿날. 來日(내일).
【明箴 명잠】 밝은 경계(警戒). 밝은 훈계.
【明妝 명장】 아름답고 산뜻한 화장.
【明章 명장】 ①밝게 나타냄. 분명하게 드러냄. ②종묘(宗廟)의 제사에 쓰는 악가(樂歌).
【明才 명재】 사리에 밝은 재능.
【明著 명저】 밝음. 밝게 드러남.
【明正 명정】 분명하게 밝힘.
【明廷 명정】 ①태수(太守)·현령(縣令). ②명군(明君)이 있는 조정. ③신령(神靈)에게 조현(朝見)하는 곳.
【明旌 명정】 ①밝게 나타냄. ②상구(喪具)의 한 가지. 죽은 사람의 관직·성명을 적은 기(旗).
【明淨 명정】 깨끗하고 맑음.
【明詔 명조】 냉철한 조서. 훌륭한 조칙(詔勅).
【明主 명주】 어질고 총명한 임금. 明君(명군).
【明珠暗投 명주암투】 명주(明珠)를 어둠 속에서 사람에게 던져 줌. ㉠귀중한 물건도 남에게 잘못 주면 도리어 원망을 삼. ㉡재능은 있으나 지기(知己)를 만나지 못하고 있음. 인재가 중용되지 못함.
【明主愛嚬笑 명주애빈소】 밝은 군주는 한 번 찡그리고 한 번 웃음을 아낌. 훌륭한 임금은 신하 앞에서 함부로 감정을 나타내지 아니함.
【明珠出老蚌 명주출노방】 귀한 구슬이 늙은 조개에서 나옴. 보잘것없는 아버지가 훌륭한 아들을 낳음.
【明旨 명지】 분명한 취지. 명확한 뜻.
【明智 명지】 총명한 지혜.
【明眞 명진】 공명하고 진실함. 명확한 진리.
【明澄 명징】 깨끗하고 맑음.
【明察 명찰】 명확하게 살핌.
【明察秋毫 명찰추호】 밝음이 추호를 살핌. 안력(眼力)이 날카로움. ○'秋毫'는 가을에 털갈이하여 새로 난 동물의 가는 털.
【明暢 명창】 ①음성이 맑고 시원함. ②논지(論旨)가 분명하고 조리가 있음.
【明窓淨几 명창정궤】 밝은 창과 정결한 책상. 검박하게 꾸민 깨끗한 방.
【明天 명천】 ①내일. ②밝은 하늘. ③國모든 것을 환히 다 아는 하느님.
【明哲保身 명철보신】 지혜가 뛰어나고 이치를

좇아 일을 처리하여 몸을 온전하게 보전함.
【明燭 명촉】①밝은 촛불. ②촛불을 켬. ③제사에 켜는 깨끗한 촛불.
【明治 명치】밝게 다스림. 잘하는 정치.
【明七才子 명칠재자】명대(明代)에 시사(詩社)를 맺은 시인 일곱 사람. 곧, 이반룡(李攀龍)·왕세정(王世貞)·오국륜(吳國倫)·서중행(徐中行)·종신(宗臣)·양유예(梁有譽)·사진(謝榛).
【明河 명하】은하수. 天漢(천한).
【明解 명해】①분명하게 앎. ②분명하게 해석함. 분명한 해설.
【明驗 명험】뚜렷한 효험.
【明絢 명현】빛나고 아름다움.
【明顯 명현】밝게 나타남.
【明火 명화】①일광(日光)에서 얻은 불. 제사에 썼음. ②밝은 불. ③횃불·햇불 등을 가진 강도. 明火執仗(명화집장).
【明火賊 명화적】國불한당(不汗黨).
【明確 명확】분명하고 확실함.
【明效 명효】명백한 효험. 현저한 효험.
【明曉 명효】분명히 깨달음.
【明訓 명훈】사리에 올바른 교훈.
【明輝 명휘】밝게 빛남. 밝은 빛.
●高-, 公-, 光-, 文-, 發-, 分-, 不-, 說-, 聖-, 聲-, 神-, 失-, 黎-, 月-, 幽-, 自-, 證-, 聽-, 透-, 賢-, 休-.

日 4 【旼】⑧ 화락할 민 圓 mín
초서 旼 字解 ①화락하다, 화락한 모양. ②하늘. ※旻(778)과 동자(同字).

日 4 【旻】⑧ 하늘 민 圓 mín
소전 旻 초서 旻 동자 旼 字解 하늘, 가을 하늘. 〔書經〕日號泣于旻天.
【旻天 민천】①가을 하늘. ②뭇사람을 사랑으로 돌보아 주는 어진 하늘.
●高-, 九-, 穹-, 澄-, 秋-.

日 4 【昉】⑧ 마침 방 圜 fǎng
소전 昉 초서 昉 字解 ①마침, 때마침.〔春秋公羊傳〕始滅, 昉於此乎. ②비로소, 처음으로.〔列子〕眾昉同疑.

日 4 【昐】⑧ 햇빛 분 囟 fēn
字解 햇빛.

日 4 【昔】⑧ ❶예 석 囿 xī ❷섞일 착 圞 cuò
一 十 卄 苎 꺅 岑 昔 昔
소전 昔 주문 昔 초서 昔 彙考 大法院 지정 인명용 한자의 음

은 '석'이다.
字源 會意. 𡚬+日→昔. '𡚬'는 '≋'가 변한 것으로 '홍수'를 뜻한다. 지난날〔日〕의 홍수〔𡚬〕를 잊지 않는다는 데서 '옛날'이라는 뜻을 나타낸다.
字解 ❶①예, 옛날.〔書經〕昔在帝堯. ②오래다, 오래되다.〔詩經〕誰昔然矣. ③접때, 앞서.〔禮記〕予疇昔之夜. ④어제.〔孟子〕昔者辭以疾. ⑤저녁, 밤. ≒夕.〔莊子〕今日適越而昔至也. ⑥처음.〔詩經〕昔我往矣. ⑦말린 고기, 포(脯). =腊. ❷섞이다, 교착(交錯)하다. ≒錯.〔周禮〕老牛之角紾而昔.
【昔年 석년】①옛날. 여러 해 전. ②지난해.
【昔昔 석석】밤마다. 每夜(매야).
【昔歲 석세】지난해. 작년.
【昔愁 석수】옛날의 우수(憂愁).
【昔彦 석언】옛날의 현사(賢士).
【昔人 석인】옛사람. 古人(고인).
【昔在 석재】옛날.
●古-, 今-, 夙-, 往-, 在-.

日 4 【晬】⑧ 晬(791)와 동자

日 4 【昇】⑧ 오를 승 蒸 shēng
丿 匕 匕 旦 昌 昇 昇
소전 昇 초서 昇 字源 形聲. 日+升→昇. '升(승)'이 음을 나타낸다.
字解 ①오르다. ≒升. ㉮해가 떠오르다.〔江淹·賦〕日照水而東昇. ㉯높은 곳에 오르다.〔王逸·九思〕昇車兮命僕. ㉰벼슬·지위 등이 오르다.〔韓愈·文〕及昇大帥, 持是道不變. ②올리다, 위계(位階)를 올려 주다.
【昇降 승강】①오르고 내림. ②國서로 옥신각신함. 승강이.
【昇格 승격】격을 올림. 격이 높아짐.
【昇騰 승등】값이 오름.
【昇敍 승서】관위(官位)를 올림. 지위가 높아짐.
【昇躋 승제】높은 데에 오름.
【昇進 승진】벼슬이나 지위·계급이 오름.
【昇陟 승척】오름.
【昇天 승천】①하늘에 오름. ②죽음.
【昇天入地 승천입지】하늘에 오르고 땅에 들어감. 가뭇없이 사라져 버림.
【昇沈 승침】뜨고 잠김. 인생에서 잘됨과 못됨.
【昇平 승평】세상이 조용하고 잘 다스려짐. 나라가 태평함.
【昇遐 승하】먼 곳으로 오름. 임금의 죽음. 崩御(붕어).
【昇華 승화】①영화롭고 권세 있는 지위에 오름. ②고체가 액체 상태를 거치지 않고 직접 기체로 변하는 일.

日 4 【旹】⑧ 時(786)의 고자

日4 【旪】⑧ 時(786)와 동자

日4 【昂】⑧ ❶오를 앙 陽 áng
❷임금 덕 높을 앙 漾 yàng

소전 昂 초서 昂 속자 昻
字解 ❶①오르다. 〔唐書〕俄而物價踊昂. ㉯기운·감정 등이 높아지다. ¶昂揚. ②들다, 머리를 들다. 〔談藪〕黍熟頭低, 麥熟頭昂. ③높다. 〔張籍·詩〕其道誠巍昂. ④말이 달리는 모양. ¶昂昂. ❷임금의 덕이 높은 모양. ¶昂昂.
【昂貴 앙귀】 물가가 뛰어오름. 騰貴(등귀).
【昂騰 앙등】 물가가 오름. 騰貴(등귀).
【昂昂 앙앙】 ①말이 달리는 모양. ②임금의 덕이 높음. ③지행(志行)이 높은 모양.
【昂揚 앙양】 정신·의욕 따위를 드높임.
【昂然 앙연】 자기 힘을 믿고 교만한 모양.
【昂聳 앙용】 높이 솟음.
▶激-, 低-, 軒-.

日4 【易】⑧ ❶바꿀 역 陌 yì
❷쉬울 이 寘 yì

一 丆 日 日 旦 易 易 易

소전 易 초서 易 參考 대법원 지정 인명용 한자의 음은 '역·이'이다.
字源 象形. 도마뱀의 머리와 네 개의 발을 본뜬 글자로, 원뜻은 '도마뱀'이다.
字解 ❶①바꾸다. ㉮새롭게 하나. 〔國語〕子常易之. ㉯교환하다. 〔春秋左氏傳〕楚人圍宋, 易子而食. ㉰자리를 바꾸다, 옮기다. 〔書經〕易種于玆新邑. ㉱장사하다, 무역하다. 〔荀子〕易者以一易一. ②바뀌다, 새로워지다, 개선되다. 〔國語〕其事易. ③도마뱀, 도마뱀붙이. 〔爾雅〕易在壁曰蝘蜓, 在草日蜥蝪. ④어기다, 배반하다. 〔國語〕好惡不易. ⑤다르다. 〔國語〕中外易矣. ⑥만상(萬象)의 변화. 음양(陰陽)이 교감(交感)하여 우주 만물이 변화하는 현상. 〔易經〕生生之謂易. ⑦점. 거북의 등딱지를 태워 나타난 금으로 길흉화복을 아는 일. 〔管子〕易者所以守吉凶成敗也. ⑧역학(易學), 주역(周易). 주역의 괘(卦)를 해석하여 음양(陰陽)이 변화하는 원리와 이치를 연구하는 학문으로 복희(伏羲)·문왕(文王)·주공(周公)·공자(孔子)가 대성하였다고 한다. ⑨오경(五經)의 하나, 역경(易經). 〔史記〕孔子晚而喜易, 韋編三絶. ⑩점치는 일을 맡은 벼슬아치. 〔禮記〕易抱龜南面. ⑪국경(國境). ≒場. 〔漢書〕吾易久遠. ⑫겨드랑이. ≒亦. 〔素問〕易髓無空. ⑬성(姓). ❷①쉽다. 〔論語〕爲君難爲臣不易. ②편안하다, 평온하다. 〔中庸〕君子居易以俟命. ③평평하다, 평탄하다. 〔淮南子〕易則用車. ④기쁘다, 기뻐하다. 〔詩經〕我心易也. ⑤경시하다. 가벼이 보다. 〔禮記〕易慢之心入之矣. ⑥소홀히 하다. ⑦생략하다, 간략하게 하다. 〔春秋公羊傳〕是子之易也. ⑧다스리다, 다스려지다.

〔論語〕喪與其易也寧戚.
【易斷 ❶역단 ❷이단】 ❶주역에 의하여 길흉을 판단함. ❷끊어지기 쉬움.
【易理 ❶역리 ❷이리】 ❶주역의 법칙. ❷다스리기 쉬움.
【易象 역상】 음양오행설에서 주역의 괘(卦)에 나타난 현상.
【易筮 역서】 길흉(吉凶)을 점침. 卜筮(복서).
【易聖 역성】 역리(易理)에 밝은 사람.
【易姓革命 역성혁명】 ①왕조가 바뀜. ②임금이 덕이 없어 민심을 잃으면, 덕이 있는 다른 사람이 천명(天命)을 받아 새로운 왕조를 세워도 좋다는 유교의 정치 사상.
【易數 역수】 주역의 법칙에 의하여 길흉을 미리 알아내는 술법.
【易衣幷食 역의병식】 한 벌의 옷을 서로 바꾸어 입고, 하루 치의 양식을 이틀 치로 나눔. 아주 가난함.
【易子教之 역자교지】 자식을 서로 바꾸어서 가르침. 자기의 자식은 자기가 가르치기 어려움.
【易田 역전】 땅이 메말라서 매년 경작하지 못하고 한 해 걸러 짓는 논밭.
【易占 역점】 64괘에 의해서 자연(自然)·인사(人事)와 그 밖의 모든 일의 길흉(吉凶)을 판단하는 일.
【易地 ❶역지 ❷이지】 ❶있는 자리를 바꿈. 처지·지위를 바꿈. ❷평평한 땅.
【易地思之 역지사지】 처지를 바꾸어서 생각함.
【易簣 역책】 대자리를 갊. 학덕(學德)이 높은 사람의 죽음. 故事 증자(曾子)가 임종될 때, 자신이 깔고 있던 자리가 너무 화려하여 신분에 맞지 않는다 하여 바꾸게 한 뒤에 죽었다는 고사에서 온 말.
【易置 역치】 바꾸어 놓음.
【易學 역학】 주역에 관하여 연구하는 학문.
【易簡 이간】 쉽고 간단함. 손쉬움.
【易慢 이만】 깔보고 업신여김.
【易與 이여】 상대하기 쉬움. 다루기 쉬움.
【易往 이왕】 (佛)아미타불의 본원(本願)에 의하여 극락(極樂)에 쉽게 왕생(往生)하는 일.
【易易 이이】 손쉬운 모양.
【易直 이직】 까다롭지 않음. 간편함.
▶簡-, 改-, 輕-, 交-, 難-, 貿-, 變-, 不-, 安-, 便-, 平-.

日4 【旿】⑧ 밝을 오 麌 wǔ
초서 旿 字解 밝다, 대낮처럼 밝다. ≒晤.

日4 【旺】⑧ 성할 왕 漾 wàng
초서 旺 字解 성(盛)하다, 왕성하다. 〔諸葛亮·治軍〕以衆待寡, 以旺待衰.
【旺氣 왕기】 ①행복스럽게 될 징조. ②왕성한 기운.
【旺盛 왕성】 잘되어 한창 성함.

【旺運 왕운】 왕성한 운수.
❶盛-, 興-.

日 【昀】⑧ 햇빛 윤 䫻 yún
4
字解 햇빛.

日 【昌】⑧ ❶창성할 창 陽 chāng
4   ❷주창할 창 漾 chàng

丨 冂 冃 曰 日 吕 昌 昌

소전 昌 주문 㫰 초서 昌 字源 會意. 日＋日→昌. 밝게〔日〕 말한다〔日〕는 뜻. 곧, 해처럼 영원히 전하여질 아름다운 말이라는 데서 '창성하다'란 뜻을 나타낸다.
字解 ❶①창성하다. 〔穆天子傳〕 犬馬牛羊之所昌. ②아름답다, 곱다. 〔詩經〕 子之昌兮. ③기쁨, 경사(慶事). 〔左思·賦〕 天帝運期而會昌. ④훌륭한 말. ¶ 昌言. ⑤어지럽히, 어지러워지다. ¶ 昌披. ⑥창포(菖蒲) ¶ 昌本. ⑦물건, 사물. 〔莊子〕 百昌皆生於士. ❷주창하다, 외치다. ＝倡.
【昌慶 창경】 기뻐함. 기쁨.
【昌樂 창락】 번영하여 즐거움.
【昌本 창본】 창포의 뿌리.
【昌富 창부】 번성하여 넉넉해짐.
【昌盛 창성】 한창 융성함.
【昌陽 창양】 창포의 딴 이름.
【昌言 창언】 이치에 맞는 말. 도움이 되는 좋은 말. 경계가 되는 말. 金言(금언).
【昌運 창운】 탁 트인 좋은 운수.
【昌朝 창조】 창성한 조정. 당대(當代)의 조정.
【昌平 창평】 ①나라가 창성하고 세상이 태평함. ②땅 이름. 공자가 난 곳. 산동성 곡부현(曲阜縣) 동남(東南)에 있음.
【昌披 창피】 옷을 입고 허리띠를 졸라매지 않은 모양. 칠칠치 않은 모양. 猖披(창피).
❶繁-, 隆-.

日 【旾】⑧ 春(784)의 고자
4

日 【昃】⑧ 기울 측 職 zè
4
소전 𣅳 초서 昃 동자 昗 통자 仄 字解 ①기울다. ㉮해가 서쪽으로 기울다. 〔易經〕 日昃之離. ㉯한쪽으로 기울다. 〔揚子法言〕 過則昃. ②오후(午後). ㉮정오가 지난 때. 〔宋史〕 日向昃. ㉯오후 2시나 4시경. 중측(中昃)은 오후 2시, 하측(下昃)은 오후 4시이다.
【昃晷 측구】 해가 기욺. 정오가 지남.
❶盈-, 月-, 虧-.

日 【昁】⑧ 昃(780)과 동자
4

日 【旀】⑧ 클 판 刪 bǎn
4
소전 旀 초서 旀 字解 ①크다, 크게. ¶ 旀章. ②판자, 널빤지. ＝版.
【旀章 판장】 크게 밝음. 크게 빛남.

日 【昊】⑧ 하늘 호 晧 hào
4
소전 昊 字解 ①하늘. ㉮하늘의 범칭(泛稱). 〔詩經〕 有北不受, 投畀有昊. ㉯봄, 또는 여름의 하늘. ㉰동쪽, 또는 서쪽의 하늘. ②큰 모양, 성(盛)한 모양.
【昊蒼 호창】 하늘. 天空(천공).
【昊天 호천】 ①하늘. 天空(천공). ②봄의 하늘. 여름의 하늘. ③동쪽 하늘. 서쪽 하늘.
【昊天罔極 호천망극】 하늘은 넓고 크며 끝이 없음. 부모의 은혜가 크고 다함이 없음.
【昊昊 호호】 크고 성한 모양.
❶穹-, 蒼-, 淸-, 晴-.

日 【昈】⑧ 환히 호 麌 hù
4
소전 昈 字解 ①환히, 분명하게, 밝게. ②붉은 무늬가 있는 모양.

日 【昏】⑧ 어두울 혼 元 hūn
4

一 𠂉 𠂊 氏 氏 昏 昏 昏

소전 昏 초서 昏 동자 昬 고자 𣄮 字解 會意. 氏＋日→昏. '氏'는 '氐(낮을 저)'의 생략형. 해〔日〕가 서쪽으로 넘어간다〔氏〕는 데서 '해질 무렵'이란 뜻을 나타낸다.
字解 ①어둡다. ㉮해가 져서 어둡다. 〔謝惠連·賦〕 時旣昏. ㉯사리에 어둡다, 어리석다. ≒惛. ¶ 昏愚. ②저녁때, 해질 무렵. 〔詩經〕 昏以爲期. ③밤. 〔劉琨·表〕 昏明迭用. ④현혹되다, 깨닫지 못하고 헤매다. 〔呂氏春秋〕 昏於小利. ⑤어지럽히다, 어지러워지다. 〔書經〕 昏棄厥肆祀弗答. ⑥요절(夭折), 어려서 죽음. 〔春秋左氏傳〕 札瘥夭昏. ⑦빼앗다, 약탈하다. 〔孔子家語〕 己惡而掠美爲昏. ⑧힘쓰다, 애써 일하다. 〔書經〕 不昏作勞. ⑨문지기. ≒閽. ⑩장가들다. ≒婚. 〔禮記〕 昏姻之禮. ⑪장인, 아내의 친정 아버지.
【昏季 혼계】 어지러운 말세(末世).
【昏困 혼곤】 정신이 흐릿하고 곤함.
【昏棄 혼기】 마음이 어둡고 어지러워 일을 내버려 둠.
【昏忘 혼망】 정신이 흐려서 잘 잊어버림.
【昏盲 혼맹】 어두움. 어리석어 사리에 어두움.
【昏明 혼명】 ①어둠과 밝음. ②낮과 밤.
【昏眊 혼모】 눈이 어두움. 눈이 보이지 않음.
【昏眸 혼모】 흐린 눈동자.
【昏耄 혼모】 늙어서 정신이 흐리고 기력이 쇠약해짐.

【昏暮 혼모】해가 질 무렵. 해질녘. 昏莫(혼막).
【昏夢 혼몽】①똑똑하지 않은 꿈. ②저녁 잠.
【昏墨 혼묵】관리가 법을 어기고 제멋대로 행동하여 재물을 탐하고 뇌물을 받음.
【昏迷 혼미】①사리에 어두움. ②의식이 흐림.
【昏憊 혼비】마음이 어둡고 피곤함. 困憊(곤비).
【昏睡 혼수】①정신없이 깊이 잠이 듦. ②의식을 잃음.
【昏夙 혼숙】①저녁과 아침. ②짧은 시간.
【昏晨 혼신】아침과 새벽. 昏曉(혼효).
【昏鴉 혼아】해질녘에 나는 까마귀.
【昏闇 혼암】어두움. 昏暗(혼암).
【昏垎 혼애】어둡고 먼지가 읾. 세상이 어지러움.
【昏夜 혼야】어둡고 깊은 밤.
【昏曀 혼예】구름이 짙게 끼어 어두움. 흐리고 어두움.
【昏愚 혼우】사리에 어둡고 어리석음.
【昏恣 혼자】우매하고 방자함.
【昏絶 혼절】정신이 아찔하여 까무러침.
【昏墊 혼점】곤경에 빠짐. 수해(水害)를 당하여 고생함.
【昏定晨省 혼정신성】저녁에는 잠자리를 살피고, 아침에는 일찍이 문안을 드림. 부모에게 효도하는 일상의 도리. 定省(정성).
【昏鐘 혼종】저녁때 치는 종. 晩鐘(만종).
【昏晝 혼주】밤과 낮. 晝夜(주야).
【昏札 혼찰】어려서 죽음. 병으로 죽음.
【昏醉 혼취】정신없이 술에 취함.
【昏惰 혼타】어리석고 게으름. 昏怠(혼태).
【昏椓 혼탁】내시. 환관(宦官). ○'昏'은 문지기, '椓'은 궁형(宮刑)을 받은 자.
【昏怠 혼태】우매하고 태만하고 미련하고 게으름. 昏惰(혼타).
【昏暴 혼포】사리에 어둡고 성질이 거칢.
【昏虐 혼학】어리석고 잔인함.
【昏眩 혼현】어지러움. 현기증이 남.
【昏惑 혼혹】사리에 어두워 미혹함.
【昏昏 혼혼】①정신이 가물가물하고 희미함. ②어둠침침함. ③조는 모양.
【昏黃 혼황】①황혼(黃昏). ②달빛이 흐릿함.
【昏晦 혼회】어두움.
【昏曉 혼효】①저녁과 새벽. 昏晨(혼신). ②어리석음과 똑똑함.
【昏黑 혼흑】어둡고 캄캄함.
【昏昕 혼흔】밤과 아침.
◐ 老一, 冥一, 耄一, 幽一, 早一, 重一, 黃一.

日 4 【昒】⑧ 새벽 홀 月 hū

소전 昒 초전 昒 전 昒 초전 智 전 昢

字解 ①새벽, 어둑새벽. ¶昒昕. ②어둑하다. ③빠른 모양. ④소홀히 하다. 늑忽. 〔漢書〕於時人皆昒之. ⑤일어나다, 날이 오르다. 늑肸. 〔揚雄·賦〕響昒如神.
【昒爽 홀상】새벽. 새벽녘.
【昒昕 홀흔】어둑새벽.

日 4 【智】⑧ 昒(781)과 동자

日 4 【昕】⑧ 아침 흔 文 xīn

소전 昕 초전 昕 字解 ①아침, 해가 돋을 무렵. 〔儀禮〕凡行事必用昏昕. ②밝은 모양, 분명한 모양. ③처마. 늑軒.
【昕昕 흔흔】①밝은 모양. ②환히 아는 모양.

日 5 【昵】⑨ ❶친할 닐 質 nì
❷선고 녜 霽 nǐ
❸풀 직 職 zhì

초서 昵 동서 昵 字解 ❶①친하다, 친숙해지다. ¶昵比. ②친하게 지내는 사람. 측근(側近). 〔書經〕官不及私昵. ❷선고(先考), 아버지의 신위를 모신 사당. 〔書經〕典祀無豐于昵. ❸풀, 아교. 〔周禮〕凡昵之類, 不能斤.
【昵懇 일간】친함. 마음씨가 다정함.
【昵交 일교】친한 벗.
【昵眷 일권】①사랑하여 돌보아 줌. ②두터운 은애(恩愛).
【昵近 일근】친근히 지냄.
【昵藩 일번】왕실과 친근히 지내는 제후.
【昵比 일비】친하고 스스럼없이 지냄.
【昵狎 일압】흉허물 없이 가까이 사귐.
【昵戲 일희】허물없이 가까이 지냄.
◐ 私一, 狎一, 親一.

日 5 【昤】⑨ 햇빛 령 靑 líng

字解 햇빛, 햇살, 일광.

日 5 【昩】⑨ 어둑어둑할 말 曷 mò

字解 어둑어둑하다, 어슴푸레하다.

日 5 【昧】⑨ 새벽 매 隊 mèi

소전 昧 초전 昧 字解 ①새벽, 동틀 무렵. 〔詩經〕士曰昧旦. ②어둡다. ㉮어둑어둑하다, 컴컴하다. ¶昧昧. ㉯어리석다. 〔韓非子〕臣昧死願望大王. ③탐하다, 탐내다. 〔春秋左氏傳〕楚王是故昧於一來. ④찢다, 가르다, 쪼개다. 〔春秋公羊傳〕昧雉彼視. ⑤별 이름. 북두칠성에서 맨 끝 별. 〔易經〕日中見昧. ⑥악곡(樂曲)의 이름. 북이(北夷) 또는 동이(東夷)의 악곡.
【昧谷 매곡】해가 지는 골짜기. 날이 저묾.
【昧旦 매단】동틀 무렵. 새벽. 昧爽(매상).
【昧例 매례】관례(慣例)에 어두움.
【昧茫 매망】어두움.
【昧昧 매매】①동틀 무렵. 새벽. ②깊은 생각에 잠긴 모양. ③어두운 모양. ④순후(純厚)함.
【昧沒 매몰】뜻을 알지 못함.
【昧瞀 매무】어리석음. 昧蒙(매몽).

【昧死 매사】①어리석어서 죽을 죄를 범함. ②죽음을 무릅씀. 상소한 내용이 부당하면 죽음도 감수하겠다는 뜻으로 쓰는 말.
【昧事 매사】 사리에 어두움.
【昧爽 매상】 먼동이 틀 무렵.
◐ 童—, 冥—, 蒙—, 虎—, 朦—, 迷—, 三—, 暗—, 曖—, 頑—, 愚—, 幼—, 幽—, 寂—, 草—, 虛—, 昏—, 荒—, 晦—.

日5【昴】⑨ 별자리 이름 묘 匣 mǎo
[소전][초서] 字解 별자리 이름. 28수의 하나.

日5【昪】⑨ 기뻐할 변 匣 biàn
[소전] 字解 ①기뻐하다. ②햇빛.

日5【昞】⑨ 밝을 병 匣 bǐng
[초서][동자] 昺[동자]炳 字解 밝다, 빛나다, 환하다.

日5【昺】⑨ 昞(782)과 동자

日5【昢】⑨ 새벽 불 匣 pò
字解 새벽, 동틀 무렵의 모양.〔楚辭〕時昢昢兮旦旦.
【昢昢 불불】①동틀 무렵의 어둑둑한 모양. ②해가 처음 떠서 밝지 않은 모양.

日5【昲】⑨ 말릴 비 匣 fèi
字解 ①말리다, 볕에 쪼이다.〔列子〕酒未清肴未昲. ②성(盛)한 모양.
【昲悅 비열】 성(盛)한 모양.

日5【星】⑨ 별 성 匣 xīng
｜ 冂 日 日 旦 早 早 星
[소전][고문][혹체][초서] 字源 形聲. 日+生→星. '日'은 여러 개의 별을 뜻하는 '晶(정)'의 생략형. '生(생)'이 음을 나타낸다.
字解 ①별.〔詩經〕嘒彼小星, 三五在東. ②오성(五星).〔周禮〕掌天星. ③성수(星宿). 28수의 범칭.〔書經〕日月星辰. ④세월, 광음(光陰). ⑤천문(天文), 천체의 현상.〔後漢書〕善風角星算. ⑥점. 사람의 나이와 별의 운행(運行)을 연관시켜 장래를 점치는 일.〔後漢書〕令星工伺望祥妖. ⑦요직(要職)의 벼슬아치.〔劉禹錫·詩〕將星還拱北辰來. ⑧저녁때, 밤.〔宋書〕星晩驟而不覺. ⑨작은 점. 특히 저울의 눈

금을 이른다. ⑩보조개, 부녀(婦女)의 보조개. ⑪조금. ¶星寒. ⑫흩어지다. ¶星散. ⑬드러나다, 별이 보이다. ⑭표적, 대상.〔經國雄略〕以目對後星, 以後星對前星.
【星官 성관】 별을 보고 점을 치는 벼슬. 천문을 맡아보는 관리.
【星期 성기】①음력 7월 7일. 七夕(칠석). ②혼인 날짜.
【星羅雲布 성라운포】 별같이 벌여 있고 구름처럼 널려 있음. 물건이 여기저기 많이 벌여 있는 모양.
【星曆 성력】 성도(星度)를 고찰하여 만든 역법(曆法). 星歷(성력).
【星離雨散 성리우산】 별이 떨어지고 비가 흩어짐. 빨리 흩어짐.
【星芒 성망】 별빛.
【星奔 성분】 별똥처럼 빨리 달림.
【星使 성사】 임금의 사절(使節). 使星(사성).
【星槎 성사】①성사(星使)가 타고 가는 배. ②먼 나라로 항해하는 선박. 세계를 주유(周遊)하는 배. 星查(성사).
【星散 성산】 새벽 하늘의 별과 같이 흩어짐. 뿔뿔이 헤어짐.
【星算 성산】 천문(天文)과 역수(曆數).
【星象 성상】①별의 총칭. ②별자리의 모양.
【星霜 성상】①별과 서리. ②일 년 동안의 세월. ◦별은 1년에 하늘을 한 번 돌고 서리는 매년 내리는 데서 온 말. ③머리카락이 희끗희끗함. 斑白(반백).
【星星 성성】①머리털이 희끗희끗하게 센 모양. ②잔 것이 드문드문 흩어져 있는 모양.
【星宿 성수】①모든 별자리의 별들. ②28수의 스물다섯째 별자리.
【星數 성수】①별의 수효. ②운수. 운명.
【星術 성술】 천문 현상을 보고 길흉을 판단하는 방법. 점성술(占星術).
【星辰 성신】①별. ②별자리. 성좌(星座). ◦'星'은 사방의 중성(中星), '辰'은 해와 달이 서로 마주치는 위치.
【星夜 성야】 별이 잘 보이는 밤. 별이 빛나는 밤.
【星雨 성우】 별똥. 유성(流星).
【星雲 성운】 망원경으로 보아 흐릿한 구름과 같이 보이는 천체.
【星移 성이】 별의 위치가 옮겨짐. 세월이 흐름.
【星傳 성전】 급할 때 내는 역마(驛馬).
【星占 성점】 별의 빛이나 위치를 보고 점을 치는 일. 별점.
【星座 성좌】 별자리.
【星津 성진】 성좌(星座).
【星次 성차】 별의 위치. 28수의 차례.
【星讖 성참】 천문과 예언.
【星軺 성초】 사신(使臣)이 타는 수레.
【星馳 성치】 별똥이 떨어지듯 매우 급히 달림.
【星布 성포】 별처럼 흩어져 있음. 星散(성산).
【星河 성하】 은하(銀河). 天漢(천한).
【星學 성학】 천문학(天文學).
【星寒 성한】 조금 추움.

【星漢 성한】 은하(銀河)의 딴 이름.
【星行 성행】 ①유성(流星)이 떨어지는 것처럼 빨리 감. ②밤 안으로 급히 감. ③아침 일찍 별이 있을 때 떠남.
【星行夜歸 성행야귀】 아침 일찍 집을 나가서 밤늦게 돌아옴.
【星行電征 성행전정】 별똥처럼 가고, 번개처럼 감. 서둘러 빨리 감.
【星火 성화】 ①유성(流星)의 빛. ②일이 급박함. ③매우 작은 불꽃. ④소인(小人).
●金―, 明―, 木―, 流―, 將―, 中―, 重―, 衆―, 土―, 恆―, 彗―, 惑―, 火―, 曉―.

日5 【昭】⑨ 밝을 소 ㊥조 ㊖ zhāo, sháo

丨冂日日日日日四昭昭昭

㋚전 昭 ㋘서 炤 [字源] 形聲. 日+召→昭. '召(소)'가 음을 나타낸다.
[字解] ①밝다, 환히 빛나다. 〔楚辭〕白日昭只. ②밝게, 환히. 〔書經〕以昭受上帝. ③밝히다, 환히 나타나게 하다. 〔春秋左氏傳〕以昭周公之明德. ④나타나다, 현저히 나타나다. 〔中庸〕亦孔之昭. ⑤소목(昭穆). 종묘(宗廟)·사당(祠堂)에 신주(神主)를 모시는 차례. 시조(始祖)를 가운데에 모시고 그 왼쪽 줄을 소(昭), 오른쪽 줄을 목(穆)이라 하여 2·4·6세를 소(昭)에, 3·5·7세를 목(穆)에 모신다. ⑥풍류 이름. ≒韶.〔史記〕昭象武象.
【昭晣 소절】 ①밝게 빈찍이는 빛. ②밝힘.
【昭代 소대】 잘 다스려져 태평한 세상. 당대(當代)를 칭송(稱誦)하는 말.
【昭朗 소랑】 밝음.
【昭名 소명】 환히 드러난 명성(名聲).
【昭明 소명】 사물(事物)에 밝음. 顯著(현저).
【昭穆 소목】 종묘나 사당에 신주를 모시는 차례.
【昭懋 소무】 밝고 성(盛)함.
【昭詳 소상】 분명하고 자세함.
【昭雪 소설】 억울한 사정이나 원통한 죄를 밝히어 누명이나 죄명을 씻음.
【昭昭 소소】 밝은 모양. 사리가 밝고 또렷함.
【昭蘇 소소】 다시 살아남. 소생함.
【昭示 소시】 밝게 보임. 분명하게 제시함.
【昭陽 소양】 고갑자(古甲子)의 하나. 천간(天干)의 계(癸)에 해당함.
【昭然 소연】 밝은 모양. 분명한 모양.
【昭耀 소요】 밝게 빛남.
【昭應 소응】 감응(感應)이 뚜렷이 드러남.
【昭著 소저】 ①현저함. ②뚜렷이 나타냄.
【昭顯 소현】 분명히 나타남.
【昭乎 소호】 밝은 모양.
【昭昏 소혼】 밝음과 어두움.
【昭和 소화】 ①천하가 밝고 평화스럽게 잘 다스려짐. ②당대(唐代)의 아악(雅樂)의 하나.
【昭煥 소환】 환히 빛남.
【昭回 소회】 밝은 빛이 하늘을 도는 일.
●光―, 明―, 宣―, 布―, 顯―.

日5 【是】⑨ 옳을 시 ㊖ shì

丨冂日日旦早早昰是

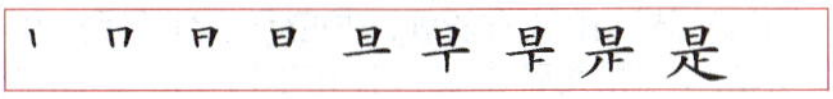

㋚전 昰 ㋤주 昰 ㋘서 昰 ㋘본 昰 [字源] 會意. 日+正→昰→是. 이 우주에서 가장 옳고 바른[正] 것은 해[日]라는 데서 '옳다'란 뜻을 나타낸다.
[字解] ①옳다, 바르다. 〔淮南子〕立是廢非. ②옳다고 인정하다. 〔荀子〕是是非非謂之知. ③바로잡다, 바르게 하다. 〔後漢書〕詔五經博士, 是正文字. ④다스리다. 〔國語〕王弗是. ⑤이, 이것, 여기. ≒此. 〔論語〕夫子至於是邦也. ⑥이. 어세(語勢)를 강조하는 어조사. 〔詩經〕是生后稷. ⑦이에. ≒寔. 접속(接續)의 어조사. 〔書經〕桑土旣蠶是降邱宅土. ⑧대저, 무릇. ≒夫. 〔禮記〕今是大鳥獸, 則失喪其群匹.
【是父是子 시부시자】 이 아버지의 이 아들. 그 아비를 닮은 그 자식. 부자가 모두 훌륭함.
【是非 시비】 ①옳음과 그름. 잘잘못. ②옳고 그름을 구별함.
【是非曲直 시비곡직】 옳고 그름과 굽고 곧음.
【是非之心 시비지심】 ①착한 일을 옳다 하고 나쁜 일을 그르다 하는 마음. 시비를 구별할 줄 아는 본성(本性). ②세속의 일에 대하여, 공연히 그 옳고 그름에 신경을 쓰는 마음.
【是是非非 시시비비】 옳은 것은 옳다 하고, 그른 것은 그르다고 함. 사리를 공정하게 판단하는 일. 是非(시비).
【是耶非耶 시야비야】 옳으기, 그른기? 옳고 그름을 제대로 판단하지 못하는 일.
【是認 시인】 옳다고 인정함.
【是日 시일】 이날.
【是正 시정】 잘못된 것을 바로잡음.
●國―, 先―, 若―, 於―, 如―, 由―, 或―.

日5 【昰】⑨
❶是(783)의 본자
❷夏(372)의 고자
[參考] 대법원 지정 인명용 한자음은 '하'이다.

日5 【昂】⑨ 昂(779)의 속자

日5 【易】⑨ 陽(1949)과 동자

日5 【映】⑨ ❶비출 영 ㊖ yìng
❷밝지 않을 앙 ㊖ yǎng

丨冂日日日日旷映映

㋚전 㬎 ㋘서 㬎 ㋚속 㬎 [參考] 대법원 지정 인명용 한자의 음은 '영'이다.
[字源] 形聲. 日+央→映. '央(앙)'이 음을 나타낸다.
[字解] ❶①비추다. 〔孫氏世錄〕映雪讀書. ②

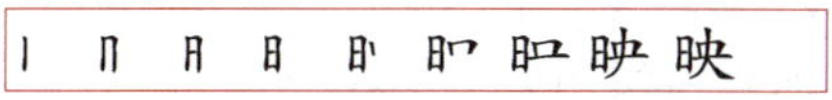

비치다.〔中山王·賦〕倚竹映池. ❸덮다, 가리다.〔顔延之·詩〕金駕映松山. ❹햇빛, 햇살.〔王粲·詩〕山岡有餘映. ❺오후 2시 무렵, 미시(未時).〔梁元帝纂要〕日在午日亭, 在未日映. ❻밝지 아니하다, 희미하다, 흐릿하다. ¶映曚.
【映帶 영대】빛깔이나 경치의 색이 서로 비치어서 어울림.
【映發 영발】서로 비치어 반짝임.
【映射 영사】빛이나 광선 따위가 쏘아 비침.
【映寫 영사】영화 필름·슬라이드 따위를 영사막에 비춤.
【映像 영상】광선의 굴절이나 반사에 따라 비추어지는 물체의 모습.
【映雪讀書 영설독서】눈빛으로 글을 읽음. 故事 진(晉)나라의 손강(孫康)이 몹시 가난하여 눈빛에 비추어 글을 읽었다는 고사에서 온 말.
【映窓 영창】채광을 위하여 방과 마루 사이에 낸 두 쪽의 미닫이.
【映彩 영채】환하게 빛나는 고운 빛깔.
【映徹 영철】속까지 비침. 비치어 빛남.
【映奪 영탈】눈이 부심.
【映輝 영휘】비치어 빛남.
【映曚 앙몽】밝지 아니하고 흐릿함. 희미함.
◐反-, 放-, 不-, 上-, 照-.

日5 【昱】⑨ 빛날 욱 厘 yù
소전 昱 초서 昱 字解 빛나다, 햇빛이 빛나다.〔淮南子〕焜昱錯眩, 照燿煇煌.
【昱耀 욱요】밝게 빛남. 환히 빛남.
【昱昱 욱욱】태양이 눈부시게 빛나는 모양.

日5 【昨】⑨ 어제 작 藥 zuó
ㅣ 冂 冂 日 日' 旷 昨 昨 昨
소전 昨 초서 昨 字源 形聲. 日+乍→昨. '乍(사)'가 음을 나타낸다.
字解 ❶어제.〔莊子〕周昨來, 有中道而呼者. ❷이전, 옛날.〔王安石·詩〕憶昨此地相逢時.
【昨今 작금】어제와 오늘. 요즈음. 요사이.
【昨年 작년】지난해.
【昨晩 작만】어제저녁.
【昨夢 작몽】①어젯밤에 꾼 꿈. ②지난 일의 허무함.
【昨非 작비】지난날의 잘못. 前非(전비).
【昨非今是 작비금시】이전에는 그르다고 여기던 것이 지금은 옳게 여겨짐.
【昨夕 작석】어제저녁.
【昨宵 작소】어젯밤. 昨夜(작야).
【昨日 작일】어제.
【昨春 작춘】지난봄.
【昨醉未醒 작취미성】어제 마신 술이 아직 깨지 아니함.
【昨夏 작하】지난여름.
◐一-, 再-年, 疇-.

日5 【昝】⑨ 성 잠 感 zǎn
字解 성(姓).

日5 【昼】⑨ 晝(789)의 속자

日5 【昣】⑨ 밝을 진 軫 zhěn
字解 밝다.

日5 【昳】⑨ ❶기울 질 屑 dié ❷뛰어날 일 質 yì
소전 昳 초서 昳 字解 ❶기울다. ㉮해가 기울다. ㉯오후 2시 무렵. ❷뛰어나다, 훌륭하다. 늑逸.〔戰國策〕形貌昳麗.
【昳麗 일려】용모가 뛰어나게 아름다움.

日5 【昶】⑨ 밝을 창 養 chǎng
소전 昶 초서 昶 字解 ❶밝다, 환하다, 통하다. 늑暢.〔嵆康·賦〕固以和昶而足耽矣. ❷해가 길다.

日5 【春】⑨ ❶봄 춘 眞 chūn ❷움직일 준 軫 chǔn
一 二 三 丰 夫 未 春 春 春
서 春 본문 萅 고문 旾 叅考 대법원 지정 인명용 한자의 음은 '춘'이다.
字源 會意·形聲. 艹+屯+日→萅→春. '屯(둔)'이 음을 나타낸다. 풀(艹)이 볕(日)을 받아 비로소 싹이 돋으려고(屯) 한다는 데서 새싹이 돋는 계절인 '봄'을 뜻한다.
字解 ❶①봄. 방위로는 동쪽, 오행(五行)으로는 나무에 배당된다.〔書經〕惟十有三年, 春, 大會于孟津. ②젊은 때.〔孔平仲·詩〕買住靑春費幾錢. ③남녀(男女)의 정(情). 주로 여자가 남자를 생각하는 정.〔詩經〕有女懷春, 吉士誘之. ④술〔酒〕.〔司空圖·詩〕五壺買春賞雨. ⑤성(姓). ❷움직이다, 꿈틀거리다. 늑蠢.〔周禮〕張皮侯而棲鵠, 則春以功.
【春江 춘강】봄철의 강물.
【春季 춘계】봄철. 春期(춘기).
【春困 춘곤】봄철에 느껴지는 나른하고 졸리는 기운.
【春官 춘관】①종백(宗伯)의 벼슬. 주대(周代) 육직(六職)의 하나. 예법·제사를 다스렸음. ②國예조(禮曹)의 딴 이름.
【春光 춘광】①봄볕. ②봄철의 풍광. ③젊은 사람의 나이를 문자투로 이르는 말.
【春宮 춘궁】①황태자(皇太子)나 왕세자(王世子)의 딴 이름. ②태자궁(太子宮)이나 세자궁(世子宮)의 딴 이름.
【春窮 춘궁】國보릿고개. 봄에 묵은 곡식은 떨어지고 햇곡식은 아직 익지 아니하여 식량에 어

려움을 겪는 일.
【春閨 춘규】①부인의 침실. ②처첩(妻妾).
【春機 춘기】①이성을 앎. 남녀 간의 정욕(情慾). ②봄에 짜는 베틀.
【春堂 춘당】☞春府丈(춘부장).
【春蘭 춘란】난초의 한 가지. 잎이 가늘고 길며 봄에 약간 푸른 빛깔을 띤 흰 꽃이 핌.
【春露秋霜 춘로추상】①봄의 이슬과 가을의 서리. ②은택(恩澤)과 위엄(威嚴).
【春眠 춘면】봄철의 곤한 잠.
【春夢 춘몽】봄에 꾸는 짧은 꿈. 인생의 덧없음.
【春蕪 춘무】①봄에 나는 잡초. ②향초(香草)의 이름.
【春坊 춘방】조선 때 세자시강원(世子侍講院)의 딴 이름.
【春府丈 춘부장】國남의 아버지에 대한 존칭. 춘당(春堂).
【春分 춘분】24절기의 넷째. 양력 3월 20일경. 밤과 낮의 길이가 같음.
【春氷 춘빙】봄철의 얼음. 위험함의 비유.
【春事 춘사】①봄의 일. 농사. ②봄의 즐거움. 봄의 흥치. ③남녀의 사랑.
【春社 춘사】①중춘(仲春)에 토신(土神)에게 농사의 순조로움을 비는 제사. ②고대 계절 이름. 입춘(立春) 뒤 다섯 번째 무일(戊日).
【春色 춘색】①봄빛. 봄 경치. ②술 기운.
【春宵 춘소】봄밤. 春夜(춘야).
【春誦夏弦 춘송하현】봄에는 가악(歌樂)의 장(章)을 읊고, 여름에는 거문고에 맞추어 음악을 배움. 철에 따라 공부하는 과목을 비낌.
【春愁 춘수】봄철에 일어나는 시름.
【春睡 춘수】봄날의 졸음.
【春樹暮雲 춘수모운】봄철의 나무와 저문 날의 구름. 멀리 있는 친구를 그리워함.
【春筍 춘순】①봄의 죽순. ②가느다란 손가락. 미인의 손가락.
【春信 춘신】봄 소식.
【春心 춘심】①봄철에 느끼는 심회. ②남녀의 정욕. 春情(춘정).
【春礿 춘약】천자(天子)와 제후(諸侯)가 종묘에 지내는 봄 제사.
【春陽 춘양】①봄의 햇빛. ②봄.
【春餘 춘여】봄의 끝. 얼마 남지 않은 봄.
【春院 춘원】①봄빛이 비치는 집. ②봄의 사원(寺院). ③감옥(監獄).
【春遊 춘유】봄놀이.
【春意 춘의】①봄의 화창한 기운. ②춘정(春情).
【春蚓秋蛇 춘인추사】봄의 지렁이와 가을의 뱀. 매우 졸렬한 글씨.
【春日遲遲 춘일지지】봄날이 길어서 저무는 것이 더딤.
【春邸 춘저】①황태자(皇太子). 왕세자(王世子). ②태자궁(太子宮). 세자궁(世子宮).
【春節 춘절】봄철. 입춘.
【春情 춘정】①봄철의 화창한 정서. ②이성 간의 성적(性的) 욕정. 春心(춘심). 春意(춘의).
【春薺 춘제】봄에 나는 냉이.

【春糶 춘조】①봄에 내어 파는 쌀. 봄에 쌀을 내어 팖. ②國봄철에 나라에서 백성에게 환곡(還穀)을 꾸어 주던 일.
【春曹 춘조】예조(禮曹)의 딴 이름.
【春草 춘초】①봄철에 새로 돋은 보드라운 풀. ②아마존. 백미꽃.
【春秋 춘추】①봄과 가을. ②나이의 높임말. 연령. ③세월(歲月). ④오경(五經)의 하나로, 공자(孔子)가 지은 노(魯)나라의 역사서.
【春秋館 춘추관】시정(時政)의 기록을 맡았던 관청. 고려(高麗)와 조선(朝鮮)에서 두었음.
【春秋時代 춘추 시대】주(周)나라가 도읍을 동쪽으로 옮긴 때로부터 진(晉)나라가 한(韓)·위(魏)·조(趙)의 삼국(三國)으로 분열할 때까지 360여년의 시대.
【春秋鼎盛 춘추정성】임금의 나이가 한창 젊음. ○'鼎'은 '方'으로 '바야흐로'의 뜻.
【春秋筆法 춘추필법】춘추(春秋)와 같이 비판적이고 엄정한 필법. 대의명분(大義名分)을 밝혀 세우는 역사 서술 방법.
【春雉自鳴 춘치자명】國봄철의 꿩이 스스로 욺. 제 허물을 스스로 드러냄으로써 남이 알아봄.
【春風秋雨 춘풍추우】봄철에 부는 바람과 가을에 내리는 비. 흘러가는 세월.
【春風和氣 춘풍화기】봄날의 화창한 기운.
【春恨 춘한】봄날의 경치에 끌리어 마음에 뒤숭숭하게 일어나는 정한(情恨).
【春寒老健 춘한노건】봄추위와 늙은이의 건강. 사물이 오래 가지 못함.
【春享大祭 춘향대제】초봄에 지내는 종묘(宗廟)·사직(社稷)의 제사.
【春花 춘화】①봄철에 피는 꽃. 春華(춘화). ②한창 때.
【春華 춘화】①☞春華(춘화). ②아름다운 문사(文辭).
【春華秋實 춘화추실】봄꽃과 가을 열매. ㉠문조(文藻)와 덕행(德行). ㉡문질(文質)이 뛰어남.
【春暉 춘휘】①봄볕. 봄의 따뜻한 햇볕. ②부모의 은혜.
➊季-, 晩-, 孟-, 暮-, 芳-, 思-, 三-, 小-, 新-, 陽-, 立-, 早-, 仲-, 靑-, 初-, 回-, 懷-.

日
5【眩】⑨ 당혹할 현 ❷ xuàn
字解 ①당혹하다, 갈팡질팡하다. ②햇빛.

日
5【昏】⑨ 昏(780)과 동자

日
5【昫】⑨ 따뜻할 후 ❷ xù
昫 昫 昫 煦 字解 따뜻하다, 햇볕이 따뜻하다.

日
6【晈】⑩ 皎(1193)와 동자

日 6획 昵 晌 晟 晒 時

日6 【昵】 ⑩ 昵(781)과 동자

日6 【晌】 ⑩ 정오 **상** 🔖 shǎng
字解 ①정오(正午), 대낮. ②나절, 낮의 어느 무렵이나 동안. 〔論衡〕對爐汗出, 晌日亦汗出.

日6 【晟】 ⑩ 晟(788)의 속자

日6 【晒】 ⑩ 曬(801)와 동자

日6 【時】 ⑩ 때 **시** 🔖 shí

字源 形聲. 日+寺→時. '寺(시)'가 음을 나타낸다.

字解 ①때. ㉮철, 일 년의 구분. 춘하추동(春夏秋冬)의 사철.〔書經〕曆象日月星辰, 敬授人時. ㉯시, 하루의 구분. 옛날에는 12신(辰)으로, 오늘날에는 24시(時)로 나눈다.〔周禮〕以時啓閉. ㉰세월, 나달의 경과(經過).〔呂氏春秋〕時不久留. ㉱연대, 세(世), 대(代).〔孟子〕彼一時, 此一時也. ㉲기회(機會).〔論語〕好從事而亟失時. ㉳운명(運命), 운수. 10간과 12지가 착행(錯行)할 때, 그에 응하여 길흉(吉凶)이 생겨나는 일.〔孟子〕天時不如地利. ㉴세상이 되어 가는 형편, 시세(時勢).〔孟子〕以其時考之則可矣. ㉵정해 놓은 때.〔禮記〕復不過時. ㉶알맞은 때, 일정한 시기.〔孟子〕斧斤以時入山林. ㉷그때, 당시.〔後漢書〕以佐時政. 時急할 때, 중대한 때. ㉸國.〔國語〕時至而求用. ②때에. ㉮때마다, 때때로.〔論語〕學而時習之. ㉯그때에.〔史記〕時王陵見而怪其失. ③때맞추다, 때를 어기지 아니하다.〔漢書〕風雨時. ④좋다, 훌륭하다.〔詩經〕爾殽旣時. ⑤엿보다, 적당한 때를 기다리다.〔論語〕孔子時其亡也而往拜之. ⑥이, 이것, 여기. 늑是.〔書經〕時日曷喪. ⑦씨를 뿌리다. 늑蒔.〔書經〕播時百穀. ⑧같다, 평평하다, 높낮이가 같다.〔周禮〕時揩異姓.

【時刻 시각】①시간의 어느 한 점. ②짧은 시각.
【時艱 시간】당시의 난국(難局). 시국의 어려움. 時患(시환).
【時感 시감】돌림감기.
【時客 시객】무궁화.
【時耕 시경】봄에 밭을 갈고 씨를 뿌릴 때.
【時局 시국】나라나 사회 안팎의 사정. 그때의 정세.
【時禽 시금】철을 따라 우는 새. 時鳥(시조).
【時急 시급】시간적으로 몹시 급함.
【時機尙早 시기상조】아직 시기가 이름. 아직 때가 덜 되었음.
【時代 시대】①역사적으로 어떤 표준에 의하여 구분한 일정한 기간. ②지금 있는 그 시기. 문제가 되고 있는 시기.
【時令 시령】①연중행사(年中行事). ②시절. 節氣(절기).
【時流 시류】①당시의 사람. 時人(시인). ②그 시대의 풍조(風潮).
【時命 시명】①조정(朝廷)의 명령. ②대국(大國)이 소국(小國)에게 때에 따라 제출하게 하는 요구. ③운수, 운명.
【時務 시무】①시급한 일. ②시국에 응하는 일. ③철에 맞추어 하는 일. 농사 따위.
【時文 시문】①당시의 문명. 당시의 예악(禮樂). ②과거(科擧)에 쓰이던 문체(文體). 즉, 팔고문(八股文). ③현대에 보통 쓰이는 문체(文體).
【時輩 시배】①그 당시의 사람들. 그 당시의 현인(賢人)들. ②때를 만나서 명리(名利)만 좇는 무리.
【時變 시변】①사시(四時)의 변천. ②시세(時勢)의 변화.
【時報 시보】①그때그때 일어나는 사건을 알림. ②시각을 알림.
【時服 시복】①철에 맞는 옷. ②國관복(官服)의 한 가지. 단령(團領)에 흉배(胷背)가 없는데, 품계에 따라 홍색·청색·녹색의 구별이 있음.
【時不再來 시부재래】한번 간 때는 다시 오지 않음.
【時不可失 시불가실】좋은 기회를 잃어서는 아니 됨. 勿失好機(물실호기).
【時事 시사】그때그때의 세상의 정세나 일어난 사건.
【時鮮 시선】철에 따라 나온 만물.
【時歲 시세】세월. 때.
【時勢 시세】①그때의 형세. 세상이 되어가는 형편. ②거래할 때의 가격. 時價(시가).
【時速 시속】한 시간에 달리는 속도.
【時羞之奠 시수지전】그 철에 나는 음식을 신에게 바침.
【時習 시습】①때로 익힘. 배운 것을 때마다 복습함. ②그 시대의 관습(慣習).
【時時刻刻 시시각각】①지나가는 시각. ②시각마다.
【時食 시식】①그 철에 나는 음식. ②(佛)정한 시각에 먹는 음식. 정오 전의 식사.
【時新 시신】그 철에 새로 나온 과일이나 채소 따위.
【時夜 시야】①닭이 울어 밤의 시각을 알리는 일. ②닭의 딴 이름.
【時彦 시언】당시의 뛰어난 인물.
【時疫 시역】유행병. 전염병.
【時雨 시우】때맞추어 오는 비. 교화(敎化)가 널리 미침.
【時月 시월】①때와 달. 사시(四時)와 열두 달. ②수개월.
【時移事去 시이사거】세월이 지나가고 사물이

바뀜. 시대가 바뀌고 사물도 바뀜.
【時日 시일】①때와 날. ②기일, 기한. ③좋은 날. 吉日(길일). ④이날. 是日(시일).
【時在 시재】國①당장에 가지고 있는 돈, 또는 곡식. ②현재.
【時節 시절】①철. 계절. ②일정한 시기나 때. ③세상의 형편.
【時點 시점】시간의 흐름 위에 어느 한 점.
【時鳥 시조】철을 따라 우는 새.
【時調 시조】고려 말엽부터 발달한 우리나라 고유의 정형시(定型詩). 초·중·종장(初中終章)으로 이루어지며, 그 형식에 따라 평시조(平時調)·엇시조(旕時調)·사설시조(辭說時調)·연시조(聯時調) 등으로 나뉨. 時節歌(시절가).
【時宗 시종】시인(時人)의 존경을 받는 사람.
【時中 시중】그 당시의 사정에 알맞음. 시기적절함. 時宜(시의).
【時體 시체】그 시대의 풍속과 유행.
【時牌 시패】시각(時刻)을 보이기 위하여 내거는 표찰(標札).
【時風 시풍】①때에 따라 부는 바람. 계절에 순응하여 부는 바람. ②유행(流行).
【時下 시하】요사이. 지금. 이때.
【時限 시한】어떤 일을 하는 데의 시간의 한계.
【時享 시향】①國해마다 음력 2월·5월·8월·11월에 사당에 지내는 제사. ②해마다 음력 10월에 조상의 산소에 지내는 제사. 墓祀(묘사). 時祀(시사).
【時好 시호】그 당시의 유행. 시대의 일반적인 기호(嗜好).
【時和歲豊 시화세풍】기후가 순조로워 풍년이 듦. 時和年豊(시화연풍).
【時患 시환】①때를 따라 유행하는 상한(傷寒). 時氣(시기). 時節病(시절병). ②그 시대의 환난. 時病(시병). 時難(시난).
【時會 시회】①때때로 모임. ②그때의 운. 時運(시운).
【時候 시후】①때. 때의 기후(氣候). ②춘하추동 사시의 절후.
【時諱 시휘】당시에 기휘(忌諱)하는 일. 그 시대에 용납되지 않는 언행.
○ 近-, 農-, 累-, 當-, 同-, 民-, 牛-, 不-, 巳-, 四-, 霎-, 常-, 盛-, 隨-, 失-, 零-, 往-, 一-, 臨-, 暫-, 適-, 卽-, 天-, 寸-, 平-, 恒-, 花-.

日6【晏】⑩ 늦을 안 諫 yàn

字解 ①늦다. ㉮시간이 늦다. 〔論語〕何晏也. ㉯해가 저물다. 〔呂氏春秋〕二子侍君日晏. ②편안하다. ≒安. ㉮안심하다, 편안히 살다. 〔漢書〕海內晏如. ㉯화락하다, 화평하다. 〔詩經〕言笑晏晏. ③맑다, 하늘이 맑다. 〔淮南子〕暉目知晏. ④소리의 형용. ¶晏衍. ⑤성(姓).
【晏駕 안가】임금의 죽음. 崩御(붕어).
【晏起 안기】늦게 일어남.
【晏眠 안면】늦게까지 잠. 늦잠을 잠.
【晏晏 안안】화평한 모양. 즐겁고 평화로운 모양.
【晏如 안여】편안하여 마음에 여유가 있는 모양.
【晏衍 안연】①음탕한 음악의 소리. ②아정(雅正)한 음악의 소리. 宴衍(연연).
【晏然 안연】마음이 편안하고 침착함.
【晏朝 안조】①평안하게 잘 다스려진 조정(朝廷). ②조정에 늦게 나아감.
【晏淸 안청】세상이 화평하고 깨끗함.
○ 息-, 安-, 寧-, 靜-, 淸-.

日6【晁】⑩ 朝(815)의 고자

日6【晉】⑩ 나아갈 진 震 jìn

字解 ①나아가다. ≒進. ¶晉謁. ②억누르다, 억제하다. 〔周禮〕王揖馬而走, 諸侯晉, 大夫馳. ③꽂다, 사이에 끼우다. ≒搢. 〔周禮〕王晉大圭. ④삼가다, 조심하다. 〔尙書大傳〕梓木晉而俯. ⑤괘 이름, 64괘의 하나. 괘형은 ䷢. 지상(地上)에 광명(光明)이 나타남을 상징한다. ⑥나라 이름. 춘추 시대에 지금의 산서성(山西省) 부근에 있었던 나라. ⑦왕조 이름. ㉮사마염(司馬炎)이 위(魏)나라의 선양(禪讓)을 받아 세운 왕조. 뒤에 서진(西晉: 265~316), 동진(東晉: 317~410)으로 나뉘었다가 송(宋)나라에 선양하였다. ㉯오대(五代) 때 석경당(石敬塘)이 후당(後唐)을 멸하고 세운 왕조. 이를 후진(後晉)이라 이른다. ⑧땅 이름. 산서성(山西省)의 약칭.
【晉山 진산】(佛)새로 선출된 주지(住持)가 취임하는 일. 進山(진산).
【晉謁 진알】높은 사람에게 나아가 뵘.
【晉接 진접】①귀인(貴人)에게 나아가 뵘. ②나아가 영접함.
【晉秩 진질】품계(品階)가 오름.
【晉體 진체】진대(晉代)의 명필 왕희지(王羲之)의 글씨체.
○ 東-, 三-, 西-, 六-, 後-.

日6【晋】⑩ 晉(787)의 속자

日6【晐】⑩ 갖출 해 ㊀개 灰 gāi

字解 ①갖추다, 부족함이 없도록 고루 갖추다. ≒該. 〔國語〕執箕箒以晐姓於王宮. ②햇빛이 골고루 비치다.

日6【晃】⑩ 밝을 황 養 huǎng

字解 밝다, 빛나

다.〔蘇軾·詩〕晃蕩天宇高.
【晃朗 황랑】 밝은 모양.
【晃曜 황요】 빛나고 반짝임. 晃耀(황요).
【晃蕩 황탕】 밝고 넓은 모양.
【晃晃 황황】 환히 빛나는 모양. 煌煌(황황).

日6 【晄】 ⑩ 晃(787)과 동자

日6 【晅】 ⑩ 말릴 훤 园 xuān
초서 晅 통자 烜 字解 ①말리다, 건조시키다.〔易經〕日以晅之. ②밝다, 환하다.

日7 【晜】 ⑪ 형 곤 园 kūn
소전 晜 초서 晜 통자 昆 字解 ①형, 맏. ¶晜弟. ②뒤, 후손(後孫).
【晜孫 곤손】 현손(玄孫)의 손자. 육대손. 昆孫(곤손).
【晜弟 곤제】 형과 아우. 형제. 昆弟(곤제).

日7 【晚】 ⑪ 저물 만 园 wǎn
ハ ハ 日 日′ 日″ 日″ 晄 晬 晚
소전 晚 초서 晚 동자 晚 동자 勉 字源 形聲. 日+免→晚. '免(면)'이 음을 나타낸다.
字解 ①저물다. ㉮해가 저물다.〔楊師道·詩〕登臨日將晚. ㉯해질 무렵, 저녁때.〔古詩〕晚成單羅衿. ②늦다.〔戰國策〕晚食以當肉. ③끝, 시간상의 끝. ¶晚秋. ④노년(老年), 늘그막.〔史記〕孔子晚而喜易, 韋編三絕. ⑤천천히, 서서히.〔戰國策〕敦輿晚救之.
【晚稼 만가】 늦게 심은 벼.
【晚駕 만가】 임금의 죽음. 崩御(붕어).
【晚覺 만각】 늙은 뒤에 깨달음. 늦게 지각(知覺)이 남.
【晚景 만경】 ①저녁 경치. 暮景(모경). ②늘그막. 晚年(만년). 老後(노후).
【晚境 만경】 늘그막. 늙바탕. 老境(노경).
【晚計 만계】 ①뒤늦은 계획. ②노후(老後)에 대한 계획.
【晚交 만교】 늘그막에 사귐.
【晚年 만년】 사람의 일생에서 나이 많은 노인의 시절.
【晚達 만달】 ①늘그막에 벼슬과 명망이 높아짐. ②늙어서 처음으로 벼슬함.
【晚唐 만당】 당(唐)의 말기(末期). ②당대(唐代)를 한시(漢詩)의 작풍(作風)에 따라 초당(初唐)·성당(盛唐)·중당(中唐)·만당(晚唐)의 네 시기로 구분한 하나. 곧, 문종(文宗)에서 애제(哀帝)까지(836~905).
【晚得 만득】 國늦게 자식을 얻음.

【晚登 만등】 열매가 늦게 익음.
【晚來 만래】 ①해질 무렵, 저녁때. ②늦게 옴.
【晚生 만생】 ①늙어서 자식을 낳음. 晚得(만득). ②자기 자식을 이르는 겸칭. ③동배(同輩)에 대한 자기의 겸칭. ④선배(先輩)에 대한 자기의 비칭(卑稱).
【晚成 만성】 늦게 성취함. 나이가 든 후에 성공함. 晚就(만취).
【晚歲 만세】 ①만년(晚年). ②수확이 너무 늦어지는 일.
【晚秀 만수】 철 늦게 꽃이 핌.
【晚熟 만숙】 ①열매가 늦게 익음. ②나이에 비하여 발육이 느림.
【晚時之歎 만시지탄】 때늦은 탄식. 기회를 놓치고 때가 늦었음을 안타까워하는 탄식.
【晚食當肉 만식당육】 늦게 먹는 음식은 고기를 먹는 것과 같음. 시장할 때 음식은 맛없는 음식도 고기만큼이나 맛이 있음.
【晚陽 만양】 저녁 해. 夕陽(석양).
【晚煙 만연】 저녁 연기. 저녁놀.
【晚艷 만염】 ①국화. ②늦게 피는 꽃.
【晚悟 만오】 늦게 깨달음. 만년의 깨달음.
【晚酌 만작】 저녁때 마시는 술.
【晚節 만절】 ①만년(晚年). 노년(老年). ②만년의 절개.
【晚霽 만제】 저녁 무렵에 비가 갬.
【晚照 만조】 지는 햇빛. 저녁 햇빛.
【晚鐘 만종】 저녁 때 절이나 교회에서 치는 종.
【晚餐 만찬】 저녁 식사. 손님을 초대하여 함께 먹는 저녁 식사.
【晚悽 만처】 저녁때의 쓸쓸함.
【晚晴 만청】 저녁 무렵에 날이 갬.
【晚秋 만추】 늦가을. 음력 9월. 季秋(계추).
【晚就 만취】 ①늦게 성취함. 晚成(만성). ②늦게 도착함.
【晚翠 만취】 겨울에도 변하지 않는 송죽(松竹)의 푸른빛. 늙어서도 지조를 바꾸지 않음.
【晚風 만풍】 저녁에 부는 바람.
【晚霞 만하】 ①저녁노을. ②해질 무렵에 끼는 안개.
【晚學 만학】 나이가 들어서 공부를 시작함.
【晚餉 만향】 저녁 식사. 晚餐(만찬).
【晚婚 만혼】 나이가 들어 늦게 결혼함.
【晚暉 만휘】 저녁 햇빛. 晚照(만조).
◐ 今-, 明-, 歲-, 昨-, 早-, 朝-.

日7 【勉】 ⑪ 晚(788)과 동자

日7 【晟】 ⑪ 밝을 성 屋 shèng
소전 晟 초서 晟 동자 晠 속자 晟 字解 ①밝다, 환하다. ②성(盛)하다. 늑盛.

日7 【晠】 ⑪ 晟(788)과 동자

日 7 【晨】⑪ 새벽 신 眞 chén

ㄱ 厂 刁 日 旦 尸 尸 异 尽 晨 晨 晨

[소전] 晨 [획체] 晨 [초서] 晨 [동자] 昏 [字源] 形聲. 日+辰→晨. '辰(신)'이 음을 나타낸다.

[字解] ①새벽.〔禮記〕昏定而晨省. ②닭이 울다, 새벽을 알리다.〔書經〕牝鷄之晨, 惟家之索. ③방성(房星)의 딴 이름. 28수의 하나.〔張衡·賦〕農祥晨正.

【晨鷄 신계】새벽을 알리는 닭.
【晨暑 신구】햇빛. 아침 햇빛.
【晨起 신기】아침 일찍 일어남.
【晨暾 신돈】아침 해. 아침 햇빛.
【晨明 신명】새벽. 동틀 무렵.
【晨門 신문】새벽에 문을 여는 문지기.
【晨牝 신빈】암탉이 새벽에 울어 시간을 알림. 여자가 정치에 관여함.
【晨省 신성】아침 일찍 부모의 침소에 가 밤 사이의 안부를 살피는 일.
【晨星 신성】①샛별. 曉星(효성). ②수가 점점 적어짐.
【晨星落落 신성낙락】새벽 하늘에 별이 드문드문 보임. 친구가 점점 적어짐. ♪ '落落'은 드문드문한 모양.
【晨夜 신야】①새벽과 밤. 새벽부터 밤늦게까지. ②시간을 알림.
【晨吟 신음】이른 아침에 우는 새소리.
【晨裝 신장】새벽에 길 떠날 채비를 함.
【晨正 신정】입춘(立春) 날.
【晨征 신정】아침 일찍 길을 떠남. 晨行(신행).
【晨霽 신제】새벽에 비가 갬.
【晨鐘 신종】①새벽에 치는 종. ②미묘한 말로써 남을 각성시키는 일.
【晨炊 신취】아침 일찍 밥을 지음.
【晨風 신풍】①새벽바람. ②새매의 딴 이름.
【晨行 신행】새벽에 감.
【晨昏 신혼】새벽과 해 질 무렵.
【晨暉 신휘】아침 햇빛. 晨光(신광).
● 牝鷄之-, 霜-, 一日難再-, 淸-.

日 7 【昏】⑪ 晨(789)과 동자

日 7 【晤】⑪ 밝을 오 麌 wù

[소전] 晤 [초서] 晤 [字解]〔宋書〕眞宗英晤之主. ①밝다, 총명하다. ②만나다, 마주 대하다. ③마음을 터놓고 허물없이 사귀다. ¶ 晤歌.

【晤歌 오가】마주 보고 노래함. 서로 허물없이 노래함.
【晤談 오담】서로 만나 허물없이 이야기함. 사이좋게 이야기함.
【晤語 오어】마주 대하여 이야기함. 서로 터놓고 이야기함. 晤言(오언).

日 7 【晢】⑪ ❶밝을 절 屑 zhé ❷별이 빛날 제 霽 zhé

[소전] 晢 [주문] 晢 [초서] 晢 [참고] 晰

대법원 지정 인명용 한자의 음은 '절'이다.

[字解] ❶밝다, 총명하다. 눈哲. ❷별이 빛나다, 별빛이 밝은 모양.〔詩經〕明星晢晢.
【晢晢 ❶절절 ❷제제】❶밝은 모양. ❷별이 반짝이는 모양.

日 7 【晰】⑪ 晢(789)과 동자

日 7 【晝】⑪ 낮 주 宥 zhòu

ㄱ ㄱ ㅋ 串 串 書 書 書 書 晝

[소전] 晝 [주문] 晝 [초서] 晝 [속자] 昼 [간체] 昼

[字源] 會意. 畫+日→晝. '畫'은 '畫(그을 획)'의 생략체. 해(日)가 뜨고 짐에 따라 밤과의 구분(畫)이 확연해진다는 데서 '낮은 밤의 경계를 이룬다'는 뜻을 나타낸다.

[字解] ①낮.〔太玄經〕一晝一夜. ②정오(正午).〔漢書〕時太官方上晝食.
【晝間 주간】낮 동안.
【晝耕夜讀 주경야독】낮에는 밭을 갈고 밤에는 글을 읽음. 바쁜 틈을 타서 어렵게 공부함.
【晝錦 주금】비단 옷을 입고 낮에 다님. 출세하여 고향에 돌아감.
【晝漏 주루】낮 시간. ♪ '漏'는 누각(漏刻).
【晝想夜夢 주상야몽】낮에 생각한 것이 밤에 꿈으로 보임.
【晝宵 주소】낮과 밤. 밤낮. 晝夜(주야).
【晝夜 주야】낮과 밤. 晝宵(주소).
【晝夜兼行 주야겸행】낮이나 밤이나 쉬지 않고 감. 밤낮없이 길을 감.
【晝如錦 주여금】많은 꽃이 한꺼번에 핀 경치.
【晝寢夜梳 주침야소】낮에 자고 밤에 머리를 빗음. 부조리한 생활.
● 旦-, 白-, 正-, 晴-, 平-, 昏-.

日 7 【晙】⑪ 밝을 준 震 jùn

[字解] ①밝다. ②일찍.

日 7 【悖】⑪ 어두울 패 隊 bèi

[字解] 어둡다, 어둑어둑하다.〔左思·賦〕旭日晻晻.

日 7 【晡】⑪ 신시 포 虞 bū

[초서] 晡 [字解] ①신시(申時), 오후 4시 전후.〔漢書〕晡時至定陶. ②저녁 무렵, 해 질 무렵. ¶ 晡食.
【晡夕 포석】해가 질 무렵. 저녁때.

【晡時 포시】 ①신시(申時). 오후 3시에서 5시 사이. ②저녁때.
【晡食 포식】 저녁밥. 晩餐(만찬).
● 日-, 朝-, 中-, 曉-.

晛 ⑪ 햇살 현 xiàn
字解 ①햇살, 햇빛. 〔詩經〕雨雪瀌瀌, 見晛曰消. ②해가 나다.

晧 ⑪ 밝을 호 hào
字解 ①밝다, 빛나다. 〔楚辭〕服覺晧以殊俗兮. ②해가 뜨는 모양.
【晧旰 호간·호한】 ①햇빛이 나는 모양. ②빛이 나는 모양.

晥 ⑪ ❶환할 환 huàn / ❷현 이름 환 wǎn
字解 ❶환하다, 밝은 모양. =皖. 〔詩經〕晥彼牽牛. ❷현(縣) 이름. 지금의 안휘성(安徽省) 잠산(潛山)을 가리킨다.

晦 ⑪ 그믐 회 huì
字解 ①그믐, 음력에서 한 달의 맨 마지막 날. 〔史記〕十一月晦, 日有食之. ②어둡다, 캄캄하다. 〔詩經〕風雨如晦, 鷄鳴不已. ③어둠, 밤. 〔易經〕君子以嚮晦入宴息. ④감추다, 숨기다. 〔易經〕利艱貞, 晦其明也. ⑤어리석다. 〔舊唐書〕帝外晦而內明. ⑥희미하다, 분명하지 아니하다. 〔春秋左氏傳〕志而晦. ⑦조금, 얼마 되지 아니하다. ¶ 晦在. ⑧시들다, 식물이 생기가 없어지다. 〔江淹·詩〕寂歷百草晦.
【晦匿 회닉】 자기의 재능을 숨기고 남에게 알리지 않음.
【晦昧 회매】 ①어둠. 캄캄함. 暗黑(암흑). ②어리석음. 愚昧(우매). 蒙昧(몽매).
【晦盲 회맹】 ①어두워서 보이지 않음. ②세상이 어지러워 캄캄함. 암혹 사회가 됨. ③남에게 알려지지 않음.
【晦名 회명】 이름을 감춤.
【晦明 회명】 어둠과 밝음. 밤과 낮. 晝夜(주야).
【晦冥 회명】 어두컴컴함. 昏暗(혼암).
【晦朔 회삭】 ①그믐과 초하루. 회일(晦日)과 삭일(朔日). ②아침과 밤.
【晦塞 회색】 깜깜하게 아주 꽉 막힘.
【晦夜 회야】 ①이른 새벽. 早曉(조효). ②그믐밤. 暗夜(암야). ③그믐밤.
【晦日 회일】 그믐날.
【晦在 회재】 남은 것이 얼마 되지 않음.
【晦迹 회적】 종적을 감춤.
【晦初間 회초간】 그믐초승. 그믐께에서 다음 달 초승까지 사이.

【晦顯 회현】 감춤과 드러냄. 세상에 알려지지 않음과 알려짐.
【晦惑 회혹】 사리(事理)에 어두워 갈피를 잡지 못함.
【晦晦 회회】 어두운 모양. 캄캄한 모양.
● 韜-, 明-, 冥-, 如-, 隱-, 陰-, 自-, 潛-, 顯-, 昏-.

晞 ⑪ 마를 희 xī
字解 ①마르다, 말리다. 〔詩經〕白露未晞. ②햇볕에 쬐다. ¶ 晞乾. ③사라지다, 없어지다. ≒稀. 〔楚辭〕塵漠漠兮未晞. ④밝아 오다, 동트기 시작하다. 〔詩經〕東方未晞.
【晞乾 희간】 나무의 줄기를 햇볕에 쬠.
【晞土 희토】 마른 땅. 마른 흙.
【晞和 희화】 화창(和暢)함.

景 ⑫ ❶볕 경 jǐng / ❷그림자 영 yǐng
대법원 지정 인명용 한자의 음은 '경'이다.
字源 形聲. 日+京→景. '京(경)'이 음을 나타낸다.
字解 ❶①볕, 햇살, 햇볕. 〔後漢書〕吐金景兮歊浮雲. ②해, 태양. 〔王融·詩〕挨景緯以裁基. ③밝다, 환히 밝다. 〔詩經〕景行行止. ④크다. ≒京. 〔詩經〕以享以祀, 以介景福. ⑤우러르다, 사모하다, 따르다. 〔後漢書〕今愷景仰前修. ⑥경사스럽다, 상서롭다. ≒慶. ¶ 景雲. ⑦모양, 형상. 〔漢書〕此何景也. ⑧경치, 풍치(風致). 〔范仲淹·記〕春和景明. ⑨흥취, 풍정(風情). 〔蘇軾·詩〕爲報年來殺風景. ⑩성(姓). ❷그림자. =影.
【景刻 경각】 때. 시간의 흐름. 시각(時刻).
【景光 경광】 ①상서로운 빛. 瑞光(서광). ②세월. 光陰(광음).
【景教 경교】 기독교의 한 파인 네스토리우스교를 일컫던 명칭. 당(唐) 태종(太宗) 때, 페르시아 인에 의하여 전해졌음.
【景氣 경기】 ①경치. ②매매나 거래에 나타나는 호황·불황 따위의 경제 활동 상태.
【景命 경명】 하늘의 큰 명령. 大命(대명).
【景風 경풍】 동남풍(東南風).
【景慕 경모】 우러러 사모함.
【景物 경물】 ①경치. 風景(풍경). ②철을 따라 나는 진기한 음식물.
【景福 경복】 큰 복. 大福(대복). 景祚(경조).
【景鑠 경삭】 큰 미덕(美德).
【景星 경성】 큰 별. 상서로운 별.
【景勝 경승】 경치가 좋은 곳.
【景仰 경앙】 덕을 사모하여 우러러봄.
【景曜 경요】 경성(景星)의 빛.
【景雲 경운】 경사스러운 구름. 태평성대에 나타

난다는 구름. 慶雲(경운).
【景緯 경위】 해와 별.
【景迹 경적】 ①훌륭한 행실. ②쉬파리.
【景胄 경주】 훌륭한 후손(後孫). 적자(嫡子)에 대한 높임말.
【景徵 경징】 상서로운 조짐. 休徵(휴징).
【景致 경치】 자연의 아름다운 모습. 景槪(경개). 景觀(경관).
【景風 경풍】 ①사시(四時)의 온화한 바람. ②팔풍(八風)의 하나. ㉠서남풍. ㉡동남풍. ㉢남풍. ㉣동풍.
【景行 경행】 ①큰길. 大道(대도). ②훌륭한 행실. ③☞景仰(경앙).
【景況 경황】 정신적·시간적인 여유.
【景象 ❶영상 ❷경상】 ❶그림자와 형상. ❷경치. 풍경.
【景從 영종】 그림자가 형체를 따르는 것처럼 늘 따라다님.
【景響 영향】 그림자와 울림. ㉠관계가 밀접함. ㉡빠름. 影響(영향).
◐ 佳-, 光-, 近-, 背-, 山-, 雪-, 夜-, 野-, 麗-, 遠-, 全-, 前-, 絶-, 秋-, 春-, 八-, 風-, 好-, 後-.

日8 【晷】⑫ 그림자 구 紙 guǐ
[소전] [초서] [참고] 대법원 지정 인명용 한자의 음은 '귀'인데, 이는 속음화(俗音化)된 것이다.
[字解] ①그림지. 〔張衡·賦〕白日未及移其晷. ②햇빛. 〔韓愈·解〕焚膏油以繼晷. ③빛. 〔漢書〕五星同晷. ④해시계. 〔晉書〕立晷測影. ⑤태양, 해. ¶晷緯.
【晷刻 구각】 ①때. 時刻(시각). 光陰(광음). ②짧은 시간.
【晷漏 구루】 해시계와 물시계.
【晷景 구영】 해의 그림자. 日影(일영).
【晷緯 구위】 해와 별.
【晷儀 구의】 해시계의 한 가지. 해 그림자를 헤아려 시각을 정하는 기구.
◐ 繼-, 窮-, 日-, 寸-.

日8 【晚】⑫ 晚(788)과 동자

日8 【普】⑫ 널리 보 麌 pǔ
[소전] [초서] [본자] [字源] 形聲. 並+日→普. '並(병)'이 음을 나타낸다.
[字解] ①널리, 두루, 널리 미치다. 〔淮南子〕普汜無私. ②넓다, 광대하다. 〔墨子〕聖人之德, 若天之高, 若地之普.
【普告 보고】 널리 알림.
【普及 보급】 널리 펴서 골고루 미치게 함.

【普魯士 보로사】 프러시아 ◯ 'Prussia'의 음역어(音譯語).
【普汎 보범】 풍속 따위가 널리 골고루 미침. 普汛(보범).
【普汎 보범】 두루 미치게. 普泛(보범).
【普施 보시】 ①널리 베풂. ②(佛)㉠깨끗한 마음으로 법(法)이나 재물을 아낌없이 남에게 베풂. ㉡승려에게 베풀어 주는 금전이나 물품.
【普衍 보연】 널리 미치게. 골고루 미치게.
【普恩 보은】 골고루 미치는 은혜.
【普照 보조】 빠짐없이 골고루 비춤.
【普天之下 보천지하】 천하. 온 세상.
【普通 보통】 일반에 널리 통함.
【普遍 보편】 모든 것에 두루 미치거나 통함.
【普現 보현】 널리 나타남.
【普洽 보흡】 두루 퍼짐. 널리 손이 미침.
◐ 周-, 澤-, 遍-, 弘-, 洽-.

日8 【暑】⑫ 暑(793)의 속자

日8 【晳】⑫ 밝을 석 錫 xī
[초서] [동자] 晰 [字解] 밝다, 분명하다. 〔論衡〕昭晳議論.

日8 【晰】⑫ 晳(791)과 동자

日8 【晬】⑫ 돌 수 隊 zuì
[소전] [초서] [동자] 晬 [字解] 돌, 일주년. 〔遼史〕三月能行, 晬而能言.
【晬盤 수반】 어린아이의 돌 때 차리는 상.
【晬時 수시】 돌날. 첫돌이 되는 날.
【晬宴 수연】 생일잔치.

日8 【晻】⑫ 어두울 엄·암 感 àn, ǎn, yǎn
[소전] [초서] [字解] ①어둡다, 어두운 모양. 늑暗·闇. 〔漢書〕當拜之日, 晻然日食. ②포개다, 쌓이다. ③비, 비가 내리다. 〔呂氏春秋〕有晻淒淒. ④구름·안개 등이 자욱이 끼다. ¶晻藹.
【晻昧 암매】 ①어둠. 暗昧(암매). ②어리석음. 愚昧(우매). ③사실을 분별하기 어려움.
【晻世 암세】 캄캄한 세상. 도리(道理)가 밝지 못한 세상.
【晻曖 엄애】 어두운 모양.
【晻藹 엄애】 ①구름이 낀 모양. ②텁텁하고 밝지 못함.
【晻藹 엄애】 ①왕성한 모양. ②번성(繁盛)한 모양. ③수목이 우거져 어둠침침한 모양.
【晻晻 엄엄】 ①빛이 점점 약해지는 모양. ②어두운 모양.
【晻然 엄연】 어두운 모양.

日部 8획 暘 晲 晼 晶 晸 智 晴

日8 【暘】⑫ 해 언뜻 보일 역 陽 yí
字解 ①해가 언뜻 보이다. ②날씨가 흐리다.

日8 【晲】⑫ 해 기울 예 霽 nǐ
字解 해가 기울다.〔淮南子〕有符曬晲.

日8 【晼】⑫ 해 질 원 阮 wǎn
초서 晼 字解 해가 지다, 해가 기울다.〔楚辭〕白日晼晚其將入兮.
【晼晚 원만】해가 짐.
【晼晼 원원】해가 뉘엿뉘엿 지는 모양.

日8 【晶】⑫ 밝을 정 庚 jīng
소전 晶 초서 晶 字源 會意. 日+日+日→晶. 해〔日〕를 3자 겹쳐 놓아 '밝다, 빛' 등의 뜻을 나타낸다.
字解 ①밝다, 환하다.〔韓愈·詩〕晶光蕩相射. ②빛. ㉠水晶. ③맑다, 투명하다. ㉮晶瑩. ④수정(水晶).
【晶光 정광】밝은 빛. 투명한 빛.
【晶瑩 정영】맑고 투명함.
【晶耀 정요】밝게 빛남.
【晶晶 정정】반짝반짝 빛나는 모양.
【晶熒 정형】맑고 투명함.
❶結—, 光—, 氷—, 石—, 鮮—, 水—, 玉—.

日8 【晸】⑫ 해 뜨는 모양 정 梗 zhěng
초서 晸 字解 해가 뜨는 모양.

日8 【智】⑫ 슬기 지 寘 zhì
丿 亠 上 矢 知 知 智 智 智
소전 智 고문 智 초서 智 字源 形聲. 知+日→智. '知(지)'가 음을 나타낸다.
字解 ①슬기, 지혜.〔孟子〕是非之心, 智之端也. ②슬기롭다, 지혜롭다. ㉮智巧. ③꾀, 모략(謀略).〔史記〕吾寧鬪智. ④지혜로운 사람, 사리(事理)에 통달한 사람.〔春秋左氏傳〕中智以上, 乃能慮之. ⑤알다. ≒知.〔墨子〕吠狗不智其怪.
【智鑑 지감】영리하여 사물을 잘 분별함.
【智劍 지검】(佛)칼처럼 예리하고도 결단성 있는 지력(智力).
【智見 지견】지혜와 식견(識見). 知見(지견).
【智故 지고】마음의 작용. 꾀. 智巧(지교).
【智巧 지교】①슬기롭고 교묘함. 지혜와 기교(技巧). ②교활한 수단. 巧智(교지).
【智囊 지낭】슬기 주머니. 지혜가 많은 사람.
【智略 지략】슬기로운 계략.
【智慮 지려】슬기로운 생각.
【智力 지력】①슬기와 힘. 재지(才智)와 용력(勇力). ②아는 일과 노력하는 일.
【智士 지사】지모에 뛰어난 사람. 智者(지자).
【智算 지산】슬기로운 계략.
【智數 지수】지혜가 있고 계략에 뛰어남.
【智僞 지위】얕은 꾀.
【智育 지육】지능을 계발하고 지식을 함양하는 것을 목적으로 하는 교육.
【智意 지의】슬기로운 마음. 곧, 지혜.
【智仁勇 지인용】지혜와 인자(仁慈)와 용기.
【智者樂水 지자요수】슬기로운 사람은 흐르는 물처럼 사리에 막힘이 없어서 물을 좋아함.
【智將 지장】지략이 뛰어난 장수.
【智齒 지치】사랑니.
【智慧 지혜】사리를 정확하게 분별하는 정신적인 능력. 슬기.
【智慧劍 지혜검】(佛)예리하고 결단성 있는 지력(智力)을 칼에 견주어 이르는 말.
❶奸—, 巧—, 權—, 機—, 無—, 民—, 敏—, 上—, 世—, 心—, 深—, 餘—, 靈—, 人—, 才—, 衆—, 眞—, 聰—, 通—, 賢—, 慧—.

日8 【晴】⑫ 갤 청 庚 qíng
𣅀 𣆎 日 日⁻ 日⁺ 日⁺ 晴 晴 晴
초서 晴 동자 暒 동자 夝 동자 姓 字源 形聲. 日+青→晴. '青(청)'이 음을 나타낸다.
字解 ①개다. ㉠비가 그치다.〔史記〕天晴而見景星. ㉡하늘에 구름이 없다, 하늘이 맑다. ㉮晴和. ㉢國마음이 개운하게 되다. ②눈물이 마르다.〔聊齋志異〕女哭之痛, 涙眼不晴.
【晴耕雨讀 청경우독】갠 날에는 농사일을 하고, 비 오는 날에는 글을 읽음. 부지런히 일하며 공부함.
【晴旦 청단】맑게 갠 아침.
【晴曇 청담】날씨의 갬과 흐림.
【晴嵐 청람】맑게 갠 날에 보이는 이내, 또는 아지랑이. 嵐氣(남기).
【晴朗 청랑】날씨가 맑고 화창함.
【晴霄 청소】맑게 갠 하늘.
【晴雨 청우】날이 갬과 비가 옴.
【晴旭 청욱】맑게 갠 날의 아침 해.
【晴雲秋月 청운추월】갠 하늘의 구름과 가을 하늘의 밝은 달. 가슴 속이 맑고 깨끗함.
【晴川 청천】비가 갠 뒤의 강물.
【晴天 청천】맑게 갠 하늘.
【晴天白日 청천백일】①맑게 갠 대낮. ②맑은 하늘에 뜬 해. ③마음이 결백함. 青天白日(청천백일).
【晴天霹靂 청천벽력】맑은 하늘에 날벼락. 갑자기 일어나는 변동이나 사고.
【晴好雨奇 청호우기】맑을 때나 비가 올 때나 언제나 아름다운 경치.
【晴和 청화】하늘이 맑고 화창함.

【晴暄 청훤】 날이 개고 따뜻함.
● 雨ー, 陰ー, 淸ー, 秋ー, 春ー, 快ー, 快ー.

日8 【晴】⑫ 晴(792)의 속자

日8 【晫】⑫ 밝을 탁 厲 zhuó
字解 밝다, 환하다. 늑卓.

日8 【㗙】⑫ 吻(781)과 동자

日8 【曉】⑫ 曉(799)의 속자

日9 【暇】⑬ 겨를 가 ㉿하 厲 xiá

丨 冂 日 日⁺ 旷 旷 旷 睅 暇

소전 暇 초서 暇 字源 形聲. 日+叚→暇. '叚(가)'가 음을 나타낸다.
字解 ❶겨를, 틈.〔孟子〕壯者以暇日, 修其孝悌忠信. ❷느긋하게 지내다, 여유 있게 지내다.〔書經〕不敢自暇自逸.
【暇景 가경】 한가한 날. 暇日(가일).
【暇隙 가극】 여가. 틈. 겨를.
【暇豫 가예】 ①한가로움. ②한가하게 즐김. 暇逸(가일).
【暇日 가일】 한가한 날. 暇景(가경).
● 公ー, 官ー, 病ー, 賜ー, 小ー, 餘ー, 逸ー, 寸ー, 閑ー, 休ー.

日9 【暍】⑬ 더위 먹을 갈 ㉿알 月 yē

소전 暍 字解 더위 먹다, 더위로 인하여 병에 걸리다.〔淮南子〕暍者望冷風於秋.
【暍死 갈사】 더위 먹어 죽음.
【暍人 갈인】 열병을 앓는 사람.

日9 【暌】⑬ 어길 규 厲 kuí

소전 暌 字解 ①어기다, 서로 떨어져 있다.〔文心雕龍〕或文麗而義暌. ②노려보다. ※睽(1219)의 와자(譌字).
【暌索 규삭】 헤어져 흩어짐.
【暌合 규합】 어긋남과 맞음. 헤어짐과 만남.

日9 【暖】⑬ ❶따뜻할 난 厲 nuǎn ❷온순할 훤 元 xuān

丨 冂 日 日⁺ 旷 旷 睅 暖 暖

초서 暖 參考 대법원 지정 인명용 한자의 음은 '난'이다.
字源 形聲. 日+爰→暖. '爰(원)'이 음을 나타낸다.

字解 ❶《同》煖(793)·煖(1073)·燠(1073). ①따뜻하다, 온도가 따뜻하다.〔墨子〕輕且暖. ②따뜻하게 하다.〔元稹·詩〕照暖寒禽日漸蘇. ③따뜻해지다.〔白居易·詩〕犬臥向日眠. ④따뜻함.〔詩經〕從旦積暖. ❷온순하다, 유순한 모양. ¶暖姝.
【暖帶 난대】 열대와 온대의 중간 지대.
【暖冬 난동】 따뜻한 겨울.
【暖流 난류】 온도가 높은 해류(海流).
【暖房 난방】①방을 따뜻하게 함. 따뜻한 방. 煖房(난방). ②이사 온 집에 이웃에서 술과 음식을 가지고 와서 축하하는 잔치.
【暖眼 난안】 따뜻한 눈길. 호의에 찬 눈길.
【暖衣飽食 난의포식】 옷을 따뜻하게 입고 배불리 먹음. 부족함이 없이 생활함. 暖飽(난포).
【暖翠 난취】 화창한 봄날의 푸른 산 빛.
【暖寒 난한】①술로 추위를 쫓는 일. ②겨울에 남에게 술을 대접하는 일.
【暖紅 난홍】 해. 太陽(태양).
【暖姝 훤주】 부드럽고 애교 있는 모양.
【暖暖姝姝 훤훤주주】 유순하여 사물에 거역하지 않는 모양.
● 溫ー, 柔ー, 春ー, 飽ー, 寒ー, 和ー, 暄ー.

日9 【暎】⑬ ❶煐(1073)과 동자 ❷煖(1073)과 동자 ❸暖(793)과 동자

日9 【暋】⑬ ❶굳셀 민 厲 mǐn ❷번민할 민 眞 mín
초서 暋 동자 敯 字解 ❶①굳세다, 강하다.〔書經〕暋不畏死. ②애쓰다, 노력하다. ❷번민하다, 번뇌하다.

日9 【敯】⑬ 暋(793)과 동자

日9 【暑】⑬ 더울 서 厲 shǔ

丨 冂 日 旦 甲 昇 昇 昇 暑 暑

소전 暑 초서 暑 속체 暑 간체 暑 字源 形聲. 日+者→暑. '者(자)'가 음을 나타낸다.
字解 ①덥다, 무덥다.〔三國志〕方今暑夏道路不通. ②더위.〔易經〕寒往則暑來. ③더운 계절, 여름.〔禮記〕小暑至.
【暑氣 서기】①여름의 더위. 暑熱(서열). ②더위로 인한 병. 더위 먹음. 中暑(중서).
【暑魃 서발】 한발(旱魃)의 신. 가뭄.
【暑伏 서복】 삼복(三伏)의 더울 때.
【暑歲 서세】 대단히 가문 해.
【暑濕 서습】 덥고 습기 참. 무더움.
【暑炎 서염】 대단한 더위.
【暑溽 서욕】 무더움. 무더위.

【暑雨 서우】무더운 여름철에 오는 비.
【暑月 서월】①더운 여름의 계절. ②음력 6월.
【暑症 서증】더위로 인하여 생긴 병.
【暑天 서천】더운 날. 더운 날씨.
【暑滯 서체】더위 때문에 생긴 체증(滯症).
○ 劇-, 大-, 伏-, 盛-, 小-, 炎-, 殘-, 蒸-, 處-, 暴-, 避-, 寒-, 酷-.

日 9 【晿】⑬ 曙(800)와 동자

日 9 【暗】⑬ 어두울 암 àn

[字源] 形聲. 日+音→暗. '音(음)'이 음을 나타낸다.
[字解] ①어둡다. ㉮주위가 보이지 아니하는 상태에 있다. ¶暗夜. ㉯사리(事理)에 어둡다, 어리석다. 〔晉書〕名重而議暗. ㉰눈이 어둡다, 볼 수 없다. 〔孔安國·疏〕因其習誦, 或亦目暗. ②밤, 어둠. 〔晉書〕車駕逼夜乃還. ③몰래, 남이 알지 못하게. ¶暗行. ④보이지 아니하다, 숨어 있다. ¶暗礁. ⑤어두워지다, 침침해지다. 〔盧肇·詩〕塵土臥多毛已暗. ⑥깊숙하다, 그윽하다. ¶暗暗. ⑦외다. 능諳.
【暗渠 암거】땅속으로 낸 도랑.
【暗計 암계】비밀히 꾀함. 몰래 꾸미는 꾀.
【暗鬼 암귀】①어둠을 지배하는 귀신. ②환상(幻想)에서 오는 공포(恐怖).
【暗記 암기】머릿속에 외워 잊지 아니함.
【暗澹 암담】①어두컴컴하고 선명하지 않음. ②희망이 없고 막연함. 비참함.
【暗毒 암독】성질이 음험하고 흉악함.
【暗淚 암루】남모르게 흘리는 눈물.
【暗流 암류】①표면에 나타나지 않은 물의 흐름. 하저(河底)의 흐름. ②겉으로 드러나지 아니하는 불온한 움직임.
【暗埋 암매】먼지 등이 쌓여 꺼멓게 묻힘.
【暗射 암사】표적 없이 함부로 활을 쏨.
【暗算 암산】머릿속으로 계산함.
【暗殺 암살】몰래 사람을 죽임.
【暗笑 암소】마음속으로 비웃음.
【暗疏 암소】보지 않고 옮겨 씀. 외워서 씀.
【暗誦 암송】글을 보지 아니하고 입으로 욈.
【暗筍 암순】아직 땅 위로 돋지 않은 죽순.
【暗示 암시】넌지시 깨우쳐 알게 함.
【暗暗 암암】①어두운 모양. 깊숙한 모양. ②매우 고요한 모양. ③國무엇이 인상이나 기억에 남아서 어른거리는 모양.
【暗夜 암야】어두운 밤. 闇夜(암야).
【暗弱 암약】어리석고 나약함.
【暗躍 암약】남몰래 활약함.
【暗雲 암운】금방 비가 쏟아질 듯한 시꺼먼 구름. 평온하지 못한 형세.
【暗鬱 암울】어둡고 침울함.

【暗箭 암전】①과녁에 맞지 아니하고 빗나가는 화살. ②숨어서 쏘는 화살.
【暗轉 암전】비밀히 운동하여 영전함.
【暗潮 암조】①아직 겉으로 나타나지 않은 조류. ②표면에 나타나지 않은 세력의 변화나 충돌.
【暗中 암중】①어둠 속. ②은밀한 가운데.
【暗中摸索 암중모색】어둠 속에서 손으로 더듬어 물건을 찾음. 어림으로 무엇을 찾아내려 함.
【暗唱 암창】글로 적어 놓은 것을 외워서 말함.
【暗體 암체】①한시(漢詩)의 한 체(體). 영물(詠物)의 시에서 제목을 붙이지 않는 것. ②스스로 빛을 내지 못하는 물체.
【暗礁 암초】물속에 잠겨 보이지 아니하는 바위나 산호.
【暗鬪 암투】서로 적의(敵意)를 드러내지 않고 암암리에 싸움.
【暗愎 암퍅】성질이 엉큼하고 괴퍅함.
【暗恨 암한】남이 모르는 원한.
【暗合 암합】무의식으로 한 일이 우연히 일치함. 두 사람이 지은 시가(詩歌)가 뜻밖에 같음.
【暗行 암행】남모르게 다님.
【暗香 암향】그윽히 풍기는 향기.
【暗號 암호】남이 모르게 쓰는 신호나 부호.
【暗火 암화】꺼져 가는 불. 재에 묻어 놓은 불.
【暗黑 암흑】①어둡고 캄캄함. ②암담하고 비참한 상태.
【暗喜 암희】남몰래 기뻐함. 은근히 기뻐함.
○ 明-, 瞑-, 白-, 溶-, 幽-, 黑-.

日 9 【暘】⑬ 해돋이 양 yáng

[字解] ①해돋이, 해가 뜨다. 〔書經〕宅嵎夷曰暘谷. ②말리다, 마르다. ③밝다, 하늘이 맑다. 〔論衡〕天晏暘者, 星辰曉爛.
【暘谷 양곡】동쪽 끝의 해가 돋는 곳.
【暘烏 양오】태양의 딴 이름. ○태양 속에 까마귀가 살고 있다는 전설에서 온 말. 陽烏(양오).

日 9 【暎】⑬ 映(783)의 속자

日 9 【暍】⑬ 暍(795)의 속자

日 9 【暐】⑬ 햇빛 위 wěi

[字解] ①햇빛, 햇볕, 햇살. ②빛나는 모양, 환한 모양. 〔白居易·詩〕春華何暐暐.
【暐曄 위엽】빛남. 반짝임.
【暐暐 위위】빛이 환한 모양.

日 9 【暆】⑬ 해 기울 이 yí

[字解] 해가 기울다, 해가 서쪽으로 넘어가다.

日9 【暒】⑬ 晴(792)과 동자

日9 【暁】⑬ 曉(799)의 속자

日9 【暈】⑬ 무리 훈 ㊀운 畫 yùn
[소전] 暈 [초서] 暈 [간체] 晕 [參考] 대법원 지정 인명용 한자의 음은 '훈·운'이다.
[字解] ①무리. ㉮해나 달의 주위를 두른 둥근 테 모양의 빛. 〔史記〕日月重暈. ㉯불꽃의 둘레에 생기는 흐릿한 빛. 〔韓愈·詩〕夢覺燈生暈. ②바림, 선염(渲染). 〔蘇軾·詩〕花心起墨暈. ③눈이 침침해지다. 〔姚合·詩〕眼暈夜書多. ④멀미. ¶ 暈船.
【暈輪 훈륜】달무리·햇무리 따위의 둥근 테두리.
【暈色 훈색】선이 분명하지 않고 희미하게 보이는 무지개 같은 빛깔.
【暈船 훈선】뱃멀미.
【暈圍 훈위】☞暈輪(훈륜).
● 船-, 暗-, 月-, 日-, 酒-, 眩-.

日9 【暄】⑬ 따뜻할 훤 阮 xuān
[초서] 暄 [통자] 煖 [통자] 煊 [字解] 따뜻하다, 온난하다. 〔鮑照·詩〕是節最暄妍.
【暄暖 훤난】 따뜻함. 溫暖(온난).
【暄妍 훤연】 따뜻하고 경치가 아름다움.
【暄燠 훤욱】 따뜻함.
【暄日 훤일】 따뜻한 날씨.
【暄風 훤풍】 따뜻한 바람. 봄바람.
【暄寒 훤한】 날씨의 따뜻함과 추움. 편지의 첫머리에 쓰는 날씨에 대한 인사말. 寒暄(한훤).
【暄和 훤화】 따뜻하고 화창함.
● 涼-, 晴-, 春-, 寒-, 獻-.

日9 【晒】⑬ 마를 훤 阮 xuǎn, gèng
[字解] 마르다, 말리다, 햇빛에 쬐다. 〔易經〕日以晅之.

日9 【暉】⑬ 빛 휘 微 huī
[소전] 暉 [초서] 暉 [통자] 輝 [간체] 晖 [參考] 본래 暈(795)과 동자(同字)였으나, 오늘날은 혼용하지 않는다.
[字解] ①빛, 광채(光彩). 〔易經〕君子之光, 其暉吉也. ②빛나다. 〔王融·詩序〕雲潤星暉.
【暉麗 휘려】 빛나고 아름다움.
【暉芒 휘망】 빛. 광채. 光芒(광망).
【暉映 휘영】 광채가 비침. 暉映(휘영).
【暉煜 휘욱】 빛남. 광채를 내며 빛남.
【暉暉 휘휘】 하늘이 개어 밝은 모양.
● 光-, 斜-, 星-, 晨-, 朝-, 秋-.

日10 【暟】⑭ 비출 개 賄 kǎi
[字解] ①비추다, 비치다. ②아름답다.
【暟暟 개개】 아름다운 덕(德).

日10 【暣】⑭ 날씨 기 未 qì
[字解] 날씨, 일기.

日10 【暝】⑭ ❶어두울 명 靑 míng ❷밤 명 徑 míng
[초서] 暝 [字解] ❶①어둡다, 어두어둑하다. = 冥. ¶ 暝途. ②해가 지다. 〔古詩〕晻晻日欲暝. ③성(姓). ❷밤. 〔許敬宗·詩〕待暝合神光.
【暝途 명도】 어두운 길.
【暝暝 명명】 ①어두운 모양. ②쓸쓸한 모양.
【暝帆 명범】 어둠이 깔린 먼 곳에 어슴푸레하게 보이는 돛. 晚帆(만범).
【暝投 명투】 밤이 되어 투숙함.

日10 【普】⑭ 普(791)의 본자

日10 【媼】⑭ 따뜻할 온 元 wēn
[字解] 따뜻하다, 기온이 따스하다.

日10 【暚】⑭ 밝을 요 蕭 yáo
[字解] ①밝다. ②햇빛.

日10 【暢】⑭ 펼 창 漾 chàng
口 日 日 申 甲 畍 昜 暢 暢 暢
[초서] 暢 [간체] 畅 [字源] 形聲. 申+昜→暢. '昜(양)'이 음을 나타낸다.
[字解] ①펴다. ㉮진술하다, 말을 늘어놓다. 〔宋玉·賦〕不可盡暢. ㉯널리 공포하여 실시하다. 〔孔安國·序〕約文申義, 敷暢厥旨. ②화락하다, 마음이 누그러지다. 〔晉書〕神識恬暢. ③통하다, 통달하다. 〔史記〕四暢交於中. ④날씨가 맑다. ¶ 和暢. ⑤차다, 충실하다. ¶ 暢月. ⑥제사에 쓰는 술. 鬯.
【暢達 창달】 ①의견·주장 따위를 막힘 없이 표현하고 전달함. ②거침없이 쑥쑥 뻗어 나감.
【暢茂 창무】 ①무성함. ②문장이 유창함.
【暢敍 창서】 말하여 나타냄. 느릿느릿 이야기함.
【暢遂 창수】 초목(草木)이 무성하게 자람.
【暢月 창월】 음력 11월의 딴 이름. ♪이 달이 되면 우주 만물은 각각 충실해져 더 이상 자체 활동을 하지 않는다고 여긴 데서 온 말.
【暢適 창적】 유쾌하고 즐거움.
【暢暢 창창】 화락(和樂)한 모양.
【暢快 창쾌】 마음이 시원하고 유쾌함.
【暢懷 창회】 시원하게 회포를 풀어냄.

【暢洽 창흡】 널리 사물의 구석구석까지 미침.
❶ 朗-, 茂-, 舒-, 宣-, 流-, 通-, 和-.

暠
10 ⑭ 흴 호 本 고 皜 gǎo, hào
초전 暠 통자 皓 속자 顥 소전 暠 통자 皞
桑考 대법원 지정 인명용 한자의 음은 '고'이다.
字解 희다, 흰 모양. 희어서 환한 모양.
【暠然 호연】 ①희고 선명한 모양. ②백발(白髮)이 성성한 모양.

暭
10 ⑭ 밝을 호 皡㫰 hào
초전 暭 속자 皞 초서 皥 통자 昊 字解 밝다, 맑다.

暱
11 ⑮ 친할 닐 暬 nì
소전 暱 혹체 昵 초서 暱 사자 昵 字解 ①친하다, 친해지다, 가까워지다. 〔春秋左氏傳〕諸夏親暱. ②친한 사람, 가까운 사람. 〔國語〕大其私暱. ③사사로운. ¶ 暱嫌.
【暱近 일근】 ①가까이에 있는 사람과 친함. ②친근해짐. 친근함. 昵近(일근).
【暱愛 일애】 가깝게 지내며 사랑함.
【暱就 일취】 친근해짐. 暱近(일근).
【暱嫌 일혐】 사사로운 원한. 私怨(사원).

曚
11 ⑮ 흐릴 망 𣇴 mǎng
字解 흐리다, 햇빛이 없다.

暮
11 ⑮ 저물 모 𣅊 mù
소전 暮 초서 暮 간체 暮 字源 會意·形聲. 莫 + 日 → 暮. '莫(모)'가 음도 나타낸다. '莫'는 본래 풀숲에 태양이 숨어 있는 형상으로 저녁때를 뜻하는 글자이다. 후세에 이 '莫(막)'자는 음도 바뀌고 뜻도 '없다'로 사용하게 되면서부터, '日'을 더하여 '저물다, 저녁때' 등의 뜻을 나타내게 되었다.
字解 ①저물다. = 莫. ㉮해가 지다. 〔素問〕悗悗日暮. ㉯한 해가 거의 다 지나다. ¶ 暮歲. ㉰일정한 계절이 거의 다 지나가다. ¶ 暮冬. ②해질 무렵, 저물 무렵. 〔國語〕范文子暮退於朝. ③밤. 〔楚辭〕暮去而莫敢止. ④끝, 시간상의 마지막. ¶ 暮歲. ⑤늦다, 때에 늦다. 〔呂氏春秋〕學德未暮. ⑥늙다, 노쇠(老衰)하다.
【暮笳 모가】 저녁 때 부는 태평소 소리.
【暮境 모경】 늙바탕. 老境(노경). 暮景(모경).
【暮年 모년】 늙은 나이. 老年(노년).
【暮冬 모동】 ①늦은 겨울. 늦겨울. 季冬(계동). ②음력 12월의 딴 이름.
【暮暮 모모】 저녁때마다. 매일 저녁.
【暮帆 모범】 해질 무렵 강가에 떠 있는 돛단배.
【暮山 모산】 해질 무렵의 산.
【暮商 모상】 음력 9월의 딴 이름.
【暮歲 모세】 ①연말(年末). 歲暮(세모). ②노년(老年).
【暮愁 모수】 해질 무렵의 쓸쓸한 생각.
【暮靄 모애】 저녁 안개.
【暮夜 모야】 밤. 깊은 밤. 昏夜(혼야).
【暮雲春樹 모운춘수】 저녁 구름과 봄철의 나무. 멀리 있는 친구를 생각하는 정이 간절함. 春樹暮雲(춘수모운).
【暮節 모절】 ①음력 12월의 딴 이름. ②음력 9월 9일의 딴 이름. 重陽(중양). ③만년(晩年).
【暮潮 모조】 저녁때 밀려오는 조수. 汐水(석수).
【暮秋 모추】 음력 9월의 딴 이름.
【暮春 모춘】 ①늦봄. 晩春(만춘). ②음력 3월의 딴 이름.
【暮夏 모하】 음력 6월의 딴 이름.
【暮霞 모하】 저녁놀.
❶ 旦-, 晩-, 冥-, 薄-, 夕-, 歲-, 衰-, 晨-, 日-, 殘-, 朝-, 朝令-改.

暬
11 ⑮ 설만할 설 媟 xiè
소전 暬 서 暬 동자 媟 字解 설만(媟慢)하다, 버릇없이 멋대로 행동하다. 〔詩經〕曾我暬御.
【暬御 설어】 ①허물없이 가까함. 버릇없이 지나치게 친함. ②측근에서 모심. 측근에서 모시는 신하. 侍臣(시신).

暫
11 ⑮ 잠시 잠 𣊭 zàn
一 亓 亓 盲 車 斬 斬 斬 暫
소전 暫 서 暫 간체 暂 字源 形聲. 斬 + 日 → 暫. '斬(참)'이 음을 나타낸다.
字解 ①잠시, 잠깐. 〔書經〕暫遇姦宄. ②갑자기, 별안간. 〔春秋左氏傳〕婦人暫而免諸國.
【暫逢 잠봉】 잠시 서로 만남.
【暫時 잠시】 얼마 되지 않는 동안. 須臾(수유).
【暫遊 잠유】 잠시 동안의 놀이.
【暫定 잠정】 ①잠시 동안의 안정(安定). ②임시로 정함.

暲
11 ⑮ 밝을 장 陽 zhāng
字解 ①밝다. ②해가 돋다.

暴
11 ⑮ ❶사나울 포 𣊭 bào
❷쬘 폭 𣊭 pù
❸앙상할 박 𣊭 bó
日 旦 昇 昇 晃 暴 暴 暴 暴

[소전] [초서] [본자] 暴 [참고] 대법원 지정 인명용 한자의 음은 '포·폭'이다.

[字源] 會意. 日+出+廾+米→暴. 해[日]가 나오자[出] 벼[米]를 두 손[廾]으로 말린다는 뜻을 나타낸다.

[字解] ❶①사납다. ㉮성질이 사납다. ¶ 暴惡. ㉯행동이 거칠어 도리에 어긋나다. 언어 관습상, 이 항의 훈(訓)에 해당하는 한자어는 '폭'으로 읽는다. ¶ 暴君. ㉰세차다, 비·바람이 몹시 심하다. 이 항도 언어 관습상 '폭'으로 읽는다. ②해치다, 해롭게 하다. 〔孟子〕 持其志, 無暴其氣. ③갑자기, 급작스럽다. 〔春秋穀梁傳〕 靈公朝諸大夫而暴彈之. ④맨손으로 치거나 때리다. 〔詩經〕 襢裼暴虎. ⑤학대(虐待)하다. 〔孟子〕 豈得暴彼民哉. ⑥업신여기다, 범(犯)하다. 〔呂氏春秋〕 何其暴而不敬也. ⑦사나움. 〔孟子〕 凶歲子弟多暴. ⑧지명(地名). 〔春秋〕 盟于暴. ⑨성(姓). ❷①쬐다. ㉮햇볕에 말리다. =曝. 〔孟子〕 秋陽以暴之. ㉯야영(野營)시키다, 노숙(露宿)시키다. 〔孫子〕 久暴師則國用不足. ㉰비바람을 맞히다. ¶ 暴骨. ②따뜻하게 하다. 〔孟子〕 一日暴之, 十日寒之. ③나타내다, 명백히 드러내 보이다. ¶ 暴. ④나타나다, 알려지다. ¶ 暴著. ⑤시들다, 초목이 마르다. 〔荀子〕 雖有槁暴. ❸①앙상하다, 가지·잎 등이 성기다. ¶ 暴樂. ②희다. 늑白. ¶ 暴布.

【暴慢 포만】 성질이 사납고 방자함. 사납고 교만함. 暴橫(포횡).
【暴惡 포악】 사납고 악함.
【暴殄天物 포진천물】 물건을 아까운 줄 모르고 써 버리거나 쓸 수 있는 것도 함부로 버림.
【暴暴 포포】 갑자기 일어나는 모양.
【暴虐 포학】 사납고 잔학함.
【暴虎憑河 포호빙하】 범을 맨손으로 때려 잡고 황하(黃河)를 걸어서 건넘. 용기는 있으나 행동이 무모함.
【暴橫 포횡】 몹시 사납고 방자함.
【暴苛 포가】 거칠고 가혹함.
【暴擧 포거】 난폭한 행동.
【暴桀 포걸】 난폭하고 도리에 어긋남.
【暴骨 폭골】 뼈를 비바람을 맞힘. 전사자(戰死者)의 시체를 거두어 주는 이가 없음.
【暴君 폭군】 사납고 악한 임금.
【暴貴 폭귀】 ①갑자기 고귀한 지위에 오름. 갑자기 출세함. ②물가가 갑자기 큰 폭으로 오름. 暴騰(폭등).
【暴起 폭기】 ①갑자기 일어남. 暴興(폭흥). ②갑자기 승진(昇進)함.
【暴怒 폭노】 거칠게 성냄. 격렬하게 노함.
【暴徒 폭도】 폭동을 일으키는 무리.
【暴動 폭동】 집단적 폭력 행위를 일으켜 사회의 안녕을 어지럽히는 일.
【暴騰 폭등】 물가가 갑자기 뛰어오름.
【暴落 폭락】 물가나 주가 등이 갑자기 내림.
【暴濫 폭람】 폭력으로 빼앗음. 강탈함.
【暴戾 폭려】 몹시 모질고 사나움. 거칠고 사나움.

서 도리에 어긋남.
【暴厲 폭려】 거칠고 사나움.
【暴力 폭력】 난폭한 힘.
【暴露 폭로】 ①비밀을 드러나게 함. ②노천(露天)에서 비바람을 맞음. ③묻히거나 싸인 물건이 드러나서 비바람 따위에 바램.
【暴利 폭리】 지나친 이익.
【暴杯 폭배】 술잔을 돌리지 않고 한 사람에게만 거듭 마시게 하는 일.
【暴白 폭백】 폭로함.
【暴兵 폭병】 ①포학한 병사. ②병사를 한둔시킴.
【暴富 폭부】 벼락부자.
【暴師 폭사】 군대를 비바람을 맞힘. 군대를 야영시킴.
【暴曬 폭쇄】 볕에 쬠.
【暴食 폭식】 음식을 함부로 많이 먹음.
【暴揚 폭양】 널리 세상에 떨치게 함.
【暴言 폭언】 난폭한 말.
【暴逆 폭역】 난폭하여 도리에 벗어남.
【暴雨 폭우】 갑자기 많이 내리는 비.
【暴威 폭위】 난폭한 위세.
【暴飮 폭음】 술을 지나치게 마심.
【暴溢 폭일】 갑자기 넘침. 세차게 넘침.
【暴恣 폭자】 난폭하고 제멋대로임.
【暴著 폭저】 ①두두러지게 나타남. ②알려짐. 발각됨.
【暴敵 폭적】 난폭한 적. 거친 적군.
【暴疾 폭질】 ①거칠고 빠름. ②갑자기 앓는 병. 急病(급병).
【暴漲 폭창】 ①갑자기 넘침. ②갑자기 물가가 뜀. 暴騰(폭등).
【暴處 폭처】 노숙(露宿)함. 한둔함.
【暴風 폭풍】 몹시 세게 부는 바람.
【暴悍 폭한】 거칠고 사나움.
【暴漢 폭한】 난폭한 사람. 무법자.
【暴害 폭해】 행패를 부려 해를 입힘.
【暴行 폭행】 ①난폭한 행동. ②남에게 폭력을 가하는 일.
【暴豪 폭호】 사납고 강함.
【暴酷 폭혹】 난폭하고 무자비함.
【暴興 폭흥】 갑자기 일어남. 갑자기 발생함.
【暴樂 박락】 나뭇잎이 떨어져서 앙상함.
【暴布 박포】 흰 베. 바래서 흰 베.

➊ 苛—, 剛—, 强—, 驕—, 亂—, 猛—, 淫—, 恣—, 粗—, 昏—, 橫—, 凶—.

[日 11] 【暵】⑮ 말릴 한 [星] hàn

[소전] [초서] 暵

[字解] ①말리다, 햇볕에 쬐어 말리다. ¶ 暵暵. ②덥다, 더위. ¶ 暵暵. ③초목이 시들어 마른 모양. 〔詩經〕 中谷有蓷, 暵其乾矣. ④가뭄. 〔周禮〕 旱暵則舞雩.
【暵乾 한건】 오래 비가 오지 아니하여 땅이 말라서 습기가 없음. 旱乾(한건).
【暵旱 한한】 가뭄.
【暵暵 한한】 ①햇볕에 물건을 쬐어 말림. ②날

씨가 몹시 더운 모양.
【暎赫 한혁】 햇볕이 몹시 뜨거움.
❶乾-, 旱-.

日11 【暳】 ⑮ 별 반짝일 혜 huì
초서 暳 字解 별이 반짝이다, 뭇별이 빛나는 모양.

日11 【暉】 ⑮ 晖(796)의 속자

日12 【暻】 ⑯ 밝을 경 jǐng
초서 暻 字解 ①밝다, 환하다. ②별. ※景(790)의 속자(俗字).

日12 【曁】 ⑯ ❶및 기 jì ❷성 글 jì
소전 曁 초서 曁 간체 曁 字解 ❶①및, 함께. 〔書經〕汝義曁和. ②미치다, 이르다, 다다르다. ≒訖. 〔國語〕上求不曁. ③칠하다. ≒墍. 〔禮記〕塗不曁于棺. ④부득이하여 함께 하는 모양. ¶ 曁曁. ❷①굳센 모양. ¶ 曁曁. ❷성(姓).
【曁曁 기기】①과단성(果斷性)이 있고 굳센 모양. ②부득이하여 함께 함.

日12 【曇】 ⑯ 흐릴 담 tán
소전 曇 초서 曇 간체 昙 字源 會意. 日+雲→曇. 하늘에 구름(雲)이 끼어 태양(日)을 가리고 있다는 데서 '구름이 끼다'란 뜻을 나타낸다.
字解 ①흐리다, 구름이 끼다. ¶ 曇天. ②짐새. ¶ 曇鳥. ③(佛)불법(佛法), 담마(曇麻).
【曇曇 담담】흐릴 모양. 먹구름이 낀 모양.
【曇摩 담마】(佛) 불법(佛法). ○범어(梵語) 'dhârma'의 음역어.
【曇鳥 담오】짐새의 딴 이름.
【曇天 담천】흐린 날씨.

日12 【暾】 ⑯ 아침 해 돈 tūn
초서 暾 字解 ①아침 해. 〔楚辭〕暾將出兮東方. ②아침 해가 솟아오르는 모양, 아침 해가 비치다. 〔蘇軾·詩〕一寸間田曉日暾.
【暾暾 돈돈】①햇빛이 구석구석 비치는 모양. ②불빛이 환한 모양.

日12 【曈】 ⑯ 동틀 동 tóng
소전 曈 초서 曈 字解 동트다, 동이 트면서 훤해지는 모양. 〔王安石·詩〕曈曈扶桑日.
【曈曈 동동】①해가 돋는 모양. ②태양처럼 빛나는 모양.

【曈曨 동롱】①동이 트면서 훤히 밝아 오는 모양, 해가 뜨는 모양. ②아직 완전히 깨닫지 못한 모양.
【曈曚 동몽】어둑어둑한 모양. 아직 환히 밝지 못한 모양.

日12 【曆】 ⑯ 책력 력 lì

一 厂 厂 厂 厂 厂 厤 厤 厤 曆

소전 曆 초서 曆 속체 曆 고체 厤 간체 历
字源 形聲. 厤+日→曆. '厤(력)'이 음을 나타낸다.
字解 ①책력. 나달·계절·시령(時令) 등을 날짜에 따라 적어 놓은 것. 〔古詩〕視曆復開書. ②역법(曆法). 천체의 운행을 추산하여 나달·계절·시령 따위를 정하는 법. 〔淮南子〕星月之行, 可以曆推得也. ③수(數), 수효. 〔管子〕此其大曆也. ④세다, 헤아리다. 〔楚辭〕喟馮心而ների玆. ⑤운명, 운수. ¶ 曆命. ⑥햇수, 연대(年代), 세월. 〔漢書〕周過其曆, 秦不及期. ⑦나이, 연령. 〔劉禹錫·表〕豈意遘玆短曆, 奄謝昌辰. ⑧일지(日誌). 〔蘇軾·志林〕子宜置一卷曆, 晝之所爲, 夜必書之.
【曆官 역관】역법(曆法)에 관한 일을 맡아보던 관리.
【曆紀 역기】달력, 책력.
【曆年 역년】①책력에 정한 일 년. 곧, 태양력에서는 365일. 윤년은 366일. ②세월.
【曆命 역명】역수(曆數)와 천명(天命). 타고난 운명.
【曆尾 역미】달력의 끝. 연말(年末).
【曆法 역법】①천체의 주기적 현상을 기준으로 하여 세시(歲時)를 정하는 방법. ②책력(冊曆)을 만드는 방법.
【曆象 역상】①책력을 추산하여 천체의 운행을 하는 모양을 봄. ②일월성신(日月星辰).
【曆數 역수】①해와 달의 운행 횟수. ②자연적으로 돌아오는 운수.
【曆術 역술】해와 달의 운행을 재어 책력을 만드는 기술.
【曆日 역일】①책력. ②책력에서 정한 날.
【曆草 역초】명협(蓂莢)의 딴 이름. 曆草(역초).
❶改-, 舊-, 西-, 星-, 新-, 略-, 陽-, 月-, 陰-, 日-, 冊-, 太陽-, 太陰-.

日12 【曊】 ⑯ 밝을 료 liáo
초서 曊 字解 밝다, 환하다.

日12 【暹】 ⑯ 해 돋을 섬 xiān
초서 暹 간체 暹 字解 ①해가 돋다, 햇살이 퍼지다. ②나라 이름. ¶ 暹羅.
【暹羅 섬라】태국의 전 이름. 'Siam'의 음역어.

日部 12~13획 曄曅曀曈曌晉曃曉曆皦皪曖

日12 **【曄】** ⑯ 빛날 엽 yè
[소전] 曄 [소전] 曅 [초서] 曄 [동] 曅 [간체] 晔
[字解] ①빛나다, 빛을 발하다. ¶曄曄. ②성한 모양. ¶曄然. ③번개가 치는 모양. 〔後漢書〕列缺曄其照夜.
【曄然 엽연】 성(盛)한 모양.
【曄曄 엽엽】 ①빛나는 모양. 밝고 윤기 있는 모양. ②성한 모양.
【曄煜 엽욱】 소리가 크게 울리는 모양.
◐ 煙−, 赫−.

日12 **【曅】** ⑯ 曄(799)과 동자

日12 **【曀】** ⑯ 구름 낄 예 yì
[소전] 曀 [초서] 曀 [字解] ①구름이 끼다, 햇빛을 가리다. =翳. 〔詩經〕曀曀其陰. ②구름이 끼고 바람이 불다. 〔詩經〕終風且曀.
【曀曀 예예】 햇빛이 가려져 어두운 모양.
【曀風 예풍】 흐린 날에 부는 바람.
◐ 煙−, 幽−, 陰−, 塵−, 昏−.

日12 **【曈】** ⑯ 曋(794)와 동자

日12 **【曌】** ⑯ 照(1076)와 동자

日12 **【晉】** ⑯ 晉(787)의 본자

日12 **【曃】** ⑯ 희미할 태 dài
[字解] 희미하다, 밝지 아니한 모양. 〔楚辭〕時曖曃其曭莽兮.

日12 **【曉】** ⑯ 새벽 효 xiǎo
冂 日 日⁻ 日⁺ 日≠ 㬢 㬢 暁 曉
[소전] 曉 [소전] 曉 [초서] 暁 [속] 曉 [속] 曉
[간체] 晓 [字源] 形聲. 日+堯→曉. '堯(요)'가 음을 나타낸다.
[字解] ①새벽, 동틀 무렵. ¶曉旦. ②밝다, 환하다. 〔莊子〕冥冥之中, 獨見曉焉. ③깨닫다, 환히 알다. ¶曉會. ④타이르다, 일러주다. 〔漢書〕叩堂戶曉賊. ⑤사뢰다, 아뢰다. 〔漢書〕未曉大將軍. ⑥빗다, 나오다. 〔禮記〕蟄蟲以發出二曉.
【曉暇 효가】 새벽의 한가한 때.
【曉角 효각】 새벽에 부는 각적(角笛)의 소리.
【曉鷄 효계】 새벽을 알리는 닭의 울음소리.

【曉告 효고】 타이름.
【曉光 효광】 새벽녘의 햇빛.
【曉起 효기】 아침 일찍 일어남. 夙起(숙기).
【曉氣 효기】 새벽녘의 공기.
【曉旦 효단】 새벽.
【曉達 효달】 깨달아 통달함. 환히 앎.
【曉暾 효돈】 아침 햇볕. 아침 해.
【曉頭 효두】 먼동이 틀 무렵. 꼭두새벽.
【曉得 효득】 깨달아 앎.
【曉了 효료】 밝게 깨달음. 요해(了解)함.
【曉霧 효무】 새벽 안개.
【曉梵 효범】 (佛)아침에 하는 독경(讀經).
【曉色 효색】 새벽빛. 새벽 경치.
【曉夕 효석】 아침과 저녁. 아침저녁.
【曉宣 효선】 새벽에 조서(詔書)를 내림.
【曉星 효성】 ①새벽에 드물게 보이는 별. ②수가 적음. ③샛별. 金星(금성).
【曉習 효습】 깨달아 익숙하게 됨.
【曉示 효시】 타이름. 諭示(유시).
【曉然 효연】 똑똑하고 분명하게 깨닫는 모양.
【曉悟 효오】 밝게 깨달음.
【曉月 효월】 새벽달.
【曉喩 효유】 타이름. 깨우쳐 일러 줌.
【曉人 효인】 남을 타이름.
【曉妝 효장】 아침 일찍 하는 화장. 아침 화장.
【曉箭 효전】 새벽의 시각(時刻). ◑ '箭'은 시각을 가리키는 누각(漏刻)의 바늘.
【曉風 효풍】 새벽에 부는 바람.
【曉風殘月 효풍잔월】 새벽 바람과 지새는 달. 새벽 무렵의 달과 바람.
【曉解 효해】 터득함. 曉悟(효오).
【曉鬟 효환】 아침에 흐트러진 부인의 머리.
【曉會 효회】 깨달음.
【曉曉 효효】 교묘하게 말하는 모양.
◐ 洞−, 明−, 精−, 知−, 淸−, 通−, 昏−.

日12 **【曆】** ⑯ 熹(1085)와 동자

日13 **【皦】** ⑰ 밝을 교 jiǎo
皎 [字解] ①밝다. ¶皦然. ②흰 옥(玉)이나 돌.
【皦然 교연】 밝은 모양.

日13 **【皪】** ⑰ 曬(801)의 속자

日13 **【曖】** ⑰ 가릴 애 ài
[초서] 曖 [간체] 暧 [字解] ①가리다, 가리어지다. 〔後漢書〕甘是埋曖. ②흐리다, 희미하다. 〔後漢書〕覬曖昧之利. ③뱃노래. ¶曖迺.
【曖迺 애내】 뱃노래. 노를 저어 가면서 부르는 노래.
【曖昧 애매】 흐리고 분명하지 아니함.

日部 13~15획 曖曃懊曏曦嚉曚曙曜曘暴曛曠

【曖曖 애애】 어둠침침한 모양. 흐릿한 모양.
【曖曃 애태】 밝지 않은 모양. 희미한 모양.
◐ 暗-, 幽-, 隱-.

日 13 【懊】 ⑰ 燠(1086)과 동자

日 13 【曏】 ⑰ 앞서 향 xiàng
〔字解〕 ①앞서, 접때, 이전에. ¶曏者. ②잠시, 잠깐 동안. ③향하다, 마주 대하다. 〔儀禮〕 立曏所酬. ④밝히다, 명백하게 하다. 〔莊子〕 證曏今古.
【曏來 향래】 앞서. ◎'來'는 조자(助字)
【曏者 향자】 이전에. 전날에. 曏來(향래).

日 13 【曦】 ⑰ 曦(801)의 속자

日 14 【嚉】 ⑱ 우거질 대 duì
〔字解〕 우거지다, 무성하다. 〔宋玉·賦〕 嚉兮若松榯.

日 14 【曚】 ⑱ 어두울 몽 méng
〔字解〕 어둡다. ㉮어스레하다, 어둑어둑하다. ¶曚曨. ㉯어리석다, 사리(事理)에 어둡다. 〔蜀志〕 昔在鴻荒, 曚昧肇初.
【曚曨 몽롱】 햇빛이 흐릿함. 흐릿한 모양.
【曚昧 몽매】 ①어두움. ②어리석음.

日 14 【曙】 ⑱ 새벽 서 shǔ
〔字解〕 ①새벽, 날이 샐 무렵. ¶曙鐘. ②날이 밝다, 밤이 새다. 〔淮南子〕 曙於蒙谷之浦. ③때, 날. 〔呂氏春秋〕 一曙失之.
【曙更 서경】 새벽의 시각(時刻).
【曙光 서광】 ①동이 틀 때 비치는 빛. ②좋은 일이 일어나려는 조짐.
【曙色 서색】 ①새벽 빛. ②새벽의 경치.
【曙星 서성】 샛별. 明星(명성).
【曙鴉 서아】 새벽에 날거나 우는 까마귀.
【曙鶯 서앵】 새벽에 우는 꾀꼬리.
【曙野 서야】 새벽의 들판.
【曙月 서월】 새벽녘까지 지지 아니하고 남아 있는 달. 殘月(잔월).
【曙日 서일】 아침 해. 아침 햇빛. 曙曦(서희).
【曙鐘 서종】 새벽에 치는 종.
【曙天 서천】 새벽 하늘.
【曙後星孤 서후성고】 새벽 하늘에 하나 남은 별. 부모가 죽은 뒤에 남은 외동딸.
【曙曦 서희】 아침 해. 曙日(서일).
◐ 開-, 拂-, 煙-, 微-, 淸-, 昏-.

日 14 【曜】 ⑱ 빛날 요 yào
〔字解〕 ①빛나다, 빛을 발하다. 〔詩經〕 日出有曜. ②빛, 햇빛. 〔張衡·賦〕 流景曜之韡曄. ③빛내다. ¶曜威. ④일월(日月)과 오성(五星). 〔素問〕 七曜周旋. ⑤현 칠요일(七曜日).
【曜靈 요령】 태양의 딴 이름. 燿靈(요령).
【曜魄 요백】 북두칠성의 딴 이름.
【曜曜 요요】 빛나는 모양.
【曜煜 요욱】 번쩍번쩍 빛남. 광휘를 발함.
【曜威 요위】 위엄을 빛냄. 위엄을 보임.
◐ 景-, 榮-, 日-, 照-, 七-, 晃-, 輝-.

日 14 【曘】 ⑱ 해 빛깔 유 rú
〔字解〕 ①해의 빛깔. ②어둡다.

日 14 【暴】 ⑱ 暴(796)의 본자

日 14 【曛】 ⑱ 석양빛 훈 xūn
〔字解〕 ①석양빛, 저녁때의 햇빛. 〔孫遜·詩〕 寒浦落紅曛. ②저녁 해, 석양. 〔王僧孺·誄〕 唯昏及旦, 自見徂曛. ③황혼 무렵, 해질 무렵. ④적황색(赤黃色). ≒纁.
【曛霧 훈무】 누른빛을 띤 안개. 저녁 안개.
【曛日 훈일】 저녁 해. 夕日(석일).
【曛黃 훈황】 황혼(黃昏).
【曛黑 훈흑】 해가 져서 어두움.
◐ 暮-, 薄-, 斜-, 夕-, 殘-, 朝-.

日 15 【曠】 ⑲ 밝을 광 kuàng
〔字解〕 ①밝다, 환하다, 뚜렷하다. 〔後漢書〕 曠若發矇. ②들판, 황야(荒野). ≒壙. 〔楚辭〕 怊茫茫而無歸, 悵遠望此曠野. ③비다, 공허하다. ④비우다, 공허하게 하다. 〔孟子〕 曠安宅而弗居. ⑤허송하다, 헛되이 지내다. ¶曠日. ⑥홀아비. 아내가 없는 장년의 남자. 〔國語〕 民多曠者. ⑦버리다. 〔呂氏春秋〕 無曠事矣. ⑧소원하다, 사정에 어둡다. 〔禮記〕 必多曠於禮矣夫. ⑨사이에 두다, 거리를 두다. 〔孔子家語〕 庭不曠山. ⑩멀다, 크다. 〔晉書〕 器宇宏曠.
【曠古 광고】 옛날을 공허하게 함. 전례(前例)가 없음. 空前(공전).
【曠官 광관】 ①□曠職(광직). ②◎고을의 수령(守令) 자리가 오래 빔.
【曠曠 광광】 광대한 모양.
【曠闕 광궐】 빔. 빠짐.
【曠年 광년】 ①긴 세월을 지냄. ②오랜 세월. 曠歲(광세).
【曠達 광달】 마음이 넓어서 사물에 구애받지 않음. 豁達(활달).

日部 15〜20획 疊曝曨矓曦曩曬曭曮

【曠淡 광담】마음이 넓고 담담함.
【曠代 광대】①오랜 세월에 걸침. ②세상에 드물. 당대(當代)에 견줄 만한 것이 없이 훌륭함.
【曠度 광도】넓은 도량(度量). 大度(대도).
【曠塗 광도】①넓은 길. ②먼 길.
【曠朗 광랑】넓고 밝음. 광대하고 명랑함.
【曠邈 광막】넓고 멂. 茫漠(망막).
【曠望 광망】널리 바라봄. 먼 곳을 바라봄.
【曠夫 광부】젊은 홀아비.
【曠士 광사】사물에 얽매이지 않고 마음이 태연한 사람. 도량이 넓은 사람.
【曠世之才 광세지재】세상에 보기 드문 재주.
【曠野 광야】①넓은 들. 허허벌판. 曠原(광원). ②배〔腹〕.
【曠恩 광은】광대(廣大)한 혜택. 廣恩(광은).
【曠夷 광이】넓고 평온함.
【曠日 광일】①하는 일 없이 헛되이 세월을 보냄. ②오랜 시일. ③종일(終日).
【曠日彌久 광일미구】오랜 시일을 헛되이 보냄.
【曠日持久 광일지구】①오랫동안 버티어 견딤. ②하는 일 없이 긴 세월을 보냄.
【曠適 광적】사물에 구애되지 않고 자유로움.
【曠典 광전】①오래도록 시행하지 아니한 전례(典禮). ②지금까지 없었던 대전(大典).
【曠絶 광절】뒤가 끊어짐.
【曠職 광직】①관직에 있으면서 직무(職務)에 태만함. ②관직을 결원인 채 그대로 둠.
【曠快 광쾌】널찍하여 마음이 상쾌함.
【曠蕩 광탕】①넓은 모양. ②☞曠達(광달).
【曠廢 광폐】①비워 두고 돌보지 않음. ②荒廢(황폐)함.
【曠海 광해】넓은 바다. 大海原(대해원).
【曠闊 광활】넓고 탁 트임.
【曠懷 광회】활달한 생각. 마음을 널리 함.
❶間─, 開─, 空─, 宏─, 久─, 放─, 深─, 遠─, 淸─, 沖─, 嶮─, 玄─, 浩─, 弘─.

日
15【疊】⑲ 疊(1167)과 동자

日
15【曝】⑲ 쬘 폭 囿 pù
[초서] 曝 [字解] 쬐다, 햇볕에 쬐어 말리다. ※ 暴(796)의 속자(俗字). 〔陶潛·文〕冬曝其日.
【曝露 폭로】비바람에 씻김.
【曝背 폭배】①등을 햇볕에 쬠. ②옥외(屋外)에서 일함.
【曝書 폭서】책을 햇볕에 쬐고 바람을 쐼. 曬書(쇄서).
【曝曬 폭쇄→포쇄】바람을 쐬고 볕에 말림.
【曝陽 폭양】쨍쨍 내리쬐는 볕.

日
16【曨】⑳ 어스레할 롱 東 lóng
[소전] 曨 [초서] 曨 [간체] 昽 [字解] 어스레하다, 동이 틀 무렵의 어슴푸레한 모양. 〔白居易·詩〕曨曨煙樹色.
【曨曨 농롱】어스레한 모양. 어둠침침한 모양.
【曨昒 농홀】동이 틀 무렵의 어슴푸레하게 밝은 모양.

日
16【矓】⑳ 청명할 연 霰 yàn
[소전] 䜩 [초서] 曣 [字解] ①청명(淸明)하다, 해가 뜨고 구름이 없다. ¶矓晛. ②따뜻하다, 기운이 성(盛)하다. ≒晏. ¶矓嗢.
【曣嗢 연온】날씨가 청명하여 따뜻함. 쾌청(快晴)한 날씨에 온난함. 晏溫(안온).
【曣晛 연현】해돋이. 해가 떠오름.

日
16【曦】⑳ 햇빛 희 支 xī
[초서] 曦 [속] 曦 [字解] 햇빛. 〔韓愈, 孟郊·詩〕曦光霽曙物.
【曦光 희광】햇빛. 日光(일광).
【曦月 희월】해와 달.
【曦軒 희헌】①해. 太陽(태양). ②해가 타고 다닌다는 수레.

日
17【曩】㉑ 접때 낭 養 nǎng
[소전] 曩 [초서] 曩 [字解] 접때, 앞서, 전에, 이전에. 〔春秋左傳〕曩者志入而已.
【曩歲 낭세】지난해.
【曩日 낭일】접때. 지난번. 前日(전일).
【曩篇 낭편】①전에 지은 시문(詩文). ②옛 사람이 지은 시문.
【曩勳 낭훈】전에 세운 공훈.

日
19【曬】㉓ 쬘 쇄 卦 shài
[소전] 曬 [초서] 曬 [동체] 晒 [속] 曬 [간체] 晒
[字解] 쬐다, 햇볕을 쬐어 말리다. 〔漢書〕白日曬光.
【曬光 쇄광】햇볕이 쬠.
【曬殺 쇄살】쬠. ◎'殺'은 어조사.
【曬書 쇄서】책을 햇볕에 쬠.
【曬風 쇄풍】바람을 쐼.

日
20【曭】㉔ 흐릿할 당 養 tǎng
[초서] 曭 [字解] ①흐릿하다, 해가 밝지 아니하다. ¶曭莽. ②밝다, 환하다. ¶曭朗.
【曭朗 당랑】환히 빛남. 밝은 모양.
【曭莽 당망】어스레함. 햇빛이 밝지 아니함.

日
20【曮】㉔ 해 다닐 엄 琰 yǎn
[字解] ①해가 다니다, 태양이 운행(運行)하다. ②태양이 운행하는 길.

日部

日部 21획 曯

曯 ㉕ 비출 촉 仄 zhú
동자 燡 동자 燭 字解 비추다, 빛을 비추어 밝게 하다.〔沈亞之·書〕當日而曯之.

曰部

4획 부수 | 가로왈부

曰部 0획

曰 ④ 가로되 왈 本월 月 yuē

ㅣ 冂 冃 曰

소전 초서 字源 指事. 口+乚→曰. 입(口)에서 입김이 입 밖으로 나옴(乚)을 가리킨 글자. 마음속에 있는 사람의 생각을 말로써 나타낸다는 데서 '가로되, 말하다' 등의 뜻을 나타낸다.
字解 ①가로되, 말하기를. 남의 말이나 글을 인용할 때에 쓰는 말.〔論語〕子曰, 學而時習之, 不亦說乎. ②이르다, 말하다. ≒云.〔論語〕不曰如之何如之何者. ③일컫다, 부르다.〔書經〕宅嵎夷曰暘谷. ④~라 하다. ≒爲. 사물을 열거할 때에 붙이는 말. ¶日曰月曰否. ⑤이에. 발어사〔發語辭〕.〔詩經〕曰嬪于京.
【曰可曰否 왈가왈부】어떤 일에 대하여 옳으니 그르니 함.
【曰若 왈약→월약】발어사〔發語辭〕. 이에.
【曰牌 왈패】國언행이 단정하지 못하고 수선스러운 사람. 曰者(왈자).

曰部 2획

曲 ⑥ ❶굽을 곡 仄 qū
❷땅 이름 구 麌 qǔ

ㅣ 冂 冂 曲 曲 曲

소전 고문 초서 參考 대법원 지정 인명용 한자의 음은 '곡'이다.
字源 象形. 속이 둥글게 되어 있는 그릇을 본뜬 글자. 이에서 곧지 아니한 것, 곧 '굽다'의 뜻을 나타낸다.
字解 ❶①굽다, 휘다. ¶曲徑. ②굽히다, 휘게 하다.〔論語〕曲肱而枕之. ③마음이 바르지 아니하다. 사악(邪惡)하다.〔戰國策〕曲學多辨. ④자세하다, 상세하다.〔禮記〕曲禮三千. ⑤옳지 않다, 비뚤어지다.〔戰國策〕以曲合於趙王. ⑥치우치다, 궁벽하다.〔左思·賦〕固亦曲士之所欲也. ⑦구석, 후미.〔詩經〕亂我心曲. ⑧나누다, 구획하다. ⑨부분, 조각.〔中庸〕其次致曲. ⑩노래, 악곡(樂曲).〔宋玉·對楚王問〕其曲彌高. ⑪잠박(蠶箔). 누에를 치는 데 쓰는 채반.〔莊子〕或編曲. ⑫바둑·장기를 두는 일. ¶曲道. ⑬성(姓).〔史記〕軍於曲遇. ❷땅 이름.

【曲蓋 곡개】천자나 장수가 쓰는 대가 굽은 일산(日傘). 주(周) 무왕(武王)이 주(紂)를 쳤을 때 센 바람에 왕이 쓰는 일산의 대가 부러졌는데, 태공망(太公望)이 그 모양을 본떠 만들었다 함.

〈曲蓋〉

【曲徑 곡경】꼬불꼬불한 길.
【曲境 곡경】몹시 힘들고 어려운 지경.
【曲曲 곡곡】國굴곡이 많은 산천이나 길의 굽이굽이.
【曲肱之樂 곡굉지락】팔을 구부려 베고 자는 즐거움. 베개도 없어 팔을 구부려 베고 잘 정도이지만 청빈(淸貧)에 만족하며 도(道)를 즐김.
【曲巧 곡교】섬세하고 교묘함.
【曲局 곡국】주먹처럼 묶은 부인의 머리.
【曲鞫 곡국】사정을 자세히 물어 조사함.
【曲茶 곡다·곡차】절에서 술을 이르는 말. 穀茶(곡차).
【曲當 곡당】모두 이치에 맞음.
【曲道 곡도】①뒤얽힌 길. ②바둑이나 장기를 두는 법.
【曲突徙薪 곡돌사신】굴뚝을 구부러지게 내고 근처에 있는 나무를 딴 곳에 옮김. 재화(災禍)를 미연(未然)에 방지함.
【曲禮 곡례】①몸가짐 등의 자질구레한 예식. ②행사에 관한 예절.
【曲論 곡론】이치에 어그러진 의론. 바르지 못한 의론. 曲說(곡설).
【曲流 곡류】구불구불 흘러가는 물. 굽이쳐 흐르는 물.
【曲馬 곡마】말을 타고 부리는 여러 가지 재주.
【曲木 곡목】굽은 나무. 휜 나무.
【曲眉 곡미】초승달처럼 가늘고 굽은 눈썹. 미인(美人)의 눈썹.
【曲媚 곡미】자기의 의사를 굽혀 남에게 아첨함. 그른 줄 알면서 남에게 아첨함.
【曲房 곡방】남의 눈에 뜨이지 않게 비밀로 쓰는 방. 密室(밀실).
【曲法 곡법】법을 굽힘. 법을 어김.
【曲辯 곡변】①말을 교묘하게 둘러댐. 잘못을 옳다고 우기는 말. ②상세히 말함. 자세하게 변론함.
【曲屛 곡병】①머릿병풍. 머리맡에 치는 병풍. ②가리개.
【曲庇 곡비】법을 어기면서 남을 비호함.
【曲士 곡사】①촌뜨기. 보잘것없는 사람. ②마음이 바르지 못한 사람.
【曲私 곡사】사사롭고 바르지 못함.
【曲榭 곡사】①구부러지게 이어진 높은 다락집. ②구부러지게 이어져 있는 대지(臺地). ●'榭'는 흙을 쌓아 올린 것, '榭'는 대지 위에 나무가 있는 것.
【曲線 곡선】구부러진 선.
【曲蟺 곡선】지렁이의 딴 이름.
【曲說 곡설】편벽되어 바르지 못한 이론.

【曲城 곡성】 성문을 밖으로 둘러 가려서 구부러지게 쌓은 성. 곱은성. 甕城(옹성).
【曲水 곡수】 굽이굽이 휘돌아 흐르는 물.
【曲水流觴 곡수유상】 삼짇날 문인(文人)들이 굽이굽이 흐르는 물에 술잔을 띄워 보내어 그 술잔이 자기 앞에 오기 전에 시를 짓고 그 술잔의 술을 마신 풍류 놀이.
【曲繩 곡승】 법을 어김. 도의(道義)에 어그러진 일을 함.
【曲言 곡언】 넌지시 하는 말. 언외(言外)에 뜻이 있는 말.
【曲宴 곡연】 임금이 궁중의 내원(內苑)에서 베풀던 조촐한 잔치. ◯'曲'은 '小'로 '작다'를 뜻함.
【曲藝 곡예】 줄타기·곡마 따위 신기한 재주를 부리는 연예.
【曲撓 곡요】 ①굽어 휘어짐. 휘어져 느슨함. ②사실이 아닌 죄로 억울하게 죽음.
【曲踊 곡용】 ①가락에 맞추어 뜀. ②몸을 휘둘러 뛰어오름. 舞蹈(무도).
【曲允 곡윤】 ①조그마한 성실(誠實). ②억지로 용서함.
【曲胤 곡윤】 음악의 가락. 선율. 曲引(곡인).
【曲引 곡인】 음악의 가락. 曲胤(곡윤).
【曲子 곡자】 악곡. 노래.
【曲墻 곡장】 능(陵)·원(園)·묘(墓) 따위의 뒤에 둘러쌓은 나지막한 토담.
【曲全 곡전】 굽어 아주 소용이 없는 나무는 사람이 베어 가지 않아 온전할 수 있음. 뜻을 굽힘으로써 몸을 온전히 될 수 있음.
【曲折 곡절】 ①구부러지고 꺾어짐. ②문장 같은 것의 내용이 복잡하고 변화가 많음. ③까닭. 자세한 사정. 복잡한 내용.
【曲節 곡절】 음악의 선율(旋律). 악곡의 마디.
【曲調 곡조】 가사나 음악의 가락.
【曲從 곡종】 자기 의지를 굽히고 굴종(屈從)함. 도리를 굽혀 남을 따름.
【曲坐 곡좌】 윗사람 앞에 앉을 때 공경하는 뜻으로 마주 앉지 않고 옆으로 조금 돌아앉는 일.
【曲直 곡직】 ①굽은 것과 곧은 것. ②사악함과 정직함. 正邪(정사). 善惡(선악). 是非(시비). ③노래의 가락.
【曲盡 곡진】 ①자세하고 간곡함. ②마음과 힘을 다함.
【曲暢 곡창】 ①자세히 통달함. ②자세한 곳까지 다다름.
【曲暢旁通 곡창방통】 말이나 글이 조리가 분명하고 널리 통함.
【曲尺 곡척】 ①'ㄱ' 자 모양으로 만든 자. 곱자. ②직각으로 굽은 형태.
【曲唱 곡창】 부득이 자기의 의사를 굽혀 남의 말을 들음.
【曲浦 곡포】 구불구불한 개펄. 曲澂(곡서).
【曲筆 곡필】 사실을 굽혀서 씀. 붓 끝이로 잔꾀를 부림. 舞文(무문).
【曲學阿世 곡학아세】 그릇된 학문으로 세상에 아부함.

【曲解 곡해】 사실과 어긋나게 잘못 이해함. 誤解(오해).
【曲惠 곡혜】 조그마한 은혜.
◯ 歌—, 款—, 屈—, 名—, 妙—, 舞—, 悲—, 邪—, 序—, 俗—, 褶—, 新—, 心—, 雅—, 樂—, 夜—, 歪—, 迂—, 委—, 作—, 戲—.

日 2 【曳】⑥ 끌 예 🔲 yè

소전 曳 초전 曳 동자 曳 통자 抴 통자 拽

[字解] ①끌다. ㉮끌어당기다. ¶曳牛却行. ㉯질질 끌며 가다. ¶曳杖. ㉰잡아당겨 늘이다. 〔司馬相如·賦〕曳明月之珠旗. ㉱구름·안개 따위가 가로로 길게 끼다. 〔曹毗·賦〕青霞曳于前阿. ②끌리다. 〔賈誼·賦〕賢聖逆曳兮, 方正倒植. ③차질이 생기다. 실패하다. 〔後漢書〕年雖疲曳, 猶庶幾名賢之風. ④넘다. 뛰어넘다. 〔王褒·賦〕超騰踰曳.
【曳裾 예거】 ①옷자락을 땅에 질질 끎. ②남몰래 방문(訪問)함.
【曳履聲 예리성】 걸어갈 때 땅에 신이 끌리는 소리.
【曳尾 예미】 꼬리를 끎. 벼슬하여 구속을 받기보다는 빈천(貧賤)해도 안전을 꾀하는 것이 오히려 나음. 曳尾塗中(예미도중).
【曳尾塗中 예미도중】 꼬리를 진흙에 끎. 거북은 죽어서 점치는 데 쓰여 귀하게 되는 것보다는 살아서 꼬리를 진흙에 끌고 다니기를 좋아함. 벼슬하여 속박받느니보다는 필부로서 편안히 살기를 원함.
【曳白 예백】 답안지를 백로로 내놓음. 지필(紙筆)을 가지고도 시문(詩文)을 짓지 못함.
【曳兵 예병】 무기(武器)를 질질 끎. 적과 싸울 기력이 없어서 도망치는 모양.
【曳曳 예예】 ①나부끼는 모양. 搖曳(요예). ②힘을 들일 때 내는 소리. '어기여차' 따위. ③함성(喊聲). ④웃음소리.
【曳牛却行 예우각행】 소를 끌고 뒷걸음질로 걸어감. 매우 힘이 셈.
【曳引船 예인선】 다른 배를 끄는 배.
【曳杖 예장】 지팡이를 끎. 곧, 산책함.
◯ 牽—, 倒—, 搖—, 馳—, 跋—.

日 2 【曳】⑥ 曳(1471)의 속자

日 3 【更】⑦ ❶다시 갱 🔲 gèng
❷고칠 경 🔲 gēng

一 ㄱ 亙 亙 百 更 更

소전 曳 초전 曳 동자 曳 참고 대법원 지정 인명용 한자의 음은 '갱·경'이다.

[字源] 形聲. 丙+攴→曳→更. '丙(병)'이 음을 나타낸다.

[字解] ❶①다시, 재차, 또. 〔史記〕人人自以爲更

生. ❷①고치다, 개선하다, 새롭게 하다. 〔論語〕更也, 人皆仰之. ❷새로워지다, 고쳐지다, 개선되다. 〔管子〕應國之稱號亦更矣. ❸바꾸다, 교환하다. ¶更酌. ❹교대하다, 번갈아 들다. ¶更代. ❺번갈아, 교대로. ¶更番. ❻시각, 밤 시각. 하룻밤을 5등분한 그 하나의 시각. ¶更點. ❼지나다, 통과하다. ≒經·徑. 〔史記〕必東匈奴中. ❽갚다, 배상하다. 〔春秋穀梁傳〕更宋之所喪財也. ❾잇다, 연속하다. ≒庚. 〔國語〕姓利相更. ❿겪다, 겪어 지내다. 〔隋書〕更事未多. ⓫경력을 쌓은 사람, 일을 많이 겪은 늙은이. 〔魏書〕尊老尙更.
【更嫁 갱가】 다시 시집감. 再嫁(재가).
【更發 갱발】 다시 발생함.
【更生 갱생】 ①죽게 되었다가 다시 살아남. ②죄악에서 벗어나 바른 삶을 찾음.
【更選 갱선】 다시 뽑음.
【更少年 갱소년】 늙은이의 몸과 마음이 다시 젊어짐.
【更巡 갱순】 번갈아 돎.
【更新 ❶갱신 ❷경신】 ❶다시 새로워짐. ❷옛것을 고쳐 새롭게 함. 革新(혁신).
【更進 갱진】 ①다시 나아감. 더 나아감. ②다시 올림. 다시 드림.
【更改 경개】 바꾸어 고침.
【更鼓 경고】 밤에 쳐서 시간을 알리던 북.
【更代 경대】 차례로 번갈아 대신함.
【更漏 경루】 ①조선 때, 밤 동안의 시간을 알리는 데 쓰던 물시계. ②시각.
【更番 경번】 교대로 번을 섬. 번갈아 지킴.
【更僕 경복】 시중드는 사람을 바꿈.
【更賦 경부】 한대(漢代) 부세(賦稅)의 한 가지. 번갈아 수자리를 하러 가는 대신 내는 조세.
【更衣 경의】 ①옷을 갈아입음. 改衣(개의). ②뒷간에 감. ○옛사람이 뒷간에 갈 때 옷을 갈아입은 데서 온 말. ③빈객(賓客)이 옷을 갈아입는 곳.
【更酌 경작】 서로 잔을 주고받음. 술잔을 바꿈.
【更張 경장】 ①거문고 줄을 팽팽하게 고쳐 맴. ②해이(解弛)한 사물을 고쳐 긴장하게 함. ③사회적·정치적으로 부패한 제도를 바르게 고침.
【更箭 경전】 물시계의 시각을 가리키는 침.
【更點 경점】 ①시간의 구분. 곧, 경과 점. 조선 때, 하룻밤의 시간을 다섯 경으로 나누고 한 경을 다섯 점으로 나누어 경에는 북을, 점에는 징을 쳐서 알리던 일. ②(佛)시각. 시간.
【更正 경정】 바르게 고침. 개정함.
【更定 경정】 고쳐 정함.
【更籌 경주】 물시계의 한 가지. 밤의 시각을 잼.
【更迭 경질】 서로 바꿈. 어떤 직위에 있는 사람을 다른 사람으로 바꿈.
【更革 경혁】 새롭게 고침. 革新(혁신).
【更化 경화】 고쳐 교화함.
❶ 改一, 變二, 四三, 三四, 初五, 革一.

日3【曳】⑦ 曳(803)의 속자

日5【曷】⑨ 어찌 갈 本할 曷 hé
字解 ①어찌, 어찌하여. =害. 의문(疑問)의 뜻을 나타내는 말. 〔書經〕汝曷弗告朕. ②언제, 느 때에. 〔書經〕時日曷喪. ③누가, 누구가. 〔詩經〕曷云能穀. ④어찌 ~하지 아니하냐? '何不(하불)~'의 뜻과 같다. 〔詩經〕曷飲食之. ⑤해치다, 상하게 하다. 〔詩經〕莫我敢曷. ⑥전갈. ≒蠍. ¶曷鼻.
【曷鼻 갈비】 전갈과 같은 모양을 한 코.
【曷若 갈약】 어떠하냐? 何如(하여).
【曷爲 갈위】 어찌하여. 무엇 때문에.

日6【書】⑩ 쓸 서 魚 shū

ㄱ フ ㅋ 中 聿 書 書 書 書 書

소전 書 초서 书 간체 书 字源 形聲. 聿+者→書. '者(자)'가 음을 나타낸다.
字解 ①쓰다, 기록하다. 〔論語〕子張書諸紳. ②글자, 문자(文字), 육서(六書). ③글씨, 서법(書法). 〔南史〕高祖素善書. ④글. ㉮책, 서적. 〔莊子〕桓公讀書乎堂上. ㉯문장, 기록. 〔春秋左氏傳〕改載書. ㉰편지. 〔古詩〕適得府君書. ㉱조칙(詔勅), 명령(戒命). 〔漢書〕亡應書. ⑤장부(帳簿). ¶簿書. ⑥서경(書經), 상서(尙書). 오경(五經)의 하나로, 우하상주(虞夏商周)의 정사를 기록한 책. 〔吳志〕幼敦詩書. ⑦문체 이름. 의견을 상신(上申)할 때 쓰는 글.
【書架 서가】 책을 얹어 두는 시렁.
【書簡 서간】 편지(便紙). 書翰(서한).
【書劍 서검】 ①책과 칼. ②학자나 문인(文人)들이 늘 가지고 다니는 물건. 학문과 무예(武藝).
【書契 서계】 ①중국 태고의 글자. 나무에 새긴 글자. ②증거가 되는 문서.
【書計 서계】 서사(書寫)와 계산(計算). 옛날 소학(小學)의 한 과목.
【書啓 서계】 ①편지. ②서기(書記). ③조선 때, 임금의 명령을 받은 벼슬아치가 일을 마치고 그 결과를 보고하기 위해 작성한 문서.
【書館 서관】 ①공부하는 집. 학교. ②궁중에서 책을 간직해 두고, 때때로 강의(講義)하던 곳.
【書笈 서급】 문서나 책을 넣어서 등에 질 수 있게 만든 상자.
【書記 서기】 ①기록을 맡아보는 사람. ②기록함. 책·문서 따위의 기록한 것.
【書刀 서도】 대쪽에 글자를 새기거나 글자를 깎아 고치는 데 쓰던 칼.
【書圖 서도】 글씨와 그림. 圖書(도서).
【書牘 서독】 편지. 書札(서찰).
【書頭 서두】 ①본론에 들어가기 전의 첫머리. 緖頭(서두). ②책 위쪽의 여백(餘白). ③초벌 매어 놓은 책 따위의 가장자리.
【書蠹 서두】 ①반대좀. 책을 좀먹는 벌레. 蠹魚(두어). ②책벌레. 독서광(讀書狂). ③책을 읽

기는 하나 그것을 활용할 줄 모르는 사람.
【書籠 서롱】 책을 넣어 두는 궤짝이나 상자.
【書樓 서루】 ①책을 넣어 두는 다락. ②기억력이 좋음. ◯송(宋)나라 위민(韋旻)의 기억력이 좋음을 사람들이 서루라고 일컫던 데서 온 말.
【書類 서류】 문서의 총칭.
【書林 서림】 ①책을 많이 모아 둔 곳. ②책을 파는 가게. 책방.
【書命 서명】 ①명령서(命令書). ②명령을 씀.
【書房 서방】 ①서재(書齋). ②책 가게. 서점.
【書法 서법】 글씨를 쓰는 방법.
【書史 서사】 ①서적. 경서(經書)와 사서(史書). ②서책의 역사.
【書社 서사】 주대(周代)의 제도에서, 한 리(里)의 호구(戶口)와 전지(田地)의 면적 등을 기록한 장부를 사(社)에 보관하던 것. 주대에는 25가(家)를 1리(里)로 하고 리에 사(社)를 하나 두었음.
【書肆 서사】 ①책방. 서점. ②책을 모으기만 하고 읽을 줄 모르는 사람.
【書辭 서사】 편지에 쓰인 말. 적힌 내용.
【書塾 서숙】 글방.
【書紳 서신】 잊지 않기 위하여 큰 띠에 적어 둠.
【書案 서안】 ①책상(冊床). ②문서의 초안(草案). 문서.
【書語 서어】 옛사람의 책에 있는 말을 끌어 쓰는 일.
【書役 서역】 관청에서 문서, 회계 등을 맡은 낮은 구실아치. 書記(서기).
【書院 서원】 ①당대(唐代) 이후 설치한 학교. ②조선 때 선비들이 모여서 학문을 강론하고 석학(碩學) 또는 충절(忠節)로 죽은 사람을 제사 지내던 곳.
【書淫 서음】 글 읽기를 지나치게 좋아함. ◯'淫'은 과도(過度)의 뜻.
【書意 서의】 ①책이나 편지에 써어 있는 글의 뜻. ②서법(書法)의 정신.
【書齋 서재】 서적을 갖추어 두고 책을 읽거나 글을 쓰는 방. 書室(서실). 書屋(서옥).
【書籍 서적】 책. 書冊(서책).
【書典 서전】 책. 서적. 經典(경전).
【書傳 서전】 ①글로 써서 전한 서적. 옛사람이 쓴 책. ②상서(尙書)의 주석(註釋). 공안국(孔安國)의 공전(孔傳), 채침(蔡沈)의 채전(蔡傳) 따위.
【書題 서제】 ①글자를 씀. 기록함. ②책의 표제.
【書佐 서좌】 문서·기록을 맡은 벼슬아치.
【書罪 서죄】 國죄를 범한 벼슬아치가 있을 때 밤중에 감찰(監察)이 그의 죄상을 널빤지에 써 그의 집 문 위에 붙이던 일.
【書廚 서주】 ①책·문서 따위를 간직하여 두는 시렁. ②널리 알고 기억력이 좋은 사람. ③널리 알기는 하나 그것을 실제 사용하지 못하는 사람.
【書鎭 서진】 책장이나 종이쪽이 바람에 날리지 않도록 누르는 물건. 文鎭(문진).
【書窓 서창】 ①서재의 창문. ②서재.

【書策 서책】 ①책. 서적. ◯'策'은 죽간(竹簡). ②책을 감추어 시험장에 들어가는 일.
【書籤 서첨】 책의 제목으로 쓴 글씨.
【書帖 서첩】 명필을 모아 꾸민 책. 흔히 여러 겹으로 접게 되어 있음. 墨帖(묵첩).
【書牒 서첩】 글씨를 쓰는 대쪽.
【書體 서체】 ①글씨의 모양. 글씨의 체재(體裁). ②글씨의 여러 형체. 해서(楷書)·행서(行書)·초서(草書)·예서(隸書)·전서(篆書) 따위의 자체(字體).
【書癡 서치】 글 읽기에만 몰두하여 세상일을 돌보지 않는 사람.
【書鋪 서포】 책 가게. 書林(서림).
【書鋪 서포】 서점. 書肆(서사).
【書幅 서폭】 글씨를 써서 꾸민 족자.
【書標 서표】 책장의 읽던 곳을 찾기 쉽도록 책갈피에 끼워 두는 종이쪽이나 끈.
【書香 서향】 ①책에서 나는 향기. 학문을 하는 기풍(氣風)이 있는 사람. ②학자의 자제(子弟)들이 그 가업(家業)을 잘 계승하는 일.
【書香銅臭 서향동취】 책 향기와 돈 냄새. 곧, 학생과 장사하는 사람.
【書畫 서화】 글씨와 그림.

◯ 經―, 古―, 讀―, 文―, 密―, 兵―, 封―, 焚―, 佛―, 四―, 史―, 上―, 詩―, 新―, 良―, 原―, 遺―, 醫―, 逸―, 字―, 藏―, 著―, 全―, 篆―, 占―, 詔―, 縱―, 證―, 草―, 投―, 楷―, 行―, 橫―.

日 6 【曹】⑩ 國성 조

[字解] 성(姓). 중국에서는 曹(806)자를 쓰고, 우리나라에서는 이 자를 쓴다.

日 6 【倉】⑩ 會(807)의 고자

日 7 【曼】⑪ ❶끌 만 顧 màn
❷뻗을 만 圖 màn
❸오랑캐 만 圖 màn

[字解] ❶①끌다, 길게 끌다. ¶曼聲. ②길다. 〔詩經〕孔曼且碩. ③아름답다, 미려하다. ¶曼辭. ④곱다, 살결이 곱다. ¶曼膚. ⑤가볍다. ¶曼煖. ⑥없다. ≒莫. 〔法言〕神怪茫茫, 聖人曼云. ⑦찌르다. 〔莊子〕闉扼鷔曼. ⑧윤, 광택. 〔楚辭〕蛾眉曼只. ❷뻗다, 널리 퍼지다. ¶曼衍. ❸①오랑캐. ≒蠻. ¶戎曼. ②분별할 수 없는 모양. 〔漢書〕爲其泰曼瀇而不可知.

【曼煖 만난】 가볍고 따뜻함.
【曼麗 만려】 살결이 부드럽고 고움.
【曼理皓齒 만리호치】 ①고운 살결과 흰 이. ②미인.
【曼曼 만만】 긴 모양. 먼 모양. 漫漫(만만).
【曼帛 만백】 고운 비단.
【曼膚 만부】 고운 살결.

日部 7~8획 曹曾替替最

【曼辭 만사】아름답게 수식한 말. 능숙한 말.
【曼羨 만선】①성대(盛大)함. ②널리 흩어짐.
【曼聲 만성】길게 끄는 소리.
【曼壽 만수】오래 삶. 長壽(장수).
【曼延 만연】①길게 연속함. ②널리 퍼짐.
【曼衍 만연】①끝이 없음. 길게 연속함. ②변화함. ③분포(分布)함.
【曼陀羅 만다라】(佛)①깨달음의 경지. ②부처가 증험한 것을 나타낸 그림. ○범어(梵語) 'Mandala'의 음역어. 曼茶羅(만다라).
【曼頰 만협】살결이 고운 뺨.
【曼漶 만환】분명하지 않은 모양. 책이 낡거나 비문·판목(版木) 등이 닳아서 변별(辨別)할 수 없게 됨.
【曼嬉 만희】미인. 미녀.
○ 美一, 衍一, 婉一, 長一.

日 【曹】⑪ 마을 조 ⓒáo
7

소전 본자 字源 會意. 東+東+日→
曹←䐿. 두 사람의 재판관(裁判官)이 조정(朝廷)의 동쪽에 자리 잡고 [棘] 앉아서 판결을 내리는 말을 한다 [日]는 데서 '마을, 관아'의 뜻을 나타낸다.
字解 ①마을. ㉮관아(官衙), 관청. 〔漢書〕坐曹治事. ㉯관리, 벼슬아치. 〔漢書〕除爲功曹. ②무리. ㉮또래, 벗. 〔史記〕分曹往. ㉯때, 군중(群衆). 〔詩經〕乃造其曹. ㉰짝, 동행, 동반자. 〔楚辭〕分曹竝進. ③나라 이름. 주(周) 무왕(武王)이 아우 숙진탁(叔振鐸)을 봉한 나라. 지금의 산동성(山東省)에 있었다.
【曹輩 조배】동아리. 무리.
【曹司 조사】①벼슬아치가 집무하는 방. ②낮은 벼슬아치.
【曹偶 조우】동배(同輩).
【曹魏 조위】삼국 시대의 위(魏)나라. ○조비(曹丕)가 건국하였으므로 이르는 말.
○ 卿一, 功一, 官一, 末一, 法一, 朋一, 兒一, 我一, 汝一, 吾一, 六一, 爾一, 豪一.

日 【曾】⑫ 일찍 증 zēng, céng
8

소전 초서 속자 간체 字源 象形. 풍로 위의 시루에 곡식을 찌는 모양을 본뜬 글자로 원뜻은 '시루'이다. 뒤에 '일찍'이라는 뜻으로 바뀌었다.
字解 ①일찍, 일찍이, 이전에. ≒嘗.〔史記〕曾待客夜食. ②곧, 이에. ≒乃·則. 어조(語調)를 부드럽게 하는 구실을 한다.〔孟子〕爾何曾比予於管仲. ③거듭하다. ¶曾思. ④포개다, 포개지다. 늘層. ¶曾臺. ⑤깊다, 깊숙하다.〔楚辭〕翾飛兮翠曾. ⑥오르다, 높이 오르다. ⑦끝, 마지막. ¶曾臣. ⑧더하다. 늘增.〔孟子〕曾益其所不能.

【曾經 증경】일찍이. 이전에 겪음.
【曾曲 증곡】깊숙한 구석.
【曾臺 증대】여러 층으로 높이 쌓은 대.
【曾史 증사】증삼(曾參)과 사추(史鰌)의 병칭. 증삼은 인(仁)을, 사추는 의(義)를 행하였음.
【曾思 증사】깊이 거듭 생각함.
【曾參殺人 증삼살인】증삼(曾子)가 사람을 죽였다. 근거 없는 말도 널리 퍼지면 믿게 됨. 故事 춘추 시대에 증자와 이름이 같은 사람이 살인을 하고 체포되었는데, 한 사람이 증자의 어머니에게 증자가 사람을 죽였다고 하자 어머니는 '내 아들이 그럴 리 없다'고 하였고, 또 한 사람이 같은 말을 해도 태연하게 옷감을 짜고 있었으나, 조금 뒤 다른 사람이 같은 소식을 전하자 사실로 믿고 안절부절못했다는 고사에서 온 말. '參'은 증자의 이름. 三人成虎(삼인성호).
【曾孫 증손】아들의 손자. 또는 손자의 아들. 曾孫子(증손자).
【曾臣 증신】제후가 천자에 대하여 자기를 낮추어 일컫는 말.
【曾益 증익】늘림. 더함. 增益(증익).
【曾祖 증조】아버지의 할아버지. 또는 할아버지의 아버지. 曾祖父(증조부).
○ 未一, 有一, 孫一.

日 【替】⑫ 일찍이 참 cǎn
8

소전 字解 일찍이, 곧, 이에. ≒曾.〔詩經〕替不畏明.

日 【替】⑫ 쇠퇴할 체 tì
8

一 二 キ 夫 扶 扶 扶 替 替 替
초서 동자 동자 字源 形聲. 竝+白→普→替. '白(백)'이 음을 나타낸다.
字解 ①쇠퇴하다, 쓸모없게 되다.〔春秋左氏傳〕君盟替矣. ②버리다, 폐하다, 폐지하다.〔書經〕無替厥服. ③멸망하다, 멸망시키다.〔國語〕君之家嗣其替乎. ④베풀다, 미치다.〔太玄經〕不替不爽. ⑤갈다, 바꾸다.〔蘇軾·文〕以山光水色替其玉肌花貌. ⑥번갈다, 갈마들다. ¶替代.
【替壞 체괴】쇠퇴함.
【替代 체대】서로 갈마들어 대신함.
【替番 체번】번을 서로 바꿈. 交番(교번).
【替懈 체해】버리고 게을리 함.
【替換 체환】갈아서 바꿈. 갈마듦. 교대함.
○ 交一, 代一, 對一, 衰一, 隆一, 廢一, 興一.

日 【最】⑫ 가장 최 zuì
8

口 円 日 旦 早 昂 昆 冣 最 最
소전 초서 字源 會意. 日+取→最. '日'은 '冒(무릅쓸 모)'의

생략형. 아무것도 꺼리지 않고 함부로〔曰〕취한다〔取〕는 뜻을 나타낸다.

字解 ❶가장, 제일, 으뜸. ¶ 最少. ❷모두, 모조리. 〔史記〕最從高帝. ❸최상, 가장 뛰어난 것. 〔漢書〕灌廢邱最. ❹모이다, 모으다. 〔管子〕最萬物. ❺중요한 일. 〔尙書中候〕乃拜稽首受最. ❻정리되다. 〔唐書〕形勢謀略, 條最明審. ❼끊어지다. 〔管子〕秦之水泔最而稽.

【最強 최강】가장 강함.
【最啓 최계】적진에 맨 먼저 들어감.
【最高 최고】가장 높음.
【最近 최근】①가장 가까움. ②지나간 지 얼마 안 되는 날.
【最嗜 최기】가장 즐기거나 좋아함.
【最良 최량】가장 좋음.
【最晩 최만】가장 늦음.
【最末 최말】맨 끝. 最後(최후). 最尾(최미).
【最善 최선】①가장 좋음. 가장 착함. ②가장 알맞음.
【最少 최소】①가장 적음. ②가장 젊음.
【最勝 최승】가장 나음. 제일 뛰어남.
【最新 최신】가장 새로움. 최근에 된 것.
【最甚 최심】아주 심함. 가장 심함.
【最愛 최애】가장 사랑함. 제일 소중히 여김.
【最適 최적】가장 알맞음.
【最殿 최전】①성적의 등차(等差). ⚬'最'는 상공(上功), '殿'은 하공(下功). ②퇴각할 때 맨 뒤에 처진 군대.
【最終 최종】맨 나중.
【最初 최초】맨 처음.
【最幸 최행】가장 총애함. 最愛(최애).
【最好 최호】①썩 좋음. ②가장 좋아함.
◐ 考-, 功-, 尤-, 殿-.

日 8 【會】⑫ 會(807)의 속자

日 9 【會】⑬ ❶모일 회 霽 huì
❷상투 괄 曷 kuò

人 ᅀ 合 命 侖 侖 侖 會 會 會

[소전] 會 [고문] 㣛 [초서] 会 [속자] 會 [속자] 会
[고자] 㣛 [간체] 会 [참고] 대법원 지정 인명용 한자의 음은 '회'이다.

字源 會意. 스+曾→會. '曾'은 '增'과 통해 쓰이는 자로 '더하다, 증가하다'의 뜻, '스'은 합한다는 뜻인 데서 두 자가 합하여 '증가하다', 또는 '모이다'의 뜻을 나타낸다.

字解 ❶①모이다. ¶ 會同. ②모으다, 모이게 하다. 〔周禮〕會其什伍. ③모임. 〔禮記〕周人作會, 而民始疑. ④만나다. 〔後漢書〕千載一會. ⑤합치다, 하나로 되다. 〔陶弘景·啓〕手隨意運, 筆與手會. ⑥도시(都市). 〔王勃·序〕名都廣會. ⑦때, 적당한 시기. 〔陳琳·文〕烈士立功之會. ⑧깨닫다, 이해하다. ¶ 會得. ⑨때마침, 우연히. 〔漢書〕會武等至匈奴. ⑩반드시, 꼭, 필연코. 〔顔氏家訓〕人生在世, 會當有業. ⑪셈, 1년의 마무리. 월계(月計)를 '要(요)', 세계(歲計)를 '會(회)'라 한다. 〔周禮〕聽出入以要會. ⑫그림. ≒繪. 〔書經〕日月星辰山龍華蟲爲會. ⑬사물이 모여드는 곳. 〔詩經〕會弁如星. ⑭요소(要所). 〔晉書〕端坐京輦失據會. ⑮역류(逆流)하다. 〔書經〕會于渭汭. ⑯기(旗). ≒旜. 〔詩經〕其會如林. ⑰처음. ≒甲. ¶ 會朝. ⑱능하다, 능히 하다. 〔論語集注〕今人不會讀書. ❷상투. ¶ 會撮.

【會減 회감】주고받을 것을 맞비기고 남은 것을 셈함. 엇셈.
【會見 회견】서로 만나 봄.
【會計 회계】①한데 모아서 셈함. ②금품 출납에 관한 사무. ③재산 및 수입·지출의 관리와 운용에 관한 제도.
【會稽之恥 회계지치】회계에서 당한 치욕(恥辱). 패전(敗戰)의 치욕. 故事 춘추 시대에 월(越)나라 왕 구천(句踐)이 오(吳)나라 왕 부차(夫差)에게 회계산에서 패전하고, 그 치욕을 잊지 않으려 와신상담(臥薪嘗膽)하여 마침내 복수하였다는 고사에서 온 말.
【會談 회담】모여서 의논함.
【會同 회동】①여럿이 모임. ②주대(周代)의 제도에서, 제후가 모여 천자를 알현(謁見)함. 또는 천자가 제후를 모아 놓고 회견함.
【會得 회득】깨달음. 잘 이해하여 알게 됨.
【會獵 회렵】①여러 사람이 모여 사냥함. ②서로 맞붙어서 싸움. 會戰(회전).
【會了 회료】앎. 會得(회득)함.
【會流 회류】물줄기가 한데 모여 흐름.
【會盟 회맹】①모여서 맹세함. ②임금이 공신(功臣)들과 희생(犧牲)으로 하늘에 제사 지내고 그 피를 나누어 마시며 단결을 맹세하던 일. ③제후(諸侯)가 합동하여 동맹(同盟)을 맺음.
【會社 회사】상행위 또는 그 밖의 영리(營利) 행위를 목적으로 하는 사단법인(社團法人).
【會上 회상】(佛)대중이 모인 법회(法會).
【會釋 회석】(佛)불법(佛法)의 어려운 뜻을 통하도록 해석함.
【會試 회시】⦿문·무과의 초시(初試)에 합격한 사람이 서울에 모여 다시 보던 과거 시험.
【會食 회식】여럿이 모여 함께 음식을 먹음.
【會心 회심】마음에 듦. 마음에 맞음.
【會審 회심】법관이 모여 사건을 심리(審理)함.
【會悟 회오】깨달음. 解悟(해오).
【會友 회우】①같은 모임의 회원. 同志(동지). ②동지를 모음.
【會員 회원】어떤 모임을 구성하는 사람들.
【會飮 회음】여럿이 모여서 술을 마심.
【會意 회의】①마음에 맞음. 의기(意氣)가 상통함. 會心(회심). ②육서(六書)의 한 가지. 둘 이상의 글자를 합하여 한 글자를 만들고 또 뜻도 합성한 것. '人'과 '言'을 합하여 '信'이, '日'과 '月'을 합하여 '明'이 되는 따위.
【會議 회의】①여럿이 모여 의논함. ②어떤 사항을 의논하는 기관.

【會子 회자】 ①송(宋)나라 때의 지폐(紙幣) 이름. ②잠시(暫時).
【會者定離 회자정리】 (佛)만나면 반드시 이별함. 인생의 무상(無常)함.
【會葬 회장】 장례 지내는 데 참례하는 일.
【會田 회전】 여럿이 모여 사냥함. ☞ '田'은 전렵(田獵).
【會戰 회전】 쌍방이 서로 어우러져 싸움.
【會弔 회조】 여러 사람이 함께 조상(弔喪)함.
【會朝 회조】 ①제후(諸侯)가 모여 천자(天子)를 알현(謁見)하거나 딴 제후와 만남. ②조정에서 만남. ③갑자일(甲子日)의 아침. 아침의 첫머리. ④회전(會戰)하는 날의 아침. 故事 주(周) 무왕(武王)이 은(殷)나라를 치려고 아침에 목야(牧野)에서 회동(會同)한 데서 온 말.
【會薦 회천】 협의(協議)하여 상신(上申)함.
【會檐 회첨】 處처마가 'ㄱ' 자 모양으로 꺾이어 굽어진 곳.
【會萃 회췌】 합쳐서 모음. 會粹(회췌).
【會通 회통】 ①이치를 깨달아 막힘이 없음. ②사물이 모여 어울리는 일과 변화하는 일.
【會下 회하】 (佛)사승(師僧) 밑에서 참선(參禪), 수학(修學)하는 승려.
【會合 회합】 여러 사람이 만남.
【會饗 회향】 모여서 주연(酒宴)을 베풂.
【會話 회화】 ①서로 만나서 이야기함. ②외국어로 이야기함.
【會撮 괄촬】 상투.

⊙ 佳-, 歌-, 嘉-, 開-, 廣-, 交-, 教-, 國-, 期-, 機-, 堂-, 大-, 都-, 面-, 文-, 密-, 法-, 分-, 司-, 社-, 散-, 商-, 歲-, 詩-, 雅-, 宴-, 六-, 議-, 臨-, 入-, 再-, 際-, 朝-, 照-, 宗-, 酒-, 集-, 總-, 聚-, 閉-, 合-, 協-.

日 10【揭】⑭ 갈 걸 厲 qiè
字解 ①가다, 떠나가다. 〔呂氏春秋〕富貴弗就, 貧賤弗揭. ②헌걸찬 모양, 씩씩한 모양. 〔詩經〕庶士有揭. ③어찌 ~하지 아니하느냐? 늑盍. 〔顏延之·詩〕揭來空復辭. ④언제, 어느 때에. 늑曷. ⑤이에, 대체.
【揭來 걸래】 ①이에. 발어사(發語辭). 聿來(율래). ②어찌 오지 않느냐? 왜 오지 아니할까?

日 10【軸】⑭ 작은북 인 厲 yǐn
字解 작은북, 작은북의 소리. 큰북을 울리기 전에 치는 북. 〔周禮〕令奏鼓軸.

日 10【楝】⑭ 軸(808)과 동자

日 10【普】⑭ 替(806)와 동자

日 11【豊】⑮ 豐(1711)의 고자

日 12【朁】⑯ 替(806)와 동자

日 16【朅】⑳ 曹(806)의 본자

月 部

4획 부수 | 달월부

月 0【月】④ 달 월 厲 yuè

丿 几 月 月

字源 象形. 달의 모양을 본뜬 글자. 태양은 언제나 가득 차 있기에 '日' 자는 둥근 태양의 모양을 본떴고, 달은 초승달에서 차츰 충만해져 만월(滿月)이 되고, 이 만월이 차츰 이지러져 그믐달이 되기에 '月' 자는 이지러진 달의 모양을 본떴다.

字解 ①달. 음양(陰陽)으로는 음(陰), 오행(五行)으로는 수(水), 방위(方位)로는 진(辰), 인도(人道)로는 후비(后妃)·대신(大臣)·제후(諸侯) 등에 배당된다. ㉮태음(太陰). 지구의 위성(衞星). 〔易經〕莫大乎日月. ㉯1년을 12등분한 기간. ¶ 大月. ㉰한 달, 1개월. ¶ 期月. ㉱달을 세는 단위. 〔論語〕三月不知肉味. ②달빛. 〔宋史〕映月讀書. ③나달, 광음(光陰). 〔陶潛·詩〕歲月不待人. ④다달이, 달마다. 〔中庸〕日省月試. ⑤월경(月經), 경수(經水). 〔素問〕月事以時下, 故有子.
【月脚 월각】 땅 위에 비친 달빛.
【月刊 월간】 매달 한 번씩 발행함.
【月建 월건】 달의 간지(干支).
【月卿 월경】 경(卿)의 지위에 있는 사람. 벼슬이 높은 신하. ☞ '日'을 천자, '月'을 신하에 비유한 데서 온 말.
【月經 월경】 성숙한 여성의 자궁에서 주기적으로 출혈하는 생리 현상. 달거리. 經度(경도).
【月季 월계】 월계화(月季花)·해당화(海棠花)의 딴 이름.
【月桂 월계】 ①월계수. ②과거에 급제함. 折桂(절계). ③달 속에 있다는 계수나무. ④달그림자. 달빛.
【月溪 월계】 달빛을 안고 흐르는 산골짜기 시내.
【月桂冠 월계관】 ①월계수 가지와 잎으로 만들어 경기에서 우승한 사람에게 씌워 주던 관. ②승리나 명예.
【月雇 월고】 한 달에 얼마씩 품삯을 정하여 사람을 쓰는 일.

【月球 월구】달.
【月窟 월굴】①달 속에 있다는 굴. ②달이 떠오르는 곳. ②서역(西域)의 월지국(月氏國)이 있는 곳.
【月宮姮娥 월궁항아】①달 속에 산다는 선녀. ②미인.
【月給 월급】일을 한 대가로 다달이 받는 급료. 月料(월료). 月俸(월봉).
【月吉 월길】초하룻날.
【月旦 월단】①매달의 첫날. 月朔(월삭). 朔日(삭일). ②「月旦評(월단평).
【月旦評 월단평】인물에 대한 평. 故事 후한(後漢) 때 허소(許劭)가 매월 초하룻날마다 마을 사람들의 인물을 평했다는 고사에서 온 말. 月朝評(월조평).
【月臺 월대】①지붕이 없는 누대(樓臺). 달을 볼 수 있는 누대. ②전각 앞의 섬돌.
【月廊 월랑】①행랑(行廊). ②행각(行閣).
【月來 월래】①달이 돌아옴. ②두어 달 동안. 달포 이래.
【月麗于箕 월려우기】달이 기성(箕星)에 걸림. 바람이 불 징조. ○'箕'는 바람을 맡은 별.
【月麗于畢 월려우필】달이 필성(畢星)에 걸림. 비가 올 징조. ○'畢'은 비를 맡은 별.
【月曆 월력】①달력. ②한 달 동안 행할 정사(政事)를 적은 기록.
【月令 월령】①해마다 행하여야 할 정령(政令)을 12개월에 할당하여 규정한 것. ②철. 時候(시후).
【月齡 월령】삭(朔)을 조하부로 하여 헤아린 날수. 달나이.
【月靈 월령】달의 딴 이름. 月魂(월혼).
【月老繩 월로승】남녀의 인연을 맺어 준다는 월하노인이 지닌 주머니의 붉은 끈.
【月輪 월륜】①달. ②달의 둘레.
【月廩 월름】관리에게 월봉으로 지급하던 곡식.
【月滿則虧 월만즉휴】달이 차서 둥글게 되면 곧 이지러지기 시작함. 사물이 성한 뒤에는 반드시 쇠함. 月盈則食(월영즉식).
【月半 월반】①한 달의 절반. 곧, 보름. ②반달.
【月魄 월백】달의 딴 이름. 月魂(월혼).
【月白風淸 월백풍청】달은 밝고 바람은 맑음. 달이 밝은 가을밤의 경치.
【月賦 월부】갚거나 치러야 할 돈을 다달이 얼마씩 나누어 내는 일.
【月榭 월사】달 구경을 하기 위하여 세운 누각(樓閣).
【月夕 월석】①달이 떠 있는 저녁. 月夜(월야). ②월말(月末). ③음력 8월 15일 밤. ○'花朝(화조)'와 아울러서 경치가 아주 좋은 시절을 이름.
【月梳 월소】빗살이 굵고 성긴 빗. 얼레빗.
【月蝕 월식】지구가 해와 달 사이에 있어서 지구의 그림자가 달을 가려 달의 전부 또는 일부가 보이지 않게 되는 현상.
【月信 월신】달거리. 月經(월경).
【月兒 월아】달. 月子(월자).

【月娥 월아】달 속에 있다는 선녀(仙女).
【月域 월역】서쪽 끝에 있는 먼 나라.
【月耀 월요】달이 빛남. 月光(월광).
【月容 월용】달 모양으로 예쁜 얼굴.
【月銀 월은】월급으로 치러 주는 돈.
【月陰 월음】①달그림자. 月影(월영). ②달이 흐림. ③달의 간지(干支). 月建(월건).
【月子 월자】①달. ②'子'는 어조사. ②산욕(産褥). ③國여자의 머리숱을 많이 보이게 하려고 덧넣는 딴 머리털. 다리.
【月姊 월자】달의 딴 이름. ○달을 항아(姮娥)라고 한 데서 온 말.
【月將 월장】달마다 진보함. ○'將'은 '進'으로 '나아가다'를 뜻함.
【月章星句 월장성구】달과 같은 문장, 별과 같은 구절. 문장이 아름다움.
【月次 월차】하늘에서 달의 위치.
【月彩 월채】달빛. 月光(월광).
【月兎 월토】①토끼. ②달빛의 딴 이름. ○달에 토끼가 산다는 전설에서 온 말.
【月波 월파】달빛에 비치는 물결.
【月牌 월패】①달 모양의 패. 달을 그린 패. ②(佛)달마다 위패(位牌)에 대하여 행하는 공양(供養).
【月下老人 월하노인】달빛 아래 있는 노인. 부부의 인연을 맺어 주는 신이나 사람. 故事 당대(唐代)에 위고(韋固)가 밝은 달빛 아래 앉아 있는 수염이 흰 노인에게 장래의 아내에 대한 예언을 들었다는 고사에서 온 말. 月下氷人(월하빙인).
【月華 월화】달빛. 月光(월광). 月彩(월채).
【月環 월환】달과 같이 둥근 고리. 둥근 옥고리.
【月晦 월회】음력 그믐날.
【月暈 월훈】달무리. 달 주위에 둥그렇게 생기는 허연 테.
【月暈主風 월훈주풍】달무리가 끼면 바람이 불 조짐임.

○ 佳一, 隔一, 缺一, 季一, 觀一, 皎一, 今一, 吉一, 臘一, 來一, 端一, 當一, 大一, 滿一, 明一, 半一, 本一, 産一, 祥一, 先一, 歲一, 水一, 新一, 亮一, 涼一, 年一, 迎一, 盈一, 閏一, 日一, 臨一, 殘一, 前一, 正一, 初一, 秋一, 片一, 風一, 弦一, 皓一, 花一.

月 2 【肌】⑥ 服(811)의 고자

月 2 【有】⑥ ❶있을 유 宥 yǒu ❷또 유 宥 yòu

ノナ† 有 有 有

[字源] 形聲. 十+月→有. 'ナ(우)'가 음을 나타낸다.
[字解] ❶①있다. ❷존재하다. 〔孟子〕庖有肥肉, 廐有肥馬. ④있기도 하다, 없는 일이 보통인데 생겨나기도 하다. 〔春秋左傳〕日月有食之. ④가지고 있다, 소지(所持)하다. 〔論語〕

陳文子有馬十乘. ②많다, 넉넉하다. 〔詩經〕 爰衆爰有. ③자재(資財), 소유물(所有物). 〔列子〕 羨施氏之有. ④보유하다, 보전하여 소유하다. 〔禮記〕 不能有其身. ⑤친하게 지내다, 의좋게 지내다. 〔春秋左氏傳〕 是不有寡君也. ⑥알다, 앎. 〔詩經〕 亦莫我有. ⑦독차지하다. 〔禮記〕 父母在, 不敢有其身. ⑧경역(境域), 어떤 범위 안의 땅. ≒或·域. 〔詩經〕 奄有九有. ⑨어조사. ㉠어조(語調)를 고르는 어조사. 〔詩經〕 有周不顯. ㉡사물을 형용하는 어조사. 〔詩經〕 有蕡其實. ⑩(佛)㉠제법(諸法)이 끊이지 아니하는 일. 생사(生死)의 과보(果報)를 가리킨다. 〔後漢書〕 空有兼遣之宗. ㉡십이 인연(十二因緣)의 하나. 미래의 과보(果報)를 얻을 수 있는 현재의 업인(業因)을 가리킨다. 〔釋氏要覽〕 生滅故名有. ❷또. ≒又. 〔書經〕 朞三百有六旬有六日.

【有脚書廚 유각서주】 다리가 있는 서재. 박식(博識)한 사람.

【有脚陽春 유각양춘】 다리가 있는 양춘. 도처에 은혜를 베푸는 사람. ○'陽春'은 '은혜, 은택'의 뜻.

【有間 유간】 ①잠시 후에. 有頃(유경). ②병이 조금 나아짐. ③잠깐 틈이 있음. 여가가 있음. 有閒(유한). ④사이가 벌어짐. 사이가 나빠짐.

【有頃 유경】 조금 지나서. 조금 있다가 이윽고. 有間(유간).

【有故 유고】 ①사고(事故)가 있음. ②연고(緣故)가 있음.

【有口 유구】 말을 잘함. 말이 많음.

【有口無言 유구무언】 입은 있어도 할 말이 없음. 변명할 말이 없음.

【有權者 유권자】 선거권이 있는 사람.

【有隙 유극】 틈이 생김. 사이가 나빠짐.

【有機 유기】 동식물처럼 생활 기능을 갖추어 생활력이 있는 것.

【有年 유년】 ①곡식이 잘 익음. 풍년이 듦. ②몇 해. 여러 해.

【有能 유능】 재능이 있음.

【有待 유대】 ①기다리거나 의지하는 바가 있음. ②(佛)남의 힘에 의하여 존재하는 것. 곧, 범부(凡夫).

【有道 유도】 ①도덕을 몸에 갖추고 있음. ②천하가 잘 다스려짐.

【有道則見 유도즉현】 도리가 행하여지는 세상이 되면, 비로소 세상에 나타나 활동함.

【有頭無尾 유두무미】 머리는 있어도 꼬리가 없음. ㉠시작은 있어도 마침이 없음. ㉡일이 흐지부지 끝나 버림. 龍頭蛇尾(용두사미).

【有力 유력】 ①힘이 있음. 완력(腕力)이 셈. ②세력이 있음.

【有漏 유루】 ①물건이 부서져서 샘. ②(佛)번뇌(煩惱)에 미혹되어 깨달음을 얻지 못하는 범부(凡夫)의 처지와 생애. ○'漏'는 '번뇌'의 뜻.

【有理 유리】 이유가 있음. 까닭이 있음.

【有望 유망】 잘될 희망이 있음.

【有名無實 유명무실】 이름만 있을 뿐 실상이 없음. 소문만 아름다울 뿐 실질이 수반되지 않음.

【有苗 유묘】 옛날 남방의 오랑캐. 삼묘(三苗). ○'有'는 어조사.

【有無相生 유무상생】 유와 무가 교호(交互)하여 생겨남. 유에서 무가, 무에서 유가 생겨나는 상대적 관계를 이름.

【有物有則 유물유칙】 사물에는 일정한 규칙이 있음. 부자(父子)의 친(親), 군신의 의(義), 부부의 별(別) 따위.

【有髮僧 유발승】 ①(佛)머리를 깎지 않은 승려. ②속인으로 불도(佛道)를 닦는 사람. ③무욕(無慾)한 생활을 하는 사람.

【有服之親 유복지친】 복을 입는 가까운 친척. 有服(유복). 有服親(유복친).

【有夫姦 유부간】 남편이 있는 여자가 남편이 아닌 다른 남자와 간통함.

【有不如無 유불여무】 있어도 없는 것만 못함.

【有備無患 유비무환】 미리 준비하여 두면 어떤 환란을 당해서도 걱정할 것이 없음.

【有司 유사】 ①벼슬아치. 관리. ②어떤 단체의 사무를 맡아보는 사람.

【有事 유사】 ①일이 있음. 용무가 있음. ②비상한 일이 일어남.

【有死無二 유사무이】 죽는 한이 있어도 두마음은 품지 않음. 之死靡他(지사미타).

【有常 유상】 변하지 아니함이 있음.

【有象 유상】 형체가 있음. 낌새가 있음.

【有償 유상】 어떤 행위에 대하여 보상(報償)이 있음.

【有生 유생】 ①생겨남. ②생명이 있는 것. 生物(생물). 萬物(만물). ③사람.

【有巢氏 유소씨】 상고(上古)의 전설적 성인(聖人). 사람에게 집을 짓는 법을 가르쳤다고 함.

【有始無終 유시무종】 시작은 있고 끝이 없음. 시작만 하고 결과를 맺지 못함.

【有始有終 유시유종】 처음이 있고 끝도 있음. 시작한 일을 끝까지 마무리함.

【有時乎 유시호】 어떤 때에는. 혹 가다가는.

【有識 유식】 학식이 있음. 아는 것이 많음.

【有心 유심】 ①마음에 생각하는 바가 있음. 정이 있음. 有情(유정). ②주의(注意)를 기울임.

【有耶無耶 유야무야】 있는 듯 없는 듯 흐지부지함. 흐리멍덩함.

【有若無 유약무】 있어도 없는 것과 같이 함. 재덕(才德)을 자랑하지 않음.

【有餘 유여】 ①남음이 있음. 여유가 있음. ②(佛)아직 궁극까지 사리를 밝히지 못함.

【有餘涅槃 유여열반】 (佛)수행으로 온갖 번뇌를 말끔히 없앴으나 아직 그 번뇌의 근거가 되는 육신(肉身)이 남아 있는 경지.

【有用 유용】 쓸모가 있음.

【有虞氏 유우씨】 순(舜)임금의 딴 이름. ○요(堯)임금에게서 선양(禪讓)을 받기 전에 우(虞)에 나라를 세웠으므로 이르는 말.

【有隕無貳 유운무이】 패하는 일이 있더라도 두 마음을 가지지 않음.

【有爲 유위】 ①능력이 있음. 쓸모가 있음. 有能

月部 4획 肭 肦 服

(유능). ②직무가 있음. ③(佛)인연으로 말미암아 조작되는 모든 현상.
【有謂 유위】①일이 일컬을 만한 것이 있음. 까닭이 있음. ②할 말이 있음.
【有爲轉變 유위전변】(佛)이 세상의 모든 사물은 항상 변천하여 잠시도 머무르지 않음. 인생의 덧없음.
【有爲之才 유위지재】장차 큰일을 할 수 있는 재능.
【有意莫遂 유의막수】마음에는 있어도 뜻대로 되지 않음.
【有益 유익】이익이 있음.
【有政 유정】정치(政治). ○'有'는 조자(助字).
【有條不紊 유조불문】조리(條理)가 있어 문란하지 않음.
【有終之美 유종지미】끝까지 잘하여 일의 결과가 좋음.
【有衆 유중】조정에서 백성을 부르는 말. ○'有'는 조자(助字).
【有志 유지】①어떤 일에 참가하거나 실행할 뜻이 있음. ②남달리 세상일을 조심함.
【有智無智三十里 유지무지삼십리】지혜가 있는 사람과 지혜가 없는 사람의 차이가 심함. 故事 조조(曹操)와 양수(楊脩)가 같이 조아비(曹娥碑) 밑을 지날 때 비석에 새겨진 '黃絹幼婦外孫虀臼(황견유부외손제구)'라는 글귀를 보고, 양수는 바로 絶妙好辭(절묘호사)의 은어임을 해득했으나 조조는 30리를 간 후에야 비로소 깨쳤다는 고사에서 온 말.
【有慙德 유참덕】자기의 덕이 옛 성군(聖君)에 미치지 못함을 부끄럽게 여김.
【有妻娶妻 유처취처】아내가 있는 사람이 또 결혼하여 아내를 얻음.
【有治人無治法 유치인무치법】나라를 잘 다스리는 사람은 있어도 나라를 잘 다스리는 법령은 없음. 나라가 잘 다스려짐은 사람의 힘에 있고 법령의 힘에 있지 않음.
【有恥且格 유치차격】수치를 알고 선(善)에 도달함.
【有夏 유하】①중국 본토를 중국 사람이 부르는 말. ○'有'는 조자(助字). 中華(중화). ②우(禹)임금을 시조로 하는 중국 고대의 왕조. 하(夏)나라. 夏后氏(하후씨).
【有何面目 유하면목】사람을 대할 면목이 없음. 무슨 낯으로.
【有限 유한】일정한 한도나 한계가 있음.
【有間 유간】❶유한 ❷유간】❶틈이 있음. 한가함. ❷①조금 있다가. 잠시 뒤에. ②병이 조금 나음. ③틈이 생김. 사이가 나빠짐.
【有形無跡 유형무적】혐의는 있으나 증거가 드러나지 않음.
【有效 유효】①효력이 있음. 보람이 있음. ②그 자격이 있어 법률상의 효력이 생김.

❶ 箪−, 固−, 公−, 共−, 官−, 國−, 大−, 萬−, 未曾−, 幷−, 保−, 私−, 所−, 領−, 烏−, 專−, 占−, 特−, 享−, 希−, 稀−.

月4【肭】⑧ 朒(812)의 와자

月4【肦】⑧ 頒(2009)과 동자

月4【服】⑧ ❶옷 복 圛 fú
❷길 복 圝 fú

丿 几 月 月 月' 胐 服 服

소전【服】고문【帍】초서【𦙮】고자【肶】字源 會意·形聲.
月+𠬝→. '𠬝(복)'이 음도 나타낸다. 사람이 배(月←月=舟)에 붙어 있는(𠬝) 모양. 사공이 손님의 요구대로 배를 부린다는 데서 '좇다'라는 뜻을 나타낸다.

字解 ❶①옷, 의복. 〔書經〕車服以庸. ②입다, 옷을 입다. 〔孝經〕非先王之法服, 不敢服. ③일용품(日用品). 거마(車馬)·의복 등 평소 쓰는 물건. 〔周禮〕正都禮與其服. ④좇다, 따르다, 말을 듣다. 〔書經〕四罪而天下咸服. ⑤항복하다. 〔呂氏春秋〕敵已服矣. ⑥두려워하다. 〔淮南子〕鳥力勝日而服於鵻. ㉔뜻을 굽히다, 겸양하다. ⑤들어맞다, 합당하다. 〔書經〕五刑有服. ⑥물러나다. 〔呂氏春秋〕莎隨莎服. ⑦복, 복을 입다. 〔禮記〕絶族無移服. ⑧약을 마시다. ¶服餌. ⑨한 번에 마시는 약의 양(量). 〔庾信·行〕定取金丹作幾服. ⑩직책, 직업. 〔書經〕無替厥服. ⑪생각하다. ≒伏. 〔詩經〕寤寐思服. ⑫행하나, 실천에 옮기나. 〔孔子家語〕察里言而服之. ⑬차다, 몸에 달아매다. ¶服劍. ⑭잡다, 쥐다. ¶服兵. ⑮익다, 익숙해지다. 〔漢書〕服其水土. ⑯쓰다, 사용하다. 〔莊子〕直服人之口而已矣. ⑰수레를 끄는 말. 네 마리의 말이 끄는 수레에서 안쪽 두 필의 말을 '服', 바깥쪽 두 필의 말을 '驂(참)'이라 이른다. 〔詩經〕兩服上襄, 襄驂雁行. ⑱일, 처리하여야 할 일. 〔詩經〕共武之服. ⑲구역(區域). 왕기(王畿) 밖의 구역으로, 500리(里)를 1복(服)이라 이른다. 〔書經〕五服一朝. ⑳다스리다, 바르게 처리하다. 〔詩經〕服之無斁. ㉑마소에게 멍에를 메우다. 〔易經〕服牛乘馬. ㉒전동, 화살을 넣는 통. ¶箙. 〔詩經〕象弭魚服. ㉓올빼미. ≒鵩. 〔史記〕楚人命鴞曰服. ㉔일하다. ¶服汗. ❷기다. ≒匐. 〔禮記〕扶服救之.
【服車 복거】①공사(公事)에 사용하는 수레. ②수레에 말을 메움. 수레를 탐.
【服劍 복검】①칼을 참. 허리에 차는 칼. ②길이가 짧은 칼. 短劍(단검). 服刀(복도).
【服勤 복근】힘든 일에 종사함. 服勞(복로).
【服勞 복로】①좇아서 힘씀. ②힘든 일에 종사함. 服勤(복근).
【服馬 복마】①네 마리의 말이 끄는 수레에서 안쪽에 서는 두 마리의 말. ②승마(乘馬).
【服務 복무】일을 맡아봄.
【服物 복물】①의복과 기물(器物). ②백성을 거느림. 백성을 복종시킴.

【服兵 복병】 무기를 잡음. 병기를 손에 듦.
【服事 복사】 ①좇아서 섬김. ②공무에 종사함.
【服色 복색】 의복의 빛깔.
【服屬 복속】 ①좇아서 따름. 服從(복종). ②복(服)을 입을 친속(親屬). 有服親(유복친).
【服飾 복식】 옷의 꾸밈새.
【服御 복어】 ①임금이 쓰는 의복·거마(車馬) 따위. ②씀. 사용함.
【服馭 복어】 ①말을 수레에 매어서 몲. ②☞服御(복어).
【服役 복역】 ①공역(公役)·병역(兵役) 따위에 종사함. ②징역(懲役)을 삶.
【服汙 복오】 난잡한 일을 함.
【服翫 복완】 필요한 기구와 가지고 노는 물건.
【服用 복용】 ①약을 먹음. ②옷을 입음. ③몸에 지니고 사용함.
【服膺 복응】 가슴에 간직함. 잘 기억하여 잠시도 잊지 않음.
【服餌 복이】 단약(丹藥)을 먹음. 약을 먹음.
【服人 복인】 國1년 이하로 상복을 입는 사람.
【服章 복장】 천자 이하 귀족이 입는 공복(公服)의 장식.
【服裝 복장】 옷차림.
【服制 복제】 ①상복(喪服)의 제도. ②신분·직업 등에 맞추어 만든 옷차림의 규정.
【服從 복종】 남의 명령이나 의사를 그대로 따라서 좇음.
【服秩 복질】 복식의 등급.
【服佩 복패】 ①몸에 참. ②마음속에 새겨 잊지 않음.

● 感ㅡ, 敬ㅡ, 公ㅡ, 校ㅡ, 軍ㅡ, 屈ㅡ, 克ㅡ, 耆ㅡ, 內ㅡ, 冬ㅡ, 美ㅡ, 微ㅡ, 法ㅡ, 私ㅡ, 思ㅡ, 常ㅡ, 喪ㅡ, 說ㅡ, 盛ㅡ, 素ㅡ, 承ㅡ, 僧ㅡ, 心ㅡ, 洋ㅡ, 麗ㅡ, 悅ㅡ, 禮ㅡ, 衣ㅡ, 儀ㅡ, 正ㅡ, 征ㅡ, 制ㅡ, 祭ㅡ, 朝ㅡ, 着ㅡ, 歎ㅡ, 夏ㅡ, 韓ㅡ, 降ㅡ, 欣ㅡ, 欽ㅡ.

月4 【朋】 ⑧ 벗 붕 圊 péng

丿 刀 月 月 月 朋 朋 朋

[초서] [자원] 象形. 봉황새의 모양을 그린 그림이 발전한 글자. 봉황이 날면 뭇 새가 따른다는 데서 '벗'이라는 뜻을 나타낸다.
[자해] ①벗. ㉮친구.〔論語〕有朋自遠方來. ㉯같은 스승 아래서 공부한 사람.〔易經〕以朋講習. ②무리, 떼.〔詩經〕碩大無朋. ③무리를 이루다.〔山海經〕群ら而朋飛. ④쌍, 한 쌍.〔詩經〕朋酒斯饗. ⑤돈, 보물. 돈으로 사용하던 한 쌍의 조개.〔詩經〕錫我百朋. ⑥스물네 집이 사는 작은 마을.〔晉書〕八家爲鄰, 三鄰爲朋, 三朋爲里.

【朋姦 붕간】 무리를 지어 나쁜 짓을 함.
【朋故 붕고】 벗. 친구. ◯'故'는 고구(故舊).
【朋黨 붕당】 ①후한(後漢)·당(唐)·송(宋) 때에 발생한 정치적 당파. ②조선 때, 이념과 이해에 따라 이루어진 사림(士林)의 집단.
【朋徒 붕도】 한패. 동아리. 동료.
【朋比 붕비】 붕당을 지음.
【朋飛 붕비】 떼 지어 낢.
【朋友 붕우】 벗. 친구. ◯'朋'은 동문(同門), '友'는 동지(同志). 友人(우인).
【朋友有信 붕우유신】 친구 사이에는 믿음이 있어야 함. 오륜(五倫)의 하나.
【朋淫 붕음】 ①떼 지어 음탕한 짓을 함. ②근친(近親) 사이에 음란한 짓을 함.
【朋儕 붕제】 동아리. 동료. 同輩(동배).
【朋酒 붕주】 ①두 통의 술. ②친구끼리 모여서 술을 마심.
【朋儔 붕주】 벗. 친구. 동무.
【朋知 붕지】 친구. 벗.
【朋執 붕집】 벗. 친구.
【朋好 붕호】 ①친구 사이의 친해진 정. 우정(友情). ②친한 벗.
● 佳ㅡ, 高ㅡ, 交ㅡ, 舊ㅡ, 群ㅡ, 文ㅡ, 良ㅡ, 友ㅡ, 眞ㅡ, 親ㅡ, 好ㅡ.

月5 【朐】 ⑨ 멍에 구 圊 qú
[자해] 멍에. ≒胸.〔春秋左氏傳〕胸汏輈.

月5 【朏】 ⑨ 초승달 비 圊 fěi
[자해] ①초승달.〔書經〕三月惟丙午朏. ②동틀 때의 어스레한 모양.〔楚辭〕時時朏朏兮旦旦. ③짐승 이름. ¶ 朏朏.
【朏朏 비뉴】 초승달. 新月(신월).
【朏魄 비백】 ①달의 어두운 그늘 부분. ②달의 빛나는 부분과 빛나지 않는 부분. ③초승달.
【朏朏 비비】 ①동이 트려고 어슴푸레한 모양. ②티끌이 쌓인 모양. ③흰 꼬리와 갈기가 있는, 너구리 비슷한 짐승. 이를 기르면 근심·걱정이 사라진다고 함.

月6 【朒】 ⑩ 초하루 달 뉵 圊 nù
[자해] ①초하루 달. 음력 초하룻날에 동쪽 하늘에 보이는 달. ¶ 朒朓. ②줄어들다, 모자라다. ③주눅이 들다, 위축되다.〔漢書〕王侯縮朒.
【朒朓 육조】 음력 초하룻날에 동쪽 하늘에 보이는 달과 그믐날에 서쪽 하늘에 보이는 달.

月6 【朗】 ⑩ 朗(813)의 속자

月6 【朔】 ⑩ 초하루 삭 圊 shuò

丶 亠 屰 屰 屰 朔 朔 朔

[자원] 形聲. 屰+月→朔. '屰(역)'이 음을 나타낸다.

字解 ①초하루, 음력 매월 1일. 〔春秋〕秋七月王辰朔. ②천자가 제후에게 나누어 주던 달력. 고대 중국에서는 천자(天子)가 연말(年末)에, 이듬해 달력을 제후(諸侯)에게 나누어 주면서 시정(施政)의 방침을 내렸다. 제후는 이를 받아 종묘(宗廟)에 보관하고, 매월 초하룻날에 양(羊)을 희생(犧牲)으로 바친 다음, 그달의 달력과 거기에 적힌 정령에 따라 정사를 행하였다. 〔論語〕子貢欲去告朔之餼羊. ③천자의 정령(政令). 〔隋書〕六戎仰朔. ④시작되다, 생겨나다. 〔後漢書〕月朔西陂. ⑤처음, 시초. 〔禮記〕皆從其朔. ⑥아침, 새벽. 〔莊子〕朝菌不知晦朔. ⑦북쪽. ¶ 朔吹.

【朔空 삭공】 북쪽 하늘. 北地(북지).
【朔禽 삭금】 기러기의 딴 이름.
【朔氣 삭기】 ①북방의 추운 기운. 寒氣(한기). ②24절기 중 매월 초에 드는 절기.
【朔南 삭남】 북방과 남방의 땅.
【朔旦冬至 삭단동지】 초하룻날 아침에 동지(冬至)가 듦. 11월 갑자(甲子) 삭단동지는 달력을 만드는 기원(紀元)이 됨.
【朔漠 삭막】 북방의 사막 지대.
【朔望 삭망】 ①음력 초하루와 보름. ②☞ 朔望奠(삭망전).
【朔望奠 삭망전】 상가(喪家)에서 매월 초하룻날과 보름날 아침에 지내는 제사.
【朔方 삭방】 북쪽 지방. 北方(북방).
【朔鼙 삭비】 음악을 연주할 때 처음에 치는 작은 북.
【朔雪 삭설】 북쪽 땅의 눈.
【朔日 삭일】 매달 초하루. 朔日(삭일).
【朔奠 삭전】 상가(喪家)에서 매월 초하룻날에 지내는 제사.
【朔地 삭지】 북방 오랑캐의 땅. 朔土(삭토).
【朔吹 삭취】 북풍(北風).
【朔風 삭풍】 북쪽에서 불어오는 바람. 北風(북풍). 朔吹(삭취).
【朔晦 삭회】 음력 초하루와 그믐.

◐ 告―, 暮―, 滿―, 邊―, 奉―, 北―, 涉―, 元―, 月―, 幽―, 正―, 晦―.

月 6 【朓】 ⑩ 그믐달 조 [圖] tiǎo

[소전][초서][자해] ①그믐달. 음력 그믐날 서쪽 하늘에 보이는 달. 〔謝彤·賦〕朒朓警闕, 朓魄示沖. ②빠르다, 빨리 걷다. 〔漢書〕謂朓側慝.

月 6 【朕】 ⑩ 나 짐 [圖] zhèn

[소전][초서][간체] 朕 [字解] ①나. ㉮신분의 귀천이 없이 일컫는 자칭(自稱). 〔孟子〕二嫂使治朕棲. ㉯천자(天子)의 자칭. 진시황(秦始皇) 때부터 쓰였다. ②조짐. 〔淮南子〕未兆朕朕.
【朕垠 짐은】 조짐과 형상(形狀).
【朕兆 짐조】 징조.

◐ 兆―, 地―, 天―.

月 7 【朗】 ⑪ 밝을 랑 [圖] lǎng

[소전]朖 [초서]朗 [본자]朖 [속자]朗 [간체]朗
[字源] 形聲. 良+月→朗. '良(량)'이 음을 나타낸다.
[字解] ①밝다. ㉮맑게 환하다. 〔嵆康·賦〕冬夜肅清, 朗月垂光. ㉯유쾌하고 활달하다. ¶ 朗達. ②소리 높이, 또랑또랑하게. 〔孫綽·賦〕朗詠長川.
【朗旦 낭단】 명랑한 아침. 쾌청한 아침.
【朗達 낭달】 밝고 넓음. 명랑하고 활달함. 通朗明達(통랑명달).
【朗讀 낭독】 글을 소리 내어 읽음.
【朗朗 낭랑】 ①소리가 맑고 또랑또랑함. ②매우 밝음.
【朗拔 낭발】 명철(明哲)하고 뛰어남.
【朗報 낭보】 반가운 소식.
【朗誦 낭송】 크게 소리를 내어 글을 읽거나 욈.
【朗悟 낭오】 지혜가 밝아서 깨달음이 빠름.
【朗月 낭월】 밝은 달. 明月(명월).
【朗徹 낭철】 밝고 맑음. 투명하리만큼 맑음.
【朗抱 낭포】 명랑한 마음. 〔抱〕는 회포.

◐ 開―, 潔―, 曠―, 皎―, 明―, 美―, 爽―, 昭―, 燎―, 清―, 晴―, 聰―, 通―, 炯―.

月 7 【朖】 ⑪ 朗(813)의 본자

月 7 【望】 ⑪ 바랄 망 [圖陽] wàng

丶亠亡切朝朝朝望望

[소전][초서][동자] 望 [字源] 會意·形聲. 亡+朢→望. '朢'은 '望'의 생략형. '亡(망)'이 음도 나타낸다. 외출하여 없어진〔亡〕사람이 돌아오기를, 신하〔臣〕가 조정〔壬〕에서 임금을 바라보기를 하늘의 달〔月〕을 바라보듯 바라보며 기다린다는 데서 '바라보다, 바라다' 등의 뜻을 나타낸다.
[字解] ①바라다. ㉮기대하다, 원하다. 〔後漢書〕海內企望之意. ㉯멀리 내다보다. ¶ 望雲之情. ㉰마주 보다. 〔魏文帝·行〕牽牛織女遙相望. ②기다리다. 〔戰國策〕則吾倚門而望. ③우러러보다. 〔詩經〕萬民所望. ④엿보다, 몰래 보다. 〔吳志〕覘望知之. ⑤그리워하다, 사모하다. 〔詩經〕洵有情兮, 而無望兮. ⑥보다, 눈으로 보다. 〔張籍·詩〕有花必同賞, 有月必同望. ⑦원망하다, 나무라다. 〔史記〕絳侯望袁盎. ⑧조망(眺望), 전망(展望). 〔漢書〕窮目極望. ⑨소망, 바라는 바. 〔後漢書〕嘗望甚高. ⑩자태, 용지(容止). 〔北史〕風望剛雅. ⑪덕망(德望), 우러러 따르는 바. ¶ 人望. ⑫간판, 표적. ¶ 望子. ⑬명성(名聲), 이름. 〔詩經〕令聞令望. ⑭보름, 음력 15일. 〔蘇軾·賦〕十月之望. ⑮가문, 문벌.

〔北史〕檢其門望. ⑯제사 이름. 왕후(王侯)가 영토 안의 산천(山川)을 멀리 바라보면서 올리는 제사. 〔書經〕望于山川. ⑰부끄러워하는 모양. ¶ 望望. ⑱실의(失意)한 모양. ¶ 望望. ⑲경계(境界). 늑閥. 〔呂氏春秋〕神覆宇宙而無望. ⑳견주다. 比方. 〔禮記〕以人望人.

【望間 망간】 보름께.
【望哭 망곡】먼 곳에서 임금이나 부모의 상사를 당했을 때, 그 쪽을 향하여 곡하는 일.
【望氣 망기】 운기(雲氣)를 바라보고 길흉(吉凶)을 점침. 候氣(후기).
【望念間 망념간】國음력 15일경에서 20일경까지의 사이.
【望斷 망단】 바라던 일이 실패함.
【望臺 망대】 먼 곳을 바라보기 위하여 만든 높은 대(臺).
【望樓 망루】망을 보기 위해 세운 높은 다락집.
【望六 망륙】예순을 바라봄. 곧, 쉰한 살.
【望履 망리】얼굴을 마주 대하지 않고 그 신을 내려다봄. 귀인(貴人)·장자(長者)와 대면(對面)함의 겸칭(謙稱).
【望望 망망】①부끄러워하는 모양. 望望然(망망연). ②실의의 모양. ③그리워하는 모양. 사모하는 모양.
【望聞問切 망문문절】 한의학의 네 가지 진찰법. 곧, 환자의 안색을 보고, 그에게 병세를 들은 후, 다시 상세히 병증(病症)을 질문하고, 맥을 짚어 보는 일.
【望夫石 망부석】절개가 굳은 아내가 멀리 떠난 남편을 기다리다가 그대로 죽어 화석(化石)이 되었다는 전설적인 돌.
【望士 망사】 명망이 있는 선비.
【望祀 망사】 멀리 바라보며 산천(山川)의 신에게 지내는 제사.
【望床 망상】國①큰 잔치 때 물품으로 갖은 음식을 높이 괴어 차려 놓은 상. ②혼인 잔치에 신랑의 몸상 뒤에 놓는 큰 상.
【望色 망색】 얼굴빛을 바라봄. 얼굴빛을 보아 병을 진찰함. 觀形察色(관형찰색).
【望舒 망서】①달의 수레를 몬다는 전설상의 신. ②달.
【望眼成穿 망안성천】 구멍이 날 정도로 응시(凝視)함. 뚫어지게 바라봄.
【望羊 망양】①멀리 바라보는 모양. ②우러러보는 모양. 望洋(망양).
【望洋之歎 망양지탄】 큰 바다를 바라보며 하는 한탄. 위대한 인물이나 심원(深遠)한 학문 등에 접하여, 자기의 힘이 미치지 못함을 느껴서 하는 탄식.
【望外 망외】 바라던 것 이상임. 기대 이상.
【望雲 망운】 구름을 바라봄. ㉠자식이 타향에서 부모를 생각함. ㉡덕화(德化)를 경모함. ㉢신하가 임금을 그리워함.
【望雲之情 망운지정】 자식이 객지에서 부모를 생각하는 마음.
【望子 망자】①그대를 기다림. ②상가(商家)·술집 등의 간판이나 표지. 酒帘(주렴).

【望帝 망제】 두견(杜鵑)의 딴 이름. 故事 촉(蜀)나라 망제(望帝) 두우(杜宇)가 선위(禪位)한 후 서산(西山)에 은거하며 두견이 되었다는 전설에서 온 말.
【望祭 망제】①산천(山川)의 신에게 제사 지내는 일. 望秩(망질). ②國㉠먼 곳에서 조상의 무덤이 있는 쪽을 바라보면서 지내는 제사. ㉡음력 보름날 사당에 절하고 뵘.
【望潮魚 망조어】 꼴뚜기.
【望族 망족】 명망이 있는 집안.
【望柱石 망주석】國무덤 앞에 세우는 한 쌍의 돌기둥. 望頭石(망두석).
【望塵 망진】 먼지가 일어남을 바라봄. 귀한 사람이 오기를 기다림.
【望秩 망질】 멀리 바라보며 산천의 신에게 제사 지냄. 望祀(망사).
【望蜀 망촉】 자꾸 욕심을 더 냄. 만족할 줄을 모름. 得隴望蜀(득롱망촉).
【望風 망풍】①높은 덕망을 듣고 사모함. 우러러 사모함. ②기세(氣勢)를 바라봄.
【望風而靡 망풍이미】 기세를 보고 쏠림. 멀리서 바라보고 그 위풍에 놀라 싸우려고 해 보지도 않고 복종함.
【望鄕 망향】 고향 쪽을 바라봄. 고향을 그리워함. 懷鄕(회향).

❶ 可-, 渴-, 觀-, 旣-, 大-, 待-, 德-, 名-, 民-, 盛-, 聲-, 所-, 失-, 仰-, 野-, 欲-, 怨-, 遠-, 願-, 人-, 展-, 切-, 絶-, 眺-, 重-, 衆-, 志-, 悵-, 責-, 瞻-, 希-.

月 7 【望】⑪ 望(813)과 동자

月 7 【朙】⑪ 明(776)의 고자

月 7 【朘】⑪ 줄어들 전 冤 juān
[초서] 㕙 [字解] 줄어들다, 위축하다. 〔漢書〕民日削月朘.

月 8 【期】⑫ 기약할 기 囡 qī

一 廿 甘 甘 其 其 期 期 期

[소전] [소전] [초서]
[字源] 形聲. 其+月→期. '其(기)'가 음을 나타낸다.
[字解] ①기약하다. 〔史記〕與老人期, 後何也. ②만나다, 약속하여 만나다. 〔國語〕期於司里. ③정하다, 결정하다. 〔春秋左氏傳〕期死非勇也. ④기대하다, 희망을 걸고 믿다. 〔書經〕于予治. ⑤목표나 목적으로 삼다. 〔書經〕刑期于無刑. ⑥구하다, 요구하다. 〔漢書〕非期不同, 所ánj異務也. ⑦다하다, 끝까지 끝내다. ¶ 期費. ⑧때, 기회. ¶ 期節. ⑨기한(期限), 한도.

〔詩經〕萬壽無期. ⑩정도(程度), 한도.〔呂氏春秋〕徼慾無期. ⑪기다리다.〔莊子〕以期年耆. ⑫돌. =朞.〔論語〕期可已矣. ⑬백 살. ¶ 期頤. ⑭일주야(一晝夜), 만 하루.〔春秋左氏傳〕叔孫旦而立, 期焉, 잡아매다. ⑮매다. 縶·羈.〔荀子〕期文理. ⑯어조사. 구말(句末)에 쓰는 어조사. 늑其.〔詩經〕實維何期. ⑰말을 더듬는 모양. ¶ 期期.

【期間 기간】 어떤 정해진 시기에서 다른 정해진 시기에 이르는 동안.
【期期 기기】 ①말을 더듬는 모양. ②기일(期日)을 약속함.
【期年 기년】 ①만 일 년이 되는 해. ②기약이 되는 해.
【期望 기망】 믿고 바람. 기대하여 바람.
【期門 기문】 ①후한(後漢) 때 천자의 호위병. ○전문(殿門)에서 집합하기를 기약한 데서 온 말. ②군문(軍門).
【期服 기복】 기년(朞年)의 복(服). 일 년의 상(喪). 조부모·백숙부모(伯叔父母)·적손(嫡孫)·형제 등의 복. 朞服(기복). 齊衰(재최).
【期費 기비】 비용(費用)을 남김없이 다 씀.
【期成 기성】 어떤 일을 이룰 것을 기약함.
【期約 기약】 때를 정하여 약속함.
【期月 기월】 ①미리 약속한 달. ②만 한 달. ③만 일 년.
【期頤 기이】 백 살이 된 사람.
【期節 기절】 철. 때. 기회. 季節(계절).
【期親 기친】 기년(朞年)의 복(服)을 입는 관계에 있는 친척. 조부모·숙부·형제 등.
【期必 기필】 반드시 이루어지기를 기약함.
【期限 기한】 미리 정해 놓은 일정한 시기.
【期會 기회】 ①일정하게 정하여진 시기마다 갖는 모임. ②때. 시기. ③일 년간의 회계.

○瓜—, 短—, 滿—, 末—, 時—, 失—, 延—,
豫—, 一—, 任—, 適—, 前—, 定—,
早—, 中—, 次—, 初—, 學—, 好—, 婚—.

月 8 【朞】⑫ 돌 기 囷 qī

초서 靑 통자 稘 字解 돌, 만 하루나 만 1개월 또는 1주년.〔春秋左氏傳〕朞年狄必至.
【朞年 기년】 ①기년복(朞年服). ②만 일 년. 期年(기년).
【朞年服 기년복】 일 년 동안 입는 상복.
【朞月 기월】 ①만 한 달. ②만 일 년.

○大—, 小—.

月 8 【朝】⑫ ❶아침 조 蕭 zhāo, cháo ❷고을 이름 주 虞 zhū

一 十 古 吉 古 직 卓 朝 朝 朝

소전 朝 초서 初 고문 輎 고문 晁 參考 대법원 지정 인명용 한자의 음은 '조'이다.
字源 形聲. 卓+月→朝. '月[←一=舟]'가

音을 나타낸다. '卓[龺의 생략형]'는 해가 떠서 햇빛이 빛나기 시작한다는 데서 '아침'이라는 뜻을 나타낸다.
字解 ❶①아침. =旦.〔漢書〕朝令暮改. ②처음, 시작의 때.〔尚書大傳〕正月一日爲歲之朝. ③뵙다. ㉮제후(諸侯)가 천자(天子)를 알현하다.〔詩經〕朝宗于海. ㉯제후끼리 회견하다.〔周禮〕交世相朝. ㉰신하가 임금을 뵙다.〔漢書〕稱病不朝. ㉱자식이 부모를 뵙다.〔禮記〕昧爽而朝. ㉲은혜를 베푼 사람을 찾아뵙다.〔史記〕常先朝王陵夫人. ④조회(朝會)하다, 조회를 받다.〔春秋左氏傳〕朝而不夕. ⑤찾아보다, 방문하다.〔史記〕日往朝相如. ⑥모이다, 회동(會同)하다.〔禮記〕耆老皆朝于庠. ⑦조정(朝廷), 정사를 행하는 곳. ¶ 朝臣. ⑧관청, 관아. 태자(太子)·경대부(卿大夫)·제후·태수(太守) 들이 정사를 보는 곳.〔後漢書〕山谷鄙生, 未嘗識郡朝. ⑨정사(政事).〔呂氏春秋〕朞不聽朝. ⑩정사를 펴다, 정사를 집행하다.〔荀子〕朝七日而誅少正卯. ⑪한 임금의 재위 기간.〔杜甫·詩〕兩朝開濟老臣心. ⑫왕조. 같은 혈통의 임금이 통치하는 기간.〔舊唐書〕漢朝之刑以弊. ⑬부르다, 소견(召見)하다. 늑召.〔楚辭〕朝西靈於九濱. ⑭흐르다.〔書經〕江漢朝宗于海. ⑮성(姓). ❷고을 이름, 주나(朝那). 감숙성(甘肅省)에 있었던 현(縣).

【朝家 조가】 ①조정(朝廷). ②국가.
【朝歌夜絃 조가야현】 아침에는 노래하고 저녁에는 거문고를 탐. 종일 즐거이 놂.
【朝綱 조강】 조정의 기강(紀綱).
【朝講 조강】 ①이른 아침에 강연관(講筵官)이 왕에게 강론(講論)하는 일. ②(佛)아침에 불도(佛徒)들이 모여서 불경을 강담(講談)하는 일.
【朝譴 조견】 조정에서 견책(譴責)을 내림.
【朝哭 조곡】 상제가 소상(小祥) 때까지 이른 아침마다 궤연(几筵) 앞에서 곡하는 일.
【朝貢 조공】 제후(諸侯)나 속국(屬國)의 사신이 공물(貢物)을 바치던 일.
【朝觀夕覽 조관석람】 아침에 보고 저녁에도 봄. 아침저녁으로 관람함.
【朝宮 조궁】 대궐. 궁전(宮殿).
【朝權 조권】 조정의 권력. 朝柄(조병).
【朝闕 조궐】 대궐. 궁궐(宮闕).
【朝貴 조귀】 조정의 귀인. 지위가 높은 조신(朝臣). 權臣(권신).
【朝菌 조균】 ①아침에 돋아났다가 저녁에 시든다는 버섯. 덧없이 짧은 목숨. ②무궁화. 木槿(목근). ③하루살이. 蜉游(부유).
【朝槿 조근】 ①무궁화의 딴 이름. ②변하기 쉬움. ③시간이 짧음.
【朝覲 조근】 신하가 임금을 알현함. 朝見(조현).
【朝寄 조기】 조정(朝廷)에서 위임(委任)받음.
【朝端 조단】 조신(朝臣)의 수위(首位).
【朝暾 조돈】 아침 해. 아침 햇빛.
【朝東暮西 조동모서】 아침에는 동쪽, 저녁에는 서쪽. 일정한 주소가 없이 여기저기 옮겨 다님.
【朝令暮改 조령모개】 ①아침에 명령을 내렸다가

月部 8획 朝

저녁에 다시 고침. 나라의 법령이 자주 바뀌어 믿을 수가 없음. 朝改暮變(조개모변). ②아침에 조세(租稅)를 부과(賦課)하고 저녁에 벌써 거두어들임. ✎'改'는 '得'으로 '얻다'를 뜻함.
【朝露 조로】①아침 이슬. ②덧없음.
【朝命 조명】조정이나 임금의 명령. 君命(군명).
【朝名市利 조명시리】조정에서는 명예를 다투고, 시장에서는 이익을 다툼. 일은 적당한 곳에서 다루어야 함.
【朝暮人 조모인】목숨이 조석(朝夕)에 달려 있는 사람. 곧 죽을 사람.
【朝聞夕改 조문석개】아침에 잘못한 일을 들으면 저녁에 고침. 자기 과실을 알면 바로 고침.
【朝聞夕死 조문석사】아침에 도를 들어 깨달으면 그날 저녁에 죽어도 한이 없음.
【朝班 조반】조회(朝會)에 참여하는 벼슬아치들이 벌여 서는 차례. 朝列(조열).
【朝飯 조반】아침밥.
【朝飯夕粥 조반석죽】國아침에는 밥, 저녁에는 죽을 먹음. 가난한 생활.
【朝發暮至 조발모지】아침에 출발하여 저녁에 도착함.
【朝變夕改 조변석개】아침에 변경하고 저녁에 고침. 계획·결정 따위를 자주 바꿈.
【朝柄 조병】조정의 권력. 朝權(조권).
【朝報 조보】조정에서 날마다 명령·보고문 등을 실어서 반포한 문서. 지금의 관보와 비슷함.
【朝不及夕 조불급석】저녁까지 이르지 못함. 일이 매우 급박함.
【朝不慮夕 조불려석】아침에 저녁 일을 예측하지 못함. 눈앞의 일이 급하여 앞일을 대비하지 못함. 朝不謀夕(조불모석).
【朝不謀夕 조불모석】➡朝不慮夕(조불려석).
【朝聘 조빙】제후(諸侯)가 천자를 알현(謁見)함.
【朝社 조사】①조정과 사직(社稷). ②황실(皇室)과 국토(國土).
【朝事 조사】①종묘(宗廟)에 제사 지낼 때 희생(犧牲)을 바치는 일. ②조정에서 하는 일. 국정(國政).
【朝辭 조사】관리가 지방으로 부임하기 전에 임금에게 작별 인사를 하던 일.
【朝三暮四 조삼모사】아침에는 세 개, 저녁에는 네 개. ㉠눈앞에 당장 보이는 차이만을 알고 결과가 똑같은 것을 모름. ㉡간사한 꾀로 남을 농락함. 故事 송나라 저공(狙公)이 원숭이들에게 상수리를 아침에는 세 개, 저녁에는 네 개를 주겠다고 하니 원숭이들이 화를 내어, 그러면 아침에 네 개, 저녁에 세 개 주겠다고 하니 기뻐하였다는 고사에서 온 말.
【朝霜 조상】아침의 서리.
【朝宿邑 조숙읍】①주대(周代)에 큰 공이 있는 제후에게 내린 채읍(采邑). ②제후가 천자에게 조회할 때, 또는 태산에 제사 지낼 때 묵던 곳.
【朝市 조시】①조정(朝廷)과 시장(市場). ②명예와 이익을 다투는 곳. ③아침에 여는 시장.
【朝臣 조신】조정에서 벼슬하는 사람. 조정에 출사(出仕)하는 문무백관(文武百官).

【朝紳 조신】지위가 높은 벼슬아치.
【朝衙 조아】아침 일찍 조정에 출사(出仕)함. 早衙(조아).
【朝謁 조알】조정에서 임금을 알현함.
【朝野 조야】①조정과 백성. 관리와 민간인. ②천하. 세상.
【朝陽 조양】①산의 동쪽. ✎아침 해가 먼저 비치는 데서 이르는 말. ②아침 해. 아침 햇빛. 朝日(조일). 朝旭(조욱). 朝暾(조돈).
【朝宴 조연】조정에서 베푸는 연회.
【朝旭 조욱】아침 해. 朝暾(조돈).
【朝雲暮雨 조운모우】남녀의 정교(情交). 故事 초(楚) 회왕(懷王)이 꿈에 어떤 부인과 잠자리를 같이하였는데 그 부인이 떠나면서, 자기는 무산(巫山) 남쪽에 사는데 아침에는 구름이 되고 저녁에는 비가 되어 모시겠다는 말을 남겼다. 깨어 보니 과연 운우(雲雨)가 있으므로, 무산에 사당을 세웠다는 고사에서 온 말.
【朝威 조위】①조정의 위세(威勢). ②임금의 위광(威光).
【朝恩 조은】①조정의 은혜. ②임금의 은혜. 朝眷(조권).
【朝隱 조은】조정에서 벼슬을 하되 명리(名利)에 담박(淡泊)한 사람.
【朝益暮習 조익모습】아침에 가르침을 받아 지식을 더하고, 저녁에 그것을 반복하여 익힘.
【朝日 조일】아침 해. 旭日(욱일).
【朝章 조장】조정의 기강(紀綱). 朝綱(조강). 朝典(조전).
【朝籍 조적】벼슬아치의 명부(名簿).
【朝奠 조전】國장사(葬事)에 앞서 이른 아침마다 영전(靈前)에 지내는 제사.
【朝廷 조정】나라의 정사를 의논하고 집행하는 곳. 朝堂(조당).
【朝虀暮鹽 조제모염】아침에는 나물을, 저녁에는 소금을 먹음. 몹시 가난함.
【朝宗 조종】①제후가 천자를 배알함. ②강물이 바다로 흘러 들어감.
【朝從 조종】조현(朝見)과 호종(扈從).
【朝種暮穫 조종모확】아침에 심고 저녁에 수확함. 이익을 빨리 얻음.
【朝直 조직】조정에 입시(入侍)함.
【朝次 조차】조정에서 벼슬아치들이 조회 때에 벌여 서던 차례.
【朝餐 조찬】아침 식사.
【朝參 조참】①벼슬아치가 조정(朝廷)에 출근함. ②(佛)이른 아침에 참선(參禪)함.
【朝聚暮散 조취모산】아침에 모였다가 저녁에 흩어짐. 모이고 헤어짐이 덧없음.
【朝哺 조포】아침밥. 朝舖(조포).
【朝暮 조포】아침과 저녁. 朝暮(조모).
【朝賀 조하】경축일에 신하가 조정에 나아가 임금에게 하례(賀禮)함.
【朝享 조향】①조상의 위패를 종묘에 모셔 놓고 지내는 제사. ②천자가 매월 초하루에 그달의 정사(政事)를 듣기 위해 종묘에 지내는 제사. ③조정에 나아가 천자를 뵘.

【朝憲 조헌】①조정의 법규. ②국가의 헌법. 國憲(국헌).
【朝見 조현】신하가 조정에 나아가 임금을 뵘. 朝謁(조알). 朝覲(조근).
【朝化 조화】조정의 교화(敎化).
【朝暉 조휘】아침 햇빛. 晨暉(신휘).
【朝曦 조희】아침 해. 朝陽(조양).
❶ 國－, 今－, 南北－, 南－, 內－, 來－, 每－, 明－, 廟－, 本－, 北－, 三－, 盛－, 聖－, 歲－, 市－, 晨－, 王－, 元－, 六－, 一－, 入－, 前－, 早－, 終－, 參－, 天－, 清－, 廢－, 花－, 皇－.

月12【朣】⑯ 달 뜰 동 東 tóng

㊋ 㣫 字解 ①달이 뜨다, 달이 뜨려고 달빛이 어리다. ②흐리다, 어렴풋하다.
〔陶翰·詩〕海光漸朣朧.
【朣朧 동롱】달이 떠오를 무렵 어슴푸레한 모양.
【朣朦 동몽】①밝지 못한 모양. 똑똑하지 못한 모양. ②희미한 모양. 朦朧(몽롱).

月14【朦】⑱ 흐릴 몽 東 méng

㊋ 朦 ㊋ 矇 字解 흐리다, 어렴풋하다. 朦(1461)은 딴 자.
〔來鵬·詩〕楚魂吟後月朦朧.
【朦狡 몽교】어리석고 교활함.
【朦朧 몽롱】①달빛이 아련한 모양. ②사물이 분명하지 않은 모양. ③정신이 흐리멍덩한 모양. 의식이 분명하지 않은 모양.
【朦朦 몽몽】①어슴푸레한 모양. 어둑어둑한 모양. ②하늘이 흐려 비가 내릴 듯한 모양. ③혼돈하여 구별이나 질서가 없는 모양. ④정신이 흐려 멍한 모양.

月16【朧】⑳ 흐릿할 롱 東 lóng

㊋ 朧 ㊋ 朧 ㊋ 胧 字解 흐릿하다, 분명하지 않다.
【朧光 농광】흐린 달빛.
【朧朧 농롱】어슴푸레한 모양. 희미한 모양.
【朧月 농월】침침하고 흐릿한 빛을 내는 달. 으스름달.
❶ 朣－, 朦－.

木 部

4획 부수 | 나무목부

木0【木】④ 나무 목 屋 mù

一十才木

字源 象形. 줄기, 뿌리, 가지를 갖추고 서 있는 나무의 모양을 본뜬 글자.
字解 ①나무. ㉮서 있는 나무. 〔易經〕百穀草木麗于土. ㉯벤 나무, 목재(木材). 공작(工作)의 재료가 되는 나무. 〔論語〕朽木不可雕. ②오행(五行)의 첫째. 생육(生育)의 덕이 있는 것으로, 방위로는 동(東), 인륜(人倫)으로는 신(臣), 사철로는 봄, 오음(五音)으로는 각(角), 오성(五星)으로는 세성(歲星), 10간(干)으로는 갑(甲)·을(乙), 오상(五常)으로는 인(仁), 오미(五味)로는 산(酸), 오취(五臭)로는 누린내(羶)에 배당됨. ③널, 관, 곽. 〔春秋左氏傳〕如是而嫁, 則就木矣. ④고랑·차고 등 옛날의 형구(刑具). 〔司馬遷·書〕關三木. ⑤목제 악기. 팔음(八音)의 하나. 〔周禮〕金石土革絲木匏竹. ⑥별 이름. 목성(木星)의 약칭. 〔文天祥·詩〕木字循環相起伏. ⑦꾸밈이 없다, 질박하다. ≒樸. 〔論語〕剛毅木訥. ⑧國무명. ❶廣木.
【木稼 목가】나뭇가지에 내려 눈같이 같이 된 서리. 상고대. 樹稼(수가). 霧淞(무송).
【木假山 목가산】산같이 생긴 자연목(自然木).
【木刻 목각】나무에 새김.
【木强 목강】고집이 세고 만만하지 않음.
【木梗 목경】나무로 만든 인형(人形).
【木梗之患 목경지환】타향에서 객사(客死)하여 고향으로 돌아오지 못함.
【木公 목공】소나무의 딴 이름.
【木毬 목구】격구(擊毬)할 때 쓰는 나무로 만든 공. 나무 공. 木毬子(목구자).
【木屐 목극】나막신.
【木克土 목극토】오행설(五行說)에서, 목(木)은 토(土)를 이긴다는 말.
【木琴 목금】타악기(打樂器)의 하나. 음계의 순서로 나열한 나뭇조각을 두 개의 솜방망이로 쳐서 소리를 냄.
【木器 목기】나무로 만든 그릇.
【木訥 목눌】순박하고 말재주가 없음.
【木丹 목단】치자(梔子)의 딴 이름.
【木桃 목도】①풀명자나무 열매. ②큰 복숭아.
【木頭菜 목두채】두릅나물.
【木理 목리】나뭇결. 나이테. 年輪(연륜). 木性(목성).
【木磨 목마】①나무를 다듬어 깎음. ②國곡식을 갈아서 껍질을 벗기는 데에 쓰는 기구. 매통.
【木末 목말】①나무의 끝. 우듬지. 木杪(목초). ②國메밀가루.
【木麥 목맥】메밀.
【木綿 목면】①목화(木花). 무명. ②무명베.
【木筏 목벌】떼. 뗏목.
【木母 목모】①매화나무의 딴 이름. ②나무로 만든 어머니 상(像).
【木蜜 목밀】①대추. ②호깨나무.
【木生火 목생화】오행설(五行說)에서, 목(木)에서 화(火)가 생긴다는 말.
【木犀 목서】물푸레나무.
【木石 목석】①나무와 돌. ②무뚝뚝한 사람.

【木石難傅 목석난부】 나무에도 돌에도 붙을 데가 없음. 가난하고 외로워 의지할 곳이 없음. 木石不傅(목석불부).
【木石爲徒 목석위도】 나무와 돌을 동아리로 삼음. 산중에 은거함.
【木舌 목설】 ①요령(搖鈴)에 달린 나무로 만든 추(錘). 木鐸(목탁). ②말을 하지 않음. 침묵함.
【木屑 목설】 톱밥. 대팻밥.
【木星 목성】 태양으로부터 다섯 번째로 가까운 행성(行星). 德星(덕성). 歲星(세성).
【木食 목식】 화식(火食)을 하지 않고 과일이나 열매만을 먹음.
【木甖瓴 목앵부】 나무 통을 엮어서 만든, 물을 건너는 데 쓰는 뗏목의 한 가지.
【木野狐 목야호】 바둑판의 딴 이름. ○나무 여우라는 뜻으로, 사람을 잘 미혹하여 빠지게 하는 데서 온 말.
【木魚 목어】 〔佛〕①나무를 물고기 모양으로 만들어 매달고 불사(佛事)할 때에 두드리는 기구. ②목탁(木鐸). ③종려나무의 열매. ④國도루묵.
【木纓 목영】 國나무로 구슬같이 만들어 옻칠을 하여 꿴 갓끈.
【木王 목왕】 개오동나무의 딴 이름.
【木旺之節 목왕지절】 오행(五行)의 목기(木氣)가 성해지는 계절. 봄철.
【木耳 목이】 썩은 나무에서 돋는 버섯. 목이버섯. 요리할 때나 약재로 씀.
【木人 목인】 나무로 만든 인형.
【木人石心 목인석심】 나무 몸뚱이와 돌의 마음. 감정이 없는 사람. 木石心腸(목석심장).
【木製 목제】 나무를 재료로 하여 물건을 만듦.
【木主 목주】 위패(位牌). 신주(神主).
【木柵 목책】 나무 울타리.
【木杪 목초】 우듬지. 木末(목말).
【木鐸 목탁】 ①승려가 염불할 때 두드리는 나무로 만든 물건. ②추(錘)를 나무로 만든 금속의 요령(搖鈴). 문사(文事)와 법령(法令) 등에 관한 교령(敎令)을 시행할 때 흔들어 알렸음. ③세상 사람을 깨우쳐 바르게 인도할 만한 사람.
【木兎 목토】 ①나무로 만든 토끼. ②부엉이의 딴 이름.
【木筆 목필】 ①붓. ○붓대를 나무로 만든 데서 온 말. ②연필(鉛筆). ③목련(木蓮)의 딴 이름.
【木丸 목환】 소리를 내지 못하게 입에 물리는 재갈.

① 佳—, 嘉—, 巨—, 古—, 枯—, 曲—, 果—, 灌—, 廣—, 怪—, 壞—, 喬—, 群—, 老—, 大—, 臺—, 名—, 苗—, 墓—, 伐—, 斧—, 負—, 副—, 腐—, 散—, 插—, 樹—, 植—, 薪—, 柔—, 異—, 林—, 立—, 雜—, 材—, 接—, 楔—, 直—, 珍—, 質—, 草—, 叢—, 就—, 土—, 香—.

木 1 【末】⑤ 끝 말 圜 mò

一 ㄷ 丰 才 末

字源 指事. 一十木→末. 나무(木)의 위쪽에 '一'의 부호를 그려서, 그 나무의 위쪽, 곧 '나무 끝'을 가리키도록 만든 글자.

字解 ①끝. ㉮나무 끝. 〔說文解字〕木上曰末. ㉯서 있는 물건의 꼭대기. ¶巖末. ㉰긴 물건의 마지막 부분. 〔禮記〕獻杖者執末. ㉱차례의 마지막, 하위(下位). ¶末席. ㉲시간의 끝. ¶月末. ㉳일의 맨 끝이나 결과. ¶終末. ㉴인생의 끝, 늘그막. 〔漢書〕末有皇子. ②지엽(枝葉), 중요하지 아니한 부분. 〔荀子〕反本成末. ③신하, 백성. 〔易經〕本末弱. ④시운(時運)이 기운 어지러운 세상. ¶末俗. ⑤자손, 후예. 〔書經〕垂及後裔末也. ⑥상공업(商工業). 농업에 대하여 이르는 말. 〔漢書〕背本而趨末. ⑦사지(四肢), 수족(手足). 〔春秋左氏傳〕風淫末疾. ⑧등(背). 〔莊子〕末僂而後耳. ⑨낮다. 〔南史〕位末名卑. ⑩마침내, 끝에 가서는. 〔書經〕我則末惟成德之彦. ⑪가루. 〔晉書〕燒爲灰末. ⑫얇다, 박하다. 〔孔子家言〕不爲末減. ⑬질하다, 문지르다. 〔新唐書〕以黃金塗末. ⑭없다. 늑弗·莫·無. 〔論語〕吾末如之何也已.

【末減 말감】 형벌을 가볍게 함. 형벌을 감함. 末勘(말감).
【末境 말경】 ①말년의 지경. 늙바탕. ②나라의 경계가 되는 땅. 邊境(변경).
【末季 말계】 마지막 때. 말세(末世).
【末光 말광】 ①남은 빛. ②널리 미치는 은택.
【末期 말기】 정해진 기간이나 일의 끝 무렵.
【末年 말년】 인생의 마지막 무렵.
【末茶 말다】 가루로 만든 차(茶).
【末端 말단】 맨 끄트머리. 끝. 末尾(말미).
【末大必折 말대필절】 가지가 너무 커지면 줄기가 부러짐. 지손(支孫)이 강대해지면 종가(宗家)가 망함.
【末路 말로】 ①가던 길의 마지막. ②사람의 일생 가운데 마지막 무렵.
【末流 말류】 ①강의 하류. ②먼 자손(子孫). ③보잘것없고 쓸데없는 것. ④낮은 지위. 낮은 위에 있는 사람. 末輩(말배). ⑤말세의 풍속.
【末尾 말미】 맨 끝. 末端(말단).
【末民 말민】 상공업에 종사하는 백성.
【末輩 말배】 신분이 낮은 사람들.
【末法 말법】 ①지엽(枝葉)의 법. 하찮은 법. ②〔佛〕삼시(三時)의 하나. 석가모니가 세상을 떠난 지 오래되어 불법이 쇠퇴한 시기.
【末寺 말사】 본산(本山)에 부속되어 있는 사찰(寺刹).
【末席 말석】 맨 끝자리.
【末世 말세】 정치·도덕·풍속 따위가 어지러워지고 쇠퇴하여 가는 세상.
【末俗 말속】 말세의 타락한 풍속.
【末孫 말손】 먼 자손. 後裔(후예). 末裔(말예).
【末如之何 말여지하】 아주 엉망이 되어서 어찌

木部 1획 未 本

할 도리가 없음. 손쓸 수가 없음.
【末運 말운】 막다른 운수.
【末有也已 말유야이】 따를 길이 없음. 방도가 없음.
【末作 말작】 상공업(商工業)을 천하게 이르는 말. ○농업을 근본으로 삼는 데 대한 말.
【末節 말절】 ①맨 마지막 마디. ②사소한 일.
【末職 말직】 맨 끝자리의 벼슬이나 직위.
【末疾 말질】 ①고치기 어려운 못된 병. ②사지(四肢)의 병.
【末戚 말척】 먼 친척.
【末梢 말초】 ①나뭇가지의 끝. 우듬지. ②사물의 맨 끝. 末端(말단)
【末行 말행】 ①보잘것없는 행동. ②글의 맨 마지막 줄.
◯ 結一, 端一, 木一, 本一, 粉一, 席一, 細一, 歲一, 瑣一, 始一, 年一, 月一, 顚一, 終一, 週一, 淺一, 篇一, 毫一.

木 1 【未】 ⑤ 아닐 미 困 wèi

一 二 牛 末 未

[소전] [초서] [字源] 象形. 서 있는 나무에 가지가 두 개 더 있음을 그린 글자. 가지가 많으면 그만큼 잎이 더 무성하여, 저쪽을 볼 수 없다는 데서 부정(不定)의 뜻을 나타내는 말로 쓰인다.
[字解] ①아니다. ≒不·弗·非. ㉮아니다, 못 하나. 〔戰國策〕木能復戰也. ㉯이직 - 하지 못하다, 아직 ~하지 아니하다. 〔孟子〕臣未之聞也. ㉰아직 그러하지 아니하다, 아직 그러하지 못하다. 〔論語〕學詩乎, 對曰未也. ㉱아니냐? 못하느냐? ≒否. 〔後漢書〕可以言未. ②미래, 장래. 〔荀子〕凡刑人之本, 禁暴惡惡, 且徵其未也. ③여덟째 지지(地支). 방위로는 서남(西南), 세시(歲時)로는 유월(六月), 일시(日時)로는 오후 1~3시, 오행(五行)으로는 토(土), 짐승으로는 양(羊)에 배당된다.
【未可 미가】 ①아직 불충분함. ②아직 안 됨.
【未開 미개】 ①아직 생활 수준이 낮고 문화가 발달하지 못한 상태. ②아직 개화하지 않음. ③꽃 따위가 아직 피지 않음.
【未擧 미거】 철이 나지 않아 아둔함.
【未果 미과】 아직 끝을 맺지 못함.
【未幾 미기】 오래지 않아 곧.
【未納 미납】 내야 할 것을 아직 내지 않았거나 내지 못함.
【未達 미달】 아직 이르지 못함.
【未來 미래】 아직 오지 않은 때.
【未練 미련】 ①아직 소상(小祥)을 지내지 않음. ○'練'은 소상 때에 입는 제복(祭服). ②익숙하지 못함. ③생각을 딱 잘라 끊지 못함.
【未了因 미료인】 (佛)현세에서 아직 맺지 못한 전생의 인연.
【未滿 미만】 정한 수나 정도에 차지 못함.
【未亡人 미망인】 남편이 죽을 때 따라 죽지 못

하고 살아 있는 사람. 寡婦(과부).
【未萌 미맹】 ①아직 초목의 싹이 트지 않음. ②변고(變故)나 어떤 일이 아직 일어나기 전.
【未明 미명】 아직 날이 밝지 않았을 때. 날이 샐 무렵.
【未發 미발】 ①꽃이나 잎 따위가 아직 피지 않음. ②일이 아직 일어나지 않음. ③아직 겉으로 나타나지 않음. ④아직 출발하지 않음.
【未辨東西 미변동서】 아직 동서를 분별하지 못함. 아직 도리(道理)에 통하지 못함.
【未備 미비】 아직 다 갖추지 못함.
【未死心 미사심】 죽은 뒤까지 남을 충성심.
【未嘗不 미상불】 아닌 게 아니라. 과연.
【未成一簣 미성일궤】 산을 만드는 데 마지막 한 삼태기 흙을 올리지 않아 산이 완성되지 못함. 최후의 노력을 게을리 하여 일의 완성을 보지 못함.
【未熟 미숙】 ①과실이 다 익지 않음. ②일에 익숙하지 못하여 서투름.
【未熄 미식】 사건이나 변고가 그치지 않음.
【未央 미앙】 ①아직 반이 되지 않음. ②아직 일이 끝나지 않음. ③아직 아침이 되지 않음.
【未然 미연】 아직 그렇게 되지 않음.
【未雨綢繆 미우주무】 올빼미가 비가 오기 전에 둥지의 문을 닫아 얽어맴. 화가 싹트기 전에 미리 막음.
【未月 미월】 음력 6월의 딴 이름.
【未定稿 미정고】 아직 완성하지 못한 원고.
【未濟 미제】 ①64괘의 하나. 괘형은 ䷿. 일이 아직 이루어지지 않았음을 상징함. ②처리하는 일이 아직 끝나지 않음. 未了(미료).
【未曾有 미증유】 지금까지 한 번도 있어 본 적이 없음.
【未安 미타】 ①일이 아직 타결(妥結)되지 않음. ②온당하지 않음.
【未協 미협】 서로 뜻이 맞지 않아 아직 타협하지 못함.
【未瑩 미형】 똑똑하지 못하고 어리석음.
【未遑 미황】 미처 겨를을 내지 못함.
【未洽 미흡】 흡족하지 못함.
◯ 癸一, 己一, 辛一, 乙一, 丁一.

木 1 【本】 ⑤ 밑 본 阮 běn

一 十 才 木 本

[소전] [소전] [고문] [초서] [字源] 指事. 木+一→本. 나무[木] 줄기의 밑 부분에 기호 '一'을 더하여 그 부분, 곧 '밑'이라는 뜻을 나타내도록 만든 글자.
[字解] ①밑. ㉮뿌리. 〔禮記〕絕其本末. ㉯나무의 줄기. 〔史記〕枝大於本. ㉰기초, 근기(根基), 근본. 〔論語〕君子務本. ②기원(起源), 근원. 〔春秋左氏傳〕不知其本. ③바탕, 밑절미, 소지(素地). 〔春秋左氏傳·注〕豫爲移地曰張本. ④나의 몸. 〔大學〕此謂知本. ⑤마음, 본성

(本性). 〔呂氏春秋〕 必反其本. ⑥선행(善行)
덕(德). 〔史記〕 君子動其本. ⑦조상(祖上).
〔禮記〕 所以報本反始也. ⑧본가(本家), 종손
(宗孫). 〔詩經〕 本支百世. ⑨고향. 〔晉書〕 遼
西流人, 悉有戀本之心. ⑩농업. 상업에 대하여
이르는 말. 〔後漢書〕 棄末而反本. ⑪본전, 원
금(元金). 〔韓愈·銘〕 子本相侔, 則沒爲奴婢.
⑫사람, 인간. 〔逸周書〕 順天以利本. ⑬본디,
원래. 〔唐書〕 本以工藝進. ⑭근본으로 삼다, 근
거하다, 기인하다. 〔論語〕 本之則無. ⑮이. 사
물을 지시하는 말. ¶ 本事. ⑯본(本). 초목을
세는 단위. ⑰책, 문서. 〔後漢書〕 乃借本諷之.
⑱國본, 관향(貫鄕).
【本覺 본각】 (佛)삼각(三覺)의 하나. 사람이 본
디부터 가지고 있는 맑고 깨끗한 성덕(性德).
【本幹 본간】 ①근본이 되는 줄기. ②태어난 해
의 간지(干支). ◯'幹'은 '干'으로 '천간(天
干)'를 뜻함.
【本官 본관】 ①수습(修習)·촉탁(囑託) 따위가
아닌 정식의 관직. ②여러 관직을 겸하는 이의
주된 관직. ③관리의 자칭(自稱). ④國자기 고
을의 수령.
【本貫 본관】 ①시조(始祖)가 난 곳. 貫鄕(관향).
②본적. 原籍地(원적지).
【本館 본관】 분관(分館)·별관(別館) 따위에 대
하여 그 주가 되는 건물.
【本宅 본댁】 ①자기가 살고 있는 집. 自宅(자
택). ②본집의 존칭(尊稱). 宗家(종가). ③죽은
뒤에 돌아가는 곳. 저승. 저 세상.
【本來面目 본래면목】 (佛)본래의 모습. 인간이
본디 지니고 있는 심성(心性).
【本來無一物 본래무일물】 (佛)만유(萬有)는 본
디 실재하지 않고 비어 있음.
【本領 본령】 ①근본이 되는 강령(綱領). ②본디
부터 갖추어 있는 특성. 本性(본성).
【本立道生 본립도생】 사물의 근본이 서면 도
(道)는 저절로 생겨남. 인도(人道)의 근본인 효
제(孝悌)를 행하면, 어진 도가 자연 이루어짐.
【本末 본말】 ①일의 처음과 끝. ②일의 주되는
것과 그에 딸린 것.
【本望 본망】 본디부터 가지고 있던 소망.
【本命 본명】 ①자기가 타고난 명. ②태어난 해
의 간지(干支).
【本分 본분】 ①자기에게 알맞은 분수. ②마땅히
행하여야 할 직분. ③당연한 운명.
【本非我物 본비아물】 본디 나의 물건이 아님.
뜻밖에 얻은 물건은 잃어버려도 과히 섭섭할 것
이 없음. 本非我土.
【本事 본사】 ①근본이 되는 일. 농업. ②그 일.
이 일. ③솜씨. 技能(기능). ④출전(出典).
【本山 본산】 (佛)①한 종파에 소속되어 있는 각
사찰을 통솔하는 절. ②자기가 있는 절. 本寺
(본사). ③이 절. 當寺(당사).
【本色 본색】 ①본래의 색. 天然色(천연색). ②본
디의 생김새, 또는 성질. ③조세(租稅)로서 상
납하는 미곡류(米穀類).
【本性 본성】 본디의 성질. 天性(천성).

【本始 본시】 처음. 본디.
【本式 본식】 國본디의 방식.
【本然之性 본연지성】 하늘이 부여한 자연 그
대로의 순수한 성(性). 성리학(性理學)에서 기
질지성(氣質之性)의 상대 개념임.
【本業 본업】 주가 되는 직업.
【本願 본원】 ①본디부터 가진 큰 소원. ②(佛)부
처나 보살이 중생을 교화하기 위해 세우는 발원
(發願).
【本位 본위】 ①기본으로 삼는 표준. ②근본이
되는 위치. ③한 나라의 통화 단위의 기준.
【本有 본유】 ①본디부터 있음. ②(佛)사유(四有)
의 하나. 나면서부터 죽을 때까지의 몸. 곧, 현
세의 생활.
【本義 본의】 ①참뜻. 本旨(본지). ②문자(文字)
의 최초의 의의(意義).
【本籍 본적】 호적이 있는 곳.
【本傳 본전】 기본이 되는 전기(傳記).
【本情 본정】 ①본래의 참된 심정. 本心(본심).
②거짓이 없는 참마음. 本意(본의).
【本尊 본존】 (佛)①신앙의 중심이 되는 부처. ②
절의 본당(本堂)에 안치한 불상. ③자기가 주로
신앙하는 부처.
【本宗 본종】 ①일족 중의 종손 집. ②성과 본이
같은 일가붙이.
【本種 본종】 본디 그 땅에 있던 종자. 在來種
(재래종).
【本支 본지】 ①종손(宗孫)과 지손(支孫). ②줄
기와 가지. ③본가(本家)와 분가(分家).
【本旨 본지】 본디의 취지(趣旨).
【本地 본지】 ①사람의 성품의 본질(本質). ②자
기가 사는 땅. 이 땅. 當地(당지). ③(佛)㉠불
보살(佛菩薩)의 본신(本身). ㉡본문(本門)의 증
과(證果)를 얻는 지위.
【本支百世 본지백세】 종손과 지손의 집안이 백
세를 이음. 일가(一家)·일문(一門)이 길이 번영
함. 本枝百世(본지백세).
【本質 본질】 ①본바탕. ②어떤 사물을 성립시키
는 데 없어서는 안 될 요소. ③현상에 대한 본
체. ④본디 갖추고 있는 사물 스스로의 성질.
【本體 본체】 ①사물의 본바탕. 正體(정체). ②현
상(現象)의 근저가 되는 실상(實相). 모든 현상
을 낳는 근본적 존재.
【本草 본초】 ①나무와 풀. 식물. ②한방(漢方)에
서 약재(藥材)나 약학(藥學)을 이르는 말.
【本趣 본취】 본래의 취지. 本旨(본지).
【本土 본토】 ①섬이나 속국(屬國)에 대하여 이
들이 소속된 국토. ②자기가 사는 지방.
【本統 본통】 ①바른 역법(曆法). ②본 계통. 본
혈통.
【本鄕 본향】 본 고향. 원래의 고향.
【本惑 본혹】 (佛)탐(貪)·진(瞋)·치(癡)·만(慢)
등의 근본 번뇌.
【本懷 본회】 ①본래 품은 생각. 속마음. 본마음.
②본래의 소원. 本望(본망).
❶ 假一, 刻一, 脚一, 見一, 古一, 國一, 劇一,
根一, 臺一, 圖一, 讀一, 副一, 寫一, 新一,

木部 1～2획 札朮机朾杊朸朴朼

木1 【札】⑤ 패 찰 zhá

〔字源〕形聲. 木＋乙→札. '乙(을)'이 음을 나타낸다.

〔字解〕❶패. 나무·종이·쇠 등의 얇은 조각. 〔漢書〕上令尚書給筆札. ❷편지. 〔古詩〕遺我一書札. ❸공문서(公文書). 상관이 하관(下官)에게 보낸 공문서. 〔席豫·詩〕朝榮承睿札. ❹갑옷의 미늘. 〔春秋左氏傳〕蹲甲射之, 徹七札焉. ❺꺾다. 늦히다. 〔莊子〕名也者相札也. ❻뽑다. 뽑아내다. 〔孔子家語〕毫末不札. ❼죽다. ❽일찍 죽다. 어려서 죽다. 〔春秋左氏傳〕民不夭札. ❾돌림병에 죽다. 〔周禮〕國凶札. ❿돌림병, 전염병. 〔周禮〕大荒大札. ⓫소리의 형용. 〔柳宗元·詩〕札札耒耜聲.

【札記 찰기】 조목으로 나누어 간략히 적음.
【札癘 찰려】 ①돌림병으로 죽음. ②젊어서 죽음과 전염병으로 죽음.
【札喪 찰상】 전염병으로 죽음.
【札住 찰주】 공무를 띠고 외국에 머무름. 駐箚(주차).
【札瘥夭昏 찰차요혼】 사람의 죽음. 병으로 죽음. '札'은 대역(大疫)으로 죽음, '瘥'는 소역(小疫)으로 죽음, '夭'는 젊어서 죽음, '昏'은 생후 석 달 안에 죽음.
【札札 찰찰】 ①매미가 우는 소리. ②쟁기로 밭을 가는 소리. ③베 짜는 소리.
【札翰 찰한】 ①문장을 씀. ②편지. 書札(서찰).

〇 簡-, 鑑-, 改-, 開-, 落-, 名-, 書-, 毛-, 印-, 入-, 正-, 寸-, 出-, 牌-.

木1 【朮】⑤ 차조 출 shú, zhú

〔字解〕❶차조. 조(粟)의 한 가지. ＝秫. ¶ 朮酒. ❷삽주, 산계(山薊). 엉거싯과에 속하는 다년초. 약용 식물(藥用植物)의 한 가지. 〔稽康·書〕餌朮黃精.
【朮羹艾酒 출갱애주】 삽주로 끓인 국과 쑥으로 빚은 술. 낙양(洛陽) 사람이 오월 단오 때 만들던 별식.
【朮酒 출주】 차조로 빚은 술. 담랭(痰冷)을 치료하는 약으로 마심.

〇 白-, 赤-, 蒼-.

木2 【杋】 ❶나무 이름 구 ❷궤 궤 qiú, guǐ

〔字解〕❶나무 이름. ㉮아가위나무, 산사나무. 잎 지는 작은 교목. 5월에 흰 꽃이 피고 9월에 열매가 붉게 익는다. 약용·식용 식물. ¶ 杋樹. ㉯양매(楊梅), 소귀나무. 사철 푸른 교목. 핵과 인 붉은 자줏빛 열매는 먹으며, 나무 껍질은 갈색 물감으로 쓰인다. ¶ 杋子. ❷궤. ※篡(1319)의 고자(古字).

木2 【杋樹 구수】 산사나무. 杋子(구자).
【杋子 구자】 ①산사나무. ②소귀나무.
【杋實 궤실】 궤에 담은 물건. 簋實(궤실).

木2 【机】⑥ 책상 궤 jī

〔字解〕❶책상. 늦几. 〔易經〕渙奔其机悔亡. ❷나무 이름, 궤목(机木). 느릅나무 비슷하게 생긴, 촉(蜀) 지방에 나는 나무.
【机上論 궤상론】 책상 위에서 하는 논의. 이론뿐인 공론(空論). 卓上空論(탁상공론).
【机案 궤안】 책상. 机案(궤안).
【机下 궤하】 책상 아래. 편지 겉봉의 받는 사람 이름 밑에 붙여 쓰는 존칭(尊稱).

〇 案-, 玉-.

木2 【朻】⑥ 굽은 나무 규 jiū

〔字解〕굽은 나무. 키가 큰 나무의 가지가 아래로 늘어져 굽은 것.

木2 【朸】⑥ 나이테 력 lì

〔字解〕❶나이테, 연륜(年輪). ❷구석, 구석진 곳. ❸고을 이름, 현 이름. 지금의 산동성(山東省) 상하현(商河縣).

木2 【朴】⑥ 후박나무 박 pò, pǔ

一 十 十 木 朴 朴

〔字源〕形聲. 木＋卜→朴. '卜(복)'이 음을 나타낸다.

〔字解〕❶후박나무. 녹나뭇과의 상록 활엽 교목. ❷나무껍질. 〔王褒·賦〕秋蜩不食, 抱朴以長吟. ❸순박하다, 꾸밈이 없다. 늦樸. 〔荀子〕生而離其朴. ❹크다, 몸집이 크다. 〔楚辭〕焉得夫朴牛. ❺國성(姓).
【朴刀 박도】 칼집이 없는 칼.
【朴魯 박로】 순박하고 어리석음.
【朴陋 박루】 소박하고 꾸밈이 없음.
【朴茂 박무】 정직하고 인정이 도타움.
【朴澁 박삽】 순박하고 세련되지 못함.
【朴素 박소】 사치하지 않고 수수함.
【朴實 박실】 순박하고 진실함.
【朴野 박야】 질박(質朴)하고 촌스러움. 소박하고 꾸밈이 없음.
【朴而不文 박이불문】 소박하여 겉치레가 없음.
【朴直 박직】 순박하고 정직함.
【朴忠 박충】 순박하고 충실함.

〇 魯-, 素-, 淳-, 醇-, 質-, 厚-.

木2 【朼】⑥ 숟가락 비 bǐ

〔參考〕匕(224)의 속자(俗字)로 쓰기도 한다.

【字解】 숟가락. 제사 때에 쓰는, 나무로 만든 숟가락. =枇.〔儀禮〕乃朼載.

木2 【朿】 ⑥ 가시 자 寘 cì
소전 초서 【字解】 가시, 초목(草木)에 나 있는 가시.

木2 【朾】 ⑥ ❶칠 정 庚 chéng, zhēng ❷도리깨 정 迥 chēng
소전 초서 【字解】 ❶①치다, 두드리다. ②문설주. ③벌레 이름. ¶朾螘. ④나무 베는 소리. 늑丁. ⑤땅 이름. 하남성(河南省)에 있었던, 춘추 시대 송(宋)나라의 땅. ❷도리깨.
【朾螘 정의】 불개미. 개미의 한 가지.

木2 【朱】 ⑥ 붉을 주 虞 zhū
ノ ㅏ ㅏ 牛 牛 朱
소전 초서 【字源】 指事. 木+一→朱. 나무[木]의 한가운데에 '一'의 기호를 더하여, 그 나무의 속이 붉은 빛깔임을 가리키는 글자.
【字解】 ①붉다, 붉은빛.〔論語〕惡紫之奪朱也. ②붉은 빛깔을 띤 물건.〔後漢書〕紆朱懷金. ③적토(赤土), 주사(朱砂), 단사(丹砂). ④둔하다, 무디다. ⑤줄기, 그루터기. 늑株. ⑥연지. 화장품의 한 가지.〔顔氏家訓〕傅粉施朱. ⑦난쟁이. 늑侏.
【朱闕 주궐】 붉은 칠을 한 궁궐(宮闕).
【朱紐 주뉴】 옥으로 만든 붉은 단추.
【朱螺 주라】 취주 악기의 한 가지. 붉은 칠을 한 소라 껍데기로 만듦.
【朱欄畫閣 주란화각】 붉은 칠을 한 난간에 단청(丹靑)으로 채색한 화려한 누각. 朱樓畫閣(주루화각).
【朱蠟 주랍】 편지 따위를 봉하는 데 쓰는 붉은 빛깔의 밀랍.
【朱鷺 주로】 따오기.
【朱笠 주립】 융복(戎服)을 입을 때에 쓰던 붉은 칠을 한 갓. 紫笠(자립).
【朱明 주명】 ①여름의 딴 이름. ②해, 태양. ③명조(明朝). ◯명나라 임금의 성이 주(朱)였던 데서 온 말.
【朱墨 주묵】 ①붉은 먹. ②주색(朱色)과 묵색(墨色). 사물이 서로 다름. ③붉은 먹과 검은 먹으로 장부에 지출과 수입을 적음. 관청에서 집무(執務)함. ④시문의 첨삭(添削). 推敲(퇴고).
【朱門甲第 주문갑제】 대문에 붉은 칠을 한, 크게 잘 지은 집. ㉠화려한 저택. ㉡지위가 높은 사람의 집.
【朱砂 주사】 수은으로 이루어진 황화 광물. 붉은색을 띠고 다이아몬드 광택이 남. 수은의 원료, 붉은색 안료(顔料), 약재로 씀. 辰砂(진사).
【朱脣皓齒 주순호치】 ①붉은 입술과 흰 이. ②미인. 丹脣皓齒(단순호치).
【朱殷 주안】 검붉은 빛깔.
【朱顔 주안】 ①붉은빛을 띤 아름다운 얼굴. ㉠미소년(美少年). ㉡미인. ②술 취한 붉은 얼굴.
【朱硯 주연】 주묵(朱墨)을 가는 데 쓰는 작은 벼루.
【朱幃 주위】 붉은 휘장. 朱帷(주유).
【朱儒 주유】 ①난쟁이. 侏儒(주유). ②미성년자(未成年者). ③광대. ④들보 위의 짧은 기둥.
【朱衣吏 주의리】 붉은 옷을 입고 길을 인도하는 낮은 벼슬아치.
【朱衣點頭 주의점두】 붉은 옷을 입고 머리를 끄덕임. 과거에 급제함. 故事 송(宋)나라 구양수(歐陽脩)가 시관(試官)으로서 답안지를 보다가 좋다고 생각하는 글이 나올 때, 그 뒤에 있던 붉은 옷을 입은 사람 또한 그렇다고 머리를 끄덕이는 것같이 느껴지면 그 글을 지은 사람이 반드시 급제하였다는 고사에서 온 말.
【朱紫 주자】 ①붉은빛과 자줏빛. ②붉은빛과 자줏빛의 관복이나 인끈. 곧, 높은 벼슬아치. ③정(正)과 사(邪). 선인(善人)과 악인(惡人). '朱'는 정색(正色), '紫'는 간색(間色)인 데서 온 말.
【朱子學 주자학】 송대(宋代)에 주돈이(朱敦頤)·정명도(程明道)·정이천(程伊川) 등에서 비롯하여 주자가 집대성한 학설. 道學(도학). 性理學(성리학). 理學(이학).
【朱雀 주작】 ①28수(宿) 가운데 남쪽을 지키는 일곱 별의 통칭(統稱). ②사신(四神)의 하나로, 남쪽 방위를 지키는 신령을 상징하는 짐승. 붉은 봉황의 모습을 하고 있음. 朱鳥(주조). ③주작을 그려 넣은 군기(軍旗).

〈朱雀②〉

【朱陳之好 주진지호】 주씨(朱氏)와 진씨(陳氏)의 우의(友誼). 두 집안이 대대로 혼인함. 故事 주씨와 진씨가 한 마을에 살면서 양쪽 집안이 대대로 혼인하였다는 고사에서 온 말.
【朱天 주천】 서남쪽 하늘.
【朱夏 주하】 여름. 朱明(주명).
【朱檻 주함】 단청한 난간. 화려한 누각의 난간. 朱欄(주란).
【朱戶 주호】 붉은 칠을 한 지게문. 천자가 공로 있는 제후에게 준 구석(九錫)의 하나.
【朱紅 주홍】 누른빛을 약간 띤 붉은빛.
【朱黃 주황】 붉은빛과 누른빛의 중간 빛깔.
【朱曦 주희】 태양. 여름 태양.
❶ 丹-, 彤-, 純-, 楊-, 印-, 彫-, 纁-.

木2 【朵】 ⑥ 늘어질 타 哿 duǒ
소전 초서 속자 【字解】 ①늘어지다, 나뭇가지가 휘어 늘어지다. ¶朵朵. ②가지에서 휘어늘어진 꽃송이.

木部 2~3획 朶机朽杆杠杚杞杜

〔杜甫·詩〕千朶萬朶壓枝低. ③꽃송이나 꽃가지를 세는 말. ④움직이다, 움직이게 하다. 〔周易〕觀我朶頤. ⑤별채. ¶朶殿.
【朶雲 타운】①축 드리워진 구름. ②남에게서 온 편지의 존칭(尊稱).
【朶頤 타이】턱을 움직임. 먹고 싶어 하는 모양.
【朶殿 타전】전각(殿閣)의 동쪽과 서쪽에 있는 별채.
【朶朶 타타】나무의 가지·잎·꽃송이·열매 등이 휘늘어져 있는 모양.

木2 【朶】⑥ 朵(822)의 속자

木2 【机】⑥ 고무래 팔 圀阮 bā
字解 고무래. 농기구의 한 가지.

木2 【朽】⑥ 썩을 후 圀 xiǔ
초서 朽 字解 ①썩다, 부패하다. 〔論語〕朽木不可雕也. ②쇠하다, 기세·능력 등이 약해지다. 〔晉書〕年朽齒落. ③구린내, 썩은 냄새. 〔列子〕先覺焦朽.
【朽斷 후단】썩어서 끊어짐.
【朽鈍 후둔】늙어서 둔해짐.
【朽老 후로】늙어서 기력이 쇠약해짐. 衰老(쇠로). 老朽(노후).
【朽木 후목】썩은 나무.
【朽木糞牆 후목분장】썩은 나무와 썩은 토담. ㉠정신이 썩어 있는 사람은 가르치기가 어려움. ㉡처치 곤란한 사람.
【朽索馭馬 후삭어마】썩은 고삐로 말을 몲. 매우 어렵고 위험함.
【朽損 후손】썩어서 훼.
【朽條 후조】썩은 끈. 썩은 새끼.
【朽敗 후패】썩어서 못 쓰게 됨.
【朽廢 후폐】썩어서 소용이 없게 됨.
➊ 枯-, 老-, 腐-, 不-, 焦-, 頹-, 敗-.

木3 【杆】⑦ ❶나무 이름 간 圀 gàn ❷방패 간 圀 gǎn
초서 朽 속서 桿 字解 ❶①나무 이름. ㉠박달나무, 단목(檀木). ㉡산뽕나무. ≒柝. ❷①방패. ≒干. ②쓰러지거나 넘어진 나무. ③지레, 몽둥이.
➊ 鎧-, 槓-, 欄-.

木3 【杠】⑦ 깃대 강 囸 gāng
소전 杠 초서 杠 字解 ①깃대. ¶杠首. ②다리, 조그마한 다리. 〔柳宗元·記〕杠梁以成, 人不履危. ③상여(喪輿)를 메는 인부.
【杠梁 강량】다리. ○'杠'은 보행용 다리, '梁'은 수레가 다니는 다리. 橋梁(교량).
【杠夫 강부】상여(喪輿)를 메는 인부(人夫).

【杠首 강수】깃대의 꼭대기.

木3 【杚】⑦ 槪(873)와 동자

木3 【杞】⑦ ❶나무 이름 기 圀 qǐ ❷쟁기 시 圀 qí
소전 杞 초서 杞 參考 대법원 지정 인명용 한자의 음은 '기'이다.
字解 ❶①나무 이름. ㉠구기자나무. 가짓과의 낙엽 활엽 관목. 어린잎은 식용, 열매는 약용한다. 〔詩經〕集于苞杞. ㉡냇버들, 갯버들. ㉢고리버들. ≒杞柳. ㉣멀구슬나무. 멀구슬나뭇과의 낙엽 활엽 교목. 나뭇결이 고와서 재목(材木)으로 많이 쓴다. ¶杞梓. ②나라 이름. 주(周) 무왕(武王)이 하(夏)나라 우(禹)임금의 자손을 봉하여 우임금의 제사를 받들게 한 나라. 지금의 하남성(河南省) 기현(杞縣). ③성(姓). ❷쟁기, 가래, 삼태기. =梠.
【杞柳 기류】고리버들.
【杞憂 기우】기(杞)나라 사람의 걱정. 쓸데없는 걱정. 故事 기(杞)나라의 어떤 사람이 하늘이 무너지지 않을까 걱정했다는 고사에서 온 말. 杞人憂(기인우).
【杞梓 기재】①멀구슬나무와 가래나무. ②좋은 재목. 유용한 인재.

木3 【杜】⑦ 팥배나무 두 圀 dù
소전 杜 초서 杜 字解 ①팥배나무, 당리(棠梨), 감당(甘棠). 산이나 들에 절로 나는 잎 지는 과수(果樹)의 한 가지. 〔詩經〕有杕之杜. ②막다, 닫다, 닫아걸다. 〔漢書〕塞臨杜津. ③고대의 나라 이름. 주(周) 성왕(成王)이 당씨(唐氏)를 봉한 곳. 지금의 섬서성 두릉(杜陵).
【杜康 두강】①옛날 중국에서 술을 처음으로 만들었다는 사람. ②술의 딴 이름.
【杜隔 두격】막아서 사이를 떼어 놓음.
【杜鵑 두견】①두견이. ②진달래의 딴 이름. 杜鵑花(두견화).
【杜門不出 두문불출】문을 닫고 밖에 나가지 않음. 집 안에만 틀어박혀 사람들과 교제를 끊음.
【杜魄 두백】두견이의 딴 이름.
【杜塞 두색】막음. 틀어막음.
【杜絕 두절】교통이나 통신 등이 막히고 끊어짐.
【杜漸防萌 두점방맹】싹이 자라는 것을 막음. 후환이 없게 함.
【杜撰 두찬】전거(典據)·출처(出處)가 없는 문자를 써서 틀린 곳이 많은 글. 故事 송(宋)나라 두묵(杜默)이 지은 시가 율격(律格)에 맞지 않는 것이 많아, 당시 사람들이 두묵이 지은 〔撰〕것이라고 빗대어 말한 고사에서 온 말.
【杜黜 두출】막아 쫓아냄.
【杜閉 두폐】막음. 杜塞(두색).
【杜弊 두폐】폐단이 생기지 않도록 막음.
➊ 老-, 大-, 小-, 李-.

木3 【来】 ⑦ 來(96)의 속자

木3 【李】 ⑦ 오얏나무 리 紙 lǐ

一 十 十 才 木 本 李 李

〔字源〕 形聲. 木+子→李. '子(자)'가 음을 나타낸다.
〔字解〕 ①오얏나무. 오얏나무의 열매. 〔詩經〕投我以桃 報之以李. ②다스리는 벼슬아치. ≒理·吏. 〔管子〕皐陶爲李. ④별 이름. 〔史記〕熒惑爲李. ⑤심부름꾼. 사자(使者). ≒使. 〔春秋左氏傳〕行李之往來.
【李唐 이당】 당(唐)나라의 딴 이름. ◐이연(李淵)이 세운 당나라라는 뜻으로 일컫는 말.
【李杜 이두】 당대(唐代)의 이백(李白)과 두보(杜甫)의 병칭(竝稱).
【李杜韓柳 이두한류】 당대(唐代)의 이백(李白)·두보(杜甫)·한유(韓愈)·유종원(柳宗元)의 병칭(竝稱). 앞의 두 사람은 시로, 뒤의 두 사람은 문(文)으로 유명함.
【李下不整冠 이하부정관】 오얏나무 밑에서는 갓을 고쳐 쓰지 마라. 의심받을 일은 아예 해서는 안 됨.
◐ 穠-, 桃-, 鼠-, 郁-, 夏-, 行-.

木3 【杍】 ⑦ 李(824)의 고자

木3 【朩】 ⑦ 들보 망 陽 máng
〔字解〕 들보. 두 기둥머리를 건너지르는 나무. 〔韓愈·解〕大木爲朩.

木3 【杋】 ⑦ 나무 이름 범 咸 fán
〔字解〕 나무 이름. 흔히 수부목(水浮木)이라 하고, 이 나무의 껍질을 목부(木浮)라고 한다.

木3 【杀】 ⑦ 殺(919)과 동자

木3 【杉】 ⑦ 삼나무 삼 咸 shān
〔字解〕 삼나무. 늘푸른 교목의 한 가지.
【杉籬 삼리】 삼나무 울타리.

木3 【束】 ⑦ ①묶을 속 沃 shù ②약속할 속 〔木推〕 咒 shù

一 一 一 一 束 束 束

〔字源〕 會意. 木+口→束. 나무〔木〕를 에워싸는〔口=圍의 古字〕 모양으로 나무를 다발 지어 묶은 형상인 데서 '묶다'의 뜻을 나타낸다.
〔字解〕 ①㉮묶다. ㉯단으로 동여매다, 다발을 짓다. 〔詩經〕綢繆束薪. ㉰결박하다. 〔後漢書〕束手降服. ㉱여럿을 하나에 모으거나 하나로 합치다. 〔漢書〕布於布, 束於帛. ②매다, 잡아매다. ③띠를 매다. ¶ 束帶. ④삼가다, 잡도리하다, 정제(整齊)하다. 〔論語〕自行束脩以上, 吾未嘗無誨焉. ⑤묶음. ㉮뭇. 장작·잎나무·채소 따위를 작게 한 덩이씩 만든 묶음. 〔詩經〕生芻一束. ㉯포백(布帛) 5필의 한 묶음. ¶ 束帛. ㉰포(脯) 10조각의 한 묶음. 〔春秋穀梁傳〕束脩之肉. ㉱화살 50본(本)이나 100본, 또는 12본의 한 묶음. 〔詩經〕束矢其搜. ②약속하다, 언약을 맺다. 〔史記〕定要束耳.
【束高閣 속고각】 묶어서 높은 시렁에 올려놓음. 오래 사용하지 않음.
【束帶 속대】 ①옷을 여미는 띠. ②예복을 입음.
【束毒 속독】 신라 때 민간 놀이로, 탈을 쓰고 추는 군무(群舞).
【束縛 속박】 얽어매어 구속함.

〈束帶①〉

【束髮 속발】 ①성인이 됨. 사내아이가 성인이 되어 상투를 틂. ②머리털을 가지런히 하여 흐트러지지 않게 동여맴.
【束帛 속백】 ①비단 5필을 각각 양 끝에서 마주 말아 한 묶음으로 한 것. 나라 사이에 서로 방문할 때에 보내던 예물. ②國가례(嘉禮) 때 납폐(納幣)로 쓰던 양단(兩端).
【束帛加璧 속백가벽】 속백에 옥(玉)을 얹음. 가장 귀중한 예물.
【束手 속수】 ①손을 묶음. 아무것도 하지 않음. ②저항하지 않고 순종함.
【束脩 속수】 ①한 묶음의 육포(肉脯). 제자가 되려고 스승을 처음 뵐 때에 드리던 예물. ◐'脩'는 포(脯). ②속대(束帶)로 꾸밈. 곧, 열다섯 살 이상. ◐열다섯 살 이상이 되어야 의관을 갖추던 데서 온 말. ③심신을 삼가고 닦음. ④비단과 건육(乾肉). ⑤여행 떠날 채비를 함.
【束手無策 속수무책】 손이 묶인 듯이 어찌할 방책이 없음. 어찌할 도리가 없어 꼼짝 못함.
【束薪 속신】 ①땔나무를 단으로 묶음. ②단나무.
【束裝 속장】 행장을 차림.
◐ 檢-, 結-, 繫-, 拘-, 局-, 窘-, 迫-, 約-, 裝-, 纏-.

木3 【杇】 ⑦ 흙손 오 虞 wū
〔字解〕 ①흙손. 이긴 흙을 떠서 바르고 그 표면을 반반하게 하는 연장. =釫. ②칠하다, 벽에 흙을 바르다. 〔論語〕糞土之牆, 不可杇也.

木3 【杌】 ⑦ 위태로울 올 月 wù

木部 3획 杌杅杙杖材

杌
[초서] 杌 [字解] ①위태롭다, 위태로운 모양, 불안스러운 모양. ¶ 杌陧. ②걸상. ¶ 杌子. ③그루터기, 나뭇등걸.
【杌陧 올얼】 위태로운 모양. 불안한 모양.
【杌子 올자】 걸상. 간편한 작은 걸상.

杅
木 3 【杅】㉠잔 우 [舊] yú
       ㉡누를 우 [圍] wū
[초서] 杅 [參考] 杅(823)은 딴 자.
[字解] ①잔, 물그릇. 〔後漢書〕君如杅, 民如水. ②목욕통. 〔禮記〕出杅. ③만족하는 모양. ¶ 杅杅. ❷누르다, 견제(牽制)하다. 〔史記〕秦得燒掇焚杅君之國.
【杅杅 우우】 만족하는 모양.

杙
木 3 【杙】㉠말뚝 익 [職] yì
[소전] 杙 [초서] 杙 [字解] 말뚝, 마소를 매는 나무 말뚝.

杖
木 3 【杖】㉠지팡이 장 [養][漾] zhàng
[소전] 杖 [초서] 杖 [字解] 形聲. 木+丈→杖. '丈(장)'이 음을 나타낸다.
[字解] ①지팡이. 〔論語〕植其杖而芸. ②짚다, 쥐다, 지팡이를 짚다. 〔禮記〕五十杖於家. ③잡다. 〔漢書〕杖義而西. ④몽둥이, 곤장. 〔孔子家語〕大杖則逃走. ⑥때리다, 몽둥이로 때리다. 〔晉書〕於父墓前白杖二十. ⑦오형(五刑)의 한 가지. 곤장으로 때리는 형벌. ¶ 杖刑. ⑧창 자루, 창〔戈戟〕의 자루. 〔呂氏春秋〕操杖以戰.
【杖家 장가】 50세. ◦주대(周代)에 50세부터 집 안에서만 지팡이를 짚을 수 있도록 허락한 데서 온 말.
【杖劍 장검】 검(劍)을 짚음.
【杖筇 장공】 지팡이. ◦'筇'은 대지팡이.
【杖屨 장구】 ①지팡이와 짚신. 웃어른의 소지품. ②어른의 존칭(尊稱).
【杖國 장국】 70세. ◦주대(周代)에 70세부터 나라 안에서 지팡이를 짚을 수 있도록 허락한 데서 온 말.
【杖朞 장기】 지팡이를 짚고 생베로 지은 상복을 1년 동안 입는 거상.
【杖毒 장독】 장형(杖刑)을 맞고 난 독.
【杖頭百錢 장두백전】 지팡이 끝에 백 전을 걸어 둠. ㉠술을 살 돈. 술값. 杖頭錢(장두전). ㉡술 값으로 지니는 많지 않은 돈. [故事] 진(晉)나라의 완수(阮脩)가 외출할 때는 언제나 지팡이에 돈 백 전을 걸어 달고, 술집에 이르면 홀로 즐겁게 술을 마셨다는 고사에서 온 말.
【杖流 장류】 장형(杖刑)과 유형(流刑).
【杖問 장문】 곤장을 치며 신문(訊問)함.
【杖鉢 장발】 ①승려가 가지고 다니는 석장(錫杖)과 바리때. ②탁발승(托鉢僧).
【杖罰 장벌】 곤장으로 치는 형벌.
【杖扶 장부】 지팡이를 짚음.

【杖義 장의】 의(義)에 의지함. 의에 따라 행함.
【杖朝 장조】 80세. ◦주대(周代)에 80세부터 조정에서 지팡이를 짚을 수 있도록 허락한 데서 온 말.
【杖策 장책】 채찍을 짚음. 말에 채찍질함.
【杖斃 장폐】 장형(杖刑)으로 죽음.
【杖鄕 장향】 60세. ◦주대(周代)에 60세부터 마을에서 지팡이를 짚을 수 있도록 허락한 데서 온 말.
【杖刑 장형】 오형(五刑)의 한 가지. 곤장(棍杖)으로 볼기를 치는 형벌.
◦曲-, 棍-, 鳩-, 毆-, 短-, 盲者失-, 錫-, 竹-, 鐵-, 靑黎-, 鞭-.

材
木 3 【材】㉠재목 재 [灰] cái
一十才木材材材
[소전] 材 [초서] 材 [통자] 才 [字源] 形聲. 木+才→材. '才(재)'가 음을 나타낸다.
[字解] ①재목. 재료로 쓰는 나무. 〔孟子〕材木不可勝用. ②원료, 재료. 〔春秋左氏傳〕其材足以備器用. ③자질(資質), 바탕. 〔中庸〕必因其材而篤焉. ④재능, 재주, 수완. ¶ 材力. ⑤도리, 길. 〔禮記〕教人不盡其材. ⑥헤아리다, 자질을 헤아려 쓰다, 사물을 적절히 처리하다. 〔呂氏春秋〕聖人於物也, 無不材. ⑦나무의 열매. 〔周禮〕掌斂疏材. ⑧보물, 재화(財貨). 녹 財. ⑨가, 변두리. 〔管子〕山之材. ⑩어조사. 녹哉. 〔論語〕無所取材.
【材幹 재간】 ①솜씨. 手腕(수완). ②건축·기구 등의 재료로 쓰이는 나무. 材木(재목).
【材官 재관】 ①재능에 따라 꼭 알맞은 자리에 씀. ◦'材'는 직분에 맞음, '官'은 소임을 잃지 않음. ②무관(武官).
【材器 재기】 ①재능과 도량(度量). ②솜씨. 材幹(재간).
【材能 재능】 재주와 능력.
【材力 재력】 재능과 역량(力量).
【材料 재료】 ①물건을 만드는 감. ②어떤 일을 하기 위한 거리.
【材吏 재리】 수완이 있는 관리.
【材木 재목】 ①건축이나 기구를 만드는 데 재료가 되는 나무. ②어떤 일을 할 수 있는 능력을 가졌거나 어떤 직위에 합당한 인물.
【材武 재무】 재능이 있고 용맹스러움. 재능과 무용(武勇).
【材士 재사】 ①재지(才智)가 뛰어난 사람. 才士(재사). ②무력이 뛰어난 사람. 훌륭한 병사.
【材臣 재신】 재능이 있는 신하.
【材藝 재예】 재능과 기예(技藝).
【材質 재질】 ①목재의 성질. ②재료의 성질.
◦乾-, 敎-, 器-, 木-, 文-, 薄-, 凡-, 散-, 石-, 素-, 詩-, 藥-, 良-, 雄-, 人-, 印-, 逸-, 資-, 梓-, 製-, 題-, 主-, 俊-, 鐵-, 取-.

木3 【条】⑦ 條(853)의 속자

木3 【杈】⑦ ❶가지 차 麻 chā
❷농기구 차 厓 chā
❸울짱 차 鷹 chà

[소전] 杈 [초서] 杈 [字解] ❶①가지, 가장귀진 나뭇가지. ¶ 杈枝. ②작살. 물고기를 찍어 잡는 기구. ¶ 杈刺. ③무기의 한 가지. 능扠. 긴 막대 끝에 U 자 모양의 쇠를 꽂은 무기. ❷농기구의 한 가지. 나무로 만들며, 볏단을 끼우는 데 쓴다. ❸울짱. 나무로 엮은 울짱.
【杈桿 차간】기생(妓生)과 정을 통하며 지내는 사람.
【杈枒 차야】①가장귀진 나뭇가지. ②가장귀.
【杈刺 차자】작살로 물고기를 찌름.
【杈枝 차지】①나뭇가지. ②가장귀.
❶杈─, 魚─.

木3 【朵】⑦ ❶홀로 설 체 麌 dǐ
❷키 타 哿 duǒ

[소전] 朵 [초서] 朵 ❶홀로 서다, 나무 그루가 우뚝 서 있는 모양. 〔詩經〕有朵之杜. ❷키. 배의 방향을 잡는 것. =柁. 〔淮南子〕毀舟爲朵.

木3 【村】⑦ 마을 촌 元 cūn

一 十 才 木 木 村 村

[초서] 㐰 [본자] 邨 [字源] 形聲. 木+寸→村. '寸(촌)'이 음을 나타낸다.
[字解] ①마을, 시골. 〔白居易·詩〕回觀村閭過, 十室八九貧. ②촌스럽다, 꾸밈이 없다, 야비(野鄙)하다. ¶ 村氣.
【村甲 촌갑】한 마을의 우두머리.
【村郊 촌교】시골 마을. ○'郊'는 성(城) 밖.
【村氣 촌기】①시골의 기풍. ②시골티.
【村落 촌락】시골 마을.
【村閭 촌려】①마을 입구의 문. ②시골 마을.
【村老 촌로】시골에서 사는 늙은이. 村翁(촌옹).
【村氓 촌맹】시골 백성. 村民(촌민).
【村婦 촌부】시골에 사는 여자.
【村夫子 촌부자】시골 글방 선생.
【村書 촌서】속된 책. 野乘(야승).
【村墅 촌서】시골에 있는 별장.
【村叟 촌수】시골 늙은이. 村老(촌로).
【村野 촌야】①시골. 村里(촌리). ②시골 마을. 村郊(촌교). ③야비(野鄙)함.
【村塢 촌오】시골 마을.
【村長 촌장】마을 일을 맡아보던 마을의 어른.
【村正 촌정】촌장(村長). 里長(이장).
【村中 촌중】①온 마을. ②한 마을의 가운데.
【村學究 촌학구】①시골 글방 선생. 村夫子(촌부자). ②학식이 좁고 고루한 사람.
【村漢 촌한】시골뜨기. 촌뜨기.

木3 【村巷 촌항】궁벽한 시골의 거리.
❶江─, 孤─, 農─, 模範─, 無醫─, 僻─, 山─, 散─, 野─, 漁─, 全─, 寒─, 鄉─.

木3 【杝】⑦ ❶쪼갤 치 紙 zhǐ
❷나무 이름 이 支 yí

[소전] 杝 [초서] 杝 [參考] 대법원 지정 인명용 한자의 음은 '이'이다.
[字解] ❶①쪼개다, 나뭇결을 따라 쪼개다. 〔詩經〕析薪杝矣. ②뻗치다, 넓히다. 〔太玄經〕地杝其緒. ③바자, 울. 능籬. 〔說文解字〕柴垣曰杝, 木垣曰柵. ❷나무 이름. 백양(白楊)과 비슷하며, 가볍고 온기(溫氣)에 강해서 관(棺)을 만드는 데 쓴다. =梩. 〔禮記〕杝棺一, 梓棺二.

木3 【杓】⑦ ❶자루 표 蕭 biāo
❷구기 작 藥 sháo
❸표적 적 錫 dí

[소전] 杓 [소전] 杓 [초서] 杓 [參考] 대법원 지정 인명용 한자의 음은 '표'이다.
[字源] 會意·形聲. 木+勺→杓. '勺(작)'이 음도 나타낸다. 나무(木)로 만든 술을 푸는 구기(勺)라는 데서 '자루'의 뜻을 나타낸다.
[字解] ❶①자루, 구기의 자루. ②별 이름, 북두칠성에서 자루에 해당하는 다섯째에서 일곱째까지의 별. 〔李商隱·詩〕時看北斗杓. ③당기다, 끌어당기다. 능摽. 〔淮南子〕孔子勁杓國門之關, 而敢不以力聞. ④치다, 때리다. 〔淮南子〕爲人杓者死. ❷①구기. 술 따위를 푸는 기구. 능勺. ¶ 杓子. ②푸다, 술잔을 주고받다. 〔史記〕沛公不勝桮杓. ③길게 끌다. ¶ 杓雲. ❸표적. 능標. 〔莊子〕我其杓之人耶.
【杓端 표건】북두칠성의 북쪽 끝에 있는 별.
【杓端 표단】북두칠성의 자루의 끝.
【杓雲 작운】가로로 길게 뻗어 있는 구름.
【杓子 작자】구기. 국자.
❶杓─, 杯─, 玉─, 盞─, 酒─, 樽─.

木3 【杏】⑦ 살구나무 행 梗 xìng

[소전] 杏 [초서] 杏 [字解] ①살구나무. 〔杜牧·詩〕牧童遙指杏花村. ②살구나무의 열매. ¶ 杏仁. ③은행나무. ¶ 杏子木.
【杏壇 행단】①은행나무 단. 학문을 가르치는 곳. 〔故事〕공자(孔子)가 행단에서 학문을 가르쳤다는 고사에서 온 말. ②도교(道敎)에서, 수련(修練)하는 곳을 이르는 말.
【杏林 행림】①살구나무 숲. ②의원(醫員)의 미칭(美稱). 〔故事〕오(吳)나라의 명의(名醫) 동봉(董奉)이 병자를 치료해 준 대가(代價)로 중환자에게는 살구나무 다섯 그루, 보통 환자에게는 한 그루씩 심게 하였는데, 몇 해 지나지 않아 살구나무가 숲을 이루자 사람들이 '동선행림(董仙杏林)'이라 한 데서 온 말.
【杏園 행원】①살구나무 밭. ②섬서성(陝西省)

장안현(長安縣) 곡강(曲江)에 있던 동산 이름. 당대(唐代)에 진사(進士)에 급제한 사람에게 잔치를 베풀어 주던 곳.
【杏仁 행인】살구 씨의 속. 한약재로 씀.
【杏子木 행자목】은행나무의 목재.
❶銀－, 靑－.

木4 【杰】⑧ 傑(126)의 속자

木4 【极】⑧ 길마 검 【𤴐】 jí
[字解] 길마. 짐을 싣기 위하여 마소의 등에 안장처럼 얹는 도구.

木4 【枡】⑧ 枡(842)의 속자

木4 【杲】⑧ 밝을 고 ⓗ호 【𠭎】 gǎo
[字源] 會意. 日＋木→杲. '東'자보다 해가 더 많이 떠올라 나무[木] 머리 위에 태양[日]이 있는 모양이라는 데서 '밝다'라는 뜻을 나타낸다.
[字解] ①밝다, 햇빛이 환한 모양. 〔詩經〕杲杲出日. ②높다. 〔管子〕杲乎如登于天.
【杲杲 고고】햇빛이 밝은 모양.
【杲乎 고호】높은 모양.

木4 【果】⑧
❶실과 과 【𠃲】 quǒ
❷강신제 관 【𠃲】 guàn
❸거북 이름 라 【𠃲】 luǒ

┌─┬─┬─┬─┬─┬─┬─┐
│丨│冂│日│旦│早│里│果│果│
[字源] 象形. ⊕＋木→果. 나무[木]에 열매[⊕]가 달려 있는 모양을 본뜬 글자.
[字解] ❶①실과, 나무의 열매. ¶果蓏. ②해내다, 이루다. 〔老子〕善者果而已. ③굳세다, 용감하다. 〔論語〕由也果. ④결단성이 있다. ¶果勇. ⑤과연. ㉮반드시. 〔禮記〕於是弗果用. ㉯드디어, 참으로, 정말. 〔淮南子〕令不果往. ㉰마침내. 〔國語〕果喪其田. ㉱능하다, 잘. 〔孟子〕君是以不果來也. ㉲생각한 대로. 〔史記〕果至斫木下. ⑥결과. ¶效果. ⑦훌륭하다, 아름답다. ≒甘. 〔國語〕味一無果. ⑧시녀(侍女), 몸종. ≒婐. 〔孟子〕二女果. ⑨나나니벌. ≒蜾. ¶果蠃. ⑩싸다, 보자기 등에 쌈. ≒裹. ⑪방패. ≒干. ¶果科. ⑫배부른 모양. ≒蜾. ¶果然. ⑬짐승 이름. ≒猓. ¶果然. ⑭(佛)삼세(三世)를 통한 선악(善惡)의 응보(應報). ¶因果應報. ⑮성(姓). ❷강신제(降神祭). ≒祼. ❸거북 이름. ≒蠃.
〔周禮〕東龜曰果屬.
【果敢 과감】과단성이 있고 용감함.
【果科 과과】방패.
【果斷 과단】일을 딱 잘라서 결정함.
【果蓏 과라】나무 열매와 풀 열매. 과일의 총칭.
【果蠃 과라】나나니벌.
【果柄 과병】열매의 꼭지.
【果腹 과복】배불리 먹음.
【果松 과송】잣나무. 五葉松(오엽송).
【果實 과실】①먹을 수 있는 열매. ②열매.
【果若其言 과약기언】과연 그 말과 같음.
【果然 과연】①알고 보니 정말 그러함. ②배가 부른 모양. ③긴꼬리원숭이.
【果銳 과예】과단성이 있고 예민함.
【果勇 과용】과단성이 있고 용기가 있음.
【果毅 과의】결단성이 있고 굳셈.
【果蔕 과체】과실의 꼭지.
【果下馬 과하마】사람을 태우고 과일나무의 가지 밑으로 지나갈 수 있는 말. 키가 썩 작은 말.
【果悍 과한】결단성이 있고 사나움.
【果刑 과형】죄를 지은 사람은 반드시 처벌함.
❶甘－, 剛－, 結－, 勁－, 奇－, 茶－, 名－, 仙－, 善－, 實－, 惡－, 業－, 因－, 效－.

木4 【枏】⑧ 녹나무 남 【𤴐】 nán
[소전] 枏 [초서] 枏 [동자] 楠 [속자] 柟 [字解] 녹나무. 봄철에 누른 꽃이 피는 상록 교목.

木4 【杻】⑧
❶감탕나무 뉴 【𤴐】 niǔ
❷고랑 추 【𤴐】 chǒu
❸싸리 축 【𤴐】
[참고] 대법원 지정 인명용 한자의 음은 '뉴'이다.
[字解] ❶감탕나무. 〔詩經〕山有栲, 隰有杻. ❷고랑, 쇠고랑. 죄인의 손이나 발에 채우는 형구(刑具). ❸싸리, 싸리나무.

木4 【東】⑧ 동녘 동 【𤴐】 dōng

┌─┬─┬─┬─┬─┬─┬─┐
│丨│冂│日│曰│百│車│東│東│
[소전] 東 [초서] 东 [간체] 东 [字源] 會意. 日＋木→東. 태양[日]이 동쪽에서 떠올라 나무[木]의 중간쯤에 있는 모양으로, 만물이 움직이기 시작할 때의 해의 방향을 나타낸 데서 '동쪽'을 뜻한다.
[字解] ①동녘, 동쪽. 오행(五行)으로는 목(木), 사시(四時)로는 봄(春), 오색(五色)으로는 청(靑)에 배당된다. 〔孟子〕東面而征西夷怨. ②동쪽으로 가다. 〔春秋左氏傳〕秦師遂東. ③주인(主人). 옛날에 주인이 손님을 대할 때 동쪽에 있는 자리를 차지한 데서 온 말. ¶東家.
【東家 동가】①동쪽에 있는 이웃. ②고용인이 주인을 이르는 말. ③≒東家丘(동가구).
【東家丘 동가구】동쪽 이웃인 구(丘). 사람을 알아볼 줄 모름. [故事] 공자의 서쪽 이웃에 사는 사람이 공자가 성인임을 모르고 '동쪽 이웃인 구'라고 불렀다는 고사에서 온 말. ◯'丘'

는 공자의 이름.
【東家食西家宿 동가식서가숙】①동쪽에 있는 부유한 집에서 먹고, 서쪽에 있는 미남의 집에서 잠을 잠. 탐욕스러운 사람. 故事 제(齊)나라의 한 여자가 동가는 부유하지만 추남(醜男)이고, 서가는 빈곤하지만 미남인데, 너는 어느 쪽으로 시집가려느냐고 묻는 어머니에게 답한 이야기에서 온 말. 東食西宿(동식서숙). ②떠돌아다니며 얻어먹고 지냄. 東家西家息(동가식서가식).
【東皐 동고】①동쪽의 논. ②동쪽의 산택(山澤). ○'東'은 '봄'의 뜻.
【東觀 동관】후한(後漢) 때 궁중 서고(書庫).
【東郊 동교】①동쪽 교외(郊外). ②봄의 들. ③國서울의 동대문 밖.
【東膠 동교】주대(周代)의 대학. 東序(동서).
【東國 동국】①우리나라의 딴 이름. ○중국의 동쪽에 있는 나라라는 데서 온 말. ②동쪽에 있는 나라.
【東君 동군】①태양신(太陽神). 태양. ②봄을 맡은 신(神). ③주인. 남편.
【東宮 동궁】①태자(太子). 세자(世子). ②태자의 궁(宮). 세자의 궁.
【東流 동류】①동쪽으로 흐르는 물. ②강(江). ○중국의 강은 대부분 서쪽에서 동쪽으로 흐르는 데서 온 말.
【東籬君子 동리군자】동쪽 울타리 밑에 있는 군자. 곧, 국화. ○'東籬'는 국화를 심은 밭.
【東問西答 동문서답】동쪽을 묻는데 서쪽을 대답함. 어떤 물음에 대하여 당치 않은 엉뚱한 대답을 함.
【東班 동반】①문관의 반열(班列). 문반(文班). ○조하(朝賀) 때 문관은 동쪽, 무관은 서쪽에 각각 벌여 서던 데서 온 말. ②문관(文官).
【東方禮義之國 동방예의지국】동쪽의 예의가 바른 나라. 중국에서 우리나라를 이르던 말.
【東壁 동벽】①동쪽에 있는 벽. ②28수(宿)의 하나로, 문장을 맡은 별의 이름. ③문학. ④도서관(圖書館).
【東奔西走 동분서주】동쪽으로 뛰고 서쪽으로 달림. 사방으로 바쁘게 돌아다님. 東行西走(동행서주).
【東牀 동상】사위. 故事 진(晉)나라의 태위(太尉) 극감(郗鑒)이 사윗감을 찾아 왕도(王導)의 집 동쪽에 놓인 평상(平牀)에 엎드려 음식을 먹고 있는 왕희지(王羲之)를 골랐다는 고사에서 온 말. 東床(동상). 女壻(여서).
【東床禮 동상례】國혼례를 치른 뒤에 신랑이 신부 집에서 마을 사람이나 친구들에게 음식을 대접하는 일.
【東序 동서】①정침(正寢)의 동쪽의 서(序). ○'序'는 정당(正堂)의 동서에 있어 내외(內外)를 구분하는 담. ②동쪽 방. ③하대(夏代)의 대학. ○왕궁(王宮)의 동쪽에 있었던 데서 온 말.
【東西古今 동서고금】동양과 서양, 옛날과 지금. 곧, 모든 시대 모든 곳.
【東西不辨 동서불변】동서를 분별하지 못함. ㉠

안개 따위가 짙어서 방향을 헤아릴 수 없음. ㉡ 어리석어 분별할 수 없음. 不辨東西(불변동서).
【東閃西忽 동섬서홀】동에 번쩍, 서에 번쩍함. 여기저기로 옮겨 다니는 동작이 매우 빠름.
【東陲 동수】나라의 동쪽 변방.
【東嶽 동악】오악(五嶽)의 하나인 태산(泰山). 東岱(동대). 岱宗(대종).
【東瀛 동영】동해(東海). 東溟(동명).
【東湧西沒 동용서몰】동쪽에서 솟아서 서쪽으로 잠김. 행동이 자유자재(自由自在)하고 신속함.
【東夷 동이】동쪽 오랑캐.
【東儲 동저】동궁(東宮). 세자. 태자.
【東漸西被 동점서피】동쪽으로 스며들고 서쪽으로 퍼져 나감. 차츰 동서로 옮겨 나아감. ○'漸'은 '潰'로 '스미다'를 뜻함.
【東丁 동정】①물방울이 떨어지는 맑은 소리. ②패옥(佩玉)이 부딪치는 소리.
【東征西伐 동정서벌】동서로 정벌함. 여러 나라를 이리저리 정벌함.
【東朝 동조】①태후(太后)가 거처하는 곳. ○한대(漢代)에 태후가 거처하던 장락궁(長樂宮)이 황제의 처소인 미앙궁(未央宮)의 동쪽에 있었던 데서 온 말. ②태자(太子).
【東取西貸 동취서대】동쪽에서 취하고 서쪽에서 빌림. 여기저기 빚짐.
【東敗西喪 동패서상】동쪽에서 전쟁에 지고 서쪽에서 영토를 잃음. 이르는 곳마다 실패하거나 패망함.
【東風吹馬耳 동풍취마이】동풍을 말의 귀에 붊. 남의 의견이나 비평 따위를 귀담아듣지 않음. 馬耳東風(마이동풍).
【東學 동학】①주대(周代)에 왕궁(王宮) 동쪽에 세운 대학. ②조선 때 사학(四學)의 하나. ③수운(水雲) 최제우(崔濟愚)가 창시한 민족 종교. 유교·불교·도교를 절충하여 인내천(人乃天) 사상을 종지(宗旨)로 삼았으며, 후에 천도교(天道敎)로 개칭하였음. 서학(西學)인 천주교에 대하여 이른 명칭. 東學敎(동학교).
【東海揚塵 동해양진】동해에 티끌이 오름. 바다가 육지로 변함. 세상이 많이 변함. 碧海桑田(벽해상전).
【東軒 동헌】國고을 원이나 병사(兵使)·수사(水使) 및 그 밖의 수령(守令)들이 공사(公事)를 처리하던 건물.
【東皇 동황】①봄을 맡은 신. 東君(동군). ②봄.
● 江-. 關-. 極-. 近-. 南-. 大-. 山-. 遼-. 日-. 丁-. 正-. 河-. 海-.

木 4 【林】⑧ 수풀 림 園 lín

一 十 才 木 木 札 材 林

字源 會意. 木+木→林. 두 그루 이상의 나무가 서 있다는 데서 나무가 한곳에 많이 모여 있는 '수풀'이라는 뜻을 나타낸다.

字解 ①수풀. 숲. 〔白居易·詩〕林閒暖酒燒紅

木部 4획 枚枝柄杳枋杯

葉. ②사물이 많이 모이는 곳. ¶林藪. ③같은 동아리. 〔漢書〕列於君子之林矣. ④들, 야외(野外). 〔詩經·傳〕野外曰林. ⑤많다, 수효가 많은 모양, 성(盛)한 모양. 〔詩經〕有壬有林.

【林檎 임금】능금.
【林麓 임록】숲. 평지의 숲과 산기슭의 숲.
【林林 임림】①많이 모이는 모양. 떼 지어 모이는 모양. ②산신(山神)의 이름.
【林立 임립】숲의 나무와 같이 죽 늘어섬.
【林薄 임박】초목이 무성한 곳. 숲. ▷'薄'은 풀숲. 林藪(임수).
【林霏 임비】숲에 서린 운기(雲氣). 林靄(임애).
【林森 임삼】매우 많은 모양.
【林藪 임수】①숲. 덤불. ②초목이 우거진 시골. ③물건이 많이 모여든 곳.
【林靄 임애】숲에 서린 운기(雲氣).
【林野 임야】숲과 들.
【林樾 임월】숲 속의 나무 그늘.
【林衣 임의】나뭇잎. ▷잎을 옷에 비유한 말.
【林鐘 임종】①12율(律)의 여덟째 음률. 여음(呂音). ②음력 6월의 딴 이름.
【林慙澗愧 임참간괴】숲과 개울이 모두 부끄러워함. 절조 없는 은자(隱者)가 삶을 산수도 부끄러워함.
【林泉 임천】숲과 샘. 은사(隱士)가 사는 곳.
【林梢 임초】①숲. ②나무의 꼭대기 줄기. 우듬지. 林杪(임초).
【林下 임하】①수풀 밑. ②은거(隱居)함.
【林響 임향】숲 속의 반향(反響). 메아리.

○柱—, 鷄—, 枯—, 空—, 喬—, 綠—, 茂—, 文—, 密—, 芳—, 士—, 詞—, 辭—, 山—, 森—, 霜—, 書—, 禪—, 說—, 樹—, 植—, 深—, 藝—, 瑤—, 鬱—, 園—, 幽—, 儒—, 字—, 淨—, 造—, 竹—, 翰—, 花—.

木 4【枚】⑧ 줄기 매 灰 méi

[소전][초서][동자] 字源 會意. 木+支→枚→枚. 사람을 칠〔支〕 정도로 굵은 나무〔木〕라는 데서 '나무 줄기'라는 뜻을 나타낸다.

字解 ①줄기, 나무 줄기. 〔詩經〕伐其條枚. ②서까래. 〔何晏·賦〕雙枚旣修. ③채찍, 말채찍. 〔春秋左氏傳〕以枚數師. ④하무. 군사들이 떠들지 못하게 입에 물리던 가는 나무 막대기. 〔詩經〕勿士行枚. ⑤매(枚), 장. 〔晉書〕得銅鐸五枚. ⑥일일이, 낱낱이. 〔春秋左氏傳〕識其枚數. ⑦널리, 광범히. 〔春秋左氏傳〕南剗枚盆之. ⑧점, 복서(卜筮). 〔春秋左氏傳〕洞曉龜枚.

【枚擧 매거】낱낱이 들어서 말함.
【枚卜 매복】①하나하나 세어서 점침. ②어떤 일을 지적하지 않고 광범위하게 점침.
【枚筮 매서】일을 고하지 않고 길흉을 점침. 枚卜(매복).
【枚數 매수】종이 같은 얇은 것의 수효.
【枚陳 매진】낱낱이 사실을 진술하다.

○大一, 條一, 衡一.

木 4【枝】⑧ 枚(829)와 동자

木 4【柄】⑧ 綿(1368)과 동자

木 4【杳】⑧ 어두울 묘 本요 篠 yǎo

[소전][소전][초서] 字源 會意. 木+日→杳. 태양이 떠오르는 시간적 순서를 따라 '東→杲→杳'로 만든 자 중의 마지막 글자. 해가 동쪽에서 떠 서쪽으로 넘어가 나무 밑에 있는 모양인 데서 '어둡다'라는 뜻을 나타낸다.

字解 ①어둡다. 〔張衡·詩〕日杳杳而西匿. ②멀다, 아득히 먼 모양. ¶杳渺. ③깊숙하다. 〔管子〕杳乎如人於淵. ④조용하다, 적적하다.

【杳昧 묘매】아득하고 어두움.
【杳冥 묘명】①그윽하고 어두움. ②아득히 멂.
【杳杳 묘묘】①어두운 모양. ②아득한 모양.
【杳渺 묘묘】아득히 먼 모양.
【杳然 묘연】①그윽하고 먼 모양. ②알 길이 없이 까마득함.
【杳乎 묘호】①깊고 넓은 모양. ②아득한 모양.

○空—, 霧—, 深—, 天—, 靑—.

木 4【枋】⑧
❶다목 방 陽 fāng
❷떼 방 養 fǎng
❸자루 병 敬 bǐng

[소전][왕서] 枋 參考 대법원 지정 인명용 한자의 음은 '방'이다.

字解 ❶①다목. 활엽 교목의 하나. 나무의 질이 단단하여 목제품을 만드는 데 좋고, 물감의 원료나 한약재 등으로 쓴다. 〔莊子〕飛搶楡枋. ②어살. 싸리·참대 등을 엮어 물에 쳐 놓고 고기를 잡는 장치. 〔集韻〕蜀人以木偃魚曰枋. ❷①떼, 뗏목. ≒方·舫. 〔後漢書〕乘枋單下江關. ②國문지방(門地枋). ❸①자루, 정치 권력. ≒柄. 【枋底 방저】國방밑. 벽이 땅에 닿는 부분.
【枋筆 방필】떼. 뗏목.
【枋司 병사】천하의 권병(權柄)을 잡은 벼슬. 보상(輔相)에 해당하는 벼슬.

木 4【杯】⑧ 잔 배 灰 bēi

一 十 才 木 木 杯 杯

[소전][주문][초서][속자] 字源 形聲. 木+不→杯. '不(불)'이 음을 나타낸다.

字解 잔. ⑦술잔, 음료수·국 따위를 담는 그릇. =桮. 〔孟子〕猶以杞柳爲桮棬. ④잔의 수량을 나타내는 말. 〔李白·詩〕一杯一杯復一杯.
【杯棬 배권】나무를 구부려 만든 잔. 杯圈(배권).
【杯盤 배반】술을 마시는 잔과 그릇. 술상에 차려 놓은 그릇의 총칭(總稱).

木部 4획 杸 柎 枇 析 枛 松

【杯盤狼藉 배반낭자】 술잔과 접시 등이 어지럽게 흩어져 있음. 술을 마신 뒷자리가 어지러운 모양.
【杯觴 배상】 술잔. ◯'觴'도 술잔.
【杯酒 배주】 잔에 부은 술.
【杯中蛇影 배중사영】 술잔 속의 뱀 그림자. 공연한 의혹으로 고민함. 故事 악광(樂廣)의 친구 한 사람이, 벽에 걸린 활 그림자가 술잔에 비친 것을 뱀으로 잘못 알고 뱀을 삼켰다고 생각하여 병이 되었는데, 악광이 그렇지 않음을 소상히 설명해 주었더니, 곧 개운하게 병이 나았다는 고사에서 온 말. 杯弓蛇影(배궁사영).
【杯池 배지】 잔과 같은 작은 연못.
❶擧-, 乾-, 瓊-, 苦-, 金-, 螺-, 茶-, 木-, 返-, 觴-, 玉-, 流-, 銀-, 一-, 酒-, 祝-.

木4 【杸】 ⑧ 우거질 부 fú
字解 ❶우거지다. 나무가 무성하여 사방으로 퍼지다. ≒扶. ¶ 杸疎. ❷결, 옆. ¶ 杸枝. ❸꽃받침. =柎.
【杸疎 부소】 나무가 무성하여 사방으로 뻗음.
【杸枝 부지】 곁가지. 옆가지.

木4 【柎】 ⑧ 나무 이름 분 fén
字解 ❶나무 이름. 느릅나무의 한 가지로 껍질이 희다. 〔詩經〕東門之柎, 婆娑其下. ❷겹으로 된 들보나 마룻대.
【柎楡 분유】 ❶느릅나무. ❷한(漢) 고조(高祖)의 고향인 풍(豊)의 딴 이름. 곧, 고향. ◯느릅나무로 사신(社神)을 삼은 데서 온 말.
【柎楡同契 분유동계】 고향을 같이함.

木4 【枇】 ⑧ ❶비파나무 비 pí ❷수저 비 bǐ ❸참빗 비 bì
字解 ❶❶비파나무. 상록 교목인 과수(果樹). ¶ 枇杷. ❷수저, 숟가락. ≒匕. 〔禮記〕枇以桑. ❸참빗, 머리를 빗는 빗. ❺빗으로 머리를 빗다. ≒比. 〔後漢書〕頭不枇沐.
【枇杷 비파】 ❶비파나무. ❷악기의 이름. 비파(琵琶).

木4 【析】 ⑧ ❶가를 석 xī ❷쳐녑 사 sī

一 十 才 木 木 析 析 析

字源 會意. 木+斤→析. 나무[木]를 도끼[斤]로 쪼갠다는 데서 '쪼개다, 가르다' 등의 뜻을 나타낸다.
字解 ❶❶가르다. ㉮나무를 쪼개다. ¶析薪. ㉯해부(解剖)하다. 〔淮南子〕析才士之脛. ㉰나누어 밝히다. 〔莊子〕析萬物之理. ㉱나누어 따로 되게 하다. 〔漢書〕析人之珪. ❷나누어지다. 〔漢書〕藩國自析. ❸흩어지다, 분산되다. 〔書經〕厥民析. ❹어그러져 벗어나다. 〔漢書〕五經乖析, 儒學寖衰. ❺나무를 스치는 바람 소리. ¶析析. ❻성(姓). ❷❶쳐녑. 소·양 따위 반추동물의 위의 한 부분. ❷풀 이름. 귀리〔燕麥〕와 비슷하다.
【析肝 석간】 간을 가름. 진심을 피력함.
【析析 석석】 나뭇가지에 부는 바람 소리.
【析薪 석신】 장작을 쪼갬. 땔나무를 팸.
【析出 석출】 화합물을 분석하여 어떤 물질을 골라냄.
❶開-, 乖-, 辨-, 剖-, 分-, 申-, 條-, 綜-, 通-, 判-, 割-, 解-.

木4 【枛】 ⑧ 析(830)의 고자

木4 【松】 ⑧ 소나무 송 sōng

一 十 才 木 木 朴 松 松

字源 形聲. 木+公→松. '公(공)'이 음을 나타낸다.
字解 소나무. 소나무는 수명이 길고, 잎이 늘 푸르기에 절조(節操)·장수(長壽)·번무(繁茂) 등의 비유적 표현에 흔히 쓴다. 〔詩經〕如竹苞矣, 如松茂矣.
【松江之鱸 송강지로】 강소성(江蘇省) 송강에서 나는 농어. 맛이 좋기로 유명함.
【松炬 송거】 관솔불. 松明(송명).
【松膏 송고】 송진. 松脂(송지).
【松喬之壽 송교지수】 적송자(赤松子)와 왕자교(王子喬)의 삶. 오래 삶. ◯적송자와 왕자교는 신선으로 모두 장수한 데서 온 말.
【松毬 송구】 솔방울. 松子(송자).
【松菊 송국】 소나무와 국화. 은둔자의 주거. 故事 한(漢)나라 장후(蔣詡)와 진(晉)나라 도연명(陶淵明)이 뜰 가운데 세 갈래의 작은 길을 만들어 대나무, 소나무, 국화를 심고 그 속에 은둔했다는 데서 온 말.
【松菊主人 송국주인】 소나무와 국화의 주인. 곧, 은둔자.
【松菌 송균】 송이. 소나무 뿌리에서 생기는 버섯. 松蕈(송심).
【松濤 송도】 소나무에 부는 바람 소리. 솔바람. 松風(송풍).
【松都三絶 송도삼절】 개성(開城)의 유명한 세 가지 존재. 곧, 서화담(徐花潭)·황진이(黃眞伊)·박연 폭포(朴淵瀑布).

木部 4획 枀柳枒枘枉杬杵

【松籟 송뢰】솔숲 사이를 스쳐 부는 바람. 松濤(송도). 松風(송풍).
【松林 송림】소나무 숲.
【松煤 송매】소나무를 태운 그을음. 먹을 만드는 데 씀.
【松明 송명】관솔불. 松火(송화).
【松茂栢悅 송무백열】소나무가 무성하면 잣나무가 기뻐함. 벗이 잘되는 일을 기뻐함.
【松肪 송방】송진. 松膏(송고).
【松柏 송백】①소나무와 잣나무. ②절개(節介). 절조(節操). ○늘 잎이 푸르러 사철 빛깔이 변하지 않는 데서 온 말. ③껍질을 벗겨 솔잎에 뗀 잣. 잔치나 제사상에 씀.
【松柏之茂 송백지무】송백의 무성함. 소나무와 잣나무의 푸른빛이 변하지 않는 것처럼, 오래 번영(繁榮)함.
【松筍 송순】소나무의 새순.
【松蕈 송심】송이버섯. 松栮(송이).
【松煙 송연】①소나무를 땔 때 나는 연기. ②소나무를 태운 그을음. 먹을 만드는 데 씀.
【松韻 송운】솔숲을 스치는 바람 소리.
【松節 송절】소나무의 마디.
【松津 송진】소나무의 줄기에서 분비되는 수지(樹脂). 松膏(송고). 松肪(송방).
【松楸 송추】①소나무와 가래나무. ②묘지(墓地). ○둘 다 묘지에 심는 나무인 데서 온 말.
【松翠 송취】소나무의 빛깔과 같이 푸른빛.
【松火 송화】관솔불. 松明(송명).
【松花 송화】소나무의 꽃가루. 소나무의 꽃.

○ 古－, 孤－, 枯－, 高－, 喬－, 老－, 茂－, 蟠－, 白－, 水－, 庚－, 詩－, 旅－, 陸－, 長－, 赤－, 貞－, 蒼－, 青－, 海－.

木 4 【枀】⑧ 松(830)과 동자

木 4 【柳】⑧ 말뚝 앙 ● àng
[소전][초서] 字解 ①말뚝, 말을 매어 두는 말뚝. 〔蜀志〕著馬柳. ②비첨(飛檐). 모양내어 지은 높은 집의 네 귀가 번쩍 들린 처마. 〔何晏·賦〕飛柳鳥踊.

木 4 【枒】⑧ 야자나무 야 ● yē
[소전][초서] 字解 ①야자나무. ＝椰·梛. 〔左思·賦〕櫻枒樧樣.
②나뭇가지가 뒤엉킨 모양. ¶ 枒杈.
【枒杈 야차】나뭇가지가 가로세로 뻗어 뒤엉켜 있는 모양.

木 4 【枘】⑧ 장부 예 ● ruì
[초서] 字解 장부, 촉꽂이. 한쪽 끝을 다른 한쪽 구멍에 맞추기 위하여, 그 몸피보다 얼마쯤 가늘고 길게 만든 부분. 〔莊子〕鑿不圍枘.

【枘鑿 예조】네모난 장부와 둥근 구멍. 사물이 서로 맞지 않음.
【枘鑿不相容 예조불상용】네모난 촉꽂이를 둥근 구멍에 끼우면 맞지 않음. 본질적으로 서로 다른 사람의 의견은 화합할 수 없음.

木 4 【枉】⑧ ①굽을 왕 ● wǎng ②미칠 광 ● kuáng
[소전][초서][고자] 枉 枉 桱 [參考] 대법원 지정 인명용 한자의 음은 '왕'이다.
字解 ①①굽다. ㉮나무가 휘다. 〔禮記〕某有枉矢, 哨壺, 請以樂賓. ㉯마음이 굽다, 도리에 어긋나다. 〔後漢書〕政有乖枉. ¶ 枉渚. ②굽히다. ㉮의지·기개·주장 등을 꺾고 남에게 복종하다. ¶ 枉道. ㉯존귀(尊貴)함을 굽혀 낮게 하다. ¶ 枉臨. ③사곡(邪曲)한 사람. 〔論語〕舉直錯諸枉. ④굽히게 하다, 억누르다. 〔後漢書〕侵枉小民. ⑤들르다, 돌아서 가다. 〔劉因·詩〕只恐先生駕虛枉. ⑥원죄(冤罪), 억울한 죄. 〔後漢書〕幽枉必達. ⑦누명을 씌우다. 〔禮記〕毋或枉橈. ⑧헛되이, 부질없이. 〔李白·清平調〕雲雨巫山枉斷腸. ②미치다. ≒狂. 〔楚辭〕慨塵垢之枉攘兮.
【枉駕 왕가】⇨枉臨(왕림).
【枉告 왕고】사실을 거짓되게 고함.
【枉屈 왕굴】①억눌려 굴복함. ②남이 찾아옴의 경칭(敬稱).
【枉己 왕기】자기가 지키던 도(道)를 굽힘.
【枉道 왕도】①정도(正道)를 굽힘. ②길을 돌아서 감. 돌아가는 길.
【枉臨 왕림】귀한 몸을 굽히어 옴. 남이 자기가 있는 곳으로 오는 일의 경칭(敬稱). 枉駕(왕가).
【枉法 왕법】법을 굽힘. 법을 악용함.
【枉死 왕사】비명(非命)에 죽음. 橫死(횡사).
【枉矢 왕시】①굽은 화살. 자기의 화살에 대한 겸사(謙稱). ②화살의 이름. 햇빛·달빛을 가리는 요물(妖物)을 쏠 때, 또는 성을 지키거나 차전(車戰) 때 쓰던 화살. ③왕실(王室)의 존엄을 해치는 자를 물리침.
【枉渚 왕저】구부러진 물가나 바닷가.
【枉直 왕직】굽음과 곧음. 曲直(곡직).
【枉尺直尋 왕척직심】한 자를 굽혀 여덟 자를 곧게 함. 대(大)를 위하여 소(小)를 희생함. ○ '尋'은 '8척(尺)'을 뜻함.

○ 姦－, 誣－, 邪－, 阿－, 怨－, 冤－, 幽－.

木 4 【杬】⑧ ①나무 이름 원 ● yuán ②주무를 완 ● yuàn
[초서] 字解 ①나무 이름. ㉮원나무. 밤나무 비슷한, 열매가 여는 교목. ㉯팥꽃나무. ②주무르다, 안마하다. 〔史記〕案杬毒熨.

木 4 【杵】⑧ 공이 저 ● chǔ
[소전][초서] 字解 ①공이, 절굿공이. ¶ 杵臼. ②방망이, 다듬잇방망

이. ¶杵聲. ③달구. 둑이나 집터를 다질 때 쓰는 물건. 〔張籍·詩〕千人萬人齊把杵. ④방패. 적의 화살이나 칼을 막는 무기. 〔書經〕血流漂杵. ⑤몽둥이.
【杵臼 저구】①절굿공이와 절구통. ②성(城)을 공격하는 데 쓰는 기구.
【杵臼之交 저구지교】절굿공이와 절구통의 사귐. ㉠귀천을 가리지 않고 사귐. 故事 후한(後漢) 때 공손목(公孫穆)이 서울에 유학갔다가 학비를 마련하기 위하여 오우(吳祐)의 집에서 머슴살이를 하였는데, 오우가 그와 말을 해 보고 그의 인품에 놀라 서로 사귀게 되었다는 고사에서 온 말. ㉡고용인들끼리의 교제.
【杵聲 저성】다듬이질을 하는 소리. 砧聲(침성).
【杵孫 저손】딸이 낳은 자식. 外孫(외손).
● 白—, 急—, 繁—, 玉—, 天—, 砧—.

〈杵臼①〉

木4 【杼】⑧ ❶북 저 [語] zhù
❷상수리 서 [語] shù
❸개수통 서 [麌] shù
字解 ❶①북, 베틀의 북. ¶杼軸. ②얇다, 두껍지 않다. 〔周禮〕凡爲輪, 行澤者欲杼, 故泥不附. ③말하다, 펴다. ≒舒. ¶杼情. ④길다. ¶杼首. ⑤벽, 담. ≒序. 〔尙書大傳〕諸侯疏杼. ❷①상수리, 상수리 나무의 열매. 〔莊子〕衣裘褐食杼栗. ②상수리나무. ❸①개수통, 물통. ②물을 푸다, 치다. 〔管子〕杼井易水.
【杼梭 저사】①베틀의 북. ②베를 짜는 일.
【杼首 저수】긴 목. 장수(長壽)를 상징함.
【杼情 저정→서정】사상·감정을 표현함.
【杼軸 저축】①베틀의 북. ②피륙.
【杼斗 서두】상수리의 딴 이름.
【杼栗 서율】①도토리와 밤. ②나무 열매.
● 機—, 弄—, 梭—, 祭—, 投—.

木4 【枓】⑧ ❶구기 주 [麌] zhǔ
❷두공 두 [有] dǒu
參考 대법원 지정 인명용 한자의 음은 '두'이다.
字解 ❶구기. 물·술 따위를 푸는 기구. 〔禮記〕沃水用枓.
❷두공(枓栱). 기둥 머리를 장식하기 위하여 끼우는, 대접처럼 넓적하게 네모진 나무. 대접받침.

〈枓❶〉

木4 【枝】⑧ ❶가지 지 [支] zhī
❷육손이 기 [支] qí

一 十 才 木 木 朾 村 杖 枝

❶가지, 초목의 가지. 〔莊子〕鷦鷯巢於深林, 不過一枝. ②가지를 치다, 가지가 나오다. 〔周敦頤·說〕中通外直, 不蔓不枝. ③나누어지다, 분기(分岐)하다. ≒岐. ¶枝岐. ④분가(分家), 본가(本家)에서 갈라져 나온 자손. 〔春秋左傳〕本枝百世. ⑤흩어지다, 분산하다. 〔荀子〕心枝則無知. ⑥사지(四肢), 팔다리. ≒肢. 〔孟子〕爲長者折枝. ⑦지지(地支), 12지(支). ≒支. ¶枝幹. ⑧짚다, 세우다. ¶枝策. ⑨버티다, 지지하다. 〔史記〕枝桓公之心. ⑩팀목, 지주(支柱). ¶枝梧. ⑪성(姓). ❷육손이 =跂. ¶枝指.
【枝幹 지간】①10간과 12지. 干支(간지). ②가지와 줄기. ③팔다리와 몸. ④주종(主從) 관계.
【枝莖 지경】나뭇가지와 줄기.
【枝岐 지기】원줄기에서 갈라져 나온 흐름.
【枝附 지부】진심으로 복종함. 심복함.
【枝葉 지엽】①가지와 잎. ②사물의 중요하지 않은 부분.
【枝梧 지오】①맞서서 버팀. 저항함. ②서로 어긋남. 支梧(지오). 支吾(지오). 抵梧(저오).
【枝胤 지윤】지족(枝族)의 혈통.
【枝節 지절】①나무의 가지와 마디. ②곡절이 많은 일.
【枝族 지족】갈라져 나온 혈족. 支族(지족).
【枝策 지책】①지팡이를 짚음. ②지팡이를 들어 올려 무릎을 침.
【枝戚 지척】지족(枝族). 먼 친척.
【枝梢 지초】잔가지와 우듬지. 小枝(소지).
【枝解 지해】손발을 잘라 내는 혹독한 형벌. 支解(지해).
【枝指 기지】손가락이 여섯인 사람. 육손이.
● 幹—, 木—, 芳—, 疎—, 垂—, 弱—, 揚—, 連—, 剪—, 條—, 宗—, 竹—, 戚—.

木4 【杪】⑧ 끝 초 本 묘 [篠] miǎo
字解 ❶①끝. ㉮나뭇가지의 끝. 〔傅咸·賦〕何時達乎杪頭. ㉯사물·시간·철 등의 끝. 〔禮記〕冢宰制國用, 必於歲之杪. ②작다, 가늘다. ¶杪杪. ③스치다. ≒杪. 〔張衡·賦〕杪木末.
【杪頭 초두】①우듬지. ②꼭대기.
【杪商 초상】음력 9월의 딴 이름. ○'商'은 오음(五音)의 하나이고, 계절로는 가을에 해당하는 데서 온 말.
【杪歲 초세】연말(年末). 歲暮(세모).
【杪小 초소】매우 작음. 眇小(묘소).
【杪杪 초초】가늘고 작은 모양.
● 木—, 分—, 歲—, 月—, 枝—, 秋—.

木4 【枢】⑧ 樞(878)의 속자

木部 4획 椿 枕 杭 杷 板 枾

木4 【椿】⑧ 참죽나무 춘 眞 chūn

[字解] 참죽나무, 향춘(香椿). 여름에 자그마한 흰 꽃이 피는 낙엽 교목. 정원수로 많이 심는다. 〔書經〕椿榦柢柏.

木4 【枕】⑧ ❶베개 침 寢 zhěn ❷말뚝 침 寢 chén

一 十 才 木 朮 朼 朸 枕

[字源] 形聲. 木+冘→枕. '冘(임)'이 음을 나타낸다.

[字解] ❶①베개. ㉮잠잘 때 베는 베개. 〔史記〕高枕而臥. ㉯긴 물건 밑에 베개처럼 가로로 괴는 물건. ¶枕木. ②베다. 〔論語〕曲肱而枕之. ③잠자다, 잠. 〔薛能·詩〕夜暝聞時醉枕醒. ④면하다, 다다르다. 〔漢書〕北枕大江. ⑤머리뼈. ¶枕骨. ⑥가로막다, 방해하다. 〔易經〕險且枕. ⑦성(姓). ❷말뚝, 소를 매는 말뚝. 〔陶潛·詩〕遠屋樹枕疎.

【枕經藉書 침경자서】 경전을 베고 눕고, 시서(詩書)를 자리로 삼아 앉음. 곧, 독서에 탐닉(耽溺)함.
【枕骨 침골】 두개골의 뒤쪽 아랫부분을 이룬 뼈.
【枕戈 침과】 창을 베개삼고 잠. 오직 마음을 국방(國防)에 두어 편안히 자지 못함.
【枕頭 침두】 베갯머리. 머리맡. 枕邊(침변).
【枕流漱石 침류수석】 흐르는 물을 베개 삼고, 돌로 양치질함. ㉠은둔. ㉡실수를 얼버무림. [故事] 진(晉)나라의 손초(孫楚)가 은거하여 돌을 베개로 삼고 흐르는 물로 양치질한다고 할 것을, 흐르는 물을 베개삼고 돌로 양치질한다고 잘못 말하자 왕제(王濟)가 이를 나무라니 손초가 흐르는 물을 베개 삼는 것은 귀를 씻기 위함이요, 돌로 양치질하는 것은 이를 닦기 위함이라고 교묘하게 변명했다는 고사에서 온 말. 漱石枕流(수석침류).
【枕木 침목】 ①길고 큰 물건을 괴는 데 쓰는 나무토막. 굄목. ②철도의 선로 아래에 까는 나무토막.
【枕屛 침병】 머릿병풍. 가리개.
【枕上 침상】 ①베개 위. ②잠을 자거나 누워 있을 때.
【枕藉 침자】 베개와 깔개. 서로 베개를 삼고 두서없이 누워서 잠.
【枕障 침장】 머리맡에 두르는 병풍.
❶ 警-, 孤-, 高-, 起-, 陶-, 木-, 愁-, 安-.

木4 【枕】⑧ 枕(833)의 속자

木4 【杷】⑧ ❶비파나무 파 麻 pá ❷줌통 파 禡 bà

[字解] ❶①비파나무. 상록교목. 초겨울에 향기 좋은 꽃이 피고, 이듬해 여름에 맛이 단 누른빛 열매가 익는다. ②발고무래. 갈퀴 비슷한 농기구의 한 가지. 곡식을 긁어 모으는 데 쓴다. ③써레. 큰 빗 모양으로 만들어 갈아 놓은 논바닥을 고르는 데 쓰는 농기구. ④고르다, 평평하게 하다. ⑤비파. 늑琵. ❷줌통, 자루, 손잡이. 늑欛. 〔晉書〕犀杷塵尾.

木4 【板】⑧ 널빤지 판 潸 bǎn

一 十 才 木 朷 朸 板 板

[字源] 形聲. 木+反→板. '反(반)'이 음을 나타낸다.

[字解] ①널빤지. ㉮얇고 넓게 켠 나뭇조각. ¶板子. ㉯얇고 넓은 물건의 통칭. 〔歐陽脩·銘〕其一乃銅方板. ②판목(板木). =版. ¶板本. ③딱따기. 시각을 알리거나 신호로 치는 나뭇조각. 〔李賀·詩〕七星挂城聞漏板. ④악기의 하나인 나무로 만든 박. 〔杜牧·詩〕畫堂檀板秋拍碎. ⑤홀(笏).

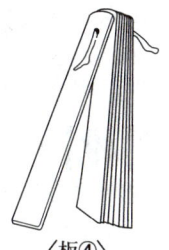
〈板④〉

조현(朝見) 때 오른손에 쥐는 패. 〔後漢書〕投板棄宦而去. ⑥조서(詔書). 〔後漢書〕用板之恩. ⑦직첩, 사령서. 〔宋書〕府板則爲行臺軍. ⑧편지, 문서. 〔南史〕發兵自防, 露板上言. ⑨명패, 명찰(名札). 〔宣和書譜〕始登仕板. ⑩길이 단위. 1장(丈)이나 8척(尺)의 길이, 2척(尺)의 너비. 〔戰國策〕不沈者三板耳. ⑪끌다, 끌어들이다. ¶板纏. ⑫배반하다, 도리에 어긋나다. ¶板板.
【板刻 판각】 글씨·그림 등을 판에 새김.
【板木 판목】 인쇄하려고 글자나 그림을 새긴 나무판.
【板榜 판방】 나무로 만든 표패(標牌). 게시판.
【板本 판본】 목판으로 인쇄한 책.
【板子 판자】 ①죄인을 치는 데에 쓰는 대쪽〔竹片〕. ②널빤지.
【板纏 판전】 끌어당김. 불러들임.
【板蕩 판탕】 정치를 잘못하여 나라가 어지러워짐. 세상이 어지러움. 亂世(난세).
【板板 판판】 배반함. 도리에 어긋남.
❶ 看-, 甲-, 乾-, 木-, 拍-, 仕-, 坐-, 珠-, 籌-, 鐵-, 出-, 漆-, 平-, 懸-, 活-, 黑-.

木4 【枾】⑧ 대팻밥 폐 霽 fèi

[字解] 대팻밥. 대패질할 때 얇게 깎이어 나오는 나뭇조각. 〔晉書〕王濬造船, 木枾蔽江而下.

木[杭]
4
⑧ ❶건널 항 陽 háng
❷막을 항 本강 漾 kàng

[초서] 杭 [자해] ❶건너다, 물을 건너다. =航.〔詩經〕一葦杭之.②배, 나룻배. 〔史記〕杭絶浮渚.③고을 이름, 주(州) 이름. ❷막다. =抗.
【杭莊 항장】 항(杭)과 장(莊). 춘추 시대〔春秋時代〕 제(齊)나라의 번화한 거리 이름.
【杭絶 항절】 배를 타고 물을 건넘.

木[枮]
4
⑧ 가래 험 鹽 xiān

[자해] 가래. 농기구의 한 가지.

木[杔]
4
⑧ 가로막이 호 遇 hù

[소전] 杔 [초서] 杔 [자해] 가로막이. 기다란 나무 두 개를 X 자 모양으로 묶어 한 줄로 나란히 놓고, 그 협각(夾角)에 긴 막대기를 놓아 묶어 놓은 것.

木[枏]
4
⑧ 목부용 화 禡 huà

[자해] 목부용(木芙蓉).

木[柯]
5
⑨ 자루 가 歌 kē

[소전] 柯 [초서] 柯 [자해] ❶자루, 도끼 자루. 〔詩經〕伐柯如何. ②줄기, 초목의 줄기.〔張衡·賦〕濯靈芝以朱柯.③나뭇가지.〔袁宏·贊〕潛魚澤淵, 高鳥候柯. ④바리, 밥그릇, 식기.〔荀子〕衞人用柯. ⑤모밀잣밤나무, 상록 교목. ⑥땅 이름. 지금의 하남성(河南省)에 있다.
【柯葉 가엽】가지와 잎. 枝葉(지엽).
【柯條 가조】나뭇가지. 枝條(지조).
● 高-, 伐-, 斧-, 庭-, 寒-, 橫-.

木[枷]
5
⑨ ❶도리깨 가 麻 jiā
❷횃대 가 碼 jià

[소전] 枷 [초서] 枷 [자해] ❶①도리깨. 낟알을 떠는 농기구의 한 가지. ②칼, 형틀의 한 가지. ¶枷鎖. ③칼을 쓰다, 칼을 씌우는 형벌. 장형(杖刑)보다는 무겁고 도형(徒刑)보다는 가벼운 형벌. ≒架. ¶枷囚. ❷횃대.〔禮記〕男女不同椸枷.
【枷鎖 가쇄】죄인의 목에 씌우는 칼과 발에 채우는 쇠사슬. 항쇄(項鎖)와 족쇄(足鎖).
【枷囚 가수】죄인의 목에 칼을 씌워 가둠.
● 械-, 連-, 椸-.

〈枷❶②〉

木[架]
5
⑨ 시렁 가 禡 jià

フ カ カ 加 加 架 架 架

[초서] 架 [속서] 廙 [자원] 形聲. 加+木→架. '加(가)'가 음을 나타낸다.
[자해] ①시렁, 선반.〔杜甫·詩〕傍架齊書秩. ②횃대. 물건을 걸어 두는 기구. ≒架.〔晉書〕衣服在架. ③도리.〔桁〕〔唐書〕三品, 堂五間九架, 門三間五架. ④말뚝.〔種樹書〕竹種時斬去梢, 仍爲架扶之. ⑤잠자리, 침대(寢臺).〔陶翰·賦〕曉安朱架. ⑥건너지르다.〔舊唐書〕長橋架水. ⑦얽다, 얽어 만들다. ⑧의탁하다, 기대다.〔經國雄略〕長槍架易老. ⑨능가하다, 훨씬 뛰어나다.〔種嵘·詩話〕專相凌架. ⑩받침, 얹거나 거는 받침.〔致虛雜俎〕義之有巧石架. ⑪새〔鳥〕소리. ¶架架.
【架架 가가】새가 우는 소리.
【架空 가공】①공중에 가로 지름. ②근거가 없음. 사실이 아님.
【架橋 가교】①다리를 놓음. ②건너질러 놓은 다리.
【架上 가상】시렁 위.
【架設 가설】건너질러 설치함.
【架子 가자】①선반. ②가지가 늘어지지 않도록 밑에서 받쳐 세운 시렁. ③國편경(編磬)·편종(編鐘) 따위를 달아 놓는 틀.
【架槽 가조】나무로 만든 홈통.
● 結-, 高-, 構-, 擔-, 書-, 十字-, 玉-, 屋-, 衣-, 層-, 筆-, 後-.

木[柬]
5
⑨ 가릴 간 潸 jiǎn

[소전] 柬 [초서] 柬 [자해] ①가리다. 분간하다. ≒揀·簡. ¶柬理. ②편지. ≒簡. ¶柬書.
【柬理 간리】사리(事理)를 가려서 앎.
【柬書 간서】편지. 簡書(간서).
【柬帖 간첩】①편지. ②명함.
● 禮-, 婚-.

木[柑]
5
⑨ ❶감자나무 감 覃 gān
❷재갈 먹일 겸 鹽 qián

[참고] 대법원 지정 인명용 한자의 음은 '감'이다.
[자해] ❶감자나무. 상록 교목. 열매는 신맛이 나며 주로 약재(藥材)로 쓴다. ¶柑子. ❷①재갈을 먹이다. 재갈. ≒箝·鉗·拑. ¶柑馬. ②입을 다물다. ≒鉗.
【柑子 감자】감자나무의 열매. 귤의 한 종류.
【柑馬 겸마】말에 재갈을 먹임. 鉗馬(겸마).

木[柜]
5
⑨ ❶고리버들 거 語 jǔ
❷낙숫물 통 구 麌 jǔ

[소전] 柜 [초서] 柜 [자해] ❶고리버들, 기류(杞柳).〔後漢書〕柜柳楓楊. ❷①낙숫물 통. 낙수(落水)를 받는 물통.〔周禮〕

柜受溜水器. ❷느티나무.
【柜柳 거류】고리버들. 杞柳(기류).

木5 【楓】⑨ ❶모 고 團 gū
　　❷國윗가지 외 gū
[소전][초서] 字解 ❶❶모, 모서리. ≒觚.〔一切經音義〕木四方爲棱, 八棱爲楓. ❷술잔. ❷윗가지, 외를 엮는 나뭇가지. =棍.

木5 【枯】⑨ 마를 고 團 kū

一 十 才 木 朴 杜 枯 枯 枯

[소전][초서] 字源 會意·形聲. 木+古 →枯. '古(고)'가 음도 나타낸다. 오래된〔古〕나무〔木〕는 말라 죽게 마련이라는 데서 '마르다'의 뜻을 나타낸다.
字解 ❶마르다. ㉠초목이 마르다.〔禮記〕行冬令則草木蚤枯. ㉡물이 마르다. ¶ 枯旱. ㉢야위다, 수척하다.〔楚辭〕形容枯槁. ㉣물기가 없다, 건조하다. ¶ 枯槁. ㉥죽다.〔曹松·詩〕一將功萬骨枯. ❸비다, 텅 비다. ¶ 枯城. ❹마른나무, 말라 죽은 나무.〔國語〕已獨集于枯. ❺나무 이름. ㉠느릅나무 비슷한 나무. ㉡모형(牡荊) 비슷한 나무. ❻거칠다. =盬. ❼기시(棄市)하다. ¶ 枯磔.
【枯渴 고갈】물이 말라서 없어짐.
【枯槁 고고】①초목이 마름. ②속세를 버리고 은거함. ③야윔. ④생기가 없음. ⑤물기가 마름. 乾燥(건조).
【枯骨 고골】①죽은 지 오래되어 살은 썩어 없어지고 뼈만 남음. ②죽은 사람. 枯骸(고해).
【枯淡 고담】①욕심이 없고 담담함. ②서화·문장·성격 등이 산뜻하여 아취(雅趣)가 있음.
【枯木死灰 고목사회】말라 죽은 나무와 불이 꺼진 재. 사람이 생기와 의욕이 없음.
【枯木生花 고목생화】말라 죽은 나무에서 꽃이 핌. ㉠곤궁한 처지에 빠졌던 사람이 행운을 만남. ㉡늘그막에 아기를 낳거나 대가 끊길 지경에서 아들을 낳음.
【枯腐 고부】말라 썩음. 枯朽(고후).
【枯死 고사】나무나 풀이 말라 죽음.
【枯蟬 고선】매미의 허물. 한약재로 씀. 蟬退(선퇴). 蟬蛻(선태).
【枯城 고성】사람이 없어 텅 빈 성.
【枯樹生華 고수생화】말라 죽은 나무에서 꽃이 핌. 노쇠한 사람이 생기가 되찾음. 枯木生花(고목생화).
【枯楊生梯 고양생제】늙은 버드나무에 새 움이 돋음. 늙은이가 젊은 부인을 얻음.
【枯楊生華 고양생화】마른 버드나무에 꽃이 핌. 늙은 여자가 자기보다 젊은 남편을 얻음.
【枯葉 고엽】마른 잎.
【枯腸 고장】①굶주린 창자. 빈속. ②문장에 재주가 없음.
【枯磧 고적】황폐하여 초목이 나지 않는 모래벌판.

【枯折 고절】말라서 꺾임.
【枯磔 고책】죄인의 사지를 찢어 많은 사람이 모이는 곳에 내걺. 기시(棄市)하여 욕되게 함.
【枯旱 고한】가뭄으로 물이 마름.
◑乾-, 橘-, 榮-, 凋-, 涸-.

木5 【枴】⑨ 지팡이 괘 團 guǎi
[초서] 字解 지팡이, 노인이 짚는 지팡이.

木5 【枸】⑨ ❶호깨나무 구 團 jǔ
　　❷구기자나무 구 團 gǒu
　　❸굽을 구 圍 gōu
　　❹거개 뼈대 구 團 qú
[소전][초서] 字解 ❶❶호깨나무. 낙엽교목. 맛이 좋은 과실이 열린다.〔詩經〕南山有枸. ❷구연, 레몬. 유자(柚子) 비슷한 과실이 열린다. ❸구약나물〔蒟〕, 부류등(浮留藤). ≒蒟. ¶ 枸醬. ❷①구기자나무.〔陸游·詩〕晨齋枸杞一杯羹. ❷박달목서. 상록교목. ¶ 枸骨. ❸①굽다, 구부정하다. ¶ 枸木. ②탱자나무. ¶ 枸橘. ❹①거개(車蓋)의 뼈대. ②그루터기.
【枸骨 구골】박달목서.
【枸杞子 구기자】구기자나무의 열매.
【枸木 구목】굽은 나무. 曲木(곡목).
【枸醬 구장】중국 안남(安南) 지방에 나는 구약나물의 열매로 담근 장. 조미료로 씀.
◑株-, 枳-.

木5 【柩】⑨ 널 구 團 jiù
[소전][주문][초서] 字解 널. 시체를 넣는 상자.
【柩衣 구의】출관(出棺)할 때에 관 위를 덮는 홑이불 같은 보자기.
◑靈-, 運-.

木5 【柾】⑨ ❶관 구 團 jiù
　　❷國사람 이름 정 jiù
參考 대법원 지정 인명용 한자음은 '정'이다. 字解 ❶관, 널. ❷사람 이름. 우리나라에서 항렬자로 쓴다.

木5 【枏】⑨ 枬(827)의 속자

木5 【柰】⑨ ❶능금나무 내 團 nài
　　❷어찌 나 團 nài
[소전][초서] 參考 대법원 지정 인명용 한자음은 '내·나'이다. 字解 ❶①능금나무.〔潘岳·賦〕二柰曜丹白之色. ②어찌, 어떻게, 어찌하랴. ≒那·如. ¶ 柰何. ❷어찌.
【柰何 내하】어떻게. 어찌하여. 如何(여하).
【柰何木 내하목】성(城)을 지키는 무기. 성을

木部 5획 柅 柮 柃 柳 桺 㭛 某 柈 柏

기어오르는 적을 물리칠 때 씀.

木5 【柅】⑨ 무성할 니 紙 nǐ

字解 ①무성하다, 무성한 모양. ¶ 柅柅. ②살피다, 명찰(明察)하다. 〔新唐書〕捷柅姦冒. ③수레바퀴의 회전을 멈추게 하는 장치. =昵. 〔易經〕繫于金柅.

【柅柅 이니】 초목이 무성한 모양.
【柅杜 이두】 막아서 끊음. 杜絕(두절).

木5 【柮】⑨ ❶마들가리 돌 月 duò ❷가지 없는 나무 올 月 wù

字解 ❶마들가리, 목재(木材)를 자르고 남은 토막. 〔陸游·詩〕榾柮燒殘地爐冷. ❷가지 없는 나무. =杌.

木5 【柃】⑨ 사스레피나무 령 青 líng

字解 ①사스레피나무. 후피향나무과의 늘푸른 나무. ②보리를 볶는 기구.

木5 【柳】⑨ 버들 류 有 liǔ

字源 形聲. 木+卯→柳. '卯(묘)'가 음을 나타낸다.

字解 ①버들, 버드나무의 총칭. 〔詩經〕折柳樊圃. ②별자리 이름. 28수(宿)의 하나. 〔後漢書〕今反在柳三度. ③모이다. 〔尙書大傳〕秋祀柳穀華山. ④상여(喪輿)를 꾸미는 덮개. 〔禮記〕葬引飾棺以柳翣. ⑤수레 이름. ¶ 柳車. ⑥오음(五音)의 하나인 우(羽)의 딴 이름.

【柳車 유거】 상여. 장사 지낼 때 쓰는 수레.
【柳京 유경】 평양(平壤)의 딴 이름.
【柳器 유기】 고리버들 가지로 결어서 만든 그릇. 고리.
【柳綠 유록】 봄철 버들잎의 빛. 연둣빛.
【柳綠花紅 유록화홍】 버들은 푸르고 꽃은 붉음. 봄철 자연의 경치.
【柳眉 유미】 버드나무 잎같이 가늘고 아름다운 눈썹. 미인의 눈썹. 柳葉眉(유엽미).
【柳絲 유사】 버드나무의 가지. 柳條(유조).
【柳色 유색】 버드나무의 푸른빛.
【柳絮 유서】 ①버들개지. 봄날에 날리는 버드나무의 꽃. ②눈(雪).
【柳岸 유안】 버드나무의 언덕.
【柳暗花明 유암화명】 버드나무는 무성하여 어둡고, 꽃 빛깔은 밝음. 시골의 아름다운 봄 경치.
【柳煙 유연】 버드나무 숲에 서린 이내.
【柳營 유영】 장군(將軍)의 진영(陣營). 막부(幕府).
故事 한대(漢代)의 주아부(周亞夫)가 세류(細柳)에 진을 치고 군기(軍紀)를 엄정하게 하여 문

제(文帝)가 감탄했다는 고사에서 온 말.
【柳腰 유요】 ①하늘거리는 버들가지. ②미인의 가는 허리.
【柳態 유태】 ①버드나무 가지의 맵시. ②하늘늘하는 고운 맵시. 미인의 자태.
【柳巷 유항】 ①버드나무가 있는 번화한 거리. ②화류계(花柳界). 遊廓(유곽).

❶柅—, 細—, 垂—, 岸—, 楊—, 折—, 堤—, 靑—, 蒲—, 河—, 花—.

木5 【桺】⑨ 柳(836)와 동자

木5 【㭛】⑨ 기둥 말 曷 mò

字解 기둥, 지주(支柱). 〔淮南子〕標枺欂櫨,以相支持.

木5 【某】⑨ ❶아무 모 有 mǒu ❷매화나무 매 灰 méi

一 十 卄 卄 甘 甚 苷 芇 苺 某

參考 대법원 지정 인명용 한자의 음은 '모'이다.

字源 會意. 甘+木→某. 본래 신맛이 나는 열매를 뜻하였으나, '어떤 사람'이라는 뜻으로 가차되었다.

字解 ❶①아무, 아무개. ㉮호칭을 알 수 없는 사람·사물·장소 등을 나타내는 대명사. 〔春秋公羊傳〕使勇士某者. ㉯누구라고 이름을 지적하지 않고 이르는 말. 〔書經〕惟爾玄孫某往殺之. ㉰성(姓) 아래에 놓아 이름 대신에 그 어떤 사람을 지적하여 이르는 말. 〔書經〕惟爾元孫某. ②어느, 어느 것, 어느 일, 어느 곳. 〔禮記〕問品味, 子亟食於某乎. ③자기의 겸칭(謙稱). 〔神仙傳〕蘇仙公白母曰, 某受命當仙, 被召有期. ④꾀하다, 꾀. 늑謀. 〔儀禮〕某有子某. ②매화나무. ※梅(851)의 본자(本字).

【某年 모년】 아무 해. 어떤 해.
【某氏 모씨】 아무개의 존칭(尊稱).
【某種 모종】 어떤 종류. 아무 종류.
【某處 모처】 아무 곳. 어떤 곳.

木5 【柈】⑨ 쟁반 반 寒 pán

字解 쟁반, 주발, 바리때. =槃·盤.

木5 【柏】⑨ 나무 이름 백 陌 bǎi

字解 ①나무 이름. ㉮측백나무. 측백(側柏)과 편백(扁柏)의 총칭. ㉯잣나무. 상록 교목. ②닥치다. 늑迫. 〔史記〕魚弗鬱兮柏冬日. ③크다. 늑伯. ¶ 柏車. ④나라 이름. 주대(周代)에 지금의 하남성(河南省)에 있었다.

【柏車 백거】 산에서 쓰는 큰 수레.
【柏臺 백대】 ①어사대(御史臺)의 딴 이름. ◯한대(漢代) 어사부(御史府)에 측백나무를 심은 데서 온 말. ②청대(淸代) 안찰사(按察使)의 딴 이름.
【柏梁臺 백량대】 전한(前漢) 때에 무제(武帝)가 장안(長安)의 서북쪽에 세운 대(臺).
【柏梁體 백량체】 칠언(七言) 연구(聯句)의 한시체. ◯한 무제가 백량대 낙성식에서 신하들에게 짓게 한 데서 유래함.
【柏葉壽 백엽수】 잣나무 잎이 사철 푸르듯, 늘 건강하게 장수(長壽)함. 松柏壽(송백수).
【柏子 백자】 잣. 잣씨.
【柏酒 백주】 측백나무나 편백나무의 잎을 담가 우려낸 술. ◯사기(邪氣)를 물리친다 하여 정월 초하룻날 마심. 柏葉酒(백엽주).
◯石—, 松—, 竹—, 側—, 稚—, 扁—, 香—.

木5【柄】⑨ 자루 병 🈺 bǐng
字解 ①자루, 손잡이. 〔禮記〕尸酢夫人執柄. ②근본. 〔國語〕治國家不失其柄. ③권세, 권력. 〔春秋左氏傳〕旣有利權, 又執民柄. ④거리, 재료, 밑절미. 〔孟浩然·詩〕講席邀談柄. ⑤두병(斗柄)이 가리키는 곳. 〔太玄經〕泰柄雲行.
【柄授 병수】 권력을 줌.
【柄臣 병신】 권력을 잡은 신하.
【柄用 병용】 중용(重用)하여 권력을 장악하게 함. 또는 그런 사람.
◯國—, 權—, 斗—, 文—, 政—, 刑—, 花—.

木5【柎】⑨ ❶떼목 부 🈺 fū ❷줌통 부 🈺 fǔ ❸붙일 부 🈺 fù
字解 ❶①떼목, 떼. ≒泭. ¶柎橃. ②꽃받침. 〔山海經〕圓葉而白柎. ③동자기둥 위의 가로대. ¶柎側. ❷①줌통. 활의 한가운데 손으로 쥐는 부분. ≒拊. 〔周禮〕方其峻而高其柎. ②기대다, 의지하다. 〔管子〕父老柎枝而論, 終日不歸. ❸붙이다, 바르다. ≒坿. 〔儀禮〕以魁柎之.
【柎橃 부벌】 떼목.
【柎枝 부지】 나뭇가지에 기댐.
【柎側 부측】 동자기둥 위 가로대의 곁.

木5【柲】⑨ 자루 비 🈺 bì
字解 ①자루, 손잡이. ②도지개. 활을 바로잡는 틀. 〔儀禮〕弓有柲. ③나무가 서 있다.

木5【柶】⑨ 수저 사 🈺 sì
字解 ①수저, 숟가락. ②國윷. ¶擲柶.

木部 5획 柄柎柲柶柤查枯柤枲柱 837

木5【柤】⑨ ❶난간 사 🈺 zhā ❷도마 조 🈺 zǔ
字解 ❶①난간, 나무로 만든 난간. ②보(洑), 방죽. ③풀명자나무. ≒樝. 낙엽 관목. 배와 비슷한, 신맛이 나는 열매가 연다. ④탕약을 짠 찌꺼기. ⑤땅 이름. ❷①도마. ≒俎. 〔韓勅碑〕爵鹿相柤. ②거칠다, 대강. ≒粗. 〔陸機·論〕百度之缺柤修.

木5【查】⑨ 사실할 사 🈺 chá, zhā
一十才木木杏杳查
字源 形聲. 木+且→查. '且(차)'가 음을 나타낸다.
字解 ①사실하다, 조사하다. 〔陸容·記〕查理查勘. ②떼, 뗏목. ≒槎·楂. 〔拾遺記〕巨查浮于西海. ③풀명자나무. ≒樝·柤. ④찌꺼기. ≒渣. ¶查滓. ⑤國사돈.
【查頓 사돈】 國혼인한 두 집의 어버이 대와 그 윗대의 같은 항렬끼리 서로 부르는 말.
【查問 사문】 조사하여 따져 물음.
【查査 사사】 까치가 우는 소리.
【查收 사수】 조사하여 받아들임.
【查受 사수】 조사하여 받음.
【查牙 사아】 여위어서 뼈가 앙상한 모양.
【查閱 사열】 ①조사하거나 검열하기 위하여 하나씩 쭉 살펴봄. ②군대에서 장병을 정렬시키거나 행진시키어 훈련 정도나 사기를 살펴봄.
【查丈 사장】 ①검사함. ②國사돈의 존칭(尊稱).
【查滓 사재】 찌꺼기. 앙금.
【查正 사정】 조사하여 그릇된 것을 바로잡음.
【查定 사정】 조사하여 결정함.
【查照 사조】 사실에 비추어 조사함.
【查證 사증】 ①조사하여 증명함. ②외국인에 대한 출입국 허가의 증명. 비자(visa).
【查察 사찰】 조사하여 살핌.
【查詰 사힐】 조사하여 힐문(詰問)함.
◯監—, 檢—, 考—, 內—, 踏—, 搜—, 審—, 調—, 走—, 探—.

木5【柘】⑨ 柤(837)와 동자

木5【柤】⑨ 耝(1422)와 동자

木5【枲】⑨ 桑(846)과 동자

木5【柱】⑨ 國지 생
字解 ①찌, 찌지. 무엇을 표하기 위하여 붙이는 좁은 종이 쪽지. ②제비. 여럿 가운데 하나를 골라잡게 하여 승부나 차례를 결정하는 방법. ③장승.

木5 【柖】⑨ 나무 흔들릴 소 🔲 sháo
字解 ①나무가 흔들리다. ②과녁.

木5 【柗】⑨ 松(830)과 동자

木5 【枾】⑨ 감나무 시 🔲 shì
소전 초서 본자 속자 字解 ① 감나무.
낙엽 교목의 과수(果樹). ②감. 감나무 열매.
【枾雪 시설】곶감 거죽에 생기는 흰 가루.
❍ 乾―, 軟―, 樽―, 沈―, 紅―, 黑―.

木5 【柿】⑨ 枾(838)의 속자

木5 【枾】⑨ 枾(838)의 본자

木5 【枲】⑨ 모시풀 시 🔲 xǐ
소전 주문 초서 字解 ①모시풀.
다년생 식물. 줄기의 껍질에서 섬유를 뽑아 모시를 짠다.〔書經〕岱畎絲枲. ②삼. ¶枲麻.
【枲麻 시마】삼[麻]. 삼의 섬유.
【枲繩 시승】삼으로 꼬거나 드린 노나 바.
【枲著 시착】모시로 만든 솜옷.

木5 【柴】⑨ ❶섶 시 ⓐ재 🔲 chái
❷가지런하지 않을 치 🔲 cī
❸쌓을 자 🔲 zì
❹울짱 채 🔲 zhài
소전 초서 隸楷 대법원 지정 인명용 한자의 음은 '시'이다.
字解 ❶①섶. ②산야(山野)에 절로 나는 잡목(雜木).〔禮記〕收秩薪柴. ④물거리, 땔나무.
¶柴奴. ②거칠다.〔後漢書〕柴車草屏. ③제사 이름, 제사를 지내다. 섶을 불살라서 하늘에 고하는 제사.〔書經〕岱于岱宗柴. ④막다, 수비(守備)하다.〔淮南子〕柴箕子之門. ⑤성(姓).
⑥울타리, 울짱, 목책(木柵).〔莊子〕柴生乎守.
❷가지런하지 않다. ¶柴池. ❸쌓다, 쌓이다.〔詩經〕助我擧柴. ❹울짱. ※❶의 ⑥과 같다.
【柴車 시거】①장식이 없는 수레. ②낡은 수레.
【柴奴 시노】땔나무를 하는 머슴.
【柴糧 시량】땔나무와 양식.
【柴門 시문】①사립문. 柴扉(시비). ②문을 닫음. 외부와의 교제를 끊음. 杜門(두문).
【柴扉 시비】사립문. 柴扃(시경). 柴門(시문).
【柴池 시지】❶시 ❷치 ❸작달막한 잡목(雜木)을 못나게 심음. 參差(참차). ②가지런하지 않은 모양. 들쭉날쭉한 모양. 參差(참차).
【柴草 시초】땔감이 되는 마른 풀.
【柴炭 시탄】땔나무와 숯.

【柴荊 시형】①잎나무와 가시나무. ②잎나무로 엮은 문. 누추한 집.
【柴戶 시호】잎나무로 결은 문. 누추한 집.
【柴毀 시훼】상(喪)을 당하여 너무 슬퍼한 나머지 몸이 여윔. 哀毁(애훼).
❍ 郊―, 鹿―, 茅―, 藩―, 薪―.

木5 【栴】⑨ 그루터기 얼 🔲 niè
소전 초서 字解 ①그루터기. ②움, 새로 돋아 나는 싹. =櫱. ③파편, 깨어진 조각.
〔石介·頌〕手鋤姦栴.

木5 【染】⑨ 물들일 염 🔲 rǎn
丶丶氵氿氿染染染
소전 초서 예서 字源 會意. 水+九+木→染. 물감이 되는 나무(木)를 여러 번 많이(九) 물(氵)에 적신다는 데서 '물들이다'의 뜻을 나타낸다.
字解 ①물들이다.〔周禮〕掌染絲帛. ②적시다, 액체에 담그다. ¶染指. ③쓰다, 그리다. ¶染筆. ④더럽히다, 더럽게 하다.〔後漢書〕轉相誣染. ⑤색칠하다, 바르다.〔史記〕割鮮染輪. ⑥물들다. ㉮염색이 되다.〔陸游·詩〕柳染輕黃已蘸溪. ㉯감화(感化)되어 달라지다.〔呂氏春秋〕舜染于許由伯陽. ⑦더러워지다, 때문다.〔馬臻·詩〕誤染京華塵. ⑧옮다, 질병(疾病)에 걸리다.〔晉書〕疫癘不相染也. ⑨익숙하여지다, 습관이 되다.〔後漢書〕漸染朝事. ⑩더러움, 물들어서 더러워짐.〔崔駰·表〕出塵離染. ⑪부드러운 모양, 유순한 모양.〔詩經〕荏染柔木.
【染舊作新 염구작신】헌것을 물들여 새것으로 만듦.
【染料 염료】옷감 따위에 빛깔을 들이는 물질. 물감.
【染病 염병】①병에 감염(感染)됨. ②㉠장티푸스. ㉡전염병.
【染絲 염사】①실을 물들임. 물들인 실. 색실. ②감화됨.
【染色 염색】염료로 물을 들임.
【染俗 염속】세속에 물듦.
【染鬚 염수】수염을 물들임. 노인이 젊은이처럼 꾸밈.
【染愛 염애】깊은 애정. 깊은 자애(慈愛).
【染汚 염오】①더러움에 물듦. 물들어 더러워짐. ②(佛)모든 번뇌(煩惱).
【染指 염지】손가락을 담금. ㉠음식의 맛을 봄. ㉡지나치게 이익을 얻으려고 함.
【染織 염직】①피륙에 물을 들임. ②염색과 직조(織造).
【染著 염착】①세속(世俗)에 물들어 이에 집착함. ②속세.
【染草 염초】염료가 되는 풀. 染料(염료).
【染筆 염필】붓에 먹이나 물감을 묻힘. ㉠글

씨를 쓰거나 그림을 그림.
【染翰 염한】붓에 먹물을 묻힘. 글씨를 씀.
【染化 염화】영향을 받음. 감화됨.
● 感—, 舊—, 捺—, 世—, 心—, 愛—, 汚—, 濡—, 傳—, 漸—, 點—, 浸—, 薰—, 揮—.

木5【柍】⑨ ❶나무 이름 영 庚 yīng
❷가운데 앙 養 yǎng
소전 𣐈 초서 柍 [字解] ❶나무 이름. ㉮녹나무. ㉯살구, 살구나무. ❷① 가운데, 중앙(中央). ≒央. 〔漢書〕日月纏經於柍桭. ②가슴에 쌓인 감정이 밖으로 표출되는 모양. 〔馬融·賦〕瞋菌碨柍.

木5【栄】⑨ 榮(871)의 속자

木5【荣】⑨ 榮(871)의 속자

木5【枻】⑨ ❶노 예 霽 yì
❷도지개 설 屑 xiè
초서 枻 동자 栧 [字解] ❶①노. 〔史記〕揚桂枻. ②키, 배의 키. ❷도지개. 뒤틀린 활을 바로잡는 틀.

木5【盉】⑨ 鬱(2078)의 속자

木5【柔】⑨ 부드러울 유 尤 róu

[서체 이미지]

[字源] 形聲. 矛+木→柔. '矛(모)'가 음을 나타낸다.
[字解] ①부드럽다. ㉮성질·태도 등이 화평하고 순하다. 〔易經〕立地之道, 曰柔與剛. ㉯닿거나 스치는 맛이 거칠거나 뻣뻣하지 않다. ¶ 柔風. ②약하다, 여리다, 무르다. 〔曹植·賦〕柔情綽態. ③좇다, 복종하다. 〔春秋左氏傳〕我且柔之矣. ④편안하게 하다. ¶ 柔遠. ⑤사랑하다. ¶ 柔惠. ⑥쌍일(雙日). 10간의 을(乙)·정(丁)·기(己)·신(辛)·계(癸)에 해당하는 날.
【柔強 유강】나긋나긋하면서도 튼튼함.
【柔謹 유근】성질이 온유하고 조심성이 많음.
【柔氣 유기】유순한 기운.
【柔能制剛 유능제강】부드러운 것이 능히 굳센 것을 이김.
【柔道 유도】①유순한 도. ②맨손으로 상대자를 넘어뜨리거나 메어치는 무술의 한 가지. 柔術(유술).
【柔良 유량】유순하고 선량함.
【柔麗 유려】유순하고 아름다움.
【柔櫓 유로】천천히 젓는 노.
【柔曼 유만】살결이 부드럽고 고움.
【柔毛 유모】①부드러운 털. ②양(羊)의 딴 이름. ③붓의 딴 이름.

【柔撫 유무】어루만져 달래고 위로함.
【柔媚 유미】①유순한 태도로 아첨함. 柔佞(유녕). ②연약하고 예쁨.
【柔範 유범】여자에게 주는 가르침. 부덕(婦德)에 대한 교훈. 柔訓(유훈).
【柔淑 유숙】유순하고 정숙함.
【柔順 유순】부드럽고 순함.
【柔弱 유약】부드럽고 약함.
【柔茹剛吐 유여강토】연한 것은 먹고, 딱딱한 것은 뱉음. 약한 자를 누르고, 강한 자를 두려워함.
【柔婉 유완】유순함.
【柔遠 유원】먼 곳의 백성을 회유(懷柔)하여 따르게 함.
【柔情 유정】온후하고 부드러운 마음. 여자의 사근사근한 마음.
【柔荑 유제】부드러운 삘기. 희고 아름다운 여자의 손.
【柔兆 유조】①태세(太歲) 천간(天干)에 병(丙)이 든 해. ②천간의 병(丙)의 딴 이름.
【柔質 유질】가냘프고 나긋나긋한 체질.
【柔脆 유취】부드럽고 연약함. 柔弱(유약).
【柔風 유풍】부드러운 봄바람. 和風(화풍).
【柔翰 유한】붓의 딴 이름.
【柔惠 유혜】①유순함. ②사랑함. 자애.
【柔和 유화】성질이 부드럽고 온화함.
【柔滑 유활】부드럽고 미끄러움. 軟滑(연활).
【柔訓 유훈】부녀자에 대한 교훈.
● 剛—, 輕—, 寬—, 嬌—, 善—, 纖—, 弱—, 溫—, 優—, 陰—, 仁—, 直—, 和—, 懷—.

木5【柚】⑨ ❶유자나무 유 宥 yòu
❷바디 축 屋 zhóu
❸대나무 이름 유 尤 yóu
소전 柚 초서 柚 [參考] 대법원 지정 인명용 한자의 음은 '유'이다.
[字解] ❶유자나무. 상록 교목. 〔史記〕橘柚芬芬. ❷바디. ≒軸. 베틀이나 가마니틀 등에 딸린, 날실을 꿰는 기구의 한 가지. ❸대나무 이름. 〔左思·賦〕柚梧有篁.
【柚梧 유오】대나무의 한 가지.
【柚子 유자】유자나무의 열매.
【柚皮 유피】유자의 껍질.

木5【柁】⑨ ❶柂❷(826)과 동자
❷柂(841)와 동자

木5【柘】⑨ 산뽕나무 자 禡 zhè
소전 柘 초서 柘 [字解] ❶산뽕나무, 산상(山桑). ¶ 柘彈. ❷적황색(赤黃色). ❸사탕수수. ≒蔗.
【柘燧火 자수화】산뽕나무에 구멍을 내고, 거기를 마찰하여 얻는 불. 柘火(자화).
【柘彈 자탄】산뽕나무로 만든 활. 호사하는 사람들의 놀이 때 씀.

木 5 【柞】⑨ ❶나무 이름 작 麌 zuò ❷벨 책 陌 zé

字解 ❶①나무 이름. ㉮떡갈나무. ㉯상수리나무. ②나라 이름. ❷①베다. ≒槎.〔詩經〕維柞之枝. ②올가미, 덫.

【柞蠶 작잠】 멧누에. 떡갈나무 잎을 먹고 갈색 누에고치를 지음.

木 5 【柠】⑨ 檸(866)와 동자

木 5 【柢】⑨ 뿌리 저 薺 dǐ

字解 ①뿌리. ㉮나무의 뿌리.〔老子〕深根固柢. ㉯근본, 기초, 근기(根基). ②뿌리를 내리다, 바탕으로 하여 생겨나다.〔左思·賦〕萌柢疇昔.

木 5 【柊】⑨ 나무 이름 종 東 zhōng

字解 ①나무 이름, 파초(芭蕉)와 비슷한 나무. ②메. ¶ 柊楑.

【柊楑 종규】 물건을 다지는 데 쓰는 메.

木 5 【柱】⑨ ❶기둥 주 麌 zhù ❷버틸 주 遇 zhù

一 十 才 木 朴 朴 柱 柱 柱

字源 形聲. 木+主→柱. '主(주)'가 음을 나타낸다.

字解 ❶①기둥. ㉮보·도리 등을 받치는 나무.〔漢書〕腐木不可以爲柱. ㉯어떠한 물건을 밑에서 위로 곧게 받치거나 버티는 것의 범칭(泛稱).〔史記〕天柱折, 地維絶. ㉰기둥과 같이 의지가 될 만한 것이나 사람. ¶ 柱國. ②기러기 발. 가야금·거문고·아쟁 등의 줄 밑에 괴어 줄의 소리를 고르는 데 쓰는 부속품.〔史記〕膠柱鼓瑟. ③줄기.〔張正見·詩〕飄花更灑技, 潤石還侵柱. ④높이 솟다.〔山海經〕上有扶木, 柱三百里. ⑤성(姓). ⑥풀 이름, 자운영(紫雲英). ❷①버티다, 괴다.〔韓愈·銘〕鼎也, 不可以倒車. ②막다, 통하지 못하게 하다.〔莊子〕藜藿柱乎鼪鼬之徑. ③헐뜯다, 비방하다.〔漢書〕連柱五鹿君. ④어기다, 순종하지 않다.〔漢書〕泧泧枝柱.

【柱幹 주간】 ①기둥과 줄기. 中心(중심). ②가장 중요한 곳.

【柱國 주국】 ①기둥이 집을 지탱하듯이 국가를 지탱하는 중요한 땅. 국도(國都). ②관명(官名). 훈위(勳位)로서 직무(職務)가 없는 명예 작위. 上柱國(상주국). ③고려 때 훈위(勳位)의 두 번째 등급.

【柱聯 주련】 기둥이나 바람벽 등에 써서 붙이거나 거는 한시(漢詩)의 연구(聯句). 楹聯(영련).

【柱石之寄 주석지기】 국가를 받치는 중대한 임무. ○'寄'는 '위임함'을 뜻함.

【柱石之臣 주석지신】 국가의 기둥과 주추가 되는 중신(重臣).

【柱礩 주질】 기둥과 주추. 柱石(주석).

【柱下史 주하사】 ①주대(周代)에 도서(圖書)를 관리하던 사람. ②노자(老子). ○노자가 주대에 장서실(藏書室)의 관리였던 데서 온 말. ③한대(漢代) 시어사(侍御史)의 딴 이름.

❶膠-, 琴-, 銅-, 冰-, 石-, 楹-, 影-, 圓-, 底-, 電-, 題-, 彫-, 支-, 鐵-, 花-.

木 5 【枳】⑨ ❶탱자나무 지 紙 zhǐ ❷탱자나무 기 紙 zhǐ ❸가지 지 支 zhī ❹가지 기 支 zhī

參考 대법원 지정 인명용 한자의 음은 '지'이다.

字解 ❶①탱자나무.〔周禮〕橘踰淮而化爲枳. ②탱자. ③해치다, 상하게 하다. ≒疻.〔孔叢子〕率過以小罪謂之枳. ④땅 이름. ≒帜. ⑤고을 이름, 현 이름. 한대(漢代)에 두었다. 지금의 부릉(涪陵). ❷탱자나무. ※❶의 ①과 같다. ❸①가지, 가장귀, 갈래. ≒枝. ¶ 枳首蛇. ②막다, 저지하다.〔逸周書〕維有共枳. ❹가지. ※❸의 ①과 같다.

【枳殼 지각·기각】 ①탱자를 썰어 말린 약재. ○한방에서 건위제로 씀. ②탱자나무.

【枳椇 지구·기구】 ①호깨나무. ②호깨나무의 열매. ○약재로 씀.

【枳棘 지극·기극】 ①탱자나무와 가시나무. 방해물(妨害物). ○둘 다 악목(惡木)인 데서 이르는 말. ②탱자나무의 가시.

【枳實 지실·기실】 어린 탱자를 썰어 말린 약재.

❶棘-, 荊-.

木 5 【柣】⑨ ❶문지방 질 質 zhì ❷문 이름 절 屑 dié

字解 ❶①문지방. ②섬돌. ❷문(門) 이름.〔春秋左氏傳〕入于桔柣之門.

木 5 【柵】⑨ 울짱 책 陌 zhà

字解 ①울짱, 목책(木柵).〔魏書〕連營立柵. ②성채, 작은 성.〔陳書〕攻其水南二柵. ③잔교(棧橋), 잔도(棧道).〔陳書〕跨淮立橋柵.

【柵門 책문】 울타리의 문.

❶木-, 鐵-.

木 5 【栅】⑨ 柵(840)과 동자

木 5 【柷】⑨ 악기 이름 축 屋 zhù

字解 악기 이름. 민속 음악에서 쓰는 목제(木製) 타

악기의 한 가지. 모양은 네모지고, 한가운데에 방망이를 넣어 좌우 양쪽을 친다. 〔書經〕 合止柷敔.

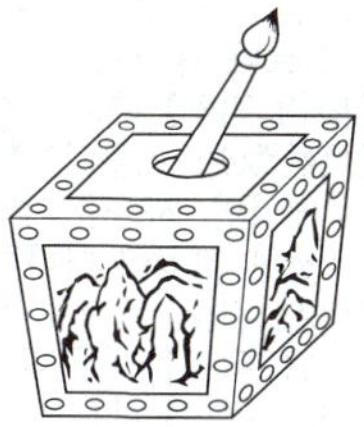
〈柷〉

【柷敔 축어】 축과 어. 🔍'柷'은 음악의 시작 신호로, '敔'는 마치는 신호로 울리는 악기. 柷圉(축어).

木5【栀】⑨ 梔(854)와 동자

木5〖柒〗⑨ ❶漆(1032)과 동자 ❷七(9)의 갖은자

木5【柁】⑨ 키 타 [哿] duò

[초서] [동자] 舵 [동자] 柂 [字解] 키, 배의 키. 고물(선미)에 달아 배의 방향을 잡는 기구.

【柁樓 타루】 배의 키를 조정하는 선실(船室)의 높은 곳.

【柁手 타수】 배의 키를 조종하는 사람. 키잡이. 操柁手(조타수).

◑ 起－, 司－, 失－, 轉－, 操－手, 風－.

木5〖柝〗⑨ 열 탁 [藥] tuò

[소전] [초서] [參考] 析(830)은 딴 자. [字解] ①열다, 펼치다, 열리다. 〔淮南子〕 廓四方, 柝八極. ②터지다, 갈라지다. ¶ 柝居. ③딱따기, 딱따기를 쳐서 경계하다. 〔周禮〕 夕擊柝而比之.

【柝居 탁거】 세간을 남. 分家(분가).

木5〖枰〗⑨ 바둑판 평 [庚] píng

[소전] [초서] [參考] 秤(1271)은 딴 자. [字解] ①바둑판. 〔陸游·詩〕 圍棊客散但空枰. ②쌍륙판. 〔韋曜·論〕 所志不過一枰之上. ③의자, 침상(寢牀). ④은행나무. 〔司馬相如·賦〕 華楓枰櫨.

木5【枹】⑨ ❶떡갈나무 포 [肴] bāo ❷북채 부 [虞] fú

[소전] [초서] [字解] ❶①떡갈나무, 졸참나무. 떡갈나무〔槲〕의 어린 것을 '枹', 다 자란 것을 '櫟(력)'이라 한다. ②무더기로 더부룩하게 나다, 총생(叢生)하다. ≒苞. ❷①북채. ≒桴. 〔春秋左氏傳〕 援枹而鼓. ②삽주.

【枹鼓 부고】 ①북채와 북. ②군대의 진영(陣營). ③한대(漢代)에, 도적이 들면 북을 쳐서 대중에게 경계하도록 하던 일.

木5【柀】⑨ 나무 이름 피 [紙] bǐ

[소전] [字解] 나무 이름. ㉮삼나무. ≒杉. ㉯비자나무. ≒榧.

木5【柙】⑨ 우리 합 [洽] xiá

[소전] [고문] [초서] [字解] ①우리. 짐승을 가두어 두는 시설. 〔論語〕 虎兕出於柙. ②잡아 가두다. 〔管子〕 遂生束縛而柙, 以予齊. ③궤, 함. ≒匣. ④궤 속에 넣다. 〔莊子〕 柙而藏之. ⑤나무 이름. 향나무의 한 가지. 〔張衡·賦〕 楓柙櫨櫪.

木5【枵】⑨ 빌 효 [蕭] xiāo

[소전] [초서] [字解] ①비다. ㉮텅 빈 모양, 큰 나무의 줄기 속이 빈 모양. 〔林下偶談〕 外肥內枵. ㉯굶주리다, 배가 비다. ≒虛. 〔新唐書〕 糧盡衆枵, 乃可圖. ②큰 모양.

【枵骨 효골】 굶주려 여윈 뼈. 쇠약해진 몸.

【枵空 효공】 속이 빔. 공허(空虛)함.

【枵腹 효복】 ①굶주림. 주린 배. 空腹(공복). ②용기(容器)가 텅텅 빔.

木6〖栞〗⑩ 도표 간 [寒] kān

[소전] [고문] [초서] [字解] ①도표(道標). 산길이나 들길을 갈 때, 나뭇가지를 꺾어서 어느 방향으로 갔는가를 표하는 표지. ¶ 栞木. ②나무를 베다, 나무를 베어 길을 내다. 〔史記〕 九山栞旅.

【栞旅 간려】 나무를 베어 길을 통하게 하고 산신(山神)에게 여제(旅祭)를 지냄.

【栞木 간목】 산림(山林)을 갈 때, 나무를 꺾어서 도표(道標)로 삼는 일.

木6〖桀〗⑩ 홰 걸 [屑] jié

[소전] [초서] [字解] ①홰. 닭이 올라앉게 닭장에 가로질러 놓는 막대기. 〔詩經〕 雞棲于桀. ②뛰어나다, 빼어나다. ≒傑. 〔史記〕 誹俊疑桀. ③메다, 들다. ≒揭. 〔春秋左氏傳〕 桀石以投人. ④사납다, 거칠다. 〔漢書〕 初匈奴有桀心. ⑤초목이 만연하는 모양. ¶ 桀桀. ⑥하대(夏代)의 마지막 임금. 〔史記〕 子帝履癸立, 是爲桀.

【桀桀 걸걸】 잡초 따위가 무성한 모양.

【桀狗吠堯 걸구폐요】 폭군(暴君)인 걸임금의 개가 성군(聖君)인 요임금을 향해 짖음. 사람은 선악에 관계 없이 제각기 그 주인에게 충성을 다함.

【桀步 걸보】 게〔蟹〕의 딴 이름.

【桀心 걸심】 순종하지 않는 마음. 나쁜 마음.

【桀惡 걸악】 추악함. 포악함.

【桀驁 걸오】 길들지 않은 말. 성질이 포악하고

841

복종하지 않는 사람.
【桀紂 걸주】 하대(夏代)의 걸(桀)임금과 은대(殷代)의 주(紂)임금. 포악무도(暴惡無道)한 임금. 폭군.
【桀黠 걸힐】 교활함. 간교함.

◐ 姦―, 雄―, 俊―, 暴―, 夏―, 凶―.

木 6 【格】 ⑩ ❶바로잡을 격 陌 gé
❷가지 각 藥 gé

一 十 才 木 ボ 杦 柊 格 格 格

소전 초서 參考 대법원 지정 인명용 한자의 음은 '격'이다.

字源 形聲. 木+各→格. '各(각)'이 음을 나타낸다.

字解 ❶①바로잡다. 〔孟子〕格君心之非. ②루다, 대적하다. 〔史記〕驅群邪攻猛虎, 虎之與羊不格明矣. ③치다, 때리다. ¶格鬪. ④궁구(窮究)하다. ¶格物致知. ⑤오다, 오게 하다. 〔書經〕格汝舜. ⑥이르다, 다다르다. 이르게 하다. 〔儀禮〕孝友時格. ⑦감동하여 통하다. 〔書經〕格于皇天. ⑧법, 법칙, 표준. 〔禮記〕言有物而行有格. ⑨자리, 품등(品等). 〔隋書〕文吏姦貪, 妄動科格. ⑩자품, 인품, 모양. 〔陸游·記〕雖工而格卑. ⑪격자(格子). 가로·세로 일정한 사이를 두고 나무오리나 대오리 등을 성기게 맞춰 짠 물건. 〔夢溪筆談〕閣子窗格上有火燃處. ⑫수레를 끄는 가로대. 〔淮南子〕身枕格而死. ⑬울타리, 담. 〔高啓·行〕揚場三道出, 列格五營連. ⑭뒤얽히다, 엉클어지다. 〔李吉甫·詩〕繞格古藤垂. ⑮어기다, 어긋나다. 〔史記〕形格勢禁. ⑯살피다. 〔論語〕有恥且格. ⑰재다, 측량하다. 늦度. 〔鮑照·賦〕格高五嶽. ⑱체포하다, 잡아 묶다. 〔史記〕捕格謀反者. ⑲죽이다, 때려서 죽이다. 〔詩經〕所格者不耳. ⑳오르다, 올리다, 올라가다. ¶格格. ㉑일다, 일어나다. 〔爾雅〕太歲在寅日攝提格. ㉒새소리. ¶格格. ㉓격(格). ㉔문법 용어. 문장에서 다른 단어에 대한 관계를 표시하는 체언의 형태. ㉕國솜, 식. ㉖國화투·윷놀이에서 끗수를 세는 단위. 〔左思·賦〕峭格周施. ㉕버티다, 막다. 〔史記〕嚴家無格虜者. ㉖그만두다, 중지하다. 늦閣. 〔史記〕太后議格. ❷①가지, 나뭇가지. 〔庾信·賦〕草樹混淆, 枝格相支. ②쌍륙(雙六), 주사위 놀이.

【格格 격격】①새의 울음소리. ②물을 들어 올리는 모양. ③청대(淸代)에 일부 귀족의 여자를 이르던 말.
【格其非心 격기비심】 그릇된 마음을 바로잡음.
【格納 격납】①송대(宋代)에 선박의 대소에 따라 부과하던 세금. ②집어 넣음. 일정한 물건을 격식에 따라 일정한 장소에 넣음.
【格令 격령】 규칙(規則).
【格例 격례】 격식으로 되어 있는 전례(前例).
【格虜 격로】 주인의 명령을 거역하는 노복(奴僕). 주인의 말을 듣지 않는 종.
【格命 격명】①명령에 이름. 곧, 명령대로 행함.

②장수를 누리는 사람. ◐'格'은 '登'으로 '오르다'를 뜻함.
【格物 격물】 사물의 이치를 궁구(窮究)함.
【格物致知 격물치지】 사물에 이르러 앎을 이룸. 실제적인 사물을 통하여 이치를 궁구함으로써 온전한 지식에 다다름. 格致(격치).
【格殺 격살】 손으로 쳐 죽임.
【格式 격식】 격에 맞는 일정한 방식.
【格心 격심】 바른 마음.
【格言 격언】 사리에 맞아 교훈이 될 만한 짧은 말. 率率(격률). 金言(금언).
【格外 격외】 보통이 아님. 상례(常例)에서 벗어남. 破格(파격).
【格調 격조】①시가(詩歌)의 체재(體裁)와 품격. 가락. ②사람의 품격과 취향.
【格致 격치】 ⇨格物致知(격물치지).
【格鬪 격투】 서로 맞붙어 싸움.
【格下 격하】 자격·지위 따위를 낮춤.
【格訓 격훈】 행동을 바르게 다잡아 주는 가르침. 教訓(교훈). 訓戒(훈계).

◐ 家―, 歌―, 價―, 骨―, 具―, 規―, 來―, 同―, 變―, 別―, 本―, 寺―, 詞―, 相―, 賞―, 性―, 昇―, 嚴―, 人―, 逸―, 資―, 適―, 正―, 定―, 主―, 體―, 破―, 品―, 風―, 合―.

木 6 【栔】 ⑩ ❶새길 계 霽 qì
❷근심할 설 屑 qiè

소전 栔 통자 契 字解 ❶새기다. ②①근심하다. ②빠지다, 끊어지다.
〔春秋左氏傳〕陽貨借邑人之車, 栔其軸.

木 6 【枅】 ⑩ 두공 계·견 齊 jī

소전 枅 동자 桿 속자 枅 字解 두공(枓栱). 규모가 큰 목조 건물의 기둥 위에 지붕을 받치도록 짜 올린 구조.

木 6 【桂】 ⑩ 계수나무 계 霽 guì

一 十 才 木 ボ 杜 枾 桂 桂 桂

소전 桂 초서 桂 字源 形聲. 木+圭→桂. '圭(규)'가 음을 나타낸다.

字解 ①계수나무. 〔蘇軾·賦〕桂櫂兮蘭槳. ②월계수(月桂樹). 달에 있다고 하는 전설상의 나무. ③달[月]. ¶桂魄. ④광서성(廣西省)의 딴 이름.
【桂窟 계굴】①달의 딴 이름. ◐달 속에는 계수나무가 있다는 전설에서 온 말. ②과거(科擧) 시험장. ◐과거를 계수나무를 꺾는다[折桂]고 한 데서 온 말.
【桂櫂蘭槳 계도난장】 계수나무로 만든 노와 목련으로 만든 상앗대.
【桂輪 계륜】 달의 딴 이름.
【桂林一枝 계림일지】 계수나무 숲의 가지 하나. ㉠여러 인재(人材) 중의 하나를 겸칭. 故事

진(晉)나라의 극선(郤詵)이 스스로를 어떻게 여기느냐는 무제(武帝)의 질문에, 과거에서 제일로 천거되었지만 이는 계수나무 숲의 가지 하나, 곤산(崑山)의 옥 한 조각과 같다고 대답한 고사에서 온 말. ㉡과거에서 뛰어난 성적으로 합격한 사람.
【桂魄 계백】달의 딴 이름.
【桂心 계심】계피(桂皮)의 겉껍질을 벗긴 속의 노란 부분. 약재로 씀.
【桂玉之艱 계옥지간】타국에서 계수나무보다 비싼 장작을 때고, 옥보다 비싼 음식을 먹고 사는 괴로움. 물가가 비싼 도회지에서 고학함.
【桂月 계월】①달의 딴 이름. 桂魄(계백). ②음력 8월의 딴 이름.
【桂籍 계적】진사(進士)에 급제한 사람의 명부(名簿).
【桂戚 계척】왕비의 친정 집안.
【桂秋 계추】①계수나무 꽃이 피는 가을철. ②음력 8월의 딴 이름.
【桂皮 계피】계수나무의 껍질.
【桂海 계해】남쪽 바다. 남해(南海)의 딴 이름. ○남해에 계수나무가 있는 데서 온 말.
❶官-, 菌-, 金-, 丹-, 芳-, 蟾-, 月-, 肉-, 銀-, 折-.

木 6 【栲】⑩ 북나무 고 🈺 kǎo
초서 栲 字解 ①북나무. 낙엽 활엽 교목. 〔詩經〕山有栲. ②고리, 유기(柳器). ¶ 栲栳.
【栲櫟 고력】북나무.
【栲栳 고로】대·버들 따위로 결어 만든, 물건을 담는 그릇. 고리. 柳器(유기).

木 6 【栱】⑩ 두공 공 🈺 gǒng
초서 栱 字解 ①두공. 규모가 큰 목조 건물의 기둥 위에 지붕을 받치도록 짜 올린 구조. ②말뚝, 커다란 말뚝.
【栱枅 공계】가로로 걸친 보.
❶斗-, 梁-.

木 6 【梬】⑩ 나무 이름 공 🈺 qióng
소전 梬 字解 나무 이름. 떡갈나무의 한 가지. 〔管子〕高陵土山, 其木乃梬.

木 6 【栝】⑩ ❶노송나무 괄 🈺 kuò ❷때날 첨 🈺 tiǎn
소전 栝 초서 栝 字解 ❶①노송나무, 전나무. =檜. ¶ 栝柏. ②하늘타리. ¶ 栝樓. ③도지개. 뒤틀린 활을 바로잡는 기구. 〔荀子〕枸木必待檃栝烝矯然後直也. ❷때날무. 〔尹廷高·詩〕束栝營炊道旁屋.
【栝樓 괄루】하늘타리. 박과의 다년생 덩굴풀.
【栝柏 괄백】①노송나무. ②전나무와 측백나무.
【栝樹 괄수】①노송나무. ②전나무.

木 6 【框】⑩ 문테 광 陽 kuāng
초서 框 字解 ①문테, 문얼굴. ②널의 문, 관(棺)의 문.

木 6 【桄】⑩ 광랑나무 광 陽 guāng
소전 桄 초서 桄 桄 字解 ①광랑나무. ¶ 桄榔. ②배·수레 따위에 쓰인 횡목(橫木).
【桄榔 광랑】광랑나무. 야자과의 상록 교목. 鐵木(철목).

木 6 【校】⑩ ❶학교 교 🈺 jiào ❷달릴 교 🈺 jiǎo ❸풍길 효 🈺 qiào
一 十 才 木 朴 朸 朸 朸 校 校
소전 校 초서 校 參考 대법원 지정 인명용 한자의 음은 '교'이다.
字源 形聲. 木+交→校. '交(교)'가 음을 나타낸다.
字解 ❶①학교. 〔漢書〕郡國曰學, 侯國曰校. ②본받다. ≒效. 〔管子〕不敬宗廟則乃上校. ③가르치다. ≒敎. 〔莊子〕王乃校飾士七日. ④꼼다, 생각하다, 헤아리다. ≒覈. 〔禮記〕中年考校. ⑤세다, 계산하다. 〔荀子〕故憂患不可勝校也. ⑥사실하다, 조사하다. ≒按. 〔漢書〕部吏案校. ⑦갚다, 보답하다. 또는 답하지 아니하다. 〔史記〕校於至秦. ⑧꼬징하다. 〔漢書〕詔劉向校五經祕書. ⑨장교(將校), 장수. 〔漢書〕與護軍諸校. ⑩군영(軍營), 부대(部隊). 〔戰國策〕乃使五校大夫. ⑪형구(刑具), 차꼬·수갑·칼 따위의 형구. 〔易經〕履校滅趾. ⑫울타리, 바자울. 〔漢書〕天子校獵. ⑬성(姓). ❷달리다, 빠르다. ≒趯. 〔周禮〕釋之則不校. ❸①풍기다, 흩날리다. 〔管子〕五臭所校. ②책상의 발. 〔儀禮〕主人拂几受校.
【校歌 교가】그 학교의 기풍을 떨쳐 일으키기 위하여 제정하여 부르는 노래.
【校刻 교각】교정하여 판각함.
【校勘 교감】몇 종류의 이본(異本)을 비교하여 차이 나는 점들을 바로잡음.
【校競 교경】경쟁함. 비교하여 겨룸.
【校覽 교람】조사하여 봄. 보면서 조사함.
【校獵 교렵】바자울을 치고 짐승이 도망가지 못하도록 하여 사냥함. ○'校'는 나무를 발처럼 엮어 짐승이 도망가지 못하도록 만든 울타리를 뜻함.
【校本 교본】틀린 것이나 빠진 것이 없이 다 교정하여 놓은 책. 校訂本(교정본).
【校比 교비】비교하여 조사함.
【校書 교서】①책을 비교·대조하여 이동(異同)·정오(正誤)를 조사함. ②기녀(妓女)의 딴 이름. ○당대(唐代)의 기녀 설도(薛濤)가 글제주가 있어 교서(校書)의 일을 맡아본 데서 온 말.
【校讎 교수】서적을 대조하여 그 잘못을 바로잡음.

○ '校'는 '혼자서 교정하는 일'을, '讎'는 '한 사람은 읽고 다른 한 사람은 고쳐 정리하는 일'을 뜻함. 校正(교정).
【校飾 교식】꾸밈. 裝飾(장식).
【校閱 교열】①문서나 책의 어구나 글자의 잘못을 살펴 교정하며 검열하는 일. ②조사(調査)하거나 검열(檢閱)함.
【校正 교정】①말(馬)을 맡아보던 벼슬아치. ②출판사나 신문사 등에서 교정쇄와 원고를 대조하여 부호·배열·색 따위를 바르게 고치는 일.
【校定 교정】글자나 문장을 비교하여 바르게 결정함. 校讎(교수), 讎定(수정).
【校訂 교정】▷校正(교정)②.
【校註 교주】간행서(刊行書)의 글자나 문장 등을 원본과 대조하여 바르게 주석(註釋)하는 일.
【校準 교준】▷校正(교정)②.
【校合 교합】①한 가지의 책에 이본(異本)이 있을 경우 그것을 비교하여 같고 다름을 조사함. ②校正(교정)②.
【校覈 교핵】조사하고 연구함. ○'覈'은 '실상을 조사하다'를 뜻함.
○ 勘-, 檢-, 計-, 考-, 仇-, 軍-, 貴-, 登-, 母-, 辨-, 別-, 兵-, 本-, 分-, 庠-, 讎-, 入-, 將-, 再-, 参-, 初-, 推-, 他-, 退-, 廢-, 學-, 鄉-, 休-.

木6【柏】⑩ 栢(856)의 속자

木6【根】⑩ 뿌리 근 囝 gēn

一十才木杧栌桹根根

[字源] 形聲. 木＋艮→根. '艮(간)'이 음을 나타낸다.
[字解] ①뿌리. ㉮초목의 뿌리. 〔文子〕故再實之木, 其根必傷. ㉯이·머리카락 등이 박혀 있는 밑 부분. ¶齒根. ㉰사물의 밑 부분. 〔庚信·銘〕雲出山根. ㉱사물·현상이 발생·발전하는 근본. 〔老子〕玄牝之門, 是謂天地根. ②뿌리내다. ㉮뿌리를 내리다. 〔淮南子〕木樹根於土. ㉯기인하다, 근거하다. 〔孟子〕仁義禮智根於心. ③뿌리째 뽑아 없애다. ¶根治. ④(佛)㉮생식기(生殖器). ¶男根. ㉯능력(能力), 마음. 〔大乘義章〕能生名根. ⑤근인. ㉮오래된 종기가 곪아서 단단하게 엉긴 물질. ㉯어떤 변수에 대한 방정식(方程式)에서 그 방정식을 성립시키는 변수의 값.
【根幹 근간】①뿌리와 줄기. 根莖(근경). ②사물의 바탕이나 중심이 되는 부분.
【根據 근거】①근본이 되는 거점. ②의견·의론 등의 이유나 바탕이 되는 것.
【根耕 근경】그루갈이. 根種(근종).
【根莖 근경】①뿌리와 줄기. 根幹(근간). ②근본(根本). ③땅속줄기. 땅속에서 옆으로 뻗는 뿌리 모양의 줄기. 뿌리줄기. 地下莖(지하경).
【根痼 근고】오래된 불치의 병. 宿痾(숙아).

【根氣 근기】①참고 견딜 수 있는 기력. ②근본되는 힘. 精魂(정혼). 精力(정력).
【根基 근기】근본적인 토대. 밑동.
【根脈 근맥】일이 생겨난 유래.
【根本 근본】①초목의 뿌리. ②사물의 본바탕.
【根性 근성】①사람의 타고난 기상(氣象). 성질(性質). ②(佛)기력(氣力)의 근원과 선악(善惡)의 습관. ○'根'은 '기력의 근원'을, '性'은 '선악의 습관'을 뜻함.
【根刷 근쇄】꼬치꼬치 캐어 물음. 근본부터 철저하게 조사.
【根源 근원】일의 밑바탕.
【根絶 근절】뿌리째 없애 버림.
【根腫 근종】國근이 박힌 종기.
【根種 근종】①사물의 근원이 되는 것. 本原(본원). ②國한 번 수확해 낸 뒤에 다시 다른 작물을 심는 일. 그루갈이. 根耕(근경).
【根塵 근진】(佛)눈·귀·코·혀·몸·뜻의 육근(六根)과, 이에 대하는 색(色)·성(聲)·향(香)·미(味)·촉(觸)·법(法)의 육진(六塵).
【根著 근착】뿌리가 박힘. 지구에 사는 만상(萬象)의 비유.
【根蒂 근체】①뿌리와 꼭지. ②사물의 토대. 根據(근거). 基礎(기초).
【根治 근치】①그 일을 근본적으로 연구하여 그 죄상을 철저히 다스림. ②병을 근본부터 고침. 뿌리째 완전히 없애 버림.
○ 球-, 舊-, 氣-, 男-, 毛-, 苗-, 無-, 善-, 性-, 宿-, 六-, 支-, 草-, 禍-.

木6【桔】⑩ 도라지 길 ㊍결 颭 jié

[소전]桔 [초서]桔
[字解] ①도라지. ¶桔梗. ②두레박틀. ¶桔橰. ③높고 힘찬 모양.
【桔梗 길경】도라지.
【桔橰 길고】한쪽 끝에는 두레박, 다른 한쪽 끝에는 돌을 매달아 물을 긷게 만든 틀. 두레박질을 쉽게 하도록 만든 장치. 두레박틀.

木6【桃】⑩ 복숭아나무 도 颭 táo

一十才木杧杪杪机桃桃

[소전]桃 [초서]桃 [예서]桃
[字源] 形聲. 木＋兆→桃. '兆(조)'가 음을 나타낸다.
[字解] ①복숭아나무. 〔詩經〕園有桃, 其實之殽. ②복숭아. 〔詩經〕投之以桃, 報之以李. ③복숭아꽃. 〔李白·詩〕桃李何處開, 此花非我春.
【桃李 도리】①복숭아나무와 자두나무. 또는 그 꽃이나 열매. ②시험으로 채용한 문하생(門下生). ㉯자기가 천거한 현사(賢士). ③형제(兄弟). ④보답(報答)함. ○복숭아나무와 자두나무를 심으면, 여름에는 그 그늘에서 쉴 수 있고, 가을에는 그 열매를 먹을 수 있는 데서 온 말. ⑤아름다운 얼굴.

木部 6획 桐奕桹栵栳栗梅栢栰

【桃李不言下自成蹊 도리불언하자성혜】 복숭아나무와 자두나무는 말이 없으나 그 꽃이나 열매가 다 아름다우므로, 오라고 하지 않아도 사람들이 다투어 찾아와서, 그 밑에 저절로 길이 이루어짐. 덕 있는 사람은 스스로 말하지 않아도 사람들이 따름.
【桃林處士 도림처사】 소(牛)의 딴 이름.
【桃三李四 도삼이사】 복숭아는 심은 지 3년 만에 열매를 맺고, 자두는 4년 만에 열매를 맺음.
【桃色 도색】 ❶복숭아꽃과 같은 빛깔. 淡紅色(담홍색). ❷남녀 사이에 얽힌 색정적인 일.
【桃茢 도열】 복숭아나무 가지와 갈대 이삭으로 만든 비. 부정한 것을 쓸어 내는 데 썼음.
【桃夭 도요】 혼기(婚期)에 달한 여자. 시집가는 여자의 아름다움을 복숭아꽃에 비유한 말.
【桃夭之花 도요지화】 혼례(婚禮).
【桃源 도원】 속세를 떠난 평화로운 별천지. 武陵桃源(무릉도원).
【桃園結義 도원결의】 의형제를 맺는 일. 故事 촉(蜀)나라의 유비(劉備)·관우(關羽)·장비(張飛) 세 사람이 복숭아밭에서 의형제를 맺은 고사에서 온 말.
【桃蟲 도충】 ①뱁새의 딴 이름. 桃雀(도작). 鷦鷯(초료). ②복숭아에 생긴 벌레.
【桃弧棘矢 도호극시】 복숭아나무로 만든 활과 가시나무로 만든 화살. 재앙을 쫓는 데 썼음.
【桃花 도화】 ①복숭아꽃. 복사꽃. ②여자의 아름다운 용모.
【桃花粉 도화분】 연지(臙脂).
【桃花水 도화수】 복숭아꽃이 필 무렵에 얼음이 녹아서 흐르는 강물.
【桃花酒 도화주】 복숭아꽃을 넣어 빚은 술. 이 것을 마시면 병을 쫓고, 안색이 좋아진다고 함.
❶仙-, 櫻-, 夭-, 越-, 扁-, 胡-.

木 【桐】⑩ ❶오동나무 동 庚 tóng
6   ❷내 이름 동 董 dòng
소전 桐 초서 桐 字解 ❶오동나무. 〔詩經〕椅桐梓漆, 爰伐琴瑟. ②거문고. 〔謝逖·詩〕風撼桐絲帶月明. ③성(姓). ❷내 이름. 〔莊子〕自投桐水.
【桐君 동군】 거문고의 애칭. ♡몸체를 오동나무로 만든 데서 온 말.
【桐城派 동성파】 청대(淸代)에 일어난 고문(古文)의 한 파. 방포(方苞)·유대괴(劉大魁) 등이 창도하여 요내(姚鼐)에 이르러 대성한 학파. 이들이 모두 안휘성(安徽省) 동성(桐城) 출신인 데서 동성파라 일컬음.
【桐孫 동손】 오동나무의 가지에서 난 가지.
【桐月 동월】 음력 7월의 딴 이름.
【桐油紙 동유지】 동유를 먹인 방수지(防水紙). 우비 따위에 씀.
【桐梓 동재】 오동나무와 가래나무. 좋은 재목.
❶白-, 新-, 梧-, 油-, 紫-, 絃-.

木 【奕】⑩ 欒(894)의 속자
6

木 【桹】⑩ 소나무 려 語 lǔ
6
字解 ❶소나무, 소나무의 한 가지. ②화살대로 쓰는 나무. ③처마. ※梠(850)의 속자(俗字).

木 【栵】⑩ ❶산밤나무 렬 屑 liè
6   ❷나무 늘어설 례 霽 liè
초전 栵 초서 栵 字解 ❶산밤나무. 밤나무의 한 가지. ❷나무가 늘어서다, 작은 나무가 줄지어 서 있다. 〔詩經〕其灌其栵.

木 【栳】⑩ 고리 로 晧 lǎo
6
초서 栳 字解 고리, 버들고리, 유기(柳器).

木 【栗】⑩ ❶밤나무 률 質 lì
6   ❷찢을 렬 屑 liè

一 ィ 一 兩 兩 兩 兩 采 采 栗
소전 栗 고문 栗 초서 栗 고자 栗 參考 ① 대법원 지정 인명용 한자의 음은 '률'이다. ② '栗(1331)'은 딴 자.
字源 象形. 鹵+木→栗→栗. 나무(木)에 가시가 있는 열매(鹵)가 매달려 있는 모습을 본뜬 글자로, '밤, 밤나무'의 뜻을 나타낸다.
字解 ❶❶밤나무. 낙엽 교목의 과수(果樹). ②밤. 밤나무에 열리는 과실. 〔韓愈·序〕霜大熟柿栗, 收拾不可遲. ③여물다, 곡식·과실 등이 잘 익다. 〔詩經〕實穎實栗. ④단단하다, 견실하다. 늑瑮. 〔禮記〕縝密以栗. ⑤엄하다, 위엄이 있다. 〔司馬法〕位欲嚴, 政欲栗. ⑥춥다. ¶栗烈. ⑦떨다, 무서워서 떨다. 〔論語〕周人以栗, 曰使民戰栗. ⑧공손하다, 몸을 삼가다. 〔書經〕寬而栗. ⑨많다, 많은 모양. ¶栗栗. ⑩성(姓). ❷찢다, 쪼개다. 늑裂. ¶栗薪.
【栗殼 율각】 밤의 껍질.
【栗烈 율렬】 몸이 떨리는 대단한 추위.
【栗栗 율률】 ①두려워하며 삼가는 모양. 慄慄(율률). ②많은 모양.
【栗房 율방】 밤송이.
【栗鼠 율서】 다람쥐. 木鼠(목서).
【栗刺 율자】 밤송이의 가시.
【栗薪 열신】 땔나무를 쪼갬. 장작을 팸.
❶甘-, 股-, 茅-, 橡-, 柴-, 猥-, 戰-, 棗-, 墜-, 縮-, 行-, 黃-.

木 【梅】⑩ 梅(851)의 속자
6

木 【栢】⑩ 柏(836)의 속자
6

木 【栰】⑩ 떼 벌 月 fá
6

木部 6획 栟栿桑桒栖梳栒栻案

筏 椴 字解 떼, 뗏목. 규모가 큰 것을 '栰', 작은 것을 '桴(부)'라 한다.

木 6 【栟】 ⑩ 栟(858)의 속자

木 6 【栿】 ⑩ 들보 복 圖 fú
字解 들보. 기둥머리를 건너지르는 나무.

木 6 【桑】 ⑩ 뽕나무 상 陽 sāng

[고문자 자형들]

소전 栞 초서 桒 동자 桒 속자 桒
字解 會意. 叒+木→桑. 누에를 치기 위하여 여러 사람의 손(叒)으로써 그 잎을 따는 나무(木), 곧 '뽕나무'를 뜻함.
字解 ①뽕나무. 〔孟子〕五畝之宅, 樹之以桑, 五十者可以衣帛矣. ②뽕잎을 따다. 〔漢書〕率皇后列侯夫人桑. ③뽕나무를 재배하여 누에를 치다. 〔漢書〕耕桑者益衆.
【桑稼 상가】 양잠(養蠶)과 농사. 農桑(농상).
【桑間濮上 상간복상】 복수(濮水) 주변에 있는 뽕나무 숲 사이. 음란한 음악. 나라를 망하게 하는 음악. 故事 은대(殷代)의 주(紂)임금이 사연(師延)에게 음란한 음악을 짓게 하여 마침내 나라가 망하게 되자 사연은 복수(濮水)에 몸을 던져 죽었다. 뒤에 사연(師涓)이 그곳을 지나다가 밤에 그 음악을 듣고 그것을 베껴, 진(晉)나라의 평공(平公)을 위해 이를 연주하였다는 고사에서 온 말.
【桑年 상년】 48세. ○'桑'의 속자인 '桒'을 파자(破字)하면 十 자가 넷이고 八 자가 하나인 데서 온 말.
【桑土綢繆 상두주무】 새는 폭풍우가 닥치기 전에 뽕나무 뿌리를 물어다가 둥지의 구멍을 막음. 환란을 미연에 방지함. ○'土'는 '杜'로 '막다'를 뜻함.
【桑麻 상마】 ①뽕과 삼. ②뽕과 삼을 심는 곳. 전원(田園).
【桑門 상문】 (佛)불교도(佛敎徒). 승려. ○범어(梵語) 'Sramana'의 음역으로. 沙門(사문).
【桑蓬之志 상봉지지】 남자가 세상을 위하여 공을 세우려 하는 큰 뜻. ○옛날 중국에서 사내아이를 낳으면 뽕나무 활과 쑥대 살로 천지의 사방의 여섯 방위에 쏘아서 성공을 축원한 데서 온 말.
【桑椹 상심】 뽕나무의 열매. 오디. 桑實(상실).
【桑楡 상유】 ①뽕나무와 느릅나무. ②저녁 무렵의 해 그림자. 일모(日暮). ○저녁 해의 그림자가 뽕나무 가지에 비쳐 있다는 뜻. ③서쪽의 해 지는 곳. ④동에 대한 서. 아침에 대한 저녁. ⑤늙은 때. 晩年(만년).
【桑杅 상자】 뽕나무와 산뽕나무.

【桑梓 상자ㆍ상재】 ①뽕나무와 가래나무. ②고향. 고향의 집. ○옛날에는 누에를 치는 데 쓸 뽕나무와 가구를 만드는 데 쓸 가래나무를 집 담 밑에 심어 자손에게 조상을 생각하게 했던 데서 온 말.
【桑梓之鄕 상자지향ㆍ상재지향】 조상의 무덤이 있는 고향.
【桑田碧海 상전벽해】 뽕나무 밭이 푸른 바다로 바뀜. 세상의 변천이 덧없음.
【桑中之喜 상중지희】 남녀간의 부도덕한 쾌락. ○상중(桑中)은 시경(詩經) 용풍(鄘風)의 편명(篇名)으로 음탕한 시임.
【桑織 상직】 뽕나무를 심고 베를 짬.
【桑樞甕牖 상추옹유】 뽕나무 지게문과 헌 독의 주둥이로 한 봉창. 매우 궁핍(窮乏)한 집.
【桑戶 상호】 뽕나무 가지로 엉성하게 만든 문. 가난한 집.
【桑灰水 상회수】 뽕나무의 잿물. 종기를 씻거나 점질할 때 씀.
○耕一, 穀一, 結一, 農一, 陌上一, 扶一, 柔一, 蠶一, 楮一, 苞一, 穉一, 摘一.

木 6 【桒】 ⑩ 桑(846)의 속자

木 6 【栖】 ⑩ ❶깃들일 서 齊 qī ❷보금자리 서 齊 xī
초서 栖 동자 捿 동자 棲 字解 ❶①깃들이다, 새가 깃들여 살다. ¶栖息. ②살다, 묵다. 〔陶潛ㆍ詩〕聊得從君栖. ③머금다, 품다. 〔譚嗣ㆍ論〕愛憎不栖于情. ❷①보금자리. 〔來鵠ㆍ詩〕數聲相續出寒栖. ②바쁜 모양, 급한 모양. ¶栖栖.
【栖栖 서서】 바쁜 모양. 皇皇(황황).
【栖息 서식】 깃들여 삶. 棲息(서식).
【栖烏 서오】 보금자리의 까마귀. 보금자리를 찾아 돌아가는 까마귀. 栖鴉(서아).
【栖遲 서지】 관직 따위에 매이지 않고 자유롭게 쉬는 일. 棲遲(서지).

木 6 【梳】 ⑩ 梳(852)의 본자

木 6 【栒】 ⑩ ❶가로대 순 圇 sǔn ❷나무 이름 순 圓 xún
字解 ❶가로대, 종과 경쇠를 매다는 가로대. =簨. ❷①나무 이름. 〔山海經〕繡山, 其木多栒. ②고을 이름, 읍 이름.

木 6 【栻】 ⑩ 점치는 기구 식 職 shì
초서 栻 字解 ①점치는 기구. 길흉(吉凶)을 점치는 데 쓰는 나무판. 〔漢書〕天文郎按栻于前. ②나무 이름.

木 6 【案】 ⑩ 책상 안 圖 àn

```
丶丶宀宀安安安宰宰案
```

【案】字源 形聲. 安＋木→案. '安(안)' 이 음을 나타낸다.
字解 ①책상. 〔丘爲·詩〕窺屋唯案几. ②안석. 〔周禮〕王大旅上帝, 則張氈案. ③소반, 밥상. 〔史記〕自持案, 進食甚恭. ④만지다, 어루만지다. ≒按. 〔史記〕案劒以前. ⑤주발, 식기(食器). ⑥생각하다, 상고하다. 〔淮南子〕案程度. ⑦지경, 경계. ≒畔. 〔國語〕參國起案, 以爲三官. ⑧의거하다. 〔荀子〕非案亂而治之之謂也. ⑨편안하다. ≒安. ⑩案堵. ⑪관청의 서류나 훈령서(訓令書). ⑪곧. 발어사. 〔荀子〕我案起而治之. ⑫판결, 소송의 결재서. ¶案卷. ⑬圖안. ㉮생각한 계획. ¶圖案. ㉯안건(案件). ㉰앞을 막아서 가린 산이나 담 따위. ¶案山.
【案件 안건】 토의하거나 조사하여야 할 거리.
【案劒 안검】 칼을 만짐. 칼을 빼려고 칼자루에 손을 댐. 按劒(안검).
【案檢 안검】 증거를 들어 조사함. 案驗(안험).
【案卷 안권】 사건의 기록. 調書(조서).
【案几 안궤】 책상.
【案內 안내】 ①어떤 내용을 소개하여 알려 줌. ②목적하는 곳으로 인도함.
【案堵 안도】 ①마음을 놓음. 安堵(안도). ②자기가 있는 곳에서 편안히 삶.
【案牘 안독】 ①문서와 편지. ②조사하는 데 필요한 서류.
【案撫 안무】 보살피고 어루만져서 위로함.
【案文 안문】 문장(文章)을 지으려고 생각함. 또는 글의 뜻을 생각함.
【案山 안산】 國집터나 묏자리 맞은편에 있는 산.
【案席 안석】 벽에 기대어 놓고 앉을 때 몸을 기대는 방석.
【案衍 안연】 ①우묵하게 낮은 모양. ②평평하지 못한 모양.
【案察 안찰】 조사하여 밝힘. 按察(안찰).
【案出 안출】 생각해 냄.
【案致 안치】 생각하여 구명함.
【案行 안행】 ①조사함. ②순찰(巡察)함. ③대열(隊列)을 정비(整備)함.
❶ 勘-, 考-, 公-, 机-, 起-, 斷-, 答-, 圖-, 同-, 文-, 書-, 原-, 議-, 立-, 提-, 創-, 草-, 懸-.

木6【桜】⑩ 案(846)과 동자

木6【桜】⑩ 櫻(893)의 속자

木6【染】⑩ 染(838)의 속자

木6【栿】⑩ 栿(839)와 동자

木6【桅】⑩ ❶돛대 외 灰 wéi ❷치자나무 괴 紙 quī
字解 ❶돛대. ¶桅杆. ❷치자나무. ※桅(854)의 와자(譌字).
【桅杆 외간】 돛대.
【桅頂 외정】 돛대의 꼭대기.

木6【栯】⑩ ❶산앵두 욱 屋 yù ❷유목 유 囿 yǒu
參考 대법원 지정 인명용 한자음은 '욱'이다.
字解 ❶산앵두. ❷유목(栯木). 먹으면 투기를 하지 않는다고 하는 나무 이름.

木6【栘】⑩ ❶나무 이름 이 支 yí ❷나무 이름 제 薺 tí
字解 ❶나무 이름. 대추나무의 한 가지. 〔詩經〕隰有杞栘. ❷나무 이름. 뽕나무의 한 가지로, 가지는 길면서 키가 작다. ¶栘桑.
【栘桑 제상】 그 해에 두 번째 자란 뽕나무의 잎. 움뽕. 女桑(여상).

木6【栘】⑩ 산이스랏나무 이 支 yí
字解 ❶산이스랏나무, 욱리(郁李). 〔爾雅〕唐棣, 栘. ❷마구간 이름. ¶栘中.
【栘中監 이중감】 한대(漢代)에 두었던 벼슬 이름. 이중구(栘中廏)리는 미구간을 감독하였음.

木6【栭】⑩ 두공 이 支 ér
字解 ❶두공, 두공이 얹힌 부분. 〔張衡·賦〕繡栭雲楣. ❷산밤나무. 밤나무의 한 가지. ❸목이(木耳). 나무에서 돋는 버섯. ＝栮. 〔禮記〕芝栭菱椇.

木6【栮】⑩ 목이 이 紙 ěr
字解 목이(木耳). 나무에서 돋는 버섯. ＝栭.

木6【栈】⑩ 棧(860)의 속자

木6【栽】⑩ ❶심을 재 灰 zāi ❷담틀 재 隊 zài

```
一十土吉丰丰耒耒栽栽栽
```

參考 裁(1620)는 딴 자.
字源 形聲. 戈＋木→栽. '戋(재)'가 음을 나타낸다.
字解 ❶①심다, 가꾸다. 〔中庸〕栽者培之, 傾者覆之. ②묘목(苗木). 〔杜甫·詩〕爲覓霜根數寸栽. ③어린 싹. 〔張衡·賦〕尋木起於蘗栽. ④화분에 심어 가꿈. 〔蕭愨·詩〕除夕出蘭栽. ❷담틀. 담을 쌓을 때 쓰는 기다난 널빤지. 〔春秋

木部 6획 栓栴株桎椊栫桌桻核桁

左氏傳〕庚寅栽.
【栽培 재배】①초목을 심고 북돋아 가꾸는 일. ②인재(人材)를 양성함.
【栽植 재식】초목을 옮겨 심음.
● 分-, 盆-, 新-, 移-, 前-.

木6【栓】⑩ ❶나무못 전 匥 shuān
❷평미레 전 匧 shuān
[초서] 栓 [字解] ①①나무못. ②빗장, 문빗장. ③現병마개. ❷평미레, 평목(平木).

木6【栴】⑩ 단향목 전 匥 zhān
[초서] 栴 [동자] 栴 [字解] 단향목. 자단(紫檀)·백단(白檀) 따위 향나무의 총칭.

木6【株】⑩ 그루 주 虞 zhū
一 十 才 木 朮 枓 柠 杵 㭏 株
[소전] 株 [초서] 株 [字源] 形聲. 木+朱→株. '朱(주)'가 음을 나타낸다.
[字解] ①그루. ㉮나무·곡식 따위의 줄기 밑동. 〔易經〕困于株木. ㉯식물의 포기 수를 세는 말. 〔蜀志〕成都有桑八百株. ②그루터기. ㉮풀·나무·곡식 따위를 벤 뒤에 남은 밑동. 〔韓非子〕守株舍兔. ㉯밑절미로 될 수 있는 것. 〔唐書〕德行文學爲根株. ③뿌리, 초목의 뿌리. 〔沈約·詩〕無使孤株出. ④연루(連累)하다. 〔新唐書〕株戮舶簉. ⑤주식(株式). 주식회사의 자본을 이루는 단위.
【株駒 주구】마른나무의 줄기. 그루터기.
【株連 주련】한 사람의 범죄와 관련하여 연루된 사람을 모조리 처벌함. 株聯(주련). 連坐(연좌).
【株連蔓引 주련만인】주련(株連)을 광범위하게 적용함.
【株戮 주륙】연루자(連累者)를 모두 죽임.
【株送 주송】먼저 붙잡힌 자를 심문하여 그와 무리를 이룬 사람을 연행(連行)하는 일.
【株守 주수】언제까지나 구습(舊習)을 지키어 변통할 줄을 모르는 사람을 비웃는 말. 守株待兔(수주대토).
【株式 주식】①주식회사의 자본을 이루는 단위. ②주주권(株主權)을 표시하는 유가 증권(有價證卷). 株券(주권).
● 枯-, 舊-, 根-, 老-, 新-, 連-, 朽-.

木6【桎】⑩ 차꼬 질 質 zhì
[소전] 桎 [초서] 桎 [字解] ①차꼬, 족쇄. 〔周禮〕中罪桎梏. ②차꼬를 채우다, 자유를 속박하다. 〔沈佺期·詩〕昆弟兩三人, 相次俱囚桎. ③막다, 막히다, 통하지 않다. 〔莊子〕其靈臺一而不桎. ④쐐기, 사북, 비녀장. ¶ 桎鎋.
【桎梏 질곡】①차꼬와 수갑. ②자유를 속박함.

【桎鎋 질할】①수레바퀴의 비녀장. ②사물에서 긴요한 부분. 關鍵(관건).
【桎檻 질함】차꼬를 채워 옥에 가둠.
● 梏-, 窮-, 囚-.

木6【椊】⑩ 拵(693)의 와자(譌字)

木6【栫】⑩ 울 천 霰 jiàn
[소전] 栫 [초서] 栫 [字解] ①울, 울타리. ②울타리로 둘러막다. 〔春秋左氏傳〕栫之以棘. ③어살. 싸리·참대 따위를 강에 날개 모양으로 둘러쳐서 물고기를 잡는 장치.

木6【桌】⑩ 卓(237)의 고자

木6【桻】⑩ 돛 항 江 xiáng
[소전] 桻 [字解] 돛, 아직 달지 않은 돛.

木6【核】⑩ 씨 핵 陌 hé
一 十 才 木 朮 柆 㭉 栘 核 核
[소전] 核 [초서] 核 [字源] 形聲. 木+亥→核. '亥(해)'가 음을 나타낸다.
[字解] ①씨. 내과피〔周禮〕其植物宜核物. ②물건의 중심이 되는 알맹이. ¶ 核心. ③씨가 있는 과일. 〔詩經〕殽核維旅. ④굳다, 견실하다. 〔漢書〕其文直, 其事核. ⑤엄하다, 혹독하다. 〔莊子〕刻核太甚. ⑥사실하다, 조사하다. ≒覈. 〔漢書〕其審核之. ⑦뿌리, 초목의 뿌리. 〔漢書〕孕毓根核. ⑧現㉮세포핵. ㉯원자핵.
【核果 핵과】씨가 굳어서 된, 단단한 핵으로 싸여 있는 열매. 복숭아·살구·앵두 따위.
【核膜 핵막】세포의 핵을 싸고 있는 막.
【核武器 핵무기】핵반응으로 생기는 힘을 이용한 무기. 수소폭탄·원자폭탄 따위.
【核心 핵심】①사물의 중심이 되는 요긴한 부분. 사물의 알맹이. ②과일의 씨.
● 結-, 剋-, 實-, 精-, 中-, 肴-.

木6【桁】⑩ ❶도리 형 庚 héng
❷차꼬 항 陽 háng
❸횃대 항 漾 hàng
[參考] 대법원 지정 인명용 한자음은 '항'이다.
[字解] ❶①도리. 서까래를 받치려고 기둥과 기둥 위에 걸쳐 놓는 나무. 〔何晏·賦〕桁梧複疊. ②건너지른 가로대. 〔陸龜蒙·詩〕進鼠綠藤桁. ③장구(葬具)의 한 가지, 대(臺). 〔儀禮〕皆木桁久之. ❷①차꼬, 가쇄(枷鎖). ¶ 桁楊. ②배다리. 배를 한 줄로 여러 척 띄워 놓고 그 위에 널조각을 건너질러 깐 다리. ≒航. ❸횃대, 의가(衣架). ¶ 桁衣.

木部 6~7획 桓栩桷梢桿梗械梏梱 849

【桁梧 형오】 도리와 기둥.
【桁楊 항양】 죄인을 속박하는 형구. 차꼬.
【桁衣 항의】 횃대에 건 옷.
● 屋-, 衣-.

木6 【桓】⑩ 푯말 환 huán
[字解] ①푯말. 옛날 역참(驛站)의 표지로 세워 놓던 나무. ②굳세다, 위엄이 있다. ¶桓桓. ③크다, 크게. ¶桓撥. ④머뭇거리다, 나아가지 못하고 빙빙 돌다. 〔莊子〕鯢桓之審爲淵. ⑤쌍으로 나란히 서다. ¶桓圭. ⑥무환자나무. 낙엽 교목.
【桓圭 환규】 주대(周代) 육서(六瑞)의 하나. 공작(公爵)의 작위(爵位)를 가진 사람이 갖는 길이 9촌(寸)의 홀(笏).
【桓撥 환발】 크게 천하를 다스림. ◯'撥'은 '治'로 '다스리다'를 뜻함.
【桓桓 환환】 굳센 모양. 용맹스러운 모양.
● 盤-, 三-, 烏-.

木6 【栩】⑩ 상수리나무 후 xǔ
[字解] ①상수리나무. 낙엽 교목. 〔詩經〕集于苞栩. ②기뻐하는 모양, 황홀한 모양. ¶栩栩.
【栩栩 후후】 기뻐하는 모양.

木7 【桷】⑪ 서까래 각 jué
[字解] ①서까래. ¶桷榱. ②가지, 나뭇가지. 〔易經〕或得其桷.
【桷榱 각최】 서까래.
● 梠-, 梁-, 榱-.

木7 【梢】⑪ 탱자나무 각 qiào
[字解] 탱자나무.

木7 【桿】⑪ 杆(823)의 속자

木7 【梗】⑪ 대개 경 gěng
[字解] ①대개, 대강. 〔左思·賦〕略擧其梗槪. ②가시나무, 가시가 있는 나무. ¶梗林. ③산에 저절로 나는 느릅나무. ④도라지. 〔戰國策〕今求柴胡桔梗於沮澤. ⑤굳세다, 강하다. ≒剛. 〔楚辭〕梗其有理兮. ⑥사납다, 난폭하다. ⑦곧다, 정직하다. ¶梗直. ⑧막다, 재앙을 미리 방지하다. ≒抗. 〔周禮〕掌以時招梗禬禳之事. ⑨막히다, 통하지 않다. 〔唐書〕至長安, 道梗. ⑩근심하다, 괴로워하다. ≒病. 〔詩經〕至今爲梗. ⑪인형(人形), 우인(偶人). ≒像. 〔莊子〕吾所學者, 眞土梗耳.

【梗槪 경개】 대강의 줄거리. 槪要(개요).
【梗梗 경경】 올바르고 용감함.
【梗林 경림】 가시나무 숲.
【梗澁 경삽】 막혀 통하지 않음. 梗塞(경색).
【梗塞 경색】 소통되지 못하고 막힘.
【梗正 경정】 굳세고 바름.
【梗直 경직】 올바름. 정직함.
● 强-, 骨-, 桔-, 木-, 生-, 土-, 悍-.

木7 【械】⑪ 형틀 계 xiè

[字解] 形聲. 木+戒→械. '戒(계)'가 음을 나타낸다.
[字解] ①형틀, 수갑·차꼬·칼 등의 형틀. 〔司馬遷·書〕受械於陳. ②형틀을 채우다. ¶械繫. ③기구, 도구. 〔淮南子〕人械不足. ④병장기, 무기. 〔禮記〕不度民械.
【械繫 계계】 죄인을 형구(刑具)로 얽어매어 옥에 가둠.
【械梏 계곡】 차꼬와 수갑. 桎梏(질곡).
【械器 계기】 기계나 기구.
【械筏 계벌】 창(槍)을 묶어 만든 뗏목.
● 器-, 機-.

木7 【梏】⑪ ❶쇠고랑 곡 gù ❷클 각 jué
[字解] 대법원 지정 인명용 한자의 음은 '곡'이다.
[字解] ❶①쇠고랑, 수갑, 차꼬의 총칭. 〔周禮〕中罪桎梏. ②묶다, 붙잡다. 〔山海經〕帝乃梏之疏屬之山. ③쇠고랑을 채우다. 〔春秋左氏傳〕執以梏之. ④어지럽히다. ≒攪. ¶梏亡. ❷크다. ≒覺. 〔禮記〕有梏德行.
【梏拲 곡공】 쇠고랑. 수갑. ◯'拲'은 두 손을 모아서 함께 묶는 수갑. 梏拲(곡공).
【梏亡 곡망】 ①어지럽혀 망침. ②이욕(利慾) 때문에 본심(本心)을 잃음.
【梏桎 곡질】 ①차꼬와 수갑. ②구속하여 자유를 속박함. 桎梏(질곡).
● 鉗-, 械-, 杖-, 重-, 桎-.

木7 【梱】⑪ ❶문지방 곤 kǔn ❷가지런히 할 곤 kǔn
[字解] ❶①문지방. =閫. 〔禮記〕外言不入於梱. ②치다, 두드리다. 〔淮南子〕梱纂組. ❷①가지런히 하다. ≒稇. 〔儀禮〕既拾取矢梱之. ②되돌아오다.
【梱帥 곤수】 병사(兵使)·수사(水使)의 딴 이름.
【梱外之任 곤외지임】 문지방 밖의 임무. 병마를 통솔하던 구실. 곧, 장군의 직무. ◯'梱'은 '국문(國門)'을 뜻함.

木部 7획 梡 梮 桾 梌 桹 梁 桾 桺

木7 【梡】 ⑪ 도마 관 國 kuǎn
[소전] [소전] [초서] [통자] 棵 [參考] 대법원 지정 인명용 한자의 음은 '완·관'인데, '완'은 속음(俗音)이다.
[字解] ①도마. ②땔나무, 장작.

木7 【梮】 ⑪ 징 국 國 jū
[초서] [字解] ①징. 산에 오를 때 미끄러지지 않도록 신창에 박는 뾰족한 못. ②썰매. ③삼태기. 흙을 담아 나르는 그릇. 〔國語〕侍而备梮.

木7 【桾】 ⑪ 고욤나무 군 囚 jūn
[字解] 고욤나무.

木7 【梌】 ⑪ 노나무 도 庾 tú
[字解] ①노나무, 개오동나무. ②단풍나무. 〔畿輔通志〕北方人謂楓曰梌.

木7 【桹】 ⑪ 광랑나무 랑 陽 láng
[소전] [字解] ①광랑나무. ②뱃바닥에 깐 널빤지.
【桹桹 낭랑】 나무와 나무가 서로 부딪치는 소리. ● 櫞-, 鳴-, 檟-.

木7 【梁】 ⑪ 들보 량 陽 liáng
[필순 그림]
[소전] [소전] [고문] [초서] [參考] 梁 (1332)은 딴 자.
[字源] 形聲. 水+刅+木→梁. '刅(창)'이 음을 나타낸다.
[字解] ①들보. 칸과 칸 사이의 두 기둥머리를 건너지른 나무. =樑. 〔莊子〕不可以爲棟梁. ②징검다리. 〔詩經〕鴛鴦在梁. ③다리, 교량. 〔詩經〕造舟爲梁. ④어량(魚梁). 물살을 가로막고 물길을 한 군데 터놓은 다음 거기에 통발이나 살을 놓아서 고기를 잡는 것. 〔詩經〕無逝我梁. ⑤양(梁). 굴건이나 금량관 등의 앞이마에서부터 가로 둥긋하게 마루를 이루어 뒤에 닿은 부분. 〔後漢書〕進賢侯冠, 公侯三梁. ⑥기장, 수수. ≒粱. 〔素問〕肥貴人則高粱之疾. ⑦빼앗다. 이 때는 '략'으로 읽는다. ≒掠. 〔尙書大傳〕故爾梁遠. ⑧힘세다, 사납다. ≒勍. 〔張衡·賦〕快獸陸梁. ⑨나라 이름.

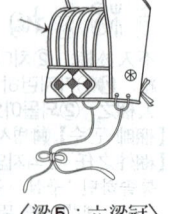
〈梁⑤ : 六梁冠〉

전국 시대에 위(魏)나라가 도읍을 대량(大梁)으로 옮긴 뒤에 일컬은 이름. 〔孟子〕孟子見梁惠王. ⑩왕조(王朝) 이름. ㉮육조(六朝)의 하나(502~557). 소연(蕭衍)이 제(齊)나라의 선양(禪讓)을 받아 건강(健康)에 도읍하여 일컬은 이름. ㉯오대(五代)의 하나(907~923). 주전충(朱全忠)이 당(唐)의 선양을 받아 세운 왕조. 후량(後梁)이라고도 함.

::: 건물 결구(結構)의 부분 명칭

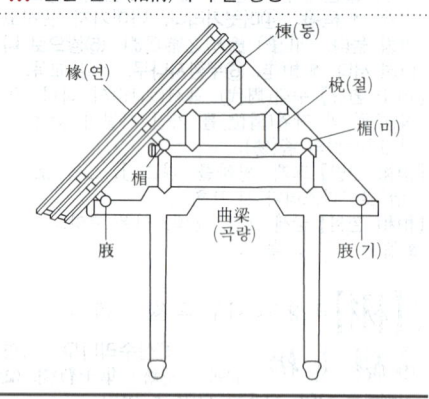

【梁桷 양각】들보와 서까래.
【梁棟 양동】①들보와 마룻대. ②중요한 인물. 재상(宰相). 棟梁(동량).
【梁欐 양려】들보. 梁欐(양려).
【梁木 양목】①들보. ②현철(賢哲).
【梁木壞 양목괴】들보가 부러짐. 현철(賢哲)이 죽음.
【梁父吟 양보음】만가(輓歌)의 한 가지. 제갈량(諸葛亮)이 지은 악부(樂府)의 상화 가사(相和歌辭). 梁甫吟(양보음).
【梁上君子 양상군자】들보 위의 군자. ㉮도둑의 딴 이름. [故事] 한대(漢代)의 진식(陳寔)이 들보 위에 도둑이 숨어 있음을 알고 '사람의 본성은 다 선량하나 나쁜 버릇이 들면 악인이 되는 것이니, 저 양상의 군자가 바로 그러하다'고 아들에게 훈계를 하자, 이를 들은 도둑이 감복하여 사죄했다는 고사에서 온 말. ㉯國쥐.
【梁楹 양영】들보와 큰 기둥. 중임(重任)을 맡은 사람.
【梁柱 양주】①들보와 기둥. ②콧대. 콧날.
● 橋-, 跳-, 棟-, 柏-, 浮-, 鼻-, 石-, 魚-, 梯-, 舟-, 津-, 脊-, 澤-.

木7 【梠】 ⑪ 평고대 려 語 lǚ
[소전] [초서] [속자] 梠 [字解] 평고대. 처마 끝의 서까래를 받치기 위하여 가로놓은 나무.

木7 【桺】 ⑪ 柳(836)의 본자

木部 7획 梨 梩 梅 槑 梦 梶 桲 梆 桮 梵

木7 【梨】⑪ 배나무 리 因 lí

二千才禾利利利梨梨梨

[소전] 梨 [혹체] 棃 [본서] 梨
字源 形聲. 利+木→梨. '利(리)'가 음을 나타낸다.
字解 ①배나무. 과수(果樹)의 한 가지. ¶梨園. ②배. 배나무에 여는 과실. ¶梨棗. ③늙은이. 늙은이 살갗의 빛깔. ④찢다, 쪼개다, 가르다. 〔漢書〕分梨單于. ⑤여럿, 여러 가지. ≒黎·齊. ⑥좇다. ≒追. 〔史記〕其頗不得, 失之旁郡國梨來.
【梨硼膏 이붕고】 배 속을 파내고 붕사 닷 돈쭝과 꿀을 넣어 봉한 뒤, 진흙을 발라 구운 것. 기침 약으로 씀.
【梨色 이색】 노인의 언 배 빛 같은 안색. 노인의 얼굴에 나타나는 검은 반점. 검버섯.
【梨雪 이설】 배꽃을 흰 눈에 견주어 이른 말.
【梨園 이원】 ①배나무를 심은 정원. ②㉠배우들이 연기를 익히던 곳. ㉡연극. ㉢배우. 故事 당(唐) 현종(玄宗)이 대궐 안에 있는 이원에서 음악을 배우게 한 고사에서 온 말.
【梨園弟子 이원제자】 연극배우.
【梨棗 이조】 ①배와 대추. ②출판(出版). ◯서적의 판목(版木)에는 배나무와 대추나무가 제일 좋다는 데서 온 말.
【梨花 이화】 배꽃.
❶鹿-, 棠-, 木-, 山-, 玉-.

木7 【梩】⑪ 가래 리 因 lí, sì

[초서] 梩
字解 ①가래. 농기구의 한 가지. ②삼태기. 흙을 나르는 기구. 〔孟子〕蓋歸反藥梩而掩之.

木7 【梅】⑪ 매화나무 매 灰 méi

十 才 才 术 术 栌 梅 梅 梅 梅

[소전] 槑 [혹체] 楳 [초서] 梅 [본자] 某 [동자] 槑
[동자] 楳 [속자] 梅 [고자] 槑 字源 形聲. 木+每→梅. '每(매)'가 음을 나타낸다.
字解 ①매화나무. 〔詩經〕摽有梅, 其實七兮. ②매우(梅雨), 장마. 매실이 누렇게 익을 무렵의 장마철. ③신맛, 산미(酸味). 〔書經〕爾惟鹽梅. ④어둡다, 어렴풋하다. ≒晦.
【梅林止渴 매림지갈】 매화나무 숲이 갈증을 그치게 함. 故事 위(魏)나라의 조조(曹操)가 행군(行軍) 중 병졸들이 갈증을 호소하자 조금만 더 가면 매실(梅實)이 풍성한 매화나무 숲이 있다고 외치자 군졸들이 입 안에 침이 고여 갈증을 견디었다는 고사에서 온 말. 梅酸止渴(매산지갈), 望梅止渴(망매지갈).
【梅梅 매매】 ①어렴풋한 모양. 어둡고 흐리어 모

양. ②거상(居喪) 때의 모양.
【梅瓶 매병】 주둥이가 좁고 어깨 부분은 크며 아래는 홀쭉하게 생긴 병.
【梅信 매신】 매화꽃이 피기 시작한 소식.
【梅實 매실】 매화나무의 열매.
【梅雨 매우】 매실이 익을 무렵에 내리는 장마. 곧, 음력 4~5월경 양자강(揚子江) 유역에서 일본에 걸쳐 내리는 장마. 梅霖(매림).
【梅妻鶴子 매처학자】 매화를 아내로 삼고 학을 자식으로 삼음. 풍류 생활. 故事 매화를 심고 학을 기르며 은일(隱逸)한 생활을 즐겼다는 송(宋)나라 임포(林逋)의 고사에서 온 말.
【梅天 매천】 매우기(梅雨期)의 하늘.
【梅夏 매하】 매실이 익을 무렵의 여름. 긴 장마가 지는 음력 6월경.
【梅香 매향】 매화 향기.
❶落-, 白-, 靑-, 春-, 寒-, 紅-, 黃-.

木7 【槑】⑪ 梅(851)와 동자

木7 【梦】⑪ 夢(378)의 속자

木7 【梶】⑪ 나무 끝 미 尾 wěi

[초서] 梶
字解 나무 끝, 우듬지.

木7 【桲】⑪ 도리깨 발 月 bó

[초서] 桲
字解 ①도리깨. 곡식의 낟알을 떠는 기구. ②榠마르멜로(marmelo). 달고 향기 있는 과실이 여는 낙엽 교목.

木7 【梆】⑪ 목어 방 江 bāng

[초서] 梆
字解 ①목어(木魚), 목탁(木鐸). ②딱따기. 야경(夜警)을 돌거나 박자를 맞출 때 치는 기구. 〔水滸傳〕梆子響時, 誰敢不來.
【梆鑼 방라】 야경을 돌 때 치는 딱따기와 징.
【梆子 방자】 중국의 연극(演劇)에서, 박자를 맞추기 위하여 쓰던 딱따기의 한 가지.

木7 【桮】⑪ 술잔 배 灰 bēi

[초서] 桮 [통자] 杯 [통자] 盃 字解 ①술잔. 〔漢書〕案上不過三桮. ②나무를 구부려 만든 그릇. 〔孟子〕義猶桮棬也.
【桮棬 배권】 나무를 구부려서 만든 그릇. 엷은 판자를 구부려서 만든 술잔.

木7 【梵】⑪ 범어 범 陷 fàn

字解 ①범어(梵語). 인도(印度)의 고대어(古代

語). ¶梵音. ②바라문교(婆羅門敎)를 신봉하는 인도의 귀족. 〔法華經〕我本著邪見, 爲梵士師. ③더러움이 없다, 깨끗하다. 범어 'Brahmā'의 음역어(音譯語). ④부처. ¶梵音. ⑤천축(天竺)이나 불교에 관한 것임을 나타내는 말. ¶梵殿.

【梵閣 범각】(佛)절이나 불당(佛堂).
【梵偈 범게】(佛)불법(佛法)의 시와 글. ◯'偈'는 '찬미의 말'을 뜻함.
【梵境 범경】(佛)불가서(佛家書). 불교에 관한 서적. 佛書(불서).
【梵宮 범궁】(佛)①범천(梵天)의 궁전. ②절. 법당. 梵閣(범각).
【梵衲 범납】(佛)승려. ◯'衲'은 '衲衣(납의)'로 승려가 입는 검정색 옷을 뜻함.
【梵我一如 범아일여】(佛)인도 우파니샤드 철학. 우주의 근본 원리인 '브라만〔梵〕'과 개인의 중심인 '아트만〔我〕'이 동일하다는 설. 종교적으로는 범신론(汎神論)에 속함.
【梵樂 범악】①인도의 음악. ②불교 음악.
【梵語 범어】(佛)고대 인도의 말. 완성된 말, 곧 속어(俗語)에 대한 아어(雅語)를 뜻함. 산스크리트(Sanskrit).
【梵王宮 범왕궁】(佛)절. 寺刹(사찰).
【梵宇 범우】(佛)절. 寺刹(사찰).
【梵音 범음】(佛)①부처의 음성. 여래의 청정(淸淨)한 소리. ②불경(佛經)을 읽는 소리. ③☞梵語(범어).
【梵字 범자】(佛)범천왕이 만들었다는 고대 인도의 문자. 모자(母字) 12음을 마다(摩多), 자자(子字) 35성(聲)을 체문(體文)이라 하며, 모두 47자로 되어 있음.
【梵殿 범전】(佛)불당(佛堂). 法堂(법당).
【梵鐘 범종】절에서 치는 종.
【梵刹 범찰】(佛)절. 寺刹(사찰).
【梵天 범천】(佛)①바라문교에서 모시는 우주 창조의 신. 梵天王(범천왕). ②색계(色界)의 초선천(初禪天).
【梵天王 범천왕】(佛)①바라문교의 교조인 조화의 신. ②범천(梵天)의 왕. 제석천(帝釋天)과 함께 부처의 좌우에 모시는 불법 수호의 신.
【梵唄 범패】(佛)여래의 공덕을 찬양하는 노래.
【梵學 범학】(佛)불경에 관한 학문.
【梵行 범행】(佛)①음욕을 끊은 맑은 행실. 청정무욕(淸淨無欲)의 행위. ②해탈(解脫)을 하기 위한 불도(佛道)의 수행. ◯'梵'은 '열반(涅槃)'을 뜻하므로.
【梵夾 범협】불교의 경문(經文).

◑釋−, 晨−, 夜−, 午−, 淸−, 華−, 曉−.

木7 【桴】⑪ ❶마룻대 부 囷 fú ❷뗏목 부 囷

[소전][초서] 【字解】❶①마룻대. 집의 용마루 밑에 서까래가 걸리게 되는 도리. 〔班固·賦〕荷棟桴而高驤. ②북채. ≒枹. 〔禮記〕蕢桴而土鼓. ③날짐승이 새끼를 품다. ¶桴粥. ④덮다, 덮어 가리다. ≒罘. ⑤뜬 숯. ≒浮. ¶桴炭. ⑥질경이. ≒苤. ¶桴苢.

❷뗏목, 떼. ≒泭. 〔論語〕乘桴浮于海.
【桴鼓 부고】①북채와 북. 상응(相應)함이 신속함. ②북채로 북을 침. ◯전쟁을 할 때나 어지에서 민중을 경계할 때에 침. ③북의 한 가지.
【桴筏 부벌】뗏목. ◯'桴'는 '작은 뗏목'을, '筏'은 '큰 뗏목'을 뜻함.
【桴思 부사】담. 병장(屏障). 罘罳(부사).
【桴粥 부육】품어서 기름. 날짐승이 새끼를 품어 체온으로써 따뜻하게 하여 기르는 일.
【桴苢 부이】질경이. 芣苢(부이).
【桴炭 부탄】①가벼워서 잘 타는 목탄(木炭). ②숯을 물에 던졌을 때 물 위에 뜬 것.

◑鼓−, 棟−, 乘−, 重−.

木7 【桭】⑪ 樢(889)의 속자

木7 【桫】⑪ 사라나무 사 囷 suō
[동자] 梥 [字解] 사라나무. 열대 지방에 나는 은화식물(隱花植物). 결이 단단하여 기구를 만들 때 쓴다.

木7 【梥】⑪ 桫(852)와 동자

木7 【梭】⑪ 북 사 囷 suō
[소전][소전][초서][字解]①북. 피륙을 짤 때에 씨올의 실꾸리를 넣는 베틀의 부속품. 〔江淹·詩〕流黃夕不織, 寧聞梭杼音. ②베짱이. ¶梭鷄.
【梭鷄 사계】베짱이.
【梭杼 사저】베틀의 북. 機杼(기저).
【梭田 사전】🄰베틀의 북 모양으로 길쭉하고 양 끝이 뾰족한 밭.
【梭投 사투】북을 던짐. 일의 경과가 빠름. ◯베를 짤 때에 북이 빠르게 왔다갔다 하는 데서 온 말.

◑金−, 機−, 鷰−, 杼−, 停−.

木7 【梳】⑪ 빗 소 囷 shū
[소전][초서][본자][字解]①빗, 얼레빗. 〔唐書〕朝有諷諫, 猶髪之有梳. ②빗다, 머리를 빗다. 〔揚雄·賦〕頭蓬不暇梳.
【梳盥 소관】머리를 빗고 손을 씻음.
【梳沐 소목】머리를 빗고 몸을 씻음.
【梳文 소문】머리를 빗은 뒤에 남은 빗살 자국.
【梳髪 소발】머리를 빗음.
【梳洗 소세】머리를 빗고 얼굴을 씻음. 곧 치장을 함. 梳沐(소목).
【梳雲 소운】머리를 빗음.
【梳妝 소장】화장(化粧)함. 梳粧(소장).
【梳櫛 소즐】빗질함.

◑瓊−, 髻−, 櫛−, 爬−, 紅−.

木部 7획 案 梛 楹 梧 桎 梓 稅 梃 桯 梯 條

木7 【案】⑪ 松(830)과 동자

木7 【梛】⑪ 梛(864)와 동자

木7 【楹】⑪ 고욤나무 영 梗 yǐng
字解 고욤나무, 고욤. 감과 비슷하나 작고 둥글다.

木7 【梧】⑪
❶벽오동나무 오 虞 wú
❷장대할 오 wù
❸악기 이름 어 語 yǔ
參考 대법원 지정 인명용 한자의 음은 '오'이다.
字源 形聲. 木+吾→梧. '吾(오)'가 음을 나타낸다.
字解 ❶①벽오동나무.〔孟子〕舍其梧檟養其樲棘. ②거문고.〔莊子〕惠子之據梧也. ③책상, 서안(書案). ¶梧下. ④버티다, 맞서 겨루다.〔史記〕莫敢枝梧. ⑤날다람쥐.〔荀子〕梧鼠五技而窮. ⑥기둥, 떠받치는 기둥.〔何晏·賦〕桁梧複疊. ❷장대하다. 늠偉.〔史記〕魁梧奇偉. ❸악기(樂器) 이름.
【梧檟 오가】①벽오동나무와 개오동나무. 모두 재질(材質)이 좋음. ②걸출(傑出)한 인물.
【梧鼠技窮 오서기궁】날다람쥐는 다섯 가지 재주를 가졌으나 궁함. 여러 가지 일을 얕게 닦기보다 한 가지를 깊이 있게 전공(專攻)함이 좋음. ○날다람쥐는 날지만 지붕에는 올라가지 못하고, 나무를 타지만 나무를 다 타지는 못하며, 헤엄을 치지만 골짜기를 건널 수 없고, 구멍을 파지만 제 몸을 덮어 가리지 못하며, 달리지만 사람을 앞설 수는 없음.
【梧月 오월】음력 7월의 딴 이름.
【梧陰 오음】벽오동나무의 그늘.
【梧前 오전】⇨梧下(오하).
【梧秋 오추】음력 7월의 딴 이름.
【梧下 오하】책상 밑. 편지 수신인 이름 밑에 써 경의를 표하는 말. 梧前(오전).
● 魁-, 碧-, 枝-, 蒼-, 翠-.

木7 【桎】⑪ 柱(831)의 고자

木7 【梓】⑪ 가래나무 재·자 紙 zǐ
字解 ①가래나무. =榟.〔詩經〕維桑與梓. ②판목(版木).〔志雅堂雜抄〕未暇入梓. ③목수(木手), 목공. ¶梓人. ④고향.〔劉迎·詩〕榮歸詩梓里. ⑤관(棺).〔後漢書〕奉安梓宮.
【梓宮 재궁】①임금의 관(棺). ○임금의 관을 만들 때 가래나무를 사용한 데서 온 말. ②임금의 능(陵).

【梓里 재리】고향. 桑梓(상재).
【梓人 재인·자인】목수의 우두머리.
【梓匠輪輿 재장윤여】재인(梓人)·장인(匠人)·윤인(輪人)·여인(輿人). 곧, 목수와 수레를 만드는 장인.
【梓材 재재·자재】①가래나무 재목. ②가래나무로 만든 인쇄의 판목(版木).
● 橋-, 桐-, 文-, 上-, 桑-.

木7 【稅】⑪
❶쪼구미 절 屑 zhuó
❷지팡이 탈 曷 tuō
❸날카로울 예 霽 ruì
字解 ❶쪼구미, 동자기둥. 들보 위에 세워 상량이나 오량 따위를 받치는 짧은 기둥.〔論語〕山節藻梲. ❷지팡이, 막대기. ❸날카롭다, 예리하다. 늠銳.

木7 【梃】⑪ 몽둥이 정 迴 tǐng
字解 ①몽둥이, 곤장.〔孟子〕殺人以梃與刃, 有以異乎. ②곧은 모양. ③식물의 줄기.〔魏書〕甘蔗百梃. ④장.〔呂氏春秋〕鋤擾百梃. ⑤구슬.
【梃楚 정초】곤봉(棍棒). 몽둥이.

木7 【桯】⑪ 탁자 정 靑 tīng
字解 ①탁자. ②기둥, 장대.〔周禮〕桯圍倍之. ③수레의 횡목(橫木).〔儀禮〕穿桯前後而關軸焉.

木7 【梯】⑪ 사다리 제 齊 tī
字解 ①사다리, 층계.〔孫子〕如登樓而去梯階. ②실마리.〔史記〕毋爲禍梯. ③기대다, 의지하다.〔山海經〕西王母梯几而戴勝杖. ④담, 토담.
【梯階 제계】사다리. 사닥다리. 階梯(계제).
【梯嶝 제등】산으로 오르는 비탈길.
【梯索 제삭】밧줄로 만든 사닥다리.
【梯山航海 제산항해】사다리를 놓고 산에 올라가고 배를 타고 바다를 건넘. 아주 먼 곳으로 감. 梯航(제항).
【梯田 제전】산허리에 계단 모양으로 일군 논밭.
【梯衝 제충】운제(雲梯)와 충거(衝車). 모두 성(城)을 공격하는 기구.
【梯航 제항】①⇨梯山航海(제산항해). ②인도(引導)함. 안내함.
● 階-, 鉤-, 丹-, 飛-, 雲-, 危-, 懸-.

木7 【條】⑪
❶가지 조 蕭 tiáo
❷씻을 척 錫 dí

木部 7획 條椒梃梢梔桼梫

【参考】 대법원 지정 인명용 한자음은 '조'이다.
【字源】 形聲. 攸+木→條. '攸(유)'가 음을 나타낸다.
【字解】 ①가지, 나뭇가지. 〔詩經〕伐其條枚. ②개오동나무. 〓楸. 〔詩經〕有條有梅. ③유자나무. 〓柚. ④길다. 〔書經〕厥木維條. ⑤멀다. 〔太玄經〕條暢乎四. ⑥미치다, 이르다. 〔漢書〕聲氣遠條. ⑦곧다, 바르다. 〔素問〕其令條舒. ⑧조리, 맥락(脈絡). 〔書經〕若網在網, 有條而不紊. ⑨조리를 세우다. 〔漢書〕分條中都軍. ⑩조목으로 벌여 놓다. 〔後漢書〕吏人條書相告. ⑪조목, 사항. 〔舊唐書〕約法爲二十條. ⑫길, 도리, 법. 〔漢書〕同條共貫. ⑬줄. 가늘고 긴 것을 세는 단위.〔王仁裕·詩〕一抹朱絃四十條. ⑭끈, 줄. 〓絛. 〔周禮〕條纓五就. ⑮가지를 치다, 나뭇가지를 베다. 〔詩經〕蠶月條桑. ⑯잎조리는 모양. 〔詩經〕條其獻矣. ⑰성(姓). ⑱현용수철. ❷씻다, 없애다. 〓滌.
【條綱 조강】조리(條理)와 법(法).
【條件 조건】어떤 사물이 성립되는 데 갖추어야 하는 요소.
【條決 조결】조리를 밝혀 결정함.
【條貫 조관】①일을 하여 가는 도리. 條理(조리). ②일의 경로.
【條款 조관】벌여 놓은 조목(條目).
【條教 조교】조리가 명백한 가르침.
【條規 조규】조문(條文)으로 된 규정.
【條達 조달】①나뭇가지가 자라듯이 사방으로 퍼져 통함. ②느긋하고 안온함. ③팔찌. 팔가락지. ④빨리 가는 모양.
【條對 조대】조목조목 들어 대답함.
【條例 조례】①조목별로 쓴 규칙. ②지방 자치단체가 자주적으로 만든 법규.
【條理 조리】일·행동·말의 앞뒤가 맞고 체계가 서는 갈피.
【條目 조목】①하나하나 따져서 벌인 일의 가닥. ②법률·규정 따위에서 낱낱의 조목이나 항목. 條項(조항).
【條白 조백】조리를 세워 일을 명백하게 함.
【條分 조분】여러 가지로 갈라짐.
【條析 조석】조리를 따져 분석함.
【條約 조약】①조문으로 맺은 언약. ②문서에 의한 국가 간의 합의.
【條纓 조영】실로 장식한, 말의 앞 가슴에 대는 가슴걸이.
【條制 조제】법률의 조목.
【條條 조조】①조리가 서 있는 모양. ②헝크러지는 모양. 擾擾(요요). ③정체(停滯) 없이 도는 모양.
【條奏 조주】조목별로 써서 상주(上奏)함.
【條直 조직】조리가 바름. 조리가 정연함.
【條暢 조창】①느긋하고 안온함. 條暢(조창). ②뻗어 나감. 舒暢(서창).
【條通 조통】조리가 통함.
【條播 조파】園줄이 지게 씨를 뿌리는 일.
【條風 조풍】동북풍. ○만물을 조달(條達)하는 데서 온 말.

【條項 조항】⇨條目(조목).
❶禁―, 別―, 信―, 新―, 柳―, 章―, 前―, 政―, 詔―, 枝―, 逐―, 朽―.

木 【梣】 ⑪ 條(853)와 동자
7

木 【梺】 ⑪ 처마 진 匣 zhēn
7
【字解】①처마, 평고대. ②대청, 두 기둥 사이의 공간.

木 【梴】 ⑪ 길 천 囝 chān
7
소전 梴 초서 梴 【字解】①길다, 나무가 밋밋하다. 〔詩經〕松桷有梴. ②다듬잇돌. 〓碪.

木 【梢】 ❶나무 끝 초 ⓑ소 囿 shāo
7 ❷도랑 초 ⓑ소 蕭 xiāo
소전 梢 초서 梢 속 梢 【字解】❶①나무 끝, 나뭇가지. 〓杪. 〔楊維楨·詩〕歌雲輕壓海棠梢. ②끝, 말단(末端). ③꼬리. 〔顔氏之·賦〕垂梢植髮. ④장대, 막대기. 〔漢書〕飾玉梢以舞歌. ⑤키가 작은 잡목(雜木). 〔淮南子〕曳梢肆柴. ⑥키, 타(舵). ¶ 梢工. ⑦깃발, 기각(旗脚). 깃대의 반대쪽에 있는 기폭의 귀에 붙인 긴 꼬리. 〓旐. 〔漢書〕被雲梢. ⑧작다. ¶ 梢梢. ❷①도랑, 개천. ¶ 梢溝. ②國낙지. ¶ 梢魚.
【梢工 초공】사공. 뱃사람. 梢公(초공).
【梢溝 초구】개간하지 않은 땅의 도랑. 개천.
【梢頭 초두】나뭇가지의 끝 부분.
【梢芟 초삼】제방(堤防)을 쌓는 데 쓰는 베어 낸 나뭇가지나 마른 풀.
【梢柴 초시】불쏘시개.
【梢魚 초어】낙지.
【梢雲 초운】①높이 뜬 구름. ②상서로운 구름. 瑞雲(서운). ③구름을 물리침.
【梢梢 초초】①나무 끝이 바람에 흔들려 나는 소리. ②조금. 작음. ③꼬리가 늘어진 모양. ④나뭇가지나 잎이나 곁가지 없이 쭉 뻗은 모양. ⑤나무들의 우듬지.
❶末―, 茂―, 正―, 枝―, 抽―.

木 【梔】 ⑪ 치자나무 치 囷 zhī
7
소전 梔 초서 梔 동자 梔 【字解】치자나무. 상록 관목. 열매는 물감·약재로 쓴다.
【梔子 치자】①치자나무. ②치자나무의 열매.

木 【桼】 ⑪ 漆(1032)과 동자
7

木 【梫】 ⑪ 침나무 침 寑 qǐn
7

木部 7~8획 桶根椑梜梟棨椐檢棨楣梱椁

[소전] 樑 [字解] 침나무. ¶椋木.
【椋木 침목】침나무. 산에 자생하며, 2월경에 흰 꽃이 피는데 독이 있고, 잎은 살충제로 씀.

木7【桶】⑪ ❶통 통 ❷되 용 tǒng
[소전] 桶 [초서] 桶 [參考] 대법원 지정 인명용 한자의 음은 '통'이다.
[字解] ❶통. 물이나 물건을 담는 그릇. ¶水桶. ❷되, 말. 곡식 따위의 분량을 되는 기구. 〔史記〕平斗桶.

木7【根】⑪ 패다 패 bèi
[초서] 根 [간체] 根 [字解] 패다(根多). 범어 'patra'의 음역자. 인도(印度)에서 나는 상록 교목. 잎은 경문(經文)을 필사(筆寫)하는 데 쓴다.

木7【椑】⑪ 울짱 폐 bì
[소전] 椑 [초서] 椑 [字解] ❶울짱. 사람이나 마소의 침입을 막기 위하여 문 앞 따위에 치는 울. ❷옥(獄), 감옥.
【椑椔 폐호】울짱. 목책(木柵).

木7【梜】⑪ 젓가락 협 ⓐ겹 jiā
[소전] 梜 [초서] 梜 [字解] 젓가락 〔禮記〕羹之有菜者用梜.

木7【梟】⑪ 올빼미 효 ⓐ교 xiāo
[소전] 梟 [초서] 梟 [예서] 梟 [본자] 梟
[字源] 會意. 鳥+木→梟. 새(鳥)가 나무〔木〕끝에 있는 모습을 나타내었다. 올빼미는 어미새를 잡아먹는 불효(不孝)한 새라고 믿었기에 이를 잡으면 나무 끝에 매달아 그 불효함을 세상 사람에게 보인 데서 올빼미를 뜻하는 글자로 만들었다.
[字解] ❶올빼미. 〔詩經〕爲梟爲鴟. ❷사납고 용맹스럽다. 〔漢書〕致梟騎助漢. ❸영웅, 용맹이 뛰어난 사람. 〔淮南子〕爲天下梟. ❹어지럽히다. 늦擾. ¶梟亂. ❺목을 베어 매달다. ¶梟木. ❻꼭대기, 산정(山頂). 〔管子〕其山之梟.
【梟騎 효기】날쌔고 사나운 기병(騎兵).
【梟亂 효란】소란하게 하여 세상을 어지럽힘.
【梟鸞 효란】악조(惡鳥)인 올빼미와 길조(吉鳥)인 난새. ㉠소인과 군자. ㉡간신(奸臣)과 충신(忠臣).
【梟猛 효맹】날쌔고 용맹함. 梟悍(효한).
【梟名 효명】사납고 날쌔다는 평판.
【梟木 효목】❶죄인을 처형하여 목을 매다는 나무. ❷옥문(獄門).
【梟首 효수】죄인의 목을 베어 사람들이 보도록 높은 곳에 매달던 일.
【梟示 효시】효수(梟首)하여 경계하는 뜻으로 뭇사람에게 보임.
【梟愛其子 효애기자】올빼미는 새끼를 사랑하지만 새끼는 자란 후에 자기 어미를 잡아먹음. 은혜를 원수로 갚음.
【梟勇 효용】사납고 날쌤.
【梟雄 효웅】❶사납고 용맹함. ❷사납고 용맹한 영웅.
【梟夷 효이】죄인을 감옥에 넣어서 죽임.
【梟將 효장】사납고 용감한 장수.
【梟鴟 효치】❶올빼미. ❷악인.
【梟破鏡 효파경】❶어미새를 잡아먹는 올빼미와 아비를 잡아먹는 짐승인 파경. ❷흉악무도한 악인. ○'破鏡'은 '獍'으로 '범을 닮았으나 몸이 작은 맹수'를 뜻함.
【梟哺 효포】올빼미가 어미새를 기름. 불효 자식이 개과천선하여 부모에게 효도함.
【梟悍 효한】날쌔고 사나움. 梟猛(효맹).
○ 老-, 鴟-, 土-.

木8【棨】⑫ 棊(841)과 동자

木8【椌】⑫ ❶악기 이름 강 qiāng ❷도구 공 kōng
[소전] 椌 [초서] 椌 [字解] ❶악기 이름. 柷(축)의 작은 것. ❷도구(道具), 장식이 없는 도구.

木8【椐】⑫ 영수목 거 jū
[소전] 椐 [字解] ❶영수목(靈壽木). 대나무와 비슷하며 마디가 있다. ❷느티나무. =欅·柜. ❸순종하는 모양.

木8【檢】⑫ 檢(886)의 속자

木8【棨】⑫ 창 계 qǐ
[소전] 棨 [초서] 棨 [字解] ❶창. 〔漢書〕建幢棨. ❷부절(符節). 〔後漢書〕本宮長史爲封棨傳.
【棨戟 계극】의장용(儀仗用) 기구의 하나로, 적흑색(赤黑色) 비단으로 싼 나무 창.
【棨信 계신】궁중을 출입할 때에 쓰던 신표(信標). 符節(부절).

木8【楣】⑫ 枅(842)와 동자

木8【梱】⑫ 梱(849)과 동자

木8【椁】⑫ 덧널 곽 guǒ

木部 8획 棺梡棋楇槔棬棘棋

椁 椁 字解 ①덧널, 외관(外棺). 관을 담는 궤. =槨. ②헤아리다, 측량하다. ≒度. 〔周禮〕椁其漆內, 而中詘之.

木8 【棺】⑫ ❶널 관 寒 guān
❷입관할 관 翰 guàn

椚 板 字解 ❶널, 관. ¶棺柩. ❷입관하다. 〔春秋左氏傳〕棺而出之.

【棺槨 관곽】 시체를 넣는 속 널과 겉 널. 棺椁(관곽).
【棺柩 관구】 관. 널.
【棺櫬 관츤】 널. 관(棺).
【棺斂 관렴】 시체를 관에 넣음. 納棺(납관).
【棺文 관문】 (佛)신도(信徒)를 장사 지낼 때 관에 적는 글.
○ 蓋-, 椁-, 納-, 石-, 入-, 出-, 下-.

木8 【梡】⑫ ❶땔나무 관 旱 kuǎn
❷도마 과 哿 kě
❸괘 괘

字解 ❶땔나무. ❷통나무. 자른 그대로의 나무. ❸괘. 현악기의 줄받침.

木8 【棋】⑫ 호깨나무 구 䴢 jǔ

枸 字解 ①호깨나무. 갈매나뭇과의 낙엽 교목. =枸. ②적대 이름. 은대(殷代)에 사용하던 제기(祭器)로, 굽은 발이 달려 있다.

木8 【楇】⑫ 오구목 구 豪 gāo

柳 柏 字解 오구목(烏臼木). 열대 지방 원산의 낙엽 교목.
【楇油 구유】 오구목에서 짠 기름.

木8 【槔】⑫ 노송나무 국 屋 jú
字解 노송나무, 측백나무.

木8 【棬】⑫ ❶나무 그릇 권 先 quān
❷코뚜레 권 阮 juàn

椦 字解 ❶❶나무 그릇, 나무를 휘어서 만든 그릇. 〔孟子〕以順杞柳之性, 而以爲桮棬乎. ❷힘쓰는 모양. ≒捲. 〔莊子〕棬棬乎, 后尺爲人. ❷코뚜레. 〔呂氏春秋〕五尺童子引其棬, 而牛知所以順之也.
【棬棬 권권】 힘쓰는 모양. 捲捲(권권).
【棬樞 권추】 나무를 휘어서 집의 지도리를 만듦. 가난한 집.

木8 【棘】⑫ 멧대추나무 극 職 jí

棘 字解 會意. 束+束→棘. 가시[束]를 가로로 벌여 놓고, 대추나무[棗]보다 키가 작은 가시나무를 뜻하도록 만든 데서 '가시나무, 멧대추나무'의 뜻을 나타낸다.

字解 ①멧대추나무. 대추나무의 한 가지로 키가 대추나무보다 작다. 〔詩經〕園有棘. ②가시나무. 가시가 있는 나무의 총칭. ③가시. 〔晉書〕以棘針釘其心. ④창. 무기의 한 가지. 〔春秋左氏傳〕子都拔棘以逐之. ⑤감옥. 감옥에 가두다. 〔春秋左氏傳〕囚諸棘臺, 椁之以棘. ⑥빠르다, 급박하다. ≒亟. 〔詩經〕獫狁孔棘. ⑦야위다, 파리하다. 〔呂氏春秋〕棘者欲肥, 肥者欲棘. ⑧벌여 놓다, 보기 좋게 꾸미다. 〔楚辭〕啓棘賓商. ⑨공경(公卿)의 자리. 천자(天子)가 집정(執政)하는 장소의 좌우에 각각 아홉 그루의 가시나무를 심어 놓아서 공경이 설 자리를 표시한 데서 온 말. 〔南史〕遂登列棘.
【棘木 극목】 ①가시나무. ②조정의 외조(外朝). ○외조에 가시나무를 심은 데서 온 말.
【棘門 극문】 ①여러 가지 창(槍)을 늘어 세워 놓은 문. ②궁문(宮門).
【棘矢 극시】 가시나무로 만든 화살. 복숭아 나무로 만든 활[桃弧]과 함께 마귀를 쫓는 데 썼음.
【棘圍 극위】 ①과거를 보는 장소. ○과거 보는 장소에 사람이 함부로 드나들지 못하게 가시나무로 울타리를 만들어 놓았던 데서 온 말. 科場(과장). 棘院(극원).
【棘人 극인】 몹시 슬픔에 잠겨 있는 사람. 부모의 상(喪)을 입고 있는 사람의 자칭(自稱). 喪制(상제).
【棘刺 극자】 ①가시나무의 가시. ②청렴하고 엄직(嚴直)함.
【棘茨 극자】 가시.
【棘針 극침】 ①가시. ②살을 찌르는 듯한 한기(寒氣).
【棘皮 극피】 석회질의 가시가 돋아 있는 동물의 껍데기.
○ 艱-, 蒙-, 列-, 楚-, 叢-, 險-, 荊-.

木8 【棋】⑫ 바둑 기 之 qí

碁 棊 某 碁 字源 形聲. 木+其→棋. '其(기)'가 음을 나타낸다.

字解 ①바둑, 바둑돌. 〔曹植·詩〕棋局逞巧, 博弈惟賢. ②장기, 장기짝. ¶將棋. ③바둑을 두다, 장기를 두다. ¶棋客. ④점치기 위해 점대를 벌여 놓은 모양. 〔史記〕旋視正棋. ⑤근본, 근저. ≒基. 〔史記〕萬物根棋.
【棋客 기객】 바둑이나 장기를 두는 사람. 棋家(기가).
【棋局 기국】 ①바둑판이나 장기판. 棋盤(기반). ②바둑이나 장기의 판세.
【棋譜 기보】 ①바둑이나 장기 두는 법을 적은 책. ②바둑이나 장기의 대국 내용을 기록한 것.
【棋士 기사】 바둑을 직업으로 삼아 두는 사람.
【棋石 기석】 바둑돌. 棋子(기자).
【棋列 기열】 바둑판의 눈금처럼 정연히 늘어섬.

木部 8획 某棄棠櫄棹棟椋梸 857

【棋戰 기전】 바둑이나 장기의 승부를 겨룸.
【棋枰 기평】 바둑판. 棋局(기국).
【棋布 기포】 바둑판에 바둑돌을 늘어놓은 것과 같이 여기저기 흩어져 있음.
❶ 國一, 博一, 象一, 圍一, 將一, 布一, 奕一.

木8【棊】⑫ 棋(856)와 동자

木8【棄】⑫ 버릴 기 囷 qì

[字源] 會意. 厶+廾+箕→棄. 어린아이(厶)를 두 손(廾)으로 삼태기(箕)에 담아 버리는 모습이다. 厶은 子(자)를 거꾸로 한 형태로, '버리다'의 뜻이 여기에서 나왔다.

[字解] ❶버리다, 내버리다. 〔孟子〕棄甲曳兵而走. ❷그만두다, 폐하다. 〔國語〕棄稷弗務. ❸꺼리어 멀리하다. 〔莊子〕棄妹不仁也. ❹잊다, 잊어버리다. 〔春秋左氏傳〕其庸可棄乎. ❺쇠퇴하다, 쓸모없게 되다. 〔春秋左氏傳〕水官棄矣. ❻떠나다. 〔楚辭〕不撫壯而棄穢兮.

【棄却 기각】 ①물품을 내버림. ②법원이 청구 신청을 도로 물리침.
【棄甲 기갑】 갑옷을 버림. 패배하여 달아남.
【棄權 기권】 권리를 포기함.
【棄背 기배】 ①배반하여 버리고 떠남. ②존속 (尊屬)의 죽음.
【棄世 기세】 ①세상을 버림. 웃어른이 돌아가심. 別世(별세). ②속세를 초월함. 세상과 관계를 끊음.
【棄市 기시】 죄인을 사형에 처하여 그 시체를 거리에 버려 둠.
【棄兒 기아】 ①버림받은 아이. ②어린아이를 내버림.
【棄言 기언】 ①말한 것을 실행하지 않음. 食言(식언). ②이미 버린 말. 死語(사어).
【棄捐 기연】 ①버림. 버림받음. ②사재(私財)를 내놓아 남을 도와줌.
【棄地 기지】 버려 두고 이용하지 않는 땅.
【棄擲 기척】 던져 버림.
【棄唾 기타】 뱉어 버린 침. 버려도 아깝지 않음.
【棄筆 기필】 붓을 버림. 문필 활동을 그만둠. 投筆(투필).
【棄取用 기하취용】 결점 있는 자를 버리고 쓸 만한 인재를 등용함.
【棄灰之刑 기회지형】 재를 길에 버린 자에게 벌하는 형벌. 가혹한 형벌.
❶ 放一, 遺一, 打一, 唾一, 破一, 罷一, 廢一, 抛一.

木8【棠】⑫ 팥배나무 당 圄 táng

[字解] ❶팥배나무, 팥배. ❷해당화. ¶海棠. ❸산앵두나무. 〔晉書〕棠棣融融載其華. ❹아가위나무, 아가위. ¶棠毬子. ❺둑, 제방. 〔列子〕遊于棠行.
【棠毬子 당구자】 아가위.
【棠棣 당체】 산앵두나무.

木8【櫄】⑫ 棠(857)과 동자

木8【棹】⑫ ❶노 도 匐조 囷 zhào
      ❷책상 탁 囻 zhuō

[字解] ❷❶노, 키. =櫂. 〔謝靈運·詩〕鷟棹逐驚流. ②노를 젓다. 〔陶潛·辭〕或命巾車, 或棹孤舟. ❷①책상. ※卓(237)의 속자(俗字). ②나무 이름. 참죽나무와 비슷한 나무.
【棹歌 도가】 노를 저으며 부르는 노래. 뱃노래. 棹唱(도창).
【棹郞 도랑】 뱃사공.
【棹聲 도성】 노를 젓는 소리.
❶ 緩一, 倚一.

木8【棟】⑫ 용마루 동 囷 dòng

[字源] 形聲. 木+東→棟. '東(동)'이 음을 나타낸다.

[字解] ❶용마루. 〔易經〕上棟下宇. ❷마룻대. 〔春秋左氏傳〕棟折榱崩. ❸주석(柱石), 중임을 맡은 인물. 〔後漢書〕公爲棟梁, 傾危不持. ❹별 이름. ❺채. ㉮집을 세는 단위. ㉯집, 건물.
【棟幹 동간】 ①마룻대가 될 만한 재목. ②뛰어난 재능.
【棟梁 동량】 ①마룻대와 들보. ②한 집안이나 국가의 중임을 맡는 사람. 柱石(주석).
【棟梁之材 동량지재】 한 나라의 기둥이 될 만한 인물. 棟梁材(동량재).
【棟甍 동맹】 ①마룻대 위에 얹는 기와. ②중요한 인물.
【棟宇 동우】 ①집의 마룻대와 추녀 끝. ②집.
【棟折榱崩 동절최붕】 마룻대가 부러지면 서까래도 무너짐. 윗사람이 망하면 아랫사람도 망함.
❶ 巨一, 高一, 國一, 累一, 甍一, 飛一, 梁一, 楹一, 屋一, 雲一, 隆一, 宰一.

木8【椋】⑫ 푸조나무 량 阳 liáng

[字解] 푸조나무. 느릅나뭇과의 상록 교목.
【椋葉 양엽】 푸조나무의 잎. 옻칠 대신에 씀.

木8【梸】⑫ 채 려 圄 lì

[字解] ❶채. 비파를 타는 기구. ≒捩. ❷태엽,

용수철 장치. ③비틀다, 비틀어 돌리다. 〔韓愈·文〕棖手覆羹.

木8 【棱】 ⑫ 모 릉 厲 léng

전 棧 통 楞 초 稜 字解 ①모, 모서리. 〔鹽鐵論〕大夫達棱楹. ②엄하다, 서슬이 푸른 모양. 〔後漢書〕性剛棱疾惡.
【棱棱 능릉】①추위가 몸에 스며드는 모양. 심한 추위. ②모가 나고 바른 모양. 한결 두드러지게 세력이 있는 모양.
【棱楹 능영】모가 난 기둥.
◑ 剛-, 觚-, 眉-, 鋒-, 嚴-, 雄-, 衣-.

木8 【棃】 ⑫ 梨(851)의 본자

木8 【棽】 ⑫ ①무성할 림 侵 chēn ②뒤덮힐 침 侵 chēn

소전 棽 소전 棽 초서 棽 字解 ①무성하다. ②뒤덮히다, 나무의 가지나 꽃이 드리워져 뒤덮은 모양.
【棽儷】①임려 ②침려〕①나무가 무성한 모양. ②나뭇가지나 꽃이 드리워져 뒤덮여 있는 모양.

木8 【棉】 ⑫ 목화 면 先 mián

초서 棉 동자 枏 속자 槆 통자 綿 字解 목화. 섬유 식물의 한 가지. 〔李商隱·詩〕木棉花暖鷓鴣飛.
【棉作 면작】목화 농사.
【棉花 면화】①목화의 꽃. ②무명. ③솜.
◑ 木-, 印-, 草-.

木8 【棆】 ⑫ 國홈통 명

字解 홈통. 물을 이끄는 데 쓰는, 길게 골이 진 물건.

木8 【榜】 ⑫ 榜(870)의 본자

木8 【棅】 ⑫ 柄(837)과 동자

木8 【栟】 ⑫ 종려나무 병 庚 bīng

전 栟 초 栟 속 栟 간 栟 字解 종려나무. 더운 지방에 나는 상록 교목.

木8 【棒】 ⑫ 몽둥이 봉 本방 講 bàng

초서 棒 字解 ①몽둥이, 막대기. =棓. 〔魏書〕刀不如棒. ②치다, 몽둥이로 때리다. 〔北齊書〕赤棒棒之.
【棒喝 봉갈·방할】(佛)선사(禪師)가 불법(佛法)을 깨닫지 못하는 제자를 지도할 때 심하게 꾸짖기도 하고 막대기로 때리기도 하는 일.
◑ 棍-, 三十-, 杖-, 鐵-, 痛-.

木8 【棓】 ⑫ ①몽둥이 봉방 講 bàng ②발판 부 有 pǒu ③성 배 灰 péi

소전 棓 초서 棓 字解 ①①몽둥이, 막대기. =棒. 〔淮南子〕羿死於桃棓. ②도리깨. 곡식의 낟알을 떠는 농기구. ②발판. 높은 곳을 오르내리기 위하여 설치해 놓은 널. 〔春秋公羊傳〕踊于棓而窺客. ③성(姓)

木8 【棼】 ⑫ 마룻대 분 文 fén, fēn

소전 棼 초서 棼 字解 ①마룻대. ②어지럽다, 어지럽히다. ≒紊·紛. 〔魏志〕譬猶棼絲. ③삼베, 마포(麻布).
【棼棼 분분】어지러운 모양. 紛紛(분분).

木8 【棚】 ⑫ 시렁 붕 本팽 庚 péng

전 棚 초 棚 字解 ①시렁, 선반. 〔陸龜蒙·詩〕鬪鼠落書棚. ②누각(樓閣). 〔隋書〕高棚跨路. ③오두막집, 가건물(假建物). ④잔교(棧橋). 〔新唐書〕大治戰棚雲橋, 環火其棚.
【棚閣 붕각】성(城) 위에 세운 망루(望樓).
【棚棧 붕잔】가축을 기르는 우리.
◑ 高-, 大陸-, 山-, 書-, 彩-.

木8 【椑】 ⑫ ①술통 비 齊 pí ②감나무 비 支 bēi ③널 벽 陌 bì

소전 椑 초서 椑 字解 ①①술통, 둥근 술통. ②수레 이름. ③술잔. ②감나무. ③널, 관(棺). 〔禮記〕君卽位而爲椑.

木8 【棐】 ⑫ 도지개 비 尾 fěi

소전 棐 초서 棐 字解 ①도지개. 뒤틀린 활을 바로잡는 틀. ②돕다, 보좌하다. 〔書經〕越天棐忱辭. ③변변치 못하다. 〔漢書〕毋作棐德. ④상자, 광주리. ≒匪·篚. 〔漢書〕賦入貢棐. ⑤비자나무. =榧.
【棐德 비덕】변변치 못한 덕.
【棐常 비상】떳떳한 도리를 도와서 행함.

木8 【森】 ⑫ 나무 빽빽할 삼 侵 sēn

소전 森 초서 森 字源 會意. 木+木+木→森. '木(나무 목)'자 셋을 써서 나무가 무성하게 우거진 삼림을 나타냈다.
字解 ①나무가 빽빽하다. 〔張九齡·詩〕喬木自森羅. ②우뚝 솟다, 나무가 밋밋하게 높은 모양. ③성(盛)한 모양. 〔揚雄·賦〕森奉璋以階

木部 8획 棲 桒 植 椏 楰 棫 梲

列. ④드리워지다, 축 늘어지다. ¶森衰. ⑤오싹하다, 으쓱하다. 〔元好問·詩〕山氣森岑入葛衣. ⑥늘어서다, 벌여 서다. 〔梅堯臣·詩〕衆星爛然森.
【森羅 삼라】①나무가 우거져 늘어섬. ②땅 위에 있는 온갖 물건.
【森羅萬象 삼라만상】우주 사이에 있는 온갖 물건과 모든 현상(現象). 萬物(만물).
【森列 삼렬】①나무가 빽빽이 늘어섬. ②장엄(莊嚴)하게 늘어섬. 엄숙하게 늘어섬.
【森林 삼림】나무가 많이 우거진 곳.
【森立 삼립】우뚝 솟음. 위엄 있게 높이 치솟음.
【森森 삼삼】①나무가 높이 솟는 모양. ②수목이 빽빽하게 들어서 무성한 모양. ③모직물의 보풀이 촘촘히 인 모양. ④비가 흩날리는 모양.
【森衰 삼쇠】드리워진 모양. 축 늘어진 모양.
【森嚴 삼엄】무서우리만큼 엄숙함. 정숙(整肅)함. 莊嚴(장엄).
【森然 삼연】①수목이 무성한 모양. ②죽 늘어선 모양. ③엄숙한 모양.
【森岑 삼잠】음랭(陰冷)한 모양.
【森翠 삼취】수목이 빽빽이 우거져 푸름.
【森布 삼포】잇대어 죽 늘어섬.
【森閑 삼한】고요함.
◐ 疎−, 蕭−, 嚴−, 鬱−, 陰−, 林−, 清−.

木8【棲】⑫ 살 서 齊 qī

[초서]捿 [동자]栖 [동자]捿 [간체]栖 [字解]①살다. ㉠깃들이다, 보금자리에 들어 살다. 〔詩經〕雞棲于塒. ㉡거처를 정하여 살다. ㉢머무르다, 묵다. 〔張衡·賦〕北棲雁門. ②집, 보금자리. 〔後漢書〕抗志山棲, 游心海上. ③쉬다, 휴식하다. 〔陸機·賦〕息宴游棲. ④잠자리. 〔孟子〕二嫂使治朕棲. ⑤붙이다, 정한 자리에 두다. 〔詩經〕舉鵠而棲之于侯. ⑥조사하는 모양, 검열하는 모양. ¶棲棲. ⑦바삐 서두르는 모양, 마음이 안정되지 않는 모양. 〔後漢書〕仲尼棲棲.
【棲遁 서둔】은둔(隱遁)하여 삶. 隱居(은거).
【棲棲 서서】①거마(車馬)를 검열(檢閱)하는 모양. ②마음이 안정되지 않는 모양, 안달하는 모양. 栖栖(서서).
【棲屑 서설】한곳에 머물지 않고 떠돌아다님.
【棲宿 서숙】깃들임. 棲息(서식).
【棲息 서식】동물이 어떤 곳에 깃들여 삶.
【棲神之域 서신지역】신(神)이 깃들어 있는 지역. 곧, 묘지(墓地).
【棲隱 서은】속세를 떠나 은둔하여 삶.
【棲遲 서지】①하는 일 없이 느긋하게 놀며 지냄. 벼슬을 버리고 민간(民間)에서 놀며 쉼. 遊息(유식). ②아래로 내려 이어짐. 전례를 좇아 이어받음. ③못함. 졸렬함.
◐ 故−, 單−, 同−, 水−, 宿−, 雙−, 兩−.

木8【桒】⑫ 桑(43)의 본자

木8【植】⑫ ❶심을 식 職 zhí ❷꽂을 치 寘 zhí

十 オ 木 朾 朾 植 植 植 植 植
[소전]植 [혹체]櫃 [서체]秇 [간체]植 [參考]대법원 지정 인명용 한자의 음은 '식'이다.
[字源] 形聲. 木+直→植. '直(직)'이 음을 나타낸다.
[字解]❶①심다. 〔張衡·賦〕植華平於春圃. ②초목(草木)의 총칭. ¶植物. ③일정한 곳에 근거를 두게 하다. ④기둥. 〔周禮〕於四角立植而縣. ⑤재목(材木), 목재(木材). 〔淮南子〕井植生梓而不容甕. ⑥서다, 세우다. ¶植耳. ⑦곧다, 바르다. ≒直. 〔禮記〕行幷植於晉國. ❷①꽂다, 꽂아 세우다. 〔論語〕植其杖而芸. ②두다, 두게 하다. 〔書經〕植璧秉珪. ③우두머리, 감독관. 〔春秋左氏傳〕宋華元爲植巡功. ④경계, 영토의 경계. 〔莊子〕壞植散群. ⑤뜻〔志〕. ≒志. 〔管子〕上無固植.
【植物 식물】생물계(生物界)를 두 갈래로 나눈 것의 한 가지. 초목(草木)·균류(菌類)·조류(藻類) 따위.
【植民 식민】강대국이 종속 관계에 있는 나라에 자국민(自國民)을 이주시키는 일.
【植生 식생】일정 지역에 많이 모여 자라나는 식물의 집단.
【植松望亭 식송망정】소나무를 심어 놓고 정자를 바람. ㉠작은 일을 하여도 큰일을 바라보고 함. ㉡앞날의 성공이 까마득함.
【植樹 식수】나무를 심음. 植木(식목).
【植耳 식이】귀를 기울임. 竦耳(송이).
【植字 식자】골라 뽑은 활자를 원고대로 조판함.
【植杖而芸 치장이운】짚고 있던 지팡이를 땅에 꽂아 두고 밭의 김을 맴.
◐ 墾−, 耕−, 灌−, 倒−, 動−, 茂−, 培−, 蕃−, 扶−, 樹−, 蒔−, 列−, 藝−, 誤−, 移−, 入−, 定−, 種−, 播−.

木8【椏】⑫ 가장귀 아 麻 yā

[초서]椏 [간체]椏 [字解]가장귀. 나뭇가지의 아귀.

木8【楰】⑫ 가자 유 虞 yù

[초서]楰 [字解]가자. 음식을 나르는 데 쓰는 들것.

木8【棫】⑫ 두릅나무 역 職 yù

[소전]棫 [초서]棫 [字解]①두릅나무. ②상수리나무. 〔詩經〕柞棫拔矣.

木8【梲】⑫ ❶輗(1786)와 동자 ❷䂩(1950)과 동자

木8 【椀】⑫ 주발 완 碗 wǎn
椀 碗 盌 [字解] 주발. 음식을 담는 작은 그릇.

木8 【椅】⑫ ❶의나무 의 夷 yī ❷걸상 의 倚 yǐ
椅 梓 [字解] ❶①의나무. 산유자 나뭇과의 낙엽 활엽 교목. ②나뭇가지가 옆으로 쏠리는 모양. ❷걸상, 의자. 〔朱子家禮〕卓子交椅.
【椅几 의궤】앉을 때에 몸을 기대는 방석.
【椅柅 의니】나뭇가지가 휜 모양.
【椅桐 의동】의나무. 금슬(琴瑟)을 만드는 목재로 씀.
【椅背 의배】의자의 등받이.
● 高-, 交-, 雲-, 靑-.

木8 【棧】⑫ ❶잔도 잔 盞 zhàn ❷성할 진 眞 chén
棧 栈 榌 栈 栈 [參考] 대법원 지정 인명용 한자음은 '잔'이다. [字解] ❶①잔도. 발을 붙일 수 없는 험한 벼랑에 선반을 매듯 낸 길. 〔戰國策〕棧道千里, 通於蜀漢. ②마판(馬板). 우리의 바닥에 깔아 놓은 널빤지. 〔莊子〕編之以皁棧. ③마판을 얽다. 〔漢書〕覆上棧下. ④꾸미지 않은 수레. ¶棧車. ⑤장강틀. 관·상여를 메는 틀. 〔儀禮〕賓奠幣于棧左服. ⑥작은 범종(梵鐘). ⑦높다. 〔張衡·賦〕棧齴巇嶮. ⑧여관, 여인숙. ⑨창고(倉庫). 화물 창고. ❷성하다, 많고도 성한 모양.
【棧閣 잔각】□棧道(잔도).
【棧車 잔거】①나무나 대나무를 얽어서 만든, 꾸미지 않은 수레. 사(士)가 타던 수레. ②사람이 끄는 수레. 짐수레.
【棧橋 잔교】圖①부두에서 선박에 걸쳐 놓아 오르내리게 만든 다리. ②□棧道(잔도).
【棧道 잔도】①험한 곳에 선반처럼 달아서 낸 길. 棧閣(잔각). ②높은 누각(樓閣)의 복도.
【棧雲 잔운】①구름을 헤치고 들어가는 듯한 높은 산길. ②잔도(棧道) 가까이 서려 있는 구름.
【棧棧 잔잔】사물이 많고도 성한 모양.
● 曲-, 棚-, 雲-, 危-, 虹-, 朽-.

木8 【楮】⑫ 楮(866)의 속자

木8 【椄】⑫ 접붙일 접 葉 jiē, jié
椄 梊 [字解] ①접붙이다. ≒接. ②형틀. 형구(刑具)의 한 가지. 〔莊子〕桁楊椄槢.
【椄木 접목】나무를 접붙임. 接木(접목).
【椄本 접본】접붙일 때 바탕이 되는 나무. 臺木(대목). 接本(접본).
【椄槢 접습】형구(刑具) 이름. 고랑·차꼬·칼 따위의 형구.

위의 형구. 枷鎖(가쇄).
【椄枝 접지】나무를 접붙일 때 접본에 꽂는 나뭇가지. 接枝(접지).

木8 【根】⑫ ❶문설주 정 庚 chéng ❷사람 이름 장 陽 cháng
橝 根 根 [字解] ❶①문설주. 大夫中根 與閫之間. ②닿다, 부딪다. ≒樘. ¶根撥. ③현악기의 소리. ¶根根. ④성(姓). ❷사람 이름. 〔論語〕或答曰, 申根.
【根撥 정발】닿음.
【根根 정정】①현악기의 소리. ②회초리로 사람을 꾸짖는다고 하는, 지옥에서 온 사자(使者).

木8 【棗】⑫ 대추나무 조 皓 zǎo
棗 枣 枣 棗 [字解] ①대추나무. ②대추. 〔春秋穀梁傳〕棗栗鍛脩. ③빨강, 대추 빛깔.
【棗東栗西 조동율서】제상(祭床)을 차릴 때 대추는 동쪽, 밤은 서쪽에 놓음.
【棗栗 조율】①대추와 밤. ②여자들이 남의 집을 방문할 때 가지고 가던 간단한 예물. ③신부가 시부모에게 드리는 폐백.
● 乾-, 酸-, 肉-, 梨-, 樗-.

木8 【椶】⑫ 櫻(866)과 동자

木8 【椆】⑫ 영수목 주 尤 chóu, zhòu
橺 椆 [字解] ①영수목. 상록수의 한 가지. 〔山海經〕丑陽之山, 其上多椆椐. ②상앗대, 삿대. ¶木椆. ③내 이름. 지금의 하남성(河南省)에 있었다. 〔莊子〕自投於椆水而死.

木8 【棌】⑫ 참나무 채 賄 cǎi
棌 梊 [字解] ①참나무. 상수리나무·갈참나무·떡갈나무 계통에 속하는 나무. ②생나무, 원목, 재목. ≒采. 〔漢書〕夏卑官室, 唐虞棌椽.
【棌椽不斲 채연불착】떡갈나무 서까래는 깎지 않음. ㉠원목 그대로의 떡갈나무를 서까래로 사용함. 변변치 못한 건축(建築). ㉡산에서 베어 온 원목 그대로의 서까래. 棌椽不刮(채연불괄).

木8 【棣】⑫ ❶산앵두나무 체 霽 dì ❷침착할 태 隊 dài
棣 棣 [字解] ❶①산앵두나무, 산이스랏나무. ②통하다, 미치다. ≒逮. 〔漢書〕萬植棣通. ❷침착하다. 〔詩經〕威儀棣棣.
【棣萼 체악】①산앵두나무 꽃의 꽃받침. ②형제. ㉠산앵두나무 꽃이 그 꽃받침과 서로 의지하여

木部 8~9획 椒楚棰椎聚棷榴椓棍椮椵

아름다운 꽃을 이루는 데서 온 말. 棣鄂(체악).
【棣萼之情 체악지정】 화려하게 만발한 산앵두나무 꽃의 정. 형제 사이의 두터운 우애. 棣華之情(체화지정).
【棣華 체화】 ①산앵두나무의 꽃. ②형제의 의가 좋음.
【棣棣 체체】 위의(威儀)가 있는 모양. 예의에 밝은 모양.
○ 唐―, 棠―, 常―, 赤―, 靑―.

木8 【椒】⑫ 산초나무 초 蕭 jiāo
초서·전서 字解 ①산초나무. 운향과의 낙엽 관목. ¶椒蘭. ②후추나무. 열매는 향신료나 약재로 쓴다. ③향기롭다. 〔詩經〕有椒其馨. ④산꼭대기. ⑤國서자(庶子). 서파(庶派).
【椒蘭 초란】 ①산초나무와 난초. 향기가 좋은 훈향(薰香). ②귀한 친척이나 외척. ③자초(子椒)와 자란(子蘭). 아첨을 잘하는 사람. ○모두 초(楚)나라 사람으로 임금에게 아첨을 잘한 데서 온 말.
【椒聊 초료】 산초나무. ○'聊'는 조사(助辭).
【椒房 초방】 ①후비(后妃)가 거처하는 궁전(宮殿). ○산초는 난기(暖氣)를 돕고 잡된 냄새를 없애며 많은 열매를 맺으므로, 자손이 많도록 한다는 뜻에서 이를 벽에 칠한 데서 온 말. 椒屋(초옥). ②황후(皇后).
【椒房之親 초방지친】 후비(后妃)의 친정 쪽 겨레붙이.
【椒屋 초옥】 후비가 사는 궁전.
○ 芳―, 山―, 嚴―, 蜀―, 胡―.

木8 【楚】⑫ 楚(866)의 속자

木8 【棰】⑫ 매 추 紙 chuí
초서·통용자 字解 ①매, 회초리. ②매질하다, 회초리로 때리다. 〔漢書〕棰楚之下, 何求而不得.
【棰楚 추초】 ①매질함. ②매. 회초리.

木8 【椎】⑫ 몽치 추 支 chuí, zhuī
초·전서 字解 ①몽치, 망치, 방망이. 〔史記〕袖四十斤鐵椎. ②치다, 때리다, 몽치로 치다. ¶椎殺. ③상투. 〔後漢書〕椎髻鳥語之人. ④등뼈, 척추. ⑤어리석다, 우둔하다. ¶椎魯. ⑥순박하다, 꾸밈이 없다, 고루하다. 〔漢書〕樸椎少文. ⑦모밀잣밤나무. 너도밤나뭇과의 상록 교목.
【椎擊 추격】 침. 때림. 椎打(추타).
【椎魯 추로】 어리석고 둔함. 椎鈍(추둔).
【椎輪 추륜】 ①바퀴살이 없는 수레바퀴. 질박하고 거친 수레. 棧車(잔거). ②사물의 시초.
【椎埋 추매】 ①사람을 몽치로 때려 죽여서 파묻음. ②무덤을 파헤침. ③몹시 난폭한 행동.

【椎殺 추살】 몽치로 때려서 죽임.
【椎鑿 추착】 망치와 끌. 곧, 목수의 연장.
【椎破 추파】 쇠망치로 쳐부숨.
【椎剽 추표】 사람을 때려 죽이고 금품을 빼앗음.
○ 張良―, 脊―, 鐵―.

木8 【聚】⑫ 나무 이름 추 尤 zōu
초서 字解 ①나무 이름. ②성(姓). 〔詩經〕聚子內史.

木8 【棷】⑫ ❶땔나무 추 尤 zōu
❷수풀 수 有 sǒu
소전·초서 字解 ❶①땔나무, 섶나무. ②겨릅대. 껍질을 벗긴 삼대. ≒菆. 〔漢書〕或棷一枚. ❷수풀. 늪. ≒藪. 〔禮記〕鳳凰麒麟, 皆在郊棷.

木8 【榴】⑫ 榴(867)의 속자

木8 【椓】⑫ 칠 탁 覺 zhuó
소전 字解 ①치다, 때리다. 〔詩經〕椓之丁丁. ②하소연하다, 호소하다. 〔春秋左傳〕太子又使椓之. ③궁형(宮刑). 음부(陰部)를 제거하는 형벌. 〔書經〕劓刖椓黥. ④내시, 환자(宦者). 〔詩經〕昏椓靡共. ⑤쪼다, 쪼아먹다. 〔班昭·賦〕諒不登欅而椓蠡.

木8 【棍】⑫ ❶묶을 혼 阮 hùn
❷몽둥이 곤 願 gùn
초서 參考 대법원 지정 인명용 한자의 음은 '곤'이다.
字解 ❶①묶다, 동여매다. 〔漢書〕棍申椒與菌桂兮. ②함께, 같이. ≒混. ❷①몽둥이. ②악한(惡漢). ¶棍徒.
【棍徒 곤도】 부랑자. 無賴漢(무뢰한).
【棍棒 곤봉】 나무를 둥글고 짤막하게 깎아서 만든 방망이.
【棍杖 곤장】 죄인의 볼기를 치던 형구(刑具). 버드나무로 길고 넓적하게 만드는데, 대곤(大棍)·중곤(中棍)·소곤(小棍)·중곤(重棍)·치도곤(治盜棍)의 다섯 가지가 있음.
○ 柴―, 惡―, 遊―.

木8 【椮】⑫ 치자나무 효 肴 xiáo
字解 치자나무. 꼭두서닛과의 상록 관목.

木9 【椵】⑬ ❶나무 이름 가 馬 jiǎ
❷형구 가 禡 jià
❸개 잡아매는 기구 하 馬 jiǎ
소전 字解 ❶①나무 이름. 유자나무의 한 가지. ②틀가락. 물건을 메는 데 쓰는 긴 막대기. ❷형구. 쇠고랑·차꼬 따위. ❸개 잡아매는 기구. 〔周禮〕衡設於鼻, 如椵狀也.

木部 9획 楬械槪楗槢榠楏極

【楬】⑬ ❶푯말 갈 囧 jié
❷악기 이름 갈 囧 qià
❸산 이름 흡 囧

字解 ❶푯말, 푯말을 세우다. ❷①악기(樂器) 이름. 울려서 연주를 멎게 하는 데 쓰는, 어(敔)와 비슷한 악기. 늑籈. ②꾸밈이 없다. 늑髡.〔禮記〕夏后氏以楬豆. ❸산 이름, 흡려(楬戾). 산서성(山西省)에 있다.
【楬櫫 갈저】푯말. 표지(標識).

【械】⑬ ❶함 감 囧 jiān
❷담을 함 囧 hán

字解 ❶①함, 상자, 궤. ②잔, 술잔. ❷담다, 넣다. 늑含.〔漢書〕辰星過太白閒, 可械劍.

【槪】⑬ 槪(873)의 속자

【楗】⑬ 문빗장 건 囧 jiàn

字解 ①문빗장. 늑鍵. ②방죽, 둑.〔史記〕下淇園之竹以爲楗. ③다리가 피로하다. 늑寋.〔周禮〕終日馳騁, 左不楗.

【槢】⑬ ❶술잔 격 囧 xí
❷들보 보

字解 ❶술잔. ❷들보, 대들보.

【榠】⑬ 梗(849)의 본자

【楏】⑬ ❶망치 규 囧 kuí
❷헤아릴 규 囧 kuí

字解 ❶망치. ❷헤아리다. 늑揆.

【極】⑬ ❶다할 극 囧 jí
❷잦을 극 囧 jǐ

十 才 木 朽 朽 朽 柯 柯 極 極

字源 形聲. 木+亟→極. '亟(극)'이 음을 나타낸다.

字解 ❶①다하다, 떨어지다, 더는 남아 있지 않다.〔淮南子〕游無極之野. ④끝나다, 시간적으로 진행되는 일이 다 되어 끝이 나다.〔周髀算經〕至晝夜長短之所極. ④그만두다, 계속하기 어렵게 되다.〔詩經〕昊又極止. ⓐ군색해지다, 어떻게 하기가 어렵게 되다.〔楚辭〕相觀民之計極. ④있는 대로 다 들이다, 일을 위하여 필요한 짓을 다 들이다.〔禮記〕祭極敬. ②극.⑦한계, 더할 수 없는 막다른 지경.〔春秋左氏傳〕貢獻無極. ④모든 힘, 힘의 한계.〔大學〕君子無所不用其極. ④현지구의 자전축이 지구 표면과 교차하는 점. ¶極地. ⑭전극

(電極)·자극(磁極)·쌍극자(雙極子)의 극의 총칭. ⑭우주(宇宙)의 축이 천구(天球)와 교차하는 점. ¶四極. ⑪좌표(座標)의 한 가지. ¶極座標. ⑪끝, 일의 결과.〔呂氏春秋〕衆人焉知其極. ③용마루.〔漢書〕流星下燕萬載宮極而去. ④들보, 대들보.〔張衡·賦〕岑遊極於浮柱. ❺이르다, 닿다, 미치다.〔詩經〕駿極于天. ❻멀다.〔楚辭〕望涔陽兮極浦. ❼매우, 심히.〔史記〕軍極簡易. ❽중정(中正), 지선(至善)의 도(道).〔詩經〕莫匪爾極. ❾지상(至上)의 자리, 임금의 자리.〔唐書〕體元御極. ❿하늘.〔曹植·表〕注心皇極. ⓫북극성.〔太玄經〕極建中央. ⓬근본(根本).〔荀子〕辭長以見矣. ⓭악사(惡事), 흉사(凶事).〔書經〕威用六極. ⓮괴롭히다, 고통을 주다.〔孟子〕又極之於其在. ⓯병들다, 지치다, 괴로워하다.〔呂氏春秋〕以危聽清則耳谿極. ⓰바로잡다, 고치다.〔詩經〕王國來極. ⓱미치게 하다, 이르게 하다.〔張衡·賦〕是廓是極. ⓲내놓다.〔太玄經〕催極萬物. ⓳세차다, 엄하다, 혹독하다.〔淮南子〕隨其天資, 而安不之極. ⓴활을 쏠 때에 손가락을 보호하기 위하여 끼는 장갑.〔儀禮〕朱極三. ❷잦다, 재빠르다. 늑亟.〔荀子〕出入甚極.

【極奸 극간】몹시 간악함.
【極諫 극간】윗사람에게 잘못된 일이나 행동을 고치도록 온 힘을 다하여 말함.
【極艱 극간】매우 어렵고 고생스러움.
【極口發明 극구발명】온갖 말로 변명함.
【極貴 극귀】매우 귀함.
【極端 극단】①맨 끝. ②중용을 벗어남. 한쪽으로 크게 치우침. ③이르는 곳까지 이르러 더 나아가지 못함.
【極度 극도】더할 수 없는 정도.
【極東 극동】①동쪽 끝. ②동양의 가장 동쪽 부분. 우리나라·중국·일본 등지. 遠東(원동).
【極樂 극락】①한껏 즐김. ②(佛)아미타불(阿彌陀佛)이 있다는 서방정토(西方淨土).
【極力 극력】있는 힘을 다함.
【極流 극류】지구의 양극 지방에서 적도 쪽으로 흐르는 한류(寒流).
【極律 극률】⑭사형에 해당하는 죄를 정한 법률.
【極目 극목】①시력(視力)이 미치는 데까지 멀리 봄. ②시야가 가득 참.
【極妙 극묘】지극히 교묘함. 至妙(지묘).
【極貧 극빈】몹시 가난함.
【極上 극상】가장 좋음. 最上(최상).
【極選 극선】고르고 또 고름.
【極盛 극성】①극히 왕성함. ②⑭성질이 지나치게 격하고 왕성함.
【極盛則敗 극성즉패】왕성함이 지나치면 얼마 가지 못하여 패망함.
【極甚 극심】매우 심함.
【極深 극심】심원(深遠)한 곳을 구명(究明)함.
【極惡無道 극악무도】더없이 악하고 도의심이 없음.
【極熱 극열】①몹시 뜨거움. 몹시 지독한 더위. 極暑(극서). ②⑭極熱地獄(극열지옥). ③몹시

심한 열. 劇熱(극열).
【極熱地獄 극열지옥】 (佛)팔열 지옥(八熱地獄) 중 가장 뜨거운 지옥.
【極銳 극예】 몹시 날카로움. 몹시 예리함.
【極月 극월】 섣달.
【極尊 극존】 ①지위가 아주 높음. ②임금의 존칭. ③어버이. 父母(부모).
【極重 극중】 ①아주 무거움. ②병이 위독함. ③범죄가 아주 무거움.
【極地 극지】 ①맨 끝에 있는 땅. 아주 먼 땅. ②지구의 남북의 양극 지방.
【極盡 극진】 힘이나 마음을 다함.
【極天 극천】 ①하늘의 가장 높은 곳. ②하늘에 이름. 하늘을 능가함.
【極樞 극추】 ①하늘의 중심. ②북두칠성의 첫 번째 별.
【極侈 극치】 몹시 사치함.
【極致 극치】 더없이 높은 경지(境地).
【極擇 극택】 매우 정밀하게 고름. 精選(정선).
【極痛 극통】 몹시 아픔.
【極浦 극포】 먼 데까지 뻗쳐 있는 개펄.
【極害 극해】 몹시 심한 해독.
【極刑 극형】 가장 무거운 형벌. 死刑(사형).
○ 究-, 窮-, 歸-, 南-, 登-, 罔-, 無-, 北-, 四-, 三-, 消-, 兩-, 陽-, 陰-, 積-, 定-, 終-, 至-, 天-, 太-, 皇-.

木9【楠】⑬ 녹나무 남 圜 nán
[초서][해서][동자][字解] 녹나무. 녹나뭇과의 상록 교목.

木9【椴】⑬ 자작나무 단 圂 duàn
[字解] ①자작나무. ≒梄. ②목근(木槿), 무궁화(無窮花).

木9【楝】⑬ 멀구슬나무 련 圂 liàn
[소전][字解] 멀구슬나무. 전단(栴檀), 단향목(檀香木).

木9【楼】⑬ 樓(875)의 속자

木9【栗】⑬ 栗(845)의 고자

木9【楞】⑬ 모 릉 圂 léng
[초서][해서][參考] 불교에서는 '棱' 자는 쓰지 않고 이 자만 쓴다.
[字解] 모, 모서리.
【楞角 능각】 모. 棱角(능각).

木9【楳】⑬ 梅(851)와 동자

木9【楒】⑬ 綿(1368)의 속자

木9【楘】⑬ 나릇 장식 목 圂 mù
[소전][초서][字解] 나릇 장식. 수레의 채에 가죽을 감아서 꾸민 장식.〔詩經〕五楘梁輈.

木9【楙】⑬ 무성할 무 圂 mào
[소전][字解] ①무성하다, 나무가 무성하다. ※茂(1496)의 고자(古字). ¶ 楙盛. ②아름답다, 훌륭하다.〔漢書〕夏以長楙. ③모과나무. 과수의 한 가지. ④힘쓰다, 열심히 일하다. ≒懋. ⑤물건과 물건을 바꾸다. ≒貿.
【楙盛 무성】 나무가 우거져 성함.
【楙遷 무천】 ①힘써 바꿈. ②무역(貿易)함.

木9【楣】⑬ 문미 미 圂 méi
[소전][초서][字解] ①문미(門楣). 문틀 위에 대는 상인방.〔楚辭〕辛夷楣兮藥房. ②처마, 차양(遮陽).〔王勃·序〕接棟連楣. ③도리.〔儀禮〕堂則物當楣.
【楣間 미간】 ①지붕의 도리 밖으로 내민 부분. 처마. ②볕을 가리거나 비를 막기 위하여 처마 끝에 덧대는 지붕. 遮陽(차양).
○ 門-, 長-, 柱-.

木9【桮】⑬ 杯(829)와 동자

木9【楅】⑬ 뿔막이 복·벽 圂圂 bī
[소전][초서][字解] ①뿔막이. 소가 뿔로 들이받지 못하도록 두 뿔에 가로 댄 나무.〔詩經〕夏而楅衡. ②화살을 넣는 그릇, 전통(箭筒).〔儀禮〕命弟子設楅. ③단으로 묶다, 다발을 짓다.〔周禮〕鮑者于楅室中, 糗乾之.

木9【楄】⑬ 말코 복 圂 fù
[소전][字解] 말코. 베틀의 한 부분으로, 길쌈을 할 때에 짜 놓은 피륙을 감는 나무.

木9【桃】⑬ 國사닥다리 비
[字解] 사닥다리, 사다리.

木9【楂】⑬ 떼 사 圂 chá
[초서][字解] ①떼. 뗏목. ≒槎·査. ②풀명자나무. ≒櫨·査. ③까치가 우는 소리. ≒査. ¶ 楂楂. ④가지런하지 아니한 모양. ¶ 楂枒. ⑤國나뭇등걸. ≒査.

【樝樝 사사】 까치가 우는 소리.
【樝枒 사야】 뒤섞이어 가지런하지 않은 모양.

木9 【楈】⑬ 나무 이름 서 [風] xū
소전 楈 [字解] ①나무 이름. 종려나무의 한 가지. ②쟁기. 농기구의 한 가지.

木9 【楔】⑬ 문설주 설 [風] xiē
소전 楔 동문 楔 楣 [字解] ①문설주. 문주(門柱). 〔爾雅〕根謂之楔. ②쐐기. 물건의 틈에 박아서 그 틈을 없애는 물건. ③떠받치다, 쐐기를 받다. 〔禮記〕小臣楔齒用角柶. ④앵두나무. ⑤타다, 켜다. 〔楚辭〕楔梓瑟些.
【楔齒 설치】 염습(殮襲)하기 전에 입에 낱알을 넣기 위해 이(齒)를 버터 다물어지지 않게 함.
【楔形 설형】 쐐기의 모양.
❶ 柳-, 棖闑居-.

木9 【榀】⑬ 배 소 [風] sōu
소전 榀 [字解] 배. 강이나 바다를 다니는 배의 총칭.

木9 【楯】⑬ ❶난간 순 [風] shǔn ❷책상 준 [風] chūn
소전 楯 초서 杮 [參考] 대법원 지정 인명용 한자의 음은 '순'이다.
[字解] ❶①난간. 〔史記〕宛虹拖於楯軒. ②방패. 干盾. ¶ 楯鼻. ③잡아 뽑다, 빼내다. 〔淮南子〕引楯萬物. ❷책상. 〔莊子〕死於滕楯之上.
【楯櫓 순로】 방패. ♡ '櫓'도 방패의 한 가지.
【楯鼻 순비】 ①방패의 코. 방패의 손잡이. ②군대 안에서 쓰는 방패.
【楯瓦 순와】 방패의 후면(後面).
❶ 堅-, 矛-, 鐵-, 板-, 陛-.

木9 【樂】⑬ 樂(876)의 속자

木9 【椰】⑬ 야자나무 야 [風] yē
초서 椰 동자 椰 [字解] ①야자나무. 열대 지방의 상록 교목. ¶ 椰子. ②야자, 야자나무의 열매. ¶ 椰漿. ③[國]무릇. 밭이나 들에 나는 풀의 한 가지. ¶ 椰茇.
【椰杯 야배】 야자나무 열매의 껍질로 만든 술잔.
【椰子 야자】 ①야자나무. ②야자나무의 열매.
【椰茇 야자】 무릇.
【椰漿 야장】 야자나무 열매의 즙(汁).

木9 【楊】⑬ 버들 양 [風] yáng
十 木 杧 杧 杧 枵 楊 楊

소전 楊 소전 楊 초서 楊 杨 [字源] 形聲. 木+易→楊. '易(양)'이 음을 나타낸다.
[字解] ①버들, 버드나무. 버들[柳] 중에서 잎이 크고 가지가 억센 것. 〔詩經〕楊柳依依. ②양주(楊朱)의 약칭. 〔孟子〕天下之言, 不歸楊則歸墨.
【楊柳 양류】 버드나무. ♡ '楊'은 갯버들, '柳'는 수양버들.
【楊梅瘡 양매창】 매독(梅毒).
【楊墨 양묵】 전국 시대의 두 학자인 양주(楊朱)와 묵적(墨翟). 양주는 이기설(利己說), 묵적은 겸애설(兼愛說)을 주장하였음.
【楊朱泣歧 양주읍기】 양주(楊朱)가 갈림길에서 욺. 사람은 마음먹기에 따라 착한 사람도 되고 악한 사람도 됨. [故事] 갈림길에서 어느 쪽으로도 갈 수 있는 것처럼, 사람은 자유로이 선(善)과 악(惡)을 택할 수 있는데도 선을 택하지 않고 악을 택하는 것을 양주가 슬퍼한 고사에서 온 말.
【楊枝 양지】 ①버들가지. ②이쑤시개.
❶ 枯-, 白-, 垂-, 赤-, 朱-, 蒲-, 黃-.

木9 【業】⑬ 업 업 [風] yè
丨 卝 丱 业 丵 甞 業 業

소전 業 고문 業 초서 業 간체 业 [字源] 象形. 경쇠나 북 등의 악기를 매다는 틀을 꾸미는 커다란 널빤지를 본뜬 글자.
[字解] ①업. ㉮일, 사업, 해야 할 일. 〔易經〕君子進德修業. ㉯학문, 기예(技藝). 〔禮記〕大功廢業. ㉰직업. 〔春秋左氏傳〕有事而無業. ㉱(佛)범어(梵語) 'Karma'의 음역자(音譯字). ㉠몸과 입과 뜻으로 짓는 선악(善惡)의 소행. 이것이 미래에 선악의 결과를 가져오는 원인이 된다고 한다. ㉡전세(前世)의 소행에 의해 현세(現世)에서 받는 선악의 응보(應報). ②생계(生計), 생업. 〔史記〕爲子孫業耳. ③기초, 시작. 〔孟子〕君子創業垂統. ④순서, 차례. 〔國語〕民從事有業. ⑤이미, 앞서. 〔史記〕業已建之. ⑥시작하다, 처음으로 하다. 〔史記〕項梁業之. ⑦널빤지. ㉮경쇠나 종을 매다는 가로대를 덮어 씌워 장식하는 널빤지. 〔詩經〕設業設虡. ㉯무엇을 써 놓는 널빤지, 서책(書冊). 〔禮記〕請業則起. ⑧위태롭다. 〔詩經〕有震且業.
【業苦 업고】 (佛)악업(惡業)의 과보(果報)로 받는 고통.
【業果 업과】 ☞業報(업보).
【業力 업력】 ①사업에 대한 능력. ②(佛)업과(業果)를 가져오는 원인이 되는 힘.
【業務 업무】 직장 같은 곳에서 맡아서 하는 일.
【業病 업병】 (佛)나쁜 짓을 한 앙갚음으로 걸리는 병.
【業報 업보】 (佛)전생에서 한 일에 대하여 이승에서 받는 선악의 갚음. 業果(업과).

木部 9획 椽楹榅楣楲楥楦楧楨楩楪 865

【業峩 업아】 높은 모양.
【業業 업업】 ①위태로운 모양. ②성(盛)한 모양. ③움직이는 모양.
【業寃 업원】 (佛)전생에서 지은 죄로 이승에서 받는 괴로움.
【業因 업인】 (佛)선악의 갚음을 받는 원인이 되는 행위.
【業績 업적】 사업이나 연구 따위에서 이룩해 놓은 성과.
【業精於勤 업정어근】 학문은 부지런히 힘쓸수록 더욱 정미로워짐.
【業種 업종】 영업이나 사업의 종류.
【業次 업차】 일의 순서.
【業態 업태】 영업이나 기업의 형태.
【業火 업화】 (佛)①격렬한 분노. ②악업(惡業)의 갚음인 지옥의 뜨거운 불. ③무시무시한 화재.
●家-, 開-, 功-, 課-, 企-, 農-, 同-, 別-, 本-, 事-, 產-, 商-, 生-, 世-, 修-, 授-, 失-, 惡-, 漁-, 營-, 王-, 林-, 作-, 卒-, 從-, 罪-, 職-, 創-, 就-, 怠-, 罷-, 廢-, 學-, 休-, 興-.

木9【椽】⑬ 서까래 연 ㊗전 ㊝ chuán
㊧전 椽 ㊝초 椽 字解 ①서까래. 마룻대에서 도리에 걸쳐 지른 나무. ¶茅屋采椽. ②사다리. ¶管子 椽能踰, 則城於踰.
【椽大之筆 연대지필】 서까래같이 큰 붓. 훌륭한 문장. 故事 진(晉)나라의 왕순(王珣)이 꿈에 서까래 같은 큰 붓을 받은 후 훌륭한 글을 쓰게 되었다는 고사에서 온 말. 椽筆(연필)
【椽木 연목】 서까래.
【椽燭 연촉】 서까래 같은 큰 초.
●短-, 修-, 屋-, 竹-, 采-, 簷-, 榱-.

木9【楹】⑬ 기둥 영 ㊝ yíng
㊧전 楹 ㊝초 楹 字解 기둥. 둥글고 굵은 기둥. 〔漢書〕楹階俎豆之間.
【楹桷 영각】 기둥과 서까래.
【楹階 영계】 당(堂) 위의 굵은 기둥과 당에 오르는 계단.
【楹鼓 영고】 몸통 중앙에 기둥을 꿰어 세운 북.
【楹棟 영동】 ①기둥과 마룻대. ②가장 중요한 인물.
【楹聯 영련】 연구(聯句)를 써서 기둥에 걸어 늘인 것.
【楹柱 영주】 기둥.
●丹-, 鳳-, 梁-, 瑤-, 雕-, 彩-, 華-.

〈楹鼓〉

木9【榅】⑬ 榅(872)의 속자

木9【楣】⑬ 지도리 외 ㊝ wēi
㊧전 楣 ㊝초 楣 字解 ①지도리, 문지도리. 문장부나 돌쩌귀 따위. ②國外. 벽을 만들기 위하여 가는 나무나 수수깡 따위로 가로세로 얽은 것.

木9【楲】⑬ 나무 이름 우・구 ㊝ yǔ
㊧전 楲 字解 ①나무 이름. ②성(姓). 〔詩經〕楲維師氏.

木9【楥】⑬ ❶느티나무 원 ㊞ yuán ❷신골 훤 ㊞ xuàn
㊧전 楥 ㊝초 楥 동자 楥 字解 ❶①느티나무. ②規아치(arch). ❷①신골. 신을 만드는 데 쓰는 골. ②골, 모형(模型).

木9【楦】⑬ 楥(865)과 동자

木9【楲】⑬ 요강 위 ㊞ wēi
㊧전 楲 ㊝초 楲 字解 요강, 변기(便器). ¶楲窬.
【楲窬 위두】 변기.

木9【楡】⑬ 느릅나무 유 ㊞ yú
㊧전 楡 ㊝초 楡 字解 ①느릅나무. ②옮기다. ≒楡. 〔太玄經〕楡漏率刻. ③흔들다. ≒搖. 〔素問〕折使楡臂肘.
【楡柳 유류】 느릅나무와 버드나무.
【楡塞 유새】 북쪽 변방의 요새. ◯옛날에는 느릅나무를 심어서 성채로 삼은 데서 온 말.
【楡莢 유협】 ①楡莢錢(유협전). ②느릅나무의 잎이 나기 전에 가지 사이에 나는 꼬투리.
【楡莢錢 유협전】 느릅나무 씨 꼬투리처럼 생긴 한대(漢代)의 돈. 楡莢(유협).
●姑-, 白-, 枌-, 桑-, 零-, 赤-, 地-.

木9【楢】⑬ ❶졸참나무 유 ㊝ yóu ❷화톳불 피울 유 ㊞ yǒu
㊧전 楢 ㊝초 楢 ㊚속 楢 字解 ❶①졸참나무. 너도밤나뭇과의 낙엽 교목. 〔管子〕俱宜竹箭藻電楢檀. ②내 이름. ¶楢溪. ❷화톳불을 피우다. 〔詩經〕薪之楢之.
【楢溪 유계】 내 이름. 절강성(浙江省)을 흐르는 내. 歡溪(환계).

木9【楺】⑬ 휠 유 ㊞ rǒu
㊧전 楺 ㊝초 楺 字解 ㊀揉 휘다, 나무가 휘어지다.

木9【楰】⑬ 광나무 유 ㊞ yú

木部 9획

【楔】 광나무.〔詩經〕北山有楔.

【㯳】 횃대 이 㯳 yí
횃대, 옷걸이.
【㯳架 이가】 옷걸이. 횃대.

【楮】 닥나무 저 chǔ
①닥나무. 뽕나뭇과의 낙엽 관목. ②종이. ①楮墨. ③지폐(紙幣), 돈.〔宋史〕楮幣之換, 官民如古.
【楮冠 저관】 닥으로 만든 갓.
【楮墨 저묵】 ①종이와 먹. 紙墨(지묵). ②시(詩)와 문장(文章). 詩文(시문).
【楮先生 저선생】 닥나무 선생. 종이를 의인화(擬人化)한 이름.
【楮實 저실】 닥나무의 열매.
【楮册 저책】 종이로 만든 책.
【楮幣 저폐】 종이돈. 楮券(저권).
【楮貨 저화】 고려 말과 조선 초에 쓰던 종이돈. 紙貨(지화).
◑縑-, 別-, 玉-, 尺-, 寸-, 片-, 毫-.

【楯】 賤(1096)의 고자

【楶】 쪼구미 절 jié
쪼구미, 동자기둥.
【楶梲之材 절절지재】 동자기둥이 될 만한 재목. 하찮은 인물.

【㮮】 楶(866)과 동자

【楪】 ①평상 접 dié ②창 엽 yè ③쐐기 섭 dié
①①평상, 살평상, 널평상. ②접다. ≒疊. ¶楪子. ②창(窓), 창문. ③쐐기, 대쪽.
【楪子 접자】 ①접어서 포갬. ②國접시.

【楟】 문배나무 정 tíng
문배나무, 팥배나무. 장미과에 속하는 낙엽 교목.〔左思·賦〕橙柿楟楟.

【楨】 광나무 정 zhēn
①광나무. 물푸레나뭇과에 속하는 상록 관목. ②기둥, 담 쌓을 때 양쪽에 세우는 기둥. ¶楨幹. ③근본, 의지가 되는 사물이나 사람.〔詩經〕維周之楨.
【楨幹 정간】 ①담을 쌓을 때 담의 양쪽 끝에 세우는 기둥과 양쪽에 대는 널빤지. 둘 다 담을 쌓는 데 중요한 것이다. ②사물의 근본이 되는 것. ③떠받침. 지탱함.
◑家-, 幹-, 國-, 基-, 女-.

【楴】 빗치개 제 tì
①빗치개, 가르마를 타는 데 쓰는 빗. ②뿌리. =柢.

【椶】 종려나무 종 zōng
종려나무. 야자과에 속하는 상록 교목.
【椶欄 종려】 종려나무.
【椶魚 종어】 종려나무의 열매. ◑꽃 모양이 마치 알을 밴 물고기 배 모양인 데서 붙여진 이름.

【楱】 나무 이름 주 còu
나무 이름. 귤나무의 한 가지.〔司馬相如·賦〕黃甘橙楱.

【櫛】 빗 즐 zhì
①빗, 머리를 빗는 빗. ②나무 이름. 지팡이를 만드는 데 알맞은 나무.
【櫛栗 즐률】 나무 이름. 지팡이를 만드는 데 알맞은 나무.

【楫】 ①노 집 jí ②노 즙
參考 대법원 지정 인명용 한자의 음은 '집·즙'이다.
①①노. 길이가 긴 것을 櫂, 짧은 것을 楫이라 한다. ¶楫師. ②숲에 서 있는 나무.〔呂氏春秋〕有若山之楫. ③모으다. ≒輯.〔漢書〕陛下躬發聖德, 統楫群元. ②노. ※①의 ①과 같다.
【楫師 즙사】 노 젓는 사람. 뱃사공.
◑枻-, 飛-, 艤-, 操-, 舟-.

【楚】 모형 초 chǔ
①모형(牡荊), 인삼목(人蔘木). 마편초과에 속하는 낙엽 관목.〔詩經〕言刈其楚. ②가시나무, 가시가 있는 잡목.〔詩經〕不流束楚. ③매, 회초리.〔禮記〕夏楚二物, 以收其威. ④매질하다.〔漢書〕民無夏楚之憂. ⑤아프다, 고통이

느끼다. ❶楚楚. ⑥줄 지은 모양, 죽 잇달은 모양. 〔詩經〕籩豆有楚. ⑦우거진 모양, 무성한 모양. 〔詩經〕楚楚者茨. ⑧곱고 선명하다. 〔詩經〕衣裳楚楚. ⑨초나라. ㉮춘추 전국 시대에 양자강 중류 일대를 차지한 나라. B.C. 223년에 진(秦)나라에게 멸망되었다. ❶楚辭. ㉯한(漢) 원년(元年)에 항우(項羽)가 자립하여 세운 나라. 한(漢) 5년에 한(漢)나라에게 멸망되었다. ❶楚漢. ㉰오대(五代) 십국(十國)의 하나. 마은(馬殷)이 세운 나라로 남당(南唐)에게 멸망되었다. ⑩양자강 하류 일대의 범칭(汎稱). 지금의 호남성(湖南省)과 호북성(湖北省)의 통칭이다. 〔宋史〕頗類淮楚.
【楚棘 초극】 가시나무.
【楚撻 초달】 회초리로 종아리를 때림. 매질을 함. 鞭撻(편달).
【楚俘 초부】 ☞楚囚(초수)②.
【楚辭 초사】 초나라 굴원(屈原)의 작품과 후에 그를 본받아 지은 작품을 유향(劉向)이 모아 엮은 책. 현행본은 후한(後漢) 때 왕일(王逸)이 편찬한 것으로, 중국 강남 문학(江南文學)을 대표하는 작품임.
【楚囚 초수】 ①타국에 잡혀간 초나라 사람. 매우 곤란한 처지에 빠진 사람. 故事 초나라의 종의(鍾儀)가 진(晉)나라에 사로잡혀 포로가 되었으면서도 여전히 초나라의 관을 쓰고 고국을 잊지 않았던 고사에서 온 말. ②잡혀가서 타향에 있는 사람. 楚俘(초부).
【楚腰 초요】 미인의 가냘픈 허리. 故事 초(楚)나라 영왕(靈王)이 허리가 가는 미인을 좋아하였으므로 궁녀들이 모두 끼니를 주려 여위다가 굶어 죽는 지경에 이르렀다는 고사에서 온 말.
【楚越 초월】 ①초나라와 월나라. ②서로 멀리 떨어져 있어 아무 상관이 없는 사이.
【楚材晉用 초재진용】 초나라 인재를 진나라가 등용함. ㉠다른 나라 출신의 인재를 등용함. ㉡다른 사람 것을 자기가 이용함.
【楚楚 초초】 ①산뜻한 모양. 선명한 모양. ②가시덤불이 우거진 모양. ③고통스러워하는 모양.
【楚痛 초통】 아프고 괴로움.
【楚漢 초한】 진(秦)나라 말에 항우(項羽)와 유방(劉邦)이 분거(分據)하여 왕이라 칭호하던 시대. 또는 그 할거(割據)하던 지방.
❶ 苦−, 翹−, 榜−, 酸−, 哀−, 凄−, 尺吳寸−, 淸−, 惻−, 痛−, 夏−.

木9 【楤】 ⑬ 두릅나무 총 圖 sōng
字解 두릅나무. 두릅나무과의 관목.

木9 【楸】 ⑬ 개오동나무 추 因 qiū
字解 ①개오동나무. 〔埤雅〕楸梧早脫. ②國가래나무. ③호두나무. ❶楸子. ④바둑판. ❶楸枰.
【楸子 추자】 ①가래나무의 열매. ②호두.

【楸枰 추평】 바둑판. 棋枰(기평). 棋楸(기추).

木9 【椿】 ⑬ 참죽나무 춘 眞 chūn
字解 ①참죽나무. ❶椿葉菜. ②신령스러운 나무 이름. 주로 장수(長壽)의 비유로 쓴다. 〔莊子〕上古有大椿者, 以八千歲爲春, 八千歲爲秋. ③아버지, 부친(父親). 〔牟融・詩〕堂上椿萱雪滿頭.
【椿府丈 춘부장】 남의 아버지의 존칭. 椿堂(춘당). 椿府(춘부). 椿丈(춘장). 椿庭(춘정).
【椿壽 춘수】 오래 삶. 長壽(장수).
【椿樹 춘수】 참죽나무.
【椿葉菜 춘엽채】 참죽나물.
【椿萱 춘훤】 춘당(椿堂)과 훤당(萱堂). 남의 부모의 존칭.
❶ 老−, 大−, 仙−, 松−, 靈−, 玉−, 莊−.

木9 【榃】 ⑬ 고목 치 支 圖 zī
字解 고목(枯木). 선 채로 말라 죽은 나무. 〔韓愈・記〕藿糞壤, 燔榃翳, 却立而視之.

木9 【椹】 ⑬ ❶모탕 침 寑 zhēn
         ❷오디 심 寑 shèn
字解 ❶①모탕. 나무를 팰 때에 밑에 괴는 나무. =砧. ❶椹質. ②과녁. ❷①오디. 뽕나무 열매. ≒葚. ②버섯.
【椹質 침질】 ①모탕. ②활을 쏘는 과녁. ③죄인의 목을 자르는 대(臺).
【椹酒 심주】 오디로 빚은 술. 葚酒(심주).

木9 【楕】 ⑬ 종아리채 타 哿 duǒ
字解 ①종아리채, 회초리. ②헤아리다, 미루어 생각하다. ≒揣. ③어기다, 어긋나다. 〔太玄經〕狂馬楕木.

木9 【椿】 ⑬ 橢(884)와 동자

木9 【榸】 ⑬ 柘(841)의 본자

木9 【楄】 ⑬ 각목 편 先 pián
字解 ①각목(角木), 각재(角材). ②무환자나무. ③편액(扁額). ≒扁. 〔何晏・賦〕爰有禁楄.

木9 【楩】 ⑬ 나무 이름 편 先 pián
字解 나무 이름. 녹나무(楠) 비슷한 교목.
【楩楠 편남】 편목(楩木)으로 짠 널.

【楩枏 편남】편목과 녹나무.

木9 【楓】⑬ 단풍나무 풍 楓 fēng
楓 [字解] 단풍나무, 신나무. 〔杜牧·詩〕停車坐愛楓林晩.
【楓菊 풍국】단풍과 국화.
【楓落吳江冷 풍락오강랭】보는 것이 듣는 것보다 못함. [故事] 당대(唐代)에 정세익(鄭世翼)은 최신명(崔信明)이 지은 '楓落吳江冷'이라는 시구를 듣고 그 시를 크게 기대하였으나 직접 만나 나머지를 읽어 보고는 크게 실망하였다는 고사에서 온 말.
【楓宸 풍신】임금의 궁전. ○'宸'은 제왕의 거소(居所).
【楓嶽 풍악】圖 가을철의 금강산.
【楓葉 풍엽】단풍나무 잎.
● 江−, 錦−, 丹−, 霜−, 赤−.

木9 【楷】⑬ 나무 이름 해 ㉠개 楷 jiē, kǎi
楷 [字解] ①나무 이름. 곡부(曲阜)에 있는 공자묘(孔子廟)에 자공(子貢)이 손수 심었다는 나무. 공목(孔木)·황련목(黃連木)이라고도 한다. ②본, 본보기, 모범. 〔禮記〕今世行之, 後世以爲楷. ③본받다, 본뜨다, 배우다. 〔後漢書〕天子模楷李元禮. ④바르다, 곧다. 〔人物志〕強楷堅勁, 用在楨幹, 失在專固. ⑤해서(楷書). 서체(書體)의 한 가지. 예서(隷書)에서 발전한 것으로 자획(字畫)이 엄정하다.
【楷法 해법】①해서(楷書)를 쓰는 법. ②해서. ③모범(模範). 법도(法度).
【楷書 해서】서체(書體)의 이름. 점과 획을 따로따로 하여 방정(方正)하게 쓰는 글씨.
【楷式 해식】본보기. 모범. 楷則(해칙).
【楷隷 해예】①서체(書體)의 하나. 해서(楷書). 眞書(진서). ②해서와 예서(隷書).
【楷正 해정】글자의 획이 똑바름. 해서로 방정(方正)하게 쓰는 일.
● 官−, 模−, 妙−, 女−, 隷−, 眞−.

木9 【楛】⑬ 나무 이름 호 楛 hù, kù
楛 [字解] ①나무 이름. 모형(牡荊) 비슷한 붉은 빛깔의 나무. 화살대를 만드는 데 쓰인다. 〔詩經〕榛楛濟濟. ②거칠다, 질이 나쁘다. 늑苦. 〔荀子〕問楛者勿告也. ③굳지 아니하다, 견고하지 않다. ¶楛僞.
【楛耕 호경】거칠게 밭을 갊.
【楛僞 호모】견고(堅固)하지 아니함.
【楛矢 호시】호목(楛木)으로 만든 화살.

木9 【楎】⑬ ❶옷걸이 휘 楎 huī
❷쟁기 혼 元
楎 [字解] ❶①옷걸이, 횃대. ¶楎椸. ②말뚝. 담을 쌓을 때, 그 양쪽에 박는 말뚝. ❷쟁기. 두 필의 소가 끄는 쟁기.
【楎椸 휘이】옷걸이. 횃대.

木10 【榎】⑭ 檟(886)와 동자

木10 【榷】⑭ 외나무다리 각·교 榷 què
榷 [字解] ①외나무다리. ②도거리하다, 전매(專賣)하다. 정부가 독점하여 제조·판매하다. 〔漢書〕初榷酒酤. ③세금, 세금을 매기다. 〔唐書〕加榷鹽錢, 天下之賦, 鹽利居半.
【榷酤 각고】정부에서 술을 전매하는 일. 榷酒(각주).
【榷管 각관】관부(官府)에서 전매(專賣)함.
【榷場 각장】교역을 허가하여 전매세를 징수하는 일.
【榷會 각회】관(官)이 주름을 들어서 이익을 독점함. ○'會'는 '儈'로 '거간'을 뜻함.
● 酤−, 官−, 禁−, 掌−, 酒−.

木10 【榦】⑭ 幹(541)의 본자

木10 【榤】⑭ 홰 걸 榤 jié
榤 [字解] 홰. 닭이 올라 앉게 닭장에 가로질러 놓은 막대기. 〔爾雅〕雞棲于杙爲榤.

木10 【槁】⑭ 마를 고 槁 gǎo
槁 [字解] ①마르다, 말라 죽다. 〔韓非子〕或槁死於草木. ②말리다, 물기를 빼다. ※槀(1104)의 본자(本字). 〔周禮〕令槁禬之. ③치다, 때리다. 늑敲. 〔潘岳·詩〕頎如槁石火. ⑤허술하다, 소홀히 하다. 늑槀. 〔後漢書〕槁葬而已. ⑥화살대. 〔馬融·賦〕持箭槁而莖立. ⑦짚. =藁.
【槁木 고목】마른나무. 枯木(고목).
【槁木死灰 고목사회】마른 나무와 식은 재. 형체는 마른 나무 같고 마음은 식은 재 같아, 생기가 없거나 욕심이 없는 사람. 枯木死灰(고목사회).
【槁梧 고오】거문고의 딴 이름. ○마른 오동나무로 만들기 때문에 이르는 말.
【槁悴 고췌】①초목이 말라 시듦. ②여윔.
【槁項 고항】여윈 목덜미.
● 枯−, 苗−, 衰−, 凋−, 振−, 摧−, 黃−.

木10 【槀】⑭ 槁(868)와 동자

木部 10획 槹 穀 榾 槓 槐 構

木10 【槹】 ⑭ 槹(874)와 동자

木10 【穀】 ⑭ 닥나무 곡 屋 gǔ
字解 닥나무.
【穀桑 곡상】 닥나무.
【穀樹 곡수】 닥나무. 옛부터 이 나무의 껍질로 종이〔穀皮紙〕와 베〔穀布〕 따위를 만들어 썼음.

木10 【榾】 ⑭ 등걸 골 月 gǔ
字解 ①등걸, 그루터기. ¶ 榾柮. ②마들가리. 땔나무로 하는 나무토막. ¶ 榾柮.
【榾柮 골돌】 ①나뭇조각. 木片(목편). ②베어 낸 나무의 밑동. 그루터기.

木10 【槓】 ⑭ 지렛대 공 江강 gāng
參考 이 자가 杠(823)의 속자(俗字)이기는 하나, 음은 본자(本字)와는 달리 '공'이 관용음(慣用音)이 되었음.
字解 ①지렛대, 지레. ¶ 槓桿. ②現갯작은 다리〔橋〕. ④깃대. ⑤둘러메는 가방.
【槓桿 공간】 지레. 지렛대. 槓杆(공간).

木10 【槐】 ⑭ 홰나무 괴 灰회 huái
字解 ①홰나무. 콩과에 속하는 낙엽 교목. ¶ 槐木. ②삼공(三公)의 자리. 주대(周代)에 조정(朝廷)의 뜰에 홰나무 세 그루를 심어 삼공의 좌석을 표시한 데서 온 뜻. 〔後漢書〕 越登槐鼎之任. ③속단〔續斷〕의 딴 이름. 산과 들에 저절로 나서 자라는 풀.
【槐棘 괴극】 ①홰나무와 가시나무. ②삼공 구경(三公九卿). 三槐九棘(삼괴구극).
【槐木 괴목】 홰나무.
【槐宸 괴신】 천자(天子)의 궁전. 楓宸(풍신).
【槐安國 괴안국】 개미의 나라. 이름. ⑧槐安夢(괴안몽).
【槐安夢 괴안몽】 꿈과 같이 헛된 한때의 부귀영화. 故事 당대(唐代)의 순우분(淳于棼)이 술에 취하여 홰나무의 남쪽으로 뻗은 가지 밑에서 낮잠을 자다가, 꿈에 괴안국(槐安國)의 부마(駙馬)가 되고, 또한 남가군(南柯郡)의 태수가 되어 30년 동안이나 부귀와 영화를 누렸다는데, 잠에서 깨어 보니 홰나무 밑에 커다란 개미 구멍이 있었다는 고사에서 온 말. ⑧南柯一夢(남가일몽).
【槐安王 괴안왕】 개미의 딴 이름.
【槐位 괴위】 삼공(三公)의 지위. 槐鼎(괴정).
【槐鼎 괴정】 대신의 지위. ○'槐'는 삼공(三公)의 자리, '鼎'은 세 발 달린 솥. 세 발로 몸통을 떠받치고 있는 모양을 삼공이 임금을 보좌하는 것에 비유하여 이르는 말.
【槐秋 괴추】 과거 시험을 치를 무렵. ○음력 7월 홰나무 꽃이 누르스름할 무렵에 시험을 치르므로 이르는 말.
【槐鉉 괴현】 삼공(三公)의 지위. ○'鉉'은 솥귀에 꿰는 줄. 槐位(괴위). 槐鼎(괴정).
❶ 公−, 老−, 大−, 三−, 三−九棘.

木10 【構】 ⑭ 얽을 구 宥 gòu
十 木 杧 杧 棤 構 構 構 構
字源 形聲. 木+冓→構. '冓(구)'가 음을 나타낸다.
字解 ①얽다. ㉠집을 짓다, 재목(材木)을 짜 맞추다. 〔陳書〕 改構亭宇. ㉡글을 짓다. 〔後漢書〕 造構文辭. ㉢생각을 짜내다. 〔晉書〕 構思十稔, 門庭藩溷. ㉣없는 일을 있는 것처럼 꾸미다. ¶ 構會. ②맺다, 인연을 맺다. ¶ 構怨. ③일으키다, 만들어 내다. ¶ 構難. ④자세를 갖추다. 〔莊子〕 與接爲構. ⑤집. 가옥(家屋). ⑥일, 사업. 〔齊書〕 永懷先構. ⑦이루다, 뜻한 바를 이루어 내다. 〔梁書〕 王業肇構. ⑧꾀하다, 도모하다. 〔淮南子〕 文王與諸侯構之. ⑨만나다. 늑 遘. 〔詩經〕 我日構禍. ⑩합하다, 합치다. 〔詩經〕 構我二人. ⑪불을 붙이다. ¶ 構火. ⑫닥나무.
【構難 구난】 시로 화난(禍難)을 일으킴.
【構內 구내】 큰 건물의 울 안.
【構圖 구도】 ①꾀하여 도모함. ②조화롭게 배치한 도면의 짜임새.
【構亂 구란】 난을 일으킴.
【構誣 구무】 터무니 없는 사실을 꾸며서 남을 모함함.
【構兵 구병】 전쟁을 함.
【構思 구사】 생각을 얽어 놓음. 구상(構想)함.
【構殺 구살】 없는 죄를 씌워 죽임.
【構想 구상】 ①생각을 얽어 놓음. ②예술 작품의 구성을 생각하는 일.
【構成 구성】 얽어 만듦. 짜서 맞춤.
【構怨 구원】 서로 원한을 맺음. 틀린 사이가 됨. 結怨(결원).
【構刺 구자】 없는 일을 꾸며내어 책망하거나 비방함.
【構精 구정】 ①음양(陰陽)의 정을 합침. 남녀가 교합함. ②정신을 모아 합침.
【構造 구조】 전체를 이루고 있는 부분들의 서로 짜인 관계나 그 체계.
【構陷 구함】 계획적으로 남을 얽어서 죄에 떨어뜨림. 모함(謀陷)함.
【構火 구화】 불을 붙임. 불을 일으킴.
【構會 구회】 참소를 당하여 죄를 받음.
【構釁 구흔】 불화의 씨를 만듦.
❶ 改−, 結−, 高−, 宏−, 巧−, 奇−, 機−, 造−, 譏−, 築−, 層−, 解−, 虛−.

木 10 【桀】⑭ 矩(1229)와 동자

木 10 【榿】⑭ 오리나무 기 因 qī
榿 楷 字解 오리나무. 성장이 매우 빨라 3년이면 큰 나무가 된다고 한다. 〔杜甫·詩〕榿林碍日吟風葉.

木 10 【槸】⑭ 桔(844)과 동자

木 10 【耨】⑭ 가래 누 囿 nòu
耨 鎒 字解 가래, 쟁기. 〔國語〕挾其槍刈耨鎛.

木 10 【樘】⑭ 산앵두나무 당 陽 táng
字解 ①산앵두나무, 당체(唐棣). ②주발. 음식을 담는 작은 그릇. 〔荀子〕魯人以樘.

木 10 【榔】⑭ 나무 이름 랑 陽 láng
字解 ①나무 이름. ㉮빈랑(檳榔)나무. ㉯광랑(桄榔)나무. ㉰참느릅나무. ②[俗]길고 커서 다루기 어려운 모양.

木 10 【榴】⑭ 석류나무 류 尤 liú
榴 橊 字解 석류나무. 석류나무과의 낙엽 교목. 〔韓愈·詩〕五月榴花照眼明.
【榴月 유월】 석류꽃이 피는 달. 음력 5월의 딴 이름.
【榴火 유화】 석류꽃의 붉음을 불에 견주어 이르는 말.
❶ 石-, 安石-, 紅-.

木 10 【槑】⑭ ❶梅(851)의 고자 ❷某(836)의 고자

木 10 【榠】⑭ 명자나무 명 靑 míng
榠 字解 명자나무.
【榠樝 명사→명자】 명자나무. 장미과에 속하는 낙엽 관목. 잎·꽃·열매가 모두 모과나무와 비슷하고, 비늘 모양의 나무껍질을 스스로 벗겨져 떨어짐.

木 10 【槃】⑭ 쟁반 반 寒 pán
槃 盤 盘 槃 字解 ❶쟁반, 소반. 운두가 낮은 물건을 담는 그릇. =盤.〔禮記〕少者奉槃, 長者奉水. ❷머뭇거리다, 빙빙 돌다. ≒般. ¶ 槃停. ❸즐기다. 〔詩經〕考槃在澗. ❹상처, 다친 자리. ≒瘢. 〔莊子〕或以槃夷之事. ❺절뚝거리는 모양. ¶ 槃散. ❻[佛]열반. ¶ 涅槃.
【槃根錯節 반근착절】 엉클어진 뿌리와 뒤얽힌 마디. ㉠처리하기 어려운 사건. ㉡역경(逆境).
【槃散 반산】 절뚝거리며 걷는 모양.
【槃旋 반선】 빙글빙글 돎.
【槃盂 반우】 소반과 바리때.
【槃游 반유】 즐기며 놂.
【槃夷 반이】 상처(傷處). 다친 자리.
【槃停 반정】 머뭇거림. 정체(停滯)해 있는 모양.
❶ 考-, 涅-, 玉-.

木 10 【榜】⑭ ❶매 방 漾 bàng ❷방 방 庚 ❸도지개 방 庚 bēng
榜 㮄 牓 字解 ❶①매, 매질하다. 〔漢書〕榜笞數千. ②떼, 배. ≒方·舫. 〔郭璞·賦〕涉人於是艤榜. ③배를 젓다. 〔南史〕自榜船送妻. ④노. 물을 헤쳐 배를 나아가게 하는 기구. 〔楚辭〕齊吳榜而擊汰. ❷①방. ㉮방목. ¶ 榜目. ㉯방문. ¶ 榜文. ②방을 써 붙이다. 〔後漢書〕遂共相標榜. ❸도지개. 〔韓非子〕榜檠矯直.
【榜歌 방가】 뱃노래. 뱃사공의 노래.
【榜檠 방경】 도지개. 활도지개.
【榜具 방구】 죄인을 고문하는 형틀.
【榜軍 방군】 방(榜)을 전하던 사령(使令).
【榜掠 방략】 매질하여 고문함.
【榜目 방목】 ㉮과거에 급제한 사람의 성명을 적은 책.
【榜文 방문】 어떤 일을 널리 알리기 위해 길거리나 사람들이 많이 모이는 곳에 써 붙이는 글.
【榜服 방복】 볼기를 쳐서 죄를 인정하게 함.
【榜上掛名 방상괘명】 과방(科榜)에 성명이 기록됨. 과거(科擧)에 합격함.
【榜示 방시】 ①게시함. 공고문을 써서 판에 게시함. ②공고(公告).
【榜眼 방안】 과거에서 2등으로 합격한 사람. '眼'은 눈이 두 개이기 때문에 2를 뜻하는 은어(隱語).
【榜人 방인】 뱃사공. 水夫(수부).
【榜笞 방태】 죄인을 매질하여 문초함.
❶ 歌-, 高-, 落-, 放-, 費-, 試-, 吳-, 酒-, 板-, 標-, 懸-, 夾-, 黃-.

木 10 【榑】⑭ 부상 부 虞 fú
榑 榜 字解 부상(榑桑). 전설상의 신목(神木) 이름.
【榑桑 부상】 ①해가 돋는 곳에 있다는 신목(神木). ②해가 돋는 곳. 扶桑(부상).

木 10 【榧】⑭ 비자나무 비 尾 fěi

[초서] 榧 [字解] 비자나무. 비자나무과의 상록 교목. 대추 비슷한데 열매는 먹기도 하고 기름도 짠다.

木10 【梐】⑭ 붉나무 비 圓 bè
[초서] 梐 [字解] 붉나무, 천금목. 옻나무과의 낙엽 교목. 〔管子〕其木乃梐.

木10 【榌】⑭ 평고대 비 圂 pí
[소전] 榌 [초서] 榌 [字解] 평고대. 서까래 끝에 가로 댄 나무.

木10 【榭】⑭ 정자 사 禡 xiè
[소전] 榭 [초서] 榭 [字解] ①정자. 흙을 높이 쌓고 그 위에 세운 집. 늑謝. ¶臺榭. ②사당(祠堂). 내실(內室)이 없는 사당. 〔春秋公羊傳〕廟有室曰寢, 無室曰榭. ③도장(道場). 무술(武術)을 익히는 곳. 〔春秋左氏傳〕三郤將謀於榭. ④곳집. 악기(樂器)를 넣어 두는 창고. 〔漢書〕榭者所以藏樂器.

木10 【槊】⑭ ❶창 삭 圛 shuò ❷요속 소
[소전] 槊 [초서] 槊 [동자] 矟 [字解] ❶①창. 자루가 주척(周尺)으로 1장(丈) 8척(尺)인 창. 〔魏書〕不畏利槊堅城. ②쌍륙(雙六). 〔韓愈·詩〕某槊以自娛. ❷요속. 요 안에 넣는 솜이나 털. '요속'을 '褥槊(요소)'로 쓰는 경우가 있다.

木10 【槊】⑭ 槊(871)과 동자

木10 【榡】⑭ 사스레피나무 석 圛 suǒ
[초서] 榡 [字解] ①사스레피나무. 후피향나무과의 상록 교목. ¶榡柃. ②구하다, 찾다. 〔太玄經〕參珍睟精, 三以榡數.
【榡柃 석령】 사스레피나무.

木10 【楣】⑭ 楔(864)과 동자

木10 【樹】⑭ 樹(883)의 속자

木10 【尌】⑭ 樹(883)의 주문(籒文)

木10 【榫】⑭ 장부 순 鑁 sǔn
[字解] 장부. 나무 따위를 이을 때, 한 쪽 끝을 다른 한 쪽 구멍에 맞추기 위하여 그 몸피보다 얼마쯤 가늘게 만든 부분.

木10 【縢】⑭ 바디 승 圛 shèng
[소전] 縢 [字解] 바디. 베틀에서 날을 꿰어 씨를 치는 기구.

木10 【樣】⑭ 樣(877)의 속자

木10 【榮】⑭ 꽃 영 庚 róng

、 丶 ⺌ ⺍ 炏 ⺍⺍ 丷丷 芢 苂 榮

[소전] 榮 [초서] 榮 [속자] 荣 [속자] 栄 [간체] 荣
[字源] 形聲. ⺍⺍+木→榮. '⺍⺍(형)'이 음을 나타낸다.
[字解] ①꽃, 꽃이 피다. 〔禮記〕木槿榮. ②성(盛)하다. ㉮숲이 우거지다. 〔陶潛·辭〕木欣欣以向榮. ㉯기세 좋게 한창 일어나다. ¶榮茂. ㉰나타나다, 이름이 드러나다. 〔呂氏春秋〕其名無不榮者. ㉱융성하다, 창성하다. 〔荀子〕室宮榮與. ③영화, 영달. 〔孟子〕仁則榮, 不仁則辱. ④빛. ㉮광명(光明). ¶日月合榮. ㉯광,윤. 〔揚雄·賦〕翡翠垂榮. ⑤피, 혈액. ¶榮衞. ⑥즐기다, 즐거움. 〔國語〕非以翟爲榮. ⑦지붕의 가장자리, 끝이 번쩍 들린 처마. 〔儀禮〕直於東榮. ⑧집. 늑營. ⑨버리다. 〔列子〕榮汝之糧. ⑩도마뱀.
【榮枯 영고】 ①무성함과 시듦. ②성함과 쇠함. 榮落(영락). 盛衰(성쇠).
【榮枯盛衰 영고성쇠】 성하고 쇠함이 서로 뒤바뀌는 일.
【榮光 영광】 빛나는 명예(名譽). 榮譽(영예).
【榮達 영달】 지위가 높고 귀하게 됨.
【榮塗 영도】 영광스러운 길. 영광스러운 인생.
【榮落 영락】 성함과 쇠함.
【榮祿 영록】 영화로운 복록(福祿).
【榮名 영명】 영광스러운 명예.
【榮慕 영모】 우러러 사모함.
【榮茂 영무】 번영하고 무성함.
【榮問 영문】 ①빛나는 명예. ◯'問'은 '성문(聲聞)'의 뜻. ②새로 과거에 급제한 사람을 찾아 하례함.
【榮班 영반】 명예 있는 지위. 고위(高位).
【榮羨 영선】 ①가멸어 여유가 있음. ②현달함. ③부러워함.
【榮養 영양】 입신양명(立身揚名)하여 좋은 옷과 음식으로 부모를 봉양함.
【榮榮 영영】 번성하는 모양.
【榮耀 영요】 번창하고 빛남.
【榮辱 영욕】 영예와 치욕(恥辱).
【榮位 영위】 영광스러운 지위.
【榮衞 영위】 혈기(血氣)과 생기(生氣). ◯'榮'은 '血'을, '衞'는 '氣'를 뜻함. ②보위(保衛)함. 營衞(영위).
【榮潤 영윤】 번영하고 윤택함.
【榮滋 영자】 무성함. 번성함.

木部 10획 榲 橃 榕 榞 榨 梓 槙 橅 栺 櫻 榛 樲 槎 槍

【榮轉 영전】 지금보다 더 좋은 자리로 전임(轉任)함.
【榮秩 영질】 높은 관직. 명예로운 고관(高官).
【榮寵 영총】 임금의 총애.
【榮親 영친】 부모를 영화롭게 함.
【榮顯 영현】 영달하여 명성이 드러남.
【榮華 영화】 ①초목(草木)이 무성함. 꽃이 활짝 핌. ②몸이 귀하게 되고 이름이 남.
● 光一, 繁一, 安一, 恩一, 虛一, 顯一, 歡一.

木10【榲】⑭ 올발 올 月 wēn

楒 楹 榲 字解 올발, 마르멜로(marmelo).

木10【橃】⑭ 큰 나무 요 蕭 yáo

橃 橃 字解 큰 나무, 매우 큰 나무. 〔國語〕橃木不生危.

木10【榕】⑭ 벵골보리수 용 冬 róng

榕 字解 벵골보리수. 뽕나뭇과의 열대산(熱帶産) 상록 교목.

木10【榞】⑭ 얼레 원 元 yuán

榞 字解 ①얼레. 실을 감는 기구. ②종이나 경쇠 따위 악기를 매다는 나무.

木10【榨】⑭ ❶술주자 자 禡 zhà ❷기름틀 착 禡자 禡

榨 搾 參考 속자인 '搾'자는 현대에 와서 ❷의 ❷의 뜻으로만 쓰인다.
字解 ❶술주자. 누룩이 섞인 술을 거르는 통. 〔穆脩·詩〕酒釀新出榨. ❷①기름틀. ¶榨牀. ②짜다, 거르다, 기름·젖 같은 것을 짜다.
【榨牀 착상】술을 거르거나 기름을 짜는 기계. 榨斗(착두).

木10【梓】⑭ 梓(853)와 동자

木10【槙】⑭ ❶우듬지 전 先 diān ❷뿌리 모일 진 眞 zhēn

槙 槙 字解 ❶①우듬지. 나무의 꼭대기 줄기. ②나무가 쓰러지다. 〔說文解字·注〕人頂曰顛, 木頂曰槙, 人仆曰顚, 木仆曰槙. ❷뿌리가 모이다, 초목의 뿌리가 얼크러지다.

木10【橅】⑭ 梅(848)과 동자

木10【栺】⑭ 주춧돌 지 支 zhī

字解 ①주춧돌. 〔元稹·詩〕扶顚望一栺. ②버티다, 넘어지지 아니하게 버티다. ≒枝. 〔王禹偁·詩〕雲生杖獨栺.
【栺梧 지오】 넘어지지 않게 떠받침.
【栺柱 지주】①떠받침. 버팀목을 댐. ②버팀목.

木10【櫻】⑭ 나무 이름 직 職 jì

櫻 櫻 櫻 字解 나무 이름. 소나무와 비슷하나 나뭇결이 더 곱고 가시가 있다. 〔山海經〕其木多櫻.

木10【榛】⑭ 개암나무 진 眞 zhēn

榛 榛 榛 字解 ①개암나무. 개암나뭇과의 낙엽 활엽 교목. 〔詩經〕樹之榛栗, 椅桐梓漆. ②덤불. 〔詩經〕其子在榛. ③우거지다, 초목이 무성한 모양.
【榛莽 진망】 잡초·잡목이 우거진 곳. 풀숲. 수풀. 榛蕪(진무). 榛藪(진수).
【榛蕪 진무】①초목이 무성함. 荒蕪(황무). ②거칠고 어두움. ③미천(微賤)함. 미천한 사람.
【榛穢 진예】①잡초가 우거짐. ②나쁜 풍습. 나쁜 정사(政事).
【榛樾 진월】 무성한 나무 그늘.
【榛榛 진진】 초목이 무성한 모양.
【榛叢 진총】 덤불. 풀숲.
【榛荊 진형】①초목이 우거진 수풀. ②우거진 가시덤불.
● 棘一, 叢一, 荊一, 荒一.

木10【樲】⑭ 쪼구미 질 質 jí

字解 쪼구미, 동자기둥, 두공(枓栱).

木10【槎】⑭ ❶나무 벨 차 馬 chá ❷떼 사 麻

槎 槎 槎 字解 ❶①나무를 베다, 나무를 엇비슷하게 베다. ¶槎枿. ②무구(武具)의 이름. ¶槎桎. ②떼, 뗏목. ¶浮槎.
【槎杯 차배】 나무를 비스듬히 잘라서 속을 도려내 만든 술잔.
【槎枿 차알】 비스듬히 자른 나무에서 돋아난 움. 槎櫱(차얼).
【槎櫱 차얼】①□槎枿(차알). ②움을 자름.
【槎桎 차질】 사냥 도구의 이름. 나무를 뾰족하게 깎아서 만든 차꼬.
● 江一, 斷一, 浮一, 仙一, 乘一, 流一.

木10【槍】⑭ ❶창 창 陽 qiāng ❷별 이름 쟁 庚 chēng

槍 槍 槍 參考 대법원 지정 인명용 한자의 음

木部 10〜11획 榱槌槖榻榼槅梘權槺槪   873

은 '창'이다.
字解 ❶①창.〔宋史〕選諸軍中善用槍槊者. ②다다르다, 이르다.〔莊子〕我決起而飛, 槍楡枋. ③어지럽히다, 흐트러지게 하다. ¶槍攘. ❷별 이름, 혜성.
【槍杆 창간】창 자루.
【槍劍 창검】창과 칼.
【槍旗 창기】차(茶)나무의 움과 잎. ○'槍'은 차의 움, '旗'는 차의 잎.
【槍壘 창루】끝이 뾰족한 나무를 둘러친 성채(城砦)나 벽루(壁壘).
【槍手 창수】①창을 쓰는 군사. ②과거에서 몰래 대신 써 주는 사람.
【槍術 창술】창을 쓰는 기술.
【槍攘 창양】흐트러진 모양.
● 短ㅡ, 刀ㅡ, 手ㅡ, 長ㅡ, 竹ㅡ, 鐵ㅡ, 標ㅡ.

木10【榱】⑭ 서까래 최 灰 cuī
소전 초서 字解 서까래. 마룻대에서 도리나 보에 걸쳐 지른 나무.〔孟子〕榱題數尺.
【榱桷 최각】서까래. 椽桷(연각).
【榱椽 최연】서까래. 椽桷(최각).
【榱題 최제】서까래의 끝. 서까래 끝이 처마에 닿은 곳.
【榱題數尺 최제수척】서까래의 끝이 몇 척이 됨. 넓고 큰 집.
● 桷ㅡ, 高ㅡ, 文ㅡ, 飛ㅡ, 垂ㅡ.

木10【槌】⑭ ❶망치 추 支 chuí ❷던질 퇴 灰 duì
소전 초서 간체 槌 參考 대법원 지정 인명용 한자의 음은 '퇴'이다.
字解 ❶①망치, 짤막한 몽둥이. ≒椎.〔魏書〕雙槌亂擊. ②치다, 망치 따위로 때리다. ❷던지다, 내던지다.〔法言〕槌提仁義.
【槌碎 추쇄】망치로 두드려 부숨.
【槌杵 추저】망치, 절굿공이.
【槌鑿 추착】망치와 끌.
● 木ㅡ, 硏ㅡ, 鐵ㅡ.

木10【槖】⑭ 槖(884)의 속자

木10【榻】⑭ 걸상 탑 合 tà
소전 초서 동자 榻 字解 ①걸상, 길고 좁게 만든 평상. ¶榻牀. ②베(布)의 이름. ¶榻布. ③國임금의 의자. ④國본뜨다, 그대로 베끼다.
【榻本 탑본】國금석(金石)에 새겨진 글씨나 그림을 그대로 박아 냄.
【榻牀 탑상】걸상·침대 따위의 총칭.
【榻布 탑포】거칠고 두꺼운 베.
● 木ㅡ, 牀ㅡ, 御ㅡ, 臥ㅡ, 下ㅡ, 懸ㅡ, 華ㅡ.

木10【榼】⑭ 통 합 本갑 合 kē
소전 초서 字解 ①통, 술통·물통 따위.〔春秋左氏傳〕行人執榼承飮, 造于子重. ②칼집. ③덩굴풀의 하나.

木10【槅】⑭ ❶멍에 혁 本격 陌 gé ❷씨 핵 陌 hé
소전 초서 字解 ❶멍에. 마소의 목에 얹는 가로대.〔張衡·賦〕商旅聯槅. ❷씨, 과실의 씨. ≒核.

木10【梘】⑭ 책상 황 養 huǎng
소전 초서 字解 ①책상. ②창, 천을 바른 창.〔晉書〕對梘巢鷹.

木10【權】⑭ 權(868)의 속자

木11【槺】⑮ 빌 강 陽 kāng
초서 槺 字解 비다, 공허하다.〔司馬相如·賦〕委參差以槺梁.

木11【槪】⑮ 평미레 개 隊 gài
木 木 枂 枂 桤 桤 栖 栖 槪
소전 초서 동자 槩 동자 槩 동자 扢 속자 槪 간체 概 字源 形聲. 木+旣→槪. '旣(기)'가 음을 나타낸다.
字解 ①평미레, 평목(平木). 곡식을 될 때 위를 밀어 고르게 하는 방망이.〔禮記〕正權槪. ②평미레질하다, 평평하게 고르다.〔管子〕人滿則天之. ③누르다, 억압하다.〔韓非子〕毋以其難ına槪. ④저울눈, 달다.〔禮記〕食饗不爲槪. ⑤저울.〔周禮〕槪而不稅. ⑥평평하다, 평온하다.〔史記〕不槪于心. ⑦절개, 절조.〔北史〕槪尙甚高. ⑧풍치, 경치.〔杜甫·詩〕勝槪憶桃源. ⑨대개, 대강. ¶槪見. ⑩느끼다, 감격하다.〔史記〕臣愚而不槪於王心邪. ⑪씻다. ≒漑.〔枚乘·七發〕於是澡槪胸中. ⑫슬퍼하다, 개탄하다. ≒慨.〔史記〕感槪自殺. ⑬통, 나무통.〔周禮〕凡用槪.
【槪見 개견 ❶개견 ❷개현】❶①대강을 알게 됨. ②개괄하여 봄. ❷①대체의 견해. ❷대강이 드러남. 대략ㅡ나타남.
【槪觀 개관】①전체를 대강 살펴봄. ②대체적인 모양.
【槪括 개괄】사물의 중요한 점만 추려 뭉뚱그림.
【槪念 개념】여러 관념 속에서 공통되는 요소를

〈榻①〉

추상하여 종합한 하나의 관념.
【概略 개략】 대체적인 줄거리.
【概論 개론】 전체에 대한 대강의 논설. 개요(概要)만을 든 논설.
【概算 개산】 대략의 계산. 어림셈.
【概尙 개상】 절조(節操).
【概說 개설】 내용을 개략적으로 설명함.
【概數 개수】 어림하여 잡은 수효. 어림수.
【概要 개요】 개략의 요지. 대강의 요점.
【概則 개칙】 대체의 규칙.
【概乎 개호】 대충. 대개.
【概況 개황】 대략의 상황.
❶ 感一, 耿一, 梗一, 景一, 氣一, 大一, 節一, 貞一, 至一, 志一, 淸一, 忠一, 風一.

木 11 【概】 ⑮ 概(873)와 동자

木 11 【槩】 ⑮ 概(873)와 동자

木 11 【穎】 ❶칼고리 경 梗 yǐng ❷상자 경 冏 jiǒng
字解 ❶①칼고리. 칼자루에 달린 고리. ②송곳자루. ❷①상자, 함. ②발이 달린 책상.

木 11 【樟】 ⑮ 樟(879)의 속자

木 11 【槲】 ⑮ 떡갈나무 곡 木 혹 屋 hú
字解 떡갈나무. 너도밤나뭇과의 낙엽 교목.

木 11 【槨】 ⑮ 덧널 곽 藥 guǒ
字解 덧널. 관을 담는 궤.

木 11 【權】 ⑮ 權(893)의 속자

木 11 【樎】 ⑮ 밑바닥 귀 隊 guì
字解 밑바닥, 상자의 밑바닥.

木 11 【樛】 ⑮ 휠 규 尤 jiū
字解 ①휘다, 굽다.〔詩經〕南有樛木. ②돌고 돌다, 두루 돌아다니다. ¶樛流. ❸구불구불하다. ❹구하다, 필요한 것을 찾다. 늑求.〔張衡·賦〕樛天道其焉如. ❺엉키 붙다, 뒤엉켜 어지럽다. 늑繆.
【樛流 규류】 ①돌고 돎. 두루 돌아다님. ②굽은 모양. ③구불구불한 모양.

【樛木 규목】 가지가 아래로 굽은 나무.
【樛枝 규지】 굽은 나뭇가지.

木 11 【槻】 ⑮ 물푸레나무 규 支 guī
字解 물푸레나무. 느티나무 비슷한, 물푸레나뭇과의 낙엽 교목.

木 11 【槼】 ⑮ 規(1640)와 동자

木 11 【槿】 ⑮ 무궁화나무 근 吻 jǐn
字解 ①무궁화나무. 아욱과의 낙엽 관목.〔白居易·詩〕槿花一日自爲榮. ②우리나라의 딴 이름.
【槿籬 근리】 무궁화 생울타리.
【槿域 근역】 圖무궁화가 많은 땅. 우리나라의 딴 이름. 槿花鄕(근화향).
【槿花 근화】 ①무궁화. ②덧없음. ❍무궁화가 아침에 피었다가 저녁에 시드는 데서 온 말.
【槿花心 근화심】 아침에 피었다가 저녁에 지는 무궁화 같은 마음. 쉽게 변하는 소인(小人)의 마음.
❶ 暝一, 暮一, 木一, 芳一, 朝一.

木 11 【槫】 ⑮ 둥글 단 寒 tuán
字解 ①둥글다.〔正字通〕楚人謂圓爲槫. ②상여(喪輿). ③나무 이름.

木 11 【樑】 ⑮ 들보 량 陽 liáng
字解 梁 들보, 대들보.〔淮南子〕以爲舟航柱樑.

木 11 【槤】 ⑮ ❶제기 련 銑 liǎn ❷빗장 련 先 lián
字解 ❶①제기(祭器). 제사 때 서직(黍稷)을 담는 그릇. 늑璉. ¶瑚槤. 문빗장. ②나무 이름. 중국 남부 지방에 있는, 비파나무 비슷한 나무.〔郭璞·賦〕楊槤森嶺而羅峯.

木 11 【樚】 ⑮ ❶녹로 록 屋 lù ❷함 독 屋 dú
字解 ❶①녹로, 고패. 높은 곳에 물건을 달아 올렸다 내렸다 하기 위한 줄을 걸치는 도르래나 고리. ¶樚櫨. ②나무 이름. 꽃과 잎은 독이 있어 물고기를 잡는 약으로 쓴다. ❷함, 궤. =櫝.
【樚櫨 녹로】 ①우물 위에 장치하여 두레박을 올렸다 내렸다 하는 데 쓰는 작은 바퀴나 고리. 고패. ②무거운 물건을 끌어당기거나 들어 올리는 데 쓰는 도르래.

木 11 【樐】 ⑮ 櫓(891)와 동자

木部 11획 樓 樏 樆 樠 橫 模 樒 樊

木 11 【樓】 ⑮ 다락 루 仄 lóu

十 木 村 村 棹 桿 槽 樓 樓

樓(소전) 樓(초서) 楼(속서) 楼(간체)

字源 形聲. 木+婁→樓. '婁(루)'가 음을 나타낸다.

字解 ①다락, 다락집.〔史記〕美人居樓上. ❷망루(望樓). 벽이 트이어 사방을 바라볼 수 있게 높이 지은 집.〔後漢書〕光武舍城樓上. ③겹치다, 포개지다.〔王延壽·賦〕欽崟離樓. ④기생집. ¶ 靑樓.
【樓角 누각】 누각(樓閣)의 모퉁이.
【樓閣 누각】 사방을 바라볼 수 있게 높이 지은 다락집.
【樓車 누거】 망루(望樓)를 설치한 수레.
【樓居 누거】 높은 건물이나 훌륭한 건물에 삶.
【樓觀 누관】 ①樓閣(누각). ②도교(道教)의 사원(寺院).
【樓闕 누궐】 ①이층으로 된 문. ②누각과 궁궐.
【樓臺 누대】 누각(樓閣)과 대사(臺榭). 곧, 높은 건물.
【樓櫓 누로】 지붕이 없는 망루(望樓).
【樓門 누문】 다락집에서 다락 밑으로 드나들게 된 문. 이층으로 지은 문.
【樓榭 누사】 누대(樓臺)와 대사(臺榭). 臺榭(누대). ○ '榭'는 지붕이 있는 대(臺).
【樓船 누선】 다락이 있는 배.
● 高—, 妓—, 望—, 舫—, 飛—, 書—, 船—, 城—, 危—, 鐘—, 靑—, 層—, 候—.

木 11 【樏】 ⑮ 찬합 류 仄 lěi

樏(초서) 字解 ①찬합. 여러 칸으로 나누어 음식의 종류에 따라 갈라 담을 수 있게 된 그릇. ②징 박은 신. 산에 오를 때 편리하게 밑에 징 같은 것을 박아 놓은 신.

木 11 【樆】 ⑮ 돌배나무 리 仄 lí

字解 돌배나무.〔爾雅〕在山曰樆, 人植曰棃.

木 11 【樠】 ⑮ 흙손 만 庚 màn
        ❷나무 이름 만 圖 wàn

樠(소전) 樠(초서) 字解 ❶흙손. ≒鏝·墁. ❷나무 이름.〔張衡·賦〕樠栢杻橿.

木 11 【樠】 ⑮ ❶송진 만·문 元 mán
        ❷나무 이름 랑 陽 lǎng

樠(소전) 樠(초서) 字解 ❶송진, 나무의 진이 흘러내리다. ¶ 樠樠然. ②흑단(黑檀). 열대 지방 원산의 상록 교목. 나무의 결이 소나무와 비슷하다.〔漢書〕烏孫國, 山多松樠. ❷나무 이름. 느릅나무의 한 가지.
【樠樠然 만만연·문문연】 나무에서 진이 흘러내리는 모양.

木 11 【模】 ⑮ 법 모 虞 mó

十 木 才 𣏌 枦 柑 柑 棋 模 模

模(소전) 模(초서) 字源 形聲. 木+莫→模. '莫(모)'가 음을 나타낸다.

字解 ①법, 법식(法式).〔張衡·賦〕陳三皇之軌模. ②본, 모범이 될 만한 일.〔晉書〕國之宗模. ④본보기.〔左思·賦〕授全模於梓匠. ③무늬, 문채.〔尙書大傳〕績乎其猶模繡也. ④거푸집.〔洞天淸錄〕古者鑄器, 必先用蠟爲模. ⑤모양, 형상.〔王悔·行〕異狀奇模此其匹. ⑥본뜨다, 본받다. ¶ 模刻. ⑦쓰다듬다, 문지르다.〔名勝志〕印模履跡.
【模刻 모각】 베껴서 새김. 책 따위를 전사(轉寫)하여 판목(版木)에 새김.
【模倣 모방】 본받고 흉내 냄. 본보기로 삼음.
【模範 모범】 본받아 배울 만한 대상. 본보기.
【模寫 모사】 ①무엇을 형체 그대로 그리거나 본떠서 똑같이 그림. ②원본을 베껴 씀.
【模樣 모양】 ①사람이나 물건의 형태. 모습. 맵시. 생김새. ②어떤 일이 되어 가는 꼴. 형편. 상태. ③체면. ④모범이 될 만한 의용(儀容). 儀範(의범). ⑤여자의 용색(容色).
【模擬 모의】 실제와 비슷한 형식과 내용으로 연습 삼아 해 봄.
【模造 모조】 본떠서 그대로 만듦.
【模表 모표】 본보기. 模範(모범).
【模楷 모해】 본보기. 法式(법식). 準則(준칙).
【模型 모형】 ①똑같은 물건을 만들어 내기 위한 틀. 거푸집. ②물건의 원형대로 줄여 만든 본.
【模糊 모호】 분명하지 못함. 흐릿함.
● 宏—, 軌—, 規—, 德—, 道—, 範—, 師—, 聖—, 世—, 遺—, 楷—, 洪—.

木 11 【樒】 ⑮ 침향 밀 質 mì

樒(초서) 樒(동자) 字解 침향(沈香). 열대 지방 원산의 상록 향나무.

木 11 【樊】 ⑮ ❶울 번 元 fán
        ❷산 이름 반 删 fān

樊(소전) 樊(초서) 參考 대법원 지정 인명용 한자의 음은 '번'이다.

字解 ❶①울, 울타리. ≒藩.〔詩經〕營營靑蠅, 止於樊. ②에워싸다, 울타리를 하다.〔詩經〕折柳樊圃. ③새장. ¶ 樊籠. ④결, 부근.〔莊子〕夏則休乎山樊. ⑤끝, 가.〔淮南子〕以游于天地之樊. ⑥뱃대끈. 마소의 배에 매는 끈. ⑦어지러운 모양, 어수선한 모양.〔莊子〕樊然殽亂. ⑧성(姓). ❷산 이름.
【樊籠 번롱】 ①새장. 鳥籠(조롱). ②자유를 속박 당함. ⑦관직에 매여 자유롭지 못함. ㉡감옥.
【樊籬 번리】 ①울. 울타리. 藩籬(번리). ②학술·문장 등의 길로 들어가는 입구. ③영역. 범위.
【樊然 번연】 어지러운 모양. 흐트러진 모양.
● 籠—, 山—, 籬—.

木 【樝】 ⑮ 풀명자나무 사 ㉰ zhā
字解 풀명자나무. 능금나뭇과의 낙엽 관목.

木 【榐】 ⑮ 나무 이름 산 ㉰ chān
字解 나무 이름. 복숭아 비슷한 열매가 연다.

木 【樧】 ⑮ 오수유 살 ㉰ shā
字解 ①오수유(吳茱萸). 잎 지는 작은 관목으로, 약용 식물이다.〔楚辭〕樧又欲夫佩幃. ②쐐기. ≒楔.

木 【槮】 ⑮ ①밋밋할 삼 ㉰ sēn ②어구 삼 ㉰
字解 ①밋밋하다. 나무가 곧고 긴 모양. ②어구(漁具). 섶나무 등을 묶어 물속에 쌓아 두고, 물고기가 모여들면 잡는 시설.

木 【樔】 ⑮ ①풀막 소 ㉰ cháo ②끊을 초 ㉰ jiǎo
字解 ①①풀막, 움막. 소택(沼澤)을 지키는 사람이 있는 집. ②떠올리다, 물고기를 떠올리는 그물.〔左思·賦〕樔鱎鰕. ③집, 보금자리. ≒巢. ¶樔處. ②끊다, 끊어지다.
【樔處 소처】집을 짓고 들어 삶.

木 【樕】 ⑮ 떡갈나무 속 ㉰ sù
字解 ①떡갈나무. ②잡목, 총생하는 왜소한 나무.〔詩經〕林有樸樕.

木 【樲】 ⑮ ①쐐기 습 ㉰ xí ②들보 접 ㉰ dié
字解 ①쐐기, 비녀장.〔莊子〕聖知之不爲桁楊椄樲也. ②나무 이름. 결이 단단한 나무. ❷들보, 대들보.〔何晏·賦〕樲似瓊英.

木 【樺】 ⑮ 팥배나무 신 ㉰ shēn, zhēn
字解 팥배나무. 능금나뭇과의 낙엽 교목.

木 【樂】 ⑮ ①풍류 악 ㉰ yuè ②즐길 락 ㉰ lè ③좋아할 요 ㉰ yào

인명용 한자의 음은 '악·락·요'이다.

字源 象形. 白+絲+木→樂. '白'은 북, '絲'는 비파의 모양을 그린 것으로, 어울려서 악기(樂器)를 나타내고, '木'은 그 악기들을 얹는 대(臺)를 뜻한다. 합하여 악기의 연주에서 이루어지는 음악을 뜻하고, 음악은 즐거울 때 연주되므로 '즐기다'란 뜻도 나타낸다.

字解 ①풍류, 음악.〔漢書〕造樂歌. ②아뢰다, 연주하다.〔禮記〕比音而樂之. ③악기(樂器).〔史記〕太師抱樂, 箕子抱囚. ④성(姓). ❷①즐기다, 즐거움을 느끼다. ¶樂園. ②즐겁다, 기쁘다.〔論語〕有朋自遠方來, 不亦樂乎. ③즐겁게 하다.〔詩經〕樂爾妻孥. ④풍년(豊年).〔孟子〕樂歲粒米狼戾. ⑤편안하다, 근심이 없다.〔史記〕而民康樂. ❸①좋아하다.〔論語〕知者樂水, 仁者樂山. ②바라다, 원하다.〔呂氏春秋〕皆得其所樂.
【樂歌 악가】음악에 맞추어 부르는 노래.
【樂曲 악곡】음악의 곡조.
【樂工 악공】①음악을 연주하는 사람. 樂人(악인). ②조선 때, 왕실에서 음악 연주를 맡아 하던 사람. ③악기를 만드는 장인(匠人).
【樂器 악기】음악을 연주하는 기구의 총칭.
【樂團 악단】음악을 연주하는 단체.
【樂律 악률】①악음(樂音)의 음률. 음악의 가락. 樂調(악조). ②악음을 음률의 높낮이에 따라 이론적으로 정돈한 체계. 12율(律)·평균율(平均率) 따위.
【樂理 악리】음악의 이치.
【樂舞 악무】음악에 맞춘 무용.
【樂譜 악보】음악의 곡조를 일정한 문자나 기호로 적은 곡보(曲譜).
【樂府 악부】①한(漢) 무제(武帝) 때 설치한, 음악을 관장하던 관서. ②널리 사방의 풍요(風謠)를 채집하여 궁정의 제향(祭享) 때 음악에 맞추어 불리던 시가. ③음악에 맞출 수 있게 지은 일체의 시가.
【樂語 악어】❶악어 ❷낙어. ❶음악을 논하는 말. ❷송대(宋代)에 비롯된, 궁중 악인(樂人)이 곡조에 맞추어 하는 오락에서 하는 말. 致語(치어).
【樂士 악인】음악을 연주하는 사람. 伶人(영인). 樂工(악공). 樂師(악사).
【樂章 악장】①나라의 제전(祭典)이나 잔치에 쓰는 주악(奏樂)을 기록한 가사(歌詞). ②교향곡 따위를 구성하는 악곡의 각 부분의 곡.
【樂典 악전】악보·작곡·연주 등에 관한 규칙을 설명한 책.
【樂正 악정】악관(樂官)의 우두머리.
【樂康 낙강】즐겁고 편안함. 安樂(안락).
【樂境 낙경】①안락한 경지. ②낙토(樂土).
【樂觀 낙관】①즐겁게 봄. 즐겁게 놂. ②모든 사물을 희망적으로 봄.
【樂國 낙국】근심이 없고 즐거운 땅.
【樂極哀生 낙극애생】즐거움도 극도에 이르면 슬픔이 생겨남.
【樂樂 낙락】매우 즐거운 모양. 안락한 모양.
【樂事 낙사】즐거운 일.
【樂勝 낙승】운동 경기 따위에서 쉽게 이김.

【樂歲 낙세】 ①즐거운 해. ②풍년.
【樂是苦因 낙시고인】 안락은 고통의 근본임.
【樂園 낙원】 괴로움이나 고통 없이 즐겁고 편안하게 살 수 있는 곳. 極樂(극락). 天國(천국).
【樂易 낙이】 마음이 편안하고 즐거움. 쾌활하고 온화함.
【樂以忘憂 낙이망우】 도(道) 행하기를 즐거워하여 가난 따위의 근심을 잊음.
【樂而不淫 낙이불음】 즐기되 그 정도를 넘지 않음. 樂易不荒(낙이불황).
【樂軼 낙일】 즐겁게 놂.
【樂戰 낙전】 ①기분 좋은 싸움. 수월한 싸움. 快戰(쾌전). ②싸움을 즐김. 싸움을 두려워하지 않음.
【樂天 낙천】 ①천명(天命)을 즐김. 자기 처지를 편안히 여김. ②모든 사물에 대하여 괴롭게 여기지 않음. ③긍다리의 딴 이름.
【樂天知命 낙천지명】 천명(天命)을 깨달아 즐기며 이에 순응함.
【樂土 낙토】 늘 편안하고 즐거운 곳.
【樂鄕 낙향】 안락한 곳. 樂土(낙토).
【樂歡 낙환】 즐거워하고 기뻐함.
【樂山樂水 요산요수】 산을 좋아하고 물을 좋아함. 산수를 좋아함.

❶ 苦―, 軍―, 極―, 妓―, 器―, 道―, 獨―, 同―, 聲―, 俗―, 雅―, 安―, 哀―, 愛―, 悅―, 禮―, 娛―, 遊―, 音―, 淫―, 佚―, 逸―, 典―, 奏―, 至―, 快―, 行―, 享―, 和―, 喜―, 戱―.

木 11 【樣】⑮ ❶모양 양 漾 yàng
❷상수리나무 상 養 xiàng

十 木 オ 栐 栐 样 样 様 様 様

소전 樣 초서 様 속자 様 간체 样 参考 대법원 지정 인명용 한자의 음은 '양·상'이다.

字源 形聲. 木+羕→樣. '羕(양)이 음을 나타낸다.

字解 ❶①모양, 형상, 상태. 〔任昉·序〕 淵角殊樣. ②본. 느像. ㉮법식, 양식. 〔白居易·詩〕 天上取樣人間織. ㉯본보기. 〔北史〕 爲明堂圖樣奏之. ㉰본, 모범. 〔續湘山野錄〕 依樣畫葫蘆. ③무늬, 문채. 〔方干·詩〕 抽梭起樣更新奇. ④같이, 같게. 〔楊萬里·詩〕 岷水眠樣明. ❷상수리나무. =橡.

【樣相 양상】 모습. 모양. 상태.
【樣子 양자】 ①본보기. 겨냥. 견본. ②얼굴의 생긴 모양. ③전형. 형식.
【樣制 양제】 모양. 형식. 양식과 체제.
【樣態 양태】 사물의 모양이나 형편.

❶ 各―, 多―, 模―, 貌―, 文―, 新―, 形―.

木 11 【槷】⑮ ❶기둥 얼 屑 niè
❷쐐기 널 屑 xiè

초서 槷 字解 ❶〔同〕槸(877). ❶기둥. 해 그림자를 관측하게 세우는 기둥. 〔周禮〕 置槷以縣. ❷위태롭다. 〔周禮〕 大而短則槷. ❸문지방. =闑. 〔春秋穀梁傳〕 以葛覆質以爲槷. ❷쐐기, 꺾쇠. 〔周禮〕 無槷而固.

木 11 【槸】⑮ ❶기둥 얼 屑 yì
❷스칠 예 霽

소전 槸 혹체 槸 字解 ❶기둥. ※槷(877)과 동자(同字). ❷스치다, 나무가 서로 스치다.

木 11 【槱】⑮ 태울 유 有 yǒu

소전 槱 혹체 楢 초서 槱 字解 ①태우다, 나무를 쌓아 놓고 불을 지르다. 〔詩經〕 薪之槱之. ②화톳불. ¶ 槱燎. ③화톳불을 놓아 하늘에 올리는 제사, 또는 그 제사를 지내다. 〔周禮〕 以槱燎祀司中.
【槱燎 유료】 ①화톳불. ②화톳불을 놓아 하늘에 올리는 제사.

木 11 【椿】⑮ ❶말뚝 장 江 zhuāng
❷칠 용 ⊛송 冬 chōng

소전 椿 초서 椿 간체 桩 字解 ❶말뚝, 땅에 두드려 박는 기둥. 〔韓愈·詩〕 斬拔桥與椿. ❷치다, 두드리다. 〔晉書〕 扼其喉, 而椿其心.
【椿橛 장궐】 제방 공사에 쓰는 나무 말뚝. '椿'은 큰 나무 말뚝, '橛'은 작은 나무 말뚝.

木 11 【樟】⑮ 녹나무 장 陽 zhāng

초서 樟 字解 녹나무. 녹나뭇과의 상록 활엽교목.
【樟腦 장뇌】 녹나무를 증류하여 얻는 무색 반투명의 결정(結晶). 향료·방충제·방취제로 씀.

木 11 【槳】⑮ 상앗대 장 養 jiǎng

초서 槳 간체 桨 字解 상앗대. 배를 댈 때 나 띄울 때, 또는 물이 얕은 곳에서 배를 미는 데 쓰는 장대.

木 11 【樗】⑮ 가죽나무 저 魚 chū

소전 樗 혹체 樗 초서 樗 字解 ①가죽나무. 소태나뭇과의 낙엽교목. ②쓸모없는 물건. 〔隋書〕 豈有松柏後身化爲樗櫟.
【樗根白皮 저근백피】 가죽나무 뿌리의 속껍질. 치질·이질의 약재로 씀.
【樗櫟 저력】 가죽나무와 상수리나무. ㉠쓸모없는 나무. ㉡무능한 사람. ㉢쓸모없는 물건.
【樗散 저산】 쓸모없는 물건. 자기의 겸칭(謙稱).
【樗材 저재】 ①아무 데도 쓸모없는 재목. ②무능한 사람. ③쓸모없는 재주나 재능.
【樗蒲 저포】 옛날 도박의 한 가지. 주사위 같은 것을 나무로 만들어 던져서 승부를 겨룸.

木部 11획 樀檣槽樅槧樞槭榛樘樋標

木11 【樀】
⑮ 처마 적 🗾 dí
字解 ①처마, 지붕이 도리 밖으로 내민 부분. ②소리의 형용, 두드리는 소리.〔白居易·詩〕叩門聲樀樀.

木11 【檣】
⑮ 樀(878)과 동자

木11 【槽】
⑮ 구유 조 🗾 cáo
字解 ①구유. 가축에게 먹이를 주는 그릇.〔晉書〕三馬同食一槽. ②술주자, 주조(酒槽). ③통, 나무통.〔王安石·詩〕雲湧浴槽朝自暖. ④절구, 방아확. ⑤현악기의 몸체.〔高啓·歌〕圓槽象月脩寒玉. ⑥홈통.〔宋史〕水跨九皐, 建通天槽. ⑦도랑, 수채.〔廬山記〕又有故艫槽. ⑧오목한 것, 주위가 높고 중앙이 우묵하게 되어 있는 것.〔宋史〕傳信牌中爲池槽.
【槽櫪 조력】①말구유와 마판(馬板). ②마구간. 외양간.
❶ 茶—, 馬—, 三馬同—, 石—, 浴—, 酒—.

木11 【樅】
⑮ 전나무 종 🗾 cōng
字解 ①전나무. 전나뭇과의 상록 침엽 교목.〔尸子〕不知堂密之有美樅. ②들쭉날쭉하다. ¶樅樅. ③우거진 모양, 무성한 모양. ¶樅樅. ④치다, 종·북 등을 두드리다.〔漢書〕樅金鼓.
【樅樅 종종】①나뭇잎이 우거진 모양. 높이 솟은 모양. ②톱니처럼 깔쭉깔쭉한 모양.

木11 【槧】
⑮ 판 참·첨 🗾 qiàn
字解 ㉮글씨를 쓰는 큰 나무판.〔西京雜記〕揚子雲好事, 常懷鉛提槧. ㉯판목(版木). ②槧本, 편지, 간독(簡牘).〔王令·詩〕時作寄我槧. ③문서(文書).〔無可·詩〕悶槧幌風輕.
【槧本 참본】목판으로 인쇄한 책.
【槧人 참인】독서하는 사람. 讀書家(독서가).
❶ 簡—, 削—, 鉛—.

木11 【樞】
❶ 지도리 추 🗾 shū
❷ 느릅나무 우 🗾 ōu
參考 대법원 지정 인명용 한자의 음은 '추'이다.
字解 ❶①지도리, 문지도리. ¶樞機. ②고동. ㉮운전 활동을 하게 되는 장치.〔吳越春秋〕施機設樞. ㉯일에 있어서 가장 중요한 점, 사북. ¶樞要. ③근본.〔淮南子〕經營四方, 還反於樞. ④한가운데.〔史記〕韓魏天下樞也. ⑤처음, 시작.〔太玄經〕事在樞. ⑥천자(天子)의 자리.〔陳子昂·表〕握紀等樞. ⑦대권(大權), 통치권.〔王融·文〕握樞臨極. ⑧의지하는 곳.〔蜀志〕借樞於操. ⑨별 이름. 북두칠성의 첫째 별. ¶樞星. ⑩성(姓). ❷느릅나무.〔詩經〕山有樞.
【樞機 추기】①사물의 요긴한 곳. ♂'樞'는 문지도리, '機'는 쇠뇌의 방아쇠. ②국가의 대정(大政).
【樞紐 추뉴】중심점. 주안점. ♂'樞'는 문지도리, '紐'는 끈.
【樞密 추밀】①군사(軍事)나 정무에 관한 중요한 기밀. ②樞密院(추밀원).
【樞密院 추밀원】고려 때, 왕명의 출납과 숙위(宿衛), 군기(軍機) 등을 맡아보던 관아.
【樞柄 추병】정치상의 권력. 중요로운 권력.
【樞府 추부】☞樞密院(추밀원).
【樞祕 추비】중요하고 비밀한 일. 중요하고 비밀한 정사(政事).
【樞星 추성】북두칠성의 첫째 별.
【樞要 추요】가장 중요로움. 樞轄(추할).
【樞軸 추축】①문의 지도리와 수레의 걸대. ②운동이나 활동의 중심이 되는 가장 중요한 부분. ③권력이나 정치의 중심.
【樞轄 추할】①☞樞要(추요). ②통할(統轄)함.
【樞衡 추형】①지도리와 저울대. ②중요한 직무.
【樞戶 추호】지도리가 달린 문.
❶ 機—, 斗—, 門—, 中—, 天—, 鐵—, 戶—.

木11 【槭】
❶ 단풍나무 척 ㉿축 🗾 qī
❷ 앙상할 색 🗾 sè
字解 ❶단풍나무. ❷앙상하다, 나무가 말라 시든 모양. ¶槭槭.
【槭槭 색색】나뭇잎이 떨어지는 소리.

木11 【榛】
⑮ 漆(1032)과 동자

木11 【樘】
⑮ 기둥 탱 🗾 chēng
字解 ❶기둥, 지주(支柱). ❷문틀, 창틀.

木11 【樋】
⑮ 나무 이름 통 🗾 tōng
字解 나무 이름.

木11 【標】
⑮ 우듬지 표 🗾 biāo
字源 形聲. 木+票→標. '票(표)'가 음을 나타낸다.

木部 11~12획 槃 樻 楇 槵 橫 梟 橄 槹 樞 橋

【字解】 ①우듬지.〔後漢書〕杪標端. ②높은 나뭇가지. ¶ 標枝. ③끝, 사물의 말단(末端).〔管子〕大本而小標. ④처음, 시작.〔素問〕本標不同. ⑤기둥, 푯말.〔舊唐書〕但立直標, 終無曲影. ⑥표, 표시. ⑦과녁, 목표.〔晉書〕立標簡試. ⑧표하다, 표를 하여 나타내다. ¶ 標紙. ⑨적다, 기록하다.〔孫綽·賦〕名標於奇紀. ⑩드러내어 칭찬하다. ¶ 標榜. ⑪눈에 뜨이게 행동하다, 품위 있게 처신하다.〔唐書〕特高自標樹. ⑫별 이름. 북두칠성의 일곱째 별.〔淮南子〕搖槍衡標之氣. ⑬병기(兵器)의 이름. 던져서 적을 맞히는 창. ¶ 標槍. ⑭기(旗).〔淸異錄〕梁祖建火龍標. ⑮청대(淸代)의 군제(軍制).〔儒林外史〕邦本標三營

【標鑑 표감】①눈에 잘 뜨임. ②견식이 높음.
【標格 표격】높은 품격.
【標季 표계】끝. 말단.
【標榜 표방】①남의 선행(善行)을 기록하여 그 집 문호에 게시하는 일. 남의 선행을 널리 세상에 알림, 칭찬함. ②자기의 주의·주장 또는 처지를 어떤 명목을 붙여서 앞에 내세움.
【標本 표본】①사물의 근본과 끝. ②본보기나 표준으로 삼는 물건. 표품(表品). ③동물·식물·광물 등의 실물 견본.
【標秀 표수】두드러지게 빼어남. 標挺(표정).
【標樹 표수】두드러지게 내세움. 남의 눈을 끎.
【標信 표신】궁중에 급변을 전할 때나 궁궐문을 드나들 때 가지던 문표(門標).
【標語 표어】주의·강령 등의 선전 내용을 간명하게 표시한 어구.
【標儀 표의】겉에 나타난 모습.
【標章 표장】무엇을 표시하는 부호나 휘장.
【標的 표적】목표로 삼는 물건.
【標挺 표정】☞ 標秀(표수).
【標註 표주】책의 난외(欄外)에 적은 주해(註解). 頭注(두주). 標注(표주).
【標峻 표준】높고 험함. 눈에 띄게 높음.
【標準 표준】사물의 정도나 성격을 알기 위한 근거나 기준.
【標枝 표지】나무 꼭대기의 가지.
【標指 표지】목적으로 하는 주지(主旨). ㉠'指'는 '旨'로 '뜻'을 뜻함.
【標紙 표지】①목표로 삼기 위하여 붙이는 작은 종이쪽. ②囻증거의 표로 글발을 적은 종이.
【標識 표지】다른 것과 구별하는 데 필요한 표시나 특징.
【標徵 표징】겉으로 드러나는 특징이나 상징.
【標札 표찰】①문패. 表札(표찰). ②표지(標識)로 써 놓은 것.
【標槍 표창】던져서 적을 공격하는 창.
【標致 표치】①취지를 나타내어 보임. ②용모가 아름다움.
【標塔 표탑】목표가 되게 하기 위하여 세운 탑.
【標牌 표패】①창과 방패. ②囻간판.
【標堠 표후】이정표(里程標).

❶ 孤—, 高—, 器—, 銅—, 名—, 目—, 墓—, 門—, 信—, 座—, 風—.

木11 【槃】⑮ 馨(2046)과 동자

木11 【樻】⑮ 널 혜 🔲 huì
〔字解〕①널, 작은 관.〔魏志〕告郡國, 給樻櫝. ②나무 이름. =櫘.
【樻車相望 혜거상망】작은 관을 실은 수레가 잇닿아 있음. 전사자가 많음.
【樻櫝 혜독】작은 관(棺).

木11 【楇】⑮ 납작하고 클 화 🔲 huà
〔字解〕납작하고 크다.〔春秋左氏傳〕大者不楇.

木11 【槵】⑮ 무환자나무 환 🔲 huàn
〔字解〕무환자나무. 무환자과의 낙엽교목.

木11 【橫】⑮ 橫(885)의 속자

木11 【梟】⑮ 梟(855)의 본자

木12 【橄】⑯ 감람나무 감 🔲 gǎn
〔字解〕감람나무. 감람나뭇과에 속하는 상록 교목.
【橄欖 감람】감람나무의 열매.
【橄欖石 감람석】유리 같은 광택을 가진 결정체의 광물.
【橄欖油 감람유】①감람의 씨로 짠 기름. ②올리브유.

木12 【槹】⑯ 두레박 고 🔲 gāo
〔字解〕두레박. 물을 긷는 기구.

木12 【樞】⑯ 만연할 고 🔲 gū
〔字解〕①만연하다, 사방으로 뻗어 퍼지다. ②나무 이름. 산에 있는 느릅나무의 한 가지.〔周禮〕以牡樞午貫象齒而焚之.

木12 【橋】⑯ ❶다리 교 🔲 qiáo ❷굳셀 교 🔲 jiào ❸빠를 교 🔲 jiǎo

十 木 朽 朽 栌 栫 桥 桥 橋

〔參考〕대법원 지정 인명용 한자의 음은 '교'이다.

木部 12획 橋橇橛槷槻橘機

【字源】形聲. 木+喬→橋. '喬(교)'가 음을 나타낸다.
【字解】❶①다리, 교량.〔史記〕初作河橋. ②시렁, 가름대가 있어 물건을 얹어 놓을 수 있는 물건.〔儀禮〕笲加于橋. ③두레박틀의 도르래를 다는 가름대나무.〔禮記〕奉席如橋衡. ④나무 이름. ¶橋梓. ⑤어긋나다, 어그러지다. ¶橋言. ⑥업신여기다, 깔보다. ¶橋泄. ⑦높다, 높이 솟다. 높竒. ¶橋松. ⑧가마.〔史記〕山行卽橋. ⑨썰매. =輿. ❷①굳세다.〔漢書〕萬騎屈橋. ②코뚜레. ❸빠르다, 세차다, 높이 뛰어오르다. ¶橋起.
【橋脚 교각】다리를 받치는 기둥.
【橋閣 교각】개천이나 골짜기에 가설한 다리. 棧閣(잔각).
【橋頭 교두】다리 근처. 다리의 곁.
【橋頭堡 교두보】①다리를 엄호하기 위하여 쌓은 보루. ②아군의 공격·퇴각을 돕기 위하여 적진 가까이에 설치한 진지.
【橋梁 교량】다리.
【橋畔 교반】다리 근처. 橋邊(교변).
【橋泄 교설】업신여김.
【橋松 교송】높이 솟아 있는 소나무.
【橋言 교언】도리에 어긋난 말.
【橋梓 교재】①교목(橋木)과 재목(梓木). ②부도(父道)와 자도(子道). ③부자(父子).【故事】백금(伯禽)과 강숙(康叔)이 주공(周公)에게 세 번 보러 갔을 때마다 매를 맞고 잘라서 상자(商子)의 가르침을 따라 남산(南山)의 양지에 있는 교목(橋木)의 의젓한 태도와 음지에 있는 재목(梓木)의 다소곳한 모양을 보고 아버지의 도(道)와 자식의 도를 깨닫게 되었다는 고사에서 온 말.
【橋起 고기】갑자기 세차게 일어나는 모양. 벌떡 일어남.
◐架-, 斷-, 踏-, 木-, 浮-, 飛-, 石-, 船-, 雲-, 陸-, 棧-, 鐵-, 土-, 板-.

木12【橇】⑯ 덧신 교·취 qiāo

【字解】덧신. 옛날에 진흙 위를 다닐 때 신 위에 신던 것. 오늘날에는 눈 위를 다닐 때 신바닥에 대는 '설피'의 뜻으로 쓴다.〔史記〕泥行乘橇.

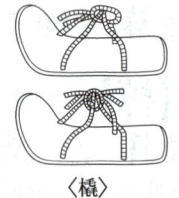
〈橇〉

木12【橛】⑯ 말뚝 궐 jué

【字解】①말뚝.〔隋書〕剡木爲大橛. ②문지방. ¶橛機. ③나뭇등걸, 그루터기. ¶冒橛. ④재갈. 말의 입에 물리는 재갈. ¶橛飾. ⑤갈고리, 갈고랑이.〔史記〕猶時有銜橛之變. ⑥치다, 때리다.〔山海經〕橛以雷獸之骨. ⑦서

다, 나뭇등걸처럼 서다. ¶橛橛.
【橛橛 궐궐】믿는 바가 있어 요동하지 않는 모양. 사물에 끌리지 않고 의연하게 있는 모양.
【橛機 궐기】문지방. 문지방 안의 자리.
【橛飾 궐식】말의 재갈에 다는 장식.
【橛杙 궐익】말뚝.

木12【槷】⑯ 橛(880)과 동자

木12【槻】⑯ 나무 이름 궤 kuī

【字解】나무 이름. 영수목(靈壽木).

木12【橘】⑯ 귤나무 귤 jú

【字解】①귤나무. 운향과의 상록 교목. ¶橘井. ②귤. 귤나무의 과실.
【橘顆 귤과】귤나무의 열매. 귤.
【橘井 귤정】의원(醫員).【故事】진대(晉代)에 소탐(蘇耽)이 죽음에 임하여 다음 해 역질(疫疾)이 있을 것을 미리 알고 귤나무의 잎과 우물물로써 병을 치유하는 법을 전하여 사람들을 구했다는 고사에서 온 말.
【橘中之樂 귤중지락】바둑을 두는 즐거움.【故事】파공(巴邛)에 사는 사람이 뜰의 귤나무에서 큰 귤을 따서 쪼개 보니, 그 속에서 두 노인이 바둑을 두고 있었다는 고사에서 온 말.
【橘皮 귤피】귤의 껍질.
【橘紅 귤홍】귤피의 안쪽 흰 부분을 긁어 낸 껍질. 담(痰)의 약재로 씀.
【橘化爲枳 귤화위지】회남(淮南)의 귤을 회북(淮北)으로 옮겨 심으면 탱자가 됨. 환경에 따라 성질이 변함.
◐甘-, 柑-, 枸-, 金-, 綠-, 朱-, 香-.

木12【機】⑯ 틀 기 jī

【字源】形聲. 木+幾→機. '幾(기)'가 음을 나타낸다.
【字解】①틀, 기계.〔史記〕機相灌輸. ②베틀.〔史記〕投杼下機. ③용수철, 쇠뇌의 용수철.〔書經〕若虞機張. ④거짓, 교사(巧詐).〔淮南子〕機械之心藏於胸中. ⑤올가미, 우리.〔後漢書〕機穽在下. ⑥문지방, 문턱. ⑦가마, 신주를 모시는 가마.〔禮記〕遂輿機而往. ⑧형세, 추세(趨勢).〔大學〕其機如此. ⑨조짐, 전조(前兆). ⑩조화(造化). 만물(萬物)을 생성해 내는 것.〔莊子〕萬物出於機. ⑪실마리, 비롯하다.〔後漢書〕啓機于身後. ⑫때, 시기.〔魏志〕遲重少決, 失在後機. ⑬갈림길, 분기점.〔後漢書〕成敗之機, 在此一擧. ⑭기틀, 일의 가장

중요한 고동. 〔後漢書〕 後裔握機. ⑮**길**, 도리(道理). 〔淮南子〕 治亂之機. ⑯**작용**, 활동. ¶ 機能. ⑰**천문**(天文). 〔洪範五行傳〕 六事之機, 以懸示我. ⑱**비밀**(祕密). ⑲**위태롭다**, 위험하다. ≒幾. 〔淮南子〕 處高而不機. ⑳**별 이름**. 북두칠성의 셋째 별. ㉑**나무 이름**. 느릅나무 비슷한 나무. 〔山海經〕 單狐之山, 多機木. ㉒**혼천의**(渾天儀). 천체를 관측하는 기구. ≒璣. ㉓[國]**찌**. 시제(試題)로서 글에서 특별히 기억할 만한 대목을 뽑아 적은 나무쪽. 〔增補文獻備考〕 明經則試五經各一機.

【機警 기경】 기지가 있고 총명함. 사물에 대한 이해가 빠름. 機敏(기민).

【機械 기계】 ①㉠교묘한 구조의 기구. 機器(기기). ㉡교묘한 꾀. 교지(巧智). ㉢거짓. 교사(巧詐). 음모(陰謀). ②병기(兵器)의 총칭. ③갖가지 장치로, 동력을 내고, 작업을 하도록 만들어진 기구. 크게 원동기(原動機)·전도기(傳導機)·작업기(作業機)의 세 부분으로 나뉨. ④판에 박은 듯한 사람.

【機械之心 기계지심】 ☞機心(기심).

【機關 기관】 ①수력·화력 등의 에너지를 기계적 에너지로 바꾸는 기계 장치. ②어떤 목적을 이루기 위해 설치한 조직.

【機巧 기교】 ①교묘한 꾀. 巧智(교지). 策略(책략). ②교묘한 장치.

【機構 기구】 어떤 목적을 위하여 구성한 조직이나 기관의 구성 체계.

【機根 기근】 (佛)중생의 마음 가운데 갖추어져 있어, 부처의 가르침에 응하는 힘.

【機能 기능】 ①신체의 각 부분의 활동력. ②어떤 사물이 가지는 능력. 작용(作用).

【機道 기도】 조짐. 징조.

【機略 기략】 기민하게 대처하는 계략.

【機務 기무】 ①국가의 가장 중요한 정무(政務). ②기밀을 요하는 정무.

【機微 기미】 ①낌새. 눈치. ②어떤 일이 일어날 기운.

【機敏 기민】 눈치가 빠르고 행동이 날쌤.

【機密 기밀】 ①중요하고 비밀한 일. ②가장 중요한 직위.

【機辯 기변】 임기응변(臨機應變)의 변설(辯說).

【機變 기변】 ①간교한 속임수. 巧詐(교사). ②임기응변의 계책. 權謀(권모).

【機變之巧 기변지교】 그때그때를 따라 교묘한 수단을 씀.

【機鋒 기봉】 ①날카로운 창끝. ②날카로운 말.

【機先 기선】 ①일이 막 일어나려고 하는 참. ②일을 막 착수하려는 순간. ③일의 조짐.

【機心 기심】 간교(奸巧)하게 속이는 마음. 책략을 꾸미는 마음. 機械之心(기계지심).

【機業 기업】 피륙을 짜는 사업. 織物業(직물업).

【機緣 기연】 ①(佛)선(善)의 기근(機根)이 있어서 부처의 가르침을 받을 만한 인연. ②기회(機會). 계기. 꼬투리.

【機要 기요】 ①사북. 썩 중요한 부분. ②중요한 일. 기밀에 속하는 긴요한 일.

【機運 기운】 그때의 운수. 時運(시운).

【機宜 기의】 시기나 형편에 잘 맞음.

【機杼 기저】 ①베틀의 북. 베틀. ②궁리. 특히 문장을 짓는 궁리.

【機杼一家 기저일가】 문장(文章)으로 스스로 한 유파를 이룸.

【機政 기정】 중요한 정무(政務).

【機綜 기종】 ①베틀의 바디. ②직기(織機)로 천을 짬.

【機智 기지】 상황에 대처하여 재빨리 행동하는 꾀나 재치.

【機樞 기추】 ①가장 긴요한 곳. 가장 긴요한 일. ②가장 중요한 관직이나 지위. 樞機(추기).

【機軸 기축】 ①사물의 중심. ②국정(國政)의 긴요한 중심. 🔍'機'는 쇠뇌의 시위를 거는 곳, '軸'은 수레의 굴대.

【機檻 기함】 짐승을 잡기 위한 장치를 한 함정.

【機會 기회】 일을 하기에 가장 적당한 시기.

【機畫 기획】 꾀. 책략.

◑ 軍－, 大－, 待－, 動－, 萬－, 無－, 兵－, 飛行－, 事－, 世－, 乘－, 時－, 神－, 愼－, 失－, 心－, 危－, 有－, 應－, 臨－, 杼－, 電－, 轉－, 織－, 天－, 樞－, 投－, 好－.

木 12 **【⿰木絜】** ⑯ 桔(*844*)과 동자

木 12 **【橈】** ⑯ ❶굽을 **뇨** [效] náo ❷노 **요** [豪] ráo

[소전] [소전] [초서] [간체] 桡 [參考] 대법원 지정 인명용 한자의 음은 '요'이다.

[字解] ❶①**굽다**, 구부러지다. 〔易經〕 棟橈. ②**구부리다**, 구부려 만들다. 〔呂氏春秋〕 無或枉橈. ③**숙부드럽다**, 나긋나긋하다. ④**약해지다**. 〔漢書〕 謀橈楚權. ⑤**흐트러지다**, 어지러워지다. 〔詩經〕 師徒橈敗. ⑥**꺾다**, 기세를 꺾다. ⑦**흩다**, 흩뜨리다. 〔易經〕 橈萬物者, 莫疾乎風. ❷①**노**, 작은 노. 〔楚辭〕 蓀橈兮蘭旌. ②**번영하다**. ≒燿. 〔法言〕 分無妄之橈.

【橈橈 요뇨】 ①휘는 모양. ②연약한 모양.

【橈折 요절】 굽혀 꺾음.

【橈敗 요패】 흐트러져 패함.

◑ 屈－, 不－, 森－, 枉－, 柔－.

木 12 **【橝】** ⑯ 처마 **담** [覃] diàn, tán

[소전] [초서] [字解] ①**처마**, 지붕의 끝 부분. ②**잠박을 얹는 시렁**. ③**나무 이름**. 잎은 약용하고, 나무를 땐 재는 물감으로 쓴다. ＝橉. ④**길다**. 〔楚辭〕 臨瑤木之橝枝兮.

木 12 **【⿰木悳】** ⑯ ❶나무 이름 **덕** [職] dé ❷[國]산 이름 **덕**

[字解] ❶**나무 이름**. ❷**산 이름**, 땅 이름.

木部 12획 橦 橙 橑 榴 橉 橆 樸 橃 橨 橵 橾 橡

木12 【橦】⑯ ❶나무 이름 동 康 tóng ❷찧을 충 图 chōng ❸장대 장 陽 chuáng
소전 橦 초서 橦 字解 ❶①나무 이름. 꽃에서 실을 뽑아 천을 짠다. ¶橦布. ②북소리. ❷①찌르다, 공격하다. ②적진을 공격하는 병거(兵車). 〔晉書〕楯櫓鉤橦, 發矢石雨下. ❸①장대. ③돛대. 〔木華·賦〕決帆摧橦.
【橦布 동포】 동목(橦木)의 꽃으로 실을 뽑아서 짠 포목(布木).
【橦城 충성】 성을 쳐서 깨뜨림.

木12 【橙】⑯ ❶등자나무 등 ⓐ증 康 chéng ❷등상 등 ⓐ증 徑 dèng
소전 橙 초서 橙 字解 ❶①등자나무. ②등자. 등자나무의 열매. ❷등상. 발판으로도 쓰고 걸터앉기도 하는 기구. 亢凳. 〔晉書〕使韋仲將懸橙書之.
【橙色 등색】 귤이나 등자 껍질의 빛깔과 같이 붉은빛을 약간 띤 누런색.
【橙黃 등황】 ①등자가 누렇게 익음. ②등황색. 등색. 주황색.

木12 【橑】⑯ 서까래 료 皓 lǎo
소전 橑 초서 橑 字解 ①서까래. 〔楚辭〕桂橦兮蘭橑. ②땔나무, 장작. 〔管子〕雕橑然後爨之.

木12 【榴】⑯ 榴(870)의 본자

木12 【橉】⑯ 나무 이름 린 震 lìn
초서 橉 字解 ①나무 이름. 〔郭璞·賦〕橉杞稹薄於潯浜. ②문지방. 〔淮南子〕枕戶橉而臥者.

木12 【橆】⑯ 우거질 무 麌 wǔ, wú
초서 橆 字解 ①우거지다, 무성하다. 〔書經〕庶草蕃橆. ②없다. 亢無.

木12 【樸】⑯ ❶통나무 박 覺 pú ❷총생할 복 屋 pú ❸고을 이름 보 虞
소전 樸 초서 樸 간체 朴 ⓐ芬 대법원 지정 인명용 한자의 음은 '박'이다.
字解 ❶ (通) 朴(821). ①통나무, 켜거나 짜개지 않은 나무. 〔淮南子〕堯樸桷不斲. ②본디대로, 생긴 그대로의 것. ¶樸馬. ③다루다, 다듬다, 다스리다. ④성실하다, 순박하다. 〔孔子家語〕民敦而俗樸. ⑤질박하다, 질소하다. 〔禮記〕素車之乘, 尊其樸也. ⑥근본, 근원. 〔呂氏春秋〕故知一則復歸於樸. ❷①총생(叢生)하

다, 총생하는 작은 나무. ②달라붙다, 밀착하다. ❸고을 이름, 현 이름. 한대(漢代)에 지금의 감숙성(甘肅省) 고랑현(古浪縣) 동쪽에 두었다.
【樸桷 박각】 통나무 서까래. 다듬지 않은 나무로 만든 서까래.
【樸彊 박강】 꾸밈이 없고 의지가 강함.
【樸頭 박두】 화살의 하나. 촉이 나무로 되어 있으며, 무과(武科)를 보일 때 활쏘기를 교습할 때 썼음.
【樸鈍 박둔】 ①연장 따위가 예리하지 못함. 무딤. ②성질이 온순하고 둔함. 樸愚(박우).
【樸魯 박로】 ⇨樸鈍(박둔).
【樸馬 박마】 ①상여(喪輿)를 끄는, 말갈기를 깎지 않은 말. ②길들이지 않은 말.
【樸鄙 박비】 꾸밈이 없고 촌스러움.
【樸素 박소】 꾸밈이 없음. 朴素(박소).
【樸愼 박신】 순박하고 신중함.
【樸實 박실】 순박하고 성실함.
【樸野 박야】 꾸밈이 없고 촌티가 남.
【樸愚 박우】 질박하고 어리석음.
【樸壹 박일】 순박하고 진실함.
【樸拙 박졸】 순박하고 서투름.
【樸重 박중】 순박하고 드레짐.
【樸直 박직】 꾸밈이 없고 정직함.
【樸斲 박착】 깎고 다듬음. 朴斲(박착).
【樸學 박학】 ①고대의 질박한 학문. 명리(名利)에 무관심한 학문. ②한학(漢學).
【樸厚 박후】 인품이 순박하고 후함. 朴厚(박후).
【樸樕 복속】 ①작은 나무. ②비루하고 천함. 평범함.
❶散―, 素―, 純―, 醇―, 粗―, 拙―, 質―.

木12 【橃】⑯ 떼 벌·발 月 fá
소전 橃 통자 筏 字解 ①떼, 뗏목. ¶柎橃. ②큰 배, 큰 선박(船舶).

木12 【橨】⑯ 은행나무 분 文 fén
字解 ①은행나무. ②흉노(匈奴)의 수레.

木12 【橵】⑯ 國산자 산
字解 산자. 지붕 서까래 위나 고물 위에 흙을 받기 위하여 가는 나무오리나 싸리나무 따위로 엮은 것.

木12 【橾】⑯ 橾(876)과 동자

木12 【橡】⑯ 상수리나무 상 養 xiàng
초서 橡 字解 ①상수리나무. 너도밤나뭇과의 낙엽 교목. ②상수리. 상수리나무의 열매. 〔晉書〕與邑人山拾橡.
【橡實 상실】 상수리. 橡子(상자).
【橡子 상자】 ⇨橡實(상실).

木部 12획 樹橓橁橪橤橬橒橬橬樲橳橏

木12 【樹】⑯
❶나무 수 遇 shù
❷심을 수 遇 shù

十 木 杧 朾 栍 栨 桔 樹 樹 樹

[字源] 形聲. 木＋尌→樹. '尌(주)'가 음을 나타낸다.
[字解] ❶①나무, 자라고 있는 나무.〔春秋左氏傳〕有嘉樹焉. ②초목(草木), 식물의 범칭.〔淮南子〕萍樹根于水. ③담, 담장.〔禮記〕臺門而旅樹. ④담을 쌓다.〔論語〕邦君樹塞門. ⑤성(姓). ❷①심다, 식물을 심다.〔詩經〕君子樹之. ②세우다.〔漢書〕樹功而不忘. ③두다.〔詩經〕崇牙樹羽.
【樹稼 수가】①수목(樹木)과 곡식. ②서리가 나무나 풀에 내려 눈처럼 된 것. 상고대.
【樹功 수공】공을 세움. 樹勳(수훈).
【樹冠 수관】가지와 잎이 많이 달려 갓 모양을 이루고 있는 나무의 윗부분.
【樹根 수근】①나무의 뿌리. ②근본을 세움. 기초를 세움.
【樹林 수림】나무가 우거진 숲.
【樹立 수립】사업이나 공을 이룩하여 세움.
【樹木 수목】①나무를 심음. ②나무.
【樹勢 수세】나무의 자라나는 기세.
【樹植 수식】①나무를 심음. ②일의 기초를 세워 놓음.
【樹液 수액】①땅속에서 나무의 줄기를 통하여 잎으로 올라가는 액. ②나무껍질 따위에서 나오는 액. 나무즙.
【樹藝 수예】①과목·채소 등을 심음. ②곡식.
【樹腰 수요】나무 줄기의 중간.
【樹欲靜而風不止 수욕정이풍부지】나무는 고요하게 있고 싶어 하나 바람이 그치지 않음. 자식이 어버이를 봉양하고자 하나 어버이는 이미 돌아가 이 세상에 없음.
【樹陰 수음】나무의 그늘.
【樹子 수자】①나무의 열매. ②천자의 명령으로 가계(家系)를 이은 제후의 적자(嫡子).
【樹顚 수전】나무 꼭대기.
【樹種 수종】①나무의 종류. ②나무의 종자. ③초목을 심음.
【樹皮 수피】나무의 껍질.
【樹畜 수휵】농업. ◐'樹'는 누에를 치는 일, '畜'은 가축을 치는 일.
◐ 嘉―, 巨―, 瓊―, 枯―, 果―, 綠―, 大―, 密―, 芳―, 墳―, 苑―, 叢―, 標―, 花―.

木12 【橓】⑯ 무궁화 순 震 shùn
[字解] 무궁화. ＝舜·蕣.

木12 【橁】⑯ 나무 이름 심 侵 xún
[字解] 나무 이름. 서촉(西蜀) 지방에서 나는 나무로, 홰나무와 비슷하다.

木12 【橪】⑯
❶좀대추나무 연 銑 rǎn
❷향초 연 囲 yān
[字解] ❶①좀대추나무. 대추나무의 한 가지로 잘고 신맛이 난다. 열매는 건위제·진정제로 쓴다.〔司馬相如·賦〕枇杷橪柿. ②물들이다. ≒染. ❷향초(香草).〔楚辭〕采橪支于中洲.
【橪支 연지】향초(香草)의 이름.

木12 【橤】⑯ 꽃술 예 紙 ruǐ
[字解] ①꽃술. ②드리우다, 축 늘어지다.
【橤橤 예예】①꽃술마다. 어느 꽃이고 다. ②드리워져 늘어진 모양.

木12 【橪】⑯ 橤(883)와 동자

木12 【橒】⑯ 나무 이름 운 文 yún
[字解] ①나무 이름. ②나뭇결, 나무의 무늬.

木12 【橬】⑯ 나무 그늘 월 月 yuè
[字解] ①나무 그늘. ②가로수.〔唐書〕道橬爲枯.

木12 【瀷】⑯ 준마 이름 의 寘 yì
[字解] 준마(駿馬) 이름. '白瀷(백의)'는 주(周)의 목왕(穆王)이 탔던 여덟 준마 가운데 하나.〔列子〕右驂赤驥而左白瀷.

木12 【樲】⑯ 멧대추나무 이 寘 èr
[字解] 멧대추나무. 갈매나뭇과의 낙엽 교목.〔孟子〕舍其梧檟, 養其樲棘.
【樲棘 이극】①멧대추나무. 대추나무와 비슷하나 열매는 대추보다 잘고 신맛이 남. ②멧대추나무와 가시나무. 쓸모없는 것.

木12 【橳】⑯ 橳(892)와 동자

木12 【橏】⑯ 회양목 전 銑 shàn
[字解] ①회양목. 회양목과의 상록 교목. ¶橏櫛. ②관판(棺板). 관을 만드는 데 쓰는 넓고 긴 널빤지.
【橏傍 전방】널빤지 한 장으로 널 한쪽이 되는 온관 널감.
【橏杓 전작】회양목으로 만든 술잔.
【橏櫛 전즐】회양목으로 만든 빗.

木12【樽】⑯ 술통 준 [元] zūn

초서 동자 鐏 통자 尊 속자 樽 字解 ①술통, 술단지. ②그치다, 그만두다.〔淮南子〕樽流遁之觀.
【樽罍 준뢰】①제향 때 술을 담는 그릇. ②술통. 🔍'罍'는 구름과 번개를 그린 통.
【樽杓 준작】술단지와 술잔.
【樽俎 준조】①술그릇과 안주를 올려놓는 상. ②친목을 위하여 베푸는 연회. 외교상의 연회.
【樽俎折衝 준조절충】①연석(宴席)에서 평화스러운 교제로써 적의 예봉(銳鋒)을 누름. ②외교상의 담판으로 국위를 빛냄.
【樽酒 준주】술단지에 담은 술. 병술. 동이술.
【樽花 준화】나라의 잔치 때, 준(樽)에 꽂아 춤을 출 때 쓰던 가화(假花).
【樽花機 준화기】준화를 얹는 틀.
◑ 空－, 金－, 芳－, 瓦－, 酒－, 瓢－.

木12【橧】⑯ 집 증 [蒸] zēng

초서 字解 집. ㉮상고 시대에 섶나무를 쌓아 올려 만든 주거. ¶ 橧巢. ㉯지붕이 없는 누각.〔張衡·賦〕橧桴重棼. ㉰돼지우리.
【橧桴 증부】지붕이 없는 누각(樓閣).
【橧巢 증소】상고 시대에, 잎나무 등을 쌓고 그 위에 지은 집. 여름철에 거처하였음.

木12【樴】⑯ 말뚝 직 [職] zhí

소전 초서 字解 말뚝, 나무 말뚝. 짐승을 매어 두는 말뚝.

木12【樵】⑯ 땔나무 초 [蕭] qiáo

소전 초서 字解 ①땔나무, 화목(火木).〔春秋左氏傳〕請無扞采樵者以誘之. ②나무하다, 땔나무를 마련하다. ¶ 樵童汲婦. ③나무꾼, 땔나무를 하는 사람. ¶ 樵家. ④불사르다, 불태우다.〔春秋公羊傳〕焚之者何, 樵之也. ⑤망루(望樓).〔漢書〕爲塹壘木樵.
【樵家 초가】나무꾼의 집. 樵戶(초호).
【樵徑 초경】나무꾼들이 다니는 좁은 길. 樵路(초로).
【樵汲 초급】나무하고 물을 길음.
【樵童汲婦 초동급부】①나무하는 아이와 물 긷는 여인. ②평범하게 살아가는 일반 백성.
【樵童牧豎 초동목수】①나무하는 아이와 가축을 치는 아이. ②식견이 좁은 사람.
【樵夫 초부】나무꾼. 樵子(초자).
【樵舍 초사】나무꾼의 집.
【樵蘇 초소】①나무를 하고 풀을 벰. 초목을 벰. ②시골 사람의 생업(生業).
【樵漁 초어】①나무하는 일과 물고기를 잡는 일. ②나무꾼과 어부. 漁樵(어초).
【樵隱 초은】①나무꾼과 은사(隱士). ②나무꾼이 된 은자.
【樵子 초자】나무꾼. 초부(樵夫).
【樵笛 초적】나무꾼이 부는 피리.
【樵採 초채】나무를 함. 採樵(채초).
◑ 耕－, 晩－, 山－, 薪－, 漁－, 芻－, 販－.

木12【[illegible]】⑯ 欘(895)의 속자

木12【樷】⑯ 叢(259)과 동자

木12【[illegible]】⑯ 國나무 이름 추

字解 ①나무 이름, 싸리나무. ②고을 이름.

木12【橁】⑯ 참죽나무 춘 [眞] chūn

소전 동자 杶 字解 참죽나무. 멀구슬나뭇과의 낙엽 교목.〔春秋左氏傳〕孟莊子斬其橁以爲公琴.

木12【橢】⑯ 길쭉할 타 [哿] tuǒ

소전 초서 동자 楕 동자 㯐 간체 椭 字解 ①길쭉하다, 가늘고 길다, 길쭉하게 하다.〔史記〕三日復小橢之. ②길둥글다.

木12【㯐】⑯ 橢(884)와 동자

木12【橐】⑯ 전대 탁 [藥] tuó

소전 초서 속자 槖 字解 ①전대. ㉮작은 전대.〔詩經〕于橐于囊. ㉯의복·책 등을 넣는 전대.〔漢書〕持橐簪筆. ②풀무.〔淮南子〕鼓橐吹埵.
【橐籥 탁약】풀무. 불 피울 때 바람을 일으키는 도구.
【橐中 탁중】주머니 속. 囊中(낭중).
【橐中裝 탁중장】전대에 넣어서 가지고 다니는 중요한 물건.
【橐駝 탁타】①낙타의 딴 이름. ②정원사(庭園師)의 딴 이름. ③꼽추.
【橐橐 탁탁】①절구질 소리. ②신발 소리.
◑ 空－, 錦－, 囊－, 布－, 革－.

木12【㯓】⑯ 榻(873)과 동자

木12【橕】⑯ 기둥 탱 [庚] chēng

초서 동자 樘 동자 橖 字解 ①기둥, 버팀목. ②버티다, 쓰러지지 않게 괴다.

木12 【樏】⑯ 樏(884)과 동자

木12 【樺】⑯ 자작나무 화 厗 huà
樺 華 桦 字解 자작나무. 자작나뭇과의 낙엽 교목.〔寒山·詩〕樺巾木屐沿流步.
【樺巾 화건】자작나무 껍질로 만든 건(巾).
【樺榴檍 화류장】자단(紫檀)으로 만든 장롱.
【樺燭 화촉】자작나무 껍질로 만든 초.

木12 【橫】⑯ ❶가로 횡 庚 héng ❷방자할 횡 敬 hèng ❸빛날 광 陽 guāng

十 木 杧 柠 柈 柈 梼 榑 榑 橫
橫 橫 橫 叅考 대법원 지정 인명용 한자의 음은 '횡'이다.
字源 形聲. 木+黃→橫. '黃(황)'이 음을 나타낸다.
字解 ❶①가로. ㉮동서(東西), 동과 서. 남북(南北)을 종(縱)으로 하는 데 대한 상대 개념. 〔庾·賦〕縱橫數十步. ㉯옆, 곁, 좌우(左右). ¶橫擊. ㉰씨실, 위사(緯絲). 〔楚辭〕不別橫之與縱. ②가로놓다. ㉮옆으로 누이다.〔蘇軾·賦〕橫槊賦詩. ㉯옆으로 차다.〔鮑溶·行〕橫劍別妻子. ③가로지르다. ㉮가로놓이다.〔漢武帝·辭〕橫中流兮揚素波. ㉯가로질러 지나다, 물길을 횡단하여 건너다.〔後漢書〕東橫乎大河. ㉰가로막다.〔禮記〕以橫於天下. ④가득 차다, 충만하다.〔漢書〕橫泰河. ⑤섞이다, 뒤엉키다. ¶橫集. ⑥자재(自在)하게, 종횡(縱橫)으로. ¶橫通. ⑦연횡(連衡). 전국 시대에 여섯 나라가 연합하여 진(秦)에 대항하려던 정책. ＝衡.〔賈誼·論〕約從離橫. ⑧학교. 늑黌. ¶橫舍. ⑨성(姓). ❷①방자하다, 제멋대로. ¶橫恣. ②거칠다, 도리에 벗어나다. ¶橫逆. ③뜻을 굽히다.〔後漢書〕重文橫入. ❸빛나다. 늑光.〔淮南子〕玉橫維其西北之隅.
【橫柯 횡가】옆으로 벋은 나뭇가지.
【橫擊 횡격】①옆에서 침. 측면 공격. ②제 멋대로 공격함.
【橫經 횡경】①경서(經書)를 휴대함. ②열심히 학문함.
【橫過 횡과】①가로질러 감. ②적의 진중을 종횡으로 달림.
【橫斷 횡단】①가로질러 지나감. ②동서 방향으로 가로 건넘. ③가로로 자름.
【橫談 횡담】제멋대로 이야기함.
【橫帶 횡대】①허리에 참. 가로 띰. 가로로 띤 띠. ②國장례 때 하관(下棺)한 뒤에 광중(壙中)을 덮는 널조각.
【橫道 횡도】①길에 가로놓임. 橫路(횡로). ②國 도리에 벗어난 옳지 못한 길. 길을 막아섬.
【橫歷 횡력】두루 돌아다님. 橫行(횡행).
【橫領 횡령】남의 물건을 제멋대로 가로채거나 불법으로 가짐.
【橫路 횡로】①길에 가로놓임. 길에 가로누움. 橫道(횡도). ②國그릇된 방향.
【橫流 횡류】①물이 멋대로 흘러 넘침. 氾濫(범람). ②國물품을 정당하지 못한 방법으로 전매(轉賣)함.
【橫罹 횡리】뜻밖의 재앙에 걸림. 의외의 횡액(橫厄)을 당함.
【橫目 횡목】①사람의 눈. ○사람의 눈이 가로 트인 데서 온 말. ②성난 눈. 흘겨보는 눈.
【橫目之民 횡목지민】인류(人類).
【橫聞 횡문】똑바로 듣지 못하고 그릇 들음.
【橫民 횡민】횡포한 백성. 법령을 지키지 않는 백성. 暴民(폭민).
【橫放 횡방】방자함. 횡행(橫行)함.
【橫步 횡보】모로 걸음. 모로 걷는 걸음걸이.
【橫舍 횡사】학교(學校). 學舍(학사).
【橫肆 횡사】제멋대로 굶. 방자함.
【橫死 횡사】뜻밖의 재화로 죽음. 횡액으로 죽음. 비명(非命)에 감.
【橫槊賦詩 횡삭부시】말을 탄 채로 창을 겨드랑이에 끼고 시를 지음. 영웅이 진중(陣中)에서도 문아(文雅)하고 풍류가 있음.
【橫產 횡산】태아가 팔부터 나옴.
【橫塞 횡색】가로막음. 가로막힘.
【橫生 횡생】①사람 이외의 것. 곧 만물(萬物). ②넘쳐 나옴. ③출산 때, 태아가 팔부터 나오는 일. 옆으로 향하여 나옴.
【橫書 횡서】가로쓰기.
【橫說 횡설】①상대방의 기분에 들지 않는 말을 함. ②쓸데없는 말을 함. 아무 소용이 닿지 않는 말을 함. ③자유자재로 변설(辯說)함.
【橫說豎說 횡설수설】①자유자재로 설명함. ②조리가 없는 말을 되는대로 지껄임.
【橫數 횡수】뜻밖의 운수. 생각지 않던 운수.
【橫豎 횡수】①가로와 세로. ②공간과 시간. ③(佛)부처의 본원력(本願力)으로 왕생하는 것은 차례가 없이 동시에 이루어지며, 수행을 통한 왕생은 차례로 이루어짐. ○'橫'은 공간적으로 전후의 차례가 없이 동시적인 것, '豎'는 시간적으로 전후의 차례가 있는 것.
【橫厄 횡액】뜻밖에 닥친 재액(災厄).
【橫逆 횡역】방자하고 도리에 벗어남.
【橫夭 횡요】젊어서 죽음. 夭死(요사).
【橫議 횡의】제멋대로 논의함. 빗나가는 의논.
【橫逸 횡일】자유자재하여 구애됨이 없음. 멋대로 행동함.
【橫溢 횡일】①물이 가득 차서 넘침. ②넘칠 정도로 흥성(興盛)함. 橫濫(횡람).
【橫恣 횡자】제멋대로 굶. 橫肆(횡사).
【橫財 횡재】뜻밖에 재물을 얻음.
【橫笛 횡적】가로 대고 부는 관악기의 총칭.
【橫絕 횡절】가로지름. 가로질러 건넘.
【橫集 횡집】종횡으로 뒤섞여 모여듦.
【橫徵 횡징】멋대로 세금을 징수함.
【橫草 횡초】풀을 밟아 쓰러뜨림. 아주 손쉬움.

【橫草之功 횡초지공】 풀을 가로로 쓰러뜨리며 세운 공로. 싸움터에 나가 적을 무찌르고 세운 큰 공.
【橫出 횡출】 ①제멋대로 실시함. ②國도리에 어긋나거나 빗나간 행동을 함.
【橫侵 횡침】 國함부로 침노함.
【橫奪 횡탈】 무법하게 가로채어 빼앗음.
【橫通 횡통】 자유자재로 지나다님.
【橫波 횡파】 ①사면에 파도를 일으킴. 옆으로 밀어닥치는 물결. ②곁눈질함. 斜視(사시).
【橫暴 횡포】 난폭함.
【橫被 횡피】 ①널리 덮음. 두루 미침. ②그릇된 방법에 의하여 해를 입음. 근거가 없는 말로 참소를 당함.
【橫虐 횡학】 제멋대로 학대함.
【橫悍 횡한】 國몹시 사나움.
【橫行 횡행】 ①제멋대로 걸음. 정도(正道)를 벗어난 행위. ②두루 돌아다님. 旁行(방행). ③멋대로 행하여짐. ④모로 걸음. 게걸음함. ⑤옆으로 늘어선 줄.
【橫行公子 횡행공자】 게의 아칭(雅稱).
【橫禍 횡화】 불의의 재화(災禍).
◑ 強-, 連-, 專-, 縱-, 天-, 暴-, 猾-.

木12【禧】⑯ 나무 이름 희
[參考] 본래 일본에서 만든 글자이다.
[字解] 나무 이름.

木13【檟】⑰ 개오동나무 가 馬 jiǎ
[小篆] 檟 [楷書] 榎 [通用] 榎 [簡體] 槚 [字解] ①개오동나무. 능소화과의 낙엽 활엽 교목. 〔春秋左氏傳〕樹吾墓檟. ②매, 회초리. ¶ 檟楚. ③차(茶)의 한 가지.
【檟楚 가초】 매. 회초리. 夏楚(하초).
◑ 美-, 山-, 楸-.

木13【橿】⑰ 나무 이름 강 陽 jiāng
[小篆] 橿 [楷書] 橿 [字解] ①나무 이름. ㉮감탕나무, 동청(冬青). ㉯떡갈나무. 너도밤나뭇과의 활엽 교목. ¶ 枏橿. ②굳센 모양, 성(盛)한 모양. ¶ 橿橿.
【橿橿 강강】 강성(強盛)한 모양.

木13【檢】⑰ 봉함 검 琰 jiǎn
十 木 杴 枱 柃 栓 栓 檢
[小篆] 檢 [草書] 检 [俗] 撿 [簡體] 检 [字解] 形聲. 木＋僉→檢. '僉(첨)'이 음을 나타낸다.
[字解] ①봉함, 봉함하다, 문서를 봉인(封緘)하다. 〔後漢書〕輒早囊施檢, 文稱詔書. ②문갑, 책궤. 〔李嶠·表〕跪發珍藏, 肅承瑤檢. ③잡도리하다, 단속하다. 〔孟子〕狗彘食人食而不知檢. ④조사하다. ¶ 檢查. ⑤생각하다, 상고하다. 〔後漢書〕收檢遺文. ⑥법식, 본, 궤범(軌範). ¶ 檢式. ⑦품행, 조행(操行). 〔蜀志〕不治素檢. ⑧초, 초고(草稿). 〔春明退朝錄〕公家文書之稿, 中書謂之草, 樞密院謂之底, 三司謂之檢. ⑨아우르다, 합하다. 〔管子〕檢數百里之地也. ⑩바르다. 〔北史〕方檢有禮度.
【檢考 검고】 조사하고 생각함. 檢校(교교).
【檢校 검교】 ①조사하고 생각함. 檢考(검고). ②더듬어 찾음. 探討(탐토).
【檢究 검구】 조사하여 구명(究明)함.
【檢勾 검구】 ①관청의 문서가 양식에 맞는지의 여부를 조사함. ②죄상(罪狀)을 심문함. 問招(문초).
【檢踏 검답】 현지에 가서 조사함. 踏査(답사).
【檢問 검문】 검사하기 위하여 따져 물음.
【檢訪 검방】 조사하여 물어봄. 캐어 물음.
【檢覆 검복】 상세하게 조사함. 반복하여 조사함.
【檢封 검봉】 ①봉한 자리에 도장을 찍음. 봉한 자리에 찍는 도장. 돌로 된 상자에 넣고 봉인함.
②조사하여 봉함. 봉인(封印)을 검사함.
【檢査 검사】 실상을 검토하여 옳고 그름이나 좋고 나쁨을 조사함.
【檢索 검색】 검사하여 찾음.
【檢束 검속】 ①행동을 삼가고 성정을 다잡아 방종하지 않음. 스스로 자기 자신을 다잡음. ②자유 행동을 못하도록 단속함. 억제하고 구속함. ③공중을 해롭게 하거나 불상사를 일으킬 염려가 있는 사람을 경찰에서 잠시 구류(拘留)함.
【檢讎 검수】 대조하여 바로잡음. 조사하여 교정(校訂)함. 檢案(검안).
【檢視 검시】 ①사실을 조사하여 봄. ②시력(視力)을 검사함.
【檢式 검식】 본. 법식. 의표(儀表).
【檢疫 검역】 전염병을 막기 위하여 전염병의 유무를 조사하고 소독함.
【檢閱 검열】 검사하고 열람함.
【檢印 검인】 검사한 표시로 찍는 도장.
【檢字 검자】 자전(字典) 색인의 한 가지. 어느 부(部)에 속하는지를 알기 어려운 한자를 총획 수순으로 배열하여 그 소속 부수를 표시한 것.
【檢定 검정】 어떤 일에 대한 자격이나 조건을 검사하여 결정함.
【檢證 검증】 조사하여 증명함.
【檢診 검진】 병에 걸렸는지를 조사하기 위하여 하는 진찰.
【檢討 검토】 내용을 검사하며 따져 봄.
◑ 拘-, 督-, 收-, 受-, 搜-, 巡-, 實-, 訊-, 臨-, 點-, 追-, 探-, 行-.

木13【檄】⑰ 격문 격 ㊊혁 錫 xí
[小篆] 檄 [草書] 檄 [字解] ①격문. ㉮여러 사람에게 선전·선동을 하기 위

木部 13획 檠檄檕檍樺橘檁檀榙檔檔橹檑樸

하여 쓴 글. ④적군을 설복하거나 힐책하는 글.
⑤급히 여러 사람들에게 알리려고 각 곳에 보내
는 글. ②편지. 〔史記〕爲文檄告楚相. ③빼어
나다, 뛰어나다. ≒擢. 〔爾雅·注〕檄擢直上.
④빠른 모양. ¶檄蘿.
【檄文 격문】①급히 군병(軍兵) 또는 동지를 모
으기 위하여 보내는 글. ②널리 동의를 얻기 위
하여 돌리는 글. ③적의 죄악을 들고 자기의 신
의를 말하며 뭇사람의 동조를 구하는 글발. 檄
書(격서).
【檄召 격소】격문을 돌려 동지를 불러 모음. 檄
致(격치).
【檄羽 격우】급히 여러 사람들에게 알려 부추기
는 글. 檄文(격문).
【檄蘿 격라】빠른 모양.
● 挂-, 軍-, 文-, 奉-, 捧-, 飛-, 羽-,
長-, 賤-, 傳-.

木13 【檠】 ⑰ 도지개 경 [庚] [硬] qíng
[소전][초서][동자] [字解] ①도지개,
활을 바로잡는 틀.
〔淮南子〕弓待檠而後能調. ②바로잡다, 도지개
로 바로잡다. 〔漢書〕檠弓弩. ③등잔걸이, 등경
걸이, 등꽂이. ④등불. 〔庾信·賦〕蓮帳寒檠窓
拂曙.
● 燈-, 榜-.

木13 【檄】 ⑰ 檠(887)과 동자

木13 【檕】 ⑰ 두레박틀 계 [霽] jì
[소전] [繫] [字解] ①두레박틀. 두레박을 매단 줄
의 다른 한쪽 끝을 매는 가름대나무.
②나무 이름. ㉮아가위나무. ㉯가막살나무. 인
동과(忍冬科)에 딸린 갈잎떨기나무.

木13 【檍】 ⑰ 欐(228)과 동자

木13 【樺】 ⑰ 채찍 과 [本]좌 [麻] zhuā
[초서][간체] [字解] ①채찍, 말채찍, 채
찍질하다. 〔五代史〕壯士執
樺随之. ②관(管), 대롱. 〔潘岳·賦〕修樺內辟.

木13 【橘】 ⑰ 덧신 국 [屋] jú
[동자] [桐] [字解] 덧신. 산에 오를 때 미끄러지
지 않게 신 밑에 징을 박은 것. 〔史
記〕山行乘橘.

木13 【檁】 ⑰ 능금나무 금 [侵] qín
[초서] [字解] 능금나무. 과실나무의 한 가지.

木13 【檁】 ⑰ 울짱 금 [沁] jìn
[字解] 울짱, 울타리.

木13 【檀】 ⑰ 박달나무 단 [寒] tán
十 木 木 朾 朾 朾 檀 檀 檀
[소전][초서][隸] [字源] 形聲. 木+亶→檀.
'亶(단)'이 음을 나타낸다.
[字解] ①박달나무. 자작나뭇과의 낙엽 교목.
〔詩經〕坎坎伐檀兮. ②단향목. 자단·백단 등
향나무의 총칭. ¶栴檀. ③대나무의 형용. ¶檀
欒. ④(佛)베풀다, 시주하다. ¶檀那.
【檀家 단가】(佛)①절에 시주(施主)하는 사람의
집. ②신도의 집. ③보시하여 절을 유지하도록
힘쓰는 집안.
【檀君 단군】우리 겨레의 시조로 받드는 임금.
【檀弓 단궁】박달나무로 메운 활.
【檀那 단나】(佛)①시주(施主). 布施(보시). ②
시주하는 신자를 승려가 부르는 말. 檀家(단
가). ○범어(梵語) 'Dana'의 음역어.
【檀徒 단도】(佛)단가(檀家)의 사람들.
【檀欒 단란】①대나무의 아름다운 모양. ②대나
무가 길게 자라 우거진 모양.
【檀郎 단랑】①처첩(妻妾)이 남편을 부르는 높
임말. ②노비(奴婢)가 주인을 부르는 높임말.
③여자가 잘 아는 남자를 이르는 말.
【檀木 단목】박달나무.
【檀槽 단조】박달나무로 만든 비파(琵琶)의 동
체(胴體).
● 槐-, 文-, 白-, 紫-, 旃-, 黑-.

木13 【楂】 ⑰ 물 샐 달 [曷] tà
[字解] ①물이 새다. ②國박달나무. ※檀(887)과
뜻이 같다.

木13 【檔】 ⑰ ❶의자 당 [陽] dāng
❷문서 당 [漾] dàng
[초서][간체] [档] [字解] ❶의자, 나무 침대.
❷①문서(文書). ¶檔册.
②문얼굴, 문틀.
【檔册 당책】관공서의 문서철(文書綴).

木13 【檺】 ⑰ 櫓(891)와 동자

木13 【檑】 ⑰ 무기 이름 뢰 [隊] lèi
[초서] [字解] ①무기 이름. 돌이나 나무를
원기둥 모양으로 다듬어, 높은 곳에
서 밀어 떨어뜨려 공격해 오는 적을 막는 무기.
②國곰방메. 〔農家集成〕耕訖以檑木打破土塊.

木13 【樸】 ⑰ 樸(882)과 동자

木 13획 檗欂檖橚檍檃樣檣檥檉槪檐橋檦檞檜

木13 【檗】⑰ 황벽나무 벽 囲 bò
[소전] [초서] [동자] 檘 [字解] 황벽나무. 운향과(芸香科)의 낙엽 교목. ≒蘗. 〔漢書〕檗離朱楊.

木13 【欂】⑰ 檗(888)과 동자

木13 【檖】⑰ 돌배나무 수 圓 suì
[字解] ①돌배나무. 능금나뭇과의 낙엽 교목. 〔詩經〕隰有樹檖. ②따르다, 순종하다. 〔淮南子〕披斷撥檖. ③깊숙하다. ≒邃. 〔荀子〕疏房檖貌.

木13 【橚】⑰ ❶나무 줄지어 설 숙 屋 sù ❷우거질 소 蕭 xiāo ❸밋밋할 추 尤 qiū
[소전] [초서] 橚 [參考] 대법원 지정 인명용 한자의 음은 '숙'이다. [字解] ❶나무가 줄지어 서다, 나무가 나란히 서 있는 모양. ¶橚矗. ❷우거지다, 초목이 무성한 모양. ¶橚爽. ❸밋밋하다, 나무가 곧게 높이 솟은 모양. ④개오동나무. =楸. 〔山海經〕其狀如橚.
【橚矗 숙촉】밋밋한 나무가 나란히 무성하게 서 있는 모양.
【橚爽 소상】초목이 무성한 모양.

木13 【檍】⑰ 감탕나무 억 職 yì
[소전] [초서] 檍 [字解] 감탕나무. 감탕나뭇과의 상록 교목.

木13 【檃】⑰ 도지개 은 吻 yǐn
[소전] [초서] [동자] 檃 [字解] ①도지개. 굽은 나무나 뒤틀린 활을 바로잡는 틀. ¶檃栝. ②바로잡다. ¶檃栝.
【檃栝 은괄】①도지개. ②잘못을 바로잡음. '檃'은 나무의 굽은 것을 바로잡는 틀, '栝'은 뒤틀린 방형(方形)을 바로잡는 틀.

木13 【樣】⑰ 배 댈 의 紙 yǐ
[소전] [초서] 樣 艤 [字解] 배를 대다, 배가 떠날 준비를 갖추다. 〔史記〕烏江亭長檥船待.
【檥船 의선】배를 대어 출발 준비를 갖춤.

木13 【檣】⑰ 돛대 장 陽 qiáng
[초서] [첨자] [간체] 檣 [字解] 돛대, 돛을 달기 위한 기둥.
【檣竿 장간】돛대. 帆柱(범주). 帆檣(범장).

【檣傾楫摧 장경집최】폭풍우로 돛대는 기울고 노는 부서짐. 배가 한 척도 나아갈 수 없음.
【檣樓 장루】군함의 돛대 위에 설치한 망루.
❶ 高—, 歸—, 帆—, 船—, 列—, 危—, 舟—.

木13 【檉】⑰ 위성류 정 庚 chēng
[소전] [초서] 檉 [간체] 柽 [字解] ①위성류(渭城柳). 위성류과의 작은 낙엽 교목. ¶檉柳. ②노송나무의 한 가지. 좋은 품질의 숯을 만드는 재료.
【檉柳 정류】위성류(渭城柳).

木13 【槪】⑰ 楖(866)과 동자

木13 【檐】⑰ ❶처마 첨 ⓑ염 囲 yán ❷질 담 ⓑ dān
[소전] [초서] 檐 橝 [字解] ①①처마, 추녀. 〔淮南子〕橑檐榱題. ②전. 처마처럼 된 갓·모자·화로 등의 가장자리. ②지다, 메다. ≒擔. 〔管子〕檐竿而欲定其末.
【檐階 첨계】댓돌.
【檐端 첨단】처마 끝. 簷端(첨단).
【檐鈴 첨령】처마 끝에 다는 풍경(風磬).
【檐雨 첨우】처마에서 떨어지는 빗물.
【檐鐸 첨탁】처마 끝에 다는 풍경(風磬).
【檐下 첨하】처마 밑.
【檐竿 담간】장대를 멤.
❶ 堂—, 仰—, 笠—, 飛—, 朱—, 重—, 破—.

木13 【橋】⑰ 과실나무 취 圓 zuì
[소전] [초서] 橋 [字解] ①과실나무. 자두나무의 한 가지. ②지명(地名). ¶橋李.
【橋李 취리】①자두나무의 한 가지. 껍질은 새빨간 빛이고, 단맛이 난다. ②지명(地名). 지금의 절강성(浙江省) 가흥현(嘉興縣)의 서남쪽.

木13 【檦】⑰ 표 표 篠 biǎo
[초서] 檦 [字解] ①표. ≒標. 〔魏書〕列檦建旌. ②기둥. 〔淮南子〕檦枺檥櫨, 以相支持.

木13 【檞】⑰ 송진 해 蟹 jiě
[초서] 檞 [字解] ①송진. 소나무에서 나오는 끈끈한 액체. ②겨우살이. 오동나무·밤나무 등에 기생하는 상록 관목. 〔溫庭筠·詩〕檞葉落山路.

木13 【檜】⑰ 노송나무 회 ⓑ괴 圂 guì
[초서] [첨자] [간체] 檜 松 桧 [字解] ①노송나무. 소나뭇과의 상록

교목. 〔詩經〕檜楫松舟. ❷관(棺) 위의 장식(裝飾). 〔春秋左氏傳〕棺有翰檜. ❸나라 이름. 춘추 시대에 있었던 나라. 늑鄶.
【檜木 회목】 노송나무. 전나무.
【檜楫 회집】 노송나무로 만든 노.
【檜皮 회피】 노송나무의 껍질.
● 古-, 老-, 松-, 崇-, 貞-, 蒼-, 朽-.

木13 【檓】 ⑰ 산초나무 훼 紙 huì
字解 산초나무. 보통 산초나무보다 키가 훨씬 큰 산초나무.

木14 【檾】 ⑱ 어저귀 경 梗 qǐng
字解 어저귀. 아욱과의 일년초. 섬유는 새끼 따위를 꼬는 데 쓰고, 씨는 약재로 쓴다.

木14 【檵】 ⑱ 구기자나무 계 霽 jì
字解 구기자나무. 가짓과의 낙엽 관목.

木14 【櫃】 ⑱ 함 궤 寘 guì
字解 함, 궤. 커다란 함.
【櫃櫝 궤독】 궤. 함.
【櫃封 궤봉】 물건을 궤에 넣고 봉하여 둠.
【櫃田 궤전】 흙으로 둑을 쌓아 수해를 막는 밭. ○상자 모양인 데서 이 이름이 붙었음.
● 鈐-, 櫝-, 飯-, 書-, 朱-.

木14 【樣】 ⑱ 某(857)의 속자

木14 【檸】 ⑱ 레몬 녕 梗 níng
字解 ❶레몬(lemon). 운향과(芸香科)의 상록 아교목인 과실나무. ❷장부. 한쪽 끝을 다른 한쪽 구멍에 맞추기 위하여, 그 몸피보다 얼마쯤 가늘게 만든 부분.
【檸頭 영두】 장부.
【檸檬 영몽】 운향과의 과실나무. 열대 식물로 꽃과 잎이 귤 같고 열매는 타원형이며, 약재·향료 등으로 씀. ○'lemon'의 음역어.

木14 【檽】 ⑱ ❶나무 이름 누 有 nòu ❷목이버섯 연 阮 ruǎn
字解 ❶나무 이름. 목재는 관곽(棺槨)을 만드는 데 쓰고, 껍질은 물감의 원료가 된다. ❷목이버섯. 목이과의 버섯.

木14 【檮】 ⑱ ❶등걸 도 豪 táo ❷산 이름 주 尤 chóu ❸관 도 皓 dào
字解 ❶등걸, 그루터기. 단목(斷木). ❷어리석다. ¶檮昧. ❷❶산 이름. ¶檮余. ❷서초(瑞草)의 이름. ¶檮蓍. ❸성(姓). ❸관(棺).
【檮昧 도매】 어리석음. 무지몽매함.
【檮杌 도올】 ❶악목(惡木)의 이름. ❷춘추 시대 초(楚)의 사서(史書). 악한 것을 기록하여 후세에 경계한다는 뜻임. ❸악인(惡人). ❹악수(惡獸)의 이름. ❺서수(瑞草)의 이름. ❻가로 자른 장작.
【檮蓍 주시】 서초(瑞草)의 이름. 점을 치는 데 사용함.
【檮余 주여】 흉노(匈奴)의 땅에 있는 산 이름.

木14 【櫂】 ⑱ 노 도 效 zhào
字解 ❶노, 상앗대. 〔楚辭〕桂櫂兮蘭枻. ❷상앗대질하다. 〔沈佺期·詩〕舟行有反櫂, 水去無還流. ❸배. 〔溫庭筠·詩〕隋堤楊柳烟, 孤櫂正悠然.
【櫂歌 도가】 뱃노래. 뱃사공이 배를 저으며 부르는 노래. 櫂唱(도창).
【櫂謠 도요】 ☞櫂歌(도가).
【櫂女 도녀】 노 젓는 여인. 여자 뱃사공.
【櫂舟 도주】 노로 배를 저음.
● 輕-, 飛-, 迅-, 征-, 弧-.

木14 【櫈】 ⑱ 凳(179)과 동자

木14 【檬】 ⑱ 레몬 몽 東 méng
字解 레몬(lemon). 운향과의 상록 아교목.

木14 【檵】 ⑱ 檵(875)과 동자

木14 【檳】 ⑱ 빈랑나무 빈 眞 bīng
字解 빈랑나무. 종려나뭇과의 상록 교목.
【檳榔 빈랑】 ❶빈랑나무. ❷빈랑나무의 열매.

木14 【檿】 ⑱ 산뽕나무 염 琰 yǎn
字解 산뽕나무. 뽕나뭇과의 낙엽 교목.
【檿絲 염사】 산뽕나무의 잎을 먹여 기른 누에에서 뽑은 실. 금슬(琴瑟)의 줄을 만듦.
【檿桑 염상】 산뽕나무.

木14 【櫬】 ⑱ 檿(889)과 동자

木14【檼】⑱ 대마루 **은** [問] yìn

[소전] [字解] ①**대마루**, 마룻대로 쓰는 목재. ②**도지개**. ＝檃.

【檼栝 은괄】①도지개. ②잘못을 바로잡음. 🔍 '檼'은 나무의 굽은 것을 바로잡는 틀, '栝'은 뒤틀린 방형(方形)을 바로잡는 틀.

木14【櫙】⑱ 櫙(888)과 동자

木14【櫼】⑱ 향나무 **전** [先] jiān

[字解] **향나무**.〔梁書〕不沈不浮者, 曰櫼香.

木14【櫅】⑱ 나무 이름 **제** [齊] jī

[소전] [字解] **나무 이름**. ㉮느릅나무의 한 가지. 수레의 바퀴통을 만드는 데 쓰는 재목. ㉯대추나무의 한 가지. 열매가 흰 대추나무.

木14【檦】⑱ 杝(833)과 동자

木14【檯】⑱ 柝(841)과 동자

木14【櫉】⑱ 櫥(888)의 와자(譌字)

木14【檻】⑱ 우리 **함** [豏] jiàn

[소전] [초서] [동자] 檃 [간체] 槛 [字解] ①**우리**, 짐승을 가두어 두는 곳.〔晉書〕獸兕出檻. ②**감옥**, 죄인을 가두는 곳.〔晉書〕瞻破檻出之. ③**덫**, 올무. ¶ 檻穽. ④**사로잡다**, 붙잡다.〔晉書〕羣王被囚檻之困. ⑤**난간**(欄干).〔楚辭〕坐堂伏檻. ⑥**목욕탕**.〔莊子〕同檻而浴. ⑦**막다**, 폐쇄하다. ⑧**샘솟다**, 물이 바르게 샘솟다. ¶ 檻泉. ⑨**수레가 굴러 가는 소리**. ¶ 檻檻.

【檻車 함거】죄인을 호송하는 데 사용하던, 사방을 통나무나 판자 등으로 난간을 두른 수레. 轞車(함거).

【檻塞 함색】사방을 둘러쳐서 막음. 폐쇄함.

【檻獸 함수】①우리 안에 갇힌 짐승. ②자유롭지 못함.

【檻獄 함옥】감옥.

【檻外 함외】난간 밖.

【檻穽 함정】①짐승 따위를 잡기 위하여 땅바닥에 구덩이를 파고 그 위에 약한 너스레를 쳐서 위장한 구덩이. ②빠져나올 수 없는 상황이나 남을 해치기 위한 계략.

【檻倉 함창】감옥. 영창. 牢獄(뇌옥).

【檻泉 함천】물이 바르게 샘솟는 샘.

【檻致 함치】죄인을 함거(檻車)에 실어 보냄. 檻送(함송).

【檻檻 함함】수레가 굴러 가는 소리.

◑ 江－, 圈－, 機－, 櫳－, 籠－, 獸－, 折－, 朱－, 桎－, 出－, 軒－, 横－.

木14【檃】⑱ ❶단단할 **함** [感] jiàn ❷우리 **함** [豏] jiàn

[字解] ❶**단단하다**, 땅이 굳다.〔周禮〕彊同檃蕡. ❷**우리**. ＝檻.

木14【檴】⑱ 나무 이름 **확** [藥] huò

[초서] [字解] **나무 이름**. 느릅나무의 한 가지. 잎은 타원형이며, 가을에 꽃이 핀다.〔詩經〕無浸檴薪.

木15【櫜】⑲ 활집 **고** [豪] gāo

[소전] [초서] [字解] ①**활집**, 동개. ¶ 櫜韜. ②**갑옷을 넣는 전대**. ¶ 櫜韔. ③**싸다**, 포장하다.〔詩經〕載櫜弓矢. ④**싼 전대나 자루**. ¶ 解櫜.

【櫜鞬 고건】활집과 전동(箭筒).

【櫜韜 고도】활집과 칼집.

【櫜韔 고창】갑옷을 넣는 자루와 활집.

◑ 解－.

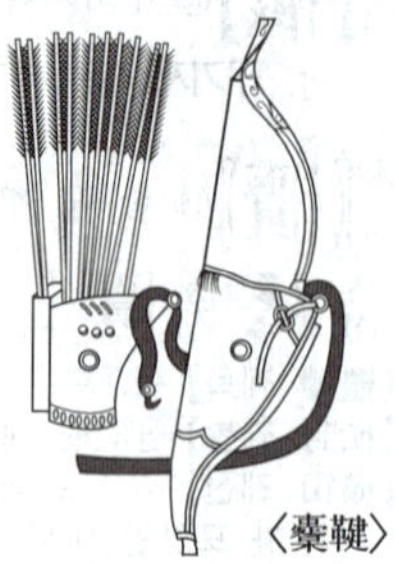

〈櫜鞬〉

木15【櫝】⑲ 함 **독** [屋] dú

[소전] [초서] [간체] 椟 [字解] ①**함**. ㉮나무로 짠 궤. ＝檳.〔論語〕龜玉毁於櫝中. ㉯신주를 넣어 두는 궤. ¶ 主櫝. ②**관**(棺), 널.〔春秋左氏傳〕公將爲之櫝. ③**궤에 넣어 간직하다**.〔國語〕櫝而藏之. ④**음식을 차리는 상**. ⑤**고패**, 녹로(轆轤). ⑥**무기**(武器). 창의 한 가지. ⑦**활집**, 동개. ≒韣. ¶ 櫝丸.

【櫝中 독중】궤 속.

【櫝丸 독환】화살을 넣는 통. 전동(箭筒).

◑ 劍－, 故－, 棺－, 筐－, 匱－, 金－, 買－, 松－, 玉－, 主－, 筆－.

木15【櫴】⑲ ❶쥐똥나무 **랍** [合] là ❷자등 **렵** [葉] liè

[字解] ❶**쥐똥나무**. 목서과의 낙엽 관목. ❷**자등**(紫藤). 보랏빛 꽃이 피는 등나무의 한 가지.

木15【櫔】⑲ 나무 이름 **려** [霽] lì

[字解] **나무 이름**. 밤과 비슷한 열매가 여는 나무.〔山海經〕歷兒之山, 其上多櫔, 是木也, 方莖圓葉黃華而毛, 其實似楝.

木部 15획 棕櫟櫓櫚櫐 楊櫢欒櫌櫡櫛櫕櫨

木15 【棕】⑲ 종려나무 려 魚 lú
초서 棕 간체 棕 字解 ①종려나무. 열대 지방 원산의 상록 교목. ¶棕櫚. ②모과나무. 능금나뭇과의 낙엽 교목.

木15 【櫟】⑲
❶상수리나무 력 錫 lì
❷문지를 로 藥 ii
❸고을 이름 약 藥 yuè

소전 櫟 초서 櫟 간체 栎 字解 ❶①상수리나무. 너도밤나뭇과의 낙엽 교목. ¶櫟樗. ②난간(欄干). ¶重櫟. ③치다, 찌르다. 〔司馬相如·賦〕櫟蜚遽. ④밟고 넘다. 늑櫟. 〔史記〕注櫟疏櫺. ⑤지명(地名). ⑥성(姓). ❷문지르다, 문질러서 소리를 내다. ¶櫟釜. ❸고을 이름, 현 이름.
【櫟散 역산】①쓸모없는 재목. 散木(산목). ②쓸모없는 것.
【櫟樗 역저】①상수리나무와 가죽나무. ②재주 없고 쓸모없는 사람.
【櫟釜 노부】솥 밑을 문질러 소리를 냄. 솥 안에 아무것도 없음을 나타내 보임.
【櫟陽 약양】현 이름.
◑樗−, 重−, 苞−.

木15 【櫓】⑲ 방패 로 虞 lú
소전 櫓 혹체 樐 초서 櫓 혹체 樐 혹체 樐 간체 橹 字解 ①방패. 〔禮記〕禮義以爲干櫓. ②망루(望樓). 〔司馬相如·賦〕泰山爲櫓. ③노, 배 젓는 기구. ¶櫓聲.
【櫓歌 노가】뱃노래. 櫂歌(도가).
【櫓棹 노도】노와 상앗대.
【櫓船 노선】⇒거룻배.
【櫓聲 노성】노를 젓는 소리.

木15 【櫐】⑲
❶술통 뢰 灰 léi
❷칼자루 장식 뢰 紙 lěi

소전 櫐 주문 櫐 혹체 櫐 혹체 櫐 字解 ❶술통, 물통. 구름과 우레의 무늬를 새긴 술통. ❷칼자루 장식. ¶櫐具.
【櫐具 뇌구】장검(長劍)의 자루 머리에 옥으로 고패 모양을 만들고, 그 위에 산 모양의 목조(木彫)를 붙인 장식.

木15 【櫐】⑲ 덩굴풀 루 紙 lěi
초서 櫐 혹체 蘽 혹체 藟 字解 덩굴풀, 등 나무. 〔管子〕五隱 之土, 其種櫐葛.

木15 【櫋】⑲ 차양 면 先 mián
소전 櫋 초서 櫋 字解 차양. 추녀 끝에 덧댄 오리목.

木15 【欶】⑲ 우거질 수 有 sǒu
字解 우거지다, 초목이 무성한 모양.
【欶檽 수누】나무가 무성한 모양.

木15 【欒】⑲ 구연 연 先 yuán
字解 구연, 레몬(lemon). 운향과의 상록 교목. 영몽(檸檬)의 한 가지.

木15 【櫌】⑲ 곰방메 우 尤 yōu
소전 櫌 초서 櫌 字解 ①곰방메. 논밭의 흙덩이를 깨뜨리거나 씨를 묻는 데 쓰는 농기구. 〔論語〕櫌而不輟. ②호미·가래 등의 자루. 〔史記〕鉏櫌白梃. 〈櫌①〉

木15 【櫡】⑲
❶젓가락 저 御 zhù
❷도끼 착 藥 zhuó

소전 櫡 字解 ❶젓가락. =箸. 〔史記〕又不置櫡. ❷①도끼. ②괭이.

木15 【櫛】⑲ 빗 즐 質 zhì
소전 櫛 통체 櫛 간체 栉 字解 ①빗. 머리빗. 〔禮記〕櫛縱笄總. ②빗다, 빗질하다. ¶櫛沐. ③긁다, 긁어내다. 〔韓愈·志〕櫛垢爬痒. ④늘어서다, 빗살처럼 많이 늘어서다. ¶櫛櫛. ⑤모닥불, 화톳불. 〔管子〕櫛之遠近, 乃承厥火.
【櫛盥 즐관】①머리를 빗고 얼굴과 손을 씻음. ②몸치장을 함.
【櫛沐 즐목】머리를 빗고 목욕을 함.
【櫛髮 즐발】빗으로 머리를 빗음.
【櫛比 즐비】빗살처럼 촘촘하게 늘어섬.
【櫛梳 즐소】머리를 빗음.
【櫛櫛 즐즐】빗살과 같이 촘촘하게 죽 늘어선 모양.
【櫛風沐雨 즐풍목우】바람으로 머리를 빗고 비로 몸을 씻음. 긴 세월을 객지에서 떠돌며 갖은 고생을 함. 風餐露宿(풍찬노숙).
◑巾−, 冠−, 盥−, 沐−, 梳−, 風−雨沐.

木15 【櫍】⑲ 모탕 질 質 zhì
소전 櫍 초서 櫍 字解 ①모탕, 도끼받침. ②발, 기물(器物)의 다리.

木15 【欑】⑲ 欑(895)과 동자

木15 【櫏】⑲ 고욤나무 천 先 qiān
字解 고욤나무. 감나뭇과의 낙엽 활엽 교목.

木部 15~17획 橫 檏 欄 櫪 櫨 櫳 欌 櫱 櫲 檐 櫧 橛 櫬 橢 樥 檜 欅 欄

木15 【橫】⑲ 방장 황 huǎng
①방장(房帳), 장막. ②차양, 문 위에 친 차양. 〔左思·賦〕房櫳對橫. ③시렁, 대(臺), 책상.

木16 【檏】⑳ 國 느티나무 귀
느티나무. 느릅나뭇과의 낙엽 활엽 교목.

木16 【欄】⑳ 欄(892)의 속자

木16 【櫪】⑳ 말구유 력 lì
①말구유, 말의 먹이를 담는 그릇. ¶櫪廄. ②마판, 마구간에 깐 널빤지. 〔魏武帝·碣石篇〕老驥伏櫪, 志在千里. ③상수리나무. ≒櫟. 〔韓愈·詩〕時見松櫪皆十圍. ④형구(刑具)의 한 가지. 손가락을 나란히 펴놓고 묶는 고랑.
【櫪廄 역구】말구유와 마구간.
【櫪馬 역마】①마구간에 매여 있는 말. ②얽매여 있어 자유롭지 못한 신세.
【櫪飼 역사】마구간에서 말을 먹임.
【櫪皁 역조】마구간. 외양간. 皁櫪(조력).
● 故-, 馬-, 皁-, 槽-.

木16 【櫨】⑳ 두공 로 lú
①두공. 기둥 위에 짜 놓은 구조. 〔淮南子〕標林欂櫨. ②거먕옻나무. 옻나뭇과의 낙엽 교목. ③레몬(lemon)의 한 가지. ¶櫨橘. ④자라다, 늘다. ¶櫨逖. ⑤國 목로.
【櫨橘 노귤】레몬(lemon)의 한 가지.
【櫨逖 노속】늘고 퍼짐.
● 欒-, 木-, 欂-, 楊-, 黃-.

木16 【櫳】⑳ 우리 롱 lóng
①우리, 짐승을 가두어 두는 우리. ¶櫳檻. ②창살 있는 창. 〔漢書〕房櫳虛兮風泠泠.
【櫳檻 농함】짐승을 가두어 두는 우리.
● 房-, 簾-, 玉-, 彫-, 珠-, 紅-.

木16 【欌】⑳ 欄(892)과 동자

木16 【櫱】⑳ 움 얼 niè
①움, 나무 그루터기에서 나는 싹. 〔詩經〕苞有三櫱. ②머리를 깎다, 배코를 치다. 〔漢書〕然猶山之不櫱.

木16 【櫲】⑳ 녹나무 여 yù
녹나무. 녹나뭇과의 상록 활엽 교목.
【櫲樟 여장】녹나무.

木16 【檐】⑳ 처마 염 yán
①처마, 추녀. ≒檐. ②댓돌, 섬돌, 복도. 〔司馬相如·賦〕步檐周流.

木16 【櫧】⑳ 종가시나무 저 zhū
종가시나무. 너도밤나뭇과의 활엽 교목. 〔山海經〕前山其木多櫧.

木16 【橛】⑳ 말뚝 저 zhū
말뚝. 어떤 표지(標識)로 세우는 말뚝.

木16 【櫬】⑳ 널 츤 chèn
①널, 내관(內棺). ¶櫬宮. ②오동나무. ③무궁화나무.
【櫬宮 츤궁】왕·왕후·태후 등의 널[棺].
● 興-, 靈-, 幽-, 重-, 衛壁興-.

木16 【橢】⑳ 橢(884)의 속자

木16 【檓】⑳ 나무 이름 헌 xiǎn
나무 이름. 자작나뭇과의 상록 교목.

木16 【樥】⑳ ❶홰나무 회 huái ❷향나무 괴 guī
❶홰나무, 회화나무. ❷①향나무. 뿌리가 구기자나무의 뿌리와 비슷하다. ②나무 이름. 모과와 비슷한 열매가 여는 나무.

木17 【欅】㉑ 느티나무 거 jǔ
①느티나무. 느릅나뭇과의 낙엽 교목. ②고리버들, 기류(杞柳).
【欅樹 거수】느티나무.

木17 【欄】㉑ 난간 란 lán

木部 17～18획 欖欞欛欞欟櫻欘欚櫼機欋權　893

十 木 朾 朳 枦 枦 欄 欄 欄 欄
소전欄 초서欄 속자欄 간체栏　字源 形聲. 木＋闌→欄. '闌(란)'이 음을 나타낸다.
字解 ①난간.〔庾信·書〕欄外將花. ②우리, 짐승을 가두어 기르는 곳. ¶欄廐. ③울, 칸막이, 경계.〔白居易·詩〕爛縵一欄十八樹. ④우물 난간, 우물의 전.〔王彪之·賦〕方欄結轆轤. ⑤난. ㉮글·그림 등을 싣기 위하여 적당히 줄을 그어 지은 몇 개의 구획. ¶欄外. ㉯무엇을 쓰기 위하여 따로 설정한 지면의 한 부분.
【欄角 난각】난간의 모퉁이.
【欄干 난간】층계·마루·다리 따위의 가장자리를 일정한 높이로 막은 물건. 欄杆(난간).
【欄廐 난구】마구간. 말을 기르는 곳.
【欄杉 난삼】생원(生員)·진사(進士)에 합격했을 때 입던 예복.
【欄外 난외】①난간의 바깥. ②책·신문 따위에서, 인쇄된 곳 이외의 여백 부분.
【欄子馬 난자마】적정(敵情)을 정찰하는 기병.
【欄檻 난함】헌함(軒檻). 欄干(난간).
◐高─, 空─, 玉─, 井─, 朱─, 檻─.

木17【欖】㉑ 欖(895)의 속자

木17【欞】㉑ 격자창 령 靑 líng
소전欞 行서櫺 동자櫺　字解 ①격자창.〔江淹·詩〕曲欞激鮮飆. ②처마, 추녀. ③난간(欄干). ¶欞檻. ④별 이름. ㉮창룡(蒼龍). ㉯영성(靈星).
【欞牀 영상】난간이 붙어 있는 침대.
【欞檻 영함】격자로 꾸민 난간.

木17【欛】㉑ 두공 박 藥 bó
소전欛　字解 두공(枓栱), 동자기둥, 쪼구미. 들보 위에 지붕을 받치는 짧은 기둥.
【欛櫨 박로】두공. 쪼구미.

木17【欞】㉑ 閔(1917)과 동자

木17【欟】㉑ 우거질 숙 蕭 xiāo
초서欟 동자櫹　字解 ①우거지다, 초목이 무성한 모양. ②밋밋하다, 밋밋한 모양.

木17【櫻】㉑ 앵두나무 앵 庚 yīng
소전櫻 초서櫻 속자桜 간체樱　字解 앵두나무. 장미과의 낙엽 관목.
【櫻脣 앵순】앵두같이 붉은 입술. 미인의 입술.

木17【欀】㉑ ①굴거리나무 양 陽　ràng　②나무 이름 양 ㉮상 陽　xiāng
초서欀　字解 ①굴거리나무. 대극과의 상록 교목. ¶欀木. ②나무 이름. 나무껍질 속에 쌀알 같은 것이 있어, 이를 빻아서 떡이나 국수를 만들어 먹는다.〔左思·賦〕文欀楨橿.
【欀木 양목】굴거리나무.

木17【櫱】㉑ 櫱(888)과 동자

木17【欃】㉑ 살별 참 咸　chán
초서欃 동자欃　字解 ①살별, 혜성(彗星).〔史記〕天欃爲兵, 赤地千里. ②박달나무.〔漢書〕欃檀木蘭.
【欃槍 참창】혜성(彗星)의 딴 이름. 이 별이 나타나면 병란(兵亂)이 일어날 전조(前兆)라고 함. 孛星(패성).

木17【欆】㉑ 쐐기 첨 鹽　jiān
소전欆　字解 ①쐐기, 비녀장. ②동자기둥, 쪼구미.

木18【欋】㉒ 쇠스랑 구 虞　qú
字解 ①쇠스랑, 발이 넷 있는 쇠스랑. ②붙다, 달라붙다. ③서리다, 나무뿌리가 엉기다.〔淮南子〕木大則根欋.

木18【權】㉒ 저울추 권 先　quán
木 才 朾 朾 枦 枦 杵 榁 榁 榁 權 權
소전權 초서權 간체权　字源 形聲. 木＋雚→權. '雚(관)'이 음을 나타낸다.
字解 ①저울추.〔禮記〕正權槪. ②저울. ¶權量. ③저울질하다. ㉮저울에 달다, 무게를 달다.〔孟子〕權然後知輕重. ④경중(輕重)·대소(大小)를 분별하다.〔國語〕權輕重. ④꾀하다, 책략을 쓰다.〔淮南子〕任輕者易權. ⑤고르게 하다, 평평하다.〔國語〕式權以相應. ⑥권세, 권력. ¶權柄. ⑦능력, 기지(機智).〔莊子〕吾見其杜權矣. ⑧권도(權道).〔常道〕. ⑨수단은 상도(常道)가 아니지만 결과는 상도에 맞다.〔易經〕巽以行權. ④임기응변의 방편(方便). ¶權謀術數. ⑨구차하다.〔左思·賦〕權假日以餘榮. ⑩임시로 대리한다. ¶權攝. ⑪시초, 처음, 시작. ¶權輿. ⑫광대뼈.〔顔延之·賦〕兩權協月. ⑬봉화. 늑爟. ¶權火. ⑭잡다, 잡아 쥐다.〔陸機·論〕

〈權①〉

是以經始權其多福. ⑮무궁화, 무궁화나무.
【權奸 권간】 권세가 있는 간신(奸臣).
【權強 권강】 권위가 있고 강함.
【權官 권관】 ①권력이 있는 관직. 권력이 있는 자리에 있는 벼슬아치. ②본관 이외에 겸무하는 관직. 兼官(겸관).
【權教 권교】 (佛) 중생을 위하여 어떤 방편인 권도(權道)로 설법한 가르침.
【權奇 권기】 ①보통과 달리 뛰어남. ②말이 잘 달리는 모양. ③지모가 매우 출중함.
【權斷 권단】 임금이 권력으로써 임기(臨機)의 판단을 내리는 일.
【權代 권대】 임시로 바꿈. 잠시 바꿈.
【權度 권도】 ❶권도 ❷권탁 ①저울과 자. ②사물이 의거하여 좇아야 할 규칙. 법칙. ❷저울로 무게를 닮.
【權道 권도】 ①수단이 상도(常道)를 벗어나나, 결과가 상도에 부합하는 방법. ②임기응변(臨機應變)의 방편.
【權略 권략】 임기(臨機)의 책략. 경우에 대응하여 변하는 계략. 權謀(권모).
【權量 권량】 ①저울과 말. ②비교함.
【權力 권력】 ①남을 복종시키거나 지배할 수 있는 공인된 힘. ②국가나 정부가 국민에 대하여 가지고 있는 강제력.
【權利 권리】 ①권세와 이익. ②합법적으로 보장된 자격.
【權謀術數 권모술수】 수단·방법을 가리지 않고 교묘하게 남을 속이는 임기응변의 꾀와 술책.
【權秉 권병】 ▷權柄(권병).
【權柄 권병】 권력이 따르는 정치상의 힘. 남을 강제하여 굴복시키는 정치적 권력.
【權不十年 권불십년】 아무리 높은 권세라도 10년을 가지 못함.
【權攝 권섭】 임시로 남을 대리하여 사무를 봄.
【權數 권수】 ①권력의 방법. ②때와 경우에 대응한 계책. 임기(臨機)의 수.
【權實 권실】 (佛) ①권교(權敎)와 실교(實敎). ②방편과 진실. ③대승(大乘)과 소승(小乘).
【權輿 권여】 ①사물의 시작. 始初(시초). ②싹틈. 움틈.
【權要 권요】 ①권세가 있는 요긴한 지위. 권세가 있고 지위가 높은 사람. ②가장 중요한 곳. 긴요한 곳. 사복.
【權威 권위】 ①남을 복종시키는 힘. ②남이 신뢰할 만한 뛰어난 지식이나 기술.
【權宜 권의】 때와 경우에 따라 알맞게 처리함. 임기의 조치.
【權益 권익】 권리와 그에 따르는 이익.
【權制 권제】 ①권위(權威)와 법제(法制). ②권력으로 억눌러 다스림. ③때와 경우에 합당한 법률.
【權座 권좌】 통치권을 가진 자리.
【權知 권지】 ①임시로 그 일을 맡음. ②벼슬 이름 앞에 붙여 써서, 그것이 '임시적임'을 나타내는 말.
【權戚 권척】 권세 있는 사람의 친척. ②권세 있는 왕실의 척분(戚分).
【權寵 권총】 권세가 있고 임금의 총애(寵愛)를 받는 사람.
【權稱 권칭】 저울. 權衡(권형).
【權判 권판】 품계(品階)가 높은 사람에게 그 위에 맞지 않는 낮은 직책을 맡김.
【權便 권편】 ①알맞게 처리함. ②형편에 맞는 방편.
【權窆 권폄】 임시로 하는 매장(埋葬).
【權限 권한】 권리를 행사할 수 있는 범위.
【權幸 권행】 권세가 있고 임금의 굄을 독차지하는 신하.
【權衡 권형】 ①저울추와 저울대. 저울. 權稱(권칭). ②사물의 경중(輕重)을 재는 기준이나 척도. ③사물의 평형 또는 균형.
【權化 권화】 (佛) 부처·보살이 중생을 제도하기 위하여 편의상 사람으로 화신(化身)하여 이승에 나타나는 일.
【權火 권화】 제향 때 올리던 봉화(烽火). 임금이 몸소 제사를 지내지 못하고 멀리서 절을 할 때에 올렸음.
【權橫 권횡】 권력을 믿고 제멋대로 행동함.
❶ 公-, 國-, 棄-, 大-, 物-, 民-, 兵-, 分-, 私-, 勢-, 實-, 威-, 利-, 人-, 全-, 政-, 主-, 質-, 執-, 債-, 擅-, 親-, 特-, 版-, 霸-.

〈權衡①〉

木 18 【欇】 ㉒ 까치콩 섭 圞 shè
[字解] ①까치콩. 콩과의 일년생 만초. ②나뭇잎이 뒤집히다. ③몽둥이.

木 18 【欌】 ㉒ 國 장롱 장
[字解] 장롱. 옷가지·책 등의 물건을 넣어 두는 세간.
【欌籠 장롱】 옷을 넣는 장.
【欌廛 장전】 장롱 따위를 파는 가게.
❶ 衣-, 饌-, 冊-.

木 18 【欐】 ㉒ 櫟(893)과 동자

木 19 【欏】 ㉓ 돌배나무 라 圞 luó
[字解] ①돌배나무. 능금나뭇과의 낙엽 교목. ②사라목(桫欏木). 곤륜산(崑崙山)에서만 자란다는 나무 이름. ③울타리.

木 19 【欒】 ㉓ 나무 이름 란 圞 luán
[소전] 欒 [초서] 栾 [속자] 栾 [간체] 栾 [字解] ①나무 이

木部 18~19획 欞欏欑欐欑櫷欖欗欙欚欛欜 欠部 0획 欠

름. ㉮박태기나무. 관상용으로 심는 낙엽 교목.¶ 欒荊. ㉯멀구슬나무. 멀구슬나무과의 낙엽 활엽 교목.〔說文解字〕天子樹松, 諸侯柏, 大夫欒, 士楊. ㉰무환자나무. 무환자과의 낙엽 교목.¶ 欒華. ㉱석남(石南)의 딴 이름. 관상용으로 심는 상록 관목. ②가름대, 지붕의 무게를 버티도록 기둥 위에 설치한 구조.¶ 欒櫨. ③종(鐘) 아가리의 모서리.〔周禮〕兩欒謂之銑. ④둥근 모양, 원만한 모양, 온화한 모양.¶ 團欒. ⑤모이다, 떼지어 모이다.〔枚乘·賦〕修竹檀欒. ⑥야위다, 파리하다.¶ 欒. ⑦쌍둥이. 누欒.

【欒栱 난공】기둥 위의 가름대와 두공(枓栱). 欒櫨(난로).
【欒茶 난다】석남(石南)의 딴 이름.
【欒欒 난란】몸이 파리한 모양.
【欒櫨 난로】☞欒栱(난공).
【欒子 난자】쌍둥이.
【欒荊 난형】박태기나무. 紫荊(자형).
【欒華 난화】무환자나무.

❶團-, 香-.

木19 【欐】㉓ ❶들보 려 圉 lì ❷지주 시 圂 lì
㉗欐 字解 ❶❶들보, 마룻대, 대들보.〔列子〕餘音繞梁欐, 三日不絶. ②배, 작은 배.〔曹植·詩〕呼吸吞船欐. ❷①지주(支柱).¶ 欐佹. ②포개다, 포개지다.¶ 欐佹.
【欐佹 시궤】①지주(支柱). 버티거나 의지하게 하는 기둥. ②포갬.

木19 【欏】㉓ 籮(1328)와 동자

木19 【欑】㉓ 모일 찬 圂 cuán
㉗欑 ㉘欑 字解 ①모이다, 모으다, 떼짓다.¶ 欑集. ②임시로 묻다, 가장(假葬)하다.
【欑宮 찬궁】빈전(殯殿) 안에 임금의 관을 임시로 놓아 두던 곳.
【欑集 찬집】모임. 모여듦.

木19 【欗】㉓ 欖(895)의 속자

木20 【欘】㉔ 머귀나무 당 圂 táng, dǎng
字解 ①머귀나무, 식수유(食茱萸). 운향과의 낙엽 활엽 소교목. ②나무통.

木20 【欙】㉔ 檗(892)과 동자

木20 【欚】㉔ 國엄나무 엄
字解 엄나무. 두릅나뭇과의 낙엽 활엽 교목.

木21 【欖】㉕ 감람나무 람 圂 lǎn
㉗檂 ㉘欖 ㉙欖 字解 감람나무. 감람과의 상록 교목. 열매는 식용하고, 나무의 진은 약용한다.

木21 【欗】㉕ 櫺(875)와 동자

木21 【欘】㉕ ❶도끼 촉 圂 zhú ❷호미 탁 圂 zhú
㉗欘 ㉘欘 ㉙欘 字解 ❶①도끼, 큰 자귀. ②도끼 자루, 자귀 자루. ❷호미. 농구의 한 가지.

木21 【欛】㉕ 칼자루 파 圂 bà
㉗欛 ㉘杷 ㉙欛 ㉙欛 字解 칼자루, 칼의 손잡이.
【欛柄 파병】①칼자루. 刀柄(도병). ②이야깃거리. 話柄(화병).

木22 【欝】㉖ 鬱(2078)의 속자

木24 【欞】㉘ 櫺(893)과 동자

欠 部

4획 부수 | 하품흠부

欠0 【欠】④ 하품 흠 ㊗검 圂 qiàn
㉗𣣣 ㉘欠 字源 象形. '𠂊'은 입김이 나오는 모양, '彐'은 사람을 나타낸다. 사람의 입에서 입김이 나오는 모양을 그려 '하품'이란 뜻을 나타낸다.
字解 ①하품.¶ 欠伸. ②하품하다.〔儀禮〕君子欠伸. ③모자라다, 부족하다. ※缺(1395)의 약자(略字). ④빚, 부채(負債).〔蘇洵·狀〕自小民上, 大率皆有積欠. ⑤굽히다, 구부리다.¶ 欠身. ⑥㊗흠. ㉮물건의 깨어지거나 상한 자리.¶ 欠處. ㉯사물이 완전하게 이루어지지 못하고 모자라거나 잘못된 부분.¶ 欠典. ㉰사람의 성격이나 언어 행동에서 흉이 될 만한 점.¶ 欠點.
【欠缺 흠결】☞欠縮(흠축).
【欠伸 흠신】하품을 하거나 기지개를 켬. 하품과 기지개.
【欠身 흠신】경의를 표하기 위하여 몸을 굽힘.
【欠典 흠전】國①흠이 있는 곳. ②불충분한 법규(法規).

【欠錢 흠전】빚. 부채(負債).
【欠節 흠절】잘못된 점. 모자라는 곳. 欠點(흠점). 欠處(흠처).
【欠點 흠점】☞欠節(흠절).
【欠處 흠처】☞欠節(흠절).
【欠縮 흠축】일정한 수효에서 부족이 생김. 欠缺(흠결).
【欠逋 흠포】관물(官物)을 사사로이 소비함.
【欠乏 흠핍】이지러져서 모자람.
◐ 舊-, 負-, 伸-, 積-, 遄-, 懸-, 酟-.

欠2【次】⑥ ❶버금 차 國 cì
❷나아가지 못할 차 因 zì

丶㇀冫㳇次次

[소전][고문][초서] [字源] 會意·形聲.
二+欠→次. 사람이 너무 지쳐 하품〔欠〕을 하며 게으름을 피우면서 첫째로 나아가기를 단념하고, 둘째〔二〕로 뒤처져 있다는 데서 '버금, 둘째'란 뜻을 나타낸다. '二'가 음도 나타낸다.

[字解] ❶①버금, 다음, 둘째. ¶次席. ②잇다, 뒤를 잇다.〔中庸章句〕論孟次之. ③다음에, 이어서.〔中庸章句〕次言存養省察之要. ④차례, 순서. ¶次第. ⑤행렬(行列).〔國語〕失次犯令. ⑥자리, 위계(位階).〔後漢書〕修身行義, 能重於朝次. ⑦때, 기회.〔史記〕從容論次, 譽赫長者. ⑧매기다, 차례를 정하다.〔漢書〕差次列功, 以定朝位. ⑨죽 늘어놓다, 줄지어 세우다.〔呂氏春秋〕次諸侯之列. ⑩엮다, 차례를 따라 편찬하다. ¶編次. ⑪묵다, 머무르다, 유숙하다.〔書經〕王次于河朔. ⑫자리에 나아가다, 자리를 차지하고 있다.〔周禮〕祭之日, 執書以次位常. ⑬이르다, 도달하다.〔史記〕內深次骨. ⑭거처(居處).〔史記〕民莫安其處次. ⑮진영(陣營), 병영(兵營).〔春秋左氏傳〕師陳焚次. ⑯여관(旅舘).〔易經〕旅卽次. ⑰성좌(星座), 성수(星宿).〔禮記〕日窮于次. ⑱곳, 장소.〔國語〕五把三次. ⑲안, 속.〔莊子〕喜怒哀樂, 不入於賀次. ⑳번, 횟수.〔張籍·詩〕三次論評退. ㉑장막, 임시 거처.〔周禮〕朝日祀五帝, 則張大次小次. ㉒빈소(殯所), 여막(廬幕).〔春秋左氏傳〕里克殺夷齊於次. ㉓주되는 것이 아닌 부차적인 것.〔穆天子傳〕次車之乘. ㉔가, 근처.〔春秋左氏傳〕水次有妖神. ㉕어조사. 어떤 모양이나 상태를 나타내는 글자 밑에 붙인다.〔論語〕造次必於是. ㉖국. 재료.〔萬機要覽〕册紙次草注紙. ❷나아가지 못하다, 머뭇거리다.〔易經〕其行次且.

【次骨 차골】①뼈에 미침. 형벌의 가혹함. ②원한이 골수에 사무침.
【次期 차기】다음 시기.
【次例 차례】나아가는 순서.
【次席 차석】수석(首席)의 다음가는 자리.
【次上 차상】시문(詩文)을 끊는 등급 가운데 넷째 등급 중의 첫째 급(級).
【次善 차선】최선(最善)에 버금가는 좋은 방도.

【次韻 차운】남이 지은 시의 운자(韻字)를 따서 시를 지음.
【次第 차제】차례. 순서. 次序(차서).
【次中 차중】시문(詩文)을 끊는 등급 가운데 넷째 등급 중의 둘째 등급.
【次下 차하】시문(詩文)을 끊는 등급 가운데 넷째 등급 중의 셋째 급(級).
◐ 今-, 屢-, 目-, 席-, 數-, 順-, 年-, 越-, 前-, 漸-, 遷-, 編-.

欠2【欢】⑥ 歡(902)의 속자

欠4【炊】⑧ 飮(898)과 동자

欠4【欧】⑧ 歐(901)의 속자

欠4【䬸】⑧ 歟(902)의 속자

欠4【欣】⑧ 기뻐할 흔 因 xīn

[소전] [초서] [동서] [字解] ①기뻐하다.〔陶潛·辭〕載欣載奔. ②기쁨.〔宋書〕萬國含欣. ③기쁜 마음으로 받들다.〔國語〕民能欣之. ④짐승이 힘이 세다.
【欣嘉 흔가】기뻐하며 칭찬함.
【欣感 흔감】기뻐하며 감동함.
【欣求淨土 흔구정토】(佛)극락정토에 왕생하기를 원하여 구함.
【欣戴 흔대】흔연히 추대함.
【欣覩 흔도】기뻐하며 봄. 欣睹(흔도). 欣瞻(흔첨). 欣矚(흔촉).
【欣慕 흔모】기쁜 마음으로 사모함.
【欣服 흔복】기쁜 마음으로 복종함.
【欣賞 흔상】기쁜 마음으로 칭찬함.
【欣躍 흔약】기뻐서 깡충깡충 뜀.
【欣懌 흔역】☞欣悅(흔열).
【欣然 흔연】기뻐하는 모양.
【欣悅 흔열】기뻐하고 즐거워함. 欣懌(흔역). 欣喜(흔희).
【欣厭 흔염】①기뻐함과 미워함. ②좋아함과 싫어함.
【欣玩 흔완】기뻐하며 완상(玩賞)함.
【欣愉 흔유】기뻐하며 좋아함.
【欣戚 흔척】기쁨과 슬픔.
【欣瞻 흔첨】기뻐하며 봄. 欣覩(흔도).
【欣快 흔쾌】기쁘고 유쾌함.
【欣幸 흔행】기뻐하며 행복하게 여김.
【欣欣 흔흔】①기뻐하는 모양. 欣然(흔연). ②스스로 만족하는 모양. ③초목이 무성하고 싱싱한 모양.
【欣欣然 흔흔연】기뻐하는 모양.
【欣喜 흔희】기뻐함. 즐거워함. 欣悅(흔열).
◐ 樂-, 悅-, 幽-, 含-, 懽-.

欠部 5～7획 欰 軟 欶 歐 歛 欬 欯 款 歁 欷 欲

欠5 【欰】⑨ 불 구 ㊊후 國 xū
소전 㷅 초서 欰 字解 ❶불다, 따뜻한 입김으로 불다. ❷웃다, 벙긋 웃다. ≒嘔. ¶ 欰愉.
【欰愉 구유】 웃으며 기뻐함.

欠5 【軟】⑨ 呻(284)과 동자

欠6 【欶】⑩ 쿨룩거릴 궐 ㊊ jué
字解 쿨룩거리다, 숨차다. 〔列子〕憤欶之病.

欠6 【歐】⑩ ❶울 이 國 yì
❷개탄할 인 國 yīn
소전 㰚 字解 ❶울다, 목메어 울다. ❷개탄하다, 탄식하다.
【歐嚘 인우】 개탄함.

欠6 【歛】⑩ 들이마실 합 國 hē
소전 㱃 초서 歛 字解 ❶들이마시다, 빨아들이다. 〔班固·賦〕歛野歕山. ❷합하다, 한데 아우르다. 〔太玄經〕上欲下歛. ❸받아들이다.

欠6 【欬】⑩ ❶기침 해 ㊊개 國 kài
❷트림 애 國 ài
소전 㰆 초서 欬 字解 ❶〔同〕咳(292). ❶기침. ¶ 欬嗽. ❷천식, 기침이 나는 병. 〔禮記〕國多風欬. ❸기침을 하다. 〔禮記〕車上不廣欬. ❹소곤거리다, 담소(談笑)하다. ❷트림. ≒噫.
【欬嗽 해수】 기침. 咳嗽(해수).
【欬逆 해역】 ①몹시 기침을 함. 콜록거림. ②상기(上氣)하고 기침이 나는 병. 담해병(痰咳病).
【欬唾 해타】 ①기침하고 침을 뱉음. 가래침. ②어른의 말씀.
【欬唾成珠 해타성주】 침방울이 아름다운 옥이 됨. ㉠권세가 당당한 사람의 말이 잘 통함. ㉡시문이 뛰어남.

欠6 【欯】⑩ 기뻐할 힐 國 xì
소전 㱂 字解 ❶기뻐하다, 즐거워하다. ❷웃다.
【欯欯 힐힐】 기뻐하는 모양.

欠7 【欷】⑪ 款(898)과 동자

欠7 【歁】⑪ 款(898)의 속자

欠7 【欶】⑪ ❶빨아들일 삭 國 shuò
❷기침 수 國 sòu

欠7 【歃】字解 ❶❶빨아들이다. 〔韓愈, 孟郊·詩〕酒醪欣共欶. ❷붙다, 달라붙다. 〔淮南子〕涔霜露, 欶蹄跌. ❷기침. =嗽.

欠7 【欷】⑪ ❶한숨 쉴 애 國 āi, ǎi
❷화낼 애 國
소전 㰁 초서 欷 字解 ❶❶한숨 쉬다, 개탄하다. 〔楚辭〕欷秋冬之緒風. ❷그러하다. 긍정(肯定)하는 말. ≒唉. ❸아. 그러하지 않다고 부정(否定)하는 말. ❹상응(相應)하는 소리. ¶ 欷乃. ❷화내다, 성내다. 〔法言〕始皇方獵六國, 而箭乎欷.
【欷乃 애내】 ①배의 노를 젓는 데 따라 일어나는 소리. ②뱃노래. ③초동이나 목동들이 부르는 소리.

欠7 【欲】⑪ 하고자 할 욕 國 yù

八 夕 夂 父 谷 谷 谷 谷 谷 欲

소전 㲂 초서 欲 통자 慾 字源 形聲. 谷+欠→欲. '谷(곡)'이 음을 나타낸다.
字解 ❶하고자 하다, 하려 하다. 〔論語〕欲速則不達. ❷~할 것 같다. 〔許渾·詩〕山雨欲來風滿樓. ❸바라다, 기대하거나 원하다. 〔論語〕七十而從心所欲, 不踰矩. ❹탐내다, 욕심을 부리다. 〔呂氏春秋〕人情欲生而惡死. ❺좋아하다, 사랑하다. 〔禮記〕與人者, 不問其所欲. ❻욕심. ㉮딤내고 아끼는 마음. 칠정(七情)의 하나. 〔禮記〕喜·怒·哀·懼·愛·惡·欲. ㉯바라고 원하는 마음. 〔禮記〕欲不可從. ㉰색정(色情), 욕정(欲情). 〔素問〕以欲竭其精. ❼순하다, 얌전하다. ≒裕. 〔禮記〕敬以欲. ❽자주. ≒數. 〔禮記〕疾趨則欲發而手足毋移. ❾(佛)육진(六塵)을 희구(希求)하는 마음. 범어 'Rajas'의 역어(譯語).
【欲蓋彌章 욕개미장】 나쁜 일을 숨기려다가 도리어 더 드러남.
【欲界 욕계】(佛)①욕심이 많은 세계. ②인간계. 색계(色界)·무색계(無色界)와 합하여 삼계(三界)라고 함.
【欲界三欲 욕계삼욕】(佛)인간 세계의 세 가지 욕심. 곧, 식욕(食欲)·수면욕(睡眠欲)·음욕(淫慾).
【欲哭逢打 욕곡봉타】 울려고 하는 아이를 때려서 마침내 울게 함. 불평을 품고 있는 사람을 선동함.
【欲巧反拙 욕교반졸】 國잘 만들려고 너무 기교를 부리다가 도리어 졸렬하게 만듦. 너무 잘하려고 하면 도리어 안 됨.
【欲求 욕구】 무엇을 얻거나 무슨 일을 하고자 바라고 원함.
【欲望 욕망】 무엇을 하거나 가지고자 하는 바람.
【欲不可從 욕불가종】 욕심은 억제해야 하는 것이며, 방종하도록 해서는 안 됨.
【欲死無地 욕사무지】 죽으려고 하여도 죽을 곳이 없음. 아주 분하고 원통함.

欠部 7~8획 歔欲款欺

【欲生 욕생】①살기를 바람. 생존욕(生存欲). ②(佛)극락세계에 태어나기를 바라는 마음.
【欲速不達 욕속부달】너무 빨리 하려고 서두르면 도리어 일을 이루지 못함.
【欲速之心 욕속지심】빨리 이루어지기를 바라는 마음.
【欲食其肉 욕식기육】그 사람의 고기를 먹고 싶음. 원한이 깊음.
【欲刺 욕자】(佛)재욕·색욕·식욕·명예욕·수면욕의 오욕(五欲)은 사람을 괴롭히는 것이 마치 바늘로 살을 찌르는 것 같음.
【欲情 욕정】이성(異姓)에 대한 육체적 욕망. 色情(색정).
【欲塵 욕진】(佛)①욕심 때문에 몸과 마음이 더럽혀졌음을 먼지에 비유한 말. ②육욕(六欲)과 오진(五塵).
【欲吐未吐 욕토미토】말을 할 듯 할 듯하면서 하지 않음.
【欲海 욕해】(佛)정욕(情欲)의 넓고 깊음을 바다에 비유한 말.
【欲火 욕화】(佛)욕정의 왕성함을 불에 비유하여 이르는 말.
○ 寡−, 多−, 大−, 名−, 私−, 色−, 食−, 愛−, 肉−, 淫−, 利−, 財−, 情−, 貪−.

欠 7 【歔】⑪ 흐느낄 희 [INK] xī
[소전][초서][자해]①흐느끼다, 훅훅 느끼며 울다. ¶歔欷. ②두려워하는 모양. ¶歔歔. ③탄식하다, 한숨 쉬다. ¶歔呼.
【歔呼 희호】탄식함. 탄식하는 소리.
【歔欷 희희】훌쩍거리며 욺. 흐느껴 욺.
○ 長−, 悽−, 涕−, 歔−.

欠 8 【欲】⑫ 시름겨울 감·함 [INK] kǎn
[소전][초서][자해]①시름겹다, 시름겨워하는 모양. 〔楚辭〕欲愁悴而委惰. ②서운하다, 만족해하지 아니하다. 늑憾. ¶欲然. ③구멍, 함정(陷穽). 늑坎. ④사물의 소리.
【欲憾 감감】일이 뜻대로 되지 않아 유감스럽게 생각함.
【欲然 감연】스스로 만족하지 않는 모양. 불만스러운 모양.
【欲陷 감함】함정(陷穽).

欠 8 【款】⑫ 정성 관 [INK] kuǎn
[소전][혹체][초서][속체][자해]①정성, 성의. ¶款誠. ②두드리다, 노크하다. ¶款門. ③사랑하다. 〔宋孝武帝·詩〕愛聚雙情款. ④이르다, 도달하다. 〔張衡·賦〕繞黄山而款牛首. ⑤굽다, 구부정하다. ¶款足. ⑥다정하게 사귀다, 친하게 지

내다. 〔晉書〕詠之早與劉裕游款. ⑦머무르다, 묵다. 〔梅堯臣·詩〕疲馬行亦款. ⑧음자(陰字), 금석(金石)·종정(鐘鼎)에 음각(陰刻)한 글자. ¶款識. ⑨주로 서화가(書畫家)들의 도장. ¶落款. ⑩구멍. ¶款啓. ⑪항목, 조목. ¶款項. ⑫문서(文書). ¶定款. ⑬비다, 공허하다. ¶款言. ⑭느리다, 천천하다. ¶款款. ⑮現돈, 경비(經費). ¶款額.
【款啓 관계】작은 구멍을 엶. 보는 범위가 좁음.
【款曲 관곡】①허물없이 사귐. 매우 정답고 친밀하게 됨. ②㉠뒤얽힌 곡절. 복잡한 사연. ㉡일이 까다로움. 委曲(위곡).
【款款 관관】①충실한 모양. ②느린 모양. ③혼자 즐기는 모양. ④마음속에 바라는 바가 있는 모양.
【款關 관관】관문을 두드려 통과를 바람. 남을 방문함. 款門(관문).
【款段 관단】①느리고 더딘 걸음. ②망아지.
【款談 관담】☞款話(관화).
【款待 관대】정성스럽게 대접함. 歡待(환대).
【款門 관문】①문을 두드림. ②남의 집을 방문함. ③귀순하여 복종함.
【款伏 관복】죄인이 자백하여 복죄(伏罪)함. 款引(관인).
【款服 관복】진심으로 복종함. 心服(심복).
【款誠 관성】정성. 성의. 참된 마음.
【款狎 관압】다정하게 터놓고 사귐.
【款額 관액】작정한 액수. 경비의 액수.
【款言 관언】터무니없는 말. 거짓말.
【款然 관연】성의를 가지고 다정히 대하는 모양.
【款晤 관오】터놓고 다정히 이야기함. 격의 없이 이야기함. ○'晤'는 대어(對語).
【款要 관요】정성. 진정.
【款引 관인】☞款伏(관복).
【款接 관접】매우 친절하게 대접함.
【款足 관족】솥발의 중간이 구부정하게 되어 있는 것.
【款識 관지】종정(鐘鼎)의 명문(銘文). 금석(金石)에 새긴 글자. ○'款'은 음각한 글자, '識'은 양각한 글자.
【款項 관항】①조항(條項). 항목(項目). ②예산서·결산서 등의 내용 구분 단위인 관과 항. 관은 가장 큰 분류, 항은 관을 세분한 것임.
【款話 관화】허물없이 말함. 터놓고 이야기함. 款談(관담). 款語(관어).
【款懷 관회】충실한 마음. 誠意(성의).
【款洽 관흡】우정이 두터움. 매우 친함.
○ 懇−, 舊−, 落−, 丹−, 誠−, 約−, 陰−, 篆−, 定−, 借−, 忠−, 衷−.

欠 8 【欺】⑫ 속일 기 [INK] qī
[자원] 形聲. 其+欠→欺. '其(기)'가 음을 나타낸다.
[자해]①속이다, 속여 넘기다. 〔論語〕吾誰欺,

欺天乎. ②거짓, 허위. 〔新書〕反任爲欺. ③업신여기다. 〔姚合·詩〕時輩復輕欺. ④보기 흉하다, 추하다.
【欺姦 기간】 윗사람이 아랫사람의 아내를 속여 능욕함.
【欺誆 기광】 속임. 欺罔(기망).
【欺君罔上 기군망상】 임금을 속임.
【欺弄 기롱】 속여 희롱하거나 업신여겨 농락함.
【欺瞞 기만】 남을 그럴듯하게 속임.
【欺慢 기만】 속이고 업신여김. 欺慢(기만).
【欺罔 기망】 속임. 속이고 모함함.
【欺冒 기모】 속여 범함. 속임.
【欺誣 기무】 속임. 欺罔(기망).
【欺負 기부】 ①속이고 배반함. ②깔보고 속임.
【欺詐 기사】 속이고 거짓말함. 詐欺(사기).
【欺世盜名 기세도명】 세상 사람을 속이고 헛된 명예를 탐함.
【欺心 기심】 ①남을 속이려는 마음. ②자기의 양심을 속임.
【欺訛 기와】 속이고 홀림. 속임.
【欺情 기정】 겉으로만 꾸미고 속마음을 드러내지 않음.
【欺諂 기첨】 속이고 아첨함.
【欺殆 기태】 속여 위태롭게 함.
【欺詒 기태】 속임. ○'詒'도 속인다는 뜻.
【欺惑 기혹】 속여 미혹하게 함.
◐ 姦-, 誆-, 謾-, 詐-, 自-, 誣-, 誕-.

欠8 【歌】⑫ 당나귀 울 아 鴉 yà
字解 당나귀가 울다.

欠8 【猗】⑫ ❶아 의 因 yī ❷기울 기 因 qī
초서 𣱃 字解 ❶아! 감탄하여 기리는 말. 늑猗. ¶ 猗歟. ❷기울다, 한쪽을 높게 세우다. 늑攲.
【猗歟 의여】 아! 감탄하여 기리는 말.
【猗傾 의경】 기울어짐.
【猗直 의직】 기욺과 곧음.

欠8 【欻】⑫ 문득 훌 物 xū
소전 𣱃 초서 𣱃 본자 欻 字解 ①문득, 갑자기. 〔張衡·賦〕神山崔巍, 欻從背見. ②움직이다, 일어나다. ¶ 欻欻. ③가볍고 재빠른 모양. ¶ 欻翕.
【欻然 훌연】 갑자기. 문득. 欻忽(훌홀).
【欻欻 훌훌】 움직이는 모양.
【欻吸 훌흡】 빠른 모양. 갑작스러운 모양.
【欻翕 훌흡】 재빠른 모양.

欠8 【欽】⑫ ❶공경할 흠 侵金 qīn ❷굽힐 흠 寑
소전 𣱃 초서 𣱃 字解 ❶공경하다, 삼가다. 〔書經〕欽明文思. ❷천자(天子)에 관한 일에 붙이는 말. ¶ 欽命. ❸굽

히다, 구부러지다. ¶ 欽頤. ❹성(姓). ❷굽히다, 몸을 굽혀 어떤 자세를 취하다.
【欽敬 흠경】 존경하고 사모함. 敬慕(경모)함.
【欽念 흠념】 삼가 생각함. 敬思(경사).
【欽命 흠명】 ①천자의 칙사(勅使). ②천자의 명령. 勅命(칙명).
【欽明 흠명】 음전하고 도리에 밝음.
【欽明文思 흠명문사】 요(堯)임금의 덕을 기린 말. ○'欽'은 심신을 삼가는 일, '明'은 도리에 밝음, '文'은 문장이 밖으로 빛남, '思'는 생각이 깊음.
【欽慕 흠모】 기쁜 마음으로 사모함. 欽愛(흠애).
【欽味 흠미】 맛을 칭찬해 가면서 먹음. 賞味(상미)함.
【欽服 흠복】 공경하고 복종함.
【欽奉 흠봉】 ①정중하게 받듦. ②천자의 명령을 받듦.
【欽尙 흠상】 존경하고 숭배함. 欽崇(흠숭).
【欽羨 흠선】 남을 흠모하여 부러워함.
【欽崇 흠숭】 ☞欽尙(흠상).
【欽仰 흠앙】 공경하고 우러러봄.
【欽若 흠약】 공경하여 따름. 얌전하게 좇음.
【欽挹 흠읍】 남을 존경하고 스스로를 낮춤.
【欽頤 흠이】 턱이 위로 굽어 보기 흉한 모양.
【欽咨 흠자】 삼가 헤아림.
【欽定 흠정】 ①천자가 몸소 제정함. ②천자의 명에 의하여 제정함.
【欽遵 흠준】 천자의 명을 받들어 시행함. 칙명(勅命)을 준수함.
【欽差 흠치】 ①칙명(勅命)을 띠고 시신(侍臣)으로 감. ②칙명을 전달하는 사신. 勅使(칙사).
【欽勅 흠칙】 임금의 명령. 勅命(칙명).
【欽歎 흠탄】 아름다운 점을 몹시 칭찬함. 賞歎(상탄)함.
【欽恤之典 흠휼지전】 죄수에 대하여 신중히 심의(審議)하라는 뜻의 은전(恩典).
【欽欽 흠흠】 ①사모하여 잊지 못하는 모양. ②삼가는 모양. ③걱정하는 모양. ④종소리가 가락에 맞는 모양.
◐ 德-, 丞-, 仰-.

欠9 【欵】⑬ 款(898)과 동자

欠9 【歃】⑬ 마실 삽 洽 shà
소전 𣱃 초서 𣱃 字解 ①마시다, 맹세를 다짐하여 희생의 피를 마시다. ¶ 歃血. ②꽂다, 끼워 넣다. 늑插.
【歃血 삽혈】 굳게 맹세할 때에 희생(犧牲)의 피를 서로 나누어 마시거나 입술에 바르고 서약을 꼭 지킨다는 단심(丹心)을 신에게 보이는 일.

欠9 【歈】⑬ 노래 유 虞 yú
소전 𣱃 초서 𣱃 간체 歈 字解 ①노래, 노래하다. 〔楚辭〕吳

歆蔡謳, 奏大呂些. ②기뻐하다. ≒愉.〔劉伶·詩〕色歆暢眞心.

欠9 【歅】⑬ 의심할 인 眞 yīn
字解 ①의심하다, 믿지 못하다. ②사람 이름.〔莊子〕召九方歅.

欠9 【歇】⑬
❶쉴 헐 月 xiē
❷개 이름 갈 圆 xiē
❸사람 이름 알 黠 yà

参考 대법원 지정 인명용 한자의 음은 '헐'이다.

字解 ❶①쉬다, 휴식하다. ¶歇泊. ②없다, 비다. ③다하다, 마르다, 없어지다.〔老子〕神無以靈, 將恐歇. ④그치다, 멎다.〔春秋左氏傳〕憂未歇也. ⑤머무르다, 묵다. ¶歇家. ⑥먼 모양, 높은 모양. ¶歇欸. ⑦혈하다. ㉮싸다, 값이 싸다. ¶歇價. ㉯대수롭지 않게 여겨 다잡음이 약하다. ¶歇治. ㉰죄에 비하여 처벌이 가볍다. ¶歇治. ⑧現휴업(休業)하다. ¶歇杖. ❷개 이름. 주둥이가 짧은 사냥개. ¶歇驕. ❸사람 이름.〔史記〕趙歇爲王.
【歇家】헐가】여인숙. 여관. 旅舍(여사).
【歇價】헐가】國그 물건의 원래 가격보다 훨씬 싼 값. 헐값.
【歇脚】헐각】現휴식함.
【歇看】헐간】國물건이나 일 따위를 탐탁지 않게 보아 넘김.
【歇泊】헐박】쉼. 묵음. 歇宿(헐숙).
【歇邊】헐변】國헐한 이자. 저금리.
【歇息】헐식】쉼. 휴식. 휴게.
【歇杖】헐장】①現휴전(休戰)함. ②國곤장을 아프지 않게 형식으로만 치던 일.
【歇治】헐치】國①가볍게 벌함. ②병을 가볍게 보아 치료를 소홀히 함.
【歇齒】헐치】國닿아서 맞지 않는 톱니바퀴의 이.
【歇欸】헐훌】①아득하게 먼 모양. ②높은 모양.
【歇驕】갈교】주둥이가 짧은 사냥개.

◐ 間−, 憩−, 耗−, 消−, 衰−, 零−, 休−.

欠9 【歆】⑬ 받을 흠 侵 xīn
字解 ①받다, 신(神)이나 조상의 혼령이 제사 음식을 기쁘게 받다. ¶歆饗. ②대접하다, 음식 대접을 하다.〔國語〕王歆大牢. ③움직이다, 마음이 동하다.〔詩經〕履帝武敏歆. ④부러워하다, 탐내다.〔國語〕楚必歆之.
【歆嘗】흠상】신에게 제물을 바치고 제사 지냄.
【歆羨】흠선】흠앙(欽仰)하여 부러워함. ≒歆羨(흠선).
【歆艶】흠염】☞歆羨(흠선).
【歆饗】흠향】신명(神明)이 제사의 예(禮)를 받음. 歆享(흠향).

欠10 【歌】⑭ 노래 가 歌 gē

一 〒 哥 哥 哥 哥 哥 歌 歌 歌

字源 形聲. 哥+欠→歌. '哥(가)'가 음을 나타낸다.

字解 ①노래, 곡조를 붙여 부르도록 된 가사(歌詞). 〔素問〕在聲爲歌. ②노래하다, 음악에 맞추어 노래를 부르다.〔詩經〕我歌且謠. ③소리를 내어 억양을 붙여 읊다.〔詩經〕誦之歌之. ④노래를 짓다.〔漢書〕論文武之德. ⑤새가 지저귀다.〔歐陽脩·詩〕鳥歌花舞太守ража. ⑥한시(漢詩)의 한 체(體). 악부(樂府)에 딸린 고시(古詩).
【歌客 가객】①노래를 잘하는 사람. ②노래를 잘 짓는 사람. 歌人(가인).
【歌曲 가곡】①가사(歌詞)와 곡조(曲調). ②國시조(時調)에 곡을 붙여 부르는 노래의 가락. ③시가(詩歌)를 가사로 한 성악곡.
【歌工 가공】노래 부르는 일을 업(業)으로 하던 사람.
【歌謳 가구】노래를 부름. 歌謳(가구).
【歌謳 가구】☞歌謳(가구).
【歌舞 가무】①노래와 춤. ②노래하고 춤을 춤. ③공덕을 칭송함. ④제멋대로 놀고 즐기는 일.
【歌舞伎 가무기】가무를 하는 예인(藝人).
【歌舞地 가무지】가무가 성행(盛行)하며 영화의 즐거움이 극진한 곳.
【歌榜 가방】뱃노래를 부르면서 노를 저음.
【歌詞 가사】①노래의 내용이 되는 글. 노랫말. ②☞歌辭(가사).
【歌辭 가사】3·4조 또는 4·4조 연속체로 된, 운문과 산문의 중간 형태인 우리나라 고유의 문학 형식.
【歌手 가수】노래 부르는 것을 직업으로 하는 사람.
【歌詩 가시】①노래와 시. ②시를 읊음.
【歌謠 가요】①노래를 부름. ◑'歌'는 악기에 맞추어 노래하는 것을, '謠'는 악기 없이 노래하는 것을 뜻함. ②國악가(樂歌)와 속요(俗謠). ㉡민요·동요·속요·유행가 등의 총칭.
【歌唱 가창】노래를 부름.
【歌吹海 가취해】노래를 부르고 피리 따위를 불며 흥겹게 노는 곳. 遊興街(유흥가).
【歌板 가판】악기의 한 가지. 노래의 박자를 맞출 때 쓰는 박(拍).
【歌唄 가패】(佛)불교 의식의 하나. 부처의 덕을 칭송하기 위해 범패(梵唄)를 노래하는 일.
【歌呼 가호】큰 소리로 노래를 부름.
【歌戲 가희】노래를 부르며 희롱함.

◐ 凱−, 古−, 高−, 狂−, 校−, 軍−, 短棹−, 挽−, 帆−, 牧−, 放−, 俗−, 頌−, 詩−, 樂−, 詠−, 長−, 唱−, 樵−, 鄕−.

欠10 【歉】⑭ 흉년 들 겸 琰 qiàn
字解 ①흉년 들다, 곡식이 잘 익지 아니하다. ¶歉年.

欠部 10~12획 歍歊歐歓歆欵歈歕歔

②뜻에 차지 아니하다. 불만족스럽다. ③적다, 부족하다. ④원망스럽게 여기다, 원한을 품다. ⑤國짓쩍다, 겸연쩍다.
【歉年 겸년】흉년. 歉歲(겸세). 荒年(황년).
【歉歲 겸세】☞歉年(겸년).
【歉然 겸연】①비어 모자라는 모양. ②마음에 차지 않은 모양. ③미안하여 면목이 없음.
【歉弊 겸폐】흉년이 들어 백성들이 곤궁함.
【歉荒 겸황】흉년이 들어 곡식이 안 됨.

欠
10 【歍】⑭ ❶토할 오 虞 wū
       ❷울 앙 陽 yāng
소전 𣠏 초서 𣠏 字解 ❶①토하다, 토하는 소리. ¶歍嘔. ②아! ≒烏. ¶歍欽. ③입맞추다. ❷①울다, 흐느끼며 울다, 훌쩍거리다. ¶歍唈.
【歍嘔 오구】토함. 삼킨 것을 토하여 냄.
【歍欽 오흠】아! 탄식하는 소리.
【歍唈 앙읍】흐느껴 욺. 嗚唈(오읍).

欠
10 【歊】⑭ 김 오를 효 蕭 xiāo
소전 𣣳 초서 𣣳 字解 ①김이 오르다, 증기·열기 등이 피어 오르는 모양. ¶歊蒸. ②숨결, 숨을 쉬다. ¶歊歔.
【歊蒸 효증】열기가 위로 피어오르는 모양.
【歊歔 효허】숨을 쉼. 입김이 서림.

欠
11 【歐】⑮ ❶토할 구 麌 우 宥 ǒu
         ❷노래할 구 麌 우 宥 ōu
소전 𣪍 초서 𣪍 속자 欧 欧 字解 ❶①토하다, 뱉다. ≒嘔. ¶歐吐. ②치다, 때리다. ≒毆. ¶歐捶. ❷①노래하다. ≒謳. ¶歐歌. ②새 소리. ¶歐歐. ③現구라파, 유럽(Europe)의 약칭.
【歐歌 구가】은덕을 기려 노래함.
【歐歐 구구】새 우는 소리의 형용.
【歐刀 구도】죄인의 목을 베는 칼.
【歐母 구모】故事현명한 어머니. 송대(宋代)의 구양수(歐陽脩)의 어머니가 집이 몹시 가난하여 싸릿대로 땅에 글을 써서 아들을 가르쳤다는 고사에서 온 말.
【歐美 구미】現①유럽 주와 아메리카 주. ②유럽과 미국.
【歐泄 구설】토하고 설사함. 구토와 설사.
【歐捶 구추】매질함. 때림. 회초리로 때림.
【歐吐 구토】먹은 음식물을 게움. 嘔吐(구토).
❶南-, 東-, 北-, 西-, 中-.

欠
11 【歓】⑮ 歓(2032)의 고자

欠
11 【歕】⑮ 歓(902)과 동자

欠
11 【欵】⑮ 읊을 탄 翰 tàn

一 廿 廿 苂 莒 茣 莫 歎 歎 歎
소전 𣤴 주문 𣤴 초서 𣤴 간체 叹 參考 현대에 와서는 嘆(탄)과 이 자를 혼용(混用)하고 있으나 본래 '탄식하다'란 뜻일 때에만 통자(通字)이다.
字源 形聲. 莫+欠→歎. '莫(난)'이 음을 나타낸다.
字解 ①읊다, 노래하다. 〔曹植·書〕風歎虎視. ②탄식하다, 한숨쉬다. ≒嘆. 〔禮記〕戱而不歎. ③칭찬하다. 〔禮記〕孔子屢歎之. ④화답(和答)하다. 〔禮記〕壹倡而三歎. ⑤신음하다. 〔禮記〕戚斯歎.
【歎嘉 탄가】감탄하며 가상히 여김.
【歎感 탄감】마음속 깊이 감동함. 통절히 느낌. 感歎(감탄).
【歎慨 탄개】탄식하며 분개함. 慨歎(개탄).
【歎哭 탄곡】탄식하며 욺.
【歎服 탄복】감탄하여 마음으로 따름. 感服(감복)함. 欵伏(탄복).
【歎憤 탄분】탄식하며 분개함. 悲憤(비분).
【歎傷 탄상】탄식하며 서러워함. 歎悼(탄도).
【歎賞 탄상】탄복하여 몹시 칭찬함. 歎稱(탄칭).
【歎逝 탄서】세월이 지나감을 탄식함.
【歎惜 탄석】탄식하며 애석히 여김. 진정으로 애석히 여김.
【歎聲 탄성】①감탄하는 소리. ②탄식하는 소리.
【歎羨 탄선】감탄하며 부러워함.
【歎息 탄식】한숨을 쉬며 한탄함.
【歎譽 탄예】감탄하며 칭찬함. 歎賞(탄상).
【歎惋 탄완】놀라고 슬퍼함. 嗟惋(차완).
【歎願 탄원】사정을 말하고 도와주기를 간절히 바람.
【歎異 탄이】뛰어나게 다른 것을 감탄함. 출중(出衆)한 것을 감탄함.
【歎嗟 탄차】탄식하며 분개함. 慨歎(개탄).
【歎嘻 탄희】탄식하며 슬퍼함.
【歎噫 탄희】탄식함.
❶感-, 慨-, 敬-, 驚-, 悲-, 傷-, 賞-, 哀-, 永-, 詠-, 長-, 嗟-, 讚-, 痛-, 恨-.

欠
11 【歓】⑮ 歡(902)의 속자

欠
12 【歕】⑯ 불 분 元 pēn
소전 𣤿 초서 𣤿 字解 ①불다, 입김을 내보내다. ②뱉다, 토하다. 〔班固·賦〕欲野歕山.

欠
12 【歔】⑯ 흐느낄 허 魚 xū
소전 𣥀 초서 𣥀 동자 嘘 간체 歔 字解 ①흐느끼다, 훌쩍훌쩍 울다. ¶歔泣. ②두려워하다. ¶歔欷. ③콧김을 내쉬다. 〔老子〕或歔或吹.

欠 12 【歔】
【歔泣 허읍】 흐느껴 욺.
【歔欷 허희】 ①흐느껴 욺. ②슬퍼하며 두려워하는 모양.

欠 12 【㷿】⑯ 炊(899)의 본자

欠 12 【歙】⑯
❶줄일 흡 緝 xī, shè
❷두려워할 협 葉 xié
[字解] ❶①줄이다, 움츠리다. ¶歙張. ②잇다, 붙이다. 이때의 음은 '협'이다. ③맞다, 일치하다. ≒翕. ④거두어들이다, 수렴하다. ⑤치켜세우다. ⑥지명(地名). ❷두려워하는 모양.
【歙然 흡연】 일치하는 모양. 翕然(흡연).
【歙張 흡장】 ①움츠림과 폄. ②닫음과 엶. ③거두어들임과 베풀어 놓음.

欠 13 【歛】⑰ 바랄 감 覃 hān
[参考] 斂(752)은 딴 자.
[字解] ①바라다, 원하다. ¶歛退. ②무엇을 달라고 빌다.
【歛退 감퇴】 물러가기를 원함.

欠 13 【歗】⑰ 휘파람 불 소 嘯 xiào
[字解] 휘파람을 불다, 읊조리다. =嘯. 〔詩經〕 條其歗矣.

欠 13 【歜】⑰
❶화낼 촉 沃 chù
❷김치 잠 感
[字解] ❶①화내다, 몹시 성내다. ②사람 이름. ≒斶. 〔漢書〕顔歜. ❷김치, 채소로 담근 반찬. 〔春秋左氏傳〕享有昌歜.

欠 14 【歟】⑱ 어조사 여 魚 yú
[字解] 어조사. ㉮구중(句中)에 놓여 어기(語氣)를 고르는 조자(助字). 〔班固·詩〕 猗歟緝熙, 允懷多福. ㉯의문(疑問)·감탄(感歎)·추량(推量) 등의 뜻을 나타내는 종결사. 〔呂氏春秋〕 可反歟.

欠 15 【歋】⑲ 개탄할 우 尤 yōu
[字解] 개탄하다, 분개하며 탄식하다.

欠 15 【歠】⑲ 마실 철 屑 chuò
[字解] ①마시다, 핥아먹다. ②마시는 음식. 〔戰國策〕 進熱歠.

欠 18 【歡】㉒ 기뻐할 환 寒 huān

[字源] 形聲. 雚+欠→歡. '雚(관)'이 음을 나타낸다.
[字解] ①기뻐하다, 즐거워하다. 〔南史〕 相得甚歡. ②기쁘게 하다. 〔湘山野錄〕 歡感閭里. ③기쁨, 즐거움. ¶歡喜. ④좋아하고 사랑하다. 주로 여자가 남자를 두고 하는 말. 〔古樂府〕 聞歡在揚州.
【歡暇 환가】 즐거운 여가.
【歡康 환강】 기뻐하며 편안히 즐김.
【歡客 환객】 반가운 손. 佳客(가객).
【歡敬 환경】 기뻐하고 존경함.
【歡媾 환구】 좋은 혼처(婚處). 좋은 혼인.
【歡談 환담】 기쁜 마음으로 정답게 이야기함. 歡語(환어).
【歡待 환대】 기쁜 마음으로 정성껏 대접함.
【歡樂 환락】 ①기뻐하고 즐거워함. ②즐거운 마음으로 놂. 歡娛(환오).
【歡慕 환모】 기쁜 마음으로 사모함.
【歡伯 환백】 술의 딴 이름. 醉侯(취후).
【歡忭 환변】 크게 기뻐함. 歡悅(환열).
【歡服 환복】 기쁜 마음으로 따름.
【歡悚 환송】 기쁜 마음과 두려운 마음. 기뻐하면서도 두려워함.
【歡送 환송】 떠나는 사람을 기쁜 마음으로 보냄.
【歡呀 환아】 기뻐하면서 부름. 기뻐서 큰 소리를 지름. 歡呼(환호).
【歡愛 환애】 기뻐하고 사랑함.
【歡躍 환약】 기뻐서 깡충깡충 뜀.
【歡語 환어】 ☞歡談(환담).
【歡宴 환연】 환대(歡待)하는 주연(酒宴).
【歡然 환연】 ①기뻐하는 모양. ②화목한 모양.
【歡悅 환열】 즐겁고 기쁨. 歡喜(환희).
【歡艷 환염】 기쁠 때(웃을 때) 생기는 보조개.
【歡迎 환영】 호의를 표하여 기꺼이 맞이함.
【歡榮 환영】 환희와 영화.
【歡遊 환유】 즐겁게 놂.
【歡愉 환유】 기뻐하고 즐거워함.
【歡飮 환음】 즐겁게 술을 마심.
【歡適 환적】 즐겁고 만족함.
【歡情 환정】 기쁜 마음. 즐거운 마음.
【歡戚 환척】 기쁨과 슬픔. 喜憂(희우).
【歡天喜地 환천희지】 펄펄 뛰며 매우 기뻐함.
【歡楚 환초】 기쁨과 슬픔. 喜悲(희비).
【歡謔 환학】 재미있게 희롱함.
【歡駭 환해】 기뻐하며 놀람.
【歡呼 환호】 기뻐서 큰 소리로 고함을 지름.
【歡洽 환흡】 즐겁고 흡족함.
【歡喜 환희】 ①크게 기뻐함. ②(佛)불법을 듣고 몸과 마음이 즐겁고 기쁨. ◯'歡'은 몸의 기쁨, '喜'는 마음의 기쁨.
● 交—, 極—, 樂—, 荻水—, 至—, 合—.

止 部

4획 부수 | 그칠지부

止

④ 발 **지** 紙 zhǐ

丨 丨 ㅏ 止

〔字源〕象形. 발목 밑의 발의 모양을 본뜬 글자.

〔字解〕①발. 늑趾. 〔儀禮〕皆有枕北止. ②멎다, 멈추다. ㉮움직이던 행동을 그만두다. ¶中止. ㉯진행되던 일을 멎게 하다. ¶止血. ㉰꼼짝하지 아니하다, 움직이지 아니하다. 〔禮記〕大功貌若止. ③머무르다. ㉮앞으로 나아가지 아니하다. 〔春秋左氏傳〕戎馬還濘而止. ㉯멈추어 서다. ¶停止. ㉰살고 있다. 〔詩經〕惟民所止. ④만족하다, 자리잡다. 〔大學〕在止於至善. ⑤그치다, 끝나다. 〔張衡·賦〕神具醉止. ⑥숙박하다, 투숙하다. 〔後漢書〕望門投止. ⑦모이다, 모여들다. 〔詩經〕交交黃鳥, 止于桑. ⑧금(禁)하다. 〔呂氏春秋〕止獄訟. ⑨붙들다, 만류하다. 〔論語〕止子路宿. ⑩억제하다, 마음을 다잡다. 〔荀子〕見由則恭而止. ⑪꼭 붙잡다. 〔春秋左氏傳〕齊人以爲討而止公. ⑫사로잡다, 사로잡히다, 손에 넣다. 〔國語〕遂止於秦. ⑬그만두다, 폐(廢)하다. 〔呂氏春秋〕亦可以止矣. ⑭병이 낫다. 〔呂氏春秋〕疾乃止. ⑮떨어 버리다. 〔淮南子〕止念慮. ⑯없어지다, 없애다. 〔史記〕寇盜不爲衰止. ⑰이르다, 도달하다. 〔詩經〕魯侯戾止. ⑱되돌아오다. 〔戰國策〕孟嘗君乃止. ⑲기다리다. 〔禮記〕雖止不怠. ⑳한계(限界). 〔易經〕艮爲止. ㉑거동, 행동거지. 〔詩經〕人而無止. ㉒예의(禮儀), 법. 〔詩經〕國雖靡止. ㉓겨우, 오직. 〔莊子〕止可以一宿. ㉔어조사. 문말(文末)에 놓는 뜻없는 종결사. 늑之. 〔禮記〕高山仰止.

【止渴之計 지갈지계】 ①목마름을 해소할 계책. ②임기응변의 계책. 故事 위(魏)의 조조(曹操)가 행군(行軍) 중 병졸들이 목마름을 호소하자, 앞길에 매실이 풍성한 매림(梅林)이 있다고 외쳐 병졸들의 목마름을 견디게 한 고사에서 온 말. 梅林止渴(매림지갈).

【止戈 지과】 창을 멈춤. 곧, 전쟁을 그침.
【止觀 지관】 (佛)잡다한 망상을 그치고 만유의 진리를 관조하여 깨닫는 일.
【止謗 지방】 비방을 그치게 함.
【止舍 지사】 병영(兵營)에 머물러 쉼.
【止水 지수】 ①흐르지 않는 물. 괸 물. 死水(사수). ②마음이 고요하고 깨끗함. 明鏡止水(명경지수).
【止宿 지숙】 머물러 묵음. 歇宿(헐숙).
【止息 지식】 멈춤. 머물러 쉼.
【止痛 지통】 통증이 멎음.
【止血 지혈】 나오는 피를 멎게 함.

❶擧一, 禁一, 抑一, 容一, 沮一, 停一, 制一, 終一, 中一, 遮一, 廢一, 行一, 休一.

正

⑤ ❶바를 **정** 敬 zhèng
❷정월 **정** 庚 zhèng

一 丁 下 正 正

〔字源〕會意. 一+止→正. 하나(一)를 지켜서 멈춘다(止)는 데, 곧, 정도(正道)를 지킨다는 데서 '바르다'란 뜻을 나타낸다.

〔字解〕❶①바르다. ㉮비뚤어지거나 어그러지지 아니하다. 〔孟子〕其冠不正, 望望然去之. ㉯공평하다, 한쪽으로 치우치지 아니하다. 〔易經〕剛健中正. ㉰도리나 진리에 맞아 그릇됨이 없다. ¶正道. ㉱곧다, 속이는 일이 없다. ¶正道. ②바로잡다. ㉮잘못되거나 그릇된 것을 올바르게 고치다. 〔魏志〕革正法度. ㉯부정(不正)을 제대로 되게 하다. 〔論語〕必也正名乎. ③갖추어지다. 〔易經〕各正性命. ㉰단아(端雅)하다, 품위가 있다. 〔呂氏春秋〕有正有淫. ⑤정당하다, 바람직하다. 〔儀禮〕決用正. ⑥네모, 방정(方正). 〔楚辭〕不量鑿而正枘兮. ⑦평평하다. 〔楚辭〕名余曰正則兮. ⑧한가운데, 중앙. 〔張衡·賦〕農祥晨正. ⑨순일(純一)하다, 섞인 것이 없다. 〔漢書〕莖正赤. ⑩정하다. ㉮어느 것으로 판단하여 잡다. 〔周禮〕歲終則令羣吏正歲會正月要. ㉯어떻게 하겠다고 마음을 헤아려 잡다. 〔詩經〕維龜正之. ⑪조사하다. 〔周語〕賊殺其親則正之. ⑫질정(質正)하다. 〔論語〕就有道而正焉. ⑬ 〔春秋〕湯, 克夏而正天下. ⑭평평하게 하다. 〔禮記〕正權槪. ⑮제지(制止)하다. 〔詩經〕不能正也. ⑯기대하다, 예기(豫期)하다. 〔孟子〕必有事焉而勿正. ⑰듣다. 〔周禮〕以正於公司馬. ⑱정사(政事), 다스리는 일. 〔漢書〕秦失其正. ⑲도(道), 사람의 바른 길. 〔孟子〕以順爲正者, 妾婦之道也. ⑳우두머리. ㉮임금, 군주(君主). 〔呂氏春秋〕可以爲天下正. ㉯장관(長官), 향장(鄕長), 정장(亭長). 〔禮記〕史以獄成告于正. ㉰적자(嫡子). 〔春秋穀梁傳〕諸侯與正而不與賢. ㉱가르침, 사물에 빙자하여 하는 훈계. 〔儀禮〕父西面戒之必有正焉. ㉓본실, 본처, 정실. ¶正嫡. ㉔숟가락으로 제상에 올려놓다. 〔周禮〕正六牲之體. ㉕북두칠성의 첫째 별이 가리키는 곳. 〔素問〕表正於中. ㉖처음, 시초. 〔後漢書〕天以爲正, 周以爲春. ㉗낮, 밝은 곳. 〔詩經〕噲噲其正. ㉘마침, 바로 막. 〔後漢書〕帝方對我飮, 正用此時事爲乎. ㉙위계(位階)를 나타내는 관제(官制). 정(正)이 높고 종(從)이 낮다. ㉚부차적인 것이 아닌 주되는 것. 〔隋書〕爲正副二通. ㉛참으로, 틀림없이. 늑誠. 〔論語〕正唯弟子不能學也. ㉜다만, 단지. 〔漢書〕正頗或聽何傷. ㉝가령, 설령. 〔漢書〕正有它心. ㉞어찌, 왜. 〔魏志〕燕王正爾爲放. ㉟영(零)보다 큰 수. ㊱군대 편제의 단위.

〔萬機要覽〕三領爲一正. ❷①정월(正月). ¶正初. ②과녁, 과녁의 한가운데. ¶正鵠. ③구실, 부세(賦稅). 늑征.〔周禮〕以軍法治之不正.
【正刻 정각】틀림없는 그 시각.
【正覺 정각】(佛)올바른 깨달음. 망혹(妄惑)을 단절하고 불과(佛果)를 성취 하는 일.
【正諫 정간】바른말로 간함.
【正格 정격】①바른 격식. 바른 규칙. 正則(정칙). ②한시(漢詩)의 작법상 절구(絕句)·율시(律詩) 등에서, 첫 구의 둘째 자가 측성자(仄聲字)로 시작되는 것.
【正見 정견】①올바른 견해. ②(佛)팔정도(八正道)의 하나. 올바른 깨달음. 곧, 불교의 바른 도리를 시인하는 견해.
【正逕 정경】⇨正道(정도).
【正卿 정경】①상경(上卿). ✍'正'은 우두머리의 뜻. ②조선 시대, 정이품(正二品) 이상의 벼슬아치.
【正經 정경】①마땅히 행하여야 할 바른 길. ②유교(儒敎)의 경전.
【正系 정계】바른 혈통. 바른 계통.
【正鵠 정곡】①과녁. 과녁의 중심점. ②사물의 요점·급소.
【正攻 정공】①정면으로 공격함. ②정정당당하게 공격함.
【正課 정과】①장정(壯丁)에게 과하는 한 사람 몫의 부역(賦役). ②관청에서 징수하는 정규(定規)의 수수료. ③정규의 과업(課業) 또는 과목.
【正規 정규】바른 규정. 정당한 법.
【正襟 정금】옷깃을 여미고 용의(容儀)를 단정히 함.
【正器 정기】바른 기구(器具).
【正氣 정기】①공명정대한 기운. ②천지자연을 지배하는 만상(萬象)의 근원이 되는 기운. ③생명의 원기. 병에 대한 저항력.
【正念 정념】①바른 생각. 바르고 어지럽지 않은 생각. ②(佛)㉠팔정도(八正道)의 하나. 제법(諸法)의 상성(相性)을 바르게 기억하여 잊지 않는 일. ㉡정법(正法)에 의하여 극락에 왕생함을 믿는 생각.
【正堂 정당】몸채의 대청(大廳). 正房(정방).
【正當 정당】이치에 맞고 올바르고 마땅함.
【正對 정대】바르게 대답함.
【正大 정대】①바르고 큼. ②의사·언행이 정정당당하고 훌륭함.
【正德 정덕】①바른 덕(德). ②자기의 덕을 바르게 함.
【正度 정도】①정삭(正朔)과 도량(度量). ②바른 규칙. 正則(정칙). ③법도를 바로잡음.
【正道 정도】①올바른 길. 正逕(정경). ②정당한 도리.
【正臘 정랍】동지(冬至) 다음 셋째 술일(戌日)에 지내는 제사. 臘祭(납제).
【正兩 정량】國철전(鐵箭)을 쏘는 큰 활.
【正輦 정련】임금이 거둥 때 타던 가마.
【正路 정로】바른 길. 사람이 떳떳이 걸어야 할 대도(大道). 正道(정도). 정규의 도로.

【正論 정론】①정당한 언론. ②바르게 논의하함.
【正利 정리】정당한 방법으로 얻은 이익.
【正理 정리】①올바른 도리. ②도리를 바룸.
【正立 정립】바르게 섬. 똑바로 섬.
【正面 정면】①똑바로 마주 보이는 면. ②사물의 앞쪽으로 향한 면. ③에두르지 않고 직접 마주 대함.
【正名 정명】①㉠명칭을 변정(辨定)함. ㉡대의명분(大義名分)을 밝힘. ②올바른 이름.
【正文 정문】본문(本文).
【正味 정미】①참맛. ②물건의 겉껍질을 뺀 내용. 전체의 무게에서 포장이나 그릇 무게 등을 뺀 무게.
【正房 정방】①⇨正堂(정당). ②본처(本妻). 正室(정실). 正妻(정처).
【正方 정방】①정사각(正四角). ②올바름. 方正(방정). ③방향을 바로잡음.
【正犯 정범】두 사람 이상이 범죄를 저질렀을 때, 자기의 의사에 따라 실제로 범죄를 저지른 사람. 原犯(원범). 主犯(주범).
【正法 정법】①정당한 방법. 바른 법령. ②법을 바로잡음. 관결함. 법에 처함. ③(佛)바른 법문(法門). 바른 교의(敎義).
【正遍覺 정변각】(佛)바르게 두루 일체법(一切法)을 앎. 여래십호(如來十號)의 하나. 正遍知(정변지).
【正兵 정병】정정당당하게 정면으로 공격하는 군대.
【正服 정복】①의복을 바룸. ②정삭(正朔)과 복색(服色). ③의식 때 갖추어 입는 옷.
【正夫 정부】인부의 우두머리.
【正副 정부】으뜸과 버금.
【正士 정사】①언행이 올바른 사람. 의로운 사람. 正人(정인). ②(佛)보살(菩薩).
【正史 정사】①기전체(紀傳體)의 역사. ②정통적인 역사 체계에 의하여 기술된 역사.
【正邪 정사】①정도(正道)와 사도(邪道). ②사악한 마음을 바로잡음.
【正辭 정사】①올바른 말. ②말을 바로잡음.
【正朔 정삭】①정월과 삭일(朔日). 해의 처음과 달의 처음. ②역법(曆法). 옛날 제왕이 새로 나라를 세우면 세수(歲首)를 고쳐서 신력(新曆)을 천하에 발포하였음. ③정월 초하루.
【正色 정색】①안색을 엄정하게 함. 진지한 낯을 함. ②바른 빛. 청·황·적·백·흑의 오색. 본체의 빛깔. ④미인(美人).
【正善 정선】마음이 바르고 착함.
【正聲 정성】①음률에 맞는 바른 성음(聲音). ②음탕하지 않은 바른 음률.
【正歲 정세】하(夏)나라 달력의 정월.
【正始 정시】①바른 시초. ②시초를 바르게 함. 인륜의 시초, 곧 부부 관계를 바르게 함.
【正身 정신】①몸을 바르게 함. ②확실한 본인(本人).
【正實 정실】진실. 올바른 사실.
【正心 정심】①바른 마음. ②마음을 가다듬어 바르게 함.

【正雅 정아】①바르고 아담함. 정대(正大)하고 풍아(風雅)함. ②시경(詩經)의 정대아(正大雅)와 정소아(正小雅).
【正樂 ❶정악 ❷정락】❶①바른 음악. 속되지 않은 음악. ②음악을 바로잡음. ❷바른 즐거움.
【正陽 정양】①한낮의 기운. 한낮. ②양기만 가득하고 음기가 아직 싹트지 않은 달. 음력 4월.
【正言 정언】①도리에 맞는 바른말. ②기탄없이 직언(直言)함.
【正業 정업】①바른 사무. 정당한 직업. ②(佛)살생(殺生)·투도(偸盜) 따위의 속된 짓을 하지 않는 일.
【正誤 정오】①바름과 그름. ②잘못을 바로잡음.
【正營 정영】두려워서 안절부절하는 모양.
【正容 정용】①몸의 자세를 바로 함. ②정색을 함. 얼굴빛을 엄정하게 함.
【正友 정우】마음이 바른 벗.
【正月 정월】일 년 중 첫째 달. 1월.
【正位 정위】①바른 위치. 정당한 위치. ②예(禮). ③임금의 자리. ④國위치를 바로잡음.
【正閏 정윤】①평년과 윤년. ②바른 계통과 가외의 계통. 정통(正統)과 윤통(閏統).
【正音 정음】①바른 음악. ②바른 말소리. ③말을 바로잡음. ④훈민정음(訓民正音).
【正義 정의】①바른 도리. 정직 선량의 도의. 正道(정도). ②바른 의의(意義). 바른 뜻. ③바른 의론. ④㉠지혜·용기·절제가 완전한 조화를 유지하는 일. ㉡여러 가지 덕(德)이 중정(中正)을 이룬 상(相).
【正誼 성의】①노리를 바르게 함. ②행동을 바르게 함.
【正人 정인】①언행이 방정한 사람. 正士(정사). ②장관(長官). ③가장(家長).
【正因 정인】(佛)①물(物), 심(心)의 여러 법을 내는 직접적인 원인. ②정토(淨土)에 왕생하는 직접적인 원인.
【正因緣 정인연】(佛)바른 인연. 육근(六根)을 인(因)으로 하고 육진(六塵)을 연(緣)으로 하여 일체 제법을 생성하는 이치.
【正子 정자】제후(諸侯)의 적자(嫡子).
【正爵 정작】①이긴 사람이 진 사람에게 마시게 하는 술잔. 벌주의 술잔. ②작위(爵位).
【正裝 정장】정식의 복장을 함. 정식으로 차려입은 복장.
【正嫡 정적】①본처(本妻). ②본처 소생. 正嫡(정적).
【正殿 정전】①궁전의 중간에 위치한 주된 전각. ②임금이 조회(朝會)·의식을 행하던 궁전.
【正田 정전】國해마다 농사짓는 논밭.
【正定 정정】①틀린 곳을 바로잡음. 校定(교정). ②(佛)팔정도(八正道)의 하나. 바른 슬기로 무루청정(無漏淸淨)의 선정(禪定)에 드는 일.
【正正 정정】①바른 모양. ②정돈된 모양. ③세력이 왕성한 모양.
【正正堂堂 정정당당】①공정하고 떳떳함. ②바르고 정연하며 기세가 당당한 모양.
【正租 정조】①벼. ②정규의 조세(租稅).

【正條 정조】①법에 규정되어 있는 예조(例條). ②바른 줄.
【正朝 정조】①임금이 여러 신하의 조현(朝見)을 받는 곳. ②국정(國政)을 바로잡음. ③정월 초하루의 아침. 元旦(원단).
【正宗 정종】개조(開祖)의 정통을 이은 종파.
【正直 정직】마음이 바르고 곧음.
【正眞 정진】바르고 참됨. 거짓이 없음.
【正體 정체】①참된 본디의 형체. 바른 모습. 本體(본체). ②바른 혈통의 사람. 長子(장자). 嫡子(적자). ③태자(太子). ④바른 모양의 글씨. 바른 서체(書體). ⑤國본심(本心)의 모양.
【正初 정초】정월의 초승. 그해의 맨 처음.
【正草 정초】國①시지(試紙). ②정서(正書)로 글의 초안을 잡음.
【正出 정출】①샘물이 솟음. ②☞正出之日(정출지일). ③☞正嫡(정적).
【正出之日 정출지일】때마침 돋는 태양. 기세가 더욱 성해짐. 正出(정출).
【正寢 정침】①제사를 지내는 몸채의 방. ②거처하는 곳이 아닌, 주로 일을 하는 몸채의 방.
【正統 정통】①바른 계통. ②적계(嫡系)의 혈통. ③사물의 중심이 되는 요긴한 부분.
【正平 정평】①바르고 공평함. 正直公平(정직공평). ②國저울질이나 되질을 똑바르게 함.
【正幣 정폐】①일정한 폐백(幣帛). ②現표준 화폐(貨幣).
【正學 정학】올바른 학문.
【正行 정행】①올바른 행실. ②바르게 행함. ③(佛)극락세계에 길 수 있도록 마음을 뒤는 바른 행업(行業).
【正刑 정형】①올바른 법칙. 正法(정법). ②형벌의 법을 바르게 함.
【正確 정확】바르고 확실함.
【正會 정회】정월 초하룻날 신하들이 조정에 모여 신년 축하 의식을 행하던 조회(朝會). 원단(元旦)의 의식.

❶ 剛一, 改一, 檢一, 更一, 考一, 公一, 匡一, 校一, 矯一, 規一, 謹一, 端一, 方一, 不一, 司一, 査一, 修一, 讐一, 是一, 嚴一, 午一, 子一, 整一, 宗一, 眞一, 忠一, 判一, 賀一.

止
2 【此】⑥ 이 차 紙 cǐ

丨 丨 丨ㅏ 止 止 此

[소전][초서][동자] [字源] 會意·形聲. 止+匕→此. '止(지)'가 음도 나타낸다. 사람이 서로 나란히 〔匕〕 멈춘다〔止〕는 데서 멈추는 곳, 곧 자기로부터 가장 가까운 곳이나 일을 가리키는 뜻을 나타낸다.

[字解] ①이. ㉮이곳. 자기로부터 가장 가까운 장소. 〔史記〕與我會此. ㉯이것. 가장 가까운 사물을 가리킨다. 〔老子〕去彼取此. ②이에, 그래서. 접속의 뜻을 나타낸다. 〔大學〕有德此有人, 有人此有土.

止部 2~4획 此 步 歧

【此君 차군】대나무의 딴 이름. 故事 진(晉)의 왕휘지(王徽之)가 사는 곳마다 대를 심는, 그 이유를 물으니 '어찌 하루라도 차군(此君)이 없이 살 수 있겠는가.'라고 대답했다는 고사에서 온 말.
【此般 차반】이와 같음.
【此所謂 차소위】이것이 이른바. 이야말로.
【此岸 차안】(佛)생사(生死)의 고통이 있는 이 세상. 열반(涅槃)을 피안(彼岸)이라고 하는 데 대하여 이르는 말.
【此一時彼一時 차일시피일시】이것도 저것도 한 때임. 이때 한 일과 저때 한 일이 서로 사정이 다름.
【此日彼日 차일피일】오늘 내일 하며 자꾸 기한을 미룸.
【此際 차제】이 즈음. 이 기회.
【此頃彼頃 차탈피탈】이 핑계 저 핑계함.
【此後 차후】지금부터 이후. 이 다음.
❶ 若-, 如-, 自-, 從-, 彼-.

止2 【此】 ⑥ 此(905)와 동자

止3 【步】 ⑦ 걸을 보 圖 bù

丨 ト 止 止 步 步 步

字源 會意. 止+少→步. 오른쪽 발바닥(止)과 왼쪽 발바닥(少)이 잇닿아 있는 모양. 사람이 걸을 때 발을 번갈아 떼어 옮아 가는 형상으로 '걷다'란 뜻을 나타낸다.
字解 ①걷다. ㉮천천히 걷다. ¶步行. ㉯일정한 방향으로 나아가다. ¶進步. ②걸리다. ㉮걷게 하다, 걸어서 가게 하다. 〔禮記〕步路馬必中道. ㉯걸음을 익히게 하다. ¶步馬. ③걸음, 걸음걸이. 〔春秋左氏傳〕改步改玉. ④보병(步兵). ¶步騎. ⑤수레를 타고 가다, 수레가 천천히 나아가다. 〔後漢書〕初從生步重華於野. ⑥찾다. 〔荀子〕步中武象. ⑥하다, 행하다. 〔禮記〕未步爵, 未嘗羞. ⑧시운(時運), 세상의 추이(推移). 〔詩經〕天方艱難. ⑨처세하다, 살다. 〔晉書〕高步當年. ⑩미루어 헤아리다. 천문(天文)을 보고 천체(天體)의 운행을 재다. 〔春秋左氏傳〕步歷之始, 以爲術之端首. ⑪천자(天子)의 자리. 〔國語〕改玉改步. ⑫길이의 단위, 한 걸음. ¶一步. ⑬넓이의 단위, 6척 사방의 넓이, 평(坪). ⑭부두, 나루터. 〔柳宗元·志〕凡舟可縻而上下者爲步. ⑮물가. ⑯방패의 한 가지. ⑰신(神). ⑱말에 재앙을 내리는 신. 〔周禮〕步人, 사람에게 재앙을 내리는 신. 〔周禮〕步冥之祭.
【步輂 보교】國모양이 정자(亭子) 지붕 모양으로 가운데가 솟고, 네 귀가 내밀고, 바닥은 소의 생가죽 오리로 가로세로 엮어서 만든 가마의 하나.
【步騎 보기】보병과 기병.

【步擔 보담】짐을 지고 걸어감.
【步道 보도】보행자의 통행에 사용하도록 만든 도로. 人道(인도).
【步曆 보력】천문(天文)을 측정하는 기술.
【步輦 보련】①임금이 타는 가마. ②손수레. ③큰 수레를 나아가게 함.
【步馬 보마】말을 조련(調鍊)함.
【步武 보무】①사소한 간격. 얼마 안 되는 거리. ❍1보는 6척, 1무는 반보(半步). ②위엄 있고 씩씩하게 걷는 걸음걸이. ③남을 뒤따라서 이를 배우는 일.
【步撥 보발】걸어서 공문(公文)을 전하는 일을 맡아 하던 사람.
【步兵 보병】도보로 전투하는 군대 또는 병사.
【步步 보보】한 걸음 한 걸음. 걸음마다.
【步步生蓮花 보보생연화】걸음마다 연꽃이 핌. 미인의 걸음걸이의 비유.
【步衫 보삼】비가 올 때 쓰던 장옷 모양의 우장(雨裝).
【步石 보석】디딤돌.
【步涉 보섭】길을 걷고 물을 건넘.
【步搖 보요】부인들이 머리에 꽂는 장식품의 하나. ❍걸을 때 떨새가 흔들리는 데서 이르는 말.
【步月 보월】달빛을 밟으며 걸음. 달밤에 걸음.
【步爵 보작】술잔을 돌림.
【步障 보장】대나무를 세우고 막을 친 울타리.
【步調 보조】①걸음걸이의 속도나 모양 따위의 상태. ②여럿이 함께 일을 할 때의 진행 속도나 조화.
【步哨 보초】부대의 경계선이나 각종 출입문에서 경계와 감시의 임무를 맡은 병사.
【步趣 보추】①걸음걸이. ❍'步'는 보통 걸음, '趣'는 종종걸음. 步調(보조). ②어른의 걸음에 맞추어 뒤따름.
【步驟 보취】걸어감과 뛰어감. ❍'驟'는 '빨리 달림'을 뜻함.
【步測 보측】걸음걸이로 거리를 잼. 걸음 짐작. 步量(보량).
【步行 보행】걸어다님. 걷기.
【步虛子 보허자】①도사(道士). ②정재(呈才) 때 부르던 창사(唱詞)의 하나.
【步環 보환】보조를 맞추기 위하여 차는 구슬.
❍ 健-, 蹇-, 頃-, 驅-, 國-, 徒-, 獨-, 登-, 漫-, 武-, 散-, 玉-, 緩-, 月-, 吟-, 地-, 進-, 初-, 促-, 寸-, 馳-, 行-, 闊-, 橫-.

〈步搖〉 簪(잠) 步搖(보요) 珥(이)

止4 【歧】 ⑧ ❶岐(498)와 동자
❷跂(1752)와 동자

止部 4~6획 武步歨岠歪䟴䞕

止 4 【武】⑧ 굳셀 무 🄰 wǔ

一 二 干 千 干 武 武 武

[소전][초서] [字源] 會意. 戈+止→武. 간과(干戈)의 힘으로 병란(兵亂)을 미연에 방지한다(止)는 뜻을 나타낸다.

[字解] ①굳세다. ㉮힘차고 튼튼하다. ¶武強. ㉯싸움에 능하다, 군사(軍事)에 밝다. 〔史記〕以高帝寬武, 然尚困於平城. ㉰자만하다, 남을 업신여기다. 〔老子〕善爲士者不武. ③군인, 호반(虎班). ¶武官. ④군대의 위세. 〔春秋左氏傳〕非敢耀武也. ⑤무덕(武德). 〔書經〕乃武乃文. ⑥병법(兵法), 전술(戰術). 〔禮記〕講武習射御. ⑦병기, 무기. ¶武庫. ⑧자취. ㉮발자국. 〔禮記〕堂上接武, 堂下布武. ㉯업적, 유업(遺業). 〔詩經〕繩其祖武. ㉰잇다, 계승하다. 〔詩經〕下武惟周. ⑩반보(半步), 석 자, 1보(步)의 반. 〔國語〕不過步武尺寸之間. ⑪무악(舞樂)의 이름. 주(周) 무왕(武王)이 지었다는 무악. 〔漢書〕武王作武. ⑫종(鐘), 금속의 악기. 〔禮記〕始奏以文, 復亂以武. ⑬없다. 늑無. 〔禮記〕詔侑武方.

【武幹 무간】 무예(武藝)의 재간.
【武強 무강】 굳세고 강함.
【武庫 무고】 ①무기를 간직하는 곳집. 軍器庫(군기고). 武器庫(무기고). ②박학다식(博學多識)한 사람을 칭찬하여 이르는 말.
【武功 무공】 전쟁에서 세운 공적. 武勳(무훈).
【武科 무과】 고려·조선 시대에 무관(武官)을 뽑던 과거(科擧).
【武官 무관】 ①군직(軍職)에 있으면서 군사 일을 맡아보는 관리. ②무과 출신의 벼슬아치.
【武魁 무괴】 무과에서 첫째로 급제한 사람.
【武克 무극】 무(武)로써 이김. 무력으로 남을 제압함.
【武技 무기】 무예(武藝). 무술(武術).
【武氣 무기】 무인의 용맹하고 굳센 기상.
【武器 무기】 적을 공격하거나 막는 데 쓰는 모든 기구.
【武斷 무단】 무력이나 억압을 써서 강제로 행함.
【武德 무덕】 무인의 권위와 덕망.
【武道 무도】 ①무인이 마땅히 지켜야 할 도리. ②군사상의 모든 사항. ③무예와 무술의 총칭.
【武略 무략】 군사상의 책략(策略).
【武力 무력】 ①무용의 힘. 군대의 위력. 兵力(병력). ②마구 욱대기는 힘. 腕力(완력). ③용맹하고 강한 병졸.
【武陵桃源 무릉도원】 별천지(別天地). [故事] 진(晉)의 무릉(武陵)에 사는 한 어부가 복숭아꽃이 계속 떠내려 오는 강물을 거슬러 배를 저어 갔더니 거기에 경치 좋고 평화로운 한 마을이 있었는데, 진(秦)의 난리를 피하여 온 그곳 사람들은 하도 살기 좋아 바깥세상 소식을 전연 모르더라는 이야기에서 나온 말.
【武猛 무맹】 날래고 용맹(勇猛).

【武廟 무묘】 삼국(三國) 때 촉(蜀)의 관우(關羽)의 영령을 모신 사당. 關王廟(관왕묘).
【武弁 무변】 ①무사. 무인. ②무관이 쓰던 관의 하나.
【武步 무보】 얼마 안 되는 길이. ◯'武'는 3척(尺), '步'는 6척.
【武士 무사】 무도(武道)를 닦아서 무사(武事)에 종사하던 사람.
【武事 무사】 무예와 싸움에 관한 일.
【武術 무술】 무도(武道)에 관한 기술.
【武臣不惜死 무신불석사】 무신은 죽음을 아끼지 않음.
【武烈 무열】 ①굳세고 용맹스러움. ②싸움터에서 세운 공. 戰功(전공). 武功(무공).
【武藝 무예】 무술에 관한 재주.
【武勇 무용】 ①무예와 용맹. ②싸움에서 굳세고 용맹스러움.
【武運 무운】 ①전쟁의 승패에 관한 운수. ②무인으로서의 운수.
【武威 무위】 굳세고 위엄이 있음.
【武裝 무장】 ①전투에 필요한 장비를 갖춤. ②어떤 일에 필요한 마음이나 사상, 기술이나 장비 따위를 단단히 갖춤.
【武宰 무재】 🄰판서(判書)나 참판(參判) 벼슬을 지낸 무관.
【武學 무학】 병법에 관한 학문.
❶ 文-, 步-, 尙-, 神-, 練-, 閱-, 威-, 湯-, 玄-, 豪-, 驍-.

止 4 【步】⑧ 步(906)의 속자

止 5 【歨】⑨ 訶(1660)의 고자

止 5 【岠】⑨ 막을 거 🄰 jù

[소전] 岠 [字解] ①막다, 저지하다. 늑拒. ②이르다, 다다르다. 늑距. 〔揚雄·賦〕騰空虛岠連卷. ③어기다.

止 5 【歪】⑨ 비뚤 왜·와 🄰 wāi

[초서] 歪 [椮초] 대법원 지정 인명용 한자의 음은 '왜'이다.
[字解] 비뚤다, 기울다, 바르지 아니하다.
【歪曲 외곡→왜곡】 사실과 다르게 해석하거나 그릇되게 함.

止 6 【䟴】⑩ 跟(1756)과 동자

止 6 【䞕】⑩ ❶머뭇거릴 치 🄰 chí ❷갖출 치 🄰 zhì

[소전][초서] 䞕 [字解] ❶머뭇거리다, 주저하다. ❷①갖추다, 비축하다. 〔書經〕䞕乃糗糧. ②주저하다, 망설이다.

止 7 【歲】⑪ 歲(908)의 고자

止 8 【歸】⑫ 歸(909)의 고자

止 8 【歬】⑫ 前(198)의 고자

止 8 【齒】⑫ 齒(2139)의 속자

止 8 【堂】⑫ 버틸 탱 庚 chēng
字解 버티다, 지탱하다. 〔周禮〕維角堂之.

止 9 【歰】⑬ 澁(1048)과 동자

止 9 【歲】⑬ 해 세 歲 suì

卜止广庐庐庐岁战歲歲

소전 歲 초서 歲 고자 歲 속자 歲 간체 岁

字源 象形. 본래 도끼를 본뜬 글자였으나 뒤에 목성(木星)이라는 뜻으로 가차되었다.
字解 ①해, 일 년. 늑歲. ¶歲暮. ②새해, 신년(新年). ¶歲拜. ③시일, 세월, 광음〔春秋左氏傳〕飢歲而愒日. ④나이, 연령. ¶同歲. ⑤일생, 한평생. 〔史記〕維以卒歲. ⑥곡식이 잘 여물다. 〔春秋左氏傳〕國人望君如望歲焉. ⑦해마다, 연년이. ¶歲貢. ⑧목성(木星). ¶歲星.
【歲功 세공】①일 년의 시서(時序). 일 년의 행사(行事). ②만물의 화육(化育). 농사. ③한 해 농사의 수확.
【歲旦 세단】정월 초하루 아침. 元旦(원단).
【歲德 세덕】①흙의 일 년 사시의 작용. 흙의 덕. ○흙은 사시(四時)를 맡기 때문에 '歲'라고 함. ②한 해 가운데 유덕(有德)한 방위에 있다고 하는 신.
【歲暮 세모】한 해가 끝날 무렵. 歲底(세저).
【歲拜 세배】國섣달 그믐이나 정초에 웃어른께 인사로 하는 절. 歲謁(세알).
【歲事 세사】①연중 행사. ㉠일 년 동안의 관리의 치적(治績). ㉡춘하추동 사시(四時)의 제사. ㉢신하가 조정에 나아가 임금을 알현하는 일. ㉣농사. ②세시(歲時). 세월.
【歲煞 세살】점술가가 말하는 삼살방(三煞方)의 하나. 곧, 인(寅)·오(午)·술(戌)의 해는 축방(丑方)에, 신(巳)·유(酉)·축(丑)의 해는 진방(辰方), 해(亥)·묘(卯)·미(未)의 해는 술방(戌方)에 독한 음기(陰氣)의 살(煞)이 있다고 함.
【歲序 세서】세월이 바뀌어 가는 차례. 사계(季)의 차례.

【歲星 세성】목성.
【歲時 세시】①매년(每年)의 사시(四時). ②세(歲)와 시(時). ○'歲'는 일 년, '時'는 사시(四時). ③國새해. 설.
【歲陽 세양】①10간(干). ②음력 10월.
【歲餘 세여】①일 년 남짓한 동안. ②겨울 동안. 일 년 중의 농한기. ③역법(曆法)에서, 한 해의 기준 일수의 여분(餘分).
【歲月 세월】흘러가는 시간. 歲華(세화).
【歲月如流 세월여류】세월이 흐르는 물과 같음. 세월이 매우 빨리 지나감.
【歲肉 세육】國정초에 쓰는 고기붙이.
【歲聿其莫 세율기모】한 해가 드디어 저물려고 함. ○'聿'은 '遂'로 '드디어'를 뜻함. 歲聿其暮(세율기모).
【歲陰 세음】12지(支).
【歲儀 세의】國연말에 선사하는 물건.
【歲入 세입】한 회계 연도 동안의 총수입.
【歲次 세차】①간지(干支)를 좇아 이르는 해의 차례. ②세성(歲星), 즉 목성(木星)이 머무르는 위치. 歲在(세재).
【歲差 세차】황도(黃道)와 적도(赤道)의 교점(交點)이 매년 황도를 따라 서쪽으로 퇴행함. 춘분점이 해마다 50초(秒) 26씩 서쪽으로 이동하는 현상.
【歲饌 세찬】①설에 세배하러 온 사람들을 대접하는 음식. ②연말에 선사하는 물건.
【歲幣 세폐】①해마다 보내는 금품. ②國매년 음력 10월에 중국에 가는 사신이 가지고 가던 공물(貢物).
【歲寒 세한】①추운 계절이 됨. 겨울. ②노년(老年). ③역경(逆境). 난세(亂世). ④어려움을 당해도 꺾이지 않음.
【歲寒三友 세한삼우】①겨울철 친구로서 기리고 완상할 만한 세 가지 것. 곧, 소나무·대나무·매화나무. ②퇴폐한 세상에서 벗으로 삼을 만한 세 가지 것. 곧, 산수(山水)·송죽(松竹)·금주(琴酒).
【歲寒松柏 세한송백】①겨울에도 푸름을 변하지 않는 소나무와 잣나무. ②군자가 곤궁과 환난(患難)에 처해서도 지조를 바꾸지 않음.
【歲寒操 세한조】역경에서도 변하지 않는 굳은 절개. ⓑ歲寒松柏(세한송백).
【歲刑 세형】음양가(陰陽家)에서 말하는, 팔장신(八將神) 중의 지신(地神). 이 방향을 향하여 흙일을 하는 것을 꺼림.
【歲華 세화】①세월. 광음(光陰). ○'華'는 일월의 빛. 年華(연화). ②봄 경치.
【歲況 세황】설을 맞은 정황(情況).
❶去−, 故−, 來−, 萬−, 晩−, 暮−, 歷−, 年−, 迎−, 往−, 千−, 萬−, 太−, 凶−.

止 9 【歲】⑬ 歲(908)의 속자

止 10 【歷】⑭ 歷(909)의 속자

止12 **歷** ⑯ 지낼 력 📕 lì

一厂厂厂厂厂厂厂厂厂歷歷歷

[소전] 歷 [초문] 厂 [동자] 厤 [속자] 歷 [간체] 历

[字源] 形聲. 厤+止→歷. '厤(력)'이 음을 나타낸다.

[字解] ①지내다. ㉮지나가다, 공간을 거쳐 가다. 〔戰國策〕橫歷天下. ㉯시간을 보내다. 〔後漢書〕歷載三百. ②뛰어넘다, 건너뛰다. 〔孟子〕不歷位而相與言. ③지내 온 일, 겪은 일. ¶經歷. ④차례차례로 보다. 〔漢書〕歷周唐之所進爲法. ⑤모두, 죄다, 널리. 〔書經〕歷告爾百姓于朕志. ⑥만나다. 〔楚辭〕委厥美而歷玆. ⑦달력. =曆. 〔漢書〕黃帝作歷. ⑧세다, 셈하다. ¶歷數. ⑨매기다, 차례를 세우다. 〔禮記〕命宰歷卿大夫至於庶民土田之數. ⑩가리다, 선택하다. 〔司馬彪·賦〕於是歷吉日以齋戒. ⑪엇걸다, 교착(交錯)시키다. 〔大戴禮〕歷者, 獄之所生也. ⑫어지럽다, 어지러워지다. ⑬성기다, 드문드문하다. 〔後漢書〕蓬髮歷齒, 未知其則. ⑭범하다, 어기다. ⑮분명하다, 밝다. 〔古詩〕玉衡指孟冬, 衆星何歷歷. ⑯가마솥. 〔史記〕銅歷爲棺. ⑰나누다, 구획하다. ⑱물방울. 〔周禮〕受斝歷, 而皆飮之. ⑲마판. =櫪. 〔漢書〕伏歷千駟. ⑳천둥, 벼락. =靂. 〔漢書〕辟歷夜明.

【歷擧 역거】 낱낱이 들어 말함.
【歷劫 역겁】 (佛)여러 겁을 지냄. ♦'劫'은 하늘과 땅이 한 번 개벽한 때부터 다음 개벽할 때까지의 동안.
【歷階 역계】 ①층계를 한 계단씩 디디고 올라감. ②층계를 급히 올라감.
【歷觀 역관】 두루 돌아봄. 차례차례 살펴봄. 歷覽(역람).
【歷年 역년】 여러 해를 지냄. 지나온 여러 해. 歷歲(역세). 歷稔(역임).
【歷代 역대】 여러 대를 거침. 이어 내려온 여러 대. 累代(누대).
【歷落 역락】 ①뒤섞인 모양. ②소리가 그치지 않는 모양. ③무리 속에서 훨씬 뛰어난 모양.
【歷亂 역란】 ①물건이 헝클어진 모양. ②꽃이 흐드러지게 핀 모양. 爛漫(난만).
【歷覽 역람】 ☞歷觀(역관).
【歷來 역래】 이전부터 지금까지. 從來(종래).
【歷歷 역력】 분명한 모양.
【歷路 역로】 거쳐가는 길. 겪어온 길.
【歷臨 역림】 두루 들름.
【歷訪 역방】 ①사람을 차례로 방문함. ②명승고적을 두루 구경함. 歷問(역문).
【歷仕 역사】 여러 대의 임금을 계속하여 섬김. 歷事(역사).
【歷世 역세】 ①해를 지냄, 여러 해를 지냄. ②거듭되는 여러 대(代). 歷代(역대). 累代(누대).
【歷歲 역세】 ☞歷年(역년).
【歷數 역수】 ①하나하나 셈함, 일일이 셈함. ②달력.

역수(歷數). ③정해진 운명.
【歷巡 역순】 차례로 순회함.
【歷遊 역유】 두루 돌아다니며 놂.
【歷日 역일】 ①날을 보냄. ②세월(歲月). ③달력. 역일(曆日).
【歷任 역임】 여러 관직을 차례로 지냄.
【歷稔 역임】 ☞歷年(역년).
【歷詆 역저】 하나하나 비방함.
【歷戰 역전】 여러 차례 전투를 치름.
【歷節風 역절풍】 뼈마디가 붓고 아프며 구부리고 펴기를 잘하지 못하는 병.
【歷程 역정】 거쳐 온 길. 지나온 경로.
【歷朝 역조】 ①역대의 왕조. ②역대의 임금.
【歷齒 역치】 성긴 이.

◐ 經―, 勤―, 覽―, 來―, 累―, 病―, 巡―, 閱―, 游―, 履―, 資―, 寂―, 典―, 職―, 探―, 通―, 遍―, 學―, 行―.

止14 **歸** ⑱ 돌아갈 귀 📕 guī

丨丨丨自自自皀皀皀皀歸歸歸

[소전] 歸 [주문] 婦 [초서] 归 [고자] 㱕 [동자] 䢜
[속자] 帰 [속자] 归 [간체] 归

[字源] 形聲. 追+帚→歸. '帚(추)'가 음을 나타낸다.

[字解] ①돌아가다, 돌아오다. ㉮본디 있던 곳에 돌아오다. 〔漢書〕以危法中都, 都免歸家. ㉯본 곳으로 돌아가다. 〔禮記〕使者歸則必拜送于門外. ㉰있던 곳으로 돌아가게 하다. 〔書經〕歸馬于華山之陽. ㉱돌려주다, 반환하다. 〔孟子〕久假而不歸. ③시집가다. 〔詩經〕之子于歸. ④보내다, 음식·물건 등을 보내 주다. =饋. 〔論語〕歸孔子豚. ⑤편들다. 〔論語〕天下歸仁焉. ⑥마치다, 끝내다. 〔呂氏春秋〕歸己君乎. ⑦맞다, 적합하다. 〔禮記〕私惠不歸德. ⑧맡기다, 위임하다. 〔後漢書〕歸任三司. ⑨뜻. 〔易經〕天下同歸而殊塗. ⑩죽다. ⑪몸을 의탁하다. 〔白居易·詩〕心行歸依向一乘. ⑫자수(自首)하다. 〔漢書〕自歸景帝. ⑬부끄러워하다. 〔戰國策〕狀有歸色. ⑭높다. =巍. 〔禮記〕子言之歸乎.

【歸家 귀가】 집으로 돌아거나 돌아옴.
【歸嫁 귀가】 시집감.
【歸去來 귀거래】 돌아감. 관직을 버리고 고향으로 돌아감. ♦'來'는 조사.
【歸耕 귀경】 벼슬을 내 놓고 고향으로 돌아가 농사를 지음. 귀경(歸畊). 귀전(歸田).
【歸敬 귀경】 (佛)부처를 믿고 존경함.
【歸咎 귀구】 허물을 남에게 돌림.
【歸覲 귀근】 집으로 돌아가 어버이를 뵘.
【歸期 귀기】 집으로 돌아가거나 돌아올 기약이나 기한.
【歸寧 귀녕】 ①시집간 딸이 친정에 돌아와서 부모의 안부를 물음. 歸安(귀안). 覲親(근친). ②남자가 고향에 돌아가서 부모의 안부를 물음.

【歸省(귀성)】 ③제후(諸侯)가 서울에 이르러 천자(天子)를 뵙고, 자기 나라에 돌아가 백성을 어루만져 위로하는 일. ④집에 돌아와 장사를 치르는 일.
【歸道山 귀도산】 도산으로 돌아감. 도가(道家)에서 '죽음'을 이르는 말.
【歸洛 귀락】 서울로 돌아감. 귀경(歸京).
【歸馬放牛 귀마방우】 전쟁에 쓴 말과 소를 놓아 보냄. 다시 전쟁을 하지 않음. 故事 주(周) 무왕(武王)이 은(殷)나라를 치고 돌아와 전쟁에 사용한 말과 소를 놓아 보낸 고사에서 온 말.
【歸妹 귀매】 주역(周易)의 64괘의 하나. 패형은 ☱. 소녀를 시집보냄을 상징한다.
【歸命 귀명】 ①반항심을 버리고 순종함. 歸順(귀순). ②(佛)신명(身命)을 바쳐 삼보(三寶)에 귀의(歸依)함.
【歸命頂禮 귀명정례】 (佛)귀명(歸命)하여 머리를 땅에 대고 부처의 발에 절함.
【歸沐 귀목】 ①집에 돌아가 머리를 감음. ②관리가 휴가를 얻어 집에 돌아와 쉼.
【歸夢 귀몽】 고향에 돌아가는 꿈을 꿈.
【歸帆 귀범】 돌아가는 배.
【歸伏 귀복】 ①귀순하여 항복함. 歸降(귀항). ②고향에 돌아와 숨음.
【歸服 귀복】 귀순하여 복종함. 歸附(귀부).
【歸附 귀부】 스스로 와서 복종함. 귀순하여 복종함. 歸服(귀복).
【歸思 귀사】 ☞歸心(귀심)①.
【歸性 귀성】 (佛)미혹(迷惑)이 없는 본성으로 돌아가는 일.
【歸省 귀성】 ☞귀녕(歸寧)②.
【歸屬 귀속】 ①아래에 속함. 부하가 됨. 복종함. ②재산이나 영토, 권리 따위가 어느 곳이나 사람에게 붙거나 딸림.
【歸宿 귀숙】 ①귀착(歸着)함. 귀착하는 곳. ②돌아가서 묵음.
【歸順 귀순】 반항하지 않고 스스로 돌아서서 복종함.
【歸心 귀심】 ①고향으로 돌아가려는 마음. 歸思(귀사). ②사모하여 진심으로 좇음.
【歸雁 귀안】 ①봄에 북쪽으로 돌아가는 기러기. ②저녁때가 되어 보금자리로 돌아가는 기러기.
【歸養 귀양】 고향에 돌아가 어버이를 봉양함.
【歸輿 귀여】 돌아갈 것을 재촉하는 말.
【歸臥 귀와】 돌아가 누움. 벼슬을 내놓고 고향에 돌아와 여생을 보냄.
【歸依 귀의】 ①돌아가 의지함. ②종교적 절대자에게 순종하고 의지하는 일.
【歸一 귀일】 나누어졌던 것이 한 군데로 귀착됨.
【歸任 귀임】 ①어떤 일을 책임지워 맡김. 委任(위임). ②벼슬아치가 임지(任地)에 돌아가거나 돌아옴.
【歸葬 귀장】 타향에서 죽은 사람의 시신을 고향으로 옮겨 장사 지냄.
【歸寂 귀적】 (佛)승려의 죽음. 入寂(입적).
【歸田 귀전】 ①논밭을 되돌림. ②공전(公田)을 되돌림. ③벼슬을 그만두고 고향에 돌아가 농

사를 지음. 歸耕(귀경).
【歸正 귀정】 ①바른 길로 돌아옴. 事必歸正(사필귀정). ②나쁜 일을 고침.
【歸程 귀정】 돌아가는 길. 歸路(귀로).
【歸朝 귀조】 ①조정(朝廷)에 귀속(歸屬)함. ②사신이 본국으로 돌아옴. 歸國(귀국).
【歸舟 귀주】 ①돌아오는 배.
【歸着 귀착】 ①돌아와 닿음. ②생각이나 의론이 어떤 결론으로 귀결됨.
【歸天 귀천】 사람이 죽음.
【歸趣 귀취】 ①돌아감. ②어떤 일의 결과로서 귀착하는 곳. 歸趣(귀취).
【歸趨 귀추】 ☞歸趣(귀취).
【歸土 귀토】 흙으로 돌아감. 죽음.
【歸降 귀항】 귀순하여 항복함.
【歸向 귀항】 마음을 둠. 따르고 좇음.
【歸鄕 귀향】 객지에서 고향으로 돌아감.
【歸化 귀화】 ①덕에 감화되어 붙좇음. ②임금의 덕화(德化)에 귀순함. ③자기 나라의 국적(國籍)을 벗고 다른 나라의 국적을 얻어 그 나라 국민이 되는 일.
【歸還 귀환】 다른 곳으로 떠나 있던 사람이 본래 있던 곳으로 돌아가거나 돌아옴.
【歸休 귀휴】 ①집에 돌아와 쉼. ②선(善)을 남에게 돌림. ③죽음.
【歸興 귀흥】 고향에 돌아가는 즐거움.

◐ 凱-, 告-, 來-, 逃-, 望-, 暮-, 復-, 不-, 遣-, 依-, 適-, 投-, 回-, 懷-.

止
14【歸】⑱ 歸(909)와 동자

歹部

4획 부수 | 죽을사변부

歹
0【歹】④ ❶부서진 뼈 알 圂 è
❷나쁠 대 圂 dǎi

[초서] [초서] [동] [동] [字源] 指事. 본래 글자가 머리뼈에서 살을 발라낸 글자인 '冎' 자를 반으로 쪼갠 모양인 데서 '부서진 뼈'라는 뜻을 나타낸다.
[字解] ❶부서진 뼈, 파쇄(破碎)되어 남은 뼈. ②한자 부수의 하나, 죽을사변. ❷나쁘다.

歹
0【歺】⑤ 歹(910)과 동자

歹
0【冎】⑤ 歹(910)과 동자

歹
2【死】⑥ 죽을 사 紙 sǐ

歹部 2획 死

一 ㄏ ㄒ 歹 歹 死

[소전] 肍 [고문] 㱂 [초서] 死 [동서] 夘 [동서] 夙

[字源] 會意. 人+歺→死. 사람(人)의 목숨이 다하여 앙상한 뼈(歺)로 변한다는 데서 '죽다'라는 뜻을 나타낸다.

[字解] ①죽다. ㉮생명이 끊어지다. 〔列子〕死者, 人之終也. ㉯바둑의 알이나 장기의 말이 상대방에게 잡히다. 〔南史〕嘗與友人棊, 友人西南棊有死勢. ㉰불이 꺼지다. 〔王謹·詩〕一坐直至孤燈死. ㉱생기가 없어지다. 〔莊子〕心固可使如死灰乎. ㉲말라 죽다. 〔漢書〕桑穀死. ㉳감각(感覺)이 마비되다. 〔杜甫·歌〕手脚凍皴皮肉死. ②죽음, 죽는 일. 서인(庶人)·천민(賤民)·어린이 등의 죽음. 〔宋史〕武臣不惜死. ③죽은 이, 사자(死者). 〔中庸〕事死如事生. ④죽이다, 사형에 처하다. 〔史記〕殺人者死. ⑤망하다. 〔孟子〕知生於憂患而死於安樂也. ⑥효력이 없어지다. 실제로 행하여지지 않다. ¶死法. ⑦다하다, 없어지다. 〔荀子〕惡言死焉. ⑧주검, 시체. 늑屍. 〔漢書〕求谷吉等死. ⑨필사적이다, 결사적이다. 〔史記〕越使死士挑戰. ⑩목숨을 내걸다, 목숨을 아까워하지 않다. 〔後漢書〕出行乃得死友. ⑪목숨에 관계되다, 위급하다. 〔孫子〕死地吾將示之以不活.

【死諫 사간】 죽음으로써 간함. 죽음을 각오하고 간함.
【死去 사거】 죽어서 세상을 떠남. 죽음.
【死境 사경】 죽게 된 시경.
【死苦 사고】 (佛)죽음의 고통.
【死公 사공】 줏대가 없고 무기력한 사람을 욕하는 말.
【死交 사교】 생명을 버릴 정도의 굳은 사귐.
【死句 사구】 ①시문에서 깊은 뜻이 없는 평범한 구. ②(佛)지나치게 평범하고 속되어 선미(禪味)가 없는 구.
【死肌 사기】 썩은 살갗.
【死期 사기】 ①죽을 때. 臨終(임종). ②목숨을 버릴 시기.
【死黨 사당】 ①당(黨)을 위하여 죽을 힘을 다함. ②죽음을 맹세하고 결합한 당.
【死力 사력】 죽을힘. 필사의 노력. 全力(전력).
【死滅 사멸】 죽어 없어짐.
【死命 사명】 ①생명. 목숨. ②죽을 목숨. ③죽을 힘을 다 씀.
【死無餘恨 사무여한】 죽어도 한이 없음.
【死文 사문】 실제로는 효력이 없어진 법령이나 규칙.
【死魄 사백】 음력 초하루. ◯'魄'은 달의 윤곽에서 광채가 없는 부분.
【死法 사법】 ①죽는 방법. 죽는 수단. ②실지로 행하여지지 않는 법령.
【死別 사별】 죽어서 이별함. 한쪽은 죽고 한쪽은 살아서 영원히 이별함.
【死不瞑目 사불명목】 죽어도 눈을 감지 못함. 곧, 한이 남음.

【死士 사사】 죽음을 각오한 선비. 목숨을 내놓은 사람.
【死徙 사사】 ①장사(葬事)와 이사(移徙). ②사형(死刑)과 유형(流刑).
【死相 사상】 ①죽은 사람의 얼굴. ②죽게 될 얼굴. 임종에 가까운 사람의 인상.
【死狀 사상】 ①거의 죽게 된 상태. 죽은 듯한 상태. ②죽어 버린 상태.
【死傷 사상】 ①사망과 부상. ②사망자와 부상자.
【死生決斷 사생결단】 죽음을 각오하고 덤벼들어 끝장을 냄.
【死生契闊 사생계활】 죽고 사는 것을 같이 하기로 하고 동고동락함.
【死生關頭 사생관두】 죽고 사는 일이 달려 있는 위태한 고비. 生死關頭(생사관두).
【死生有命 사생유명】 사람의 생사는 천명(天命)이 있어 인력으로 어쩔 수 없음.
【死生之地 사생지지】 죽느냐 사느냐의 갈림길.
【死線 사선】 죽을 고비.
【死聲 사성】 ①힘이 없는 소리. ②구슬픈 가락. 哀音(애음).
【死水 사수】 흐르지 않고 괴어 있는 물.
【死守 사수】 목숨을 걸고 지킴.
【死屍 사시】 ①송장. 死體(사체). 死骸(사해). ②파계(破戒)한 승려.
【死心 사심】 죽음을 각오한 마음.
【死王 사왕】 ①죽은 임금. ②(佛)염라대왕.
【死友 사우】 ①죽음을 아끼지 않는 절친한 친구. ②죽은 벗.
【死烏酒壺 사위주호】 죽어서 술병이 됨. 몹시 술을 좋아함.
【死有餘辜 사유여고】 죽어도 오히려 죄가 남음.
【死義 사의】 정의를 위하여 죽음.
【死而不亡 사이불망】 형체는 죽어도 도(道)는 망하지 않음.
【死而後已 사이후이】 죽은 후에야 일을 그만둠. 죽을 때까지 노력하여 그치지 아니함. 斃而後已(폐이후이).
【死子 사자】 ①죽은 아이. ②바둑에서 죽은 돌. 잡힌 돌.
【死節 사절】 목숨을 바쳐 절개를 지킴.
【死藏 사장】 활용하지 않고 썩혀 둠.
【死中求活 사중구활】 죽을 고비에서 살길을 찾아 냄. 死中求生(사중구생).
【死志 사지】 결사의 각오.
【死地 사지】 ①죽을 곳. ②죽을 지경의 매우 위험한 곳.
【死之五等 사지오등】 신분에 따라 사람의 죽음을 다섯 등급으로 나누어 부르는 것. 곧, 임금은 붕(崩), 제후는 훙(薨), 대부(大夫)는 졸(卒), 선비는 불록(不祿), 서민은 사(死).
【死且不避 사차불피】 죽음도 피하지 않는데, 하물며 딴 것이랴. 두려워하는 것이 없음.
【死且不朽 사차불후】 몸은 죽어 썩지만 명성은 후세에 길이 남음.
【死胎 사태】 죽은 태아.
【死鬪 사투】 죽을힘을 다하여 싸움. 死戰(사전).

【死敗 사패】 비참하게 멸망함.
【死骸 사해】 시체. 死體(사체).
【死刑 사형】 죄인을 죽이는 형벌.
【死禍 사화】 죽음을 당하는 화(禍).
【死火 사화】 ①꺼진 불. ②(佛)죽음의 비유. 불을 모든 것을 태워 없애는 데서 온 말.
【死灰 사회】 사그라진 재. 불기가 없는 재. ㉠아무 의욕이나 생기가 없는 사람. ㉡마음의 무아정지(無我靜止). ㉢희읍스름한 빛깔.
【死灰復然 사회부연】 사그라진 재에서 다시 불이 살아남. 세력을 잃었던 사람이 다시 득세(得勢)함. ◯ '然'은 '燃'으로 '불타다'의 뜻.
◐ 假一, 客一, 決一, 枯一, 急一, 凍一, 沒一, 半一, 病一, 憤一, 生一, 水一, 餓一, 壓一, 天一, 溺一, 戰一, 情一, 慘一, 致一, 橫一.

歹² 【歺】 ⑥ 死(910)와 동자

歹² 【夃】 ⑦ 死(910)와 동자

歹² 【歽】 ⑥ 썩을 후 宥 xiǔ
[소전] 𣦵 [획] 朽 [초] 𣦱 [동] 朽 字解 썩다, 썩히다. 〔列子〕歹其肉而棄.

歹⁴ 【𣦳】 ⑧ 심란할 눌 月 nè
字解 심란(心亂)하다, 마음이 어수선하다.

歹⁴ 【歿】 ⑧ 죽을 몰 月 mò
[소전] 𣦲 [동] 歾 [통] 沒 [속] 殁 字解 죽다, 생명이 끝나다.

歹⁴ 【殁】 ⑧ 歿(912)의 속자

歹⁴ 【歾】 ⑧ ❶歿(912)과 동자
❷沒(945)의 통자
❸刎(187)과 동자

歹⁴ 【殀】 ⑧ 일찍 죽을 요 蕭 yāo
[초] 殀 [동] 夭 字解 ①일찍 죽다, 젊어서 죽다. 〔孟子〕殀壽不貳, 修身以俟之. ②죽이다, 베어 죽이다. 〔禮記〕不殺胎, 不殀夭.
【殀壽 요수】 단명(短命)과 장수(長壽).

歹⁴ 【殉】 ⑧ 殉(914)과 동자

歹⁴ 【殗】 ⑧ 凶(180)과 동자

歹⁵ 【殃】 ⑨ 재앙 앙 陽 yāng
一 𠂉 歹 歹 歼 殃 殃 殃
[소전] 𣦸 [초] 殃 字源 形聲. 歹+央→殃. '央(앙)'이 음을 나타낸다.
字解 ①재앙, 신불(神佛)의 질책(叱責). 〔漢書〕篡殺殃禍並作. ②해치다, 재앙을 내리다. 〔國語〕今爾以是殃之. ③앙갚음은 이에게서 나오는 악기(惡氣).
【殃慶 앙경】 재앙과 경사. 吉凶(길흉).
【殃咎 앙구】 재난. 殃孼(앙얼). 殃禍(앙화).
【殃及子孫 앙급자손】 죄악의 영향이 자손에게 미침.
【殃及池魚 앙급지어】 재앙이 못의 고기에 미침. ㉠뜻하지 않은 재앙을 당함. ㉡재앙이 아무 관계없는 딴 사물에 미침. 故事 송(宋)나라의 성문에 불이 났을 때 못의 물을 퍼다가 불을 끄는 통에 못의 물고기가 다 죽었다는 고사에서 온 말. 池魚之殃(지어지앙).
【殃戮 앙륙】 재앙을 받아 죽음.
【殃孼 앙얼】 ⇒殃咎(앙구).
【殃災 앙재】 재앙.
【殃禍 앙화】 ⇒殃咎(앙구).
◐ 苟一, 咎一, 百一, 餘一, 災一, 天一.

歹⁵ 【殂】 ⑨ 죽을 조 虞 cú
[소전] 殂 [고문] 𣦸 [초] 殂 [동] 殂 字解 죽다, 생명이 끊어지다.
【殂落 조락】 ①죽음. 임금의 죽음. ②초목이 시들어 떨어짐. 凋落(조락).
【殂沒 조몰】 죽음. 殂逝(조서).
【殂殞 조운】 죽음. 목숨을 잃음.

歹⁵ 【殄】 ⑨ 다할 진 銑 tiǎn
[소전] 𣦸 [고문] 㐅 [초] 殄 [동] 殄 字解 ①다 하다, 모조리. 〔詩經〕邦國殄瘁. ②끊어지다, 끊다. 〔春秋左氏傳〕君祀無乃殄乎. ③죽다. 〔沈約文〕胤嗣殄沒. ④앓다, 앓게 하다. 〔周禮〕夏以水殄草. ⑤좋다, 훌륭하다. ≒腆. 〔詩經〕籩簜不殄.
【殄戮 진륙】 죽여 없앰. 죄다 죽임.
【殄滅 진멸】 모조리 죽여 없앰.
【殄沒 진몰】 죽어 없어짐. 멸망함.
【殄殲 진섬】 남김없이 멸망시킴.
【殄夷 진이】 죄다 죽임.
【殄瘁 진췌】 모두 지쳐 괴로워함. 병들고 시듦. 瘁殄(췌진). 殄悴(진췌).
【殄破 진파】 남김없이 격파되어 망함.
◐ 撲一, 瘁一, 暴一.

歹部 5~6획

【殄】 ⑨ 殄(912)과 동자

【殆】 ⑨ 위태할 **태** 围 dài

一 ァ ラ ラ 歹 歹゙ 殆 殆 殆

[字源] 形聲. 歹+台→殆. '台(태)'가 음을 나타낸다.

[字解] ①위태하다, 위험하다. ②위태롭게 하다. 〔春秋公羊傳〕殆諸侯也. ③의심하다, 의아스럽게 여기다. 〔孔子家語〕吾殆之. ④두려워하다. 〔淮南子〕而殆於蜘蛛. ⑤지치다, 피로해지다. 〔莊子〕以有涯隨無涯, 殆已. ⑥거의, ~에 가깝다. ¶殆半. ⑦다가서다, 가까이하다. 〔詩經〕無小人殆. ⑧처음, 당초에. '始'와 잘못 통용(通用)하는 자. 〔詩經〕殆及公子同歸. ⑨게으르다. ≒怠. 〔老子〕周行而不殆.

【殆半 태반】 거의 절반.
【殆危 태위】 형세가 매우 어려움. 위태로움. 危殆(위태).
❶ 困, 百戰不-, 危-, 知止不-, 疲-.

【殄】 ⑨ 殯(916)과 동자

【殞】 ⑩ 죽을 **락** 圞 luò
[字解] 죽다, 목숨이 끊어지다. ≒落.

【殟】 ⑩ 혼미할 **란** 圞 luàn
[字解] 혼미하다, 죽음을 앞두고 정신이 어지러운 모양.

【殊】 ⑩ 죽일 **수** 囷 shū

一 ァ ラ ラ 歹 歹' 歼 殊 殊

[字源] 形聲. 歹+朱→殊. '朱(주)'가 음을 나타낸다.

[字解] ①죽이다, 사형에 처하다. ¶殊死. ②정하다, 결심하다. ③끊어지다, 단절되다. 〔春秋左氏傳〕斷其後之木而弗殊. ④죽을 지경에 이르다, 거의 죽어 가다. 〔史記〕使人刺蘇秦, 不死殊而走. ⑤다르다, 같지 아니하다. ⑥달리하다, 다르게 하다. 〔易經〕天下同歸而殊塗. ⑦특히, 유달리. 〔呂氏春秋〕有殊弗知愼者. ⑧지나다, 넘다. 〔後漢書〕母氏年殊七十. ⑨떠나다, 떨어지다. 〔管子〕殊身而後止. ⑩크다. 〔張衡・賦〕超殊榛.

【殊境 수경】 ①경역(境域)을 달리하는 곳. 외국. 異域(이역). 殊域(수역). 異邦(이방). ②땅의 모양이 다른 곳과 다름.
【殊功 수공】 뛰어난 공훈. 발군(拔群)의 공적. 殊勳(수훈). 殊效(수효). 殊績(수적).
【殊怪 수괴】 괴이하고 이상함.
【殊眷 수권】 특별히 돌보아 줌. 각별한 은총. 殊恩(수은). 殊寵(수총).
【殊技 수기】 ①뛰어난 기술. ②기능이나 기예를 서로 달리함.
【殊能 수능】 특별한 능력.
【殊塗 수도】 길을 달리함.
【殊塗同歸 수도동귀】 가는 길은 다르나 도달하는 곳은 같음. 처음은 다르나 종말은 같음.
【殊量 수량】 뛰어난 도량(度量).
【殊力 수력】 ①뛰어난 힘. ②뛰어난 활약.
【殊禮 수례】 ①예절을 달리함. ②특별한 예우(禮遇).
【殊命 수명】 특별한 명령. 特命(특명).
【殊妙 수묘】 아주 묘함. 絶妙(절묘).
【殊方 수방】 ①방법, 또는 방향을 달리함. ②다른 땅. 異國(이국). 異域(이역).
【殊服 수복】 ①옷차림이 다름. ②옷차림을 달리한 사람. 외국인.
【殊死 수사】 ①죽음을 각오함. 決死(결사). ②사형에 해당하는 죄. 死罪(사죄). ③사형에 해당하는 죄인. 死刑囚(사형수).
【殊死戰 수사전】 죽기를 각오하고 싸움.
【殊狀 수상】 ①모양이 다름. ②특별히 기이한 형상. 異形(이형).
【殊常 수상】 보통과 다름. 이상함.
【殊祥 수상】 대단히 상서로움.
【殊俗 수속】 ①풍속을 달리함. 다른 풍속. ②풍속이 다른 외국. 他國(타국).
【殊勝 수승】 유난히 뛰어남.
【殊域 수역】 외국(外國). 이역(異域).
【殊裔 수예】 먼 오랑캐 나라.
【殊容 수용】 ①뛰어난 용모. ②용모를 달리함.
【殊尤 수우】 특별히 뛰어남.
【殊遇 수우】 각별한 대우. 특수한 대우.
【殊位 수위】 ①특별히 높은 지위. ②특별히 좋은 자리.
【殊恩 수은】 특별한 은혜. 각별한 은총.
【殊音 수음】 진기(珍奇)한 음악.
【殊異 수이】 특별히 다름. 특이함.
【殊人之技 수인지기】 탁월한 기능.
【殊績 수적】 뛰어난 공적. 殊功(수공).
【殊絶 수절】 특별히 뛰어남.
【殊庭 수정】 봉래산에 있다고 하는, 신선이 사는 곳. 殊廷(수정).
【殊操 수조】 뛰어난 지조.
【殊族 수족】 혈통이 다른 겨레. 異族(이족).
【殊宗 수종】 다른 종파(宗派). 다른 교의(敎義).
【殊智 수지】 ①뛰어난 슬기. ②슬기를 달리함.
【殊珍 수진】 특별히 진귀한 보배.
【殊轍 수철】 다른 수레바퀴의 자국. 곧, 다른 진로(進路).
【殊寵 수총】 ☞殊恩(수은).
【殊鬪 수투】 결사적으로 싸움.
【殊特 수특】 특별히 다름. 몹시 다름. ◐ '特'은 하나하나가 다른 것과 다르다는 뜻.
【殊品 수품】 ①유(類)를 달리함. ②뛰어난 물품.
【殊行 수행】 특별히 훌륭한 행위.

【殊鄕 수향】 다른 곳. 異鄕(이향).
【殊刑 수형】 특별히 엄한 형벌. 重刑(중형).
【殊號 수호】 ①특별한 칭호. 특별한 명칭. ②칭호를 달리함.
【殊荒 수황】 미개한 먼 지방. ◎'荒'은 구복(九服)의 하나인 황복(荒服)을 뜻함.
【殊效 수효】 ①특별한 공훈. ②특별한 효과.
【殊勳 수훈】 뛰어난 공로.
◐ 魁ㅡ, 等ㅡ, 萬ㅡ, 勿ㅡ, 不ㅡ, 優ㅡ, 差ㅡ, 卓ㅡ, 特ㅡ, 懸ㅡ.

歹6 【殉】⑩ 따라 죽을 순 震 xùn

一 ㄣ ㄢ 歹 歹 歹 歹 歹 歹

[초서] 殉 [동자] 殉 [字源] 形聲. 歹+旬→殉. '旬(순)'이 음을 나타낸다.
[字解] ①따라 죽다, 죽은 이를 따라 죽다. 〔後漢書〕 殺人殉葬, 多者以百數. ②목숨을 바치다. 〔漢書〕 以殉國家之急. ③구(求)하다, 탐하다. 〔書經〕 敢有殉于貨色. ④경영하다, 영위하다. 〔漢書〕 豈余身之足殉兮. ⑤빙빙 돌다. 〔後漢書〕 殉尸不肯去.
【殉敎 순교】 자기가 믿는 종교를 위하여 목숨을 바침.
【殉國 순국】 나라를 위하여 목숨을 바침.
【殉難 순난】 나라가 위기에 있을 때 목숨을 바쳐 의로운 일을 함. 殉國(순국).
【殉道 순도】 도의(道義)를 위하여 목숨을 바침.
【殉利 순리】 재물을 위하여 목숨을 헛되이 버림. 돈을 목숨보다 중히 여김.
【殉名 순명】 명예를 위하여 목숨을 버림.
【殉死 순사】 ①나라를 위하여 목숨을 바침. ②죽은 사람을 따라 죽음.
【殉葬 순장】 임금이나 귀족이 죽었을 때 그를 추종하는 사람·동물, 애용하던 기물 따위를 같이 묻던 일.
【殉節 순절】 ①충신이 충절(忠節)을 지키어 죽음. ②열부(烈婦)가 정절(貞節)을 지키어 죽음.
【殉職 순직】 직무를 수행하다가 죽음.
◐ 慕ㅡ, 無ㅡ, 外ㅡ.

歹6 【殈】⑩ 까무러칠 승 震 shēng
[字解] 까무러치다, 목숨이 끊어지려는 모양.

歹6 【殘】⑩ 殘(915)의 속자

歹6 【殈】⑩ 알 깨질 혁 囮 xù
[초서] 殈 [字解] 알이 깨지다, 알이 깨져 부화하지 못하다. 〔禮記〕 卵生者不殈.

歹7 【殑】⑪ 까무러칠 긍 震 qíng
[字解] ①까무러치다, 목숨이 끊어지려고 하는

모양. ②유령(幽靈)이 나타나다. ¶ 殑殑.
【殑殑 긍긍】 ①유령이 나타남. ②비틀거리며 걷는 모양.

歹7 【殍】⑪ 주려 죽을 표 篠 piǎo
[초서] 殍 [통자] 莩 [속] 殍 [字解] ①주려 죽다, 굶주려 죽다. 〔孟子〕 野有餓殍. ②주려 죽은 주검.
【殍殣 표근】 굶어 죽음. 殍餓(표아).
【殍餓 표아】 ⇨殍殣(표근).

歹7 【殍】⑪ 殍(914)의 속자

歹8 【殕】⑫ ①썩을 부 囿 fǒu ②쓰러질 복 職 bó
[초서] 殕 [字解] ①썩다, 부패하다. ②쓰러지다, 쓰러뜨리다. ≒踣.

歹8 【殖】⑫ 번성할 식 職 zhí
[소전] 殖 [초서] 殖 [간체] 殖 [字源] 形聲. 歹+直→殖. '直(직)'이 음을 나타낸다.
[字解] ①번성하다. ≒茲. ㉮자손이 번성하다. 〔國語〕 同姓不婚, 惡不殖. ㉯초목이 무성하다. 〔國語〕 夫旱麓之榛楛殖. ②자라다, 생장(生長)하다. 〔春秋左氏傳〕 其生不殖. ③기르다, 키우다. 〔春秋左氏傳〕 我有田疇, 子産殖之. ④붇다, 불어나다. 〔中庸〕 貨財殖焉. ⑤불리다, 붇게 하다. 〔書經〕 不殖貨利. ⑥심다, 나무를 심다. ≒蒔. 〔潘岳·賦〕 靡不畢殖. ⑦세우다, 수립(樹立)하다. ≒植. 〔國語〕 今天王旣封殖越國. ⑧곧다, 바르다. ≒直. 〔詩經〕 殖殖其庭. ⑨썩다, 부패하다.
【殖利 식리】 이익을 늘림.
【殖産 식산】 ①생산물을 불림. ②재산을 불림.
【殖殖 식식】 평평하고 바른 모양.
【殖財 식재】 재산을 불림. 殖産(식산).
【殖種 식종】 심음.
【殖貨 식화】 ⇨殖財(식재).
◐ 耕ㅡ, 蕃ㅡ, 繁ㅡ, 生ㅡ, 利ㅡ, 拓ㅡ, 貨ㅡ.

歹8 【殗】⑫ ①앓을 업 葉 yè ②죽을 엄 鹽 yān
[초서] 殗 [字解] ①①앓다, 병들다. ②가벼운 병, 시름병. ¶ 殗殜. ③겹치다, 중첩하다. ¶ 殗葉. ②죽다, 사망하다.
【殗殜 업엽】 시들병. 만성적으로 앓는 병.
【殗葉 업엽】 포개지고 겹쳐진 잎.

歹8 【殘】⑫ ①병들 위 囡 wěi ②사슴고기 위 實 wèi
[소전] 殘 [字解] ①①병들다, 앓다. ②시들다, 말라 죽다. ②사슴 고기. 땅속에 파묻어서 냄새를 없앤 사슴의 고기.

歹 8 【殘】 ⑫ 해칠 잔 cán

一 ァ ヶ ゟ 歹 歺 歽 殘 殘 殘

[소전] 膌　[초서] 殘　[동자] 戩　[속자] 残　[간체] 残

字源 形聲. 歹+㦮→殘. '㦮(잔)'이 음을 나타낸다.

字解 ①해치다. ㉮해롭게 하다, 손상하다.〔孟子〕殘賊之人, 謂之一夫. ㉯죽이다.〔周禮〕放弒其君則殘之. ②멸하다, 멸망시키다.〔戰國策〕智伯瑤殘范仲行. ③무너지다, 허물어뜨리다.〔淮南子〕殘高增下. ④해독(害毒), 상해(傷害).〔漢書〕是天下之大殘也. ⑤잔인하다, 모질다. ¶殘酷. ⑥잔인한 사람, 모진 사람, 흉악한 사람.〔書經〕取彼凶殘. ⑦쇠하여 약해지다, 피폐하다. ¶殘民. ⑧남다. ㉮남다, 나머지가 있게 되다.〔呂氏春秋〕帥其殘卒. ㉯떠나거나 없어지지 않고 계속 있게 되다.〔皇甫冉·詩〕仙去白雲殘. ⑨나머지, 먹다 남은 음식. ¶殘杯冷炙. ⑩삶은 고기.〔張協·七命〕髣殘象白. ⑪미워하다, 거리끼다.〔戰國策〕張儀之殘樗里疾也, 重而使之楚.

【殘苛 잔가】 잔인하고 가혹함.
【殘簡 잔간】 일부가 떨어져 나간 불완전한 문서.
【殘釭 잔강】 ☞殘燈(잔등).
【殘缺 잔결】 이지러져서 완전하지 못함. 빠짐. 모자람.
【殘更 잔경】 날이 샐 무렵. 오전 4시경.
【殘膏賸馥 잔고잉복】 남겨진 기름과 향기. 후세까지 남은 옛사람의 유풍(遺風)과 여향(餘香).
【殘壞 잔괴】 무너짐. 무너뜨림.
【殘菊 잔국】 늦가을까지 남아 있는 국화꽃.
【殘戟 잔극】 남아 있는 창. 곧, 싸움터에 묻혀 있는 창.
【殘年 잔년】 ①남은 해. ②남은 생애.
【殘盜 잔도】 잡히지 않고 남은 도둑.
【殘毒 잔독】 잔인하고 악독함.
【殘冬 잔동】 겨울이 끝날 무렵. 늦겨울.
【殘凍 잔동】 봄이 되어도 녹지 않고 남은 얼음.
【殘蠹 잔두】 좀먹어 상함.
【殘燈 잔등】 꺼지려고 하는 등불. 깊은 밤의 깜박거리는 등불. 殘釭(잔강).
【殘掠 잔략】 살상(殺傷)하고 강탈함.
【殘略 잔략】 깨지고 이지러짐.
【殘曆 잔력】 ①연말의 남은 날짜. ②남은 목숨. 餘生(여생).
【殘瀝 잔력】 남은 물방울. 남은 술.
【殘淚 잔루】 눈물 흘린 흔적.
【殘留 잔류】 남아서 처져 있음.
【殘溜 잔류】 ①남은 낙숫물. ②남아 괸 물.
【殘戮 잔륙】 잔인하게 죽임.
【殘吏 잔리】 잔혹한 관리.
【殘亡 잔망】 ☞殘滅(잔멸).
【殘梅 잔매】 제철이 지난 뒤에 피는 매화. 제철이 지난 뒤에도 지지 않고 남아 있는 매화.
【殘氓 잔맹】 살아 남은 백성. 遺民(유민).

【殘猛 잔맹】 잔인하고 사나움.
【殘滅 잔멸】 쇠잔하여 다 없어짐. 침해당하여 멸망함. 殘亡(잔망). 殘廢(잔폐).
【殘命 잔명】 죽음이 얼마 남지 않은 쇠잔한 목숨. 餘命(여명).
【殘夢 잔몽】 ①남은 꿈. 잠이 깰 무렵에 어렴풋이 꾸는 꿈. ②잠이 깬 후에도 계속 꿈을 꾸는 듯한 기분.
【殘民 잔민】 피폐한 백성.
【殘芳 잔방】 지고 남은 꽃. 殘花(잔화).
【殘杯冷炙 잔배냉적】 마시다 남은 술과 다 식은 고기. ㉠먹다 남은 찌꺼기. ㉡모욕을 당함.
【殘伐 잔벌】 잔혹하게 정벌함.
【殘病 잔병】 ①몸이 쇠잔하고 병이 많음. ②아직 낫지 않은 병.
【殘碑 잔비】 비바람에 씻긴 비석.
【殘山 잔산】 ①전란(戰亂)이나 망국(亡國)으로 손상되고 남은 산. ②비바람에 깎인 산.
【殘山剩水 잔산잉수】 남아 있는 산과 강. 전란이나 망국(亡國)으로 피폐해진 산하(山河).
【殘殺 잔살】 잔인하게 죽임. 殘害(잔해).
【殘生 잔생】 ①앞으로 남은 목숨. 殘喘(잔천). 殘年(잔년). ②목숨을 해침.
【殘暑 잔서】 남은 더위. 입추 뒤의 더위. 殘炎(잔염).
【殘曙 잔서】 날샐 무렵. 새벽녘.
【殘蟬 잔선】 늦가을까지 남아서 우는 매미.
【殘息 잔식】 남은 목숨. 餘生(여생).
【殘惡 잔악】 잔인하고 악독함.
【殘雁 잔안】 철 늦게 날아드는 기러기.
【殘額 잔액】 나머지 액수.
【殘夜 잔야】 새벽녘. 未明(미명).
【殘陽 잔양】 ①석양(夕陽). 잔일(殘日). ②늦여름의 약해진 볕.
【殘餘 잔여】 남아 있는 것.
【殘焰 잔염】 꺼지지 않고 남아 있는 불꽃.
【殘英 잔영】 지다 남은 꽃. 殘芳(잔방).
【殘塋 잔영】 허물어진 무덤.
【殘雨 잔우】 거의 다 오고 곧 그칠 비.
【殘燠 잔욱】 남은 더위.
【殘月 잔월】 새벽녘까지 희미하게 남아 있는 달.
【殘人 잔인】 ①지치고 병든 사람. 늙고 병든 사람. ②남에게 잔인한 사람. 정을 해치는 사람.
【殘忍 잔인】 인정이 없고 몹시 모짊.
【殘日 잔일】 ①저녁 해. ②남은 일수(日數).
【殘滓 잔재】 남은 찌꺼기.
【殘賊 잔적】 ①잔인하고 포악함. ②남은 도둑. 잡다 남은 도둑.
【殘滴 잔적】 아직 떨어지지 않고 남아 있는 물방울. 餘滴(여적).
【殘政 잔정】 잔혹한 정치.
【殘租 잔조】 연체되어 있는 세금.
【殘照 잔조】 저녁 햇빛. 殘暉(잔휘).
【殘族 잔족】 살아 남은 겨레.
【殘存 잔존】 없어지지 아니하고 남아 있음.
【殘晝 잔주】 해거름. 거의 해가 질 무렵.
【殘樽 잔준】 술이 남아 있는 술독. 殘尊(잔준).

【殘喘 잔천】 ①남은 목숨. 殘生(잔생). ②자기의 목숨을 겸칭(謙稱).
【殘礎 잔초】 헐어 없어진 건물에 남아 있는 주춧돌.
【殘燭 잔촉】 꺼져 가는 촛불.
【殘秋 잔추】 남은 가을. 늦가을. 晩秋(만추).
【殘醜 잔추】 무찌르고 남은 악당.
【殘破 잔파】 상함. 상하고 부서짐.
【殘葩 잔파】 지다 남은 꽃. 殘花(잔화).
【殘編斷簡 잔편단간】 떨어지거나 헐어서 온전하지 못한 책.
【殘虐 잔학】 잔인하고 포학함.
【殘恨 잔한】 남은 원한.
【殘寒 잔한】 입춘 뒤의 추위. 늦추위.
【殘檻 잔함】 ▷殘樽(잔준).
【殘骸 잔해】 ①남은 시체. ②부서지거나 못 쓰게 되어 남은 물체.
【殘香 잔향】 남아 있는 향기. 餘香(여향).
【殘鄕 잔향】 발전을 못하여 점점 기울어져 가는 보잘것없는 향촌.
【殘戶 잔호】 피폐한 민가(民家).
【殘酷 잔혹】 잔인하고 혹독함.
【殘紅 잔홍】 ①지고 남은 붉은 꽃. ②땅에 떨어진 붉은 꽃.
【殘花 잔화】 지고 남은 꽃. 빛과 향기가 없어진 꽃. 殘葩(잔파).
【殘懷 잔회】 마음에 남아 있는 회포.
【殘毀 잔훼】 ①손상되고 부서짐. ②해치고 부숨.
【殘暉 잔휘】 저녁 햇빛. 殘照(잔조).

◐ 老-, 漏-, 相-, 衰-, 零-, 凋-, 摧-, 侵-, 殫-, 敗-, 廢-, 荒-, 膾-.

歹 【猝】 ⑫ ❶죽을 졸 圓 zú
8 ❷갑자기 죽을 졸 月 zú
[소전] [字解] ❶죽다. 대부(大夫)의 죽음을 이른다. 늦卒. 〔越絕書〕 諸侯稱薨, 大夫稱猝. ❷갑자기 죽다.

歹 【殙】 ⑫ 어리석을 혼 冗 hūn
8
[소전][소전][본서][동자] [字解] ①어리석다. 어둡다. =惛. 〔莊子〕以黃金注者殙. ②앓다. 병에 걸리다. ③어려서 죽다. 이름을 세우기 전에 죽다. ④불쌍히 여기다.

歹 【殛】 ⑬ 죽일 극 職 jí
9
[소전][초서] [字解] 죽이다. 사형에 처하다. 〔書經〕殛鯀于羽山.

歹 【殜】 ⑬ 앓을 엽 葉 dié
9
[字解] 앓다, 시들시들 앓다. ¶殗殜.

歹 【殠】 ⑬ 殠(916)의 본자
9

歹 【殟】 ⑭ ❶심란할 올 月 wēn
10 ❷피로할 온 元 wēn
[소전] [字解] ❶①심란하다, 마음이 어수선하다. ¶殟歾. ②느릿한 모양. ¶殟歿. ③기절하다, 갑작스러운 병으로 정신을 잃다. 〔楚辭〕怊殟絕兮咶復蘇. ❷①피로하다. ②병으로 앓다.
【殟歾 올눌】 마음이 어수선해짐. 심란하여짐.
【殟歿 올몰】 느릿한 모양.
【殟孫 온손】 성질이 비뚤어져서 도리에 어두운 사람.

歹 【殞】 ⑭ 죽을 운 軫 yǔn
10
[초서][간서] [字解] ①죽다, 목숨이 끊어지다. 〔後漢書〕孝子殞命寧親怨. ②떨어지다, 떨어뜨리다. 늦隕. 〔潘岳·賦〕橘葉夕殞.
【殞感 운감】 제사 때에 차려 놓은 음식을 귀신이 맛봄. 歆饗(흠향).
【殞命 운명】 목숨이 끊어짐. 죽음.
【殞霜 운상】 내린 서리. 隕霜(운상).
【殞石 운석】 지구 위에 떨어진 별똥. 유성(流星)이 다 타지 아니하고 떨어진 것.
【殞碎 운쇄】 죽음.
【殞殪 운에】 쓰러져 쓰러짐.
【殞泣 운읍】 눈물을 흘림. 落淚(낙루).
【殞墜 운추】 떨어짐. 隕墜(운추).
【殞斃 운폐】 죽어 쓰러짐. 죽음.

歹 【殠】 ⑭ 썩은 냄새 취 本추 宥 chòu
10
[소전][초서] [字解] 썩은 냄새, 고약한 냄새가 나다.
【殠惡 취악】 냄새가 고약함. 역한 냄새가 남.

歹 【殣】 ⑮ 굶어 죽을 근 震 jìn
11
[소전][초서] [字解] ①굶어 죽다, 나그네로 다니다가 외로이 죽다. 〔春秋左氏傳〕道殣相望. ②묻다, 시체를 파묻다. 〔詩經〕行有死人, 尙或殣之. ③뵙다, 찾아보다. 늦覲. 〔漢書〕殣冀親以肆章.

歹 【鹿】 ⑮ 사슴고기 록 屋 lù
11
[字解] 사슴 고기 땅속에 묻어서, 냄새를 없앤 사슴 고기.
【鹿矮 녹위】 사슴을 잡아 땅속에 묻어서, 그 냄새를 제거하여 만든 고기.

歹 【殤】 ⑮ 일찍 죽을 상 陽 shāng
11
[소전][초서][간서] [字解] 일찍 죽다. 20세를 넘기지 못하고 죽다. 〔莊子〕莫壽乎殤子, 而彭祖爲夭.
【殤服 상복】 성년이 되기 전에 죽은 자녀에 관

한 복제(服制). 16～19세는 장상(長殤)이라 하여 대공복(大功服)을, 12～15세는 중상(中殤)이라 하여 소공복(小功服)을, 8～11세는 하상(下殤)이라 하여 시마복(緦麻服)을 입었으며 7세 이하는 입히지 않았음.
【殤死 상사】 20세가 되기 전에 죽음.
【殤子 상자】 성년이 되기 전에 죽은 사람.

歹 11 【殥】 ⑮ 멀 인 圓 yín
字解 멀다. 〔淮南子〕 九州之外, 乃有八殥, 亦方千里.

歹 11 【殢】 ⑮ 나른할 체 圍 tì
字解 ①나른하다, 고단하다. ②막히다, 지체하다. ③휘어져 늘어지다, 매달리다. 〔李山甫·詩〕 殢着春風別有情.

歹 12 【殪】 ⑯ 쓰러질 에 圍 yì
字解 ①쓰러지다, 죽다. ¶殪沒. ②쓰러뜨리다. ㉮죽이다, 멸하다. 〔書經〕 天乃大命文王, 殪戎殷. ㉯화살 하나를 쏘아 쓰러뜨리다. 〔詩經〕 殪此大兕. ③다하다, 다 없애다. 〔春秋左氏傳〕 使疾其民, 以盈其貫, 將可殪也.
【殪沒 에몰】 길가에 쓰러져 죽음.
【殪仆 에부】 ①엎어짐. 넘어짐. ②죽임. 살상함.

歹 12 【殫】 ⑯ 다할 탄 圍 dān
字解 ①다하다, 다 없어지다, 다 써 버리다. 〔漢書〕 殫天下之財. ②쓰러지다, 쓰러뜨리다. 〔爾雅〕 楸櫨先殫. ③두루, 널리, 모두. ¶殫見洽聞. ④앓다, 병에 걸리다. 〔淮南子〕 殫盡大半.
【殫竭 탄갈】 남김없이 다 써 버림. 殫盡(탄진).
【殫見洽聞 탄견흡문】 죄다 보고 흡족하게 들음. 견문이 넓음. 殫洽(탄흡).
【殫極 탄극】 다함. 죄가 없어짐.
【殫亡 탄망】 다하여 없어짐.
【殫誠 탄성】 정성을 다함.
【殫殘 탄잔】 전멸시킴. 죄다 멸망시킴.
【殫褚 탄저】 주머니의 돈을 다 털.
【殫盡 탄진】 ①殫竭(탄갈). ②죄다 병에 걸리게 됨.
【殫洽 탄흡】 죄다 앎. 곧, 학문이 광박(廣博)함. 殫見洽聞(탄견흡문).

歹 13 【殭】 ⑰ 굳어질 강 圖 jiāng
字解 ①굳어지다, 주검이 썩지 아니하다. ¶殭尸. ②허옇게 말라 죽은 누에. 〔正字通〕 殭, 蠶死而白.
【殭尸 강시】 ①죽은 지 오래되어 비바람에 바랜

시체. ②여귀(厲鬼)로 변해 사람을 해치는 주검.
【殭屍 강시】 얼어 죽은 시체.
【殭蠶 강잠】 허옇게 말라 죽은 누에.

歹 13 【殬】 ⑰ 패할 두 圓 dù
字解 패(敗)하다. 〔書經〕 彝倫攸殬.

歹 13 【殮】 ⑰ 염할 렴 圍 liàn
字解 ①염하다, 염습하다. 〔禮記〕 小殮於戶內, 大殮於阼. ②대렴(大殮), 주검을 널에 넣어 안치하는 일.
【殮具 염구】 國염습(殮襲)에 쓰는 모든 기구.
【殮襲 염습】 國죽은 사람의 몸을 씻긴 뒤에 옷을 입히고 염포(殮布)로 묶는 일. 襲殮(습렴).
【殮布 염포】 國염습(殮襲)할 때 시체를 묶는 베.
❶ 大-, 小-, 殯-, 襲-.

歹 13 【殁】 ⑰ 숨 넘어갈 몰 圓 mò
字解 숨이 넘어가다, 숨이 끊어지려고 하다.

歹 14 【殯】 ⑱ 염할 빈 圓 bìn
字解 ①염하다, 대렴하다. 〔淮南子〕 殯大斂也. ②초빈(草殯)하다. 장사 지내기 전에 시신을 관에 넣어 일정한 곳에 안치하는 일. 〔論語〕 朋友死無所歸, 曰, 於我殯. ③묻다, 파묻다. 〔孔稚珪·文〕 道峽長殯, 法筵久埋. ④손, 빈객. ≒賓. 〔禮記〕 尊而后辭於殯.
【殯宮 빈궁】 ①천자(天子)의 관을 발인할 때가지 안치하던 어전(御殿). ②國발인할 때까지 왕세자(王世子)·빈궁(嬪宮)의 관을 두는 곳.
【殯斈 빈석】 장사 지낼 때까지 입관한 시체를 안치하는 구덩이.
【殯所 빈소】 國발인할 때까지 관을 두는 곳.
【殯殿 빈전】 國발인할 때까지 왕이나 왕비의 관을 두는 전각(殿閣).
❶ 祕-, 送-, 帷-.

歹 15 【殰】 ⑲ 낙태할 독 圍 dú
字解 낙태하다, 유산(流産)하다. 〔禮記〕 胎生者不殰.

歹 15 【殲】 ⑲ 殲(917)의 속자

歹 17 【殲】 ㉑ 다 죽일 섬 圍 jiān
字解 ①다 죽이다.

〔春秋〕齊人殲于遂. ❷죽이다, 멸하다. 〔書經〕殲厥渠魁.
【殲滅 섬멸】남김없이 모두 무찔러 멸망시킴.
【殲撲 섬박】토멸(討滅)함. 전멸시킴.
【殲傷 섬상】죽거나 다치거나 함.
【殲夷 섬이】①멸망함. ②전멸시킴.
【殲敵 섬적】적을 섬멸함.
◐ 剋—, 殄—, 盡—.

殳部

4획 부수 | 갖은등글월문부

殳 0【殳】④ 창 수 廛 shū
[소전][초서] [參考] 한자 부수로의 명칭 殳은 글자 모양이 殳(등글월문)과 비슷하기 때문에 '갖은등글월문'이라고 부른다.
[字源] 會意. 几+又→殳. 오른손(又)에 들고 있는 긴 막대기인 무기(几)를 나타내어 '창'의 뜻을 나타낸다.
[字解] ①창, 몽둥이. 대나무로 날은 없이 여덟 모지게 묶어, 사람을 멀리 내쫓는 데 썼던 병기. 〔詩經〕伯也執殳. ②나무 지팡이. 〔淮南子〕摲笏杖殳. ③서체의 이름. ¶ 殳書. ④한자 부수의 하나, 갖은등글월문.
【殳戈 수과】수(殳)와 과(戈). ○ '殳'는 사람을 내쫓는 데 쓰는 창, '戈'는 사람을 찌르는 데 쓰는 창.
【殳書 수서】진서(秦書) 팔체(八體)의 하나. 병기(兵器)에 쓰던 서체.

殳 4【毆】⑧ 毆(921)의 속자

殳 5【段】⑨ 구분 단 翰 duàn

丶 丆 F F 戶 戶 뚸 段 段

[소전][초서] [字源] 會意. 厂+二+殳→段. 막대기(殳)를 손에 쥐고 암석(厂)을 때려 부스러기(二)가 떨어지는 것을 나타낸다.
[字解] ①구분, 갈피. 〔南史〕講說有區段次第, 析理分明. ②부분, 문장의 단락(段落). 〔譜系雜說〕第一卷尾段. ③조각, 단편(斷片). 〔晉書〕揮劍截蛟, 數段而去. ④반 필. 포백(布帛)의 1필의 반의 길이. ¶ 繡一段. ⑤가지, 종류. 〔唐書〕因賜物百段. ⑥방법, 어떤 일을 이루기 위한 구체적인 방법. ¶ 手段. ⑦포목, 직물. ≒ 緞. ¶ 綵段. ⑧포(脯). ≒ 股. ¶ 禮記〕婦執笲棗栗段脩以見. ⑨단련하다, 망치로

두드리다. ≒ 鍛. ⑩층층대의 턱을 이룬 낱개. ¶ 階段. ⑪덩이, 덩어리. 〔李邕·詩〕凝爲一段愁. ⑫알이 깨지 아니하다. 〔管子〕羽卵者不段. ⑬國사물을 세는 단위. ㉮땅 300평에 해당하는 넓이. ¶ 三段步. ㉯바둑·유도(柔道) 등의 등급을 세는 단위. ¶ 段數.
【段階 단계】일의 차례를 따라 나아가는 과정.
【段丘 단구】강·호수·바다의 기슭에 형성된 계단 모양의 지형.
【段落 단락】긴 글을 내용에 따라 나눌 때 끊어지는 구획.
【段脩 단수】얇게 저미어 말린 고기. 포(脯).
【段數 단수】바둑·유도 등 등급을 매기는 운동 따위의 단위 수.
【段食 단식】(佛)사식(四食)의 하나. 형체가 있는 음식물.
【段氏 단씨】대장장이.
◐ 階—, 別—, 分—, 上—, 手—, 前—, 下—.

殳 5【毁】⑨ 殺(919)과 동자

殳 6【殻】⑩ 殼(920)의 본자

殳 6【殺】⑩ 殺(919)의 속자

殳 6【殷】⑩
❶성할 은 眞 yīn
❷소리 은 吻 yǐn
❸붉을 은 阮 yīn
❹검붉은 빛 안 刪 yān

[소전][초서] [參考] 대법원 지정 인명용 한자의 음은 '은'이다.
[字解] ❶①성(盛)하다. ㉮성하게 음악을 연주하다. ㉯번성하다, 번창하다. 〔列子〕家充殷盛, 錢帛無量. ②많다. 〔詩經〕殷其盈矣. ③크다. 〔莊子〕翼殷不逝. ④넉넉하다, 풍성하다. 〔法言〕務在殷民阜財. ⑤깊다, 몹시. 〔晉書〕殷憂不干其寐. ⑥당하다, 해당하다. 〔史記〕衡殷中州. ⑦바로잡다, 바르게 하다. 〔書經〕以殷仲春. ⑧바르다, 중정(中正)을 지키다. 〔王延壽·賦〕承蒼昊之純殷. ⑨근심하다, 마음 아파하다. 〔詩經〕憂心殷殷. ⑩정이 도탑다. ≒ 慇. 殷勤. ⑪은나라. 삼대(三代)의 하나. 성탕(成湯)이 이윤(伊尹)을 등용하여 하(夏)나라의 걸왕(桀王)을 쳐고 세운 나라. 후에 주왕(紂王)에 이르러 주(周) 무왕(武王)에게 멸망하였다. 처음에 국호를 상(商)이라 하였다가 반경(盤庚) 때에 은(殷)이라 고쳤다. ⑫성(姓). ❷①소리. ㉮천둥 소리. 〔詩經〕殷其靁. ㉯소리가 힘차고 큰 모양. 〔後漢書〕有聲殷殷如雷. ②소리가 울리는 모양. 〔史記〕其聲殷云. ②혼들다, 진동(震動)하다. 〔漢書〕殷天動地. ❸받다, 해를 입다. 〔莊子〕其不殷, 非天之罪. ❹검붉은 빛, 적흑색. 〔春秋左氏傳〕左輪朱殷.
【殷鑑 은감】거울삼아 경계하여야 할 전례(前

例). ㉧殷鑑不遠(은감불원).
【殷鑑不遠 은감불원】은(殷)나라 사람이 거울로 삼아 경계하여야 할 일은 하(夏)나라 걸왕(桀王)이 포악한 정치를 하다가 멸망한 데에 있어 멀지 않음. ㉠거울삼아 경계하여야 할 전례(前例)는 멀지 않음. ㉡남이 실패한 자취를 보고 자기의 경계로 삼음. 商鑑不遠(상감불원).
【殷遣 은견】예를 후(厚)하게 하여 보냄.
【殷曠 은광】크게 쇠퇴함. 크게 황폐함.
【殷勤 은근】①정이 깊음. 慇懃(은근). ②간절한 뜻. 衷情(충정). ③관심을 쏟음.
【殷起 은기】번화하고 풍성하게 일어남.
【殷大 은대】성대(盛大)함.
【殷同 은동】주대(周代)에 제후들이 1년에 네 번 계절에 따라 천자를 조회(朝會)하던 일. 殷見(은현).
【殷雷 은뢰】요란히 울리는 우레.
【殷盤 은반】①은나라 17대 임금인 반경(盤庚). ②서경(書經)의 반경편(盤庚篇).
【殷繁 은번】매우 많음.
【殷阜 은부】번창함. 번성함. ⟲'阜'는 '大'로 '큼'을 뜻함.
【殷富 은부】풍성함. 부유함. 殷昌(은창).
【殷事 은사】①성대한 일. 장한 일. ②음력 초하루와 보름에 제물을 바치는 의식과 햇곡식과 햇과일로 제사 지내는 일.
【殷盛 은성】번화하고 성함.
【殷實 은실】물건이 풍부하고 충실함.
【殷憂 은우】몹시 근심함. 깊은 근심.
【殷殷 은은】①근심이 많은 모양 ②멀리서 들려오는 소리가 힘차고 큰 모양. ③사람이 많은 모양. ④물건이 넘어지려고 하는 모양.
【殷奠 은전】넉넉한 제물(祭物).
【殷正 은정】은나라의 정월. 은나라의 책력.
【殷祭 은제】상(喪)을 마친 후 지내는 성대한 제사. 大祭(대제).
【殷足 은족】재물이 넉넉하여 여유가 있음.
【殷湊 은주】많이 모임.
【殷軫 은진】여러 사람이 모여 와글거리는 모양. 흥청거림.
【殷賑 은진】①풍부함. ②번창함.
【殷昌 은창】번성함. 번창함. 殷熾(은치).
【殷豊 은풍】넉넉하고 많음. 豊盛(풍성).
【殷墟 은허】은(殷)나라의 도읍이 있던 곳으로 지금의 하남성(河南省) 안양현(安陽縣). 1899년 이래 귀갑(龜甲)·청동기·토기·상아·수골(獸骨) 등 은나라의 유물이 많이 발굴되었음.
【殷戶 은호】부호(富豪).
【殷懷 은회】①잊지 못할 생각. ②은근하고 간절한 회포.
【殷紅 안홍】검붉은 색.
❶ 大-, 鳴-, 力-, 寧-, 情-, 豊-, 夏-.

殳
7 【殺】⑪ ❶죽일 살 囻　shā
　　　　 ❷덜 쇄 囻　shài

ノ 乂 亍 产 矛 羊 杀 杀 剎 剎 殺

殳部 7획　殺　919

[소전][고문][고문][초서][동자][속자]
[간체] 柔　[참고] 대법원 지정 인명용 한자의 음은 '살·쇄'이다.
[字源] 形聲. 朮+殳→殺. '朮(찰)'이 음을 나타낸다.
[字解] ❶㉠죽이다. ㉡살해하다. 〔漢書〕殺人者死. ㉢죄인을 죽이다, 사형하다. 〔周禮〕殺罪五百. ②죽다. 〔魏志〕絶其哺乳, 立可餓殺. ③베다. 〔禮記〕利以殺草. ④없애다, 제거하다. 〔莊子〕殺生者不死. ⑤깨뜨리다, 허물어뜨리다. 〔蘇軾·詩〕爲報年來殺風景. ⑥마르다, 물기가 없어지다. 〔春秋〕隕霜不殺草. ⑦사냥하여 짐승을 잡다. 〔禮記〕天子殺則下大綏. ⑧희생(犧牲). 〔孟子〕牲殺器皿衣服不備. ⑨무시무시하다. 〔杜甫·詩〕殺氣日相纏. ⑩어조사. 어조를 강하게 하기 위하여 구중(句中)이나 구말(句末)에 쓴다. 〔南史〕自可拍手笑殺. ❷㉠덜다, 저미다. ㉡줄이다. 〔周禮〕詔王殺邦用. ㉢생략하다. 〔春秋公羊傳〕春秋詞繁而不殺者正也. ②쇠하다, 약해지다. ㄱ衰. 〔儀禮〕德之殺也. ③차이, 다름. 〔漢書〕親疏之殺. ④상처가 나다. 〔書經〕終始不衰殺也. ⑤곡식이 익지 아니하다. 〔禮記〕年雖大殺. ⑥가늘다, 작다. 〔禮記〕聲之鴻殺也. ⑦바느질하다. 〔論語〕非帷裳, 必殺之. ⑧매우, 심히, 세차게. 〔白居易·詩〕東風勿殺吹. ⑨마음이 조급하여 말이 빨라지다. 〔禮記〕其哀心感者, 其聲噍以殺.
【殺氣 살기】①무시무시한 기운. ②추동(秋冬)의 차가운 기운.
【殺年 살년】크게 흉년이 든 해.
【殺掠 살략】사람을 죽이고 재물을 빼앗음.
【殺虜 살로】죽임과 사로잡음.
【殺伐 살벌】①거칠고 무시무시한 기세. ②죽임. 살해(殺害)함.
【殺傷 살상】죽이거나 상처를 입힘.
【殺生有擇 살생유택】살생을 하는 데 가림이 있음. 함부로 살생을 하지 않음. 세속오계(世俗五戒)의 하나.
【殺生之柄 살생지병】생살(生殺)의 권리.
【殺矢 살시】①사냥에 쓰는 화살. ②가까이에서 쏘는 화살.
【殺身 살신】목숨을 버림. 捨身(사신).
【殺身成仁 살신성인】자기 몸을 희생하여 인(仁)을 이룸. 세상을 위하여 생명을 바침.
【殺獄 살옥】사람을 죽인 큰 사건.
【殺越 살월】사람을 죽여 쓰러뜨림.
【殺戮 살육】사람을 마구 죽임.
【殺之無惜 살지무석】죽여도 아깝지 않을 만큼 죄가 중함.
【殺風景 살풍경】풍경을 망침. ㉠아주 보잘것없는 풍경. ㉡매몰하고 흥취가 없음. 無風流(무풍류). ㉢살기를 띤 광경.
【殺活 살활】죽임과 살림. 生殺(생살).
【殺獲 살획】죽임과 사로잡음.

【殺到 쇄도】 한꺼번에 세차게 몰려듦.
【殺入 쇄입】 맹렬한 기세로 돌입함.
【殺下 쇄하】 아래 쪽이 점점 여위어 가늘어짐. 수척한 뺨 따위를 이르는 말.
❶ 減一, 格一, 擊一, 絞一, 矯一, 惱一, 屠一, 毒一, 抹一, 撲一, 射一, 生一, 肅一, 暗一, 縊一, 自一, 殘一, 戕一, 誅一, 銃一, 斬一, 刺一, 擲一, 笞一, 虐一, 刑一.

殳 8 【殼】⑫ 껍질 **각** 國 qiào

소전 殼 초서 殼 본자 殼 간체 壳
字解 ❶껍질. 속과 겉이 확연히 구분되는 단단한 껍데기나 껍질. ㉮과실의 껍질.〔張協·七命〕剖椰子之殼. ㉯겉겨, 곡식의 껍질. ¶ 穀殼. ㉰알의 껍데기.〔唐書〕如鳥殼之裹黃. ㉱조개의 껍데기. ¶ 貝殼. ㉲뱀·매미 등이 벗은 허물.〔後漢書〕蟬蛻亡殼. ㉳거북·게 따위의 등껍데기.〔後漢書〕玄武縮於殼中. ❷씨. ❸내리치다, 위에서 아래로 치다.〔春秋左氏傳〕君將殼之.
【殼果 각과】야자·호두·밤 따위처럼 껍질이 매우 굳고 단단한 열매. 堅果(견과).
【殼斗 각두】도토리의 밑받침. 깍정이.
【殼物 각물】조개류. 殼族(각족).
❶ 介一, 堅一, 枳一, 卵一, 蟬一, 地一, 皮一.

殳 8 【殽】⑫ ❶섞일 **효** 匱 xiáo
      ❷본받을 **효** 匱 xiào

소전 殽 초서 殽
字解 ❶ ①섞이다, 뒤섞이다.〔漢書〕鑄作錢布, 皆用銅殽以連錫. ②어지럽다, 어지럽히다. ≒爻·淆.〔淮南子〕君子小人, 紛然殽亂. ③뼈를 발라내지 아니한 살.〔鹽鐵論〕殽旅重疊. ④안주.〔新書〕殽善下治. ❷①본받다. =效.〔禮記〕夫禮必本於天, 殽於地.
【殽亂 효란】어지럽게 뒤섞임. 뒤죽박죽이 되어 질서가 없음. 混亂(혼란), 錯亂(착란).
【殽旅 효려】뼈에 살코기가 많이 붙은 것.
【殽膳 효선】술안주. 酒肴(주효).
【殽雜 효잡】뒤섞여 혼잡함.
【殽饌 효찬】①술안주. ②향연(饗宴).
【殽核 효핵】술안주와 과일.
❶ 嘉一, 牲一, 肉一, 殘一, 左一, 酒一, 菜一.

殳 9 【殿】⑬ 큰 집 **전** 國 diàn

字源 形聲. 展+殳→殿.'展(전)'이 음을 나타낸다.
字解 ❶큰 집, 커다란 건물.〔漢書〕先上殿. ②궁궐, 천자(天子)의 거처.〔史記〕始作前殿. ③절, 불당(佛堂). ¶ 大雄殿. ④존칭(尊稱).〔魏志〕願殿下深重察之. ⑤전후(殿後), 전후, 맨 뒤에서 적군을 가로막음.〔論語〕奔而殿. ⑥고과(考課)에서 가장 아래 등급의 성적.〔漢書〕課其殿最.
⑦진압하여 안정시키다. ≒鎭.〔詩經〕殿天子之邦. ⑧신음하다.〔詩經〕民之方殿屎.
【殿閣 전각】①임금이 거처하는 궁전. ②궁전과 누각.
【殿喝 전갈】전당(殿堂)의 위에서 서로 부르는 소리.
【殿講 전강】國성균관(成均館)의 유생(儒生) 가운데 학식이 뛰어난 사람을 대궐 안에 모아 임금이 직접 행하던 시험.
【殿軍 전군】대열의 맨 뒤에 따르는 군대.
【殿闥 전달】궁중(宮中)의 작은 문. 대궐 안.
【殿堂 전당】①크고 화려한 건물. ②신령이나 부처를 모셔 놓은 집. 殿宇(전우). ③어떤 분야에서 가장 권위 있는 기관.
【殿欄 전란】궁전의 난간. 殿欄(전란).
【殿本 전본】청(淸)나라 초기에 무영전(武英殿)에서 출간한 관각본(官刻本).
【殿舍 전사】대궐. 궁전.
【殿上虎 전상호】궁전에서 임금에게 정중하고 위엄 있게 직간(直諫)함. 故事 송(宋)나라 유안세(劉安世)가 직간을 잘한 데서 온 말.
【殿試 전시】임금이 친히 보이던 과거 시험.
【殿衙 전아】관아(官衙). 관청.
【殿宇 전우】①대궐, 궁전. ②신령이나 부처를 모신 집. 전당(殿堂).
【殿元 전원】전시(殿試)에서 장원 급제한 사람.
【殿庭 전정】궁전의 뜰.
【殿最 전최】공로, 또는 성적을 매기던 말. 관리의 치적(治績)이나 군공(軍功)을 비교하여 상(上)을 '最', 하(下)를 '殿'이라 하였음.
【殿版 전판】☞殿本(전본).
【殿陛 전폐】전각(殿閣)의 섬돌. 殿階(전계).
【殿下 전하】①전각의 섬돌 아래. ②왕·왕비·세자에 대한 존칭. ③황태자·황자·황녀에 대한 존칭. ④가톨릭교에서 추기경에 대한 존칭.
【殿檻 전함】궁궐의 난간(欄干).
【殿後 전후】①궁전의 뒤. ②퇴각하는 군대의 맨 뒤에 남아서 적군을 가로막는 군대.
【殿屎 전히】끙끙 앓음. 신음 소리.
❶ 宮一, 內一, 大一, 拜一, 別一, 佛一, 神一, 御一, 正一, 寢一, 便一, 香一, 華一, 後一.

殳 9 【毁】⑬ 헐 **훼** 國 huǐ

소전 毁 고문 毁 초서 毁 속서 毁
字源 土+殿→毁. '殹(훼)'가 음을 나타낸다.
字解 ❶헐다. ㉮짓거나 만든 것을 깨뜨리다.〔論語〕龜玉毁於櫝中. ㉯남을 헐뜯어 말하다.〔論語〕誰毁誰譽. ㉰치우다, 철거하다.〔禮記〕至於廟門不毁牆. ❷상처를 입히다.〔孝經〕不敢毁傷. ❸무찌르다, 패하게 하다.〔戰國策〕壹毁魏氏之威. ❹망치다, 망하게 하다.〔春秋左氏傳〕自毁其家. ❺어린아이가 이를 갈다.〔白虎通〕男八歲毁齒, 女七歲毁齒. ❻양재(禳

災)하다, 귀신에게 빌어서 재앙을 물리치다. ¶
毁事. ⑦야위다, 수척해지다.〔禮記〕毁不危身.
【毀家黜送 훼가출송】 동네의 풍속을 어지럽힌
사람의 집을 헐어 없애고 다른 곳으로 내쫓음.
【毁壞 훼괴】 무너짐. 헐어서 깨뜨림.
【毁棄 훼기】 헐거나 깨뜨려 버림.
【毀短 훼단】 남을 꼬집고 헐뜯어 말함.
【毀頓 훼돈】 훼. 헐림.
【毀滅 훼멸】 상중에 너무 슬퍼하여 몸이 쇠약해
져 목숨을 잃음.
【毀慕 훼모】 몸이 상할 정도로 죽은 어버이를
사모함.
【毀薄 훼박】①부서져 무너짐. ②비방함. 헐뜯어
말함.
【毀謗 훼방】①남의 일을 방해함. ②남을 헐뜯
어 비방함. 毀詆(훼저). 謗毀(방훼).
【毀服 훼복】 관복(官服)의 등급을 낮춤. 낮추어
옷을 입음.
【毀不滅性 훼불멸성】 부모상을 당하여 너무 슬
퍼한 나머지 몹시 야위었으나 생명을 잃을 정도
에는 이르지 않음.
【毀誹 훼비】 헐뜯음.
【毀事 훼사】①기도하여 재액을 없앰. ②國남의
일을 훼방하는 일.
【毀削 훼삭】 헐고 깎음. 폐기(廢棄)함.
【毀損 훼손】①체면이나 명예를 손상함. ②헐거
나 깨뜨려 못 쓰게 함.
【毀碎 훼쇄】 깨뜨리어 부숨.
【毀顔 훼안】 근심으로 여윈 얼굴.
【毀言 훼언】 남을 헐뜯는 말. 욕설.
【毀譽 훼예】①▷毁譽褒貶(훼예포폄). ②명예를
훼손함.
【毀譽褒貶 훼예포폄】 남을 헐뜯음과 칭찬함. 毀
譽(훼예).
【毀惡 훼오】 헐뜯고 미워함.
【毀瓦畫墁 훼와획만】 기와를 헐고 흙손질 해 놓
은 벽에 금을 그음. 남의 집에 해를 끼침.
【毀辱 훼욕】 헐뜯고 욕함.
【毀訾 훼자】 헐뜯어 말함. 毀詆(훼저).
【毀折 훼절】 헐고 부러뜨림. 부딪혀서 꺾임.
【毀節 훼절】 절조(節操)를 버림.
【毀玷 훼점】 흠. 결점.
【毀疾 훼질】 상중에 너무 슬퍼하여 병을 얻음.
毀病(훼병).
【毀讒 훼참】 헐뜯어 참소(讒訴)함.
【毀瘠 훼척】 너무 슬퍼하여 몸이 수척해짐.
【毀撤 훼철】 부수어서 걷어 치움.
【毀墜 훼추】 패하여 무너짐.
【毀齒 훼치】①어린아이가 젖니를 갊. ②배냇니
를 남.
【毀破 훼파】 부숨. 깨뜨림.
【毀敗 훼패】①헒. 깨뜨림. 敗毁(패훼). ②남의
실패를 헐어 말함.
【毀廢 훼폐】 헐거나 깨뜨려서 폐함.
【毀瑕 훼하】 흠. 허물.
❶ 短−, 謗−, 背−, 誹−, 猜−, 詆−, 積−,
憎−, 讒−, 頹−, 敗−, 荒−.

殳【毀】⑬ 毁(920)의 속자
9

殳【敲】⑭ 두드릴 각 qiāo
10
소전 敲 초서 敲 통자 敲 字解 두드리다.
㉮머리를 때리다.
㉯옆에서 치다.〔春秋左氏傳〕奪之杖以敲之.

殳【毄】⑭ ❶부딪칠 격 jī
10   ❷맬 계 jì
소전 毄 초서 毄 字解 ❶①부딪치다, 맞부
딪치다.〔周禮〕和弓毄摩. ②털다, 털어 내다.
❷매다, 가축을 매어 기르다.〔漢書〕無所農桑
毄畜.
【毄畜 계휵】 가축을 매어 놓고 기름.

殳【毆】⑮ ❶때릴 구 ⓐ우 ōu
11   ❷땅 이름 구 kōu
소전 毆 초서 毆 속자 毆 간체 殴 字解 ❶
때리다, 치다. ¶毆罵. ❷땅 이름.〔春秋公羊傳〕盟于
毆蛇.
【毆擊 구격】 몹시 때림.
【毆繋 구계】 때리고 묶어 놓음.
【毆罵 구매】 때리고 욕함.
【毆縛 구박】 구타하여 묶어 둠.
【毆殺 구살】 때려죽임. 搏殺(박살).
【毆傷 구상】 폭행으로 상처를 입힘. 구타하여 생
긴 상처.
【毆打 구타】 사람을 함부로 때림.
【毆斃 구폐】 때려죽임. 타살함.

殳【毅】⑮ 굳셀 의 yì
11
소전 毅 금문 毅 초서 毅 字解 ①굳세다.
㉮의지가 강하다.〔論語〕士不可以不弘毅. ㉯힘차고 튼튼하다.
¶毅武. ②과감하다, 딱 잘라 일을 처리하다.
〔論語〕剛毅木訥. ③함부로 화를 내다.
【毅武 의무】 굳세고 씩씩함.
【毅然 의연】 의지가 굳고 엄한 모양.
【毅勇 의용】 의지가 굳어 동요됨이 없음.
❶ 敢−, 強−, 剛−, 雄−, 忠−, 弘−, 驍−.

殳【䚟】⑯ 알 곯을 단 duàn
12
소전 䚟 초서 䚟 字解 알이 곯다, 부화(孵
化)하지 아니하고 곯다.
〔淮南子〕鳥卵不䚟.

殳【磬】⑯ 韶(2004)와 동자
12

殳【毇】⑯ 쓿을 훼 huǐ
12

殳部 13~14획 穀毉   毋部 0~1획 毋毌毋

糳 字解 쓿다, 정미(精米)하다.〔淮南子〕粢食不糳.

殳13 **穀** ⑰ 알 각 覺 què
초서 **穀** 字解 ①알, 새의 알. ②껍질, 깍지.〔阿含經〕鈍根無, 知左無明穀.

殳14 **毉** ⑱ ❶醫(1865)와 동자 ❷翳(1415)와 동자

毋 部
4획 부수 | 말무부

毋0 **毋** ④ ❶말 무 虞 wú
❷관 이름 모 尤 móu
❸앵무새 무 虞 wǔ

소전 초서 참고 대법원 지정 인명용 한자의 음은 '무'이다.
字源 會意. 女+一→毋. '一'은 침범하지 못하게 막아 잠근다는 뜻. 여자에게는 남자가 함부로 범하지 못할 곳이 있는데, 이를 막아 지킨다는 뜻. 그래서 '말라'라는 뜻을 나타낸다.
字解 ❶①말라. 금지사(禁止辭).〔論語〕毋友不如己者. ②없다. 늑無.〔論語〕毋倦. ③아니다. 늑不. 부정사(否定詞).〔禮記〕昆蟲毋作. ④발어사(發語辭).〔管子〕人君唯毋聽寢兵, 則群臣賓客莫敢言兵. ⑤의심쩍어 결심하지 아니하다. '將毋'의 형태로 쓰인다.〔韓詩外傳〕入乎將毋, 請入〔公羊傳〕入, ⑥성(姓). ❷관(冠). ❸앵무새. ¶毋追=鴟.
【毋寧 무녕】도리어. 차라리. ○ '毋'는 발어사.
【毋慮 무려】어떤 수효 앞에 붙어서 '여분 있는', '그 만큼은 넉넉하게', 또는 강조하는 뜻으로 쓰는 말. 無慮(무려).
【毋論 무론】말할 필요도 없음. 勿論(물론).
【毋望之福 무망지복】바라지 아니한 행복. 뜻밖에 얻은 행복.
【毋貽盲者鏡 무이맹자경】장님에게 거울을 주지 마라. 슬픔만을 더할 뿐, 아무 소용이 없음.
【毋追 무추】하나라 때의 관(冠).
【毋害 무해】견줄 만한 것이 없음. 無比(무비).
○ 四一, 將一.

毋0 **毌** ④ 꿰뚫을 관 翰 guàn
소전 초서 통용 貫 字源 指事. 毌+一 →毌. 돈으로 쓰던 조개(貝)를 '一'로써 꿰뚫은 모양인 데서 '꿰뚫다'라는 뜻을 나타낸다.
字解 꿰뚫다. 현대에는 '貫(관)'자를 쓰고 이 자는 거의 쓰지 않는다.

毋1 **母** ⑤ ❶어미 모 有 mǔ
❷본뜰 모 遇 mú

ㄴ 八 匚 毋 母

소전 초서 字源 象形. 여자가 어린아이를 가슴에 품고 있는 모양을 본뜬 글자.
字解 ❶①어미. ㉮어머니.〔詩經〕母兮鞠我. ㉯어머니 뻘의 여자에 대한 높임말.〔爾雅〕母之姉妹爲從母. ㉰젖을 먹여 길러 준 여자.〔國語〕生三人, 公與之母. ②할미, 나이 든 여자.〔史記〕信釣城下, 諸母漂. ③암컷, 동물의 새끼를 낳거나 까거나 한 짐승.〔孟子〕五母鷄. ④땅. 만물을 생육(生育)하는 것.〔漢書〕母者猶地. ⑤근원, 근본.〔老子〕可以爲天下母. ⑥밑천, 자본.〔宋史〕州郡闕母錢. ⑦엄지손가락. 늑拇.〔易經〕咸其母. ⑧주역(周易)의 곤괘(坤卦). ⑨같은 물건에서 큰 것과 무거운 것.〔國語〕於是乎有子權母而行. ⑩음(陰). ❷본뜨다. 늑模.〔禮記〕沃以膏曰淳母.
【母薑 모강】생강의 뿌리. 씨로 쓰는 생강.
【母系 모계】어머니 쪽의 혈통.
【母敎 모교】어머니의 가르침. 母訓(모훈).
【母國 모국】자기가 태어난 나라. 외국에 있는 사람이 자기의 나라를 일컫는 말.
【母難日 모난일】생일. 故事 촉(蜀)나라의 유굉제(劉宏濟)는 생일을 맞으면, 아버지는 근심하고, 어머니는 어려움을 겪는 날이라고 말했다는 고사에서 온 말.
【母堂 모당】남의 어머니를 높여 이르는 말. 萱堂(훤당). 母夫人(모부인).
【母黨 모당】어머니 쪽의 일가.
【母道 모도】①어머니로서 마땅히 지켜야 할 도리. ②어머니의 항렬(行列). 곧 백모(伯母)·숙모(叔母) 등.
【母妹 모매】동복(同腹)의 누이동생.
【母先亡 모선망】어머니가 아버지보다 앞서 세상을 뜸.
【母性 모성】여성이 어머니로서 갖는 본능적인 성질.
【母氏 모씨】어머니.
【母以子貴 모이자귀】어머니는 자식이 귀하게 됨에 따라 귀하게 됨.
【母子 모자】①어머니와 아들. ②본원(本元). ③원금과 이자.
【母字 모자】①어머니가 자식을 기르듯이 사랑하는 일. ②한자(漢字)의 반절(反切)에서 그 아래 음자(音字)를 이름. '蹴'을 子六切(자륙절)이라 하면, '子'를 '父字', '六'을 '母字'라고 하는 따위.
【母財 모재】現원금(元金). 母錢(모전).
【母弟 모제】동복(同腹)의 아우.
【母主 모주】國어머니에 대한 존칭.
【母酒 모주】國밑술. 술을 거르고 난 찌꺼기.
【母體 모체】①어머니의 몸. ②근본이 되는 사물의 비유.
【母側 모측】①어머니의 곁. ②어머니 쪽.

【母胎 모태】①어머니의 태 안. ②사물이 발생·발전하는 근거가 되는 토대.
【母型 모형】활자를 부어 만들어 내는 판.
【母訓 모훈】어머니의 교훈. 母敎(모교).
❶家-, 嫁-, 季-, 繼-, 國-, 老-, 同-, 伯-, 保-, 父-, 聘-, 生-, 庶-, 叔-, 媤-, 食-, 嶽-, 養-, 乳-, 姨-, 字-, 慈-, 丈-, 嫡-, 諸-, 祖-, 從-, 酒-, 親-, 賢-, 酵-, 後-.

母
2 【每】⑥ 每(923)의 속자

母
3 【每】⑦ ❶매양 매 měi
　　　　❷아름다울 매 měi

字源 象形. 비녀를 꽂은 여자의 모습을 본뜬 글자. 뒤에 '매번'의 뜻으로 가차되었다.
字解 ❶①매양, 늘, 언제나.〔出師表〕每與臣論此事.②마다, 그때마다.〔魏書〕每月入見.③자주, 빈번히.〔王襃·詩〕過從不嫌每.④당(當)하다.〔呂氏春秋〕每斯之時, 以吾參夫二子者乎.⑤비록 ~하더라도. ≒雖.〔詩經〕每有良朋.⑥우거지다, 풀이 무성하다.⑦탐하다, 탐내다.〔漢書〕衆庶每生.⑧어둡다, 어리석다.〔莊子〕天下每每大亂.⑨들, '們(113)'과 같은 뜻으로 쓰이는 어조사. ¶他每.⑩성(姓).❷아름답다, 밭이 아름다운 모양. ¶每每.
【每年 매년】해마다.
【每度 매도】번번이. 每回(매회).
【每每 매매】①늘, 번번이. ②어두운 모양. ③밭에 곡식이 무성한 모양.
【每名 매명】각 사람. 한 사람 한 사람마다.
【每文 매문】시(詩)·표(表)·부(賦)·책(策)·전기(傳記) 등 체(體)가 다른 여러 가지 글.
【每番 매번】어떤 일이 있을 때마다.
【每事 매사】모든 일. 일마다.
【每事可堪 매사가감】매사를 감당할 만함.
【每事不成 매사불성】일마다 실패함.
【每常 매상】㉠늘. 항상.
【每生 매생】삶을 탐함. 목숨을 아껴 오래 살기를 바람.
【每樣 매양】항상 그 모양으로.
【每月 매월】다달이.
【每人 매인】사람마다. 每名(매명).
【每人悅之 매인열지】사람마다 기쁘게 함.

母
3 【毐】⑦ 음란할 애 ǎi

字解 음란하다, 음란한 사람. 진시황(秦始皇)의 모후(母后)가 노애(嫪毐)와 더불어 음탕한 생활을 즐겼기 때문에, 음탕한 사람을 욕할 때 '嫪毐'라 일렀다.

母
4 【毒】⑧ ❶독 독 因 dú
　　　　❷거북 대 國 dài

參考 대법원 지정 인명용 한자의 음은 '독'이다.
字源 會意. 屮+毐→毒. 사람을 음란하게[毐] 만드는 풀이 무성하게 우거진다[屮]는 뜻을 나타낸다.
字解 ❶①독. ㉮건강이나 목숨을 해치는 것.〔易經〕噬腊肉遇毒. ㉯해독, 해악.〔書經〕惟汝自生毒. ②작은 분량으로 병을 고치다.〔周禮〕聚毒藥以共醫事. ③죽이다.〔山海經〕可以毒鼠. ④독약으로써 해치다.〔漢書〕親毒殺其父思王. ⑤해치다, 괴롭히다.〔荀子〕愚則毒賊而亂. ⑥앙심을 품다, 원망하다.〔後漢書〕令人憤毒. ⑦개탄하다, 분개하다.〔楚辭〕哀僕夫之坎毒兮. ⑧거칠다, 난폭하다.〔國語〕毒不興戰. ⑨비참하고 참혹한 방법.〔後漢書〕五毒畢加. ⑩부리다, 다스리다, 부려서 일을 처리하다.〔易經〕以此毒天下. ⑪기르다, 키우다. ≒育·畜.〔老子〕亭之毒之. ⑫나라 이름. ¶身毒. ⑬성(姓). ❷거북. =玳·瑇.〔漢書〕犀象毒冒.
【毒公 독공】초오두(草烏頭)의 딴 이름.
【毒氣 독기】①독이 있는 기운. ②독살스러운 기색. ③(佛)탐(貪)·진(瞋)·치(癡)를 이름.
【毒女 독녀】성병(性病)에 걸린 여자.
【毒癘 독려】매우 독한 징린(瘴癘)의 기운. 사람을 해치는 악한 병. 毒疾(독질).
【毒龍 독룡】①독이 있는 용. ②번뇌.
【毒蝮 독복】독사(毒蛇).
【毒婦 독부】성품이나 행동이 악독한 여자.
【毒槊 독삭】독을 바른 창.
【毒殺 독살】독약을 먹여 죽임.
【毒暑 독서】자독한 더위. 毒熱(독열).
【毒鼠 독서】쥐를 죽임. 殺鼠(살서).
【毒螫 독석】독충(毒蟲)에게 물림.
【毒舌 독설】남을 해치는 독살스러운 말.
【毒素 독소】①독이 되는 성분이나 물질. ②해로운 요소.
【毒手 독수】①남을 해치는 사람. 흉악한 사람. ②악독한 수단. 毒牙(독아).
【毒水 독수】독기가 있는 물.
【毒獸 독수】사람을 해치는 나쁜 짐승.
【毒矢 독시】촉에 독을 바른 화살.
【毒牙 독아】①독액(毒液)을 분비하는 이. 독니. ②악랄한 수단. 毒手(독수).
【毒藥 독약】①몹시 쓴 약. 강한 약. 효력이 센 약. ②독기가 있는 약.
【毒言 독언】남을 해치는 말. 욕.
【毒熱 독열】심한 더위. 毒暑(독서).
【毒刃 독인】독이 있는 칼날. 흉한(兇漢)의 악독한 칼.
【毒刺 독자】①벌, 전갈 따위의 꽁무니에 있는 독침. ②해를 입히는 모든 것.

【毒瘴 독장】 병을 일으키는 산천(山川)의 나쁜 기운. 사람을 해치는 악기(惡氣).
【毒賊 독적】 괴롭히고 해침.
【毒酒 독주】 ①독약을 탄 술. ②매우 독한 술. 도수(度數)가 높은 술.
【毒疾 독질】 지독한 병. 毒癘(독려)
【毒質 독질】 독살스러운 성질.
【毒嘴 독취】 악독한 말을 옮기는 입.
【毒筆 독필】 남을 해치려고 비방(誹謗)하거나 중상(中傷)하는 글.
【毒害 독해】 ①사람이나 물건을 잔인하게 해침. ②독을 먹여 죽임. 毒殺(독살).
【毒血 독혈】 독이 있는 나쁜 피.
【毒冒 대모】 거북의 일종. 瑇冒(대모).

● 蠱—, 丹—, 梅—, 無—, 防—, 病—, 消—, 惡—, 旅—, 餘—, 鉛—, 煙—, 炎—, 制—, 中—, 胎—, 害—, 解—, 酷—, 火—.

毋10 【毓】⑭ 기를 육 囯 yù
[초서][해서] 字解 기르다. =育.

【毓物 육물】 사물(事物)을 기름.
【毓祥宮 육상궁】 조선 때 역대 임금 중 정궁(正宮) 출신이 아닌 임금의 생모(生母) 신위를 모신 사당.

● 產—, 養—, 蓄—.

比 部

4획 부수 │ 견줄비부

比0【比】④ ❶견줄 비 紙 bǐ
❷도울 비 寘 bì
❸이웃 비 至 bì

一 ナ 上 比

[소전][고문][초서][고문] 字源 會意·形聲.
匕+匕→比. '匕'는 '人' 자를 반대 방향으로 놓은 모양. 이를 두 개 나란히 세워 놓아 두 사람을 견주어 본다는 뜻을 나타낸다. '匕'가 음도 나타낸다.

字解 ❶①견주다, 비교하다. 〔顏氏家訓〕比較材能. ②본뜨다, 모방하다. 〔蜀志〕每自比於管仲·樂毅. ③따르다, 좇다. 〔詩經〕王此大邦, 克順克比. ④친숙하여지다. 〔荀子〕交親而不比. ⑤고르다, 가려 뽑다. 〔儀禮〕遂比三耦. ⑥비기다, 나란히 하다. 〔書經〕比爾干. ⑦겨루다. ¶比力. ⑧엮다, 편집하다. 〔漢書〕比輯其義. ⑨갖추다. 〔周禮〕比樂官, 展樂器. ⑩같다, 대등하다. 〔禮記〕比于慢矣. ⑪자주, 빈번히. 〔史記〕又比殺三趙王. ⑫무리, 패거리, 동아리. 〔魏志〕擬其倫比. ⑬선례(先例), 규례(規

例). 〔漢書〕有腹非之法比. ⑭비율(比率), 비례(比例). 〔鬼谷子〕事有比. ❷①돕다. 〔詩經〕胡不比焉. ②편들다, 아첨하여 편들다. 〔論語〕君子周而不比. ③미치다, 미치어 이르다. 〔資治通鑑〕比來新舊徽科色目, 一切罷之. ⑤맞다, 합당하다. 〔禮記〕其容體比於禮. ⑥합하다, 뜻이나 힘을 합하다. 〔韓非子〕外者天下皆比意甚固. ⑦많이 늘어서다, 촘촘하게 나란하다. ¶櫛比. ⑧오늬. 화살의 머리를 시위에 끼도록 에어낸 부분. 〔周禮〕夾其比以設其羽. ⑨비괘(比卦). 64괘의 하나. 괘형은 ䷇. 천하가 임금 한 사람만을 우러름을 상징한다. ⑩천하게 지내다. 〔周禮〕比小事大. ⑪마음이 누그러지다, 즐거워하다. 〔管子〕比順以敬. ⑫앞서다. 〔禮記〕比時具物. ⑬접(接)하다, 잇닿다. 〔史記〕諸侯比境. ⑭줄을 서다. 〔史記〕騎不得比行. ⑮순서, 차례. ¶比次. ⑯언제나, 그 때마다. 〔禮記〕比年一小聘. ⑰섞다, 뒤섞다. ¶比物. ⑱위하여, 때문에. 〔孟子〕願比死者一洒之. ⑲조사하다. 〔周禮〕及三年則大比. ⑳다섯 사람의 한 동아리. ❸이웃. ¶比鄰.

【比干 비간】 은(殷)나라의 충신. 주왕(紂王)의 제부(諸父). 주의 음란함을 간하다가 죽임을 당하였고, 기자(箕子)·미자(微子)와 더불어 은의 삼인(三仁)이라 일컬어짐.
【比居 비거】 주대(周代)에 다섯 집이 반(班)을 이루어 살던 것. 또는 그 반.
【比肩 비견】 ①어깨를 나란히 함. ②우열(優劣)이 없이 서로 비슷함.
【比肩隨踵 비견수종】 어깨를 나란히 하고 발뒤꿈치를 따름. 연달아 이어져 끊이지 않음.
【比境 비경】 국경이 서로 닿음. 鄰境(인경).
【比較 비교】 서로 견주어 봄.
【比丘 비구】 (佛)출가(出家)하여 불문(佛門)에 들어가 구족계(具足戒)를 받은 남승(男僧). ○범어(梵語) 'Bhiksu'의 음역어.
【比丘尼 비구니】 (佛)출가(出家)하여 불문(佛門)에 들어가 구족계(具足戒)를 받은 여승(女僧). ○범어(梵語) 'Bhiksuni'의 음역어.
【比年 비년】 ①해마다. 比歲(비세). ②근년(近年).
【比黨 비당】 어울려서 도당(徒黨)을 만듦. 또는 그 당파. 比周(비주).
【比來 비래】 요사이. 近來(근래).
【比量 비량】 비교하여 헤아림.
【比閭 비려】 마을. 동네. ○'比'는 5호(戶), '閭'는 25호.
【比力 비력】 ①힘을 합함. ②힘을 겨룸.
【比例 비례】 ①모범이 될 만한 선례. 典例(전례). ②종래의 예를 따름. 선례를 좇음. ③두 수나 양의 비율이 다른 두 수나 양의 비율과 같은 일. ④비율(比率).
【比類 비류】 ①서로 비교함. 유별(類別)함. ②좋은 것과 비교하여 본뜸. ○'類'는 '善'으로 '좋음'을 뜻함. ③같은 무리, 비슷한 종류.
【比倫 비륜】 비교하여 같은 종류가 될 만함. 또는 그런 무리. 比類(비류).

【比鄰 비린】이웃. 四鄰(사린).
【比物 비물】①힘을 똑같이 하는 물건. ②여러 가지 사물을 비교하여 생각함.
【比方 비방】①견줌. 비교함. ②예컨대.
【比附 비부】가까이 따름. 친근함.
【比比 비비】①자주. 빈번히. ②모두. 무엇이든지.
【比殺 비살】번이어 죽임.
【比疎 비소】①比余(비여). ②비교되지 않음.
【比順 비순】온순함. 온순하게 따름.
【比時 비시】때에 앞섬.
【比如 비여】예컨대. 가령.
【比余 비여】흉노(匈奴)의 왕이 장식으로 머리에 꽂던 빗. 比疎(비소).
【比屋 비옥】①처마를 나란히 함. 집이 늘어섬. ②집집마다. 每家(매가).
【比屋而可封 비옥이가봉】요순(堯舜) 때 사람이 모두 착하여 집집마다 표창할 만하였음. 곧, 백성들이 모두 성인(聖人)의 덕에 교화되었음.
【比率 비율】일정한 양이나 수에 대한 다른 양이나 수의 비.
【比意 비의】뜻을 합함. 친하게 어울려 지냄.
【比擬 비의】비교함. 비김.
【比翼 비익】날개를 나란히 함.
【比翼連理 비익연리】비익조(比翼鳥)와 연리지(連理枝). 부부간의 애정이 썩 깊음.
【比翼鳥 비익조】암수가 다 눈과 날개가 하나씩 이어서 짝을 짓지 아니하면 날지 못하여 늘 날개를 나란히 하고 난다 하여 부부의 의가 좋음을 이르는 말.

〈比翼鳥〉

【比日 비일】날마다.
【比踵 비종】발뒤꿈치를 잇댐. 계속 나옴. 接踵(접종).
【比周 비주】①편파적인 교제와 공정한 교제. ◯'比'는 사심(私心)을 가지고 편파적으로 사귀는 일, '周'는 공정한 도(道)로써 사귀는 일. ②☞比黨(비당).
【比竹 비죽】대나무로 만든 악기류. 생황(笙簧)·퉁소 따위.
【比重 비중】다른 사물과 비교할 때의 중요한 정도.
【比集 비집】함께 모임.
【比輯 비집】모아서 엮음. 편집함.
【比次 비차】순서. 순서를 세움.
【比行 비행】나란히 감.
【比況 비황】견줌. 비교함.
【比興 비흥】시경(詩經)의 육의(六儀) 중 '비(比)'와 '흥(興)'의 수사법. ◯'比'는 비슷한 것을 예를 들어 비유하는 방법, '興'은 본뜻을 설명하기 전에 예를 들어 설명하는 방법.
◐ 對-, 等-, 無-, 複-, 附-, 不-, 鄰-, 鱗-, 周-, 櫛-, 親-, 協-.

比 4 【毕】⑧ 比(924)의 고자

比 5 【毗】⑨ 도울 비 因 pí
[字解]①돕다, 힘을 보태다. 〔後漢書〕多所毗補. ②쇠퇴하다, 쓸모 없이 되다. ③벗겨지다, 떨어지다. ≒剝. ¶毗劉. ④분울(憤鬱)하다. ⑤배꼽.
【毗尼 비니】(佛)계율(戒律). ◯범어(梵語) 'Vinaya'의 음역어.
【毗嵐 비람】(佛)천지가 개벽할 때나 멸망할 때 일어난다는 맹렬한 돌풍.
【毗盧遮那佛 비로자나불】(佛)연화장 세계(蓮華藏世界)에 살며, 그 몸은 법계(法界)에 두루 차서 큰 광명을 내비친다는 부처. ◯범어(梵語) 'Vairocana'의 음역어.
【毗劉 비류】나무의 가지나 잎이 드문드문하여 고르지 아니함.
【毗補 비보】도와서 모자람을 채움.
【毗輔 비보】도움.
【毗沙門天 비사문천】(佛)사천왕(四天王)의 하나. 북방을 지키고 재보(財寶)를 맡아보며 불법(佛法)을 수호하는 선신(善神). ◯범어(梵語) 'Vaisravana'의 음역어. 多聞天王(다문천왕).
【毗首羯磨 비수갈마】(佛)천신(天神)의 이름. 조각과 건축을 맡았음. ◯범어(梵語) 'Visvakarman'의 음역어.
【毗倚 비의】의지함. 의뢰함.
【毗益 비익】도와서 이익이 되게 함.
【毗佐 비좌】보좌함. 輔佐(보좌).
【毗贊 비찬】도움. 翼贊(익찬).
◐ 兼-, 茶-, 胥-.

比 5 【毘】⑨ 毗(925)와 동자

比 5 【毖】⑨ 삼갈 비 寘 bì
[字解]①삼가다, 근신하다. 〔詩經〕予其懲而毖後患. ②멀다. ≒毖. ③고달프다. 〔書經〕無毖于恤. ④통하다, 소통(疏通)하다. ◯흐르다, 샘물이 흘러 나오다. 〔詩經〕毖彼泉水.
【毖勞 비로】삼가 위로함.
【毖涌 비용】샘물이 솟아나와 흐름.

比 13 【毚】⑰ 토끼 참 咸 chán
[字解]①토끼. 걸음이 빠르고 교활한 토끼. 〔詩經〕躍躍毚兔, 遇犬獲之. ②조금, 약간. ≒纔. 〔論衡〕無方毚微不愈. ③탐하다, 탐욕스럽다. 〔法言〕何毚欲之有. ④나무 이름. 박달나무의 한 가지. ≒檖.
【毚微 참미】조금. 약간.
【毚慾 참욕】욕심이 많음. 탐욕스러움.
【毚兔 참토】①교활한 토끼. 발이 빠른 토끼. 狡兔(교토). ②토끼의 한 가지.

毛 部

4획 부수 | 털모부

毛 ④ ❶털 모 蒙 máo
❷없을 무 魇 máo

`⼀ ⼆ 三 毛`

[소전][초서] [参考] 대법원 지정 인명용 한자의 음은 '모'이다.
[字源] 象形. 사람의 머리털, 짐승의 털 모양을 본뜬 글자.
[字解] ❶①털. ㉮사람이나 동물의 살갗에 난 털.〔禮記〕不獲二毛. ㉯식물의 줄기·잎·열매 등에 난 털.〔禮記〕桃多毛. ㉰모(毛), 동물의 몸에서 털을 깎아내어 만든 섬유. ¶ 毛織物. ②가볍다, 가벼운 것의 비유.〔詩經〕德輶如毛. ③짐승, 길짐승.〔左思·賦〕毛群陸離. ❹털빛이 순일(純一)한 희생(犧牲). ❺모피, 털이 붙어 있는 가죽.〔後漢書〕衣毛而冒皮. ❻털을 뜯다.〔周禮〕祭祀有毛烏之豚. ❼머리털의 빛깔로 자리를 정하다.〔周禮〕王燕則諸侯毛. ❽털빛을 한 가지로 맞추다.〔周禮〕毛馬而頒之. ❾식물(植物). ㉮풀.〔春秋左氏傳〕食土之毛. ㉯상마.〔春秋左氏傳〕澗溪沼沚之毛. ㉰상마(桑麻), 상마가 자라다.〔周禮〕凡宅不毛者有里布. ㉱오곡(五穀).〔春秋公羊傳〕錫之不毛之地. ❿약간, 조금.〔漢書〕有益毫毛. ❷없다. ≒無.〔後漢書〕飢者毛食.
【毛褐 모갈】 갖옷. 毛衣(모의).
【毛擧 모거】 ①털끝만 한 작은 죄도 일일이 들추어내어 벌함. ②자잘한 일까지 죄다 적음. ③무거운 것을 가볍게 다룸.
【毛狗 모구】 이리[狼]의 딴 이름.
【毛群 모군】 길짐승의 무리.
【毛起 모기】 두려울 때나 놀랐을 때 몸의 털이 곤두섬. 소름이 끼침.
【毛毯 모담】 담요.
【毛翎 모령】 새의 날개.
【毛襪 모말】 털버선. 털양말.
【毛髮 모발】 ①사람의 머리털. ②사람의 몸에 난 터럭의 총칭.
【毛毨 모선】 새나 짐승이 털을 갈아 함치르르함.
【毛細管 모세관】 동맥과 정맥을 이으며 조직 속에 퍼져 있는 가는 혈관.
【毛詩 모시】 시경(詩經)의 딴 이름. ♪한대(漢代)에 모형(毛亨)이 전한 데서 온 말.
【毛穎 모영】 붓의 딴 이름.
【毛羽 모우】 ①짐승의 털과 새의 깃. 羽毛(우모). ②길짐승과 날짐승.
【毛衣 모의】 ①새털. 새의 깃. ②모피로 만든 옷. 갖옷.
【毛刺 모자】 ①고슴도치의 딴 이름. ②초목의 줄기에 난 가시.
【毛塵 모진】 國과물전(果物廛). 隅塵(우진).

【毛氈 모전】 짐승의 털을 가공하여 만든 요. 담요. 양탄자.
【毛織物 모직물】 털실로 짠 물건.
【毛錐子 모추자】⇒毛筆(모필).
【毛蟲 모충】 ①몸에 털이 있는 짐승. 獸類(수류). 毛類(모류). ②다모류(多毛類)·복모류(複毛類) 또는 송충이·쐐기벌레 등과 같이 털이 있는 벌레의 총칭.
【毛布 모포】 담요.
【毛皮 모피】 털가죽.
【毛筆 모필】 짐승의 털로 맨 붓. 털붓. 毛錐子(모추자).
❶ 輕-, 斑-, 髮-, 不-, 鬢-, 生-, 體-, 純-, 鵝-, 羊-, 羽-, 柔-, 地-, 吹-, 毳-, 脫-, 土-, 毫-, 鴻-, 黃-.

毡 ⑨ 氈(929)의 속자
5

毣 ⑩ ❶생각할 목 屋 mù
6 ❷어두울 모 號 mào

[초서] [字解] ❶①생각하다, 생각하는 모양. ¶ 毣毣. ②좋다, 아름답다. ¶ 毣毣. ❷어둡다, 눈이 잘 보이지 아니하는 모양.
【毣毣 목목】 ①생각하는 모양, 또는 삼가는 모양. ②바람이 부는 모양. ③작고 좋은 모양.

毨 ⑩ 털 갈 선 銑 xiǎn
6

[소전][소전][초서] [字解] 털을 갈다, 털갈이하여 함치르르하다.〔書經〕鳥獸毛毨.

毧 ⑩ 솜털 융 東 róng
6

[字解] ①솜털, 가는 털. ②모모직물(毛織物).

毦 ⑩ 깃털 장식 이 紙 ěr
6

[소전][초서][동자] [字解] ①깃털 장식, 새의 깃털로 만든 장식.〔隋書〕八品以下及武官, 皆不毦筆. ②향초(香草)의 이름.〔郭璞·賦〕揚皓毦, 擢紫茸. ③등나무의 한 가지. ¶ 毦藤.
【毦藤 이등】 등나무의 한 가지.
【毦筆 이필】 깃으로 장식한 붓.

毤 ⑩ 毦(926)와 동자
6

毬 ⑪ 공 구 尤 qiú
7

[소전][초서][동자] [字解] ❶공. 둥글게 만들어 그 속을 털로 채운 운동구.〔撼言〕毬入樹穴. ❷둥근 물체, 공처럼 둥근 모양을 한 물건.〔王世貞·詞〕半夜毬燈出未央. ❸가시가 나 있는 과실의

毛部 7~9획 耗毫毬毯毹毻毰氀氁氂氃

덧껍질. ¶毛毬.
【毬工 구공】①축구(蹴毬)를 잘함. ②격구나 타구에 쓰는 공을 만드는 직공.
【毬果 구과】소나뭇과 식물의 열매.
【毬燈 구등】모양이 둥근 등. 球燈(구등).
【毬獵 구렵】격구(擊毬)와 사냥.
【毬子 구자】①공. ②국화의 한 가지.
● 擊-, 蹴-, 打-, 花-, 戱-.

毛7【耗】⑪ 毬(926)와 동자

毛7【毫】⑪ 가는 털 호 豪 háo

亠 广 亡 古 卢 高 亭 亳 毫

[초서] 毫 [字源] 形聲. 高+毛→毫. '高(고)'가 음을 나타낸다.
[字解]①가는 털, 길고 끝이 뾰족한 가는 털. 〔漢書〕有益毫毛. ②조금, 작거나 잔 것의 비유. 〔班固·答賓戱〕銳思於毫芒之內. ③붓, 붓의 촉. 〔陸機·賦〕唯毫素之所擬. ④호(毫). 무게·길이의 단위. 1리(釐)의 10분의 1.〔史記〕失之毫釐差以千里.
【毫端 호단】①붓끝. 筆端(필단). ②털끝. 극히 미세함.
【毫釐 호리】극히 적은 양.
【毫釐之差 호리지차】극히 작은 차이.
【毫末 호말】털끝. 극히 적은 양이나 극히 작은 것의 비유. 毫分(호분).
【毫末爲丘山 호말위구산】지극히 작은 것도 쌓이면 산이 됨.
【毫末之利 호말지리】근소한 이익.
【毫芒 호망】극히 적은 분량. 극히 작은 것. 毫毛(호모).
【毫毛 호모】가는 털. 아주 적은 분량을 이름. 毫芒(호망). 毫髮(호발).
【毫無 호무】전혀 없음. 조금도 없음.
【毫髮 호발】가는 털. 극히 적은 것을 이름. 秋毫(추호). 毫毛(호모).
【毫分縷析 호분누석】매우 자세히 분석함.
【毫素 호소】붓과 깁바탕.
【毫楮 호저】붓과 종이. 毫素(호소).
【毫揮 호휘】붓을 놀림. 글씨·그림을 쓰고 그림.
● 白-, 鋒-, 分-, 柔-, 一-, 秋-, 揮-.

毛8【毬】⑫ 鞠(1997)과 동자

毛8【毯】⑫ 담요 담 感 tǎn

[초서] 毯 [동자] 毺 [字解] 담요, 모포, 털로 짠 깔개.
【毯布 담포】부드러운 털로 짠 피륙.

毛8【毹】⑫ 毯(927)과 동자

毛8【毻】⑫ ①털 모 麌 máo ②모일 용 腫 rǒng ③가벼울 모 號 mào
[字解]①털, 짐승의 털. =毛. 〔周禮〕鳥獸毻毛. ②모이다, 많다. ③①가벼운 털. ②새의 깃털이 성하다.

毛8【毰】⑫ 날개 칠 배 灰 péi
[字解]①날개를 치다, 날개를 펴다. ¶毰毸. ②봉(鳳)이 춤추는 모양. ¶毰毸. ③눈이 어지러이 내리는 모양.〔王安石·詩〕晴天鏡裏雪毰毸.
【毰毸 배시】①날짐승이 날개를 편 모양. ②봉(鳳)이 춤을 추는 모양. ③눈이 어지러이 내리는 모양.

毛8【氀】⑫ ①솜털 취 寘 cuì ②썰매 취 屑 qiāo
[소전][초서][字解]①①솜털, 부드럽고 가는 털. 〔周禮〕共其氀毛爲氈. ②새의 배에 난 털. 〔說苑〕腹下之氀. ③모직물, 털로 짠 피륙. 〔唐書〕聯氀帳以居. ④털가죽, 모피. 〔沈約·論〕南金北氀. ⑤고대 예복(禮服)의 이름. 〔周禮〕祀四望山川, 則氀冕. ⑥연약하다, 부드럽다. 〔荀子〕事小敵氀則偷之用. ⑦맛나다, 부드럽고 맛이 있다. 〔史記〕旦夕得甘氀以養親. ⑧성(姓). ②썰매. ≒橇. 〔漢書〕泥行乘氀.
【氀갈 취갈】모직물.
【氀褐 취갈】승려가 입는 털옷. 氀衲(취납).
【氀幕 취막】모직(毛織)으로 만든 천막(天幕).
【氀幔 취만】☞氀帳(취장).
【氀冕 취면】주대(周代)에 임금이 망제(望祭), 곧 사방의 산천에 제사 지낼 때 쓰던 관모.
【氀毛 취모】①짐승의 부드러운 털. ②새의 배에 난 털.
【氀衣 취의】털옷. ㉠대부(大夫)가 입던 제복. ㉡흉노(匈奴)가 입던 옷. ㉢승려의 법복(法服).
【氀帳 취장】모직물로 만든 장막. 氀幔(취만).
● 毛-, 雪-, 細-, 軟-, 柔-, 翼-, 氈-.

毛8【毲】⑫ 모직물 탈 曷 duō
[字解]모직물, 오랑캐들이 짠 모직물.〔後漢書〕知染采文繡罽毲.

毛9【氁】⑬ ①모직물 갈 曷 hé ②그릇 갈 曷 kě ③열등한 사람 답 合 dā
[초서] 氁 [字解]①①모직물, 털로 짠 피륙. 〔後漢書〕織氁氁. ②새 이름. ≒鶡. 〔後漢書〕氁雞牲牲. ②그릇, 제물을 담는 굽이 높은 그릇. =楬. 〔儀禮〕氁豆兩. ③열등(劣等)한 사람.

毛9【氂】⑬ 번민할 모 號 mào

毛部 9~12획 毿毵毸毼毺 毻氀氂氁氄氅氆 氇氈氉氊氋氌氍氎

【毾】 字解 ①번민하다. ②어지러 워지다, 눈앞이 침침해지다.
【毭毭 모소】 번민함.

毛9 【毸】 ⑬ 모직물 수 尤 sōu
毛9 【毵】 동자 毛9 【毸】 동자 字解 모직물, 무늬가 있는 모직물.

毛9 【毵】 ⑬ 毸(928)와 동자

毛9 【毸】 ⑬ 毸(928)와 동자

毛9 【毼】 ⑬ 날개 칠 시 灰 sāi
字解 ①날개를 치다. ¶毢毼. ②봉이 춤추는 모양. ¶毢毼. ③눈이 어지러이 내리는 모양.

毛9 【毺】 ⑬ 담요 유 虞 shū
소전 초서 동자 字解 담요, 모포 (毛布). 〔樂府詩集〕坐客氍毺.

毛9 【氀】 ⑬ 毺(928)와 동자

毛9 【毻】 ⑬ 털갈이할 타 哿 tuò
초서 字解 ①털갈이하다. ②털갈이한 털. ¶毻毛.
【毻毛 타모】 털갈이한 털.

毛10 【氀】 ⑭ 모직물 당 陽 táng
字解 ①모직물, 무늬가 있는 모직물. ②갓끈의 윗부분에 달린 장식.

毛10 【毾】 ⑭ 담요 탑 合 tà
소전 초서 字解 담요, 모포. 올이 가늘고 고운 담요.
【毾毾 탑등】 ①올이 가늘고 고운 담요. ②털이 흩어지는 모양. 털이 빠지는 모양.

毛11 【氀】 ⑮ ❶모직물 루 虞 lú
❷열등한 사람 두 侯 dōu
초서 간체 織氀毺. ❷열등한 의식에 사로잡힌 사람. ¶氀毺.
【氀毺 ❶누갈 ❷두답】 ❶모직물. 털로 짠 피륙. ❷열등 의식에 사로잡힌 사람.

毛11 【氀】 ⑮ 毸(928)와 동자

毛11 【氂】 ⑮ 꼬리 리·모 支 lí, máo
소전 초서 字解 ①꼬리. 얼룩소나 말의 꼬리. 〔淮南子〕馬氂截玉. ②털. ㉮긴 털. 〔後漢書〕足下生氂. ㉯억세고 고불고불한 털. 〔漢書〕以氂裝衣. ㉰얼룩소의 털. ㉱가는 털, 가늘고도 긴 것의 비유. 〔列子〕以氂懸蝨於牖. ③얼룩소. 〔杜甫·行〕天踁跋足隨氂牛. ④모직물. ¶罽氂. ⑤이(氂), 길이의 단위. 분(分)의 10분의 1. 늑釐. 〔禮記〕差若豪氂.
【氂纓 이영】 얼룩소의 털로 만든 갓끈.
【氂牛 이우】 얼룩소. 犛牛(이우).
◐ 馬-, 毛-, 白-, 毫-.

毛11 【氁】 ⑮ 모직물 모 虞 mú
字解 모직물, 무늬를 넣은 모직물.
【氁綾 모릉】 털로 짠 무늬를 넣은 모직물의 한 가지.

毛11 【氃】 ⑮ 털 긴 모양 삼 覃 sān
초서 간체 字解 털이 긴 모양, 긴 털이 드리워져 있는 모양.
【氃氃 삼삼】 ①털이 긴 모양. ②버들가지 같은 것이 가늘고 길게 늘어진 모양.

毛12 【氄】 ⑯ 氅(929)와 동자

毛12 【氅】 ⑯ 털 흩어지는 모양 동 東 tóng
字解 털이 흩어지는 모양.
【氅氅 동몽】 털이 흩어지는 모양.

毛12 【氆】 ⑯ 모직물 등 蒸 dēng
소전 초서 字解 ①모직물, 올이 가늘고 고운 담요. ②털이 흩어지는 모양, 털이 빠지는 모양.

毛12 【氇】 ⑯ 氆(928)와 동자

毛12 【氌】 ⑯ 모직물 방 養 pǔ
字解 모직물, 양털로 만든 모직물. ¶氌氌.
【氌氌 방로】 서역(西域) 지방에서 산출되는 양털로 짠 피륙.

毛12 【氎】 ⑯ 氌(928)과 동자

毛12 【氄】 ⑯ 솜털 용 腫 róng

毛部 12~22획

毛12 【氅】 ⑯ 새털 창 氅 chǎng
字解 ①새털, 새의 우모(羽毛). ②새의 우모(羽毛)로 지은 옷. ¶鶴氅. ③깃대에 다는 새털로 만든 장식. 또는 그런 장식이 달린 기(旗).〔資治通鑑〕禽獸有堪氅毦之用者.
【氅服 창복】 ①도사(道士)가 입는 옷. ②외투.
【氅衣 창의】 國벼슬아치가 평상시에 입던, 소매가 넓고 뒤 솔기가 갈라진 웃옷.
【氅毦 창이】 깃털로 된 장식.
○ 白-, 小-, 羽-, 鶴-, 玄-.

毛12 【氅】 ⑯ 氅(929)와 동자

毛13 【毪】 ⑰ 氈(929)와 동자

毛13 【氉】 ⑰ 털 소 氉 sào
字解 ①털, 빳빳한 털, 억센 털. ②번민하다.

毛13 【氈】 ⑰ 모전 전 氈 zhān
字解 모전(毛氈), 털로 짠 모직물, 융단.〔周禮〕共其毳毛爲氈.
【氈裘 전구】 털옷. 북방 유목민이 입던 옷. 氈毳(전취).
【氈笠 전립】 ①털실로 짠 갓. ②國벙거지.
【氈帽 전모】 모직으로 만든 모자.
【氈案 전안】 융단을 깔아 놓은 책상.
○ 毛-, 戎-, 靑-, 靑-舊物, 花-.

毛13 【氊】 ⑰ 氈(929)과 동자

毛14 【氌】 ⑱ 털 긴 모양 람 rán
字解 털이 긴 모양.
【氈氌 남삼】 털이 치렁치렁 늘어져 있는 모양.

毛14 【氋】 ⑱ 털 흩어질 몽 méng
字解 털이 흩어지다, 털이 흩어지는 모양.

毛15 【氇】 ⑲ 모직물 로 jǔ
字解 모직물, 서역(西域) 지방에서 나는 융단. ¶氆氇.

毛18 【氆】 ㉒ 모직물 구 qú
字解 ①모직물, 융단.〔南史〕獻蒲桃大馬氆氌. ②무명.
【氆氌 구수】 ①융단. ②무명. 베.
【氆氈 구유】 모직물. 융단. 毛氈(모전).

毛22 【氍】 ㉖ 모직물 첩 dié
字解 ①모직물, 올이 가늘고 고운 모직물. ②무명, 베. ③마르지 않고, 짜서 만든 옷.

氏部

4획 부수 | 각시씨부

氏0 【氏】 ④ ①각시 씨 (本)시 氏 shì
②나라 이름 지 氏 zhī

一 厂 F 氏

参考 대법원 지정 인명용 한자의 음은 '씨'이다.
字源 象形. 땅속에 내린 뿌리와 땅 위에 내민 줄기의 모양을 본뜬 글자.
字解 ❶①각시. 옛날에는 부인은 이름이 없고, 친정의 성(姓)에 이 자를 붙여 이름에 대신하였기 때문에 생긴 뜻이다.〔儀禮〕某氏來歸. ②성(姓). ㉮같은 성(姓) 중에서 혈족의 갈래를 나타내는 말.〔春秋左氏傳〕氏族一也. ㉯성(姓). 한대(漢代) 이후에는 '姓'과 혼용하게 되었다. ¶姓氏. ③씨(氏). ㉮사람의 호칭. ¶伯氏. ㉯작위(爵位)나 관직(官職)에 붙이는 칭호.〔周禮〕師氏, 保氏, 媒氏. ㉰나라 이름·왕조(王朝) 이름·제후(諸侯)에게 붙이는 칭호.〔陶潛·傳〕無懷氏之民與, 葛天氏之民與. ㉱國사람의 성이나 이름 밑에 붙여서 존칭의 뜻을 나타낸다. ㉲國이름 대신 높이어 이르는 말. ④무너지다, 산사태가 나다. ❷나라 이름. 한대(漢代)에 서역(西域) 지방에 있던 나라 이름. 늑支.
【氏譜 씨보】 씨족의 계보(系譜). 족보(族譜).
【氏族 씨족】 ①겨레. 족속(族屬). ②(社)공동의 조상을 가진 혈연 공동체.
○ 名-, 母-, 伯-, 姓-, 叔-, 月-, 仲-.

氏1 【民】 ⑤ 백성 민 民 mín

フ コ F F 民

字源 象形. 초목의 싹이 많이 나 있는 모양을 그려, 토지에 의지하여 사는 많은 사람, 곧 '백성'이란 뜻을 나타낸다.

氏部 1획 氏

[字解] ❶백성. ㉮사람, 뭇사람, 인류.〔詩經〕厥初生民. ㉯임금의 통치를 받는 국민.〔禮記〕君以民爲體. ㉰벼슬이 없는 서민(庶民).〔詩經〕宜民宜人. ❷주역(周易)의 곤괘(坤卦).〔易經〕加乎民.

【民家 민가】일반 백성이 사는 집.
【民間 민간】관(官)이나 군대에 속하지 않은, 일반 서민의 사회.
【民膏 민고】백성의 피와 땀. 백성들에게서 과중하게 거두어 들인 세금이나 재물.
【民困 민곤】백성의 곤궁. 民窮(민궁).
【民功 민공】①백성을 다스리는 데 공적이 있음. ②백성의 일.
【民窮 민궁】백성의 곤궁. 民困(민곤).
【民權 민권】①국민의 권리. ②국민이 정치에 참여하는 권리. ③국민의 신체의 자유·재산의 영유 등에 대한 권리.
【民極 민극】백성이 지켜야 할 도리. ◯'極'은 '지상의 표준'이란 뜻.
【民譚 민담】예로부터 민간(民間)에서 전해 오는 이야기.
【民德 민덕】백성의 도리.
【民度 민도】국민의 문화 생활 수준.
【民力 민력】백성의 노력이나 재력.
【民瘼 민막】백성이 악정(惡政)에 고생하는 일. 백성의 어려움. ◯'瘼'은 '병(病)'을 뜻함. 民隱(민은).
【民望 민망】①국민의 희망. 백성의 소망. 興望(여망). ②백성의 본보기. 民表(민표).
【民母 민모】①아버지의 정처(正妻). 嫡母(적모). ②백성의 어머니. 황후(皇后)나 민간에 있는 부인(婦人).
【民牧 민목】①고을의 원. ②지방관. 牧民官(목민관).
【民務 민무】백성의 소임. 백성의 임무.
【民物 민물】백성의 재물. 民財(민재).
【民泊 민박】민가에 숙박함.
【民本 민본】국민을 위주로 함.
【民不堪命 민불감명】징집·소집 등이 잦아 백성이 견뎌 내지 못함.
【民社 민사】백성과 사직(社稷). 백성과 나라.
【民事 민사】①백성이 하는 일. 농사. ②백성에 관한 일. ③사권(私權)에 관한 재판. 소송 사건. ④부역(賦役).
【民生 민생】①백성의 생계. 국민의 생활. ②사람의 천성(天性). ③국민의 생명. 人命(인명).
【民生苦 민생고】일반 국민의 생활고.
【民生於三 민생어삼】백성은 군·부·사(君父師)의 삼자(三者)에 의하여 생존함.
【民庶 민서】백성. 庶民(서민). 民衆(민중).
【民性 민성】백성의 성정(性情).
【民聲 민성】백성의 소리. 곧, 여론.
【民時 민시】농사를 짓는 시기. 농사 짓기에 한창 바쁠 때. 農繁期(농번기).
【民心 민심】백성들의 마음.
【民心無常 민심무상】민심은 일정하지 않을 정도로 잘 따라게도 악하게도 됨.

【民營 민영】민간인이 경영함.
【民謠 민요】한 겨레의 인정·풍속·생활 감정 따위를 나타낸 것으로, 민간에 전하여 내려오는 순박한 노래. 俗謠(속요).
【民辱 민욕】국민의 치욕(恥辱). 민족의 수치. 國恥(국치).
【民用 민용】①백성이 이용하는 것. ②백성이 쓰는 재물. ③백성이 쓰는 농기구(農器具).
【民願 민원】국민의 소원이나 청원.
【民有 민유】국민 개인의 소유.
【民隱 민은】백성의 어려움. 민중의 괴로움. ◯'隱'은 '痛'으로 '고통'을 뜻함. 民瘼(민막).
【民彛 민이】사람이 지켜야 할 떳떳한 도리. 부자에게는 자효(慈孝), 형제에게는 우애(友愛) 따위.
【民賊 민적】백성을 해치는 도둑의 무리.
【民政 민정】①백성의 안녕과 행복을 꾀하는 정치. ②민간인에 의한 정치.
【民情 민정】①백성의 사정과 생활 형편. ②민심(民心).
【民衆 민중】다수의 일반 국민.
【民職 민직】백성의 일. 국민의 직업.
【民天 민천】백성이 하늘처럼 소중히 여기는 것. 곧, 양식(糧食).
【民村 민촌】상민(常民)이 사는 마을.
【民治 민치】백성을 다스림.
【民則 민칙】민간에 지켜야 할 법칙.
【民弊 민폐】민간에 끼치는 폐해.
【民表 민표】백성의 모범. 백성의 사표(師表).
【民獻 민헌】①백성들이 바치는 것. ②백성 중의 현자(賢者).

▶公—, 國—, 窮—, 飢—, 農—, 得—, 萬—, 牧—, 白—, 保—, 浮—, 士—, 四—, 生—, 庶—, 先—, 善—, 小—, 市—, 植—, 臣—, 新—, 安—, 愛—, 良—, 黎—, 頑—, 愚—, 流—, 移—, 人—, 佚—, 逸—, 濟—, 兆—, 衆—, 烝—, 天—, 賤—, 村—, 平—, 下—, 鄕—, 化—, 訓—.

【氏】 ❶근본 저 dī
1 ❷종족 이름 저 dī

[字源] 會意. 氏+一→氐. 무너지려는 언덕[氏]이 땅〔一〕에 붙어 있는 곳, 곧 '산기슭'을 뜻하며, '근본, 근원'이란 뜻을 나타낸다.

[字解] ❶①근본, 근원.〔詩經〕尹氏大師, 維周之氐. ②대저, 대개. ≒抵.〔漢書〕天下大氐無慮, 皆鑄金錢. ③근심하다, 번민하다.〔方言〕頓愍或謂之氐悁. ❷①종족(種族) 이름. 서역(西域) 지방에 살던 종족으로, 한대(漢代) 이후로는 종종 중원에 처들어 왔고, 남북조(南北朝) 시대에는 오호 십육국(五胡十六國)의 여러 나라를 강북(江北)에 세웠다. ¶氐羌. ②숙이다. =低.〔漢書〕封君皆氐首仰給焉. ③낮다, 천하다. =低. ④값이 싸다. =低. ⑤별자리 이름. 28수(宿)의 하나.〔史記〕氐四星東方之宿.
【氐羌 저강】서역(西域) 지방에 살던 소수 민족

氏部 4획 䍃   气部 0~6획 气気氕気氖氣   931

인 저(氐)와 강(羌).
【氐首 저수】고개를 숙임.
【氐賤 저천】①값이 쌈. 低廉(저렴). ②비천(卑賤)함.
【氐惆 저추】고민함. 번민함.

氏
4 【䍃】⑧ 백성 맹 庚 méng

[소전][초서][속] [자해] 백성, 다른 나라나 지방에서 이주(移住)해 온 백성.
【䍃隸 맹례】천한 백성. 萌隸(맹례).
【䍃俗 맹속】①민속(民俗). ②백성. 인민.
❶ 貧−, 庶−, 野−, 黎−, 殘−, 蒼−, 疲−.

气部

4획 부수 | 기운기엄부

气
0 【气】④ ❶기운 기 困 qì
    ❷빌 걸 陽 qì

[소전][초서] [참고] 한자 부수의 명칭으로는 모양이 '氣(기운 기)'의 엄에 해당한다 하여 '기운기엄'이라고 부른다.
[자원] 象形. 구름이 피어오르는 모양을 본뜬 글자.
[자해] ❶①기운. ≒氣. ②한자 부수의 하나, 기운기엄. ❷빌다. =乞.

气
2 【気】⑥ 氣(931)의 속자

气
2 【気】⑥ 氣(931)의 속자

气
4 【氕】⑧ 氣(931)의 고자

气
4 【氛】⑧ 기운 분 囟 fēn

[소전][혹체][초서] [자해] ①기운. ㉮조짐, 좋거나 나쁜 일이 생길 징조.〔春秋左氏傳〕梓愼望氛. ㉯요기(妖氣), 좋지 않은 기운.〔楚辭〕吸精粹而吐氛濁兮. ㉰하늘의 기운.〔後漢書〕氛旄溶以天旋兮. ㉱재앙.〔漢書〕氛邪歲增.
【氛垢 분구】먼지. 흩날리는 먼지.
【氛氣 분기】①공중에 보이는 운하(雲霞) 같은 기운. ②악한 기(氣). 재앙의 전조.
【氛沴 분려】악한 기운.
【氛厲 분려】나쁜 기운이 세참. 난적(亂賊)의 세력이 왕성함.
【氛邪 분사】나쁜 기운. 재앙(災殃).
【氛祥 분상】불길한 조짐과 상서로운 조짐. 흉징

(凶徵)과 길징(吉徵). 祥氛(상분).
【氛坱 분앙】☞氛埃(분애).
【氛埃 분애】먼지. 티끌. 氛垢(분구).
【氛曀 분예】흐림. 흐려짐.
【氛翳 분예】악한 기운. 불길한 기운.
【氛氳 분온】기운이 왕성한 모양.
【氛妖 분요】①요망한 기운. ②재앙(災殃). 재화(災禍).
【氛祲 분침】①바다 위에 낀 짙은 안개. 해미. ②요사스럽고 악독한 기운. 氣祲(기침).
【氛慝 분특】①나쁜 기운. ②난적(亂賊).
【氛囂 분효】성가시고 시끄러움.
❶ 絳−, 垢−, 瞑−, 祥−, 俗−, 埃−, 氳−, 妖−, 塵−, 淸−, 翠−, 霞−, 囂−.

气
6 【氣】⑩ 기운 기 困 qì

[획순]
[소전][혹체][혹체][초서][고자]
[동자][속][속][간체] [자원] 形聲. 气+米→氣. '气(기)'가 음을 나타낸다.
[자해] ①기운. ㉮기상 변화에 따른 구름의 움직임.〔春秋左氏傳〕登臺以望雲氣. ㉯자연 현상.〔春秋左氏傳〕天有六氣. ㉰원기, 만물 생성(生成)의 근원.〔易經〕精氣爲物. ㉱심신(心身)의 근원이 되는 활동력.〔孟子〕我善養吾浩然之氣. ㉲힘, 기세, 세력.〔史記〕力拔山兮氣蓋世. ㉳연기·안개 등이 끼어 있는 현상.〔杜甫·詩〕東來紫氣滿函關. ㉴갑자기 피어오르는 기운.〔史記〕海旁蜃氣, 象樓臺. ②공기, 대기.〔列子〕天積氣耳. ③숨, 숨 쉴 때 나오는 기운.〔論語〕屛氣似不息者. ④기상(氣象).〔魏志〕豪氣不除. ⑤마음, 의사(意思).〔史記〕百姓無怨氣. ⑥성질, 기질.〔列子〕汝志彊而氣弱. ⑦우주 만물을 형성하는 물질적 시원(始源). 송대(宋代)에 정이천(程伊川)·주자(朱子) 등이 주장한 설로, 만유(萬有)를 생성하는 형이상(形而上)의 원리를 이(理), 형이하(形而下)의 원리를 기(氣)라 한다.〔朱子文集〕氣也者, 形而下之器也, 生物之具也. ⑧냄새, 향기.〔與猶堂全書〕焦心之味. ⑨냄새를 맡다.〔禮記〕洗鹽執食飲者勿氣. ⑩풍취, 모양, 느낌. ¶ 殺氣. ⑪절후(節候). 음력에서 1년을 24등분한 기간.〔後漢書〕務順時氣.
【氣概 기개】굽히지 않는 강한 의기. 씩씩한 기상과 꿋꿋한 절개.
【氣蓋世 기개세】기가 세상을 덮음. 곧, 의기가 왕성하여 세상을 압도함.
【氣格 기격】품격(品格). 氣品(기품).
【氣決 기결】기상이 예리하고 결단력이 풍부함.
【氣高 기고】하늘이 맑게 개고 높음.
【氣骨 기골】①기혈(氣血)과 골격(骨格). ②씩씩한 의기. 정의를 지켜 굴하지 않는 기상. 俠骨(협골). 氣槪(기개).

【氣貫斗牛 기관두우】의기가 북두성과 견우성을 꿰뚫음. 의기가 맹렬한 모양.
【氣根 기근】①사물의 견디 내는 힘. 精力(정력). 根氣(근기). ②(佛)중생의 심중에 본디 갖추어져 있는, 부처의 가르침에 응하여 발동하는 능력. 機根(기근). ③공기 중에 노출되어 수분을 섭취하는 뿌리. 공기뿌리.
【氣囊 기낭】①새의 흉복부(胸腹部)에 있어 몸이 뜨도록 돕는 공기 주머니. ②기구(氣球)에 딸린, 가스를 넣은 주머니.
【氣短 기단】①숨 쉬는 동안이 짧음. ②기력이 약함. ③생김새가 세차지 못함.
【氣力 기력】사람의 몸으로 활동할 수 있는 힘.
【氣類 기류】①마음이 맞는 친구. 의기가 투합(投合)하는 동지. 同類(동류). ②사람과 생물의 총칭. ○만물이 천지의 기(氣)를 받아 생기는 데서 온 말.
【氣脈 기맥】①기혈(氣血)과 맥락(脈絡). 血脈(혈맥). ②國김새나 감정·의지 따위의 분위기.
【氣母 기모】①원기의 근원. 원기가 발생하는 곳. ②무지개의 딴 이름.
【氣門 기문】①인체에서 양기(陽氣)가 나오는 곳. 元府(원부). ②벌레 따위의 숨 쉬는 구멍. 氣孔(기공).
【氣味 기미】①냄새와 맛. ②김새. 기척. ③기분. 느낌.
【氣魄 기백】씩씩한 기상과 진취성이 있는 정신. 氣槪(기개). 根氣(근기).
【氣癖 기벽】다른 사람에게 지거나 굽히지 않으려는 성질.
【氣分 기분】마음에 저절로 느껴지는 감정.
【氣尙 기상】인격이 고상함. 고상한 인격.
【氣象 기상】①기품(氣稟)이 겉으로 드러난 상태. 타고난 성정(性情). 氣質(기질). ②기분. 흥취(興趣). 아취(雅趣). ③경치(景致). ④풍우(風雨)·한서(寒暑)·음청(陰晴) 따위와 같은 자연계의 현상.
【氣象萬千 기상만천】경치가 천태만상(千態萬象)으로 변화함.
【氣色 기색】①얼굴에 나타난 감정의 변화. ②모양. 상태.
【氣塞 기색】①숨이 막힘. ②과격한 정신적 충격으로 호흡이 막히는 병.
【氣成虹 기성홍】기운이 무지개를 이룸. 의기(意氣)가 왕성한 모양.
【氣勢 기세】기운차게 내뻗는 형세.
【氣數 기수】운수(運數).
【氣息 기식】호흡. 숨.
【氣食牛 기식우】호랑이나 표범의 새끼는 작아도 소를 잡아 먹는 의기가 있음. 나이는 적어도 남을 능가하는 왕성한 의기가 있음.
【氣壓 기압】대기의 압력.
【氣弱 기약】①원기가 약함. ②의지가 약함. 마음이 보드라움.
【氣焰 기염】①대단한 기세. 굉장한 호기(豪氣). ②타오르는 불꽃. 氣燄(기염). ③마음이 굳고 바름.

【氣銳 기예】의기가 날카롭고 성(盛)함.
【氣勇 기용】용기가 있음.
【氣宇 기우】기개와 도량.
【氣運 기운】①시세(時勢)가 돌아가는 형편. 時運(시운). ②운수(運數).
【氣韻 기운】문장이나 서화에 드러난 생동감과 고상한 멋.
【氣鬱 기울】기분이 우울함.
【氣絶 기절】①숨이 끊어짐. ②한때 정신을 잃음. 卒倒(졸도).
【氣節 기절】①기개(氣槪)와 절개(節槪). 의기(意氣)와 절조(節操). ②기후.
【氣志 기지】기질과 의지.
【氣質 기질】①기품(氣稟). 기상(氣象). 氣性(기성). ②인간의 성격을 특징지을 수 있는 감정의 경향. 다혈질(多血質)·신경질(神經質)·담즙질(膽汁質)·점액질(粘液質)의 네 가지가 있다. ③신분·직업·연령에 상응한 특수한 기풍(氣風).
【氣質之性 기질지성】기질의 성. 본연의 성(性)은 이(理)에서 생겨나므로 순일무잡(純一無雜)하지만 기질의 성은 기(氣)에서 생겨나기 때문에, 기의 청탁(淸濁)·혼명(昏明)·후박(厚薄)에 따라 선악(善惡)·현우(賢愚)의 차별이 생긴다는 정주학파(程朱學派)의 학설.
【氣體 기체】공기처럼 일정한 형체나 부피가 없는 물체.
【氣縮 기축】의기가 움츠러듦. 기가 질림.
【氣泡 기포】거품. 泡沫(포말).
【氣胞 기포】①허파로 들어간 기관지의 끝에 있는 작은 주머니. 호흡할 때 가스를 교환하는 작용을 함. ②물고기의 부레.
【氣品 기품】①품격(品格). 기격(氣格). ②고상한 성품. ③풍취(風趣). ④만물(萬物).
【氣風 기풍】기상과 풍도(風度). 氣質(기질).
【氣乏 기핍】기력이 아주 부족함.
【氣合 기합】호흡이 맞음. 의기가 서로 투합(投合)함.
【氣海 기해】①대기를 바다에 견주어 이르는 말. ②몸의 정기가 모이며 호흡의 근본인 배꼽 밑 1치 5푼쯤 되는 곳. 下丹田(하단전).
【氣血 기혈】①생기와 혈액. ②피의 순환.
【氣俠 기협】호탕한 기상. 용감한 마음. 俠氣(협기). 義俠(의협).
【氣戶 기호】콧구멍.
【氣候 기후】①1년의 24절기와 72후(候). ②어느 지역의 평균적인 기상 상태.

❶ 脚─, 感─, 剛─, 客─, 驚─, 空─, 狂─, 暖─, 嵐─, 怒─, 膽─, 毒─, 同─, 病─, 士─, 瑞─, 暑─, 濕─, 神─, 心─, 夜─, 英─, 靈─, 銳─, 傲─, 勇─, 雲─, 元─, 精─, 酒─, 蒸─, 志─, 天─, 淸─, 晴─, 聰─, 胎─, 吐─, 妬─, 霸─, 寒─, 香─, 血─, 俠─, 浩─, 豪─, 和─, 換─, 活─,

气6 【氤】 ⑩ 기운 성할 인 氤 yīn

气部 7~10획 氤氳　水部 0획 水

[초서] 音 [字解] 기운이 성(盛)하다, 기운이 성한 모양. 〔舊唐書〕和氣氤氳.
【氤氳 인온】①천지의 기운이 화하고 성한 모양. 氤縕(인온). ②기분이 화평한 모양. ③향기가 좋음. ④싸여서 흩어지지 않는 모양.

气7【氜】⑪ 霄(1977)와 동자

气10【氳】⑭ 기운 성할 온 囯 yún
[초서] 氳 [字解] 기운이 성(盛)하다, 기운이 성한 모양.
【氳氛 온분】기운이 왕성한 모양.
【氳氳 온온】기운이 성한 모양.
【氳氤 온인】기운이 왕성한 모양.

水 部

4획 부수 ｜ 물수부

水0【水】④ 물 수 囯 shuǐ
丿 亅 水 水

[소전][초서] [參考] ①'水'가 한자의 구성에서 변에 쓰일 때는 글자 모양이 '氵'으로 바뀌고 '삼수변'이라고 부른다. ②'水'가 '泰' 자에서와 같이 발에 쓰일 때는 글자 모양이 '氺'로 바뀐다.
[字源] 象形. 물이 끊임없이 흘러내리는 모양을 본뜬 글자.
[字解] ①물. ㉮수소와 산소의 화학적 결합으로 된 액체. 〔老子〕上善若水. ㉯강·내·호수·바다 등을 두루 이르는 말. 〔書經〕若涉大水. ②물의 범람, 홍수. 〔漢書〕堯禹有九年之水. ③오행(五行)의 하나. 때로는 방위로는 북쪽, 오성(五星)으로는 신성(辰星), 오음(五音)으로는 우(羽), 십간(十干)으로는 임·계(壬癸), 벼슬로는 사구(司寇), 오상(五常)으로는 지(智), 오감(五感)으로는 덕(德), 오장(五臟)으로는 신(腎)에 배당된다. ④물을 긷다, 물을 사용하는 일. 〔梁昭明太子·傳〕助汝薪水之勞. ⑤별자리 이름. 〔左思·賦〕雲飛水宿. ⑥별 이름. ¶ 水星. ⑦평평하다. ¶ 水平. ⑧평평하게 하다, 수준기를 써서 평평하게 고르다. 〔周禮〕水地以縣. ⑨음기(陰氣). 〔淮南子〕陰氣爲水.
【水脚 수각】①뱃삯. ②배가 물 위에 떠 있을 때, 물에 잠기는 부분. 吃水(흘수). 船脚(선각).
【水閣 수각】물가에 세운 누각. 水樓(수루).
【水脚銀 수각은】①뱃삯. ②여비(旅費)의 한 가지. 청대(淸代)에 징세원(徵稅員)의 여비를 납세자에게서 가징(加徵)한 것. 또는 관리에게 지급하던 여비.

【水鑑 수감】모양을 비추어 보기 위하여 거울로 삼은 물. 물거울.
【水閘 수갑】물문. 水門(수문).
【水客 수객】①뱃사공. ②수로를 가는 여객. 船客(선객). ③마름꽃의 딴 이름. ④각지에 가서 화물을 매매하는 상인.
【水居 수거】①물가에 삶. ②물속에서 사는 것. 물고기와 조개류.
【水渠 수거】도랑. 溝渠(구거).
【水鏡 수경】①물이 물체를 반영하듯이, 공평한 처지에서 사물을 판단하여 남의 모범이 되는 일. ②총명한 사람. ③달의 딴 이름. ④물속에서 물이 눈으로 들어오지 못하도록 쓰는 안경.
【水工 수공】①치수 작업(治水作業)을 하는 사람. ②뱃사공. ③圖대궐 안의 각사(各司)에서 물을 긷거나 마당을 쓰는 일을 맡아 하던 사람.
【水攻 수공】①강물을 막아 적의 성을 침수시키는 전법. ②용수(用水)의 길을 끊어 적군이 갈증에 못 견디어 항복하게 하는 전법.
【水瓜 수과】수박.
【水郭 수곽】강가나 바닷가에 있는 촌락.
【水寬魚大 수관어대】물이 깊고 넓으면 큰 고기가 깃들임.
【水光 수광】수면에 비치는 빛.
【水廣則魚游 수광즉 어유】물이 넓으면 고기가 모여 놂. 덕이 있으면 자연히 사람이 따름.
【水怪 수괴】물속에 사는 괴물.
【水國 수국】호수·늪·내·섬 따위가 많은 땅. 水鄕(수향).
【水龜 수귀】남생이.
【水歸海 수귀해】냇물과 강물이 바다로 돌아감. 인심(人心)이 어떤 사람에게 귀복(歸服)함.
【水根 수근】①물의 근원. 水源(수원). ②수중 식물의 뿌리.
【水祇 수기】☞水神(수신).
【水氣 수기】①물기. ②습기. 수증기. ③신경(腎經)의 음기.
【水弩 수노】①물여우. ②물속에 설치한, 돌로 만든 쇠뇌.
【水塘 수당】저수지(貯水池).
【水碓 수대】물방아. 水磨(수마).
【水稻 수도】논에 심는 벼.
【水到渠成 수도거성】물이 흐르면 자연히 도랑이 이루어짐. ㉠학문을 깊이 닦으면 저절로 도(道)가 이루어짐. ㉡때가 되면 일이 저절로 이루어짐. 水到魚行(수도어행).
【水到魚行 수도어행】물이 흐르면 고기가 그 속을 다님. 때가 오면 일이 이루어짐.
【水刺 수라】圖임금이 먹는 밥. 水剌(수라).
【水落 수락】시냇물이 줄어듦.
【水落石出 수락석출】①물이 말라 밑바닥의 돌이 드러남. 겨울 강(江)의 경치. ②드디어 사건의 진상(眞相)이 밝혀짐. 정체가 드러남.
【水簾 수렴】물의 발. 폭포.
【水路 수로】①물이 흐르는 길. 물길. ②배가 다니는 길.
【水礱 수롱】수력(水力)을 이용하여 곡물(穀物)

水部 0획 水

을 쓿는 맷돌. 수마(水磨) 따위.
【水潦 수료】①빗물. 雨水(우수). ②물이 괸 곳. 물구덩이. ③장마. 장맛비.
【水龍 수룡】①물과 용. ②물속의 용. ③전투에 쓰는 배. 전선(戰船).
【水漏 수루】①물시계. ②물이 샘.
【水樓 수루】물가에 세운 높은 누각(樓閣). 水閣(수각).
【水流雲空 수류운공】灦흐르는 물과 하늘에 뜬 구름. 지나간 일이 흔적 없이 사라져 허무함.
【水陸 수륙】①물과 육지. ②수로(水路)와 육로(陸路).
【水陸齋 수륙재】(佛)불가(佛家)에서 수륙의 잡귀(雜鬼)에게 재식(齋食)을 공양하는 법회(法會). 施餓鬼會(시아귀회).
【水陸珍味 수륙진미】육지와 바다에서 나는 온갖 맛있는 음식물. 山海珍味(산해진미).
【水輪 수륜】수력(水力)으로 돌리는 물레방아.
【水利 수리】①물을 이용하여 얻게 되는 편리. 관개 용수나 식수 따위로 물을 이용하는 일.
【水理 수리】①땅속에 흐르는 물의 줄기. 水脈(수맥). ②하천의 분맥(分脈).
【水馬 수마】①㉠소금쟁이. ㉡실고깃과의 바닷물고기. 海馬(해마). ②가볍고 빠른 배. 輕舟(경주).
【水磨 수마】물방아. 水碓(수대).
【水魔 수마】수해(水害)를 악마에 비유하여 이르는 말.
【水沫 수말】물거품. 水泡(수포).
【水媒 수매】물에 사는 종자식물이 물을 매개로 수정(受精)하는 일.
【水明 수명】물이 맑음. 물의 경치가 아름다움.
【水母 수모】①해파리. ②國물어미. 물 긷는 일을 맡아하는 여자 하인.
【水沒 수몰】물속에 잠김.
【水霧 수무】①강에 낀 안개. ②간사한 사람. ○안개가 짙으면 해를 가리는 데서 온 말.
【水墨 수묵】①묵화(墨畫)를 그리는 데 쓰는 묽은 먹물. ②☞水墨畫(수묵화).
【水墨畫 수묵화】성당(盛唐) 때부터 시작된 동양화의 한 가지. 채색을 쓰지 않고 수묵의 농담(濃淡)의 조화로써 초자연적 표현을 주로 하는 그림. 墨畫(묵화). 水墨(수묵).
【水紋 수문】수면의 물결이 이룬 무늬.
【水畔 수반】물가. 水邊(수변). 水涯(수애).
【水盤 수반】사기나 쇠붙이로 운두가 낮고 평평하게 만든 그릇.
【水伯 수백】☞水神(수신).
【水步 수보】①수병(水兵)과 보병(步兵). ②수로(水路)와 육로(陸路).
【水夫 수부】①뱃사공. 뱃사람. 船員(선원). 水手(수수). ②國배에서 허드렛일을 하는 선원. ㉡물을 긷는 일을 맡아 하는 남자 하인.
【水府 수부】①별 이름. ②수신(水神)이 사는 집. 龍宮(용궁).
【水盆 수분】물을 넣어 그 속에 꽃이나 괴석(怪石) 따위를 두는 그릇. 수반(水盤).

【水粉 수분】쌀무리. 水米紛(수미분).
【水霏 수비】물 위에 낀 안개.
【水師 수사】①해군. 水軍(수군). ②선원. 뱃사공. 水手(수수).
【水榭 수사】물가에 세운 누각. 水閣(수각).
【水棲 수서】물에서 삶.
【水石 수석】①물과 돌. ②물과 바위로 이루어진 경치. ③산수의 경치.
【水仙 수선】①수중의 선인(仙人). ㉠춘추 시대 오(吳)나라의 오자서(伍子胥). ㉡전국 시대 초(楚)나라의 굴원(屈原). ②수선화과에 속하는 여러해살이풀. 水仙花(수선화).
【水泄 수설】①물이 샘. ②물같이 쏟는 심한 설사. 물찌똥. 水瀉(수사).
【水泄不通 수설불통】물도 새지 못함. 경비가 대단히 엄하여 비밀이 새지 못함.
【水星 수성】태양계의 9개 행성 중에서 가장 작으며 태양에 가장 가까운 별. 辰星(진성).
【水城 수성】물가에 쌓은 성.
【水盛勝火 수성승화】물의 세력이 성하면 불을 이김. 악이 성할 때에는 선을 이김.
【水性欲淸 수성욕청】물의 성질은 맑기를 원함.
【水勢 수세】①물이 흐르는 기세. ②물이 흐르는 방향. ③물의 본성(本性). ④물의 양. 水量(수량).
【水素 수소】무색·무미·무취의 기체로 모든 물질 중에서 가장 가벼운 원소.
【水訟 수송】물싸움. 물에 관한 소송.
【水送山迎 수송산영】물이 보내 주고 산이 맞이함. 배를 타고 지나감에 따라 산수의 경치가 여러 가지로 바뀜.
【水宿 수숙】❶수수 ❷수숙】❶28수(宿) 중 북방의 일곱 별. ❷㉠배 안에서 숙박함. ㉡물에서 삶. ㉢백창포(白菖蒲)의 딴 이름.
【水隨方圓器 수수방원기】물은 그릇의 방원(方圓)을 따라 그 모양이 달라짐. 백성은 임금의 선악에 따라 선하게도 되고 악하게도 됨.
【水丞 수승】연적(硯滴)의 딴 이름. ○벼룻물을 담아 두는 그릇이라는 데서 온 말.
【水蝕 수식】물의 침식(浸蝕). 빗물이나 흐르는 물, 바다의 파도 따위가 지표를 침식하는 현상.
【水神 수신】물을 맡아 다스리는 신.
【水深 수심】물의 깊이.
【水潯 수심】물가. 水濱(수빈). 水傍(수방).
【水陽 수양】강의 북쪽 기슭.
【水魚 수어】①물에 사는 고기. ②물과 고기.
【水魚之交 수어지교】물과 물고기의 사귐. 매우 친한 사귐. ㉠군신(君臣) 사이가 아주 친밀함. ㉡부부가 화목함.
【水驛 수역】물가의 배가 정박하는 곳. 나루터.
【水煙 수연】①물 위에 낀 안개. ②(佛)불탑의 구륜(九輪) 윗부분에 불꽃 모양으로 만든 장식.
【水影 수영】①물 위에 만들어지는 신기루(蜃氣樓). ②물그림자.
【水玉 수옥】①수정(水晶)의 딴 이름. ②파리(玻璃)의 딴 이름.
【水旺之節 수왕지절】오행에서, 물의 기운이 왕

성한 절기. 곧, 겨울.
【水茸 수용】 말리지 않은 녹용(鹿茸).
【水雲 수운】 ①물과 구름. ②물 위에 뜬 구름.
【水雲鄕 수운향】 물이 흐르고 구름이 떠도는 곳. 곧, 은자가 노니는 곳.
【水月 수월】 ①물과 달. ②물에 비치는 달 그림자. ㉠사물이 공허함. ㉡인품이 청미(淸美)함.
【水月鏡花 수월경화】 물에 비친 달과 거울에 비친 꽃. 볼 수는 있어도 손으로 잡을 수 없는 것.
【水陰 수음】 ①물. ○물은 '陰'에 속하므로 이르는 말. ②강의 남쪽 언덕.
【水人 수인】 ①물에 익숙한 사람. 헤엄을 잘 치는 사람. ②물가에 사는 사람.
【水荏 수임】 들깨.
【水長 수장】 ①강의 흐름이 깊다. ②물의 양이 불어남. 增水(증수).
【水葬 수장】 ①죽은 사람을 물속에 넣어 장사 지냄. ②물속에 가라앉히거나 물속에 잃어버림.
【水漿 수장】 ①음료수. ②술·차 따위의 음료.
【水災 수재】 큰물로 입는 재해.
【水且 수저】 연(蓮)의 딴 이름. 水芝(수지).
【水滴 수적】 ①물방울. ②벼룻물을 담는 그릇. 硯滴(연적).
【水積 수적】 ①물이 쌓임. 물이 모여 깊게 됨. ②물 따위의 액체를 과음하여 위에 생긴 병.
【水滴石穿 수적석천】 물방울이 돌을 뚫음. 작은 힘도 모이면 큰 일을 할 수 있음.
【水積成川 수적성천】 물방울이 모여 시내를 이룸. 積小成大(적소성대).
【水殿 수전】 ①물 뒤나 물가에 세운 그윽 화려한 집. ②임금이 타는 배.
【水轉翻車 수전번거】 수력(水力)을 이용하여 논밭에 물을 대는 시설.
【水程 수정】 ①물길. ②뱃길. 航路(항로).
【水精 수정】 ①달의 딴 이름. ②☞水星(수성). ③구슬. ④예천(醴泉).
【水正果 수정과】 國생강과 계핏가루를 넣어 달인 물에 설탕이나 꿀을 타고, 곶감·잣 등을 넣어 만든 음식.
【水晶 수정】 전설에 나오는, 수정으로 지은 아름다운 궁전.
【水晶燈籠 수정등롱】 수정으로 만든 등롱. 두뇌가 명철한 사람의 비유.
【水晶不落 수정불락】 수정으로 만든 술잔. ○'不落'은 술잔.
【水槽 수조】 물을 담아 두는 큰 통.
【水腫 수종】 신체의 조직 간격(間隔)이나 체강(體腔)에 림프액·장액(漿液)이 많이 고여서 몸이 붓는 병.
【水注 수주】 연적(硯滴).
【水準 수준】 사물의 가치나 등급 따위의 기준이 되는 일정한 표준이나 정도.
【水芝 수지】 ①연꽃의 딴 이름. 水且(수저). ②연밥(蓮實).
【水至淸無魚 수지청무어】 물이 지나치게 맑으면 고기가 없음. 水淸無大魚(수청무대어).
【水疾 수질】 뱃멀미.

【水蛭 수질】 거머리.
【水次 수차】 ①물가에 있는 병사의 집합소. ②수로(水路)의 숙역(宿驛).
【水車 수차】 ①논에 물을 대는 물레. 龍骨車(용골차). ②물레방아. ③빠른 배.
【水站 수참】 배가 머무르는 곳. 수로(水路)의 역참(驛站).
【水脹 수창】 배가 붓는 병. 脹滿(창만).
【水彩 수채】 물의 광채.
【水柵 수책】 물의 흐름을 막기 위하여 물속에 세운 울타리.
【水尺 수척】 ①율려(律呂)를 재는 척도(尺度)의 이름. ②수준기(水準器). ③國삼국 시대의 유민(流民)의 한 족속. 무자리.
【水泉 수천】 샘. 泉水(천수).
【水天一色 수천일색】 물과 하늘이 한 가지 색깔임. 바다와 하늘이 맞닿아 그 경계를 알 수 없을 만큼 한가지로 푸름.
【水清無大魚 수청무대어】 물이 너무 맑으면 큰 고기가 살지 않음. 너무 엄정하면 오히려 사람이 따르지 않음.
【水村山郭 수촌산곽】 물가에 있는 마을과 산 가까이에 있는 마을.
【水土 수토】 ①그 지방의 기후·풍토. 그 지방의 자연 환경. ②물과 뭍. 水陸(수륙). ③토지.
【水土不服 수토불복】 풍토나 물이 몸에 맞지 않아 몸이 나빠짐.
【水敗 수패】 ①수해(水害). ②물로 인한 실패.
【水平 수평】 ①평평한 상태. ②수직에 직각인 방향. ③☞수준기(水準器).
【水泡 수포】 ①물거품. 水沫(수말). ②허무한 인생. ③공들인 일이 헛되이 됨.
【水筆 수필】 붓촉 전체를 먹물에 적셔 쓰는 붓.
【水旱 수한】 홍수와 가뭄. 수해와 한재. ②물과 육지.
【水旱蟲雹霜 수한충박상】 홍수·가뭄·해충·우박·이른 서리. 곧, 농사에 가장 두려운 다섯 가지 재해.
【水檻 수함】 물가에 있는 난간. 배의 난간.
【水害 수해】 홍수로 인한 피해.
【水行 수행】 ①물 위를 감. ②물의 흐름.
【水鄕 수향】 물가의 마을. 물이 많은 고장.
【水鞋子 수혜자】 國무관들이 비 올 때에 신던 장화. 쇄자. 水靴子(수화자).
【水化 수화】 ①물의 작용으로 암석·지질 등에 일어나는 변화. ②물에 빠져 죽음.
【水火 수화】 물과 불. ①일상생활에 없어서는 안 될 중요한 것. ②상반(相反)됨. 사이가 나쁨. 氷炭(빙탄). ③물에 빠지고 불에 타는 듯한 대단한 괴로움. ④홍수나 화재처럼 기세가 대단한 모양. ⑤격노(激怒)함. ⑥몹시 위험함. ⑦음식을 조리함.
【水火無交 수화무교】 물이나 불과 같은 일상생활의 필수적인 것마저도 서로 빌리지 아니함. 아주 담을 쌓고 지냄.
【水火相克 수화상극】 물과 불이 서로 용납하지 못함과 같이 서로 원수 사이가 됨.

【水嬉 수희】뱃놀이. 물놀이. 水戲(수희).
❶ 渴一, 渠一, 激一, 鏡一, 溪一, 曲一, 冷一,
潭一, 墨一, 防一, 排一, 碧一, 噴一, 山一,
上一, 生一, 野一, 魚一, 軟一, 玉一, 渦一,
雨一, 流一, 陸一, 飮一, 潛一, 滴一, 積一,
井一, 淨一, 靜一, 潮一, 止一, 池一, 天一,
泉一, 淸一, 治一, 濁一, 湯一, 風一, 下一,
河一, 寒一, 海一, 香一, 湖一, 洪一, 吃一.

水 【氷】⑤ ❶얼음 빙 厲 bīng
1   ❷엉길 응 厲 níng

丨丨冫冫氷

[소전] [초서] [고자] [본자] 冰 [參考] 대법원 지정

인명용 한자의 음은 '빙'이다.
[字源] 會意·形聲. 冫+水→冰→氷. '冫'은 '얼다'의 상형자. 얼음은 물이 언 것이므로 '水'를 더하여 '얼음'을 뜻한다. '冫'은 음도 나타낸다.
[字解] ❶①얼음. 〔漢書〕冰者, 陰之盛而水滯者也. ②얼다. 〔禮記〕孟冬之月, 云云, 水始冰. ③기름, 지방(脂肪). 〔莊子〕肌膚若冰雪. ④전동(箭筒) 뚜껑. 〔春秋左氏傳〕公徒釋甲, 執冰而踞. ⑤성(姓). ⑥〈현〉식히다. ❹차다. ❷①엉기다. 속(俗)에 '凝'으로 쓴다. 〔唐書〕涕泗冰須. ②되다, 이루어지다.
【氷鑑 빙감】①사리를 밝게 식별함. ②주대(周代)에 있었던 냉장고(冷藏庫).
【氷結 빙결】액체가 얼어붙음.
【氷潔 빙결】얼음처럼 청결함. 氷淸(빙청).
【氷鏡 빙경】①얼음처럼 차고 맑게 보이는 달. 氷輪(빙륜). ②얼음처럼 맑은 거울.
【氷顧鼎鑊 빙고정확】얼음이 뜨거운 솥에 들어감. 죽음을 각오하고 위대한 곳에 뛰어듦.
【氷谷 빙곡】얼음으로 덮인 골짜기.
【氷甌雪椀 빙구설완】얼음을 넣은 단지와 눈을 담은 깨끗한 주발. ㉠청아(淸雅)한 문방구(文房具). ㉡청아한 문방구를 사용하여 시문(詩文)을 베끼는 일.
【氷衿 빙금】두려움 따위로 가슴이 오싹해짐.
【氷兢 빙긍】두려워하고 조심함.
【氷肌 빙기】①얼음처럼 맑고 깨끗한 살갗. 雪膚(설부). ②추위를 견디는 매화꽃의 모습. 氷魂(빙혼).
【氷肌玉骨 빙기옥골】얼음 같은 살결과 옥같은 뼈대. ㉠매화(梅花)의 곱고 깨끗한 모습. 氷姿玉骨(빙자옥골). ㉡살결이 맑고 깨끗한 미인.
【氷囊 빙낭】얼음 찜질에 쓰는 얼음주머니.
【氷臺 빙대】쑥의 딴 이름.
【氷冷 빙랭】몹시 추움. 酷寒(혹한).
【氷輪 빙륜】달의 딴 이름. 氷鏡(빙경).
【氷泮 빙반】얼음이 녹음. ㉠얼음이 녹는 시기. 곧, 2월경. ㉡고정(固定)되지 않음. 위험한 상태의 비유. ㉢흔적도 없이 사라져 버림.
【氷排子 빙배자】〈현〉빙상용(氷上用) 썰매.

【氷壁 빙벽】눈·얼음으로 덮인 암벽.
【氷檗 빙벽】얼음을 깨물고 황벽나무를 먹음. ㉠괴로운 생활. ㉡여자가 고절(苦節)을 지킴.
【氷膚 빙부】얼음처럼 희고 깨끗한 살결.
【氷山 빙산】①얼음산. 권세는 믿을 수 없음. ㉠얼음산은 열을 만나면 곧 녹아 버리는 데서 온 말. ②극지(極地)의 빙하(氷河)에서 떨어져 나와 바다에 산처럼 떠다니는 얼음 덩어리.
【氷霜 빙상】①얼음과 서리. ②절조가 굳음.
【氷釋 빙석】얼음이 녹음. 의혹(疑惑)이 깨끗이 풀리는 일. 氷解(빙해).
【氷鮮 빙선】얼음에 채운 생선.
【氷雪 빙설】①얼음과 눈. ②맑고 깨끗함.
【氷消霧散 빙소무산】얼음이 녹고 안개가 흩어짐. 흔적도 없이 사라져 버림.
【氷消瓦解 빙소와해】얼음이 녹고 기와가 산산이 깨어짐. 자취도 없이 소멸함.
【氷水 빙수】①얼음과 물. ②차디찬 물. ③얼음을 녹인 물.
【氷心 빙심】얼음처럼 맑은 마음.
【氷顔 빙안】①얼음처럼 투명하고 아름다운 얼굴. ②차고 인정미가 없는 얼굴.
【氷洋 빙양】사철 얼음에 덮여 있는 바다. 곧, 남극해(南極海)와 북극해(北極海).
【氷語 빙어】빙인(氷人)의 말. 중매인의 말.
【氷玉 빙옥】①얼음과 옥. 맑고 깨끗하여 아무 티가 없음. ②☞氷淸玉潤(빙청옥윤).
【氷翁 빙옹】①아내의 아버지. 장인. 聘丈(빙장). ②중매인. 氷人(빙인).
【氷凝 빙응】얼어서 굳어짐.
【氷夷 빙이】하신(河神)의 이름. 河伯(하백).
【氷人 빙인】중매하는 사람. 月下氷人(월하빙인). 氷翁(빙옹).
【氷刃 빙인】①시퍼런 칼날. 白刃(백인). ②칼날 같은 얼음.
【氷姿玉骨 빙자옥골】매화의 딴 이름.
【氷蠶 빙잠】전설에 나오는 누에. 산속의 서리와 눈 속에서 나며, 이 누에에서 나오는 실은 젖지 않고 타지 않는다고 함.
【氷點 빙점】어는점. 물이 얼거나 얼음이 녹기 시작할 때의 온도. 0℃.
【氷柱 빙주】고드름.
【氷天 빙천】북쪽 끝의 하늘. 몹시 추운 지방.
【氷淸 빙청】①얼음처럼 맑음. 비쳐 보일 정도로 맑음. 氷潔(빙결). ②장인.
【氷淸玉潔 빙청옥결】얼음같이 맑고 옥같이 깨끗함. 맑고 깨끗한 덕행(德行).
【氷淸玉潤 빙청옥윤】얼음같이 맑고 옥같이 매끄러움. ㉠훌륭한 장인과 훌륭한 사위. [故事] 진(晉)나라의 위개(衛玠)가 장인인 악광(樂廣)과 더불어 명망이 높아 당시 사람들이 '婦翁氷淸, 女壻玉潤'이라 한 데서 나온 말. ㉡고결한 인품.
【氷橇 빙취】〈현〉빙상용(氷上用) 썰매.
【氷枕 빙침】얼음을 넣어서 베는 베개.
【氷炭 빙탄】얼음과 숯불. 성질이 상반(相反)되어 서로 어울리지 않음.

【氷炭不相容 빙탄불상용】얼음과 숯불은 서로 용납하지 못함. 화합하지 못함.
【氷炭相愛 빙탄상애】얼음과 숯불이 서로 사랑함. ㉠세상에 그 예가 도저히 있을 수 없는 일. ㉡얼음과 숯이 서로 그 본질을 보전함. 친구끼리 서로 훈계해 나감.
【氷板 빙판】얼음판.
【氷海 빙해】①칼집. ②남북극 지방의 얼어붙은 바다.
【氷壺 빙호】얼음을 넣은 항아리. 맑고 깨끗한 마음.
【氷壺秋月 빙호추월】얼음을 담은 옥호(玉壺)와 가을의 밝은 달. 청렴결백(淸廉潔白)한 마음.
【氷魂 빙혼】얼음같이 맑고 깨끗한 넋. 매화의 비유.
【氷紈 빙환】얼음처럼 희고 빛나는 비단.
【氷泮 빙환】얼음이 녹음.
【氷戱 빙희】얼음지치기.
● 堅-, 結-, 薄-, 伐-, 履-, 積-, 製-, 採-, 春-, 寒-, 滑-.

水 【氶】⑤ ❶들 승 迵 zhěng
1   ❷나라 이름 증 匯 zhèng
[參考] 대법원 지정 인명용 한자음은 '승'이다.
[字解] ❶①들다. ②구하다. ③고을 이름. 산동성(山東省)에 있던 고을. ❷나라 이름. 한대(漢代)에 있던 제후국의 이름.

水 【永】⑤ ❶길 영 梗 yǒng
1   ❷읊을 영 敬 yǒng

丶 亅 亓 永 永

[字源] 象形. 길게 뻗어 있는 물줄기의 모양. 그래서 '길다'라는 뜻을 나타낸다.
[字解] ❶①길다. ㉮물줄기의 흐름이 길다. 〔詩經〕江之永矣. ㉯오래다, 시간이 길다. 〔詩經〕永觀厥成. ②길게 하다. ㉮길게 늘이다. 〔詩經〕且以永日. ㉯오래되게 하다. 〔詩經〕以永今朝. ③멀다, 멀리. 공간적으로 길다. ¶悠永. ④깊다, 깊이 하다. 〔漢書〕永思所以奉至尊章洪業. ⑤노래 부르다. 〔詩經〕誰之永號. ❷①읊다, 말을 길게 빼다. ≒咏·詠. 〔書經〕歌永言. ②헤엄치다. ≒泳.
【永歌 영가】가락을 길게 뽑아 노래함.
【永嘉學派 영가학파】남송(南宋)의 한 학파. 주자(朱子)와 육구연(陸九淵)의 2대 학파에 대치하여 공리(功利)를 주장하였음. 설계선(薛季宣)·정백웅(鄭伯熊)·진부량(陳傅良)·섭적(葉適) 등이 대표적인 학자임.
【永感 영감】부모가 다 돌아가시어 오랫동안 애통해함.
【永劫 영겁】(佛)영원한 세월.
【永訣 영결】영원한 이별. 사별(死別).
【永久 영구】①길고 오램. ②언제까지나.
【永年 영년】오랜 세월.
【永答 영답】길이 적응(適應)함. 영구히 기대하는 데

어긋나지 않음.
【永圖 영도】영원한 계획. 장래를 위한 계획.
【永賴 영뢰】길이길이 믿고 의뢰함.
【永賣 영매】토지나 가옥을 아주 팔아 버림.
【永眠 영면】영원히 잠을 잠. 죽음. 永逝(영서).
【永命 영명】목숨이 긺. 長生(장생).
【永慕 영모】길이 사모함. 한평생 조상을 깊이 사모하여 잊지 않음.
【永福 영복】죽은 뒤에 누리는 복락. 영원한 행복. 永祚(영조). 冥福(명복).
【永生 영생】①장수(長壽). 長生(장생). ②영원히 생존함. ③종교에서 말하는 극락·천당에서 영원히 사는 일.
【永逝 영서】영원히 떠나감. 죽음. 長逝(장서).
【永世 영세】오랜 세월. 永代(영대).
【永世無窮 영세무궁】끝없는 영원한 세월.
【永世不忘 영세불망】영원히 잊지 않음.
【永嘯 영소】소리를 길게 빼어 읊음.
【永綏 영수】길이길이 편안함.
【永壽 영수】오래 삶. 長壽(장수).
【永矢弗諼 영시불훤】언제까지나 마음에 맹세하여 잊지 않음.
【永哀 영애】길이 슬퍼함.
【永夜 영야】긴 밤. 동지 전후의 밤.
【永言 영언】말을 길게 끎. 말을 노래로 읊음. 永歌(영가).
【永延 영연】영원히 계속함.
【永譽 영예】길이 명예를 잃지 않음.
【永遠 영원】언제까지나 계속하여 끝이 없음.
【永日 영일】①긴 날. ②온종일.
【永字八法 영자팔법】서예에서 '永' 자 한 글자로써 나타낸, 모든 글씨에 공통되는 여덟 가지 운필법(運筆法). 🔾후한(後漢)의 채옹(蔡邕)이 고안하였다는 설과 진대(晉代)의 왕희지(王羲之)가 창안하였다는 설이 있음.

〈永字八法〉

【永葬 영장】편안히 장사 지냄.
【永絶 영절】아주 끊어져 없어짐.
【永制 영제】영구히 변하지 않을 제도.
【永祚 영조】길이 이어질 행복. 遠祚(원조).
【永終 영종】①종국(終局)에 이르기까지 길이 계속함. 끝까지 완수함. ②영구히 끊어짐.
【永住 영주】일정한 곳에 오랫동안 거주함.
【永晝 영주】긴 낮.
【永蟄 영칩】영원히 땅속에 숨어 삶. 죽음. 永眠(영면).
【永歎 영탄】①깊이 탄식함. 長歎(장탄). ②목소리를 길게 뽑아 정회(情懷)를 읊음.
【永宅 영택】영원히 있어야 할 집. 곧, 무덤.
【永窆 영폄】완전하게 장사함. 完葬(완장).
【永巷 영항】①궁중(宮中) 안의 긴 골마루. ②궁녀가 거처하는 곳. ③죄를 지은 궁녀를 가두

어 두는 곳. ④긴 골목.
【永號 영호】 소리를 길게 빼어 노래함.
【永懷 영회】 오래도록 마음속에 품어 잊지 못함.
● 悠-, 隆-, 雋-.

水 2 【求】 ⑦ 구할 구 📖 qiú

一 十 寸 才 才 求 求

象形. 털가죽으로 만든 옷의 모양. 뒤에 '구하다'라는 뜻으로 가차되었다.
字解 ①구하다. ㉮필요한 것을 찾다. 〔易經〕同氣相求. ㉯청하다. 〔易經〕童蒙求我. ㉰얻기를 바라다. 〔詩經〕寤寐求之. ②묻다. 〔呂氏春秋〕上志而下求. ③나무라다, 책망하다. 〔論語〕君子求諸己. ④탐하다, 욕심을 부리다. 〔論語〕不忮不求. ⑤힘쓰다. 〔禮記〕君子行禮, 不求變俗. ⑥취(取)하다. 〔孟子〕勿求於心. ⑦부르다, 불러들이다. 〔孟子〕是自求禍也. ⑧가리다, 선택하다. 〔周禮〕求牛, 禱於鬼神祈求福之牛. ⑨끝, 종말(終末). ≒究. 〔詩經〕世德作求. ⑩같다, 가지런하다. 〔書經〕用康乂民作求. ⑪모으다, 모이다. ≒逑. 〔詩經〕萬福來求. ⑫갖옷, 털가죽으로 지은 옷. ※裘(1621)의 고자(古字). ⑬나라 이름. ≒球. 〔北史〕流求國.
【求假 구가】 ①구하여 빌려 옴. ②휴가를 청함. 請暇(청가).
【求乞 구걸】 남에게 돈·물건 등을 빌어서 얻음.
【求寧 구녕】 평안하기를 구함.
【求旦 구단】 밤이 새기를 재촉함.
【求代 구대】 자기를 대신하여 그 직무를 집행할 사람을 구함.
【求道 구도】 ①길을 구함. ②바른 진리를 물어 찾음. ③(佛)불법의 정도(正道)를 구함.
【求望 구망】 구하고 바람.
【求法 구법】 ①방법을 구함. ②(佛)불도를 구함. 안심입명(安心立命)의 길을 찾음. 求道(구도).
【求福 구복】 복을 내려 달라고 신에게 빎.
【求福不回 구복불회】 행복을 구하는 데 도(道)에 벗어난 행동은 하지 않음.
【求不得苦 구부득고】 (佛)팔고(八苦)의 하나. 구하여도 얻지 못하는 괴로움.
【求不厭寡 구불염과】 욕구는 적을수록 좋음.
【求備 구비】 겸비(兼備)할 것을 구함. 완비(完備)할 것을 요구함.
【求嗣 구사】 國대를 이을 자식을 얻으려고 첩을 구함.
【求索 구색】 구하여 찾음.
【求善不厭 구선불염】 선을 구하여 싫어하지 아니함, 한결같이 선을 행함.
【求成 구성】 강화(講和)를 청함.
【求詩 구시】 ①시(詩)를 구함. 옛날에는 채시관(採詩官)이 있어서 민간의 시를 수집하였음. ②시를 생각함.
【求愛 구애】 ①사랑을 구함. ②이성(異性)에게

【求言 구언】 임금이 신하의 직언(直言)을 구함.
【求牛 구우】 ①복을 얻기 위하여 신에게 바치는 소. ②소를 구함.
【求雨 구우】 날이 가물 때에 비가 오기를 빎. 祈雨(기우).
【求人 구인】 일할 사람을 구함.
【求諸己 구저기】 원인을 자기 자신에게 구함. 스스로 반성하여 잘못된 원인을 찾으려고 함.
【求全 구전】 ①완전하기를 구함. ②생명의 안전을 구함.
【求田問舍 구전문사】 논밭이나 집을 사려고 물음. 이기적인 데만 마음을 쓰고 원대(遠大)한 뜻이 없음.
【求全之毁 구전지훼】 일을 온전하게 하려다가 도리어 남에게서 비방을 당함.
【求正諸己 구정저기】 자기를 바로잡는 일을 스스로 반성하여 안에 구함.
【求之不得 구지부득】 구해도 얻지 못함.
【求職 구직】 직업을 구함.
【求學 구학】 배움의 길을 찾음.
【求刑 구형】 피고인에게 어떤 형벌을 주기를 검사가 판사에게 요구함.
【求婚 구혼】 ①결혼할 것을 요구함. ②결혼할 상대를 구함.
【求和 구화】 ①화목(和睦)을 구함. ②창화(唱和)를 구함.
● 假-, 渴-, 強-, 購-, 同氣相-, 反-, 旁-, 訪-, 不-聞達, 上-, 相-, 搜-, 營-, 要-, 欲-, 誅-, 請-, 追-, 探-.

水 2 【氿】 ⑤ 샘 궤 📖 guǐ

字解 샘, 원줄기 외의 곁갈래에서 솟는 샘.
【氿泉 궤천】 곁갈래에서 나는 샘.

水 2 【夵】 ⑥ 休(938)의 속자

水 2 【休】 ⑥ 溺(1015)의 고자

水 2 【氾】 ⑤ ❶넘칠 범 📖 fàn ❷땅 이름 범 📖 fán

字解 ❶ 〔同〕泛(954) 〔通〕汎(840) ①넘치다, 물이 넘치다. 〔孟子〕氾濫於中國. ②물로 씻다. 〔漢書〕彗氾畫塗. ③떠다니다, 떠서 돌아다니는 모양. 〔楚辭〕將氾氾若水中之鳧乎. ④넓다, 널리. 〔孔子家語〕氾埽清路. ⑤두루, 골고루. 〔莊子〕墨子氾愛兼利而非. ⑥많다, 여러. 〔淮南子〕普氾無私. ❷①땅 이름. ②성(姓).
【氾濫 범람】 ①물이 넘쳐 흐름. ②시세(時勢)에 따라 변천함. 浮沈(부침). ③물결 따라 흔들리는 모양.
【氾博 범박】 대단히 넓음. 광대함.

水部 2~3획 氽汀汁氽汎江

【氾氾 범범】 ①물에 뜬 모양. ②널리 대중을 사랑하는 모양.
【氾船 범선】 배를 띄움. 汎船(범선).
【氾掃 범소】 널리 쓸어 냄. 죄다 털어 냄. 氾掃(범소).
【氾愛兼利 범애겸리】 모든 사람을 골고루 사랑하고, 이익을 같이 하는 일.
【氾然 범연】 구속되지 않은 모양.

水2 【永】 ⑥ 永(937)과 동자

水2 【汀】 ⑤ ❶물가 정 靑 tīng ❷뜻 이루지 못할 정 徑 tìng ❸흙탕물 정 迥 dǐng

소전 汀 혹체 汀 초서 汀 동자 𣱳
字解 ❶ ㉮물가, 물가의 평지. 〔楚辭〕搴汀洲兮杜若. ㉯모래사. 토사(土沙)가 쌓여 이루어진 강 가운데의 섬. ❷①뜻을 이루지 못하다. ¶汀濙. ②작은 시내. 〔抱朴子〕起於汀濙. ❸흙탕물, 수렁. ¶汀潭.
【汀曲 정곡】 물가가 굽어 들어간 곳.
【汀潭 정녑】 ①진흙탕. 흙탕물. ②얕은 물. 작은 시내.
【汀濆 정분】 물가. 汀渚(정저).
【汀沙 정사】 물가의 모래톱.
【汀瀅 정영】 물이 맑고 깨끗함. 汀瀅(정형).
【汀線 정선】 바다와 육지가 맞닿은 선. 해안선.
【汀渚 정저】 물가의 편평한 땅.
【汀洲 정주】 얕은 물 가운데 토사가 쌓여 섬처럼 드러난 곳.
【汀濙 정형】 ①汀瀅(정영). ②작은 시내. 小川(소천). ③뜻을 이루지 못한 모양.
◑ 江―, 蘆―, 綠―, 斜―, 遠―, 長―, 洲―.

水2 【汁】 ⑤ ❶즙 즙 緝 zhī ❷화협할 협 葉 xié ❸나라 이름 십 緝 shí ❹그릇 집

소전 汁 혹서 汁 參考 대법원 지정 인명용 한자의 음은 '즙'이다.
字解 ❶①즙. ㉮물질에서 짜낸 진액. 〔禮記〕汁獻涗於醆酒. ㉯여러 가지 물질이 혼합된 액체. ¶墨汁. ㉰음식용의 국물. 〔後漢書〕多汁則淡而不可食. ②남의 덕으로 얻은 이익. 〔史記〕彼勸太子戰攻, 欲啜汁者衆. ③진눈깨비. 〔禮記〕天時雨汁. ❷화협(和協)하다. 늑協·叶. 〔周禮〕汁日. ❸나라 이름. 한대(漢代)에 지금의 사천성(四川省)에 있었다. ❹그릇, 살림살이 도구.
【汁物 ❶즙물 ❷집물】 ❶①汁釉(즙유). ❷❹살림살이에 쓰는 온갖 그릇.
【汁液 즙액】 즙을 짜낸 액체.
【汁釉 즙유】 도자기에 쓰는 잿물.
【汁滓 즙재】 즙을 짜내고 난 찌끼.
◑ 果―, 膽―, 茗―, 墨―, 米―, 蜜―, 液―, 乳―, 肉―, 灰―.

水2 【氽】 ⑤ 뜰 탄 阮 tǔn
字解 ①뜨다, 사람이 물 위에 뜨다. ②띄우다.

水2 【汎】 ⑤ 물결치는 소리 팔 黠 pà
소전 汎 字解 ①물결치는 소리, 거센 파도 소리. 〔張衡·賦〕砏汎軿軋. ②물이 빛나는 모양. ¶汎汎.
【汎汎 팔팔】 물이 빛나는 모양.

水3 【江】 ⑥ 강 강 江 jiāng

丶 氵 氵 氵 江 江

소전 江 초서 江 字源 形聲. 水+工→江. '工(공)'이 음을 나타낸다.
字解 ①강, 큰 내. 중국에서는 북쪽 지방의 것은 '하(河)'라 부르고, 남쪽 지방의 것은 '강(江)'이라 한다. 〔書經〕三江既入. ②양자강(揚子江). 옛날에는 양자강을 그냥 '강(江)', 또는 '강수(江水)'라 불렸고, 후세에 내려와서는 '장강(長江)·대강(大江)'이라 한다. 〔書經〕岷山導江. ③별 이름. 〔史記〕天潢旁江星.
【江南 강남】 ①양자강(揚子江) 이남의 땅. 강소(江蘇)·안휘(安徽)·강서(江西) 삼성(三省)의 땅으로 옛날 초(楚)나라·월(越)나라의 땅. ②강의 남쪽.
【江南橘化爲枳 강남귤화위지】 강남의 귤을 강북에 심으면 탱자가 됨. 사람도 사는 곳의 환경에 따라 품성이 달라짐. 橘化爲枳(귤화위지).
【江豚 강돈】 돌고래의 딴 이름.
【江東 강동】 양자강(揚子江) 하류 남안(南岸)의 땅. 오(吳)나라 땅으로 초(楚)나라의 항우(項羽)가 군사를 일으킨 곳.
【江頭 강두】 ①강가. 江湄(강미). ②당대(唐代)에 장안(長安)에 있던 곡강(曲江)의 강변.
【江樓 강루】 강가의 누각(樓閣).
【江湄 강미】 강가. ◐'湄'는 '邊'으로 '가'를 뜻함.
【江畔 강반】 강가. 江邊(강변). 江濱(강빈).
【江邊 강변】 강가.
【江北 강북】 ①양자강 이북의 땅. ②강의 북쪽.
【江氛 강분】 강에 낀 안개. 江靄(강애).
【江山 강산】 ①강과 산. 山川(산천). 山河(산하). ②국토(國土).
【江山之助 강산지조】 산수의 아름다운 풍경이 시정(詩情)을 도와 좋은 시를 짓게 하는 일.
【江山風月主人 강산풍월주인】 강산과 풍월의 주인. 자연의 풍경을 점유하여 마음대로 완상함.
【江上 강상】 ①강가. ②강물의 위.
【江西 강서】 ①양자강 중류(中流) 남안의 땅. 강우(강우). ②중국의 성(省) 이름. 양자강 중류의 남쪽, 춘추 시대 오(吳)·월(越)·초(楚) 삼국의 경계지. ③강의 서쪽.
【江城 강성】 강가에 있는 도시(都市).
【江聲 강성】 강물이 흐르는 소리.

【江心 강심】강의 한가운데.
【江心補漏 강심보루】강 한가운데 가서 새는 곳을 고침. 이미 때가 늦음.
【江瑤珠 강요주】살조개.
【江渚 강저】①강가. ②강 가운데 있는 작은 섬.
【江汀 강정】강가.
【江左 강좌】=江東(강동).
【江天 강천】①강과 하늘. ②강물과 하늘이 이어진 사이.
【江村 강촌】강가에 있는 마을. 江鄕(강향).
【江風 강풍】강바람.
【江楓 강풍】강가의 단풍나무.
【江河 강하】①양자강과 황하(黃河). ②큰 강.
【江檻 강함】강가에 설치한 난간.
【江海 강해】①강과 바다. ②넓음. ③풍부함. ④세상. 江湖(강호).
【江海之士 강해지사】벼슬하지 않고 강해에 노니는 사람. 속세를 피하여 자연을 벗하는 사람.
【江鄕 강향】=江村(강촌).
【江湖 강호】①강과 호수. ②세상. 江海(강해). ③조정(朝廷)에 대하여 시골을 이름. 은사(隱士)가 사는 곳.
【江湖客 강호객】각처를 돌아다니는 사람.
【江湖散人 강호산인】①세상을 등지고 자연을 벗하며 사는 사람. ②마음 내키는 대로 돌아다니며 사는 사람.
【江湖之氣 강호지기】①민간인(民間人)의 기풍. ②은거하고 싶은 마음.

◐ 曲－, 九－, 大－, 渡－, 溯－, 長－, 河－.

水 3 【汏】 ⑥ 일 대 秦 tài

소전 초서 汏 字解 ①일다, 쌀을 일다. 늦大.〔禮記〕汏哉叔氏. ④지나치다, 정도를 넘다. =汰. ⑤씻다, 물을 뿌리다.
②물결, 파도. ③교만하다.

水 3 【汒】 ⑧ 沌(945)과 동자

水 3 【汇】 ⑥ 황급할 망 陽 máng

초서 汇 통자 茫
字解 ①황급하다, 경황이 없는 모양.〔莊子〕汇若於夫子之所言矣. ②아득하다, 어둑하여 확실하지 않은 모양.〔莊子〕今吾聞莊子之言, 汇焉異之. ③물이 질펀한 모양.
【汇若 망약】①=汇焉(망언). ②황급한 모양. 경황 없이 서두르는 모양.
【汇焉 망언】아무 생각 없이 멍한 모양.

水 3 【汎】 ⑥ ❶뜰 범 陷 fàn
❷소리 가늘 핍 陷 fá
❸물소리 풍 東 fēng

소전 㲲 초서 汎 참고 대법원 지정 인명용 한자의 음은 '범'이다.

字解 ❶《同》泛(954) ①뜨다, 물 위에 뜨다, 물 위에 띄우다.〔國語〕汎舟于河. ②떠돌다, 물결을 따라 떠도는 모양. ¶汎汎. ③넓다, 널리.〔論語〕汎愛衆. ④두루, 빠짐없이 모두.〔魏書〕普汎加一級. ⑤가볍다.〔左思·賦〕過以汎劇之單慧.〔詩經〕汎汎其景. ⑦성(姓). ❷소리가 가늘다, 소리가 어렴풋한 모양. ❸물소리, 파도 소리. =渢.
【汎濫 범람】①큰물이 넘침. ②널리 모든 일에 통함. 博涉(박섭). ③멋대로 지껄이는 말. 불확실한 말.
【汎濫停蓄 범람정축】큰물이 넘치듯이 널리 책을 탐독하여 기억함. 학문이 넓고 깊음. ◐ '停蓄'은 물이 가득 괴는 일.
【汎論 범론】넓은 범위에 걸쳐 개괄한 이론.
【汎汎 범범】①물에 표류하는 모양. ②물이 넓게 넘처 흐르는 모양. ③냇물 따위가 빨리 흐르는 모양. ④물에 비친 그림자가 흔들리는 모양.
【汎涉 범섭】강이나 바다를 건넘. 어떤 일에나 널리 통함.
【汎愛 범애】널리 사랑함. 氾愛(범애).
【汎游 범유】①널리 여러 면에 걸쳐 배움. ②떠돌아다니며 노는 일. 汎遊(범유).
【汎溢 범일】물이 넘치는 모양.
【汎舟 범주】배를 띄움.
【汎採 범채】널리 채집함. 널리 재료를 모음.
【汎稱 범칭】넓은 범위로 일컫는 이름.
【汎沛 범패】①비가 몹시 오는 모양. ②성(盛)한 모양.
【汎剽 범표】가벼움. 경솔함.
【汎滥 ❶핍접 ❷풍접】❶어렴풋이 들려 오는 소리. ❷세차게 이는 파도 소리.

水 3 【汜】 ⑥ 지류 사 紙 sì

소전 汜 초서 汜 동자 漑 참고 汜(938)은 딴 자.
字解 ①지류(支流).〔詩經〕江有汜. 원줄기에서 갈라졌다가 다시 원줄기로 흘러드는 지류. ②웅덩이. 괸 물이 빠져나갈 물길이 없는 웅덩이. ③물가. 늦涘.〔淮南子〕航在一汜.

水 3 【汕】 ⑥ 오구 산 諫 shàn

초서 汕 字解 ①오구, 오구로 물고기를 잡다. ¶汕汕. ②물고기가 헤엄치는 모양.〔詩經〕烝然汕汕. ③제방(堤防)의 기초.
【汕汕 산산】①고기를 잡음. 오구로 물고기를 떠서 잡음. ②물고기가 헤엄치는 모양.

水 3 【汐】 ⑥ 조수 석 陌 xī

초서 汐 동자 汐 字解 조수(潮水). ㉮저녁 때에 밀려 들어왔다가 나가는 조수. ¶汐水. ㉯간조(干潮), 썰물.〔東海漁翁·論〕地上則江湖之水歸於滄海, 謂之汐.

【汐水 석수】 저녁때에 밀려 들어왔다가 나가는 바닷물.
❶ 歸—, 暮—, 夜—, 潮—, 海—.

水 3 【汛】 ⑥ 물 뿌릴 신 囻 xùn

〔소전〕汛 〔초전〕汛 〔자해〕汛 ①물을 뿌리다. ¶ 汛掃. ②만조(滿潮), 넘치는 조수(潮水). 〔宋史〕潮汛往來. ③묻다, 힐문(詰問)하다. ≒訊. ¶ 汛問. ④청대(淸代) 녹영병(綠營兵)의 주둔지.
【汛問 신문】 직권(職權)으로써 따지어 물음. 訊問(신문).
【汛掃 신소】 물을 뿌려 깨끗이 쑒.

水 3 【汝】 ⑥ 너 여 囻 rǔ

丶丶氵汃汝汝
〔소전〕汝 〔초전〕汝 〔통자〕女 〔통자〕爾 〔자원〕形聲. 水+女→汝. '女(녀)'가 음을 나타낸다.
〔자해〕①너. 대등한 사이나 손아랫사람에 대한 이인칭 대명사. 〔書經〕汝陟帝位. ②내 이름. ¶ 汝水.
【汝南月旦 여남월단】 인물을 비평함. 〔故事〕 후한(後漢)의 여남 사람 허소(許劭)가 종형(從兄)인 정(靖)과 함께 향당(鄕黨)의 인물에 대한 평을 매월 초하루에 발표한 데서 온 말.
【汝墻折角 여장절각】 圈너의 집 담 아니면 내 쇠뿔 부러졌을 게다. 제 잘못을 남에게 씌우려고 억지를 쓰는 말.
【汝曹 여조】 너희들, 당신들. 若曹(약조).

水 3 【汚】 ⑥
❶ 더러울 오 囻 wū
❷ 씻을 오 囻 wū
❸ 굽힐 우 囻 yū
❹ 땅 팔 와 囻 wā

丶丶氵汀汚汚
〔소전〕汚 〔초전〕汚 汙 汚 〔참고〕대법원 인명용 한자의 음은 '오'이다.
〔자원〕形聲. 水+亐→汚. '亐(우)'가 음을 나타낸다.
〔자해〕❶①더럽다, 깨끗하지 아니하다. 〔韓愈·詩〕淸溝映汚渠. ㉯더러운 것, 때·찌끼 따위. 〔詩經〕 薄澣我服, 則無垢汚. ㉰더러워지다, 더럽혀지다. 〔管子〕汚名滿天下. ㉱더럽히다, 때묻게 하다. 〔史記〕貸以自汚. ❷추잡한 행위. ¶ 汚俗. ③욕, 욕보이다. 〔五代史〕禁其家, 不可以佛事汚吾先人. ④괴어 있는 물. =洿. 〔春秋左氏傳〕潢汚行潦之水. ❺낮다. ㉮지위가 낮다, 낮은 품. ¶ 汚窪. 〔孟子〕 壞宮室, 以爲汚池. ㉯신분이 낮다, 비천한 지위. 〔荀子〕不免卑汚傭俗. ❻줄이다, 감하다, 어떤 기준의 이하가 되다. ≒窊. 〔禮記〕道汚

則從而汚. ❼노고(勞苦). 〔春秋左氏傳〕處不辟汚. ❷씻다, 빨다. 〔詩經〕薄汚我私. ❸굽히다, 뜻을 굽히다. ≒紆. 〔春秋左氏傳〕春秋之稱, 盡而不汚. ❹①파다, 땅을 파다. ≒窐. 〔禮記〕汙尊而抔飮. ②뒤떨어지다. 〔孟子〕汚不至阿其所好.
【汚渠 오거】 더러운 도랑. 汚瀆(오독).
【汚壞 오괴】 더럽히고 부숨.
【汚垢 오구】 때.
【汚君 오군】 더럽혀진 임금. 옳지 못한 일을 하는 군주.
【汚泥 오니】 ①수렁. 진흙. 淤泥(어니). ②땅이 낮고 습기가 많은 상태. ③행위 따위가 더러움.
【汚瀆 오독】 ①더러운 도랑. 汚渠(오거). ②작은 도랑. 洿瀆(오독). ③더럽힘.
【汚蠹 오두】 더럽히고 해침.
【汚萊 오래】 땅이 거칢. ○'汚'는 땅이 습함, '萊'는 풀이 무성함.
【汚隆 오륭】 ①쇠(衰)하는 일과 성(盛)하는 일. 盛衰(성쇠). ②땅의 높음과 낮음.
【汚吏 오리】 부정한 짓을 하는 관리.
【汚衊 오멸】 ①피를 흘려 더럽힘. ②남의 명예를 손상하는 일.
【汚名 오명】 더럽혀진 이름. 나쁜 평판. 不名譽(불명예).
【汚墨 오묵】 ①더럽혀짐. ②더럽혀진 인격, 또는 행위.
【汚物 오물】 쓰레기나 대소변 따위의 지저분하고 더러운 물건.
【汚庳 오비】 ①낮은 땅. ②습(濕)한 땅.
【汚邪 오사】 ①더럽고 부정한 일. ②움푹 팬 곳. 낮은 땅.
【汚世 오세】 더러운 세상. 부정(不正)이 행하여지는 세상.
【汚俗 오속】 나쁜 풍습. 惡習(악습).
【汚損 오손】 더럽히고 손상함.
【汚水 오수】 구정물. 더러워진 물.
【汚染 오염】 더러움에 물듦.
【汚穢 오예】 ①더러움. 또는 그런 행위를 함. ②더럽힘.
【汚辱 오욕】 ①더럽히고 욕되게 함. ②부끄러움. 수치. ③더러움. 추악.
【汚窊 오유】 비뚤어짐. 찌그러짐.
【汚膺 오응】 오목하게 들어간 가슴.
【汚賊 오적】 더럽히고 해침. 또는 그런 사람.
【汚點 오점】 ①더러운 점. ②명예를 더럽히는 결점.
【汚池 오지】 웅덩이. 물이 괸 못.
【汚眞 오진】 타고난 성품을 더럽힘.
【汚濁 오탁】 더럽혀짐. 더럽고 탁함.
【汚下 오하】 땅이 우묵하게 들어감.
【汚行 오행】 더러운 행위.
【汚尊 와준】 땅을 파서 술통으로 삼음.
❶ 垢—, 坤—, 塵—, 臭—, 濁—, 貪—, 潢—.

水 3 【污】 ⑥ 汚(941)와 동자

水 3 【汙】 ⓖ 汚(941)와 동자

水 3 【汋】 ⓖ ❶삶을 작 藥 yuè ❷물소리 삭 覺 zhuó

〔亨解〕 ❶①삶다. 채소 따위를 삶다. 〔爾雅〕新菜可汋. ②물소리. ③푸다, 퍼내다. =勺. ④술을 뜨다, 구기로 술을 퍼내다. ≒酌. ❷①물소리, 파도치는 소리. ¶ 汋汋. ②광택(光澤)이 있다, 빛깔이 좋다. ③취(取)하다. 〔莊子〕夫水之於汋也.
【汋約 작약】 몸이 가냘프고 맵시가 있는 모양. 綽約(작약).
【汋汋 삭삭】 물결치는 소리.

水 3 【池】 ⓖ ❶못 지 支 chí ❷강 이름 타 歌 tuó ❸제거할 철 屑 chè

※ 대법원 지정 인명용 한자의 음은 '지'이다.
〔亨源〕 形聲. 水+也→池. '也(야)'가 음을 나타낸다.
〔字解〕 ❶①못, 물을 모아 둔 넓고 깊은 곳. 〔書經〕陂池侈服. ②해자, 성곽의 주위를 둘러 있는 못. 〔禮記〕城郭溝池, 以爲固. ③물길. 〔禮記〕毋漏陂池. ④벼루 따위의 물을 붓는 곳. ⑤물받이, 홈통. 처마 끝에 달아 빗물을 홀러 보내도록 만든 시설물. ⑥관(棺)의 장식. 대나무를 결어서 청포를 덮어씌워 만든다. 〔禮記〕池視重霤. ⑦성(姓). ❷강 이름. ≒沱. ❸제거(除去)하다. ≒徹. 〔禮記〕主人旣祖, 塡池.
【池閣 지각】 못가에 있는 누각.
【池塘 지당】 ①못. ②못의 둑. 池堤(지제).
【池島 지도】 못 가운데 있는 섬.
【池畔 지반】 못가. 池邊(지변).
【池榭 지사】 ①못과 높은 다락. ②못가의 정자(亭子).
【池沼 지소】 못과 늪.
【池籞 지어】 ①못에 대나무 울타리를 치고 물고기를 기르는 곳. ②금원(禁苑).
【池魚 지어】 못 속의 물고기.
【池魚籠鳥 지어농조】 못 안의 물고기와 새장에 새. 자유롭지 못한 신세.
【池魚之殃 지어지앙】 못 속의 물고기에게 미친 재앙. 다른 곳의 재앙으로 인해 뜻밖에 당하는 재난. 〔故事〕 전국 시대 초(楚)나라의 성문이 불 탈 때, 주변에 있던 못의 물로 불을 껐기 때문에 물이 없어져 물고기가 모두 죽었다는 데에서 온 말. 殃及池魚(앙급지어).
♣ 古-, 金-, 銅-, 墨-, 城-, 沼-, 硯-, 蓮-, 汚-, 塡-, 差-, 湯-, 筆-, 呼-

水 3 【汊】 ⓖ 물 갈래질 차 禡 chà

水 3 【汍】 〔字解〕 물이 갈래지다, 강물이 두 줄기로 나뉘다, 물이 갈래지는 곳. 〔韓愈·碑〕行跋川汊.

水 3 【汗】 ⓖ ❶땀 한 翰 hàn ❷고을 이름 한 寒 gān, hán

〔亨源〕 形聲. 水+干→汗. '干(간)'이 음을 나타낸다.
〔字解〕 ❶①땀. 〔史記〕揮汗成雨. ②땀을 흘리다. 〔漢書〕匈喘膚汗. ③임금의 호령(號令). 땀은 한번 흐르면 다시 제자리로 돌아갈 수 없는 것이므로, 한번 나오면 다시 돌이킬 수 없는 것의 비유로 쓰인다. ④호령(號令)하다, 명령을 내리다. 〔易經〕渙汗其大號. ⑤물이 질펀한 모양. ¶ 汗汗. ⑥윤택해지다, 넉넉해지다. 〔太玄經〕飲汗吭吭. ⑦성(姓). ❷①고을 이름, 현 이름. ②돌궐(突厥)의 추장(酋長). ¶ 可汗.
【汗簡 한간】 ①진을 뺀 댓조각. 종이가 없던 시대에 푸른 대를 불에 구워 진을 빼고, 푸른빛을 없앤 다음 종이 대신 썼음. ②문서, 서적. 汗靑(한청).
【汗流浹背 한류협배】 땀이 흘러 등에 흥건함. 두려워함.
【汗馬 한마】 ①☞汗血馬(한혈마). ②☞汗馬之勞(한마지로)①.
【汗馬之勞 한마지로】 ①말을 달려 싸움터에서 힘을 다하여 싸운 공로. 전쟁에 이긴 공로. ②운반하는 데 겪는 수고.
【汗漫 한만】 ①아득히 넓은 모양. 물이 대단히 넓은 모양. ②산만(散漫)하여 매조지가 없음. ③들떠 있어 실속이 없음.
【汗斑 한반】 어루러기. 사상균(絲狀菌)의 기생으로 생기는 만성 피부병. 癜風(전풍).
【汗背 한배】 등에 땀이 남. 부끄러워함. 汗出沾背(한출첨배).
【汗衫 한삼】 ①속옷. 땀받이. 汗衣(한의). ②여름옷의 한 가지. ③㉠손을 가리기 위해 두루마기, 소창옷 등의 소맷부리에 흰 헝겊으로 덧대는 소매. ㉡궁중에서 '속적삼'을 이르던 말.
【汗蒸 한증】 높은 온도로 몸을 덥게 하여, 땀을 내어 병을 치료하는 일.
【汗顔 한안】 ①얼굴에 땀이 남. ㉠몹시 부끄러워함. ㉡심한 노동을 함.
【汗疣 한우】 땀띠. 汗疹(한진).
【汗牛充棟 한우충동】 수레에 실어 마소에게 끌게 하면 땀을 흘리고, 쌓아 올리면 들보에 닿을 만함. 장서(藏書)가 많음.
【汗衣 한의】 땀받이. 속옷. 汗衫(한삼).
【汗酒 한주】 소주(燒酒)의 딴 이름.
【汗衫 한삼】 한삼(汗衫)의 오용(誤用).
【汗喘 한천】 땀을 흘리면서 헐떡거림.
【汗靑 한청】 ☞汗簡(한간).
【汗出沾背 한출첨배】 식은땀이 나서 등을 적심. 곧, 몹시 부끄러워함.

【汗汗 한한】물이 광대(廣大)한 모양.
【汗眩 한현】땀이 나고 어지러움.
【汗血 한혈】①땀과 피. ②피 같은 땀을 흘림. 몹시 노력함.
【汗血馬 한혈마】①명마(名馬). 지금의 아라비아 말. 汗馬(한마). ②뛰어난 재능이 있는 사람.
❶冷―, 盜―, 漫―, 發―, 握―, 油―, 流―, 脂―, 喘―, 寢―, 血―.

水3 【汞】⑦ 수은 홍 重函 gǒng
[초서][자해] 수은(水銀). 은백색의 액체인 금속 원소. ¶ 汞粉.
【汞粉 홍분】경분(輕粉).

水3 【汍】⑥ 눈물 흐르는 모양 환 寒 wán
[소전][초서][자해] 눈물이 흐르는 모양. 〔馮衍·賦〕淚汍瀾而雨集.
【汍瀾 환란】눈물을 줄줄 흘리며 우는 모양.

水3 【汔】⑥ 거의 흘 物 qì
[초서][본자 汽][자해] ①거의, 거반. 〔詩經〕汔可小康. ②물이 마르다. =汽.

水4 【汦】⑦ 泜(966)과 동자

水4 【決】⑦ 터질 결 屑 jué

丶 冫 氵 汀 江 決 決

[소전 㴼][초서 決][본자 浹][속 決][자원] 形聲.
水+夬→決. '夬(쾌)'가 음을 나타낸다.
[자해] ①터지다, 제방이 무너져서 물이 넘쳐 흐르다. 〔史記〕河決不可復壅. ②터놓다, 막아 놓은 것을 제거하여 물을 이끌어 내다. 〔孟子〕決汝漢. ③갈라 놓다, 열어 놓다. 〔揚雄·賦〕天闐決兮地開闓. ④이로 끊다. 〔禮記〕乾肉不齒決. ⑤상처를 입히다. 〔淮南子〕決指而身死. ⑥도려내다, 파내다. 〔史記〕皮面決眼. ⑦정(定)하다. ㉮결단하다, 시비나 선악을 판단하다. 〔禮記〕非禮不決. ㉯구별하다, 따로따로 나누다. 〔禮記〕定親疎, 決嫌疑. ㉰결정하다, 확정하다. ¶ 決心. ⑧정한 바. ㉮결정한 사항, 처분, 조처. 〔後漢書〕勇者不留決. ㉯결심, 각오. 〔漢書〕其有犬馬之決者, 仰藥而伏刃. ⑨틈, 갈라진 틈. 〔史記〕譬猶騁六驥過決隙也. ⑩넘치다, 물이 넘치다. 〔淮南子〕賁星墜而渤海決. ⑪헤어지다, 이별하다. 訣訣. 〔漢書〕李陵與蘇武決去. ⑫결코, 단정코, 틀림없이. 〔戰國策〕寡人決講矣. ⑬감연히, 결연히, 분연히. 〔莊子〕決起而飛. ⑭깍지. 활을 쏠 때 손에 끼는 것. =夬·抉. 〔詩經〕決拾旣佽. ⑮물다, 짐

승이 물어뜯다. 〔周禮〕銳喙決吻. ⑯사람을 죽이다.
【決價 결가】값을 결정함.
【決去 결거】헤어짐. 이별함. 訣別(결별).
【決決 결결】물이 흐르는 모양.
【決潰 결궤】①둑이 무너져 강물이 넘쳐 흐름. 決壞(결괴). ②썩은 것이 문드러짐.
【決隙 결극】틈. 벽(壁)의 갈라진 사이.
【決起 결기】힘차게 일어남. 결연히 일어섬.
【決斷 결단】딱 잘라 결정함. 결정적인 판정이나 단정.
【決答 결답】①결정한 답. 확실한 답. ②명확하게 대답함. 確答(확답).
【決裂 결렬】①찢어서 나눔. ②여러 갈래로 찢어짐. ③회의 따위에서 의견이 서로 맞지 않아 해결이 나지 않음.
【決吻 결문】①물어 끊음. ②갈라진 부리. 조류(鳥類)를 이름.
【決鼻 결비】①코에 구멍을 뚫음. ②토끼의 딴 이름.
【決算 결산】일정한 기간의 수입과 지출에 대하여 계산을 마감함.
【決訟 결송】민간의 송사를 처결함.
【決遂 결수】☞決拾(결습).
【決拾 결습】깍지와 팔찌. ❶‘決’은 시위를 당길 때 엄지손가락에 끼우는 깍지, ‘拾’은 활을 잡은 손의 소매를 걷어 매는 팔찌.
【決勝 결승】최후의 승부를 정함.
【決心 결심】마음을 굳게 정함.
【決然 결연】①단호히 하는 모양. 딱 끊라 정하는 모양. ②마음을 굳게 하는 모양. ③별안간. 갑자기. ④물이 흐르는 모양. 구애됨이 없이 시원스러운 모양.
【決獄 결옥】재판을 해서 죄를 결정함. 소송을 판결함. 斷罪(단죄).
【決雲兒 결운아】매〔鷹〕의 딴 이름.
【決議 결의】①평의(評議)하여 정함. 의견을 종합해서 정함. ②의논한 후 결정된 의안.
【決疑 결의】의혹을 해결함.
【決眥 결자·결제】①화살이 짐승의 눈초리를 맞힘. ②눈초리가 찢어짐. 곧, 몹시 노하여 눈을 부릅뜸.
【決絶 결절】인연을 끊음.
【決定 결정】①틀림없이 작정함. ②(佛)부처의 가르침을 굳게 믿고 흔들리는 일이 없음.
【決濟 결제】①일을 처리하여 끝냄. ②매매 당사자 사이에 금전상의 거래 관계를 끝맺음.
【決志 결지】뜻을 굳게 정함. 決心(결심).
【決驟 결취】①빨리 달림. ②방종하여 거리낌이 없음.
【決河之勢 결하지세】둑이 무너져 가득 찬 물이 쏟아져 흐르는 힘. 누르려야 누를 수 없는 거센 힘. 破竹之勢(파죽지세).
【決行 결행】결단하여 실행함.
❶可―, 旣―, 論―, 對―, 未―, 否―, 速―, 議―, 自―, 裁―, 專―, 卽―, 採―, 處―, 判―, 評―, 表―, 票―, 解―.

水[汨] ④ ❶빠질 골 閉 gǔ
❷강 이름 멱 閩 mì

[参考] ①'汨'과 '汩'은 글자 모양이 비슷하여 옛날부터 혼용되어 왔기 때문에 이들의 음훈(音訓)이 여러 가지 설이 있다. 일반적으로 두 자에서 각 음이 '골'인 ❶의 갈래는 '汩'의 ①과 동자(同字)로 쓰고, ❷의 갈래만은 구별하여 쓴다. ②대법원 지정 인명용 한자의 음은 '골'이다.

[字解] ❶(同) 汩(944). 빠지다, 잠기다, 물에 가라앉다. ❷강 이름.〔史記〕懷石自投汨羅.

【汨羅之鬼 멱라지귀】물에 빠져 죽음.〔故事〕초(楚)나라의 굴원(屈原)이 멱라에 투신한 고사에서 온 말.

◐ 陵－, 紛－, 湙－.

水[汩] ④ ❶빠질 골 閉 gǔ
❷흐를 율 質 yù

[参考] 대법원 지정 인명용 한자의 음은 '율'이다.

[字解] ❶❶빠지다, 잠기다, 물에 가라앉았다. = 汨.〔杜甫・詩〕汩沒一朝伸. ❷어지러워지다, 어지럽히다. ❸빠르다.〔司馬相如・賦〕汩乎混流. ❹다스리다, 백성을 다스리다.〔書經〕別生分類, 作汩作. ❺파도가 일다, 성난 파도.〔莊子〕與汩偕出. ❷①흐르다, 물이 흐르는 모양. ¶國語〕決汩九川.〔楚辭〕汩余若將不及兮. ❹깨끗하다, 높다. ❺물소리.〔木華・賦〕汩汩汨汨. ❻밝은 모양, 빛나는 모양.〔何晏・賦〕羅疏桂之汩越. ❼소리가 어울리는 모양. ¶汩湟. ❽성(姓).

【汩流 골류】물이 빨리 흐름. 물의 빠른 흐름. 急流(급류).
【汩沒 골몰】①물속에 가라앉음. 벽지(僻地)에 파묻혀 세상에 나오지 않음. ②부침(浮沈)함. 시세를 따라 변천함. ③물소리. 물결 소리. ④圖다른 생각을 할 여유가 없이 일에 파묻힘.
【汩活 골활】물의 흐름이 빠른 모양.
【汩汩 골골】❶가라앉음. 파묻힘. ❷물이 거침없이 흐르는 모양. ②일이 지체 없이 진척되는 모양. ③물이 합하여 빨리 흐르는 모양. ④물소리. 물결 소리. ⑤많은 모양. 번다(煩多)한 모양. ⑥불안한 모양.
【汩越 골월】❶율월】①편안하게 다스림. 태평하게 다스림. ❷①밝은 모양. 빛나는 모양. ②연속(連續)하는 모양.
【汩湟 율황】소리가 서로 어울리는 모양.

水[浤] ④ 빨리 흐를 굉 庚 hóng

[字解] ①빨리 흐르다, 많은 강물이 빨리 흐르다. =浤. ②물길이 소용돌이치는 모양.〔郭璞・賦〕泓浤潤瀿. 취(取)하다, 가지다.

水[汲] ④ 길을 급 絹 jí

[字解] ①긷다, 물을 긷다.〔魏志〕鄴絕其汲道大破之. ②당기다. ㉮끌어당기다.〔周禮〕大汲其版. ㉯끌어올리다, 인도(引導)하다.〔春秋穀梁傳〕鄭伯. ③분주하다, 쉬지 않는 모양.〔孔子家語〕汲汲於仁. ④거짓, 허위.〔莊子〕狂狂汲汲. ⑤취(取)하다, 가지다.

【汲綆 급경】☞汲索(급삭).
【汲古 급고】고서(古書)를 탐독함. ◐깊은 우물을 길는 것과 같다는 데서 이르는 말.
【汲汲 급급】①골똘하게 한정된 일에만 마음을 씀. 孜孜(자자). ②거짓. 사기(詐欺).
【汲汲忙忙 급급망망】몹시 바쁜 모양.
【汲道 급도】물을 길으러 다니는 길.
【汲路 급로】☞汲道(급도).
【汲索 급삭】두레박줄.
【汲水 급수】물을 길음. 물긷기.
【汲水功德 급수공덕】(佛)목마른 사람에게 물을 길어 주는 착한 행실.
【汲深綆短 급심경단】깊은 우물의 물을 긷는데, 두레박줄이 짧음. 임무는 무거운데 힘이 부침.
【汲引 급인】①물을 길어 올림. ②사람을 끌어올려 씀. 인재를 뽑아 씀. 引進(인진).
【汲泉 급천】샘물을 길음.

◐ 漑－, 谷－, 引－.

水[汽] ④ ❶김 기 困 qì
❷거의 흘 物 qì

[参考] 대법원 지정 인명용 한자의 음은 '기'이다.

[字解] ❶김, 증기. ¶汽車. ❷(本) 汔(943)의 本字. ①거의, 거반. ②물이 마르다, 물이 말라 없어지려 하다. ③그. ※其(166)와 같게 쓰인다.

【汽罐 기관】물을 증기(蒸氣)로 바꾸는 장치.
【汽船 기선】증기의 힘으로 물 위를 달리는 배.
【汽笛 기적】기차・기선 따위에서 증기의 힘으로 울리는 고동.
【汽車 기차】증기의 힘으로 궤도를 달리는 차.

水[沂] ④ ❶내 이름 기 因의 閩 yí
❷지경 은 眞 yín

[参考] 대법원 지정 인명용 한자의 음은 '기'이다.

[字解] ❶①내 이름.〔書經〕淮沂其乂. ②산 이름.〔周禮〕青州其山鎭曰沂山. ③땅 이름.〔春秋左氏傳〕大敗夫概王于沂. ④성(姓). ❷①지경(地境), 가장자리. 垠(은). ②그릇의 전. =釿. ③피리, 큰 피리.〔爾雅〕大箎謂之沂.

【沂山 기산】산. 산동성(山東省) 기수현(沂水縣)에 위치함.
【沂水 기수】①내 이름. 산동성(山東省)에서 발원하여 사수(泗水)로 흐르는 내. ②고을 이름. 수대(隋代)에 산동성(山東省) 서북쪽에 있던 현.
【沂鄂 은악】그릇의 전에 있는 요철(凹凸) 무늬. ◐'沂'는 오목한 곳, '鄂'은 볼록한 곳.

水4【沓】⑧ 유창할 답 [合] tà

[소전] [초서] [字解] ①유창하다, 다변(多辯)하고 유창한 모양. 〔說文〕 沓, 語多沓沓也. ②끓다, 물이 끓어 넘치다. 〔枚乘·七發〕 發怒庢沓. ③합하다, 합치다. 〔揚雄·賦〕 天與地沓. ④겹치다, 중첩하다. ≒疊. 〔詩經〕 噂沓背憎. ⑤더러워지다, 더럽혀지다. 〔唐書〕 畣領沓墨. ⑥탐하다, 탐내다. 〔國語〕 其民沓貪而忍. ⑦게으른 모양, 느릿한 모양. ¶ 沓沓. ⑧빨리 가는 모양. ¶ 沓沓.

【沓沓 답답】 ①말이 많은 모양. 말이 많고 유창한 모양. ②완만한 모양. 게으른 모양. ③빨리 가는 모양.
【沓茫 답망】 먼 모양. 아득한 모양.
【沓潮 답조】 밀물과 썰물이 합쳐짐.
【沓至 답지】 한꺼번에 몰려옴. 계속해서 옴.
【沓貪 답탐】 탐냄. 재리(財利)를 탐함.
【沓風 답풍】 중풍(中風).
【沓合 답합】 중첩(重疊)함. 겹쳐짐.
◑ 婁−, 紛−, 雜−, 重−, 貪−, 頹−, 合−.

水4【沌】⑦ ❶어두울 돈 [阮] dùn ❷빙 돌 돈 [元] tún ❸내 이름 전 [銑] chún

[초서] [동자] 𣲘 [參考] 대법원 지정 인명용 한자의 음은 '돈'이다.

[字解] ❶①어둡다, 만물 생성(生成)의 근기(根氣)가 아직 나누어지지 않은 모양. 〔曹植·七啓〕 混沌未分. ②어리석다, 우매한 모양. ≒忳. 〔老子〕 我愚人之心也哉, 沌沌兮. ❷①빙 돌다, 빙빙 도는 모양. ¶ 沌沌. ②물결치는 모양. 〔枚乘·七發〕 沌沌渾渾. ③혼탁하고 어지럽다. ❸내 이름.

【沌沌 돈돈】 ①물결이 잇달아 치는 모양. ②어리석고 분별이 없는 모양. ③모든 사물이 확실히 구별되지 않는 모양. ④빙빙 도는 모양. 둥근 모양.
◑ 殄−, 混−, 渾−.

水4【汖】⑦ 流(975)의 고자

水4【沔】⑦ 내 이름 면 [銑] miǎn

[소전] [초서] [字解] ①내 이름. 〔書經〕 逾于沔. ②물이 그득히 흐르는 모양, 물이 넘칠 듯 넘실넘실 흐르는 모양. 〔詩經〕 沔彼流水, 朝宗于海. ③빠지다, 물에 빠지다. ≒湎. 〔史記〕 流沔沈佚.

【沔水 면수】 강 이름. 섬서성(陝西省)에서 발원하여 동남으로 흘러 양자강에 흘러듦.

水4【沐】⑦ 머리 감을 목 [屋] mù

[소전] [초서] [字解] ①머리를 감다. 〔魏文帝·詩〕 沐雨櫛風. ②씻다. 〔宋玉·賦〕 沐蘭澤. ③혜택을 받다, 이익을 얻다. 〔後漢書〕 冬無宿雪, 春不燠沐. ④다스리다. 〔禮記〕 夫子助之沐槨. ⑤뜨물, 머리를 감는 데 쓰는 쌀의 즙. 〔史記〕 丐沐沐我. ⑥베어내다, 제거하다. 〔管子〕 沐涂樹之枝. ⑦휴가(休暇). 한대(漢代)에 벼슬아치들에게 5일마다 집에 가서 목욕을 하도록 한 데서 벼슬아치의 휴가라는 뜻으로 쓰이게 되었다. 〔漢書〕 沐日歸休.

【沐槨 목곽】 관곽(棺槨)을 다시 손질함.
【沐髮 목발】 머리를 감음. 洗髮(세발).
【沐洗 목세】 머리를 감고 목욕함.
【沐浴齋戒 목욕재계】 목욕하여 몸을 깨끗이 하고 부정(不淨)을 피하는 일.
【沐雨櫛風 목우즐풍】 비로 목욕하고, 바람으로 머리를 빗음. 비바람을 무릅쓰고 온갖 고생을 겪음.
【沐恩 목은】 은혜를 입음. 浴恩(욕은).
【沐日 목일】 휴일(休日). 한대(漢代)에 관리에게 5일마다 한 번씩 귀가하게 하여 목욕을 하도록 한 데서 온 말.
【沐汗 목한】 땀으로 목욕함. 땀을 많이 흘림.
【沐猴而冠 목후이관】 원숭이가 관을 씀. ㉠의관은 훌륭하나 마음은 사람답지 못함. ㉡포학한 사람이 외모만 꾸밈.
◑ 歸−, 晩−, 洗−, 梳−, 雨−, 燠−, 朝−, 澡−, 櫛−, 湯−, 澣−, 休−.

水4【沒】⑦ ❶가라앉을 몰 [月] mò ❷빠질 매 [隊] mò ❸어조사 마 [箇] me

[소전] [초서] [통자] 歿 [속자] 没 [속자] 沒
[간체] 没 [參考] 대법원 지정 인명용 한자의 음은 '몰'이다.

[字源] 形聲. 水+夊→沒. '夊(몰)'이 음을 나타낸다.

[字解] ❶①가라앉다, 물에 빠지다. 〔後漢書〕 沒溺死者太半. ②숨다, 숨기다. 〔北史〕 乍沒乍出. ③다하다, 없어지다, 다 없애다. 〔論語〕 舊穀旣沒. ④끝나다, 끝내다, 마치다. 〔禮記〕 如未沒喪. ⑤죽다. ≒歿. 〔易經〕 包犧氏沒. ⑥없다. ¶ 沒字碑. ⑦지나치다, 정도를 넘다. 〔禮記〕 君子不以美沒禮. ⑧탐하다, 탐내다. 〔國語〕 不沒爲後也. ⑨들다, 들어가다. 〔國語〕 戎狄冒沒輕儳. ⑩강제로 빼앗다. 범죄나 책임 불이행에 의하여 재산이나 사람을 강제로 몰수하다. 〔史記〕 坐盜者, 沒入其家. ⑪강 이름. ¶ 沒水. ⑫성(姓). ❷①빠지다. ¶ 沒沒. ②어둡다, 어리석다. ¶ 沒沒. ❸어조사. 의문의 뜻을 나타낸다.

【沒却 몰각】 ①없애 버림. ②무시함. 잊어버림.
【沒骨 몰골】 ①윤곽이나 선(線)을 그리지 않고, 직접 채색을 하는 그림의 한 방법. ②가는 선을 없앰. 선을 굵게 함.

【沒官 몰관】 관아에서 몰수함.
【沒技 몰기】 무과(武科) 시험에서 모든 과목에 우수한 성적으로 합격하던 일. 특히 유엽전(柳葉箭)·편전(片箭)·기추(騎芻) 등에서 정한 화살수를 다 맞히던 일.
【沒喫 몰끽】 다 먹어 버림. 沒食(몰식).
【沒奈何 몰내하】 어찌할 수 없음.
【沒年 몰년】 죽은 해. 죽은 해의 나이. 行年(행년). 卒年(졸년).
【沒溺 몰닉】 ①물에 빠져 가라앉음. ②헤어날 수 없이 깊이 빠짐.
【沒頭 몰두】 ①목을 자름. ②일에 열중함.
【沒落 몰락】 ①쇠하여 보잘것없이 됨. ②멸망함.
【沒略 몰략】 협박하여 빼앗음. 약탈함.
【沒利 몰리】 이익을 잃음. 이익이 전혀 없음.
【沒沒 ❶몰몰 ❷매매】 ❶묻혀 보이지 않는 일. 나타나지 않는 모양. 埋沒(매몰). ❷①빠짐. 영락하여 망함. ②어두운 모양. 어리석은 모양.
【沒沒求活 몰몰구활】 일시적인 안락을 바람. 구차하게 오래 살려고 함.
【沒法子 몰법자】 방법이 없음. 어찌할 수 없음.
【沒死 몰사】 ①죽음을 범함. 목숨을 걺. 상소문(上疏文)에서 아뢰는 바가 부당하다면 죽음으로 사죄하겠다는 뜻으로 쓰는 말. ②國모두 죽음.
【沒殺 몰살】 모조리 다 죽음.
【沒書 몰서】 기고(寄稿)나 투서(投書)가 게재되지 않고 묵살되는 일.
【沒世 몰세】 ①한평생을 마침. 죽음. ②끝없이 오램. 언제까지나. 永久(영구).
【沒收 몰수】 부당하게 얻은 것을 강제로 거두어 들임.
【沒膝 몰슬】 무릎까지 빠짐.
【沒食 몰식】 다 먹어 버림. 沒喫(몰끽).
【沒廉恥 몰염치】 염치가 아주 없음.
【沒了期 몰요기】 ①끝이 없음. ②노고(勞苦)가 한이 없음을 한탄하는 말.
【沒用 몰용】 ①쓰지 않음. ②쓸모가 없음.
【沒有 몰유】 ①관아에서 몰수함. ②없음. 가지지 않음. ③부정하는 말.
【沒飮 몰음】 술을 흠뻑 마심. 술에 빠짐.
【沒人 몰인】 무자맥질하며 고기와 조개를 잡는 사람. 어부 또는 해녀.
【沒人情 몰인정】 인정이 아주 없음.
【沒入 몰입】 ①죄인의 재물을 강제로 압수하고, 그 가족을 노예로 삼던 일. 沒收(몰수). ②한 가지 일에 깊이 파고듦.
【沒字碑 몰자비】 ①글자가 새겨져 있지 않은 비. ②풍채는 훌륭하나 글을 모르는 사람을 조롱하는 말.
【沒鏃 몰촉】 화살촉이 보이지 않을 정도로 깊이 박힘.
【沒齒 몰치】 ①한평생. 생애(生涯). ○'齒'는 나이. 沒世(몰세). 終身(종신). ②이를 가는 해. 남자 8세, 여자 7세 때를 이르는 말.
【沒把鼻 몰파비】 잡히는 바가 없음. 곧, 생각이 없음. ○'把'는 '자루', '鼻'는 '끈'.
【沒板 몰판】 國바둑에서, 한 군데도 살아 있을

말이 없어 짐.
❶論-, 埋-, 病-, 拾-, 游-, 出-, 沈-.

水4 【没】㋧ 沒(945)의 속자

水4 【汶】㋧ ❶내 이름 문 wèn
❷수치 문 mén
❸산 이름 민 mín

[소전][초서] [참고] 대법원 지정 인명용 한자의 음은 '문'이다.
[字解] ❶①내 이름. ¶汶水. ❷성(姓). ❷①수치, 치욕. 〔楚辭〕受物之汶汶乎. ②도리에 어두운 모양. ¶汶汶. ❸산 이름. 늑岷.
【汶汶 문문】 ①불명예. 치욕. ②도리(道理)에 어두운 모양.
【汶上 문상】 문수(汶水)의 가.
【汶水 문수】 산동성(山東省)에 있는 운하(運河)의 상류.

水4 【汩】㋧ ❶아득할 물 wù
❷숨을 밀 mì

[초서] [참고] 대법원 지정 인명용 한자의 음은 '물'이다.
[字解] ❶아득하다, 깊고 어렴풋한 모양. 〔淮南子〕汩穆無窮. ❷①숨다, 숨기다. 〔史記〕汩深潛以自珍. ②아무 생각 없이 멍하다, 망연(茫然)하다. 〔楚辭〕罔兮汩.
【汩漠 물막】 변경의 멀고 아득한 지방.
【汩穆 물목】 깊고 아득한 모양.
【汩㴓 물율】 샘물이 흐르는 모양.

水4 【沜】㋧ 물가 반 pàn

[초서] [字解] 물가, 수애(水崖). ※泮(954)의 고자(古字).

水4 【汸】㋧ 세차게 흐를 방 pāng

[초서] [字解] 세차게 흐르다. 〔荀子〕汸汸如河海.
【汸汸 방방】 많은 물이 세차게 흐르는 모양.

水4 【汴】㋧ 내 이름 변 biàn

[소전][초서][동] [字解] ①내 이름. ②지명(地名). ③하남성(河南省)의 딴 이름.
【汴徐 변서】 하남성(河南省)의 변주(汴州)와 강소성(江蘇省)의 서주(徐州).
【汴河 변하】 하남성(河南省)에 있는 내 이름.

水4 【汳】㋧ 汴(946)과 동자

水4 【汾】㋧ 클 분 fén

水部 4획 汾 沙

【汾】 ①크다. 늑 墳.〔詩經〕汾王之甥. ②많고 성(盛)한 모양.〔揚雄·長楊賦〕汾沄沸渭. ③물이 빙 도는 모양.〔枚乘·七發〕所揚汨者, 所溫汾. ④내 이름. ¶ 汾河. ⑤지명(地名).
【汾沄 분운】 많고 성(盛)한 모양.
【汾河 분하】 산서성(山西省)에서 발원하여 황하(黃河)로 흘러드는 강.

水 4 【沘】 ㉥ 강 이름 비 bǐ
①강 이름. ¶ 沘水. ②고을 이름, 현 이름.
【沘水 비수】 ①안휘성(安徽省)에 있는, 지금의 백사하(白沙河). ②하남성(河南省)에 있는, 지금의 비수(泌水).

水 4 【沙】 ㉥
❶ 모래 사 shā
❷ 봉황 사 suō
❸ 목쉴 사 shā

丶 丶 氵 氵 沙 沙

形聲. 水 + 少 → 沙. '少(소)'가 음을 나타낸다.

①모래.〔杜甫·詩〕蕭蕭沙中雨. ②사막, 모래벌판.〔漢書〕少草木, 多大沙. ③모래가 날다.〔舊唐書〕風沙晦暝. ④물가, 물가의 땅.〔詩經〕鳧鷖在沙. ⑤논. 물가에 있는 경작이 가능한 모래땅. ¶ 沙田. ⑥소수(小數)의 단위 이름. 소수점 이하 여덟째 자리. 1의 1억분의 1. ⑦일다, 일어서 나쁜 것은 버리고 좋은 것을 취하다.〔吳志〕疾食汚在位, 欲沙太之. ⑧잘고도 맛있는 것에 붙이는 말. ¶ 沙糖. ⑨지나치게 익은 것. ⑩강 이름. ⑪성(姓). ❷봉황(鳳凰). 늑 羲. ❸목이 쉬다.
【沙格 사격】 國사공과 그 결꾼.
【沙界 사계】(佛)항하(恒河)의 모래와 같이 무량(無量)·무수(無數)의 세계.
【沙工 사공】 國뱃사공.
【沙丘 사구】 모래로 이루어진 언덕.
【沙鷗 사구】 모래톱에 있는 갈매기.
【沙金 사금】 모래나 자갈에 섞여 있는 황금.
【沙器 사기】 백토(白土)로 구워 만든 그릇.
【沙羅 사라】 ①질흙만을 원료로 하여 구워만든 징. 동라(銅鑼)의 한 가지. ②세숫대야의 딴 이름. ○행군(行軍) 때에는 세면기를 가지고 갈 수 없으므로 징을 대용한 데서 온 말.
【沙羅雙樹 사라쌍수】(佛)석가가 사라수 숲에서 열반(涅槃)에 들 때, 그 사방에 서 있던 한 쌍씩의 거목. 雙林(쌍림).
【沙礫 사력】 ①모래와 자갈. ②흔하게 많은 것. 砂礫(사력).
【沙鹵 사로】 염분이 들어 있는 모래땅.
【沙漏 사루】 ①모래를 떨어뜨려 시간을 재던 옛 시계. 모래시계. ②여과기(濾過器).
【沙漠 사막】 모래와 자갈로 된, 매우 건조하여 생물이 거의 자라지 못하는 땅.
【沙門 사문】(佛)출가(出家)하여 불도를 닦는 사람. 승려. ○범어(梵語) 'Sramana'의 음역어.
【沙彌 사미】(佛)불문에 들어가 수행 중인 미숙한 승려. ○범어(梵語) 'Sramanera'의 음역어(音譯語).
【沙鉢 사발】 國사기로 만든 주발.
【沙鉢農事 사발농사】 國사발로 짓는 농사. 일을 하지 않고 밥을 빌어먹는 짓.
【沙鉢誌石 사발지석】 國안쪽에 먹으로 글자를 쓰고 밀(蠟)을 발라 무덤 앞에 묻는, 지석 대용의 사발.
【沙鉢通文 사발통문】 國주모자가 드러나지 않도록 관계자의 이름을 뺑 돌려적은 통문.
【沙防 사방】 國산, 강가에서 흙이나 모래 등이 밀려 내리는 것을 막기 위하여 시설하는 일.
【沙上樓閣 사상누각】 모래 위에 지은 집, 기초가 튼튼하지 못함.
【沙書 사서】 모래를 조금씩 흘려 땅 위에 글자를 쓰는 유희.
【沙石 사석】 ①모래와 돌. ②보잘것없는 것.
【沙船 사선】 밑이 편편하고 야트막한 배. 중국 북부의 비교적 물이 얕은 연안(沿岸)을 항행하기에 편리하게 만들었음.
【沙噀 사손】 해삼(海蔘)의 딴 이름.
【沙壤 사양】 모래땅.
【沙碗 사완】 國사기로 된 주발.
【沙羽 사우】 제사 때 쓰는 술통에 장식으로 새긴 봉황(鳳凰).
【沙蠶 사잠】 갯지렁이.
【沙場 사장】 ①모래톱. 砂原(사원). 砂漠(사막). ②사원(沙原)의 싸움터. 砂場(사장).
【沙渚 사저】 물가의 모래사장. 沙汀(사정).
【沙田 사전】 ①모래가 많이 섞인 밭. ②저수 시설에 의하여 경작이 가능한 모래땅.
【沙洲 사주】 모래로 된 작은 섬.
【沙中 사중】 모래의 속. 모래벌판의 가운데.
【沙中偶語 사중우어】 모래벌판에서 끼리끼리 이야기함. 신하가 비밀히 모반(謀反)을 의논함. 故事 한(漢) 고조(高祖)가 공신 20여 명에게 큰 벼슬을 주자, 공이 있으면서도 벼슬을 받지 못한 다른 여러 장수들이 사지(沙地)에 모여 모반을 의논하였다는 고사에서 온 말. 沙中語(사중어).
【沙塵 사진】 바람에 날려 오는 모래 먼지.
【沙川 사천】 바닥이 모래인 내.
【沙草 사초】 모래에 난 풀.
【沙蟲 사충】 독충(毒蟲)의 한 가지. 물속에 살며, 사람을 보면 모래를 뿜는데, 이 모래에 맞은 사람은 병이 난다고 한다.
【沙汰 사태】 ①쌀을 물에 일어서 돌을 가려냄. 선과 악을 가림. 淘汰(도태). ②國㉠비나 충격으로 산의 토사(土沙)가 무너져 내리는 일. ㉡사람이나 물건이 한꺼번에 많이 몰려나옴.
【沙土 사토】 ①모래와 흙. ②사질(沙質)의 흙. 모래땅. 沙壤(사양).
【沙戶 사호】 사주(沙洲)에 있는 농가.

【沙虹 사홍】새우의 딴 이름.
❶ 金-, 丹-, 明-, 白-, 細-, 流-, 汀-, 汰-, 土-, 堆-, 平-, 風-, 黃-.

水4 【汐】⑦ 汐(940)과 동자

水4 【汓】⑦ 淬(990)와 동자

水4 【沁】⑦ 스며들 심 qìn
❶스며들다, 배어들다. 늑浸.〔薰風詞話〕輒沁入心脾.❷더듬어 찾다, 물건을 써서 물속의 것을 찾다.〔韓愈, 孟郊·詩〕盜索不敢沁.❸강이름. 산서성(山西省)에서 발원하는 강.
【沁都 심도】⓭강화도(江華島)의 딴 이름.
【沁入心脾 심입심비】깊이 마음속에서 스며들어 잊을 수가 없음.
【沁痕 심흔】스며든 자국. 밴 흔적.

水4 【沇】⑦ ❶강 이름 연 yǎn ❷물 흐르는 모양 유 wěi
⓶ 대법원 지정 인명용 한자의 음은 '연'이다.
❶①강 이름. ¶ 沇水.②주(州) 이름. 늑兗.③유행하는 모양.〔漢書〕沇沇四塞.④짐승이 왔다 갔다 하는 모양.〔揚雄·賦〕沇溶淫鬻.❷①물 흐르는 모양, 물이 산골짜기를 흐르는 모양.〔漢書〕沇溶淫鬻.②성(盛)한 모양. ¶ 沇溶.
【沇水 연수】하남성(河南省)에 있는 제수(濟水)의 딴 이름.
【沇沇 연연】①널리 유행하는 모양.②㉠짐승이 분주히 오가는 모양.㉡짐승이 많이 모여 있는 모양.
【沇溶 유용】①물이 산골짜기를 흐르는 모양.②우거진 모양. 무성한 모양.③성(盛)하고 많은 모양.

水4 【沿】⑦ 沿(958)의 속자

水4 【次】⑦ 涎(981)과 동자

水4 【汭】⑦ ❶물굽이 예 ruì ❷해 돋 돈 tūn
⓶ 대법원 지정 인명용 한자의 음은 '예'이다.
❶①물굽이, 굽어 흐르는 강의 안쪽 부분.〔水經·注〕春水渭汭也.②합수(合水). 강이나 내의 두 갈래 물이 합치는 곳.③어귀, 강·내의 어귀.〔方言〕荊吳淮汭之間.④강의

북쪽.〔書經〕僕于洛之汭.⑤물가, 수애(水涯).⑥흐르다, 작은 내가 큰 내에 흘러드는 일.〔書經〕小水入大水之名.❷해. 태세(太歲)가 신(申)인 해.

水4 【沃】⑦ 물 댈 옥 wò
❶①물을 대다. ㉮관개하다.㉯물을 붓다, 물을 부어 손을 씻다.〔漢書〕沃灌雪除.㉰흐르다.〔爾雅〕沃泉縣出.㉱위에서 아래로 물이 쏟아지다.②계발(啓發)하다, 자기의 마음을 남에게 쏟아 넣어 교도(教導)하다.〔書經〕啓乃心, 沃朕心.③기름지다.〔史記〕關中爲沃野無凶年.④아름답다, 젊고 예쁘다.〔詩經〕天之沃沃.⑤성(盛)한 모양, 싱싱한 모양.〔詩經〕其葉沃若.⑥부드럽다.〔詩經〕其葉有沃.⑦거품, 거품이 일다.〔素問〕其動漂泄沃涌.⑧장마.
【沃盥 옥관】물을 대야에 부어 손을 씻음.
【沃灌 옥관】①물을 댐.②물을 부어 씻음.
【沓 옥답】⓭기름진 논.
【沃霖 옥림】땅을 기름지게 하는 좋은 비.
【沃滅 옥멸】물을 뿌려 불을 끔.
【沃美 옥미】땅이 기름지고 아름다움.
【沃野 옥야】기름져서 농사가 잘되는 넓은 들. 비옥한 들판. 기름진 땅.
【沃若 옥약】①싱싱하고 윤기 있는 모양.②말이 잘 길들여져 가는 모양.
【沃壤 옥양】기름져 농사가 잘되는 땅.
【沃衍 옥연】땅이 기름지고 편평함. 비옥한 평지. 衍沃(연옥).
【沃瀛 옥영】기름진 못. 水澤(수택).
【沃沃 옥옥】젊고 아름다운 모양.
【沃饒 옥요】땅이 기름져서 산물이 풍부함.
【沃腴 옥유】기름짐. 비옥함.
【沃日 옥일】햇빛을 띄움. 곧, 큰 바다의 모습.
【沃田 옥전】기름진 밭. 농작물이 잘되는 논밭.
【沃疇 옥주】기름진 밭. 기름진 토지.
【沃地 옥지】①기름진 땅.②땅에 물을 댐.
【沃瘠 옥척】기름진 땅과 메마른 땅.
【沃泉 옥천】위에서 아래로 걸쳐 흘러내리는 샘.
【沃灌 옥탁】①물을 부어 씻음.②비가 옴.
【沃澤 옥택】⓭비옥하고 윤택함.
【沃蕩 옥탕】흘러 움직임. 유동(流動)함.
【沃土 옥토】기름진 땅. 沃地(옥지).
❶ 啓-, 灌-, 肥-, 衍-, 土-.

水4 【汪】⑦ ❶넓을 왕 wāng ❷고을 이름 왕 wǎng
❶①넓다, 깊고 넓은 모양, 넓고 큰 모양.〔後漢書〕叔度汪汪.②많다, 많고 풍족한 모양.〔論衡〕德汪濊而淵懿.③못, 괴어 있는 물.〔春秋左氏傳〕尸諸周氏之汪.④바다.〔楊萬里·辭〕寘之祝融之汪.⑤지명(地名). 지금의 섬서성(陝西省)에 있다.〔春秋左氏傳〕伐秦, 取汪及

彭衛而還. ⑥성(姓). ❷고을 이름, 현 이름.
【汪浪 왕랑】 눈물이 하염없이 흐르는 모양.
【汪茫 왕망】 물이 넓고 큰 모양. 洋洋(양양).
【汪洋 왕양】 ①바다가 넓고 넓은 모양. 넓은 바다. ②도량이 큰 모양. ③문장(文章)의 기세가 좋고 큰 모양. ④은총이 넓고 깊은 모양.
【汪然 왕연】 ①하염없이 우는 모양. 泫然(현연). ③넓고 깊숙한 모양.
【汪濊 왕예】 ①많은 모양. ②넓고 깊은 모양.
【汪汪 왕왕】 ①물이 넓고 깊은 모양. ②'도량이 넓음'의 비유. ③눈에 눈물이 괸 모양.
【汪濊 왕회】 ①많은 모양. ②넓고 깊은 모양.

水4 【沄】 ⑦ 소용돌이칠 운 囡 yún

[字解] ①소용돌이치다, 빙빙 돌아서 흐르는 모양. ¶沄沄. ②넓다, 넓고 깊은 모양. ¶沄沄. ③소리가 멀리 들리는 모양. 〔宋史〕聲容沄沄.
【沄沄 운운】 ①물이 소용돌이치거나 빙빙 돌아서 흐르는 모양. ②물이 솟구쳐 흐르는 모양. ③넓고 깊은 모양. ④목소리가 우렁차 멀리까지 들리는 모양.

水4 【沅】 ⑦ 강 이름 원 囜 yuán

[字解] 강 이름. 호남성(湖南省)에 있는 큰 강.

水4 【沏】 ⑦ 갈 절 囡 qiè

[字解] ①갈다, 문질러 갈다. 〔木華·賦〕激勢相沏. ②물살이 빠른 모양.

水4 【沚】 ⑦ 물가 지 囵 zhǐ

[字解] ①물가, 물결이 밀려 드는 물가. ②강 가운데의 조그마한 섬. 〔詩經〕于沼于沚.

水4 【沜】 ⑦ 붙을 지 囡 zhǐ

[字解] ①붙다, 멈추다. 〔風俗通〕沜棄天常. ②가지런한 모양. ¶沜沜.
【沜棄 지기】 붙잡아 매어 두고 돌보지 않음.
【沜沜 지지】 가지런한 모양. 정제된 모양.

水4 【沖】 ⑦ 빌 충 囯 chōng

[字解] ①비다, 공허하다. 〔淮南子〕
沖而徐盈. ②가운데, 중간. 〔老子〕道沖而用之. ③깊다. ¶沖眷. ④부드럽다, 온화함. 〔史記〕一飛沖天. ⑥나이가 어리다. 〔宋書〕況明保沖昧.

⑦찌르다, 부딪다. 衝(1610) 대신에 쓰기도 한다. ⑧흘려 보내다. ¶沖積.
【沖曠 충광】 빔. 공허함.
【沖眷 충권】 깊은 은혜. 임금의 은혜.
【沖襟 충금】 사물에 구애되지 않는 담백한 마음.
【沖氣 충기】 하늘과 땅 사이의 잘 조화된 기운. 沖和之氣(충화지기).
【沖年 충년】 어린 나이. 幼年(유년).
【沖淡 충담】 성품이 부드럽고 담박함. 결백하고 욕심이 없음.
【沖澹 충담】 ➡沖淡(충담).
【沖寞 충막】 그윽하고 고요함.
【沖漠 충막】 ①막연하여 일정함이 없음. ②막연하여 생각이 잡히지 않는 모양.
【沖漠無朕 충막무짐】 공허하고 광막하여 아무 조짐도 없음.
【沖昧 충매】 ①어리고 어리석음. ②천자가 어림.
【沖妙 충묘】 도(道)의 극치. 神妙(신묘)함.
【沖眇 충묘】 圇나이가 어리고 사리에 어두움.
【沖想 충상】 공허한 생각. 空想(공상).
【沖損 충손】 ➡沖讓(충양).
【沖弱 충약】 어림. 어리고 약함.
【沖讓 충양】 마음을 비우고 겸허하게 사양함. 沖損(충손). 沖退(충퇴).
【沖盈 충영】 빔과 참. 盈虛(영허).
【沖融 충융】 가득 차서 넘쳐흐름.
【沖挹 충읍】 도량이 넓고 겸손함.
【沖人 충인】 ①임금 자신의 겸칭(謙稱). ②어린 이. 童子(동자).
【沖寂 충적】 쓸쓸하고 고요함. 그윽하고 조용함. 靜寂(정적).
【沖積 충적】 토사가 물에 흘러내려 쌓임.
【沖靜 충정】 마음이 편안하고 고요함.
【沖天 충천】 하늘 높이 솟아오름.
【沖沖 충충】 ①늘어진 모양. 드리워진 모양. ②걱정이 있는 모양. ③얼음을 깨는 소리.
【沖虛 충허】 ①잡념을 버리고 마음을 비움. 虛沖(허충). ②허공을 헤어 나감. 허공을 건너감.
【沖和 충화】 ①부드럽게 화함. ②천지의 진기(眞氣). 천지 사이의 조화된 기운. 沖氣(충기).
【沖和之氣 충화지기】 천지 사이의 조화된 기운.
● 謙-, 相-, 深-, 淵-, 幼-, 虛-, 和-.

水4 【沢】 ⑦ 물 흐르는 모양 칙 囗 zè

[字解] 물이 흐르는 모양, 물이 흘러내리는 기세.

水4 【沈】 ⑦ ❶가라앉을 침 囜 chén
　　　　 ❷성 심 囯 shěn

〔字源〕形聲. 水+冘→沈. '冘(임)'이 음을 나타낸다.

[字解] ❶①가라앉다. ≒湛. ㉮물 밑바닥으로

水部 4획 沈

내려앉다.〔詩經〕載沈載浮.㉤가라앉히다.〔班固·賦〕沈珠于淵.㉥마음이 가라앉다, 마음이 안정되다.〔朱熹·序〕沈潛反復.②빠지다. ㉮기운·마음 등이 줄어들거나 약해지다.〔素問〕天陰之至, 其脈沈.㉯물속에 떨어져 잠기다.〔韓非子〕或沈溺於水泉.㉰무엇에 지나치게 마음이 쏠려 헤어나지 못하다.〔戰國策〕學者沈於所聞.㉱어떤 곤란한 처지에 놓이게 되다.〔司馬相如·文〕拯民于沈溺.③막히다, 침체되다, 어느 범위 안에 그치다. ¶沈頓.④숨다, 숨기다, 숨어 살다. ≒瘖.〔史記〕作沈命法.⑤깊다.〔莊子〕慰暫沈屯.⑥무겁다.〔詩經〕載沈載浮.⑦구름이 두껍게 끼다, 오래도록 구름이 끼다. ¶沈陰.⑧희생(犧牲)이나 옥(玉)을 물속에 가라앉혀 천택(川澤)에 제사 지내다.〔淮南子〕齋戒以沈.⑨진흙, 진탕.〔莊子〕沈有履.⑩호수, 늪.〔述征記〕有鳥當沈.⑪개펄. ¶沈斥.❷①성(姓).②즙(汁). =瀋.〔禮記〕爲楡沈.

【沈酣 침감】①술에 흠뻑 취함. ②사물에 심취(心醉)함.
【沈降 침강】밑으로 가라앉음. 沈下(침하).
【沈痼 침고】①오래도록 낫지 않는 병. 沈痾(침아). ②쉽게 고쳐지지 않는 폐습.
【沈果 침과】침착하고 과단성이 있음.
【沈屈 침굴】①잠기고 굽힘. ②영락(零落)함.
【沈年 침년】오랜 세월. 다년간.
【沈淖 침뇨】①가라앉음. 빠짐. ②세상이 혼탁함. 쇠퇴함.
【沈溺 침닉】①물에 빠져 가라앉음. ②어떤 일이나 사물에 몹시 빠짐. 耽溺(탐닉). ③오랜 관습에 사로잡혀 헤어나지 못함. ④곤란에 빠짐. ⑤습기로 인한 병.
【沈斷 침단】침착하게 결단함.
【沈澹 침담】침착하고 담백함.
【沈頓 침둔】기력이 침체하여 둔해짐. 녹초가 되어 버림.
【沈落 침락】國먼 시골에 깊이 파묻혀 삶.
【沈亂 침란】빠져서 어지러움. 주색에 빠짐.
【沈慮 침려】깊이 생각함. 沈思(침사).
【沈寥 침료】쓸쓸함. 적적함.
【沈淪 침륜】①깊이 잠김. 깊이 숨음. ②영락(零落)함. 淪落(윤락).
【沈漫 침만】탐닉(耽溺)함.
【沈湎 침면】주색(酒色)에 빠져 헤어나지 못함.
【沈綿 침면】병이 오래 끎.
【沈謀 침모】①깊은 계략. ②깊이 생각하여 계략을 꾸밈.
【沈木 침목】①물에 잠긴 나무. ②마땅히 떠야 할 나무도 가라앉힘. 대중의 말이 위력이 있음.
【沈默 침묵】아무 말도 하지 않음.
【沈敏 침민】침착하고 영리함.
【沈伏 침복】①가라앉고 잠김. 뜻을 얻지 못하고 묻혀 있음. ②숨어 살며 나타나지 않음. ③막힘. 침체함.
【沈沙池 침사지】國물에 섞인 모래나 흙 등을 가라앉히기 위하여 흐르는 물을 가두어 둔 못.

【沈翔 침상】①물에 잠김과 하늘을 낢. ②물고기와 새.
【沈塞 침색】①가라앉아 막힘. 가라앉혀 막음. ②침착하여 말이 적음.
【沈船 침선】①배가 가라앉음. 가라앉은 배. ②강을 건넌 뒤에 배를 가라 앉힘. 다시는 살아서 돌아가지 않겠다는 결의의 비유.
【沈船破釜 침선파부】배를 가라앉히고 솥을 깸. 필사의 각오로 결전함. 故事 항우(項羽)가 강물을 건넜을 때, 배를 가라앉히고 밥 지을 솥을 깨뜨려, 사졸에게 죽기를 각오하고 있는 힘을 다할 결의를 보인 고사에서 온 말. 破釜沈船(파부침선).
【沈水 침수】물속에 잠김.
【沈粹 침수】침착하고 순수함.
【沈邃 침수】침착하고 깊이가 있음. 성질·식견 등이 매우 깊음.
【沈柿 침시】國소금물에 담가 떫은 맛을 없앤 감. 침감.
【沈猜 침시】깊이 의심함. 의심이 많음.
【沈心 침심】마음을 가라앉힘. 깊이 생각함.
【沈深 침심】①침착하고 생각이 깊음. ②물이 깊음.
【沈審 침심】침착하고 사리에 밝음.
【沈壓 침압】세상에 억눌림. 세상에 파묻힘.
【沈魚落雁 침어낙안】미인을 보고 물고기가 숨고 기러기가 달아남. 미인의 형용.
【沈抑 침억】①마음이 우울함. ②몸을 숨김. ③억누름.
【沈玉 침옥】수신(水神)에게 제사 지낼 때 구슬을 물에 가라앉히는 일, 또는 그 구슬.
【沈勇 침용】침착하고 용기가 있음.
【沈牛 침우】①물소의 한 가지. ②제사 때 소를 물에 잠금, 또는 그 소.
【沈憂 침우】깊은 근심.
【沈鬱 침울】분위기가 어둡고 답답함.
【沈遠 침원】침착하고 생각이 깊음.
【沈吟 침음】①생각에 잠김. 생각에 골몰함. 沈思(침사). ②망설여 결정하지 못함. ③작은 소리로 읊조림.
【沈陰 침음】구름과 안개가 깊이 끼어, 곧 비가 올 듯한 모양.
【沈疑 침의】의심하여 깊이 생각함.
【沈毅 침의】침착하고 굳셈. 침착하고 의연함.
【沈佚 침일】안일에 빠짐.
【沈潛 침잠】①깊이 가라앉아 잠김. ②차분해서 감정이 겉으로 드러나지 않음. ③젖고 잠김. 덕화(德化)가 깊이 미침. ④마음을 가라앉혀 생각을 모음.
【沈壯 침장】침중하고 씩씩함.
【沈藏 침장】國①숨을 숨김. ②김장.
【沈醬 침장】國장을 담금.
【沈澱 침전】액체 속에 섞인 작은 고체가 밑바닥에 가라앉음.
【沈正 침정】침착하고 바름.
【沈靜 침정】마음이 가라앉아 고요함.
【沈竈産鼃 침조산와】부엌이 물에 잠겨 개구리

가 생김. 심한 홍수. 故事 춘추 시대 진(晉)나라의 지백(智伯)이 조양자(趙襄子)의 성을 수공(水攻)하여 성안의 집들이 오랫동안 물에 잠긴 고사에서 온 말.
【沈珠 침주】 구슬을 못에 가라앉힘. 명리(名利)를 돌보지 않음.
【沈着 침착】 행동이 들뜨지 않고 차분함.
【沈菜 침채】 國 김치. 沈菹(침저).
【沈斥 침척】 물에 잠긴 땅과 소금기가 많은 땅. 세금 부과에서 제외됨.
【沈天 침천】 구천(九天) 중의 여덟째.
【沈菁 침청】 國 순무로 담근 김치.
【沈滯 침체】 나아가지 못하고 그 자리에 머묾.
【沈沈 침침】 ①밤이 깊어 가는 모양. ②그윽하고 고요한 모양. ③번성한 모양. 초목이 무성한 모양. ④물이 깊은 모양. ⑤침착하고 말이 없는 모양. ⑥소리가 희미한 모양.
【沈浸 침침】 ①잠가 젖어들게 함. ②물두함.
【沈痛 침통】 마음에 뼈저리게 느낌. 곧, 몹시 비통함.
【沈退 침퇴】 침착하여 함부로 나아가지 않음.
【沈悍 침한】 침착하고 사나움. 침착하고 굳셈. 沈毅(침의).
【沈惑 침혹】 어떤 일이나 물건에 정신을 잃을 정도로 빠짐.
【沈厚 침후】 침착하고 중후한 태도를 가짐. 沈着(침착). 沈重(침중).
【沈酗 침후】 술에 빠짐. 술에 취해 주정함.
❶擊-, 轟-, 浮-, 銷-, 深-, 自-, 爆-.

水【沉】⑦ 沈(949)의 속자
 4

水【汰】⑦ 사치할 태 遷 tài
 4
字解 ①사치하다, 호사스럽게 살다.〔荀子〕般樂奢汰. ②흐리다, 뜻이나 행실이 결백하지 않다.〔新書〕反潔爲汰. ③지나가다, 통과하다.〔春秋左氏傳〕伯梦射王汰輈. ④파도, 큰 물결.〔楚辭〕齊吳榜以擊汰. ⑤일다, 물에 일어서 걸러 내다.〔晉書〕沙之汰之, 瓦礫在後. ⑥씻다, 빨다.〔後漢書〕洮汰學者之累惑. ⑦미끄럽다, 미끄러지다.〔棠隱比事〕踐其血汰而仆地. ⑧적시다, 윤택(潤澤)하게 하다.
【汰揀 태간】 고름. 도태 선택(淘汰選擇)함.
【汰金 태금】 물에 일어서 사금(沙金)을 채취함.
【汰沙 태사】 물에 일어서 좋고 나쁜 것을 갈라 놓음. 쓸모없는 것을 가려 내버림.
【汰沃 태옥】 바다와 하늘이 맞닿은 곳.
【汰絕 태절】 말끔히 없어짐.
【汰淸 태청】 國 더러운 것을 걸러 깨끗하게 함.
【汰侈 태치】 신분에 맞지 않는 사치.
【汰罷 태파】 國 중요하지 않은 일을 가려내어 없앰.
【汰虐 태학】 몹시 학대함.
❶淘-, 沙-, 奢-, 洗-, 澄-, 滌-, 蕩-.

水【沢】⑦ 澤(1045)의 속자
 4

水【沛】⑦ 늪 패 遷 pèi
 4
字解 ①늪, 습지(濕地), 물 가운데 풀이 무성한 곳.〔孟子〕園囿汙池沛澤多. ②성대한 모양.〔文天祥·歌〕沛乎塞蒼溟. ③성(盛)한 모양. ¶ 滂沛. ④많은 모양.〔王褒·賦〕沛焉競溢. ⑤여유가 있는 모양, 넉넉한 모양.〔春秋公羊傳〕力沛若有餘. ⑥큰 모양.〔漢書〕沛然自大. ⑦비가 오는 모양.〔孟子〕沛然下雨. ⑧가는 모양.〔楚辭〕沛吾乘兮桂舟. ⑨빠른 모양.〔漢書〕靈之神, 神哉沛. ⑩넘어지다, 자빠지다.〔論語〕顚沛必於是. ⑪몹시 화내는 모양.〔春秋公羊傳〕是以使君王沛焉. ⑫가리어져 어둡다. 늑蔽.〔易經〕豐其沛. ⑬못, 저수지. ⑭기(旗), 깃발, 장막. 늑旆. ⑮고을 이름, 현 이름. ¶ 沛縣. ⑯강 이름.
【沛艾 패애】 ①말이 달려가는 모양. ②용모가 뛰어나고 아름다운 모양.
【沛焉 패언】 ①많은 모양. ②몹시 노한 모양.
【沛然 패연】 ①성대한 모양. ②비가 줄기차게 내리는 모양. ③은혜가 두터운 모양. ④매우 감동하는 모양. ⑤제멋대로 하는 모양. ⑥너그러운 모양.
【沛澤 패택】 ①초목이 우거진 못. ②나라에서 죄수에게 대사(大赦)를 내림. ③비의 은택. 雨澤(우택).
【沛沛 패패】 ①물이 흐르는 모양. ②걸어 가는 모양.
【沛縣 패현】 지금의 강소성(江蘇省)에 있는 고을 이름. 한(漢) 고조(高祖)의 고향임.
【沛乎 패호】 ①성대한 모양. ②많은 물이 흐르는 모양.
❶滂-, 汎-, 顚-.

水【沆】⑦ ❶넓을 항 漾 hàng
 4   ❷흐를 항 陽 háng
       ❸백기 모양 강 瀁 hàng
參考 대법원 지정 인명용 한자의 음은 '항'이다.
字解 ❶①넓다, 넓디넓은 모양.〔揚雄·賦〕鴻濛沆茫. ②지수(止水), 괴어 있는 물. ❷흐르다, 물이 흐르는 모양.〔司馬相如·賦〕滂濞沆溉. ❸백기(白氣)의 모양.〔漢書〕西顥沆碭.
【沆瀣 항해】 ①물이 고요히 흐르는 모양. ②물이 격하게 흐르는 모양. 沆瀣(항해).
【沆茫 항망】 수면(水面)이 광대(廣大)한 모양.
【沆漭 항망】 물이 넓고 넓은 모양.
【沆瀁 항양】 물이 질편한 모양.
【沆瀣 항해】 ①북방(北方)의 깊은 밤중의 공기, 또는 이슬 기운. 선인(仙人)이 먹는 것. ②ロ沆瀣(항개).
【沆碭 강탕】 흰 기체(氣體)의 모양.

水 4
【洹】⑦ 洹(174)의 와자(譌字)

水 4
【洶】⑦ 洶(973)과 동자

水 5
【泔】⑧ ❶뜨물 감 ⟨罒⟩ gān
❷가득 찰 함 ⟨罒⟩ hàn

[소전][초서] 泔 [字解] ❶①뜨물, 쌀뜨물. ¶泔水. ②삶다. 쌀뜨물에 담그다. 〔荀子〕曾子食魚有餘, 曰, 泔之. ③달다. 〔管子〕秦之水, 泔最. ④강 이름, 감하(泔河). 산동성(山東省)에서 발원하여 효부하(孝婦河)로 흘러드는 강. ❷가득 차다, 물이 가득 찬 모양. 〔揚雄·賦〕秬鬯泔淡.
【泔水 감수】쌀뜨물.
【泔最 감최】몹시 닮.
【泔淡 함담】①물이 가득 참. 물이 질펀히 흐르는 모양. ②좋은 맛.

水 5
【浃】⑧ 決(943)의 본자

水 5
【沽】⑧ ❶팔 고 ⟨虞⟩ gū
❷술장수 고 ⟨虞⟩ gǔ

[소전][초서] 沽 [字解] ❶①매매하다. 늑賈. ㉮팔다. 〔論語〕求善賈而沽諸. ㉯사다. 〔論語〕沽酒市脯, 不食. ②내 이름. ❷①술을 팔다, 술장수. 〔後漢書〕召公子, 許偉康並出屠沽. ②조악(粗惡)하다. ③조략(粗略)하다. 〔禮記〕杜橋之母之喪, 宮中無相, 以爲沽也.
【沽激 고격】감정을 굽혀 명예를 구함.
【沽券 고권】토지를 매매한 증서.
【沽賣 고매】팖. 沽售(고수).
【沽名 고명】이름을 구함. 명예를 탐냄.
【沽售 고수】팖. 沽賣(고매).
【沽酒 고주】①돈을 주고 산 술. 파는 술. ②술을 팖.
【沽販 고판】①물건을 사고팖. 장사함. 賣買(매매). ②상인(商人).
➊屠—, 市—, 街—.

水 5
【泥】⑧ ❶진흙 니 ⟨齊⟩ ní
❷흠뻑 젖을 니 ⟨薺⟩ nǐ
❸지체될 니 ⟨霽⟩ nì
❹땅 이름 녕 ⟨徑⟩ nìng
❺물들일 녈 ⟨屑⟩ niè

丶 氵 汀 汜 沍 沪 泥
[소전][초서] 沵 [전] 圼 [전] 垐 [参考] 대법원 지정 인명용 한자의 음은 '니'이다.
[字源] 形聲. 水+尼→泥. '尼(니)'가 음을 나타낸다.
[字解] ❶①진흙. 질척질척하게 이겨진 흙. 〔易經〕坤土得雨爲泥. ㉯빛깔이 붉고 차진 흙. ¶紫泥. ㉰바를 수 있게 반죽한 진흙 비슷한 것. ¶金泥. ②진창. ㉮땅이 질어서 질퍽질퍽하게 된 곳. 〔周禮〕雖有深泥, 亦弗之濂也. ㉯썩고 더러운 흙. 〔楚辭〕河不溷其泥, 而揚其波. ㉰흐리다, 더럽혀지고 썩다. 〔易經〕井泥不食. ④약하다, 재력(才力)이 적다. 〔爾雅〕威夷長脊而泥. ⑤바르다, 칠하다. 〔晉書〕用赤石脂泥壁. ⑥붙이다, 풀질하여 붙이다. 〔花蘂夫人·詞〕紅錦泥窓遶四廊. ⑦벌레 이름. 남해(南海)에 산다는 뼈 없는 벌레. 물속에 있을 때에는 활발히 움직이나, 물이 없으면 진흙처럼 흐물흐물해진다고 한다. ⑧강 이름. ¶泥水. ⑨성(姓). ❷①흠뻑 젖다, 이슬이 많이 내린 모양. 〔詩經〕零露泥泥. ❸①지체되다, 막히다, 구애되다. 〔論語〕致遠恐泥. ②조르다, 보채다, 끈질기게 요구하다. 늑妮. 〔元稹·詩〕泥他沽酒拔金釵. ③잎이 야드르르한 모양. 〔詩經〕維葉泥泥. ❹땅 이름. 늑寧. ¶泥母. ❺물들이다, 검게 물들이다. 〔史記〕皭然泥而不滓.
【泥工 이공】미장이. 泥匠(이장).
【泥丘 이구】꼭대기에 빗물이 고여 수렁이 되어 있는 산이나 언덕. 대개 화산의 분화구로 이루어짐.
【泥溝 이구】①진흙 도랑. ②천한 지위.
【泥金 이금】금가루를 아교에 갠 것. 서화(書畫)를 그리는 데 씀. 金泥(금니).
【泥潭 이녑】진창. 진흙탕 길.
【泥淖 이뇨】➪泥潭(이녑).
【泥泥 이니】①풀잎이 부드럽고 윤기가 있는 모양. ②이슬에 흠뻑 젖은 모양.
【泥多佛大 이다불대】많은 진흙을 써서 불상을 만들면 그만큼 큰 불상이 됨. 배경으로 삼는 인물의 지위가 높을수록 자기 위치도 높아짐.
【泥塗 이도】①진흙. 진흙탕. ②천한 지위. ③더럽혀진 것. 더럽혀진 곳. 糞土(분토). ④진흙을 칠함.
【泥塗軒冕 이도헌면】고위 고관을 진흙처럼 하찮게 여김.
【泥潦 이료】➪泥潭(이녑).
【泥龍 이룡】①진흙으로 만든 용의 상(像). 기우제에 썼음. ②쓸모없는 물건.
【泥淪 이륜】진창에 빠짐.
【泥犁 이리】(佛)땅 밑 500유순(由旬) 아래 철위산(鐵圍山)의 바깥쪽 어두운 곳에 있다는 상상의 세계. ◯범어 'Niraya'의 음역어. 地獄(지옥).
【泥鏝 이만】흙손.
【泥蟠 이반】용이 진흙 속에 서려 있음. 때를 얻지 못하여 재야에 있음.
【泥壁 이벽】①진흙을 바른 벽. ②벽을 바름.
【泥沙 이사】①진흙과 모래. ②낮은 지위. ③깨끗하지 않은 물건. ④얼굴빛이 좋지 않음.
【泥船渡河 이선도하】진흙으로 만든 배를 타고 강을 건넘. 세상살이가 위험함.
【泥塑人 이소인】진흙으로 만든 인형.
【泥水 이수】①진흙이 많이 섞인 물. 흙탕물. ②미장이 일.

水部 5획 畛冷泪泐沫沬泖泯

【泥首 이수】 머리가 진흙에 닿도록 절을 함. 사죄할 때나 항복할 때에 하는 절.
【泥淤 이어】 진흙. 泥土(이토).
【泥牛 이우】 진흙으로 만든 소. 입춘 전날에 만들어서 제사를 지냈음.
【泥牛入海 이우입해】 이우가 바다에 들어감. 한 번 가면 돌아오지 않음.
【泥飮 이음】 술을 많이 마심. 몹시 취함.
【泥滓 이재】 ①진흙과 찌꺼기. ②낮은 지위. 미천한 사람. ③더러움. 더럽고 탁함.
【泥田鬪狗 이전투구】 國①진창에서 싸우는 개. 강인한 성격의 함경도 사람을 평한 말. ②이익을 위하여 서로 헐뜯거나 다툼.
【泥中 이중】 진창 속. 고되고 어려움.
【泥醉 이취】 니(泥)라는 벌레처럼 취함. 곧, 술에 몹시 취함.
【泥孩 이해】 흙으로 만든 인형. 泥人(이인).
【泥滑 이활】 진창길이 미끄러움.
【泥痕 이흔】 진흙이 묻은 흔적.
❶拘一, 金一, 塗一, 深一, 汙一, 雲一, 銀一, 溺一, 紫一, 塵一, 靑一, 堆一.

水5【畛】⑧ ❶해칠 려 圕 lì ❷흐트러질 진 圕 zhěn
字解 ❶①해치다, 기(氣)가 화합하지 아니하여 해를 부르다. 〔洪範五行傳〕惟辰畛木. ②악기(惡氣), 요기(妖氣), 악기나 요기의 재앙. 〔漢書〕六畛之作. ③물가, 물이 잘 빠지지 아니하는 곳. 〔漢書〕跆魂負畛. ❷흐트러지다, 어지러워지다. 〔莊子〕陰陽之氣有畛.
【畛氣 여기】 나쁜 기운.
【畛氣所鍾 여기소종】 요사스러운 사람을 가리키는 말.
【畛孽 여얼】 요악(妖惡)한 귀신의 재앙.
❶妖一, 陰一, 災一, 祲一, 虹一.

水5【冷】⑧ ❶깨우칠 령 圕 líng ❷털 길 령 圕 líng
소전 涂 참고 冷(174)은 딴 자.
字解 ❶①깨우치다, 가르쳐 이끌다. ≒命・令. 〔莊子〕舜之將死, 眞冷禹曰, 汝戒之哉. ②깨닫다. 〔淮南子〕精神曉冷. ③떨어지다, 내리다. ≒零. 〔張公神碑〕天時和 甘露冷. ④사물의 형용. ¶冷冷. ⑤강 이름. ¶冷水. ⑥악인(樂人), 음악사(音樂師). ≒伶. ¶冷人. ⑦성(姓). ❷털이 길고 곱슬곱슬하다. 〔周禮〕羊冷毛而毳羶.
【冷冽 영렬】 차갑고 맑음.
【冷冷 영령】 ①음성이 맑고 시원한 모양. ②물이 흐르는 소리. ③낙수 소리. ④바람 소리. ⑤맑고 시원한 모양. ⑥마음이 맑고 깨끗한 모양.
【冷水 영수】 ①호남성(湖南省) 영원현(寧遠縣) 남쪽에 있는 강. ②광동성(廣東省) 낙창현(樂昌縣) 동북쪽에 있는 강.
【冷人 영인】 악공(樂工)과 광대.
【冷風 영풍】 ①따뜻한 바람. 부드러운 바람. 和

風(화풍). ②미풍(微風).

水5【泪】⑧ 淚(988)와 동자

水5【泐】⑧ 돌 갈라질 륵 圕 lè
소전 泐 초서 泐 字解 ①돌이 갈라지다, 돌이 결을 따라 갈라지다. 〔周禮〕石有時而泐. ②글씨를 쓰다, 글씨를 새기다. ≒勒.

水5【沫】⑧ 거품 말 圕 mò
소전 沫 초서 沫 字解 ①거품. ㉮기체를 머금은 물방울. 〔禮記〕田中水熱而沫沸. ㉯입으로 내뿜는 침방울. 〔異物志〕涎沫爲霧. ㉰물을 끓이거나 차를 달일 때 생기는 거품. ②물방울, 흩날리는 물보라. ¶飛沫. ③거품이 일다, 물방울이 튀다. 〔夏侯湛・賦〕冰井騰沫. ④물의 높낮이의 모양. 〔宋玉・賦〕沫潼潼而高厲. ⑤흐르는 땀, 땀이 흘러내리는 모양. 〔漢書〕霑赤汗, 沫流赭. ⑥말다, 그만두다. ≒末・渴・㶖. 〔楚辭〕芬至今猶未沫. ⑦그림물감의 하나. ⑧내 이름. 대도하(大渡河)를 이른다.
【沫沸 말비】 거품이 부글부글 끓어오름.
【沫雨 말우】 소나기로 괸 물이 넘쳐흐름.
❶浮一, 噴一, 沸一, 飛一, 涎一, 流一, 泡一.

水5【沬】⑧ ❶땅 이름 매 圕 mèi ❷낯 씻을 회 圕 huì
소전 沬 고문 頮 고문 頮 초서 沬 고문 湏
字解 ❶①땅 이름. 지금의 하남성(河南省)에 있던 은대(殷代) 조가(朝歌)의 땅. 〔詩經〕沬之鄕矣. ②어둑어둑하다, 어스레하다. 별 이름. 〔易經〕日中見沬. ❷낯을 씻다.
【沬血 회혈】 피가 얼굴에 흘러내려 마치 피로 얼굴을 씻은 것과 같이 됨.

水5【泖】⑧ 호수 이름 묘 圕 mǎo
字解 호수 이름. 강소성(江蘇省) 송강현(松江縣)의 서쪽에 위치하고, 상묘(上泖), 중묘(中泖), 하묘(下泖)의 셋으로 나누어져 있다.

水5【泯】⑧ ❶망할 민 圕 mǐn ❷뒤섞일 면 圕 miàn
초서 泯 참고 대법원 지정 인명용 한자의 음은 '민'이다.
字解 ❶①망하다, 멸망하다. 〔春秋左氏傳〕若泯棄之. ②사물의 형용. 〔書經〕泯泯棻棻. ❷①뒤섞이다, 혼합되다. =潛. ②눈이 잘 보이지 아니하는 모양. 〔漢書〕視眩泯而亡見兮.
【泯棄 민기】 멸망하여 없어짐.
【泯亂 민란】 질서・도덕 등이 쇠퇴하여 어지러움.

水部 5획 沒 泊泮 波 泛

【泯滅 민멸】 자취나 흔적이 아주 없어짐.
【泯沒 민몰】 망함. 泯滅(민멸).
【泯默 민묵】 입을 다물고 말을 하지 않음.
【泯泯 민민】 ①어리석어 이치에 어두운 모양. ②물이 넓고 맑은 모양. ③망한 모양. ④풍족한 모양. ⑤어지러운 모양.
【泯然 민연】 ①망한 모양. ②명백하게 드러나지 않은 모양.
【泯絶 민절】 망하여 끊어짐. 泯滅(민멸).
◐ 夷-, 泫-, 眩-.

水5【沒】⑧ 沒(945)의 속자

水5【泊】⑧ ❶배 댈 박 藥 bó
　　　　❷잔 물결 박 箇 pò

丶丶氵氵汁泊泊泊

[字源] 形聲. 水+白→泊. '白(백)'이 음을 나타낸다.

[字解] ❶①배 대다, 배를 물가에 대다. 〔孟浩然·詩〕河橋晚泊船. ②머무르다, ㉮멎다, 정지하다. 〔南史〕流泊陶家後渚. ㉯묵다, 유숙(留宿)하다. 〔吹劍記〕夜泊靈臺驛. ㉰머물게 하다. 〔韓愈·碑〕度中流兮風泊之. ㉱우거(寓居)하다, 한때 몸을 의탁하다. 〔梁簡文帝·曲〕宜城投泊今行熟. ③머무르는 곳, ㉮배를 대는 곳. 〔孫逖·詩〕扁舟夜入江潭泊. ㉯여관, 여인숙. 〔博異志〕旅泊接奉. ④못, 소, 호수. ⑤조용한 모양, 이욕(利慾)에 미혹되지 아니하는 모양. 〔老子〕我獨泊兮其未兆. ⑥얇다. =薄. 〔論衡〕氣有厚泊. ❷①잔물결, 물놀이. 〔木華·賦〕㶀泊柏而迆騖. ②밀생(密生)하는 모양.
【泊栢 박백】 잔물결. 물놀이.
【泊船 박선】 배를 멈춤. 배를 육지에 댐.
【泊如 박여】 ①마음이 고요하고 욕심이 없는 모양. ②물이 넓은 모양.
【泊乎 박호】 마음이 고요하고 욕심이 없는 모양. 泊如(박여). 泊然(박연).
【泊懷 박회】 담박(淡泊)하여 세상일에 번민하지 않는 마음.
◐ 憩-, 澹-, 宿-, 旅-, 淳-, 漂-, 厚-.

水5【泮】⑧ 학교 반 翰 pàn

[字解] ①학교, 주대(周代)의 제후(諸侯)의 국학(國學). 〔史記〕天子曰明堂·辟雍, 諸侯曰泮宮. ②반(半). =半. 〔詩經〕思樂泮水. ③녹다, 얼음이 녹다. 〔詩經〕迨冰未泮. ④나누다, 나누어지다. 이 갈래에서는 음을 '판'으로 읽어야 한다는 설도 있다. ≒判. 〔史記〕自天地剖泮, 未始有也. ⑤발두둑. ≒畔. 〔詩經〕隰則有泮.
【泮宮 반궁】 ①주대(周代)에 제후(諸侯)의 나라에 두었던 학교. ②성균관(成均館).
【泮林 반림】 반수(泮水) 가의 숲.
【泮水 반수】 반궁(泮宮) 동서의 문 남쪽에 빙 둘러 파 놓은 못.
【泮蛙 반와】 國성균관 개구리. 자나깨나 글만 읽는 사람을 농으로 이르는 말.
【泮儒 반유】 國성균관에 유숙하며 학업을 닦던 유생.
【泮村 반촌】 國성균관을 중심으로 그 근처에 있던 동네.
【泮汗 반한】 땀을 흘림.

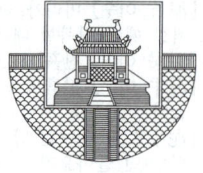
〈泮宮〉

水5【波】⑧ 물 댈 발 月 fā

[字解] 물을 대다, 물이 흘러 들어가게 하다. 〔木華·賦〕決陂潢而相波.

水5【泛】⑧ ❶뜰 범 陷 fàn
　　　　❷엎을 봉 腫 fěng
　　　　❸물소리 핍 ⊛법 緝 fá

[參考] 대법원 지정 인명용 한자의 음은 '범'이다.

[字解] ❶(同) 氾(938)·汎(940). ①뜨다, 띄우다. 〔漢武帝·辭〕泛樓船兮濟汾河. ②물이 가득 찬 모양. ¶泛溦. ③물을 붓다, 물을 뿌리다. 〔班固·賦〕雨師泛灑. ④널리, 두루. 〔梁昭明太子·序〕泛覽辭林. ❷엎다, 전복시키다. 〔漢書〕泛駕之馬. ❸물 소리, 가느다랗게 들리는 물소리. =汎.
【泛舸 범가】 작은 배를 물에 띄움.
【泛觀 범관】 널리 마음껏 봄.
【泛菊會 범국회】 음력 9월 9일, 곧 중양절(重陽節)에 국화를 술에 띄워 마시는 연회.
【泛覽 범람】 널리 봄. 두루 봄.
【泛濫 범람】 ①물 위에 떠돎. ②물이 넘칠 듯 가득 찬 모양.
【泛泛 범범】 ①표류하는 모양. ②가득 찬 모양. ③들떠서 침착하지 못한 모양.
【泛使 범사】 바다를 건너오는 다른 나라 사신.
【泛灑 범쇄】 물로 씻어서 깨끗하게 함.
【汎愛衆 범애중】 널리 대중에게 사랑을 베풂.
【泛瀁 범양】 물 위에 둥둥 뜸.
【泛然 범연】 ①들떠 있는 모양. 침착하지 못한 모양. ②데면데면한 모양.
【泛舟 범주】 배를 띄움.
【泛漲 범창】 물이 불어 거의 넘치게 됨.
【泛聽 범청】 國주의를 기울이지 않고 데면데면하게 들음.
【泛稱 범칭】 넓은 범위로 일컬음.
【泛浸 범침】 물에 띄워 적심.
【泛宅 범택】 배(船)의 딴 이름.
【泛忽 범홀】 國데면데면하고 소홀함.
【泛駕之馬 봉가지마】 수레를 뒤엎는 사나운 말. 상도(常道)를 좇지 않는 영웅.
【泛渫 핍접】 여울의 가느다란 소리.
◐ 浮-, 沿-, 游-, 萍-, 飄-.

水部 5획 法

水 5 【法】⑧ 법 법 ⓒ fǎ

丶 丶 氵 汁 汁 法 法 法

[소전] [고문] [초서] 法 [행서] 灋 [예서] 法

[字源] 會意. 水+廌+去→灋→法. '廌'은 신수(神獸)로서, 이 짐승에 닿으면 금방 그 사람에게 죄가 있고 없음을 판별할 수 있다는 동물. 물[氵]과 같이 공평하게 죄를 조사하여[廌] 바르지 않은 자를 제거한다[去] 하여 '법'이라는 뜻을 나타낸다.

[字解] ①법. ㉮형벌.〔書經〕惟作五虐之刑曰法. ㉯제도, 법률.〔禮記〕謹修其法, 而審行之. ㉰방법. ¶兵法. ㉱제한, 범해서는 안 될 제한.〔後漢書〕法禁者俗之隄防. ㉲도리, 상경(常經), 사람이 지켜야 할 도리.〔管子〕法者天下之至道也. ㉳예의, 예법.〔孝經〕非先王之法服不敢服. ㉴규정, 준칙(準則).〔史記〕論藥法, 定五味. ㉵모양, 본보기.〔中庸〕行而世爲天下法. ㉶정해진 틀이나 형상(形象). ¶比喩法. ㉷도량형(度量衡)이나 규구준승(規矩準繩) 등의 사물이 의거하는 기기(器機).〔禮記〕工依於法. ㉸부처의 가르침, 불도(佛道).〔淨住子〕佛爲衆生說法. ㉹골, 모형.〔史記〕冶器法, 謂之模. ㉺품등(品等), 등차(等差).〔周禮〕皆有法以行之. ②본받다, 모범으로 삼아 좇다.〔易經〕崇效天, 卑法地. ③법을 지키다, 법대로 행하다.〔漢書〕雖有百罪弗法. ④나눗셈에서의 제수(除數).〔周脾算經〕通周天四分一爲法. ⑤현프랑스.〔淸會典〕義國與同於法. ⑥(佛)달마(達磨). 범어(梵語) 'dharma'의 역자(譯字)로, 유형(有形) 무형(無形)의 일체 만유(一切萬有)를 이르는 말.

【法駕 법가】임금이 거둥할 때에 쓰던 수레의 한 가지. 法從(법종).
【法家 법가】①법률에 정통한 사람. ②춘추 전국 시대에 일어난 학파의 이름. 법률을 숭상하고 형벌을 엄하게 하는 것이 치국(治國)의 기본이라고 주장한 관자(管子)·상앙(商鞅)·한비자(韓非子)·신불해(申不害)·신자(愼子) 등이 이 학파에 속함. ③(佛)불도(佛道), 불문(佛門). ④법을 지키는 세신(世臣).
【法綱 법강】법률과 기율. 法紀(법기).
【法偈 법게】(佛)불가에서 교법(敎法)을 설명하는 귀글.
【法戒 법계】①본보기. 경계. ②(佛)계율.
【法界 법계】(佛)①전 우주. ②불법(佛法)의 본체. 변화하지 않는 만유(萬有)의 실체. 實相(실상). ③불법의 범위. ④불교 신자의 사회. 佛界(불계).
【法階 법계】(佛)불도를 닦는 사람의 수행 계급.
【法古 법고】옛날을 본받음. 옛것을 따름.
【法鼓 법고】(佛)①사찰에서 예불 때나 의식을 거행할 때 치는 큰 북. ②부처 앞에서 치는, 쇠가죽으로 만든 작은 북. ③부처의 설법.
【法科 법과】①규율. 법률. ②법을 연구하는 학

과. ③(佛)계율.
【法官 법관】①재판관(裁判官). 사법관(司法官). ②직위가 있는 도사(道士).
【法冠 법관】옛날에 사법관이 쓰던 관(冠). 원래 초(楚)나라 왕이 해태(獬豸)를 잡아 관으로 쓴 데서 해태관이라고도 함.
【法橋 법교】(佛)설법하여 중생을 제도하는 일. 이를 법을 건너게 하는 다리에 비유한 말.
【法久弊生 법구폐생】좋은 법도 오래되면 폐해가 생김.
【法宮 법궁】정전(正殿).
【法器 법기】①☞法度(법도). ②(佛)불법을 배울 만한 끈기가 있는 사람. 부처가 될 만한 사람. ㉯공양할 때 밥을 담는 그릇. ㉰재(齋)를 올릴 때 쓰는 악기.
【法難 법난】(佛)불교 교단이나 포교하는 사람이 받는 박해.
【法談 법담】(佛)불교에 관한 이야기. 說法(설법). 談議(담의).
【法幢 법당】(佛)도량(道場)의 표지(表識)로 세우는 기.
【法度 법도】①법률과 제도. ②생활상의 예법과 제도.
【法燈 법등】(佛)①부처 앞에 올리는 등명(燈明). ②불법으로 세상의 어둠을 밝힘. ③능불이 끊임없이 계속 타는 것과 같이 정법(正法)을 계승하는 일.
【法螺 법라】①소라고둥. ②소라의 껍데기로 만든 옛 군악기. ③(佛)부처의 설법이 널리 대중에게 미침.
【法臘 법랍】(佛)승려가 된 이후부터 세는 나이.
【法來 법래】(佛)달마(達摩)가 중국에 불법(佛法)을 전한 일.
【法侶 법려】승려.
【法力 법력】①법률의 힘. 법률의 효력. ②(佛)불법(佛法)의 힘.
【法令 법령】법률과 명령.
【法類 법류】(佛)같은 종지(宗旨), 같은 파의 절이나 승려.
【法輪 법륜】①(佛)불법. 부처의 교법. 부처가 말한 정법(正法)이 외도(外道)·사견(邪見)을 깨뜨리고, 탈없이 교화되어 나아감을 수레바퀴가 돌아가는 것에 비유한 말. ②도가(道家)의 말로, 교화의 힘.
【法律 법률】국민이 지켜야 할 나라의 규율.
【法理 법리】①법률의 원리. 규율의 근본. 법에 내재하는 사리(事理). 법적인 논리. ②(佛)불법의 진리.
【法馬 법마】①저울추. ②國임금이 타는 법가(法駕)를 끄는 말.
【法名 법명】(佛)①승려가 되는 사람에게 종문(宗門)에서 내려 주는 이름. ②불가(佛家)에서

〈法冠〉

죽은 사람에게 지어 주는 이름. ③불교에 귀의한 재가자에게 주는 이름. 法號(법호).

【法務 법무】①법률에 관한 사무. ②(佛)법사(法事)의 업무. 또 불법상(佛法上)의 업무.

【法文 법문】①법률을 적은 글. ②(佛)불경(經)의 글.

【法門 법문】①㉠왕궁의 남문(南門). ㉡법령(法令)의 출입하는 곳. ♀임금은 남면(南面)하여 나라를 다스리는 데서 온 말. ②(佛)불법에 들어가는 길. 佛道(불도).

【法物 법물】①대가(大駕)·노부(鹵簿) 따위의 의식. ②좋은 물건. 好物(호물). ③圖법사(法師)에게서 물려받은 논밭·돈 따위의 재물.

【法味 법미】불교의 취의(趣意). 불교의 묘미.

【法寶 법보】(佛)①삼보(三寶)의 하나. 불경을 보배에 비유한 말. ②불교의 진리. ③불가(佛家)에서 쓰는 의발(衣鉢)과 석장(錫杖).

【法服 법복】①정해진 정식의 의복. 制服(제복). ②법관이 입는 옷. ③(佛)승려가 입는 옷. 法衣(법의).

【法事 법사】①예법에 관한 일. ②(佛)㉠불법상의 사항. ㉡불가(佛家)에서 행하는 모든 일. 法會(법회). 佛事(불사).

【法師 법사】①(佛)불도를 수행하여 스승이 된 승려. ②당대(唐代)에, 도사(道士)의 존칭.

【法嗣 법사】(佛)법통(法統)을 계승하는 사람. 종지(宗旨)의 계승자.

【法三章 법삼장】한(漢) 고조(高祖)가 진(秦)을 멸망시킨 뒤, 가혹한 진의 법률을 없애고 정한 세 조목의 법. ♀'三章'은 사람을 죽인 자는 사형에 처하고, 사람을 상하게 한 자, 도둑질한 자는 벌을 준다는 내용임.

【法床 법상】(佛)설법하는 승려가 앉는 상.

【法相 법상】①한대(漢代)에 후궁을 간택하기 위하여 법으로 정해 둔 형상과 용모. ②(佛)천지 만유의 모양. 法性(법성).

【法像 법상】불상(佛像).

【法城 법성】(佛)불법을 성(城)에 비유한 말.

【法性 법성】(佛)법법상(佛法上)으로 본 만유(萬有)의 실체.

【法性土 법성토】(佛)삼불토(三佛土)의 하나. 법신불(法身佛)이 사는 곳.

【法水 법수】①(佛)불법이 번뇌의 불을 꺼 주는 공력. ②도사(道士)가 물로 병을 고치는 일.

【法守 법수】법도(法度)로써 스스로 지킴.

【法術 법술】①상앙(商鞅)의 법(法)과 신불해(申不害)의 술(術). ②법가(法家)의 학술. 법률로써 나라를 다스리는 수단. ③방법과 기술. ④방사(方士)의 술법.

【法臣 법신】법도를 잘 지키는 신하.

【法身 법신】(佛)①삼신(三身)의 하나. 불법을 깨달은 몸. ②승려의 몸.

【法眼 법안】①바른 안식(眼識). ②(佛)불타의 오안(五眼)의 하나. 모든 법을 관찰하는 눈.

【法藥 법약】(佛)중생의 마음의 번뇌를 없애 주는 불법.

【法語 법어】①본이 되는 올바른 말. ②(佛)불법을 설명한 말.

【法語之言 법어지언】바른 말. 정면의 충고.

【法言 법언】옳은 말. 법도가 되는 말.

【法筵 법연】①예식(禮式)을 갖추고 임금이 신하를 접견하는 자리. 法座(법좌). ②(佛)불법을 강설(講說)하는 자리.

【法悅 법열】(佛)①설법을 듣고 마음에서 일어나는 기쁨. ②깊은 이치를 깨달아 진리에 사무칠 때의 기쁨. 망아(忘我)의 기쁨. 法喜(법희).

【法要 법요】(佛)①불법의 요의(要義). ②圖法會(법회).

【法雨 법우】(佛)불법의 혜택.

【法位 법위】①진여(眞如)의 딴 이름. ♀온갖 법이 안주(安住)하는 자리라는 뜻에서 온 말. ②승려의 지위. 僧位(승위).

【法威 법위】(佛)불법의 위력.

【法音 법음】①도가(道家)의 음악. ②(佛)설법하는 소리. 경을 읽는 소리.

【法義 법의】①법도. 법칙. ②법의 뜻. ③(佛)불법의 교의(敎義).

【法意 법의】법률의 정신. 법률의 근본 뜻.

【法印 법인】(佛)①묘법(妙法)의 인장(印章). 불법이 정법(正法)임을 나타내는 표. ②밀교(密敎)에서의 인상(印相).

【法子 법자】①술을 뜨는 구기. ②방법. ③저울추. ④(佛)불법을 닦는 사람.

【法杖 법장】범인이 사실을 자백하지 않을 때, 곤장으로 치는 고문(拷問).

【法場 법장】①(佛)불도를 닦는 곳. 道場(도량). ②사형 집행장.

【法藏 법장】(佛)①불교의 교법. ②불교의 교법을 실천하여 쌓인 공덕.

【法典 법전】법률을 체계적으로 정리해 엮은 책.

【法煎 법전】圖약 따위를 방문(方文)대로 달이거나 곰.

【法殿 법전】①임금이 조하(朝賀)를 받던 정전(正殿). ②(佛)법당(法堂).

【法廷 법정】법원이 송사를 심리하고 판결하는 곳. 재판정.

【法程 법정】①법칙. 법식(法式). ②본받아서 실행함.

【法座 법좌】①임금이 정치를 듣던 곳. 正座(정좌). ②☞法筵(법연)①.

【法主 법주】(佛)①석가. ②한 종파의 우두머리. ③설법을 주장(主掌)하는 사람. ④법사(法師).

【法酒 법주】①조정의 대례(大禮) 때 베푸는 연회. ②일정한 법식에 맞게 빚은 좋은 술.

【法志 법지】①법률 책. 法誌(법지). ②불법(法)의 뜻.

【法帖 법첩】습자(習字)의 본이 되는 서첩(書帖). 法書(법서).

【法體 법체】(佛)우주 만물의 실체.

【法則 법칙】①법률과 규칙. ②본. 모범. ③원인과 결과의 규정.

【法統 법통】①(佛)불법의 전통. 法流(법류). ②참된 계통이나 전통.

【法風 법풍】(佛)불법의 한 가지. 마음의 번뇌를

날리는 것이 바람 같은 데 비유한 말.
【法海 법해】 (佛)깊고 넓은 불법의 세계.
【法號 법호】 ⇨法名(법명).
【法化 법화】 (佛)①교법(敎法)으로써 중생을 교화함. ②자기의 제자.
【法華三昧 법화삼매】 (佛)법화경을 꾸준히 읽어 그 묘리를 깨달으려고 하는 수행법.
【法會 법회】 (佛)①불법을 강설(講說)하기 위한 모임. ②죽은 사람을 위하여 재(齋)를 올리는 모임. 法要(법요).
【法傚 법효】 본받음. 모범으로 삼음.

◐ 加-, 苟-, 家-, 劍-, 公-, 舊-, 國-, 軍-, 技-, 論-, 大-, 魔-, 妙-, 無-, 文-, 民-, 方-, 變-, 兵-, 佛-, 祕-, 私-, 算-, 相-, 商-, 說-, 聖-, 稅-, 手-, 修-, 新-, 惡-, 約-, 禮-, 療-, 用-, 違-, 六-, 立-, 作-, 適-, 正-, 諸-, 便-, 筆-, 合-, 憲-, 刑-, 護-.

水5 【泍】 ⑧ 法(955)과 동자

水5 【泭】 ⑧ 떼 부 𤴐 fú
[소전] 𣳵 [字解] 떼, 뗏목. =桴·柎·坿. 〔楚辭注〕編竹木曰泭, 楚人曰柎, 秦人曰橃也.

水5 【泌】 ⑧ ❶샘물 흐를 비 𤴐 bì
❷물길 부딪칠 필 𤴐 bì
[소전] 𣴎 [초서] 泌 [參考] 대법원 지정 인명용 한자의 음은 '비·필'이다.
[字解] ❶①샘물이 흐르다, 샘물이 가느다랗게 흘러내리는 모양. 〔詩經〕泌之洋洋. ②분비하다, 세포에서 일정한 물질을 만들어 내보내는 일. ¶泌尿器. ③내 이름. 산동성(山東省)에 있는 문수(汶水)의 지류(支流). ¶泌水. ④고을 이름, 현 이름. 당대(唐代)와 원대(元代)에 지금의 하남성(河南省)에 두었던 현. ¶泌陽. ❷물결이 부딪치다, 물결이 맞부딪치는 모양. 〔司馬相如·賦〕偪側泌㳁.
【泌尿器 비뇨기】 오줌의 분비와 배설을 맡고 있는 기관.
【泌水樂饑 비수낙기】 샘물을 보며 즐겨 굶주림. 산수에 은거하여 스스로 즐거워함.
【泌㳁 필즐】 물결이 서로 맞부딪치는 모양.
◐ 分-, 衡-.

水5 【沸】 ⑧ ❶끓을 비 𤴐 fèi
❷샘솟는 모양 불 𤴐 fú
❸어지럽게 날 배 𤴐
[소전] 𣴎 [초서] 沸 [동자] 渀 [參考] 대법원 지정 인명용 한자의 음은 '비'이다.
[字解] ❶①끓다, 물이 끓다, 물을 끓이다. 〔詩經〕如沸如羹. ②샘솟다, 물이 솟아 일어나다, 분분히 일어나다. 〔詩經〕百川沸騰. ③들끓다, 분분히 일어나다.

【沸】 [南史] 市里喧沸. ④끓는 물, 끓인 물. 〔荀子〕以指撓沸. ❷①샘솟는 모양, 물이 솟아오르는 모양. 〔詩經〕觱沸檻泉. ②거세게 이는 물결 소리. 〔司馬相如·賦〕沸乎暴怒. ❸어지럽게 날다. 〔司馬相如·賦〕水蟲駭波鴻沸.
【沸羹 비갱】 ①끓는 국. ②말이 시끄러운 모양.
【沸涫 비관】 물이 끓어오르는 모양.
【沸騰 비등】 ①물이 샘솟음. ②물 따위가 끓어 오름. ③물이 끓듯이 세차게 일어남.
【沸沫 비말】 자꾸 이는 거품.
【沸沸 비비·불불】 물이 용솟음치는 모양.
【沸聲 비성】 ①물이 끓는 소리. ②시끄럽게 떠드는 소리.
【沸鼎 비정】 물이 끓는 가마솥. 沸鑊(비확).
【沸海 비해】 ①뒤끓는 바다. ②난세(亂世).
【沸響 비향】 물이 끓는 소리.
【沸潰 불궤】 물결이 세차게 일어 둑이 무너짐.
【沸水 불수】 솟아나는 물.
【沸渭 불위】 ①불안한 모양. ②많고 성한 모양.
【沸泉 불천】 솟아나는 더운물. 溫泉(온천).
【沸乎 불호】 격렬한 물소리.
◐ 騰-, 鼎-, 羹-.

水5 【渀】 ⑨ 沸(957)와 동자

水5 【泗】 ⑧ 내 이름 사 𤴐 시 𤴐 sì
[소전] 𣳵 [초서] 泗 [字解] ❶내 이름. 산동성(山東省)에서 발원하여 강소성(江蘇省)을 거쳐 회수(淮水)로 흘러드는 강. 〔周伯琦·詩〕行行望泗洙. ❷콧물, 눈물과 함께 나오는 콧물. 〔詩經〕涕泗滂沱.
【泗濱浮磬 사빈부경】 사수(泗水)에서 나는, 경(磬)을 만드는 데 쓰는 돌.
【泗上 사상】 ①사수(泗水) 근처의 땅. ②공자(孔子)의 학파. ◯공자가 사수 근처에서 제자들을 가르쳤다는 데서 온 말.
【泗上弟子 사상제자】 공자의 제자.
【泗洙 사수】 ①노(魯)나라에 있는 사수(泗水)와 수수(洙水). 공자의 고향. ②공자의 학문. ◯공자가 여기에서 제자들을 가르친 데서 온 말.

水5 【洿】 ⑧ 瀉(1051)의 속자

水5 【泄】 ⑧ ❶샐 설 𤴐 xiè
❷떠날 예 𤴐 yì
[소전] 𣳵 [초서] 泄 [參考] 대법원 지정 인명용 한자의 음은 '설'이다.
[字解] ❶①새다. 늑泄. ㉮틈이나 구멍으로 흘러나오다. 〔蕭子良·啓〕湖源泄散. ④비밀에 속한 사물이 몰래 외부에 알려지다. 〔管子〕墻有耳者, 微謀外泄之謂也. ②싸다, 누다, 설사하다. 〔素問〕季脇痛嘔泄. ③일어나다, 발생하다. 〔禮記〕季春之月, 陽氣發泄. ④고(告)하다, 아

리다. 〔戰國策〕平原君曰, 勝已泄之矣. ❺줄다, 없애다. 〔春秋左氏傳〕濟其不及, 以泄其過. ❻섞다. ¶泄泄. ❼친압해지다, 버릇없이 굴다. =媟.〔孟子〕武王不泄邇. ❽업신여기다, 깔보다. =媟.〔荀子〕憍泄者, 人之殃也. ❾통(通)하다.〔淮南子〕精泄于目. ❿성(姓). ⓫❶떠나다, 흩어져 가다.〔詩經〕俾民憂泄. ❷사물의 모양.〔孟子〕無然泄泄, 泄泄猶沓沓也. ❸내 이름. 안휘성(安徽省)에서 발원하여 회수(淮水)로 흘러드는 강.
【泄氣 설기】①방귀를 뀜. 放屁(방비). 洩氣(설기). ②울분을 품. 감정을 품.
【泄露 설로】①새어 나옴. 드러남. ②들추어냄. 폭로함.
【泄痢 설리】배탈. 설사. 泄下(설하).
【泄瀉 설사】①물찌똥을 눔. ②물찌똥.
【泄散 설산】새어 나와 흩어짐.
【泄用 설용】섞어 씀. 혼용함.
【泄泄 예예】①새가 날개를 퍼덕이는 모양. 천천히 움직이는 모양. ②사람이 많은 모양. ③투덜거리며 추종(追從)하는 모양. ④말을 많이 하는 모양. ⑤마음이 느긋하고 여유 있는 모양. 洩洩(예예).
❶久ー, 漏ー, 夢ー, 排ー, 滲ー, 濡ー, 下ー.

水5 【沼】 ⑧늪 소 ⓐ조 ⓟ zhǎo

소전 초서 字解 늪, 얕고 진흙이나 수초(水草)가 많은 못.〔詩經〕于沼于沚.
【沼畔 소반】늪 가. 못 가. 沼上(소상).
【沼上 소상】⇨沼畔(소반).
【沼池 소지】늪. 못. ◯원형(圓形)인 것을 '池', 곡형(曲形)인 것을 '沼'라고 함. 沼澤(소택).
❶淵ー, 池ー, 湖ー.

水5 【泝】 ⑧거슬러 올라갈 소 ⓟ sù

소전 혹체 초서 字解 ①거슬러 올라가다. =溯·遡.〔蜀志〕泝流而上. ②향하다, 면하다. =傃.〔張衡·賦〕泝洛背河. ③맞다, 마주하다.〔法言〕其泝於日乎. ④흐르다.〔司馬相如·文〕泝八埏.
【泝流 소류】흐름을 거슬러 올라감.
【泝沿 소연】흐름을 거슬러 올라감과 흐름을 따라 내려감.
【泝然 소연】한기가 듦. 오싹함.
【泝游 소유】흐름을 따라 내려감.
【泝洄 소회】흐름을 거슬러 올라감.

水5 【泅】 ⑧헤엄칠 수 ⓟ qiú

초서 字解 ❶헤엄치다, 물 위를 헤엄쳐 가다.
【泅泳 수영】헤엄침. ◯'泅'는 물 위를, '泳'은 물속을 헤엄치는 일.

水5 【沭】 ⑧내 이름 술 ⓟ shù

소전 字解 ①내 이름. ②고을 이름, 현 이름.
【沭水 술수】산동성(山東省)에서 발원하여 강소성(江蘇省)으로 흘러드는 강 이름. 術水(술수). 沭河(술하).
【沭陽 술양】후주(後周)가 강소성(江蘇省)에 두었던 현(縣) 이름.

水5 【泱】 ⑧❶끝없을 앙 ⓟ yāng ❷광대할 앙 ⓟ yāng ❸흰 구름 일 영 ⓟ yīng

소전 초서 字解 ❶①끝없다. ②성(盛)한 모양.〔漢書〕玄靈泱鬱. ❷①광대하다, 광대한 모양.〔元結·引極〕天曠渀兮杳泱茫. ②밝지 못한 모양.〔謝朓·詩〕晨光復泱漭. ③물이 흐르는 모양. ❸흰 구름이 일다, 흰 구름의 모양. 능영·흰.〔潘岳·賦〕天泱泱以垂雲.
【泱茫 앙망】광대(廣大)한 모양.
【泱漭 앙망】①泱茫(앙망). ②밝지 못한 모양.
【泱軋 앙알】끝이 없음. 나아가지 않음.
【泱泱 ❶앙앙 ❷영영】❶①물이 깊고 넓은 모양. ②기(旗)가 바람에 나부끼는 모양. ③소리가 길게 이어지는 모양. ④소리의 폭이 넓고 큰 모양. ⑤아름답고 성(盛)한 모양. ❷흰 구름이 성하게 이는 모양.
【泱鬱 앙울】성한 모양.

水5 【沿】 ⑧❶따를 연 ⓟ yán ❷내 이름 연 ⓟ yǎn

소전 초서 본자 속자 字源 形聲. 水+㕣→沿. '㕣(연)'이 음을 나타낸다.
字解 ❶①따르다. ㉮물을 따라 내려가다.〔書經〕沿于江海. ㉯길을 따르다. ¶沿道. ㉰선례(先例)를 따르다, 인순(因循)하다.〔隋書〕載懷沿革. ㉱바다를 따르다.〔國語〕沿海浸連. ②가, 가장자리, 언저리. ③냇물이 굽이진 곳. ❷내 이름. ※沇(948)의 고자(古字).
【沿江 연강】①강이나 내를 따름. ②강가의 땅. 沿河(연하).
【沿改 연개】⇨沿革(연혁).
【沿道 연도】큰 도로 좌우에 인접해 있는 곳.
【沿泛 연범】물결 따라 배를 띄움. 배를 타고 물결 따라 내려감.
【沿邊 연변】국경·강·철도·큰길 등을 끼고 따라가는 일대의 지방.
【沿線 연선】철도 선로에 연한 곳.
【沿習 연습】옛날부터 내려온 습관.
【沿襲 연습】옛 습관을 따름. 관례(慣例)에 의함. 蹈襲(도습).
【沿岸 연안】바다나 강, 호수를 따라 잇닿아 있는 육지.

水部 5획 沿泳油泑泣

【沿海 연해】 ①바다에 잇달은 육지. ②대륙 가까운 곳에 있는 얕은 바다.
【沿革 연혁】 변천하여 온 내력. ○'沿'은 재래의 습관을 따라 변하지 않는 것, '革'은 그것을 고쳐 새롭게 하는 것.
○泝-, 尋-, 廻-.

水5 【沿】⑧ 沿(958)의 본자

水5 【泳】⑧ 헤엄칠 영 敬 yǒng
丶丶氵氵氵汀汀泳泳
소전 초서 字源 形聲. 水+永→泳. '永(영)'이 음을 나타낸다.
字解 헤엄치다. 〔詩經〕泳之游之.
【泳涯 영애】 성인의 도를 따라 헤엄침.
【泳游 영유】 헤엄침. 흠뻑 젖음.
○水-, 游-, 潛-, 涵-.

水5 【油】⑧ ❶기름 유 尤 yóu
❷윤 유 宥 yòu
丶丶氵氵汀汕油油
소전 초서 字源 形聲. 水+由→油. '由(유)'가 음을 나타낸다.
字解 ❶①기름. ㉮가연성(可燃性)의 액체. 〔韓愈·詩〕油燈不照席. ㉯동식물에서 얻어 낸 액체. ¶油脂. ②구름이 피어오르는 모양. 〔孟子〕天油然作雲. ③나아가지 아니하는 모양. 〔孔子家語〕油然若將可越而終不可及. ④마음에 두지 아니하는 모양. ¶油然. ⑤내 이름. ¶油水. ⑥성(姓). ⑦現페인트, 칠하다. ❷윤, 광택, 윤을 내다. 〔蔡襄茶錄〕珍膏油其面.
【油價 유가】 석유의 가격.
【油腔滑調 유강골조】 입에서 나오는 대로 말함.
【油單 유단】 ①기름을 먹인 천. ②國기름에 결은, 두껍고 질긴 큰 종이.
【油類 유류】 기름 종류의 총칭.
【油麻 유마】 참깨와 검은깨의 총칭.
【油蜜菓 유밀과】 國쌀가루나 밀가루 반죽을 여러 가지 모양으로 빚어 기름에 튀긴 다음, 꿀이나 조청에 갠 과자. 油菓(유과).
【油粕 유박】 깻묵.
【油素 유소】 서화(書畫)에 쓰는, 발이 고운 흰 명주.
【油水 유수】 ①석유(石油). ②특수한 작은 이익.
【油然 유연】 ①느릿느릿 나아가는 모양. ②개의치 않는 모양. ③구름이 뭉게뭉게 이는 모양. ④어떠한 느낌이 저절로 일어나는 모양.
【油煙 유연】 기름을 태울 적에 나는 연기.
【油雲 유운】 ①비를 머금은 구름. 비가 내릴 듯한 구름. ②봄철의 구름.
【油油 유유】 ①물이 서서히 흐르는 모양. ②태도가 부드럽고 삼가는 모양. ③침착한 모양. ④수수나 벼 따위가 윤이 나고 무성한 모양. ⑤구

름이 흘러가는 모양.
【油衣 유의】 기름에 결어서 지은 비옷.
【油田 유전】 석유가 나는 곳.
【油脂 유지】 동식물에서 짜낸 기름.
【油紙 유지】 기름 먹인 종이.
【油搾 유착】 기름을 짜는 틀. 기름틀.
【油布 유포】 기름에 결은 무명천.
【油畫 유화】 기름기 있는 안료로 그린 그림.
○肝-, 鯨-, 膏-, 桐-, 燈-, 石-, 聖-, 魚-, 原-, 醬-, 製-, 重-, 香-.

水5 【泑】⑧ 잿물 유 有宥 yōu
소전 초서 字解 ①잿물, 도자기의 겉면에 바르는 물질. ≒釉. ②못 이름. 신강성(新疆省)에 있다.

水5 【泣】⑧ ❶울 읍 緝 qì
❷바람 빠를 립 緝 lì
丶丶氵氵汀汁汁泣
소전 초서 參考 대법원 지정 인명용 한자의 음은 '읍'이다.
字源 形聲. 水+立→泣. '立(립)'이 음을 나타낸다.
字解 ❶①울다, 울음. ②눈물. 〔漢書〕泣數行下. ③근심, 근심하다. 〔太玄經〕泣于之道. ❷①바람이 빠르다, 바람이 빠른 모양. ②원활하지 않다, 혈액 순환이 순조롭지 아니하다. ≒立. 〔素問〕血凝於脈者爲泣.
【泣諫 읍간】 울면서 간(諫)함.
【泣鬼神 읍귀신】 귀신도 울게 함. 사람을 깊이 감동시킴.
【泣岐 읍기】 갈림길에서 욺. 근본은 같으나 어떻게 하느냐에 따라 결과는 여러 가지로 달라짐. 故事 양자(楊子)가 갈림길에 서서 어느 쪽으로도 갈 수 있음을 보고, 사람의 근본은 같으나 결과는 행위에 따라 달라짐을 느끼고 울었다는 고사에서 온 말.
【泣禱 읍도】 눈물을 흘리며 기도함.
【泣訴 읍소】 울면서 간곡히 하소연함.
【泣魚 읍어】 자기보다 뛰어난 사람이 나타나면 자신이 버림받을 것을 걱정함. 故事 전국 시대 위(魏)나라의 용양군(龍陽君)이 큰 물고기를 낚아 앞서 낚은 작은 물고기를 버리려고 하다가 울었다는 고사에서 온 말.
【泣杖 읍장】 효성이 지극함. 故事 한(漢)나라 한백유(韓伯兪)가 어머니에게 매를 맞으면서, 이전보다 아프지 않아서 어머니의 기력이 약해졌음을 알고 슬피 울었다는 고사에서 온 말.
【泣斬馬謖 읍참마속】 울면서 마속을 참수(斬首)함. 큰 목적을 위하여 사랑하는 사람도 버림. 故事 삼국 시대 촉(蜀)나라의 제갈량(諸葛亮)이 마속을 사랑하였으나, 명령을 어겨 싸움에서 패한 마속에게 책임을 물어 울면서 그를 참형에 처하였다는 고사에서 온 말.
【泣涕 읍체】 눈물. 또 눈물을 흘리면서 욺.

水部 5획 泜洪沮洰泜沸注

【泣下沾襟 읍하첨금】눈물이 흘러 옷깃을 적심.
【泣血 읍혈】①부모상을 당한 효자가 피눈물을 흘리며 슬피 욺. ②피눈물.
● 感−, 哭−, 悲−, 傷−, 哀−, 飮−, 啼−, 慟−, 號−.

水5【泜】⑧
❶내 이름 이 囚 yí
❷물가 지 囚 chí
❸현 이름 시·치 圖支 shì

字解 ❶내 이름. ❷①물가, 물결이 밀려오는 바닷가. ②고을 이름, 읍 이름. ❸현(縣) 이름.

水5【洪】⑧ 끓을 일 圓 yì

소전 초서 字解 ①끓다, 끓어 넘치다. ②넘치다, 물이 넘쳐 출렁이다. 〔莊子〕數若泆湯. ②넘치 榮. ③제멋대로 하다. 〔書經〕大洪泆有辭.
【洪然 일연】제멋대로 가는 모양.
【洪湯 일탕】물이 끓어 넘치듯이 빠른 모양.
● 決−, 奔−, 淫−.

水5【沮】⑧
❶막을 저 圖 jǔ
❷적실 저 jù
❸강 이름 저 魚 jū
❹작은 내 전 囷 jiān

소전 초서 參考 대법원 지정 인명용 한자의 음은 '저'이다.

字解 ❶①막다, 저지하다. 〔宋史〕排沮正論. ②그치다, 그만두다. 〔詩經〕亂庶遄沮. ③방해하다, 가로막다. 〔孟子〕嬖人有臧倉者沮君. ④헐뜯다. 〔唐書〕宦侍謗沮不已. ⑤꺾이다, 기가 꺾이다, 뜻이 약해지다. 〔唐書〕屹然不沮憚. ⑥붕괴하다, 붕괴되다. ⑦이루어지지 않고 깨지다, 소용없게 되다. 〔淮南子〕力竭功沮. ⑧두려워하다. 〔禮記〕沮之以兵. ⑨새다, 흘러보내다. 〔禮記〕地氣沮泄. ❷①적시다, 물속에 담그다. 〔唐書〕河益灌沮. ②낮고 습한 땅. ❸강 이름. ❹沮水. ②성(姓). ❹작은 내.
【沮格 저격】가로막아 멈추게 함. 방지함.
【沮恐 저공】의기가 꺾여 두려워함.
【沮勸 저권】악을 뉘우치게 하고 선(善)을 권함.
【沮氣 저기】무서워서 기가 죽음.
【沮衄 저뉵】기가 꺾여 패함.
【沮短 저단】방해하고 비방함.
【沮誹 저비】저지하고 비방함. 沮訾(저자).
【沮索 저삭】기력이 다함. 기력이 꺾임.
【沮散 저산】기세가 꺾이어 흩어져 달아남.
【沮喪 저상】기운이 없어짐. 기가 꺾여 약해짐.
【沮色 저색】①찬성하지 않는 기색. 기분이 내키지 않는 모양. ②빛을 가로막음.
【沮泄 저설】샘. 새어 흘러나옴.
【沮懾 저섭】의기가 꺾여 두려워함.
【沮遏 저알】막아 그치게 함. 沮止(저지).
【沮抑 저억】억지로 누름. 抑止(억지).
【沮洳 저여】▷沮澤(저택).

【沮撓 저요】기가 꺾이고 마음이 어지러움.
【沮止 저지】막아서 못 하게 함.
【沮惴 저췌】기가 꺾여 두려워함.
【沮澤 저택】①낮고 습기가 많은 땅. ②수초가 무성한 곳. 沮洳(저여).
【沮敗 저패】패함. 패배함.
【沮廢 저폐】무너뜨려 폐지함.
【沮害 저해】막아서 못하게 하여 해를 끼침.
【沮駭 저해】방해하고 놀라게 함.
● 愧−, 謗−, 排−, 消−, 怨−, 慚−, 毀−.

水5【洰】⑧ 수세 광대할 전 囷 tián

字解 수세(水勢)가 광대(廣大)하다. 〔郭璞·賦〕溟洰渺濟, 汗汗洰洰.

水5【泜】⑧
❶강 이름 제·치 圖支 zhī, chí
❷강 이름 지 囷 zhì

소전 초서 字解 ❶①강 이름. ¶ 泜河. ②가지런한 모양. 〔後漢書〕泜泜庶類, 含甘吮滋. ❷강 이름. =潪.
【泜河 제하·지하】하북성(河北省)에서 발원하여 괴하(槐河)로 흘러드는 북제수(北泜水)와 영진박(寧晉泊)으로 흘러드는 남제수(南泜水)의 병칭.

水5【沸】⑧ 강 이름 제 圖 jǐ

소전 초서 字解 ❶강 이름. 하북성(河北省)에서 발원하는 강. ▷濟. ②땅 이름. 제수(沸水) 연안의 곳. 〔詩經〕出宿于沸. ③청주(淸酒), 맑은 술.

水5【注】⑧
❶물 댈 주 圖 zhù
❷별 이름 주 囿 zhòu

丶 丶 氵 氵 氵 汁 汪 注 注

소전 초서 字源 形聲. 水+主→注. '主(주)'가 음을 나타낸다.

字解 ❶①물 대다. ㉮물을 끌어 대다. 〔漢書〕注填淤之水. ㉯물을 퍼서 붓다. 〔詩經〕挹彼注玆. ②붓다, 따르다, 쏟다. 〔後漢書〕雨下注. ③물이 흐르다. 〔詩經〕豐水東注. ④비가 내리다. 〔晉書〕請雨, 三日而雨注. ⑤뜻을 두다. 〔漢書〕天子注意焉. ⑥메기다, 화살을 시위에 얹다. 〔春秋左氏傳〕樂射之, 不中, 又注. ⑦대다, 붙이다. =註. ㉠屬. 〔戰國策〕舉衆而注地於楚. ⑧흐름, 수류(水流). 〔水經〕微派涓注. ⑨모으다, 모이다. 〔周禮〕令禽注於虞. ⑩쓰다, 사용하다. 〔老子〕百姓皆注其耳目. ⑪치다, 내던지다. 〔莊子〕以黃金注者殙. ⑫적다, 기록하다. =註. ¶ 注記. ⑬주내다, 풀이하다. =註. ¶ 注脚. ⑭주, 주해, 주석. =註. ¶ 脚注. ⑮다른 그릇에 물을 따르기 위해 물을 넣어 두는 그릇. ⑯노름·도박에 건 물건. ¶ 孤注. ⑰성(姓). ❷①별 이름, 유성(柳星). 〔史記〕西至于注. ②부리, 새나 일부 짐승의

주둥이. =咮.〔周禮〕以注鳴者.
【注脚 주각】본문의 아래에 주를 첨가하여 뜻을 해석하는 일. ☞'注'는 본문 사이에 들어가는 것을, '脚'은 아래로 들어가는 것을 말함. 注解(주해). 注釋(주석).
【注記 주기】기록함. 기록한 것.
【注連 주련】물을 뿌려 청결하게 한 다음 집 입구에 치는 새끼줄. 출관(出棺) 후 망귀(亡鬼)가 돌아오지 못하도록 이 새끼줄을 침.
【注慕 주모】외곬으로 사모함.
【注目 주목】시선을 모아서 봄.
【注文 주문】①주석(注釋)의 글. ②살 물건을 보내 달라고 부탁함.
【注射 주사】①말이 유창하여 막힘이 없음. ②공기압으로 물이나 물건을 내쏨. ③약물을 주사기에 넣어 생물체의 피하(皮下)·근육·정맥 등에 주입함.
【注疏 주소】경서(經書) 등의 본문의 해석이나 설명. ☞'注'는 사서오경(四書五經) 등의 경문을 해석한, 전(傳)·전(箋) 등으로 불리는 것, '疏'는 주(注)를 다시 해석하거나 부연한 것.
【注視 주시】눈여겨봄.
【注秧 주앙】볍씨를 못자리에 뿌림. 모붓기.
【注委 주위】위임함. 믿고 맡김.
【注意 주의】마음에 새겨 조심함.
【注音字母 주음자모】1918년 중국 정부가 제정 공포한 표음 기호. 37자모로 구성되어 있음.
【注入 주입】①쏟아 부음. ②기억과 암송을 주로 하여 가르침.
【注子 주자】술을 따르는, 목이 갸름하고 아가리가 좁은 병.
【注錯 주조】조치함. 처치함.
【注下 주하】①물이 흘러내림. 물이 높은 곳에서 떨어짐. ②설사.
【注解 주해】본문의 뜻을 알게 쉽게 풀이함. 또는 그 글. 注釋(주석).

○ 脚-, 孤-, 記-, 起-, 頭-, 奔-, 飛-, 四-, 散-, 水-, 雨-, 傳-, 箋-, 銓-, 轉-, 集-, 評-, 標-, 懸-.

水5【泉】⑨ 샘 천 冠 quán

象形. 샘물이 솟는 모양을 본뜬 글자.
字解 ①샘. 땅속에서 솟는 물.〔易經〕山下出泉. ②돈. 돈이 널리 통용되는 이치가 마치 샘물이 솟아나 흘러내리는 것과 같다는 것에 비유해서 이르는 말.〔周禮〕錢與泉, 今古異名.
【泉臺 천대】①노(魯)나라 장공(莊公)이 쌓은 대(臺). ②무덤. ③저승.
【泉路 천로】저승으로 가는 길. 泉下(천하).
【泉流 천류】샘물의 흐름. 널리 퍼져 미침.
【泉脈 천맥】땅속에 있는 샘 줄기.
【泉石 천석】①샘과 돌. 산과 물. 水石(수석). 山水(산수). ②산수의 경치.

【泉石膏肓 천석고황】산수를 사랑하고 즐기는 것이 정도가 지나쳐 마치 불치의 병이 고황에 든 것과 같음.
【泉壤 천양】저승. 黃泉(황천). 九泉(구천).
【泉韻 천운】물이 흐르는 운치 있는 소리.
【泉布 천포】돈. 화폐. ☞'泉'은 천하에 두루 유행한다는 뜻, '布'는 선포(宣布)의 뜻.
【泉下 천하】저승. 冥途(명도).
【泉鄕 천향】황천(黃泉).
【泉貨 천화】돈. 泉布(천포).

○ 澗-, 甘-, 溪-, 鑛-, 九-, 冷-, 噴-, 沸-, 飛-, 水-, 深-, 巖-, 藥-, 言-, 淵-, 冽-, 鹽-, 靈-, 醴-, 玉-, 溫-, 涌-, 龍-, 源-, 清-, 寒-, 貨-, 黃-.

水5【沾】⑧ ①더할 첨 冠 tiān
②적실 첨 冠 zhān
③경망할 접 冠 chān

參考 대법원 지정 인명용 한자의 음은 '첨'이다.
字解 ①〔同〕添(996). ①더하다, 첨가하다. ②강 이름. 산서성(山西省)에서 발원하여 하북성(河北省)의 치하(治河)로 흘러드는 강. ③현 명(縣名). ②①적시다, 젖다.〔晉書〕沾濕無可代. ②살찌우다, 걸게 하다.〔抱朴子〕元流沾九垓. ③이익을 받다, 누리다. ④엿보다. ≒覘.〔禮記〕我喪也斯沾. ③①경망하다, 경솔하다.〔南唐書〕沾沾自衒. ②외면을 꾸미다.〔史記〕魏其者沾沾自喜耳. ③바람이 부는 모양.
【沾衿 첨금】옷깃을 적심.
【沾薄 첨박】①맛이 진함과 엷음. ②국물이 많아서 맛이 적음.
【沾背 첨배】땀이 등을 적심. 곧, 몹시 부끄러워함. 汗出沾背(한출첨배).
【沾濕 첨습】젖음. 젖게 함.
【沾渥 첨악】젖어 윤택함.
【沾染 첨염】젖어 뱀. 성질이 변함.
【沾寒 첨한】비에 젖어 추움.
【沾洽 첨흡】①빠진 데 없이 널리 퍼짐. 학문이 널리 전해짐. 博洽(박흡). ②넘침. 흡족함.
【沾沾 접접】①겉모양을 갖춤. ②경박한 모양. ③바람이 부는 모양.

水5【泚】⑧ ①맑을 체 薺 cǐ
②강 이름 자 本차 紙 zǐ

字解 ①①맑다, 물이 맑은 모양. ②선명한 모양.〔詩經〕新臺有泚. ③땀이 나는 모양.〔孟子〕其顙有泚. ④물에 담그다.〔唐書〕勑吏六七人泚筆待. ②강 이름. 장사(長沙)에 있다.
【泚泚然 체체연】땀이 나는 모양.
【泚筆 체필】붓에 먹물을 먹임.

水5【泏】⑧ ①물 흘러나올 출 術 zhú
②건널 섭 葉 zhú

字解 ①물이 흘러나오다, 물이 흘러나오는 모양.〔文子·通原〕原流泏

油, 沖而不盈. ❷《同》涉(979). 물을 건너다. 〔班固·銘〕奉命全璧, 身油項營.

水 5 【治】 ⑧ ❶다스릴 치 囻 zhì
❷성 치 囻 chí
❸내 이름 이 囻 yí

丶 冫 氵 氵 汁 治 治 治

[소전][초서] [篆書] 대법원 지정 인명용 한자의 음은 '치'이다.
[字源] 形聲. 水+台→治. '台(태)'가 음을 나타낸다.
[字解] ❶다스리다. ㉮국가·사회·가정 등을 보살펴 통제하거나 관리하다.〔大學〕欲治其國者, 先齊其家. ㉯병이나 상처를 보살펴 낫게 하다.〔周禮〕掌養疾馬而乘治之. ㉰어지러운 사태를 수습하여 바로잡다.〔禮記〕以治人情. ㉱사물을 일정한 용도나 목적에 맞도록 다루어 처리하거나 다듬어 정리하다.〔孟子〕禹之治水, 水之道也. ㉲규찰(糾察)하다, 죄를 다스리다.〔諸葛亮·表〕治臣之罪. ㉳감독하다, 단속하다.〔周禮〕帥執事而治之. ㉴평정하다, 진압하여 편안하게 하다.〔中庸〕治亂持危. ㉵수리하다, 고쳐 깁다.〔漢書〕繕治郵亭. ❷다스려지다, 우주 만물의 질서가 바로잡히다.〔大學〕家齊而後國治. ❸다스려지는 일이나 그 상태.〔唐書〕所在稱治. ❹정사, 정치.〔孟子〕擧舜而敷治焉. ❺공, 공적.〔周禮〕以敍進其治. ❻도읍하다, 도읍으로 定하여 자리잡다.〔漢書〕治秦中. ❼정청(政廳)이 있는 곳. ㉮도읍, 천자나 임금이 있는 곳.〔史記〕徙治櫟陽. ㉯지방관(地方官)이 주재하는 곳. ¶縣治. ❽만들다, 성취하다.〔淮南子〕能多者無不治也. ❾견주다, 비교하다.〔戰國策〕皆無敵與趙治. ❿빌 익히다, 배워 익히다.〔周禮〕凡新甿之治, 皆聽之. ⓫익히다, 배워 익히다.〔周禮〕治其大禮. ⓬성(盛)하다, 성하게 되다.〔素問〕少水不能滅盛火, 而陽獨治. ⓭돕다.〔戰國策〕穰侯之治秦也. ⓮필적(匹敵)하다.〔漢書〕公等足與治平. ⓯정도(正道), 사람의 길.〔荀子〕是以與治雖走. ❷성(姓). ❸내 이름. 산동성(山東省)에서 발원하는 지금의 소고천(小沽川)과 탑수(漯水). ❸내 이름. 산서성(山西省)에서 발원하는 지금의 습수(濕水).
【治家 치가】 집안일을 처리함.
【治强 치강】 나라가 잘 다스려져 군대가 강해짐.
【治痼 치고】 圖고질병을 치료함.
【治具 치구】 ①접대 준비를 함. ②나라를 다스리는 데 필요한 도구. 곧, 법령(法令).
【治國 치국】 ①나라를 다스림. ②잘 다스려진 나라.
【治國平天下 치국평천하】 나라를 다스리고 천하를 편안하게 함.
【治內 치내】 ①나라 안을 다스림. ②규방(閨房)을 다스림. ③신체의 내부를 다스림. ④마음을 다스림.
【治道 치도】 ①천하를 다스리는 길. 정치의 방

법. 治法(치법). ②도로를 만듦. 도로를 수리함.
【治毒 치독】 독한 기운을 다스려 없앰.
【治亂 치란】 ①잘 다스려진 세상과 어지러운 세상. ②혼란에 빠진 세상을 다스림.
【治亂興亡 치란흥망】 잘 다스려짐과 어지러움과 흥함과 망함.
【治鍊 치련】 쇠·돌·나무 따위를 불리고 다듬음.
【治療 치료】 병이나 상처를 다스려 낫게 함.
【治理 치리】 다스림. 다스려짐. ○'理'도 '다스림'의 뜻.
【治命 치명】 ①병들기 전의 명령. 평시의 명령. ②정신이 맑을 때 남긴 유언.
【治法 치법】 ①나라를 다스리는 방법. 治方(치방). ②나라를 다스리는 법률. ③치료 방법.
【治辨 치변】 밝게 다스려짐. 다스려 분별함.
【治本 치본】 ①나라를 다스리는 근본. ②병의 근원을 알아 버림. 근본적인 치료.
【治山 치산】 ①산을 다스림. 나무를 심어 수해를 막는 일. ②산소를 매만져 다듬음.
【治産 치산】 ①생업(生業)에 힘씀. 가업(家業)에 힘씀. ②집안의 재산을 잘 다스림.
【治生 치생】 ①살아갈 방도를 차림. ②관리가 상관에 대하여, 또는 백성이 그 지방의 원에 대하여 자기를 이르는 말.
【治石 치석】 돌을 다듬음.
【治世 치세】 ①잘 다스려진 세상. 태평한 세상. ②세상을 다스림. ③임금의 재위 연간(年間).
【治所 치소】 정무(政務)를 보는 관청이 있는 곳.
【治送 치송】 행장을 차려 떠나보냄.
【治水 치수】 물을 다스림. 물을 다스려 수해를 막음.
【治術 치술】 ①나라를 다스리는 방법. 治道(치도). ②병을 치료하는 방법.
【治安 치안】 ①나라를 편안하게 다스림. 나라가 잘 다스려져 편안한 상태. ②국가와 사회의 안녕 질서를 지키고 보전함.
【治外 치외】 ①나라 밖을 다스림. 오랑캐를 다스림. ②집 밖을 다스림. 한 나라의 정치를 맡아보는 일. ③외모를 다듬음.
【治要 치요】 ①한 해 동안의 회계를 다스림. ②요점을 다스림. ③나라를 다스리는 요점.
【治癒 치유】 치료로 병이 나음.
【治育 치육】 다스려 기름.
【治人 치인】 ①백성을 다스림. ②백성을 다스리는 사람. 治者(치자). ③남을 교화함.
【治任 치임】 ①여장을 꾸림. 여행 준비를 함. ○'任'은 '짐'을 뜻함. ②정치의 임무. 치평(治平)을 해야 할 임무.
【治迹 치적】 ①다스린 형적(形跡). ②선정(善政)을 한 형적.
【治田 치전】 ①농민과 농사를 맡아보던 관리. ②논밭을 갊.
【治典 치전】 나라를 다스리는 법전.
【治點 치점】 고치는 점을 찍음. 문장 등을 고침.
【治定 치정】 나라가 잘 다스려져 안정됨.
【治第 치제】 저택을 지음.
【治朝 치조】 임금이 정사(政事)에 관한 일을 처

리하는 곳. 中朝(중조).
【治天下 치천하】 천하를 다스림.
【治體 치체】 세상을 다스리는 방법. 정치의 크고 중요한 근본.
【治平 치평】 ①세상이 평온하게 잘 다스려 짐. 太平(태평). ②정치가 훌륭함.
【治表 치표】 병의 근원을 다스리지 않고 나타나는 증세만을 없애는 치료 방법.
【治風 치풍】 병의 풍기(風氣)를 다스림.
【治下 치하】 ①지배하. 관하(管下). ②관할하거나 통치하는 범위의 안.
【治繦 치해】 헌 옷을 빨고 기움.
【治行 치행】 ①백성을 다스린 공훈. 지방관의 정치 성적. ②여행 갈 차비를 함.
【治忽 치홀】 ①다스림과 소홀함. ②다스려짐과 어지러워짐.
【治化 치화】 백성을 다스려 착한 길로 이끎.
❶ 兼-, 官-, 克-, 根-, 難-, 內-, 文-, 民-, 法-, 療-, 醫-, 自-, 全-, 政-, 主-, 至-, 統-, 退-, 平-, 縣-.

水5 【沱】⑧ ❶물 이름 타 歐 tuó
❷물 흐르는 모양 타 圈 duò
소전 𣱩 고전 沱 동자 池 字解 ❶①물 이름. 양자강의 지류. 〔書經〕沱潛旣道. ②눈물이 흐르는 모양. 〔易經〕出涕沱若. ③큰비가 내리는 모양. 〔詩經〕俾滂沱矣. ❷물이 흐르는 모양.
【沱若 타약】 눈물이 흐르는 모양. 潸然(산연).

水5 【池】⑧ 沱(963)와 동자

水5 【沰】⑧ 붉을 탁 藥 tuō
字解 ①붉다. ≒丹. ②듣다, 방울져 떨어지다. =涿. 〔四民月令〕上火不落, 下火滴沰.

水5 【泰】⑩ 클 태 泰 tài

一 二 三 声 夫 夫 表 泰 泰 泰
소전 𤰻 고전 夻 초서 泰 字源 會意·形聲. ⼶＋水＋大→泰. 본래 물(水)이 두 손(⼶) 사이로 새어 나간다는 뜻을 나타낸다. '大(대)'가 음도 나타낸다.
字解 ①크다, 매우 크다. ＝太. ≒大. 〔漢書〕橫泰河. ②넉넉하다, 물풍하다. 〔爾雅〕西風謂之泰風. ③편안하다, 자유롭다. 〔論語〕君子泰而不驕. ④너그럽다. 〔荀子〕用財欲泰. ⑤통하다. 〔易經〕天地交泰. ⑥교만하다, 거만하다, 뽐내다. 〔論語〕今拜乎上, 泰也. ⑦심히, 대단히, 몹시, 매우. 〔詩經〕昊天泰憮. ⑧하늘. 〔漢書〕惟泰元尊. ⑨태극(太極). 〔太玄經〕泰柄罔行. ⑩술통, 술동이. 유우씨(有虞氏)의 술을 담는 통. 〔禮記〕泰, 有虞氏之尊也. ⑪64괘의 하나. 괘형은 ䷊. 음양이 조화를 이

어 만사형통하고 편안함을 상징한다. ⑫산 이름, 대산(岱山). ❶泰山.
【泰龜 태귀】 훌륭한 거북점(龜卜).
【泰極否來 태극비래】 평안하고 태평함이 극도에 달하면, 이윽고 불행이 옴.
【泰壇 태단】 하늘에 제사 지내는 단(壇).
【泰東 태동】 ①동쪽 끝. 極東(극동). 大東(대동). ②동양(東洋).
【泰斗 태두】 ⇨泰山北斗(태산북두).
【泰山 태산】 ①높고 큰 산. ②크고 많음. ③오악(五嶽)의 하나로, 산동성(山東省) 태안(泰安) 북쪽에 있는 산.
【泰山北斗 태산북두】 태산과 북두칠성. 모든 사람이 존경하는 뛰어난 인물. 泰斗(태두).
【泰山巖巖 태산암암】 ①태산의 높고 험한 모양. ②기상이 날카롭고 커서 움직이지 않음.
【泰山壓卵 태산압란】 태산이 알을 누름. 일이 매우 쉬움의 비유.
【泰山峻嶺 태산준령】 큰 산과 험한 고개.
【泰山之安 태산지안】 태산이 움직이지 않는 것과 같은 편안함. 안전하고 튼튼함의 비유.
【泰山頹梁木折 태산퇴양목절】 태산이 무너지고 들보가 꺾어짐. 곧, 성현의 죽음.
【泰山鴻毛 태산홍모】 태산과 기러기의 털. 아주 무거운 것과 아주 가벼운 것.
【泰色 태색】 뽐내는 빛. 거만한 기색.
【泰西 태서】 ①서쪽 끝. ②서양(西洋).
【泰安 태안】 태평함.
【泰然自若 태연자약】 침착하여 어떤 충동에도 마음이 동요되지 않는 모양.
【泰運 태운】 태평한 운수.
【泰元 태원】 하늘.
【泰而不驕 태이불교】 ①태연하나 교만하지 않음. 곧, 군자의 태도. ②권력 있는 지위에 있어도 교만하지 않음.
【泰一 태일】 천지 만물이 나고 이루어진 근원. 太一(태일).
【泰日 태일】 태평한 날. 태평한 시대.
【泰侈 태치】 뽐냄. 사치함.
【泰平 태평】 ①세상이 평화로움. ②몸이나 마음 또는 집안이 평안함.
【泰風 태풍】 서풍(西風). ○서풍은 만물을 풍성하게 성숙시킨다는 데서 온 말.
❶ 安-, 靜-, 淸-, 侈-, 豐-, 歡-, 熙-.

水5 【波】⑧ ❶물결 파 歐 bō
❷방죽 피 囡 bēi
❸물 따라갈 피 眞 bì
丶 氵 氵 汀 沙 波 波
소전 𣲱 초서 波 參考 대법원 지정 인명용 한자의 음은 '파'이다.
字源 形聲. 水＋皮→波. '皮(피)'가 음을 나타낸다.
字解 ❶①물결. ㉮수파. 〔白居易·詩〕池有波紋. ㉯흐름, 수류(水流). 〔後漢書〕分波而共源. ②물결이 일다, 파도가 일어나다. 〔楚辭〕

洞庭波兮木葉下. ③주름. 〔范成大·詩〕羅幕生繡波. ④은총(恩寵), 혜택. 〔梁書〕天波既洗, 雲油遽沐. ⑤눈빛, 눈길, 눈짓. 〔宋玉·賦〕若流波之將瀾. ⑥달리다. 〔韓愈·表〕老少奔波. ⑦발로 땅을 굵거나 파다. 〔俗乎小錄〕跑謂之波, 立謂之站. ⑧움직이다, 물결처럼 상하로 요동하다. 〔莊子〕其孰能不波. ⑨내 이름. 늑播. 〔書經〕滎波既豬. ⑩서법(書法) 이름, 파임. 오른쪽 아래로 삐치는 필법(筆法). ⑪성(姓). ❷방죽, 둑. =陂. 〔漢書〕後遊雷波. ❸물 따라 가다, 물길 따라 내려가다. 〔漢書〕北波河.
【波羅蜜多 바라밀다】(佛)생사의 경지를 벗어나 피안(彼岸)에 도달하는 일. ○범어 'Pāramitā'의 음역어. 波羅蜜(바라밀).
【波高 파고】물결의 높이.
【波光 파광】물결의 빛.
【波及 파급】점차 전하여 널리 퍼짐.
【波濤 파도】물결. ○'濤'는 큰 물결.
【波動 파동】①물결의 움직임. ②전파되는 진동. ③사회적으로 변동을 가져올 만한 거센 움직임.
【波頭 파두】물결 위.
【波瀾 파란】①파도. ②문장의 기복이나 변화. ③일이 평온하지 못함. 소동. 갈등.
【波瀾萬丈 파란만장】물결이 만 길 높이로 읾. 일의 진행에서 일어 나는 심한 기복과 변화.
【波瀾不驚 파란불경】물결이 일지 않아 수면이 잔잔함.
【波浪 파랑】물결. 파도.
【波流 파류】①물의 흐름. ②흐름을 따라 흐름. 세상 변천이 끝이 없음.
【波紋 파문】①수면에 이는 물결의 무늬. ②주위를 동요할 만한 영향.
【波狀 파상】물결이 기복(起伏)하는 형상. 상하로 구부러진 형상.
【波旬 파순】(佛)석가모니와 그의 제자들을 따라다니며 수행을 방해한 대표적인 마왕(魔王). ○범어 'Pāpiyas'의 음역어.
【波市 파시】國고기가 한창 잡힐 때 바다 위에서 열리는 생선 시장.
【波臣 파신】①물결의 신하. 물고기. ②물에 빠져 죽은 사람.
【波心 파심】물결의 중심.
【波涌 파용】물결이 용솟음침.
【波涌雲亂 파용운란】물결이 솟구치고 구름이 어지러움. 사물이 혼란함.
【波蕩 파탕】①물결처럼 움직임. 소란하여 평온하지 않음. ②다투어 달림. 급하여 덤빔.
【波波 파파】①소를 넣어 만든 밀가루떡의 한 가지. ②안절부절못함. 마음이 초조함. ③신 하는 소리.
【波池 피지】못. 저수지.
【波河 피하】강을 따라서 감.

○ 短─, 萬─, 世─, 煙─, 月─, 音─, 餘─,
人─, 長─, 電─, 主─, 滄─, 秋─, 風─.

水5 【泙】⑧ 물소리 평 匨 pēng

【泙湃 평배】물소리의 형용. 字解 물소리, 거센 물결 모양.

水5 【泡】⑧ 거품 포 看 pāo
字源 ①거품, 물거품. 〔徐陵·碑〕彼風電同諸泡沫. ②성(盛)하다. 〔王褒·賦〕泡溲汎澉. ③강 이름. 강소성(江蘇省)에서 발원하여 사수(泗水)로 흐르는 강. ④國두부(豆腐).
【泡沫 포말】①거품. 물거품. ②허무함의 비유.
【泡溲 포수】성(盛)하고 많은 모양.
【泡匠 포장】國궁중에서 두부를 만들던 사람.
【泡泡 포포】①물이 흐르는 모양. ②물이 솟아 오르는 소리.
【泡幻 포환】물거품과 환상. 세상의 허무함.
○ 氣─, 水─, 幻─.

水5 【河】⑧ 강 이름 하 歌 hé

、ミ氵氵汀沪河河

字源 水+可→河. '可(가)'가 음을 나타낸다.
字解 ①강 이름, 황하(黃河). 양자강(揚子江)을 '강(江)'이라 부르고, 황하를 '하(河)'라고 부른다. 〔書經〕導河積石至于龍門. ②내, 강. 유수(流水)의 총칭. 〔漢書〕下屬江河. ③운하(運河). 〔宋史〕鑿河開渠. ④은한(銀漢), 은하수. 〔謝朓·詩〕秋河曙耿耿. ⑤섬, 물 가운데 나타나 있는 땅. 〔書經〕入宅于河. ⑥하백(河伯). 물을 맡은 신. 〔史記〕初以君主妻河. ⑦메다, 짊어지다. 늑何·荷. 〔詩經〕景員維河.
【河干 하간】강가. 강변. ○'干'은 '崖'로 '끝'을 뜻함.
【河江 하강】황하와 양자강.
【河渠 하거】강과 개천.
【河曲 하곡】강가. 강굽이.
【河口 하구】바다로 들어가는 강물의 어귀.
【河內 하내】황하 이북의 땅. 河北(하북).
【河圖 하도】복희씨(伏羲氏) 때 황하에서 나왔다는 용마(龍馬)의 등에 나타난 그림. 역경(易經) 팔괘(八卦)의 원리가 되었음.
【河圖洛書 하도낙서】하도와 낙서. ○'洛書'는 하(夏)의 우왕(禹王)이 홍수를 다스릴 때 낙수(洛水)에서 나온 신귀(神龜)의 등에 쓰여 있었다는 글로서, 서경(書經)의 홍범구주(洪範九疇)가 만들어진 기원이 되었음.
【河豚 하돈】복어.
【河東獅子吼 하동사자후】아내가 사납고 질투심이 많음. 故事 송대(宋代)에 소동파의 벗 진조(陳慥)의 아내 하동 유씨(柳氏)가 성격이 사나워 손님 앞에서도 남편에게 큰 소리로 욕설을 퍼부었다는 고사에서 온 말.
【河東三鳳 하동삼봉】형제가 나란히 어짊을 칭찬하는 말. 故事 당대(唐代)에 하동에 살던 설수

(薛收)와 그의 조카인 원경(元敬), 조카의 족형(族兄)인 덕음(德音) 셋이 이름이 난 데서 온 말.
【河梁 하량】강에 걸려 있는 다리.
【河梁別 하량별】사람을 전송할 때 강에 있는 다리 근처에서 헤어짐. 곧, 송별함. 故事 한(漢)의 이능(李陵)과 소무(蘇武)가 흉노(匈奴)의 땅에서 헤어질 때 이능이 지어 준 송별의 오언시 첫 구인 '攜手上河梁(휴수상하량)'에서 온 말.
【河漏 하루】메밀국수.
【河目 하목】눈이 움푹 들어가고 아래위의 눈꺼풀이 편편한 모양. 곧, 현자(賢者)의 상(相).
【河畔 하반】물가. 물 근처. 河邊(하변).
【河伯 하백】①물귀신. 水神(수신). 河宗(하종). ②國고구려의 시조인 동명왕(東明王)의 외조부. ③오징어의 딴 이름.
【河不出圖 하불출도】성대(聖代)에는 황하에서 용마가 나타나 주역(周易)의 괘(卦)를 보였으나, 오늘날은 난세가 되어 그러한 신기로운 상서(祥瑞)도 없다고 탄식한 공자의 말.
【河濱 하빈】①황하의 근처. ②강가.
【河氷 하빙】강에 언 얼음.
【河朔 하삭】황하 이북의 땅.
【河朔飮 하삭음】피서(避暑)하기 위한 주연(酒宴). 故事 후한(後漢) 말에 유송(劉松)이 원소(袁紹)의 아들들과 하삭(河朔)에서 삼복(三伏)의 더위를 피하기 위하여 술을 마셨다는 데서 온 말.
【河山 하산】강과 산. 山河(산하).
【河水 하수】강물. 강.
【河身 하신】강의 물이 흐르는 부분.
【河嶽 하악】황하(黃河)와 오악(五嶽).
【河魚腹疾 하어복질】배앓이. ○물고기는 배부터 부패한다는 데서 온 말.
【河岸 하안】강 양쪽의 강물과 잇닿아 있는 땅.
【河雲 하운】은하수. 雲漢(운한).
【河源 하원】①황하(黃河)의 근원. ②하천의 수원(水源).
【河潤 하윤】①강물이 연안의 땅을 윤택하게 함. ②은덕이 널리 미침.
【河宗 하종】➪河伯(하백).
【河津 하진】배가 닿는 강가의 나루.
【河川 하천】강과 내.
【河淸 하청】황하의 물이 맑아짐. 황하의 물은 항상 흐려 있으나 천 년에 한 번 맑아진다고 함. ㉠기이(奇異)한 징조. ㉡어질고 현명한 임금이 나타나 세상이 태평하게 다스려짐. ㉢기대할 수 없는 것을 기다림.
【河淸海晏 하청해안】황하의 물이 맑아지고 바다가 잔잔해짐. ㉠태평한 세상의 조짐. ㉡성군(聖君)이 나서 세상이 편안해짐.
【河漢 하한】①황하(黃河)와 한수(漢水). ②은하수. 銀河(은하).
【河漢之言 하한지언】막연한 말. ○은하수가 멀고 먼 하늘에 있다는 데서 온 말.
【河海 하해】①강과 바다. ②광대(廣大)함의 비유. ③정이나 인덕 등이 깊고 두터움의 비유.

【河海不擇細流 하해불택세류】강과 바다는 개울물도 가리지 않고 받아들임. 사람도 마음을 넓게 가져 남의 좋은 의견을 다 받아들여야 함.
【河海之澤 하해지택】하해처럼 넓고 큰 은혜.
【河滸 하호】강가. 河邊(하변).

❶ 江-, 大-, 渡-, 氷-, 山-, 星-, 運-, 銀-, 天-, 秋-, 懸-, 黃-.

水5 【泫】 ❽ ❶빛날 현 䀠 xuàn
        ❷깊고 넓을 현 冗 xuán
        ❸뒤섞일 현 䀠 xuàn
字解 ❶빛나다, 이슬이 햇빛을 받아 빛나다. 〔謝惠連·詩〕泫泫露盈條. ❷듣다, 이슬이 내리는 모양. 〔謝靈雲·詩〕花上露猶泫. ❸눈물을 흘리는 모양. 〔禮記〕孔子泫然流涕. ❹물이 솟아나는 모양. 〔張衡·賦〕水泫沄而湧濤. ❷깊고 넓다, 물이 깊고 넓은 모양. 〔郭璞·賦〕潢滉困泫. ❸뒤섞이다, 혼합(混合)되다.
【泫露 현로】맺혀서 떨어지는 이슬.
【泫潛 현면】뒤섞이는 모양.
【泫然 현연】눈물이 줄줄 흘러내리는 모양.
【泫沄 현운】물이 소용돌이치는 모양.
【泫泫 현현】①눈물이 흐르는 모양. ②이슬이 맺히는 모양.

❶ 涙-, 悲-, 淯-, 悽-, 涕-.

水5 【沊】 ❽ 내뿜을 혈 䀠 jué, xuè
字解 ❶내뿜다, 물이 땅속에서 분출하다. ❷옳지 않다, 비뚤어지다. 〔潘岳·賦〕事沊沊而好還. ❸텅 빈 모양, 공허한 모양. 〔楚辭〕沊寥兮天高而氣淸.
【沊寥 혈료】①공허한 모양. ②쓸쓸하고 외로운 모양.
【沊沊 혈혈】공허한 모양.

水5 【泂】 ❽ 멀 형 䀠 jiǒng
字解 ❶멀다. 〔詩經〕泂酌彼行潦. ❷깊고 넓은 모양. 〔郭璞·賦〕趙漲截泂. ❸차다, 차갑다.
【泂泂 형형】물이 맑고 깊은 모양.

水5 【泓】 ❽ 깊을 홍 庚 hóng
字解 ❶깊다, 물이 깊고 맑은 모양. 〔左思·賦〕泓澄奫灇. ❷웅덩이, 소(沼). 〔張方平·曲〕曉過扶桑水一泓. ❸연지(硯池), 벼루못. 〔文同·詩〕風前試寒泓.
【泓宏 홍굉】①소리가 큰 모양. ②소리의 울림이 오래가는 모양.
【泓量 홍량】물이 깊고 수량(水量)이 많음.
【泓渟 홍정】깊은 웅덩이.
【泓澄 홍징】물이 깊고 맑음.

【泓涵 홍함】①물이 깊게 괸 모양. ②학문이 깊고 넓음.
【泓泓 홍홍】①물이 깊은 모양. ②물이 맑은 모양. ③눈물이 눈에 가득 고인 모양.
○ 陶-, 石-, 寒-.

水5 【況】⑧ 하물며 황 kuàng

`, ⺡, 冫, 氵, 沢, 況, 況

[소전] [초서] [속자] [자원] 形聲. 水+兄→況. '兄(형)'이 음을 나타낸다.

[字解]①하물며, 더구나. 〔孟子〕天子不召師, 而況諸侯乎. ②이에, 자(玆)에. 〔詩經〕況也永歎. ③비유하다, 비유로써 설명하다. 〔漢書〕以往況今. ④견주다, 비기다. 〔荀子〕成名況乎諸侯. ⑤더하다, 더하여지다. 〔詩經〕亂況斯削. ⑥더욱더, 점점 더. 〔國語〕衆況厚之. ⑦주다, 내려 준 물건. ≒貺. 〔禮記〕北面拜況. ⑧모양, 형편, 사정. 〔杜荀鶴·詩〕他日親知問官況. ⑨때마침, 우연히. 〔韋應物·詩〕況與數君子.
【況味 황미】형편. 사정.
【況且 황차】하물며.
【況厚 황후】이익이 되게 하고 후하게 함.
○ 槪-, 近-, 狀-, 常-, 實-, 作-, 活-.

水5 【洈】⑧ 파문 휘 huì

[초서] 洈

[字解]①파문(波紋), 물결의 무늬. ②물너울 소리, 물결 소리. 〔木華·賦〕灌洈濩渭, 蕩雲沃日. ③물이 흐르는 모양.

水6 【汧】⑨ 강 이름 견 qiān

[소전] [동서] 汧

[字解]①강 이름. ¶汧水. ②못, 소. 〔爾雅〕汧出不流. ③산 이름. 〔史記〕關中自汧雍以東至河華.
【汧水 견수】섬서성(陝西省)에서 발원하여 위수(渭水)로 흘러드는 강.
【汧雍 견옹】견산(汧山)과 옹산(雍山).

水6 【洎】⑨ 물 부을 계 jì

[소전] [초서] 洎

[字解]①물을 붓다, 가마솥에 물을 붓다. ≒漑. 〔周禮〕洎鑊水. ②축이다, 적시다. 〔管子〕越之水重濁而洎. ③미치다〔及〕. ≒曁. 〔張衡·賦〕澤洎幽荒. ④및, 와, 과. ⑤국물, 고깃국물. 〔春秋左氏傳〕以其洎饋. ⑥작다. 〔論衡〕家有輕子洎孫.
【洎孫 계손】어린 손자.

水6 【洸】⑨ ❶물 용솟음할 광 guāng ❷황홀할 황 huǎng

[소전] [초서] 洸

[참고] 대법원 지정 인명용 한자의 음은 '광'이다.
[字解] ❶①물이 용솟음하다, 물이 용솟음치며 빛나는 모양. 〔郭璞·賦〕澄澹汪洸. ②성내다, 노하는 모양. 〔詩經〕有洸有潰. ❷①황홀하다, 어렴풋한 모양, 멍한 모양. ≒怳. 〔史記〕大人賦西望崑崙之軋沕洸忽. ②물이 깊고 많은 모양. =滉. 〔荀子〕其洸洸乎不淈盖似道.
【洸洸 ❶광광 ❷황황】❶①굳센 모양. 용감한 모양. ②물이 용솟음치는 모양. ③성내는 모양. 난폭한 모양. ❷물이 흘러 와서 닿는 모양.
【洸洋 황양】①물이 깊고 넓은 모양. ②학설·의론 등이 심원(深遠)하여 헤아릴 수 없음.
【洸忽 황홀】①사물에 마음이 팔려 멍하니 서 있는 모양. ②미묘하여 헤아려 알기 어려움. ③흐릿하여 분명하지 않음.

水6 【沱】⑨ 渡(1004)와 동자

水6 【洞】⑨ ❶골 동 dòng ❷통할 통 tóng

`, ⺡, 冫, 氵, 汩, 洞, 洞, 洞

[소전] [초서] 洞

[참고] 대법원 지정 인명용 한자의 음은 '동·통'이다.
[字源] 形聲. 水+同→洞. '同(동)'이 음을 나타낸다.

[字解] ❶①골, 골짜기, 깊은 산골짜기. 〔名山記〕靈源洞在將樂縣東. ②굴, 동굴. 〔宋史〕傍爲土洞, 以木爲門. ③비다, 공허하다. 〔素問〕心氣內洞. ④깊다, 깊숙하다. 〔顔延之·詩〕識密鑒亦洞. ⑤빠르다, 빨리 흐르다. 〔班固·賦〕潰渭洞河. ⑥성(姓). ⑦동네. ㉮마을. ¶洞里. ㉯행정 구역의 단위. ❷①통하다. ㉮막힘이 없이 트이다. 〔漢書〕洞出鬼谷之堀礨嵬魁. ㉯지식이 많아 환하게 알다, 통달하다. 〔常袞·文〕學義精洞, 文詞典麗. ㉰일정한 곳으로 이르거나 다다르다. 〔淮南子〕遂兮洞兮. ㉱연결이 되다, 잇달다. 〔後漢書〕連房洞戶. ②꿰뚫다, 관통하다. 〔史記〕遠者括蔽洞胸. ③설사, 설사를 하다. 〔素問〕長夏善病洞泄. ④의심하지 않다, 마음이 정하여지지 아니하다. 〔後漢書〕終悽愴而洞疑. ⑤공경하는 모양. ⑥통소. 관악기의 한 가지. 〔漢書〕鼓琴瑟吹洞籥.
【洞口 동구】①동굴의 어귀. ②동정호(洞庭湖)의 어귀. ③동네 어귀.
【洞窟 동굴】굴. 洞穴(동혈).
【洞宮 동궁】①도사(道士)가 사는 절. ②연(燕)나라 소왕(昭王)의 궁전 이름.
【洞洞 동동】①착실함. 성실함. ②텅 빈 모양. 형체가 없는 모양. ③더할 나위 없이 효경(孝敬)스런 모양. ④검은 모양.
【洞洞屬屬 동동촉촉】깊은 사랑 속에 공경하는 뜻을 품은 모양. ♀ '洞洞'은 성실한 모양, '屬屬'은 전일(專一)한 모양.
【洞里 동리】⎕동네. 마을.
【洞門 동문】①굴의 입구. 굴의 입구에 세운 문

②동네 입구에 세운 문.
【洞房 동방】①깊숙한 방. ②부인의 방. ③신혼의 방.
【洞房花燭 동방화촉】동방에 비치는 환한 촛불. 결혼식의 밤. 혼인.
【洞泄 통설】설사(泄瀉).
【洞天 통천】①하늘에 이어짐. 하늘에 통함. ②신선(神仙)이 사는 세계. ③산천(山川)으로 둘러싸인 경치 좋은 곳.
【洞天福地 동천복지】①천하의 명산승지(名山勝地). ②도교(道敎)에서, 선인(仙人)이 산다는 36동천과 72복지.
【洞壑 동학】①동굴. ②깊고 큰 골짜기.
【洞穴 동혈】동굴(洞窟).
【洞戶 동호】①이어져 있는 출입문. ②부인(婦人)이 거처하는 방의 문. ③동굴의 문.
【洞鑒 통감】환히 꿰뚫음.
【洞開 통개】개방함. 환히 엶. 洞闢(통벽).
【洞開獄門 통개옥문】죄의 경중(輕重)을 가리지 않고 은사(恩赦)로써 죄인을 모두 풀어 줌.
【洞貫 통관】꿰뚫음. 뚫어서 통함.
【洞觀 통관】①환히 내다봄. 洞見(통견). ②추리나 사고 등에 의하지 않고 직각적으로 진리를 깨달음.
【洞分 통분】똑똑히 구별함. 분명히 함.
【洞簫 통소】관악기의 하나. 퉁소. 단소.
【洞疑 통의】마음이 정해지지 않음.
【洞照 통조】환히 비춤.
【洞察 통찰】환히 살핌.
【洞徹 통철】확실히 깨달음. 환히 통함.
【洞燭 통촉】아랫사람의 형편 등을 헤아려 살핌.
【洞豁 통활】탁 트여 넓음.
【洞曉 통효】환히 깨달아서 앎.
○ 空—, 石—, 雪—, 淵—, 土—, 通—, 虛—, 虹—, 鴻—.

水 6 【洛】⑨ 강 이름 락 🔊 luò
소전 초서 고자 字解 ①강 이름. 낙수. 섬서성(陝西省)에서 발원하여 황하(黃河)로 흘러드는 강. 〔書經〕導洛自態耳. ②지명(地名), 낙양(洛陽). 〔書經〕太保朝至于洛. ③잇닿다, 뒤를 잇다. 늑絡. ¶洛繹. ④다하다. 〔楚辭〕氷凍兮洛澤. ⑤물방울 듣는 소리. ¶洛洛.
【洛京 낙경】⇨洛陽(낙양).
【洛黨 낙당】송(宋) 철종(哲宗) 때 정이(程頤)가 주도한 당(黨). ⇨洛蜀朔三黨(낙촉삭삼당).
【洛洛 낙락】물이 방울져 떨어지는 모양.
【洛閩學 낙민학】정주학(程朱學). ○송(宋)의 정호(程顥)·정이(程頤) 두 사람과 주희(朱熹)는 민중(閩中) 사람인 데서 온 말.
【洛師 낙사】⇨洛陽(낙양).
【洛書 낙서】우(禹)임금 때 낙수(洛水)에서 나온 신귀(神龜)의 등에 있었다고 하는 아홉 개의 무늬. ⓓ河圖洛書(하도낙서).
【洛誦 낙송】문장을 반복하여 송독(誦讀)함. ○'洛'은 '배송(背誦)'의 뜻.
【洛陽 낙양】동주(東周)·후한(後漢)·위(魏)·서진(西晉)과 남북조의 북위(北魏), 당(唐) 등의 서울. 지금의 하남성 낙양현으로, 낙수의 북쪽에 있다. 洛京(낙경). 洛師(낙사). 洛邑(낙읍).
【洛陽紙價貴 낙양지가귀】책이 널리 세상에 퍼져 애독됨. 故事 진(晉)의 좌사(左思)가 10년에 걸쳐 삼도부(三都賦)를 지었을 때, 낙양 사람들이 다투어 그 책을 베꼈기 때문에 낙양의 종이 값이 올라갔다는 고사에서 온 말.
【洛繹 낙역】사람이나 수레의 왕래가 끊이지 않고 이어짐. 絡繹(낙역).
【洛邑 낙읍】⇨洛陽(낙양).
【洛蜀朔三黨 낙촉삭삼당】송(宋) 철종(哲宗) 때 격렬한 정쟁(政爭)을 벌인 정치상의 삼대 당파. 낙당(洛黨)은 낙양의 정이(程頤) 일파, 촉당(蜀黨)은 촉의 소식(蘇軾) 일파, 삭당(朔黨)은 북방의 유지(劉摯) 일파.
【洛學 낙학】송학(宋學)의 한 파(派). 낙양 사람인 정호(程顥)·정이(程頤) 두 학자의 학설로, 인간의 본성에 관한 성명(性命)·이기(理氣)를 주로 한 학파.
○ 駕—, 京—, 歸—, 上—, 伊—, 入—, 花—.

水 6 【汆】⑩ 洛(967)의 고자

水 6 【冽】⑨ ❶맑을 렬 🔊 liè ❷물결 서셀 례 🔊 liè
소전 초서 字解 참고 대법원 지정 인명용 한자의 음은 '렬'이다.
字解 ❶①맑다. ㉮물이 맑다. 〔易經〕井冽寒泉食. ㉯술이 맑다. 〔歐陽脩·記〕泉香而酒冽. ②차다, 한랭하다. =洌. 〔宋玉·賦〕冽風過而增悲哀. ③강 이름. ¶冽水. ❷물결이 거세다. 〔司馬相如·賦〕轉騰澈洌.
【冽水 열수】國①대동강(大同江). ②한강(漢江).
【冽風 열풍】차가운 바람.
○ 冷—, 凝—, 井—, 清—, 澈—.

水 6 【流】⑨ 流(975)의 본자

水 6 【流】⑨ 流(975)의 속자

水 6 【洺】⑨ 강 이름 명 🔊 míng
초서 字解 ①강 이름. 하남성(河南省)에서 발원하는 강. ②고을 이름. 북주(北周)·수(隋) 때 두었던 주(州)의 하나.

水 6 【洣】⑨ 강 이름 미 🔊 mǐ
字解 강 이름. 호남성(湖南省)에서 발원하여 상수(湘水)로 흘러드는 강.

水 6 【洴】⑨ 洴(988)의 속자

水 6 【洑】⑨ ❶나루 복 囯 fú ❷國보 보
[초]洑 [종]汜 대법원 지정 인명용 한자의 음은 '보'이다.
[字解] ❶❶나루, 나루터. 〔吳船錄〕 至魯家洑 自此至鄂渚有兩塗. ❷빙 돌아 흐르다. 〔杜甫·詩〕 洑流何處入. ❸땅속에 스며 흐르다. ¶ 洑流. ❷보. 논밭에 물을 대기 위하여 둑을 쌓고 흘러가는 물을 가두어 두는 곳이다.
【洑流 복류】①물결이 빙 돌아 흐름. ②물이 땅속으로 스며 흐름.
【洑水稅 보수세】 國봇물을 이용할 때 그 값으로 내는 돈이나 곡식. 洑稅(보세).
【洑主 보주】 國보(洑)의 주인.

水 6 【洍】⑨ 강 이름 사 紙 sì
[소전] [동문]汜 [字解] 강 이름, 본류(本流)에서 갈라진 지류(支流)가 다시 본류로 흘러드는 강물. =汜.

水 6 【洓】⑨ ❶가랑비 올 색 囯 sè ❷담길 지 眞 zì
[소전] [字解] ❶❶가랑비가 오다, 가랑비가 내리는 모양. ¶ 洓洓. ❷성(姓). ❷담그다, 물에 적시다. ※漬(1031)의 고자(古字).
【洓洓 색색】 가랑비가 오는 소리.

水 6 【洩】⑨ ❶샐 설 屑 xiè ❷나는 모양 예 霽 yì
[초]洩 [동문]泄 [종考] 대법원 지정 인명용 한자의 음은 '설'이다.
[字解] ❶❶새다, 비밀이 나가다. 〔禮記〕振河海而不洩. ❷폭포. 〔水經〕凡有五洩. ❸성(姓). ❷❶나는 모양, 훨훨 날아오르는 모양. 〔木華·賦〕洩洩淫淫. ❷바람 부는 대로 따르는 모양. 〔木華·賦〕或犩犩洩洩于裸人之國. ❸규칙을 세우는 모양. 〔爾雅〕洩洩制法則也.
【洩漏 설루】 비밀 따위가 밖으로 샘, 비밀 따위를 새어 나가게 함. 漏洩(누설).
【洩洩 예예】 ①마음이 자유롭고 한가한 모양. ②날아 돌아다니는 모양. ③떴다 가라앉았다 하는 모양. ④바람 부는 대로 따르는 모양. ⑤법칙을 세우는 모양.

水 6 【洗】⑨ ❶씻을 세 薺 xǐ ❷깨끗할 선 銑 xiǎn
丶 丷 氵 汗 汁 洗 洗 洗
[소전][소전][초] [종考] 대법원 지정 인명용 한자의 음은 '세'이다.
[字源] 形聲. 水+先→洗. '先(선)'이 음을 나타낸다.
[字解] ❶①씻다, 마음을 깨끗이 하다. =洒. 〔易經〕聖人以此洗心. ②대야, 그릇. 세숫물을 버리는 그릇. 〔儀禮〕夙興設洗, 直于東榮. ❷①씻다, 닦다, 깨끗하게 하다. 〔書經〕自洗腆, 致用酒. ②새롭다. 〔呂氏春秋〕律中姑洗. ③설욕하다. 〔後漢書〕洗雪百年之逋負. ④성(姓).
【洗肝 세간】 간을 씻음. 마음을 깨끗하게 함.
【洗甲 세갑】 ⇨洗兵(세병).
【洗漑 세개】 씻어서 헹굼. 깨끗이 씻음.
【洗刮 세괄】 씻고 문지름. 지나간 일이나 비밀을 찾아냄.
【洗垢索瘢 세구색반】 때를 씻고 흉터를 찾음. 남의 허물을 들추어냄.
【洗腦 세뇌】 뇌를 씻음. 어떤 사상이나 주의를 주입시켜 거기에 물들게 함.
【洗踏 세답】 國빨래.
【洗煉 세련】 ⇨洗練.
【洗練 세련】 깨끗이 씻고 다듬음. ㉠지식과 기술을 연마하여 익숙하게 함. ㉡사상이나 시문(詩文)을 잘 다듬음. ㉢수양을 쌓아 인격이 원만하게 취미가 고상하게 함. 洗煉(세련).
【洗禮 세례】 ①그리스도교에서 신자가 되는 사람에게 죄악을 씻은 표시로 베푸는 의식. ②한꺼번에 몰아치는 비난이나 공격.
【洗面 세면】 얼굴을 씻음.
【洗沐 세목】 ①머리를 감음. 머리를 감고 몸을 깨끗이 함. ②관리가 휴가를 얻어 집으로 돌아가 쉬던 일.
【洗兵 세병】 ①병기(兵器)를 씻어서 거둠. 전쟁을 그침. 洗甲(세갑). ②출정 도중에 비를 만남.
【洗雪 세설】 씻어 버림. 부끄러움을 씻어 버림. 명예를 회복함. 雪辱(설욕).
【洗手 세수】 ①손을 씻음. ②國얼굴을 씻음.
【洗手奉職 세수봉직】 손을 씻고 공직에 봉사함. 공사(公事)에 청렴결백함.
【洗拭 세식】 씻고 닦아서 깨끗하게 함.
【洗心 세심】 마음의 더러운 것을 씻어 냄. 개심(改心)함.
【洗眼 세안】 ①눈을 씻음. ②경치 따위가 아름다워 눈을 즐겁게 하는 일.
【洗如 세여】 깨끗한 모양. 상쾌한 모양.
【洗悟 세오】 깨달음. 깨닫게 함.
【洗浴 세욕】 목욕을 함. 몸을 씻음.
【洗熨 세울】 빨래서 다림.
【洗宥 세유】 죄가 없음을 밝혀 석방함.
【洗耳 세이】 귀를 씻음. ㉠명리(名利)를 조금도 바라지 않음. [故事] 요(堯)임금이 허유(許由)에게 천자(天子)의 자리를 물려주겠다고 말하자, 허유가 은자(隱者)인 자기는 자기 본분에 따르고 싶다고 거절한 후, 더러운 말을 들었다고 하여 귀를 씻었다는 고사에서 온 말. ㉡귀를 기울임. 경청함.
【洗盞 세잔】 술잔을 씻음.
【洗淨 세정】 씻어서 깨끗이 함.
【洗劑 세제】 고체의 표면에 붙은 이물질을 씻어 내는 데 쓰이는 약제.
【洗滌 세척】 깨끗이 빨거나 씻음.

水部 6획 洒洙洵浂洓洋

【洗濯 세탁】빨래.
【洗盪 세탕】씻음. 씻어 때 따위를 없앰.
【洗汰 세태】씻어 버림. 나쁜 것을 씻어 버림.
【洗腆 선전】정성을 다해 음식을 정중히 대접함.
○ 姑-, 鹽-, 磨-, 沐-, 雪-, 聖-, 梳-, 刷-, 水-, 領-, 淨-, 澡-, 攉-, 澣-.

水6【洒】⑨
❶물 뿌릴 쇄 灑 sǎ
❷물 부을 신 囊 xùn
❸씻을 세 洗 xǐ
❹삼갈 선 銑 xiǎn
❺놀랄 선 阢 sěn
❻험할 최 崔 cuī

字解 ❶《同》灑(1056).
①물을 뿌리다, 물을 뿌려 청소하다.〔詩經〕弗洒弗埽. ②상쾌하다, 시원하다.〔十八史略〕胸中洒落. ③《同》汛(941). 물을 붓다, 물을 대다. ❸씻다. =洗. 물로 씻다, 깨끗하게 하다.〔春秋左氏傳〕洒濯其心. ④누명·치욕 등을 깨끗이 벗다.〔孟子〕願比死者一洒之. ❹①삼가다, 삼가는 모양, 엄숙한 모양.〔禮記〕色洒如也. ②물이 깊다.〔爾雅〕望厓洒. ❺①놀라다, 놀라는 모양.〔莊子〕吾洒然異之. ②추위에 떠는 모양, 추운 모양.〔素問〕令人洒洒時寒. ❻험하다, 높고 험한 모양.〔詩經〕新臺有洒.
【洒落 쇄락】마음이 상쾌함. 깔끔하여 마음에 거리낌이 없음. 洒洒(쇄쇄).
【洒掃 쇄소】물을 뿌리고 비로 쏢. 洒埽(쇄소).
【洒埽應對 쇄소응대】물을 뿌려 쓸고, 응대함. 집 안팎을 거두고, 윗사람의 부름에 응하고 물음에 답함.
【洒洒落落 쇄쇄낙락】⇨洒落(쇄락).
【洒洒】❶선선 ❷쇄쇄】❶추위에 떠는 모양. ❷⇨洒落(쇄락).
【洒如 선여】정중히 삼가는 모양.
【洒然】❶선연 ❷쇄연】❶①놀라는 모양. ②삼가는 모양. ❷①물을 뿌리는 모양. ②마음이 상쾌하여 거리낌이 없는 모양.
○ 冀-, 瀟-, 澣-.

水6【洙】⑨ 강 이름 수 洙 zhū

字解 강 이름. 사수(泗水)의 지류. 한 줄기는 산동성(山東省) 비현(費縣)에서 발원하여 사수로 흘러들고, 다른 한 줄기는 곡부현(曲阜縣)에서 발원하여 기수(沂水)와 합류한 뒤 사수로 흘러든다.〔禮記〕事夫子於洙泗之間.
【洙泗 수사】①수수(洙水)와 사수(泗水). ②공자(孔子)의 문하(門下). ○공자가 수사에서 제자를 가르친 데서 온 말.
【洙泗學 수사학】공자의 가르침과 그 학통(學統). 공맹(孔孟)의 학(學). 유학(儒學).

水6【洵】⑨ 참으로 순 洵 xún

字解 ❶참으로, 진실로.〔詩經〕洵美且都. ❷눈물을 흘리다, 소리 없이 울다.〔國語〕請無瘠色無洵涕. ❸고르다, 같다. =旬·均. ❹멀다.〔詩經〕吁嗟洵兮.
【洵美 순미】참으로 아름다움.
【洵訏 순우】진실로 큼.
【洵涕 순체】소리를 내지 않고 욺. 남몰래 욺.

水6【浂】⑨
❶더운물 안 ❷ àn
❷습윤할 알 ❷ è

字解 ❶더운물, 미지근한 물. ❷습윤(濕潤)하다, 축축해지다.

水6【洓】⑨ 液(992)과 동자

水6【洋】⑨ 바다 양 洋 yáng

、、氵氵氵氵泮泮洋洋

字源 形聲. 水+羊→洋. '羊(양)'이 음을 나타낸다.
字解 ①바다, 대해(大海), 외해(外海). ②넘치다, 가득 차서 넘치다.〔中庸〕洋溢乎中國. ③큰 물결, 거센 파도.〔莊子〕望洋向若而歎. ④사물의 모양. ¶ 洋洋. ⑤외국. 특히 서양(西洋)의 뜻을 나타낸다. ⑥강 이름. 산동성(山東省)에서 발원하는, 한수(漢水)의 지류.
【洋國 양국】서양의 나라.
【洋琴 양금】①청대(淸代)의 음악에 쓰이는 현악기의 한 가지. ②피아노.
【洋緞 양단】여러 가지 무늬를 놓고 겹으로 두껍게 짠 고급 비단의 한 가지.
【洋甁 양병】질그릇의 한 가지. 배가 부르며 목이 짧고 좁은 오지병.
【洋普 양보】광대하여 두루 미침.
【洋服 양복】서양식으로 만든 옷.
【洋絲 양사】양실.
【洋食 양식】서양식 음식.
【洋洋 양양】①광대한 모양. ②성대한 모양. 물이 성한 모양. 滔滔(도도). ③많은 모양. ④충만한 모양. 빠진 데 없이 꽉 찬 모양. ⑤한없이 넓은 모양. ⑥훌륭하고 아름다운 모양. ⑦의지할 곳이 없는 모양. ⑧득의(得意)한 모양. 의기(意氣)가 드높은 모양. ⑨흉중(胸中)에 걸림이 없이 편한 모양. ⑩천천히 꼬리를 흔드는 모양. 느릿느릿한 모양.
【洋屋 양옥】서양식으로 만든 집.
【洋擾 양요】서양 세력에 의하여 일어난 난리.
【洋夷 양이】서양 사람을 얕잡아 이르던 말.
【洋溢 양일】차서 넘치는 모양.
【洋裝 양장】①서양풍의 의복. ②책을 서양식으로 장정(裝幀)함.
【洋漆 양칠】페인트.
【洋行 양행】①외국인 상점. ②서양식 상점.
【洋火 양화】성냥.

【洋靴 양화】구두.
【洋灰 양회】시멘트.
◑ 南－, 內－, 大－, 東－, 茫－, 望－, 北－, 氷－, 北－, 西－, 遠－, 斥－, 海－.

水6【洳】⑨ ❶강 이름 여 [魚] rú
❷잠길 여 [御] rù

[초서] [字解] ❶강 이름. 하북성(河北省)에서 발원하여 구하(泃河)로 흘러드는 강. ❷잠기다, 물에 흠뻑 젖다, 물에 잠긴 땅. 〔詩經〕彼汾沮洳.

水6【洧】⑨ 涓(*980*)의 속자

水6【洿】⑨ ❶웅덩이 오 [虞] wū
❷더러울 오 [遇] wū
❸물들일 호 [遇] hù

[소전] [초서] [字解] ❶①웅덩이, 더러운 물이 괸 곳. 〔孟子〕數罟不入洿池. ②파다, 우묵하게 하다. 〔禮記〕洿其宮而豬焉. ③진흙, 진흙탕. 〔抱朴子〕捐懸黎洿濘. ❷《同》汚(941). ①더러움. 〔春秋左氏傳〕治舊洿. ②더러워지다, 더럽히다, 더럽다. ❸①물들이다, 물들다. 〔漢書〕以墨洿色其周垣. ②만연하다, 뻗어서 퍼지다. 〔成公綏·賦〕大而不洿. ③깊다, 물이나 골짜기가 깊다. 〔楚辭〕川谷何洿.
【洿濘 오녕】진흙탕. 진창.
【洿邪 오사】지대(地帶)가 낮아서 물이 잘 고이는 좋지 않은 땅.
【洿辱 오욕】남의 명예(名譽)를 더럽히고 욕되게 함.
【洿池 오지】웅덩이. 물이 괸 못.
【洿色 호색】더럽혀 물들임.

水6【洼】⑨ ❶웅덩이 와 [麻] wā
❷성 규 [齊] guī

[소전] [초서] [字解] ❶①웅덩이. ＝窪. 〔淮南子〕澤無洼水. ②깊다. ¶ 洼然. ③굽다. 〔莊子〕似洼者. ④강 이름. 감숙성(甘肅省)에서 발원하는 강. ❷성(姓).
【洼水 와수】고여 있는 물.
【洼然 와연】깊은 모양.

水6【洹】⑨ ❶강 이름 원 [元] huán
❷세차게 흐를 환 [寒] huán

[소전] [초서] [參考] 대법원 지정 인명용 한자의 음은 '원'이다.
[字解] ❶강 이름. 〔戰國策〕令天下將相盟於洹水之上. ❷①세차게 흐르다, 물이 세차게 흐르는 모양. ¶ 洹洹. ②성(盛)한 모양. ¶ 洹洹.
【洹水 원수】①하북성(河北省)에서 발원하는 강. 호량(胡良)이라고도 함. ②산서성(山西省)에서 발원하는 강.
【洹洹 환환】①물이 흐르는 강. ②성한 모양. 渙渙(환환).

水6【洧】⑨ 강 이름 유 [紙] wěi

[소전] [초서] [字解] 강 이름, 유하(洧河). 하남성(河南省)에서 발원하는 강. 〔詩經〕溱與洧方渙渙兮.
【洧盤 유반】하남성(河南省) 등봉현(登封縣)의 동쪽 양성산(陽城山)에서 발원하여 고로하(賈魯河)로 흘러듦.

水6【洏】⑨ 삶을 이 [支] ér

[소전] [초서] [字解] ①삶다, 삶아서 익히다. ②눈물을 흘리는 모양. 〔韓愈·詩〕我來咨嗟涕漣洏.

水6【洟】⑨ ❶콧물 이 [支] tì
❷눈물 체 [霽] tì

[소전] [초서] [字解] ❶콧물. 〔禮記〕待于廟垂涕洟. ❷눈물. ＝涕. 〔禮記〕不敢唾洟.

水6【洱】⑨ 강 이름 이 [紙] ěr

[字解] ①강 이름. 하남성(河南省) 웅이산(熊耳山)에서 발원하는 강. ②호수 이름. ¶ 洱海.
【洱海 이해】운남성(雲南省)에 있는 호수. 곤명지(昆明池)라고도 함.

水6【洢】⑨ 물 이름 이 [支] yī

[동자] 伊 [字解] 물 이름. 하남성(河南省)에서 발원하여 황하(黃河)로 흘러드는 강.

水6【洇】⑨ 湮(*1010*)과 동자

水6【浄】⑨ 淨(*995*)의 속자

水6【洮】⑨ ❶씻을 조 [本]도 [豪] táo
❷호수 이름 요 [蕭] yáo

[소전] [소전] [초서] [字解] ❶①씻다, 손·낯·머리 따위를 씻다. 〔漢書〕王乃洮沫水. ②쌀을 일다. ③빨다, 깨끗하게 하다. 〔後漢書〕洮汰學者之累惑. ④강 이름. 감숙성(甘肅省)을 흐르는, 황하(黃河)의 지류. ❷호수 이름.
【洮頮 조회】머리와 낯을 씻음. 손과 낯을 씻음.
【洮湖 요호】강소성(江蘇省)에 있는 호수(湖水) 이름.

水6【洲】⑨ 섬 주 [尤] zhōu

丶 丷 氵 氵 汌 汌 洲 洲 洲

[초서] [字源] 形聲. 水＋州→洲. '州(주)'가 음을 나타낸다.

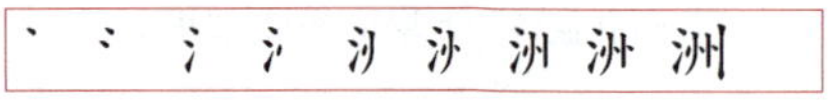

水部 6획　洲洔津浅洊流派

【字解】①섬, 강이나 호수 가운데 모래가 쌓여된 섬. 〔詩經〕在河之洲. ②대륙(大陸), 지구상의 대륙. 〔明史〕天下有五大洲.
【洲島 주도】☞洲嶼(주서).
【洲嶼 주서】섬. 洲島(주도).
【洲渚 주저】파도가 밀려 닿는 곳. 물가.
【洲汀 주정】☞洲渚(주저).
● 滿-, 溟-, 沙-, 瀛-, 汀-, 中-, 滄-.

水6 【洀】⑨ ❶파문 주 侑 zhōu ❷서성거릴 반 圏 pán
초서 海 【字解】❶파문(波紋). ❷서성거리다. =盤.〔管子〕乘駁馬而洀桓.
【洀桓 반환】서성거림. 盤桓(반환).

水6 【洔】⑨ 섬 지 紙 zhǐ
소전 洔 【字解】①섬, 조그마한 섬. =沚.〔穆天子傳〕飮於枝洔之中. ②갑자기 불은 물.

水6 【津】⑨ 나루 진 眞 jīn
소전 津 고문 雕 초서 津 【字解】①나루, 나루터.〔論語〕子路問津焉. ②언덕.〔呂氏春秋〕日出九津. ③연줄, 인연.〔晉書〕欲之困於無津耳. ④진. ㉮인체에서 분비되는 액체.〔素問〕人有精氣津液. ㉯풀·나무 등에서 나오는 끈끈한 물질.〔楊烱·賦〕含雨露之津潤. ⑤전하다, 후학(後學)에게 건네주다.〔新論〕非言不津. ⑥넉넉해지다, 윤택해지다.〔周禮〕其民黑而津. ⑦천한(天漢), 은하(銀河).〔國語〕日在析木之津. ⑧땅 이름. 춘추 시대 초(楚)나라의 땅.〔春秋左氏傳〕楚子大敗於津.
【津徑 진경】나루터와 길. 나루터의 길.
【津氣 진기】①진액의 끈끈한 기운. ②우리나오는 속 기운.
【津渡 진도】나루. 津頭(진두). 津驛(진역).
【津頭 진두】☞津渡(진도).
【津梁 진량】①나루터와 다리. ②(佛)부처가 중생을 제도하는 일. ③일을 할 수 있는 방편.
【津筏 진벌】①나루를 건너는 뗏목. ②목적을 이루는 도구.
【津夫 진부】관아에 딸린, 나룻배의 사공.
【津船 진선】나룻배.
【津岸 진안】나루터.
【津涯 진애】배를 대는 언덕.
【津液 진액】①인체에서 분비되는 액체. 곧, 피·땀·침·눈물·정액(精液) 등의 총칭. ②새어 나오는 즙(汁).
【津驛 진역】☞津渡(진도).
【津潤 진윤】축축해짐. 습기를 띰.
【津人 진인】나루터의 뱃사공.
【津津 진진】①넘칠 정도로 가득 차 있는 모양. ②악한 모양. ③맛이나 재미가 썩 좋은 모양.
【津唾 진타】침. 唾液(타액).

【津河 진하】나루터. 渡船場(도선장).
【津航 진항】나룻배. 津船(진선).
● 江-, 渡-, 孟-, 問-, 迷-, 芳-, 梁-, 要-, 異-, 知-, 河-, 玄-, 洪-.

水6 【浅】⑨ 淺(996)의 속자

水6 【洊】⑨ 이를 천 霰 jiàn
초서 洊 【字解】①이르다, 물이 흘러서 닿다. =薦.〔易經〕水洊至. ②자주, 연거푸.〔易經〕洊雷震, 君子以恐懼脩省.
【洊雷 천뢰】①천둥이 끊임없이 울리는 일. ②두렵고 공경할 만한 사람. 태자(太子)의 비유.
【洊歲 천세】2년간. 再歲(재세).

水6 【浺】⑨ 산 밑 샘 충 東 chōng
【字解】①산 밑에 나는 샘. ②물소리.

水6 【派】⑨ 물갈래 파 卦 pài

丶 冫 氵 沪 沪 沪 派 派 派

소전 派 초서 派 【字源】會意·形聲. 水+辰→派. '辰(파)'가 음도 나타낸다. 물(氵)이 원줄기에서 옆으로 갈라져 흐름(辰)을 뜻한다.
【字解】①물갈래, 강물이 갈려서 흘러내리는 가닥.〔郭璞·賦〕流九派乎潯陽. ②갈라져 나온 계통.〔宋書〕具車支派. ③갈라져 흐르다.〔左思·賦〕百川派別, 歸海而會. ④나누다, 가르다.〔北史〕疏派天潢. ⑤파견하다. ¶派兵. ⑥할당하여 징수하다. ¶派銀.
【派遣 파견】일정한 임무를 주어 사람을 어느 곳에 보냄.
【派閥 파벌】①출신·소속 등을 같이하는 사람끼리의 신분적인 연결. ②한 파에서 갈라져 나온 가벌(家閥)이나 지벌(地閥).
【派別 파별】①흩어져 헤어짐. ②갈래를 나누어 가름.
【派兵 파병】군대를 파견함.
【派索 파색】할당하여 돈을 받음.
【派生 파생】어떤 근원으로부터 다른 사물이 갈려 나와 생김.
【派送 파송】☞派遣(파견).
【派收 파수】①닷새마다 사고판 물건 값을 치르는 일. ②장날에서 다음 장날까지의 동안. ③여러 번 있는 일에서 어느 한 번이나 어느 한 동안.
【派銀 파은】호수(戶數)에 따라 할당하여 징수하는 세금.
【派引 파인】나누어서 끎.
【派派 파파】동종에서 갈려 나온 여러 갈래.
● 巨-, 硬-, 舊-, 黨-, 別-, 分-, 新-, 流-, 一-, 宗-, 支-, 特-, 學-.

水6 【海】⑨ 海(983)의 속자

水6 【洫】⑨ ❶봇도랑 혁 國 xù
❷넘칠 일 國 yì
[字解] ❶봇도랑, 논 사이의 도랑.〔周禮〕百夫有洫. ❷해자, 성 주위의 못.〔張衡·賦〕邪阻城洫. ❸수문(水門).〔後漢書〕作方梁石洫. ❹시내, 작은 내.〔太玄經〕不覚止洫. ❺바다, 공허하다.〔管子〕滿者洫之. ❻외람하다, 참람하다.〔莊子〕所行之備而不洫. ❼강 이름.〔漢書〕洫水, 出北蠻夷. ❽넘치다, 가득 차서 넘치다. 늑溢.〔莊子〕以吾其老洫也.

水6 【洚】⑨ ❶큰물 홍 國 hóng
❷내릴 강 國 jiàng
[字解] ❶큰물, 물이 불어서 강을 넘쳐흐르다. =洪.〔孟子〕洚水警余. ❷내리다. =降.
【洚洞 홍동】물이 끝없이 많은 모양. 홍수가 난 모양.
【洚水 홍수】큰물. 홍수(洪水).

水6 【浹】⑨ 浹(985)의 속자

水6 【洪】⑨ 큰물 홍 國 hóng

丶丶丨氵氵汁汁洪洪洪

[字源] 形聲. 水+共→洪. '共(공)'이 음을 나타낸다.
[字解] ❶큰물, 물이 불어서 강을 넘쳐흐르다.〔書經〕湯湯洪水方割. ❷크다, 크게.〔書經〕洪惟我幼沖人. ❸여울.〔康熙字典〕石阻河流爲洪. ❹맥박이 뛰는 모양.〔脈經〕洪脈極大在指下. ❺발어사.〔書經〕洪惟圖天之命.
【洪軌 홍궤】⇨洪範(홍범).
【洪規 홍규】큰 계략. 大計(대계).
【洪鈞 홍균】우주의 만물을 창조하는 신(神). ⚬'鈞'은 도기(陶器)를 만드는 녹로(轆轤)로, 조물주(造物主)를 뜻함. 造化(조화).
【洪基 홍기】큰 사업의 토대. 왕업(王業)의 기초. 鴻基(홍기).
【洪寧 홍녕】나라가 잘 다스려져 태평함.
【洪大 홍대】넓고 큼.
【洪德 홍덕】큰 덕. 大德(대덕).
【洪陶 홍도】①훌륭한 도공(陶工). ②조물주. ⚬조물주를 그릇을 만드는 도공에 비유한 말.
【洪圖 홍도】큰 계략. 鴻圖(홍도).
【洪濤 홍도】큰 파도. 洪波(홍파).
【洪量 홍량】①마음이 넓음. 넓은 도량(度量). ②술꾼. 大酒量(대주량).
【洪潦 홍료】큰비로 홍수가 남.
【洪流 홍류】큰 흐름. 곧, 크나 큰 강.

【洪霖 홍림】계속되는 큰 장마.
【洪脈 홍맥】맥박이 크게 뛰어 힘이 센 모양.
【洪茂 홍무】썩 왕성함. 매우 성대함.
【洪伐 홍벌】큰 공훈(功勳). ⚬'伐'은 '공(功)'을 뜻함.
【洪範 홍범】천지의 대법(大法). 洪軌(홍궤).
【洪範九疇 홍범구주】우(禹)임금이 순(堯舜)이래의 사상을 집대성한, 정치·도덕에 관한 아홉 가지 기본 법칙.
【洪福 홍복】큰 복. 큰 행복. 鴻福(홍복).
【洪覆 홍부】크게 뒤덮음. ㉠하늘. ㉡임금의 커다란 혜택.
【洪算 홍산】긴 수명. 長壽(장수).
【洪纖 홍섬】⇨洪細(홍세).
【洪聲 홍성】커다란 명성 또는 명예.
【洪細 홍세】큰 것과 작은 것. 洪纖(홍섬).
【洪水 홍수】큰물.
【洪業 홍업】큰 사업. 건국의 대업(大業).
【洪淵 홍연】①넓고 깊음. 원대하고 심후함. 鴻淵(홍연). ②큰 늪.
【洪裔 홍예】먼 후손.
【洪濊 홍옹】물이 썩 넓고 깊음.
【洪元 홍원】천지개벽의 최초.
【洪原 홍원】넓고 큰 들판.
【洪源 홍원】큰 근원. 大本(대본).
【洪恩 홍은】넓고 큰 은혜. 鴻恩(홍은).
【洪飲 홍음】많이 마심. 豪飲(호음).
【洪才 홍재】큰 기능. 뛰어난 재능.
【洪族 홍족】고귀한 가계(家系). 洪胄(홍주).
【洪鍾 홍종】①큰 종. ②큰 소리를 지름.
【洪胄 홍주】⇨洪族(홍족).
【洪志 홍지】큰 뜻. 大望(대망). 大志(대지).
【洪智 홍지】썩 뛰어난 슬기. 大智(대지).
【洪津 홍진】넓고 큰 나루.
【洪蕩 홍탕】수면(水面)이 넓은 모양.
【洪統 홍통】훌륭한 계통. 위대한 혈통.
【洪波 홍파】⇨洪濤(홍도).
【洪飆 홍표】큰 바람. 맹렬한 바람. ⚬'飆'는 폭풍. 大風(대풍).
【洪筆 홍필】①문장을 능란하게 짓는 일. ②뛰어난 문장.
【洪惠 홍혜】⇨洪恩(홍은).
【洪化 홍화】큰 교화(敎化).
【洪荒 홍황】①끝없이 넓고 큰 모양. ②세계의 시초. 천지가 아직 열리지 않은 무질서한 상태. 太古(태고).
【洪勳 홍훈】큰 공. 훌륭한 공로.
【洪輝 홍휘】넓고 큰 빛.
❶鈞-, 纖-, 恩-, 恢-.

水6 【活】⑨ ❶살 활 國 huó
❷물 콸콸 흐를 괄 國 guō

丶丶丨氵氵汁汁浐活活

[參考] 대법원 지정 인명용 한자의 음은 '활'이다.

水部 6획　活洨洶洽

[字源] 形聲. 水+舌→活. '舌(설)'이 음을 나타낸다.

[字解] ❶①살다. ㉮생존하다, 생명을 가지고 존재하다.〔孟子〕民非水火不生活. ㉯생동성이 있다, 생기가 있다.〔杜牧·詩〕雨餘山熊活. ②태어나다.〔詩經〕實函斯活. ③生계(生計), 생활.〔魏書〕但令母子相保, 共汝掃市作活也. ④목숨을 보전하다, 죽음을 면하다.〔孟子〕自作孽不可活. ⑤살리다, 소생시키다, 죽음에서 구하다.〔史記〕項伯殺人, 臣活之. ❷물이 콸콸 흐르다.〔詩經〕北流活活.

【活計 활계】생활의 방도. 生計(생계).
【活句 활구】❶선종(禪宗)에서, 깊은 의미를 함축하고 있는 글귀. ②시문(詩文) 중에서 함축적이고 생동감 있는 문구.
【活氣 활기】활발한 기운이나 원기.
【活動 활동】활발하게 움직임.
【活束 활동】올챙이.
【活力 활력】살아 움직이는 힘.
【活鱗 활린】살아 있는 물고기. 活魚(활어).
【活剝 활박】①산 채로 껍질을 벗김. ②제멋대로 행동함. 버릇없음.
【活剝生吞 활박생탄】산 채로 껍질을 벗기고 산 채로 삼킴. 남의 시가나 문장을 도용(盜用)함.
【活潑 활발】①천기(天機)가 유동하는 모양. ②활기가 있고 원기(元氣)가 좋음.
【活潑潑地 활발발지】물고기가 뛰는 것처럼 활기 있는 모양.
【活佛 활불】(佛)①살아 있는 부처. ㉠자비로운 사람. ㉡덕이 높은 승려의 경칭. ②나마교(喇嘛教)의 수장(首長).
【活詞 활사】생동하는 말. 산 말.
【活殺自在 활살자재】살리고 죽이는 일을 마음대로 함.
【活水 활수】흐르는 물.
【活眼 활안】사물을 옳게 관찰하는 안식.
【活躍 활약】눈부시게 활동함.
【活語 활어】①현재 쓰이는 말. ②활용할 수 있는 말.
【活用 활용】지닌 기능을 잘 살려 씀.
【活人 활인】①살아 있는 사람. ②사람을 살림. 의술(醫術).
【活字 활자】인쇄에 쓰는 자형(字型).
【活捉 활착】(國)사로잡음. 生捕(생포).
【活脫 활탈】①흙을 이겨 물건의 형상을 만드는 일. ②매우 흡사함. ③으뜸덩굴.
【活套 활투】①올가미. ②어떤 것에도 들어맞는 사물. 활용할 수 있는 것.
【活況 활황】활기를 띤 상황.
【活活 괄괄】①물이 기운차게 흐르는 소리. ②미끄러운 것. ③진창을 걷는 일.

● 汩─, 復─, 死─, 生─, 自─, 作─, 快─.

水6【洄】⑨거슬러 올라갈 회 灰 huí
[소전] [초서] 洄 [字解] ①거슬러 올라가다, 물의 흐름에 역행하여 가다.〔詩經〕溯洄從之. ②물이 빙 돌아서 흐르다.〔後漢書〕令更相洄注. ③어리석다, 마음이 밝지 못하다. ¶ 洄洄.
【洄洑 회복】물이 빙 돌아서 흐르는 모양.
【洄沿 회율】물이 빙 돌아서 흐르는 모양.
【洄注 회주】물이 빙 돌아 흘러듦.
【洄洄 회회】①물이 흐르는 모양. ②어리석은 모양. 마음이 어두운 모양.

水6【洨】⑨강 이름 효 肴 xiáo
[소전] [초서] 洨 [字解]①강 이름. ②고을 이름.
【洨水 효수】안휘성(安徽省)에서 발원하여 회수(淮水)로 흘러드는 강.
【洨河 효하】하북성(河北省)에서 발원하여 영진박(寧晉泊)으로 흘러드는 강.

水6【洶】⑨물살 세찰 흉 冬 xiōng
[소전] [초서] 洶 [동자] 洶 [字解]①물살이 세차다.〔韓非子〕填其洶淵. ②시끄러운 모양, 혼란스러운 모양.
【洶急 흉급】물의 흐름이 급하고 거셈.
【洶動 흉동】떠들썩하여 진정되지 않음.
【洶淵 흉연】물이 용솟음치는 깊은 못.
【洶涌 흉용】①물살이 세차게 치솟음. ②파도가 소용돌이침.
【洶溶 흉용】ᄃ洶涌(흉용).
【洶溶 흉봉】물이 끓어 오름. 비등(沸騰)함.
【洶洶 흉흉】①파도가 어지럽게 일어나 세찬 모양. ②떠들썩한 모양. ③인심이 몹시 어수선한 모양.

水6【洽】⑨❶윤택하게 할 흡 本協 qià ❷강 이름 합 合 hé
[소전] [초서] 洽 [참고] 대법원 지정 인명용 한자의 음은 '흡'이다.
[字解] ❶①윤택하게 하다, 넉넉하게 하다.〔書經〕好生之德洽于民心. ②적시다.〔新書〕是立咫泣洽衿. ③합치다.〔詩經〕以洽百禮. ④화합하다, 협화(協和)하다.〔詩經〕洽比其鄰. ⑤통하다.〔管子〕民愛可洽於上也. ⑥두루, 널리.〔史記〕講議洽聞. ❷강 이름. 늑部.〔詩經〕在洽之陽.
【洽衿 흡금】옷깃을 적심.
【洽覽 흡람】두루 봄. 널리 책을 읽음.
【洽聞 흡문】견문이 넓음.
【洽博 흡박】①두루 넓음. ②학문이 넓고 사리에 통함.
【洽普 흡보】두루 미침. 널리 미침.
【洽比 흡비】화목하고 친함.
【洽足 흡족】모자람이 없이 아주 넉넉함.
【洽暢 흡창】널리 미침.
【洽汗 흡한】땀에 흠뻑 젖음.
【洽浹 흡협】①두루 미침. 널리 통함. ②마음을 털어놓고 친해짐.

水部 7획 涇洚涒涅涅涊涂浢浪

【洽化 흡화】 널리 덕에 감화되도록 함.
【洽和 흡화】 서로 화목함. 마음이 풀려서 부드러워짐.
【洽歡 흡환】 화목하며 기뻐함.
【洽洽 흡흡】 ①넉넉하고 부드러운 모양. ② 빽빽하게 찬 모양.
❶ 博-, 普-, 渥-, 協-, 浹-, 和-, 欣-.

水 7 【涇】 ⑩ ❶통할 경 庚 jīng
❷곧을 경 逕 jīng

[字解] ❶❶통하다, 흐르다. 〔莊子〕涇流之大. ②대변(大便). 〔素問〕涇溲不利. ③월경(月經). 늑經. ④강 이름. 감숙성(甘肅省)에서 발원하여 위수(渭水)로 흘러드는 강. ❷곧다, 곧게 흐르다.
【涇流 경류】①강물이 흘러감. ②경수(涇水)의 흐름.
【涇渭 경위】경수(涇水)와 위수(渭水). 사물의 구별이 확실하다는 비유. ◎'涇水'는 탁류(濁流), '渭水'는 청류(淸流)인 데서 온 말.

水 7 【洚】 ⑩ 용솟음할 굉 庚 hóng

[字解] ①용솟음하다, 물이 용솟음치는 모양. 〔木華·賦〕洚洚汨汨. ②빨리 흐르는 물살.

水 7 【涒】 ⑩ ❶클 군 ㊊톤 元 tūn
❷빙 돌아 흐를 군 圓 yūn

[字解] ❶①크다. ②먹은 것을 토하다. ❷빙 돌아 흐르다, 물이 굽이치며 흐르는 모양. 〔郭璞·賦〕涒鄰灡.
【涒鄰 군린】물이 굽이굽이 돌아 흐르는 모양.
【涒灘 군탄】12지의 신(申)의 딴 이름.

水 7 【涅】 ⑩ 개흙 날 ㊊녈 屑 niè

水+日+土→涅. 물(氵) 밑에 있는 흙(土)이라는 데서 '개흙'을 뜻하며, '日(일)'이 음도 나타낸다.
[字解] ①개흙, 갯바닥·늪 바닥·진펄 등에 있는 검고 미끈미끈한 흙. 〔荀子〕白沙在涅. ②진흙. 〔漢書〕涅而不緇. ③반석(礬石). 검은 물을 들일 때 쓰는 광석. 〔淮南子〕今以涅染緇, 則黑於涅. ④검은색, 흑색(黑色). 〔淮南子〕譬猶以涅拭素. ⑤검게 물들이다, 검은 물을 들이다. 〔論語〕涅而不緇. ⑥(佛)열반(涅槃).
【涅墨 날묵】문신(文身), 입묵(入墨).
【涅汙 날오】검게 물들임.
【涅而不緇 날이불치】검게 물들여도 검지 아니함. 어진 사람은 쉽사리 악(惡)에 물들지 아니함.
【涅槃 열반】(佛)①모든 번뇌와 고통에서 벗어나서 불생불멸(不生不滅)의 법을 깨달은 해탈의 경지. ②부처·승려의 죽음. 入寂(입적). ◎범어(梵語) 'Nirvāna'의 음역어.
【涅槃會 열반회】(佛)석가모니(釋迦牟尼)가 입적한 날인 음력 2월 15일에 열리는 법회(法會). 절마다 석가의 유덕(遺德)을 봉찬(奉讚)하고 추모(追慕)함.

水 7 【涅】 ⑩ 涅(974)의 속자

水 7 【涊】 ⑩ 때 묻을 년 銑 niǎn

[字解] ①때 묻다, 때가 묻어 더러워지다. 〔陸機·賦〕涊涊而不鮮. ②악취(惡醉). ③땀이 나는 모양. 〔枚乘·七發〕涊然汗出. ④낯가죽이 두껍다, 뻔뻔스럽다. ¶涊顔.
【涊顔 연안】뻔뻔스럽고 부끄러움을 모름.

水 7 【涂】 ⑩ 길 도 虞 tú

[字解] 《同》塗(358)·途(1810). ①길. ㉠도로의 총칭. 〔漢書〕大朱涂廣. ㉡도랑을 따라 난 길. 〔周禮〕洫上有涂. ㉢당하(堂下)에서 대문에 이르는 벽돌을 깐 길. 〔周禮〕堂涂十有二分. ②이슬이 많이 내리는 모양. ¶涂涂. ③음력 12월의 딴 이름. 늑除. ¶涂月. ④강 이름.
【涂涂 도도】이슬이 많이 내리는 모양.
【涂月 도월】음력 12월의 딴 이름.
【涂巷 도항】번화한 거리.

水 7 【浢】 ⑩ 강 이름 두 宥 dòu

[字解] 강 이름. 산서성(山西省)에서 발원하여 황하(黃河)로 흘러드는 강.

水 7 【浪】 ⑩ ❶물결 랑 漾 làng
❷눈물 흘릴 랑 陽 láng

[字源] 形聲. 水+良→浪. '良(량)'이 음을 나타낸다.
[字解] ❶①물결, 파도. 〔南史〕冒浪而進. ②물결이 일다, 파도가 일다. 〔左思·賦〕溫泉毖涌而自浪. ③방자하다, 삼가지 아니하다. 〔詩經〕謔浪笑敖. ④떠돌아다니다. 〔王羲之·記〕放形骸之外. ⑤함부로, 마구. 〔杜甫·詩〕將詩莫浪傳. ⑥강 이름. 〔書經〕東爲滄浪之水. ⑦성(姓). ❷눈물이 흘러내리는 모양. 〔楚辭〕霑余襟之浪浪.
【浪漫 낭만】정서적·이상적으로 사물을 파악하려는 심리 상태.
【浪浪 낭랑】①눈물이 흐르는 모양. ②비가 계속 내리는 모양.
【浪費 낭비】쓸데없는 일에 돈이나 물건을 헛되이 씀.
【浪士 낭사】①관직이 없이 유랑하는 선비. ②

水部 7획 浶涙流

방종한 선비.
【浪死 낭사】 헛된 죽음. 徒死(도사).
【浪說 낭설】 터무니없는 헛소문.
【浪語 낭어】 함부로 지껄이는 말.
【浪遊 낭유】 하는 일 없이 빈둥빈둥 놀며 지냄.
【浪人 낭인】 일정한 주소가 없이 방랑 생활을 하는 사람. 浪子(낭자).
【浪子 낭자】 ①일정한 거처 없이 떠돌아다니는 사람. 浪人(낭인). ②방탕한 자식. 도락(道樂)을 일삼는 자식.
【浪跡 낭적】 ①여기저기 떠돌아다님. ②흔적을 감춤. 浪迹(낭적).
【浪傳 낭전】 함부로 말을 퍼뜨림. 경솔하게 선포(宣布)함.
【浪志 낭지】 망령된 생각. 妄念(망념).
【浪職 낭직】 맡은 일을 소홀히 함.
【浪海 낭해】 파도가 사나운 바다. 俗界(속계).
【浪花 낭화】 ①파도가 부딪쳐 생기는 하얀 물방울. ②열매를 맺지 않는 꽃. ③國밀국수의 한 가지.
◐ 激-, 孟-, 放-, 白-, 浮-, 流-, 蒼-, 波-, 風-, 謔-.

水7 【浶】⑩ 놀랄 로 láo
浶 字解 ①놀라다. 〔張衡·賦〕 蓼蓼浶浪. ②두루 찾다.
【浶浪 노랑】 ①놀라서 어지러워하는 모양. ②두루 찾아 구함.

水7 【涙】⑩ 淚(988)의 속자

水7 【流】⑩ 흐를 류 liú
丶 丶 氵 氵 汙 汙 浐 浐 浐 流
字源 會意. 水+㐬→流. 물(氵)이 갑자기 흘러나오는(㐬) 것을 뜻한다.
字解 ①흐르다. ㉠물이 낮은 데로 흐르다. 〔書經〕流之爲鵬馬. ㉡떠내려가다. 〔詩經〕譬彼舟流. ㉢시간이 지나가다, 세월이 흘러가다. 〔杜牧·詩〕如悲晝短惜年流. ㉣흘러내리다. 〔戰國策〕血流至足. ②흘리다. ㉠물을 흐르게 하다. 〔戰國策〕以流魏氏. ㉡눈물을 흘리다. 〔列子〕獨爲之流涕. ③흐름. 〔孟子〕從流下而忘反. ④날아가다, 화살·총탄 등이 날아가다. 〔荀子〕目不見流矢. ⑤두루 돌아다니다. 〔禮記〕周流無不徧. ⑥옮겨 가다, 옮아 퍼지다. 〔孟子〕德之流行, 速於置郵而傳命. ⑦번져 미치다. 〔易經〕地道變盈而流謙. ⑧널리 알려지다. 〔漢書〕名流於世. ⑨전하여져 남다. 〔史記〕功流萬世. ⑩녹다, 풀리다. 〔莊子〕大旱, 金石流, 土山焦. ⑪귀양 보내다. 오형(五刑)의 하나. 〔書經〕流宥五刑. ⑫남기다,

드리우다. 〔晉書〕不能流芳後世. ⑬은택(恩澤), 혜택, 은총. 〔漢書〕承流而宣化. ⑭자리를 옮기다. 〔管子〕民不流矣. ⑮모양이 달라지다, 변화하다. 〔書經〕上流猶變也. ⑯방랑하다, 정처 없이 떠돌아다니다. 〔後漢書〕而人饑流者相望. ⑰가다, 일정한 곳으로 가다. 〔淮南子〕流而不滯. ⑱구하다, 가려서 취하다. 〔詩經〕左右流之. ⑲절제를 잃다, 제멋대로 행동하다. 〔禮記〕樂而不流. ⑳곁눈질하다. 〔春秋左氏傳〕視流而行速. ㉑내리다, 강하하다. 〔詩經〕七月流火. ㉒달아나다, 도주하다. 〔戰國策〕襄王流掩于城陽. ㉓행하다, 행하여지다. 〔荀子〕刑罰省而威流. ㉔돌아오다, 모여들다. 〔逸周書〕四方流之. ㉕띄우다, 떠서 떠돌게 하다. ≒浮. 〔孟子〕何其血之流杵也. ㉖갈래. ㉮학파(學派). 〔漢書〕九流以別. ㉯맥락(脈絡), 유파(流派). 〔文心雕龍〕經子異流矣. ㉰혈통(血統). 〔北史〕男女婚嫁, 皆得勝流. ㉱품위, 계급. 〔世說新語〕是過江第二流之高者. ㉲한패, 동아리, 패거리. 〔漢書〕託長信之末流. ㉙비류(比類), 같은 종류. 〔孟子〕上下與天地同流. ㉚비뚤어지다, 교만 떨다. 〔荀子〕貴賤有等, 則令行而不流. ㉛망하여 흩어지다. 〔管子〕君失音則風律必流. ㉜따르다, 좇다. 〔太玄經〕知陽者流. ㉝머물다, 머무르게 하다. =留. 〔易經〕旁行而不流. ㉞널리 하다, 두루 하다. 〔後漢書〕以流其占. ㉟잘못하다. 〔孔子家語〕說者流於辨. ㊱변지(邊地). 은주대(殷周代) 구주(九州) 밖의 땅. ㊲무게의 단위. 한대(漢代)에 은(銀) 너팅 냥(兩)의 무게. ㊳수구(水口). 〔儀禮〕匜水錯於槃中南流. ㊴깃발. ≒旒. 〔禮記〕龍旂九流.

【流丐 유개】 유랑하는 거지.
【流憩 유게】 여기저기 돌아다니다가 쉼.
【流官 유관】 중앙 정부에서 임명한 지방 관리.
【流觀 유관】 넓게 죽 훑어봄.
【流光 유광】 ①물결 따라 흐르는 달빛. 물에 비치는 달빛. ②흘러나오는 빛. 빛이 흘러나옴. ③빨리 흐르는 세월. ④감화(感化)를 줌.
【流寇 유구】 ①떼를 지어 여러 곳을 약탈하고 다니는 도둑. 流賊(유적). ②왜구(倭寇). 13~16세기에 중국·우리나라 연안(沿岸)에서 약탈을 일삼던 일본 해적(海賊).
【流殛 유극】 죄인을 귀양 보냄.
【流金鑠石 유금삭석】 쇠를 녹이고 돌을 녹임. 혹서(酷暑).
【流金焦土 유금초토】 쇠를 녹이고 흙을 태움. 몹시 더움.
【流年 유년】 ①흘러가는 세월. ②1년의 신수(身數). 流年四柱(유년사주).
【流動 유동】 ①액체 따위가 흘러 움직임. ②이리저리 옮겨 다님.
【流頭 유두】 國음력 6월 보름날.
【流浪 유랑】 물에 떠 다님. 정처 없이 떠돌아다님. 流離(유리).
【流麗 유려】 글이나 시가 유창하고 아름다움.
【流連 유련】 ①유락(遊樂)에 빠져 집으로 돌아오

水部 7획 流

는 것을 잊음. ②계속하여 머무름. 留滯(유체). ③뿔뿔이 헤어짐. ④ㄱ流漣(유련).
【流漣 유련】 눈물이 흐르는 모양. 流連(유련).
【流連荒亡 유련황망】 수렵·음주 등 유락(遊樂)에 탐닉하여 집에 돌아올 줄 모름.
【流露 유로】 진상을 숨김없이 드러냄.
【流利 유리】 필법(筆法)이나 문사(文詞) 등이 유려하고 조금도 막힘이 없음.
【流離 유리】 ①정처 없이 떠돌아다님. ②풀어 놓아 흩어지게 함. 放散(방산). ③올빼미. ④보석 이름. 琉璃(유리). ⑤흘러내림. 淋漓(임리). ⑥번쩍번쩍 빛나는 모양.
【流馬 유마】 군수품(軍需品)을 실어 나르는 말 모양의 수레. 촉(蜀)나라의 제갈량(諸葛亮)이 발명하였음. ㄱ流漫①.
【流僈 유만】 ㄱ流漫①.
【流漫 유만】 ①문란하여 야무진 데가 없음. 침닉(沈溺)함. 流僈(유만). ②흘러 퍼짐. ③색채가 서로 어우러짐.
【流沫 유말】 ①흐르는 거품. ②거품을 흘러 가게 함.
【流亡 유망】 일정한 거처가 없이 떠돌아다님. 또는 그런 사람. 流逋(유포).
【流麥 유맥】 보리가 떠내려 감. 독서에 열중함. 故事 후한(後漢)의 고봉(高鳳)이 뜰에 널어 놓은 보리가 폭우에 떠내려가는 줄도 모르고 독서에 몰두했다는 고사에서 온 말.
【流眄 유면】 곁눈질함. 流盼(유반). 流睇(유체).
【流湎 유면】 ①음주(飮酒)에 빠짐. 沈溺(침닉). ②제멋대로 하여 맺고 끊음이 없음. 방자하고 절도가 없음.
【流目 유목】 눈을 돌려 여기저기 봄.
【流聞 유문】 널리 전해져 들림.
【流民 유민】 일정한 거처가 없이 떠도는 백성. 流浪民(유랑민).
【流泊 유박】 방랑함. 飄泊(표박).
【流芳百世 유방백세】 꽃다운 이름을 후세에 오래 전함.
【流杯 유배】 ①술잔을 물에 띄워 보냄. ②곡수(曲水)의 잔치에서 물에 띄우는 잔.
【流配 유배】 죄인을 귀양 보냄.
【流輩 유배】 ①같은 무리. 동아리. 同類(동류). ②흐르는 무리. 곧, 어류(魚類).
【流筏 유벌】 강물에 띄워 보내는 뗏목.
【流普 유보】 골고루 미침. 널리 퍼짐.
【流奔 유분】 흐르고 달림. ㉠세상 인심이 빨리 변함. ㉡물이 빠르게 흐름.
【流死 유사】 강물에 떠내려가 죽음.
【流沙 유사】 사막(沙漠).
【流事 유사】 근거 없는 일.
【流徙 유사】 백성이 전란(戰亂)에 휩쓸려 이리저리 피해 다니는 일.
【流產 유산】 달이 차기 전에 태아(胎兒)가 죽어서 나옴. 落胎(낙태).
【流散 유산】 ①흘러서 흩어짐. ②떠돌아다님.
【流殺 유살】 떠내려 보내어 죽임.
【流傷 유상】 유행병에 걸림.

【流觴曲水 유상곡수】 곡수에 술잔을 띄워 보냄. 음력 3월 3일에 곡수에 잔을 띄워 보내어 그 잔이 자기 앞에 돌아오는 동안에 시(詩)를 읊어 서로 시재(詩才)를 겨루던 일.
【流逝 유서】 흘러감.
【流宣 유선】 널리 폄. 보급함.
【流羨 유선】 충분히 여유가 있음.
【流泄 유설】 새어서 흘러내림.
【流說 유설】 뜬소문.
【流星 유성】 ①옛 보검(寶劍)의 이름. ②별똥별.
【流歲 유세】 흐르는 세월.
【流蘇 유소】 기(旗)나 승교(乘轎) 등에 다는 오색(五色) 실로 만든 술.
【流俗 유속】 ①일반의 풍습. 世俗(세속). ②세속적인 사람.
【流水 유수】 ①흐르는 물. ②흐르는 세월.
【流水高山 유수고산】 흐르는 물과 높은 산. ㉠참된 벗을 얻기 어려움. ㉡악곡(樂曲)이 고상하고 미묘함. 故事 백아(伯牙)가 거문고를 타면, 그의 친구 종자기(鍾子期)가 듣고, 외외(巍巍)하기가 태산 같고 탕탕(蕩蕩)하기가 흐르는 물과 같다고 하였는데, 종자기가 죽자 백아는 세상에 아무도 거문고 소리를 알아줄 사람이 없다고 탄식하며 거문고를 부수어 버렸다는 고사에서 온 말. ㉢知音(지음).
【流水不腐 유수불부】 흐르는 물은 썩지 않음. 늘 움직이는 것은 썩지 않음.
【流水韻 유수운】 물 흐름 같은 음조(音調). 고상하고 아름다운 음악. ㉢流水高山(유수고산).
【流矢 유시】 ①빗나간 화살. ②어디선지 모르게 날아오는 화살. 流箭(유전).
【流澌 유시】 얼음이 녹아서 흐름.
【流心 유심】 방종한 마음.
【流亞 유아】 비견(比肩)할 만한 물건, 또는 사람. 同類(동류). 亞流(아류).
【流餓 유아】 떠돌아다니면서 굶주림.
【流語 유어】 ㄱ流言(유언).
【流言 유언】 ①근거 없는 소문. 터무니없는 소문. ②소문을 퍼뜨림. 流語(유어).
【流言蜚語 유언비어】 근거가 없는 말. 流言飛語(유언비어).
【流揜 유엄】 달아나 숨음.
【流易 유역】 ①변천(變遷)함. ②시간이 흘러 계절이 바뀜.
【流域 유역】 하천이 흐르는 언저리의 땅.
【流衍 유연】 널리 퍼짐. 만연(蔓延)함.
【流涎 유연】 ①군침을 흘림. ②몹시 부러워함.
【流悅 유열】 지나치게 기뻐하며 즐김. 탐닉함.
【流詠 유영】 세상에 널리 퍼뜨려 노래 부름.
【流冗 유용】 일정한 곳에 살지 않고 떠돌아다니는 사람.
【流傭 유용】 떠돌아다니면서 날품팔이함.
【流寓 유우】 유랑 끝에 타향에서 삶.
【流月 유월】 國유두(流頭)가 있는 달. 음력 6월.
【流淫 유음】 지나치게 행실이 문란함.
【流議 유의】 ①주된 일의 골자를 다 의론한 뒤에 하는 나머지 의론(議論). 餘論(여론). ②속

된 의론. ③의론을 널리 퍼뜨림.
【流人 유인】①다른 나라를 유랑하는 사람. ②귀양살이하는 사람.
【流入 유입】흘러 들어옴.
【流賊 유적】여러 곳을 떠돌아다니는 도둑.
【流鏑 유적】말을 타고 달리면서 활을 쏨.
【流箭 유전】☞流矢(유시).
【流轉 유전】①널리 전하여 퍼뜨림. 傳布(전포). ②시문(詩文)이 생동감이 있음. ③끊임없이 변하여 바뀜. ④사람의 생사(生死) 따위가 계속 이어져 그치지 않음. ⑤빙빙 돎. 輪流(윤류).
【流罪 유죄】☞流刑(유형).
【流湊 유주】흘러 내려가 모임.
【流竄 유찬】귀양을 보냄. 流放(유방).
【流暢 유창】말이나 문장이 물 흐르듯이 거침이 없음.
【流瘠 유척】유랑하여 야윔.
【流歠 유철】물을 단숨에 쭉 마심.
【流睇 유체】곁눈질함. 流眄(유면).
【流滯 유체】흐름과 막힘.
【流出 유출】밖으로 흘러나오거나 흘러 나감.
【流峙 유치】①흐르는 물과 높은 언덕. ②산과 내.
【流宕 유탕】①먼 곳을 떠돌아다님. ②방자하여 중도(中道)에 맞지 않음.
【流通 유통】널리 통용됨.
【流波 유파】①추파(秋波)를 던짐. ②사념(思念)이 깊고 섬세함. ③흐르는 물결. 流水(유수).
【流派 유파】원줄기에서 갈려 나온 지파(支派).
【流播 유파】널리 퍼짐. 널리 퍼뜨림.
【流萍 유평】떠돌아다니는 부평초(浮萍草). 덧없이 허무한 것의 비유.
【流弊 유폐】전부터 전해 내려오는 나쁜 습관. 인습적(因襲的)인 폐해(弊害).
【流布 유포】세상에 널리 퍼짐.
【流逋 유포】☞流亡(유망).
【流飄 유표】정처 없이 떠돌아다님.
【流品 유품】①모든 벼슬아치. 百官(백관). ②사람의 학문・도덕이 사회적으로 차지하고 있는 지위(地位). 人品(인품).
【流風 유풍】①선인(先人)이 남기고 간 좋은 풍습. ②음악 소리가 바람을 타고 들려옴.
【流霞 유하】①떠도는 운기(雲氣). ②신선이 마신다는 미주(美酒). 流霞酒(유하주).
【流汗 유한】①땀을 흘림. 또는 흐르는 땀. ②부끄럽거나 불안하여 땀을 흘림.
【流行 유행】①세상에 널리 퍼져 행하여짐. ②國전염병이 널리 퍼짐.
【流血成川 유혈성천】흐르는 피가 내를 이룸. 전장에 사상자가 많음.
【流血漂杵 유혈표저】전사자의 피가 방앗공이를 떠내려 보냄. 전투가 격렬함.
【流洽 유흡】☞流洽(유흡).
【流刑 유형】죄인을 귀양 보내던 형벌. 流配(유배). 流罪(유죄).
【流螢 유형】바람을 타고 날아다니는 반딧불이.
【流戶 유호】일정한 거처 없이 떠돌아다니는 백성(百姓).
【流汞 유홍】수은(水銀).
【流火 유화】①심성(心星)이 7월에 서쪽으로 흘러감. ◐'火'는 심성. ②음력 7월.
【流丸 유환】빗나간 탄환. 流彈(유탄).
【流黃 유황】①엷은 녹색 비단. 留黃(유황). ②구슬. ③유황(硫磺). ④대오리로 결은 자리.
【流潢 유황】물이 흘러 내려가는 못.
【流暉 유휘】흐르는 세월. 지나가는 광음(光陰).
【流洽 유흡】널리 퍼짐. 流浹(유협).
◐激-, 曲-, 貫-, 交-, 九-, 汲-, 急-, 氣-, 暖-, 亂-, 同-, 名-, 末-, 配-, 碧-, 本-, 分-, 奔-, 飛-, 上-, 細-, 小-, 俗-, 水-, 順-, 時-, 亞-, 女-, 逆-, 緩-, 原-, 異-, 一-, 電-, 潮-, 從-, 主-, 中-, 支-, 直-, 川-, 賤-, 濁-, 風-, 下-, 河-, 寒-, 合-, 橫-.

水7 【㓐】⑩ 빠를 리・련 茵 㓐 liàn
초서 㓐 字解 ①빠르다, 물이 빨리 흐르는 모양. ②강 이름. 광동성(廣東省)에서 발원하는 강. ③산 이름. 광동성(廣東省)에 있는 산.

水7 【浬】⑩ 해리 리 囚 lǐ
초서 浬 字解 해리(海里). 해상의 거리를 나타내는 단위. 1위도(緯度)의 60분의 1에 해당하는 거리. 약 1,852m.

水7 【涖】⑩ 다다를 리 茵 lì
초서 涖 字解 ①다다르다, 어떤 자리에 임(臨)하다. 〔春秋左氏傳〕請涖于衛. ②보다. 〔周禮〕涖玉鸞. ③물소리. 〔司馬相如・賦〕涖涖下瀨. ④관계하다, 관여하다, 종사하다. 〔唐書〕明吏事, 涖南曹五年.
【涖涖 이리】여울을 흐르는 물소리.
【涖政 이정】임금이 정사를 봄.
【涖止 이지】어떤 곳에 다다르거나 이름. ◐'止'는 어조사.

水7 【浼】⑩ ❶더럽힐 매 贿 měi ❷편히 흐를 면 銑 měi
소전 浼 초서 浼 字解 ❶①더럽히다, 명예 등이 손상되다. 〔孟子〕爾焉能浼我哉. ②㓐의뢰하다. ❷질편히 흐르다, 물이 많이 흐르는 모양. 〔詩經〕河水浼浼.
【浼浼 면면】물이 많이 흐르는 모양.

水7 【浘】⑩ 물 흐르는 모양 미 尾 wěi
초서 浘 字解 ①물이 흐르는 모양. ≒浼. 〔韓詩外傳〕河水浘浘. ②전설에서 바닷물이 샌다고 하는 곳. ¶浘潤.
【浘潤 미려】전설에서 바닷물이 새는 곳.
【浘浘 미미】물이 많이 흐르는 모양.

水7 【浡】⑩ 일어날 발 月 bó

字解 ❶일어나다, 우쩍 일어나다. 늑勃. 〔孟子〕 苗浡然興之矣. ❷성(盛)하다. 늑勃. 〔馬融·頌〕 黃塵浡瀚. ❸샘솟다. 〔淮南子〕 原流泉浡. ❹흐리다, 탁하다. ❺성내다. 늑勃. ❻바다 이름. 늑渤.
【浡然 발연】 우쩍 일어나는 모양.
【浡瀚 발옹】 성(盛)함.
【浡潏 발휼】 물이 샘솟는 모양.
【浡憙 발희】 서로 다투어 등을 돌려 배신함.

水7 【浜】⑩ ❶선거 병 庚 bāng ❷물가 빈 眞 bīn
參考 대법원 지정 인명용 한자의 음은 '빈'이다.
字解 ❶선거(船渠), 배를 대는 곳. 〔俗呼小錄〕 絕漢斷港謂之浜. ❷물가. ※濱(1048)의 속자(俗字).

斗7 【浲】⑩ ❶逢(1027)과 동자 ❷洚(972)의 와자(譌字)

水7 【浮】⑩ 뜰 부 尤 fú

、ニ氵氵氵氵氵浮浮

字源 形聲. 水+孚→浮. '孚(부)'가 음을 나타낸다.
字解 ❶뜨다. ㉮가라앉지 아니하고 물 위에 있다. 〔詩經〕 載沈載浮. ㉯하늘에 떠 있다. 〔論語〕 於我如浮雲. ㉰안착하지 아니하고 들뜨게 되다. 〔漢書〕 浮淺行于衆庶. ㉱근거가 없다. 〔書經〕 胥動以浮言. ㉲배나 뗏목을 타고 물 위를 가다. 〔論語〕 乘桴浮於海. ㉳흐름을 따라 내려가다. 〔書經〕 浮於濟潔. ❷동실동실 떠서 움직이다. 〔孔子〕 慶雲浮. ❸덧없다, 정함이 없다. 〔阮籍·傳〕 逍遙浮世. ❹진실성이 없다, 가식(假飾)으로 아첨하다. 〔後漢書〕 章奏頗多浮辭. ❺낚시찌, 부표. 〔淮南子〕 百人抗浮. ❻넘치다, 넘쳐 흐르다. 〔應瑒·賦〕 披山麓而溢浮. ❼지나다, 지나치다. 〔禮記〕 恥名之浮於行也. ❽높다, 높은 모양. 〔揚雄·賦〕 浮蛾蠓而撒天. ❾가볍다. 〔國語〕 以疏其穢, 而鎮其浮. ❿행하다. 〔書經〕 鮮不浮于天時. ⓫벌(罰), 벌로 술을 마시게 하다. 〔禮記〕 若是者浮. ⓬베푼 은혜의 갚음을 받다. 〔管子〕 沈기浮. ⓭하루살이. 늑蜉. 〔大戴禮〕 浮游有殆. ⓮맥상(脈象)의 이름. 가벼우면서도 세차게 뛰는 맥.
【浮家泛宅 부가범택】 배에서 거주함.
【浮刻 부각】 ①사물의 특징을 두드러지게 함. ②돋을새김.
【浮客 부객】 정처 없이 떠돌아다니는 나그네.
【浮輕 부경】 ①하는 말이나 태도가 경솔함. ②부피는 크나 무게가 가벼움.
【浮磬 부경】 사빈(泗濱)의 돌로 만든 경쇠. 浮石

(부석).
【浮競 부경】 경솔하게 다투어 이익을 구함.
【浮誇 부과】 ①문장(文章)이 화려하고 과장됨. ②과장하여 허풍을 떪.
【浮光 부광】 수면에 반사되어 비치는 빛.
【浮巧 부교】 실용성이 없는 기교(技巧).
【浮橋 부교】 배다리. 浮梁(부량). 浮航(부항).
【浮漚 부구】 물거품. 인생의 덧없음의 비유.
【浮氣 부기】 ①하늘에 떠도는 기운. 아지랑이 따위. ②경솔하고 변하기 쉬운 기질. ③(漢)부종(浮腫)으로 부은 상태.
【浮寄 부기】 몸 붙일 일정한 곳이 없음. 인생의 덧없음의 비유.
【浮囊 부낭】 ☞浮袋(부대).
【浮溺 부닉】 물에 떴다 잠겼다 함. 浮沈(부침).
【浮袋 부대】 ①부레. 어표(魚鰾). ②헤엄칠 몸이 잘 뜨게 하는, 방수포(防水布)나 고무로 만든 공기주머니. 浮囊(부낭).
【浮屠 부도】 ①(佛) ㉠부처. ㉡승려. ㉢사탑(寺塔). ㉣불교(佛敎). ㉤범어(梵語) 'Buddha'의 음역어. ②주사위. 浮圖(부도).
【浮圖 부도】 ☞浮屠(부도).
【浮動 부동】 ①떠서 움직임. ②침착성이 없이 마음이 들떠서 움직임.
【浮嵐 부람】 산에 떠도는 이내. 해질 무렵 멀리 보이는 푸르스름하고 흐릿한 기운.
【浮浪 부랑】 일정한 거처나 직업이 없이 떠돌아다님.
【浮梁 부량】 ☞浮橋(부교).
【浮麗 부려】 실속 없이 겉만 화려함.
【浮力 부력】 기체나 액체 속에 있는 물체가 중력에 반하여 위로 뜨려는 힘.
【浮弄 부롱】 물 위에 떠서 장난침.
【浮流 부류】 물에 떠서 흐름.
【浮利 부리】 물거품처럼 덧없는 이익.
【浮沫 부말】 물거품.
【浮名 부명】 헛된 명성. 浮譽(부예).
【浮木 부목】 물 위에 떠 있는 목재(木材).
【浮沒 부몰】 ①떴다 잠겼다 함. ②헤엄을 잘 침.
【浮文 부문】 ①진실성이 없는 문장(文章). 空文(공문). ②경박한 장식.
【浮靡 부미】 경박하고 화려함.
【浮民 부민】 떠돌아다니는 백성.
【浮薄 부박】 천박하고 경솔함.
【浮泛 부범】 물 위에 뜸. 뱃놀이를 함.
【浮辯 부변】 성의 없는 말. 경박한 말.
【浮浮 부부】 ①기운이 왕성하게 오르는 모양. ②물이 많고 성한 모양. ③흘러가는 모양.
【浮費 부비】 헛돈을 씀. 浪費(낭비).
【浮詞 부사】 ①겉치레의 말. 진실성이 없는 말. 浮辭(부사). ②근거 없는 말. 浮言(부언).
【浮辭 부사】 ☞浮詞(부사).
【浮上 부상】 ①물 위로 떠오름. ②능력·실력이 드러남.
【浮生 부생】 덧없는 인생.
【浮生若夢 부생약몽】 인생은 꿈처럼 덧없음.
【浮石 부석】 ①물 위로 드러나서, 떠 있는 것처

럼 보이는 돌. 속돌. ②☞浮磬(부경).
【浮說 부설】 근거가 없는 소문. 流言(유언).
【浮涉 부섭】 배로 물을 건넘.
【浮世 부세】 덧없는 세상.
【浮疏 부소】 경솔하고 조잡함.
【浮埃 부애】 공중에 떠도는 먼지.
【浮揚 부양】 가라앉은 것을 떠오르게 함.
【浮言 부언】 근거 없는 말. 뜬소문.
【浮言游說 부언유설】 떠돌아다니는 근거 없는 말. 流言蜚語(유언비어).
【浮艶 부염】 깊이가 없고 겉만 화려함.
【浮榮 부영】 덧없는 영화(榮華). 세속적인 영화.
【浮影 부영】 그림자를 띄움. 물 위에 뜬 그림자.
【浮譽 부예】 ☞浮名(부명).
【浮鷖 부예】 물 위에 떠 있는 갈매기.
【浮訛 부와】 터무니없는 거짓말.
【浮冗 부용】 쓸데없는 군더더기.
【浮雲 부운】 ①뜬구름. ②덧없는 인생.
【浮雲驚龍 부운경룡】 뜬구름과 놀란 용. 필세(筆勢)가 매우 자유로운 모양.
【浮雲翳日 부운예일】 뜬구름이 햇빛을 가림. 간신이 임금의 총명을 가리어 세상을 어둡게 함의 비유.
【浮雲朝露 부운조로】 뜬구름과 아침 이슬. 인생의 덧없음의 비유.
【浮雲之志 부운지지】 하늘에 떠도는 구름처럼, 일시적인 부귀(富貴)를 바라는 마음.
【浮月 부월】 물 위에 뜬 달그림자.
【浮游 부유】 ①하루살이. 蜉蝣(부유). ②일정한 기치나 직업 없이 떠돌아다님. ③황제(黃帝)의 신하(臣下)로 화살을 만든 사람.
【浮遊 부유】 ①빈둥빈둥 놀러 다님. 周遊(주유). ②떠돎.
【浮淫 부음】 ①물에 떠서 고기를 잡고 즐기는 일. ②경박하고 칠칠하지 못한 일.
【浮蟻 부의】 ☞浮蛆(부저).
【浮議 부의】 근거 없는 의론.
【浮子 부자】 낚시찌.
【浮雜 부잡】 부박(浮薄)하고 잡스러움.
【浮蛆 부저】 술 위에 뜬 거품. 浮蟻(부의).
【浮躁 부조】 침착하지 못함. 경솔함.
【浮舟 부주】 ①배를 띄움. ②떠 있는 배.
【浮淺 부천】 언행이 경솔하고 진중하지 못함. 輕薄(경박).
【浮侈 부치】 겉만 꾸며 경박함.
【浮沈 부침】 ①물 위에 떠오름과 물 속에 잠김. ②세력 따위가 성하고 쇠함. 浮湛(부침). ③무거움과 가벼움.
【浮惰 부타】 경박하고 게으름.
【浮誕 부탄】 경박하고 허황함.
【浮萍 부평】 ①개구리밥. ②정처 없이 떠돌아다니는 사람.
【浮漂 부표】 ①물 위에 떠서 흘러다님. ②근거가 없는 일.
【浮標 부표】 물 위에 띄워 어떤 표적을 삼는 물건. 浮水(부수).
【浮航 부항】 ☞浮橋(부교).

【浮華 부화】 경박하고 화려함. 겉은 화려하나 실속이 없음.
【浮幻 부환】 환상과 같이 종잡을 수 없는 일.
【浮喧 부훤】 시끄러움.
❶輕-, 拍-, 澆-, 溢-, 沈-, 萍-, 虛-.

水7 【浡】 ⑩ 물 솟아날 분 bèn
[字解] ①물이 솟아나다. ②용솟음하다. ※溢(1006)의 와자(譌字).

水7 【濆】 ⑩ 濱(1048)의 고자

水7 【涘】 ⑩ 물가 사 sì
[字解] 물가, 강가. 〔莊子〕兩涘渚崖之間.

水7 【淀】 ⑩ 澱(1028)과 동자

水7 【涑】 ⑩ 涞(989)과 동자

水7 【涉】 ⑩ ❶건널 섭 shè
❷피 흐르는 모양 첩 dié

대법원 지정 인명용 한자의 음은 '섭'이다.
[字源] 會意. 水+步→涉. 물〔氵〕을 걸어서〔步〕 건넌다는 뜻이다.
[字解] ❶㉠건너다. ㉮걸어서 물을 건너다. 〔漢書〕涉河. ㉯물을 건너가다. 〔詩經〕大夫跋涉. ②거닐다, 걸어서 돌아다니다. 〔陶潛·辭〕園日涉以成趣. ③미치다, 이르다. 〔何夾天·表〕以新故相涉. ④겪다, 경과하다. 〔春秋穀梁傳〕與之涉公事矣. ⑤깊이 들어가다. 〔漢書〕涉魏而東, 遂爲豊公. ⑥널리 보다, 널리 통하다. 〔漢書〕涉獵書記, 不能爲醇儒. ⑦강이나 내의 건너다니는 곳. 〔詩經〕濟有深涉. ⑧관계하다. 〔竹坡詩話〕轉更無相涉. ⑨성(姓). ❷피가 흐르는 모양. =喋. 〔淮南子〕涉血之仇.
【涉禽 섭금】 얕은 물에서 먹이를 찾아다니는 학(鶴)·두루미·백로 따위.
【涉歷 섭력】 물을 건너고 산을 넘음. ㉠여러 경험을 쌓음. ㉡많은 책을 두루 읽음.
【涉獵 섭렵】 물을 건너고 짐승을 잡음. ㉠책을 두루 많이 읽음. ㉡여기저기 찾아다님.
【涉世 섭세】 세상 일을 겪으며 지내 옴.
【涉水 섭수】 물을 걸어서 건넘.
【涉然 섭연】 넓고 깊게 파고드는 모양.
【涉外 섭외】 외부와 연락하여 교섭함.
【涉河 섭하】 강을 건넘.
❶干-, 交-, 徒-, 渡-, 日-, 津-.

水 7 【涗】⑩ ❶잿물 세 蜀 shuì
❷닦을 설 蜀 shuì

[소전][초서][해서] 涗
字解 ❶❶잿물, 재를 우려낸 물. 〔周禮〕以涗水漚其絲七日. ❷가라앉히다, 술을 맑게 하다. 〔禮記〕醆酒涗于淸. ❷닦다, 깨끗하게 닦다. 〔周禮〕盎齊涗酌.
【涗水 세수】①잿물, 재를 우려낸 물. ②가라앉히어 맑게 한 술과 물. 제사에 씀.

水 7 【消】⑩ 사라질 소 蜀 xiāo

丶 亠 冫 氵 沪 泸 消 消 消

[소전][초서][속자] 消
字源 形聲. 水+肖→消. '肖(초)'가 음을 나타낸다.
字解 ❶사라지다. ㉮물체가 없어지다. 〔孟子〕鳥獸之害人者消. ㉯어떤 심리·생각 등을 없어지게 하다. 〔陶潛·辭〕樂琴書以消憂. ㉰망하다, 끊기어 없어지다. 〔易經〕小人道消也. ㉱보이지 아니하게 되다, 보이지 아니하게 하다. 〔張衡·賦〕消啓明. ㉲녹다, 녹아 없어지다. 〔禮記〕冰凍消釋. ㉳줄다, 덜거나 깎아서 줄어들다. 〔歐陽脩·記〕刻削消істю. ❷날이 새다, 모자라다. 〔太玄經〕闕爲消. ❸쇠하다, 약해지다. 〔蘇軾·賦〕盈虛者如彼而卒莫消長也. ❹남몰래 행하다. 〔易經〕消不富也. ❺삭다. 늑銷. 〔素問〕熱多則筋弛骨消. ❻쓰다, 사용하다. 〔無門關〕不消習翁一擲. ❼병명(病名). 소갈(消渴). =瘖. 〔淮南子〕嫁女於病消者. ❽거닐다, 왔다 갔다하다. 늑逍. 〔禮記〕消搖于門. ❾땅 이름. 〔詩經〕淸人在消. ❿國불을 끄다.
【消却 소각】①없애 버림, 제거함. ②빚을 갚아 버림. ③써서 없앰, 소비함.
【消渴 소갈】목이 쉬 말라 물이 자주 먹히며 음식을 많이 먹는데도 여위는 병. 逍渴症(소갈증).
【消遣 소견】☞消日(소일).
【消救 소구】재난을 제거하여 구함.
【消極 소극】①세상 일에 깊은 관심이 없이 방관하는 태도. ②앞서 나가려는 박력이 부족하고 활동적이 아님.
【消痰 소담】가래를 삭힘. 담을 없앰.
【消毒 소독】병균을 죽여 없앰.
【消燈 소등】등불을 끔.
【消磨 소마】①닳아서 없어짐. ②시간을 소비함. 세월을 보냄.
【消亡 소망】사라져 없어짐. 消滅(소멸).
【消滅 소멸】사라져 없어짐. 消亡(소망).
【消耗 소모】써서 없어짐.
【消弭 소미】재앙(災殃)을 없앰.
【消防 소방】화재를 예방하고 진압함.
【消費 소비】돈이나 물건을 써서 없어짐.
【消索 소삭】다 써서 없어짐. ❷'索'은 '盡'으로 '다함'을 뜻함.
【消散 소산】흩어져 사라짐.
【消暑 소서】여름의 더위를 가시게 함.

【消釋 소석】사라짐. 녹아 없어짐.
【消愁 소수】시름을 지워 버림.
【消瘦 소수】☞消瘠(소척).
【消食 소식】먹은 음식이 삭음.
【消息 소식】①㉠없어지는 일과 생기는 일. ㉡주는 일과 느는 일. ㉢때의 변천이나 세월이 오고 감. ㉣사물의 번영함과 쇠락함이 서로 바뀜. 영고성쇠(榮枯盛衰). ☞'消'는 음기(陰氣)가 사라짐을, '息'은 양기(陽氣)가 생김을 뜻함. ②보이다가 안 보이다가 함. ③편지. 기별. 音信(음신). ④형편. 안부(安否). 事情(사정).
【消搖 소요】이리저리 거닐어 돌아다님. 한가롭고 침착한 모양. 逍遙(소요).
【消憂 소우】우울함을 품. 銷憂(소우).
【消日 소일】①하는 일 없이 세월을 보냄. ②어떤 것에 마음을 붙여 심심하지 않게 시간을 보냄. 消遣(소견).
【消長 소장】쇠하는 것과 성하는 것.
【消停 소정】잠시 멈춤.
【消殄 소진】망하여 없어짐.
【消盡 소진】모조리 써서 없앰.
【消暢 소창】國답답한 마음을 후련하게 풂.
【消瘠 소척】몸이 여위고 쇠약함. 消瘦(소수).
【消滯 소체】체한 음식을 내려가게 함.
【消夏 소하】여름의 더위를 식힘.
【消閑 소한】무료함을 달램. 심심함이를 함.
【消歇 소헐】다하여 없어짐. 消失(소실).
【消魂 소혼】넋이 빠짐. ㉠슬픔에 놀라 의기(意氣)를 잃음. ㉡사물에 감동하여 자기를 잊음.
【消化 소화】①섭취한 음식물을 분해하여 영양분을 흡수하는 작용. ②배운 지식이나 기술 따위를 잘 익혀 자기 것으로 만듦.
【消火 소화】불을 끔.

❶ 道-, 抹-, 削-, 雲散霧-, 取-, 解-.

水 7 【涑】⑩ 헹굴 속 蜀 sōu

[소전][초서] 涑
字解 ❶헹구다, 발로 밟아 빤 것을 다시 손으로 헹구다. ②강 이름. 산서성(山西省)에서 발원하여 황하(黃河)로 흘러드는 강.

水 7 【洬】⑩ 淑(989)과 동자

水 7 【溅】⑩ 湝(993)의 속자

水 7 【涓】⑩ ❶시내 연 蜀 涀 涀 juān
❷물 흐르는 모양 연 蜀 涀 yuàn
❸눈물 흘릴 현 蜀 銑 xuàn

[소전][초서][속자] 涓
參考 대법원 지정 인명용 한자의 음은 '연'이다.
字解 ❶①시내, 수량이 적은 흐름. 〔木華·賦〕涓流泱瀁. ②물방울, 미소(微小)한 것의 비유. 〔梁武帝·序〕孝若涓塵. ③물방울이 듣다. 〔顏

水部 7획 涎涅浯浣浴籴涌 981

涎之·從軍行〕春液夏不涓.④가리다, 선택하다.〔左史·賦〕涓吉陟中壇. ⑤버리다, 제거하다.〔漢書〕涓選休成. ⑥맑고 깨끗하다.〔漢書〕參以中涓從. ⑦성(姓). ❷물이 흐르는 모양. ¶涓濊. ❸눈물을 흘리다, 눈물이 흐르는 모양. ≒泫.
【涓潔 연결】맑고 깨끗함. 淸淨(청정).
【涓吉 연길】좋은 날을 가림. 날을 점침.
【涓流 연류】①작은 흐름. 細流(세류). ②매우 작은 사물.
【涓埃 연애】물방울과 티끌. 아주 작은 것의 비유. 涓壒(연애).
【涓壒 연애】☞涓埃(연애).
【涓涓 연연】물이 졸졸 흐르는 모양.
【涓人 연인】①궁중에서 청소나 심부름을 하는 사람. ②환관(宦官).
【涓日 연일】☞涓吉(연길).
【涓沮 연저】졸졸 흐르는 물.
【涓滴 연적】물방울. 아주 적은 것의 비유.
【涓塵 연진】물방울과 먼지. 아주 작은 사물의 비유.
【涓毫 연호】물방울과 터럭. 아주 작거나 적은 것의 비유.
【涓濊 연환】물이 흐르는 모양.
【涓澮 연회】작은 흐름. 사물의 미소함의 비유.
【涓然 연연】눈물이 흐르는 모양. 泫然(현연).
❶微-, 細-, 瘦-, 中-, 塵-.

水7【涎】⑩ ❶침 연 ❄선 匧 xián ❷물 흐르는 모양 연 ❒ yàn
字解 ❶①침, 입 밖으로 흐르는 침. ≒次.〔新書〕垂涎相告. ②점액, 끈끈한 액체.〔炮炙論〕煎之有涎. ③줄지어 잇달은 모양.〔木華·賦〕迤涎八裔. ❷물이 흐르는 모양.
【涎流 연류】침이 흘러내림. 매우 먹고 싶어함.
【涎篆 연전】달팽이 따위가 기어간 자리에 흐르는 점액이 전자(篆字)와 같은 모양을 만드는 일.

水7【涅】⑩ ❶거침없이 흐를 영·정 匧 yíng ❷가라앉을 영 匧 yǐng
字解 ❶①거침없이 흐르다, 물이 막힘 없이 흘러내리다.〔管子〕誰伸涅濡. ②남다, 나머지. ❷가라앉다, 물 밑에 괴다.
【涅濡 영유】흐름과 막힘.

水7【浯】⑩ 물 이름 오 匧 wú
字解 ①물 이름, 오수(浯水). 산동성(山東省)의 동쪽에 있는 강 이름. ②산 이름, 오산(浯山). 산동성에 있는 산 이름.

水7【浣】⑩ 빨 완 ❄환 匽 huàn

滌.㉮의복을 세탁하다.〔後漢書〕成帝御浣衣哀帝去樂府.㉯발을 씻다.〔南史〕浣沐失時.㉰때나 찌꺼기를 씻어내다.〔史記〕湔浣腸胃. ②열흘. 당대(唐代)에 벼슬아치들에게 열흘마다 하루의 휴가를 주어 목욕하고 휴식을 취하도록 하였는데, 한 달에 세 번 있는 휴가를 상완(上浣)·중완(中浣)·하완(下浣)이라 하였다.
【浣雪 완설】씻어 버림. 씻어서 깨끗함.
【浣染 완염】때를 씻음.
【浣衣 완의】옷을 빪.
【浣滌 완척】빨아 깨끗이 함. 洗濯(세탁).
❶上-, 中-, 下-.

水7【浴】⑩ 목욕할 욕 匧 yù

丶 丿 冫 氵 氵 氵 氵 浴 浴

字源 形聲. 水+谷→浴. '谷(곡)'이 음을 나타낸다.
字解 ①목욕하다, 씻다.〔楚辭〕新浴者必振衣. ②목욕, 미역. ③목욕을 시키다, 목욕하게 하다.〔國語〕三釁三浴之. ④입다, 받다, 몸을 깨끗이 다스리다.〔禮記〕儒有澡身而浴德. ⑤나는 모양, 새가 갑자기 날아 올랐다가 다시 갑자기 날아 내리는 일.〔大戴禮〕黑鳥浴.
【浴斛 욕곡】목욕통. 浴器(욕기).
【浴金 욕금】도금(鍍金)함.
【浴禽 욕금】미역 감는 새. 물에서 노는 새.
【浴沂 욕기】기수(沂水)에서 목욕함. 명리(名利)를 잊고 유유자적(悠悠自適)함의 비유. 故事 증석(曾晳)이 공자(孔子)의 물음에, 기수에서 목욕하고 무우(舞雩)에 올라서 시가(詩歌)를 읊조리고 돌아오겠다고 대답한 고사에서 온 말.
【浴器 욕기】☞浴斛(욕곡).
【浴佛 욕불】(佛)음력 4월 8일 석가의 탄신일에 불상을 향탕(香湯)으로 씻는 일.
【浴佛日 욕불일】(佛)음력 4월 8일의 석가(釋迦) 탄신일. 灌佛會(관불회).
【浴室 욕실】목욕하는 방.
【浴日 욕일】①햇빛에 쬠. ②아침 햇빛이 파도 위에 반짝임. ③뛰어난 공훈.
【浴殿 욕전】훌륭한 욕실.
【浴槽 욕조】목욕통.
【浴鐵 욕철】쇠로 만든 갑옷을 입힌 군마(軍馬). ○철갑 입은 모습이 마치 쇠 속에서 목욕하는 것처럼 보이는 데서 이르는 말.
【浴化 욕화】덕화(德化)를 입음.
❶沐-, 沙-, 水-, 溫-, 海水-, 薰-.

水7【籴】⑪ 浴(981)과 동자

水7【涌】⑩ 샘 솟을 용 匧 yǒng
字解 ①샘 솟다, 물이 솟구치다.〔曹植·賦〕雲沸潮

水部 7획 湬湭涺涔淛涏浚涏涕

涌. ②물이 끓어오르다. 〔唐書〕是時盛夏濤務蒸涌. ③성하게 일어나다. 〔吳志〕卻令人氣涌如出. ④물가가 치솟다. 〔宋史〕市物隨涌. ⑤나타나다. 〔蘇軾·詩〕雪峯缺處涌冰輪. ⑥토하다. 〔素問〕酸若涌泄.
【涌貴 용귀】 물가가 폭등함. 騰貴(등귀).
【涌起 용기】 솟구쳐 오름.
【涌沫 용말】 솟아나온 거품.
【涌沸 용비】 끓어오름.
【涌泄 용설】 토하고 배설함.
【涌溢 용일】 물이 솟구쳐 넘침.
【涌泉 용천】 ①물이 솟는 샘. ②이어져 끊이지 않음.
【涌觸 용촉】 마음에 넘치는 감동.
【涌出 용출】 물이 솟아 나옴.
【涌滀 용휵】 물이 솟음. 분출함.
❶坌-, 溢-, 沸-.

水 7 【湬】 ⑩ ❶물 흐르는 모양 유 冘 yóu ❷이익을 바라는 모양 적 錫 dí
[초서] 泑 [字解] ❶물 흐르는 모양. =湬. ¶湬淛. ❷이익을 바라는 모양, 욕심이 많은 모양.
【湬濟 유제】 물이 흘러가는 모양.
【湬湬 ❶유유 ❷적적】 ❶물이 철철 흐르는 모양. ❷이익을 탐내는 모양.

水 7 【涺】 ⑩ 淯(993)과 동자

水 7 【湭】 ⑩ ❶젖을 읍 緝 yì ❷웅덩이 업 業 yà ❸물 흐르는 모양 압 洽 yà
[字解] ❶①젖다, 적시다. 〔詩經〕厭湭行露, 豈不夙夜. ②감돌다, 떠돌다. ¶湭湭. ③성(姓). ❷웅덩이, 소(沼). 〔漢書〕踰波趨湭. ❸물 흐르는 모양, 물이 흘러 내려다. 〔郭璞·賦〕乍湭乍堆.
【湭爛 읍란】 쌀이 눅눅해져 썩음.
【湭湭 읍읍】 향기가 떠도는 모양.
【湭塵 읍진】 먼지를 적실 정도로 적게 오는 비.

水 7 【涔】 ⑩ 괸 물 잠 侵 cén
[소전] 涔 [초서] 涔 [字解] ❶①괸 물, 길바닥 등의 괸 물. 〔莊子〕牛蹄之涔. ②큰물, 장마로 물이 붇다. 〔淮南子〕宮池涔則溢. ③떨어지다, 흘러내리다. =零. ④비가 많이 내리는 모양. 〔杜甫·詩〕雲霧接崑崙, 涔寒雨繁. ⑤비구름. 〔淮南子〕旱雲煙火, 涔雲波水. ⑥양어장(養魚場).
【涔淚 잠루】 하염없이 쏟아지는 눈물.
【涔雲 잠운】 비구름. 매지구름.
【涔涔 잠잠】 ①비가 많이 오는 모양. ②땀과 눈물 등이 많이 흐르는 모양. 泫然(현연). ③괴롭고 피곤한 모양. ④날씨가 흐리고 어두운 모양.
【涔蹄 잠제】 소의 발자국에 괸 물. 곧, 작은 물

구덩이.
【涔旱 잠한】 홍수와 가뭄. 水旱(수한).
❶陰-, 湻-, 洪-.

水 7 【淛】 ⑩ 강 이름 절 屑 zhè
[소전] 淛 [초서] 淛 [字解] ①강 이름, 절강(浙江). 〔史記〕至錢塘臨浙江. ②절강성(浙江省)의 약칭. ③쌀을 일다.

水 7 【涏】 ⑩ ❶곧을 정 迥 tǐng ❷반질반질할 전 霰 tǐng
[참고] 대법원 지정 인명용 한자음은 '정'이다.
[字解] ❶①곧다, 물길이 곧게 벋은 모양. ②수량(水量)이 적은 물. ❷반질반질하다, 반드러운 모양. 〔漢書〕燕燕尾涏涏.

水 7 【浚】 ⑩ ❶깊을 준 木 순 震 jùn ❷엎드려 안을 준 圓 cún
[소전] 浚 [초서] 浚 [字解] ❶①깊다, 물·골짜기 등이 깊다. 〔詩經〕莫浚匪泉. ②치다, 우물·도랑을 치다. 〔孟子〕使浚井. ③빼앗다, 재물을 약탈하다. 〔國語〕浚民之膏澤以實之. ④다스리다. 〔書經〕夙夜浚明有家. ⑤빠르다. 늦駿. 〔時經〕浚發爾私. ⑥고을 이름, 하북성(河北省)에 있는 고을. 〔詩經〕在浚之下. ❷엎드려 안다. 늦踆.
【浚谷 준곡】 깊은 골짜기. 幽谷(유곡).
【浚急 준급】 물이 빠르게 흐름.
【浚明 준명】 밝게 다스림.
【浚渫 준설】 샘·도랑 따위의 바닥을 쳐냄.
【浚井 준정】 우물을 깨끗이 침.
【浚照 준조】 물이 깊고 맑음.
【浚踆 준준】 엎드려 안음.
【浚則 준칙】 ①깊이 본받음. ②깊이 본받아 열심히 따름.
【浚澤 준택】 깊은 늪.
❶宏-, 急-, 幽-.

水 7 【涏】 ⑩ 젖을 착 覺 zhuó
[소전] 涏 [초서] 涏 [字解] ①젖다, 조금 젖은 모양. ②담그다, 액체 속에 넣다. ③넉넉하다, 흡족하다.

水 7 【涕】 ⑩ 눈물 체 霽 tì
[소전] 涕 [초서] 涕 [동자] 洟 [字解] ①눈물. 〔列子〕悲愁垂涕. ②울다, 눈물 흘리며 울다. 〔史記〕人有疾病涕泣.
【涕零 체령】 눈물이 뚝뚝 떨어짐.
【涕淚 체루】 눈물.
【涕泗 체사】 눈물과 콧물. ℘'涕'는 눈물, '泗'는 콧물. 涕洟(체이).
【涕泣 체읍】 눈물을 흘리며 욺. 泣涕(읍체).
【涕洟 체이】 ⇨涕泗(체사).

水部 7획 沖浸浿浦澣海

【涕泣 체읍】 눈물이 줄곧 흘러내림.
【涕欷 체희】 눈물을 흘리며 흐느껴 옮.
○ 感-, 悲-, 流-, 泣-, 歎-, 揮-.

水 7 【沖】 ⑩ 깊을 충 東 chōng
[字解] ①깊다, 물이 깊고 넓은 모양. ¶沖瀜. ②비다, 비워지다. ※冲(949) 의 속자(俗字).
【沖瀜 충융】 물이 깊고 넓은 모양.

水 7 【浸】 ⑩ ❶담글 침 沁 jìn ❷사물의 형용 침 侵 qīn
[字源] 形聲. 水+㴮→浸. '㴮(침)'이 음을 나타낸다.
[字解] ❶①담그다, 물에 적시다. 〔詩經〕浸彼苞稂. ②스며들다, 배어들다. 〔論語〕浸潤之譖. ③잠기다, 물 속에 들다. 〔史記〕城不浸者三版. ④물을 대어 윤택하게 하다. 〔詩經〕浸彼稻田. ⑤씻다, 빨다, 헹구다. 〔張衡·賦〕浸石菌於重涯. ⑥소(沼), 물이 괴어 있는 곳. 〔周禮〕其浸五湖. ⑦붇다, 차츰 증가하다. 〔易經〕剛浸而長. ⑧차츰 깊다, 점점 깊어지다. 〔呂氏春秋〕浸淵之草. ⑨접근하다, 다가서다. 〔漢書〕上浸之源. ⑩자세히 보다. 〔淮南子〕浸想宥類. ❷사물의 형용.
【浸假 침가】 점차로 다른 것으로 모양을 바꿈.
【浸灌 침관】 물을 댐. 물을 부음.
【浸肌 침기】 살갗에 스며듦.
【浸明浸昌 침명침창】 차츰차츰 밝아지고 창성(昌盛)함.
【浸微浸滅 침미침멸】 점차로 쇠약하여 망함.
【浸想 침상】 작은 것까지 자세하게 관찰하고 생각함.
【浸液 침액】 스며들어 적시어 줌.
【浸水 침수】 물에 잠김.
【浸蝕 침식】 빗물·냇물·바람·빙하 따위가 땅이나 암석을 깎음.
【浸濕 침습】 물에 잠겨서 젖음.
【浸淵 침연】 깊은 소(沼).
【浸染 침염】 차츰차츰 물들듦. 점점 감화됨.
【浸潤之譖 침윤지참】 물이 차츰 스며듦과 같이, 깊이 믿도록 서서히 참소(譖訴)하는 말.
【浸淫 침음】 ①점점 스며듦. 점차로 나아감. 漸染(점염). ②점차로 친해짐. ③혼용(混同)하여 구별하기 어려움. ④깊이 파고들어 연구함. ⑤지루하게 비가 내리는 모양. ⑥홍수로 물에 잠기어 황폐해짐.
【浸入 침입】 ①물이 스며듦. ②침범하여 들어감.
【浸漸 침점】 차츰차츰 나아감. 점차로 변화함.
【浸種 침종】 농작물의 씨나 누에알 따위를 물에 담금. 씨앗의 경우는 발아를 빠르게 하며, 알의 경우는 약한 것을 죽이고 병균을 씻어 줌.
【浸漬 침지】 ①물에 적심. 물에 담금. ②교화·참언 등이 차츰 스며드는 일.

【浸沈 침침】 스며듦.
【浸透 침투】 ①액체가 스며듦. ②어떤 사상·현상 따위가 깊이 스며듦.
○ 漑-, 泛-, 不-, 潤-, 積-, 漬-, 涵-.

水 7 【浿】 ⑩ 강 이름 패 隊 pèi
[字解] 강 이름. ¶浿水.
【浿水 패수】 강 이름. ㉠한(漢)·위(魏) 때에는 압록강(鴨綠江)의 이름. ㉡수(隋)·당(唐)때에는 대동강(大同江)의 이름. ㉢우리나라에서는 예성강(禮成江)·임진강(臨津江)의 딴 이름.
【浿營 패영】 ◐평안도의 감영(監營).

水 7 【浦】 ⑩ 개 포 麌 pǔ
[字源] 形聲. 水+甫→浦. '甫(보)'가 음을 나타낸다.
[字解] 개. ①강이나 내에 조수가 드나드는 곳. 〔詩經〕率彼淮浦. ②물가, 바닷가. 〔呂氏春秋〕丹水之浦.
【浦口 포구】 배가 드나드는 개(浦)의 어귀.
【浦灣 포만】 물가나 산길이 휘어서 굽어진 곳. 후미.
【浦溆 포서】 바닷가. 갯가.
【浦村 포촌】 갯마을. 魚村(어촌).
【浦港 포항】 포구와 항구.

水 7 【澣】 ⑩ 물 빨리 흐를 한·간 翰 hàn
[字解] ①물이 빨리 흐르다, 물이 빨리 흐르는 모양. 〔左思·賦〕滮滮澣澣. ②광명(光明)이 성한 모양. 〔王延壽·賦〕潚潚澣澣.

水 7 【海】 ⑩ 바다 해 賄 hǎi
[字源] 形聲. 水+每→海. '每(매)'가 음을 나타낸다.
[字解] ①바다. 〔書經〕江漢朝宗于海. ②바닷물, 조수. 〔漢書〕煮海爲鹽. ③물산(物産)이 풍부한 땅. 〔漢書〕所謂天下陸海之地. ④인물이 많이 모이거나 모여드는 곳. 〔抱朴子〕許下人物之海也. ⑤어둡다. 늑晦. ⑥크다, 넓다. ⑦물의 신(神). 〔春秋左氏傳〕海之鹽蜃.
【海角 해각】 ①바다로 길게 뻗어 나간 육지. 갑(岬). 곶. ②바다 끝.
【海榷 해각】 ①소금의 전매(專賣). 전매하는 소금. ②소금을 만들어 파는 사람에게 물리는 세금. 鹽稅(염세).
【海客 해객】 ①바다를 여행하는 사람. ②떠돌

【海顋 해경】 해협(海峽). 좁은 해협.
【海枯石爛 해고석란】 바닷물이 마르고 돌이 부서져 가루가 됨. 끝내 그 시기가 이르지 않음.
【海曲 해곡】 바다의 모퉁이. 바다가 육지로 깊이 들어간 곳. 海隅(해우). 海陬(해추).
【海鶻 해골】 ①수전(水戰)에 쓰는 배의 이름. ②바닷가에 사는 크고 날쌘 매.
【海關 해관】 ①개항지(開港地)에 설치한 세관. ②항구에 마련하여 놓은 관문(關門).
【海嶠 해교】 바닷가에 있는, 산이 많은 땅.
【海寇 해구】 해상에서 배를 습격하여 재물을 빼앗는 도적. 海盜(해도).
【海氣 해기】 바다 위에 어린 기운.
【海難 해난】 항해 중 당하는 재난.
【海內 해내】 바다의 안쪽. 나라 안.
【海棠 해당】 ①때찔레. 장미과의 낙엽 관목(灌木). 海棠花(해당화). ②가냘픈 미인.
【海島 해도】 바다 가운데 있는 섬.
【海盜 해도】 바다나 해안 지방을 돌아다니며 약탈하는 도적. 海賊(해적).
【海濤 해도】 바다의 큰 파도.
【海暾 해돈】 바다 위로 떠오르는 해.
【海東 해동】 우리나라의 옛 이름. ○중국에서 '발해(渤海)의 동쪽에 있는 나라'라는 뜻으로 이른 말.
【海東靑 해동청】 매의 일종. 송골매. 보라매.
【海諒 해량】 바다와 같은 넓은 마음으로 잘 헤아림. 편지 따위에서 상대방에게 양해를 구할 때 씀.
【海樓 해루】 해변에 세운 누각(樓閣).
【海流 해류】 ①바닷물의 흐름. 潮流(조류). ②덕교(德敎)가 널리 퍼져 나감.
【海榴 해류】 석류(石榴). ○해외(海外)에서 온 데서 이르는 말.
【海狸 해리】 설치류(齧齒類)에 딸린 포유 동물(哺乳動物). 바다삵.
【海鰻 해만】 ①갯장어. ②붕장어.
【海灣 해만】 바다와 만. 또는 만.
【海霧 해무】 바다 위에 끼는 안개.
【海味 해미】 바다에서 나는 식품(食品). 생선·조개 따위.
【海舶 해박】 대양을 항행하는 선박.
【海畔 해반】 바닷가. 해안. 海濱(해빈).
【海拔 해발】 해면을 기준으로 잰 어느 지점의 높이.
【海髮 해발】 해조(海藻)의 이름. 머리털처럼 가느다람.
【海方 해방】 해외. 외국.
【海旁 해방】 바닷가. 海邊(해변).
【海邊 해변】 바닷가.
【海堡 해보】 바닷가에 쌓아 만든 포대(砲臺)나 보루(堡壘).
【海不揚波 해불양파】 바다에 파도가 일지 않음. 어진 임금이 있어 천하가 태평함.
【海事 해사】 바다에 관한 여러 가지 일.
【海蛇 해사】 바다뱀.
【海商 해상】 배로 물건을 싣고 돌아다니면서 하

는 장사. 海賈(해고).
【海象 해상】 바다표범과에 속하는 바다 짐승. 해마와 비슷하고 코는 코끼리 모양으로 긺.
【海恕 해서】 바다와 같은 넓은 마음으로 용서함.
【海澨 해서】 바닷가. ○'澨'는 물가.
【海汐 해석】 저녁때에 밀려왔다 나가는 바닷물. 汐潮(석조).
【海扇 해선】 조개의 한 가지. 가리비.
【海舌 해설】 해파리. 海月(해월).
【海嘯 해소】 빠지는 조수(潮水)가 바닷물과 부딪쳐 거센 물결을 일으킬 때 나는 소리.
【海獸 해수】 바다에 사는 포유동물의 총칭.
【海市 해시】 신기루(蜃氣樓).
【海市蜃樓 해시신루】 신기루(蜃氣樓). 곧, 환상을 믿을 수 없음.
【海心 해심】 바다의 한가운데.
【海嶽 해악】 ①바다와 큰 산. ②큰 은혜.
【海岸 해안】 육지와 바다가 맞닿은 곳.
【海若 해약】 해신(海神)의 이름.
【海洋 해양】 넓은 바다.
【海域 해역】 바다 위의 일정한 구역.
【海燕 해연】 ①바다제비. ②불가사리.
【海壖 해연】 바닷가의 빈 땅. 해변.
【海軟風 해연풍】 낮에 바다에서 육지로 불어오는 미풍(微風). 海風(해풍).
【海蘊 해온】 해초(海草)의 한 가지. 큰 실말.
【海外 해외】 사해(四海)의 바깥. 나라의 바깥. 國外(국외).
【海容 해용】 바다가 큰 물, 작은 물을 가리지 않고 받아들이는 것처럼 널리 남을 포용함. 바다와 같은 마음으로 남을 용서함. 海涵(해함).
【海宇 해우】 해내(海內)의 땅. 국내.
【海隅 해우】 바다의 한구석. 해안이 쑥 들어간 곳. 海曲(해곡). 海陬(해추).
【海運 해운】 ①바닷물이 움직임. 파도가 거칠어지는 일. ②해상에서 배로 사람과 화물을 운반함. ③조수(潮水)의 간만(干滿).
【海員 해원】 선박의 승무원.
【海月 해월】 ①바다 위에 뜬 달. ②해파리.
【海衣 해의】 (國)김.
【海人 해인】 ①바다 속에 들어가 고기·조개따위를 잡는 일을 하는 사람. 보자기. ②바다 속에 사는 괴물(怪物). 배가 가는 길목에 나타난다는 허깨비. ③바다를 관장하던 벼슬.
【海印 해인】 (佛)제법(諸法)을 관조함이 바다가 만상(萬象)을 비추는 것과 같음. 부처의 지혜로 우주 만물을 깨달아 앎.
【海日 해일】 바다 위에 돋은 해.
【海溢 해일】 폭풍우·지진 등으로 인하여 바닷물이 육지로 넘쳐 들어오는 현상.
【海葬 해장】 바다에 장사 지냄. 水葬(수장).
【海藏 해장】 용궁(龍宮)에 있다는 보물.
【海賊 해적】 해상에서 배를 습격하여 재물을 빼앗는 도적. 海盜(해도).
【海甸 해전】 해변의 마을.
【海程 해정】 바다의 뱃길.
【海潮 해조】 ①바닷물. ②조수의 흐름.

【海藻 해조】 바다에서 나는 조류(藻類)의 총칭.
【海潮音 해조음】 ①해조(海潮)의 소리. ②(佛) 관세음(觀世音)이 설법하는 소리. 여러 승려가 독경하는 소리.
【海錯 해착】 여러 가지 해산물.
【海菜 해채】 미역. 甘藿(감곽).
【海天 해천】 ①해상의 하늘. ②바다와 하늘.
【海青輾 해청전】 농구(農具)의 한 가지. 곡물(穀物)을 슳는 기구.
【海陬 해추】 ①海曲(해곡). ②바닷가의 벽촌.
【海鰌 해추】 ①큰 고래. 露脊鯨(노척경). ②바다에 사는 미꾸라지의 한 가지.

〈海青輾〉

【海聚 해취】 바닷가 마을.
【海表 해표】 바다의 바깥. 국외의 먼 끝.
【海豹 해표】 바다표범.
【海蝦 해하】 대하(大蝦). 紅蝦(홍하).
【海壑 해학】 ①바다와 골짜기. 바다. ②은혜가 깊고 큼.
【海涵 해함】 바다가 강물을 받아들이듯이 널리 사람을 포용함. 도량이 큼. 海容(해용). 宏量(굉량).
【海峽 해협】 육지와 육지 사이에 끼어 있는 좁고 긴 바다.
【海花石 해화석】 산호의 한 가지. 얕은 바다의 바위 위에 모여 산호초를 이룸.
【海濶從魚躍 해활종어약】 바다는 넓어서 고기들이 마음대로 뛰놀게 내버려둠. 도량이 한없이 넓어 작은 일에 구애되지 않음.
◐ 苦-, 官-, 近-, 南-, 內-, 大-, 渡-,
東-, 北-, 四-, 山-, 西-, 領-, 外-,
雲-, 遠-, 陸-, 絕-, 學-, 航-, 火-.

水
7【㲃】⑪ 海(983)와 동자

水
7【洸】⑩ 강 이름 현 xiàn
[字解] 강 이름. 하남성(河南省)을 흐르는 강.

水
7【浹】⑩ ❶두루 미칠 협 jiā
❷물결 이는 모양 협 xiá
[초전][초서][속자] [字解] ❶①두루 미치다, 널리 퍼지다. 〔漢書〕 於是敎化浹洽, 民用和睦. ②통하다, 사무치다. 〔淮南子〕 不浹於骨髓. ③젖다, 적시다. 〔新唐書〕 近煦和風, 遠浹膏雨. ④돌다, 일주하다. 10간(干)이 10일에 일주하는 것을 '浹日', 12지(支)가 12일에 일주하는 것을 '浹辰'이라 이른다. 늑挾. ❷물결이 이는 모양, 물이 출렁거리는 모양. 〔郭璞·賦〕 長波浹渫.
【浹旬 협순】 10일간. 浹日(협일).

【浹日 협일】 10일간.
【浹渫 협접】 물이 출렁거리는 모양.
【浹辰 협진】 12일간.
【浹浹 협협】 축축하게 젖은 모양.
【浹和 협화】 두루 화합함.
【浹洽 협흡】 ①두루 미쳐 젖음. 물이 물건을 적시듯이 어떤 영향이 두루 전하여짐. ②화목하고 친밀함. 和洽(화흡).
◐ 均-, 普-, 流-, 周-, 洽-.

水
7【洞】⑩ 소용돌이칠 형 梗 jiǒng
[초서][字解] 소용돌이치다, 소용돌이치며 흐르는 모양. 〔郭璞·賦〕 泓汯洞潔.
【洞潔 형렬】 물이 소용돌이치며 흐르는 모양.

水
7【浩】⑩ 클 호 皓 hào
ミ ミ ミ ミ 浐 浐 浩 浩 浩
[소전][초서] [字源] 形聲. 水+告→浩. '告(고)'가 음을 나타낸다.
[字解] ①크다. 〔楚辭〕 陳竿瑟兮浩倡. ②물이 넓게 흐르는 모양. 〔書經〕 懷山襄陵, 浩浩滔天. ③넉넉하다, 많다. 〔禮記〕 喪祭有餘日浩. ④교만을 떨다, 거만하게 굴다. 늑傲. 〔孔子家語〕 浩倨者則不親. ⑤술을 거르다. ¶ 浩酒.
【浩歌 호가】 큰 소리로 노래를 부름.
【浩劫 호겁】 ①궁전의 계단. 탑. ②매우 긴 세상. ③(佛)큰 재화(災禍).
【浩曠 호광】 넓고 큼. 광대함.
【浩氣 호기】 ☞浩然之氣(호연지기).
【浩洞 호동】 넓고 텅 빔.
【浩漫 호만】 ①크고 넓은 모양. ②매우 많음.
【浩茫 호망】 ☞浩洋(호양).
【浩渺 호묘】 한없이 넓고 아득한 모양.
【浩博 호박】 크고 넓음.
【浩繁 호번】 ①매우 번잡함. ②번성함.
【浩洋 호양】 물이 광대한 모양. 浩茫(호망).
【浩壤 호양】 넓은 땅.
【浩攘 호양】 번거롭고 헛됨.
【浩穰 호양】 백성의 수효가 많음.
【浩然 호연】 ①물이 그침 없이 흐르는 모양. ②마음이 넓고 뜻이 큰 모양. ③돌아가고자 하는 생각이 간절한 모양. ④태연한 모양.
【浩然之氣 호연지기】 하늘과 땅 사이에 가득 차 있는 매우 넓고 큰 원기. 곧, 도의에 뿌리를 박고 공명정대하여 조금도 부끄러울 것이 없는 도덕적 용기. 浩氣(호기).
【浩飮 호음】 술을 많이 마심. 豪飮(호음).
【浩酒 호주】 물을 섞어서 거른 술.
【浩歎 호탄】 크게 탄식함. 長歎息(장탄식).
【浩蕩 호탕】 ①넓고 큰 모양. ②뜻이 분방(奔放)한 모양. ③물이 넓은 모양.
【浩汗 호한】 물이 넓은 모양. ☞'汗'은 '廣'으로 '넓음'을 뜻함.
【浩瀚 호한】 ①물의 흐름이 광대한 모양. ②물

건이 많고 풍부한 모양.
【浩浩 호호】①넓고 큰 모양. ②물이 엄청나게 많이 흐르는 모양. ③길이 길게 이어진 모양. ④번쩍이며 빛나는 모양. 澔澔(호호).

水 7 【洨】⑩ 성 효 笑 xiáo
字解 ①성(姓). ②강 이름. ③샘 이름. 〔元結·銘〕浯浯洨泉, 流清源深.

水 8 【渴】⑪ 渴(1002)의 속자

水 8 【淦】⑪ 배에 괸 물 감 勘 gàn
소전 초서 字解 ①배에 괸 물, 뱃바닥에 괸 물. ②진흙. ¶淦瀯. ③강 이름. ¶淦水.
【淦水 감수】강 이름. ○강서성(江西省)에서 발원하여 공강(贛江)으로 흘러듦.
【淦瀯 감영】진흙이 섞인 물.

水 8 【渓】⑪ 溪(1014)의 속자

水 8 【涳】⑪ 물 곧게 흐를 공 東冬 kōng
소전 字解 ①물 곧게 흐르다. ②가랑비. ¶涳濛.
【涳濛 공몽】가랑비. 細雨(세우).

水 8 【涫】⑪ ❶끓을 관 翰 guàn ❷대야 관 旱 guàn
소전 초서 字解 ❶끓다. 〔史記〕腸如涫湯. ❷대야, 세수하다. 〔列子〕進涫漱巾櫛.
【涫涫 관관】물이 끓는 모양.
【涫沸 관비】물이 끓어오르는 모양.
【涫湯 관탕】펄펄 끓는 물.

水 8 【淈】⑪ 흐릴 굴 本골 月 gǔ
소전 초서 字解 ①흐리다, 흐리게 하다. 〔楚辭〕淈其泥而揚其波. ②어지러워지다, 어지럽히다. 〔法言〕惡涅辭之淈法度. ③다하다. ≒屈. 〔荀子〕其洸洸乎不淈盡. ④다스리다. ≒汨. ⑤진흙. ⑥막힌 물이 흘러 통하는 모양. 〔郭璞·賦〕潛演之所汨淈.
【淈淈 굴굴】물이 터져서 콸콸 흐르는 모양.
【淈泥 굴니】물을 휘저어 흙탕물이 되게 함. 흙 탕침.
【淈盡 굴진】다함. 다 없어짐.

水 8 【淃】⑪ 물 돌아 흐를 권 霰 juàn
字解 물이 돌아 흐르는 모양.

水 8 【淇】⑪ 강 이름 기 支 qí
字解 강 이름. 하남성(河南省) 임현(林縣)에서 발원하는, 황하(黃河)의 지류.
【淇園長 기원장】대나무의 딴 이름.

水 8 【淖】⑪ ❶진흙 뇨 效 nào ❷얌전할 작 藥 chuò
소전 초서 字解 ❶①진흙. 〔史記〕灌淖汙泥之中. ②진창. ③땅이 곤죽같이 진 곳. 〔春秋左氏傳〕有淖於前. ③젖다. 〔管子〕淖乎如在於海. ④온화하다. 〔儀禮〕嘉薦普淖. ⑤걸쭉하다. 〔淮南子〕甚淖而滒. ⑥빠지다. 〔楚辭〕世沈淖而難論兮. ❷얌전하다, 정숙하다. ≒綽. 〔莊子〕淖約若處子.
【淖潾 요녕】진창.
【淖溺 요닉】녹아서 풀림.
【淖糜 요미】걸쭉한 죽.
【淖乎 요호】젖은 모양.
【淖約 작약】정숙함. 부드럽고 예쁨.
❶普─, 潭─, 泥─.

水 8 【淡】⑪ ❶묽을 담 勘 dàn ❷질펀히 흐를 염 琰 yàn ❸어렴풋할 염 鹽 yán
丶氵汁汁泌泌淡淡
소전 초서 參考 대법원 지정 인명용 한자의 음은 '담'이다.
字源 形聲. 水+炎→淡. '炎(염)'이 음을 나타낸다.
字解 ❶①묽다. 〔中庸〕淡而不厭. ②싱겁다. 〔宋史〕根性至孝, 父病蠱戒鹽, 根爲食淡. ③담박하다, 담담하다. 〔莊子〕君子之交, 淡若水. ④연하다, 빛이 연하다. 〔宣和畫譜〕往往以色暈淡而成. ⑤거친 음식, 맛없는 음식. ≒啖. 〔史記〕攻苦食淡. ②①질펀히 흐르다. 〔宋玉·賦〕潰淡淡而入之. ②물이 감도는 모양. 〔潘岳·詩〕綠池汎淡淡. ❸어렴풋하다, 그림자가 희미하게 보이는 모양. 〔列子〕淡淡焉若有物存.
【淡交 담교】담박한 교제.
【淡喫 담끽】조금씩 먹음.
【淡濃 담농】옅음과 짙음. 濃淡(농담).
【淡淡 ❶담담 ❷염염】❶①담백한 모양. 산뜻한 모양. ②안온하고 침착한 모양. ❷①물이 질펀히 흐르는 모양. ②사물의 그림자가 아른아른한 모양.
【淡漠 담막】담박하고 깨끗함. 욕심이 없고 조용한 모양. 恬靜(염정).
【淡墨 담묵】①묽은 먹물. ②☞淡墨榜(담묵방).
【淡墨榜 담묵방】묽은 먹물로 쓴 방. 당대(唐代)에, 진사(進士)에 급제한 사람을 이르던 말. 淡墨(담묵).
【淡味 담미】①담박한 맛. ②담박한 취미.
【淡泊 담박】①산뜻함. ②욕심이 적고 꾸밈이 없음.

水部 8획 渀 淘 凍 淶 涼 渌

【淡碧 담벽】 연한 푸른색.
【淡水 담수】 민물.
【淡愁 담수】 작은 걱정거리.
【淡水交 담수교】 물과 같은 담박한 교제. 군자(君子)의 교제.
【淡食 담식】 싱겁게 먹음.
【淡雅 담아】 맑고 고상함.
【淡如 담여】 산뜻한 모양. 담박한 모양.
【淡如水 담여수】 담박하기가 물과 같음.
【淡然 담연】 산뜻한 모양. 깨끗한 모양.
【淡煙 담연】 엷게 낀 연기. 엷게 낀 안개.
【淡雲 담운】 엷은 구름.
【淡月 담월】 ①흐릿한 빛을 내는 달. 으스름달. ②수입(收入)이 적은 달.
【淡泊 담박】 욕심이 없는 모양. 담박한 모양.
【淡粧 담장】 산뜻한 화장. 엷은 화장.
【淡粧濃抹 담장농말】 엷은 화장과 짙은 화장. 부녀자의 화장.
【淡彩 담채】 엷은 채색.
【淡菜 담채】 바닷조개의 한 가지. 홍합(紅蛤).
【淡晴 담청】 산뜻하게 갬. 맑게 갬.
➊ 潰-, 冷-, 濃-, 食-, 雅-, 達-, 清-.

水 8 【渀】⑪ 솟아 넘칠 답 tà
[소전][초서] [字解] ①솟아 넘치다. ②물결이 출렁거리다. 〔杜甫·賦〕 渀瀢平渙汗, 紆餘乎經營.
【渀瀢 답타】 물결이 출렁거리는 모양.

水 8 【淘】⑪ 일 도 táo
[초서] [字解] ①일다. ㉮물에 흔들어서 쓸 것과 못 쓸 것을 가려내다. 〔殷文圭·詩〕 沙根無金盡日淘. ㉯쌀을 일다. 〔齊民要術〕 冷水淨淘. ②씻다, 헹구다. 〔劉禹錫·詞〕 千淘萬灑雖辛苦. ③흐르다, 흐르게 하다. 〔宋史〕 開淘舊河. ④치다, 앙금을 치다. 〔東京夢華錄〕 監督在城溝渠.
【淘金 도금】 사금을 일어서 금을 가려냄.
【淘淘 도도】 물이 흐르는 모양. 滔滔(도도).
【淘米 도미】 쌀을 읾.
【淘瀉 도사】 씻어서 흘려보냄.
【淘汰 도태】 ①일어서 가려냄. ②생존 경쟁에서 환경이나 조건에 적응하지 못한 생물이 멸망함.
➊ 開-, 浪-, 沙-, --, 淨-.

水 8 【凍】⑪ 소나기 동 dōng
[소전][초서] [字解] ①소나기. 〔楚辭〕 使凍雨兮灑塵. ②얼다. 늑凍. 〔張衡·敍〕 泚澹凍餟. ③젖다, 물에 젖다.
【凍餒 동뇌】 추위에 떨고 굶주림.
【凍雨 동우】 소나기. 暴雨(폭우).

水 8 【淶】⑪ 강 이름 래 lái

[소전][초서][간체] [字解] ①강 이름. 하북성(河北省)에서 발원하는 강. ②고을 이름. 하북성(河北省)에 있는 현.

水 8 【涼】⑪ ❶서늘할 량 陽 liáng
❷도울 량 漾 liàng

丶 冫 氵 汀 沪 冴 涼 涼 涼

[소전][초서][속자] [字源] 形聲. 水+京→涼. '京(경)'이 음을 나타낸다.
[字解] ❶①서늘하다. 〔書經〕 涼是冷之始. ②엷다. 〔春秋左氏傳〕 虢多涼德. ③맑다, 깨끗하다. 〔素問〕 其性爲涼. ④슬퍼하다. 〔江淹·賦〕 撫錦幕而虛涼. ⑤쓸쓸하다. 〔孔稚珪·文〕 石徑荒涼. ⑥바람 쐬다. 〔新唐書〕 暴涼之. ⑦시름, 근심, 슬픔. 〔顔廷之·詩〕 原隰多悲涼. ⑧북풍(北風). ¶ 涼風. ⑨맑은 술. 〔周禮〕 水漿醴涼醫酏. ❷①돕다. 〔詩經〕 涼彼武王. ②진실로. 〔詩經〕 職涼善背.
【涼困 양균】 곳집의 쌀을 축냄.
【涼氣 양기】 서늘한 기운. 또는 가을 기운.
【涼德 양덕】 덕이 적음. 薄德(박덕).
【涼涼 양량】 ①친밀감이 없는 모양. 경솔한 모양. ②서늘한 모양.
【涼薄 양박】 발(簾).
【涼氛 양분】 ①맑고 시원한 기운. ②가을.
【涼棚 양붕】 햇볕을 가리기 위하여 치는 막.
【涼扇 양선】 부채.
【涼颸 양시】 서늘한 바람. 涼風(양풍).
【涼炎 양염】 ①서늘함과 더움. ②쇠락(衰落)함과 번성(繁盛)함.

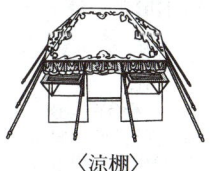
〈涼棚〉

【涼月 양월】 ①서늘한 느낌의 달. 가을밤의 달. ②음력 7월의 딴 이름.
【涼陰 양음】❶양암】 ❶서늘한 기운. ❷임금이 거상(居喪) 때에 거처하는 방. 諒陰(양암).
【涼蔭 양음】 시원한 나무 그늘.
【涼意 양의】 시원해진 기운. 시원스러운 느낌.
【涼風 양풍】 서늘한 바람. ㉠가을 바람. ㉡북풍(北風). ㉢서남풍(西南風).
【涼花 양화】 國목화. 면화(綿花).
➊ 納-, 悲-, 新-, 夜-, 五-, 溫-, 淒-, 淸-, 初-, 秋-, 荒-.

水 8 【渌】⑪ 밭을 록 屋 lù
[초서][간체] [字解] ①밭다, 밭치다, 거르다. ②물이 맑아지다. 〔張衡·賦〕 渌水澹澹. ③강 이름. 지금의 압록강(鴨綠江). 〔北史〕 仲文率衆東過高麗, 出兵掩襲輜重, 因擊大破之, 至鴨渌水. ④술 이름, 거른 술.
【渌水 녹수】 맑은 물.

水部 8획 淚湶淪淩淋淼渳滂洴

水 8 【淚】⑪ ❶눈물 루 木류 寘 lèi
❷빠르게 흐를 려 霽 lì

氵氵氵汀汀汀沪沪涙涙涙

초 法 동 泪 속 湶 간체 泪

参考 대법원 지정 인명용 한자음은 '루'이다.
字源 形聲. 水+戾→淚. '戾(려)'가 음을 나타낸다.
字解 ❶눈물.〔譚子化書〕悲則雨淚. ❷눈물을 흘리다, 울다.〔後漢書〕泣淚想望. ❸촛농이 떨어지다.〔李商隱·雜纂〕蠟燭淚. ❷❶빠르게 흐르다.〔淮南子〕水淚破舟. ❷한량(寒涼)한 모양.〔漢書〕秋氣憯以凄淚兮.

【淚蠟 누랍】 촛농. 燭淚(촉루).
【淚水 누수】 눈물.
【淚眼 누안】 눈물 어린 눈.
【淚珠 누주】 눈물방울. 쏟아지는 눈물.
【淚竹 누죽】 마디가 붉은 대나무의 한 가지. 반죽(斑竹).
【淚河 누하】 눈물이 많이 흐르는 모양.

●感─, 落─, 別─, 悲─, 泣─, 凄─, 墮─, 紅─, 揮─, 喜─.

水 8 【湶】⑲ 淚(988)의 속자

水 8 【淪】⑪ ❶물놀이 륜 眞 lún
❷물 돌아 흐를 론 阮 lǔn

소전 淪 초서 渝 간체 沦

参考 대법원 지정 인명용 한자음은 '륜'이다.
字解 ❶❶물놀이, 잔물결.〔詩經〕河水清且淪猗. ❷잠기다, 빠지다.〔韓愈·序〕破碎淪溺者. ❸망하다, 몰락하다.〔書經〕今殷其淪喪. ❹빠져들다.〔淮南子〕淪于不測. ❺거느리다, 이끌다.〔詩經〕淪胥以舖. ❻엄하다, 법이 엄격하다.〔楚辭〕微霜降而下淪兮. ❷물이 돌아 흐르다.〔郭璞·賦〕或混淪乎泥沙.

【淪缺 윤결】 쇠하여 없어짐.
【淪屈 윤굴】 영락(零落)하여 출세하지 못함.
【淪棄 윤기】 숨어서 세상에 알려지지 않음.
【淪匿 윤닉】 숨어서 나타나지 않음.
【淪溺 윤닉】 물 속에 가라앉음. 침몰함.
【淪落 윤락】 ①몰락하여 다른 고장으로 떠돌아다님. ②여자가 타락하여 몸을 버림.
【淪滅 윤멸】 가라앉아 없어짐.
【淪暮 윤모】 영락(零落)하여 늙음.
【淪沒 윤몰】 ①가라앉음. 침몰함. ②몰락함.
【淪喪 윤상】 망하여 없어짐.
【淪塞 윤색】 가라앉고 막힘. ②낙오하여 불행하게 됨.
【淪失 윤실】 망하여 없어짐.
【淪翳 윤예】 숨음.
【淪漪 윤의】 잔잔한 물결. 淪猗(윤의).
【淪替 윤체】 침체하여 쇠함.
【淪墜 윤추】 아주 쇠퇴함.

【淪敗 윤패】 영락(零落)함.
【淪飄 윤표】 영락(零落)하여 떠돌아다님.
【淪陷 윤함】 쇠하여 가라앉음. 영락(零落)함.
【淪晦 윤회】 잠겨 숨음.

●隱─, 漪─, 湮─, 沈─, 頹─, 混─, 渾─.

水 8 【淩】⑪ 달릴 릉 蒸 líng

소전 淩 字解 ❶달리다, 달려가다.〔楚辭〕冥淩浃行. ❷타다, 올라타다.〔楚辭〕淩陽侯之氾濫. ❸헤어나다, 헤쳐 나가다.〔木華·賦〕汎海淩山. ❹범하다. ❺두려워하다, 두려워서 떨다.

水 8 【淋】⑪ 물 뿌릴 림 侵 lín

소전 淋 초서 㴋 字解 ❶물을 뿌리다, 물을 대다.〔齊民要術〕通頭面痛淋. ❷방울져 떨어지다.〔抱朴子〕甘露淋漉以霄墜. ❸젖다, 잠기다.〔福惠全書〕被雨露之淋潤則燥者濕. ❹장마. 令霖.〔莊子〕淋雨十日. ❺임질. 令痳.〔素問〕小便黃赤, 甚則淋. ❻긴 모양, 큰 모양.〔杜甫·歌〕元氣淋漓障猶濕.

【淋浪 임랑】 어지러운 모양. 흐트러진 모양.
【淋瀝 임력】 물방울 따위가 뚝뚝 떨어지는 모양.
【淋漉 임록】 淋淋(임림).
【淋漓 임리】 ①물·땀·피 따위가 뚝뚝 떨어지는 모양. ②원기(元氣) 또는 필세(筆勢)가 왕성한 모양.
【淋離 임리】 ①긴 모양. ②큰 모양.
【淋淋 임림】 비·물방울이 뚝뚝 떨어지는 모양.
【淋滲 임삼】 새의 깃털이 나기 시작하는 모양.
【淋灑 임쇄】 ①물 흐르는 소리. ②물이 그치지 않고 흐르는 모양.
【淋雨 임우】 ①비에 젖음. ②장마. 霖雨(임우).
【淋疾 임질】 임균에 감염되어 일어나는 성병.

●雨─, 積─.

水 8 【淼】⑫ 물 아득할 묘 篠 miǎo

소전 淼 초서 淼 字源 會意. 水+水+水→淼. '水(물 수)' 셋을 합하여 넓은 물을 뜻한다.
字解 ❶물이 아득하다, 수면(水面)이 아득하게 넓다.〔沈約·碑〕淼淼洪波. ❷넓은 물, 큰 물.
【淼漫 묘만】 강이나 바다가 끝없이 넓은 모양.
【淼茫 묘망】 강이나 바다가 한없이 넓어 아득한 모양.

水 8 【渳】⑪ 瀰(1054)의 속자

水 8 【滂】⑪ 滂(1017)과 동자

水 8 【洴】⑪ ❶솜 씻을 병 靑 píng
❷물소리 팽 庚 pēng

水部 8획 涪淝淠溯洓淅淛渫涉凇淑

洴

【字解】 ❶솜을 씻다, 솜을 씻는 소리. 〔莊子〕世世以洴澼洸爲事. ❷물소리. =泙.
【洴澼 병벽】솜을 물에 씻으면서 두들기는 일.

水8 【涪】⑪ 물거품 부 囲 fú

【字解】 ❶물거품. ¶ 涪漚. ❷강 이름. 사천성(四川省) 송반현(松潘縣)에서 발원하는, 가릉강(嘉陵江)의 지류.
【涪漚 부구】물거품.

水8 【淝】⑪ 강 이름 비 囲 féi

【字解】강 이름. 안휘성(安徽省) 합비현(合肥縣)의 남쪽을 흐르는, 회수(淮水)의 지류.

水8 【淠】⑪ ❶강 이름 비 囲 pì ❷움직이는 모양 패 囲 pèi

【字解】 ❶강 이름. ㉮안휘성(安徽省) 곽산현(霍山縣)에서 발원하는, 회수(淮水)의 지류. ㉯하남성(河南省) 광산현(光山縣)에서 발원하는, 회수(淮水)의 지류. ❷배가 가는 모양. 〔詩經〕淠彼涇舟. ❸많은 모양. 〔詩經〕萑葦淠淠. ❷움직이는 모양. 〔詩經〕其旂淠淠.
【淠淠 비비】 ❶패패. ❶수효가 아주 많은 모양. ❷깃발이 나부끼는 모양.

水8 【溯】⑪ 걸어서 물 건널 빙 囲 píng

【字解】 ❶걸어서 물을 건너다. =馮. ❷사물의 소리. 〔宋玉·賦〕飄忽溯溙.
【溯溙 빙방】 ❶바람이 물건에 맞부딪는 소리. ❷물소리.
【溯溯 빙빙】물소리.

水8 【洓】⑪ 澁(1037)의 속자

水8 【淅】⑪ 쌀 일 석 囲 xī

【叅考】淛(982)은 딴 자.
【字解】 ❶쌀을 일다. 〔儀禮〕淅米于堂. ❷인 쌀, 씻은 쌀. 〔孟子〕接淅而行. ❸소리의 형용. 〔杜甫·詩〕朔風鳴淅淅. ❹쓸쓸하다, 처량하다. 〔韓愈·詩〕淅然雲景秋.
【淅瀝 석력】 ❶비·바람 소리. ❷잎이 지는 소리. ❸베틀의 북 소리. ❹애처롭고 쓸쓸한 모양.
【淅米 석미】쌀을 씻음.
【淅淅 석석】 ❶바람 소리. ❷방울 소리.
【淅然 석연】쓸쓸한 모양. 처량한 느낌을 자아내는 가을철의 기운.

水8 【淛】⑪ 浙(989)의 속자

水8 【渫】⑪ ❶칠 설 囲 xiè ❷데친 파 예 囲 yì

【字解】 ❶❶치다, 쳐서 없애다. ❷흩어지다, 다되다. 〔班固·賦〕士怒未渫. ❸수소, 황소. ❹성(姓). ❷데친 파. 〔禮記〕葱渫處未.

水8 【涉】⑪ 涉(979)과 동자

水8 【凇】⑪ 강 이름 송 囲 sōng

【字解】강 이름. 강소성(江蘇省)의 태호(太湖)에서 발원하여 상해(上海)의 황포강(黃浦江)으로 흘러드는 강.

水8 【淑】⑪ 맑을 숙 囲 shū

【字源】形聲. 水+叔→淑. '叔(숙)'이 음을 나타낸다.
【字解】 ❶맑다, 맑고 깊다. 〔淮南子〕原測淑清之道. ❷착하다, 정숙하다. 〔詩經〕窈窕淑女. ❸사모하다, 경모하다. 〔孟子〕予私淑諸人也. ❹잘, 익숙하고 능란하게. 〔詩經〕淑愼其身. ❺아름답다. 〔荀子〕潘潘淑淑. ❻처음. ≒俶. 〔儀禮〕燕與羞俶獻無常數.
【淑景 숙경】 ❶봄별. ❷화창한 봄의 경치.
【淑均 숙균】선량하고 공평함.
【淑氣 숙기】좋은 기운. 봄날의 아늑하고 따뜻한 기운.
【淑女 숙녀】정숙하고 부덕(婦德)이 있는 여자. 교양 있는 부인. 淑媛(숙원).
【淑德 숙덕】착하고 올바른 덕. 주로 부인(婦人)의 덕.
【淑儷 숙려】좋은 배필. 착한 배우자.
【淑茂 숙무】마음씨가 곱고 덕행이 뛰어남.
【淑問 숙문】 ❶좋은 명예. 좋은 평판. ❷'問'은 '聞'으로 '평판'을 뜻함. 淑譽(숙예). ❷공정한 재판을 함.
【淑美 숙미】정숙하고 아름다움.
【淑媚 숙미】정숙하고 아름다움.
【淑範 숙범】올바른 모범. 여자의 바른 규범.
【淑祥 숙상】좋은 조짐.
【淑性 숙성】얌전하고 착한 성질.
【淑淑 숙숙】 ❶아름다운 모양. ❷물이 깊은 모양. ❸물이 맑게 괴어 있는 모양.
【淑愼 숙신】 ❶삼감. 착하고 신중함.
【淑心 숙심】선량한 마음.
【淑艾 숙예】군자의 도(道)를 전해 듣고 몸을 잘 다스림.
【淑譽 숙예】선덕(善德)이 있다는 평판. 정숙하

水部 8획 淳淬深

다는 소문. 淑問(숙문).
【淑婉 숙완】아름답고 상냥함. 婉淑(완숙).
【淑郁 숙욱】좋은 향기. 향기가 짙음.
【淑媛 숙원】①재덕(才德)이 뛰어난 여자. ②조선, 종4품 내명부(內命婦)의 품계.
【淑胤 숙윤】선량한 자손.
【淑人 숙인】선량하고 덕이 있는 사람.
【淑姿 숙자】얌전하고 착한 모습.
【淑弟 숙제】어진 아우. 남의 아우의 존칭.
【淑眞 숙진】선량하고 진실함.
【淑質 숙질】선량한 천성. 선량한 마음씨.
【淑哲 숙철】선량하고 어짊. 또는 그 사람.
【淑淸 숙청】①잘 다스려져서 맑음. ②명랑하고 맑음.
【淑慝 숙특】선(善)과 악(惡). 선행과 악행.
【淑行 숙행】선량한 행실.
【淑化 숙화】바른 교화(敎化). 바른 가르침.
【淑訓 숙훈】여자의 바른 교훈.
【淑姬 숙희】정숙한 여자. ○'姬'는 여자의 미칭(美稱).
❶私—, 淳—, 貞—, 淸—, 閑—, 諸—, 賢—.

水 【淳】⑪ ❶순박할 순 圓 chún
8   ❷나비 준 ❦ zhǔn
[소전] 𣲗 [초서] 淳 [동자] 醇 [통자] 純 [參考] 대법원 지정 인명용 한자의 음은 '순'.
[字解] ❶①순박하다. 〔漢書〕澆淳散樸. ②인정이 두텁다. 〔張衡·賦〕淳化通於自然. ③물을 대다, 흠뻑 적시다. 〔周禮〕淳而漬之. ④땅이 메마르다, 땅에 소금기가 있다. 〔春秋左氏傳〕表淳鹵. ⑤크다. 〔班固·賦〕黎淳燿於高辛兮. ⑥맑다, 깨끗하다. 〔後漢書〕所在以淳白稱. ❷나비, 피륙의 나비. 〔周禮〕壹其淳制.
【淳潔 순결】순박하고 결백함.
【淳氣 순기】순박한 화기(和氣).
【淳澹 순담】순박하고 조용함.
【淳良 순량】순박하고 선량함.
【淳鹵 순로】염분(鹽分)이 있는 습지(濕地). 곡식이 자라지 않는 황무지.
【淳魯 순로】순수하고 질박함.
【淳流 순류】큰 흐름. 큰 물결.
【淳朴 순박】선량하고 꾸밈이 없음. 淳樸(순박).
【淳白 순백】순수하고 깨끗함. 결백함.
【淳粹 순수】섞인 것이 없이 깨끗함.
【淳淳 순순】①순박한 일. ②유동(流動)하는 모양. 조용히 흘러가는 모양.
【淳實 순실】순박하고 꾸밈이 없음.
【淳澆 순요】순후(淳厚)함과 경박함.
【淳耀 순요】①크게 빛남. ②순박하고 아름다운 빛남.
【淳質 순질】선량하고 꾸밈이 없음.
【淳灌 순탁】씻어서 깨끗하게 함.
【淳風 순풍】순박한 풍속.
【淳化 순화】순박하게 교화함. 순박해짐.
【淳和 순화】①순박하고 온화함. ②정중하고 평화스러움.

【淳厚 순후】순박하고 인정이 두터움.
❶嘉—, 樸—, 深—, 溫—, 至—, 淸—, 忠—.

水 【淬】⑪ ❶담금질할 쉬 ㉠췌 國 cuì
8   ❷흐를 줄 圓 zú
[소전] 𣸭 [초서] 淬 [동자] 淬
[字解] ❶①담금질하다. 늑焠. 〔王襃·頌〕淸水淬其鋒. ②담금질한 물을 담는 그릇. ③차다, 한랭(寒冷)하다. ④물들이다. 늑染. 〔史記〕胗割輪淬. ⑤범하다. ⑥목욕하다. 〔淮南子〕身淬霜露. ⑦힘쓰다. 〔蘇軾·策略〕雖不消者亦自淬礪而不致於怠廢. ❷흐르다, 물이 흐르는 모양. ¶淬沒.
【淬礪 쉬려】①쇠붙이를 담금질하여 갊. ②부지런히 힘씀. 淬勵(쉬려). 淬勉(쉬면).
【淬勉 쉬면】부지런히 일에 힘씀.
【淬沒 줄몰】물이 흐르는 모양.

水 【深】⑪ ❶깊을 심 㑃 shēn
8   ❷너비 심 㑃 shēn
𣶒 𣲎 𣲥 𣳚 𣴐 𣵀 淽 浬 深 深
[소전] 𣲗 [초서] 深 [고자] 㴱
[字源] 形聲. 水+罙→深. '罙(심)'이 음을 나타낸다.
[字解] ❶①깊다. ㉮얕지 아니하다. 〔詩經〕深則厲, 淺則揭. ㉯깊숙하다. 〔史記〕山深而獸往之. ㉰정미(精微)하다. 〔易經〕唯深也, 故能通天下之志. ㉱생각이 깊다. 〔孟子〕其慮患也深. ㉲심하다. 〔漢書〕君之望民, 深也. ㉳무겁다. 〔魏志〕位益高者, 責益深. ㉴후하다. 〔禮記〕情深而文明. ㉵잔인하다. 〔史記〕慘急刻深. ㉶무성하다. 〔杜甫·詩〕城春草木深. ㉷성하다, 한창이다. 〔杜甫·醉歌行〕仲宣樓頭春已深. ㉸밀다. ㉹크다, 많다. 〔庾信·碑〕重黎業大, 伯翳功深. ㉺짙다, 짙은 빛깔. 〔酉陽雜俎〕言人影欲深, 深則貴而壽. ㉻친절하다, 자상하다. 〔張謂·詩〕黃金不多交不深. ②깊게 하다. ㉮숨기다, 감추다. 〔周禮〕必深其瓜. ㉯치다, 바닥을 치다. 〔漢書〕治水有決河深川. ㉰높이 다. 〔春秋左氏傳〕請深壘固軍. ③깊이, 매우. 〔陳書〕深鑑物情. ④구주(九州) 외의 땅. 〔禮記〕深而通. ❷너비, 가로로 건너지른 거리. 〔周禮〕以土圭之法測土深.
【深苛 심가】매우 가혹함.
【深刻 심각】①깊이 새김. ②대단히 혹독함. 인정이 없고 무자비함. 深酷(심혹). ③아주 깊고 절심함.
【深間 심간】적국의 내정(內政)을 몰래 살피는 사람. 발쇠꾼. 間諜(간첩).
【深更 심경】깊은 밤. 深夜(심야).
【深契 심계】두터운 교분. 深交(심교).
【深計 심계】깊은 계략(計略). 深謀(심모).
【深辜 심고】무거운 죄.
【深痼 심고】①깊고 중한 병. 고치기 어려운 마음의 병. ②오래되어 고치기 힘든 습성.
【深拱 심공】두 손을 마주 잡고 공손(恭遜)한 태

도를 나타냄.
【深交 심교】깊게 사귐.
【深仇 심구】원한이 깊은 원수. 深讎(심수).
【深溝 심구】①깊은 도랑. ②성(城) 둘레에 도랑을 깊이 파는 일.
【深窟 심굴】깊은 굴. 幽窟(유굴).
【深眷 심권】깊은 은혜.
【深閨 심규】깊숙한 방. 부인의 방.
【深根固柢 심근고저】깊고 단단한 뿌리. 기초가 단단하고 근본이 뚜렷함. 深根固蔕(심근고체).
【深堂 심당】깊숙한 방. 깊숙한 집.
【深到 심도】깊은 곳에 닿음.
【深度 심도】깊은 정도.
【深悼 심도】깊이 애도함.
【深悼 심도】①깊은 꾀. ②깊이 꾀함.
【深藍 심람】짙은 남색.
【深量 심량】깊이 헤아림. 깊은 생각.
【深厲淺揭 심려천게】물이 깊으면 허리까지 옷을 걷어 올리고, 얕으면 무릎 밑까지 걷어 올림. 일의 형편에 따라 행동함.
【深痼 심막】중병(重病).
【深莽 심망】우거진 풀숲.
【深昧 심매】깊숙하여 어둠침침함.
【深謀 심모】깊은 꾀. 깊고 슬기로운 계략. 深計(심계).
【深謀遠慮 심모원려】깊은 꾀와 먼 장래를 내다보는 생각. 深計遠慮(심계원려).
【深目 심목】움푹 들어간 눈.
【深妙 심묘】오묘함. 심오함.
【深霧 심무】짙은 안개.
【深墨 심묵】①새까만 빛. ②복상(服喪)하고 있을 때의 슬픈 모습.
【深文 심문】①법률을 엄하게 적용함. 엄한 법률. 峻文(준문). ②깊은 의미가 있는 문장.
【深微 심미】심오(深奧)하여 알기가 어려움.
【深敏 심민】생각이 깊고 민첩함.
【深愍 심민】몹시 불쌍히 여김.
【深密 심밀】①생각이 깊고 빈틈이 없음. ②초목이 우거져 빽빽함.
【深博 심박】학문이 깊고 넓음.
【深薄 심박】▷深淵薄氷(심연박빙).
【深白 심백】새하얌.
【深僻 심벽】①문장 따위가 몹시 괴벽(怪僻)함. ②아주 궁벽한 마을.
【深祕 심비】심오하여 알기 어려움.
【深謝 심사】①은혜에 깊이 사례함. ②깊이 사죄(謝罪)함. 깊이 사과함.
【深思熟考 심사숙고】깊이 생각하고 곰곰이 따져 봄.
【深山大澤 심산대택】깊은 산과 큰 못. 범상치 않은 곳.
【深山幽谷 심산유곡】깊은 산과 으슥한 골짜기.
【深省 심성】깊이 깨달음. 깊이 반성함.
【深羞 심수】몹시 부끄러움. 深恥(심치).
【深邃 심수】깊숙함. ㉠깊숙한 산골짜기나 집. ㉡학술·의론(議論) 따위가 심오함.
【深讎 심수】▷深仇(심구).

【深識 심식】①깊이 앎. 깊은 견식. ②도교(道敎)의 도(道).
【深識長慮 심식장려】깊이 깨닫고 먼 장래를 생각함.
【深信 심신】(佛)깊은 마음으로 부처를 믿음.
【深室 심실】①깊숙한 곳에 있는 방. ②죄인을 가두는 방. 囚室(수실).
【深心 심심】①깊은 마음. ②(佛)㉠바른 길과 묘한 진리를 구하는 마음. ㉡부처를 깊이 믿는 마음.
【深甚 심심】매우 깊음.
【深深 심심】①고요하고 희미한 모양. ②깊숙하고 어둠침침한 모양. ③깊고 깊음.
【深訝 심아】대단히 의심스러워함.
【深渥 심악】①깊고 두터움. ②임금의 은총.
【深夜 심야】깊은 밤.
【深語 심어】①속마음을 털어놓고 이야기함. ②남몰래 비밀히 하는 이야기. 深言(심언).
【深言 심언】▷深語(심어).
【深嚴 심엄】매우 엄함.
【深淵 심연】깊은 못. ◦'淵'은 물이 움직이지 않는 깊은 곳.
【深淵薄氷 심연박빙】깊은 못과 엷은 얼음. 몹시 위험한 상황. 深薄(심박).
【深奧 심오】사상·이론 따위가 깊고 오묘함.
【深穩 심온】깊숙하고 아늑함. 깊숙하고 고요함.
【深窈 심요】깊고 고요한 모양.
【深憂 심우】깊이 근심함. 깊은 근심.
【深怨 심원】깊은 원한. 원한이 깊음.
【深遠 심원】①깊고 멂. ②헤아릴 수 없을 만큼 깊음.
【深惟 심유】깊이 생각함.
【深潤 심윤】침착하고 온화함.
【深恩 심은】깊은 은혜.
【深隱 심은】깊이 숨음. 깊이 숨김.
【深衣 심의】아래위가 붙어 있는, 옛 복장의 한 가지.
【深議 심의】충분하게 논의함. 熟議(숙의).
【深入 심입】깊이 들어감.
【深慈 심자】깊은 자애. 深愛(심애).
【深長 심장】깊고 멂. 뜻이 깊음.

〈深衣〉

【深藏 심장】①깊이 간직하여 둠. ②깊이 모습을 감춤.
【深詆 심저】몹시 비방함. 엄하게 비난함.
【深切 심절】①그 일에 꼭 알맞음. 凱切(개절). ②매우 친절함.
【深情 심정】①상대방을 깊이 생각하는 마음. ②본심을 숨기고 남에게 알리지 않음.
【深阻 심조】①깊고 험함. ②본심을 드러내지 않음.
【深造 심조】깊은 조예. 높은 경지에 이름.
【深造自得 심조자득】학문의 깊은 뜻을 궁구하여 스스로 터득함.

水部 8획 淰涯液淤

【深重 심중】①생각이 깊고 침착함. ②심각하고 중대함. ③여러 겹으로 포갬.
【深中隱厚 심중은후】 자비심이 많고 인정이 두터움.
【深池 심지】①깊은 못. ②성 둘레의 해자(垓字)를 깊이 팜.
【深察 심찰】 깊이 살핌.
【深窓 심창】 깊숙한 방의 창문. 여자의 방.
【深責 심책】 깊이 허물을 꾸짖음.
【深叢 심총】 깊이 우거진 수풀.
【深湫 심추】 깊은 못.
【深沖 심충】 깊숙하고 공허(空虛)함.
【深衷 심충】 깊고 참된 속마음. 眞心(진심).
【深醉 심취】 술에 몹시 취함.
【深趣 심취】 깊은 멋. 깊은 정취(情趣).
【深恥 심치】 몹시 부끄러워함. 深羞(심수).
【深沈 심침】①생각이 깊고 빠뜨림이 없음. ②깊숙하고 조용함. ③침착하고 무게가 있음. ④깊이 가라앉음. 일에 몰두함.
【深湛 심침】 침착하고 무게가 있음.
【深耽 심탐】 일에 열중함. 몹시 빠짐.
【深痛 심통】 몹시 마음 아파함.
【深弊 심폐】 쉽게 뽑아 버리지 못할 폐해(弊害).
【深恨 심한】 깊이 원망함. 깊은 원한.
【深巷 심항】 깊숙한 곳에 있는 거리나 동네.
【深解 심해】 속속들이 깨달음.
【深劾 심핵】 죄를 깊이 캐어 조사함.
【深虛 심허】 마음이 깊고 거리낌이 없음.
【深玄 심현】 깊고 현묘(玄妙)함. 幽玄(유현).
【深穴 심혈】 깊은 구멍.
【深峽 심협】 깊은 골짜기.
【深刑 심형】 엄한 형벌(刑罰).
【深慧 심혜】 깊은 슬기.
【深酷 심혹】 몹시 잔인함.
【深泓 심홍】 깊은 못.
【深化 심화】 정도가 점점 깊어짐.
【深豁 심활】 깊고 넓음.
【深隍 심황】 물이 마른 깊은 해자(垓字).
【深懷 심회】 깊이 생각함. 깊은 회포.
【深厚 심후】①마음씨가 깊고 자상함. ②뜻이 깊고 자상함.
【深黑 심흑】①깊고 어두움. ②진한 검은빛.
○ 高一, 功一, 水一, 夜一, 欲一, 幽一, 情一, 精一, 澄一, 淺一, 秋一, 沈一, 海一.

水 8 【淰】⑪ ❶흐릴 심 niǎn ❷잔잔할 념 niǎn ❸퍼덕일 섬 shěn
소전 초서 字解 ❶①흐리다, 물이 흐리다. ②물이 흐르는 모양. ¶淰潤. ❷①잔잔하다, 물결이 없다. ②물 밑을 치는 기구. ③걸리고 막히다. 〔杜甫·詩〕山雲淰淰寒. ❸퍼덕이다, 깊은 물고기가 놀라 헤엄치는 모양. 〔禮記〕龍以爲畜, 故魚鮪不淰.
【淰潤】 ❶심슴 ❷섬섬 ❶물이 흐르는 모양. ❷물고기가 놀라 달아나는 모양.
【淰淰 염념】걸리고 막힘. 凝滯(응체).

【涯】⑪ 물가 애 厓 yá
氵氵氵汀汀汀涯涯涯涯
소전 초서 통자 통자 字源 形聲. 水+厓→涯. '厓(애)'가 음을 나타낸다.
字解 ①물가. 〔書經〕若涉大水其無津涯. ②가, 끝. 〔韓愈·文〕一在天之涯, 一在地之角. ③근처, 어느 곳. 〔古詩〕各在天一涯. ④잡도리하다, 검속하다. 〔沈約·書〕約少不自涯.
【涯角 애각】窮僻하고 먼 땅.
【涯分 애분】신분에 알맞은 정도. 本分(본분).
【涯涘 애사】물가. 涯岸(애안).
【涯岸 애안】①물가. 水涯(수애). 涯涘(애사). 涯際(애제). ②끝, 경계. 涯限(애한).
【涯垠 애안】안착하여 편안한 모양. 중후하고 안정된 모양.
【涯限 애한】끝, 한계. 涯岸(애안).
○ 無一, 邊一, 濱一, 生一, 水一, 際一, 地一, 津一, 天一, 通一.

水 8 【液】⑪ ❶진 액 囮 yè ❷담글 석 囮 shì
소전 초서 동자 동자 參考 대법원 지정 인명용 한자의 음은 '액'이다.
字解 ❶①진, 즙. 〔張衡·賦〕漱飛泉之瀝液. ②겨드랑이. ≒掖. 〔漢書〕液門. ③성(姓). ❷①담그다. 〔周禮〕春液角. ②풀어지다, 녹다. 〔文子〕渙兮其若冰之液.
【液樠 액만·액문】 나무의 진이 흐름. ○'樠'은 소나무·잣나무 등의 줄기에서 분비되는 끈끈한 액체.
【液狀 액상】 액체 상태.
【液雨 액우】 음력 10월에 오락가락 내리는 비.
【液廷 액정】 비빈(妃嬪)·궁녀(宮女)가 거처하는 궁전.
【液汁 액즙】 물체에서 짜낸 액체. 汁液(즙액).
【液體 액체】 일정한 부피는 있으나 일정한 모양이 없이 유동하는 물질.
【液湯 액탕】 약을 달임.
【液化 액화】 기체나 고체가 냉각이나 압력에 의하여 액체로 변하는 일.
○ 果一, 便一, 仙一, 藥一, 溶一, 乳一, 粘一, 精一, 汁一, 津一, 唾一, 香一, 血一.

水 8 【淤】⑪ 진흙 어 圄 yū
소전 초서 字解 ①진흙, 앙금. 〔漢書〕貯淤而稍淺. ②삼각주(三角洲). ③흐리다. 〔雍熙樂府〕淤泥中長出頭蓮. ④물리다, 싫증나다. 〔後漢書〕擺牲班禽, 淤賜犒功. ⑤어혈. ≒瘀. ⑥막히다, 정체(停滯)하다. ≒閼. 〔宋史〕無衝注淤塞之弊.

水部 8획 淹减淵渊溘渨涴溃游清淫

【淤灌 어개】흙탕물을 논에 넣음.
【淤泥 어니】진흙. 진흙탕.
【淤賜 어사】음식물을 먹기 싫도록 내림. 은사품(恩賜品)을 많이 내림.
【淤閼 어알】물이 막히도록 진흙이 쌓임.
【淤汙 어오】괸 물.

水8 【淹】⑪ ❶담글 엄 [엄] yān ❷물가 엄 [엄] yǎn
[소전][초서] [字解] ❶①담그다, 적시다. 〔禮記〕淹之以樂好. ②오래되다. 〔春秋公羊傳〕王師淹病矣. ③머무르다. 〔春秋左氏傳〕二三子無淹久. ④해지다, 상하다. 〔方言〕水敝爲淹. ⑤느리다, 더디다. 〔賈誼·賦〕水速之度兮語余其期. ⑥강 이름. 사천성(四川省)에서 발원하여 양자강으로 흘러드는 강. ⑦성(姓). ❷①물가. ②실을 뽑다, 솜·털 따위를 자아서 실을 뽑다. 〔禮記〕三盆手者, 三淹也.

【淹久 엄구】오랫동안 머무름.
【淹究 엄구】깊이 연구함.
【淹留 엄류】①오래 머무름. ②막히어 나아가지 못함.
【淹沒 엄몰】물 속에 빠짐.
【淹泊 엄박】①오래 머무름. 체류함. ②관리가 오랫동안 낮은 직위에 있음.
【淹博 엄박】학식이 매우 넓음.
【淹死 엄사】물에 빠져 죽음.
【淹數 엄삭】느림과 빠름. 遲速(지속).
【淹歲 엄세】①한 해가 걸림. ②길고 오랜 세월.
【淹宿 엄숙】하룻밤을 지냄. 한때를 지냄.
【淹旬 엄순】열흘을 지냄.
【淹識 엄식】널리 앎. 박식(博識)함.
【淹雅 엄아】학문이 넓고 사람됨이 품위가 있음. 淵雅(연아).
【淹蘊 엄온】깊이 간직하여 밖에 드러내지 않음.
【淹緩 엄완】막힘. 지체함.
【淹月 엄월】한 달이 걸림.
【淹漬 엄지】담금. 잠김.
【淹遲 엄지】느림. 遲緩(지완).
【淹滯 엄체】①막힘. 정체함. ②현재(賢才)가 있으면서 낮은 직위에 머물러 있음.
【淹斃 엄폐】죄수를 오래 가두어 죽게 함.
【淹該 엄해】널리 통함. 淹貫(엄관).
【淹懈 엄해】지체하고 게으름을 피움.
【淹弘 엄홍】매우 넓고 큼.
【淹恤 엄휼】①오랫동안 타향에 머물러 근심함. ②오랫동안 피난을 함. ○'恤'은 '憂'로 '근심'을 뜻함.
◐ 久-, 漫-, 流-, 寂-, 遲-, 滯-.

水8 【減】⑪ ❶빨리 흐를 역 [역] yù ❷해자 혁 [혁] xù
[소전][초서][속자] [字解] ❶①빨리 흐르다. 〔張衡·賦〕瀿瀷減汨. ②거스르다, 거슬러 흐르다. 〔淮南子〕抑減怒瀨. ③슬퍼하다, 아파하다.

【潘岳·賦】惆愴惻減. ④사납게 파도 치며 흐르는 물. 〔淮南子〕抑減怒瀨. ❷해자, 도랑. 〔詩經〕築城伊減.
【減汨 역율】빠르게 흐르는 모양.

水8 【淵】⑪ 淵(1007)의 속자

水8 【渊】⑪ 淵(1007)의 속자

水8 【溘】⑪ 물 내솟는 소리 올 [月] hū
[초서] [字解] ①물 내솟는 소리. ②물 흐르는 모양. 〔郭璞·賦〕滈湟溘溘.
【溘泱 올앙】물이 빨리 흐르는 모양.

水8 【渨】⑪ 흐릴 와 [와] wō
[字解] ①흐리다, 탁하다. ②담그다, 적시다.

水8 【涴】⑪ ❶물 굽이쳐 흐를 완 [阮] wǎn ❷더럽힐 와 [圖] wò ❸내 이름 원 [원] yuān
[초서] [字解] ❶①물이 굽이쳐 흐르다. 〔郭璞·賦〕洪瀾涴演而雲廻. ②성(姓). ❷더럽히다, 더러워지다. 〔蘇舜欽·詩〕雅意反願交, 得無自卑祛. ❸내 이름. 〔山海經〕英鞮之山, 涴水出焉.
【涴演 완연】물이 휘돌이 흐르는 모양.

水8 【溃】⑪ 澆(1038)의 속자

水8 【游】⑪ 游(1008)의 속자

水8 【清】⑪ 강 이름 육 [육] yù
[소전][동자] [字解] ①강 이름. 산동성(山東省) 장구현(章丘縣)에서 발원하여 소청강(小清江)으로 흘러드는 강. ②기르다. ※育(1438)의 고자(古字). 〔管子〕天清陽.

水8 【淫】⑪ ❶음란할 음 [侵] yín ❷못 이름 요 [蕭] yáo

氵 氵 氵 氵 氵 氵 氵 淫 淫 淫

[소전][초서] [참고] 대법원 지정 인명용 한자의 음은 '음'이다.
[字源] 形聲. 水+㸒→淫. '㸒(음)'이 음을 나타낸다.
[字解] ❶①음란하다. 〔春秋左氏傳〕貪色爲淫. ②간사하다, 도리에 어긋나다. 〔禮記〕志淫好辟. ③어지럽다, 어지럽히다. ㉮어지러이 섞이다. 〔管子〕男女不淫. ㉯미혹(迷惑)하다. 〔孟子〕富貴不能淫. ㉰곁눈으로 보다. 〔禮記〕毋

水部 8획 渳 淀

【淫視】 ㉔범하다, 침범하다. 〔陸機·演連珠〕貞於期者, 時累不能淫. ④적시다, 담그다. 〔周禮〕善防者, 水淫之. ⑤놀다. 〔楚辭〕不可以久淫些. ⑥넘치다. 〔淮南子〕積蘆灰以止淫水. ⑦빠지다, 도를 넘다. 〔書經〕罔淫於樂. ⑧사치하다. 〔禮記〕齊八政以防淫. ⑨탐닉하다. 〔書經〕其無淫于觀. ⑩탐내다, 탐하다. 〔春秋左氏傳〕驕奢淫泆. ⑪크다, 많다, 심하다. 늑甚. 〔楚辭〕日浸淫而合同. ⑫오래다. 〔國語〕底箸滯淫. ⑬장마. 늑霖·霪. 〔禮記〕淫雨蚤降. ⑭머무르다. 〔王粲·詩〕何爲久滯淫. ⑮윤택하다. 〔楚辭〕施玉色而外淫. ❷못, 이름. =瑤.
【淫巧】 음교 교활하고 교묘함.
【淫驕】 음교 음란하고 교만함.
【淫具】 음구 색정(色情)을 돋우는 기구.
【淫溺】 음닉 매우 방탕함. 유락(遊樂)에 빠짐.
【淫談悖說】 음담패설 ⓖ음탕하고 사리에 어긋나는 상스러운 이야기.
【淫滔】 음도 제멋대로 행동함. 방종(放縱)함.
【淫亂】 음란 음탕하고 난잡함.
【淫厲】 음려 재앙(災殃).
【淫潦】 음료 장마로 불어난 큰물.
【淫淚】 음루 하염없이 흐르는 눈물.
【淫霖】 음림 장마. 淫雨(음우). 霪淫(음림).
【淫湎】 음면 술과 색에 빠짐.
【淫巫】 음무 음란한 무당.
【淫靡】 음미 음란하고 사치함.
【淫放】 음방 음란하고 제멋대로임.
【淫僻】 음벽 지나치게 괴벽함.
【淫奔】 음분 음탕한 일. 정식으로 결혼하지 않고 남녀가 사통(私通)하는 일.
【淫朋】 음붕 주색(酒色)으로 맺은 벗. 사악한 자가 모여 무리를 짓는 일.
【淫非】 음비 음란하고 바르지 못함.
【淫費】 음비 낭비(浪費).
【淫事】 음사 남녀 사이의 음란한 일.
【淫祀】 음사 부정한 신에 제사 지냄.
【淫思】 음사 ①깊이 생각함. 골똘히 생각함. ②음란한 생각.
【淫祠】 음사 사신(邪神)을 받드는 사당.
【淫辭】 음사 음란한 말. 부정한 말.
【淫媟】 음설 음란하고 더러움. 猥褻(외설). 淫褻(음설).
【淫褻】 음설 음란하고 외설스러움. 淫媟(음설).
【淫聲】 음성 바르지 못한 음악. 음탕한 음악. 淫音(음음).
【淫水】 음수 ❶요수 ❶①넘치는 물. 범람(氾濫)하는 물. ②성교(性交)할 때 나오는 분비액(分泌液). 淫液(음액). ❷신선이 산다는 아름다운 못. 瑤水(요수).
【淫視】 음시 곁눈질. 곁눈으로 봄.
【淫心】 음심 음탕한 마음.
【淫樂】 ❶음악 ❷음락 ❶바르지 못한 음악. ❷음란한 놀이.
【淫液】 음액 ①소리가 끊이지 않고 길게 이어지는 모양. ②술에 취한 모양. ③성교할 때 나오는 분비액. 淫水(음수).

【淫業】 음업 ①부정(不正)한 직업. 상공업을 천하게 여겨 이르던 말. ②매음(賣淫)하는 직업.
【淫然】 음연 앞으로 나아가는 모양.
【淫艶】 음염 색정을 일으킬 만큼 아름다움.
【淫營】 음영 주색(酒色)에 빠짐.
【淫裔】 음예 번갯불이 번적이는 모양.
【淫曀】 음예 어둠침침함.
【淫穢】 음예 음란하고 더러움.
【淫哇】 음와 음탕한 음악. 음탕한 소리.
【淫猥】 음외 음란하고 더러움. 淫媟(음설).
【淫慾】 음욕 음탕한 욕심. 色慾(색욕).
【淫雨】 음우 장마. 淫霖(음림).
【淫威】 음위 대단한 위세. 권력을 남용함.
【淫遊】 음유 버릇없이 멋대로 놂. 놀음에 빠짐.
【淫淫】 음음 ①흐르는 모양. ②늘어나는 모양. ③멀리 사라져 가는 모양. ④비상(飛翔)하는 모양. ⑤왕래하는 모양.
【淫意】 음의 ①멋대로 함. 방종(放縱)함. ②음란한 마음.
【淫夷】 음이 심하게 상처를 줌. 크게 다치게 함.
【淫泆】 음일 ①난봉을 부림. 放蕩(방탕). ②남녀 사이의 음란한 교제.
【淫縱】 음종 음란하고 방종함.
【淫志】 음지 음란한 마음.
【淫侈】 음치 지나치게 사치함. 지나치게 방종함.
【淫濯】 음탁 지나치게 큼.
【淫蕩】 음탕 주색 따위의 향락에 빠져 음란하고 방탕함.
【淫慝】 음특 ①남 모르게 나쁜 짓을 함. 姪慝(음특). ②성질이 음란하고 간악함.
【淫悖】 음패 음란하고 도의에 어그러짐.
【淫風】 음풍 ①부정한 짓을 하는 풍습. ②남녀 간의 음란한 풍습.
【淫虐】 음학 음란하고 잔학함. 매우 잔학함.
【淫刑】 음형 부당한 형벌. 형벌을 남용함.
【淫惠】 음혜 부당한 혜택. 사리에 맞지 않는 지나친 은혜.
【淫荒】 음황 주색에 탐닉함.
【淫酗】 음후 심하게 주정을 부림.
【淫戲】 음희 ①매우 게으름을 피움. ②음탕한 연극.

▶ 誣―, 浮―, 書―, 浸―, 荒―.

水 8 【渳】⑪ 때 전 铦 tiǎn

[字解] ①때, 때가 끼다. 〔楚辭〕切渳汩之流俗. ②빠지다, 망하다. 〔唐書〕渳汩於隋.
【渳汩】 전골 함몰함. 멸망함.
【渳涊】 전년 ①때. 때가 묻어 더러워짐. ②술에 취한 뒤끝이 개운치 않은 모양.
【渳濁】 전탁 때. 더러움.

水 8 【淀】⑪ 얕은 물 정 ㊤전 📖 diàn

[字解] 얕은 물, 흐르지 아니하고 괸 물. 〔左思·賦〕掘鯉之淀.

水部 8획 淨済淛浺漳淙淌淒

水₈ 【淨】⑪ 깨끗할 정 🔑 jìng

〻 〻 〻 〻 〻 〻 〻 〻 〻 淨 淨

[소전] [초서] [속] 淨 [간체] 凈

[字源] 形聲. 水+爭→淨. '爭(쟁)'이 음을 나타낸다.

[字解] ①깨끗하다. ㉮때묻지 아니하다. 〔晉書〕見棐几滑淨, 因書之, 眞草相半. ㉯정결하다. 〔周敦頤·說〕不蔓不支, 亭亭淨植. ㉰맑다, 밝다. 〔隋煬帝·詩〕團團素月淨, 儵儵夕景淸. ㉱사념(邪念)이 없다. 〔世說新語〕卿ася心不淨. ②깨끗이 하다. 〔南史〕時陳郡殷沖亦好淨, 小史非淨浴新衣, 不得近. ③희극의 악역(惡役). ④(佛)해탈(解脫)하여 미망(迷妄)을 떨어버린 생각과 해탈하는 방법. 애착(愛着)의 생각과 애착하는 법을 '染(염)'이라 하는 데 대하여 이르는 말. 〔大藏法數〕无明之用爲染, 法性之用爲淨.
【淨巾 정건】깨끗한 두건. 승려의 두건.
【淨潔 정결】맑고 깨끗함.
【淨戒 정계】(佛)청정한 부처의 계법(戒法). 오계(五戒)·십계(十戒) 따위.
【淨界 정계】(佛)①사원(寺院) 경내(境內) 등의 청결한 곳. ②☞淨土(정토).
【淨空 정공】맑은 하늘.
【淨敎 정교】깨끗한 가르침. 불교(佛敎).
【淨宮 정궁】깨끗한 절. 사찰. 梵宮(범궁).
【淨几 정궤】깨끗한 책상.
【淨利 정리】순이익(純利益).
【淨名經 정명경】(佛)유마경(維摩經).
【淨妙 정묘】깨끗하고 절묘함.
【淨房 정방】[國]뒷간. 변소.
【淨碧 정벽】맑고 푸름.
【淨福 정복】(佛)조촐한 행복. 불교를 믿음으로써 얻는 행복.
【淨色 정색】맑은 빛. 깨끗한 빛깔.
【淨書 정서】글씨를 깨끗이 옮겨 씀.
【淨沼 정소】물이 맑은 못.
【淨水 정수】맑은 물.
【淨漱 정수】깨끗이 씻음. 깨끗이 양치질 함.
【淨植 정식】깨끗하게 심어져 있음.
【淨神 정신】마음을 청결하게 함.
【淨眼 정안】①눈을 씻어 맑게 함. ②(佛)청정(淸淨)한 법안(法眼).
【淨業 정업】(佛)맑고 깨끗한 선업(善業). 정토(淨土)에 왕생할 업인(業因).
【淨域 정역】①번뇌에서 벗어난 깨끗한 세상. 淨土(정토). ②절, 사원(寺院).
【淨瑠璃 정유리】(佛)깨끗하고 투명한 유리. 가장 깨끗함.
【淨壹 정일】순수함. 불순물이 없음.
【淨財 정재】깨끗한 돈. ㉠사원(寺院)에 내는 기부금. ㉡자선금. 희사금(喜捨金).
【淨地 정지】(佛)①맑고 깨끗한 곳. 사원 등이 있는 곳. ②절에서 식료품을 두는 곳.
【淨饌 정찬】육류를 쓰지 않은 음식.
【淨榻 정탑】깨끗한 의자(椅子).
【淨土 정토】(佛)더럽혀지지 않은 나라. 번뇌(煩惱)에서 해탈(解脫)한 깨끗한 나라. 極樂(극락). 淨界(정계). 淨地(정지).
【淨土宗 정토종】(佛)나무아미타불 여섯 자를 부르며 아미타불의 대원력(大願力)인 정토에 감이 이상으로 삼는 불교의 한 파.
【淨土之學 정토지학】불교의 학문.
【淨玻璃鏡 정파리경】(佛)①지옥의 염부(閻府)에 있다는 거울. 이 거울에 비추어 보면 생전에 행한 선악의 소업(所業)이 다 나타난다고 함. ②속일 수 없는 밝은 안식(眼識). ○파리(玻璃)는 칠보(七寶)의 하나.
【淨化 정화】깨끗하게 함.
【淨話 정화】깨끗한 이야기. 불법(佛法)의 담화.
❶ 不-, 洗-, 淸-.

水₈ 【済】⑪ 濟(1049)의 속자

水₈ 【淛】⑪ 강 이름 제 🔑 zhè

[초서] 淛

[字解] ①강 이름. 절강(浙江)의 옛 이름. 늦浙. 〔山海經〕禹治水, 以至淛河. ②산 이름. 복건성(福建省)에 있는 산.

水₈ 【溎】⑪ 濟(1049)의 고자

水₈ 【漳】⑪ 潮(1039)의 본자

水₈ 【淙】⑪ 물소리 종 🔑 cóng

[소전] 淙 [초서] 淙

[字解] ①물소리, 물이 흐르는 소리. 〔高適·歌〕石泉淙淙若風雨. ②물을 대다. 〔郭璞·賦〕淙大壑與沃焦.
【淙然 종연】물이 흐르는 소리.
【淙潺 종잔】물이 흐르는 소리.
【淙琤 종쟁】물이 흐르는 소리가 옥(玉)을 굴리는 것과 같음. ○'琤'은 구슬이 서로 부딪쳐 나는 아름다운 소리.
【淙淙 종종】①물이 흐르는 소리. ②금석(金石)의 소리.

水₈ 【淌】⑪ ❶큰 물결 창 🔑 chǎng ❷흐름 따라 내려갈 탕 🔑 tǎng

[초서] 淌

[字解] ❶①큰 물결. ②물이 흐르는 모양. 〔淮南子〕淌游灑減. ❷흐름을 따라 내려가다.

水₈ 【淒】⑪ ❶쓸쓸할 처 🔑 qī ❷빠른 모양 천 🔑 qiàn

[소전] 淒 [초서] 淒

[參考] ❶의 뜻의 어휘는 凄(177)를 아울러 보라.

[字解] ❶쓸쓸하다. =凄. ❷빠른 모양. =倩. 〔史記〕儵神淒洌.

水 8 【淺】⑪ ❶얕을 천 [賤] qiǎn
❷물 끼얹을 전 [箭] jiàn

氵 氵 氵 汢 浅 浅 浅 淺 淺 淺

[소전]淺 [초서]浅 [속자]浅 [간자]浅 [참고] 대법원 지정 인명용 한자의 음은 '천'이다.
[字源] 形聲. 水+戔→淺. '戔(전)'이 음을 나타낸다.
[字解] ❶얕다. ㉮바닥이 얕다. 물이 깊지 아니하다. 〔北史〕井淺地平. ㉯너비가 좁다. 〔陸游·詩〕詹淺時聞賈籙. ㉰소견·지식·학문 등이 깊지 아니하다. 〔北史〕學淺行薄. ㉱오래지 아니하다. 〔戰國策〕寡人年少, 莅國之日淺. ㉲성기다. 〔吳融·詩〕草煙憂驚吹, 花殘惜晚暉. ㉳빛이 연하다. 〔張華·賦〕色淺體陋. ㉴약하다. 〔李密·表〕人命危淺, 朝不慮夕. ㉵어리석다. 〔新唐書〕材下資淺. ㉶가볍다, 경망스럽다. 〔漢書〕其事浮淺. ㉷적다. 〔晉書〕老子於此處, 興复不淺. ㉸공손하지 아니하다, 친절하지 아니하다. 〔唐書〕何待我淺耶. ㉹드러나다. 〔論衡〕淺露易見. ❷물을 끼얹다. =濺. 〔儀禮〕槃以盛棄水, 為淺汙人也.

【淺絳 천강】 연한 붉은빛.
【淺見 천견】 얕은 생각. 자기 생각의 겸칭. 淺慮(천려).
【淺近 천근】 천박함. 얕고 속됨.
【淺短 천단】 천박하고 짧음.
【淺帶 천대】 유생(儒生)이 사용하는 넓은 띠. ◌띠가 넓으면 옷을 죄는 것이 얕기 때문에 이르는 말.
【淺略 천략】 천박하며 조략(粗略)함.
【淺慮 천려】 얕은 생각. 淺見(천견).
【淺劣 천렬→천열】 지혜(智慧)·견식(見識)이 얕고 용렬함. 淺陋(천루). 淺薄(천박).
【淺露 천로】 ①얕아서 드러남. ②조금 드러남.
【淺瀨 천뢰】 얕은 여울.
【淺陋 천루】 천박하고 고루함. 견문이 좁음. 淺劣(천열).
【淺謀 천모】 얕은 꾀.
【淺聞 천문】 듣고 본 바가 적음.
【淺薄 천박】 지혜·견식이 얕음. 淺劣(천열).
【淺鮮 천선】 얕고 적음. ◌'鮮'은 '少'로 '적음'을 뜻함.
【淺笑 천소】 미소를 지음. 얕은 웃음.
【淺術 천술】 미숙한 재주. 낮은 재주.
【淺深 천심】 ①얕음과 깊음. ②얕음과 깊음. 헤아림.
【淺靄 천애】 엷은 운기(雲氣).
【淺酌 천작】 조금 마심. 알맞게 술을 마심. 淺斟(천짐).
【淺才 천재】 얕은 재주.
【淺渚 천저】 얕은 물가.
【淺斟低唱 천짐저창】 술을 조금 따르고 낮게 노래 함. 술을 알맞게 마시면서 노래 부르고 즐김.
【淺淺 천천】 물이 빠르게 흐르는 모양.
【淺灘 천탄】 여울.

【淺弊 천폐】 천박하고 용렬함.
【淺學 천학】 학식이 얕음. 자기 학식의 겸칭.
【淺學菲才 천학비재】 학문이 얕고 재주가 없음. 자기 학문의 겸칭. ◌'菲'는 '薄'으로 '적음'을 뜻함. 淺學短才(천학단재).
【淺海 천해】 얕은 바다.
【淺狹 천협】 얕고 좁음.

❶微―, 卑―, 疎―, 深―, 日―, 粗―, 清―, 偏―, 平―, 荒―.

水 8 【添】⑪ ❶더할 첨 [沾] tiān
❷맛을 더할 첨 [沾] tiàn

氵 氵 氵 沪 沃 沃 添 添 添 添

[소전]添 [字源] 形聲. 水+忝→添. '忝(첨)'이 음을 나타낸다.
[字解] ❶①더하다, 보태다. 〔白居易·詩〕雨添山氣色. ②성(姓). ❷①맛을 더하다, 맛을 내다. ②안주, 반찬. 〔俗呼小錄〕呼下酒具爲添.
【添加 첨가】 더함. 덧붙임.
【添病 첨병】 어떤 병에 또 다른 병이 겹침. 병이 심해짐. 添症(첨증). 添祟(첨수).
【添付 첨부】 더하여 붙임.
【添削 첨삭】 글·글자를 더하거나 지우거나 해서 시문(詩文)을 고침. 添刪(첨산). 添竄(첨찬).
【添書落點 첨서낙점】 임금이 벼슬아치를 임명할 때, 삼망(三望)에 든 사람 이외의 사람을 써 넣고 그 이름 위에 점을 찍어 결정하던 일.
【添設 첨설】 첨가하여 설치함.
【添言 첨언】 덧붙여 말함.
【添入 첨입】 ⓝ더 보태어 넣음.
【添盞 첨잔】 따라 놓은 술잔에 술을 더 따름.
【添丁 첨정】 나라를 위하여 장정(壯丁)을 첨가(添加)함. 아들을 낳음.
【添增 첨증】 더함, 불림. 增加(증가).
【添齒 첨치】 ⓝ나이를 한 살 더 먹음.

❶加―, 多―, 別―, 相―, 增―.

水 8 【清】⑪ 맑을 청 [庚] qīng

氵 氵 氵 汁 洴 清 清 清 清 清

[소전]清 [초서]清 [동자]清 [字源] 形聲. 水+青→清. '青(청)'이 음을 나타낸다.
[字解] ①맑다. ㉮물이 맑다. 〔詩經〕瀏其清矣. ㉯구름이나 안개가 끼지 아니하여 깨끗하다. 〔淮南子〕徧土之氣御乎清天. ㉰더럽고 잡스러운 것이 섞이지 아니하여 신선하다. 〔周敦頤·說〕香遠益清. ㉱누추한 티 없이 순진하고 조촐하다. 〔書經〕直哉惟清. ㉲환히 트이어 속되거나 탁한 맛이 없다. 〔楚辭〕舉世皆濁, 我獨清. ②빛이 선명하다. 〔山海經〕丹木五歲, 五色乃清. ③사념(邪念)이 없다, 탐욕이 없다. 〔楚辭〕朕幼清以廉潔兮. ④맑게 하다. ㉮깨끗이 하다, 소제하다. 〔張衡·賦〕泂辛清候. ㉯흐린 것을 맑게 하다. 〔周禮〕清其灰. ㉰거르다,

여과하다.〔周禮〕淸其灰. ❺갚다, 청산하다.〔拍案驚奇〕年年淸利. ❻다스려지다. ㉮세상이 태평하게 다스려지다.〔呂氏春秋〕蓋聞古之淸世. ㉯수리 시설을 잘하여 물길을 내다.〔詩經〕泉流旣淸. ❼서늘하다. 늉淸.〔素問〕腰痛足淸. ❽분명하다, 공명정대하다.〔易經〕刑罰淸而民服. ❾누그러지다, 온화해지다.〔荀子〕養之以淸. ❿고요하다, 조용하다.〔張衡·賦〕懲澳澀而爲淸. ⓫눈매, 눈매가 곱다.〔詩經〕猗嗟名兮, 美目淸兮. ⓬밝게 하다, 똑똑히 보다.〔淮南子〕淸目而不以視. ⓭거른 술, 맑은 술, 청주.〔禮記〕稻醴淸糟. ⓮음료(飮料), 마시도록 된 액체.〔周禮〕飮用六淸. ⓯맑은 소리, 상(商)의 소리.〔淮南子〕淸濁之於耳聽. ⓰변소, 뒷간. 늉圊. ⓱왕조 이름. 누르하치〔奴兒哈赤〕가 명(明)나라를 멸하고 세운 왕조. 1616~1912.

【淸歌 청가】①맑은 소리로 노래를 부름. ②반주 없이 노래 부름.
【淸恪 청각】청렴하고 신중함. 淸愼(청신).
【淸澗 청간】맑게 흐르는 산골의 시내.
【淸鑒 청감】①명확히 분간함. ②한번 읽어 보기 바란다는 뜻으로 편지에 쓰는 말.
【淸江 청강】맑게 흐르는 강.
【淸介 청개】청렴하고 고고(孤高)함.
【淸客 청객】①탈속(脫俗)한 사람. 문객(門客). ②매화의 딴 이름. 淸友(청우).
【淸儉 청검】청렴하고 검소함. 淸約(청약).
【淸潔 청결】①맑고 깨끗함. ②청렴하고 결백함.
【淸勁 청경】청렴하고 강직함. 淸鯁(청경).
【淸輕 청경】맑고 가벼움.
【淸鯁 청경】청렴하고 강직함. 淸勁(청경).
【淸鏡 청경】맑은 거울.
【淸契 청계】깨끗한 교제(交際).
【淸苦 청고】청렴결백하여 곤궁을 견딤.
【淸高 청고】①맑고 고결함. ②인격이 고상함. 기품이 높음.
【淸曲 청곡】①맑은 가곡. ②산곡(散曲)의 딴 이름.
【淸公 청공】청렴하고 공평함.
【淸官 청관】①한림원(翰林院)과 같이 지위가 높고 고귀한 벼슬. 淸班(청반). ②청렴한 관리.
【淸貫 청관】①시종(侍從)의 벼슬. ②남의 고향을 높여 이르는 말.
【淸聒 청괄】소리가 카랑카랑하여 시끄러움.
【淸光 청광】①맑은 달빛. ②귀인(貴人)의 맑은 풍채(風采).
【淸狂 청광】①미치지 않았으면서 언행(言行)이 미친 사람을 닮았음. ②마음이 깨끗하여 청아한 맛이 있으면서 그 하는 짓이 규범에 벗어남.
【淸曠 청광】①깨끗하고 탁 트여 넓음. ②맑고 밝음.
【淸巧 청교】청아하고 교묘함.
【淸癯 청구】몸이 야위어 후리후리하게 보이는 모양. 淸瘦(청수).
【淸宵 청궁】맑은 하늘. 淸霄(청소).
【淸規 청규】①맑고 바름. ②맑은 법도(法度).

③(佛)승려가 지켜야 할 규칙.
【淸琴 청금】맑은 소리가 나는 거문고.
【淸禁 청금】①궁전(宮殿). ②궁원(宮苑)을 깨끗하게 청소함.
【淸南 청남】조선 숙종 때, 허목(許穆)을 당수로 하였던 남인(南人)의 일파.
【淸恬 청념】마음이 깨끗하고 조용함.
【淸寧 청녕】①맑고 고요함. ②세상이 깨끗하고 평화롭게 다스려짐. 淸謐(청밀).
【淸旦 청단】맑은 아침. 淸晨(청신).
【淸湍 청단】맑은 여울. 淸瀨(청뢰).
【淸淡 청담】①맑고 담박함. ②마음이 편안하고 욕심이 없음.
【淸談 청담】①세속(世俗)을 떠난 고상한 이야기. ②위(魏)·진(晉) 때, 선비들이 노장(老莊)을 숭상하여 세상사를 버리고 공리공담(空理空談)을 하던 일. 죽림칠현(竹林七賢)은 특히 유명함.
【淸澹 청담】청렴하고 담박함.
【淸德 청덕】청렴결백한 덕.
【淸塗 청도】좋은 벼슬자리에 나아가는 길.
【淸道 청도】①깨끗한 도(道). ②임금이 행차할 때 미리 길을 치우치는 일. 辟除(벽제).
【靑鑾 청란】맑은 소리가 나는 방울. 임금이 타는 수레.
【淸覽 청람】①조촐한 조망(眺望). ②자기가 쓴 글이나 그림을 남에게 보일 때 그 보는 일을 높여 이르는 말. 高覽(고람).
【淸朗 청랑】맑고 명랑함.
【淸良 청량】청렴하고 선량함.
【淸亮 청량】성질이나 소리가 맑고 깨끗함.
【淸涼 청량】맑고 서늘함.
【淸麗 청려】맑고 고움.
【淸歷 청력】아름답게 나란히 섬. 곱게 늘어섬.
【淸漣 청련】맑고 잔잔한 물결. 淸漪(청의).
【淸洌 청렬】물이 맑고 차가움.
【淸廉 청렴】①마음이 깨끗하고 바름. ②욕심이 없고 성품과 행실이 높음.
【淸泠 청령】맑고 투명함. 맑고 시원함.
【淸靈 청령】맑은 정기(精氣).
【淸瀨 청뢰】맑은 여울. 淸湍(청단).
【淸籟 청뢰】맑은 바람 소리.
【淸醪 청료】맑은 술.
【淸流 청류】①맑게 흐르는 물. ②청렴한 사람. 깨끗한 사람. ③고귀한 사람. 名士(명사). ④맑은 은택(恩澤).
【淸邈 청막】맑고 깊숙함.
【淸望 청망】청렴하고 명망이 있는 사람.
【淸猛 청맹】마음이 깨끗하고 용감함.
【淸名 청명】청렴하다는 평판.
【淸明】①맑고 밝음. ㉠천하가 평화롭게 다스려짐. ㉡마음이 맑고 똑똑함. ②24절기(節氣)의 하나. 양력 4월 5·6일경. ③금신(金神). ④동남풍(東南風).
【淸溟 청명】맑은 바다.
【淸明風 청명풍】춘분 후에 부는 동남풍.
【淸眸 청모】맑은 눈동자. 시원스러운 눈매.

【清目 청목】 눈을 밝게 함.
【清穆 청목】 ①맑고 온화함. ②상대방의 건강·행복을 빈다는 뜻으로 편지에 쓰는 말.
【清廟 청묘】 ①맑고 깨끗한 종묘. ②주(周) 문왕(文王)의 영전(靈殿).
【清門 청문】 훌륭한 가문.
【清味 청미】 ①좋은 맛. 좋은 음식. ②산뜻한 정취(情趣).
【清敏 청민】 마음이 맑고 총명함.
【清拔 청발】 맑고 빼어남. 문장에 속된 기운이 없음.
【清防 청방】 병풍(屛風).
【清白 청백】 ①맑고 깨끗함. ②청주(清酒)와 사주(事酒)·석주(昔酒). 사주와 석주는 제사에 쓰는 술. ③일이 깨끗이 끝남. ④가문(家門)이나 직업이 비천하지 않은 사람.
【清白吏 청백리】 ①청렴결백한 관리. ②國의정부(議政府)·육조(六曹)·경조(京兆)의 이품(二品) 이상 당상관(堂上官)과 사헌부(司憲府)·사간원(司諫院)의 우두머리가 천거하여 뽑은 결백한 관리.
【清梵 청범】 승려가 불경을 읽는 소리.
【清福 청복】 좋은 복.
【清馥 청복】 맑고 향기로움. 맑은 향기.
【清芬 청분】 ①맑은 향기. ②맑고 향기로운 덕행. 清香(청향).
【清氛 청분】 맑은 기운.
【清濆 청분】 맑은 물가.
【清泌 청비】 맑게 흐름.
【清貧 청빈】 청렴하고 가난함.
【清士 청사】 욕심이 없고 절의(節義)가 있는 사람. 청렴결백한 사람.
【清祀 청사】 동지에 지내는 제사.
【清駛 청사】 물이 맑고 빠리 흐름.
【清辭 청사】 고운 말. 아름다운 말.
【清算 청산】 ①말끔하게 셈을 끝냄. ②결말을 지어서 깨끗하게 처리함.
【清森 청삼】 깨끗하게 우거짐.
【清尙 청상】 청아하고 고상함.
【清商 청상】 ①오음(五音) 중 상(商)의 소리. 특히 맑은 소리. ②맑고 시원한 바람.
【清爽 청상】 몸·마음이 상쾌함. 산뜻함.
【清賞 청상】 ①맑고 빼어남. ②아름다운 경치.
【清省 청생】 잘 조사하여 까다로운 규칙을 빼버리는 일.
【清雪 청설】 깨끗이 씻음. 설욕(雪辱)함.
【清蟾 청섬】 달의 딴 이름. ◯'蟾'은 두꺼비로, 달 속에 있다는 전설에 의함.
【清贍 청섬】 청아(清雅)하고 넉넉함.
【清世 청세】 잘 다스려진 세상. 태평한 시대.
【清劭 청소】 깨끗이 이음. ◯'劭'는 '繼'로 '이어나감'을 뜻함.
【清宵 청소】 고요한 밤. 清夜(청야).
【清素 청소】 결백하고 소박함.
【清掃 청소】 깨끗이 쓸고 닦음.
【清霄 청소】 맑은 하늘. 清穹(청궁).
【清嘯 청소】 맑은 소리로 시를 읊음.

【清灑 청쇄】 깨끗하게 씻음.
【清秀 청수】 용모가 맑고 빼어남.
【清瘦 청수】 ①몸이 야위었음. 清癯(청구). ②산이 말쑥하게 야위어 보임. 초목이 말라서 모가 나게 보이는 모양.
【清水無大魚 청수무대어】 물이 너무 맑으면 큰 고기가 없음. 사람도 너무 엄격하면 친할 수 없음. 水至清無魚(수지청무어).
【清淑 청숙】 청초(清楚)하고 정숙함.
【清肅 청숙】 ①맑고 엄숙함. ②맑고 고요하게 다스려짐.
【清淳 청순】 청렴하고 순박함.
【清純 청순】 맑고 순수함.
【清湜 청식】 물이 맑음.
【清晨 청신】 맑은 이른 아침. 清旦(청단). 清朝(청조).
【清新 청신】 ①깨끗하고 새로움. ②속됨이 없고 참신함.
【清愼 청신】 청렴하고 신중함. 清恪(청각).
【清愼勤 청신근】 벼슬아치가 지켜야 할 청렴·근신·근면의 세 가지 도(道).
【清信士 청신사】 (佛)승려의 딴 이름.
【清室 청실】 ①깨끗하고 신선한 방. ②방을 깨끗하게 함. ③몸을 깨끗하게 하고 죄(罪)를 기다리는 방.
【清實 청실】 청렴하고 신의가 있음.
【清心 청심】 결백한 마음. 마음을 깨끗하게 함.
【清深 청심】 맑고 깊음.
【清審 청심】 자세하게 살핌. 자세하게 조사함.
【清潯 청심】 맑은 못.
【清雅 청아】 맑고 아담함.
【清晏 청안】 깨끗하고 평안함.
【清顔 청안】 ①덕이 높은 사람의 용모. ②깨끗한 얼굴.
【清夜 청야】 맑게 갠 조용한 밤. 清宵(청소).
【清野 청야】 ①깨끗한 들. ②들을 깨끗이 함. ㉠천자가 거둥할 때, 지나가는 길의 잡초를 베어 없앰. ㉡전쟁 때 적이 이용하지 못하도록 집들을 헐어 없앰.
【清約 청약】 청렴하고 검약함. 清儉(청검).
【清揚 청양】 ①눈이 맑고 눈썹 위가 넓고 두툼한 모양. ②용모가 수려(秀麗)함. ③맑고 높게 드날림.
【清嚴 청엄】 결백하고 엄격함.
【清宴 청연】 조촐하고 풍류스러운 주연(酒宴).
【清軟 청연】 말이 맑고 부드러움.
【清榮 청영】 ①아름답게 번성함. ②깨끗한 꽃.
【清影 청영】 ①맑은 그림자. 소나무·대나무 따위의 그림자를 운치 있게 이르는 말. ②맑은 달빛.
【清悟 청오】 맑고 총명함.
【清溫 청온】 맑고 따뜻함.
【清婉 청완】 맑고 고움.
【清畏 청외】 세상이 잘 다스려져서 백성이 두려워하여 복종함.
【清要 청요】 ①맑고 요령이 있음. ②國청환(清宦)과 요직(要職).
【清友 청우】 ①매화(梅花)의 딴 이름. 清客(청

水部 8획 清

객). ②차(茶)의 딴 이름.
【清韻 청운】맑은 음향. 清響(청향).
【清愿 청원】결백하고 신중함.
【清月 청월】맑은 달. 청명한 달.
【清越 청월】①소리가 맑고 가락이 높음. ◯'越'은 '揚'으로 '위로 오름'을 뜻함.
【清樾 청월】맑은 나무 그늘. 清陰(청음).
【清幽 청유】속세(俗世)와 떨어진 조촐하고 고요한 곳.
【清遊 청유】속세를 떠난 깨끗한 놀이. 고상(高尙)한 놀이. 雅遊(아유).
【清猷 청유】좋은 꾀.
【清陰 청음】서늘한 그늘. 清樾(청월).
【清音幽韻 청음유운】맑은 음성과 그윽한 운치. 문장이 격조(格調) 있음.
【清漪 청의】맑은 잔물결. 清漣(청련).
【清毅 청의】결백하고 굳셈.
【清夷 청이】세상이 잘 다스려짐. ◯'夷'는 '平'으로 '평평해짐'을 뜻함. 清平(청평).
【清逸 청일】맑고 속되지 아니함.
【清酌庶羞 청작서수】제사에 쓰는 술과 그 밖의 여러 제물(祭物). ◯'庶'는 '衆'으로 '많은 물건'을, '羞'는 '맛이 좋은 음식'을 뜻함.
【清醬 청장】國진하지 않은 간장.
【清齋 청재】①마음을 깨끗하게 하여 정진(精進)함. 潔齋(결재). ②청결한 방.
【清笛 청적】소리가 맑은 피리.
【清適 청적】마음이 상쾌하여 기분이 좋음.
【清殿 청전】①깨끗한 궁전(宮殿). ②궁전을 깨끗이 함. 곧, 남을 한대(歡待)함.
【清囀 청전】①음악이 맑게 흐름. ②새가 맑은 소리로 지저귐.
【清切 청절】①슬프고 애처러움. ②지극히 맑음. ③지위가 높고 중요한 일을 맡고 있음. ④성질이 몹시 엄격함.
【清節 청절】청렴결백한 절조. 清操(청조).
【清簟 청점】깨끗한 대자리.
【清正 청정】맑고 바름. 청렴하고 정직함.
【清定 청정】세상이 잘 다스려짐.
【清貞 청정】마음이 맑고 곧음.
【清淨 청정】①맑고 깨끗함. ②마음이 깨끗하여 사념(邪念)·사심(私心)이 없음.
【清渟 청정】맑은 물이 괴어 있음.
【清静 청정】조촐하고 고요함.
【清淨寂滅 청정적멸】청정무위(清淨無爲)를 주장하는 노자(老子)의 가르침과, 적멸위락(寂滅爲樂)을 종지로 하는 석가모니(釋迦牟尼)의 가르침. 곧, 도교(道教)와 불교(佛教).
【清朝 청조】①이른 아침. 清晨(청신). ②청명한 조정(朝廷). 당대(當代) 왕조(王朝)의 미칭.
【清操 청조】깨끗한 절조. 清節(청절).
【清族 청족】國대대로 절의(節義)를 숭상하여 온 집안.
【清酒 청주】①물과 술. ◯'清'은 현주(玄酒)로 물, '酒'는 제사에 쓰는 술. ②술의 한 종류. 술밑(酒母)에 다시 지에밥을 더하여 빚은 맑은 술.

【清罇 청준】①깨끗한 술그릇. ②향긋한 술.
【清沚 청지】물이 맑고 깨끗한 작은 섬.
【清芷 청지】산뜻한 향기를 풍기는 풀.
【清眞 청진】깨끗하고 순진함.
【清秩 청질】깨끗한 봉록(俸祿). 고귀한 벼슬.
【清澄 청징】깨끗하고 맑음. 清澈(청철).
【清唱 청창】맑은 소리로 노래함.
【清滌 청척】①제사에 쓰던 정수(淨水). 玄酒(현주). ②깨끗하게 씻음.
【清泉 청천】맑고 깨끗한 샘.
【清徹 청철】맑음. 투명함.
【清澈 청철】①맑고 투명함. 清澄(청징). ②밝게 살핌.
【清清 청청】맑은 모양.
【清聽 청청】①귀가 밝아 소리가 잘 들림. 맑게 들림. ②자기 말을 남에게 들어 달라고 할 때 쓰는 존칭.
【清楚 청초】맑고 고움. 깨끗하고 산뜻함.
【清最 청최】깨끗하고 훌륭함.
【清秋 청추】①맑게 갠 가을. 맑게 갠 가을 하늘. ②음력 8월의 딴 이름.
【清冲 청충】맑고 부드러움.
【清徵 청치】맑은 치(徵)의 음(音). ◯'徵'는 오음(五音)의 하나.
【清快 청쾌】조촐하고 상쾌함.
【清卓 청탁】깨끗하고 재주가 뛰어남.
【清濁 청탁】①맑음과 흐림. ②청음(清音)과 탁음(濁音). ③옳고 그름. ④청주(清酒)와 탁주(濁酒).
【清蕩 청탕】고요하고 평화로움.
【清派 청파】맑은 지류(支流).
【清平 청평】①고요하고 평화롭게 다스려짐. 清夷(청이). ②청렴하고 공평함.
【清平調 청평조】악부(樂府)의 하나. 3장(章). 당(唐) 현종(玄宗)이 양귀비(楊貴妃)와 침향정(枕香亭)에서 작약(芍藥)을 완상할 때 이백(李白)이 명을 받들어 지은 것.
【清抱 청포】맑은 마음.
【清泡 청포】國녹두묵.
【清標 청표】①늠름하고 기품이 있음. ②명월(明月).
【清飈 청표】맑은 바람. 시원한 바람.
【清品 청품】좋은 벼슬. 좋은 벼슬자리에 있는 사람.
【清風 청풍】①맑은 바람. ②청아한 풍격.
【清風明月 청풍명월】맑은 바람과 밝은 달. 결백하고 온건한 성격.
【清蹕 청필】①임금이 거둥할 때 사람의 통행을 금지하던 일. ②임금이 타는 수레.
【清夏 청하】공기가 맑은 여름.
【清閑 청한】한가함.
【清閑之歡 청한지환】조용하고 여유가 있는 즐거움.
【清吭 청항】새가 우는 맑은 소리. ◯'吭'은 '목'을 뜻함.
【清抗 청항】마음이 깨끗하고 고상함.
【清香 청향】맑은 향기. 좋은 향기. 清芬(청분).

【清虛 청허】 마음에 잡된 생각이 없이 아주 맑고 깨끗함. 담박하고 욕심이 없음.
【清玄 청현】 맑고 고요함.
【清絃 청현】 거문고의 맑은 소리. 맑은 소리를 내는 거문고.
【清顯 청현】 ①높고 좋은 지위. ②國청환(清宦)과 현직(顯職).
【清血 청혈】 맑은 피. 피를 깨끗하게 함.
【清逈 청형】 맑고 아득함. 逈明(형명).
【清魂 청혼】 혼을 맑게 함. 맑은 혼.
【清化 청화】 청명(清明)한 교화(教化).
【清和 청화】 ①맑고 부드러움. ②세상이 잘 다스려져 화평함. ③음력 사월.
【清華 청화】 ①문장이 조촐하고 화려함. ②깨끗한 꽃. ③대대로 지체가 높은 가문.
【清話 청화】 ①세속을 떠난 이야기. 점잖은 이야기. ②청조(清朝)의 옛 만주어.
【清宦 청환】 國학식·문벌이 높은 사람에게 시키던, 규장각·홍문관 따위의 벼슬.
【清誨 청회】 훌륭한 가르침. 남의 가르침의 존칭(尊稱).
【清暉 청휘】 맑은 햇빛. 清輝(청휘).
【清徽 청휘】 ①조촐하고 기품이 있음. ②맑고 아름다운 음성.
【清興 청흥】 고상한 흥취(興趣).
◐ 潔-, 明-, 上-, 昭-, 澄-, 凄-, 太-.

水8 【清】⑪ 清(996)의 속자

水8 【淄】⑪ 검은빛 치 因　zī
[초서] [字解] ①검은빛. 〔太玄經〕 化白于泥淄. ②검게 물들다, 검게 물들이다. 〔史記〕 不曰白乎, 涅而不淄. ③강 이름. 산동성(山東省) 내무현(萊蕪縣)에서 발원하여 황하로 흘러드는 강.
【淄磷 치린】 검은빛과 좀. 검은빛이 물들고 좀먹음. 붕괴(崩壞)함.
【淄澠之合易牙知之 치승지합역아지지】 치수(淄水)와 승수(澠水)가 섞여도 역아(易牙)는 그 물맛만 보고도 알아냄. 그 일에 통달한 사람은 보통 사람이 알 수 없는 것도 알아냄. [故事] 춘추시대 제(齊)나라 환공(桓公)의 신하인 역아가 맛을 잘 보아 물맛을 보고 어느 강의 물인지 알아냈다는 데서 온 말.

水8 【淹】⑪ 沱(963)의 속자

水8 【淕】⑪ 睡(301)와 동자

水8 【涿】⑪ ❶들을 탁 木촉 屋 zhuō
❷땅 이름 탁 木착 覺 zhuó
[소전] [초서] [字解] ❶①듣다, 방울져 떨어지다. ②치다, 두드리다. 〔周禮〕 壺涿氏. ③갈다, 문지르다. 늑涿. 〔張公神碑〕 刊鑿涿摩. ④엉덩이. 〔蜀志〕 諸毛繞涿居乎. ❷①땅 이름. 하북성(河北省)에 있는 지명. ¶涿鹿. ②강 이름. 하북성(河北省)에서 발원하는 강.
【涿鹿 탁록】 ①옛날 형벌의 한 가지. 이마에 자자(刺字)를 하던 형벌. ②하북성(河北省)에 있는 산 이름. 황제(黃帝)가 치우(蚩尤)와 싸운 곳이라 함. ③한대(漢代)에 설치한 현 이름.

水8 【渵】⑪ 적실 포 因　pào
[字解] 적시다, 담그다. 〔清波雜志〕 溫湯渵飯.

水8 【涘】⑪ 澌(1033)와 동자

水8 【涸】⑪ 물 마를 학·호 藥 hé
[소전] [혹체] [본서] [字解] ①물이 마르다, 물이 잦다. ②물을 말리다. 〔淮南子〕 不涸澤而漁. ③막다. 〔楚辭〕 執江河之可涸. ④엄하다, 심하다. 〔張衡·賦〕 涸陰冱寒.
【涸渴 학갈】 ①물이 말라서 없어짐. ②물건이 부족하게 됨. 물건이 바닥이 남.
【涸流 학류】 물이 마른 시내.
【涸鮒 학부】 ⇒涸轍鮒魚(학철부어).
【涸陰 학음】 대단한 추위. 窮陰(궁음).
【涸渚 학저】 물이 마른 물가.
【涸轍鮒魚 학철부어】 수레바퀴 자국에 괸 물에 있는 붕어. 몹시 어려운 처지에 있는 사람. 涸鮒(학부).
【涸冱 학호】 강한 추위로 물이 얼어붙음.
◐ 竭-, 乾-, 枯-, 窮-, 匱-, 耗-, 鮒-, 凝-, 燥-, 焦-.

水8 【涵】⑪ 젖을 함 覃 hán
[소전] [초서] [본서] [字源] 會意·形聲. 水+函→涵. '函(함)'은 상자 속에 화살을 담은 모양으로 '속에 포함하다'의 뜻이다. 'ㅣ'를 더하여 물에 담가 적심을 뜻한다. '函'이 음도 나타낸다.
[字解] ①젖다, 적시다, 담그다. 〔宋史〕 涵濡群生. ②넣다, 받아들이다. 〔詩經〕 僭始旣涵. ③잠기다, 가라앉다. 〔左思·賦〕 涵泳乎其中.
【涵碧 함벽】 푸른빛으로 적심. 하늘이나 바다가 푸름.
【涵養 함양】 ①저절로 물드는 것같이 차차 길러냄. ②학식을 넓혀서 심성(心性)을 닦음. 涵育(함육).
【涵淹 함엄】 ①숨음. 잠복함. ②담가 적심.
【涵泳 함영】 ①무자맥질함. ②은혜를 입음.
【涵濡 함유】 젖음. 적심. 은택(恩澤)을 베풀거나 입음. 浸漬(침지).
【涵咀 함저】 잘 씹어서 맛을 봄. 문의(文義) 따

水部 8획 浛洐澔滹混涽滘淮

위를 자세히 추구(推究)함의 비유.
【涵蓄 함축】 넣어 쌓아 둠.
【涵浸 함침】 담금. 적심.
【涵煦 함후】 적시어 따뜻하게 함. 은혜를 베풀어서 기름. 覆育(부육).
◐ 潛-, 沈-, 包-, 海-, 渾-, 泓-.

水 8 【浛】⑪ ❶흙탕 함 國 hàn
         ❷물 가득할 염 國 yǎn
字解 ❶①흙탕, 흙탕물. ②실꾸리를 삶는 물. ❷(同)灨(1057). 물이 가득하다, 물이 가득히 괴어 출렁거리는 모양.

水 8 【洐】⑪ 기운 행 迥 xíng
字解 ①기운, 자연의 기운, 원기가 혼돈한 상태. 〔莊子〕 倫與物忘, 大同乎洐溟, 解心釋神, 莫然無魂. ②끌다, 끌어당기다. 〔張衡·賦〕 無緤攣以洐己兮. ③넓고 어두운 모양. ④큰물의 모양.
【洐溟 행명】 원기가 혼돈한 상태.

水 8 【澔】⑪ 맑을 호 晧 hào
字解 맑다, 물이 맑은 모양.

水 8 【滹】⑪ 자루 달린 두레박 호 麌 hù
字解 자루 달린 두레박. 배에 스민 물을 피내는 그릇.

水 8 【混】⑪ ❶섞을 혼 阮 hùn
         ❷오랑캐 이름 곤 元 kūn
〔丶 氵 氵 汇 洢 洰 汨 混 混 混〕
小篆 混 草書 混 同字 捉 參考 대법원 지정 인명용 한자의 음은 '혼'이다.
字源 形聲. 水+昆→混. '昆(곤)'이 음을 나타낸다.
字解 ❶①섞다, 섞이다.〔法言〕人之生也, 善惡混. ②흐리다, 혼탁하다.〔班固·引〕同于草昧玄冥之中. ③합하다, 맞추다.〔老子〕故混而爲一. ④같다, 같게 하다.〔國語〕若能類善物以混厚民人者, 必有章譽蕃育之祚. ⑤흐르다, 많이 흐르다.〔孟子〕原泉混混, 不舍晝夜. ⑥크다.〔淮南子〕猶在于混冥之中. ⑦나누어지지 않는 모양, 구별이 되지 아니하는 모양.〔荀子〕天下混然. ❷오랑캐의 이름. 서이(西夷)의 하나. 늦昆.
【混堂 혼당】 목욕탕. 욕실(浴室).
【混沌 혼돈】 ①태초에 하늘과 땅이 아직 나누어지지 않은 상태. 混倫(혼륜). ②사물의 구별이 확실하지 않은 모양.
【混沌衣 혼돈의】 태아(胎兒)를 싸고 있는 막 및 그 태반(胎盤). 삼. 混元衣(혼원의).
【混沌池 혼돈지】 달걀 껍데기.

【混同 혼동】 ①모아서 하나로 함. ②섞이어 구별이 되지 아니함.
【混亂 혼란】 뒤섞이어 어지러움.
【混流 혼류】 뒤섞이어 하나가 되어 흘러감.
【混淪 ❶혼륜 ❷혼론】 ❶하늘과 땅이 아직 나누어지지 않은 상태. 混沌(혼돈). ❷물이 굽이굽이 흐르는 모양.
【混漫 혼만】 어지럽게 뒤섞임.
【混茫 혼망】 천지가 개벽하기 이전에 원기(元氣)가 아직 갈라지지 않은 모양. 混芒(혼망).
【混名 혼명】 별명(別名).
【混冥 혼명】 ①어둡고 밝지 않은 일. ②고묘(高妙)하고 심원(深遠)한 곳.
【混線 혼선】 ①신호나 통화가 뒤섞여 엉클어짐. ②말이 뒤섞여 실마리를 찾지 못하게 됨.
【混成 혼성】 섞이어 이루어짐.
【混然 혼연】 뒤섞여 구별하기 어려운 모양.
【混汚 혼오】 섞이어 더러움.
【混用 혼용】 섞어서 씀.
【混元 혼원】 ①천지가 개벽할 때. 아주 먼 옛날. ②우주. 천지(天地). ◐ '元'은 원기(元氣).
【混元衣 혼원의】 ☞混沌衣(혼돈의).
【混糅 혼유】 뒤섞임. 질서가 없음.
【混認瞞贓 혼인만장】 혼란한 틈을 타서 남의 물건을 자기 소유로 하여 부정 이득을 취하는 일.
【混雜 혼잡】 뒤섞여 복잡함.
【混戰 혼전】 두 편이 서로 뒤섞여 싸움.
【混濁 혼탁】 ①잡것이 섞이어 흐림. ②세상이 어지러움.
【混合 혼합】 뒤섞여서 한데 합침.
【混血 혼혈】 서로 종족이 다른 혈통이 섞임.
【混混 혼혼】 ①물이 솟아나는 모양. ②흐려지는 모양. ③물이 흐르는 모양. ④물결 소리. ⑤원기(元氣)가 섞여 있는 모양.
【混和 혼화】 한데 섞거나 합침.
【混淆 혼효】 뒤섞여 분간할 수 없게 됨.
【混夷 곤이】 서융(西戎)의 이름. 昆夷(곤이).
◐ 大-, 元-, 環-.

水 8 【涽】⑪ 흐릴 혼 元願 hūn, hùn
字解 ①흐리다, 생각이 정해지지 않은 모양. =潛.〔荀子〕涽涽淑淑. ②어둡다, 어리석다.〔莊子〕置其滑涽, 以隸相會.
【涽涽 혼혼】 생각이 어지러운 모양. 생각이 정하여지지 않은 모양.

水 8 【滘】⑪ 검푸를 홀 月 hū, mǐn
字解 ①검푸르다, 검푸른 빛. ②맞다, 적합하다. ③깊숙하다.〔楞嚴經〕心愛綿滘.

水 8 【淮】⑪ 강 이름 회 灰 huái
小篆 淮 草書 淮 同字 匯 字解 ①강 이름. 하남성(河南省) 동

백산(桐柏山)에서 발원하여 안휘성(安徽省)·강소성(江蘇省)을 거쳐 황하로 흘러드는 강. ❷물이 빙 돌아 흐르다.
【淮南 회남】①회수(淮水) 이남의 땅. ②두부(豆腐)의 딴 이름. ◯회남왕(淮南王) 유안(劉安)이 처음 만든 데서 이르는 말.

水 8 【淆】⑪ 뒤섞일 효 肴 xiáo
字解 ❶뒤섞이다, 어지러워지다. 늑 殽.〔漢書〕溷淆無別. ❷흐리다, 흐리게 하다.〔後漢書〕時方淆亂, 死生未分.
【淆亂 효란】뒤섞여 어지러워짐.
【淆糅 효유】뒤섞여 어지러움. 紛淆(분효).
【淆薄 효박】풍속이 아주 경박함.
【淆雜 효잡】뒤섞임.
◐ 紛-, 混-, 溷-.

水 9 【渴】⑫ ❶목마를 갈 曷 kě ❷물 잦을 걸 屑 jié

字源 形聲. 水+曷→渴. '曷(갈)'이 음을 나타낸다.
字解 ❶①목이 마르다. 늑 激.〔詩經〕載飢載渴. ②갈증.〔詩經〕匪飢匪渴. ③서두르다.〔春秋公羊傳〕不及時而日, 渴葬也. ④성(姓). ❷물이 잦다, 물이 마르다.〔周禮〕凡黃種, 渴澤用鹿.
【渴求 갈구】애타게 구함.
【渴急 갈급】몹시 급함.
【渴驥奔泉 갈기분천】목마른 준마(駿馬)가 샘을 보고 달려감. 기세가 몹시 급함.
【渴念 갈념】간절히 바람.
【渴痢 갈리】갈증이 나고 설사를 하는 병.
【渴望 갈망】간절히 바람.
【渴聞 갈문】목마른 사람이 물을 마시는 것처럼 열심히 들음.
【渴悶 갈민】목말라 괴로워함.
【渴不飮盜泉之水 갈불음도천지수】목이 말라도 도천의 물은 마시지 않음. 아무리 곤궁하더라도 불의는 행하지 않음. 故事 공자가 산서성(山西省) 사수현(泗水縣)에 있는 도천이라는 샘을 지날 때 목이 말랐으나 그 이름 때문에 물을 마시지 않았던 데서 온 말.
【渴想 갈상】몹시 그리워함.
【渴賞 갈상】상 타기를 몹시 바람.
【渴水 갈수】가뭄으로 물이 마름.
【渴睡 갈수】잠이 모자람.
【渴心 갈심】목말라하는 마음. 간절한 욕망.
【渴仰 갈앙】①매우 동경하고 사모함. ②(佛)목마를 때 물을 생각하고 산을 만나서 우러러보는 것과 같이 깊이 불도(佛道)를 숭상함.
【渴愛 갈애】①사모함. 깊은 애정(愛情).

②(佛)범인(凡人)이 목마를 때 물을 바라듯 이욕(利慾)에 애착함.
【渴烏 갈오】굽은 대통을 사용하여 공기의 힘으로 물을 끌어올리는 기구.
【渴而穿井 갈이천정】목이 마른 뒤에야 우물을 팜. 평소에 준비 없이 있다가 일이 급해져서야 서두름.
【渴者易爲飮 갈자이위음】목마른 사람은 무엇이든지 즐겨 마심. 곤궁한 사람은 은혜에 감복하기 쉬움.
【渴葬 갈장】장기(葬期)를 기다리지 않고 급히 치르는 장례(葬禮). 천자(天子)는 7개월, 제후(諸侯)는 5개월, 대부(大夫)는 3개월 동안 장례를 치르는데, 이 기간을 채우지 않고 앞당겨 하는 것을 말함.
【渴症 갈증】목이 말라 물이 몹시 마시고 싶은 느낌.
【渴筆 갈필】①붓에 먹물을 많이 묻히지 않고 흰 자국이 남게 쓰는 일. 붓이 살짝 스친 것처럼 그리는 일. 焦墨(초묵). ②그림을 그릴 때 쓰는 빳빳한 털로 만든 붓.
【渴澤 갈택】①물이 마른 못. ②물을 빼서 못을 말림.
◐ 枯-, 飢-, 酒-, 涸-, 解-.

水 9 【減】⑫ 덜 감 豏 jiǎn

字源 形聲. 水+咸→減. '咸(함)'이 음을 나타낸다.
字解 ①덜다. ㉮수량을 적게 하다.〔漢書〕太僕減穀食馬. ㉯가볍게 하다.〔春秋左氏傳〕三數叔魚之惡, 不爲末減. ㉰등급을 낮추다.〔舊唐書〕餘罪遞減一等. ㉱다하다.〔管子〕減, 盡也. ㉲생략(省略)하다.〔後漢書〕寔減無事之物. ②줄다.〔淮南子〕身飽而敖倉不爲之減也. ③상하다, 죽이다.〔春秋左氏傳〕克減侯宣多. ④빼다.〔唐書〕百官俸錢, 會昌後不復增減. ⑤빼기, 감산(減算). ¶加減乘除. ⑥지치다, 싫증이 나서 기력이 없어지다.〔禮記〕禮主其減.
【減價 감가】①값을 내림. ②명성을 손상시킴.
【減却 감각】덞. 줄임. ◯'却'은 어조사.
【減竭 감갈】줄어서 없어짐.
【減降 감강】줄이고 낮춤.
【減結 감결】國결복(結卜)을 감함.
【減輕 감경】줄여서 가볍게 함.
【減貢 감공】國공물이나 공납을 감함.
【減軍 감군】군대의 수효를 줄임.
【減剋 감극】깎아 줄임. 삭감함.
【減給 감급】품삯 따위를 줄여서 줌.
【減等 감등】등급을 낮춤.
【減量 감량】분량이나 체중을 줄임.
【減免 감면】경감(輕減)과 면제(免除). 형벌을 경감하거나 면제함.

【減耗 감모】 줄어듦. 줄임. 減少(감소).
【減半 감반】 반으로 줄임.
【減俸 감봉】 봉급을 줄임.
【減死 감사】 죽일 죄인의 형을 감하여 줌.
【減削 감삭】 덜고 깎음. 削減(삭감).
【減産 감산】 생산량을 줄임.
【減色 감색】 빛이 바램.
【減省 감생】 덜어서 줄임.
【減膳 감선】 나라에 변고가 있을 때 임금이 근신(謹愼)의 뜻으로 음식의 가짓수를 줄이던 일.
【減膳撤樂 감선철악】 나라에 변고가 있을 때 임금이 친히 음식의 가짓수를 줄이고, 노래나 춤을 폐하던 일.
【減勢 감세】 세력이 줆.
【減少 감소】 줄여서 적어짐.
【減速 감속】 속도를 줄임.
【減贖 감속】 벌금으로 죄과(罪科)를 감하는 법.
【減殺 감쇄】 덜어서 없앰.
【減水 감수】 물이 줆. 수량(水量)을 줄임.
【減售 감수】 싸게 팖.
【減壽 감수】 고생을 많이 하거나 몹시 놀라서 수명이 줆.
【減息 감식】 ①줆. 줄임. ②이자(利子)을 줄임.
【減薪 감신】 봉급을 줄임.
【減員 감원】 인원수를 줄임.
【減折 감절】 ①줄임. ②할인(割引)함.
【減租 감조】 조세(租稅)의 금액을 줄임.
【減竈 감조】 아궁이의 수를 줄임. 적에게 일부러 자기 군사가 약세(弱勢)임을 보임. 故事 전국 시대 제(齊)나라의 손빈(孫臏)이 수눈지의 아궁이 수를 일부러 줄여 제나라 군사들이 도망간 것처럼 위장하여 위(魏)나라의 방연(龐涓)을 속인 데서 온 말.
【減之又減 감지우감】 감한 위에 또 감함.
【減撤 감철】 줄임. 줄이고 철거함.
【減縮 감축】 덜어서 줄임.
【減黜 감출】 관위(官位)를 떨어뜨림.
【減退 감퇴】 줄어서 쇠퇴함.
【減刑 감형】 형량을 줄임.
▶ 加-, 輕-, 半-, 削-, 節-, 增-, 縮-.

水 9 【湝】⑫ 물 출렁출렁 흐를 개 〔集〕 jiē, xié
소전 초서 字解 ①물이 출렁출렁 흐르는 모양.〔詩經〕鼓鍾嗜嗜. ②차다. 물이 차다.〔詩經〕風雨湝湝. ③비바람이 그치지 아니하다.
【湝湝 개개】 ①물이 가득히 흐르는 모양. ②차가운 모양.

水 9 【渠】⑫ ❶도랑 거 〔魚〕 qú ❷어찌 거 〔語〕 jù
소전 초서 字解 ①도랑. ㉮개천. 〔禮記〕門閭溝渠. ㉯해자(垓字). 〔淮南子〕渠幨以守. ②크다. 늑鉅. 〔書經〕殲厥渠魁. ③평면(平面)에 새긴 줄무늬. 〔周禮〕琁瑱之渠眉. ④우두머리. 〔春秋公羊傳〕

明當先誅渠師. ⑤그, 그 사람.〔古詩〕雖與府吏要, 渠會總無緣. ⑥갑옷.〔淮南子〕渠幨以守. ⑦방패.〔國語〕文犀之渠. ⑧악장(樂章)의 이름.〔國語〕金奏肆夏繁遏渠. ⑨수레의 덮개.〔周禮〕渠三柯者三. ⑩연(蓮). ⑪하루살이.〔爾雅〕蜉蝣渠略也. ⑫웃는 모양.〔後漢書〕軒渠笑悅. ❷①어찌. 반어(反語)의 영탄(詠歎)을 나타낸다.〔漢書〕掾部渠有其人乎. ②갑자기.〔史記〕使我居中國, 何渠不若漢.
【渠渠 거거】 ①부지런히 힘쓰는 모양. 勤勤(근근). ②성(盛)한 모양. ③깊고 넓은 모양. ④너그럽지 못한 모양.
【渠儂 거농】 그. 그 사람.
【渠荅 거답】 마름쇠. 도둑이나 적군을 막기 위하여 흩어 두는 마름 모양의 쇠못.
【渠略 거략】 하루살이. 蜉蝣(부유).
【渠門 거문】 ①기(旗)의 이름. ②기를 세워 만든 진영(陣營)의 문.
【渠眉 거미】 옥(玉)에 장식으로 새긴 줄무늬.
【渠輩 거배】 그들. 그 사람들.
【渠水 거수】 ①구거(溝渠)의 물. ②땅을 파서 물이 통하게 한 수로(水路).
【渠帥 거수】 악한 무리의 우두머리. 渠首(거수). 渠率(거수). 渠長(거장).
【渠堰 거언】 도랑과 방죽.
【渠幨 거첨】 갑옷. ◐'幨'은 화살을 막는 막.
【渠衝 거충】 성(城)을 공격하는 데 사용하는 큰 수레.
【渠荷 거하】 연(蓮)의 딴 이름.
【渠黃 거황】 준마(駿馬)의 이름. 주(周) 목왕(穆王)의 팔준마(八駿馬) 중 하나.
▶ 溝-, 夫-, 船-, 暗-, 遮-, 軒-.

水 9 【洓】⑫ 강 이름 격 〔錫〕 jú
초서 字解 강 이름. 하남성(河南省) 제원현(濟源縣)에서 발원하여 황하로 흘러드는 강.〔後漢書〕執趙武於洓梁.

水 9 【𤃩】⑫ 물갈이할 견 〔銑〕 quǎn
字解 물갈이하다, 물을 담은 논을 갈다.

水 9 【渹】⑫ 물결 소리 굉 〔庚〕 hōng
초서 字解 ①물결 소리. ②물이 부딪치는 소리.
【渹湱 굉획】 ①물결 소리. ②물이 서로 부딪치는 소리.

水 9 【漰】⑫ 汎(938)와 동자

水 9 【溂】⑫ 물이 솟아 흐를 규 〔紙〕 guǐ
소전 字解 물이 솟아 흐르다, 샘솟아 흐르는 물.

水9 【渜】⑫ ❶목욕물 난 🈺 nuǎn
❷강 이름 난 🈺 nuán

소전 초서 字解 ❶목욕물, 목욕하고 남은 더운물. =濡. 〔儀禮〕渜濯棄于坎. ❷강 이름. 지금의 하북성(河北省) 난하(灤河). =濡.

水9 【湳】⑫ 강 이름 남 🈺 nǎn

소전 초서 字解 강 이름. 산서성(山西省) 분양현(汾陽縣)에서 발원하는 강.

水9 【湼】⑫ 涅(974)의 속자

水9 【湍】⑫ ❶여울 단 🈺 tuān
❷강 이름 전 🈺 zhuān

소전 초서 參考 대법원 지정 인명용 한자의 음은 '단'이다.
字解 ❶❶여울, 급류(急流). 〔淮南子〕稻生于水, 而不能生湍瀨之流. ❷빠르다, 빨리 흐르다. 〔史記〕水湍悍. ❸소용돌이치다. 〔孟子〕性猶湍水也. ❷강 이름. ¶湍水.
【湍激 단격】 흐름이 급하고 사나움. 여울이 되어 세차게 흐름.
【湍決 단결】 물살이 빨라서 둑이 터짐.
【湍怒 단노】 물살이 세고 물결이 읾.
【湍湍 단단】 소용돌이치는 모양.
【湍瀧 단랑】 여울.
【湍瀨 단뢰】 여울.
【湍流 단류】 급하게 흐르는 물.
【湍洑 단복】 소용돌이치며 흐르는 여울.
【湍水 단수】 ❶소용돌이치며 급하게 흐르는 물. 여울. 急湍(급단). ❷강 이름. 하남성(河南省) 내향현(內鄕縣) 서북쪽에서 발원하여 백하(白河)로 흘러듦.
【湍深 단심】 물살이 빠르고 깊음.
【湍悍 단한】 물살이 빠름.

❶ 激−, 急−, 奔−, 飛−, 峻−, 馳−, 懸−.

水9 【湛】⑫ ❶즐길 담 🈺 dān
❷가득히 찰 잠 🈺 zhàn
❸잠길 침 🈺 chén
❹장마 음 🈺 yín
❺담글 침 🈺 jìn

소전 고문 초서 參考 대법원 지정 인명용 한자의 음은 '담'이다.
字解 ❶❶즐기다. =媅. 〔詩經〕和樂且湛. ❷빠지다, 탐닉하다. 〔國語〕處于湛樂. ❸술을 즐기다. =酖. 〔詩經〕湛湎於酒. ❹느린 모양, 늦은 모양. 〔太玄經〕月湛雨湛. ❷❶가득히 차다, 차서 넘치다. 〔淮南子〕東風至而酒湛溢. ❷편안하다. ❸많다. 〔詩經〕湛湛露斯. ❹두텁다, 융숭하다. 〔楚辭〕吸湛露之浮涼兮. ❺물이 괴다. 〔謝混·詩〕水木

湛清華. ❻가라앉다, 잠기다. 〔漢書〕浮湛隨行. ❼강 이름. 하남성(河南省)에서 발원하는 강. ❸❶잠기다, 가라앉다. =沈. 〔漢書〕然則荊軻湛七族. ❷깊다, 깊숙하다. 〔張衡·賦〕私湛憂而深懷兮. ❹장마. =霪. 〔論衡〕久雨爲湛. ❺담그다, 적시다. 〔周禮〕以朱湛丹秫.
【湛樂 담락】 유락(遊樂)에 빠짐. 耽樂(탐락).
【湛飮 담음】 지나치게 술을 탐닉함.
【湛淡 잠담】 ❶물이 가득 찬 모양. ❷빠른 모양.
【湛露 잠로】 많이 내린 이슬.
【湛碧 잠벽】 물이 깊어 푸른 모양.
【湛水 잠수】 괸 물.
【湛然 잠연】 ❶물이 가득 찬 모양. ❷침착하고 고요한 모양.
【湛恩 잠은】 도타운 은혜.
【湛湛 잠잠】 ❶중후(重厚)한 모양. ❷물이 깊고 가득 찬 모양. ❸물이 잠잠한 모양. ❹맑고 깨끗한 모양. ❺깊은 모양. ❻이슬이 많이 내린 모양. ❼물이 사납게 흐르는 소리. ❽쌓여 겹쳐져 있는 모양.
【湛溺 침닉】 ❶잠김. ❷주색(酒色)·놀이에 빠짐.
【湛湎 침면】 깊이 빠짐.
【湛冥 침명】 깊숙함. 幽玄(유현).
【湛靜 침정】 깊숙하고 고요함. 湛靖(침정).

❶ 浮−, 深−, 暗−, 凝−, 荒−.

水9 【渡】⑫ 건널 도 🈺 dù

소전 초서 동자 字源 形聲. 水+度→渡. '度(도)'가 음을 나타낸다.
字解 ❶건너다, 물을 건너다. 〔史記〕項梁渡淮. ❷지나가다, 널리 미치다. 〔常袞·賦〕春渡桃源. ❸나루. 〔晉書〕孟津渡險, 有覆沒之患. ❹건네다, 물을 건너게 하다. 〔史記〕以木罌瓶渡軍. ❺건너지르다, 가설(架設)하다. 〔漢書〕跨渡渭水. ❻[現]주다, 교부(交付)하다.
【渡江楫 도강즙】 전쟁터에 나갈 때의 맹세.
故事 오호(五胡)의 난(亂) 때, 서진(西晉)의 조적(祖逖)이 병사를 이끌고 양자강을 건널 때 중류에서 노로 뱃전을 치며 북방 중원(中原)의 회복을 맹세한 데서 온 말.
【渡口 도구】 나루터. 渡頭(도두).
【渡頭 도두】 ☞渡口(도구).
【渡船 도선】 나룻배. 津船(진선).
【渡子 도자】 뱃사공. 船夫(선부).
【渡田 도전】 [國]나루에 딸려 있던 논밭.
【渡河 도하】 강을 건넘. 渡江(도강).

❶ 過−, 賣−, 不−, 讓−, 引−.

水9 【滔】⑫ 滔(1015)의 속자

水9 【湩】⑫ ❶젖 동 🈺 dòng
❷북소리 동 🈺 dòng

水部 9획 湅涪灣滿湏湎洒渺浼湄洣潣渤湃湢

湰
【소전】 湰 【초서】 湰
[字解] ❶젖. 유즙(乳汁).〔穆天子傳〕具牛羊之湰, 以洗天子之足. ❷북소리.〔管子〕湰然擊鼓, 士忿怒.
【湰酪 동락】젖. 乳汁(유즙).
【湰姆 동모】유모(乳母).
【湰然 동연】북소리. 북을 치는 소리.
❶酪-, 乳-.

水9 【湅】⑫ ❶누일 련 霰 liàn ❷쌀 일 란 霰 liàn
【소전】 湅 【초서】 湅
[字解] ❶①누이다, 마전하다. =練. ②불리다. ≒鍊. ❷쌀을 일다.
【湅絲 연사】생실을 물에 담가 희고 윤기 있게 누인 실. 練絲(연사).

水9 【涪】⑫ 샘솟을 립 緝 chì
【소전】 涪 [字解] 샘솟다, 물이 솟아 나오다. 〔司馬相如·賦〕浺瀁鼎沸.
【涪瀁 입집】물이 샘솟는 모양.

水9 【灣】⑫ 灣(1057)의 속자

水9 【滿】⑫ 滿(1025)의 속자

水9 【湏】⑫ 沫(953)의 고자

水9 【湎】⑫ 빠질 면 銑 miǎn
【소전】 湎 【초서】 湎
[字解] ❶빠지다. ㉮술에 빠지다. 〔書經〕罔敢湎于酒. ㉯어떤 일에 지나치게 정신이 쏠려 헤어나지 못하다. 〔禮記〕流湎以忘本. ❷변천(變遷)하다. 〔漢書〕湎湎紛紛.
【湎湎 면면】유전하여 변천하는 모양.
【湎泆 면음】주색(酒色)에 빠짐.
【湎酒 면주】술에 빠짐.
❶流-, 淫-, 沈-, 耽-, 荒-.

水9 【洒】⑫ 물 넘칠 면 霰 miàn
[字解] 물이 넘치다, 물이 창일하다.〔左思·賦〕滇洒森漫.

水9 【渺】⑫ 아득할 묘 篠 miǎo
【초서】 渺 [字解] ①아득하다, 물이 끝없이 넓다. 〔管子〕渺渺乎其無極. ②작다, 아주 작다. 〔蘇軾·賦〕渺滄海之一粟. ③일(一)의 천억분의 일. 〔算經〕十漠爲渺, 十渺爲埃.
【渺邈 묘막】멀고 오램. 아득함.
【渺漫 묘만】넓고 아득한 모양.

【渺茫 묘망】넓고 멀어 까마득함.
【渺瀰 묘미】수면이 넓고 끝이 없는 모양.
【渺洒 묘면】끝없이 넓고 아득한 모양.
【渺渺 묘묘】아득히 먼 모양. 멀고 아득한 모양. 渺茫(묘망).
【渺然 묘연】아득히 넓은 모양. 끝이 없는 모양.
❶杳-, 范-, 窈-, 縹-, 浩-.

水9 【浼】⑫ 물놀이 미 紙 měi
【초서】 浼 [字解] ①물놀이, 파문(波紋). ②내 이름. 섬서성(陝西省) 호현(鄠縣)에서 발원하여 종남산(終南山)의 물을 받아 서북으로 흐르는 노수(澇水)의 지류. ③못 이름. 섬서성(陝西省)의 서안(西安) 부근에 있는 못.

水9 【湄】⑫ ❶물가 미 支 méi ❷더운물 난 寒 méi
【소전】 湄 【초서】 湄 [參考] 대법원 지정 인명용 한자의 음은 '미'이다.
[字解] ❶물가.〔詩經〕在水之湄. ❷더운물.

水9 【洣】⑫ 물의 형용 미 紙 mǐ
【소전】 洣 [字解] ①물의 형용. ②송장을 씻어 깨끗하게 하다.

水9 【潣】⑫ ❶시호 민 軫 mǐn ❷정해지지 아니할 혼 元 hūn ❸혼합할 면 霰 miàn
【초서】 潣 [字解] ❶시호(諡號). ≒閔. 〔荀子〕齊潣宋獻. ❷정하여지지 아니하다. =湣. ❸①혼합하다, 뒤섞어 한데 합하다. ②어둡다, 빛이 없다.〔史記〕紅杳眇以眩潣兮.

水9 【渤】⑫ 바다 이름 발 月 bó
【초서】 渤 [字解] ①바다 이름.〔史記〕北有渤海之利. ②안개가 자욱하다.〔郭璞·賦〕氣渤渤. ③물소리, 물 용솟음치는 모양.〔元稹·詩〕鯨歸穴兮渤溢.
【渤溢 발일】물이 솟아나는 모양.
【渤海 발해】①산동(山東) 반도와 요동(遼東) 반도 사이에 있는 바다. ②고구려 유민 대조영(大祚榮)이 만주 일대에 세운 나라.
【渤潏 발휼】바닷물이 용솟음치는 모양.
❶溟-, 潣-, 瀚-.

水9 【湃】⑫ 물결 이는 모양 배 卦 pài
【초서】 湃 [字解] 물결 이는 모양, 물결이 치는 소리.〔司馬相如·賦〕洶涌彭湃.
【湃湃 배배】물결이 이는 모양. 파도 소리.
❶滂-, 潣-, 澎-, 泙-, 砰-.

水9 【湢】⑫ 목욕간 벽 職 bì

水部 9획 湢溢渣湘湑渲渫渚溿浚湻

湢

[字解] ①목욕간, 욕실(浴室).〔禮記〕外內不共湢浴. ②삼가는 모양.〔新書〕軍旅之容湢然肅然. ③물이 솟는 모양.〔史記〕湢測泌瀄. ④다가오다, 박두하다. ≒偪.

【湢然 벽연】 삼가는 모양.
【湢浴 벽욕】 목욕간에서 목욕을 함.
【湢測 벽측】 물이 용솟음쳐 부딪치는 소리.
【湢汦 벽칙】 물이 샘솟는 모양.

深

水9 【深】⑫ 國 사람 이름 보

[字解] 사람 이름.

溢

水9 【溢】⑫ ❶용솟음할 분 魌 pén
❷강 이름 분 沅 pén

[字解] ❶①용솟음하다, 물이 솟아오르다.〔漢書〕河水溢溢. ②물소리.〔郭璞·賦〕溢流雷煦而電激. ③소나기. ¶ 溢雨.
❷강 이름. ≒汾. 강서성(江西省) 서창현(瑞昌縣) 청분산(清溢山)에서 발원하여 양자강(揚子江)으로 흘러드는 강.

【溢流 분류】 물이 솟아 흐르는 소리.
【溢雨 분우】 여름 저녁의 큰 소나기.
【溢溢 분일】 물이 용솟음쳐 넘침.

渣

水9 【渣】⑫ 찌끼 사 魌 zhā

[字解] ①찌끼.〔鹽鐵論〕文學守死渣滓之語而不移. ②강 이름. =溠.

【渣滓 사재】 찌끼. 침전물(沈澱物).

湘

水9 【湘】⑫ 강 이름 상 魌 xiāng

[字解] ①강 이름. 광서성(廣西省) 흥안현(興安縣)에서 발원하여 동정호(洞庭湖)로 흘러드는 강.〔楚辭〕沈玉躬兮湘汨. ②삶다.〔詩經〕于以湘之. ③호남성(湖南省)의 옛 이름.

【湘君 상군】 상수(湘水)의 신(神). 아황(娥皇)과 여영(女英). 요(堯)임금의 두 딸 아황과 여영이 순(舜)임금에게 시집갔다가 순이 창오(蒼梧)의 들에서 죽자 뒤를 따라 상수에 몸을 던져 죽어 신이 되었다는 전설에서 온 말. 湘靈(상령). 湘妃(상비).
【湘裙 상군】 치마.
【湘靈 상령】 상수(湘水)의 신. ⇨湘君(상군).
【湘門十大德 상문십대덕】 신라 때 승려인 의상조사(義湘祖師)의 제자 가운데 가장 뛰어난 열 사람. 곧, 오진(悟眞)·지통(智通)·표훈(表訓)·진정(眞定)·진장(眞藏)·도융(道融)·양원(良圓)·상원(相源)·능인(能仁)·의적(義寂).
【湘妃 상비】 ①순(舜)임금의 비(妃)인 아황(娥皇)과 여영(女英). ⇨湘君(상군). ②반죽(斑竹)의 딴 이름. ⇨湘竹(상죽).
【湘竹 상죽】 반죽(斑竹)의 딴 이름. [故事] 순(舜)임금이 죽었을 때 아황(娥皇)과 여영(女英)이 흘린 눈물이 이 대나무에 배어 얼룩이 졌다

는 데서 온 말.
【湘鱗魚沈 상포어침】 상포의 고기가 잠김. ㉠음신(音信)이 단절됨. ㉡소식을 전할 길이 없음.

湑

水9 【湑】⑫ 거를 서 魌 xǔ

[字解] ①거르다, 술을 거르다.〔詩經〕有酒湑我. ②거른 술.〔詩經〕爾酒旣湑. ③맑다.〔儀禮〕旨酒旣湑. ④이슬이 맺힌 모양.〔詩經〕零露湑兮. ⑤우거진 모양.〔詩經〕其葉湑兮. ⑥즐기다.〔左思·賦〕酣湑半八音幷. ⑦아름답다.〔左思·賦〕樂湑衎其方域.

【湑湑 서서】 ①잎이나 가지가 무성한 모양. ②바람이 부는 모양. ③샘물이 솟는 모양.
【湑我 서아】 스스로 술을 거름. 스스로 술을 걸러 마시게 함.

渲

水9 【渲】⑫ 바림 선 魌 xuàn

[字解] ①바림. 색채를 차차 엷게 하여 흐리게 하는 화법(畫法). ②작은 흐름.

【渲染法 선염법】 화면에 물을 칠하고 채 마르기 전에 색상을 하여 몽롱한 묘미를 나타내는 화법(畫法). 渲染(선염).

渫

水9 【渫】⑫ ❶칠 설 魌 xiè
❷출렁거릴 접 魌 dié

[參考] 대법원 지정 인명용 한자의 음은 '설'이다.

[字解] ❶①치다, 물 밑을 쳐내다.〔易經〕井渫不食. ②흘다, 흩어지다.〔漢書〕農民有錢粟, 有所渫. ③그치다.〔曹植·七啓〕爲歡未渫. ④더럽히다, 더러움.〔漢書〕去卑辱奧渫, 而升平朝. ⑤친압(親狎)하다, 업신여기다. ≒媟. ⑥새다, 흘러나오다.〔莊子〕尾閭渫之而不虛. ❷①출렁거리다, 물결이 출렁거리는 모양.〔郭璞·賦〕長波浹渫. ②통하다, 통철(通徹)하다.〔漢書〕憤眊不渫.

【渫雲 설운】 넓게 퍼져 있는 구름.
【渫渫 접접】 물결이 이어져 있는 모양.

❶漏-, 奧-, 浚-.

渚

水9 【渚】⑫ 내 이름 성 魌 shěng

[字解] ①내 이름. ②언덕 이름. ③줄이다, 덜다. ≒省.

溿

水9 【溿】⑫ 溯(1017)와 동자

浚

水9 【浚】⑫ 溲(1018)의 본자

湻

水9 【湻】⑫ 淳(990)과 동자

水 9 【湿】⑫ 濕(1048)의 속자

水 9 【湜】⑫ 물 맑을 식 職 shí
소전 湜 초서 湜 字解 ①물이 맑다, 물이 맑아 속까지 보이다. 〔詩經〕 湜湜其沚. ②엄정하다, 마음이 바르다. 늑 是. 〔柳宗元·銘〕 湜湜李公, 惟道之宜.
【湜湜 식식】①물이 맑아 물 밑까지 환히 보이는 모양. ②마음을 바르게 가지는 모양.
❶ 湜-, 淸-.

水 9 【渥】⑫ ❶두터울 악 覺 wò
❷담글 우 宥 òu
소전 渥 초서 渥 參考 대법원 지정 인명용 한자의 음은 '악'이다.
字解 ❶①두텁다, 마음씀이 살뜰하다. 〔後漢書〕 陪乘勞問甚渥. ②젖다, 은혜를 입다. 〔韓非子〕 周澤未渥也. ③윤, 광택. 〔楚辭〕 揚淸華以炫燿兮, 芳鬱渥而純美. ④짙다, 진하다, 농후(濃厚)하다. 〔詩經〕 顔如渥丹. ⑤아름답다. 〔太玄經〕 雨其渥須. ⑥붉다. 〔李綱·詩〕 乍餐顔愧渥. ⑦습기, 축축함. 〔謝靈運·行〕 陽華與春渥. ⑧은혜. 〔崔翹·詩〕 共欣承睿澤. ⑨흐려지다, 탁해지다. ⑩중한 형벌, 큰 형벌. =剭. 〔易經〕 其形渥. ❷담그다, 적시다. =漚. 〔周禮〕 渥淳其帛.
【渥丹 악단】①두껍게 바른 단사(丹砂). ②붉고 윤기가 나는 얼굴빛. 渥赭(악자).
【渥露 악로】많이 내린 이슬. 繁露(번로).
【渥眄 악면】따뜻하게 돌보아 줌.
【渥味 악미】짙은 맛. 농후(濃厚)한 맛.
【渥美 악미】매우 아름다움.
【渥飾 악식】아름다운 장식.
【渥然 악연】①붉고 반질반질한 모양. ②얼굴빛이 윤택한 모양.
【渥恩 악은】두터운 은혜.
【渥赭 악자】☞渥丹(악단).
【渥前 악전】옛것을 소중히 여김.
【渥澤 악택】☞渥惠(악혜).
【渥惠 악혜】두터운 은혜. 渥澤(악택).
【渥厚 악후】후함. 너그러움.
【渥洽 악흡】두터운 은덕. 厚澤(후택). 厚恩(후은). 恩澤(은택).
【渥淳 우순】흠뻑 적셔 헹굼.
❶ 殊-, 深-, 優-, 鬱-, 隆-, 霑-, 周-, 寵-, 親-, 惠-.

水 9 【渃】⑫ ❶성 이름 야 禡 rè
❷내 이름 약 藥 ruò
초서 渃 字解 ❶성 이름. 팽주(彭州)에 있는 성. ❷내 이름. 호북성(湖北省) 지강현(枝江縣)을 흐르는, 양자강(揚子江)의 지류.

水 9 【渰】⑫ 비구름 일 엄 琰 yǎn
소전 渰 초서 渰 字解 ①비구름이 일다. 〔詩經〕 有渰萋萋. ②찌다, 후덥지근하다.

水 9 【淵】⑫ 못 연 先 yuān
소전 淵 고문 𣶒 혹체 𣶒 초서 淵 동자 㴊 동자 冺 漦 속자 渊 속자 渕 간체 渊 字解 ①못, 소(沼). 〔論語〕 如臨深淵. ②물건이 많이 모이는 곳. 〔書經〕 萃淵藪. ③깊다. 〔詩經〕 其心塞淵. ④고요하다. 〔莊子〕 鯢桓之審爲淵. ⑤방, 집. 〔楚辭〕 旋入雷淵. ⑥활고자와 줌통의 사이. ⑦북소리. 〔詩經〕 鼛鼓淵淵.
【淵角 연각】이마가 네모로 달 모양인 골상. 현인(賢人)의 상(相).
【淵客 연객】①뱃사공. ②물속에 있다는 괴인(怪人).
【淵谷 연곡】깊은 못과 깊은 골짜기.
【淵曠 연광】깊고 넓음.
【淵極 연극】깊고 멂.
【淵圖 연도】☞淵謀(연모).
【淵洞 연동】깊은 곳. 깊은 동굴.
【淵慮 연려】깊은 생각. 深慮(심려).
【淵令 연령】마음이 깊고 선량함.
【淵流 연류】깊은 흐름.
【淵邈 연막】깊숙하고 아득함.
【淵謀 연모】깊은 계략. 淵圖(연도).
【淵妙 연묘】깊고 오묘함.
【淵默 연묵】침착하고 말이 적음. 默重(묵중)함.
【淵微 연미】깊고 미묘함.
【淵博 연박】학문·견문 따위가 깊고 넓음. 淵富(연부).
【淵富 연부】☞淵博(연박).
【淵氷 연빙】깊은 못과 엷은 얼음. 매우 위험함의 비유.
【淵色 연색】냉정한 태도.
【淵塞 연색】사려가 깊고 덕이 가득 차 있음. 마음이 깊고 성실함.
【淵沼 연소】깊은 늪.
【淵水 연수】깊이 괸 물.
【淵藪 연수】①못과 숲. 물고기와 짐승이 모여드는 곳. ②사람·사물이 많이 모이는 곳. 淵叢(연총).
【淵邃 연수】깊숙함. 고요하고 깊숙함.
【淵淑 연숙】생각이 깊고 착함.
【淵識 연식】오묘한 견식(見識).
【淵深 연심】①못이나 늪 등이 깊음. 깊은 못. ②심오함.
【淵雅 연아】침착하고 우아함.
【淵嶽 연악】①깊은 못과 큰 산. ②침착하고 흔들림이 없음.
【淵淵 연연】①깊고 고요한 모양. ②북을 치는 소리.
【淵然 연연】물이 깊고 고요한 모양.
【淵奧 연오】심오함.

【淵源 연원】 사물의 근원.
【淵遠 연원】 깊고 멂.
【淵儒 연유】 학문이 깊은 학자.
【淵意 연의】 깊은 마음. 淵旨(연지).
【淵湛 연잠】 물이 가득하고 깊음.
【淵潛 연잠】 깊숙이 잠김. 깊숙이 숨음.
【淵靜 연정】 ①못이 깊고 고요함. 고요하고 깊은 못. ②깊숙하고 고요함.
【淵照 연조】 깊고 환함. 깊고 명백함.
【淵旨 연지】 ⇨淵意(연의).
【淵澄 연징】 고요하고 맑음.
【淵泉 연천】 ①못과 샘. 깊은 호수. ②못처럼 깊고 샘처럼 솟는 일. ③생각이 깊고 조용함.
【淵叢 연총】 ⇨淵藪(연수).
【淵沖 연충】 늪처럼 공허함. 늪처럼 깊음.
【淵衷 연충】 깊은 속마음.
【淵澤 연택】 깊은 못.
【淵海 연해】 ①깊은 못과 큰 바다. ②깊고 큼.
【淵玄 연현】 심오함. 深幽(심유).
【淵泓 연홍】 깊음.
【淵洽 연흡】 넓고 깊음.
❶ 廣―, 雷―, 潭―, 塞―, 深―, 澄―, 投―.

水9【渶】⑫ 강 이름 영 庚 yìng
[字解] 강 이름. 청구산(靑丘山)에서 발원하는 강. 〔元結·賦〕出洞庭之南渶.

水9【溫】⑫ 溫(1018)의 속자

水9【渦】⑫ ❶소용돌이 와 歌 wō
❷강 이름 과 歌 guō
[초서] 渦 [간체] 涡 [参考] 대법원 지정 인명용 한자의 음은 '와'이다.
[字解] ❶①소용돌이, 소용돌이치다. 〔郭璞·賦〕盤渦谷轉. ②보조개. 〔蘇軾·詩〕但覺兩頰生微渦. ❷강 이름. ⇨渦.
【渦紋 와문】 소용돌이 모양의 무늬.
【渦盤 와반】 소용돌이.
【渦旋 와선】 소용돌이침. 旋渦(선와).
【渦中 와중】 ①소용돌이치며 흐르는 물의 가운데. ②복잡하고 시끄러운 사건의 중심.
【渦形 와형】 소용돌이 모양으로 빙빙 도는 형상. 渦狀(와상).
❶ 盤―, 旋―, 入―, 中―.

水9【溾】⑫ ❶잠길 외 灰 wēi
❷더러워질 외 賄 wěi
❸물 솟아날 위 尾 wěi
[소전] 溾 [초서] 溾
[字解] ❶①잠기다, 빠지다. ②물굽이. ❷더러워지다, 흐려지다. 〔楚辭〕溾濊溴之奸忩兮. ❸물이 솟아나는 모양, 물이 용솟음치는 모양. 〔郭璞·賦〕溾濊濆瀑.
【溾濊 외외】 흐려짐. 더러워짐. 穢濁(예탁).
【溾瀖 외뢰】 ①샘솟는 모양. ②용솟음치는 모양.

水9【湧】⑫ 涌(981)의 속자

水9【渮】⑫ 강 이름 우 虞 yú
[소전] 渮 [字解] ①강 이름. 산서성(山西省)에서 발원하는 강. 사하(沙河)라고도 한다. ②땅 이름.

水9【湲】⑫ 물 흐를 원 元 yuán
[소전] 湲 [초서] 湲 [字解] ①물이 흐르는 모양. 물이 흐르는 소리. 〔楚辭〕觀流水兮潺湲. ②맑다. 〔楚辭〕流澧湲些. ③물고기가 뒤집어지는 모양이나 소리. ¶湲湲.
【湲湲 원원】 물고기가 기운을 잃고 뒤집어지는 모양.

水9【渨】⑫ 물 돌아 흐를 위 微 wéi
[소전] 渨 [간체] 沩 [字解] ①물이 돌아 흐르다. ②강 이름. 섬서성(陝西省) 봉상현(鳳翔縣)의 서북에서 발원하여 위수(渭水)로 흘러드는 강. ③못, 소(沼).

水9【渭】⑫ 강 이름 위 未 wèi
[소전] 渭 [초서] 渭 [字解] 강 이름. 감숙성(甘肅省) 위원현(渭源縣)에서 발원하여 섬서성(陝西省)을 거쳐 황하로 흘러드는 강.
【渭濱器 위빈기】 대신과 장군이 될 재능이 있는 인물. [故事] 태공망(太公望) 여상(呂尙)이 위수(渭水) 가에서 낚시질을 하다가 주(周) 문왕(文王)의 부름을 받고 재상(宰相)이 되었다는 고사에서 온 말.
【渭濱漁父 위빈어부】 위수(渭水) 가의 어부. 태공망(太公望) 여상(呂尙).
【渭樹江雲 위수강운】 한 사람은 위수(渭水) 가에 있고, 한 사람은 강수(江水) 가에 있음. 먼 곳에 있는 벗을 생각하는 정이 간절함. 暮雲春樹(모운춘수).
【渭陽 위양】 ①위수(渭水)의 북쪽. ◯'陽'은 강에서는 북(北), 산에서는 남(南)을 이름. ②외삼촌. ◯진(秦) 강공(康公)이 외삼촌 진(晉) 문공(文公)을 위양에서 전송한 데서 온 말.
【渭陽丈 위양장】 남의 외삼촌에 대한 경칭.
❶ 徑―, 沸―, 唱―城.

水9【游】⑫ ❶놀 유 尤 yóu
❷깃발 류 尤 liú
[소전] 游 [고문] 遊 [초서] 游 [속서] 游 [参考] 대법원 지정 인명용 한자의 음은 '유'이다.
[字解] ❶①놀다. =遊. ㉮걷다, 여행하다. ㉯나돌다. 〔孟子〕吾王不游. ㉰어슬렁거리다. 〔莊子〕游乎塵垢之外. ㉱탐승(探勝)하다. 〔南史〕

游於匡山. ㉒타향에 가다. 〔史記〕游學於齊. ㉓사신(使臣) 가다. 〔戰國策〕貧臣萬金而游. ㉔타국에 가서 섬기다. 〔戰國策〕聞吳人之游楚者. ㉕사귀다, 교제하다. 〔陶潛·辭〕請息交以絶游. ㉖즐기다, 마음에 두다. 〔論語〕游於藝. ㉗게으름 피우다. 〔禮記〕無游民. ②놀리다, 부리지 아니하다. 〔荀子〕游食, 謂不勤於事, 素飡游手也. ③뜨다. ㉮물결대로 흐르다. 〔詩經〕遡游從之. ㉯떠돌다. 〔史記〕蟬蛻於濁穢, 以浮游塵埃之外. ㉰밑뿌리가 없다. 〔禮記〕不倡游言. ④헤엄치다, 무자맥질하다. 〔晏子〕極其游泳之樂. ⑤무성한 모양, 우거진 모양. 〔詩經〕隰有游龍. ⑥퍼지다, 유행하다. 〔漢書〕德盛而游廣. ⑦바뀌어서 나타나다. 〔荀子〕冬伏而夏游. ⑧높이 날다. 〔張衡·賦〕游鵾高翬. ⑨농사짓다. 〔司馬相如·文〕厥壤可游. ⑩이궁(離宮), 별서(別墅). 〔周禮〕閽人, 囿游亦如之. ⑪행정 구역의 하나. 리(里)의 10분의 1. 〔管子〕分里以爲十游. ⑫후림새. 다른 새를 꾀어 후려 들이는 새. 〔潘岳·賦〕恐吾游之晏起. ⑬하루살이. 늑蝣. 〔淮南子〕浮游不過三日. ⑭성(姓). ❷①깃발. =旒.〔春秋左氏傳〕鼛厲游纓. ②흐름. =流. 〔漢書〕古之王者, 地方千里, 必居上游.

【游街 유가】①진사(進士) 급제자가 유흥가에서 놀며 명예를 뽐내는 일. ②㉠죄인을 조리돌림. ㉡떼를 지어 거리를 누빔. ㉢과거에 급제한 사람이 광대를 데리고 풍악을 잡히면서 좌주(座主)·선배·친척 등을 찾아보는 일.
【游間 유간】다른 나라에서 유세(遊說)하면서 이간질함.
【游居 유거】①편안히 쉬고 있음, 느긋하게 쉼. ②아무 일도 하지 않고 놀고 있음. ③외출했을 때나 집에 있을 때나, 언제나.
【游居有常 유거유상】외출할 때나 집에 있을 때나 일정한 규범을 좇음.
【游憩 유게】편히 쉼. 游息(유식).
【游擊 유격】일정한 임무를 갖지 않고 기회를 보고 출동하여 적을 무찌름. 遊擊(유격).
【游款 유관】사귀어 친함.
【游觀 유관】돌아다니며 구경함. 游覽(유람).
【游光 유광】①불의 신. 火神(화신). ②악귀(惡鬼). 도깨비불.
【游軍 유군】때에 따라 필요한 곳에 출동하기 위해 후진(後陣)에서 대기하고 있는 군대. 游兵(유병).
【游闕 유궐】부족한 것을 보충하기 위한 예비의 수레.
【游屐 유극】①신, 나막신. ②돌아다님. 남을 방문함.
【游禽 유금】①나는 새. ②물새. 水禽(수금).
【游騎 유기】유격하는 기병(騎兵).
【游女 유녀】①집을 나가 밖에서 노는 여자. ②한수(漢水)의 수신(水神). ③매춘부(賣春婦). 遊女(유녀).
【游談 유담】①☞游說(유세)①. ②사실무근인 말을 함. 游言(유언). ③자유로이 담론하는 거리낌없이 이야기함.

【游道 유도】①도(道)를 배움. 도에 몰두하여 즐김. ②교제의 범위.
【游邏 유라】①순찰함. ②순찰병.
【游覽 유람】☞游觀(유관).
【游歷 유력】여러 곳을 두루 유람함.
【游獵 유렵】사냥. 遊獵(유렵). 畋獵(전렵).
【游龍 유룡】①승천(昇天)하는 용. ㉠자태가 아름다움. ㉡빨리 달리는 모양. ②개여뀌.
【游履 유리】☞游步(유보).
【游慢 유만】놀기를 즐기며 게으름을 피움.
【游沒 유몰】헤엄침과 자맥질함. 수영과 잠수.
【游民 유민】일정한 직업이 없이 놀고먹는 사람.
【游盤 유반】마음껏 놀고 즐김. ♪'盤'은 '즐긴다'는 뜻.
【游放 유방】제멋대로 놂. 遊放(유방).
【游泛 유범】배를 띄우고 놂. 뱃놀이를 함.
【游兵 유병】☞游軍(유군).
【游步 유보】①이리저리 헤매 다님. 종작없이 거닒. ②즐기며 거기에 좇음. 游履(유리).
【游服 유복】①평상시에 입는 옷. ②야외에 나갈 때 입는 옷.
【游士 유사】①유세(遊說)를 하는 사람. ㉠벼슬하기 위하여 여러 나라를 유력(遊歷)하는 사람. ㉡다른 나라에서 와서 벼슬살이를 하고 있는 사람. ②선전·권유·정찰 등을 하기 위하여 국내나 국외를 순행하는 사신(使臣). ③신분이 높아서 농사에 종사하지 않는 사람. 遊士(유사).
【游仕 유사】다른 나라에 가서 벼슬살이함.
【游事 유사】다른 나라에서 벼슬함.
【游絲 유사】①아지랑이. ②바람에 흔들리는 거미줄.
【游肆 유사】제멋대로 놂.
【游辭 유사】진실이 아닌 근거 없는 말.
【游辭巧飾 유사교식】말을 교묘하게 꾸며 거짓 말하는 일.
【游散 유산】①빈들빈들 놀며 즐김. ②뿔뿔이 흩어져 여러 곳으로 감.
【游說 유세】①전국 시대에 모사(謀士)들이 각 국을 돌아다니며 제후들에게 자신의 정책을 선전하여 채택하도록 설득하던 일. 游談(유담). ②자기의 의견 또는 자기가 속한 정당의 주의·주장 등을 연설하고 다님. 遊說(유세).
【游說翩翩 유세편편】기민하게 돌아다니며 유세함. ♪'翩翩'은 왕래하는 모양.
【游手 유수】①해야 할 일이 있는데도 하지 않음. ②직업을 갖지 않고 놀고 지내는 사람.
【游息 유식】편안히 쉼. 游憩(유게).
【游神 유신】마음을 즐겁게 함.
【游心 유심】①마음 내키는 대로 즐김. 자적(自適)함. ②항시 그 사물에 마음을 둠. 항상 그 일에 마음을 씀.
【游狎 유압】장난하며 놂.
【游冶 유야】주색(酒色)에 탐닉함.
【游揚 유양】①치켜세움. 널리 칭찬함. ②이름을 드날림. 유명해짐.
【游魚出聽 유어출청】헤엄치는 고기도 나와 들

음. 재주가 뛰어남. 故事 옛날 거문고의 명수 호파(瓠巴)가 거문고를 타면 물고기도 물 위로 떠올라 들었다는 데서 온 말.
【游言 유언】 헛말. 사실이 아닌 말.
【游衍 유연】 마음 내키는 대로 놀고 즐김.
【游泳 유영】 헤엄침. 헤엄. ◯'游'는 물 위에서, '泳'은 물 속에서 헤엄침을 뜻함.
【游豫 유예】 ①임금의 출유(出遊). 游幸(유행). ②놀고 즐김. 遊豫(유예).
【游藝 유예】 ①예(藝)를 배움. 예를 즐김. 예는 예(禮)·악(樂)·사(射)·어(御)·서(書)·수(數) 따위. ②가무(歌舞)·음곡(音曲) 등의 기예(技藝).
【游玩 유완】 재미있게 놂.
【游徼 유요】 진한(秦漢) 때에 향리를 순찰하며 도둑을 단속하던 벼슬.
【游虞 유우】 놀며 즐김.
【游雲驚龍 유운경룡】 흐르는 구름과 뛰어 오르는 용. 잘 쓴 글씨.
【游弋 유익】 ①사냥. ◯'弋'은 새를 잡는 화살. 遊獵(유렵). ②군함이 바다의 경비를 위하여 바다를 돌아다님. 遊弋(유익).
【游子 유자】 나그네. 旅客(여객).
【游田 유전】 사냥을 하는 일. 游畋(유전).
【游畋 유전】 ▷游田(유전).
【游偵 유정】 적정(敵情)을 살피는 사람.
【游兆 유조】 십간(十干)의 하나인 병(丙)의 딴이름.
【游塵 유진】 ①떠 있는 먼지. ㉠지극히 가벼운 것. ㉡매우 천한 것. ②음탕한 음악.
【游就 유취】 나아가 가르침을 청함. 사귀면서 가르침을 청함.
【游惰 유타】 놀기만 하고 게으름.
【游蕩 유탕】 절제 없이 놂. 방탕하게 놂.
【游必有方 유필유방】 먼 곳으로 놀러 갈 때는 반드시 자기의 행방을 부모에게 알려야 함.
【游必就士 유필취사】 교제하는 상대는 반드시 훌륭한 사람을 택해야 함.
【游學 유학】 ①타향 또는 타국에서 공부함. ②찾아와서 배움. ③협기(俠氣)를 부리는 일과 학문하는 일. 遊學(유학).
【游閑 유한】 한가롭게 놂.
【游閑公子 유한공자】 걱정이 없이 한가롭게 노는 사람. 부귀한 집안의 자제.
【游行 유행】 ①돌아다님. 이리저리 돌아다님. 行游(행유). ②(佛)승려가 여기저기 돌아다니며 수행함. 行脚(행각).
【游幸 유행】 ▷游豫(유예)①.
【游奕 유혁】 ①세상을 돌아다님. 이리저리 왔다 갔다 함. ②선함(船艦)이 방비를 위하여 순찰(巡察)함.
【游俠 유협】 의협심이 있는 사람. 俠客(협객).
【游魂 유혼】 넋이 육체를 벗어나 떠돎. 육체를 떠나 떠도는 넋.
【游宦 유환】 ①타향에서 벼슬살이를 함. ②지방의 관리가 됨.
◐ 溪-, 交-, 來-, 浮-, 遡-, 外-, 遠-, 淸-, 出-, 下-, 行-, 回-.

水9【渨】⑫ 濡(1048)와 동자

水9【湆】⑫ 축축해질 읍 ⊛급 ㊁ qì
字解 ①축축해지다, 눅눅하다. ②갱즙(羹汁), 고기를 삶은 국물. ≒湇.

水9【湇】⑫ 국 읍 ⊛급 ㊁ qì
字解 국, 고기의 국물. 〔禮記〕凡羞有湇者, 不以齊.

水9【湮】⑫ 잠길 인 ㊀ yīn
字解 ①잠기다, 빠져 묻히다. 〔司馬相如·文〕湮滅而不稱. ②막히다, 통하지 아니하다. ≒堙. 〔春秋左氏傳〕鬱湮不育. ③스미다. ¶湮透. ④망하다, 없어지다. 〔史記〕湮滅不見.
【湮棄 인기】 파묻힘. 영락(零落)함. 湮替(인체).
【湮淪 인륜】 ▷湮滅(인멸).
【湮滅 인멸】 자취도 없이 완전히 없어짐. 湮淪(인륜). 湮沒(인몰).
【湮沒 인몰】 ▷湮滅(인멸).
【湮微 인미】 문혀 미약하게 됨.
【湮放 인방】 사라져 없어짐. 湮滅(인멸).
【湮伏 인복】 잠겨 숨음.
【湮圮 인비】 묻혀 부서짐.
【湮散 인산】 뿔뿔이 흩어져 없어짐.
【湮厄 인액】 막힘. 불행. 湮阨(인액).
【湮鬱 인울】 근심으로 마음이 답답함.
【湮遠 인원】 아득한 옛일이라 알지 못함.
【湮殄 인진】 망해 없어짐. 모조리 없어짐.
【湮替 인체】 ▷湮棄(인기).
【湮墜 인추】 망해 없어짐. 湮滅(인멸).
【湮沈 인침】 묻히고 가라앉음. 멸망함.
【湮透 인투】 스며듦. 스며들게 됨.
【湮廢 인폐】 國자취가 묻혀 폐절(廢絕)됨.
【湮晦 인회】 망해 자취를 감춤.
◐ 埋-, 鬱-, 沈-.

水9【湮】⑫ 湮(1010)의 속자

水9【滋】⑫ 滋(1020)의 속자

水9【濈】⑫ 강 이름 재 ㊀ zāi
字解 강 이름. 지금의 대도하(大渡河).

水9【渚】⑫ 물가 저 ㊂ zhǔ
字解 ①물가. 〔楚辭〕夕弭節兮北

渚. ❷모래섬, 삼각주(三角洲), 작은 섬. 〔詩經〕江有渚. ❸강 이름. 하북성(河北省)에서 발원하는 강.
【渚鷗 저구】 물가의 갈매기.
【渚畔 저반】 물가. 渚邊(저변).
【渚岸 저안】 물가. 渚涯(저애).
【渚崖 저애】 ⇨渚岸(저안).
【渚煙 저연】 물가에 낀 안개.
【渚花 저화】 물가에 핀 수초(水草)의 꽃.
❶霧-, 洳-, 汀-, 洲-, 淺-.

水9【湔】⑫ 씻을 전 先 jiān
소전 湔 초서 湔 字解 ①씻다. ㉮빨다. 〔後漢書〕官民皆潔於車流水上曰湔濯. ㉯누명·치욕 따위를 깨끗이 벗다. 〔後漢書〕湔雪百年之逋負以慰忠將之亡魂. ❷물을 떨치다, 물을 뿌리다. ❸더럽히다. 〔戰國策〕以臣之血湔其衽. ❹강 이름. 사천성(四川省) 타강(沱江)의 지류.
【湔拔 전발】 이전의 악습을 깨끗이 씻음. 湔祓(전불).
【湔祓 전불】 ⇨湔拔(전발).
【湔雪 전설】 씻어서 깨끗이 함. 오명(汚名) 등을 깨끗이 씻어 버림.
【湔洗 전세】 ①깨끗이 씻음. ②잘못이나 오욕을 말끔히 씻음.
【湔刷 전쇄】 깨끗이 씻음. 치욕을 씻음.
【湔濯 전탁】 ①세탁함. ②운명을 씻음.

水9【渟】⑫ 물 괼 정 靑 tíng
초서 渟 字解 ①물이 괴다. 〔史記〕決渟水, 致之海. ❷멈추다, 정지하다, 정지하게 하다. ≒停. 〔白居易·詩〕遇勝後渟泊. ❸물가. =汀.
【渟膏湛碧 정고잠벽】 물이 깊어 짙푸르고 고요한 모양.
【渟淖 정뇨】 괴어 있는 흙탕물.
【渟泊 정박】 배가 닻을 내리고 머뭄.
【渟水 정수】 괸 물. 止水(지수). 死水(사수).
【渟潒 정오】 웅덩이에 괴어 있는 흐린 물.
【渟渟 정정】 물이 가득 찬 모양.
【渟澄 정징】 물이 가득하고 맑음.
【渟蓄 정축】 ①물이 가득 차 있음. ②학문이 깊고 넓음.
【渟滙 정회】 물이 가득하여 돎.
❶淵-, 澄-, 淸-.

水9【湞】⑫ 강 이름 정 庚 zhēn
간체 浈 字解 강 이름. 광동성(廣東省) 남웅현(南雄縣)의 대유령(大庾嶺)에서 발원하여 북강(北江)이 되는 물줄기.

水9【渧】⑫ ❶물방울 제 霽 dì ❷들을 적 錫 dī
초서 渧 字解 ❶①물방울. 〔地藏經〕一毛一渧一沙一塵. ②우는 모양. ③거르다, 밭다. ❷듣다, 액체가 방울져 떨어지다. ※滴(1030)의 속자(俗字).

水9【湊】⑫ 모일 주 宥 còu
소전 湊 초서 湊 통자 輳 字解 ①모이다, 물이 모이다. 〔楚辭〕順波湊而下降. ❷모이는 곳, 사람·사물 등이 모이는 곳. 〔逸周書〕以爲天下之大湊. ❸항구. ❹달리다, 나아가다. ≒走. 〔淮南子〕哀世湊學. ❺살결, 피부의 결. 〔文心雕龍〕湊理無滯. ❻향하다. 〔禮記〕以端題湊也.
【湊理 주리】 살가죽 겉에 생긴 자디잔 결.
【湊懣 주만】 여러 가지로 번민함.
【湊泊 주박】 한데 모임.
【湊集 주집】 모임. 모여듦.
【湊合 주합】 모아 합침.
【湊會 주회】 모임. 모여듦.
❶繁-, 奔-, 流-, 殷-, 塡-, 叢-, 輻-.

水9【湒】⑫ 비 올 집 緝 jí
소전 湒 字解 ①비가 오다, 비가 내리다. ¶ 湒湒. ②빗소리. ¶ 湒湒. ③물이 샘솟는 모양. =潗. ④뿔이 난 모양. 〔說文解字〕其角湒湒.
【湒湒 집집】 ①비가 부슬부슬 내리는 모양. ②비 내리는 소리. ③뿔이 나 있는 모양.

水9【湌】⑫ 餐(2038)과 동자

水9【湉】⑫ 고요히 흐를 첨 鹽 tián
字解 ①고요히 흐르다, 물이 고요히 흐르는 모양. 〔左史·賦〕澶湉漠而無涯. ②수면(水面)이 평평한 모양. 〔杜牧·詩〕微漣風定翠湉湉.
【湉湉 첨첨】 수면(水面)이 평평한 모양.

水9【湫】⑫ ❶다할 추 尤 qiū ❷근심할 추 尤 jiū ❸모일 초 蕭 qiū ❹낮고 좁을 초 蕭 jiǎo
소전 湫 초서 湫 본자 湫 동자 愁 참고 대법원 지정 인명용 한자의 음은 '추'이다.
字解 ❶①다하다, 바닥나다. 〔淮南子〕精有湫盡, 而行無窮極. ②늪, 못, 소. ③강 이름. 산서성(山西省)에서 발원하여 황하(黃河)로 흘러드는 강. ❷①근심하다, 우수(憂愁)에 찬 모양. ¶ 湫湫. ②고요한 모양, 조용한 모양. 〔淮南子〕湫漻如秋, 典凝如冬. ❸①모이다, 쌓여 막히다. 〔春秋左氏傳〕勿使有所壅閉湫底. ②서늘하다, 청량(淸涼)하다. 〔宋玉·賦〕湫兮如風. ③땅 이름. ❹낮고 좁다, 저습(低濕)하다. 〔春

水部 9획 湫湬測浸淡湯

〔秋左氏傳〕湫隘囂塵.
【湫漻 추료】맑고 고요함.
【湫盡 추진】다함. 끝이 남.
【湫湫 추추】근심하며 슬퍼하는 모양.
【湫隘 초애】①땅이 낮고 좁음. ②낮고 습기가 많은 땅.
【湫底 초저】기운이 엉겨서 모임. 정체(停滯)하여 흩어지지 않음.
【湫兮 초혜】맑고 서늘한 모양. 청량한 모양.
❶澗-, 潭-, 山-, 深-, 龍-.

水 9 【湬】⑫ 湫(1011)의 본자

水 9 【湬】⑬ 湫(1011)와 동자

水 9 【測】⑫ 잴 측 職 cè

氵 氵 氵 汨 汨 汨 汩 湏 測 測

[형음] 形聲. 水+則→測. '則(칙)'이 음을 나타낸다.
[자원] ①재다. ㉮광협(廣狹)·장단(長短)·원근(遠近)·고저(高低) 등의 정도를 재다. 〔淮南子〕深不可測. ㉯헤아리다, 이모저모 따져 헤아리다. 〔禮記〕毋測未至. ②맑다. 〔周禮〕漆欲測. ③알다. 〔太玄經〕夜則測陰.
【測究 측구】헤아려 구명(究明)함. 측량하고 연구함.
【測揆 측규】잼. 헤아림. 측탁(測度)함.
【測度】❶측도 ❷측탁 ❶도수(度數)를 잼. ❷잼. 조사함. 마음으로 추측함.
【測量 측량】①남의 마음을 미루어서 헤아림. ②기기를 써서 물건의 깊이·높이·넓이 등을 잼.
【測算 측산】계산함.
【測鎖 측쇄】거리를 재는 데 쓰는 긴 쇠사슬.
【測識 측식】헤아려 앎.
【測辰 측신】시간을 잼.
【測鉛 측연】國바다의 깊이를 재는 도구. 줄 끝에 납덩이로 된 추가 달렸음.
【測景 측영】➾測影(측영).
【測影 측영】해그림자를 잼. 測景(측영).
【測雨 측우】강우량을 잼.
【測定 측정】어떤 양의 크기를 잼.
【測天 측천】천체를 관측하여 조사함.
【測測 측측】①빨리 나아가는 모양. ②칼날이 예리한 모양.
【測候 측후】천문(天文)·기상(氣象)을 관측함.
❶觀-, 難-, 不-, 憶-, 臆-, 豫-, 推-.

水 9 【浸】⑫ 浸(983)과 동자

水 9 【淡】⑫ 물 넓을 탄 翰 tàn

[자해] 물이 넓다, 수면(水面)이 넓다. 〔木華·海賦〕沖瀜沆瀁, 渺瀰淡漫.
【淡漫 탄만】수면(水面)이 넓은 모양.

水 9 【湯】⑫
❶끓인 물 탕 陽 tāng
❷물 흐르는 모양 상 陽 shāng
❸끓일 탕 漾 tàng
❹해 돋을 양 陽 yáng

氵 氵 汀 沪 沪 渴 湯 湯 湯

[소전] 湯 [초서] 湯 [간체] 汤 [참고] 대법원 지정 인명용 한자의 음은 '탕'이다.
[형음] 形聲. 水+昜→湯. '昜(양)'이 음을 나타낸다.
[자해] ❶①끓인 물. 〔論語〕見不善如探湯. ②목욕탕. 〔楊太眞外傳〕華清有蓮花湯, 即貴妃澡沐之室. ③온천. 〔晉書〕廻湯沸於重泉. ④목욕하다. 〔韓詩外傳〕夏不數浴, 非愛水也, 冬不頻湯, 非愛火也. ⑤탕약. 〔魏志〕其療疾合湯, 不過數種. ⑥방탕하다, 제멋대로 놀아나다. ≒蕩·宕. 〔詩經〕子之湯兮. ⑦씻다, 빨다. ≒盪. 〔漢書〕是謂大湯. ⑧광대(廣大)하다. 〔莊子〕湯之問棘也是已. ⑨사람 이름. 은(殷)나라 시조인 탕(湯)임금. ⑩성(姓). ⑪國국, 끓인 국. ¶湯器. ⑫國제사에 쓰는 국. ❷물이 흐르는 모양, 물이 성한 모양. 〔詩經〕江漢湯湯. ❸끓이다, 데우다. 〔山海經〕湯其酒百樽. ❹해가 돋다. =暘·陽. 〔張協·詩〕丹氣臨湯谷.
【湯器 탕기】國국이나 찌개 등을 담는 자그마한 그릇.
【湯網 탕망】탕(湯)임금의 그물. 관대한 처사.
[고사] 은(殷)의 탕임금이 그물을 사면(四面)으로 치고 짐승들이 잡히기를 빌고 있는 사람을 보고, 그 중 삼면(三面)을 걷어치우게 하여 짐승이 달아날 여지를 주게 한 데서 온 말.
【湯沐 탕목】①목욕함. ②'湯沐邑(탕목읍)'.'沐'은 머리를 감음.
【湯沐邑 탕목읍】목욕의 비용을 마련하기 위한 식봉(食封). 주대(周代)에 천자가 제후(諸侯)에게 하사(下賜)한 것으로, 그곳의 수입으로 목욕의 비용을 조달하도록 한 사유(私有)의 영지.
【湯飯 탕반】國장국밥.
【湯餅 탕병】아이를 낳은 지 사흘 만에 그 아이의 장수를 빌기 위해 먹는 메밀국수.
【湯液 탕액】①끓여 낸 국물. ②약재를 삶아 낸 약물.
【湯藥 탕약】달여서 먹는 한약. 湯劑(탕제).
【湯熨 탕울】더운물 찜질. 溫罨法(온엄법).
【湯殿 탕전】욕실(浴室). 목욕탕.
【湯井 탕정】온천(溫泉). 湯泉(탕천).
【湯鼎 탕정】①은(殷)의 탕(湯)임금이 만든 솥. 제왕의 보기(寶器)의 하나. ②차(茶)를 끓이는 그릇.
【湯池 탕지】①성 둘레에 파 놓은 해자(垓字). 견고한 성(城)의 비유. ②온천(溫泉). ➾뜨거운 물이 솟는 못이라는 뜻에서 온 말.

【湯泉 탕천】 ⇨湯井(탕정).
【湯婆子 탕파자】 더운물을 넣어서 몸을 덥게 하는 쇠나 자기로 만든 그릇.
【湯火 탕화】 ①끓는 물과 뜨거운 불. ②도탄(塗炭)의 괴로움. ③매우 위험한 사물.
【湯鑊 탕확】 가마솥에 삶아 죽이는 형(刑)에 쓰던, 다리 없는 큰 가마.
【湯鑊之罪 탕확지죄】 가마솥에 삶아 죽일 만한 중한 죄.
【湯湯 상상】 ①물이 흐르는 모양. 파도가 치는 모양. ②물이 세찬 모양. ③물이 솟아나는 모양. ④빠른 모양. ⑤큰 모양.
【湯谷 양곡】 해가 돋는 곳. 暘谷(양곡).
○ 白沸-, 白-, 藥-, 藥罐-, 熱-, 溫-, 浴-, 洗-, 入-, 雜-, 探-.

水9 【渝】⑫ 달라질 투 ㉥유 廙 yū
소전 渝 초서 渝 字解 ①달라지다. ㉮변역(變易)하다. 〔詩經〕舍命不渝. ㉯맑은 물이 흐린 물로 변하다. ②풀어지다. 〔太玄經〕裳格繋鉤渝. ③넘치다. 〔木華·賦〕沸潰渝溢. ④땅 이름. 사천성(四川省) 파현(巴縣)의 딴 이름. 지금의 중경(重慶). ⑤그러하다. 발어사(發語辭). =俞. 〔易經〕渝安貞.
【渝盟 투맹】 맹세를 바꿈. 약속을 어김.
【渝色 투색】 빛이 바램. 退色(퇴색).
【渝移 투이】 변하여 옮겨 감. 變遷(변천).
【渝溢 투일】 가득 차 넘침.
【渝替 투체】 변하여 쇠퇴함.

水9 【渢】⑫ ❶물소리 풍 廙 féng
❷알맞은 소리 범 圂 fán
초서 渢 간체 渢 字解 ❶①물소리, 큰 목소리. ②물에 뜨는 모양. ¶ 渢渢. ❷알맞은 소리. 〔春秋左氏傳〕美哉渢渢乎.
【渢渢 ❶범범 ❷풍풍】 ❶중용(中庸)의 소리. 알맞은 소리. ❷물에 떠 있는 모양.

水9 【港】⑫ ❶항구 항 ㉥강 講 gǎng
❷통할 홍 图 hòng
소전 港 秦서 대법원 지정 인명용 한자의 음은 '항'이다.
字源 形聲. 水+巷→港. '巷(항)'이 음을 나타낸다.
字解 ❶①항구. 〔廬山錄〕晚泊女兒港. ②도랑, 분류(分流). 〔宋史〕經港極多. ③뱃길. ④강 어귀. ❷통하다, 서로 통하는 모양. 〔馬融·賦〕港洞坑谷.
【港口 항구】 바닷가에 배가 드나들 수 있도록 시설을 갖춘 곳.
【港都 항도】 항구 도시.
【港灣 항만】 바닷가가 굽어 들어가서 항구를 설치하기에 적당한 곳.
【港洞 홍통】 서로 통함.

○ 開-, 軍-, 內-, 商-, 良-, 外-, 要-, 入-, 築-, 出-.

水9 【湖】⑫ 호수 호 廙 hú
소전 湖 초서 湖 字源 形聲. 水+胡→湖. '胡(호)'가 음을 나타낸다.
字解 호수. 〔周禮〕揚州其浸五湖.
【湖畔 호반】 호숫가. 湖上(호상).
【湖山 호산】 ①호수와 산. ②호숫가의 산.
【湖沼 호소】 호수와 늪.
【湖水 호수】 ①큰 못. ②호수의 물.
【湖陰 호음】 호수의 남쪽.
【湖筆 호필】 절강성(浙江省) 호주부(湖州府)에서 생산되는 붓.
【湖海 호해】 ①호수와 바다. ②호수. ③세상. 세간(世間). 江湖(강호).
【湖海之士 호해지사】 호탕한 기개를 가지고 초야(草野)에 있는 사람.
○ 江-, 大-, 五-.

水9 【渾】⑫ ❶흐릴 혼 元 hún
❷섞일 혼 阮 hùn
소전 渾 초서 渾 간체 浑 字解 ❶①흐리게 하다. 〔新論〕水之性清, 所以濁者, 土渾之也. ②물소리, 물이 어지러이 흐르는 소리, 물이 샘솟는 소리. ③합수(合水)하다. ④웅덩이. ⑤온, 모두. 〔杜甫·詩〕白頭搔更短, 渾欲不勝簪. ⑥가지런하다, 가지런하다. 〔關尹子〕渾人我, 同天地. ⑦온전하다. 〔元史〕天體渾圓. ⑧토욕혼(土谷渾)의 준말. 티베트계 유목민이 세운 나라. 오호 십육국 시대에 세력을 떨쳤다. 〔舊唐書〕雜羌渾之衆. ⑨성(姓). ❷①섞이다, 분간이 안 되다. 〔漢書〕賢不肖渾殽. ②크다. 〔班固·賦〕渾元運物, 流不處今. ③물이 많이 흐르는 모양. =混. ④성(盛)하다.
【渾家 혼가】 ①아내. 처. ②온 집안.
【渾眷 혼권】 한 집안의 식구.
【渾金璞玉 혼금박옥】 정련하지 않은 금과 다듬지 않은 옥(玉). 사람의 좋은 바탕.
【渾大 혼대】 순일하고 큼.
【渾沌 혼돈】 ①하늘과 땅이 나누어지기 전의 상태. 混沌(혼돈). 渾淪(혼륜). ②㉠요순(堯舜) 때 사흉(四凶)의 한 사람. ㉡어리석고 몽매함. ③자연 그대로의 순박한 상태.
【渾淪 혼륜】 ⇨渾沌(혼돈)①.
【渾碧 혼벽】 바라다보이는 끝까지 푸른 모양. 一碧(일벽).
【渾不似 혼불사】 악기 이름. 옛날 한(漢)나라 왕소군(王昭君)이 호국(胡國)에 가지고 간 비파가 부서졌을 때, 호인(胡人)이 그것을 본떠 새로 만들었는데, 왕소군이 보고 조금도 비슷하지 않다고 말한 데서 온 말.
【渾身 혼신】 온몸. 몸 전체.

【渾深 혼심】 흐리고 깊음.
【渾然 혼연】 ①모가 지거나 찌그러진 데가 없는 둥근 모양. ②사물이 융합되어 있는 모양. ③차별이 없는 모양.
【渾然一體 혼연일체】 조금의 어긋남도 없이 한 덩어리가 됨.
【渾圓 혼원】 ①아주 둥긂. ②원만함. 모가 나 있지 않음.
【渾元 혼원】 ①자연의 기운. 천지의 광대한 기운. ②하늘과 땅.
【渾融 혼융】 사물이 완전히 융합함.
【渾儀器 혼의기】 둥근 거죽에 해·달·별 등을 그려 천체의 운행을 관측하던 기계.
【渾天儀 혼천의】 ⇨渾儀器(혼의기).
【渾濁 혼탁】 흐림.
【渾涵 혼함】 싸서 속에 숨김.
【渾浩 혼호】 물이 넘쳐흐르는 모양.
【渾渾 혼혼】 ①물이 흐르는 모양. 물이 솟는 소리. ②물결이 서로 따르는 모양. ③흐려짐. 어지러워짐. ④큰 모양. ⑤심오하여 알기 어려운 모양.
【渾渾沌沌 혼혼돈돈】 천지가 아직 열리지 않고 음양(陰陽)이 아직 나누어지기 이전의 상태. 混沌(혼돈).
【渾和 혼화】 원만하게 화합함.
【渾殽 혼효】 뒤섞임. 錯雜(착잡).
【渾厚 혼후】 크고 깊이가 있음. 크고 묵직함.
● 大-, 奔-, 雄-, 全-, 吐谷-.

水9 【渱】⑫ 물 솟아날 홍 東 hóng
字解 ①물이 솟아나다. ②물소리. ③흐름이 광대한 모양. 〔左史·賦〕潰渱泮汗.

水9 【渙】⑫ ❶흩어질 환 翰 huàn
❷강 이름 회 灰 huí
参考 대법원 지정 인명용 한자의 음은 '환'이다.
字解 ❶①흩어지다, 풀리다. 〔詩經〕繼猶判渙. ②괘 이름, 64괘의 하나. 괘형은 ䷺. 물건이 흩어짐을 상징한다. ③어질다. 〔呂氏春秋〕渙者賢也. ④물이 성한 모양. 늑洹. 〔詩經〕方渙渙兮. ⑤밝다, 빛나다. 늑煥. 〔戚伯著碑〕功德渙彰. ❷강 이름. 하남성(河南省) 진류현(陳留縣)에서 발원하여 회수(淮水)로 흘러드는 강.
【渙爛 환란】 찬란한 모양. 빛나는 모양.
【渙發 환발】 조칙(詔勅)·칙명(勅命)을 발포함.
【渙散 환산】 ①단체가 해산함. ②신열(身熱)이 내림.
【渙焉 환언】 ①흩어지는 모양. ②빛나는 모양. 문채(文彩)가 있는 모양.
【渙然 환연】 ①흔적도 없이 흩어지는 모양. 깨끗이 녹는 모양. ②문채가 있는 모양. ③새롭게 바뀌는 모양.
【渙然氷釋 환연빙석】 얼음이 녹는 것처럼 남김 없이 풀려 없어짐.

【渙汗 환한】 ①넓고 큼. ②조칙(詔勅). 칙명(勅命). ○땀이 한번 나오면 다시 들어갈 수 없는 것처럼 칙명도 한번 내려지면 취소할 수 없다는 데서 온 말. ③널리 펴는 모양.
【渙兮 환혜】 녹아 흩어지는 모양.
【渙乎 환호】 빛나는 모양.
【渙冱 환호】 얼음이 녹는 것과 어는 것.
【渙渙 환환】 ①물이 많고 세차게 흐르는 모양. ②광택이 있는 모양.
● 叛-, 畔-, 散-.

水9 【湟】⑫ ❶해자 황 陽 huáng
❷찬물 황 漾 kuàng
字解 ❶①해자(垓字), 성지(城池). ②우묵한 땅. 〔大戴禮〕湟潦生苹. ③빠지다, 물에 빠지다. ④물이 세차게 흐르는 모양. 〔馬融·賦〕絞槃汩湟. ⑤강 이름. 청해성(青海省)에서 발원하여 감숙성(甘肅省)을 거쳐 황하로 흘러드는 강. ❷찬물. =況.
【湟潦 황료】 우묵하게 팬 땅에 괸 물. 웅덩이.
● 汨-, 潢-.

水9 【濩】⑫ 물결 부딪는 소리 획 陌 huò
字解 물결이 부딪치는 소리. 〔郭璞·賦〕潚濩㵒瀐.

水10 【湆】⑬ 진창 가 歌 gē
字解 ①진창. 〔淮南子〕甚湆而湆. ②즙(汁)이 많다.
진이 흐르다.

水10 【溪】⑬ 시내 계 齊 xī
氵 氵 氵 氵 氵 氵 氵 氵 氵 溪
溪 谿 渓 字源 形聲. 水+奚→溪. '奚(해)'가 음을 나타낸다.
字解 ①시내. ㉮내로 흘러 들어가는 산골짜기의 시냇물. 〔左思·賦〕含溪懷谷. ㉯산골짜기에 흐르는 시냇물. 〔春秋左氏傳〕澗溪沼池之毛. ㉰통할 곳이 없는 골짜기의 물. ㉱산골짜기, 물이 없는 산골짜기. 〔呂氏春秋〕若高山之與深溪. ②텅 비다, 헛되다. ③골, 살(肉)이 모이는 곳. 〔素問〕肉之小會爲溪. ④송장메뚜기.
【溪澗 계간】 산골짜기에 흐르는 시내.
【溪客 계객】 연(蓮)의 딴 이름.
【溪徑 계경】 산골짜기의 좁은 길.
【溪谷 계곡】 물이 흐르는 골짜기.
【溪極 계극】 헛되게 피로함. 헛되게 피로해짐. ○'極'은 '病'으로 '피로하다'의 뜻.
【溪頭 계두】 산골짜기 부근. 溪邊(계변).
【溪嵐 계람】 산골짜기에 이는 이내.
【溪瀨 계뢰】 시냇물의 여울.

【溪流 계류】 산골짜기에 흐르는 시냇물.
【溪邊 계변】 ①산골짜기의 근처. 溪頭(계두). ②개와 비슷한 짐승의 이름.
【溪蓀 계손】 창포(菖蒲)의 딴 이름.
【溪翁 계옹】 산골짜기에 사는 늙은이.
【溪友 계우】 속세를 떠나 산골짜기에 숨어 사는 풍류(風流)의 벗.
【溪杓 계작】 산골짝의 시내에 놓은 외나무다리.
【溪莊 계장】 ①산골짜기에 지은 집. ②國시냇가에 지은 별장.
【溪亭 계정】 산골짜기에 지은 정자(亭子).
【溪泉 계천】 산골짜기에 솟는 샘.
【溪壑 계학】 ①산골짜기. 큰 골짜기. 溪谷(계곡). ②끝이 없는 욕심.
❶ 綠-, 碧-, 深-, 蟻-, 烟-.

水 10【滓】⑬ 滓(1035)의 본자

水 10【滚】⑬ 滾(1023)의 본자

水 10【溝】⑬ ❶봇도랑 구 囿 gōu ❷어리석을 구 囿 kòu
[字解] ❶①봇도랑. 〔周禮〕井閒廣四尺, 深四尺, 謂之溝. ②하수도. 〔漢書〕血流入溝中. ③해자(垓字). 〔史記〕深溝高壘. ④시내, 골짜기에 흐르는 물. ⑤물받이. 〔蘇軾·詩〕歷亂瓦溝裁一瞥 ⑥도랑을 파다〔周禮〕制其畿疆, 而溝封之. ⑦떨어지다, 도랑을 사이에 두고 떨어지다. 〔春秋左氏傳〕將溝焉. ⑧큰 수의 이름. 〔數術記遺〕黃帝爲法數, 有十等, 云云, 十等者, 億·兆·京·垓·秭·壤·溝·澗·正·載. ❷어리석다. 늑恂. 〔荀子〕世俗之溝猶瞀儒.
【溝渠 구거】 개골창. 도랑. 溝阬(구갱).
【溝畎 구견】 ①봇도랑. 溝洫(구혁). ②시골. 촌.
【溝尿 구뇨】 도성의 시궁창.
【溝瀆 구독】 봇도랑. 溝洫(구혁).
【溝瞀 구무】 어리석음. 무지(無知)함.
【溝封 구봉】 도랑을 파고 흙을 쌓아 경계(境界)로 함.
【溝塍 구승】 도랑과 두둑.
【溝猶 구유】 어리석어 주저함.
【溝中瘠 구중척】 곤궁하여 헤매다가 도랑에 빠져 죽음. 유랑하다가 객사(客死)함.
【溝池 구지】 ①적이 침범하지 못하도록 성 둘레에 파 놓은 못. 垓字(해자). ②도랑과 못.
【溝壑 구학】 ①도랑과 골짜기. ②죽어서 시체가 도랑이나 골짜기에 버림받는 일. ③떠돌다가 객사하는 곳.
【溝洫 구혁】 논밭 사이에 있는 도랑.
【溝澮 구회】 ▷溝洫(구혁).
❶ 禁-, 防-, 城-, 汚-, 陰-, 泥-, 澮-.

水 10【澄】⑬ 흴 기 本의 國 ái

[字解] 희다, 흰 모양. 늑皚.
【澄澄 기기】 눈·서리 등이 흰 모양.

水 10【溺】⑬ ❶빠질 닉 錫 nì ❷강 이름 약 藥 ruò ❸오줌 뇨 嘯 niào
[參考] 대법원 지정 인명용 한자의 음은 '닉'이다.
[字解] ❶①빠지다. ㉠물에 빠지다, 물에 빠져 죽다. 〔孟子〕嫂溺, 援之以手者, 權也. ㉡어려움에 빠지다. 〔孟子〕天下溺, 援之以道. ㉢마음이 어디에 빠지다. 〔禮記〕溺而不止. ②잠기다. ❷성(姓). ❸강 이름. 감숙성(甘肅省) 산단현(山丹縣)에 있는 강. 늑弱. ❸오줌, 오줌을 누다. 늑尿. 〔史記〕醉更溺雎.
【溺途 익도】 정욕(情慾)에 빠지는 곳. 이 세상.
【溺沒 익몰】 물속에 빠짐.
【溺死 익사】 물에 빠져 죽음.
【溺信 익신】 맹신(盲信)함.
【溺愛 익애】 지나치게 사랑함. 사랑에 빠짐.
【溺志 익지】 한 가지 일에 열중함.
【溺惑 익혹】 미혹(迷惑)하여 본심을 잃음.
【溺袴 요고】 오줌을 싸서 더러워진 바지.
【溺器 요기】 요강. 尿器(요기).
❶ 溲-, 洭-, 拯-, 沈-, 耽-, 陷-.

水 10【溏】⑬ 진수렁 당 陽 táng
[字解] ①진수렁, 진흙. ②못〔池〕, 소(沼).

水 10【滔】⑬ 물 넘칠 도 豪 tāo
[字解] ①물이 넘치다. 〔書經〕浩浩滔天. ②넓다, 크다. 〔淮南子〕西南戎州曰滔土. ③차다, 그득하다. 〔管子〕心道進退, 而刑道滔赶. ④모으다, 모이다. 〔莊子〕滔乎前而不知所以然. ⑤게을리 하다. 〔春秋左氏傳〕士不濫, 官不滔. ⑥움직이다. 〔淮南子〕共工振滔洪水. ⑦업신여기다. 〔漢書〕咨爾賊臣, 篡漢滔天. ⑧길다, 기다리다. 〔淮南子〕自死而天下無窮, 亦滔矣. ⑨의심하다. 늑慆. 〔張衡·賦〕天命不滔.
【滔德 도덕】 게으른 악덕(惡德).
【滔滔 도도】 ①광대(廣大)한 모양. ②물이 흘러가는 모양. ③두루 돌아다니는 모양. ④지나가는 모양. ⑤볕이 뜨거운 모양. ⑥어지러워하는 모양. ⑦탄식하는 모양.
【滔騰 도등】 물이 넘쳐 오름.
【滔天 도천】 ①큰물이 하늘에까지 닿음. ②하늘을 업신여겨 두려워하지 않음.
【滔天惡 도천악】 하늘을 업신여겨 두려워하지 않는 큰 죄악.
【滔蕩 도탕】 ①광대한 모양. ②흔들리는 모양. 움직이는 모양.
【滔風 도풍】 동풍(東風). 팔풍(八風)의 하나.

水部 10획 滕㴺滝溜溧滅溟

水10 【滕】 ⑮물 솟을 등 圃 téng
소전 䑖 초서 滕 字解 ❶솟다, 물이 끓어오르다. 늑騰. ❷나라 이름. 산동성(山東省) 등현(滕縣)의 서남에 있던, 문왕의 아들 숙수(叔繡)가 봉해진 나라. ❸말하다, 입을 열다. 〔易經〕咸其輔頰舌, 滕口說也.
【滕六 등륙】설신(雪神)의 이름.

水10 【㴺】 ⑬
❶지적지적할 렴 圃 lián
❷담글 렴 圊 liǎn
❸달라붙을 점 圃 nián
소전 㴺 초서 㴺 字解 ❶지적지적하다. ≒(同)濂(1043). ①지적지적하다, 강물이 중간에 끊겼다가 다시 흐르는 도랑물. ②물이 잔잔하다, 물이 잔잔히 괴어 있다. ③묽다, 묽은 물. ④내 이름. ❷①담그다, 적시다. ②섞다, 뒤섞이다. 늑兼. ③살얼음. 〔潘岳·賦〕水㴺㴺以微凝. ④잔물결의 형용. ¶ 㴺㴺. ❸달라붙다. =黏. 〔周禮〕雖有深泥, 亦弗之㴺也.
【㴺㴺 염렴】①살얼음이 언 모양. ②잔물결이 이는 모양.

水10 【滝】 ⑬ 瀧(1052)의 고자

水10 【溜】 ⑬
❶방울져 들 류 圃 liù
❷흐를 류 圃 liú
소전 溜 초서 溜 본 溜 字解 ❶①방울져 들다, 물방울이 떨어지다. 〔孫綽·賦〕醴泉湧溜于陰溝. ②물이 흐르는 모양. 〔潘岳·賦〕泉涓涓而吐溜. ③여울, 급류(急流). 〔馬觀·瀛涯勝覽〕弱水三千, 舟行遇風, 一失入溜, 則水弱而沒溺. ④낙수받이. =霤. 〔春秋左氏傳〕三進及溜. ⑤거느리다. 〔中華大字典〕人間遊日溜蕩. ⑥물방울, 떨어지는 물방울. 늑流. 〔靈樞經〕所溜爲滎. ❷①흐르다. 〔說朓·詩〕飛甍簷下垂. ②①흐르다. 늑流. ②머무르다. 늑留.
【溜溜 유류】물이 세차게 흐르는 소리.
【溜水 유수】괸 물.
【溜飮 유음】음식이 체하여 신물이 나오는 병.
【溜滴 유적】떨어지는 물방울. 낙수.

水10 【溧】 ⑬ 강 이름 률 圄 lì
소전 溧 字解 강 이름. 안휘성(安徽省)에서 발원하여 태호(太湖)로 흘러드는 강.

水10 【滅】 ⑬ 멸망할 멸 圃 miè
氵 汀 汓 泬 㴋 㴳 滅 滅 滅
소전 㴳 초서 㴳 고문 威 간체 灭 字源 形聲. 水+威→滅. '威(멸)'이 음을 나타낸다.
字解 ①멸하다. ㉮싸워서 나라를 빼앗다. 〔春秋公羊傳〕滅不言入. ㉯전쟁으로 나라는 남아 있으나 임금이 죽다. 〔春秋〕胡子髡沈子逞滅. ㉰종묘(宗廟)나 사직(社稷)을 헐다. 〔詩經〕滅我立王. ㉱끊어지다, 뿌리뽑다. 〔荀子〕流言滅之. ㉲없애버리다, 제거하다. 〔國語〕滅其前惡. ③끄다, 불이 꺼지다. 〔史記〕火三月不滅. ④잠기다, 물에 빠지다. 〔易經〕過涉滅頂. ⑤숨기다, 덮어 가리다. 〔荀子〕滅其功. ⑥보이지 아니하다. 〔莊子〕已滅矣. ⑦(佛)㉮열반(涅槃). ㉯계행(戒行).
【滅却 멸각】멸망함. 멸망시킴.
【滅口 멸구】①증언을 막기 위하여 사정을 아는 사람을 죽임. ②입막음을 함.
【滅菌 멸균】세균 따위를 죽임.
【滅度 멸도】(佛)①부처가 되어 생사를 초월함. ②입멸(入滅)함. 죽음.
【滅道 멸도】(佛)멸제(滅諦)와 도제(道諦). '滅'은 생사를 초월한 열반(涅槃), '道'는 열반을 증명하는 정도(正道).
【滅裂 멸렬】①경솔하여 일하는 것이 거칢. ②자름, 절단함. ③갈기갈기 찢어짐. ④뿔뿔이 흩어짐.
【滅倫敗常 멸륜패상】오륜(五倫)과 오상(五常)을 함부로 유린함.
【滅亡 멸망】망하여 없어짐.
【滅明 멸명】불이 꺼졌다 켜졌다 함.
【滅沒 멸몰】망하여 없어짐. 사라져 없어짐.
【滅門 멸문】한 집안이 망하여 없어짐. 한 집안을 모두 죽여 없앰.
【滅法 멸법】(佛)일체의 상(相)이 적멸(寂滅)한 법. 곧, 무위법(無爲法).
【滅覆 멸복】망하여 엎어짐. 멸망함.
【滅死奉公 멸사봉공】사욕을 버리고 공공(公共)을 위하여 일함.
【滅相 멸상】(佛)유위(有爲)의 사상(四相)의 하나. 적멸(寂滅)하여 생사의 구별이 없는 모양.
【滅性 멸성】친상(親喪)을 당하여 지나치게 슬퍼한 나머지 자기의 생명을 잃음.
【滅迹 멸적】흔적을 없앰. 발자국을 없앰.
【滅敵 멸적】적을 쳐서 없앰.
【滅絶 멸절】멸망하여 없어짐. 멸하여 없애 버림. 滅盡(멸진).
【滅種 멸종】씨가 없어짐. 씨를 없앰.
【滅罪 멸죄】(佛)부처의 힘을 빌려 일체의 죄악을 없앰.
【滅盡 멸진】➪滅絶(멸절).
【滅罪生善 멸죄생선】(佛)현세의 죄장(罪障)을 없애고 후세의 선근(善根)을 도움.
【滅後 멸후】①멸망한 후. ②석가모니가 입적(入寂)한 후.
●擊一, 磨一, 明一, 撲一, 殲一, 消一, 掃一, 入一, 全一, 絶一, 點一, 破一, 幻一.

水10 【溟】 ⑬
❶어두울 명 圃 míng
❷아득할 명 圊 mǐng
❸가랑비 오는 모양 몃 圄 mì

水部 10획　溟滂溥滏馮溠溹㴩溯溞

溟

〖소전〗 溟 〖초서〗 溟 [參考] 대법원 지정 인명용 한자의 음은 '명'이다.
[字解] ❶①어둡다, 가랑비가 와서 하늘이 어둡다.〔太玄經〕密雨溟沐. ②바다.〔張協·詩〕雨足灑四溟. ③남북(南北)의 극(極). ❷①아득하다, 아득하여 어둡다.〔淮南子〕四海溟涬. ②광대하여 끝이 없는 모양.〔謝靈雲·詩〕溟漲無端倪. ❸가랑비가 오는 모양. ¶ 溟溟.
【溟涬 명행】광대하여 끝이 없는 모양.
【溟溟】❶명명 ❷멱멱 ❶①어두운 모양. 冥冥(명명). ②심오하여 알기 어려운 모양. ❷부슬비가 내리는 모양.
【溟沐 명목】가랑비.
【溟濛 명몽】가랑비가 내려 날씨가 침침함.
【溟渤 명발】큰 바다. 滄海(창해).
【溟洲 명주】큰 바다 가운데 있는 섬.
【溟池 명지】북쪽의 큰 바다. 北溟(북명).
【溟漲 명창】남쪽의 큰 바다. 南冥(남명).
【溟海 명해】망망(茫茫)한 바다.
【溟涬 명행】①몹시 귀한 모양. ②끝이 없는 모양. ③자연의 기운. ④원기(元氣)가 아직 나뉘지 않은 모양. ⑤물이 성(盛)한 모양.
◑ 南-, 杳-, 北-, 四-, 瀴-, 滄-, 鴻-.

溔

水10【溔】⑬ 깊어서 재지 못할 묘 本요
[䆲] yǎo
[字解] 깊어서 재지 못하다.

滂

水10【滂】⑬ 비 퍼부을 방 陽 pāng
〖소전〗滂 〖초서〗滂 〖동자〗滂 [字解] ①비가 퍼붓다.〔詩經〕月麗于畢, 俾滂沱矣. ②물이 질펀하게 흐르는 모양.〔左史·賦〕包湯谷之滂沛. ③물 흐르는 소리.〔司馬相如·賦〕滂濞沆溉. ④눈물이 흐르는 모양.〔詩經〕涕泗滂沱. ⑤성대(盛大)한 모양.〔李白·詩〕淳風勿穆, 鴻恩滂沛. ⑥사공, 뱃사공. ¶舫·榜.〔淮南子〕合滂人入材葦.
【滂浡 방발】울분이 풀리지 않는 모양.
【滂渤 방발】물이 세차고 사납게 흐르는 모양.
【滂湃 방배】①수세(水勢)가 세찬 모양. ②물이 출렁이는 모양.
【滂濞 방비】물이 흐르는 소리.
【滂洋 방양】풍성하고 넓은 모양.
【滂人 방인】①지택(池澤)을 맡은 벼슬. 澤人(택인). ②사공. 榜人(방인).
【滂沱 방타】①큰비가 오는 모양. 沛然(패연). ②눈물이 많이 흐르는 모양.
【滂澤 방택】①장마. ②은혜가 두루 미침.
【滂霈 방패】①소나기가 오는 모양. ②물길이 넓고 먼 모양. ③기운이 성(盛)한 모양. ④은택이 두루 미치는 모양.
【滂浩 방호】넓고 큼. 광대(廣大)함.

溥

水10【溥】⑬ ❶넓을 보 麌 pǔ
❷펼 부 虞 fū
❸내 이름 박 藥 bó

溥

〖소전〗 溥 〖서〗溥 [參考] 대법원 지정 인명용 한자의 음은 '부'이다.
[字解] ❶①넓다, 광대하다.〔詩經〕瞻彼溥原. ②두루 미치다, 두루, 널리. ≒普.〔詩經〕溥天之下. ③물가, 포구. ≒浦.〔漢書〕儲輿乎大溥. ④성(姓). ❷펴다. ≒敷.〔禮記〕溥之而橫乎四海. ❸①내 이름.〔馬融·賦〕氾濫溥漠, 浩浩洋洋.
【溥大 보대】넓고 큼. 溥將(보장).
【溥覆 보부】두루 덮음. 널리 덮음.
【溥原 보원】넓은 들판.
【溥暢 보창】크게 퍼짐.
【溥天 보천】하늘이 덮는 아래. 하늘 아래. 普天(보천).
【溥被 보피】두루 덮음. 널리 덮음.
【溥洽 보흡】널리 두루 미침.
【溥漠 박막】새가 깃으로 물을 치는 모양.
◑宏-, 大-, 率-, 隆-, 周-.

滏

水10【滏】⑬ 강 이름 부 麌 fǔ
〖초서〗滏 [字解] ①강 이름. 하북성(河北省) 자현(磁縣)에서 발원하여 호타하(滹沱河)와 합류하는 강. ②현(縣) 이름. 북주(北周) 때 하북성(河北省)에 두었던 현.

馮

水10【馮】⑬ 馮(2048)의 속자

溠

水10【溠】⑬ 강 이름 사 禡 zhà
〖소전〗溠 〖간체〗溠 [字解] 강 이름. 호북성(湖北省) 수현(隨縣) 서북 계명산(雞鳴山)에서 발원하여 운수(溳水)로 흘러 들어가는 강.

溹

水10【溹】⑬ ❶강 이름 삭 藥 suò
❷비 내릴 색 陌 sè
〖초서〗溹 [字解] ❶강 이름. 하남성(河南省) 형양현(滎陽縣)에서 발원하여 수수(須水)와 합류하는 강. ❷비가 내리다, 비가 오는 모양.
【溹溹 색색】비가 내리는 모양.

㴩

水10【㴩】⑬ 물 빨리 흐를 섬 琰 shǎn
〖초서〗㴩 [字解] ①물이 빨리 흐르다.〔木華·賦〕㴩泊柏而迆颺. ②물이 출렁거리는 모양.

溯

水10【溯】⑬ 遡(1828)와 동자

溞

水10【溞】⑬ 쌀 이는 소리 소 豪 sāo
[字解] 쌀 이는 소리, 쌀을 일다. ≒溲.
【溞溞 소소】쌀을 이는 소리.

水部 10획 溲溼滐漾溫

水10 【溲】⑬ ❶반죽할 수 宥 sŏu
❷적실 수 厄 sŏu

溲 [소전] 溲 [초서] 溲 [본자] 溲 [字解] ❶①반죽하다. 〔禮記〕 糝溲之以爲酏. ②씻다, 일다. ❷①적시다. ②쌀을 씻는 소리. ③오줌. 〔後漢書〕 遺失溲便. ④술을 빚다, 빚은 술. 〔儀禮〕 明齊溲酒.
【溲器 수기】 오줌을 받아 내는 그릇. 요강.
【溲溺 수뇨】 오줌. 오줌을 눔.
【溲便 수변】 오줌. 小便(소변).
【溲瓶 수병】 요강.
【溲溲 수수】 쌀을 씻는 소리.
◐ 偃-, 泡-.

水10 【溼】⑬ 濕(1048)과 동자

水10 【滐】⑬ 深(990)의 고자

水10 【漾】⑬ 漾(1028)과 동자

水10 【溫】⑬ ❶따뜻할 온 元 wēn
❷쌀 온 ⓑ운 問 yùn

氵 氵 氿 沠 泗 涃 渭 渭 温 溫

溫 [소전] 溫 [초서] 溫 [속] 溫 [간체] [字源] 形聲. 水+ 昷→溫. '昷(온)'이 음을 나타낸다.
[字解] ❶①따뜻하다, 따뜻해지다, 따뜻하게 하다. 〔禮記〕冬溫而夏凊. ②온화하다. ㉮성품이 온화하다. 〔論語〕 子溫而厲. ㉯얼굴빛이 온화하다. 〔禮記〕 溫柔敦厚. ③순수하다, 원만하다. 〔詩經〕 溫其如玉. ④익히다, 복습하다. 〔論語〕 溫故而知新, 可以爲師矣. ⑤보약을 쓰다. 〔素問〕 勞者溫之, 損者溫之. ⑥온천. 〔潘岳·賦〕 湯井溫谷. ⑦족하다, 넉넉하다. 〔荀子〕 其溫厚矣. ⑧열병(熱病). 〔素問〕 冬傷於寒, 春必病溫. ⑨강 이름. ⑩성(姓). ❷싸다. 늑 薀. 〔詩經〕 飮酒溫克.
【溫坑 온갱】 방구들. 溫突(온돌).
【溫車 온거】 시체를 싣는 수레. 창문을 닫으면 따뜻하고 열면 시원하여 물건이 쉽게 썩지 않게 장치한 수레.
【溫故 온고】 ①옛것을 찾음. 옛것을 익힘. ②이미 배운 것을 복습함.
【溫故知新 온고지신】 옛것을 익히거나 이미 익힌 것을 고쳐 새 도리를 발견함.
【溫谷 온곡】 온천이 나오는 골짜기.
【溫恭自虛 온공자허】 안색을 부드럽게 하고, 행실을 삼가고, 겸허하게 스승의 가르침을 받으며, 자기 의견을 고집하지 않는 일.
【溫克 온극】 마음씨가 부드럽고 넓어 남을 받아들이는 아량이 있음.
【溫氣 온기】 따뜻한 기운. 暖氣(난기).
【溫暖 온난】 날씨가 따뜻함.

【溫念 온념】 따뜻한 마음. 친절한 마음.
【溫肭臍 온눌제】 바닷개 수컷의 생식기.
【溫德 온덕】 온화한 덕.
【溫度 온도】 덥고 찬 정도.
【溫燉 온돈】 ①따뜻함. 溫燉(온돈). ②성질이 날카롭지 않음.
【溫突 온돌】 방구들. 溫坑(온갱).
【溫涼 온량】 따뜻함과 서늘함.
【溫良 온량】 성질이 온화하고 착함.
【溫良恭儉讓 온량공검양】 자공(子貢)이 공자의 언어·용모·동작을 평한 말. ◐'溫'은 온화하고 중후(重厚)함, '良'은 양순하고 정직함, '恭'은 공손하고 엄숙함, '儉'은 마음에 절제가 있어 방종하지 않음, '讓'은 겸양.
【溫厲 온려】 온화하되 엄정함.
【溫麗 온려】 문장 따위가 부드럽고 아름다움.
【溫綸 온륜】 國임금이 내린 윤음(綸音).
【溫文 온문】 마음이 온화하고 태도가 예에 맞아 훌륭함.
【溫敏 온민】 온화하고 민첩함.
【溫汾 온분】 물결이 빙빙 돌며 흐르는 모양. 물결이 빙빙 돌며 모이는 모양.
【溫肥 온비】 따뜻하게 입고 잘 먹어서 살찜.
【溫床 온상】 ①인공적으로 열을 가하여 식물을 가꾸는 설비. ②어떤 현상, 사상 등이 자라나는 토대나 환경.
【溫色 온색】 ①온화한 얼굴빛. ②따스한 느낌을 주는 빛깔. 빨강·노랑·주황 따위.
【溫恕 온서】 온화하고 너그러움.
【溫石 온석】 뜨겁게 달군 돌. 천 등으로 싸서 품에 품어 몸을 따뜻하게 하는 데 쓰임.
【溫水 온수】 ①따뜻한 물. ②낙수(洛水)의 딴 이름.
【溫粹 온수】 온화하고 순수함. 溫純(온순).
【溫淳 온순】 ①온화하고 순박함. ②음식물의 맛이 진함.
【溫順 온순】 성질이 부드럽고 유순함.
【溫菘 온숭】 무의 딴 이름.
【溫習 온습】 복습(復習)함. 溫尋(온심).
【溫信 온신】 온화하고 신실(信實)함.
【溫愼 온신】 온화하고 신중함.
【溫室 온실】 ①난방 장치를 한 방. ②온도·습도 등을 조절하여 자유롭게 식물을 재배할 수 있게 만들어 놓은 곳.
【溫尋 온심】 ①따뜻하게 함. ②복습함.
【溫雅 온아】 온순하고 아담함.
【溫言 온언】 온화한 말. 溫辭(온사).
【溫軟 온연】 온화하고 부드러움.
【溫溫 온온】 ①온화한 모양. ②윤택한 모양. ③열기(熱氣)가 나는 모양.
【溫燠 온욱】 따뜻함.
【溫愿 온원】 온화하고 공손함.
【溫偉 온위】 온화하고 몸집이 큼.
【溫柔敦厚 온유돈후】 온화하고 부드러우며 인정이 두터움. 유화(柔和)하며 성실함.
【溫柔鄕 온유향】 ①따뜻하고 온화한 곳. 미인의 처소. ②화류계.

【溫潤 온윤】 온화하고 윤택이 있음.
【溫而厲 온이려】 온후하면서도 엄함. 공자의 모습을 형용한 말.
【溫仁 온인】 온화하고 인정이 있음.
【溫慈 온자】 온화하고 자애로움.
【溫藉 온자】 도량이 넓고 거동이 얌전함.
【溫井 온정】 國더운물이 솟는 우물. 溫泉(온천).
【溫情 온정】 따뜻한 인정.
【溫淸 온청】 겨울에는 따뜻하게 하고 여름에는 시원하게 함. 자식이 어버이를 섬기는 도리. 冬溫夏淸(동온하청).
【溫詔 온조】 온정이 넘치는 조서(詔書).
【溫足 온족】 살림이 넉넉함.
【溫存 온존】 ①정중하게 위문함. ②소중하게 보존함.
【溫泉 온천】 더운물이 솟아나는 샘.
【溫飽 온포】 따습게 입고 배부르게 먹음. 의식(衣食)이 충분함.
【溫風 온풍】 ①따뜻한 바람. ②늦은 여름에 부는 바람.
【溫被 온피】 따뜻한 이불. 따뜻한 이불을 덮음.
【溫惠 온혜】 온화하게 따름.
【溫乎 온호】 온화한 모양.
【溫好 온호】 온화함. 부드러움.
【溫滑 온활】 따뜻하고 매끄러움.
【溫厚 온후】 ①성질이 온화하고 독실함. ②넉넉함. 부족함이 없음.
【溫煦 온후】 따뜻함.
○ 檢—, 高—, 氣—, 微—, 保—, 水—, 低—, 體—, 平—, 寒—, 和—.

水10 【瀲】⑬ 구름 일 옹 董 wěng
字解 ①구름이 일다, 구름이나 안개가 이는 모양.〔焦氏·易林〕潼濚蔚薈. ②샘이 용솟음하는 모양.〔歐陽脩·記〕中有淸泉, 瀲然而仰出. ③빛깔이 흐린 모양. ≒翁.
【瀲渤 옹발】 구름이나 안개가 피어 오르는 모양.
【瀲然 옹연】 샘물이 용솟음하는 모양.
【瀲瀲 옹옹】 ①구름이 성(盛)한 모양. ②술이 진한 모양.
【瀲鬱 옹울】 구름이 많이 끼어 어두운 모양.

水10 【溰】⑬ 瀨(1055)과 동자

水10 【洼】⑬ 우묵할 와 麻 wā
字解 ①우묵하다. ②울퉁불퉁하다.〔郭璞·賦〕泜淪漃潒.
【洼渨 와외】 평평하지 않은 모양.

水10 【溔】⑬ 물 벌창할 요 篠 yǎo
字解 ①물이 벌창하다, 수면(水面)이 끝없이 넓은 모양.〔司馬相如·賦〕瀾溔漢潒. ②물이

깊고 희게 비치는 모양.〔郭璞·賦〕沉瀁晶溔.

水10 【溽】⑬ 무더울 욕 屋 rù
字解 ①무덥다.〔禮記〕土潤溽暑. ②젖다, 습하다.〔素問〕其候溽蒸. ③맛이 기름지다.〔禮記〕其飮食不溽. ④질다, 많다.〔隋煬帝·詩〕溽露方霑衣.
【溽露 욕로】 많이 내린 이슬.
【溽暑 욕서】 무더위. 음력 6월의 더위.
【溽蒸 욕증】 무더움.
○ 煩—, 卑—, 暑—, 潤—, 蒸—.

水10 【溶】⑬ ❶질펀히 흐를 용 冬 róng
❷넘칠 용 腫
字解 ❶①질펀히 흐르다.〔杜牧·詩〕溶溶漾漾白鷗飛. ②성(盛)한 모양.〔揚雄·賦〕溶方皇於西淸. ③한가한 모양.〔漢書〕溶方皇於西淸. ④녹다, 용해하다. ¶溶液. ⑤산골짜기를 흐르는 물의 모양.〔司馬相如·賦〕沉溶淫鬻. ❷①넘치다.〔楚辭〕鴻溶溢而滔蕩. ②펄럭이는 모양.〔張衡·賦〕氛旄溶以天旋兮.
【溶媒 용매】 용액을 만들 때에 용질을 녹이는 액체.
【溶漾 용양】 물결이 출렁이는 모양.
【溶液 용액】 한 물질이 다른 물질에 녹아서 고르게 퍼져 이루어진 물질.
【溶溶 용용】 ①큰물이 흐르는 모양. ②마음이 넓고 누긋한 모양.
【溶溢 용일】 물이 넘쳐흐름. 汎濫(범람).
【溶質 용질】 용액에 녹아 있는 물질.
【溶解 용해】 ①녹거나 녹임. ②물질이 액체 속에서 녹아 용액이 되는 현상.
○ 水—, 液—, 沈—, 鴻—, 洶—.

水10 【溳】⑬ ❶강 이름 운 文 yún
❷파도 잇달아 일 운 圓 yǔn
字解 ❶강 이름. 호북성(湖北省) 수현(隨縣)의 서남 대홍산(大洪山)에서 발원하여 한수(漢水)로 흘러드는 강. ❷파도가 잇달아 일다, 파도가 잇달아 이는 모양.〔郭璞·賦〕漫減濫溳, 龍鱗結絡.

水10 【源】⑬ 근원 원 元 yuán

氵 氵 沪 沪 沥 沥 源 源 源

소전 전문 초서 통용 原 字解 形聲. 水+原→源. '原(원)'이 음을 나타낸다.
字解 ①근원. ㉮샘이 흐르는 근원.〔禮記〕爲民祈祀山川百源. ㉯사물의 근원.〔荀子〕械數者, 治之流也, 非治之源也. ②물이 끊이지 않고 흐르는 모양, 사물이 끊이지 않는 모양.〔孟子〕

故源源而來.
【源究 원구】 근원을 구명(究明)함.
【源頭 원두】 ①샘의 근원. ②샘의 곁. ③사물의 출발점.
【源流 원류】 ①물이 흐르는 근원. ②사물의 근원. ③근원과 여줄가리.
【源源 원원】 ①물이 끊임없이 흐르는 모양. ②사물이 끊임없이 이어지는 모양.
【源源而來 원원이래】 물이 끊임없이 흐르듯이, 부단히 찾아옴.
【源委 원위】 근본과 여줄가리. 本末(본말).
【源泉萬斛 원천만곡】 글 뜻이 한없이 넓음.
【源淸流淸 원청유청】 윗물이 맑으면 아랫물도 맑음. 윗사람이 청렴하면 아랫사람도 청렴해짐.
【源統 원통】 ①물의 근원. 水源(수원). ②본원(本源).
● 根-, 起-, 同-, 發-, 本-, 水-, 淵-, 資-, 字-, 財-, 電-, 河-.

水 10 【溵】 ⑬ 강 이름 은 囚 yīn

[字解] 강 이름. 하남성(河南省) 허창현(許昌縣)에서 동남쪽으로 흘러 영수(潁水)로 흐르는 강. 사하(沙河)라고도 한다.

水 10 【溢】 ⑬ 넘칠 일 圓 yì

[字解] ①넘치다, 물이 가득 차 넘치다. 〔史記〕 河溢通泗. ②차다, 가득하다. 〔陸機·賦〕文徽徽以溢目. ③정도를 지나치다. 〔莊子〕夫兩喜必多溢美之言, 兩怒必多溢惡之言. ④교만하다, 사치하다. 〔孝經〕滿而不溢. ⑤큰물, 홍수. 〔禮記〕凶旱水溢. ⑥성하다. 〔中庸〕是以聲名洋溢乎中國. ⑦한 줌의 부피. 한 되(升)의 24분의 1. ⑧금의 무게의 단위. ≒鎰. 〔漢書〕黃金以溢爲名. ⑨흘러나오다. 〔漢書〕銀自山溢. ⑩삼가다. 〔詩經〕假以溢我. ⑪악무(樂舞)의 줄. ≒佾. 〔漢書〕千童羅舞成八溢.
【溢決 일결】 물이 넘쳐 둑이 터짐.
【溢流 일류】 넘쳐흐름.
【溢利 일리】 지나친 이익. 여분의 이익.
【溢味 일미】 더할 나위 없이 좋은 맛.
【溢美 일미】 ①아주 아름다움. ②과하게 칭찬함.
【溢美過實 일미과실】 실제 모양이나 상태보다 더 아름답게 꾸밈.
【溢美溢惡 일미일악】 과도한 칭찬과 과도한 나무람.
【溢肥 일비】 지나치게 살찜.
【溢譽 일예】 과분한 칭찬.
【溢越 일월】 ①물이 넘쳐흐름. ②물이 가득 차 넘치는 모양. ②새 소리의 형용.
【溢血 일혈】 신체의 조직 사이에서 일어나는 내출혈.
【溢喜 일희】 다시없는 기쁨. 최상의 기쁨.
● 驕-, 放-, 逆-, 漲-, 充-, 豊-, 海-.

水 10 【滋】 ⑬ 불을 자 囚 zī

[字解] 形聲. 水+玆→滋. '玆(자)'가 음을 나타낸다.

[字解] ①붇다. ㉮번식하다. 〔春秋左氏傳〕謂其畜之碩大蕃滋也. ㉯더하다, 보태다. 〔春秋公羊傳〕靈公聞之怒滋. ②더욱. 〔春秋左氏傳〕其虐滋甚. ③번성하다. ㉮우거지다. 〔潘岳·賦〕麋木不滋, 無草不茂. ㉯많다, 많아지다. 〔江淹·賦〕親賓兮淚滋. ㉰잘 익다. 〔禮記〕五穀不滋. ㉱광이 나다. 〔元稹·賦〕群公飽粱肉, 毛羽色澤滋. ④씨를 뿌리다. 〔楚辭〕余旣滋蘭之九畹兮. ⑤자라다. 〔呂氏春秋〕草木庫小不滋. ⑥적시다. ⑦즙, 진액. 〔禮記〕必有草木之滋焉. ⑧맛, 맛있는 음식. 〔後漢書〕含甘吮滋. ⑨힘쓰다, 힘쓰는 모양. ≒孜. ⑩강 이름. 산서성(山西省) 오대현(五臺縣)의 오우산(烏牛山)에서 발원하여 저룡하(豬龍河)로 흘러드는 강.
【滋多 자다】 더욱 많음.
【滋慢 자만】 더욱 교만을 피움. 더욱 방자함.
【滋蔓難圖 자만난도】 풀이 무성하게 우거지면 쉽사리 제거할 수 없음. 권세가 더욱 강대해지면 제압할 수 없게 됨.
【滋茂 자무】 우거짐. 무성함.
【滋味 자미】 좋은 맛. 맛이 좋은 음식.
【滋煩 자번】 더욱 번거로움.
【滋繁 자번】 무성함. 우거짐.
【滋生 자생】 점점 더 생겨남. 증가함.
【滋碩 자석】 초목이 자라서 커짐.
【滋殖 자식】 성(盛)하여 불어남.
【滋息 자식】 불어남. 늚.
【滋甚 자심】 더욱 심함. 더욱 심해짐.
【滋液 자액】 자양이 되는 즙(汁).
【滋養 자양】 ①보호하여 기름. ②몸의 영양을 좋게 함. 자양분이 많은 음식물. 滋補(자보).
【滋榮 자영】 우거짐. 무성해짐.
【滋雨 자우】 초목을 알맞게 자라게 하는 비.
【滋濡 자유】 축축이 적심.
【滋潤 자윤】 ①축축이 젖음. 축축이 적심. ②은혜가 두루 미침. ③윤택해짐.
【滋彰 자창】 더욱 밝음.
【滋侈 자치】 심한 사치.
【滋弊 자폐】 폐단을 거듭함.
● 翹-, 蕃-, 繁-.

水 10 【滓】 ⑬ ❶찌끼 재 ㉠자 紙 zǐ ❷더럽힐 치 囚

[參考] 대법원 지정 인명용 한자의 음은 '재'이다.

[字解] ❶①찌끼. 〔鹽鐵論〕文學守死渣滓之語而不移. ②앙금. 〔潘岳·賦〕奮迅泥滓. ③때, 더러운 것. 〔馬融·賦〕澡雪垢滓. ④흐리다. ❷더럽히다. 〔史記〕皭然泥而不滓者也.
【滓穢 재예】 ①찌끼. 더러운 것. ②더럽힘.
【滓濁 재탁】 흐림. 흐려진 것.
● 垢-, 渣-, 殘-, 塵-, 沈-.

水部 10획 滁滇淯準湨溱滄

水10 【滁】⑬ 강 이름 저 🅐 chú
소전 㳬 초서 滁 字解 강 이름. 안휘성(安徽省) 합비현(合肥縣)에서 발원하여 강소성(江蘇省)을 흐르는, 양자강(揚子江)의 지류.

水10 【滇】⑬ ❶성할 전 🅐 diān
❷강 이름 진 🅐 zhēn
소전 㳂 초서 滇 간체 滇 字解 ❶①성(盛)하다, 성한 모양. 〔漢書〕 泛泛滇滇從高斿. ②큰물의 형용. ¶ 滇汚. ③오랑캐 이름, 서남이(西南夷). ≒ 顚. ④못 이름. ⑤운남성(雲南省)의 옛 이름. ⑥성(姓). ❷강 이름. ≒ 愼. 하남성(河南省) 정양현(正陽縣)에 있는 강.
【滇洏 전면】 물의 흐름의 광대한 모양.
【滇汚 전오】 큰물의 모양.
【滇滇 전전】 왕성한 모양.

水10 【淯】⑬ 濟(1049)의 고자

水10 【準】⑬ ❶수준기 준 🅐 zhǔn
❷콧마루 준 🅑 절 🅒 zhuó

氵氵氵氵氵氵淮淮準準

소전 濰 초서 準 속서 準 간체 准 字源 形聲. 水+隼→準. '隼(준)'이 음을 나타낸다.

字解 ❶①수준기(水準器). 〔莊子〕 水靜則明燭鬚眉, 平中準, 大匠取法焉. ②평평하다, 수평이다. 〔鹽鐵論〕 猶無準平而欲知高下. ③법, 법도. 〔漢書〕 以仁義爲準. ④본받다. 〔易經〕 易與天地準. ⑤바루다, 고르게 하다. 〔周禮〕 權之, 然後準之. ⑥허가하다, 허락하다. ≒ 准. ¶ 準行. ⑦같다, 고르다. 〔禮記〕 先定準直. ⑧헤아리다, 촌탁(忖度)하다. 〔淮南子〕 群臣上意, 而懷當. ⑨전당물, 담보물. 〔韓愈·詩〕 錢帛縱空衣可準. ⑩악기(樂器)의 이름. 한(漢)나라 때 만든, 줄이 13개인 거문고 비슷한 악기. 〔晉書〕 準之狀, 如瑟而長丈, 十三絃. ❷콧마루. 〔漢書〕 隆準而龍顏.

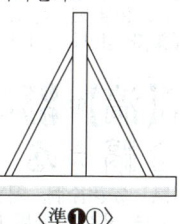
〈準❶①〉

【準據 준거】 일정한 기준이나 근거로 삼음.
【準規 준규】 표준이 되는 규칙. 準則(준칙).
【準納 준납】 🅚 돈이나 물품을 일정한 기준에 따라 바침.
【準度 준도】 ❶준도 ❷준탁 ❶법도, 본보기. ❷헤아림. 忖度(촌탁).
【準頭 준두】 ❶코끝. ❷㉠가늠쇠. 照星(조성). ㉡일정한 규칙. 標準(표준).
【準夫 준부】 법을 바로잡는 관리. 準人(준인).

【準備 준비】 미리 마련하여 갖춤.
【準仕 준사】 🅚 벼슬자리의 임기가 다함.
【準朔 준삭】 🅚 일정한 달수가 다 참.
【準繩 준승】 ①수평도(水平度)를 헤아리는 수준기와 직선을 정하는 먹줄. ②일정한 법식.
【準信 준신】 무엇을 대중으로 삼아 따르고 믿음.
【準由 준유】 표준으로 삼아 따름.
【準擬 준의】 견주어 모방함.
【準人 준인】 법을 바로잡는 벼슬아치.
【準張 준장】 🅚 교정지(校正紙).
【準的 준적】 ①과녁. 목표. ②표준. 모범.
【準程 준정】 법. 본보기.
【準直 준직】 ①수준기와 먹줄. ㉠토지의 경계. ㉡논밭 사이의 도랑. ②바른 것을 본받아 따름.
【準職 준직】 🅚 당하(堂下) 정삼품 벼슬. 당하관으로서 가장 높은 벼슬임.
【準則 준칙】 표준을 삼아 따라야 할 규칙.
【準平 준평】 평평함.
【準行 준행】 ①준하여 행함. ②허가함.
① 校一, 規一, 基一, 水一, 照一, 平一, 標一.

水10 【湨】⑬ 물결 직 🅐 즉 🅑 zé
초서 湨 字解 ①물결. ②여울. ③물결이 비늘같이 이는 모양. 〔郭璞·賦〕 湨瀎瀸洇, 龍鱗結絡.
【湨瀎 직역】 ①여울. ②물결이 비늘처럼 이어지는 모양. ③흔들림.

水10 【溱】⑬ 많을 진 🅐 zhēn
소전 溱 초서 溱 字解 ①많다, 많은 모양. 〔詩經〕 室家溱溱. ②성(盛)하다, 성한 모양. 〔後漢書〕 百穀溱溱. ③이르다, 미치다. ≒ 臻. 〔漢書〕 萬祥畢溱. ④강 이름. 하남성(河南省)에서 발원하여 유수(洧水)와 합류하여 가로하(駕魯河)로 흘러드는 강.
【溱溱 진진】 ①많은 모양. ②성한 모양. ③퍼지는 모양. ④미한(微汗)이 계속 나는 모양.

水10 【滄】⑬ 찰 창 🅐 cāng
소전 滄 소전 滄 초서 滄 간체 沧 字源 形聲. 水+倉→滄. '倉(창)'이 음을 나타낸다.
字解 ①차다, 싸늘하다. 〔逸周書〕 天地之閒有滄熱. ②강 이름. 〔史記〕 東爲滄浪之水. ③푸르다. ≒ 蒼. 〔駱賓王·詩〕 樓觀滄海日, 門對浙江潮.
【滄浪 창랑】 ①새파란 물빛. ②한수(漢水) 하류에 있었다는 강 이름.
【滄浪歌 창랑가】 ①초사(楚辭)에 나오는 노래. 모든 일은 자연히 되어 가는 대로 맡겨야 함을 노래함. ②맹자(孟子)에 나오는 노래. 길흉화복은 모두 스스로 불러들이는 것임을 노래함.
【滄茫 창망】 물이 푸르고 아득히 넓은 모양.
【滄溟 창명】 ☞ 滄海(창해)①.

【滄桑之變 창상지변】 푸른 바다가 변하여 뽕나무 밭이 됨. 세상의 변천이 심함.
【滄熱 창열】 추위와 더위. 寒暑(한서).
【滄洲 창주】 ①맑고 푸른 물가. ②은인(隱人)이 사는 곳. ③시골.
【滄滄 창창】 ①추운 모양. ②하늘이 넓고 푸른 모양.
【滄波 창파】 푸른 물결. 滄浪(창랑).
【滄海 창해】 ①넓고 푸른 바다. 滄溟(창명). 滄瀛(창영). ②신선이 산다는 섬 이름.
【滄海遺珠 창해유주】 창해 가운데 버려진 구슬. 세상에 알려지지 않고 묻혀 있는 빼어난 인물.
【滄海一粟 창해일속】 큰 바다에 던져진 한 알의 좁쌀. 광대(廣大)한 것 속에 있는 지극히 작은 존재.
【滄海之橫流 창해지횡류】 창해가 가로 흐름. 정치가 혼란하여 백성이 도탄에 빠짐.

水10 【滌】⑬ 滌(1031)의 속자

水10 【滯】⑬ 滯(1031)의 속자

水10 【艄】⑬ 높은 파도 초 ▣ qiào
字解 높은 파도, 높게 이는 파도.

水10 【㴞】⑬ 艄(1022)와 동자

水10 【滀】⑬ 물 모일 축 ▣ chù
字解 ①물이 모이다. 〔木華·賦〕瀄 瀇而滀漯. ②막히다, 막혀 괴다. 〔鹽鐵論〕通滀水出輕繫. ③빠르다, 급하다. 〔後漢書〕滀水陵高. ④발끈하다. 〔莊子〕滀乎進我色也. ⑤얽히다. 〔莊子〕忿滀之氣, 散而不反則為不足.
【滀水 축수】 괸 물.
【滀漯 축탑】 물이 모이는 모양.
【滀乎 축호】 불끈 화를 내는 모양.

水10 【滍】⑬ 강 이름 치 ▣ zhǐ
字解 강 이름. 하남성(河南省) 노산현(魯山縣)에서 발원하여 여수(汝水)로 흘러드는 강. 지금의 사하(沙河). 〔後漢書〕雨下如注 滍川盛溢.

水10 【漢】⑬ 漢(1033)의 속자

水10 【涵】⑬ 涵(1000)의 본자

水10 【溘】⑬ 갑자기 합 ㉧갑 ▣ kè
字解 ①갑자기. 〔江淹·賦〕朝露溘至. ②이르다, 다다르다.
【溘死 합사】 갑자기 죽음. 長逝(장서). 溘逝(합서).
【溘謝 합사】 갑자기 죽음. ○'謝'는 '死'로 '죽음'을 뜻함.
【溘焉 합언】 ①갑작스러움. ②사람의 죽음.
【溘然 합연】 갑작스러운 모양. 忽然(홀연).
【溘溘 합합】 ①갑자기 들리는 물소리. ②추운 모양.

水10 【㴉】⑬ 여울 합 ▣ xiá
字解 여울, 물살이 세게 흐르는 곳.

水10 【滎】⑭ ❶실개천 형 ㉧ xíng
❷물결 일 영 ㉨ yíng
參考 대법원 지정 인명용 한자의 음은 '형'이다.
字解 ❶①실개천. 〔郭璞·賦〕幽濱圓亭, 滎洞深玄. ②못 이름. 〔書經〕滎波水已成遏瀦. ❷물결이 일다, 물결이 이는 모양. 〔郭璞·賦〕㴑瀢滎濚.
【滎渟 형녕】 수량(水量)이 적어, 졸졸 흐르는 물의 모양.
【滎澤 형택】 ①수량(水量)이 적은 물. ②못 이름. ③현(縣) 이름.
【滎濚 영영】 물결이 빙 돌며 세차게 이는 모양.

水10 【滈】⑬ ❶장마 호 ▣ hào
❷끓을 학 ▣ xuè
字解 ❶①장마. ②물이 희게 빛나는 모양. 〔司馬相如·賦〕安翔徐徊, 翯乎滈滈. ③물길이 길게 있는 모양. 〔郭璞·賦〕滈汗六州之域, 經營炎景之外. ④강 이름. 섬서성(陝西省)에서 발원하는 강. ⑤땅 이름. =鎬. ❷끓다, 물이 끓는 모양. 〔左史·賦〕龍池滈瀵潰其隈.
【滈池君 호지군】 못 속의 신(神). 진시황(秦始皇)이 죽을 것을 예언하였다 함.
【滈汗 호한】 물이 길게 흐르는 모양.
【滈滈 호호】 물이 희게 빛나는 모양.
【滈瀑 학폭】 ①물이 끓어오르는 모양. ②물이 소용돌이치는 소리.

水10 【溷】⑬ ❶어지러울 혼 ▣ hùn
❷울적할 혼 ▣ hún
字解 ❶①어지럽다, 어지러워지다. 〔楚辭〕世溷濁而不分兮. ②섞이다. 〔易經〕動不溷乃明. ③흐려지다, 물이 흐린 모양. 〔漢書〕謂隨夷溷兮. ④더러워지다. 〔漢書〕天氣溷濁. ⑤욕보이다. 〔漢書〕毋久溷女為也. ⑥뒷간, 늑圂. 〔晉書〕門

水部 10~11획 滑溴滙漑漧滾漷 1023

庭藩溷, 皆著筆紙. ❼우리, 돼지우리.〔論衡〕後產子捐於豬溷中. ❷①울적하다, 울적해져서 마음이 격한 모양. ②번거롭게 흐려지는 모양.〔宋王·賦〕懷溷鬱邑.
【溷穢 혼예】탁하고 더러움.
【溷汁 혼즙】더러운 즙(汁). 더러운 국물.
【溷錯 혼착】어지럽게 뒤섞임.
【溷廁 혼측】뒷간. 변소.
【溷濁 혼탁】어지럽고 흐림. 세상이 어지러워짐.
【溷淆 혼효】뒤섞여서 어지러움.
◐ 燉—, 糞—, 穢—, 豬—, 圂—, 廁—, 濁—.

水 【滑】⑬ ❶미끄러울 활 🔲 huá
10 　　　　 ❷어지러울 골 🔲 gǔ
[초전] 滑 [초서] 渭 [참고] 대법원 지정 인명용 한자의 음은 '골·활'이다.
[字源] 形聲. 水+骨→滑. '骨(골)'이 음을 나타낸다.
[字解] ❶①미끄럽다.〔魏志〕加之以霖雨, 山坂峻滑. ②반드럽다.〔周禮〕調以滑甘. ③부드럽게 하다, 미끄럽게 하다.〔禮記〕瀸濡以滑之, 脂膏以膏之. ④교활하다. 늑猾.〔史記〕滑賊任威. ⑤연한 채소(荣蔬).〔儀禮〕皆有滑. ⑥빛깔이 좋다, 윤이 나다.〔趙孟頫·美人曲〕翠滑難勝碧玉梳. ⑦순조롭게 뛰는 맥(脈). ⑧나라 이름.〔春秋左氏傳〕虞虢焦滑. ⑨땅 이름.〔春秋〕公次于滑. ⑩성(姓). ❷①어지럽다, 어지럽다.〔國語〕置不化. ②다스리다.〔莊子〕滑欲於俗思, 以求致其明. ③익살, 익살을 부리다.〔楚辭〕將突梯滑稽, 如脂如韋. ④흐리게 하다.〔後漢書〕斯固以滑泥揚波. ⑤해어뜨리다.〔荀子〕滑鈒輕重.
【滑甘 활감】부드럽고 맛이 좋음.
【滑降 활강】비탈진 곳을 미끄러져 내려가거나 내려옴.
【滑空 활공】①새가 날갯짓을 하지 않고 낢. ②항공기가 발동기를 끄고 비행함.
【滑達 활달】미끄러움.
【滑磋 활등】반드러운 돌 층대.
【滑綾 활릉】서화(書畫)의 바탕으로 쓰는 비단.
【滑吏 활리】교활한 벼슬아치.
【滑便 활변】묽게 누는 똥.
【滑氷 활빙】얼음지치기. 스케이팅.
【滑濡 활맥】순조롭게 뛰는 맥(脈)과 거칠게 뛰는 맥.
【滑泄 활설】설사가 심한 병.
【滑賊 활적】교활한 사람. 猾賊(활적).
【滑淨 활정】반드럽고 깨끗함.
【滑手 활수】 아끼지 않고 시원스럽게 잘 쓰는 씀씀이.
【滑走 활주】①미끄러져 내달음. ②항공기가 뜨고 내리기 위하여 빨리 내달음.
【滑車 활차】도르래.
【滑脫 활탈】①미끄러져 벗어남. ②자유자재로 변화함.
【滑澤 활택】반드럽고 광택이 남.
【滑稽 골계】①말이 유창하고 재치가 있음. ②

익살을 부리는 가운데 어떤 교훈을 주는 일.
【滑滑 ❶골골 ❷활활】❶①물이 흐르는 모양. ②샘이 솟는 모양. ❷진흙이 미끄러운 모양.
【滑涽 골혼】①어지럽고 어두움. 어지러워짐. ②정해지지 않음. 미정(未定)임.
◐ 狡—, 凍—, 美—, 細—, 軟—, 圓—, 柔—, 溜—, 潤—, 膩—, 甜—, 淸—, 平—.

水 【溴】⑬ 물 깊고 넓을 황 🔲 huàng
10 [초서] 溴 [字解] 물이 깊고 넓다, 물이 깊고 넓은 모양.〔郭璞·賦〕濊溴困泫.
【溴瀁 황양】①물이 깊고 넓은 모양. 溴瀁(황양). ②정(情)이 많고 끝이 없는 모양.
【溴瀁 황양】물이 깊고 넓은 모양.

水 【滙】⑬ 匯(228)와 동자
10

水 【漑】⑭ ❶물 댈 개 🔲 gài
11 　　　　 ❷이미 기 🔲 jì
[소전] 溉 [초서] 溉 [간체] 溉 [참고] 대법원 지정 인명용 한자의 음은 '개'이다.
[字解] ❶①물 대다.〔漢書〕此梁皆可行舟, 有餘則用漑. ②씻다, 헹구다.〔詩經〕可以漑漑. ③강 이름. 산동성(山東省)에서 발원하는 강. ❷①이미. =旣.〔史記〕帝嚳漑執中而徧天下.
【漑灌 개관】논밭에 물을 댐. 灌漑(관개).
【漑汲 개급】물을 길이시 댐.
【漑糞 개분】밭에 물을 대고 비료를 줌.
【漑田 개전】밭에 물을 댐.
【漑浸 개침】논밭에 물을 대어 적심.
◐ 灌—, 澆—, 鬯—, 滌—, 濯—.

水 【漧】⑭ 乾(50)의 고자
11

水 【滾】⑭ 흐를 곤 🔲 gǔn
11 [초서] 滾 [본자] 滾 [간체] 滚 [字解] ①흐르다, 물이 세차게 흐르는 모양.〔杜甫·詩〕不盡長江滾滾來. ②샘솟다.〔名山記〕泉益滾沸. ③물이 끓다.〔龐元英·談藪〕俗以湯之未滾者爲盲湯. ④구르다, 물건이 구르다. ≒滾轉.
【滾滾 곤곤】①물이 세차게 흐르는 모양. 混混(곤곤). ②구름이 여기저기 옮겨 가는 모양.
【滾汨 골골】몹시 바쁨.
【滾沸 곤불】샘물이 많이 솟음.
【滾轉 곤전】구름. 굴림.
【滾湯 곤탕】물이 끓음.

水 【漷】⑭ 물 부딪쳐 흐를 곽 🔲 kuò
11 [소전] 漷 [字解] ①물이 부딪쳐 흐르다.〔郭璞·賦〕潰濩渨漷. ②강 이름. 산동성(山

水部 11획 潅潐漚漌漙漊漣滷漉漻漊漏

東省) 등현(滕縣)의 동북 술산(述山)에서 발원하여 운하(運河)로 흘러드는 강.

水11 【潅】⑭ 灌(1055)의 속자

水11 【潐】⑭ 내 이름 교 ⊘ jiào
[字解] ①내 이름. ②땅 이름. 광동성(廣東省)에 많다.

水11 【漚】⑭ ❶담글 구 ⊛우 ⊘ ōu
❷거품 구 ⊛우 ⊘ ōu
[소전] 漚 [초체] 漚 [간체] 沤 [字解] ❶①담그다, 물에 오래 담가 부드럽게 하다. 〔詩經〕可以漚麻. ②향기가 짙은 모양. 〔司馬相如·賦〕芬芳漚鬱, 酷烈淑郁. ❷①거품. 〔楞嚴經〕空生大覺中, 如海一漚發. ②갈매기. ≒鷗.〔列子〕海上之人, 有好漚鳥者. ③강 이름. 지금의 당하(唐河)의 옛 이름.
【漚鬱 구울】향기가 짙은 모양.
❶浮―, 霜―, 圓―.

水11 【漌】⑭ 맑을 근 ⊘ jǐn
[字解] ①맑다, 깨끗하다. ②담그다.

水11 【漙】⑭ 이슬 많을 단 ⊘ tuán
[소전] 漙 [초체] 漙 [字解] ①이슬이 많다, 이슬이 많이 내린 모양.〔詩經〕零露漙兮. ②둥글다. ≒團.
【漙漙 단단】이슬이 많이 내린 모양.

水11 【漊】⑭ 과실 장아찌 람 ⊘ lǎn
[字解] ①과실 장아찌, 소금에 절이다. ②귀갑(龜甲)을 태웠을 때 나타나는 점괘의 이름.

水11 【漣】⑭ ❶물놀이 련 ⊘ lián
❷큰 물결 란 ⊘ lán
[초체] 漣 [參考] 대법원 지정 인명용 한자의 음은 '련'이다.
[字解] ❶①물놀이, 잔잔한 물결의 움직임.〔詩經〕河水清且漣漪. ②우는 모양, 눈물을 흘리는 모양.〔詩經〕泣涕漣漣. ③이어지다, 잇닿다. ❷큰 물결. =瀾.
【漣落 연락】눈물이 넘쳐흐르는 모양.
【漣漣 연련】눈물을 흘리는 모양.
【漣如 연여】눈물이 흘러내리는 모양.
【漣猗 연의】①잔물결이 읾. 잔물결이 이는 모양. ②잔물결. 漣漪(연의).
【漣漪 연의】잔물결. 波紋(파문). 漣猗(연의).
❶微―, 碧―, 細―, 流―, 清―.

水11 【滷】⑭ 소금밭 로 ⊘ lǔ

[초서] 滷 [간체] 卤 [字解] ①소금밭, 염분이 많은 땅. ②간수, 짠물. ③짜다.〔惟則·詩〕風卷浪花飜雪滷. ④간을 치다, 소금으로 고기를 조리하다.
【滷水 노수】간수.
【滷蝦 노하】곤쟁이.

水11 【漉】⑭ 거를 록 ⊘ lù
[소전] 漉 [혹체] 滷 [초체] 漉 [字解] ①거르다, 밭다.〔戰國策〕漉汁灑地. ②치다, 앙금을 치다. =漆. ③물이 마르다. ④다하다.〔禮記〕毋漉陂池.
【漉漉 녹록】땀이나 피가 줄줄 흐르는 모양.
【漉酒 녹주】술을 거르다.
【漉酒巾 녹주건】술을 거르는 헝겊.[故事]진(晉)의 도잠(陶潛)이 술을 좋아하여, 두건으로 술을 거른 데서 온 말.
【漉池 녹지】못물을 마르게 함.

水11 【漻】⑭ ❶맑고 깊을 료 ⊘ liáo
❷맑고 깊은 모양 류 ⊘ liáo
❸변화하는 모양 력 ⊘ liú
❹큰 모양 효 ⊘ xiāo
[소전] 漻 [초체] 漻 [속체] 潑 [字解] ❶①맑고 깊다.〔莊子〕漻乎其清也. ②높고 먼 모양.〔漢書〕寂漻上天知厭時. ③흐르다.〔呂氏春秋〕降通漻水以導河. ④근심에 잠긴 모양.〔新書〕漻然愁憂以湫. ⑤쓸쓸하다. =寥. ❷물이 맑고 깊은 모양. =瀏. ❸변화하는 모양.〔莊子〕油然漻然. ❹큰 모양. ¶漻然.
【漻然 ❶요연 ❷역연 ❸효연】❶수심에 잠긴 모양. ❷변화하는 모양. ❸큰 모양.
【漻乎 요호】맑은 모양. 물이 깊고 맑은 모양.
【漻淚 효려】물이 빠르게 흐르는 모양.

水11 【漊】⑭ ❶비 추적추적할 루 ⊘ lǔ
❷도랑 루 ⊘ lóu
❸강 이름 루 ⊘ lóu
[소전] 漊 [간체] 溇 [字解] ❶①비가 추적추적하다, 가랑비가 그치지 아니하는 모양. ¶漊漊. ❷도랑. ❸강 이름. 호북성(湖北省) 학봉현(鶴峯縣)에서 발원하여 풍수(灃水)로 흘러드는 강.
【漊漊 누루】비가 멎지 않고 계속 내리는 모양.

水11 【漏】⑭ ❶샐 루 ⊘ lòu
❷냄새날 루 ⊘ lóu

氵氵氵氵沪沪漏漏漏

[소전] 漏 [동체] 漏 扇 [字源] 形聲. 水+扇→漏. '扇(루)'가 음을 나타낸다.
[字解] ❶①새다. ㉮틈으로 새다.〔淮南子〕千里之隄, 以螻蟻之穴漏. ㉯틈으로 스며들다.〔荀子〕窮閻漏屋. ㉰틈으로 나타나다.〔韓愈〕

水部 11획 漓漠滿

碑〕雲陰解駁, 日光穿漏. ㉣비밀이 드러나다. 〔魏志〕密有殺繡之計, 計漏. ㉤빠뜨리다. 〔晉書〕闇外多事, 千緖萬端, 罔有遺漏. ❷구멍을 뚫다. 〔淮南子〕朱弦漏越. ❸물시계. 〔蘇軾·詩〕夜長耿耿添漏壺. ❺방의 서북 구석. 〔詩經〕尙不愧于屋漏. ❻병 이름, 치루(痔漏). 〔和脈經〕婦人有漏下者. ❼(佛)번뇌. ❽틈을 채워 메우다. 〔淮南子〕不能漏理其形也. ❾혜택을 주다, 은택이 아랫사람에게 미치다. 〔漢書〕天下漏泉. ❿넘치다, 넘쳐흐르다. 〔後漢書〕淫雨漏河. ⓫때, 시각(時刻). 〔漢書〕傳漏在殿下. ⓬귀신의 이름. ≒雷. 〔莊子〕有沈有漏. ⓭냄새가 나다. ≒螻. 〔禮記〕馬黑脊而般臂漏.
【漏刻 누각】①물시계. 작은 구멍이 뚫린 누호(漏壺)에 물을 채우고 그 안에 눈금을 새긴 누전(漏箭)을 세워, 물이 구멍으로 새어 줄어 가는 양(量)을 보아 시간을 헤아림. ②아주 짧은 동안. 頃刻(경각).
【漏決 누결】물이 새어 둑이 무너짐.
【漏鼓 누고】시각을 알리는 큰 북.
【漏短 누단】물시계의 물이 얼마 남지 않음.
【漏斗 누두】깔때기.
【漏落 누락】적혀 있어야 할 내용이 기록에서 빠짐.
【漏露 누로】일이 드러남.
【漏理 누리】이지러진 자리를 보수함.
【漏網 누망】①법망(法網)에서 벗어남. ②느슨한 법.
【漏聞 누문】새어 나온 말을 얻어들음.
【漏師 누사】군(軍)의 기밀을 누설함.
【漏船 누선】물이 새는 배. 漏舟(누주).
【漏泄 누설】①기체나 액체가 새어 나감. ②비밀이 새어 나감.
【漏聲 누성】물시계의 물이 떨어지는 소리.
【漏水 누수】①새는 물. 물이 샘. ②누수기(漏水器)나 누각(漏刻)의 물.
【漏水器 누수기】물시계.
【漏濕 누습】습기가 스며 나옴. 눅눅함.
【漏失 누실】새어 없어짐. 잃어버림.
【漏屋 누옥】비가 새는 집.
【漏箭 누전】누각(漏刻)의 시각을 가리키는 화살. ❸漏壺(누각). 漏壺(누호).
【漏電 누전】전기가 전선 밖으로 새어 흐름.
【漏點 누점】물시계의 물이 방울져 떨어짐.
【漏精 누정】의식하지 못하는 사이에 정액이 새어 나오는 일.
【漏盡 누진】①물시계의 물이 다 새어 나옴. 그 날이 다 감. 밤 12시가 됨. ②(佛)번뇌가 죄다 없어짐. 성지(聖智)로써 번뇌를 끊음. ◎'漏'는 번뇌.
【漏天 누천】하늘이 샘. 비가 너무 잦음.
【漏泉 누천】물이 새어 나오는 샘. 임금의 은택이 널리 미침.
【漏籤 누첨】물시계의 시각을 적은 대쪽.
【漏出 누출】기체·액체 등이 새어 나옴.

【漏卮 누치】①술이 새는 잔. ②술을 잘 마시는 사람. 대주가(大酒家). ③이익이 밖으로 새어 나감.
【漏綻 누탄】구멍이 뚫리고 찢어짐.
【漏脫 누탈】샘. 빠짐.
【漏澤園 누택원】관(官)에서 만든 공동묘지. 제사 지내는 사람이 없는 무덤.
【漏板 누판】시각을 알리기 위하여 두드리던 판목(板木).
【漏脯充饑 누포충기】썩은 고기로 주린 배를 채움. 눈앞의 일만 알고 후환을 생각하지 않음.
【漏戶 누호】호적부에 빠진 집.
【漏壺 누호】①누각(漏刻)의 물을 담는 그릇과 물을 받는 그릇. ②물시계.

◉ 刻一, 崩一, 洩一, 疎一, 夜一, 玉一, 屋一, 遺一, 謬一, 痔一, 脫一, 頹一.

水 11 【漓】 ㉕ 스며들 리 匧 lí

[초서][字解]①스며들다, 흐르는 모양. 〔韓愈·歌〕赤龍拔鬚血淋漓. ②엷다. ≒醨. 〔司馬光·賦〕棄漓而歸厚.

水 11 【漠】 ㉕ 사막 막 藥 mò

氵氵氵氵沪沪漠漠漠漠

[소전][초서][字源]形聲. 水+莫→漠. '莫(막)'이 음을 나타낸다.
[字解]①사막. 〔楚辭〕踰隴堆兮渡漠. ②조용하다. ㉠고요하다. 〔漢書〕眞人恬漠, 獨與道息. ㉡그윽하다. 〔張華·詩〕大猷玄漠. ㉢소리가 없다. 〔漢書〕玄成等漠然, 莫有對者. ③자리잡다, 움직이지 아니하다. 〔淮南子〕時旣者其神漠. ④쓸쓸하다. ≒寞. 〔楚辭〕野寂漠其無人. ❺넓다, 광막하다. 〔王維·詩〕漠漠水田飛白鷺. ❻어둠침침하다. 〔拾遺記〕茫茫馬跡, 杳漠神源. ❼우거지다, 무성하다. 〔楊炯·序〕古樹千年, 藤蘿漠漠. ❽널리 펴다, 널리 깔다. 〔陸機·行〕塵里一何盛, 街巷紛漠漠. ❾맑다, 투명하게 맑다. 〔郭璞·文〕嚴平澄漠於塵肆.
【漠漠 막막】①넓고 아득한 모양. ②널리 깔려 있는 모양. ③초목이 무성한 모양. ④어둠침침한 모양. ⑤고요한 모양. ⑥쓸쓸한 모양.
【漠然 막연】①고요한 모양. 형적(形跡)이 없는 모양. ②넓어서 종잡을 수 없는 모양. 똑똑하지 못하고 어렴풋한 모양.

◉ 空一, 落一, 大一, 濛一, 沙一, 索一, 塞一, 闇一, 幽一, 寂一, 澄一, 玄一, 荒一.

水 11 【滿】 ㉕ ❶찰 만 旱 mǎn ❷번민할 만 願 mèn

氵氵氵汁汁洪洪满满滿

[소전][초서][속자][간자][字源]形聲. 水+㒼→滿. '㒼(만)'이 음을 나타낸다.

水部 11획 滿

[字解] ❶①차다. ㉮가득하다.〔管子〕地大而不爲, 命曰土滿, 人衆而不理, 命曰人滿. ㉯넉넉하다, 풍족하다.〔書經〕不自滿假. ㉰둥그렇지다, 이지러짐이 없다.〔史記〕日中必移, 月滿必虧. ㉱수효가 만(萬)에 이르다. ㉲곡식이 익다, 속이 차다.〔淮南子〕竹實滿. ㉳활을 힘껏 잡아당기다.〔漢書〕滿白羽. ㉴잔 가득히 따른 술.〔漢書〕皆引滿擧白. ②교만하다, 뽐내다.〔國語〕其滿之甚也. ③속이다. ≒謾.〔漢書〕滿讕誣天. ④종족 이름. 만주족(滿洲族)의 약칭. ¶ 滿人. ⑤성(姓). ❷①번민하다. ≒懣.〔漢書〕憂滿不食. ②병명(病名).〔史記〕風蹶胷滿.
【滿架 만가】시렁에 가득함.
【滿假 만가】자만하여 스스로 잘난 체함.
【滿干 만간】밀물과 썰물. 간만(干滿).
【滿腔 만강】가슴속에 가득 참.
【滿貫 만관】①돈꿰미에 엽전을 가득 꿴. ②활시위를 잔뜩 당김.
【滿期 만기】정해진 기한이 참.
【滿喫 만끽】①마음껏 먹고 마심. ②만족할 만큼 즐김.
【滿口 만구】①입 가득히. ②온 입.
【滿堂 만당】①방 안에 가득 참. ②방 안에 가득 찬 사람들.
【滿瀾 만란】남을 그럴듯하게 속임.
【滿了 만료】기한이 다 차서 끝남.
【滿滿 만만】꽉 찬 모양.
【滿面 만면】얼굴에 가득함.
【滿目 만목】①눈에 가득 참. 계속 눈앞에 어른거림. ②눈에 보이는 끝까지. 滿眸(만모).
【滿目荒涼 만목황량】눈에 띄는 것이 모두 거칠고 처량함.
【滿盤珍羞 만반진수】소반이나 상에 가득 차린 진귀하고 맛 좋은 음식.
【滿發 만발】꽃이 활짝 다 핌. 滿開(만개).
【滿腹 만복】배가 가득 참. 배부름.
【滿朔 만삭】아이 낳을 달이 참. 달이 차서 배가 몹시 부름.
【滿山 만산】①온 산에 가득함. ②산 전체.
【滿船 만선】배에 가득히 실음.
【滿數 만수】①일정한 수효에 참. ②매우 큰 수.
【滿身是膽 만신시담】전신에 담력이 충만하여 있음. 아주 대담함.
【滿身瘡痍 만신창이】온몸이 상처투성이임.
【滿筵 만연】자리가 꽉 참.
【滿悅 만열】흡족한 기쁨.
【滿盈 만영】가득 차서 넘침.
【滿籝 만영】대바구니 가득히.
【滿員 만원】정원이 다 참.
【滿意 만의】①뜻을 정함. 결심함. ②마음에 참. 만족함.
【滿溢 만일】가득 차서 넘침.
【滿酌 만작】잔이 가득 차도록 술을 부음. 滿斟(만짐).
【滿載 만재】①물건을 가득 실음. ②기사를 가득 실음.

【滿貯 만저】가득 쌓아 둠.
【滿廷 만정】조정(朝廷)이나 법정에 있는 모든 사람.
【滿庭 만정】①뜰에 가득함. ②온 뜰.
【滿潮 만조】밀물로 해면이 가장 높아진 상태.
【滿朝 만조】①온 조정. ②만조백관(滿朝百官).
【滿朝百官 만조백관】조정의 모든 벼슬아치.
【滿足 만족】①마음에 아주 흡족함. ②충분하고 넉넉함.
【滿座 만좌】①좌중에 있는 모든 사람. 滿坐(만좌). ②자리를 가득 채움.
【滿則虧 만즉휴】달이 차면 이지러짐. 성하면 반드시 쇠하여짐.
【滿紙長書 만지장서】사연(事緣)을 많이 적은 긴 편지.
【滿斟 만짐】술을 잔에 가득 따름.
【滿天 만천】①하늘에 가득 참. ②온 하늘.
【滿幅 만폭】정한 너비에 꽉 참.
❶ 干-, 不-, 未-, 彌-, 盈-, 圓-, 引-, 貯-, 淸-, 充-, 飽-, 豊-.

水【漫】⑭ ❶질펀할 만 màn
11 ❷가라앉을 만 màn
❸게으를 만 màn

ミミ沪沪沪渭渭漫漫
[초서] [字源] 形聲. 水+曼→漫. '曼(만)'이 음을 나타낸다.
[字解] ❶①질펀하다.〔唐書〕襄鄧之西, 夷漫數百里. ②넘쳐흐르다.〔吳志〕彌漫數百里. ③흩어지다, 어지럽다.〔晉書〕文體混漫. ④멋대로.〔史記〕流之志詘矣. ⑤부질없다.〔杜甫·詩〕漫勞車駕駐江干. ⑥더러워지다, 더럽히다, 속이다.〔荀子〕行不免於汙漫. ⑦바르다, 칠하다. ≒墁.〔莊子〕郢人堊漫其鼻端. ⑧잇닿다, 이어져 있다.〔張衡·七辯〕連閣周漫. ⑨물이 스며들다.〔金史〕河水浸漫. ⑩기뻐하는 모양.〔王襃·賦〕其奏歡娛, 則莫不憚漫. ❷①가라앉다, 빠지다.〔沈周·詩〕浹兩檐溝瓦牛漫. ②만연하다, 뻗어서 퍼지다.〔蘇軾·詩〕桃李漫山總粗俗. ③가로로 기다랗게 끼다.〔皮日休·詩〕雲漫便當紗. ❸게으르다. =慢.
【漫談 만담】①두서없는 이야기. 종잡을 수 없는 이야기. ②재미있고 우습게 세상과 인정을 풍자하는 이야기.
【漫瀾 만란】①까마득하여 끝이 없음. 물이 광대(廣大)한 모양. ②흩어짐. 분산함.
【漫浪 만랑】①일정한 직업이 없이 떠돌아다님. ②물이 넘치는 모양.
【漫錄 만록】☞ 漫筆(만필).
【漫漫 만만】①멀고 아득한 모양. ②구름이 길게 뻗은 모양. ③넓고 아득한 모양. ④밤이 긴 모양. ⑤행동이 느린 모양. 일의 처리가 더딘 모양. ⑥비나 눈이 조용히, 또는 한창 내리는 모양. ⑦연기 따위가 일면 끼어 있는 모양. 버들개지 따위가 온통 흩날리고 있는 모양. ⑧품행이 단정하지 않고 제멋대로인 모양. ⑨평평한

모양. 평탄한 모양.
【漫漭 만망】넓고 아득한 모양.
【漫滅 만멸】곰팡이가 피거나 때가 묻어 글자가 잘 보이지 않음.
【漫文 만문】①수필(隨筆). ②사물의 특징을 재미있고 경쾌하게 쓴 글.
【漫言 만언】깊이 생각하지 않고 함부로 하는 말. 漫語(만어).
【漫淹 만엄】오랫동안 물에 잠겨 있어 상함.
【漫衍 만연】①끝이 없는 모양. ②일대에 넘쳐 퍼지는 모양. ③성대한 모양. ④뒤섞인 모양.
【漫然 만연】①되는대로 하는 모양. ②맺힌 데가 없는 모양. ③길고 멀어서 질펀한 모양.
【漫遊 만유】마음 내키는 대로 정처 없이 여기저기 떠돌아다니며 놂.
【漫吟 만음】일정한 글제가 없이 생각나는 대로 시를 지어 읊음.
【漫爾 만이】멋대로 하는 모양.
【漫天 만천】①하늘에 뻗쳐 널리 퍼짐. ②물이 불어 하늘에 닿을 듯함.
【漫淺 만천】넓고 얕음.
【漫浸 만침】널리 적심.
【漫評 만평】일정한 체계 없이 생각나는 대로 하는 비평.
【漫筆 만필】붓 가는 대로 생각한 바를 쓴 글. 漫錄(만록). 隨筆(수필).
【漫學 만학】무턱대고 배움. 아무 생각도 없이 마구 배움.
【漫汗 만한】①끝없이 넓은 모양. ②야무진 데가 없는 모양. 汗漫(한만).
【漫糊 만호】모호(模糊)한 모양.
【漫忽 만홀】등한하고 소홀함.
【漫畫 만화】풍자나 우스갯소리 등을 간결하고 익살스럽게 그린 그림.
【漫漶 만환】분명하지 않은 모양. 헤아리기 어려운 모양.
【漫興 만흥】저절로 일어나는 흥취.
◑ 瀾−, 浪−, 渺−, 彌−, 散−, 汗−, 浩−.

水 11 【漍】⑭ 물 빨리 흐를 밀 寘 mì
字解 물이 빨리 흐르다.〔史記〕潭浮漍汩.
【漍汨 밀율】물이 빠르게 흐르는 모양.

水 11 【漨】⑭ ❶내 이름 봉 图 féng ❷답답한 모양 봉 陳 péng ❸물 모이는 모양 봉 董 běng
字解 ❶내 이름. =浲.〔山海經〕單狐之山, 漨水出焉. ❷답답한 모양, 울적한 모양.〔左史·賦〕欿霧漨浡, 雲蒸昏昧. ❸물이 모이는 모양.
【漨浡 봉발】답답한 모양. 울적한 모양.
【漨渀 봉용】물이 모이는 모양.

水 11 【漰】⑭ 물결치는 소리 붕 蒸 pēng
초서 漰 字解 ①물결치는 소리. 물결이 부딪치는 소리.〔郭璞·賦〕漰湱㗊濭. ②보(湰). 논에 물을 대기 위한 수리 시설.
【漰渤 붕발】물결이 서로 부딪치는 소리.
【漰濞 붕비】물결치는 소리의 형용.
【漰湱 붕확】물결이 서로 맞부딪치는 소리.
【漰濭 붕획】물결이 맞부딪치는 소리.

水 11 【漇】⑭ 함치르르할 사 紙 xǐ
字解 ①함치르르하다.〔楚辭〕淒淒兮漇漇. ②흐르는 모양.
【漇漇 사사】함치르르한 모양. 물에 젖어 윤이 나는 모양.

水 11 【滻】⑭ 강 이름 산 潸 chǎn
소전 滻 간체 浐 字解 ①강 이름. 섬서성(陝西省) 남전현(藍田縣)에서 발원하여 위수(渭水)로 흘러드는 강.〔史記〕終始灞滻, 出入涇渭. ②울다, 눈물을 흘리는 모양. ③많은 모양.

水 11 【滲】⑭ ❶스밀 삼 沁 shèn ❷적실 삼 侵 sēn ❸흐를 림 侵 lín
소전 滲 초전 滲 속자 渗 간체 渗 参考 대법원 지정 인명용 한자의 음은 '삼'이다.
字解 ❶①스미다, 배다.〔南史〕聞俗說, 以生者血瀝死者骨, 滲卽爲父子. ②발즙, 거르다.〔漢書〕滋液滲漉. ③새다, 흘러나오다.〔宋史〕財無滲漏, 則不可勝用. ④다하다.〔南史〕自淮入泗, 泗水滲. ❷①적시다. =浸. ②깃이 나기 시작하는 모양.〔木華·賦〕鶴子淋滲. ❸흐르다, 흐르는 모양.〔漢書〕澤滲灘而下降.
【滲漉 삼록】①스며서 흘러나옴. ②은택이 아랫사람에게 베풀어짐.
【滲漏 삼루】①액체가 스며 나옴. ②개먹어 들어감. 침식함. ③부주의로 인한 빠뜨림. 실수.
【滲泄 삼설】①액체가 스며 나옴. ②오줌.
【滲水 삼수】스며드는 물.
【滲淫 삼음】물이 스며듦. 스며드는 물.
【滲出 삼출】액체가 스며 나옴.
【滲透 삼투】①스며들어 감. 浸透(침투). ②농도가 다른 두 액체가 사이벽을 통하여 서로 섞이는 현상.
【滲涸 삼학】물이 새어 마름.
【滲灘 임리】물이 흘러내리는 모양.
◑ 淋−, 血−.

水 11 【滴】⑭ 세차게 흐를 상 陽 shāng
字解 ①세차게 흐르다, 세차게 흐르는 모양. ¶ 滴滴. ②내 이름.
【滴滴 상상】세차게 흐르는 모양.

水 11 【潊】⑭ 개 서 語 xù

水部 11획 漩漅潃漱漱滣漦漄漾漁

水【漩】

①개, 물가, 포구.
〔王融·曲〕日霽沙漵明, 風泉動華燭. ②강 이름. 호남성(湖南省) 서포현(漵浦縣)의 동남 돈가산(頓家山)에서 발원하여 원수(沅水)로 흘러드는 강. 〔楚辭〕入漵浦余儃佪兮.

水11【漩】

⑭ 소용돌이 선 旋 xuán

字解 소용돌이, 소용돌이치다.
〔郭璞·賦〕漩澴榮瀯.
【漩渦 선와】소용돌이.
【漩澴 선환】소용돌이치는 모양.

水11【漅】

⑭ 호수 이름 소 肴 cháo

字解 호수 이름. 안휘성(安徽省) 합비현(合肥縣)에 있는 호수. 소호(巢湖) 또는 초호(焦湖)라고도 부름. 늑巢.

水11【潃】

⑭ 뜨물 수 宥 xiǔ

字解 ①뜨물. 〔史記〕漸之潃中. ②쉰 음식. ③쌀을 씻다. ④반죽하다. 〔禮記〕潃溲以滑之. ⑤오줌. 〔荀子〕其漸之潃.
【潃溲 수수】식품을 쌀뜨물에 담가 부드럽게 함.

水11【漱】

⑭ 양치질할 수 宥 shù

字解 ①양치하다. 〔管子〕旣拚盥漱. ②씻다. ③빨래하다. 〔禮記〕冠帶垢, 和灰請漱. ④헹구다. 〔春秋公羊傳〕臨民之所浣漱也. ③개먹어 들어가다. 〔周禮〕善溝者水漱之.
【漱口 수구】양치질을 함.
【漱石枕流 수석침류】돌을 베개 삼음. 오기(傲氣)가 셈. 故事 진대(晉代)에 손초(孫楚)가 침석수류(枕石漱流)라고 할 것을 수석침류(漱石枕流)라고 잘못 말한 뒤 '漱石'은 이를 닦기 위함이고, '枕流'는 귀를 씻기 위함이라고 억지로 합리화하려 했다는 데서 온 말.
【漱玉 수옥】옥을 씻음. 폭포 따위에서 물방울이 흩어지는 모양의 형용.
【漱滌 수척】빨. 씻음. 漱濯(수탁).
【漱濯 수탁】➡漱滌(수척).
【漱澣 수한】물에 씻음.
❶盥一, 淨一, 澣一.

水11【潄】

⑭ 漱(1028)의 속자

水11【滣】

⑭ 물가 순 眞 chún

字解 물가, 물기슭. 〔詩經〕在河之滣.

水11【漦】

⑮ ❶흐를 시・리 支 chí
❷땅 이름 태 灰 tāi

字解 ❶①흐르다, 줄줄 흐르다. ②침, 거품, 용(龍)의 입에서 나오는 침. 〔詩經〕卜藏其漦. ③피. 〔漢書〕漦, 血也. ④내 이름. ❷땅 이름. 섬서성(陝西省)에 있던 지명. 〔史記〕從攻雍漦城.

水11【漄】

⑭ 涯(992)와 동자

水11【漾】

⑭ ❶출렁거릴 양 漾 yàng
❷강 이름 양 漾

字解 ❶①출렁거리다, 물이 흔들리다. 〔謝惠連·詩〕漣漪繁波漾. ②뜨다, 띄우다. 〔高啓·詩〕楚水春帆漾. ③물이 광대(廣大)하다. 〔王粲·賦〕川旣漾而濟深. ④표류(漂流)하다, 떠돌아다니다. 〔張籍·詩〕漾漾南澗水, 來作曲池流. ❷강 이름. 섬서성(陝西省) 영강현(寧羌縣) 북쪽 반총산(嶓家山)에서 발원하는 한수(漢水)의 상류. 〔書經〕嶓家導漾.
【漾碧 양벽】푸른빛을 띠게 함. 푸른 물이 출렁이게 함.
【漾水 양수】①출렁거리는 물. ②처음으로 산에서 솟아난 샘.
【漾漾 양양】①물에 떠도는 모양. ②물결이 출렁거리는 모양.
【漾舟 양주】배를 띄움. 배가 떠날 준비를 갖춤.
❶泛一, 演一, 搖一, 溶一, 蕩一, 浩一, 滉一.

水11【漁】

⑭ 고기 잡을 어 魚 yú

字解 形聲. 水+魚→漁. '魚(어)'가 음을 나타낸다.
字解 ①고기를 잡다. ❷물고기를 잡다. 〔易經〕以佃以漁. ⓑ닥치는 대로 가지다. 〔禮記〕諸侯不下漁色. ⓒ침략(侵掠)하다. 〔漢書〕漁食閭里. ⓓ이익을 낚다. 〔管子〕漁利蘇功. ②물고기를 잡는 일. 〔孟子〕自耕稼陶漁, 以至爲帝. ③어부(漁夫). 〔劉孝威·詩〕神心重丘壑, 散步懷漁樵.
【漁家 어가】어부(漁夫)의 집. 漁庵(어암).
【漁罟 어고】물고기를 잡는 그물.
【漁具 어구】고기잡이에 쓰는 여러 가지 도구.
【漁區 어구】수산물을 잡거나 채취하기 위해 정해 놓은 구역.
【漁基 어기】고기잡이 터. 漁場(어장).
【漁磯 어기】낚시터.
【漁舠 어도】고기잡이하는 거룻배.

水部 11획 馮演潁

【漁郞 어랑】 고기잡이하는 사람.
【漁獵 어렵】 ①고기잡이. ②고기잡이와 짐승 사냥. 漁畋(어전). ③약탈함.
【漁撈 어로】 고기잡이.
【漁利 어리】 속여서 이익을 얻음.
【漁網 어망】 물고기를 잡는 그물.
【漁民 어민】 고기잡이를 업으로 하는 사람.
【漁父辭 어부사】 초사(楚辭)의 한 편명(篇名). 굴원(屈原)이 방랑 생활을 할 때, 자기의 처세관을 어부와의 문답 형식으로 지은 장편의 운문(韻文).
【漁父之利 어부지리】 둘이 서로 싸움하는 사이에 제삼자가 애쓰지 않고 이익을 차지함. 漁人得利(어인득리). 鷸蚌之爭(휼방지쟁).
【漁師 어사】 고기잡이로 생활하는 사람.
【漁色 어색】 여색(女色)을 탐함.
【漁船 어선】 고기잡이 하는 배.
【漁食 어식】 고기를 잡듯이, 마음대로 남의 것을 빼앗아 생활함.
【漁庵 어암】 어부의 집. 漁家(어가).
【漁翁 어옹】 고기잡이를 하는 늙은이. 낚시질하는 늙은이. 漁叟(어수).
【漁人得利 어인득리】 ☞漁父之利(어부지리).
【漁場 어장】 고기잡이를 하는 곳.
【漁莊 어장】 어부의 집.
【漁莊蟹舍 어장해사】 어부의 집.
【漁笛 어적】 어부가 부는 피리. 어촌에서 들리는 피리 소리.
【漁筌 어전】 통발.
【漁征 어정】 수산물에 매기는 세금. 水産稅(수산세).
【漁釣 어조】 물고기를 낚음.
【漁罾 어증】 ☞漁網(어망).
【漁採 어채】 고기 잡는 일.
【漁樵 어초】 ①고기잡이와 나무하는 일. ②어부와 나무꾼.
【漁樵閒話 어초한화】 어부와 나무꾼의 한가로운 이야기. 명리(名利)를 떠난 이야기.
【漁村 어촌】 어민들이 모여 사는 마을.
【漁取 어취】 남의 것을 빼앗음.
【漁奪 어탈】 백성의 재물을 마음대로 빼앗음.
【漁港 어항】 어선이 모여들어 어업 기지가 되는 항구.
【漁戶 어호】 어부의 집.
【漁火 어화】 고기를 잡기 위해 피우는 불.
【漁獲 어획】 물고기를 잡거나 해초 등을 채취함. 잡거나 채취한 수산물.
○ 禁-, 大-, 陶-, 不-, 夜-, 樵-, 出-, 捕-, 豊-, 凶-.

水 【馮】 ⑭ 강 이름 **언** 冤 yān
11

字解 강 이름. 산서성(山西省)에서 발원하여 황하(黃河)로 흘러드는 강.

水 【演】 ⑭ 멀리 흐를 **연** 饂 yǎn
11

【演】 形聲. 水+寅→演. '寅(인)'이 음을 나타낸다.

字解 ①멀리 흐르다. 〔木華·賦〕東演析木. ②통하다, 윤택하다. 〔國語〕夫水土演而民用也. ③스며들다. 〔歐陽脩·墓誌〕久則涵演深遠. ④당기다, 잡아당기다. 〔班固·賦〕留侯演成. ⑤부연(敷衍)하다, 뜻을 넓혀 풀이하다. 〔漢書〕文王演周易. ⑥널리 펴다. 〔漢書〕推演聖德. ⑦행하다. 〔宋史〕別演一法. ⑧가무 연극(歌舞演劇)을 하다. 〔王勃·碑〕一音演而荒景服. ⑨익히다, 학습하다. ¶演習. ⑩스며 흐르다. 〔左思·賦〕演以潛沫. ⑪열다, 넓히다. 〔常袞·賦〕搖演靑蘋.

【演劇 연극】 배우가 무대에서 각본에 따라 대사와 동작으로 표현하는 예술.
【演技 연기】 배우가 무대에서 연출에 따라 보이는 대사나 동작.
【演史 연사】 역사적 사실을 상세히 진술함.
【演說 연설】 ①도리나 의의 등을 설명함. ②여러 사람 앞에서 자기의 주의·주장이나 의견을 진술함.
【演習 연습】 배운 것을 반복하여 익힘.
【演承 연승】 먼 뒷날까지 누림. 조상의 복을 이어 누림.
【演漾 연양】 물 위에 떠돎.
【演易 연역】 주 문왕(周文王)이 복희씨(伏羲氏)가 만든 주역(周易)의 8괘(八卦)를 다시 64괘로 늘려 차례대로 알기 쉽게 풀이한 주역.
【演繹 연역】 ①뜻을 풀어서 밝힘. ②일반적인 원리로부터 추론 규칙에 따라 개별적인 사실이나 특수한 여러 원리를 이끌어 내는 추리.
【演藝 연예】 연극·음악·무용 등의 대중적 예능.
【演義 연의】 ①어떤 도리나 사실을 자세히 설명함. ②역사상의 사실을 부연하여 재미있고 알기 쉽게 쓴 책.
【演迤 연이】 ①널리 퍼짐. 널리 행하여짐. ②돌아 흐름.
【演奏 연주】 대중 앞에서 음악을 들려줌.
【演唱 연창】 ①자세히 설명하여 창도(唱道)함. ②연극함.
○ 講-, 開-, 公-, 口-, 獨-, 上-, 試-, 實-, 熱-, 出-.

水 【潁】 ⑮ 강 이름 **영** 頬 yǐng
11

字解 강 이름. 하남성(河南省) 등봉현(登封縣)에서 발원하여 회수(淮水)로 흘러드는 강.
【潁水隱士 영수은사】 영수(潁水) 가에 은거한 사람. 곧, 허유(許由). 故事 허유가 요(堯)임금으로부터 천하를 맡기겠다는 말을 듣고 귀가 더러워졌다 하여 영수에서 귀를 씻었다고 하며, 마침 소보(巢父)가 송아지에게 물을 먹이려다가 이 광경을 보고 더러운 물을 먹일 수 없다 하여

水部 11획 窪漤漎漪漳漿滴淑漸

소를 끌고 상류(上流)에 가서 먹였다고 함.

水11 【窪】⑭ 窪(1289)와 동자

水11 【漤】⑭ 滰(1038)와 동자

水11 【漎】⑭ 물 흐르는 모양 유 尤 yōu
字解 물이 흐르는 모양. 〔詩經〕淇水漎漎, 檜楫松舟.
【漎漎 유유】물이 흐르는 모양.

水11 【漪】⑭ 물놀이 의 支 yī
字解 ①물놀이, 잔물결. 〔張率·詩〕戢鱗隱繁藻, 頷首承綠漪. ②물결이 일다. 〔文心雕龍〕激水不漪, 槁木無陰. ③물가, 언덕. 〔吳越春秋〕日月昭昭平侵已馳, 與子期乎蘆之漪. ④어조사. =兮·猗. 〔左思·賦〕刷盪瀾漪.
【漪瀾 의란】잔물결과 큰 물결.
【漪漣 의련】잔잔한 물결. 물놀이.
○ 瀾―, 綠―, 碧―, 漣―, 淪―, 淸―.

水11 【漳】⑭ 강 이름 장 陽 zhāng
字解 ①강 이름. 산서성(山西省)에서 발원하여 운하(運河)로 흘러드는 강. ②막다, 둑. ≒障. 〔韓詩外傳〕漳汸而淸.
【漳汸 장방】①둑. 제방(堤防). 障防(장방).

水11 【漿】⑮ 미음 장 陽 jiāng
字解 ①미음. 〔韓非子〕子路以其私秩粟爲漿飯. ②마실 것, 음료. 〔孟子〕簞食壺漿. ③풀, 풀을 먹이다. 〔本草〕今人漿衣, 多用之.
【漿果 장과】과육(果肉)과 액즙(液汁)이 많고 속에 씨가 들어 있는 과실. 감·귤·포도 따위. 多肉果(다육과).
○ 酪―, 濃―, 腦―, 簞食壺―, 水―, 醴―, 飴―, 酒―, 酢―, 寒―, 含―, 血―, 壺―.

水11 【滴】⑭ 물방울 적 錫 dī
字解 形聲. 水+商→滴. '商(적)'이 음을 나타낸다.
字解 ①물방울. 〔謝惠連·賦〕流霜垂冰. ②방울져 떨어지다. 〔杜甫·詩〕握手淚再滴. ③극히 적은 분량의 비유. 〔薩都刺·詩〕小臣涓滴皆君賜. ④광택이 아름답고 윤기가 있어 싱싱한 모양. 〔蘇舜欽·詩〕珠纓冷光滴.
【滴瀝 적력】물방울이 뚝뚝 떨어짐. 뚝뚝 떨어지는 물방울.
【滴露 적로】①방울져 떨어지는 이슬. ②꿀풀과에 속하는 여러해살이풀. 두루미냉이.
【滴水 적수】방울져 떨어지는 물방울.
【滴滴 적적】①물방울이 계속하여 떨어지는 모양. ②흘러 움직이는 모양. ③떨어지는 물방울처럼 윤이 나고 아름다운 모양.
【滴簷 적첨】낙숫물.
○ 水―, 餘―, 硯―, 雨―, 一―, 點―.

水11 【滫】⑭ 맑을 적 霽 jì
字解 ①맑다, 물이 맑다. ¶滫瀯. ②쓸쓸하다. =寂.
【滫瀯 적료】물이 맑고 잔잔한 모양.

水11 【漸】⑭ ❶점점 점 琰 jiàn ❷험할 참 咸 chán ❸적실 점 鹽 jiān

氵氵氵氵氵沪沪洐漸漸漸漸
小篆 漸 草書 漸 簡體 渐 参考 대법원 지정 인명용 한자의 음은 '점'이다.
字源 形聲. 水+斬→漸. '斬(참)'이 음을 나타낸다.
字解 ❶①점점, 차츰. 〔晉書〕漸入佳境. ②차츰 나아가다. 〔易經〕鴻漸于干. ③천천히 움직이다. 〔史記〕諸侯太盛而錯爲之不以漸也. ④괘 이름, 64괘의 하나. 괘형은 ䷴. 차례를 좇아 나아감을 상징한다. ⑤심해지다. 〔列子〕七日大漸. ⑥익히다. 〔淮南子〕良工漸乎矩鑿之中. ⑦조짐. 〔春秋公羊傳〕漸進也. ⑧오래다. 〔易經〕文言曰, 其所由來者漸矣. ⑨통하다, 이끌어 통하게 하다. 〔史記〕漸九川. ⑩물. 〔淮南子〕雖有腐髊流漸. ⑪자라다, 성장하다. 〔書經〕草木漸包. ⑫강 이름. ⑬〔佛〕점교(漸敎). 불과(佛果)를 갑자기 깨닫는 교법인 돈교(頓敎)에 상대하여 이르는 말. ❷①험하다, 바위가 높고 험하다. ≒巉. 〔詩經〕漸漸之石, 維其高矣. ②흐르는 모양. 〔楚辭〕涕漸漸兮. ❸①적시다, 번지다, 물들다. 〔荀子〕其漸之滫. ②흘러들다. 〔書經〕東漸於海. ③다하다. 〔韋孟·詩〕享國漸世. ④속이다. 〔莊子〕知詐漸毒. ⑤보리 이삭이 팬 모양. 〔史記〕麥秀漸漸兮.
【漸摩 점마】물에 담갔다가 숫돌에 갊. 차츰 선량해짐.
【漸耗 점모】점점 줄어듦. 차차 소모됨.
【漸靡 점미】차츰 쏠려 따름.
【漸民 점민】백성을 차츰 감화함.
【漸洳 점여】진창. 泥濘(이녕).
【漸冉 점염】차차로. 차츰차츰.
【漸染 점염】차차 번져 물듦. 점점 전염됨.
【漸悟 점오】(佛)차차 깊이 깨달음.

【漸入佳境 점입가경】 점점 아름다운 경지로 들어감. 점점 흥미를 느끼게 됨.
【漸漸】 ❶점점 ❷참참 ❶①점차. 차츰차츰. ②보리 이삭이 팬 모양. ❷①산이 높고 험한 모양. ②눈물이 흐르는 모양.
【漸增 점증】 점점 많아짐.
【漸漬 점지】 점점 물이 스며듦. 점차로 감화됨.
【漸添 점첨】 차츰 더해 감. 차츰 증가함.
【漸墜 점추】 수사법(修辭法)의 한 가지. 점차로 어구를 빼어 문장의 포괄적인 내용과 의미를 좁혀 중심 주제로 이끌어 가는 기법.
【漸退 점퇴】 ①차츰 뒤로 물러남. ②점점 쇠퇴하여 감.
◑ 大－, 東－, 萠－, 社－, 沾－, 浸－.

水11【滇】⑭ 濔(1044)과 동자

水11【漈】⑭ 물가 제 jì
[초서] 漈
[字解] ①물가. ②해구(海溝). 〔元史〕漈者水趨下而不回也.

水11【漕】⑭ ❶배로 실어 나를 조 cáo ❷땅 이름 조 cào
[초서] 漕
[字解] ❶①배로 실어 나르다. 〔史記〕轉漕給軍. ②수레, 배. ③홈통, 액즙(液汁)이 통하는 길. 〔武備志〕以有血漕爲巧. ④성(姓). ❷①땅 이름. 춘추 시대 위(衞)나라의 읍(邑) 〔詩經〕土國城漕.
【漕渠 조거】 배로 물건을 운반하기 위하여 깊이 파서 만든 물길. 漕溝(조구).
【漕軍 조군】 조운선(漕運船)에 승선하여 조운 활동을 맡아 하던 선원. 漕卒(조졸).
【漕舫 조방】 조운(漕運)에 쓰이는 배.
【漕船 조선】 물건을 운반하는 배.
【漕運 조운】 배로 물건을 운반함.
【漕轉 조전】 배로 물건을 운반함. ◐ '轉'은 수레로 운반하는 것, '漕'는 배로 운반하는 것.
【漕艇 조정】 ①보트를 저어 스피드를 겨루는 수상 운동 경기. ②보트를 저음.
【漕倉 조창】 조운할 곡식을 쌓아 두던 창고.
◑ 運－, 轉－, 海－, 血－, 回－.

水11【漬】⑭ 담글 지 zì
[소전] 漬 [초서] 漬 [고문] 涑 [간체] 渍
[字解] ①담그다, 물에 적시다. 〔詩經〕淹漬以爲葅. ②스미다, 배다. 〔史記〕漸漬於失敎. ③물들이다. 〔周禮〕淳而漬之. ④옮기, 전염(傳染)하다. ⑤앓다. 〔呂氏春秋〕以視孤寡老弱之漬病.
【漬淖 지뇨】 흙탕물에 빠짐.
【漬墨 지묵】 더러워져 까매짐. 더럽혀 검게 됨.
【漬病 지병】 질병. 병을 앓음.
【漬浸 지침】 적심. 젖음. 浸漬(침지).
◑ 淹－, 漸－, 沈－, 浸－, 漂－.

水11【漲】⑭ 불을 창 zhǎng
[초서] 泧 [간체] 涨
[字解] ①붇다, 물이 범람하다. 〔岑參·詩〕雲低岸花掩水漲灘草沒. ②넘쳐날 정도로 성하다. 〔杜甫·詩〕春日漲雲岑. ③막다, 가리다. 〔吳志〕煙炎漲天. ④물결치다. 〔蘇舜欽·詩〕酒面玉紋漲. ⑤밀물, 만조를 이루다. 〔陳勳·詩〕數聲漁櫓鳴寒漲. ⑥물결, 파도. 〔郭璞·賦〕躋江津而起漲. ⑦모래가 쌓여서 모래톱을 이루다. 〔丘遲·詩〕析析寒沙漲. ⑧물가가 오르다.
【漲濤 창도】 가득 차 넘쳐흐르는 물결.
【漲滿 창만】 ⇨漲溢(창일).
【漲水 창수】 불어서 넘치는 물.
【漲溢 창일】 물이 넘침. 漲滿(창만).
◑ 怒－, 溟－, 洗－, 積－, 暴－.

水11【滌】⑭ 씻을 척 [본] 적 dí
[소전] 𣾆 [초서] 滌 [본] 滌 [속] 滌 [간체] 涤
[字解] ①씻다, 빨다, 헹구다. 〔儀禮〕射人宿視滌. ②청소하다. 〔詩經〕十月滌場. ③방탕하다, 음란하다. 〔禮記〕狄成滌濫之音作. ④우리, 희생을 기르는 우리. 〔春秋公羊傳〕帝牲在于滌三月. ⑤변하다, 달라지다. 〔大戴禮〕寒日滌, 凍塗.
【滌漑 척개】 씻음. 씻어 헹굼.
【滌盥 척관】 깨끗하게 씻음.
【滌煩 척번】 세상의 어지럽고 번거로움을 씻어 버리는 물건. 곧, 차(茶).
【滌暑 척서】 더위를 씻음.
【滌暢 척창】 막힘없이 잘 통함.
【滌滌 척척】 ①가뭄으로 나무와 물이 말라서 씻어 버린 듯이 되는 모양. ②따뜻한 모양. ③피리 소리.
【滌濯 척탁】 빨고 헹굼.
【滌蕩 척탕】 ①더러움을 씻어 냄. ②망하여 없어짐. ③흔들어 움직임.
【滌瑕 척하】 흠이나 결점을 씻어 버림.
◑ 雪－, 洗－, 掃－, 漱－, 潮－, 清－, 蕩－.

水11【滁】⑭ 滌(1031)의 본자

水11【滯】⑭ 막힐 체 zhì
[소전] 𣻏 [초서] 滯 [속] 滯 [간체] 滞
[字源] 形聲. 水＋帶→滯. '帶(대)'가 음을 나타낸다.
[字解] ①막히다. ㉮막혀 통하지 아니하다. 〔淮南子〕流而不滯. ㉯막혀 해결되지 아니하다. 〔後漢書〕條左氏疑滯數十事, 以問該. ㉰오래되다. 〔國語〕放告滯積, 以紓執事. ㉱말이 잘 나오지 아니하다. 〔後漢書〕應對無滯. ㉲물건

水部 11획 滯灌漆

이 팔려 나가지 아니하다.〔周禮〕凡珍異之有
滯者.㈏쓸모없게 되다.〔春秋左氏傳〕振廢滯.
㈐꾸물거리다.〔蜀志〕趣舍罔滯. ②빠지다, 남
다.〔詩經〕此有滯穗. ③골똘하다, 한 가지 일
에 구애되다.〔楚辭〕聖人不凝滯於物, 而能與
世推移. ④머무르다, 체재하다.〔史記〕留滯周
南. ⑤벼슬에 등용되지 아니하다.〔南史〕訪賢
擧滯. ⑥엉기다, 엉겨 굳어지다. ⑦칩충(蟄蟲).
〔國語〕震雷出滯. ⑧물이 튀어 흩어지는 모양.
〔史記〕犇揚滯沛.

【滯客 체객】가난하여 고생하는 사람.
【滯固 체고】집착하여 융통성이 없음.
【滯氣 체기】①체증의 기미. ②화를 냄. 심중으
로 탐탁히 여기지 않는 일.
【滯納 체납】세금·회비 따위를 기한까지 내지
않음.
【滯念 체념】풀지 못한 채 오랫동안 쌓인 생각.
풀리지 않는 생각. 滯想(체상).
【滯泥 체니】구애(拘礙)됨. 거리낌.
【滯留 체류】①막힘. 정체(停滯)함. ②일정한 곳
에 머물러 있음. 滯在(체재).
【滯務 체무】밀려 있는 사무.
【滯物 체물】소화가 되지 않아 위에 그대로 있
는 음식물. 체한 음식물.
【滯悶 체민】막히는 일이 있어 고민함.
【滯伏 체복】막히고 쌓여 일이 진전되지 않음.
【滯拂 체불】응당 지급해야 할 것을 지급하지
않고 미룸.
【滯塞 체색】막혀 쌓임.
【滯泄 체설】체증(滯症)으로 일어나는 설사.
【滯囚 체수】죄가 결정되지 않아 오래 갇혀 있
는 죄수.
【滯穗 체수】거두고 난 뒤에 남은 이삭.
【滯礙 체애】침체함. 막힘.
【滯淹 체엄】막혀서 오래 머물러 있음. 슬기로운
사람이 오래 묻혀 있음.
【滯獄 체옥】①판결이 지체됨. ②오랫동안 옥에
갇혀 있음.
【滯洭 체왕】①오랫동안 머무름. ○'洭'은
'久'로 '오래다'의 뜻. ②장마가 그치지 않음.
【滯陰 체음】여름이 되어도 음기(陰氣)가 남아
있음.
【滯賃 체임】품삯 따위를 지급하지 않고 뒤로
미룸.
【滯積 체적 ❷체자】①①밀려 쌓여 있음. ②
음식이 잘 삭지 않고 뭉쳐서 생기는 병. 食積
(식적). ❷쌓아 묵혀 둔 저축.
【滯在 체재】객지에 머물러 있음. 滯留(체류).
【滯症 체증】먹은 음식이 잘 소화되지 아니하는
증상.
【滯滯泥泥 체체이니】한 가지 일에 구애되어 융
통성이 없음.
【滯沛 체패】①물이 튀어 흩어지는 모양. ②물
이 솟아 흐르는 모양.
【滯貨 체화】①운송이 잘 되지 않아 밀려 쌓인
화물. ②팔리지 않아 남은 물건.
❶濫—, 食—, 延—, 凝—, 停—, 遲—, 沈—.

水 【漎】⑭ ❶합류할 총 厡 cóng
11 ❷빠른 모양 송 匷 sōng
 ❸물 소리 종 江 cóng
[字解] ❶합류(合流)하다. ❷빠른 모양.〔揚雄·
賦〕風漎漎而扶轄兮. ❸물소리.〔杜甫·賦〕中
漎漎以回復.
【漎漎 ❶송송 ❷종종】❶빠른 모양. ❷물소리.

水 【漼】⑭ ❶깊을 최 賄 cuǐ
11 ❷눈서리 쌓인 모양 최 厌 cuǐ
[字解] ❶①깊다, 물이 깊은
모양.〔詩經〕有漼者淵. ②
곱다, 선명하다. ≒洒. ③눈물이 흐르는 모양.
〔陸機·文〕指淸豹而漼焉. ④꺾이다. ≒摧.〔潘
岳·賦〕名節漼以隳落. ❷눈서리가 쌓인 모양.
〔楚辭〕霜雪兮漼漼.
【漼溰 최의】눈이나 서리가 쌓인 모양.
【漼漼 최최】눈물이 흐르는 모양.

水 【漆】⑭ ❶옻 칠 質 qī
11 ❷전심할 절 屑 qiè
[參考] 대법원 지정 인명용 한자음은 '칠'이다.
[字源] 形聲. 水+㭇→漆. '㭇(칠)'이 음을 나
타낸다.
[字解] ❶①옻. ㉮옻나무.〔詩經〕椅桐梓漆. ㉯
옻나무 진.〔書經〕厥貢漆絲. ②옻칠하다.〔戰
國策〕豫讓又漆身爲厲. ③검은 칠, 검다.〔周
禮〕漆車. ④일곱. '七(7)'의 갖은자. ⑤강 이
름. 섬서성(陝西省)에서 발원하여 위수(渭水)로
흘러드는 강. ❷전심(專心)하다, 삼가다.〔禮
記〕濟濟漆漆.
【漆車 칠거】검게 칠한 수레.
【漆工 칠공】칠하는 일을 업으로 하는 사람.
【漆器 칠기】옻칠을 한 나무 그릇.
【漆毒 칠독】옻의 독기. 옻독.
【漆瞳 칠동】까만 눈동자.
【漆笠 칠립】國옻칠을 한 갓. 黑笠(흑립).
【漆門 칠문】國벼슬아치를 징계하는 방법의 하
나로, 그 집 대문에 옻칠을 하던 일.
【漆書 칠서】①옻으로 글자를 씀. ②대쪽에 새
겨 옻칠을 한 글자.
【漆扇 칠선】종이에 옻칠을 한 부채.
【漆身爲厲 칠신위려】몸에 옻칠을 하여 나병 환
자로 가장함. 원수를 갚으려고 갖은 애를 씀.
[故事] 전국(戰國) 시대 지백(智伯)의 신하 예양
(豫讓)이 지백의 원수인 조양자(趙襄子)를 죽이
려고 몸에 옻칠을 하여 용모를 바꾸고, 숯을 삼
켜 목소리를 변하게 하였다는 데서 온 말.
【漆室之憂 칠실지우】제 신분에 맞지 않는 근
심. [故事] 노(魯)나라 칠실(漆室) 마을의 한 여
자가 나라의 일을 근심하던 끝에 목매어 죽었다
는 데서 온 말.
【漆園吏 칠원리】장자(莊子). ○장자가 칠원(漆

水部 11획 漯漂滮潷漢

園)에서 벼슬살이를 한 데서 온 말.
【漆者不畫 칠자불화】 옻칠을 하는 사람은 그림을 그리지 않음. 한 사람이 두 가지 일을 하지 않음.
【漆欌 칠장】 國①옻칠을 한 옷장. ②옻칠을 굳히기 위하여 옻칠한 물건을 넣어 두는 장.
【漆田 칠전】 國옻나무를 심은 밭.
【漆紙 칠지】 國옻칠을 한 종이.
【漆宅 칠택】 관(棺). ○관에 옻칠을 하는 데서 온 말.
【漆板 칠판】 분필로 글씨를 쓰게 만든, 검정이나 초록색의 판.
【漆黑 칠흑】 옻칠과 같이 검음. 깜깜함.
【漆漆 철칠】 ①삼가는 모양. ②마음을 오로지하는 모양.
◐ 乾−, 光−, 膠−, 丹−, 點−, 綵−, 黑−.

水 11 【漯】 ⑭ 모이는 모양 탑 㗏 tà
字解 ①모이는 모양. 〔木華·賦〕 㵎濆淪而溎漯. ②강 이름. ㉮산동성(山東省) 임평현(荏平縣)에서 발원하여 도해하(徒駭河)로 흐르는 강. ¶ 漯河. ㉯하북성(河北省) 준화현(遵化縣)에서 발원하여 이하(梨河)로 흐르는 강. 지금의 사하(沙河).
【漯河 탑하】 산동성(山東省) 임평현(荏平縣)에서 발원하여 도해하(徒駭河)로 흐르는 강.

水 11 【漂】 ⑭ ❶떠돌 표 㗏 piāo ❷빨래할 표 㗏 piǎo ❸빠를 표 㗏 piào

丶 氵 氵 沪 浐 浐 湮 漂 漂 漂

字源 形聲. 水＋票→漂. '票(표)'가 음을 나타낸다.
字解 ❶①떠돌다. ㉮물에 떠돌다, 물에 뜨다. 〔書經〕 血流漂杵. ㉯물결에 떠서 흐르다. 〔隋書〕 平陳之歲, 有一戰船, 漂至海東. ㉰유랑하다. 〔晉書〕 慕容盛, 幼而羈賤流漂. ②움직이다. 〔漢書〕 衆呴漂山. ③나부끼다. 〔詩經〕 風其漂女. ④가벼운 모양. 〔王延壽·賦〕 漂嶢而枝柱. ⑤서늘하다, 서늘한 모양. 〔馬融·賦〕 正瀏漂以風冽. ❷①빨래하다. 〔史記〕 諸母漂. ②헹구다, 바래다. ③내 이름. ❸빠르다. 〔王褒·賦〕 迅漂巧兮.
【漂客 표객】 방랑하는 사람.
【漂絖 표광】 솜을 물에 빪.
【漂女 표녀】 빨래하는 여자.
【漂櫓 표로】 흐르는 피에 큰 방패를 띄움. 싸움이 치열하여 사상자가 매우 많음. ○'櫓'는 큰 방패. 漂鹵(표로).
【漂流 표류】 ①물에 떠서 흘러감. ②정처 없이 돌아다님. ③방향이나 목적을 잃고 헤맴.
【漂淪 표륜】 신세가 기박하여 이곳저곳 떠돌아다님. 漂零(표령).
【漂母 표모】 빨래하는 노파.
【漂沒 표몰】 떴다 가라앉다 함.
【漂泊 표박】 ①물 위에 정처 없이 흘러 떠돎. ②여기저기 떠돌아다니며 지냄.
【漂迫 표박】 ①물에 둥둥 떠다님. ②정처 없이 여기저기 떠돌아다님.
【漂薄 표박】 방랑하여 마음이 편안하지 않음.
【漂白 표백】 바래거나 화학 약품으로 희게 함.
【漂撇 표별】 여운이 감도는 모양.
【漂霰 표산】 심하게 오는 싸라기눈.
【漂旋 표선】 떠돌아다님.
【漂說 표설】 뜬소문.
【漂失 표실】 떠내려가 잃어버림. 流失(유실).
【漂然 표연】 높은 모양. 높고 먼 모양.
【漂搖 표요】 떠서 움직임. 띄워 움직이게 함.
【漂寓 표우】 방랑하다가 타향에 우거(寓居)함.
【漂杵 표저】 피바다에 방패를 띄움. 치열한 싸움으로 사상자가 많음.
【漂鳥 표조】 철새. 候鳥(후조).
【漂疾 표질】 물결이 셈. 물이 빨리 흐름.
【漂着 표착】 표류하여 어떤 곳에 닿음.
【漂蕩 표탕】 ①홍수로 재산이 유실됨. ②방랑함. 떠돌아다님. ③넓디넓은 모양.
【漂萍 표평】 ①물에 뜬 수초(水草). ②정처 없이 떠돎.
【漂漂 표표】 떠돌아다니는 모양. 떠 있는 모양.
【漂風 표풍】 國바람결에 물 위를 떠돎.
◐ 浮−, 流−, 萍−.

水 11 【滮】 ⑭ 물 흐르는 모양 퓨 㗏 biāo
字解 물이 흐르는 모양. 〔詩經〕 滮池北流.

水 11 【潷】 ⑭ 샘물 용솟음칠 필 㗏 bì
字解 샘물이 용솟음치다, 샘물이 용솟음치는 모양.
【潷渤 필발】 물이 샘솟는 모양.
【潷浮 필발】 물이 성한 모양. 潷弗(필불).

水 11 【漢】 ⑭ 한수 한 㗏 hàn

丶 氵 氵 汁 汁 汁 芦 萭 漢 漢

字源 形聲. 水＋堇→漢. '堇'은 '難(난)'의 생략형으로 음을 나타낸다.
字解 ①한수(漢水). 섬서성(陝西省) 영강현(寧羌縣) 파충산(嶓冢山)에서 발원하는, 양자강(揚子江)의 가장 큰 지류. 〔書經〕 嶓冢導漾, 東流爲漢. ②은하수. 〔詩經〕 維天有漢. ③사나이. ㉮남자를 낮추어 이르는 말. 〔北史〕 此漢不可親信. ㉯사나이를 기려 이르는 말. 〔舊唐書〕 朕要一好漢任使有乎. ④왕조 이름. ㉮유방(劉邦)이 진(秦)나라를 멸하고 세운 나라(BC 202~AD 8). 서한(西漢). 전한(前漢). ㉯유수(劉秀)가 왕망(王莽)의 신(新)을 토평(討平)하

고 한(漢) 왕실을 중흥하여 세운 나라(25~220). 동한(東漢). 후한(後漢). ❺나라 이름. ㉮유비(劉備)가 세운, 삼국(三國)의 하나(221~263). 촉한(蜀漢). ㉯유연(劉淵)이 세운, 오호십육국(五胡十六國)의 하나(311~347). 전조(前趙). ㉰이웅(李雄)이 세운, 오호십육국의 하나(302~347). 성한(成漢). 후촉(後蜀). ㉱유은(劉隱)이 세운, 오대십국(五代十國)의 하나(909~971). 남한(南漢). ㉲유지원(劉知遠)이 세운, 오대십국의 하나(947~950). 후한(後漢). ㉳유숭(劉崇)이 세운, 오대십국의 하나(951~979). 북한(北漢). 동한(東漢). ❻종족 이름. 중국 전체 인구의 90%를 차지하는 종족. ❼중국 본토와 중국 본토인을 가리키는 말. 〔白居易·詩〕没蕃被囚思漢土.
【漢奸 한간】 간첩. 반역자. 매국노. ▶청대(淸代)에 한인(漢人)으로서 만주인(滿洲人)과 내통한 사람을 이른 데서 온 말.
【漢江投石 한강투석】 ▶한강에 돌 던지기. 몹시 미미하여 전혀 효과가 없음.
【漢文 한문】 ①한대(漢代)의 문장(文章). ②중국의 문장. 한자(漢字)로 된 글.
【漢法不道 한법부도】 한대(漢代)의 법률에서, 대역부도(大逆不道)한 행위로 인정하는 것.
【漢三傑 한삼걸】 한(漢) 고조(高祖)를 도운 세 공신. 곧, 소하(蕭何)·장량(張良)·한신(韓信).
【漢詩 한시】 ①한자로 된 시. ②한나라 때의 시.
【漢語 한어】 중국 한족(漢族)이 쓰는 언어.
【漢子 한자】 ①남자의 호칭(呼稱). 남자를 멸하여 이르는 말. ②남편.
【漢字 한자】 중국 고유의 문자.
【漢籍 한적】 ①한대(漢代)의 서적. ②중국 책. 한문으로 쓴 책.
【漢節 한절】 한(漢)나라 천자가 사신에게 신표(信標)로 주었던 할부(割符).
【漢族 한족】 중국에서 예로부터 살아온 종족.
【漢土 한토】 중국 땅. 중국 본토.
【漢學 한학】 ①송명대(宋明代)의 성리학(性理學)에 대하여, 한당대(漢唐代)의 훈고학(訓詁學). ②▶한문(漢文)에 관한 학문. 한자학 또는 한문학.
● 門外-, 惡-, 銀-, 天-, 癡-, 好-.

水 11 【㵋】 ⑭ 물가 호 虍 hǔ
초전 㴲 간체 㴲 字解 ❶물가. =滸. 늑許. 〔爾雅〕岸上㵋. ②회수(淮水) 지류의 이름. 〔爾雅〕淮爲滸. ❸나뭇조각이 떨어지는 모양. 늑許. 〔詩經〕唐石經初刻㵋㵋.

水 11 【滹】 ⑭ ❶강 이름 호 虍 hū ❷물가 호 hǔ
초전 㴲 字解 ❶①강 이름. 산서성(山西省) 번치현(繁峙縣)에서 발원하여 백하(白河)로 흐르는 강. 〔後漢書〕至滹沱河無船. ②성(姓). ❷물가. =滸.
【滹沱冰凝 호타빙응】 호타에 얼음 얼. 일이 우연히 이루어짐. 故事 후한(後漢)의 광무제(光武帝)가 왕랑(王郞)에게 쫓겨 호타하(滹沱河)를 건너려고 할 때, 왕패(王霸)가 먼저 호타하를 살펴보고 돌아와, 사람들의 사기를 떨어뜨리지 않으려고 거짓말로 호타하는 얼어서 쉽게 건널 수 있다고 말하였는데, 함께 이르러 보니 우연히도 얼어 있어서 무사히 그 강을 건널 수 있었다는 데서 온 말.

水 11 【滬】 ⑭ 강 이름 호 虍 hù
초전 㴲 간체 沪 字解 ①강 이름. ¶滬瀆. ②상해(上海)의 딴 이름. 독(滬瀆)이 상해의 동북을 흐르는 데서 온 말. ③어부(漁夫), 어부의 집. ④대나무로 만든 어살. 〔陸游·詩〕別浦廻時魚滬密.
【滬瀆 호독】 강소성(江蘇省) 상해현(上海縣) 동북을 흐르는, 오송강(吳淞江)의 하류.

水 11 【溷】 ⑭ 분간하지 못할 환 虍 huàn
초전 㴲 字解 분간하지 못하다, 알지 못하다. 〔漢書〕爲其泰曼溷而不可知.

水 12 【澗】 ⑮ 산골물 간 虍 jiàn
소전 㵎 동체 澗 동체 磵 간체 涧 字解 ①산 골물. 산과 산 사이를 흐르는 내. 〔詩經〕于澗之中. ②산골짜기. 〔南史〕每經澗谷. ③큰 수의 이름. 〔數術記遺〕黃帝爲法, 數有十等, 乃其用也, 乃有三焉, 十等者, 億·兆·京·垓·秭·壤·溝·澗·正·載. ④강 이름. 하남성(河南省)에서 발원하여 낙수(洛水)로 흘러드는 강.
【澗谿 간계】 산골에 흐르는 물. 澗溪(간계).
【澗谷 간곡】 산골짜기.
【澗礫 간력】 시내의 조약돌.
【澗籟 간뢰】 골짜기에서 흐르는 물소리. 澗聲(간성).
【澗聲 간성】 ☞澗籟(간뢰).
【澗畔 간반】 시냇가. 澗沚(간지).
【澗阿 간아】 골짜기의 굽은 곳. 澗隈(간외).
【澗霓 간예】 ①산골에 나타나는 무지개. ②산골 시내에 놓은 다리.
【澗泉 간천】 산골짜기의 샘. 샘에서 흐르는 물.
【澗湫 간추】 산골짜기의 물이 괸 곳.
【澗壑 간학】 산골 물이 흐르는 골짜기.
【澗峽 간협】 깊은 산골짜기.
【澗戶 간호】 산골짜기에 있는 집.
● 溪-, 枯-, 溝-, 冷-, 碧-, 山-, 幽-, 絶-, 淸-, 寒-.

水 12 【磵】 ⑮ 澗(1034)과 동자

水 12 【澉】 ⑮ 씻을 감 虍 gǎn

水部 12획 潔湟潰溈潯潭

澰 澰 字解 ①씻다. 〔枚乘·七發〕澹澰手足. ②맛이 없다, 맛이 싱겁다.

水 12 【潔】⑮ 깨끗할 결 匣 jié

氵 氵 氵 浐 浐 浐 浐 浐 潔 潔

潔 潔 潔 洁 字源 形聲. 水+絜→潔. '絜(혈)'이 음을 나타낸다.
字解 ①깨끗하다. =絜. ㉮더러움이 없다. 〔孟子〕粢盛不潔. ㉯품행이 바르다, 청렴하다. 〔楚辭〕朕幼清以廉潔兮. ②깨끗이 하다, 몸을 닦다. 〔論語〕人潔己以進.
【潔己】결기】 자기 몸을 깨끗이 함.
【潔朗】결랑】 맑고 명랑함.
【潔廉】결렴】 결백하고 청렴함. 마음이 깨끗하고 욕심이 적음.
【潔白】결백】 ①깨끗하고 흼. ②품행이 깨끗하고 허물이 없음.
【潔癖】결벽】 불결한 것을 대단히 싫어하는 성벽(性癖). 潔病(결병).
【潔服】결복】 깨끗한 옷.
【潔婦】결부】 절개를 지키는 부인. 貞婦(정부).
【潔士】결사】 청렴한 선비.
【潔誠】결성】 청렴하고 성실함.
【潔素】결소】 청렴하고 소박함.
【潔身】결신】 행동을 깨끗이 하여 몸을 더럽히지 않음.
【潔愼】결신】 청렴하고 신중함.
【潔楹】결영】 반드럽고 광택이 있음.
【潔齋】결재】 제사가 있거나 신에게 기도를 해야 할 때, 며칠 전부터 주색(酒色)을 금하고 잡념을 버려 심신을 깨끗이 하는 일.
【潔淨】결정】 깨끗함. 깨끗이 함.
【潔淸】결청】 깨끗하고 맑음. 淸潔(청결).
【潔衷】결충】 깨끗한 마음.
【潔行】결행】 ①결백한 행위. 깨끗한 몸가짐. ②행위를 깨끗이 함.
【潔馨】결형】 깨끗하고 향기로움.
● 簡―. 高―. 方―. 不―. 鮮―. 秀―. 純―. 雅―. 嚴―. 廉―. 玉―. 庸―. 貞―. 淨―. 精―. 峻―. 淸―. 好―. 華―.

水 12 【湟】⑮
❶못 고 匣 gāo
❷울 호 匣 háo
❸윤 택 囷 zé

本字 潭 字解 ❶못, 소. ❷울다. =嗥. 〔史記〕秭鳩先潭. ❸윤, 광택. ≒澤. 〔史記〕其色大閶黃潭.

水 12 【潰】⑮ 무너질 궤 匣 kuì

潰 潰 潰 字解 ㉮무너지다. ㉯방죽이 터지다. 〔班固·賦〕潰渭洞河. ㉰집이 새다. ㉱패산(敗散)하다. 〔荀子〕當之者潰. ㉲달아나다, 달아나 흩어지다. 〔春秋左氏傳〕凡民逃其上曰潰. ②성내다. 〔詩經〕有洸有潰. ③어지럽다. ≒憒. 〔木華·賦〕沸潰渝溢. ④문드러지다, 헐다. 〔素問〕分潰臞腫. ⑤이루다, 일을 마치다. ≒遂. 〔詩經〕是用不潰于成. ⑥물이 용솟음치는 모양. 〔郭璞·賦〕潰濩泧濩.
【潰決】궤결】 제방 등이 무너져 터짐.
【潰潰】궤궤】 ①어지러운 모양. ②물이 솟아나는 모양. ③성내는 모양. ④착하지 않은 모양.
【潰亂】궤란】 싸움에 패하여 흩어져 도망침.
【潰爛】궤란】 ①썩어 문드러짐. ②썩어 문드러지게 함.
【潰漏】궤루】 둑이 터져서 물이 새어 넘침.
【潰盟】궤맹】 맹약을 지키지 않음.
【潰滅】궤멸】 무너져 없어짐. 패하여 멸망함.
【潰冒衝突】궤모충돌】 홍수가 물이 언덕을 무너뜨림.
【潰奔】궤분】 달아나 흩어짐. 쫓아 흩뜨림.
【潰崩】궤붕】 무너짐. 崩壞(붕괴).
【潰散】궤산】 군대가 싸움에 져서 흩어져 도망함.
【潰瘍】궤양】 피부나 점막이 헐고 짓무르는 증상.
【潰裂】궤열】 무너지고 갈라짐.
【潰圍】궤위】 적의 포위를 무너뜨림.
【潰溢】궤일】 둑이 터져 물이 넘침.
【潰走】궤주】 패하여 흩어져 달아남.
【潰隤】궤추】 무너져 내림.
【潰出】궤출】 ①둑 따위가 터져서 물이 넘쳐흐름. ②부서져 물건이 쏟아져 나옴.
【潰敗】궤패】 선쟁에 패하여 신형이 무너짐.
【潰洪】궤홍】 물의 흐름이 넓고 큰 모양.
【潰濩】궤확】 물이 세차게 용솟음치는 모양.
● 決―. 驚―. 亂―. 奔―. 崩―. 沸―. 殲―. 魚―. 裂―. 破―. 沈―. 洪―. 禍―.

水 12 【溈】⑮
❶강 이름 규 匣 guī
❷강 이름 위 匣 wéi

溈 溈 字解 ❶강 이름. 산서성(山西省) 영제현(永濟縣) 역산(歷山)에서 발원하여 황하로 흘러드는 강. ≒媯. ❷강 이름. 호남성(湖南省) 영향현(寧鄕縣) 대위산(大溈山)에서 발원하여 상수(湘水)로 흘러드는 강.
【溈仰宗 위앙종】(佛)위산 선사(溈山禪師) 영우(靈祐)와 앙산 선사(仰山禪師) 혜적(慧寂)을 창시자로 하는 선문 종파(禪門宗派)의 하나.

水 12 【潬】⑮
❶주 단 匣 tān
❷돌아 흐를 선 匣 shàn

字解 ❶주(洲), 흘러 내려온 모래가 쌓여서 된 섬. ❷돌아 흐르다, 물이 빙 돈다. 〔司馬相如·賦〕宛潬膠盭.

水 12 【潭】⑮
❶깊을 담 匣 tán
❷잠길 심 匣 xún

潭 潭 參考 대법원 지정 인명용 한자의 음은 '담'이다.

水部 12획 澹潼潞澇潦漻潘潾灣漭潣

[字源] 形聲. 水+覃→潭. '覃(담)'이 음을 나타낸다.

[字解] ❶①깊다. ≒深.〔管子〕潭根之母伐. ②소, 못, 물이 깊게 괸 곳.〔楚辭〕沅江潭兮. ③물가, 물녘.〔漢書〕因江潭而淮記兮. ④지명. 광서성(廣西省)을 흐르는 유강(柳江). 복록강(福祿江)이라고도 한다. ⑤성(姓). ❷잠기다, 차츰 배어들다.〔史記〕浸潭促節.
【潭根 담근】 땅속 깊이 박힌 뿌리.
【潭潭 담담】 ①물이 깊고 가득 찬 모양. ②생각이 대단한 모양. ③깊숙한 모양. ④이슬이 많은 모양. ⑤도량이 넓은 모양. ⑥북소리.
【潭府 담부】 ①깊은 물. 깊은 못. ②재상(宰相)이 있는 관청. 관리가 사는 집. ③남을 높여 그가 사는 집을 이르는 말. 潭第(담제).
【潭思 담사】 깊이 생각함. 깊은 생각.
【潭水 담수】 깊이나 늪의 물.
【潭深 담심】 ①못이 깊음. ②학문이 깊음.
【潭淪 담륜】 물이 어지럽게 흔들리는 모양.
【潭淵 담연】 깊은 못.
【潭奧 담오】 학문 등이 아주 깊음.
【潭渦 담와】 깊은 소용돌이.
【潭湫 담추】 깊은 못.
【潭壑 담학】 깊은 골짜기.
◑ 江—, 屈—, 綠—, 碧—, 深—, 玉—, 幽—, 池—, 澄—, 淸—, 浸—, 寒—.

水12【澹】⑮ 澹(1043)의 본자

水12【潼】 ❶강 이름 동 囲 tóng
❷무너뜨릴 충 图 chōng
[소전] 潼 [초서] 潼 [참고] 대법원 지정 인명용 한자의 음은 '동'이다.
[字解] ❶①강 이름. 사천성(四川省) 평무현(平武縣)에서 발원하여 부강(涪江)으로 흘러드는 강. ②북극의 바다 이름.〔拾遺記〕北極之外, 有潼海之水. ③높은 모양.〔宋玉·賦〕沫潼潼而高厲. ④수레의 포장. ¶ 潼容. ❷①무너뜨리다, 물이 길을 무너뜨리다. ②적시는 모양, 축축해지는 모양.
【潼潼 동동】 높은 모양.
【潼容 동용】 부인의 수레에 드리운, 얼굴을 가리는 포장.

水12【潞】⑮ 강 이름 로 囲 lù
[소전] 潞 [초서] 潞 [字解] ①강 이름. ㉮서장(西藏)에서 발원하여 운남성(雲南省)을 흐르는 강. ㉯산서성(山西省) 제 나라의 읍(邑).〔春秋左氏傳〕子姑居於潞. ②지치다, 피로해지다.〔呂氏春秋〕土民罷潞. ③춘추 시대의 종족 이름.

水12【澇】 ❶큰 물결 로 囲 láo
❷젖을 로 囲 lào

[소전] 澇 [초서] 澇 [간체] 澇
[字解] ❶①큰 물 결.〔木華·賦〕飛澇相礴. ②장마, 장마로 인한 수해(水害). ③강 이름. 섬서성(陝西省) 호현(鄠縣)에서 발원하여 위수(渭水)로 흘러든다. =潦. ❷젖다, 담그다.〔傳燈錄〕再三澇漉始應知.
【澇漉 노록】 물에 담가 거름.

水12【潦】⑮ ❶큰비 료 囲 로 囲 潦 lǎo
❷적실 료 囲 로 囲 潦 lǎo
❸강 이름 료 囲 láo

[소전] 潦 [초서] 潦 [속자] 潦 [字解] ❶①큰비.〔禮記〕水潦降. ②장마.〔晉書〕霖潦大水. ③길바닥에 괸 물.〔詩經〕泂酌彼行潦. ❷①적시다, 담그다. =澇. ②떨쳐 일어나지 못하다.〔杜甫·詩〕形容眞潦倒. ❸강 이름, 요수(潦水).
【潦倒 요도】 ①행동거지가 단정하지 못한 모양. ②노쇠(老衰)하여 아무것도 하지 못하는 모양.
【潦歲 요세】 홍수가 난 해.
【潦水 요수】 ①땅에 괸 빗물. ②큰물. ③요령성(遼寧省)에 있는 강 이름.
【潦炎 요염】 장마철의 더위.
【潦草 요초】 경솔하고 거칢.
【潦浸 요침】 큰물이 져서 물에 잠김.
◑ 塗—, 水—, 雨—, 汪—, 霖—, 行—, 洪—, 黃—, 潢—, 黑—.

水12【潦】⑮ 潦(1036)의 속자

水12【潘】⑮ 溜(1016)의 본자

水12【潾】⑮ ❶맑을 린 囲 lín
❷돌샘 린 囲
[字解] ❶맑다, 물이 맑은 모양.〔杜甫·文〕泗水潾潾彌以淸. ❷돌샘.〔初學記〕出山石間水曰潾.
【潾潾 인린】 물이 맑은 모양.

水12【灣】⑮ 빙 돌아 흐를 만 囲 완 囲 wān
[字解] ①빙 돌아 흐르다, 물이 돌아 흐르는 모양.〔左史·賦〕泓澄灣灣. ②물이 깊고 넓다. ③큰물, 수량(水量)이 많다.

水12【漭】⑮ 넓을 망 囲 mǎng
[字解] ①넓다, 들이나 수면(水面)이 평평하고 넓다.〔安玉·賦〕涉漭漭馳莘莘. ②어둑어둑하다, 밝지 아니한 모양.〔謝朓·詩〕曉星正寥落, 晨光復泱漭.

水12【潣】⑮ 물 졸졸 흐를 민 囲 mǐn
[字解] 물이 졸졸 흐르다.

水 【潘】⑮ ❶뜨물 반 釆 pān
12   ❷넘칠 번 元 fān
         ❸고을 이름 판 图 pàn
潘 潴 參考 대법원 지정 인명용
         한자의 음은 '반'이다.
字解 ❶❶뜨물.〔禮記〕面垢燂潘請靧. ❷소
용돌이, 소용돌이치다.〔列子〕鯢旋之潘爲淵.
❸성(姓). ❹강 이름. 하남성(河南省) 형양현
(滎陽縣)에 있는 강. ❷넘치다, 넘쳐 흐르다.
〔管子〕決潘渚. ❸고을〔縣〕이름.
【潘郞 반랑】①서진(西晉)의 문인 반악(潘岳).
②샛서방. 정부(情夫).
【潘沐 반목】뜨물로 머리를 감음.
【潘楊之好 반양지호】대대로 내려온 두 집안의
친숙한 교분. 故事 서진(西晉)의 반악(潘岳)의
아버지와 양중무(楊仲武)의 조부가 예로부터 친
교가 있었고, 반악의 아내 양경(楊經)이 양중무
의 고모였기 때문에 반악과 양중무는 더욱 친밀
했다는 고사에서 온 말. 潘楊(반양).

水 【潑】⑮ ❶뿌릴 발 囹 pō
12   ❷난폭할 파 晋
初 泼 跋 參考 대법원 지정 인명용
書 法 체   한자의 음은 '발'이다.
字解 ❶❶뿌리다. ㉮물을 뿌리다, 물을 튀기
다.〔畫斷〕酒酣之後, 先以墨潑絹, 腳踏手捫,
隨其形象, 爲山爲水, 爲石爲樹. ㉯물이 흘어
지다.〔孔武仲·詩〕巨浪倒潑東南天. ❷물이
새다. ❸물이 솟다.〔蘇轍·詩〕居然受噴潑, 需
轉諸堅內. ❹비가 한바탕 오다.〔俗呼小錄〕雨
一番一起, 爲一潑. ❺활발하다.〔朱子語錄〕惟
說爲鳶飛魚躍, 則活潑潑地. ❻무뢰배, 불량배.
❶潑皮. ❷난폭하다, 마음이 거칠고 악하다.
【潑剌 발랄】①물고기가 물에서 뛰는 모양. ②
원기가 왕성함. 潑潑(발발).
【潑墨 발묵】먹물을 번지게 하여 산수(山水)를
그리는 기법.
【潑散 발산】물을 뿌림.
【潑賤 발천】닳아빠지고 천함.
【潑皮 발피】건달. 無賴(무뢰).
【潑賴 파뢰】①추악함. ②악랄함.
❶噴−, 澆−, 活−.

水 【澈】⑮ ❶빨리 흐를 별 囹 piē
12   ❷빨래할 폐 柔비 晋 pì
소 澈 초 澈 字解 ❶❶빨리 흐르다, 흐
전   서
름이 가볍고 빠른 모양.〔司
馬相如·賦〕轉騰澈洌. ❷물결이 서로 부딪치는
모양. ❶澈洌. ❷❶빨래하다, 솜을 빨다. ❷물
고기가 노는 모양.〔潘岳·賦〕氿游儵之澈澈.
【澈洌 별렬】①물의 흐름이 빠른 모양. ②물결
이 서로 맞부딪치는 모양.
【澈澈 폐폐】물고기가 물에서 노는 모양.

水 【潽】⑮ 물 이름 보 圖 pǔ
12   字解 물 이름.

水 【澓】⑮ ❶돌아 흐를 복 圖 fú
12   字解 ①돌아 흐르다.〔郭璞·賦〕迅澓增澆. ②
스며 흐르다. 늑洑.
【澓流 복류】물길이 빙 돌아서 흐름.

水 【潰】⑮ 潰(1043)의 속자
12

水 【潸】⑮ 눈물 흐를 산 澘 shān
12
소 潸 초 潸 동 潸 字解 ①눈물이 흐
전   서   자
르다, 눈물이 흐르
는 모양.〔詩經〕潸焉出涕. ②비가 오는 모양.
〔貢奎·詩〕疎林日暮雨潸潸.
【潸潸 산산】①비가 오는 모양. ②☞潸然(산연).
【潸然 산연】눈물을 하염없이 흘리는 모양. 潸
潸(산산).
【潸泫 산현】눈물을 흘리는 모양.

水 【潛】⑮ 潛(1037)과 동자
12

水 【潜】⑮ 潛(1037)의 와자(譌字)
12

水 【潒】⑮ 瀁(1027)의 속자
12

水 【澁】⑮ 澀(1048)과 동자
12

水 【潟】⑮ 개펄 석 囹 xì
12
초 澙 字解 개펄, 염밭. 염분이 많이 섞인
서   땅.〔陳基·詩〕潟滷盡桑麻.
【潟鹵 석로】①자갈밭. 자갈이 많이 섞여 있는
땅. ②☞潟滷(석로).
【潟滷 석로】조수가 드나들어 소금기가 많이 섞
인 바닷가의 땅. 潟鹵(석로).
【潟湖 석호】사주나 사취의 발달로 바다와 분리
되어 생긴 호수.
❶干−, 干−地, 鹹−.

水 【潠】⑮ 뿜을 손 圖 sùn
12
소 潠 字解 뿜다, 입에서 뿜어내다.〔後漢
전   書〕含酒三潠.

水 【澌】⑮ ❶다할 시 囡 sī
12   ❷목쉰 소리 서 圂 sī
소 澌 초 澌 字解 ❶❶다하다, 없어지
전   서
다, 망하다.〔歐陽脩·序〕
一歸於腐壞澌盡泯滅而已. ❷목쉰 소리.
【澌澌 시시】①비 오는 소리. ②바람 부는 소리.
③눈 오는 소리.
【澌盡 시진】기운이 빠져 없어짐.

水部 12획 潯澆澐潿潤潏潺

水12 【潯】 ⑮ 물가 심 圉 xún
字解 ①물가, 물녘. 〔淮南子〕游於江潯海裔. ②소, 못. ③강 이름. 광서성(廣西省)을 흐르는 구강(九江). 심양강(潯陽江). 백낙천(白樂天)이 '비파행(琵琶行)'을 지은 곳이 이 강이어서 '구강부(九江府)'를 '심부(潯府)'라고도 한다.

水12 【澆】 ⑮ 물 댈 요 ㊍교 蕭 jiāo
字解 ①물을 대다. 〔郭璞·賦〕澆灌遠注. ②엷다, 경박하다. 능磽. 〔齊書〕三季澆浮, 舊章陵替. ③엷게 하다, 경박하게 하다. 〔漢書〕澆淳散樸. ④물결이 맴돌다, 맴도는 물결. 〔張衡·賦〕陽侯澆兮掩鳧鷖.
【澆漑】 요개 물을 댐. 澆灌(요관).
【澆季】 요계 인정이 메마르고 도의·풍속이 쇠퇴한 말세(末世). 澆世(요세). 澆危(요위).
【澆灌】 요관 논밭에 물을 댐.
【澆漓】 요리 의리나 인정이 박함.
【澆薄】 요박 인정이 박함. 야박하고 참됨이 없음. 澆浮(요부).
【澆俗】 요속 인정이 경박한 풍속.
【澆愁】 요수 ①근심을 씻음. ②술을 마심.
【澆淳】 요순 두터운 것을 얇게 함. 순박한 풍속을 경박하게 만듦.
【澆訛】 요와 경박하고 참됨이 없음.
【澆危】 요위 ☞ 澆季(요계).
【澆僞】 요위 행동이 경솔하고 거짓이 많음.
【澆弛】 요이 풍속이 경박하게 되어 쇠퇴함.
【澆濯】 요탁 씻음. 깨끗이 뺌.
【澆風】 요풍 경박한 풍속.
【澆花】 요화 꽃에 물을 줌.

水12 【澐】 ⑮ 큰 물결 운 囚 yún
字解 큰 물결. 〔于邵·序〕漲濤湧澐, 長空不分.

水12 【潿】 ⑮ 땅 이름 위 囡 wéi
字解 ①땅 이름. 광동성(廣東省)에 있는 지명. ②물이 흐르지 아니하고 흐리다.

水12 【潤】 ⑮ 젖을 윤 圂 rùn
氵 汁 汃 汩 䦎 䦎 潤 潤 潤
字解 形聲. 水+閏→潤. '閏(윤)'이 음을 나타낸다.
①젖다. 능濡. ②젖다, 물에 젖다. 〔淮南子〕山雲蒸而柱楚潤. ④은혜를 입다. 〔李嶠·表〕群萌皆潤. ②적시다. ㉮적시다, 젖게 하다. 〔孟子〕雨露之所潤. ㉯은혜를 베풀다. 〔漢書〕功潤諸侯. ③물기. 〔曹植·贊〕吹雲吐潤. ④은혜, 은택. 〔北史〕祿潤已優. ⑤이익, 이득. 〔北史〕皆求利潤. ⑥윤, 광택, 윤이 나다. 〔荀子〕玉在山而木潤. ⑦붙다, 불리다. 〔宋史〕樂章累朝多刪潤. ⑧꾸미다, 수식(修飾)하다, 훌륭하게 하다. 〔漢書〕潤色祖業. ⑨온화(溫和)하다, 부드럽다. 〔後漢書〕乏溫潤之色.
【潤氣】 윤기 반지르르하고 매끄러운 기운.
【潤膩】 윤니 ①윤택하고 매끈함. ②땅이 비옥함.
【潤朗】 윤랑 윤기가 있고 명랑함.
【潤文】 윤문 글을 윤색함.
【潤美】 윤미 광택이 있어 아름다움.
【潤類】 윤삽 넓고 윤이 나는 이까.
【潤色】 윤색 ①광택을 내고 색칠을 함. ②글을 다듬어 문채(文彩)를 더함. 潤飾(윤식).
【潤濕】 윤습 물에 적심. 물에 젖음.
【潤身】 윤신 몸에 윤이 나게 함. 덕을 쌓아서 훌륭하게 됨.
【潤屋】 윤옥 ①집을 넉넉하게 함. 집안을 훌륭하게 함. ②집을 잘 꾸밈.
【潤溽】 윤욕 물기를 잘 머금음.
【潤益】 윤익 ①점점 늘어남. 점점 늘림. ②이익(利益).
【潤雷】 윤윤 물에 적심. 물에 젖음. 潤濕(윤습).
【潤澤】 윤택 ①적심. 젖음. ②인정을 베풂. 혜택을 줌. ③윤이 나게 함. 윤기. ④살림이 풍부함.
【潤筆】 윤필 ①붓을 적심. 글씨를 쓰거나 그림을 그림. ②시문(詩文)이나 서화에 대하여 주는 보수.
【潤下】 윤하 만물을 적시며 낮은 데로 흐름. '물(水)'의 딴 이름.
【潤涸】 윤학·윤호 마른 것을 적심. 가난한 사람에게 은혜를 베풂.
【潤滑】 윤활 윤이 나고 반드러움.
【潤洽】 윤흡 혜택이 널리 미침.
❶ 光-, 大-, 刪-, 濕-, 利-, 浸-, 豊-.

水12 【潏】 ⑮ ❶샘솟을 휼 ㉠屑 jué ❷사주 율 囼 shú
字解 ❶①샘솟다. 〔木華·賦〕天綱浮潏. ②물이 샘솟는 소리. 〔漢書〕鄠鎬潦潏. ③물 이름. 섬서성(陝西省)에서 발원하여 위수(渭水)로 흐르는 강. ④물이 빨리 흐르는 모양. 〔張衡·賦〕沒滑潏潏. ❷사주(沙洲). 물 가운데에 사람이 만든 작은 땅.
【潏湟】 휼황 ①물이 급하게 흐르는 모양. 흐름이 느린 모양. ②귀신 이름.
【潏潏】 휼휼 물이 솟아 나오는 모양.

水12 【潺】 ⑮ 물 흐르는 소리 잔 刪 chán
字解 ①물 흐르는 소리. 〔楚辭〕觀流水兮潺湲. ②물 흐르는 모양. 물이 졸졸 흐르는

모양.〔蔡襄·詩〕夕飮幽澗之潺沄. ③눈물이 줄줄 흐르는 모양.〔楚辭〕橫流涕兮潺湲.
【潺流 잔류】졸졸 소리를 내며 흐르는 물.
【潺沄 잔운】물이 흐르는 모양.
【潺湲 잔원】①물이 졸졸 흐르는 모양. ②눈물이 하염없이 흐르는 모양. 潸然(산연). ③물이 흐르는 소리.
【潺潺 잔잔】①물이 졸졸 흐르는 모양. ②얕은 시냇물이 흐르는 모양.
◑ 淙-, 濴-.

水 12 【潗】⑮ 潺(1038)의 속자

水 12 【潛】⑮ 자맥질할 잠 qián

〔字源〕形聲. 水+朁→潛. '朁(참)'이 음을 나타낸다.
〔字解〕①자맥질하다.〔淮南子〕水潛陸行. ②땅 속을 흐르다.〔山海經〕河水所潛也. ③잠기다. ㉮숨다.〔易經〕潛龍勿用. ㉯숨기다.〔梁簡文帝·疏〕慧日潛影, 慈輪罷應. ㉰마음을 모아 기울이다.〔漢書〕潛心大業. ㉱국어〕衡枚潛涉. ⑤깊다. 소(沼).〔韓愈·詩〕蛟螭死于幽潛. ⑥달아나다. ⑦고기깃. 물고기가 모여 들도록 물속에 넣어 두는 나뭇가지나 풀포기 따위.〔詩經〕潛有多魚. ⑧강 이름. 한수(漢水)의 지류. 늑涔.〔書經〕沱潛旣道.
【潛却 잠각】물러나 숨음. 오지 않는 일.
【潛感 잠감】남몰래 감동(感動)함.
【潛居 잠거】남몰래 숨어 삶. 隱居(은거).
【潛拱 잠공】마음을 가라앉히고 두 손을 마주 잡음.
【潛匿 잠닉】깊이 숨음. 깊이 숨김.
【潛德 잠덕】①미덕(美德)을 숨김. ②세상에 알려지지 않은 미덕.
【潛龍 잠룡】①물속에 숨어 있어 아직 하늘에 오르지 않은 용. ②임금이 아직 왕위에 오르기 이전의 일컬음. ③아직 세상에 나타나지 않고 숨어 있는 성인(聖人)이나 활동할 기회를 얻지 못한 영웅.
【潛鱗 잠린】물 속 깊이 숨어 있는 물고기.
【潛寐 잠매】①깊이 잠듦. ②죽음.
【潛賣 잠매】매매가 금지된 물건을 몰래 팖.
【潛沒 잠몰】물속으로 잠겨 들어감.
【潛盤 잠반】남몰래 즐김.
【潛伏 잠복】몰래 숨어 있음.
【潛思 잠사】마음을 가라앉혀 생각에 잠김.
【潛蔘 잠삼】국관아의 허가 없이 몰래 홍삼을 만들어 팔던 일.
【潛商 잠상】국법령으로 금지된 물건을 몰래 팔고 사는 장사. 또는 그 장수.
【潛涉 잠섭】남몰래 가만히 건넘.
【潛水 잠수】물속에 잠겨 들어감.

【潛升 잠승】잠겨 숨는 일과 떠올라 나타나는 일. 숨기도 하고 나타나기도 함.
【潛身 잠신】몸을 숨기고 나타내지 않음.
【潛心 잠심】①마음을 가라앉힘. 潛神(잠신). ②마음속으로 깊이 생각함.
【潛深 잠심】깊이 숨음.
【潛讓 잠양】자기는 물러나 은거하고 남에게 영예를 사양함.
【潛魚 잠어】물속에 깊이 숨어 있는 물고기.
【潛淵 잠연】①못에 숨음. 늪 속에 숨음. ②숨어 사는 못.
【潛影 잠영】흔적을 감춤. 얼씬도 않음.
【潛潤 잠윤】담뿍 젖음. 담뿍 적심.
【潛隱 잠은】①자취를 감춤. 숨음. ②벼슬하지 않고 은둔함.
【潛入 잠입】몰래 숨어듦.
【潛在 잠재】속에 숨어 겉으로 드러나지 않음.
【潛邸 잠저】나라를 세우거나 종실(宗室)에서 들어온 임금이 왕위에 오르기 전에 살던 집.
【潛寂 잠적】고요하고 쓸쓸함.
【潛跡 잠적】종적을 아주 감춤.
【潛志 잠지】마음을 오로지하여 연구함.
【潛竄 잠찬】몰래 달아남. 종적을 감춤.
【潛採 잠채】몰래 들어가 채굴함.
【潛通 잠통】①몰래 간통함. ②몰래 내통함.
【潛窆 잠폄】남몰래 장사 지냄. ○'窆'은 하관(下棺)한다는 뜻.
【潛涵 잠함】①가라앉음. ②젖음.
【潛航 잠항】①남몰래 항해함. ②물속에서 숨어서 항행(航行)함.
【潛行 잠행】①남몰래 다님. 숨어서 감. 微行(미행). ②물속에 잠겨서 감.
【潛虛 잠허】속세를 피하여 숨어 삶. 은둔함.
【潛形 잠형】형적(形跡)을 감춤.
【潛晦 잠회】①종적을 감춤. ②재주나 학문 등을 숨기고 세상 사람들에게 알리지 않음.
【潛畫 잠획】남몰래 계획함. 은밀한 계획.
◑ 逃-, 深-, 淵-, 龍-, 陰-, 沈-, 晦-.

水 12 【濳】⑮ 潛(1039)의 속자

水 12 【濽】⑮ 灒(1053)와 동자

水 12 【潮】⑮ 조수 조 cháo

〔字源〕形聲. 水+朝→潮. '朝(조)'가 음을 나타낸다.
〔字解〕①조수. ㉮밀려 들어왔다 나가는 바닷물.〔初學記〕水朝夕而至曰潮. ㉯아침 밀물.〔字彙〕早曰潮, 晩曰汐. ㉰밀물.〔海潮論〕滄海之水入江, 謂之潮. ㉱바닷물.〔郭璞·賦〕呼吸萬里, 吐納靈潮. ②흘러 들어가다. 강물이 바다

水部 12획 澍潗潗澂澄潊澈潐

에 흘러 들어가다. ③조수가 밀려들기 시작하다.〔枚乘·七發〕海水上潮.④드러나다, 색채가 바깥으로 나타나다.〔范成大·詩〕曉起妝光沁粉, 晩來醉面潮紅.⑤젖다, 축축해지다.〔范成大·詩〕征衫潮潤冷爐熏.⑥강 이름. 하북성(河北省)에서 발원하여 백하(白河)로 흘러드는 강.〔顔延之·序〕右梁潮源.⑦國흐름, 일정한 시대나 부문의 사람들이 가지는 생각의 흐름.
【潮流 조류】①조수의 흐름. ②시세(時勢)의 형편. 세태의 경향.
【潮汐 조석】조수(潮水)와 석수(汐水). ☞'潮水'는 아침에 밀려들었다 나가는 바닷물, '汐水'는 저녁에 밀려들었다 나가는 바닷물.
【潮水 조수】①밀물과 썰물의 총칭. ②아침에 밀려들었다 나가는 바닷물.
【潮信 조신】①밀물이 들어오거나 썰물이 나갈 징후. ②조수가 들어왔다가 나가는 때.
【潮熱 조열】날마다 일정한 시간에 일어나는 신열(身熱).
【潮潤 조윤】축축함.
【潮音 조음】①조수의 소리. 파도 소리. ②(佛)승려들이 독경하는 소리.
【潮害 조해】조수(潮水)가 끼치는 피해.
【潮紅 조홍】수줍거나 부끄러워 얼굴이 붉어짐.
【潮候 조후】조수가 드나드는 시각.
◦干-, 落-, 滿-, 思-, 風-, 海-, 海-音.

水12【澍】⑮ 단비 주 shù
字解 ①단비, 때에 맞추어 알맞게 오는 비.〔後漢書〕未及還宮而澍雨. ②젖다, 붇다.〔史記〕群生澍濡. ③흘러 들어가다. =注.〔王褒·賦〕聲礚礚而澍淵.
【澍雨 주우】때에 맞게 오는 비. 단비.
【澍濡 주유】단비가 적심. 임금의 은덕이 골고루 미침.
◦甘-, 連-, 霖-.

水12【潗】⑮ 샘 솟을 집 jí
字解 ①샘이 솟다, 물이 솟아나다. ②물이 끓는 소리. ¶潗渣. ③물이 끓는 모양.
【潗渣 집읍】①물이 끓는 모양. ②물이 끓는 소리. ③물이 용솟음치는 모양.
【潗潗 집집】①물이 끓어오르는 소리. ②벌레가 떠들썩하게 우는 소리.

水12【潗】⑮ 潗(1040)과 동자

水12【澂】⑮ 맑을 징 chéng
字解 맑다. =澄.〔後漢書〕千載不作, 淵源誰澂.

水12【澄】⑮ 맑을 징 chéng
字解 ①맑다, 물이 잔잔하고 맑다.〔淮南子〕鑑於澄水. ②맑게 하다, 물을 맑고 깨끗하게 하다.〔吳志〕頃連雨水濁, 兵飮之多腹痛, 今促具甖缶數百口澄水.
【澄江 징강】물이 맑은 강.
【澄高 징고】①맑고 높음. ②기품이 깨끗하고 고상함.
【澄空 징공】맑게 갠 하늘.
【澄潭 징담】물이 맑은 소(沼).
【澄澹 징담】맑고 담박(淡泊)함. 清澹(청담).
【澄瀾 징란】맑고 큰 물결.
【澄邈 징막】맑고 아득한 모양. 清邈(청막).
【澄灣 징만】물이 맑은 후미.
【澄明 징명】맑고 밝음.
【澄碧 징벽】물이 맑아 푸른빛을 띰. 또는 그 물.
【澄爽 징상】맑고 상쾌함.
【澄鮮 징선】맑고 고움.
【澄水 징수】맑고 깨끗한 물.
【澄省 징성】마음을 깨끗이 하여 반성함.
【澄心 징심】①마음을 맑게 함. ②고요하고 맑은 마음.
【澄深 징심】물이 맑고 깊음.
【澄淵 징연】①물이 맑고 깨끗한 소(沼). ②총명한 사람.
【澄漪 징의】맑은 물놀이. 맑은 잔물결.
【澄正 징정】깨끗하고 바름.
【澄渟 징정】맑은 물이 괴어 있음.
【澄霽 징제】하늘이 맑게 갬. 澄晴(징청).
【澄澄 징징】맑고 깨끗한 모양.
【澄澈 징철】대단히 맑음. 맑디맑음.
【澄清 징청】①맑음. ②세상의 어지러움을 다스려 맑게 함. ③안정(安靜)하게 함.
【澄晴 징청】하늘이 맑게 갬. 맑게 갠 하늘.
【澄汰 징태】①깨끗이 씻음. ②가려냄. 골라서 취할 것은 취하고 버릴 것은 버림.
【澄暉 징휘】맑은 빛. 澄輝(징휘).
◦高-, 明-, 淵-, 渟-, 清-, 平-, 虛-.

水12【潊】⑮ 潊(1051)과 동자

水12【澈】⑮ 물 맑을 철 chè
字解 물이 맑다.〔關尹子〕論道之澈 或曰澄澈.
【澈漠 철막】맑고 깨끗함.
【澈底 철저】속속들이 꿰뚫음. 徹底(철저).
◦鏡-, 生-, 澄-.

水12【潐】⑮ ❶잦을 초 jiào ❷술 거를 초 jiǎo ❸강 이름 초 qiáo
字解 ❶①잦다, 물이 마르다.〔新方言〕高郵謂水盡爲潐. ②밝은 모양.

〔荀子〕其誰能以己之潐潐. ❷술을 거르다. ❸ 강 이름.
【潐潐 초초】똑똑히 살피는 모양.

水12 【潨】⑮ 물 모여들 총 東 cóng

字解 ❶물이 모여들다. 〔詩經〕鳧鷖在潨. ❷합수(合水)하는 곳. 〔周伯琦·行〕龍岡拱揖巒水潨. ❸합수(合水)하여 흐르는 소리. 〔鮑照·詩〕潨潨秋水積.
【潨洞 총동】시냇물이 강물에 합류하여, 그 흐름이 빨라지는 일.
【潨然 총연】물이 흐르는 소리.
【潨瀑 총잔】물이 빠르게 흐르는 모양.
【潨潨 총총】물이 모여 흐르는 모양.

水12 【潒】⑮ ❶편할 탕 養 dàng ❷흐름 세찰 상 養 xiàng ❸수면이 넓은 모양 양 養 yǎng

字解 ❶❶편하다, 물이 넓은 모양. 〔張衡·賦〕彌望廣潒. ❷떠돌다, 물 위를 떠돌다. ❸씻다, 헹구다. ❷흐름이 세차다, 흐름이 세찬 모양. ❸수면(水面)이 넓은 모양. =瀁·漾.

水12 【澎】⑮ 물결 부딪는 기세 팽 庚 pēng

字解 ❶물결이 부딪치는 기세. 〔司馬相如·賦〕沸乎暴怒, 洶涌澎湃. ❷물소리, 파도 소리. 〔漢書〕澎濞決軼麗以林離. ❸물이 흘러내리는 기세가 성한 모양.
【澎湃 팽배】❶큰 물결이 맞부딪쳐 솟구침. 彭湃(팽배). ❷기세·사조(思潮) 등이 세차게 읾.
【澎濞 팽비】❶흘러내리는 물의 기세가 성(盛)한 모양. ❷물소리, 파도 소리.

水12 【澗】⑮ 넓을 한 删 xián

字解 넓다, 아득히 넓은 모양.

水12 【漢】⑮ 寒(462)과 동자

水12 【澔】⑮ 浩(985)와 동자

水12 【澒】⑮ ❶수은 홍 董 hǒng ❷혼돈할 홍 送 항 講 hòng

字解 ❶❶수은(水銀). =汞. ❷잇단 모양. 〔杜甫·詩〕澒洞不可掇. ❸흘드는 모양. ❹큰물의 형용, 끝이 없는 모양. 〔白居易·詩〕澒湧同波浪. ❷혼돈(混沌)하다. 〔淮南子〕澒濛鴻洞.
【澒洞 홍동】❶서로 이어져 있는 모양. ❷구름이 솟아오르는 모양. 鴻洞(홍동).

【澒濛 홍몽】❶천지자연의 원기. ❷흐릿하고 혼돈(混沌)한 상태. 鴻濛(홍몽).
【澒溶 홍용】❶물이 깊고 넓은 모양. ❷형체가 아직 판명되지 않음.

水12 【潢】⑮ ❶웅덩이 황 陽 huáng ❷깊을 황 陽 huáng ❸장황할 황 陽 huáng

字解 ❶❶웅덩이. 〔木華·賦〕決陂潢而相浚. ❷날랜 모양, 용맹스러운 모양. 〔鹽鐵論〕武夫潢潢. ❷깊다, 물이 깊고 넓다. ≒滉. 〔楚辭〕揚流波之潢潢兮. ❸장황(裝潢)하다, 표구(表具)하다. 〔齊民要術〕凡潢及治潢法, 凡打紙欲生, 生則堅厚, 特宜入潢.
【潢潦 황료】❶괴어 있는 물. ❷물이 괸 곳. 웅덩이.
【潢浔 황심】못〔池〕가.
【潢洋 황양】❶깊고 넓은 모양. ❷물이 넓고 넓어 끝이 없음. 潢漾(황양).
【潢汚 황오】웅덩이에 괴어 있는 물.
【潢池 황지】❶물이 괴어 있는 못. ❷좁은 토지.
【潢治 황치】표면을 장식함. 裝潢(장황).
【潢潢 황황】❶큰 모양. 물이 깊고 넓은 모양. ❷용감하고 잘 싸우는 모양.
❶ 江-, 流-, 臨-, 裝-, 池-, 天-, 陂-.

水12 【潀】⑮ 물이 빙 돌 횡 梗 hòng

字解 물이 빙 돌다, 물이 빙 돌아 흐르는 모양. 〔郭璞·賦〕泓汯潒潀.

水12 【潝】⑮ 빨리 흐르는 소리 흡 緝 xī

字解 ❶빨리 흐르는 소리. ¶ 潝潝. ❷세력이 강한 모양. ¶ 潝潝. ❸부드러운 모양, 화합(和合)하는 모양. ¶ 潝潝.
【潝潝 흡비】물이 빠르게 흐르는 소리.
【潝潝 흡흡】❶서로 어울리는 모양. 서로 화합하는 모양. ❷착하지 못한 모양. ❸소인의 세력이 강한 모양. ❹직무를 게을리 하는 모양.

水13 【渴】⑯ 목마를 갈 曷 kě

字解 ❶목마르다. =渴. ❷더디다, 느리다. 〔國語〕今忪日而渴歲.

水13 【濭】⑯ 물 깊을 갈 曷 gé

字解 ❶물이 깊다, 물이 깊고 넓은 모양. ❷강 이름.
【濭濭 갈갈】물이 깊은 모양.

水13 【激】⑯ 물결 부딪쳐 흐를 격 錫 jī

激

【字源】形聲. 水+敫→激. '敫(격)'이 음을 나타낸다.

【字解】①물결이 부딪쳐 흐르다, 물결을 막아서 물살을 세게 하다.〔孟子〕激而行之, 可使在山. ②보(洑).〔水經〕洈水北岸數里, 有大石, 名曰五女激. ③흘러들다, 분류(奔流)하다.〔崔伯易·賦〕縱橫漱激. ④부딪치다.〔元結·詩〕水石相衝激, 此中爲小洄. ⑤심하다.㉮바람이나 물살이 빠르다.〔晉書〕風力迅激.㉯성격이 격렬하다.〔南史〕延之性旣褊激, 兼有酒過.㉰심하게 움직이다.〔漢書〕敢爲激發之行.㉱성해지다.〔史記〕比順風而呼, 聲非加疾, 其勢激也.㉲기(氣)가 높아지다.〔漢書〕不自激卬.㉳과격하다, 정도에 넘게 직언(直言)하다.〔後漢書〕言事者必多激切. ⑥떨치다, 힘쓰다.〔史記〕不因厄壯能激乎. ⑦맑은 소리.〔楚辭〕宮庭震驚, 發激楚些. ⑧맑다, 밝다. ≒皦.〔莊子〕脣如激丹.

【激感 격감】몹시 감동함.
【激激 격격】기세가 맹렬한 모양.
【激勸 격권】격려하고 권장함. 激獎(격장).
【激詭 격궤】①유다른 일을 함. 세상의 풍습에 반하여 기이한 설(說)을 세우는 일. ②지나치게 칭찬하거나 헐뜯음.
【激怒 격노】몹시 성냄. 激忿(격분).
【激丹 격단】새빨간 빛깔.
【激湍 격단】세차게 흐르는 여울.
【激盜 격도】큰 도둑. 大盜(대도).
【激突 격돌】심하게 부딪침.
【激動 격동】①급격하게 움직임. ②몹시 감동함.
【激冷 격랭】몹시 참. 酷寒(혹한).
【激勵 격려】용기나 의욕을 북돋우어 부추김.
【激烈 격렬】세차고 맹렬함.
【激瀨 격뢰】세찬 흐름. 세차게 흐르는 여울.
【激流 격류】빠르고 세차게 흐르는 물.
【激勉 격면】격려하여 힘쓰도록 함.
【激發 격발】①격동하여 일어남. 격동시켜 일어나게 함. ②이상한 행동으로 남을 놀라게 함.
【激變 격변】급격하게 변함. 급격한 변화.
【激憤 격분】몹시 분개함.
【激賞 격상】대단히 칭찬함. 激讚(격찬).
【激聲 격성】격렬하게 소리를 지름. 거센 소리를 지름. 勵聲(여성).
【激水 격수】물을 막아 물의 흐름을 세차게 함. 세차게 흐르는 물.
【激矢 격시】세차게 날아가는 화살.
【激迅 격신】몹시 빠름. 激速(격속).
【激昻 격앙】①⇨激昂(격앙). ②몹시 성냄. 성이 나게 함.
【激昂 격앙】감정이 고조(高調)됨.
【激揚 격양】①감정이나 기운이 세차게 일어나 들날림. 감동하여 분발함. ②사물이 맹렬히 일어남.
【激颺 격양】세차게 날림. 바람이 거세게 붊.
【激越 격월】목소리가 격하고 높음.
【激曜 격적】음성이 거세고 빠름.
【激切 격절】말·글 등이 격렬하고 절실함.
【激增 격증】갑자기 증가함.
【激楚 격초】맑은 소리.
【激濁揚淸 격탁양청】탁류를 물리치고 청파(淸波)를 일게 함. 악(惡)을 제거하고 선(善)을 들날림.
【激盪 격탕】심하게 흔들려 움직임.
◐感-, 過-, 急-, 奮-, 憤-, 迅-, 電-, 切-, 峻-, 衝-.

渦

水 13 【渦】 ⑯ 강 이름 과 ㊂ guō

【字解】①강 이름. 하남성(河南省) 상채현(上蔡縣)에서 발원하여 영수(潁水)로 흘러드는 강. ②소용돌이치다. ≒渦.

滷

水 13 【滷】 ⑯ 깊을 굴 ㊊ kū

【字解】깊다, 물이 깊은 모양.〔論衡〕言溶滷而泉出.

濃

水 13 【濃】 ⑯ 짙을 농 ㊂ nóng

【字解】①짙다.㉮두텁다.㉯빛이 짙다.〔陸贄·詩〕雨露恩偏近, 陽和色更濃.㉰맛이 진하다.〔蘇軾·歌〕快瀉銀瓶不須撥, 百錢一斗濃無聲.㉱때가 한창이다.〔賈島·詩〕囊宵曾宿此, 今夕值秋濃.㉲정(情)이 도탑다.〔鮑照·文〕君意豈獨濃. ②이슬이 많다.〔詩經〕零露濃濃. ③우거지다, 무성하다.〔梁簡文帝·詩〕花茂蝶爭飛, 枝濃鳥相失. ④태도나 행동의 정도가 깊다.〔杜甫·行〕態濃意遠淑且眞.

【濃濃 농농】①정이 도타운 모양. 자상한 모양. ②이슬이 많은 모양.
【濃淡 농담】짙음과 옅음. 진함과 묽음.
【濃黛 농대】①짙은 색의 눈썹먹. ②진하게 그린 눈썹.
【濃度 농도】진함과 묽음의 정도.
【濃爛 농란】무르익음.
【濃藍 농람】짙은 쪽빛.
【濃露 농로】많이 내린 이슬.
【濃醪 농료】진한 탁주. 醇醪(순료).
【濃磨 농마】먹을 진하게 갊.
【濃抹 농말】①색을 진하게 칠함. ②짙은 화장. ○'抹'은 문지른다는 뜻.
【濃霧 농무】짙은 안개.
【濃墨 농묵】진한 먹물.
【濃味 농미】진하고 감칠맛이 있는 맛.
【濃密 농밀】진하고 빽빽함.
【濃色 농색】짙은 빛깔.
【濃暑 농서】심한 더위. 酷暑(혹서).
【濃纖 농섬】國아름답고 곱상함.
【濃睡 농수】잠을 잘 잠. 熟睡(숙수).
【濃愁 농수】깊은 시름. 深憂(심우).
【濃熟 농숙】무르녹듯이 익음.
【濃液 농액】농도가 진한 액체.
【濃妍 농연】國아름답고 고움.

水部 13획 澾澹濂澪澧凜瀁澼濆

【濃煙 농연】 자욱한 연기.
【濃艶 농염】 화사하고 아름다움. 妖艶(요염).
【濃葉 농엽】 무성한 나뭇잎.
【濃雲 농운】 짙은 구름.
【濃恩 농은】 두터운 은혜. 厚恩(후은).
【濃粧 농장】 짙은 화장.
【濃縮 농축】 용액 따위의 농도를 높임.
【濃翠 농취】 짙은 초록색. 深綠(심록).
【濃濁 농탁】 매우 걸쭉하게 탁함.
【濃厚 농후】 ①정도가 매우 두터움. ②國㉠빛깔이 매우 짙음. ㉡액체가 묽지 않고 진함. ③가망성이 다분히 있음.

水13 【澾】⑯ 미끄러울 달 囲 tà
초서 達 간체 汏 字解 미끄럽다, 반드럽다. 〔韓愈·詩〕磴蘇澾拳踢.

水13 【澹】⑯ ❶담박할 담 勵 dàn ❷넉넉할 섬 鹽 shàn
소전 𤅬 초서 澹 동자 澉 參考 대법원 지정 인명용 한자의 음은 '담'이다.
字解 ❶①담박하다. ≒淡. 〔晉書〕清澹退靜. ②움직이다. 〔漢書〕相放悲震澹心. ③조용하다, 안존하다. 〔漢書〕澹容與獻壽觴. ④물이 출렁거리는 모양. 〔張衡·賦〕渌水澹澹. ⑤안정되다, 가라앉다. 〔後漢書〕意斠憺而不澹兮. ⑥땅 이름. =憺. 〔史記〕滅澹林. ⑦성(姓). ❷넉넉하다. =贍. 〔淮南子〕求富而易澹.
【澹澉 담감】 빨아서 헹굼. 깨끗이 빪.
【澹淡 담담】 ①물에 떠 있는 모양. ②바람에 출렁이는 파문(波紋).
【澹澹 담담】 ①산뜻한 모양. ②마음이 흔들리지 않는 모양. ③물이 출렁거리는 모양. ④고요하고 맑은 모양.
【澹漠 담막】 욕심이 없고 마음이 고요함.
【澹滅 담멸】 물 때문에 멸망함.
【澹味 담미】 산뜻한 맛. 淡味(담미).
【澹泊 담박】 ①욕심이 없고 마음이 깨끗함. ②맛이나 빛이 산뜻함. 淡泊(담박).
【澹如 담여】 집착이 없고 깨끗한 모양.
【澹然 담연】 조용하고 평안한 모양.
【澹豔 담염】 산뜻하고 아름다움.
【澹容 담용】 온화한 얼굴. 침착한 용모.
【澹靜 담정】 평안하고 조용함.
【澹宕 담탕】 國갖가지 꽃이 탐스럽게 핀 모양.
【澹蕩 담탕】 누긋하고 한가한 모양.
【澹乎 담호】 조용하고 편안한 모양.
【澹兮 담혜】 ①澹兮(담혜). ②물이 느릿하게 흐르는 모양.
❶淳-, 恬-, 澄-, 清-, 平-.

水13 【濂】⑯ ❶내 이름 렴 鹽 lián ❷경박할 섬 豔 xiàn
초서 濂 속자 濂 參考 대법원 지정 인명용 한자의 음은 '렴'이다.
字解 ❶①내 이름, 시내 이름. 호남성(湖南省) 영릉현(零陵縣)에 있는 시내. 주돈이(周敦頤)가 살던 곳. ②큰 내가 잦아지고 다시 흐르는 도랑물. ③엷다, 싱겁다. ④경박하다, 언동이 가벼운 모양. ¶濂洓.
【濂溪學派 염계학파】 송대(宋代)의 주돈이(周敦頤)의 학파.
【濂洛關閩之學 염락관민지학】 염계(濂溪)의 주돈이(周敦頤), 낙양(洛陽)의 정호(程顥)·정이(程頤), 관중(關中)의 장재(張載), 민중(閩中)의 주희(朱熹) 등이 주창한 송대(宋代)의 성리학(性理學).
【濂洓 섬색】 경박한 모양.

水13 【澪】⑯ 강 이름 령 囲 líng
초서 澪 字解 ①강 이름. ②맑다. ※泠(953)의 속자(俗字).

水13 【澧】⑯ 강 이름 례 薺 lǐ
소전 𤅩 초서 澧 字解 ①강 이름. ㉠호남성(湖南省)에서 발원하여 칠리호(七里湖)로 흘러드는 강. ㉡하남성(河南省) 동백현(桐栢縣)에서 발원하여 당하(唐河)로 흐르는 강. ②단술. 〔禮記〕天降膏露, 地出澧泉. ③물결 소리. 〔楚辭〕波澧澧而揚澆兮. ④비가 세차게 내리는 모양.
【澧澧 예례】 물결 소리. 파도 소리.

水13 【凜】⑯ 서늘할 름 寑 lǐn
字解 서늘하다, 차다.

水13 【瀁】⑯ 漾(1026)의 속자

水13 【澼】⑯ 빨 벽 錫 pì
초서 澼 字解 빨다, 솜을 물에 빨아 표백하다. 〔莊子〕世世以洴澼絖爲業.

水13 【濆】⑯ ❶뿜을 분 元 pēn ❷물가 분 文 fén ❸솟을 분 吻 pēn
소전 𤅻 초서 濆 속자 濆 간체 濆 字解 ❶뿜다, 물을 뿜다. ≒噴. ❷①물가, 물녘. 〔詩經〕鋪敦淮濆. ②물이 서로 휘감기며 흐르는 모양. ③물 이름. 여수(汝水)의 지류. ❸①솟다, 물이 용솟음치다. 〔春秋公羊傳〕濆泉者何, 直泉也, 直泉者何, 涌泉也. ②움직이다, 어지럽다. ≒奮. 〔管子〕以待天下之濆作也.
【濆薄 분박】 거세게 물결침.
【濆涌 분용】 물이 솟아오름.
【濆泉 분천】 물이 솟아 나오는 샘.
【濆瀑 분폭】 물결이 소용돌이치는 모양.

水部 13획 濇 滋 瀟 愬 灘 澠 演 瀁 澦 澳 灘 濖 澱 澶 瀞

水 13 【濇】 ⑯ 껄끄러울 색 sè

字解 껄끄럽다, 원활하지 아니하다. 〔素問〕滑則生濇 則死也.
【濇脈 색맥】진액이 부족하여 원활하지 못하고 거칠게 뛰는 맥.

水 13 【滋】 ⑯ 물가 서 shì

字解 ①물가, 물가. 〔楚辭〕夕濟兮西滋. ②물가를 메워 돋운 땅. 〔春秋左氏傳〕則決睢滋. ③강 이름. 호북성(湖北省) 경산현(京山縣)에서 발원하여 한수(漢水)로 흘러드는 강.

水 13 【瀟】 ❶강 이름 소 sù ❷빠를 축·숙 xiāo

參考 대법원 지정 인명용 한자의 음은 '숙'이다.
字解 ❶①강 이름. 늑瀟. ②비바람이 세찬 모양. ❷①빠르다, 빠른 모양.〔張衡·賦〕迅焱瀟其膝我兮. ②물이 깊고 맑다. ③새그물의 모양.〔張衡·賦〕飛罕瀟縔.
【瀟箾 숙삭】새그물의 모양.
【瀟瀟 축축】빠르게 자라는 모양.

水 13 【愬】 ⑯ 근심할 수 chóu

字解 ①근심하다.〔新書〕瀏然愬然憂以愁. ②배(腹) 속의 물기.

水 13 【灘】 ⑯ 睢(1219)와 동자

參考 대법원 지정 인명용 한자음은 '수'이다.

水 13 【澠】 ❶강 이름 승 shéng ❷고을 이름 민 miǎn

字解 ❶①강 이름. 산동성(山東省)에 있는 강. 늑繩. ❷①고을 이름. 하남성(河南省)에 있었던, 전국 시대 한(韓)의 현(縣). 진(秦)·조(趙) 두 나라가 회맹(會盟)한 곳. =黽. ②성(姓).
【澠池會 민지회】민지(澠池)에서의 회견. 故事 전국 시대에 인상여(藺相如)가 조(趙)의 혜문왕(惠文王)을 도와, 진(秦)의 소왕(昭王)과 민지에서 회견(會見)하여 국위를 크게 선양한 데서 온 말.

水 13 【演】 ⑯ 演(1029)의 본자

水 13 【瀁】 ⑯ 물결 넘실거리는 모양 예 yì

字解 물결 넘실거리는 모양, 물이 굽이치며 흐르는 모양.〔宋玉·賦〕洪波淫淫之瀁.

水 13 【澦】 ⑯ 강 이름 예 yù

字解 강 이름. 사천성(四川省) 봉절현(奉節縣)에 있는, 양자강(揚子江)의 상류.

水 13 【澳】 ⑯ ❶깊을 오 ào ❷후미 욱 yù

參考 대법원 지정 인명용 한자의 음은 '오'이다.
字解 ❶①깊다. ②내 이름. ③ 現 오대리아(澳大利亞)의 약칭. 오스트레일리아. ④오문(澳門)의 약칭. 마카오. ❷①후미, 물가의 굽어서 휘어진 곳.〔大學〕瞻彼淇澳. ②배를 정박할 수 있는 곳.〔宋史〕無港澳以容舟楫.
【澳滨 오명】깊고 어두움.
▶淇-, 隈-, 港-.

水 13 【灘】 ⑯ 내 이름 옹 yōng

字解 내 이름. 산동성(山東省)에 있었던 강 이름.

水 13 【濖】 ⑯ 물 끓는 소리 읍 nì

字解 ①물이 끓는 소리.〔木華·賦〕潎濘濖濖. ②물너울이치는 모양.

水 13 【澱】 ⑯ 앙금 전 diàn

字解 ①앙금, 찌끼. ②물이 괴다.〔宋史〕諸河淺澱, 皆非所患. ③얕은 물.〔郭璞·賦〕涬澱爲泮. ④물결이 일렁거리다.〔楊維楨·詩〕瑤池春暖波如澱. ⑤쪽, 남옥(藍玉). ⑥막히다, 나아가지 못하다.〔葉適·詩〕一春三月雨, 亭樹鬱霧澱.
【澱粉 전분】식물의 영양 저장 물질로서 뿌리·줄기·씨 등에 함유되어 있는 탄수화물. 녹말.
▶沈-.

水 13 【澶】 ⑯ ❶물 고요히 흐를 전 chán ❷멋대로 할 단 dàn

字解 ❶①물이 고요히 흐르다.〔左思·賦〕澶活漠而無涯. ②호수 이름.'澶淵(전연)'은 하남성(河南省)에 있는 호수 이름. ❷①멋대로 하다.〔抱朴子〕澶漫於淫荒之域. ②완만하게 뻗은 모양.〔張衡·賦〕澶漫靡迤, 作鎮於近.
【澶漫 단만】①제멋대로 굶. ②완만하게 긴 모양.

水 13 【瀞】 ⑯ 물이 적은 모양 정 tǐng

字解 물이 적은 모양.〔漢書〕梁弱水之瀞潎兮.

【灈溦 정형】적은 물이 흐르는 모양. 개천 물이 흐르는 모양.

水13 【澡】⑯ 씻을 조 zǎo

[字解] ①씻다, 헹구다. 〔東觀漢記〕以手飮水澡頬. ②맑게 하다, 깨끗이 하다. 〔禮記〕儒有澡身而浴德. ③다스리다. ④장식 옥(玉). =璪. ⑤바래다. =藻.

【澡盥 조관】양치질하고 손을 씻음.
【澡練 조련】닦고 단련함.
【澡沐 조목】몸을 씻고 머리를 감음.
【澡雪 조설】씻어서 깨끗하게 함.
【澡洗 조세】씻음.
【澡漱 조수】손을 씻고 양치질함.
【澡室 조실】목욕탕.
【澡熨 조울】①빨아서 다리미질함. ②개선함. 개량함.
【澡濯 조탁】씻음. 세탁함. 澡溦(조개).
◐ 灌-, 沐-, 濯-.

水13 【濈】⑯ ❶화목할 즙 jí ❷여울 삽 shà

[字解] ❶①화목하다, 온화한 모양. 〔詩經〕其角濈濈. ②빠른 모양. 〔曹植·七啓〕濈然鳧沒. ③물이 흐르다, 물의 흐름. 〔張衡·賦〕流湍投濈. ❷여울, 흐름이 급한 곳.
【濈然 즙연】빠른 모양.
【濈濈 즙즙】①부드럽고 온화한 모양. ②모여서 휴식하는 모양.

水13 【澯】⑯ 맑을 찬 càn
[字解] 맑다, 물이 맑다.

水13 【濅】⑯ 浸(983)의 본자

水13 【濁】⑯ 흐릴 탁 zhuó

氵汙汙沪浊浊浊濁濁

[소전] 濁 [초서] 濁 [간체] 浊
[字源] 形聲. 水+蜀→濁. '蜀(촉)'이 음을 나타낸다.

[字解] ①흐리다. ㉮물이 맑지 아니하다. 〔詩經〕涇以渭濁. ㉯소리가 맑지 아니하다. 〔律呂新書〕律長則聲濁. ②흐리게 함. 〔漢書·白虎通〕水者受垢濁. ③더러워지다. ㉮마음이나 행실이 좋지 아니하다. 〔楚辭〕擧世皆濁, 我獨淸. ㉯모양이 흉하다. 〔江左名士傳〕迹濁而心整, 形濁而言淸. ⑤어지럽다. 〔呂氏春秋〕當今之世, 濁甚. ⑥선명하지 못하다. 〔老子〕渾兮其若濁. ⑦더럽다, 더럽게 보이다. 〔後漢書〕濁乎大倫. ⑧불결한 행동. 〔史記〕蟬脫濁穢. ⑨윤택해지다, 넉넉해지다. 〔山海經〕濁澤而有光. ⑩강 이름.
【濁代 탁대】혼란한 시대.
【濁亂 탁란】정치나 사회가 어지러움.
【濁浪 탁랑】흐린 물결.
【濁醪 탁료】막걸리. 濁酒(탁주).
【濁流 탁류】흘러가는 흐린 물.
【濁甫 탁보】❶①성격이 흐리터분한 사람. ②분수를 모르는 사람. ③막걸리를 좋아하는 사람.
【濁富 탁부】부정한 방법으로 얻은 부(富).
【濁世 탁세】①도덕·풍속이 어지럽고 더러운 세상. 濁代(탁대). ②☞濁惡世(탁악세).
【濁惡世 탁악세】(佛)더러운 것으로 가득 찬 이 세상.
【濁穢 탁예】속세의 더러움.
【濁汚 탁오】더러움. 더러운 것.
【濁意 탁의】더러워진 마음.
【濁操 탁조】결백하지 못한 지조(志操).
【濁溷 탁혼】더러움. 혼탁함.
【濁晦 탁회】흐리고 어두움.
◐ 激-, 揚淸, 鈍-, 汚-, 淸-, 混-.

水13 【澤】⑯ ❶못 택 zé ❷풀 석 shì ❸전국술 역 yì ❹별 이름 탁 duó

氵氵汜汜汜沢沢澤澤澤

[소전] 澤 [소전] 澤 [초서] 澤 [동자] 澤 [속자] 沢
[간체] 泽

[参考] 대법원 지정 인명용 한자의 음은 '택'이다.
[字源] 形聲. 水+睪→澤. '睪(역)'이 음을 나타낸다.

[字解] ❶①못. 〔周禮〕山林川澤. ②진펄, 늪, 질퍽질퍽한 곳. 〔春秋公羊傳〕大陷于沛澤之中. ③윤, 윤이 나다. 〔春秋左氏傳〕車甚澤. ④윤을 내다. 〔禮記〕運笏澤劍首. ⑤적시다. 〔風俗通〕澤者, 言其潤澤萬物, 以阜民用也. ⑥우로(雨露). 〔漢書〕澤滲灘而下降. ⑦습기. 〔漢書〕亡以趣澤. ⑧은혜. 〔書經〕澤潤生民. ⑨여덕(餘德). 〔孟子〕君子之澤, 五世而斬. ⑩매끄럽다. ⑪손때. 〔禮記〕不能讀父之書, 手澤存焉爾. ⑫땀받이. 〔詩經〕與子同澤. ⑬녹(祿). 〔孟子〕則是干澤也. ⑭비비다. 〔禮記〕共飯不澤手. ⑮가리다, 가려 뽑다. 㝵擇. 〔禮記〕天子將祭, 必先習射於澤. ⑯완롱(玩弄)하다. 〔禮記〕運笏澤劍首. ⑰땀. 〔素問〕熱多則淖澤. ⑱성(姓). ❷풀다, 풀리다. 㝵釋. 〔大戴禮〕農及雪澤. =醳. 〔禮記〕舊澤之酒. ❸전국술. ❹별 이름. 〔史記〕格澤星, 如災火之狀.
【澤宮 택궁】주대(周代)에 활쏘기를 연습하던 궁전.
【澤及枯骨 택급고골】은택이 해골에까지 미침. 은정(恩情)이 두터움.
【澤梁 택량】못에 쳐 놓은 어량(魚梁).

【澤鹵 택로】 소금기가 있는 진펄.
【澤畔 택반】 못가.
【澤畔吟 택반음】 못가에서 시를 읊음. 故事 초(楚)나라 굴원(屈原)이 관직에서 쫓겨나 못가를 배회하며 시를 지어 읊었다는 데서 온 말.
【澤色 택색】 윤. 광택.
【澤雨 택우】 만물을 적셔 주는 좋은 비.
【澤濡 택유】 은택이 널리 미침.
【澤潤 택윤】 ①은덕을 베풂. ②광택이 있음.
【澤被蒼生 택피창생】 은택이 만민에게 미침.
【澤澤 석석】 풀어져 흩어지는 모양.
❶ 光-, 德-, 山-, 色-, 手-, 遺-, 潤-, 恩-, 利-, 仁-, 惠-, 厚-.

水13 【澤】⑯ 澤(1045)과 동자

水13 【澩】⑰ ❶잦은 샘 학 xué ❷엇갈릴 효 xiáo
字解 ❶①잦은 샘. 여름에는 물이 있고 겨울이 되면 마르는 산 위의 샘. ②큰 파도가 부딪치는 소리. 〔郭璞·賦〕潏湀澩灂. ③내 이름. 위수(渭水)의 지류(支流). ❷엇갈리다.
【澩灂 학착】 큰 파도가 서로 부딪치는 소리.

水13 【澣】⑰ 빨 한 huàn
字解 ❶빨다, 빨래하다. 〔詩經〕薄澣我衣. ②발을 씻다. 〔禮記〕和灰請澣. ③열흘. 당(唐)대에 관리에게 열흘마다 하루씩 목욕의 휴가를 준 데서 온 말. 〔古今詩話〕俗以上澣中澣爲上旬中旬下旬, 蓋本唐官制, 十日一休沐.
【澣沐 한목】 발을 씻고 머리를 감음.
【澣洒 한쇄】 씻음.
【澣衣 한의】 빨래함.
【澣滌 한척】 옷을 빨고 그릇을 씻음.
【澣濯縫紉 한탁봉인】 때문은 옷을 빨고 옷의 타진 곳을 꿰맴.
❶ 磨-, 上-, 漱-, 中-, 濯-, 下-.

水13 【澥】⑯ 바다 이름 해 xiè
字解 ①바다 이름. 요동반도(遼東半島)와 산동 반도(山東半島) 사이의 발해만(渤海灣)을 이름. ②끊어진 수류(水流). 〔史記〕浮勃澥. ③작은 시내. 〔張衡·賦〕摘漻澥.

水13 【澴】⑯ ❶소용돌이 환 huán ❷강 이름 환 ᄉ현
字解 ❶소용돌이치다, 소용돌이쳐 흐르다. 〔郭璞·賦〕漩澴榮瀯. ❷강 이름. 하남성(河南省) 나산현(羅山縣)에서 발원하여 양자강으로 흘러드는 강.

水13 【濊】⑯ ❶물 많은 모양 회 huì ❷깊고 넓을 회 ᄉ외 huì ❸흐릴 예 wèi ❹그물 치는 소리 활 huò
대법원 지정 인명용 한자의 음은 '예'이다.
字解 ❶①물이 많은 모양. ❷①깊고 넓다. ≒澮. 〔漢書〕湛恩汪濊. ②많다, 넉넉하다. 〔漢書〕澤汪濊輯萬國. ③더러움, 불결. ≒穢. 〔漢書〕蕩滌濁濊. ❸①흐리다, 흐려지다. ②종족 이름. 〔三國志〕又有扶余濊貊之用, 當今之勢彊者爲右曹操. ❹그물 치는 소리. 〔詩經〕施罛濊濊.
【濊貊 예맥】 한민족(韓民族)의 근간이 되는 예족(濊族)과 맥족(貊族).
【濊濊 활활】 그물을 치는 소리.
❶ 汚-, 汪-, 濁-.

水13 【澮】⑯ 봇도랑 회 ᄉ괴 kuài, huì
字解 ①봇도랑. 〔荀子〕醉者越百步之溝, 以爲蹞步之澮也. ②강 이름. 산서성(山西省) 익성현(翼城縣)에서 발원하여 분수(汾水)로 흘러드는 강. ③시내, 실개천. 〔郭璞·賦〕商推涓澮. ④깊고 평평한 모양.

水14 【濘】⑰ ❶진창 녕 nìng ❷물이 끓는 모양 녕 níng
字解 ❶①진창, 수렁. 〔左思·賦〕流汗霡霂而中逵泥濘. ②흐름이 작은 모양. ❷①물이 끓는 모양. ②얕은 내. 〔張協·七命〕何異促鱗之游汀濘.

水14 【濤】⑰ ❶큰 물결 도 tāo ❷비출 도 dào
字解 ❶①큰 물결. 〔郭璞·賦〕激逸勢以前驅, 乃鼓怒而作濤. ②물결치다, 물결이 일다. 〔杜甫·詩〕春江不可渡, 二月已風濤. ③조수(潮水). ④쌀을 씻다. ❷비추다, 두루 비추다. =燾.
【濤瀾 도란】 큰 물결. 큰 파도.
【濤雷 도뢰】 우레 같은 큰 파도 소리.
【濤瀨 도뢰】 파도치는 여울.
【濤聲 도성】 파도치는 소리.
❶ 驚-, 狂-, 瀾-, 怒-, 松-, 波-.

水14 【濫】⑰ ❶퍼질 람 làn ❷고을 이름 람 lán ❸샘 함 jiàn ❹목욕통 함 jiàn
대법원 지정 인명용 한자의 음은 '람'이다.

[字源] 形聲. 水+監→濫. '監(감)'이 음을 나타낸다.
[字解] ❶①퍼지다, 물이 퍼져 흐르다. 〔孟子〕 水逆行氾濫於中國. ②넘치다, 넘쳐흐르다. 〔春秋左氏傳〕 不潛不濫. ③함부로 하다. ㉮예나 법에 어긋나다. 〔論語〕 小人窮斯濫矣. ④도가 지나치다. 〔逸周書〕 不濫其度. ④함부로. 〔後漢書〕 濫入黨中. ❺담그다. 〔國語〕 宣公夏濫於泗淵. ❻뜬소문. 〔陸機·賦〕 每除煩而去濫. ❼훔치다, 도둑질하다. 〔禮記〕 君子以爲濫. ❽넘겨다보다. 〔淮南子〕 美者不能濫也. ❾탐하다. 〔呂氏春秋〕 虞公濫於寶與馬. ❿난잡한 음악. 〔禮記〕 鄭音好濫淫志. ⓫음료(飮料)의 이름. 건도(乾桃)나 건매(乾梅)를 물에 갠 것. 늑醶. ⓬그물을 치다, 그물을 쳐서 물고기를 잡다. 〔張衡·賦〕 澤虞是也. ⓭고을 이름. 춘추시대 주(邾)의 읍(邑). 〔春秋左氏傳〕 邾黑肱以濫來奔. ❷샘, 위로 곧게 샘솟다. 〔潘岳·詩〕 濫泉龍鱗瀾, 激波連珠揮. ❹①목욕통, 욕기(浴器). 〔莊子〕 同濫而浴. ②목욕하다.
【濫擧 남거】 사람을 가리지 않고 함부로 씀.
【濫巾 남건】 함부로 두건을 씀. 은사(隱士)가 아니면서 은사인 체함.
【濫騎 남기】 ㉠법령을 어기고 역마(驛馬)를 함부로 탐.
【濫讀 남독】 아무 책이나 닥치는 대로 읽음.
【濫發 남발】 ①함부로 발행함. ②총을 함부로 쏨. ③말을 함부로 함.
【濫伐 남벌】 산림의 나무를 함부로 벰.
【濫罰 남벌】 함부로 형벌을 내림.
【濫法 남법】 법을 남용함.
【濫捧 남봉】 정해진 것보다 더 받음.
【濫分 남분】 분수에 넘침.
【濫殺 남살】 함부로 죽임.
【濫觴 남상】 잔을 띄움. 사물의 시초나 기원. ㉠양자강 같은 큰 강도 그 근원은 겨우 잔을 띄울 만한 작은 물줄기라는 데서 온 말.
【濫食 남식】 가리지 않고 함부로 먹음.
【濫惡 남악】 함부로 만들어 질이 나쁨.
【濫穴 남혈】 쓸모없는 것을 많이 둠.
【濫用 남용】 함부로 씀.
【濫竽 남우】 함부로 붊. ㉠무능한 사람이 재능이 있는 체함. ㉡실력이 없는 사람이 어떤 지위에 붙어 있음. [故事] 제(齊) 선왕(宣王)이 우(竽;큰 생황)를 좋아하여 악사 300명을 불러 이를 불게 하였을 때에는 남곽(南郭)이 부는 방법을 모르면서도 여러 사람 틈에 끼어 불었기 때문에 탈없이 넘어갔는데, 민왕(湣王) 때 한 사람씩 불게 하자 속일 수 없었으므로 도망하였다는 데서 온 말. 濫吹(남취).
【濫日 남일】 지나쳐서 상도(常道)에서 벗어남.
【濫作 남작】 글·시를 함부로 마구 지음.
【濫雜 남잡】 뒤섞여 질서가 없음.
【濫錢 남전】 함부로 주조한 돈.
【濫政 남정】 나쁜 정치.
【濫製 남제】 마구 제작함.
【濫造 남조】 함부로 만듦.
【濫職 남직】 분수에 넘치는 벼슬을 줌. 분수에 넘치는 벼슬.
【濫徵 남징】 ㉠돈·곡식을 마구 징수함.
【濫陟 남척】 함부로 승진시킴.
【濫刑 남형】 함부로 형벌을 가함.
【濫獲 남획】 짐승 따위를 마구 잡음.
【濫泉 함천】 위로 곧게 물줄기가 솟는 샘.
❶ 氾-, 越-, 謬-, 淫-, 好-, 橫-.

水 14 【濛】⑰ ❶가랑비 올 몽 〔東〕 méng ❷큰물 몽 〔董〕
[소전] [초서] [간체] 蒙 [字解] ❶①가랑비가 오다, 가랑비 오는 모양. 〔詩經〕 零雨其濛. ②흐릿하다, 분명하지 아니하다. 〔編·詩〕 滿禁碧濛濛. ❷①큰물. 〔楚辭〕 乃復多連塞其文濛頒其說. ②도랑, 작은 도랑. ¶濛鴻.
【濛漠 몽막】 침침한 모양.
【濛昧 몽매】 안개 따위가 끼어서 침침함.
【濛濛 몽몽】 비·구름·안개 따위로 날씨가 침침한 모양.
【濛雨 몽우】 보슬비.
【濛鴻 몽홍】 ①천지(天地)의 기운이 아직 나누어지기 이전의 혼돈 상태. 濛鴻(몽홍). ②큰물의 모양.
【濛鴻 몽홍】 ①☞濛鴻(몽홍)①. ②술에 취하여 정신이 몽롱한 상태.
❶ 傾-, 空-, 鴻-.

水 14 【瀰】⑰ ❶치렁치렁할 미 〔紙〕 mǐ ❷넘칠 니 〔薺〕 nǐ
[소전] [초서] [간체] 沵 [字解] ❶①치렁치렁하다. 늑彌. ②평평하게 이어진 모양. 〔鮑照·賦〕 瀰迤平原. ❷①넘치다, 물이 가득 차 넘치다. ②많은 모양. 〔詩經〕 四驪濟濟, 垂轡瀰瀰.
【瀰迤 미이】 평평하게 서로 이어진 모양.
【瀰瀰 이이】 ①㉠많은 모양. ㉡부드럽고 온화한 모양. ②물길이 멀리 뻗어 있는 모양.

水 14 【濮】⑰ 강 이름 복 〔屋〕 pú
[소전] [字解] 강 이름. 하남성(河南省) 봉구현(封丘縣)에서 발원하여 산동성(山東省) 복현(濮縣)을 지나 황하로 흘러드는 강.
【濮上之音 복상지음】 ①복수(濮水) 주변의 뽕나무 숲에서 나온 음란한 음악. ②음란한 노래. 망국(亡國)의 음악.

水 14 【濞】⑰ 물소리 비 〔寘〕 pì
[소전] [초서] [字解] ①물소리, 물이 갑자기 들이닥치는 소리. 〔左思·賦〕 濞焉洶洶. ②강 이름. 운남성(雲南省)에 있는 강.
【濞濞 비비】 물이 흐르는 소리.
【濞焉 비언】 물이 갑자기 들이닥치는 소리.

水14 **【濱】**⑰ 물가 빈 圓 bīn
초서 濱 속자 濵 고문 浜 간체 滨 濒

字解 ①물가. =瀕. 〔書經〕海濱廣斥. ②끝. 〔詩經〕率土之濱, 莫非王臣. ③임박하다. 늑瀕. 〔國語〕是以濱於死.
【濱死 빈사】죽음에 임박함. 거의 죽게 됨.
【濱塞 빈새】①바닷가. 해변. ②변방의 요새.
【濱涯 빈애】물가. 물가 근처.
【濱海 빈해】바다에 가까움. 바다에 가까운 땅.
● 江—, 沙—, 率土之—, 水—, 海—.

水14 **【濵】**⑰ 濱(1048)의 속자

水14 **【澁】**⑰ 떫을 삽 圖 sè
소전 䠶 동자 澀 속자 涩 간체 涩 **字解** ①떫다.〔杜甫·詩〕酸澁如棠梨. ②껄끄럽다, 미끄럽지 아니하다.〔風俗通〕冷澁比于寒蠅. ③말하기를 꺼리다, 말을 더듬다.〔南史〕舌澁于言論. ④어렵다, 험난하여 가기 힘들다.〔晉子夜歌〕塗澁無人行. ⑤막히다.〔張籍·詩〕乍離華廐移蹄澁.
【澁苦 삽고】①떫고 씀. ②음조(音調) 따위가 매끄럽지 못함.
【澁吶 삽눌】말을 더듬거림.
【澁勒 삽륵】대나무의 한 가지.
【澁味 삽미】떫은 맛.
【澁語 삽어】더듬거리는 말.
【澁噎 삽열】음식이 목에 메어 사레듦.
【澁滯 삽체】막힘. 부진함.
【澁體 삽체】문장 등의 자구(字句)가 몹시 난삽(難澁)한 문체.
● 艱—, 結—, 梗—, 謹—, 難—, 訥—, 朴—, 羞—, 頑—, 粗—, 險—, 晦—.

水14 **【濕】**⑰
①축축할 습 圖 shī
②강 이름 답 合 tà
③나라 이름 압 合 tà
④사람 이름 섭 葉 xí

갑골 〰 금문 氵 氵 전 湿 湿 湿 濕 濕 濕
소전 濕 초서 溼 속자 湿 간체 湿 **參考** 대법원 지정 인명용 한자의 음은 '습'이다.
字源 形聲. 水+㬎→濕. '㬎(현)'이 음을 나타낸다.
字解 ①축축하다, 습기가 있다.〔韓非子〕虛處則忄亥然若居濕地. ②습기, 물기.〔禮記〕寒暖燥濕. ③우로(雨露).〔呂氏春秋〕足以辟燥濕而已矣. ④자연 그대로의 것, 가공하지 않은 것.〔周禮〕必因角幹之濕以爲之柔. ⑤마르다.〔詩經〕暵其濕矣. ⑥스스로 비하(卑下)하다.

〔荀子〕卑濕重遲貪利. ②강 이름. 산동성(山東省)에서 발원하여 황하(黃河)로 흘러드는 강. ③나라 이름. 한대(漢代)의 제후국(諸侯國). ④사람 이름. 늑隰·㬎.〔春秋穀梁傳〕獲蔡公子濕.
【濕疥 습개】진옴.
【濕哭 습곡】눈물을 글썽이며 욺.
【濕氣 습기】축축한 기운.
【濕痰 습담】습기로 인하여 생기는 담병(痰病).
【濕堂 습당】낮고 습한 곳에 있는 집.
【濕度 습도】공기 중에 수증기(水蒸氣)가 들어 있는 정도.
【濕冷 습랭】습기(濕氣)로 인하여 허리 아래가 차지는 병.
【濕癬 습선】진버짐.
【濕泄 습설】장마 때 많이 생기는 설사.
【濕濕 습습】①쇠귀가 움직이는 모양. 쇠귀가 윤기가 있는 모양. ②물결이 몰려왔다 흩어졌다 하는 모양.
【濕潤 습윤】축축함.
【濕墊 습점】습한 땅. 濕地(습지).
【濕地 습지】습기가 많은 땅.
【濕疹 습진】습기로 인하여 생기는 부스럼.
【濕草 습초】습한 곳에서 자라는 풀.
【濕布 습포】찜질. 찜질하는 데 쓰이는 헝겊.
【濕風 습풍】습기를 띤 바람. 눅눅한 바람.
● 乾—, 冷—, 卑—, 肥—, 溫—, 雨—, 燥—.

水14 **【靄】**⑰ 구름 낄 애 蟹 ǎi
字解 구름이 끼다.〔漢書〕露夜零, 晝晻靄.

水14 **【濚】**⑰ 瀯(1054)과 동자

水14 **【濙】**⑰ 瀯(1054)과 동자

水14 **【濡】**⑰
①젖을 유 虞 rú
②머리 감을 난 罕 ruǎn

소전 濡 초서 濡 동자 渜 **參考** 대법원 지정 인명용 한자의 음은 '유'이다.
字解 ①①젖다, 물이 묻다.〔列仙傳〕能入水不濡. ②적시다.〔詩經〕濟盈不濡軌. ③은혜를 입다.〔宋史〕我皇之德之純, 涵濡群生. ④습기.〔管子〕釋雨而更有所仰濡. ⑤은혜, 혜택.〔柳宗元·銘〕區宇懷濡. ⑥오줌.〔史記〕今客腎濡. ⑦참다, 견디다.〔史記〕無濡忍之心不重暴骸之難. ⑧멈추어 막히다.〔孟子〕是何濡滯也. ⑨부드럽다, 온화하다, 유화하다.〔晉書〕我心虛靜, 我志霑濡. ⑩강 이름. 하북성(河北省)을 흐르는 강. ②머리를 감다. =湎.〔禮記〕濡濯棄于坎.
【濡首 유수】목까지 빠짐. 술에 취해 본성(本性)을 잃음.
【濡需 유수】잠깐 동안의 안일(安逸)만을 탐함.
【濡染 유염】①젖어서 물이 듦. ②적셔서 물들임.

水部 14획 濰瀿濟濬灈濯

글씨를 씀. ③단련해서 저절로 능력이 생김.
【濡潤 유윤】 적심. 젖음.
【濡忍 유인】 참음. 참을성이 있음.
【濡滯 유체】 머무름. 머물러 지체함.
【濡筆 유필】 붓을 적심. 글을 씀.
【濡化 유화】 덕화(德化)에 젖음. 인덕(仁德)에 교화됨.
【濡滑 유활】 매끄럽고 윤이 남.
【濡濯 난탁】 머리를 감아서 더러워진 물.
❶染−, 滋−, 澤−, 漂−.

水 14 【濰】⑰ 강 이름 유 紙 wéi
[소전][초서][통자]維[간체]潍 [字解] 강 이름. 산동성(山東省) 거현(莒縣)에서 발원하여 동북으로 흘러 황해로 들어가는 강.

水 14 【瀿】⑰ 물 이름 은 囡 yín
[字解] 물 이름. 하남성(河南省)에 있는 영수(潁水)의 원류(源流).

水 14 【濟】⑰ ❶건널 제 薺 jǐ
                ❷많고 성할 제 霽 jì
氵氿氿氿済泲済濟濟濟
[소전]濟 [초서]済 [속자]泲 [고자]済 [고자]濟
[간체]济 [字源] 形聲. 水+齊→濟. '齊(제)'가 음을 나타낸다.
[字解] ❶①건너다. 물을 건너다. 〔禮記〕 濟河而西. ②나루, 도선장. 〔詩經〕 濟有深涉. ③건지다, 빈곤(貧困)이나 위난(危難)에서 구제하다. 〔易經〕 知周乎萬物, 而道濟天下. ④더하다. 〔春秋左氏傳〕 盍請濟師於王. ⑤이루다. 〔春秋左氏傳〕 以欲從人, 以人從欲鮮濟. ⑥그만두다, 그치다. 〔莊子〕 厲風濟, 則衆竅為虛. ⑦이용하다. 〔易經〕 臼杵之利萬民以濟. ⑧통하다. 〔淮南子〕 強弱天下. ⑨밀다, 밀어내다. ≒擠. 〔國語〕 二帝用師以相濟也. ❷①많고 성하다. 〔書經〕 濟濟有衆. ②강 이름. 연수(沇水)의 하류.
【濟救 제구】 건짐. 구제함.
【濟度 제도】 ①물을 건넘. ♡'度'는 '渡'로 '건넘'을 뜻함. ②〖佛〗일체 중생을 고해(苦海)에서 건져 극락으로 인도하여 줌.
【濟馬 제마】 〖國〗제주도에서 나는 말.
【濟美 제미】 아름다운 일을 이룸. 부조(父祖)의 업을 이어받아서 이룸.
【濟民 제민】 모든 백성을 구제함.
【濟生 제생】 〖國〗생명을 건져 냄.
【濟涉 제섭】 물을 건넘.
【濟世 제세】 세상을 구제함. 세상의 폐해를 없애고 사람을 고난에서 건져 줌.
【濟世之才 제세지재】 세상을 구제할 만한 인재.
【濟濟 제제】 ①많고 성한 모양. ②엄숙하고 장

한 모양. ③위의(威儀)가 성한 모양. ④아름다운 모양.
【濟濟多士 제제다사】 훌륭한 여러 선비. 재주 있는 여러 사람.
【濟濟蹌蹌 제제창창】 몸가짐이 위엄 있고 정연(整然)한 모양.
【濟衆 제중】 모든 사람을 구제함.
【濟化 제화】 착한 방향을 가르쳐 인도함.
❶皆−, 決−, 經−, 共−, 救世−民, 救−, 未−, 返−, 辨−, 弘−.

水 14 【濬】⑰ 칠 준 震 jùn
[소전]濬 [초서]睿 [간체]浚 [字解] ①치다, 파내어 물길을 통하다. 〔書經〕 封十有二山, 濬川. ②깊다, 심오하다. 〔書經〕 濬哲文明.
【濬潭 준담】 깊은 못. 深淵(심연).
【濬繕 준선】 토사(土沙)를 치고 손질함.
【濬水 준수】 깊은 물.
【濬源 준원】 깊은 근원. 일의 기원(起源).
【濬池 준지】 ①깊은 못. ②바다.
【濬塹 준참】 깊은 해자.
【濬川 준천】 내를 쳐서 깊게 함.
【濬川司 준천사】 조선 때 서울 안의 개천 치는 일과 사산(四山)을 지키는 일을 맡아보던 관아.
【濬哲 준철】 깊은 지혜. 깊은 지식.
【濬壑 준학】 깊은 골짜기. 深谿(심계).

水 14 【灈】⑰ 급히 흐를 진 軫 jǔn
[간체]浕 [字解] ①급히 흐르다, 물이 흐르는 모양. ¶灈粼. ②물결치는 모양. 〔郭璞·賦〕 溰滅灈溳 ③강 이름. 호북성(湖北省) 수현(隨縣)에서 발원하는 강.
【灈粼 진린】 물이 흐르는 모양.
【灈溳 진운】 파도가 끊임없이 밀려오는 모양.

水 14 【濯】⑰ ❶씻을 탁 覺 zhuó
                ❷상앗대 도 號 zhào
氵氵氵氵氵氵濯濯濯濯
[소전]濯 [초서]濯 [參考] 대법원 지정 인명용 한자의 음은 '탁'이다.
[字源] 形聲. 水+翟→濯. '翟(적)'이 음을 나타낸다.
[字解] ❶①씻다. ㉮때를 씻다. 〔楚辭〕 滄浪之水清兮, 可以濯吾纓. ㉯결백하게 하다. 〔春秋左氏傳〕 洒濯其心. ②크다. 〔詩經〕 王公伊濯. ③빛나다. 〔詩經〕 鉤膺濯濯. ④민둥민둥하다. 〔孟子〕 是以若彼濯濯也. ⑤목욕하는 데 써서 더러워진 물. 〔禮記〕 濡濯棄於坎. ❷상앗대, 상앗대로 배를 젓다. 〔漢書〕 以濯船為黃頭郞.
【濯漑 탁개】 씻어 헹굼. 깨끗이 씻음.
【濯磵 탁견】 씻어 깨끗이 함.
【濯褉 탁계】 몸을 씻어 불결함을 없앰.
【濯魚雲 탁어운】 비구름.

【濯纓 탁영】 갓끈을 씻음. 세속을 초월함.
【濯足 탁족】 ①발을 씻음. 세속을 초월함. ②멀리 여행 갔다 온 사람을 초대함.
【濯足萬里流 탁족만리류】 발을 만 리의 흐름에 씻음. 대자연으로 돌아가 세속의 때를 씻음.
【濯足會 탁족회】 圖여름에 산수(山水) 좋은 곳에 가서 발을 씻으며 노닐던 모임.
【濯枝雨 탁지우】 음력 6월에 오는 큰비.
【濯濯 탁탁】 ①밝게 빛나는 모양. ②즐겁게 노는 모양. ③태도가 아름다운 모양. ④살찐 모양. ⑤산에 초목이 없어 민둥민둥한 모양.
【濯澣 탁한】 씻음. 빪.
● 盥-, 洗-, 洒-, 灑-, 濡-, 滌-, 澣-.

水 14 【濠】⑰ 해자 호 豪 háo
字解 ①해자(垓字). 늑壕. ②강 이름. 안휘성(安徽省)에 있는 강. ③現호주(濠洲)의 약칭.
【濠梁 호량】 ①호수(濠水)에 놓은 다리. ②해자(垓字)에 놓은 다리.
【濠濮閒想 호복간상】 속세를 떠나 선경(仙境)에 사는 심경. 故事 장자(莊子)가 호수(濠水) 가에서 물고기 노는 것을 보며 즐기고, 복수(濮水) 가에서 낚시질하면서 초(楚)나라 왕의 부름에 응하지 않았다는 데서 온 말.
【濠上樂 호상락】 남다른 깨달음이 있어 느끼는 기쁨. 故事 장자(莊子)와 혜자(惠子)가 호수(濠水)의 다리 위에서 물고기가 즐거움을 아는지 모르는지에 대하여 토론하였다는 데서 온 말.
【濠水 호수】 안휘성(安徽省)에 있는 강.
【濠州 호주】 오스트레일리아.
【濠隍 호황】 성(城) 둘레에 판 해자(垓字).
● 空-, 內-, 城-, 外-, 塹-.

水 14 【濩】⑰
①낙숫물 떨어질 확 鑊 huò
②고을 이름 확 同 huò
③퍼질 호 護 hù
參考 대법원 지정 인명용 한자의 음은 '호'이다.
字解 ①①낙숫물이 떨어지다, 낙숫물이 떨어지는 모양. ②삶다. 늑鑊. 〔詩經〕是刈是濩. ②고을 이름. 한대(漢代)에 두었던 현(縣). ③①퍼지다. 〔張衡·賦〕聲敎布濩. ②은나라 탕왕의 풍류. 늑護. 〔春秋左氏傳〕韶濩.

水 14 【潤】⑰ 閏(1928)의 속자

水 15 【灌】⑱ 灌(1055)의 속자

水 15 【濈】⑱ 물 갈라져 나갈 괵 囲 guó
字解 ①물이 갈라져 나가다. ②물소리. =渮. 〔韓愈·記〕水濈濈循除鳴.

水 15 【滆】⑱ 내 이름 교 宵 jiāo
字解 ①내 이름. ②물이 편하다. 〔木華·賦〕滆漑浩汗.
【滆漑 교갈】 물이 깊고 넓은 모양.

水 15 【瀆】⑱
①도랑 독 屋 dú
②구멍 두 宥 dòu
參考 대법원 지정 인명용 한자의 음은 '독'이다.
字解 ①①도랑, 밭도랑. 〔周禮〕溝瀆澮池之禁. ②큰 강. 〔爾雅〕江河淮濟爲四瀆. ③더러워지다, 더럽히다. 〔禮記〕再三瀆, 瀆則不告. ④업신여기다. ㉮깔보다. 〔易經〕上交不諂, 下交不瀆. ㉯버릇없이 굴다. 〔春秋左氏傳〕貫瀆鬼神. ⑤바꾸다. 〔春秋左氏傳〕瀆齊盟, 而食話言. ⑥세다, 헤아리다. 〔春秋左氏傳〕瀆貨無厭. ⑦부서지다, 깨지다. 〔太玄經〕凍冰瀆. ②구멍. =竇. 〔春秋左氏傳〕伯有自墓門之瀆入.
【瀆告 독고】 여러 번 들어서 귀에 못이 박힌 말을 또 버릇없이 아룀. 귀인(貴人)에게 아뢸 때 쓰는 겸양어.
【瀆溝 독구】 도랑. 개천.
【瀆慢 독만】 친압(親狎)하여 버릇이 없음.
【瀆汚 독오】 더러움. 더럽힘.
【瀆職 독직】 어떤 직책에 있는 사람이 직권을 남용하거나 비행을 저질러 그 직책을 더럽힘.
● 溝-, 冒-, 四-, 汚-.

水 15 【濼】⑱
①강 이름 락·록 藥 屋 luò
②늪 박 藥 pō
字解 ①①강 이름. 산동성(山東省) 역성현(歷城縣)에서 발원하여 소청하(小淸河)로 흘러드는 강. ②병으로 힘이 없다. 〔素問〕淫濼脛痠不能久立. ②늪, 못. =濼. 〔蘇軾·詩〕遺種遍陂濼.

水 15 【濾】⑱ 거를 려 御 lù
字解 ①거르다. 〔白居易·詩〕江行濾水蟲. ②맑게 하다. ③씻다.
【濾過 여과】 거름. 걸러 냄.
【濾水 여수】 물을 거름.

水 15 【灅】⑱
①강 이름 뢰 賄 lěi
②물 용솟음칠 루 紙 lěi
字解 ①강 이름. 북평(北平)에서 발원해 무종현(無終縣)을 거쳐 경수(涇水)로 흘러드는 강. ②물이 용솟음치는 모양. 〔郭璞·賦〕濺灅濆瀑.

水 15 【瀏】⑱ 맑을 류 尤 liú
字解 ①맑다, 물이 맑고 깊다. 〔

水部 15획 潣瀉瀟灑瀋瀁瀇瀀瀍瀄瀓濺瀑

經〕瀏其清矣. ❷바람이 빠른 모양.〔楚辭〕秋風瀏以蕭蕭. ❸숲에 바람이 부는 소리.〔司馬相如·賦〕瀏莅卉歙. ❹아름답다, 눈이 아름답다. ❺부릅뜨다.〔潘岳·賦〕瀏睰槛以抗慎.
【瀏濫 유람】물이 맑고 넘쳐흐르는 모양.
【瀏覽 유람】널리 봄. 훑어봄. 劉覽(유람).
【瀏亮 유량】맑고 밝음.
【瀏喨 유량】관악기 등의 소리가 맑고 똑똑함.
【瀏瀏 유류】❶바람이 빨리 부는 모양. ❷날쌘 모양. ❸청명한 모양.
【瀏莅 유리】바람이 불어 숲의 나무들이 윙윙 소리를 내는 모양.
【瀏漂 유표】서늘한 모양. 시원한 모양.
【瀏風 유풍】시원한 바람. 涼風(양풍).

水 15 【潣】⑱ ❶닦아 없앨 말 圂 mò ❷빨리 흐르는 모양 멸 圂 miè
[초전][초서] 字解 ❶①닦아 없애다. ②바르다, 칠하다. ❷빨리 흐르는 모양.〔張衡·賦〕沒滑潣潣.
【潣布 말포】행주.
【潣潣 멸멸】물이 빨리 흐르는 모양.

水 15 【瀉】⑱ ❶쏟을 사 馬 xiè ❷게울 사 禡
[초서][간체] 字解 ❶①쏟다, 물을 쏟아 붓다.〔周禮〕以澮瀉水. ②물이 흐르다.〔杜甫·詩〕壞墻哀湍瀉. ③물을 흐르게 하다, 흘리다.〔謝靈運·詩〕石磴瀉紅泉. ❷①게우다, 토하다. ②짠 땅, 염분이 많은 땅.〔論衡〕地無毛, 則爲瀉土. ③설사하다.〔白虎通〕腎者主瀉.
【瀉溜 사류】위에서 떨어져 내리는 물방울.
【瀉痢 사리】설사(泄瀉).
【瀉劑 사제】설사를 하게 하는 약.
【瀉出 사출】쏟아 냄. 쏟아져 나옴.
【瀉土 사토】염분(鹽分)이 있는 흙.
◐ 傾−, 滔−, 泄−, 注−, 泉−, 吐−.

水 15 【瀟】⑱ 瀟(1054)의 속자

水 15 【灑】⑱ 灑(1056)의 속자

水 15 【瀋】⑱ 즙 심 寑 shěn
[초전][간체] 字解 ①즙.〔春秋左氏傳〕無備而官辨者, 猶拾瀋也. ②강 이름. 요령성(遼寧省)에서 발원하는 강.

水 15 【瀁】⑱ 내 이름 양 漾 yàng
[초서] 字解 ①내 이름. =漾. ②물이 넘치는 모양. ③물이 끝없이 넓은 모양. 〔阮籍·賦〕心瀁瀁而無所終薄兮.

【瀁瀁 양양】물이나 마음이 넓어 끝이 없음. ◐ 浩−, 滉−, 潢−.

水 15 【瀇】⑱ 물 깊고 넓을 왕 養 wǎng
[초서] 字解 물이 깊고 넓다, 물이 깊고 넓은 모양. ≒滉.〔淮南子〕潦水不泄, 瀇瀁極望.
【瀇洋 왕양】물이 깊고 넓은 모양.
【瀇瀁 왕양】물이 넓고 먼 모양.
【瀇滉 왕황】물이 깊고 넓은 모양.

水 15 【瀀】⑱ 어살 우 尤 yōu
[소전] 字解 ①어살. 겨울에 강물 속에 섶나무를 쌓아 두고, 물고기가 그 속에 들어가면 잡도록 한 장치. ②은혜가 도탑다, 혜택이 많다. ≒優. ③풍족하다, 넉넉하다.

水 15 【瀍】⑱ 강 이름 전 先 chán
[초서] 字解 강 이름. 하남성(河南省) 맹진현(孟津縣)에서 발원하여 낙수(洛水)로 흘러드는 강.

水 15 【瀄】⑱ 물 흐를 즐 質 zhì
字解 ①물이 흐르다, 물소리.〔枚乘·七發〕瀄汩潺湲, 披揚流灑. ②물이 서로 부딪치다.〔司馬相如·賦〕僵側泌瀄.
【瀄汩 즐율】①물이 흐르는 소리. ②흐름이 빠른 모양.

水 15 【瀓】⑱ 澄(1040)과 동자

水 15 【濺】⑱ ❶흩뿌릴 천 霰 jiàn ❷빨리 흐를 천 先 전 先 jiān
[초서][동자][간체] 字解 ❶흩뿌리다, 물을 쏟아 붓다. 〔史記〕相如請得以頸血濺大王矣. ❷빨리 흐르다.〔沈約·詩〕出浦水濺濺.
【濺沫 천말】튀어 흩어지는 물방울.
【濺濺 천천】①물이 빨리 흐르는 모양. ②눈물이 흐르는 모양.
【濺瀑 천포】마구 쏟아지는 소나기.

水 15 【瀑】⑱ ❶폭포 폭 屋 pù ❷소나기 포 號 bào ❸용솟음칠 팍 覺 bó
[초서][초서] 參考 대법원 지정 인명용 한자의 음은 '폭'이다.
字解 ❶폭포.〔孫綽·賦〕瀑布飛流以界道. ❷①소나기. ¶ 濺瀑. ②거품, 비말(飛沫).〔郭璞·賦〕拊拂飛沫. ❸①용솟음치다, 파도가 용솟음치는 모양.〔郭璞·賦〕溰瀸濆瀑. ②물이 끓는 소리.〔左思·賦〕龍池濭瀑.

水部 15~16획 瀑瀅㶅瀫瀖瀝瀘瀧瀨瀬瀕瀡

【瀑潭 폭담】 폭포수가 떨어지는 깊은 웅덩이.
【瀑泉 폭천】 폭포.
【瀑布 폭포】 절벽에서 곧장 쏟아져 내리는 물.
【瀑沫 포말】 물거품.
【瀑雨 포우】 소나기.
◐ 落-, 潰-, 飛-, 濺-, 懸-.

水15 【瀌】⑱ 눈 펴부을 표 蕭 biāo
[字解] 눈이 퍼붓는, 눈비가 세차게 오는 모양. 〔詩經〕雨雪瀌瀌.
【瀌瀌 표표】 눈이 한창 오는 모양.

水15 【瀅】⑱ 맑을 형 ⑧영 迥 yíng
[字解] ①맑다, 물이 맑다. 〔韓愈·行〕曲江汀瀅水平杯. ②개천, 시내. 〔杜甫·詩〕洪河左瀅滎.
【瀅濚 형영】 시내. 졸졸 흐르는 개천.
【瀅澈 형철】 ㉠물이 맑고 깨끗함.

水15 【㶅】⑱ 물 편할 효 嘯 xiào
[字解] ①물이 편하다. ②물이 깊고 빛나는 모양.
【㶅淼 효묘】 물이 끝없이 넓게 흐르는 모양.

水16 【瀫】⑲ 강 이름 곡 屋 hú
[字解] ①강 이름. 절강성(浙江省) 강산현(江山縣)의 남쪽 선하령(仙霞嶺)에서 발원하는 강. ②물소리.

水16 【瀖】⑲ 물결 소리 곽 藥 huò
[字解] ①물결 소리, 많은 물결이 서로 부딪치는 소리. 〔木華·賦〕瀖泧澩灂. ②번쩍번쩍하다. 〔王延壽·賦〕瀖濩燐亂. ③강 이름. 하남성(河南省)에서 발원하는 강.
【瀖濩 곽화】 채색이 현란하여 눈부신 모양.
【瀖泧 곽휄】 파도 소리. 많은 파도가 부딪치는 소리.

水16 【瀝】⑲ 거를 력 錫 lì
[字解] ①거르다, 밭다. ②물이 방울져 떨어지다. 〔王延壽·賦〕動滴瀝以成響. ③방울져 떨어지는 물. 〔佛敎史〕水瀝滴地. ④술잔에 남은 술. 〔史記〕時賜餘瀝. ⑤거른 술, 맑은 술. 〔楚詞〕和楚瀝只. ⑥물 대다, 물을 흘려 보내다. 〔晉書〕皆決瀝之. ⑦비바람 소리. 〔逸士傳〕風吹瀝瀝有聲.
【瀝瀝 역력】 ①물소리. ②바람 소리.
【瀝滴 역적】 물방울이 뚝뚝 떨어짐. 방울져 떨어지는 물방울.

【瀝青 역청】 콜타르에서 휘발 성분을 증류하고 남은 잔류물인 아스팔트.
【瀝血 역혈】 ①방울져서 떨어지는 피. ②피를 뿌림. ㉠반드시 원수를 갚겠다고 맹세함. ㉡산 사람의 피를 죽은 사람의 뼈에 뿌리면, 부자(父子)라면 피가 스며드는 일. ㉢진심을 나타내어 보임.
◐ 淅-, 餘-, 淋-, 霖-, 滴-, 披-.

水16 【瀘】⑲ 강 이름 로 虞 lú
[字解] 강 이름, 노수(瀘水). 운남성(雲南省)에서 발원하여 사천성(四川省)을 거쳐 양자강(揚子江)으로 흘러드는 강. 〔諸葛亮·表〕故五月渡瀘.

水16 【瀧】⑲
❶비올 롱 東 lóng
❷강 이름 상 江 shuāng
❸여울 랑 江 láng
❹젖을 롱 送 lòng
[参考] 대법원 지정 인명용 한자의 음은 '롱'이다.
[字解] ❶비가 오다, 비가 오는 모양. 〔曹寅·詩〕愁坐雨瀧瀧. ❷강 이름. ㉠호남성(湖南省)에서 발원하는 강. ㉡광동성(廣東省)에서 발원하는 강. ❸여울, 급류(急流). 〔韓愈·詩〕始下昌樂瀧. ❹젖다, 축축해지다.
【瀧瀧 농롱】 흠뻑 젖은 모양.
【瀧瀧 농롱】 ①비가 오는 모양. ②물이 흐르는 소리.
【瀧船 낭선】 여울을 거슬러 오르는 배.

水16 【瀨】⑲ 여울 뢰 泰 lài
[字解] ①여울. ②급류, 물살이 빠른 곳. 〔淮南子〕抑減怒瀨.
◐ 急-, 怒-, 淺-.

水16 【瀬】⑲ 瀨(1052)의 속자

水16 【瀕】⑲ 물가 빈 眞 bīn
[字解] ①물가, 물녘. =濱. 〔漢書〕海瀕廣斥. ②가깝다, 잇닿다, 임박하다. 〔漢書〕瀕河之郡.
【瀕死 빈사】 거의 죽을 지경에 이름.
【瀕海 빈해】 바닷가. 바다에 잇닿은 지대.

水16 【瀡】⑲ 미끄러울 수 紙 suǐ
[字解] 미끄럽다, 반드럽다. 〔禮記〕瀡瀡以滑之.

水部 16~17획 瀛瀠潊瀢瀜潛瀦瀞瀢瀚瀣濻瀳澤瀾瀲

水16【瀛】⑲ 바다 영庚 yíng

瀛瀛瀛 字解 ①바다, 큰 바다. 〔史記〕乃有大瀛海, 環其外. ②못 속, 늪 속. 〔楚辭〕倚沼畦瀛兮遙望博. ③전설상의 산 이름. 〔史記〕言海中有三神山, 名蓬萊方丈瀛洲.
【瀛壖 영연】 바닷가. 육지의 끝.
【瀛洲 영주】 ①삼신산(三神山)의 하나. ②명예로운 지위.
【瀛表 영표】 외국. 海外(해외).
【瀛海 영해】 큰 바다. 大洋(대양).
◐ 大-, 東-, 登-, 登-洲, 滄-.

水16【瀠】⑲ 돌아 흐를 영 迥庚 yíng
字解 돌아 흐르다, 물이 돌아 흐르는 모양. 〔司馬光·詩〕瀠洄澹兹土, 平敬誠寡儔.
【瀠洄 영회】 물이 돌아 흐르는 모양.

水16【潊】⑲ 溠(1044)와 동자

水16【瀢】⑲ ❶물고기 떼지어 놀 유 紙 wěi ❷물에 모래 밀릴 대 隊 duì
字解 ❶물고기가 떼지어 놀다. ❷물에 모래가 밀리다. 〔郭璞·賦〕碧沙瀢溾而往來.
【瀢溾 대타】 모래가 물에 밀리는 모양.

水16【瀜】⑲ 물이 깊고 넓은 모양 융 東 róng
字解 ①물이 깊고 넓은 모양. 〔木華·賦〕沖瀜沆瀁. ②어우러지다.

水16【潛】⑲ 潛(1039)의 속자

水16【瀦】⑲ 웅덩이 저 魚 zhū

瀦㴲豬瀦潴 字解 ①웅덩이. 〔周禮〕以瀦畜水. ②물이 괴다, 물이 고이게 하다. 〔宋史〕流出復瀦.
【瀦水 저수】 방죽으로 막아 놓은 물.
【瀦宅 저택】 國대역 죄인의 집을 헐고 그 자리에 못을 만들던 형벌.

水16【瀞】⑲ 맑을 정 敬 jìng
瀞㴖淨 字解 맑다, 깨끗하다, 물이 맑고 깨끗하다.

水16【瀢】⑲ 떠돌 퇴 隊 duì
字解 떠돌다, 모래가 물의 흐름에 따라 움직이는 모양. 〔杜甫·詩〕倒影垂澹瀢.

水16【瀩】⑲ 槸(1046)과 동자

水16【瀚】⑲ 넓고 큰 모양 한 翰 hàn
瀚㵄 字解 ①넓고 큰 모양. 〔淮南子〕浩浩瀚瀚. ②사막 이름. 고비 사막 이름. 〔史記〕臨瀚海.
【瀚瀚 한한】 광대한 모양. 浩瀚(호한).
【瀚海 한해】 몽고의 고비 사막. 大漠(대막).

水16【瀣】⑲ 이슬 기운 해 卦 xiè
瀣㵝 字解 이슬 기운, 찬 이슬이 내리는 밤 기운. 〔楚辭〕含沆瀣以長生.

水16【濻】⑲ ❶내 이름 회 灰 huái ❷물 평평하지 않을 외 灰 wāi
濻 字解 ❶내 이름. 〔山海經〕獄法之山, 濻澤之水出焉. ❷물이 평평하지 아니하다. 〔郭璞·賦〕泜淪濊濻.

水17【瀳】⑳ 내 이름 건 銑 jiǎn
字解 ①내 이름. ②물꼬. 논에 물을 대거나 빼기 위하여 만든 좁은 통로. 〔農政全書〕四面俱置瀳穴.
【瀳穴 건혈】 물꼬.

水17【澤】⑳ 檪(1050)과 동자

水17【瀾】⑳ ❶물결 란 寒 lán ❷뜨물 란 翰 lán

瀾㵹溂瀾 字解 ❶ ㉮큰 물결. 〔孟子〕必觀其瀾. ㉯물놀이. ②물결이 일다. 〔宋玉·賦〕若流波之將瀾. ③눈물이 흐르는 모양. 〔陸機·文〕涕睡睫而汍瀾. ❷①뜨물, 쌀뜨물. ②사물의 모양. ¶ 瀾漫.
【瀾濤 난도】 큰 물결.
【瀾瀾 난란】 눈물이 흘러 떨어지는 모양.
【瀾漫 난만】 ①물방울이 떨어지는 모양. ②이리저리 흩어지는 모양. ③난잡한 모양. ④기뻐하는 정(情)이 많은 모양. ⑤온갖 빛깔이 아롱아롱한 모양.
【瀾文 난문】 잔물결의 무늬.
【瀾翻 난번】 ①물결치는 모양. ②기세등등한 모양. ③말이 끝없이 이어지는 모양. ○ '瀾'는 조자(助字).
【瀾漪 난의】 큰 물결.
【瀾波 난파】 큰 물결.
【瀾汗 난한】 물의 기세가 큰 모양.
◐ 驚-, 狂-, 碧-, 波-, 汎-.

水17【瀲】⑳ 넘칠 렴 琰 liàn

水部 17획 㳽瀿濆瀟㴅瀤瀯瀴瀛瀷瀺

㴅

[字解] ①넘치다, 물이 넘치는 모양.〔木華·賦〕㴅淡瀇瀁. ②뜨다, 물결에 뜨다.〔郭璞·賦〕或泛㴅于潮波. ③물가, 물녘.〔潘岳·賦〕青蕃蔚乎翠㴅.

【㴅㴅 염염】①물이 넘치는 모양. ②잔물결이 이는 모양.

【㴅瀁 염염】①물이 넘치는 모양. ②잔잔한 물결이 널리 이어지는 모양. ③물결에 햇빛에 반짝이는 모양.

【㴅瀁斟 염염짐】술을 잔 가득히 따름.

➊ 泛一, 翠一.

㳽

❶물 넓을 미 因 mí
❷세차게 흐를 미 紙 mǐ

[字解] ❶①물이 넓다, 물이 아득히 넓은 모양.〔木華·賦〕渺㳽湠漫. ❷①세차게 흐르다, 물이 성(盛)한 모양.〔詩經〕河水㳽㳽. ②물이 깊다, 물이 치렁치렁한 모양.〔詩經〕有㳽濟盈.

【㳽漫 미만】널리 퍼져 가득 참.
【㳽茫 미망】넓어서 끝이 없는 모양.
【㳽㳽 미미】①물이 세차게 흐르는 모양. ②물이 성한 모양.
【㳽迤 미이】지형(地形)이 넓고 평평한 모양.

瀿

넘칠 번 元 fán

[字解] 넘치다, 물이 갑자기 넘치다.〔淮南子〕樹木者灌以瀿水.

濆

물 질펀할 분 問 fèn

[字解] ①물이 질펀하다. ②산꼭대기의 샘.〔列子〕名曰神濆. ③적시다, 담그다.〔郭璞·賦〕𩸣莖濆藁.

瀟

강 이름 소 蕭 xiāo

[字解] ①강 이름. 호남성(湖南省) 영원현(寧遠縣)에서 발원하여 상수(湘水)로 흘러드는 강.〔呂溫·詩〕月明瀟水流. ②물이 맑고 깊다. ③비바람이 사나운 모양.〔詩經〕風雨瀟瀟.

【瀟湘 소상】소수(瀟水)와 상수(湘水). ➊'湘水'는 호남성(湖南省)의 동정호(洞庭湖)로 흘러드는 강.
【瀟湘八景 소상팔경】소수(瀟水)와 상수(湘水) 부근에 있는 여덟 곳의 아름다운 경치. 곧, 평사낙안(平沙落雁)·원포귀범(遠浦歸帆)·산시청람(山市晴嵐)·강천모설(江天暮雪)·동정추월(洞庭秋月)·소상야우(瀟湘夜雨)·연사만종(煙寺晩鐘)·어촌석조(漁村夕照).
【瀟瀟 소소】①비가 쓸쓸히 오는 모양. ②비바람이 세찬 모양.

【瀟灑 소쇄】①산뜻하고 깨끗함. ②맑고 깨끗하여 세속에서 떠난 느낌이 있음.
【瀟寂 소적】쓸쓸하고 적적함.

瀹

데칠 약 藥 yuè

[字解] ①데치다.〔儀禮〕管箈三, 其實皆瀹. ②삶다.〔齊民要術〕有瀹雞子法. ③씻다.〔莊子〕疏瀹而心, 澡雪而精神. ④물을 다스리다.〔孟子〕禹疏九河, 瀹濟漯. ⑤물이 빠르게 흐르는 모양.〔郭璞·賦〕灑淤潤瀹.

瀼

❶이슬 많은 모양 양 陽 ráng
❷물빛 일렁거릴 상 陽 ráng
❸물 흐르는 모양 낭 漾 nǎng
❹강 이름 양 漾 ràng

[字解] ❶①이슬이 많이 내린 모양.〔詩經〕零露瀼瀼. ②물빛이 일렁거리다, 물빛이 일렁거리는 모양.〔木華·賦〕瀼瀼濕濕. ❸①물이 흐르는 모양.〔木華·賦〕涓流泱泱. ②수렁, 진흙탕.〔漢書〕有墋淤反瀼之害. ❹강 이름.

【瀼瀼 ❶양양 ❷상상】①이슬이 많이 내린 모양. ②물빛이 일렁거리는 모양.

瀯

물 졸졸 흐를 영 庚 yíng

[字解] ①물이 졸졸 흐르다, 물이 졸졸 흐르는 모양.〔後漢書〕且洛邑之瀯瀯. ②물소리.〔柳宗元·記〕瀯瀯之聲與耳謀. ③물이 돌아 흐르는 모양.

【瀯瀯 영영】물이 흐르는 소리.

瀴

❶물 질펀할 영 庚 yíng
❷큰물 영 迥 yíng

[字解] ①물이 질펀하다.〔木華·賦〕經途瀴溟, 萬萬有餘. ②큰물, 큰물의 모양.

【瀴溟 영명】물이 아득히 넓은 모양.

瀛

瀛(1053)의 본자

瀷

강 이름 익 職 yì

[字解] ①강 이름. 하남성(河南省) 밀현(密縣)에서 발원하여 영수(潁水)로 모여 흐르는 물. 소나기가 오고 나서 갑자기 불어난 물.〔淮南子〕澤受瀷而無源者.

瀺

❶물소리 참 咸 chán
❷물고기 놀 참 銜 chán
❸물 떨어질 참 陷 chán

[字解] ❶물소리.〔司馬相如·賦〕瀺灂霣墜. ❷물고기가 놀다, 물고기가

水部 17〜18획 瀳瀸灌灅灆灇灈灉灊灋灌灍 1055

떴다 가라앉았다 하다.〔潘岳·賦〕游鱗瀺灂. ❸①물이 떨어지는 모양. ②돌이 물속에 잠겼다 나타났다 하는 모양.〔宋玉·賦〕巨石溺溺之瀺灂. ③물이 구멍으로 흘러 들어가다.〔馬融·賦〕硅投瀺穴.
【瀺灂 참작】①물소리. ②물고기 따위가 물에 잠겼다 나타났다 하는 모양.

水 17 【瀳】 ⓩ 물 이를 천 圖 jiàn
 소전 통자 자해 ①물이 이르다. ②물이 치렁치렁하다.

水 17 【瀸】 ⓩ 적실 첨 圖 jiān
 소전 초서 자해 ①적시다, 담그다.〔淮南子〕瀸濇肌膚. ②두루 미치다, 널리 미치다.〔呂氏春秋〕瀸於民心. ③어느 때는 괴고 어느 때는 마르는 샘. ④별 이름.〔史記〕瀸臺星近天漢. ⑤멸하다, 멸망하다. ≒殲.〔春秋公羊傳〕齊人瀸于遂. ⑥물이 조금 있는 모양. ¶瀸瀸.
【瀸臺 첨대】별 이름.
【瀸漏 첨루】물이 새어 흘러나옴.
【瀸瀸 첨첨】적은 물이 흐르는 모양.

水 18 【灌】㉑ ❶물 댈 관 圖 guàn
 ❷손 씻을 관 圉 guàn
 소전 瀿 초서 䜭 속자 灌 자해 ❶①물을 대다.〔莊子〕時雨降矣, 而猶浸灌. ②따르다, 붓다.〔禮記〕灌用玉瓚大圭. ③흐르다.〔莊子〕百川灌河. ④씻다, 닦다, 헹구다.〔素問〕當病灌汗. ⑤마시다.〔禮記〕奉觴曰賜灌. ⑥강신제(降神祭)를 지내다.〔禮記〕灌用鬱鬯. ⑦나무가 더부룩이 나다.〔詩經〕其灌其栵. ⑧정성스러운 모양.〔詩經〕老夫灌灌. ⑨주조하다.〔張協·七命〕萬辟千灌. ⑩물이 흐르는 모양.〔漢書〕湊與洧方灌兮. ⑪익다, 익히다. ≒摜.〔後漢書〕義遂爲守灌謁者. ⑫내 이름. 회수(澮水)의 딴 이름. ❷손을 씻다. =盥.
【灌漑 관개】농사에 필요한 물을 논밭에 댐.
【灌灌 관관】①냇물이 많이 흐르는 모양. ②정성을 다하는 모양.
【灌瀆 관독】도랑. 작은 내.
【灌莽 관망】잡목이 우거진 숲.
【灌木 관목】키가 작고 원줄기가 분명하지 않으며, 밑동에 가지가 많이 나는 나무.
【灌璧 관벽】쇠붙이를 단련함.
【灌佛會 관불회】(佛)음력 4월 8일 석가의 탄생일에 불상에 향수(香水) 등을 뿌리는 의식. 降誕會(강탄회). 佛生會(불생회).
【灌輸 관수】배로 화물을 운반함.
【灌沃 관옥】물을 댐. 좋은 교훈을 마음속에 넣어 줌.
【灌園 관원】밭에 물을 댐.
【灌腸 관장】주로 대변을 보게 하기 위해 항문으로 약물을 넣어 직장이나 대장에 들어가게 하는 일. 병 치료와 영양 공급을 위해서도 쓰임.
【灌頂 관정】(佛)계(戒)를 받아 불문(佛門)에 들어갈 때에 물이나 향수를 정수리에 끼얹는 의식. 원래는 고대 인도(印度)에서 왕의 즉위식 때 행하던 의식.
【灌澡 관조】씻음.
【灌注 관주】①물을 댐. ②물이 흘러 들어감.
【灌叢 관총】우거진 초목(草木).
❶漑-, 沃-, 澆-, 澡-, 浸-.

水 18 【灅】㉑ 강 이름 루 圖 lěi
 소전 灅 자해 강 이름. 하남성(河南省) 준화현(遵化縣)에서 발원하여 이하(梨河)로 흘러드는 강.

水 18 【灆】㉑ 溜(1016)와 동자

水 18 【灇】㉑ 法(955)의 고자

水 18 【灈】㉑ 灈(1054)의 본자

水 18 【灉】㉑ 강 이름 섭 圖 shè
 간체 灉 자해 ①강 이름. 호북성(湖北省) 황안현(黃安縣)과 하남성(河南省) 나산현(羅山縣)의 두 곳에서 발원하여 중간에서 합수하여 양자강(揚子江)으로 흘러드는 강. ②뗏목.〔春秋繁露〕小者可以爲舟輿浮灉. ③이슬이 함치르르하다.

水 18 【灊】㉑ 강 이름 옹 圖 yōng
 소전 灊 초서 濰 동자 灉 동자 澭 자해 강 이름. 산동성(山東省) 조현(曹縣)에서 발원하여 저수(沮水)와 합류하여 황하로 흘러드는 강.

水 18 【灋】㉑ 강 이름 잠·심 圖圉 qián
 소전 灋 속자 潛 자해 ①강 이름. 사천성(四川省)을 흐르는 거강(渠江)의 딴 이름. ≒潛. ②땅 이름. 춘추 시대 초(楚)나라의 현(縣).〔史記〕以岳圍楚之六灋.

水 18 【灌】㉑ 灌(1055)의 속자

水 18 【灍】㉑ ❶옻칠할 조 圖 jiāo
 ❷물소리 착 圉 zhuó
 소전 灍 초서 渚 자해 ❶옻칠하다, 수레의 채에 옻칠하다.〔周禮〕良輈環灍. ❷물소리.〔郭璞·賦〕灂渚濎灂.

水部 18〜21획 灃 澂 灑 灓 灕 灑 灖 瀹 灘 灛 灡 灠 灣 灟

灃 ㉑ 강 이름 풍 fēng
灃(1043)은 딴 자.
字解 ①강 이름. 섬서성(陝西省) 영섬현(寧陝縣)의 진령(秦嶺)에서 발원하여 장안을 거쳐 위수(渭水)로 흘러드는 강. ②비가 세차게 내리는 모양.〔魏文帝·賦〕降甘雨之灃沛.
【灃沛 풍패】비가 세차게 오는 모양.

澂 ㉑ 國사람 이름 형
字解 사람 이름.

灕 ㉒ 내 이름 라 luó
字解 내 이름. 호남성(湖南省) 상음현(湘陰縣) 북쪽에서 발원하여 서쪽으로 흐르는 상수(湘水)의 지류(支流).

灓 ㉓ 새어 흐를 란·련 luán
字解 ①새어 흐르다, 새어 흐르는 물.=灤.〔戰國策〕灓水齧其墓. ②적시다.

灕 ㉒ 스며들 리 lí
字解 ①스며들다, 물이 땅에 스며들다. ②흐르는 모양.〔漢書〕澤滲灕而下降. ③가는 비가 내리는 모양. ④수레의 장식(裝飾)이 드리워진 모양.〔揚雄·賦〕灕虖幓纚. ⑤강 이름. 감숙성(甘肅省)에 있는 강.

灑 ㉒ 뿌릴 쇄 sǎ
字解 ①뿌리다. ㉠물을 뿌리다, 물을 끼얹다.〔詩經〕灑埽庭內. ㉡물이 흩어져 떨어지다.〔梁書〕涕淚所灑. ㉢씻다, 청소하다.〔孫綽·疏〕淸灑酆京. ②나누다, 나누어지다.〔張衡·賦〕開竇灑流. ③흩다, 흩어지다.〔陸機·演連珠〕時መ夕灑. ④맑고 깨끗하다, 상쾌하다.〔南史〕神韻蕭灑. ⑤던지다, 드리우다.〔潘岳·賦〕灑釣投網. ⑥끊이지 않는 모양.〔陸龜蒙·辭〕日染中流兮紅灑灑.
【灑落 쇄락】①인품이 깨끗하고 시원함. ②흩어져 떨어짐.
【灑淚 쇄루】눈물을 흘림.
【灑淚雨 쇄루우】음력 7월 7일 칠석날에 내리는 비. ○견우(牽牛)·직녀(織女) 두 별이 만나는 것을 방해한다는 데서 온 말.
【灑埽 쇄소】물을 뿌리고 비로 쓺. ○'埽'는 '掃'로 '쓸다'의 뜻. 灑掃(쇄소).
【灑灑 쇄쇄】①밝은 모양. ②끊이지 않는 모양.

③나뭇잎이 떨어져 깔린 모양.
【灑然 쇄연】①놀라는 모양. ②깨끗하고 산뜻한 모양.
【灑沃 쇄옥】물을 뿌림. 물을 끼얹음.
【灑泣 쇄읍】눈물을 흘림.
【灑濯 쇄탁】씻음. 세척함.
【灑汗 쇄한】땀을 흘림. 또는 흐르는 땀.
❶ 糞—, 掃—, 蕭—, 清—, 揮—.

瀹 ㉒ 물살 빠를 숙 shú
字解 물살이 빠르다, 물살이 천천히 흐르는 모양.〔郭璞·賦〕灛瀹灛淪.
【灛瀹 숙섬】물살이 빠른 모양.

瀹 ㉒ ❶파도칠 약 yào ❷더울 삭 shuò
字解 ❶①파도가 치다, 파도가 치는 모양.〔木華·賦〕跣踔湛瀹. ②강 이름. 하남성(河南省)에 있는 강.=瀹.〔張衡·賦〕滍灃瀹濜. ❷덥다, 더운 모양.〔張衡·賦〕心勺瀹其若湯.

灠 ㉒ 灩(1057)과 동자

灘 ㉒ ❶여울 탄 tān ❷해 탄 tān
字解 ❶①여울. 얕고 돌이 많아 배가 다니기 위험한 곳.〔崔道融·詩〕卻放輕舟下急灘. ②물가, 사주(沙洲).〔岑參·詩〕水漲灘草沒. ③소금밭, 염밭. ❷해, 태세(太歲)의 이름.〔爾雅〕太歲在申曰涒灘.
【灘上 탄상】여울이 흐르는 물가.
【灘聲 탄성】여울물이 흐르는 소리.
【灘響 탄향】급류(急流)가 흐르는 소리.
❶ 涒—, 急—, 峻—.

灛 ㉓ 讞(1707)과 동자

灡 ㉓ 내 이름 천 chǎn
字解 내 이름. 문수(汶水)의 지류.

灠 ㉔ 뜨물 란 lán
字解 뜨물, 쌀을 씻어 낸 물.〔周禮〕雖其潘灠戔餘.

灠 ㉔ 灆(1046)과 동자

灟 ㉔ 공손할 촉 zhú
字解 ①공손하다, 공손한 모양. ②형체가 없는 모양.〔淮南子〕洞洞灟灟.

水部 21~29획 灞 灝 灢 灣 灤 灩 灦 灨   火部 0획 火

水21 **【灞】**㉔ 강 이름 파 ㉥ bà
[字解] 강 이름. 섬서성(陝西省) 남전현(藍田縣)에서 발원하여 위수(渭水)로 흘러드는 강.
【灞橋 파교】 파수(灞水)에 있는 다리 이름. 한(漢)나라 사람들이 이별할 때 이 다리에 이르러 버들가지를 꺾어 주면서 송별의 뜻을 표하였다고 함.
【灞橋驢上 파교노상】 파교를 건너는 나귀의 등. 시상(詩想)을 얻기에 아주 좋은 곳.

水21 **【灝】**㉔ 넓을 호 ㉥ hào
[字解] ①넓다, 물이 넓고 멀다. 〔司馬相如·賦〕然後灝漾潢漾. ②콩물, 콩을 삶은 물. ③하늘의 청명(淸明)한 기운. ¶灝氣.
【灝氣 호기】 천상(天上)의 맑은 기운.
【灝漾 호양】 물이 끝없이 넓은 모양.
【灝灝 호호】 넓고 먼 모양.

水22 **【灢】**㉕ 흐릴 낭 ㉥ nǎng
[字解] 흐리다, 물이 흐리다.

水22 **【灣】**㉕ 물굽이 만 ㉕완 ㉨ wān
[字解] ①물굽이, 육지로 쑥 늘어온 바다의 부분. 〔司馬光·詩〕滿船歌吹拂春灣. ②굽은 모양. 〔白居易·詩〕灣疊有淸淺.
【灣曲 만곡】 활처럼 휘어져 굽음. 彎曲(만곡).
【灣府 만부】 圀평안도 의주부(義州府).
【灣商 만상】 圀의주의 용만(龍灣)에서 중국과 교역하던 상인.
【灣然 만연】 물이 활 모양으로 굽은 모양.
【灣尹 만윤】 圀의주 부윤(義州府尹).
【灣入 만입】 해안선이 육지로 완만하게 휘어 들어감.
◐ 濤-, 深-, 銀-, 澄-, 港-.

水23 **【灤】**㉖ 새어 흐를 란 ㉥ luán
[字解] ①새어 흐르다. ②강 이름. 하북성(河北省)에서 발원하여 발해(渤海)로 흘러드는 강.

水23 **【灩】**㉖ 물결 출렁거릴 염 ㉥ yàn
[字解] ①물결이 출렁거리다, 물이 가득 찬 모양. 〔木華·賦〕潋淡激灂. ②달빛이 물에 비치는 모양. 〔元稹·詩〕碧幌靑燈風灧灧.
【灩灩 염염】 ①달빛이 물에 비치어 아름답게 빛나는 모양. ②물이 넘치는 모양.

水24 **【灨】**㉗ 강 이름 감 ㉥ gàn
[字解] 강 이름. 강서성(江西省)에서 발원하여 양자강(揚子江)으로 흘러드는 강.

水28 **【灦】**㉛ 灦(1057)의 속자

水29 **【灨】**㉜ 큰물 울 ㉥ yù
[字解] ①큰물, 큰물의 모양. ②높고 험한 모양.

火 部

4획 부수 | 불화부

火0 **【火】**㊃ 불 화 ㉥ huǒ

丶 ㇔ 少 火

[소전] 火 [초자] 大 [고자] 焱
[參考] '火'가 한자의 구성에서 발에 쓰일 때는 글자 모양이 '灬'로 바뀌고, '연화발, 불화발'이라고 부른다.

[字源] 象形. 불길이 위로 솟으며 타오르는 모습을 본뜬 글자.

[字解] ①불. ㉮불체가 탈 때 나는 열과 빛. 〔論語〕鑽燧改火. ㉯타는 것. 횃불, 등불 따위. 〔南史〕乃令多擲火爲火城, 以斷其路. ㉰빛을 내는 것. 〔晉書〕夏月則練囊盛數十螢火以照書. ㉱화재(火災). 〔春秋左氏傳〕陳不救火. ㉲화, 노여운 심기(心氣). 〔白居易·詩〕憂喜皆心火, 榮枯是眼塵. ㉳불의 모양을 한 무늬, 십이장(十二章)의 하나. ②오행의 하나. 방위로는 남(南), 시기로는 여름, 별로는 심성(心星), 천간(天干)으로는 병정(丙丁), 지지(地支)로는 인(寅), 오사(五事)로는 시(視), 오장(五臟)으로는 심(心)에 배당된다. ③타다. ㉮태우다, 사르다. 〔禮記〕昆蟲未蟄不以火田. ㉯불에 익히다. 〔禮記〕有不火食者. ④양(陽), 태양. 〔白虎通〕火者陽也. ⑤동아리. ㉮군대의 편오(編伍). 〔唐書〕十人爲火, 火有長. ㉯동행자, 동반자. 〔古樂府·木蘭辭〕出門看火伴. ⑥급하다. 〔北史〕帝特愛非時之物, 取求火急.
【火炬 화거】 횃불. 관솔불. 松明(송명).
【火耕 화경】 화전(火田)을 경작함.
【火鏡 화경】 ①태양. ②햇빛을 비추면 불을 일으키는 거울. 볼록렌즈.
【火鷄 화계】 ①타조. ②닭의 발에 불을 달아 적진(敵陣)으로 날려서 화재를 일으키는 전법.
【火攻 화공】 불로 공격함.
【火光衝天 화광충천】 화염이 하늘을 찌름. 불길이 맹렬함.
【火口 화구】 ①㉠아궁이. ②화산의 불길이 솟는

구멍. 噴火口(분화구).
【火具 화구】①불을 켜는 제구. ②화공(火攻)에 쓰는 제구. ③불을 막는 제구.
【火毬 화구】바람이 세게 불 때 적진(敵陣)에 던져 적의 영채(營寨)나 군수 물자를 불사르는 병기의 한 가지.
【火克金 화극금】오행 운행(五行運行)에서, 화(火)는 금(金)을 이긴다는 말.
【火急 화급】타는 불과 같이 매우 급함.
【火德 화덕】①오행(五行)의 덕의 하나로, 왕이 될 운(運). 주(周) 왕조가 이에 해당된다고 함. ②태양의 열기.
【火刀 화도】①총(銃). ②부시.
【火道 화도】불이 났을 때 불이 번지는 길.
【火毒 화독】불의 독기(毒氣).
【火頭 화두】①취사(炊事)에 종사하는 사람. 炊夫(취부). ②㉠불을 낸 집. ㉡요리인. ㉢담뱃통. ③(佛)절에서 불을 때는 일을 맡아보는 사람.
【火斗 화두】다리미. 熨斗(울두).
【火遁 화둔】불을 이용하여 자기 몸을 감추는 술법. 오둔(五遁)의 하나.
【火曆 화력】화덕(火德)의 역운(曆運).
【火鎌 화렴】①불을 일으키는 무쇠. 부시. ②날이 있는 화기(火器). 성(城)을 공격할 때 씀.
【火鈴 화령】손으로 흔들어 소리를 내는 방울의 한 가지.
【火籠 화롱】화로 위에 씌워 놓고 그 위에 젖은 옷을 얹어 말리도록 만든 기구. 焙籠(배롱).
【火輪 화륜】①태양의 딴 이름. ②불덩이. ③기선(汽船).
【火脈 화맥】지하의 화열(火熱)이 통하는 길.
【火綿 화면】솜을 원료로 하여 만든 화약(火藥).
【火木 화목】땔나무.
【火門 화문】대포 따위의 아가리.
【火伴 화반】①열 명이 한 조가 된 부대의 군사. ⓒ火伍(화오). ②동반자(同伴者). 伴侶(반려).
【火飯 화반】볶은 주먹밥. 볶은 밥.
【火兵 화병】화약을 사용하는 병기. 총·대포 따위. ②화력을 써서 싸우는 군사. 취사병. ④불을 끄는 사람. 消防夫(소방부).
【火病 화병】國울화병(鬱火病).
【火夫 화부】①기관(汽罐) 따위에 불을 때는 일을 맡은 사람. ②취사를 맡은 사람.
【火盆 화분】불을 담는 그릇.
【火不思 화불사】비파와 비슷한 악기의 한 가지. 현은 넉 줄이고, 오동나무와 배나무 공명통에 절반은 이무기 가죽을 입힘.

〈火不思〉

【火傘 화산】불의 양산. 여름철의 심한 더위.
【火傷 화상】높은 열에 뎀. 높은 열에 입은 상처. 熱傷(열상).
【火色 화색】①불빛. 붉은빛. ②붉게 생기가 감도는 얼굴빛.
【火生土 화생토】오행(五行)의 운행(運行)에서 화(火)가 토(土)를 낳는다는 말.
【火鼠 화서】전설에 나오는 쥐. 털로 화완포(火浣布)를 만들 수 있다고 함.
【火石 화석】①병기의 한 가지. 돌을 퉁기는 대포. ②부싯돌. 燧石(수석).
【火城 화성】①적의 침입을 막기 위하여 줄지어 늘어세운 횃불. ②당대(唐代)에 원단(元旦)과 동지(冬至)의 조회(朝會)에 수많은 횃불을 궁중에 늘어세우던 일.
【火巢 화소】國산불을 막기 위하여, 능원(陵園)·묘 등의 해자(垓字) 둘레에 있는 초목을 불살라 버린 곳.
【火燒眉毛 화소미모】불이 눈썹을 태움. 일이 절박함. 焦眉之急(초미지급).
【火速 화속】썩 빠름. 대단히 급함.
【火樹 화수】①붉은 과실이 연 나무. ②밝은 등불. ③산호수(珊瑚樹).
【火樹銀花 화수은화】등불이 번쩍번쩍 빛남.
【火繩 화승】①불을 붙여 시간을 재는 데 쓰는 노끈. ②화약 심지.
【火柴 화시】성냥.
【火燼 화신】불탄 끄머리. 灰燼(회신).
【火藥 화약】충격이나 점화 등에 의하여 터지는 폭약의 총칭.
【火焰 화염】불꽃.
【火伍 화오】당대(唐代)의 병제(兵制)에서 군대의 대오(隊伍). ⇨'火'는 10인조, '伍'는 5인조를 이름.
【火浣布 화완포】석면(石綿)으로 짠, 불에 타지 않는 직물. 火㲲(화취).
【火旺之節 화왕지절】오행(五行)에서 화기가 왕성한 절기. 곧, 여름.
【火曜 화요】①불빛. ②화성(火星). ③화요일.
【火茸 화용】부싯깃.
【火牛計 화우계】병법(兵法)의 한 가지. 故事 전국 시대 제(齊)나라의 전단(田單)이 천여 마리의 소의 뿔에 칼을 달고, 꼬리에 기름을 뿌린 갈대 다발을 매달아 불을 붙여서 적군 쪽으로 달리게 한 다음, 그 뒤를 따라 연군(燕軍)을 쳐서 크게 이겼다는 데서 온 말.
【火雲 화운】여름철의 구름. 雷雲(뇌운).
【火絨 화융】부싯깃.
【火印 화인】낙인(烙印).
【火杖 화장】부지깽이.
【火葬 화장】시체를 불에 태워 장사 지냄.
【火箸 화저】부저. 부젓가락.
【火賊 화적】國떼를 지어 돌아다니는 강도.
【火傳 화전】①불이 번짐. ②개개의 사물에는 쇠함과 성함이 있어도 본체는 영구히 없어지지 않음.
【火箭 화전】불을 달거나 화약을 장치하여 쏘는 화살.
【火戰 화전】①불을 질러 공격하는 전투. ②총포를 쏘며 벌이는 전투.
【火田 화전】①산림을 불태워 개간한 밭. ②들

의 초목을 불사르고 사냥을 함. 田獵(전렵).
【火定 화정】 (佛)불도를 믿는 사람이 열반(涅槃)에 들기 위하여 스스로 불 속에 몸을 던져 죽는 일. 火和(화화).
【火政 화정】 ①화재를 막기 위한 제사. ②불에 관한 정사(政事).
【火帝 화제】 여름을 맡은 신(神). 炎帝(염제).
【火齊 화제】 ①불이 타는 상태나 화력이 센 정도. 火候(화후). ②아름다운 옥돌의 이름. ③유리(琉璃)의 이름.
【火棗 화조】 전설에 나오는 대추. 이것을 먹으면 날개가 생겨서 하늘을 날 수 있다고 함.
【火主 화주】 불을 낸 집.
【火酒 화주】 소주와 같은 독한 증류주.
【火中 화중】 ①불 속. ②문서 따위를 불에 태워 없애는 일.
【火車 화차】 ①화공(火攻)에 쓰는 수레. ②(佛)지옥에서 죄인을 실어 나른다는, 불이 타고 있는 수레. ③기차(汽車).
〈火車①〉
【火淸 화청】 國 생청을 떠내고 불에 끓여 짜낸 찌끼 꿀.
【火銃 화총】 화약을 사용하여 탄환을 쏘는 총.
【火㶽 화취】 ☞火浣布(화완포).
【火針 화침】 종기를 따려고 불에 달군 침.
【火宅 화택】 (佛)불이 타고 있는 집. 번뇌가 많은 이 세상.
【火宅僧 화택승】 (佛)대처승(帶妻僧).
【火憲 화헌】 화재 방지에 관한 정령(政令).
【火血刀 화혈도】 (佛)화도(火途)·혈도(血途)·도도(刀途)의 삼악도(三惡途). 곧, 지옥(地獄)·축생(畜生)·아귀(餓鬼)의 삼악도.
【火刑 화형】 불에 태워 죽이는 형벌.
【火化 화화】 ①불로 음식물을 익히는 일. ②화장(火葬).
【火花 화화】 ①등잔 심지의 불똥. ②불나방.
【火候 화후】 ☞火齊(화제)①.
【火堠 화후】 봉화대(烽火臺). 봉화둑.
◐ 炬-, 擧-, 劫-, 鬼-, 禁-, 爐-, 大-, 明-, 發-, 放-, 兵-, 烽-, 燈-, 噴-, 飛-, 失-, 心-, 夜-, 野-, 煙-, 烈-, 炎-, 人-, 燐-, 鎭-, 炭-, 螢-, 花-.

火2【兂】⑥ 光(146)의 본자

火2【灸】⑥ 救(1743)의 고자

火2【灯】⑥ ❶열화 정 團 dīng
❷등불 등 壓 dēng
字解 ❶열화(烈火). ❷등불. ※燈(1082)의 속자(俗字).

火2【炎】⑥ 火(1057)의 고자

火2【灰】⑥ 재 회 灰 huī
字源 會意. 厂+火→灰. '厂'은 '手'와 같다. 불타고 남은 것으로 쥘 수 있는 것, 곧 '재'를 뜻한다.
字解 ①재, 불에 탄 뒤에 남는 가루 모양의 물질. 〔禮記〕 冠帶垢, 和灰請漱. ②재로 만들다, 죄다 태워 버리다. 〔後漢書〕 燔康居灰珍奇. ③재가 되다, 망하다. 〔謝惠連·序〕 應手灰滅. ④석회(石灰)의 약칭. 〔本草〕 燒青石爲灰也. ⑤활기(活氣)를 잃은 것. 〔陸游·詩〕 白首自憐心未灰.
【灰劫 회겁】 (佛)인간계의 업화(業火)의 재.
【灰冷 회랭】 ①불기가 없어져 재가 식음. 식은 재. ②마음이 냉정하며 조금도 욕심이 없음.
【灰滅 회멸】 ①사라져 없어짐. 멸망함. ②불타서 없어짐. ③죽음.
【灰滅之咎 회멸지구】 멸족(滅族)을 당하는 무거운 형벌.
【灰沒 회몰】 불에 타거나 물에 빠져 죽음.
【灰死 회사】 ①불이 꺼져 재가 됨. ②다시 살아날 수 없음. ③마음이 고요하여 동하지 않음.
【灰色 회색】 ①잿빛. ②소속이나 주의(主義)가 분명하지 않음.
【灰燼 회신】 ①불탄 끄트머리. ②송두리째 타버림. ③밑밑하여 형체가 없어짐.
【灰身 회신】 ①몸을 태워 재로 만듦. 죽음을 이름. ②뼈가 가루가 되도록 노력함.
【灰心 회심】 ①꺼진 재와 같이 욕심이 없고 고요하여 외부의 유혹을 받지 않는 마음. ②극도로 실의(失意)한 마음.
【灰煮 회자】 잿물에 넣어 삶음.
【灰汁 회즙】 ①잿물. ②나무나 풀에서 나오는 다갈색(茶褐色)의 즙.
【灰塵 회진】 ①재와 티끌. 허물어져 없어짐. ②재와 티끌처럼 보잘것없는 것.
◐ 劫-, 冷-, 死-, 石-, 爐-, 熱-, 寒-.

火2【烖】⑥ 灰(1059)의 본자

火2【灰】⑥ 灰(1059)의 속자

火3【灸】⑦ 뜸 구 宥 jiǔ
字解 ①뜸, 약쑥으로 살을 태워서 병을 고치는 방법. 〔史記〕 形弊者不當關灸鑱石, 及飲毒藥也. ②뜸질하다. 〔顔氏家訓〕 爲灸兩穴. ③버티다. 〔周體〕 灸諸牆以眂其橈之均也.
【灸甘草 구감초】 불에 구운 감초를 한방에서 약재로 이르는 말.

火部 3~4획　灸 灵 灺 灼 災 灾 灸 夹 虹 炅 炔 炚

【灸師 구사】 뜸으로 병을 고치는 의사.
【灸點 구점】 뜸뜰 자리에 먹으로 표시한 점.
【灸瘡 구창】 뜸뜬 곳이 헐어 생긴 부스럼.
【灸穴 구혈】 몸의 경락(經絡)에 따라 뜸을 뜰 수 있는 자리. 灸所(구소).

火3 【灸】㉠ 灸(1059)와 동자

火3 【灵】㉠ 靈(1985)의 속자

火3 【灺】㉠ 빨똥 사·타 <馬><罔> xiè
<소전> 烌 <동문> 炧 <동문> 炪　字解 불똥. 촛불이 탈 때 심지에 찌끼가 엉겨 덩이가 된 부분.〔李商隱·詩〕香灺燈光奈爾何.

火3 【灼】㉠ 사를 작 <藥> zhuó
<소전> 灼 <고문> 灼 <주문> 灼 <속문> 焯　字解 ①사르다. 굽다.〔國語〕如龜焉, 灼其中, 必交於外. ②밝다. ≒燁.〔書經〕我其灼灼知厥若. ③성(盛)한 모양.〔潘岳·賦〕灼繡頸而袞背. ④불똥, 불에 탄 심지.〔楚辭〕唐虞點灼而毀議. ⑤놀라다.〔後漢書〕既知重賞, 懷用悼灼.
【灼見 작견】 환히 봄. 상세하게 죄다 앎.
【灼骨 작골】 점을 치기 위하여 뼈를 구움.
【灼龜 작귀】 거북의 등 껍데기를 불에 그을려 그 튼 금으로 길흉을 판단함.
【灼怛 작달】 애가 타서 마음이 괴로움.
【灼爛 작란】 타서 문드러짐.
【灼爍 작삭】 ①환히 빛남. ②광택이 있어 아름다운 모양.
【灼燿 작약】 반짝반짝 빛남.
【灼然 작연】 빛나는 모양.
【灼熱 작열】 ①새빨갛게 불에 닮. ②찌는 듯이 몹시 더움.
【灼灼 작작】 ①빛나는 모양. 밝은 모양. ②꽃이 난만한 모양. ③재능이 뛰어난 모양. ④공명이 빼어난 모양. ⑤모습이 예쁜 모양.
【灼懸 작현】 높이 걸려 빛남.
○ 悼一, 蟠一, 炎一, 焦一, 熾一, 薰一, 熙一.

火3 【災】㉠ 재앙 재 灰 zāi
<소전> 烖 <고문> 灾 <주문> 災 <혹체> 灾 <초서> 災
<본문> 烖 <동문> 灾 <간문> 灾　字源 會意. ⑾+火→烖→災. ‘⑾’는 내(⑾)를 막는 [一] 모양으로, 냇물을 막아서 물이 넘치는 재앙을 뜻한다. 이에 ‘火(불 화)’를 더하여 불로 인한 재앙도 뜻한다.

字解 ①재앙, 하늘이 내리는 홍수·한발·지진·충재(蟲災) 따위.〔春秋左氏傳〕天災流行, 國家代有, 救災恤鄰道也. ②화재.〔春秋公羊傳〕大者曰災, 小者曰火. ③주벌(誅伐)하다. ④죄악(罪惡).〔春秋穀梁傳〕災紀也.
【災減 재감】 國 재해를 입은 논밭의 세(稅)를 줄여 줌.
【災結 재결】 國 자연재해를 입은 논밭.
【災歉 재겸】 자연재해로 곡식이 잘 여물지 못함.
【災咎 재구】 ①재난(災難). ②하늘의 문책.
【災難 재난】 뜻밖에 당하는 불행한 일.
【災年 재년】 ①재해가 심한 해. ②흉년.
【災厲 재려】 재앙과 유행병.
【災祥 재상】 재앙과 상서(祥瑞). 禍福(화복).
【災傷 재상】 ①재난과 상해(傷害). ②천재(天災)로 인하여 농작물이 입는 해.
【災眚 재생】 ☞災難(재난).
【災殃 재앙】 천재지변으로 인한 불행한 일.
【災厄 재액】 재앙과 액운(厄運).
【災妖 재요】 재앙과 요괴(妖怪)한 일.
【災異 재이】 지진·태풍·홍수 등 자연현상으로 인한 재앙. 災變(재변).
【災燀 재천】 화재가 일어남. 불꽃이 일어남.
【災害 재해】 재앙으로 말미암은 피해.
【災禍 재화】 재앙과 화난(禍難).
【災患 재환】 재앙과 우환.
○ 防一, 三一, 眚一, 水一, 人一, 天一, 風一, 旱一, 火一.

火3 【灾】㉠ 災(1060)와 동자

火3 【灸】㉠ 赤(1742)의 본자

火3 【夹】㉠ 赤(1742)과 동자

火3 【虹】㉠ 화톳불 홍 <東> hōng
字解 ①화톳불. =烘. ②불이 성하다.

火4 【炅】㉧ ❶빛날 경 <迥> jiǒng ❷성 계 <霽> guì
參考 대법원 지정 인명용 한자음은 '경'이다.
字解 ❶①빛나다, 빛이 나타나다. ②열, 열기(熱氣).〔素問〕得炅則痛立止. ❷《同》炔(1060). ①성(姓). ②연기가 나는 모양.

火4 【炔】㉧ ❶성 계 <霽> guì ❷불 피울 결 <屑> xuē
字解 ❶《同》炅(1060). ①성(姓). ②연기가 나는 모양. ❷불을 피우다, 불이 타기 시작하다.

火4 【炚】㉧ 빛날 광 <陽> guāng
字解 빛나다, 밝게 빛나다. =光.

火部 4획 炁 狃 炉 炆 炎 炙

炁
火4 ⑧ 기운 기 困 qì
字解 기운. =氣.

狃
火4 ⑧ 마를 뉴 囿 niǔ
字解 마르다, 물기가 없어지다.

炉
火4 ⑧ 爐(1089)의 속자

炆
火4 ⑧ 따뜻할 문 囟 wén
字解 ①따뜻하다, 따스하다. ②뭉근한 불로 장시간 삶다.

炎
火4 ⑧ ❶불탈 염 鹽 yán
❷아름다울 담 覃 tán
❸불꽃 염 豔 yàn

、 丷 丷 少 火 灭 灭 炎 炎

소전 炎 초서 炎 參考 대법원 지정 인명용 한자의 음은 '염'이다.
字源 會意. 火+火→炎. '火(불 화)'를 포갬으로써 불이 타오름을 뜻한다.
字解 ❶①불타다, 불이 타오르다. 〔書經〕 火炎崑岡, 玉石俱焚. ②덥다, 뜨겁다. 〔楚辭〕 觀炎氣之相仍兮. ③사물의 모양. 〔國語〕 日長炎炎. ④남쪽. '炎'은 火(화)로, 오행(五行)에서 남쪽에 해당한다. 〔呂氏春秋〕 南及日炎天. ⑤성(盛)한 모양. 〔魏志〕 當三袁沸侵侮之際. ❷아름답다, 아름답고 성한 모양. 〔莊子〕 大言炎炎. ❸불꽃. =焰. 〔後漢書〕 光焰燭天地.
【炎官 염관】 불을 맡은 신. 火神(화신).
【炎氣 염기】 더위. 暑熱(서열).
【炎毒 염독】 여름철 무더위의 독한 기운. 더위를 먹음.
【炎爛 염란】 ①환하게 빛남. ②불이 타올라 성한 모양.
【炎凉 염량】 ①더위와 서늘함. ②세력의 성함과 쇠함. ③인정의 후함과 박함. ④세태의 변천.
【炎凉世態 염량세태】 세력이 있을 때는 아부하여 좇고, 세력이 없어지면 푸대접하는 세상인심의 비유.
【炎魃 염발】 ①가뭄을 맡고 있다는 신. ②가뭄. 旱魃(한발).
【炎方 염방】 뜨거운 곳. 남방.
【炎沸 염비】 왕성하게 일어남.
【炎上 염상】 ①불꽃을 뿜으며 타오름. ②불의 성질을 이름. ③한(漢)의 성덕(盛德).
【炎序 염서】 여름철. 炎節(염절).
【炎暑 염서】 여름의 모진 더위. 炎熱(염열).
【炎燧 염수】 봉화(烽火).
【焰煬 염양】 불이 세차게 타오름.
【炎陽 염양】 뜨겁게 내리쬐는 햇볕.
【炎熱 염열】 심한 더위. 炎暑(염서).
【炎炎 염염】 ❶염염 ❷담담 ❶①뜨거운 기운이 강한

모양. 더위가 심한 모양. ②기세 좋게 나아가는 모양. ③바람에 나부끼는 모양. ④빛나는 모양. ❷아름답고 성한 모양.
【炎裔 염예】 남방의 변경. 남쪽 변두리.
【炎燠 염욱】 탈 듯이 더움. 炎暑(염서).
【炎威 염위】 극심한 여름의 더위.
【炎灼 염작】 ①불에 쬐어 구움. ②몹시 황공하여 마음이 괴로움.
【炎瘴 염장】 ①열병을 일으키는 소택(沼澤)의 독한 기운. ②더위 먹음. 暑毒(서독).
【炎精 염정】 ①태양. ②불을 맡은 신.
【炎帝 염제】 ①중국 고대의 제왕인 신농씨(神農氏). ○화덕(火德)으로써 왕이 된 데서 이르는 말. ②여름을 맡은 신. ③태양.
【炎症 염증】 세균·독소 등의 작용으로 몸이 붓고 아픈 증상.
【炎天 염천】 ①여름의 하늘. ②몹시 더운 여름 날씨. ③남쪽 하늘.
【炎飆 염표】 여름의 더운 바람.
【炎旱 염한】 한여름의 가뭄. 旱魃(한발).
【炎暵 염한】 더위. 가뭄.
【炎湖 염호】 남쪽에 있는 호수. 동정호(洞庭湖)의 딴 이름.
【炎火 염화】 세차게 타오르는 불.
【炎荒 염황】 남방의 먼 미개한 땅.
【炎歊 염효】 찌는 듯한 더위. 炎蒸(염증).
【炎暉 염휘】 뜨거운 햇빛.
○ 景-, 光-, 涼-, 陽-, 朱-, 暴-, 火-.

炙
火4 ⑧ 고기 구울 적·자 囿 霽 zhì

소전 炙 주문 𤈶 초서 炙 속자 燘 參考 대법원 지정 인명용 한자의 음은 '적·자'이다.
字解 ❶①고기를 굽다. 〔古樂府〕 飮醇酒, 炙肥牛. ②구운 고기. 〔禮記〕 毋嚃炙. ③가까이하다, 친히 가르침을 받다. 〔孟子〕 況於親炙之者乎. ④國적. ㉮갖은 양념을 하여 대꼬챙이에 꿰어서 불에 구운 어육(魚肉). ㉯통닭·통꿩·족 따위를 양념하여 구워서 제사상에 올리는 음식.
【炙果器 적과기】國적틀. 炙臺(적대).
【炙臺 적대】國①적틀. ②제향 때 희생(犧牲)을 담는 책상반(冊床盤) 모양의 그릇.
【炙截 적재】 양념한 고기붙이를 구운 음식. 산적(散炙).
【炙鐵 적철】國석쇠.
【炙膾 적회】 산적.
【炙輠 자과】 수레에 치는 기름 귀때를 불에 쬠. 지혜가 끝이 없고 말이 유창함. ○기름 귀때를 불에 쬐면 기름이 줄줄 흘러나오는 데서 온 말.
【炙背 자배】 등을 햇빛에 쬠.
【炙手 자수】 ①손을 불에 쬠. ②⇨炙手可熱(자수가열).
【炙手可熱 자수가열】 손을 쬐면 델 만큼 뜨거움. 권세가 대단하여 접근하기 어려움.
○ 燔-, 釜-, 散-, 燒-, 魚-, 燕-, 殘-, 酒-, 脯-, 膾-, 肴-, 薰-.

火4 【炒】⑧ 볶을 초 ㊤巧 chǎo

초서 字解 ①볶다. 〔南史〕 或炒米食之. ②떠들다, 시끄럽다. ≒吵. 〔黃庭堅·家書〕 照管孩兒們, 莫作炒.
【炒鬧 초뇨】 언쟁(言爭)함. 말다툼함.
【炒麪 초면】 기름에 볶은 밀국수.
【炒硏 초연】 ㊀약재를 불에 볶아 가루로 만듦.
【炒醬 초장】 ㊀볶은 장.

火4 【炊】⑧ 불땔 취 ㊤支 chuī

소전 초서 字解 ①불 때다, 밥을 짓다. 〔漢書〕 一人炊之. ②불다. =吹. 〔荀子〕 可炊而傹也.
【炊桂 취계】 땔나무 값이 계수나무보다 비쌈. 타향에서 생활하기 어려움.
【炊臼之夢 취구지몽】 절구에 밥을 짓는 꿈. 아내를 잃음.
【炊金饌玉 취금찬옥】 황금으로 밥을 짓고 주옥으로 반찬을 함. 값비싼 음식. 사치스러운 음식.
【炊累 취루】 먼지 같은 것이 바람에 날려 올라가는 모양.
【炊事 취사】 밥 짓는 일. 부엌일.
【炊沙成飯 취사성반】 모래로 밥을 지음. 아무리 애를 써도 보람이 없는 헛수고.
【炊玉焚桂 취옥분계】 옥으로 밥을 짓고 계수나무로 불을 땜. ㉠물가가 매우 비쌈. ㉡물건이 매우 귀중함.
【炊煮 취자】 밥을 지음.
【炊蒸 취증】 찜. 몹시 더움.
【炊爨 취찬】 밥 짓는 일. 炊事(취사).
【炊骸 취해】 해골을 태움. 난세(亂世).
◑ 自－, 雜－, 蒸－.

火4 【炕】⑧ ❶말릴 항 ㊁강 ㊤漾 kàng ❷양 골 항 ㊤陽 hāng

소전 초서 字解 ❶①말리다, 불에 말리다. 〔詩經·傳〕 炕火曰炙. ②마르다, 시들다. 〔漢書〕 炕陽而暴虐. ③끊다, 끊어지다. 〔漢書〕 炕其氣. ④방구들, 온돌. ≒亢. ¶ 炕牀. ⑤올리다, 높이 오르다. =抗. 〔揚雄·賦〕 炕浮柱之飛榱. ❷①양(胖)을 고다. ②퍼지다, 뻗어 퍼지다. 〔唐書〕 驕炕以導盛陽.
【炕牀 항상】 온돌. 난방 장치의 한 가지.
【炕陽 항양】 ①태양의 열이 뜨거워 말라 버림. 아랫사람에게 은택을 베풀지 않음. ②스스로 지체가 높은 체함.
【炕暴 항포】 교만하고 횡포함.
【炕旱 항한】 가물이 계속되는 날씨.

火4 【炘】⑧ 화끈거릴 흔 ㊤文 xìn

초서 字解 ①화끈거리다, 이글이글하다. 〔揚雄·賦〕 垂景炎之炘炘. ②불사르다. =焮.
【炘炘 흔흔】 열기가 대단한 모양.

火5 【炬】⑨ 횃불 거 ㊤語 jù

초서 字解 ①횃불, 홰. =苣. 〔史記〕 牛尾炬火, 光明炫燿. ②사르다, 태우다. 〔杜牧·賦〕 楚人一炬, 可憐焦土. ③등불. 〔李商隱·詩〕 蠟炬成灰淚始乾.
【炬蠟 거랍】 초. 불을 켜는 데 쓰는 초.
【炬眼 거안】 횃불 같은 눈. 사물을 밝게 통찰하는 재능.
【炬燭 거촉】 횃불. 炬火(거화).
【炬火 거화】 횃불. 松明(송명). 炬燭(거촉).
◑ 猛－, 松－, 烈－, 燎－, 燭－, 火－.

火5 【炟】⑨ ❶불이 일 달 ㊤曷 dá ❷㊀다래 달

소전 字解 ❶①불이 일다, 불이 붙다. ②후한(後漢) 장제(章帝)의 휘(諱). ❷다래. 다랫과에 속하는 덩굴진 낙엽 활엽 관목.

火5 【炳】⑨ 밝을 병 ㊤梗 bǐng

소전 초서 동자 昞 字解 ①밝다, 빛나다. 〔易經〕 大人虎變, 其文炳也. ②단청색(丹靑色). 〔顏延之·詩〕 睿圖炳睟. ③잡다, 쥐다. =秉.
【炳烈 병렬】 분명함. 자명함.
【炳炳 병병】 ①환하게 빛나는 모양. ②뚜렷이 밝고 분명한 모양. 炳然(병연).
【炳爍 병삭】 환히 빛남.
【炳然 병연】 분명한 모양. 炳焉(병언).
【炳燿 병요】 빛나고 번쩍임.
【炳煜 병욱】 환히 빛남.
【炳蔚 병울】 ①밝은 무늬. 문채(文彩)가 있음. ②글로써 입신한 사람. 문신(文臣).
【炳燭 병촉】 ①촛불을 밝힘. ②만학(晩學).
故事 진(晉)의 평공(平公)이 만년(晩年)에 학문하기에는 너무 늦었다고 탄식하자, 사광(師曠)이 '젊어서 하는 학문은 아침 햇살과 같고, 만년에 하는 학문은 촛불을 밝힌 것과 같다'고 한 고사에서 온 말.
【炳彪 병표】 호랑이의 딴 이름.
【炳絢 병현】 밝고 무늬가 있음.
【炳乎 병호】 밝게 빛나고 분명한 모양.
【炳煥 병환】 환히 빛남. 昭煥(소환).
◑ 彪－, 煥－.

火5 【炮】⑨ 炮(1060)와 동자

火5 【炨】⑨ 炮(1060)와 동자

火5 【炤】⑨ ❶밝을 소 ㊁조 ㊤蕭 zhāo ❷비출 조 ㊤嘯 zhào

초서 參考 대법원 지정 인명용 한자의 음은 '소'이다.
字解 ❶밝다, 환히 보이다. =昭. 〔淮南子〕

火部 5획　為 炸 点 烶 炷 炭 炱 炲 炮 炰 炫

是釋其炤炤而道其冥冥也。 ❷①비추다, 비치다.〔國語〕明耀以炤之. ②반딧불.〔爾雅〕螢火, 卽炤.
【炤炤 소소】환한 모양. 환히 보는 모양.
【炤燿 조요】빛이 남. 밝게 비침.

火5【爲】⑨ 爲(1091)의 속자

火5【炸】⑨ ❶터질 작 ㉠사 ㉯ zhà ❷튀길 작 ㉠잘 ㉯ zhá
[字解] ❶터지다, 폭발하다. ❷튀기다, 기름으로 튀기다, 튀김. ≒爆.
【炸裂 작렬】폭발하여 터짐.
【炸發 작발】화약이 폭발함.

火5【点】⑨ 點(2126)의 속자

火5【烶】⑨ 빛날 정 ㉮ zhēng
[字解] 빛나다, 불이 번쩍거리다.
【烶爟 정약】태움. 빛남.

火5【炷】⑨ 심지 주 ㉲ zhù
[字解] ①심지, 등잔의 심지.〔讀曲歌〕然燈不下炷, 有油那得明. ②불사르다.〔陸游·詩〕竹爐重焚海南沈. ③향(香)을 피우다.〔長生殿·情悔〕沒人燒炷香.
【炷香 주향】향을 피움.

火5【炭】⑨ 숯 탄 ㉰ tàn
[字源] 會意. 屵+火→炭. '屵(알)'이 음을 나타낸다.
[字解] ①숯. ㉮목탄.〔禮記〕草木黃落, 乃伐薪爲炭. ㉯숯불.〔書經〕民墜塗炭. ②재, 불타고 남은 것.〔周禮〕掌除牆屋, 以蜃炭攻之. ③석탄. ¶ 炭鑛. ④화학 원소의 하나, 탄소.
【炭庫 탄고】숯이나 석탄을 쌓아 두는 창고.
【炭鑛 탄광】석탄이 나는 광산.
【炭幕 탄막】①주막(酒幕). ②숯막.
【炭酸 탄산】이산화탄소가 물에 녹아서 생긴 산.
【炭素 탄소】비금속 원소의 하나. 숯·석탄·금강석 등에 들어 있음.
【炭薪 탄신】목탄과 장작. 숯과 땔나무.
【炭田 탄전】석탄이 묻혀 있는 땅.
【炭火 탄화】숯불.
❶褐—, 塗—, 木—, 氷—, 石—, 黑—.

火5【炱】⑨ 그을음 태 ㉴ tái
[字解] ①그을음, 철매. ¶ 炱煤. ②검은빛.〔素問〕其色炱.
【炱煤 태매】매연(煤煙). 철매.

火5【炲】⑨ 炱(1063)와 동자

火5【炮】⑨ ❶통째로 구울 포 ㉯ páo ❷그을 포 ㉯ pào
[字源] 會意·形聲. 火+包→炮. 싸서[包] 불사르는[火] 뜻을 나타내며, '包(포)'는 음도 나타낸다.
[字解] ❶①통째로 굽다. ≒炰.〔詩經〕炮之燔之. ②섶을 태워 하늘에 제사를 올리다.〔周禮〕九祭, 三曰炮祭. ③부엌, 주방. ≒庖. ❷①터지다. =爆. ②대포. ≒砲.
【炮烙之刑 포락지형】①불에 달군 쇠로 단근질하는 형벌. 烙刑(낙형). ②은(殷)의 주왕(紂王)이 기름을 칠한 구리 기둥을 숯불 위에 걸쳐 달군 후, 그 위로 죄인을 맨발로 건너가게 한 참혹한 형벌.
【炮鳳烹龍 포봉팽룡】①대전례(大典禮)에 쓰는 장끼와 백마(白馬) 요리. ②성대한 요리.
【炮暑 포서】불로 지지는 듯한 더위.
【炮熬 포오】불에 쬐어 말림.
【炮煨 포외】불에 파묻어 구움.
【炮煮 포자】굽고 끓임.
【炮煎 포전】굽고 지짐. 구움과 볶음.
【炮祭 포제】섶을 태워 하늘에 제사 지내는 일.
❶甘—, 燔—, 蒸—, 烹—.

火5【炰】⑨ 구울 포 ㉯ páo
[字解] ①굽다, 고기를 통째로 굽다. =炮. ¶ 炰羔. ②거칠다, 사납고 용맹스럽다. =咆.〔詩經〕女炰烋于中國.
【炰羔 포고】구운 새끼양의 고기.
【炰燔 포번】①구움. ②불에 구운 고기.
【炰烋 포효】거만하고 기세가 당당한 모양.
【炰哮 포효】사나운 짐승이 큰 소리로 으르렁거림. 咆哮(포효).

火5【炫】⑨ 빛날 현 ㉲ xuàn
[字解] ①빛나다, 빛이 오르다.〔史記〕五色雜而炫燿. ②비추다.〔戰國策〕炫熿于道. ③자랑하다, 자기 자랑을 하다. ≒衒. ④눈이 부시다. ≒眩.〔晉書〕視之者精芒炫目. ⑤녹이다, 용해하다.〔通鑑〕一體炫金.
【炫怪 현괴】기이한 일을 하여 남을 놀라게 함.
【炫金 현금】금을 녹임. 주화(鑄貨)를 용해함.
【炫目 현목】눈이 어지러움. 눈을 어지럽힘.
【炫耀 현요】밝게 빛남.
【炫燿 현요】눈부시고 찬란함.
【炫惑 현혹】정신이 혼미하여 어지러움. 미혹(迷惑)시켜 어지럽게 함.
【炫煌 현황】빛남. 빛이 환한 모양.

火部 5～6획 炯 烓 烔 烙 烈 烊 烏 烟 烏

【炯】⑨ 빛날 형 回 jiǒng

字解 ❶빛나다. 貂之炯炯. ❷밝다, 불이 밝다. ¶ 炯然. ❸밝게 살피는 모양. ¶ 炯眼. ❹굳다, 절조(節操)가 굳다. 〔顏延之·詩〕 炯介在明淑.

【炯鑑 형감】 분명한 모범. 상세한 모범.
【炯介 형개】 굳게 절개를 지킴.
【炯戒 형계】 현명한 경계(警戒).
【炯心 형심】 밝은 마음.
【炯眼 형안】 ①형형한 눈빛. 예리한 눈매. ②사물에 대한 관찰력이 뛰어난 눈.
【炯然 형연】 ①밝은 모양. 빛나는 모양. ②명백한 모양. ③눈빛이 예리한 모양.
【炯炯 형형】 ①빛나는 모양. ②눈빛이 날카로운 모양. ③밝게 살피는 모양. 耿耿(경경). ④마음에 걸려 잊지 못하는 모양. 걱정이 되어 불안한 모양.

【烓】⑩ ❶화덕 계 (유) 薺 wēi ❷밝을 계 薺

字解 ❶화덕, 가지고 다닐 수 있는 작은 화덕. ❷밝다, 환하다. ＝炅.

【烔】⑩ 뜨거운 모양 동 東 tóng

동자 烔 字解 ❶뜨거운 모양, 열기가 대단한 모양. ❷태우다, 사르다.

【烙】⑩ 지질 락 藥 luò, lào

字解 ❶지지다, 단쇠로 몸을 지지다. 〔史記〕 有炮烙之法. ❷화침(火鍼), 쇠침을 달구어 환부(患部)를 찔러 병을 고치다. 〔文同·詩〕 鍼烙熨裹成瘢疤.

【烙印 낙인】 ①불에 달구어 찍는 쇠도장. 火印(화인). ②불명예스럽고 욕된 판정이나 평판.
【烙竹 낙죽】 달군 쇠로 지져 여러 가지 무늬를 새긴 대나무.
【烙刑 낙형】 단근질하는 형벌.
❶鍼—, 炮—.

【烈】⑥ 세찰 렬 屑 liè

字解 形聲. 火＋列→烈. '列(열)'이 음을 나타낸다. ❶세차다. 〔孟子〕 益烈山澤而焚之. ❹사납다, 거칠다. 〔史記〕 皆以酷烈爲聲. ㉰거세다. 〔書經〕 天吏逸德, 烈于猛火. ❷위엄(威嚴). 〔國語〕 覿武無烈. ❸맵다, 강하다. 곧다. 〔史記〕 烈士徇名. ❹엄하고 사나

운 기상. 〔漢書〕 應風披靡, 揚芳吐烈. ❺굽다, 그을려 굽다. 〔詩經〕 載燔載烈. ❻밝다, 빛나다. 〔國語〕 君有烈名. ❼드러나다. 〔春秋左氏傳〕 烈祖康叔. ❽아름답다. 〔詩經〕 烝衎烈祖. ❾공, 공적. 〔禮記〕 此皆有功烈於民者也. ❿나머지. 〔詩經〕 宜王承厲王之烈. ⓫해독(害毒). 〔漢書〕 若湯之於火, 則桀之餘烈也. ⓬이어지다, 줄 서다. 〔詩經〕 火烈具擧. ⓭사물의 모양. ⓮슬퍼하다. 〔後漢書〕 烈刑罰之峭峻. ⓯짓무르다, 문드러지다. 〔詩經〕 載燔載烈. ⓰찢다, 찢어지다. 能裂. 〔漢書〕 軍人分烈葬身支節肌骨. ⓱바람이 세차다. 〔詩經〕 二之日栗烈.

【烈考 열고】 돌아가신 아버지.
【烈光 열광】 밝은 빛. 강렬한 빛.
【烈女 열녀】 절개가 굳은 여자. 烈婦(열부).
【烈烈 열렬】 ①세력이 강한 모양. ②근심하는 모양. ③높고 큰 모양. ④추위가 대단한 모양. ⑤불길이 맹렬한 모양. ⑥성질이 용감한 모양. ⑦성대한 모양. ⑧바람이 센 모양.
【烈名 열명】 영예로운 이름. 평판이 높은 이름.
【烈武 열무】 뛰어난 무용(武勇). 勁武(경무).
【烈士 열사】 이해나 권력에 굽히지 않고 절의(節義)를 굳게 지키는 사람. 烈夫(열부).
【烈心 열심】 용맹심(勇猛心).
【烈業 열업】 뛰어난 공업(功業).
【烈日 열일】 ①강렬하게 내리쬐는 햇볕. ②세찬 기세.
【烈丈夫 열장부】 절의를 굳게 지키는 사나이.
【烈操 열조】 높은 절개와 지조.
【烈祖 열조】 큰 공로와 업적이 있는 조상.
【烈風掃枯葉 열풍소고엽】 맹렬한 바람이 마른 잎을 쓸어 버림. 쉽게 적군을 무찌름.
【烈寒 열한】 매서운 추위. 혹독한 추위.
【烈行 열행】 훌륭한 행실.
【烈火 열화】 ①맹렬하게 타오르는 불. 猛火(맹화). ②불길을 세게 함. ③짙은 붉은색.
【烈輝 열휘】 눈부시게 빛남.
❶決—, 功—, 光—, 猛—, 武—, 芳—, 霜—, 先—, 盛—, 成—, 嚴—, 餘—, 熱—, 郁—, 雄—, 威—, 遺—, 栗—, 義—, 壯—, 忠—, 熾—, 寒—, 孝—, 驍—, 勳—, 休—.

【烊】⑩ 구울 양 陽 yáng

字解 ❶굽다. ❷녹이다, 쇠를 녹이다. ＝煬. 〔法苑珠林〕 鐵鉗開口, 灌以烊銅.

【烏】⑩ 焉(1067)의 속자

【烟】⑩ 煙(1074)과 동자

【烏】⑩ ❶까마귀 오 虞 wū ❷나라 이름 아 麻 yā

火部 6획 烑 烖 烝

烏 [소전] 烏 [고문] 烏 [고문] 烏 [초서] 烏 [간체] 乌

[參考] 대법원 지정 인명용 한자음은 '오'이다.
[字源] 象形. 까마귀의 형상을 본뜬 글자. 까마귀는 검어서, 멀리서 눈이 잘 보이지 않으므로 '鳥'에서 한 획을 줄여 그 뜻을 나타낸다.
[字解] ❶①까마귀.〔詩經〕莫黑匪烏. ②검다.〔史記〕北方盡烏驪馬. ③아아. ㉮탄식하는 소리.〔埤雅〕烏, 又爲歎詞者, 烏見異則噪, 故以爲烏霍, 烏霍, 歎所異也. ④환호하는 소리.〔漢書〕仰天拊缶, 而呼烏烏. ④어찌. =惡·焉.〔史記〕烏有先生者, 烏有此事也. ⑤성(姓). ❷ 서역(西域)의 나라 이름.

【烏角巾 오각건】 은자(隱者)가 쓰는 검은 두건(頭巾). 烏巾(오건).
【烏角帶 오각대】 國벼슬아치가 띠던, 검은 뿔조각을 붙인 띠.
【烏古瓦 오고와】 國옛 기와의 한 가지.
【烏鬼 오귀】 ①가마우지. ②산돼지. ③까마귀.
【烏臺 오대】 國사헌부(司憲府).
【烏銅 오동】 검붉은 빛이 나는 구리.
【烏頭白馬生角 오두백마생각】 있을 수 없는 일. [故事] 전국 시대에 진(秦)나라의 왕이 연(燕)나라의 태자 단(丹)을 생포하였을 때, 까마귀 머리가 희어지고, 말 머리에 뿔이 돋을 때면 놓아주겠다고 한 고사에서 온 말.
【烏驪馬 오려마】 온몸이 검은 말. 가라말.
【烏鷺 오로】 國①까마귀와 해오라기. ②흑과 백. ③바둑돌.
【烏鷺爭 오로쟁】 國바둑을 두는 일.
【烏輪 오륜】 태양의 딴 이름.
【烏帽 오모】 은사(隱士)가 쓰는 검은 두건.
【烏飛梨落 오비이락】 國까마귀 날자 배 떨어짐. 아무 관계 없이 한 일이 공교롭게 다른 일과 때가 같아 관련이 있는 것처럼 혐의를 받게 됨.
【烏飛兎走 오비토주】 해와 달이 빨리 지나감. 세월이 빨리 흘러감. ○'烏'는 해, '兎'는 달.
【烏鬢 오빈】 ①검은 살쩍. ②소년(少年).
【烏蟾 오섬】 해에 있다는 까마귀와 달에 있다는 두꺼비. 곧, 해와 달.
【烏夜 오야】 캄캄한 밤. 黑夜(흑야).
【烏魚之瑞 오어지서】 붉은 까마귀와 흰 물고기의 상서로운 조짐. [故事] 주(周) 무왕(武王)이 은(殷)의 주(紂)임금을 치기 위하여 황하(黃河)를 건널 때, 흰 물고기가 배 안으로 들어오고 불이 까마귀로 변하였다는 데서 온 말.
【烏焉成馬 오언성마】 '烏'와 '焉'이 '馬'가 됨. 비슷한 글자로 잘못 쓰는 일.
【烏烏 오오】 목청을 돋우어 부르짖는 소리.
【烏雲 오운】 ①검은 구름. 黑雲(흑운). ②검은 머리.
【烏有 오유】 어찌 이런 일이 있을 것인가? 사물이 불에 타거나 하여 아무것도 없게 됨을 이르는 말.
【烏有先生 오유 선생】 한(漢)나라의 문인 사마상여(司馬相如)가 그의 글 가운데서 망시공(亡是公)과 더불어 꾸민 가상 인물.

【烏銀 오은】 ①숯. ②유황 연기에 그을린 은.
【烏衣 오의】 ①검은 옷. 변변치 않은 옷. 천한 사람이 입는 옷. ②제비의 딴 이름.
【烏瓷器 오자기】 國오지그릇.
【烏鵲 오작】 ①까치. ②까마귀와 까치.
【烏賊 오적】 오징어의 딴 이름.
【烏鳥私情 오조사정】 길러 준 어미의 은혜를 갚는 까마귀의 정애(情愛). 자식이 부모에게 효성을 다하려는 마음씨.
【烏竹 오죽】 껍질이 검은 대나무.
【烏之雌雄 오지자웅】 까마귀의 암컷과 수컷을 구별하기 곤란함. 일의 시비선악(是非善惡)을 판단하기 어려움.
【烏集 오집】 ①까마귀가 모임. ②까마귀처럼 많이 모임. 烏合之衆(오합지중). ③본디 관계가 없는 것들이 갑자기 모여듦.
【烏集之交 오집지교】 거짓이 많고 신의가 없는 사귐.
【烏兎 오토】 ①해와 달. ○해 속에는 세 발 돋친 까마귀가 살고, 달 속에는 토끼가 산다는 전설에서 온 말. 金烏玉兎(금오옥토). ②세월.
【烏合之卒 오합지졸】 까마귀가 모인 것처럼 질서가 없는 병졸. 어중이떠중이들이 모인 규율이 없는 병졸이나 군중.
【烏呼 오호】 탄식하거나 찬탄할 때 내는 소리. 아아. 烏乎(오호).
【烏喙 오훼】 ①까마귀의 부리. 입이 까마귀 부리와 같이 생겼거나 욕심 많은 사람의 상(相). ②오두(烏頭)의 딴 이름. 附子(부자). ③수레의 멍에.

◐ 渴一, 群一, 金一, 晚一, 三一, 足一, 霜一, 栖一, 曙一, 素一, 馴一, 晨一, 雅一, 愛及屋一, 野一, 慈一, 寒一, 孝一, 曉一.

火 6 【烑】 ⑩ 빛날 요 [?] yáo
[字解] 빛나다, 빛을 내다. 〔淮南子〕挾日月而不烑, 潤萬物而不耗.

火 6 【烖】 ⑩ 災(1060)의 본자

火 6 【烝】 ⑩ 김 오를 증 [?] zhēng
[소전] 烝 [초서] 烝
[字解] ①김이 오르다, 더운 김이 오르다. 〔詩經〕烝之浮浮. ②찌다, 무덥다. 〔潘尼·賦〕氣觸石而結烝兮. ③나아가다, 오르다. 〔書經〕烝烝乂, 不格姦. ④적대(炙臺)에 희생을 올리다. 〔禮記〕大飲烝. ⑤뭇, 여러. 烝衆. 〔書經〕烝民乃粒. ⑥임금, 군주. 〔詩經〕文王烝哉. ⑦치붙다, 손위 여자와 사통하다. 〔春秋左氏傳〕衛宣公烝于夷姜. ⑧이에. 발어사(發語辭). 〔詩經〕烝在桑野. ⑨겨울 제사. 〔書經〕烝祭歲. ⑩오래다, 오래 기다리다. 〔詩經〕烝然罩罩.

【烝矯 증교】 구부러진 나무를 불에 쬐어서 부드럽게 한 후에 곧게 다듬음.

【烝徒 증도】①많은 무리. 많은 도당(徒黨). ②같이 나아가는 동아리. ◯'烝'은 '進'으로 '나아가다'를 뜻함.
【烝冬 증동】음력 10월의 딴 이름.
【烝黎 증려】백성. 서민. 인민. 烝民(증민).
【烝民 증민】온 백성. 萬民(만민).
【烝畀 증비】나아가 드림.
【烝嘗 증상】조상의 제사. ◯'烝'은 겨울에 지내는 제사, '嘗'은 가을에 지내는 제사.
【烝庶 증서】많은 백성. 庶民(서민).
【烝暑 증서】무더위. 蒸暑(증서).
【烝然 증연】①오래 기다리는 모양. ②발어사(發語辭).
【烝淫 증음】자기보다 나이 또는 신분이 높은 여자와 사통(私通)하는 일.
【烝禋 증인】겨울에 조상에게 제사를 지냄.
【烝祭 증제】겨울에 지내는 제사. 臘祭(납제).
【烝烝 증증】①사물이 성하게 일어나는 모양. ②두터운 모양. 사물이 세차게 일어나는 모양. ③불기운이 위로 올라가는 모양. ④뜻을 이루지 못한 모양. 어물어물하고 있는 모양. ⑤나아가는 모양.
◐ 結-, 爛-, 煩-, 浮-, 上-, 黎-, 藜-, 炎-, 鬱-, 炊-, 薰-.

火6【烛】⑩ 燭(1087)의 속자

火6【烞】⑩ 爆(1088)의 속자

火6【㝔】⑩ 害(456)와 동자

火6【烕】⑩ ❶멸망할 혈 xuè ❷불꺼질 멸 miè
소전 㷎 초서 烕 字解 ❶멸하다, 없애다. 〔詩經〕赫赫宗周, 褒似烕之. ❷불이 꺼지다. =滅.

火6【烘】⑩ 화톳불 홍 hōng
소전 烘 초서 烘 字解 ❶화톳불. ❷횃불을 켜다. 〔詩經〕樵彼桑薪, 印烘於煁. ❸불을 쬐다, 그을리다. 〔楊萬里·詩〕暖手竹爐烘. ❹그을다, 그을리다. 〔楊萬里·詩〕日暖翠始烘.
【烘爐 홍로】난로(煖爐).
【烘柿 홍시】풋감을 그릇에 담아 볕에 쬐어 익게 한 홍시(紅柿).
【烘霽 홍제】햇볕이 타듯이 내리쬠.

火6【烋】⑩ ❶거들거릴 효 xiāo ❷경사로울 휴 xiū
초서 烋 인명용 대법원 지정 인명용 한자의 음은 '휴'이다.
字解 ❶거들거리다, 뽐내며 기세가 당당하다.

❷경사롭다. ≒休. ❷행복, 복록(福祿). ❸화하다, 온화하다. ❹아름답다.

火6【烜】⑩ ❶마를 훤 阮 xuǎn ❷불 훼 紙 huǐ
초서 烜 字解 ❶①마르다, 말리다. 〔易經〕日以烜之. ②밝다, 빛나다. 〔爾雅〕赫兮烜兮. ③성(姓). ❷불. ㉮제사에 쓰는 불. ㉯제사에 쓰는 불을 맡아보는 벼슬. 〔周禮〕司烜氏.
【烜赫 훤혁】명성과 위엄이 성대한 모양. 드날리는 위엄이 밝게 빛나는 모양.

火7【㷄】⑪ 榮(1073)과 동자

火7【焅】⑪ 뜨거운 기운 곡 屋 kù
字解 ❶뜨거운 기운, 열기, 한기(旱氣). 〔毛奇齡·志〕會六月焅毒. ❷잔혹하다.
【焅毒 곡독】뜨거운 기운의 독.

火7【烺】⑪ 빛 밝을 랑 養 lǎng
字解 ❶빛이 밝다, 빛이 밝은 모양. ❷맑고 환하다. ≒朗.

火7【㶿】⑪ 연기 일 발 月 bó
字解 ❶연기가 일다, 연기가 몽개몽개 이는 모양. ❷무덥다, 찌는 듯이 덥다.

火7【烽】⑪ 봉화 봉 冬 fēng
소전 熢 초서 㶿 동자 㷭 동자 㷥 字解 ❶봉화. 〔墨子〕晝則舉烽, 夜則舉火. ❷경계(警戒), 적에 대한 경계. 〔庾信·文〕疆場臥鼓, 邊鄙收烽. ❸말의 머리에 씌우는 물건. 〔漢書〕後章坐走馬上林, 下烽馳逐, 免官.
【烽警 봉경】①봉화를 올려서 알리는 경보. ②전란(戰亂).
【烽鼓 봉고】①봉화와 북. ②병란. 전쟁.
【烽邏 봉라】적을 경계하는 봉화와 정찰.
【烽戍 봉수】봉화(烽火)를 올리거나 지켜보는 수병(戍兵).
【烽燧 봉수】변방에서 발생한 변란(變亂)을 알리기 위하여 올리던 횃불과 연기. ◯'烽'은 밤에 올리는 횃불, '燧'는 낮에 올리는 연기.
【烽涌 봉용】불이 타오르듯이 한창 솟아 나옴. 덕(德)이 성함.
【烽柝 봉탁】봉화와 딱따기. 곧, 변고를 경계함.
【烽火 봉화】변란이 있을 때 신호로 올리던 불.
◐ 嚴-, 僞-.

火7【烾】⑪ 烽(1066)과 동자

火部 7획 烰焉炤垒焌烹焊烾煚焄

烰
火7 ⑪ 찔 부 因 fú
字解 ①찌다, 뜨거운 김으로 익히다. 〔詩經〕烝之烰烰. ②조리하다, 음식을 만들다. ≒庖. 〔呂氏春秋〕令烰人養之. ③뜨다. ≒浮.

焉
火7 ⑪ ❶어찌 언 因 yān ❷발어사 이 因 yí

字源 象形. 본래 새를 본뜬 글자. 뒤에 어조사로 가차되었다.

字解 ❶①어찌. 반어(反語)나 의문을 뜻함. ㉮어찌, 어찌하여. 〔論語〕人焉廋哉. ㉯어디에, 어디에서. 〔張衡·賦〕匪仁里其焉宅兮. ②이에. 위를 받아서 아래를 일으키는 말. ㉮이에, 이에 있어서, 그리하여. =乃. 〔淮南子〕天子焉始乘舟. ㉯곧. =則. 〔曾子·制言篇〕有知, 焉謂之友, 無知, 焉謂之主. ③이, 여기. 사물·사실·처소 등을 지시하는 대명사. 〔大學〕心不在焉, 視而不見. ④에, 에서. 위치를 나타내는 조사. 〔春秋左氏傳〕裔焉大國, 滅之將已. ⑤보다. 비교를 나타내는 조사. 〔孟子〕人莫大焉無親戚君臣上下. ⑥발어사(發語辭). 〔經傳釋詞〕焉, 猶是也. ⑦구말(句末)에 놓이는 어조사. ㉮종결(終結)의 뜻을 나타낸다. '乎(43)'와 같게 쓴다. 〔禮記〕子何觀焉. ㉯반어(反語)의 뜻을 나타낸다. 〔孟子〕雖褐寬博, 吾不惴焉. ㉰구조(句調)를 고른다. '也(48)'와 같게 쓴다. 〔春秋左氏傳〕民之服焉, 不亦宜乎. ㉱단정(斷定)의 뜻을 나타낸다. 〔易經〕文言曰, 陰疑於陽, 必戰焉, 爲其嫌於无陽也, 故稱龍焉. ⑧형용하는 말. '然(1072)'과 같게 쓴다. ㉮일을 형용하는 말. 〔論語〕瞻之在前, 忽焉在後. ㉯서로 비슷한 일을 대비(對比)하는 말. 〔大學〕其如有容焉. ⑨다른 종결사(終結辭)와 결합하여 어조(語調)를 고르는 어조사. 〔論語〕得見有恆者斯可矣焉爾乎. ⑩새 이름. 누른 빛깔의 봉황(鳳凰). 〔禽經〕黃鳳謂之焉. ⑪성(姓). ❷발성(發聲)하는 말. ≒夷. 〔周禮〕焉使則介之.

【焉敢生心 언감생심】 國어찌 감히 그런 생각을 할 수 있겠는가. 감히 그런 마음을 품을 수 없음.
【焉烏 언오】 '焉'과 '烏' 자와 같이 모양이 비슷하여 틀리기 쉬운 글자. 烏焉(오언).
【焉哉乎也 언재호야】 천자문(千字文)의 맨 끝 구절. 넉 자가 모두 어조사로 쓰임.
❶ 嗾-, 俺-, 勃-, 潛-, 終-, 忽-.

炤
火7 ⑪ 灼(1060)의 속자

垒
火7 ⑪ 赤(1742)의 고자

焌
火7 ⑪ ❶태울 준 因 jùn ❷불꺼질 출 因 qū

參考 대법원 지정 인명용 한자의 음은 '준'이다.
字解 ❶①태우다. ②점을 치기 위하여 귀갑(龜甲)을 굽다. 〔周禮〕遂歔其焌契, 以授卜師. ❷①불이 꺼지다. ②태우다. ※❶의 ①과 같다.
【焌契 준계】 점을 치기 위해 귀갑(龜甲)을 태움.

烹
火7 ⑪ 삶을 팽 庚 pēng
字解 ①삶다. 〔春秋左氏傳〕以烹魚肉. ②삶아 죽이다. 〔淮南子〕狡兔得而獵犬烹. ③익힌 음식. 〔蘇軾·詩〕寒庖有珍烹.
【烹茶 팽다】 차를 달임. 煎茶(전다).
【烹頭耳熟 팽두이숙】 國머리를 삶으면 귀까지 익음. ㉠죄를 다스릴 때 우두머리를 다스리면 나머지는 저절로 자복(自服)하게 됨. ㉡한 가지 일이 잘되면 다른 일도 저절로 잘 이루어짐.
【烹滅 팽멸】 죽여 없앰. 誅除(주제).
【烹鮮 팽선】 ①작은 생선을 삶음. ②나라를 다스리는 일. 작은 생선을 요리할 때 지나치게 잔손질을 하면 부스러지는 것처럼, 정치가 번잡해서는 안 된다는 말.
【烹飪 팽임】 삶음. 삶은 음식.
【烹宰 팽재】 음식을 요리함.
【烹煎 팽전】 삶음과 볶음. 음식을 조리함.
【烹調 팽조】 음식을 요리함. 烹割(팽할).
【烹炰 팽포】 삶은 음식. 삶은 요리.
【烹醢 팽해】 ①고기를 싫거나 소금에 절임. ②사람을 참혹하게 죽임.
【烹刑 팽형】 죄인을 삶아서 죽이던 형벌.
❶ 熟-, 餌-, 煎-, 蒸-, 珍-, 割-, 鑊-.

焊
火7 ⑪ 말릴 한 翰 hàn
字解 ①말리다. =熯·暵. ②금속을 용접하다.

烾
火7 ⑪ 赫(1743)의 속자
參考 대법원 지정 인명용 한자음은 '혁'이다.

煚
火7 ⑪ ❶빛날 형 迥 jiǒng ❷무더울 경 梗 jiǒng
參考 대법원 지정 인명용 한자음은 '경'이다.
字解 ❶빛나다. ※炯(1064)의 속자(俗字). ❷무덥다.

焄
火7 ⑪ 연기에 그을릴 훈 文 xūn
字解 ①연기에 그을리다. 〔史記〕以焄大豪. ②향기. 〔禮記〕焄蒿悽愴. ③냄새나는 채소. 〔孔子家語〕則志不在於焄焄.
【焄菜 훈채】 파·마늘 등과 같이 특이한 냄새가 나는 채소.
【焄蒿悽愴 훈호처창】 향기가 서려 올라 기분이 오싹함. 귀신의 분위기가 서림.

火部 7~8획 焜烯熙煢焞烈無

火7 【焜】⑪ 燬(1087)와 동자

火7 【烯】⑪ 불빛 희 匨 xī
㐃 晞 字解 ①불빛. ②마르다, 말리다. ③날이 밝아 오다.

火7 【熙】⑪ 熙(1078)의 고자

火8 【煢】⑫ 煢(1073)과 동자

火8 【焞】⑫ ❶밝을 돈·순 匡 眞 tūn
❷성할 퇴 匧 tuì
❸어스레할 돈 匩 jùn
소전 燇 초서 焞 동자 燇 ㄆ考 대법원 지정 인명용 한자의 음은 '돈·순'이다.
字解 ❶①밝다. ②귀갑(龜甲)을 지지는 불. ③불빛. ≒燉. ❷성(盛)하다. ❸어스레하다.
【焞焞】❶돈돈·순순 ❷퇴퇴 ❶빛이 없는 모양. 별이 해와 달에 가까워져 희미하게 보이는 모양. ❷기세가 대단한 모양.

火8 【熈】⑫ 烈(1064)의 본자

火8 【無】⑫ 없을 무 匵 wú

丿 ⺁ 亠 屶 𣎳 𣎴 𣎴 無 無

소전 𣎴 초서 𣎳 동자 无 통자 毋 간자 无

字源 象形. 본래 양손에 장식을 들고 춤추는 모양을 본뜬 글자. 뒤에 '없다'는 뜻으로 가차되었고, '춤추다'의 뜻은 '舛'을 더하여 '舞' 자를 이루었다.
字解 ❶없다. 〔書經〕剛而無虐, 簡而無傲. ❷허무의 도(道), 혼연하여 구별이 없는 만물의 근원이 되는 도. 〔老子〕天下之物, 生於有, 有生於無. ❸말라. 금지하는 말. 〔書經〕無若丹朱傲. ❹아니다. ㉮不(24)과 같게 쓴다. 〔論語〕食無求飽, 居無求安. ㉯非(1990)과 같게 쓴다. 〔管子〕無德厚以安之, 無度數以治之, 則國非其國, 而民非其民. ㉰未(819)와 같게 쓴다. 〔荀子〕志輕理而不重物者, 無之有也, 外重物而不內憂者, 無之有也. ⑤아니라. 부정하는 말. ＝亡·否. ⑥무엇. 어느. 〔大學〕楚國無以爲寶, 惟善以爲寶. ⑦비록 -하더라도. ≒雖. 〔春秋左氏傳〕國無小, 不可易也. ⑧발어사(發語辭). 〔詩經〕無念爾祖. ⑨대저. 무릇. 말머리를 돌리는 말. ⑩가벼이 여기다. 〔春秋公羊傳〕上無天子, 下無方伯. ⑪대체로. 모두. 〔漢書〕今反虜無慮三萬人. ⑫차라리. 오히려. 乎(호)와 호응하여 반어(反語)나 의문(疑問)의 뜻을 나타냄. 〔論語〕無寧死於二三子之手乎.

【無價 무가】①가치가 없음. 소용이 없음. ②값을 매길 수 없을 만큼 귀중함.
【無可奈何 무가내하】어찌할 수 없음.
【無價寶 무가보】값을 매길 수 없는 보배.
【無間地獄 무간지옥】(佛)팔열 지옥(八熱地獄)의 하나. 오역죄(五逆罪)를 지은 사람이 저승에 가서 끊임없는 고통을 받는다는 지옥.
【無疆 무강】끝이 없음.
【無據不測 무거불측】國성질이 매우 흉측함.
【無缺 무결】①결점이 없음. ②일정한 기간 한 번도 결석이 없음.
【無競 무경】①경쟁하는 일이 없음. 겨루어 이기려고 하지 않음. ②막강함. 이보다 더 강함이 없음. ③한이 없음. 끝이 없음.
【無經界 무경계】國옳고 그름의 구별이 없음.
【無稽 무계】근거가 없음. 터무니없음.
【無告 무고】하소연할 곳이 없는 사람. 의지할 곳이 없는 사람.
【無故 무고】①연고가 없음. ②무사함. 탈이 없음. ③까닭이 없음.
【無故作散 무고작산】國까닭 없이 벼슬을 뗌.
【無骨 무골】①뼈대가 없음. 줏대가 없음. ②줏대 없는 지리멸렬한 문장.
【無骨蟲 무골충】①뼈 없는 벌레. ②줏대 없는 사람.
【無骨好人 무골호인】國뼈 없이 좋은 사람. 두루뭉술하고 순하여 남의 비위에 다 맞는 사람.
【無跫 무공】발자국 소리가 없음.
【無垢 무구】①때가 묻지 않음. ②(佛)번뇌의 때가 묻지 않음. 순결함.
【無口匏 무구포】아가리가 없는 박. 입을 다물고 말을 하지 않는 사람.
【無窮 무궁】공간이나 시간이 끝이 없음.
【無極 무극】①끝이 없음. ②우주의 본체인 태극(太極)의 맨 처음 상태.
【無給 무급】國급료가 없음.
【無難 무난】①재난(災難)이 없음. ②어려움이 없음. ③두려워하고 주저할 바가 없음. ④수수하여 탈될 것이 없음.
【無乃 무내】차라리. 오히려. 無寧(무녕).
【無念 무념】①마음속에 아무 생각이 없음. ②(佛)무아(無我)의 경지에 들어가 사심(私心)·망념(妄念)이 없음. 집착이 없음.
【無寧 무녕】①☞無乃(무내). ②안심하지 않음. 방심하지 않음.
【無端 무단】①끝이 없음. 정함이 없음. ②까닭이 없음. 이유가 없음.
【無斷 무단】①결단력이 없음. ②國승낙을 얻지 않음. 미리 사유를 이야기하지 않음.
【無度 무도】법도가 없이 함부로 행동함.
【無道 무도】①세상에 도덕이 행해지지 않음. ②인도에 어긋남. 도리에 벗어남.
【無徒 무도】①동아리가 없음. ②무뢰한.
【無頭無尾 무두무미】머리도 없고 꼬리도 없음. 밑도 끝도 없음.
【無量 무량】①분량을 정하지 않음. 정한 양이

없음. ②한량이 없을 만큼 많음.
【無量壽 무량수】①한량이 없는 수명. 무량상수(無量上壽). ②(佛)아미타불과 그 국토에 사는 백성의 수명이 한량없음.
【無慮 무려】①아무 염려할 것이 없음. ②깊이 생각함이 없음. 고려함이 없음. ③대개. 대략.
【無禮 무례】예의에 벗어남. 도리에 어긋난 짓을 함. 失禮(실례).
【無祿 무록】①하늘이 주는 복록(福祿)이 없음. ②봉록(俸祿)이 없음. ③선비〔士〕의 죽음.
【無賴 무뢰】①믿을 수 없음. 의뢰할 수 없음. ②일정한 직업이 없이 불량한 짓을 하며 돌아다니는 사람. 無賴漢(무뢰한). ③미워하며 욕하는 말. ④마음이 편하지 않음. 괴로움.
【無聊 무료】①근심이 있어 아무 즐거움이 없음. ②의지할 곳이 없음. ③심심하고 지루함.
【無漏 무루】①빠짐이 없음. ②(佛)번뇌를 떠난 청정무구(淸淨無垢)의 경지.
【無類 무류】①견줄 데가 없을 만큼 뛰어남. 無比(무비). ②종류별로 구분되지 않음.
【無理 무리】①이치에 맞지 않음. ②까닭이 없음. 이유가 없음. ③억지로 우김.
【無望 무망】①가망이나 희망이 없음. ②망제(望祭)가 없음. ③뜻하지 않음. 예기치 않음. ④경계(境界)가 없음.
【無妄 무망】①속이지 않음. ②뜻하지 않음. 無望(무망). ③궁(窮)하여 일어나는 재화(災禍). ④주역(周易) 64괘(卦)의 이름. 진실하고 거짓이 없는 괘.
【無妄中 무망중】뜻하지 않은 가운데.
【無妄之福 무망지복】뜻밖에 얻은 복. 생각하지 않던 복.
【無妹獨子 무매독자】國여동생이 없는 독자. 곧, 딸이 없는 집안의 외아들.
【無面 무면】國①면목이 없음. ②돈이나 곡식 따위가 축남.
【無面渡江 무면도강】강을 건널 면목이 없음. 일에 실패하여 고향으로 돌아갈 수 없는 형편. 故事 초(楚)나라의 항우(項羽)가 싸움에 패하고 오강(烏江)에 이르렀을 때, 정장(亭長)이 항우에게 고향인 강동(江東)으로 돌아가 권토중래(卷土重來)할 것을 권하자, "무슨 면목으로 강을 건너 돌아가리오?"하고 자결하였다는 고사에서 온 말.
【無明 무명】①눈이 어두워 사물이 보이지 않음. ②(佛)사견(邪見) 또는 망집(妄執)으로 불법의 진리에 어두움.
【無聞 무문】①이름이 세상에 알려져 있지 않음. ②들은 일이 없음.
【無物 무물】①물건이 없음. 아무것도 없음. ②공(空)의 경지.
【無味 무미】①맛이나 재미가 없음. ②아무 뜻이 없음. 취미가 없음. 沒趣味(몰취미).
【無班鄕 무반향】國양반이 살고 있지 않던 시골. 곧, 주민 중에 양반이 없음.
【無方 무방】①일정한 방향이 없음. ②일정한 규칙이 없음. ③제멋대로 함. 放縱(방종). ④한량이 없음. 無極(무극).
【無妨 무방】방해될 것이 없음. 괜찮음.
【無法天地 무법천지】법이 없는 세상. 폭력이 난무(亂舞)하고 무질서한 세상.
【無邊 무변】國①끝이 없음. ②이자가 없음.
【無病而自灸 무병이자구】병이 없는데 뜸을 뜸. 불필요한 노력.
【無服 무복】①옷이 없음. ②상복을 입지 않음.
【無服之殤 무복지상】상복을 입지 않는, 어린아이의 죽음.
【無服親 무복친】상복을 입을 촌수를 벗어난 가까운 친척.
【無不通知 무불통지】國두루 통하여 모르는 것이 없음.
【無比 무비】뛰어나서 견줄 데가 없음.
【無非 무비】①그렇지 않은 것이 없음. ②잘못이 없음.
【無憑 무빙】①의지할 곳이 없음. ②어떤 사실을 입증할 만한 증거가 없음.
【無憑可考 무빙가고】증거로 하여 상고할 만한 것이 없음.
【無似 무사】①현인(賢人)을 닮지 못함. 자기를 낮추어 이르는 말. 不肖(불초). ②뛰어나서 견줄 만한 것이 없음. 無比(무비).
【無私無偏 무사무편】사심이 없고 한쪽으로 치우치지 않음. 지극히 공정함.
【無算 무산】①적어서 셀 것도 없음. ②셀 수 없을 만큼 많음. ③사려가 없음.
【無上 무상】①이 위에 더 없음. 최고임. 最上(최상). ②윗사리에서 일정한 명령을 하는 사람이 없음. ③윗사람이나 임금을 업신여김.
【無狀 무상】①일정하게 정해진 형상이 없음. ②내세울 만한 공이나 성적이 없음. ③예의가 없음.
【無常 무상】①일정함이 없음. ②덧없음. ③(佛)상주(常住)하는 것이 없음. 나고 죽고 흥하고 망하는 모든 것이 덧없음.
【無常時 무상시】일정한 때가 없음.
【無色 무색】①아무 빛깔도 없음. ②國부끄러워 볼 낯이 없음. 無顔(무안).
【無性 무성】①(佛)제법(諸法)은 인연의 화합에 의하여 생기며 자성(自性)이 없음. ②하등 동물에서 암수의 성의 구별이 없음.
【無聲無臭 무성무취】①천도(天道)는 알기 어려워서, 들어도 소리가 없고 맡아도 냄새가 없음. ②은거(隱居)하여 나타나지 않음.
【無聲詩 무성시】소리 없는 시. 훌륭한 그림.
【無所不能 무소불능】능하지 않은 것이 없음. 못하는 것이 없음.
【無所不爲 무소불위】하지 못할 일이 없음.
【無所畏 무소외】①두려워할 만한 것이 없음. ②공포·불안을 벗어나 마음의 평정과 안정을 얻은 상태. 그리스의 철학자 데모크리스토스가 최고의 행복을 이른 말.
【無宿諾 무숙낙】남에게 승낙한 일은 미루지 않고 즉시 행함.
【無始 무시】처음 또는 시작이 없음.

【無視 무시】①보지 않음. ②업신여김. 안중(眼中)에 두지 않음. 蔑視(멸시).
【無始無終 무시무종】①시작도 끝도 없음. ②(佛)불변의 진리. 윤회의 무한성(無限性).
【無時服 무시복】정한 때가 없이 마음 내키는 대로 약을 먹음.
【無信 무신】①신의가 없음. ②서신(書信)이 없음. 소식이 없음.
【無身 무신】자기의 몸에 얽매이지 않음.
【無實 무실】①그러한 사실이 없음. ②실속이 없음. ③열매가 없음. 익지 않음.
【無心道人 무심도인】도를 깊이 닦아 세속의 번뇌와 물욕에서 벗어난 사람.
【無心筆 무심필】심을 넣지 않은 붓. 중심에 강한 털을 넣지 않아 매우 부드러운 붓.
【無我 무아】①자기를 잊음. 자기의 존재를 깨닫지 못함. 沒我(몰아). ②마음이 공평무사함. 사욕이 없음. ③(佛)인간이나 만물에는 영원불변의 실체(實體)가 없는 일.
【無顔 무안】볼 낯이 없음.
【無顔色 무안색】아름다움을 잃음. 생채(生彩)가 없어짐.
【無涯 무애】한이 없음. 끝이 없음.
【無礙 무애】거리낌이 없음. 막히는 것이 없음. 無碍(무애).
【無恙 무양】몸에 탈이 없음. 無病(무병).
【無嚴 무엄】國삼가거나 어려워 함이 없음.
【無易 무역】변하지 않음. 변경하지 않음.
【無射 무역】①12율(律)의 하나. 12율은 음양(陰陽)에 각각 여섯으로 이루어졌는데, 양률의 여섯째가 무역임. ②싫어하지 않음.
【無緣 무연】①인연이 없음. ②죽은 뒤에 연고자가 없음. ③(佛)불문에 들어 불법을 들을 인연이 없는 사람.
【無厭 무염】싫어하지 않음. 싫증남이 없음.
【無鹽女 무염녀】얼굴이 못생긴 여자. 故事 제선왕(齊宣王)의 정사(政事)를 내조한 부인 종리춘(鍾離春)이 박색이고 무염읍(無鹽邑) 사람인데서 온 말. 醜婦(추부).
【無厭之慾 무염지욕】한없는 욕심.
【無藝 무예】①예능이 없음. ②일정하지 않음. ③법도(法度)가 없음. 준칙이 없음. ④끝닿는 데가 없음. ✧'藝'는 '極'으로 '끝'을 뜻함.
【無畏 무외】①두려움이 없음. ②(佛)부처가 중생에게 설법(說法)할 때 태연하여 두려움이 없는 덕(德). 無所畏(무소외).
【無欲速 무욕속】일을 함에 있어, 그 성공을 서두르지 말라.
【無庸 무용】①공(功)이 없음. ②등용하지 않음. ③수고함이 없음.
【無用之物 무용지물】쓸모없는 사람이나 물건.
【無用之用 무용지용】얼른 보아 아무 소용도 없을 것 같은 것이 도리어 크게 쓰임.
【無虞 무우】생각지 않은 일. 뜻밖의 일.
【無憂樹 무우수】(佛)보리수(菩提樹). 마야부인이 이 나무 아래에서 석가모니를 낳았다고 함.
【無怨無德 무원무덕】원한을 살 일도 없고, 은

덕을 입은 일도 없음.
【無爲 무위】①아무 일도 하지 않음. ②조금도 간섭하지 않음. ③자연 그대로 인위(人爲)를 가하지 않음. ④(佛)생사의 변화가 없이 상주(常住)하는 일. 열반(涅槃)의 세계.
【無爲徒食 무위도식】하는 일 없이 놀고먹음.
【無爲而化 무위이화】①애써 공들이지 않아도 저절로 변하여 잘 이루어짐. 정치나 교육을 베풀지 않아도 저절로 나라가 다스려짐. ②성인의 덕이 크면 클수록 백성들이 스스로 따라와서 잘 감화됨.
【無爲之治 무위지치】성인의 덕이 지극히 커서 천하가 저절로 다스려짐.
【無依無托 무의무탁】몸을 의탁할 곳이 없음. 썩 빈곤하고 고독한 처지.
【無二 무이】①둘도 없음. 가장 뛰어남. ②두 마음이 없음. 배반할 마음이 없음.
【無已 무이】①끝이 없음. ②게으름을 피우지 않음. ③부득이함. 마지못하여.
【無異 무이】①다를 것이 없음. 같음. ②의심하지 마라.
【無翼而飛 무익이비】①날개 없이 낢. ②군자가 한번 말하면 천지 밖에서까지 응함. ③소식이 매우 빨리 전파됨.
【無人色 무인색】①두려워서 파랗게 질림. ②굶주림이나 피로로 생기가 없는 모양.
【無人之境 무인지경】①사람이 살지 않는 곳. ②아무것도 거칠 것이 없는 판. 독판.
【無日 무일】①영구함. ②며칠 안되어. 불일내(不日內)로.
【無一物 무일물】①아무것도 가진 것이 없음. ②(佛)본래부터 한 물건도 진실하고 집착할 만한 것이 없음.
【無任 무임】①맡은 일을 감당하지 못함. ②참고 견딜 수 없음. ③임무가 없음.
【無字碑 무자비】①글자를 새기지 않은 비. ②무식한 사람을 조롱하는 말.
【無腸公子 무장공자】①창자가 없는 동물. 게〔蟹〕. ②기력이 없는 사람.
【無敵 무적】겨룰 만한 맞수가 없음. 아주 강함.
【無適無莫 무적무막】옳지도 그르지도 않음. 치우치지 않음. 시의(時宜)에 따른 군자의 도를 이르는 말.
【無前 무전】①지금까지 없었음. 空前(공전). ②맞설 만한 사람이 없음. 無敵(무적).
【無節 무절】①식별하는 힘이 없음. ②절조가 없음. ③법도가 없음. ④마디가 없음.
【無際 무제】끝이 없음. 無涯(무애).
【無足 무족】①발이 없음. ②만족할 줄 모름. ③國무자기.
【無足鼎 무족정】國발이 없는 솥. 신이 없어서 밖에 나가지 못하는 가난한 사람.
【無主 무주】①임자가 없음. ②임금이 없음. ③주장(主掌)하는 사람이 없음.
【無知 무지】①아는 것이 없음. ②어리석고 우악함.
【無地 무지】①땅이 없음. 토지가 없음. ②높으

火部 8획 焙焚棥炳燒

데서 굽어볼 때 땅이 없는 것처럼 보이는 일. ③더 이상 없음.
【無知沒覺 무지몰각】 몹시 지각이 없음.
【無盡燈 무진등】 (佛)①하나의 등불로 수없이 많은 등불을 켬. ②불법(佛法). 부처의 법이 잇따라 전파되어 다함이 없음. 長明燈(장명등).
【無盡藏 무진장】 ①아무리 써도 다함이 없이 많음. ②(佛)덕(德)이 광대하여 끝이 없음.
【無朕 무짐】 조짐이 없음.
【無遮 무차】 관대하여 막는 일이 없음.
【無慚 무참】 ①나쁜 짓을 하고도 부끄러움이 없음. ②國말할 수 없이 부끄러움.
【無出其右 무출기우】 오른쪽, 곧 윗자리에서 나오는 사람이 없음. 가장 뛰어나서 따를 만한 사람이 없음.
【無恥之恥 무치지치】 부끄러움이 없는 부끄러움. 곧, 부끄러워할 줄 모르는 부끄러움.
【無親 무친】 ①친하는 일이 없음. ②믿고 의지할 사람이 없음. ③골고루 친함.
【無他腸 무타장】 다른 악의가 없음. 두 마음이 없음.
【無頉 무탈】 國탈이 없음.
【無土免稅 무토면세】 國호조에서 거두어들일 결세(結稅)의 일부를 궁방(宮房)이나 관아에서 받도록 하던 일.
【無風 무풍】 ①바람이 없음. ②다른 곳의 재난이 미치지 않는 평온하고 안정된 상태.
【無何 무하】 ①얼마 안 되어. 곧. ②아무 죄도 없음. 無罪(무죄). ③다른 일이 없음. ④☞無何有之鄕(무하유지향).
【無下記 무하기】 國①쓴 돈을 장부에 올리지 않는 일. ②쓰고 남은 돈을 사사로이 쓰는 일.
【無何有之鄕 무하유지향】 사람의 손길이 미치지 않은 자연 그대로의 세계. 무위(無爲)의 이상향(理想鄕).
【無瑕謫 무하적】 옥(玉)에 흠이 없는 일.
【無恆産 무항산】 일정한 생업이나 재산이 없음.
【無恆心 무항심】 항심이 없음. 늘 지니고 있는 떳떳한 마음이 없음.
【無穴鰒 무혈복】 ①꼬챙이에 꿰지 않고 말린 큰 전복. ②과거(科擧)를 엄중히 감시하여 협잡을 부리지 못하도록 하던 일.
【無形無迹 무형무적】 드러난 형적이 없음.
【無惠 무혜】 백치(白痴). ◯'惠'를 '慧'로 '지혜'를 뜻함.
【無虎洞中狸作虎 무호동중이작호】 國범 없는 골짜기에서 살쾡이가 범 노릇을 함. 높은 사람이 없는 곳에서 하찮은 사람이 잘난 체함.
【無效 무효】 보람이나 효과가 없음.
【無欠 무흠】 國①흠이 없음. ②사귀는 사이에 허물이 없음.
◯ 皆-, 空-, 南-, 三-, 有-, 絶-, 虛-.

火 8 【焙】 ⑫ 불에 쬘 배 圈 bèi
초서 焙 동서 焙 字解 ①불에 쬐다. 쬐어 말리다. 〔傳燈錄〕次得大安樂, 諸人會得, 則火焙之, 中有丈六金身. ②배롱(焙籠).
【焙茶 배다】 찻잎을 따서 불에 말림.
【焙籠 배롱】 화로에 씌워 놓고 거기에 젖은 기저귀나 옷 따위를 얹어 말리는 기구.

火 8 【焚】 ⑫ ❶불사를 분 囚 fén ❷넘어질 분 圜 fèn
소전 焚 소전 焚 초서 焚 동서 焚 속자 棥
字源 會意. 林+火→焚. 숲[林]에 불[火]을 놓아 사냥함을 뜻한다.
字解 ❶①불사르다. 타다. 〔書經〕玉石俱焚. ②불을 놓아 사냥하다. 〔春秋〕焚咸丘. ③화형(火刑)에 처하다. 〔周禮〕凡殺其親者焚之. ❷넘어지다, 넘어뜨리다. =僨. 〔春秋左氏傳〕象有齒, 以焚其身.
【焚膏繼晷 분고계구】 밤을 낮으로 이어 일을 함. 밤낮으로 애써 독서함.
【焚攻 분공】 불로써 들이침. 火攻(화공).
【焚棄 분기】 태워서 버림.
【焚溺 분닉】 불에 타고 물에 빠짐. 백성이 학정(虐政)으로 고통을 당함.
【焚掠 분략】 집을 불태우고 재물을 약탈함.
【焚滅 분멸】 ①태워 없앰. 불태워 멸망시킴. ②타서 없어짐.
【焚書坑儒 분서갱유】 학문이나 사상을 탄압함. 진시황(秦始皇)이 학자들의 정치 비판을 막기 위하여 시서 육경(詩書六經)을 불태우고, 유학자(儒學者) 460여 명을 생매장한 일.
【焚修 분수】 분향(焚香)하여 도를 닦음.
【焚燼 분신】 타고 남은 끄트러기나 재.
【焚身 분신】 자기 몸을 불사름.
【焚煬 분양】 불태워 녹임.
【焚如 분여】 ①불이 한창 타는 모양. ②화재.
【焚逸 분일】 불타 없어짐.
【焚灼 분작】 ①불로 태움. ②불에 구움. 불태워 죽임. ③날씨가 몹시 더운 모양. ④몹시 애를 태움.
【焚草 분초】 ①풀을 태움. ②원고를 태움.
【焚蕩 분탕】 불에 탄 흔적도 없어짐. 마구 불태워 없애 버림.
【焚香 분향】 향을 피움.
【焚和 분화】 이해관계로 남과 다툼.
【焚毁 분훼】 태워 무너뜨림. 타서 무너짐.
◯ 燒-, 玉石俱-, 熇-.

火 8 【棥】 ⑫ 焚(1071)의 속자

火 8 【炳】 ⑫ 불사를 설 ㉠열 圜 ruò
초서 炳 字解 불사르다, 태우다. =爇. 〔禮記〕旣奠, 然後炳蕭, 合羶薌.

火 8 【燒】 ⑫ 燒(1083)의 속자

火部 8획 焠然焱焰煮焯焦

【焠】⑫ 담금질 쉬 ⊕쵀 國 cuì
字解 ❶담금질하다, 좋은 칼을 만들기 위하여 담금질하다.〔漢書〕淸水焠其鋒. ❷태우다, 불에 태우다.〔荀子〕有子惡臥而焠掌, 可謂能自忍矣. ❸물들이다, 칠하다.〔史記〕使工以藥焠之.
【焠掌 쉬장】괴로움을 참아 가며 공부에 힘씀.
故事 공자의 제자 유약(有若)이 졸음을 쫓기 위하여 손바닥을 지졌다는 고사에서 온 말.

【然】⑫ 그러할 연 旡 rán

字源 形聲. 肰＋火→然.「肰(연)」이 음을 나타낸다.
字解 ❶그러하다. ㉮맞다. 이치에 맞고 내 마음에 맞다는 뜻.〔論語〕雍之言, 然. ㉯대답하는 말.〔禮記〕有子曰, 然, 然則夫子有爲言之也. ❷그렇다고 여기다.〔後漢書〕心然元計. ❸그리하여.'而(1420)'와 같이 쓰인다.〔孟子〕識其不可, 然且至. ❹그러나.〔說苑〕忠則忠, 然非禮也. ❺그러하다면, 그러한즉.〔論衡〕夫草木水火, 與土無異, 然杞梁之妻, 不能崩城明矣. ❻이에. ＝乃.〔莊子〕始也我以女爲聖人邪, 今然君子也. ❼즉, 곧. ＝則.〔莊子〕吾思斗升之水活耳, 君乃言此, 且.〔楚辭〕年旣已過大半兮, 然壡軻而留滯. ❽이. ＝是.〔禮記〕凡乞假於人, 爲人從事者亦然, 然故主無憾而下遠罪也. ❾형용하는 말.「如(404)」와 같이, 형용하는 데 붙이는 말.〔經傳釋詞〕然, 狀事之詞也, 若論語夐然喟然儼然之屬是也. ❿종결사(終結詞). ㉮'焉(1067)'과 같이'이・여기' 등의 뜻을 나타낸다.〔禮記〕穆公召縣子而問然. ㉯'也(48)'와 같이 단정의 뜻을 나타낸다.〔論語〕俱不得其死然. ㉰'乎(43)'와 같이 반문(反問)・추량(推量)의 뜻을 나타낸다.〔論語〕若由也, 不得其死然. ⓫동의(同意)한다, 승낙하다.〔漢書〕耳餘始居約時, 相然信. ⓬타다, 태우다. ＝燃.〔魏志〕夜然脂照城外. ⓭밝다.〔淮南子〕雖有明智, 非能然也.
【然諾 연낙】청하는 바를 들어줌. 승낙함.
【然燈 연등】❶등불을 밝히는 일. ❷꽃의 붉은 모양.
【然眉之急 연미지급】눈썹을 태울 정도로 몹시 급함. 火急(화급). 燒眉之急(소미지급).
【然否 연부】그러함과 그러하지 아니함.
【然石 연석】타는 돌. 곧, 석탄.
【然信 연신】마음을 허락하여 신용함.
【然疑 연의】❶생각이 햇갈려서 결정하기 어려움. ❷옳고 그름을 결정하기 어려움.
【然而 연이】그러나. 그런데.
【然頂 연정】도교(道敎)에서 수도하는 방법의 하나로, 이마를 지지는 일.
【然則 연즉】그러한즉. 그렇다면.

【然後 연후】그러한 뒤.
❶介一, 爛一, 渺一, 賁一, 灑一, 徽一, 巍一, 隱一, 適一, 愀一, 浩一, 欣一, 屹一, 翕一.

【焱】⑫ ❶불꽃 염 琰 yàn ❷화염 모양 혁 陌 yàn
參考 대법원 지정 인명용 한자의 음은'혁'이다.
字源 會意.'火(불 화)'를 세 개 합하여 불이 세게 타서 불똥이 튀어 흩어짐을 뜻한다.
字解 ❶불꽃, 불똥. ❷화염(火焰)의 모양, 불이 세게 타는 모양.
【焱焱 염염】불꽃이 오르는 모양.
【焱橐 염탁】불길을 일으키는 기구. 풀무.

【焰】⑫ 燄(1084)과 동자

【煮】⑫ 煮(1076)의 속자

【焯】⑫ 밝을 작 藥 zhuō
字解 ❶밝다, 빛나다. ❷불사르다.
【焯見 작견】환하게 보임. 灼見(작견).

【焦】⑫ ❶그을릴 초 蕭 jiāo ❷가마솥 추 旡 qiáo
參考 대법원 지정 인명용 한자의 음은'초'이다.
字解 ❶㉮그을리다, 그을다.〔春秋左氏傳〕卜戰龜焦. ㉯애타다, 애태우다.〔阮籍・詩〕誰知我心焦. ㉰들피지다, 지치다.〔漢書〕朝爲榮華, 夕而焦瘁. ㉱탄내 나다.〔禮記〕其味苦, 其臭焦. ㉲황흑색(黃黑色).〔眞誥〕心悲則面焦. ㉳새 이름.〔司馬相如・賦〕撐焦明. ㉴성(姓). ❷가마솥.〔周禮〕以羹之焦中.
【焦渴 초갈】❶목이 몹시 마름. ❷호수・못 등의 물이 마름. ❸초조해 함.
【焦卷 초권】말라 오그라듦.
【焦溺 초닉】불에 타고 물에 빠짐. 곤란에 빠짐.
【焦頭爛額 초두난액】머리를 태우고 이마를 데어 가며 불을 끔. 어려운 일을 당하여 몹시 애를 씀.
【焦勞 초로】애탐. 속을 태움. 노심초사함.
【焦螟 초명】모기의 눈썹에 집을 짓고 산다는 전설상의 극히 작은 벌레.
【焦眉琴 초미금】거문고의 딴 이름. 故事 후한(後漢)의 채옹(蔡邕)이 이웃에서 오동나무를 태우는 소리를 듣고 질 좋은 재목임을 알고 반쯤 타다 남은 나무를 얻어 만들었다는 거문고.
【焦眉之急 초미지급】눈썹에 불이 붙은 것과 같이 썩 위급한 경우.
【焦思 초사】속을 태움. 애가 탐.
【焦爍 초삭】태워 녹임.

火部 8～9획　焜焮煢煖煜煆煉烮煤焙

【焦暑 초서】혹독한 더위.
【焦脣 초순】입술을 태움. 매우 애태움.
【焦心 초심】①마음을 졸임. 속을 태움. ②초조한 마음.
【焦熬 초오】타게 볶음.
【焦灼 초작】①불에 탐. 태움. ②애태움.
【焦點 초점】①관심이나 주의가 집중되는 사물의 중심 부분. ②광선이 렌즈나 구면 거울 따위에 반사, 굴절하여 다시 모이는 점.
【焦燥 초조】애태우며 마음을 졸임.
【焦坼 초탁】불타서 갈라짐.
【焦土 초토】①까맣게 탄 흙. ②불타 없어진 자리. 전란(戰亂)의 흔적.
【焦涸 초학】바싹 마름.
❶ 枯―, 命―, 三―, 憂―.

火 8 【焜】 ⑫ 빛날 혼·곤 阮元 kūn
[소전][초서][자해] ①빛나다. 〔歐陽修·詩〕四壁金焜煌. ②밝다, 밝히다. 〔春秋左氏傳〕焜燿寡人之望. ③초목이 누렇게 시드는 모양. 〔古樂府〕焜黃華葉衰.
【焜燿 혼요】빛이 남. 빛을 냄.
【焜黃 혼황】빛깔이 퇴색하는 모양. 가을에 초목의 잎이 누렇게 변하는 모양.
【焜煌 혼황】휘황(輝煌)함. 빛. 남.
【焜爐 곤로】물건을 굽는 데에 쓰는, 흙이나 쇠붙이로 만든 작은 화로.

火 8 【焮】 ⑫ 불사를 흔 問文 xìn
[초서][자해] ①불사르다, 태우다. 〔范成大·詩〕瘴風如火焮. ②비추다, 빛나다. 〔杜甫·詩〕光彌焮洲渚.
【焮天 흔천】불이 세차게 타는 모양.

火 9 【煢】 ⑬ 외로울 경 庚 qióng
[소전][초서][동자][동자][간체]
[자해] ①외롭다. 형제나 배우자가 없어 의지할 데가 없다. 〔書經〕無虐煢獨. ②근심하다. 〔春秋左氏傳〕煢煢余在疚. ③주사위. 〔顏氏家訓〕古爲大博則六箸, 小博則二煢.
【煢煢 경경】①외롭고 의지할 곳 없는 모양. ②근심하는 모양.
【煢獨 경독】형제가 없는 사람과 자식이 없는 사람. 의지할 곳이 없는 외로운 사람.

火 9 【煖】 ⑬ ❶따뜻할 난 寒 nuǎn, xuān
❷온난할 훤 元 nuǎn, xuān
[소전][초서][참고] 대법원 지정 인명용 한자의 음은 '난'이다.
[자해] ❶따뜻하다, 따뜻하게 하다. =煗·暖. 〔禮記〕七十非帛不煖. ❷①온난하다, 날씨가 따뜻하다. =暄. ②사람 이름. 〔戰國策〕齊人有馮煖者.
【煖閣 난각】화로로 따뜻하게 한 누각.
【煖坑 난갱】온돌.
【煖爐 난로】불을 피워서 방 안을 따뜻하게 하는 장치.
【煖房 난방】방을 따뜻하게 함. 따뜻한 방.
【煖衣飽食 난의포식】따뜻한 옷에 배불리 먹음. 넉넉한 생활.
【煖香 난향】①훈훈한 향기. ②향의 이름. 이 향을 피우면 방이 따뜻해진다고 함.
❶ 輕―, 燠―, 寒―.

火 9 【煗】 ⑬ 따뜻할 난 寒 nuǎn
[소전][자해] 따뜻하다, 따뜻하게 하다. =煖·暖.

火 9 【煆】 ⑬ 鍛(1897)과 동자

火 9 【煉】 ⑬ 불릴 련 霰 liàn
[소전][초서][통자][간체][자해] ①불리다, 쇠붙이를 불에 달구어서 정련(精鍊)하다. ≒鍊. 〔論衡〕女媧銷煉五色石, 以補蒼天. ②굽다, 고다, 반죽하여 굽다.
【煉丹 연단】①도사가 진사(辰砂)로 불로장생하는 약이나 황금을 만들었다고 하는 일종의 연금술. ②단전(丹田)에 정신을 집중하여 심신을 수련하는 일.
【煉藥 연약】약을 곰. 고아서 만든 약.
【煉獄 연옥】영혼이 천국에 들어가기 전에 지은 죄를 씻기 위하여 불로써 단련받는 곳.
【煉瓦 연와】벽돌.
【煉乳 연유】달여서 진하게 만든 우유.
【煉炭 연탄】가루 석탄에 흙을 넣고 반죽하여 굳혀 만든 연료.

火 9 【烮】 ⑬ 烈(1064)의 고자

火 9 【煤】 ⑬ 그을음 매 灰 méi
[초서][자해] ①그을음. 〔呂氏春秋〕嚮者煤炱入甑中, 棄食不祥, 回攫而飯之. ②먹. 〔韓偓·詩〕蜀紙麝煤沾筆興. ③석탄(石炭). ¶ 煤炭.
【煤氣 매기】①그을음이 섞인 연기. 油煙(유연). ②석탄 가스.
【煤煙 매연】①그을음. 煤烟(매연). ②석탄이 타는 연기.
【煤炭 매탄】석탄(石炭).
【煤炱 매태】그을음.
❶ 墨―, 寶―, 麝―, 松―, 埃―.

火 9 【焙】 ⑬ 焙(1071)와 동자

火 9 【煩】⑬ 괴로워할 번 元 fán

字源 會意. 火+頁→煩. 머리〔頁〕가 더워져서〔火〕아픔을 뜻한다.

字解 ❶괴로워하다. ㉮번열이 나다.〔白居易·詩〕煩熱委靜銷. ㉯괴로워서 가슴이 답답하다.〔史記〕病使人煩懣, 食不下. ㉰마음 조이다.〔素問〕煩則喘喝. ㉱고민하다.〔司馬相如·文〕心煩於慮, 而身親其勞. ❷번거롭다. ㉮번잡하고 다답다.〔書經〕禮煩則亂. ㉯장황하다.〔舊唐書〕憂深, 故語煩. ㉰귀찮다.〔說苑〕簡絲數米, 煩而不察. ㉱성가시다.〔逸士傳〕許由挂瓢木上, 風吹有聲, 以爲煩, 遂去之. ㉲바쁘다, 심하다.〔周禮〕則役其煩辱之事. ㉳다투다, 떠들다.〔春秋左傳〕嘖有煩言. ❸괴롭히다. ㉮성가시게 굴다.〔春秋左傳〕敢以煩執事. ㉯피로하게 만들다.〔禮記〕衛音趨數煩志. ㉰욕보이다, 창피를 주다.〔淮南子〕以物煩其性命乎. ❹번민. ㉮고민, 근심.〔應璩·書〕鬱蒸之煩. ㉯어지러움, 어지러운 세상.〔晉書〕撥煩理亂. ㉰이익이 없는 것, 도움이 되지 않는 것.

【煩苛 번가】번거롭고 가혹함.
【煩簡 번간】번잡함과 간이함. 바쁨과 한가로움.
【煩劇 번극】몹시 번거롭고 바쁨.
【煩襟 번금】마음속의 번민. 번민하는 마음속.
【煩急 번급】몹시 번거롭고 급함.
【煩惱 번뇌】①마음이 시달려서 괴로움. ②(佛) 미혹(迷惑) 또는 욕정에 시달려 괴로움.
【煩毒 번독】번민하고 괴로워함.
【煩亂 번란】심신이 괴롭고 어지러움.
【煩慮 번려】번거로운 생각. 귀찮은 생각.
【煩勞 번로】번거롭고 수고로움.
【煩累 번루】번거로운 일. 귀찮은 일.
【煩懣 번만】①가슴이 메어 고통스러움. ②고민함. 마음이 번거롭고 괴로움.
【煩務 번무】번거롭고 어수선한 일.
【煩文 번문】①번거롭고 까다로운 문장. ②예문(禮文). 繁文(번문).
【煩悶 번민】번거롭고 답답하여 괴로워함.
【煩法 번법】번거로운 법률. 까다로운 법.
【煩費 번비】번거롭게 비용이 많이 듦.
【煩褻 번설】번잡스럽고 더러움.
【煩細 번세】번거롭고 자질구레함.
【煩訴 번소】번잡한 소송.
【煩瑣 번쇄】번거롭고 자질구레함. 煩碎(번쇄).
【煩愁 번수】괴로워하며 걱정함.
【煩壤 번양】쓰레기를 버리는 곳.
【煩言 번언】①성내어 다투는 말. ②번거로운 말. 煩語(번어).
【煩熱 번열】①숨막힐 듯이 더움. 繁溽(번욕). ②몸에 열이 나서 가슴이 답답하고 몹시 괴로운 증세.
【煩縈 번영】귀찮게 휘감김. 붙어다님.
【煩惋 번완】①괴로워하며 한탄함. ②번민하며 원망함.
【煩擾 번요】번거롭고 요란스러움.
【煩溽 번욕】무더움. 무더위. 煩熱(번열)①.
【煩冗 번용】번거롭고 자질구레함.
【煩紆 번우】마음이 산란하고 울적함.
【煩憂 번우】괴로워하고 걱정함.
【煩冤 번원】①바람이 회오리치는 모양. ②괴로워함. 고민함. 煩悶(번민).
【煩雜 번잡】번거롭고 복잡함.
【煩酲 번정】숙취(宿醉)로 인한 불쾌한 기분.
【煩燥 번조】답답하고 신열이 높아서 심신이 불안한 증세.
【煩蒸 번증】찌는 듯한 더위. 무더위.
【煩惑 번혹】번민하고 당혹함. 번민과 미혹.
【煩懷 번회】번거로운 생각. 煩想(번상).
【煩囂 번효】번잡하고 시끄러움.

❶苛—, 劇—, 勞—, 累—, 冥—, 迷—, 粉—, 頻—, 昏—, 喧—.

火 9 【煞】⑬ ❶죽일 살 黠 shā ❷빠를 쇄 黠 shà

參考 殺

字解 ❶①죽이다. ②총괄하다, 결속(結束)하다. ③現단속하다. ④수효가 많다. ❷빠르다.

火 9 【煁】⑬ 화덕 심 侵 chén

字解 화덕. 이동식 화덕.〔詩經〕樵彼桑薪, 卬烘于煁.

火 9 【煬】⑬ ❶쬘 양 漾 yàng ❷쇠 녹일 양 陽 yáng

字解 ❶①쬐다. ㉮쬐어 말리다.〔莊子〕冬則煬之. ㉯불을 쬐다.〔戰國策〕若竈則不然, 前之人煬, 則後之人無從見也. ㉰볕에 쬐다. ㉱비추다.〔揚雄·賦〕南煬丹崖. ②불을 때다, 밥을 짓다.〔莊子〕煬者避竈. ❷쇠를 녹이다. =烊.
【煬者 양자】밥 짓는 사람. 炊夫(취부).
【煬竈 양조】아궁이의 불을 쬠. 간신이 정사(政事)를 마음대로 하여 임금의 밝은 지혜를 가림. ◯한 사람이 아궁이의 불을 쬐면 다른 사람은 쬘 수 없다는 데서 온 말.
【煬火 양화】불을 땜. 불을 지핌.
【煬和 양화】화기(和氣)로 인하여 부드러워짐.

火 9 【煙】⑬ ❶연기 연 先 yān ❷제사 지낼 인 眞 yin

參考 烟 대법원 지정 인명용 한자의 음은 '연'이다.

火部 9획 煐熅煨煜

[字源] 形聲. 火+垔→煙. '垔(인)'이 음을 나타낸다.
[字解] ❶①연기. ㉮무엇이 탈 때 나오는 흐릿한 기운. 〔周禮〕以其煙被之. ㉯산수(山水)에 끼는 놀·운무(雲霧) 따위의 기운. 〔柳宗元·文〕夜藜宵炬, 晝淩風煙. ㉰건조한 기운. 〔素問〕草樹浮煙. ㉱먼지. 〔晉問〕煙埃朦鬱. ㉲연기처럼 낀 기운. 〔晉書〕每入室, 常覺有雲煙氣體. ②연기가 끼다. 〔後漢書〕寒食, 莫敢煙爨. ③그을음. 〔洞天淸錄〕乃丸漆煙松煤. ④담배. 〔仕學大乘〕歸家之餘, 猶能飲酒喫煙. ⑤성(姓). ❷제사 지내다, 정결히 제사 지내다. =禋.
【煙客 연객】산수의 기운을 마시고 사는 사람. 신선(神仙).
【煙景 연경】①연하(煙霞)가 끼어 있는 봄 경치. ②호수의 수면에 일어나는 연파(煙波). ③연기나 구름이 길게 낀 모양.
【煙氣 연기】무엇이 탈 때 생기는 흐릿한 기체나 기운.
【煙嵐 연람】①피어오른 흐릿한 이내. ②연기와 이내.
【煙浪 연랑】연하(煙霞) 낀 수면. 연기가 낀 것처럼 흐릿하게 보이는 먼 수면.
【煙幕 연막】①사격의 목표가 될 물건을 가리기 위해 연막탄(煙幕彈)을 터뜨려 내는 진한 연기. ②자기의 잘못이나 범행을 호도(糊塗)하는 일.
【煙煤 연매】철매. 그을음.
【煙滅 연멸】연기처럼 사라짐.
【煙霧 연무】①연기와 안개. ②아지랑이. 봄 안개. ③흔적이 없음.
【煙墨 연묵】①먹. 품질이 좋은 먹은 대개 송연(松煙)으로 만듦. ②매연(煤煙)이나 유연(油煙)을 모은 흑색의 분말. 물감 따위에 쓰임. ③그을음.
【煙霏 연비】①연기와 안개. 아지랑이. ②연기가 옆으로 길게 낌. ③많은 모양.
【煙蓑雨笠 연사우립】①도롱이와 삿갓. ②자연 가운데 유유자적한 생활.
【煙水 연수】연하(煙霞)와 물. 연기가 낀 것처럼 흐릿한 수면. 煙波(연파).
【煙視媚行 연시미행】신부의 몸가짐새. ✒ '煙視'는 연기 속에서 보는 것같이 가늘게 뜨는 눈매, '媚行'은 천천히 걸음.
【煙埃 연애】①연기와 먼지. 연기나 먼지가 자욱이 끼는 일. ②전란(戰亂).
【煙焰 연염】①연기와 불꽃. ②연기 속에 치솟는 불꽃.
【煙隝 연오】안개나 아지랑이가 끼어 있는 마을. 흐릿하게 보이는 마을.
【煙雨 연우】안개비. 細雨(세우).
【煙雲供養 연운공양】그림을 보거나 그림으로써 마음을 즐겁게 하는 일.
【煙雲過眼 연운과안】연기와 구름이 눈앞을 지나감. 잠시도 머물지 않고 지나가 버림.
【煙塵 연진】①연기와 먼지. ②전장(戰場)에서 일어나는 풍진(風塵). 병란(兵亂). 戰塵(전진).
【煙草 연초】①담배. ②안개 따위에 흐릿

하게 보이는 풀.
【煙硝 연초】화약(火藥).
【煙波 연파】안개가 낀 수면. 먼 수면에 안개가 낀 것처럼 희미한 모양. 물안개.
【煙霞 연하】①연기와 노을. ②고요한 산수(山水)의 경치.
【煙霞痼疾 연하고질】산수를 몹시 사랑하고 즐기는 버릇.
【煙花 연화】①노을과 꽃. 봄의 경치. ②화려하고 아름다움. ③기생. 妓女(기녀).
【煙戶軍 연호군】國나라에 큰 공사가 있을 때, 각 호(戶)에 배당하여 동원하던 부역 인부. 煙軍(연군).
【煙戶雜役 연호잡역】國각 호(戶)에 부과하던 여러 가지 부역(賦役).
【煙燻 연훈】배의 물에 잠기는 부분이 썩지 않도록 생나무를 태워 그 연기를 쐼.
【煙火 연화】①밥 짓는 연기. 人煙(인연). 火煙(화연). ②봉화(烽火). ③불에 익힌 음식물. ④불꽃. 花火(화화).
【煙火中人 연화중인】화식(火食)을 하는 사람. 속세의 인간.
【煙鬟 연환】①머리숱이 많고 아름다운 모양. ②푸른 산의 모양.
❶ 禁─, 喫─, 煤─, 暮─, 無─, 松─, 雲─, 凝─, 炊─, 翠─, 香─, 吸─.

火9 【煐】⑬ 사람 이름 영 庚   yīng
[字解] 사람 이름.

火9 【熅】⑬ 熅(1078)과 동자

火9 【煨】⑬ 불씨 외 灰   wēi
[字解] ①불씨, 묻은 불, 화로에 묻은 불. 〔戰國策〕犯白刃, 蹈煨炭. ②굽다, 재에 묻어서 굽다.
【煨煤 외매】그을음.
【煨燼 외신】타서 재가 됨. 타고 남은 재.
【煨酒 외주】술을 따뜻하게 데움.
【煨塵 외진】아직 불기가 남은 재.
【煨炭 외탄】꺼지지 않게 재 속에 묻은 숯.

火9 【煜】⑬ 빛날 욱 屋   yù
[字解] ①빛나다, 빛나는 모양. 〔漢書〕其餘焱飛景附, 煜雪其間者, 蓋不可勝紀. ②불꽃. ③성(盛)한 모양. 〔班固·賦〕管絃曄煜.
【煜燿 욱요】환하게 빛남.
【煜煜 욱욱】①아침 해. 꽃 등이 빛나는 모양. ②별·개똥벌레 등이 반짝이는 모양.
【煜灼 욱작】빛남. 빛을 발함.
【煜霅 욱집】빛나는 모양.
❶ 炳─, 曄─, 燿─.

火部 9획 煒 煟 煣 煮 羔 煠 煎 煔 照

【煒】⑬ ❶빨갈 위 尾 wěi
❷빛날 휘 麌 huī

[字解] ❶빨갛다, 빨갛게 빛나는, 붉은빛.〔詩經〕彤管有煒. ❷매우 밝은 모양.〔晉書〕顧眄煒如. ❷빛나다, 빛.〔漢書〕靑煒登, 考景以曷.

【煒如 위여】①안광(眼光)이 날카로운 모양. ②밝은 모양. 환한 모양.
【煒然 위연】아름답고 고운 모양.
【煒曄 ❶위엽 ❷휘엽】❶왕성한 모양. ❷빛나는 모양.
【煒燁 휘엽】빛나는 모양.
【煒煌 휘황】①환하게 빛나는 모양. 輝煌(휘황). ②문장이 훌륭한 모양.
【煒煒 휘휘】빛나서 눈부신 모양. 광채가 성한 모양.

● 火-, 諱-.

【煟】⑬ 불빛 위 未 wèi

[字解] ①불빛. ②밝은 모양. ③빠른 모양.〔左思·賦〕輶軒蓼擾, 轂騎煟煌.

【煣】⑬ 휘어 바로잡을 유 有 rǒu

[字解] 휘어 바로잡다, 나무를 구워서 모양을 바로잡다.

【煮】⑬ 삶을 자 本저 語 zhǔ

[字解] ①삶다, 익히다.〔周禮〕職內外饔之爨亨煮, 辨膳羞之物. ②삶기다, 익다.〔晉書〕豆至難煮. ③소금을 굽다, 짠물을 달여 소금을 만들다, 소금.〔管子〕燕有遼東之煮. ④國국자.〔純元王后國葬都監儀軌〕煮一坐.

【煮豆燃萁 자두연기】콩을 삶는 데 콩대를 땔감으로 함. 형제가 서로 다툼.
【煮茗 자명】차를 달임. 煎茶(전다).
【煮粥焚鬚 자죽분수】죽을 끓이다가 수염을 태움. 형제 사이의 우애(友愛)가 두터움. 故事 당대(唐代)에 이적(李勣)이 누이의 병구완을 하려고 손수 미음을 쑤다가 수염을 태웠다는 고사에서 온 말.
【煮簀 자책】자기의 무지를 깨닫지 못하고 남을 원망함. 故事 한(漢)나라 사람이 오(吳)나라에 가서 처음으로 죽순 요리를 대접받았는데, 그것이 대나무라는 말을 듣고 집에 돌아와 대나무로 된 평상을 부수어 삶았으나 삶기지 않으므로, 오나라 사람이 속였다고 원망하였다는 고사에서 온 말.

● 雜-, 炊-, 亨-, 炮-, 熏-.

【羔】⑬ 煮(1076)와 동자

【煠】⑬ 데칠 잡 洽 zhá

[字解] ①데치다, 삶다. ②튀기다, 기름에 튀기다. =炸.

【煎】⑬ ❶달일 전 先 jiān
❷전 전 霰 jiàn

[字解] ❶①달이다. ¶煎藥. ②졸이다.〔儀禮〕凡糗不煎. ③마음을 졸이다, 애태우다.〔梅堯臣·詩〕雖云暫歡適, 終久還愁煎. ④급박(急迫)하다.〔古詩〕漸見愁煎迫. ⑤쇠붙이를 정련(精鍊)하다.〔周禮〕改煎金錫則不耗. ❷전. ⑦기름에 지진 음식.〔山家淸供〕拖油煎之曰蘿蔔煎. ④國저냐, 전유어.
【煎惱 전뇌】걱정하고 괴로워함.
【煎督 전독】몹시 독촉함. 불 같은 재촉.
【煎迫 전박】급박함. 절박함.
【煎水作氷 전수작빙】물을 끓여 얼음을 만듦. 불가능한 일.
【煎熬 전오】①국물이 없어질 때까지 졸임. ②몹시 근심함. 焦灼(초작).
【煎藥 전약】약을 달임.
【煎油 전유】지짐질함. 지짐질에 쓰이는 기름.
【煎調 전조】음식물을 끓여서 맛이 나게 요리함.
【煎和 전화】졸여서 간을 맞춤.

● 甲-, 濃-, 焚-, 熬-, 烹-, 炮-, 合-.

【煔】⑬ ❶불 타오를 섬 鹽 shǎn
❷데칠 점 鹽 qián
❸삼나무 삼 咸 shān

[字解] ❶불이 타오르다. ❷데치다, 삶다. =煠.〔楚辭〕煔鵪鶉只. ❸삼나무. =杉.

【照】⑬ 비출 조 嘯 zhào

丨 冂 月 日 日⁻ 昭 昭 照 照

[字源] 形聲. 昭+火→照. '昭(소)'가 음을 나타낸다.

[字解] ①비추다. ⑦밝게 하다. ⓒ빛을 보내다.〔易經〕大人以繼明, 照于四方. ⓒ대조하여 보다.〔後漢書〕忠臣孝子, 覽照前世, 以爲鏡誡. ⓔ깨우치다.〔淮南子〕照惑者, 以東爲西, 惑也. ⓜ비추어서 보다.〔晉書〕在車中攬鏡自照. ⓑ알게 하다.〔楚辭〕指日月使延照分. ②비치다.〔易經〕日月得天而能久照. ③햇빛.〔杜甫·詩〕連山晩照紅. ④준거(準據)하다. ¶照例. ⑤증명서, 증권(證券).〔文獻通考〕取索契寫. ⑥돌보다, 뒷바라지하다. ⑦사진, 영상(影像).〔晉書〕傳神寫照. ⑧거울.〔群談採餘〕賣半照. ⑨통고하다, 문서로써 알리다.〔張居正·疏〕亦照吏部升授京職.

【照鑑 조감】①비추어 봄. 분명히 봄. ②신불(神佛)이 밝게 보살핌. 照覽(조람).

【照管 조관】①맡아서 보관함. 돌봄. ②밝게 비추어 포괄(包括)함.
【照光 조광】휘황찬란하게 빛나는 빛.
【照膽 조담】쓸개를 비춤. 마음속을 비춤.
【照爛 조란】환히 빛남.
【照覽 조람】①똑똑히 살펴봄. ②신불(神佛)이 밝게 보살핌. 照鑑(조감).
【照諒 조량】[國]사정을 밝혀서 앎.
【照例 조례】규칙에 의거함. 전례를 참고함.
【照臨 조림】①해와 달이 사방을 비춤. ②임금이 백성을 굽어보고 다스림. 君臨(군림). ③귀인의 왕림(枉臨). 光臨(광림). ④신불(神佛)이 세상을 굽어 봄. 照覽(조람).
【照魔鏡 조마경】①마귀의 본체를 비추어 드러나게 한다는 신통한 거울. ②사회의 숨겨진 본체를 드러냄.
【照冥 조명】①어두운 데를 비춤. ②우란분(盂蘭盆)을 행하는 날. 곧, 칠월 보름날 절에서 묘나 뜰에 등불을 밝히는 일.
【照明 조명】①비추어 밝힘. ②무대 효과나 촬영 효과를 높이기 위하여 광선을 비춤.
【照懋 조무】밝고 성대함.
【照微 조미】미세한 곳을 명백하게 함.
【照覆 조복】조회(照會)에 대한 회답.
【照像 조상】사진. 사진을 찍음. 照相(조상).
【照歲燈 조세등】섣달 그믐날 밤에 다는 등.
【照松之勤 조송지근】등불을 켤 돈이 없어 관솔불에 글을 읽음. 가난하지만 부지런히 학문에 힘씀.
【照映 조영】밝게 비침. 비쳐서 반짝임.
【照耀 조요】아름답게 빛남. 照曜(조요).
【照律 조율】법률에 비추어 봄. 법률에 규정한 대로 구체적인 사건에 적용함.
【照應 조응】①앞뒤가 상응(相應)함. 서로 통함. ②어구(語句)의 앞뒤가 상응하여 조화를 이룸. ③요구에 따라 편의를 보아줌.
【照澄 조징】맑게 갬.
【照察 조찰】똑똑히 꿰뚫어 봄. 통찰(洞察)함.
【照彰 조창】환히 나타남.
【照徹 조철】두루 비침. 널리 통함.
【照破 조파】비추어 깨뜨림. 지혜의 빛으로 어리석은 마음을 비추어 깨닫게 함.
【照會 조회】①대조하여 생각함. ②문의함. 물어서 확인함.
【照訖講 조흘강】[國]과거를 보기 전에 먼저 성균관에서 호적 대조를 마치고 소학(小學)을 외게 하던 일.
【照訖帖 조흘첩】[國]조흘강에 합격한 사람에게 주던 증서.
◑ 光－, 落－, 朗－, 對－, 晚－, 半－, 返－, 辨－, 普－, 覆－, 査－, 斜－, 寫－, 夕－, 餘－, 燃－, 臨－, 殘－, 參－, 燭－, 徧－.

火 9 【煆】⑬ 불사를 하 [禡] xiā

[초서]  [字解] ①불사르다, 굽다. ②덥다, 뜨겁다. ③마르다, 건조하다. ④빛나다.

火 9 【煥】⑬ 불꽃 환 [翰] huàn

[소전]  [초서]  [간체] 焕 [字解] ①불꽃, 불빛. ②밝다, 빛나다, 밝은 모양. 〔論語〕煥乎其有文章. ③문채 있는 모양. 〔後漢書〕堯舜煥其蕩蕩兮.
【煥爛 환란】번쩍번쩍 빛나는 모양.
【煥朗 환랑】환히 빛남.
【煥發 환발】①빛이 환하게 나타남. ②조칙(詔勅)을 내림. 渙發(환발).
【煥別 환별】분명함.
【煥炳 환병】①빛나고 환한 모양. ②문채(文彩)가 있는 모양.
【煥然 환연】①깨끗이 녹아 버리는 모양. ②밝은 모양. 훌륭한 모양.
【煥蔚 환위】빛나고 광채가 있는 모양.
【煥彰 환창】환히 나타남.
【煥乎 환호】①환한 모양. 빛나는 모양. ②문장이 뛰어나게 빛나는 모양.
【煥煥 환환】①빛나는 모양. ②옥(玉)이 광채 나는 모양.
◑ 明－, 炳－, 昭－, 照－, 華－, 煇－.

火 9 【煌】⑬ 빛날 황 [陽] huáng

[소전]  [초서]  [字解] ①빛나다. 〔詩經〕明星煌煌. ②사물의 모양. 〔詩經〕檀車煌煌.
【煌星 황성】반짝반짝 빛나는 별. 샛별.
【煌燿 황요】환한 빛. 태양을 이름.
【煌熒 황형】번쩍번쩍 빛남. 熒煌(형황).
【煌煌 황황】①번쩍번쩍 빛나는 모양. 눈부신 모양. ②꽃이 찬란하게 빛나는 모양. ③아름다움. ④성(盛)한 모양.
◑ 敦－, 炫－, 熒－, 煒－, 輝－.

火 9 【煦】⑬ ❶따뜻하게 할 후 [遇] xù ❷말릴 후 [虞] xiū

[소전]  [초서]  [字解] ❶①따뜻하게 하다, 햇빛이 만물을 따뜻하게 하다. 〔禮記〕天地訢合, 陰陽相得, 煦嫗覆育萬物. ②찌다. ③은혜를 베풀다. 〔韓愈·原道〕彼以煦煦爲仁. ④붉은 모양, 붉은빛. ⑤눈동자가 돌다. 〔孔子家語〕及生三月而微煦, 然後有見. ❷말리다, 가열(加熱)하다.
【煦嫗 후구】입김을 불어 따뜻하게 하고, 품에 품어 따뜻하게 함. 정성을 들여 양육함.
【煦伏 후부】새가 알을 품어 따뜻하게 함. 양육(養育)함.
【煦覆 후부】따뜻하게 덮음.
【煦育 후육】따뜻하게 기름. 양육함.
【煦煆 후하】따뜻하게 함. 말림.
【煦噓 후허】입김을 불어 따뜻하게 함. 🔍'噓'는 분다는 뜻.
【煦煦 후후】①따뜻한 모양. ②온정을 베푸는 모양.
◑ 嫗－, 溫－, 恩－, 照－, 吹－, 涵－, 和－.

1077

火部 9〜10획 熏煊煇熙燐熐煽熄熅熔煩熊

熏
火9 【熏】⑬ 熏(1079)의 속자

煊
火9 【煊】⑬ 暄(795)과 통자

煇
火9 【煇】⑬
❶빛날 휘 圂 huī
❷구울 훈 圂 xūn
❸햇무리 운 圃 yùn

[소전] 煇 [초서] 輝 [동자] 燿 [간체] 辉 [참고] 대법원 지정 인명용 한자의 음은 '휘'이다.

[字解] ❶①빛나다, 빛. ≒輝. 〔詩經〕庭燎有煇. ②얼굴빛이 번드르르하다. 〔禮記〕故德煇動于內. ❷①굽다, 지지다. 〔史記〕去眼煇耳. ②붉은 모양. 〔杜甫·詩〕偶經花蕊弄煇煇. ❸햇무리, 달무리. ≒暈. 〔孫詒讓正義〕煇暈爲日月光氣之通名.
【煇光 휘광】 빛나는 광채. 光輝(광휘).
【煇煌 휘황】 빛이 찬란한 모양.
【煇煇 ❶휘휘 ❷훈훈】 ❶빛이 찬란한 모양. ❷붉은빛의 모양.
◐ 光-, 德-, 餘-, 淸-.

熙
火9 【熙】⑬
❶빛날 희 圂 xī
❷성 이 圂 yí

[소전] 煕 [초서] 㷂 [속자] 熈 [고자] 㷄 [간체] 熙
[참고] 대법원 지정 인명용 한자음은 '희'이다.
[字解] ❶①빛나다, 빛. 〔詩經〕於緝熙敬止. ②마르다, 말리다. 〔盧諶·詩〕仰熙丹崖. ③넓다, 넓히다. 〔書經〕庶績咸熙. ④일다, 일으키다. 〔詩經〕時純熙矣. ⑤기뻐하다. 〔列子〕在家熙然有棄朕之心. ⑥희롱하다. ≒嬉. 〔淮南子〕鼓腹而熙. ⑦아아, 탄식하는 소리. 〔漢書〕熙爲我孺子之故. ⑧복, 행복. ≒禧. 〔漢書〕熙事備成. ❶①성(姓). ②사람 이름. 〔春秋左氏傳〕辟殺子熙.
【熙隆 희륭】 ①일으켜 성하게 함. ②한창 성할 때가 됨.
【熙笑 희소】 기뻐하여 웃음.
【熙雍 희옹】 화락(和樂)함. 누그러짐.
【熙怡 희이】 누그러져 기뻐함. 嬉怡(희이).
【熙載 희재】 일을 넓혀 일으킴.
【熙績 희적】 공적(功績)을 넓혀 빛냄.
【熙朝 희조】 ①밝은 정치가 행해지는 시대. ②조정의 정사(政事)를 일으킴.
【熙洽 희흡】 ①화락함. ②명덕(明德)의 임금이 왕업을 계승함. 태평하게 잘 다스려진 세상.
【熙熙 희희】 ①화락한 모양. ②넓은 모양. ③음탕하고 정욕(情欲)이 많음.
【熙壤壤 희희양양】 여러 사람이 시끄럽게 빈번히 왕래하는 모양. 熙壤(희양).
◐ 恬-, 滋-, 重-累洽, 緝-, 洪-.

燐
火10 【燐】⑭ 도깨비불 린 圂 圂 lín
[字解] 도깨비불, 귀화(鬼火).

熐
火10 【熐】⑭ 흉노 마을 이름 명 圊 mì
[字解] 흉노(匈奴)의 마을 이름.

煽
火10 【煽】⑭ 부칠 선 圂 shān
[소전] 煽 [초서] 煽 [字解] ①부치다, 부채질하다. 〔新論〕煽㵄章華. ②부추기다, 꼬드기다. 〔陸游·詩〕日畏讒口煽. ③성하다, 불길이 세다. 〔唐書〕貪暴滋煽.
【煽動 선동】 남을 꾀어서 부추김.
【煽揚 선양】 꼬드김. 부추김.
【煽熾 선치】 ①기세가 왕성함. ②선동하여 왕하게 함.
【煽惑 선혹】 선동하여 현혹하게 함. 扇惑(선혹).
◐ 鼓-, 狂-, 驅-.

熄
火10 【熄】⑭ 꺼질 식 圂 xī
[소전] 熄 [초서] 熄 [字解] ①꺼지다, 그치다. 〔孟子〕猶以一杯水, 救一車薪之火也, 不熄則謂之水不勝火. ②없어지다, 망하다. 〔呂氏春秋〕名號必廢熄.
【熄滅 식멸】 꺼져 없어짐. 消滅(소멸).
◐ 終-, 殄-, 閉-.

熅
火10 【熅】⑭
❶숯불 온 圂 yūn
❷어스레할 온 圂 yūn
❸더울 온 圂 wěn
❹다릴 온 圂 yùn

[소전] 熅 [초서] 煴 [동자] 煴 [간체] 煴
[字解] ❶①숯불, 불꽃이 없는 불. 〔漢書〕鑿氷煴爲坎, 置熅火. ②천지의 기운. 〔後漢書〕天地烟熅. 〔新書〕天淸澈, 地富熅. ❷어스레하다, 희미하다. ❸덥다. ❹다리다, 다림질하다.
【熅熅 온온】 ①불기운이 뭉근한 모양. ②천지의 원기. 음양(陰陽)이 조화하여 서로 돕는 모양.
【熅火 온화】 불꽃이 나지 않는 숯불. 재 속에 묻은 숯불.
◐ 富-, 棼-, 煙-, 耀-.

熔
火10 【熔】⑭ 鎔(1901)의 속자

煩
火10 【煩】⑭ 노란 모양 윤 圂 圂 yún
[초서] 煩 [字解] 노란 모양. 〔漢書〕照紫幄珠煩黃.

熊
火10 【熊】⑭
❶곰 웅 圂 xióng
❷세 발 자라 내 圂 xióng

[소전] 熊 [초서] 熊 [참고] 대법원 지정 인명용 한자의 음은 '웅'이다.

[字解] ❶①곰. 〔孟子〕熊掌亦我所欲也. ②빛 나는 모양. 〔史記〕熊熊靑色有光. ③성(姓). ❷세 발 자라. =能. 〔春秋左氏傳〕今夢黃熊入 於寢門.
【熊經 웅경】 신선(神仙)의 도인법(導引法)의 한 가지. 곰이 앞발로 나무를 잡고 서서 숨을 쉬는 것과 같은 방법을 되풀이함.
【熊經鳥伸 웅경조신】 신선의 도인법의 한 가지. ∼○'鳥伸'은 새와 같이 목을 길게 빼는 일.
【熊羆 웅비】 ①곰과 큰곰. ②용맹한 무사(武士). 猛士(맹사). ③남자.
【熊軾 웅식】 곰을 그리거나 곰이 엎드린 모양을 한, 수레 앞턱의 가로나무.
【熊魚 웅어】 ①곰의 발바닥과 물고기. ②맛있는 음식.
【熊熊 웅웅】 선명하게 빛나는 모양.
【熊掌 웅장】 곰의 발바닥. 팔진미(八珍味)의 하나. 熊蹯(웅번).
【熊虎 웅호】 ①곰과 범. ②용맹함.
◐ 夢-, 夢羆, 白-, 伏-, 北-, 赤-, 蹲-.

火 10 【熒】⑭ ❶등불 형 庚 yíng ❷강 이름 형 庚 xíng ❸의혹할 영 庚 yíng
[소전] 熒 [서] 𤇄 [참고] 대법원 지정 인명용 한자의 음은 '형'이다.
[字解] ❶①등불, 등불의 불빛. 〔許渾·詩〕夜寒歌短燭熒熒. ②빛나다. 〔史記〕美人熒熒兮, 顔若苕之榮. ③밝다. 〔杜牧·賦〕明星熒熒. ④등, 등촉. 〔漢書〕守窔奧之熒燭. ⑤아찔하다, 당혹하다, 생각을 헷갈리게 하다. 〔莊子〕而目將熒之. ⑥풀 이름. 나리의 한 가지. ⑦개똥벌레. ≒螢. ¶ 熒火. ⑧경영하다. ≒營. ⑨빛이 어슴푸레하게 나타나는 모양. ❷강 이름. 하남성(河南省)에 있는 강. =滎. 〔春秋左氏傳〕是以 敗於熒. ❸의혹하다, 꾀다. ≒瑩. 〔莊子〕是皇 帝之所聽熒也.
【熒光 형광】 반딧불. 螢光(형광).
【熒侮 형모】 남을 속이고 깔봄.
【熒曄 형엽】 빛남. 광채를 냄.
【熒郁 형욱】 초목이 우거짐. 무성함.
【熒燭 형촉】 희미한 촛불.
【熒熒 형형】 ①작은 빛이 반짝이는 모양. ②얼 굴에 윤기가 있는 모양. ③불이 희미한 모양.
【熒惑 형혹】 ❶형혹 ❷영혹 ❶①재화(災禍)·병란(兵亂)의 징조를 보여 준다는 별. 화성(火星). ②화신(火神). ❷현혹하게 함.
【熒火 형화】 반딧불.

火 10 【熇】⑭ ❶뜨거울 혹 藥 hè ❷불꽃 일 학 肴 xiāo ❸엄할 효 肴 kǎo ❹불에 쬘 고 皓 kào
[소전] 熇 [초서] 㥾 [字解] ❶①뜨겁다, 불이 뜨겁다. ②불이 활활 타다. 〔詩經〕多將熇熇, 不可救藥. ❷불꽃이 일다, 불이 세차게 타는 모양. ¶ 熇熇. ❸엄하다, 엄

혹(嚴酷)하다. ≒嗃. 〔易經〕劉作熇熇. ❹불에 쬐다, 불에 쬐어 굽거나 말리다. ¶ 熇焚.
【熇暑 혹서】 심한 더위. 찌는 듯한 더위.
【熇蒸 혹증】 심한 더위. 酷暑(혹서).
【熇熇 ❶혹혹·학학 ❷효효】 ❶불꽃이 일어나는 모양. 불기가 세찬 모양. ❷몹시 참혹한 악행(惡行).
【熇焚 고분】 불에 쬐어 구움.

火 10 【熀】⑭ 불빛 이글거릴 황·엽 養 huǎng, yè
[초서] 熀 [참고] ①晃(787)의 속자(俗字)로 쓴다. ②대법원 지정 인명용 한자의 음은 '황·엽'이다.
[字解] ①불빛이 이글거리다. ②밝은 모양. 〔王延壽·賦〕鴻爌熀以燐閬.

火 10 【熏】⑭ 연기 낄 훈 囡 xūn
[소전] 熏 [서] 熏 [속자] 燻 [속자] 熏 [字解] ①연기가 끼다. ②그슬리다. ㉮연기에 그슬리다. 〔詩經〕穹窒熏鼠. ㉯향을 피우다. 〔後漢書·注〕女侍史絜被服, 執香爐燒熏, 從入臺中. ③스미다, 스며들다. 〔蘇軾·詩〕嵐熏瘴染却膚腴. ④타다, 태우다. 〔詩經〕憂心如熏. ⑤그슬다. ⑥화기(火氣)가 성하다. ⑦움직이다, 감동하다. 〔呂氏春秋〕衆口熏天. ⑧황혼, 땅거미. 〔後漢書〕至熏夕極歡而去. ⑨취하다, 술 취하다. ⑩분홍빛. ≒纁. 〔禮記〕玄衣熏裳. ⑪향을 몸에 바르다. ⑫사물의 모양. ¶ 熏熏.
【熏燎 훈료】 ①태움. 구움. ②으르고 위협함.
【熏腐 훈부】 ①남자를 거세(去勢)함. 궁형(宮刑)에 처함. ②환관(宦官).
【熏腐之餘 훈부지여】 환관(宦官).
【熏裳 훈상】 분홍빛 치마.
【熏鼠 훈서】 불로 쥐구멍을 그슬러 쥐를 잡음.
【熏夕 훈석】 저녁때. 黃昏(황혼).
【熏子 훈자】 ①남자의 음부를 그슬림. 궁형(宮刑)을 당함. ②환자(宦者).
【熏煮 훈자】 지지고 삶음. 날씨가 몹시 더움.
【熏灼 훈작】 ①그슬러 태움. ②기세나 세력이 대단함. 薰灼(훈작).
【熏天 훈천】 ①하늘을 그슬림. ②하늘을 감동하게 함.
【熏風 훈풍】 동남풍(東南風).
【熏火 훈화】 뭉근하게 타는 불. 세지 않으면서 꾸준히 타는 불.
【熏熏 훈훈】 ①화락한 모양. 醺醺(훈훈). ②왕래가 잦은 모양. 사람이 많은 모양.
◐ 光-, 三-, 燒-, 香-, 火-.

火 10 【熂】⑭ 야화 희 囷 xì
[字解] ①야화(野火), 들에 난 불. ②풀을 베어서 태우다. 〔詩經〕柞棫之所以茂盛者, 乃人熂燎除其旁草, 養治之使無害也.

火部 10~11획 熙 熲 熰 熢 燆 燚 熟 熠 熯

火10 【熙】⑭ 熙(1078)의 속자

火11 【熲】⑮ 빛날 경 逈 jiǒng
소전 頴 초서 頴 간체 熲
[字解] ❶빛나다. [楚辭]神光兮熲熲. ❷불빛. [詩經]不出于熲. ❸경침(警枕). [禮記]熲杖琴瑟.

火11 【熰】⑮ 통째로 구울 구 ⓑ우 㡀 ōu
[字解] ❶통째로 굽다. ❷매우 덥다. [管子]古之祭有時而熰.

火11 【熢】⑮ ❶연기 자욱할 봉 東 péng ❷불기운 봉 葍 bèng
[字解] ❶연기가 자욱하다. ❷불기운, 화기.
【熢烽】봉발】①연기가 자욱한 모양. ②불 기운. 火氣(화기).

火11 【燆】⑮ 烽(1066)과 동자

火11 【燚】⑮ 燧(1086)와 동자

火11 【熟】⑮ 익을 숙 凰 shú
[자형] 一亠 亯 享 享 剸 孰 孰 熟 熟
초서 熟 [字源] 形聲. 孰+火→熟. '孰(숙)'이 음을 나타낸다.
[字解] ❶익다. ㉮곡식·과실 등이 익다. [書經]歲則大熟. ㉯이루다, 완전한 경지에 이르다. [孟子]仁亦不成之而已矣. ㉰한도에 이르다. [北史] 及醉熟. ㉱익숙하다. [論衡]學問習熟. ㉲상세히 생각하다. [荀子]慮事欲熟. ㉳자라게 하다. [史記]成熟萬物. ❷삶아서 익히다. [論語]君賜腥, 必熟而薦之. ❸무르다, 물러지다. [唐書]委靡頓熟. ❹곰곰이, 자세히. [史記]灌將軍熟視笑曰. ❺말형수. ❻알다. [呂氏春秋]此論不可不熟. ❼덥다. [素問]五臟苑熟.
【熟稼 숙가】잘 익은 곡식.
【熟考 숙고】곰곰이 생각함.
【熟果 숙과】①잘 익은 과실(果實) (숙실과).②ㄷ熟實果(숙실과).
【熟達 숙달】익숙하여 통달함.
【熟圖 숙도】충분히 계획을 짬. 熟計(숙계).
【熟讀玩味 숙독완미】익숙하도록 읽어 뜻을 깊이 음미함.
【熟爛 숙란】①과실이 무르익어 문드러짐. ②풍습이 몹시 문란하여짐.
【熟冷 숙랭】국숭늉.
【熟練 숙련】①익숙함. ②누인 명주로 지은 옷.
【熟鹿皮 숙록피→숙녹비】①부드럽게 가공한 사슴의 가죽. ②유순한 사람.
【熟蕃 숙번】대륙 문화에 동화된 대만(臺灣)의 번족(蕃族).
【熟不還生 숙불환생】한번 익힌 음식은 날것으로 되돌릴 수 없음. 남에게 음식을 권할 때 쓰는 말.
【熟設 숙설】國잔치나 제사 때 음식을 만듦.
【熟省 숙성】깊이 생각해 봄. 깊이 반성함.
【熟歲 숙세】곡식이 잘된 해.
【熟手 숙수】①숙련된 솜씨. 숙련된 사람. ②國음식을 잘 만드는 사람. 잔치 때 음식을 만드는 사람. 熟設次知(숙설차지).
【熟數 숙수】상세하게 헤아림.
【熟視 숙시】자세히 봄. 熟覽(숙람).
【熟食 숙식】익힌 음식. 火食(화식).
【熟悉 숙실】충분히 앎. 익히 앎.
【熟實果 숙실과】國밤이나 대추를 삶은 다음, 꿀에 조려 잣가루를 묻힌 음식.
【熟語 숙어】두 개 이상의 낱말이 결합하여 하나의 뜻을 나타내는 말. 익은말.
【熟臥 숙와】충분히 잠. 푹 잠.
【熟衣 숙의】누인 옷. 따뜻한 옷.
【熟議 숙의】충분히 의논함.
【熟狀 숙장】관부(官府)의 문서의 결의서(決議書).
【熟田 숙전】①해마다 농사짓는 밭. ②잘 경작한 밭. ③밭곡식이 잘됨.
【熟精 숙정】익히 앎. 熟習精通(숙습정통).
【熟地 숙지】좋은 논밭. 기름진 땅.
【熟察 숙찰】자세히 살핌. 충분히 생각함.
【熟親 숙친】정분이 두터움. 아주 가까운 친분.
【熟套 숙투】흔해 빠진 것.
【熟烹 숙팽】잘 삶음. 잘 익힘.
【熟曉 숙효】깊이 통달함. 정통함.
● 爛-, 登-, 晩-, 未-, 半-, 成-, 習-, 練-, 完-, 圓-, 稔-, 稳-, 精-, 早-, 秋-, 豐-, 和-, 黃-, 洽-.

火11 【熠】⑮ 빛날 습 ⓑ읍 緝 yì
소전 熠 초서 熠 [字解] ❶빛나다, 선명하다. [詩經]熠耀其羽. ❷밝은 빛. ❸개똥벌레. ¶熠耀. ❹빛이 일정하지 않은 모양. ¶熠燿.
【熠熠 습습】빛이 선명한 모양. 煜煜(욱욱).
【熠爚 습약】매우 빛남.
【熠耀 습요】①선명한 모양. ②반딧불. ③빛이 일정하지 않은 모양.
● 明-, 宵-, 燿-.

火11 【熯】⑮ ❶공경할 연 銑 rǎn ❷말릴 한 旱 hàn ❸불기 한 翰 hàn
소전 熯 초서 熯 [字解] ❶공경하다, 공경하고 삼가다. 戁戁. [詩經]我孔熯矣. ❷사르다, 태우다. [管子]其後楚人攻宋鄭, 燒焫熯焚鄭地. ❷말리다. =焊·暵. ❸불기운. =暵. [易經]燥萬物者, 莫熯乎火.

火 **[熱]** ⑮ 더울 열 圄 rè

一 十 土 井 夫 숙 훅 획 執 執 熱 熱

소전 좌 초서 좌 본자 埶 간체 热 字源 形聲. 埶+火→熱. '埶(예)'가 음을 나타낸다.

字解 ①덥다, 따뜻하다. 〔孟子〕如火益熱. ②더워지다, 타다. 〔淮南子〕天下敖然若焦熱. ③더위, 더운 기운. 〔北史〕叡冒熱. ④열. ㉮덥게 하는 기운. 〔揚雄·解嘲〕地藏其熱. ㉡체온. 〔老子〕靜勝熱. ㉢높은 체온. 〔漢書〕使人身熱無色, 頭痛嘔吐. ⑤몸이 달다, 흥분하다. 〔孟子〕不得於君, 則熱中. ⑥바쁘다, 때를 만나 성해지다. 〔北史〕非不愛作熱官. ⑦친밀해지다.

【熱客 열객】 더위를 무릅쓰고 찾아온 빈객(賓客).
【熱官 열관】 ①일이 매우 바쁜 관직. ②권세 있는 관직.
【熱狂 열광】 흥분하여 미친듯이 날뜀.
【熱氣 열기】 ①뜨거운 기운. ②고조된 분위기.
【熱惱 열뇌】 몹시 심한 고뇌.
【熱鬧 열뇨】 ①몹시 혼잡하여 시끄러움. ②거리의 왕래가 번잡함.
【熱烈 열렬】 ①관심·감정 등이 매우 강함. ②권세가 대단함.
【熱淚 열루】 뜨거운 눈물. 감동해 흘리는 눈물.
【熱望 열망】 열렬하게 바람.
【熱罵 열매】 몹시 꾸짖음 痛罵(통매).
【熱辯 열변】 열렬한 웅변.
【熱沙 열사】 뜨거운 사막.
【熱勢 열세】 권력이 있는 사람.
【熱熟 열숙】 교제가 친밀함.
【熱心 열심】 어떤 일에 골똘하게 마음을 쏟음.
【熱愛 열애】 열렬히 사랑함.
【熱焰 열염】 맹렬한 불꽃.
【熱腸 열장】 ①열렬한 정성. ②슬픔으로 가슴 아파함.
【熱情 열정】 ①매우 격렬한 감정. 열렬한 애정. ②어떤 일에 열중하는 마음. 熱心(열심). ③두터운 동정. 뜨거운 온정(溫情).
【熱中 열중】 ①정신을 한 곳으로 집중함. 한 가지 일에 골몰함. 熱心(열심). ②마음이 조급하여 어쩔 줄 몰라 함.
【熱地 열지】 ①권세가 있는 지위. ②뜨거운 땅.
【熱唱 열창】 노래를 열심히 부름.
【熱天 열천】 더위가 심한 날씨.
【熱鄕 열향】 기후가 더운 땅. 남방의 고을.
【熱血 열혈】 ①뜨거운 피. ②피 끓는 정열. 격앙된 의기.
▶ 苦—, 高—, 暖—, 微—, 發—, 身—, 餘—, 炎—, 溫—, 殘—, 低—, 電—, 焦—, 平—, 解—, 酷—, 火—.

火 **[熬]** ⑮ 볶을 오 圄 áo

소전 熬 혹체 鏊 초서 熬 字解 ①볶다. ㉮볶다. 〔周禮〕共飯米熬穀. ㉡눈다, 타다. 〔後漢書〕少汁則熬而不可食. ㉢마음 졸이다. 〔楚辭〕我心兮煎熬. ②볶은 음식, 자반. 〔禮記〕淳熬. ③근심하는 소리. 〔漢書〕熬熬苦之. ④견디다, 참다. 〔元曲〕我摧盡淒涼, 熬盡情腸. ⑤오래 끓이다.
【熬穀 오곡】 볶은 곡식.
【熬過 오과】 뚫고 나아감. 돌파함.
【熬熬 오오】 사람들이 근심하고 원망하는 소리.
【熬煎 오전】 ①볶음. 볶고 지짐. ②걱정. 근심.
【熬波 오파】 바닷물을 졸여 소금을 만듦.
▶ 煎—, 焦—, 烹—, 炮—.

火 **[熨]** ⑮ ❶눌러 덥게 할 위 圄 wèi ❷다릴 울 圄 yùn
11
초서 熨 동체 尉 字解 ❶눌러서 덥게 하다, 고약을 붙이다. 〔史記〕案扤毒熨. ❷①다리다. 〔杜甫·行〕美人細意熨貼平. ②다리미.
【熨斗 울두】 다리미. 火斗(화두).
【熨衣 울의】 옷을 다림.
【熨貼 울첩】 다림질을 하여 포백(布帛)의 구김을 폄. 熨帖(울첩).

〈熨斗〉

火 **[㸢]** ⑮ 널 위 圄 wèi
11
소전 㸢 字解 널다, 널어 말리다, 널어 바래다.

火 **[熤]** ⑮ 사람 이름 익·역 圄囮 yì
11
參考 대법원 지정 인명용 한자음은 '익'이다.
字解 사람 이름.

火 **[熰]** ⑮ 炙(1061)의 속자
11

火 **[熸]** ⑮ 불태울 조 圄 zāo
11
소전 熸 字解 ①불태우다, 불사르다. ②불타고 남은 끄트러기. 〔般若經〕有人持小火熸燒乾草木.

火 **[燓]** ⑮ 爨(1090)와 동자
11

火 **[熛]** ⑮ 불똥 표 圄 biāo
11
소전 熛 초서 熛 字解 ①불똥, 불꽃. 〔詩經·箋〕燎之方盛之時, 炎熾熛怒. ②불똥이 튀다. ¶ 熛起. ③빛나다. 〔後漢書〕雷動電熛. ④붉다, 붉은빛. 〔揚雄·賦〕前熛闕而後應門. ⑤회오리바람. 焱炎. 〔史記〕卒如熛風.
【熛闕 표궐】 대궐의 붉은 문.

火部 12획 爣燉燈燈燎燐燔

【熛起 표기】불똥이 튀듯이 빨리 일어남.
【熛怒 표노】불기가 세찬 모양.
【熛至 표지】비화(飛火)처럼 빨리 달려옴. 재빨리 도달함.
【熛風 표풍】①몹시 빠른 바람. 疾風(질풍). ②회오리바람. 飄風(표풍). 旋風(선풍).

火 12 【爣】 ⑯ 불꽃 교 廣 qiāo
字解 ①불꽃. =熇. ②열기가 차다. ¶ 爣蠱.
【爣蠱 교독】열기 때문에 좀이 먹음.

火 12 【燉】 ⑯ 이글거릴 돈 元 tún, dūn
초서 烢 字解 ①이글거리다, 불이 센 모양. ②불빛, 불의 빛깔.

火 12 【燈】 ⑯ 烔(1064)과 동자

火 12 【燈】 ⑯ 등잔 등 蒸 dēng

火 灯 灯 灯 炒 烨 焓 燈 燈

초서 燈 속자 灯 간자 灯 字源 形聲. 火+登→燈. '登(등)'이 음을 나타낸다.
字解 ①등잔, 등. ¶ 燈架. ②등불. 〔春明退朝錄〕上元然燈, 自昏至晝. ③부처의 가르침. 불법(佛法)이 중생의 길을 밝힘을 등불에 비유한 말. 〔大般若經〕佛所言, 如燈傳照.
【燈架 등가】=燈檠(등경).
【燈檠 등경】등잔을 걸어 놓는 기구. 등잔걸이. 燈架(등가).
【燈臺 등대】밤에 다니는 배에 항로나 위험한 곳을 알리기 위하여, 해안이나 섬에 세우고 등불을 켜 놓은 시설.
【燈明 등명】①등불. 등불을 밝힘. ②신불(神佛)에게 바치는 등불.
【燈上生花 등상생화】기쁜 일이 있을 조짐. 반가운 손님이 올 조짐.
【燈夕 등석】음력 정월 보름 저녁에 등불을 달아 밤을 밝히는 일.
【燈船 등선】①등불을 달아 밝힌 유람선. ②항로의 표지로 등불을 단 배. 燈明船(등명선).
【燈蛾 등아】①불나방. ②색욕(色慾) 등으로 말미암아 패가망신하는 어리석은 사람.
【燈盞 등잔】기름을 담아 등불을 켜는 기구.
【燈節 등절】(佛)등을 다는 명절. 곧, 음력 4월 초파일. 燃燈節(연등절).
【燈炷 등주】등불 심지. 燈心(등심).
【燈燭 등촉】등불과 촛불.
【燈塔 등탑】꼭대기에 조명등 따위를 단, 탑 모양의 시설물.
【燈下不明 등하불명】등잔 밑이 어두움. 가까운 데서 생긴 일을 먼 데 일보다 도리어 더 모름.
【燈花 등화】불 심지 끝이 타서 맺힌 불똥.

【燈火可親 등화가친】등불을 가까이할 만함. 가을 밤은 시원하므로 등불을 가까이하여 글을 읽기에 좋음.
【燈花之喜 등화지희】등화가 생기면 좋은 일이 있을 조짐임.
● 街-, 檠-, 孤-, 籠-, 法-, 佛-, 石-, 神-, 殘-, 電-, 靑-, 風-, 寒-, 紅-.

火 12 【燎】 ⑯ 화톳불 료 蕭 篠 liǎo, liáo
소전 燎 초서 燎 字解 ①화톳불. 〔釋文〕在地曰燎, 執之曰燭. ②밝다. 〔詩經〕佼人燎兮. ③비추다. ④불을 놓다, 초목에 불을 놓다. 〔書經〕若火之燎于原, 不可嚮邇. ⑤불타다. 〔拾遺記〕以之投火, 經宿不熄. ⑥들불, 들불을 놓아 사냥하다. 〔詩經〕燎之方揚. ⑦밤사냥. ⑧불에 쬐다, 불에 쬐어 말리다. 〔後漢書〕光武對竈燎衣. ⑨하늘에 제사 지내다, 섶을 태워 하늘에 제사 지내다. 〔周禮〕設門燎.
【燎壇 요단】하늘에 제사 지낼 때 섶나무를 때는 단.
【燎朗 요랑】빛나고 밝음.
【燎獵 요렵】숲을 태워 짐승을 사냥함.
【燎瞭 요료】빛이 밝은 모양.
【燎髮 요발】머리털을 태움. 일이 매우 쉬움. 燎毛(요모).
【燎野 요야】벌판을 불태움.
【燎原之火 요원지화】맹렬한 기세로 번져 나가는 벌판의 불. 세력이 대단하여 막을 수 없음의 비유.
【燎衣 요의】옷을 불에 말림.
【燎祭 요제】화톳불을 피워 신에게 제사 지냄.
【燎火 요화】화톳불.
● 郊-, 猛-, 燔-, 焚-, 柴-, 薪-, 炎-.

火 12 【燐】 ⑯ 도깨비불 린 眞 lín
초서 燐 字解 ①도깨비불. =粦. 〔淮南子〕久血爲燐. ②반딧불. 〔詩經·傳〕熠燿, 燐也, 螢火也. ③(現)인. 비금속 원소의 하나.
【燐亂 인란】아름답게 번쩍거림.
【燐火 인화】①인(燐)이 타는 파란 불. ②음습(陰濕)한 곳에서 인의 작용으로 저절로 생겨난 불빛. 도깨비불.
● 鬼-, 白-, 野-, 赤-, 黃-.

火 12 【燔】 ⑯ 구울 번 元 fán
소전 燔 초서 燔 字解 ①굽다, 사르다. 〔詩經〕炮之燔之. ②말리다. ③제육(祭肉). =膰. 〔春秋左氏傳〕與執燔焉.
【燔劫 번겁】남의 집에 불을 질러 위협함.
【燔燎 번료】①화톳불을 놓음. ②하늘에 제사를 지냄.
【燔燧 번수】봉화(烽火)를 올림.

火部 12획 燓燍燖燒燂燃燕　1083

【燔柴 번시】섶 위에 옥백(玉帛)과 희생(犧牲)을 올려놓고 태우면서 하늘에 제사 지내는 일.
【燔艾 번애】약쑥을 피움. 뜸질함.
【燔瘞 번예】하늘과 땅에 제사 지내는 일. '燔'은 하늘에 제사 지낼 때 희생을 태우는 일, '瘞'는 땅에 제사 지낼 때 희생을 묻는 일.
【燔肉 번육】①구운 고기. ②제사에 쓰는 고기.
【燔灼 번작】불에 구움.
【燔鐵 번철】國지짐질할 때 쓰는 무쇠 그릇.
【燔蕩 번탕】타서 모두 없어짐.
◐ 燒-, 焦-.

火12 【燓】⑯ 焚(1071)과 동자

火12 【燍】⑯ ❶눈는 내 날 사 囚 sī
❷눈는 모양 서 齊 xī
[字解] ❶눈는 내가 나다, 타는 냄새가 나다. ❷눈는 모양, 타는 모양.

火12 【燖】⑯ ❶데칠 섬 鹽 xún, qián
❷삶을 심 侵 xún, qián
[字解] ❶①데치다, 고기나 채소를 데치다. ②끓는 물에 튀하다.〔一切經音義〕以湯去毛曰燖. ❷삶다. =燂.〔儀禮〕乃燖尸俎.

火12 【燒】⑯ ❶사를 소 蕭 shāo
❷야화 소 嘯 shào

[字源] 形聲. 火+堯→燒. '堯(요)'가 음을 나타낸다.
[字解] ❶①사르다, 불태우다.〔戰國策〕以責賜諸民, 因燒其券. ②타다.〔漢書〕薰以香自燒. ③익히다, 불에 쬐어 익히다.〔鄭侯家傳〕上手自燒二梨以賜之. ④안달하다, 애태우다.〔孟郊·詩〕悔至心自燒. ⑤술의 한 가지. 소주(燒酒).〔白居易〕燒初開琥珀光. ⑥연무·안개 따위가 햇빛을 받아 붉게 물들다.〔顧況·詩〕晚霞燒迴潮. ⑦붉다, 불꽃처럼 붉다.〔皮日休·詩〕火齊萬枝燒夜月. ❷①야화(野火), 들에 놓은 불.〔白居易·詩〕夕照紅於燒. ②야화를 놓다.〔管子〕齊之北澤燒, 火光照堂下.
【燒却 소각】불에 태워 없애 버림.
【燒溺 소닉】불에 타고 물에 빠짐.
【燒煉 소련】단사(丹砂)를 굽고 금을 단련하는 도교(道敎)의 술법.
【燒木 소목】①나무를 태움. ②國대궐에서 쓰던 참나무 장작.
【燒眉之急 소미지급】불길이 눈썹을 태울 정도로 몹시 급함.
【燒燔 소번】불태움. 불탐.
【燒鑠 소삭】태워서 녹임.
【燒失 소실】불에 타 없어짐.

【燒夷 소이】①불태워 없앰. ②불태워 토평(討平)함.
【燒葬 소장】화장(火葬)함.
【燒盡 소진】모조리 타 버림.
【燒春 소춘】①명주(名酒)의 이름. ②따뜻한 봄. 烘春(홍춘).
【燒薙 소치】깎아 태워 버림. 잡초 따위를 깎아 사르는 일.
【燒香 소향】①향을 피움. ②향을 피워 신불에게 바치는 일.
【燒燬 소훼】불에 타 없어짐. 불에 태워 없앰.
【燒痕 소흔】불탄 흔적. 불탄 자리.
◐ 劫-, 屠-, 半-, 兵-, 焚-, 山-, 野-, 延-, 燃-, 類-, 殘-, 雜-, 田-, 全-.

火12 【燂】⑯ ❶삶을 심 侵 xún, qián
❷데칠 점 鹽
[草書] [字解] ❶①삶다. =燖·燅. ②따뜻하게 하다. ❷데치다. =燜.

火12 【燃】⑯ 사를 연 先 rán

[字源] 形聲. 火+然→燃. '然(연)'이 음을 나타낸다.
[字解] ①사르다, 타다.〔世說新語〕其在釜下燃. ②불을 붙이다.〔舊唐書〕燃薪讀書.
【燃燈會 연등회】(佛)고려 시대부터 있었던 불교 법회. 온 나라가 등불을 켜고 부처를 공양하고 나라의 태평을 빌었음.
【燃料 연료】열, 빛, 동력의 에너지를 얻기 위하여 태우는 재료.
【燃眉 연미】눈썹이 탐. 일이 아주 절박함.
【燃眉之厄 연미지액】썩 급박하게 닥치는 액화(厄禍). 절박한 재액.
【燃犀 연서】어두운 곳을 밝게 비춤. [故事] 동진(東晉)의 온교(溫嶠)가 무소의 뿔에 불을 붙여 우저기(牛渚磯)라는 깊은 못 속을 살펴보았다는 고사에서 온 말.
【燃燒 연소】불탐. 물질이 산화(酸化)할 때 빛과 열을 내는 현상.
◐ 可-, 不-, 再-.

火12 【燕】⑯ ❶제비 연 霰 yàn
❷나라 이름 연 先 yān

[字源] 象形. '廿'은 부리, '口'는 몸통, '北'은 날개, '灬'은 꼬리로 제비 모양을 본뜬 글자.
[字解] ❶①제비. =鷰.〔史記〕嗟呼, 燕雀安知鴻鵠志哉. ②잔치, 주연(酒宴). 늘宴·讌·醼.〔詩經〕我有旨酒, 嘉賓式燕以敖. ③편안하다. 늘宴. ㉮편히 즐기다.〔易經〕有他不燕. ㉯편히 쉬다.〔論語〕子之燕居. ④무간하다, 어렵성 없다.〔禮記〕燕朋逆其師. ⑤아름다운 모양,

火部 12획 爇 燄 燁 燀

어여쁜 모양. 〔張衡·賦〕 揚袞色從燕婉. ❷①나라 이름. ㉮주(周)나라 때 황제(黃帝)의 후손이 하남성(河南省)에 세운 남연(南燕). 〔春秋左氏傳〕 鄭伯和王室, 不克, 執燕仲父. ㉯춘추전국 시대에 하북성(河北省)에 세운 칠웅(七雄) 가운데 하나였던 나라. 소공(召公)으로부터 혜후(惠侯)까지 43세(世) 643년 만에 진(秦)나라에 멸망되었음. ㉰오호 십육국 시대에, 선비족(鮮卑族)의 모용씨(慕容氏)가 세운 나라. ②하북성(河北省)의 옛 이름. =燕雲. ③성(姓).
【燕居 연거】 한가히 집에 있는 동안.
【燕器 연기】 느긋하게 휴식할 때 쓰는 기물.
【燕臺召 연대소】 임금에게 예우를 받음. 故事 연(燕)나라 소왕(昭王)이 대(臺)를 짓고 현자(賢者)를 초빙한 고사에서 온 말.
【燕禮 연례】 군신(君臣)·상하(上下)가 함께 즐기는 잔치. 宴禮(연례).
【燕毛 연모】 제사를 지내고 나서 술을 마실 때 수염과 머리카락의 빛깔로 자리의 순서를 정하던 일.
【燕尾服 연미복】 검은색에 뒷부분 아래쪽이 제비 꼬리처럼 갈라진, 남자용 서양 예복.
【燕朋 연붕】 ①흉허물 없이 지내는 친한 벗. ②친구를 업신여김.
【燕私 연사】 ①가족끼리 화목하게 이야기함. ②편안히 쉼. 安息(안식).
【燕石 연석】 연산(燕山)에서 나는, 옥과 비슷하면서도 옥이 아닌 돌. ㉠사이비(似而非). ㉡가치가 없는 것의 비유. 故事 송(宋)나라의 한 어리석은 사람이 연산의 돌을 진짜 옥으로 믿어 세상의 웃음거리가 되었다는 고사에서 온 말. 燕礫(연력).
【燕息 연식】 편안히 쉼.
【燕室 연실】 한가하게 휴식하는 방.
【燕樂 연악】 ❶연악 ❷연락 ①주연(酒宴)에서 연주하는 음악. ❷잔치를 베풀고 즐김.
【燕雁代飛 연안대비】 제비가 올 때 기러기는 가고, 기러기가 올 때 제비는 떠남. 사람이 서로 멀리 떨어져 소식 없이 지냄.
【燕語 연어】 ①연석(宴席)에서 서로 터놓고 이야기함. ②제비의 지저귀는 소리. ③여자가 재잘거림.
【燕燕 연연】 편안히 쉬는 모양. 안식(安息)하는 모양. 宴宴(연연).
【燕娛 연오】 재미있게 편히 놂. 燕樂(연락).
【燕婉 연완】 조용하고 얌전함.
【燕飮 연음】 주연을 베풀고 즐겁게 술을 마심. 宴飮(연음).
【燕翼 연익】 ①조상이 자손을 도와 편안하게 함. ②어진 신하가 임금을 보필하는 일. ③제비의 날개.
【燕雀 연작】 ①제비와 참새. ②도량이 좁은 사람. 소인(小人).
【燕雀不生鳳 연작불생봉】 제비와 참새는 봉황을 낳을 수 없음. 소인에게는 어진 자식이 태어나지 않음.
【燕雀安知鴻鵠志 연작안지홍곡지】 제비나 참새

가 어찌 기러기나 고니의 뜻을 알리오. 소인이 영웅의 원대한 포부를 알지 못함.
【燕雀處屋 연작처옥】 안거(安居)하여 화가 장차 자기에게 닥칠 것을 깨닫지 못함. ○제비와 참새가 사람의 집에 의지하여 집을 짓고 살면서 그 집에 불이 나서 타는 줄도 모르고 있었다는 데서 나온 말.
【燕朝 연조】 천자가 보통 때 편히 쉬는 궁전.
【燕趙悲歌士 연조비가사】 우국지사(憂國志士). ○전국 시대 연(燕)나라와 조(趙)나라에는 세상일을 근심하여 비장한 노래를 읊은 사람이 많았다는 데서 온 말.
【燕出 연출】 임금이 미복 차림으로 몰래 살펴보러 다님.
【燕寢 연침】 한가롭게 편히 쉬는 방.
【燕惰 연타】 몸을 단속하지 않고 일을 게을리함. 燕媠(연타).
【燕賀 연하】 사람이 집을 지으면 제비들이 서로 축하하며 기뻐함. 남이 집을 지은 것을 축하함.
【燕頷虎頸 연함호경】 제비 같은 턱과 범 같은 목. 먼 나라에서 봉후(封侯)가 될 인상.
【燕好 연호】 주연을 베풀고 선물을 주어 융숭하게 대접함.
【燕鴻之歎 연홍지탄】 길이 어긋나서 서로 만나지 못하는 한탄. 燕雁代飛(연안대비).
◑ 紺—, 驚—, 歸—, 飛—, 息—, 安—, 梁—, 往—, 越—, 乳—, 春—, 寢—, 閒—.

火 12 【爇】 ⑯ 熱(1081)의 본자

火 12 【燄】 ⑯ ❶불 당길 염 [에] yàn ❷불꽃 염 [밒] yàn
[소전] [초서] [동자] 焰 字解 ❶불이 댕기다, 불이 붙기 시작하는 모양. ❷①불꽃. 〔六書故〕 燄, 火之騰起者爲燄. ②빛, 불빛. =燗. ③기세가 아직 세지 아니하다, 마음이 굳고 바르지 아니하다. 〔春秋左氏傳〕 其氣燄以取之.
【燄暗 염암】 빛이 희미하게 어둡다.
【燄燄 염염】 불이 막 붙어 화력이 아직 세차지 못한 모양.
【燄火 염화】 ①불꽃. ②불꽃처럼 붉은 꽃. ③헐뜯는 말이 격렬함.

火 12 【燁】 ⑯ 빛날 엽 [옙] yè
[소전] [초서] [동자] 燡 [간체] 烨
字解 빛나다, 번쩍번쩍하는 모양. 〔劉基·賣柑者言〕 燁然玉質而金色.
【燁然 엽연】 ①아름답게 빛나는 모양. ②성한 모양. 曄然(엽연).
【燁燁 엽엽】 빛나는 모양. 曄曄(엽엽).

火 12 【燀】 ⑯ 燁(1084)과 동자

火部 12〜13획　燏 熸 燦 燀 燅 燋 熾 燙 熿 熺 熹 爕

燏

⑯ 빛나는 모양 율 圓 yù

字解 ①빛나는 모양. ②불타는 모양.

熸

⑯ 꺼질 잠 本 점 圖 jiān

字解 ①꺼지다, 불이 꺼지다.〔春秋左氏傳〕吳越之間, 謂火滅爲熸. ②망하다, 세력(勢力)이 없어지다.〔春秋左氏傳〕楚師熸.

燦

⑮ 燦(1087)의 속자

燀

⑯ ❶밥 지을 천 銑 chǎn
❷따뜻할 단 旱 dǎn
❸더울 천 霰 chàn

字解 ❶①밥을 짓다, 밥 지을 불을 때다.〔春秋左氏傳〕燀之以薪. ②불꽃이 피어오르는 모양.〔國語〕火無炎燀. ③성(盛)하다, 성하게 하다.〔漢書〕燀燿威靈. ④불타다.〔逸周書〕火之燀也, 固定上. ⑤빛나는 모양.〔李白·賦〕燀赫乎宇宙. ❷따뜻하다, 두텁다.〔呂氏春秋〕衣不燀熱. ❸덥다.〔何晏·賦〕冬不淒寒, 夏無炎燀.

【燀燿 천요】 환하게 빛남.
【燀赫 천혁】 빛남.
【燀熱 단열】 옷이 두꺼워 따뜻함.

燅

⑯ ❶무를 천 鹽 xún
❷삶을 심 侵 xún
❸사를 담 覃 xún

字解 ❶①무르다, 흐물흐물하다.〔周禮〕搗角欲孰於火而無燅. ②덥게 하다. ③데우다.〔禮記〕五日則燅湯請浴. ②삶다. ③사르다.

【燅爍 첨삭】 따뜻함. 뜨거움.

燋

⑯ ❶홰 초 蕭 jiāo
❷불 붙지 않은 홰 착 覺 zhuó

字解 ❶①홰. 갈대 따위를 묶어서 불을 붙여 밝히는 물건.〔詩經·疏〕爓, 是燋既然之餘. ②그을다, 그으리다. 늑焦.〔漢書〕燋頭爛額. ③귀갑(龜甲)을 태우는 데 쓰는 나무.〔周禮〕掌共燋契, 以待卜事. ④까칠하다, 파리하다.〔淮南子〕淸之則燋而不謳. ❷①불을 붙이지 않은 홰.〔禮記〕主者執燭抱燋. ②귀갑을 사르다.

【燋契 초계】 귀갑(龜甲)을 태우는 데 쓰는 나무와 귀갑에 새기는 끝.
【燋槁 초고】 볕에 타서 마름.
【燋頭爛額 초두난액】 머리를 태우고 이마를 그을리며 불을 끔. 어려운 일을 당하여 몹시 애씀.
【燋爛 초란】 불에 데어 살이 문드러짐.
【燋淪 초륜】 불에 타고 물에 빠짐.
【燋心 초심】 애를 태움. 焦心(초심).
【燋然 초연】 근심하는 모양. 걱정하는 모양.

熾

⑯ 성할 치 圓 chì

간체 炽

字解 ①성(盛)하다. ㉮불길이 세다.〔北史〕所謂火既熾矣, 更負薪臣之. ㉯기세가 세다.〔詩經〕獫狁孔熾. ②불을 피우다.〔春秋左氏傳〕柳熾炭于位. ③밥을 짓다.〔禮記〕湛熾必潔.

【熾結 치결】 도당(徒黨)을 맺어 세력이 왕성함.
【熾肆 치사】 세력이 강하고 방자함.
【熾盛 치성】 불길같이 성함.
【熾熱 치열】 ①세력이 불길같이 맹렬함. ②불길이나 햇볕이 매우 강하고 뜨거움.
【熾灼 치작】 ①불이 한창 탐. ②권세가 강성함.
● 繁ㅡ, 煽ㅡ, 盛ㅡ, 炎ㅡ, 隆ㅡ, 昌ㅡ, 豊ㅡ.

燙

⑯ 데울 탕 漾 tàng

간체 烫

字解 ①데우다, 끓는 물에 데우다. ②손을 쬐다.

熿

⑯ ❶빛날 황 陽 huáng
❷밝을 황 灢 huáng

字解 ❶①빛나다. =煌. ②불의 모양. ❷밝다. =晃.

熺

⑯ 熹(1085)와 동자

熹

⑯ 성할 희 皮 xī

字解 ①성하다, 불이 활활 타다. ②아름답다. =僖. ③희미하다, 희미한 빛.〔陶潛·辭〕恨晨光之熹微. ④기뻐하다. 늑喜.〔東漢黎陽令張公頌〕往來倏忽遠熹娛. ⑤불에 쬐어 굽거나 말리다.〔漢靈臺碑〕神龍所熹.

【熹微 희미】 ①햇빛이 흐릿한 모양. ②해질녘의 햇빛.
【熹娛 희오】 기뻐하고 즐거워함.

爕

⑰ 불꽃 섭 葉 xiè

字解 ①화하다.〔書經〕爕理陰陽. ②익히다. ③차츰차츰.〔江淹·詩〕爕爕涼葉奪. ④國불꽃.

【爕理 섭리】 ①화합하여 다스림. 재상(宰相)이 나라를 다스림. ②재상.
【爕爕 섭섭】 점차. 차츰.
【爕曜 섭요】 온화하게 비춤.
【爕友 섭우】 성정(性情)이 부드럽고 순직함.

【燮和 섭화】①조화시켜 알맞게 함. ②재상(宰相)의 벼슬.

火13 【燧】⑰ 부싯돌 수 國 suì

[소전] 䥙 [초서] 燧 [동자] 㸂 [동자] 䃂 [간체] 燧

[字解] ①부싯돌. 〔六書故〕 燧, 以鏡取火於日曰金燧, 鑽木取火曰木燧. ②횃불. 〔史記〕 幽王爲烽燧. ③봉화. 〔史記〕 攻烽燧. ④불을 피우다, 불을 붙이다. ⑤적(敵)에 대한 경계(警戒). 〔周邦彥·賦〕 息燧而摧櫓.

【燧改 수개】 계절에 따라 새로 부싯돌로 불을 붙이는 일.
【燧象 수상】 코끼리의 꼬리에 불을 달아 적진으로 돌진하게 함.
【燧石 수석】 부싯돌. 석영(石英)의 하나.
【燧烟 수연】 봉화대(烽火臺)에서 낮에 신호로 올리던 봉화 연기. 燧煙(수연).
【燧火 수화】 ①부싯돌로 일으킨 불. ②횃불. 烽火(봉화).

● 關―, 烽―, 陽―, 炎―, 陰―, 亭―, 鑽―.

火13 【㸂】⑰ 燧(1086)와 동자

火13 【營】⑰ ❶경영할 영 庚 yíng
❷변해할 형 庚 yíng

炒 炒 炒 煭 營 營 營 營

[소전] 營 [초서] 營 [속] 営 [간체] 营 [참고] 대법원 지정 인명용 한자의 음은 '영'이다.

[字源] 形聲. 炒+宮→營. '炒'은 '熒(형)'의 생략형으로 음을 나타낸다.

[字解] ❶㉮경영하다. 〔詩經〕 經之營之. ㉯헤아리다. 〔呂氏春秋〕 營丘壟之小大. ㉰꾀하다. 〔儀禮〕 冢人營之. ㉱다스리다. 〔詩經〕 召伯營之. ㉲경영하다, 행하다. 〔易經〕 四營而成易. ㉳갈다, 논밭을 경작하다. 〔楚辭〕 莆藋是營. ㉴얻다. 〔楚辭〕 何往營班祿. ㉵말아보다. 〔淮南子〕 執政營事. ②경영(經營), 경영하는 일, 경영하는 곳. 〔束晳·詩〕 無營無欲. ③두르다, 둘리다. 〔漢書〕 爲妻妾役使所營. ④미혹하다, 어지럽다. 〔淮南子〕 精神亂營, 不得ован平. ⑤모여 살다, 거처. 〔禮記〕 冬則居營窟. ⑥진영(陣營). 〔史記〕 以師兵爲營衞. ⑦동아리, 부곡(部曲). 〔後漢書〕 調五營弩師. ⑧경계(境界). 〔太玄經〕 日月昤營. ⑨토지(土地)의 동서(東西). 〔楚辭〕 經營原野, 杳冥冥. ⑩왔다 갔다 하는 모양. 〔詩經〕 營營青蠅. ⑪넋, 혼(魂). 〔老子〕 載營魄, 抱營魄, 能無離乎. ⑫성(姓). ❷변해(辯解)하다, 변명하다. 〔莊子〕 口將營之.

【營幹 영간】 사무를 취급함.
【營建 영건】 건물 따위를 지음. 營築(영축).
【營求 영구】 경영하여 구함. 꾀하여 구함.
【營救 영구】 남을 위하여 변호함. 재난에 빠진 사람을 구하여 냄.
【營納 영납】 조선 때 감영(監營)에 바치던 물건이나 돈.
【營療 영료】 병을 치료함.
【營壘 영루】 보루(堡壘).
【營吏 영리】 國감영·수영·병영에 딸려 있던 아전(衙前).
【營門 영문】 ①군영의 문. 軍門(군문). ②國감영(監營).
【營房 영방】 國영리(營吏)가 사무를 보던 곳.
【營魄 영백】 ①영혼(靈魂). 魂魄(혼백). ②방황하는 영혼.
【營福 영복】 복을 구함. 행복을 바람.
【營奉 영봉】 정성껏 받들어 모심.
【營舍 영사】 병영(兵營)의 건물.
【營生 영생】 ①생활을 영위함. ②생계(生計).
【營繕 영선】 건축물 등을 새로 짓거나 수리함.
【營所 영소】 군대가 주둔하는 곳.
【營信 영신】 미혹하여 믿음.
【營營 영영】 ①왕래가 빈번한 모양. ②부지런히 일하는 모양. 이(利)를 추구하는 모양.
【營爲 영위】 일을 경영함.
【營衛 영위】 ①병영의 수비. ②기혈(氣血)의 작용. ♣ '營'은 동맥, '衛'는 정맥.
【營將 영장】 國진영(鎭營)의 으뜸 벼슬. 鎭營將(진영장).
【營邸吏 영저리】 國감영에 딸려, 감영과 각 고을의 연락 임무를 맡아보던 벼슬아치.
【營田 영전】 ①농지(農地)를 경작함. ②둔전제(屯田制)에 의한 경작지.
【營疇 영주】 밭을 경작함.
【營陣 영진】 군대가 진을 치고 있는 곳. 軍陣(군진). 陣營(진영).
【營饌 영찬】 음식을 마련함.
【營惑 영혹】 미혹됨. 미혹시킴.

● 監―, 經―, 公―, 共―, 空―, 官―, 軍―, 歸―, 禁―, 綠―, 邊―, 兵―, 本―, 野―, 運―, 柳―, 造―, 中―, 陣―.

火13 【燠】⑰ ❶따뜻할 욱 屋 yù
❷임김 몰아 불 오 圉 우 圉

[소전] 燠 [초서] 燠 [동자] 㷂 [간체] 燠

[字解] ❶따뜻하다, 덥다. 〔禮記〕 間衣燠寒. ❷입김을 몰아 불다, 아픈 데에 입김을 몰아 불어 따뜻하게 하다, 아픔을 달래기 위해 내는 '호' 소리. 〔春秋左氏傳〕 民人痛疚, 而或燠休之.

【燠館 욱관】 몸을 녹이는 방. 욕실(浴室)의 딴 이름.
【燠沐 욱목】 ①따뜻함. ②따뜻하고 윤택함.
【燠暑 욱서】 무더움.
【燠若 욱약】 ①차차 따뜻해짐. 따뜻한 기운이 돎. ②따뜻한 모양.
【燠燠 욱욱】 따뜻한 모양.
【燠寒 욱한】 따뜻함과 추움.
【燠休 오휴】 ①남의 고통을 염려하는 소리. 아

火部 13~14획 燥燦燭燪燬燺燾爁爌爛

픈 곳에 입김을 불어 따뜻하게 함. ②남의 궁핍을 도움. 燠恤(오휼).
● 極-, 溫-, 鬱-, 殘-, 災-, 暄-.

火13 【燥】⑰ 마를 조 ㉱소 zào

형성. 火＋喿→燥. '喿(소)'가 음을 나타낸다.
字解 ①마르다. 〔呂氏春秋〕燥則欲溼, 溼則欲燥. ②말리다. 〔易經〕燥萬物者, 莫熯乎火. ③마른 것. 〔易經〕火就燥.
【燥勁 조경】 말라서 딱딱함. 燥剛(조강).
【燥吻 조문】 바싹 마른 입술. 시문(詩文)의 좋은 글귀가 쉽게 떠오르지 않음.
【燥澁 조삽】 마르고 파슬파슬함.
【燥濕 조습】 마름과 젖음.
【燥熱 조열】 ①바싹 마르고 더움. ②마음이 답답하고 열이 남.
【燥灼 조작】 마음이 초조함.
【燥涸 조학】 말라서 시듦.
● 乾-, 枯-, 高-, 濕-, 焦-, 風-, 暵-.

火13 【燦】⑰ 빛날 찬 càn

字解 빛나다. 늑粲. 〔春秋〕文理燦然而厚.
【燦爛 찬란】 눈부시게 빛나는 모양. 영롱하고 현란함. 粲爛(찬란).
【燦爛陸離 찬란육리】 빛이 영롱하고 황홀함. '陸離'는 빛이 뒤섞여 현란한 모양.
【燦然 찬연】 ①번쩍번쩍 빛나는 모양. ②선명한 모양.
【燦燦 찬찬】 찬란한 모양. 粲粲(찬찬).
● 光-, 明-, 閃-.

火13 【燭】⑰ 촛불 촉 zhú

형성. 火＋蜀→燭. '蜀(촉)'이 음을 나타낸다.
字解 ①촛불. 〔歸田錄〕燭淚在地, 往往成堆. ②등불. 〔李白·序〕秉燭夜遊. ③화톳불. 〔說文〕燭, 庭燎大燭也. ④횃불. 〔禮記〕燭不見跋. ⑤비치다, 비추다. 〔漢書〕日月所燭, 莫不率俾. ⑥빛나는 모양. ¶ 燭燭.
【燭膿 촉농】 ㉤촛농.
【燭淚 촉루】 촛농. 燭膿(촉농).
【燭明 촉명】 ①등불이 밝음. ②밝게 비춤.
【燭跋 촉발】 타다 남은 등불 또는 초.
【燭不見跋 촉불현발】 초의 밑동이 아직 나타나지 않음. ㉠초가 아직 다 타지 않음. ㉡밤이 아

직 깊지 않음.
【燭夜 촉야】 ①밤을 비춤. ②닭의 딴 이름.
【燭剪 촉전】 초의 심지를 자르는 칼.
【燭照數計 촉조수계】 등불로 비추어 보고 주판으로 셈함. 명확히 처리하여 그릇됨이 없음.
【燭盡 촉진】 초가 다 탐. 밤이 깊음.
【燭察 촉찰】 샅샅이 살핌. 燭悉(촉실).
【燭燭 촉촉】 빛이 밝은 모양. 달빛을 이름.
【燭寸詩 촉촌시】 시재(詩才)를 시험하기 위하여 초가 한 치 탈 동안에 짓게 한 시.
【燭花 촉화】 ①촛불이나 등불의 불꽃. ②등불 심지의 타고 남은 불똥.
【燭煥 촉환】 등불의 빛이 밝음.
● 刻-, 炬-, 膏-, 光-, 蠟-, 丹-, 燈-, 明-, 宵-, 夜-, 玉-, 燎-, 銀-, 電-, 紙-, 洞-, 風-, 紅-, 華-, 輝-.

火13 【燪】⑰ 홰 총 zǒng

字解 홰, 횃불.

火13 【燬】⑰ 불 훼 huǐ

字解 ①불. ㉮불. ㉯활활 타는 불. ㉰낮불. ②타다, 태우다. 〔詩經〕王室如燬. ③화재(火災).
【燬炎 훼염】 세차게 타는 불꽃. 태양.
【燬燼 훼잔】 불타고 남은 끄트러기.
【燬火 훼화】 이글이글 타는 불. 세차게 타는 불.

火14 【燺】⑱ 마를 고 kǎo

字解 마르다, 말리다. ＝熇.

火14 【燾】⑱ 비출 도 dào

字解 ①비추다, 널리 비추다. ②덮다, 가리다. 〔春秋公羊傳〕周公盛, 魯公燾.
【燾杲 도오】 높고 험준하면서 깊숙한 모양.
【燾育 도육】 덮어 보호하여 기름.

火14 【爁】⑱ 불 번질 람 làn

字解 ①불이 번지다, 세찬 불길이 번져 나가다. 〔淮南子〕火爁焱而不滅. ②세력이 강하다. 〔人物志〕立事要, 爁炎而不定.

火14 【爌】⑱ 야화 선·희 xiǎn

字解 ①야화(野火), 들을 태우는 불. ②난리로 일어난 불. 〔宋史〕經鬼章兵爌. ③맞불 놓다.

火14 【爛】⑱ 爌(1087)과 동자

火部 14～15획 燼燿燾儦爀燻爍燮爇爇爊爆

火14 【燼】⑱ 깜부기불 신 囲 jìn

초서 㷞 간체 烬 字解 ①깜부기불, 타다가 남은 것, 탄 나머지. ¶燼灰. ②살아남은 나머지. ㉮재난을 겪고 살아남은 백성. 〔詩經〕民靡有黎, 具禍以燼. ㉯유민(遺民). 〔春秋左氏傳〕收二國之燼.

【燼骨 신골】 화장(火葬)한 유골.
【燼滅 신멸】 ①불타 없어짐. ②멸망하거나 끊겨서 없어짐.
【燼餘 신여】 ①타다 남은 것. ②살아남은 사람.
【燼灰 신회】 불탄 끄트머리와 재.
● 焚-, 餘-, 遺-, 火-, 灰-.

火14 【燿】 ❶빛날 요 囗 yào ❷뾰족할 초 囮 shào ❸녹일 삭 囗 shuò

소전 燿 초서 㷿 參考 대법원 지정 인명용 한자의 음은 '요'이다.

字解 ❶ (通)耀(1417)·曜(800). ①빛나다, 빛남. 〔國語〕光明之燿, 云云, 明燿以炤之. ②비치다, 비추다. 〔春秋左氏傳〕焜燿寡人之望. ③밝다. 〔國語〕淳燿惇大. ④현혹하다, 속이다. 〔淮南子〕察於辭者, 不可燿以名. ❷뾰족하다, 깎여 가늘고 날카롭다. 〔周禮〕大胸燿後. ❸녹이다. =鑠. 〔漢書〕後世燿金爲刃.

【燿德 요덕】 덕(德)을 빛나게 함. 덕을 밝게 함.
【燿蟬 요선】 불빛을 밝혀 매미들이 모여들게 함. 임금이 덕(德)을 밝혀 천하 사람들을 귀복시킴.
【燿燿 요요】 환하게 빛나는 모양. 밝은 모양.
【燿金 삭금】 금속을 녹임. 爍金(삭금).
● 光-, 明-, 炳-, 鮮-, 昭-, 熠-, 榮-, 煜-, 精-, 照-, 街-, 華-, 晃-.

火14 【燾】⑱ 드러날 주 囿 chóu
字解 드러나다, 현저하다.

火14 【㷿】⑱ 熾(1085)의 고자

火14 【儦】⑱ 가벼울 표 囿 biāo
字解 가볍다. 〔周禮〕輕儦用犬.

火14 【爀】⑱ 붉을 혁 囜 hè
초서 㷿 동자 赫 字解 붉다, 불빛이 붉은 모양.

火14 【燻】⑱ 연기 낄 훈 囜 xūn
초서 㷿 字解 ①연기가 끼다. ※薰(1079)의 속자(俗字). ②질식(窒息)하다.

火15 【爍】⑲ ❶빛날 삭 囯 shuò ❷벗겨질 락 囯 luò

소전 爍 초서 烁 간체 烁 字解 ❶①빛나다. 〔蔡邕·詩〕榮華灼爍. ②덥다, 뜨겁다. 〔枚乘·七發〕煙爍熱暑. ③꺼지다, 끄다. 〔素問〕是人當肉爍也. ④끊다, 태워서 끊다. 〔莊子〕爍絶竽瑟. ⑤녹다, 녹이다. =鑠. 〔周禮〕爍金以爲刃. ⑥무너뜨리다, 허물어뜨리다. 〔莊子〕下爍山川之精. ❷벗겨지다, 벗겨져 떨어지다. 〔詩經〕劉爾爍而希也.

【爍金 삭금】 ①쇠붙이를 녹임. ②여러 사람의 입이 쇠를 녹임. 여론의 무서움.
【爍爚 삭약】 번쩍번쩍 빛남.

火15 【燦】⑲ 爕(1085)의 속자

火15 【爇】⑲ 사를 열 囯 ruò
소전 爇 초서 㷿 字解 사르다, 불 사르다. 〔周禮〕凡卜以明火爇燋.

火15 【爇】⑲ 爇(1088)의 속자

火15 【爊】⑲ 통째로 구울 오 囯 āo
초서 㷿 字解 ①통째로 굽다, 짐승의 털을 벗기지 않은 채로 굽다. ②따뜻하게 하다.

火15 【爆】⑲ ❶터질 폭 囯 포 囯 bào ❷사를 폭 囯 bào ❸말릴 박 囯

火 炉 焗 煁 熼 爆 爆 爆 爆

소전 爆 초서 爆 속자 烀 參考 대법원 지정 인명용 한자의 음은 '폭'이다.

字源 形聲. 火+暴→爆. '暴(폭)'이 음을 나타낸다.

字解 ❶터지다, 폭발하다. ¶爆藥. ❷①사르다, 태우다. ②불길이 세다. ③튀기다, 불기운으로 터지다. 〔傳燈錄〕冷灰裡有一粒豆子爆. ❸①말리다, 불로 지지다. ②벗겨져 떨어지다. 〔詩經·傳〕劉, 爆爍而希也.

【爆竿 폭간】 爆竹(폭죽).
【爆擊 폭격】 비행기에서 폭탄을 떨어뜨려 적의 군대나 시설물 따위를 파괴하는 일.
【爆鳴 폭명】 폭발할 때 나는 소리. 爆音(폭음).
【爆發 폭발】 불이 일어나며 갑작스럽게 터짐.
【爆藥 폭약】 폭발하는 화약류의 총칭.
【爆死 폭사】 폭발로 인하여 죽음.
【爆笑 폭소】 갑자기 터져 나오는 웃음. 많은 사람들이 일시에 웃음을 터뜨림.
【爆音 폭음】 폭발할 때 나는 큰 소리.
【爆竹 폭죽】 축제일에 대통에 화약을 다져 넣어 불을 붙여 태우면서 소리를 내는 딱총.

火部 15～17획 燵 爌 煒 爐 燔 爓 爗 爔 爛 爚   1089

【爆彈 폭탄】 폭약을 채워 터뜨리는 폭발물.
【爆破 폭파】 폭발시켜 부숨.
【爆風 폭풍】 폭발할 때 일어나는 강렬한 바람.
❶ 空一, 盲一, 猛一, 水一, 原一, 自一, 傳一.

火 15 【燵】 ⑲ 輝(1078)와 동자

火 15 【爌】 ⑲ 밝을 황 huǎng
字解 ①밝다, 관대(寬大)하고 밝은 모양. ②밝히다, 밝게 하다. 〔漢書〕北爌幽都.

火 16 【煒】 ⑳ 焞(1068)의 본자

火 16 【爐】 ⑳ 화로 로 lú

초서 동자 속자 간체 字源 形聲. 火＋盧→爐. '盧(노)'가 음을 나타낸다.
字解 ①화로. 〔孔平仲·詩〕朝共爐邊飮. ②향로(香爐). ③화덕. 방바닥이나 땅바닥을 파내어 취사용·난방용 등의 불을 피우게 만든 시설. 〔高啓·詩〕守爐消夜漏. ④풀무.
【爐邊 노변】 화롯가. 爐頭(노두).
【爐冶 노야】 쇠붙이를 녹이는 일과 그 풀무.
【爐煙 노연】 향로(香爐)에서 나는 연기.
【爐盒 노합】 國향로와 향함(香盒).
【爐香 노향】 향로 속에 있는 향.
【爐灰 노회】 화로 속의 재.
❶ 煖一, 藥一, 風一, 香一, 紅一, 火一, 薰一.

火 16 【燔】 ⑳ 제육 번 fán
字解 제육(祭肉), 종묘(宗廟)에 올리는 삶은 고기. ＝膰·膰.

火 16 【爓】 ⑳ ❶불꽃 염 yàn ❷데칠 섬 xún
字解 ❶불꽃, 불빛. ＝炎·燄. 〔班固·賦〕光爓朗以景彰. ❷데치다, 고기를 데치다. ＝燅. 〔禮記〕三獻爓.

火 16 【爗】 ⑳ 빛날 엽 yè
동자 煠 字解 빛나다, 빛이 번쩍번쩍 나다.
【爗爗 엽엽】 ①빛이 나는 모양. ②번갯불이 번쩍번쩍하는 모양.

火 16 【爔】 ⑳ 불 희 xī
字解 ①불. ②햇빛, 일광(日光). ＝曦.

火 17 【爛】 ㉑ 문드러질 란 làn
소전 초서 烂 字解 ①문드러지다. ㉮불에 데다. 〔春秋左氏傳〕邾人自投于爐, 廢于鑪炭爛. ㉯썩다, 헐다. 〔春秋公羊傳〕魚爛而亡. ㉰너무 익다. 〔呂氏春秋〕熟而不爛. ㉱다쳐서 헐다. 〔蜀志〕肌膚刻爛. ㉲고민하여 마음 아파하다. 〔齊書〕心爛形燋. ②문드러지게 하다. 〔孟子〕糜爛其民而戰之. ③화미(華美)하다, 선명(鮮明)하다. 〔詩經〕錦衾爛兮. ④빛나다, 번쩍번쩍하다. 〔詩經〕明星有爛. ⑤많다. 〔詩經〕爛其盈門. ⑥흩어져 사라지는 모양. 〔楚辭〕忽爛漫而無成.
【爛柯 난가】 도끼 자루가 썩음. 바둑이나 음악 등에 심취하여 시간 가는 줄을 모름. 故事 진대(晉代)의 왕질(王質)이 석실산(石室山)에 나무하러 갔다가 신선들이 바둑 두는 것을 구경하느라 도끼 자루가 썩는 줄도 몰랐다는 고사에서 온 말.
【爛旰 난간】 산뜻한 모양. 선명한 모양.
【爛爛 난란】 ①번쩍번쩍 빛나는 모양. ②안광(眼光)이 날카롭게 빛나는 모양.
【爛漫 난만】 ①꽃이 만발하여 흐드러진 모양. ②물이 넉넉한 모양. ③빛나 번쩍이는 모양. 爛縵(난만). ④무너져 흩어지는 모양. ⑤곤히 잠든 모양. ⑥환히 나타나 보이는 모양. ⑦사라져 흩어지는 모양.
【爛發 난발】 꽃이 흐드러지게 핌.
【爛報 난보】 조선 때, 승정원에서 제결 시행을 기록하고 이를 베껴 조정에 반포하던 관보. 朝報(조보).
【爛腐 난부】 썩어 문드러짐.
【爛死 난사】 화상(火傷)을 입어 죽음.
【爛商 난상】 충분히 의논함. 爛議(난의).
【爛熟 난숙】 ①무르익음. ②충분히 그 일에 통달함. ③더할 수 없이 충분히 발달함.
【爛若披錦 난약피금】 찬란한 비단을 펼친 듯함. 문채(文彩)가 빛나는 모양.
【爛遊 난유】 한가로이 이곳저곳 돌아다니며 놂.
【爛銀 난은】 빛나는 은. 달을 이름.
【爛飮 난음】 술을 한창 마심.
【爛敗 난패】 썩어서 문드러짐.
【爛兮 난혜】 화려한 모양. 찬란한 모양.
❶ 光一, 潰一, 糜一, 腐一, 昭一, 熟一, 魚一, 炎一, 灼一, 燦一, 燋一, 敗一, 毀一.

火 17 【爚】 ㉑ 사를 약 yuè
소전 초서 字解 ①사르다. ¶ 爚蟬. ②빛, 빛의 모양. ③번개. 〔班固·賦·注〕字指日, 儵爚, 電光也. ④빛나다, 녹다. 〔莊子〕外立其德, 而以爚亂天下者也. ⑤사물의 모양. ¶ 爚爚. ⑦미혹시키다. 〔呂氏春秋〕今夫爚蟬者, 務在乎明其火, 振其樹而已.

【爤亂 약란】이리저리 흩어서 어지럽힘.
【爤蟬 약선】①매미를 구움. ②불을 비추어 매미를 유인함.
【爤爤 약약】①번갯불이 밝은 모양. ②분주한 모양.

火 18 【爟】㉒ 봉화 관 🔲 guàn
[소전] 爟 [혹체] 烜 [초서] 㷨 [字解] ①봉화. ¶ 爟火. ②횃불. ③불을 일으키다. 마찰 또는 거울로 불을 일으키다. ④제사에 불을 피워 올리다. 〔呂氏春秋〕㸐以爟火. ⑤타오르다. 세차게 타다. ¶ 爟火. ⑥불을 처음 일으킨 사람. 〔周禮〕凡祭礦則祭爟.
【爟火 관화】①봉화(烽火). ②세차게 타는 불. ③제사에 올리는 불.

火 18 【爝】㉒ 횃불 작 🔲 jué
[소전] 爝 [초서] 㸑 [字解] ①횃불, 화톳불.〔莊子〕日月出矣, 而爝火不息. ②횃불을 피워 푸닥거리하다.〔呂氏春秋〕湯得伊尹, 祓之于廟, 爝以爟火, 釁以犧狠.
【爝火 작화】횃불. 炬火(거화).

火 18 【爞】㉒ 더울 충 🔲 chóng
[초서] 㸌 [字解] 덥다, 가뭄으로 덥다.
【爞爞 충충】가뭄이 계속되어 더운 모양.

火 19 【䍥】㉓ 익을 미 🔲 mí
[소전] 䍥 [동자] 䊁 [字解] ①익다, 난숙(爛熟)하다. ②짓무르다, 문드러지다. ③부스러기, 지스러기.〔楚辭〕精瓊䍥以爲粻. ④망하다, 허물어지다.

火 19 【䊁】㉓ 䍥(1090)와 동자

火 19 【爨】㉓ 然(1072)의 속자

火 19 【爤】㉓ 爛(1090)과 동자

火 21 【爥】㉕ ❶燭(1087)과 동자 ❷矚(802)과 동자

火 25 【爨】㉙ 불땔 찬 🔲 cuàn
[소전] 爨 [주문] 爨 [초서] 㸑 [동자] 焚 [字解] ①불 때다, 밥을 짓다.〔孟子〕以釜甑爨. ②부뚜막.〔詩經〕執爨踖踖. ③맛을 조화하는 곳. ④연극

이름. 송대(宋代)에 행하여졌던 연극의 한 가지.
【爨琴 찬금】거문고를 땜. 땔감도 없을 정도로 가난함.
【爨炊 찬취】밥을 지음.
○ 同-, 薪-, 烟-, 異-, 炊-.

火 29 【爩】㉝ 연기 울 🔲 yù
[字解] 연기, 연기가 끼다, 연기가 끼는 모양.

爪 部

4획 부수 | 손톱조부

爪 0 【爪】④ 손톱 조 🔲 zhǎo
[소전] 爪 [초서] 爪 [參考] '爪'가 한자의 구성에서 머리에 쓰일 때는 글자 모양이 '爫'로 바뀌고, '손톱머리'라고 부른다.
[字源] 象形. 손으로 아래쪽에 있는 물건을 집으려는 형상을 본뜬 글자.
[字解] ①손톱.〔詩經〕祈父, 予王之爪牙. ②깍지. 손가락 끝에 끼우는 물건.〔樂錄〕彈箏者以鹿角爲爪, 彈-. ③메뚜기. 끼워 놓은 물건이 벗어지지 않도록 꽂는 물건.〔吳志〕葩爪文畫. ④긁다, 할퀴다.〔柳宗元·傳〕爪其膚, 以驗其生枯. ⑤손톱·발톱을 자르다.〔禮記〕小臣爪足. ⑥돕고 지키다.〔詩經〕予王之爪士. ⑦움켜잡다.
【爪角 조각】짐승의 발톱과 뿔. 자기를 적으로부터 보호해 주는 물건.
【爪甲 조갑】손톱과 발톱.
【爪士 조사】왕실을 보위하는 무사.
【爪牙 조아】①손톱과 어금니. ②도와서 지키는 사람. 호위 무사. ③쓸모 있는 사람이나 물건. ④남의 부하 노릇을 하는 사람. 앞잡이.
【爪牙官 조아관】임금을 지키는 호위병.
【爪牙吏 조아리】포악한 관리. 권력가에 아부하여 포학 방자하게 구는 아전.
【爪足 조족】손발톱을 자름.
【爪痕 조흔】손톱으로 할퀸 흔적.
○ 繫-, 琴-, 猛-, 牙-, 利-, 匿-, 指-.

爪 4 【爯】⑧ 爲(1091)의 고자

爪 4 【爭】⑧ 다툴 쟁 🔲 zhēng
[소전] 爭 [초서] 爭 [속자] 争 [간체] 争 [字源] 會意. 受+ 厂→爭. '受'는 '爪+又'로 둘 다 손을 뜻한다. 두 손이 아래에서 잡아끌어(厂) 다툰다는

爪部 4~8획 爬爰爲

뜻을 나타낸다.
字解 ①다투다. ㉮잡아끌다. ㉯겨루다. 〔書經〕天下莫與汝爭能. ㉰결판을 내다. 〔呂氏春秋〕以與吳王爭一旦之死. ㉱소송(訴訟)하다. ㉲따져 말하다. 〔春秋左氏傳〕滕侯薛侯, 來朝爭長. ②다툼, 싸움. 〔書經〕又好爭訟. ③하소연, 소송(訴訟). 〔禮記〕分爭辨訟. ④논의(論議), 의론, 말다툼. 〔莊子〕有競有爭. ⑤간하다. =諍. 〔孝經〕天子有爭臣七人. ⑥분변(分辨)하다. 〔盧仝·詩〕我縱有神力, 爭敢將公歸.
【爭諫 쟁간】다투어 간함.
【爭罵 쟁매】다투며 욕질함.
【爭鋒 쟁봉】싸움터에서 적과 승패를 다툼. 적과 교전함.
【爭臣 쟁신】임금의 잘못을 직언으로 끝까지 간하는 신하. 諍臣(쟁신).
【爭友 쟁우】친구의 잘못을 충고하는 벗.
【爭議 쟁의】서로 자기의 의견을 주장하여 다툼.
【爭子 쟁자】어버이의 잘못을 간하는 아들.
【爭長 쟁장】①장유(長幼)의 차례를 다툼. 서열을 다툼. ②장점과 단점을 겨루어 다툼.
【爭點 쟁점】서로 다투는 중심이 되는 점.
【爭進 쟁진】서로 다투어 나아감.
【爭取 쟁취】투쟁하여 얻음.
【爭奪 쟁탈】서로 싸워서 빼앗음.
【爭霸 쟁패】천하의 패권(霸權)을 다툼.
【爭衡 쟁형】기량의 우열(優劣)이나 세력의 경중(輕重)을 다툼.
● 競—, 交—, 權—, 論—, 黨—, 兵—, 紛—, 戰—, 廷—, 政—, 鬪—, 派—, 抗—.

爪 4 【爬】⑧ 긁을 파 麻 pá
字解 ①긁다, 손톱으로 긁다. ¶爬搔. ②기다, 기어 다니다. =匍. ¶爬行. ③잡다. =把.
【爬羅剔抉 파라척결】긁어모으고 발라냄. ㉠남의 비밀·결점 따위를 파헤침. ㉡숨은 인재를 널리 찾아냄.
【爬沙 파사】게가 모래땅을 기어가는 모양.
【爬搔 파소】긁음.
【爬梳 파소】긁고 빗질함. 정리(整理)함.
【爬痒 파양】가려운 데를 긁음.
【爬行 파행】벌레·뱀 따위가 땅에 몸을 대고 기어감.
● 搔—, 搜—, 聚—.

爪 5 【爰】⑨ 이에 원 元 yuán
字解 ①이에. 발어(發語)의 조자. '于·於·日·聿' 등과 같이 쓴다. 〔詩經〕爰居爰處, 爰喪其馬, 于以求之. ②여기에서. ㉮이때에. 위를 받아 아래를 일으키는 말. 〔張衡·賦〕將答賦而不暇兮, 爰整駕而亟行. ㉯여기에서. 곳을 보이는 말. 〔詩經〕築室百堵, 西南其戶, 爰居爰處, 爰笑

爰語. ③끌다. =援. ④성내다, 슬퍼하며 성내다. ≒慍. ⑤속이다, 거짓으로 대답하다. ≒譲. ⑥바꾸다. 〔春秋左氏傳〕晉於是乎作爰田. ⑦새 이름. 〔春秋左氏傳〕祀爰居. ⑧느즈러지다. 〔詩經〕有兔爰爰. ⑨곧, 윗말을 받아 아래에 이어 주는 말. '乃·則'과 같이 쓴다. 〔楚辭〕陽離爰死. ⑩미치다, 이르러 미치다. 〔史記〕爰周郅隆. ⑪팔이 긴 원숭이, 팔이 긴 것의 비유. ¶爰臂.
【爰居 원거】①해조(海鳥)의 이름. 크기가 망아지만 함. ②이사함. 遷居(천거).
【爰臂 원비】긴팔원숭이처럼 긴 팔.
【爰書 원서】죄인의 진술을 적은 문서.
【爰爰 원원】한가한 모양. 느릿느릿한 모양.

爪 8 【爲】⑫ ❶할 위 支 wéi ❷위할 위 寘 wèi

字源 會意. 爪+象→爲. 손(爪)으로 코끼리(象)를 부린다는 데서 '일하다'의 뜻을 나타낸다.
字解 ❶①하다. ㉮만들다. 〔周禮〕以爲樂器. ㉯행하다. 〔論語〕爲之難. ㉰베풀다. 〔論語〕爲政以德. ㉱간주하다, 인정하다. 〔易經〕乾爲馬, 坤爲牛. ②되다. ㉮성취하다, 이루다. 〔淮南子〕五穀不爲. ㉯바뀌다, 이 상태에서 저 상태로 변하다. 〔古詩〕古墓犁爲田, 松柏摧爲薪. ③다스리다. 〔論語〕能以禮讓爲國乎, 何有. ㉯병을 고치다. 〔國語〕疢不可爲也. ㉰해설(解說)하다. 〔孟子〕固哉, 高叟之爲詩也. ㉱배우다. 〔論語〕抑爲之不厭. ④속하다, 붙다. 〔戰國策〕不戰而已爲秦矣. ⑤체하다, 흉내 내다. 〔史記〕佯爲不知永巷而入其中. ⑥어기다, 어긋나다. ≒違. 〔荀子〕君子不爲也. ⑦소위(所爲), 짓. 〔范仲淹·記〕異二者之爲. ⑧있다. =有. 〔孟子〕夫滕壤地褊小, 將爲君子焉, 將爲野人焉. ⑨조사(助詞). =焉. ㉮형용하는 말. 〔老子〕歙歙爲天下渾其心. ㉯의문을 나타낸다. 〔荀子〕何疑爲. ㉰감탄의 뜻을 나타낸다. 〔莊子〕予无所用天下爲. ㉱어조(語調)를 고른다. 〔大戴禮〕女何以爲. ⑩두다, 설치하다. 〔後漢書〕越海收東萊諸縣, 爲營州刺史. ⑪가리다, 선택하다. 〔周禮〕爲薑盛. ⑫펴다, 깔다. 〔禮記〕主人請入爲席. ⑬앞으로 보이다. 〔莊子〕指窮於爲薪, 火傳也. ⑭까닭에. 〔淮南子〕堅致爲上. ⑮가로되, 말하다. =曰. 〔春秋穀梁傳〕一爲乾豆. ⑯만일, 가령. ¶苟爲. ⑰써. =以. ¶所爲. ⑱쓰다, 사용하다. =用. 〔春秋左氏傳〕在我而已, 大國何爲. ⑲곧. =則·乃. ⑳그리하다. =然. ㉑성(姓). ❷①위하다, 돕다. 〔論語〕夫子爲衛君乎. ②갚음. 〔禮記〕不求其爲. ③때문에. 〔史記〕爲其老, 彊起下取履. ④위하여 꾀하다. 〔論語〕古之學者爲己. ⑤막 ~하려 하다. =將. 〔孟

子〕克告於君, 君爲來見. ⑥되다, 당하다. =被. 피동을 나타낸다. 〔漢書 趙王武臣〕爲其將所殺. ⑦하게 하다, 시키다. 사역(使役)을 나타낸다. =使. 〔易經〕爲我心惻. ⑧이르다, 생각하다. 〔經傳釋詞〕爲, 猶謂也. 宣二年穀梁傳曰, 趙盾曰, 天乎天乎, 予無罪, 孰爲盾而忍弑其君者乎. ⑨더불어, 함께. =與. 〔論語〕道不同, 不相爲謀.

【爲間 위간】 잠시 후. 이윽고.

【爲國忠節 위국충절】 나라를 위한 충성스러운 절개.

【爲己 위기】 자기를 위하여 함. 자신의 수양이나 안심입명(安心立命)을 위하여 행함.

【爲奴爲婢 위노위비】 역적의 처자(妻子)를 종으로 삼음.

【爲道 위도】 ①길 안내를 함. ②도(道)를 행함. 도리로 삼음.

【爲富不仁 위부불인】 재물을 모으려면 어진 덕을 베풀지 못함.

【爲善事 위선사】 다른 것에 앞서는 일. 조상을 받드는 일.

【爲先最樂 위선최락】 선을 행하는 것이 무엇보다 즐거움.

【爲而不恃 위이불시】 다만 행할 뿐, 조금도 그 공을 믿지 않음.

【爲人 위인】 사람의 됨됨이.

【爲政 위정】 정치를 행함.

【爲主 위주】 ①주인이 됨. ②주로 함.

【爲限 위한】 現①기한으로 정함. ②제한함.

【爲虎傅翼 위호부익】 범에게 날개를 붙여 줌. 위세 있는 악인에게 힘을 보태어 더욱 맹위(猛威)를 떨치게 함.

● 敢一, 苟一, 當一, 無一, 所一, 施一, 營一, 有一, 以一, 作一, 至一, 行一, 胡一.

爪
13 【爵】 ⑰ 爵(1092)과 동자

爪
14 【爵】 ⑱ 잔 작 [酒] jué

象形. 술잔을 본뜬 글자.

①잔. ㉮참새 모양을 한, 울창주를 따르는 잔. ㉯잔, 술을 마시는 그릇의 총칭. 〔儀禮〕揖讓如初, 升坐, 乃羞, 無算爵. ㉰한 되들이 잔. 〔禮記〕貴者獻以爵. ②벼슬, 신분(身分)의 위계(位階). 제후가 조근(朝覲)했을 때 천자가 옥(玉), 각(角), 금(金) 등으로 만든 잔을 내린 데서 비롯하였다. 〔書

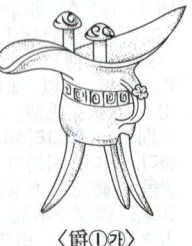
〈爵①㉮〉

經〕列爵惟五. ③작위(爵位)를 내리다. 〔史記〕身擧五羖, 爵之大夫. ④다하다. 〔春秋左氏傳·服注〕爵者醮也, 謂醮盡其材也. ⑤참새. =雀. 〔孟子〕爲叢敺爵也鸇也.

【爵羅 작라】 참새를 잡는 그물. 雀羅(작라).
【爵祿 작록】 작위(爵位)와 봉록(俸祿).
【爵弁 작변】 관(冠)의 이름. 면류관과 비슷하나 인끈이 없고, 색깔이 붉음.
【爵位 작위】 ①관작의 계급. ②벼슬과 지위.
【爵土 작토】 작위와 봉토(封土).
【爵號 작호】 작위의 이름. 공(公)·후(侯)·백(伯)·자(子)·남(男).

● 高一, 公一, 男一, 祿一, 賣一, 伯一, 封一, 敍一, 世一, 襲一, 人一, 子一, 天一, 侯一.

父部

4획 부수 | 아비부부

父 【父】 ④ ❶아비 부 [父] fù
0 ❷남자 미칭 보 [父] fǔ

ノ ハ ク 父

[参考] 대법원 지정 인명용 한자의 음은 '부'.

[字源] 會意. 又+丨=父. '又'는 손, '丨'는 채찍. 채찍을 들고 가족을 거느려 가르친다는 뜻으로, 이는 가장(家長)인 아버지의 일이라는 데서 '아버지'를 뜻한다.

[字解] ❶①아비. ㉮아버지. 〔論語〕三年無改於父之道. ㉯짐승의 아비. 〔儀禮〕禽獸知母而不知父. ㉰만물(萬物)·생민(生民)을 나게 하여 기르는 것. 하늘·임금 따위. 〔孟子〕爲民父母行政. ㉱살아 있는 아버지의 일컬음. 〔春秋公羊傳〕生稱父, 死稱考. ②친족(親族)인 부로(父老)의 일컬음. ㉮아버지의 직계 존속. ¶會祖一. ㉯아버지의 방계(傍系) 존속. 〔漢書〕父子俱移病. ㉰어머니의 직계 존속. ¶外祖父. ㉱동성(同姓)의 친족. 〔詩經〕以速諸父. ③연로한 사람의 경칭(敬稱). 〔史記〕父老何自爲郎. ④처음. 〔老子〕吾將以爲敎父. ❷남자의 미칭(美稱). =甫. ㉮남자를 높여 이르는 말. 태공망(太公望)을 사상보(師尙父)라 부르는 따위. ㉯신분이 낮은 늙은이를 부르는 말. ¶田父.

【父敎 부교】 ①아버지의 가르침. 아버지의 교훈 ②아버지의 명령.
【父黨 부당】 아버지 쪽의 친족. 父族(부족).
【父道 부도】 ①아버지로서 지켜야 할 도리. ②아버지가 일생에 행하여 온 길. ③아버지 항렬.
【父老 부로】 ①한 동네에서 중심이 되는 노인. ②연로한 사람에 대한 존칭.
【父母官 부모관】 백성의 부모로서 그 지방을 다스리는 사람. 곧, 지방관(地方官).
【父母之遺體 부모지유체】 부모가 물려 주신 몸.

곧, 자식의 몸.
【父父子子 부부자자】아버지는 아버지답고, 자식은 자식다움.
【父師 부사】①아버지와 스승. 할아버지와 스승. ②태사(太師). 삼공(三公)의 하나. ③70세가 되어 벼슬에서 물러난 대부(大夫). ④국학(國學)의 교수.
【父先亡 부선망】아버지가 어머니보다 먼저 돌아감.
【父爲子隱 부위자은】아비가 자식의 나쁜 일을 남에게 숨김.
【父蔭 부음】아비의 덕으로 벼슬을 하는 일.
【父任 부임】①아비의 덕으로 벼슬을 함. ②아버지의 관직.
【父子 부자】①아버지와 아들. ②작은아버지와 조카. 叔姪(숙질).
【父子有親 부자유친】오륜(五倫)의 하나. 아버지와 아들의 도리는 친애함에 있음.
【父慈子孝 부자자효】부모는 자녀에게 자애롭고, 자녀는 부모에게 효행을 다함.
【父傳子傳 부전자전】대대로 아버지가 아들에게 전함. 父傳子承(부전자승).
【父主 부주】國아버님.
【父執 부집】아버지의 친구. 아버지와 뜻을 같이 하는 사람. 父執尊長(부집존장).
【父兄 부형】①아버지와 형. ②노인. 연장자. ③임금과 동성(同姓)의 신하.
❶家-, 假-, 季-, 繼-, 君-, 大-, 代-, 伯-, 師-, 世-, 叔-, 亞-, 嶽-, 養-, 慈-, 田-, 祖-, 從-, 主-, 仲-, 樵-, 親-.

父 4 【爸】⑧ 아비 파 圖 bà
초서 ᅡ字解ᅣ①아비, 아버지의 속칭. ¶爸爸. ②늙은이의 존칭.
【爸爸 파파】①아빠. 아버지의 속칭. ②노인에 대한 존칭.

父 6 【爹】⑩ 아비 다 圖 diē
초서 ᅡ字解ᅣ①아비, 아버지. 〔難肋編〕今人呼父爲爹. ②웃어른에 대한 존칭. 〔撫靑雜記〕徐七娘, 常呼項四郞爲阿爹, 因謂項曰, 兒受阿爹厚恩.
【爹娘 다낭】부모(父母).
【爹爹 다다】①아버지. ②젊은 남자를 친근하게 부르는 말. 아저씨.

父 9 【爺】⑬ 아비 야 圖 yé
초서 간체 ᅡ字解ᅣ①아비, 아버지. 〔木蘭辭〕軍書十二卷, 卷卷有爺名. ②남자의 존칭. ㉮천자(天子). 〔長生殿〕萬歲爺有旨. ㉯주인·상관·존귀한 사람. 〔宋史〕威聲日著, 北方聞其名, 常尊憚之, 對南人言必曰宗爺爺.
【爺爺 야야】①아버지. ②남자 연장자에 대한 존칭. 大人(대인). ③現할아버지.
【爺孃 야양】부모(父母). 爺娘(야낭).
❶ 老-, 阿-, 好好-.

父 9 【䶿】⑬ 아비 차 圇 zhē
ᅡ字解ᅣ①아비. 오(吳)나라 사람들이 쓰던 말. ②사위, 유모(乳母)의 사위.

爻 部

4획 부수 | 점괘효부

爻 0 【爻】④ 효 효 圖 yáo
소전 초서 ᅡ參考ᅣ한자 부수로서의 명칭은 '점괘효'이다.
ᅡ字源ᅣ象形. 육효(六爻)의 머리가 엇갈린 모양을 본뜬 글자.
ᅡ字解ᅣ①효, 육효(六爻). 주역(周易)의 하나의 괘를 이루는, 6개의 가로 그은 획. '━'를 양(陽), '╌'를 음(陰)으로 하여, 음양이 뒤섞여 사물이 변화함을 나타낸다. 〔易經〕六爻之動, 三極之道也. ②엇걸리다. ③본받다. 〔易經〕爻也者, 效此者也. ④변하다. 〔易經〕爻者, 言乎變者也. ⑤효리다. ⇨淆. ⑥國가지우다, 말소히다. 〔萬機要覽〕舊帖爻周. ❹수효, 낱낱의 수.
【爻象 효상】주역(周易)의 효사(爻辭)와 상사(象辭)를 풀어 놓은 말. 卦象(괘상).
【爻周 효주】國문서 등을 점검할 때 글을 '爻'자 모양의 표를 하여 지워 버림.
❶卦-, 上-, 六-, 初-, 下-.

爻 5 【爼】⑨ 俎(107)의 와자(譌字)

爻 7 【爽】⑪ 시원할 상 養 陽 shuǎng
소전 초서 예서 ᅡ字解ᅣ①시원하다, 마음이 맑고 즐겁다. 〔杜陽雜篇〕神氣清爽. ②밝다. ㉮밝다, 명백하다. ㉯날이 새다. 〔書經〕時甲子昧爽. ㉰높고 밝다. 〔春秋左氏傳〕更諸爽塏者. ㉱신령이 영험하다. 〔春秋左氏傳〕是以有精爽, 以至于神明. ㉲머리가 맑다. 〔趙抃·詩〕啜多思爽都忘寐. ③날래다, 용맹스럽다. 〔晉書〕豪爽有風槪. ④어긋나다. ㉮잘못하다. 〔詩經〕其德不爽. ㉯망하다. 〔老子〕五味令人口爽. ㉰씩다. 〔楚辭〕露雞臑蠵, 厲而不爽些. ㉱미혹하다. 〔列子〕昏然五情爽惑. ㉲상하다, 다치다. 〔淮南子〕使口爽傷. ㉳멍하다. 〔史記〕又爽然自失矣. ㉴줄다. ⑤벙어리. 〔呂氏春秋〕天生人也, 使其口可以言, 不學不若爽. ⑥책망하다. ⑦매, 새매.

【爽塏 상개】 높아서 앞이 확 트인 땅.
【爽氣 상기】 상쾌한 기분.
【爽旦 상단】 이른 아침.
【爽達 상달】 생각이 시원하고 통달함.
【爽德 상덕】 ①밝은 덕. ②덕에 어긋남.
【爽涼 상량】 상쾌하고 시원함.
【爽邁 상매】 생각하는 것이 밝고 뛰어남.
【爽爽 상상】 ①초월한 모양. ②명랑한 모양.
【爽約 상약】 약속을 어김.
【爽然 상연】 ①상쾌한 모양. ②멍한 모양.
【爽快 상쾌】 마음이 시원하고 산뜻함.
【爽惑 상혹】 망설임. 당혹함.
○ 高-, 颯-, 精-, 俊-, 澄-, 清-, 豪-.

爻 10 【爾】⑭ 너 이 紙 ěr

爾 尔 (소전) (초서) (본자) (속자) (속자) (간체)

[字解] ①너. ≒汝・女・而. ㉮상대방을 부르는 말.〔儀禮〕棄爾幼志.㉯귀인(貴人)에 대한 이인칭.〔詩經〕天保定爾.㉰천(賤)한 자에 대한 이인칭. ¶爾汝. ②그. =彼.〔孟子〕爾爲爾, 我爲我. ③이. =是・此. ④그. =其. ⑤이와 같이.〔孟子〕富歲子弟多賴, 凶歲子弟多暴, 非天之降才爾殊也. ⑥그리하여. =而. ⑦형용하는 말. =然.〔禮記〕爾毋從從爾, 爾毋扈扈爾. ⑧뿐. =耳・而已.〔史記〕沛吾所生者, 極不忘爾. ⑨응낙하는 말.〔古詩〕諾諾得爾爾. ⑩가깝다. =邇.〔孟子〕道在爾.⑪어조사. ㉮의문(疑問)의 뜻을 나타 냄. =乎.〔春秋公羊傳〕然則何言爾. ㉯矣・焉・也와 같게 쓴다.〔韓詩外傳〕仁義之化存爾. ㉰구(句) 사이에 놓여 어조를 고른다.〔詩經〕百爾君子. ⑫곱고 아름답다. ⑬꽃이 아름답게 핀 모양.〔詩經〕彼爾維何, 維常之華.
【爾時 이시】 그때. 그 당시.
【爾汝 이여】 너. ㉠썩 친한 사이의 이인칭(二人稱). ㉡남을 낮추어 이르는 말.
【爾餘 이여】 그 밖. 그 나머지. 自餘(자여).
【爾然 이연】 그래. 그렇다고 동의하는 말.
【爾祖 이조】 너의 조상. 乃祖(내조).
【爾曹 이조】 너희.

爻 11 【爾】⑮ 爾(1094)의 본자

爿部

4획 부수 | 장수장변부

爿 0 【爿】④ 나뭇조각 장 陽 qiáng

爿 丬 (소전) (초서)

[字源] 指事. 나무의 한가운데를 자른 그 왼쪽
반의 모양을 나타낸 글자.
[字解] ①나뭇조각. ②창. ③평상. =牀.

爿 4 【牀】⑧ 평상 상 陽 chuáng

牀 牀 床 (소전) (초서) (속자)

[字解] ①평상, 침상.〔易經〕剝牀以足. ②마루. ③우물 귀틀. 우물 아가리에 나무를 써서 가로세로 어긋나게 '井' 자 모양으로 짜서 얹은 것.〔古樂府〕後園鑿井銀作牀. ④연모를 매달아 두는 대(臺). ¶筆牀. ⑤사물의 기초. ¶牙牀.
【牀頭 상두】 침대의 언저리. 침상의 근처.
【牀上施牀 상상시상】 침상 위에 또 침상을 얹음. 새로움이 없이 먼저 사람의 일을 답습함.
【牀席 상석】 마루. 잠자리.
【牀褥 상욕】 침상(寢牀). 잠자리.
【牀笫 상자】 평상과 평상에 까는 대자리.
【牀子 상자】 기대게 된 대(臺).
【牀榻 상탑】 깔고 앉기도 하고 눕기도 하는 여러 가지 도구.
○ 東-, 方-, 繩-, 牙-, 平-, 弊-, 筆-.

爿 5 【牁】⑨ 배말뚝 가 歌 kē

[字解] 배말뚝, 배를 매는 말뚝. ¶牂牁.

爿 6 【牂】⑩ 암양 장 陽 zāng

牂 牂 (소전) (초서)

[字解] ①암양, 양의 암컷.〔詩經〕牂羊墳首. ②배를 매는 말뚝. ¶牂牁. ③성(盛)한 모양. ¶牂牂. ④괴이하다.
【牂牁 장가】 배를 매는 말뚝.
【牂羊 장양】 암양. 양의 암컷.
【牂雲 장운】 괴이한 구름. 개의 형상을 한 구름.
【牂牂 장장】 무성한 모양.

爿 10 【牄】⑭ 먹는 소리 창 陽 qiāng

牄 牄 (소전) (주문)

[字解] ①먹는 소리, 짐승이 와서 먹는 소리.〔周禮〕鳥獸牄牄. ②춤추는 모양.

爿 13 【牆】⑰ 담 장 陽 qiáng

丨 丬 爿 爿 牁 牂 牂 牆 牆 牆

牆 牆 牆 墻 墻 (소전) (주문) (주문) (초서) (본자) (간체) (동자)

[字源] 形聲. 爿+嗇→牆. '爿(장)'이 음을 나타낸다.
[字解] ①담.〔論語〕不在顓臾, 而在蕭牆之內也. ②경계, 사물을 나누어 놓은 칸막이. ③관(棺)을 덮는 옷.〔禮記〕至于廟門, 不毁牆. ④관 옆널.〔後漢書〕復重以牆翣之飾.
【牆角 장각】 담 모퉁이.

【牆籬 장리】 울타리. 울짱.
【牆面 장면】 담을 향하여 서면 앞이 내다보이지 않음. 무식하여 도리에 어두움.
【牆藩 장번】 담. 울타리.
【牆壁無依 장벽무의】 전혀 의지할 곳이 없음.
【牆外漢 장외한】 담 밖의 사나이. 어떤 일에 직접 관계가 없는 사람. 門外漢(문외한).
【牆宇 장우】 ①담과 처마. 집. ②기량(器量). 도량(度量).
【牆垣 장원】 담. 담장.
【牆有耳 장유이】 담에 귀가 있음. 비밀이 새어 나가기 쉬움.
【牆衣 장의】 담에 낀 이끼.
【牆下 장하】 담 아래.
◑ 宮-, 禁-, 短-, 堵-, 卑-, 蕭-, 女-, 垣-, 蹤-, 庭-, 土-, 夾-.

片 15 【牆】⑲ 牆(1094)의 본자

片 部
4획 부수 | 조각편부

片 0 【片】④ ❶조각 편 國 piàn
❷절반 반 國 pàn

丿 丿' 广 片

[소전] 片 [초서] 片 [篆考] 대법원 지정 인명용 한자의 음은 '편'이다.
[字源] 指事. 나무의 한가운데를 세로로 자른 그 오른쪽 반의 모양을 나타낸 글자.
[字解] ❶①조각. ㉮나뭇조각. ㉯토막.〔南史〕乃破荻爲片, 縱橫以爲棊局. ②한쪽, 둘이 합하여 하나를 이루는 것 중의 한쪽.〔論語〕片言可以折獄者. ③납작한 조각.〔張祜·行〕輕將玉枝敲片석, 旋把金鞭約柳枝. ④눈·서리 따위의 조각. ㉰납작한 조각을 이루는 것을 세는 말.〔李白·歌〕長安一片月. ㉱싹을 세는 말.〔白居易·詩〕綠芽十片火前春. ④꾀. ⑤명함. ❷절반. =牉.〔莊子〕雌雄片合.
【片刻 편각】 짧은 시간. 잠시.
【片甲 편갑】 갑옷의 조각. 전쟁에 패한 병정.
【片薑 편강】 얇게 저며서 설탕에 조려 말린 생강.
【片道 편도】 오고 가는 길 가운데 어느 한쪽.
【片鱗 편린】 한 조각의 비늘. 사물의 극히 작은 한 부분.
【片辭 편사】 한마디 말. 토막말. 片言(편언).
【片响 편향】 잠시. 片刻(편각).
【片言折獄 편언절옥】 한마디 말로 송사의 시비를 가림.
【片影 편영】 ①조그마한 그림자. ②잠깐 보인 그림자.

【片雨 편우】 어느 한 곳에만 오는 비.
【片月 편월】 조각달. 眉月(미월).
【片肉 편육】 얇게 저민 수육.
【片楮 편저】 ①종잇조각. 紙片(지편). ②現간단한 편지. 寸楮(촌저).
【片箭 편전】 國아기살. 작고 짧은 화살.
【片舟 편주】 작은 배.
【片志 편지】 조그마한 정성. 자기의 정성을 겸손하게 이르는 말. 寸志(촌지).
【片紙 편지】 ①한 조각의 종이. ②서신(書信).
【片片 편편】 ①가볍게 나는 모양. ②여러 조각이 난 모양.
【片合 반합】 반이 합하여 하나가 됨. 부부가 되는 일.
◑ 斷-, 木-, 一-, 楮-, 鐵-, 破-, 花-.

片 4 【斨】⑧ 析(830)의 고자

片 4 【版】⑧ 널 판 國 bǎn

丿 丿' 广 片 斨 版 版

[소전] 版 [초서] 版 [字源] 形聲. 片+反→版. '片(편)'이 음을 나타낸다.
[字解] ①널. ㉮널빤지. ㉯담틀. 담을 쌓을 때, 흙을 양쪽에서 끼는 널빤지.〔詩經〕縮版以載. ㉰얇은 금석(金石) 조각. =鈑.〔周禮〕共其金版. ㉱수레의 가로 덮개의 널빤지, 널(棺)의 옆쪽 널빤지. ¶版築. ②책, 편지.〔管子〕修業不息版. ③이름표. 명부.〔周禮〕掌王宮之士庶子. 凡在版者. ④호적부.〔論語〕式負版者.〔集解〕孔安國曰, 負版, 持邦國圖籍者也. ⑤길이의 이름. 8척(尺)·6척·2척·1장(丈) 등의 길이. ⑥홀(笏).〔後漢書〕投版棄官而去. ⑦비뚤어지다, 어긋나다. ⑧판목(版木).
【版蓋 판개】 수레 덮개의 널빤지와 수레(車蓋).
【版權 판권】 저작권법에 의하여 도서 출판에 관한 이익을 독점하는 권리.
【版圖 판도】 ①호적(戶籍)과 지도(地圖). ②한 나라의 영토. ③세력이 미치는 범위.
【版牘 판독】 글씨를 쓰는 나뭇조각.
【版木 판목】 인쇄하기 위하여 글자나 그림을 새긴 널조각. 板木(판목).
【版位 판위】 ①궁정의 의식(儀式) 때, 군신(群臣)이 설 자리를 나타낸 표지. ②위패(位牌). 신위(神位).
【版尹 판윤】 호적을 맡은 벼슬.
【版籍 판적】 ①토지와 호적. 토지나 호적을 기록한 장부. ②토지와 백성. 영토(領土). ③서적. 板籍(판적).
【版築 판축】 ①담틀과 흙을 다지는 공이. ②담이나 성벽을 쌓아 올리는 공사.
【版版 판판】 사리에 어긋남. 바른 길을 잃음.
【版行 판행】 책을 출판하여 발행함.
◑ 刻-, 改-, 古-, 舊-, 銅-, 木-, 石-, 新-, 鉛-, 原-, 重-, 初-, 出-, 活-.

片部 5～10획 牉牊牋牎牋牒牎牌牐牎牒牏牔

片 5 【牉】⑨ 나눌 반 ⟨韻⟩ pàn
字解 ①나누다. 〔楚辭〕背膺牉以交痛兮. ②절반. ＝片. 〔儀禮〕夫婦牉合也.
【牉合 반합】반이 합하여 하나가 됨. 부부가 됨. 片合(반합).

片 5 【牊】⑨ 널 화 ⟨歐⟩ hé
字解 널, 관(棺).

片 6 【牋】⑩ 나눌 백 ⟨陌⟩ pò
字解 나누다, 쪼개다, 깨뜨리다.

片 8 【牎】⑫ 평고대 엄 ⟨琰⟩ yǎn
字解 평고대, 처마 끝에 가로놓이는 부재.

片 8 【牋】⑫ 장계 전 ⟨先⟩ jiān
초서 哕 고자 楺 통자 箋. 字解 ①장계(狀啓). 한위(漢魏)시대에는 천자(天子)·태자(太子)·제왕(諸王)·대신(大臣)에게 올리는 글을 총칭하였으나, 후대에 내려오면서 천자에게는 표(表), 제왕에게는 계(啓), 황후·태자에게는 전(牋)이라 하였다. 〔後漢書〕所著賦牋奏書, 凡五篇. ②편지, 문서. 〔晉書〕遣報慮, 奉牋於劉琨. ③종이. 〔侯鯖錄〕出小碧牋.
【牋檄 전격】여러 사람이 차례로 돌려 보는 글. 回章(회장). 回文(회문).
【牋啓 전계】상관에게 올리는 공문(公文).
【牋疏 전소】임금에게 올리는 글. 牋奏(전주).
【牋奏 전주】임금에게 올리는 글.
【牋翰 전한】종이와 붓.

片 8 【牋】⑫ 牒(1096)과 동자

片 8 【牎】⑫ 牎(1097)의 속자

片 8 【牌】⑫ 패 패 ⟨佳⟩ pái
초서 牌 字解 ①패. ㉮방(榜). 〔宋史〕眞宗爲玉石小牌二, 勒銘以戒飭之. ㉯명찰(名札). ¶門牌. ㉰시를 쓰는 패. 〔林逋詩〕張祜詩牌妙入神. ㉱공(功)을 새긴 패. 후세에〔楊愼詩〕功牌銀爍燁. ㉲간판.〔避戎嘉話〕懸一服藥牌子. ㉳부신(符信), 부절(符節). 당송(唐宋) 이후 역마를 타는 사람에게 주던 표.〔宋史〕唐有銀牌. ㉴포고문. ㉵공문서의 한 가지. ㉶화폐의 한 가지. ㉷위패. ㉸집 10호(戶)를 이르는 말.〔宋史〕保甲法, 置牌, 書戶數姓名. ㉹방패. 〔東京夢華錄〕蠻牌木刀. ⑨동아리, 같은 목적의 동아리.

【牌刀 패도】방패와 칼.
【牌榜 패방】내거는 표찰(標札). 간판(看板).
【牌子 패자】①표. 감찰(鑑札). ②간판. 상표. ③말을 모는 하인.
【牌旨 패지】國지위가 높은 사람이 낮은 사람에게 주는 공식 편지.
【牌招 패초】國왕명으로 승지(承旨)가 신하를 부르던 일.
● 骨—, 金—, 禁—, 銅—, 馬—, 木—, 門—, 旁—, 象—, 時—, 位—, 竹—, 招—, 標—.

片 9 【牐】⑬ 빗장 삽 ⟨洽⟩ zhá
초서 牐 字解 ①빗장, 성문을 잠그는 빗장. ¶牐版. ②나무로 만든 울타리. ③수문(水門).
【牐版 삽판】①적을 방어하는 문. ②수문(水門).

片 9 【牎】⑬ 窓(1288)과 동자

片 9 【牒】⑬ 글씨 판 첩 ⟨葉⟩ dié
소전 牒 초전 牒 동자 牒 字解 ①글씨 판. 문서를 적는 얇은 널빤지.〔春秋左氏傳〕右師不敢對, 受牒而退. ②계보(系譜).〔史記〕取之譜牒. ③공문서. 관청의 문서.〔唐書〕牒案塡委, 章程棼撓. ④이첩(移牒). 상관에게서 받은 공문을 다음 기관에 다시 알림.〔唐書〕凡京師台司, 有符移關牒下諸州者. ⑤사령, 임명서.〔漢書〕但以無階朝廷, 故隨牒在遠方. ⑥증명서.〔唐書〕納利錢受牒. ⑦상관에게 보내는 공문. ⑧國편지. ¶請牒狀. ④송사(訟辭), 소장(訴狀). ⑤맹세장. ⑥명부.〔後漢書〕其高第者, 上名牒. ⑦장부.〔晉書〕皆顯史牒, 傳之無窮. ⑧널, 널빤지. ⑨포개다. ≒疊.〔淮南子〕積牒旋石.
【牒報 첩보】서면(書面)으로 상관에게 하던 보고. 牒呈(첩정).
【牒訴 첩소】문서로 낸 소송(訴訟). 訴狀(소장).
【牒案 첩안】공문서(公文書).
【牒狀 첩장】여러 사람이 차례로 돌려 보도록 쓴 문서(文書).
【牒籍 첩적】책. 전적(典籍).
● 簡—, 戒—, 公—, 官—, 名—, 譜—, 符—, 簿—, 史—, 書—, 訟—, 案—, 請—, 通—.

片 9 【牏】⑬ 담틀 투·유 ⟨虞⟩ yú
소전 牏 字解 ①담틀. ②변기. 대소변을 받아 내는 그릇.〔史記〕取親中裙廁牏, 身自浣滌. ③땀받이.

片 10 【牔】⑭ 박공 박 ⟨藥⟩ bó
초서 牔 字解 박공(牔栱). 맞배지붕의 양쪽에 '八'자 모양으로 붙인 두꺼운 널빤지.

片部 10~15획 牓牖牕牏牘 牙部 0획 牙

片10 【牓】⑭ 패 방 ⓐ bǎng
〔字解〕 패. 늑榜. ㉮게시판. 〔杜甫·詩〕 天門日射黃金牓. ㉯액자, 액틀. 〔白居易·詩〕 寺門敎牓金字書.
【牓示 방시】 ①팻말 따위로 경계(境界)를 표시하는 일. ②게시(揭示)함.
【牓子 방자】 알현(謁見)하기 위하여 사유를 말하고 이름을 적어 내는 서찰(書札).

片11 【牖】⑮ 창 유 ⓐ yǒu
〔字解〕 ①창, 바라지. 〔老子〕 不窺牖以見天道. ②남쪽으로 난 창. 〔論語〕 自牖執其手. ③인도하다. 〔詩經〕 天之牖民. ④감옥, 교도소.
【牖迷 유미】 어리석은 사람을 가르쳐 일깨워 줌.
【牖民 유민】 백성을 착하게 인도함. 국민의 지혜를 계발함.
【牖戶 유호】 들창과 지게문. 출입문.
◐ 閨-, 房-, 星-, 窓-, 扁-, 穴-, 戶-.

片11 【牕】⑮ 窓(1292)과 동자

片13 【牏】⑰ 평고대 첨 ⓐ chàn
〔字解〕 평고대. 처마 끝에 가로놓이는 부재.

片15 【牘】⑲ 편지 독 ⓐ dú
〔字解〕 ①편지. 〔史記〕 緹縈通上牘. ②나무조각, 글자를 쓴 나무조각. 〔漢書〕 持牘趨謁. ③책, 문서. 〔後漢書〕 所見篇牘, 一覽多能誦記. ④공문. ⑤악기 이름. 대나무로 만들어 양쪽 끝에 구멍을 뚫고, 땅에 두드려 소리를 낸다.
【牘背 독배】 문서의 뒷면.
【牘書 독서】 ①문서(文書). ②편지.
【牘箋 독전】 시문(詩文)을 쓰는 종이. 편지지.
◐ 簡-, 文-, 書-, 案-, 尺-, 篇-, 翰-.

牙 部

4획 부수 | 어금니아부

牙0 【牙】④ ❶어금니 아 ⓐ yá ❷바퀴 테 아 ⓐ yà

一 二 于 牙

〔字源〕 象形. 입을 다물었을 때 아래위의 어금니가 맞닿은 모양을 본뜬 글자.

〔字解〕 ❶어금니. ㉮어금니. ㉯송곳니. 〔楚辭〕 齰輔奇牙, 宜笑嫣只. ㉰이의 총칭. ¶齒牙. ㉱동물의 입 밖에까지 나온 이. 〔易經〕 豶豕之牙. ㉲동물의 날카로운 이. 〔易林〕 虎聚磨牙. ㉳무기(武器), 병기. 〔北史〕 切齒磨牙. ②도와서 지켜 주는 물건. 〔詩經〕 予王之爪牙. ③깨물다. 〔戰國策〕 投之一骨, 輕起相牙. ④이를 갈다. 〔法言〕 始皇方獵六國, 而剪牙欷. ⑤말뚝, 돼지를 매는 말뚝. ⑥천자나 대장이 세우는 기. ¶牙旗. ⑦본진(本陣), 아기(牙旗)가 서 있는 곳. 〔舊唐書〕 頡利驚擾, 因徙牙于磧口. ⑧거간꾼. 〔品字箋〕 儈, 會也, 牙儈, 以齒牙而會合市中之交易者. ⑨이처럼 생긴 물건. ㉮종을 매다는 가름대 나무에서 톱니 모양이 새겨진 것. 〔詩經〕 崇牙樹羽. ㉯패옥(佩玉)의 한 가지. ㉰돌 쇠뇌의 시위를 매는 곳. ¶弩牙. ㉱이 모양을 새긴 옥(玉)의 병부(兵符). ⑩관아(官衙). ¶牙門. ⑪곧지 아니하다. ¶觺牙. ⑫싹트다. 늑芽. 〔漢書〕 霍氏有事萌牙. ⑬성(姓). ❷바퀴의 테. 〔周禮〕 牙也者, 以爲固抱也.
【牙距 아거】 어금니와 며느리발톱. ㉠글씨가 힘참. ㉡무력(武力)으로 도움.
【牙關 아관】 ①턱뼈. 악골(顎骨). ②어금니.
【牙旗 아기】 임금 또는 대장군의 기. 깃대의 끝을 상아(象牙)로 장식하였음. 牙幢(아당). 牙纛(아도).
【牙輪 아륜】 國톱니바퀴.
【牙門 아문】 ①아기(牙旗)를 세운 문. 본진(本陣)의 문. 대장군의 진영. 牙營(아영). ②관아(官衙). 衙門(아문).
【牙兵 아병】 대장 휘하에 있는 군사.
【牙船 아선】 대장군(大將軍)이 탄 배.
【牙城 아성】 ①아기를 세운 주장(主將)이 있는 성. ②조직·단체 등의 중심이 되는 곳.
【牙牙 아아】 ①여자 아이의 귀여운 소리. ②어린아이가 말을 배우는 소리.
【牙欸 아애】 이를 갈며 분해함.
【牙營 아영】 아기(牙旗)를 세운 대장군의 진영.
【牙帳 아장】 대장군의 진영에 친 장막.
【牙璋 아장】 군사를 동원할 때 쓰던 병부(兵符).
【牙檣錦纜 아장금람】 상아로 만든 돛대와 비단으로 만든 닻줄. 화려한 배.
【牙錢 아전】 중매인(仲買人)이 받는 수수료. 구전(口錢). 구문(口文).
【牙爪 아조】 ①짐승의 엄니와 발톱. ②방위(防衛)의 도구. ③앞잡이 노릇을 하는 사람. 爪牙(조아).
【牙籌 아주】 상아로 만든 주판.
【牙籤 아첨】 상아로 만든, 표제(標題)를 적은 꼬리표.
【牙儈 아쾌】 물건의 흥정을 붙이는 사람. 거간꾼. 중매인(仲買人). 牙郞(아랑).
【牙婆 아파】 國방물장수.
【牙牌 아패】 國상아로 만든 호패(號牌). 이품(二品) 이상의 문무관이 지님.
◐ 倨-, 鋸-, 弩-, 大-, 挑-, 毒-, 磨-, 萌-, 輔-, 象-, 崇-, 觺-, 爪-, 齒-.

牙部 8획 撑 牛部 0~2획 牛 牟

【撑】⑫ 버팀목 탱 本당 欧 chēng
撑 字解 ①버팀. =樘. ②버티다. 〔後漢書〕尸骸相撑拒.
【撑拒 탱거】버팀.

牛 部

4획 부수 | 소우부

【牛】④ 소 우 囻 niú

', 一 仁 牛

半 半 叅考 '牛'가 한자의 구성에서 변에 쓰일 때는 글자 모양이 '牜'으로 바뀌고, '소우변'이라 부른다.
字源 象形. 머리와 두 뿔이 솟고, 꼬리를 늘어뜨리고 있는 소의 모양을 본뜬 글자.
字解 ①소. 〔論語〕割鷄焉用牛刀. ②무릎쓰다. 〔史記〕牛者冒也, 言地雖凍, 能冒而生也. ③별 이름, 견우성. 〔晉書〕斗牛之間. ④희생. 〔大戴禮〕諸侯之祭, 牲牛曰太牢.
【牛角 우각】①쇠뿔. ②(佛)역량에 우열이 없음. ✓소의 양쪽 뿔이 똑같은 데서 온 말.
【牛角掛書 우각괘서】힘써 공부함. 故事 당(唐)나라의 이밀(李密)이 쇠뿔에 한서(漢書) 한 질(帙)을 걸고 소를 타고 가면서 독서하였다는 데서 온 말.
【牛角莎 우각사】무덤의 뒷면에서 좌우로 반원형의 흙을 쌓고 떼를 심은 곳.
【牛車 ❶우거 ❷우차】❶소가 끄는 수레. ❷소가 끄는 짐수레. 달구지.
【牛耕 우경】소를 부려 밭을 갊.
【牛鬼 우귀】머리가 소 모양인 괴물. 얼굴이 흉한 사람.
【牛禁 우금】國소를 잡는 것을 금함.
【牛驥同皁 우기동조】느린 소와 하루에 천 리를 달리는 준마(駿馬)가 한 마굿간에 매어 있음. 불초(不肖)한 사람과 현인(賢人)이 같은 대우를 받음. ✓'皁'는 마판. 牛驥一皁(우기일조).
【牛女 우녀】견우성(牽牛星)과 직녀성(織女星).
【牛膽 우담】소의 쓸개.
【牛桃 우도】앵두나무의 딴 이름.
【牛刀割鷄 우도할계】소 잡는 칼로 닭을 잡음. 큰일을 할 재능을 작은 일에 씀.
【牛頭阿旁 우두아방】(佛)쇠머리에 사람의 몸을 한 지옥의 옥졸(獄卒). 음흉하고 사악한 사람. 牛首阿旁(우수아방).
【牛郞 우랑】①소를 먹이는 목동. 牛童(우동). ②견우성(牽牛星).
【牛李 우리】國갈매나무.
【牛馬走 우마주】①마소를 부리는 종. ②자기의 겸칭(謙稱). ✓'走'는 '僕'이 '종'을 뜻함.

【牛馬之域 우마지역】①외양간. ②남을 경멸하는 말.
【牛眠地 우면지】썩 좋은 묏자리. 故事 진(晉)나라 도간(陶侃)이 도인(道人)의 말대로 소가 잠자고 있는 집 앞 언덕에 아버지를 장사 지내고 높은 벼슬을 하였다는 고사에서 온 말.
【牛毛 우모】소의 털. 쇠털. ⑦매우 많음. ⓒ법령(法令)이 세밀함. ✓⑦몹시 가늚. 몹시 작음.
【牛步 우보】소의 걸음. ⑦느린 걸음. ⓒ일의 진도가 느림.
【牛腹 우복】소의 배. 배가 불룩함.
【牛溲馬勃 우수마발】소의 오줌과 말의 똥. 쓸모없는 물건.
【牛贖 우속】國우금(牛禁)을 어긴 사람이 돈을 내고 형벌을 면하던 일.
【牛王 우왕】소의 귀신.
【牛往馬往 우왕마왕】國소가 가고 말이 다닌 곳을 다 다님. 온갖 곳을 다 다님.
【牛飮 우음】소가 물을 마심. 술을 많이 마심.
【牛衣 우의】덕석. 말이나 소의 등에 씌우는 거적.
【牛醫 우의】소의 병을 고치는 의원.
【牛耳 우이】①소의 귀. 쇠귀. ②우두머리. 맹주(盟主). 故事 제후(諸侯)들이 모여서 맹세할 때 희생이 되는 소의 왼쪽 귀를 베어 그 피를 받아 마셨는데, 이때 맹주가 쇠귀를 잡았다는 데서 온 말.

〈牛衣〉

【牛耳讀經 우이독경】國쇠귀에 경 읽기. 어리석은 사람에게는 아무리 가르쳐도 알아듣지 못하여 소용없음.
【牛蹄魚 우제어】소의 발자국에 괸 물에서 노는 물고기. 죽음이 임박함.
【牛黃 우황】소의 쓸개에 생긴 담석(膽石). 약재로 쓰임.
【牛後 우후】소의 엉덩이. 권세 있는 사람에게 붙어 있는 처지.
▷ 牽─, 耕─, 農─, 童─, 斗─, 肥─, 犀─, 小─, 水─, 野─, 犁─, 鬪─, 汗─, 犧─.

牛 2【牟】⑥ ❶소 우는 소리 모 囻 móu ❷어두울 무 甬 mào
牟 牟 叅考 대법원 지정 인명용 한자의 음은 '모'이다.
字源 象形. 소가 울 때 그 기운이 입에서 나오는 것을 본뜬 글자. 'ㅿ'가 그 소리의 기운을 본뜬 것이다.
字解 ❶①소가 우는 소리. 〔柳宗元·賦〕牟然而鳴. ②탐하다. 탐내다. 빼앗다. 〔漢書〕如я富商大賈, 亡所牟大利. ③범하다. 〔漢書〕侵牟萬民. ④같다. 늑侔. 〔漢書〕德牟往初. ⑤더하다, 갑절하다. 〔楚辭〕成梟而牟, 呼五白些. ⑥많다. 〔淮南子〕毋或侵牟. ⑦크다. 〔呂氏春秋〕牟而難知. ⑧가리다, 덮다. 늑冒. ⑨보리. 늑麰. 〔詩經〕貽我來牟. ⑩투구. 늑鍪. 〔後

書] 쏙눈. ⑪눈동자. 늑眸. 〔荀子〕堯舜參牟子. ⑫제기(祭器). 기장 등을 담는 제기. 〔禮記〕敦牟巵匜. ⑬나아가다. ⑭성(姓). ❷어둡다. =務. 〔荀子〕舉牟光.
【牟尼 모니】〔佛〕적묵(寂默)·성자(聖者)의 뜻. 주로 석가모니(釋迦牟尼)를 이름. ◎범어(梵語) 'muni'의 음역어.
【牟利 모리】이익만을 꾀함. 謀利(모리).
【牟食 모식】①음식을 걸신들린 듯이 먹음. ②일하지 않고 먹음.
【牟然 모연】소가 우는 소리.
【牟子 모자】①눈동자. ②眸子(모자).
◉蓋-, 盧-, 敦-, 兜-, 鐵-, 侵-.

牛2 【牝】⑥ 암컷 빈 ⓑ pìn

〔字解〕①암컷. 보통 새는 '雌雄(자웅)', 짐승은 '牝牡(빈모)'라고 한다. 〔書經〕牝雞無晨. ②음(陰). 양(陽)의 상대적 성(性). 〔太玄經〕牝貞常慈. ③골짜기. 〔韓愈·詩〕有似黃金擲虛牝. ④자물쇠. 열쇠는 '牡'에 해당한다.
【牝鷄司晨 빈계사신】새벽에 암닭이 욺. 아내가 남편을 젖혀 놓고 집안일을 맡아봄. 牝鷄之晨(빈계지신).
【牝馬之貞 빈마지정】암말의 유순한 덕. 유순한 덕으로 힘든 일을 잘 참아서 성공함.
【牝牡 빈모】①암컷과 수컷. ②별의 위치. 금성(金星)이 남쪽에 있고, 목성(木星)이 북쪽에 있는 위치.
【牝服 빈복】①수레에서 사람이 타거나 짐을 두는 곳. ②수레의 거상(車箱) 양쪽에 가로로 댄 나무.
【牝牛 빈우】암소.
【牝朝 빈조】당(唐)의 측천무후(則天武后)의 조정. ◎무후가 여자의 몸으로 국정을 전단(專斷)한 데서 온 말.
◉牡-, 牧-, 晨-, 游-, 雌-, 蓄-, 玄-.

牛3 【牢】⑦

❶우리 뢰 ⓑ로 ⓟ láo
❷깎을 루 ⓩ lóu
❸에워쌀 루 ⓒ
❹약탈할 로 ⓙ láo

〔소전〕 〔초서〕 〔參考〕대법원 지정 인명용 한자의 음은 '뢰'이다.
〔字源〕會意. 牛+㝱→㝱→牢. 소〔牛〕나 말이 갇혀 있는〔㝱〕 '우리'라는 뜻을 나타낸다.
〔字解〕❶①우리, 마소나 돼지 등 가축을 기르는 곳. 〔周禮〕繫為牢. ②둘러싸다, 속에 넣다. 〔荀子〕牢牢天下. ③옥, 감옥. 〔史記〕赤帝行德, 天牢爲之空. ④녹(祿), 녹미(祿米). 〔史記〕官奧牢盆. ⑤品삯. 〔史記·官奧牢盆·注〕索隱曰, 蘇林云, 牢, 價直也, 今代人言雇手牢盆. ⑥희생. 소·양·돼지의 세 희생. 〔周禮〕共其牢禮積膳之牛. ⑦굳다, 견고하다. 〔史記〕欲連固根本牢甚. ⑧정조·지조 등을 굳게 지키다. 〔晉書〕陸以牢牢太過耳. ⑨불만이 마음에 답답

하다. ⑩근심하다, 시름없다. 〔劉克莊·詩〕牢愁 余髮五分白. ⑪어그러지다. 〔馬融·賦〕牢刺拂戾. ⑫사물의 모양. 〔白居易·詩〕牢落雨成空. ⑬성(姓). ❷깎다. 〔儀禮〕牢中旁寸. ❸에워싸다. 〔淮南子〕牢籠天地. ❹약탈하다. 〔後漢書〕縱放兵士, 突其廬舍, 淫略婦女, 剽盜資物, 謂之搜牢.
【牢却 뢰각】부탁·선물 따위를 굳이 물리침.
【牢拒 뢰거】굳이 거절함.
【牢堅 뢰견】굳음. 단단함. 牢固(뢰고).
【牢固 뢰고】튼튼하고 단단함. 牢堅(뢰견).
【牢落 뢰락】①성긴 모양. 드문드문한 모양. ②적막한 모양. 쓸쓸한 모양. ③널찍한 모양. 두서없는 모양.
【牢刺 뢰랄】어그러짐.
【牢良 뢰량】튼튼한 수레와 좋은 말.
【牢禮 뢰례】희생(犧牲)을 잡아 빈객을 대접하는 예(禮).
【牢籠 ❶뢰롱 ❷누롱】❶남을 마음대로 부림. 수중에 넣어 마음대로 놀림. 籠絡(농락). ❷하나로 묶음. 일괄(一括)함.
【牢廩 뢰름】녹미(祿米).
【牢盆 뢰분】녹미(祿米)와 소금을 굽는 그릇.
【牢不可破 뢰불가파】견고하여 좀처럼 깨어지지 않음.
【牢死 뢰사】감옥에서 죽음. 獄死(옥사).
【牢賞 뢰상】관에서 상으로 주는 쌀.
【牢牲 뢰생】천지신명이나 묘사(廟祀)에 제사 지낼 때 바치는 산 짐승. 犧牲(희생).
【牢愁 뢰수】근심함. 걱정함. 마음을 태움.
【牢獄 뢰옥】감옥(監獄). 牢檻(뢰함).
【牢肉 뢰육】소·양·돼지의 세 가지 희생물.
◉堅-, 圈-, 牲-, 少-, 獄-, 中-, 太-.

牛3 【牡】⑦ 수컷 모 ⓑ무 ⓟ mǔ

〔소전〕牡 〔초서〕牡 〔字解〕①수컷. 보통 날짐승은 웅(雄), 길짐승은 모(牡)라고 한다. 〔詩經〕雉鳴求其牡. ②양(陽). 음(陰)에 상대되는 성(性). 〔太玄經〕牝牡群貞. ③왼쪽. 〔國語〕凡陳之道, 設右以爲牝, 益左以爲牡. ④언덕. 〔大戴禮〕邱陵爲牡. ⑤열쇠. 〔漢書〕門牡自亡.
【牡牝 모빈】수컷과 암컷. 牝牡(빈모).
【牡鑰 모약】①빗장. 빗장과 자물쇠. ②자물쇠를 잠금.
【牡瓦 모와】수키와. 엎어 이는 기와. 童瓦(동와). 夫瓦(부와).
【牡牛 모우】수소.
【牡蛤 모합】굴의 딴 이름.
◉關-, 廣-, 門-, 肥-, 牝-, 乘-.

牛3 【牣】⑦ 찰 인 ⓘ rèn

〔소전〕牣 〔초서〕牣 〔字解〕①차다. ㉮충만하다. 〔詩經〕於牣魚躍. ㉯살지다, 소가 살지다, 살찌다. ②더하다. 〔玉篇〕

牛部 4획 牦 牧 物

物, 益也. ③막다. 〔小爾雅〕牣, 塞也. ④질기다. 〔呂氏春秋〕白所以爲堅也, 黃所以爲牣也.

【牦】⑧ 소 모 [모] máo
牦 [字解] 소. 모양이 물소(水牛)를 닮았으며 큰 꼬리를 가진, 중국 서북부 일대에 사는 들소.

【牧】⑧ 칠 목 [목] mù

丿 ㄣ 丬 牛 牜 攵 牧 牧

[소전] 牧 [초서] 牧 [字解] 會意. 牛＋攴→牧. 손에 막대기를 들고 소〔牛〕를 친다〔攵〕는 뜻을 나타낸다.
[字解] ①치다. 마소를 놓아기르다. 〔周禮〕牧六畜. ②마소를 치는 사람. 〔春秋左氏傳〕馬有圉, 牛有牧. ③목장. 〔國語〕國有郊牧. ④기르다. 〔易經〕君子卑以自牧也. ⑤성 밖, 교외. 방목할 만한 곳을 뜻한다. ⑥다스리다. 〔荀子〕請牧基. ⑦벼슬 이름. ㉮지방의 장관. 〔書經〕宅乃牧. ㉯전답을 맡아보는 관리. 〔詩經〕自牧歸荑. ㉰배를 맡아보는 관리. 〔記〕命舟牧覆舟. ⑧법, 법도. 〔逸周書〕爲天下者用牧. ⑨농토〔農土〕의 경계를 정하다. 〔周禮〕經牧其田野. ⑩[國]목, 지방 행정 구역의 이름. 〔高麗史〕外有牧府州縣.
【牧歌 목가】①목동이 부르는 노래. ②전원시〔田園詩〕의 한 가지. 목인(牧人)이나 농부의 생활을 주제로 한 시가.
【牧童 목동】마소나 양을 치는 아이.
【牧民 목민】백성을 다스림.
【牧民官 목민관】백성을 다스려 기르는 벼슬아치. 지방 장관.
【牧伯 목백】태수(太守)나 자사(刺史) 등의 지방 장관. 주목(州牧)·방백(方伯)을 함께 이름.
【牧夫 목부】①말·소·양 따위를 기르는 사람. ②목민(牧民)의 벼슬.
【牧司 목사】①지방 장관. 牧民官(목민관). ②단속함. 일을 맡아봄.
【牧使 목사】관찰사 아래에서 지방의 각 목(牧)을 다스리던 벼슬.
【牧師 목사】교회나 교구를 관리하고 신자를 지도하는 성직자.
【牧守 목수】지방 장관. 牧司(목사).
【牧野 목야】목장(牧場).
【牧圉 목어】①마소를 기름. ◯'牧'은 소를 기름, '圉'는 말을 기름. ②목장(牧場).
【牧牛 목우】소를 기름.
【牧豬奴戱 목저노희】돼지를 치는 사람이 하는 천한 놀이. 도박(賭博).
【牧田 목전】말·소·양·닭·개·돼지 등 여섯 종류의 가축을 기르는 곳. 목장.
【牧草 목초】가축에게 먹이는 풀.
【牧畜 목축】가축을 기름.
◐ 民-, 放-, 遊-, 州-, 樵-, 畜-.

【物】⑧ 만물 물 [物] wù

丿 ㄣ 丬 牛 牜 牞 牣 物 物

[소전] 物 [초서] 物 [字源] 形聲. 牛＋勿→物. '勿(물)'이 음을 나타낸다.
[字解] ①만물. 천지 사이에 존재하는 온갖 물건. 〔易經〕品物流行. ②일. 〔周禮〕以鄕三物, 敎萬民. ③무리, 종류. 〔春秋左氏傳〕是其生也, 與吾同物. ④재물. 〔周禮〕辨其物. ⑤보다, 살펴보다. ≒眒. 〔周禮〕物其地, 圖而授之. ⑥견주다. 〔周禮〕物馬而頒之. ⑦죽다. 〔史記〕其心冀幸承相物故也. ⑧직업(職業). 〔春秋左氏傳〕失舊物. ⑨기(旗)의 이름. 주대(周代)에 대부(大夫)나 사(士)가 세우던 기. 〔周禮〕雜帛爲物. ⑩활을 쏠 때 서는 자리. 〔儀禮〕物長如笴. ⑪이름을 붙이다. 〔國語〕物乃不方. ⑫권세(權勢). 〔春秋左氏傳〕用物精多. ⑬기호(記號), 표지(標識). 〔春秋左氏傳〕叔孫氏之甲, 吾未敢有物以出.
【物價 물가】물건 값.
【物各有主 물각유주】물건에는 제각기 주인이 있음.
【物件 물건】일정한 형체를 갖춘 모든 물질.
【物故 물고】①사람이 죽는 일. 物化(물화). ②사고(事故).
【物故狀 물고장】㉠죄인을 처형하고 보고하는 서장(書狀).
【物極則反 물극즉반】만물은 극(極)에 달하면 다시 처음으로 돌아감.
【物力 물력】①물건의 힘. ②물건을 생산하는 힘. ③사용 가능한 온갖 물자와 노력.
【物論 물론】세간(世間)의 평판.
【物累 물루】세상에 얽매인 여러 가지 관계.
【物類相感 물류상감】동류(同類)의 것은 서로 감응함.
【物望 물망】여러 사람이 우러러보는 명망.
【物微志信 물미지신】새나 벌레와 같은 미물도 신의가 있음.
【物薄情厚 물박정후】사람과의 사귐에서 선물이나 대접은 변변하지 않다 하더라도 정의(情誼)만은 두터이 함.
【物象 물상】①물체의 형상. 物像(물상). ②자연의 풍경.
【物色 물색】①물건의 모양이나 빛깔. ②어떤 기준에 맞는 사람이나 물건을 고름. ③동물의 털 빛깔. ④모양. 모습. ⑤풍경(風景).
【物數 물수】만물의 이치.
【物我 물아】①물건과 나. ②외물(外物)과 자아. ③객관과 주관.
【物役 물역】외물에 부림을 당함.
【物外 물외】물질에 얽매이지 않는 세계. 속세를 벗어난 곳. 物表(물표).
【物議 물의】여러 사람의 논의. 세상의 평판.
【物壯則老 물장즉로】세상의 모든 것이 성하면 반드시 쇠해짐.
【物情 물정】①어떤 사물의 실정. ②세상의 인

牛部 5~6획　柯牯牲牴牮牠牦牸牷特

심. 세상 돌아가는 형편.
【物主 물주】①물품의 주인. ②國㉠공사판 등에서 밑천을 대는 사람. ㉡노름판에서 아기패를 상대로 승부를 겨루는 사람.
【物證 물증】증거가 되는 물건의 존재나 상태.
【物質 물질】①물건의 본바탕. ②재물. ③공간을 차지하고 질량이 있는 물건.
【物則 물칙】사물의 법칙.
【物化 물화】①사물이 변화하는 일. 만물이 변화하는 모습. ②사람의 죽음.
【物華 물화】①물건의 빛. 보물 따위의 정채(精彩). ②경치. 풍경.
【物換星移 물환성이】사물은 바뀌고 세월은 흘러감. 세월 따라 세상도 바뀌고 풍경도 바뀜.
【物候 물후】만물이 철에 따라 나타나고 찾아드는. 氣候物(기후풍물).

◐傑一, 格一, 古一, 官一, 鑛一, 怪一, 貴一, 禁一, 賂一, 動一, 萬一, 賣一, 名一, 文一, 微一, 博一, 寶一, 私一, 賜一, 產一, 生一, 庶一, 俗一, 植一, 魚一, 御一, 英一, 靈一, 禮一, 外一, 遺一, 人一, 臟一, 財一, 鑄一, 廢一, 風一, 荷一, 海一.

牛5【柯】⑨ 땅 이름 가 國　kē
동자 枂　字解 땅 이름.

牛5【牯】⑨ 암소 고 國　gǔ
字解 ①암소. ②거세(去勢)한 수소.

牛5【牲】⑨ 희생 생 庚　shēng
소전 牲 초서 牲 字解 ①희생, 통째로 제사에 쓰는 소. 기를 때는 '畜(축)'이라 하고, 제사에 쓸 때는 '牲'이라 한다. 〔經經〕日用三牲之養. ②제사에 쓰거나 먹는 가축의 통칭.
【牲犢 생독】희생으로 쓰는 송아지.
【牲醴 생례】희생과 예주(醴酒). 牲酒(생주).
【牲牢 생뢰】제물(祭物)로 바치는 산 짐승. 犧牲(희생).
【牲殺 생살】제물로 쓰는 짐승.
【牲幣 생폐】희생과 폐백(幣帛).
【牲骰 생효】뼈를 바른 고기와 뼈를 바르지 않은 고기.

◐牢一, 三一, 野一, 玉一, 特一, 犧一.

牛5【牴】⑨ ❶닿을 저 齊　dǐ
❷숫양 저 薺　dǐ
소전 牴 초서 牴 字解 ❶①닿다, 부딪치다. 〔揚雄·賦〕犀兕之牴觸. ②만나다. ③대략. ❷숫양. ≒羝.
【牴牾 저오】어긋남. 엇갈림. 서로 맞지 않음. 抵捂(저오). 抵牾(저오).
◐角一, 觳一, 大一, 相一.

牛5【牮】⑨ 버팀목 천 國　jiàn
字解 ①버팀목. 기운 집을 버티는 나무. ②보(洑). 둑을 쌓아 흘러가는 물을 잡아 두는 곳.

牛5【牠】⑨ 뿔 없는 소 타 國　kē
동자 牦　字解 뿔이 없는 소.

牛5【牦】⑨ 牠(1101)와 동자

牛6【牸】⑩ 암컷 자 寘　zì
字解 ①암컷. 축류(畜類) 암컷의 총칭. 〔孔叢子〕子欲速富, 當畜五牸. ②암소.

牛6【牷】⑩ 희생 전 先　quán
소전 牷 字解 ①희생. ㉠소의 털이 단색(單色)인 것. ㉡몸이 온전한 것. 〔書經〕擢犧神祗之犧牷牲. ㉢털이 단색이며 몸이 온전한 것. 〔春秋左氏傳〕牲牷肥腯. ②온전하다. ≒全.
【牷物 전물】털빛이 단색이고 몸이 온전한 희생.
【牷犧 전희】희생(犧牲).

牛6【特】⑩ 수컷 특 職　tè
丿 𠂉 牜 牜 牜 牸 牸 特 特
소전 犗 초서 牡 字源 形聲. 牛+寺→特. '寺(사)'가 음을 나타낸다.
字解 ①수컷. ㉠수소. 〔魏志〕以特牛祠中嶽. ㉡수말. 〔周禮〕凡馬特居四之一. ②세 살이나 네 살 난 짐승. ③한 마리의 희생. 〔國語〕子其爲我, 具特羊之饗. ④홀로, 하나. ⑤하나하나. 〔周禮〕孤卿特揖. ⑥짝, 배필. 〔詩經〕求爾新特. ⑦뛰어나다. ㉠뛰어난 사람. 〔詩經〕百夫之特. ㉡유달리 무성한 모〔苗〕. 〔詩經〕有菀其特. ⑧달리하다. 〔荀子〕天下之人, 唯各意특哉. ⑨특히, 특별히. 〔莊子〕乃今以久特聞. ⑩다만. 〔呂氏春秋〕豈特宮室哉. ⑪말발굽 소리. ¶特特(41)'와 거의 같게 쓴다.
【特磬 특경】경쇠의 한 가지로, 풍류를 그칠 때 치는 아악기(雅樂器). 편경(編磬)보다 큼.
【特權 특권】특정한 사람에게 주어지는 특별한 권리.
【特勤 특근】國정상 근무 시간 외에 특별히 더하는 근무.
【特技 특기】특별한 기능이나 기술.

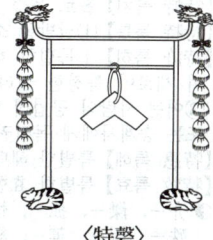
〈特磬〉

【特起 특기】①홀로 여럿 중에서 빼어남. ②혼자서 일어섬.
【特達 특달】①선물을 보낼 때 다른 물건을 끼우지 않고 그 선물만을 보냄. ②여럿 중에서 특별히 뛰어남. 特秀(특수).
【特立 특립】①남에게 의지하지 않고 홀로 섬. 獨立(독립). ②특별히 뛰어남.
【特立獨行 특립독행】세속을 따르지 않고 오로지 믿는 바에 따라 행동함. 남에게 굴종하지 않고 소신을 수행함.
【特免 특면】특별히 용서함. ②특별히 면제함.
【特廟 특묘】본 사당 외에 따로 세운 사당. 첩(妾)의 신주를 모셔 놓은 사당.
【特別 특별】①보통과 다름. ②보통보다 훨씬 뛰어남.
【特赦 특사】①특별히 용서함. 特宥(특유). ②특별히 사면함. 복역 중인 특정한 죄인에게 형의 집행을 면제하는 일.
【特賜 특사】임금이 신하에게 특별히 줌.
【特色 특색】다른 것과 견주어 특히 다른 점.
【特牲 특생】제사에 쓰는 희생(犧牲). ㉠한 마리의 소. ㉡한 마리의 돼지.
【特殊 특수】보통과 다름. 特異(특이).
【特勝 특승】유달리 뛰어남.
【特約 특약】특별한 조건을 붙인 약속.
【特羊 특양】희생으로 쓰는 한 마리의 양.
【特牛 특우】①수소. 황소. 牡牛(모우). ②희생으로 쓰는 한 마리의 소.
【特宥 특유】특별히 용서함. 特赦(특사).
【特有 특유】그것만이 특별히 가지고 있음.
【特揖 특읍】일일이 인사함. 🔍'揖'은 공수(拱手)하여 상하나 좌우로 하는 예.
【特異 특이】특별히 다름.
【特典 특전】①특별한 은전(恩典). ②특별한 대우. ③특별히 행하는 의식.
【特定 특정】특별히 지정함.
【特操 특조】홀로 굳게 지키는 절개.
【特舟 특주】한 척의 배. 單船(단선).
【特支 특지】송(宋)나라 때에 관에서 내리던 특별한 상여(賞與).
【特旨 특지】①특별한 취지. ②특별한 왕지(王旨). 特敎(특교).
【特地 특지】특히. 특별히. 🔍'地'는 조자.
【特質 특질】특별한 성질이나 기질.
1102 【特徵 특징】①특별히 눈에 띄는 표적. 特長(특장). ②특별한 우대.
【特出 특출】특별히 뛰어남. 유달리 높음.
【特峙 특치】홀로 우뚝 솟음.
【特特 특특】①말발굽 소리. ②일부러. 특별히.
【特許 특허】①특별히 허락함. ②특정인을 위하여 새로이 특정한 권리를 설정하는 행정 행위. ③어떤 사람의 공업적 발명품에 대하여 그 사람 또는 승계자에게 독점권을 부여하는 행정 행위.
【特惠 특혜】특별한 혜택.
【特效 특효】특별한 효험.
◑ 介－, 傑－, 孤－, 怪－, 奇－, 獨－, 秀－, 殊－, 新－, 英－, 絕－, 挺－.

牛 7 **【牽】** ⑪ 끌 **견** 先 qiān

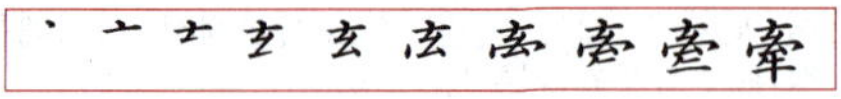

소전  초서  고자 撁 간체 牵 字源 形聲. 玄+冖+牛→牽. '冖'가 고삐를 나타내고, '牛'가 뜻을, '玄(현)'이 음을 나타낸다.

字解 **①끌다.** ㉮끌고 가다.〔易經〕牽羊悔亡. ㉯끌어당기다.〔戰國策〕鉤不能牽. ㉰거느리다.〔春秋左氏傳〕牽師老夫, 以至於此. ㉱만류하다.〔晉書〕留牽攸船, 不得進. ㉲강요하다.〔禮記〕君子敎喩也, 道而弗牽. ㉳활시위를 켕기다. **②거리끼다,** 구애되다.〔史記〕學者牽於所聞. **③매이다.**〔張衡·賦〕此牽乎天者也. **④이어지다.**〔易經〕九二, 牽復, 吉. **⑤줄,** 물건을 매어 끄는 줄.〔獨斷〕施牽其外. **⑥희생(犧牲),** 끌려가는 동물.〔春秋左氏傳〕惟是脯資餼牽竭矣. **⑦별 이름.**〔史記〕今昔壬子, 宿在牽牛.
【牽強 견강】억지로 끌어당김. 도리에 맞지 않는 일을 도리인 것처럼 말함.
【牽強附會 견강부회】이치에 맞지 않는 말을 억지로 끌어 붙여 자기에게 유리하게 함.
【牽纜 견람】닻줄을 끌어당김.
【牽連 견련】관련(關聯)함. 죽 이어짐.
【牽攣 견련】끎. 관계됨.
【牽絲 견사】①실을 끎. ②처음으로 벼슬함. 🔍인끈을 잡는다는 데서 온 말.
【牽絲之幸 견사지행】혼인을 정함. 故事 당대(唐代)에 곽원진(郭元振)이 재상(宰相) 장가정(張嘉貞)의 신임을 얻어 사위되어 주기를 요청받자, 그의 딸 다섯에게 각각 실을 잡고 늘어서게 한 다음 그 가운데 실 하나를 잡아당겨, 의중에 있던 셋째 딸과 혼인하였다는 고사에서 온 말.
【牽帥 견솔】거느림. 인솔함.
【牽曳 견예】끎. 끌어당김.
【牽牛 견우】①소를 끎. ②견우성(牽牛星). ③견우화(牽牛花). 나팔꽃.
【牽引 견인】끌어당김.
【牽制 견제】①붙들어 놓고 자유를 속박함. 牽掣(견철). ②적을 자기가 바라는 곳으로 끌어들이거나, 그곳에 붙들어 놓는 일. ③마음에 걸림. 구애됨.
◑ 拘－, 羈－, 挽－, 連－, 引－.

牛 7 **【牼】** ⑪ 정강이뼈 **경** 庚 kēng

소전  字解 **정강이뼈,** 소의 정강이뼈.

牛 7 **【牿】** ⑪ 우리 **곡** 沃 gù

소전  초서  字解 **①우리.** 마소를 기르는 곳. **②우마를 우리에 넣어 기르다.**〔書經〕今惟淫舍牿牛馬. **③쇠뿔에 가로 댄 나무.** 사람이 다치는 것을 막는다.

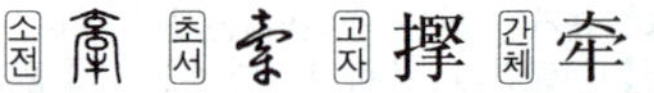

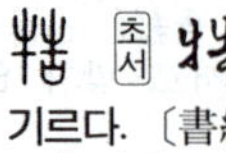

牛部 7~9획 犁 牻 㸚 牸 牾 犅 犂 犇 犀 犉 犄 犆 犍 牁

牛7 【犁】⑪ 犂(1103)와 동자
[參考] 대법원 지정 인명용 한자음은 '리'이다.

牛7 【牻】⑪ 얼룩소 방 江 máng
[소전][초서] [字解] 얼룩소. 흰 털과 검은 털의 얼룩소.

牛7 【㸚】⑪ 犀(1103)와 동자

牛7 【牸】⑪ 붉은 희생 성 庚 xīng
[字解] 붉은 희생, 붉은 소.

牛7 【牾】⑪ 거스를 오 虞 wǔ
[초서] [字解] ①거스르다. =忤.〔漢書〕無所牾意. ②짐승 이름.

牛8 【犅】⑫ 수소 강 陽 gāng
[소전][초서] [字解] 수소, 등마루의 털이 붉은 수소. 〔春秋公羊傳〕魯公用騂犅.

牛8 【犂】⑫ ❶쟁기 려 魚 lí ❷얼룩소 리 支 lí ❸떨 류 尤 lí
[소전][동자] [字解] ❶①쟁기, 농구(農具)의 이름.〔管子〕丈夫二犂, 童五尺一犂. ②갈다, 쟁기질하다.〔古詩〕古墓犂爲田. ③검다.〔戰國策〕面目犂黑. ④동틀 무렵, 어둑어둑할 때.〔史記〕犂旦. ⑤지명(地名).

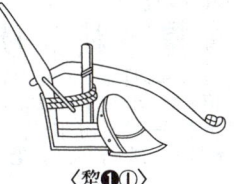

〈犂❶〉

⑥성(姓). ❷①얼룩소.〔論語〕犂牛之子. ②검버섯.〔書經〕播棄犂老. ❸떨다, 전율하다. ¶犂然.
【犂明 여명】새벽 무렵. 동틀 무렵. 犂旦(여단). 黎明(여명).
【犂然】❶여연 ❷유연 ❶분명한 모양. ❷두려워서 떠는 모양.
【犂黑 여흑】검음.
【犂老 이로】검버섯이 난 늙은이.
【犂牛之子 이우지자】얼룩소의 새끼. 아버지가 나쁘다 할지라도 자식이 현명하면 등용됨.
[故事] 중궁(仲弓)이 나쁜 아버지를 두었지만 똑똑하였기 때문에 공자(孔子)가 소에 비유하여, 잡종 소의 새끼일지라도 그 털 색이 붉고 뿔이 곧으면 희생으로써 하늘에 바칠 수 있다고 한 데서 온 말.
❶耕-, 牱-, 鋤-, 牛-, 耦-.

牛8 【犇】⑫ 달아날 분 元 bēn
[초서] [字解] ①달아나다, 달리다. ※奔(397)의 고자(古字). ②소가 놀라다.
【犇潰 분궤】달아나 흩어짐.
【犇走 분주】바삐 돌아다님. 奔走(분주).

牛8 【犀】⑫ 무소 서 齊 xī
[소전][초서][동자] [字解] ①무소, 코뿔소. ¶犀角. ②무소뿔, 서각(犀角).〔曹植·七啓〕飾以文犀. ③굳다.〔漢書〕器不犀利. ④날카롭다, 잘 들다.〔詩經〕齒如瓠犀. ⑥서각(犀角)으로 만든 장식(裝飾).〔法言〕帶我金犀. ⑦이마 위의 뼈가 머리털 사이로 튀어나온 일, 귀인(貴人)의 상(相). ¶犀角.
【犀角 서각】①무소의 뿔. 가루를 만들어 해독·해열제로 씀. ②이마의 윗부분이 튀어나온 귀인의 상(相). ③필법의 한 가지.
【犀甲 서갑】무소 가죽으로 만든 갑옷.
【犀利 서리】견고하고 예리함.
【犀兵 서병】①단단하고 예리한 무기. ②발이 빠른 사자(使者). 다른 데서 온 사자.
【犀楯 서순】무소 가죽으로 만든 방패.
【犀舟 서주】튼튼한 배.
❶角-, 木-, 文-, 野-, 燃-, 龍-.

牛8 【犉】⑫ 누르고 입술 검은 소 순 眞 chún
[소전][초서] [字解] 누르고 입술 검은 소.〔詩經〕九十其犉.

牛8 【犄】⑫ 거세한 소 의 支 yī
[字解] ①거세(去勢)한 소. ②길이가 길다. ③기대다, 의지하다. =倚.

牛8 【犆】⑫ ❶홀로 특 職 tè ❷가 직 職 zhí
[字解] ❶①홀로.〔禮記〕喪侯事, 不犆弔. ②하나.〔禮記〕天子犆祊. ③거세한 소. ④하나하나, 낱낱.❷가, 가장자리.〔禮記〕君羔幦虎犆.
【犆祊 특약】각 묘를 따로따로 제사 지내는 일.
【犆弔 특조】혼자서 조문함.

牛9 【犍】⑬ ❶불깐 소 건 元 jiān ❷짐승 이름 건 阮 jiǎn
[소전] [字解] ❶①불을 깐 소, 거세(去勢)한 소. ②거세하다. ③짐승 이름. 표범을 닮았으며, 꼬리가 길다. ❷짐승 이름. 소를 닮은 짐승.

牛9 【牁】⑬ 동경소 과 歌 kē
[字解] ①동경(東京)소, 꼬리가 짧은 소, 보기 흉한 소. ②뿔이 없는 소.

牛部 9~16획 犎惚犗犖㸎犓犒㹀犛犚犢犝犦犧犢犦犩犨

牛9 【犎】⑬ 들소 봉 图 fēng
[초서] 犎 [字解] 들소. 광동(廣東)·광서(廣西)·안남(安南) 지방에서 나는, 목줄기 위에 살이 돋아 낙타의 육봉(肉峯) 모양을 한 들소.
【犎牛 봉우】 들소.

牛9 【惚】⑬ 摠(721)과 동자

牛10 【犗】⑭ 불깐 소 개 图 jiè
[소전] 犗 [초서] 犗 [字解] ①불을 깐 소, 불친 소.〔莊子〕任公子爲大鉤巨緇, 五十犗以爲餌. ②불을 까다, 거세(去勢)하다. ③힘이 센 가축.

牛10 【犖】⑭ 얼룩소 락 图 luò
[소전] 犖 [초서] 犖 [간체] 荦 [字解] ①얼룩소.〔司馬相如·賦〕赤瑕駁犖. ②밝다, 명백하다.〔史記〕此其犖犖大者. ③뛰어나다, 훌륭하다. ≒躒.〔班固〕卓犖乎方州.
【犖犖 낙락】①일이 분명한 모양. ②뛰어난 모양. 탁월함.
【犖然 낙연】 뛰어난 모양.
【犖确 낙학】 산에 바위가 많은 모양.
◐駁-, 卓-.

牛10 【㸎】⑭ 동경소 수 图 xiū
[字解] 동경(東京)소, 꼬리가 짧은 소, 보기 흉한 소.

牛10 【犓】⑭ 소 먹일 추 图 chú
[소전] 犓 [동자] 芻 [字解] 소를 먹이다, 꼴을 주어 소를 기르다.

牛10 【犒】⑭ 호궤할 호 图 kào
[초서] 犒 [字解] ①호궤하다. 음식을 보내어 군사를 위로하다.〔春秋左氏傳〕使展喜犒師. ②위로하기 위한 맛좋은 음식.〔韓愈·詩〕救死具八珍, 不如一簞犒.
【犒軍 호군】 ▷犒饋(호궤).
【犒饋 호궤】 군사(軍士)에게 음식을 내려 위로(慰勞)함.
【犒勞 호로】 군사를 위로함.
【犒賞 호로】 수고를 위로하여 내리는 상.
【犒師 호사】 군사에게 음식을 주어 위로함.
【犒賜 호사】 군사를 위로하여 상(賞)을 줌. 犒錫(호석).
【犒賞 호상】 위로하고 칭찬함.
◐給-, 頒-, 宴-, 飮-, 支-, 豊-.

牛11 【㹀】⑮ 수소 루 图 léi
[字解] ①수소, 황소.〔淮南子〕乃合㹀牛騰馬. ②암내 내는 소.

牛11 【犛】⑮ 검정소 리·모 图 图 lí, máo
[소전] 犛 [초서] 犛 [字解] 검정소, 야크.
【犛牛 이우·모우】 소의 한 가지. 야크.
【犛牛尾 이우미·모우미】 야크의 꼬리.

牛11 【犚】⑮ 귀 검은 소 위 图 wèi
[동자] 犚 [字解] 귀가 검은 소.

牛11 【犚】⑮ 犚(1104)와 동자

牛12 【犝】⑯ 송아지 동 图 tóng
[소전] 犝 [字解] 송아지, 뿔이 없는 소.

牛13 【犠】⑰ 豮(1713)과 동자

牛13 【犠】⑰ 犧(1105)의 속자

牛15 【犢】⑲ 송아지 독 图 dú
[소전] 犢 [초서] 犢 [간체] 犊 [字解] 송아지.〔禮記〕諸侯膳以犢.
【犢車 독거】 송아지가 끄는 수레.
【犢鼻褌 독비곤】 쇠코잠방이. 犢鼻裩(독비곤).
【犢牛 독우】 송아지.
◐耕-, 孤-, 羔-, 老牛舐-, 牲-, 佩-.

牛15 【犦】⑲ 들소 박 图 bó
[초서] 犦 [본자] 犦 [字解] 들소.〔蘇軾·碑〕牲雞卜羞我觴.

牛16 【犩】⑳ 소발굽 위 图 wèi
[소전] 犩 [字解] ①소발굽, 소의 굽. ②소가 땅을 밟다, 소가 발을 뻗다.

牛16 【犨】⑳ 소 헐떡이는 소리 주 图 chōu
[소전] 犨 [초서] 犨 [동자] 犨 [字解] ①소가 헐떡이는 소리. ②소가 울다. ③흰 소. ④내밀다, 앞으로 나와 있다.〔呂氏春秋〕南家之牆, 犨於前而不直.

牛部 16~23획 犧䏺㸊㹂㹃　犬部 0~2획 犬犮犯

牛16 【犧】⑳ ❶희생 희 㸡 xī ❷술그릇 사 㸡 suō
㸊 ㉑ 송아지 영 㸊 wěng
牛17
牛18 【䏺】㉒ 䏺(1104)의 본자
牛18 【㸊】㉒ 길들 요 㸊 ráo
㸌 字解 ①길들다, 소가 길들어 순하다. 〔尙書〕㸌而毅. ②편안하다.
牛23 【㹂】㉗ 㹂(1104)와 동자

㸐 ㉒ 送牛 㸐(1104)의 본자

犧 初書 犠 俗字 犧 簡字 牺 參考 대법원 지정 인명용 한자의 음은 '희'이다.
字解 ❶①희생, 종묘(宗廟)의 제향에 쓰는 희생. 〔呂氏春秋〕肉袒執犧. ②사랑하여 기르다. 〔春秋左氏傳〕自憚其犧也. ③술통. 소의 형상을 새기거나 소의 형상을 한 술통. ❷술그릇, 비취로 꾸민, 제사에 쓰는 술 그릇.
【犧豝 희파】희생의 수퇘지.
【犧牲 희생】①천지신명, 종묘에 제사 지낼 때 바치는 짐승. ②남을 위하여 자기 목숨을 바침. 자기의 손해를 무릅쓰고 남을 위하여 일함.
【犧牷 희전】온전한 희생.
【犧像 사상】주대(周代)의 술 그릇. 봉황을 그리고 상아로 장식한 것.
◐ 郊―, 廟―, 牲―, 純―, 醇―, 匏―.

字解 ①송아지. ②소가 울다. ③소가 새끼를 부르는 울음소리.

犬部
4획 부수 | 개견부

犬0 【犭】④ 개 견 㹂 quǎn
一ナ大犬
犭 초서 犬 參考 한자 구성에서 변에 쓰일 때는 글자 모양이 '犭'으로 바뀌고, '개사슴록변'이라고 부른다.
字源 象形. 개가 옆으로 보고 있는 모양을 본뜬 글자.
字解 ①개. 〔禮記〕效犬者左牽之. ②하찮은 것의 비유. 자기에 관한 것을 겸양하여 말하거나 남을 업신여겨 말할 때 쓴다. ¶犬馬之心. ③서융(西戎)의 이름. ¶犬戎.
【犬馬 견마】①개와 말. ②짐승. 獸類(수류). ③견마와 같이 천한 사람. 신하가 임금에 대하여 자기를 일컫는 겸사(謙辭).
【犬馬難鬼魅易 견마난귀매이】개나 말처럼 늘 보는 것은 그리기 어렵고, 도깨비처럼 본 일이 없는 것은 그리기 쉬움.
【犬馬之勞 견마지로】남을 위하여 애쓰는 자기의 노력의 겸사.
【犬馬之心 견마지심】개와 말이 그 주인을 위하는 마음. 신하가 임금을 위하여 지성을 다하는 마음의 겸사.
【犬馬之養 견마지양】개나 말을 기르는 것과 같은 효양(孝養). 어버이에게 의식(衣食)을 공급할 뿐, 공경함이 없는 효양.
【犬馬之齒 견마지치】개나 말처럼 부질없이 나이만 먹음. 자기 나이에 대한 겸사.
【犬牙 견아】①개의 엄니. ②서로 어긋남. 서로 엇갈림.
【犬猿 견원】개와 원숭이. 사이가 나쁜 것.
【犬戎 견융】서융(西戎)의 한 종족.
【犬彘 견체】개와 돼지. 천한 사람.
【犬兔之爭 견토지쟁】무익한 싸움. 제삼자가 이익을 얻음. 故事 한자로(韓子盧)라는 사나운 개가 동곽준(東郭逡)이라는 교활한 토끼를 쫓아 달리다 지쳐서 둘 다 죽자, 농부가 아무 수고도 하지 않고 이들을 얻었다는 고사에서 온 말. 鷸蚌之爭(휼방지쟁).
【犬吠 견폐】①개가 짖음. 개 짖는 소리. ②여러 사람의 떠드는 소리.
◐ 鷄―, 狂―, 軍―, 群―, 豚―, 猛―, 羊―, 番―, 食―, 狎―, 愛―, 野―, 洋―, 養―, 獵―, 田―, 驍―, 蜀―, 鬪―, 吠―, 黃―.

犬1 【犮】⑤ 달릴 발 㹂 bā
㢸 소전 㢸 초서 字解 ①달리다, 개가 달리는 모양. ②뽑다, 빼 버리다. 〔周禮〕赤犮氏.

犬2 【犯】⑤ 범할 범 㹂 fàn
ノイ犭犴犯
犯 소전 犴 초서 犯 고자 字源 形聲. 犬+巳→犯. '巳(범)'이 음을 나타낸다.
字解 ①범하다. ㉮저촉하다. 〔春秋左氏傳〕衆怒難犯. ㉯치다, 공격하다. 〔春秋左氏傳〕帥甲三百, 宵犯齊師. ㉰이기다, 무시하다. 〔論語〕其爲人也孝弟, 而好犯上者鮮矣. ㉱거스르다. 〔禮記〕事親有隱而無犯. ㉲법이나 이기다. 〔韓愈·辯〕爲犯二名律乎, 爲犯嫌名律乎. 〔周禮〕犯令陵政則杜之. ㉳여자를 욕보이다. ㉴해치다. 〔國語〕水火之所犯. ②죄. 〔唐書〕私鬻茶三犯. ③죄인. 〔仕學大乘〕與衆犯隔別嚴審. ④거치다, 뛰어넘다. 〔禮記〕犯人之禾. ⑤속이다, 거짓을 말하다. 〔禮記〕民猶犯齒. ⑥일으키다, 빚어내다. 〔李商隱雜纂〕婦人解詩則犯物議. ⑦만나다. 〔淮南子〕犯患難

之危. ⑧사곡(詞曲) 변조(變調)의 이름. 궁음(宮音)과 상음(商音)을 뒤바꾸어 놓은 곡.
【犯戒 범계】 (佛)계율을 범함.
【犯闕 범궐】 대궐을 침범함.
【犯禁 범금】 금제(禁制)를 범함.
【犯路 범로】 國①통행이 금지된 길을 왕래함. ②길을 범하여 집 같은 것을 지음.
【犯分 범분】 신분에 어긋나는 짓을 함.
【犯上 범상】 윗사람을 업신여기고 대듦.
【犯所 범소】 國죄를 범한 장소.
【犯顏 범안】 임금이 싫어하는 안색을 보여도 관계하지 않고 간(諫)함.
【犯越 범월】 國남의 국경을 침범함. 불법으로 타국에 들어감.
【犯而不校 범이불교】 남이 자기를 업신여기더라도 앙심을 품고 보복하려는 생각을 하지 않음. ○'校'는 '報'로 '보복함'을 뜻함.
【犯葬 범장】 國남의 산소의 지경을 범하여 장사지냄.
【犯罪 범죄】 법규를 어기고 저지른 잘못.
【犯則 범칙】 규칙을 어김.
【犯蹕 범필】 임금이 거둥할 때 가마가 지나갈 길을 침범함.
【犯行 범행】 법령을 어김. 범죄 행위.
【犯諱 범휘】 어른의 이름을 함부로 부름.
○ 輕-, 共-, 累-, 防-, 遂-, 再-, 戰-, 從-, 主-, 眞-, 初-.

犬3 【狀】⑦ 狀(1107)의 속자

犬3 【狋】⑥ 이리 시 🈠 🈳 shī
字解 이리. 여우와 비슷하며 꼬리가 희다.

犬3 【犲】⑥ 豺(1716)와 동자

犬3 【犴】⑥ 들개 안 🈳 àn
🈠 字解 ①들개, 야견(野犬). ②옥(獄). 향리(鄕里)에 있는 것을 '犴', 조정(朝廷)에 있는 것을 '獄(옥)'이라고 한다. 〔荀子〕獄犴不治.

犬3 【犵】⑥ 오랑캐 이름 흘 🈳 gē
🈠 字解 오랑캐 이름. ¶ 犵狫.
【犵狫 흘로】 광서(廣西)·호남(湖南)·귀주(貴州) 등지에서 살았던 야만족의 이름.

犬4 【犺】⑦ ❶고슴도치 강 🈳 kàng
❷짐승 이름 강 🈳 gǎng
🈠 字解 ❶①고슴도치. ②건장한 개. ❷짐승 이름. 원숭이를 닮았으나, 몸이 작고 날쌔다.

犬4 【狂】⑦ ❶미칠 광 🈳 kuáng
❷개 달릴 곽 🈳 jué
丿 彳 犭 犴 狂 狂
🈠🈳🈴 狂 🈵 呈 🈶 대법원 지정 인명용 한자의 음은 '광'이다.
字源 形聲. 犬+王→狂. '王(왕)'이 음을 나타낸다.
字解 ❶①미치다. ㉮정신 이상이 되다. 〔南史〕忽於衆中狂逸. ㉯마음이 미혹하여 사리를 분별하지 못하다. 〔莊子〕吾以是狂而不信也. ㉰상규(常規)를 벗어나다. 〔春秋左氏傳〕幼而狂. ㉱경솔하다. 〔論語〕其蔽也狂. ②미친 병. ㉮미친 개. ㉯정신이 착란한 병. 〔書經〕我其發出狂. ㉰미친 사람. 〔詩經〕乃見狂且. ㉱거만하다. 〔書經〕曰狂恆爾若. ④기세가 세다. 〔文天祥·詩〕捧土障瀾狂. ⑤오로지 한 가지 일에 골똘한 사람. 〔詩經〕衆穉且狂. ⑥뜻이 높고 작은 일에 거리끼지 아니하는 사람, 진취의 기상은 넘치나 행동이 거친 사람. 〔論語〕不得中行而與之, 必也狂狷乎, 狂者進取, 狷者有所不爲也. ⑦황급하다, 허둥거리다. ¶ 狂顧. ⑧정처 없이 떠돌다. 〔白居易·詩〕妬得柳花狂. ⑨가다. 늑往. 〔書經〕我其發出狂. ⑩어리석다, 어리석은 사람. 〔後漢書〕出于狂戇. ⑪수리부엉이. 늑鵟. ⑫성(姓). ❷개가 달리다, 개가 달리는 모양. ¶ 狂狂.
【狂簡 광간】 뜻하는 바는 크나 행함이 이에 따르지 못하여 소홀하고 거침.
【狂狷 광견】 공연히 이상만 높고 실행이 따르지 않으며, 사려가 부족하여 완고함. 狂獧(광견).
【狂顧 광고】 황급히 뒤돌아봄.
【狂狂 ❶광광 ❷곽곽】 ❶미쳐서 본성(本性)을 잃은 모양. ❷개가 달리는 모양.
【狂氣 광기】 ①미친 증세. ②미친 듯이 함부로 날뛰는 성질.
【狂戇 광당】 사리에 어둡고 어리석음.
【狂濤 광도】 용솟음치는 큰 파도.
【狂亂 광란】 미친 듯이 날뜀.
【狂妄 광망】 망령되어서 이치에 맞지 않음.
【狂勃 광발】 미쳐서 도리를 어김.
【狂夫 광부】 ①미친 사람. ②자기 남편의 겸칭.
【狂奔 광분】 ①미친 듯이 달림. ②어떤 목적을 위하여 열심히 뛰어다님.
【狂生 광생】 ①미친 사람. 허랑방탕한 사람. ②스스로 초연한 태도를 가지는 사람.
【狂雪 광설】 바람에 날려 분분(紛紛)하게 내리는 눈.
【狂藥 광약】 술의 딴 이름.
【狂攘 광양】 어긋나고 어지러워짐.
【狂言 광언】 ①이치에 맞지 않는 말. 두서없는 말. 狂談(광담). ②남을 놀라게 하는 말.
【狂易 광역】 미쳐 제정신을 잃음.
【狂炎 광염】 ①미친 듯이 타오르는 불꽃. ②대단한 정열.
【狂人 광인】 미친 사람. 미치광이.

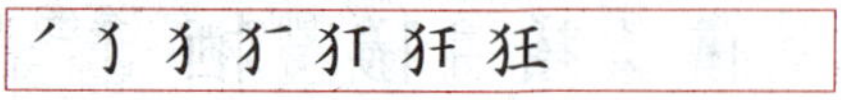

犬部 4획 狃狙狇狀狁狄狆犯狋

【狂逸 광일】미처 날뜀.
【狂恣 광자】유별나게 방자(放恣)함.
【狂譟 광조】미처 날뜀. 狂噪(광조).
【狂直 광직】주위 사정에 개의치 않고 정도(正道)를 고수함.
【狂疾 광질】미친 병. 정신병.
【狂草 광초】아주 부드럽게 흘려 쓴 초서(草書).
【狂癡 광치】미처서 사리를 분별하지 못함. 또는 그 사람.
【狂暴 광포】행동이 미친 듯이 거칠고 사나움.
【狂風 광풍】사납게 휘몰아 치는 바람.
【狂虐 광학】몹시 포악하고 잔학함.
【狂惑 광혹】미처서 혹함.
【狂花 광화】①열매를 맺지 않는 꽃. ②상식으로는 생각할 수 없는 곳에 피는 꽃. ③아찔해졌을 때 눈앞에 불꽃 같은 것이 어른어른하게 보이는 것. ④성내는 술꾼.
【狂喜 광희】미칠 듯이 기뻐함.
● 發-, 熱-, 酒-, 醉-.

犬 4 【狃】⑦ 狃(1717)과 동자

犬 4 【狙】⑦ ❶친압할 뉴 㺔 niǔ ❷짐승 이름 뉵 圈 nǜ
[字解] ❶친압하다. ㉮개가 길들다. ㉯익숙하여 자유롭다. 〔春秋左傳〕莫敖狃於蒲騷之役. ㉰되풀이하여 익히다. 〔書經〕狃于姦宄. ❷탐내다, 탐하다. 〔國語〕嗛嗛之食,不足狃也. ❸바루다, 바로잡다. 〔國語〕使臣狃中軍之司馬. ❹짐승의 이름.
【狃習 유습】되풀이하여 익힘.
【狃恩 유은】은혜에 젖어서 은혜로 여기지 않음.

犬 4 【狇】⑦ 돼지 새끼 돈 园 tún
[字解] 돼지 새끼, 돼지. =豚.

犬 4 【狀】⑧ ❶형상 상 本장 圈 zhuàng ❷문서 장 圈 zhuàng

丨 丬 丬 爿 爿 狀 狀

[소전] [초서] [속] [간체] [參考] 대법원 지정 인명용 한자의 음은 '상·장'이다.
[字源] 形聲. 爿+犬→狀. '爿(장)'이 음을 나타낸다.
[字解] ❶①형상. ㉮형상, 모양. 〔周禮〕鑄金之狀. ㉯용모(容貌). 〔史記〕孔子狀類陽虎. ㉰느낌, 상태. 〔王褒·賦〕狀若捷武. ②형용하다. ㉮나타내다, 진술(陳述)하다. 〔莊子〕自狀其過, 以不當亡者衆. ㉯본뜨다, 닮게 하다. 〔荀子〕狀乎無形然而成文. ❷①문서, 소장(訴狀). 〔琵琶記〕若得一紙供詞. ②문제의 이름. 주소(奏疏) 따위. ③편지, 서간(書簡). ¶ 上狀.

【狀貌 상모】얼굴의 생김새. 容貌(용모).
【狀態 상태】사물이나 현상이 처해 있는 모양이나 형편.
【狀況 상황】일이 되어 가는 모습이나 형편.
【狀啓 장계】(國)임금이나 감사(監司)의 명을 받고 지방에 파견된 관원이 민정(民情)을 살핀 결과를 글로써 올리던 보고.
【狀頭 장두】①장원 급제한 사람. ②원고(原告). ③연명(連名)으로 된 소장(訴狀)의 첫머리에 적은 사람.
【狀聞 장문】(國)장계(狀啓)를 주달함.
【狀詞 장사】소송 서류. 고소장(告訴狀).
【狀元 장원】과거에 첫째로 급제함. 壯元(장원).
【狀請 장청】(國)장계로 주청함.
● 上-, 賞-, 書-, 訴-, 令-, 冤-, 行-, 儀-, 情-, 呈-, 形-, 廻-.

犬 4 【狁】⑦ 오랑캐 이름 윤 圈 yǔn
[초서] [字解] 오랑캐 이름. 고대 화북(華北) 지방의 오랑캐 이름. 한대(漢代) 이후 흉노(匈奴)라고 불렸다. 〔詩經〕不遑啓居, 獫狁之故.

犬 4 【狄】⑦ 오랑캐 적 圈 dí
[소전] [초서] [字解] ①오랑캐, 북방 오랑캐. 〔書經〕南征, 北狄怨. ②오랑캐라 하다, 오랑캐라 하여 물리치다. 〔春秋穀梁傳〕荊者楚也, 何爲謂之荊, 狄之也. ③낮은 관리, 악공(樂工). 〔書經〕狄設黼綴衣. ④사악하다. ⑤꿩의 깃. 㝵翟. 〔禮記〕干戚旄狄以舞之. ⑥빠르다, 왕래가 빠르다. 〔禮記〕流辟邪散狄成滌濫之音作. ⑦멀다. 㝵逖. 〔詩經〕舍爾介狄. ⑧덜어 내다, 제거하다. 〔詩經〕狄彼東南. ⑨뛰는 모양, 도약하는 모양. 〔荀子〕壎壎然, 狄狄然.
【狄成 적성】악곡(樂曲)의 속도가 빠른 모양. 急調(급조).
【狄人 적인】중국 북방에 살던 종족.
【狄狄 적적】뛰는 모양. 도약하는 모양.
【狄鞮 적제】①서역(西域)의 말을 통역하던 사람. ②서융(西戎)의 음악 이름.

犬 4 【狆】⑦ 오랑캐 이름 중 圈 zhòng
[字解] 오랑캐 이름. 귀주(貴州)·운남(雲南) 지방에 사는 만족(蠻族). =仲.

犬 4 【犯】⑦ 犯(1712)와 동자

犬 4 【狋】⑦ ❶이리 환 圈 huān ❷빙빙 돌 번 园 fān
[초서] [字解] ❶이리, 오소리. =獾. ❷①빙빙 도는 모양. 〔莊子〕其書雖瓌瑋, 而連狋無傷也. ②서로 따르는 모양.

犬部 5획 昊 狗 狚 狑 狛 狒 狉 狌 狎

犬5 **【昊】** ⑨ 날개 펼 격 國 jú
字解 ①날개를 펴다, 새가 날개를 펴는 모양. ②개가 노려보는 모양. ③짐승 이름. 원숭이의 한 가지.

犬5 **【狗】** ⑧ ❶개 구 囿 gǒu
❷범 새끼 구 囿 gǒu

丿 亻 犭 犭 犳 犳 犳 狗 狗

소전 𤞚 초서 狗 동문 貊

字源 形聲. 犬+句→狗. '句(구)'가 음을 나타낸다.
字解 ❶①개.〔禮記〕尊客之前, 不吒狗. ②강아지.〔儀禮〕白狗幦. ③주역(周易)에서 간(艮)에 해당한다. ④별 이름.〔晉書〕狗二星, 在南斗魁前, 主吠守. ❷범 새끼, 곰 새끼.
【狗苟 구구】개가 먹이를 찾아 헤매듯이 닥치는 대로 이익을 취하면서도 조금도 부끄러워하지 않음.
【狗屠 구도】①개를 잡음. ②개백정.
【狗竇 구두】①개구멍. ②앞니가 빠진 것을 놀리는 말.
【狗馬 구마】①개와 말. 진귀한 노리갯감. ②신하가 임금에게 자기를 일컫는 겸칭(謙稱). 犬馬(견마).
【狗尾續貂 구미속초】담비 꼬리가 모자라 개 꼬리로 이음. ㉠관작(官爵)을 함부로 줌. ㉡훌륭한 것에 보잘것없는 것이 뒤따름.〔故事〕진대(晉代)에 사마륜(司馬倫)의 당(黨)이 모두 높은 벼슬에 올라 노졸(奴卒)까지도 작위를 받았으므로, 근신(近臣)들의 관(冠)을 장식하는 담비의 꼬리가 부족하여 개 꼬리를 사용하였다는 고사에서 온 말. 貂續(초속).
【狗飯橡實 구반상실】㉠개밥의 도토리. ㉠따돌림을 당함. ㉡외톨이가 됨.
【狗鼠 구서】①개와 쥐. ②인격이 천한 사람.
【狗豬不食餘 구저불식여】의롭지 못한 사람이 먹다 남긴 것은 개나 돼지도 먹지 않음. 매우 얕보며 미워함.
【狗彘 구체】①개와 돼지. ②비천(卑賤)함. 인품이 천한 사람.
【狗偸 구투】개 흉내를 내며 남의 집에 들어가 훔치는 도둑.
【狗吠 구폐】①개가 짖음. 개 짖는 소리. ②개가 제 주인 이외의 사람을 의심하여 짖음. 신하가 임금에게 충성을 다함. ③수상한 자가 왕래함.
【狗黃 구황】개의 쓸개 속에 든 결석을 한방에서 이르는 말. 狗寶(구보). 狗沙(구사).
➊尨―, 獵―, 走―, 海―, 黃―.

犬5 **【狚】** ⑧ 짐승 이름 단·달 翰 圆 dàn
초서 狚 字解 ①짐승 이름. ㉮이리(狼)와 비슷한 짐승. ㉯큰 이리, 몸이 커다란 이리. ㉰이리를 닮은 짐승. ②오랑캐의 이름. 광서(廣西) 지방에 살았던 만족(蠻族).

犬5 **【狑】** ⑧ 좋은 개 령 庚 líng
소전 狑 字解 ①좋은 개, 좋은 개의 이름. ②오랑캐의 이름. 광서성(廣西省)에 살았던 만족(蠻族).

犬5 **【狛】** ⑧ 짐승 이름 박 藥 bó
소전 狛 字解 짐승 이름. 이리를 닮았다.

犬5 **【狒】** ⑧ 비비 비 困 fèi
초서 狒 字解 비비(狒狒). 아프리카에 사는 원숭이의 한 가지.

犬5 **【狉】** ⑧ 삵의 새끼 비 囡 pī
字解 ①삵의 새끼, 너구리 새끼. ②짐승이 떼 지어 달리는 모양.〔柳宗元·論〕草木榛榛, 鹿豕狉狉.
【狉狉 비비】짐승이 무리 지어 달리는 모양.

犬5 **【狌】** ⑧ ❶성성이 성 庚 xīng
❷족제비 성 敬 shēng
초서 狌 字解 ❶성성이. 열대 지방에 사는 큰 원숭이의 한 가지. =猩. ❷족제비. =鼪.〔莊子〕騏驥驊騮, 一日而馳千里, 捕鼠不如狸狌.

犬5 **【狎】** ⑧ 익숙할 압 洽 xiá
소전 狎 초서 狎 字解 ①익숙하다, 익숙하여지다.〔國語〕未狎君政. ②친압하다, 너무 지나칠 정도로 가깝다.〔論語〕雖狎必變. ③업신여기다, 가벼이 보다.〔春秋左氏傳〕水懦弱, 民狎而翫之. ④희롱하다, 가지고 놀다.〔荀子〕今俳優侏儒狎徒, 詈侮而不鬪者. ⑤편안하다.〔春秋左氏傳〕民狎其野. ⑥갈마들다.〔春秋左氏傳〕且晉楚狎主天下之盟也, 久矣. ⑦길들이다, 가르치다.〔史記〕夫龍之爲蟲也, 可擾狎而騎也. ⑧접근하다, 다가서다.〔書經〕予弗狎於弗順. ⑨여럿이 나란하다.〔傅毅·賦〕車騎並狎.
【狎客 압객】①대대로 친교가 있는 집안. 通家(통가). ②무람없이 구는 사람. ③남의 장난거리가 되는 사람. ④연석 등에서 자리를 흥겹게 하는 사람.
【狎近 압근】무람없이 남에게 다가붙음. 가까이하여 귀여워함. 狎昵(압닐).
【狎徒 압도】무람없이 구는 사람.
【狎獵 압렵】①장식한 모양. ②줄줄이 이어져 있는 모양.
【狎弄 압롱】무람없이 희롱거림.
【狎侮 압모】업신여김. 깔봄. 輕侮(경모).
【狎邪 압사】①무람없이 가까이하며 간사하게 굶. 또는 그런 사람. ②유녀(遊女).

犬部 5~6획 狎狋猊狙狖狉狐狡 1109

【狎習 압습】 익숙함. 무람없이 굶.
【狎愛 압애】 가까이 사랑함. 사랑을 받는 사람.
【狎翫 압완】 친숙해짐. 아주 가까이 지냄.
【狎而敬之 압이경지】 아주 친근한 사이일지라도 공경하는 마음을 잃지 않음.
【狎敵 압적】 적을 얕잡아 봄.
❶款—, 慣—, 近—, 漫—, 藝—, 親—, 戱—.

犬5【狘】 ⑧놀라 달아날 **월** 月 xuè
[초서] 狘 [자해] ①놀라 달아나다. 짐승이 놀라 달아나다. 〔禮記〕麟以爲畜, 故獸不狘. ②짐승 이름.

犬5【狖】 ⑧검은 원숭이 **유** 宥 yòu
[초서] 狖 [자해] ①검은 원숭이. ②꼬리가 긴 원숭이.

犬5【狋】 ⑧❶으르렁거릴 **의** 支 yí ❷뿔의 모양 **시** 支 chí ❸고을 이름 **권** 元 quán
[초서] 狋 [자해] ❶으르렁거리다, 개가 싸우는 모양. 〔漢書〕狋吽牙者, 兩犬爭也. ❷뿔의 모양, 험준한 모양. ¶ 狋䝙. ❸고을 이름. =獂.
【狋吽牙 의우아】 두 마리의 개가 싸우는 모양.
【狋狋 의의】 개가 으르렁거리는 모양.
【狋䝙 ❶의의 ❷시의】❶개가 으르렁거리는 모양. ❷험준한 모양.

犬5【狙】 ⑧원숭이 **저** 魚 jū
[소전] 狙 [초서] 狙 [자해] ①원숭이.〔莊子〕狙公賦芧, 朝三而暮四, 衆狙皆怒. ②교활하다, 속이다.〔戰國策〕兵固天下之狙喜也. ③노리다, 엿보다.〔史記〕良與客狙擊秦始皇帝博浪沙中. ④찾다, 살피다.〔管子〕從狙而好小察.
【狙擊 저격】 몰래 엿보아 침. 노려서 쏨. ◐'狙'는 '伺'로 '엿봄'을 뜻함.
【狙公 저공】 원숭이를 기르는 사람. 원숭이에게 재주를 부리게 하여 돈벌이하는 사람.
【狙縛 저박】 노리고 있다가 포박함.
【狙詐 저사】 속임. 틈을 타서 남을 속임.
【狙害 저해】 기회를 엿보아 해침.
【狙喜 저희】 속이기를 좋아함.
❶援—, 猿—, 從—.

犬5【狖】 ⑧짐승 이름 **출** 質 chù
[자해] 짐승 이름. 머리가 둘이라고 하는 짐승.〔韓偓·詩〕玉樹雕成猕狘啼.

犬5【狉】 ⑧날아오를 **피** 支 pī
[자해] ①날아오르다, 날뜻듯이 날아오르다.〔集韻〕狉狉, 飛颺也. ②개 이름.
【狉狉 피창】 날아오르는 모양.

犬5【狐】 ⑧여우 **호** 虞 hú
[소전] 狐 [초서] 狐 [자원] 會意. 犬+瓜→狐. '犭'은 짐승, '瓜'는 '孤(고)'를 줄인 것으로 외로움을 뜻한다. 여우는 의심이 많은 짐승이어서 무리와 어울리지 못하는 데서 여우를 뜻한다.
[자해] ①여우.〔易經〕小狐汔濟, 濡其尾, 无攸利. ②방황하다.〔戰國策〕鬼神狐祥無所食.
【狐假虎威 호가호위】 여우가 범의 위세를 빌림. 아랫사람이 윗사람의 권세를 빌려 남을 위협함.
【狐裘 호구】 여우의 겨드랑이 밑에 있는 흰 털가죽으로 만든 옷.
【狐裘羔袖 호구고수】 여우 가죽으로 만든 옷에 새끼 양의 가죽으로 된 소매. 대체로 좋으나 나쁜 데가 조금 있음.
【狐狼 호랑】 ①여우와 이리. ②교활하여 남을 해치는 사람.
【狐狸 호리】 ①여우와 너구리. ②숨어서 나쁜 짓을 하는 사람.
【狐媚 호미】 여우가 사람을 호리듯이, 교묘히 아양을 떨어 미혹(迷惑)시킴.
【狐白裘 호백구】 ①여우 겨드랑이의 흰 털가죽으로 만든 옷. 호백(狐白). ②부귀한 사람.
【狐死首丘 호사수구】 여우는 죽을 때도 제가 살던 언덕 쪽으로 머리를 둠. ㉠근본을 잊지 않음 ㉡고향을 그리워함.
【狐鼠 호서】 여우와 쥐. ㉠소인. ㉡좀도둑.
【狐濡尾 호유미】 여우가 물을 잘 건너다가 마지막에 꼬리가 물에 젖어 건너지 못함. 일은 시작하기는 쉬우나 끝마무리를 잘하기가 어려움.
【狐疑 호의】 여우의 의심. 의심이 많아 결단을 내리지 못함.
【狐臭 호취】 암내. 겨드랑이에서 나는 고약한 냄새. 胡臭(호취). 腋臭(액취).
【狐惑 호혹】 의심하고 망설임.
❶九尾—, 狼—, 白—, 野—, 妖—.

犬6【狡】 ⑨교활할 **교** 巧 jiǎo
[소전] 狡 [초서] 狡 [속자] 獢 [자해] ①교활하다, 간교하다.〔漢書〕狡兎死, 良狗烹. ②빠르다.〔王褒·賦〕時奏狡弄. ③미치다, 어지러워지다.〔春秋左氏傳〕亂氣狡慎. ④시기하다, 의심하다.〔管子〕烏鳥之狡, 雖善不親. ⑤해치다.〔大戴禮〕量之無狡民之辭. ⑥섞이다, 엇갈리다. 늑交. ⑦예쁘나 성실하지 아니하다.〔詩經〕不見子充, 乃見狡童. ⑧개의 이름. ¶ 狡犬. ⑨짐승 이름. 모양은 개를 닮고, 쇠뿔과 같은 뿔이 있다.

〈狡⑨〉

⑩개가 짖다. =獟.
【狡犬 교견】흉노(匈奴)가 길렀다는, 입이 크고 털빛이 검은 개.
【狡童 교동】교활한 아이. 얼굴은 예쁘나 성실하지 못한 아이.
【狡蠱 교두】교활하여 남을 해침.
【狡弄 교롱】①씩씩한 가락. 빠른 곡조. ②교활하게 농락함.
【狡憤 교분】미친 듯이 성을 냄.
【狡詐 교사】간사한 꾀로 속임. 狡譎(교휼).
【狡算 교산】간사한 계략. 狡計(교계).
【狡蟲 교충】①교활하고 사나운 벌레. ②교활하고 사나운 짐승.
【狡獪 교쾌】①장난하고 놂. ②교활함.
【狡兔死良狗烹 교토사양구팽】재빠른 토끼가 죽고 나면, 사냥개는 필요 없게 되어 주인에게 삶아 먹히게 됨. 필요할 동안에는 쓰이다가 필요가 없어지면 버림을 당함. 兎死狗烹(토사구팽).
【狡兔三穴 교토삼혈】교활한 토끼는 세 개의 굴을 가지고 있음. 사람이 교묘하게 잘 숨어 재난을 피함.
【狡猾 교활】①간사한 꾀가 많음. ②행동이 광포(狂暴)함. 狡獪(교쾌). 狡黠(교힐).
【狡譎 교휼】간사한 꾀가 많음. 狡詐(교사).
● 彊-, 輕-, 童-, 肆-, 剽-, 凶-.

犬 6【独】⑨ 獨(1119)의 속자

犬 6【狢】⑨ 오랑캐 이름 로 㿿 lǎo
[초전] 犺 [字解] ①오랑캐 이름. 광서(廣西)·호남(湖南)·귀주(貴州) 지방에 살았던 오랑캐. 〔田汝成·炎激紀聞〕犵狢. ②입묵(入墨), 문신(文身). ③성인 남자.

犬 6【狦】⑨ ❶호박개 산 㾓 shān ❷사람 이름 산 㾓 shān
[소전] 狦 [字解] ❶①호박개, 사나운 개. ②짐승 이름. 이리(狼)를 닮은 짐승. ❷사람 이름. 〔漢書〕呼韓邪單于稽侯狦.

犬 6【狩】⑨ 사냥 수 㾓 shòu
[소전] 㹱 [초서] 狩 [字解] ①사냥. ㉮몰이꾼·사냥개를 써서 하는 사냥. 〔國語〕田狩畢弋. ㉯겨울 사냥. 〔春秋左氏傳〕春蒐 夏苗 秋獮 冬狩. ㉰불을 놓아 하는 사냥. 〔爾雅〕火田爲狩. ㉱군사를 조련하는 일. 〔春秋公羊傳〕尊重乎其譻譻狩也. ②사냥하다. 〔詩經〕不狩不獵. ③임소(任所), 임지(任地). 〔孟子〕巡狩者, 巡所守也. ④기르다, 다스리다. ⑤치다, 정벌하다. 〔易經〕明夷于南狩.
【狩獵 수렵】사냥. 사냥함.
【狩人 수인】사냥꾼.
【狩田 수전】사냥. 겨울철의 사냥.
● 南-, 冬-, 山-, 巡-, 岳-, 田-, 扈-.

犬 6【狗】⑨ 狗(583)의 속자

犬 6【狨】⑨ 원숭이 이름 융 㘓 róng
[초서] 狨 [字解] ①원숭이 이름. 털이 더부룩한 원숭이. ②융. 솜털이 일어나게 짠 피륙. =絨. ③사납다.

犬 6【狧】⑨ ❶탐낼 탑 㟅 tà ❷핥을 시 㠪 shì
[소전] 狧 [초서] 狧 [字源] 會意. 犬+舌→狧. 개가 혀(舌)로 끌어들여서 먹는 것을 나타낸다.
[字解] ❶①탐내다, 대식(大食)하는 모양. 〔太玄經〕燊狩狧狧. ②개가 짖지 아니하고 물다. ¶冷狧. ❷핥다, 개가 먹이를 혀로 말아 먹다. ≒舐. 〔漢書〕狧糠及米.
【狧狧 탑탑】①탐욕스러운 모양. ②많이 먹는 모양.

犬 6【狪】⑨ 짐승 이름 통 㨱 tóng
[초서] 狪 [字解] ①짐승 이름. 돼지를 닮고, 몸에 구슬을 지녔다고 한다. ②오랑캐 이름. =峒.

犬 6【狢】⑨ ❶오소리 학 㣭 hé ❷오랑캐 맥 㠕 mò
[字解] ①오소리. =貉·貊. ②오랑캐. ※貊(1717)의 속자(俗字).

犬 6【狠】⑨ ❶개 싸우는 소리 한 㣬 yán ❷물 간 㦳 kěn, hěn
[소전] 狠 [초서] 狠 [字解] ❶개가 싸우는 소리. ❷①물다. =狠. ②패려궂다. 〔唐書〕懷義愈狠恣. ③매우, 대단히. =很. 〔儒林外史〕他只因歡喜狠了.
【狠毒 한독】사납고 독살스러움.
【狠戾 한려】성질이 비뚤어지고 사나움.
【狠心 한심】잔인한 마음.
【狠恣 한자】패려(悖戾)궂고 제멋대로 굶. 강퍅하고 방자함.
【狠愎 한팍】성질이 매우 사납고 고약함.
● 介-, 狂-.

犬 6【狹】⑨ 狹(1112)의 속자

犬 6【狟】⑨ ❶개 다닐 환 㩲 huán ❷오소리 훤 㩱 xuān
[소전] 狟 [초서] 狟 [字解] ❶①개가 다니다. ②사나운 모양. ❷오소리. =貆. 〔淮南子〕狟狢得埵防, 弗去而緣.

犬 6【狱】⑨ 獄(1717)와 동자

犬部 7획 狷 狘 狼 狸 貊 㺗 㺒 㺚 㺕 狺 㺔 㹱

犬 7 【狷】
⑩ 성급할 견 juàn

字解 ①성급하다. ②뜻이 굳다, 절의를 지켜 뜻을 굽히지 아니하다.〔論語〕狷者有所不爲也. ③의심하여 주저하다.
【狷介 견개】스스로 지키는 바가 굳어 남과 화합하지 않음. 고집이 세어 남과 화합하지 않음.
【狷狂 견광】식견이 좁아서 고집을 지나치게 부리고 뜻만 커서 과장이 심함.
【狷急 견급】마음이 좁고 성질이 급함.
【狷忿 견분】마음이 좁아서 성을 잘 냄.
【狷隘 견애】마음이 좁고 성질이 급함.
【狷狹 견협】성급하고 마음이 좁음.

犬 7 【狘】
⑩ 오랑캐 구 qiú

字解 오랑캐. 운남(雲南) 지방의 서쪽 일대에 살았던 만족(蠻族).

犬 7 【狼】
❶이리 랑 láng
❷짐승 이름 랑 lǎng
❸땅 이름 랑 làng

字解 ❶①이리. 개를 닮은 산짐승. 입이 크고 성질이 사납다.〔漢書〕其治如狼牧羊. ②어지러워지다, 어수선하다.〔孟子〕樂歲粒米狼戾. ③별 이름.〔史記〕狼角變色. ④거칠다, 거칠어지다.〔淮南子〕秦國之俗貪狼. ❷짐승 이름. 앞다리는 길고 뒷다리는 매우 짧아, 항상 패(狽)에게 업혀야만 다닐 수 있다. ¶ 狼狽. ❸땅 이름. 늑랑.〔漢書〕至博狼沙中.
【狼顧 낭고】이리는 겁이 많아 뒤를 잘 돌아봄. 두려워서 뒤를 돌아봄.
【狼戾 낭려】①이리와 같이 마음이 비뚤어지고 도리에 어긋남. 한없이 욕심을 부림. ②어지럽게 흩어져 있음.
【狼牧羊 낭목양】이리가 양을 기름. ㉠극히 위험함. ㉡참혹함.
【狼跋 낭발】앞으로 나아갈 수도, 뒤로 물러날 수도 없이 꼼짝할 수 없는 궁지에 빠짐.
【狼噬 낭서】이리같이 묾. 맹렬히 침범함.
【狼心 낭심】이리 같은 탐욕스러운 마음.
【狼藉 낭자】흩어져 어지러운 모양. 산란(散亂)한 모양. ㊀이리가 풀을 깔고 자고 난 뒤의 자리가 몹시 난잡한 데서 온 말.
【狼子野心 낭자야심】이리 새끼는 길들이려고 해도 야성이 있어 길들여지지 않음. 흉포하여 교화(敎化)할 수 없는 사람의 비유.
【狼疾 낭질】①마음이 산란한 모양. ②성미가 고약하여 쉽게 뉘우치지 못함.
【狼貪 낭탐】이리와 같이 욕심이 많음.
【狼狽 낭패】①둘이 서로 어울려 떨어질 수 없는 일. ②일이 뜻대로 되지 않아 몹시 딱한 형편이 됨. ㊀'狼'은 앞다리가 길고 뒷다리가 짧으며 '狽'는 그 반대이기 때문에, 서로 의지해야만 다닐 수 있다는 데서 온 말.

【狼抗 낭항】성질이 사납고 남에게 마구 대듦.
● 白-, 豺-, 餓-, 如-如虎, 虎-, 狐-.

犬 7 【狸】
⑩ 貍(1718)와 동자

犬 7 【貊】
⑩ 貌(1718)와 동자

犬 7 【㺗】
⑩ 종족 이름 사 shā

字解 종족 이름. 광서(廣西) 지방에 살았던 만족(蠻族).

犬 7 【㺒】
⑩ 사자 산 suān

字解 사자(獅子).
【㺒猊 산예】①사자(獅子)의 딴 이름. ②사자의 탈을 쓰고 춤을 추는 가면극.
【㺒下 산하】(佛)고승(高僧)을 부르는 경칭. '㺒'은 부처가 앉는 자리, 곧 사자좌(獅子座). 㺒下(예하).

犬 7 【㺚】
⑩ 짐승 이름 연 yán

字解 짐승 이름. 너구리(貍)와 비슷한 짐승.〔史記〕窮奇獌㺚.

犬 7 【狢】
⑩ 짐승 이름 욕·곡 yù

字解 짐승 이름.〔山海經〕北嚻之山, 有獸焉, 其狀如虎而白身, 犬首, 馬尾, 彘鬣, 名曰獨狢.

犬 7 【狺】
⑩ 으르렁거릴 은 yín

字解 으르렁거리다. ㉮개가 싸우는 소리. ㉯개가 짖는 소리.〔楚辭〕猛犬狺狺以迎吠兮.
【狺狺 은은】①개가 싸우는 소리. ②개가 짖는 소리.

犬 7 【㺔】
⑩ 짐승 이름 정 tíng

字解 짐승 이름. 원숭이의 한 갈래.

犬 7 【猘】
⑩ 미친 개 제 zhì

字解 미친 개. = 猵.〔說文解字〕猘犬入華臣氏之門.

犬 7 【㹱】
⑩ 이리 패 bèi

字解 이리. 앞다리가 매우 짧고 뒷다리가 길어, 낭(狼)

犬部 7~8획 狴狹狴猁猑猓猱狹猟猛

과 서로 의지해야만 다닐 수 있다. 〔後漢書〕狼狽而走.

犬 7 【狴】⑩ ❶짐승 이름 폐 廛 bì
❷감옥 폐 廛 bì
字解 ❶짐승 이름. ¶ 狴犴. ❷감옥 〔法言〕狴犴使人多禮乎.
【狴牢 폐뢰】 감옥. 뇌옥(牢獄).
【狴犴 폐안】①사나운 짐승 이름. 들개. ②감옥(監獄).

犬 7 【狹】⑩ 좁을 협 匼 xiá
초 狹 동 陝 동 狹 간 狭 字解 ①좁다. 〔史記〕長安地狹. ②좁아지다, 좁히다. 〔書經〕無自廣以狹. ③소리가 급하다. 〔禮記〕狹則思欲.
【狹徑 협경】 좁은 길. 小路(협로).
【狹軌 협궤】 궤도 사이의 너비가 표준보다 좁은 철도의 선로.
【狹斜 협사】 화류가(花柳街). 화류항(花柳巷). ○원래는 장안(長安)의 유흥가 이름으로, 길이 비스듬히 교차하고 좁아 수레도 지날 수 없을 정도였던 데서 온 말.
【狹小 협소】 공간이 좁고 작음. 아주 좁음.
【狹陋 협루】 땅이 좁고 험함.
【狹隘 협애】①자세 따위가 비좁음. 狹窄(협착). ②도량이나 소견이 좁음.
【狹韻 협운】 그 운목(韻目)에 딸린 자수가 적은 운통(韻統).
【狹義 협의】 좁은 범위의 뜻.
【狹窄 협착】①자리나 터전이 썩 좁음. ②마음이나 식견이 좁음.
【狹巷 협항】 좁은 골목.
◑ 廣-, 褊-, 閫-.

犬 7 【狲】⑩ 강아지 화 廛 huá
字解 강아지, 몸피가 작은 개.
【狲猭 화학】 강아지. 작은 개.

犬 7 【猁】⑩ ❶돼지 부르는 소리 희 廛 xī
❷돼지 희 廛 xī
❸황제 이름 시 廛 shǐ
초 猁 字解 ❶돼지를 부르는 소리. ❷돼지. =狶. 〔史記〕猁膏棘軸. ❸황제(皇帝) 이름.
【猁鬣 희렵】 돼지의 털.
【猁韋 시위】 상고(上古)의 제왕 이름.

犬 8 【猑】⑪ 짐승 이름 곤 阮 kūn
字解 ❶짐승 이름. ❷야생(野生)의 말. 〔後漢書〕絹猑蹏.

犬 8 【猓】⑪ 긴꼬리원숭이 과 哿 guǒ

字解 ❶긴꼬리원숭이. ≒果. 〔文選·賦〕狖鼯猓然. ❷오랑캐의 이름. 운남(雲南)·귀주(貴州)·사천(四川) 등지에 살던 종족으로, 지금의 이족(彝族).

犬 8 【猱】⑪ 狨(1109)의 속자

犬 8 【狹】⑪ 너구리 래 厌 lái
소 狹 字解 ❶너구리. =貍. ❷맹수(猛獸)의 이름. ❸오랑캐 이름. 광서성(廣西省)에 사는 만족(蠻族).

犬 8 【猟】⑪ 獵(1121)의 속자

犬 8 【猛】⑪ 사나울 맹 梗 měng

丿 亇 犭 犷 犷 猛 猛 猛 猛

소 猛 초 猛 字源 形聲. 犬+孟→猛. '孟(맹)'이 음을 나타낸다.
字解 ①사납다. ㉮날래다, 용감하다. 〔李白·詩〕猛虎伏尺草. ㉯엄하다. 〔春秋左氏傳〕惟有德者, 能以寬服民, 其次莫如猛. ㉰심하다. 〔禮記〕苛政猛于虎. ㉱사나운 개. ③성내다. ④갑자기. 〔朱子全書〕若不測地猛省起來, 則其懈時之放, 自不得遠去.
【猛炬 맹거】 세게 타는 횃불.
【猛決 맹결】 과단성 있게 결정함. 果決(과결).
【猛攻 맹공】 맹렬히 공격함.
【猛禽 맹금】 육식을 하는 사나운 날짐승.
【猛戾 맹려】 사납고 도리에 어긋남.
【猛烈 맹렬】 기세가 몹시 사납고 세참.
【猛士 맹사】 힘세고 용감한 병사.
【猛省 맹성】①갑자기 깨달음. ②깊이 반성함. 深省(심성).
【猛勢 맹세】 맹렬한 기세.
【猛水 맹수】 세차게 흐르는 물. 激流(격류).
【猛襲 맹습】 매섭게 침. 맹렬한 습격.
【猛惡 맹악】①몹시 사납고 악함. ②세력이 매우 강함.
【猛然 맹연】①갑자기 급히. ②기세가 맹렬한 모양.
【猛銳 맹예】 사납고 날카로움.
【猛雨 맹우】 억세게 퍼붓는 비.
【猛威 맹위】 맹렬한 위세.
【猛毅 맹의】 뜻이 굳음.
【猛將 맹장】 용맹스러운 장수.
【猛政 맹정】 가혹한 정치. 苛政(가정).
【猛志 맹지】 굳센 의지. 장한 뜻.
【猛進 맹진】 힘차게 나아감. 용맹스럽게 정진함.
【猛暴 맹포】 거칠고 사나움.
【猛虎 맹호】①사납고 힘센 범. ②맹렬하고 강한 것.
【猛虎伏草 맹호복초】 사나운 범이 풀 속에 엎드

려 있음. 영웅은 일시적으로 숨어 있어도 언젠가는 반드시 세상에 나타남.
【猛虎深山 맹호심산】사나운 범이 깊은 산에 있음. ㉠세력이 왕성함의 비유 ㉡호걸(豪傑)이 알맞은 자리를 얻음.
【猛火 맹화】세차게 타는 불. 烈火(열화).
❶ 強-, 獰-, 勇-, 威而不-, 驍-.

犬 8 【猇】⑪ 獮(1122)와 동자

犬 8 【猜】⑪ 시새울 시 佳 cāi

[소전] 猜 [초서] 猜 [字解] ❶시새우다. ㉮원망하다, 의심하며 원망하다. 〔春秋左傳〕送往事居, 耦俱無猜, 貞也. ㉯싫어하다. 〔後漢書〕於心有猜. ❷의심하다, 두려워하다. 〔春秋左氏傳〕寡君猜焉. ❸시새움, 의심. 〔後漢書〕苟曰無猜, 盜跖可信. ❹헤아리다, 추측하다.
【猜懼 시구】의심하고 두려워함.
【猜隙 시극】시기하여 사이가 좋지 못함.
【猜忌 시기】샘하여 미워함.
【猜謗 시방】미워하여 비난함.
【猜忤 시오】시기하여 거역함.
【猜畏 시외】미워하고 두려워함.
【猜怨 시원】시기하고 원망함. 猜恨(시한).
【猜疑 시의】시기하고 의심함.
【猜貳 시이】샘내고 의심함.
【猜忍 시인】시기심이 많고 잔인함.
【猜阻 시조】의심하는 일. 疑阻(의조).
【猜察 시찰】시기하여 살핌.
【猜憚 시탄】시기하여 꺼림.
【猜妬 시투】시기하고 질투함.
【猜恨 시한】질투하고 원망함.
【猜險 시험】남을 샘내어 해침이 많고 엉큼하다.
【猜嫌 시혐】샘하여 싫어함. 猜疑(시의).
【猜毁 시훼】시기하여 헐뜯음.
❶ 怨-, 疑-, 妒-, 嫌-, 懷-.

犬 8 【猒】⑫ ❶물릴 염 鹽 yàn ❷막을 압 洽 yā

[소전] 猒 [혹체] 猒 [초서] 猒 [字源] 會意. 甘+肰→猒. ‘肰’은 개고기. 합하여 물림을 나타낸다.
[字解] ❶(同) 厭(251). ①물리다, 싫증이 나다. 〔書經〕萬年猒乃德. ②족하다, 넉넉하다. 〔國語〕豈敢獸縱其耳目心腹, 以亂百度. ③편안하다, 안정되다. 猒愿. 〔方言〕猒, 安也. ④속이다. 〔淮南子〕是以君臣彌久而不相猒. ❷①막다, 통하지 못하게 하다. 〔漢書〕於是東游以猒當之. ②다그치다, 엎다, 합치다. =厭.

犬 8 【猊】⑪ 사자 예 齊 ní

[초서] 猊 [통자] 貌 [字解] ①사자. 늑麑. 〔穆天子傳〕狻猊野馬走五百里.

❷부처가 앉는 자리, 고승(高僧)의 자리. 〔戴叔倫·詩〕猊座翻蕭瑟.
【猊座 예좌】(佛)①부처가 앉는 자리. ②고승(高僧)이 앉는 자리. 사자좌(獅子座).
【猊下 예하】고승(高僧)에 대한 경칭.
❶ 怨-, 獅-, 狻-.

犬 8 【猥】⑪ 猥(1115)와 동자

犬 8 【猗】⑪
❶아름다울 의 支 yī
❷더할 의 紙 yǐ
❸다리 걸고 건널 기 紙 jī
❹부드러울 의 ㊆아 歌 ē
❺붙을 의 寘 wēi

[소전] 猗 [초서] 猗 [字解] ❶①아름답다. 〔漢書〕猗與偉與. ②아아, 감탄하는 소리. ¶ 猗嗟. ③길다. 〔詩經〕有實其猗. ④베풀다. ⑤우거진 모양. ¶ 猗猗. ⑥온순한 모양. 〔列子〕吾與之虛而猗移. ⑦조사(助詞). 어조(語調)를 고르는 구실을 한다. =兮. 〔莊子〕而已反其眞, 而我猶為人猗. ⑧불깐 개나 소. ⑨성(姓). ❷①더하다. 〔詩經〕猗于畝丘. ②기대다, =倚. 〔詩經〕猗重較兮. ③다발로 묶다. 〔詩經〕猗彼女桑. ❹나긋나긋하다, 우아(優雅)하다. ❸다리를 걷고 건너다. 〔集韻〕猗擧脛渡也. ❹부드럽다, 온순하다. =阿. 〔詩經〕猗儺其枝. ❺붙다, 치우치다. 〔詩經〕兩驂不猗.
【猗儺 의나】부드럽고 나긋나긋한 모양.
【猗靡 의미】①서로 따르는 모양, 서로 마음이 쏠리는 모양. ②부드럽고 아름다운 모양. ③정이 깊어 좀처럼 잊지 않는 모양.
【猗與 의여】‘아아’ 하고 감탄하는 소리.
【猗蔚 의울】초목이 무성한 모양.
【猗萎 의위】나뭇가지 따위가 바람에 휘는 모양.
【猗猗 의의】①아름답고 성(盛)한 모양. ②많고 성한 모양.
【猗移 의이】정직하고 유순한 모양.
【猗嗟 의차】‘아아’ 하고 탄식하는 소리.

犬 8 【猙】⑪ ❶짐승 이름 쟁 庚 zhēng ❷개 털 정 庚 zhēng

[초서] 猙 [간체] 狰 [字解] ❶짐승 이름. 뿔 하나에 꼬리가 다섯 달린, 표범과 비슷한 상상의 짐승. 또는 여우와 비슷하며 날개가 있다고 한다. ❷①개털. ¶ 猙獰. ②얄밉다. 〔廣異記〕容貌猙獰.
【猙獰 정녕】①몹시 거칠고 밉살스러움. 사나운 용모. ②개의 털.

〈猙❶〉

犬 8 【猪】⑪ 猪(1115)의 속자

犬部 8~9획 獅 猝 猔 猖 猋 猇 猳 猲 猤 猱 猫 猩

犬8 【獅】 ⑪ 미친 개 제 𩧀 zhì

[字解] ①미친 개. =狾.〔淮南子〕獅狗之驚, 以殺子陽. ②거칠다, 악하고 굳세다.〔吳志〕曹操閒孫策定江東, 意甚難之, 嘗呼獅兒難與爭鋒也.
【獅狗 제구】 ①미친 개. ②광포한 무리.

犬8 【猝】 ⑪ 갑자기 졸 月 cù

[字解] ①갑자기. ㉮개가 풀숲에서 갑자기 뛰어나오다. ㉯갑자기, 창졸간에.〔資治通鑑〕縣丁猝不可集. ②빠르다, 빨리. ③급히 지르는 노성(怒聲).〔漢書〕項王意烏猝嗟.
【猝富 졸부】 벼락부자.
【猝死 졸사】 별안간 죽음.
【猝嗟 졸차】 갑자기 노성(怒聲)을 지름.
【猝寒 졸한】 갑자기 닥치는 추위.
【猝曉 졸효】 갑자기 깨달음.

犬8 【猔】 ⑪ 외강아지 종 困 zòng

[字解] ①외강아지. 한 마리만 난 강아지. ②솔발이. 한배에 세 마리가 난 강아지. ③멧돼지. ④종족 이름.

犬8 【猖】 ⑪ 미쳐 날뛸 창 陽 chāng

[字解] ①미쳐 날뛰다.〔莊子〕猖狂妄行. ②어지럽다, 흐트러지다. =昌.
【猖狂 창광】 미쳐 날뜀.
【猖獗 창궐】 ①미쳐 날뜀. 나쁜 자의 세력이 걷잡을 수 없이 강성해짐. ②기울어 뒤집힘. 실패함. ③國전염병이 만연함.
【猖厲 창려】 성질이 냉혹하고 엄격함.
【猖披 창피】 ①옷을 입고 띠를 매지 않은 모양. 난동을 부림. 미쳐 날뜀. ②國체면이 사나워지거나 아니꼬운 일을 당하여 부끄러움.
● 猋ㅡ, 披ㅡ.

犬8 【猋】 ⑫ 개 달리는 모양 표 蕭 biāo

[字源] 會意. 犬+犬+犬→猋. '犬(개 견)'자 셋을 합하여, 개가 달리는 모양을 나타낸다.
[字解] ①개가 달리는 모양. ②달리다, 빨리 떠나가는 모양.〔楚辭〕猋遠擧兮雲中. ③회오리바람. 늑飇.〔禮記〕猋風暴雨總至.
【猋迅 표신】 회오리바람같이 빠른 남.
【猋風 표풍】 세찬 회오리바람.
【猋忽 표홀】 회오리바람.

犬8 【猇】 ⑪ 범이 울부짖을 효 肴 xiāo

[字解] ①범이 울부짖다, 범이 사람을 잡아먹으려고 우는 소리. ②고을 이름. 한대(漢代)에 산동성(山東省)에 두었던 현.

犬9 【猳】 ⑫ 수퇘지 가 麻 jiā

[字解] ①수퇘지. =豭.〔史記〕冠雄雞, 佩猳豚. ②암퇘지.〔管子〕東郭有狗, 嘷嘷, 旦暮欲齧我猳.

犬9 【猲】 ⑫
❶개 갈 㞹 月 xiē
❷큰 이리 갈 曷 gé
❸으를 겁 葉 hè

[字解] ❶개, 주둥이가 짧은 개. ❷큰 이리. =獦. ❸으르다. 늑喝.〔漢書〕各爲權勢, 恐猲良民.
【猲獢 갈효】 주둥이가 짧은 개.

犬9 【猤】 ⑫ 날랠 계 寘 guì

[字解] 날래다, 용감하다.〔左思·賦〕狂趡獷猤.

犬9 【猱】 ⑫ 원숭이 노 肴 náo

[字解] ①원숭이, 팔이 긴 원숭이.〔詩經〕毋敎猱升木. ②거문고 타는 법의 이름. 왼손으로 줄을 누르고 크게 소리를 떨게 하는 법. ③희롱거리다.〔南唐書〕猱雜侍婢, 以爲笑樂.
【猱升 노승】 ①원숭이가 나무에 오름. ②날렵함.
【猱狖 노유】 원숭이.
【猱雜 노잡】 희롱거리며 떠듦.
【猱玃 노확】 몸집이 큰 원숭이.

犬9 【猫】 ⑫ 고양이 묘 蕭 māo

[字解] 同 貓. 고양이.〔禮記〕迎猫爲其食田鼠也.
【猫頭懸鈴 묘두현령】 國고양이 목에 방울 달기. 불가능한 일을 의논함.
【猫鼠同處 묘서동처】 고양이와 쥐가 한자리에서 지냄. ㉠도둑을 잡아야 할 자가 오히려 도둑과 한패가 됨. ㉡상하가 결탁하여 부정을 행함.
【猫柔 묘유】 고양이처럼 겉으로는 유순하나 속은 음험함.

犬9 【猩】 ⑫
❶성성이 성 庚 xīng
❷개 짖는 소리 성 靑 xīng

[字解] ❶성성이.〔禮記〕猩猩能言, 不離禽獸. ❷붉은 빛.〔韓偓·詩〕猩色屛風畫折枝. ❷개 짖는 소리. ¶猩猩.
【猩猩 성성】 ①상상의 짐승 이름. ②성성이. 보르네오 등지에 사는 유인원(類人猿)의 한 가지. ③주연(酒宴). ④개 짖는 소리.
【猩猩氈 성성전】 진한 빨강으로 물들여 짠 모전(毛氈).
【猩紅 성홍】 ①성성이의 털빛과 같이 약간 검고 짙은 다홍색. ②불그레한 얼굴빛. ③수은으로

犬部 9획 猰猧猥猨猯猶猷猪

만든 주사(朱砂). 銀珠(은주).
【猩紅熱 성홍열】 열이 높고 온몸에 빨간 반점이 생기는 급성 전염성.

犬9 【猰】⑫ ❶짐승 이름 알 囲 yà ❷불인할 설 囲 qiè
소전 字解 ❶①짐승 이름. 너구리 비슷하게 생긴 짐승. 늑 猰. ②개, 얼룩개. ❷불인(不仁)하다, 무자비하다.
【猰犬 알견】 개와 같이 사납고 모진 사람.
【猰㺄 설강】 무자비함. 불인(不仁)함.

犬9 【猧】⑫ 발바리 와 歐 wō
초서 간체 字解 발바리, 몸집이 작은 개.

犬9 【猥】⑫ 함부로 외 囲 wěi
소전 초서 字解 ①함부로. ㉮뜻을 굽혀. 〔諸葛亮·表〕猥自枉屈. ㉯함부로. 〔後漢書〕猥狂賓客之上. ㉰적어도, 진실로. 〔漢書〕猥以不誦絶之. ②뒤섞이다, 어지럽게 섞이다. 〔春秋左氏傳·注〕取此雜猥之物. ③통합하다, 한가지로 하다. 〔漢書〕科別其條, 勿猥勿幷. ④많다. 〔漢書〕水猥盛則放溢. ⑤성(盛)하다, 성하게 되다. 〔漢書〕雖有惡種, 無不猥大. ⑥쌓다, 쌓은 것. 〔漢書〕兼受其猥. ⑦두텁다. 〔漢書〕今猥被以大罪. ⑧더럽다, 추잡하다. 〔洞冥記〕黃安自言卑猥. ⑨평범하다. 〔潘岳·詩〕猥荷公叔擧. ⑩갑자기. 〔春秋公羊傳〕屬公猥殺四大夫. ⑪개 짖는 소리.
【猥計 외계】 모두 합쳐 계산함.
【猥多 외다】 엄청나게 많음.
【猥濫 외람】 하는 짓이 분수에 넘침.
【猥褻 외설】 색정(色情)을 자극할 목적으로 하는 추잡한 행위.
【猥人 외인】 천한 사람. 상스러운 사람.
【猥雜 외잡】 음탕하고 어지러움.
◐ 凡-, 卑-, 冗-, 淫-, 雜-.

犬9 【猨】⑫ 猿(1117)과 동자

犬9 【猯】⑫ 貒(1589)와 동자

犬9 【猶】⑫ ❶오히려 유 囲 yóu ❷노래 요 蕭 yáo
丿 亻 犭 犷 犴 狞 狞 猶 猶 猶
소전 초서 간체 參考 대법원 지정 인명용 한자의 음은 '유'이다.
字源 形聲. 犬+酋→猶. '酋(추)'가 음을 나타낸다.
字解 ❶①오히려. ㉮마치 ~와 같다. 〔禮記〕兄弟之子猶子也. ㉯조차, 마저, 까지도. 경중(輕重)의 비교에 쓴다. 〔孟子〕管仲且猶不可召. ㉰지금도 역시. 〔儀禮〕猶挾一个. ㉱그 위에. 〔莊子〕夫子立而天下治, 而我猶尸之. ②마땅히 ~해야 한다. ≒應·宜. 〔詩經〕猶來無止. ③써. ≒以. 〔老子〕猶兮其貴言. ④부터. ≒由. 〔孟子〕然而文王猶方百里起. ⑤닮다, 같다. 〔詩經〕寔命不猶. ⑥태연히. 〔荀子〕猶然如將可及者. ⑦주저하다, 망설이다. 〔史記〕猶與未決. ⑧원숭이의 한 가지. 의심이 많아, 사람 소리가 나면 곧 나무에 오르고 소리가 나지 않으면 내려와, 항상 오르내려 일정한 결정이 없다. ⑨큰 개. ⑩꾀, 방법, 꾀하다. ≒猷. 〔詩經〕王猶允塞. ⑪그림. 〔詩經〕允猶翕河. ⑫앓다. ≒瘉. 〔詩經〕無相猶矣. ⑬성(姓). ❷①노래, 노래하다. ≒謠. ②움직이다, 흔들리다. ≒搖. 〔禮記〕咏斯猶, 猶斯舞.
【猶父 유부】 ①아버지처럼 섬김. 곧, 스승. ②아버지의 형제.
【猶父猶子 유부유자】 아버지 같고 자식 같음. 삼촌과 조카 사이.
【猶魚有水 유어유수】 물고기와 물과 같이, 친밀하여 떨어질 수 없는 사이. ㉠군신(君臣)의 사이가 친밀한 모양. ㉡부부가 화목한 모양.
【猶豫 유예】 ①망설임. 주저함. ②날짜를 미룸.
【猶爲不足 유위부족】 오히려 모자람. 싫증이 나지 않음.
【猶猶 유유】 ①의심이 많아 무슨 일을 쉽게 결행하지 못하는 모양. ②ː猶猶爾(유유이).
【猶猶爾 유유이】 진퇴(進退)가 빠르지도 느리지도 않은 모양. 猶猶(유유).
【猶子 유자】 형제의 아들. 조카.
【猶兮 유혜】 ①주저하는 모양. ②더구나.
◐ 相-, 五-, 夷-.

犬9 【猷】⑬ 꾀할 유 尤 yóu
초서 字解 ①꾀하다. ≒猶. 〔書經〕汝猷黜乃心, 無傲從康. ②꾀, 계략. 〔書經〕爾有嘉謀嘉猷. ④따르다. ≒攸. ⑤그리다, 그림. 〔周禮〕以猷鬼神示之居. ⑥아아. 감탄할 때 쓰는 발어사. 〔書經〕猷大誥爾多邦.
【猷念 유념】 곰곰이 생각함.

犬9 【猪】⑫ ❶돼지 저 魚 zhū ❷암돼지 차 麻
초서 본자 속자 간체 參考 대법원 지정 인명용 한자의 음은 '저'이다.
字解 ❶①돼지. 〔千金方〕炙猪肝貼之. ②돼지 새끼. ③웅덩이, 물이 괸 곳. ≒瀦. ¶猪水. ❷암돼지. 〔春秋左氏傳〕旣定爾婁猪.
【猪膽 저담】 돼지의 쓸개.
【猪突豨勇 저돌희용】 ①멧돼지가 돌진하듯 앞뒤를 생각지 않고 용맹스럽게 나아감. ②한대(漢代)에, 왕망(王莽)이 천하의 죄인·노예 등을 모

아서 조직한 군대의 이름.
【猪毛笠 저모립】國당상관(堂上官)이 쓰던, 돼지의 털로 싸개를 한 갓.
【猪水 저수】 괸 물.
【猪勇 저용】 멧돼지처럼 앞뒤를 생각하지 않고 함부로 덤비는 용기.
【猪肉 저육】 돼지고기.
❶牧-, 伏-, 山-, 野-, 豪-.

犬 【猣】 ⑫ 솥발이 종 匣 zōng
9
字解 솥발이. 한배에 난 세 마리의 강아지.

犬 【猵】 ⑫ ❶수달 편 本변 匨 biān
9   ❷짐승 이름 편 匦 piàn
소전 獱 혹체 獱 초서 猵 字解 ❶수달. =獱. 〔淮南子〕畜池魚者, 必去猵獺. ❷짐승 이름. 원숭이를 닮았으며, 대가리는 개를 닮았다.
【猵獺 편달】 물개. 수달.

犬 【献】 ⑬ 獻(1122)의 속자
9

犬 【㦥】 ⑬ 獻(1122)과 동자
9

犬 【猢】 ⑫ 원숭이 호 匨 hú
9
초서 猢 字解 원숭이. 〔歸田錄〕可謂猢猻入布袋.
【猢猻入布袋 호손입포대】 원숭이가 자루 속에 들어감. 야인(野人)이 관직 따위를 얻어 구속을 받음.

犬 【猴】 ⑫ 원숭이 후 匨 hóu
9
소전 猴 초서 猴 본체 猴 字解 원숭이. 〔史記〕人言楚人沐猴而冠耳, 果然.
【猴頭 후두】 꼬맹 녀석. 경멸하는 말.
【猴兒 후아】 원숭이.
❶群-, 母-, 沐-, 獼-, 猿-, 狙-, 玃-.

犬 【猴】 ⑫ 猴(1116)의 본자
9

犬 【猩】 ⑫ ❶짐승 이름 휘 匨 huī
9   ❷흉노 훈 匨 xūn
소전 猩 字解 ❶짐승 이름. 원숭이의 한 가지. 개 비슷한 몸에 사람 얼굴을 하였으며, 사람을 보면 웃는다고 한다. ❷흉노(匈奴). =獯.

犬 【㹍】 ⑬ 개 이름 류 匨 liú
10
字解 개 이름. 짐승을 잘 잡는 개.

犬 【猼】 ⑬ ❶짐승 이름 박 匨 bó
10   ❷파초 폭 匨 pò
字解 ❶짐승 이름. 사람과 비슷하게 생겼으나 날개가 달린 짐승. ❷파초(芭蕉). ¶猼且.
【猼且 폭저】 ①파초(芭蕉). ②양하(蘘荷).

犬 【獤】 ⑬ 동경개 반 匨 pán
10
字解 ❶동경개. 꼬리가 짧은 개. ❷종족(種族) 이름. =盤.

犬 【獅】 ⑬ 사자 사 匨 shī
10
초서 獅 간체 狮 字解 ❶사자. 〔梵網經〕如獅子身中蟲. ❷한배에 난 두 마리의 강아지.
【獅子身中蟲 사자신중충】 (佛) 사자가 죽으면 몸에서 벌레가 생겨 그 시체를 먹음. ㉠교단에 있으면서 불법(佛法)을 해치는 악한 비구. ㉡동지(同志)를 해치는 사람.
【獅子座 사자좌】 (佛) 설법하는 자리. 고승(高僧)의 좌석. 猊座(예좌).
【獅子吼 사자후】 ①사자가 울부짖음. ②(佛) 부처의 설법(說法)에 온 세상이 엎드려 승복함. ③크게 부르짖어 열변을 토함. ④질투심이 많은 아내가 남편에게 암상스럽게 대드는 일.

犬 【猻】 ⑬ 원숭이 손 匨 sūn
10
간체 狲 字解 원숭이. 〔楊萬里·詩〕坐看猢猻上樹頭.

犬 【獀】 ⑬ ❶사냥 수 匨 sōu
10   ❷봄 사냥 수 匦 sōu
字解 ❶①사냥. 봄 사냥이나 가을 사냥의 통칭. =蒐. 〔禮記〕放乎獀狩. ②가리다, 선택하다. ❷봄 사냥, 사냥하다. 〔國語〕獀于農隙.

犬 【獃】 ⑭ 어리석을 애 匨 dāi, ái
10
초서 獃 간체 呆 字解 ❶어리석다, 어리석어 분별이 없다. 〔紅樓夢〕果然有些獃氣. ❷실의(失意)한 모양.
【獃氣 애기】 어리석음.
【獃意 애의】 어리석은 생각.
【獃子 애자】 어리석은 사람.

犬 【獄】 ⑭ 옥 옥 匨 yù
10
𤞞 𤞥 𤞡 𤞢 𤞦 𤞧 𤞨→獄 獄 獄
소전 㺉 초서 獄 간체 狱 字源 會意. 犬+言+犬→獄. 두 마리의 개는 '지킴'을 뜻하고, '言'은 소송에서의 '말'을 뜻한다. 곧, 소송의 말을 바르게 지키고 사건의 진위(眞僞)를 확실하게 함을 나타낸다.
字解 ❶옥, 감옥. 〔淮南子〕執獄牢者無病. ❷

犬部 10~11획 猺 猿 猵 㺍 㺝 猾 猭 獌 獏 獡 獒 1117

송사, 소송. 〔國語〕君臣無獄. ③죄의 유무를 조사하여 처단하는 일. 〔詩經〕獄者核實道理之名. ④판결. 〔漢書〕使者覆獄. ⑤죄, 죄주다. 〔國語〕褒人褒姁有獄. ⑥법, 형법(刑法). 〔漢書〕遂使書獄.

【獄牢 옥뢰】 죄인을 가두어 두는 곳. 감옥.
【獄死 옥사】 감옥에서 죽음. 牢死(뇌사).
【獄事 옥사】 살인 등 중죄(重罪)를 다스리는 일.
【獄訟 옥송】 송사(訟事). ○'獄'은 형사 소송, '訟'은 민사 소송.
【獄鎖匠 옥쇄장】 囯옥에 갇힌 사람을 맡아 지키던 사람. 獄卒(옥졸).
【獄案 옥안】 소송 사건의 조서(調書).
【獄囹 옥어】 감옥. 獄舍(옥사).
【獄掾 옥연】 옥에서 일보는 사람. ○'掾'은 속관(屬官).
◑ 假-, 監-, 決-, 繫-, 牢-, 斷-, 煉-, 疑-, 典-, 地-, 出-, 脫-, 破-, 下-.

犬10【猺】⑬오랑캐 이름 요 蕭 yáo
초서【獿】 字解 ①오랑캐 이름. 양광(兩廣)·호남(湖南)·운남(雲南) 등지에 살았던 종족 이름. ②짐승 이름. 개의 한 가지.

犬10【猿】⑬원숭이 원 元 yuán
초서【猨】 동자【蝯】 속자【猵】 字解 원숭이. 〔山海經〕堂庭之山, 多白猿.
【猿臂 원비】 원숭이와 같은 긴 팔. 활을 쏘기에 안성맞춤인 팔.
【猿臂之勢 원비지세】 군대의 진퇴와 공수(攻守)를 자유자재로 함.
【猿嘯 원소】 원숭이가 욺. 또는 그 소리.
【猿愁 원수】 원숭이가 서글피 우는 소리.
【猿鶴沙蟲 원학사충】 원숭이와 학과 물여우와 벌레. 전쟁에 나가 죽은 장병. 故事 주(周) 목왕(穆王)이 남정(南征)을 하였을 때, 전군이 모두 죽어 군자(君子)는 원학, 소인(小人)은 사충이 되었다는 고사에서 온 말.
【猿猴取月 원후취월】 분수를 지키지 않으면 화를 입음. 故事 원숭이가 물에 비친 달을 잡으려고 매달린 나뭇가지가 꺾여 물에 빠져 죽었다는 우화에서 온 말.
◑ 彌-, 飛-, 愁-, 心-, 哀-, 猴-.

犬10【㺍】⑬돼지 원 元 huán
字解 ①돼지, 돼지의 한 가지. =豲. ②짐승 이름. 소와 비슷하며 발이 셋 달렸다. ③고을 이름. 감숙성(甘肅省) 농서현(隴西縣)의 동북에 있었던, 서융(西戎)의 고을 이름.

犬10【㺝】⑬猿(1117)의 속자

犬10【猭】⑬猵(1118)의 본자

犬10【猾】⑬교활할 활 黠 huá
초서【獿】 간체【猾】 字解 ①교활하다, 교활한 사람. 〔史記〕不能進臣等, 專言大猾. ②어지럽히다. 〔書經〕蠻夷猾夏. ③가지고 놀다, 심심풀이로 즐기다. 〔國語〕齒牙爲猾.
【猾吏 활리】 교활한 관리. 猾胥(활서).
【猾惡 활악】 교활하고 간악함. 猾獪(활회).
【猾賊 활적】 ①교활하여 사람을 해침. ②교활하고 잔인함.
【猾夏 활하】 중국을 어지럽힘.
【猾橫 활횡】 교활하고 도리에 어긋남.
◑ 姦-, 巧-, 狡-, 老-, 貪-, 獪-, 凶-.

犬11【獍】⑭맹수 이름 경 敬 jìng
초서【獐】 字解 맹수 이름. 범과 비슷하나 몸이 작으며, 태어나자마자 아비를 잡아먹는다고 한다.

犬11【獿】⑭①요란할 교 皓 nǎo, qiāo ②개 어지러이 짖을 료 蕭 xiāo
소전【獿】 초서【獿】 字解 ①①요린하다, 어지럽다. ②말을 더듬으며 말하기를 꺼리는 모양. 〔列子〕獿忦情露. ③개가 짖다. ④교활하다. ②개가 어지러이 짖다.

犬11【獌】⑭이리 만 願 màn
소전【獌】 字解 ①이리. =㺢. ②범의 한 가지. 〔爾雅〕貙獌似狸. ③짐승 이름. 〔史記〕兕象野犀, 窮奇獌狿.

犬11【獏】⑭①종족 이름 모 虞 mú ②짐승 이름 맥 陌 mò
초서【獏】 字解 ①종족 이름. 광동성(廣東省) 합포현(合浦縣)의 산속에 산다. ②짐승 이름. =貘.

犬11【獡】⑭①해칠 삼 覃 shān, shǎn ②산사람 소 虞 sāo
소전【獡】 字解 ①①해치다, 해를 입히다. ②개 짖는 소리. ②산사람. 깊은 산속에 산다는 무서운 남자 괴물.

犬11【獒】⑮개 오 豪 áo
소전【獒】 초서【獒】 동자【獒】 字解 ①개. 길이 잘 든 개. ②키가 4척(尺)인 큰 개. 〔書經〕西旅底貢厥獒. ③맹견

〈㺍②〉

(猛犬).〔春秋左氏傳〕公嗾夫獒焉. ④개 이름.
〔春秋公羊傳〕靈公有周狗謂之獒.

犬 11 【獥】 ⑭ 獘(1117)와 동자

犬 11 【獐】 ⑭ 노루 장 陽 zhāng
[초서] 獐 [자해] 麞 [자해] 노루.
【獐頭鼠目 장두서목】 노루 대가리와 쥐의 눈.
㉠안절부절못하는 모양. ㉡인상학(人相學)에서
이르는 비천(卑賤)한 상(相).
【獐鹿 장록】 노루와 사슴.
【獐茸 장용】 돋아 나와 아직 굳지 않은 노루의
어린 뿔. 보약으로 쓰임.

犬 11 【獎】 ⑮ 奬(401)과 동자

犬 12 【獝】 ⑫ 짐승 이름 계 霽 guì
[자해] 짐승 이름. 원숭이를 닮았으나 작고, 쥐
를 아주 잘 잡는다.

犬 12 【獟】 ❶미친개 교 ㊍요 嘯 yào
❷날랠 효 蕭 xiāo
❸사나운 개 효 蕭 xiāo
[소전] 獟 [소전] 獟 [초서] 獟 [자해] ❶미친 개.
❷①날래다. ≒趫.
¶獟悍. ❷미치다. ❸사나운 개.
【獟悍 효한】 날래고 사나움.

犬 12 【獗】 ⑮ 날뛸 궐 月 jué
[초서] 獗 [자해] 날뛰다, 사납게 날뛰다.〔新
書〕其餘猖獗而趣之者.

犬 12 【獤】 ⑮ 國돈피 돈
[자해] 돈피, 담비의 가죽, 잘.

犬 12 【獞】 ⑮ 오랑캐 이름 동 東 zhuàng, tóng
[자해] ①오랑캐 이름. 호남성(湖南省) 계동(谿
峒)에서 나서 광서(廣西)·광동(廣東)으로 퍼진
민족. ②개 이름.

犬 12 【獠】 ❶밤사냥 료 蕭 liáo
❷사냥 료 蕭 liáo
⑮ ❸오랑캐 이름 로 皓 lǎo
[소전] 獠 [초서] 獠 [자해] ❶밤 사냥. =獵.
〔爾雅〕宵田爲獠. ❷사냥.
사냥하다. ❸①오랑캐 이름. 형주(荊州)의 서남
에 산다. =僚. 〔峒谿纖誌〕獠人, 亦名山子,
處於嶺表海外, 射生爲活, 呑噬昆蟲. ❷남을
욕하는 말. 〔新唐書〕何不撲殺此獠.

犬 12 【獜】 ⑮ ❶튼튼할 린 眞 lín
❷짐승 이름 린 震 lìn
[자해] ❶①튼튼하다, 건장하다. ②소
리, 개 짖는 소리. ❷짐승 이름. 개와
비슷하게 생긴 짐승.

犬 12 【獸】 ⑯ 獸(1121)의 속자

犬 12 【獿】 ⑮ 팔 긴 원숭이 연 先 rán
[자해] 팔이 긴 원
숭이. 몸은 푸른
빛이고 빰은 거무
스름하며, 사람처
럼 수염이 나 있
다. ≒猱.

犬 12 【獙】 ⑯ 넘어질 폐 霽 bì
[초서] 獙 [자해] ①㉠넘어지다. ㉡해어지다. ㉢
곤하다. ※弊(563)의 속자(俗字). ②
짐승 이름. =獘.

犬 12 【獘】 ⑮ 짐승 이름 폐 霽 bì
[동자] 獘 [자해]
짐승 이
름. 여우의 한 가지
로, 날개가 있으며,
울음소리는 기러기
의 울음소리와 비
슷하다.

犬 12 【獋】 ⑮ 개 짖을 호 豪 háo
[소전] 獋 [본자] 獆 [자해] 개가 짖다, 울다.

犬 12 【獢】 ⑮ 주둥이 짧은 개 효 蕭 xiāo
[소전] 獢 [초서] 獢 [자해] ①주둥이가 짧은 개.
〔傅玄·賦〕逸獢獢而盤桓.
②교만하다. =驕.

犬 12 【獝】 ⑮ ❶미칠 휼 質 xù
❷짐승 달리는 모양 율 質 yù
[초서] 獝 [자해] ❶①미치다. ②놀라 허둥거리
다, 놀라 달리는 모양.〔禮記〕鳳以
爲畜, 故鳥不獝. ❷짐승이 달리는 모양.

犬 13 【獦】 ⑯ ❶큰 이리 갈 曷 gé, xiē
❷성 렵 葉 liè
[자해] ①①큰 이리. =猲.〔山海經〕北號之山
有獸焉, 其狀如狼, 赤首鼠目, 其音如豚, 名
曰獦狚. ②주둥이가 짧은 개. ❷성(姓). 융(戎)
의 성.

犬部 13획 獥 獴 獐 獨 獸 獸 獩 獫 獬 1119

【獥】
犬13 ⑯ ❶이리 새끼 격 𧰼 jiǎo
❷암 이리 교 𧰼 jiào
字解 ❶이리 새끼. ❷①암이리, 이리의 암컷.
②이리 새끼.

【獴】
犬13 ⑯ 삽살개 농 图 nóng
소전 · 초서
字解 ①삽살개. ②털이 길다, 긴 털.〔爾雅〕尨毛獴長. ③오랑캐 이름. 묘족(苗族)의 한 갈래.

【獐】
犬13 ⑯ 獺(1121)과 동자

【獨】
犬13 ⑯ 홀로 독 图 dú

犭 犴 狆 狆 狆 狆 狆 獨 獨 獨
소전 · 초서 · 동자 獸 · 속자 独 · 간체 独
字源 形聲. 犭+蜀→獨. '蜀(촉)'이 음을 나타낸다.
字解 ①홀로. ㉮혼자.〔禮記〕君子愼其獨也. ㉯남과 다르다.〔莊子〕其行獨也. ㉰돕는 사람이 없다.〔荀子〕無卿相輔佐足任者, 謂之獨. ㉱다만, 오직.〔說苑〕不遇時者衆矣, 豈獨邱哉. ②홀몸. ㉮늙어서 자식이 없는 사람.〔孟子〕老而無子曰獨. ㉯홀어미, 남편이 없는 부녀. ㉰자손이 없는 사람.〔周禮〕遠近惸獨. ③어찌. =寧·豈.〔禮記〕日女獨未聞牧野之語乎. ④장차. =將.〔春秋左氏傳〕棄君之命, 獨誰受之. ⑤어느. =孰.〔呂氏春秋〕獨如嚮之人. ⑥그. =其.〔孟子〕獨如宋玉何. ⑦개가 싸우다.〔說文解字〕獨, 犬相得而鬥也, 从犬蜀聲, 羊爲群, 犬爲獨也. ⑧외발 사람, 월형(刖刑)을 받은 사람.〔莊子〕天之生是使獨也.
【獨斷 독단】혼자서 결정함.
【獨得 독득】①자신이 훌륭하다고 뽐냄. ②남이 감히 따르지 못할 만큼 뛰어남.
【獨樂 독락】①홀로 즐김. ②자기 혼자만 즐김.
【獨梁 독량】외나무다리.
【獨力 독력】①자기 혼자의 힘. 自力(자력). ②짧고 흔한 모양.
【獨木橋 독목교】외나무다리.
【獨木舟 독목주】통나무배. 마상이.
【獨步 독보】①혼자 걸어감. ②남이 따를 수 없을 만큼 뛰어남.
【獨夫 독부】①독신 남자. ②남의 남자가 못 난 사나이. 匹夫(필부).
【獨不將軍 독불장군】혼자서만 아니라고 하는 장군. ㉠따돌림을 받는 사람. ㉡남의 의견은 무시하고 모든 일을 혼자 처리하는 사람.
【獨善其身 독선기신】자기 한 몸의 선(善)만을 꾀함. 獨善(독선).
【獨修 독수】①남을 상관하지 아니하고 오로지 자기 몸을 닦음. ②스승 없이 혼자서 학업을 닦음. 獨習(독습).

【獨守空房 독수공방】혼자서 빈 방을 지킴. 아내가 남편 없이 혼자 지냄. 獨宿空房(독숙공방).
【獨食 독식】①혼자서 먹음. ②어떤 이익을 혼자서 차지함.
【獨眼龍 독안룡】①외눈의 영웅. ②외눈으로 덕이 높은 사람.
【獨吟 독음】혼자서 시를 읊음.
【獨自 독자】①혼자. 單獨(단독). ②다른 것과 특별히 다름. 獨特(독특).
【獨裁 독재】특정한 개인·단체·계급이 모든 권력을 쥐고 지배하는 일.
【獨占 독점】어떤 기업이 생산과 시장을 지배하고 이익을 독차지함.
【獨尊 독존】자기만이 존귀하다고 생각함.
【獨坐 독좌】①교만하여 남을 상대하지 아니함. 혼자 떨어져 있음. ②홀로 앉아 있음. ③혼자 앉을 만한 작은 걸상.
【獨擅 독천】자기 마음대로 함.
【獨行 독행】①혼자서 길을 감. ②남의 힘을 빌리지 않고 혼자 힘으로 행함. ③지조(志操)를 굳게 지켜 세속(世俗)에 좌우되지 않는 일. ④고독(孤獨)함.
【獨行踽踽 독행우우】고독하여 의지할 부모 형제가 없음. ♤'踽踽'는 홀로 가는 모양.
❶ 孤—, 寡—, 單—, 愼—, 惟—, 唯我—尊.

【獸】
犬13 ⑰ 獨(1119)과 동자

【獸】
犬13 ⑰ 獸(1121)의 속자

【獩】
犬13 ⑯ 민족 이름 예 𧰼 huì
字解 민족 이름, 종족 이름. 만주와 우리나라 북부 지방에 살았다.
【獩貊 예맥】고조선(古朝鮮) 때 북부에 살았던 종족 이름.

【獫】
犬13 ⑯ 억셀 재 𧰼 zhǎi
字解 억세다, 뛰어나게 세다.

【獬】
犬13 ⑯ 짐승 이름 해 𧰼 xiè
초서
字解 ① 짐승 이름. ❶獬豸. ②굳센 모양.
【獬冠 해관】⇨獬豸冠(해치관).
【獬豸 해치·해태】소와 비슷하게 생긴, 옳고 그름을 판단하여 안다는 신수(神獸).
【獬豸冠 해치관·해

〈獬豸〉

태관】 법관이 쓰는 관(冠)의 이름. ○해치는 옳고 그름을 잘 판단한다는 데서 온 이름. 獬冠(해관).

犬 13 【獫】⑯ ❶오랑캐 이름 험 國 xiǎn
❷개 렴 國 xiǎn
소전 㺚 초서 獫 간체 猃 字解 ❶오랑캐 이름. =玁. ¶獫狁. ❷개, 주둥이가 기다란 개, 사냥개. 〔詩經〕 載獫歇驕.
【獫狁 험윤】 주대(周代)에 중국 북방에 살던 종족. 한대(漢代)에는 흉노(匈奴)라 함.

犬 13 【獧】⑯ ❶급할 환 囥 juàn
❷견개할 견 銑 juàn
소전 獧 초서 獧 字解 ❶①급하다. ≒懁. ❷빠르게 뛰다. ③개가 뛰다. ❷견개(狷介)하다, 마음은 좁으나 절의를 지키는 바가 굳다. =狷. 〔孟子〕必也狂獧乎.
【獧急 견급】 마음이 좁고 성급함.
【獧者 견자】 스스로 지키는 바는 굳으나 마음이 너그럽지 못한 사람.

犬 13 【獪】⑯ 교활할 회 ㊀쾌 泰 kuài, huá
소전 獪 초서 獪 간체 狯 字解 ①교활하다. ¶獪猾. ②어지럽게 하다, 어수선하게 하다.
【獪猾 회활】 간악하고 교활함.
○ 姦-, 狡-, 老-, 詐-, 猾-, 譎-.

犬 14 【獰】⑰ 모질 녕 庚 níng
초서 獰 간체 狞 字解 ①모질다, 용모와 성질이 흉악하다. ¶獰惡. ②개의 털이 많은 모양. ¶狰獰.
【獰毒 영독】 모질고 사나움.
【獰猛 영맹】 모질고 사나움.
【獰惡 영악】 사납고 악독함.
【獰慝 영특】 성질이 영악하고 간특함.
【獰飇 영표】 매우 사나운 바람.
○ 姦-, 嬌-, 猙-.

犬 14 【獳】⑰ ❶으르렁거릴 누 宥 nòu
❷짐승 이름 유 虞 rú
소전 獳 초서 獳 字解 ①으르렁거리다, 개가 으르렁거리다. ❷짐승 이름. 〔山海經〕 耿山有獸焉, 其狀如狐而魚翼, 其名曰朱獳.

犬 14 【獵】⑰ 獵(1121)의 속자

犬 14 【獴】⑰ 짐승 이름 몽 東 méng
간체 獴 字解 짐승 이름. 원숭이의 한 가지. 쥐를 아주 잘 잡는다.

犬 14 【獱】⑰ 수달 빈 眞 biān
소서 獱 字解 수달. =猵. 〔揚雄·賦〕 蹠獱獺.
【獱獺 빈달】 수달.

犬 14 【獮】⑰ 가을 사냥 선 銑 xiǎn
소전 獮 혹체 獮 초서 獮 字解 ①가을 사냥. 〔周禮〕 獮之日, 涖卜來歲之戒. ❷죽이다. 〔周禮〕遂以獮田.
【獮田 선전】 ①사냥함. ②가을 사냥.

犬 14 【獲】⑰ 짐승 이름 탁 藥 zhuó
字解 짐승 이름. ㉮원숭이 비슷하게 생긴, 털이 누런 짐승. ㉯사슴 비슷하게 생긴, 꼬리가 흰 짐승.

犬 14 【猂】⑰ 개 짖는 소리 함 勘 hàn
字解 ①개 짖는 소리. ②범이 울부짖는 소리. ③개가 물건을 깨무는 소리.

犬 14 【獲】⑰ ❶얻을 획 陌 huò
❷실심할 확 藥 huò

犭 犭 犭 犭 犭 犭 獲 獲 獲 獲

소전 獲 초서 獲 간체 获 参考 대법원 지정 인명용 한자의 음은 '획'이다.
字源 形聲. 犭+蒦→獲. '蒦(약)'이 음을 나타낸다.
字解 ❶①얻다. ㉮사냥하여 짐승을 잡다. 〔周禮〕 獲者取左耳. ㉯손에 넣다. 〔孟子〕耕者之所獲. ㉰빼앗다. 〔春秋〕 獲莒挐. ㉱일의 마땅함을 얻다. 〔詩經〕 其政不獲. ㉲때의 마땅함을 얻다. 〔詩經〕 笑話卒獲. ②얻어지다. ㉮잡히다. 〔史記〕 詩云趯趯毚兔, 遇犬獲之. ㉯인정받다, 마음에 들게 되다. 〔中庸〕 在下位不獲乎上, 民不可得而治矣. ③사냥하여 잡은 금수(禽獸). 〔呂氏春秋〕田獵之獲, 常過人矣. ④포로. 〔春秋公羊傳〕 君死于位曰滅, 生得曰獲, 大夫死, 皆曰獲. ⑤맞히다, 쏜 화살이 과녁에 맞다. 〔儀禮〕 獲者坐. ⑥계집종, 계집종에게서 태어난 자식. 〔莊子〕 婦奴之子謂之獲. ⑦그르치다, 잘못하다. ≒誤. 〔淮南子〕 不獲五度. ⑧동사, 산가지. 〔儀禮〕 釋獲者. ⑨당하다, 피동(被動)의 뜻을 나타낸다. 〔抱朴子〕 繩墨之匠, 獲擯於曲木之肆. ⑩성(姓). ❷실심하다, 실심한 모양. 〔禮記〕 不限獲於貧賤.
【獲得 획득】 ①얻어서 가짐. ②잡음.
【獲麟 획린】 기린을 잡음. ㉠절필(絕筆)함. ㉡죽음. 故事 공자가 춘추(春秋)를 지으면서 '哀公十四年春, 西狩獲麟'이라고 하고 붓을 내려놓은 데서 온 말.
【獲我心 획아심】 남의 언행(言行)이 나의 뜻에

犬部 14~16획 獯獷玃獵獸獺 1121

맞아 기쁘게 생각함.
【獲罪 획죄】죄인이 됨.
○ 固-, 禽-, 拿-, 搏-, 俘-, 漁-, 獵-,
弋-, 賊-, 田-, 探-, 探-, 捕-.

犬 14 【獯】⑰ 오랑캐 이름 훈 囚 xūn
[초서] 獯 [동자] 獯
[字解] 오랑캐 이름. 훈노(匈奴)의 딴 이름.

犬 15 【獷】⑱ 사나울 광 梗 guǎng
[소전] 獷 [초서] 獷 [간체] 犷
[字解] ①사납다, 난폭하다. ¶獷狉.
②사나운 개, 맹견(猛犬). ③추악하다. 〔漢書〕獷狉亡秦. ④[國]족제비.
【獷狉 광계】사납고 용감함.
【獷獷 광광】예의, 풍속 등이 어지러워 난잡한 모양.
【獷戾 광려】거칠고 도리에 어긋남. 悍戾(한려).
【獷俗 광속】거친 풍속. 야만스러운 풍속.
【獷悍 광한】모질고 독살스러움.
○ 強-, 頑-, 殘-, 蠱-, 荒-, 凶-.

犬 15 【玃】⑱ ❶원숭이 노 豪 náo
❷놀랄 노 阿 nǎo
[초서] 玃 [字解] ❶①원숭이 =獿. ②희롱하다. 〔禮記〕玃雜子女. ❷①놀라다, 개가 놀라는 모양. ②옛날 벽을 잘 바르던 사람.
【玃雜 노잡】원숭이가 흉내를 내며, 남녀가 어울려 노닥거림.

犬 15 【獵】⑱ 사냥 렵 葉 liè

[자형들] 犭 犭 犭 犭 獵 獵 獵 獵 獵 獵
[소전] 獵 [초서] 獵 [속자] 猟 [속자] 獵 [간체] 猎
[字源] 形聲. 犭+巤→獵. '巤(렵)'이 음을 나타낸다.
[字解] ①사냥, 사냥하다. 〔詩經〕不狩不獵. ②잡다, 사로잡다. 〔太玄經〕吏所獵也. ③찾다. 〔大藏一覽〕本在人中, 爲獵魚師. ④학대하다. ⑤놀라게 하다. 〔國語〕興其衆庶, 以犯獵吳國之師徒. ⑥쥐다, 손으로 잡다. 〔史記〕獵纓正襟危坐. ⑦지나다, 거치다. 〔宋玉·賦〕獵蕙草. ⑧밟다. 〔詩經〕衡獵之. ⑨넘다. =躐. 〔荀子〕不獵禾稼. ⑩소리, 바람·피리 등의 소리. 〔王褒·賦〕獵若枚折.
【獵犬 엽견】사냥개.
【獵官 엽관】관직을 얻으려고 다툼.
【獵較 엽교】①사냥하여 얻은 짐승의 많고 적음을 견주어 봄. ②사냥하여 얻은 짐승으로 조상에게 제사 지냄.
【獵奇 엽기】기이한 일이나 사물에 흥미를 느끼고 즐겨 쫓아다님.
【獵獵 엽렵】①바람 부는 모양. 또는 그 소리.

②바람에 나부끼는 모양.
【獵師 엽사】사냥꾼. 獵人(엽인).
【獵捷 엽첩】서로 연이어 있는 모양.
【獵銃 엽총】사냥총.
【獵戶 엽호】①사냥꾼의 집. ②사냥꾼.
○ 禁-, 密-, 射-, 涉-, 狩-, 銃-.

犬 15 【獸】⑲ 짐승 수 宥 shòu

[자형들] 口 吅 咒 吅 留 嘼 嘼 嘼 獸 獸
[소전] 獸 [초서] 獸 [속자] 獸 [속자] 獸 [간체] 兽
[字源] 會意. 單+犬→獸. 본래 사냥 도구의 미는 '單'과 사냥할 때 짐승을 모는 개(犬)를 합하여 '사냥하다'의 뜻을 나타낸다. 뒤에 '짐승'의 뜻으로 바뀌었다.
[字解] ①짐승. 〔書經〕百獸率舞. ②포, 말린 고기. 〔儀禮〕實獸于其上東首.
【獸窮則齧 수궁즉설】짐승은 궁지에 몰리면 묾. 사람도 곤궁하여지면 나쁜 짓을 함.
【獸圈 수권】짐승 우리.
【獸心 수심】짐승 같은 마음.
【獸慾 수욕】짐승과 같은 음란한 정욕(情慾).
【獸醫 수의】가축의 병을 치료하는 의사.
【獸蹄鳥跡 수제조적】짐승의 굽과 새의 발자국. 세상이 매우 어지럽고 혼란함.
【獸聚鳥散 수취조산】짐승처럼 모였다가 새처럼 흩어짐. 임시로 모였다 흩어졌다 함.
【獸行 수행】짐승과 같은 행실. 흉악한 행동. 인륜을 벗어난 행위.
【獸患 수환】짐승의 피해로 말미암은 근심.
○ 怪-, 禽-, 奇-, 猛-, 百-, 瑞-, 馴-, 野-, 仁-, 鳥-, 走-, 珍-, 畜-.

犬 16 【獺】⑲ 수달 달 曷 tǎ

[소전] 獺 [초서] 獺 [동자] 獺 [간체] 獭
[字解] 수달. 작은 개 모양을 한, 발은 짧고 꼬리는 길며, 발가락 사이에 물갈퀴가 있어 헤엄을 잘 치는 동물. =獱. 〔孟子〕故爲淵敺魚者獺也.
【獺祭魚 달제어】①수달이 자기가 잡은 물고기를 사방에 늘어놓는 일. 사람이 물건을 갖추어 제사 지내는 것과 같다는 데서 온 말. ②시문(詩文)을 지을 때 좌우에 많은 참고 서적을 펴놓는 일. 많은 고사(故事)를 인용(引用)하는 일. [故事]당대(唐代)에 이상은(李商隱)이 글을 지을 때면 많은 서적을 펼쳐 놓고 참고하였는데, 이것이 마치 수달이 고기를 늘어놓는 것과 같다 하여 당시 사람들이 '달제어'란 호를 지어 준 데서 온 말.
○ 山-, 水-, 豹-, 猵-, 海-.

〈獺〉

犬部 16~20획 獻獼獿玁玁玁玁玁

犬16 【獻】⑳ ❶바칠 헌 廁 xiàn
❷술두루미 사 瓞 suō
❸위의 있을 의 瓞 suō

广 庐 虍 虎 虘 虘 獻 獻

[소전] [초서] [동자] [간체]

[참고] 대법원 지정 인명용 한자음은 '헌'이다.
[字源] 形聲. 鬳+犬→獻. '鬳(권)'이 음을 나타낸다.
[字解] ❶㉠바치다. ㉮종묘에 개를 희생으로 바치다. ㉯음악을 연주하여 신(神)에게 제사를 올리다.〔春秋左氏傳〕初獻六羽. ㉰받들다, 임금에게 드리다.〔戰國策〕獻商於之地六百里. ㉱상주하다, 임금께 아뢰다.〔國語〕大夫種乃獻謀. ㉲물건을 선사하다.〔呂氏春秋〕願獻之丈人. ㉳권하다.〔詩經〕或獻或酢. ㉴어진 이. ≒賢. ❹바치는 물건. ㉮종묘(宗廟)에 바치는 물건. ㉯임금·빈객에게 헌상하는 물건. ❺맞다, 맞이하다.〔淮南子〕大淵獻之歲. ❻성(姓). ❷❶술두루미. ¶ 獻尊. ❷거칠게 새기다.〔禮記〕周獻豆. ❸위의(威儀)가 있다. ≒儀.〔周禮〕鬱齊獻酌.
【獻可 헌가】임금에게 착한 말을 드림. 착하고 바른 말을 진언함.
【獻功 헌공】①정성과 힘을 다함. 공무(公務)에 힘씀. ②수확물(收穫物)을 바침.
【獻芹 헌근】미나리를 바침. 변변하지 못한 물건. 선물을 보낼 때에 쓰는 겸사.
【獻金 헌금】돈을 바침.
【獻納 헌납】①임금에게 충언(忠言)을 올림. ②돈이나 물품을 바침.
【獻民 헌민】현명한 백성. 賢民(현민).
【獻俘 헌부】전쟁에 이기고 돌아와서 포로를 묘사(廟社)에 바치고 승전(勝戰)을 고하는 일. 獻捷(헌첩).
【獻上 헌상】올림. 바침.
【獻歲 헌세】정월 초하루. 새해가 다가옴. '獻'은 '進'으로 '나아감'을 뜻함. 歲首(세수).
【獻笑 헌소】①웃음을 바침. 명랑하게 웃음을 던짐. ②웃음거리가 될 만한 것을 보임. 자기 의견의 겸사(謙稱). ③배우(俳優).
【獻酬 헌수】①서로 술잔을 주고받음. ②보답(報答)함.
【獻壽 헌수】①축하의 선물을 보냄. 금품을 선사함. ②환갑 잔치 등에 장수를 비는 뜻으로 술잔을 올리는 일.
【獻臣 헌신】어진 신하. 賢臣(현신).
【獻身 헌신】①신명(身命)을 바쳐 진력(盡力)함. ②앞으로 나아감. 그 장소로 나아감.
【獻議 헌의】윗사람에게 의논을 드림.
【獻酌 헌작】①헌작(獻爵). ②의작(儀爵). ①제사 때에 술잔을 올림. ②위의(威儀)가 있는 술잔.
【獻呈 헌정】바침. 삼가 올림. 獻上(헌상).
【獻策 헌책】계책(計策)을 올림. 일에 대한 방책을 올리는 일.

【獻捷 헌첩】①전승(戰勝)을 임금에게 보고함. ②獻俘(헌부).
【獻替 헌체】옳은 일을 권하고 옳지 못한 일을 못하게 함. 군주(君主)를 보좌함. '獻'은 '進'으로 '추천함'을, '替'는 '廢'로 '그만둠'을 뜻함.
【獻春 헌춘】첫봄. 이른 봄. 孟春(맹춘).
【獻尊 사준】비취(翡翠)로 장식한 술통.
❶貢−, 文−.

犬17 【獼】⑳ 원숭이 미 瓞 mí

[초서] [동자] [간체]

[字解] 원숭이, 목후(沐猴).
【獼猿 미원】원숭이.
【獼猴 미후】큰 원숭이. 沐猴(목후).
❶貢−, 文−, 奉−, 亞−, 終−, 進−, 初−.

犬17 【玁】⑳ 짐승 이름 영 廎 yīng

[字解] 짐승 이름. 모양은 사슴과 비슷하나, 흰 꼬리에 말의 발, 사람의 손과 같은 4개의 뿔을 가지고 있다 한다.

犬18 【獿】㉑ ❶개 짖을 뇨 看 nǎo
❷원숭이 노 廎 náo
❸미장이 뇌 瓞 náo

[소전]

[字解] ❶개가 짖다. ❷원숭이, 탐욕스러운 짐승 이름. ❸미장이, 옛날 이름난 미장이.〔漢書〕獿人亡則匠石輟斤, 而不敢妄斷.

犬18 【獾】㉑ ❶오소리 환 廎 huān
❷고을 이름 권 廎 quán

[字解] ❶오소리, 이리의 수컷, 멧돼지. =貛. ❷고을 이름. =狦.
【獾狪 환돈】오소리〔貛〕의 딴 이름.

犬19 【玁】㉒ 오랑캐 이름 라 廎 luó, ě

[초서] [간체]

[字解] ❶오랑캐 이름. 운남(雲南)·귀주(貴州)·사천(四川) 지방에 산다. ❷허리를 굽히고 걷다.

犬20 【玁】㉓ 오랑캐 이름 험 廎 xiǎn

[간체]

[字解] 오랑캐 이름. =玁. 북적(北狄)의 딴 이름.

犬20 【玃】㉓ ❶원숭이 확 廎 jué
❷칠 격 廎 jué

[소전] [초서]

[字解] ❶원숭이, 큰 원숭이. =貜. ¶ 玃猱. ❷치다, 움키다. =攫.
【玃猱 확노】원숭이. 玃猴(확후).
【玃猿 확원】원숭이.
【玃鳥 확조】사나운 새.

玄部

5획 부수 | 검을현부

玄⓪ 【玄】 ⑤ 검을 현 冘 xuán

`丶 亠 亠 玄 玄`

[소전] 홍 [고문] 옿 [초서] 玄

字源 會意. 亠+幺→玄. '亠'는 덮다, '幺'는 멀고 깊다는 데서 '그윽하고, 멂'을 뜻한다.

字解 ①검다, 검은빛. 〔書經〕 厥篚玄纖縞. ②하늘, 하늘빛. 〔楚辭〕 懸火延起兮玄顏烝. ③멀다, 그윽하다. 〔素問〕 在天爲玄. ④깊이 숨다. 〔書經〕 玄德升聞. ⑤고요하다. 〔漢書〕 以玄默爲神. ⑥통하다. 〔張衡·賦〕 睿哲玄覽. ⑦북쪽, 북향. 〔禮記〕 天子居玄堂左个. ⑧불가사의하다, 신묘(神妙)하다. 〔張衡·賦〕 玄謀設而陰行. ⑨현손(玄孫). 〔韋誕·頌〕 豈百世之曾玄. ⑩빛나다. =炫. ¶ 玄耀. ⑪도가(道家)의 말. ㉮도(道). 〔後漢書〕 常好玄經. ㉯미묘(微妙)한 이치. 〔參同契〕 惟昔聖賢, 懷玄抱眞. ㉰마음. 〔太玄經〕 人心服爲玄.

【玄間 현간】 하늘. ✎ '玄'은 하늘의 빛깔.
【玄鑑 현감】 현묘(玄妙)한 거울. 사람의 마음.
【玄關 현관】 ①〔佛〕㉠현묘(玄妙)한 도(道)로 들어가는 문. 불도를 깨닫는 관문. ㉡선사(禪寺)에서 객전(客殿)으로 들어가는 문. ②가옥 정면의 입구.
【玄曠 현광】 심오하고 공허함.
【玄敎 현교】 심오한 노장(老莊)의 가르침.
【玄穹 현궁】 하늘. 玄天(현천).
【玄宮 현궁】 ①임금의 재궁(梓宮)을 묻은 광중(壙中). ②북쪽에 있는 궁전. ③임금이 고요히 도리(道理)를 생각하는 궁전.
【玄根 현근】 도(道)의 근본.
【玄機 현기】 심오한 도리.
【玄談 현담】 노장(老莊)의 학설에 대한 현묘(玄妙)한 이야기.
【玄德 현덕】 ①심오한 덕(德). 숨은 덕. ②하늘의 덕. 天德(천덕). ③천지의 현묘(玄妙)한 도리. 공덕을 베풀고도 그것을 기억하지 않는 일.
【玄冬 현동】 겨울. ✎음양오행설(陰陽五行說)에 의하면 겨울은 북, 북은 물에 해당하는데 물빛이 검은 데서 온 말.
【玄同 현동】 재지(才智)를 숨기고 속인과 함께 지내는 일.
【玄覽 현람】 ①마음을 깊숙한 곳에 두어 모든 사물을 깊이 꿰뚫어 봄. ②마음. ③옛 시대의 문장을 읽음.
【玄了 현료】 환하게 깨달아 앎.
【玄理 현리】 현묘(玄妙)한 이치나 학설.
【玄冥 현명】 ①깊숙하고 고요함. 어두움. ②㉠비의 신(神). 물의 신. ㉡겨울의 신. 북쪽의 신. ㉢형륙(刑戮)의 일을 맡은 태음신(太陰神).
【玄謨 현모】 심오한 계책. 深謀(심모).
【玄木 현목】 國바래지 아니한 무명.
【玄武 현무】 북방의 신. 수신(水神). 동방의 청룡(靑龍), 남방의 주작(朱雀), 서방의 백호(白虎)와 함께 사신(四神)의 하나. 형상은 거북과 뱀이 하나로 된 모양. ②북쪽. 북방. ③북방에 있는 일곱 성수(星宿). 곧, 두(斗)·우(牛)·여(女)·허(虛)·위(危)·실(室)·벽(壁)의 총칭.

〈玄武①〉

【玄默 현묵】 조용히 침묵함. 淵默(연묵).
【玄默之化 현묵지화】 타이르지 않고서도 그 덕(德)에 감화되어 착하게 되는 일. 무언의 감화.
【玄門 현문】 ①심원(深遠)한 도(道). ②도교(道敎). ③〔佛〕현묘한 법문(法門). 불법(佛法).
【玄牝 현빈】 ①만물을 낳게 하는 길. ✎'玄'은 '작용이 미묘하고 심오함', '牝'은 '암컷이 새끼를 낳듯이 만물이 생성됨'을 뜻함. ②입과 코.
【玄塞 현새】 북쪽에 있는 요새(要塞). 만리장성(長城).
【玄石 현석】 ①검은 돌. ②자석(磁石).
【玄聖 현성】 ①뛰어나고 덕이 있는 임금. ②공자(孔子). ③노자(老子).
【玄孫 현손】 증손(曾孫)의 아들. 손자의 손자.
【玄術 현술】 심오한 도(道).
【玄識 현식】 심오한 지식.
【玄室 현실】 ①무덤. 묘실(墓室). ②캄캄한 방.
【玄英 현영】 ①겨울의 딴 이름. ②새까만 색. 순흑(純黑).
【玄奧 현오】 현묘하고 심오함.
【玄耀 현요】 하늘이 빛남.
【玄遠 현원】 ①현묘하고 심원함. ②언론(言論) 등이 천박하지 아니함.
【玄月 현월】 ①음력 9월의 딴 이름. ②〔佛〕진리(眞理).
【玄義 현의】 깊은 뜻. 유현(幽玄)한 뜻.
【玄著 현저】 언론(言論)의 묘(妙)함.
【玄寂 현적】 심오하고 고요함.
【玄靜 현정】 깊숙하고 매우 조용함.
【玄造 현조】 ①천지의 조화. ②임금의 정치.
【玄宗 현종】 현묘한 종지(宗旨). 불교.
【玄珠 현주】 검은 주옥. 도가(道家)에서 말하는 도(道)의 본체(本體).
【玄酒 현주】 물의 딴 이름. ✎물의 빛이 검게 보이므로 '玄'이라 하며, 태고 때는 술이 없었고 제사 때 아닌 물을 썼으므로, 제사나 의식에 쓰이는 물을 말함.
【玄旨 현지】 ①심오한 뜻. ②노장(老莊)의 도리.
【玄之又玄 현지우현】 도(道)가 유원(幽遠)하여 헤아려 알 수 없음.
【玄津 현진】 현묘한 나루. 불교(佛敎).
【玄天 현천】 ①북쪽 하늘. ②하늘. 玄穹(현궁). ③자연(自然)의 길.

【玄針 현침】①올챙이의 딴 이름. ②칠석날에 여자가 달을 향하여 바느질을 잘하기를 기원하며 실을 바늘에 꿴.
【玄圃積玉 현포적옥】현포에 쌓인 옥. 시문의 아름다움의 비유. ○'玄圃'는 곤륜산에 있는 신선이 사는 곳.
【玄風 현풍】①노장(老莊)의 사상. ②임금의 덕교(德敎).
【玄學 현학】①현묘한 학문. 노장(老莊)의 학문. ②형이상학(形而上學).
【玄海 현해】북쪽 바다.
【玄虛 현허】심오하여 알 수가 없으며 허무(虛無)하여 무위(無爲)한 일. 노장(老莊)의 학설.
【玄玄 현현】심오한 모양. 심원한 도(道).
【玄黃 현황】①하늘의 빛과 땅의 빛. ②천자. 우주. ③흑색 또는 황색의 폐백(幣帛). ④말이 병들어 쇠약함. ⑤아름다운 빛.
【玄訓 현훈】심오한 교훈.
❶九―, 鉤―, 穹―, 妙―, 素―, 深―, 淵―, 幽―, 曾―, 蒼―, 天―, 清―, 太―.

玄4 【玅】⑨ 妙(407)와 동자

玄4 【茲】⑨ 이 자 囚 zī
〔참고〕'茲(1504)'는 딴 자.
〔字源〕象形. 갑골문·금문에서는 실을 한 타래씩 묶은 모습을 본뜬 글자로, '絲(실 사)'자의 원시 형태이다. 뒤에 '이것'이라는 뜻으로 가차되었다.
〔字解〕①이, 이에. ≒茲. ②검다. ③흐리다. ≒滋. ④해〔年〕, 때〔時〕.

玄6 【玈】⑪ 검을 로 囷 lú
〔字解〕①검다, 검은빛. ②검은 칠을 한 활. ③나그네.
※旅(766)의 속자(俗字).

玄6 【率】⑪
❶거느릴 솔 囿 shuài
❷장수 수 囿 shuài
❸수효 률 囿 lǜ
❹비율 률 囿 lǜ
❺무게의 단위 쇨 囿 lüè
〔참고〕대법원 지정 인명용 한자의 음은 '솔'이다.
〔字源〕象形. 실로 만든 그물을 그린 것이다.
〔字解〕❶①거느리다. ㉮거느리다.〔荀子〕一相以兼率之. ㉯이끌다.〔孟子〕率天下人. ②좇다. ㉮지키다. 준봉(遵奉)하다.〔詩經〕率由舊章. ㉯따르다, 의거하다.〔中庸〕率性之謂道. ㉰복종하다.〔書經〕惟時有苗弗率. ㉱행하다, 실행하다.〔春秋左氏傳〕率義之謂勇. ③본받다.〔孟子〕相率而爲僞者也. ④앞서다, 이끌다.〔晉書〕爲衆率先. ⑤거칠다, 거칠고 사납다.〔埤雅〕豬性卑中率. ⑥가벼운 모양. ¶率爾. ⑦대범하다, 시원스럽다. ¶坦率. ⑧거두어들이다, 수렴(收斂)하다.〔張衡·賦〕悉率百禽. ⑨닦다, 다듬다.〔易經〕初率其辭. ⑩쓰다, 사용하다.〔詩經〕帝命率育. ⑪목표, 표적.〔漢書〕一州表率也. ⑫갑자기, 갑작스러운 모양. ¶率然. ⑬성(姓). ❷장수, 우두머리. =帥. ❸①수효, 세다.〔漢書〕各以其口率. ②대체로.〔史記〕大抵率皆寓言也. ❹①비율.〔梁書〕刻燭爲詩, 四韻則刻一寸, 以此爲率. ②규칙, 법도. ≒律.〔孟子〕變其彀率. ③대저, 대체로.〔漢書〕率常在下杜. ❺무게의 단위, 여섯 냥쭝. ≒鍰.〔史記〕其罰百率.
【率眷 솔권】가족을 데려가거나 데려옴. 率家(솔가).
【率堵坡 솔도파】(佛)탑. 불탑(佛塔). 窣堵坡(솔도파). ○범어(梵語) 'stupa'의 음역어.
【率兵 솔병】병졸을 통솔함. 군사를 거느림.
【率服 솔복】아랫사람을 거느리고 와서 윗사람에게 복종함.
【率善垂範 솔선수범】남보다 앞장서서 행동하여 본보기가 됨.
【率性 솔성】타고난 본성 그대로 행함.
【率然 솔연】①갑작스러운 모양. ②경솔히 행동하는 모양. ③상산(常山)에 산다는 뱀의 이름.
【率由 솔유】따름. 좇음. 의거(依據)함.
【率易 솔이】몸가짐이 솔직하여 까다롭지 아니함.
【率爾 솔이】①경솔한 모양. 어수선한 모양. ②갑작스러운 모양. 당황하는 모양.
【率直 솔직】거짓이나 꾸밈이 없이 바르고 곧음.
【率土之民 솔토지민】온 나라 안의 백성.
【率土之濱 솔토지빈】온 나라. 온 천하. 率濱(솔빈).
❶家―, 渠―, 輕―, 高―, 糾―, 大―, 督―, 比―, 疎―, 連―, 利―, 引―, 低―, 粗―, 眞―, 草―, 總―, 親―, 坦―, 統―, 效―.

玉部
5획 부수 │ 구슬옥부

玉0 【玉】⑤ 옥 옥 囚 yù
〔참고〕'王'은 한자의 구성에서 변으로 쓰일 때의 자형. 흔히 '임금왕변'이라고 부르기도 하나, '구슬옥변'이라고 부르는 것이 바른 호칭이다.

[字源] 象形. 가로 그은 세 획[三]은 세 개의 옥돌, 세로 그은 한 획[丨]은 옥줄을 꿴 끈으로, 합해서 패옥(佩玉)을 나타낸 것이다.

[字解] ①옥. ㉮빛이 곱고 모양이 아름다워 귀히 여기는 돌의 총칭. 〔易經〕鼎玉鉉. ㉯규(圭), 옥으로 만든 홀. ¶ 玉璽. ㉰환패(環佩), 패옥(佩玉). 〔禮記〕玉不去身. ②사물을 칭찬하거나 귀히 여김을 나타내기 위한 미칭(美稱). ¶ 玉食. ③옥같이 여기다, 아끼고 소중히 하다. 〔詩經〕毋金玉爾音. ④가꾸다, 훌륭하게 하다. 〔詩經〕王欲玉女.

【玉玦 옥결】 ①고리 모양. ②한쪽이 트인 고리 모양의 패옥(佩玉).

【玉京 옥경】 ①도교(道敎)에서, 천제(天帝)가 있다는 곳. ②서울. 황도(皇都).

【玉鏡 옥경】 ①옥으로 만든 거울. ②달〔月〕의 딴 이름. ③호수 따위의 수면이 맑고 잔잔한 모양. ④수면이 얼어 있는 모양.

【玉階 옥계】 ①대궐 안의 섬돌. ②섬돌의 미칭(美稱). 玉砌(옥체).

【玉稿 옥고】 ①훌륭한 원고(原稿). ②남의 원고의 존칭.

【玉昆金友 옥곤금우】 옥 같은 형과 금 같은 아우. 남의 형제의 미칭.

【玉骨 옥골】 ①매화나무의 딴 이름. ②옥 같은 뼈. 고결한 풍채. ③뼈의 미칭.

【玉關 옥관】 ①하늘의 관문. ②코〔鼻〕.

【玉關情 옥관정】 원정(遠征) 간 남편을 그리워하는 아내의 쓸쓸한 정회. ○'玉關'은 감숙성(甘肅省) 돈황(敦煌)에 있는, 흉노(匈奴) 땅과의 경계에 설치된 관문 이름.

【玉轎 옥교】 임금이 타던 가마.

【玉肌 옥기】 희고 깨끗한 살결. 미인의 살결. 玉膚(옥부).

【玉女 옥녀】 ①미녀. ②남의 딸의 경칭. ③선녀(仙女). 신녀(神女).

【玉奴 옥노】 여자. 계집.

【玉堂 옥당】 ①아름다운 전당(殿堂). ②한대(漢代)의 궁전의 이름. 여관(女官)의 방. ③한대의 관청 이름. 학자들이 있던 곳. ④송대(宋代) 이후의 한림원(翰林院)의 딴 이름. ⑤㉠홍문관(弘文館)의 딴 이름. ㉡홍문관의 부제학(副提學) 이하 관직의 딴 이름. 또 실무를 맡아보던 관리의 총칭.

【玉臺 옥대】 옥으로 만든 망대(望臺). 옥황상제(玉皇上帝)가 있는 곳.

【玉童 옥동】 ①선동(仙童). ②귀여운 어린이.

【玉斗 옥두】 ①옥으로 만든 술구기. 玉杓(옥작). ②북두칠성(北斗七星).

【玉燈 옥등】 ①옥으로 만든 등잔. ②아름다운 등잔불.

【玉路 옥로】 제왕이 타는 수레. ○'路'는 '輅'로 '수레'를 뜻함.

【玉露 옥로】 구슬같이 아름다운 이슬.

【玉漏 옥루】 옥으로 장식한 물시계. ○'漏'는 '漏刻'.

【玉樓 옥루】 ①아름다운 누각(樓閣). 화려한 궁전. 玉殿(옥전). ②도가(道家)에서, 이

름. ③눈이 쌓인 누각.

【玉樓銀海 옥루은해】 두 어깨와 눈〔目〕.

【玉輪 옥륜】 달의 딴 이름. 玉盤(옥반).

【玉馬 옥마】 ①옥과 말. ②상서(祥瑞)로운 물건. ③옥으로 만든 말. 아름다운 말. ④눈이 휘날리는 모양.

【玉門 옥문】 ①옥으로 장식한 문. ②궁궐(宮闕). ③여자의 음문(陰門).

【玉盤 옥반】 ①옥으로 장식한 쟁반. ②달의 딴 이름. 玉輪(옥륜).

【玉房 옥방】 ①옥으로 꾸민 방. 아름다운 방. ②아름다운 꽃송이. ③옥을 가공하거나 파는 가게.

【玉帛 옥백】 ①옥과 비단. ②옛날 제후(諸侯)가 조빙(朝聘)할 때나 회맹(會盟)할 때 예물로 쓰던 옥과 비단. 나라 간에 주고받는 예물.

【玉寶 옥보】 임금의 존호(尊號)를 새긴 도장.

【玉不琢不成器 옥불탁불성기】 옥도 다듬지 아니하면 그릇이 되지 못함. 사람의 본바탕은 선하지만 배우지 않으면 도(道)를 알지 못함.

【玉山 옥산】 ①신선이 사는 곳. ②외모가 수려한 사람. ③눈이 쌓인 산. 雪山(설산). ④미인의 아름다운 모습.

【玉璽 옥새】 임금의 도장.

【玉書 옥서】 ①신선이 전한 책. ②남의 편지의 경칭. ③도가(道家)의 글.

【玉石 옥석】 ①옥과 돌. ②좋은 것과 나쁜 것.

【玉石俱焚 옥석구분】 옥과 돌이 함께 불탐. 좋고 나쁨의 구분이 없이 해를 입음.

【玉石同匱 옥석동궤】 옥과 돌이 같은 궤에 들어 있음. 좋은 깃과 나쁜 것이 뒤섞이어 있음.

【玉屑 옥설】 ①옥의 가루. 장생불사(長生不死)의 선약(仙藥)이라 함. ②시문의 썩 잘된 구절. ③펄펄 날리는 눈의 모양.

【玉雪 옥설】 ①눈의 미칭. ②물건이 깨끗함.

【玉蟾 옥섬】 달의 딴 이름. ○달 속에 두꺼비〔蟾〕가 산다는 전설에서 온 말.

【玉成 옥성】 갈고 닦아 광채가 나게 함. 학덕을 갖춘 훌륭한 인격으로 완성함.

【玉聲 옥성】 ①옥이 서로 부딪혀 나는 소리. ②아름다운 목소리. ③남의 말의 존칭.

【玉碎 옥쇄】 ①옥이 부서짐. ②옥처럼 아름답게 부서짐. 명예나 충절을 지키기 위하여 목숨을 버림.

【玉水 옥수】 맑은 샘물.

【玉樹 옥수】 ①아름다운 나무. ②선목(仙木). ③뛰어나고 고결한 풍채.

【玉食 옥식】 맛있는 음식.

【玉葉 옥엽】 ①옥같이 아름다운 잎. ②임금의 일족(一族).

【玉容 옥용】 아름다운 용모(容貌).

【玉宇 옥우】 ①옥으로 꾸민 집. 화려한 전우(殿宇). ②천제(天帝)가 있는 곳.

【玉韻 옥운】 훌륭한 시(詩). 남의 시의 존칭. 玉詠(옥영).

【玉潤 옥윤】 ①윤기가 있고 아름다운 얼굴. ②사위. 女壻(여서).

【玉珥 옥이】 ①옥으로 만든 귀고리. ②옥으로

玉部 0획 王

만든 칼의 날밑.
【玉姿 옥자】 아름다운 모습.
【玉帳 옥장】 ①구슬로 장식한 아름다운 휘장. ②대장(大將)이 거처하는 장막.
【玉筯 옥저】 ①옥으로 만든 젓가락. ②미인의 눈물. ③소전(小篆). 창힐(蒼頡)의 주문(籒文)을 변형하여 진대(秦代)의 이사(李斯)가 만든 한자 서체(書體). ④(佛)죽은 뒤 콧물이 흐르는 일. 성불(成佛)한 징조로 봄.
【玉折 옥절】 옥이 부서짐. ㉠훌륭한 것을 잃음. ㉡훌륭한 죽음. ㉢요절(夭折).
【玉帝 옥제】 천제(天帝). 옥황상제.
【玉題 옥제】 ①처마 끝의 옥 장식. 玉璫(옥당). ②아름다운 글씨로 쓴 책의 표제(標題).
【玉座 옥좌】 옥으로 장식한 자리. ㉠훌륭한 좌석. ㉡천자(天子)의 자리.
【玉池 옥지】 ①아름다운 못. ②혀의 딴 이름. ③입〔口〕.
【玉指 옥지】 옥같이 아름다운 손가락. 미인의 손가락.
【玉塵 옥진】 눈〔雪〕의 딴 이름.
【玉尖 옥첨】 ①예쁜 손가락. 미인의 손가락. ②뾰족한 산.
【玉牒 옥첩】 ①황실(皇室)의 계보(系譜). ②하늘에 제사 지낼 때 제문(祭文)을 적은 패(牌). ③진귀(珍貴)한 책.
【玉體 옥체】 ①옥같이 아름다운 몸. ②임금의 몸. ③남의 몸의 존칭.
【玉燭 옥촉】 사철의 기후가 고르고 날씨가 화창하여 해와 달이 환히 비침.
【玉蜀黍 옥촉서】 옥수수. 玉高粱(옥고량).
【玉摧 옥최】 현인(賢人)의 죽음.
【玉卮無當 옥치무당】 옥으로 만든 밑이 없는 잔. 쓸모없는 보배. ○ '當'은 '底'로 '밑'을 뜻함.
【玉枕關 옥침관】 뒤통수. 玉枕(옥침).
【玉兎 옥토】 달의 딴 이름. ○달 속에 토끼가 있다는 전설에서 온 말.
【玉版 옥판】 ①옥으로 만든 널빤지. 또는 거기에 글자를 새긴 것. 귀중한 책. ②죽순(竹筍)의 딴 이름. ③광택이 있는 고급 화선지(畫宣紙).
【玉佩 옥패】 옥으로 만든 패물(佩物).
【玉函 옥함】 옥으로 만든 함.
【玉檻 옥함】 옥으로 꾸민 난간.
【玉海金山 옥해금산】 옥을 품은 바다와 금이 나는 산. 인품이 고상함.
【玉衡 옥형】 ①옥으로 꾸민 천문 관측기(天文觀測器). ②북두칠성(北斗七星)의 다섯째 별. 또는 북두칠성.
【玉毫 옥호】 (佛)부처의 양미간(兩眉間)에 있는 흰 털.
【玉壺 옥호】 ①옥으로 만든 병. ②궁중에 설치한 옥으로 꾸민 물시계. 玉漏(옥루). ③마음이 깨끗함. 玉壺氷(옥호빙).
【玉虹 옥홍】 ①무지개. ②교량(橋梁)의 미칭.
【玉皇上帝 옥황상제】 도교(道敎)에서 하느님이라는 말. 玉皇(옥황).

○ 瓊一, 玫一, 金一, 埋一, 美一, 璞一, 白一, 璧一, 寶一, 如一, 珠一, 佩一, 紅一, 火一.

玉 0 【王】 ④ ❶임금 왕 [陽] wáng
❷왕 될 왕 [漾] wàng
❸갈 왕 [漾] wàng

一 丁 干 王

[소전] 王 [고문] 王 [초서] 王

〔字源〕 指事. 가로 세 획〔三〕은 '天·地·人'을 본뜨고, 세로 한 획〔丨〕은 이 셋을 꿰뚫음을 뜻하여, 천·지·인을 꿰뚫어 가진 사람인 '천자'를 나타낸다.

〔字解〕 ❶①임금, 나라의 원수. ¶帝王. ②제후(諸侯). 〔史記〕我自尊耳, 乃自立爲武王. ③제실(帝室)의 남자. 〔漢書〕高帝十一年, 卽立子長爲淮南王. ④신하로서의 최고의 작위(爵位). 〔韓愈·文〕爵爲淸邊郡王. ⑤우두머리. 〔老子〕江海所以能爲百谷王者, 以其善下之故. ⑥몸피가 뛰어나게 큰 것. 〔周禮〕春獻王鮪. ⑦혈통상 한 항렬 높은 사람의 존칭. ¶王母. ⑧신(神). 〔荀子〕幷百王于上天而祭祀之也. ⑨왕으로 섬기다. 〔國語〕荒眠者王. ⑩성(姓). ❷①왕이 되다, 왕 노릇을 하다. 〔孟子〕然而不王者未之有也. ②패왕(霸王). ③왕성하다. 〔莊子〕神雖王不善也. ④낫다. 〔莊子〕彼兀者也, 而王先生. ❸가다. 늑往. 〔詩經〕及爾出王.

【王家 왕가】 임금의 집안. 王室(왕실).
【王駕 왕가】 임금이 타는 수레.
【王綱 왕강】 임금이 나라를 다스리는 대강령(大綱領).
【王公 왕공】 ①왕(王)과 공(公). 천자(天子)와 제후(諸侯). ②신분이 고귀한 사람. 貴顯(귀현).
【王氣 왕기】 ①임금이 날 조짐. ②(國)잘될 조짐.
【王畿 왕기】 천하를 구복(九服)으로 나눌 때, 왕성으로부터 사방으로 각각 500리(里). 곧 방천리(方千里)가 되는 땅. 國畿(국기). 邦畿(방기).
【王度 왕도】 ①임금의 법도(法度). 임금이 지켜야 할 규범. ②나라의 법률.
【王都 왕도】 왕궁(王宮)이 있는 도성(都城). 帝都(제도). 帝京(제경).
【王道 왕도】 ①임금으로서 마땅히 지켜야 할 도리. 하(夏)·은(殷)·주(周) 삼대의 공명정대(公明正大)하고 무사무편(無私無偏)한 치도(治道). ②인덕(仁德)에 바탕을 둔 정치를 행하는 일.
【王旅 왕려】 천자의 군대. 王師(왕사).
【王領 왕령】 임금의 영토.
【王母 왕모】 ①할머니의 존칭. ②곤륜산(崑崙山)에 살았다는 선인(仙人) 서왕모(西王母). ③새의 이름. 꾀꼬리.
【王事 왕사】 ①제왕(帝王)의 사업. ②왕실(王室)에 관한 일. ③왕명(王命)에 의한 노역(勞役).
【王師 왕사】 ①임금이 거느리는 군사. ②임금의 스승.
【王相 왕상】 오행(五行)이 사시(四時)의 사이에서 번갈아 소장(消長)하는 일. 旺相(왕상).

【王城 왕성】①천자(天子)의 도성(都城). 서울.
②(佛)불타(佛陀)가 있는 곳.
【王楊盧駱 왕양노락】당대(唐代) 초기에 시문에 뛰어났던 네 사람의 병칭. 곧, 왕발(王勃)·양형(楊烱)·노조린(盧照鄰)·낙빈왕(駱賓王).
【王月 왕월】음력 정월(正月).
【王乳 왕유】왕봉(王蜂)이 될 새끼를 기르기 위하여 꿀벌이 분비하는 흰 액체.
【王猷 왕유】왕자(王者)의 치도(治道). 임금의 방책(方策).
【王維 왕유】왕정(王政)의 대강(大綱).
【王者 왕자】①임금. 제왕. ②왕도(王道)로써 나라를 다스리는 사람. ③각 분야에서 특히 뛰어난 사람.
【王迹 왕적】왕업(王業).
【王政 왕정】①왕도(王道)로써 다스리는 정치. ②임금이 다스리는 정치.
【王庭 왕정】①왕궁(王宮)의 뜰. ②흉노(匈奴)의 수도(首都).
【王制 왕제】①임금이 정한 제도. ②임금이 통치하는 정치 제도. 군주제(君主制).
【王朝 왕조】①임금이 정무(政務)를 봄. ②제왕이 친정(親政)하는 조정.
【王座 왕좌】①임금이 앉는 자리. ②으뜸가는 지위.
【王佐才 왕좌재】임금을 보좌(補佐)할 만한 재능. 王佐之才(왕좌지재).
【王澤 왕택】임금의 은택.
【王土 왕토】임금의 영토. 王地(왕지).
【王統 왕통】①제왕의 혈통. ②세왕의 자리를 이을 정통(正統).
【王八 왕팔】남을 욕하는 말. 故事 오대(五代) 때에 전촉(前蜀)의 왕건(王建)이 멋대로 도둑질을 했으므로 마을 사람이 '적왕팔(賊王八)'이라고 부른 데서 온 말.
【王霸 왕패】①왕자(王者)와 패자(覇者). 왕도(王道)와 패도(覇道). ◯'王'은 '덕으로써 나라를 다스리는 것'을, '霸'는 '힘으로써 다스리는 것'을 뜻함. ②천하를 통일한 군주.
【王化 왕화】제왕(帝王)의 덕화(德化).
【王后 왕후】①임금. 군주(君主). ②임금의 아내. 皇后. 王妃(왕비).
【王侯將相 왕후장상】제왕(帝王)·제후(諸侯)·장수(將帥)·재상(宰相)의 총칭.
【王姬 왕희】①주대(周代)의 임금의 딸. ◯주실(周室)의 성(姓)이 희(姬)인 데서 온 말. ②임금의 딸.
◯ 覺—, 國—, 君—, 勤—, 大—, 名—, 明—, 木—, 百谷—, 百花—, 梵—, 梵天—, 法—, 辟—, 蜂—, 三—, 象—, 先—, 盛—, 聖—, 素—, 女—, 寧—, 蟻—, 前—, 帝—, 天—, 哲—, 親—, 霸—, 賢—, 花—, 皇—, 后—.

玉
2 【玏】⑥ 옥 비슷한 돌 륵 📖 lè
字解 옥 비슷한 돌, 옥 다음가는 돌. 〔司馬相如·賦〕瑊玏玄厲.

玉
2 【玑】⑥ 덩어리 옥 박 📖 pú
字解 덩어리 옥, 아직 다듬지 아니한 옥. =璞.

玉
2 【玎】⑥ 옥 소리 정 📖 dīng
소전 玲 초서 玎
字解 옥 소리, 옥이 부딪혀 울리는 소리.
【玎璫 정당】옥 소리. 옥이 부딪혀 울리는 맑은 소리. 丁當(정당).
【玎玲 정령】옥 부딪혀 울리는 맑은 소리.

玉
3 【玕】⑦ 옥돌 간 📖 gān
소전 玕 고문 玕 초서 玕
字解 옥돌, 옥 다음가는 돌. 〔書經〕厥貢惟球琳琅玕.

玉
3 【玖】⑦ 옥돌 구 📖 jiǔ
소전 玖 초서 玖
字解 ①옥돌, 옥 다음가는 검은 돌. 〔詩經〕投我以木李, 報之以瓊玖. ②아홉. ※九(44)의 갖은자.

玉
3 【玘】⑦ 패옥 기 📖 qǐ
소전 玘
字解 패옥(佩玉), 노리개.

玉
3 【玗】⑦ 옥돌 우 📖 yú
소전 玗 초서 玗
字解 옥돌, 옥 다음가는 돌. ¶ 玗琪.
【玗琪 우기】적옥(赤玉).

玉
3 【玓】⑦ 빛날 적 📖 dì
소전 玓
字解 빛나다, 구슬이 빛나다, 옥빛. 〔史記〕明月珠子, 玓瓅江靡.

玉
3 【玔】⑦ 옥고리 천 📖 chuān
字解 ①옥고리. ②옥팔찌.

玉
4 【珏】⑧ 珏(1128)의 고자.

玉
4 【玠】⑧ 큰 홀 개 📖 jiè
소전 玠 초서 玠
字解 큰 홀. 제후(諸侯)를 봉한 신표로 쓰던 1자 2치의 대규(大圭). =介.

玉
4 【玦】⑧ 패옥 결 📖 jué
소전 玦 초서 玦
字解 ①패옥(佩玉). 고리처럼 되어 있는데, 한 부분

玉部 4~5획 玫玅玟玤玞玢玭玡玩玧珈珂珏玊

이 이지러진 것. 결단 (決斷)·절연(絕緣) 등의 뜻을 보인다. ②활깍지. 늑決·抉. 활을 쏠 때 오른손의 엄지손가락에 끼우고 시위를 잡아당기는 기구.
【玦環 결환】반달 모양의 패옥(佩玉).

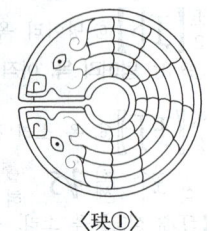
〈玦①〉

玉4 【玫】⑧ 매괴 매 囻 méi
〔字解〕①매괴(玫瑰), 붉은 옥 이름. ②아름다운 돌.

玉4 【玅】⑧ 옥돌 몰 囲 mò
〔字解〕옥돌, 옥의 한 가지.

玉4 【玟】⑧ ❶옥돌 민 囻 mín ❷옥 무늬 문 囚 wén
〔參考〕대법원 지정 인명용 한자의 음은 '민'이다.
〔字解〕❶①옥돌, 옥 다음가는 돌. ≒碈. ②돌 이름, 불구슬. ❷옥 무늬.

玉4 【玤】⑧ 옥돌 방 讕 bàng
〔字解〕옥돌, 옥 다음가는 아름다운 돌.

玉4 【玞】⑧ 옥돌 부 囻 fū
〔字解〕옥돌, 옥 다음가는 아름다운 돌. =砆.

玉4 【玢】⑧ 옥 무늬 분 囚 bīn
〔字解〕①옥 무늬, 옥에 무늬가 있는 모양.〔司馬相如·賦〕玢豳文磷. ②옥돌 이름.
【玢璘 분린】무늬가 있고 환한 모양.
【玢豳 분빈】옥돌에 무늬가 있는 모양.

玉4 【玭】⑧ 구슬 이름 빈 囻 pín
〔字解〕구슬 이름. 회수(淮水)에서 나는, 아름다운 소리가 나는 돌.〔何晏·賦〕垂環玭之琳琅.

玉4 【玡】⑧ 琊(1133)와 동자

玉4 【玩】⑧ 희롱할 완 囲 wán

〔동자〕翫〔字解〕①희롱하다, 가지고 놀다, 장난하다.〔書經〕玩人喪德, 玩物喪志. ②익다, 익숙해지다.〔易經〕所樂而玩者, 爻之辭也. ③사랑하다, 아끼다.〔潘尼·詩〕玩爾清藻. ④진귀하다, 또는 진귀한 물건.〔陸機·論〕奇玩應響而赴. ⑤노리개, 장난감.〔國語〕若夫白珩, 先王之玩也. ⑥더럽히다.〔國語〕觀則玩, 玩則無震.
【玩具 완구】장난감.
【玩讀 완독】①글의 뜻을 깊이 생각하며 읽음. 완미(玩味)하며 읽음. ②비판적으로 읽지 않고, 마구 읽어 나감.
【玩弄 완롱】①가지고 놂. 弄玩(농완). ②장난감이나 놀림감처럼 희롱함.
【玩物喪志 완물상지】물건을 가지고 놀다가 뜻을 잃음. 쓸데없는 데에 마음이 팔려서 자기의 본심을 잃음.
【玩賞 완상】즐기며 감상함.
【玩索 완색】글의 깊은 뜻을 곰곰이 생각해 봄.
【玩世 완세】세상일을 경시(輕視)함.
【玩愛 완애】완상하며 사랑함.
【玩詠 완영】음미하며 읊음. 玩諷(완풍).
【玩月 완월】달을 구경하며 즐김.
【玩耽 완탐】몹시 즐겨 거기에 빠져 듦.
【玩諷 완풍】⇨玩詠(완영).
【玩好 완호】①가지고 놀며 좋아함. ②진귀한 노리갯감.
◐ 樂一, 弄一, 賞一, 愛一, 遊一, 雕一, 珍一, 翫一, 瞻一, 耽一, 把一, 華一, 戲一.

玉4 【玧】⑧ ❶귀막이 옥 윤 镎 yǔn ❷붉은 옥 문 囵 mén
〔參考〕대법원 지정 인명용 한자음은 '윤'이다.
〔字解〕❶귀막이 옥. ❷붉은 옥.

玉5 【珈】⑨ 머리꾸미개 가 麻 jiā
〔字解〕①머리꾸미개.〔詩經〕副笄六珈. ②떨잠. 부인의 예장에 꽂는 비녀의 한 가지.

玉5 【珂】⑨ 옥 이름 가 歌 kē
〔字解〕①옥 이름. ②백마노(白瑪瑙). ③굴레.〔梁簡文帝·詩〕連珂往淇上.
【珂里 가리】남의 향리(鄉里)에 대한 미칭.

玉5 【珏】⑨ 쌍옥 각·곡 覺 jué
〔參考〕대법원 지정 인명용 한자의 음은 '각'이다.
〔字解〕쌍옥.〔說文解字〕二玉相合, 爲一珏.

玉5 【玊】⑨ 丘(30)의 고자

玉部 5획 玳玲珉珀珐珊珊璽玿珇珍

玉 5 【玳】⑨ 대모 대 隊 dài

字解 대모. =瑇.

【玳瑁 대모】①바다거북의 한 가지. ②대모의 등과 배를 싸고 있는 껍데기. 장식품·공예품을 만드는 데 씀. 玳瑁甲(대모갑).
【玳筵銀燭 대연은촉】대모로 꾸민 자리와 은 촛대. 밤의 화려한 연회.

玉 5 【玲】⑨ 옥 소리 령 靑 líng

字解 ①옥 소리. ②아롱아롱하다, 옥이 새겨진 모양.
〔韓愈·詩〕窺窓映竹見玲瓏.
【玲琅 영랑】옥이 울리는 맑고 시원한 소리.
【玲玲 영령】①옥이 울리는 소리. ②맑고 산뜻한 모양. 밝고 환한 모양.
【玲瓏 영롱】①빛이 맑고 산뜻함. ②옥의 맑은 소리. ③옥이 조각된 모양.
【玲玎 영정】옥석(玉石)이 울리는 모양.
● 瓏-, 玉-, 玎-.

玉 5 【珉】⑨ 옥돌 민 眞 mín

字解 옥돌, 옥 다음가는 아름다운 돌. =瑉. 〔山海經〕岐山, 其陰多白珉.

玉 5 【珀】⑨ 호박 박 陌 pò

字解 호박(琥珀). 땅속에 묻힌 소나무·잣나무 등의 진이 굳어서 만들어진 누런색 광물.

玉 5 【珐】⑨ 珐(1134)의 속자

玉 5 【珊】⑨ 산호 산 寒 shān

字解 ①산호. 〔漢書〕珊瑚叢生. ②패옥(佩玉) 소리. 〔陸游·賦〕天風搖珮夜珊珊. ③비틀거리는 모양. ¶ 蹣珊. ④조잔(凋殘)하다, 한철이 지나 쓸쓸해지는 모양. ¶ 闌珊.
【珊珊 산산】①패옥(佩玉)이 서로 부딪쳐 쟁그렁거리는 소리. ②이슬의 맑고 깨끗한 모양.
【珊瑚 산호】많은 산호충(珊瑚蟲)의 석회질이 바다 밑에 가라앉아서 나뭇가지 모양이 된 고운 돌. 칠보(七寶)의 하나로 장식물을 만드는 데 많이 쓰임.

玉 5 【珊】⑨ 珊(1129)의 속자

玉 5 【璽】⑩ 璽(1143)의 속자

玉 5 【玿】⑨ 아름다운 옥 소 蕭 sháo

字解 아름다운 옥.

玉 5 【珇】⑨ 옥 비슷한 돌 예·게 魚 yú

參考 대법원 지정 인명용 한자음은 '예'이다.
字解 ①옥과 비슷한 돌. ②옥돌.

玉 5 【玷】⑨ ❶이지러질 점 琰 diàn ❷헤아릴 점 琰 diǎn

字解 ❶①이지러지다, 옥의 한쪽이 이지러지다. 〔詩經〕白圭之玷, 尙可磨也. ②흠. ㉮옥의 티. 〔孟浩然·詩〕白璧無瑕玷, 靑松有歲寒. ㉯잘못. 〔詩經〕曾不知其玷. ③욕되게 하다, 더럽히다. 〔蘇頌·表〕久玷三臺之末. ❷헤아리다, 손으로 헤아리다.
【玷缺 점결】옥의 티. 결점.
【玷漏 점루】실수. 잘못.
【玷汚 점오】①결함(缺陷)과 불결(不潔). ②흠이 생기고 더러워짐.
【玷辱 점욕】옥의 티처럼 욕을 당함. 더럽혀짐.
【玷捶 점타】손으로 헤아림.

玉 5 【珍】⑨ 보배 진 眞 zhēn

一 丁 干 王 珎 珎 珍 珍

字源 形聲. 玉+㐱→珍. '㐱(신)'이 음을 나타낸다.
字解 ①보배. 〔禮記〕儒有席上之珍, 以待聘. ②진귀하다. 〔書經〕珍禽奇獸. ③맛좋은 음식. 〔禮記〕八十常珍. ④귀하게 여기다, 높이다. ⑤성(姓).
【珍嘉 진가】진기하고 아름다움.
【珍甘 진감】진귀하고 맛이 좋음.
【珍怪 진괴】①진기하고 괴이한 물건. ②드물게 보는 괴이한 사건.
【珍貴 진귀】보배롭고 귀중함.
【珍技 진기】매우 보기 드문 기술.
【珍奇 진기】진귀하고 기이함.
【珍談 진담】진기한 이야기. 珍說(진설).
【珍寶 진보】진귀한 보물. 珍幣(진폐).
【珍事 진사】①진기한 일. 이상스러운 일. ②뜻밖의 일.
【珍祥 진상】보기 드문 상서(祥瑞).
【珍錫 진석】진귀한 하사물(下賜物).
【珍獸 진수】진기한 짐승. 奇獸(기수).
【珍羞盛饌 진수성찬】진귀한 음식과 푸짐한 반찬. 잘 차린 음식. ♠'羞'는 음식.
【珍愛 진애】보배롭게 여겨 아낌.
【珍御 진어】임금이 쓰는 진귀한 물품.
【珍彦 진언】뛰어난 현자(賢者).
【珍玩 진완】진기하게 여겨 가지고 놂.
【珍異 진이】①진기하고 이상한 물건. 귀중한 물건. ②진귀한 음식물. 珍奇(진기).

玉部 5~6획 珍玼玻珌玹珙珖珪珞瑀琉班

【珍藏 진장】 소중히 여겨 간직함. 비장(祕藏)함.
　珍襲(진습).
【珍籍 진적】 진귀한 서적. 珍書(진서).
【珍重 진중】 ①귀하게 여기어 소중히 함. ②남에게 몸을 소중히 하라는 의미로 편지에 쓰는 말.
【珍饌 진찬】 맛있는 요리.
【珍烹 진팽】 매우 맛좋은 요리. 珍庖(진포).
【珍幣 진폐】 진귀한 보물. 珍寶(진보).
【珍貨 진화】 진귀한 재화(財貨).
【珍華 진화】 진귀하고 아름다움.
【珍肴 진효】 진귀한 안주.
【珍卉 진훼】 진귀한 화초(花草).
○ 嘉-, 寶-, 時-, 自-, 饌-, 八-, 海-.

5획

玉5 【珎】⑨ 珍(1129)의 속자

玉5 【玼】⑨ ❶옥빛 깨끗할 체 紙 cǐ
❷훌륭할 차 紙 cǐ
❸옥티 자 支 cī
[소전] 玼 [초서] 玼 [字解] ❶옥빛이 깨끗하다, 훌륭하고 분명하다. 〔詩經〕新臺有玼. ❷훌륭하다. 〔詩經〕玼兮玼兮, 其之翟也. ❸옥티, 흠.
【玼玼 체체】 선명한 모양. 산뜻한 모양.

玉5 【玻】⑨ 유리 파 歌 bō
[초서] 玻 [字解] 유리(琉璃), 파리(玻璃).
【玻璃 파리】 ①유리. 글라스(glass). ②(佛)칠보(七寶)의 한 가지. 수정(水晶).

玉5 【珌】⑨ 칼 장식 옥 필 質 bì
[소전] 珌 [초서] 珌 [고자] 琿 [字解] 칼 장식 옥, 칼집 두겁 장식. 칼집의 끝에 씌운 두겁에 있는 장식. 〔詩經〕鞞琫有珌.
【珌佩 필패】 패도(佩刀)의 칼집 끝에 씌운 두겁에 있는 장식물.

玉5 【玹】⑨ ❶옥돌 현 先 xuán
❷옥 이름 현 霰 xuán
[字解] ❶옥돌, 옥 비슷한 돌. ②옥빛, 옥의 빛깔. ❷옥 이름.

玉6 【珙】⑩ 큰 옥 공 腫 图 gǒng
[소전] 珙 [字解] ①큰 옥, 한 움큼 정도 크기의 옥. ②옥 이름.

玉6 【珖】⑩ 옥피리 광 陽 guāng
[소전] 珖 [字解] ①옥피리. ②옥 이름.

玉6 【珓】⑩ 옥 산통 교 效 jiào
[字解] 옥 산통. 옥 또는 조가비로 만든 산통(算筒)으로, 이것을 던져 그 엎어지고 젖혀짐을 보고 길흉을 점친다.

玉6 【珪】⑩ 홀 규 齊 guī
[字解] 홀. ※圭(338)의 고자(古字)
【珪璽 규새】 옥으로 새긴 도장. 圭璽(규새).
【珪璋 규장】 ①예식 때 장식으로 쓰는 옥. ②인품이 높음. 圭璋(규장).
【珪璋特達 규장특달】 혼약(婚約)의 예물(禮物)로, 다른 폐물은 보내지 아니하고 다만 규장만을 보냄. '덕(德)이 출중(出衆)함'의 비유.
【珪幣 규폐】 규(珪)와 폐물(幣物). ○'珪'는 '예식 때 쓰는 옥'을 뜻함.

玉6 【珞】⑩ ❶구슬 목걸이 락 藥 luò
❷조약돌 력 錫 lì
[참고] 대법원 지정 인명용 한자의 음은 '락'이다.
[字解] ❶구슬 목걸이. ❷조약돌. =礫.

玉6 【瑀】⑩ 칼 자개 장식 려 語 lì
[소전] 瑀 [字解] ①칼 자개 장식. 〔詩經〕士瑀琫而珧珌. ②조개 이름. ㉮큰 대합조개. 〔郭璞·賦〕瑀珊瑚瑰. ㉯굴의 한 가지.

玉6 【琉】⑩ 유리 류 尤 liú
[초서] 琉 [속자] 琉 [字解] ①유리. =瑠. ②나라 이름. ≒流.

玉6 【班】⑩ 나눌 반 刪 bān

一 丁 F 王 玉 玐 玨 班 班

[소전] 班 [초서] 班 [字源] 會意. 珏+刀→班. 서옥(瑞玉)을 칼(刀)로 나누어 준다는 데서 '나누다'의 뜻을 나타낸다.
[字解] ①나누다. ㉮서옥(瑞玉)을 나누다. 〔書經〕班瑞于群后. ㉯나누어 주다. 〔國語〕而班先王之大物. ㉰반포(頒布)하다. 〔漢書〕制禮樂, 班度量. ㉱석차(席次)를 정하다. 〔玉海〕以官位序班. ②헤어지다. 〔春秋左氏傳〕有班馬之聲. ③이어지다. 〔孟子〕周室班爵稱也, 如之何. ④펴다, 깔다. 〔春秋左氏傳〕班荊相與食. ⑤차례, 순서. 〔儀禮〕明日以其班耐. ⑥지위, 위계(位階). 〔春秋左氏傳〕班在九人. ⑦줄, 행렬. 〔雲麓漫抄〕金元官制, 有文班武班, 若醫卜倡優, 謂之雜班. ⑧같다, 대등하다. 〔孟子〕若是班乎. ⑨돌이키다, 돌아오다. 〔書經〕班師振旅. ⑩얼룩. ≒斑. ⑪서성거리다. 〔易經〕乘馬班如. ⑫國양반. ¶ 班常(반상). ⑬성(姓).
【班家 반가】 國양반의 집안.

玉部 6획　珖珣珧珢珥珽珠珫珮　1131

【班門弄斧 반문농부】 반수(班輸)의 집 앞에서 도끼질함. 자기의 분수를 모름. ⓐ班輸之巧(반수지교).
【班班 반반】 ①선명하고 뚜렷한 모양. ②얼룩진 모양.
【班白 반백】 희뜩희뜩 백발이 섞인 머리.
【班史 반사】 한서(漢書)의 딴 이름. ↪반고(班固)가 지은 역사서라는 데서 온 말.
【班師 반사】 군대를 철수함.
【班常 반상】 國양반과 상사람.
【班輸之巧 반수지교】 기계를 만드는 재주가 교묘함. ↪'班輸'는 춘추 시대 노(魯)나라의 기술이 뛰어난 장인.
【班示 반시】 널리 알림. 반포(頒布)함.
【班列 반열】 품계·등급 등의 차례.
【班位 반위】 ①지위(地位). 계급. ②같은 지위에 있음.
【班資 반자】 지위(地位)와 녹봉(祿俸).
【班爵 반작】 제후(諸侯)나 대부(大夫)의 서열(序列). 또는 그 서열을 세움.
【班制 반제】 존비(尊卑)의 차(差). 존비의 차례.
【班次 반차】 지위의 순서. 서열(序列).
● 官-, 堂-, 同-, 末-, 武-, 文-, 微-, 常-, 崇-, 兩-, 朝-, 淸-, 下-.

玉 6 【珖】 ⑩ 옥돌 선 冤 xiān
字解 옥돌.

玉 6 【珣】 ⑩ 옥 이름 순 眞 震 xún
소전 珣 초서 珣 字解 ①옥 이름. ②옥 그릇.

玉 6 【珧】 ⑩ 강요주 요 蕭 yáo
소전 珧 초서 珧 字解 ①강요주(江瑤珠), 살조개, 꼬막. ②자개. 〔詩經〕瞻彼洛矣·鞞琫有珌·傳〕天子玉琫而珧珌. ③활 이름. 대합조개의 껍데기로 장식한 활 이름. 〔楚辭〕馮珧利決, 封狶是射.

玉 6 【珢】 ⑩ 옥돌 은 眞 yín
소전 珢 초서 珢 字解 옥돌, 옥과 비슷한 돌. 〔說文解字〕珢, 石之似玉者.

玉 6 【珥】 ⑩ 귀고리 이 紙 ěr
소전 珥 초서 珥 字解 會意·形聲. 玉+耳→珥. 귀[耳]에 장식하는 옥(玉)으로, '珥'의 뜻을 나타낸다. '耳(이)'가 음도 나타낸다.
字解 ①귀고리, 귀걸이. 〔史記〕夫人脫簪珥叩頭. ②날밑. 칼날과 칼자루 사이에 끼워서 손을 보호하는 테. 〔楚辭〕撫長劍兮玉珥. ③햇무리. 〔漢書〕抱珥虹蜺. ④끼우다. 〔左思·詩〕七葉珥漢貂. ⑤새의 귀를 베다. 〔周禮〕致禽而珥焉. ⑥먹이. ≒餌.
【珥笄 이계】 구슬로 만든 귀고리와 비녀. 簪珥(잠이).
【珥璫 이당】 귀고리.
【珥蜺 이예】 무지개.
● 冠-, 璣-, 玉-, 簪-, 珠-.

玉 6 【珽】 ⑩ 珽(1135)의 속자

玉 6 【珠】 ⑩ 구슬 주 虞 zhū
一十干干扩扩护珠珠
소전 珠 초서 珠 字源 形聲. 玉+朱→珠. '朱(주)'가 음을 나타낸다.
字解 ①구슬. ㉮진주. 〔南越志〕珠有九品. ㉯보석의 한 가지. 〔李白·詩〕疑是老僧休念珠, 腕前推下水精珠. ㉰둥근 알. 〔李白·歌〕口噴紅光汗溝珠. ㉱아름다운 것의 비유. 〔文心雕龍〕搖筆而散珠. ②붉다. =朱.
【珠閣 주각】 화려한 누각(樓閣).
【珠璣 주기】 구슬. ↪'珠'는 둥근 구슬, '璣'는 네모난 구슬.
【珠丹 주단】 진주빛으로 빛나는 연지.
【珠聯璧合 주련벽합】 구슬이 줄지어 모임. ㉠아름다운 것이 많이 모임. ㉡훌륭한 선비가 모임.
【珠簾 주렴】 구슬을 꿰어 만든 발.
【珠數 주수】 (佛)염주(念珠). 數珠(수주).
【珠瓔 주영】 구슬 목걸이.
【珠纓 주영】 구슬로 꾸민 갓끈.
【珠玉 주옥】 ①구슬과 옥. ②아름답고 값이 나가는 물건.
【珠珥 주이】 진주 귀걸이.
【珠子 주자】 ①구슬. 珠玉(주옥). ②눈동자.
【珠簪 주잠】 옥비녀.
【珠庭 주정】 ①넓은 이마. ↪'庭'은 '天庭'으로, '두 눈썹의 사이 도는 이마의 복판'을 뜻함. ②도교(道敎)에서 이르는 궁실(宮室).
【珠唾 주타】 명언(名言)·가구(佳句) 등의 비유.
【珠汗 주한】 구슬 같은 땀.
【珠衡 주형】 눈두덩이에 구슬을 늘어놓은 것과 같은 골상(骨相). 성현(聖賢)의 상(相). ↪'衡'은 '눈썹과 속눈썹과의 사이'를 뜻함.
【珠輝 주휘】 구슬과 같이 빛남.
● 江-, 貴-, 露-, 淚-, 明-, 美-, 蚌-, 寶-, 隋-, 眼-, 連-, 念-, 瑤-, 耳-, 驪-, 眞-, 靑-, 玄-, 懸-, 火-.

玉 6 【珫】 ⑩ 귀고리 옥 충 東 chōng
字解 귀고리 옥. ≒充.

玉 6 【珮】 ⑩ 佩(101)과 동자

玉部 6~7획 珦珩珝球琅琉理

玉 6 【珦】 ⑩ 옥 향 $xiàng$
字解 옥, 옥 이름.

玉 6 【珩】 ⑩ 노리개 형 庚 $héng$
소전 琫 초서 珩 字解 ①노리개, 패옥(佩玉). 늑衡. 〔詩經〕雜佩珩璜. ②갓끈, 관의 끈. 〔張衡·賦〕珩紞紘綖.

玉 6 【珝】 ⑩ 옥 이름 후 麌 $xǔ$
字解 옥 이름.

玉 7 【球】 ⑪ 공 구 尤 $qiú$
丁 千 王 尹 玗 玝 玝 球 球 球
소전 球 초서 璆 字源 形聲. 玉+求→球. '求(구)'가 음을 나타낸다.
字解 ①공. 늑毬. ②아름다운 옥. 〔詩經〕受小球大球. ③경(磬), 옥으로 만든 경. 〔書經〕夏擊鳴球.
【球根 구근】 둥근 덩어리처럼 되어 있는 뿌리. 백합·달리아·수선 따위의 뿌리.
【球琳 구림】①아름다운 구슬. ②재주가 뛰어난 사람. 준재(俊才).
【球形 구형】 공같이 둥근 모양.
● 眼－, 地－.

玉 7 【琅】 ⑪ ❶옥 이름 랑 陽 $láng$
❷방자할 랑 漾 $làng$
소전 琅 초서 琅 속자 瑯 字解 ❶①옥 비슷한 아름다운 돌. 〔書經〕厥貢惟球琳琅玕. ④푸른 산호. ②긴 쇠사슬. 늑鋃. ③금석 소리. ¶琅琅. ④문고리. 〔漢書〕成帝時童謠曰, 木門倉琅根. ❷방자하다, 맹랑하다. 늑浪. 〔管子〕以琅湯凌轢人.
【琅玕 낭간】 옥 비슷한 아름다운 돌.
【琅璫 낭당】①죄인을 묶는 쇠사슬. ②매단 방울. ③패옥(佩玉)이 부딪쳐 나는 소리.
【琅琅 낭랑】①옥이나 금속이 부딪쳐 울리는 소리. ②아름다운 소리의 형용. ③새가 지저귀는 소리.
【琅湯 낭탕】 방자하여 근실(勤實)하지 못함.
● 玕－, 璫－, 玻－, 玲－, 琳－, 倉－, 靑－.

玉 7 【琉】 ⑪ 琉(1130)의 속자

玉 7 【理】 ⑪ 다스릴 리 紙 $lǐ$
丁 千 王 尹 玾 玾 玾 理 理 理
소전 理 초서 理 字源 形聲. 玉+里→理. '里(리)'가 음을 나타낸다.
字解 ①다스리다. ㉮옥을 갈다. 〔戰國策〕謂玉未理者璞. ㉯바루다. 〔春秋左傳〕先王疆理天下. ㉰통하다. 〔淮南子〕生氣乃理. ㉱재판하다. 〔漢書〕將軍已下廷尉, 使理正之. ㉲수선하다. 〔南史〕幹理家事. ㉳손질하다, 수선하다. 〔後漢書〕修理長安高廟. ㉴꾸미다. 〔傅毅·賦〕奪容乃理. ②다스려지다. 〔呂氏春秋〕聖人之所在, 則天下理焉. ③길, 사람이 순행(順行)하는 도리. 〔禮記〕禮也者, 理也. ④조리(條理). 〔易經〕俯以察於地理. ⑤결. ㉮물건의 표면에 있는 무늬. 〔荀子〕形體色理. ㉯피부의 결, 살결. 〔荀子〕則足以見鬚眉而察理矣. ⑥천성, 성품. 〔禮記〕天理滅矣. ⑦매개(媒介). 〔楚辭〕吾令蹇修以爲理. ⑧평소의 몸가짐, 행동거지. 〔禮記〕理發諸外. ⑨의지하다, 믿다. 〔孟子〕大不理於口. ⑩관리. 늑吏. ㉮재판관. 〔禮記〕命理瞻傷. ㉯사자(使者). 〔春秋左傳〕行理之令. ⑪깨닫다. 〔呂氏春秋〕後世初學, 且須理會氣象. ⑫사물, 여러 가지 일. ⑬구분, 구별. 〔禮記〕樂者通倫理者也. ⑭정욕, 본능. 〔淮南子〕唯能勝理.
【理官 이관】 옥송(獄訟)에 관한 일을 맡아보는 벼슬. 판관(判官). 재판관.
【理國 이국】 나라를 다스림. 治國(치국).
【理窟 이굴】 조리(條理). 도리(道理). ◎'窟'은 도리가 많이 감추어져 있는 곳.
【理氣 이기】①호흡을 조절하는 일. ②이(理)와 기(氣). 본체계(本體界)와 현상계(現象界).
【理亂 이란】①잘 다스려짐과 어지러움. 평화로운 세상과 어지러운 세상. ②혼란한 세상을 다스림.
【理論 이론】 사물·현상을 설명할 수 있는 보편적인 지식 체계.
【理法 이법】①사물의 이치(理致)와 법칙(法則). ②도리(道理)와 예법(禮法).
【理非 이비】 옳음과 그름. 是非(시비).
【理産 이산】 재산을 유리하게 운용(運用)함.
【理想 이상】 생각할 수 있는 범위 안에서 가장 완전한 상태.
【理色 이색】 도리(道理)와 안색(顔色).
【理性 이성】①사물을 조리 있게 생각하여 바르게 판단하는 능력. ②양심(良心).
【理勢 이세】 자연의 형세. 자연의 이치(理致).
【理外 이외】 이치 밖. 도리 밖.
【理義 이의】 도리(道理)와 정의(正義).
【理障 이장】 (佛)사람의 밝은 지혜를 어지럽히고 우주의 진리를 어김.
【理財 이재】 재산을 잘 간직하고 유리하게 운용하는 일. 理産(이산).
【理致 이치】 사물에 대한 정당한 조리. 도리에 맞는 취지.
【理學 이학】①성리학(性理學). ②자연을 연구 대상으로 하는 학문의 총칭. 자연 과학.
【理解 이해】①사리를 분별하여 잘 앎. ②깨달아 앎. ③남의 사정을 헤아려 너그러이 받아들임.

【理會 이회】 깨달아 앎. 理解(이해).
● 公－, 管－, 論－, 道－, 妙－, 文－, 物－, 法－, 非－, 事－, 生－, 攝－, 性－, 心－, 審－, 連－, 料－, 義－, 人－, 條－, 調－, 地－, 眞－, 天－, 哲－, 推－, 治－.

玉 7 【珷】⑪ 옥돌 무 麌 wǔ
字解 옥돌, 옥 비슷한 돌. ¶ 珷玞.
【珷玞 무부】 옥과 비슷한 돌.

玉 7 【琁】⑪ ❶옥 선 先 xuán ❷붉은 옥 경 庚 qióng
소전 琁 參考 대법원 지정 인명용 한자의 음은 '선'이다.
字解 ❶①옥, 아름다운 옥. =璿. ②구슬.〔顔延之·詩〕玉水記方流, 琁源載圓折. ③옥 비슷한 돌. =璇. ❷붉은 옥. =瓊.

玉 7 【珹】⑪ 옥 이름 성 庚 chéng
字解 ①옥 이름. ②아름다운 구슬.

玉 7 【琇】⑪ 옥돌 수 宥 xiù
초서 琇 字解 ①옥돌의 이름.〔詩經〕充耳琇實. ②아름답다.
【琇瑩 수영】아름다운 보석.

玉 7 【琊】⑪ 땅 이름 야 麻 yá
초서 琊 동자 瑘 동자 玡 字解 땅 이름, 낭야(琅琊)늑邪.

玉 7 【珸】⑪ 옥돌 오 虞 wú
字解 옥돌, 아름다운 돌. ¶ 琨珸.

玉 7 【琓】⑪ 國옥돌 완
字解 ①옥돌. ②사람 이름.

玉 7 【珵】⑪ ❶옥 이름 정 庚 chéng ❷옥홀 정 迥 tǐng
字解 ❶①옥 이름. 스스로 빛을 낸다.〔楚辭〕覽察草木, 其猶未得兮, 豈珵美之能當. ②패옥(佩玉)의 상부에 있는 옥. =珩. ❷옥홀, 옥으로 만든 홀(笏). =珽.

玉 7 【珽】⑪ 옥홀 정 迥同 tǐng
초전 珽 字解 ①옥홀. 옥으로 만든 홀(笏). =珵.〔禮記〕天子搢珽, 方正於天下也. ②옥 이름.

玉 7 【現】⑪ ❶나타날 현 霰 xiàn ❷옥 다음가는 돌 현 霰 xiàn

現現現現現現現現現現
초서 現 간체 现 字源 形聲. 玉+見→現. '見(견)'이 음을 나타낸다.
字解 ❶①나타나다, 나타내다.〔大藏法數〕能現色像. ②밝다. ③이제.〔金剛經〕現在心不可得. ④이승.〔梁武帝·記〕生乎現境. ❷옥 다음가는 돌.
【現金 현금】①현재 가진 돈. ②맞돈. 現札(현찰). ③통용하는 화폐.
【現夢 현몽】죽은 사람이나 신령이 꿈에 나타남.
【現報 현보】(佛)현세(現世)의 업인(業因)에 의해 현세에서 그 과보(果報)를 받는 일.
【現狀 현상】현재의 상태나 형편.
【現象 현상】관찰할 수 있는 사물의 모양이나 상태.
【現身 현신】①현세(現世)에 있는 몸. ②國아랫사람이 윗사람에게 자기를 보임. ③(佛)부처의 삼신(三身)의 하나. 應身(응신).
【現實 현실】실제로 존재하는 사실이나 상태.
【現場 현장】①사물이 현재 있는 곳. ②일이 생긴 그 자리.
【現在 현재】①이제. 지금. ②(佛)삼세(三世)의 하나. 이 세상. 이승.
【現形 현형】①형상을 나타냄. ②현재의 형상.
【現行 현행】현재 행하고 있음.
【現況 현황】현재의 상황.
● 具－, 發－, 實－, 應－, 再－, 出－, 表－.

玉 7 【琄】⑪ 패옥 늘어진 모양 현 霰 xuàn
字解 패옥(佩玉)이 늘어진 모양.

玉 8 【琚】⑫ 패옥 거 魚 jū
소전 琚 초서 琚 字解 ①패옥.〔詩經〕報之以瓊琚. ②붉은 옥, 옥 비슷한 돌.〔大戴禮〕琚瑀以雜之.
【琚瑀 거우】금관 조복(金冠朝服)의 좌우에 늘이어 차는 옥. 佩玉(패옥).
● 瓊－, 琪－, 瑛－.

玉 8 【琨】⑫ 옥돌 곤 元 kūn
소전 琨 고문 瑻 초서 琨 字解 ①옥돌, 아름다운 돌.〔書經〕瑤琨篠簜. ②패옥(佩玉) 이름.〔張衡·賦〕獻環琨與琛縭兮.
【琨玉秋霜 곤옥추상】아름다운 옥과 가을 서리. 고상하고 엄숙한 인품(人品).

玉 8 【琯】⑫ ❶옥피리 관 旱 guǎn ❷금옥빛 관 願 gùn ❸옥돌 관 翰 guàn ❹옥을 펜 장식 관 諫 guàn
소전 琯 초서 琯 參考 대법원 지정 인명용 한자의 음은 '관'이다.

玉部 8획 琴 棋 琦 琪 璖 琳 琲 琺 琕 琫 琵

字解 ❶옥피리. 6개의 구멍이 있다.〔大戴禮〕西王母, 來獻其白琯. ❷금옥빛, 금옥을 갈아 빛을 내다. ❸옥돌, 옥 비슷한 돌. ❹옥을 꿰어 만든 장식.

玉 8 【琴】⑫ 거문고 금 圈 qín

字源 象形. 거문고 모양을 본뜬 글자.

字解 거문고.〔王維·詩〕獨坐幽篁裏, 彈琴復長嘯.

【琴碁 금기】거문고와 바둑.
【琴斷朱絃 금단주현】거문고의 붉은 줄을 끊음. 남편의 죽음.
【琴堂 금당】거문고를 타는 집. 현감(縣監)이 집무하는 곳. 故事 공자의 제자인 복자천(宓子賤)이 선보(單父)라는 고을의 원으로 있을 때, 거문고만 타며 당(堂) 아래에 내려가지 않아도 고을이 잘 다스려졌다는 고사에서 온 말.
【琴書 금서】①거문고와 책. ②탄금(彈琴)과 독서(讀書). 풍류스러운 일.
【琴線 금선】①거문고의 줄. ②공명(共鳴)하기 쉬운 감정.
【琴瑟 금슬】①거문고와 큰 거문고. ◯'琴'은 1·5·7현(絃), '瑟'은 15·25·50현 등이 있음. ②조화(調和)함. 부부가 화합함.
【琴瑟不調 금슬부조】①거문고나 큰 거문고의 가락이 맞지 아니함. ②부부가 화합하지 못함.
【琴瑟之樂 금슬지락】부부의 화락. 한집안이 화합하는 즐거움.
【琴心 금심】거문고 소리로 표현하는 마음. 마음을 거문고 소리에 부쳐 여자의 마음을 유인함.
【琴韻 금운】거문고의 소리. 琴音(금음).
❶鼓-, 大-, 鳴-, 素-, 心-, 瑤-, 清-, 彈-, 風-, 弦-, 胡-, 和-.

玉 8 【棋】⑫ 琴(1134)의 속자

玉 8 【琦】⑫ 옥 이름 기 圈 qí

字解 ①옥 이름. ②훌륭하다, 크다, 아름답다.〔宋玉·對楚王問〕夫聖人瑰意琦行. ③기이하다. 늑奇.〔荀子〕好治怪說, 玩琦辭. ④가지고 놀다, 희롱하다.
【琦賂寶貨 기뢰보화】훌륭하고 아름다운 보물.
【琦辭 기사】상식 밖의 말. 기이한 말.
【琦珍 기진】진귀함. 진귀한 것.

玉 8 【琪】⑫ 옥 기 圈 qí

字解 옥.

【琪樹 기수】①옥같이 아름다운 나무. 玉樹(옥수). ②눈 쌓인 나무의 모습.
【琪花瑤草 기화요초】선경(仙境)에 있다고 하는 곱고 아름다운 꽃과 풀.

玉 8 【璖】⑫ 옥 록 圈 lù

字解 ①옥. ②옥의 모양.〔老子〕不欲璖璖如玉, 珞珞如石.
【璖璖 녹록】구슬의 모양. 작고 진귀한 모양.

玉 8 【琳】⑫ 아름다운 옥 림 圈 lín

字解 ①아름다운 옥.〔漢書〕琳珉昆吾. ②푸른 옥.〔班固·賦〕琳珉青熒. ③옥이 부딪쳐 나는 소리.
【琳球 임구】①옥이 부딪쳐 울리는 소리. ②맑은 샘물이 흐르는 소리.
【琳宮 임궁】도교(道敎)의 사원(寺院).
【琳闕 임궐】아름다운 옥으로 장식한 문.
【琳琅 임랑】①아름다운 옥의 한 가지. ②옥 부딪쳐서 나는 소리. ③아름다운 시문(詩文).
【琳宇 임우】①아름다운 옥으로 장식한 집. ②절. 사찰.
【琳札 임찰】옥으로 장식한 함(函).

玉 8 【琲】⑫ 구슬꿰미 배 圈 bèi

字解 ①구슬꿰미. 구슬을 꿰어 만든 장식.〔左思·賦〕珠琲闌干. ②꿰뚫다.

玉 8 【琺】⑫ 법랑 법 圈 fă

字解 법랑, 불투명 유리질 물질. ¶琺瑯.
【琺瑯 법랑】사기그릇이나 쇠그릇 거죽에 올리는 반들반들한 유리질의 유약.
【琺瑯質 법랑질】사람이나 동물의 이를 싸고 있는 단단한 물질.

玉 8 【琕】⑫ 칼집 병 圈 bǐng

字解 칼집. =鞞.〔詩經〕鞞琫有珌.〔釋文〕鞞字又作琕, 刀室也.

玉 8 【琫】⑫ 칼집 장식 봉 圈 běng

字解 ①칼집 장식. ㉮칼자루에 있는 장식. 천자는 옥(玉), 제후는 금(金), 대부는 은(銀), 사(士)는 신(蜃)으로 꾸민다.〔詩經〕鞞琫有珌. ㉯칼코등이의 장식.〔釋名〕刀室下削, 室口之飾曰琫. ②받치다, 받쳐 들다.

玉 8 【琵】⑫ 비파 비 圈 pí

玉部 8획　埱琗瑛琰琬琟琖琤瑱琱琮琛琢　1135

[琵] ①비파.〔石崇·辭〕令琵琶馬上作樂以慰其道路之思. ②음정이 낮아지게 활주(滑奏)하다.
【琵琶 비파】현악기의 한 가지. 긴 타원형을 세로 쪼개 놓은 듯한 넓은 면에 4줄을 걸고 4개의 기러기 발로 받쳤다.
【琵琶別抱 비파별포】비파를 따로 품음. 여자가 재혼함.

〈琵琶〉

[埱] ⑫ 옥 이름 숙　chù
字解 ①옥 이름. ②반쪽 홀. 반쪽의 크기가 8촌(寸)인 홀(笏).

[琗] ⑫ ❶옥 무늬 고운 모양 슬　sè　❷옥빛 채　cuì　❸주옥빛 신　cuì
參考 대법원 지정 인명용 한자음은 '채'이다.
字解 ❶옥 무늬 고운 모양, 옥 무늬 선명한 모양. ≒瑟. ❷①옥빛. ②옥의 문채가 섞이다.〔郭璞·賦〕瑤珠怪石, 琗其表. ❸주옥(珠玉) 빛.

[瑛] ⑫ 사람 이름 역　yù
字解 사람 이름.〔東觀漢記〕玄菟太守公孫瑛.

[琰] ⑫ 옥 갈 염　yǎn
字解 ①옥을 갈다, 옥을 갈아 아름다운 빛을 내다.〔周禮·注〕圭, 琰上寸半. ②홀, 절반 이상을 깎은 날카로운 홀. ¶琰圭. ③아름다운 옥 이름.〔淮南子〕琬琰之玉.
【琰圭 염규】길이가 9촌인, 반 이상을 깎아 날카롭게 만든 홀(笏). 불의(不義)한 짓을 한 제후(諸侯)를 칠 때, 천자의 사신(使臣)이 가지고 가는 서절(瑞節).

[琬] ⑫ 홀 완　wǎn
字解 ①홀, 모나지 아니한 홀.〔周禮〕琬圭以治德, 以結好. ②아름다운 옥.〔淮南子〕琬炎之玉.
【琬圭 완규】끝이 뾰족하지 않은 홀(笏). 천자가 덕이 있는 제후에게 상을 내릴 때 사자가 가지고 가는 것으로, 유덕(有德)을 상징함.
【琬象 완상】아름다운 옥과 상아.
【琬炎 완염】아름다운 옥.
【琬琰 완염】①완규(琬圭)와 염규(琰圭). ②아름다운 옥의 이름.

[琟] ⑫ ❶옥돌 유　wéi　❷새 이름 옥　yù
參考 대법원 지정 인명용 한자음은 '유'이다.
字解 ❶옥돌. ❷새 이름.

[琖] ⑫ 옥잔 잔　zhǎn
字解 옥잔, 옥으로 만든 작은 술잔. =盞.

[琤] ⑫ 옥 소리 쟁　chēng
字解 ①옥 소리.〔孟郊·詩〕前溪忽調琴, 隔林寒琤琤. ②물건이 부딪는 소리.
【琤琤 쟁쟁】①시냇물이 흐르는 소리. ②옥 같은 것이 서로 부딪치는 소리. ③거문고를 타는 소리.

[瑱] ⑫ 귀막이 전　tiǎn
字解 귀막이, 옥 이름. =瑱.

[琱] ⑫ 옥 다듬을 조　diāo
字解 ①옥을 다듬다. ②새기다, 아로새기다. =彫.〔漢書〕斲琱而爲樸. ③그리다, 그림을 그리다.〔漢書〕牆塗而不琱.
【琱戈 조과】아로새긴 창. 彫戈(조과).
【琱鞍 조안】옥으로 장식한 안장.
【琱輿 조여】옥으로 장식한 가마.

[琮] ⑫ 옥홀 종　cóng
字解 ①옥홀, 서옥(瑞玉)의 이름. 외변(外邊)은 팔각(八角)으로 땅을 뜻하고, 가운데는 둥근 구멍이 뚫렸는데 무궁함을 뜻한다. ②부신(符信).〔春秋公羊傳〕琮以發兵.
【琮琤 종쟁】①옥이나 돌이 부딪쳐 나는 소리. ②맑은 샘물이 흐르는 소리.
❶璧-, 琢-, 黃-.

[琛] ⑫ 보배 침　chēn
字解 ①보배.〔木華·賦〕天琛水怪. ②옥(玉).〔張衡·賦〕獻環琨與琛縭兮.
【琛縭 침리】옥으로 장식한 띠(帶).
【琛贐 침신】공물(貢物)로 바치는 보배.

[琢] ⑫ 쫄 탁　zhuó
字解 ①쪼다. ㉮옥을 다듬 양하다, 연마하다.〔詩經〕如琢如磨. ④시를 양하다.〔北齊書〕徒有師傅之資, 終無琢磨之實. ②꾸미다.〔宣和畫譜〕不在鐫琢語言. ③선택하다.〔詩經〕郭琢其旅. ④부리로 쪼다. ≒啄.

5획

1135

【琢句 탁구】 시문(詩文)을 퇴고(推敲)함.
【琢磨 탁마】 ①옥석(玉石)을 세공(細工)하는 일. ○'琢'은 '옥을 가는 것'을, '磨'는 돌을 가는 것을 뜻함. ②학문이나 도덕을 갈고 닦는 일.
【琢飾 탁식】 꾸밈. 수식함.
● 刻-, 磨-, 刑-, 鐫-, 雕-, 追-.

玉8 【琸】 ⑫ 사람 이름 탁 圝 zhuó
字解 사람 이름.

玉8 【琶】 ⑫ 비파 파 圝 pá
字解 ①비파. 〔石崇·辭〕 令琵琶馬上作樂以慰其道路之思. ②음정이 높아지게 활주(滑奏)하다.

玉8 【琥】 ⑫ 호박 호 圝 hǔ
字解 ①호박(琥珀). ②서옥(瑞玉). 범 모양을 조각한 옥으로, 군대를 징발할 때 쓴다. ③옥그릇. 옥으로 만든 범 모양의 그릇으로, 서방(西方)을 제사 지낼 때 쓰거나 제후가 서로 선물하는 예물로 쓴다. 〔周禮〕 以白琥禮西方.

〈琥③〉

【琥珀 호박】 땅속에 묻힌 소나무·잣나무 등의 진이 변하여 생긴 화석. 대개 누렇고 광택이 있으며, 여러 가지 장식품으로 많이 쓰임.

玉9 【玠】 ⑬ 큰 홀 계 圝 jiè
字解 큰 홀. =玠.

玉9 【瑙】 ⑬ 마노 노 圝 nǎo
字解 마노(瑪瑙). 석영(石英)의 한 가지.

玉9 【瑖】 ⑬ 옥돌 단 圝 duàn
字解 옥돌, 옥 비슷한 돌.

玉9 【瑇】 ⑬ 대모 대 圝 dài
字解 대모, 바다거북. =玳.
【瑇瑁 대모】 바다거북의 한 가지.

玉9 【瑁】 ❶서옥 모 圝 mào
❷대모 모 本매 圝 mào
字解 ❶서옥(瑞玉). 제후가 내조(來朝)하였을 때 그 홀(笏)에 천자가 맞추어 보는 사방 4치의 옥(玉). 늑冒. ❷대모, 바다거북.

玉9 【瑂】 ⑬ 옥돌 미 圝 méi
字解 옥돌, 옥 비슷한 돌.

玉9 【瑉】 ⑬ 옥돌 민 圝 mín
字解 옥돌, 아름다운 돌. =珉. 〔史記〕 琳瑉琨珸.

玉9 【瑸】 ⑬ 문채 날 빈·편 圝 bīn, bān
字解 ①문채가 나다, 옥의 문채가 어른어른하다. ②옥의 무늬.

玉9 【瑞】 ⑬ 상서 서 圝 ruì
字解 ①상서, 길조. 〔杜預·春秋左氏傳序〕 麟鳳五靈, 王者之嘉端也. ②경사스럽다. 〔史記〕 萬民和喜, 瑞應辨至. ③홀(笏). 천자가 제후를 봉할 때 주는 홀(圭). ④부절(符節). 〔春秋左氏傳〕 司馬請瑞焉.
【瑞光 서광】 ①상서로운 빛. ②길한 일의 조짐.
【瑞氣 서기】 상서로운 기운.
【瑞相 서상】 ①길(吉)한 인상(人相). ②상서로운 조짐. 瑞兆(서조).
【瑞雪 서설】 상서로운 눈. 풍년이 들 징조가 되는 눈.
【瑞獸 서수】 상서로운 징조로 나타나는 짐승. 용(龍)·기린(麒麟) 따위.
【瑞玉 서옥】 옥으로 만든 홀. 천자가 제후를 봉할 때 신표(信標)로 주던 환규(桓圭)·신규(信圭)·궁규(躬圭)·곡벽(穀璧)·포벽(蒲璧) 따위.
【瑞運 서운】 길한 운수. 좋은 운수.
【瑞應 서응】 임금의 어진 정치에 하늘이 감응하여 나타내는 상서로운 징조. 祥瑞(상서).
【瑞日 서일】 상서로운 날. 경사스러운 날.
【瑞鵲 서작】 상서로운 징조인 까치.
【瑞節 서절】 ①옥으로 만든 부절(符節). 천자가 제후를 봉할 때 신표로 줌. ②경사스러운 좋은 시절.
【瑞徵 서징】 상서로운 징조.
【瑞驗 서험】 상서로운 조짐.
【瑞禾 서화】 상서로운 벼.
【瑞花 서화】 ①상서로운 꽃. ②눈(雲)의 딴 이름. ○풍년이 들게 하는 꽃이라는 데서 온 말.
● 嘉-, 慶-, 圭-, 奇-, 吉-, 祥-, 聖-, 靈-, 五-, 應-, 仁-, 禎-, 珍-, 天-.

玉9 【瑄】 ⑬ 도리옥 선 圝 xuān
字解 도리옥, 길이가 여섯 치 되는 큰 옥. 늑宣. 〔漢書〕 有司奉瑄玉.

玉部 9획 珵瑟珨瑌瑛瑪瑗瑋瑜瑑瑅瑊瑒瑃

珵
玉9 ⑬ 옥빛 성 〔康〕 xíng
字解 옥빛.

瑟
玉9 ⑬ 큰 거문고 슬 〔質〕 sè
字解 ①큰 거문고. 〔書經〕搏拊琴瑟. ②많은 모양. 〔詩經〕瑟彼柞棫. ③엄숙하다, 엄격하다. 〔詩經〕瑟兮僩兮. ④차고 바람이 사납다. 〔楚辭〕悲哉秋之爲氣也, 蕭瑟兮. ⑤쓸쓸하다. ≒索. 〔楚辭〕蕭瑟兮草木搖落而變衰. ⑥선명한 모양. 〔詩經〕瑟彼玉瓚. ⑦바람 소리.
【瑟瑟 슬슬】①주옥(珠玉)의 이름. ②바람 소리. ③쓸쓸한 빛깔. ④푸른 빛깔. ⑤악기의 줄을 팽팽히 매는 모양.
【瑟韻 슬운】큰 거문고의 소리.
【瑟縮 슬축】①오그라져서 펴지지 않음. 추워서 오그라짐. ②추운 모양.
◐ 鼓-, 膠-, 琴-, 大-, 鳴-, 蕭-.

珨
玉9 ⑬ 珨(1133)와 동자

瑌
玉9 ⑬ 옥돌 연 〔阮〕 ruǎn
字解 ①옥돌, 옥 버금가는 아름다운 돌. 〔史記〕瑌石武夫. ②성 밑의 밭.

瑛
玉9 ⑬ 옥빛 영 〔庚〕 yīng
字解 ①옥빛. ≒英. ②투명한 옥, 수정(水晶). 〔符瑞圖〕玉瑛仁寶, 不斷自成.
【瑛琚 영거】수정으로 만든 패옥(佩玉).
【瑛瑤 영요】아름다운 옥. 옥처럼 아름다운 덕(德)을 갖춘 사람.

瑪
玉9 ⑬ 패옥 우 〔麌〕 yǔ
字解 ①패옥(佩玉). 〔後漢書〕至孝明皇帝, 乃爲大佩, 衝牙雙瑪璜, 皆以白玉. ②옥 버금가는 돌.

瑗
玉9 ⑬ ❶도리옥 원 〔霰〕 yuàn
❷옥고리 환 〔刪〕 huán
〔秦考〕대법원 지정 인명용 한자의 음은 '원'이다.
字解 ❶①도리옥, 구멍 큰 옥. 구멍의 지름이 고리의 배가 되는 것. 사람을 초청할 때 썼다. ②패옥(佩玉). ❷옥고리. =環.

瑋
玉9 ⑬ 옥 이름 위 〔尾〕 wěi

瑋
玉9 ⑬ 〔간체〕 玮 字解 ①옥 이름. ②아름다운 구슬. ③아름답다, 아름다워하다. 〔後漢書〕梁惠王瑋其照乘之珠. ④진귀하다. 〔莊子〕其書雖瓌瑋, 而連犿無傷也. ⑤무겁다.
【瑋寶 위보】기이하고 진귀한 보물.
【瑋質 위질】타고난 성품이 아주 훌륭함.

瑜
玉9 ⑬ 아름다운 옥 유 〔虞〕 yú
字解 ①아름다운 옥, 근유(瑾瑜). 〔禮記〕世子佩瑜玉, 而綦組綬. ②옥의 광채. 〔禮記〕瑕不揜瑜. ③아름다운 모양. 〔漢書〕象載瑜白集西.
【瑜伽 유가】(佛)호흡을 조절하는 방법으로, 마음을 가다듬고 정리(正理)와 상응(相應)하는 상태. 주관·객관이 일체의 사물과 상응하여 융합(融合)한 경지(境地). ○범어(梵語) 'Yoga'의 음역어(音譯語).
【瑜然 유연】아름다운 모양.
【瑜瑕 유하】옥의 아름다운 빛과 흠. 좋은 점과 나쁜 점.

瑑
玉9 ⑬ 홀에 아로새길 전 〔霰〕 zhuàn
字解 홀에 아로새기다, 홀의 양각(陽刻). 〔漢書〕良玉不瑑, 資質潤美, 不待刻瑑.
【瑑刻 전각】옥에 조각함.
【瑑圭 전규】무식(文飾)한 옥으로 만든 홀(圭). 왕의 부름을 받을 때 사용함.
【瑑璧 전벽】무식한 옥의 이름. 왕자가 제후 등에게 존문(存問)할 때 사용함.
【瑑璋 전장】무식을 한 장옥(璋玉). 왕후(王后)의 부름을 받을 때 사용함.

瑅
玉9 ⑬ 제당 제 〔齊〕 tí
字解 제당(瑅瑭), 옥 이름.

瑊
玉9 ⑬ 옥돌 짐·감 〔咸〕 jiān
字解 옥돌, 옥 비슷한 돌. 〔司馬相如·賦〕琳瑉昆吾, 瑊玏玄厲.

瑒
玉9 ⑬ ❶옥잔 창 〔漾〕 chàng
❷옥 이름 탕 〔漾〕 dàng
字解 ❶①옥잔. 종묘에서 울창주를 타서 땅에 부어 강신할 때 쓰는 제기. ②①옥 이름. 〔漢書〕瑒琫瑒珌. ②황금(黃金). 패도(佩刀)에 장식으로 쓰는 황금.

瑃
玉9 ⑬ 옥 이름 춘 〔眞〕 chūn
字解 옥 이름.

玉部 9~10획 瑕瑎瑚琿瑍瑝瑴瑰瑭瑫瑯瑠瑬瓅瑪

【瑕】⑬ 티 하 佽 xiá
瑕 瑕 字解 ①티. ㉮옥의 티. 〔禮記〕瑕不揜瑜. ㉯옥의 흠. 〔淮南子〕審乎無瑕. ②허물, 잘못. 〔春秋左氏傳〕心苟無瑕, 何恤乎無家. ③멀다, 거리·시간·정도가 많이 차이 나다. ≒遐. 〔詩經〕遐臻于衛, 不瑕有害. ④어찌. =何·胡. 〔禮記〕瑕不謂矣.
【瑕缺 하결】 옥의 티. 옥의 흠절(欠節).
【瑕隙 하극】 틈. 빈틈.
【瑕病 하병】 흠이 있음.
【瑕惡 하악】 흠. 결점(缺點).
【瑕尤 하우】 결점과 과실. 흠절과 잘못.
【瑕瑜 하유】 옥의 티와 옥의 광채. 나쁜 점과 좋은 점.
【瑕疵 하자】 ①옥의 티. ②흠. 결점.
【瑕謫 하적】 ①옥의 티. ②결점. 잘못.
【瑕玷 하점】 흠절(欠節). 결점(缺點).
【瑕疹 하진】 흠이 있다 하여 내버림.
【瑕痕 하흔】 흉터. 상흔(傷痕).
【瑕釁 하흔】 ①허물. 과실(過失). ②틈이 생김. 미워하여 사이가 나쁨. 怨隙(원극).
● 微-, 白-, 纖-, 細-, 瑜-, 疵-, 毁-.

【瑎】⑬ 검은 옥돌 해 佸 xié
瑎 字解 검은 옥돌, 옥과 비슷한 검은 돌.

【瑚】⑬ 산호 호 虞 hú
瑚 瑚 字解 ①산호. ②호련(瑚璉). 〔論語·瑚璉也·集解〕包咸曰, 瑚璉, 黍稷之器, 夏曰瑚, 殷曰璉, 周曰簋簋.
【瑚璉 호련】 ①서직(黍稷)을 담아 종묘에 바치던 제기(祭器). ②㉠고귀한 인격을 가진 사람. ㉡뛰어난 인물. 故事 공자가 자공(子貢)의 사람됨을 평가하여 호련이라고 한 데서 온 말.

【琿】⑬ 아름다운 옥 혼 元 hún
琿 字解 아름다운 옥.

【瑍】⑬ 환옥 환 㬸 huàn
字解 환옥, 아름다운 문양이 있는 옥. ≒煥.

【瑝】⑬ 옥 소리 황 陽 huáng
瑝 字解 ①옥 소리, 옥이 부딪쳐 나는 큰 소리. ②종 소리. ≒鍠.

【瑴】⑭ 쌍옥 각 覺 jué

字解 쌍옥. =珏. 〔春秋左氏傳〕公爲之請納玉於王與晉侯, 皆十瑴.

【瑰】⑭ 구슬 이름 괴 灰 guī
瑰 瑰 瓌 字解 ①구슬 이름. ㉮붉은 옥. 〔漢書〕其石則赤玉玫瑰. ㉯옥 버금가는 돌. 〔詩經〕瓊瑰玉佩. ②둥글고 모양이 좋은 옥. ③크다, 훌륭하다. ≒傀. 〔宋玉·對楚王問〕夫聖人, 瑰意琦行, 超然獨處. ④아름답다. 〔傅毅·賦〕瑰姿譎起. ⑤진귀하다. 〔後漢書〕因瑰材而究奇.
【瑰怪 괴괴】 매우 진기함. 기이함.
【瑰詭 괴궤】 이상함. 특이(特異)함.
【瑰奇 괴기】 진기함. 瑰怪(괴괴).
【瑰琦 괴기】 뛰어나고 기이함. 奇偉(기위).
【瑰麗 괴려】 매우 아름다움.
【瑰辭 괴사】 뛰어난 말.
【瑰岸 괴안】 용모가 빼어나고 체격이 늠름함. 魁岸(괴안).
【瑰偉 괴위】 뛰어나고 큼.
【瑰儒 괴유】 박학하고 고상한 학자. 대학자. 大儒(대유).
【瑰姿 괴자】 뛰어난 용모. 빼어난 풍채.
【瑰壯 괴장】 뛰어나고 훌륭함.
【瑰材 괴재】 ①희귀한 재료. ②훌륭한 인재.
● 瓊-, 玖-, 奇-, 玫-, 璿-.

【瑭】⑭ 당무옥 당 陽 táng
字解 당무옥.
【瑭璙 당무】 옥 이름.

【瑫】⑭ 아름다운 옥 도 豪 tāo
字解 아름다운 옥.

【瑯】⑭ 琅(1132)의 속자

【瑠】⑭ 琉(1132)와 동자

【瑬】⑮ 면류관 드림 류 尤 liú
瑬 字解 ①면류관 드림, 관의 앞뒤로 드리우는 옥 장식. ②깃술. 〔宋書〕鸞輅駕四馬, 旒九瑬. ③아름다운 황금. =鎏.

【瓅】⑭ 옥 무늬 륵 錫 lì
瓅 瓅 字解 옥 무늬, 옥을 벌여 놓은 것같이 아름다운 모양.

【瑪】⑭ 마노 마 馬 mǎ

玉部 10획 瑣瑣瑩瑥瑤瑧瑨瑲瑱

㘆 瑪 ᄃ 碼 ᄀ 玛 [字解] 마노(瑪瑙).
석영(石英)의 한 가지. 빛이 곱고 장식품을 만드는 데 쓰임.

玉10 【瑣】⑭ 자질구레할 쇄 釒 suǒ

소전 瑣 ᄎ 瑣 ᄉ 瑣 ᄀ 琐 [字解] ①자질구레하다, 잘다.〔漢書〕豈特委瑣握齪, 拘文牽俗. ②세분하다, 잘게 구별하다. ③부스러지다, 옥의 부스러기.〔後漢書〕庚桑瑣隸. ④젊고 예쁘다.〔詩經〕瑣兮尾兮, 流離之子. ⑤천하다, 비천하다.〔南史〕名地卑瑣. ⑥쇠사슬. =鎖.〔漢書〕赤墀靑瑣. ⑦궁문(宮門). 옛날 궁문에는 쇠사슬의 모양을 새겨 두었다. ⑧피로한 모양, 지치고 쇠약하여지다.〔易經·注〕瑣瑣, 最蔽之貌也. ⑨좀스럽다, 도량이 좁다. = 璅. ⑩적어 두다, 기록해 두다.〔漢書〕案邊長吏, 瑣科條其人.

【瑣近 쇄근】잘고 비근(卑近)함.
【瑣末 쇄말】매우 작음. 瑣細(쇄세).
【瑣尾 쇄미】①미약한 모양. ②영락함. 落魄(낙탁). ③젊고 예쁜 모양.
【瑣事 쇄사】자질구레하고 하찮은 일.
【瑣屑 쇄설】자질구레함.
【瑣碎 쇄쇄】①자질구레함. 번거로움. 瑣屑(쇄설). ②분규(紛糾).
【瑣瑣 쇄쇄】①잘고 곰상스러운 모양. ②지치고 쇠약한 모양. ③생각이 좁고 얕은 모양. ④옥이 부딪치는 소리
◐ 微-, 煩-, 小-, 連-, 鬼-, 委-, 靑-.

玉10 【瑣】⑭ 瑣(1139)의 속자

玉10 【瑩】⑮ ❶밝을 영 庚 yìng
❷의혹할 형 迥 yíng
소전 瑩 ᄎ 瑩 ᄀ 莹 [參考] 대법원 지정 인명용 한자의 음은 '영·형'이다.
[字解] ❶①밝다.㉮옥의 빛, 옥빛이 밝은 모양.〔法言〕如玉之瑩.㉯거울같이 맑다.〔晉書〕此人之水鏡, 見之瑩然, 若披雲霧而覩靑天也.㉰사물이 밝다.〔太玄經〕一生一死, 性命瑩矣. ㉱마음이 밝다.〔韓愈·聯句〕抱照瑩疑怪. ②같다.〔隋書〕獨孤公猶鑑也, 每被磨瑩, 皎然益明. ③시들다.〔楚辭〕薋菉葹兮瑩嬿. ④귀막이 옥, 옥 비슷한 아름다운 돌.〔詩經〕充耳琇瑩. ❷의혹할 형. =熒.

【瑩鏡 영경】맑은 거울.
【瑩徹 영철】속까지 환히 트여 맑음. 투명함.
【瑩澤 영택】밝고 광택이 있음.
◐ 瓊-, 磨-, 琇-, 照-, 紅-.

玉10 【瑥】⑭ 사람 이름 온 元 wēn
[字解] 사람 이름.

玉10 【瑤】⑭ 아름다운 옥 요 蕭 yáo
소전 瑤 ᄎ 瑤 ᄀ 瑶 [字解] ①아름다운 옥.〔詩經〕報之以瓊瑤. ②사물의 미칭. 광명(光明)·결백(潔白)을 비유하거나 진귀(珍貴)하다는 뜻을 나타낸다. ③북두칠성(北斗七星)의 자루. ¶瑤光.

【瑤瓊 요경】아름다운 보옥.
【瑤階 요계】①옥 계단. 섬돌의 미칭(美稱). ②눈이 쌓인 계단.
【瑤光 요광】①북두칠성의 일곱째 별. ②옥의 광채.
【瑤臺 요대】①옥으로 장식한 아름다운 누대(樓臺). ②신선이 산다는 누대.
【瑤林瓊樹 요림경수】옥의 숲과 옥의 나무. 고상한 인품의 비유.
【瑤英 요영】몹시 아름다운 옥. 瑤瑛(요영).
【瑤玉 요옥】아름다운 구슬.
【瑤鍾 요종】옥으로 만든 술잔. 瑤觴(요상).
【瑤池 요지】①신선이 사는 곳. 곤륜산(崑崙山)에 있고, 옛날 목천자(穆天子)가 서왕모(西王母)를 만났다는 곳. ②아름다운 못. 궁중(宮中)에 있는 못.
【瑤札 요찰】=瑤函(요함)②.
【瑤緘 요함】①책을 넣는 옥 상자. ②훌륭한 편지. 남의 편지의 미칭.

玉10 【瑢】⑭ 패옥 소리 용 冬 róng
ᄎ 瑢 [字解] 패옥 소리.

玉10 【瑨】⑭ 國사람 이름 은
[字解] 사람 이름.

玉10 【瑲】⑭ 옥 소리 장 陽 qiāng
소전 瑲 ᄎ 瑲 ᄉ 瑲 ᄀ 玱 [字解] ①옥 소리.〔詩經〕有瑲葱珩. ②악기 소리.〔荀子〕管磬瑲瑲. ③방울 소리.〔詩經〕八鸞瑲瑲.
【瑲瑲 장장】①옥이 부딪쳐서 나는 소리. ②악기가 울리는 소리. ③방울 소리.

玉10 【瑵】⑭ 수레 꼭지 조 巧 zhǎo
소전 瑵 [字解] 수레 꼭지, 수레 꼭지 머리에 장식한 옥.

玉10 【瑱】⑭ 귀막이 옥 진 震 tiàn
소전 瑱 혹 顚 ᄎ 瑱 [字解] ①귀막이 옥. ②옥 이름.〔江淹·詩〕巡華過盈瑱. ③천자의 서옥(瑞玉).
【瑱圭 진규】천자가 가지는 서옥(瑞玉)의 이름.
【瑱紞 진담】귀막이 옥에 다는 끈.

玉 【瑨】⑭ 아름다운 돌 진 㞢 jìn
字解 아름다운 돌. =璡.

玉 【瑨】⑭ 瑨(1140)의 속자

玉 【瑳】⑭ 깨끗할 차 㱾 cuō
소전 초체 간체
字解 ①깨끗하다. ㉮옥빛이 희고 깨끗하다. 〔宋史〕瑂珉瑳瑳. ㉯빛깔이 선명하고 성하다. 〔詩經〕巧笑之瑳. ②귀엽게 웃다. 〔詩經〕巧笑之瑳. ③갈다. =磋.
【瑳瑳 차차】①옥의 빛깔이 희고 고운 모양. ②웃을 때 흰 이가 곱게 드러나는 모양.

玉 【璨】⑭ 琛(1135)의 본자

玉 【瑰】⑭ 광채 낼 퇴 㞢 duī
字解 광채 내다. 옥의 광채를 내다.

玉 【璆】⑮ 아름다운 옥 구 㞢 qiú
초서
字解 ①아름다운 옥. =球. 경쇠를 만드는 데 쓴다. 〔漢書〕璆磬金鼓. ②옥 경쇠. ③옥 소리. 〔史記〕環珮玉聲璆然.
【璆然 구연】옥이 부딪쳐 나는 소리.
【璆珌 구필】패검(佩劍)을 장식한 옥.

玉 【瑾】⑮ ①아름다운 옥 근 㞢 jǐn
②붉은 옥 근 㞢 jìn
소전 초서
字解 ①아름다운 옥. 〔楚辭〕懷瑾握瑜. ②붉은 옥.
【瑾瑜匿瑕 근유닉하】아름다운 옥도 티를 감춤. 현인이나 군자에게도 허물이 없을 수 없으므로 허물을 덮어 줌.
● 瑤-, 懷-, 懷-握瑜.

玉 【璂】⑮ 피변 꾸미개 옥 기 㞢 qí
초서
字解 피변(皮弁) 꾸미개 옥. 가죽 고깔의 좌우 솔기에 12개의 오색 옥으로 한 장식. 〔周禮〕王之皮弁, 會五采玉璂.

玉 【璉】⑮ ①호련 련 㞢 liǎn
②이을 련 㞢 lián
초서 간체
字解 ①호련(瑚璉). 종묘에 서직(黍稷)을 담아 바치던 제기. ②잇다, 이어지다. ≒連.

玉 【璃】⑮ 유리 리 㞢 lí
초서
字解 ①유리(琉璃). ②파리(玻璃).

玉 【璊】⑮ 붉은 옥 문 㞢 mén
소전 혹체 간체
字解 붉은 옥, 옥의 붉은 빛깔. 〔詩經〕大車啍啍, 毳衣如璊.

玉 【斑】⑮ 얼룩 반 㞢 bān
字解 ①얼룩, 얼룩배기. =斑. ②무늬가 나다.

玉 【璇】⑮ 아름다운 옥 선 㞢 xuán
초서 동자 동자
字解 ①아름다운 옥. 〔書經〕有璇瑰瑤磬. ②별 이름. 북두칠성의 둘째 별. 〔史記·注〕斗第一天樞, 第二璇. ③돌다, 회전하다. =旋.
【璇瑰 선괴】아름다운 옥의 이름.
【璇璣 선기】①천체(天體)를 관측(觀測)하는데 쓰는 기계. 혼천의(渾天儀). 璿璣(선기). ②북두칠성의 둘째 별과 셋째 별.
【璇璣圖 선기도】전진(前秦) 때 두도(竇滔)의 아내 소씨(蘇氏)가 먼 곳에 있는 남편에게 보내는 회문시(回文詩)를 비단에 짜 넣은 것.
【璇臺 선대】①옥으로 만든 누대(樓臺). ②선인(仙人)이 사는 곳.
● 玖-, 白-, 仙-, 玉-, 瑤-.

玉 【璅】⑮ ①옥돌 소 㞢 zǎo
②옥 울리는 소리 쇄 㞢 suǒ
소전 초서
字解 ①옥돌, 옥 비슷한 돌. ②①옥 울리는 소리. =瑣. ②궁문(宮門)을 아로새기는 장식. 임금을 직접 지칭하기를 꺼려 '영쇄(靈璅)'라 이른다. 〔楚辭〕欲少留此靈璅兮.
【璅璅 쇄쇄】①자질구레한 모양. ②무람없는 모양. ③경(經)을 외는 소리.
【璅語 쇄어】①쓸데없는 말. ②자질구레한 하찮은 말.

玉 【璟】⑮ 옥 광채 날 영·경 㞢 jǐng
동자
字解 옥이 광채 나다.

玉 【瑿】⑯ 검은 옥 예 㞢 yī
字解 ①검은 옥. =瑿. ②흑호박(黑琥珀). 천년이 지난 호박.

玉 【璈】⑮ 악기 이름 오 㞢 áo
초서
字解 악기 이름. 〔漢武帝內傳〕王母命侍女, 彈八琅之璈, 吹雲和之曲.

玉 【璋】⑮ 반쪽 홀 장 㞢 zhāng

玉部 11~12획 璋璁璀瑿璚璣璒璐璙瑤璘璡璞璠璟璡璝璗璜

璋 [소전] 璋 [초서] 璋
字解 ①반쪽 홀. 〔詩經〕載弄之璋. ②구기, 장(璋)으로 자루를 만든 구기. 〔詩經〕左右奉璋. ③밝다. ≒章.

玉11 【璁】 ⑮ 패옥 소리 총 ㋐총 [图] cōng
字解 ①패옥 소리. 〔楓窓小牘〕劍佩璁琤, 交映左右. ②패옥이 흔들리는 모양.

玉11 【璀】 ⑮ 옥빛 찬란할 최 [图] cuǐ
[소전] 璀 [초서] 璀 **字解** ①옥빛이 찬란하다, 옥빛이 빛나다. ②구슬이 주렁주렁 달린 모양. ¶璀璨.
【璀錯 최착】 많고 성한 모양.
【璀璨 최찬】 ①옥의 광채. ②옥이 드리워진 모양. ③아름다운 색채.
【璀璀 최최】 선명(鮮明)한 모양.

玉11 【璡】 ⑮ 珉(1130)의 고자

玉12 【璚】 ❶옥 이름 경 [图] qióng ❷패옥 결 [图] jué
[초서] 璚 **字解** ❶옥 이름. =瓊. ❷패옥(佩玉). =玦.

玉12 【璣】 ⑯ 구슬 기 [图] jī
[소전] 璣 [초서] 璣 [간체] 玑 **字解** ①구슬, 둥글지 아니한 구슬, 모가 있는 구슬. 〔楚辭〕貫魚眼與珠璣. ㋑작은 구슬. 〔逸周書〕珠璣瑇瑁. ②천문 관측 기구 이름, 혼천의(渾天儀). 〔書經〕在璿璣玉衡, 以齊七政. ④북두칠성의 셋째 별.
【璣衡 기형】 고대에 천체(天體)의 운행과 위치를 관측하던 장치. 璿璣玉衡(선기옥형). 渾天儀(혼천의).

玉12 【璒】 ⑯ 옥돌 등 [图] dēng
[소전] 璒 **字解** 옥돌, 옥과 같은 돌.

玉12 【璐】 ⑯ 아름다운 옥 로 [图] lù
[소전] 璐 [초서] 璐 **字解** 아름다운 옥. 〔楚辭〕被明月兮佩寶璐.

玉12 【璙】 ⑯ 옥 이름 료 [图] liáo
[소전] 璙 **字解** 옥 이름.

玉12 【瑤】 ⑯ 瑠(1138)의 본자

玉12 【璘】 ⑯ 옥빛 린 [图] lín
[초서] 璘 **字解** ①옥의 빛, 옥의 광채. ②옥의 모양. ③무늬가 있는 모양.
【璘瑞 인빈】 ①문채(文彩)가 있는 모양. ②옥의 빛깔, 옥의 광채.
【璘彬 인빈】 옥의 광채가 찬란하게 교차(交叉)하는 모양.

玉12 【瑤】 ⑯ 세 가지 빛깔 옥 무 [图] wú
[소전] 瑤 **字解** 세 가지 빛깔의 옥, 옥 버금가는 돌. ≒珷.

玉12 【璞】 ⑯ 옥돌 박 [图] pú
[초서] 璞 **字解** ①옥돌, 아직 다듬지 않은 옥. 〔戰國策〕鄭人謂玉未理者璞. ②본바탕, 진실. 〔後漢書〕顔歜抱璞, 蘧瑗保生.
【璞玉渾金 박옥혼금】 아직 갈지 않은 옥과 제련하지 않은 금. 질박(質朴)하여 꾸밈이 없음.
❶奇ー, 卞ー, 寶ー, 良ー, 玉ー, 抱ー, 和ー.

玉12 【璠】 ⑯ 번여 옥 번 [图] fán
[소전] 璠 [초서] 璠 **字解** 번여(璠璵) 옥. 노(魯)나라에서 나는 보옥 이름. 〔陸雲·詩〕有斐君子如珪如璠.

玉12 【璟】 ⑯ 璄(1140)과 동자

玉12 【璡】 ⑯ 옥돌 진 [图] jīn
[소전] 璡 [간체] 琎 **字解** 옥돌, 옥과 같은 아름다운 돌. =瑨.

玉12 【璝】 ⑯ 옥 장식 체 [图] zhì, wèi
[소전] 璝 [초서] 璝 **字解** 옥 장식, 칼코등이를 옥으로 꾸미다. 〔漢書〕碎玉劍璝.

玉12 【璗】 ⑰ 황금 탕 [图] dàng
[소전] 璗 **字解** ①황금(黃金). ②아름다운 금(金). 금빛이 뛰어나게 아름다운 옥빛과 같다. 〔禮記〕諸侯璗琫而璆珌.
【璗琫 탕봉】 제후(諸侯)가 차고 다니던 칼의 황금(黃金)으로 만든 칼집 장식.

玉12 【璜】 ⑯ 서옥 황 [图] huáng
[소전] 璜 [초서] 璜 **字解** ①서옥(瑞玉). 벽옥(璧玉)을 두 쪽 낸 모양인 것. 〔周禮〕以玄璜禮北方. ②패옥(佩玉). 〔詩經·傳〕雜佩者, 珩璜琚瑀衝牙之類. ③옥 버금

가는 돌. 〔楚辭〕璜臺十成. ❹빛나다. 〔白虎通〕璜之爲言, 光也, 陽光所及, 莫不彰也.
【璜珩 황형】 패옥 이름.
【璜璜 황황】 빛나는 모양. 번쩍거리는 모양.

玉13 【璩】 ⑰ 옥 고리 거 魚 qú
소전 璩 字解 ❶옥 고리. =𤩰. ❷금은 그릇. ≒鐻. ❸성(姓). 〔通志〕璩氏, 望出豫章.

玉13 【璥】 ⑰ 경옥 경 梗 jǐng
소전 璥 字解 경옥, 옥의 이름.

5획

玉13 【琯】 ⑰ 금옥 광낼 곤 願 guǎn
字解 금옥(金玉)을 광내다. =琯.

玉13 【璬】 ⑰ 패옥 교 篠 jiǎo
소전 璬 字解 ❶패옥. ❷백색의 옥돌.

玉13 【璫】 ⑰ 귀고리 옥 당 陽 dāng
소전 璫 초서 瑞 字解 ❶귀고리 옥. 〔古詩〕腰若流紈素, 耳著明月璫. ❷관(冠)의 꾸미개. 〔後漢書〕貂璫之飾. ❸구슬, 아름다운 구슬. 〔北史〕綴璫施環. ❹서까래 끝의 꾸미개. 〔班固·賦〕裁金璧以飾璫. ❺패옥(佩玉)이 울리는 소리. 〔蘇軾·詩〕更愛玉佩聲琅璫.
【璫璫 당당】 패옥이 부딪는 소리.
【璫子 당자】 ❶환관(宦官)이나 그 양자의 비칭(卑稱). ❷사람을 꾸짖는 말.

玉13 【璪】 ⑰ 璨(1138)의 본자

玉13 【璧】 ⑱ 둥근 옥 벽 陌 bì
소전 璧 초서 璧 参考 壁(366)은 딴 자 字解 ❶둥근 옥. 둥글납작하며, 중앙에 둥근 구멍이 있다. ❷아름다운 옥. 〔班固·賦〕金璧以飾璫. ❸쌓다. ≒襞.
【璧璫 벽당】 서까래 끝의 옥 장식.
【璧聯 벽련】 옥으로 장식한 주련(柱聯).
【璧沼 벽소】 ❶벽옹(璧廱)을 둘러싼 못. 璧池(벽지). ❷☞璧廱(벽옹).
【璧玉 벽옥】 옥. ◯'璧'은 '넓적하게 생긴 것'을, '玉'은 '둥근 것'을 뜻함.
【璧廱 벽옹】 주대(周代)에 천자(天子)가 설치한 학교. 주위에 둥글게 못을 팠음. 辟雍(벽옹).
【璧媛 벽원】 아름다운 옥. 美玉(미옥).
【璧月 벽월】 옥같이 아름다운 둥근 달.

【璧日 벽일】 옥처럼 둥근 해.
【璧趙 벽조】 물건을 주인에게 되돌려 줌. 故事 전국 시대에 진(秦)나라의 소왕(昭王)이 조(趙)나라의 혜문왕(惠文王)이 가지고 있는 벽옥(璧玉)과 15개 성(城)을 맞바꾸기를 청했을 때, 조(趙)나라의 인상여(藺相如)가 사신으로 가서 진왕의 속임수임을 알아내고, 그 벽옥을 무사히 가지고 돌아와 조왕에게 바친 고사에서 온 말. ☞完璧(완벽).
◑ 圭－, 藍－, 反－, 白－, 雙－, 連－, 玉－, 完－, 楚－, 蒲－, 合－, 和－, 環－.

玉13 【璲】 ⑰ 패옥 수 寘 suì
초서 璲 字解 패옥(佩玉), 허리띠에 차는 옥. 〔詩經〕鞙鞙佩璲.

玉13 【璱】 ⑰ 푸른 구슬 슬 質 sè
소전 璱 字解 푸른 구슬, 옥이 산뜻하고 깨끗하다.

玉13 【瑱】 ⑱ 귀막이 옥 전 霰 tiàn
字解 ❶귀막이 옥. =瑱. ❷옥의 빛깔. =琔. ❸옥의 이름. =瑱.

玉13 【璪】 ⑰ 면류관 드림 옥 조 皓 zǎo
소전 璪 초서 璪 字解 ❶면류관 드림 옥. 〔禮記〕戴冕璪十有二旒. ❷옥에 새긴 무늬.

玉13 【璨】 ⑰ 빛날 찬 翰 càn
소전 璨 초서 璨 字解 ❶빛나다. ❷아름다운 옥. ❸구슬이 드리워진 모양. 〔孫綽·賦〕琪樹璀璨而垂珠.
【璨瑳 찬차】 깨끗한 모양. 곱고 흰 모양.
【璨璨 찬찬】 밝고 환한 모양.

玉13 【環】 ⑰ ❶고리 환 刪 huán
❷물러날 환 諫 huàn

王 珎 珴 珵 琟 琟 環 環 環

초서 環 간체 环 字源 形聲. 玉＋𤕰→環. '𤕰(경)'이 음을 나타낸다.
字解 ❶❶환옥(環玉). 고리 모양의 옥. 〔爾雅〕肉孔若一, 謂之環. ❷고리. 〔南史〕獻金剛環. ❸돌다. ≒旋. ㉮둘러싸다. 〔春秋左氏傳〕環而塹之. ㉯선회(旋回)하다, 돌리다. 〔周禮〕環拜以鍾鼓爲節. ㉰두루 미치다. 〔陳造·賦〕惟歷聘而轍環, 曾仲尼之暖席. ❷❶물러나다. 〔周禮〕環四方之故. ❷두르다. 〔漢書〕守渡陽環水.
【環境 환경】 생물체를 둘러싸고 있는 자연적 조건이나 사회적 상황.

玉部 13~15획　璝瓛璽　璿璹瑨璡瑰瓊

【環顧 환고】 두루 둘러봄.
【環攻 환공】 사방을 포위하여 공격함.
【環拱 환공】 ①대궐을 지킴. ②궁궐을 지키는 병사(兵士). 環衛(환위).
【環球 환구】 지구(地球). 온 세계.
【環龜 환귀】 사방에 진을 치고 지킴.
【環紐 환뉴】 ①경첩. ②도장의 손잡이.
【環堵 환도】 사방(四方)이 각각 1도(堵)인 집. 가난한 집. ○'堵'는 '5판(版)', '版'은 '1장(丈)'을 뜻함.
【環繞 환료】 둘러쌈.
【環狀 환상】 고리처럼 둥글게 생긴 모양.
【環城 환성】 ①성을 둘러쌈. ②천체(天體)가 운행하는 구역. 環域(환역).
【環視 환시】 ①많은 사람이 둘러서서 봄. ②주위를 둘러봄. 環矚(환촉).
【環紆 환우】 빙 돌아 감김.
【環翊 환익】 주위에서 도움. 둘러싸고 도움.
【環坐 환좌】 ①많은 사람이 원형(圓形)으로 앉음. 빙 둘러앉음. ②달무리. 月暈(월훈).
【環周 환주】 ①주위를 둘러쌈. ②돎.
【環中 환중】 ①고리 중앙의 빈 곳. 시비(是非)를 초월한 절대적인 경지의 비유. ②범위의 안.
【環瑱 환진】 ①옥으로 만든 귀막이. ②고리 모양으로 만든 옥 귀고리.
【環絰 환질】 수질(首絰). 상례에서 성복(成服) 때 상제가 사각건(四角巾)에 덧씌워 쓰는 짚으로 꼰 테.
【環礁 환초】 고리처럼 둥근 모양으로 형성된 산호초(珊瑚礁).
【環矚 환촉】 빙 둘러봄. 環視(환시).
【環翠 환취】 주위에 푸른 나무나 대나무가 둘러 있는 일.
【環抱 환포】 둘러앉음. 사면으로 에워쌈.
【環幅 환폭】 천의 세로와 가로의 길이가 같음.
【環合 환합】 에워쌈. 두름.
【環暈 환훈】 햇무리. 달무리.
○ 金-, 刀-, 牛-, 旋-, 循-, 連-, 玉-, 瑤-, 周-, 指-, 珮-, 啣-, 花-.

玉13【璝】⑰ 관 혼솔 꾸미개 회 灰 huì
字解 관 혼솔 꾸미개. 관의 솔기에 붙이는 옥의 장식.

玉14【瓛】⑱ 피변 꾸미개 옥 기 支 qí
소전 璊 혹체 珥 字解 피변(皮弁) 꾸미개 옥. 즉玃.

玉14【璺】⑱ 금갈 문 問 wèn
字解 ①금 가다, 갈라지다. ②옥의 티. ③귀갑(龜甲)을 구울 때 갈라져 나타난 무늬.

玉14【璸】 ❶구슬 이름 빈 先 pián ❷옥 무늬 아롱아롱할 빈 眞 bīn

字解 ❶구슬 이름. =玭. ❷옥 무늬가 아롱아롱하다. 〔史記〕璸㻛文鱗.

玉14【璽】⑲ 도장 새 本 紙 xǐ
초서 璽 동체 壐 속체 鉩 간체 玺 字解 도장. ㉮천자(天子)의 도장, 옥새. 진(秦)나라 이래 옥으로 만들었는데, 당대(唐代)에는 '寶'라고 하였다. 〔張衡·賦〕懷璽藏紱. ㉯제후·경대부(卿大夫)의 도장. 〔國語〕予之璽書.
【璽符 새부】 인장(印章)과 부절(符節). 제왕의 도장. 玉璽(옥새).
【璽書 새서】 제왕의 도장을 찍은 조서(詔書). 옥새를 찍은 문서.
【璽綬 새수】 옥새와 그 인끈.
○ 國-, 玉-.

玉14【璿】⑱ 아름다운 옥 선 先 xuán
소전 璿 고문 璇 주문 叡 혹체 琁 초서 璿 字解 아름다운 옥. ≒琁·璇. 〔書經〕在璿璣玉衡, 以齊七政.
【璿宮 선궁】 ①옥으로 장식한 궁전. ②왕후(王后)가 거처하는 궁전.
【璿璣玉衡 선기옥형】 ①천체를 관측하는 데 쓰던 옥으로 장식한 기계. 渾天儀(혼천의). 璇璣(선기). 璣衡(기형). ②북두칠성에서 첫째에서 넷째 별까지를 '璿璣', 다섯째에서 일곱째 별까지를 '玉衡'이라 함.

玉14【璹】⑱ 옥 그릇 숙·도 屋 shú
소전 璹 參考 대법원 지정 인명용 한자의 음은 '숙'이다.
字解 ①옥 그릇. ②옥 이름.

玉14【璡】⑱ 옥돌 신 眞 jìn
字解 옥돌. 옥과 비슷한 돌.

玉14【璵】⑱ 옥 여 魚 yú
소전 璵 초서 玙 字解 옥, 번여 옥.
【璵璠 여번】 번여 옥. 춘추 시대 노(魯)나라에서 나던 보옥.

玉14【瓀】⑱ 옥돌 연 旱 ruǎn
字解 옥돌. 〔禮記〕士佩瓀玟而縕組綬.

玉15【瓊】⑲ ❶옥 경 庚 qióng ❷아름다운 옥 선 先 xuán
소전 瓊 혹체 璚 혹체 瓗 혹체 瓗 瓊

玉部 15～18획 瓊瑠瓄瓈瓅瓆瓉瓌瓐瓍瓓瓔瓖瓗瓘

[간체] 瓊 [繁획] 대법원 지정 인명용 한자의 음은 '경'이다.

[字解] ❶①옥. ㉮아름다운 옥. 〔詩經〕報之以瓊琚. ㉯붉은 옥. ❷옥의 고운 빛깔. 〔漢書〕精瓊靡與秋菊兮. ③주사위. 〔范成大·詩〕燈市早投瓊. ④방사(方士)가 약을 만드는 재료. 〔黃庭經〕惟待九轉八瓊丹. ❷아름다운 옥. =琁.

【瓊琚 경거】 ①아름다운 패옥(佩玉). ②훌륭한 선물.
【瓊樓玉宇 경루옥우】 달 가운데 있다는 궁전.
【瓊樹 경수】 ①옥이 열린다는 나무. 그 꽃을 먹으면 오래 산다고 함. ②옥처럼 아름다운 나무. ③인격이 고결함.
【瓊筵 경연】 옥처럼 아름다운 자리. ㉠임금이 베푸는 연석(宴席). ㉡연석의 미칭.
【瓊瑤 경요】 ①아름다운 옥. ②훌륭한 선물. ③다른 사람이 보내온 시문·서신 따위.
【瓊音 경음】 ①옥이 울리는 소리. 맑고 가락 높은 음향. ②남의 편지의 미칭.
【瓊姿 경자】 옥같이 아름다운 자태.
【瓊簪 경잠】 옥비녀.
【瓊章 경장】 옥같이 아름다운 문장. 남의 글의 미칭. 瓊韻(경운).
【瓊枝玉葉 경지옥엽】 옥 같은 가지와 잎. ㉠왕가(王家)의 자손. ㉡귀한 집 자손. 金枝玉葉(금지옥엽).
● 曲-, 瑰-, 金-, 瑤-, 琳-, 佩-, 紅-.

玉 15 **【瓊】** ⑲ 瓊(1143)과 동자

玉 15 **【瑠】** ⑲ 옥그릇 뇌 灰 léi
[字解] ①옥그릇. ②검(劍)의 머리를 꾸미는 옥.

玉 15 **【瓄】** ⑲ 옥그릇 독 屋 dú
[字解] ①옥그릇. ②홀[圭] 이름. ③옥 이름, 곤산(崑山)에서 나는 옥 이름.

玉 15 **【瓈】** ⑲ 유리 려 齊 lí
[字解] 유리. ≒璃.

玉 15 **【瓅】** ⑲ 옥빛 력 錫 lì
[字解] ①옥빛. ②비치다, 비추다. 〔史記〕玓瓅江靡.

玉 15 **【瓆】** ⑲ 사람 이름 질 質 zhí
[字解] 사람 이름.

玉 15 **【瓉】** ⑲ 瓚(1145)의 속자

玉 16 **【瓌】** ⑳ 瑰(1138)와 동자

玉 16 **【瓐】** ⑳ 푸른 옥 로 虞 lú
[字解] 푸른 옥.

玉 16 **【瓏】** ⑳ ❶옥 소리 롱 東 lóng ❷기우제에 쓰는 홀 롱 董 lóng
[소전] 瓏 [초서] 瓏 [간체] 珑 [字解] ❶①옥 소리, 금옥의 소리. 〔太玄經〕唐素不貞, 亡彼瓏玲. ②바람 소리. ③환한 모양. 〔揚雄·賦〕和氏玲瓏. ❷기우제에 쓰는 홀[圭]. 용의 무늬가 새겨졌다.
【瓏玲 농령】 ①빛나고 밝은 모양. 玲瓏(영롱). ②금옥(金玉)이 부딪쳐 나는 소리.
【瓏瓏 농롱】 ①건조(乾燥)하는 모양. 마르는 모양. ②수레 소리. ③금옥이 부딪쳐 나는 소리.
● 玲-, 瓦-, 鴻-.

玉 16 **【瓍】** ⑳ 구슬 수 支 suí
[字解] 구슬, 구슬 이름.

玉 17 **【瓓】** ㉑ 옥 광채 란 翰 làn
[字解] 옥의 광채, 옥의 무늬.

玉 17 **【靈】** ㉑ 무당 령 靑 líng
[소전] 靈 [흑체] 靈 [字解] 무당, 무녀.

玉 17 **【瓕】** ㉑ 옥돌 섭 葉 xiè
[소전] 瓕 [字解] 옥돌, 옥 비슷한 아름다운 돌.

玉 17 **【瓖】** ㉑ 뱃대끈 장식 양 陽 xiāng
[초서] 瓖 [字解] ①뱃대끈 장식, 말의 뱃대끈 장식. 〔國語〕亡人之所懷, 挾纏瓖以望君之塵垢者. ②옥 이름.

玉 17 **【瓔】** ㉑ 구슬 목걸이 영 庚 yīng
[소전] 瓔 [간체] 瓔 [字解] ①구슬 목걸이. ❶瓔珞. ②옥돌, 옥 비슷한 돌.
【瓔珞 영락】 ①구슬을 꿰어 만든 목걸이. ②불상의 신변에 드리워진 주옥 장식.
● 寶-, 連-, 珠-.

玉 18 **【瓘】** ㉒ 옥 이름 관 翰 guàn
[소전] 瓘 [초서] 瓘 [字解] ①옥 이름. ②서옥(瑞玉), 홀. 〔春秋左氏傳〕若我用瓘斝玉瓚, 鄭必不火.

玉部 19~20획

玉19 【瓚】 ㉓ 제기 찬 罕 zàn
소전 瓚 초서 瓚 속 瓚 간체 瓚 字解 제기, 술그릇, 옥잔. 자루를 옥으로 만든, 울창주(鬱鬯酒)를 담는 구기 모양의 술그릇.〔詩經〕瑟彼玉瓚.

玉20 【瓛】 ㉔ ❶옥홀 환 寒 huán ❷재갈 얼 屑 yè
소전 瓛 字解 ❶옥홀(玉笏). ≒桓. ❷재갈. 말의 입에 가로 물리는 물건.

瓜 部
5획 부수 | 오이과부

瓜0 【瓜】 ⑤ 오이 과 麻 guā
소전 瓜 초서 瓜 字源 象形. '八'은 오이의 덩굴을, '厶'은 오이의 열매를 본떴다.
字解 오이. 박과에 딸린 오이·참외·호박·수박 따위의 총칭.〔詩經〕七月食瓜.
【瓜葛 과갈】①오이와 칡. ②인척(姻戚). '瓜'와 '葛'은 덩굴이 있어서 서로 얽힐 수 있는 풀이라는 데서 온 말.
【瓜期 과기】①오이가 익을 무렵. 음력 7월. ②관직(官職)을 바꾸거나 임기가 끝나는 시기. 故事 춘추 시대에 제(齊)나라의 양공(襄公)이 연칭(連稱)과 관지부(管至父)에게 규구(葵丘)의 수비를 맡겨 보내면서 다음 해 오이가 익을 무렵에는 돌아오게 하겠다고 말한 고사에 의함. 瓜時(과시). ○여자가 월경(月經)을 시작하는 15~16세 무렵. ○'瓜'를 파자(破字)하면 '八'자 두 개가 되어 16을 나타내는 데서 온 말. 破瓜期(파과기).
【瓜年 과년】①벼슬의 임기가 끝나는 해. ②여자가 혼기(婚期)에 이른 나이. 16세 무렵. 참瓜期(과기).
【瓜代 과대】임기가 만료되어 후임과 교대함.
【瓜李之嫌 과리지혐】남에게 오해를 사는 혐의(嫌疑). 참瓜田不納履(과전불납리).
【瓜滿 과만】①임기가 다 됨. 瓜熟(과숙). ②여자가 혼인할 나이가 다 참. 瓜期(과기).
【瓜分 과분】오이를 가르듯이 쉽게 국토를 분할(分割)함. 瓜剖(과부).
【瓜月 과월】음력 7월.
【瓜菹 과저】오이김치.
【瓜田不納履 과전불납리】오이 밭에서는 신을 고쳐 신지 않음. 남에게 의심받을 일은 하지 않는 것이 좋음. 참李下不整冠(이하부정관).
【瓜田李下 과전이하】오이 밭과 자두나무 밑. 의심받기 쉬운 곳이나 경우.

【瓜瓞 과질】큰 오이와 작은 오이. 종손(宗孫)과 지손(支孫).
【瓜瓞綿綿 과질면면】①자손이 번성함. ○오이 덩굴의 밑줄기 가까이 나는 초생 오이는 작고, 덩굴 끝에 나는 오이는 큰 데서 온 말. ②오이 덩굴이 엇갈려 이어져 있듯이, 여러 나라가 서로 이어져 있음.
【瓜遞 과체】벼슬의 임기가 차서 갈림.
【瓜瓣 과판】오이의 씨. 瓜種(과종).
❶甘ㅡ, 苦ㅡ, 及ㅡ, 南ㅡ, 木ㅡ, 美ㅡ, 西ㅡ, 越ㅡ, 種ㅡ, 天ㅡ, 甜ㅡ, 破ㅡ, 瓠ㅡ, 葫ㅡ.

瓜3 【瓝】 ⑧ 오이 박 藥 bó
字解 오이, 작은 오이. =䪃.

瓜4 【䪃】 ⑨ 오이 주렁주렁 열릴 봉 董 běng
字解 오이가 주렁주렁 열린 모양. ≒㕯.

瓜5 【瓟】 ⑩ ❶오이 박 藥 bó ❷호리병박 포 肴 páo
초서 瓟 字解 ❶①오이, 작은 오이, 북치. =䪃. ②오이지.〔宋孝武帝·詩〕瓟醬調秋荼, 白醢解冬寒. ❷호리병박, 조롱박. 물을 뜨는 표주박. =匏.

瓜5 【瓞】 ⑩ 북치 질 屑 dié
소전 瓞 혹체 㼐 초서 瓞 字解 북치. 그루갈이로 열린 작은 오이.〔潘岳·詩〕瓜瓞蔓長苞.

瓜6 【瓠】 ⑪ ❶표주박 호 虞 遇 hù, hú ❷흐려 떨어질 확 藥 huò
초서 瓠 參考 대법원 지정 인명용 한자의 음은 '호'이다.
字解 ❶①표주박, 바가지.〔詩經〕幡幡瓠葉, 采之亨之. ②병, 단지. ≒壺.〔漢書〕幹棄周鼎, 寶康瓠兮. ❷흘러 떨어지는 모양, 얕고 평평하여 물건을 담지 못하는 모양. ¶瓠落.
【瓠犀 호서】①박의 씨. ②미인의 아름다운 이.
【瓠尊 호준】박 모양으로 생긴 술통. ○'尊'은 '樽'으로 '술통'을 뜻함.
【瓠落 확락】①담기지 아니하고 흘러 떨어짐. ②얕고 평평하여 물건을 담을 수 없는 모양.
❶康ㅡ, 匏ㅡ, 圓ㅡ, 瓢ㅡ, 懸ㅡ.

〈瓠尊〉

瓜11 【瓤】 ⑯ 하눌타리 루 尤 lóu
字解 ❶하눌타리, 오과(烏瓜). ❷쥐참외. 박과에 딸린 여러해살이풀.

瓜部 11～17획 瓢 瓣 䕺 瓤　瓦部 0～4획 瓦 項 瓨 瓬 瓫 瓮

瓜11 【瓢】⑯ 박 표 蕭　piáo
[소전][초서][字解]①박. ②박으로 만든 그릇. ㉮바가지. 표주박. 〔論語〕一簞食, 一瓢飮. ④박속을 파내고 만든 그릇. 술도 담고 물에도 띄운다. ③구기, 구기의 총칭.
[瓢囊 표낭] 그릇. ○ '瓢'는 마실 것을 넣는 그릇, '囊'은 먹을 것을 넣는 그릇.
[瓢簞 표단] 표주박과 대오리로 만든 도시락.
[瓢飮 표음] ①바가지에 담은 음료(飮料). ②간소한 생활. 소박한 생활.
[瓢樽 표준] ①바가지와 술통. ②표주박.
[瓢壺 표호] ①뒤웅박. 표주박. ②뒤웅박과 단지. 瓢瓠(표호).
○空-, 簞-, 詩-, 顏-, 飮-, 酒-.

瓜14 【瓣】⑲ 외씨 판 諫　bàn
[소전][초서][參考] 辨(1796)·辦(1797)·辯(1798)은 딴 자.
[字解]①외씨. 〔謝莊連·文〕梅李瓜瓣. ②외씨의 핵(核). ③꽃잎. 〔楊維楨·歌〕羿家奔娥太輕稅, 須臾蹴破蓮花瓣.
[瓣香 판향] ①꽃잎 모양으로 생긴 향. 선승(禪僧)이 남을 축복할 때 쓰던 것. ②사람을 흠앙(欽仰)함.
○瓜-, 蓮-, 花-.

瓜16 【䕺】㉑ 호리병박 로 虞　lú
[字解] 호리병박, 종구라기.

瓜17 【瓤】㉒ 박속 양 陽　ráng
[초서][字解]①박속. 박의 씨가 박혀 있는 부분. ②귤이나 유자 등의 내부에 나누어져 있는 각 방(房).

瓦部

5획 부수 ｜ 기와와부

瓦0 【瓦】⑤ 기와 와 馬　wǎ

一　　瓦　瓦

[소전][초서][字源] 象形. 집을 이은 기와가 나란히 놓여 있는 모양을 본떠서 '기와'라는 뜻을 나타냈다.
[字解]①기와. 〔史記〕秦軍, 鼓譟勒兵, 武安屋瓦盡振. ②질그릇. 진흙으로 구워 만든 그릇. 〔禮記〕君尊瓦甒. ③실패. 실을 감는 물건. 〔詩經〕載弄之瓦. ④방패의 등弓. 〔春秋左氏

傳〕射之中楯瓦.
[瓦棺 와관] 진흙을 구워 만든 널. 陶棺(도관).
[瓦溝 와구] 기왓고랑. 기와지붕에서, 암키와를 잦혀 이어 빗물이 잘 흘러내리도록 한 곳.
[瓦甌 와구] 항아리. 단지.
[瓦器 와기] 질그릇.
[瓦當 와당] 기와의 마구리. 기와의 한 쪽에 둥글게 모양을 낸 부분.
[瓦竇 와두] 배수기.
[瓦鬲 와력] 진흙으로 구워 만든 솥. 질솥.
[瓦礫 와력] ①기와와 자갈. ②쓸모없는 물건. 瓦石(와석).
[瓦縫 와봉] 기와의 이음매.
[瓦缶 와부] 흙으로 빚어 만든 장군. 술·물 따위를 담을 때 씀.
[瓦釜雷鳴 와부뇌명] 흙으로 만든 솥이 우레와 같은 소리를 내면서 끓음. 현사(賢士)가 때를 얻지 못하고 우매(愚昧)한 자가 높은 지위에 앉아 큰소리침.
[瓦全 와전] 기와로 온전하게 남음. 아무 보람도 없이 목숨을 보전함.
[瓦合 와합] ①깨어진 기와를 모아놓은 것처럼 무질서하게 모임. 잘 정제되지 않음. 烏合(오합). ②방정(方正)한 사람이 범속(凡俗)한 뭇사람과 영합(迎合)함.
[瓦解 와해] 기와가 깨지듯이 조직이나 계획 따위가 깨어져 흩어짐.
○古-, 鬼-, 弄-, 陶-, 銅-, 碧-, 屋-, 竹-, 簷-, 靑-, 翠-, 漆-, 片-, 毀-.

瓦3 【項】⑧ 항아리 강 江　hóng, xiáng
[소전][초서][字解]①항아리, 목이 긴 항아리. 〔漢書〕醯醬千項. ②단지. ＝缸.

瓦4 【瓨】⑨ 큰 독 강 陽　gāng
[동자][字解] 큰 독, 항아리. 〔集韻〕大瓮爲瓨.

瓦4 【瓬】⑨ 오지그릇 방 養　fǎng
[소전][字解]①오지그릇, 도기. 주대(周代)에는 토기(土器)를 만드는 장인(匠人)을 지칭하였다. ②항아리, 병.

瓦4 【瓫】⑨ 동이 분 元　pén
[字解]①동이. ＝盆. ②넘치다. ≒溢.
[瓫溢 분일] 큰비로 물이 넘침.

瓦4 【瓮】⑨ 독 옹 送　wèng
[소전][초서][字解] 독, 항아리. ≒甕.
[瓮水 옹수] 독의 물. 얼마 되지 않는 것.

瓦部 5〜9획 瓴 瓵 瓫 瓨 瓶 瓷 瓻 瓴 甌 甞 瓶 瓿 甎 甀 甄   1147

瓦5 【瓴】⑩ 동이 령 庚 líng

字解 ❶동이. 질그릇의 한 가지로, 양옆에 손잡이가 달려 있다.〔淮南子〕夫救火者, 汲水而趨之, 或以甕瓴, 或以盆盂. ❷암키와. ❸벽돌.
【瓴甓 영벽】벽돌.
【瓴甋 영적】벽돌. 바닥에 까는 벽돌.

瓦5 【瓨】⑩ 우물 벽돌 백 陌 bó

字解 ❶우물 벽돌. ❷기와집에서 아귀토를 물리지 아니한 것.

瓦5 【瓫】⑩ 동이 앙 陽 àng

字解 동이. =盎.

瓦5 【瓨】⑩ 작은 독 이 支 yí

字解 작은 독.〔爾雅〕甌瓵謂之瓵.

瓦6 【瓶】⑪ 瓶(1147)의 속자

瓦6 【瓷】⑪ 오지그릇 자 支 cí

字解 오지그릇, 사기그릇. 속(俗)에 '磁'로 쓴다.
【瓷器 자기】오지그릇. 陶器(도기).
❶ 綠—, 陶—, 素—, 紫—, 翠—, 標—, 花—.

瓦7 【瓻】⑫ 술단지 치 支 chī

字解 술단지. 여기에 술을 담아 책을 빌려 보는 사례에 대접하였다 한다.

瓦7 【瓨】⑫ 귀 달린 병 함 覃 hán

字解 ❶귀가 달린 병. ❷아가리가 좁은 도기(陶器).

瓦8 【甌】⑬ 瓨(1146)과 동자

瓦8 【甞】⑬ 큰 동이 당 陽 dàng

字解 ❶큰 동이. ❷포석(鋪石), '井'자 모양으로 벽돌을 판판하게 깔음.

瓦8 【瓶】⑬ 병 병 庚 píng

字解 ❶병, 단지, 항아리.〔沈約·詩〕金瓶汎羽卮. ❷두레박, 물을 긷는 그릇. =缾.〔易經〕未繘井, 羸其瓶. ❸시루.〔禮記〕盛於盆, 尊於瓶.
【瓶甌 병구】단지. 항아리.
【瓶梅 병매】꽃병에 꽃꽂이를 한 매화.
【瓶錫 병석】단지와 석장(錫杖). '탁발(托鉢)'을 이름.
【瓶洗 병세】병에 꽂은 꽃.
【瓶筲 병소】병과 대나무 상자. 기량(器量)이 작음.
【瓶沈簪折 병침잠절】병이 물에 가라앉고 비녀가 부러짐. 부부가 이별하여 다시 만날 수 없음.
【瓶壺 병호】병과 단지.
❶ 空—, 金—, 銀—, 酒—, 鐵—, 花—.

〈唐素瓶〉

瓦8 【瓿】⑬ 단지 부 有 bù

字解 단지, 작은 항아리. 식초·간장 등을 담는다.〔漢書〕吾恐後人用覆醬瓿也.
【瓿甊 부루】작은 단지. 작은 항아리.
❶ 傾—, 甌—, 覆—.

〈周蟠螭瓿〉

瓦8 【甎】⑬ 굄 벽돌 점 琰 diàn

字解 ❶굄 벽돌. ❷버티는 나무, 지주(支柱).

瓦8 【甀】⑬ 항아리 추 寘 zhuì

字解 항아리. 아가리가 큰 것, 작은 것 등 여러 가지가 있다.

瓦9 【甄】⑭
❶질그릇 견 先 zhēn
❷질그릇 진 眞 zhēn
❸살필 견 先 zhēn
❹밝힐 계 霽

參考 대법원 지정 인명용 한자의 음은 '견'이다.
字解 ❶❶질그릇. ❷녹로(轆轤). 오지그릇을 만드는 데 쓰는 물레. ❸가마, 질그릇을 굽는 가마. ❹질그릇 굽는 사람.〔漢書〕惟甄者之所爲. ❺벽돌, 바닥에 까는 벽돌. ❻교화하다.〔後漢書〕孕虞育夏, 甄殷陶周. ❼성(姓). ❷질그릇. ※❶의 ❶과 같다. ❸살피다. ❹밝히다.〔春秋命曆敍〕神農始立地形, 甄度四海.
【甄工 견공】질그릇 만드는 사람.
【甄陶 견도】❶흙을 빚어서 도기(陶器)를 만듦. ❷천지가 만물을 이루는 일. ❸임금이 백성을 교화(教化)하는 일. 陶甄(도견).
【甄拔 견발】인재를 뽑아서 씀. 選拔(선발).
【甄別 견별】❶뚜렷이 분별함. ❷관리를 성적에

따라 우열을 가림.
【甄序 견서】 분별하여 차례를 정함.
【甄綜 견종】 죄다 모아 자세히 살펴 감정함.
【甄擢 견탁】 인재를 자세히 살피고 가려서 등용(登用)함.
【甄表 견표】 ①명백히 나타냄. ②선행(善行)을 표창함.
【甄品 견품】 등급을 나눔. 품평(品評)함.
❶ 陶-, 兩-, 精-.

瓦9 【甂】 ⑭ 자배기 변 䉛 biān
字解 자배기. 둥글넓적하고 소래기보다 운두가 좀 높으며, 아가리가 쩍 벌어진 질그릇.
【甂瓯 변구】 아가리가 작은 항아리.

瓦9 【甌】 ⑭ 양병 유 䉛 yú
字解 ①양병. 배가 부르고 아가리의 전이 바라지고 목이 좁고 긴, 물을 담는 오지병의 한 가지. ②항아리.

瓦9 【甃】 ⑭ 벽돌담 추 䉛 zhòu
字解 ①벽돌담.〔易經〕井甃無咎.②우물 벽돌. 우물 바닥이나 우물 벽을 쌓은 벽돌.〔莊子〕缺甃之崖.③꾸미다.〔李賀·詩〕光明藹不發, 腰龜徒甃銀.
【甃砌 추체】 벽돌 따위를 쌓아 올림.

瓦10 【甈】 ⑮ 항아리 계 䉛 qì
字解 ①항아리. ②마르다.〔法言〕剛則甈. ③깨어지다, 금 가다. ④금 간 항아리.

瓦10 【甇】 ⑮ 항아리 앵 䉛 yīng
字解 ①항아리, 양병. =罌. ②목이 긴 병.

瓦11 【甋】 ⑯ 질그릇 강 䉛 kāng
字解 ①질그릇, 항아리. ②금 간 항아리.

瓦11 【甌】 ⑯ ❶사발 구 䉛 ōu ❷종족 이름 우 䉛 ǒu
字解 ❶①사발. 악기. 12개의 사기그릇에 물을 채워, 젓가락으로 두들겨 소리를 낸다. ④땅 이름. ❷종족 이름. ❶越越.
【甌窶滿篝 구루만구】 고지(高地)의 논밭에서 생산된 곡식이 광주리에 가득함. 크게 풍년이 듦.
【甌越 구월】 ①월족(越族)이 살던 곳. 절강성(浙江省) 영가현(永嘉縣) 일대임. ②광동성(廣東省) 해남도(海南島)의 일부.

瓦 【甋】 ⑯ 벽돌 록 䉛 lù
字解 벽돌, 지면(地面)에 까는 납작한 벽돌.
【甋甎 녹전】 ①바닥에 까는 납작한 벽돌. ②좁고 긴 기와.

瓦11 【甍】 ⑯ 용마루 맹 䉛 méng
字解 ①용마루, 용마루 기와.〔國語〕鎮其甍矣. ②싹 트다. =萌.
【甍棟 맹동】 용마루 기와와 마룻대.
【甍宇 맹우】 가옥(家屋)의 총칭.

瓦11 【甋】 ⑯ 벽돌 적 䉛 dì
字解 벽돌, 바닥에 까는 벽돌.〔張協·詩〕甋甓夸璵璠, 魚目笑明月.

瓦11 【甎】 ⑯ 벽돌 전 䉛 zhuān
字解 ①벽돌.〔唐書〕層甎起塔. ②바닥에 까는 벽돌.
【甎壁 전벽】 벽돌로 된 벽.
【甎瓦 전와】 벽돌과 기와.
【甎全 전전】 벽돌이 되어 보전함. 아무 하는 일 없이 목숨만 이어 감. 瓦全(와전).
【甎砌 전체】 벽돌을 길에 깖.

瓦11 【甏】 ⑯ 기와 가루 창 䉛 shuǎng
字解 ①기와 가루. 기왓장을 잘게 부순 가루. 병 안의 때를 제거하는 데 쓴다. ②기와 조각. ③닦다, 갈다.

瓦12 【甐】 ⑰ 그릇 린 䉛 lìn
字解 ①그릇. ②움식이다. ③해어지다.〔周禮〕是故輪雖敝, 不甐於鑿.

瓦12 【甒】 ⑰ 술단지 무 䉛 wǔ
字解 술단지.〔儀禮〕側尊一甒醴.

瓦12 【甑】 ⑰ 시루 증 䉛 zèng
字解 시루.〔史記〕破釜甑.
【甑餠 증병】 國시루떡.
【甑塵釜魚 증진부어】 시루에 먼지가 쌓이고, 솥에 물고기가 생김. 매우 가난함.
【甑布 증포】 시루 바닥에 까는 헝겊.
❶ 補-, 覆-, 釜-, 石-, 瓦-, 坐-, 炊-.

瓦部

瓦13 **【甔】** ⑱ 항아리 담 _匣 dān
字解 항아리. ㉮한 섬들이 독. 〔史記〕醬千甔. ㉯작은 항아리.

瓦13 **【䦉】** ⑱ 제기 등 蒸 dēng
字解 ①제기(祭器), 음식물을 담아 올리는 예기(禮器). ②갱지미. 놋쇠로 만든 반찬 그릇의 한 가지. ③토제(土製)의 굽이 달린 제기.

瓦13 **【甓】** ⑱ 벽돌 벽 錫 pì
字解 ①벽돌, 바닥에 까는 벽돌. 〔詩經〕中唐有甓. ②기와.
【甓甋 벽력】 벽돌.
【甓瓦 벽와】 벽돌과 기와.

瓦13 **【甕】** ⑱ 독 옹 送图 wèng
字解 독, 단지. =瓮. ㉮옹기 두레박. 〔易經〕井谷射鮒, 甕敝漏. ㉯술이나 젓을 담는 독. 〔禮記〕醯醢百甕. ㉰처서 장단을 맞추는 악기. 〔史記〕夫擊甕扣缶, 彈箏搏髀.
【甕家 옹가】 國장사(葬事) 때 비와 햇볕을 가리기 위하여 관이 들어갈 구덩이 위쪽에 임시로 세우는 뜸집이나 장막. 墓上閣(묘상각).
【甕器 옹기】 國질그릇. 옹기그릇.
【甕頭 옹두】 처음으로 익은 술.
【甕裏醯雞 옹리혜계】 독 안에 있는 초파리. 식견이 좁고 세상 물정을 잘 모르는 사람.
【甕算 옹산】 國독장수셈. ㉠실현 가능성이 없는 계산. ㉡헛수고로 애만 씀. 故事 옹기장수가 길에서 독을 쓰고 잠을 자다가 큰 부자가 되는 꿈을 꾸었는데 너무 좋아서 벌떡 일어나는 바람에 독이 깨졌다는 이야기에서 온 말.
【甕城 옹성】 ①쇠로 만든 독처럼 튼튼하게 둘러 쌓은 산성. 鐵甕山城(철옹산성). ②성문(城門)을 보호하기 위하여 성문 밖에 원형(圓形)이나 방형(方形)으로 쌓은 작은 성.
【甕中捉鼈 옹중착별】 독 안에서 자라 잡기. 틀림없이 파악(把握)할 수 있음.
【甕天 옹천】 독 안에서 바라보는 하늘. 견문이 좁음. 井底蛙(정저와).
➊ 金─, 漏─, 醸─, 瓦─, 入─.

瓦14 **【罌】** ⑲ 술단지 앵 庚 yīng
字解 술단지, 항아리, 단지.
【罌筏 앵벌】 단지를 뗏목처럼 엮어 늘어놓고 물을 건넘.

瓦14 **【甗】** ⑲ 큰 독 함 陷 xiàn

字解 ①큰 독, 큰 항아리. ②큰 바리때.

瓦16 **【甗】** ㉑ 시루 언 銑 yǎn
字解 시루. ㉮밑이 없는 시루. 위는 시루와 같으나 밑이 없어 대발을 깔아 쓴다. 〔周禮〕陶人爲甗, 實二鬴, 厚半寸, 脣寸. ㉯발이 있는 시루. 밑에 솥같이 세 발 혹은 네 발이 달려 있고, 불을 지피어 찔 수 있다.
【甗錡 언기】 산이 높낮이와 굴곡이 있어 시루와 비슷한 모양.

瓦17 **【甊】** ㉒ 두멍 참 陷 chàn
字解 ①두멍, 물을 많이 담아 두고 쓰는 독. ②큰 주발, 즙(汁)을 담는 그릇. ③토기, 질그릇.

甘 部

5획 부수 | 달감부

甘0 **【甘】** ⑤ 달 감 覃 gān

一十卄廿甘

字源 指事. 口+一→甘. '口'와 '一'을 합한 것으로, '一'은 입 안에 맛있는 것이 들어 있음을 나타낸다.
字解 ①달다. ㉮단맛이 있다. 〔詩經〕其甘如薺. ㉯맛이 좋다. ㉰상쾌하다, 기분이 좋다. 〔春秋左氏傳〕幣重而言甘, 誘我也. ㉱느리다. 〔莊子〕徐甘而不固. ②달게 여기다. ㉮좋다 하다. 〔淮南子〕甘易牙之和. ㉯즐기며 지칠 줄을 모르다. 〔書經〕甘酒嗜音. ㉰즐기다. 〔詩經〕甘與子同夢. ㉱만족하다. 〔詩經〕甘心首疾. ③맛좋은 것. ㉮맛좋은 음식. 〔孟子〕爲肥甘不足於口腹. ㉯맛의 중심이 되는 것. 〔淮南子〕味者甘立而五味亨矣. ④익다, 충분히 익다. ㅅ酣. 〔莊子〕甘寢秉羽. ⑤간사하다. 〔易經〕甘臨.
【甘甘 감감】 감수함. 만족함.
【甘結 감결】 ①관청에 내는 서약서. 만일 서약에 허위가 있을 때는 벌을 달게 받는다는 뜻에서, '甘'이라 이름. ②國상급 관청에서 하급 관청으로 보내던 공문. 關飭(관칙).
【甘苦 감고】 ①닮과 씀. 단맛과 쓴맛. ②즐거움과 괴로움. 甘酸(감산). 苦樂(고락). ③고생을 달게 여김.
【甘瓜 감과】 참외.
【甘堝 감과】 쇠붙이를 녹이는 데 쓰는 그릇. 도가니. 坩堝(감과).
【甘煖 감난】 맛 좋은 음식과 따뜻한 옷.

甘部 4~8획 甚甜甛甞啖　生部 0획 生

【甘棠之愛 감당지애】 선정(善政)을 베푼 마음이 간절함. 【故事】 백성들이 주(周) 소공(召公)의 선정에 감동하여, 그가 그 아래서 쉬었다는 팥배나무를 소중하게 받들었다는 고사에서 온 말.
【甘酪 감락】 단 젖〔乳汁〕.
【甘露 감로】 ①단 이슬. 천하가 태평하면 내린다고 함. 神漿(신장). ②감초(甘蕉)의 딴 이름. 바나나. ③甘露法雨(감로법우).
【甘露法雨 감로법우】 (佛)부처의 교법(教法)을 감로(甘露)와 같은 비에 비유하여 이르는 말.
【甘味 감미】 단맛.
【甘分 감분】 자기 분수에 만족함.
【甘肥 감비】 맛 좋고 살진 고기.
【甘酸 감산】 ①닮과 심. 단맛과 신맛. ②즐거움과 괴로움.
【甘受 감수】 달게 받음.
【甘食 감식】 ①달게 먹음. 맛있게 먹음. ②맛있는 음식. 美食(미식). 美味(미미).
【甘心 감심】 ①마음으로 항상 생각하는 일. ②뜻대로 함. 원수를 죽이고 원한을 품. ③그런대로 만족히 여김.
【甘心如薺 감심여제】 마음으로 즐기고 괴로움을 느끼지 않음의 비유. ☞'薺'는 냉이로 여린 것은 단맛이 있다.
【甘言利說 감언이설】 남의 비위를 맞추는 달콤한 말과 이로운 조건을 내세워 꾀는 말.
【甘頓 감연】 맛이 달고 연함.
【甘雨 감우】 단비. 때추어 내리는 비. 만물을 소생시키는 데 적절한 비. 時雨(시우).
【甘井先竭 감정선갈】 물맛이 좋은 우물은 빨리 마름. 재능이 출중한 사람은 일찍 쇠함.
【甘酒 감주】 단술.
【甘旨 감지】 맛있는 음식. 효자(孝子)가 부모에게 드리는 음식.
【甘草 감초】 ①한약재로 쓰이는 콩과의 여러해살이풀. ②어떤 일에나 빠지지 않고 한몫 끼는 사람.
【甘脆 감취】 맛있고 연한 음식이나 고기.
【甘吞苦吐 감탄고토】 圖달면 삼키고 쓰면 뱉음. ㉠자기 비위에 따라서 사리의 옳고 그름을 판단함. ㉡야박한 세정(世情).
【甘澤 감택】 때에 맞추어 내리는 비.
【甘肴 감효】 맛 좋은 안주.
● 口―, 露―, 味―, 蜜―, 芳―, 酸―, 食―, 心―, 言―, 旨―, 珍―, 寢―.

甘
4 【甚】⑨ ❶심할 심 ▣ shèn
　　　　　❷무엇 심 ▣ shén

一 十 廿 廿 甘 甚 其 其 甚

〔소전〕 昰 〔고문〕 医 〔초서〕 甚 〔字源〕 會意. 甘＋匹→甚. 남녀가 짝〔匹〕을 이루어 즐겁다〔甘〕는 뜻을 나타낸다.
〔字解〕 ❶심하다, 정도에 지나치다. 〔論語〕 甚矣, 吾衰也. ❷편안하고 즐겁다. ❸두텁다, 중후하다. 〔呂氏春秋〕 暴者右宰穀臣之觸吾子

也甚歡. ④진실로. 〔戰國策〕 左右皆曰, 甚然.
❷무엇. 의문사로 쓰인다.
【甚難 심난】 매우 어려움.
【甚都 심도】 풍채가 좋고 우아함.
【甚麼 심마】 무엇. 어느. 어떤.
【甚鮮 심선】 몹시 적음. 매우 드묾.
● 劇―, 未―, 藉―, 太―, 恨―, 幸―.

甘
6 【甜】⑪ 달 첨 ▣ tián

〔소전〕 甛 〔초서〕 䑛 〔동서〕 甛 〔字源〕 會意. 甘＋舌→甜. 혀〔舌〕로 단맛〔甘〕을 느낌을 나타낸다.
〔字解〕 ①달다, 맛있다. 〔張衡·賦〕 酸甜滋味, 百種千名. ②잘 자다, 충분히 자다. 〔蘇軾·詩〕 三杯軟飽後, 一枕黑甜餘.
【甜甘 첨감】 달고 맛이 있음.
【甜瓜 첨과】 참외. 甘瓜(감과).
【甜言蜜語 첨언밀어】 남을 꾀기 위한 달콤한 말. 듣기 좋은 말. 甘言(감언).
【甜酒 첨주】 맛이 단 술.
● 甘―, 苦―, 肥―, 酸―, 黑―.

甘
6 【甛】⑪ 甜(1150)과 동자

甘
6 【甞】⑩ 嘗(312)의 속자

甘
8 【啖】⑬ 맛있을 염 ▣ yǎn
〔字解〕 맛있다.

生 部

5획 부수 ｜ 날생부

生
0 【生】⑤ 날 생 ▣ 〔庚〕 〔硬〕 shēng

丿 ノ 丶 牛 生

〔소전〕 生 〔초서〕 生 〔字源〕 象形. 초목이 나고, 차츰 자라서 땅 위로 나온 모양을 본뜬 글자. 아래의 '一'은 땅을, 위의 '屮'는 풀이 자람을 나타낸다.
〔字解〕 ①나다. ㉮태어나다. 〔史記〕 孔子生魯昌平鄉陬邑. ㉯천생으로, 나면서부터. 〔中庸〕 生而知之. ㉰초목이 나다. 〔老子〕 師之所處, 荊棘生焉. ②낳다, 자식을 낳다. 〔詩經〕 乃生男子, 載寢之牀. ③살다. ㉮살아 있다. 〔春秋左氏傳〕 狄人囚其元, 面如生. ㉯살아 나가다. 〔中庸〕 生乎今之世, 反古之道. ㉰산 채로. 〔春秋左氏傳〕 故龍不生得. ④살리다. 〔呂氏春秋〕 能生死一人. ⑤삶. ㉮살아 있는 일. 〔

子〕生亦我所欲也. ④바둑에서 돌이 죽을 판국에서 두 집을 내고 사는 일. 〔唐書〕動若某生, 靜若某死. ⑥산 것. ㉮산 사람. 〔中庸〕事死如事生. ㉯산 동물. 〔論語〕君賜生必畜之. ㉰목숨 있는 것, 모든 생물. 〔張衡·賦〕常畏生類之殄也. ⑦날것, 익히지 아니한 것. 〔史記〕與一生彘肩. ⑧새롭다. 〔莊子〕新者爲生. ⑨서투르다, 낯설다. 〔致富奇書〕不可容生人入內. ⑩자라다, 기르다. 〔史記〕其母竊擧生之. ⑪백성, 인민. 〔史岑·頌〕蒼生更始. ⑫생업, 생활. 〔史記〕勃以織薄曲爲生. ⑬길, 의리. 〔春秋左氏傳〕民懷生矣. ⑭이루다. 〔中庸〕天之生物, 必因其材. ⑮나오다, 내다. 〔呂氏春秋〕生於不學. ⑯나아가다, 초목이 자라다. 〔書經〕汝萬民乃不生. ⑰한평생. 〔春秋公羊傳〕一生一及. ⑱학문이 있는 사람. ㉮학생. 〔管子〕而官諸生之職者也. ㉯선생. 〔漢書〕以魏地萬戶封生. ㉰선배, 노인. 〔儀禮〕遂以摯見於鄕大夫鄕先生. ㉱학문을 배우는 사람의 자칭 및 대칭(對稱). 저, 그대. 〔史記〕生揣我何念. ⑲조사(助詞). 어미(語尾)에 사용한다. 〔傳燈錄〕未來且置, 卽今事作麼生. ⑳끊이지 아니하는 모양. ¶生生. ㉑희생. 늑牲.

【生客 생객】모르는 손님. 처음 대면하는 사람.
【生絹 생견】생사(生絲)로 짠 깁.
【生訣 생결】생이별. 生別(생별).
【生硬 생경】①시문 따위가 세련되지 않아 딱딱함. ②세상 물정에 어둡고 완고함.
【生計 생계】생활을 해 나갈 방도.
【生枯起朽 생고기후】마른 것을 살리고 썩은 것을 일킴. 다 죽게 된 것을 살림.
【生穀 생곡】①익히지 않은 곡식. ②곡식이 남.
【生光 생광】①빛이 남. ②圖㉠영광스러워 낯이 남. 生色(생색). ㉡아쉬운 때에 쓰게 되어 보람이 있음. ③일식·월식 때에 개기식(皆旣蝕)이 끝나 다시 빛이 나는 일.
【生壙 생광】생전에 미리 만들어 놓은 묘소(墓所). 壽藏(수장).
【生口 생구】①사로잡은 적군. 捕虜(포로). ②말이나 노새 따위의 가축. 牲口(생구).
【生剋 생극】오행(五行)의 상생상극(相生相剋).
【生擒 생금】사로잡음. 生捕(생포).
【生氣 생기】①만물을 생장·발육시키는 힘. ②생생한 기운. 생동하는 기운. ③적개심(敵愾心)을 일킴. ④성냄. 노함.
【生寄死歸 생기사귀】삶은 이 세상에 잠깐 머무는 것이며, 죽음은 본집으로 돌아가는 것임.
【生道 생도】①백성을 살리는 길. ②살아갈 방도. 生計(생계).
【生動 생동】살아 움직임.
【生得 생득】①사로잡음. ②(佛)나면서부터 터득한 법(法).
【生冷 생랭】①날 음식과 찬 음식. ②냉기(冷氣)가 생김.
【生靈 생령】①생명. 목숨. ②백성.
【生路 생로】①살아나갈 방도. ②살아서 빠져나갈 수 있는 길. ③圖낯선 길. 생소한 길.

【生老病死 생로병사】(佛)사람이 나고, 늙고, 병들고, 죽는 네 가지 큰 고통. 四苦(사고).
【生類 생류】산 것. 곧, 동식물을 통틀어 이르는 말. 生物(생물).
【生理 생리】①만물(萬物)의 생육(生育) 원리. ②하늘에서 인간으로 생(生)을 받은 까닭. ③생물이 죽고 사는 도리. ④살아가는 길. ⑤월경(月經). 달거리.
【生面不知 생면부지】圖한 번도 만난 적이 없어 전혀 모르는 사람.
【生滅 생멸】(佛)태어남과 죽음. 만물의 생김과 없어짐.
【生命 생명】①목숨. ②생물이 살 수 있게 하는 힘. ③사물이 유지되는 일정한 기간. ④사물이 존재할 수 있는 가장 중요한 요건.
【生茂 생무】초목이 무성함.
【生巫殺人 생무살인】圖선무당이 사람 잡음. 기술과 경험이 적은 사람이 젠 체하다가 도리어 일을 그르침.
【生民 생민】①백성. 人民(인민). 蒼生(창생). ②백성을 가르치고 기름. ③백성을 낳음.
【生縛 생박】생포함. 사로잡아 묶음.
【生魄 생백】①음력 16일. ♪'魄'은 달의 테두리에 빛이 없는 부분. ②혼(魂). 生靈(생령).
【生別 생별】생이별(生離別).
【生菩薩 생보살】①온화한 미인. ②(佛)살아 있는 부처. 生佛(생불).
【生俘 생부】포로(捕虜).
【生佛 생불】(佛)살아 있는 부처. 자비심 많은 고승(高僧)을 기리어 이르는 말.
【生不如死 생불여사】삶이 죽음만 같지 못함. 몹시 곤궁하게 지냄.
【生祠 생사】공덕(功德) 있는 사람을 높이 사모하여 그의 생존 중에 제사 지내는 사당. 生祠堂(생사당).
【生死肉骨 생사육골】죽은 사람을 살리고 백골에 살을 붙임. 큰 은혜를 베풂.
【生産 생산】①아이를 낳음. 出産(출산). ②자연물에 인력을 가하여 재화를 만들어 냄.
【生生 생생】①부단히 활동하는 모양. ②만물이 끊임없이 생성되는 모양. ③자기의 생에 집착하여, 살려고 애쓰는 일. ④(佛)태어나고 또 태어나서 언제까지나 한없이 유전윤회(流轉輪廻)하는 일.
【生鮮 생선】圖말리거나 절이지 아니한, 잡은 그대로의 물고기.
【生小 생소】어릴 때. 少時(소시).
【生疏 생소】①친하지 않고 낯이 섦. ②익숙하지 못하고 서투름.
【生手 생수】경험이 없는 사람. 미숙한 사람.
【生受 생수】받기 어렵다는 뜻으로, 사의(謝意)를 표하는 말.
【生遂 생수】자람. 자라나게 함.
【生熟 생숙】①날것과 익은 것. ②미숙(未熟)과 성숙(成熟). 충분함과 충분하지 못함.
【生食 생식】음식을 날로 먹음.
【生息 생식】①삶. 목숨을 이어 나감. ②생활.

③번식(蕃息)함. ④이자를 받음.
【生殖 생식】낳아서 번식함.
【生身 생신】①몸. 육신(肉身). ②(佛)여러 불보살(佛菩薩)이 중생 제도를 위하여 부모에게 탁신(托身)하여 태생(胎生)하는 육신(肉身). 또는 통력(通力)으로써 일시적으로 화현(化現)하는 육신.
【生心 생심】①딴마음을 품음. ②타고난 그대로의 마음. ③國무엇을 하려는 마음을 냄.
【生涯 생애】살아 있는 한평생의 기간.
【生業 생업】생활비를 벌기 위해 가지는 직업.
【生榮死哀 생영사애】훌륭한 사람은 살아서는 존경받고, 죽어서는 애통해함을 받음.
【生旺 생왕】①왕성하여 삶. ②자유로이 삶.
【生員 생원】①㉠원고(院考)에 합격하여 부(府)·주(州)·현학(縣學)의 학생이 된 사람. 처음에는 생도(生徒)의 원수(員數)라는 뜻으로 쓰이다가 송대(宋代) 이후 학생의 칭호(稱號)로 되고, 성적의 우열에 따라 늠생(廩生)·증생(增生)·부생(附生)·사생(社生)·청생(靑生) 등의 구별이 있었다. ㉡조선 때에 소과(小科) 종장(終場)에서 경의(經義) 시험에 합격한 사람. 上舍(상사). ②國나이가 많은 선비를 대접하여 부르던 말.
【生育 생육】①낳아서 기름. ②성장 발육(成長發育)함.
【生意 생의】①활발하고 생생한 기운. 生氣(생기). 生機(생기). ②만물이 성장(成長)하는 의의(意義). ③사사로운 정(情)을 일으킴. ④생업. 상업. 영업. ⑤國무엇을 하려고 마음을 먹음.
【生而知之 생이지지】태어나면서 앎. 배우지 아니하고 스스로 깨달아 앎. 生知(생지).
【生人 생인】①백성. 生民(생민). ②살아 있는 사람. ③처음 대면하는 사람.
【生者必滅 생자필멸】(佛)살아 있는 모든 것은 반드시 죽음.
【生存 생존】살아 있음.
【生憎 생증】공교롭게도. 짖궂게.
【生知 생지】⇨生而知之(생이지지).
【生紙 생지】뜬 채로 가공하지 않은 종이. 당대(唐代)에 상사(喪事) 때 썼음.
【生知安行 생지안행】나면서부터 배우지 아니하고도 도(道)를 알며, 억지로 하지 않고 편안하게 도를 행함. '성인(聖人)'을 이르는 말.
【生鐵 생철】정련(精鍊)하지 아니한 쇠. 무쇠.
【生綃 생초】생사(生絲)로 얇게 짠 깁의 한 가지. 생깁.
【生芻 생추】①막 벤 꼴. 미미하고 박한 예(禮). ②죽은 사람에게 보내는 선물.
【生聚 생취】백성을 기르고 재물을 모아서 국력을 충실히 쌓음.
【生致 생치】사로잡아 연행함. 生擒(생금).
【生齒 생치】①이가 남. ②그 해에 난 아이. 當歲子(당세자). ③백성.
【生呑活剝 생탄활박】산 채로 삼키거나 껍질을 벗김. 남의 시문을 송두리째 도용(盜用)함.
【生布 생포】누이지 아니한 베. 생베.

【生捕 생포】산 채로 잡음.
【生孩 생해】갓난아이.
○ 更—, 群—, 寄—, 卵—, 倒—, 同—, 門—, 民—, 發—, 放—, 死—, 殺—, 書—, 攝—, 小—, 養—, 餘—, 衞—, 儒—, 自—, 再—, 前—, 諸—, 終—, 衆—, 叢—, 畜—, 出—, 誕—, 胎—, 平—, 學—, 化—, 後—, 厚—.

生5 【甡】⑩ 모이는 모양 신 㦃 shēn

소전 甡 초서 𤯓 字源 會意. 生+生→甡. '生'자 두 개를 나란히 하여 생물이 나란히 자라남을 나타낸다.
字解 모이는 모양, 많은 모양, 많은 생물이 함께 자라는 모양.
【甡甡 신신】수효가 많은 모양.

生6 【產】⑪ ❶낳을 산 㵉 chǎn
❷기를 산 諫 chǎn

亠 ㇒ 文 立 产 产 产 庠 產 產

소전 產 초서 產 동체 産 간체 产 字源 形聲. 产+生→產. '产'은 '彥(언)'의 생략형으로 음을 나타낸다.
字解 ❶①낳다. ②태어나다. 〔毛詩陸疏廣要〕鴻鵠千歲者, 皆胎產. ③만들어 내다. 〔禮記〕產萬物者聖也. ④자라나다. 〔漢書〕金芝九莖, 產于函德殿銅池中. ⑤일어나다. 비롯하다. 〔管子〕私議日益, 公說日損, 國家之不治, 從此產矣. ⑥산물(產物). 〔春秋左氏傳〕屈產之乘. ⑦출생지. 〔孟子〕陳良楚產也. ⑧재산, 생업, 생활. 〔孟子〕有恒產者有恒心. ❷기르다.
【產苦 산고】아이를 낳는 고통.
【產氣 산기】①만물을 낳는 기운. ②國아이를 낳을 기미. 진통이 오는 기미.
【產卵 산란】알을 낳음.
【產母 산모】아이를 낳은 여자.
【產門 산문】음문(陰門). 產戶(산호).
【產物 산물】①그 지방에서 생산되는 물건. ②어떤 일의 결과로 생겨난 것.
【產朔 산삭】해산달. 產月(산월).
【產室 산실】①아이를 낳는 방. ②어떤 일을 꾸미거나 이루어 내는 곳.
【產業 산업】①생산을 하는 일. 농업·수산업 따위. ②살아가기 위하여 하는 일. 生業(생업). ③자산(資產). 재산(財產).
【產乳 산유】낳아서 기름.
【產婆 산파】해산 때 아이를 받고 산모를 돌보는 일을 하는 여자.
○ 家—, 工—, 國—, 難—, 農—, 動—, 無—, 物—, 死—, 私—, 生—, 水—, 有—, 流—, 貲—, 資—, 財—, 助—, 中—, 畜—, 出—, 治—, 土—, 破—, 恒—, 海—, 解—.

生6 【產】⑪ 產(1152)과 동자

生部 7~9획 甥甦甤甥 用部 0~2획 用甩甫甬 1153

生7 【甥】⑫ 생질 생 庚 shēng

甥 전 甥 초서 字解 ①생질. 〔詩經〕韓侯
娶妻, 汾王之甥. ②사위.
〔孟子〕帝館甥于貳室. ③외손자. 〔詩經〕展我
甥兮. ④아내의 형제, 누이의 남편.
【甥館 생관】 사위가 거처하는 방. 故事 요(堯)
임금이 자기 사위인 순(舜)임금을 부궁(副宮)에
거처하게 한 데서 나온 말.
【甥姪 생질】 누이의 아들.

生7 【甦】⑫ 穌(1280)의 속자

生7 【甤】⑫ 열매 많이 열릴 유 灰 紙 ruí

甤 소전 字解 ①열매가 많이 열린 모양. ②
많다, 돼지가 새끼를 많이 낳다. ③
꽃술.

生9 【甥】⑭ 甦(1153)와 동자

用 部

5획 부수 | 쓸용부

用0 【用】⑤ 쓸 용 宋 yòng

丿 冂 月 月 用

用 소전 用 고문 甩 초서 冏 字源 會意. 卜+
中→用. '卜'은
점, '中'은 맞다. 옛날에는 점을 쳐서 맞으면
반드시 시행했으므로, '卜'과 '中'을 합하여
'쓰다'의 뜻을 나타냈다.
字解 ①쓰다. ㉮베풀다, 시행하다. 〔易經〕潛
龍勿用. ㉯부리다, 사역(使役)하다. 〔漢書〕彭
越用梁. ㉰등용하다, 인물을 쓰다. 〔史記〕魯
用孔丘. ㉱행하다, 일하다. 〔論語〕焉用稼. ㉲
다스리다. 〔荀子〕仁人之用國. ㉳들어주다.
〔漢書〕向鄕者慕ж之誠. ②작용, 능력. 〔易經〕
顯諸仁, 藏諸用. ③용도. 〔莊子〕吾爲其無用
而掊之. ④방비, 준비. 〔國語〕時至而求用. ⑤
씀씀이, 비용. 〔大學〕有財此有用. ⑥재산, 밑
천. 〔周禮〕乘其財用之出入. ⑦도구, 연장.
〔春秋左氏傳〕利器用也. ⑧써=以. 〔書經〕
居下下者, 皆以爲恥. ⑨하다, 행하다. =爲.
'何用'은 '何爲'와 마찬가지로 '어째서' '왜'
로 풀이한다.
【用間 용간】 간첩을 씀. 첩자를 이용함.
【用管窺天 용관규천】 대롱 구멍으로 하늘을 엿
봄. 견문이 좁음. 用筦窺天(용관규천). 以管窮
天(이관궁천).

【用器 용기】 기구를 사용함. 또는 그 기구.
【用途 용도】 쓰이는 곳. 쓰는 방법.
【用例 용례】 전부터 써 온 사례.
【用命 용명】 명령을 받듦.
【用務 용무】 볼일. 用件(용건).
【用武之地 용무지지】 용병(用兵)하여 공명(功
名)을 나타내기에 알맞은 곳.
【用事 용사】 ①필요한 일. 用件(용건). ②힘써
행하여야 할 일. ③요로(要路)에 있으면서 정권
(政權)을 마음대로 함. ④고사(故事)를 인용함.
【用舍行藏 용사행장】 세상에 쓰일 때는 나아가
서 자기의 도를 행하고, 쓰이지 아니할 때는 물
러나 숨음. 用行舍藏(용행사장).
【用語 용어】 사용하는 말.
【用役 용역】 생산에 필요한 노무(勞務)를 제공
하는 일.
【用意 용의】 마음을 씀.
【用錢如水 용전여수】 돈을 물 쓰듯이 씀.
【用之不竭 용지불갈】 아무리 써도 없어지지 아
니함.
【用志不分 용지불분】 오로지 한 가지 일에 전념
하고 여기저기 정신을 팔지 아니함.
【用錐指地 용추지지】 송곳을 대지(大地)에 꽂아
서 그 깊이를 잼. 견식이 좁음.
❶ 擧-, 公-, 共-, 軍-, 內-, 多-, 登-,
無-, 費-, 私-, 使-, 選-, 食-, 信-,
實-, 惡-, 藥-, 運-, 利-, 引-, 作-,
財-, 適-, 徵-, 借-, 通-, 特-, 效-.

用1 【甩】⑥ 사람 이름 록 屋 lù

甩 초서 冏 字解 ①사람 이름. '각(角)'의 와자
(譌字)라 하나, '角'의 고음(古音)은
'록'으로 '用'과 통용한다. ②짐승 이름.

用2 【甫】⑦ ❶클 보 麌 fǔ
       ❷남새밭 포 麌 pǔ

甫 소전 甫 초서 甫 參考 대법원 지정 인명용
한자의 음은 '보'이다.
字源 會意·形聲. 父+用→甫. 행하여 남의 아
비다워야 한다는 뜻에서, '남자의 미칭(美稱)'
을 나타낸다. '父'가 음도 나타낸다.
字解 ❶①크다. 〔詩經〕無田甫田. ②아무개,
남자의 미칭. 〔儀禮·注〕孔子爲尼甫. ③사나
이, 관례(冠禮)를 하고 자(字)를 지을 때, 자에
붙이는 글자. 〔儀禮〕伯某甫. ④비롯하다, 비로
소, 처음으로. 〔周禮〕甫竁亦如之. ⑤많다. ⑥
돕다. ≒輔. ❷남새밭. ≒圃.
【甫甫 보보】 ①큰 모양. ②많은 모양.
【甫田 보전】 큰 밭.
❶ 吉-, 年-, 尼-, 章-, 衆-.

用2 【甬】⑦ ❶길 용 腫 yǒng
       ❷대롱 동 董 yǒng

甬 소전 甬 초서 甬 參考 대법원 지정 인명용
한자의 음은 '용'이다.
字解 ❶①길, 양쪽에 담을 쌓은 길. ②솟아오

用部 5~7획 甫葡甯 田部 0획 田甲

르다, 뛰어오르다. ❺踊. ③범상하다. ≒庸. ④
양기(量器)의 이름, 열 말들이. ≒桶. 오늘날의
'곡(斛)'. ⑤종(鐘)의 꼭지. ⑥쓰다, 부리다. ❷
대롱.
【甬官 용관】미곡(米穀)을 용기(容器)로 되는 벼
슬아치.
【甬道 용도】①양쪽에 담을 쌓은 길. ②누각의
복도(複道). ③정원의 중앙 통로.
【甬路 용로】중앙의 통로가 높고 양쪽이 낮은
凸자 모양으로 된 길.

用 5 【甫】 ⑩ 葡(1154)와 동자

用 6 【葡】 ⑪ 갖출 비 團 bèi
소전 甫 동자 葡 字解 갖추다, 갖추어지다.
≒備.

用 7 【甯】 ⑫ 차라리 녕 匣 甯 níng
소전 甯 字解 ①차라리, 오히려. =寧. ②소
원, 바람.

田部

5획 부수 | 밭전부

田 0 【田】 ⑤ ❶밭 전 匣 tián
❷밭 갈 전 匧 tián

丨 冂 冊 用 田

소전 田 초서 𤳄 字源 象形. '口'은 사방의
경계선을, '十'은 동서남북
으로 통하는 길을 본뜬 글자.
字解 ❶①밭, 곡식을 심는 경지. 〔詩經〕雨我
公田. ②경지 구획의 이름. ㉮1정(井)의 밭. 900
묘(畝). ㉯50묘. ㉰한 사람이 갈 밭. 100묘. ③
심다, 종자를 가려 심다. 〔說苑〕田者, 擇種而
種之. ④밭 갈다, 경작하다. 〔漢書〕令民得田
之. ⑤생업, 농업. 〔孟子〕收其田里, 敎之樹
畜. ⑥사냥, 봄 사냥. ≒畋. 〔易經〕田无禽. ⑦
북 이름, 큰북. 〔詩經〕應田縣鼓. ⑧인체 부위
(部位)의 이름. 상단전(上丹田)은 양미간(兩眉
間), 강궁전(絳宮田)은 심장(心臟), 하단전(下
丹田)은 배꼽에서 세 치[寸] 아래에 있다. ❷밭
갈다. ≒佃. 〔詩經〕無田甫田.
【田稼 전가】논밭에 곡식을 심음.
【田間 전간】①밭과 밭 사이. ②시골. 촌.
【田車 전거】사냥에 쓰는 수레.
【田犬 전견】사냥개.
【田功 전공】①농사. ②백성을 기르는 공. ③토
지 개간의 공로.
【田器 전기】농기구. 田具(전구).

【田畓 전답】國①논과 밭. ②농토(農土). 田地
(전지).
【田螺 전라】우렁이.
【田廬 전려】농막. 시골집.
【田獵 전렵】사냥. 사냥을 함.
【田里 전리】①100묘(畝)의 밭과 5묘의 집. ②
마을. 촌락(村落). ③고향.
【田畝 전묘】①논밭. 田畓(전답). ②밭고랑. ③
밭의 면적.
【田民 전민】國①농민. ②논밭과 노비(奴婢).
【田夫 전부】농부. 농민. 田父(전부).
【田父 전부】①나이 많은 농부. ②개구리의 한
종류. 몸이 크고 뱀을 잡아먹는다고 함.
【田賦 전부】토지에 부과하는 조세. 田租(전조).
【田事 전사】농사짓는 일. 農事(농사).
【田舍 전사】①논밭과 집. ②시골집. 農家(농
가). ③시골. 농촌. ④조선 때, 창덕궁(昌德宮)·
경복궁(景福宮) 안에 논을 만들어 농사짓는 상
황을 임금에게 보이던 곳.
【田舍翁 전사옹】시골 늙은이. 촌 노인.
【田桑 전상】경작(耕作)과 양잠(養蠶).
【田收 전수】농작물의 수확.
【田狩 전수】사냥. 田獵(전렵).
【田叟 전수】시골 노인. 田舍翁(전사옹).
【田矢 전시】사냥에 쓰는 화살.
【田時 전시】농사철.
【田漁 전어】사냥과 고기잡이.
【田役 전역】사냥과 부역.
【田園 전원】①논밭과 동산. ②도시에서 떨어진
시골. 郊外(교외).
【田作 전작】國①밭농사. ②밭곡식.
【田田 전전】①북 따위의 요란한 소리. ②연(蓮)
잎들이 물 위에 떠 있는 모양. ③어떤 물건이
연이어 있는 모양. ④막 넘어지려고 하는 모양.
【田祖 전조】농업의 신(神). 처음으로 농업을 가
르쳤다는 신농씨(神農氏)를 이름.
【田主 전주】①논밭의 신(神). ②논밭의 임자.
【田疇 전주】①전지(田地). 경지(耕地). ❷'田'
은 '곡식'을, '疇'는 '삼을 심는 밭'을 뜻함.
②논두렁이나 밭두둑.
【田畯 전준】주대(周代)에 농업을 장려하는 일
을 맡아보던 벼슬 이름.
【田畜 전축】논밭을 경작하고 가축을 침.
【田盪 전탕】일군 흙을 평평하게 고르는 농구기.
【田宅 전택】논밭과 집.
【田荒 전황】논밭이 황폐함.

➡ 墾-, 耕-, 公-, 功-, 瓜-, 區-, 歸-,
均-, 藍-, 鹵-, 丹-, 屯-, 墓-, 薄-,
方-, 寺-, 沙-, 私-, 賜-, 山-, 桑-,
石-, 水-, 狩-, 熟-, 心-, 秧-, 良-,
鹽-, 營-, 沃-, 油-, 陸-, 藉-, 莊-,
井-, 職-, 靑-, 炭-, 間-, 火-.

田 0 【甲】 ⑤ 첫째 천간 갑 匣 jiǎ

丨 冂 日 甲

田部 0획 申 1155

소전 申 소전 申 고문 申 고문 申 초서 甲

字源 象形. 본뜻은 '떡잎'으로, 초목의 싹이 씨의 껍질을 인 채 땅 밖으로 돋아 나온 모양을 본뜬 글자.

字解 ❶첫째 천간(天干), 10간(干)의 첫째. 방위로는 동쪽, 날짜로는 처음, 오행으로는 목(木), 오음(五音)으로는 각(角)에 배당된다. 〔爾雅〕太歲在甲曰閼逢. ❷거북의 등딱지, 조가비. ❸껍질, 씨의 껍질. 〔後漢書〕方春生養, 萬物孚甲. ❹갑옷. 〔易經〕離爲甲冑. ❺무장한 병사. 〔戰國策〕秦下甲攻趙. ❻의복. ❼손톱, 발톱. 〔管子〕陰生金與甲. ❽낫다. ㉮가장 빼어나다. 〔張衡·賦〕北闕甲第. ㉯우두머리가 되다. 〔詩經〕能不我甲, 長也. ❾차례의 첫째. 〔後漢書〕甲乙相伍. ❿비릇하다. 〔書經〕甲于內亂. ⓫친압(親狎)하다. ⓬창제(創制)의 법령. 〔易經〕先甲三日, 後甲三日. ⓭아무, 모(某). 이름의 대용으로 쓴다. 〔史記〕奮長子建, 次子甲, 次子乙. ⓮지방 제도의 이름. 송청대(宋淸代)에 10호(戶)를 한 조(組)로 한 것이다.

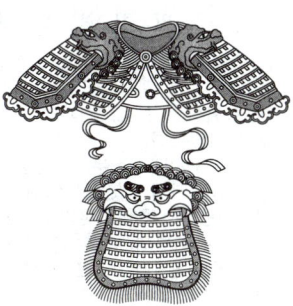
〈甲④〉

【甲殼 갑각】게·새우 따위의 단단한 껍데기.
【甲鎧 갑개】갑옷.
【甲骨文字 갑골문자】고대 중국에서 거북의 등딱지나 짐승의 뼈에 새긴 상형 문자(象形文字). 한자의 시초이며, 점복(占卜)의 기록을 새긴 것은, 은(殷)의 도읍지였던 지금의 하남성(河南省) 안양현(安陽縣)에서 많이 발굴됨. 은허 문자(殷墟文字), 은허 서계(殷墟書契), 정복 문자(貞卜文字), 계문(契文), 귀갑문(龜甲文)이라고도 함.
【甲館 갑관】①甲觀(갑관). ②現도서관.
【甲觀 갑관】①태자의 궁(宮). ②남북조 때에 도서를 맡아보던 관(館). 甲館(갑관). ③國세자시강원(世子侍講院)의 딴 이름.
【甲男乙女 갑남을녀】평범한 보통 사람. 張三李四(장삼이사).
【甲論乙駁 갑론을박】한 사람이 말하면 다른 사람이 반박함. 서로 논란함.
【甲令 갑령】①법률의 제1조, 또는 제1편. ②법령(法令). ○ '甲'은 '令'으로 '법령'을 뜻함.
【甲榜 갑방】진사(進士)에 급제하는 일.
【甲兵 갑병】①갑옷을 입은 군사. 무장한 병사. 甲士(갑사). ②무기. 갑주(甲冑)와 병기(兵器). ③전쟁.
【甲富 갑부】첫째가는 부자.

【甲士 갑사】갑옷을 입은 군사. 甲卒(갑졸).
【甲舍 갑사】훌륭한 저택. 甲第(갑제).
【甲首 갑수】①갑옷을 입은 군사. 무장한 군사의 머리. ②10호(戶)를 단위로 한 자치 조직의 우두머리. 甲長(갑장).
【甲時 갑시】24시(時)의 여섯째 시. 오전 4시 30분에서 5시 30분 사이.
【甲夜 갑야】하룻밤을 오경(五更)으로 나눈 첫째 부분. 오후 7시에서 9시 사이. 初更(초경).
【甲魚 갑어】자라의 딴 이름.
【甲乙 갑을】①10간(干) 중의 첫째와 둘째. ②나음과 못함. 우열(優劣). ③이름을 모르는 사람이나 가정(假定)의 사물을 들어 하는 말. 아무개. 무엇무엇. 某某(모모).
【甲第 갑제】①훌륭한 저택. 으뜸가는 저택. ②과거에 일등으로 급제(及第)하는 일.
【甲族 갑족】자체가 높은 집안.
【甲冑 갑주】갑옷과 투구.
【甲坼 갑탁】초목의 싹이 틈.
【甲板 갑판】큰 배 위에 나무나 철판을 간, 넓고 평평한 바닥.
◐ 鎧-, 堅-, 龜-, 金-, 遁-, 文-, 手-, 掌-, 裝-, 鐵-, 貝-, 蟹-, 還-, 回-.

田 【申】 ⑤ ❶아홉째 지지 신 眞 shēn
0 ❷펼 신 震 shēn

ㅣ ㄇ ㄇ 日 申

소전 申 고문 申 고문 申 고문 申 초서 申

字源 象形. 음기(陰氣)가 펴졌다 오그라졌다 하는 뜻으로, 'ㅣ'는 그 펴지는 것을 본뜨고, '曰'은 그 오그라짐을 본떴다.

字解 ❶①아홉째 지지(地支). 방향으로는 서남서, 시각으로는 오후 4시, 띠로는 원숭이. ②거듭하다, 되풀이하다. 〔書經〕申命羲叔. ③말하다. ㉮말씀드리다, 글을 올리다. ㉯경계하다, 주의하다. 〔春秋左氏傳〕姜又命公如初, 公又申守而行. ㉰펴다, 늘이다. ≒信·伸. 〔武王弓銘〕屈申之義, 廢興之行, 無忘自過. ⑤기지개, 기지개를 켜다. 〔莊子〕熊經鳥申. ⑥앓다, 끙끙거리다. ≒呻. 〔莊子〕鳥申. ⑦보내다. 〔禮記〕所以申信. ⑧환하다, 명백하다. 〔後漢書〕罪無申證. ❷①펴다, 늘어나다. ②당기다, 끌어당기다.
【申儆 신경】충분히 주의시킴. 거듭 경계함. ○ '儆'은 '警'로 '경계함'을 뜻함.
【申戒 신계】되풀이하여 훈계함.
【申告 신고】관청에 알림.
【申誥 신고】거듭 알림.
【申救 신구】억울한 죄를 해명하여 구해 냄.
【申旦 신단】밤부터 그 이튿날 아침까지. ○ '申'은 '至'로 '이름'을 뜻함. 徹夜(철야). 終夜(종야).
【申令 신령】명령을 선포함.
【申理 신리】사리를 밝혀 말함. 억울한 사람을 위하여 해명하여 줌.

【申盟 신맹】거듭 맹세함.
【申聞鼓 신문고】國조선 때, 백성이 원통한 일을 하소연할 때 치게 하던 북.
【申時 신시】12시(時)의 아홉째 시. 오후 3시에서 5시 사이.
【申申 신신】①반복하는 모양. ②마음이 잔잔하고 여유 있는 모양. ③정돈된 모양.
【申申如 신신여】심신의 긴장을 풀고 마음을 화평하게 가지는 모양.
【申嚴 신엄】거듭 엄중히 단속함.
【申冤 신원】원죄(冤罪)를 해명함.
【申諭 신유】거듭 타이름.
【申奏 신주】신하가 임금에게 말씀을 아룀. 주상(奏上)함.
【申請 신청】신고하여 청구함.
【申飭 신칙】단단히 타일러서 경계함.
【申解 신해】①설명함. ②지방 관청에서 임금에게 그 지방 사정을 아리는 글. ③해명함.
❶ 具一, 屈一, 內一, 上一, 燕一, 鳥一, 追一.

田 0 【由】⑤ ❶말미암을 유 囶 yóu
         ❷여자가 웃는 모양 요 圝 yāo

丨 冂 巾 由 由

고문 由 초서 由 〔字源〕象形. 본디 목이 가는 술단지를 본뜬 글자. 액체가 단지의 목에서 나오므로 '말미암다'의 뜻을 나타낸다.
〔字解〕❶①말미암다. ㉮인연하다. 〔儀禮〕 願見, 無由達. ㉯지나다, 경력하다. 〔論語〕 觀其所由. ㉰따르다. 〔論語〕 民可使由之. ②~에서, ~에서부터. ㉮기점(起點)을 나타낸다. 〔詩經〕 右招我由房. ㉯~을 통하여, 좇아서. 〔禮記〕 皆由此塗出也. ③곡절. ㉮사정, 원인, 까닭. 〔史記〕 易初本由. ㉯방법, 수단. 〔論語〕 雖欲從之, 末由也已. ㉰쓰다. =用・以. 〔春秋左氏傳〕 不能由吾子. ⑤행하다. 〔禮記〕 隆禮由禮. ⑥움트다. 〔書經〕 若顛木之有由蘗. ⑦~에서. ㉮ 於. 〔詩經〕 無易由言. ⑧오히려. ≒猶. ㉮역시, 마찬가지로. 〔孟子〕 我由未免爲鄕人也. ㉯마치, 흡사. 〔孟子〕 由反手也. ❷여자가 웃는 모양.
【由來 유래】사물의 내력.
【由奢入儉 유사입검】사치로부터 검소함으로 들어감. 사치를 버리고 검소하게 살고자 함.
【由緖 유서】전하여 오는 내력.
【由旬 유순】(佛)소달구지가 하루에 갈 수 있는 거리로, 노정(路程)의 단위. 80리인 대유순, 60리인 중유순, 40리인 소유순이 있음. ◎범어(梵語) 'Yojana'의 음역이(音譯).
【由是觀之 유시관지】이것을 말미암아 그것을 보건대의 뜻으로, 윗글을 이어받아 그 판단을 서술하는 말.
【由蘗 유얼】벤 나무에서 돋아나는 싹. 움.
【由衍 유연】①가는 모양. 걸어가는 모양. ②제멋대로 놀며 즐김.
【由緣 유연】①인연(因緣). ②유래(由來).

【由由 유유】①스스로 만족하는 모양. 자득(自得)한 모양. ②기뻐하는 모양. ③주저함. 猶豫(유예). ④느긋한 모양. 호연(浩然)한 모양.
❶居一, 經一, 來一, 斷一, 事一, 所一, 率一, 緣一, 理一, 因一, 自一, 何一, 解一.

田 2 【甽】⑦ 畎(1157)과 동자

田 2 【男】⑦ 사내 남 圝 nán

丨 冂 囗 田 田 男 男

소전 男 초서 男 〔字源〕會意. 田+力→男. 남자는 들에 나가서 농사일에 힘써야 하므로, 田과 力을 합하여 '남자'란 뜻을 나타냈다.
〔字解〕①사내, 장부. 〔易經〕 乾道成男. ②아들, 사내 자식. 〔史記〕 賈有五男. ③젊은이, 장정. 〔史記〕 民有二男以上. ④남작. 오등작(五等爵)의 최하위. 〔禮記〕 王者之制祿爵, 公侯伯子男, 凡五等. ⑤왕성에서 1,000리 밖 500리 쪽의 지역. ¶男畿.
【男根 남근】음경(陰莖)의 딴 이름.
【男畿 남기】☞男服(남복)①.
【男女貿功 남녀무공】남녀가 각각 다른 일을 맡아 그것으로 서로 도움.
【男女有別 남녀유별】남자와 여자 사이에는 분별이 있어야 함.
【男妹 남매】國오누이.
【男服 남복】①구복(九服)의 하나. 왕성(王城) 밖 사방 1,000리에서 1,500리까지의 땅. 男畿(남기). ②國남자의 옷. ③여자가 남자의 옷차림을 함.
【男負女戴 남부여대】남자는 지고 여자는 이고 감. 초라한 세간살이를 가지고 이리저리 떠돌아다니며 삶.
【男性 남성】①사내. 男子(남자). ②남자의 성질이나 체질.
【男兒 남아】①사내아이. 아들. ②장부(丈夫). 사나이.
【男爵 남작】오등작(五等爵)의 다섯째로, 자작(子爵)의 아래.
【男裝 남장】여자가 남자처럼 차림.
【男丁 남정】열다섯 살이 넘은 사내. 장정이 된 사내.
【男尊女卑 남존여비】사회의 관습상 남자는 높고 여자는 낮다고 생각하는 일.
【男左女右 남좌여우】①머리를 땋아 남자는 왼쪽, 여자는 오른쪽으로 함. ②음양 오행설(陰陽五行說)에서 왼쪽은 양(陽), 오른쪽은 음(陰)이므로, 남자는 왼쪽, 여자는 오른쪽을 각각 숭상한다는 말. 여기에서 맥・손금・자리 같은 것도 남자는 왼쪽을, 여자는 오른쪽을 취함.
【男唱女隨 남창여수】남편의 주장에 아내가 따름. 夫唱婦隨(부창부수).
【男便 남편】지아비.

【男欣女悅 남흔여열】 부부 사이가 화평하고 즐거움.
❶奇－, 多－, 童－, 得－, 美－, 生－, 庶－, 善－, 長－, 丁－, 次－, 快－.

田2 【甹】⑦ 말이 잴 병 庚 píng
소전 甹 字解 甹(1157)은 딴 자.
❶말이 재다, 성급하게 말하다. ❷끌다, 꾀다. ❸협기(俠氣), 호협한 기개.

田2 【甶】⑦ 움 유 尤 yóu
소전 甶 字解 甶(1157)은 딴 자.
❶움, 그루터기에서 돋아나는 싹. 〔書經〕若顚木之有甶櫱. ❷굴, 산에 있는 바윗 굴. ≒岫.

田2 【甸】⑦ ❶경기 전 霰 diàn
❷사냥할 전 先 tián
❸육십사 정 蒸 霽 shèng
❹땅 이름 잉 徑 yìng
소전 甸 초서 甸 參考 대법원 지정 인명용 한자의 음은 '전'이다.
字源 會意. 勹+田→甸. '勹'는 싸다, '田'은 토지로, 둘러싼 한정된 땅, 곧 '천자의 특별 영토'를 뜻한다.
字解 ❶❶경기, 왕성 주위 500리 이내의 지역. 〔書經〕五百里, 甸服. ❷교외(郊外). ❸64정(井)의 땅. ❹경계, 구역. ❺다스리다, 사방을 다스리다. 〔詩經〕維禹甸之. ❻농작물. 〔禮記〕納甸於有司. ❷사냥하다. ≒畋. ❸64정. 16정(井)을 구(丘)라 하고, 4구 곧, 64정을 전(甸)이라 하여, 여기서 병거(兵車) 1승(乘)을 냈다. ❹땅 이름. 감숙성(甘肅省) 문현(文縣) 서쪽.
【甸畿 전기】 ☞甸服(전복)❷.
【甸服 전복】 ❶오복(五服)의 하나. 주대(周代)에 왕성(王城)에서 사방 500리 이내의 땅. ❷구복(九服)의 하나. 왕성에서 사방 500리 떨어진 곳에 1,000리 사이의 땅. 甸畿(전기).
【甸甸 전전】 수레 소리가 우렁찬 모양.
❶郊－, 畿－, 大－, 細－, 畝－, 邦－, 師－, 千－, 衷－, 海－, 寰－, 侯－.

田2 【町】⑦ ❶밭두둑 정 迥 tǐng, tǐng
❷사슴 발자국 전 霰 tiàn
소전 町 초서 町 參考 대법원 지정 인명용 한자의 음은 '정'이다.
字解 ❶❶밭두둑, 밭이랑의 두둑한 부분. 〔張衡·賦〕編町成篁. ❷경계(境界), 구역. 〔莊子〕彼且爲無町畦. ❸지적(地積)의 단위(單位). 1정은 3,000평. ❹사슴의 발자국.
【町畦 정휴】 밭이랑. 밭두둑. 경계.
【町疃 전탄】 ❶사슴의 발자국. ❷집 옆의 빈 터.

田3 【畖】⑧ 畎(1157)과 동자

田3 【甽】⑧ 畎(1157)의 고자

田3 【畄】⑧ 留(1159)의 속자

田3 【甿】⑧ 백성 맹 庚 méng
소전 甿 초서 甿 字解 백성. =氓. ㉮농부. ㉯무지(無知)한 백성. 〔管子〕北郭者, 盡屨縷之甿也.
【甿庶 맹서】 논밭을 가는 백성. 農民(농민).

田3 【畀】⑧ 줄 비 寘 bì
소전 畀 초서 畀 字解 ❶주다, 남에게 넘기다. 〔書經〕不畀洪範九疇. ❷수여하다, 베풀어 주는 물건.

田3 【甾】⑧ 꿩 치 支 zī
參考 甾(1158)는 딴 자.
字解 ❶꿩, 꼬리가 긴 꿩. =雉. ❷장군. 달걀을 뉘어 놓은 모양의, 액체를 담는 그릇. ❸강 이름. =淄.

田3 【画】⑧ 畫(1163)와 동자

田3 【画】⑧ 畫(1163)의 속자

田4 【畖】⑨ 경계 강 養 gǎng
소전 畖 字解 ❶경계, 갈피. ❷못(池). ❸논두렁, 밭두둑. ❹염택(鹽澤). =䜛.

田4 【畎】⑨ ❶밭도랑 견 銑 quǎn
❷밭이랑 경 迥 quǎn
초서 畎 동자 畖 畎 古자 甽 字解 ❶❶밭도랑, 밭 가운데 낸 수로(水路). 〔書經〕濬畎澮, 距川. ❷물 대다, 통하다. 〔易建鑿度〕聖人畎流大道, 萬彙滋溢. ❸산골짜기, 물이 흐르는 산골짜기. 〔書經〕羽畎夏翟. ❷밭이랑.
【畎疆 견강】 밭두둑. 논두렁.
【畎畝 견묘】 ❶밭의 고랑과 이랑. ❷시골. 전원.
【畎澮 견회】 밭도랑. 논도랑.
❶疆－, 溝－, 岱－, 淸－, 畦－.

田4 【畊】⑨ 耕(1421)의 고자

田4 【界】⑨ 지경 계 卦 jiè
丨冂罒田甼界界界

田部 4획 昐畇畓畋畐畏畏畚畋

界

[소전] 昇 [소전] 界 [초서] 界 [동자] 昐 [동자] 堺

[字源] 形聲. 田+介→界. '介(개)'가 음을 나타낸다.

[字解] ①지경. ㉮경계. 〔孟子〕 域民不以封疆之界. ㉯한계. 〔後漢書〕 奢儉之中, 以禮爲界. ㉰부근, 밭의 주변. ②경계를 접하다, 이웃하다. 〔戰國策〕 三國與秦, 壤界而患急. ③사이하다, 이간하다. 〔漢書〕 界涇陽. ④경계 안, 세계(世界). 〔陶弘景·書〕 實是欲界之仙都.
【界說 계설】 정의(定義).
【界約 계약】 양국의 국경을 정하는 조약.
【界標 계표】 경계를 나타낸 표지.
【界限 계한】 땅의 경계. 疆界(강계).

○ 境-, 法-, 分-, 斯-, 世-, 視-, 業-, 外-, 財-, 政-, 天-, 下-, 學-, 限-.

田 4 【昐】 ⑨ 界(1157)와 동자

田 4 【畇】 ⑨ 밭 일굴 균·윤 眞 yún
[초서] 畇 [參考] 대법원 지정 인명용 한자의 음은 '균'이다.
[字解] 밭을 일구다, 밭을 개간하다. 〔詩經〕 畇畇原隰.
【畇畇 균균】 개간한 땅이 평평한 모양.

田 4 【畓】 ⑨ 國논 답

亅기氵水氺沓沓畓畓

[字源] 會意. 水+田→畓. 우리나라에서는 물이 있는 밭이 논이므로 밭(田) 위에 물(水)을 더하여 논을 뜻하게 만들었다.
[字解] 논, 수전(水田).
【畓結 답결】 논에 부과되는 세금.
【畓穀 답곡】 논에서 나는 곡식. 벼.
【畓券 답권】 논문서. 논의 소재·면적·소유권자 따위를 적은 서류.

○ 乾-, 奉-, 水-, 良-, 位-, 田-.

田 4 【畒】 ⑩ 畝(1159)의 속자

田 4 【畐】 ⑨ ❶폭 복 屋 bī ❷가득찰 복 ㊍벽 職 fú
[소전] 畐 [본자] 富 [字源] 會意. 高+田→畐. '高'은 '高'를 줄인 것, '田'은 높고 두터운 모양을 본뜬 것으로, '가득 차다'는 뜻을 나타낸다.
[字解] ❶폭, 피륙의 폭. ❷가득 차다, 두텁다.

田 4 【畏】 ⑨ 두려워할 외 ㊍위 未 wèi

亅口冂四田甲畏畏畏

[소전] 畏 [고문] 畏 [초서] 畏 [동자] 畏 [字源] 會意. 由+𠂊→畏. '由'은 도깨비의 머리, '𠂊'은 범의 상체(上體)를 뺀 아랫부분으로 사람의 발을 닮고 발톱이 있는 형상으로, 이 둘을 합하여 '두려워할 만하다'의 뜻을 나타낸다.
[字解] ❶두려워하다. ㉮겁을 내다. 〔書經〕 永畏惟罰. ㉯꺼리다. 〔莊子〕 魚不畏網. ㉰심복하다, 성심으로 따르다. 〔禮記〕 畏而愛之. ㉱경외하다. 〔論語〕 畏天命. ㉲조심하다. 〔論語〕 子畏於匡. ❷으르다, 위협하다. 〔列子〕 不畏不怒. ❸죽다. 〔禮記〕 死而不弔者三, 畏·厭·溺.
【畏怯 외겁】 두려워하고 겁냄.
【畏敬 외경】 두려워하며 공경함.
【畏懼 외구】 두려워함.
【畏忌 외기】 두려워하고 꺼림. 畏憚(외탄).
【畏愞 외나】 두려워서 풀이 죽음. ○'愞'는 '㤎'으로 '약함'을 뜻함.
【畏途 외도】 험하여 매우 위태로운 길.
【畏薄 외박】 두려워서 밀리함.
【畏服 외복】 두려워하고 복종함.
【畏附 외부】 두려워서 붙좇음.
【畏事 외사】 존경하여 섬김.
【畏首畏尾 외수외미】 머리도 꼬리도 다 두려워함. 몹시 두려워하여 위축됨.
【畏愼 외신】 삼가고 조심함.
【畏愛 외애】 존경하며 친애함.
【畏惡 외오】 두려워하고 미워함.
【畏友 외우】 경외(敬畏)하는 벗.
【畏慄 외율】 두려워서 떪.
【畏日 외일】 여름의 해.
【畏惕 외척】 두려워서 조심함.
【畏縮 외축】 두려워서 움츠림. 畏怖(외포).
【畏憚 외탄】 두려워하고 꺼림. 畏忌(외기).
【畏怖 외포】 두려워서 움츠림. 畏縮(외축).
【畏害 외해】 두려워하고 싫어함.
【畏犧辭聘 외희사빙】 희생(犧牲)이 될까 두려워 임금이 초빙을 해도 이를 사퇴함. [故事] 장자(莊子)가 초야(草野)에서 안락하게 살기 위하여 임금이 내린 벼슬을 사양하고 나아가지 않은 고사에서 온 말.

○ 可-, 愧-, 羞-, 愁-, 猜-, 憚-, 嚴-, 憂-, 惴-, 憚-, 怖-, 嫌-.

田 4 【畏】 ⑨ 畏(1158)와 동자

田 4 【畚】 ⑨ ❶재앙 재 灰 zī ❷묵힌 밭 치 囡 zāi
[字解] ❶①재앙, 불행, 재난. 늑菑. ②직업, 일. ❷묵힌 밭, 갈지 아니하고 버려 둔 밭.

田 4 【畋】 ⑨ 밭 갈 전 先 tián
[소전] 畋 [초서] 畋 [字源] 會意·形聲. 田+攴→畋. 흙덩이를 부수어서 밭(田)을 평평하게 한다는 데서 '밭 갈다'의

田部 4~5획 畑 畈 留 畝 畞 畔 畗

라는 뜻이 나왔다. '田(전)'이 음도 나타낸다.
字解 ①밭 갈다. 흙을 깨뜨려 밭을 평평하게 만들다.〔書經〕畋爾田. ②사냥하다.〔書經〕畋于有洛之表. ㉠수렵의 통칭.〔呂氏春秋〕以畋于雲夢. ㉡봄 사냥.〔太平御覽〕韓詩內傳曰, 春曰畋.
【畋獵 전렵】사냥. 田獵(전렵).
【畋食 전식】농사를 지어 생활함.
【畋遊 전유】사냥을 하며 놂.
◐ 翔－, 蒐－, 漁－, 遊－, 出－.

田₄【畑】⑨ 밭 전
字解 밭.

田₄【畈】⑨ 밭 판 國 fàn
字解 밭, 평평한 밭두둑, 경작지.

田₅【留】⑩ ❶머무를 류 尤 liú
　　　　　❷기다릴 류 宥 liù

字源 形聲. 卯+田→留. '卯(류)'가 음을 나타낸다.
字解 ❶①머무르다. ㉠일정한 곳에 머무르다.〔史記〕臣知虞君不用臣, 臣誠私利祿爵且留. ㉡남아 있다.〔梁簡文帝·詩〕高名千載留. ㉢굳게 지켜 변하지 아니하다.〔管子〕不慕古, 不留今. ㉣기다리다.〔楚辭〕蹇誰留兮中洲. ②지체하다, 머뭇거리다.〔易經〕君子以明愼用刑, 而不留獄. ③오래다.〔禮記〕悉數之乃留, 更僕未可終也. ④엿보다.〔莊子〕執彈而留之. ⑤혹, 옹이. ≒瘤. ❷기다리다.〔史記〕至東萊宿留之.
【留繫 유계】붙잡아 매어 놓음.
【留官 유관】國원의 일을 대리로 맡아보던 좌수(座首).
【留念 유념】마음에 기억하여 둠.
【留落 유락】①싸움에 굼뜨거나 사고로 말미암아 공(功)을 이루지 못함. ②때를 만나지 못함.
【留連 유련】①객지에 묵고 있음. ②차마 떠나지 못하여 머뭇거리는 모양. 盤桓(반환). ③직업을 잃고 방랑하는 모양.
【留守 유수】①집을 지킴. ②천자가 서울을 비울 때에 대신하여 지키던 벼슬. ③國조선 때, 지방 중에서 중요한 곳을 맡아 다스리던 정이품의 벼슬. 개성·강화·광주·수원 등지에 둠.
【留宿 유숙】남의 집에 머물러 묵음.
【留任 유임】그 자리에 그대로 머물러 일을 맡아봄.
【留寓 유우】타향에 머물러 삶.
【留意 유의】마음에 새겨 두어 조심하며 관심을 가짐.
【留藏 유장】남겨 두어 간직함.

【留田 유전】군대가 머물러 있으면서 농사를 짓고 그 수확은 군량에 충당하는 밭.
【留題 유제】명승지·고적 등을 유람하여 거기에 대하여 시가를 읊음.
【留陣 유진】한곳에 머물러 진을 침.
【留滯 유체】한곳에 오래 머물러 있음.
【留置 유치】①두어 둠. 보존하여 둠. ②피의자(被疑者)를 가두어 둠.
【留學 유학】타향이나 외국에 머물며 공부함.
【留鄕 유향】①고향에 머묾. ②수령(守令)의 자리가 비었을 때, 수령의 직무를 대리하던 그 지방의 좌수(座首)를 이르던 말.
◐ 去－, 居－, 繫－, 久－, 拘－, 寄－, 羈－, 逗－, 保－, 息－, 押－, 抑－, 淹－, 延－, 緩－, 遺－, 停－, 駐－, 止－, 滯－, 行－.

田₅【畝】⑩ 이랑 묘 㗊 無 mǔ

亩 參考 대법원 지정 인명용 한자의 음은 '묘·무'이다.
字解 ①이랑. 이랑의 도랑은 '견(畎)', 이랑의 두둑은 '畝'.〔莊子〕居於畎畝之中. ②전답의 면적 단위. 6척 사방을 '보(步)', 100보를 '畝'라 하고, 진대(秦代) 이후는 240보를 '畝'라 하였다. 현대는 약 100㎡가 1묘이다.

田₅【畞】⑩ 畝(1159)의 고자

田₅【畔】⑩ 두둑 반 翰 pàn

字解 ①두둑, 논밭의 경계.〔史記〕耕者皆讓畔. ②경계(境界), 100묘(畝)의 경계.〔國語〕修其疆畔. ③물가. ≒泮.〔楚辭〕行吟澤畔. ④떨어지다.〔書經〕畔官離次. ⑤배반하다, 위반하다. ≒叛.〔論語〕亦可以不畔矣夫. ⑥어지러운 모양.〔漢書〕畔回穴其若玆兮. ⑦도망쳐 숨다. ⑧굳세다, 강하다, 사납다.
【畔界 반계】두둑. 경계선.
【畔路 반로】논밭 사이의 좁은 길.
【畔散 반산】어지럽게 흩어짐.
【畔岸 반안】①논두렁과 강 언덕. ②가. 끝. ③사람을 가까이하지 않음. ④제멋대로 함.
【畔喭 반언】①굳세고 사나운 모양. ②예의가 없는 모양.
【畔援 반원】도리에 벗어나고 방자하게 행동함. 제멋대로 굶. 跋扈(발호).
【畔疇 반주】두둑. 토지의 경계.
【畔換 반환】사납고 방자한 모양.
◐ 疆－, 橋－, 壟－, 道－, 水－, 岸－, 崖－, 渚－, 池－, 澤－, 河－, 海－, 湖－.

田₅【畗】⑩ 畐(1158)의 본자

田部 5~6획 畚畍畛畎畜畟畣略

田5 【畚】 ⑩ 삼태기 분 阮 běn

소전 소전 초서 동자

字解 삼태기, 둥구미. 흙·쓰레기·거름 같은 것을 담아 나르는 기구. 새끼나 대오리 등으로 엮어 만든다. 〔周禮〕 挈畚以令糧.
【畚挶 분국】 삼태기.
【畚鍤 분삽】 ①삼태기와 삽. ②토목 공사(土木工事).

田5 【畍】 ⑩ 畇(1165)과 동자

田5 【畛】 ⑩ 두렁길 진 軫 | 眞 zhěn

소전 초서 속자

字解 ①두렁길, 밭 사이의 길. 〔楚辭〕 田邑千畛. ②두렁, 논두렁, 경계(境界). ③아뢰다. 〔禮記〕 臨諸侯, 畛於鬼神. ④뿌리, 근본. 늑根. 〔太玄經〕 黃純于潛, 不見其畛.
【畛崖 진애】 경계(境界). 끝.
【畛域 진역】 ①두둑. 두렁. ②한계. 경계.
【畛畷 진철】 두렁길. 논이나 밭 사이로 난 길.
● 徑―, 郊―, 封―, 連―, 畦―.

田5 【畎】 ⑩ 畛(1160)의 속자

田5 【畜】 ⑩ ❶쌓을 축 屋 xù ❷가축 축 宥 ❸기를 휵 屋 chù

丶 亠 亠 玄 玄 产 斉 斉 畜

소전 고문 고문 초서 隷考 대법원 지정 인명용 한자의 음은 '축'이다.

字源 會意. 玄+田→畜. '玄'은 '兹'의 생략형으로 '붇다, 무성하다'의 뜻이다. '田'과 합하여 '농사에 힘써서 얻은 수확'을 뜻한다.

字解 ①❶쌓다, 모으다, 쟁이다. ❷간직하다, 비축하다. 〔禮記〕 趣民收斂, 務畜菜. ❸보유하다. 〔老子〕 德畜之. ❸쌓이다, 모이다. 〔魏志〕 用儉則財畜. ③비축, 준비해 두는 일. 〔禮記〕 無私貨, 無私畜. ④개간한 밭. ❷가축. 〔周禮〕 在野曰獸, 在家曰畜. ❸①기르다. 늑育. 〔大學〕 不畜聚斂之臣. ②먹이다. 치다. 〔論語〕 君賜生, 必畜之. ③효도하다. 〔禮記〕 無服之喪, 以畜萬邦.
【畜牧 축목】 들에서 마소 따위를 기름.
【畜舍 축사】 가축을 키우는 건물.
【畜産 축산】 가축을 길러 생활에 유용한 물질을 생산하는 일.
【畜生 축생】 ①가축류. 짐승. 禽獸(금수). ②남을 꾸짖어 욕하는 말. 짐승 같은 놈. ③□畜生道(축생도).
【畜生道 축생도】 (佛)삼악도(三惡道)의 하나. 살아서 지은 죄 때문에 죽은 뒤에 짐승으로 태어나 괴로움을 받는다는 곳.
【畜養 축양】 ❶축양 ❷휵양. ❶가축을 기름. 飼育(사육). ❷①양육(養育)함. ②봉록(俸祿)을 줌.
【畜民 휵민】 길러지는 백성. 다스려지는 백성.
【畜愛 휵애】 기르고 사랑함.
【畜字 휵자】 짐승 따위를 기름.
● 家―, 奇―, 大―, 牧―, 飼―, 小―, 養―, 六―, 育―, 人―, 仁―, 雜―, 聚―.

田5 【畟】 ⑩ 보습 날카로울 측 職 cè

소전 소전

字源 會意. 田+儿+夂→畟. '儿'은 人, '夂'은 나아간다는 뜻. '田人'은 농부로, '田'과 합하여 '농부가 밭을 갈러 나간다'는 뜻을 나타낸다.

字解 ①보습 날카로운 모양. 〔詩經〕 畟畟良耜, 俶載南畝. ②밭 갈다. ¶ 畟畟.
【畟畟 측측】 ①보습의 날이 날카로운 모양. ②밭을 가는 모양.

田6 【畣】 ⑪ 答(1305)의 고자

田6 【略】 ⑪ 다스릴 략 藥 lüè

冂 冂 田 田 田 畋 畋 略 略

소전 초서 동자

字源 形聲. 田+各→略. '各(각)'이 음을 나타낸다.

字解 ①다스리다, 경륜하다. 〔春秋左氏傳〕 天子經略. ②둘러보다. 〔春秋左氏傳〕 吾將略地焉. ③빼앗다. 〔國語〕 犧牲不略. ④범하다. 〔國語〕 略則行志. ⑤치다, 정벌하다. 〔詩經〕 謀東略. ⑥계략. 〔漢書〕 臣願馳至金城, 圖上方略. ⑦슬기, 지혜. 〔漢書〕 觀士大夫之勤略. ⑧길. ㉮도덕(道德). 〔淮南子〕 然而功名不滅者其略得也. ㉯경로. 〔書經〕 以遏亂略. ⑨경계(境界). 〔春秋左氏傳〕 王予之武公之略自虎牢以東. ⑩대강, 대략. 〔孟子〕 嘗聞其略也. ⑪줄이다. ㉮간략하게 하다. 〔書經〕 嵎夷旣略. ㉯세미히 아니하다. 〔荀子〕 傳者久則論略, 近則論詳. ㉰줄다, 감소하다. 〔荀子〕 養略而動罕. ⑫세다, 셈하다. 〔淮南子〕 達略天地. ⑬날카롭다. 〔詩經〕 有略其耜.
【略擧 약거】 대략을 들어 보임.
【略圖 약도】 간단하게 줄여서 요점만 그린 그림.
【略歷 약력】 간단하게 적은 이력.
【略賣 약매】 남의 부녀자나 아이를 약취(略取)하여 팔아 넘김.
【略述 약술】 간략히 요점만 기술함.
【略言 약언】 ①생략한 말. 준말. ②대략의 줄거리를 말함. 略語(약어).
【略字 약자】 획을 간단히 줄인 한자.
【略約 약작】 외나무다리. 독목교(獨木橋).
【略定 약정】 공략(攻略)하여 평정(平定)함.

【略地 약지】①적의 땅을 빼앗음. 掠地(약지). ②경계(境界)의 땅을 순찰(巡察)함.
【略陳 약진】대략을 진술함.
【略取 약취】빼앗아 가짐. 약탈하여 가짐. 掠取(약취).
【略稱 약칭】간략하게 줄여 일컬음.
【略解 약해】①대략의 뜻을 풀어 밝힘. ②대략을 이해함.
○ 簡−, 槪−, 經−, 計−, 攻−, 軍−, 大−, 謀−, 疏−, 才−, 前−, 戰−, 政−, 智−, 策−, 鈔−, 侵−, 脅−, 後−.

田
6 【畧】⑪ 略(1160)과 동자

田
6 【畧】⑪ ❶빠질 례 麗 lì ❷國논배미 렬
[字解] ❶빠지다, 빠져 들다. ❷①논배미, 논과 논 사이 구획. ②토막.

田
6 【畄】⑪ 留(1159)의 속자

田
6 【畨】⑪ 番(1163)의 속자

田
6 【異】⑪ 다를 이 麗 yì

冂 四 田 田 甲 甲 畀 畀 異 異

[소전] 畀 [초서] 异 [동서] 異 [간체] 异 [字源] 會意. 畀+廾→異. '畀'는 주다, '廾'는 두 손으로, 합하여 물건을 주려고 두 손에 나눔을 나타낸다.
[字解] ①다르다. ㉮같지 아니하다. 〔孟子〕殺人以挺與刃, 有以異乎. ㉯잘못. 〔歐陽脩·序〕貶異扶正, 著書以非諸子. ㉰딴 것, 딴 일. 〔呂氏春秋〕賈不敢爲異事. ㉱기이하다. 〔周禮〕珍異之物, 以時敬. ㉲뛰어나다, 훌륭하다. 〔史記〕皆異能之士也. ㉳불가사의하다, 이상하다. 〔史記〕化爲異物兮, 又何足患. ②달리하다. ㉮달리하다. 〔詩經〕我雖異事. ㉯특별하게 다루다. 〔後漢書〕選后入太子宮, 云云, 遂見寵異. ㉰나누어 주다. 〔史記〕民有二男以上, 不分異者, 倍其賦. ③의심하다, 이상하게 여기다. 〔孟子〕王無異於百姓之以王爲愛也. ④재앙. 〔漢書〕災異者, 天地之戒也. ⑤모반(謀叛). 〔史記〕天下無異意.
【異客 이객】타향에 나와 있는 사람. 여행 중에 있는 몸. 遊子(유자).
【異見 이견】남과 다른 의견이나 견해.
【異境 이경】①다른 나라. 외국. ②고향이 아닌 다른 땅. 他鄕(타향). 異鄕(이향).
【異曲同工 이곡동공】연주하는 곡은 다르나 그 교묘함은 거의 같음. 방법은 다르나 결과는 같음. 同工異曲(동공이곡).
【異觀 이관】매우 좋은 경치. 색다른 경치.

【異敎 이교】①정통(正統)의 가르침과는 다른 가르침. ②이단(異端)의 종교. 자기가 믿는 종교 이외의 종교.
【異句 이구】보통과는 다른 훌륭한 구(句).
【異口同聲 이구동성】입은 다르나 목소리는 같음. 여러 사람이 하는 말이나 의견이 한결같음. 異口同音(이구동음).
【異國 이국】다른 나라. 他國(타국).
【異技 이기】뛰어난 기술.
【異能 이능】뛰어난 재능. 특이한 기능.
【異端 이단】①성인(聖人)의 도(道) 이외의 도. ②자기가 믿는 종교나 주장에 어긋나는 것.
【異圖 이도】모반하려는 마음. 異心(이심).
【異同 이동】①서로 같지 아니함. ◯ '同'은 조자(助字). ②다른 술잔. ◯ '同'은 제사에 쓰는 술잔. ③國다름과 같음.
【異等 이등】남달리 재능이 뛰어남.
【異慮 이려】①보통이 아닌 생각. 특이한 생각. ②딴 생각. 한 가지 일에 전념하지 않는 일.
【異例 이례】보통의 예(例)에서 벗어나는 일.
【異路同歸 이로동귀】제각기 길은 다르나 돌아오는 곳은 같음. 방법은 다르지만 결과는 같음.
【異類 이류】①인종(人種)·정교(政敎) 등을 달리하는 종족. ②귀신·금수 따위. ③종류를 달리함. 다른 종류.
【異倫 이륜】①동류(同類)에서 빼어남. ②다른 것과 구별함. 차등(差等)을 붙임.
【異母 이모】계모(繼母). ◯어머니가 다름. 배다른 형제. ◯뿌리를 달리함.
【異夢 이몽】이상한 꿈. 奇夢(기몽).
【異聞 이문】①이상한 소문. 珍聞(진문). ②특별히 남 모르는 이야기. ③소문이 달리 남. 이야기 내용이 전해지는 동안에 달라짐.
【異物 이물】①기이한 물건. ②음험(陰險)하여 측량하기 어려운 사람. ③죽은 사람. 幽鬼. ④인류 이외의 동물. ⑤예(禮)를 달리함. 예가 다름. ⑥육체(肉體).
【異變 이변】①괴이한 변고. ②문장 따위가 보통과 달리 뛰어난 것.
【異服 이복】보통과 다른 의복. 괴이한 옷차림.
【異士 이사】비범한 사람. 출중한 선비.
【異事 이사】①비상(非常)한 일. ②다른 일. 他事(타사). ③소임(所任)을 달리함. ④이상하게 달라진 일.
【異相 이상】①보통 사람과는 다른 인상(人相). ②(佛)각 사람이 그 형상을 달리함.
【異色 이색】①빛깔을 달리함. ②색다른 빛깔. 아름다운 색깔. ③다른 것보다 더 뛰어난 모양.
【異瑞 이서】기이한 상서(祥瑞).
【異姓 이성】①다른 성. 자기와 조상을 달리하는 겨레. 他姓(타성). ②조카사위. 姪壻(질서). ③어머니 쪽의 친척. 外戚(외척).
【異性 이성】①성질이 다름. 성품을 달리함. ②남성이 여성을, 또는 여성이 남성을 가리켜 이르는 말. ③(佛)범부(凡夫)를 달리 이르는 말.
【異世同調 이세동조】시세(時世)는 다르나 취지(趣旨)는 같음.

【異俗 이속】①풍속을 달리함. 다른 풍속. ②타국(他國)의 풍속. ③나쁜 풍속.
【異數 이수】①등급을 달리함. ②보통과 다름. ③특별한 대우나 은총.
【異心 이심】다른 마음. 딴 생각. ㉠특이한 생각. ㉡두 마음. 모반(謀叛)하려는 마음.
【異壤 이양】다른 땅. 타국(他國).
【異域之鬼 이역지귀】타국에 머물러 있는 혼백. 외국에서 죽어 그 곳에 묻힌 사람.
【異藝 이예】기이한 기예(技藝).
【異意 이의】①의견을 달리함. ②모반하려는 마음. 異心(이심).
【異義 이의】①다른 뜻. 別義(별의). ②의미를 달리함. 도리가 다름. ③다른 의견. 異議(이의).
【異人 이인】①다른 사람. 別人(별인). 他人(타인). ②뛰어난 사람. 비범한 사람. ③보통과 다른 사람. 신인(神人)·선인(仙人) 따위. ④외국인.
【異才 이재】남다른 재주. 재능이 걸출한 사람.
【異迹 이적】①뛰어난 성과(成果). ②모반하려는 마음이 겉으로 드러난 것.
【異蹟 이적】기이한 행적. 사람으로는 할 수 없는 불가사의한 일. 奇蹟(기적).
【異種 이종】①다른 종족. ②다른 종류. ③색다른 종자. 變種(변종).
【異儔 이주】다른 종류. 기이한 종류.
【異株花 이주화】수꽃과 암꽃이 각각 다른 나무에서 피는 꽃. 은행나무·삼(麻) 따위.
【異中有同 이중유동】서로 다른 가운데도 공통된 점이 있음.
【異志 이지】①➡異心(이심). ②보통 사람과 다른 비범한 뜻.
【異采 이채】①이상한 광채. ②남보다 월등한 특색. 색다른 모양. 異彩(이채).
【異體同心 이체동심】몸은 다르나 마음은 같음. 부부나 벗들의 마음이 일치함.
【異趣 이취】①가는 길을 달리함. ②정취(情趣)가 다름.
【異稱 이칭】달리 부르는 명칭.
【異態 이태】①보통과 다른 모양. ②뛰어난 상태. ③상태를 달리함.
【異葩 이파】진기한 꽃. 奇葩(기파).
【異評 이평】훌륭한 비평.
【異稟 이품】남달리 뛰어난 천품(天稟). 출중한 기질(氣質). 異質(이질).
【異風 이풍】①보통과 다른 이상한 바람. ②괴상한 모습. ③괴이한 풍속.
【異香 이향】특이한 냄새. 좋은 향기.
【異鄕 이향】낯선 고장. 他鄕(타향).
【異花 이화】희귀한 꽃.
【異卉 이훼】진귀한 화훼(花卉).
❶ 怪-, 貴-, 奇-, 變-, 別-, 相-, 神-, 靈-, 謬-, 災-, 絶-, 珍-, 特-, 判-.

田
6 【時】⑪ ❶제터 치 𥛐 zhì
    ❷심을 시 𥛐 shī
[字解] ❶①제터, 천지(天地) 신령에게 제사 지내는

곳. 〔史記〕祠上帝西時. ②경계, 갈피. =埘. ③우뚝 솟아, 산이 우뚝 솟다. =峙. ❷심다, 모종하다. =蒔.

田
6 【畢】⑪ 마칠 필 𠤎 bì

丨 四 田 田 甼 畢 畢 畢 畢

[소전]畢 [초서]畢 [간체]毕 [字源]會意. 田+華→畢. '華'는 그물을 본뜬 것으로 가운데의 긴 세로 획은 자루, 위의 가로 세로 획은 그물의 눈을 나타낸다. '田'과 합하여, 본디는 '사냥에 쓰는 그물'을 뜻하였다.
[字解] ①마치다, 끝내다. 〔宋玉·賦〕言辭已畢. ②죄다, 모두. 〔戰國策〕羣臣聞見者畢賀. ③그물, 사냥에 쓰는 자루가 달린 작은 그물. 〔國語〕田狩畢弋. ④그물질하다, 그물을 쳐서 잡다. 〔詩經〕鴛鴦于飛, 畢之羅之. ⑤별 이름. 28수의 하나. ⑥희생을 꿰는 나무. 〔禮記〕畢用桑. ⑦간찰(簡札), 글씨를 쓴 댓조각. 〔禮記〕今之敎者, 呻其佔畢. ⑧쏘다, 활을 쏘다. 〔歸藏鄭母經〕昔者羿善射畢, 十日果畢之. ⑨슬갑(膝甲). 추위를 막기 위해 무릎 위에 덮는 물건. 늑韠. ⑩빠르다. 〔淮南子〕體便輕畢.
【畢竟 필경】마침내. 결국.
【畢納 필납】남세나 납품을 끝냄.
【畢同 필동】다 같음.
【畢覽 필람】죄다 봄. 끝까지 봄.
【畢力 필력】힘이 다하도록 노력함.
【畢命 필명】①목숨을 다함. 죽음. ②목숨을 다하여 일함.
【畢方 필방】①신(神)의 이름. ㉠불〔火〕의 귀신. ㉡나무의 귀신. 둘 다 새의 형상을 하고 있다고 함. ②늙은 귀신.
【畢生 필생】목숨이 끊어질 때까지.
【畢役 필역】역사(役事)를 마침. 竣工(준공).
❶ 簡-, 佔-, 終-, 未-, 了-.

田
6 【畡】⑪ 垓(348)와 동자

田
6 【畦】⑪ ❶밭두둑 휴 𠤎 qí
    ❷밭두둑 규 𠤎 qí
[소전]畦 [초서]畦 [參考] 대법원 지정 인명용 한자의 음은 '휴'이다.
[字解] ❶①밭두둑, 밭의 경계를 이룬 두둑. 〔史記〕千畦薑韭. ②밭 넓이의 이름, 쉰 이랑. 〔楚辭〕畦留夷與揭車兮. ③지경, 경계(境界). 〔莊子〕彼且爲無町畦. ④밭, 채마밭. 〔莊子〕方將爲圃畦. ❷밭두둑. ※❶의 ①과 같다.
【畦畎 휴견】논밭 사이의 도랑.
【畦徑 휴경】①논밭 사이의 길. 畦道(휴도). ②일정한 법칙.
【畦道 휴도】논밭 사이의 길. 두둑길.
【畦蔬 휴소】밭에서 가꾼 채소. 남새.
【畦堰 휴언】논에 댈 물을 막아 두는 곳.

【畦丁 휴정】①밭갈이하는 사람. 농부(農夫). 농가의 머슴. ②정원사. 원정(園丁).
【畦町 휴정】①밭두둑. 논밭의 경계(境界). ②문장·서화 등의 일정한 법칙. 畦畛(휴진).
【畦畛 휴진】☞畦町(휴정).

● 綠―, 稻―, 桑―, 野―, 圃―, 夏―, 荒―.

田 7 【畱】⑫ 留(1159)의 본자

田 7 【畮】⑫ 畝(1159)의 본자

田 7 【番】⑫ ❶갈마들 번 冗 fān ❷날랠 파 皤 bō ❸땅 이름 반 蹯 pān

一 ㄏ ㅉ 平 乎 采 番 番 番

소전【番】혹체【䉋】고문【𤲳】초서【𫓧】속자【畨】

[參考] 대법원 지정 인명용 한자음은 '번'이다.
[字源] 象形. 짐승의 발을 본뜬 글자. '釆'는 발톱, '田'은 발바닥을 나타낸다.
[字解] ❶①갈마들다, 차례로 임무를 맡는 일. 〔漢書〕賢良直宿更番. ②수. 〔舊唐書〕隨番讐校. ㉯횟수(回數). 〔南史〕往復數番. ㉰개(箇), 장(張). 〔天中記〕賜側理紙萬番. ③번성하다. ≒蕃. 〔白石神君碑〕永冰番昌. ④짐승의 발바닥. ≒蹯. ⑤울타리. ≒藩. ⑥오랑캐. 다른 나라나 멀리 떨어진 지역에서 수입된 물건 이름 앞에 붙이는 말. ❷①날래다, 날랜 모양. ¶番番. ②머리가 센 모양. ≒皤. ❸땅 이름. 〔左思·賦〕蒟醬流味於番禺之鄕.
【番假 번가】번갈아 쉼.
【番代 번대】①번갈아 교대함. ②대신하여 번듦.
【番頭 번두】병졸(兵卒)의 조장(組長).
【番番 ❶번번 ❷파파】❶번번이. 여러 번. 매번. ❷①강한 모양. 용감한 모양. ②머리가 하얗게 센 모양. 皤皤(파파).
【番兵 번병】①번국(蕃國)의 병졸. ②번을 드는 군사. 番卒(번졸).
【番戍 번수】번이 되어 교대하여 수비(守備)함.
【番語 번어】오랑캐의 말. 외국어.
【番地 번지】⑧토지를 여러 조각으로 나누어 매겨 놓은 번호.
【番次 번차】번을 드는 차례.
【番休 번휴】번차례로 쉼. 番假(번가).

● 更―, 交―, 當―, 順―, 輪―, 地―, 吐―.

田 7 【畬】⑫ ❶새밭 여 魚 yú ❷따비밭 사 麻 shē

소전【畬】초서【㐬】속자【畭】
[字解] ❶①새밭. 개간한 지 세 해 또는 이태 지난 밭. ②밭을 일구다, 개간하다. ❷①따비밭, 잡초를 불살라 일군 밭. ②종족 이름. 광동성(廣東省)에 분포하는 요족(猺族)의 한 갈래.

【畬田 여전·사전】①새로 개간한 논밭. ②개간함. 잡초를 불사르고 전답을 일굼.
【畬丁 여정·사정】농사짓는 사람.
【畬煙 사연】논밭의 잡초를 사르는 연기.

田 7 【畭】⑫ 畬(1163)와 동자

田 7 【異】⑫ 異(1161)의 본자

田 7 【畯】⑫ 농부 준 震 jùn

소전【畯】소전【畯】초서【畯】동체【畟】 [字解]①농부. ②권농관(勸農官). 〔詩經〕田畯至喜. ③농사의 신(神). 〔周禮〕擊土鼓以樂田畯. ④준걸, 뛰어난 사람. =俊.
【畯儒 준유】민간(民間)에 있는 학자.

田 7 【畟】⑫ 畯(1163)과 동자

田 7 【畳】⑫ 疊(1167)의 속자

田 7 【畫】⑫ ❶그림 화 卦 huà ❷그을 획 陌 huà

一 ㄱ ㅋ 聿 畫 畫 畫 畫 畫

소전【畫】고문【畵】고문【劃】초서【𦘕】속자【画】
속자【畵】동자【画】간체【画】 [參考] 대법원 지정 인명용 한자의 음은 '화'이다.
[字源] 會意. 聿+田→畫. '聿'는 붓으로, 한계를 정함을, '画'는 밭의 사방의 한계를 정한다는 의미로. 합하여 '일반 사물에 한계를 정함'을 뜻한다.
[字解] ❶①그림, 회화. 〔晉書〕妙畫通靈. ②그리다, 그림을 그리다. 〔儀禮〕大夫加侯, 畫以虎豹, 士布侯, 畫以鹿豕. ③채색, 색을 칠하다. 〔書經〕敷重豐席畫純. ❷①긋다. ㉮구분하다. 〔春秋左氏傳〕畫爲九州. ㉯한계를 짓다. 〔漢書〕畫野分州. ㉰그치다. 〔論語〕今女畫. ②구획. ③꾀하다. 〔列子〕畫其終. ④꾀, 계책, 계략. 〔鄒陽·書〕故願大王審畫而已. ⑤고르다, 고루 갖추다, 가지런히 하다. 〔漢書〕講若畫一. ⑥획, 글자의 획. 〔書苑〕字有難結體者, 或因筆畫少而增添.
【畫架 화가】그림을 그릴 때 화포(畫布)를 받치는 삼각(三脚)의 틀.
【畫閣 화각】단청(丹靑)을 한 아름다운 누각.
【畫戟 화극】색칠을 하거나 장식을 한 창. 경위(警衛)할 때 썼다.
【畫棟 화동】단청(丹靑)을 올린 화려한 집.
【畫廊 화랑】①서양식 건축의 긴 복도. ♢종종

그림들로 장식되어 있는 데서 온 말. ②그림이 걸려 있는 방. 또는 미술 작품을 전시(展示)해 두는 공공 건축물. ③채색하거나 벽화로써 아름답게 장식한 복도. ④畫商(화상)의 점포(店舗).
【畫龍點睛 화룡점정】 용을 그리고 나서 눈동자를 그려 넣음. ㉠사물의 긴요한 곳을 완수(完遂)함. ㉡문장 가운데 주제(主題)를 살리는 요긴한 곳에 역점을 둠. 故事 양(梁)나라의 장승요(張僧繇)가 용을 다 그리고 마지막으로 눈동자를 그려 넣으니, 용이 생동하여 하늘로 날아가 버렸다는 고사에서 온 말.
【畫眉 화미】 ①눈썹을 그림. 그린 눈썹. ②미인. ③새 이름. 멧새.
【畫舫 화방】 그림을 그려 아름답게 장식한 유람선. 그림배. 畫舸(화가). 畫船(화선).
【畫餠 화병】 그려 놓은 떡. 아무리 마음에 들어도 실제로 쓸 수 없음. 畫中之餠(화중지병).
【畫報 화보】 그림이나 사진을 위주로 편집한 인쇄물.
【畫譜 화보】 ①그림을 산수(山水)·화조(花鳥) 등 갈래를 따라 모은 책. 畫帖(화첩). ②화법(畫法)을 논한 책. ③그림본.
【畫服 화복】 범죄자에게 직접 형벌을 가하지 않고 입는 옷에 특별한 색을 칠하여 한눈에 그 죄를 알아볼 수 있게 하던 일. 畫衣冠(화의관).
【畫蛇添足 화사첨족】 뱀을 다 그리고 나서 발을 덧붙여 그려 넣음. ㉠군더더기. ㉡쓸데없는 일을 함. ㉢하지 않아도 될 일을 하여 도리어 일을 망침. 蛇足(사족).
【畫聖 화성】 그림의 성인(聖人). 비길 데 없이 뛰어난 화가의 존칭.
【畫手 화수】 그림의 명수(名手). 畫家(화가).
【畫苑 화원】 화가의 사회. 畫壇(화단).
【畫六法 화육법】 동양화(東洋畫)를 그릴 때의 여섯 가지 방법. 곧, 기운 생동(氣韻生動), 골법 용필(骨法用筆), 응물 상형(應物象形), 수류 부채(隨類賦彩), 경영 위치(經營位置), 전이 모사(傳移模寫).
【畫刺 화자】 상소(上疏)하는 글에 성명을 쓰는 일. ○붓을 천천히 옮겨 그림 그리듯 하는 데서 이르는 말.
【畫題 화제】 ①그림의 제명. ②그림의 위나 옆의 여백에 쓰는 제시(題詩).
【畫中有詩 화중유시】 그림 속에 시적 정취(情趣)가 있음.
【畫中之餠 화중지병】 ☞ 畫餠(화병).
【畫脂鏤氷 화지누빙】 기름 위에 그림을 그리고 얼음에 조각을 함. 수고만 하고 보람이 없음.
【畫叉 화차】 족자 따위를 거는 쇠고리.
【畫讚 화찬】 그림의 위나 옆 여백에 그 찬양하는 뜻으로 쓴 시문. 畫贊(화찬).
【畫帖 화첩】 ①그림을 모아 엮은 책. ②그림을 그릴 수 있도록 종이를 여러 장 모아 묶은 책.
【畫燭 화촉】 채색한 밀초. 물들인 밀초.
【畫趣 화취】 그림 같은 정취(情趣). 화제(畫題)가 될 만한 정취.
【畫虎類狗 화호유구】 범을 그린다는 것이 개 모

양이 됨. 소양이 없는 사람이 호걸인 체하다가 도리어 망신을 당함.
【畫力 획력】 글씨나 그림의 필력(筆力).
【畫然 획연】 분명히 구별되는 모양. 劃然(획연).
【畫一 획일】 ①'一' 자를 그은 것처럼 가지런하고 바름. 사물이 똑같이 고름. ②한결같이 변함이 없음.
【畫地 획지】 ①땅을 분할함. 경계를 세움. 劃界(획계). ②땅에 선(線)을 그음.
【畫策 획책】 일을 꾸밈. 계책을 세움.
◐ 計—, 古—, 區—, 企—, 奇—, 南—, 圖—, 名—, 妙—, 墨—, 文—, 壁—, 祕—, 揷—, 書—, 心—, 洋—, 染—, 映—, 油—, 點—, 題—, 贊—, 采—, 版—, 筆—, 繪—.

田 【畺】⑬ ❶지경 강 陽 jiāng
8 ❷죽어 썩지 않을 강 漾 jiàng
소전 畺 혹체 疆 字源 指事. 畕+三→畺. '畕'는 나란한 두 밭, '三'은 밭 사이의 경계로, 합하여 '밭의 경계'를 뜻한다.
字解 ❶지경(地境). =疆·壃. ❷죽어서 썩지 아니하다.

田 【畸】⑬ 뙈기밭 기 支 jī
8
소전 畸 초서 畸 字解 ①뙈기밭, 정전(井田)으로 구획하고 남은 귀퉁이 땅. ¶畸零. ②우수리, 셈 나머지. 〔論語·注疏〕居地方三百一十六里有畸. ③기이하다. 〔莊子〕敢問畸人. ④불구, 불구자. =倚·踦.
【畸零 기령】 ①정전(井田)으로 구획하고 남은 땅. ②우수리. 端數(단수). ③불구(不具).
【畸人 기인】 ①성질이나 언행이 상궤(常軌)에서 벗어난 사람. 奇人(기인). ②불구자.
【畸形 기형】 정상이 아닌 형태.

田 【當】⑬ ❶당할 당 陽 dāng
8 ❷주관할 당 漾 dàng

丨 ⺌ 尚 尚 當 當 當 當

소전 當 초서 當 속자 当 간체 当 字源 形聲. 尙+田→當. '尙(상)'이 음을 나타낸다.
字解 ❶①당하다. ㉮밭과 밭이 마주 대하다. ㉯균형되다, 어울리다. 〔呂氏春秋〕必當其位. ㉰대적하다. 〔戰國策〕必一而當十, 十而當百, 百而當千. ㉱맡다, 임무·책임을 맡다. 〔論語〕當仁不讓於師. ㉲막다, 지키다, 방어하다. 〔李白·樂府〕一夫當關, 萬夫莫開. ㉳주장하다, 주관하다. 〔春秋左氏傳〕慶封當國. ㉴짝하다, 필적하다. 〔漢書〕恐不得當也. ㉵비기다, 비의(比擬)하다. 〔戰國策〕晚食以當肉, 安步以當車. ㉶때를 만나다, 당면하다. 〔禮記〕當食不歎. ㉷마주 보다. 〔春秋左氏傳〕逢滑當公而進. ㉸수청 들다. 〔禮記〕妻不在, 妾御莫敢當夕. ㉹벌주다, 단죄(斷罪)하다. 〔史記〕廷尉奏

當. ②갚음, 보수(報讐).〔漢書〕匈奴終不敢當. ③마땅히. ㉮마땅히 하여야 한다.〔史記〕當斷不斷. ㉬곧 ~하려 하다. =將. ❷①주관하다. ≒掌.〔禮記〕鼓無當於五聲. ②밑, 바닥.〔左思·序〕且夫玉巵無當, 雖寶非用. ③맞다. ㉮맞다.〔禮記〕古者天地順, 四時當. ㉬저당하다.〔後漢書〕典當胡夷. ⑤이, 그, 물건을 가리키는 말.〔北史〕喪當家之寶.
【當家 당가】①이 집. 그 집. 당사자(當事者)의 집. ②집안일을 주장하여 맡음. ③집안일을 맡아보는 노비(奴婢).
【當車 당거】수레에 맞섬. 분수를 모름. 故事 사마귀가 수레의 앞을 가로막았다는 이야기에서 온 말.
【當故 당고】現 부모의 상(喪)을 당함. 遭喪(조고). 當喪(당상).
【當關 당관】①문을 지키는 사람. 문지기. ②관문(關門)을 지킴. 守關(수관).
【當局 당국】어떤 일을 직접 맡아보고 있음. 또는 그 기관.
【當國 당국】①이 나라. 그 나라. 당사국(當事國). ②나랏일을 맡아봄. ③임금의 일을 섭행(攝行)함.
【當局苦迷 당국고미】방관자(傍觀者)보다 당사자가 사리의 판단에 더 어두움. 當局者迷(당국자미).
【當權 당권】권력을 잡음.
【當己 당기】자기에게 적당함.
【當當 당당】①누각(漏刻)의 소리. ○ '漏刻'은 '물시계'를 뜻함. ②現 물건을 전당 잡힘.
【當代 당대】①그 시대. ②지금의 이 시대.
【當到 당도】목적한 곳에 다다름.
【當途 당도】중요한 지위에 있음. 요로(要路)에 있음. 當塗(당도).
【當頭 당두】①現㉠임박함. 迫頭(박두). ㉬전당 잡힌 물건. 抵當物(저당물). ②(佛)절의 큰 방에 청산(青山)·백운(白雲) 따위를 써 붙인 것.
【當來導師 당래도사】미륵보살(彌勒菩薩).
【當路 당로】①권력을 잡고 중요한 지위에 있음. 當途(당도). ②길을 가로막음.
【當壚 당로】술청(酒廳)에 앉아 술을 팖. ○ '壚'는 '盧·鑪'로도 씀.
【當壁 당벽】후계자로 뽑힘. 故事 초(楚)나라 공왕(共王)이 종묘의 뜰에 미리 구슬을 묻어 놓고 다섯 아들에게 신(神)에게 절하게 하여, 구슬을 묻은 자리에 절을 한 아들을 후사(後嗣)로 정했다는 데서 온 말.
【當簿 당부】장부에 기록함.
【當事 당사】①일을 담당함. 그 일에 직접 관계함. ②어떤 일에 부닥침. 곧, 이떤 일을 행하여야 할 때.
【當朔 당삭】①그달. 해당한 달. ②産산월(産月)이 됨. 해산달.
【當夕 당석】①처첩(妻妾)이 순번에 따라 잠자리에 시중드는 일. ②이날 밤. 오늘 밤.
【當席 당석】앉아 있는 그 자리. 그 좌석.

【當心 당심】①물건을 가슴 높이로 받들어 드는 일. ②중앙·중심에 맞음. ③現㉠삼감. 조심함. ㉬중심(中心).
【當陽 당양】①환함. ②양지바름. ③남쪽을 향하여 앉음. 천자(天子)의 정위(正位).
【當然 당연】마땅히 그러함.
【當午 당오】해가 정남(正南)에 옴. 正午(정오).
【當爲 당위】마땅히 그렇게 해야 함.
【當仁不讓 당인불양】어진 일을 할 때는 사양하지 않음. 착한 일은 자기가 먼저 실천함.
【當座 당좌】①바로 그 자리. 그 경우. 卽席(즉석). ②잠시 동안. 당분간. 얼마간.
【當差 당차】①차역(差役)에 당함. 차역으로 부림. ②조선 때 형벌의 하나. 신분에 따라 노역(勞役)에 종사하였다.
【當軸 당축】관(官)의 주요한 지위. 관에서 주요한 지위에 있음. 要路(요로).
【當兔 당토】굴대의 중앙에 위치하며, 차체(車體)와, 곧 차상(車箱)과 굴대를 연결하는 물건. 좌우에 있는 것은 복토(伏兔)라고 한다.
【當筆 당필】재상(宰相)이 정무(政務)를 보는 날. 당(唐) 숙종(肅宗) 때에 이 제도를 정하였고, 후세에도 이를 준용(準用)하였음.
【當刑 당형】①형벌에 처함. ②現이미 결정된 형률.

❶ 勘—, 堪—, 過—, 擔—, 配—, 別—, 不—, 相—, 穩—, 應—, 抵—, 適—, 典—, 丁—, 正—, 至—, 充—, 平—, 安—, 該—.

田 8 【畚】 ⑬ 畚(1160)과 동자

田 8 【畹】 ⑬ 밭 면적 단위 원 阮 wǎn
字解 밭 면적 단위. 스무 이랑, 서른 이랑, 또는 열두 이랑.〔楚辭〕余旣滋蘭之九畹兮.
【畹蘭 원란】밭에 나 있는 난초.

田 8 【畷】 ⑬ 밭두둑 길 철 屑 zhuì
字解 밭두둑 길, 밭 사이의 길.〔禮記〕饗農及郵表畷禽獸.

田 8 【畤】 ⑬ 庤(548)의 속자

田 8 【畵】 ⑬ 畫(1163)의 속자

田 9 【睦】 ⑭ 䏶(359)과 동자

田 9 【畷】 ⑭ 빈 땅 연 阢 軟 ruǎn

田部 9~14획 䐘 疃 畿 畾 畹 嵯 㬥 畼 疄 㵈 疄 疄 疆

田 9 【䐘】⑭ 걸찬 밭 유 疒 róu
소전 동자
字解 ①빈 땅. ②성 밑 밭. ③강가, 강 부근.

字解 ①걸찬 밭, 좋은 밭. ②지명. 춘추 시대 정(鄭)나라의 지명. 〔國語〕 鄔·弊·補·丹·依·䐘·歷·華, 君之土也.

田 9 【疃】⑭ ❶염우 없을 톤 阮 tǔn ❷마당 탄 旱 tuǎn

字解 ❶염우(廉隅)가 없다, 행실이 바르지 못하다. ❷①마당, 빈 터. ¶町疃. ②짐승의 발자국. =疃. ¶町疃. ③밭 경계(境界). ④밭두둑 길.

田 10 【畿】⑮ 경기 기 微 jī

字源 形聲. 畿+田→畿. '畿'는 '幾(기)'의 생략형으로 음을 나타낸다.

字解 ①경기, 기내(畿內). 서울을 중심으로 500리 이내의 땅. 〔詩經〕 邦畿千里. ②지경의 이름. 서울을 중심으로 500리 밖의 땅을 500리씩 멀어져 가는 차례로 아홉 등급으로 구분한, 후(侯)·전(甸)·남(男)·채(采)·위(衞)·만(蠻)·이(夷)·진(鎭)·번(蕃)의 구기(九畿). ③서울. 〔顏延之·誄〕 俯我洛畿. ④문지방. ⑤뜰, 문 안의 마당. 〔詩經〕 薄送我畿. ⑥지경, 경계.

【畿疆 기강】구기(九畿)의 경계(境界).
【畿輦 기련】서울. 京畿(경도).
【畿輔 기보】서울에 가까운 곳.
【畿服 기복】①천하(天下). ○'畿'는 '왕기(王畿)', '服'은 '구복(九服)'을 뜻함. ②왕기(王畿) 1,000리 안의 지역.
【畿封 기봉】토지의 경계 표지로 흙을 높이 쌓은 둑. ○이를 튼튼히 하기 위해 그 위에 나무를 심었음.
【畿湖 기호】우리나라의 서쪽 중앙부를 차지하고 있는 지역의 총칭. 경기도·황해도 남부·충청도 북부를 이름.

❶ 京-, 九-, 國-, 近-, 邦-, 四-, 王-, 甸-, 帝-, 侯-.

田 10 【畾】⑮ 밭 갈피 뢰 灰 léi

〈邦畿〉
鄕千里 鄕八百里 鄕六百里 鄕四百里 鄕二百里 王城方九百里 逢百里 稍三百里 縣四百里 都五百里

字解 ①밭 갈피, 밭 사이의 땅. ②성채(城砦), 성채를 쌓다. =壘.

田 10 【畹】⑮ ❶고를 순 眞 xún ❷개간할 균 眞 xún

字解 ❶①고르다, 땅의 지면이 고르다. ②밭이 평평한 모양. ❷개간하다, 밭을 일구다. =畇.

田 10 【嵯】⑮ 묵은 밭뙈기 좌·차 歌 麻 cuó

字解 ①묵은 밭뙈기. ②앓다, 괴로워하다. =瘥.

田 10 【㬥】⑮ 蹊(1765)와 동자

田 11 【畼】⑯ 場(361)과 동자

田 11 【疄】⑯ 밭두둑 서로 연할 참 勘 càn

字解 밭두둑이 서로 연하다.

田 11 【㵈】⑯ 보리밭 한 翰 單 hàn

字解 ①보리밭. ②밭을 갈다, 논밭을 갈다.

田 12 【疄】⑰ 밭두둑 린 眞 lín

字解 ①밭두둑. ②밭에서 수레를 끌다. ③수레 구르는 소리. =轔. ④채마밭, 남새밭. =疄.

田 12 【䎬】⑰ 무리 반 删 bān

字解 ①무리, 동아리. ②패, 패거리, 부류. ③갈마들다. =番.

田 12 【疃】⑰ 마당 탄 旱 tuǎn

字解 ①마당, 남새밭. ②사슴의 발자국.

田 14 【疆】⑲ ❶지경 강 陽 jiāng ❷굳은 땅 강 漾 jiāng

參考 畺(573)은 딴 자.

字解 ❶①지경, 경계. 〔周禮〕 制其畿疆. ②끝, 한계. 〔詩經〕 萬壽無疆. ③밭두둑. 〔張衡·賦〕 勸於疆場. ④경계 짓다, 경계 긋다. 〔春秋左氏傳〕 楚子疆之. ⑤변방. ⑥행정 구획의 이름. 서울을 떠나 400리에서 500리에 이르는 곳. ⑦넘어지다. 늑僵. ⑧굳세다. 늑彊. ❷①굳은 땅, 단단하여 여윈 땅. 〔禮記〕 以美土疆. ②땅이 굳다, 불에 타고 그을린 땅. 〔字彙補〕 疆, 北方謂土焦曰疆.
【疆吏 강리】국경을 지키는 벼슬아치.

【疆理 강리】국경을 바로잡고 그곳에 알맞은 작물을 심어 밭을 경작함.
【疆場 강역】①경지의 경계. ○'疆'은 '큰 경계', '場'은 '작은 경계'를 뜻함. ②국경.
【疆域 강역】①나라의 지경. 국경. ②경내(境內)의 땅. 境域(경역).
【疆徼 강요】국경. 邊界(변계).
【疆宇 강우】국토(國土). 領土(영토).
【疆土 강토】그 나라 국경 안에 있는 땅. 領土(영토).

❶ 畎-, 无-, 無-, 邊-, 封-, 侵-, 土-.

田14 【疇】⑲ 畍(1165)과 동자

田14 【疇】⑲ 밭두둑 주 疇 chóu

[字源] 會意. 田+𠷔→疇. '𠷔'는 밭이랑이 꾸불꾸불한 모양을 본뜬 것으로, '田'과 합하여 '경작하는 밭'을 뜻한다.

[字解] ①밭두둑. 〔春秋左氏傳〕取我田疇而伍之. ②밭. ㉮갈아 놓은 밭. ㉯삼밭. 〔禮記〕季夏之月, 可以糞田疇. 〔疏〕穀田曰田, 麻田曰疇. ㉰좋은 밭. ㉱나란히 이웃한 밭. 〔春秋左氏傳〕取我田疇. ③경계, 지경. 〔左思·賦〕均田畫疇. ④북돋우다. 〔淮南子〕疇以肥壤. ⑤무리. ㉮부류(部類), ㉯동류(同類). 〔書經〕疇咨若予采. ㉰제배(儕輩), 동배. 〔戰國策〕物各有疇. ㉱짝. 〔嵆康·詩〕咬咬黃鳥, 顧疇弄音. ⑥짝하다. 〔國語〕人與人相疇, 家與家相疇. ⑦같다, 같게 하다. 〔漢書〕疇其爵邑. ⑧세습(世襲)하다. ⑨누구. =誰. ⑩접때. 〔春秋左氏傳〕疇昔之羊.
【疇官 주관】=疇人(주인)①.
【疇囊 주낭】이전에. 지난번. 前日(전일).
【疇壟 주롱】밭두둑.
【疇類 주류】같은 무리. 疇輩(주배).
【疇生 주생】같은 종류의 식물이 한곳에 모여 남. ○'疇'는 '儔'로 '무리'를 뜻함.
【疇夕 주석】전야(前夜). 작야(昨夜).
【疇昔 주석】①전날. 前日(전일). ②옛날.
【疇人 주인】①대대로 집안의 가업(家業)을 계승하는 사람. 疇官(주관). ②천문(天文)·역산(曆算)을 연구하는 학자.
【疇日 주일】지난날. 전날. 往日(왕일).
【疇咨 주자】여러 사람과 널리 의논하여 인재를 구함. 疇諮(주자).
【疇匹 주필】동류(同類). 동아리.

❶ 範-, 先-, 新-, 良-, 沃-, 田-, 荒-.

田15 【疈】⑳ ❶가를 벽 疈 pì ❷쪼갤 복 疈 pì

[字解] ①가르다, 희생의 가슴을 가르다. 〔周禮〕以疈辜祭四方百物. ②쪼개다, 나누다. 〔王維·詩〕簞食伊何, 疈瓜抓棗. ❷쪼개다. ※❶의 ①과 같다.

田17 【疊】⑳ 겹쳐질 첩 疊 dié

[字源] 會意. 晶+宜→疊→疊. '晶'은 사흘, '宜'는 '宜'로 마땅하다로, 옛날 옥관(獄官)이 사흘 동안 숙고하여 그 마땅함을 따라 죄를 결정하였다는 뜻을 나타낸다. 왕망(王莽) 때에 사흘은 너무 과다하다 하여 '田' 셋으로 고쳤다고 한다.

[字解] ①겹쳐지다. 〔左思·賦〕雖累葉百疊, 而富强相繼. ②접다, 쌓다. 〔宋史〕吐其舌, 三疊之. ③포개다, 여러 겹이 되다. 〔許渾·詩〕水曲巖千疊. ④무명, 베. ⑤모직물. ⑥시를 지을 때 거듭하여 앞의 운을 사용하는 일. ⑦북을 치다, 북을 두드리다. ⑧옥관(獄官)이 3일간 숙고하여 그 마땅함을 좇아 죄를 결정하다.
【疊鼓 첩고】①북을 빠르게 침. ②國입직(入直)하는 군사를 모으기 위하여 대궐 안에서 북을 치던 일.
【疊觀 첩관】높은 망루(望樓).
【疊棋 첩기】괴어 놓은 바둑돌. 위험함.
【疊浪 첩랑】겹겹이 밀어닥치는 물결.
【疊嶺 첩령】중첩(重疊)한 산봉우리.
【疊文 첩문】같은 글자를 거듭한 글귀.
【疊設 첩설】겹쳐 베풂. 거듭 설치함.
【疊語 첩어】같은 소리나 비슷한 소리를 가진 단어가 겹쳐서 이루어진 합성어.
【疊役 첩역】부역(賦役)을 거듭 부담함.
【疊穎 첩영】서로 겹쳐진 풀 이삭.
【疊雲 첩운】첩첩이 쌓여 보이는 구름.
【疊韻 첩운】①같은 운(韻)으로 시를 지음. 次韻(차운). 和韻(화운). ②두 자가 같은 운의 글자로 된 숙어. 連綿(연면)·逍遙(소요) 따위.
【疊嶂 첩장】중첩한 산봉우리.
【疊載 첩재】한 가지 사실을 거듭 기재함.
【疊重 첩중】거듭함. 겹침. 重疊(중첩).
【疊徵 첩징】거듭 징수(徵收)함. 再徵(재징).
【疊次 첩차】現거듭. 자주.
【疊疊 첩첩】겹친 모양. 중첩한 모양.
【疊巘 첩헌】중첩하여 있는 산. 疊嶂(첩장).

❶ 白-, 複-, 積-, 稱-, 重-, 震-, 層-.

田17 【疊】⑳ 疊(1167)과 동자

疋部

5획 부수 │ 필필부

疋0 【疋】⑤ ❶발 소 疋 shū ❷바를 아 疋 yǎ ❸짝 필 疋 pǐ

[參考] 대법원 지정 인명용 한자의 음은 '필'이다.

正部 0~6획 正 疏

【字解】 ❶①발. =足. ②낮은 벼슬아치. ≒胥.
❷①바르다. =雅. ②기다리다. ❸①짝. ②작다.
❸8장(丈)의 길이.
【正練 필련】 ①한 필의 누인 명주. ②흰 비단처럼 보이는 물건.

正 0 【正】 ⑤ ❶正(903)의 고자
❷正(1167)와 동자

正 6 【疏】 ⑪ ❶트일 소 魚 shū
❷거칠 소 庾 shū
❸적을 소 御 shū

丆 㐁 疋 疋 㐁 疏 疏 疏 疏

【소전】疏 【초서】疏 【동자】疎
【字源】 會意·形聲.
疋+㐁→疏. '疋'
는 발〔足〕, '㐁'은 '子'의 고자인 '㐁'를 거꾸로 한 것이다. 아이〔子〕가 나오려고 문이 열리고 발이 움직인다는 뜻에서, '소통(疏通)'의 뜻을 나타낸다. '疋'는 음도 나타낸다.
【字解】 ❶①트다, 통하다. 〔禮記〕疏通知遠, 書教也. ②트이다, 막힌 것이 트이다. 〔孟子〕禹疏九河. ③멀다. ㉮친하지 아니하다. 〔史記〕公族疏遠者. ㉯오활(迂闊)하다. 〔禮記〕毋乃已疏乎. ㉰서투르다. 〔陶潛·詩〕惜哉劒術疏,奇功遂不成. ㉱늦다. ㉲길다, 크다. ④멀리하다, 멀어지다. 〔呂氏春秋〕王已奪之, 疏太子. ⑤먼 친척. 〔禮記〕定親疏. ⑥거칠다. ㉮성기다. 〔老子〕天網恢恢, 疏而不失. ㉯부주의하다, 빠뜨리다. 〔史記〕其於計策矣. ㉰조악(粗惡)하다. 〔禮記〕客餕, 主人辭以疏. ⑦크다. ⑧가르다, 갈라지다. 〔漢書〕九川既疏. ⑨드물다. 〔呂氏春秋〕不知其稼之疏. ⑩다스리다. ⑪새기다. 〔禮記〕疏屛, 天子之廟飾也. ⑫그리다. 〔管子〕大夫疏器甲兵. ⑬버리다, 치우다. 〔國語〕公令疏軍而去之. ⑭씻다. 〔國語〕疏其穢, 而鎮其浮. ⑮갈다. 〔楚辭〕疏石蘭兮爲芳. ⑯채소. ⑰맨발. 〔淮南子〕佩疏揖. ⑱거친 베. ⑲빗질하다. ≒梳. ⑳거칠다, 험하다. 〔論語〕飯疏食飲水. ❸①적다. ㉮조목별로 써서 진술하다, 상소하다. 〔漢書〕與大將軍霍光爭權, 數疏光過失. ㉯쓰다, 기록하다. 〔唐書〕暗疏之, 無一字謬. ②주, 주석. ③편지, 조상하는 글, 또는 그 문체(文體). 〔杜甫·詩〕洞庭無過雁, 書疏莫相依. ④문체(文體) 이름. 상소, 주소(奏疏) 따위.
【疏隔 소격】 친분이 멀어짐. 교제가 뜸해짐.
【疏狂 소광】 덜렁대며 상규(常規)에 벗어나는 일. 疎狂(소광).
【疏達 소달】 소탈하고 활달함.
【疏導 소도】 물길을 터서 통하게 함.
【疏朗 소랑】 맑고 시원스러움.
【疏簾 소렴】 성긴 발.
【疏漏 소루】 실수(失手). 부주의(不注意).
【疏理 소리】 ①살결이 거칢. 피부가 곱지 아니함. ②말쑥이 정리함.

【疏慢 소만】 ①등한시하고 업신여김. ②일에 게으르고 등한함.
【疏網 소망】 ①코가 성긴 그물. ②법이 허술함.
【疏密 소밀】 ①엉성함과 촘촘함. 성김과 빽빽함. ②교분이 두터움과 엷음.
【疏薄 소박】 ①꺼려 함. 멀리함. 등한히 함. ②國아내나 첩을 박대함.
【疏放 소방】 ①기분 내키는 대로 행하여 세밀하지 않음. 粗放(조방). ②國죄수를 너그럽게 처결하여 놓아 줌.
【疏屛 소병】 조각하여 장식한 병풍.
【疏不間親 소불간친】 친분이 먼 사람이 친분이 가까운 사이를 이간하지 못함.
【疏食 소사】 ①채소와 곡식. ②변변하지 않은 음식. 육미붙이가 없는 음식.
【疏數 소삭】 ①드묾과 잦음. ②멂과 가까움.
【疏疏 소소】 ①성긴 모양. 드문드문한 모양. ②성장(盛裝)한 모양.
【疏屬 소속】 촌수가 먼 일가.
【疏率 소솔】 소탈하고 솔직함. 대범하여 작은 일에 구애받지 아니함.
【疏水 소수】 땅을 파거나 뚫어서 물을 통하게 함. 또는 그 수로(水路).
【疏野 소야】 예의가 없고 야비함.
【疏傲 소오】 거칠고 오만함.
【疏緩 소완】 세상일에 소홀하고 느림.
【疏畏 소외】 꺼리어 멀리함. 경원(敬遠)함.
【疏慵 소용】 게으름.
【疏雨 소우】 성기게 오는 비.
【疏愚 소우】 어리석고 미련함.
【疏虞 소우】 소홀히 하여 일을 그르침.
【疏鬱 소울】 답답한 마음을 풀어 헤침.
【疏材 소재】 ①먹을 수 있는 초목의 뿌리나 열매. ②쓸모없는 재목.
【疏奠 소전】 ①채소로 된 제수(祭需). ②변변하지 못한 제수. 자기가 올리는 제수의 겸칭.
【疏宗 소종】 촌수가 먼 일가.
【疏奏 소주】 조목별로 상주(上奏)함.
【疏註 소주】 ①주석(註釋). ②이전 사람의 주석에 주석을 닮. 疏注(소주).
【疏箚 소차】 國상소(上疏)와 차자(箚子). ○'箚子'는 간단한 형식의 상소문.
【疏鑿 소착】 물을 통하게 하려고 땅을 파거나 뚫음.
【疏徹 소철】 환하게 통함.
【疏遞 소체】 國임금에게 아뢰어 벼슬자리에서 물러남.
【疏誕 소탄】 세상일에 어둡고 방자함.
【疏脫 소탈】 수수하고 털털함.
【疏宕 소탕】 마음이 호탕하여 작은 일에 구애받지 않음.
【疏通 소통】 막히지 않고 트임.
【疏捕 소포】 수색하여 체포함. ○'疏'는 '跡'으로 '뒤를 캠'을 뜻함.
【疏解 소해】 ①조목조목 상세하게 해명함. ②문서나 서적의 상세한 주석(註釋).
【疏嫌 소혐】 싫어서 멀리함.

【疏豁 소활】 탁 트이어 넓음.
【疏闊 소활】 ①정밀하지 않음. ②길이 빙 돌아 멂. 우원(迂遠)함. 疏迂(소우) ③오랫동안 만나지 아니함.
【疏懷 소회】 즐겁고 명랑한 마음.
❶ 諫—, 簡—, 計—, 空—, 寬—, 綺—, 密—, 封—, 扶—, 浮—, 分—, 上—, 星—, 手—, 蕭—, 奏—, 註—, 親—, 花—, 闊—, 稀—.

疋 7 【疎】⑫ 疏(1168)와 동자
[參考] 단, 疏의 ❶의 ①, ⑯ 및 ❷, ❸은 관습 상 이 자를 쓰지 아니한다.

疋 9 【疑】⑭ ❶의심할 의 因 yí
❷정해질 응 蒸 níng
❸엄숙하게 선 모양 을 物 yí
❹비길 의 寘 yí

[소전] [초서] [參考] 대법원 지정 인명용 한자의 음은 '의'이다.
[字源] 會意. 갑골문을 보면 '𥎢'으로, 사람이 지팡이를 짚고 길을 가다가 고개를 옆으로 돌린 모습이다. 즉 갈까 말까 생각한다는 의미로, '의심하다' 라는 뜻은 여기에서 나온 것이다.
[字解] ❶①의심하다. ㉮의혹(疑惑)하다. 〔戰國策〕三人疑之. ㉯정해지지 아니하다, 결정되지 아니하다. 〔逸周書〕時至而疑. ㉰괴이하게 여기다. 〔淮南子〕有立武者見疑. ㉱두려워하다. 〔禮記〕皆爲疑死. ②의심스럽다. ㉮의심스럽다. 〔書經〕罪疑惟輕. ㉯닮다. 〔漢書〕過虞舜於九疑. ③의심컨대. 〔李白·詩〕疑是銀河落九天. ④의심, 혐의. 〔列子〕其妻獻疑. ❷①정해지다. 〔詩經〕靡所止疑. ②엉기다. ≒凝. ❸엄숙하게 선 모양, 바르게 서 있는 모양. 〔儀禮〕賓升西階上疑. ❹①비기다, 비교하다, 견주다. =擬. ②본뜨다. 모방하다.
【疑懼 의구】 의심하고 두려워함.
【疑忌 의기】 의심하여 꺼림. 猜疑(시의).
【疑難 의난】 ①의심하여 비난함. ②몹시 의심스러움.
【疑團 의단】 마음속에 깊이 박힌 의심의 응어리. 쉽게 풀리지 않는 의심.
【疑慮 의려】 의심스럽게 생각함.
【疑謗 의방】 ①의심하여 비방함. ②혐의를 입어 비방을 당함.
【疑兵 의병】 적을 현혹하기 위하여 군사가 있는 것처럼 보이게 하는 것. 가짜 병정.
【疑似 의사】 아주 비슷하여 가려 내기가 어려움.
【疑事無功 의사무공】 의심을 품고 일을 하면 성공하지 못함.
【疑思問 의사문】 의심나는 일은 독단(獨斷)을 피하여 사우(師友)에게 물을 것을 생각함.
【疑心 의심】 확실히 알 수 없어서 믿지 못하는 마음.
【疑訝 의아】 의심스럽고 괴이함.

【疑獄 의옥】 ①범죄의 혐의가 있어 심리를 받는 일. ②죄의 유무가 매우 의심스러운 범죄 사건.
【疑義 의의】 ①글 뜻이 의문스러움. ②이해하기 어려운 뜻.
【疑議 의의】 좀처럼 결정되지 않는 의논.
【疑異 의이】 의심하여 괴이하게 여김.
【疑貳 의이】 ①의심함. ②의심하여 배반함.
【疑人 의인】 ①전쟁 때 적을 속이기 위하여 풀 따위로 사람의 형상을 만든 것. ②남을 의심함.
【疑者闕之 의자궐지】 의심스러운 것은 제외함. 의심스러운 일은 억지로 캘 필요가 없음.
【疑戰 의전】 아무 예고 없이 갑자기 도전(挑戰)하는 일.
【疑阻 의조】 ①의심함. ②저지함. 막음.
【疑幟 의치】 적을 현혹하기 위하여 세우는 기.
【疑憚 의탄】 의심하여 꺼림.
【疑怖 의포】 의심하며 두려워함.
【疑惑 의혹】 의심하여 수상히 여김.
【疑懷 의회】 의심하는 마음. 疑心(의심).
【疑滯 의체】 정체(停滯)되는 일. 凝滯(응체).
【疑立 의립】 얼굴빛을 근엄하게 하여 멈추어 섬.
❶ 可—, 決—, 九—, 群—, 闕—, 難—, 無—, 繁—, 釋—, 宿—, 容—, 質—, 嫌—, 懷—.

疋 9 【疐】⑭ ❶발끝에 차일 치 寘 zhì
❷꼭지 체 霽 dì
[소전] [초서] [본자] [字解] ❶①발끝에 차이다, 발끝에 차여 넘어지다, 미끄러지다. 〔詩經〕疐其尾. ②잡아 끌어 못 가게 하다. ③넘어지다. ④재채기 하다. =嚏. ❷꼭지. ≒蒂.

疋 11 【疐】⑯ 疐(1169)의 본자

疒 部
5획 부수 | 병질엄부

疒 0 【疒】⑤ 병들어 기댈 녁·상 陌 陽 nè
[소전] [초서] [參考] 한자 부수의 명칭으로는 '병질(病疾)엄'이라고 부른다.
[字源] 象形. 앓는 사람이 물건에 기대고 있는 모양을 본뜬 글자
[字解] ①병들어 기대다. ②앓다, 병. ③한자 부수의 하나, 병질엄.

疒 2 【疚】⑦ ❶배 심하게 아플 교 肴 jiāo
❷배 갑자기 아플 규 因 jiū
[소전] [字解] ❶배가 심하게 아프다. ❷①배가 갑자기 아프다. ②혹. ¶疚瘤.
【疚瘤 규류】 혹.

疒部 2~4획

㲿₂【疕】⑦ 머리 헐 비 絪皮   bǐ
[소전] [초서] 字解 ①머리가 헐다, 두창(頭瘡). ②벗겨진 머리, 대머리. ③부스럼 딱지. ④흉터, 상처.

㲿₂【疔】⑦ 정 정 庰   dīng
[소전] 字解 정, 헌데. 뿌리가 깊고 형태가 못과 같은 부스럼.
【疔瘡 정창】①성병의 한 가지. ②얼굴에 난 정. 面疔(면정).

㲿₃【疚】⑧ 오랜 병 구 看   jiù
[초서] 字解 ①오랜 병, 병으로 오래 고생하다. ②꺼림하다. ㉮마음이 괴롭다, 근심스럽다.〔詩經〕憂心孔疚. ㉯양심에 가책을 느끼다.〔論語〕内省不疚, 夫何憂何懼. ③거상(居喪).〔潘岳·賦〕自仲秋而在疚兮.
【疚心 구심】애를 태움. 걱정함. 疚懷(구회).
● 窮一, 勞一, 不一, 衰一, 怨一, 在一, 疾一.

㲿₃【疝】⑧ 산증 산 澗   shàn
[소전] [초서] 字解 산증. 허리, 또는 아랫배가 아픈 병.
【疝症 산증】생식기와 고환이 붓고 아픈 병. 疝氣(산기).

㲿₃【疛】⑧ 은결병 주 有   zhǒu
[소전] 字解 ①은결병, 흉복(胸腹)의 병.〔呂氏春秋〕身盡疛腫. ②하복통, 아랫배의 병.

㲿₃【疣】⑧ 젖 종기 투 遇   dù
字解 젖 종기. 젖에 생기는 병. 유종·젖멍울. 젖몸살 따위.

㲿₃【疨】⑧ 이질 하 禡   xià
字解 이질, 설사, 하리(下痢).

㲿₃【疙】⑧ 쥐부스럼 흘 物을 物   jí, gē
[초서] 字解 ①쥐부스럼, 머리 종기. 머리에 툭툭 불거지게 나는 부스럼. ②어리석다.

㲿₄【疥】⑨ 옴 개 卦   jiè
[소전] [초서] 字解 ①옴.〔禮記〕仲冬行春令, 民多疥癘. ②학질. ≒痎. ③더럽히다.
【疥癬 개선】①옴. 개선충(疥癬蟲)이 기생하여 생기는 전염성 피부병으로 몹시 가렵고 허는 것이 특징이다. 疥瘡(개창). 蟲疥(충개). ②작은 근심거리.
● 痒一, 蟲一, 風一.

㲿₄【疧】⑨ 앓을 기·저 支   qí
[소전] [초서] 字解 앓다, 병이 많다.〔詩經〕之子之遠, 俾我疧兮.

㲿₄【疲】⑨ ❶욕할 반 阮   fǎn
         ❷헛구역질할 반 願   fàn
字解 ❶욕하다, 나쁘다. ❷①헛구역질하다. ②어리석다.

㲿₄【疕】⑨ 다리 병 비 寘   bì
[초서] 字解 ①다리 병, 각기병. ②두둔하다, 비호하다. ≒庇. ③저리다. ≒痺.

㲿₄【疨】⑨ 부증 수 寘   shuì
字解 ①부증, 몸이 붓는 병. ②병.

㲿₄【疫】⑨ 염병 역 陌   yì

〵 亠 广 广 疒 疒 疹 疹 疫

[소전] [초서] 字源 形聲. 疒+殳→疫. '殳(수)'는 '役(역)'의 생략형으로 음을 나타낸다.
字解 ①염병, 돌림병, 전염병.〔漢書〕諺曰, 鬻棺者歲欲之疫, 非憎人欲殺之, 利在於人死也. ②역귀(疫鬼). 돌림병을 퍼뜨린다는 귀신.〔周禮〕始難敺疫. ③열병. ≒痎.
【疫癘 역려】악성(惡性) 전염병.
【疫痢 역리】급성으로 전염되는 설사병.
【疫疹 역진】홍진(紅疹). 홍역(紅疫).
● 救一, 敺一, 大一, 防一, 送一, 惡一, 癘一, 瘟一, 天一, 瘴一, 災一, 疾一, 逐一.

㲿₄【疣】⑨ 사마귀 우 尤   yóu
[초서] 字解 ①사마귀. =肬.〔莊子〕彼以生爲附贅縣疣. ②체머리를 흔들다.
【疣目 우목】무사마귀.
【疣贅 우췌】①사마귀와 혹. ②쓸데없는 물건. 무용지물(無用之物).
● 附一, 贅一, 縣一.

㲿₄【疢】⑨ 열병 진 震   chèn
[소전] [초서] 字源 會意. 疒+火→疢. '疒'는 병, '火'는 불로, 합하여 '열병'을 뜻한다.
字解 ①열병(熱病). ②앓다.〔詩經〕疢如疾首. ③맛있는 음식, 감질나게 하는 것.〔春秋左

氏傳〕美疢不如惡石.
【疢毒 진독】당장 기분은 좋으나 몸에는 해가 되는 것.
【疢疾 진질】①열병(熱病). ②재환(災患).

疒4【痁】 ⑨ 피풍 첨 ▨ ▨ chān
소전 ▨ 주문 ▨ 주문 ▨ 字解 ①피풍(皮風). 피부에 볼록볼록한 것이 돋으며 가려운 병. ②피부가 벗겨지다.

疒4【疤】 ⑨ 흉 파 ▨ bā
소전 ▨ 字解 ①흉, 흉터, 헌데 자국. ②신경통.

疒5【痂】 ⑩ 헌데 딱지 가 ▨ jiā
소전 ▨ 초서 ▨ 字解 ①헌데 딱지, 헌데 아물었을 때 생기는 딱지. 〔南史〕子邕爲太守, 嗜瘡痂. ②옴.

疒5【疳】 ⑩ 감질 감 ▨ gān
초서 ▨ 字解 ①감질, 감병. 어린아이의 영양 장애, 만성 소화 불량 등의 병. ②창병, 매독. 성병의 한 가지.
【疳瘡 감창】①매독(梅毒)으로 음부에 헌데가 생기는 병, 下疳(하감). ②▨감병(疳病)이 한 가지. 피부에 결핵성, 또는 영양 장애로 헌데가 생기는 병.
◐ 脾-, 五-, 下-.

疒5【痀】 ⑩ 헌데 과 ▨ guō
字解 ①헌데, 종기, 부스럼. ②대머리. ③안창(雁瘡), 머리 밑에 생기는 피부 질환, 두부 백선(頭部白癬). ④목 부스럼.

疒5【痀】 ⑩ 곱사등이 구 ▨ ▨ jū
소전 ▨ 초서 ▨ 字解 곱사등이, 꼽추. 〔列子〕見痀僂者承蜩.
【痀僂 구루】곱사등이. 꼽추. 佝僂(구루).

疒5【疶】 ⑩ ❶헌데 쑤실 날 ▨ niè
❷가려울 닐 ▨ nì
字解 ❶헌데가 쑤시며, 상처가 아프다. ❷가렵다.

疒5【疸】 ⑩ 황달 달 ⊛단 ▨ ▨ dǎn
소전 ▨ 초서 ▨ 字解 황달, 달병.
【疸病 달병】간장에 탈이 나 담즙(膽汁)이 창자로 들어가지 못하고 혈액으로 들어가서 피부가 누렇게 되는 병. 黃疸(황달).
◐ 酒-, 黃-, 黑-.

疒5【疼】 ⑩ 아플 동 ▨ téng
초서 ▨ 字解 ①아프다, 욱신거리다. ②귀여워하다, 어린아이를 귀여워하고 사랑하다. 〔紅樓夢〕好歹, 疼我一點兒.
【疼腫 동종】붓고 아픔.
【疼痛 동통】몸이 쑤시고 아픔.

疒5【痞】 ⑩ 배 결릴 배 ▨ bēi
字解 배가 결리다.

疒5【病】 ⑩ 병 병 ▨ bìng
丶 亠 广 广 疒 疒 疒 病 病 病
소전 ▨ 초서 ▨ 字源 形聲. 疒+丙→病. '丙(병)'이 음을 나타낸다.
字解 ①병. ㉠질병. 〔史記〕謝病屛居. ㉡흠, 결점, 하자(瑕疵). 〔宋史〕皆切於時病. ㉢근심. 〔戰國策〕是楚病也. ㉣굳어진 좋지 않은 버릇, 성벽(性癖). 〔柳宗元·文〕好辭工書, 皆癖病也. ②괴로워하다. ㉠앓다. 〔論語〕今吾尙病. ㉡어려워하다, 꺼리다. 〔論語〕堯舜其猶病諸. ㉢괴로워하다. 〔春秋左氏傳〕諸侯之幣重, 鄭人病之. ㉣원망하다. 〔春秋左氏傳〕與刖其父而弗能病者何如. ㉤피곤하다, 지치다. 〔孟子〕今日病矣. ③괴롭히다. ㉠헐뜯다, 비방하다. 〔國語〕舅所病也. ㉡욕보이다. 〔儀禮〕恐不能共事以病吾子. ㉢책망하다. 〔禮記〕君子不以其所能病人. ④시들다, 마르다. 〔盧照鄰·賦〕葉病多紫, 花凋少白. ⑤굶주리다. 〔論語〕從者病. 〔皇疏〕病, 飢困也. ⑥손해(損害), 손해를 입히다. 〔後漢書〕候民病利.
【病暇 병가】병으로 인한 휴가.
【病監 병감】병든 죄수를 수용하는 감방.
【病故 병고】①병으로 죽음. ②병에 걸린 사고. 疾故(질고).
【病骨 병골】병든 몸. 病軀(병구).
【病菌 병균】병을 일으키는 세균.
【病革 병극】병이 위독하여짐.
【病羸 병리】병들어 파리함.
【病魔 병마】병을 마귀에 비유하여 이르는 말. 二豎(이수). 病鬼(병귀).
【病免 병면】병으로 인하여 벼슬을 그만둠.
【病癖 병벽】병적인 버릇.
【病夫 병부】①병든 남편. ②병든 사람.
【病狀 ❶병상 ❷병장】❶병의 증세. 病態(병태). ❷병으로 말미암아 맡아보던 일을 하지 못하고 쉰다는 뜻을 적어 윗사람에게 올리는 글.
【病心 병심】①가슴앓이. ②병중의 마음. ③근심 걱정을 가진 마음.
【病葉 병엽】벌레 먹은 잎. 병든 잎.
【病褥 병욕】병든 사람이 누워 있는 침상.

扩部 5획 痱疶疷疴疵疺疽痁痋症痄疹

【病瘖 병음】 벙어리가 됨.
【病入膏肓 병입고황】 병이 고황에 듦. ㉠병이 위중하여 치료할 수 없음. ㉡사정이 악화되어 돌이킬 수 없음. [故事] 춘추 시대에 진(晉)나라 경공(景公)이 병마(病魔)가 명의(名醫)를 피하여 명치[肓]의 위, 염통[膏]의 밑에 들어가 숨는 것을 꿈에서 보았다는 고사에서 온 말. 膏肓(고황).
【病痊 병전】 병이 나음.
【病卒 병졸】 ①병든 군졸. ②병으로 죽음.
【病痛 병통】 ①병과 아픔. ②결점. 허물.
【病廢 병폐】 병으로 인하여 몸을 제대로 쓰지 못하게 됨.
【病斃 병폐】 병으로 죽음. 病死(병사).
【病風 병풍】 정신병(精神病)·간질(癎疾) 따위에 걸림. 또는 그러한 병. 瘋癲(풍전).
【病患 병환】 ①병. 질병. ②병의 존칭.
❶ 看─, 急─, 老─, 多─, 萬─, 身─, 伴─, 養─, 疫─, 熱─, 臥─, 重─, 疾─, 稱─.

【痱】⑩ 땀띠 비 困 fèi
[字解] 땀띠. [素問] 汗出見濕, 乃生痤痱.

【疶】⑩ 이질 설·에 凰 𠷎 xuē
[字解] ①이질. 설사. ②병들다. 앓다.

【疷】⑩ 미칠 술·골 𡸈 月 shù
[字解] 미치다, 미쳐 날뛰다, 미쳐 달아나다.

【疴】⑩ ❶병 아 歐 kē ❷경기 가 㗇 qià
[字解] ❶병. [謝靈運·詩] 臥疴對空林. ❷경기(驚氣), 경풍(驚風).
【疴嘔 아구】 (現) 토사(吐瀉). 이질과 구토.
【疴恙 아양】 병(病).
❶ 舊─, 微─, 百─, 宿─, 養─, 妖─, 沈─.

【疵】⑩ ❶흠 자 囡 cī ❷노려볼 제 㗇 zhài ❸앓는 새 㗇 cī ❹비방할 자 紙 cī
[參考] 대법원 지정 인명용 한자의 음은 '자'이다.
[字解] ❶①흠, 결점. [韓非子] 不吹毛而求小疵. ②병, 병이. [老子] 能無疵乎. ③알랑거리다. [史記] 卑疵而前, 纖趨而言. ❹재앙. ¶疵厲. ❷노려보다. 㗇眦. ❸앓다. ❹비방하다. 㗇訾. [荀子] 擧人之過, 非毁疵也.
【疵國 자국】 결점(缺點)이 있는 나라. 정치가 문란하고 풍속이 퇴폐한 나라.
【疵癘 자려】 병. 재앙. 재해. 탈. 疵厲(자려).

【疵病 자병】 ①상처. ②흠. 결점.
【疵瑕 자하】 ①결점. 흠. 과실. 瑕疵(하자). ②상처를 입힘. 해침.
【疵釁 자흔】 ①상처. ②허물. ③틈.
❶ 痂─, 細─, 小─, 隱─, 瑕─, 毀─.

【疺】⑩ ❶병 중할 자 㡺 zhà ❷상처 아물지 않을 차 禡 zhà
[字解] ❶병이 중하다. ❷상처가 아물지 않다.

【疽】⑩ ❶등창 저 魚 jū ❷가려운 병 저 𩛳 jǔ
[字解] ❶등창, 묵은 종기. 뿌리가 깊어 오래도록 치유되지 아니하는 악성 종기. [史記] 疽發背而死. ❷가려운 병, 침저(寢疽).
【疽腫 저종】 악성(惡性)의 종기(腫氣).

【痁】⑩ 학질 점 鹽 塩 shān
[字解] ①학질, 말라리아와 같은 열병. [春秋左氏傳] 齊侯疥遂痁. ②근심, 걱정. [禮記] 君子行禮, 不以人之親痁患.
【痁患 점환】 ①근심. 걱정. ②걱정으로 인하여 생긴 병.

【疰】⑩ 병 전염할 주 遇 zhù
[字解] 병을 전염하다, 병이 퍼지다. ≒注.

【症】⑩ 증세 증 敬 zhèng

丶 亠 广 疒 疒 疒 疒 痄 症

[字源] 形聲. 疒+正→症. '正(정)'이 음을 나타낸다.
[字解] 증세, 병증(病症). ※證(1697)의 속자(俗字). [錢謙益·序] 而其症傳染於後世.
【症狀 증상】 ☞症勢(증세).
【症勢 증세】 병으로 앓는 여러 가지 모양.
【症候 증후】 ☞症勢(증세).
❶ 渴─, 病─, 炎─, 重─, 痛─, 虛─.

【疻】⑩ 멍 지 紙 囡 zhǐ
[字解] 멍, 멍들다, 맞아서 멍들다.
【疻痏 지유】 ①멍. ②타박상.

【疹】⑩ ❶홍역 진 軫 zhěn ❷열병 진 囯 chèn
[字解] ❶①홍역, 홍진. ②두창(痘瘡). ③앓다. [張衡·賦] 思百憂以自疹. ❷열병(熱病). ≒疢.
【疹瘼 진막】 홍역. 마진(痲疹).
【疹栗 진속】 추위 때문에 피부가 오그라들며 생

기는 좁쌀 같은 것. 소름.
【疹恙 진양】 피부에 생기는 병.
【疹疾 진질】 악질을 앓음. 병으로 괴로워함.
❶癩-, 發-, 水泡-, 濕-, 痒-, 癮-.

疒 5 **【疾】**⑩ 병 질 圜 jí

丶亠广广疒疒疒疒疾疾

[소전] 㿊 [고문] 𤻮 [고문] 𤕫 [주문] 𤶅 [초서] 疾
[字源] 形聲. 疒＋矢→疾. '矢(시)'가 음을 나타낸다.
[字解] ①병. ㉮질병.〔素問〕巔疾. ㉯급병. ㉰전염병, 유행병.〔國語〕譬之如疾. ㉱불구(不具).〔國語〕鰥寡孤疾. ㉲괴로움, 고통.〔管子〕凡牧民者必知其疾. ㉳버릇, 성벽(性癖).〔晉書〕雲有笑疾. ㉴흠, 하자(瑕疵).〔史記〕中諸侯之疾. ②병이 나게 하는 해독.〔春秋左氏傳〕山藪藏疾. ③앓다, 괴로워하다. ㉮병에 걸리다.〔孟子〕昔者疾, 今日愈. ㉯근심하다.〔論語〕君子疾沒世而名不稱焉. ㉰고생하다.〔荀子〕使民疾奧. ④원망하다.〔管子〕故民疾其威. ⑤미워하다.〔孟子〕夫撫劍疾視. ⑥비방하다.〔禮記〕邇臣不疾. ⑦싸르다.〔淮南子〕破乃愈疾. ⑧빨리, 곧.〔春秋左氏傳〕疾討陳. ⑨아름답다, 성하다.〔管子〕嗚呼美哉, 成事疾. ⑩힘쓰다.〔呂氏春秋〕疾諷諷. ⑪시새우다. 늒嫉.〔書經〕人之有技, 冒疾以惡之. ⑫향하여 가다, 달려가다.〔呂氏春秋〕聖人生於疾學. ⑬다투다, 싸우다.〔呂氏春秋〕疾取救守.
【疾苦 질고】 ①괴로워함. 괴롭힘. ②병고(病苦).
【疾驅 질구】 수레나 말을 빨리 달림.
【疾忌 질기】 샘하고 미워함.
【疾癘 질려】 유행병. 전염병. 疾疫(질역).
【疾雷 질뢰】 ①격렬한 천둥. ②일이 신속함의 비유.
【疾味 질미】 맛은 좋으나 해로운 음식.
【疾病 질병】 몸의 온갖 병.
【疾步 질보】 빨리 걸음. 疾行(질행).
【疾速 질속】 ①빠름. ②민첩함.
【疾首 질수】 머리를 앓음. 골치를 앓음.
【疾首蹙頞 질수축알】 머리가 몹시 아파서 콧잔등을 찡그림.
【疾視 질시】 밉게 봄. 밉게 여김.
【疾惡 ❶질악 ❷질오】 ❶악인(惡人)을 미워함. ❷미워함. 憎惡(증오).
【疾殃 질앙】 질병(疾病)과 재앙(災殃).
【疾言 질언】 ①말을 빨리 함. 빠른 말투. ②경솔한 말.
【疾雨 질우】 억세게 쏟아지는 비.
【疾怨 질원】 미워하고 원망함.
【疾日 질일】 꺼리는 날. 불길한 날.
【疾戰 질전】 신속히 싸움. 빨리 결판을 내는 싸움. 急戰(급전). 速戰(속전).
【疾霆 질정】 갑자기 울리는 천둥.
【疾足 질족】 걸음이 빠름. 빠른 걸음.

【疾走 질주】 빨리 달림.
【疾置 질치】 파발마(擺撥馬). 빠른 역말.
【疾痛 질통】 ①병으로 생기는 아픔. ②괴롭고 아픔.
【疾痛苛癢 질통가양】 아픔과 가려움.
【疾風迅雷 질풍신뢰】 빠른 바람과 사나운 우레. ㉠몹시 빠름. ㉡맹렬한 기세와 거대한 울림.
【疾呼 질호】 ①빠른 음조(音調). ②격렬하게 소리 지름.
【疾患 질환】 병. 疾病(질병).
❶輕-, 多-, 衰-, 愁-, 宿-, 惡-, 癩-, 重-, 憎-, 痛-, 廢-, 剽-, 颺-, 惑-.

疒 5 **【疱】**⑩ 천연두 포 圜 pào

[초서] 疱 [字解] ①천연두, 마마. ≒皰. ②몸이 붓는 병.
【疱瘡 포창】 천연두.

疒 5 **【疲】**⑩ ❶지칠 피 圜 pí ❷앓을 지 圜 pí

丶亠广广疒疒疒疒疲疲

[소전] 𤴚 [초서] 疲 [參考] 대법원 지정 인명용 한자의 음은 '피'이다.
[字源] 形聲. 疒＋皮→疲. '皮(피)'가 음을 나타낸다.
[字解] ❶①지치다, 지치게 하다.〔春秋左氏傳〕疲民以逞. ②힘이 없다, 힘도 없고 재주도 없는 사람.〔漢書〕疲駑無以輔治. ③병들고 괴로워하다, 곤핍하다.〔諸葛亮·表〕今賊適疲於西. ④노쇠(老衰)하다.〔王安石·詩〕我疲學更誤. ⑤여위다.〔管子〕以疲馬犬羊爲幣. ❷앓다, 병. ≒痁.
【疲竭 피갈】 ①몹시 지침. ②지치게 함.
【疲困 피곤】 지치고 피곤함.
【疲倦 피권】 피로하여 싫증이 남.
【疲餒 피뇌】 지치고 굶주림. 疲饉(피근).
【疲鈍 피둔】 피로하여 몸이 둔해짐.
【疲勞 피로】 지쳐서 느른함.
【疲癃 피륭】 병들어 파리하고 노쇠한 모양. 또는 그 사람.
【疲羸 피리】 ①피로하여 쇠약해짐. ②고통스럽고 궁핍함. 또는 그러한 백성.
【疲馬 피마】 지쳐 버린 말.
【疲暮 피모】 연로(年老)하여 쇠약함.
【疲民 피민】 ①피폐한 백성. ②백성을 괴롭힘.
【疲憊 피비】 ①피로하여 쇠약함. ②몹시 지쳐서 고달픔.
【疲散 피산】 지쳐서 뿔뿔이 도망침.
【疲厭 피염】 지쳐서 싫증이 남.
【疲悴 피췌】 곤피하여 초췌함.
【疲殆 피태】 지쳐서 태만함. 疲怠(피태).
【疲弊 피폐】 지치고 쇠약해짐.
【疲斃 피폐】 ①지쳐서 넘어짐. ②과로하여 죽음.
【疲乏 피핍】 피로함. 쇠약함.
❶困-, 民-, 神-, 心-, 力-, 形-, 昏-.

广部 5~7획 疺痃㽃痢瘩㾛痒痏痍痊痔痌痎痐痕痙痘

【疺】⑩ ❶파리할 핍 諺 fá ❷앓을 폄 諺 biǎn
[字解] ❶①파리하다. ②고달프다. 〔北征錄〕天氣清爽, 人馬不渴, 若喧熱, 人皆疺矣. ❷앓다, 병을 앓다.

【痃】⑩ 힘줄 당기는 병 현 匣 xuán
동자 疝
[字解] ①힘줄이 당기는 병. ②적취(積聚). 체증이 오래되어 배 속에 덩이가 지는 병. ③가래톳.
【痃癖 현벽】근육이 당기는 병.

【㽃】⑪ ❶아플 동 匧 téng ❷병들 충 匧 chóng
소전 㽃
[字解] ❶아프다, 몸이 쑤시고 아프다. =疼. ❷병들다, 앓다.

【痢】⑪ 전염병 례 霽 lì
[字解] 전염병, 염병, 유행병. 〔春秋公羊傳〕大災者何, 大瘠也, 大瘠者何, 痢也.

【痝】⑪ ❶부을 방 江 pāng ❷느른할 룡 匧 lóng
[字解] ❶붓다, 곪다. ❷느른하다, 느른한 병. =癃.

【㾛】⑪ 癬(1183)과 동자

【痒】⑪ ❶앓을 양 陽 yáng ❷가려울 양 養 yǎng
소전 痒 초서 痒
[字解] ❶①앓다, 걱정하다, 근심으로 속을 끓이다. 〔詩經〕瘋憂以痒. ②종기, 헌데. ≒瘍. 〔周禮〕夏時有痒疥疾. ③상처. ❷가렵다. =癢. 〔抱朴子〕老少痛痒.
【痒疥 양개】가려운 부스럼. ◯'疥'는 '옴'을 뜻함.
【痒痾 양아】가려운 병.

【痏】⑪ ❶멍 유 紙 wěi ❷떨 유 有 yǒu ❸앓을 욱 屋 yù
소전 痏 초서 痏
[字解] ❶①멍, 타박상, 상처가 나고 피가 흐르다. 〔抱朴子〕生瘡痏於玉肌. ②흉터. 〔張衡·賦〕所惡成瘡痏. ❷떨다, 오한(惡寒). ❸앓다, 병.

【痍】⑪ 상처 이 支 yí
소전 痍 초서 痍
[字解] ①상처, 상처나다. 〔春秋公羊傳〕王痍者何, 傷乎矢也. ②깎다, 베다.
【痍傷 이상】상처. 상처남.
◯ 金一, 傷一, 創一, 瘡一.

【痊】⑪ 병 나을 전 先 quán
초서 痊
[字解] 병이 낫다. 〔謝靈運·論〕藥驗者, 疾易痊, 理妙者, 吝司洗.
【痊愈 전유】병이 나음.

【痔】⑪ 치질 치 紙 zhì
소전 痔 초서 痔
[字解] 치질. 〔莊子〕子豈治其痔邪.
【痔瘻 치루】항문 주위나 내부, 또는 직장(直腸)에 구멍이 뚫리고 고름이 나오는 악성 치질(痔疾). 痔漏(치루).
【痔疾 치질】항문의 안팎에 나는 종기의 총칭.
◯ 內一, 瘻一, 牡一, 牝一, 外一, 腸一, 血一.

【痌】⑪ ❶마음 아파할 통 東 tōng ❷종기 터질 동 東 tóng
초서 痌
[字解] ❶마음 아파하다, 상심하다. ❷①종기가 터지다. ②앓다, 신음하다.
【痌傷 통상】마음 아파함. 슬퍼함.

【痎】⑪ 학질 해 佳 jiē
소전 痎 초서 痎 간체자 痎
[字解] ①학질, 이틀거리. ②옴, 옴벌레가 일으키는 전염성 피부병. ≒疥.
【痎瘧 해학】학질(瘧疾)의 한 가지. 이틀거리.

【痐】⑪ 거위 회 灰 huí
[字解] ①거위, 회충. =蛔. ②거위배. 거위가 있어서 일어나는 병.

【痕】⑪ 흉터 흔 元 hén
소전 痕 초서 痕
[字解] ①흉터, 헌데 자국. 〔蔡琰·胡歌十八拍〕沙場白首兮, 刀痕箭瘢. ②흔적, 자취. 〔岑參·詩〕綠錢侵履跡, 紅粉濕啼痕. ③발뒤꿈치. =眼.
【痕垢 흔구】더럽혀진 자국. 더러움.
【痕迹 흔적】남은 자취나 자국. 痕跡(흔적).
【痕瑕 흔하】①흉터. ②결점.
◯ 舊一, 淚一, 刀一, 墨一, 瘢一, 殘一, 瑕一.

【痙】⑫ 심줄 땅길 경 梗 jìng
소전 痙 초서 痙 간체자 痉
[字解] 심줄이 땅기다, 근육이 경련을 일으키다.
【痙攣 경련】근육이 갑자기 수축하거나 떨리는 증세.

【痘】⑫ 천연두 두 宥 dòu
초서 痘
[字解] 천연두, 마마. 〔先哲叢談〕最長痘科.

疒部 7획 痢痗痡痞痟痒痃痛痤痣痠痛

【痘面 두면】얽은 얼굴. 곰보 얼굴.
【痘疹 두진】마마의 꽃.
【痘瘡 두창】천연두(天然痘). 마마.
【痘痕 두흔】마맛자국.
● 水-, 神-, 牛-, 種-, 天然-.

疒7【痢】⑫ 설사 리 圖 lì
초서 痢 字解 설사, 이질, 곱똥.〔曹操·戒飲山水令〕飲之皆令人痢.
【痢症 이증】적리균(赤痢菌), 아메바에 의하여 피나 곱이 나오면서 뒤가 잦고 당기는 증세. 痢疾(이질). 赤痢(적리).
● 渴-, 瀉-, 泄-, 疫-, 赤-, 下-, 血-.

疒7【痗】⑫ 앓을 매 國 mèi
초서 痗 字解 ①앓다, 괴로워하다.〔詩經〕使我心痗. ②뉘우치다. ≒悔.〔詩經〕亦孔之痗.

疒7【痡】⑫ ❶앓을 부 虞 pū
❷결릴 포 虞 pù
소전 痡 초서 痡 字解 ❶①앓다, 느른하다.〔詩經〕我僕痡矣. ②병, 지쳐서 걷지 못하는 병. ③괴롭히다.〔書經〕毒痡四海. ❷결리다, 체증.

疒7【痞】⑫ ❶배 속 결릴 비 紙 pǐ
❷앓을 부 紙 pǐ
❸악힐 배 紙 pǐ
소전 痞 초서 痞 字解 ❶①배 속이 결리다, 체한 증세. ②가슴이 답답하다, 가슴이 메다. ②앓다, 병. ③①악하다. ②경련(痙攣).
【痞結 비결】먹은 음식이 가슴에 걸려 내려가지 않음. 또는 그런 병. 滯症(체증).
【痞脹 비창】가슴이 더부룩하고 배가 팽팽하게 불러옴. 또는 그런 병.

疒7【痟】⑫ 두통 소 蕭 xiāo
소전 痟 초서 痟 字解 ①두통.〔周禮〕春時有痟首疾. ②소갈증. ≒消.
【痟癢 소양】아프고 가려움. 痟痒(소양).

疒7【痒】⑫ 오한 신 圓 shěn
소전 痒 字解 오한(惡寒), 오한으로 몸이 떨리다.

疒7【痃】⑫ 뼛골 쑤실 연 先 yuān
소전 痃 字解 ①뼛골 쑤시다, 뼈마디가 쑤시듯 아프다.〔素問〕三陽爲病, 發寒熱, 下爲癰腫, 及爲痿厥腨痃. ②울적하다, 우울해지다.〔列子〕心痃體煩.

疒7【痛】⑫ ❶굳은살 나올 은 圓 xìn
❷아플 희 困 xī
字解 ❶①굳은살이 나오다. ②붓다. ③신열이 나다. ❷아프다.

疒7【痤】⑫ 뾰루지 좌 歐 cuó
소전 痤 초서 痤 字解 ①뾰루지. 뾰족하게 생긴 작은 부스럼. ②옴, 옴딱지. ③등창, 발찌.〔素問〕汗出見溼, 乃生痤疿.

疒7【痣】⑫ 사마귀 지 圓 zhì
字解 사마귀, 검정사마귀, 흑자(黑子).

疒7【痠】⑫ 얼굴 못생길 침 侵 qīn
字解 ①얼굴이 못생기다, 얼굴이 추악하다.〔申涵光·墓碣〕生而貌痠, 如不慧. ②아프다, 통증.

疒7【痛】⑫ 아플 통 送 tòng

一 广 疒 疒 疒 疒 病 病 痛 痛

소전 痛 초서 痛 字源 形聲. 疒+甬→痛. '甬(용)'이 음을 나타낸다.
字解 ①아프다, 아파하다. ㉮앓다.〔後漢書〕非不痛. ㉯마음 아파하다.〔史記〕常痛於心. ㉰슬퍼하다.〔漢書〕可甚悼痛. ②괴롭히다.〔春秋左氏傳〕斯是用痛心疾首. ③괴로움, 슬픔.〔韓詩·表〕每懷萬樹之痛. ④몹시.〔漢書〕以稽市物痛騰躍. ⑤힘껏, 할 수 있는 한.〔管子〕姦臣痛言人情以驚主. ⑥원한, 증오.〔國語〕使神無有怨痛于楚國. ⑦엄하다.〔孟郊·詩〕冷痛不可勝.
【痛感 통감】①아픈 감각. ②마음에 사무치도록 심하게 느낌.
【痛烈 통렬】몹시 매섭고 가차없음.
【痛罵 통매】몹시 꾸짖음.
【痛棒 통봉】①(佛)좌선(坐禪)할 때 마음의 안정을 이루지 못하는 제자를 징벌(懲罰)하는 막대기. ②뼈아픈 꾸지람. 준엄한 공격.
【痛傷 통상】마음 아파하고 슬퍼함.
【痛惜 통석】몹시 애석하게 여김.
【痛心 통심】①몹시 마음이 아픔. ②몹시 분하게 여김.
【痛心疾首 통심질수】마음을 앓고 골치를 앓음. 몹시 걱정함.
【痛癢 통양】①아픔과 가려움. 痛痒(통양). ②사물이 자기에게 미치는 영향.
【痛隱 통은】몹시 아프게 여김. 가엾게 여김.
【痛詆 통저】통렬하게 비난함. 준엄하게 꾸짖음.
【痛切 통절】①몹시 간절함. 뼈에 사무치게 절실함. ②참을 수 없는 고통. ③매우 적절함.
【痛絕 통절】단호히 관계를 끊음.

【痛症 통증】 아픈 증세.
【痛疾 통질】 애통하여 괴로워함.
【痛責 통책】 준엄하게 꾸짖음. 嚴責(엄책).
【痛楚 통초】 아프고 괴로움. 몹시 고생함.
【痛快 통쾌】 아주 기분이 좋음.
【痛歎 통탄】 매우 한탄함. 몹시 슬퍼 탄식함.
【痛砭 통폄】 엄하게 훈계함. ○ '砭'은 '돌침을 놓음'을 뜻함.
【痛抱西河 통포서하】 자식을 잃음. 故事 자하(子夏)가 서하(西河)에서 교수(敎授)하고 있을 때, 아들이 죽자 너무나 슬피 울어 실명(失明)한 고사에서 온 말.
【痛風 통풍】 풍기(風氣)로 말미암아 신체의 일부가 몹시 쑤시고 아픈 병.
【痛毁極詆 통훼극저】 몹시 헐뜯고 욕함.
❶ 苦-, 悼-, 疼-, 頭-, 腹-, 憤-, 酸-, 愁-, 心-, 哀-, 冤-, 切-, 陣-, 鎭-, 疾-, 慚-, 憯-, 楚-, 惻-, 沈-, 酷-.

【痟】⑫ 천식 효 圃 xiāo
字解 천식, 목병, 목구멍의 병.
【痟瘷 효수】 목병. 천식(喘息).

【痼】⑬ 고질 고 圃 gù
字解 ①고질(痼疾). 〔後漢書〕京師醴泉湧出, 飮之者, 痼疾皆愈. ②오래되다. 〔蘇洵·書〕又痼而崮之. ③고질이 되다. 〔杜牧·書〕其癖已痼.
【痼癖 고벽】 오래되어 고치기 어려운 버릇.
【痼疾 고질】 ①오래된 병. 고치기 어려운 병. 宿疾(숙질). ②痼癖(고벽).
❶ 根-, 癖-, 沈-.

【痯】⑬ 병에 지칠 관 圂 圅 guǎn
字解 병에 지치다, 앓아서 지친 모양. 〔詩經〕檀車幝幝, 四牡痯痯.
【痯痯 관관】 병으로 파리해진 모양.

【痶】⑬ 손 굽는 병 권 圅 quán
字解 ①손이 굽는 병. ②고달프다, 지치다. ≒倦. 〔程曉·詩〕疲痶向之久.

【痰】⑬ 가래 담 圃 tán
字解 ①가래, 담. 〔抱朴子〕飮過則成痰癖. ②천식. ③위병, 만성 위염(胃炎). ❶ 痰飮.
【痰聲 담성】 가래가 목청에 끓어 오르는 소리. 痰響(담향).
【痰涎 담연】 가래와 침.
【痰飮 담음】 위장에 물이 고여 출렁출렁 소리가 나고 가슴이 답답한 병.
【痰咳 담해】 가래와 기침.

【痰火 담화】 가래로 인해 생기는 열.
❶ 喀-, 氣-, 濕-, 食-, 熱-, 風-, 寒-.

【癩】⑬ 문둥병 뢰 圂 厌 ài
본자 癩 통자 𤵜 字解 ①문둥병, 나병. ②오래된 병, 고질. ③염병.
늑癘.

【痳】⑬ 임질 림 圅 lìn
초서 𤸎 통자 痲 參考 痲(1176)는 딴 자.
字解 ①임질. ②산증(疝症). ③대하증(帶下症).
【痳疾 임질】 성병(性病)의 한 가지. 임균(痲菌)에 의하여 일어나는 요도 점막(尿道粘膜)의 염증. 痳病(임병). 淋疾(임질). 陰疾(음질).

【痲】⑬ 저릴 마 圂 má
초서 痲 參考 痳(1176)은 딴 자.
字解 ①저리다, 마비(痲痹)되다. 늑麻. 〔華陀中藏經〕痲病, 或痛痒或痲. ②홍역. 痲疹. ❶ 얼굴이 얽다. ❶ 痲子.
【痲痺 마비】 ①신경이나 근육이 뻣뻣해져서 그 기능을 잃는 현상. ②어떤 사물이 그 기능을 잃고 제 구실을 못함.
【痲藥 마약】 마취나 환각 작용을 일으키는 약.
【痲子 마자】 ①천연두. ②마맛자국이 있는 사람.
【痲疹 마진】 홍역 바이러스가 비말(飛沫) 감염에 의하여 일으키는 급성 전염병.
【痲醉 마취】 독물이나 약물로 말미암아 생물체의 일부 또는 전체가 감각을 잃고, 자극에 반응할 수 없게 된 상태.
【痲瘋 마풍】 문둥병의 한 가지. 癩病(나병).

【痻】⑬ 앓을 민·혼 圅 元 mín
초서 痻 字解 ①앓다, 병으로 앓다. ②병 이름. =瘨.

【痭】⑬ ❶부인병 이름 붕 圂 bēng ❷단복고창 팽 圂 péng
字解 ❶부인병 이름, 하혈(下血)이 멎지 아니하는 병. ❷단복고창(單腹鼓脹). 얼굴과 팔다리는 붓지 않고 배만 몹시 붓는 병.

【痺】⑬ 암메추라기 비 圂 pí
초서 痺 參考 痹(1176)는 딴 자.
字解 암메추라기, 메추라기의 암컷. 〔山海經〕其音如痺.

【痹】⑬ 저릴 비 圂 bì
소전 𤵜 초서 痹 參考 痺(1176)는 딴 자.
字解 ①저리다. 〔歐陽修·

疒部 8~9획 痱 瓻 瘂 痾 瘀 痿 痮 痠 瘃 瘏 瘁 痴 瘸 瘈 瘑 瘵 瘏 瘞

賦〕臂已瘭而猶攘. ②류머티즘. ③화살 이름. 예사(禮射)에 사용한다. 〔周禮〕 恆矢痹矢用諸散射. ④나란하다. 〔周禮〕痹之言, 倂比.
【痹疳 비감】음식을 안 먹어도 늘 배가 부르고 소화가 안 되는 병.
◑ 冷—, 痲—, 頑—, 痿—, 風—.

疒 8 【痱】⑬ ❶중풍 비 𤵸 féi ❷땀띠 비 𤷍 fèi ❸신경통 비 𤷍 féi
소전 초서 동자 字解 ❶①중풍, 풍병. 〔史記〕病痱不食欲死. ②뾰루지. ❷①땀띠. ②피하다, 삼가다. ❸신경통. 〔風俗通〕今人卒得鬼刺痱悟, 殺雄難以傳其心上.

疒 8 【瓻】⑬ 痱(1177)와 동자

疒 8 【瘂】⑬ 벙어리 아 𤶸 yā
초서 字解 벙어리. = 啞.

疒 8 【痾】⑬ 숙병 아 𤷎 𤷋 kē
초서 字解 ①숙병(宿病). 〔潘岳·賦〕舊痾有瘥. ②병이 더해지는 모양. 〔漢書〕及人謂之痾, 痾, 病貌, 言寖深也.
【痾癢 아양】가려움병.

疒 8 【瘀】⑬ 어혈질 어 𤶸 𤸎 yū
소전 초서 字解 ①어혈지다. 〔楚辭〕形銷鑠而瘀傷. ②어혈. 뇌출혈, 폐병, 타박상 등으로 살 속에 피가 맺힘. ③앓다, 병으로 앓다.
【瘀熱 어열】몸의 열이 한 곳에 몰림.

疒 8 【痿】⑬ 저릴 위 𤶸 wěi
소전 초서 속자 字解 ①저리다, 마비되다. 〔史記〕如痿人不忘起. ②음위증(陰痿症). 〔史記〕爲人賊戾, 又陰痿. ③앉은뱅이, 절름거리다. 〔呂氏春秋〕多陽則痿.
【痿痺 위비】①수족이 마비되는 병. ②정치가 해이(解弛)하여 떨치지 못함.
【痿損 위손】시들어 쇠약해지는 모양.
【痿弱 위약】몸이 위축되고 약함.
【痿人 위인】앉은뱅이.
◑ 厥—, 委—, 陰—, 蹙—.

疒 8 【痮】⑬ 복창증 장 𤶸 zhàng
字解 ①복창증(腹脹症). 배가 부어 오르는 병. ②붓다. 늑張·脹.

疒 8 【痠】⑬ 가려울 전 𤶸 jiān
字解 가렵다, 조금 가렵다.

疒 8 【瘃】⑬ 동상 촉 𤶸 zhú
초서 동자 字解 동상(凍傷). 〔漢書〕手足皸瘃.
【瘃墮 촉타】동상(凍傷)으로 손가락·발가락이 썩어 떨어져 나감.

疒 8 【瘏】⑬ 瘃(1177)과 동자

疒 8 【瘁】⑬ 병들 췌 𤶸 cuì
초서 字解 ①병들다. 〔詩經〕唯躬是瘁. ②여위다, 고달프다. 〔詩經〕哀哀父母, 生我勞瘁. ③근심하다. 〔陸機·賦〕戚貌瘁而勦歡. ④무너지다, 헐리다. 〔陸機·賦〕悼堂構之隕瘁.
【瘁攝 췌섭】병들고 피로함.
【瘁瘁 췌췌】①병든 모양. ②근심하는 모양.
◑ 癉—, 勞—, 隕—.

疒 8 【痴】⑬ 癡(1182)의 속자

疒 9 【瘸】⑭ ❶더위먹을 갈 알 渴 kě ❷앓을 혜 𤸷 huì
字解 ❶①더위먹다. = 暍. ②속이 답답하다. ❷①앓다. ②유행병.

疒 9 【瘈】⑭ 미칠 계 𤸷 zhì
초서 字解 ①미치다. 〔春秋左氏傳〕國人逐瘈狗. ②경풍, 지랄병. ③미친개.
【瘈狗 계구】미친개.
【瘈瘲 계종】경기(驚氣). 경풍(驚風).

疒 9 【瘑】⑭ 앓을 과 𤸷 𤸐 guō
字解 ①앓다, 병. ②헐다, 종기. = 痐.

疒 9 【瘵】⑭ 瘵(1178)의 속자

疒 9 【瘏】⑭ 앓을 도 𤸷 tú
소전 초서 字解 ①앓다, 들피지다. 〔詩經〕我馬瘏矣. ②말이 지쳐 나아가지 아니하다. ③두려워하다.
【瘏痡 도부】병들고 지쳐서 가지 못함.
【瘏悴 도췌】병들어 초췌함.

疒 9 【瘞】⑭ 瘞(1181)과 동자

扩部 9~10획 瘖瘠瘦瘯瘍瘴瘉瘐瘖瘇瘓瘺瘋瘧瘖瘊瘊瘊瘊瘊

扩 9 【瘖】⑭ 瘖(1176)과 동자

扩 9 【瘠】⑭ 파리할 생 㾏 shěng
字解 파리하다, 여위다.

扩 9 【瘦】⑭ 瘦(1179)와 동자

扩 9 【瘯】⑭ ❶여윌 시 㾏 chái ❷앓을 시 㾏 chí ❸유행병 차 㾏 zhài
字解 ❶여위다. ❷앓을, 병. ❸유행병.

扩 9 【瘍】⑭ ❶헐 양 瘍 yáng ❷가축의 설사병 탕 瘍 dàng
瘍 瘍 瘍 瘍 参考 대법원 지정 인명용 한자의 음은 '양'이다.
字解 ❶①헐다, 종기.〔春秋左氏傳〕生瘍於頭. ②상처, 몸의 상처. ❷가축의 설사병.

扩 9 【瘴】⑭ 痿(1177)의 속자

扩 9 【瘉】⑭ ❶병 나을 유 瘉 yù ❷앓을 유 瘉 yù
瘉 字解 ❶①병이 낫다. ≒癒.〔漢書〕漢王疾瘉. ②괴로워하다, 앓다.〔詩經〕父母生我, 胡俾我瘉. ③심하다, 병이 중하다. ❷①앓다, 병들다. ②낫다〔勝〕, 더 좋다. ≒愈.〔漢書〕亡以瘉人.

扩 9 【瘐】⑭ 근심하여 앓을 유 瘐 yǔ
瘐 参考 瘦(1179)는 딴 자.
字解 ①근심하여 앓다. ②기한(飢寒)으로 옥사(獄死)하다.〔漢書〕或以掠辜若飢寒, 瘐死獄中.
【瘐死 유사】옥중에서 죽음. 죄수가 고문·기한·질병 등에 시달려 죽음.

扩 9 【瘖】⑭ ❶벙어리 음 瘖 yīn ❷매우 아플 음 瘖 yìn
瘖 瘖 字解 ❶①벙어리.〔禮記〕瘖聾跛躃. ②어둡다. ≒闇. ❷매우 아프다.
【瘖聾 음롱】벙어리와 귀머거리. 聾啞(농아).
【瘖默 음묵】벙어리처럼 말을 하지 않음. 緘默(함묵).
【瘖啞 음아】벙어리. 啞者(아자).

扩 9 【瘇】⑭ 수중다리 종 瘇 zhǒng
瘇 字解 수중다리, 다리가 붓다. =尰.〔漢書〕天下之勢, 方病大瘇.

扩 9 【瘓】⑭ 중풍 탄 瘓 huàn
瘓 字解 ①중풍. ②앓는 모양.

扩 9 【瘺】⑭ 중풍 편 瘺 piān
瘺 字解 중풍, 반신불수의 병.

扩 9 【瘋】⑭ 癈(1182)의 속자

扩 9 【瘋】⑭ 두풍 풍 瘋 fēng
瘋 瘋 字解 ①두풍(頭風). 두통(頭痛)이 치유되지 않고 수시로 발작하거나 멎는 증상. ②미치다.〔聊齋志異〕市上有瘋者. ③문둥병. ¶癩瘋.

扩 9 【瘧】⑭ 학질 학 瘧 nüè
瘧 瘧 瘧 字解 학질, 말라리아.〔禮記〕民多瘧疾.

扩 9 【瘖】⑭ 痎(1174)와 동자

扩 9 【瘊】⑭ 목 멜 호 瘊 hú
字解 ①목이 메다, 목에 음식이 넘어가지 아니하다. ②벌레가 쏘다.

扩 9 【瘊】⑭ 무사마귀 후 瘊 hóu
瘊 字解 무사마귀.

扩 10 【瘈】⑮ 경풍 계 瘈 chì
瘈 瘈 瘈 字解 ①경풍. 어린아이가 경련을 일으키는 병.〔素問〕筋脈相引而急病, 名曰瘈. ②베다, 가르다.
【瘈瘲 계종】경풍(驚風). 驚氣(경기).

扩 10 【瘝】⑮ 앓을 관 瘝 guān
瘝 瘝 字解 ①앓다, 병들다.〔書經〕恫瘝乃身. ②부질없게 하다, 헛되게 하다.〔書經〕若時瘝厥官.

扩 10 【瘚】⑮ 상기 궐 瘚 jué
瘚 瘚 瘚 字解 상기(上氣), 피가 머리로 모이

는 병.〔韓詩外傳〕無使小民飢寒, 則癥不作.

扩10 【瘤】 ⑮ 혹 류 围 liú
소전 牆 초서 疟 본자 瘤 字解 혹.〔庾信·賦〕戴瘦銜瘤.
【瘤腫 유종】 혹.
【瘤贅 유췌】 ①혹. ②쓸데없는 군더더기. 贅瘤(췌유).
◐ 根-, 木-, 宿-, 腫-, 贅-.

扩10 【瑪】 ⑮ 눈병 마 围 mà
소전 瘝 字解 ①눈병. ②나쁜 기운이 몸에 붙다. ③마소의 병, 마소가 비루먹다.

扩10 【瘢】 ⑮ 흉터 반 寒 bān
소전 癥 초서 疱 字解 ①흉터, 상처 자국.〔漢書·刑者不可息·注〕若黥者雖欲改過, 其創瘢不可復減也. ②자국, 흔적.〔吳萊·詩〕刻剝獸雨瘢. ③주근깨. ④허물, 잘못.〔新唐書〕惡則洗垢索瘢.
【瘢疣 반우】 흉터와 혹.
【瘢痍 반이】 ①흉터. 傷痕(상흔). ②허물. 결점.
【瘢痕 반흔】 ①흉터. 상처 자국. ②허물. 결점.
瘢創(반창).

扩10 【磉】 ⑮ 말 병 상 围 sǎng
字解 말(馬)의 병.

扩10 【瘙】 ⑮ 종기 소 围 sào
字解 종기, 부스럼.

扩10 【瘞】 ⑮ 수그러질 쇠 因 shuāi
소전 瘝 字解 ①수그러지다, 병이 약간 호전되다. ②줄다, 써서 줄다. ③앓다.

扩10 【瘦】 ⑮ 파리할 수 围 shòu
초서 疫 동자 瘦 參考 瘐(1178)는 딴 자. 字解 ①파리하다.〔漢書〕久餓羸瘦. ②여위다, 마르다.〔文子〕堯瘦癯. ③메마르다, 척박하다.〔杜甫·詩〕瘦地翻宜粟.
【瘦硬 수경】 자획(字畫)이 가늘고도 힘이 있음.
【瘦羸 수리】 여위고 파리함.
【瘦削 수삭】 몹시 여윔.
【瘦損 수손】 여위어 홀쭉하다.
【瘦涓 수연】 물이 졸졸 흐르는 작은 사내.
【瘦長 수장】 운필(運筆)하는 방법. 자획이 가늘고 긺.
【瘦瘠 수척】 여윔. 파리함.
【瘦鶴 수학】 ①여윈 학. ②사람의 여윈 모습.
◐ 老-, 疎-, 羸-, 瘠-, 淸-, 疲-.

扩10 【瘜】 ⑮ 궂은살 식 围 xī
소전 瘜 초서 疮 字解 궂은살. ≒腥.
【瘜肉 식육】 사마귀·혹 따위의 궂은살.

扩10 【瘞】 ⑮ 묻을 예 围 yì
소전 瘞 초서 瘞 간체 瘗 字解 ①묻다.〔詩經〕上下奠瘞. ②무덤.〔晉書〕發瘞出尸. ③제터, 제사 지내는 곳. ④제사를 지내고 희생이나 옥을 땅에 묻는 일.〔禮記〕瘞繒.
【瘞埋 예매】 지신(地神)에게 제사 지낸 제물을 땅에 묻는 의식. 瘞薶(예매).
【瘞位 예위】 제사가 끝난 후 축(祝)·백(帛)을 묻는 곳.

扩10 【瘟】 ⑮ ❶염병 온 元 wēn ❷괴로워할 올 月 wò ❸좀 아픈 모양 온 囡 yūn
초서 瘟 속자 瘟 參考 대법원 지정 인명용 한자의 음은 '온'이다. 字解 ❶①염병, 유행병.〔抱朴子〕經瘟疫則不畏. ②괴로워하다, 괴로워하는 모양. ❸좀 아픈 모양.
【瘟疫 온역】 돌림병. 급성 전염병.

扩10 【瘣】 ⑮ 앓을 외 本회 围 huì
소전 瘣 字解 ①앓다, 상처나다.〔詩經〕譬彼瘣木. ②옹두리. ③산이 높고 험한 모양.〔史記〕崴磈鬼瘣. ④병으로 가지가 없는 나무.〔爾雅〕瘣木, 符婁.

扩10 【瘨】 ⑮ ❶앓을 전 先 diān ❷배 부을 진 眞 chēn
소전 瘨 초서 瘨 字解 ❶①앓다, 병들다, 괴로워하다.〔詩經〕胡寧瘨我以旱. ②미치다, 지랄병.〔戰國策〕瘨而彈悶. ❷배가 붓다, 배 붓는 병.

扩10 【瘥】 ⑮ ❶앓을 차 歐 cuó ❷병 나을 채 围 chài
소전 瘥 초서 疢 字解 ❶①앓다, 병들다.〔詩經〕天方薦瘥. ②역질.〔春秋左氏傳〕札瘥夭昏. ❷병이 낫다.〔孔平仲·說〕患旣未瘥.

扩10 【瘡】 ⑮ 부스럼 창 陽 chuāng
초서 瘡 간체 疮 字解 ①부스럼, 종기.〔晉書〕石患面瘡. ②상처내다. ≒創. ③상처.〔列異傳〕秦文公伐南山大梓樹, 瘡隨合. ④흉터.〔張衡·賦〕所惡成瘡痏.
【瘡癘 창려】 부스럼.
【瘡瘢 창반】 흉터. 瘡痕(창흔). 瘢痕(반흔).

广部 10～11획　瘠瘀瘴瘵瘻瘺瘼瘝瘲瘲瘱瘳瘞瘾瘴瘯瘲

【瘡病 창병】 매독(梅毒). 瘡疾(창질).
【瘡瘍 창양】 종기. 부스럼. 瘡腫(창종).
【瘡痍 창이】 병기(兵器)에 다친 상처.
【瘡疾 창질】 매독(梅毒). 瘡病(창병).
◐ 凍-, 痘-, 頭-, 惡-, 連珠-, 蓐-.

⼴10 【瘠】⑮ 파리할 **척** 囚 jí
〔초서〕瘠 〔동자〕膌 字解 ①파리하다, 여위다. 〔史記〕羸瘠老弱. ②뼈대가 굵다, 건장한 모양. 〔易經〕爲瘠馬. ③살이 썩다. 〔漢書〕國亡損瘠者. ④버려진 송장. 〔文天祥·詩〕分爲溝中瘠. ⑤메마르다. 〔國語〕擇瘠土而處之. ⑥박정하다. 〔荀子〕若是則瘠. ⑦줄이다. 〔春秋左氏傳〕瘠魯以肥杞.
【瘠馬 척마】 여윈 말.
【瘠墨 척묵】 검소하게 함. ○묵가(墨家)에서 장례를 검소하게 치를 것을 주장하고 실천한 데서 온 말.
【瘠薄 척박】 ①토지가 메마름. ②빈약하고 보잘것없음.
【瘠瘦 척수】 여위고 파리함.

⼴10 【瘀】⑮ 欸(897)의 속자

⼴11 【瘽】⑮ 앓을 **근** 囚 囻 qín
〔초서〕瘽 〔동자〕瘄 字解 ①앓다, 병들다. ②지치다, 피로하다.

⼴11 【瘰】⑯ 연주창 **라** 囚 囻 luǒ
〔초서〕瘰 〔동자〕癵 字解 ①연주창, 갑상선종(甲狀腺腫)이 헐어서 터져 부스럼. ②옴.
【瘰癧 나력】 대개 목 부분에 생기는 임파선(淋巴腺) 만성(慢性) 종창.

⼴11 【瘻】⑯ ❶부스럼 **루** 囻 lòu ❷곱사등이 **루** 囯 囻 lú
〔소전〕瘻 〔초서〕瘻 〔동자〕瘺 〔간자〕瘘 字解 ❶①부스럼, 연주창. 〔淮南子〕雞頭已瘻. ②오래된 부스럼. ③혹. =瘤. ❷곱사등이. ¶瘻狗.
【瘻狗 누구】 곱사등이. 꼽추.
【瘻癧 누라】 나력(瘰癧)과 나병(癩病).
【瘻痔 누치】 치질. 痔瘻(치루).

⼴11 【瘺】⑯ 瘻(1180)와 동자

⼴11 【瘼】⑯ 병들 **막** 囻 mò
〔소전〕瘼 〔초서〕瘼 字解 ①병들다, 앓다. 〔詩經〕亂離瘼矣. ②흩어지다.
〔任昉·表〕亂離斯瘼.

⼴11 【瘧】⑯ 헌데 딱지 **사** 囻 zhā
字解 헌데 딱지, 부스럼 딱지.

⼴11 【瘱】⑯ 냉병 **색** 囯 sè
參考 瘱(1180)는 딴 자.
字解 냉병, 한기가 나는 병.

⼴11 【瘲】⑯ 癬(1183)과 동자

⼴11 【瘶】⑯ 기침 **수** 囯 sòu
參考 瘶(1180)은 딴 자.
字解 기침, 감기 기침. ≒嗽.

⼴11 【瘱】⑯ 앓는 소리 **애**·**의** 囯 囻 yī
〔소전〕瘱 字解 ①앓는 소리, 병이 심하여 앓는 소리. ②고달프다.

⼴11 【瘞】⑯ 고요할 **예** 囻 ài
〔소전〕瘞 字解 ①고요하다, 편안하다. 〔漢書〕婉瘞有節操. ②자세하다. ③그윽하다. 〔王褒·賦〕其妙聲則淸靜厭瘞.

⼴11 【瘾】⑯ 가슴 병 **음** 囻 yìn
字解 ①가슴 병, 심화병. ②핏자국.

⼴11 【瘴】⑯ 장기 **장** 囻 zhàng
〔초서〕瘴 字解 ①장기(瘴氣), 풍토병. 〔後漢書〕軍吏經瘴疫. ②열병, 장기를 쐬어 생기는 열병. 〔北史〕遇瘴痾死.
【瘴氣 장기】 습하고 더운 땅에서 생기는 독기.
【瘴毒 장독】 습하고 더운 땅에서 일어나는 독기.
【瘴癘 장려】 장기를 마셔서 일어나는 병.
【瘴霧 장무】 독기를 품은 안개.
【瘴疫 장역】 장독(瘴毒)으로 인해 생기는 열병.
【瘴烟 장연】 장기를 품은 연기. 毒煙(독연).
【瘴雨蠻烟 장우만연】 장기를 머금은 중국 남쪽 지방의 비와 연기.
【瘴瘧 장학】 열대 지방에 유행하는 학질.

⼴11 【瘯】⑯ 피부병 이름 **족** 囻 cù
〔초서〕瘯 字解 피부병 이름. 옴 따위. 〔春秋左氏傳〕謂其不疾瘯蠡也.
【瘯蠡 족라】 가축의 피부병. 버짐·옴 따위.

⼴11 【瘲】⑯ 경풍 **종** 囻 zòng
〔소전〕瘲 字解 ①경풍(驚風), 경기(驚氣). ②앓다, 병.

扩11 【瘵】⑯ ❶앓을 채 囲 zhài ❷사귈 제 圉 jì

〔字解〕 ❶앓다, 병들다. 〔詩經〕 士民其瘵. ❷지치다, 피로해지다. 〔蔡邕·碑〕 疾病厄瘵者, 靜躬祈福. ❷사귀다. 〔詩經〕 無自瘵焉.

扩11 【瘹】⑯ ❶두창 체 囲 zhì ❷대하증 대 囲 dài

〔字解〕 ❶두창(頭瘡). ❷이질, 적리(赤痢), 백리(白痢). 〔柳宗元·誌〕 病痃瘧加瘹. ❷대하증.

扩11 【瘳】⑯ 나을 추 尤 chōu

〔字解〕 ❶낫다, 병이 나아지다. 〔書經〕 若藥弗瞑眩, 厥疾弗瘳. ❷줄다, 줄이다. 〔國語〕 君不度而賀大國之襲, 於己何瘳. ❸낫다, 좋다. 〔春秋左氏傳〕 其何瘳於晉. ❹국세(國勢)가 떨치다. 〔莊子〕 庶幾其國有瘳乎.
【瘳愈 추유】 병이 치유됨. 완쾌함.

扩11 【瘭】⑯ 생인손 표 蕭·嘯 biāo

〔字解〕 ❶생인손. 손가락 끝에 나는 종기. ❷근이 있는 종기. ❸솔. 살에 좁쌀 같은 것이 많이 돋으며, 오래되면 그 속에 물이 생기는 종기.
【瘭疽 표저】 손가락이나 발가락의 손톱 밑의 조직(組織)이 곪고 붓는 병.

扩11 【痹】⑯ 장딴지에 쥐날 피 寘 bì

〔字解〕 ❶장딴지에 쥐가 나다, 전근(轉筋). ❷다리의 냉병(冷病).

扩12 【癎】⑰ 경풍 간 ⊕한 删 xián

〔字解〕 ❶경풍, 경기. 〔後漢書〕 哺乳多則生癎病. ❷간질, 지랄병. 〔素問〕 心脈滿大, 癎瘛筋攣.
【癎病 간병】 어린아이가 경련을 일으키는 병. 驚氣(경기). 驚風(경풍).
【癎疾 간질】 갑자기 몸을 떨며 눈을 뒤집고 거품을 내뿜으면서 뻗는 병. 지랄병. 癲癎(전간).

扩12 【癇】⑰ 癎(1181)과 동자

扩12 【癇】⑰ 癇(1181)의 속자

扩12 【癊】⑰ 癔(1178)와 동자

扩12 【癉】⑰ ❶앓을 단 寒 dān ❷피로할 다 旱 dǎn

〔字解〕 ❶앓다, 고생하다. 〔詩經〕 下民卒癉. ❷악성 부스럼. ¶癉疽. ❸황달(黃疸). 담즙이 원활하게 흐르지 못하여 온몸과 눈이 누렇게 되는 병. 〔漢書〕 南方暑溼, 近夏癉熱. ❹학질, 말라리아성의 열병. 열만 나고 오한이 들지 아니하는 학질. ❷❶피로하다. ❷노여워하다, 성내다.
【癉熱 단열】 황달(黃疸). 疸病(달병).
【癉疽 단저】 악성의 부스럼.

扩12 【癆】⑰ 중독 로 號 lào

〔字解〕 ❶중독, 약물에 중독되어 아픔. ❷아픔, 아프다. ❸노점(癆漸), 폐결핵.
【癆漸 노점】 폐결핵.
【癆瘵 노채】 폐병(肺病).

扩12 【療】⑰ 병 고칠 료 蕭 liáo

〔字解〕 ❶병을 고치다. =瘵. 〔周禮〕 凡療瘍, 以五毒攻之. ❷앓다.
【療救 요구】 병을 치료하여 목숨을 구함.
【療飢 요기】 시장기를 면할 만큼 조금 먹음.
【療養 요양】 병을 치료하며 조섭함.
【療疾 요질】 병을 치료(治療)함. 療治(요지).
【療護 요호】 병을 간호(看護)함. 看病(간병).
❶加-, 施-, 醫-, 診-, 治-.

扩12 【癅】⑰ 瘤(1178)의 본자

扩12 【癃】⑰ 느른할 륭 東 lóng

〔字解〕 ❶느른하다, 몸이 쇠하여 폐인이 되다. 〔漢書〕 年老癃病勿遣. ❷위독하다. 〔淮南子〕 平公癃病. ❸늙다. ❹곱사등이. 〔史記〕 臣不幸有罷癃之病.
【癃老 융로】 뇌쇠하여 병약함.
【癃疾 융질】 허리가 굽고 등이 높아지는 병. 곱사등이. 꼽추.
❶老-, 衰-, 罷-.

扩12 【癋】⑰ 곪아 터질 별 屑 bié

〔字解〕 곪아 터지다, 종기가 곪아 터지다.

扩12 【癌】⑰ 암 암 咸 ái

〔字解〕 암. 가장 악성으로 치료하기 어려운 종양. ¶胃癌.
【癌腫 암종】 악성 종양(腫瘍)의 한 가지. 상피

疒部 12～14획 癌 癄 癀 癈 癏 癐 癑 癒 癓 癔 癕 癖 癗 瘋 癙 癚 癛 癜 癝 癞 癟 癠 癡

조직에서 생기는 암(癌) 조직으로 된 종기.
❶肝—, 腎—, 胃—, 乳—, 肺—, 皮膚—.

癄 ⑰ 아플 참 慘 cǎn
[字解] ❶아프다.〔漢書〕榜箠癄於炮烙. ❷병을 앓다.

癄 ⑰ 여윌 초 憔 瞧 qiáo
[字解] 여위다, 파리하다.〔漢書〕是以纖微癄瘁之音作, 而民思憂.

癏 ⑰ ❶음부의 병 퇴 㿗 tuí ❷대하증 대 㿗 tuí
[字解] ❶음부(陰部)의 병. ❷대하증.

癈 ⑰ 폐질 폐 廢 fèi
[소전] [초서] [통자] [간자] [字解] ❶폐질(癈疾), 고질.〔周禮〕辨其貴賤老幼癈疾可任者. ❷버리다, 폐기하다.〔王安國·啓〕病骨未逢於起癈.
【癈痼 폐고】파면하고 다시 임용하지 않음.
【癈疾 폐질】고치기 어려운 오래된 병.

癏 ⑱ 癏(1178)과 동자

癐 ❶위독할 괴 㿎 guì ❷함성 지를 위 㿎 wēi
[字解] ❶❶위독하다. ❷앓다. ❷함성을 지르다.〔輟耕錄〕齊聲大喊阿癐癐, 以助軍威.

癑 ⑱ ❶아플 농 膿 nòng ❷고름 농 膿 nóng ❸곪는 병 농 膿 nòng
[소전] [字解] ❶❶아프다, 쑤시다. ❷종기가 터지다. ❷고름. ❸곪는 병.

癉 ⑱ 앓을 단 亶 dǎn
[字解] ❶앓다, 괴로워하다. =癚. ❷중풍(中風). ❸쇠버짐. ❹역병(疫病).

癘 ⑱ ❶창질 려 厲 lì ❷문둥병 라 癩 뢰 癩 lài
[소전] [소전] [초서] [동자] [간자] [字解] ❶❶창질(瘡疾).〔禮記〕仲冬行春令民多疥癘. ❷염병.〔春秋左氏傳〕癘疾不降. ❸죽이다.〔管子〕不癘雛鷇. ❹담그다. 달군 쇠를 물에 담가 불리다. ❷문둥병. =癩.
【癘疫 여역】전염병, 돌림병. 疫癘(역려).
【癘病 나병】문둥병. 癩病(나병).
❶疥—, 饑—, 疫—, 瘴—, 疾—, 瘡—, 瘧—.

癛 ⑱ ❶한기들 름 凜 lǐn ❷앓을 품 稟 bǐng
[字解] ❶한기들다, 추위로 인하여 소름이 끼치다. ≒凜. ❷앓다, 병으로 앓다.

癖 ⑱ 적취 벽 辟 pǐ
[초서] [字解] ❶적취(積聚), 소화 불량. 오랜 체증으로 배 안에 덩어리가 생기는 병. ❷버릇, 습관.〔晉書〕臣有左傳癖.
【癖痼 벽고】오래 낫지 않는 병. 痼疾(고질).
【癖病 벽병】나쁜 버릇. 病癖(병벽).
【癖積 벽적】적취(積聚).
❶潔—, 怪—, 盜—, 性—, 習—, 勝—, 酒—.

癐 ⑱ 발에 난 부스럼 비 㿎 wéi
[字解] 발에 난 부스럼. ≒微.

癙 ⑱ 속 끓일 서 鼠 shǔ
[초서] [字解] ❶속 끓이다, 근심하다.〔詩經〕癙憂以痒. ❷나력(癘癃), 목 부분의 결핵성 만성 종창(腫脹).
【癙憂 서우】①병들어 근심함. ②고뇌로 마음이 우울함.

癕 ⑱ 癰(1183)과 동자

癒 ⑱ 병 나을 유 愈 yù
[초서] [동자] [字解] 병이 낫다.
【癒合 유합】상처가 아물어 붙음.

癜 ⑱ 어루러기 전 殿 diàn
[초서] [字解] 어루러기. 가슴·등 따위에 회백색 또는 갈색의 반점이 생기고 가려운 피부병.〔紀昀·記〕錢面有癜風.
【癜風 전풍】어루러기.

癮 ⑲ 두드러기 은 隱 yǐn
[字解] ❶두드러기. =㾤. ❷매 맞은 자국.
【癮疹 은진】①두드러기. ②매 맞은 자국.

癠 ⑲ 앓을 제 齊 jì
[초서] [字解] ❶앓다, 병들다.〔禮記〕親癠色容不盛. ❷작다, 자라지 아니하다.

癡 ⑲ 어리석을 치 㾒 chī
[소전] [속자] [字解] ❶어리석다, 미련하다.〔論衡〕癡愚之人. ❷미

치다. ㉮어떤 일에 집착하여 열중하다. 〔新唐書〕諸兄詆爲書癡. ㉯정신 이상이 되다. 〔漢書〕蒙恥辱爲狂癡. **③(佛)집착에서 오는 번뇌.** 사람의 착한 마음을 해치는 삼독(三毒)의 한 가지. 〔成唯識論〕能障無癡, 一切雜染所依爲業.

【癡骨 치골】 어리석은 사람. 미련한 사람.
【癡鈍 치둔】 어리석고 둔함.
【癡聾 치롱】 어리석은 사람과 귀먹은 사람.
【癡呆 치매】 ①멍청이. 천치. 바보. ②말과 동작이 느리고 정신 작용이 불완전함.
【癡笑 치소】 바보 같은 웃음.
【癡愛 치애】 맹목적인 애정.
【癡騃 치애】 어리석음. 바보.
【癡頑 치완】 어리석고 완고함.
【癡人說夢 치인설몽】 어리석은 사람이 꿈 이야기를 함. 허황한 말을 늘어놓음.
【癡情 치정】 옳지 못한 관계로 맺어진 남녀 간의 애정.
◑ 狂−, 白−, 愚−, 音−, 情−, 天−, 虎−.

疒 14 【⿸疒蒦】⑲ 목에 걸릴 **확** [藥] huó

[字解] **목에 걸리다,** 목구멍에 걸리다.

疒 15 【⿸疒麻】⑳ 疼(*1171*)의 속자

疒 15 【⿸疒樂】⑳ ❶병 고칠 **료** [嘯] liáo ❷병 **약** [藥] liáo

[소전] ⿸疒樂 [혹체] 𤻲 [字解] **❶병을 고치다.** ＝療. **❷①병,** 앓다. **②병이 낫다,** 병이 나아지다.

疒 15 【癢】⑳ 가려울 **양** [養] yǎng

[초서] 癢 [동자] 痒 [간체] 痒 [字解] **①가렵다.** 〔禮記〕疾痛苛癢, 而敬抑搔之. **②근지럽다,** 근질거리다. **③넓다.**
【癢痛 양통】 가렵고 아픔.

疒 15 【癤】⑳ 부스럼 **절** [屑] jiē

[초서] 癤 [간체] 疖 [字解] **①부스럼,** 작은 종기. 〔巢元方·諸病源候論〕腫結長一寸至二寸名之爲癤. **②나력(瘰癧),** 멍울.

疒 15 【癥】⑳ 적취 **징** [蒸] zhēng

[초서] 癥 [간체] 症 [字解] **①적취(積聚).** 오랜 체증으로 인하여 배 안에 덩어리가 생기는 병. 〔史記〕盡見五藏癥結. **②발에 난 부스럼,** 발에 생기는 종기.
【癥結 징결】 ①적취(積聚). ②해결하기 어려운 문제.

疒 16 【癨】㉑ 곽란 **곽** ㊍**확** [藥] huò

[字解] **곽란,** 급성 위장병. ≒霍.
【癨亂 곽란】 급성 위장병의 한 가지. 심한 토사를 하며 심한 복통을 일으킴.

疒 16 【癧】㉑ 연주창 **력** [錫] lì

[초서] 癧 [간체] 疬 [字解] **연주창.** 갑상선종(甲狀腺腫)이 헐어서 터진 부스럼.

疒 16 【癩】㉑ ❶약물 중독 **랄** [曷] là ❷문둥병 **라** ㊍**뢰** [泰] lài

[초서] 癩 [간체] 癞 [參考] 대법원 지정 인명용 한자의 음은 '라'이다.
[字解] **❶약물 중독. ❷문둥병.** 〔論語·注〕先儒以爲癩也.
【癩病 나병】 문둥병. 癩風(나풍).
【癩子 나자】 ①문둥이. ②두꺼비의 딴 이름.

疒 17 【癬】㉒ 옴 **선** [銑] xuǎn

[소전] 癬 [초서] 癬 [동자] 瘓 [동자] 𤸁 [간체] 癣
[字解] **①옴,** 버짐. **②옮다. ③종기,** 부스럼.
【癬疥 선개】 ①버짐과 옴. ②옴. ③해결하기 쉬운 문제나 근심의 비유.
【癬瘡 선창】 버짐.

疒 17 【癭】㉒ 혹 **영** [梗] yǐng

[소전] 癭 [초서] 癭 [간체] 瘿 [字解] **①혹.** ㉮사람 몸에 난 혹. 〔魏志〕爭公事, 不得理, 乃發憤生癭. ㉯목의 혹. ㉰옹두리, 나무의 혹. 〔庾信·賦〕載癭銜瘤. **②벙어리,** 말이 나오지 아니하는 병. ≒瘖.
【癭瘤 영류】 혹.
【癭腫 영종】 혹. 목에 나는 혹.

疒 17 【癮】㉒ 두드러기 **은** [吻] yǐn

[초서] 癮 [간체] 瘾 [字解] **①두드러기.** ＝㾙. **②술·담배의 중독.**

疒 18 【癯】㉓ 여윌 **구** [虞] qú

[초서] 癯 [字解] **여위다,** 파리하다. ＝臞. 〔唐書〕皆癯劣不能彀.
【癯劣 구열】 수척하고 지침.
【癯瘠 구척】 여윔. 파리해짐.
【癯瘁 구췌】 여위고 지침.

疒 18 【癰】㉓ 악창 **옹** [冬] yōng

[소전] 癰 [초서] 癰 [동자] 𤻙 [간체] 痈 [字解] **①악창(惡瘡),** 등창, 헌데. 〔巢氏病源〕寒熱不散, 聚積成癰. **②재난,** 화해(禍害). 〔馮衍·書〕養癰長疽.

【癰疽 옹저】①악성(惡性) 종기(腫氣). ②잠복하여 있는 재난의 비유.
【癰腫 옹종】①등창·발찌와 같은 악성 종기. ②옹이가 많은 쓸모없는 나무. 크기만 하고 쓸모없는 것.

疒19 【癱】㉔ 癘(1182)와 동자

疒19 【癲】㉔ 미칠 전 先 diān
[字解] ①미치다, 정신이 이상해지다. 〔難經〕 癲疾始發. ②지랄병, 전간(癲癇).
【癲癇 전간】지랄병. 癎疾(간질).
【癲狂 전광】미친 병. 정신병.
【癲疾 전질】미친 병. 狂氣(광기).

疒19 【癱】㉔ 사지 틀릴 탄 寒 tān
[字解] 사지가 틀리다, 마비증(癱痪症), 중풍증.
【癱脚 탄각】다리가 마비되는 병.
【癱瘓 탄탄】졸중(卒中)이나 중풍으로 일어나는 병증. 中風(중풍).

疒21 【癯】㉖ 癆(1180)와 동자

癶 部
5획 부수 ｜ 필발머리부

癶0 【癶】⑤ 등질 발 曷 bō
[參考] 부수로 쓰일 때의 명칭은 '癶' 자의 부수인 데서 '필발머리'라 이른다.
[字源] 象形. 두 다리를 뻗친 모양을 본뜬 글자.
[字解] ①등지다, 사이가 벌어지다. ②걷다, 가다. ③한자 부수의 한 가지, 필발머리.

癶4 【癸】⑨ 열째 천간 계 本규 紙 guǐ

[字源] 象形. 화살을 겹쳐 놓은 모습을 본뜬 글자. 천간(天干)의 뜻은 뒤에 가차된 것이다.
[字解] ①열째 천간, 10간(干)의 열째. 고갑자(古甲子)로는 소양(昭陽), 철로는 겨울, 방위로는 북쪽, 오행으로는 수(水)에 배당된다. ②헤아리다. 〔史記〕 癸之言, 揆也, 言萬物可揆度

也. ③무기(武器). ④월경(月經).
【癸庚 계경】군량(軍糧)의 은어.
【癸方 계방】24방위의 한 가지. 정북(正北)에서 동으로 15도 되는 방위를 중심으로 한 15도 각도의 안.
【癸水 계수】여자의 월경. 몸엣것.
● 庚－, 天－.

癶4 【癹】⑨ 짓밟을 발 曷 bá
[字解] ①짓밟다, 풀을 짓밟다. ②풀을 베다.

癶4 【発】⑨ 發(1185)의 속자

癶5 【癶】⑩ 登(1184)의 고자

癶7 【登】⑫ ❶오를 등 蒸 dēng ❷밟을 등 徑 dēng ❸얻을 득 職 dé

大 법원 지정 인명용 한자의 음은 '등'이다.
[字源] 會意. 癶+豆→登. 제기(祭器)인 '豆(두)'를 두 손으로 받들고 계단을 오르는 모습으로, 여기에서 '오르다'라는 뜻이 나왔다.
[字解] ❶①오르다. ㉮높은 데 오르다. 〔中庸〕 登高必自卑. ㉯높은 지위에 오르다. 〔晉書〕 帝竟登大位. ㉰수레 같은 것을 타다. 〔古詩〕 出門登車去. ②올리다. ㉮윗사람에게 드리다, 바치다. 〔禮記〕 農乃登麥. ㉯장부에 싣다. 〔周禮〕 掌登萬民之數. ㉰사람을 끌어 올리다. 〔書經〕 疇咨若時, 登庸. ③더하다, 보태다. 〔春秋左氏傳〕 皆登一焉. ④높다. 〔國語〕 不哀年不登. ⑤들다, 들어가다. 〔淮南子〕 錦繡登廟. ⑥잡다, 포획하다. 잡다의 높임말. 〔禮記〕 登龜取黿. 〔注〕 龜言登者, 尊之也. ⑦익다. 〔孟子〕 五穀不登. ⑧되다, 이루어지다. ≒成. 〔禮記〕 豔事旣登. ⑨이루다, 성취하다. 〔詩經〕 登是南邦. ⑩정하다, 일정하게 되다. 〔周禮〕 登其夫家之衆寡六畜車輦. ⑪바로, 곧. 〔晉書〕 登加罪戮. ❷밟다. ≒蹬. ❸얻다. ≒得. 〔春秋公羊傳〕 公曷爲遠而觀魚, 登來之也.
【登降 등강】①오르내림. 昇降(승강). ②상하(上下). 존비(尊卑). ③증감(增減).
【登高 등고】①높은 곳에 오름. ②음력 9월 9일 중양절(重陽節)에 높은 곳에 올라 머리에 수유(茱萸)를 꽂고 국화주(菊花酒)를 마시어 재액(災厄)을 쫓는 행사.
【登高而招 등고이초】먼 데 있는 사람도 볼 수 있게 높은 곳에 올라 사람을 부름. ㉠효과를 얻으려면 물건을 이용하여야 함. ㉡수신(修身)을 하려면 배움에 의하여야 함.

【登高自卑 등고자비】①높은 곳에 오를 때는 반드시 낮은 곳에서부터 시작함. 일을 하는 데는 순서가 있으므로 그 순서를 밟아야 함. ②지위가 높아질수록 스스로를 낮춤.
【登高必賦 등고필부】군자는 높은 산에 오르면 반드시 시를 읊어 회포를 품.
【登科 등과】과거에 급제함. 登第(등제).
【登槐 등괴】재상(宰相)의 자리에 오름. ○'槐'는 '삼괴(三槐)의 자리'를 이름.
【登閎 등굉】높고 넓음. 高遠(고원)함.
【登極 등극】①지붕의 용마루에 오름. ②천자의 자리에 오름. ○'極'은 '뭇별이 향하는 북극성(北極星)'을 뜻함. 登祚(등조). 卽位(즉위).
【登年 등년】①풍년(豊年). ②여러 해를 보냄.
【登壇 등단】①대장을 임명하는 단에 오름. ②대장이 됨.
【登徒子 등도자】호색한(好色漢). ○전국 시대 초(楚)나라의 송옥(宋玉)이 지은 등도자호색부(登徒子好色賦)에 나오는 주인공의 이름에서 온 말.
【登頓 등돈】올라갔다 내려갔다 함. 오르내림.
【登登 등등】①힘을 쓸 때 서로 지르는 소리의 모양. '이영차·어여차' 따위. ②물건을 치는 소리. ③많은 모양. ④올라가는 모양.
【登覽 등람】높은 곳에 올라가서 바라봄. 登眺(등조).
【登錄 등록】①장부에 올림. 장부에 기재함. ②일정한 사항을 공증(公證)하기 위하여 공부(公簿)에 기재하는 일.
【登龍門 등용문】①입신출세(立身出世)의 관문(關門). ②용문에 오름. 뜻을 이루어 크게 영달함. 故事 용문(龍門)은 황하(黃河)의 상류에 있는 급류에, 잉어가 이 곳을 오르면 용이 된다고 하는 데서 온 말.
【登樓 등루】①누각(樓閣)에 오름. ②기루(妓樓)에 올라 놂.
【登樓淸嘯 등루청소】다락에 올라 애조(哀調)를 띤 맑은 소리로 노래함.
【登臨 등림】①높은 곳에 올라 아래를 내려다봄. ②제왕이 되어 백성을 다스림.
【登聞鼓 등문고】①백성이 임금에게 간(諫)하려 할 때나 하소연하려 할 때, 치게 하여 알리게 할 목적으로 조정에 비치해 둔 북. ②신문고(申聞鼓)의 딴 이름.
【登攀 등반】높은 곳에 더위잡아 오름.
【登拔 등발】인재를 발탁함. 燈擢(등탁).
【登仙 등선】①신선이 되어 하늘로 올라감. ②존귀한 사람의 죽음의 높임말.
【登禪 등선】선양(禪讓)으로 제위(帝位)에 오름.
【登涉 등섭】산에 오르고 물을 건넘. 산야를 돌아다님.
【登歲 등세】풍년이 듦, 또는 그 해.
【登崇 등숭】등용하여 공경함.
【登時 등시】지금 곧. 卽時(즉시). 卽刻(즉각).
【登衍 등연】오곡이 풍성하게 여묾.
【登筵 등연】중신(重臣)이나 대신(大臣)이 용무를 띠고 나아가 임금을 뵘.

【登瀛州 등영주】명예로운 지위에 오름. ○'瀛州'는 신선이 산다는 삼신산(三神山)의 하나.
【登位 등위】군주(君主)의 자리에 오름. 곧, 즉위(卽位).
【登稔 등임】오곡이 풍성하게 여묾.
【登梓 등재】원고의 글을 판에 새김. 인쇄에 부침. 上梓(상재).
【登載 등재】신문·장부 등에 사실을 기록하거나 실음.
【登丁 등정】나무를 베는 소리.
【登頂 등정】정상에 오름.
【登程 등정】여정(旅程)에 오름. 登途(등도).
【登第 등제】과거(科學)에 급제함. 登科(등과).
【登躋 등제】높은 곳에 오름. 登攀(등반).
【登祚 등조】천자의 위에 오름. 登極(등극).
【登朝 등조】조정에 나아감. 벼슬길에 오름.
【登眞 등진】하늘에 올라 신선(神仙)이 됨. 登仙(등선).
【登進 등진】끌어 올림. 관리 등을 승진시킴.
【登陟 등척】①높은 곳에 오름. ②높은 데에 오르게 함. 登高(등고).
【登踐 등천】올라가 밟음.
【登薦 등천】제수(祭需)를 갖추어 흠향(歆饗)하게 함.
【登遐 등하】①어느 목표·경지에 다다름. ②제왕의 죽음. 昇遐(승하). ③신하(臣下)의 죽음.

○ 晩—, 攀—, 步—, 先—, 仰—, 延—, 前—, 薦—, 超—, 趨—, 秋—, 擢—, 飄—, 豊—.

【發】 ❶쏠 발 月 fā
❷물고기 성할 발 囻 bō

형성. 弓＋癹→發. 본래 '활을 쏘다'라는 뜻으로, '癹(발)'이 음을 나타낸다.

字解 ❶①쏘다. 〔詩經〕壹發五豝. ②가다, 떠나다. 〔禮記〕疾趨則欲發, 而手足毋移. ③보내다, 파견하다. 〔戰國策〕王何不發將而擊之. ④일어나다, 일으키다. 〔大學〕仁者以財發身. ⑤내다, 나다. 〔禮記〕雷乃發聲. ⑥싹이 트다. 〔淮南子〕草木之發如蒸氣. ⑦이삭이 패다. 〔詩經〕實發實秀. ⑧행하다. 〔呂氏春秋〕謀未發而聞於國. ⑨오르다, 올리다. 〔易經〕六爻發揮. ⑩피다, 펴지다. 〔易經〕發於事業. ⑪비롯하다. 〔禮記〕諸德之發也. ⑫나타나다, 나타나다. 〔禮記〕故君子樂其發也. ⑬열다, 열리다. 〔張衡·賦〕發京倉. ⑭꽃이 피다. 〔庾肩吾·詩〕臘梅朝始發. ⑮밝히다, 발명하다. 〔論語〕不俳不發. ⑯들추다, 드러내다. 〔列子〕不相謫發. ⑰흩어지다, 흐트러지다. 〔素問〕惡氣不發. ⑱어지럽히다, 어지럽다. 〔詩經〕毋發我笱. ⑲새다, 빠지다. 〔楚辭〕春風奮發. ❷물고기가 성한 모양, 물고기가 헤엄치다. 〔詩經〕鱣鮪發發.
【發駕 발가】귀인(貴人)의 출발.
【發奸摘伏 발간적복】바르지 못한 일을 폭로하

【發見 ❶발견 ❷발현】❶처음으로 새로운 사물이나 이치를 찾아 냄. ❷⇨發現(발현).
【發起 발기】①새로운 일을 꾸미어 일으킴. ②(佛)불도를 구하려는 마음을 일으킴.
【發難 발난】①병란(兵亂)을 일으킴. ②질문하고 힐난(詰難)함.
【發端 발단】①일이 처음으로 일어남. ②일의 실마리.
【發棠 발당】나라의 창고를 열어 빈민을 구제함. 故事 맹자가 제(齊)나라 선왕(宣王)에게 당읍(棠邑)에 있는 창고의 곡식을 풀어 빈민을 구휼(救恤)할 것을 권한 고사에서 온 말.
【發動 발동】①움직이기 시작함. 활동을 개시함. ②시끄럽게 떠듦. ③동력을 일으킴. ④효력을 발함.
【發輦 발련】천자 나들이의 출발.
【發露 발로】겉으로 드러남.
【發明 발명】①열어서 밝게 함. ②경사(經史)의 뜻을 깨달아 밝힘. ③무죄를 변명하여 밝힘. 辨白(변백). ④연구하여 새로운 물건이나 방법을 생각해 냄.
【發蒙 발몽】①몽매(蒙昧)를 깨우침. 어리석은 사람이 지혜가 열림. ②덮개를 벗김.
【發發 발발】①바람의 빠른 모양. ②물고기가 싱싱하게 뛰노는 모양.
【發配 발배】죄인을 유배지로 보냄.
【發凡 발범】책의 요지나 체재를 밝힘.
【發兵 발병】군사를 냄. 군사를 일으킴.
【發菩提心 발보리심】(佛)①큰 자비심(慈悲心)을 일으키는 일. ②불도(佛道)의 깨달음을 얻고 중생을 제도하려는 마음을 일으킴. 發心(발심). 發意(발의).
【發福 발복】운이 틔어 복이 닥침.
【發憤 발분】①마음과 힘을 돋우어 일으킴. 분발(奮發)함. 發奮(발분). ②화가 남. 화를 냄.
【發憤忘食 발분망식】분발하여 끼니마저 잊음.
【發祥 발상】①천명을 받아 임금이 될 길조(吉兆)가 나타남. ②제왕이나 그 조상의 출생. ③상서로운 일이 생김. 행복의 조짐이 나타남. ④사물이 처음으로 생겨남.
【發喪 발상】①상제가 머리를 풀고 곡하여 초상난 것을 알림. ②사람의 죽음을 여러 사람에게 알림.
【發粟 발속】곡식을 꺼내어 구원함.
【發穗 발수】식물의 이삭이 팸.
【發身 발신】몸을 일으킴. 영예(榮譽)를 이룸.
【發心 발심】①무슨 일을 하겠다고 마음을 냄. ②마음속에서 우러남. ③(佛)⇨發菩提心(발보리심)②. 發意(발의).
【發揚 발양】①명성(名聲)·국위(國威) 따위를 크게 떨쳐 일으킴. ②인재를 등용함.
【發耀 발요】빛을 발함.
【發越 발월】①빠른 모양. ②밖으로 발산함. ③기상이 뛰어남. 준수(俊秀)함.
【發育 발육】생물이 차차 크게 자람.
【發意 발의】①의견이나 계획을 냄. ②일

을 생각해 냄. ③(佛)⇨發菩提心(발보리심)②.
【發軔 발인】수레를 움직이기 시작함. ㉠출발함. ㉡일을 시작함.
【發靷 발인】장사 때 상여가 묘지를 향하여 집을 떠남. ♡'靷'은 '구거(柩車) 앞에 매어 당기는 줄'을 뜻함. 發引(발인).
【發財 발재】①돈벌이. ②금전을 저축하는 일. 蓄財(축재).
【發跡 발적】①공을 세워 이름을 날림. ②출세함. 發迹(발적).
【發擿 발적】①남의 죄를 들추어냄. ②의문이 나는 곳이나 어려운 점을 해설함.
【發情 발정】①인정에 끌리어 일어남. ②정욕(情慾)을 일으킴.
【發程 발정】길을 떠남.
【發足 발족】①첫발을 내어 디딤. 출발함. ②조직(組織)·기관(機關) 등이 이루어져서 활동을 개시하는 일.
【發縱指示 발종지시】사냥개를 풀어 짐승 있는 곳을 가리켜 잡게 함. 어떻게 하라고 조종하고 지휘함.
【發倉 발창】창고를 엶. 빈민이나 재민을 구제하기 위하여 금품을 베풀어 줌.
【發暢 발창】봄이 되어 새싹이 돋아 나옴.
【發策 발책】①임금이 친히 시무책(時務策)에 관한 문제를 내어 시험 보이는 일. 또는 그 문제에 답안을 제출하는 일. 策問(책문). ②계획을 실천에 옮김.
【發表 발표】①임금께 서장(書狀)을 올리는 일. ②널리 세상에 알림. 公表(공표).
【發行 발행】①길을 떠남. 출발함. 發程(발정). ②도서·신문 등을 인쇄하여 세상에 내놓음. 發刊(발간). ③화폐·증권·증명서 등을 만들어 통용(通用)시킴.
【發向 발향】목적한 곳을 향하여 출발함.
【發現 발현】①묻혀 있던 것이 겉으로 드러남. 出現(출현). ②나타내 보임. 발휘함.
【發號 발호】호령(號令)을 내림.
【發揮 발휘】①떨쳐 나타냄. 지니고 있는 실력을 외부로 드러냄. ②발동(發動)함.
【發輝 발휘】빛을 발함. 빛을 뿜음.

❶堅-, 開-, 激-, 擊-, 啓-, 告-, 亂-, 濫-, 突-, 滿-, 未-, 憤-, 奮-, 不-, 散-, 先-, 始-, 連-, 自-, 再-, 摘-, 早-, 徵-, 出-, 爆-, 表-, 出-, 揮-.

白 部

5획 부수 │ 흰백부

白【白】⑤
❶흰빛 백 ㊀ bái
❷서방 빛 파 ㊁ bó
❸작위 이름 백 ㊂ bó
❹말할 자 ㊃지 ㊄ bái

白部 0획 白

丶 亻 亇 白 白

[소전]白 [소전]白 [소전]白 [고문]白 [초서]白

[參考] 대법원 지정 인명용 한자음은 '백'이다.
[字源] 指事. 入+二→白. 음지(陰地)를 뜻하는 '入'과 서쪽을 뜻하는 '二'를 합하여 서쪽으로 해가 지는 어스레한 저녁 풍경을 나타내었다. 어스레한 사물의 빛깔을 희다고 본 데서 '희다'는 뜻을 나타낸다.

[字解] ❶㉠흰빛, 오색의 하나. 방향으로는 서(西), 사철로는 가을, 오행으로는 금(金), 주역(周易)에서는 진(震) 또는 손(巽), 오장으로는 폐(肺), 길흉으로는 상(喪)에 해당한다. 〔論語〕不日白乎, 涅而不緇. ㉡희다. 〔孟子〕生之謂性也, 猶白之謂白與. ㉢채색하지 아니하다, 꾸미지 아니하다. 〔易經〕白賁无咎. ㉣깨끗하다. 〔易經〕巽爲白. ❸날이 새다, 밝아지다. 〔蘇軾·賦〕不知東方之旣白. ❹다듬다, 다듬어 마무리하다. 〔史記〕乃斫大樹, 白而書之曰, 龐涓死于此樹之下. ❺희다고 하다. 〔孟子〕白馬之白也, 無以異於白人之白也. ❻밝히다. 〔呂氏春秋〕吾將以身死白之. ❼좋은 편을 보이는 말. '어질다, 맑다, 바르다, 낫다' 따위. ❽아뢰다. 〔後漢書〕詳衆之白黑. ❾아퀴다, 사뢰다. 〔後漢書〕鍾瑾常以李膺言白焉. ❿잔, 술잔. 원래는 벌주의 잔. 〔左思·賦〕飛觴擧白. ⓫벼. 〔周禮〕其實䉤黃白黑. ⓬술. 〔禮記〕酒淸白. ⓭관록(官祿)이 없는 일. ¶白丁. ⓮은(銀). ⓯훈련되지 아니한 사람. ¶白徒. ⓰비어 있다, 공백(空白). 〔唐書〕持紙終日不下筆, 人謂之曳白. ❷서방(西方)의 빛. ❸작위의 이름. =伯. ❹말하다, 말의 기운(詞氣). =白.
【白骨 백골】①흰 뼈. 송장의 살이 썩고 남은 뼈. 枯骨(고골) ②칠을 하지 않은 목기(木器)나 목물(木物).
【白骨難忘 백골난망】죽은 뒤에도 은혜를 잊을 수 없음.
【白骨徵布 백골징포】國죽은 사람의 이름을 군적(軍籍)에 올려 군포(軍布)를 거두어 들임.
【白果 백과】은행(銀杏)나무. 은행 열매.
【白駒 백구】①흰 망아지. ②햇빛. 광음(光陰). 세월(歲月).
【白駒空谷 백구공곡】①현인(賢人)이 초야에 있음. ②현인이 모두 조정에 벼슬하여 산골에 없음. ◯'白駒'는 '현인이 타는 말'을 뜻함.
【白駒過隙 백구과극】흰 말이 벽 틈 앞을 지나감. 세월이 빠름의 비유.
【白圭 백규】①희고 맑은 옥. ②말을 삼가야 함. 三復白圭(삼복백규)
【白圭摯鄰 백규학린】남에게 폐해가 되는 일을 감히 함. [故事] 전국 시대에 백규(白圭)의 정치 사상을 맹자(孟子)가 비평하면서 물을 다스리는 데 우리 나라로 돌려 빼는 것과 같다고 한 고사에서 온 말.
【白徒 백도】①과거를 거치지 않고 벼슬아치가 됨. 또는 그런 사람. ②훈련되지 못한 병정.

【白道 백도】①흰 길. ②도리를 밝힘. ③달이 천구상(天球上)에 그리는 궤도(軌道).
【白頭 백두】①센머리. 白首(백수). ②國지체는 높으나 벼슬하지 않는 양반. 민머리.
【白頭如新 백두여신】백발이 되도록 사귀었어도, 서로 마음을 알지 못하면 새로 사귄 사람이나 다를 바가 없음.
【白浪 백랑】희게 이는 물결. 白波(백파).
【白練 백련】마전한 흰 비단(명주).
【白露 백로】24절기의 하나. 9월 8일경.
【白龍魚服 백룡어복】존귀한 사람이 미행(微行)하다가 위험(危險)을 당함. [故事] 신령한 백룡이 물고기로 변하여, 예저(豫且)라는 어부에게 잡혔다는 고사에서 온 말.
【白麻 백마】①흰 삼베. ②당대(唐代)에 임금의 조서(詔書)를 기록하던 흰 마지(麻紙). ③조서(詔書).
【白面書生 백면서생】얼굴이 해맑은 젊은이. 연소하여 경험이 부족한 서생.
【白描 백묘】동양화 묘법(描法)의 하나. 진하고 흐린 곳이 없이 선(線)만을 먹으로 진하게 그리는 일.
【白文 백문】①구두점(句讀點)·자구의 해석 등을 붙이지 않은 한문의 정문(正文). ②비문(碑文)·인문(印文) 따위의 음각(陰刻)한 것. ③관인(官印)이 찍히지 않는 문서.
【白門 백문】①성곽(城郭)의 문. ②서남방(西南方). ◯금기(金氣)가 시작하는 곳이라는 데서 온 말.
【白眉 백미】①흰 눈썹. ②여럿 중에서 가장 뛰어남. [故事] 삼국 때 촉한(蜀漢)의 마씨(馬氏) 집안 여러 형제 가운데 눈썹 속에 흰 털이 있는 마량(馬良)이 제일 뛰어났던 데서 온 말.
【白民 백민】①관작(官爵)이 없는 백성. ②나라 이름. 남만(南蠻)의 하나.
【白髮還黑 백발환흑】백발 노인에게 검은 머리 털이 다시 남. 다시 젊어짐.
【白白 백백】①바른 것을 밝힘. ②새하얌. ③헛되이. 아무 보람도 없이.
【白璧 백벽】고리 모양의 흰 옥(玉).
【白璧微瑕 백벽미하】흰 구슬의 작은 티. 훌륭한 사람이나 물건에 조그마한 결점이 있음.
【白兵 백병】①칼집에서 뺀 칼. 서슬이 선 칼날. 白刃(백인). ②예리한 무기.
【白兵戰 백병전】칼·총·총검 등을 가지고 직접 맞붙어 싸우는 전투.
【白賁 백비】채색하지 않고 흰빛으로 꾸밈. 모든 화려함을 버리고 자연의 근본으로 돌아감.
【白鬢 백빈】허옇게 센 살쩍. 霜鬢(상빈).
【白沙青松 백사청송】흰 모래톱에 푸른 소나무. 물가의 아름다운 경치.
【白蔘 백삼】잔털을 다듬고 껍질을 벗겨 햇빛에 말린 수삼(水蔘).
【白狀 백상】스스로 자기 죄상을 말함.
【白商 백상】가을. ◯가을은 색(色)으로는 '白', 음(音)으로는 '商'에 속하는 데서 온 말.
【白書 백서】나무를 깎은 흰 바닥에 쓴 글자.

②정부에서 발표하는 공식적인 실정(實情) 보고서. ○영국 정부가 보고서를 흰 종이에 쓴 데서 온 말.
【白晳 백석】 살갗의 빛이 흼. 흰 피부.
【白選 백선】 한(漢) 무제(武帝) 때의 화폐. 은(銀)과 주석으로 만들었다.
【白水 백수】 ①흰 물. 맑은 물. ②청백(淸白)한 마음.
【白首 백수】 센머리. 노인의 머리.
【白叟 백수】 백발의 노인.
【白水郞 백수랑】 고기잡이를 업으로 하는 사람. 漁父(어부).
【白首文 백수문】 천자문(千字文)의 딴 이름. 故事 후량(後梁)의 주흥사(周興嗣)가 천자문을 하룻밤 사이에 짓고 머리가 허옇게 세었다는 고사에서 온 말.
【白水眞人 백수진인】 돈의 딴 이름. ○왕망(王莽) 때 돈을 화천(貨泉)이라 하였는데, '白水'의 합자(合字)는 '泉', '眞人'의 합자는 '貨'가 됨에서 온 말.
【白身 백신】 ①☞白頭(백두). ②흰 몸둥이.
【白堊 백악】 ①흰 빛깔의 흙. 白土(백토). ②석회(石灰)를 바른 흰 벽. ③백묵(白墨). 분필(粉筆).
【白眼 백안】 ①눈의 흰자위. 白目(백목). ②흘겨보는 눈. 가볍게 여겨서 시쁘게 보는 눈.
【白眼視 백안시】 눈의 흰자위를 드러내고 흘겨봄. ㉠시쁘게 여김. ②냉대(冷待)하는 눈으로 봄. 故事 진(晉)나라 때 죽림칠현(竹林七賢)의 한 사람인 완적(阮籍)은 세속적인 일에 젖은 사람을 만나면 흰 눈자위를 드러내며 대하고, 그렇지 않은 사람은 푸른 눈자위를 드러내고 맞이하였다는 고사에서 온 말.
【白皚皚 백애애】 눈이 새하얗게 쌓인 모양.
【白夜 백야】 ①달 밝은 밤. ②극지방(極地方)에서 해가 진 후에도 어두워지지 않고 희뿌연 현상의 밤.
【白魚 백어】 ①흰 물고기. ②물고기 이름. 뱅어. ③좀[蠹]의 딴 이름.
【白魚入舟 백어입주】 적이 항복하여 복종함. 故事 주(周) 무왕(武王)이 주(紂)임금을 치려고 강을 건널 때 흰 물고기가 배 안으로 뛰어들었는데, 이를 은(殷)이 항복할 조짐이라고 보았던 고사에서 온 말. ○'白'은 '은나라의 색(色)'을 뜻함.
【白業 백업】 (佛)선업(善業).
【白蜺 백예】 흰 무지개. ○'蜺'는 '암무지개'를 뜻함.
【白屋 백옥】 ①흰 띠로 지붕을 이은 집. 茅屋(모옥). ②천한 사람이 사는 집. ③천한 사람. 서민(庶民).
【白玉樓 백옥루】 문인(文人)이나 묵객(墨客)이 죽은 다음에 간다는 천상(天上)의 누각(樓閣). 문인의 죽음. 故事 당(唐)의 시인(詩人) 이하(李賀)가 죽을 때, 천사(天使)가 찾아와 "상제(上帝)의 백옥루가 완공되었으므로 너를 불러다 그 기문(記文)을 짓도록 정하였다"고 말한 고사에서 온 말.
【白玉無瑕 백옥무하】 백옥에 티가 없음. 조금도 결점이 없는 사람.
【白玉微瑕 백옥미하】 ☞白璧微瑕(백벽미하).
【白玉盤 백옥반】 ①봉선(封禪) 때 제수를 담는 그릇. ②달의 딴 이름.
【白雨 백우】 ①소나기. ②우박.
【白羽 백우】 ①흰 새깃. 흰 깃. ②새의 깃으로 만든 물건.
【白暈 백운】 흰 무리. ○'暈'은 햇무리·달무리 따위의 '무리'를 뜻함.
【白雲鄕 백운향】 천상 세계. 仙鄕(선향).
【白月 백월】 ①흰 달. 겨울철의 싸늘한 달. ②인도(印度)의 역법(曆法)에서, 1일에서 15일까지의 달. 만월 이후의 달은 흑월(黑月)이라 한다.
【白衣 백의】 ①흰 옷. ②벼슬이 없는 사람. 평민. 布衣(포의). ③(佛)속인(俗人).
【白衣冠 백의관】 흰 의관. 상복(喪服).
【白衣使者 백의사자】 술을 들고 온 심부름꾼. 故事 진(晉)나라의 도연명(陶淵明)이 중양절(重陽節)에 마침 술이 떨어졌는데 강주 자사(江州刺史) 왕홍(王弘)이 흰 옷을 입은 사자를 보내 술을 선사한 고사에서 온 말. 白衣送酒(백의송주).
【白衣宰相 백의재상】 야인(野人)으로 있으면서 재상의 대우를 받음.
【白衣從軍 백의종군】 벼슬이 없는 사람으로 군대를 따라 전장에 나감.
【白人 백인】 ①백색 인종. 백인종. ②보통 사람. 평민(平民).
【白刃 백인】 칼집에서 뺀 칼. 시퍼런 칼날.
【白刃可蹈 백인가도】 칼날도 밟을 수 있음. 용기가 있음.
【白日 백일】 ①한낮. 대낮. 白晝(백주). ②빛나는 태양. ③석양(夕陽). 夕日(석일).
【白日夢 백일몽】 대낮의 꿈. 엉뚱한 공상(空想)의 비유.
【白日場 백일장】 ①國유생(儒生)들의 학업을 권장하는 의미에서 각 지방에서 베풀던 시문을 짓는 시험. ②글짓기 대회.
【白髭 백자】 허옇게 센 윗수염.
【白藏 백장】 가을의 딴 이름. ○가을은 오색(五色)에서 '白'에 해당하고, 모든 것을 수장(收藏)하는 시기인 데서 이르는 말.
【白著 ❶백저 ❷백착】 ❶현저(顯著)함. 명백함. 著名(저명). ❷①정한 조세 외에 제멋대로 받아들이는 세금. ②주연(酒宴).
【白田 백전】 밭. 陸田(육전).
【白牋 백전】 백지에 쓴, 임금에게 올리는 상소문(上疏文).
【白戰 백전】 ①맨손으로 싸움. ②문인(文人)이 글재주를 겨룸. ③금체시(禁體詩). 한시(漢詩)를 지을 때 시제(詩題)와 관계 있는 글자, 가령 눈[雪]의 시인 경우 玉·月·梨·梅·鷺·鶴·素·銀·鹽 등의 사용을 금하는 따위.
【白顚 백전】 ①이마에 흰 털이 있는 말. 별박이. ②희게 센 머리. 白頭(백두).

白部 1획 百 1189

【白拈賊 백점적】 맨손으로 물건을 교묘하게 훔치고 흔적을 남기지 아니하는 도둑.
【白丁 백정】 ①벼슬이 없는 사람. ②임시로 징집된 장정. ③배우지 못한 사람. ④소·개·돼지 따위를 잡는 일을 하는 사람.
【白梃 백정】 희고 굵은 지팡이.
【白帝 백제】 오방신(五方神)의 하나. 서방(西方)의 신.
【白罪 백죄】 명백한 죄.
【白奏 백주】 상주(上奏)함.
【白洲 백주】 흰 모래의 물가. 흰 모래로 이루어진 삼각주.
【白晝 백주】 대낮.
【白質 백질】 흰 바탕. 백색의 소지(素地).
【白醝 백차】 찹쌀 막걸리. 탁주.
【白粲 백찬】 ①한대(漢代)에 부녀자에게 과하던 형벌의 하나. 제사에 쓰기 위하여 상하지 아니한 쌀알을 고르게 하였음. 형기(刑期)는 3년. ②쌀의 딴 이름. 白米(백미).
【白氅 백창】 새깃으로 만든 옷. 위사(衛士)가 입었음.
【白菜 백채】 ①배추. ②배추를 잘게 썰어 양념하여 볶은 나물.
【白天 백천】 ①서쪽 하늘. ②現대낮.
【白癡 백치】 천치. 바보.
【白濁 백탁】 ①뿌옇게 흐림. ②오줌빛이 뿌옇고 걸쭉함. 또는 그러한 병.
【白湯 백탕】 끓인 맹물.
【白波 백파】 ①흰 물결. ②도둑. ◐후한(後漢) 때 황건적(黃巾賊)이 서하(西河)의 백피곡(白波谷)에 근거한 데서 온 말.
【白旆 백패】 흰 비단으로 만든 기.
【白牌 백패】 소과(小科)에 급제한 생원(生員)이나 진사(進士)에게 주던 흰 종이의 증서.
【白布 백포】 흰 베.
【白汗 백한】 구슬 같은 흰 땀.
【白鴿 백합】 흰 집비둘기.
【白狐 백호】 ①짐승 이름. ②흰빛 여우.
【白虎 백호】 ①흰 호랑이. ②사방신(四方位神)의 하나. 서방을 지키는 신. ③두부(豆腐)의 딴 이름. ④現음모(陰毛)가 없는 여자.

〈白虎②〉

【白毫 백호】 ①흰 털. ②(佛)부처의 미간(眉間)에 있어서 빛을 발하여 무량(無量)의 국토에 비친다고 하는 흰 털.
【白虹貫日 백홍관일】 흰 무지개가 해를 꿰뚫음. ㉠정성이 하늘에 감응되어 나타나는 현상. ㉡임금의 신상에 위해가 닥칠 조짐. ㉢눈동자에 흰색이 많음의 비유.
【白黑 백흑】 ①백과 흑. 黑白(흑백). ②선과 악, 정(正)과 사(邪)의 비유.
▷潔—. 啓—. 告—. 淡—. 明—. 半—. 斑—. 飛—. 純—. 淳—. 精—. 蒼—. 淸—. 葱—. 漂—. 皓—. 黃—. 黑—.

白
1 【百】⑥ ❶일백 백 囿 bǎi
　　　　❷힘쓸 맥 囿 mò

一ナ丆丆百百

[소전] 百 [고문] 百 [초서] 百
[참고] 대법원 지정 인명용 한자의 음은 '백'이다.
[字源] 指事. '白(흰 백)'자에 한 획을 그어 숫자 100을 표시하였다.
[字解] ❶①일백. 〔書經〕朞三百有六旬有六日. ②모든, 다수, 여러. 〔易經〕百官以治. ③백 번 하다. 〔中庸〕人一能之, 己百之. ❷힘쓰다, 노력하다. 〔春秋左氏傳〕距躍三百, 曲踊三百.
【百家 백가】 ①많은 집. ②많은 학자. 또는 유가(儒家)의 정계(正系) 이외에 스스로 일가(一家)를 이룬 학자의 총칭(總稱).
【百姦 백간】 갖은 간악한 짓.
【百結 백결】 ①누더기. ②마음속에 맺힌 근심. ③실을 걸어서 매듭을 만들어 가며 짠 직물.
【百谷王 백곡왕】 많은 골짜기의 물을 모으는 것. 곧, 하해(河海).
【百孔千瘡 백공천창】 백 개의 구멍과 천 개의 상처. ㉠많은 단점의 비유. ㉡상처투성이.
【百鬼夜行 백귀야행】 온갖 요괴(妖怪)가 밤에 마음놓고 돌아다님. 악인들이 제멋대로 날뜀.
【百揆 백규】 ①서정(庶政)을 통할하는 벼슬. 백관(百官)의 장(長). 冢宰(총재). ②모든 관원. 百官(백관). ③온갖 정사(正事).
【百鈞 백균】 3,000근의 무게. 무척 무거운 양.
【百金之士 백금지사】 백금에 상당하는 선비. 어진 선비.
【百衲衣 백납의】 헝겊 조각을 잇대어 지은 승복(僧服).
【百年河淸 백년하청】 백 년 동안 황하가 맑아짐을 기다림. 아무리 기다려도 일이 해결될 가망이 없음.
【百年偕老 백년해로】 부부가 화락하게 함께 늙어 감.
【百端 백단】 온갖 일의 실마리.
【百代 백대】 ①오래 계속 이어오는 여러 세대. ②오랜 세월. 百世(백세).
【百代之過客 백대지과객】 영원히 지나가 버리는 나그네. 곧, 광음(光陰). 세월(歲月).
【百度 백도】 ①온갖 일의 절도(節度). 갖가지 법도. ②일주야의 100각(刻). 1각은 14.4분. ③온도계·각도기 등의 100눈금.
【百兩 백량】 수레 백 대. ◐'兩'은 '輛'으로 '수레의 수를 세는 단위'를 뜻함.
【百沴 백려】 온갖 나쁜 기운.
【百黎 백려】 많은 백성. 百靈(백령).
【百伶百俐 백령백리】 매우 총명함.
【百祿 백록】 많은 복록(福祿). 온갖 행복.
【百雷 백뢰】 많은 우레. ②소리가 큼.
【百里 백리】 ①10리(里)의 10배. 먼 거리. ②공·후(公侯)의 나라. ③한 현(縣)의 땅. ④현재(縣宰). 현령(縣令).
【百里負米 백리부미】 가난한 가운데서도 부모에

1189

白部 1획 百

게 효도함. 故事 자로(子路)가 어버이를 위하여 100리나 떨어진 곳에 쌀을 지고 간 고사에서 온 말.

【百里才 백리재】 한 현(縣)을 다스리기에 족한 재능(才能).

【百畝之田 백묘지전】 하(夏)·은(殷)·주(周) 대의 정전제(井田制)에서, 한 가구가 받는 땅의 넓이. 1정(井)은 900묘인데, 중앙 100묘는 공전(公田)으로 공동 경작하고, 주위의 800묘는 8가구에 나누어 주었다.

【百無所成 백무소성】 하는 일마다 성취한 것이 없음.

【百無一失 백무일실】 백에 하나도 잃은 것이 없음. 일마다 실수함이 없음.

【百聞不如一見 백문불여일견】 백 번 듣는 것이 한 번 보는 것만 못함.

【百般 백반】 갖가지. 모두. 萬事(만사).

【百發百中 백발백중】 백 번 쏘아 백 번 맞춤. ㉠쏘기만 하면 어김없이 맞음. ㉡모든 일이 계획대로 들어맞음.

【百芳 백방】 향기로운 많은 꽃. 群芳(군방).

【百辟 백벽】 ①많은 군주(君主). ②많은 제후(諸侯). ○'辟'은 '君'으로 '임금'을 뜻함.

【百福莊嚴 백복장엄】 (佛)부처가 온갖 복업인(福業因)을 쌓아서 얻은 장엄한 상.

【百朋 백붕】 ①많은 친구. ②많은 녹(祿).

【百事可做 백사가주】 무슨 일이든 이루어 낼 수 있음.

【百死一生 백사일생】 백 번 죽을 뻔하다가 한 번 살아남. 수없이 위험한 고비를 넘음. 九死一生(구사일생).

【百舍重趼 백사중견】 먼 길을 걸어 발에 물집이 겹겹이 생김. ○'百舍'는 100리를 걷고 하루 묵음.

【百祥 백상】 많은 상서로운 일. 갖은 행복.

【百姓 백성】 ①많은 관리. ○덕이 있는 유덕한 사람에게 벼슬을 주고 성(姓)을 내렸기 때문에 이르는 말. ②서민. 일반 국민.

【百世 백세】 ⇨百代(백대).

【百世之師 백세지사】 백대의 후세까지도 사표(師表)가 될 사람. 곧, 성인(聖人).

【百歲 백세】 ①100년. 오랜 세월. ②평생. ③죽음을 완곡하게 표현하는 말.

【百愁 백수】 많은 근심. 온갖 걱정.

【百需 백수】 갖가지 수요(需要).

【百獸率舞 백수솔무】 많은 짐승들까지 음악에 감동하여 춤을 춤.

【百乘之家 백승지가】 봉읍(封邑)에서 병거(兵車) 100대를 낼 수 있는 집. 곧, 경대부(卿大夫)의 집.

【百氏 백씨】 많은 학자. 諸子百家(제자백가).

【百藥之長 백약지장】 온갖 약 가운데 으뜸인 것. 술의 딴 이름.

【百葉 백엽】 ①먼 뒷날. 百世(백세). ②겹꽃. 또는 물건이 포개진 모양. ③소·양 등 반추 동물의 위(胃)의 일부. 처녑. ④역서(曆書).

【百王 백왕】 ①많은 왕. 여러 임금. ②백대의

왕. 대대의 많은 군왕(君王).

【百爾 백이】 여러. 모든. ○'爾'는 조자.

【百爾君子 백이군자】 관위(官位)에 있는 모든 사람.

【百忍 백인】 온갖 어려움을 참고 견딤. 故事 당대(唐代)에 장공예(張公藝)의 집안은 구대(九代)가 한집에서 같이 화목하게 살았는데, 이 소문을 들은 고종(高宗)이 그 비결을 물으니 인(忍)자를 100개 써서 올렸다는 고사에서 온 말.

【百一物 백일물】 (佛)각종 집기(什器)에서 비구(比丘)가 그 하나만 가져야 할 물건.

【百子 백자】 ①제자백가(諸子百家)가 저술한 책. ②많은 아들.

【百丈 백장】 ①천 자(尺)의 길이. ②배를 끄는 동아줄.

【百全 백전】 모든 것이 완전함.

【百囀 백전】 요란하게 지저귐.

【百戰老將 백전노장】 온갖 세상 풍파를 다 겪은 사람. 百戰老卒(백전노졸).

【百戰百勝 백전백승】 백 번 싸워 백 번 이김. 번번이 이김.

【百折不屈 백절불굴】 수없이 꺾여도 굽히지 않음. 온갖 어려움을 무릅쓰고 이겨 나감.

【百拙 백졸】 모든 일에 서투름.

【百中 백중】 ①쏘면 꼭 맞힘. ②백의 가운데. ③(佛)음력 7월 보름날. 百種(백종).

【百昌 백창】 ①여러 가지 생물(生物). 百物(백물). ②現만사가 다 왕성함.

【百尺竿頭 백척간두】 100자 높이 장대의 끝. ㉠매우 위태롭고 어려운 지경. ㉡학문의 높은 경지의 비유. ㉢수도(修道)를 통하여 도달한 높은 경지의 비유.

【百川學海 백천학해】 모든 냇물은 바다를 배우며 흘러 흘러 마침내 바다에 들어감. 사람도 도(道)를 배우면 마침내 도를 얻는 데에 이름.

【百出 백출】 여러 가지 현상으로 나타남.

【百雉 백치】 길이 300장(丈), 넓이 500보(步)인 성(城)의 담(墻).

【百八煩惱 백팔번뇌】 (佛)중생(衆生)의 과거·현재·미래를 통한 일체의 번뇌(煩惱).

【百弊 백폐】 온갖 폐단.

【百廢俱興 백폐구흥】 폐지된 온갖 일이 다시 일어남.

【百骸 백해】 많은 뼈. 몸 전부.

【百害無益 백해무익】 해롭기만 할 뿐 조금도 이로울 것이 없음.

【百刑 백형】 온갖 형벌.

【百花爛漫 백화난만】 온갖 꽃이 한물로 활짝 피어 흐드러짐.

【百花王 백화왕】 모란(牡丹)의 딴 이름.

【百花齊放 백화제방】 온갖 꽃이 일제히 핌. ㉠온갖 사물이 번성함. ㉡학문·예술·사상 등의 유파가 각기 자기 주장을 마음껏 폄.

【百會 백회】 ①정수리의 숨구멍이 있는 자리. 머리의 꼭대기. ②무슨 일이라도 다 할 수 있음.

【百卉含英 백훼함영】 온갖 꽃이 아름답게 핌.

●凡-, 旅-, 一當-, 千-, 萬-.

白部 2~4획 兇皁皂的旳皆皈皇

白2 【兇】⑦ 貌(1718)와 동자

白2 【皁】⑦ 하인 조 🔒 zào

초서 皁 속서 皂 字解 ①하인, 천한 사람. 〔春秋左氏傳〕 士臣皁, 皁臣輿, 輿臣隸. ②마구간. 〔逸周書〕 皁畜猶有制. ③말 우리, 마소를 가두어 기르는 곳. 〔莊子〕 編之以皁棧. ④구유. 마소에게 먹이를 담아 주는 그릇. 〔文天祥·歌〕 牛驥同一皁. ⑤말 열두 필. 〔周禮〕 三乘爲皁. ⑥검다, 검은 빛. 〔漢書〕 且帝之身自衣皁綈. ⑦이르다. 해가 돋기 전에는 일러서 어둡기 때문에 이르는 말. ⑧쪽정이. 〔詩經〕 旣方旣皁. ⑨도토리, 상수리.
【皁蓋 조개】 수레 위를 가리는 검은 일산(日傘).
【皁巾 조건】 검은 두건.
【皁君 조군】 ①皁裙(조군). ②부엌을 맡은 귀신. ∠'皁'와 '竈'의 음(音)이 같은 데서 온 말.
【皁裙 조군】 황새의 딴 이름.
【皁櫪 조력】 ①마구간. ②마판(馬板).
【皁物 조물】 검은 염료(染料)를 만드는 원료가 되는 상수리·도토리 따위.
【皁白 조백】 ①흑(黑)과 백(白). 옳음과 그름. 黑白(흑백). ②승려와 속인(俗人).
【皁棧 조잔】 ①구유와 마판. ②마구간.
【皁綈 조제】 검은 비단.
🔘 門-, 上-, 臣-, 輿-, 櫪-.

白2 【皂】⑦ 皁(1191)의 속자

白3 【的】⑧ 과녁 적 🔒 dì, de

초서 的 字源 形聲. 白+勺→的. '勺(작)'이 음을 나타낸다.
字解 ①과녁, 활을 쏘는 표적. 〔詩經〕 發彼有的. ②표준, 사물을 행하는 기준. 〔後漢書〕 天下爲準的. ③사북, 요점. 〔湘山野錄〕 采詩者以爲中的. ④밝다, 똑똑하게 보이는 모양. 〔中庸〕 小人之道, 的然而日亡. ⑤희다. ⑥참되다, 적실하다. 〔南齊書〕 泛之爲言, 無的之辭. ⑦확실하게, 적확(的確)히. 〔史記〕 不敢的言是非, 故云儻也. ⑧여자가 단장할 때 이마 복판에 찍는 붉은 점, 곤지. 〔傅玄·賦〕 珥明璫之迢遰, 點雙的以發姿. ⑨연밥, 연꽃의 열매. ≒菂. 〔潘岳·賦〕 飛鬓垂的. ⑩조사. '~의'의 뜻으로, 송대(宋代)의 어록(語錄) 등에서 '底'· '地' 등과 같이 쓰였다.
【的當 적당】 ①명확하게 맞음. 꼭 들어맞음. ②확실(確實). 確當(확당).
【的歷 적력】 또렷또렷하고 분명함. 선명(鮮明)한 모양. 的皪(적력).
【的顙 적상】 이마에 흰 털의 점이 박힌 말. 별박이. 戴星馬(대성마).
【的實 적실】 틀림없이 확실함.
【的的 적적】 명확한 모양.
【的中 적중】 ①화살이 과녁에 맞음. 쏜 것이 목표물에 맞음. ②예측대로 들어맞음. ③연밥〔蓮實〕의 속.
【的證 적증】 명확한 증거.
【的知 적지】 확실히 앎.
【的確 적확】 틀림없음. 확실함.
🔘 公-, 內-, 端-, 目-, 物-, 史-, 私-, 射-, 外-, 眞-, 表-, 標-, 確-.

白3 【旳】⑧ 皽(1193)과 동자

白4 【皆】⑨ 다 개 🔒 jiē

丶 匕 比 比 毕 毕 皆 皆 皆

소전 皆 초서 皆 字源 會意. 比+白→皆. 〔比〕 찬성의 말〔白〕을 한다는 데서, '다, 모두'를 뜻한다.
字解 ①다, 모두. 〔論語〕 天下之惡皆歸焉. ②두루 미치다. 〔詩經〕 降福孔皆. ③함께. ≒偕. 〔管子〕 與夫人皆行.
【皆勤 개근】 일정한 기간 동안 하루도 빠짐없이 출석하거나 출근함.
【皆動 개동】 죄다 움직임. 모두 동요함.
【皆悉 개실】 다. 모두. 皆都(개도).
🔘 擧-, 悉-.

白4 【皈】⑨ 歸(909)와 동자

白4 【皇】⑨ ❶임금 황 🔒 huáng ❷갈 왕 🔒 wǎng

丿 亻 ⺀ 白 白 皁 皁 皇

소전 皇 초서 皇 參考 대법원 지정 인명용 한자의 음은 '황'이다.
字源 會意. 白+王→皇. '白'은 본디 '自', 곧 '鼻'로 '처음'의 뜻이다. '王'과 합하여 처음의 왕, 곧 중국 최고(最古)의 임금인 '삼황(三皇)'을 가리킨다. 여기서 '천자', '상제(上帝)'의 뜻이 나왔다.
字解 ❶①임금. '왕(王)'·'패(霸)'에 비하여 특히 공덕이 가장 높고 큰 임금을 이른다. 〔詩經〕 皇王維辟. ②천자, 또는 상제(喪制)에 관한 사물 위에 붙이는 말. 〔後漢書〕 皇器猶神器, 謂天位也. ③천제(天帝), 만물의 주재자(主宰者). 〔楚辭〕 信上皇而質正. ④죽은 부모, 남편에 붙이는 경칭. 〔禮記〕 祭王父曰皇祖考, 王母曰皇祖妣, 父曰皇考, 母曰皇妣, 夫曰皇辟. ⑤크다. 〔書經〕 惟皇上帝. ⑥아름답다. 〔詩經〕 思皇多士. ⑦엄숙하게 차리다. 〔儀禮〕 賓入門皇. ⑧바로잡다. ≒匡. 〔詩經〕 四國是皇. ⑨꽃, 꽃답다. ⑩한가하다, 겨를. ≒遑. 〔詩經〕 武人

東征, 不皇朝矣. ⑪하물며. 늑況. 〔書經〕我皇多有之. ⑫벽이 없는 방. 〔漢書〕列坐堂皇上. ⑬관의 이름. 깃을 그려 장식한 관. 〔禮記〕有虞氏皇而祭. ⑭춤 이름. 오색의 깃을 가지고 추는 춤. ⑮황부루. 늑騜. 누런 바탕에 흰빛이 섞인 말. ⑯봉천새. =凰. 〔楚辭〕鸞皇爲余先戒兮. ⑰성(姓). ❷①가다, 가고자 하다. ②엄숙하다, 제사의 의식을 성하게 하다. 〔禮記〕齊齊皇皇.

【皇綱 황강】삼황오제(三皇五帝)의 큰 법칙. 천자가 천하를 다스리는 큰 법칙.
【皇京 황경】서울. 都城(도성).
【皇考 황고】①돌아가신 아버지의 존칭. ②할아버지. 조부. ③증조부.
【皇姑 황고】①돌아간 시어머니. 先姑(선고)의 존칭. ②황제의 자매나 고모.
【皇衢 황구】사통팔달의 큰 길. 한길.
【皇穹 황궁】①하늘. 蒼穹(창궁). ②천제(天帝).
【皇極 황극】①치세(治世)에 있어서, 한쪽에 치우치지 아니하는 중정(中正)의 도(道). ②황제의 자리. 帝位(제위).
【皇基 황기】황제가 국가를 통치하는 사업. 국가의 기초. 皇礎(황초).
【皇器 황기】황제의 자리. 神器(신기).
【皇闥 황달】대궐의 문. 대궐 안.
【皇都 황도】도성(都城). 제도(帝都).
【皇道 황도】①삼황오제(三皇五帝)의 정도(政道). 제왕이 나라를 다스리던 도(道). ②큰 도(道). 大道(대도).
【皇圖 황도】①하도(河圖). ②천자의 계획. 皇猷(황유).
【皇靈 황령】①상제(上帝)의 혼령(魂靈). ②제왕의 신령(神靈).
【皇路 황로】①큰 길. 代道(대도). ②군주(君主)의 행할 길. 君道(군도).
【皇陵 황릉】황제의 능침.
【皇明 황명】①천자의 밝은 지혜. ②크고 밝은 덕성.
【皇謨 황모】제왕의 계책. 皇猷(황유).
【皇舞 황무】①오색의 깃을 가지고 추는 춤. ②황무 때 춤추는 사람이 드는 오색의 깃털.
【皇辟 황벽】①아내가 죽은 남편을 제사 지낼 때 쓰는 경칭(敬稱). ②천자(天子).
【皇墳 황분】삼황(三皇)의 삼분서(三墳書).
【皇嗣 황사】황제의 후사(後嗣). 황태자(皇太子). 皇儲(황저).
【皇上 황상】현재의 황제. 今上(금상).
【皇壽 황수】황제의 수명. 황제의 나이.
【皇業 황업】천자가 천하를 다스리는 사업.
【皇裔 황예】황제의 자손. 皇胤(황윤).
【皇王 황왕】천자.
【皇運 황운】①제왕이 될 운명. ②제왕의 운수.
【皇威 황위】황제의 위광(威光).
【皇猷 황유】제왕의 길. 皇謨(황모). 皇圖(황도).
【皇維 황유】제왕이 나라를 다스리는 법칙.
【皇彝 황이】제왕의 법도.

【皇邸 황저】천자의 앉은 자리 뒤에 치는 병풍.
【皇儲 황저】황제의 후사(後嗣). 황태자.
【皇帝 황제】①제왕(帝王). 덕과 공이 삼황오제(三皇五帝)에 필적한다는 뜻으로, 진(秦)의 시황제(始皇帝)에서 비롯된 호칭. ②황제(黃帝). ③삼황오제(三皇五帝)의 준말.
【皇祖 황조】①제왕의 선조(先祖)나 시조(始祖). ②죽은 조부의 존칭.
【皇朝 황조】당대(當代)의 조정(朝政).
【皇宗 황종】①천자의 일족. 皇族(황족). ②역대의 천자.
【皇州 황주】서울. 帝都(제도).
【皇天 황천】①하늘의 존칭. ②하늘의 주재신(主宰神). 上帝(상제).
【皇天后土 황천후토】하늘의 신과 땅의 신. 천지의 제신(諸神).
【皇勅 황칙】황제의 조칙(詔勅).
【皇太后 황태후】선제(先帝)의 황후(皇后). 금상(今上)의 어머니.
【皇風 황풍】천자의 덕(德).
【皇祜 황호】큰 복. 大福(대복).
【皇化 황화】황제의 덕화(德化). 임금의 어진 덕으로 백성을 교화(敎化)함. 王化(왕화).
【皇華 황화】①황제의 위덕(威德). 皇威(황위). ②황제의 사신. 勅使(칙사). ○시경(詩經) 소아(小雅)의 편명인 '皇皇者華(황황자화)'에서 온 말.
【皇皇 ❶황황 ❷왕왕】❶①화려한 모양. 눈부시게 아름다운 모양. ②몹시 급하여 허둥지둥하는 모양. 遑遑(황황). ③마음이 안정되지 않아 갈피를 잡지 못하는 모양. ④큰 모양. ⑤사방(四方)으로 탁 트인 모양. ❷향하여 가는 모양.
【皇后 황후】①제왕의 정실(正室). ②천자. '皇'은 '大', '后'는 '君'으로 '천제(天帝)의 아들'을 뜻함.

○ 覺-, 敎-, 堂-, 東-, 方-, 法-, 三-, 上-, 聖-, 女-, 英-, 玉-, 聿-, 人-, 張-, 窒-, 経-, 倉-, 天-, 靑-.

白5【皐】⑩ ❶못 고 [篆] gāo
❷명령할 호 [篆] háo
❸현 이름 호 [篆] gū

[소전] 皋 [초서] 皋 [동자] 皐 [속자] 皋

[字解] ❶못, 늪. 〔詩經〕鶴鳴于九皐. ②논. 〔潘岳·賦〕耕東皐之沃壤兮. ③물가, 못 주변의 땅, 둑 밑의 습지. 〔春秋左氏傳〕收濕皐. ④후미, 후미진 곳. 〔楚辭〕步余馬于蘭皐兮. ⑤고복(皐復)하는 소리. 늑号. 〔禮記〕升屋而號, 告曰皐某復. ⑥느리다, 소리가 완만하다. 〔春秋左氏傳〕齊人因歌之曰, 魯人之皐. ⑦명령하다. 늑號. 〔周禮〕詔來瞽, 皐舞. ⑧높다. 늑高. 〔禮記〕天子皐門. ⑨오월(五月). ⑩완고한 모양. 〔詩經〕皐皐訛訛, 曾不知其ფ. ※⑩의 글과 같다. ❸현 이름. 탁호(橐皐)는 지금의 안휘성(安徽省) 소현(巢縣)의 서북에 있다.

【皐皐 고고】①완고(頑固)하여 맹목적(盲目的)

白部 6~10획 皐皎硌皕皔皓皖皙皗皚皜 1193

인 모양. ②맡은 바 일에 태만한 모양. 게으름 피우는 모양.
【皐鼓 고고】큰 북의 이름. 길이가 1장(丈) 2척(尺). 역사(役事)할 때에 씀.
【皐陶 ❶고도 ❷고요】❶북을 치는 막대기. 북채. ❷①순(舜)임금의 신하. 벼슬은 사구(司寇). 법을 세우고 형벌을 제정하였으며, 옥(獄)을 만들었다고 함. ②옥관(獄官).

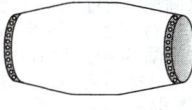
〈皐鼓〉

【皐復 고복】초혼(招魂)하고 발상(發喪)하는 의식. 사람이 죽은 5~6시간 뒤 그가 입던 웃옷을 가지고 지붕에 올라가서 왼손으로 깃을 잡고 오른손으로 허리를 잡아 북면(北面)하며 "누구야 몇 월 며칠날 몇 시에 별세(別世)"라고 세 번 외친 다음 그 옷을 시체 위에 덮음.
【皐比 고비】①호랑이 가죽. 虎皮(호피). ②장군(將軍), 또는 학자의 좌석(座席). ③강석(講席). ◯호피를 깔고 앉아서 강학(講學)한 데서 온 말. ④교사(教師).
【皐月 고월】음력 5월의 딴 이름.
◐ 乾一, 九一, 蘭一, 東一, 隰一, 澤一, 寒一.

白 6【皐】⑪ 皐(1192)와 동자
[參考] 대법원 지정 인명용 한자음은 '고'이다.

白 6【皎】⑪ 달빛 교 蕭 皎 jiǎo
[소전] 皎 [초서] 皎 [字解] ❶①달빛, 달의 밝은 빛. 〔詩經〕月出皎兮. ②햇빛. 〔楚辭〕晞白日兮皎皎. ③희다, 밝다. 〔詩經〕皎皎白駒. ④깨끗하다, 결백하다. ≒皓.
【皎潔 교결】희고 깨끗함. 결백(潔白)함.
【皎鏡 교경】①밝은 거울. ㉠달〔月〕. ㉡못〔池〕. ②밝은 모양.
【皎皎 교교】①결백(潔白)한 모양. ②밝은 모양.
【皎朗 교랑】명백함. 분명함.
【皎厲 교려】스스로 거드름 피움. 자만함.
【皎麗 교려】밝고 고움.
【皎如 교여】밝은 모양.
【皎然 교연】①밝은 모양. ②흰 모양.
【皎月 교월】희고 밝은 달. 皓月(호월).
◐ 素一, 晶一, 珠一.

白 6【硌】⑪ 礫(1194)과 동자

白 7【皕】⑫ 이백 벽·비 職 霸 bì
[소전] 皕 [초서] 硒 [字解] 이백(二百).

白 7【皔】⑫ 흴 한 旱 翰 hàn
[字解] 희다, 흰 모양. =鼾.

白 7【皓】⑫ ❶흴 호 晧 hào ❷머리 세어 빠질 회 灰 huī
[초서] 皓 [參考] 대법원 지정 인명용 한자의 음은 '호'이다.
[字解] ❶①희다, 희게 빛나다. 〔列子〕皓然疑乎雪. ②밝다. ≒皓. 〔詩經〕月出皓兮. ③깨끗하다. 〔楚辭〕安能以皓皓之白, 而蒙世俗之塵埃乎. ④넓다. 〔荀子〕皓天不復. ⑤하늘. ≒昊. ❷머리가 세어 빠지다.
【皓旰 호간】빛이 매우 밝은 모양.
【皓魄 호백】①달. ②달빛.
【皓然 호연】①희고 깨끗한 모양. 결백한 모양. ②하늘. 天公(천공). ③머리털이 하얗게 센 모양. ④광대(廣大)한 모양. 浩然(호연).
【皓曜 호요】희고 밝게 빛남.
【皓月 호월】밝게 빛나는 달. 皎月(교월).
【皓月千里 호월천리】밝은 달빛이 멀리까지 비치는 모양.
【皓天 호천】큰 하늘. 昊天(호천).
【皓齒明眸 호치명모】흰 이와 맑은 눈동자. 미인의 아름다운 모습.
【皓皓 호호】①밝은 모양. ②깨끗한 모양. ③한없이 넓은 모양. ④하해(河海)의 광대한 모양.
【皓皓白髮 호호백발】온통 하얗게 센 머리.
◐ 綺一, 商一, 夷一, 照一, 太一, 縞一.

白 7【皖】⑫ ❶샛별 환 翰 huàn ❷현 이름 환 旱 wǎn
[字解] ❶①샛별, 금성(金星). ②밝은 모양. =晥. 〔沈遼・詩〕當時皖皖同朝露. ❷현 이름. 한대(漢代)에 지금의 안휘성(安徽省) 잠산현(潛山縣)에 두었다.

白 8【皙】⑬ 살결 흴 석 錫 xī
[소전] 皙 [초서] 皙 [參考] 晳(791)은 딴 자.
[字解] ①살결이 희다, 사람의 피부가 희다. 백인(白人)을 이른다. 〔周禮〕四日墳衍, 其民皙而瘠. ②희다. 〔春秋左氏傳〕晳幘而衣貍製.
【皙白 석백】흼. 얼굴빛이 희고 살이 두툼하여 잘생김.
【皙幘 석책】이가 희고 고름.

白 8【皗】⑬ 밝을 주 尤 chóu
[字解] ①밝다. ②비단이 희다.

白 10【皚】⑮ 흴 애 灰 ái
[소전] 皚 [초서] 皚 [간체] 皑 [字解] 희다, 흰 모양. 〔杜甫・詩〕崖沈谷沒白皚皚.
【皚皚 애애】서리나 눈이 하얗게 내린 모양.

白 10【皜】⑮ 흴 학 藥 hé

白部 10~16획 皞皥皝皛皘皠皣皦曚皪皣皣皣皣

白
10 【皞】⑮ 흴 호 皓 hào
[字解] ①희다, 흰 모양. =顥. ②단단하고 바른 모양.
[皞(1194)는 딴 자.
희다, 희고 깨끗하다. 〔何晏·賦〕皞皞白鳥.
【皞皞 학학】 흰 모양. 鶴鶴(학학).
【皞皞 호호】 ①희고 깨끗한 모양. ②단단하고 바른 모양.

白
10 【皥】⑮ 밝을 호 皓 hào
[字解] ①밝다. ②희다. ③진득하다, 마음이 너그럽다, 느긋하다. 〔孟子〕王者之民, 皥皥如也. ④하늘. ≒昊. 〔漢書〕皥天罔極.
【皥天 호천】 하늘. 昊天(호천).
【皥皥 호호】 마음이 넓고 여유 있는 모양.

白
10 【皝】⑮ 엄숙한 모양 황 huàng
[字解] ①엄숙한 모양. ②사람 이름. 〔廣韻〕前燕慕容皝也.

白
10 【皛】⑮ ❶나타날 효 xiǎo ❷칠 박 pò
대법원 지정 인명용 한자의 음은 '효'이다.
[字解] ❶①나타나다, 드러나다. 〔潘岳·詩〕虛晶浦德. ②희다, 물빛이 몹시 희다. 〔郭璞·賦〕沉瀁晶瀁. ③밝다. 〔陶潛·詩〕皛皛川上平. ❷치다, 두드리다. 〔左思·賦〕晶甌岷於菱艸.
【皛淼 효묘】 텅 비고 넓은 모양.
【皛飯 효반】 모두가 흰빛의 요리.
【皛溔 효요】 ①매우 흰 모양. ②깊고 넓은 모양.
【皛皛 효효】 온통 흰 모양. 선명한 모양.
●皎-, 精-, 輝-.

白
11 【皘】⑯ 맑을 책 zé
[字解] ①맑다, 깨끗하다. 〔元稹·詞〕又安能保君皘皘之如雪. ②희다, 새하얗다. ③여위다.

白
11 【皠】⑯ 높고 험할 최 cuī
[參考] 皠(1193)은 딴 자.
[字解] ①높고 험하다. ②희다, 빛이 하얗다. 〔韓愈·孟郊·詩〕繽落羽皠.

白
12 【皤】⑰ ❶머리 센 모양 파 pó ❷말 옆걸음 칠 반 pán
[字解] ❶①머리가 센 모양, 노인의 머리가 센 모양. 〔班固·詩〕皤皤國老. ②희다. 〔易經〕賁如皤如. ③배가 불룩하고 살진 모양.

〔春秋左氏傳〕皤其腹. ④풍족한 모양. 〔左思·賦〕行庖皤皤. ❷말 옆걸음을 치다. ≒蹯.
【皤腹 파복】 배가 불룩하고 살진 모양.
【皤然 파연】 머리가 센 모양. 皤如(파여).
【皤叟 파수】 백발의 노인. 皤叟(파수).
【皤皤 파파】 ①머리털이 하얗게 센 모양. ②풍성하게 많은 모양. ③깨끗한 모양.
●髮-, 石-, 鬢-, 蒼-.

白
12 【皣】⑰ 皣(1194)의 속자

白
13 【皦】⑱ 옥석 흴 교 皎 jiǎo
[字解] ①옥석(玉石)의 흰 빛. ②희다. 〔詩經〕有如皦日. ③밝다, 또렷하다. 〔後漢書〕恢獨皦然, 不汚於世. ④맑다, 깨끗하다. 〔胡銓·表〕皦皦素心. ⑤달빛이 밝다. =皎.
【皦皦 교교】 희고 밝은 모양. 皎皎(교교).
【皦如 교여】 밝은 모양. 또렷한 모양.
【皦日 교일】 밝게 빛나는 태양. 白日(백일).
●日-.

白
14 【皣】⑲ 흰 곰팡이 몽 曚 méng
[字解] 흰 곰팡이, 하얗게 슨 곰팡이.

白
15 【皪】⑳ ❶흰 모양 력 皪 lì ❷흰빛 락 luò ❸얼룩빛 박 bō
[字解] ❶①흰 모양. ②비추다, 빛나는 모양. 〔司馬相如·賦〕的皪江靡. ③밝다, 환하게 빛나다. 〔左思·賦〕丹藕凌波而的皪. ④빛나는 아름다운 구슬, 구슬의 빛. ❷흰빛, 백색. 〔王融·頌〕絲皪豈常皓. ❸얼룩빛, 잡색.

白
15 【皣】⑳ 꽃 흴 엽 曄 yè
[字解] ①꽃이 희다. ②밝다. ③빛깔이 요염하게 아름답다.

白
15 【皤】⑳ 흰빛 표 皫 piǎo
[字解] ①흰빛, 백색. ②깃털에 윤기가 없다. 〔周禮〕鳥皤色而沙鳴貍. ③빛이 바래 윤기가 없다.

白
16 【皣】㉑ 皪(1194)과 동자

白
16 【皣】㉑ 흴 학 皪 hé
[字解] 희다.
【皣然 학연】 흰 모양.

白部 18획 皭   皮部 0〜5획 皮 딍 奸 玻 皰 皸 皯 皱 皴 皱 皱 皰

白
18 【皭】㉓ 흴 작 ❰韻❱ jiào
字解 ①희다, 흰빛. ②맑고 깨끗하다, 결백하다. 〔左思·賦〕皭若君平.
【皭然 작연】 조촐하고 깨끗한 모양.
【皭皭 작작】 깨끗한 모양. 결백한 모양.

皮 部
5획 부수 | 가죽피부

皮
0 【皮】⑤ 가죽 피 ❰支❱ pí

丿 丆 广 皮 皮

❰소전❱ ❰주문❱ ❰고문❱ ❰초서❱ 字源 會意. 广 + 又→皮. '广'는 '革(가죽 혁)' 자의 반쪽이고, 여기에 손(又)을 더하여, '가죽을 벗기다'라는 뜻을 나타낸다.
字解 ①가죽. 털이 붙은 채의 벗긴 가죽.〔周禮〕秋斂皮. ②껍질.〔漢書〕以竹皮爲冠. ③겉, 거죽, 사물의 표면.〔韓愈·詩〕楡莢車前蓋地皮. ④갖옷, 털옷, 모피옷.〔莊子〕冬日衣皮毛. ⑤과녁, 가죽으로 싼 과녁.〔論語〕射不主皮. ⑥벗기다, 껍질을 벗기다.〔戰國策〕因自皮面抉眼. ⑦벌어지나, 떼다. ⑧얇은 물건. ¶豆腐皮.
【皮褐 피갈】 천한 사람이 입는 갖옷.
【皮骨相接 피골상접】 살갗과 뼈가 맞닿을 정도로 몸이 몹시 여윔.
【皮冠 피관】 사냥할 때 쓰던 가죽 관.
【皮裘 피구】 가죽으로 만든 옷. 갖옷.
【皮裏陽秋 피리양추】 사람마다 각각 마음속에 속셈과 분별력(分別力)이 있음. ○'皮裏'는 피부의 내부로, '심중(心中)'을, '陽秋'는 '春秋'를 뜻함.
【皮弁 피변】 사슴 가죽으로 만든 관(冠). 조정에 출사(出仕)할 때에 썼음.
【皮封 피봉】 ❰國❱ 편지를 봉투에 넣고 다시 싸서 봉한 종이. 겉봉.
【皮傅 피부】 억지 평계를 댐.
【皮膚 피부】 동물의 몸의 겉을 싼 외피(外皮).
【皮相 피상】 겉으로 보이는 현상.
【皮相之士 피상지사】 겉만 보는 선비. 내정(內情)을 살피지 아니하는 사람.
【皮肉 피육】 ①가죽과 살. ②겉. 표면. 皮相(피상). ③몸. 신체.
【皮肉之見 피육지견】 겉만 봄. 깨달은 바가 천박함.
【皮栗 피율】 껍질을 벗기지 않은 밤.
【皮匠 피장】 갖바치.
【皮幣 피폐】 ①가죽과 비단. 예물. ②흰 사슴 가죽으로 만든 화폐(貨幣).

【皮革 피혁】 ①날가죽과 다룬 가죽. ②가죽의 총칭(總稱).
❶ 桂一, 雞一, 果一, 麻一, 面一, 毛一, 木一, 樹一, 獸一, 外一, 脫一, 表一, 豹一, 虎一.

皮
2 【딍】⑦ 살갗 땅길 정 ❰梗❱ zhěng
字解 살갗이 땅기다.

皮
3 【奸】⑧ 기미 낄 간 ❰旱❱❰翰❱ gǎn
❰소전❱ ❰동자❱ 玻 字解 ①기미가 끼다, 얼굴이 거무스름하다.〔列子〕燋然肌色奸黣. ②얼굴이 검어지는 피부병.
【奸黣 간매】 살빛이 검음.

皮
3 【玻】⑧ 奸(1195)과 동자

皮
3 【皰】⑧ 살 부어 오를 박 ❰覺❱ báo
❰동자❱ 皯 字解 ①살이 부어 오르다. ②가죽이 터지다. ③불룩해지다.

皮
3 【皯】⑧ 皰(1195)과 동자

皮
3 【皱】⑧ 피부병 환 ❰寒❱ huán
字解 ①피부병. ②전동(箭筒).

皮
4 【皴】⑨ 삼 껍질 벗길 비 ❰寘❱ bī
字解 ①삼의 껍질을 벗기다, 모시의 껍질을 벗기다. ②오그라지다, 구김살져 펴지지 않다.

皮
4 【皱】⑨ 금 갈 피 ❰支❱❰紙❱ pī
字解 금이 가다, 그릇에 금이 가다.

皮
4 【皱】⑨ 입 딱 벌릴 피 ❰紙❱ pī
字解 ①입을 딱 벌리다. ②입을 벌리는 모양.

皮
5 【皱】⑩ 결 고울 민 ❰軫❱ mǐn
字解 결이 곱다, 피부의 결이 곱다.

皮
5 【皴】⑩ 주름 자 ❰寘❱ zhī
字解 주름, 주름 잡히다.

皮
5 【皰】⑩ 여드름 포 ❰效❱ pào
❰소전❱ ❰초서❱ 字解 ①여드름. ②천연두.〔淮南子〕潰小皰而發痤疽. ③❰現❱못, 굳은살.

皮
6 【䩛】⑪ 가죽 검을 길 🔲 jí
字解 가죽이 검다, 검은 가죽.

皮
6 【皵】⑪ 살갗 갈라질 순 🔲 xún
字解 살갗이 갈라지다, 추위로 손발이 트다.

皮
7 【䩍】⑫ 毬(926)와 동자

皮
7 【𦁼】⑫ 풀 마를 설 🔲 xué
字解 ①풀이 마르다, 식물이 마르다. ②가죽을 집어 쥐다, 꼬집다.

皮
7 【皺】⑫ 주름 잡힐 잡 🔲 zhǎ
字解 주름 잡히다, 노인의 주름진 피부 모양.

皮
7 【皴】⑫ 주름 준 🔲 cūn
소전 초서 字解 ①주름. ②트다, 피부가 얼어서 터지다.〔梁書〕執筆觸寒, 手爲皴裂. ③화법(畫法)의 한 가지. ¶皴法(준법).
【皴法 준법】동양화에서 산악·암석·나무껍질 등의 입체감을 표현하기 위하여 쓰는 기법.
【皴裂 준열】피부가 얼어 터짐.
【皴皺 준추】①살갗의 주름. ②주름이 잡힘.

皮
7 【𣪊】⑫ 벗겨질 탈 🔲 chuò
字解 ①벗겨지다, 피부가 벗겨지다.〔齊民要術〕晚則皮𣪊而喜碎. ②피부가 터지다.

皮
7 【䩕】⑫ 팔찌 한 🔲 hàn
字解 팔찌. 활을 쏠 때에 팔을 쥐는 팔의 소매를 걷어 매는 띠.

皮
8 【皵】⑬ 주름 작 🔲 què
초서 字解 ①주름, 피부의 잔주름. ②나무의 껍질이 거칠거칠하다. ③손발이 트다.

皮
8 【皸】⑬ 부어 오를 전 🔲 diǎn
字解 부어 오르다, 살갗이 부르트다.

皮
8 【䫏】⑬ 가죽 두터울 흠 🔲 qīn
字解 가죽이 두텁다, 가죽이 두터운 모양.

皮
9 【皷】⑭ 鼓(2133)의 속자

皮
9 【皸】⑭ 틀 군 🔲 jūn
소전 초서 字解 틈, 얼어터짐.〔唐書〕凍膚皸瘃.
【皸裂 군열】추위로 말미암아 살갗이 틈.
【皸瘃 군족】추위로 살갗이 트거나 동창(凍瘡)을 입음.

皮
9 【皾】⑭ 뽕나무 껍질 두 🔲 dù
字解 뽕나무 껍질, 뽕나무의 흰 껍질. 한약재인 상백피(桑白皮).

皮
9 【鞛】⑭ ❶껍두기 봉 🔲 běng ❷갖신 방 🔲 bāng
字解 ❶껍두기. 기름에 결은 재래식 갖신의 한 가지. ❷갖신, 가죽신.

皮
10 【皻】⑮ 입 다물 마 🔲 má
字解 입을 다물다.

皮
10 【䩷】⑮ 신 운두 방 🔲 bāng
字解 신의 운두, 신의 운두를 깁다.

皮
10 【皻】⑮ ❶소름 추 🔲 cuó ❷애벌 찧은 쌀 조 🔲 cāo
字解 ❶소름. 춥거나 무섭거나 징그러울 때에 살가죽에 좁쌀알같이 도돌도돌한 것이 나돋는 현상. ❷애벌 찧은 쌀. 대끼지 않은 뉘가 많이 섞인 쌀. =糙.

皮
10 【皺】⑮ ❶주름 추 🔲 zhòu ❷오그라들 추 🔲 zhōu
초서 간서 字解 ❶①주름.〔韓愈·詩〕爛漫堆衆皺. ②주름잡히다.〔黃庭堅·詩〕面皺髮欲疎. ③마른 대추.〔韓愈·孟郊·詩〕紅皺曬檐瓦. ❷①오그라들다.〔李煜·詞〕瓊窗春斷雙蛾皺. ②밤송이.〔貫休·詩〕新蟬避栗皺.
【皺面 추면】주름살이 잡힌 얼굴.
【皺面還丹 추면환단】인삼의 딴 이름.
【皺紋 추문】주름살 모양의 무늬.
【皺眉 추미】눈썹을 찌푸림. 근심스럽거나 언짢아 하는 모습.
❶栗-, 紅-.

皮
10 【㲉】⑮ 알 깔 확 ㉠각 🔲 què
字解 ①알을 까다. ②깍지. 꼬투리에서 알맹이를 싸고 있는 껍질.

皮
11 【㿖】⑯ 껍질 벗겨질 만 🔲 🔲 wǎn
동자 皽 字解 껍질이 벗겨지다.

皮部 11~15획 皰皶皺皾魘皻皼皽   皿部 0~4획 皿盂盁盃盄盇盆   1197

皮11 【皰】⑯ 皰(1196)과 동자

皮11 【皶】⑯ ❶여드름 사 麻 zhā ❷살 틀 조 麌 cǔ
[字解] ❶여드름, 코에 피는 열꽃. 〔素問〕勞汗當風, 寒薄爲皶. ❷주부코, 비사증(鼻皶症). 코의 혈관이 확장되어 붉어지고 흑처럼 커지는 병. ❷살이 트다.

皮11 【皺】⑯ 가죽 오그라질 추 宥 zhòu
[字解] 가죽이 오그라지다, 가죽이 오그라들다.

皮13 【皾】⑱ 박막 전 銑 zhāo
[字解] ❶박막, 피부의 엷은 막. 〔禮記〕濯手以摩之, 去其皾. ❷피부에 탄력이 없다.

皮14 【魘】⑲ 헌데 딱지 염 琰 yǎn
[字解] 헌데 딱지, 부스럼 딱지. 〔馮夢龍·歌〕弗怕掀箇凍瘡魘.

皮15 【皻】⑳ 매끄러울 독 屋 dú
[字解] ❶매끄럽다. 〔五燈會元〕所以道新豐路兮峻仍皻. ❷전동(箭筒). ¶ 皻丸.
【皻丸 독환】활과 화살을 넣는 통.

皮15 【皼】⑳ 皶(1197)과 동자

皮15 【皽】⑳ 부어 오를 박 覺 báo
[字解] ❶부어 오르다, 살이 부어 오르다. ❷껍질이 붓다, 살갗이 붓다. ¶ 皽皯. ❸껍질이 해지다, 껍질이 찢어지다.
【皽皯 박박】껍질이 부음.
【皽蝕 박식】해지고 벌레 먹음.

皿 部

5획 부수 | 그릇명부

皿0 【皿】⑤ 그릇 명 梗 mǐn
[字源] 象形. 옛날 식기(食器)를 본뜬 글자.
[字解] ❶그릇, 기명(器皿). 〔韓愈·狀〕禁人無得以銅爲器皿. ❷그릇의 덮개, 그릇 뚜껑. 〔孟子〕牲殺器皿.

皿3 【盂】⑧ 소반 간 寒 gān
[參考] 盂(1197)는 딴 자.
[字解] ❶소반. ❷큰 주발(碗).

皿3 【盂】⑧ 바리 우 虞 yú
[參考] 盂(1197)은 딴 자.
[字解] ❶바리, 사발. 〔漢書〕置守宮盂下. ❷진(陣)의 이름, 사냥할 때의 진형의 이름. 〔春秋左傳〕宋公爲右盂, 鄭伯爲左盂.
【盂蘭盆 우란분】(佛) 아귀도(餓鬼道)에 떨어진 망령을 구제하기 위하여 여는 불사(佛事). 음력 칠월 보름, 곧 백중날에 여러 가지 음식을 차려 조상이나 부처에게 공양한다. ○범어(梵語) 'Ullambana'의 음역어로 '고(苦)'를 구원한다는 뜻.
【盂鉢 우발】밥그릇.
【盂方水方 우방수방】그릇이 모난 것이면 담긴 물도 모난 모양이 됨. 백성의 선악은 임금의 선악에 따라 결정됨.
【盂只 우지】圀 놋쇠로 만든 큰 합. 행자(行者)의 밥그릇.
❶飯~, 槃~, 杯~, 覆~, 瓦~.

〈盂①〉

皿3 【盁】⑧ 盂(1197)와 동자

皿4 【盇】⑨ 盍(1203)과 동자

皿4 【盃】⑨ 杯(829)의 속자

皿4 【盆】⑨ ❶동이 분 元 pén ❷물 솟을 분 願 pén
[字解] ❶❶동이. ㉮물동이. 〔儀禮〕新盆槃瓶廢敦重鬲, 皆濯. ㉯피를 담는 동이. 〔周禮〕共其牛牲之互, 與其盆簝. ㉰술동이. 두들겨서 장단을 맞춘다. 〔史記〕請奉盆瓵秦王, 今相娛樂. ㉱밥 짓는 그릇. 〔禮記〕盛於盆. ㉲소금 굽는 그릇. 〔漢書〕作鬻鹽官無牢盆. ㉳목욕통. 〔逸周書〕堂後東北爲赤爲焉, 浴盆在其中. ㉴양(量)의 단위 이름. 〔荀子〕土之生五穀也, 人善治之, 則畝數盆. ㉵적시다, 동이 속에 손을 넣다. 〔禮記〕夫人繅, 三盆手. ❷물이 솟다. ≒溢. 〔後漢書〕海水盆溢.
【盆景 분경】❶화분에 돌, 모래 따위로 산수의 풍경을 이루어 놓은 것. 盆山(분산). ❷화분에 화초를 심어, 자연의 경치를 꾸며 놓은 것. ❸주옥(珠玉)으로 조화(造花)를 만들어 심은 화분.

【盆甑 분부】①술동이. ②장독.
【盆山 분산】①분(盆)을 엎어 놓은 것처럼 생긴 산. ②화분에 만든 산수(山水).
【盆盎 분앙】분(盆)과 동이.
【盆栽 분재】관상(觀賞)을 위하여 화분에 심어서 가꾼 나무. 또는 그렇게 가꾸는 일.
【盆地 분지】산이나 대지(臺地)로 사방이 둘러싸인 평지.
【盆池 분지】작은 연못.
【盆下 분하】분(盆)의 밑. 실의(失意)한 경우 따위를 이르는 말.
○ 缺一, 鼓一, 金一, 瓶一, 覆一, 沙一, 盤一, 瓦一, 浴一, 栽一, 彫一, 酒一, 火一, 花一.

皿₄【盈】⑨ 찰 영 庚 yíng
[字源] 會意. 夃+皿→盈. '夃'은 많다는 뜻으로, '皿'과 합해 '그릇에 물건이 가득 담긴다.'는 뜻을 나타낸다.
[字解]①차다, 그릇에 가득 차다.〔詩經〕采采卷耳, 不盈頃筐. ②가득 차 넘치다.〔禮記〕樂主其盈. ③자라다, 펴지다.〔張衡·賦〕不縮不盈. ④족하다, 충분하다.〔墨子〕盈, 莫不有也. ⑤뜻대로 되다.〔國語〕盈而不偪. ⑥나아가다, 앞으로 나아가다.〔後漢書·蘇竟傳·注〕盈縮, 猶進退也. ⑦많다.〔詩經·小雅·節南山·箋〕盈, 猶多也. ⑧아름답다. ≒嬴.〔古詩〕盈盈樓上女. ⑨나머지, 잔여(殘餘). ≒嬴.〔後漢書〕致有盈餘.
【盈缺 영결】☞盈虧(영휴)①.
【盈科 영과】물의 흐름은 작게 패인 곳도 가득 채운 다음에야 앞으로 나아감. 학문을 이루기 위해서는 점진적으로 나아가야 함.
【盈貫 영관】①활을 한껏 잡아당김. ♀'貫'은 '살촉'을 뜻함. ②돈꿰미에 돈을 가득히 꿴. 모은 돈이 많음. ♀'貫'은 '돈꿰미'를 뜻함.
【盈滿 영만】①가득 참. ②부귀·권력 등이 극도에 달함. ③교만하고 자만함.
【盈耗 영모】참과 줆.
【盈羨 영선】가득 차고도 남음. 盈溢(영일).
【盈盛 영성】가득 차서 성함. 충분히 이루어짐.
【盈衍 영연】가득 차서 넘침.
【盈厭 영염】만족(滿足)함.
【盈盈 영영】①물이 가득 찬 모양. ②여자의 용모가 곱고 아름다운 모양.
【盈尺 영척】①한 자 남짓. ②사방 한 자 정도의 넓이. 협소함.
【盈虛 영허】가득 참과 텅 빔.
【盈虧 영휴】①가득 참과 이지러짐. 盈缺(영결). 盈虛(영허). ②이익과 손해. ③번영과 쇠퇴.
○ 貫一, 滿一, 衍一, 充一, 虧一.

皿₄【盅】⑨ 빌 충 東 chōng, zhōng
[字解]①비다, 그릇이 비어 있다. ≒沖. ②그릇 이름.

皿₄【盇】⑨ 盍(1199)의 본자

皿₄【盌】⑨ 방구리 혜 霽 xī
[字解] 방구리, 조그마한 동이.

皿₅【盋】⑩ 사발 발 曷 bō
[字解] 사발.

皿₅【㿿】⑩ 술잔 범 陷 fàn
[字解] 술잔.

皿₅【盎】⑩ 동이 앙 漾 àng
[字解]①동이. 배가 부르고 아가리가 작은 것. '盆(분)'은 아가리가 크고 바닥이 좁다.〔後漢書〕乃首戴瓦盎. ②넘치다, 넘쳐 흐르다.〔孟子〕睟然見於面, 盎於背. ③빛깔이 흰 술, 빛깔이 흐린 술.〔周禮〕三曰盎齊.
【盎盎 앙앙】①철철 넘치는 모양. 盎然(앙연). ②화락한 모양.
○ 瓶一, 盆一, 瓦一, 油一, 銀一.

皿₅【盌】⑩ 주발 완 阮 wǎn
[字解] 주발.〔三國志〕寧先以銀盌酌酒, 自飮兩盌.

皿₅【益】⑩ ❶더할 익 陌 yì ❷넘칠 일 質 yì
[參考] 대법원 지정 인명용 한자의 음은 '익'이다.
[字源] 會意. 솠+皿→益. 소전의 '솠'는 물(水). '皿'과 합하여 그릇에 물을 더한다는 데에서 '넘친다'는 뜻을 나타낸다.
[字解] ❶①더하다. ㉮불리다, 증익(增益)하다. ㉯보태다.〔國語〕而益之以三怨. ㉰덧붙이다.〔戰國策〕益一言, 臣請烹. ㉱돕다.〔戰國策〕於是出私金, 以益公賞. ㉲장대(長大)해지다.〔呂氏春秋〕潍水暴益. ㉳풍부하다, 많아지다.〔呂氏春秋〕其家必日益. ②증가(增加), 느는 일.〔禮記〕請益則起. ③유익하다.〔論語〕終夜不寢以思, 無益. ④이득.〔後漢書〕小損當大益, 初貧後富, 必然理也. ⑤넉넉하다. ⑥넘치다.〔易經·益·釋文〕益, 以弘裕爲義. ⑦괘 이름. 64괘(卦)의 하나. 괘형은 ䷩ 위를 덜고 아래를 더하는 상이다. ⑧많이.〔戰國策〕可以益割于楚. ⑨크게.〔戰國策〕中山雖益廢王, 猶

且聽也. ❿더욱. 〔春秋左氏傳〕三命玆益恭. ⓫차츰, 조금씩. 〔禮記〕故亂益亡. ❷①넘치다. ≒溢.〔呂氏春秋〕灘水暴益. ②24냥. ≒鎰.

【益壽 익수】오랜 삶. 장수(長壽)함.
【益甚 익심】갈수록 심함.
【益者三樂 익자삼요】사람이 좋아하고 바라는 유익한 것 세 가지. 곧, 예악(禮樂)을 알맞게 지키며, 남의 착함을 말하며, 착한 벗이 많음을 좋아하는 것.
【益者三友 익자삼우】사귀어 자기에게 유익한 세 가지 유형의 벗. 곧, 정직한 사람, 신의가 있는 사람, 견문이 많은 사람.
【益鳥 익조】농작물의 해충을 잡아먹는 등, 직접 간접으로 인류에게 이익이 되는 새. 제비·해오라기·황새 따위.
【益下 익하】아랫사람에게 이익을 줌.
❶ 公-, 共-, 無-, 補-, 富-, 損-, 純-, 實-, 有-, 利-, 增-, 便-.

皿 5 【盍】⑩ ❶덮을 합 圖 hé ❷새 이름 갈 圖 kě

[소전][초서][본자] 〔字源〕會意. 大+一+皿→盍. '皿'는 그릇. '一'는 그릇에 담긴 '피', '大'는 덮개를 뜻한다. '피가 담긴 그릇을 덮는다'는 데에서 '덮다'는 뜻을 나타낸다.
[字解] ❶①덮다. ②합하다. 〔易經〕朋盍簪. ③어찌 ~하지 아니하냐. '何不'의 합음자(合音字)로, 의문의 반어(反語). 〔論語〕盍各言爾志. ❷새 이름. 〔禮記〕相彼盍旦, 尚猶患之.
【盍各 합각】①각자 나름대로의 견해를 밝힘. ②이것저것이 다 같음.
【盍已乎 합이호】어찌 그만두지 아니하는가. 마땅히 그만두어야 함.
【盍簪 합잠】친구들의 회합(會合).
【盍旦 갈단】밤에 울며 새벽을 기다린다는 새.

皿 5 【盉】⑩ 조미할 화 圝圖 hé

[소전][초서][통자] 和 〔字解〕①조미(調味)하다, 맛을 고르게 맞추다. ②조미하는 그릇.

皿 6 【盖】⑪ 蓋(1530)의 속자

皿 6 【棬】⑪ ❶공기 권 圝 juàn ❷나무 그릇 권 圝 quān, quán
〔字解〕❶공기, 바리때. ❷①나무 그릇, 나무를 휘어서 만든 둥근 그릇. =棬. ②주발, 사발.

皿 6 【盛】⑪ 盛(1200)의 속자

皿 6 【洭】⑪ 물 소용돌이쳐 흐를 우 圝 yū
〔字解〕물이 소용돌이쳐 흐르다.

皿 6 【盞】⑪ 盞(1201)의 속자

皿 6 【畫】⑪ 盡(1202)의 속자

皿 6 【盒】⑪ ❶합 합 圝 hé ❷그릇 아가리 빨 암 圝 ān
[초서] 盇 대법원 지정 인명용 한자의 음은 '합'이다.
〔字解〕❶①합. 음식을 담는 그릇의 한 가지로, 둥글넓적하며 뚜껑이 있다. 〔白居易·歌〕鈿盒金釵寄將去. ②찬합. ❷그릇의 아가리가 빨다.
❶ 飯-, 饌-, 香-, 攜-.

皿 6 【盔】⑪ 바리 회 ㊗괴 圝 kuī
[초서] 盉 〔字解〕①바리. 음식물을 담을 그릇의 한 가지. ②투구.
【盔甲 회갑】투구와 갑옷. ○'盔'는 철편(鐵片)으로 만든 것으로 모자와 같이, '甲'은 철엽(鐵葉)으로 만들었다.
【盔頭 회두】투구.
【盔纓 회영】투구의 끈.

皿 7 【盜】⑫ 훔칠 도 圝 dào

氵 氵 氵 氵 氵 次 㳄 浽 盜 盜

[소전][초서] 〔字源〕會意. 次+皿→盜. '次'은 '㳄'의 본자로, 침을 흘리며 탐낸다는 뜻. 皿'과 합하여, '그릇에 담긴 음식을 보고 침을 흘리며 몰래 훔친다'는 뜻을 나타낸다.
〔字解〕①훔치다. ㉮몰래 남의 재화를 갖다. 〔春秋左氏傳〕竊人之財, 猶謂之盜. ㉯몰래 부당한 짓을 하여 자기의 이익을 취하다. 재물 이외의 것에 대하여도 이른다. 〔後漢書〕盜名字者, 不可勝數. ②밀통(密通)하다. 〔漢書〕然特毋奈其善盜嫂何也. ③도둑질. 〔莊子〕君子不爲盜. ④도둑, 비적(匪賊). 〔周禮〕刑盜于市. ⑤소인(小人). 〔詩經〕君子信盜. ⑥천인(賤人). 〔春秋〕盜竊寶玉大弓. ⑦달아나다. 〔漢書〕有罪, 當盜械者, 皆頌繫.
【盜夸 도과】백성의 재물을 빼앗아서 사치를 함.
【盜名 도명】이름을 도둑질함. 실력도 없이 이름을 얻음.
【盜沒 도몰】훔침. 도둑질함.
【盜癖 도벽】남의 것을 훔치는 나쁜 버릇.
【盜視 도시】몰래 봄. 훔쳐봄. 숨어서 봄.
【盜臣 도신】①도둑질하는 관리. ②임금을 속이는 신하.
【盜亦有道 도역유도】도둑에게도 지켜야 할 나름의 도리가 있음. 〔故事〕도척(盜跖)이 '도둑에게도 도리가 있느냐?'는 부하들의 물음에 '그 집의 귀중품이 어디에 감추어져 있는가를 알아맞춤은 성(聖)이요, 훔치는데 앞장서는 것은 용

皿部 7획 盛

(勇)이요, 뒤늦게 나오는 것은 의(義)요, 훔쳐야 할 때의 가부(可否)를 아는 것은 지(知)요, 훔친 물건을 공평하게 분배하는 것은 인(仁)이니, 이 다섯 가지 도(道)를 갖추지 못하면 큰 도둑은 될 수 없다.'고 답한 고사에서 온 말.

【盜竽 도우】도둑의 우두머리.
【盜葬 도장】남의 땅에 몰래 송장을 묻음.
【盜賊 도적】남의 물건을 빼앗거나 훔치는 짓. 또는 그런 짓을 하는 사람.
【盜鐘掩耳 도종엄이】소리가 나는 종을 훔치면서 자신의 귀를 막음. 스스로 자신을 속임. 掩耳盜鐘(엄이도종).
【盜鑄 도주】몰래 돈을 주조(鑄造)함.
【盜憎主人 도증주인】도둑은 주인을 미워함. 사람은 다만 자기 형편에 맞지 않으면 이것을 싫어함. 또는 강자(強者)가 약자(弱者)를 억누르고 주객(主客)이 전도됨.
【盜泉 도천】샘 이름. 나쁜 이름으로 인한 '불의(不義)'의 비유. 故事 공자(孔子)가 도천 근처를 지나갈 때 목이 말랐는데도 도둑의 샘이라는 이름이 싫어서 그 물을 마시지 않았다는 고사에서 온 말.
【盜聽 도청】①몰래 엿들음. ②금지하는 것을 몰래 들음.
【盜汗 도한】몸이 허약하여 잠자는 중에 나는 식은땀.

◐ 姦-, 強-, 巨-, 狗-, 寇-, 群-, 大-, 殘-, 賊-, 偸-, 捕-, 險-.

皿 7 【盛】⑫ ❶담을 성 庚 chéng
❷성할 성 敬 shèng

丿 厂 厃 历 成 成 成 成 盛 盛

소전 盛 초서 盛 속 盛 字源 形聲. 成+皿→盛. '成(성)'이 음을 나타낸다.

字解 ❶①담다. ㉮그릇에 채우다. 〔詩經〕于以盛之. ㉯물건을 받아들이다. 〔漢書〕壺者所以盛也. ②제상에 차려 놓은 음식, 제수(祭需), 신불(神佛) 앞에 바치는 서직(黍稷) 따위. 〔春秋公羊傳〕粢盛. ③바리, 주발. 〔禮記〕食粥於盛. ④이루다, 이루어지다. ≒成. 〔周禮〕共白盛之蜃. ⑤햇곡식, 제사에 쓸 햇곡식. 〔春秋公羊傳〕魯祭周公, 何以爲盛. ❷①성하다. ㉮넘치다. 〔禮記〕生氣方盛. ㉯많다. 〔後漢書〕學者滋盛, 弟子萬數. ㉰무성하다. 〔呂氏春秋〕樹木盛則飛鳥歸之. ㉱강하다. 〔呂氏春秋〕此其備己盛矣. ㉲한창때. 〔漢書〕天子春秋鼎盛. ㉳번성하다. 〔史記〕物盛則衰. ②성함. ㉮절정(絕頂). 〔莊子〕平者水停之盛也. ㉯득세하고 있을 때. 〔國語〕盛而不驕. ㉰세차게도. 〔史記〕太后盛氣而胥之. ④엄정(嚴正)하게 하다. 〔禮記〕齊明盛服. ⑤칭찬하다, 가상히 여기다. 〔張衡·賦〕盛夏后之致美. ⑥성한 사업, 대업(大業). 〔荀子〕明主尙賢使能, 而饗其盛.
【盛彊 성강】기세가 성하고 강함.

【盛觀 성관】①훌륭하여 볼 만한 광경. 壯觀(장관). ②훌륭하게 꾸밈.
【盛氣 성기】①기운을 왕성하게 함. ②대단한 기세. ③國성난 기운. 성냄.
【盛年 성년】한창때.
【盛唐 성당】①당요(唐堯)의 시대. 당(唐) 왕조를 찬양하여 이르는 말. ②당시(唐詩)를 논할 때, 초(初)·성(盛)·중(中)·만(晚)의 네 기(期)로 나눈, 둘째 시기. 곧, 현종(玄宗)에서 대종(代宗) 사이. 이백(李白)·두보(杜甫) 등이 나온, 시사상(詩史上) 가장 왕성한 시기를 이름.
【盛德 성덕】①높고 훌륭한 덕. ②천지(天地)의 왕성한 기운.
【盛冬 성동】추위가 한창 심할 때. 한겨울.
【盛麗 성려】성하고 아름다움.
【盛禮 성례】성대한 전례(典禮). 예의(禮儀)가 충분히 갖추어진 일.
【盛名 성명】큰 명예. 훌륭한 명성.
【盛美 성미】썩 아름다움. 善美(선미).
【盛服 성복】훌륭히 차려 입은 옷. 위의(威儀)를 갖춘 정장(正裝).
【盛服先生 성복선생】유학자(儒學者)를 빈정대어 이르는 말.
【盛事 성사】매우 훌륭한 일. 성대한 사업.
【盛色 성색】①아름다운 얼굴 빛. ②훌륭한 옷차림.
【盛衰 성쇠】성함과 쇠함.
【盛水不漏 성수불루】가득히 채운 물이 조금도 새지 않음. 사물이 빈틈없이 꽉 짜이어 있거나 지극히 정밀함.
【盛時 성시】①번영하여 세력이 왕성한 때. ②나이가 젊고 의기가 왕성할 때.
【盛顏 성안】장년 때의 원기가 왕성한 얼굴 빛.
【盛業 성업】①성대한 사업. ②사업이 번창함.
【盛筵難再 성연난재】성대한 연회는 두 번 다시 있기를 기약하기 어려움.
【盛榮 성영】번영(繁榮)함.
【盛銳 성예】왕성하고 날카로움.
【盛運 성운】①번영하는 기운(氣運). 昌運(창운). ②좋은 운수. 好運(호운).
【盛位 성위】존귀(尊貴)한 지위. 높은 자리.
【盛恩 성은】國큰 은혜.
【盛者必衰 성자필쇠】(佛)세상은 무상하여 한번 성한 것은 반드시 쇠퇴해짐.
【盛作 성작】훌륭한 문필(文筆).
【盛壯 성장】젊고 의기가 왕성함.
【盛族 성족】번성하는 집안. 세력이 있는 일족.
【盛坐 성좌】성대한 연회. 盛座(성좌).
【盛旨 성지】고마운 뜻. 盛意(성의).
【盛昌 성창】세력이 왕성함.
【盛寵 성총】①극진한 총애(寵愛). ②남의 '첩'을 이르는 말.
【盛稱 성칭】크게 칭찬함.
【盛況 성황】성대하고 활기에 참.
【盛會 성회】성대한 모임이나 연회(宴會).

◐ 強-, 極-, 大-, 明-, 茂-, 繁-, 旺-, 隆-, 全-, 昌-, 熾-, 豐-.

皿部 7~9획 㲾盝盟盞監

㲾 ⑫ 삼태기 초 diào

字解 삼태기. =莜.

盝 ⑬ 다할 록 lù

字解 ①다하다, 다 없어지다. ②마르게 하다, 물기를 제거하다. ③거르다. 늑漉.〔周禮〕涷帛清其灰而盝之. ④방물 상자. 화장품 따위를 담아 두는 상자.〔新唐書〕上脂盝妝具.

盟 ⑬ ❶맹세할 맹 méng ❷땅 이름 맹 mèng

字源 形聲. 明+皿→盟. '明(명)'이 음을 나타낸다.

字解 ❶①맹세하다, 맹세.〔詩經〕君子屢盟. ②약속.〔洪适·詩〕慰藉贈絹輕, 金蘭舊盟改. ③취미·기호가 비슷한 사람끼리의 모임.〔余靖·詩〕僧國主詩盟. ④구역(區域). 몽고에서, 몇 부락을 합친 것을 이른다. ❷땅 이름. 맹진(盟津)은 하남성(河南省) 맹현(孟縣)에 있다.〔史記〕周武王有盟津之誓.

【盟契 맹계】군은 맹세.
【盟鷗 맹구】갈매기와 더불어 지내기로 맹세함. 은거함의 비유.
【盟壇 맹단】맹세하는 자리. 맹약을 맺는 장소.
【盟邦 맹방】동맹을 맺은 나라.
【盟府 맹부】맹약의 문서를 넣어 두는 창고.
【盟書 맹서】맹약(盟約)을 적은 문서.
【盟誓 맹서→맹세】①신불(神佛) 앞에서 약속함. ②굳게 다짐함.
【盟約 맹약】맹세하여 약속함. 또는 약속을 적은 문서.
【盟載 맹재】맹약하는 글을 적은 문서.
【盟主 맹주】맹약을 맺는 제후 가운데 우두머리. 동맹(同盟)의 주재자(主宰者). 盟首(맹수).
【盟寒 맹한】맹약이 파기됨.
【盟寒沙鳥 맹한사조】갈매기와의 약속을 저버림. 은거(隱居)하여 갈매기를 벗삼아 지내다가, 다시 벼슬길에 오름.
◑ 結-, 交-, 同-, 連-, 聯-, 宗-, 會-.

盞 ⑬ 잔 잔 zhǎn

字解 ①잔, 옥으로 만든 술잔.〔蘇軾·詩〕洗盞酌鵝黃. ②등잔.〔趙師秀·詩〕寒燈一盞夜修書.

監 ⑭ ❶볼 감 jiàn ❷살필 감 jiān ❸헤아릴 감 jiàn

字源 會意. 臣+人+一+皿→監. 물〔一〕이 담겨 있는 그릇〔皿〕을 사람〔人〕이 들여다보고〔臣(目의 변형)〕 있는 모습으로, 곧 '자신의 얼굴을 들여다보다'라는 뜻에서 '보다·감시하다·본보기' 등으로 의미가 발전되었다.

字解 ❶①보다, 위에서 아래로 내려다보다. ②살피다, 단속하다.〔詩經〕何用不監. ③겸(兼)하다.〔康熙字典〕監, 韻府, 攝也. ④거울 삼다.〔漢書〕周監於二代. ⑤우두머리, 공관(工官)의 우두머리.〔呂氏春秋〕監工日號. ⑥문지기.〔荀子〕或監門御旅抱關擊柝. ⑦감옥. ❷①살피다.〔爾雅〕監, 視也. ②감찰하는 소임. ㉮한 나라를 감찰하는 소임, 국군(國君).〔周禮〕立其監. ㉯어사(御史).〔漢書〕監, 御史, 秦宋掌監郡. ㉰정위(廷尉)의 아랫벼슬.〔漢書〕丙吉爲廷尉監. ③산림·천택(川澤)을 맡아 다스리는 벼슬.〔禮記〕乃命四監. ④마을, 관서(官署). ⑤시인(寺人), 내시. ⑥거울. 늑鑑. ❸헤아리다, 밝게 살피다.〔書經〕天監其德.

【監戒 감계】본받게 하여 경계함.
【監觀 감관】조사하여 봄.
【監國 감국】①제후(諸侯)의 나라를 감시함. ②국사(國事)를 감독함. ③태자(太子). ◐군주(君主)가 있지 않을 때에 태자가 대행(代行)한데서 온 말.
【監軍 감군】군대를 감독하던 벼슬. 군의 감찰관(監察官).
【監禁 감금】가두어서 자유를 속박함.
【監奴 감노】종의 우두머리.
【監農 감농】농사일을 살피어 감독함.
【監督 감독】①감찰하고 독촉함. ②군사(軍事)를 감찰함.
【監理 감리】감독하고 관리함.
【監臨 감림】감독에 임함.
【監寐 감매】①자려 하여도 좀처럼 잠이 들지 아니함. 선잠. ◐'監'은 눈을 뜨고 있다는 뜻. ②자나 깨나. 寤寐(오매).
【監撫 감무】감독하여 편안하게 함.
【監門 감문】①문을 지킴. ②문지기. ③과장(科場)의 문을 지켜 그 출입을 엄중히 하는 일.
【監房 감방】감옥에서 죄수를 가두어 두는 방.
【監犯 감범】죄수(罪囚). 收監者(수감자).
【監本 감본】국자감(國子監)에서 교정(校定)하여 출판한 책.
【監司 감사】㉢관찰사의 딴 이름.
【監史 감사】①사서(史書)를 감수함. ②자사(刺史)의 딴 이름. ③감(監)과 사(史). 천자의 주연(酒宴)을 감독하는 벼슬. '史'는 '監'을 돕는 사람.
【監床 감상】㉢귀인에게 드리는 음식상을 검사하여 봄.
【監生 감생】국자감(國子監)의 학생. 太學生(태학생).
【監守 감수】①사물을 단속함. 또는 그 벼슬. ②감옥을 지키는 사람. 看守(간수).

【監修 감수】①책의 저술 또는 편집을 감독함. 또는 그 일을 맡은 벼슬아치. ②수리(修理)를 감시함.
【監視 감시】감찰하여 지켜봄.
【監試 감시】①시험을 감독함. 시험 감독관. ②조선 때, 생원(生員)·진사(進士)가 보던 과거(科擧).
【監役 감역】①문지기. 監門(감문). ②國역사(役事)를 감독함.
【監獄 감옥】죄수를 가두는 곳.
【監察 감찰】감독하여 살핌.
【監倉 감창】①창고를 감독함. ②창고를 감독하던 벼슬 이름. ③죄수를 감금하는 곳의 총칭. 감옥.
【監護 감호】감독하고 보호함. 보살핌.
【監候 감후】①감금하여 심문할 때를 기다림. ②명청대(明淸代)에 사형 언도를 받은 자를 옥에 감금하여 추심(秋審)이 끝날 때까지 형집행(刑執行)을 연기하던 일. ③천문(天文)을 담당하는 관아의 관리.
◐ 校—, 軍—, 宮—, 大—, 副—, 舍—, 上—, 阿—, 令—, 總—, 統—, 學—.

皿9 【盠】⑭ 표주박 려 lí
[字解] ①표주박. ②밥그릇, 대를 걸어 만든 둥근 밥그릇.

皿9 【盡】⑭ ❶다될 진 jìn ❷진력할 진 jìn

盡[소전] 老[초서] 盡[본자] 盡[속자] 尽[속자] 尽[간체]
[字解] 會意. 聿+灬+皿→盡. 밥을 다 먹은 다음 그릇(皿)에 물(灬)을 부어 가는 막대기(聿)로 저어 씻는 모습으로, '끝나다', '다하다'라는 뜻은 여기에서 나왔다.
[字解] ❶다되다. ㉮비다, 그릇이 비다. ㉯없어지다.〔禮記〕固ণ是盡. ㉰줄다, 적어지다.〔呂氏春秋〕臨財物資盡, 則爲己. ㉱끝나다, 끝내다.〔韓非子〕舜有盡, 壽有盡. ㉲극진하다.〔隋書〕心가備盡. ㉳자상하다.〔史記〕明者禮之盡也. ㉴죽다.〔後漢書〕速盡爲惠. ②다하다. ㉮비게 하다, 없애다.〔春秋左氏傳〕去惡莫如盡. ㉯끝까지 가다, 한도에 이르다.〔禮記〕君子不盡人之歡. ㉰죄다 보이다, 자세하게 하다, 맡기다.〔易經〕書不盡言, 言不盡意. ㉱되는 대로 하게 하다.〔春秋左氏傳〕盡敵家, 貿於公. ㉲몰살하다.〔春秋左氏傳〕盡敵而反. ❸정성, 정성을 다하다.〔禮記〕誠信之謂盡. ❹죄다.〔墨子〕盡莫不然也. ❺멋대로, 뜻대로. =儘.〔白居易·詩〕任人採弄盡人看. ❻월식. ❼설달 그믐.〔歲華紀麗〕大酺小盡. ❽깜부기불. ≒燼. ❷진력(盡力)하다.〔國語〕齊國佐盡其語盡.
【盡頭 진두】다하여 없어지는 곳. 끝.

【盡力 진력】있는 힘을 다함.
【盡命 진명】목숨을 다함. 목숨을 바침.
【盡善盡美 진선진미】착함과 아름다움을 다함. 더할 나위 없이 잘됨.
【盡心 진심】①심력(心力)을 다함. 온 정성을 다 기울임. ②마음의 본체(本體)를 궁구(窮究)함.
【盡心竭力 진심갈력】마음을 다하고 힘을 다 씀. 마음과 힘을 다함.
【盡人事待天命 진인사대천명】인간으로서 할 수 있는 최선을 다하고 그 후는 천명에 맡김.
【盡日 진일】①온종일. 하루 종일. ②그믐날. 또는 섣달 그믐날.
【盡節 진절】충절을 다함.
【盡情 진정】①마음과 힘을 다함. ②감정을 토로함. ③참된 정이나 마음.
【盡盡 진진】자세히 보는 모양.
【盡忠報國 진충보국】충성을 다하여 국가에 보답함.
【盡瘁 진췌】몸이 여위도록 몸과 마음을 다하여 애씀.
【盡醉 진취】흠뻑 취함.
◐ 竭—, 窮—, 大—, 代—, 賣—, 無—, 靡—, 散—, 小—, 自—, 彫—, 燭—, 彈—, 敝—.

皿9 【盡】⑭ 盡(1202)의 본자

皿10 【盤】⑮ 소반 반 pán

盤[초서] 槃[동자] 桙[속자] 盘[간체]
[字源] 會意·形聲. 般+皿→盤. '般(반)'이 음도 나타내고, '쟁반을 만들다'라는 뜻도 나타낸다.
[字解] ①소반, 쟁반.〔春秋左氏傳〕乃饋盤飱寘璧焉. ②대야, 세숫대야, 목욕통.〔大學〕湯之盤銘. ③대(臺), 밑받침.〔畫史〕能以篆筆畫基盤. ④여물고 확실한 물건.〔爾雅翼〕木中根固者, 惟柿爲最, 俗謂之柿盤. ⑤굽다, 꾸불꾸불하다.〔范成大·詩〕若將世路比山路, 世路更多千萬盤. ⑥서리다. ≒蟠.〔元稹·詩〕拾以謀細, 虯盤而蟆伸. ⑦소용돌이치다, 소용돌이.〔沈遼·詩〕江流激激過侯灘, 更上山腰看打盤. ⑧반석. ≒磐.〔成公綏·賦〕坐盤石. ⑨즐기다.〔書經〕盤遊無度. ⑩광대한 모양.〔枚乘·七發〕軋盤涌踊.

〈盤①〉

【盤脚 반각】인부의 품삯.
【盤踞 반거】단단하게 뿌리를 뻗침. 의거(依據)하여 세력을 떨침.
【盤據 반거】①근거하여 지킴. ②근거지가 넓고 견고함.
【盤結 반결】서리서리 얽힘.
【盤溪曲徑 반계곡경】꾸불꾸불한 시냇물과 꼬불

꼬불한 길. 일을 정당한 방법으로 하지 않음.
【盤古 반고】 ①태고(太古). ②중국 고대의 전설상의 임금. 천지개벽 시초에 이 세상을 다스렸다고 한다.
【盤曲 반곡】 산길 따위가 꼬불꼬불함.
【盤困 반균】 빙빙 돌며 굽이치는 모양.
【盤根 반근】 ①뒤얽힌 나무 뿌리. ②일이 얽혀서 처리하기 몹시 곤란함.
【盤根錯節 반근착절】 뒤얽힌 뿌리와 엉클어진 마디. 일이 착잡하여 처리하기 힘듦.
【盤欲 반금】 산이 울퉁불퉁 솟은 모양.
【盤拏 반나】 얽히고 휘감김.
【盤樂 반락】 즐김.
【盤舞 반무】 빙글빙글 돌면서 춤춤. 圓舞(원무).
【盤礴 반박】 ①광대한 모양. ②웅크리고 있음. ③두 다리를 뻗고 앉음. 般礴(반박).
【盤盤 반반】 ①구불구불 구부러진 모양. ②뒤얽히는 모양.
【盤辟 반벽】 빙 돎.
【盤散 반산】 비틀거리는 일.
【盤石 반석】 ①너럭바위. ②매우 안전하고 견고함의 비유.
【盤旋 반선】 ①빙 돎. 盤回(반회). ②여기저기 돌아다님. ③어른 곁에서 시중듦.
【盤飧 반손】 공기·쟁반 따위에 담은 음식. 특히 저녁 식사를 이름.
【盤松 반송】 ①키는 작으나 가지가 옆으로 퍼진 소나무. ②화분에 심어 인공으로 손질을 한 소나무.
【盤膝 반슬】 책색다리를 하고 있음.
【盤牙 반아】 ①서로 뒤얽힘. 盤互(반호). ②번거롭고 어지러움. ③도적. 반란자.
【盤巖 반암】 ①큰 산. 大山(대산). ②너럭바위.
【盤縈 반영】 빙 돎. 구부러짐.
【盤渦 반와】 소용돌이침. 소용돌이.
【盤繞 반요】 둥글게 감음. 빙빙 돎.
【盤紆 반우】 구불구불 구부러짐. 빙빙 돎.
【盤湧 반용】 물이 소용돌이쳐 흐르는 모양.
【盤遊 반유】 즐거이 놂.
【盤逸 반일】 마음껏 놂. 즐겁게 놂. 盤佚(반일).
【盤纏 반전】 ①비용. ②돈. 화폐. ③여비(旅費). 盤費(반비).
【盤折 반절】 꼬불꼬불함. 盤曲(반곡).
【盤坐 반좌】 책상다리를 하고 편안히 앉음.
【盤錯 반착】 ①얽히고 뒤섞임. ②일이 매우 곤란함.
【盤陀 반타】 ①바위가 울퉁불퉁한 모양. ②말의 안장.
【盤阪 반판】 꼬불꼬불 비탈길.
【盤覈 반핵】 곡절(曲折)을 자세히 캐물어 조사함. 盤問(반문). 盤詰(반힐).
【盤桓 반환】 ①나아가기 힘드는 모양. 떠나기 어려워 하는 모양. ②망설이는 모양. ③즐기는 모양. ④광대(廣大)한 모양.
【盤回 반회】 구부러져 빙 돎.
【盤獲 반획】 힐문한 결과, 간사한 무리임을 확인하고 체포함.

◑ 基-, 大-, 銅-, 算-, 石-, 旋-, 小-, 麗-, 縈-, 玉-, 渦-, 圓-, 遊-, 銀-, 紆-, 潛-, 篆-, 彫-, 燭-, 層-, 鍼-, 香-.

皿 11【盥】 ⑯ 씻을 관 guàn

字源 會意. 臼+水+皿→盥. '臼'는 두 손을 뜻한다. 두 손으로 물을 받아서 손을 씻고, 그 물을 그릇에 흘림을 나타낸다.
字解 ①씻다, 손을 씻다. 〔春秋左氏傳〕奉匜沃盥, 旣而揮之. ②대야, 세숫대야. 〔庚信·銘〕承姑奉盥, 訓子停機. ③양치질하다. ④강신제. ≒灌. 〔易經〕盥者, 進爵灌地, 以降神也.
【盥盆 관분】 세숫대야.
【盥洗 관세】 손을 닦고 잔을 씻음.
【盥漱 관수】 세수를 하고 양치질을 함.
【盥浴 관욕】 세수하고 목욕함.
【盥耳 관이】 더러운 말을 들은 귀를 씻고 깨끗이 함. 故事 요(堯)임금에게 천자(天子)의 자리를 물려주겠다는 말을 들은 은자(隱者) 허유(許由)가 더러운 말을 들었다고 해서 귀를 씻었다는 고사에서 온 말.
【盥櫛 관즐】 세수하고 빗질함. 화장을 함.
【盥濯 관탁】 씻고 헹굼.

◑ 澉-, 沃-, 澡-, 櫛-, 滌-, 淸-, 濯-.

皿 11【盧】 ⑯ 밥그릇 로 lú

字解 ①밥그릇. ②화로. ≒爐. 〔後漢書〕張博送鐵盧詣太官. ③창자루. 〔國語〕侏儒扶盧. ④목로, 술청. 〔漢書〕令文君當盧. ⑤검다. ≒黸. ㉮검은빛. 〔書經〕盧弓一. ㉯검은 석비레. ≒壚. ㉰검은 물. 〔後漢書〕拔пожа奴. ㉱눈동자. ≒瞳. 〔漢書〕玉女無所眺其淸盧兮. ㉲가마우지. ≒鸕. ⑥흰 꿩. 〔漢書〕盛疵鶬盧. ⑦사냥개. 〔詩經〕盧令令. ⑧갈대. ≒蘆. ⑨웃는 소리. 〔後漢書〕夫覩之者掩口盧而笑.
【盧弓盧矢 노궁노시】 검은 칠을 한 활과 화살. 천자가 큰 공이 있는 제후에게 정벌(征伐)의 권한을 상징하여 주었음.
【盧牟 노모】 ①본떠서 만듦. ②다스려 가지런하게 함.
【盧生之夢 노생지몽】 노생의 꿈. 인생의 부귀영화가 꿈과 같이 헛되고 덧없음. 故事 노생이 한단(邯鄲)에서 도사 여옹(呂翁)의 베개를 빌려 잠이 들었는데, 온갖 부귀와 영화를 한평생 동안 누리는 꿈을 꾸고 깨어 보니 메조로 밥을 짓고 있는 동안이었다는 고사에서 온 말. 邯鄲之夢(한단지몽).
【盧胡 노호】 웃는 소리가 목구멍에 있음. 소리를 내지 않는 웃음. ◎ '胡'는 '喉'로 '목구멍'을 뜻함. 胡盧(호로).

◑ 觚-, 鹿-, 都-, 扶-, 的-, 呼-, 胡-.

皿部 11~24획 溢盦盩螯盪鹽鹽鹽鹽鹽鹽 目部 0획 目

皿11 【溢】⑯ 盎(1201)과 동자

皿11 【盦】⑯ 뚜껑 암 覃 ān
〔字解〕 뚜껑. 그릇의 뚜껑. 〔博古圖〕周有交虯盦, 蓋鼎之盦也.

皿12 【盩】⑰ ❶바리 돈 元 dūn ❷피 담는 그릇 퇴 灰 duī
〔字解〕 ❶바리. ❷피를 담는 그릇. 희생의 피를 담아 마시는 데 쓰는 그릇으로, 맹세할 때 쓴다.

皿12 【盩】⑰ ❶칠 주 尤 zhōu ❷사람 이름 주 尤 chóu ❸뽑을 추 尤 chōu
〔字解〕 ❶치다, 끌어서 치다. ❷산의 후미진 데. ❸고을 이름. ❹사람 이름. 제주(諸盩)는 주(周) 태왕(太王)의 아버지. ❸뽑다. ※抽(687)의 고자(古字).〔呂氏春秋〕涉血盩肝以求之.

皿12 【盪】⑰ ❶씻을 탕 養 dàng ❷씻을 탕 漾 dàng ❸부딪힐 탕 陽 dàng
〔字解〕 ❶❶씻다. ㉮흔들어서 씻다. 그릇에 기와 가루, 자갈, 물을 섞어 넣어 흔들어서 씻다. ㉯세척하다.〔漢書〕以盪腸正世. ❷흔들리는 모양. ≒蕩. ❷❶씻다. ㉮기물(器物) 등을 씻다. ㉯마음을 깨끗하게 하다.〔漢書〕聊以盪意平心. ❷밀다.〔易經〕八卦相盪. ❸움직이다.〔莊子〕此四六者, 不盪胸中則正. ❹흔들거리다.〔江淹・詩〕帳裏春風盪. ❺어루만지다.〔李東陽・詩〕鴻月高高屹屹, 日光盪雲霧塞. ❺비틀거리다, 확고하지 못하다.〔班固・賦〕周賈盪而貢慎兮. ❼찢다.〔水經〕河神巨靈, 手盪腳蹋, 開而爲兩. ❽녹아들다.〔宋濂・跋〕其情景相融盪. ❾놓다, 방임하다. ≒蕩.〔漢書〕不得令晨夜皇孫敖盪. ❸부딪히다.〔宋史〕單騎出盪.
【盪擊 탕격】 물이 세차게 부딪침.
【盪滅 탕멸】 적을 쳐 없앰.
【盪夷 탕이】 쳐서 평정함.
【盪舟 탕주】 배를 육지에서 밀어 옮김. 힘이 셈.
【盪滌 탕척】 더러운 것을 씻어 깨끗하게 함.
【盪盪 탕탕】 ❶광대한 모양. ❷넓고 텅 빈 모양.
【盪穴 탕혈】 國법도(法度)가 무너지고 해이(解弛)해진 모양.
【盪胸 탕흉】 ❶앞을 씻음. ❷갑옷의 가슴받이.
▷跳─, 騰─, 摩─, 洗─, 搖─, 振─, 震─.

皿12 【醢】⑰ 醢(1865)와 동자

皿13 【鹽】⑱ 염지 고 麌 gǔ

皿13 【鹽】 염지 고 麌 gǔ
〔字解〕 ❶염지(鹽池). 소금이 나는 못.〔春秋左氏傳〕必居郇瑕氏之地, 沃饒而近鹽. ❷굵은 소금, 정제(精製)하지 않은 소금.〔史記〕倚頓用鹽鹽起. ❸무르다, 단단하지 아니하다.〔詩經〕王事靡鹽. ❹거칠다. ❺마시다.〔春秋左氏傳〕楚子伏己而鹽其腦. ❻갑자기. ❼잠깐.
【鹽惡 고악】 그릇 따위가 단단하지 못함. 무르고 나쁨.
【鹽鹽 고염】 정제하지 않은 소금. 粗鹽(조염).

皿13 【鹽】⑱ 鹽(1204)와 동자

皿14 【鹽】⑲ 그릇 교 巧 jiǎo
〔字解〕 ❶그릇. ❷따뜻하게 하는 그릇. ❸작은 가마솥.

皿15 【鹽】⑳ 어그러질 려 霽 lì
〔字解〕 ❶어그러지다. '戾'의 정자(正字)였으나 지금은 쓰이지 아니한다.〔漢書〕後相背之鹽也. ❷굽다. ❸등지다, 배반하다.〔廣雅〕鹽, 偝也. ❹발바닥이 부르트다.〔漢書〕病非徒痤也, 又苦跤鹽. ❺굳은살, 못.〔呂氏春秋〕陳有惡人, 長肘而鹽. ❺풀 이름, 초록색 끈. 쑥과 비슷한데 녹색(綠色)을 물들이는 데서 '초록색 끈'을 뜻한다. ≒綟.〔漢書〕諸侯王, 高帝初置, 金璽鹽綬.

皿24 【鹽】㉙ 그릇 뚜껑 감 勘 kàn
〔字解〕 ❶그릇 뚜껑. ❷상자. ❸그릇. ❹술잔, 작은 술잔.

目 部

5획 부수 | 눈목부

目0 【目】⑤ 눈 목 屋 mù

丨 冂 冃 目

〔字源〕 象形. 사람의 눈 모양을 본뜬 글자. 처음에는 가로로 썼으나 나중에는 세로로 고쳐 썼다.
〔字解〕 ❶눈. ㉮오관의 하나인 눈.〔韓詩外傳〕目者, 心之符也. ㉯눈알, 안구(眼球).〔國語〕將死曰, 而縣吾目於東門, 以見越之入吳, 國之亡也. ㉰그물의 구멍.〔韓非子〕善張網者, 引其綱, 不一一攝萬目而後得. ❷보다. ㉮눈에

目部 2~3획 盯旬肝盲 1205

비치어져 알다. 〔春秋公羊傳〕內大惡諱, 此其目言之何, 遠也. ㉝눈여겨보다, 주의하여 보다. 〔史記〕船人見其美丈夫獨行, 疑其亡將要中當有金玉寶器, 目之, 欲殺平. ㉞응시하다. 〔春秋左氏傳〕目逆而送之. ㉟눈짓하다. 〔漢書〕范增數目羽擊沛公. ㊱성나 눈을 부릅뜨다, 흘겨보다. 〔國語〕國人莫敢言, 道路以目. ③말하다, 가리켜 부르다. 〔春秋穀梁傳〕其不目而曰仲孫, 疏之也. ④보는 일, 아는 일. 〔書經〕明四目, 達四聰. ⑤사북, 요점. 〔周禮〕掌五易, 以辨九簭之名, 云云, 四曰, 巫目. ⑥조목, 개조(箇條). 〔論語〕請問其目. ⑦세분(細分), 세별. 〔春秋公羊傳〕一事而再見者, 前目而後凡也. ⑧나뭇결, 목리(木理). 〔禮記〕善問者, 如攻堅木, 先其易者, 後其節目. ⑨품평(品評). 〔後漢書〕曹操微時, 常卑辭厚禮, 求爲己目. ⑩죄명. 〔漢書〕凡殺人, 皆磔屍車目, 隨其罪目, 宜示屬縣. ⑪바깥. 〔老子〕聖人爲腹, 不爲目. ⑫우두머리, 지배자. 〔元典章〕仰各頭目, 用心照管.

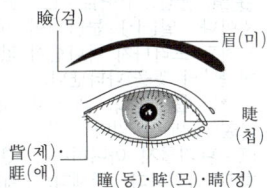

瞼(검) 眉(미) 睫(첩) 眥(제) 眦(애) 瞳(동) 眸(모)·睛(정)

〈目의 각 부분 명칭〉

【目擊 목격】 직접 눈으로 봄.
【目見 목견】 눈으로 봄. 目睹(목도).
【目耕 목경】 눈으로 지전(紙田)을 갊. 곧, 책을 읽음.
【目巧 목교】 ①눈썰미. ②눈대중.
【目挑心招 목도심초】 눈으로 집적거리고 마음으로 부름. 창녀가 사람을 유혹하는 모양.
【目斷 목단】 안력(眼力)이 미치지 아니함. 시계(視界)의 끝.
【目論 목론】 눈이 다른 것은 잘 보나 가까운 자기의 눈썹은 보지 못하는 것처럼, 남은 잘 알면서도 자기 자신은 알지 못함.
【目盲 목맹】 소경. 장님.
【目不見睫 목불견첩】 눈은 잔털의 끝도 볼 수 있지만 자기의 속눈썹은 보지 못함. 타인의 선악은 눈에 잘 띄지만 자신의 선악은 알아차리지 못함. 目睫(목첩).
【目不識丁 목불식정】 '丁'자를 보고도 그것이 고무래임을 알지 못함. 글자를 모를 정도로 무식함. 一字無識(일자무식).
【目不忍見 목불인견】 눈으로 차마 볼 수 없음.
【目使 목사】 눈짓으로 사람을 부림. 사람을 가볍게 마음대로 부림.
【目攝 목섭】 눈짓으로 남을 말림.
【目成 목성】 눈짓으로 의사(意思)를 통함.
【目笑 목소】 ①눈웃음. ②비웃음. 경멸하는 눈으로 봄.
【目送 목송】 작별한 사람이 멀리 갈 때까지 바라보며 보냄.
【目數 목수】 ①눈으로 어림셈함. ②계획. 의도.
【目食耳視 목식이시】 눈으로 먹고 귀로 봄. 곧,

치례를 위하여 의식(衣食) 본래의 목적을 잃고 사치로 흐름.
【目容 목용】 눈매.
【目濡耳染 목유이염】 눈이 젖고 귀가 물듦. ㉠점차 이해되어 감. ㉡항상 보고 들어서 영향을 받음. ☞'濡'는 '濕'로 '젖음'을 뜻함.
【目眥 목자】 눈초리.
【目眥盡裂 목자진열】 눈이 깨질 만큼 눈을 부릅뜨 흘겨봄.
【目睛 목정】 눈동자. 眼睛(안정).
【目汁 목즙】 눈물.
【目指 목지】 눈으로 지시함. 눈짓으로 지휘함. 目使(목사).
【目睫 목첩】 ①눈과 속눈썹. 둘 사이가 아주 가까움의 비유. ②☞目不見睫(목불견첩).
【目測 목측】 눈으로 대강 헤아림. 目대중.
【目標 목표】 ①성취하려고 대상으로 삼는 것. ②목적으로 삼는 부분.
◐綱―, 講―, 科―, 課―, 刮―, 旨―, 面―, 名―, 眇―, 事―, 肆―, 書―, 細―, 眼―, 要―, 耳―, 張―, 節―, 題―, 條―, 注―, 衆―, 指―, 總―, 聚―, 品―, 項―, 橫―.

目 2 【盯】 ⑦똑바로 볼 정 庚 棖 chéng
[字解] ①똑바로 보다, 직시하다. =瞠. ②눈을 부릅뜨다, 눈을 크게 뜨다. =瞠. 〔韓愈, 孟郊·詩〕眼瞟強盯䁖.

目 2 【旬】 ⑦ ❶눈짓할 현 銑 xuàn
❷현기증 날 순 眞 xún
[소전] [혹체] 眴 [참고] 旬(774)은 딴 자.
[字解] ❶눈짓하다, 눈을 굴려 몰래 보다. ❷현기증이 나다. =眴.

目 3 【肝】 ⑧ 부릅뜰 간 翰 gàn
[소전] [초서] [참고] 盰(775)·肝(775)·肝(1206)는 딴 자.
[字解] ①부릅뜨다. 〔白虎通〕肝目陳兵, 天下富昌. ②희번덕이다, 눈에 흰자위가 많은 모양.

目 3 【盲】 ⑧ ❶소경 맹 庚 máng
❷바라볼 망 漾 máng

[소전] [초서] [참고] ①肓(1436)은 딴 자. ②대법원 지정 인명용 한자의 음은 '맹'이다.
[字源] 形聲. 亡+目→盲. '亡(망)'이 음을 나타낸다.
[字解] ❶①소경, 장님. ㉠눈이 멀다. 〔老子〕五色令人目盲. ㉡청맹과니. 〔淮南子〕盲者目形存而無能見也. ㉢색맹(色盲). 〔論衡〕目不見青黃, 曰盲. ㉣도리를 분별하지 못하다. 〔韓愈·書〕當今盲於心. ㉤눈이 어둡다. 〔呂氏春秋〕天大風晦盲. ③빠르다. 〔禮記〕盲風至.

❷바라보다. =望.
【盲瞽 맹고】 소경. 盲人(맹인).
【盲龜浮木 맹귀부목】 國눈먼 거북이 뜬 나무를 만남. 어려운 형편에 뜻밖의 행운을 만남.
【盲聾 맹롱】 소경과 귀머거리.
【盲妄 맹망】 사리에 어둡고 성실하지 못함.
【盲目 맹목】 ①눈이 멂. ②맹인(盲人).
【盲信 맹신】 옳고 그름을 가리지도 않고 무작정 믿음.
【盲啞 맹아】 소경과 벙어리.
【盲人摸象 맹인모상】 (佛)소경이 코끼리를 더듬음. 전체를 알지 못한 채 일부분으로 판단함.
【盲人直門 맹인직문】 國소경이 문을 바로 찾음. 무능하고 우둔한 사람이 요행히 사리에 맞는 일을 함.
【盲者丹靑 맹자단청】 國소경의 단청 구경. 보아도 이해하지 못할 것을 봄. 盲玩丹靑(맹완단청).
【盲者失杖 맹자실장】 소경이 지팡이를 잃음. 의지할 곳을 잃음.
【盲從 맹종】 옳고 그름을 가리지 않고 무조건 남을 따름.
【盲風 맹풍】 세차게 부는 바람. 疾風(질풍).

目
3 【肜】 ⑧ 쳐다볼 삼 國 shān
字解 ①쳐다보다, 올려다보다. ②언뜻 보다, 잠깐 보다. =瞻.

目
3 【盱】 ⑧ 쳐다볼 우 國 xū
소전 盱 초서 盱 본자 盱 동자 盱 參考 盰(775)·旴(775)·旰(1205)은 딴 자.
字解 ①쳐다보다. 〔易經〕 盱豫. ②부릅뜨다. 〔左思·賦〕 乃盱衡而誥. ③크다. 弆訏〔漢書〕 又廣盱營表. ④근심하다. 〔詩經〕 我不見兮, 云何盱矣. ⑤바라다, 기다리다. 〔詩經〕 一者之來, 云何其盱.
【盱盱 우우】 ①눈을 크게 뜨는 모양. ②뽐내어 날뛰는 모양.
【盱閱 우혁】 얼굴을 찡그림.
【盱衡 우형】 ①눈을 부릅뜨고 눈썹을 치켜 올림. 크게 화내는 모양. ②자세히 관찰함.

目
3 【盰】 ⑧ 盱(1206)의 본자

目
3 【旴】 ⑧ 盱(1206)와 동자

目
3 【直】 ⑧ ❶곧을 직 職 zhí
❷값 치 寘 zhí
一 十 ナ 方 古 有 直
소전 直 고문 𥄂 초서 直 속 直 參考 대법원 지정 인명용 한자의 음은 '직'이다.

字源 會意. 十+目+乚→直. 'ㄴ'은 숨긴다는 뜻이다. 열〔十〕 눈〔目〕이 바라봄으로, 아무리 숨겨도 드러나지 아니함이 없다는 뜻에서 '바르게 봄'의 뜻을 나타낸다.
字解 ❶①곧다. ㉮굽지 아니하다, 굴곡이나 요철(凹凸)이 없다. 〔荀子〕 蓬生麻中, 不扶自直. ㉯기울지 아니하다. 〔禮記〕 頭容直. ㉰굽히지 아니하다, 굳세다. 〔周禮〕 骨直以立. ㉱바르다, 옳다. 〔詩經〕 爰得我直. ㉲사(私)가 없다. 〔書經〕 王道正直. ㉳부정(不正)함이 없다. 〔史記〕 回邪曲直. ㉴온순하다. 〔詩經〕 淑直且侯. ㉵꾸미지 아니하다. 〔避暑錄話〕 喜詩, 效白樂天而尤簡直. ㉶알랑거리지 아니하다. 〔春秋左氏傳〕 以直傷義. ②바른 도(道), 바른 행위. 〔論語〕 友直. ③바루다. ㉮고치다, 사곡(邪曲)을 바로잡다. 〔春秋左氏傳〕 正曲爲直. ㉯펴다, 곧게 하다. 〔孟子〕 且夫枉尺而直尋者, 以利言也. ㉰억울함을 씻다. 〔宋史〕 康伯平讞直冤. ④당하다. ㉮향하다, 대하다. 〔儀禮〕 直東序西面. ㉯대적하다. 〔漢書〕 魏之武卒, 不可以直秦之銳士. ㉰상당하다. 〔漢書〕 正直其地. ⑤모시다, 시중들다. 〔晉書〕 悉統宿衛入直殿中執兵之要事. ⑥숙직(宿直). 〔晉書〕 候其上直. ⑦다만, 겨우. 〔孟子〕 直不百步耳. ⑧곧. ㉮즉시. 〔戰國策〕 直使送之. ㉯일부러. 〔史記〕 直墮其履下. ⑨발어(發語)의 조사(助辭). 〔史記〕 骨直空枯. ⑩세로. 〔山海經〕 有神人直目. ❷①값. ㉮물가(物價). 〔北史〕 食難羹, 何不還他價直也. ㉯세, 품삯. 〔柳宗元·序〕 受若直, 怠若事. ②만나다, 당하다. 〔史記〕 寧見乳虎, 無直甯成之怒.
【直諫 직간】 직언(直言)으로 윗사람을 충고함. 맞대하여 잘못을 간함.
【直告 직고】 바른 대로 고함.
【直躬 직궁】 정직하게 행동함.
【直躬證父 직궁증부】 인정이 없음. 故事 직궁(直躬)이란 사람이 자기 아비가 양을 훔친 것을 관가에 고발하고 스스로 증인이 되었다는 고사에서 온 말.
【直躬之信 직궁지신】 직궁의 신의. 인정을 떠난 신의.
【直道 직도】 ①똑바른 길. 직선 도로. ②올바른 길. ③도(道)를 바룸.
【直諒 직량】 정직하고 성실함.
【直隷 직례】 직접 예속됨.
【直立 직립】 ①똑바로 섬. 꼿꼿이 섬. ②우뚝 솟음. ③몸가짐을 바르게 함.
【直方大 직방대】 정직(正直)과 방정(方正)과 거대(巨大). 군자의 유순(柔順)의 덕.
【直赴 직부】 ①조선 때, 과거에서 곧바로 복시(復試)나 전시(殿試)에 응시할 수 있는 자격을 얻던 일. ②과거에 합격하고 아직 벼슬을 하지 못한 사람을 이르던 말.
【直上 직상】 ①바로 위. ②곧게 올라감. 곧장 올라감.
【直臣 직신】 정직한 신하. 아첨하지 아니하고 직언(直言)하는 신하.

【直心 직심】①마음을 바르게 함. 정직한 마음. ②외곬으로 먹는 마음. ③(佛)바로 진여(眞如)를 깨달아 아는 마음.
【直言骨鯁 직언골경】바른말을 하고 말을 듣는 것을 두려워하지 않고 강직함.
【直譯 직역】자구(字句)나 어법(語法)에 따라 충실하게 번역함.
【直往 직왕】①서슴지 아니하고 곧장 감. 勇往(용왕). ②곧게 나아감. 直行(직행).
【直柔 직유】정직하고 유순함.
【直議 직의】솔직하게 의논함.
【直壯曲老 직장곡로】군대는 사리(事理)가 바르면 사기를 떨치고, 바르지 아니하면 사기가 떨어짐.
【直錢 ❶직전 ❷치전】❶맞돈. 현금. ❷돈에 해당함. 또는 물건의 가치. 값.
【直截 직절】①직각적(直覺的)으로 판별함. ②즉석에서 재결(裁決)함. ③꾸밈이 없음. 간명(簡明)함.
【直節虛心 직절허심】곧은 마디와 빈 속. 곧, 대나무.
【直接 직접】중간에 아무것도 개재시키지 않고 바로.
【直情 직정】가식(假飾)이 없는 성정(性情).
【直情徑行 직정경행】꾸밈이 없이 감정이 내키는 대로 행동함.
【直走 직주】곧장 빨리 달림.
【直指 직지】①곧 가리킴. ②빠르게 감. ③☞直指使者(직지사자).
【直指使者 직지사자】암행어사(暗行御史)의 딴 이름. 直指(직지).
【直指人心 직지인심】(佛)교리나 계행(戒行) 보다는 직접 사람의 마음을 닦아 불과(佛果)를 이루게 함.
【直綴 직철】①옛날의 평상복. ②승려의 옷.
【直出 직출】바르게 나감. 곧게 나감.
【直致 직치】세련되지 못함. 어색함.
【直筆 직필】사실을 있는 그대로 적음.
【直行 직행】①바른 행위. 올바른 행실. ②곧장 감. 바로 감. 直往(직왕).
【直千金 치천금】천금(千金)의 가치가 있음. 매우 고귀함.

◐ 剛—, 强—, 彊—, 勁—, 曲—, 堂—, 當—, 方—, 司—, 率—, 垂—, 宿—, 愚—, 日—, 正—, 貞—, 準—, 淸—, 忠—, 平—, 抗—.

目
3【直】⑧ 直(1206)의 속자

目
3【盰】⑧ 멀리 볼 천 䀏 qiān
초서 ㄓㄞ 字解 멀리 보다, 아득하다.

目
3【盷】⑧ 눈동자 굴릴 환 䀦 huàn
字解 ①눈동자를 굴리다. ②눈이 큰 모양.

目
4【看】⑨ 볼 간 奥 繁 kàn

一 二 三 手 手 看 看 看 看

소전 𥄙 초서 看 속서 看 字源 會意. 手+目→看. 손〔手〕을 눈〔目〕위로 가리어 바라본다는 뜻을 나타낸다.
字解 ①보다, 손을 이마에 얹고 바라보다.〔梁簡文帝·賦〕廻照金屛裏, 脈脈兩相看. ②방문하다.〔韓非子〕梁車爲鄴令, 其姊往看之. ③지키다, 번서다.〔典故紀聞〕每處看監四名. ④대우(待遇), 대접.〔高適·詩〕猶作布衣看. ⑤해득한 것.〔傳燈錄〕汝等且說簡超佛越祖底道理看. ⑥행하다, 분별하다.〔周書〕柳郞中判事, 我不復重看.
【看看 간간】①자세히 보는 모양. ②차츰. 점차.
【看過 간과】①훑어봄. 대충 보아 넘김. ②못 보고 빠뜨림. ③보고도 못 본 체함. 눈감아 줌. 默許(묵허).
【看官 간관】①구경꾼. 觀客(관객). ②독자(讀者). 저자가 책을 통하여 독자를 부르는 말.
【看樓 간루】망루(望樓).
【看殺 간살】①봄. ◯'殺'은 조사. ②죽게 버려 둠. 故事 진(晉)나라 위개(衛玠)가 병약하여 노동에 힘이 부쳤으나, 보는 사람이 많아 쉬지 못하여 마침내 병이 되어 죽은 데서 온 말.
【看書 간서】책을 읽음.
【看雲步月 간운보월】낮이면 고향 쪽 하늘의 구름을 바라보고, 밤이면 달을 바라보며 거님. 객지에서 고향과 가족을 간절히 생각함.
【看做 간주】그러한 듯이 보아 둠.
【看朱成碧 간주성벽】붉은 것을 푸른 것으로 봄. 마음이 산란하고 눈이 어두워 오색(五色)을 분별하지 못함.
【看取 간취】①봄. ◯'取'는 조사. ②보아서 알아차림.
【看破 간파】꿰뚫어 보아 속을 확실히 알아냄.
【看護 간호】병약자를 보살펴 돌봄.

◐ 慣—, 愛—, 臥—, 坐—, 探—, 貪—, 回—.

目
4【眣】⑨ 눈 아름다울 결·혈 慶 jué
소전 眣 字解 ①눈이 아름답다. ②눈병. ③움평눈. ④두리번거리다.〔王延壽·賦〕視瞵䁲以眣睞.

目
4【眜】⑨ ❶볼 매 奥 mèi
❷훔쳐볼 말 嗎 mà
❸어두울 물 㫠 wù
소전 眜 字解 ❶①보다.〔廣雅〕眜眜, 視也. ②눈감아도 멀리 보이다. ③새벽.〔班固·賦〕眜昕寤而仰思兮. ❷①훔쳐보다. ②눈감아도 멀리 보이다. ※❶의 ②와 같다. ❸어둡다.〔劉歆·賦〕颷寂寥以荒眜.

目
4【眄】⑨ 애꾸눈 면 慶 眮 miǎn

目部 4획 明 眊 眇 眉 眅

明

⑨ 밝게 볼 명 $míng$

[字解] ①밝게 보다. ②밝다. =明.

眊

⑨ 눈 흐릴 모 $mào$

[字解] ①눈이 흐리다, 눈에 정기가 없다. ②눈이 어둡다. 〔孟子〕胷中不正, 則眸子眊焉. ③늙은이. =耄. 〔漢書〕哀夫老眊. ④실망하다.

【眊悼 모도】늙은이와 어린이. ○'眊'는 80세. '悼'는 7세.

【眊眊 모모】①생각함. ②어두운 모양. 눈에 재기(才氣)가 없는 모양.

【眊悖 모패】도리에 어둡고 어그러짐.

【眊眩 모현】눈이 어두워짐. 눈이 아찔함.

○ 老-, 聾-, 眸-, 昏-, 悟-.

眇

⑨ ①애꾸눈 묘 ②이루어질 묘 $miǎo$

[字源] 會意. 目+少→眇. 한 쪽 눈이 꺼져서 작음을 나타내었다.

[字解] ❶①애꾸눈. 〔易經〕眇能視. ②한쪽이 움푹 들어가 작은 눈. ③한쪽 눈을 지긋이 감고 자세히 보다. 〔漢書〕離婁眇目於毫分. ④희미하다. 〔正韻〕眇, 微也. ⑤작다, 가늘다. ≒秒. ⑥천하다. 〔莊子〕眇乎小哉. ⑦멀다. 〔楚辭〕眇不知其所蹠. ⑧높다, 멀다. ≒杪. 〔漢書〕眇然絕俗離世. ⑨넓다. ≒渺. ⑩다하다, 다되다. 〔荀子〕仁眇天下, 義眇天下, 威眇天下. ⑪눈이 귀여운 모양. ❷①이루어지다. 〔易經〕神也者, 妙萬物而爲言者也. 〔釋文〕妙, 王肅作眇, 音妙, 董云, 眇, 成也. ②자세하다. 〔漢書〕窮極幼眇. ③아름답다, 귀엽다. 〔楚辭〕美要眇兮宜修. ④묘하다, 오묘하다. 〔漢書〕究其微眇.

【眇末 묘말】①眇身(묘신). ②가늘고 작음.

【眇茫 묘망】아득히 먼 모양.

【眇目 묘목】①애꾸눈. ②흘겨봄. 눈을 가늘게 뜨고 봄.

【眇眇 묘묘】①작은 모양. 작은(微小)의. ②아득한 모양. 먼 모양. 눈이 귀여운 모양. ④바람에 부는 모양.

【眇眇忽忽 묘묘홀홀】아득하여 분간하기 어려움. 眇忽(묘홀).

【眇少 묘소】작음. 키가 작음. 短小(단소).

【眇視跛履 묘시파리】애꾸눈이 잘 보려 하고, 절름발이가 먼 데를 가려고 함. 힘이 부족한 사람이 억지로 일을 하면 마침내 화를 좌초하게 함.

【眇身 묘신】작은 몸. 임금이 스스로를 겸손하게 일컫는 말. 眇末(묘말).

【眇然 묘연】①작은 모양. ②아득히 먼 모양. 고원(高遠)한 모양.

【眇跛 묘파】애꾸눈과 절름발이.

【眇風 묘풍】①퇴폐한 풍속. ②쇠퇴한 교화.

【眇乎 묘호】①천한 모양. ②협소한 모양.

【眇忽 묘홀】아득하여 분별하기가 어려움.

○ 微-, 要-, 幽-, 至-, 瞟-, 玄-, 幻-.

眉

⑨ 눈썹 미 $méi$

[字源] 象形. 눈썹 모양을 본뜬 글자. 소전의 '㞢'는 이마 위의 금을 보인 것이다.

[字解] ①눈썹. 〔莊子〕須眉交白. ②노인, 장수하여 눈썹이 긴 사람. 〔詩經〕爲此春酒, 以介眉壽. ③가, 가장자리. ≒湄. 〔漢書〕居井之眉. ④미녀. 〔蘇軾·詩〕十眉環列坐生光. ⑤알랑거리다, 교태를 부리다. ≒媚.

【眉間 미간】두 눈썹 사이.

【眉黛 미대】①눈썹을 그리는 먹. ②눈썹먹으로 그린 눈썹. ③부녀(婦女).

【眉來眼去 미래안거】①눈썹과 눈으로 의사를 전달함. ②눈앞의 모든 것을 두루 봄.

【眉目 미목】①눈썹과 눈. 매우 가까움의 비유. ②용모(容貌).

【眉目秀麗 미목수려】용모가 빼어나게 아름다움.

【眉雪 미설】흰 눈썹. 곧, 노인.

【眉壽 미수】①노인(老人). ②장수(長壽)하는 사람. ○장수한 사람은 눈썹에 긴 털이 나는 데서 온 말.

【眉宇 미우】이마와 눈썹 언저리. 곧, 얼굴. 容貌(용모).

【眉月 미월】①초승달. 初月(초월). 新月(신월). ②초승달 같은 눈썹.

【眉尖 미첨】눈썹의 끝.

【眉睫 미첩】①눈썹과 속눈썹. ②용모. ③매우 가까움. ④매우 작음. 目睫(목첩).

○ 開-, 曲-, 廣-, 白-, 舒-, 纖-, 細-, 秀-, 愁-, 鬚-, 伸-, 雙-, 蛾-, 兩-, 揚-, 連-, 柳-, 長-, 展-, 直-, 畫-.

眅

⑨ 눈 흰자위 많을 반 $pān$

[字解] ①눈에 흰자위가 많은 모양. ②노려보다. ③눈알을 굴리어서 보다.

盼

目 4 【盼】⑨ ❶눈 예쁠 반 陳 pàn
❷예쁜 눈 반 鯛 pàn
❸날 새려 할 분 囟 fén

소전 盼 초서 盼

[參考] 대법원 지정 인명용 한자의 음은 '반'이다.

[字解] ❶①눈이 예쁘다, 눈자위가 뚜렷하다. 〔詩經〕美目盼兮. ②미인이 눈을 움직이는 모양. 〔論語·八佾·集解〕盼, 動目也. ③보다, 돌아보다. ≒眄. 〔宋書〕同被齒盼. ❷예쁜 눈. ❸날이 새려 하는 모양. ¶ 曉盼.

【盼刀 반도】지릅떠 봄.
【盼望 반망】바람. 희망함.
【盼倩 반천】눈이 시원스럽고 입 언저리에 애교가 있음.

▶ 美─, 流─, 恩─, 左顧右─, 倩─, 齒─.

相

目 4 【相】⑨ ❶서로 상 陽 xiāng
❷볼 상 漾 xiàng
❸빌 양 陽

一 十 才 木 朼 机 相 相 相

소전 相 초서 相

[參考] 대법원 지정 인명용 한자의 음은 '상'이다.

[字源] 會意. 木+目→相. 자세히 보기〔目〕위에서는 높은 데가 좋고, 땅에서 높은 데는 나무〔木〕이므로 '木'과 '目'을 합하여 '보다'의 뜻을 나타낸다.

[字解] ❶①서로. 〔春秋公羊傳〕胥命者何, 相命也. ②보다, 자세히 보다. ③바탕. 〔詩經〕金玉其相. ④따르다. 〔春秋左氏傳〕其相北公. ❷①보다. ㉮끝까지 지켜보다. 〔春秋左氏傳〕相時而動. ㉯점치다. 〔周禮〕以相民宅, 而知其利害. ㉰상을 보다. 〔周禮〕凡相犬. ②형상. ㉮사람의 용모. 〔史記〕無如季相. ㉯모습, 형태. 〔金剛經〕無人相·我相·衆生相·壽者相. ③돕다. 〔論語〕固相師之道也. ④도움, 보조자. 〔禮記〕猶賓之無相與. ⑤이끌다. 〔國語〕問誰相禮. ⑥다스리다. 〔周禮〕上春相獸. ⑦정승. 〔春秋左氏傳〕楚所相也, 고르다. 〔周禮〕上春相獸. ⑧정승. 백관의 장. 〔呂氏春秋〕相也者, 百官之長也. ㉯섭정〔攝政〕. 〔書經〕周公相成王. ㉰삼공〔三公〕. 〔禮記〕命相布德和令. ㉱태복〔太僕〕. 〔書經〕相被冕服. ⑨시중드는 사람, 곁군. 조근〔朝覲〕이나 회동 때에 주인이나 빈객을 도와 예를 행하는 사람. 〔周禮〕每門止一相. ⑩담당자. 〔漢書〕張蒼遷爲計相. ⑪방아타령, 방아 찧는 노래를 불러서 힘을 돋우는 일. 〔禮記〕鄰有喪, 春不相. ⑫악기 이름. 북 비슷하며 장단을 맞춘다. ⑬생각하다. ≒想. ❸빌다, 푸닥거리하다. ≒禳.

【相距 상거】서로 떨어진 거리.
【相隔 상격】서로 떨어져 있음.
【相激 상격】서로 부딪침.
【相敬如賓 상경여빈】부부는 서로 공경하여 마치 손님을 대하듯 해야 함.
【相公 상공】①재상〔宰相〕의 존칭. ②연소한 선비나 일반 신사의 경칭.

【相關 상관】①서로 관련을 가짐. ②남의 일에 간섭함.
【相國 상국】①재상〔宰相〕. ②조선 때, 의정〔議政〕의 총칭. 相臣(상신).
【相君 상군】재상. 相公(상공)①.
【相剋 상극】①오행〔五行〕의 운행에서 서로 이기는 관계. 곧, '木(목)'은 '土(토)'에, '火(화)'는 '金(금)'에, '土'는 '水(수)'에, '金'은 '木'에, '水'은 '火'에 이김. ②國서로 화합하지 못하여 만나기만 하면 충돌함.
【相器 상기】재상〔宰相〕이 될 기량. 재상이 될 만한 인물.
【相當 상당】①서로 맞음. 적합함. ②힘이 서로 비슷함. 우열〔優劣〕이 없음. ③일정한 액수·수치 등에 해당함.
【相待 상대】①서로 기다림. ②서로 대접함.
【相得 상득】①사물이 모두 시의〔時宜〕에 맞음. ②서로 마음이 맞음.
【相等 상등】①서로 같음. ②같게 함.
【相輪 상륜】(佛) 탑의 정상〔頂上〕 수연〔水煙〕 아래에 있는 청동으로 만든 9층의 원륜〔圓輪〕. 九輪(구륜).
【相馬 상마】말을 살펴 양부〔良否〕를 판별함.
【相望 상망】①서로 바라봄. ②죽 이어져 있음. ③재상〔宰相〕이 될 만한 명망〔名望〕. ④서로 떨어져 있음. ⑤대치함.
【相望之地 상망지지】서로 바라볼 수 있을 만큼 가까운 곳.
【相門 상문】재상의 집안. 相家(상가).
【相撲 상박】①씨름 ②서로 마주 때리.
【相伴 상반】①서로 짝을 지음. 서로 함께함. ②손님의 상대가 됨. 陪食(배식).
【相法 상법】인상〔人相〕이나 가상〔家相〕을 보는 법. 相術(상술).
【相逢 상봉】서로 만남.
【相扶相助 상부상조】서로서로 도움.
【相府 상부】①재상〔宰相〕이 정무를 보는 관청. ②재상.
【相殺 ❶상살 ❷상쇄】❶서로 죽임. ❷셈을 서로 비김. 맞비김. 엇셈.
【相生 상생】오행〔五行〕의 운행〔運行〕에서 서로 낳는 관계. 곧, '木(목)'은 '火(화)'를, '火'는 '土(토)'를, '土'는 '金(금)'을, '金'은 '水(수)'를, '水'는 '木'을 낳음.
【相續 상속】①다음 차례에 이어 주거나 이어 받음. ②연속함.
【相勝相負 상승상부】승부의 수가 서로 같음. 어금지금함.
【相臣 상신】재상. 相國(상국)①.
【相羊 상양】①거닒. 배회함. 逍遙(소요). 相佯(상양). ②의지할 곳 없는 모양. ③날아감.
【相於 상어】서로 친함. 서로 친하게 지냄.
【相沿 상연】①계속함. ②함께함. 같이함. ②전례를 따름.
【相月 상월】음력 7월의 딴 이름.
【相人 상인】①인상〔人相〕을 보고 길흉을 점침. 또는 그런 일을 하는 사람. 관상쟁이. 相者(상

자). ❷흙이나 나무로 만든 사람의 형상. 偶人(우인).

【相印 상인】 재상(宰相)의 인장(印章).

【相刺 상자】 서로 찌름.

【相者 상자】 ❶회합 등에서 의식을 행할 때 주인을 보좌하는 사람. ❷☞相人(상인)❶.

【相殘 상잔】 서로 싸우고 해침.

【相才 상재】 재상이 될 만한 인재.

【相接 상접】 ❶서로 닿음. 서로 이웃함. ❷서로 사귐.

【相從 상종】 ❶서로 친하게 지냄. ❷시집감. 출가함. ❸함께 따라감.

【相坐 상좌】 ❶한 사람의 죄로 말미암아 친척이나 관계되는 사람들이 벌을 받는 일. 連坐(연좌). ❷서로 관련됨.

【相地 상지】 지상(地相)을 보아 묏자리나 집터를 잡음. 또는 그런 일을 하는 사람.

【相知 상지】 서로 아는 사이. 知人(지인).

【相持 상지】 ❶세력이 비등비등함. ❷서로 버팀. 서로 적대시(敵對視)함.

【相避 상피】 ❶서로 피함. ❷圀친족 등 관계 있는 사람끼리 같은 관청에서 벼슬하거나 청송관(聽訟官)·시관(試官)이 되는 것을 피함. ㉡가까운 친척 사이의 남녀가 성적 관계를 맺는 일.

【相學 상학】 인상(人相)이나 지상(地相) 등을 연구하는 학문. 관상(觀相)을 연구하는 학문.

【相形 상형】 남의 용모를 보고 길흉을 점치는 일. 觀相(관상).

【相好 상호】 ❶서로 좋음. 서로 친함. ❷남녀가 서로 좋아함. ❸(佛)부처의 몸에 갖추어진 훌륭한 용모와 형상. ○'相'은 뚜렷해서 보기 쉬운 32가지를, '好'는 미세하여 보기 어려운 80가지를 말함.

【相詰 상힐】 서로 힐난(詰難)함. 서로 나무람.

○卿-, 骨-, 觀-, 國-, 貴-, 奇-, 內-, 面-, 名-, 妙-, 文-, 方-, 輔-, 手-, 首-, 丞-, 實-, 良-, 樣-, 愚-, 異-, 人-, 將-, 宰-, 眞-, 賢-.

目 【省】⑨
4
❶살필 성 㑒 xǐng
❷덜 생 㑒 shěng
❸마을 성 本生 㑒 shěng
❹가을 사냥 선 㑒 xiǎn

丿 丨 小 少 少 省 省 省 省

[소전]省 [고문]㓁 [초서]省 [参考]대법원 지정 인명용 한자의 음은 '성·생'이다.

[字源] 會意. 屮+眉=眉. '眉'은 '䀠'의 생략체로 '眉'임. 곧 '보다'의 뜻을 나타내고, '屮'는 풀이 막 돋아남을 뜻한다. 합하여 막 돋아나는 풀과 같이 '작은 것도 밝게 본다'는 뜻을 나타낸다.

[字解] ❶ ㉠살피다. ㉮살펴보다, 분명하게 알다. 〔論語〕 吾日三省吾身. ㉯조사하다, 비교하다. 〔中庸〕 日省月試. ㉰안부를 묻다. 〔禮記〕 昏定而晨省. ㉱점치다. 〔後漢書〕 望雲省氣. ❷

분명하다, 자세하다. 〔列子〕 實僞之辨, 如此其省也. ❸깨닫다. 〔宋史〕 忽大省曰, 宇宙內事, 乃己分內事. ❹좋다, 좋게 하다. 늑靖. 〔禮記〕 省于其君. ❺國술. 먼지나 때를 쓸어내는 데 쓰는 도구. ❷①덜다. ㉮없애다, 그만두다. 〔漢書〕 水衡省肉食獸. ㉯줄이다. 〔禮記〕 命有司省囹圄. ㉰간략하게 하다. 〔淮南子〕 法省而不煩. ②허물. 〔史記〕 飾省宣義. ③재앙. 늑眚. 〔書經〕 惟干戈省厥躬. ④적다. 〔荀子〕 省求多功. ❸①마을, 관아. 〔唐書〕 官司之別, 曰省, 曰臺, 如尚書·黃門·中書·祕書·殿中·內侍, 六省是也. ②궁중, 금중(禁中). 〔漢書〕 供養省中. ③공경(公卿)이 있는 곳. 〔左思·賦〕 禁臺省中. ④지방 행정 구획 이름. 〔元史〕 人心未安, 宜立省以撫綏之. ❹①가을 사냥. 〔禮記〕 惟君有黼裳, 以誓省. ②가을 제사. 〔禮記〕 夏礿, 秋嘗, 冬烝, 春社, 秋省.

【省鑒 성감】 살펴 헤아림. 반성함.

【省改 성개】 반성하고 고침.

【省耕 성경】 임금이 봄에 농사짓는 것을 직접 살피던 일.

【省斂 성렴】 임금이 가을에 추수하는 것을 살피던 일.

【省墓 성묘】 조상의 산소를 살피어 돌봄.

【省問 성문】 집에 돌아가 부모의 안부를 물음. 省親(성친).

【省視 성시】 ❶살펴봄. 상세하게 조사함. ❷문병(問病)함. 위문함.

【省審 성심】 자세히 조사함.

【省悟 성오】 반성하여 깨달음.

【省中 성중】 궁중(宮中).

【省察 성찰】 ❶깊이 살핌. ❷반성하여 살핌.

【省親 성친】 관리가 귀성(歸省)하여 부모의 안부를 물음. 省問(성문).

【省候 성후】 방문하여 안부를 물음.

【省略 생략】 줄여서 간략하게 함.

【省禮 생례】 圀예절을 생략함. 상중에 있는 사람에게 보내는 편지의 첫머리에 쓰는 말. 省式(생식).

【省文 생문】 ❶자구(字句)를 생략한 문장. 略文(약문). ❷한자의 점획(點畫)을 줄인 글자. 略字(약자).

○簡-, 官-, 宮-, 歸-, 禁-, 內-, 猛-, 默-, 反-, 三-, 修-, 巡-, 晨-, 略-, 自-, 定-, 存-, 飭-, 徧-, 行-.

目 【眚】⑨ 眚(1218)와 동자.
4

❶방패 순 㑒 dùn
❷벼슬 이름 윤 㑒 yǔn
❸별 이름 돈 㒳 dùn

目 【盾】⑨
4

[소전]盾 [초서]岳 [参考]대법원 지정 인명용 한자의 음은 '순'이다.

[字源] 象形. 사람이 방패에 몸을 숨겨 화살이나 돌로부터 눈을 가리어 보호하는 모양을 본뜬 글자.

目部 4〜5획 眂眃眄眈県盻看眴眛眜眽眠眳眵 1211

字解 ❶①방패.〔詩經〕龍盾之合. ②피하다, 숨다. ❷벼슬 이름.〔漢書〕數遣中盾, 請問近臣. ❸①별 이름.〔史記〕杓端有兩星, 一內爲矛招搖, 一外爲盾天鋒. ②사람 이름. 趙盾(조돈)은 춘추 시대 진(晉)나라의 대부(大夫) 이름.
【盾戈 순과】방패와 쌍날창.
【盾鼻 순비】방패의 손잡이.
❶ 甲−, 矛−, 五−, 龍−, 圓−, 鈹−, 瞀−.

〈盾❶〉

目 4【眂】⑨ 볼 시 寘 圂 尸 shì
소전 眂 參考 眂(1212)는 딴 자.
字解 보다, 보이다. ※ 視(1641)의 고자(古字).

目 4【眃】⑨ ❶시력 좋지 못한 운 文 yún ❷빠를 혼 阮 hùn
字解 ❶시력이 좋지 못한 모양.〔阮元·傳〕値幾數而眩眃. ❷빠른 모양.〔後漢書〕倏眃兮反常閒.

目 4【眄】⑨ ❶눈알 굴릴 전 先 tián ❷큰 눈 현 先 xián ❸볼 민 眞 mín
字解 ❶눈알을 굴리다.〔大戴禮〕人產三月徹眄, 然後能有見. ❷큰 눈. ❸보는 모양.

目 4【眈】⑨ ❶노려볼 탐 覃 dān ❷범이 보는 모양 탐 感 dān ❸머리 내밀고 볼 침 寢 chěn
소전 眈 초서 眈 參考 ①眈(1425)은 딴 자. ②대법원 지정 인명용 한자의 음은 '탐'이다.
字解 ❶①노려보다, 범이 내려다보는 모양.〔易經〕虎視眈眈. ②가까운 데를 보며 먼 곳에 뜻을 두다. ❷①범이 보는 모양. ②천천히 보다. ❸머리를 내밀고 보다.
【眈眈 탐탐】①범이 노려보는 모양. 야심을 가지고 기회를 노리고 있는 모양. ②속이 깊은 모양. ③심오한 모양.

目 4【県】⑨ 縣(1379)의 속자

目 4【盻】⑨ 흘겨볼 혜·예 霽 霰 xì
소전 盻 초서 盻 參考 盼(1209)는 딴 자.
字解 품고 보다, 원한을 품고 보다.〔魏志〕太祖顧指褚, 褚瞋目盻之, 超不敢動. ❷돌아보다.〔孔稚圭·文〕芥千金而不盻. ❸부지런한 모양.〔孟子〕爲民父母, 使民盻盻然.
【盻盻 혜혜】①원망하여 보는 모양. ②부지런히 힘쓰는 모양.

目 5【看】⑩ 看(1207)의 속자

目 5【眴】⑩ ❶두리번거릴 구 虞 jū ❷움펑눈 구 尤 kōu
字解 ❶①두리번거리다. =眗.〔易林〕虎卧山隅, 鹿過後眴. ②웃다. ¶ 眴瞜. ❷움펑눈.
【眴瞜 구루】웃음.

目 5【眛】⑩ ❶어두울 말 曷 mò ❷땅 이름 멸 屑 miè
소전 眛 초서 眛 字解 ❶①어둡다, 눈이 흐리다. ②무릅쓰다.〔左思·賦〕相與眛潛險, 搜瓊奇. ❷땅 이름. =蔑.〔春秋公羊傳〕盟于眛.

目 5【眜】⑩ 어두울 매 隊 泰 mèi
소전 眜 초서 眜 字解 어둡다, 눈이 밝지 아니하다.〔春秋左氏傳〕目不別五色之章, 爲眜.

目 5【眽】⑩ 脈(1214)과 동자

目 5【眠】⑩ ❶잠잘 면 先 mián ❷누워 쉴 면 銑 miǎn ❸볼 민 軫 mǐn
초서 眠 參考 대법원 지정 인명용 한자의 음은 '면'이다.
字源 形聲. 目+民→眠. '民(민)'이 음을 나타낸다.
字解 ❶①잠자다.〔後漢書〕竟夕不眠. ㉮조수(鳥獸)가 쉬다.〔宋史〕眠羊臥鹿. ㉯시들다.〔三輔故事〕漢苑有柳, 如人形, 一日三眠三起. ②누에가 잠자다.〔庾信·詩〕社雞新欲伏, 原蠶始更眠. ③잠.〔張繼·詩〕江楓漁火對愁眠. ④죽은 시늉을 하다.〔山海經〕餘峩之山, 有獸焉, 見人則眠. ⑤누이다, 가로 놓다.〔司空圖·詩品〕眠琴綠陰. ⑥빛깔이 진하다.〔楚辭〕遠望兮仟眠. ❷①누워서 쉬다. ②중독되다, 약물에 중독되다. ❸보다.
【眠食 면식】①잠자는 일과 먹는 일. 寢食(침식). ②사람의 행동거지. 기거동작.
【眠雲 면운】구름 속에서 잠을 잠. 산중에 삶.
【眠眩 면현】약을 먹은 후에 보이는 중독 현상.
❶ 甘−, 冬−, 不−, 睡−, 熟−, 安−, 永−.

目 5【眳】⑩ 흘겨볼 묘 巧 mǎo
字解 흘겨보다.

目 5【眵】⑩ ❶자세히 볼 비 寘 bì ❷자세히 볼 밀 質 bì ❸노려볼 말 黠 mà

目部 5획

眹 [字解] ❶자세히 보다.〔詩經〕眹彼泉水. ❷보는 모양. ❸부끄러워하다. ＝恥. ❷자세히 보다. ※❶의 ①과 같다. ❸①노려보다, 밉게 보다.〔韓愈, 孟郊·詩〕獺眠困逾眹. ②보다.

眚 ⑩ 눈에 백태 낄 생 梗 shěng
[字解] ①눈에 백태가 끼다.〔陸游·詩〕眼眚燈生暈. ②잘못, 허물.〔春秋左氏傳〕不以一眚掩大德. ③재앙.〔後漢書〕景雲降集, 眚沴息矣. ④괴이한 조짐.〔易經〕无眚. ⑤앓다, 병.〔張衡·賦〕勤恤民隱, 而除其眚. ⑥덜다, 줄이다. ≒省.
【眚病 생병】이상한 병. 怪病(괴병).
【眚災 생재】과실로 인한 해악(害惡).
● 大-, 无-, 災-, 除-, 天-.

眹 ⑩ ❶눈 깜작일 순 震 shùn ❷볼 심 侵 shùn ❸과녁 시 寘 shùn
[參考] 眹(1213)은 딴 자.
[字解] ①①눈을 깜작이다. ≒瞚. ②눈짓하다.〔春秋公羊傳〕眹晉大夫, 使與公盟. ②①보다. ②눈을 깜작이다. ※①의 ①과 같다. ③과녁.

眎 ⑩ 볼 시 寘 shì
[字解] ①보다. ※視(1641)의 고자(古字).〔三國志〕袁紹虎眎四州. ②말하다, 알리다. ③드러내다. ④보이다.〔漢書〕以眎羌虜.

眤 ⑩ ❶비길 시 紙 shǐ ❷보는 모양 저 薺 shǐ
[參考] 眤(1211)는 딴 자.
[字解] ①①비기다, 비교하다, 견주다.〔周禮〕凡食齊眤春時. ②이르다, 말하다. ③보다. ＝視.〔周禮〕眤滌濯. ②보는 모양.

眒 ⑩ 눈 부릅뜰 신 震眞 shēn
[字解] ①눈을 부릅뜨다. ②빠르다.〔左思·賦〕鷹犬儵眒. ③금수(禽獸)가 놀라는 모양.

眘 ⑩ 愼(638)의 고자.

映 ⑩ ❶눈 어두울 앙 陽 yāng ❷볼 영 敬 yìng
[字解] ①①어둡다, 눈이 어둡다. ②보는 모양. ③노려보다, 매섭게 쏘아보다. ②보다.

眢 ⑩ 소경 완·원 寒 yuān
[字解] ①소경, 눈이 멀다.〔王思任·傳〕汪之罘夫目眢血裂. ②우물이 마르다.
【眢井 완정】①물이 마른 우물. 空井(공정). ②사용하지 않는 우물. 廢井(폐정).

眑 ⑩ ❶깊을 유 宥 yǎo ❷움펑눈 요 巧 ǎo
[字解] ❶깊다, 심원(深遠)하다.〔漢書〕清思顚眑. ❷움펑눈. ＝窅.

眨 ⑩ 눈 깜작일 잡 洽 zhǎ
[字解] ①눈을 깜작이다.〔傳燈錄〕眨眼參差千里莽. ②애꾸눈.

眝 ⑩ 바라볼 저 語 zhù
[字解] ①바라보다. ②눈을 크게 뜨다.〔陸機·文〕眝美目其何望. ③우두커니 서다, 잠시 멈추어 서다. ≒佇.

眐 ⑩ 바라볼 정 庚敬 zhēng
[字解] ①바라보다. ②홀로 가는 모양.〔楚辭〕魂眐眐以寄獨兮.

眥 ⑩ ❶눈초리 제 霽 zì ❷눈초리 지 寘 zì ❸흘길 자 卦 zì
[字解] ①눈초리, 눈가, 눈언저리.〔列子〕拭眥揚眉而望之. ②깃이 포개지는 곳. ❷①눈초리. ※❶의 ①과 같다. ②흘기다. ③보다. ≒眦. ④적시다. ≒漬. ⑤멸망시키다.〔莊子〕眥城可以休老. ③①흘기다, 눈 흘겨 거스르다.〔史記〕睚眥之怨必報. ②눈초리가 찢어지다.
【眥裂 자열】눈초리가 찢어짐. 몹시 성난 모습.

眦 ⑩ 眥(1212)와 동자

眞 ⑩ 참 진 眞 zhēn

匕 ᄂ 厂 ᄂ 目 目 直 眞 眞

[字源] 會意. 匕＋目＋ᄂ＋Ⅱ→眞. '匕'는 '化'의 고자(古字), 'ᄂ'는 숨다, 'Ⅱ'는 탈것을 나타낸다. 본뜻은 '신선이 득도(得道)하여 사람의 눈에 뜨이지 아니하고 승천함'인 데서, '자연·묘리·천성·본질·신기(神氣)·정실(正實)' 등의 뜻으로 쓴다.
[字解] ①참. ㉮거짓이 아니다.〔漢書〕使眞僞毋相亂已. ㉯진짜.〔莊子〕其爲人也眞. ㉰순수하다.〔莊子〕眞者, 精誠之至也. ㉱바르다.〔古詩〕識曲聽其眞. ②변하지 아니하다.〔淮南

目部 5획 眞 真 眕 眣

子〕質眞而素樸. ③생긴 그대로, 자연.〔莊子〕況其眞乎. ④도(道), 자연의 도, 묘리(妙理).〔漢書〕欲嬴葬以反吾眞. ⑤천성(天性),〔莊子〕眞者, 所以受於天也. ⑥본질.〔後漢書〕俗儒守文, 多失其眞. ⑦혼, 신기(神氣).〔莊子〕以利惑其眞. ⑧몸, 신체.〔莊子〕見利而忘其眞. ⑨초상(肖像), 화상.〔傳燈錄〕有曾寫得師眞. ⑩정말, 진실로.〔韓愈·說〕嗚呼, 其眞無馬乎, 其眞不知馬也. ⑪천(天). 도가(道家)에서 이르는 이상의 경지.〔列子〕歸其眞宅. ⑫도가(道家)의 경서(經書).〔南史〕三眞六草. ⑬서체(書體)의 하나, 해서(楷書).〔舊唐書〕改爲眞經.

【眞箇 진개】①진실하고 거짓이 없는 일. ◇'箇'는 어조사(語助辭). 眞個(진개). ②과연. 생각한 바와 같이, 역시.

【眞訣 진결】①참된 도리를 깊이 연구함. ②비결(祕訣).

【眞景 진경】①실제의 경치. 實景(실경). ②실제의 경치를 그대로 그린 그림.

【眞境 진경】조금도 더럽혀지지 않은 깨끗한 곳. 신선(神仙)이 사는 땅.

【眞空 진공】①(佛)일체의 현상(現象)을 초월한 진여(眞如)의 상태. ②공기나 그 외의 물질이 전혀 존재하지 않는 공간.

【眞瓜 진과】참외. 甜瓜(첨과).

【眞果 진과】①불교나 도교의 진실한 도. ②씨방이 발육하여 된 과실. 매실·복숭아 따위.

【眞君 진군】①진정한 임금. 만물의 주재자(主宰者). ②신선(神仙)의 존칭.

【眞金不鍍 진금부도】진짜 황금은 도금하지 않음. 참으로 유능한 사람은 겉치레를 하지 않음.

【眞理 진리】①참된 도리. 누구에게도 바르다고 인정되는 도리. ②참된 이치. 누구에게나 타당하다고 인정되는 지식.

【眞否 진부】진실과 진실이 아님.

【眞相 진상】사물의 참된 모습. 실지의 형편. 實相(실상). 本體(본체).

【眞想 진상】①참된 생각. ②진실한 마음. ②명리(名利)에 미혹되지 않는 본성(本性).

【眞書 진서】①﹝國﹞한문을 숭상하던 시대에 그것을 높이어 일컫던 말. ②해서(楷書)의 속칭. 正書(정서).

【眞善美 진선미】참됨과 착함과 아름다움. 이 세 가지를 인생의 최고의 이상으로 삼음.

【眞成 진성】진실로. 참으로. 眞正(진정).

【眞性 진성】①타고난 성질. 天性(천성). ②순수한 성질. ③(佛)진여(眞如). ④의사성(擬似性)·유사성(類似性)이 아닌 진짜 증세의 것.

【眞俗 진속】①(佛)진제(眞諦)와 속제(俗諦). 출세간(出世間)과 세간(世間). ②승려와 속인. 僧俗(승속).

【眞率 진솔】진실하고 솔직함.

【眞髓 진수】어떤 사물의 가장 중요한 부분. 神髓(신수).

【眞實 진실】거짓 없이 바르고 참됨.

【眞贋 진안】진짜와 가짜. 眞僞(진위).

【眞言 진언】①참말. 거짓이 아닌 말. ②(佛)불타(佛陀)의 말. ③주문(呪文).

【眞如 진여】①(佛)영구히 변치 않는 우주 만유(萬有)의 절대 진리. ◇'眞'은 '허망(虛妄)하지 않음', '如'는 '여상(如常)'의 뜻. ②도교(道敎)에서 인간 본래의 성(性)을 이르는 말.

【眞影 진영】①참모습. ②영정(影幀). 사진.

【眞吾 진오】꾸밈이 없는 참된 나. 참된 자기의 모습.

【眞僞 진위】참과 거짓.

【眞元 진원】사람의 한 몸의 원기.

【眞意 진의】거짓이 없는 마음. 참마음.

【眞義 진의】참뜻. 참된 의미. 本義(본의).

【眞人 진인】①참된 도를 체득한 사람. 도교에서는 참 오의(奧義)를 깨달은 사람을 이름. ②선인(仙人). ③(佛)진리를 깨달은 사람. 흔히 아라한(阿羅漢)을 이르는 말이나 부처를 이르기도 함.

【眞字 진자】점획(點畫)이 바른 글자. 해서(楷書)로 쓴 글자.

【眞宰 진재】노장학(老莊學)에서 말하는 우주의 주재자(主宰者). 곧, 하늘.

【眞蹟 진적】①진짜 필적. 眞筆(진필). 眞迹(진적). ②실제의 유적.

【眞詮 진전】①진리를 표현한 문구(文句). ②참된 깨달음.

【眞諦 진제·진체】(佛)진실한 도리. 평등 무차별의 이치.

【眞智 진지】①참된 지혜. 진리를 깨달은 지혜. ②(佛)진여(眞如)를 깨달은 지혜.

【眞摯 진지】진실하게 일에 당하며 차분하게 열성을 기울이는 일.

【眞彩 진채】진하게 쓰는 원색적인 불투명한 채색. 단청(丹靑)에 씀.

【眞宅 진택】진정한 집. 사후(死後)의 세계. ◇생(生)을 임시로 사는 집. 곧, 가택(假宅)이라고 하는 데에 상대하여 나온 말. 太虛(태허).

◐ 寫ㅡ, 淑ㅡ, 純ㅡ, 正ㅡ, 精ㅡ, 天ㅡ, 逼ㅡ.

目
5 【真】⑩ 眞(1212)의 속자

目
5 【真】⑩ 眞(1212)의 속자

目
5 【眕】⑩ 진중할 진 眕 zhěn

소전 眕 초전 眕 字解 ①진중하다, 참고 견디다. ≒鎭.〔春秋左氏傳〕憾而能眕者鮮矣. ②원망을 품은 눈길. ③고(告)하다. ≒畛.

目
5 【眣】⑩ ❶사팔눈 질 眣 dié ❷눈 불거질 찰 眣 dié

소전 眣 叄考 眣(1212)은 딴 자. 字解 ❶①사팔눈. 눈동자가 비뚤어진 눈. ②눈이 불거진 모양. ③눈짓. ❷눈이 불거지다.

目部 5~6획 眨眙眩䀎䀘䀕䀊眷䀟眿

眨 ⑩ 엿볼 첨 ⎔ chàn
[字解] ①엿보다. =覘. ②눈초리가 처진 눈. ③음란하다. ¶眨賺.
【眨賺 첨렴】 음란함.
【眨眼舒眉 첨안서미】 눈을 크게 뜨고 눈썹을 폄. 흠모하는 모양.

眙 ⑩ ❶눈여겨볼 치 ⎔ chì
❷눈여겨보는 모양 의 ⎔ chì
❸눈 치뜨는 모양 이 ⎔ yí
[参考] 眙(1728)는 딴 자.
[字解] ①①눈여겨보다, 응시하다. 〔史記〕目眙不禁. ②휘둥그레져서 보는 모양. 〔王延壽·序〕覩斯而眙. ❷눈여겨보는 모양. =瞪. ❸눈을 치뜨는 모양.

眩 ⑩ ❶아찔할 현 ⎔ xuàn
❷팔 견 ⎔ juàn
❸요술 환 ⎔ huàn
[参考] 대법원 지정 인명용 한자의 음은 '현'이다.
[字解] ❶①아찔하다. ㉮현기증이 나다. 〔素問〕眩冒. ㉯미혹하다. 〔中庸〕敬大臣則不眩. ㉰어지러워지다, 착각하다. 〔漢書〕俗儒好是古非今, 使人眩於名實, 不知所守. ②현혹하다, 미혹(迷惑)시키다. 〔新論〕人之性貞, 所以邪者, 慾眩之也. ③어둡다, 분명하지 아니하다. 〔淮南子〕照物而不眩. ④눈부시다. ≒炫. ❷팔다, 행상하다. 〔資治通鑑〕自眩鬻者以千數. ❸요술, 속여 미혹하게 하다. =幻. 〔史記〕安息王以大鳥卵, 及黎軒善眩人, 獻于漢.
【眩氣 현기】 아찔하고 어지러운 기운.
【眩瞀 현무】 눈이 희미하여 분명하지 않은 모양. 현기증이 나는 모양.
【眩泯 현민】 현기증이 나서 편안하지 못함.
【眩然 현연】 현기증이 나는 모양.
【眩曜 현요】 ⇨眩燿.
【眩眞 현진】 사람의 천성을 어지럽힘.
【眩眩 현현】 보는 모양.
【眩惑 현혹】 정신이 혼미하여 어지러움. 홀림에 빠져 미혹함.
【眩鬻 견육】 돌아다니면서 팖.
【眩人 환인】 요술쟁이. 魔法師(마법사).
❶驚-, 瞑-, 耀-, 顚-, 汗-, 昏-, 譁-.

䀎 ⑩ 놀라서 볼 혈 ⎔ xuè
[字解] ①놀라서 보다, 두리번거리다. 〔王延壽·賦〕仡欺䫻以鵰䀎. ②눈이 우묵한 모양.

䀘 ⑪ 䀘(1216)의 속자.

眶 ⑪ 눈자위 광 ⎔ kuàng
[字解] 눈자위. 〔列子〕矢來注眸子, 而眶不睫.

䀊 ⑪ 곁눈질할 교 ⎔ jiǎo
[字解] 곁눈질하다.

眷 ⑪ 돌아볼 권 ⎔ juàn
[字解] ❶돌아보다. ㉮뒤돌아보다, 돌이켜 보다. 〔詩經〕乃眷西顧. ㉯돌보다, 귀여워하다, 총애하다. 〔書經〕皇天眷命. ②그리워하다. 〔束晳·詩〕眷戀庭闈, 心不遑安. ③은혜, 은고(恩顧). 〔晉書〕蒙眷累世. ④친족, 일가. 〔五代史〕裵氏自晉魏以來, 世眷名族, 居燕者號東眷. ⑤동아리, 무리. 〔李夢陽·詩〕法眷撞鐘鼓. ⑥소실, 첩. 〔朱德潤·詩〕問是誰家好宅眷.
【眷顧 권고】 ①뒤돌아봄. ②애정으로 돌보아 줌. 愛顧(애고).
【眷眷 권권】 ①알뜰히 돌보는 모양. 항상 마음에 두어 잊지 않는 모양. ②연모(戀慕)하는 모양.
【眷奇 권기】 특별히 사랑하여 정을 품음.
【眷黨 권당】 ⇨眷屬(권속).
【眷戀 권련】 사모함. 늘 잊지 못하며 그리워함. 愛戀(애련).
【眷命 권명】 사랑하며 늘 염려함.
【眷屬 권속】 ①친척. 친족. 眷黨(권당). ②한집 안의 식구. ③아내의 비칭(卑稱).
【眷率 권솔】 자기가 거느리는 집안 식구.
【眷愛 권애】 보살펴 사랑함.
【眷焉 권언】 뒤돌아보는 모양.
【眷然 권연】 잊지 못하여 뒤돌아보는 모양.
【眷佑 권우】 돌보아 줌. 보살펴 줌.
【眷遇 권우】 임금이 신하를 정중하게 대우함.
【眷任 권임】 총애하여 씀.
❶舊-, 篤-, 殊-, 宸-, 深-, 禮-, 恩-, 天-, 寵-, 親-, 荷-, 歡-, 厚-.

眮 ⑪ 눈자위 동 ⎔ tóng
[字解] ①눈자위, 안광(眼眶). ②눈알을 굴리다, 두리번거리다. 〔姚鼐·詩〕鼻饜目勞眮.

眿 ⑪ ❶훔쳐볼 맥 ⎔ mì
❷곁눈 멱 ⎔ mò
[参考] 眿(1444)은 딴 자.
[字解] ❶①훔쳐보다. ②서로 보다. 〔古詩〕盈盈一水間, 眿眿不得語. ③뽐내며 속이는 모양. 〔李康·論〕眿眿然自以爲得矣. ❷①곁눈, 곁눈질하다. ②업신여기다. ¶眿蜴. ③보다. ≒覓. 〔漢書〕眿隆周之太寧.
【眿眿 맥맥】 ①서로 마주 보는 모양. ②남에게 뽐내며 속이는 모양.
【眿蜴 멱석】 남을 업신여김.

目 6 【眸】⑪ 눈동자 모 囝 móu

솔전 眸 초서 眸 [字解] ❶눈동자.〔孟子〕存乎人者, 莫良於眸子. ❷눈.〔劉楨·賦〕和顏揚眸. ❸자세히 보다.〔荀子〕眸而見之.
【眸光 모광】눈빛.
【眸子 모자】눈동자. 眼睛(안정).
❶ 明－, 雙－, 兩－, 凝－, 淸－, 昏－, 黑－.

目 6 【眯】⑪ ❶눈에 티 들 미 紙 mǐ
❷가위눌릴 미 寘 mì
❸애꾸눈 미 支 mí

솔전 眯 초서 眯 통용 瞇 [字解] ❶눈에 티가 들다, 아찔해지다.〔莊子〕夫播穅眯目. ❷편안하다.〔莊子〕必且數眯焉. ❸애꾸눈.
【眯夢 미몽】무서운 꿈을 꾸어 가위눌림.

目 6 【眼】⑪ ❶눈 안 潸 yǎn
❷눈 불거질 은 阮 wěn

⺆ ⺆ 目 目 目ˊ 目ˋ 眼 眼 眼

솔전 眼 초서 眼 [參考] 대법원 지정 인명용 한자의 음은 '안'이다.
[字源] 形聲. 目＋艮→眼. '艮(간)'이 음을 나타낸다.
[字解] ❶눈. ㉮눈알.〔史記〕抉吾眼, 縣吳東門之上. ㉯눈구멍, 안과(眼窠).〔靈樞經〕五臟六腑之精氣, 皆上注于目, 而爲之精, 精之窠爲眼. ㉰눈매.〔史記〕眼如望羊. ❷보다, 보는 일.〔南史〕君詩若舖錦列繡, 亦彫繢滿眼. ❸바늘 따위의 구멍, 사북, 가장 중요한 부분.〔滄浪詩話〕詩用功有三, 曰起結, 曰句法, 曰字眼. ❹눈이 불거진 모양.〔周禮〕望其轂, 欲其眼也.
【眼角 안각】눈초리. 眼眥(안제).
【眼瞼 안검】눈꺼풀. 眼胞(안포).
【眼孔 안공】①눈구멍, 눈. ②사물을 분별하는 힘. 見識(견식).
【眼眶 안광】눈자위.
【眼光徹紙背 안광철지배】눈빛이 종이 뒷면까지 비침. 글을 읽고 이해하는 능력이 뛰어남. 眼透紙背(안투지배).
【眼球 안구】눈알. 눈망울. 眼珠(안주).
【眼到 안도】독서 삼도(讀書三到)의 하나. 책을 읽음에 있어서 먼저 눈을 책에 집중해야 함.
【眼同 안동】같이, 함께. 입회하여.
【眼目 안목】①눈. ②주안점(主眼點). 요점(要點). ③사물을 분별하는 견식.
【眼鼻莫開 안비막개】國일이 바빠 눈코 뜰 사이가 없음.
【眼識 안식】①선악(善惡)·시비(是非)·가치 등을 판별할 수 있는 능력. ②(佛)물체의 모양이나 빛깔 따위를 분별하는 작용.
【眼語 안어】눈짓으로 의사를 통하는 일.
【眼窩 안와】안구(眼球)가 들어 있는 구멍.

【眼電 안전】눈빛이 빛남. 눈이 반짝임.
【眼睛 안정】눈동자. 眸子(모자).
【眼珠 안주】눈망울. 眼球(안구).
【眼中無人 안중무인】☞眼下無人(안하무인).
【眼中人 안중인】늘 마음속에서 생각하는 사람.
【眼中釘 안중정】눈에 든 못. 방해자나 자기에게 해를 끼치는 사람.
【眼疾 안질】눈에 생긴 병.
【眼彩 안채】눈의 광채. 眼光(안광).
【眼聰 안총】눈의 총기. 眼力(안력).
【眼波 안파】여자가 아양을 떠는 눈.
【眼下無人 안하무인】눈 아래 보이는 사람이 없음. 교만하여 남을 업신여김.
【眼花 안화】눈이 침침하고 환각(幻覺)을 느끼는 일.
【眼花耳熱 안화이열】눈이 어지럽고 귀가 번거로움.
【眼患 안환】☞眼疾(안질).
❶ 開－, 檢－, 近－, 冷－, 老－, 綠－, 淚－, 獨－, 滿－, 媚－, 放－, 白－, 碧－, 心－, 兩－, 龍－, 天－, 靑－, 醉－, 血－, 患－.

目 6 【眲】⑪ 업신여길 액·이·척 陌 寘 職 nè
초서 眲 [字解] 업신여기다.〔列子〕見商丘開衣冠不倈, 莫不眲之.

目 6 【睁】⑪ 睜(1219)의 속자

目 6 【眺】⑪ 바라볼 조 嘯 tiào
솔전 眺 소전 眺 초서 眺 [字解] ❶바라보다.〔禮記〕可以遠眺望. ❷살피다, 주의하여 보다.
【眺覽 조람】멀리 바라봄. 眺望(조망).
【眺臨 조림】내려다봄.
【眺望 조망】널리 바라봄. 또는 그러한 경치. 觀望(관망).
【眺聽 조청】①보고 들음. ②보는 일과 듣는 일.
【眺矚 조촉】멀리 바라봄. 眺覽(조람).
❶ 顧－, 登－, 晩－, 遙－, 遠－, 凝－, 臨－.

目 6 【眾】⑪ 衆(1605)의 본자

目 6 【眹】⑪ ❶눈동자 진 軫 zhèn
❷눈동자 접 葉 zhèn
솔전 眹 초서 眹 [參考] 朕(813)은 딴 자.
[字解] ❶눈동자.〔劉向·序〕子生無目眹. ❷조짐, ❸점괘(占卦).〔佩觿集〕吉凶形兆, 謂之兆眹. ❹흔적, 자취.〔鬼谷子〕見變化之眹焉. ❷눈동자.
【眹垠 진은】자취. 흔적.

目 6 【眵】⑪ 눈곱 치 支 chī

【眵】 ①눈곱. 〔韓愈·歌〕兩目眵昏頭雪白. ②눈초리를 상하다.
【眵昏 치혼】 눈이 흐리어 어두움.

目6 【胲】⑪ 눈 큰 모양 해 灰 gāi
字解 ①눈이 큰 모양. 눈이 부리부리하다. ②여럿이 서로 보다. ¶胲矚.
【胲矚 해촉】 여럿이 서로 봄.

目6 【眴】⑪ ①깜작일 현 霰 xuàn
②깜작일 순 震 shùn
字解 ①깜작이다. 눈을 감작이다. ②현기증 나다. 〔揚雄·劇秦美新〕臣嘗有顛眴病. ②①깜작이다, 눈을 감작이다. =瞬. ②눈짓하다. 〔漢書〕梁眴籍曰, 可行矣. ③놀라다. 〔莊子〕眴若皆棄之而走.
【眴轉 현전】 눈이 아찔함. 눈앞이 캄캄함.
【眴眴 현현】 ①눈이 어지러운 모양. 눈앞이 캄캄해지는 모양. ②보드라운 모양.
【眴渙 현환】 선명(鮮明)한 모양.
【眴目 순목】 눈을 움직임. 눈을 깜박임.

目6 【眹】⑪ 눈 어두울 홍 董 hǒng
字解 눈이 어둡다.

目6 【眭】⑪ ①볼 활 黠 huà
②눈 어두울 괄 黠 guā
字解 ①보다. 〔王勃·賦〕謂江湖之漲不足眭.
②눈이 어둡다.

目6 【睢】⑪ ①움펑눈 휴 灰 huī
②볼 계 霽 xié
③노려볼 에 寘 wèi
字解 ①움펑눈. 쑥 들어간 눈. ②건강한 모양. ¶睢盱. ③우러러보다. =眭. ②①보다, 쏘아보다. ②성(姓). ③노려보다.
〔淮南子〕今人之所以睢然能így視.
【睢盱 휴우】 튼튼한 모양. 건강한 모양.
【睢然 계연】 처다보는 모양.

目7 【睊】⑫ 흘겨볼 견 霰 juàn
【睊睊 견견】 곁눈질하는 모양. 흘겨보는 모양.
【睊睊脊讒】〔孟子〕睊睊胥讒.

目7 【睊】⑫ 눈감을 괵 陌 guó
字解 눈을 감다, 눈을 감는 모양.

目7 【䀠】⑫ 눈곱 두 尤 dōu
字解 눈곱.

目7 【睍】⑫ ①눈 앓을 량 漾 liàng
②눈 밝아질 랑 養 lǎng
字解 ①눈을 앓다. ②눈이 밝아지다.

目7 【睂】⑫ 眉(1208)의 본자

目7 【睒】⑫ 깜작일 섬 琰 shǎn
參考 睒(1216)은 딴 자.
字解 ①깜작이다, 눈을 자주 움직이다. ②엿보다. ≒睒.
【睒睒 섬섬】 눈을 자주 깜작이는 모양.

目7 【睋】⑫ 바랄 아 歌 é
字解 ①바라다, 원하다. ②보다. 〔班固·賦〕睋北阜. ③갑자기. =俄. 〔春秋公羊傳〕睋而鍰其板.

目7 【睳】⑫ 울상 왕 陽 wāng
字解 울상, 눈물이 그렁그렁한 모양.

目7 【睇】⑫ ①흘끗 볼 제 霽 dì
②맞아 볼 제 霽 tí, tī
字解 ①①흘끗 보다, 훔쳐보다. 〔禮記〕在父母舅姑之所, 不敢睇視. ②한눈팔다. ②①맞아서 보다. ②보다. 〔趙至·書〕龍睇大野.
【睇眄 제면】 곁눈질함. 睇視(제시).
【睇目 제목】 멀리 바라봄.
【睇盼 제반】 눈을 움직이면서 봄.
【睇睨 제예】 곁눈질로 봄. 슬쩍 봄.
① 微-, 邪-, 遙-, 流-, 含-.

目7 【着】⑫ 붙을 착 藥 zhuó

著(본자) 着(동자) 參考 어휘(語彙)는 본자(本字)인 著(1528)을 보라.
字解 ①붙다. ②입다, 옷을 입다. 〔李白·詩〕更着老萊衣. ③신을 신다. 〔馬彥良·一枝花〕着一對草履. ④머리에 쓰다. ¶着巾束帶.

目7 【睫】⑫ ①속눈썹 첩 葉 jié, shè
②애꾸눈 협 洽 jiá
參考 睫(1216)은 딴 자.
字解 ①①속눈썹. =睫. 〔史記〕忽忽承睫. ②깜작이다. ②애꾸눈, 눈 깜작이다. 〔韓非子〕今有人見君, 則睫其一目.

目7 【睍】⑫ ①불거진 눈 현 銑 xiàn
②눈 작을 현 霰 xiàn

目部 7~8획　睆睅睄睘睍督睞睖睩睩睖睩睦　1217

【소전】睍【소전】睍【초서】呪　字解 ❶①불거진 눈. ②훔쳐보다, 슬쩍 보다. 〔韓愈・文〕伈伈睍睍. ③아름다운 모양, 소리가 아름다운 모양. 〔詩經〕睍睍黃鳥, 載好其音. ❷눈이 작다.
【睍睍 현현】슬쩍 보는 모양. 훔쳐봄.
【睍睆 현환】①아름다운 모양. ②목소리가 맑고 고운 모양.

目7【睆】⑫ ❶가득 찬 모양 환 浣　huǎn
　　　　❷추파 던질 완 阮
【초서】睆　字解 ❶①가득 찬 모양. 〔詩經〕有杕之杜, 有睆其實. ②퉁방울눈. ＝盱. ③끝까지 보다, 주시하는 모양. ¶ 睆睆. ④밝다, 별이 밝은 모양. 〔詩經〕睆彼牽牛. ⑤아름다운 모양. 〔禮記〕華而睆, 大夫之簀與. ❷추파를 던지다. ＝睕.
【睆睆 환환】끝까지 보는 모양. 주시하는 모양.

目7【睅】⑫ 큰 눈 환・한 澣 旱　hàn
【소전】睅【혹체】睆【초서】胖　字解 ①큰 눈, 눈을 크게 뜨고 보다. ②크게 불거진 눈, 퉁방울눈. 〔春秋左氏傳〕睅其目.

目7【睄】⑫ 소경 효 宵　xiāo
字解 소경.

目7【睎】⑫ 바라볼 희 微　xī
【소전】睎【초서】睎　字解 ①바라보다. 〔班彪・賦〕睎秦嶺. ②힐끗 보다. ③그리워하다. 〔法言〕睎顏之人, 亦顏之徒也. ④바라다. ≒希.
【睎望 희망】먼 데를 바라봄.

目8【睘】⑬ 睘(1220)과 동자

目8【睊】⑬ 睊(1214)과 동자

目8【督】⑬ 살펴볼 독 沃　dū

<image: 督 character evolution>

【소전】督【초서】督　字源 形聲. 叔＋目＝督. '叔(숙)'이 음을 나타낸다.
字解 ①살펴보다. 〔漢書〕使離婁督繩. ②바로잡다, 단속하다. 〔漢書〕何嘗爲丞督事. ③경계하다, 계칙하다. 〔漢書〕宜有以敎督. ④꾸짖다, 책망하다. 〔史記〕大王有意督過之. ⑤가운데, 중앙. 〔周禮〕督旁之脩. ⑥맏아들, 장자. 〔史記〕家有長子, 曰家督. ⑦우두머리, 대장(大將). 〔後漢書〕軍征校尉, 一統于督. ⑧통솔하

다. 〔唐書〕唯度請身督戰. ⑨권하다, 재촉하다. 〔唐書〕趣督倚辨, 故能成功. ⑩후하다, 극진하다. 〔春秋左氏傳〕謂督不忘.
【督檢 독검】바로잡음. 단속함.
【督過 독과】허물을 꾸짖음. 잘못을 책망함.
【督課 독과】맡긴 일을 감독함.
【督軍 독군】①군대를 감독하던 벼슬. 한대(漢代)에 두었다. ②병사를 통솔하는 장관.
【督勵 독려】감독하여 격려함.
【督迫 독박】재촉함. 독촉함.
【督攝 독섭】바로잡아 다스림.
【督率 독솔】감독하여 통솔함.
【督視 독시】살펴봄. 감시함.
【督御 독어】도맡아 다스림. 통괄함.
【督戰 독전】싸움을 독려(督勵)함.
【督察 독찰】감독하고 시찰함.
【督責 독책】①몹시 재촉함. ②몹시 책망함.
【督促 독촉】서둘러 하도록 재촉함. 督推(독최).
【督學 독학】학사(學事)를 감독함. 또는 그 직책을 맡은 사람.
❶ 家—, 監—, 檢—, 敎—, 都—, 董—, 搜—, 繩—, 緣—, 提—, 天—, 總—, 催—, 鞭—.

目8【睞】⑬ ❶한눈팔 래 隊　lài
　　　　❷사팔눈이 될 래 灰　lài
【소전】睞【초서】睞【간체】睞　字解 ❶①한눈팔다, 딴 데를 보다. ②보다. 〔潘岳・賦〕矖悍目以旁睞. ③돌보다, 귀여워하다. 〔任昉・箋〕咳唾爲恩, 眄睞成飾. ❷사팔눈이 되다.

目8【睒】⑬ 睍(1216)과 동자

目8【睩】⑬ 삼가 볼 록 屋沃　lù
【소전】睩【초서】睩【속자】睩　字解 ①삼가 보다. ②보는 모양. 〔楚辭〕娥眉曼睩. ③소인이 득세하는 모양. 〔楚辭〕哀世兮睩睩. ④복록. ≒祿.
【睩睩 녹록】소인(小人)이 득세하는 모양.

目8【睖】⑬ 응시할 릉 蒸　lèng
字解 응시하다, 응시하는 모양.

目8【睧】⑬ 보는 모양 맹 梗敬　měng
字解 ①보는 모양. ②성을 내는 모양. ③부릅 뜨고 보는 모양. ＝瞂.

目8【睦】⑬ 화목할 목 屋　mù

<image: 睦 character evolution>

【소전】睦【고문】㚄【초서】睦　字源 形聲. 目＋

目部 8획 睯 睤 睍 睗 睒 睡 睟 睚 睪 睨 睕 睚

坴→睦. '坴(륙)'이 음을 나타낸다.
字解 ①화목하다. 〔書經〕九族旣睦. ②눈길이 온순하다. ③공손하다, 삼가다. 〔史記〕眊眊睦睦. ④도탑다, 친후(親厚)하다. 〔禮記〕睦於父母之黨. ⑤가깝다, 밀접하다. 〔漢書〕嗟嗟我王, 漢之睦親. ⑥부드러워지다, 화(和)하다. 〔春秋左氏傳〕衞事晉爲睦.
【睦友 목우】 형제간에 우애가 있고 화목함.
【睦族 목족】 ①동족끼리 서로 화목하게 지냄. ②화목한 집안.
【睦親 목친】 ①화목하고 친함. 의좋게 지냄. 親睦(친목). ②화목한 친척.
◐ 篤-, 敦-, 修-, 友-, 親-, 協-, 和-.

目 8 【睯】 ⑬ 잠깐 볼 밀·묵 mì
字解 ①잠깐 보다. ②자세히 보다.

目 8 【睤】 ⑬ 흘겨볼 비 pì
초서 睤 동문 睤 字解 ①흘겨보다. ②엿보다, 곁눈질하다. 〔史記〕睤睨故久立. ③성가퀴. 성 위에 낮게 쌓은 담. 〔初學記〕睤睨生秋霧.
【睤睨 비예】 ①엿봄. 곁눈질하여 봄. ②성가퀴.

目 8 【睍】 ⑬ 睤(1218)와 동자

目 8 【睗】 ⑬ 밉게 볼 석 shì
소전 睗 字解 ①밉게 보다. 〔庾信·賦〕木魅睗睨. ②번갯불. 〔韓愈·詩〕雷電生睒睗.

目 8 【睒】 ⑬ 언뜻 볼 섬 shǎn
소전 睒 초서 睒 字解 ①언뜻 보다, 힐끔 보는 모양. 〔郭璞·賦〕獱獺睒瞲乎廡空. ②보다. 〔太玄經〕酒作失德, 鬼睒其室. ③엿보다, 훔쳐보다. 〔太玄經〕瞢復睒天, 不覩其軫. ④번득이다.
【睒睗 섬석】 ①증오하여 흘겨봄. ②빛이 번득이는 모양. 睒睒(섬섬).

目 8 【睡】 ⑬ 잘 수 shuì
[획순 ⺁ 丬 ⺈ 目 盯 盰 睡 睡 睡]
소전 睡 초서 睡 字源 會意·形聲. 目+垂→睡. 눈꺼풀이 드리워졌다는 뜻으로, '좀, 잠을 잠'을 나타낸다. '垂(수)'가 음도 나타낸다.
字解 ①자다. ㉮앉아서 졸다. 〔漢書〕將吏被介胄而睡. ㉯잠자리에 들다. 〔貴耳錄〕劉垂範往見羽士寇朝, 其徒令睡. ㉰잠. 〔白居易·詩〕破睡見茶功.

【睡魔 수마】 졸음이 오는 것을 마력(魔力)에 비겨 이르는 말.
【睡媒 수매】 잠을 오게 하는 매개가 되는 것.
【睡眠 수면】 ①잠. ②잠을 잠.
【睡味 수미】 잠. 곧, 잠자는 기분.
【睡熟 수숙】 잠을 잘 잠. 깊이 잠듦.
【睡語 수어】 잠꼬대.
【睡餘 수여】 잠이 깬 뒤.
【睡鄕 수향】 잠을 자는 동안에 마음이 가 있는 곳. 꿈나라.
◐ 假-, 酣-, 午-, 坐-, 破-, 昏-.

目 8 【睟】 ⑬ 바로 볼 수 suì
초서 睟 속자 睟 字解 ①바로 보다. ②눈이 맑고 밝다. ③함치르르하다. 〔孟子〕睟然見於面. ④순수하다. 〔太玄經〕將無疵元睟.
【睟然 수연】 윤기 있는 모양. 흠치르르함.

目 8 【睚】 ⑬ 눈초리 애 yá
소전 睚 초서 睚 字源 會意. 目+厓→睚. '厓'는 언덕·끝을 뜻한다. 합하여 '눈언저리·눈초리'를 나타낸다.
字解 ①눈초리, 눈언저리. ②쳐다보다. ③노려보다, 흘겨보다. 〔漢書〕報睚眦怨.
【睚眦 애자】 눈을 부라림. 흘겨봄.

目 8 【睪】 ⑬ ❶엿볼 역 yì ❷못 택 zé ❸패할 두 dù
소전 睪 소서 睪 초서 睪 字源 會意. 目+幸→睪. '幸'는 죄(罪)의 뜻으로, 합하여 '죄인을 몰래 살펴봄'을 나타낸다.
字解 ❶①엿보다, 몰래 보다. ②기뻐하다. ❷못. =澤. 〔荀子〕側載睪芷以養鼻. ❸패(敗)하다, 썩다. ≒斁.

目 8 【睨】 ⑬ 흘겨볼 예 nì
소전 睨 소서 睨 초서 睨 字解 ①흘겨보다, 노려보다. 〔史記〕持璧睨柱. ②기울다, 해가 기울어지다. 〔莊子〕日方中方睨. ③엿보다.

目 8 【睕】 ⑬ ❶눈 우묵한 모양 완 wān ❷추파 던질 완 wǎn
초서 睕 字解 ❶눈이 우묵한 모양. 〔晉書〕卿目睅睕, 正耐溺中. ❷①추파를 던지다, 아양을 떨다. =睕. ②눈길을 돌리다, 시선을 돌리다.

目 8 【睟】 ⑬ 눈 감을 읍·암 yè
字解 눈을 감다.

目部 8～9획 睛睜睫睧睢睳賗睾睽睹瞀瞀

目 8 【睛】⑬
❶눈동자 정 庚 jīng
❷싫어하는 눈빛 정 梗 jǐng
[초서] 睛 [참고] 晴(792)은 딴 자.
[자해] ❶눈동자. 눈알의 수정체. 〔淮南子〕猶不能見其睫. ❷싫어하는 눈빛. ＝睜.
❶瞳－, 方－, 眼－, 畫龍點－, 橫－.

目 8 【睜】⑬
싫어하는 눈빛 정 梗 zhēng
[초서] 睜 [속] 睁 [자해] ❶싫어하는 눈빛. ＝睛. ❷눈을 크게 뜨다, 부릅뜨는 모양. ¶ 睜睜.
【睜睜 정정】 눈을 부릅뜨고 보는 모양.

目 8 【睫】⑬
속눈썹 첩 葉 jié
[초서] 睫 [자해] ❶속눈썹. 〔漢書〕陛下不交睫解衣. ❷깜작이다. 〔列子〕矢來注眸子, 而眶不睫.

目 8 【睧】⑬
어두울 혼 元 hūn
[자해] ❶눈이 어둡다. ＝昏. ❷둔한하다, 어리석다. 〔淮南子〕漠睧於勢利.

目 8 【睢】⑬
❶부릅떠 볼 휴 支 huī
❷강 이름 수 支 suī
[소전] 睢 [초서] 睢 [참고] 睢(1965)는 딴 자. [자해] ❶부릅떠 보다, 사나운 눈으로 보나. 〔史記〕暴戾恣睢. ❷우리리 보다. ❸헐뜯다, 비방하다. 〔史記〕暴慢恣睢. ❷①강 이름. ¶ 睢水. ②땅 이름. ¶ 睢陽.
【睢剌 휴랄】 방자하고 도리에 거슬림. 화란(禍亂)의 비유.
【睢盱 휴우】 ①소인(小人)이 기뻐하는 모양. ② 질박한 모양. ③눈을 크게 뜸. ④우러러봄.
【睢睢 휴휴】 우러러보는 모양.
【睢水 수수】 강(江) 이름. ㉠옛날 낭탕거(莨蕩渠)의 지진(支津). ㉡호북성(湖北省)에 있는 저수(沮水).
【睢陽 수양】 진대(秦代)의 현(縣) 이름. 지금의 하남성(河南省) 상구현(商邱縣)의 남쪽.

目 9 【睳】⑭
눈으로 셀 건 元 jiān
[자해] 눈으로 세다, 헤아리다. 〔王守仁·賦〕睳異景於穹坳.

目 9 【賗】⑭
❶눈 깊을 겹 洽 qià
❷볼 감 覃 kǎn
[소전] 賗 [자해] ❶①눈이 깊다, 눈이 움푹하다. ②소경. ❷보다.

目 9 【睾】⑭
❶못 고 豪 gāo
❷광대할 호 皓 hào
[초서] 睾 [참고] 대법원 지정 인명용 한자의 음은 '고'이다.
[자해] ❶①못, 늪. ②높은 모양. 〔孔子家語〕自望其廣則睾如也. ③불알. 〔靈樞經〕腰脊控睾而痛. ❷광대한 모양. 〔荀子〕睾睾廣廣, 孰知其德.
【睾女 고녀】 남녀의 생식기를 겸하여 가진 사람. 어지자지. 남녀추니.
【睾丸 고환】 포유류의 수컷 생식기의 일부. 불알.
【睾睾 호호】 넓고 큰 모양. 皞皞(호호).

目 9 【睽】⑭
❶사팔눈 규 齊 kuí
❷부릅뜰 계 霽 jì
[소전] 睽 [초서] 睽 [자해] ❶①사팔눈. ②노려 보다. 〔柳宗元·貞符〕睽焉而鬪. ③등지다, 배반하다. 〔易經〕睽者, 乖也. ④부릅뜨다. ⑤괘 이름, 64괘의 하나. 괘형은 ䷥. 작은 일에 유리한 것을 상징한다. ❷부릅뜨는 모양. ¶ 睽睽.
【睽孤 규고】 배반당하여 고립(孤立)됨.
【睽乖 규괴】 배반함. 서로 반목(反目)함.
【睽睽 규규】 눈을 부릅뜨는 모양.
【睽離 규리】 서로 등지고 헤어짐. 반목(反目)하여 떨어짐.
【睽索 규삭】 떨어져 흩어짐. 離散(이산).
【睽違 규위】 서로 떨어짐.
【睽合 규합】 헤어짐과 모임. 離合(이합).
【睽睽 계휴】 눈을 부릅뜨는 모양.

目 9 【睹】⑭
볼 도 麌 dǔ
[소전] 睹 [초서] 睹 [고자] 覩 [긴체] 睹 [자해] ❶보다. ㉮눈으로 보다. 〔中庸〕是故君子戒愼乎其所不睹. ㉯가리다, 분별하다. 〔禮記〕以陰陽爲端, 故情可睹也. ㉰자세히 보다. 〔莊子〕今我睹子之難窮也. ㉱알다, 예견하다. 〔淮南子〕觀指而睹歸.
【睹聞 도문】 보고 들음. 견문(見聞)함.

目 9 【瞄】⑭
눈 내리뜨고 볼 모·흑 豪 號 屋 mào
[소전] 瞄 [자해] 눈을 내리뜨고 보다, 고개를 숙이고 자세히 보다.

目 9 【瞀】⑭
❶어두울 무 宥 mào
❷눈 흐릴 막 覺 mào
❸현기증 모 號 mào
❹야맹증 목 屋 mào
[소전] 瞀 [초서] 瞀 [자해] ❶①어둡다. 눈眊. ㉮눈이 흐리다. 〔亢倉子·全道〕夫瞀視者, 以鞋爲赤. ㉯어리석다, 미련하다. 〔荀子〕愚陋溝瞀. ②눈을 내리뜨고 공손히 보다, 정면으로 보지 않는 모양. ③흐트러지다. 〔楚辭〕中悶瞀之忳忳. ❷①눈이 흐리다. ②번민하다. 눈悶. ❸현기증. ❹야맹증, 밤눈이 어둡다.
【瞀亂 무란】 어지러워짐. 문란해짐.
【瞀瞀 무무】 ①눈이 어두워 잘 보이지 않는 모

양. ②눈을 내리깔고 공손하게 보는 모양.
❶昧-, 矇-, 迷-, 悶-, 眼-, 眩-, 昏-.

目9 【瞂】⑭ 방패 벌 囲囻 fá
字解 방패. 〔張衡·賦〕植鏺懸瞂, 用戒不虞.

目9 【䁩】⑭ 한 눈 감을 섭·접 囅 xiè
字解 ❶한 눈을 감다. ②한쪽 눈으로 보다. ③곁눈질.

目9 【瑆】⑭ ❶볼 성 硬 xǐng ❷눈동자 빛날 성 庚 xìng
字解 ❶①보다. ②비추어 보는 모양. ❷눈동자가 빛나다.

目9 【瞍】⑭ 瞍(1221)의 본자

目9 【睿】⑭ 깊고 밝을 예 囻 ruì
字解 ❶①깊고 밝다. ②통하다. 〔書經·洪範·傳〕睿者, 通乎微也. ③임금. 성인. 천자나 임금에 관한 사물에 이 자를 위에 붙여 쓴다. =叡. 〔隋書〕睿圖作極. ❹총명하다, 슬기롭다. 〔書經〕聽曰聰, 思曰睿. ⑤너그럽.
【睿感 예감】 임금의 느낌. 임금이 감동하는 일. 叡感(예감).
【睿曲 예곡】 임금의 덕화(德化)가 미치는 벽지(僻地).
【睿斷 예단】 임금의 결단. 聖斷(성단).
【睿達 예달】 현명하여 사리에 통달함.
【睿德 예덕】①매우 뛰어난 덕망(德望). ②임금의 덕망. ③國왕세자의 덕망.
【睿圖 예도】①임금의 경륜. ②공자(孔子)의 화상(畫像).
【睿覽 예람】①임금이 열람함. ②國왕세자가 열람함.
【睿謨 예모】 임금의 뛰어난 계획.
【睿文 예문】 임금의 문덕(文德).
【睿聞 예문】 임금의 귀에 들음. 임금이 들음.
【睿緒 예서】 훌륭한 사업.
【睿聖 예성】 뛰어나고 현명함. 임금의 어진 덕을 칭송함.
【睿慈 예자】 임금의 인자(仁慈).
【睿藻 예조】 임금의 지은 시문. 睿製(예제).
【睿旨 예지】①임금의 뜻. ②國왕세자가 왕의 대리로 통치할 때 내리는 명령.
【睿智 예지】 뛰어나게 총명한 지혜.
【睿哲 예철】 뛰어나게 총명함. 睿明(예명).

目9 【瞏】⑭ 멀리 볼 요 篠 yǎo

字解 ❶멀리 보다. ¶瞏眇. ❷먼지가 이는 모양. 〔木華·賦〕朱燃綠烟, 瞏眇蟬蜎.
【瞏眇 요묘】①멀리 봄. ②먼지가 나는 모양.

目9 【瑜】⑭ 알랑거리는 모양 유 虞 yú
字解 알랑거리는 모양, 아양 떠는 모양. 〔韋孟·詩〕瑜瑜諸夫, 謂諤黃髮.

目9 【睼】⑭ ❶볼 제 霽 tiàn ❷볼 천 霰 tiàn
字解 ❶①보다, 맞이하여 보다. 〔班固·賦〕弦不睼禽. ②바라보다, 멀리 보다. ❷보다.

目9 【睺】⑭ 애꾸눈 후 尤 虞 hóu
字解 ❶애꾸눈. ②움펑눈. 쑥 들어간 눈.

目9 【睽】⑭ 睺(1220)와 동자

目9 【睻】⑭ ❶큰 눈 훤 元 xuān ❷큰 눈초리 환 諌 hàn
字解 睻(793)은 딴 자.
❶큰 눈. 〔韓愈·詩〕電光礫磹 頳目睻. ❷큰 눈초리.

目10 【瞌】⑮ 졸음 올 갑 合 kē
字解 ❶졸음이 오다, 졸리다. 〔白居易·詩〕瞌然遂成睡. ❷말뚝잠.
【瞌睡 갑수】 피곤하여 앉은 채로 잠듦. 말뚝잠을 잠. 瞌眠(갑면).

目10 【瞏】⑮ ❶놀라서 볼 경 庚 qióng ❷돌아올 선 先 xuán
字解 ❶①놀란 눈으로 보다. 〔素問〕百節皆縱, 目瞏絶系. ②외롭다. 〔詩經〕獨行瞏瞏. ③근심하다. 〔詩經〕瞏瞏在疚. ❷돌아오다. ≒還.

目10 【瞉】⑮ ❶어리석을 구 宥 kòu ❷응시할 계 霽 jì
字解 ❶어리석다, 도리를 깨닫지 못하다. ❷응시하다.

目10 【瞑】⑮ ❶눈 감을 명 靑 míng ❷잘 면 霰 mián ❸중독될 면 霰 mián
參考 대법원 지정 인명용 한자의 음은 '명'이다.
字源 會意·形聲. 目+冥→瞑. '冥'은 어둡다는 뜻이다. '目'을 더하여 눈을 감는다는 뜻을 나타내어 '어둡다', '소경' 등을 뜻한다. '冥'

目部 10~11획 瞇瞀瞍瞝瞜瞋瞍瞧瞎瞕瞤睽瞠瞜瞝

이 음도 나타낸다.
[字解] ❶①눈을 감다.〔春秋左氏傳〕謐之曰靈, 不瞑, 曰成, 乃瞑. ②눈이 어둡다.〔晉書〕耳目聾瞑. ③소경.〔逸周書〕師曠不可日, 請使瞑臣往與之言. ❷①자다. ≒眠. ②어둡다. ❸①중독되다, 약에 중독되다. ②아찔하다, 현기증이 나다.〔書經〕若藥弗瞑眩, 厥疾弗瘳.
【瞑瞑 명명】 눈이 흐릿하여 잘 보이지 않는 모양. 불분명한 모양.
【瞑想 명상】 눈을 감고 고요히 깊은 생각에 잠김. 冥想(명상).
【瞑眩 면현】 눈이 어질어질함. 眩暈(현훈).
【瞑眴 면현】 어지러워 잘 보이지 않음.

目【瞇】⑮ ❶애꾸눈 미 紙 mī
10 ❷흘겨볼 미 紙 mǐ
[소전] 睂 [초서] 晓 [字解] ❶애꾸눈. ❷흘겨보다, 흘기는 눈으로 보다.

目【瞀】⑮ 販(1208)과 동자
10

目【瞍】⑮ 소경 수・소 有 麌 sǒu
10
[소전] 瞍 [초서] 吷 [본자] 睃 [字解] ①①소경, 봉사.〔詩經〕矇瞍奏公. ②여위다, 오그라들어 무너지다. ③늙은이. ≒叟.〔書經〕祇載見瞽瞍.
【瞍矇 수몽】 소경. 봉사.

目【暥】⑮ 눈으로 희롱할 언・안・알
10 銑諫黠 yǎn
[소전] 暥 [字解] ①눈으로 희롱하다. ②보다. ③편안하다. ≒燕.〔詩經〕暥婉之求.

目【瞜】⑮ 아름다운 눈 요 篠 筱 yǎo
10
[字解] ①아름다운 눈. ②보는 모양.〔木華・賦〕眇瞜治夷. ③바라보다, 멀리 보다. =瞭.

目【瞋】⑮ 부릅뜰 진 眞 震 chēn
10
[소전] 瞋 [소전] 瞚 [초서] 瞋 [간체] 瞋 [字解] ①눈을 부릅뜨다.〔史記〕項王瞋目而叱之. ②성내다.〔魏略〕濟陰王思瞋怒無度.
【瞋怒 진노】 눈을 부릅뜨고 성냄.
【瞋眸 진모】 눈을 부릅뜸.
【瞋目張膽 진목장담】 눈을 부릅뜨고 간담을 떨침. 크게 용기를 냄.
【瞋色 진색】 화낸 얼굴빛. 성낸 안색.
【瞋恚 진에】 ①성냄. 분노함. ②(佛)삼독(三毒)의 하나. 자기 마음에 맞지 않는 것을 성내고 미워함.

目【瞜】⑮ 瞜(1222)과 동자
10

目【瞧】⑮ ❶바라볼 학 屋 yù
10 ❷눈알 뺄 각 藥 hè
[字解] ❶①바라보다. ②눈이 밝아지다. ❷눈알을 빼다.〔史記〕乃瞧其目.

目【瞎】⑮ 애꾸눈 할 黠 xiā
10
[초서] 瞎 [字解] ①애꾸눈.〔十六國春秋〕吾聞, 瞎兒一淚, 信乎. ②소경.〔晉書〕盲人騎瞎馬. ③어둡다, 도리(道理)에 어둡다.
【瞎榜 할방】 학문도 없이 과거에 급제함.
【瞎兒 할아】 애꾸눈이. 애꾸.
【瞎子摸象 할자모상】 소경이 코끼리를 더듬음. 일면만 보고 전체를 평가함.
【瞎漢 할한】 ①소경. 봉사. ②무식한 사람.

目【硜】⑯ 눈 희미할 갱 庚 kēng
11
[字解] 눈이 희미하다, 잘 보이지 아니하다.〔王延壽・賦〕屹硜瞳以勿罔.
【硜瞳 갱맹】 흐릿하게 보이는 모양.

目【瞶】⑯ 주시할 관 諫 guàn
11
[字解] 주시하다, 주시하는 모양.

目【睽】⑯ ❶훔쳐볼 규 支 guī
11 ❷볼 규 齊 guī
[초서] 睽 [字解] ❶①훔쳐보다, 슬쩍 보다.〔荀子〕睽睽然, 䁹䁹然. ②한 눈을 감고 보다. ③자득(自得)하는 모양. ❷①보다. ②눈에 노기를 띠다, 부릅뜨다.
【睽睽 규규】 ①자득(自得)하는 모양. ②슬쩍 보는 모양. 훔쳐보는 모양.

目【瞠】⑯ 볼 당 本청 庚 敬 chēng
11
[초서] 瞠 [동자] 瞠 [字解] ①보다, 똑바로 보다.〔莊子〕瞠若乎後. ②눈을 휘둥그레 뜨고 보다.
【瞠瞠 당당】 눈을 휘둥그렇게 뜨는 모양.
【瞠目 당목】 놀라서 눈을 휘둥그렇게 하여 봄. 瞠視(당시).
【瞠若 당약】 어이없어 눈을 휘둥그렇게 뜨고 바라보는 모양.
【瞠然 당연】 눈을 휘둥그렇게 뜸.
【瞠眙 당치】 놀라서 보는 모양.

目【瞜】⑯ ❶주시할 루 尤 lóu
11 ❷웃을 루 虞 lú
[간체] 瞜 [字解] ❶①주시(注視)하다, 쏘아보다. ②애꾸눈. ¶ 瞜睺. ❷①웃다. ②곁눈질하다.
【瞜睺 누후】 애꾸눈.

目【瞝】⑯ 볼 리 本치 支 chī
11

目部 11~12획 膜 瞞 瞢 瞪 瞕 瞚 瞴 瞖 瞍 瞚 瞜 瞟 瞰 瞙 瞳 瞭

[膜] ⑯ 눈 흘릴 막 藥 mò
字解 ①눈이 흐리다, 눈이 흐려 잘 보이지 아니하다.〔袁裏·賦〕若眯膜以問津. ②백태. 눈에 덮이는 희끄무레한 막.

[瞞] ⑯ ❶속일 만 寒 mán ❷부끄러워할 문 元 mén
(소전·초서·간체 자형) 絲考 대법원 지정 인명용 한자의 음은 '만'이다.
字解 ❶①속이다. 늑諼.〔逸周書〕淺薄閒瞞, 其謀乃獲. ②평평한 눈. 움푹하거나, 불거지거나, 눈초리가 치닫거나, 처지거나 하지 아니한 눈. ③눈을 감은 모양. ④성(姓). ❷부끄러워하다, 부끄러워하는 모양.
【瞞瞞然 만만연】 눈을 감은 모양.
【瞞著 만착】 속임. 남의 눈을 속임. ☞'著'은 조자(助字).
【瞞然 문연】 부끄러워하는 모양.

[瞢] ⑯ ❶어두울 몽 東 méng ❷소경 맹 庚 máng
(소전·초서·동자 자형) 字解 ㉮①어둡다.〔王褒·賦〕瞪瞢忘食. ㉺똑똑하지 아니하다.〔太玄經〕物失明貞, 莫不瞢瞢. ㉻일월의 빛이 밝지 아니하다.〔楚辭〕冥昭瞢闇, 誰能極之. ②부끄러워하다.〔左思·賦〕有靦瞢容. ③번민하다.〔春秋左氏傳〕不與於會, 亦無瞢焉. ❷소경. ≒盲.
【瞢騰 몽등】 머리가 흐리멍덩함. 머리가 빙빙 돎.
【瞢瞢 몽몽】 어두운 모양. 어두워 잘 보이지 않는 모양.
【瞢闇 몽암】 어두움. 해나 달의 빛이 밝지 못함.
【瞢容 몽용】 부끄러워하는 안색(顏色).

[瞪] ⑯ 잠깐 볼 삽 咸 shān
字解 ①잠깐 보다. ②보다.

[瞕] ⑯ 아름다울 선 先 xuán
字解 ①아름답다. ②눈이 아름답다.〔靈樞經〕陰陽和平之人, 其狀瞕瞕然.

[瞚] ⑯ 눈 깜작일 순 震 shùn
(소전·초서 자형) 字解 ①눈이 깜작이다. =瞬. ②현기증이 나다.

[瞴] ⑯ 고리눈말 어 魚 yú
字解 고리눈말. 두 눈이 물고기 눈처럼 흰 말.

[瞖] ⑯ 눈에 백태 낄 예 霽 yì
字解 눈에 백태가 끼다.〔宋史〕后生而鬐黑, 瞖一目.

[瞍] ⑯ 눈에 광채 날 종 圖 cōng
字解 눈에 광채가 나다, 눈이 빛나다.〔張協·七命〕怒目電瞍.

[瞜] ⑯ 실망하여 볼 척·추 錫阨 tì
(소전·초서·동자·자해 자형) 실망하여 보다. 실망하여 보다.

[瞜] ⑯ 살펴볼 체·찰 霽黠 qì
(소전 자형) 字解 ①살펴보다, 시찰(視察)하다. ②곁눈질.
【瞜惠 체혜】 보기에 아름다움.

[瞟] ⑯ ❶볼 표 篠 piǎo ❷찾을 표 嘯 piào ❸밝게 볼 표 蕭 piāo
(소전·초서 자형) 字解 ①①보다. ㉮엿보다. ㉺곁눈질하다. ②애꾸눈. ❷찾다, 눈으로 더듬다. ❸①밝게 보다. ②돌아보다. ③잘 보이지 아니하다.〔王延壽·賦〕忽瞟眇以響像, 若鬼神之髣髴.
【瞟眇 표묘】 잘 보이지 아니함.

[瞰] ⑰ 볼 감 勘 kàn
(초서 자형) 字解 ①보다.〔揚雄·賦〕東瞰目盡. ②내려다보다, 멀리 보다.〔後漢書〕雲車十餘丈, 瞰臨城中. ③물고기의 눈이 감겨지지 아니하는 일.〔埤雅〕魚瞰難睨.
【瞰臨 감림】 높은 곳에서 내려다봄.
【瞰望 감망】 먼 곳을 바라봄.
❶窺−, 俯−, 魚−, 延−, 鳥−, 下−, 遐−.

[瞳] ⑰ 瞠(1221)과 동자

[瞳] ⑰ 눈동자 동 東 圖 tóng
(초서 자형) 字解 ①눈동자. 늑童.〔史記〕舜目蓋重瞳子. ②어리석은 모양. ¶瞳焉.
【瞳焉 동언】 어리석은 모양.
【瞳人 동인】 눈동자에 비치어 나타난 사람의 형상. 눈부처.
【瞳睛 동정】 눈동자. 瞳孔(동공).

[瞭] ⑰ 밝을 료 篠蕭 liǎo
(초서·간체 자형) 字解 ①밝다. ㉮눈동자가 또렷하다.〔孟子〕胸中正

則眸子瞭焉. ④사물이 분명하다. 〔林泉高致〕人物之在三遠也, 高遠者明瞭. ⑤멀다, 아득하다. ≒杳. 〔楚辭〕瞭冥冥而薄天.
【瞭眊 요모】 밝음과 어두움.
【瞭哨 요초】 초소에서 경비를 하는 사람.

目 12 【瞵】 ⑰ ❶눈빛 린 圓 lín
❷어두울 린 震 lìn
❸노려보는 모양 련 先 lián

[소전] 瞵 [초서] 瞵 [字解] ❶①눈빛, 눈동자의 빛. ②눈을 부라리며 보는 모양. 〔左思·賦〕鷹瞵鶚視. ③아찔하다, 눈앞이 캄캄해지다. ④굽어보는 모양. ❷어둡다, 보아도 분명하지 아니하다. ❸노려보는 모양.
【瞵盼 인분】 동이 트려고 할 무렵. 새벽.
【瞵瑂 인빈】 아름다운 모양. 문채 있는 모양.

目 12 【瞥】 ⑰ ❶언뜻 볼 별 屑 piē
❷침침할 폐 霽 bì

[소전] 瞥 [초서] 瞥 [參考] 대법원 지정 인명용 한자의 음은 '별'이다.
[字解] ❶①언뜻 보다, 잠깐 보다. 〔梁書〕余少好書, 老而彌篤, 雖偶見瞥觀, 皆卽疏記. ②안정되지 못한 모양, 일정하지 아니하다. ¶瞥瞥. ❷침침하다, 눈이 흐려 보이지 아니하다.
【瞥見 별견】 흘끗 봄. 슬쩍 봄.
【瞥觀 별관】 얼른 슬쩍 봄.
【瞥列 별렬】 아주 빠른 모양. 신속한 모양.
【瞥裂 별렬】 몹시 빠른 모양.
【瞥瞥 별별】 ①일정하지 않은 모양. ②이따금 보임. 가끔 보임.
【瞥眼 별안】 흘끗 봄. 瞥見(별견).
【瞥眼間 별안간】 언뜻 보는 동안. 갑자기.

目 12 【瞬】 ⑰ 눈 깜작일 순 震 shùn

刀 月 目 日 旷 睁 睁 睁 睁 瞬

[초서] 瞬 [字源] 形聲. 目+舜→瞬. '舜(순)'이 음을 나타낸다.
[字解] ❶눈을 깜작이다. =瞚. 〔列子〕先學不瞬, 而後可言射矣. ②잠깐 사이, 눈 깜작할 사이. 〔陸機·賦〕撫四海於一瞬.
【瞬間 순간】 눈 깜작할 사이.
【瞬視 순시】 눈을 깜박이며 봄.
【瞬息間 순식간】 눈을 한 번 깜작이거나 숨을 한 번 쉬는 시간. 매우 짧은 시간.

目 12 【瞫】 ⑰ 볼 심 寑 shěn

[소전] 瞫 [초서] 瞫 [字解] ①보다, 꿰뚫어 보다. ②굽어보다. ③훔쳐보다.

目 12 【瞤】 ⑰ ❶쥐 날 윤 眞 shùn
❷깜작일 순 震 shùn

[소전] 瞤 [초서] 瞤 [字解] ❶①쥐가 나다. 〔素問〕肌肉瞤瘲. ②눈꺼풀이 떨리다. 〔西京雜記〕目瞤得酒食. ❷깜작이다, 눈꺼풀에 경련이 나다. =瞚.

目 12 【瞪】 ⑰ 바로 볼 징 庚 dèng

[초서] 瞪 [字解] ①바로 보다, 주시하다. =盯. ②노려보다, 쏘아보다. 〔宋史〕往往瞪視而詬詈之.
【瞪眸 징모】 응시함. 주시함.
【瞪瞢 징몽】 잘 보이지 않음. 눈이 흐림.
【瞪視 징시】 ①성난 눈으로 노려봄. ②눈을 똑바로 뜨고 자세히 봄.

目 12 【瞧】 ⑰ 몰래 볼 초 蕭 qiáo

[초서] 瞧 [字解] ①몰래 보다, 훔쳐보다. ②어둡다, 눈이 어둡다. 〔嵇康·論〕視文籍則目瞧. ③가 보다, 바라보다. ④면회하다, 방문하다.

目 12 【瞩】 ⑰ 瞩(1226)의 속자

目 12 【瞪】 ⑰ 눈 흐릴 층 蒸 céng

[字解] ①눈이 흐리다. ②눈을 가늘게 뜨고 교태를 부리다.

目 12 【瞨】 ⑰ 밝지 아니할 태 隊 dài

[字解] 밝지 아니하다, 해가 흐릿하다. ※瞨(799)의 와자(譌字).

目 12 【瞯】 ⑰ ❶지릅뜰 한 刪 xián
❷엿볼 간 諫 jiàn

[소전] 瞯 [초서] 瞯 [속자] 瞯 [字解] ❶①지릅뜨다, 눈을 치뜨다. 〔張協·七命〕眸瞯黑照. ②곁눈질. ③한쪽 눈이 흰 말. ④경풍(驚風). ⑤성(姓). ❷엿보다, 보다. =覵. 〔孟子〕王使人瞯夫子, 果有以異於人乎.

目 12 【瞷】 ⑰ 瞯(1223)의 속자

目 12 【瞲】 ⑰ ❶눈 움푹한 모양 휼 屑 xù
❷휘둥그레질 혈 屑 xuè

[초서] 瞲 [字解] ①눈이 움푹한 모양. ②휘둥그레지다, 놀라서 눈을 크게 뜨다.
【瞲然 혈연】 눈을 휘둥그렇게 뜸. 놀라서 보는 모양.

目 12 【瞦】 ⑰ 시신경 희 支 xī

[소전] 瞦 [字解] 시신경(視神經), 눈동자의 정(精).
【瞦合 희합】 아이가 나서 삼 년이 됨.

目
13 【瞼】 ⑱ 눈꺼풀 검 㯺 jiǎn

소전 瞼 초서 瞼 간체 睑 字解 ①눈꺼풀. 〔北史〕瞼垂覆目, 不得視. ②고을. 남만(南蠻)에서 주(州)를 일컫는 말. 〔新唐書〕南蠻有十瞼.

目
13 【瞽】 ⑱ 소경 고 㒴 gǔ

소전 瞽 초서 瞽 字解 ①소경. 〔莊子〕瞽者 無以與乎文章之觀. ②마음이 어둡다, 분별없다. 〔書經·傳〕舜父有目, 不能分別善惡, 故時人謂之瞽. ③악인(樂人), 악관(樂官). 옛날에 소경을 악사(樂師)로 삼은 데서 온 말. 〔詩經〕有瞽有瞽, 在周之庭. ④남의 기색을 살피지 못하는 사람, 눈치 없는 사람.
【瞽馬聞鈴 고마문령】 눈 먼 망아지가 워낭소리 듣고 따라감. 맹목적으로 남 하는 대로 따름.
【瞽史 고사】 ①주대(周代)의 벼슬 이름. '瞽'는 악사(樂師)로 음악을, '史'는 대사(大史)·소사(小史)로 음양(陰陽)·천문·예법을 맡아보았음. ②소경인 악사(樂師).
【瞽辭 고사】 ⇨瞽言(고언).
【瞽言 고언】 ①소경이 보지 못하고 하는 말. 쓸모 없는 말. 이치에 맞지 않는 말. ②자기 말의 겸칭(謙稱). 瞽辭(고사).
【瞽議 고의】 망령된 의론.
【瞽人 고인】 ①소경. ②소경인 악사. 瞽師(고사).

目
13 【瞿】 ⑱ 볼 구 㨂㟂 jù

소전 瞿 초서 瞿 字源 會意·形聲. 䀠+隹→瞿. '隹'는 독수리·매 따위의 새, '䀠'은 좌우의 눈으로 휘돌아보는 것을 뜻한다. 합하여 '독수리·매 따위가 노려봄'을 나타낸다. '䀠(구)'가 음도 나타낸다. 字解 ①보다. ㉠매·소리개 따위가 노려보다. ㉡놀라서 보다, 휘둥그레져서 보다. 〔柳宗元·書〕瞿然注視. ㉢의심하여 사방을 살피다. 〔埤雅〕雀俯而啄, 仰而四顧, 所謂瞿也. ②마음에 놀라운 모양. 〔禮記〕聞名心瞿. ③검소하다.
【瞿瞿 구구】 ①절제(節制)하지 못하는 모양. ②당황하여 자세히 보지 못하는 모양. ③조심스럽게 예의 바른 모양. ④두리번거리는 모양. ⑤뚫어지게 보는 모양.
【瞿視 구시】 의심하여 두리번거림.
【瞿然 구연】 ①놀란 눈으로 보는 모양. ②두려워하는 모양. ③기뻐하는 모양. ④분주한 모양. ⑤근심하고 슬퍼하는 모양.

目
13 【瞢】 ⑱ 볼 맹 㪱㪲㪳 měng

字解 ①보다. ②눈여겨보다. ③눈을 부릅뜨는 모양. =矒.

目
13 【曖】 ⑱ 흐릿할 애 㒻 ài

字解 ①흐릿하다. ※曖(799)의 와자(譌字). ②가리워지다, 숨다.

目
13 【瞻】 ⑱ 볼 첨 㩀㩁 zhān

소전 瞻 초서 瞻 參考 膽(1459)·澹(1740)은 딴 자. 字解 ①보다. 〔楚辭〕瞻前而顧後兮. ②쳐다보다, 우러러보다. 〔詩經〕瞻彼日月. ③굽어보다.
【瞻顧 첨고】 뒤돌아봄.
【瞻戴 첨대】 우러러 받듦.
【瞻望 첨망】 ①멀리서 우러러봄. ②존경하여 따름. 仰慕(앙모)함. 瞻仰(첨앙).
【瞻奉 첨봉】 소중히 받듦. 정성 드려 섬김.
【瞻視 첨시】 ①봄, 관찰함. ②외관(外觀).
【瞻仰 첨앙】 ①우러러봄. 위를 쳐다봄. ②우러러 사모함. 瞻望(첨망).
【瞻烏 첨오】 까마귀가 머무를 곳을 바라봄. 나라가 어지러워 백성이 의지할 곳을 잃음의 비유.
【瞻玩 첨완】 바라보며 마음을 달램.
【瞻依 첨의】 仰慕(앙모)하여 의지함.
【瞻矚 첨촉】 쳐다봄. 우러러봄.
➊ 顧-, 觀-, 翹-, 具-, 視-, 仰-, 眺-.

目
14 【瞰】 ⑲ 볼 감 㦰㨼 jiān

소전 瞰 字解 보다. =監. ㉮살펴보다. ㉯쳐다보다, 우러러보다. ㉰내려다보다, 굽어보다.

目
14 【矃】 ⑲ 눈여겨볼 녕 㪲 nǐng

字解 눈여겨보다.

目
14 【矇】 ⑲ 청맹과니 몽 㒸 méng

소전 矇 초서 矇 字解 ①청맹과니. 눈은 멀쩡해 보이나 앞을 보지 못하는 눈. 또는 그런 사람. 〔詩經〕矇瞍奏公. ②어둡다. ㉮눈이 어둡다. ㉯어리석다. 〔論衡〕人未學問曰矇.
【矇瞽 몽고】 소경. 맹인.
【矇騰 몽등】 잠이 깨지 않음. 정신이 명함.
【矇瞀 몽무】 눈이 어두워짐. 눈이 침침함.
【矇瞍 몽수】 ①소경. ○'矇'은 동자가 있는 소경, '瞍'는 동자가 없는 소경. ②악공(樂工). ○옛날에는 소경을 악공(樂工)으로 삼은 데서 온 말.
➊ 發-, 瞍-, 愚-.

目
14 【矉】 ⑲ 眹(1215)와 동자

目
14 【矉】 ⑲ 찡그릴 빈 㪲 pín

소전 矉 초서 矉 字解 ①찡그리다, 얼굴을 찌푸리다. =顰. 〔莊子〕西

施病心, 而矆其里. ❷노려보다. ❸급하다. 늑頻〔詩經〕國步斯矏.

目 14 【瞲】 ⑲ 눈 윤기 없을 읍 ㊀급 匵 qì
字解 눈에 윤기가 없다.

目 14 【矆】 ⑲ 눈 크게 뜨고 볼 확 匵 huò
字解 ❶눈을 크게 뜨고 보다, 눈을 부릅뜨고 보다. ❷보다.

目 15 【矌】 ⑳ ❶눈동자 없을 광 匵 kuàng ❷볼 곽 匵 guō
字解 ❶①눈동자가 없다. ②눈에 영채가 없다. ❷①보다.〔江淹·詩〕矌目盡都甸. ②눈을 크게 뜨고 보다.

目 15 【瞷】 ⑳ ❶곁눈질 매 匵 mài ❷노려볼 애 匵 yá ❸보는 모양 수 匵 shù
字解 ❶곁눈질. ❷노려보다. ❸보는 모양.

目 15 【矊】 ⑳ 헌 눈 멸 匵 miè
字解 ①헌 눈, 눈이 짓무르다. 헐어서 눈가가 붉은 눈.〔呂氏春秋〕處目則爲矊爲盲. ②눈곱. ③눈이 흐려지다.

目 15 【瞚】 ⑳ ❶볼 현 匵 xuān ❷눈부실 현 匵 xuàn
字解 ❶①보다. ❷눈여겨보다. ❷눈부시다.
【瞚瞚 현현】 눈이 부시어 눈을 바로 뜨지 못함.

目 15 【矍】 ⑳ 두리번거릴 확 ㊀곽 匵 jué
字解 ❶두리번거리다, 놀라서 보다.〔易經〕視矍矍. ❷기운이 솟는 모양.〔後漢書〕矍鑠哉, 是翁也.
【矍鑠 확삭】 ①건장(健壯)한 모양. ②부들부들 떠는 모양.
【矍然 확연】 당황하여 보는 모양.
【矍矍 확확】 ①눈을 두리번거리며 침착하지 못한 모양. ②질주(疾走)하는 모양. ③다급해 하는 모양.

目 16 【矑】 ㉑ 눈동자 로 匵 lú
字解 ①눈동자.〔揚雄·賦〕玉女亡所眺其淸矑. ②보다.

目 16 【矇】 ㉑ 흐릿하게 보일 맹 匵 méng
字解 흐릿하게 보이다.

目 16 【瞢】 ㉑ 瞢(1222)과 동자

目 16 【矐】 ㉑ ❶겹눈동자 학 匵 huò ❷눈뜰 확 匵 huò
字解 ❶①겹눈동자. ②눈을 멀게 하다.〔史記〕秦始皇惜高漸離善擊筑, 重赦之, 乃矐其目. ❷눈을 뜨다.
【矐矑 확약】 보는 모양.

目 17 【瞼】 ㉒ ❶현기증 요 匵 yào ❷보는 모양 약 匵 yào
字解 ❶현기증, 현기증이 나다. ❷보는 모양.

目 17 【矔】 ㉒ 물끄러미 볼 응 匵 yīng
字解 물끄러미 보다.

目 18 【瞻】 ㉓ 부릅뜰 관 匵 guàn
字解 ①부릅뜨다. ②두리번거리다.〔劉歆·賦〕空下時而瞻世兮. ③노려보다. ④익숙하다.
【瞻習 관습】 서로서로 익숙함.

目 19 【矕】 ㉔ ❶볼 만 匵 mǎn ❷눈 어두울 만 匵 mán
字解 ❶①보다.〔後漢書〕右矕三塗. ②눈매가 고운 모양. ③입다〔被〕. ❷눈이 어둡다.

目 19 【矖】 ㉔ ❶눈으로 찾을 시 匵 xǐ ❷볼 쇄 匵 xǐ ❸사람 이름 리 匵 lí
字解 ❶①눈으로 찾다.〔魏書〕矖目八荒. ②보다.〔後漢書〕目矖鼎俎. ❸사람 이름. 늑離. ¶矖瞜.
【矖目 시목】 시력(視力)이 미치는 데까지 멀리 바라봄.
【矖瞜 이루】 황제(黃帝) 시대의 사람. 눈이 몹시 밝았다고 함. 離婁(이루).

目 19 【矗】 ㉔ 우거질 촉 ㊀축 匵 chù
字解 ①우거지다, 초목이 무성하다. ②가지런하다.〔鮑照·賦〕矗似長雲. ③길고 곧다.〔杜牧·賦〕蜂房水渦, 矗不知其幾千萬落. ④높이 솟은 모양.〔舒元輿·銘〕釋宮斯闢, 上矗星斗.
【矗立 촉립】 우뚝 솟음.
【矗然 촉연】 똑바른 모양. 곧은 모양.
【矗矗 촉촉】 높이 솟아 있는 모양.
【矗出 촉출】 우뚝 솟아 나옴.

目 20 【矙】 ㉕ 엿볼 감 匵 kàn
字解 엿보다. =瞰.〔孟子〕陽貨矙孔子之亡也.
【矙亡 감무】 집에 없는 틈을 엿보아 사람을 방문하는 일.

目部 20획 矘矖矚 / 矛部 0~7획 矛矜矞矟

目20 【矘】㉕
❶멍하니 바라볼 당 圀 tǎng
❷어리석을 당 陽 tǎng

字解 ❶①멍하니 바라보다. ②똑바로 보다. 〔後漢書〕冀爲人鳶肩豺目, 洞精矘眄. ③어둡다, 눈이 흐리다. ❷어리석다, 어리석은 모양.
【矘眄 당면】 똑바로 봄.

目20 【矖】㉕
눈 크게 뜨고 볼 확 藥 huò

字解 ①눈을 크게 뜨고 보다. ②살찌는 모양. 〔太玄經〕啥於血矖自肥也. ③두려워하다, 놀라다. 〔左思·賦〕矖然相顧, 睞焉失所.

目20 【矚】㉕
볼 촉 沃 zhǔ

字解 ①보다. 〔魏書〕凝神遠矚. ②자세히 보다.
【矚目 촉목】 자세히 봄. 주시(注視)함.
【矚盼 촉반】 ⇨矚目(촉목).

○ 驚-, 眷-, 覽-, 旁-, 駢-, 俯-, 麗-, 遊-, 凝-, 佇-, 停-, 眺-, 內爲-, 瞻-, 聽-.

矛部

5획 부수 | 창모부

矛0 【矛】⑤
창 모 ㊍무 尤 máo

字源 象形. 병거(兵車)에 세우는, 장식이 달리고 자루가 긴 창의 모양을 본뜬 글자.

字解 ①창, 자루가 긴 창. 〔書經〕立爾矛. ②초요성(招搖星). 북두칠성의 자루 끝에 있는 별 이름. 〔史記〕杓端有兩星, 一內爲矛, 招搖.
【矛戈 모과】 '戈'는 가지가 달린 창.
【矛戟 모극】 창. ○'戟'은 쌍지창(雙枝槍).
【矛櫓 모로】 창과 큰 방패.
【矛槊 모삭】 자루가 긴 창.
【矛盾 모순】 ①창과 방패. ②말의 앞뒤가 서로 맞지 않음. 故事 무기를 파는 장수가 자기의 창은 어떤 방패로도 막을 수 없고, 자기의 방패는 어떤 창으로도 뚫을 수 없다고 자랑하자, 그러면 당신의 창으로 당신의 방패를 뚫으면 어찌 되겠느냐고 물으니 말문이 막히더라는 고사에서 온 말. 矛楯(모순).
【矛叉 모차】 끝이 두 가닥으로 된 창.

○ 戈-, 蛇-, 楯-, 衛-, 夷-, 利-, 酋-.

矛4 【矜】⑨
❶불쌍히 여길 긍 蒸 jīn
❷창 자루 근 眞 qín
❸홀아비 환 ㊍관 刪 guān

소전 矜 초서 矜 [㐫考] 대법원 지정 인명용 한자의 음은 '긍'이다.

字解 ❶①불쌍히 여기다, 가엾게 여기다. 〔春秋公羊傳〕君子見人之厄則矜之. ②괴로워하다. 〔詩經〕爰及矜人. ③아끼다. 〔書經〕不矜細行, 終累大德. ④공경하다, 삼가다. 〔孟子〕皆有所矜式. ⑤숭상하다, 존숭하다. 〔漢書〕故人矜節行. ⑥자랑하다. 〔禮記〕不矜而莊. ⑦위태하다, 위태로워하다. 〔詩經〕居以凶矜. ⑧엄숙하다. 〔論語〕君子矜而不爭. ⑨스스로 삼가다. ¶矜矜. ❷창 자루. 〔史記〕起窮巷, 奮棘矜. ❸①홀아비. ≒鰥. 〔詩經〕至于矜寡. ②앓다. 〔漢書〕癃痰恫矜.
【矜競 긍경】 재능을 뽐내며 우열을 겨룸.
【矜誇 긍과】 자랑하며 으스댐. 自慢(자만).
【矜驕 긍교】 뽐내며 거드럼댐.
【矜救 긍구】 가엾이 여겨 도움.
【矜矜 긍긍】 ①굳세고 강한 모양. ②전전긍긍 몸을 삼가는 모양.
【矜大 긍대】 도도하게 굶. 거드름을 피움.
【矜動 긍동】 노여움으로 손발이 떨림.
【矜厲 긍려】 점잖고 엄숙함.
【矜憐 긍련】 불쌍히 여김. 矜愍(긍민).
【矜邁 긍매】 자랑하고 뽐냄.
【矜勉 긍면】 부지런히 힘씀.
【矜愍 긍민】 ⇨矜憐(긍련).
【矜伐 긍벌】 자랑함. 뽐냄.
【矜負 긍부】 재능을 자랑하고 자부함.
【矜奮 긍분】 부지런히 노력함.
【矜恕 긍서】 불쌍히 여겨 용서함.
【矜式 긍식】 존경하여 모범으로 삼음.
【矜飾 긍식】 뽐내어 꾸밈.
【矜嚴 긍엄】 조심성이 많고 성실함.
【矜勇 긍용】 자기의 용기를 자랑함.
【矜育 긍육】 가엾이 여겨 기름.
【矜人 긍인】 빈궁하여 불쌍한 사람.
【矜莊 긍장】 근엄(謹嚴)하고 장중(莊重)함.
【矜縱 긍종】 교만하고 방자함. 矜肆(긍사).
【矜持 긍지】 ①자신을 억제하여 삼감. ②스스로 신하는 바가 있어 자랑하는 마음.
【矜誕 긍탄】 으쓱거리며 거짓말을 함. 뽐내며 허풍을 떪.
【矜泰 긍태】 교만함. 거드름을 부림.
【矜愎 긍퍅】 거만하고 괴팍함.
【矜恤 긍휼】 가엾게 여겨 도움.
【矜寡 환과】 늙은 홀아비와 늙은 과부.

○ 可-, 誇-, 驕-, 伐-, 哀-, 仁-, 自-.

矛4 【矞】⑨
창 휼 質 xù

字解 ①창. ②긴 창의 이름.

矛7 【矟】⑫
창 삭 覺 shuò

字解 창, 삼지창. 주척(周尺)으로 1장(丈) 8척(尺)의 긴 창. 기병이 말을 타고 쓴다. ≡槊.

矛部 7~19획 喬 矠 瓁 䂩 稁 稒 矠

矛 7 【喬】⑫ ❶송곳질할 율 虞 yù, xù ❷속일 휼 木결 月 yué
[소전] 喬 [초서] 禹 [字源] 會意. 矛+冏→喬. '冏'은 들어간다는 뜻으로, '송곳으로 구멍을 뚫는다'는 뜻을 나타낸다.
[字解] ❶송곳질하다. 송곳으로 구멍을 뚫다. ❷놀라서 허둥지둥하다. =猶. 〔禮記〕 鳳以爲喬, 故鳥不喬. ❸꽃 구름, 색채가 있는 상서로운 구름. 〔左思・賦〕 喬雲翔龍. ❷속이다, 궤휼하다. =譎. 〔荀子〕 喬字嵬瑣.
【喬喬 율율】 만물이 봄바람을 맞고 자라는 소리.
【喬皇 율황】 ①만물이 아름답게 번영하는 모양. ②신(神)의 이름. 율황(潏湟).

矛 8 【矠】⑬ ❶창 색 陌 zé ❷작살질할 착 覺 zhuó
[소전] 穧 [초서] 穘 [字源] ❶창. ❷작살질하다. =捔. 〔國語〕 矠魚鼈.

矛 9 【瓁】⑭ 삼지창 언 阮 yǎn
[字解] 삼지창. 끝이 세 갈래로 째진, 길이 일곱 자 여섯 치의 창.

矛 9 【䂩】⑭ 깃 장식 창 영 庚 yīng
[字解] 깃으로 장식한 창. 붉은 깃을 단 창의 장식. =英.

矛 10 【稁】⑮ 槍(872)과 동자

矛 11 【稒】⑯ 창 자루 근 囥 qín
[字解] ❶창 자루. 〔漢書〕 鉏耰棘矜. 〔注〕 矜, 與稒同. ❷호미.

矛 12 【稒】⑰ 단창 충 図 chōng
[字解] 단창, 짧은 창.

矛 19 【矠】㉔ 작은 창 찬 翰 zuǎn
[字解] 작은 창, 창. 〔元史〕 矠制如戟, 鋒兩旁微起, 下有鐏銳.

矢部

5획 부수 | 화살시부

矢 0 【矢】⑤ 화살 시 紙 shǐ

ノ ト 上 午 矢

矢部 0~3획 矢 矣 弞 知

[소전] 芡 [초서] 矢 [字源] 象形. 화살의 모양을 본뜬 글자.
[字解] ❶화살. =箭. 〔方言〕 箭, 自關而東, 謂之矢. ❷투호(投壺)에 쓰는 화살 모양의 대산가지. 〔禮記〕 侍投則擁矢. ❸벌여 놓다. ≒陳. 〔書經〕 皋陶矢厥謨. ❹맹세하다. 〔詩經〕 矢靡它. ❺바르다, 곧다. 〔易經〕 得黃矢貞吉. ❻베풀다. 〔詩經〕 矢其文德. ❼떠나다, 가다. 〔莊子〕 適矢復沓. ❽똥. =屎. 〔史記〕 三遺矢.
【矢笴 시가】 살대. 화살대.
【矢服 시복】 화살을 넣어서 짊어지던 도구. 矢箙(시복). 箭筒(전통).
【矢夫 시부】 정직한 신하.
【矢誓 시서】 맹세하다. 誓盟(서맹).
【矢石 시석】 ①화살과 쇠뇌〔弩弓〕로 쏘는 돌. ②전쟁.
【矢石之間 시석지간】 싸움터. 전장(戰場).
【矢詩 시시】 시를 읊음.
【矢言 시언】 맹세하는 말. 誓言(서언).
【矢直 시직】 화살처럼 바르고 곧음. 치우치지 않고 바름.
【矢鏃 시촉】 살촉. 화살촉.

❶激-, 勁-, 弓-, 棘-, 毒-, 蓬-, 飛-, 乘-, 流-, 鏃-, 蒿-, 火-, 嚆-.

〈矢服〉

矢 2 【矣】⑦ 어조사 의 紙 yǐ

ム ム 乄 乄 ▵ 矣 矣

[소전] 槑 [초서] 矣 [字源] 形聲. 厶+矢→矣. '厶〔=以(이)〕'가 음을 나타낸다.
[字解] ❶어조사(語助辭). ㉮단정・결정의 뜻을 나타낸다. =也. ㉯한정의 뜻을 나타낸다. =耳. 〔論語〕 祿在其中矣. ㉰의문 또는 반어의 뜻을 나타낸다. =乎. 〔論語〕 將焉用彼相矣. ❷구(句) 가운데서, 또는 다른 조사 뒤에 쓰이어 영탄의 뜻을 나타내는 말. 〔論語〕 甚矣吾衰也. ❸구(句) 끝에서 다음 말을 일으키는 말. 〔詩經〕 漢之廣矣, 不可泳思, 江水永矣, 不可方思.

矢 3 【弞】⑧ 矧(1228)과 동자

矢 3 【知】⑧ ❶알 지 支 zhī ❷슬기 지 寘 zhì

ノ 上 上 午 矢 矢 知 知

[소전] 絅 [초서] 知 [동자] 䇼 [字源] 會意. 矢+口→知. 마음속에 인식되면 말로써 입으로 표현됨이 화살과 같이 빠르므로, '矢'와 '口'를 합하여 '알다'란 뜻을 나타낸다.
[字解] ❶①알다. ㉮인정하다, 인지(認知)하다.

〔論語〕知我者其天乎. ㉯느끼다, 깨닫다.〔呂氏春秋〕而終不自知. ㉰변별(辨別)하다, 분별하다.〔呂氏春秋〕以寒暑日月晝夜知之. ㉱잊지 아니하다, 기억하다.〔論語〕父母之年, 不可不知也. ㉲듣다, 들어서 알다.〔國語〕不知其以匱之也. ㉳보다, 보아서 알다.〔呂氏春秋〕文侯不悅, 知於顏色. ㉴사귀다.〔春秋左氏傳〕公孫明知叔孫於齊. ㉵나타나다.〔呂氏春秋〕齊王知顏色. ㉶다스리다.〔春秋左氏傳〕子產其將知政矣. **②알리다.**〔吳融·詩〕風流御史報人知. **③통지,** 기별.〔戴復古·詩〕昨夜新秋一葉知. **④앎,** 지식.〔法言〕淮南太史公者, 其多知與. **⑤아는 바가 많은 일,** 지자(智者).〔論語〕擇不處仁, 焉得知. **⑥아는 작용,** 지혜.〔荀子〕草木有生而無知. **⑦아는 사이,** 교우(交友).〔春秋左氏傳〕遂如故知. **⑧사귐,** 교유(交游).〔司馬遷·書〕絕賓客之知, 亡室家之業. **⑨대우,** 대접.〔岑參·詩〕忽蒙國士知. **⑩짝.**〔詩經〕樂子之無知. **⑪병이 낫다.**〔素問〕二刺則知. **⑫지사(**知事). 주현(州縣)의 장(長). **❷슬기.** =智.〔中庸〕好學近乎知.

【知覺 지각】앎. 깨달음.

【知鑑 지감】☞知人之鑑(지인지감).

【知客 지객】①아는 손님. ②(佛)절에서 왕래하는 손님을 안내하는 일. 또는 그 일을 맡은 승려. 知賓(지빈). 典賓(전빈).

【知見 지견】①지식과 견식. 분별하는 힘. ②(佛)사물의 도리를 깨닫는 지혜.

【知故 지고】①잘 아는 사람. 친구. 벗. ②교묘한 속임수. 🔍'故'는 '詐'로 '속임'을 뜻함.

【知己 지기】자기의 진심(眞心)과 진가(眞價)를 잘 알아주는 친구. 知己之友(지기지우).

【知難行易 지난행이】도리를 알기는 어려우나, 알기만 하면 이것을 행하기는 쉬움.

【知德 지덕】지식과 덕행(德行).

【知道 지도】①도리를 깨달아 앎. ②앎. 깨달음. ③國임금이 알았다는 뜻으로 글에서만 쓰던 말.

【知得 지득】얻을 것을 앎.

【知慮 지려】슬기로운 분별. 현명한 생각.

【知了 지료】깨달아 앎. 잘 앎.

【知命 지명】①천명(天命)을 앎. ②50세의 딴 이름. 🔍공자(孔子)가 50세에 천명을 알았다고 말한 데서 온 말. 知天命(지천명).

【知方 지방】사람으로서 행할 길을 앎. 의리를 불변할 줄 앎. 예법(禮法)을 앎.

【知白守黑 지백수흑】밝은 지식을 가지고 있으면서도 이를 나타내지 않고 대우(大愚)의 덕을 지킴. 🔍'白'은 지식의 밝음을 이르고, '黑'은 침묵하여 지혜를 나타내지 않음을 이름.

【知府 지부】지식의 보고(寶庫). 지혜가 많음의 비유.

【知斧斫足 지부작족】國믿는 도끼에 발등 찍힘. 믿는 사람에게서 배신을 당함.

【知分 지분】제 분수를 앎.

【知性 지성】①명철(明哲)한 성질. ②사람의 본성을 앎. ③사물을 알고 생각하고 판단하는 능력.

【知識 지식】①알고 있는 내용. ②사물의 도리를 판별하는 앎. ③아는 사람. 知人(지인). ④(佛)번뇌를 떠나 정법(正法)을 앎.

【知悉 지실】①죄다 앎. 속속들이 앎. ②알게 함. 이해시킴.

【知言 지언】①도리에 밝은 말. 사리에 합당한 말. ②남의 말을 듣고 그 시비(是非)·정사(正邪)를 분별하여 앎.

【知友 지우】벗. 친구.

【知遇 지우】학문·인격·재능 따위를 인정받아 후한 대접을 받는 일.

【知雄守雌 지웅수자】굳셈을 알면서도 부드러움을 지킴. 유약(柔弱)의 도를 지켜 이기기를 원하지 않음. 🔍'雄'은 '剛'으로 '굳셈'을, '雌'는 '柔'로 '부드러움'을 뜻함.

【知恩 지은】①은혜를 앎. ②(佛)불(佛)·법(法)·승(僧) 삼보(三寶)의 은혜를 앎.

【知音 지음】①음악의 곡조를 잘 앎. ②거문고 소리를 듣고 그 의취(意趣)를 분간하여 앎. 자기의 마음을 잘 알아주는 친한 벗. 故事 백아(伯牙)가 타는 거문고 소리를 듣고 그 악상(樂想)을 종자기(鍾子期)만이 알아맞혔다는 고사에서 온 말. 知己之友(지기지우). 참絕絃(절현).

【知人 지인】①지혜가 있는 사람. ②사람을 앎. 인물의 사정(邪正)을 앎. ③國아는 사람.

【知印 지인】자기의 직임(職任)에 관계되는 문서에 책임을 밝히기 위하여 도장을 찍는 일.

【知仁勇 지인용】지(知)와 인(仁)과 용(勇).

【知人之鑑 지인지감】사람을 알아보는 식견(識見). 知鑑(지감).

【知子莫若父 지자막약부】자식에 대하여 아는 것은 아비만한 사람이 없음. 자식에 대하여는 누구보다도 아비가 잘 앎.

【知者不博 지자불박】참다운 지자는 잡다(雜多)한 지식을 가지고 있지 않음.

【知者樂水 지자요수】지자는 사리에 밝아서, 물과 같이 주류(周流)하여 막힘이 없기 때문에 물을 좋아함.

【知照 지조】통지함. 조회함.

【知足不辱 지족불욕】만족할 줄 알면 욕을 당하지 않음. 분수를 지키는 사람은 욕되지 아니함. 知止不辱(지지불욕).

【知彼知己百戰不殆 지피지기백전불태】상대를 알고 나를 알면 백 번 싸워도 위태롭지 않음.

【知行合一 지행합일】아는 일과 행하는 일이 하나로 일치함.

【知縣 지현】현(縣)의 장관.

【知慧 지혜】사물의 도리·선악 따위를 잘 분별하는 마음의 작용. 智慧(지혜).

【知曉 지효】알아서 환히 깨달음.

◑感-, 告-, 舊-, 權-, 無-, 聞-, 未-, 生-, 良-, 諒-, 靈-, 豫-, 了-, 人-, 才-, 至-, 眞-, 致-, 探-, 通-, 學-.

矢 4【矧】⑨ 하물며 신 軫 shěn

소전  초서  동자 矤 동자 ⿰矢攵 字解 ①하물며.〔書

1228

經〕至誠感神, 矧玆有苗. ②**잇몸**, 치은(齒齦). 〔禮記〕笑不至矧.
【矧笑 신소】잇몸을 드러내고 크게 웃음.

矢4【矤】⑨ 矧(1228)과 동자

矢4【矦】⑨ 侯(110)의 본자

矢5【矩】⑩ 곱자 **구** [麌] jǔ

[초서] [동자] 榘 [字解] ①**곱자**, 곡척(曲尺). 방형(方形)을 그리는 데 쓴다. 〔史記〕規矩誠錯. ②**네모**, 사각형. 〔楚辭〕偭規矩而改錯. ③**모**, 모서리. ④**법**, 법도. 〔論語〕從心所欲, 不踰矩. ⑤**땅**. 천원지방(天圓地方)의 설에 근거하여 이르는 말. 〔呂氏春秋〕大矩在下. ⑥**새기다**, 표하다. 〔周禮〕凡斬轂之道, 必矩其陰陽. ⑦**가을**. 〔淮南子〕秋爲矩.
【矩度 구도】법도. 법칙.
【矩墨 구묵】①곱자와 먹줄. ②법칙.
【矩步 구보】바른 걸음걸이. 행보가 법도에 맞음.
【矩繩 구승】☞矩墨(구묵)
【矩尺 구척】ㄱ자 모양으로 만든 자. 곱자. 曲尺(곡척).
【矩矱 구확】법칙. 법도.
◑ 規－, 度－, 模－, 方－, 聖－, 繩－, 靈－, 遺－, 前－, 風－, 下－, 憲－, 後－.

矢5【矨】⑩ 知(1227)와 동자

矢7【䂓】⑫ 規(1640)의 본자

矢7【短】⑫ 짧을 **단** [旱] duǎn

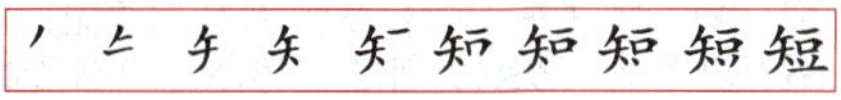

[소전] 短 [초서] [字源] 形聲. 矢＋豆→短. '豆(두)'가 음을 나타낸다.
[字解] ①**짧다**. ㉮길이가 짧다. 〔春秋左氏傳〕彼其髮短而心甚長. ㉯키가 작다. 〔荀子〕帝堯長, 帝舜短. ㉰숨이 가쁘다. ㉱오래되지 아니하다. 〔李密·表〕報劉之日短也. ㉲적다, 부족하다. ㉳가깝다. 〔呂氏春秋〕以其長見與短見也. ②**짧게 하다**. 〔論語〕短右袂. ③**모자라다**. 〔楚辭〕尺有所短, 寸有所長. ④**뒤떨어지다**. 〔春秋左氏傳〕卜人曰, 筮短龜長, 不如從長. ⑤**결점**, 허물. 〔朱熹家訓〕愼勿談人之短. ⑥**어리석다**, 천박하다. 〔晉書〕以臣愚短當此至難. ⑦**헐뜯다**. 〔史記〕上官大夫短屈原於頃襄王. ⑧**성**(姓).
【短褐 단갈】굵은 베로 기장을 짧게 지은 옷. 짧은 베잠방이. 천인(賤人)이 입었음.
【短綆 단경】짧은 두레박 줄.
【短檠 단경】짧은 등경걸이.
【短計 단계】얕은 계획. 졸렬한 계책.
【短古 단고】구(句)의 수가 적은 고시(古詩).
【短晷 단구】짧은 해. 짧은 날. 短日(단일).
【短軀 단구】작은 키의 몸. 短身(단신).
【短規 단규】☞短計(단계).
【短氣 단기】①갑자기 기력을 잃음. 낙심(落心)함. ②힘이나 담력이 모자람. ③[現]㉠숨이 막힘. 호흡이 곤란하게 됨. ㉡원망함.
【短短 단단】짧은 모양.
【短慮 단려】짧은 생각. 얕은 생각.
【短禮 단례】[現]예절에 어긋남. 실례함.
【短命 단명】목숨이 짧음.
【短兵 단병】짧은 병기. 곧, 도검(刀劍).
【短蓑 단사】짧은 도롱이.
【短書 단서】①소설·잡문(雜文) 따위의 책. ②편지.
【短世 단세】일찍 죽음. 短命(단명).
【短所 단소】부족한 점. 缺點(결점).
【短小精悍 단소정한】①몸집은 작으나 기상(氣象)이 날카롭고 강함. ②문장·언론 등이 힘이 있고 간결함.
【短信 단신】①짧은 서신. 간단한 편지. ②짤막한 보도.
【短惡 ❶단악 ❷단오】❶단처(短處). 결점. ❷흉보며 비방함.
【短詠 단영】짧은 노래.
【短羽 단우】작은 새.
【短長 단장】①짧음과 긺. ②단점과 장점. 優劣(우열). ③단명(短命)함과 장수(長壽)함. ④손익(損益).
【短章 단장】짧은 문장이나 시가(詩歌).
【短才 단재】짧은 재주. 재지(才知)가 변변치 못함. 鈍才(둔재).
【短牋 단전】①간단한 편지. ②자기 편지의 겸칭(謙稱).
【短折 단절】일찍 죽음. 夭折(요절).
【短艇 단정】작은 배. 거룻배. 端艇(단정).
【短亭長亭 단정장정】크고 작은 여관. 옛날에 5리마다 작은 여관, 10리마다 큰 여관을 두었음. 🔍'亭'은 여사(旅舍).
【短窄 단착】짧고 좁음.
【短札 단찰】①짧은 서찰(書札). 짧은 편지. ②자기 편지의 겸칭.
【短尺 단척】[國]피륙을 잴 때에, 일정한 척수(尺數)에 차지 못하는 피륙. 자투리.
【短淺 단천】생각이 얕음. 어리석음.
【短促 단촉】촉박(促迫)함.
【短醜 단추】키가 작고 얼굴이 못생김.
【短縮 단축】짧게 줄임.
【短筆 단필】서투른 글씨 재주. 拙筆(졸필).
【短靴 단화】목이 짧거나 없는 구두.
【短後之服 단후지복】뒷자락을 짧게 하여 일하기에 편하게 만든 옷. 무사(武士)들이 많이 입었음. 短後(단후).
◑ 屈－, 窮－, 陋－, 凡－, 細－, 修－, 闇－, 庸－, 愚－, 疵－, 訾－, 長－, 偏－, 毁－.

矢部 7~15획 躬 矬 矮 䇲 矯 矰 矱 矲

矢
7 【躬】⑫ 射(474)의 본자

矢
7 【矬】⑫ 키 작을 좌 歌 cuó
字解 ①키가 작다, 난쟁이.〔一切經音義〕侏儒曰矬. ②現낮추다, 낮아지다, 아래로 내려가다.

矢
8 【矮】⑬ 키 작을 왜 蟹 ǎi
字解 ①키가 작다.〔易林〕足矮不便. ②짧게 하다, 움츠리다.〔易林〕猨墮高木, 不矮手足. ③난쟁이. 기형적으로 키가 작은 사람.
【矮陋 왜루】①키가 작고 못생김. ②집 같은 것이 낮고 누추함.
【矮小 왜소】작고 초라함.
【矮屋 왜옥】낮고 작은 집. 오두막집.
【矮人 왜인】난쟁이. 矮子(왜자).
【矮子看戲 왜자간희】난쟁이가 키 큰 사람의 뒤에서 구경함. 자기는 아무 것도 모르면서 남의 말을 따라 덩달아서 그렇다고 함.
【矮簷 왜첨】낮고 짧은 처마.

矢
10 【䇲】⑮ 기다릴 사 紙 sì
字解 ①기다리다. =俟. ②오다, 오게 하다.〔詩經〕不䇲不來.

矢
12 【矯】⑰ 바로잡을 교 蕭 jiǎo
形聲. 矢+喬→矯. '喬(교)'가 음을 나타낸다.
字解 ①바로잡다. ㉮굽추다.〔漢書〕矯箭控弦. ㉯바루다.〔漢書〕民彌惰怠, 云云, 將何以矯之. ②도지개. 뒤틀린 활을 바로잡는 기구. ③속이다. ㉮이법(理法)을 굽히다.〔書經〕矯誣上天. ㉯칭탁하다, 핑계를 대다.〔漢書〕羽矯殺卿子冠軍. ④거스르다.〔淮南子〕賢人之所以矯世也. ⑤힘쓰다.〔莊子〕以繩墨自矯. ⑥굳세다.〔中庸〕強哉矯. ⑦용감하다, 날쌔다. ≒趫. ⑧들다. =撟.〔楚辭〕矯玆媚以私處兮. ⑨날다.〔孫綽·賦〕整輕翮而思矯.
【矯角殺牛 교각살우】뿔을 바로잡으려다가 소를 죽임. 작은 흠을 고치려다가 도리어 큰 손해를 입음.
【矯擧 교거】①거짓으로 공덕(功德)을 기림. ②새가 날개를 펴고 높이 듦.
【矯虔 교건】거짓으로 상명(上命)이라 하여 남의 물건을 빼앗음.
【矯激 교격】①짐짓 정직한 체함. 일부러 보통과 다르게 상식에서 벗어난 과격한 행동을 함.
②교정(矯正)하고 격려(激勵)함.
【矯躩 교곽】뛰어오름.
【矯矯 교교】①힘이 센 모양. ②용맹하고 위풍당당한 모양. ③높이 오르는 모양. ④뜻이 초연(超然)한 모양.
【矯勵 교려】나쁜 점을 고쳐서 부지런히 힘씀.
【矯命 교명】명령을 속임. 왕명이라고 거짓 꾸며댐. 矯制(교제).
【矯誣 교무】속임. 矯僞(교위). 矯詐(교사).
【矯服 교복】거짓으로 복종함.
【矯復 교복】고쳐서 본디대로 함.
【矯詐 교사】⇨矯誣(교무).
【矯殺 교살】왕명이라고 속여 죽임.
【矯俗 교속】①풍속을 바로잡음. 矯風(교풍). ②일반 풍속과 다른 짓을 함.
【矯首 교수】머리를 쳐듦. 擧頭(거두).
【矯飾 교식】①외면을 거짓 꾸밈. ②바로잡고 꾸밈. 교정하고 수식함.
【矯抑 교억】강제로 억누름.
【矯枉過正 교왕과정】굽은 것을 바로잡으려다가, 도를 지나쳐 도리어 중정(中正)을 잃음. 중용을 얻지 못함. 矯枉過直(교왕과직).
【矯僞 교위】⇨矯詐(교사).
【矯揉 교유】①잘못을 바로잡음. ②일부러 꾸밈.
【矯正 교정】①틀어지거나 잘못된 것을 바로잡음. ②재소자의 잘못된 행동·품성을 바로잡음.
【矯情 교정】자기 감정과는 다른 태도를 일부러 꾸밈.
【矯制 교제】왕명이라고 거짓 꾸며댐.
【矯詔 교조】조칙(詔勅)이라고 거짓 꾸며댐.
【矯託 교탁】속여 핑계댐.
【矯奪 교탈】속여 빼앗음.
【矯革 교혁】고쳐서 바로잡음.
● 輕-, 匡-, 詭-, 奇-, 誣-, 夭-, 自-.

矢
12 【矰】⑰ 주살 증 蒸 zēng
字解 ①주살. 오늬에 줄을 매어 쏘는 화살.〔史記〕飛者可以爲矰. ②짧은 화살.〔國語〕白羽之矰, 望之如荼.
【矰矢 증시】주살.
【矰弋 증익】⇨矰繳(증작).
【矰繳 증작】주살. 矰弋(증익).
【矰繳之說 증작지설】주살로 나는 새를 쏘듯이, 자기의 이익을 목적으로 남을 설득하는 말.

矢
14 【矱】⑲ 자 확 藥 yuē
字解 ①자〔尺〕.〔後漢書〕協準矱之貞度. ②법, 표준.〔楚辭〕求榘矱之所同.

矢
15 【矲】⑳ 키 작을 패 蟹 bà
字解 키가 작다.
【矲矮 패왜】①짧은 모양. ②키가 작음.

石 部

5획 부수 | 돌석부

【石】⑤ 돌 석 囧 shí

一ｒｱ石石

[字源] 象形. 산에 있는 돌의 모양을 본뜬 글자. '厂'은 언덕, '口'는 그 아래에 있는 돌을 나타낸다.

[字解] ①돌.〔書經〕鉛松怪石. ②돌로 만든 악기. 경쇠 따위.〔周禮〕皆播之以八音, 金·石·土·革·絲·木·匏·竹. ③비석.〔呂氏春秋〕故功績銘乎金石. ④돌침.〔戰國策〕扁鵲怒而投其石. ⑤약, 광물질(鑛物質)의 약.〔春秋左氏傳〕孟孫之惡我, 藥石也. ⑥돌팔매, 돌을 멀리 내던지다.〔春秋左氏傳〕親受矢石. ⑦숫돌.〔國語〕加密石焉. ⑧부피의 단위, 섬. ⑨무게의 단위. 1석(石)은 120근(斤).〔書經〕關石和鈞, 王府則有. ⑩녹봉(祿俸)의 양의 이름.〔漢書·注〕漢制, 三公號稱萬石, 其俸月各三百五十斛. ⑪쓸모 없음을 뜻하는 말. ¶石女.

【石澗 석간】 돌이 많은 산골짜기에 흐르는 시내.
【石碣 석갈】 둥근 비석.
【石龕塔 석감탑】 (佛)돌로 만든 오륜탑(五輪塔). '龕'은 '답(塔)'을 달리 읽음. 石塔(석탑).
【石敢當 석감당】 상서롭지 못한 일을 금압(禁壓)하기 위해 다리나 길의 요충지에 세우는 돌이나 무인상(武人像). 거기에 '石敢當~'이라 새긴 데서 온 말로, 석씨(石氏)가 성(姓)인 사람은 대적할 만한 적이 없음을 뜻함.
【石矼 석강】 돌다리. 징검다리. 石梁(석량).
【石渠 석거】 돌로 쌓은 도랑.
【石距 석거】 ①낙지의 한 가지. 몸이 작고 발이 길다. ②돌로 둘러쌓은 담.
【石徑 석경】 ①돌이 많은 좁은 길. ②산길.
【石經 석경】 유교의 경서(經書)를 돌에 새긴 비석. 후한(後漢) 영제(靈帝) 때 채옹(蔡邕)이 조정의 명에 따라 오경(五經)을 돌에 새겨 대학(大學) 문 밖에 세운 희평(喜平) 석경에서 비롯함. ②불교 경전을 오래 보존하기 위하여 돌에 새겨 놓은 것.
【石磬 석경】 돌로 만든 경쇠.
【石雞 석계】 ①닭의 한 가지. 밀물이 들 때 운다고 함. ②개구리의 한 가지.
【石鼓文 석고문】 주(周) 선왕(宣王)이 기양(岐陽)에서 사냥을 마친 뒤, 그의 공적을 북 모양의 돌에 새긴 글. 글씨체는 주대(周代)의 대전(大篆)이며, 사주(史籒)가 지은 것으로 전해 옴.
【石塊 석괴】 돌덩이.
【石交 석교】 굳은 사귐. 石友(석우).
【石根 석근】 돌의 밑뿌리.
【石金 석금】 돌에 박혀 있는 금.

【石磯 석기】 돌이 많은 물가.
【石麒麟 석기린】 ①매우 총명한 어린아이를 칭찬하여 이르는 말. 天上石麟(천상석린). ②제왕의 능 앞에 세우는, 돌로 조각한 기린상.
【石女 석녀】 아이를 낳지 못하는 여자. 돌계집.
【石黛 석대】 눈썹을 그리는 안료.
【石磴 석등】 ①돌 비탈길. ②석계(石階).
【石梁 석량】 돌다리. 징검다리. 石矼(석강).
【石礫 석력】 조약돌.
【石籠 석롱】 대를 결어서 그 안에 돌을 넣어 하천(河川)의 물을 막는 도구.
【石龍 석룡】 ①도마뱀의 딴 이름. ②돌로 만든 용(龍)의 형상.
【石壘 석루】 돌로 쌓은 보루(堡壘).
【石淋 석림】 신장(腎臟)이나 방광(膀胱)에 결석(結石)이 생기는 병.
【石馬 석마】 능묘(陵墓) 앞에 세우는, 돌로 조각한 말.
【石磨 석마】 맷돌.
【石墨 석묵】 ①흑연(黑鉛). ②석탄.
【石民 석민】 나라의 주춧돌인 백성.
【石盤 석반】 ①판판한 널빤지 모양의 돌. ②점판암(粘板岩)을 얇게 떼어내 석필(石筆)로 글씨를 쓸 수 있도록 만든 것. ③지붕을 이는 데 쓰는 얇은 돌.
【石髮 석발】 물이끼의 딴 이름. 石衣(석의).
【石牓 석방】 돌로 만든 패(牌).
【石本 석본】 돌에 새긴 글자나 그림을 그대로 박아 낸 책. 拓本(탁본). 搨本(탑본).
【石跌 석부】 돌로 민든 빚침대. 미석 빚침 따위.
【石婦 석부】 ①아이를 낳지 못하는 여자. 돌계집. ②망부석(望夫石).
【石師 석사】 훌륭한 스승. 碩師(석사).
【石牀 석상】 ①돌 침대. ②종유석(鐘乳石). 乳牀(유상).
【石璽 석새】 ①돌에 새긴 옥새. ②돌 도장.
【石蘚 석선】 돌에 끼는 이끼. 石苔(석태).
【石室 석실】 ①돌로 만든 방. 돌방. ②서적을 갈무리하는 방. ③산중(山中)의 은거(隱居)하는 방. ④고대에 종묘(宗廟)의 신주를 모시는 방.
【石室金匱 석실금궤】 돌로 만든 방과 쇠로 만든 궤. 국가의 중요 문헌을 보관하는 곳.
【石獸 석수】 ①돌로 만든 짐승. ②무덤 앞에 세우는, 돌로 조각한 짐승.
【石心 석심】 ①돌의 중심(中心). ②굳건한 마음. 단단한 마음. ③감정이 일어나지 않는 마음.
【石堰 석언】 돌로 쌓아 만든 방죽.
【石翁仲 석옹중】 무덤 앞에 세우는, 돌로 조각한 사람의 형상. 石人(석인).
【石尤風 석우풍】 거세게 부는 역풍(逆風). 故事 우랑(尤郞)의 아내 석씨(石氏)가 먼 길로 장사 나간 남편이 돌아오기를 날마다 기다리다가 지쳐 마침내 병들어 죽게 되었을 때 '내가 죽으면 큰 바람이 되어 천하의 아내들을 위하여 남편이 멀리 장삿길 떠나는 것을 막으리라.'고 말하였다는 고사에서 온 말.
【石音 석음】 ①경쇠의 소리. ②돌의 울림.

【石儀 석의】 무덤 앞에 만들어 놓은 석인(石人)·석수(石獸)·석주(石柱)·석등(石燈)·상석(床石) 따위를 통틀어 이르는 말. 石物(석물).
【石棧 석잔】 돌로 만든 잔도(棧道).
【石腸 석장】 돌처럼 단단한 간장. 의지가 굳음.
【石田 석전】 ①돌이 많은 밭. ②경작(耕作)할 수 없는 논밭. ③쓸데없는 물건의 비유.
【石堤 석제】 돌로 쌓은 둑.
【石皴 석준】 ①돌의 주름. ②돌의 물결 무늬를 나타내는 동양화의 화법(畫法).
【石芝 석지】 돌산호과에 속하는 산호충(珊瑚蟲)의 한 가지. 버섯돌산호.
【石泉 석천】 바위 틈에서 흘러나오는 샘물. 石澗水(석간수).
【石礁 석초】 암초(暗礁).
【石鏃 석촉】 돌로 만든 화살촉.
【石甃 석추】 바닥에 까는 판판한 돌.
【石榻 석탑】 돌로 만든 평상. 돌 침대.
【石苔 석태】 ①돌이끼. 石鮮(석선). ②바닷물 속의 돌에 붙어 자란 김. 돌김.
【石破天驚 석파천경】 돌이 깨지고 하늘이 놀람. ㉠음악 소리가 크고 세참. ㉡아주 의표(意表)를 찌를 정도로 착상이 기발함.
【石砭 석폄】 돌로 만든 침(鍼).
【石罅 석하】 돌의 틈. 돌의 갈라진 틈.
【石函 석함】 돌로 만든 함. 돌함.
【石虎 석호】 왕릉 등의 곡장(曲墻) 안에 만들어 세운, 돌로 조각한 범.
【石壕吏 석호리】 석호의 벼슬아치. ㉠가렴주구(苛斂誅求)하는 벼슬아치. ㉡인정미가 없는 벼슬아치. ㉢두보(杜甫)가 석호 마을을 지날 때 마침 그곳 관리들이 장정을 모두 징발하고서도 부족하여 노약자들마저 못 살게 구는 광경을 보고 지은 시의 제목에서 온 말.
【石泓 석홍】 우묵 팬 돌에 물이 괸 곳.
【石火 석화】 ①돌과 돌, 또는 돌과 쇠붙이가 부딪쳐 튀는 불똥. ②몹시 빠르고 짧음의 비유.
【石花 석화】 ①종유석(鍾乳石)에서 물방울이 떨어져서 꽃 모양으로 군은 것. ②지의류(地衣類)에 속하는 식물의 총칭. ③산호수(珊瑚樹)의 한 가지. ④우뭇가사리. 石花菜(석화채). ⑤ 国굴. 牡蠣(모려).
【石畫 석획】 군은 계획. 큰 계획.
㋱ 嘉―, 碣―, 介―, 巨―, 磐―, 鑛―, 怪―, 塊―, 卷―, 鈞―, 金―, 碁―, 臺―, 木―, 墓―, 文―, 盤―, 寶―, 碑―, 水―, 岩―, 藥―, 礫―, 燕―, 玉―, 隕―, 磁―, 柱―, 支―, 砥―, 誌―, 采―, 鐵―, 礎―, 投―, 布―, 衡―, 化―, 火―.

石₁ 【石】⑥ 石(1231)과 동자

石₂ 【矴】⑦ 닻 정 圂 dìng
字解 닻, 닻돌. =碇.
【矴石 정석】 닻으로 쓴 돌.

石₂ 【砌】⑦ 砌(1235)과 동자

石₃ 【矸】⑧ ❶산 돌 간·안 圂 圌 gàn, gān ❷칠 간 圌 gǎn
字解 ❶①산의 돌의 모양. ②돌 희고 깨끗한 모양. 〔甫戚·歌〕南山矸, 白石爛. ③돌. ④단사(丹砂). 〔荀子〕加之以丹矸. ❷①치다. ②다듬이질하다.

石₃ 【矼】⑧ ❶징검다리 강 圂 gāng ❷성실할 공 圂 kòng
字解 ❶①징검다리. 늑杠. 〔孟子〕歲十一月, 徒杠成. 〔集韻〕矼通作杠. ②굳은 모양. ❷성실하다, 온순하고 진실하다. 〔莊子〕且德厚信矼.

石₃ 【矻】⑧ ❶돌 골 困 굴 囝 kū ❷돌 단단한 모양 갈 圍 qià
字解 ❶①돌. ②부지런한 모양. 〔漢書〕終日矻矻. ③조심하는 모양. ¶ 矻矻. ❷①돌이 단단한 모양. ②고집스러운 모양. 〔蘇軾·策〕徒見諫官御史之言矻矻乎.
【矻矻 ❶골골 ❷갈갈】 ❶①부지런한 모양. ②조심하는 모양. ③피곤한 모양. ❷①돌이 단단한 모양. ②고집스러운 모양.

石₃ 【硭】⑧ 산 돌 모양 망 囻 máng
字解 산의 돌 모양.

石₃ 【矹】⑧ 돌비알 올 囻 wù
字解 ①돌비알. 깎아 세운 듯한 돌의 언덕. ¶ 硉矹. ②위태로운 모양. ③모래와 돌이 물을 따라 움직이는 모양. 〔郭璞·賦〕巨石硉矹以前卻. ④돌이 우뚝 솟은 모양. 〔寒山·詩〕矹矹勢相迎.

石₃ 【矽】⑧ 돌 던질 적 圕 dí
㘆 礉 㘆 礉 字解 ①돌을 던지다. ②돌무더기.

石₃ 【矺】⑧ 돌 던질 책 囡 zhé
字解 ①돌을 던지다. ②찢다, 몸을 찢어 죽이다. =磔. 〔史記〕十公主矺死於杜.

石₄ 【砍】⑨ 벨 감 囶 kǎn
字解 베다, 자르다.

石₄ 【砎】⑨ ❶단단할 개 囯 jiè ❷조약돌 갈 圍 jiè
속 磎 字解 ❶단단하다. ❷①조약돌. ②갈다〔磨〕. ③천둥소리.

石部 4~5획 砏 砯 砇 砰 砆 砒 砏 砂 砑 破 研 砥 砌 硫 㫺 砠 砮

石₄ 【砏】

⑨ 砳(1236)와 동자

石₄ 【砯】

⑨ 징검다리 례·리 [霽] lì

字解 ①징검다리. ②옷을 추어올리고 물을 건너다.

石₄ 【砇】

⑨ 옥돌 민 [眞] mín

字解 옥돌, 옥 버금가는 돌. =珉·玟.

石₄ 【砰】

⑨ 옥돌 방 [講] bàng

字解 ①옥돌, 옥 버금가는 돌. ②돌 모양.

石₄ 【砆】

⑨ 옥돌 부 [虞] fū

字解 옥돌, 무부(砆砆). 붉은 바탕에 흰 무늬가 있는 아름다운 돌.

石₄ 【砒】

⑨ 비상 비 [齊] pī

字解 ①비상. =䃃. ②猊비소. 원소의 하나.

【砒霜 비상】 비석(砒石)을 가열하여 승화(昇華)시켜 얻는 결정체의 독약.
【砒石 비석】 ①극독(劇毒)이 있는 광물(鑛物)의 하나.
【砒素 비소】 비석(砒石)을 태워 얻는 결정체.

石₄ 【砏】

⑨ ❶큰 소리 빈 [眞] fēn
❷돌 구르는 소리 반 [刪] pīn
❸큰 소리 분 [文] fēn

字解 ❶①큰 소리. ②우렛소리. ❷돌이 구르는 소리. ¶砏磤. ❷돌. ❸①큰 소리. ②거센 물결 소리.

【砏磤 빈은】 ①우렛소리. ②돌이 구르는 소리.

石₄ 【砂】

⑨ 모래 사 [麻] shā

字解 ①모래. =沙. 〔宋書〕揚沙折木. ②약 이름. 단사(丹砂)·진사(辰砂) 따위. 〔蘇軾·歌〕一丹休別內外砂.

【砂金 사금】 ①모래에 섞여 나오는 금(金). ②칠기(漆器)의 하나. 검은 바탕에 사금을 뿌린 것과 같이 칠한 것.
【砂器 사기】 흙을 구워서 만든 그릇. 사기 그릇.
【砂礫 사력】 모래와 자갈.
【砂防 사방】 山(산)·강(江) 등에 바위가 무너지거나 흙·모래 따위가 밀려 내리는 것을 막는 일.
【砂糖 사당→사탕】 ①설탕. ②설탕을 끓여서 만든 과자.
【砂錫 사석】 ①모래에 섞여 나는 주석. ②주석 성분이 있는 모래.
❶丹—. 白—. 練—. 朱—. 硃—. 辰—. 土—.

石₄ 【砑】

⑨ 갈 아 [禡] yà

字解 ①갈다, 으깨다. ②갈아서 광택을 내다. 〔韓偓·詩〕羅揉損砑光.
【砑綾 아릉】 다듬어서 광택이 나는 무늬 비단.

石₄ 【破】

⑨ 산 우뚝할 업 [叶] è

字解 ①산이 우뚝하다, 높고 큰 모양. 〔郭璞·賦〕陽侯破礙以岸起. ②움직이는 모양.
【破礙 업애】 ①산이 높은 모양, 높고 큰 모양. ②움직이는 모양.

石₄ 【研】

⑨ 硏(1236)의 속자

石₄ 【砥】

⑨ 다듬잇돌 지 [紙] zhǐ

字解 ①다듬잇돌. 〔太玄經〕較於砥石. ②숫돌, 연장의 날을 세우는 데 쓰는 돌.

石₄ 【砌】

⑨ 섬돌 체 [霽] qì

字解 ①섬돌, 댓돌. 〔班固·賦〕玄墀釦砌, 玉階彤庭. ②겹쳐 쌓다, 쌓이고 얽히다. ¶砌城.
【砌城 체성】 성(城)에 돌담을 쌓음.
【砌草 체초】 섬돌 가에 자라난 풀.

石₄ 【硫】

⑨ ❶돌 소리 항 (本)강 [陽] kāng
❷우렛소리 강 [陽] kàng

字解 ❶①돌 소리, 돌이 떨어지는 소리. ¶硫磤. ❷우렛소리. 〔張衡·賦〕凌驚雷之硫礚.
【硫磤 항랑】 돌이 부딪쳐 나는 소리.
【硫礚 강개】 우렛소리.

石₄ 【㫺】

⑨ 뼈 바르는 소리 획·혁 [錫] xū

字解 ①뼈를 바르는 소리, 뼈를 바를 때 나는 소리, 가죽을 벗기는 소리. 〔莊子〕㫺然嚮然, 奏刀騞然. ②빠른 모양. 〔盧綸·歌〕㫺如寒準驚暮禽.
【㫺然 혁연】 ①뼈를 바를 때 나는 소리. ②크게 깨달을 모양. ③세상을 초월한 모양.

石₄ 【砠】

⑨ 옥돌 괴 [灰] guāi

字解 옥돌, 옥에 버금가는 돌.

石₅ 【砮】

⑩ 돌 살촉 노 [麌] nǔ

字解 ①돌 살촉. 〔國語〕石砮其長尺有咫. ②살촉으로 쓰는 돌. 〔書經〕礪砥砮丹. ③거친 숫돌.

石部 5획 砢砢砳砬硃碍砥砯砟砑砒砠砫砥砱砦砧砣

砢 ⑩ 硌(1233)와 동자

砢 ⑩ ❶돌 쌓일 라 哿 luǒ
❷아름다운 돌 가 歌 kē
[字解] ❶①돌이 쌓인 모양.〔司馬相如·賦〕水玉磊砢. ②서로 돕다. ③맺히다. ④크게 울리는 소리.〔顧雲·行〕轟轟砢砢雷車轉. ❷아름다운 돌, 옥 버금가는 돌.

砳 ⑩ 돌 소리 력 錫 lè
[字解] 돌 소리, 두 돌이 부딪치는 소리.

砬 ⑩ 돌 소리 립 緝 lì
[字解] ①돌 소리, 돌 무너지는 소리. ②해독약(解毒藥).

硃 ⑩ 부순 돌 말 曷 mò
[字解] 부순 돌, 쇄석(碎石).

碍 ⑩ 돌비늘 모 麌 mǔ
[字解] 돌비늘, 운모(雲母). 규산염 광물의 한 가지. 화강암에 많이 들어 있다.

砥 ⑩ 珉(1129)과 동자

砯 ⑩ 물소리 빙 蒸 pīng
[字解] 물 소리, 물이 산의 바위에 부딪치는 소리.〔郭璞·賦〕砯巖鼓作.
【砯砰 빙평】수레의 소리.

砟 ⑩ ❶빗돌 사 禡 zhà
❷돌 작 藥 zuó
[字解] ❶빗돌, 글을 새겨 세운 비석(碑石). ❷돌, 돌의 위.
【砟硌 작락】돌이 쌓인 모양.

砑 ⑩ 옥 이름 애·액 禡 卦 è
[초서] 硋 [字解] 옥 이름, 보옥 이름.〔史記〕周有砥砑.

砒 ⑩ 砒(1234)와 동자

砠 ⑩ 돌산 저 魚 jū
[초서] 砠 [속자] 岨 [字解] ①돌산, 돌을 인 흙산. ②흙산, 흙을 인 돌산.〔詩經〕陟彼砠矣.

砫 ⑩ 돌 감실 주 麌 zhǔ
[字解] 위패(位牌)를 모시는 돌 감실. 종묘에서 위패를 모시어 두는 장(欌). =宝.

砥 ⑩ 숫돌 지 紙 薺 dǐ
[활체] 阺 [초서] 砥 [字解] ①숫돌. 고운 것을 '砥', 거친 것을 '礪'라 한다.〔淮南子〕劍待砥而後能利. ②평평하다, 평균되게 하다.〔詩經〕周道如砥. ③갈다.〔淮南子〕文王砥德脩政. ④검은 돌.〔淮南子〕黑水宜砥.
【砥礪 지려】①숫돌. 砥石(지석). ②숫돌로 갊. ③학예(學藝)·품성(品性) 등을 힘써 갈고 닦음.
【砥鍊 지련】갈고 닦음. 연마하고 단련함.
【砥尙 지상】행실을 닦고 마음을 고상하게 가짐.
【砥屬 지속】사방이 평정되어 복종함.
【砥矢 지시】숫돌과 화살. 평평하고 곧음.
【砥原 지원】평탄한 들판.
【砥柱 지주】①산 이름. ②난세에 있으면서도 절조를 굳게 지킴의 비유. ○'砥柱'는 황하(黃河) 가운데 있는 산으로, 격류 속에 있으면서도 조금도 움직이지 않는다는 데서 온 말.
【砥埠 지체】유통하지 아니함.

砱 ⑩ 돌 울퉁불퉁한 모양 진 眞 zhēn
[字解] ①돌이 울퉁불퉁한 모양. ②거친 숫돌. ③힘겨운 모양.〔太玄經〕拔石砱砱.

砦 ⑩ 울타리 채 卦 zhài
[초서] 砦 [字解] ①울타리, 바자울.〔袁桷·詩〕周遭靑松根, 下有古木砦. ②작은 성채(城砦). =寨.〔宋史〕拔砦遁去. ③마을.〔袁宏道·記〕蘆風水響, 環繞山砦.
【砦柵 채책】적을 막기 위하여 대나 나무로 얽은 울타리. 防柵(방책).

砧 ⑩ 다듬잇돌 침 侵 zhēn
[소전] 碪 [초서] 砧 [참고] 站(1295)은 딴 자. [字解] ①다듬잇돌.〔杜甫·詩〕秋至拭淸砧. ②모탕. 늑槯.〔李商隱·雜纂〕不蘭腰不持刀砧, 失廚子體.
【砧斧 침부】목을 자르는 대(臺)와 도끼. 둘 다 참형(斬刑)에 쓰는 형구(刑具).
【砧石 침석】다듬잇돌.
【砧聲 침성】다듬이질하는 소리.
【砧杵 침저】다듬잇돌과 다듬잇방망이.
【砧鑕 침질】사람의 목을 베는 대(臺).

砣 ⑩ 돌팔매 타 歌 tuó
[동자] 碩 [동자] 碢 [字解] ①돌팔매. ②맷돌, 연자매. ③저울의 추.

石 5획

破 ⑩
❶깰 파 圖 pò
❷무너질 피 圖 pò

一 丆 了 石 石 石 矿 砂 砂 破 破

소전 殩 초서 破 隸考 대법원 지정 인명용 한자의 음은 '파'이다.

[字源] 形聲. 石+皮→破. '皮(피)'가 음을 나타낸다.

[字解] ❶①깨다. ㉮부수다, 파괴하다. 〔詩經〕既破我斧. ㉯풀어 떨어지게 하다. ㉰일을 망치다. 〔後漢書〕甑已破矣. ㉱째다, 가르다. 〔中庸〕語小, 天下莫能破焉. ㉲지우다, 패배시키다. 〔史記〕敵國破, 謀臣亡. ②깨짐, 깨는 일, 깨진 곳. 〔黃庭堅·詩〕兒寒教補破. ③다하다, 남김이 없다. 〔杜甫·詩〕讀書破萬金. ④악곡 이름, 곡이 빠른 것. ❷무너지다.

【破家瀦澤 파가저택】國중죄인의 집을 헐어 버리고 그 터를 파서 못을 만들던 형벌.
【破却 파각】완전히 부숨. 깨뜨림.
【破鏡 파경】①깨어진 거울. ②부부의 영원한 이별. ③이지러진 달, 조각달. ④아비를 잡아먹는다는 악수(惡獸)의 이름.
【破袴 파고】해진 바지. 弊袴(폐고).
【破觚斲雕 파고착조】모난 것을 둥글게 하고, 복잡한 것을 간단하게 함. 가혹한 형벌을 없애고, 번잡한 규칙을 고침.
【破瓜期 파과기】여자의 경도(經度)가 처음 시작되는 15~16세 되는 시기.
【破瓜之年 파과지년】①여자 나이 16세를 이름. ②남자의 나이 64세를 이름. ◯'瓜'자를 피지(破字)하면 '八八'로 나누어지므로 '2×8=16, 8×8=64'가 되는 데서 온 말.
【破塊 파괴】흙덩이를 깨뜨림. 폭우(暴雨)가 농작물을 해침.
【破壞 파괴】때려 부수거나 깨뜨려서 허묾.
【破軍 파군】패배한 군대.
【破潰 파궤】①둑 같은 것이 갈라져 무너짐. ②패하여 흩어짐.
【破棄 파기】①없애 버림. ②계약·조약 따위를 취소하여 무효로 함.
【破膽 파담】크게 놀람. 크게 놀라 두려워함.
【破落戶 파락호】본래 재산이나 세력 있는 집안의 자제(子弟)였으나 재산을 탕진한 사람.
【破浪 파랑】물결을 헤치고 나아감.
【破滅 파멸】깨어져 망함.
【破卯 파묘】날샐녘. 이른 새벽. ◯'卯'는 오전 5시부터 7시까지.
【破壁飛去 파벽비거】벽을 무너뜨리고 날아감. 평범하던 사람이 갑자기 유명하게 출세함. [故事]남북조 때 양(梁)나라의 장승요(張僧繇)가 금릉(金陵) 안락사(安樂寺)의 벽에 용을 그리고 여기에 눈동자를 그려 넣었더니 갑자기 용이 벽을 부수고 하늘로 날아갔다는 고사에서 온 말.
【破釜沈船 파부침선】싸움터로 나갈 때 군사들이 밥을 지을 솥을 깨뜨리고, 타고 돌아갈 배를 침몰시킴. 살아 돌아오기를 기약하지 않고 싸움에 임함. 沈船破釜(침선파부).

【破邪顯正 파사현정】(佛)사도(邪道)를 깨뜨리고 정도(正道)를 드러냄.
【破産 파산】재산이 거덜남.
【破散 파산】①깨어 흩뜨림. ②제사 이름. 한식 다례(寒食茶禮).
【破損 파손】깨어져 못 쓰게 됨.
【破碎 파쇄】조각조각 깨어져 부스러짐. 깨뜨리어 부수어 버림. 破摧(파최).
【破顔 파안】얼굴 매무새를 깨뜨리어 웃음. 웃음을 머금음. 破顔一笑(파안일소).
【破裂 파열】깨어져 갈라짐.
【破字 파자】한자의 자획을 나누거나 합하여 다른 글자나 뜻을 나타내는 일. '姜'을 나누어 '八王女'라 하고, '黃絹幼婦'의 '黃絹'은 색사(色絲)이므로 '絶', '幼婦'는 소녀(少女)이므로 '妙'자로 풀이하여 '絶妙'를 뜻하는 따위.
【破錢 파전】①찢어진 돈. ②돈을 씀.
【破竹之勢 파죽지세】대나무를 쪼갤 때의 기세. 대적할 수 없을 정도의 맹렬한 기세.
【破陣 파진】적의 진지를 파괴함.
【破天荒 파천황】천지개벽 이전의 혼돈한 상태를 깨뜨려 엶. ㉠아직껏 남들이 하지 못했던 일을 해냄. ㉡진사(進士)에 급제한 사람.
【破涕 파체】①울음을 그침. ②슬픔을 기쁨으로 돌리어 생각함.
【破綻 파탄】①찢어지고 터짐. ②일이 원만하게 이루어지지 못함. ③오류(誤謬).
【破閑 파한】심심풀이. 破寂(파적).
【破婚 파혼】혼인 약속을 깨뜨림.
【破曉 파효】먼동이 틀 무렵. 새벽.
【破興 파흥】흥이 깨어짐. 흥을 깨뜨림.
❶ 看-, 擊-, 難-, 論-, 踏-, 大-, 讀-, 突-, 說-, 鑿-, 摧-, 打-.

石 5획

砰 ⑩
❶물결 소리 팽 本평 庚 pēng
❷돌 구르는 소리 팽 本평 庚 pèng

초서 砰 [字解] ❶①물결 소리, 물결이 바위를 치는 소리. 〔司馬相如·賦〕砰磅訇礚. ②성한 모양. ¶砰隱. ❷돌 구르는 소리.
【砰磕 팽개】우레와 같은 큰 소리.
【砰訇 팽굉】요란한 소리.
【砰磷 팽린】①높고 험한 모양. ②우렛소리.
【砰磅 팽방】물이 세차게 흐르는 소리.
【砰湃 팽배】①물결이 서로 부딪는 모양. ②울림이 대단함.
【砰然 팽연】①돌이 굴러 떨어지는 소리. ②굉장히 울리는 소리.
【砰隱 팽은】성한 모양.
【砰砰 팽팽】북소리.

石 5획

砭 ⑩
돌침 폄 圖 biān

소전 砭 초서 砭 동자 砭 [字解] ①돌침. ②돌침을 놓다. 〔王安石·詩〕士病吾能砭. ③경계(警戒). ¶砭鍼.
【砭灸 폄구】돌침과 뜸. 치료법의 한 가지.

【砭石 폄석】 돌침.
【砭愚 폄우】 어리석은 사람에게 돌침을 놓음. 어리석은 사람을 경계함.
【砭鍼 폄침】 ①돌침. ②훈계. 교훈.

石5【砲】⑩ 돌 쇠뇌 포 [效] pào
[초서] [字解] ①돌 쇠뇌, 포거(抛車). ＝礮. ②대포.
【砲擊 포격】 대포를 쏨.
【砲臺 포대】 포를 설치하여 쏠 수 있도록 만든 군사 시설물.
【砲銅 포동】 대포를 만드는 데 쓰이는 동과 주석의 합금.
【砲門 포문】 대포의 포탄이 나가는 구멍. 砲口(포구).
【砲手 포수】 ①대포를 쏘는 군인. ②[國]총으로 짐승을 잡는 사냥꾼.
【砲眼 포안】 성벽, 군함, 보루(堡壘) 따위에 총을 쏘기 위하여 낸 구멍.
【砲煙彈雨 포연탄우】 대포의 연기와 빗발처럼 쏟아지는 탄알. 격렬한 전투.
【砲彈 포탄】 대포의 탄알.
【砲火 포화】 ①총포를 쏠 때 일어나는 불. 발사된 탄알. ②전화(戰火). 전쟁.
◑ 空－, 大－, 發－, 野－, 銃－, 艦－, 火－.

石6【䂬】⑪ 물가 돌 공 [腫][冬] gǒng
[소전] [字解] 물가 돌, 물가에 있는 돌.

石6【䂑】⑪ 너럭바위 과 [麻] kuā
[字解] 너럭바위, 반석(盤石).

石6【硄】⑪ 돌 소리 광 [陽] kuāng
[字解] ①돌 소리. ②광택이 나는 돌.

石6【䂖】⑪ ❶자갈밭 교 [肴] qiǎo ❷돌 이름 조 [篠] diào
[字解] ❶자갈밭, 산전(山田). ❷돌 이름.

石6【硅】⑪ ❶규소 규 guī ❷깨뜨릴 괵 [陌] hè
[초서] [參考] 대법원 지정 인명용 한자의 음은 '규'이다.
[字解] ❶규소(硅素). 비금속 원소의 하나. ❷깨뜨리다.
【硅酸 규산】 규소·산소·물 따위의 화합물. 유리와 자기의 원료로 쓰임.

石6【硇】⑪ 약석 이름 뇨 [肴] náo
[초서] [동자] 硵 [字解] 약석(藥石) 이름, 염화(鹽化)암모늄. ¶ 硇砂.
【硇砂 요사】 약 이름. 곧, 염화암모늄.

石6【硌】⑪ ❶산 위의 바위 락 [藥] luò ❷자갈 력 [錫] lì
[字解] ❶①산 위의 큰 바위. ②바위의 모양. ¶ 磊硌. ③장대(壯大)한 모양. 〔嵇康·賦〕 踸踔磥硌. ④돌이 단단하여 서로 용납하지 않는 모양. ⑤옥에 버금가는 돌. ❷자갈. ＝礫.

石6【䂮】⑪ 칼날 세울 략 [藥] lüè
[字解] ①칼날을 세우다, 칼을 갈다. ②날카롭다, 잘 들다.

石6【硳】⑪ 礧(1248)와 동자

石6【硉】⑪ 돌 위태한 모양 률 [本]롤 [月] lù
[字解] ①위태한 돌의 모양. ¶ 硉矹. ②물결을 따라 돌이 흔들리는 모양. ③돌을 굴려 떨어뜨리다. ＝律. 〔枚乘·七發〕 上擊下律. ④호방한 모양. ¶ 硉矹. ⑤높고 평평하지 않다.
【硉矹 율올】 ①돌이 위태롭게 비탈진 데 놓여 있는 모양. ②돌이 굴러 내리는 모양. ③산의 낭떠러지. ④호방(豪放)한 모양.

石6【硋】⑪ 거리낄 애 [隊] ài
[字解] 거리끼다, 방해하다. ＝礙. 〔列子〕 雲霧不硋其視.

石6【研】⑪ ❶갈 연 [先] yán ❷벼루 연 [霰] yàn ❸관 이름 형 [靑] xíng
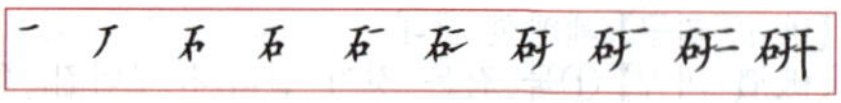
[소전] [초서] [속자] 研 [간체] 研 [參考] 대법원 지정 인명용 한자의 음은 '연'이다.
[字源] 形聲. 石＋幵→研. '幵(견)'이 음을 나타낸다.
[字解] ❶①갈다. ②문지르다. 〔墨經〕 直研乃見眞色. ③궁구하다, 깊이 캐다. 〔易經〕 能研諸侯之慮. ④자세하게 밝히다. 〔張衡·賦〕 研覈是非. ❷벼루. ＝硯. 〔郭璞·賦〕 綠苔鬖髿乎研上. ❸관(關) 이름. 〔漢書·上黨郡·注〕 有石研關, 師古曰, 研, 音形.
【研蓋 연개】 벼루의 뚜껑. 硯蓋(연개).
【研攻 연공】 갈고닦음.
【研校 연교】 상고하고 비교함.
【研究 연구】 사물을 깊이 있게 조사하고 생각하여 어떤 이치나 사실을 밝혀냄.
【研覽 연람】 깊이 연구하고 조사함.
【研癖 연벽】 벼루를 몹시 좋아하는 버릇
【研屛 연병】 편지를 부칠 때 수신인의 이름 뒤에 쓰는 말. 🔍책상을 남향으로 놓을 때 사람

石部 6~7획 硱硊硃硎硜硬硞 硠砰硫硭砂硪硯

은 벼루의 북쪽에 앉는 데서 온 말.
【研席 연석】연구하는 자리. 공부하는 곳.
【研修 연수】연구하고 닦음.
【研室 연실】벼룻집. 硯室(연실).
【研子磨 연자마】國연자매. 마소의 힘으로 돌려 곡식을 찧는 큰 매.
【研精 연정】정밀(精密)하게 연구함.
【研鑽 연찬】학문을 깊이 연구함.
【研覈 연핵】연구하여 밝힘.
【研詰 연힐】꼬치꼬치 캐물음.
● 攻-, 窮-, 墨-, 圓-, 精-, 竹-, 鑽-.

石6 【硱】⑪ 硯(1237)과 동자

石6 【硊】⑪ 돌 모양 위 紙 wěi
字解 ①돌의 모양, 산의 돌이 위태로운 모양.
②다리가 굽다. ③산의 모양.

石6 【硃】⑪ 주사 주 虞 zhū
초서 硃 간체 朱 字解 주사(朱砂). 붉은 물감, 주묵(朱墨)의 원료로 쓰이는 광물.
【硃批 주비】①상주문(上奏文)을 임금이 직접 주묵(朱墨)으로써 평하여 비답(批答)하던 일. 硃諭(주유). ②주묵으로 비평을 씀. 硃筆(주필).
【硃汞 주홍】수은(水銀)의 원료인 광석.

石6 【硎】⑪ 硎(1240)의 속자

石7 【硜】⑫ ❶돌 소리 갱 㮮경 庚 kēng
❷경쇠 경 徑 qìng
초서 硜 동자 硁 字解 ❶①돌 소리.〔史記〕石聲硜硜以立別. ②소인(小人)의 모양.〔論語〕硜硜然小人哉. ③비천(鄙賤)한 모양.〔論語〕鄙哉硜硜乎. ❷경쇠. =磬.
【硜硜 갱갱】①소인(小人)의 모양. 알랑거리는 모양. ②경석(磬石)이 울리는 소리. ③비천(鄙賤)한 모양.

石7 【硬】⑫ ❶굳을 경 㮮영 敬 yìng
❷가로막을 경 梗 gěng

一 丆 石 石 矴 硒 硬 硬

초서 硬 字源 形聲. 石+更→硬. '更(경)'이 음을 나타낸다.
字解 ❶①단단하다.〔杜甫·歌〕書貴瘦硬方通神. ②굳세다.〔朱熹·書〕又多被先儒硬說殺了. ❷가로막다, 방해하다.
【硬骨 경골】①단단한 뼈. ②강직하여 남에게 굽히지 않는 일. ③척추동물의 골격을 이루는 굳은 뼈.
【硬澁 경삽】문장 따위가 딱딱하고 난삽(難澁)하여 부드럽지 못함.

【硬直 경직】굳어서 꼿꼿하여짐.
【硬化 경화】①물건이 단단하여짐. ②의견·태도 따위가 강경하여짐.
【硬貨 경화】금속으로 만든 화폐. 紙幣(지폐).
● 强-, 堅-, 生-, 石-, 瘦-.

石7 【硞】⑫ 돌 떨어지는 소리 굉 庚 hōng
초서 硞 字解 ①돌이 떨어지는 소리. ②돌.

石7 【硠】⑫ 돌 부딪는 소리 랑 陽 láng
초전 硠 초서 硠 字解 ①돌이 부딪는 소리.〔司馬相如·賦〕礧石相擊, 硠硠磕磕. ②우렛소리. ③단단하다.〔潘岳·誄〕硠硠高致.
【硠磕 낭개】①우렛소리. ②돌이 서로 부딪치는 소리.
【硠硠 낭랑】①돌이 서로 부딪치는 소리. ②단단한 모양.
● 雷-, 磅-, 硫-.

石7 【砰】⑫ 돌그릇 로 豪 láo
字解 돌그릇, 석기(石器). =罃.

石7 【硫】⑫ 유황 류 尤 liú
초서 硫 字解 유황 비금속 원소의 하나.

石7 【硭】⑫ 망초 망 陽 máng
字解 망초(硭硝). 약품 이름.

石7 【砂】⑫ 땅 이름 사 麻 훅체 砂 shā
초서 砂 字解 땅 이름.〔史記〕擊破胡騎於砂石.

石7 【硪】⑫ ❶바위 아 歌 é
❷산 높을 아 哿 é
소전 硪 字解 ❶①바위. =礒. ②돌로 땅을 다지다. ❷산이 높다, 산이 높은 모양.〔郭璞·賦〕陽侯砂硪以岸起.

石7 【硯】⑫ 벼루 연 銑 yàn
소전 硯 소전 硯 초서 硯 동자 硏 간체 砚 字解 ①벼루. 늑研. ②매끄러운 돌.
【硯臺 연대】벼루.
【硯屛 연병】바람과 먼지와 먹이 튀는 것을 막기 위하여 벼루 머리에 둘러 두는 작은 병풍. 硏屛(연병).
【硯席 연석】공부하는 자리. 硏席(연석).

石部 7~8획 硛硨硩硟硝确硤碀碅碕碁碴碓碤

【硯水 연수】 ①벼룻물. ②연적(硯滴).
【硯滴 연적】 벼룻물을 담는 그릇.
【硯田 연전】 시인·문인들이 문필(文筆)로 생활함. ◐벼루를 밭에 견주어 이른 말.
【硯池 연지】 벼루에 먹물이 담기는 우묵한 부분. ◐ 陶―, 石―, 洗―, 朱―, 鐵―, 筆―, 寒―.

石7 【硛】⑫ 國땅 이름 적
字解 땅 이름. 〔李穡·詩〕長湍南畔硛城西.

石7 【硨】⑫ 조개 이름 차·거 廁 chē
초서 硨 간체 砗 參考 대법원 지정 인명용 한자의 음은 '차'이다.
字解 조개 이름. 거거(硨磲). 태평양·인도양 등지에서 나는 조개. 껍데기는 잿빛 흰색이며, 칠보(七寶)의 하나로 장식에 쓴다.

石7 【硩】⑫ 던질 척·철 鐵廁 chè
소전 硩 소전 硩 字解 ①던지다, 팔매질하여 부수다. ≒摘. 〔周禮〕硩蔟氏, 掌覆夭鳥之巢. ②돌에서 나는 불.

石7 【硟】⑫ 다듬이질할 천 屼 chàn
소전 硟 소전 硟 字解 ①다듬이질하다. ②다듬이, 다듬잇돌.

石7 【硝】⑫ 초석 초 本소 蕭 xiāo
초서 硝 字解 초석(硝石), 질산칼륨. 〔趙翼·詩〕硝磺製火藥.
【硝石 초석】 질산칼륨. 산화제(酸化劑)·화약·비료 등을 만드는 데 씀.
【硝藥 초약】 화약(火藥).
【硝煙 초연】 총포를 쏠 때 나는 화약 연기.

石7 【确】⑫ 자갈땅 학 覺 què
소전 硞 혹자 礐 초서 确 동자 㱿 字解 ①자갈땅. =埆. 〔韓愈·詩〕山石犖确行徑微. ②박(薄)하다, 적다. 〔左思·賦〕同year而議豐确乎. ③확실하다, 바르다. 〔後漢書〕指切時要, 言辭han確. ④참, 진실(眞實). 〔後漢書〕數與虜confr確. ⑤겨루다, 비교하다. 〔漢書〕數與虜confr確. ⑥산에 큰 돌이 많다. =礐.
【确石 학석】 돌이 많음.
【确切 학절】 꿋꿋하고 바름. 견고하고 바름.
【确瘠 학척】 돌이 많고 메마른 땅.

石7 【硤】⑫ 고을 이름 협 洽 xiá
간체 硖 字解 고을 이름. ¶ 硤石.

【硤石 협석】 황하(黃河)의 나루 이름. 하남성(河南省) 맹진현(孟津縣)의 서쪽에 있음.

石8 【碀】⑬ 종소리 곤 阮 gǔn
字解 ①종소리. ㉮쇠가 간 종의 소리. ㉯상체(上體)가 큰 종의 소리, 둔탁한 종소리. 〔周禮〕高聲碀. ②돌 소리. ③돌이 구르다.

石8 【碅】⑬ 약석 이름 공 東 kōng
초서 碅 字解 ①약석(藥石) 이름. ②푸른빛. 〔龍龕手鑑〕碅, 靑色也. ③돌이 떨어지는 소리.
【碅碅然 공공연】 돌 소리.

石8 【硾】⑬ 부술 괴 匯 guāi
字解 ①부수다, 깨뜨리다. ②돌의 모양.

石8 【碕】⑬ ❶굽은 물가 기 支 qí ❷돌 모양 기 紙 qǐ
초서 碕 字解 ❶①굽은 물가. 〔漢書〕探巖排碕. ②긴 물가. 〔左思·賦〕碕岸爲之不枯. ③궁문 이름. ④징검다리. ❷돌의 모양. 〔楚辭〕欸秋碕磯.
【碕嶺 기령】 작은 산. 小山(소산).
【碕岸 기안】 강가. 냇가.
【碕磯 기의】 돌의 모양. 돌의 생긴 꼴.

石8 【碁】⑬ 棋(856)와 동자

石8 【碴】⑬ 쇎을 답·담 合 tà
소전 碴 字解 ①쇎다. 애벌 찧은 낟알을 다시 찧다. ②디딜방아로 찧다.

石8 【碓】⑬ 방아 대 隊 duì
소전 碓 초서 碓 字解 ①방아, 디딜방아, 확. 〔馬融·賦〕碓投瀿穴. ②망치, 마치, 방망이. ≒椎.
【碓頭 대두】 공이.
【碓聲 대성】 방아 찧는 소리.
【碓樂 대악】 신라(新羅) 자비왕(慈悲王) 때 백결 선생(百結先生)이 지었다는 노래.
【碓舂 대용】 ①방아를 찧음. ②절구.

〈碓①〉

石8 【碤】⑬ 봇둑 대 本태 隊 dài
字解 봇둑, 물을 막다.

石 8 【碡】⑬ 농기구 이름 **독** [屋] zhóu

[字解] **농기구(農機具) 이름**, 돌 고무래, 녹독(碌碡). 밭을 고르는 돌 롤러.

石 8 〖碌〗⑬ ❶돌 모양 **록** [屋] lù ❷자갈땅 **락** [覺] luò ❸돌 푸를 **록** [沃] lù

[소전] [초서] [參考] 대법원 지정 인명용 한자의 음은 '록'이다.

[字解] **❶①돌 모양**, 돌이 많은 모양. **②따르다**, 좇다. **❷자갈땅**, 돌이 많고 고르지 않은 땅. **❸돌의 푸른빛**.

【碌碌 녹록】①독립심이 없이 남을 붙좇는 모양. 평범하고 보잘것없는 모양. ②돌의 빛깔이 아름다운 모양. ③수레가 구르는 소리. 轆轆(녹록)

【碌礁 낙족】①자갈땅이 고르지 않은 모양. ②모래와 돌이 많음.

【碌青 녹청】구리에 스는 푸른 녹. 독이 있음.

石 8 【碔】⑬ 옥돌 **무** [虞] wǔ

[字解] **①옥돌**, 무부(碔砆). 〔司馬相如·賦〕碝石碔砆. **②속돌**, 부석(浮石).

石 8 【碑】⑬ 돌기둥 **비** [支] bēi

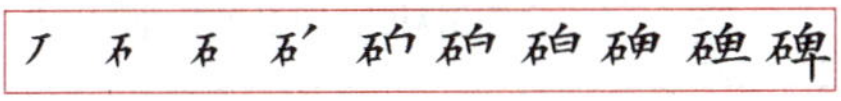

[소전] [초서] [동자] 碑 [속자] 碑 [字源] 形聲. 石+卑→碑. '卑(비)'가 음을 나타낸다.

[字解] **①돌기둥**, 석주(石柱). ㉮네모난 돌기둥. 〔後漢書·封禪丘兮建隆碣·注〕方者謂之碑, 圓者謂之碣. ㉯해 그림자를 측정하기 위하여 세운 돌. ㉰묘문(廟門) 안에 세워 희생을 매다는 돌. ㉱관(棺)을 내리기 위하여 광(壙)의 사방에 세운 돌이나 나무 기둥. 〔禮記〕公室視豐碑, 三家視桓楹. **②비석(碑石)**. ㉮공덕을 새겨서 세운 돌. ㉯경계(警戒)나 규칙을 새겨서 세운 돌. **③문체(文體) 이름**, 비문(碑文).

【碑刻 비각】비석에 새긴 글. 碑文(비문).

【碑閣 비각】비석을 보호하기 위하여 지은 집.

【碑碣 비갈】비(碑)와 갈(碣). 🔍'碑'는 네모진 빗돌을, '碣'은 둥근 빗돌을 뜻함.

【碑銘 비명】비석에 새기는 글. 성명·본관·성행(性行)·경력 등을 내용으로 함.

【碑文 비문】비석에 새긴 글. 碑誌(비지). 碑版(비판).

【碑石 비석】인물·사적을 기념하기 위하여 글을 새겨 세운 돌.

【碑陰 비음】비석의 뒷면.

【碑誌 비지】비석에 새긴 글. 碑文(비문).

【碑帖 비첩】비석에 새긴 글자를 그대로 종이에 박아 낸 것. 또는 그것을 첩(帖)으로 만든 것. 拓本(탁본).

【碑表 비표】①비문(碑文). ②경계의 표지.

◑ 建—, 古—, 口—, 舊—, 斷—, 木—, 墓—, 石—, 頑—, 殘—, 打—, 苔—.

石 8 〖碑〗⑬ 碑(1239)의 속자

石 8 【碎】⑬ 부술 **쇄** [隊] suì

[소전] [초서] [字解] **①부수다**, 잘게 부수다. **②부서지다**. 〔史記〕臣頭, 今與璧俱碎於柱矣. **③깨뜨리다**, 무너뜨리다. **④부스러기**. 〔漢書〕米鹽靡密, 初若煩碎. **⑤잘다**, 번거롭다. 〔晉書〕與凡人言宜碎.

【碎骨粉身 쇄골분신】뼈를 부수고 몸을 가루로 만듦. 죽을 힘을 다하여 노력함. 粉身碎骨(분신쇄골). 粉骨碎身(분골쇄신).

【碎劇 쇄극】사물이 번거롭고 바쁨.

【碎金 쇄금】①금싸라기. ②대가(大家)의 아름다운 글귀.

【碎氷 쇄빙】얼음을 깨뜨림.

【碎碎 쇄쇄】잔단 모양.

【碎瑣 쇄쇄】①부스러져 잚. ②번거롭고 자질구레함.

【碎身 쇄신】몸이 가루가 될 정도로 심혈을 다하여 노력함.

◑ 擊—, 煩—, 繁—, 粉—, 細—, 小—, 瑣—, 零—, 殞—, 摧—, 破—, 敗—, 毁—.

石 8 【𥕢】⑬ 자갈땅 **아** [麻] yā

[字解] **①자갈땅**, 땅이나 물건의 면(面)이 평평하지 못한 모양. 〔郭璞·賦〕玄礪磈磥而碨𥕢. **②돌 이름**.

石 8 〖碍〗⑬ 礙(1247)의 속자

石 8 〖碗〗⑬ 盌(1198)의 속자

石 8 【碒】⑬ 산 험할 **음** [侵] yín

[字解] **산이 험하다**, 산이 높고 험하다. 〔左思·賦〕嶔碒乎數州之間.

石 8 【碏】⑬ ❶삼갈 **작** [藥] què ❷훼방할 **석** [陌] xì

[소전] [초서] [字解] **❶①삼가다**, 조심하다. **②잡색(雜色)의 돌**. **❷훼방하다**.

石 8 〖碇〗⑬ 닻 **정** [徑] dìng

[초서] [字解] **①닻**. ＝矴. 〔唐書〕蕃舶泊步有下碇稅. **②닻을 내리다**, 배를 멈추다. 〔蘇軾·東坡志林〕碇宿大海中.

【碇泊 정박】배가 닻을 내리고 머무름.

石部 8~9획 碉硾砮硼碑硎碱碑碌碈磓破碌碆碧

石8 【碉】⑬ 돌집 조 蕭 diāo
字解 돌집〔石室〕.
【碉房 조방】돌집.
【碉堡 조보】보루〔堡壘〕로 대신 쓰는 돌집.

石8 【硾】⑬ 찧을 추 寘 zhuì
字解 ①찧다, 치다. ②가라앉히다. ③짜다, 눌러 짜다. ④달다, 무게를 달다.〔呂氏春秋〕硾之以石. ⑤추, 저울추.

石8 【砮】⑬ 돌살촉 파 歌 bō
字解 ①돌살촉. ②주살에 매는 돌.〔史記〕砮新繳.
【砮盧 파로】돌살촉과 흑궁(黑弓).

石8 【硼】⑬ ❶돌 이름 평 庚 pēng
❷붕사 붕 péng
參考 대법원 지정 인명용 한자의 음은 '붕'이다.
字解 ❶①돌 이름. ②소리가 큰 모양, 북 치는 소리. ¶硼隱. ❷붕사(硼砂), 약석 이름.
【硼礚 평개】①돌이 서로 부딪치는 소리. ②여러 가지 소리가 어울리는 모양.
【硼隱 평은】①북을 치는 소리. ②소리가 우렁차고 큰 모양.
【硼砂 붕사】붕산나트륨의 결정체. 유리·법랑·유약의 원료, 방부제, 약제 등으로 씀.
【硼酸 붕산】무색무취에 광택이 나는 비늘 모양의 결정. 소독약, 방부제 등을 만드는 데 씀.
【硼素 붕소】비금속 원소의 한 가지. 붕사와 붕산의 주성분임.

石8 【碑】⑬ 맷돌 학 藥 nüè
字解 ①맷돌. ②입술이 두꺼운 모양.

石8 【硎】⑬ ❶숫돌 형 靑 xíng
❷구덩이 갱 庚 kēng
字解 ❶①숫돌.〔莊子〕刀刃若新發於硎. ②골짜기 이름.〔孔安國·尙書序·疏〕又密令冬月種瓜於驪山硎谷之中溫處. ❷①구덩이. =阬. ②돌. ③궁문(宮門) 이름.
【硎刀 형도】칼을 갊.
【硎岸 갱안】낭떠러지.

石9 【碱】⑭ 鹼(2114)의 속자

石9 【碑】⑭ 砍(1232)의 속자

石9 【碌】⑭ 礫(1246)과 동자

石9 【碣】⑭ ❶선 돌 게 屑 jié
❷비 갈 月 jié
❸우뚝 선 돌 갈 闼 걸 屑 kě
❹크게 노할 알 黠 yà
參考 대법원 지정 인명용 한자의 음은 '갈'이다.
字解 ❶①선 돌, 우뚝 선 돌. ②산이 우뚝 솟은 모양.〔漢書〕碣以崇山. ❷①비, 둥근 비석.〔後漢書·封神丘兮建隆碣·注〕方者謂之碑, 圓者謂之碣. ②새(鳥)를 형용하는 말.〔郭璞·賦〕往來勃碣. ❸우뚝 선 돌.〔史記〕東巡至碣石. ❹크게 노하다, 크게 노하는 모양.〔漢書〕建碣磍之虡.
【碣磍 알할】①크게 노하는 모양. ②짐승이 노하는 모양.
● 墓—, 勃—, 碑—, 臥—, 刑—, 苔—.

石9 【磠】⑭ 璃(1136)과 동자

石9 【碝】⑭ 숫돌 단 翰 duàn
字解 ①숫돌. ②단단한 돌. =鍛.〔詩經〕取厲取鍛.

石9 【碌】⑭ 떨어질 대·추·출 際 寘 質 zhuì
字解 떨어지다, 떨어뜨리다. ≒墜.

石9 【碈】⑭ 瑃(1136)과 동자

石9 【碧】⑭ 푸를 벽 陌 bì

[丁 于 王 王' 珀 珀 珀 珣 碧 碧]

字源 形聲. 玉+白+石→碧. '白(백)'이 음을 나타낸다.
字解 ①푸른빛, 짙은 푸른빛. ②푸른 옥돌.
【碧溪 벽계】푸른빛이 감도는 시내.
【碧空 벽공】푸른 하늘. 蒼空(창공).
【碧潭 벽담】물이 깊어 푸른빛으로 보이는 소(沼). 짙푸른 소(沼).
【碧落 벽락】푸른 하늘.
【碧蘆 벽로】푸른 갈대.
【碧綠 벽록】짙은 녹색.
【碧流 벽류】푸른 흐름. 시내의 흐름.
【碧鱗 벽린】①푸른 빛깔의 비늘. ②푸른빛의 비늘 모양의 잔물결.
【碧琳侯 벽림후】청동 거울의 딴 이름.
【碧山 벽산】나무가 푸르게 우거진 산. 짙푸른 산. 靑山(청산).
【碧霄 벽소】푸른 하늘. 碧空(벽공).
【碧樹 벽수】①푸른 나무. 상록수. ②벽옥(碧玉) 나무. 寶樹(보수).
【碧潯 벽심】물이 깊어 시퍼런 물가.

【碧眼 벽안】 ①푸른 눈동자. 서양 사람의 눈. ②백인종(白人種).
【碧巖 벽암】 푸른 이끼가 낀 바위.
【碧玉 벽옥】 ①푸르고 아름다운 옥. ②하늘이나 물이 맑고 푸름.
【碧翁翁 벽옹옹】 하늘의 딴 이름.
【碧宇 벽우】 푸른 하늘. 碧空(벽공).
【碧圓 벽원】 연잎 따위의 푸르고 둥근 잎.
【碧淀 벽정】 물이 깊이 괴어 푸른 곳.
【碧沚 벽지】 푸른 물가.
【碧天 벽천】 푸른 하늘. 碧空(벽공).
【碧靑 벽청】 구리에 슨 녹을 원료로 해서 만든 물감.
【碧波 벽파】 푸른 물결. 碧瀾(벽란).
【碧荷 벽하】 푸른 연잎.
【碧漢 벽한】 ①벽공(碧空)과 은하수(銀河水). ②하늘.
【碧海 벽해】 푸른 바다.
【碧血 벽혈】 지극한 정성. 故事 주대(周代)에 장홍(萇弘)이 자기의 충간(忠諫)이 받아들여지지 않음을 한탄하여 자살하였는데, 3년 후에 그 피가 벽옥(碧玉)으로 변했다는 고사에서 온 말.
【碧環 벽환】 푸른 환옥(環玉).
○ 空-, 曠-, 穹-, 藍-, 丹-, 深-, 遙-, 遠-, 淨-, 靑-, 翠-, 虛-, 渾-.

石 9 【碥】 ⑭ 디딤돌 변 跣 biǎn
字解 ①디딤돌. 수레를 탈 때의 디딤돌. ②낭떠러지. 빠른 물실에 언덕이 뛰여서 깎아지는 듯하게 기울어지는 일.

石 9 【碑】 ⑭ 碑(1239)와 동자

石 9 【碩】 ⑭ 클 석 囚 shuò
소전 顧 초서 죠 간체 硕 字解 ①크다. 〔大學〕莫知其苗之碩. ②머리가 크다. ③차다, 그득 차다. ④씩씩하고 아름다운 모양. ⑤단단하다. ≒石.
【碩果不食 석과불식】 큰 과실은 다 먹지 않고 남김. 자기의 욕심을 억제하고 자손에게 복을 끼쳐 줌.
【碩交 석교】 돌처럼 굳은 사귐. 石交(석교).
【碩大 석대】 ①용모가 훤칠하고 덕이 있음. ②몸피가 굵고 큰 모양.
【碩德 석덕】 ①높은 덕. ②덕이 높은 사람. ③(佛)덕이 높은 중.
【碩老 석로】 학문과 덕행이 높은 노인.
【碩望 석망】 높은 명망.
【碩茂 석무】 ①크게 무성함. ②자손이 번창함. ③재덕(才德)이 뛰어난 큰 인물.
【碩師 석사】 대학자. 碩學(석학).
【碩言 석언】 훌륭한 말.
【碩儒 석유】 큰 유학자. 巨儒(거유).
【碩人 석인】 ①훌륭한 인격을 갖춘 사람. ②큰 덕

이 있는 사람. ②미인(美人).
【碩學 석학】 학식이 많은 큰 학자.
【碩劃 석획】 큰 계획. 큰 모책(謀策).
○ 孔-, 耆-, 博-, 肥-, 材-, 豐-.

石 9 【鞢】 ⑭ ❶가죽 다룰 설 屑 shé ❷접시 접 葉 dié
초서 碟 字解 ❶가죽을 다루다. =韘. ❷접시. 〔儒林外史〕兩個小茱碟.
【碟子 접자】 접시.

石 9 【嵒】 ⑭ 험할 암 國 屨 yán
초전 嵒 字解 ①험하다. ㉮바위가 험하다. ㉯인심이 사납다. 〔書經〕用顧畏于民喦. ②어그러지다. 〔書經·民喦·傳〕喦, 僭也. ③바위. =嵓·巖.

石 9 【碝】 ⑭ 옥돌 연 銑 ruǎn
소전 碝 字解 옥돌, 옥 버금가는 돌. =瓀.
【碝碱 연척】 옥 버금가는 돌.

石 9 【碤】 ⑭ 물속 돌 영 庚 yīng
字解 ①물속의 돌. ②무늬가 있는 돌.

石 9 【碨】 ⑭ 돌 고르지 않을 외 賄 隗 wěi
초서 碨 字解 ①돌이 고르지 않은 모양, 돌이 평평하지 않은 모양. ②소리가 터져 나오는 모양. ③돌 모양.

石 9 【磁】 ⑭ 磁(1243)의 속자

石 9 【碇】 ⑭ 돌 정자 정 徑 dìng
字解 ①돌로 지은 정자. ②닻. ※矴(1232)의 속자(俗字).

石 9 【碪】 ⑭ ❶다듬잇돌 침 侵 zhēn ❷산 모양 암 感 ǎn
초서 碪 字解 ❶다듬잇돌. =砧. ❷산의 모양, 산이 우뚝한 모양.

石 9 【碨】 ⑭ 砣(1234)와 동자

石 9 【碭】 ⑭ 무늬 있는 돌 탕 漾 陽 dàng
소전 碭 초서 砀 간체 砀 字解 ①무늬 있는 돌. ②지나치다, 지나가다. 〔揚雄·賦〕回猋肆其砀骇兮. ③크다. ≒宕. 〔淮南子〕玄元至砀而運照. ④찌르다, 부딪다. 〔馬融·賦〕耾砀駭以奮肆. ⑤넘치다. 〔莊

子〕呑舟之魚, 碭而失水, 則蟻能苦之. ⑥흰 기체의 모양, 맑은 대기(大氣). 〔漢書〕西顥沆 碭, 秋氣蕭殺.
【碭突 탕돌】맞부딪침. 충돌함.

石9 【碬】⑭ 숫돌 하 圝 xiá
소전 초서 字解 ①숫돌. ②울퉁불퉁함.

石10 【磕】⑮ ❶돌 부딪는 소리 개 圝 kē ❷부술 갈 圝 kē
소전 초서 字解 ①돌 부딪는 소리. ②북소리. 부수다, 깨뜨리다. ②깨어지는 소리. ③돌 이름.
【磕磕 개개】①물소리. ②구리로 만든 잔〔銅盞〕이 맞부딪치는 소리.
【磕損 개손】부딪쳐서 다치게 함.
【磕睡 개수】꾸벅꾸벅 앉아서 졺.
【磕匝 개잡】사방을 둘러싼 모양.

石10 【碊】⑮ 谿(1708)와 동자

石10 【碀】⑮ ❶벽돌 우물 벽 구 圝 gòu ❷단단할 구 圝 gòu
字解 ①❶벽돌로 쌓은 우물의 벽. ②생매장(生埋葬). 옛날 사형(死刑)의 한 가지. 살아 있는 죄인을 구덩이에 넣고 그 위에 자갈을 채워서 묻어 죽이던 형벌. ③디딤돌. ④돌을 던지다. ②단단하다.

石10 【碚】⑮ 돌 떨어지는 소리 굉·횡 圝 hóng
字解 돌 떨어지는 소리.

石10 【碾】⑮ 맷돌 년 圝𥖧 niǎn
초서 字解 ①맷돌. ②맷돌에 갈다, 맷돌 질하다. ③돌절구. ④수차(水車)의 힘으로 갈다. ⑤현롤러.
【碾車 연거】목화의 씨를 빼는 기구. 씨아.
【碾磑 연애】맷돌.
【碾子 연자】①현롤러(roller). ②연자방아.
❶茶一. 石一. 藥一.

石10 【磄】⑮ 괴석 당 圝 táng
字解 ①괴석(怪石) 이름. ②돌 이름.

石10 【礚】⑮ ❶돌 서로 부딪는 소리 락 圝 luò ❷석기 로 圝 láo
字解 ①❶돌이 서로 부딪는 소리. ②물이 돌에 부딪쳐 어지러운 모양. ②석기(石器).

石10 【磏】⑮ 거친 숫돌 렴 圝 lián

소전 초서 동자 字解 ①거친 숫돌. ②모난 돌. ③애쓰다, 고심하여 구하다. 〔韓詩外傳〕仁道有四, 磏爲下. ④청렴하다. =廉.
【磏勇 염용】결백하고 용감함.
【磏仁 염인】각고(刻苦)하여 인(仁)을 구함.

石10 【磊】⑮ 돌무더기 뢰 圝 lěi
소전 초서 동자 字源 會意. '石'자 셋을 포개어 많은 돌을 나타냈다.
字解 ①돌무더기, 돌이 쌓인 모양. 〔楚辭〕石磊磊兮葛蔓蔓. ②큰 돌의 모양. 〔木華·賦〕磊䃟而相瓪.
【磊塊 뇌괴】①돌덩이. ②마음이 편하지 않음.
【磊砢 뇌라】①돌이 쌓인 모양. ②물건이 쌓인 모양. ③장대(壯大)한 모양. 높이 솟은 모양. ④성품과 용모가 뛰어난 사람. ⑤나무에 마디가 많은 모양.
【磊硌 뇌락】①바위의 모양. ②장대한 모양.
【磊落 뇌락】①도량이 넓어 작은 일에 구애하지 않는 모양. ②많은 과실이 주렁주렁 열린 모양. ③높이 쌓인 모양. ④용모가 준수한 모양. ⑤높고 큰 모양. ⑥구르는 모양. ⑦큰 소리가 사방에 들리는 모양. ⑧많은 것이 뒤섞이는 모양.
【磊磊 뇌뢰】①많은 돌이 쌓여 있는 모양. ②도량이 넓어 작은 일에 구애하지 않는 모양. ③구르는 모양.
【磊嵬 뇌외】높고 큰 모양.

石10 【碼】⑮ 마노 마 圝 mǎ
초서 간체 字解 ①마노(碼碯). =瑪. ②㉮나루터, 부두(埠頭). ㉯야드(yard). 야드파운드법에 의한 영국의 길이 단위. 1야드는 약 91.44cm. ㉰장부를 적는 데 쓰는 숫자. ㉱셈하다. ㉲면사(綿絲)의 굵기를 나타내는 단위.
【碼瑙 마노】석영(石英)·단백석(蛋白石)·옥수(玉髓)의 혼합물. 세공·조각 재료 등으로 씀.
【碼頭 마두】나루터. 부두.

石10 【磐】⑮ 너럭바위 반 圝 pán
초서 字解 ①너럭바위, 반석. ≒盤. 〔易經〕鴻漸于磐. ②뒤얽히다. 〔易經〕山中石磐紆, 故稱磐也. ③머뭇거리다, 떠나지 않다. 〔後漢書〕久磐京邑. ④이어지다, 결탁하다. ¶磐牙. ⑤광대한 모양. ¶磐礴.
【磐礴 반박】광대한 모양.
【磐石 반석】①넓고 평평한 큰 돌. ②믿음직하고 든든함.
【磐牙 반아】서로 맺어 한통속이 됨.
【磐峙 반치】우뚝 솟음.
【磐桓 반환】①앞으로 나아가지 않는 모양. ②머뭇거려 맴도는 모양. 盤桓(반환).

石部 10획 磅磑磏磌磍碼磈磌磁磌磋磔

磅
⑮ 돌 떨어지는 소리 **방·팽** 陽庚 pāng

[参考] 대법원 지정 인명용 한자의 음은 '방'이다.

[字解] ❶돌이 떨어지는 소리.〔司馬相如·賦〕硠磅訇礚. ❷가득 차서 막히는 모양. ❸파운드. ㉮야드파운드법에 의한 영국의 무게 단위. 1파운드는 약 0.4536kg. ㉯영국의 화폐 단위.

【磅礚 방개】천둥소리.
【磅硠 방랑】북소리.
【磅礴 방박】①뒤섞여서 하나로 함. 혼합(混合)함. ②가득 참. 旁礴(방박).

磑
⑮ 砒(1233)와 동자

磏
⑮ 주춧돌 **상** 養 sǎng

[字解] 주춧돌, 초석(礎石).

磌
⑮ 조약돌 **쇄** 罰 suǒ
[字解] 조약돌.

磍
⑮ 돌 위태한 모양 **악** 藥 è
[字解] 돌이 위태한 모양, 돌이 떨어질 듯한 모양.

磑
⑮ ❶맷돌 **애** 隊 wèi
❷쌓을 **외** 灰 ái
❸단단할 **애** 灰 ái
❹갈 **마** 箇 wèi
❺들어맞을 **개** 隊 gài

[字解] ❶맷돌. ❷①쌓다, 높이 쌓다.〔漢書〕磑磑卽卽. ②맷돌. ❸①단단하다, 돌이 단단한 모양. ②맷돌. ❸사물의 모양. ㉮높은 모양.〔宋玉·賦〕㠑陳磑磑. ㉯흰 모양. ¶磑磑. ❹갈다, 문지르다.〔太玄經〕陰陽相磑, 物咸彫離. ❺들어맞다, 가깝다.
【磑茶 애다】차를 맷돌로 갊.
【磑磨 애마】①맷돌로 갊. ②맷돌.
【磑磑 ❶외외 ❷애애】❶①높이 쌓인 모양. ❷①견고한 모양. ②날카로운 모양. ③높은 모양. ④흰색의 모양.
◐ 茶一, 石一, 碾一.

碼
⑮ 작은 방죽 **오** 虞麌 wù
[字解] ①작은 방죽. ②낮은 성. ③산 후미, 산의 후미진 곳. ④산언덕. =塢.

磈
⑮ ❶높고 험한 모양 **외** 尾 wěi
❷돌 많은 모양 **외** 賄 wěi
[字解] ❶①높고 험한 모양.〔史記〕崴磈崴瘣. ②돌의 모양. ❷돌이 많은 모양, 돌이 산에 있는 모양.
【磈磊 외뢰】①평평하지 않은 모양. 울퉁불퉁한 모양. ②마음속에 불평이 많은 모양.

磌
⑮ 떨어질 **운** 軫 yǔn
[字解] 떨어지다. =隕.〔列子〕王若磌虛焉.

磍
⑮ 소리 **은** 吻 yǐn
[字解] 소리, 우레와 같은 큰 소리. =殷.〔何晏·賦〕聲訇磍其若震.

磁
⑮ 자석 **자** 支 cí
[字解] ①자석.〔曹植·詩〕磁石引鐵於今不連. ②사기그릇. ※瓷(1147)의 속자(俗字).
【磁極 자극】자석의 양쪽 끝 부분.
【磁氣 자기】자석이 철을 끌어당기는 작용.
【磁器 자기】사기그릇. ◐하남성(河南省) 자주(磁州)에서 많이 생산된 데서 온 말.
【磁力 자력】밀치고 당기는 자석의 힘.
【磁石 자석】쇠를 끌어당기는 성질을 가진 물체.
【磁針 자침】자석으로 된 바늘. 나침반의 바늘. 指南針(지남침).

磌
⑮ 돌 떨어지는 소리 **전·진** 先眞 tián
[字解] ①돌이 떨어지는 소리.〔春秋公羊傳〕實石記聞, 聞其磌然. ②울림, 소리.〔春秋公羊傳〕聞其磌然. ③주춧돌. ④누르다, 진압(鎭壓)하다.

磌
⑮ 磌(1243)의 속자

磋
⑮ 갈 **차** 歌 cuō
[字解] 갈다, 상아(象牙)를 갈다. ≒瑳.〔詩經〕如切如磋.
【磋磨 차롱】갊.
◐ 相一, 切一, 切一琢磨.

磔
⑮ 찢을 **책** 陌 zhé
[字解] ①찢다, 가르다. ②시체(屍體)를 기시(棄市)하는 형벌.〔漢書〕改磔曰棄市. ③지체(肢體)를 찢어 죽이는 형벌.〔荀子〕伍子胥不磔姑蘇東門外乎. ④희생을 잡아 신에게 제사 지내다.〔禮記〕磔攘以畢春氣. ⑤물건의 소리. ¶磔磔. ⑥서법(書法)의 하나, 파임.
【磔磔 책책】①물건의 소리. ②새소리. 새가 날개 치는 소리.
【磔刑 책형】①기둥에 묶어 놓고 찔러 죽이는

石部 10~11획 磓 殼 硾 礍 確 碻 硜 磬 硜 礌 磟 磨

형벌. ②사지를 수레에 매어 찢어 죽이는 형벌.
❶ 僵―, 車―, 剮―, 分―, 離―, 轘―.

石10【磓】⑮ ❶돌무더기 퇴 灰 duī
❷부딪칠 추 寘 zhuì
字解 ❶①돌무더기, 쌓여 있는 돌. ②돌을 던지다. ❷부딪치다. =硾.

石10【殼】⑮ 确(1238)과 동자

石10【硾】⑮ ❶성 불끈 낼 알 黠 yà
❷땅 가파를 알 黠 yà
字解 ❶①성을 불끈 내다.〔漢書〕建硾硾之廣. ②벗기다, 가죽을 벗기다. ❷땅이 가파르다.

石10【礍】⑮ 자갈밭 핵 陌 hé
字解 자갈밭, 토박(土薄)하다.

石10【確】⑮ 굳을 확 ㊍각 覺 què

字源 形聲. 石+隺→確.'隺(각)'이 음을 나타낸다.
字解 ①굳다. =碻. 確乎能其事.〔莊子〕確乎能其事. ②강하다, 굳세다.〔易經〕夫乾確然, 示人易矣. ③확실하다.〔新唐書〕數充校考使, 升退詳確.
【確據 확거】확실한 증거. 確證(확증).
【確固 확고】확실하고 단단함.
【確答 확답】확실한 대답.
【確論 확론】확실한 의론. 명확한 언론.
【確立 확립】굳게 섬. 굳게 세움.
【確聞 확문】틀림없이 들음. 확실한 소문.
【確保 확보】①확실히 보증함. ②확실히 보전함. 확실히 지님.
【確信 확신】①굳게 믿음. ②굳은 신념.
【確實 확실】틀림없이 그러함.
【確言 확언】①확실히 말하기, 틀림없는 말. ②경계(警戒)의 말.
【確定 확정】확실하게 정함.
【確證 확증】확실히 증명함. 확실한 증거.
【確志 확지】확고한 의지.
【確執 확집】①자기의 의견을 굳게 지켜 양보하지 않음. ②불화(不和)함. 다툼.
【確乎 확호】확실한 모양. 確然(확연).
【確乎不動 확호부동】튼튼하여 흔들리지 않음. 確固不動(확고부동).
❶ 堅―, 明―, 詳―, 的―, 正―, 精―.

石10【碻】⑮ ❶굳을 확 ㊍각 覺 què
❷땅 이름 교 肴 qiāo
叅考 대법원 지정 인명용 한자음은 '확'이다.
字解 ❶①굳다. =確. ②채찍. ❷땅 이름. ¶ 碻磝.

【碻磝 교오】①산동성(山東省) 동아현(東阿縣) 남쪽에 있는 산. ②산동성 장평현(莊平縣) 서남쪽에 있는 성(城).

石10【硞】⑮ ❶활석 활 黠 huá
❷그릇 만드는 돌 갈 曷 kě
字解 ❶활석(硞石), 약 이름. ≒滑. ❷그릇을 만드는 돌.

石11【磬】⑯ ❶경쇠 경 徑 qìng
❷경돌 치는 소리 경 徑 qìng

字解 ❶경쇠. 옥이나 돌로 만든 악기.〔論語〕子擊磬於衞. ②비다, 다하다. ≒罄.〔淮南子〕磬龜無腹. ③말을 달리다.〔詩經〕抑磬控忌. ④허리를 굽혀 절하다.〔史記〕磬筆磬折. ⑤목매어 죽다.〔禮記〕磬於甸人. ❷경돌을 치는 소리.

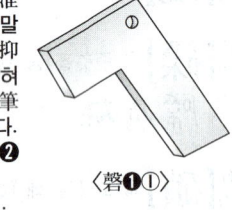
〈磬❶①〉

【磬簴 경거】경쇠걸이.
【磬石 경석】경쇠를 만드는 돌. 경돌.
【磬折 경절】①경쇠 모양으로 구부러짐. ②경쇠 모양으로 허리를 굽혀 절함. 공경하는 모양.
【磬鐘 경종】①편경(編磬)과 편종(編鐘). ②편경과 편종의 소리.
❶ 擊―, 掉―, 梵―, 浮―, 石―, 玉―, 遠―, 離―, 鐘―, 清―, 特―, 編―.

石11【硜】⑯ 硜(1237)과 동자

石11【礌】⑯ ❶갈 뢰 灰 léi
❷부딪칠 뢰 灰 léi
❸돌 많을 뢰 灰 léi
字解 ❶갈다, 문지르다. ❷부딪치다, 찌르다. ❸①돌이 많다. ¶ 礌砢. ②씩씩하고 큰 모양. =磊.
【礌砢 뢰라】나무에 옹이가 많은 모양.

石11【磟】⑯ 농구 이름 륙·록 屋 liù, lù
字解 농구 이름. 밭을 고르는 데 쓰는, 돌로 만든 롤러.
【磟碡 육독】밭의 흙을 평평하게 고르기 위해 사용하는 농기구의 한 가지.

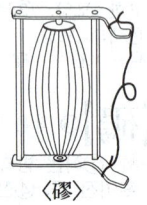
〈磟〉

石11【磨】⑯ ❶갈 마 歌 mó
❷연자방아 마 箇 mò

石部 11획 磨磬磩磧碻磚磝磣礹礈磏碙磉礳礴 1245

【磨】【麿】【麿】【摩】 字源 形聲. 麻+石→磨. '麻(마)'가 음을 나타낸다.
字解 ❶①갈다, 돌을 갈아 광을 내다.〔詩經〕如琢如磨. ②숫돌에 갈다. ③문지르다, 마찰하다. 늑摩.〔論語〕不曰堅乎, 磨而不磷. ④닳다, 닳아 없어지다.〔後漢書〕百世不磨矣. ⑤곤란을 당하다, 재앙. ¶ 磨劫. ❷ ①연자방아. ②연자방아로 찧다.

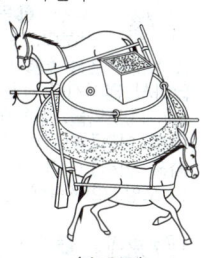
〈磨❷①〉

【磨勘 마감】①㉠송대(宋代)에 관리의 성적을 고사하던 제도. ㉡사람을 파견하여 향회시(鄕會試)의 답안을 재심사하던 일. ②연구함. 탐구(探究)함.
【磨劫 마겁】 재앙.
【磨刮 마괄】 갈고 문지름.
【磨礪 마려】 쇠나 돌 따위를 갊. 연마함. '礪'는 숫돌을 뜻함.
【磨滅 마멸】 갈려서 닳아 없어짐.
【磨耗 마모】 마찰 부분이 닳아서 없어짐.
【磨砂 마사】 ①맷돌. ②돌로 된 물건을 갊.
【磨淬 마쉬】 칼을 갈기도 하고 불려 물에 담그기도 함.
【磨崖 마애】 석벽(石壁)에 글자나 그림을 새김.
【磨硏 미연】 갊. 硏磨(연마).
【磨刻 마엄】 갈아 날카롭게 함.
【磨折 마절】 닳고 꺾임. ㉠괴로움. ㉡불운.
【磨琢 마탁】 갊. 琢磨(탁마).
● 空-, 刮-, 白-, 水-, 鍊-, 切-, 砥-, 琢-.

石11【磨】⑯ 磨(1244)와 동자

石11【磬】⑯ 검은 돌 예 霽 yī
字解 검은 돌, 굳고 아름다운 돌.

石11【磝】⑯ ❶성 이름 오 豪 áo ❷단단할 교 肴 qiāo ❸돌 많은 산 오 肴 áo
字解 ❶성(城) 이름. ¶ 咬磝. ❷단단하다, 단단한 돌. =磽. ❸돌이 많은 산, 자갈땅.
【磝磝 오오】①돌이 많은 산의 모양. ②산이 높은 모양.

石11【磧】⑯ 서덜 적 陌 qì
字解 ①서덜, 냇가나 강가의 돌이 많은 곳. ②물속에 모래가 쌓여서 된 섬, 삼각주. ③여울. ④사막.〔杜甫·詩〕今君渡沙磧.
【磧歷 적력】①얕은 물속에 있는 모래와 자갈. ②길이 평탄하지 않은 모양.
【磧礫 적력】 물가에 있는 자갈.
【磧沙 적사】 물가에 있는 모래.
❶ 廣-, 大-, 白-, 沙-, 石-, 淺-, 灘-.

石11【碻】⑯ 矻(1232)와 동자

石11【磚】⑯ 甎(1148)의 속자

石11【磩】⑯ 자갈땅 족·삭 屋 麂 cù, zú
字解 ①자갈땅, 자갈땅이 고르지 않은 모양. ②사석(沙石)이 많다. ③돌살촉. 늑鏃.〔李賀·詩〕雀步蹙沙聲促促, 四尺角弓青石磩.

石11【磣】⑯ 모래 섞일 참·참 寢 敢 chěn
간체 磣 字解 ①모래가 섞이다, 음식 따위에 모래가 섞이다. ②모래.

石11【礹】⑯ ❶산 험할 참 咸 chán ❷높고 험할 참 咸 chán
소전 礹 硶 字解 ❶산이 험하다, 산이 험한 모양. ❷높고 험하다. =嶄.
【礹礫 참엄】 산에 있는 돌의 모양. 산에 돌이 많은 모양.

石11【硶】⑯ 礹(1245)과 동자

石11【磢】⑯ 닦을 창 養 chuǎng
字解 닦다. 기와 가루나 돌가루로 물건을 닦아 광을 내다.〔郭璞·賦〕奔流之所磢錯.

石11【碱】⑯ ❶옥돌 척 錫 qì ❷주춧돌 축 屋 zhú
초서 磩 字解 ❶옥돌.〔班固·賦〕硬碱采緻. ❷주춧돌.

石11【礳】⑯ 砌(1233)와 동자

石11【崔】⑯ ❶산 높고 험할 모양 최 灰 cuī ❷실이 굵은 모양 최 灰 cuī
초서 礳 字解 ❶산이 높고 험한 모양. =崔. ❷실이 굵은 모양.
【礳嵬 최외】 산이 높고 험한 모양.

石11【磞】⑯ 돌 칠 팽·평 庚 pēng
字解 ①돌을 치다. ②물건의 소리, 큰 소리.

【硼死 팽사】세게 부딪쳐서 인사불성이 됨.

石11 【䃐】 ⑯ 산봉우리 우뚝한 모양 표 㕻 biāo
字解 산봉우리가 우뚝한 모양.

石12 【磵】 ⑰ 澗(1034)과 통자

石12 【磲】 ⑰ 옥돌 거 㔿 qú
초서 磲 동자 砗 字解 ①옥돌, 거거(硨磲). ②귀고리. =璩.

石12 【磽】 ⑰ 메마른 땅 교 㕘 㔿 qiāo
소전 磽 초서 磽 간자 硗 字解 ①메마른 땅, 돌이 많은 땅.〔孟子〕地有肥磽. ②단단하다. ③나쁘다.〔後漢書〕今年尙可, 後年磽.
【磽薄 교박】메마른 땅. 척박한 땅.
【磽确 교학】①돌이 많고 메마른 땅. ②군음. 단단함.

石12 【磤】 ⑰ 산 높고 험할 금 qīn
字解 ①산이 높고 험하다, 산이 우뚝 솟은 모양. =嶔. ②돌 이름.

石12 【磯】 ⑰ 물가 기 㕘 jī
소전 磯 초서 磯 간자 矶 字解 ①물가, 강가의 자갈밭. ②물결이 바위에 부딪치다, 격(激)하게 하다.〔孟子〕親之過小而怨, 是不可磯也. ③문지르다.

石12 【磴】 ⑰ 돌 비탈길 등 㔿 dèng
초서 磴 字解 ①돌 비탈길.〔水經·河水·注〕羊腸坂在晉陽西北, 石磴縈委, 若羊腸焉. ②돌다리, 돌 무지개다리.〔孫綽·賦〕跨穹隆之懸磴. ③개울물이 붇다. ④늘다, 붇다.〔郭璞·賦〕磴之以瀿瀷.
【磴道 등도】돌로 계단을 쌓아 만든 길.
【磴棧 등잔】돌다리. 돌로 된 잔교(棧橋).
❶蘿ー, 複ー, 石ー, 蘇ー, 巖ー, 苔ー, 滑ー.

石12 【磿】 ⑰ 돌의 작은 소리 력 㔿 lì
소전 磿 초서 厤 㕘 磨(1245)는 딴 자. 字解 ①돌의 작은 소리, 조약돌이 때각거리는 소리. ②관(棺) 줄 잡는 사람의 이름을 적는 장부.

石12 【礐】 ⑰ 돌 떨어지는 소리 룡 㕘 lóng
字解 돌이 떨어지는 소리.

石12 【磷】 ⑰ ❶돌 틈으로 물 흐를 린 㔿 lín ❷험할 령 㕘 líng ❸엷은 돌 린 㕘 lìn
초서 磷 字解 ❶①돌 틈으로 물이 흐르다. ②험하다, 험한 모양.〔司馬相如·賦〕徑入雷室之砰磷鬱律兮. ❸①엷은 돌. ②돌 닳아서 엷어지다.〔論語〕磨而不磷. ③운모(雲母). ④조약돌. ⑤옥석이 빛나는 모양. ❶磷磷.
【磷堅 인견】단단한 것을 갈아서 얇게 함.
【磷磷 인린】①옥석(玉石)의 광택이 번쩍 빛나는 모양. ②물속에 돌이 드러난 모양.

石12 【磻】 ⑰ ❶강 이름 반 㕘 pán ❷주살 돌 추 파 㕘 bō
초서 磻 초서 磻 參考 대법원 지정 인명용 한자의 음은 '반·번'이다. '번'음은 속음화된 것이다. 字解 ❶①강 이름. ❶磻溪. ❷①주살의 돌 추, 주살에 매다는 돌. =碆. ②실에 돌을 달다.〔張衡·賦〕磻不特絓.
【磻溪 반계】섬서성(陝西省)의 동남쪽으로 흘러 위수(渭水)로 흘러드는 강. 강태공(姜太公)이 낚시질을 하였다고 함.

石12 【磶】 ⑰ 주춧돌 석 xì
초서 磶 속자 礫 字解 주춧돌.〔張衡·賦〕雕楹玉磶, 繡栭雲楣.

石12 【磼】 ⑰ ❶산 높을 잡 㕘 zá ❷물건 깨뜨리는 소리 섭 㕘 shé
초서 磼 字解 ❶산이 높다, 산이 우뚝 솟은 모양.〔史記〕嵯峨磼礏, 刻削崢嶸. ❷물건을 깨뜨리는 소리.

石12 【磹】 ⑰ 돌쐐기 점·담 㕘 diàn
字解 ①돌쐐기. ②번개.

石12 【磾】 ⑰ 검은 돌 제 ㊁저 㔿 dī
초서 磾 字解 검은 돌, 비단을 물들이는 데 쓰는 검은 돌.

石12 【礁】 ⑰ 물에 잠긴 바위 초 㕘 jiāo
초서 礁 字解 물에 잠긴 바위, 암초(暗礁). =蘸.

石12 【磺】 ⑰ ❶유황 황 㔿 huáng ❷쇳돌 광 㔿 kuàng
소전 磺 초서 磺 字解 ❶유황(硫黃). 비금속 원소의 한 가지. ❷①쇳돌, 광석. =鑛·礦. ②강하다.

石12 【磪】 ⑰ 헐 훼 㕘 huī

石部 13～14획　礣 礥 磬 磈 磼 礴 磹 礠 礚 礦 礧 礔 礌 礣 礯

【礣】⑱ 헐다, 무너뜨리다. ＝毁.

【礥】⑱ 돌함 감 gǎn
字解 ①돌함. ②돌로 덮다, 개석(蓋石).

【礓】⑱ 자갈 강 jiāng
字解 자갈.

【磬】⑱ 굳을 격 kè, huò
字解 ①굳다, 단단하다. ②채찍 소리.

【磈】⑱ 산 모양 괴·외·뢰 wěi
字解 ①산의 모양. ＝嵬. ②돌이 많은 모양. ③돌무더기, 산에 돌이 많이 쌓인 모양.〔左思·賦〕磝磝磈磥.

【磼】⑱ 산 우뚝 솟을 급 yè
字解 산이 우뚝 솟다, 산이 높은 모양.〔史記〕嵯峨磼礏, 刻削崢嶸.

【礴】⑱ 석담 담 dǎn
字解 석담(石礐), 약석(藥石) 이름.

【磹】⑱ 밑바닥 당 dàng
字解 밑바닥.

【礠】⑱ 礠(1242)과 동자

【礧】⑱ ❶돌 굴려 내릴 뢰 lèi ❷돌무더기 뢰 léi
字解 ❶돌을 굴려 내리다. ＝礌. ❷돌무더기. ＝磊.
【礧礧落落 뇌뢰락락】마음이 고명(高明) 정대(正大)한 모양.

【礔】⑱ 벼락 벽 pī
字解 벼락, 우레. ＝霹.

【礌】⑱ 검은 숫돌 숙 sù
字解 검은 숫돌.〔山海經〕京山有玄礌.

【礣】⑱ 돌 모양 의 yǐ
字解 돌 모양.〔楚辭〕嶔岑碕礒兮.

【礎】⑱ 주춧돌 초 chǔ
字解 주춧돌.〔淮南子〕山雲蒸柱礎潤.
【礎石 초석】①주춧돌. ②어떤 사물의 기초.
【礎業 초업】근본이 되는 사업.
【礎潤而雨 초윤이우】주춧돌이 축축해지면 비가 올 것을 앎. ㉠원인이 있으면 결과가 있음. ㉡사물이 일어남에는 조짐이 있음.
○階－, 基－, 斷－, 方－, 石－, 柱－.

【礉】⑱ ❶핵실할 핵 hé ❷돌 평평하지 않을 교 qiāo ❸단단한 돌 교 qiāo
字解 ❶①핵실하다, 사실을 조사하여 밝히다. ＝覈. ②엄하다, 각박하다, 모질다.〔史記〕引繩墨, 切事情, 明是非, 其極慘礉少恩. ❷돌이 평평하지 않다. ❸단단한 돌. ≒磽.

【礐】⑱ ❶돌 소리 확 què ❷돌 부딪는 소리 력 què
字解 ❶①돌 소리. ②산에 큰 돌이 많다. ❷돌에 부딪는 소리, 돌에 물이 부딪는 소리.〔郭璞·賦〕幽澗積岨, 礐硞礚碻.
【礐堅 확견】굳음, 단단함.

【礛】⑲ 숫돌 감·람 jiān
字解 숫돌, 고운 숫돌, 옥을 가는 숫돌.
【礛䃴 감제】고운 숫돌.

【礚】⑲ 돌 부딪는 소리 개 kē
字解 ①돌이 부딪는 소리. ＝磕.〔司馬相如·賦〕礧石相擊, 硠硠礚礚. ②많은 마차 소리. ③돌에 물이 부딪는 소리. ¶礚礚.
【礚礚 개개】①수석(水石)이 맞부딪치는 소리. ②밀려서 들리는 물소리.

【礥】⑲ 돌 부수는 소리 빈 pīn
字解 돌 부수는 소리.

【礙】⑲ ❶거리낄 애 ài ❷푸른 돌 의 yí
字解 ❶①거리끼다, 방해하다.〔列子〕孰能礙之. ②가로막다, 저지하다. ③한정하다.〔法言〕

石部 14〜16획   碾 礜 礆 礦 礪 礫 礩 礧 礌 礠 礬 礢 礣 礥 礦 礧

聖人之治天下也, 礙諸治禮樂. ❹걸다〔掛〕. 〔淮南子〕洞同覆載, 而無所礙. ❷푸른 돌.
【礙眼 애안】①눈에 거슬림. ②눈에 거슬리는 물건.
【礙人耳目 애인이목】남의 이목을 꺼림.
【礙子 애자】전선을 지지하기 위하여 사용하는 절연물.
【礙竄 애찬】막아서 들어오지 못하게 함.
【礙滯 애체】걸리어 막힘.
❶拘—, 無—, 障—, 阻—, 窒—, 滯—, 避—.

石14【碘】⑲ 사람 이름 여
字解 사람 이름.

石14【礜】⑲ 독 있는 돌 여 御魚   yù
소전 礜 초서 礜 字解 독이 있는 돌, 비소(砒素)가 섞인 돌. 〔山海經〕皐塗之山, 有白石焉, 其名曰礜, 可以毒鼠.

石14【礆】⑲ 礆(1249)와 동자

石15【礦】⑳ 쇳돌 광 梗   kuǎng
동자 鑛 동자 礦 간체 矿 字解 쇳돌.

石15【礪】⑳ 거친 숫돌 려 紙   lì
소전 礪 초서 礪 간체 砺 字解 ❶거친 숫돌. 〔荀子〕金就礪則利. ❷숫돌에 갈다. 〔書經〕礪乃鋒刃.
【礪石 여석】숫돌.
【礪砥 여지】①숫돌. ②갈고닦음.
【礪行 여행】행실을 닦음.

石15【礫】⑳ ❶조약돌 력 錫   lì ❷뛰어날 락 藥   luò
소전 礫 초서 礫 간체 砾 参考 대법원 지정 인명용 한자의 음은 '력'이다.
字解 ❶조약돌. ❷밝은 모양. 〔張衡·賦〕顏之礫以遺光. ❸단약(丹藥), 단사(丹砂). 〔郭璞·賦〕其下則金礦丹礫. ❷뛰어나다. 〔論衡〕卓礫時見.
【礫石 역석】자갈. 조약돌.
【礫巖 역암】자갈이 진흙이나 모래 등과 함께 굳어져서 된 바위.
❶潤—, 丹—, 飛—, 沙—, 石—, 磧—, 黃—.

石15【礌】⑳ ❶바위 뢰 灰   léi ❷부딪칠 루 紙   léi ❸돌 굴려 떨어뜨릴 뢰 隊   léi
초서 礌 동자 磊 字解 ❶바위의 모양. ❷부딪다, 돌이 서로 부딪치다.

〔郭璞·賦〕駭崩浪而相礌. ❸❶돌을 굴려 떨어 뜨리다. ②포개지다.
【礌礌 뇌뢰】돌이 큰 모양.

石15【礧】⑳ 작은 구멍 뢰 賄   lěi
초서 礧 字解 ❶작은 구멍, 개미집. ②돌을 굴려 떨어뜨리다. =礌.
【礧空 뇌공】①작은 구멍. ②개밋둑.

石15【礧】⑳ 磊(1242)와 동자

石15【礳】⑳ ❶자갈 말 曷   mà ❷단단한 돌 멸 屑   mà
字解 ❶자갈. ❷단단한 돌.

石15【礬】⑳ 명반 반 本번 元   fán
초서 礬 간체 矾 字解 명반(明礬). 유황을 함유한 광물의 한 가지.
【礬紅 반홍】國도자기에 쓰는 붉은 채색.
❶綠—, 明—, 白—, 石—.

石15【礦】⑳ 礦(1246)의 속자

石15【礍】⑳ 矴(1232)과 동자

石15【礩】⑳ 주춧돌 질·지 質   zhì
소전 礩 초서 礩 字解 ❶주춧돌. ❷맷돌. ❸막다, 막히다. =窒. 〔周書〕有宿礙礩滯者.

石15【礤】⑳ 문지를 찰 圈   cǎ
字解 ❶문지르다. =搽. ❷다듬지 않은 돌.

石15【礥】⑳ ❶어려울 혼 眞   xián ❷굳셀 현 匹   xín
字解 ❶❶어렵다, 물건이 나기 힘들다. ❷채찍, 채찍질하다. ❷❶굳세다, 강강(剛強)하다. ❷어렵다. 〔太玄經〕陽氣微動, 動而礥礥, 物生之難也.

石16【礰】㉑ 돌 소리 력 錫   lì
字解 ①돌 소리. =歷. ②벼락. =靂. ③돌 이름. ④농기구 이름, 써레. 〔陸龜蒙·耒耜經〕爬而後有礰礋焉有齒, 以木爲之.
【礰礋 역택】농기구의 한 가지. 써레.

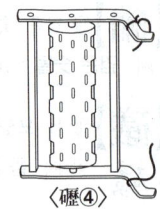
〈礰④〉

石部 16~21획 礱礲磲磴磽磻礇磹礈礋 示部 0~2획 示礼祀礼祟礽

石部 16획

礱㉑ 갈 롱 東 lóng

礱 礲 礲 㟧 ①돌에 갈다.〔春秋穀梁傳〕斷之礱之. ②벼를 찧다. ③숫돌. ④맷돌.
【礱穀 농곡】곡식의 껍질을 벗김.
【礱厲 농려】①숫돌. ②갈고 닦음.
【礱礪 농려】☞礱厲(농려).
【礱磨 농마】①갊. ②맷돌.
【礱石 농석】묘비(墓碑).
【礱斲 농착】갈고 깎음. 쪼개어 갊.
○磨―, 磋―, 斲―.

礲㉑ 礱(1249)과 동자

磲㉑ 숫돌 제 魚 zhū
숫돌, 거친 숫돌. ¶磲磲.

磴㉑ 돌 쇠뇌 포 肴 pào
①돌 쇠뇌. =砲. 돌을 쏘는 기구. ②던지다. ≒抛.

磽㉑ 회초리 확 覺 què
①회초리, 매. ②확실하다. ≒確.

磻㉑ 礕(1247)과 동자

石部 17획

礇㉒ 뒤섞일 박 藥 bó
①뒤섞이다.〔莊子〕將旁礇萬物以爲一. ②널리 덮다, 가득 차다.〔太玄經〕昆侖, 旁礇, 幽, 昆侖, 天之氣, 旁礇, 地之形, 幽, 人之心也, 人心幽微, 具天妙用. ③다리를 뻗고 앉다.〔莊子〕解衣般礇.〔釋文〕般礇, 謂箕坐也.

礈㉒ ❶번개 섬 琰 xiàn
❷쇄기 침 侵 jīn
①번개, 전광(電光). ❷쇄기. =楔.
【礈礘 섬점】번개. 번갯불.

石部 19획

礋㉔ 磨(1244)의 본자

石部 20획

礋㉕ 돌산 암·엄 咸 琰 yán
①돌산. ②산에 돌이 많은 모양.

石部 21획

礌㉖ 壩(369)와 동자

示部

5획 부수 | 보일시부

示⑤ ❶보일 시 寘 shì
❷지신 기 支 qí

一 二 テ 示 示

초서 示 참고 ①'示·礻'는 한자의 구성에서 보일시 변을 속(俗)으로 쓰는 자체(字體)이다. ②대법원 지정 인명용 한자의 음은 '시'이다.
字源 指事. 二+小→示. 고문에서 '二'는 '上'으로 하늘을 가리키고, '小'는 '日·月·星'의 셋을 가리킨다. 곧, 하늘에서 日·月·星이 온갖 현상을 보이어 인간에게 길흉을 보여 알리는 것을 뜻한다.
字解 ❶①보이다.〔禮記〕國奢則示之以儉. ②가르치다.〔張衡·賦〕示戮斬牲. ③알리다.〔戰國策〕武王示之病. ④보다. ≒視. ❷①지신 (地神). =祇.〔周禮〕掌天神人鬼地示之禮. ②성(姓).
【示教 시교】①본을 보여 가르침. 示訓(시훈). ②선배한테서 듣는 설명.
【示達 시달】상부에서 하부로 명령이나 통지 등을 문서로 전달함.
【示滅 시멸】(佛)불보살이나 고승이 죽음. 入寂(입적).
【示範 시범】모범을 보임.
【示唆 시사】미리 암시하여 알려 줌.
【示威 시위】위력이나 기세를 드러내어 보임.
【示現 시현】①나타내 보임. ②(佛)㉠신불(神佛)이 영험(靈驗)을 나타내 보이는 일. ㉡보살이 중생을 제도하기 위하여 속세에 태어나는 일.
【示現塔 시현탑】(佛)자연적으로 된 탑.
○開―, 揭―, 戒―, 告―, 公―, 誇―, 教―, 明―, 默―, 昭―, 垂―, 暗―, 展―, 提―, 指―, 表―, 顯―, 曉―, 訓―.

礼⑤ 礼(1249)의 속자

祀⑥ 禮(1262)의 고자

礼⑥ 禮(1262)의 고자

祟⑦ 祟(1252)와 동자

礽⑦ 다행 잉 蒸 réng
字解 ①다행, 행복. ≒仍. ②이루어지다, 나아가다.

示部 3~4획 祁祀社礿祈

祁 示3 ⑧
❶성할 기 支 qí
❷땅 이름 지 紙 zhǐ

[소전] 祁 [획체] 礿 [초서] 祁 [예고] 祁 대법원 지정 인명용 한자의 음은 '기'이다.

字解 ❶①성하다, 크다. 〔書經〕冬祁寒. ②많다. 〔詩經〕采蘩祁祁. ③조용하다, 천천하다. 〔詩經〕興雨祁祁. ④오는 모양. 〔漢書〕厥賜祁祁. ⑤이. =是. 〔禮記〕資冬祁寒. ❻땅 이름. ❼성(姓). ❷땅 이름.

【祁祁 기기】①고요하고 더딘 모양. ②많은 모양. ③비가 조용히 오는 모양. ④태도가 온화한 모양.

【祁寒 기한】혹독한 추위. 酷寒(혹한).

祀 示3 ⑧ 제사 사 紙 sì

一 二 于 亍 示 礻 礻 祀

[소전] 祀 [획체] 禩 [초서] 祀 [동서] 禩 [동서] 禩 [고자] 禩 [간자] 祀

字源 會意·形聲. 示+巳→祀. 신주〔示〕앞에 어린아이〔巳〕를 놓고 제사를 지내는 모습이다. '巳'가 음도 나타낸다.

字解 ①제사. 〔春秋左氏傳〕國之大事, 在祀與戎. ②제사 지내다. 〔禮記〕法施於民則祀之, 以死勤事則祀之. ③해(年). 은대(殷代)의 연기(年紀)를 이르는 말. 〔爾雅〕夏曰歲, 商曰祀, 周曰年, 唐虞曰載.

【祀典 사전】제사의 의식. 祭典(제전).
【祀天 사천】하늘에 제사 지냄.

● 郊-, 封-, 祠-, 先-, 時-, 神-, 禋-, 祭-, 宗-, 豕-, 合-, 享-, 饗-, 孝-.

社 示3 ⑧ 토지 신 사 馬 shè

一 二 于 亍 示 示 社 社

[소전] 社 [고문] 袿 [초서] 社 [고자] 禚 [예체] 社 [간자] 社

字源 會意. 示+土→社. '示'와 '土'를 합하여 토지의 주신(主神)을 뜻하며, 나아가서 그 신을 모시는 사당을 이른다.

字解 ①토지의 신. 〔禮記〕社, 所以神地之道也. ②제사 이름. 〔禮記〕擇元日命民社. ③단체. ㉮옛날 법으로 규정된 25호(戶)의 자치 단체. 〔春秋左氏傳〕請敎千社. ㉯민간(民間)에서 임의로 만든 5호, 또는 10호의 단체. 〔漢書〕禁民私自立社. ㉰백성들의 자위(自衛) 단체. ㉱동지·붕우 등, 일을 같이 하는 사람들의 단체. 〔蓮社高賢傳〕遠法師與諸賢結社. ㉲6리(里) 사방을 한 구역으로 하는 단체. 〔管子〕方六里名之曰社. ④사일(社日). 입춘·입추 후 다섯 번째 무일(戊日).

【社家 사가】여러 가구가 모여 사는 집.
【社交 사교】사회생활에서의 교제.
【社廟 사묘】사당(祠堂).
【社祠 사사】①토지의 주신(主神). ②토지의 주신을 모신 사당.
【社鼠 사서】사람이 함부로 손댈 수 없는 사당(祠堂)에 숨어 사는 쥐. 임금 측근에 있는 간신.
【社日 사일】입춘 후 다섯 번째 무일(戊日)과 입추 후 다섯 번째 무일로, 사직신(社稷神)에게 제사 지내는 날. 춘사일과 추사일.
【社稷 사직】①토지신(土地神)과 곡신(穀神). ②국가.
【社稷壇 사직단】사직에 제사 지내는 단. ○사직단은 왕궁의 오른편에 세우고 종묘(宗廟)는 왼편에 세웠음.
【社稷之臣 사직지신】국가의 안위를 한 몸에 맡은 중신(重臣).
【社會 사회】①촌민(村民)이 사일(社日)에 모이던 모임. ②공동생활을 하는 인류의 집단. ③같은 무리끼리 이루는 집단.

● 結-, 公-, 官-, 郊-, 國-, 廟-, 保-, 本-, 商-, 僧-, 王-, 入-, 宗-, 秋-, 春-, 退-, 鄕-, 會-.

礿 示3 ⑧ 봄 제사 약 藥 yuè

[소전] 礿 [소전] 礿 [초서] 礿 **字解** 봄 제사. =禴. 종묘의 시제(時祭) 이름.

【礿禘 약체】임금이 몸소 지내던 봄 제사와 여름 제사.

祈 示4 ⑨
❶빌 기 微 qí
❷산 제사 궤 紙 guǐ

一 二 于 亍 示 礻 礻 祈 祈

[소전] 祈 [초서] 祈 [간자] 祈 [예고] 祈 대법원 지정 인명용 한자의 음은 '기'이다.

字源 會意·形聲. 示+斤→祈. 본래 單(단)과 旂(깃발 기)로 이루어진 글자로, 전시(戰時)에는 군기(軍旗) 아래에서 기도를 한다는 뜻의 회의자였다. 소전에서는 單 자 대신 示(시) 자를 써서 구복(求福)의 의미를 더 분명하게 하였다. 斤은 旂의 생략형으로 음도 나타낸다.

字解 ❶①빌다, 신에게 빌다. 〔詩經〕春夏祈穀于上帝. ②구(求)하다. 〔詩經〕以祈爾爵. ③고하다. ㉮신에게 고하다. 〔周禮〕掌六祈. ㉯사람에게 고하다. 〔詩經〕以祈黃耈. ④갚다, 보답하다. 〔詩經·以祈黃耈·疏〕報養黃耈之老人. ❷산(山) 제사, 산 제사의 이름.

【祈穀 기곡】농사가 잘되기를 빎.
【祈求 기구】빌어 구함.
【祈祁 기기】비가 조용히 내리는 모양.
【祈年 기년】풍년이 되기를 빎.
【祈念 기념】열심히 빎.
【祈禱 기도】신불(神佛)에게 빎.
【祈報 기보】①풍년을 비는 봄 제사와 풍년에 보답하는 가을 제사. ②가뭄에 비 오기를 비는

제사와 그 응험(應驗)이 있을 때 보답으로 지내는 제사.

【祈福 기복】복을 빎.

【祈禳 기양】신(神)에게 빌어 재앙·질병 따위를 물리침.

【祈雨 기우】가물 때 비가 오기를 빎.

【祈願 기원】소원이 이루어지기를 빎.

【祈祝 기축】기도하고 축원함.

◑ 懇－, 禱－, 遠－, 齋－, 宗－, 秋－, 春－.

示 4 〖祇〗⑨ ❶토지의 신 **기** 支 qí ❷조사 **지** 支 zhī

소전 祇 초서 祇 간체 祇 參考 ①秖(1255)는 딴 자. ②대법원 지정 인명용 한자의 음은 '기'이다.

字解 ❶①**토지의 신**. =示. ②**크다**. 〔易經〕无祇悔. ③**편안하다**. 〔詩經〕俾我祇也. ❷①**조사**(助詞). ㉮마침. 〔詩經〕祇攪我心. ㉯다만. 〔論語〕亦祇以異. ②**앓다**, 병. 〔詩經〕俾我祇也. ③**편안하다**.

【祇林 기림】(佛)①기원정사(祇園精舍)의 숲. ②절.

【祇園精舍 기원정사】①옛날 인도 마가다국(Magadha國)의 수달 장자(須達長者)가 석가모니를 위하여 세운 설법 도량(道場). 🔍'精舍'는 '정련행자(精練行者)'가 있는 곳을 뜻함. ②절. 사찰.

【祇悔 기회】큰 후회.

◑ 明－, 山－, 水－, 神－, 靈－, 雨－, 地－.

示 4 【祋】⑨ 창 **대·탈** 泰 曷 duì

소전 祋 초서 祋 字解 ①**창**(槍). 〔詩經〕彼候人兮, 何戈與祋. ②**함부로 들어오지 못하도록 막기 위하여 양가죽을 걸어 보이다**. ③**양가죽을 거는 장대**. ④**꾸짖어 세우는 소리**, **순라군이 지르는 소리**.

示 4 【祟】⑨ 祟(1252)와 동자

示 4 【祅】⑨ 재앙 **요** 蕭 yāo

소전 祅 초서 祅 동자 祆 參考 祆(1251)은 딴 자.

字解 **재앙**. 하늘의 재앙을 '災', 땅의 재앙을 '祅'라고 한다. 〔漢書〕姦僞不萌, 祅孼伏息.

【祅變 요변】①요망하고 간사스럽게 행동함. ②괴이쩍은 변화나 사건이 일어남.

【祅孼 요얼】①요악한 귀신의 재앙. 재앙의 징조. ②요망스러운 사람.

示 4 【神】⑨ ❶신의 이름 **중** 送 zhòng ❷화할 **충** 東 chōng

초서 神 字解 ❶**신**(神)**의 이름**. ❷**화하다**, **부드럽게 하다**. ≒沖. 〔荀子〕神禫其辭.

示 4 〖祉〗⑨ 복 **지** 紙 zhǐ

소전 祉 초서 祉 간체 祉 字解 **복**, 하늘에서 내리는 행복. 〔詩經〕既受帝祉.

【祉祿 지록】행운(幸運). 행복.

示 4 【祆】⑨ 하늘 **천·현** 先 xiān

소전 祆 초서 祆 參考 祅(1251)는 딴 자. 字解 ①**하늘**. 관중(關中) 지방의 방언. ②**신**(神). 호인(胡人)의 말. ③**호인의 신**(神)**의 이름**.

【祆教 현교】페르시아에서 일어난 배화교(拜火教)의 중국 명칭. 조로아스터교.

示 4 【祊】⑨ 제사 이름 **팽** 庚 bēng

소전 鬃 혹체 祊 초서 祊 동자 禥 동자 鬃

간체 祊 字解 **제사 이름**. ㉮조상을 사당 안에서 지내는 제사. 〔詩經〕祝祭于祊. ㉯사당 안에서 제사 지낸 다음날 그 제물로 사당 밖에서 지내는 제사. 〔禮記〕設祭于堂, 爲祊乎外.

示 5 〖祛〗⑩ 떨어 없앨 **거** 魚 qū

초서 祛 字解 ①**떨어 없애다**, 재앙을 떨어 없애다. 〔漢書〕封禪告成, 合祛於天地. ②**보내다**. ③**쫓다**. ④**흩다**. ⑤**열다**, 열리다. 〔漢書〕合祛於天地. ⑥**떠나다**. 〔殷仲文·詩〕惑祛吝亦泯. ⑦**튼튼하고 강하다**. ¶ 祛祛.

【祛祛 거거】튼튼하고 건전함.

示 5 【祢】⑩ 禰(1263)와 동자

示 5 【祣】⑩ 禰(1263)와 동자

示 5 【祔】⑩ 합사할 **부** 遇 fù

소전 祔 초서 祔 字源 會意·形聲. 示+付→祔. 붙여서〔付〕제사 지낸다〔示〕는 뜻을 나타낸다. '付(부)'가 음도 나타낸다.

字解 ①**합사**(合祀)**하다**. 졸곡제(卒哭祭) 다음 날, 사당에 부제(祔祭)를 지내고 신주를 모신다. ②**합장**(合葬)**하다**. 〔禮記〕周公蓋祔.

【祔右 부우】부부를 합장(合葬)할 때 아내를 남편의 오른쪽에 묻는 일.

【祔祭 부제】國3년상을 마치고 신주를 그 조상의 신주 곁에 모실 때 지내는 제사.

【祔左 부좌】부부를 합장(合葬)할 때 아내를 남편의 왼쪽에 묻는 일.

【祔窆 부폄】합장(合葬)함.

示部 5획 祓祕祠祀祐祘祏祟

示5 【祓】⑩ 푸닥거리할 불 物 fú
소전 祓 초서 祓 간체 祓 字解 ①푸닥거리하다, 푸닥거리. 〔漢書〕帝祓霸上. ②부정(不淨)을 없애다. 〔漢書〕祓飾厥文.
【祓禊 불계】 신에게 빌어 재액(災厄)을 털어 버림. 음력 3월 상사절(上巳節)에 강가에서 제사를 지내며 비는 푸닥거리.
【祓禳 불양】 재액을 막기 위해 푸닥거리를 함.
【祓除 불제】 ①재앙을 없애고 복을 구함. ②부정(不淨)을 제거하여 깨끗하게 함.
○ 修−, 齋−, 湔−, 澡−, 淸−.

示5 【祕】⑩ ❶숨길 비 寘 mì ❷깊어 알기 어려울 필 質 mì
一 二 丁 干 示 禾 私 秘 祕 祕
소전 祕 초서 祕 숙자 秘 參考 대법원 지정 인명용 한자의 음은 '비'이다.
字源 形聲. 示+必→祕. '必(필)'이 음을 나타낸다.
字解 ❶①숨기다, 알리지 않다. 〔十八史略〕祕不發喪. ②신(神). ③신묘하여 헤아리기 어렵다. 〔史記〕其計祕, 世莫得聞. ④성(姓). ❷깊어 알기가 어렵다, 심오하다. 〔御正・釋護〕無遠不至, 無幽不悉, 挺身取命, 幹狡奧祕.
【祕閣 비각】 ①비서(祕書)를 보관하던 궁정의 창고. 祕館(비관). 祕府(비부). ②상서성(尙書省). ③글씨를 쓸 때 팔을 받치는 기구.
【祕訣 비결】 숨겨 두고서 혼자만 쓰는 아주 뛰어난 방법.
【祕結 비결】 대변이 막혀 통하지 않음.
【祕境 비경】 신비로운 지경.
【祕記 비기】 ①비밀의 기록. ②길흉화복 따위의 예언을 적은 기록.
【祕密 비밀】 ①숨겨 남에게 공개하지 않는 일. ②(佛)참된 의미를 숨기고 상징적인 방법을 통하여 가르침을 설하는 일.
【祕方 비방】 ①비밀히 하는 방법. ②세상에 알려지지 않은 약방문.
【祕法 비법】 비밀한 방법. 祕術(비술).
【祕史 비사】 세상에 알려지지 않은 역사적 사실.
【祕色 비색】 청자(靑瓷)의 빛깔. 맑고 고운 연푸른 빛깔. ○ 오월(吳越) 때에 내정(內廷)에서만 쓰고, 일반에게는 사용을 금한 데서 온 말.
【祕書 비서】 ①임금의 장서(藏書). ②비밀히 간직해 둔 서적. 祕本(비본). ③비밀 문서. 또는 그 사무를 맡아보는 사람. ④비밀히 글을 씀.
【祕藥 비약】 비방으로 지은 약. 祕劑(비제).
【祕鑰 비약】 비밀 창고를 여는 열쇠. ②비결.
【祕奧 비오】 ①비밀. ②비밀하고 심오함.
【祕畵 비화】 ❶비화 ❷비획 ❶비장하게 있는 그림. ❷비밀할 계획. 祕策(비책).
○ 極−, 奇−, 機−, 便−, 神−, 深−, 靈−, 奧−, 幽−, 隱−, 樞−, 緘−.

示5 【祠】⑩ 제사 사 支 cí
소전 祠 초서 祠 간체 祠 字解 ①제사, 봄 제사. 〔詩經〕禴祠烝嘗. ②제사 지내다. 〔書經〕伊尹祠于先王. ③보답하여 제사를 지내다. 〔周禮〕禱祠于上下神示. ④말, 서약(誓約)하는 말. ≒辭. ⑤신사(神祠), 사당(祠堂). 〔漢書〕其間令廣之次所旁叢祠中. ⑥생뢰(牲牢)와 날(日)을 점친다. ⑦음식물.
【祠器 사기】 제기(祭器).
【祠壇 사단】 제단(祭壇).
【祠堂 사당】 ①신주(神主)를 모셔 두는 집. ②사원(寺院).
【祠祀 사사】 ①신에게 제사 지냄. ②제사 일을 맡아보는 사람.
【祠屋 사옥】 사당집. 祠宇(사우).
【祠祭 사제】 제사(祭祀).
【祠版 사판】 죽은 이의 위패(位牌). 神主(신주).
○ 潔−, 古−, 舊−, 禱−, 奉−, 佛−, 社−, 靈−, 淫−, 禋−, 齋−, 祖−, 稷−, 荒−.

示5 【祀】⑩ 祀(1250)와 동자

示5 【祐】⑩ 祀(1250)와 동자

示5 【祘】⑩ 셀 산 翰 suàn
소전 祘 參考 祘(1250)는 딴 자.
字源 會意. '示(시)'자 두 개를 합해 밝게 잘 보고 수를 '센다'는 뜻을 나타낸다.
字解 수를 세다, 계산하다.

示5 【祏】⑩ 위패 석 陌 shí
소전 祏 초서 祏 간체 祏 字源 會意・形聲. 示+石→祏. 종묘 안의 석실(石室)에 모신 신주라는 뜻을 나타낸다. '石(석)'이 음도 나타낸다.
字解 ①위패(位牌). ②돌 감실. 〔春秋左氏傳〕命我先人典司宗祏.
【祏室 석실】 종묘에 있는, 신주(神主)를 모셔 두는 석실(石室).

示5 【祟】⑩ 빌미 수 寘 shì
소전 祟 주문 祟 초서 祟 간체 祟 간체 祟
參考 祟(505)은 딴 자.
字源 會意・形聲. 出+示→祟. 신이 사람에게 경계(警戒)하게 하기 위하여 내려 보이는 화, 곧 빌미의 뜻을 나타낸다. '出(출)'이 음도 나타낸다.
字解 빌미, 앙화(殃禍)를 입다. 〔漢書〕祟在巫蠱.

示部 5획 柴神

【柴】⑩ 시료 시 區 chái
〔字解〕시료(柴燎). 늦柴. 섶나무를 때어 하늘에 제사 지내는 일.

【神】⑩ 귀신 신 眞 shén
〔字源〕形聲. 示+申→神. '申(신)'이 음을 나타낸다.
〔字解〕①귀신. ㉮하늘의 신, 상제(上帝). 〔說文〕神, 天神, 引出萬物者也. ㉯신령. 〔禮記〕山林川谷丘陵, 能出雲, 爲風雨, 見怪物, 皆曰神. ②불가사의한 것, 현묘하여 헤아릴 수 없으며 만물의 근원이 되는 것. 〔易經〕陰陽不測, 之謂神. ③정신, 혼. 〔呂氏春秋〕費神傷魂. ④마음, 사람의 본바탕. 〔呂氏春秋〕神出於忠. ⑤덕이 극히 높은 사람. 〔孟子〕聖而不可知之, 謂之神. ⑥지식이 두루 넓은 사람. 〔淮南子〕知人所不知, 謂之神. ⑦화(化)하다. 〔呂氏春秋〕其動人心不神.

【神劍 신검】신이 준 검. 靈劍(영검).
【神境 신경】①신선이 사는 곳. ②세속을 떠난 깨끗한 곳. 仙境(선경).
【神工 신공】①영묘(靈妙)하게 만듦. ②영묘한 작품.
【神功 신공】①신의 궁덕(功德). 엉묘한 공넉. ②영묘한 공적. 불가사의한 공력(功力). ③신이 하는 일.
【神怪 신괴】신비스럽고 괴이함.
【神交 신교】정신적인 사귐.
【神君 신군】①신령(神靈)에 대한 경칭. ②신처럼 공덕이 높은 사람. '현명한 지방 장관'의 경칭. ③國단군(檀君).
【神龜 신귀】신령스러운 거북.
【神禽 신금】상서로운 새. 瑞鳥(서조).
【神襟 신금】①가슴속. 마음속. ②귀인(貴人)의 마음의 존칭. 神衿(신금).
【神奇 신기】신묘하고 기이함.
【神祇 신기】하늘의 신과 땅의 신.
【神氣 신기】①신묘한 운기(雲氣). ②만물을 만들어 내는 원기. ③정신과 기력. ④뛰어난 풍채.
【神器 신기】①신령에게 제사 지낼 때 쓰는 그릇. 大器(대기). ②왕위 계승에 따르는 보물. 옥새(玉璽)·보정(寶鼎) 따위. ③임금의 자리. ④신령한 기물.
【神機 신기】①신묘한 기능. 영묘한 작용. ②신묘한 기략(機略). 신령스러운 계략.
【神怒 신노】신명(神明)의 노여움.
【神堂 신당】①아름다운 전각(殿閣). ②㉠신을 모신 집. ㉯각 관아에서 신령을 모신 집. 府君堂(부군당).
【神道 신도】①묘소(墓所)로 가는 길. ②사람의 지혜로는 알 수 없는 신묘한 도리.

【神道碑 신도비】묘소로 가는 길가에 세운 비. 우리나라에서는 종이품 이상의 고관의 묘소에 한하여 세울 수 있었음.
【神燈 신등】①신(神)이 비추는 등불. 영묘한 등불. ②신명(神明) 앞에 올리는 등불.
【神來 신래】①신이 하강함. ②신이 들린 것같이 느껴지는 일.
【神慮 신려】①신의 뜻. 神思(신사). 神意(신의). ②임금의 마음. 天意(천의). ③마음. 정신.
【神力 신력】①신통력(神通力). 영묘한 힘. ②신의 위력.
【神靈 신령】①죽은 사람의 혼. 靈魂(영혼). ②사람이 섬기는 모든 신. 신명(神明). ③신기하고 영묘함.
【神籟 신뢰】신의 소리. 절묘한 음악이나 시.
【神明 신명】①하늘과 땅의 신령. ②사람의 마음. 정신. ③신처럼 사리에 밝음. ④신성함. ⑤영험(靈驗)이 있음.
【神妙 신묘】신통하고 오묘함.
【神廟 신묘】선조의 영을 모신 곳. 祠堂(사당). 家廟(가묘).
【神武 신무】뛰어난 무덕(武德).
【神物 신물】①선인(仙人). ②신령스럽고 기묘한 물건. ③불가사의한 것. 상서(祥瑞).
【神變 신변】사람의 지혜로는 헤아릴 수 없는, 우주의 무궁무진한 변화.
【神兵 신병】신이 보낸 군사. 신출귀몰한 전법으로 감히 대적할 수 없는 강한 군사.
【神寶 신보】①훌륭한 보물. ②임금의 자리. 帝位(제위). ③귀신과 진보(珍寶).
【神符 신부】①영묘한 부적(符籍). ②신의 예언. ③하늘의 뜻.
【神佛 신불】신령과 부처.
【神祕 신비】①신령스럽고 기묘함. ②불가사의하고 영묘한 비밀.
【神事 신사】①신에게 제사 지내는 의식. 祭典(제전). ②신선이나 신에 관한 일.
【神算 신산】신묘한 계책.
【神璽 신새】옥새(玉璽).
【神色 신색】심기(心氣)와 안색(顔色). 태도.
【神仙 신선】인간 세상을 떠나 깊은 선경(仙境)에 살며, 불로장생한다는 상상의 사람.
【神性 신성】①신의 성격. 신의 속성(屬性). ②마음. 정신.
【神聖 신성】①신령스럽고 거룩함. 영묘하고 존엄함. ②천자(天子).
【神授 신수】하늘이나 신이 내려 준 것.
【神術 신술】매우 뛰어난 재주. 神技(신기).
【神識 신식】정신과 견식.
【神樂 신악】①영묘한 음악. ②신을 제사 지내는 음악.
【神眼 신안】①지술(地術)이나 관상술에 정통한 사람의 눈. ②귀신을 능히 보는 눈.
【神勇 신용】매우 뛰어난 용기.
【神佑 신우】신의 도움. 神助(신조).
【神韻 신운】신비하고 고상한 운치.
【神意 신의】①신의 뜻. ②정신.

【神人 신인】①신통력을 가진 사람. ②신과 사람. ③신과 같이 신령하고 숭고한 사람.
【神將 신장】①신병(神兵)을 거느린 장수. ②전략과 전술이 뛰어난 장수. ③(佛)화엄신장(華嚴神將). ④國갑옷을 입고 투구를 쓴 귀신.
【神典 신전】신의 사적(事蹟)을 적은 책.
【神情 신정】①심정(心情). ②얼굴빛.
【神主 신주】①죽은 사람의 위패(位牌). ②백성. ③하늘의 뜻을 받들어 백성을 다스리는 사람.
【神州 신주】①중국 사람이 자기 나라를 일컫는 말. ②신선이 사는 곳. ③서울과 서울 부근의 지역. 京畿(경기).
【神呪 신주】①주문(呪文). ②주문을 욈.
【神采 신채】①고상한 풍채. ②▷神色(신색).
【神出鬼沒 신출귀몰】귀신이 출몰하듯 헤아릴 수 없음. 神出鬼行(신출귀행).
【神託 신탁】①신이 사람을 매개로 하여 그 뜻을 나타내는 일. ②신의 분부. 神敕(신칙).
【神通 신통】①영묘하여 변화무궁함. ②마음을 통함.
【神品 신품】①인공으로는 만들 수 없는, 썩 훌륭한 물품. ②고상한 품격.
【神風 신풍】훌륭한 군대.
【神魂 신혼】정신과 혼백. 心魂(심혼).
【神化 신화】①신기한 변화. 신의 조화. ②신이 화육(化育). 신의 덕화(德化). ③신이 아닌 것을 신처럼 높임. 神格化(신격화).
【神效 신효】신기한 효험.
◐ 降-, 敬-, 鬼-, 武-, 百-, 邪-, 山-, 三-, 庶-, 善-, 水-, 失-, 心-, 惡-, 嶽-, 女-, 入-, 雜-, 精-, 祖-, 地-, 稷-, 天-, 風-, 海-.

示5 【袏】⑩ 殃(912)의 고자

示5 【祐】⑩ 도울 우 囿 yòu
소전 祏 초서 祐 동자 佑 간체 祐 字源 會意·形聲.
示+右→祐. '右(우)'가 음도 나타내고, 돕다라는 뜻도 나타낸다. 하늘에서 내리는 도움이라는 뜻을 나타낸다.
字解 ①돕다.〔易經〕自天祐之.②천지신명의 도움. ③복, 행복.〔楚辭〕驚女采薇鹿何祐. ④짝(配). 늑侑.〔易經〕可與祐神.
【祐福 우복】①하늘이 주는 복. ②행복.
【祐助 우조】하늘의 도움과 신의 도움. 천우신조(天佑神助).
◐ 降-, 福-, 祥-, 靈-, 帝-, 天-, 休-.

示5 【祖】⑩ 조상 조 麌 zǔ
一 亍 亓 示 剂 剂 初 和 祖 祖
소전 祖 초서 祖 고자 祖 간체 祖 字源 會意·形聲.
示+且→祖. '且(차)'가 음도 나타낸다. 且는 본래 '제사'와 관계 있는 글자이다.
字解 ①조상. ㉮시조, 시조와 대대의 조상.〔詩經〕似績妣祖. ㉯처음으로 봉해진 사람, 국조(國祖).〔春秋穀梁傳〕始封必爲祖. ㉰집이나 나라를 처음으로 세워 공이 있는 사람.〔孔子家語〕古者祖有功, 而宗有德. ㉱분가하여 새로 집을 세운 사람.〔禮記〕別子爲祖. ②사당.〔周禮〕左祖右社. ③할아버지. ④처음, 비롯하다.〔周禮〕及祖飾棺. ⑤근본.〔淮南子〕物之大祖也. ⑥개조(開祖).〔因話錄〕晉以顧長康·張僧繇·陸微, 爲畫家三祖. ⑦본받다.〔禮記〕祖陽氣之發於東方也. ⑧익히다, 배우다.〔史記〕秦王必祖張儀之故智. ⑨복되다.〔釋名〕祖, 胙也, 胙物先也. ⑩가다. ⑪도신(道神).〔史記〕榮行祖於江陵北門. ⑫도신에게 제사 지내다.〔春秋左氏傳〕夢襄公祖. ⑬송별연(送別宴)을 열다.〔漢書〕祖於江陵北門.
【祖考 조고】①돌아간 할아버지. ▷祖父(망부). 돌아간 할아버지와 돌아간 아버지. ③먼 조상. 遠祖(원조).
【祖功宗德 조공종덕】공(功) 있는 임금을 '祖'라 하고, 덕(德) 있는 임금을 '宗'이라고 함.
【祖道 조도】①먼 여행길에 무사하기를 도신(道神)에게 비는 제사. ②먼 길을 떠나는 사람을 송별하는 일. ③송별 연회.
【祖靈 조령】조상의 영혼.
【祖武 조무】조상이 남겨 놓은 공적. ○'武'는 보무(步武)로서 유적(遺跡)을 뜻함.
【祖妣 조비】①선조와 돌아간 어머니. ②돌아간 할머니.
【祖師 조사】①한 학파를 창시한 사람. ②(佛)한 종파를 세우고 종지(宗旨)를 열어 주장한 사람.
【祖上 조상】돌아간 아버지 이상의 대대의 어른.
【祖生之鞭 조생지편】남보다 앞서 착수함. 故事 진대(晉代)의 유곤(劉琨)은 조적(祖逖)과 어릴 때부터 친구였는데, 조적이 먼저 임용되었다는 소식을 듣고 '조생(祖生)에게 앞지름을 당했다'고 말하며 더욱 노력하였다는 고사에서 온 말.
【祖送 조송】길 떠나는 사람을 전송함.
【祖述 조술】스승이나 조상의 도(道)를 이어받아서 서술하는 일.
【祖神 조신】도로(道路)의 신(神).
【祖宴 조연】길 떠나는 사람을 송별하는 연회. 송별연. 祖筵(조연). 祖帳(조장).
【祖帳 조장】▷祖宴(조연).
【祖奠 조전】①발인 전에 영결을 고하는 제사. 日晡祭(일포제). ②선조의 사당에 제수를 차려 놓고 제사 지냄.
【祖餞 조전】먼 길 떠나는 사람을 전별함.
【祖宗 조종】①시조(始祖)가 되는 조상. ②임금의 조상. ③시조나 조상 중에 공덕이 있는 이에 대한 존칭.
【祖行 조항】國할아버지뻘의 항렬.
【祖訓 조훈】조상의 훈계(訓戒).
◐ 開-, 高-, 父-, 鼻-, 先-, 始-, 列-, 烈-, 外-, 元-, 曾-, 太-, 彭-, 皇-.

示部 5~6획 祖祚祇祝祝祜祪

示₅【祖】⑨ 祖(1254)의 고자

示₅【祚】⑩ 복 조 邇 zuò

[소전]祚 [초서]祚 [간체]祚 [字解]①복, 하늘이 내리는 행복.〔國語〕必有章譽蕃育之祚.②복을 내리다.〔春秋左氏傳〕天祚明德.③천자의 자리.〔班固·賦〕漢祚中缺.④같다.〔張衡·賦〕祚靈主以元吉.⑤해〔年〕.〔曹植·詩〕初歲元祚.
【祚慶 조경】 기쁨. 행복.
【祚命 조명】 신(神)의 도움. 神助(신조).
【祚胤 조윤】 ①복을 자손에게 길이 전함. 행복한 자손이 영속함. ②훌륭한 자손.
❶ 嘉ー, 慶ー, 光ー, 吉ー, 福ー, 丕ー, 聖ー, 永ー, 榮ー, 靈ー, 天ー, 顯ー, 皇ー, 休ー.

示₅【祇】⑩ 공경할 지 茵 zhī

[소전]祇 [초서]祇 [고자]祇 [간체]祇 [參考] 祇(1251)는 딴 자.
[字解]①공경하다, 존경하다.〔易經〕无祇悔.②조사(助詞).㉠마침.〔詩經〕亦祇以異.㉡이〔是〕.〔張衡·賦〕祇吾子之不知言也.
【祇敬 지경】 공경함.
【祇服 지복】 공경하여 복종함.
【祇奉 지봉】 공경하여 받듦. 敬奉(경봉).
【祇送 시송】 백관(百官)이 임금의 행행(行幸)을 공손히 배웅함.
【祇受 지수】 임금이 내려 주는 물건을 공손히 받음.
【祇肅 지숙】 공경하고 삼감.
【祇順 지순】 삼가 복종함. 공경하여 따름.
【祇仰 지앙】 삼가 우러름. 敬仰(경앙).
【祇若 지약】 공경하여 따름.
【祇役 지역】 ①삼가 상관의 명을 따름. ②임금의 명을 받들어 외직(外職)에 부임함.
【祇迎 지영】 백관(百官)이 임금의 환행(還幸)을 공손히 맞이함.
【祇慄 지율】 공경하고 두려워함.
【祇莊 지장】 삼가고 공경함.
【祇候 지후】 ①공손히 문안드림. ②어른의 시중을 듦.

示₅【祝】⑩ ❶빌 축 屋 zhù
❷저주할 주 宥 zhòu
❸약 바를 주 邇

一　ㄒ　ㅜ　示　示　祀　祀　祝

[소전]祝 [초서]祝 [고자]祝 [간체]祝
[參考] 대법원 지정 인명용 한자음은 '축'이다.
[字源] 會意. 示+兄→祝. 신주(示) 앞에 사람이 꿇어앉아 있는[兄] 모습이다. 즉 신주 앞에 꿇어앉아 기도를 한다는 뜻이다.
[字解]❶①빌다, 기원하다.〔史記〕操一豚蹄酒一盂, 而祝.②신(神)을 섬기는 일을 업(業)으로 하는 사람, 신직(神職).〔禮記〕袷祭於祖, 則祝迎四廟之主.③사내 무당, 박수.〔楚辭〕工祝招君, 背行先些.④원하다.〔呂氏春秋〕王爲群臣祝.⑤축문.〔淮南子〕尸祝齊戒.⑥축하하다, 하례하다.〔莊子〕請祝聖人.⑦경사, 기쁨.〔戰國策〕犀首跪行, 爲儀千秋之祝.⑧축배를 드리다.〔春秋左氏傳〕武伯爲祝.⑨불다, 잇다. ≒屬.⑩짜다.〔詩經〕素絲祝之.⑪예(禮)를 익히는 사람.〔儀禮〕祝取銘置于重.⑫끊다, 자르다.〔春秋穀梁傳〕祝髮文身.⑬나라 이름.〔禮記〕封帝堯之後於祝.❷①저주하다. =呪.〔詩經〕侯作侯祝.②말하다, 신(神)에게 고하다.〔書經〕逸, 祝冊.③축문, 신에게 고(告)하는 말.〔漢書〕使東方朔·枚皐作禖祝.❸약을 바르다.〔周禮〕掌腫瘍·潰瘍·金瘍·折瘍之祝藥.
【祝官 축관】①제사 때 축문을 읽는 사람. ②종묘, 사직, 문묘 등의 제사 때 축문을 읽던 임시 관직. 祝師(축사).
【祝規 축규】①축하하며 경계함. ②축하와 경계.
【祝文 축문】①제사 때 신명에게 고하는 글. ②축하하는 글.
【祝髮 축발】①머리를 자름. 斷髮(단발). ②머리를 깎고 승려가 됨.
【祝杯 축배】 축하하는 뜻이 담긴 술잔.
【祝福 축복】 행복을 빎.
【祝辭 축사】 축하의 뜻을 나타내는 말이나 글.
【祝手 축수】 國두 손바닥을 마주 대고 빎.
【祝宴 축연】 축하하는 잔치.
【祝筵 축연】 장수(長壽)를 축하함.
【祝願 축원】①희망하는 대로 이루어지기를 원함. ②신불(神佛)에게 자기 소원을 이루어 달라고 빎.
【祝融 축융】①여름의 신. ②㉠불을 맡은 신. ㉡불. 화재(火災). ③남해(南海)의 신.
【祝儀 축의】 축하하는 의례. 祝典(축전).
【祝典 축전】 축하하는 의식.
【祝天 축천】 하늘에 빎.
❶ 慶ー, 奉ー, 祕ー, 三ー, 心ー, 野ー, 自ー.

示₅【祝】⑨ 祝(1255)의 고자

示₅【祜】⑩ 복 호 麌 hù

[소전]祜 [초서]祜 [간체]祜 [參考] 祐(1254)는 딴 자.
[字解]①복, 신이 주는 행복.〔詩經〕受天之祜.②복이 두텁다.
【祜休 호휴】 하늘이 내리는 복. 吉慶(길경).

示₆【祪】⑪ 조상 궤·귀 紙困 guǐ

[소전]祪
[字解]①조상, 천묘(遷廟)에 합사(合祀)하는 먼 조상. ②헐다. =毀.

示6 【旅】⑪ 여제 려 圖 lǔ
초서 旅 동자 禮 字解 ①여제(旅祭). 늑려. 산천에 지내는 제사.

示6 【祥】⑪ 상서로울 상 陽 xiáng
소전 祥 초서 祥 간체 祥 字源 形聲. 示+羊→祥. '羊'(양)이 이 음을 나타낸다.
字解 ①상서롭다, 복. 넓게는 '재앙'까지 두루 뜻하지만, 좁게는 '복'을 뜻한다. ②좋다. 〔老子〕夫佳兵, 不祥之器. ③재앙. 〔禮記〕孔子旣祥. ④조짐. 길흉에 아울러 이른다. 〔春秋左氏傳〕是何祥也, 吉凶安在. ⑤요괴(妖怪). 〔書經〕毫有祥. ⑥제사 이름. 〔儀禮〕朞而小祥, 又朞而大祥. ⑦자세하다. 늑상.
【祥光 상광】 상서로운 빛. 瑞光(서광).
【祥氣 상기】 상서로운 기운. 瑞氣(서기).
【祥靈 상령】 상서로운 신령.
【祥夢 상몽】 상서로운 꿈.
【祥變 상변】 상기(祥氣)와 이변(異變).
【祥符 상부】 좋은 징조. 吉兆(길조).
【祥氛 상분】 상서로운 기운. 祥氣(상기).
【祥瑞 상서】 길한 일이 일어날 조짐.
【祥妖 상요】 ①상서와 재앙. ②행복과 불행.
【祥雲 상운】 ①상서로운 구름. ②꽃구름.
【祥月 상월】 대상(大祥)을 치르는 달.
【祥肉 상육】 대상에 쓰는 고기.
【祥應 상응】 상서로운 징조. 吉兆(길조).
【祥風 상풍】 상서로운 바람. 瑞風(서풍).
【祥刑 상형】 형벌을 선용(善用)하는 방법. ○형벌은 형벌이 없어지는 데 목적이 있으므로 '祥'이라 이름.
【祥和 상화】 ①경사스럽고 화평함. ②행복.
【祥輝 상휘】 상서로운 빛.
○ 嘉—, 祺—, 吉—, 大—, 發—, 百—, 福—, 氛—, 不—, 瑞—, 淑—, 異—, 禎—, 休—.

示6 【祭】⑪ ❶제사 제 圖 jì ❷나라 이름 채 圖 zhài
소전 祭 초서 祭 叅考 대법원 지정 인명용 한자의 음은 '제'이다.
字源 會意. 肉+又+示→祭. 손(又)으로 고기〔月〕를 잡고 제사〔示〕를 지낸다는 데서 '제사'의 뜻을 나타낸다.
字解 ❶①제사. 〔春秋穀梁傳〕祭者, 薦其時也, 薦其敬也, 薦其美也, 非享味也. ②제사 지내다. 〔禮記〕祭百神. ③사귀다, 서로 접하다. 〔孝經〕而祥其祭祀. ④미루어 살 아리다. 〔尙書大傳〕祭者察也, 言人事至於神也. ⑤갚다, 신에 보답하다. 〔周禮〕餕祭, 反命於國. ❷①나라 이름. 성은 희(姬), 작(爵)은 백

(伯). ②땅 이름. ③성(姓).
【祭告 제고】 임금이 왕실이나 국가의 대사(大事)를 신명(神明)에게 고하는 일.
【祭官 제관】 ①제사를 맡은 관리. 享官(향관). ②제사에 참여하는 사람.
【祭冠 제관】 제사 때 제관(祭官)이 쓰는 관.
【祭禮 제례】 제사를 지내는 예법이나 예절.
【祭門 제문】 사당(祠堂)의 문.
【祭物 제물】 ①제사에 쓰는 음식. ②희생물.
【祭祀 제사】 신령이나 죽은 이의 넋에게 음식을 바쳐 정성을 나타냄. 또는 그런 의식.
【祭詩 제시】 자기가 지은 시(詩)를 제사 지내어 그 애씀을 위로하는 일. 故事 당대(唐代) 시인 가도(賈島)가 해마다 연말에 한 해 동안 지은 시를 모아 놓고 제사 지냈다는 고사에서 온 말.
【祭儀 제의】 제물로 바치는 물품.
【祭樂 제악】 제향(祭享) 때 연주하는 음악.
【祭粢 제자】 제사 때 신에게 바치는 서직(黍稷).
【祭奠 제전】 ①제물. ②의식을 갖춘 제사와 의식을 생략한 제사의 총칭.
【祭主 제주】 제사를 주재하는 사람.
【祭酒 제주】 ❶제주 ❷좨주 ①제사에 쓰는 술. ②㉠회합이나 잔치 때 연장자가 먼저 술로써 지신(地神)에게 제사 지내던 일. ㉡나이가 많고 덕망이 높은 사람. 尊老(존로). ③학정(學政)을 맡은 장관. ❷①고려 때 국자감(國子監)의 종삼품 벼슬. ②조선 때 제향의 술을 맡아보던 성균관(成均館)의 벼슬.
【祭天 제천】 제왕이 하늘에 제사 지내는 일.
【祭享 제향】 ①圖 나라에서 지내는 제사. ②제사의 높임말. 祭饗(제향).
○ 告—, 郊—, 忌—, 大—, 配—, 氾—, 兵—, 贖—, 司—, 師—, 時—, 繹—, 練—, 燎—, 雩—, 禘—, 酺—, 祝—, 享—, 祫—.

示6 【祧】⑪ 조묘 조 蕭 tiāo
소전 祧 초서 祧 간체 祧 字解 ①조묘(祧廟). 대수가 먼 조상을 합사(合祀)하는 사당. 〔春秋左氏傳〕以先君之祧處之. ②체천(遞遷)하다, 고조(高祖) 이전의 먼 조상을 조묘로 옮기다.
【祧廟 조묘】 고조(高祖) 이전의 먼 조상을 모시는 사당. 遷廟(천묘).
○ 廟—, 宗—, 合—.

示6 【祩】⑪ 저주할 주 虞 zhù
字解 저주하다.

示6 【衹】⑪ 祇(1255)의 고자

示6 【票】⑪ ❶불똥 튈 표 圖 piāo ❷빠를 표 圖 piào

示部 6~8획　祫祴祰祿祉祳禉禋祼禁

票

[소전] 臾　[초서] 票　[字源] 會意. 소전에는 臾로 본래 '불길이 솟구치다'를 뜻한다. 興은 譽(천)과 같으며 '높이 올라서다'의 뜻을 나타낸다. 票가 언제부터 '차표' 등의 뜻으로 쓰이게 되었는지는 알 수 없다.

[字解] ❶①불똥이 튀다. =熛. ②흔들리는 모양. 〔漢書〕票莩薑. ❷①빠르다, 날랜 모양. 〔漢書〕遺票輕武. ②가볍게 오르는 모양. 〔後漢書〕何道眞之淳粹兮, 去穢累而票輕. ③쪽지. 어음, 수표 따위. 〔品字箋〕今人以官牒曰票, 約券亦曰票.

【票決 표결】투표로 가부를 결정함.
【票禽 표금】빨리 나는 새.
【票然 표연】①가볍게 날리는 모양. ②가볍게 높이 오르는 모양. 飄然(표연).
【票子 표자】어음. 수표.
❶開-, 記-, 得-, 白-, 福-, 傳-, 投-.

示 6 【祫】⑪ 합사할 협 □ xiá

[소전] 祫　[초서] 祫　[간체] 祫　[參考] 祫(1619)은 딴 자.
[字源] 會意·形聲. 示+合→祫. 조상을 태조(太祖)의 사당에 함께 모신다는 뜻을 나타낸다. '合(합)'이 음도 나타낸다.
[字解] 합사(合祀)하다. 조상의 신주를 체천(遞遷)하여 조묘(祧廟)에 함께 모시는 일. 〔春秋公羊傳〕大事者何, 大祫也, 大祫者何, 合祭也.
【祫嘗 협상】협제(祫祭)와 상제(嘗祭). ♪'嘗'은 가을 제사를 뜻함.
【祫烝 협증】협제(祫祭)와 증제(烝祭). ♪'烝'은 겨울 제사를 뜻함.

示 7 【祴】⑫ ❶풍류 이름 개 灰 gāi ❷벽돌 길 개 佳 gāi

[소전] 祴　[초서] 祴　[字解] ❶풍류 이름. 종묘의 제사나 연회가 끝난 뒤에 연주하여 취한 손(客)의 걸음걸이에 예를 잃지 않도록 하던 음악. 〔周禮〕春牘應雅, 以敎祴樂. ❷벽돌 길, 벽돌을 깐 길.

示 7 【祰】⑫ 고유제 고 皓 gào

[소전] 祰　[동자] 祰　[字解] ①고유제, 조상에게 고하여 제사 지내다. ②빌다, 기도하다. ③보답하는 제사.

示 7 【祿】⑫ 祿(1258)의 속자

示 7 【祉】⑫ 社(1250)의 고자

示 7 【祳】⑫ 사제 고기 신 軫 shèn

[소전] 祳　[字解] 사제(社祭)에 바치는 날고기. =脤.

示 7 【禉】⑫ 태울 유 宥 yǒu

[字解] 태우다. ※燸(877)와 동자.
【禉禮 유료】섶나무를 태우며 천신(天神)에 제사 지냄. 柴燎(시료).

示 7 【祲】⑫ ❶요기 침 沁 jìn ❷햇무리 침 寢 jìn

[소전] 祲　[초서] 祲　[본자] 禯　[동자] 祲　[간체] 祲
[字解] ❶①요기(妖氣), 재앙을 일으키는 기운. 〔春秋左氏傳〕吾見赤雲之祲. ②햇무리. 〔周禮〕以五雲之物, 辨吉凶水旱降豐荒之祲象. ③성하게 하다. 〔班固·賦〕天官景從, 祲威盛容. ❷①햇무리. ②나쁜 기운.
【祲沴 침려】나쁜 기운. 요사스러운 기운.
【祲兆 침조】요기(妖氣)의 조짐.

示 8 【祼】⑬ 강신제 관 翰 guàn

[소전] 祼　[초서] 祼　[간체] 祼　[參考] 裸(1624)는 딴 자.
[字解] ①강신제(降神祭). 울창주(鬱鬯酒)를 땅에 뿌려 강신을 비는 제사. 〔周禮〕以肆獻祼享先王. ②손이 서로 술을 치는 일. 〔周禮〕以肆先王, 以祼賓主.
【祼將 관장】울창주를 뿌려 제사를 지냄.
【祼享 관향】술을 땅에 부어 강신하고 제물을 차려 제사 지냄.

示 8 【禁】⑬ ❶금할 금 沁 jìn ❷견딜 금 寢 jìn

一 十 オ オ 木 林 埜 埜 禁 禁

[소전] 禁　[초서] 禁　[字源] 形聲. 林+示→禁. '林(림)'이 음을 나타낸다.
[字解] ❶①금하다. 〔戰國策〕王不能禁. ②기(忌)하다, 꺼리다. ③규칙, 계율. 〔禮記〕入竟而問禁. ④삼가다. 〔禮記〕君子道人以言, 而禁人以行. ⑤비밀. 〔史記〕我有禁方. ⑥대궐. ⑦잔을 받치는 대, 잔대. ⑧금수(禽獸)를 기르는 우리. 〔周禮〕掌囿游之獸禁. ⑨저주(咀呪). 〔陳書〕尤好數術·卜筮·祝禁·鎔金·琢玉, 並究其妙. ⑩감옥. 〔晉書〕開械脫於重禁之中. ❷①견디다, 이겨 내다. ②누르다, 억제하다. 〔漢書〕猶弗能禁. ③위협하다. ④옷고름. 〔荀子〕其纓禁緩.
【禁榷 금각】민간의 매매(賣買)를 금하고 정부에서 전매(專賣)하는 일.
【禁戒 금계】금지하고 경계함.
【禁固 금고】벼슬 길을 막음.
【禁錮 금고】①감옥에 가두고 노역(勞役)을 시키지 않는 형벌. ②벼슬길을 막아 등용하지 않던 일.
【禁庫 금고】궁중의 창고.
【禁溝 금구】궁성 안의 성지(城池).
【禁軍 금군】國궁중(宮中)을 지키고 임금을 호

위·경비하던 군사.
【禁闕 금궐】 궁궐. 宮禁(궁금).
【禁近 금근】 문학(文學)으로 벼슬살이하는 신하. ◐그 관서(官署)가 모두 대궐 안에 있던 데서 이르는 말.
【禁忌 금기】 꺼려서 금하거나 피함.
【禁內 금내】 궁중(宮中).
【禁闥 금달】 ①임금이 평소에 거처하는 궁전의 앞문. ②대궐.
【禁亂官 금란관】 國과거 시험장의 혼란을 막기 위하여 임시로 두었던 벼슬. 또는 그 벼슬아치.
【禁林 금림】 ①금원(禁苑)의 숲. ②한림원(翰林院)의 딴 이름.
【禁網 금망】 그물처럼 둘러친 금령(禁令). 法令(법령). 法網(법망).
【禁門 금문】 ①대궐의 문. 闕門(궐문). ②출입을 금지하는 문.
【禁密 금밀】 ①공표하지 않음. 비밀히 함. ②대궐 안의 깊숙한 곳.
【禁方 금방】 비밀히 전해 오는 약방문.
【禁書 금서】 ①정부가 출판, 판매, 독서를 법으로 금지한 책. ②비밀한 책. 공개하지 못하도록 금한 도서.
【禁署 금서】 대궐 안의 관아(官衙).
【禁城 금성】 궁성(宮城).
【禁遏 금알】 억제하여 못하게 함.
【禁壓 금압】 억눌러서 못하게 함.
【禁掖 금액】 대궐. ◐'掖'은 대궐 좌우에 있는 협문(夾門)을 말함. 宮中(궁중). 禁裏(금리).
【禁夜 금야】 ①밤에 나다니는 것을 금함. ②밤을 경계함. 夜警(야경).
【禁鑰 금약】 대궐 문의 열쇠.
【禁嚴 금엄】 ①금제(禁制)가 엄중함. 嚴禁(엄금). ②대궐. 禁中(금중).
【禁奧 금오】 대궐 안의 기밀 장소. ◐임금의 처소. 대궐 안의 내전(內殿).
【禁垣 금원】 대궐의 담 안. 궁성 안.
【禁苑 금원】 대궐 안에 있는 동산이나 후원. 御苑(어원).
【禁廷 금정】 대궐. 宮中(궁중). 禁裏(금리).
【禁制 금제】 어떤 행위를 하지 말게 함. 또는 그 법규.
【禁足 금족】 외출을 금함.
【禁卒 금졸】 옥을 지키는 사람. 獄卒(옥졸).
【禁坐 금좌】 임금이 앉는 자리.
【禁呪 금주】 주문(呪文). 주술(呪術).
【禁中 금중】 궁중. 禁內(금내).
【禁止 금지】 하지 못하도록 함.
【禁地 금지】 일반의 출입을 금하는 곳.
【禁體詩 금체시】 시의 한 체(體). 시제(詩題)와 관계 있는 글자는 쓸 수 없는 시.
【禁圃 금포】 대궐 안에 있는 밭.
【禁火 금화】 ①불 피우는 것을 금함. ②한식(寒食)에 불 피우기를 금하던 일.

◐ 苟一, 戒一, 鋼一, 拘一, 國一, 宮一, 大一, 防一, 邦一, 犯一, 法一, 常一, 嚴一, 軟一, 幽一, 酒一, 通一, 海一, 解一, 憲一, 刑一,

示
8 【祺】⑬ 복 기 因 qí

字解 ① 복, 즐거움. 〔詩經〕壽考維祺. ②길조. 〔詩經〕維周之祺. ③마음 편안한 모양. 〔荀子〕儼然, 莊然, 祺然. ④편지 끝에 상대의 행복을 비는 뜻으로 쓰는 말. '文祺', '臺祺', '旅祺' 따위.
【祺祥 기상】 행복. 상서(祥瑞).
【祺然 기연】 편안하고 근심이 없는 모양.

示
8 【禂】⑬ 빌 도 皓號屨 dǎo

字解 빌다. ≒禱. 말(馬)을 위하여 병이 없기를 빌고, 사냥에서 수확이 많기를 빈다.

示
8 【祹】⑬ 복 도 豪 táo
字解 ①복, 행복. ②신(神).

示
8 【祿】⑬ 복 록 屋 lù

字解 會意·形聲. 示+彔→祿. '彔(록)'이 음도 나타내고, 두레박으로 물을 길어 올리는 모습을 그린 상형자이다. 물을 길어 논밭에 뿌리면 풍성한 수확이 있으므로 彔은 '복록, 은택'의 뜻으로 쓰인다.

字解 ①복, 행복. 〔詩經〕天被爾祿. ②녹, 녹봉. 〔論語〕子張學干祿. ③녹을 주다. 〔禮記〕位定而然後祿之. ④적다, 기록하다. ≒錄. 〔周禮〕皆辨其物, 而奠其祿. ⑤상(賞)으로 주는 물건. 〔詩經〕福祿如茨. ⑥전읍(田邑). 〔國語〕則請納祿與車服而違署. ⑦작위(爵位). 〔漢書〕更名光祿勳.
【祿命 녹명】 ①인생의 관록(官祿)과 운명. ②사람의 운명.
【祿俸 녹봉】 벼슬아치에게 주던 곡식·돈 등의 총칭.
【祿不期侈 녹불기치】 후한 봉록(俸祿)을 받으면 부지불식간에 사치로 흐르게 됨.
【祿仕 녹사】 녹봉을 받기 위하여 벼슬함.
【祿養 녹양】 녹봉으로써 부모를 봉양함.
【祿邑 녹읍】 ①영지(領地). 采邑(채읍). ②신라 때 백관(百官)에게 직전(職田)으로 주던 논밭.
【祿秩 녹질】 녹봉(祿俸)◐신분에 따라 차등이 있으므로, '秩'이라 함. 秩祿(질록).

◐ 官一, 光一, 國一, 斗一, 無一, 薄一, 福一, 俸一, 世一, 小一, 食一, 榮一, 爵一, 重一, 祉一, 秩一, 天一, 寵一, 厚一,

示
8 【禅】⑫ 禪(1262)의 속자

示部 8~9획 祓祏祳祽稟禊禖禖福禅禉禓

【祓】⑬ 祇(1251)와 동자

【褚】⑭ 납향제 **자** zhà
납향(臘享), 납평제(臘平祭). =蜡.

【祳】⑬ ❶철제 **철** zhuì ❷강신제 **철** chuò
❶철제(祳祭), 중제(重祭). 종묘 제사 다음날 지내는 제사. ❷강신제, 땅에 술을 뿌려 신을 부르는 제사. =醊.

【祽】⑬ 삭제 **쵀** zuì
삭제(朔祭). 왕실에서 초하루마다 조상에게 지내던 제사.

【稟】⑬ 稟(1276)의 속자

【禊】⑭ 계제 **계** xì
禊(864)은 딴 자.
①계제(禊祭). 〔晉書〕漢儀, 季春上巳, 官及百姓, 皆禊於東流水上. ②계제를 지내다. 〔劉孝綽·詩〕薰祓三陽春, 灌禊元巳初.
【禊事 계사】계제(禊祭)의 행사.
【禊宴 계연】계사(禊事) 때의 주연(酒宴).
【禊祭 계제】부정(不淨)을 씻어 내고 상서롭지 못한 것을 없애기 위하여 물가에서 목욕재계하고 올리던 제사. ○음력 3월 3일에 행하는 것을 춘계(春禊), 7월 14일에 행하는 것을 추계(秋禊)라고 함.
○灌—, 洛—, 祓—, 修—, 秋—, 春—, 解—.

【禖】⑭ 禱(1263)의 고자

【禖】⑭ 매제 **매** méi
매제(禖祭). 천자가 아들을 얻으려고 지내는 제사. 또는 그 제사의 신. 〔禮記〕以大牢祠于高禖.
【禖宮 매궁】후직(后稷)의 어머니인 강원(姜嫄)을 모시는 사당.
【禖祝 매축】임금이 아들을 얻으려고 신(神)에게 올리는 축사(祝辭).

【福】⑭ ❶복 **복** fú ❷간직할 **부** fù

二 亍 示 禾 祁 祁 祈 福 福 福

대법원 지정 인명용 한자의 음은 '복'이다.

[字源] 會意·形聲. 示+畐→福. '畐(복)'이 음도 나타내고 술동이를 그린 상형이다. 고대에 술은 풍부함을 상징하였고, 또 신에게 술을 따름으로써 복을 기원하였다.
[字解] ❶①복, 행복. 〔韓非子〕全壽富貴之謂福. ②복을 내리다, 돕다. 〔易經〕鬼神害盈而福謙. ③제사에 쓴 고기와 술. 〔禮記〕尸祭, 曰致福. ④같다. 〔張衡·賦〕仰福帝居. ❷간직하다, 모으다. 〔史記〕邦福重寶.
【福謙 복겸】겸손한 사람에게 복을 줌.
【福慶 복경】①행복과 경사. ②동전(銅錢)의 한 가지.
【福果 복과】(佛)선업(善業)에 의하여 얻은 복덕의 과보.
【福過災生 복과재생】복이 지나치면 재앙이 생김. 福過禍生(복과화생).
【福堂 복당】①행복이 모이는 곳. ②감옥.
【福德 복덕】①타고난 복과 후한 마음. ②(佛)선행의 과보(果報)로 받는 복스러운 공덕.
【福力 복력】복을 누리는 힘. 행복한 운수.
【福祿 복록】①타고난 복과 녹봉(祿俸). ②복되고 영화로운 삶.
【福履 복리】복록(福祿). ○'履'는 '祿'으로 '복, 복록'을 뜻함.
【福報 복보】복의 보답.
【福不重至 복부중지】복은 한꺼번에 둘씩 오지 않음.
【福相 복상】복스럽게 생긴 얼굴.
【福祥 복상】행복과 길상.
【福生於微 복생어미】복은 미세한 일에서 생김.
【福祐 복우】신의 도움. 神祐(신우).
【福田 복전】(佛)복을 거두는 밭. 삼보(三寶)를 공양하고 부모의 은혜에 보답하며 가난한 사람에게 베풀면, 밭을 경작하여 곡식을 얻는 것처럼 복이 생긴다는 뜻.
【福祚 복조】복. 행복. 福祉(복지).
【福地 복지】①복을 누리며 잘 살 수 있는 땅. ②신선이 살고 있는 곳.
【福至心靈 복지심령】행복이 찾아오면 정신도 영명(靈明)해짐.
【福澤 복택】행복과 은택.
○嘉—, 介—, 景—, 祺—, 吉—, 多—, 萬—, 冥—, 薄—, 祥—, 瑞—, 壽—, 餘—, 五—, 威—, 祉—, 天—, 淸—, 祝—, 豐—, 遐—, 幸—, 享—, 胡—, 禍—, 厚—.

【禅】⑬ 禪(1262)의 속자

【禉】⑭ 紫(1253)와 동자

【禓】⑭ ❶길제사 **양** yáng ❷구나 **상** shāng
❶①길제사. 길에서 지내는 제사. ②길귀신. ❷구나(驅儺). 〔禮記〕鄕人禓.

示部 9~10획 䄛 禕 禋 禎 禔 禘 禠 禮 禍 禢

䄛⑭ 복 오·우 仄 wú
参考 대법원 지정 인명용 한자음은 '우'이다.
字解 복(福).

禕⑭ 아름다울 의 灰 yī
参考 禕(1628)는 딴 자.
字解 ❶아름답다.〔張衡·賦〕漢之帝德, 侯其禕而. ❷진귀하다.

禋⑭ ❶제사 지낼 인·연 眞 yīn
❷천제에게 제사 지낼 연 先 yīn
字解 ❶①제사 지내다, 정결히 제사 지내다.〔詩經〕肇禋, 迄用有成. ②천제(天帝)에게 제사 지내다.〔周禮〕凡大禋祀肆享祭示. ②재계(齋戒)하다.
〔禋潔 인결〕단정하고 정결함
〔禋祀 ❶인사 ❷연사〕 ❶몸을 정결히 하여 제사 지냄. 禋祠(인사). ❷천신(天神)에게 제사 지냄.

禎⑭ 상서 정 庚 zhēn
参考 청대(淸代)에 세조(世祖)의 휘(諱)를 피하여 '禛(1261)' 대신 썼다.
字解 ①상서(祥瑞).〔中庸〕必有禎祥. ②복, 행복. ③바르다, 곧다.〔漢書〕咸有禎祥. ④착하다.
〔禎祺 정기〕행복(幸福). 吉祥(길상).
〔禎祥 정상〕좋은 징조.
〔禎瑞 정서〕상서로운 조짐. 祥瑞(상서).

禔⑭ 복 지·제 支 紙 zhī
字解 ①복, 행복. ②즐거움. ③편안하다. ④조사(助詞). ㉮다만. ㉯이제 막, 바야흐로. =祇.〔史記〕禔取辱耳.
〔禔福 지복〕복, 행복. 祉福(지복).
〔禔身 지신〕몸에 복을 받음.

禘⑭ 종묘 제사 이름 체 霽 dì
字解 ①종묘의 제사 이름. ㉮시제(時祭). ㉯은제(殷祭). 천자·제후가 3년상(喪)을 마치고 조상의 혼령을 합제(合祭)하는 큰 제사.〔禮記〕天子犆礿, 祫禘, 祫嘗, 祫烝. ②큰 제사. 천자가 정월에 남교(南郊)에서 하늘에 지내는 제사.〔禮記〕禘, 不王不禘, 王者禘其祖之所自出, 以其祖配之.
〔禘嘗 체상〕 ❶임금이 햇곡식을 종묘(宗廟)에 올리는 제사. ❷천자(天子)·제후(諸侯)가 종묘에 지내는 여름 제사와 가을 제사.
〔禘祫 체협〕임금이 조상들의 제사를 함께 지내

는 대제(大祭).
❶吉―, 大―, 時―, 春―, 饗―.

禠⑭ 禊(1257)과 동자

禮⑭ 礼(1251)과 동자

禍⑭ 재화 화 哿 huò
一 亍 示 禾 禑 禍 禍 禍 禍
字源 會意·形聲.
示+咼→禍. '咼(괘)'는 소의 어깨뼈를 그린 '冎'의 변형이다. 옛날에는 소의 어깨뼈를 이용해 길흉(吉凶)을 점쳤던 풍습이 있었다. 咼가 음도 나타낸다.
字解 ①재화. ㉮불행.〔孝經〕禍亂不作. ㉯재난.〔禮記〕君子愼以辟禍. ㉰근심.〔荀子〕私行而無禍. ②재화를 내리다.〔書經〕天道禍善禍淫. ③죄, 허물.〔荀子〕罪禍有律.
〔禍家餘生 화가여생〕죄화(罪禍)를 입은 집안의 자손.
〔禍階 화계〕재앙이 일어날 연고. 禍梯(화제).
〔禍根 화근〕재앙의 근원.
〔禍機 화기〕재화가 생겨날 조짐. 화를 부르는 계기(契機).
〔禍難 화난〕재앙과 환난.
〔禍變 화변〕재화와 변고(變故).
〔禍福 화복〕재화와 복록(福祿).
〔禍福無門 화복무문〕화복은 운명적인 것이 아니라, 선한 일을 하거나 악한 일을 함에 따라서 각기 받는다는 말.
〔禍福由己 화복유기〕화나 복은 다 자기 스스로 부르는 것임. 自業自得(자업자득).
〔禍不單行 화불단행〕화는 매양 하나로 그치지 않고 겹쳐서 옴.
〔禍生於忽 화생어홀〕화는 소홀히 여기는 데서 일어남.
〔禍與福鄰 화여복린〕화와 복은 서로 이웃하고 있음. 복이 있으면 화가 있고, 화가 있으면 복이 있다는 말.
〔禍災 화재〕화난(禍難)과 재액(災厄).
〔禍從口生 화종구생〕화는 말을 삼가지 않는 데서 일어남. 禍從口出(화종구출).
〔禍泉 화천〕 ①재화의 근원. ②술.
〔禍胎 화태〕재앙의 근본이 되는 빌미.
〔禍害 화해〕재앙. 재난. 禍殃(화앙).
〔禍酷 화혹〕재앙. 재화. 禍害(화해).
〔禍患 화환〕재화(災禍)와 환난(患難).
❶家―, 艱―, 奇―, 召―, 速―, 宿―, 養―, 女―, 陰―, 人―, 災―, 戰―, 橫―.

禢⑮ 祮(1257)와 동자

示
10 【禡】⑮ 마제 마 厲 mà
소전 禡 초서 禡 간체 祃 字解 ①마제(禡祭). 〔詩經〕是類是禡. ②마상제(馬上祭).
【禡牙 마아】 군대의 주둔지에서 제사 지냄. ◯'牙'는 군기(軍旗)를 뜻함.
【禡祭 마제】 군대가 머무는 곳에서 군신(軍神)에게 지내던 제사.

示
10 【禖】⑮ 복 명 厲 míng
字解 복, 행복.

示
10 【福】⑮ 福(1259)의 속자

示
10 【禠】⑮ 복 사·기 厲 sī
소전 禠 소전 禠 초서 禠 字解 복, 행복. 〔張衡·賦〕祈禠禳災.

示
10 【榮】⑮ 재앙 막는 제사 영 國厲 yǒng
소전 榮 초서 榮 字解 會意·形聲. 炏+示→榮. '炏'은 '營'의 생략형. 금줄을 치고 단역(壇域)을 마련하여 그 안에서 일월산천(日月山川)에 풍우설상(風雨雪霜)의 재해를 물리쳐 줄 것을 기도하는 뜻을 나타낸다.
字解 ①재앙 막는 제사. 금줄을 치고 그 안에서 재앙을 불제(祓除)하는 제사. 〔周禮〕春秋祭榮亦如之. ②경영하다, 거행하다. 〔周禮〕幽宗祭星也.
【榮禱 영도】 제사 지내어 기도함.

示
10 【禨】⑮ 땅 이름 작 厲 jì
간체 禨 字解 ①땅 이름. 춘추 때 제(齊)나라의 읍(邑). ②성(姓).

示
10 【禝】⑮ 사람 이름 직 厲 jì
字解 사람 이름. 늑稷. 요(堯)임금의 신하이며, 주(周)나라의 조상.

示
10 【禛】⑮ 복 받을 진 厲 zhēn
소전 禛 간체 禛 字源 會意·形聲. 示+眞→禛. 정성을 다하여 복을 받는다는 뜻을 나타낸다. '眞(진)'이 음도 나타낸다.
字解 복을 받다, 정성을 다하여 복을 받다.

示
10 【禳】⑮ 禳(1257)의 본자

示
10 【禍】⑮ 禍(1260)와 동자

示
11 【禮】⑯ 산신 이름 봉 图 féng
字解 산신 이름. 늑逢.

示
11 【禧】⑯ 禧(1259)의 속자

示
11 【禦】⑯ 막을 어 厲語 yù
소전 禦 초서 禦 간체 御 字源 形聲. 御+示→禦. '御(어)'가 음을 나타낸다.
字解 ①막다. ㉮당하다, 감당하다. 〔國語〕莫之能禦也. ㉯맞서다, 대적하다. 〔莊子〕毛可以禦風寒. ㉰갖추다, 대비하다. 〔國語〕所以禦災也. ㉱지키다. ㉲거역하다, 물리치다. 〔莊子〕是禦福也. ㉳금하다, 못하게 하다. 〔詩經〕兄弟鬩牆, 外禦其務. ㉴피하다. 〔山海經〕符禺之山, 其鳥多鴖, 可以禦火. ②방비, 방어. 〔國語〕小國諸侯有守禦之備. ③제사 지내다, 재앙이 없기를 빌다. 〔六書故〕禦, 祀以禦沴也. ④강(强)하다. 〔詩經〕曾是彊禦. ⑤대로 결은 수레의 덮개. ⑥대신(大臣). 〔逸周書〕禽禦八百.
【禦寇 어구】 공격하여 오는 적을 막음.
【禦侮 어모】 ①외부로부터 받는 모욕을 막음. ②무신(武臣).
【禦戰 어전】 방어하여 싸움. 防戰(방전).
【禦寒 어한】 추위를 막음. 防寒(방한).
◐ 彊—, 防—, 備—, 守—, 戍—, 鎭—, 扞—.

示
11 【頴】⑯ 穎(1280)의 속자

示
11 【禮】⑯ 詛(1663)와 동자

示
11 【禪】⑯ 조왕제 필 覓 bì
字解 조왕제(竈王祭), 조왕에게 제사 지내다.

示
12 【橘】⑰ 재앙 결 厲 jué
字解 재앙, 흉(凶)한 조짐.

示
12 【禨】⑰ ❶조짐 기 厲 jī ❷좋은 조짐 기 困 jī ❸빌미 기 丢 qí
초서 禨 字解 ❶①조짐, 징조(徵兆). 길흉 양쪽을 다 이른다. 〔史記〕不好治宮室禨祥. ②빌미. ③제사. 〔漢書〕察禨祥. ❷①좋은 조짐. ②목욕하고 술을 마시다. 〔禮記〕進禨進羞. ❸빌미.
【禨祥 기상】 ①복을 구함. ◯'禨'는 '祈'로 '구하다'를 뜻함. ②길흉(吉凶).

示 12 【禫】⑰ 담제 담 [感] dàn

[소전] 禫 [초서] 禫 [간체] 禫 [參考] 禪(1262)은 딴 자.

[字解] ①담제. 〔儀禮〕 中月而禫. ②고요하다, 편안하다. 〔荀子〕 神禫其辭.

【禫祭 담제】 대상(大祥)을 지낸 그 다음 다음 달에 지내는 제사. 禫祀(담사).

示 12 【䄙】⑰ 천제 지낼 료 [嘯] liào

[字解] 천제(天祭)를 지내다, 모닥불을 피우고 천신(天神)에 제사 지내다.

示 12 【禩】⑰ 祀(1250)의 고자

示 12 【禪】⑰ ❶봉선 선 [霰] shàn ❷고요할 선 [先] chán

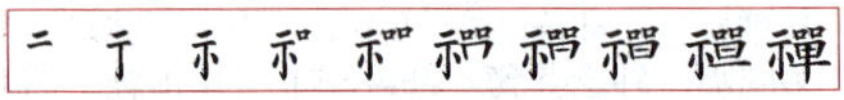

[소전] 禪 [초서] 禪 [동자] 禪 [속자] 禅 [속자] 禅

[간체] 禅 [參考] 禫(1631)은 딴 자.
[字源] 形聲. 示+單→禪. '單(단)'이 음을 나타낸다.

[字解] ❶①봉선(封禪), 하늘·산천에 제사 지내다. 〔大戴禮〕 封泰山而禪梁甫. ②사양하다. ㉮선위하다, 천위(天位)를 물려주다. 〔孟子〕 唐虞禪. ㉯전하다. 〔史記〕 禪五世. ㉰주다. ㉱바뀌다. ❷①고요하다. ※禪那(Dhyāna)의 준말. ②좌선, 참선. ③불교의 한 파, 선종(禪宗).

【禪家 선가】 (佛)①선종(禪宗). 선종의 절. ②참선하는 승려. 禪客(선객).

【禪閣 선각】 절. 불당. 禪堂(선당).

【禪客 선객】 참선하는 사람. 禪家(선가)②.

【禪那 선나】 (佛)참선하여 무념무상의 삼매경(三昧境)에 드는 일. 선(禪). 禪定(선정). 🔎범어(梵語) 'Dhyāna'의 음역어.

【禪尼 선니】 (佛)불문에 들어간 여자.

【禪代 선대】 대(代)가 바뀜.

【禪道 선도】 (佛)①참선하는 도. ②선종(禪宗).

【禪林 선림】 (佛)선종의 절.

【禪味 선미】 선(禪)의 취미. 풍진(風塵)을 떠난 취미.

【禪師 선사】 (佛)①선종의 고승(高僧)에 대한 칭호. ②[國]지덕(智德)이 높은 선승(禪僧)에게 조정에서 내리던 칭호.

【禪牀 선상】 좌선을 위한 자리.

【禪庵 선암】 (佛)선원(禪院)에 딸린 암자. 선승(禪僧)이 있는 암자.

【禪讓 선양】 임금의 자리를 유덕한 사람에게 물려줌. 禪位(선위).

【禪悅爲食 선열위식】 (佛)선정(禪定)에 들어 침식을 잊고 즐겁게 생활함.

【禪院 선원】 ①선종의 절. ②선정(禪定)을 닦는 도량.

【禪杖 선장】 (佛)①선승이 짚는 지팡이. ②참선할 때 조는 승려를 깨우는 데 쓰는 대막대기.

【禪定 선정】 ☞禪那(선나).

【禪宗 선종】 (佛)설법과 경문에 의지하지 않고 참선에 의하여 진리를 직관하려는 불교의 한 종파. 달마 대사(達磨大師)가 양(梁) 무제(武帝) 때 중국에 전하였음. 佛心宗(불심종).

【禪榻 선탑】 (佛)승려가 좌선할 때 올라앉는 자리. 禪牀(선상).

【禪學 선학】 (佛)선종의 교리를 구명하는 학문.

【禪和子 선화자】 (佛)참선하는 사람. 선승(禪僧). 🔎'子'는 조자(助字).

【禪會 선회】 (佛)참선을 하기 위한 모임.

◑ 內-, 登-, 封-, 受-, 立-, 坐-, 參-.

示 12 【禚】⑰ 醮(1866)의 본자

示 12 【⿰⿱壴示彡】⑰ 祊(1251)과 동자

示 12 【禧】⑰ 복 희 [支] xǐ

[소전] 禧 [초서] 禧 [간체] 禧 [字解] ①복. ②경사스럽다, 길하다. ③고하다.

示 13 【禮】⑱ 예도 례 [薺] lǐ

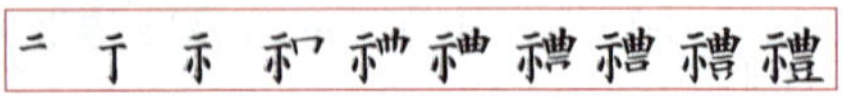

[소전] 禮 [초서] 禮 [속자] 礼 [고자] 礼 [고자] 祀

[간체] 礼 [字源] 會意·形聲. 示+豊→禮. '豊(예)'가 음도 나타내고, 신전에 바친 제물을 본떴다. 예는 사람이 행해야 할 중요한 도리이고, 특히 신을 섬기고 신에게 제사 지낼 때 더욱 중요하므로 '示(시)'와 '豊(예)'를 합하였다.

[字解] ①예도, 예절. 〔禮記〕 禮者, 因人之情而爲之節文, 以爲民坊者也. ②경의(敬意)를 표하다. 〔禮記〕 禮賢者. ③폐백. 〔禮記〕 無禮不相見也. ④음식, 음식 대접을 하다. 〔儀禮〕 饗禮乃歸. ⑤오례(五禮)·구례(九禮)의 총칭. 오례는 吉(祭祀)·凶(喪葬)·賓(賓客)·軍(軍旅)·嘉(冠婚), 구례는 冠·婚·朝·聘·喪·祭·賓主·鄕飮酒·軍旅.

【禮家 예가】 예(禮)에 정통한 사람.

【禮經 예경】 ①예(禮)의 상도(常道). ②성인(聖人)이 정한 예법을 기록한 책. 예기(禮記)·의례(儀禮) 따위.

【禮敎 예교】 예의에 관한 가르침.

【禮禁未然 예금미연】 예(禮)는 나쁜 일을 하지 못하도록 미연에 금하는 일임.

【禮度 예도】 예의와 법도. 예절.

【禮吏 예리】 [國]예방(禮房)의 아전.

【禮命 예명】 초빙하여 관직을 명함.

示部 13~14획 禮䄠禪禬禰禱禴   1263

【禮貌 예모】 예의 바른 태도. 禮容(예용).
【禮文 예문】 ①예법에 관하여 써 놓은 글. 예경(禮經)에 실린 글. ②한 나라의 예법과 문물제도. ③(佛)예불하는 의식.
【禮物 예물】 ①사례의 뜻으로 주는 물품. ②혼인할 때 신랑과 신부가 주고받는 기념품.
【禮防 예방】 중정(中正)을 잃지 않도록 예로써 막음.
【禮煩則亂 예번즉란】 예가 너무 까다로우면 도리어 문란해짐.
【禮聘 예빙】 예로써 초빙함. 禮聘(예빙).
【禮斜 예사】 國예조(禮曹)에서 양자(養子)의 청원을 허가하여 주던 문서.
【禮尙往來 예상왕래】 예절은 서로 왕래하고 교제함을 귀히 여김.
【禮書 예서】 ①혼서(婚書). ②사례 편지.
【禮俗 예속】 예의범절에 관한 풍속.
【禮數 예수】 ①주인과 손님이 서로 만나 보는 예절. ②사회적 신분과 지위에 상응하는 예의.
【禮勝則離 예승즉리】 예의가 지나치면 도리어 백성들의 사이가 멀어짐.
【禮食 예식】 ①대우와 봉록(俸祿). ②예의를 지키면서 먹음.
【禮樂 예악】 예법과 음악.
【禮讓 예양】 예의 바르게 사양함.
【禮闈 예위】 예를 닦는 곳. 禮闈(예위).
【禮律 예율】 예법과 형률(刑律).
【禮意 예의】 ①경의를 표하는 마음. ②예(禮)의 정신.
【禮義 예의】 ①예의와 의리(義理). ②사람이 행하고 지켜야 할 예도(禮道).
【禮儀 예의】 ①예교(禮敎)의 중요한 조목. ②서로 상대에게 예로써 나타내는 말투나 몸가짐.
【禮誼 예의】 사람이 마땅히 지켜야 할 도리.
【禮狀 예장】 國①사례하는 편지. 禮書(예서). ②혼서(婚書).
【禮葬 예장】 예의를 갖추어 치르는 장례.
【禮裝 예장】 ①예복을 입고 위엄 있는 태도나 차림새를 갖춤. ②國납폐(納幣).
【禮節 예절】 예의와 범도에 맞는 절차.
【禮制 예제】 國상례(喪禮)에 관한 제도.
【禮秩 예질】 예의를 갖추어 대접함. 예의·관록(官祿)에 따른 대우.
【禮讚 예찬】 ①고마워하고 칭송함. 존경하고 찬탄함. ②(佛)삼보(三寶)를 예배하고 그 공덕을 찬미함.
【禮帖 예첩】 예물(禮物)을 적은 목록.
【禮幣 예폐】 고마움과 공경의 뜻으로 보내는 물품. 禮物(예물).
【禮砲 예포】 예식 행사에서 환영이나 경의, 조의 등을 나타내기 위하여 쓰는 포.
【禮饗 예향】 예를 갖추어 손을 대접함.
❶ 家-, 敬-, 古-, 冠-, 吉-, 答-, 目-, 無-, 拜-, 繁-, 復-, 非-, 菲-, 賓-, 娉-, 喪-, 崇-, 失-, 約-, 五-, 六-, 儀-, 典-, 祭-, 終-, 主-, 周-, 悖-, 賀-, 亢-, 虛-, 昏-, 婚-, 凶-.

示 13 【禮】⑱ 禪(1262)과 동자

示 13 【䄠】⑱ 제사 이름 수 圖 suì
字解 ①제사 이름. ②신(神) 이름. 수신(䄠神). 고구려 때 동쪽에 있는 수혈(䄠穴)을 맡은 신. 이를 국토신(國土神) 또는 생산신(生產神)으로 받들어, 매년 시월에 제사 지냈다.

示 13 【禪】⑱ 역제 역 圄 yì
字解 역제(禪祭). 정제(正祭)를 지낸 다음날에 지내는 제사. 은대(殷代)에는 肜(융)이라 하고, 주대(周代)에는 禪(역)이라 하였다.

示 13 【禬】⑱ 푸닥거리 회 圖 guì
소전 禬 초서 禬 字源 會意·形聲. 示+會 →禬. 재앙을 덜고 복을 만나기를 바라는 제사의 뜻을 나타낸다. '會(회)'가 음도 나타낸다.
字解 ①푸닥거리.〔周禮〕掌以時招梗禬禳之事. ②재화(財貨)를 모으다. 제후들이 재화를 모아서 재해를 입은 사람을 구제하던 모임.〔周禮〕以禬禮哀圍敗.

示 14 【禰】⑲ 아비 사당 녜 圈 nǐ
소전 禰 초서 禰 동자 祢 동자 祢 간체 祢
字解 ①아비 사당.〔春秋穀梁傳〕新宮者, 禰宮也. ②사당에 모신 아버지. ③신주(神主). 먼 곳으로 모셔 갈 때의 신주.〔禮記〕其在軍, 則守於公禰.
【禰宮 예궁】 ☞禰廟(예묘).
【禰廟 예묘】 아버지를 모신 사당. 禰宮(예궁).
【禰祖 예조】 아버지와 조상을 모신 사당.
❶ 公-, 祈-, 宿-, 祖-.

示 14 【禱】⑲ 빌 도 圖圈 dǎo
소전 禱 주문 䆃 혹체 禂 초서 禱 고자 禱
字解 빌다, 신명에 일을 고하고 그 일이 성취되기를 기원하다. 늑䙷.〔詩經〕既伯既禱.
【禱福 도복】 복을 내려 주기를 빎.
【禱祀 도사】 기도하고 제사함. 禱祠(도사).
【禱請 도청】 신불(神佛)에게 소원이 이루어지기를 빎.
【禱祝 도축】 빎. 기도함.
❶ 祈-, 默-, 拜-, 祠-, 齋-, 精-, 祝-.

示 14 【禳】⑲ 액막이 염 圂圈 yǎn
字解 액막이, 신(神)에게 제사 지내어 재액을 불제(祓除)하다.

示15 【䄺】⑳ 여귀 려 丽 lí
字解 여귀(䄺鬼). 의탁할 곳 없이 떠돌아다닌다는 악한 귀신.

示16 【䄽】㉑ ❶게을리 할 란 罒 lǎn
❷무너뜨릴 뢰 賴 lài
字解 ❶게을리 하다, 제사를 게을리 하다. ❷①무너뜨리다. ②저주(詛呪)하다.

示16 【禮】㉑ 礼(1256)와 동자

示17 【禴】㉒ 종묘 제사 이름 약 龠 yuè
초서 礿 字解 ①종묘의 제사 이름. ㉮여름 제사. 〔詩經〕 禴祠烝嘗. ㉯봄 제사. =礿. 〔易經〕 利用禴. ②박(薄)하다, 약소하다.

示17 【禳】㉒ ❶제사 이름 양 襄 ráng
❷푸닥거릴 양 陽 ráng
소전 禳 초서 禳 간체 禳 字解 ❶제사 이름. 희생을 잡아 사방의 신에게 바치고 돌림병이나 악귀를 물리쳐 주기를 기원하는 제사. ❷푸닥거리하다. 〔後漢書〕此何祥, 其可禳乎.
【禳禱 양도】신에게 제사 지내어 재앙을 없애고 행복을 비는 일.
【禳禬 양회】재앙을 물리치는 굿.
◐祓-, 佚-, 磔-.

示19 【禷】㉔ 제사 이름 류 寘 lèi
소전 禷 字解 제사 이름. 군대 등에 비상 사태가 일어났을 때에 교제(郊祭)의 예(禮)에 의하여 하늘에 고하는 제사.

示19 【禶】㉔ ❶제사 이름 찬 旱 zàn
❷신의 공덕 기릴 찬 翰 zàn
字解 ❶제사 이름. ❷신(神)의 공덕을 기리다.

內部

5획 부수 │ 짐승발자국유부

內0 【內】⑤ 발자국 유 有 róu
소전 禸 전서 蹂 초서 内 字源 象形. 짐승의 몸통과 다리, 늘어진 꼬리를 본뜬 글자.
字解 짐승의 발자국, 발자국.

內4 【禹】⑨ 하우씨 우 麌 yǔ

字源 象形. 네 발 달린 벌레를 본뜬 글자.
字解 ①하우씨. 하(夏)나라의 시조. 우(禹)임금. ②벌레, 네 발 벌레. ③돕다. ④느슨하다. ⑤곡척(曲尺), 곱자로 재다.
【禹步 우보】한쪽 다리를 끌며 걷는 걸음.
【禹跡 우적】①우(禹)임금이 홍수를 다스린 지역. ②중국의 영토. 禹域(우역).
【禹行舜趨 우행순추】우(禹)임금이나 순(舜)임금의 걸음걸이를 흉내 냄. 성인의 겉모습만 본받을 뿐 실행이 없음.
◐大-, 授-, 神-, 帝-, 佐-.

內4 【禺】⑨ ❶긴꼬리원숭이 우 虞 yú
❷구역 우 麌 yú
소전 禺 초서 禹 字解 ❶긴꼬리원숭이, 꼬리가 긴 원숭이. ❷①구역, 구별. 〔管子〕是爲十禺. ②나타나다, 일의 실마리가 드러나다. 〔管子〕將合以禺. ③해가 지는 곳. ¶禺谷.
【禺谷 우곡】해가 지는 곳. 禺淵(우연).
【禺淵 우연】⇨禺谷(우곡).
【禺中 우중】정오(正午)에 가까운 시각.

內6 【离】⑪ ❶산신 리 支 lí
❷흩어질 리 支 lí
소전 离 초서 离 字源 象形. 산에 사는 신수(神獸)를 본뜬 글자.
字解 ❶①산신(山神), 짐승 형상을 한 산신. ②맹수(猛獸). ❷①흩어지다, 떠나다. 〔晉書〕司馬公尸居餘氣, 形神已离, 不足慮矣. ②괘 이름. =離. ③산에 사는 신령한 짐승.

內6 【离】⑪ 离(1264)의 속자

內7 【貇】⑫ 비비 비 困 fèi
字解 비비. =䝙.
【貇貇 비비】짐승 이름. 비비(狒狒).

內7 【禼】⑫ 사람 이름 설 屑 xiè
소전 禼 고문 萬 초서 禽 동자 离 속자 离 간체 禼 字源 象形. 벌레 모양을 본뜬 글자.
字解 ①사람 이름. =契, 偰. 은(殷)의 시조. ②벌레.

內8 【禽】⑬ 날짐승 금 侵 qín
入 仐 今 仌 仺 含 禽 禽 禽
소전 禽 초서 禽 字源 象形·形聲. 內+凶+今→禽. 짐승의 형상을 본뜬

본뜬 글자. '凶'는 네 발, '凶'은 머리를 나타낸다. '今(금)'은 음을 나타내기 위하여 후세에 추가되었다. 처음에는 모든 짐승을 이르다가 나중에는 날짐승만을 뜻하게 되었다.
[字解] ①날짐승. 〔爾雅〕 二足而羽謂之禽. ②짐승. ③날짐승과 짐승. 조수(鳥獸). ④사로잡다. ≒擒.
【禽困覆車 금곤복거】 사로잡힌 짐승도 곤경에 빠지면 수레를 엎어 버림. 약자(弱者)도 결사적이 되면 큰 힘을 낼 수 있음.
【禽囚 금수】 포로(捕虜).
【禽獸 금수】 ①날짐승과 길짐승. 모든 짐승. ②행실이 더럽고 비열한 사람.
【禽獸行 금수행】 짐승 같은 행위. 인도(人道)를 거역한 불륜한 행위.
【禽語 금어】 새 지저귀는 소리. 鳥語(조어).
【禽剿 금전】 잡아서 베어 죽임.
【禽殄 금진】 사로잡아 죽임. 擒殄(금진).
【禽荒 금황】 사냥에 탐닉함.
【禽獲 금획】 사로잡음. 擒獲(금획).

❶ 家-, 嘉-, 籠-, 鳴-, 文-, 祥-, 翔-, 棲-, 瑞-, 時-, 神-, 晨-, 野-, 幽-, 鷙-, 珍-, 彩-, 雛-, 喧-.

內 9 【禼】⑭ 囮(1265)와 동자

內 13 【禼】⑱ 비비 비 困 fèi

[小篆] [同字] 禼 [同字] 禼 [字源] 象形. 비비(狒狒)의 모양을 본뜬 글자. '凶'은 머리, '自'는 그 손이 사람을 붙드는 모양을 나타낸다.
[字解] 비비(狒狒). =狒. 아프리카에 사는 개코원숭이.

禾部
5획 부수 │ 벼화부

禾 0 【禾】⑤ ❶벼 화 歌 hé ❷國말 이의 수효 수

[篆文] [草書] [參考] 대법원 지정 인명용 한자의 음은 '화'이다.
[字源] 象形. 벼가 익어 고개를 숙인 모양을 본뜬 글자. '木'은 줄기 모양이고, 'ノ'는 이삭이 드리워진 모양으로 '벼'를 나타낸다.
[字解] ❶①벼. 〔儀禮〕 米禾皆二十車. ②곡물. ③곡식의 모. 곡식의 줄기. ④이삭이 팬 벼. 〔春秋公羊傳·無苗·注〕 生曰苗, 秀曰禾. ⑤벼농사를 짓다. ❷말〔馬〕의 이〔齒〕의 수효.

【禾稼 화가】 곡식. 곡류(穀類).
【禾穀 화곡】 ①벼. ②곡식.
【禾利 화리】 國①수확이 예상되는 벼. ②논의 경작권.
【禾苗 화묘】 볏모.
【禾黍油油 화서유유】 벼와 기장이 아름답고 무성하게 자라는 모양.
【禾束 화속】 ①볏단. ②곡물의 다발.
【禾粟 화속】 ①벼. ②곡물.
【禾穎 화영】 벼 이삭.

❶ 嘉-, 登-, 晩-, 麥-, 祥-, 黍-, 瑞-.

禾 2 【禿】⑦ 대머리 독 屋 tū

[小篆] [小篆] [草書] [字解] ①대머리. 〔禮記〕 禿者不免. ②민둥산. 〔淮南子〕 禿山不游麋鹿. ③벗어지다. ㉮대머리가 되다. 〔韓愈·詩〕 髮禿骨力羸. ㉯민둥산이 되다. 〔劉克莊·詩〕 燒餘山頂禿. ㉰잎이 모두 떨어지다. 〔揭傒斯·詩〕 谷老崖堅松柏禿. ㉱붓이 모지라지다. 〔韓愈·傳〕 中書君老而禿, 不任吾用. ④맨머리. 〔後漢書〕 禿巾微行.
【禿巾 독건】 두건을 쓰지 않음.
【禿頭 독두】 대머리.
【禿山 독산】 민둥산. 벌거숭이산.
【禿樹 독수】 잎이 떨어진 나무.
【禿翁 독옹】 대머리 진 늙은이.
【禿友 독우】 붓의 딴 이름.
【禿丁 독정】 '승려'를 낮잡아 이르는 말.
【禿筆 독필】 ①끝이 무지러진 붓. 몽당붓. 禿毫(독호). ②자신이 쓴 시문의 겸칭.
【禿毫 독호】 몽당붓. 禿筆(독필).

❶ 老-, 斑-, 病-, 頑-, 愚-, 酒-, 疙-.

禾 2 【私】⑦ 사사 사 支 sī

ノ 二 千 禾 禾 私 私

[小篆] [草書] [字源] 形聲. 禾+厶→私. '厶(사)'가 음을 나타낸다. 私는 본래 벼의 한 가지를 뜻하였다.
[字解] ①사사. ㉮자기. 〔呂氏春秋〕 身者非其私有也. ㉯개인. 〔新書〕 反公爲私. ㉰불공평함. 〔淮南子〕 公正無私. ㉱사곡(邪曲). 〔淮南子〕 私道塞矣. ㉲사사로운 욕망. 〔老子〕 少私寡欲. ㉳비밀. 〔禮記〕 嫌探人之私也. ②사사로이 하다. ㉮자기 소유로 삼다. 〔孟子〕 八家皆私百畝. ㉯사리(私利)를 꾀하다. 〔孟子〕 有私龍斷焉. ㉰불공평히 하다. ㉱사곡하게 하다. 〔戰國策〕 賞不私親近. ③홀로. ㉮마음속으로. 〔孟子〕 有私淑艾者. ㉯몰래, 비밀히. 〔後漢書〕 弟子私嘲之. ④사랑하다, 은혜를 베풀다. 〔呂氏春秋〕 子, 人之所私也. ⑤총애하는 것, 마음에 드는 것. 〔國語〕 君多私. ⑥사처(私處). ⑦편복(便服). 〔詩經〕 薄汚我私. ⑧배신(陪臣). ⑨가족(家族), 집안. 〔春秋左氏傳〕 請以我私屬.

⑩자매의 남편. ⑪오줌, 오줌을 누다. ⑫간통. 〔史記〕太后時時竊私通呂不韋. ⑬남녀의 음부. 〔飛燕外傳〕早有私病, 不近婦人.
【私家 사가】①한 개인의 집. 사삿집. 自宅(자택). ②자기 집의 이(利)를 꾀함. ③대부(大夫) 이하의 집. 신하의 집. ④재야인(在野人). 민간인(民間人). ⑤아내의 친정.
【私假 사가】독단으로 물건을 빌려 줌. 몰래 물건을 빌려 씀.
【私艱 사간】부모의 상(喪).
【私客 사객】①자기 집의 기숙인. ②개인의 용인(用人).
【私見 사견】자기 개인의 의견이나 생각.
【私徑 사경】國사사로운 이익을 위하여 취하는 떳떳하지 못한 길.
【私穀 사곡】개인 소유의 양식.
【私忌 사기】①사사로운 원한. ②사삿집의 기일(忌日).
【私德 사덕】①자기 한 몸을 위한 덕. 근면·절약 따위. ②공평하지 못한 덕택(德澤).
【私徒 사도】사사로이 거느리는 부하나 종.
【私論 사론】①남이 모르게 하는 논의. ②사적(私的)인 의견.
【私利 사리】개인의 이익.
【私立 사립】①제멋대로 결정함. ②개인의 자금으로 공익의 사업 기관을 설립하여 유지함.
【私面 사면】①개인의 자격으로 면회함. ②몰래 면회함.
【私門 사문】①자기 개인의 집이나 가문의 낮춘말. ②개인적으로 청탁하는 통로. ③권세가 있는 집안. ④사창(私娼).
【私白 사백】거세(去勢)한 남자. 宦官(환관).
【私罰 사벌】사사로운 감정으로 남을 벌함.
【私辨 사변】자기 돈으로 치름. 자비를 씀.
【私報 사보】①사사로이 알림. ②개인 사이의 통보.
【私夫 사부】①샛서방. 間夫(간부). ②관기(官妓)가 남몰래 두던 남편.
【私府 사부】한대(漢代)에 황후·제후·귀족 등의 재물을 보관하던 창고. 황제의 소부(少府)와 구별됨.
【私費 사비】개인이 부담하는 비용.
【私書 사서】①개인의 문서나 편지. 私信(사신). ②비밀 편지.
【私喪 사상】①부모상. ②처자상(妻子喪).
【私屬 사속】①사삿집에서 부리는 하인. ②노비(奴婢).
【私淑 사숙】직접 가르침을 받지는 않으나, 마음 속으로 그 사람의 덕을 사모하고 본받아서 학문이나 도를 닦음.
【私塾 사숙】개인이 경영하는 글방.
【私心 사심】①제 욕심만을 채우려는 마음. 부정한 마음. ②자기 혼자만의 생각. 私意(사의).
【私謁 사알】몰래 만남. 사사로이 내밀히 만나서 청탁을 함.
【私愛 사애】①치우친 사랑. 偏愛(편애). ②남 모르게 사랑하는 여자.

【私醸 사양】관(官)의 허가 없이 술을 빚음. 密醸(밀양).
【私慾 사욕】자기의 이익만을 꾀하는 욕심.
【私願 사원】일신상의 소원. 사사로운 소원.
【私恩 사은】사사로이 입은 은혜.
【私誼 사의】개인 사이의 정의(情誼).
【私議 사의】①사사로이 논의함. ②자기 개인의 의견으로 논의함.
【私人 사인】①자기가 부리는 하인. ②개인 자격으로서의 사람.
【私印 사인】①사인(私人)의 인장. 사사로이 쓰는 도장. 職印(직인). ②비밀히 출판함.
【私覿 사적】①공사(公事)가 아닌 사사로운 일로 만남. ②관리가 사사로이 임금을 뵘.
【私錢 사전】①개인 소유의 돈. ②민간에서 몰래 만든 돈. 위조한 돈.
【私占 사점】國개인이 독차지함.
【私造 사조】몰래 만듦. 위조함.
【私鑄 사주】돈 따위를 개인이 사사로이 주조함. 돈을 위조함. 私錢(사전).
【私智 사지】자기 한 사람의 좁은 생각. 공정하지 못한 지혜.
【私債 사채】개인 사이의 사사로운 빚.
【私處 사처】①스스로 즐김. ②여자의 음부(陰部). ③개인이 거처하는 곳.
【私賤 사천】國개인이 부리는 종.
【私蓄 사축】①비밀히 재물을 저축함. ②개인의 저축. 私貯(사저). 私積(사적).
【私帑 사탕】천자(天子)의 사유 재산.
【私通 사통】①관원끼리 사사로이 연락함. ②부부 아닌 남녀가 몰래 정을 통함.
【私販 사판】금제(禁制)를 어기고 비밀히 팖. 密賣(밀매)함.
【私行 사행】①개인의 사사로운 행위. ②남몰래 가만히 함. 비밀 행위. ③관리가 개인적인 일로 외출함.
【私嫌 사혐】개인적인 혐의.
【私惠 사혜】사사로이 입은 은혜. 공평하지 못한 은혜.
【私和 사화】①서로 원한을 풀고 화해함. ②송사(訟事)를 화해함.
【私回 사회】사사롭고 마음이 바르지 않음.
▶公—. 眷—. 滅—. 燕—. 營—. 陰—. 便—.

禾2 【秀】⑦ 빼어날 수 圖 xiù

一二千千禾禾秀秀

소전 초서 〔字源〕會意. 禾+乃→秀. 벼〔禾〕의 열매가 맺혀 아래로 늘어진 모양〔乃〕에서 '빼어나다'의 뜻을 나타냄.
〔字解〕①빼어나다. ㉮높이 솟아나다. 〔張協·七命〕秀出中天. ㉯뛰어나다, 훌륭하다. 〔禮記〕五行之秀氣也. ㉰성장하다, 자라다. 〔後漢書〕或秀或苗. ②꽃이 피다. 〔論語〕苗而不秀者有矣夫. ③꽃이 피고 열매를 맺지 않는 것, 수꽃.

禾部 3~4획 秆 杞 季 秉 籼 秆 秱 秄 秱 秔 科

〔國語〕贊陽秀也. ④꽃이 피지 않고 열매가 맺는 것.〔詩經〕實發實秀. ⑤꽃.〔張協·七命〕方疏含秀. ⑥무성하다. ⑦아름답다.〔華嚴經音義〕秀, 美也. ⑧지초(芝草).〔楚辭〕朶三秀兮於山間. ⑨정수(精粹).〔太極圖說〕惟人也, 得其秀而最靈. ⑩수, 자수(刺繡). =綉.

【秀傑 수걸】 ①여럿 중에서 뛰어남. ②재주가 빼어나고 기상이 걸출함.
【秀句 수구】 훌륭한 글귀나 시가(詩歌).
【秀氣 수기】 ①순수하고 빼어난 기운. ②수려한 경치. 우아(優雅)한 모양.
【秀朗 수랑】 뛰어나고 밝음.
【秀麗 수려】 산수의 경치가 뛰어나고 아름다움.
【秀望 수망】 뛰어난 영예(榮譽).
【秀眉 수미】 썩 아름다운 눈썹.
【秀拔 수발】 뛰어나게 훌륭함. 秀挺(수정).
【秀士 수사】 덕행과 학문이 뛰어난 선비.
【秀粹 수수】 수려하고 순수함.
【秀實 수실】 ①곡물이 잘 익음. ②성장함. 성인(成人)이 됨.
【秀穎 수영】 ①보기 좋게 잘 된 벼·보리 따위의 이삭. ②재능이 뛰어나고 훌륭함.
【秀外惠中 수외혜중】 외모가 뛰어나고 슬기로움. ◐'惠'는 '慧'로 '슬기롭다'를 뜻함.
【秀偉 수위】 빼어나고 위대함.
【秀潤 수윤】 서화(書畫) 따위가 훌륭하며 생동감이 있음.
【秀而不實 수이불실】 이삭은 나왔으나 여물지 않음. 학문은 진보하였으나 완성하지 못하고 중도에서 그침.
【秀逸 수일】 빼어나고 뛰어남.
【秀才 수재】 ①학문과 재능이 뛰어난 사람. ②미혼 남자의 존칭. ③國과거(科擧) 과목의 하나. 茂才(무재).
【秀絶 수절】 썩 뛰어나고 훌륭함.
【秀挺 수정】 ☞秀拔(수발).
【秀出 수출】 뭇사람 가운데 유난히 뛰어남.
【秀華 수화】 뛰어나게 아름다움.

◐ 孤一, 高一, 魁一, 閨一, 奇一, 爽一, 竦一, 神一, 雅一, 英一, 穎一, 聳一, 優一, 偉一, 逸一, 才一, 貞一, 挺一, 俊一, 淸一, 特一.

禾3【秆】⑧ 稈(1272)과 동자

禾3【杞】⑧ 찰기장 기 紙 qǐ
字解 찰기장. =芑.

禾3【季】⑧ 年(539)의 본자

禾3【秉】 ❶잡을 병 梗 bǐng ❷자루 병 毆 bǐng
소전 秉 초서 秉 字源 會意. 禾+又→秉. 벼(禾)를 베어 한 손(又)에 쥐고 있는 데서 '잡다'의 뜻을 나타낸다. 본디 뜻은 '볏단'이다.

字解 ❶①잡다. ㉮손으로 잡다.〔李白·序〕古人秉燭夜遊. ㉯마음으로 지키다.〔詩經〕民之秉彝. ②볏단. 벼 한 줌의 단.〔儀禮〕四秉曰筥. ③분량. 이름. 곡식 16곡(斛)을 이른다.〔論語〕冉子與之粟五秉. ❷자루, 권병(權柄). =柄.〔管子〕治國不失秉.

【秉公 병공】 편벽됨이 없이 두루 공평함.
【秉權 병권】 권력을 잡음.
【秉鈞 병균】 정권(政權)을 잡음. ◐'鈞'은 '형석(衡石)'을 뜻함.
【秉彝 병이】 인간의 떳떳한 도리를 굳게 지킴.
【秉燭夜遊 병촉야유】 촛불을 밝히고 밤이 깊도록 놂.
【秉燭夜行 병촉야행】 촛불을 들고 밤길을 감. 시기(時機)에 늦음.
【秉軸 병축】 정권을 잡음. ◐'軸'은 '차축(車軸)'으로, 중앙 행정 기구의 관직을 비유함.

禾3【籼】⑧ 메벼 선 先 xiān
초서 籼 동자 籼 字解 ①메벼. ②올벼.
【籼稻 선도】 ①메벼. ②올벼.

禾3【秆】⑧ 벼 이삭 패지 않을 우 虞 yú
字解 벼의 이삭이 패지 않다.

禾3【秱】⑧ 移(1271)의 속자

禾3【秄】⑧ 북돋울 자 紙 zǐ
소전 秄 字解 북돋우다, 벼의 뿌리를 북돋우다.

禾3【秱】⑧ 이삭 고개 숙일 초 篠 diǎo
소전 秱 초서 秱 字解 ①이삭이 고개를 숙이다, 이삭이 끊겨 떨어질 듯한 모양. ②물건을 걸다.

禾4【秔】⑨ 메벼 갱 本경 庚 jīng
소전 秔 혹체 稉 초서 秔 동자 粳 동자 粳
字解 메벼.〔漢書〕馳鶩禾稼稻秔之地.
【秔稌 갱도】 메벼와 찰벼.
【秔稻 갱도】 메벼.

禾4【科】⑨ ❶과정 과 歌 kē ❷떨기로 날 과 箇 kè

一 二 千 禾 禾 禾 秒 科

소전 秄 초서 科 字源 會意. 禾+斗→科. 벼(禾)의 등급을 매긴다

〔斗〕는 데서 정도·품등(品等)·조목·법률 등을 나타낸다. 斗(두)는 본래 곡식의 양을 잴 때 쓰던 용기를 그린 상형자이다.

[字解] ❶①과정, 조목. 〔春秋公羊傳〕何氏之意以爲, 三科九旨, 正是一物, 若摠言之, 謂之三科, 科者, 段也. ②품등. 〔論語〕爲力不同科. ③그루. 초목을 세는 단위. 〔宋史〕一科三莖, 上生粟三穗. ④법, 법률, 조문. 〔戰國策〕科條旣備. ⑤세금이나 벌을 매기다. 〔宋史〕詔諸路, 疑獄當奏, 而不奏者科罪. ⑥과거(科擧). 〔漢書〕以此科第郞從官. ⑦구멍, 웅덩이. 늑坎. 〔孟子〕盈科而後進. ⑧민머리. 〔史記〕虎賁之士, 跿跔科頭. ⑨연극에서 배우의 동작. ❷떨기로 나다, 무성하다.

【科客 과객】國과거를 보러 온 선비.
【科擧 과거】나라에서 벼슬아치를 뽑기 위하여 실시하던 시험.
【科格 과격】①정해진 규격. ②國과거에 급제할 만한 골격.
【科慶 과경】國과거에 급제한 경사.
【科禁 과금】규칙. 규범. 법도.
【科斷 과단】법에 비추어 죄를 단정함.
【科斗 과두】①올챙이. 蝌蚪(과두). ②과두 문자 (科斗文字).
【科頭 과두】관이나 두건을 쓰지 않은 머리. 민머리.
【科斗文字 과두문자】황제(黃帝) 때 창힐(蒼頡)이 만들었다는, 고대 자체(字體)의 한 가지. 글자의 모양이 머리는 굵고 끝이 가늘어 올챙이 같은 데서 온 말.
【科目出身 과목출신】國과거에 급제하여 벼슬아치가 된 사람.
【科文六體 과문육체】문과(文科) 과거에서 시험을 보이던 여섯 가지 문체. 곧, 시(詩)·부(賦)·표(表)·책(策)·의(義)·의(疑).
【科榜 과방】과거에 급제한 사람의 성명을 발표하는 방목(榜目).
【科諢 과원】익살스러운 연극.
【科場 과장】과거(科擧)를 보이던 장소.
【科第 과제】①과거(科擧). ②등급. ③시험하여 우열의 순서를 정함. ④과거에 급제함.
【科條 과조】①법률·법령·규칙 등을 조목조목 쓴 것. ②분류하여 정돈함.
【科罪 과죄】죄를 과함. 죄인을 처단함.
【科次 과차】조선 때, 과거에 급제한 사람들의 성적 등급.
◐ 輕−, 工−, 敎−, 內−, 農−, 登−, 末−, 文−, 百−, 法−, 別−, 本−, 分−, 眼−, 豫−, 外−, 律−, 醫−, 理−, 全−, 前−, 專−, 罪−, 儁−, 重−, 齒−, 學−, 刑−.

禾4【秏】⑨ 稬(1279)와 동자

禾4【秜】⑨ 나굿나굿한 벼 뉴 niǔ
[字解] 나굿나굿한 벼〔禾〕.

禾4【秒】⑨ 利(189)의 고자

禾4【耗】⑨ ❶벼 모 hào ❷덜 호 hào ❸어두울 모 mào
[字解] ❶벼, 벼의 한 가지. ❷덜다, 덜리다, 감소하다. =耗. 〔漢書〕耗矣悲哉. ❸어둡다. 정치가 밝지 못함을 이른다.

禾4【秒】⑨ ❶까끄라기 묘 miǎo ❷시간 단위 초 (本)묘 miǎo

一二千禾禾利利秒秒

[參考] 대법원 지정 인명용 한자의 음은 '초'이다.
[字解] ❶①까끄라기. ②미묘하다, 미소하다. ❷시간의 단위, 시간·각도·온도 등의 단위. 분(分)·도(度)의 60분의 1.
【秒忽 묘홀】극히 작은 것. ○'秒'는 벼의 까끄라기를, '忽'은 거미줄을 뜻함.
【秒速 초속】일 초를 단위로 잰 속도.
【秒針 초침】시계의 초를 가리키는 바늘.

禾4【秎】⑨ 거둘 분 fēn
[字解] ①거두다, 수확하다. 〔管子〕有所秎穫. ②볏단.

禾4【秕】⑨ 쭉정이 비 bǐ
[字解] ①쭉정이. 〔春秋左氏傳〕若其不具, 是用秕稗也. ②질이 나쁜 쌀. 늑粃. 〔莊子〕是其塵垢粃糠. ③더럽히다. 〔後漢書〕秕我王度.
【秕糠 비강】①쭉정이와 겨. ②변변치 못한 음식. ③하찮은 물건. 糠秕(강비). 粃糠(비강).
【秕政 비정】나쁜 정치. 국민을 괴롭히는 정치. 惡政(악정).
◐ 糠−, 垢−, 揚−.

禾4【秄】⑨ 秭(1270)와 동자

禾4【秅】⑨ 볏단 아 yá
[字解] ①볏단. ②기장, 수수. ③싹. 늑芽.

禾4【秐】⑨ 耘(1422)과 동자

禾4【秖】⑨ 마침 지 zhī
[字解] ①마침, 다만. 늑祇. ②곡식이 익기 시작하다.

禾 【秋】 ⑨ 가을 추 田 qiū

一 二 千 千 禾 禾 禾′ 秋 秋

[소전] 烆 [주문] 𥤛 [초서] 秋 [동자] 烅 [고자] 穐

[字源] 形聲. 禾+火→秋. '火'는 '龜(초)'의 생략체로 음을 나타낸다.

[字解] ①가을. 네 철의 하나로 오행(五行)에서는 금(金), 방위로는 서쪽, 오음(五音)에서는 상(商), 색으로는 백색에 배당됨. ②결실(結實). 〔書經〕若農服田力穡, 乃亦有秋. ③성숙한 때, 결실한 때. 〔太平御覽〕百穀各以其初生爲春, 熟爲秋, 故麥以孟夏爲秋. ④때, 시기. 〔諸葛亮·表〕此誠危急存亡之秋. ⑤연세(年歲), 세월. 〔盧照鄰·歌〕人皆壽命得千秋. ⑥말이 뛰어오르는 모양. 〔漢書〕飛龍秋游上天.

【秋高馬肥 추고마비】 가을 하늘이 맑고 높으며, 말이 살짐. 가을은 기후가 매우 좋은 계절임.
【秋穀 추곡】 가을에 거두는 곡식.
【秋光 추광】 ①가을 경치. 秋景(추경). 추색(秋色). ②가을 햇빛.
【秋郊 추교】 가을 들판. 秋野(추야).
【秋宮 추궁】 황후궁(皇后宮)의 딴 이름.
【秋閨 추규】 가을의 쓸쓸한 침방(寢房).
【秋菊 추국】 국화꽃.
【秋氣 추기】 ①가을 기운. ②엄한 기질.
【秋涼 추량】 ①가을의 서늘하고 맑은 기운. ②음력 팔월의 딴 이름.
【秋麥 추맥】 가을보리
【秋眸 추모】 맑은 눈동자.
【秋旻 추민】 가을 하늘. 秋天(추천).
【秋芳 추방】 ①가을에 꽃이 핌. ②가을에 피는 꽃. 특히 국화를 이름. 秋華(추화).
【秋分 추분】 24절기의 하나. 양력 9월 23일경으로, 태양이 추분점에 이르러 밤낮의 길이가 같아짐.
【秋士 추사】 자기의 노쇠(老衰)를 느끼는 남자. 늙은 남자.
【秋社 추사】 입추(立秋) 후 다섯 번째 무일(戊日). ◯입춘 뒤를 춘사(春社), 입추 뒤를 추사(秋社)라고 하며, 춘사에는 곡식이 잘 자라기를 빌고 추사에는 곡식의 수확에 감사함.
【秋思 추사】 가을철에 일어나는 쓸쓸한 생각. 秋心(추심).
【秋嘗 추상】 가을에 햇곡식으로 신에게 제사를 지냄.
【秋霜 추상】 ①가을의 찬 서리. ②서슬 퍼런 위엄. 엄한 형벌. ③백발(白髮).
【秋霜烈日 추상열일】 가을의 찬 서리와 여름의 강렬한 햇빛. 형벌이나 권위 따위가 몹시 엄함.
【秋色 추색】 가을 경치. 秋光(추광).
【秋夕 추석】 國음력 팔월 보름날. 한가위.
【秋扇 추선】 가을철의 부채. ㉠國철이 지나서 쓸모없이 된 물건. ㉡사랑을 잃은 여자.
【秋獮 추선】 가을에 하는 사냥. ◯'獮'은 '殺'로 '죽이다'를 뜻함. ②농한기에 농작물에 해를 주는 짐승을 잡아 없애는 일.
【秋成 추성】 ①가을에 곡식을 수확함. 秋收(추수). ②가을에 온갖 곡식이 익음.
【秋聲 추성】 가을 소리. 가을철의 바람 소리, 잎이 지는 소리 따위.
【秋宵 추소】 가을밤. 秋夜(추야).
【秋水 추수】 ①가을 무렵의 큰물. ②가을의 맑은 물. ③맑고 깨끗한 사물. ㉠시퍼렇게 날이 선 칼. ㉡신색(神色)이 맑고 깨끗함. ㉢거울. ㉣맑은 눈매. 秋眸(추모).
【秋收 추수】 가을에 곡식을 거두어들임.
【秋信 추신】 가을이 오는 소식.
【秋顔 추안】 늙은 사람의 얼굴.
【秋夜如歲 추야여세】 가을밤이 한 해같이 느껴짐. 가을밤이 긺.
【秋雲 추운】 가을 하늘의 구름.
【秋月 추월】 ①가을의 밝은 달. ②가을.
【秋月寒江 추월한강】 가을의 밝은 달과 겨울의 깨끗한 강. 유덕한 사람의 맑은 마음.
【秋意 추의】 ①가을 기분. 가을다운 멋. 秋興(추흥). ②냉담한 일.
【秋蠶 추잠】 가을누에.
【秋節 추절】 ①가을. ②가을 명절. 중추절(仲秋節). 한가위.
【秋情 추정】 가을의 정취(情趣).
【秋曹 추조】 형조(刑曹)의 딴 이름.
【秋千 추천】 그네. ◯장수(長壽)를 빈다는 뜻으로 '千秋'라 하다가 뒤에 바뀐 말.
【秋晴 추청】 가을의 맑게 갠 날씨.
【秋杪 추초】 늦은 가을. 晩秋(만추).
【秋秋 추추】 ①뛰어오르는 모양. ②춤추는 모양.
【秋波 추파】 ①가을철의 잔잔하고 아름다운 물결. ②미인의 시원한 눈매. ③여자가 은근한 정을 나타내는 눈짓.
【秋風過耳 추풍과이】 가을바람이 귀를 스쳐 감. 어떤 말도 마음에 두지 않음.
【秋風落葉 추풍낙엽】 가을바람에 떨어지는 나뭇잎. 형세나 세력이 갑자기 기울거나 시듦.
【秋毫 추호】 가을철에 털갈이를 하여 새로 돋아 나는 짐승의 가는 털. 썩 미세한 것.
【秋懷 추회】 가을철에 느껴 일어나는 갖가지 생각. 秋思(추사).
【秋興 추흥】 가을에 일어나는 흥취. 가을의 멋. 秋意(추의).

◐開—, 季—, 高—, 九—, 窮—, 凜—, 登—, 晩—, 麥—, 孟—, 暮—, 淸—, 初—, 春—.

禾 【烅】 ⑨ 秋(1269)와 동자

禾 【种】 ⑨ 어릴 충 田 chóng

[초서] 种

[字解] ①어리다. ≒沖. ②성(姓).

禾 【秠】 ⑨ 穤(1283)와 동자

禾部 5획 秬秜秣秠秘秲秧秞秱秭秥租秦

禾5【秬】⑩ 검은 기장 거 魚 jù

字解 검은 기장, 알이 검은 기장. 〔詩經〕維秬維秠.
【秬酒 거주】 검은 기장으로 빚은 술.
【秬鬯 거창】 제사에 사용하는 울창주(鬱鬯酒).

禾5【秜】⑩ ❶돌벼 니 支 ní, lí ❷올벼 닐 寘 nì

字解 ❶돌벼. 자생(自生)한 벼. ❷밀, 소맥(小麥). ❷올벼, 일찍 여무는 벼.

禾5【秣】⑩ 꼴 말 曷 mò

字解 ❶꼴, 말먹이. 〔周禮〕芻秣之式. ❷말을 먹이다. 〔春秋左氏傳〕秣馬利兵.
【秣藁 말고】 말먹이로 쓰는 짚. 여물. 꼴.
【秣馬利兵 말마이병】 말에게 꼴을 먹이고 병기(兵器)를 날카롭게 갊. 출병(出兵)할 준비를 함.
● 糧−, 科−, 芻−.

禾5【秠】⑩ 검은 기장 비·부 支 pī

字解 검은 기장.

禾5【秘】⑩ ❶숨길 비 支 mí ❷향기로울 별 屑 bié

參考 대법원 지정 인명용 한자음은 '비'이다.
字解 ❶숨기다, 비밀. ※秘(1252)의 속자(俗字). ❷향기롭다.

禾5【秲】⑩ 무게 이름 석 陌 shí

字解 ❶무게 이름. 1석은 120근(斤). ❷돌.

禾5【秧】⑩ ❶모 앙 陽 yāng ❷벼 무성한 모양 앙 養 yǎng

字解 ❶❶모. ㉮볏모. 〔歐陽脩·詩〕宿麥已登實, 新禾未抽秧. ㉯초목의 모종. 〔郝經·詩〕斷秧餘幾花, 強勉著土擁. ❷심다, 재배하다. ❸치어(稚魚). ❷벼가 무성한 모양. ¶秧穰.
【秧歌 앙가】 모내기 노래. 移秧歌(이양가).
【秧馬 앙마】 농기구의 이름. 모를 심을 때 걸터 타고 심음.
【秧苗 앙묘】 볏모. 秧針(앙침). 秧稻(앙도).
【秧插 앙삽】 모내기.
【秧穰 앙양】 벼가 무성한 모양.
【秧田 앙전】 못자리.
【秧針 앙침】 어린 볏모.
● 插−, 桑−, 松−, 移−, 抽−.

〈秧馬〉

禾5【秞】⑩ 무성할 유 尤 yóu

字解 ❶무성하다, 벼·기장 등이 성하다. ❷나오다, 사물이 처음으로 생겨나다.

禾5【秱】⑩ 移(1271)와 동자

禾5【秭】⑩ 양의 이름 자 紙 zǐ

字解 ❶양의 이름. 벼 200뭇. 1뭇은 16곡(斛). ❷수의 이름. ㉮만억(萬億). ㉯해(垓)의 억 배(億倍).

禾5【秥】⑩ 벼 점 鹽 nián

字解 벼, 찰벼.

禾5【租】⑩ ❶구실 조 虞 zū ❷쌀 저 魚 jū

` 一 二 千 千 禾 利 和 和 租 租 `

參考 대법원 지정 인명용 한자의 음은 '조'이다.
字源 形聲. 禾+且→租. '且(차)'가 음을 나타냄.
字解 ❶❶구실, 세금. 〔漢書〕罷榷酤官, 令民得以律占租. ❷쌀다. ❷저장. ❸세들다, 세내다. 〔玉堂雜字〕每年該租房錢若干. ❹비롯하다. ¶祖. ❺國벼, 겉곡. 〔續大典〕租二石七斗五升. ❷싸다, 꾸러미로 싸다. 〔周禮·注〕苴館, 或爲租飽, 租飽, 茅裹肉也.
【租賦 조부】 논밭에 대한 조세.
【租稅 조세】 세금. 구실.
【租徭 조요】 조세와 요역(徭役).
【租庸調 조용조】 당대(唐代)에 정비된 조세 제도. 조(租)는 토지에 부과하는 세, 용(庸)은 성인 남자에게 부과하는 노력, 조(調)는 호별(戶別)로 토산물을 부과하는 것임.
【租賃 조임】 빌려 쓴 땅에 대하여 무는 임대료. 借地料(차지료).
【租借 조차】 ❶가옥이나 토지 등을 돈을 내고 빌림. ❷한 나라가 다른 나라 땅의 일부분에 대한 통치권을 얻어 일정한 기간 지배하는 일.
【租飽 저포】 따로 고기를 쌈.
● 賭−, 免−, 賦−, 稅−, 正−, 地−.

禾5【秦】⑩ 벼 이름 진 眞 qín

字解 ❶벼 이름. ❷나라 이름. ㉮주대(周代)의 나라. 주의 효왕(孝王)이 백익(伯益)의 자손인 비자(非子)를 봉하여 세웠다고 한다. 지금의 감숙성(甘肅省) 천수현(天水縣)의 고진성(故秦城). 효왕 때 함양(咸陽)에 도읍하였고 전국칠웅(戰國七雄)의 하나가 되었다. 시황(始皇)에 이르러 중국을 통일하였음. ㉯동진

(東晉) 때 부견(符堅)이 관중(關中)에 세운 나라. 오호십육국(五胡十六國)의 하나. ㉰동진 때 요장(姚萇)이 부견을 죽이고 세운 나라. 오호 십육국의 하나. ㉱동진 때 걸복건귀(乞伏乾歸)가 세운 나라. 오호 십육국의 하나. ③왕조 이름. 진왕(秦王) 정(政)이 전국(戰國)을 평정하여 주(周)를 대신하여 중국을 차지하고 함양에 도읍하여 중국을 36군으로 나눈 왕조. 자영(子嬰)에 이르러 한(漢)에 멸망되었다. ④중국의 통칭(通稱). ⑤감숙성(甘肅省)의 옛 이름. ⑥섬서성(陝西省)의 약칭.
【秦鏡 진경】 진시황(秦始皇)이 궁중에 비치하였다는 거울. 사람의 선악, 사정(邪正)까지 비추었다고 함.
【秦聲 진성】 진(秦)나라의 음악. 진나라 지방에서 불리던 속요(俗謠).
【秦越 진월】 춘추 때의 진(秦)나라와 월(越)나라. 사물이 현격히 다름. ◯'秦'은 북쪽에 있고 '越'은 남쪽에 있어서 두 나라가 멀리 떨어져 있는 데서 온 말.
【秦庭之哭 진정지곡】 진(秦)나라 조정에서 욺. 남에게 원조를 구함. 故事 춘추 때 초(楚)나라의 신포서(申包胥)가 진(秦)나라에 가서 원군(援軍)을 청하였는데, 이레 동안 울타리에 기댄 채 곡을 하여 마침내 원군을 얻었다는 고사에서 온 말.
【秦晉 진진】 ①춘추 때의 진(秦)나라와 진(晉)나라. ②우의가 두터운 관계. ◯진과 진 두 나라가 대대로 혼인을 한 데서 온 말. 秦晉之誼(진진지의)
【秦火 진화】 진시황이 전적(典籍)을 불사른 일. ㉻焚書坑儒(분서갱유).
❶ 三-, 西-, 先-, 儀-, 前-, 後-.

禾 5 【秩】 ⑩ 차례 질 韻 zhì

一 二 千 禾 禾 禾 秋 秋 秩 秩

소전 秩 초서 秩 字源 形聲. 禾+失→秩. '失(실)'이 음을 나타낸다.
字解 ①차례. 〔管子〕 提衡爭秩. ②쌓다, 차례로 쌓아 올리다. ③녹, 녹봉. 〔荀子〕 官人益秩, 庶人益祿. ④차례를 세우다, 차등을 두다. 〔書經〕 天秩有禮. ⑤정돈하다. ⑥항상, 평상. 〔禮記〕 興秩節. ⑦벼슬, 관직. 〔春秋左氏傳〕 委之常秩. ⑧십 년. 〔容齋隨筆〕 已開第七秩. ⑨사물의 모양. ¶ 秩秩.
【秩高 질고】 관직이나 녹봉(祿俸)이 높음.
【秩祿 질록】 녹봉(祿俸).
【秩滿 질만】 관직의 임기가 참.
【秩米 질미】 봉급으로 받는 쌀. 祿米(녹미).
【秩卑 질비】 관직이나 녹봉이 낮음.
【秩敍 질서】 ①반열(班列)에 따라 녹(祿)을 받음. ②차례가 문란하지 않음.
【秩宗 질종】 ①제사를 맡은 벼슬. 禮官(예관). ②예부(禮部)의 딴 이름.
【秩秩 질질】 ①강물이 흐르는 모양. ②공경하

삼가는 모양. ③질서 정연한 모양. ④슬기로운 모양. ⑤아름다운 모양.
【秩次 질차】 차례. 순서. 秩序(질서).
❶ 官-, 祿-, 俸-, 卑-, 榮-, 位-, 爵-, 祭-, 宗-, 竣-, 職-, 平-, 品-, 厚-.

禾 5 【秫】 ⑩ 차조 출 ㉠ 술 韻 shú

소전 秫 혹체 朮 초서 秫 字源 象形. 朮+禾→秫. '朮'은 찰기장의 줄기와 잎을, '禾'는 이삭을 본뜬 글자다.
字解 ①차조. ②찰기장. 〔周禮〕 染羽以朱湛丹秫. ③찹쌀. ④찰수수. ⑤기장. ⑥바늘, 긴 바늘. ≒鈗. 〔戰國策〕 鯤冠秫縫.
【秫穀 출곡】 찹쌀. 찰벼.

禾 5 【秤】 ⑩ 저울 칭 徑 chèng

초서 秤 參考 枰(841)은 딴 자.
字解 저울. ※稱(1277)의 속자(俗字).
【秤量 칭량】 저울로 무게를 닮.
【秤薪而爨 칭신이찬】 땔나무를 저울에 달아 밥을 지음. 사소한 일에 정신을 기울인 나머지 큰일을 이루지 못함.
【秤錘 칭추】 저울추.
❶ 官-, 我心如-, 天-.

禾 5 【秤】 ⑩ 稱(1277)의 속자

禾 5 【称】 ⑩ 稱(1277)의 속자

禾 6 【秸】 ⑪ ❶볏짚 갈 ㉠ jiē ❷새 이름 길 韻 jí

초서 秸 字解 ❶①볏짚. =稭. ②짚고갱이, 겉잎을 추려 낸 짚. ❷새 이름. =鶷.

禾 6 【桐】 ⑪ 벼 무성할 동 東 tóng

字解 ①벼가 무성하다. ②볏짚 마디 사이.

禾 6 【移】 ⑪ ❶옮길 이 因 ❷여유 있을 이 寘 yí ❸클 치 紙 chǐ

一 二 千 禾 禾 秒 移 移 移

소전 移 초서 扬 동자 秕 고자 䄿 參考 대법원 지정 인명용 한자의 음은 '이'이다.
字源 形聲. 禾+多→移. '多(다)'가 음을 나타낸다.
字解 ❶①옮기다. ㉮딴 데로 가다. 〔國語〕 則民不移. ㉯변하다. 〔曹植·賦〕 於是, 精移神駭. ㉰나아가다, 따라가다. 〔荀子〕 移而從所仕. ㉱미치다. 〔禮記〕 絕族無移服. ㉲나아가다, 돌아

오다. 〔呂氏春秋〕賞重則民移之. ㉮떠나다. 〔楚辭〕思怨移只. ㉯피하다. ❷옮기다. ㉮모내기하다. ㉯바꾸다. 〔孟子〕貧賤不能移. ㉰다른 데로 보내다. 〔春秋左氏傳〕其當王身乎, 若縈之可移於令尹. ㉱움직이다. 〔禮記〕手足毋移. ㉲베풀다. 〔史記〕如有移德於我. ❸양보하다, 전(傳)하다. 〔漢書〕以田相移, 終死不敢復求. ❹알리다, 글을 보내 알리다. ¶移病. ❺회장(回狀). 〔後漢書〕致僚屬作文移. ❻성(姓). ❷여유가 있다, 느직하다. 〔曹植·賦〕雀得鶴言, 意甚不移. ❸크다, 옷이 넓고 크다. 〔禮記〕衣服以移之.

【移擧 이거】움직여 들어 올림.
【移檄 이격】격문(檄文)을 급히 돌림. 급히 돌리는 격문. 飛檄(비격). 馳檄(치격).
【移過 이과】잘못의 책임을 남에게 씌움.
【移管 이관】관할(管轄)을 옮김.
【移氣 이기】기상(氣象)을 변화시킴.
【移文 이문】여러 사람이 돌려 가며 보도록 쓴 글. 回狀(회장). 移書(이서).
【移民 이민】①한 지방에 흉년이 들면, 그 주민을 다른 지방으로 옮기고, 그곳의 곡식으로써 구휼(救恤)하던 일. ②자기 나라를 떠나 외국으로 이주함.
【移病 이병】관리가 병을 핑계하여 사직함.
【移徙 이사】사는 곳을 다른 데로 옮김.
【移書 이서】①移文(이문). ②편지를 보냄.
【移時 이시】때를 보냄.
【移植 이식】옮겨 심음.
【移安 이안】옮겨서 안치(安置)함. 신주 등을 딴 곳으로 옮겨 모심.
【移秧 이앙】모내기.
【移御 이어】임금이 거처를 옮김.
【移易 이역】①바꿈. 바뀜. ②창고를 맡아보는 관리가 관물(官物)과 사물(私物)을 바꿈질하여 사사로이 이익을 취함.
【移景 이영】①해·달의 그림자가 점차 옮아감. ▷'景'은 '影'으로 '그림자'를 뜻함. ②오랜 시간이 걸림.
【移寓 이우】옮아가서 삶.
【移運 이운】①자리를 옮김. ②(佛)부처를 옮겨 모심.
【移籍 이적】호적이나 소속 등을 옮김.
【移接 이접】國①거처를 잠시 옮겨 자리를 잡으심. ②글을 배울 때 동접(同接)을 옮김. ③활량이 다른 활터로 옮아감.
【移種 이종】모종을 옮겨 심음.
【移住 이주】딴 곳으로 옮겨 가서 삶.
【移天易日 이천역일】하늘을 옮기고 해를 바꿈. 간신(奸臣)이 정권을 농락함. ▷'天'과 '日'은 군주(君主)를 이름.
【移牒 이첩】國받은 공문이나 통첩(通牒)을 다음 기관으로 다시 알림.
【移春檻 이춘함】아름다운 화초를 상자에 심고, 바퀴를 달아 옮길 수 있게 한 것.
【移風易俗 이풍역속】풍속을 좋은 방향으로 고쳐 바꿈.

❶公―, 流―, 轉―, 支―, 推―, 渝―, 回―.

禾6【䄄】⑪ 벼꽃 인 圓　yīn
字解 벼꽃.

禾6【䅚】⑪ ❶梯(1273)와 동자 ❷稺(1279)와 동자

禾6【稅】⑪ 稷(1277)과 동자

禾6【秺】⑪ ❶볏단 투 遇　dù
❷땅 이름 차 麻　dù
字解 ❶①볏단. ②한대(漢代)의 제후국. ❷땅 이름. 지금의 산동성(山東省) 성무현(城武縣).

禾6【䄬】⑪ 흉년 들 황 陽　huāng
字解 ①흉년 들다. ②비다〔空〕. ③과실이 익지 아니하다.

禾7【稈】⑫ 짚 간 旱　gǎn
소전 桿 혹체 秆 초서 程 동자 秙 字解 짚, 볏짚.

禾7【稉】⑫ 秔(1267)과 동자

禾7【稍】⑫ 보릿짚 견 先　juān
소전 稍 字解 ①보릿짚, 보릿대. ②볏짚.

禾7【稆】⑫ 익을 곡 屋　kù
字解 익다, 벼가 익다.

禾7【稇】⑫ 곡식 익을 곤 阮　kǔn
字解 ①곡식이 익다. ②다발로 묶다.

禾7【稌】⑫ ❶찰벼 도 虞　tú
❷마 서 魚　shǔ
소전 稌 초서 稌 字解 ❶①찰벼. ②메벼. ❷마. 맛과의 다년생 만초.

禾7【稂】⑫ 강아지풀 랑 陽　láng
초서 稂 字解 강아지풀. 곡식을 해치는 가라지. 〔詩經〕不稂不莠.
【稂莠 낭유】곡식을 해치는 잡초. 가라지.

禾7【稊】⑫ 穧(1283)와 동자

禾部 7획 稃補稅程稊稍 1273

禾7【稃】⑫ 왕겨 부 虞 匹 fū
소전 稃 획체 䉤 초서 稃 字解 왕겨. 벼의 겉껍질.

禾7【補】⑫ ❶벼 쌓을 부 虞 fù
❷①벼 벨 부 虞 bū, pū
字解 ❶벼를 쌓다, 볏단을 쌓다. ❷①벼를 베다. ②볏가리, 벼를 베어서 가려 놓다. ③콩, 대두(大豆).

禾7【稅】⑫ ❶구실 세 霽 shuì
❷추복 입을 태 泰 tuì
❸검은 옷 단 寒 tuán
❹벗을 탈 曷 tuō
❺기뻐할 열 屑 shuì
❻검은 상복 수 寘 shuì

二千千千禾禾秒秒税税

소전 稅 초서 稅 參考 대법원 지정 인명용 한자의 음은 '세'이다.
字源 形聲. 禾+兌→稅. '兌(태)'가 음을 나타낸다.
字解 ❶①구실. 〔張衡·賦〕征稅. ②징수하다. 〔春秋穀梁傳〕初稅畝. ③두다, 방치하다. ④풀다, 휴식하다. 〔呂氏春秋〕稅牛於桃林. ⑤바꾸다, 바뀌다. 〔禮記〕以有本稅稅. ⑥보내다, 선사하다. 〔禮記〕未仕者不敢稅人. ⑦세내다. ⑧성(姓). ❷추복(追服)을 입다. 〔禮記〕小功不稅. ❸검은 옷, 황후의 옷. =褖. ❹벗다. 늑脫. 〔禮記〕不脫冠帶. ❺기뻐하다. 늑悅. ❻검은 상복. 늑繸.
【稅駕 세가】①수레에 맨 말을 풀어 놓음. ②나그네가 휴식함.
【稅權 세각】세금을 받아들여 이익을 독점함.
【稅穀 세곡】國나라에 조세로 바치던 곡식.
【稅斂 세렴】①세금·공물(貢物)을 거두어들임. ②상인의 영업과 운송품에 매기는 조세.
【稅務 세무】세금의 부과(賦課)와 징수(徵收)에 관한 사무.
【稅賦 세부】조세(租稅).
【稅源 세원】세금을 매기는 원천이 되는 소득이나 재산.
【稅率 세율】세액을 산정하는 비율.
【稅喪 태상】시일이 경과한 뒤에 친족이 죽었음을 알고 추복(追服)을 입는 일.
【稅冕 탈면】관(冠)을 벗음.
【稅衣 ❶탈의 ❷수의】❶옷을 벗음. ❷상복(喪服). 검은 상복. 褖衣(수의).
⊙減-, 估-, 課-, 關-, 均-, 納-, 免-, 保-, 賦-, 收-, 印-, 雜-, 田-, 租-, 酒-, 重-, 增-, 徵-, 脫-, 戶-.

禾7【程】⑫ 단위 정 庚 chéng

二千千禾禾秒秒秤程程

程 초서 程 字源 形聲. 禾+呈→程. '呈(정)'이 음을 나타낸다.
字解 ①길이의 단위. ㉮1촌(寸)의 10분의 1. ㉯1촌의 100분의 1. 리(釐) ㉰1분(分)의 12분의 1. ②도량형(度量衡)의 계량기. 〔荀子〕程者物之準也. ③법, 법도. 〔呂氏春秋〕後世以爲法程. ④한도. 〔左思·賦〕明宵有程. ⑤헤아리다. 〔禮記〕引重鼎, 不程其力. ⑥벼르다, 할당하다. 〔張衡·賦〕程角觝之妙戲. ⑦길. ㉮도로. 〔杜甫·詩〕野程江樹遠. ㉯도중(道中). 〔何景明·詩〕秋程風雨多. ㉰노정(路程). 〔白居易·詩〕計程今日到梁州. ⑧보이다, 나타내다. 〔張衡·賦〕偯僮程材. ⑨표범의 한 가지.
【程度 정도】①얼추가량의 분량. ②알맞은 한도.
【程文 정문】①과거를 보일 때 감독관이 채점을 위하여 만들던 모범 답안. ②과거 시험장에서 감독관이 채점의 본보기로 삼기 위하여 고르던, 가장 우수한 시권(試券). 墨券(묵권).
【程門立雪 정문입설】제자가 스승을 받듦이 지극함. 故事 송대(宋代)의 유작(游酢)과 양시(楊時)가 스승인 정이(程頤)를 처음 찾아갔을 때 정이가 눈을 감고 명상에 잠겨 있었으므로 서서 기다렸는데, 정이가 이들에게 물러가라고 했을 때에는 문 밖에 눈이 한 자나 쌓여 있었다는 고사에서 온 말.
【程子冠 정자관】위는 터지고 세 봉우리가 지게 말총으로 뜬, 유자(儒者)들이 쓰던 관.
【程朱學 정주학】송대(宋代)의 정호(程顥)·정이(程頤) 형제와 주희(朱熹) 계통의 성리학(性理學). 송대에 일어난 신유학(新儒學)임.
【程品 정품】법. 규정.
【程限 정한】①사람들이 지켜야 할 표준과 한계. ②기한(期限).
⊙工-, 過-, 課-, 敎-, 規-, 期-, 路-, 道-, 法-, 鵬-, 射-, 旅-, 驛-, 里-, 日-, 典-, 前-, 便-, 標-, 航-, 行-.

禾7【稊】⑫ 돌피 제 齊 tí
초서 稊 동자 稊 字解 ❶돌피. 볏과의 한해살이풀. 〔莊子〕不似稊米之在太倉乎. ②싹, 움. =荑.
【稊秕 제비】①돌피와 쭉정이. ②쓸모없는 것.

禾7【稍】⑫ ❶벼 줄기 끝 초 肴 shāo
❷구실 소 肴
소전 稍 초서 稍 參考 ①梢(854)는 딴 자. ②대법원 지정 인명용 한자의 음은 '초'이다.
字解 ❶①벼의 줄기 끝. ②점점. 조금씩 조금씩 더하거나 덜하여지는 모양. 〔史記〕諸侯稍微. ③작다, 적다. 〔周禮〕凡王之事則稍. ④녹, 녹봉. 〔儀禮〕唯稍受之. ⑤지역 이름. 왕성에서 300리 되는 지역. 〔周禮〕稍人. ⑥성(姓). ❷구실. 〔集韻〕稍, 稅也.
【稍事 초사】①작은 일로 술을 마심. ②작은 일. 사소한 일.

【稍食 초식】 벼슬아치가 녹봉으로 받는 쌀.
【稍遠 초원】 약간 멂.
【稍蠶食之 초잠식지】 점차 조금씩 먹어 들어감.
【稍稍 초초】 ①조금. 약간. 얼마. ②점점.
【稍解 초해】 글을 조금 해독함.

禾7 【稄】 ⑫ 벼 빽빽할 측 職 zè
字解 벼가 빽빽하다, 벼가 무성한 모양.

禾7 【稀】 ⑫ 드물 희 微 xī
字解 드물다. ㉠벼가 성기다. ㉡성기다.〔後漢書〕土廣民稀, 中地未墾. ㉢적다.〔陸機·賦〕親落落而日稀. ㉣묽다.〔蘇軾·詩〕火冷餳稀杏粥稀.
【稀曠 희광】 적어서 빈 것 같음.
【稀覯 희구】 드물게 봄. 희귀함. 希覯(희구).
【稀年 희년】 드문 나이. 70세. ○인생칠십고래희(人生七十古來稀;사람의 나이 일흔은 예로부터 드묾)라는 두보(杜甫)의 시구절에서 온 말.
【稀代 희대】 세상에 드묾.
【稀微 희미】 분명하지 못하고 어렴풋함. 똑똑하지 못하고 아리송함.
【稀薄 희박】 ①기체나 액체의 밀도나 농도가 낮음. ②일이 이루어질 가망이 적음.
【稀星 희성】 어쩌다가 보이는 별.
【稀世 희세】 세상에 드묾. 稀代(희대).
【稀少 희소】 드물고 적음.
【稀疎 희소】 드물고 성김.
【稀稠 희조】 희박함과 조밀함.
【稀種 희종】 드물어서 구하기 어려운 종류.
【稀罕 희한】 매우 드물어서 좀처럼 볼 수 없음. 진귀함.
◯ 古−, 信−, 月明星−, 依−, 漸−.

禾8 【稆】 ⑬ 찰기장 거 魚 jū
字解 찰기장. 오곡(五穀)의 하나.

禾8 【稒】 ⑬ 고을 이름 고 遇 gù
字解 고을 이름.〔漢書〕五原郡, 縣十六, 稒陽.

禾8 【稇】 ⑬ ❶묶을 곤 阮 kǔn ❷찰 균 軫
字解 ❶묶다, 다발로 묶다. 稛(균). ❷①차다, 가득 차다. ②묶다.
【稇載 균재】 재물 따위를 가득 차게 실음. '稇'은 새끼줄로 짐을 묶는 일.

禾8 【稐】 ⑬ 볏짚 공 東 kōng
字解 볏짚, 벼 줄기.

禾8 【稞】 ⑬ ❶보리 과 歌 kē ❷알곡식 과·라 馬箇 huà
字解 ❶보리. ❷알곡식.

禾8 【稕】 ⑬ 가까울 권 阮 quǎn
字解 가깝다, 벼 포기가 서로 가깝다.

禾8 【稘】 ⑬ 일주년 기 支 jī
字解 ①일주년, 돌.〔新唐書〕我見其不逮再稘矣. ②짚, 볏짚. ③콩대, 콩 줄기.

禾8 【稜】 ⑬ 보리 래·리 灰支 lái
字解 ①보리. ②밀.

禾8 【稑】 ⑬ 올벼 륙 屋 lù
字解 올벼, 일찍 여무는 벼.〔周禮〕而生穜稑之種.

禾8 【稜】 ⑬ ❶모 릉 蒸 léng ❷논두렁 릉 徑 léng
字解 ❶①모, 모서리.〔韓愈·詩〕晴明出稜角. ②서슬, 위광(威光).〔漢書〕稜威憺於鄰國. ❷논두렁, 밭이랑.〔陸龜蒙·詩〕我本曾無一稜田.
【稜角 능각】 ①물체의 뾰족한 모서리. ②사람의 성격이 꼿꼿하고 모가 남.
【稜稜 능릉】 ①몹시 추운 모양. ②모가 나고 곧은 모양. ③유달리 거칠고 세력이 있는 모양.
【稜岸 능안】 풍채가 훤칠하고 늠름함.
【稜威 능위】 존엄스러운 위엄. 威光(위광).
【稜疊 능첩】 낭떠러지 같은 것이 모가 나고 중첩된 모양.
【稜層 능층】 ①모가 남. ②산이 높이 솟은 모양. ③용모가 깡마르고 맑은 모양.
◯ 觚−, 幾−, 山−, 三−, 嚴−, 威−, 旱−.

禾8 【稤】 ⑬ 國 궁중 소임 숙
字解 궁중(宮中)의 소임.
【稤宮 숙궁】 각 궁방(宮房)에서 사무를 맡아보던 관원.

禾8 【稏】 ⑬ 벼 이름 아 禡 yà
字解 벼 이름.〔陸游·詩〕飯香炊䆉稏.

禾部 8획 裺 穢 稔 稠 稡 稕 稙 稚 稵 種 稗

禾⁸【裺】⑬
❶향기로울 암 ⑰ ān
❷모 아름다울 엄 ⑰ yān
❸밭에 씨 뿌릴 암 ⑱ ǎn
❹벼 쭉정이 엄 ⑰ yǎn
❺벼 썩어 자라지 않을 업 ⑱ yè

字解 ❶향기롭다, 향내 나다. ❷모가 아름답다, 벼 싹이 아름답다. ❸밭에 씨를 뿌리다. ❹벼 쭉정이. ❺벼가 썩어 자라지 않다.

禾⁸【穢】⑬ 서직 무성할 욱 ⑰ yù
本字 穢
字解 서직(黍稷)이 무성한 모양.

禾⁸【稔】⑬ 곡식 익을 임 ⑰ rěn
小篆 稔 初書 䄎
字解 ❶곡식이 익다. ❷쌓다, 쌓이다.〔任昉·文〕惡積釁稔, 親舊側目. ❸해, 벼가 한 번 익는 기간. 곧, 일 년 동안.
【稔年 임년】풍년.
【稔聞 임문】익히 들어 귀에 익음.
【稔熟 임숙】곡식이 충분히 여묾.
【稔惡 임악】나쁜 일을 쌓음.
【稔知 임지】자세히 앎. 숙지(熟知)함.
【稔泰 임태】곡식이 잘 여물어 풍년이 듦.
❶ 累―, 大―, 登―, 積―, 豐―.

禾⁸【稠】⑬
❶빽빽할 조 主 尤 chóu
❷고를 주 ⑰ tiáo
❸움직일 조 ⑱ diào

小篆 稠 初書 䄏 字解 ❶빽빽하다, 많다.〔束晳·詩〕黍發稠華. ❷고르다, 화하다.〔莊子〕可謂稠適而上遂矣. ❸움직이다, 흔들리다.〔漢書〕嘻嘻旭旭, 天地稠㘨.
【稠密 조밀】촘촘하고 빽빽함.
【稠敖 조오】동요하는 모양.
【稠人廣衆 조인광중】빽빽하게 많이 모인 사람. 군중(群衆).
【稠雜 조잡】빽빽하고 복잡함.
【稠適 조적】서로 화합함.
【稠疊 조첩】빽빽하게 거듭 겹침.
【稠濁 조탁】번다(繁多)하고 흐림.
❶ 繁―, 粘―, 稀―.

禾⁸【稡】⑬
❶벼 이삭 꼿꼿이 설 졸 ⑰ zuì
❷모을 췌 ⑱ zuì

字解 ❶①벼 이삭 꼿꼿이 서다, 벼 이삭이 익지 아니하고 위로 향해 있는 모양. ②가라지, 강아지풀. ❷①모으다.〔郭璞·序〕會稡舊說. ②벼 이삭이 여물지 아니하다, 쭉정이 이삭.

禾⁸【稕】⑬ 짚단 준 ⑰ zhùn
小篆 禅 字解 짚단, 짚을 묶다.

禾⁸【稙】⑬ 일찍 심은 벼 직 ⑰ zhì
小篆 稙 初書 稙 簡體 稙 參考 植(859)은 딴자.

字解 ❶일찍 심은 벼, 올벼.〔詩經〕稙穉菽麥. ❷이르다.
【稙穉 직치】일찍 심은 곡식과 나중 심은 곡식.
【稙禾 직화】일찍 심은 벼.

禾⁸【稚】⑬ 어릴 치 ⑰ zhì
初書 稚 同字 穉 字解 ❶어리다.〔春秋穀梁傳〕驪姬有二子, 長曰奚齊, 稚曰卓子. ❷만생종(晚生種).〔尙書考靈曜〕五穀稚熟. ❸어린 벼, 작은 벼.
【稚稼 치가】늦게 심은 벼. 穉稼(치가).
【稚氣 치기】어리고 철없는 기분이나 감정.
【稚筍 치순】어린 죽순.
【稚弱 치약】어리고 약함.
【稚魚 치어】알에서 깬 지 얼마 안 되는 어린 물고기.
【稚子 치자】①어린 자식. 어린아이. 유아(幼兒). ②천자에서 경대부(卿大夫)에 이르기까지의 적자(嫡子). ③죽순의 딴 이름.
【稚拙 치졸】유치하고 졸렬함.
❶ 孤―, 嬌―, 驕―, 挈―, 撫―, 孫―, 嬰―, 幼―, 孩―.

禾⁸【稵】⑬ 벼 마를 치 ⑰ zī
字解 ❶벼가 마르다. ❷밭을 갈다.

禾⁸【種】⑬
❶낟가리 타 ⑰ duǒ
❷벼 이삭 숙일 수 ⑱ chuí

字解 ❶낟가리, 벼를 쌓은 작은 더미. ❷벼 이삭 숙이다, 벼 이삭이 드리워지다.

禾⁸【稗】⑬ 피 패 ⑰ bài
小篆 稗 初書 稗 字解 ❶피. 볏과에 속하는 일년초. 또는 그 열매.〔春秋左氏傳〕用秕稗. ❷잘다.〔唐書〕算稗販之緡.
【稗官 패관】①옛날의 벼슬 이름. 민간에 떠도는 전설·설화 따위를 수집하는 일을 맡아보았음. ②소설. 소설가.
【稗官小說 패관소설】민간에서 떠도는 이야기를 주제로 한 소설.
【稗飯 패반】피로 지은 밥.
【稗史 패사】①사관 이외의 사람이 쓴 역사 기록. 야사(野史). ②민간의 자질구레한 일을 기록한 것. 소설(小說). 傳說(전설).
【稗沙門 패사문】(佛)과계(破戒)한 승려.
【稗說 패설】①항간에 떠도는, 이야깃거리가 될 수 있는 모든 이야기. ②稗官小說(패관소설).
【稗販 패판】①구멍가게. ②소매상.
❶ 秕―, 萓―.

禾部 8~9획 稟稭稧穀稍稔稻稬稭稰稭稳種

禾8 【稟】⑬
❶줄 품 <ruby>稟</ruby> bǐng
❷곳집 름 <ruby>廩</ruby> lǐn

<ruby>稟 稟 稟 稟</ruby> 대법원 지정 인명용 한자의 음은 '품'이다.

[字解] ❶주다, 내려 주다. 〔漢書〕天稟其性. ❷녹, 녹미. 〔中庸〕既稟稱事, 所以勸百工也. ❸받다. 〔書經〕臣下罔攸稟令. ❹천품(天稟), 타고난 성품. 〔陳琳·牋〕此乃天然異稟. ❺삼가다. ≒懍. ❻사뢰다, 여쭈다, 아뢰다. ❷곳집.

【稟告 품고】웃어른이나 상사에게 알림. 稟申(품신). 稟達(품달).
【稟給 품급】벼슬아치가 받던 봉급. 祿俸(녹봉).
【稟命 품명】①상관의 명령을 받음. 稟令(품령). ②타고난 성질. 天性(천성). ③운명(運命). 天命(천명).
【稟賦 품부】선천적으로 타고남. 稟受(품수).
【稟性 품성】타고난 성품.
【稟承 품승】상관의 지시를 받음.
【稟申 품신】웃어른이나 상사에게 여쭈는 일.
【稟議 품의】웃어른이나 상관에게 글이나 말로 여쭈어 의논함.
【稟奏 품주】윗사람에게 아룀. 임금에게 아룀.
【稟處 품처】품의(稟議)하여 처리함.
● 官─, 既─, 賦─, 性─, 夙─, 承─, 英─, 異─, 諮─, 奏─, 天─, 特─.

禾9 【稭】⑭
짚고갱이 갈·개 <ruby>稭</ruby> jiē

<ruby>稭 稭 稭</ruby> [字解] 짚고갱이. 겉잎을 추린 짚. =秸. 〔史記〕席用苴稭.
【稭稈 개간】볏짚의 고갱이.

禾9 【稧】⑭
❶벤 벼 계 <ruby>稧</ruby> xì
❷볏짚 설 <ruby>稧</ruby> xì

[字解] ❶①벤 벼, 볏단. ②푸닥거리, 목욕재계하다. ≒禊. ❷볏짚.

禾9 【穀】⑭
穀(1278)의 속자

禾9 【稍】⑭
❶긴 이삭 기 <ruby>稍</ruby> jì
❷벼 자랄 기 <ruby>稍</ruby> jì

[字解] ❶긴 이삭, 벼의 긴 이삭. ❷벼가 자라다.

禾9 【稬】⑭
찰벼 나 <ruby>稬</ruby> nuò

<ruby>稬 稬</ruby> [字解] ❶찰벼. =糯. ❷벼.

禾9 【稻】⑭
稻(1279)의 속자

禾9 【稰】⑭
벼 빽빽이 날 벽 <ruby>稰</ruby> pì

[字解] 벼가 빽빽이 나다.

禾9 【稭】⑭
稭(1283)의 속자

禾9 【稰】⑭
가을할 서 <ruby>稰</ruby> xǔ

[字解] ❶가을하다, 거두어들인 곡식. 〔禮記〕稰穛. 〔注〕熟穫曰稰, 生穫曰穛. ❷고사 쌀. 〔漢書〕費椒稰以要神.

禾9 【稭】⑭
❶고갱이 알 <ruby>月</ruby> jié
❷긴 이삭 갈 <ruby>稭</ruby> jié
❸이삭 팰 걸 <ruby>稭</ruby> gé

<ruby>稭</ruby> [字解] ❶고갱이. 벼 줄기 한가운데에 있는 연한 심. ❷벼의 긴 이삭. ❸①이삭이 패다, 벼의 이삭이 패다. ②겨, 낟알의 껍질.

禾9 【稳】⑭
벼 까끄라기 옥 <ruby>稳</ruby> wū

[字解] 벼의 까끄라기.

禾9 【種】⑭
❶씨 종 <ruby>種</ruby> zhǒng
❷심을 종 <ruby>種</ruby> zhòng
❸만생종 종 <ruby>種</ruby> chóng

<ruby>二千禾禾稻稻稻種種種</ruby>

<ruby>種 種 种</ruby> [字源] 形聲. 禾+重→種. '重(중)' 이 음을 나타낸다.

[字解] ❶①씨. ㉮곡식의 씨. 〔詩經〕誕降嘉種. ㉯식물의 씨. 〔唐書〕以青囊, 盛百穀瓜果種. ㉰동물의 씨. 〔禮記〕入蠶于蠶室, 奉種浴于川. ㉱근본, 원인. 〔白居易·詩〕百千劫菩提種. ㉲핏줄, 혈통. 〔史記〕女必貴種, 要之貞好. ②품류, 종류. 〔庾信·賦〕新年鳥聲千種囀. ❸부족. 〔後漢書〕鮮卑異種滿離·高句驪之屬. ❹무리. 〔書經〕無俾易種于玆新邑. ❺부스럼. ≒腫. ❷①심다. ≒種. 〔古詩〕南北種梧桐. ②펴다. 〔書經〕皐陶邁種德. ❸만생종(晚生種).

【種鷄 종계】國씨닭.
【種瓜得瓜 종과득과】오이를 심으면 오이를 얻게 됨. 원인에 따라 그 결과가 정해짐.
【種德 종덕】덕을 널리 행함.
【種豚 종돈】씨돼지.
【種痘 종두】천연두를 예방하기 위하여 소에서 뽑은 물질. 牛痘(우두).
【種落 종락】같은 종족이 모여 무리를 이룬 마을. 部落(부락).
【種類 종류】사물의 성질이나 특징에 따라 부류를 나누는 갈래.
【種別 종별】종류에 의한 구별.
【種樹 종수】①나무를 심음. 植木(식목). ②농업. 원예(園藝).
【種玉 종옥】①옥(玉)을 심음. 미인을 아내로 삼음. [故事] 한대(漢代)에 무종산(無終山)에 사는 양공(楊公)이 지극한 효성으로, 돌을 심어서 아

름다운 옥과 훌륭한 아내를 얻었다는 고사에서 온 말. ❷신선(神仙)의 농사.
【種子 종자】①초목의 씨. 씨앗. ②사물의 근본. ③(佛)부처의 가르침을 구하는 마음. 菩提心(보리심).
【種族 종족】①같은 종류의 생물 전체. ②조상이 같고 같은 계통의 언어·풍속·문화 등을 가지는 사회 집단. ③일족(一族)이 멸살당하는 일.
【種種 종종】①삼가는 모양. ②머리털이 짧게 자란 모양. ③가지가지. ④가끔.
【種齒 종치】만들어 넣은 이. 義齒(의치).

❶ 嘉-, 各-, 健-, 貴-, 根-, 同-, 芒-, 變-, 別-, 書-, 善-, 首-, 純-, 蒔-, 糧-, 業-, 五-, 龍-, 移-, 異-, 人-, 雜-, 接-, 諸-, 播-, 品-, 好-.

禾 9 【穜】⑭ 새 종 東 𩵋 zōng

소전 穜 주문 秙 동자 稅 字解 ①새. 베의 날실 여든 올을 한 새라고 한다. 〔史記〕令徒隷衣七穜布. ②볏단. 벼 마흔 뭇을 묶은 단.〔儀禮〕四秉曰筥, 十筥曰穜.

禾 9 【稙】⑭ 펴지 못할 지·기 紙 寘 皮 zhí

소전 稙 字源 會意·形聲. 禾+支+只→稙. '禾'는 木의 끝이 굽어서 뻗지 못한다는 뜻, '支'는 나눈다는 뜻이다. 합하여, '생각은 많아도 펴이지 아니한다'는 뜻을 나타낸다. '只'가 음도 나타낸다.
字解 ①펴지 못하다. 뜻이 펴이지 아니하다. ②나뭇가지가 굽다. ③나무 이름. ④굽은 가지에 달린 열매. ⑤머리가 둘 있는 뱀, 지수사(枳首蛇). ≒枳.

禾 9 【稶】⑭ 稷(1279)과 동자

禾 9 【穋】⑭ 벼 여물 추 宥 jiù
字解 ①벼가 여물다. ②조세(租稅).

禾 9 【稱】⑭ ❶일컬을 칭 蒸 chēng
❷저울 칭 徑 chèng

二千禾禾禾秆秆秆稱稱
소전 稱 초문 稱 속자 称 속자 秪 간체 称
字源 形聲. 禾+冉→稱. '冉(칭)'이 음을 나타낸다.
字解 ❶①일컫다. ㉮이르다.〔國語〕其知不足稱也. ㉯부르다.〔國語〕王稱左崎. ㉰설명하다.〔呂氏春秋〕必稱此二士也. ②칭찬하다, 기리다. ≒偁.〔禮記〕君子稱人之善則爵上. ③저울. =秤.〔楚語〕苦稱量之不審兮. ④저울질하다, 달다.〔禮記〕蠶事旣登, 分繭稱絲. ⑤명

禾部 9획 穜稙稶 穋稱 1277

성, 명예.〔後漢書〕少交結英豪, 有名稱. ⑥명칭, 이름.〔趙岐·辭〕子者, 男子之通稱也. ⑦들다. ㉮들어 올리다.〔儀禮〕稱爾戈. ㉯일으키다.〔春秋左氏傳〕女何故稱兵于蔡. ⑧행하다.〔國語〕君子不自稱也. ㉰쓰다, 등용하다.〔春秋左氏傳〕禹稱善人. ⑧빌리다, 꾸다.〔漢書〕取倍稱之息. ❷①저울, 저울질하다. ※❶의 ③, ④와 같다. ②맞다, 알맞다. ㉮맞다.〔易經〕巽稱而隱. ㉯걸맞다, 어울리다.〔漢書〕而廟樂不稱. ㉰알맞다.〔禮記〕禮不同, 不豊不殺, 蓋言稱也. ③알맞은 정도.〔荀子〕貧富輕重, 皆有稱者也. ④한 벌, 일습.〔後漢書〕衣衾稱襲. ⑤따르다. 〔禮記〕稱家之有亡.
【稱擧 칭거】칭찬하여 천거함.
【稱達 칭달】칭찬하며 권장함.
【稱貸 칭대】①돈이나 물건을 빌려 주고 이익을 취함. ②빌림.
【稱德 칭덕】①덕을 칭송함. 덕을 기림. ②사람의 도리를 밝혀 거행함. ③만물이 그 덕(德)에 맞음.
【稱道 칭도】칭찬하여 말함.
【稱量 칭량】①저울로 무게를 닮. ②사정이나 형편을 헤아림.
【稱慕 칭모】칭송하고 경모(敬慕)함. 우러러 사모함.
【稱兵 칭병】군사를 일으킴. 擧兵(거병).
【稱善 칭선】⓯착한 것을 칭찬함.
【稱頌 칭송】공덕을 칭찬하여 기림.
【稱首 칭수】①첫째를 일컬음. ②그 동아리 중에서 으뜸가는 사람. 우두머리.
【稱述 칭술】①의견을 진술함. 稱謂(칭위). ②칭찬하여 말함. 稱道(칭도).
【稱身 칭신】몸에 맞음.
【稱譽 칭예】①칭찬함. 稱美(칭미). ②명예(名譽).
【稱冤 칭원】원통함을 들어서 말함.
【稱謂 칭위】①칭호. 명칭. ②⓯稱述(칭술)①.
【稱意 칭의】마음에 맞음. 마음에 듦.
【稱引 칭인】증거를 끌어댐. 引證(인증).
【稱情 칭정】인정에 맞음.
【稱制 칭제】태후(太后) 등이 임금을 대신하여 정령(政令)을 행함.
【稱帝 칭제】스스로 황제라고 선포함.
【稱旨 칭지】임금의 뜻에 맞음.
【稱職 칭직】재능이 직무에 알맞음.
【稱讚 칭찬】좋은 점이나 착하고 훌륭한 일을 높이 평가함. 또는 그런 말.
【稱歎 칭탄】칭찬하고 감탄함. 嘆稱(탄칭).
【稱頉 칭탈】⓯무엇 때문이라고 핑계를 댐.
【稱號 칭호】①어떠한 뜻으로 일컫는 이름. ②명호(名號)를 부름.

❶ 佳-, 假-, 嘉-, 謙-, 敬-, 古-, 公-, 過-, 權-, 對-, 名-, 美-, 別-, 卑-, 私-, 詐-, 俗-, 殊-, 時-, 愛-, 良-, 宜-, 人-, 自-, 尊-, 賤-, 追-, 他-, 嘆-, 通-, 褒-, 呼-, 號-, 孝-.

禾部 9~10획 稆 稼 穊 稽 稿 槀 穀

稆 ⑭ 벼 고개 숙일 타·단 〖說〗〖簒〗 duǎn
[字解] 벼가 고개를 숙이다, 벼가 익어 이삭이 숙여지다.

稼 ⑮ 심을 가 〖碼〗 jià
[字解] ①심다, 농사. 〔論語〕樊遲請學稼. ②익은 벼이삭. 〔詩經〕十月納禾稼. ③베지 아니한 벼. 〔詩經〕曾孫之稼.
【稼器 가기】 농기구.
【稼同 가동】 거두어들인 농작물이 쌓여 있음.
【稼動 가동】 ①일을 함. ②기계 따위를 움직여 일함.
【稼穡 가색】 곡식을 심고 거두는 일. 농사.
【稼政 가정】 논밭이나 그에 딸린 도랑 따위에 관한 정사(政事).
● 耕-, 躬-, 農-, 稻-, 晩-, 苗-, 穑-.

穊 ⑮ 벼 팰 걸 〖屑〗 jié
[字解] 벼가 패다, 벼 이삭이 나오다.

稽 ⑮ ❶머무를 계 〖齊〗 jī
❷조아릴 계 〖薺〗 qǐ
[字解] ❶①머무르다. 〔管子〕是以令出而不稽. ②머무르게 하다. 〔後漢書〕何足久稽天下士. ③쌓다, 저축하다. 〔漢書〕以稽市物. ④헤아리다, 셈하다. ≒計. 〔周禮〕簡稽鄕民. ⑤상고하다. 〔禮記〕必稽其所敝. ⑥묻다, 점치다. ⑦서로 견주어 헤아리다. 〔漢書〕婦姑不相悅, 則反脣而相稽. ⑧두드리다. ⑨가지런하다. ≒齊. 〔禮記〕古人與稽. ⑩당하다. 〔史記〕維稽古. ⑪같다. 〔史記〕三王世家, 維稽古. ⑫이르다. 〔莊子〕大浸稽天而不溺. ❷①조아리다, 머리를 조아리다. 〔書經〕禹拜稽首. ②기를 단 창. 〔國語〕擁鐸拱稽.
【稽古 계고】 ①옛 도(道)를 상고함. ②학문을 학습함.
【稽考 계고】 생각함. 상고함.
【稽固 계고】 막아서 방해함.
【稽留 계류】 ①머무름. 滯留(체류). ②주대(周代)의 감옥 이름.
【稽査 계사】 고찰하여 자세히 조사함.
【稽顙 계상】 ①이마가 땅에 닿도록 절함. 稽首(계수). ②稽顙再拜(계상재배).
【稽顙再拜 계상재배】 머리를 조아려 두 번 절함. 상제(喪制)가 편지의 첫머리나 자기 이름 다음에 쓰는 말.
【稽式 계식】 ①법칙. 法式(법식). ②고찰하여 모범을 삼음.
【稽緩 계완】 정체되어 늦어짐. 지체됨. 遲滯(지체)함. 遲緩(지완).
【稽疑 계의】 의심나는 곳을 점쳐서 생각함.
【稽程 계정】 ①생각하여 헤아림. ②길이 지체됨.
③공문서가 지체되어 기일이 지남.
【稽遲 계지】 멈춤. 지체하여 가지 않음.
【稽滯 계체】 일이 밀려 늦어짐.
【稽驗 계험】 생각하여 시험함.
● 簡-, 考-, 滑-, 無-, 留-, 會-.

稿 ⑮ 볏짚 고 〖晧〗 gǎo
二 千 禾 禾 利 秆 稈 稈 稿 稿
[字源] 形聲. 禾+高→稿. '高(고)'가 음을 나타낸다.
[字解] ①볏짚. 〔漢書〕已奉穀租, 又出稾稅. ②화살대. ③초고, 초안(草案), 원고. 〔北史〕頗好屬文, 成輒棄稾. ④호궤하다. ≒犒.
【稿料 고료】 원고를 쓴 데 대한 보수. 原稿料(원고료).
【稿索捕虎 고삭포호】 〖國〗새끼로 범 동이기. 어설프게 하면 실패하기 쉬움.
【稿人 고인】 ①주대(周代)에 활과 화살을 맡아 보던 벼슬. ②짚으로 만든 인형. 짚으로 만든 허수아비.
【稿葬 고장】 〖國〗①시체를 짚이나 거적에 싸서 묻는 장사. ②가장(假葬)하는 일.
【稿草 고초】 볏짚.
【稿砧 고침】 ①짚을 두드리는 바탕돌. ②아내가 남편을 일컫는 은어.
● 舊-, 起-, 寄-, 腹-, 祕-, 玉-, 原-, 遺-, 奏-, 草-, 脫-, 投-.

槀 ⑮ 稿(1278)와 동자

穀 ⑮ 곡식 곡 〖屋〗 gǔ
十 士 吉 吉 壹 幸 橐 穀 穀 穀
[字源] 形聲. 殼+禾→穀. '殼(곡)'이 음을 나타낸다.
[字解] ①곡식, 곡물. 〔周禮〕子執穀璧. ②양식. 〔宋玉·賦〕公樂聚穀. ③착하다. 〔論語〕不至於穀. ④기르다. 〔詩經〕以穀我士女. ⑤살다. 〔詩經〕穀則異室, 死則同穴. ⑥녹, 행복. ≒祿. ㉮복, 행복. 〔詩經〕俾爾戩穀. ㉯녹, 녹을 받다. 〔論語〕邦有道穀. ⑦젖(乳). ≒穀. ⑧알리다, 고하다. ≒告.
【穀穀 곡곡】 새 우는 소리.
【穀旦 곡단】 경사스러운 날. 좋은 날.
【穀道 곡도】 대장과 항문(肛門).
【穀祿 곡록】 녹봉(祿俸)으로 주는 쌀.
【穀廩 곡름】 곡물 창고. 穀倉(곡창).
【穀帛 곡백】 곡식과 비단.
【穀璧 곡벽】 육서(六瑞)의 하나. 자작(子爵)의 제후들이 가지던 서옥(瑞玉)으로서, 곡식의 줄

기와 이삭을 새긴 벽옥.
【穀城 곡성】한(漢) 고조(高祖)가 항우(項羽)를 장사 지낸 산 이름.
【穀雨 곡우】24절기의 여섯째. 곡식을 기르는 비라는 뜻으로, 청명(淸明)과 입하(立夏) 사이에 들며, 양력 4월 20일경임.
【穀人 곡인】농사짓는 사람. 농부(農夫).
【穀日 곡일】좋은 날. 경사스러운 날.
【穀賊 곡적】國곡식의 까끄라기가 목구멍에 걸려 목이 붓고 열이 나며 아픈 병증.
【穀精 곡정】國곡식의 자양분.
【穀倉 곡창】①곡물 창고. ②곡식이 많이 생산되는 지방.
【穀草 곡초】이삭을 떨어낸 곡식의 풀줄기. 짚·밀짚·조짚 따위.
【穀出 곡출】수확한 곡식의 수량.
【穀風 곡풍】곡식을 자라게 하는 바람. 봄바람. 東風(동풍).
【穀鄕 곡향】곡식이 많이 생산되는 고장.
○ 嘉-, 九-, 舊-, 稻-, 米-, 百-, 辟-, 新-, 糧-, 年-, 五-, 儲-, 錢-, 絕-, 陳-, 倉-, 脫-, 布-, 禾-.

禾10【穗】⑮ ❶기장 당 陽 táng ❷國옥수수 당
字解 ❶기장. ❷옥수수.

禾10【稻】⑮ 벼 도 晧 dào
字源 形聲. 禾+舀→稻. '舀(요)'가 음을 나타낸다.
字解 벼. 볏과의 일년초. 〔詩經〕十月穫稻.
【稻粱 도량】①벼와 메조. ②곡식.
【稻粱謀 도량모】살아갈 계책. 생계(生計).
【稻芒 도망】벼의 까끄라기.
【稻雲 도운】넓은 들판에 무성하게 자라 넘실거리는 벼를 구름에 비유한 말.
【稻作 도작】벼농사.
【稻稷 도직】벼와 기장.
【稻畦 도휴】벼를 심은 논.
○ 嘉-, 粳-, 稟-, 穀-, 晚-, 水-, 秧-.

禾10【穤】⑮ 볏가리 률 質 lì
字解 볏가리. 쌓아 놓은 벼의 모양.

禾10【穆】⑮ 穆(1280)의 속자

禾10【穗】⑮ 穗(1281)의 속자

禾10【稤】⑮ 稤(1275)의 본자

禾10【稷】⑮ 기장 직 職 jì
字解 ①기장. 〔詩經〕彼稷之苗. ②오곡의 신. 오곡의 신을 모신 사당. 〔周禮〕祭社稷五祀五嶽. ③농관(農官). 농사에 관한 일을 다스리는 벼슬. 〔春秋左氏傳〕稷, 田正也. ④해가 기울다. ≒仄. ⑤빠르다, 즉시. ≒㮨. 〔詩經〕既齊既稷. ⑥삼가다. ≒肅. ⑦합하다. 〔太玄經〕从一耦萬, 淺不稷.
【稷蜂社鼠 직봉사서】곡신(穀神)을 모신 사당에 사는 벌과 토지신을 모신 사당에 사는 쥐. 임금 곁에 있는 간신의 비유.
【稷雪 직설】싸락눈의 딴 이름. 粒雪(입설).
【稷神 직신】곡식을 맡아본다는 신.
【稷正 직정】곡신(穀神).
【稷狐 직호】직신(稷神)을 모신 사당에 사는 여우. 임금 측근에 있는 간신의 비유.
○ 稻-, 社-, 黍-, 益-, 后-.

禾10【稹】⑮ 떨기로 날 진 軫 zhěn
字解 ①떨기로 나다, 떼지어 모이다. 〔郭璞·賦〕櫹杞稹薄. ②촘촘하다. 〔周禮〕稹理而堅. ③뿌리가 얽히다.

禾10【稸】⑮ 쌓을 축 屋 xù
字解 쌓다. =蓄.

禾10【稚】⑮ 어릴 치 寘 zhì
字解 ①어리다. ②어린 벼. 〔詩經〕稙稚菽麥. ③늦벼.
【稚子 치자】어린아이. 稚子(치자).
【稚齒 치치】나이 어린 사람. 미성년(未成年).
○ 老-, 童-, 苗-, 秧-, 嬰-, 幼-, 柔-.

禾11【穅】⑯ 겨 강 陽 kāng
字解 ①겨. =糠. 〔莊子〕播穅眯目. ②비다, 속이 비다.
【穅粃 강비】①겨와 쭉정이. ②쓸모없는 것.
○ 粃-, 飛-, 粒-, 糟-, 播-眯目.

禾11【穊】⑯ 뺄 기 寘 jì
字解 배다, 빽빽하다. 〔漢書〕深耕穊種.

禾11【穇】⑯ 穇(1281)와 동자

禾部 11획 穆 䵣 穇 穆 穌 穎 穏 積

禾11 **【穆】**⑯ 화목할 목 圓 mù

소전 穆 초서 穆 속자 穆 字解 ①화목하다, 온화하다. 〔詩經〕 穆如淸風. ②삼가다, 공경하다. 〔書經〕 我其爲王穆卜. ③기뻐하다, 기쁘게 하다. 〔管子〕 穆君之色. ④아름답다. 〔詩經〕 於穆淸廟. ⑤편안하다, 고요하다. 〔正字通〕 穆, 靖也. ⑥사당의 차례. '子'의 서열・'父'의 서열을 '昭'라 하는 데 대한 말. 〔周禮〕 辨廟祧之昭穆. ⑦섬세한 무늬, 그윽한 모양. ⑧말이 없는 모양. 늑默. 〔東方朔・論〕 於是吳王穆然.
【穆穆】목목 ①아름답고 훌륭한 모양. ②온화한 모양. 和敬(화경). ③깊숙한 모양. ④위의(威儀)가 바르고 성대한 모양. ⑤고요한 모양.
【穆然】목연 ①고요히 생각하는 모양. ②심원(深遠)한 모양. ③소리가 그윽한 모양. ④온화한 모습으로 삼가는 모양.
【穆淸】목청 ①청화(淸和)한 덕. ②미덕이 있고, 교화가 깨끗함. ③맑고 온화함.
● 敦-, 昭-, 粹-, 肅-, 安-, 悅-, 雍-, 婉-, 友-, 怡-, 緝-, 淸-.

禾11 **【䵣】**⑯ ❶붉은 기장 문 冠 mén ❷검은 기장 미 囡 mí
字解 ❶붉은 기장. ❷①검은 기장. ②묽은 죽, 미음.

禾11 **【穇】**⑯ 붉은 벼 사 麻 zhā
字解 붉은 벼.

禾11 **【穆】**⑯ 쭉정이 이삭 삼 咸 shān
간체 穆 字解 ①쭉정이 이삭. ②돌피. 볏과에 속한 일년초.

禾11 **【穌】**⑯ 긁어모을 소 虞 sū
소전 穌 초서 穌 속자 甦 통자 蘇 간체 穌 字解 ①긁어모으다, 갈퀴로 짚을 긁어모으다. ②가득 차다. ③잠이 깨다. 늑癗. ④다시 살아나다. ⑤살다.

禾11 **【穎】**⑯ 이삭 영 梗 yǐng
소전 穎 초서 穎 속자 穎 간체 穎 字解 ①이삭, 벼 이삭. 〔書經〕 異畝同穎. ②뾰족한 끝. 물건의 뾰족한 끝. 송곳 끝, 칼끝, 붓끝 따위. 〔史記〕 錐之處囊中, 乃穎脫而出. ③빼어나다, 훌륭하다. 〔吳志〕 皆當世秀穎, 一時顯器. ④자루, 칼자루. 〔禮記〕 刀卻刃授穎. ⑤경침(警枕), 둥근 나무토막 베개. 〔禮記〕 枕几穎材.
【穎拔】영발 여럿 중에서 훨씬 뛰어남.
【穎悟】영오 뛰어나게 총명함.
【穎異】영이 총명하고 뛰어남.
【穎哲】영철 뛰어나게 현명함.
【穎脫】영탈 주머니 속의 송곳 끝이 밖으로 나옴. 재기(才氣)가 겉으로 나타남.
● 奇-, 毛-, 鋒-, 秀-, 才-, 聰-, 禾-.

禾11 **【穏】**⑯ 穩(1282)의 속자

禾11 **【積】**⑯ ❶쌓을 적 陌 錫 jī ❷저축 자 寘
소전 積 초서 積 동자 穦 간체 积 参考 대법원 지정 인명용 한자의 음은 '적'이다.
字源 形聲. 禾+責→積. '責(책)'이 음을 나타낸다.
字解 ❶①쌓다. ㉮모으다, 모이다. 원래는 곡식을 모은다는 뜻. 〔儀禮〕 素積. ㉯저축하다. 〔莊子〕 然則鄕之所謂知者, 不乃爲大盜積者也. ㉰포개다, 쌓이다. 〔皎然・詩〕 書衣流埃積. ㉱떼지어 모이다. 〔張衡・賦〕 芳草如積. ㉲오래되다. 〔漢書〕 其不用天下之法度, 非一日之積也. ②적. 수학 용어. 곱하여 얻은 결과. ❷저축, 벌여 놓은 것. 〔國語〕 無一日之積.
【積居】적거 저축하여 둠.
【積慶】적경 ①기쁨을 거듭함. 거듭 생기는 경사. ②선행(善行)을 쌓음.
【積久】적구 오랜 세월이 걸림.
【積極】적극 대상에 대하여 긍정적이고 능동적으로 활동함.
【積氣】적기 ①쌓이고 쌓인 기운. 곧, 하늘. ②≒積聚(적취)②.
【積潦】적료 장마로 인한 홍수.
【積累】적루 더금더금 쌓음. 累積(누적).
【積善】적선 착한 일을 많이 함. 積德(적덕).
【積善餘慶】적선여경 착한 일을 많이 한 사람은 경사스럽고 복된 일이 자손에게까지 미침.
【積雪】적설 쌓인 눈.
【積誠】적성 오랫동안 정성을 들임.
【積水成淵】적수성연 적은 양의 물도 쌓이고 쌓이면 큰 못을 이룸. 작은 것도 모이면 크게 됨. 塵合泰山(진합태산).
【積習】적습 ①묵은 습관, 오래된 버릇. ②연습을 쌓음. 숙달(熟達)함.
【積襲】적습 겹겹이 쌓임. 積累(적루).
【積薪之嘆】적신지탄 섶나무를 쌓을 때, 나중의 것은 늘 위에 있고 먼저 쌓은 것은 늘 아래쪽에 눌려 있게 됨. 고참자로서 승진하지 못하고 항상 남의 아랫자리에만 머물러 있게 된 처지를 한탄함. 沈淪(침륜).
【積痾】적아 오래된 병. 宿患(숙환).
【積玉】적옥 ①쌓여 있는 아름다운 옥(玉). ②한 곳에 모여 있는 훌륭한 문장.
【積雨】적우 장마. 오랫동안 계속하여 오는 비. 霖雨(임우).

【積羽沈舟 적우침주】깃처럼 가벼운 것도 많이 쌓이면 무거워져 배를 가라앉힘. 작은 것도 쌓이면 큰 것이 됨.
【積雲 적운】①쌓인 구름. ②뭉게구름.
【積鬱 적울】①쌓인 근심. ②오랫동안 쌓인 불만. ③쌓이고 쌓인 울적한 마음.
【積怨 적원】쌓이고 쌓인 원한.
【積陰 적음】①쌓인 음기(陰氣). ㉠한기(寒氣). ㉡겨울. ②계속되는 흐린 날씨.
【積日 적일】여러 날. 많은 날짜.
【積載 적재】운송 수단에 물건을 쌓아 실음.
【積貯 적저】쌓아 모음. 저축함. 積儲(적저).
【積阻 적조】오랫동안 서로 소식이 막힘.
【積重 적중】①거듭 쌓음. ②물건을 저축함.
【積滯 적체】쌓여서 통하지 못하고 막힘.
【積翠 적취】①쌓인 푸른빛. 짙은 녹색. ②청산(青山).
【積聚 적취】①쌓아 저축함. 저축한 물건. ②체증이 오래되어 배 속에 덩어리가 생기는 병. 積氣(적기).
【積土成山 적토성산】흙을 모아 산을 이룸. 작은 것도 쌓이면 큰 것이 됨.
【積血 적혈】살 속에 엉긴 피. 瘀血(어혈).
【積毀銷骨 적훼소골】험담이나 비방이 쌓이면 뼈도 녹음. 여러 사람이 비방하는 말의 무서움.
【積欠 적흠】조세(租稅)의 부족액이 쌓인 것.
● 露ー, 累ー, 多ー, 面ー, 山ー, 盈ー, 容ー, 鬱ー, 庚ー, 凝ー, 貯ー, 體ー, 蓄ー, 堆ー.

禾 11 【穌】⑯ 積(1280)과 동자

禾 11 【䅱】⑯ 모종 낼 적 𩵋 tì
字解 모종을 내다, 사이를 띄워서 심다.

禾 11 【穄】⑯ 검은 기장 제 𩵋 jì
소전 穄 초서 穄 字解 검은 기장. 〔穆天子傳〕穄麥百載.

禾 11 【穐】⑯ 축날 초 𩵋 jiāo
字解 축나다, 줄다.

禾 11 【穐】⑯ 穐(1283)의 속자

禾 11 【穮】⑯ ❶길게 자란 모 표 𩵋 biāo
❷까끄라기 묘 𩵋 miǎo
字解 ❶길게 자란 모. ❷까끄라기, 벼의 까끄라기.

禾 12 【機】⑰ 벼 꽃술 기 𩵋 jī
소전 機 字解 ①벼의 꽃술, 벼 이삭의 꽃술. 〔呂氏春秋〕得時之禾, 疏機而穗大.

②빽빽하다, 사이가 촘촘하다. =穊.

禾 12 【穚】⑰ 벼 이삭 팰 교 𩵋 jiāo
桑夸 橋(879)는 딴 자.
字解 ①벼의 이삭이 패다. ②가라지가 무성하다, 강아지풀이 우거지다.

禾 12 【穜】⑰ 만생종 동 𩵋 tóng
소전 穜 초서 穜 字解 만생종(晚生種), 늦벼. 〔周禮〕生穜稑之種.
【穜稑 동륙】벼의 이름. ☞ '穜'은 늦벼, '稑'은 올벼.

禾 12 【穤】⑰ 벼 비에 상할 매 𩵋 měi
字解 ①벼가 비에 상하다. ②썩다, 부패되다. ③검다, 검은 반점이 생기다.

禾 12 【穗】⑰ 이삭 수 𩵋 suì
초서 穗 속서 穗 字解 ①이삭, 벼 이삭. 〔詩經〕彼稷之穗. ②이삭 모양으로 생긴 것. 등불·촛불 따위. 〔秦觀·詩〕爐香冉冉紆寒穗.
【穗狀 수상】곡식의 이삭과 같은 형상.
【穗穗 수수】벼가 잘 익은 모양.
● 落ー, 麥ー, 實ー, 滯ー, 好ー, 禾ー.

禾 12 【穛】⑰ 풋바심할 착 𩵋 zhuō
초서 穛 字解 풋바심하다, 일찍 곡식을 거두다. 여물기 전의 벼나 보리 따위를 베어 떨거나 훑는 일. 〔禮記〕稻穛.

禾 12 【穉】⑰ 稚(1275)와 동자

禾 13 【穠】⑱ 무성할 농 𩵋 nóng
초서 穠 字解 무성하다. 〔詩經〕何彼穠矣, 華如桃李.
【穠桃 농도】꽃이 많이 핀 복숭아나무.
【穠綠 농록】나무가 무성하여 녹색이 짙음.
【穠李 농리】꽃이 많이 핀 자두나무.
【穠纖 농섬】①살찜과 여윔. ②굵음과 가늚.
● 繁ー, 鮮ー, 妖ー.

禾 13 【穛】⑱ 벼 가릴 도 𩵋 dào
소전 穛 字解 ①벼를 가리다. 〔史記〕穛一莖六穗於庖. ②좋은 품종의 벼 이름.

禾 13 【穮】⑱ 곡식 쌓을 라 𩵋 luó
字解 곡식을 쌓다, 곡식을 저장하다. =穰.

禾部 13～14획 穡 穟 穣 穧 穢 穦 稽 穩 穧 䅽 穧 䅮 穫

禾13 【穡】 ⑱ 거둘 색 職 sè
[소전] 牆 [초서] 穡 [字解] ①거두다, 수확하다. 〔詩經〕不稼不穡. ②거둘 곡식, 다 익은 곡식. 〔束晳·詩〕芒芒其稼, 參參其穡. ③농사. 〔春秋左氏傳〕力於農穡. ④구실 받다, 구실. 〔詩經〕曾孫之穡. ⑤검약(儉約)하다, 검소하다. 〔春秋左氏傳〕務穡勸分. ⑥인색하다. ≒嗇. 〔書經〕舍我穡事.
【穡夫 색부】 농사를 짓는 사람. 농부.
【穡事 색사】 농사.
◐稼—, 農—, 省—, 蠶—.

禾13 【穟】 ⑱ 이삭 수 實 suì
[소전] 穟 [혹체] 䅹 [초서] 穟 [字解] ①이삭. ≒穗. 〔元好問·詩〕去年夏秋旱, 七月黍穟吐. ②벼 이삭 모양, 벼 이삭 빼어난 모양. 〔詩經〕禾穎穟穟.
【穟穟 수수】 모가 아름답고 좋은 모양.

禾13 【穣】 ⑱ 穣(1283)의 속자

禾13 【穢】 ⑱ 더러울 예 除 huì
[초서] 穢 [간체] 秽 [字解] ①더럽다, 더럽히다. 〔班固·賦〕滌瑕盪穢. ②거칠다, 거친 땅. 〔班固·賦〕並蹈潛穢. ③잡초. 〔詩經·茶蓼朽止·箋〕艸穢既除而禾稼茂. ④더러운 곳. 〔隋書〕悉禁地牢中, 寢處糞穢. ⑤동이(東夷)의 하나. ≒濊. 〔晉書〕國中有古穢城, 本穢貊之城也. ⑥악하다, 악인. 〔蜀志〕芟穢弭難, 臣職是掌.
【穢氣 예기】 더러운 냄새.
【穢德 예덕】 ①좋지 않은 행실. 惡德(악덕). ②임금의 좋지 않은 행동거지.
【穢物 예물】 더러운 물건.
【穢慾 예욕】 더러운 욕심.
【穢草 예초】 잡초(雜草).
【穢濁 예탁】 더럽고 흐림. 濁穢(탁예).
【穢土 예토】 (佛)더러운 땅. 곧, 이 세상.
【穢慝 예특】 더러움.
【穢溷 예혼】 ①뒷간. ②돼지우리.

禾13 【穧】 ⑱ 볏가리 자 霰 實 zī
[소전] 穧 [字解] ①볏가리. 〔詩經〕穧之秩秩. ②쌓다. =積. ③벼를 쌓다. =穧.

禾13 【穯】 ⑱ 겨 회·괴 隊 kuài
[소전] 穯 [字解] 겨, 왕겨.

禾14 【䅽】 ⑲ 稄(1276)의 속자

禾14 【䅮】 ⑲ 벼 까끄라기 녕 庚 níng
[字解] ①벼의 까끄라기. ②까끄라기가 길다.

禾14 【穦】 ⑲ 향기 빈 眞 pīn
[字解] 향기, 좋은 냄새.

禾14 【穩】 ⑲ 평온할 온 阮 wěn
[소전] 穩 [초서] 穩 [속자] 穩 [간체] 稳 [參考] 隱(1957)은 딴 자.
[字解] ①평온하다, 안온하다. 〔晉書〕行人安穩, 布帆無恙. ②곡식을 걷어 모으다.
【穩健 온건】 온당하고 건전함.
【穩當 온당】 사리에 어긋나지 않고 알맞음.
【穩善 온선】 온당하고 착함. 온순함.
【穩穩 온온】 평온한 모양.
【穩情 온정】 용이한 일. 손쉬운 일.
【穩寢 온침】 편안하게 잠을 잠. 穩宿(온숙).
【穩婆 온파】 ①조산원(助産員). 産婆(산파). ②여자 시체를 검사하던 여자.
◐不—, 深—, 安—, 圓—, 靜—, 平—.

禾14 【穧】 ⑲ ❶볏단 제 霽 jì ❷볏단 자 寘 zì
[소전] 穧 [초서] 穧 [字解] ❶①볏단. 〔詩經〕此有不斂穧. ②베다, 벼를 베다. ③분량 이름, 움큼. =撮. ④적다, 자밤. 세 손가락 끝으로 집을 만한 분량. ❷①볏단. ※❶의 ①과 같다. ②벼를 쌓다. =積.

禾14 【穧】 ⑲ ❶모을 취 宥 zhòu ❷삼단 총 送 còng
[字解] ❶모으다, 모이다. ❷①삼(麻)단. ②벼를 쌓다.

禾14 【穪】 ⑲ 稱(1277)의 속자

禾14 【穨】 ⑲ 쇠퇴할 퇴 灰 tuí
[소전] 穨 [소전] 穨 [초서] 穨 [字解] ①쇠퇴하다. 〔後漢書〕至於戰國, 漸至穨陵. ②벗어지는 모양, 머리가 벗어지는 모양. ③폭풍. ≒頹.

禾14 【穫】 ⑲ ❶벼 벨 확 藥 huò ❷땅 이름 호 虞 遇 hù
[소전] 穫 [초서] 穫 [간체] 获 [參考] ①獲(1120)은 딴 자. ②대법원 지정 인명용 한자의 음은 '확'이다.
[字源] 形聲. 禾+蒦→穫. '蒦(약)'이 음을 나타낸다.

禾部 15~19획 穬穭穮穯穰穱穲穳穵穲穳 穴部 0획 穴

穧
- 字解 ❶①벼를 베다.〔詩經〕八月其穧. ②거두다.〔國語〕以歲之不穧也. ③얻다. ≒獲.〔呂氏春秋〕稼就而不穧. ❷땅 이름. ¶ 焦穧.
- 【穧稻 확도】 벼를 거두어들임.
- 【穧斂 확렴】 곡식을 거두어들임.
- 【穧刈 확예】 곡식을 벰. 곡물을 수확함.
- ❶ 耕－, 收－, 刈－, 秋－.

禾15 【穬】⑳ 까끄라기 있는 곡식 광 梗 kuàng
소전 穬 字解 ①까끄라기가 있는 곡식. ②아직 익지 아니한 벼.
【穬麥 광맥】 귀리.

禾15 【穭】⑳ 돌벼 려 語 lǚ
字解 돌벼, 절로 난 벼. =稆.
【穭穀 여곡】 자생한 곡초(穀草).

禾15 【穮】⑳ 강낭콩 변 阮銑 biǎn
동자 稨 字解 강낭콩.

禾15 【穩】⑳ 줌 수 우 尤 yōu
字解 줌 수(數), 벼 마흔 줌.〔爾雅〕把謂之秉, 秉四曰筥, 筥十曰穖.

禾15 【穯】⑳ 움벼 즐 質 zhì
字解 움벼, 벼의 움이 거듭 나는 모양.

禾15 【穲】⑳ 벼 이름 파 碼 bà
초서 穲 동자 粑 字解 ①벼 이름.〔韋莊·詩〕極目連雲穲䅜肥. ②벼가 흔들리는 모양. ¶ 穲䅜.
【穲䅜 파아】 ①벼 이름. ②벼가 흔들리는 모양.

禾15 【穮】⑳ ❶김맬 표 蕭 biāo ❷쭉정이 포 肴 pāo
소전 穮 초서 穮 字解 ❶김매다.〔春秋左氏傳〕是穮是蔉. ❷쭉정이.

禾16 【穱】㉑ 볏단 롱 東 lóng
字解 ①볏단, 볏다발. ②벼의 병.

禾16 【穳】㉑ 秋(1269)의 고자

禾17 【穰】㉒ 볏대 양 陽 ráng, rǎng
소전 穰 초서 穰 속자 穰 字解 ①볏대, 수숫대. ②풀.〔禮記〕塗有穰草. ③풍족하다, 풍년.〔史記〕所居野大穰. ④빌다, 풍년 들기를 빌다.〔史記〕見道傍有穰田者. ⑤성한 모양.〔漢書〕長安中浩穰. ⑥사물의 모양. ¶ 穰穰. ⑦쏵.〔孔子家語〕衣穰而提贄. ⑧수의 단위. 秭의 1억 배.
【穰年 양년】 풍년.
【穰歲 양세】 곡식이 잘 익은 해. 풍년.
【穰穰 양양】 ①많은 모양. ②복(福)이 많은 모양. 썩 행복한 모양.
【穰衣 양의】 천한 일을 하는 사람이 입는 옷.
【穰田 양전】 음식을 차려 놓고 풍년을 기원함.
- ❶ 飢－, 饑－, 紛－, 豐－, 浩－.

禾18 【穱】㉓ ❶올벼 착 覺 zhuō ❷기장 작 藥 jué
字解 ❶①올벼, 일찍 익는 벼. ②풋바심하다. ≒穛. ③그루갈이로 보리를 심다, 벼를 벤 뒤에 심은 보리. ④가리다, 보리 가운데 먼저 익은 것을 고르다.〔楚辭〕稻粢穱麥. ⑤작다, 조그마하다. ❷기장.

禾19 【穲】㉔ 볏모 리 支 lí
字解 ①볏모. ②곡식 포기가 나란한 모양. ¶ 穲穲.
【穲穲 이리】 기장 포기가 나란한 모양.

禾19 【穳】㉔ ❶볏가리 찬 寒 cuán ❷벼 쌓을 찬 旱 cuán ❸벼 무성할 찬 翰 zàn
字解 ❶볏가리. ❷벼를 쌓다. ❸벼가 무성하되 벼가 무성하고 아직 여물지 아니하다.

穴 部
5획 부수 | 구멍혈부

穴0 【穴】⑤ ❶구멍 혈 屑 xué ❷굴 휼 質
` 丶 宀 宀 穴
소전 穴 초서 穴 參考 대법원 지정 인명용 한자의 음은 '혈'이다.
字源 會意. 宀+八→穴. '宀'는 집, '八'은 좌우로 가르다의 뜻이다. 움을 파서 살 주거를 나타낸 데서, '구멍'을 뜻한다.
字解 ❶①구멍.㉮움, 토실(土室).〔易經〕上古穴居而野處.㉯구덩이, 광중(壙中).〔漢書〕死則同穴.㉰맞뚫린 구멍.〔孟子〕鑽穴隙相窺.㉱소굴.㉲두都盡爲戎穴.㉳동굴.〔後漢書〕高句麗, 其國東有大穴, 號襚神, 亦以十月迎而祭之.㉴샘, 천원(泉源).〔木華·賦〕江河旣導, 萬穴俱流.㉵오목한 곳.〔尹廷高·詩〕地穴玲瓏石炭紅.㉶혈, 경혈(經穴). 침을 놓거나 뜸을 뜨는 자리. ②뚫다.〔柳宗元·說〕蟲之

穴部 1~3획 窊 究 空

生而物益壞, 食齧之, 攻穴之. ❸옆. 곁. 〔爾雅〕汎泉穴出. ❹그릇되다. 굽다. 〔班固·賦〕叛廻穴其若玆兮. ❷굴. 짐승이 숨어 있는 구멍. 〔孔融·詩〕河潰蟻孔端, 山壞由猿穴.
【穴居野處 혈거야처】 집을 짓지 않고 동굴이나 들에서 삶.
【穴見 혈견】 구멍으로 봄. 견식(見識)이 좁음. 管見(관견).
【穴竅 혈규】 움. 동굴.
【穴隙 혈극】 구멍이나 틈.
【穴農 혈농】 國구메농사. 농사를 짓는 형편이 고르지 않아 고장에 따라 풍흉(豊凶)이 같지 않은 농사.
【穴穽 혈정】 함정(陷穽).
○ 孔-, 空-, 管-, 灸-, 窟-, 竅-, 隙-, 洞-, 墓-, 幽-, 偸-, 虎-, 廻-.

穴1 【窊】❻구멍 알 國 yà, wà

〔字解〕❶구멍. ❷더듬다, 구멍 속을 더듬다. ❸도둑이 담에 구멍을 뚫다. ❹구멍을 파다.

穴2 【究】❼궁구할 구 國 jiū

〔字源〕形聲. 穴+九→究. '九(구)'가 음을 나타낸다.
〔字解〕❶궁구하다. 〔漢書〕聖德不及究於天下. ❷끝, 극(極). 〔易經〕其究爲健. ❸다하다. 〔漢書〕害氣將究矣. ❹굴, 동굴. ❺골짜기. 〔水經·溫水·注〕溫水, 鬱水, 自九德浦, 經越裳究·九德究·南陵究. ❻미워하는 모양. 〔詩經〕自我人究究. ❼주사위.
【究竟 구경】 ①마침내. 畢竟(필경). ②궁구(窮究)함. 샅샅이 연구함. ③(佛)이법(理法)의 지극한 경지.
【究詰 구힐】 ①서로 미워하는 모양. ②그치지 않는 모양.
【究極 구극】 ①궁구(窮究)함. ②극에 달함.
【究覽 구람】 궁구하여 봄.
【究理 구리】 사물의 이치를 궁구함.
【究明 구명】 사물의 본질을 깊이 연구하여 밝힘.
【究問 구문】 ①샅샅이 조사함. ②충분히 알 때까지 캐어물음.
【究思 구사】 깊이 생각함. 熟考(숙고).
【究宣 구선】 궁구하여 밝힘. 究明(구명).
【究悉 구실】 빠짐없이 궁구함. 샅샅이 연구함.
【究察 구찰】 샅샅이 살펴 궁구함.
【究通 구통】 궁구하여 통달함. 궁구함과 통달함. 窮通(궁통).
【究覈 구핵】 깊이 살핌. 샅샅이 캠.
【究詰 구힐】 추궁하여 힐책(詰責)함.
○ 講-, 檢-, 考-, 窮-, 博-, 詳-, 硏-, 精-, 察-, 推-, 探-, 討-, 學-.

穴3 【空】❽❶빌 공 東 kōng
❷구멍 공 董 kǒng
❸막힐 공 送 kòng

〔字源〕形聲. 穴+工→空. '工(공)'이 음을 나타낸다.
〔字解〕❶①비다. ㉮다하다. 〔爾雅〕空, 盡也. 〔詩經〕杼柚其空. ㉯없다, 속에 든 것이 없다. 〔後漢書〕尊中酒不空. ㉰적다, 모자라다. 〔論語〕回也其庶乎, 屢空. ㉱내실(內實)이 없다. 〔後漢書〕況當今之世, 有三空之厄哉. ㉲근거가 없다. 〔史記〕皆空語無事實. ㉳쓸쓸하다. 〔周賀·詩〕露滴獼猴夜嶽空. ㉴보람이 없다. 〔韓愈·書〕空言無施, 雖切何益. ②부질없이, 헛되이. 〔漢書〕兵不空出. ③비게 하다. 〔常詩〕山光悅鳥性, 潭影空人心. ④하늘. 〔謝偃·賦〕匝地冰厚, 周空霧密. ⑤공간. 〔王維·詩〕九州何處遠, 萬里若乘空. ⑥허심(虛心)한 모양, 성실한 모양. 〔論語〕空空如也. ⑦(佛)유(有)에 대해 존재를 부정하는 일, 구경(究竟)으로서 실체(實體)가 없는 경지(境地). 〔大乘義章〕空者理之別目, 絶衆相, 故名爲空. ❷①구멍. ≒孔. 〔史記〕舜穿井, 爲匿空旁出. ②뚫다. 〔漢書〕然竇鑿空. ❸①막히다, 곤궁하다. 〔詩經〕不宜空我師. ②공허하다. 〔韻會〕空, 虛也. ③사이, 여가. ㉮틈. ㉯비다. ㉰틈, 빈틈.
【空殼 공각】 빈 껍데기.
【空界 공계】 (佛)아무것도 없는 공의 세계.
【空谷 공곡】 ①인기척이 없는 쓸쓸한 골짜기. 빈 골짜기. ②큰 골짜기. ○'空'은 '大'로 '큼'을 뜻함.
【空谷足音 공곡족음】 사람이 없는 빈 골짜기에 울리는 발자국 소리. 몹시 신기한 일이나 예기하지 않은 기쁜 일. 空谷跫音(공곡공음).
【空空 공공】 ①텅 비어 있는 모양. ②성실한 모양. ③무식한 모양. 어리석은 모양. ④(佛)우주 만물은 실체가 없다는 이치.
【空拳 공권】 화살이 다하여 쏠 수 없는 활.
【空闕 공궐】 國임금이 없는 빈 궁궐.
【空閨 공규】 남편이 없이 아내 혼자 쓸쓸하게 지내는 방. 空房(공방).
【空竅 공규】 ①틈. 구멍. ②귀·눈·입·코.
【空隙 공극】 틈. 빈틈. 間隙(간극).
【空器 공기】 빈 그릇.
【空垈 공대】 國①집을 지을 빈 터. ②집 안의 빈 터.
【空頭漢 공두한】 어리석은 사람. 바보.
【空得 공득】 공으로 얻음. 힘을 들이지 않고 얻음. 不勞而得(불로이득).
【空欄 공란】 지면에 글자 없이 비워 둔 난.
【空明 공명】 ①맑은 물에 비친 달 그림자. ②공중(空中).
【空名帖 공명첩】 國성명을 적지 않은 임명장.
【空耗 공모】 비어 모자람. 결핍(缺乏)함.
【空木 공목】 國활자를 조판할 때에, 인쇄할 필요가 없는 빈 부분이나 활자와 활자 사이에 끼우

는 나무나 납 조각.
【空濛 공몽】가랑비가 내려 어둠침침한 모양.
【空門 공문】(佛)①불교. ◯공법(空法)을 구경(究竟)의 문(門)으로 삼는 데서 온 말. ②사문(四門)의 하나. 유(有)에 집착함을 교화하기 위해 부처가 설(說)한 공리(空理)의 법문.
【空腹 공복】빈 배속.
【空費 공비】헛 비용. 쓸데없는 비용.
【空山 공산】①인기척이 없는 쓸쓸한 산. ②나뭇잎이 다 떨어진 산.
【空手來空手去 공수래공수거】빈손으로 왔다가 빈손으로 감. ㉠사람이 세상에 태어났다가 헛되이 죽어 감. ㉡재물(財物)에 욕심을 부릴 필요가 없음.
【空襲 공습】군용 비행기로 공중에서 습격하는 일. 공중 습격.
【空食 공식】①부질없이 녹(祿)만 먹음. ②힘들이지 않고 돈을 얻거나 음식을 먹음.
【空念佛 공염불】國①입으로 외는 헛된 염불. ②실천이나 행동이 따르지 않는 주장이나 말.
【空王 공왕】(佛)부처의 존칭.
【空位 공위】①國㉠비어 있는 직위. ㉡실권이 없이 이름뿐인 지위. 虛位(허위). ②죽은 사람의 명호(名號).
【空日 공일】國일을 하지 않고 쉬는 날. 곧, 일요일.
【空寂 공적】①텅 비어 쓸쓸함. ②(佛)세상 만물이 다 공허함.
【空前絕後 공전절후】이전에도 없었고 이후에도 없음. 前無後無(전무후무).
【空中樓閣 공중누각】공중에 떠 있는 누각. 蜃氣樓(신기루). 海市(해시). ㉠허구(虛構)의 문장. ㉡근거 없는 가공적인 사물.
【空卽是色 공즉시색】(佛)우주 만물은 다 실체가 없는 공허한 것이나 인연의 상관관계에 의하여, 그대로 별개의 존재로서 존재한다는 반야심경(般若心經)의 말. 色卽是空(색즉시공).
【空靑 공청】①하늘. 靑空(청공). ②동광(銅鑛)에서 나는, 색이 푸른 광물.
【空翠 공취】①먼 산 나무들의 푸른빛. ②초목이 울창한 산속의 기운. 山氣(산기).
【空乏 공핍】결핍함. 궁핍함.
【空虛 공허】①속이 텅 빔. ②실속이 없이 헛됨. ③하늘. 허공.
【空濠 공호】물이 마른 해자.
【空華 공화】①눈앞에 불꽃 같은 것이 어른거리게 보이는 눈병의 증세. 眼花(안화). ②(佛)번뇌로 말미암아 생기는 여러 가지 헛된 생각.
【空還 공환】목적을 이루지 못하고 헛되이 되돌아옴.
【空豁 공활】매우 넓음. 空闊(공활).
● 架ー, 高ー, 對ー, 滿ー, 碧ー, 司ー, 上ー, 雲ー, 遠ー, 眞ー, 澄ー, 蒼ー, 天ー, 靑ー, 晴ー, 翠ー, 太ー, 航ー, 虛ー, 懸ー.

穴3 【究】⑧ 究(1284)의 속자

穴3 【穹】⑧ 하늘 궁 康 qióng
字解 ①하늘. 〔潘岳·賦〕仰皇穹兮歎息. ②궁(窮)하다, 막다르다. 〔詩經〕穹窒熏鼠. ③크다. ④깊다. 〔班固·賦〕幽林穹谷. ⑤활꼴, 궁형(弓形). 중앙이 높고 주위가 처진 형상. 궁륭상(穹窿狀). 〔周禮〕穹者三之一. ⑥풀 이름, 궁궁이, 천궁. 늑芎.
【穹嵌 궁감】지세가 높고 험준한 곳.
【穹蓋 궁개】☞穹蒼(궁창).
【穹谷 궁곡】①깊은 골짜기. ②큰 골짜기. 空谷(공곡).
【穹窖 궁교】구덩이를 파고 위를 활 모양으로 두두룩하게 덮은 움.
【穹廬 궁려】①흉노족(匈奴族)이 살던, 반구형(半球形)으로 위를 가린 천막. ②흉노(匈奴).
【穹隆 궁륭】①☞穹窿(궁륭). ②성(盛)한 모양. ③바위가 언덕처럼 솟아 있는 모양.
【穹窿 궁륭】①활 모양으로 되어 가운데가 가장 높고 사방 주위는 차차 낮아진 형상. 하늘의 형상. ②높고 활처럼 구부러짐.
【穹冥 궁명】하늘.
【穹壤 궁양】하늘과 땅. 천지. 天壤(천양).
【穹窒 궁질】①틈을 막음. ②쥐구멍.
【穹質 궁질】고상한 성질.
【穹蒼 궁창】높고 푸른 하늘. 穹天(궁천).
【穹玄 궁현】하늘. 穹蒼(궁창).
● 高ー, 紫ー, 蒼ー, 天ー, 靑ー, 淸ー, 秋ー, 遐ー, 玄ー, 昊ー, 顥ー, 皇ー.

穴3 【穸】⑧ 광중 석 錫 xī
字解 ①광중, 무덤의 구덩이. ②긴 밤. 〔春秋左氏傳〕唯是春秋窆穸之事.

穴4 【宏】⑨ 큰 집 굉 庚 hóng
[參考] 宏(442)은 딴 자.
字解 ①큰 집. ②집이 우람하다.

穴4 【突】⑨ 갑자기 돌 月 tū

丶 宀 宓 㝎 空 穵 突 突

字解 會意. 穴+犬→突. 개〔犬〕가 구멍〔穴〕에서 나온다는 뜻으로, '갑자기'의 뜻을 나타낸다.
字解 ①갑자기. 〔易經〕突如其來如. ②부딪다. ㉮부딪치다. 〔後漢書〕突騎. ㉯범하다. 〔南史〕排突陰衛. ③불룩하게 나오다. 〔呂氏春秋〕子能以窒窒突乎. ④사나운 말〔馬〕. 〔漢書〕是猶以鞿衝而御駻突. ⑤뚫다, 파다. 〔春秋左氏傳〕宵突陳城. ⑥굴뚝. ≒堗. 〔漢書〕墨突不黔. ⑦대머리. 〔荀子〕突禿長左.

【突擊 돌격】 돌진하여 처들어감.
【突過 돌과】 돌진하여 지나감.
【突貫 돌관】 ①홱 내질러서 꿰뚫음. ②군대가 적진을 단숨에 돌격함. ③단숨에 일을 실행해 나감.
【突隙 돌극】 ①굴뚝의 갈라진 틈. ②허를 찌름.
【突起 돌기】 ①오똑하게 나오거나 도드라짐. ②어떤 일이 갑자기 일어남.
【突禿 돌독】 머리가 벗어짐.
【突發 돌발】 뜻밖의 일이 갑자기 일어남.
【突如 돌여】 별안간. 突然(돌연).
【突兀 돌올】 우뚝 높이 솟은 모양.
【突入 돌입】 갑자기 뛰어듦.
【突將 돌장】 적진으로 돌진하는 용감한 장수.
【突前 돌전】 ①앞으로 향하여 돌진함. ②앞을 찌름.
【突戰 돌전】 돌진하여 싸움.
【突梯 돌제】 ①모나지 않고 세속에 따라 순종하는 일. ②종잡을 수 없는 일.
【突堤 돌제】 國육지에서 강이나 바다 쪽으로 길게 내밀어 둑처럼 쌓은 구조물.
【突進 돌진】 거침없이 나아감.
【突出 돌출】 ①쑥 내밀어 있음. ②갑자기 쑥 나옴. 툭 튀어나옴.
【突破 돌파】 ①처서 깨뜨림. ②곤란·장애 따위를 헤치고 나아감. ③어느 수량을 초과하여 달성함.
● 黔―, 曲―, 冷―, 唐―, 墨―, 煙―, 溫―, 抵―, 豬―, 直―, 憧―, 衝―, 撐―, 寒―.

穴 4 【窀】 ⑨ 광중 둔 眞 zhūn
字解 ①광중, 무덤 구덩이. ¶窀穸. ②두텁다, 길다. ③후하게 장사 지내다.
【窀穸 둔석】 ①매장(埋葬)함. ②광중.

穴 4 【牢】 ⑨ 우리 로 豪 láo
字解 ①우리, 짐승의 우리. =牢. ②여물다.

穴 4 【突】 ⑨ ❶깊을 요 篠 yào ❷문지도리 소리 요 篠 yǎo
字解 ❶①깊다. ②어둠침침한 곳. ③방의 동남 구석. =奧. ④복실(複室). 방으로 둘러싸인 방. ❷①문지도리 소리. ②방의 동남 구석. ※❶의 ③과 같다.

穴 4 【窃】 ⑨ 竊(1293)의 속자

穴 4 【穽】 ⑨ 허방다리 정 敬 梗 jǐng
字解 허방다리, 함정. =阱. 〔書經〕敓乃穽.
【穽陷 정함】 허방다리. 陷穽(함정).
● 坎―, 阮―, 陷―, 檻―.

穴 4 【穿】 ⑨ 뚫을 천 先 霰 chuān, chuàn
字源 會意. 穴+牙→穿. 어금니〔牙〕가 구멍〔穴〕 속에 있는 형상으로, '뚫어서 구멍을 내다'의 뜻을 나타낸다.
字解 ①뚫다. ㉮뚫어서 통하게 하다. 〔漢書〕引渭穿渠. ㉯구멍을 뚫다. 〔詩經〕誰謂鼠無牙, 何以穿我墉. ㉰파다. 〔史記〕穿井得土缶中如羊. ㉱꿰뚫다. 〔漢書〕貫經經傳. ㉲궁구하다. ②구멍. 〔宋書〕柱有一穿. ③구멍이 나다. 〔莊子〕衣弊履穿. ④해어지다. ¶穿結. ⑤묘혈(墓穴). 〔漢書〕術土投丁姬穿中.
【穿決 천결】 구멍이 뚫림.
【穿結 천결】 해어진 옷을 꿰맴.
【穿孔 천공】 ①구멍을 뚫음. ②구멍.
【穿窬 천유】 구멍을 뚫거나 담을 넘어 들어가는 좀도둑. 穿踰(천유).
【穿耳 천이】 귀고리 따위를 하기 위하여 귓바퀴에 구멍을 뚫음.
【穿鑿 천착】 ①구멍을 뚫음. ②학문을 깊이 파고듦. ③억지로 이치에 닿지 않는 말을 함.
【穿築 천축】 땅을 파고 흙을 쌓음.
【穿敝 천폐】 옷이 구멍이 뚫어지고 해어짐.
【穿花 천화】 꽃 사이를 지나감.

穴 5 【窌】 ⑩ 움 교 效 jiào
字解 ①움, 움막. =窖. 〔周禮〕困窌倉城. ②간직하다, 간수하다.

穴 5 【窅】 ⑩ ❶깊숙할 교 篠 yǎo ❷그윽할 요 篠
字解 ❶①깊숙하다. 〔張衡·賦〕望窅篠以徑廷. ❷그윽하다. =窈.

穴 5 【窇】 ⑩ 움 박 覺 báo
字解 움, 움막, 땅광.

穴 5 【窉】 ⑩ 삼월 병·평 梗 敬 bǐng
字解 ①삼월(三月). ②구멍. ③놀라서 정신이 나가다.

穴 5 【窊】 ⑩ ❶우묵할 와 麻 wā ❷우묵한 땅 와 禡 wà
字解 ❶우묵하다, 낮다. =窳. ❷우묵한 땅, 낮은 땅.
【窊隆 와륭】 낮은 곳과 높은 곳. 기복(起伏)이 진 모양.
【窊下 와하】 ①우묵하게 들어감. ②우묵한 곳.
● 深―, 苑―, 隆―, 杓―.

穴 5 【窅】 ⑩ ❶움펑눈 요 篠 yǎo ❷한탄할 면 先 mián

穴部 5~6획 窈窅窄窆窐窏窔窖窕

窅 (요)

[字源] 會意. 穴+目→窅. 구멍(穴)과 눈(目)을 합하여 '눈이 움푹 들어가다'의 뜻을 나타낸다.

[字解] ❶①움펑눈, 눈이 움푹한 모양. ②멀리 바라보다. 〔謝朓·詩〕緣源殊未極, 歸徑窅如迷. ③깊고 먼 모양. ④한탄하다, 한탄하며 원망하는 모양. 〔莊子〕窅然喪其天下焉.

【窅眇 요묘】깊고 아득한 모양. 깊숙한 모양.
【窅想 요상】심원(深遠)한 생각.
【窅然 요연】❶연면 ❶심원(深遠)한 모양. 깊고 아득한 모양. ❷한탄하여 정신이 멍한 모양. 원망하면서 바라보는 모양.
【窅窅 요요】깊고 먼 모양.
【窅窕 요조】깊고 그윽한 모양.

❶杳−, 幽−, 陰−.

窈 (요)

[參考] 窃(1286)은 딴 자.

[字解] ①그윽하다, 심원(深遠)하다. 〔江淹·詩〕窈藹瀟湘空. ②유현(幽玄)하다. 〔後漢書〕履孔德之窈冥. ③고상(高尙)하다, 고운 마음씨. 〔詩經〕哀窈窕. ④아름답다, 아리땁다. 〔後漢書〕出則窈窕作態. ⑤누긋하다. 〔詩經〕舒窈糾兮. ⑥구석지다, 방의 동남 구석. =窔.

【窈糾 요교】①여자의 모습이 훤칠하고 낫긋한 모양. ②깊이 맺힌 시름.
【窈冥 요명】그윽하고 오묘함.
【窈眇 요묘】넓고 넓은 모양.
【窈藹 요애】깊숙하고 그윽함.
【窈然 요연】깊숙하고 그윽한 모양.
【窈窈 요요】①깊숙하고 먼 모양. 窅窅(요요). ②어두운 모양.
【窈窕 요조】①여자의 행동이 그윽하고 정숙함. ②남자의 외모가 아름다움. ③요염(妖艶)함. ④깊숙한 모양. ⑤깊숙한 곳.
【窈篠 요조】깊고 먼 모양.
【窈窕淑女 요조숙녀】품위 있고 얌전한 여자.

窋 (줄) zhú

[字解] ①구멍에 있는 모양, 물건이 구멍 안에 있는 모양. 〔王延壽·賦〕綠房紫菂, 窋吒垂珠. ②뾰족이 내밀다. ③비다, 속이 텅 비다. ④굴, 암굴(巖窟).

【窋室 줄실】바위 굴. 窟室(굴실).
【窋窡 줄찰】굴속에서 나오고 있는 모양.

窄 (착) zhǎi

[字解] ①좁다. ②닥치다. 〔陶潛·詩〕前途漸就窄.

【窄衫 착삼】①좁은 소매. ②소매가 좁은 옷.
【窄小 착소】좁고 작음. 狹小(협소).
【窄韻 착운】글자 수가 적은 운.

【窄窄 착착】좁은 모양. 협소한 모양.
【窄狹 착협】몹시 좁음. 협착함.

❶傾−, 局−, 緊−, 短−, 險−.

窆 (폄) biǎn

[字解] ①하관(下棺)하다. 〔周禮〕及窆執斧以涖匠師. ②광중(壙中), 무덤 구덩이.

【窆不臨其穴 폄불림기혈】장사 때에 그 광혈(壙穴)에 입회하지 않음. 장례에 참례(參禮)하지 못함.

❶改−, 客−, 孤−, 故−, 埋−, 祔−, 遷−.

窐 (규·와) guī, wā

[字解] ❶①구멍. ②시루의 구멍. 〔楚辭〕璋珪雜於甑窐. ❷그윽한 모양.

¶ 窐窏.

【窐孔 규공】문 곁에 있는 홀(圭) 모양의 협문.
【窐衡 규형】은거하는 처사(處士)의 집.
【窐窏 요와】깊숙하고 공허한 모양.

窏 (오) wū

[字解] ①낮다. ②축축이 젖는 모양, 물기를 머금은 모양. 〔馬融·賦〕運襄窏泧, 岡連嶺屬.

窔 (요) yào

[字解] ①그윽하다, 깊숙하다. ②방의 동남 구석. =窈. 〔儀禮〕掃室聚諸窔.

【窔奧 요오】①방의 동남(東南) 구석과 서남(西南) 구석. ②어둡고 깊숙한 곳.

❶堂−, 巖−, 奧−, 玄−.

窖 (요)

窯(1291)의 속자

窕 (조·조·요) tiāo, tiǎo, yáo

❶정숙할 조
❷가벼울 조
❸예쁠 요

[參考] 대법원 지정 인명용 한자의 음은 '조'이다.

[字解] ❶①정숙하다, 한가하고 고요하다. 〔詩經〕窈窕淑女. ②그윽하다, 깊고 넓다. ❷①가볍다. 〔春秋左氏傳〕楚師輕窕. ②돋우다. 늑挑. 〔枚乘·七發〕目窕心與. ❸예쁘다, 요염하다. 늑姚. 〔荀子〕故其立文飾也, 不至於窕冶.

【窕言 조언】①구차(苟且)한 말. ②겉만 번지르르하게 꾸민 말.
【窕窕 조조】심오(深奧)하여 헤아리기 어려운 모양.
【窕冶 요야】요염하게 예쁨.

❶輕−, 杳−, 霄−, 窈−.

穴 **【窒】** ⑪ 막을 질 寘 zhì
6

[소전] [초서] [字解] ①막다, 막히다. 〔易經〕君子以懲忿窒欲. ②차다, 가득 차다. ③메이다, 통하지 아니하다. 〔呂氏春秋〕處鼻則爲鼽窒. ④멈추다, 그치다. 〔易經〕惕中窒. ⑤7월의 딴 이름. ⑥영묘(靈廟)의 문, 무덤의 문. ¶窒皇.

【窒塞 질색】 ①막힘. 폐색(閉塞)함. ②몹시 싫어하거나 꺼림. ③음력 7월과 8월의 병칭(並稱).
【窒息 질식】 숨이 막힘.
【窒礙 질애】 막히고 방해됨. 障礙(장애).
【窒欲 질욕】 욕망을 막음.
【窒皇 질황】 ①영묘(靈廟)의 문. 무덤의 문. ②궁전 앞에 흙을 높이 쌓은 곳. ③궁전의 복도.
● 穹一, 屯一, 堙一, 春一, 懲一.

穴 **【窓】** ⑪ ①창 창 江 chuāng
6 ②굴뚝 총 東 cōng

〾宀 宂 窓 窓 窓 窓 窓 窓

[소전] ⊗ [본자] 囱 [속자] 窻 [參考] 대법원 지정 인명용 한자의 음은 '창'이다.
[字源] 形聲. 穴+囱→窗. '囱(창)'이 음을 나타낸다.
[字解] ❶창, 창문. =牕. 〔周禮〕四旁兩夾窓. ❷굴뚝.

【窓架 창가】 現 창틀. 문틀.
【窓頭 창두】 창 앞. 창가.
【窓梅 창매】 창 앞의 매화(梅花).
【窓門 창문】 벽이나 지붕에 낸 작은 문.
【窓月 창월】 창으로 비치는 달빛.
【窓牖 창유】 창. 들창.
【窓前 창전】 창 앞. 창가.
【窓隻 창척】 現 창문짝.
【窓罅 창하】 창틈. 문틈.
【窓戶 창호】 창과 지게문의 총칭.
● 客一, 隔一, 綺一, 南一, 同一, 東一, 梅一, 明一, 蓬一, 北一, 紗一, 書一, 映一, 學一.

穴 **【窊】** ⑪ 구멍 속에 있을 타 麻 zhā
6

[字解] 구멍 속에 있다, 물건이 구멍 속에 있는 모양. 〔王延壽·賦〕綠房紫菂, 窊垂珠.

穴 **【窠】** ⑪ ①합당할 합 合 kē
6 ②땅 낮을 합 肴 āo

[字解] ❶합당하다. ❷땅이 낮다.

穴 **【窌】** ⑪ 宦(451)의 속자
6

穴 **【窀】** ⑫ 빌 경 迥 qìng
7

[소전] [字解] ①비다, 공허하다. 〔詩經〕瓶之窀矣. ②다하다. =罄.

穴 **【窖】** ⑫ ①움 교 效 jiào
7 ②부엌 조 號 zào

[소전] [초서] [字解] ❶①움, 움집. =窌. 〔禮記〕穿竇窖. ②구멍. 〔莊子〕縵者窖者. ③깊다. 〔莊子〕縵者窖者. ④간직하다. ❷부엌. =竈.

〈窖❶①〉

【窖藏 교장】 ①움. ②움 속에 저장함.
【窖中 교중】 움 속. 곡식을 저장했던 움의 내부.
● 大一, 寶一, 土一.

穴 **【寇】** ⑫ 훔칠 구 宥 kòu
7

[字解] ①훔치다, 빼앗다. ②거칠다, 난폭하다.

穴 **【窘】** ⑫ 막힐 군 吻 jiǒng
7

[소전] [초서] [字解] ①막히다, 궁해지다. 〔後漢書〕以事詰林, 林辭窘. ②닥쳐오다. 〔後漢書〕窘路狹且促. ③고생하다. 〔詩經〕又窘陰雨. ④속박되어 있는 모양. 〔賈誼·賦〕窘若囚拘. ⑤저리다〔痺〕.

【窘罄 군경】 재산이 없어 곤궁함.
【窘急 군급】 막다른 지경에 다다라 급함.
【窘迫 군박】 ①몹시 군색함. 窘急(군급). ②난관에 부닥쳐 일의 형세가 급하게 됨.
【窘步 군보】 잰걸음. 急步(급보).
【窘塞 군색】 國 ①살기가 구차함. ②자연스럽거나 떳떳하지 못하고 거북함.
【窘束 군속】 오그라듦. 자유롭지 않음.
【窘厄 군액】 고생과 재액.
【窘辱 군욕】 괴롭히고 모욕함.
【窘乏 군핍】 곤궁함. 가난함.
● 艱一, 困一, 窮一, 饑一, 危一, 逐一.

穴 **【窶】** ⑫ 구멍 랑 陽 láng
7

[字解] ①구멍. ②휑뎅그렁한 모양, 집이 조용하고 휑뎅그렁하다. =莨.

穴 **【窌】** ⑫ 움 류 宥 liù
7

[소전] [字解] ①움, 땅광. ②제(齊)나라 지명. 〔春秋左氏傳〕予之石窌.

穴 **【窓】** ⑫ 窓(1288)의 본자
7

穴部 7~9획 窙窠窛窟窞窣窨窡窢窣窤窥窦窨窪窩 1289

穴7 【窙】⑫ 높은 기운 효 囿 xiāo
字解 ①높은 기운. ②기운이 올라 찌다.
【窙寥 효료】앞이 탁 트여 열리는 모양.

穴8 【窠】⑬ 보금자리 과 歐 kē
소전 窠 초서 窠 字解 ①보금자리. ㉮구멍에 있는 새 보금자리. 〔左思·賦〕窠宿異禽. ㉯짐승의 집. 〔周昻·詩〕牛馬雖異域, 雞犬竟同窠. ㉰벌레의 집. 〔種樹書〕柑樹爲蟲所食, 取螳窠於其上. ②방. 〔東京夢華錄〕浴兒畢, 落胎髮, 遍謝坐客, 抱牙兒入他人房, 謂之移窠. ③오목한 곳. =窾. 〔雲林石譜〕空虛間有小如拳. 者, 可貯水爲硯滴, 或栽植菖蒲, 水窠頗佳. ④도장의 각자(刻字). ⑤격자형(格子形). ⑥꽃송이, 꽃받침. 〔裵說·詩〕嫩紅深綠小窠勻. ⑦식물을 세는 말.
【窠臼 과구】①새의 둥우리. ②예부터 내려오는 관속(慣俗). 통상적인 관례(慣例). 白窠(구과).
【窠闕 과궐】벼슬자리에 결원(缺員)이 생김.
【窠窄 과착】圝벼슬아치의 정원이 적음.
【窠乏 과핍】벼슬자리가 차서 빈 자리가 없음.

穴8 【窛】⑬ 바둑판 줄 괘 圝 guǎi
字解 바둑판 줄. =罫.

穴8 【窟】⑬ 굴 굴 囲 kū
초서 窟 字解 ①굴. 〔後漢書·朱提山出銀銅·注〕舊有銀窟數處. ②움. 〔晉書〕爲土窟居之. ③사람이 모이는 곳. 〔郭璞·詩〕京華遊俠窟. ④물건이 모이는 곳. 〔張耒·詩〕淮陽牡丹窟. ⑤짐승이 사는 굴. 〔沈約·賦〕獸因窟而獲騁. ⑥어충(魚蟲)의 구멍. 〔裵說·曲〕楚水魚辭窟.
【窟窌 굴교】굴. 땅굴.
【窟穴 굴혈】①짐승의 굴. ②도적·악인 등의 근거지. 巢窟(소굴).
●洞-, 寶-, 石-, 巢-, 深-, 嚴-, 營-, 幽-, 土-.

穴8 【窞】⑬ 작은 구덩이 담·람 囿 dàn
소전 窞 초서 窞 字解 ①작은 구덩이, 광(壙) 바닥의 작은 구덩이. 〔易經〕入於坎窞. ②옆으로 난 구멍. ③구덩이.
【窞穽 담정】허방다리. 함정.
【窞處 담처】동굴에 삶. 穴居(혈거).

穴8 【窣】⑬ 깊을 담 圝 shēn
字解 ①깊다. ②굴뚝.

穴6 【窅】⑪ 甽(352)과 동자

穴8 【窣】⑬ 구멍에서 갑자기 나올 솔 囲 sū
소전 窣 초서 窣 字解 ①구멍에서 갑자기 나오다. ②갑자기. 〔李隆基·詩〕灞岸垂楊窣地新. ③느릿느릿 걷는 모양. ④소리가 불안한 모양.
【窣堵波 솔도파】(佛)탑(塔). 사리(舍利)·경전(經典) 등을 봉안하거나 절을 장엄(莊嚴) 하기 위하여 세움. ◯범어(梵語) 'stūpa'의 음역어. 塔婆(탑파). 浮圖(부도).
【窣窣 솔솔】쓸쓸한 바람 소리.
【窣地 솔지】갑자기. 돌연(突然)히.
●勃-, 屑-, 窸-.

穴8 【窡】⑬ 구멍으로 보일 찰 圝 zhuó
소전 窡 字解 ①구멍으로 보이다. ②구멍 속에서 나오는 모양.

穴8 【窢】⑬ 역풍 부는 소리 획·혁 囿囲 xū
초서 窢 字解 ①역풍(逆風)이 부는 소리. 〔莊子〕其風窢然. ②빠른 모양. 〔莊子·注〕窢然, 迅速貌也.

穴9 【窤】⑭ 새 알 품을 부 囿 fú
字解 새가 알을 품다. =伏.

穴9 【窫】⑭ 큰 굴 알 圝 yà
字解 ①큰 굴. =窔. ②고요하다. ③학대(虐待)하다.

穴9 【窪】⑭ 웅덩이 와 圝 wā
소전 窪 초서 窪 간체 洼 字解 ①웅덩이. =洼. ②맑은 물. ③우묵하다. =窊. 〔老子〕窪則盈. ④괸 물, 소의 발자국에 괸 물.
【窪隆 와륭】①우묵한 곳과 두둑한 곳. ②쇠함과 성함.
【窪則盈 와즉영】물은 오목한 데로 흘러들므로, 낮으면 가득 참.
●阜-, 拗-, 低-, 蹄-.

穴9 【窩】⑭ 움집 와 歐 wō
소전 窩 간체 窝 字解 ①움집, 굴. ②우묵한 곳. 〔太湖石志〕石面鱗鱗成甌, 名曰彈窩. ③별장. ④간직해 두는 곳.
【窩家 와가】①장물아비. ②도적의 소굴.
【窩窟 와굴】◯窩主(와주).
【窩主 와주】①도둑이 훔친 장물(臟物)을 은닉하는 사람. 장물아비. ②도둑의 소굴. 또는 그 소굴의 주인.
●舊-, 蜂-, 燕-, 彈-.

【穴9】**窬** ⑭ 협문 유·두 厦窬 yú, dōu

[字解] ①협문, 작은 문. 〔禮記〕篳門圭窬. ②넘다. ≒踰. 〔論語〕其猶穿窬之盜也與. ③비다, 속이 비다. 〔淮南子〕乃爲窬木方版. ④뚫다. ⑤뒷간. 〔史記〕取親中裙廁窬.

【窬牆穿穴 유장천혈】 담을 넘고 벽에 구멍을 뚫음. 재물이나 여자를 탐내어 남의 집에 몰래 들어감.

◐ 圭一, 窺一, 穿一.

【穴9】**窨** ⑭ ❶움 음 厦 yìn ❷검을 음 厦 yīn

[字解] ❶①움, 암실(暗室). 어둡다. ②움. ※❶의 ①과 같다. ②땅속에 묻다. ❷①검다.

【窨約 음약】 마음속으로 스스로 다짐함.

【穴9】**窓** ⑭ 窗(1288)의 속자

【穴10】**窮** ⑮ 다할 궁 厦 qióng

[字源] 形聲. 穴+躬→窮. '躬(궁)'이 음을 나타낸다.

[字解] ①다하다. ㉮끝나다. 〔呂氏春秋〕與物變化, 而無所終窮. ㉯말다. 〔淮南子〕並應無窮. ㉰그치다. 〔禮記〕儒有博學而不窮. ㉱떨어지다. 〔莊子〕指窮於爲薪. ㉲막히다. 〔孟子〕遁辭知其所窮. ㉳어려움을 겪다, 고생하다. 〔論語〕君子亦有窮乎. ㉴가난하다, 가난해지다. ②궁구하다. 〔易經〕窮理盡性, 以至於命. ③끝. 〔史記〕出奇無窮. ④어려운 사람, 외롭고 살기가 어려운 사람. 〔呂氏春秋〕賜貧窮. 〔注〕鰥寡孤獨曰窮. ⑤불행. 〔莊子〕我諱窮久矣. ⑥가난. 〔韓愈·文〕三揖窮鬼而告之.

【窮居 궁거】 ①가난한 살림살이, 가난하게 삶. ②벼슬하지 않고 전원에서 삶.

【窮究 궁구】 ①깊이 연구함. ②마침내.

【窮計 궁계】 구차한 계책.

【窮苦 궁고】 ①곤궁하여 괴로움. ②고생함.

【窮谷 궁곡】 깊은 골짜기. 幽谷(유곡).

【窮困 궁곤】 어렵고 궁함. 困窮(곤궁).

【窮交 궁교】 가난할 때 맺은 사귐.

【窮究 궁구】 속속들이 파고들어 깊이 연구함.

【窮寇勿迫 궁구물추】 궁지에 빠진 도적을 끝까지 쫓지 말라. 궁지에 몰린 사람을 모질게 다루면 도리어 해를 입기 쉬움을 경계하는 말. 窮寇勿迫(궁구물박).

【窮屈 궁굴】 막다른 곳에 다다름.

【窮鬼 궁귀】 ①궁한 귀신. ②곤궁한 사람.

【窮極 궁극】 ①빈궁(貧窮)이 극도에 달함. ②어떤 과정의 끝이나 마지막. 究極(구극).

【窮奇 궁기】 ①요(堯)임금 때 사흉(四凶)의 하나인 공공(共工). ②천신(天神)의 이름. ③서북 지방에 사는 괴수(怪獸). 착한 사람을 해치고 나쁜 사람을 좋아한다고 함. ④악한 사람.

〈窮奇③〉

【窮年累世 궁년누세】 본인의 일생과 자손 대대.

【窮達 궁달】 빈궁함과 영달함. 窮通(궁통).

【窮當益堅 궁당익견】 대장부는 곤궁할수록 마땅히 뜻을 더욱 굳게 가져야 함.

【窮途 궁도】 ①막다른 길. ②여로(旅路)에서 곤궁함. ③곤궁한 처지. 특히 벼슬하지 못하는 일.

【窮到骨 궁도골】 가난이 극도에 달함.

【窮途之哭 궁도지곡】 가난의 슬픔. [故事] 진(晉)나라의 완적(阮籍)이 집을 떠났다가 수레가 못 가는 곳에 이르러 통곡하고 돌아왔다는 고사에서 온 말.

【窮廬 궁려】 ①가난한 집. ②허술하게 지은 집. 穹廬(궁려).

【窮理盡性 궁리진성】 천지자연의 이법과 사람의 성정을 궁구(窮究)함.

【窮迫 궁박】 몹시 곤궁함.

【窮班 궁반】 國가난한 양반.

【窮髮 궁발】 ①멀고 먼 변경(邊境). ②초목이 자라지 못하는 지대. 불모(不毛)의 땅. ◐ 髮은 초목(草木)의 뜻.

【窮兵黷武 궁병독무】 공훈(功勳)을 탐내어 병력을 남용하여 무(武)를 더럽힘.

【窮塞 ❶궁새 ❷궁색】 ❶①국경의 성채. ②나라 끝. 邊塞(변새). ❷國몹시 곤궁함.

【窮鼠齧貍 궁서설리】 궁지에 몰린 쥐가 살쾡이를 묾. 약자도 궁지에 빠지면 강자에게 반항함.

【窮愁 궁수】 곤궁으로 인한 슬픔.

【窮厄 궁액】 불우하고 곤궁함. 가난하여 살기 어려움.

【窮約 궁약】 가난함.

【窮餘之策 궁여지책】 궁한 나머지 짜낸 계책.

【窮裔 궁예】 매우 멀고 궁벽한 곳.

【窮奧 궁오】 막다른 깊숙한 곳.

【窮陰 궁음】 겨울의 마지막. 음력 섣달을 이름. 季冬(계동). 窮冬(궁동).

【窮而後工 궁이후공】 시인(詩人)이 궁하면 궁할수록 시문(詩文)이 훌륭해짐.

【窮人謀事 궁인모사】 운수가 궁한 사람이 꾸미는 일은 모두 실패함. 일이 뜻대로 되지 않음.

【窮日之力 궁일지력】 아침부터 저녁까지 정성을 다하여 일함.

【窮節 궁절】 ①겨울. ②國춘궁기(春窮期).

【窮措大 궁조대】 곤궁한 선비.

【窮鳥入懷 궁조입회】 새매에게 쫓기어 몰린 새가 사람의 품으로 날아듦. 곤궁하여 의탁해 오는 사람이 있으면 보살펴 주어야 함.

【窮地 궁지】 國매우 곤란하고 어려운 처지. 窮境(궁경).

【窮泉 궁천】 ①샘의 근원을 찾음. 깊이 팜. ②땅

穴部 10~11획 竀 窯 窰 窬 窴 窱 窲 窺 窾 竂 窶 1291

속 끝의 샘. 무덤 속. 泉下(천하). 九泉(구천).
【窮喘 궁천】임종의 숨길. 얼마 남지 않은 생명. 餘喘(여천).
【窮村 궁촌】①외따로 떨어진 구석진 마을. ②곤궁한 마을.
【窮追 궁추】①늦추지 않고 끝까지 쫓음. ②끝까지 구명(究明)함. 追窮(추궁).
【窮通 궁통】①빈궁(貧窮)과 영달(榮達). 窮達(궁달). ②깊은 속까지 통함.
【窮乏 궁핍】가난하고 구차함.
【窮巷 궁항】①으슥하고 쓸쓸한 골목. ②궁벽한 촌구석.
【窮覈 궁핵】깊이 캐어 찾음.
【窮峽 궁협】깊고 험한 산골짜기.
【窮荒 궁황】①흉작으로 양식이 부족하여 고생함. ②멀고 먼 변경.
● 困-, 饑-, 無-, 貧-, 陋-, 推-, 詰-.

穴10 【竀】⑮ 방귀 비 屁 pì
[字解] 방귀. =屁.

穴10 【窯】⑮ ❶기와 굽는 가마 요 䆗 yáo ❷쓸쓸할 교 窅 qiāo
[소전] 窯 [초서] 窑 [동자] 窰 [참고] 대법원 지정 인명용 한자의 음은 '요'이다.
[字解] ❶①기와를 굽는 가마. ②오지그릇, 도기(陶器). ❷㉮쓸쓸하다.
【窯業 요업】흙을 구워 도자기·벽돌·기와 등을 만드는 공업.
【窯竈 요조】기왓가마.
【窯戶 요호】요업(窯業)에 종사하는 사람.
● 陶-, 瓦-, 蒸-, 靑-.

穴10 【窰】⑮ 窯(1291)와 동자

穴10 【窬】⑮ ❶비뚤 유 窬 yǔ ❷우묵할 와 窳
[字解] ❶①비뚤다, 그릇이 비뚤어지다. ②낮다, 움푹하다. ③약해지다. 〔枚乘·七發〕手足惰窳. ④게을리 하다. 〔史記〕以故多-. ❷우묵하다. =窊.
【窳楛 유고】그릇이 이지러지고 단단하지 못함. 苦窳(고유).
【窳民 유민】게으른 백성.
【窳甬 유송】그릇이 비뚤.
【窳惰 유타】게으름. 惰窳(타유). 窳墮(유타).
● 苦-, 病-, 隆-, 惰-, 汙-.

穴10 【窴】⑮ ❶메일 전 屽 tián ❷비좁을 안 窴 yǎn ❸피리 소리 느릴 천 窴 chǎn
[字解] ❶①메이다, 메우다. =塡. 〔史記〕負薪窴決河.

②가득 차다. ③더하다. ❷비좁다. ❶ 窴柅. ❸피리 소리가 느리다. ❶ 窴柅.
【窴柅 ❶안란 ❷천란】❶좁아서 답답함. ❷피리 소리가 느림.

穴10 【窱】⑮ 아득할 조 窱 tiǎo
[소전] 窱 [초서] 窱 [字解] 아득하다, 깊다, 매우 멀다.

穴11 【窱】⑯ 집 휑뎅그렁할 강 䆗 kāng
[字解] ①집이 휑뎅그렁하다. =康. ②공허하다.

穴11 【窺】⑯ 엿볼 규 夊 kuī, kuǐ
[소전] 窺 [초서] 窺 [간체] 窥 [字解] ①엿보다. ≒闞. 〔禮記〕不窺密. ②보다. 〔呂氏春秋〕莫得窺乎. ③반걸음. ≒跬. 〔漢書〕未有能窺左足而先應者也.
【窺管 규관】대롱 속을 통하여 물건을 봄. 견식(見識)이 좁음.
【窺問 규문】살펴서 물음.
【窺伺 규사】기회를 엿봄. 눈치를 봄.
【窺御激夫 규어격부】수레 모는 모습을 엿보고 지아비를 격려함. 아내가 훌륭하게 내조(內助)한 공. [故事] 제(齊)나라의 한 여인이 자기 남편이 재상인 안자(晏子)의 마부인 것을 으스대며 수레를 모는 모습을 문틈으로 엿보고, 지아비가 재상이면서도 겸손한 안자를 본받도록 충고하였고 뒷날 높은 벼슬에 오르게 되었다는 고사에서 온 말.
【窺覦 규유】틈을 엿봄. 부정한 야망을 품고 기회를 노림.
【窺知 규지】엿보아 앎.
【窺測 규측】엿보아 헤아림. 추측함.
● 管-, 俯-, 伺-, 闇-, 離-, 潛-, 坐-.

穴11 【窾】⑯ 얇고 클 담 覃 tān
[字解] 얇고 크다, 얇고 평평하다.

穴11 【竂】⑯ ❶아득할 료 肎 liáo ❷간직할 력 鬲
[字解] ❶①아득하다, 깊고 멀다. ¶ 窒竂. ②공허하다, 쓸쓸하다. ❷간직하다.

穴11 【窶】⑯ ❶높고 좁은 곳 루 匹 lóu ❷가난할 구 窶 jù
[초서] 窶 [간체] 窭 [字解] ❶높고 좁은 곳, 언덕. =婁. 〔史記〕甌窶滿篝. ❷가난하다, 가난하여 예의를 차리지 못하다. 〔禮記〕主人辭以窶.
【窶數 누수】❶똬리. 짐을 일 때 머리에 얹어 짐을 괴는 고리 모양의 물건. 窶藪(누수). ②오그라듦. ③인색함.
【窶困 구곤】가난하고 고생함.

穴部 11~13획 甯 窸 窳 窵 窻 寖 窽 寮 窿 復 窻 窢 窺 竅 竄

【窶人子 구인자】 ①가난한 사람의 자제(子弟). ②빈천(貧賤)한 사람.
● 孤-, 困-, 甌-, 貧-, 辭-, 淍-, 寒-.

穴11【甯】⑯ 찌그러질 송 图 yōng
[字解] 찌그러지다, 그릇이 비뚤어지다.

穴11【窸】⑯ 소리 불안한 모양 실 圓 xī
[字解] ①소리가 불안한 모양. ¶ 窸窣. ②구멍에서 나오다.
【窸窣 실솔】 안온하지 않은 소리.

穴11【窳】⑯ 산굴 우 圓 yū
[字解] ①산굴, 산의 동굴. ②산 이름.

穴11【窵】⑯ 그윽할 조 圖 diào
[소전] [초서] [간체] [字解] 그윽하다, 깊숙하고 고요하다.
【窵窅 조요】 깊숙한 모양.

穴11【窻】⑯ 窓(1288)의 속자

穴11【寖】⑯ ①고을 이름 침 圖 jǐn ②담글 침 圓 jìn
[字解] ①고을 이름. 춘추 시대 초(楚)나라 침구(寖丘)의 땅. 〔漢書〕 汝南郡, 縣三十七, 寖. ②①물에 담그다. =浸. ②늪. 〔漢書〕 川日三江, 寖曰五湖. ③점차, 점점. 〔漢書〕 其後寖盛.

穴12【窽】⑰ 빌 관 圓圓 kuǎn
[초서] [字解] ①비다, 공허하다. 〔史記〕 實不中其聲者, 謂之窽. ②움푹 들어간 곳, 구멍. 늑科. 〔淮南子〕 見窽木浮而知爲舟. ③마르다, 초목이 마르다. ④법규, 규칙. 늑款.
【窽坎 관감】 속이 비어 있어, 소리 내는 기구. 종·북 따위.
【窽木 관목】 속이 빈 나무.
【窽言 관언】 빈말, 헛된 말. 空言(공언).
● 空-, 大-, 小-, 崖-.

穴12【寮】⑰ 뚫을 료 圓 liáo
[소전] [속체] [字解] ①뚫다. ②공허하다. 〔張衡·賦〕 交綺豁以疏寮. ④동료(同僚).

穴12【窿】⑰ 활꼴 륭 圓 lóng
[초서] [字解] 활꼴, 하늘이 활 모양으로 둥글게 휘어진 모양. 〔庾信·詩〕 穹窿石臥階.

穴12【復】⑰ 움 복 圓 fù
[소전] [字解] 움, 땅광. 〔詩經〕 陶復陶穴.

穴12【窻】⑰ 넓고 클 정 圓 zhēng
[字解] ①넓고 큰 모양, 휑뎅그렁하다. ②집이 울리다. ③화포(畫布). 〔晉書〕 東海氣如圓窻.

穴12【窢】⑰ 팔 취·천 圓圓 cuì
[소전] [초서] [字解] ①파다, 구멍을 파다. 〔周禮〕 卜葬兆, 甫窢亦如之. ②광(壙), 묘혈(墓穴). 〔周禮〕 掌喪祭奠窢之祖實. ③동굴. 〔顏延之·歌〕 月窢來賓, 日際奉土.

穴12【窺】⑰ ①똑바로 볼 탱 圓 chēng ②살필 정 圓 chèng
[소전] [초서] [字解] ①①똑바로 보다. ②깊은 마음. ③연한 붉은빛. 늑赬. 〔春秋左氏傳〕 如魚窺尾. ②살피다, 염탐하여 보다.

穴13【竅】⑱ 구멍 규 本교 圓 qiào
[소전] [초서] [간체] [字解] ①구멍. 〔莊子〕 人皆有七竅. ②구멍을 뚫다. 〔禮記〕 竅於山川. ③통하다, 두루 미치다. 〔淮南子〕 竅領天地.
【竅領 규령】 전부를 다스림.
【竅如七星 규여칠성】 구멍이 마치 북두칠성 같음. 집이 헐어 천장에서 군데군데 빛이 새어 들어옴.
【竅中 규중】 윗입술과 코밑 사이의 오목한 곳. 人中(인중).
● 孔-, 竹-, 亡-, 瑕-, 穴-.

穴13【竄】⑱ 숨을 찬 圓 cuàn
[소전] [초서] [간체] [字源] 會意. 穴+鼠→竄. 쥐〔鼠〕가 구멍〔穴〕에 있다는 데서 '달아나 숨는다'는 뜻을 나타낸다.
[字解] ①숨다. 〔國語〕 求廣土而竄伏焉. ②달아나다. 〔易經〕 歸道竄也. ③숨기다. 〔荀子〕 不敢竄其察. ④받아들이다. 〔呂氏春秋〕 無所竄其姦矣. ⑤손을 쓰다. 〔荀子〕 貧婁者有所竄其手. 〔王先謙集解〕 有所竄其手, 猶言有所措手也. ⑥숨길이다. 〔國語〕 敏能竄謀. ⑦내치다, 버리다. 〔書經〕 竄三苗于三危. ⑧베다, 죽이다. ⑨글자를 고치다. 〔韓愈·詩〕 漬墨竄舊史. ⑩향(香) 따위를 배이게 하다. 〔史記〕 卽竄以藥. ⑪꼬드기다, 꾀다.
【竄改 찬개】 고침. 바로잡음. 改竄(개찬).
【竄匿 찬닉】 도망하여 숨음. 竄伏(찬복).

【竄配 찬배】國배소(配所)를 정하여 귀양 보냄.
【竄奔 찬분】도망침. 달아남.
【竄入 찬입】①숨어듦. 도망쳐 옴. ②잘못하여 섞여 듦.
【竄竊 찬절】남의 시문(詩文)을 몰래 따다가 자기 작품이라고 속임.
【竄定 찬정】지우고 고침. 시문(詩文) 등에서 잘못된 곳을 고침. 刪定(산정).
【竄斥 찬척】내쫓음. 물리침.
【竄黜 찬출】벼슬을 빼앗고 멀리 내쫓음.
● 改-, 逃-, 遯-, 亡-, 伏-, 奔-, 鼠-, 流-, 隱-, 潛-, 藏-, 走-, 逋-.

穴 14 【窮】⑲ 窮(1290)의 본자

穴 14 【竆】⑲ 나라 이름 궁 匧 qióng
[字解] ①나라 이름. 하대(夏代)의 제후국(諸侯國). 지금의 산동성(山東省) 격현(鬲縣). ②궁하다. ≒窮.

穴 14 【籃】⑲ ❶얇고 클 람 匣 lán
❷평평하지 않을 람 匣 làn
[字解] ❶①얇고 크다. ¶籃窞. ②평평하고 얇다. ¶籃窞. ❷①평평하지 않다. ¶籃窞. ②깊은 구멍.
【籃窞 남담】①얇고 큼. ②평평하고 얇음. ③평평하지 않음. ④깊은 구멍.

穴 14 【㝱】⑲ 잠꼬대 예 匧 yì
[字解] 잠꼬대. =囈.

穴 15 【竇】⑳ ❶구멍 두 匧 dòu
❷도랑 독 匧 dú
[참고] 대법원 지정 인명용 한자의 음은 '두'이다.
[字解] ❶①구멍, 둥근 구멍. 〔春秋左氏傳〕逃出自竇. ②구멍을 내다. 〔國語〕②물길, 수도(水道). 〔春秋左氏傳〕有大雨, 自其竇入. ④협문, 쪽문. ≒窬. ⑤성(姓). ❷도랑, 개천. ≒瀆.
【竇窖 두교】움. 굴. '竇'는 타원형의 움, '窖'는 방형(方形)의 움.
● 嵌-, 圭-, 石-, 水-, 巖-, 雲-, 幽-.

穴 15 【竊】⑳ 竊(1293)의 속자

穴 16 【窿】㉑ 구멍 롱 匧 lǒng
[字解] 구멍. ¶孔窿.

穴 16 【竈】㉑ 부엌 조 匧 zào
[字解] ①부엌. 〔論語〕寧媚於竈. ②조왕(竈王), 부엌을 맡은 신. 〔史記〕於是天子始親祠竈.
【竈突 조돌】굴뚝.
【竈馬 조마】①꼽등이. 왕뚱이. ②조신(竈神)에게 제사 지낼 때 부엌문에 붙이던, 종이에 인쇄한 조신의 상(像).
【竈稅 조세】제염업(製鹽業)에 부과하던 세금.
【竈神 조신】오사(五祀)의 하나. 부뚜막의 신. 竈君(조군). 竈王(조왕).
【竈丁 조정】①소금을 굽는 사람. ②소금을 굽는 집.
【竈陘 조형】①부뚜막. ②부엌의 나뭇간.
● 跨-, 媚-, 背-, 石-, 蜃-, 野-, 土-.

穴 17 【竊】㉒ 훔칠 절 匧 qiè
[字解] 會意·形聲. 穴+米+廿[疾의 고자]+离[獸과 동자]→竊. '穴'과 '米'를 합하여 쌀이 구멍에서 나옴을 보임으로써 도둑이 안에서 나옴을 나타낸다. '廿'과 '离'이 음을 나타낸다.
[字解] ①훔치다. ㉮남의 것을 몰래 가지다. 〔書經〕今殷民乃攘竊神祇之犧牷牲. ㉯범하다. 〔史記〕竊仁人之號. ㉰녹(祿)만 받다. 〔論語〕臧文仲, 其竊位者與. ②도둑. 〔史記〕鼠竊狗盜耳. ③몰래. 〔論語〕竊比於我老彭.
【竊據 절거】땅을 훔쳐 그곳을 근거(根據)로 삼음. 반역하여 땅을 점거(占據)함.
【竊鉤 절구】①대구(帶鉤)를 훔침. ②좀도둑.
【竊念 절념】남모르게 자기 혼자서 여러모로 생각함. 竊思(절사). 竊惟(절유).
【竊盜 절도】남의 물건을 몰래 훔침. 또는 그 사람. 盜竊(도절).
【竊鈇疑 절부의】의심을 가지고 보면 무슨 일이든지 의심스럽게 보임. [故事] 도끼를 잃은 사람이 이웃 사람을 의심하여 그의 걸음걸이, 말씨, 얼굴빛 등 모든 동작을 유심히 살펴보니, 관찰할수록 틀림없이 그 사람이 훔친 것으로 보였다는 고사에서 온 말.
【竊笑 절소】혼자 속으로 웃음.
【竊攘 절양】훔침.
【竊位 절위】①지위를 훔침. ②자격이 없으면서 벼슬자리에 머물러 있음.
【竊賊 절적】몰래 훔치는 좀도둑
【竊竊 절절】①소리가 희미한 모양. ②소곤소곤 말하는 모양. ③지나치게 꼼꼼하고 자세함. ④아는 체하는 모양. ⑤추측하여 조사하는 모양.
【竊取 절취】몰래 훔쳐 가짐.
● 攘-, 叩-, 狗-, 寇-, 盜-, 鼠-, 攫-, 隱-, 竇-, 僭-, 草-, 侵-, 剽-.

立 部

5획 부수 | 설립부

立0 【立】⑤ ❶설 립 圖 lì ❷자리 위 圖 wèi

、 亠 六 立

소전 金 초서 立 【參考】 대법원 지정 인명용 한자의 음은 '립'이다.

【字源】 會意. 大+一→立. 사람(大)이 땅(一)을 딛고 서 있는 모습으로, '서 있다'라는 뜻을 나타낸다.

【字解】 ❶①서다. ㉮멈추어 서다. 〔禮記〕山立時行. ㉯똑바로 서다. 〔禮記〕立必正方. ㉰일어서다. 〔春秋左氏傳〕家人立而啼. ㉱확고히 서다, 굳게 지켜 움직이지 아니하다. 〔論語〕三十而立. ㉲정해지다. 〔後漢書〕主名未立, 多所收捕. ㉳이루어지다. 〔禮記〕而后禮儀立. ㉴나타나다. 〔淮南子〕德無所立. ㉵전해지다, 쇠퇴하지 아니하다. 〔春秋左氏傳〕旣沒其言立. ㉶존재하다. 〔戰國策〕燕秦不兩立. ㉷임(臨)하다. 〔史記〕明主立政. ㉸즉위(卽位)하다. 〔春秋左氏傳〕桓公立, 乃老. ㉹출사(出仕)하다. 〔詩經·嘉賓式燕以樂·疏〕賢者共立於朝. ②세우다. 〔書經〕立爾矛. ③곧, 즉시. 〔史記〕譬若錐之處囊中, 其末立見. ④낟알. 늑粒. 〔詩經〕立我烝民. ⑤성(姓). ⑥國늪. 가마나나 명석 따위를 세는 단위. 〔交隣志〕空石四十一立.
❷자리. 늑位.

【立脚 입각】 ①장소를 차지함. 발판을 정함. ②근거를 두어 그 입장에 섬.
【立敎 입교】 가르침의 방침을 세워 정함.
【立國 입국】 ①나라를 세움. 建國(건국). ②상대하여 대립할 수 있는 나라.
【立極 입극】 지극히 크고 바른 도(道)를 세움. 도덕의 표준을 세움.
【立斷 입단】 ①임기응변의 결단. ②서서 자름.
【立冬 입동】 24절기의 하나. 양력 11월 7일경.
【立禮 입례】 ①예법을 제정함. ②서서 하는 경례나 인사.
【立名 입명】 이름을 세움. 명예를 올림.
【立命 입명】 천명(天命)을 좇아 마음의 평안을 얻음.
【立辟 입벽】 ①법을 제정함. ✎'辟'은 법. ②제정된 법률.
【立本 입본】 國①장사나 돈놀이할 밑천을 세움. ②고을 원이 봄에 쌀값을 싸게 쳐서 백성에게 돈을 빌려 주고, 가을에 쌀을 환납시켜 사사로이 이익을 보던 일.
【立不失容 입불실용】 오래 서 있어도 의용(儀容)을 갖추어 자세를 흐트리지 않음.
【立嗣 입사】 ①양자를 세움. ②상속인을 세움. ③상속인이 됨.
【立雪 입설】 ①눈이 오는 데에 서 있음. ②제자가 스승을 극진히 존중함. 程門立雪(정문입설).
【立身 입신】 ①㉠사회에서 자기의 기반을 확립함. ㉡수양하여 제구실을 할 수 있게 됨. ②출세함. 영달(榮達)함.
【立身揚名 입신양명】 출세하여 이름을 세상에 들날림.
【立案 입안】 ①안(案)을 세움. ②초안을 잡음. ③國관아에서 어떠한 사실을 인증한 문서.
【立御 입어】 임금이 편전(便殿)에 나아감.
【立言 입언】 ①의견을 세상에 발표함. ②國후세에 경계가 될 만한 훌륭한 말을 남김.
【立願 입원】 신불(神佛)에게 소원을 빎.
【立仗 입장】 의장(儀仗)을 베풂.
【立仗馬 입장마】 ①의장(儀仗)으로 세워 놓은 말. ②관리가 함구(緘口)하여 감히 바른 말을 하지 않음.
【立儲 입저】 태자(太子)를 세움.
【立朝 입조】 조정(朝廷)에 섬. 벼슬을 함.
【立竹 입죽】 서 있는 대. 자손(子孫)이 많음의 비유.
【立地 입지】 ①곧. 즉시. 立刻(입각). ②땅 위에 섬. ③영토를 새로 얻음. ④식물이 생육하는 일정한 장소의 환경. ⑤산업을 경영하기 위하여 선택하는 장소.
【立志 입지】 ①뜻을 바르게 잡음. ②뜻을 세움. ③마음을 떨쳐 일으킴. 분발함.
【立地書廚 입지서주】 붓을 잡으면 그 자리에서 곧 명문을 씀. 학문이 풍부함. ✎'書廚'는 문갑(文匣).
【立泉 입천】 폭포(瀑布)의 딴 이름.
【立秋 입추】 24절기의 하나. 대서(大暑)의 다음 절기. 양력 8월 8일경.
【立錐之地 입추지지】 송곳의 끝을 세울 만한 땅. 극히 좁은 땅. 置錐之地(치추지지).
【立春 입춘】 24절기의 하나. 대한(大寒)의 다음 절기. 양력 2월 4일경.
【立春榜 입춘방】 國입춘에 벽이나 기둥, 대문 등에 써 붙이는 글.
【立夏 입하】 24절기의 하나, 곡우(穀雨)의 다음 절기. 양력 5월 6일경.
【立憲 입헌】 헌법을 제정함.
【立賢無方 입현무방】 인재를 등용하는 데 친소(親疎)나 귀천에 구애되지 않음.

❶建—, 傑—, 孤—, 公—, 共—, 官—, 國—, 起—, 對—, 獨—, 竝—, 私—, 成—, 侍—, 兩—, 擁—, 自—, 佇—, 積—, 正—, 鼎—, 造—, 存—, 中—, 直—, 創—, 刱—, 隻—, 特—, 廢—, 鶴—, 會—, 確—, 屹—.

立4 【奇】⑨ 奇(395)의 속자

立4 【竗】⑨ 妙(407)와 동자

立4 【彦】⑨ 彦(576)의 속자

立部 4〜6획 竑䍻竜竝竚站竟章

立4 【竑】⑨ 넓을 횡 庚 hóng
字解 ①넓다. ②재다, 헤아리다. 〔周禮〕故竑其輻廣以爲之弱, 則雖有重任, 轂不折. ③굳세다.

立5 【䍻】⑩ 비틀거릴 령 青 líng
字解 비틀거리다. ¶ 䍻䍻.
【䍻䍻】영병 비틀거리며 가는 모양.

立5 【竜】⑩ 龍(2143)의 고자

立5 【竝】⑩ ❶아우를 병 迥 bìng
❷곁 방 漾 bàng
❸짝할 반 翰 bàn

소전 竝 초서 並 동자 並 동자 竝 參考 대법원 지정 인명용 한자의 음은 '병'이다.
字源 會意. 두 개의 '立(설 립)'을 합하여 '나란하다, 견주다'의 뜻을 나타낸다.
字解 ❶①아우르다, 나란히 하다. 〔楚辭〕冰炭不可以相竝兮. ②견주다. 〔荀子〕俄而竝乎堯禹. ③함께하다. 〔楚辭〕古國有不竝兮. ④떼지어 모이다. 〔荀子〕人倫竝處. ⑤겸하다. 〔後漢書〕竝封列侯. ⑥모두, 다. 〔書經〕以迄受此丕丕基. ⑦결코. 〔福惠全書〕竝無賒取戶行, 短少價値字樣. ⑧성(姓) ❷①곁, 곁하다. ≒傍. 〔列子〕竝流而承之. ②잇다, 연(連)하다. 〔史記〕竝南山. ❸짝하다, 상반하다. ＝伴.
【竝肩】병견 어깨를 나란히 함. 서로 비슷함.
【竝驅】병구 나란히 달림.
【竝禽】병금 원앙새.
【竝力】병력 힘을 한데 합함. 서로 협력함.
【竝列】병렬 나란히 벌여 섬.
【竝立】병립 나란히 섬.
【竝發】병발 한꺼번에 두 가지 이상의 일이 일어남. 동시에 발생함.
【竝作】병작 國배메기. 지주와 소작인이 수확량을 절반씩 나누어 가지는 일.
【竝置】병치 한곳에 나란히 설치함. 竝設(병설).
【竝稱】병칭 아울러서 일컬음.
【竝呑】병탄 ①아울러 삼킴. ②남의 나라를 병합하여 제 나라의 영토로 삼음. 倂呑(병탄).
【竝行】병행 ①나란히 감. ②아울러 행함.
【竝興】병흥 함께 일어남. 같이 흥성함.

立5 【竚】⑩ 佇(92)와 동자

立5 【站】⑩ 우두커니 설 참 陷 陷 zhàn
초서 砧 參考 砧(1234)은 딴 자.
字解 ①우두커니 서다. ②역마을.

〔淸會典〕凡置郵, 曰驛, 曰站. ③서다, 일어서다. ④國참. ㉮일정하게 잠시 쉬는 동안. ㉯참에 먹는 식사.
【站路】참로 역참(驛站)을 지나가던 길.
【站立】참립 멈추어 섬. 서 있음.
【站夫】참부 역(驛)에서 화물의 운반 등에 종사하는 인부. 驛夫(역부).
【站船】참선 관부(官府)에서 쓰는 배.
【站役】참역 國도자기를 만들 때, 빚어낸 것을 마르기 전에 잘 가다듬는 사람.
❶軍−, 兵−, 驛−.

立6 【竟】⑪ ❶다할 경 梗 jìng
❷지경 경 敬

、亠兂立立音音音竞竟

소전 竞 초서 竟 字源 會意. 音＋儿→竟. 사람〔儿〕 곧 악공(樂工)이 연주하던 음악〔音〕이 끝났음을 뜻한다.
字解 ❶①다하다. 〔沈約·歌〕如日有恒, 與天無竟. ②끝나다, 끝내다, 끝. 〔漢書〕小人爲德不竟. ③극(極)에 이르다. 〔莊子〕振於无竟. ④두루 미치다. 〔漢書〕恩施下竟同學. ⑤이어지다, 걸치다. 〔後漢書〕連里竟巷. ⑥마침내, 드디어. 〔史記〕竟廢申公及太子. ⑦도리어, 그러나. 〔史記〕盜跖, 云云, 橫行天下, 竟以壽終. ⑧거울. ≒鏡. ⑨성(姓). ❷지경. ≒境. 〔荀子〕其竟關之政盡察.
【竟內】경내 일정한 지역의 안.
【竟夕】경석 밤새도록. 竟夜(경야).
【竟夜】경야 國밤을 새움. 밤새도록.
【竟長】경장 경계(境界). 疆場(강장).
❶究−, 屈−, 窮−, 無−, 讀−, 終−, 畢−.

立6 【章】⑪ 글 장 陽 zhāng

、亠兂立立音音音音章章

소전 章 초서 章 字源 形聲. 辛＋日→章. '辛(신)'이 음을 나타낸다.
字解 ①글, 문장. 〔魏志〕下筆成章. ②악곡의 절(節), 악곡의 단락. 〔說文〕章, 樂竟爲一章. ③시문의 절(節), 시문의 단락. 〔唐書〕授章摘句, 不足以功. ④조목(條目). 〔漢書〕約法三章耳. ⑤법, 법식. 〔素問〕政令者, 氣之章. ⑥모범, 본보기. 〔詩經〕維民之章. ⑦밝다, 밝히다. ≒彰. 〔書經〕平章百姓. ⑧드러나다, 드러내다. 〔素問〕反論自章. ⑨성하다. 〔呂氏春秋〕其氣章. ⑩크다. 〔孝經內事圖〕帝座章而光. ⑪구별. 〔孔子家語〕上下有章. ⑫형체. 〔呂氏春秋〕合而成章. ⑬무늬, 문채. 〔禮記〕出言有章. ⑭기, 표지. 〔戰國策〕變其徽章. ⑮인장, 도장. 〔陸機·頌〕祚爾輝章. ⑯당황하는 모양, 허둥거리는 모양. ⑰은대(殷代)의 관(冠) 이름. 〔趙至·書〕表龍章於裸壤. ⑱큰 재목. 큰 재목을 세는 단위. 〔史記〕山居千章之材. ⑲음력으로 열아홉 해. ⑳문체(文體)의 이름. 주소(奏疏)

따위로 신하가 임금에게 올리는 글.
【章決句斷 장결구단】문장의 장(章)과 구(句)를 가르는 일.
【章句小儒 장구소유】문장의 장구에만 구애되어 대의(大義)에는 통하지 못하는 선비.
【章句囚 장구수】문장의 장구에만 사로잡혀 도리에는 통하지 못하는 선비.
【章句之學 장구지학】문장의 장과 구의 해석에만 몰두하여 전체의 도리를 깨닫지 못하는 학문. 한대(漢代)의 훈고학(訓詁學).
【章牘 장독】문서·책·편지 따위의 총칭.
【章理 장리】밝은 도리. 밝은 이치.
【章甫 장보】①유생(儒生). ②⇨章甫冠(장보관).
【章甫冠 장보관】은대(殷代) 이래로 써 온 관의 이름. 공자가 이것을 썼으므로 후세에 와서 유자(儒者)들이 쓰는 관이 되었음.
【章甫薦履 장보천리】장보관(章甫冠)이 밑에 있고 신발이 도리어 위에 있음. 상하가 전도(顚倒)됨.
【章服 장복】①문장(紋章)이나 기호 따위의 무늬를 넣은 옷. ②죄인에게 입히는 특수한 옷.
【章魚 장어】낙지.
【章章 장장】밝은 모양. 밝고 아름다운 모양.
【章程 장정】법률. 규칙.
【章左 장좌】임금에게 내는 문건(文件)에서 문장이 끝나고 남은 여백(餘白).
【章奏 장주】임금께 상주(上奏)하는 글.
【章草 장초】초서의 한 가지. 초서에 예서가 가미된 서체로, 한(漢) 원제(元帝) 때 사유(史游)가 시작함.
◑肩—, 舊—, 紀—, 記—, 旗—, 圖—, 文—, 詞—, 辭—, 喪—, 身—, 雅—, 樂—, 豫—, 玉—, 印—, 典—, 雕—, 奏—, 總—, 篇—, 平—, 褒—, 表—, 標—, 憲—, 勳—, 徽—.

立 【童】⑫ ❶아이 동 東 tóng
7   ❷땅 이름 종 冬 zhōng

丶 亠 产 立 产 产 音 音 童 童

[소전] [주문] [초서] 壱 [참고] 대법원 지정 인명용 한자의 음은 '동'이다.
[字源] 形聲. 立+里→童. '里'는 '重(중)'의 생략형으로 음을 나타낸다.
[字解] ❶①아이. 열대여섯 살 이하의 아이.〔禮記〕成童舞象. ②어리석다.〔國語〕而逝頑童窮固. ③아직 뿔이 나지 아니한 양이나 소.〔易經〕童牛之牿. ④벗겨지다. ㉮산에 초목이 없다.〔荀子〕山林不童, 而百姓有餘材. ㉯머리털이 없다, 대머리.〔韓愈·解〕頭童齒豁. ⑤종, 노복(奴僕). ≒僮. 〔漢書〕童手指千. ⑥성(盛)한 모양. ¶ 童童. ⑦눈동자. ≒瞳. ⑧성(姓). ❷땅 이름. ≒鐘. 〔春秋公羊傳〕公會宋公于夫童.
【童羖 동고】뿔이 없는 암양.
【童丱 동관】어린애. ◯丱은 뿔 모양으로 머리 양쪽에 땋아 묶은 어린아이의 머리 모양.
【童觀 동관】어린아이의 소견. 얕은 견식(見識).
【童妓 동기】머리를 얹지 않은 어린 기생.
【童童 동동】①나무 그늘이 성(盛)한 모양. ②나무에 가지가 없는 모양. ③빛나고 깨끗한 모양.
【童昧 동매】어려서 지식에 어두움. 童昏(동혼).
【童蒙 동몽】①어린이. ②아는 것이 없음. 무지(無知).
【童便 동변】12세 이하인 어린 사내아이의 오줌. 약으로 씀.
【童蔘 동삼】國어린아이 모양처럼 생긴 산삼. 童子蔘(동자삼).
【童豎 동수】①어린아이. ②남의 집에서 심부름 하던 사내아이.
【童心 동심】어린아이의 마음. 어린이와 같은 순진한 마음. 稚心(치심).
【童牙 동아】①어린이. ②어린.
【童顔 동안】①어린아이의 얼굴. ②늙어서도 어린아이의 얼굴처럼 혈색이 좋고 주름살이 없는 얼굴.
【童騃 동애】아직 어려 어리석음.
【童然 동연】①대머리진 모양. ②산에 수목이 없는 모양.
【童謠 동요】①아이들 사이에 자연히 생겨나 유행하는 노래. ②아이들을 위하여 동심(童心)을 그에 어울리는 말로 표현한 노래.
【童牛角馬 동우각마】뿔 없는 송아지와 뿔 달린 말. 도리에 어긋남.
【童子 동자】①어린 사내아이. 童兒(동아). ②어린 계집아이. 童女(동녀). ③사동(使童). ④눈동자. 瞳子(동자).
【童貞 동정】이성(異性)과 아직 성적 관계를 가진 일이 없는 상태. 또는 그 사람.
【童眞 동진】(佛)여색(女色)을 가까이하지 않은 사람.
【童濯 동탁】①씻은 듯이 깨끗함. ②산에 초목이 없는 모양.
【童土 동토】초목이 자라지 못하는 땅. 불모(不毛)의 땅.
【童昏 동혼】①어리석고 어두움. ②어려서 사리를 분간하지 못함.
◑結—, 狡—, 嬌—, 奇—, 奴—, 牧—, 凡—, 使—, 小—, 神—, 兒—, 野—, 頑—, 幼—, 孺—, 樵—, 村—, 學—, 巷—, 海—.

立 【望】⑫ 望(814)과 동자
7

立 【竢】⑫ 기다릴 사 紙 sì
7
[소전] [혹체] [초서] 竢 [字解] 기다리다. ≒俟.

立 【竦】⑫ 삼갈 송 腫 sǒng
7
[字源] 會意. 立+束→竦. 몸을 긴장(束)하여 선다(立)는 뜻으로, '삼가다·두려워하다'의 뜻을 나타낸다.

立部 7~9획 竣竪竫竰竭端

[字解] ①삼가다, 자숙하다. 〔漢書〕寡人將竦意而覽焉. ②놀라다. 〔漢書〕故怒形則千里竦. ③두려워하다. 〔詩經〕不戁不竦. ④주눅이 들다, 웅그리다. 〔張衡·賦〕通天岈以竦峙. ⑥발돋움하다. 〔漢書〕竦而望歸. ⑦권하다. ≒聳·慫. 〔揚雄·賦〕整輿竦戎. ⑧올리다, 오르다. ≒崇. 〔國語〕竦善抑惡. ⑨갑자기. ≒怱. 〔太玄經〕卬而頫而.
【竦企 송기】 발돋움하여 기다리는 모양.
【竦動 송동】 감동하여 공경하는 마음이 됨. 황송해짐.
【竦慕 송모】 공경하고 사모함. 仰慕(앙모).
【竦竦 송송】 우뚝 솟은 모양.
【竦秀 송수】 ▷竦峙(송치).
【竦然 송연】 두려워서 웅그리는 모양. 오싹하는 모양.
【竦震 송진】 황송하여 떪.
【竦聽 송청】 송구해하며 들음.
【竦峙 송치】 우뚝 솟음. 높이 쭝긋 섬.
❶ 驚-, 孤-, 高-, 恐-, 喬-, 戰-, 直-.

立 7 【竣】⑫ 마칠 준·전 元 jùn
[參考] ①竣(1296)는 딴 자. ②대법원 지정 인명용 한자의 음은 '준'이다.
[字解] ①마치다, 끝나다. ②멈추다, 그치다. ≒悛. ③웅크리다. ④물러나다. 〔國語〕有司已事而竣. ⑤쭝긋 서다. ⑥고치다. ⑥엎드리다.
【竣工 준공】 공사를 마침.
【竣事 준사】 하던 일을 마침.
【竣役 준역】 소임을 다함.

立 8 【竪】⑬ 豎(1710)의 속자

立 8 【竫】⑬ 편안할 정 硬 jìng
[字解] ①편안하다. ≒靖. ②바르다. 〔呂氏春秋〕竫安坐而至者. ③착하다. ④고요하다. =靜. 〔後漢書〕竫潛思於至賾兮. ⑤가리다, 고르다. 〔春秋公羊傳〕惟諓諓善竫言. ⑥꾸미다.

立 8 【竰】⑬ ❶키 작을 파 馬 bà ❷비틀거릴 비 支 pī
[字解] ❶키가 작다. ❷비틀거리다.

立 9 【竭】⑭ 다할 갈 ⊕걸 屑 jié
[字解] ①다하다. ㉮있는 힘을 다 들이다. 〔國語〕竭力以從役. ㉯소모되어 다 없어지다. 〔李華·弔古戰場文〕矢竭矢弦絶. ②물이 마르다. ≒渴. 〔國語〕伊洛竭而夏亡. ③등에 지다. 〔禮記〕五

行之動, 迭相竭也. ④끝나다, 막히다. 〔荀子〕齊明而不竭. ⑤패(敗)하다. 〔春秋左氏傳〕且律竭也. ⑥망하다. 〔淮南子〕耳目汪則竭也. ⑦죄다, 모두. 〔管子〕則國之情僞, 通天詐以竭在敵國矣.
【竭蹶 갈궐】 ①전도(顚倒)함. 넘어짐. ②힘에 부치는 일을 애써 노력하여 나아감. ③재력(財力)이 모자람.
【竭力 갈력】 있는 힘을 다함.
【竭盡 갈진】 다하여 죄다 없어짐.
【竭忠 갈충】 충성을 다함.
❶ 乾-, 枯-, 空-, 窮-, 極-, 耗-, 虛-.

立 9 【端】⑭ 바를 단 寒 duān

필순

[字源] 形聲. 立+耑→端. '耑(단)'이 음을 나타낸다.
[字解] ①바르다. ㉮곧다, 비뚤어지지 아니하다. 〔淮南子〕其民樸重端愨. ㉯옳다. 〔禮記〕決訟獄, 必端平. ②바로잡다. 〔禮記〕以端其位. ③진실. 명실이 상부하는 일. 〔史記〕實中其聲者, 謂之端. ④끝. ㉮가, 가장자리. 〔中庸〕執其兩端. ㉯경계(境界). 〔淮南子〕運轉而無端. ⑤실마리. 〔陸機·行〕禍集非無端. ⑥시초, 처음. 〔孟子〕惻隱之心, 仁之端也. ⑦근본. 〔禮記〕二者居天下之大端先. ⑧등차(等差). 〔漢書〕吏道雜而多端. ⑨자세함. 〔戰國策〕設疵端而趨疾. ⑩오로지. 〔戰國策〕端ához其願. ⑪포백(布帛)이 길이 단위. ㉮스무 자. ㉯예순 자. ㉰열여섯 자. ⑫주대(周代)의 조복(朝服). ⑬막직(幕職). ⑭남방의 정문(正門). 〔左思·賦〕南端攸遵.
【端愨 단각】 마음이 바르고 행실이 성실함.
【端居 단거】 평상시의 거처.
【端揆 단규】 ①여러 방면에 걸친 정사(政事)를 바르게 헤아림. ▷'端'은 바름, '揆'는 헤아림. ②재상(宰相).
【端良 단량】 단정하고 선량함.
【端麗 단려】 품행이 단정하고 자태가 아름다움.
【端末 단말】 끝. 末端(말단).
【端門 단문】 정전(正殿) 앞에 있는 정문.
【端敏 단민】 단정하고 민첩함.
【端士 단사】 품행이 단정한 선비. 端人(단인).
【端誠 단성】 품행이 단정하고 성실함.
【端身 단신】 ①몸을 단정히 함. ②단정한 몸.
【端信 단신】 곧고 성의가 있음. 정직하고 신의가 있음.
【端雅 단아】 단정하고 아담함.
【端言 단언】 ①올바른 말을 함. ②올바른 말.
【端嚴 단엄】 단정하고 엄숙함.
【端然 단연】 예의 바른 모양. 단정한 모양.
【端倪 단예】 ①일의 처음과 끝. 일의 본말(本末). ②끝. 가. ③본말·시종(始終)을 미루어 앎. 추측함.
【端午 단오】 음력 5월 5일의 명절. 수릿날. 端陽(단양). 端五(단오). 天中節(천중절).

【端五 단오】 ①⇨端午(단오). ②모든 달의 초닷샛날.
【端衣 단의】 단정한 예복.
【端人 단인】 ①품행이 단정한 사람. 正士(정사). ②國8품 문무관의 아내에게 주던 외명부의 품계(品階).
【端日 단일】 정월 초하룻날.
【端莊 단장】 단정하고 장중(莊重)함.
【端漸 단점】 실마리. 端緖(단서).
【端正 단정】 얌전하고 바름.
【端貞 단정】 품행이 단정하고 지조가 굳음.
【端整 단정】 마음이 바르고 자세가 엄정함.
【端操 단조】 바른 절조. 곧은 지조.
【端重 단중】 단정하고 진중함.
【端志 단지】 바른 뜻. 바른 마음.
【端直 단직】 단정하고 정직함.
【端行 단행】 ①바른 행동. ②바르게 걸음.
【端華 단화】 단정하고 아름다움.
【端厚 단후】 단정하고 온후함.
◐ 開-, 極-, 多-, 大-, 萬-, 末-, 無-, 發-, 百-, 兵-, 鋒-, 四-, 事-, 上-, 序-, 先-, 舌-, 兩-, 憂-, 異-, 戰-, 尖-, 檐-, 筆-, 下-, 玄-, 毫-, 覺-.

立9 【竩】⑭ 竩(1298)과 동자

立11 【竟】⑯ 競(1298)과 동자

立11 【竮】⑯ 비틀거릴 병 庚 pīng
字解 비틀거리다. ≒俜.

立12 【竪】⑰ 기다릴 수 虞 xū
字解 기다리다, 서서 기다리다.

立12 【竫】⑰ ❶높고 험할 요 蕭 yào ❷발돋움할 교 蕭 qiáo
字解 ❶높고 험하다. ❷①발돋움하다. ②기다리다.

立12 【竴】⑰ 기쁠 준 眞 cūn
字解 기쁘다.

立14 【䇐】⑲ 竪(1298)와 동자

立15 【競】⑳ 겨룰 경 敬 jìng
字解 ①겨루다, 다투다. 〔春秋左氏傳〕師競已甚. ②나아가다, 앞 다투어 나아가다. 〔呂氏春秋〕而天下皆競. ③좇다, 따르다. 〔莊子〕有競有爭. ④나란하다. 〔楚辭〕衆皆競進以貪婪兮. ❺군세다. ≒勍. 〔春秋左氏傳〕心則不競. ⑥갑자기. 〔春秋左氏傳〕使肥與有職競焉. ⑦높다. ≒亢. ⑧성하다.
【競驅 경구】 앞서기를 겨루어 말을 몲.
【競渡 경도】 배를 타고 먼저 건너가기를 겨루는 놀이. 競漕(경조).
【競病 경병】 시를 지을 때 어려워서 잘 쓰지 않는 운자(韻字)에 압운(押韻)함. 故事 양(梁)나라 조경종(曹景宗)이 개선(凱旋)했을 때, 무제(武帝)가 화광전(華光殿)에서 연회를 베풀어 연구(聯句)를 짓게 하여, '競·病'의 두 험운만이 남았으나, 맨 마지막 차례가 된 경종이 즉석에서 붓을 들어 이 두 자의 운으로 시를 지은 고사에서 온 말.
【競奔 경분】 앞을 다투어 달림.
【競爽 경상】 힘차게 세상에 나타남. 다투어 세상에 나타남. ○'競'은 '彊'으로 '굳셈'을, '爽'은 '明'으로 '나타남'을 뜻함.
【競注 경주】 앞을 다투어 흘러들어 감.
【競津 경진】 앞을 다투어 달리는 방향.
【競逐 경축】 ①다투어 쫓음. ②다투어 겨룸.
◐ 校-, 矜-, 浮-, 奔-, 爭-, 趨-, 馳-.

立17 【competition】㉒ 競(1298)과 동자

竹 部

6획 부수 | 대죽부

竹 0 【竹】⑥ 대 죽 囲 zhú

ノ ノ ト ケ ケ 竹

소전 帅 초서 竹 字源 象形. ‖＋皿→竹. '‖'은 대나무의 줄기를, '皿'은 대나무의 잎이 아래로 드리워진 모양을 본뜬 글자.

字解 ①대, 대나무.〔禮記〕日短至, 則伐木取竹箭. ②피리.〔周禮〕播之以八音, 金石土革絲木匏竹. ③죽간(竹簡). 종이가 발명되기 전에 문자를 기록하던 대나무 조각.〔史記〕請著之竹帛, 宣布天下. ④國죽. 옷·그릇 따위를 열벌을 묶어 이르는 말.〔嘉禮都監儀軌〕沙鉢甫兒各一竹. ⑤부챗살, 부챗살을 세는 말.〔萬機要覽〕五十竹朱斑紗貼扇一柄.

【竹竿 죽간】대나무 장대.
【竹簡 죽간】①종이가 발명되기 전에 글을 쓰던 대쪽. ②대나무 조각을 엮어 만든 책.
【竹筧 죽견】대로 만든 홈통.
【竹箍 죽고】대나무를 쪼개어 결어 만든 테. 나무통이나 오지그릇을 매우는 데 씀.
【竹篙 죽고】대나무 상앗대.
【竹几 죽궤】☞竹夫人(죽부인).
【竹菌 죽균】☞竹筍(죽순).
【竹根 죽근】대나무의 뿌리.
【竹器 죽기】대로 만든 그릇. 대그릇.
【竹奴 죽노】☞竹夫人(죽부인).
【竹豆 죽두】대로 만든 제기(祭器)의 한 가지.
【竹頭木屑 죽두목설】댓조각과 나무 부스러기. 신중하여 조그마한 것도 소홀히 하지 않음. 故事 진(晉)나라의 도간(陶侃)이 댓조각과 나무 부스러기를 보관하였다가 훗날 긴요하게 썼다는 고사에서 온 말.
【竹籃 죽람】대로 만든 바구니. 대바구니.
【竹瀝 죽력】①대나무에서 떨어지는 물방울. ②생대를 불에 구울 때 흘러나오는 진액(津液). 약재로 씀.
【竹聯 죽련】대로 만든 주련(柱聯).
【竹簾 죽렴】대로 만든 발. 대발.
【竹籟 죽뢰】①대나무 잎이 바람에 스쳐서 나는 소리. ②피리(笛).
【竹籠 죽롱】①대나무로 엮어 만든 뗏목. 병기(兵器)의 한 가지. ②물을 끌어대는 기구. 죽통(竹筒)을 이어서 만듦.
【竹林 죽림】대숲.
【竹林七賢 죽림칠현】진(晉)나라 초기에 노자와 장자의 허무주의를 숭상하여 죽림에 묻혀 청담(淸談)을 일삼던 일곱 선비. 곧, 완적(阮籍)·완함(阮咸)·혜강(嵆康)·산도(山濤)·상수(向秀)·유령(劉伶)·왕융(王戎).

【竹馬 죽마】①아이들이 장난으로 말이라 하여 가랑이에 끼고 끌고 다니는 대막대기. ②두 개의 긴 대막대기에 발판을 붙여 그 위에 올라타고 걸어 다니게 된 것.
【竹馬故友 죽마고우】죽마를 타고 놀던 때의 벗. 竹馬舊友(죽마구우).
【竹篾 죽멸】대나무 껍질.
【竹木 죽목】①대나무와 나무. ②쓴마. 맛과에 딸린 다년생 덩굴풀.
【竹米 죽미】☞竹實(죽실).
【竹帛 죽백】①책. 서적. ②역사(歷史). ✎ '竹'은 죽간(竹簡), '帛'은 견포(絹布). 종이가 없던 한대(漢代) 이전에는 죽백에 글을 쓴 데서 온 말. 竹素(죽소).
【竹柏 죽백】①대나무와 잣나무. ②굳은 절개.
【竹簠 죽보】물건을 담는 네모진 대그릇.
【竹夫人 죽부인】대오리로 길고 둥글게 얼기설기 엮어 만든 기구. 여름 밤에 서늘한 기운이 돌게 하기 위하여 끼고 잠. 竹奴(죽노). 竹几(죽궤). 竹姬(죽희).
【竹扉 죽비】대를 엮어서 만든 사립문.
【竹篦 죽비】①(佛)좌선(坐禪)할 때 쓰는, 대나무로 만든 채찍. ②궁중에서 벌을 줄 때 쓰던, 대로 만든 매. ③대빗.
【竹使符 죽사부】대나무로 만든 부절(符節). 한대(漢代)에 지방관(地方官)에게 주었음.
【竹散馬 죽산마】國임금이나 왕비의 장례에 쓰던, 대나무로 만든 말. 竹駟馬(죽사마).
【竹書 죽서】대쪽에 쓴 글.
【竹小春 죽소춘】음력 8월의 딴 이름.
【竹筍 죽순】대나무의 어린 싹. 竹芽(죽아).
【竹實 죽실】대나무 열매의 씨. 약으로 씀.
【竹實飯 죽실반】國대나무 열매를 까서 멥쌀에 섞어 지은 밥.
【竹鞍馬 죽안마】國임금이나 왕비의 장례에 쓰던, 싸리로 만든 말.
【竹茹 죽여】①담죽(淡竹)의 얇은 속껍질. 약재로 씀. ②㉠대나무의 껍질을 벗긴 것. ㉡쓸모없는 것.
【竹輿 죽여】대로 만든 가마.
【竹院 죽원】뜰에 대를 심은 서원(書院).
【竹園 죽원】①대나무 숲. ②황족(皇族). 故事 한(漢) 효문제(孝文帝)의 아들 효왕(孝王)이 토원(兔園)을 만들어 많은 대를 심었다는 고사에서 온 말.
【竹陰 죽음】대나무 그늘.
【竹人 죽인】대나무로 만든 악기, 곧 피리 따위를 부는 사람.
【竹杖芒鞋 죽장망혜】대지팡이와 짚신.
【竹節 죽절】대나무의 마디.
【竹枝 죽지】①대나무의 가지. ②악부(樂府)의 한 체(體). 당대(唐代) 유우석(劉禹錫)이 지은 신사(新詞) 9수(首)에서 시작한 것으로, 남녀의 사랑이나 풍속 따위를 노래함. 竹枝詞(죽지사).
【竹紙 죽지】①대나무를 원료로 하여 만든 종이. ②얇은 종이 모양의 대의 속껍질.
【竹冊 죽책】①대쪽을 엮어 만든 서책(書冊). 竹

簡(죽간). ②國세자빈(世子嬪)의 책봉문(冊封文)을 대쪽에 새겨 엮은 문서.
【竹叢 죽총】대밭.
【竹田 죽전】대밭.
【竹秋 죽추】①음력 2월의 딴 이름. ②음력 3월의 딴 이름.
【竹醉日 죽취일】①음력 5월 13일. 이날 대나무를 심으면 잘 자란다고 함. ②음력 8월 8일. 이날 대나무를 심으면 잘산다고 함.
【竹杷 죽파】대로 만든 갈퀴.
【竹牌 죽패】대로 만든 방패.
【竹苞松茂 죽포송무】새로 지은 가옥의 하부가 더부룩이 난 대나무와 같이 견고하고, 상부는 무성한 소나무와 같이 치밀함. 신축 건물의 낙성(落成)을 축하하는 말.
【竹刑 죽형】형벌 규정을 적어 놓은 책. ○형벌 규정을 죽간(竹簡)에 쓴 데서 온 말.
❶ 孤一, 綠一, 墨一, 斑一, 絲一, 新一, 烏一, 王一, 箭一, 叢一, 翠一, 破一, 爆一, 篁一.

竹2【芳】⑧ ❶대 뿌리 륵 職 lè
❷힘줄 근 丈 jīn
초서 艻 字解 ❶①대(竹)의 뿌리. ②대의 한 가지. ¶芳竹. ❷힘줄, 근육. =筋.
【芳竹 늑죽】대의 한 가지. 긴 가시가 있고 가지가 다섯씩 나서 모양이 닭의 발과 비슷함.

竹2【竺】⑧ ❶대나무 축 木죽 屋 zhú
❷두터울 독 沃 dǔ
소전 竺 초서 竺 參考 대법원 지정 인명용 한자의 음은 '축'이다.
字解 ❶①대나무. =竹. ②나라 이름. 천축(天竺). 지금의 인도(印度). 〔蘇軾‧詩〕隻履還西竺. ③성(姓). ❷두텁다. =篤.
【竺乾公 축건공】부처.
【竺乾 축건】
【竺經 축경】불경(佛經). 불서(佛書).
【竺學 축학】불교에 관한 학문.

竹3【竿】⑨ ❶장대 간 寒 gān
❷화살대 간 旱 gǎn
❸횃대 간 翰 gàn
소전 竿 초서 竽 參考 竽(1300)는 딴 자.
字解 ❶①장대, 곧은 대나무 나무. 〔詩經〕籊籊竹竿. ②죽순, 죽순이 싹트다. 〔管子〕毋斬竿. ③범하다. 늑干. ④대쪽. 늑簡. ❷화살대. 〔鮑照‧行〕嚴秋筋竿勁. ❸횃대. 〔爾雅〕竿謂之箷.
【竿牘 간독】편지. 서한(書翰). 簡牘(간독).
【竿頭 간두】장대의 끝. 竿杪(간초).
【竿摩車 간마거】천자의 수레와 비슷하게 꾸민 수레. ○'竿摩'는 '매우 비슷함〔逼近〕'.
【竿杪 간초】장대의 끝. 竿頭(간두).
❶ 旗一, 幢一, 帆一, 釣一, 竹一, 麾一.

竹3【笂】⑨ 뜸 봉 東 péng
字解 뜸. 쪼갠 대의 껍질을 걸어 만든 것으로, 배를 덮는 데 사용한다.

竹3【竽】⑨ 피리 우 虞 yú
소전 竽 초서 竽 參考 竿(1300)은 딴 자.
字解 ①피리의 한 가지. 생황(笙簧) 비슷한 악기. 옛날에는 서른여섯 개의 가는 대나무 관(管)으로 되어 있었으나 뒤에 열아홉 개로 되었다. 〔呂氏春秋〕調竽笙壎箎. ②괴수, 도둑의 두목. ¶盜竽.
【竽籟 우뢰】피리와 퉁소.
【竽笙 우생】아악에 쓰는 관악기. ○'竽'와 '笙'은 다 같이 피리 종류.
【竽瑟 우슬】①피리와 거문고. ②피리와 거문고를 합주(合奏)함.

〈竽①〉

竹3【笓】⑨ 저 이름 지 支 chí
字解 저의 이름. =箎. 〔禮記〕仲夏之月, 調竽笙笓簧.

竹4【笐】⑩ ❶대 나란할 강 陽 háng
❷횃대 항 漾 hàng
❸장대 항 漾 hàng
소전 笐 초서 笐 字解 ❶①대가 나란하다. ②대에 현(絃)을 더하다. 피리 따위 대로 만든 관악기에 현악기를 더하여 관현악을 연주하다. ③현악기(絃樂器). ④대 이름. ❷①횃대, 옷을 걸 수 있게 만든 막대. ②대가 나란하다. ❸①장대, 대나무 장대. ②덕, 벤 벼를 걸어서 말리는 장치.

竹4【笄】⑩ 箈(1304)의 속자

竹4【笈】⑩ 책 상자 급 緝 jí
초서 笈 字解 ①책 상자, 짊어 지고 다니는 책 상자. 〔晉書音義〕笈, 學士 所以負書籍. ②길마. 짐을 싣기 위해 당나귀나 말의 등에 얹는 안장.

〈笈①〉

竹4【笩】⑩ 둥구미 둔 阮 dùn
字解 ①둥구미, 곡식을 담는 대그릇. 〔淮南子〕守其篅笩. ②피리, 악기 이름.

竹4【笓】⑩ ❶새우 잡는 기구 비 齊 pí
❷참빗 비 寘 bì
❸버금 필 質 bì
字解 ❶새우 잡는 기구. ❷참빗. ❸버금.
【笓笓 비희】참빗.

竹部 4~5획 笇 笑 笋 笌 岑 笊 笆 笔 笘 笏 笳

竹4【笇】⑩ 셀 산 suàn
[字解] ①세다, 수를 세다. =算.〔史記〕上方與鼂錯調兵笇軍食. ②대나무 그릇.

竹4【笑】⑩ 웃을 소 xiào
丿ノケ乍竹竹竺笒笑

[소전] 笑 [소전] 笑 [초서] 笑 [고자] 咲 [字源] 形聲. 竹＋夭→笑. '夭(요)'가 음을 나타낸다.

[字解] ⑦웃다. ㉮기뻐서 웃다.〔論語〕樂然後笑. ㉯비웃다.〔孟子〕以五十步笑百步. ㉰미소(微笑)하다, 빙그레 웃다.〔論語〕夫子莞爾而笑. ②꽃이 피다.〔樂府〕花笑鶯歌聲. ③개가 사람을 반겨 짖는 소리. ④업신여기다.〔詩經〕顧我則笑. ⑤차하(差下)지는 모양.〔易經〕一握爲笑.

【笑噱 소갹】웃음. 크게 웃음.
【笑納 소납】자기가 보내는 물건이 보잘것없으나 받아 달라는 겸사(謙辭).
【笑談 소담】①웃으며 이야기함. ②농담.
【笑裏藏刀 소리장도】웃음 속에 칼을 품음. 겉으로는 웃고 있으나 속으로는 해칠 마음을 품고 있음. 笑中刀(소중도).
【笑罵 소매】비웃으며 욕함.
【笑面虎 소면호】웃는 얼굴이 호랑이. 겉으로는 잘 대하나 속은 엉큼한 사람.
【笑抃 소변】기뻐서 웃으며 손뼉을 침.
【笑柄 소병】웃음거리.
【笑殺 소살】①몹시 웃음. 대소(大笑). ✒'殺'은 조자. ②웃어넘김. 문제 삼지 않음.
【笑笑 소소】웃음.
【笑哂 소신】①웃음. ②웃는 일.
【笑啞 소아】웃는 소리.
【笑驅 소업】보조개.
【笑資 소자】웃음거리.
【笑啼兩難 소제양난】웃어야 할지 울어야 할지 모름. 기쁜 일과 슬픈 일이 함께 닥치는 일.
【笑中刀 소중도】▷笑裏藏刀(소리장도).
【笑疾 소질】한번 웃기 시작하면 멈추지 못하고 계속 웃는 병.
【笑粲 소찬】흰 이를 드러내고 웃음.
【笑嗤 소치】비웃음. 嘲笑(조소).
【笑脫頤 소탈이】턱이 빠지도록 웃음. 곧, 크게 웃음.
【笑呀 소하】입을 딱 벌리고 크게 웃음.
【笑謔 소학】웃으면서 농지거리함.
○ 可一, 苦一, 愧一, 轟一, 巧一, 嬌一, 冷一, 談一, 大一, 帶一, 目一, 媚一, 微一, 誹一, 世一, 哂一, 失一, 言一, 燕一, 鹽一, 優一, 一一, 嘲一, 爆一, 解一, 歡一, 嬉一, 嘻一.

竹4【笋】⑩ 筍(1306)과 동자

竹4【笌】⑩ 대순 아 yá
[字解] 대순, 죽순.

竹4【岑】⑩ ❶대 이름 잠 cén ❷첨대 금 jìn ❸속 찬 대 함 hán
[字解] ❶대 이름. ❷첨대, 죽첨(竹籤). 댓조각으로 만든 점대. ❸속이 찬 대, 속이 비지 아니한 대.

竹4【笊】⑩ 조리 조 zhào
[초서] 笊 [字解] ①조리, 조리로 일다. ②새집. 구멍의 새집을 '笊', 나무의 새집을 '巢'라 한다.
【笊籬 조리】쌀을 이는 데 쓰는 기구. 대오리·싸리 따위를 결어서 만듦.

竹4【笆】⑩ ❶가시대 파 bā ❷대바자 파 bā
[초서] 笆 [字解] ❶가시대, 가시가 있는 대나무. ❷대바자. 가시대로 결은 바자.
【笆籬 파리】대나무로 만든 산울타리.
【笆籬邊物 파리변물】울타리 가에 있는 물건. 쓸모없는 물건.

竹4【笔】⑩ 筆(1307)과 동자

竹4【笘】⑩ 노 감는 기구 호 hù
[字解] ①노 감는 기구. ②대의 한 가지, 참대, 고죽(苦竹). ¶笘筍. ③고기 걸어 말리는 대덕.
【笘筍 호순】대의 한 가지. 참대.

竹4【笏】⑩ ❶홀 홀 hù ❷피리 가락 맞출 문 wěn
[소전] 笏 [초서] 笏 [參考] 대법원 지정 인명용 한자의 음은 '홀'이다.
[字解] ❶홀. 신하가 임금을 뵐 때 조복(朝服)에 갖추어 손에 쥐는 물건. ❷피리 가락을 맞추다, 손가락으로 피리 구멍을 막아 가락을 맞추는 모양.〔馬融·賦〕篪笏抑隱, 行入諸變.
【笏擊 홀격】홀(笏)로 침. [故事] 당(唐)의 단수실(段秀實)이 반란을 일으킨 주자(朱泚)의 면상을 홀로 친 고사에서 온 말.
【笏記 홀기】혼례나 제례 때에 의식(儀式)의 진행 순서를 적은 글.
○ 擊一, 帶一, 紳一, 簪一, 投一.

竹5【笳】⑪ 갈잎 피리 가 jiā
[초서] 笳 [參考] 茄(1493)는 딴 자.
[字解] 갈잎 피리, 호가(胡笳), 날라리. 호인(胡人)의 악기. 노자(老子)가 서융(西戎)에 가서 만들었다고도 하고, 장건(張騫)이 서역(西

域)에서 얻었다고도 한다.
【笳管 가관】 호인(胡人)이 부는 피리.
【笳吹 가취】 갈댓잎을 말아 만든 피리.
❶悲-, 吹-, 胡-.

竹/5 【笴】⑪ 화살대 가 圖 gǎn
[초서] [字解] 화살대. 화살의 몸을 이루는 대. 능효. 〔儀禮〕物長如笴.

竹/5 【笣】⑪ 횃불 거 圖 jù
[字解] 횃불, 홰에 켠 불. =苣.

竹/5 【笴】⑪ 참대 고 圍 kǔ, gù
[동자] 簵 [字解] ①참대, 고죽(苦竹). ②물고기 잡는 기구. ③급하다, 성급하다.

竹/5 【笟】⑪ 테 고 圍 gū
[초서] [字解] 테. 그릇 따위의 둘레를 메우는 줄. =箍.

竹/5 【节】⑪ 節(1305)의 속자

竹/5 【笱】⑪ 통발 구 圖 gǒu
[소전] [초서] [字源] 會意·形聲. 竹+句→笱. '句(구)'는 '曲'의 뜻으로, 음도 나타낸다. 구부린 대나무로 만든 고기잡이 도구라는 데서 '통발'이란 뜻을 나타낸다.
[字解] 통발. 〔詩經〕毋發我笱.

竹/5 【笯】⑪ 새장 노·나 圍圂 nú
[소전] [초서] [字解] 새장. 〔楚辭〕鳳皇在笯兮, 雞鶩翔舞.

竹/5 【笪】⑪ ❶칠 단 旱 dá ❷고리짝 단 圖 ❸뜸 달 囨
[소전] [字解] ❶①치다, 매 때리다. =担. ②성(姓). ❷①고리짝. ②매, 채찍. ③삿자리, 갈대로 결은 자리. ❸①뜸, 배를 덮는 대자리. ②매, 채찍. ③배를 끄는 밧줄. ④일식 때 어두워지는 일. ⑤성(姓).
【笪笞 단태】 채찍질.
【笪日 달일】 낮이 어두워지는 일. 개기 일식(皆旣日蝕).

竹/5 【笭】⑪ ❶종다래끼 령 唐 líng ❷명석 령 囮
[소전] [초서] [字解] ❶①종다래끼, 작은 대바구니. ②수레에 먼지 막는 대발. ③배 안에 까는 마루. ④작은 대광주리. ⑤어롱(魚籠). ¶笭箐. ❷멍석, 수레 안에 까는 멍석.
【笭箐 영성】 ①잡은 물고기를 담는 바구니. 종다래끼. 魚籃(어람). ②어구(漁具)의 총칭. ③바람이나 먼지를 막기 위해 수레에 치는 대발.

竹/5 【笠】⑪ 삿갓 립 圉 lì
[소전] [초서] [字解] 삿갓. 자루가 없는 것은 '삿갓', 자루가 있는 것은 '우산'이라고 한다. 〔詩經〕其笠伊糾.
【笠帽 입모】 圀비가 올 때 갓 위에 덮어쓰는 우비(雨備)의 한 가지. 갈모.

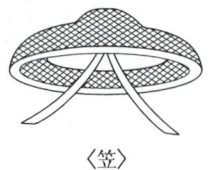
〈笠〉

【笠上頂笠 입상정립】 圀①삿갓 위에 또 삿갓을 씀. ②소용없는 사물.
【笠飾 입식】 圀융복(戎服)의 갓에 갖추던 장식.
【笠纓 입영】 갓끈.
【笠子 입자】 갓. ○'子'는 조자(助字).
【笠簷 입첨】 갓양태.
❶蓬-, 蓑-, 耘-, 圓-, 氈-, 釣-, 行-.

竹/5 【笢】⑪ 대 꺼풀 민 軫眞 mǐn
[소전] [초서] [字解] ①대 꺼풀, 대의 푸른 겉껍질. ②피리의 구멍을 누르다, 손가락으로 피리 구멍을 막았다 떼었다 하며 가락을 맞추는 모양. ¶笢笏. ③솔, 말갈기에 윤을 내는 솔.
【笢笏 ❶민문 ❷미홀】❶손가락으로 피리 구멍을 막았다 떼었다 하며 가락을 맞추는 일. ❷번잡한 모양.

竹/5 【笲】⑪ 폐백 상자 번·만 阮阮 fán
[초서] [字解] 폐백 상자. 대추·밤 따위의 폐백을 담는 상자. 〔禮記〕婦於舅姑, 執笲棗栗段脩以見.
【笲菜 번채】 폐백을 담는 상자.

竹/5 【范】⑪ 법 범 陷 fàn
[소전] [초서] [字解] ①법, 법률. ②골, 틀. 흙으로 만든 것을 '型', 쇠로 만든 것을 '鎔', 대나무로 만든 것을 '范'이라고 한다.

竹/5 【符】⑪ 부신 부 虞 fú

| 𠂉 | 𠂉 | 𥫗 | 𥫗 | 𥫗 | 竹 | 竹 | 符 | 符 |

[소전] [초서] [字源] 形聲. 竹+付→符. '付(부)'가 음을 나타낸다.

竹部 5획 笨筍笙筅笹第 1303

字解 ①부신(符信), 부절(符節). 〔周禮〕門關用符節. ②수결(手決), 인장(印章). 〔史記〕奉其符璽. ③상서(祥瑞), 길조. 〔史記〕賜諸侯白金, 以風符, 應合于天地. ④미래기(未來記). 미래의 일을 예언한 책. 〔帝王世紀〕黃帝討蚩尤, 西王母以符授之. ⑤부적, 호부(護符). 〔陽宅十書〕或夜行身帶此符, 諸邪不敢近. ⑥신불(神佛)의 증험(證驗). 〔淮南子〕審於符者, 怪物不能惑也. ⑦맞다, 꼭 들어맞다. 〔揚雄·賦〕同符三皇. ⑧문체(文體)의 이름. 상급 관청에서 하급 관청으로 내리는 글의 문체. ⑨은밀한 모의를 쓴 글. 〔戰國策〕得大公陰符之謀.

【符甲 부갑】 씨의 겉껍질.
【符契 부계】 꼭 들어맞음. 符節(부절).
【符同 부동】 ①서로 일치하지 않는 것을 억지로 일치시킴. 扶同(부동). ②옳지 못한 일을 하기 위하여 몇 사람이 결탁함. ③부합(符合)함. 서로 일치함.
【符命 부명】 ①하늘이 임금이 될 만한 사람에게 내리는 상서로운 징조. ②문체의 이름. 임금의 덕을 칭송한 글.
【符璽 부새】 ①임금의 도장. 玉璽(옥새). 璽符(새부). ②도장을 찍은 형적. 인형(印形). ③옥새(玉璽)를 맡은 관명(官名).
【符書 부서】 뒷날에 일어날 일을 미리 알아 적어 놓은 글. 符讖(부참).
【符瑞 부서】 상서로운 조짐. 吉兆(길조).
【符水 부수】 부적(符籍)과 정화수(井華水).
【符信 부신】 두 조각으로 쪼개어 나누어 가졌다가 나중에 서로 맞추어서 증거로 삼던 물건.
【符應 부응】 천명(天命)과 인사(人事)가 서로 호응함. 感應(감응). 符效(부효).
【符籍 부적】 ①여행권과 호적(戶籍). ②國잡귀나 재앙을 물리치기 위해 붉은색으로 글씨를 쓰거나 그림을 그려 몸에 지니거나 집에 붙이는 종이. 符作(부작).
【符節 부절】 돌·옥·대나무 따위로 만든 신표(信標). 사신이 지니던 것으로, 둘로 갈라서 하나는 조정에 보관하고 다른 하나는 본인이 신표로 가졌음.
【符讖 부참】 미래에 나타날 일을 미리 짐작하여 적어 놓은 글. 符籙(부록).
【符采 부채】 ①옥(玉)에 있는 아름다운 가로무늬. ②아름다운 시문(詩文).
【符牒 부첩】 ①증거가 되는 서류. ②나라에서 승려에게 내주던 신분 증명서. 度牒(도첩).
【符合 부합】 부신(符信)을 맞추듯이 양쪽이 서로 꼭 들어맞음.
【符驗 부험】 ①드러난 징조가 맞음. 符徵(부징). ②國⑦조선 때 금군들이 밤에 성문을 드나들 때 쓰던 출입증. ㉡중국에 가는 사신이 지니고 다니던 증표.

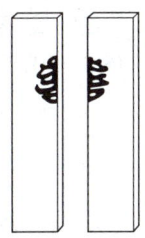
〈符①〉

❶乾一, 同一, 門一, 寶一, 祥一, 神一, 元一, 音一, 陰一, 將一, 地一, 天一, 虎一, 護一.

竹【笨】⑪ 거칠 분 阮 bèn
5
字解 ①거칠다, 조잡하다. 〔晉書〕豫章太守史疇, 以人肥大, 時人目爲笨伯. ②대나무 속껍질.
【笨車 분거】 ①허름한 수레. ②무거운 짐을 싣는 수레.
【笨伯 분백】 비대한 사람.
【笨俗 분속】 조잡하고 비속(卑俗)함.
【笨人 분인】 國어리석은 사람. 愚人(우인).
【笨拙 분졸】 거칠고 졸렬함.

竹【筍】⑪ 상자 사 sì
5
字解 상자. 밥이나 옷을 담는 네모진 상자. 〔書經〕惟衣裳在笥.
【笥金 사금】 상자에 넣은 금(金).
【笥篋 사협】 상자.
❶經一, 簞一, 衣一, 竹一, 篋一.

竹【笙】⑪ ❶생황 생 庚 shēng
5   ❷땅 이름 신 眞 shēng
參考 대법원 지정 인명용 한자의 음은 '생'이다.
字解 ❶①생황(笙簧). 열아홉 개 또는 열세 개의 대나무 대롱으로 만들며, 세워 놓고 가로 분다. 〔漢書〕八音, 匏曰笙. ②당(堂)의 동쪽에 설치하는 악기의 이름. ¶ 笙庸. ③대자리. ❷땅 이름. 춘추 때 노(魯)나라의 땅. 산동성(山東省) 하택현(荷澤縣) 북쪽.
【笙磬同音 생경동음】 생황과 경쇠의 소리가 잘 어울림. 생황과 경쇠가 서로 협력하여 화합함.
【笙鼓 생고】 생황과 북.
【笙庸 생용】 ▷笙鏞(생용).
【笙鏞 생용】 생황과 큰 종. ▷'笙'은 동쪽에, '鏞'은 서쪽에 설치한 악기. 笙庸(생용).
【笙簧 생황】 아악에 쓰는 관악기의 한 가지.

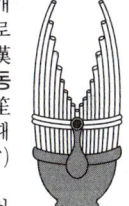
〈笙❶①〉

竹【筅】⑪ 밥주걱 선 銑 xiǎn
5
字解 밥주걱.

竹【笹】⑪ 가는 대 세
5
字解 가는 대, 세죽(細竹).

竹【第】⑪ ❶평상 자 紙 zǐ
5   ❷대자리 진 軫 zǐ
參考 第(1304)는 딴 자.
字解 ❶①평상. ②대자리.

〔周禮〕玉符, 掌王之袵席牀第. ❷대자리. ※❶의 ❷와 같다.

竹5 【笛】⑪ 피리 적 圖 dí
[字解] 피리. 대나무에 구멍을 뚫어서 부는 악기. 일곱 구멍, 다섯 구멍, 세 구멍 등의 종류가 있다.
【笛工 적공】①피리를 만드는 사람. ②피리를 잘 부는 사람.
【笛伶 적령】團피리를 부는 악사(樂士).
● 笳—, 警—, 朗—, 短—, 晚—, 牧—, 簫—, 哀—, 夜—, 漁—, 玉—, 怨—, 長—, 清—, 草—, 樵—, 吹—, 寒—, 胡—, 橫—.

竹5 【笘】⑪ ❶회초리 첨 圖 shān
❷대쪽 첩 圖 shān
[字解] ❶①회초리, 대나무 회초리. ②분판. 중국 영천(潁川) 지방에서 아이들의 글씨 공부에 쓰는 대나무 조각. ❷대쪽.

竹5 【第】⑪ 차례 제 圖 dì

〔筆順 그림〕

[字源] 形聲. 竹+弟→第. '弟(제)'가 음을 나타낸다.
[字解] ①차례. 〔呂氏春秋〕亂必有第. ②숫자 위에 붙여 써서 차례를 나타내는 말. 〔漢書〕治平爲天下第一. ③차례를 정하다, 등급을 매기다. 〔晉書〕品而第之. ④등급. 〔晉書〕爲三等之第. ⑤집, 저택. 〔漢書〕爲列侯食邑者, 皆佩金之印, 賜大第室. ⑥과거, 과거에 급제하다. 〔唐書〕劉黃下第, 我輩登科. ⑦만일, 가령. 〔史記〕藉第令毋斬, 而戍死者, 固什六七. ⑧다만. 〔史記〕陛下第出僞遊雲夢.
【第家 제가】대대로 녹(祿)을 받는 집안.
【第觀 제관】저택과 누각(樓閣).
【第內 제내】제택(第宅)의 안.
【第令 제령】①저택의 관리인. ②만일, 가령.
【第靡 제미】한없는 모양. 다하지 않는 모양.
【第序 제서】차례. 순서. 次序(차서).
【第二天 제이천】다음 날. 둘째 날.
【第一嬌 제일교】작약(芍藥).
【第一香 제일향】①모란. ②난초.
【第宅 제택】집. 살림집.
● 家—, 甲—, 居—, 高—, 科—, 官—, 及—, 落—, 登—, 私—, 乙—, 邸—, 次—, 下—.

竹5 【笁】⑪ 죽순 뻐죽뻐죽 날 줄・돌 圖圍 zhú
[字解] 죽순이 뻐죽뻐죽 나다.

竹5 【笮】⑪ ❶좁을 책 圄 zé
❷밧줄 작 藥 zuó
❸짤 자 禡 zhà

〔周禮〕甲冑干笮盾. ④누르다. 늑措. 〔史記〕李太后與爭門措指. ⑤산자(橵子). ⑥성(姓). ❷①밧줄, 대를 꼬아 만든 밧줄. 〔范成大・詩〕絕叫斷雙笮. ②자새(刺繅). 〔國語〕其次用鑽笮. ❸①짜다, 눌러 짜다. =醡. ②술을 담는 그릇.

竹5 【笧】⑪ ❶册(169)과 동자
❷策(1306)과 동자

竹5 【筑】⑪ 筑(1307)의 와자

竹5 【答】⑪ 볼기 칠 태 圇 치 圄 chī
[字解] ①볼기를 치다. 〔荀子〕捶笞臏腳. ②태형. 오형(五刑)의 하나.
【笞靳 태근】매질하여 욕보임.
【笞掠 태략】매질하여 엄하게 심문함.
【笞罵 태매】매질함. 욕함.
【笞捞 태방】매질함. 笞擊(태격).
【笞殺 태살】매로 때려 죽임.
【笞贖 태속】태벌(笞罰) 대신 바치던 돈.
【笞辱 태욕】매질하여 욕보임.
【笞責 태책】매질하여 꾸짖음.
【笞刑 태형】오형(五刑)의 하나. 매로 볼기를 치는 형벌. 笞罰(태벌).
【笞詬 태후】매질하여 욕보임. 笞辱(태욕).
● 撻—, 掠—, 捶—, 箠—, 鞭—.

竹5 【笩】⑪ 까부를 패 圄 pèi
[字解] 까부르다, 키질하여 잡물을 날려 보내다.

竹6 【笄】⑫ 비녀 계 圖 jī
[字解] ①비녀. 쪽진 머리가 풀어지지 않게, 또는 관이 벗어지지 않게 꽂는 물건. 〔春秋公羊傳〕字而笄之. ②비녀를 꽂다.
【笄艸 계관】갓 성년(成年)이 된 나이.
【笄冠 계관】①비녀와 갓. ②남녀가 성인례(成人禮)를 올림.
【笄年 계년】여자가 처음 비녀를 꽂는 나이. 곧, 15세.
【笄珥 계이】비녀와 귀고리.
【笄字 계자】①여자가 혼약(婚約)이 이루어져 비녀를 꽂고 자(字)를 지어 부름. ②혼약함.
【笄總 계총】①비녀를 꽂고 쪽을 찜. 상투를 틀고 동곳을 꽂음. ②성년이 됨.

竹6 【筹】⑫ 대고리 고 圇 kǎo
[字解] 대고리. 대오리로 결어 만든 상자.

竹部 6획

笛 ⑫ 잠박 곡 囚 qū
字解 잠박(蠶箔). 누에를 치는 데 쓰는 긴 네 모꼴의 채반.

筇 ⑫ 대 이름 공 图 qióng
字解 ①대 이름. 공죽(筇竹). ②지팡이. 〔韓偓·詩〕一手攜書一杖筇.
【筇杖 공장】 공죽(筇竹)으로 만든 지팡이.
【筇竹 공죽】 지팡이를 만들기에 알맞은 대나무의 이름.

筈 ⑫ 오늬 괄 囷 kuò
字解 오늬. 화살의 머리를 시위에 끼도록 에어 낸 부분. 〔陸機·詩〕 離合非有常, 譬彼弦與筈.

筐 ⑫ 광주리 광 陽 kuāng
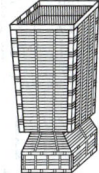
〈筐①〉
字解 ①광주리. 대오리를 결어서 만든 네모진 그릇. 〔詩經〕 不盈傾筐. ②침상(寢牀). 〔莊子〕 與王同筐牀. ③작은 비녀. 〔淮南子〕 筐不可以持屋.
【筐筥 광거】 대로 만든 네모진 광주리와 둥근 둥구미. '筐'은 네모진 것, '筥'는 둥근 것.
【筐擧 광거】 광주리를 들 정도로 눈으로 바라볼 수 있는 범위가 좁음.
【筐籠 광람】 대바구니. 농(籠). 筐籠(광롱).
【筐籠 광롱】 대바구니. 筐籃(광람).
【筐篚 광비】 ①네모진 광주리. ②선물로 서로 주고받는 물건. ③진상물(進上物).
【筐牀 광상】 네모진 평상.
【筐榼 광합】 도시락과 술동이.
【筐篋 광협】 대오리를 결어 만든 직사각형의 책상자. 책 궤.
◐ 傾-, 茶-, 粉-, 篚-, 瑤-, 績-, 敝-.

筊 ⑫ 대 새끼 교·효 四看 jiǎo
字解 ①대 새끼, 대오리로 꼰 새끼. 〔史記〕 塞長筊兮 沈美玉. ②단소(短簫).

筋 ⑫ 힘줄 근 囚 jīn
字解 ①힘줄. 〔周禮〕 凡藥以辛養筋. ②힘, 체력. 〔禮記〕 老者不以筋力爲禮.
【筋骼 근격】 근육과 골격. 筋骨(근골).
【筋骨 근골】 ①힘줄과 뼈. 근육과 골격. 筋骼(근격). ②체력(體力). ③필법(筆法).
【筋斗 근두】 몸을 번드쳐서 재주를 넘음. 또는

그 재주. 공중제비. 金斗(금두).
【筋臂 근려】 ①힘줄과 등뼈. 근육과 힘. 體力(체력). 筋力(근력). ②글씨의 필법(筆法).
【筋力 근력】 근육의 힘. 체력.
【筋脈 근맥】 ①힘줄과 핏줄. 근육과 혈맥. ②필법(筆法).
◐ 骨-, 膠-, 細-, 地-, 鐵-, 豊-, 骸-.

答 ⑫ 대답할 답 囵 dá, dā

字源 形聲. 竹+合→答. '合(합)'이 음을 나타낸다.
字解 ①대답하다. ㉮따르다, 응하다. 〔漢書〕 以答嘉瑞. ㉯물음이나 부름에 답하다. 〔論語〕 夫子不答. ㉰갚다. 〔孟子〕 禮人不答, 反其敬. ㉱향하다, 대하다. 〔禮記〕 答陽之義也. ㉲당하다, 해당하다. 〔書經〕 昏棄厥肆祀, 弗答. ㉳맞다, 알맞다. 〔春秋左氏傳〕 旣合而來奔. 〔注〕 合, 猶答也. ②답, 응답. 〔南史〕 時以爲名答. ③거역하다, 막다. 〔詩經〕 聽言則答. ④대로 만든, 배를 매는 밧줄. ⑤두껍게 포갠 모양. 〔漢書〕 答布皮革千石.
【答答 답답】 ①대나무의 소리. ②부끄러워하는 모양.
【答禮 답례】 남의 인사에 답하여 인사를 함.
【答辯 답변】 물음에 대답하는 말.
【答報 답보】 대답으로 하는 보고.
【答謝 답사】 답례로 하는 사례.
【答辭 답사】 ①말로 대답함. 대답하는 말. ②식사나 축사 등에 대하여 답례로 하는 말.
【答颯 답삽】 부진(不振)한 모양.
【答賽 답새】 신불(神佛)의 은혜에 보답하기 위한 제사를 지냄. 또는 그때 드리는 새전(賽錢).
【答酬 답수】 물음에 대한 대답. 酬答(수답).
【答應 답응】 ①물음에 대답함. 應答(응답). ②신불(神佛)이 소원을 들어 주겠다는 징조.
【答狀 답장】 회답하여 보내는 편지. 答書(답서).
【答通 답통】 통문(通文)에 대한 회답.
【答抗 답항】 맞섬. 겨룸.
◐ 口-, 對-, 名-, 明-, 問-, 拜-, 報-, 奉-, 批-, 手-, 酬-, 卽-, 敕-, 謬-, 應-, 裁-, 筆-, 解-, 確-, 回-.

等 ⑫ 가지런할 등 徊 děng

字源 會意. 竹+寺→等. '竹'은 죽간(竹簡), 곧 서책. '寺'는 '廷', 곧 정치하는 곳. 벼슬아치가 조정에서 법도를 등평(等平)하게 한다는 데서 '물건을 정돈하여 가지런히 하다'라는 뜻을 나타낸다.
字解 ①가지런하다, 가지런히 하다. ㉮서책을 가지런하게 하다. ㉯같다, 동일하다. 〔春秋左氏

傳〕春秋分而晝夜等, 謂之日中. ㉣같다, 마찬가지로. 〔淮南子〕與無法等. ㉤등분. ㉥계단. 〔論語〕出降一等. ㉦구분하다, 차별. 〔周禮〕以等其功. ㉨계급, 등급. 〔禮記〕則貴賤等矣. ③무리, 부류. 〔易經〕爻有等, 故曰物. ④견주다, 비교하다. 〔孟子〕等百世之王. ⑤기다리다. 〔通俗編〕以俟爲等俗言也. ⑥무엇. =何. 〔後漢書〕處家何等最樂. ⑦들. '여럿'을 나타냄. 〔史記〕公等錄錄. ⑧분기(分期), 한 해를 석 달씩 넷으로 나눈 기간. 〔大東野乘〕冬等頒祿.
【等覺 등각】(佛)①부처의 딴 이름. ○모든 부처의 깨달음은 한결같이 평등하다는 데서 이르는 말. ②정각(正覺)과 같은 깨달음. 보살(菩薩) 52위(位)의 둘째 자리. ○깨달음의 수준이 부처와 거의 같다는 데서 이르는 말.
【等級 등급】높고 낮으니나 좋고 나쁨의 차를 여러 층으로 나눈 급수.
【等對 등대】같은 자격으로 마주 대함.
【等頭 등두】같음. 동등함.
【等等 등등】①기다림. ②國여럿을 열거할 때 그 밖의 것을 줄임을 나타내는 말.
【等量 등량】①같은 분량. ②견주어서 헤아림.
【等列 등렬】①같은 자리. 같은 지위. ②상하귀천(上下貴賤)의 구별.
【等分 등분】①똑같이 나눔. ②등급의 구분.
【等神 등신】國①쇠나 돌, 흙으로 만든 사람의 형상. ②어리석은 사람.
【等身佛 등신불】사람의 크기와 같게 만든 불상.
【等身書 등신서】키만큼 쌓은 책. 많은 책.
【等威 등위】신분이나 지위에 따른 위의(威儀).
【等夷 등이】동배(同輩). 等倫(등륜).
【等人 등인】①같은 동아리의 사람. 同輩(동배). ②사람을 기다림.
【等一 등일】피차 서로 같음.
【等子 등자】극히 적은 양을 다는 저울의 한 가지. 천칭(天秤) 따위.
【等狀 등장】國여러 사람이 연명(連名)으로 관아에 무엇을 하소연함. 等訴(등소).
【等活 등활】(佛)팔열 지옥(八熱地獄)의 하나. 살생죄(殺生罪)를 범한 자가 가게 된다는 지옥으로, 형벌을 받다가 죽는데 찬 바람이 불어오면 다시 살아나 거듭 고통을 받는다고 함.
【等候 등후】기다림. 等待(등대).
○ 高-, 均-, 對-, 同-, 不-, 上-, 殊-, 劣-, 優-, 絶-, 齊-, 儕-, 中-, 次-, 差-, 平-, 下-, 何-.

竹6 【筀】 ⑫ 梏(845)와 동자

竹6 【筏】 ⑫ 떼 벌 月 fá
筏 字解 ①떼, 뗏목. 〔南史〕縛筏以濟. ②바다 가운데 있는 큰 배.
【筏舫 벌방】뗏목.
【筏夫 벌부】뗏목을 타고 가는 사공.
○ 巨-, 桴-, 船-, 舟-, 津-.

竹6 【筅】 ⑫ 솔 선 銑 xiǎn
筅 字解 ①솔. 대를 잘게 쪼개어 만든 부엌솔. ②병기(兵器). 〔戚繼光·練兵實紀〕狼筅乃用大毛竹.
【筅帚 선추】대를 잘게 쪼개어 만든 솔. 솥·냄비 따위를 닦는 데 씀.

竹6 【筍】 ⑫ ❶죽순 순 軫 sǔn
❷여린 대 윤 眞 yún
❸가마 순 震 xùn
筍 字解 ❶①죽순. 〔詩經〕其藿維何, 維筍及蒲. ②악기를 다는 틀, 종이나 경쇠를 다는 가름대. 〔周禮〕梓人爲筍虡. ③장부. 한쪽 끝을 다른 한쪽 구멍에 꽂는 부분. ❷①여린 대. 〔書經〕敷重筍席. ②대 껍질. ❸가마(輿). 대나무를 엮어 만든 가마. 〔春秋公羊傳〕筍將而來也.
【筍蕨 순궐】죽순과 고사리.
【筍席 순석】죽순 껍질로 만든 자리.
【筍籜 순탁】죽순 껍질. 筍皮(순피).
【筍鞋 순혜】죽순 껍질로 만든 신.
○ 嫩-, 萌-, 石-, 新-, 竹-, 春-, 稚-.

竹6 【筎】 ⑫ 뱃밥 여 魚 rú
字解 뱃밥. 대의 껍질을 깎아 취한 것. 배에 물이 새어 들지 못하도록 틈을 막는 데 쓰고, 약재로도 쓴다.

竹6 【筄】 ⑫ 산자 요 嘯 yào
字解 산자(橵子), 산자발, 산자판. 지붕 서까래 위에 흙을 받쳐 기와를 이기 위하여 엮어 까는 대나무 개비.

竹6 【筌】 ⑫ 통발 전 先 quán
筌 字解 통발. 대오리를 겯어 만든, 물고기 잡는 기구. 〔莊子〕得魚而忘筌.
【筌蹄 전제】①물고기를 잡는 통발과 토끼를 잡는 올가미. 목적을 이루기 위한 방편(方便). ②인도(引導). ③사대부가 경(經)을 강의할 때 손에 쥐던 것. 불자(拂子) 따위.

竹6 【籓】 ⑫ ❶柵(840)과 동자
❷冊(169)의 고자

竹6 【策】 ⑫ 채찍 책 陌 cè

丶 ㅗ 朿 竹 竺 竺 笁 笅 箣 策

策 字源 形聲. 竹+朿→策. '朿(자)'

가 음을 나타낸다.
[字解] ①채찍, 말의 채찍. 〔禮記〕君車將駕, 則僕執策, 立于馬前. ②채찍질하다. 〔論語〕策其馬曰, 非敢後也, 馬不進也. ③지팡이. 〔莊子〕師曠之枝策也. ④지팡이 짚다. 〔杜甫·詩〕策杖時能出. ⑤대쪽. 〔儀禮〕百名以上書於策. ⑥책, 문서. 〔左思·賦〕闕玉策於金縢. ⑦명령서, 왕명을 전하는 것. 〔周禮〕策命之. ⑧적다, 쓰다. 〔春秋左氏傳〕策名委質. ⑨세우다. 〔李陵·書〕策名淸時. ⑩점대. 점을 치는 데 쓰는 대오리. 〔史記〕迎日推策. ⑪꾀, 꾀하다. 〔呂氏春秋〕此勝之一策也. ⑫수, 수효. ⑬제비, 심지. 〔柳宗元·文〕戲抽拂策. ⑭작다. ⑮회초리. ⑯경계(警戒). 〔陸機·賦〕立片言而居要, 乃一篇之警策. ⑰대나무 울짱. ≒柵. ⑱문체(文體)의 하나. 임금이 정치상 문제를 간책(簡策)에 써서 의견을 묻는 것을 책문(策問)이라 하고, 이에 대하는 것을 대책(對策)이라 한다. 〔漢書〕射策甲科, 以不應令. ⑲사물의 모양. ¶策策.
【策括 책괄】경사(經史)를 모아서 종류별로 구분하고, 시무(時務)를 편집함.
【策動 책동】①꾀를 부려 남몰래 행동함. ②남을 움직이게 부추김.
【策略 책략】꾀와 방법. 計略(계략).
【策慮 책려】①계책. ②계책을 강구함.
【策勵 책려】채찍질하여 격려함. 策勉(책면).
【策免 책면】임금의 사령에 의하여 파면됨.
【策名 책명】이름을 신적(臣籍)에 올림. 곧, 신하가 됨.
【策命 책명】임금이 신하에게 주는 임명장.
【策謀 책모】어떤 일을 처리하는 꾀와 방법. 策略(책략). 計略(계략).
【策問 책문】①관리 등용 시험에서, 시무(時務)에 관하여 묻던 일. 또는 그 문제. 策試(책시). ②점을 쳐서 길흉을 물음.
【策府 책부】임금의 서책(書策)을 간직하던 곳. 冊府(책부).
【策士 책사】책략을 써서 일이 이루어지게 하는 사람. 謀士(모사).
【策駟馬 책사마】높은 벼슬자리에 올라서 위풍당당하게 사두마차(四頭馬車)를 타고 다님.
【策應 책응】①계책에 따라 호응함. ②대군을 출동시킨 후 병참 부대를 뒤따르게 하거나 아군(我軍)이 서로 호응하여 작전하던 일.
【策策 책책】①낙엽이 지는 소리. ②대나무 삐걱거리는 소리 ③가을바람 소리.
【策勳 책훈】①공훈이 있는 사람의 이름을 책(冊)에 기록함. ②공훈을 찬양하고 상을 줌.

◐ 建-, 高-, 龜-, 奇-, 對-, 得-, 謀-, 妙-, 方-, 祕-, 上-, 首-, 施-, 失-, 實-, 王-, 長-, 著-, 定-, 政-, 制-, 拙-, 籌-, 筮-, 鞭-, 下-, 畫-, 後-.

竹
6 【舛】⑫ 대 꼬치 천[䇎] chuǎn
[字解] 대 꼬치, 대꼬챙이.

竹部 6획 舛筈筑筒筆 1307

竹
6 【筈】⑫ 筈(1316)과 동자

竹
6 【筑】⑫ 악기 이름 축[🀄] zhú
[소전] 𑁍 [초서] 筑 [字源] 會意·形聲. 竹+巩 →筑. '巩'는 손에 쥐고 있다는 뜻. 여기에 '竹'을 더하여 거문고 비슷한, 대로 만든 악기를 뜻한다. '竹(죽)'은 음도 나타낸다.
[字解] ①악기 이름. 거문고 비슷한, 대로 만든 악기. 〔漢書〕上擊筑. ②좁다. ≒叔.

竹
6 【筒】⑫ ❶대통 통[董] tǒng, tóng
❷통소 통[董] dòng
[소전] 筒 [초서] 筒 [字解] ❶①대통, 대롱, 대통같이 생긴 물건. 〔呂氏春秋〕黃帝令伶倫作爲律, 次制十二筒, 以別十二律. ②술잔의 한 가지. 연잎을 말아서 술잔처럼 쓴 것. ③대나무 이름. ❷통소〔洞簫〕, 밑이 없는 퉁소. ≒洞.
【筒箭 통전】통 속에 넣어서 쏘는 화살. 袖箭(수전).
【筒糉 통종】주악. 단오절에 먹는 떡의 한 가지. 角黍(각서).
【筒車 통차】무자위의 한 가지. 통을 설치하여 논밭에 물을 대는 데 사용함.
【筒行纏 통행전】아래에 귀가 달리지 않은 보통 행전.

◐ 算-, 水-, 煙-, 箸-, 釣-, 竹-, 筆-.

竹
6 【筆】⑫ 붓 필[質] bǐ

丿 𠂉 𠂉 𥫗 𥫗 笁 𥬰 笁 筆 筆

[소전] 𦫼 [초서] 𦮼 [동자] 笔 [간자] 笔 [字源] 會意·形聲. 竹+聿→筆. '聿'은 원래 '붓'을 뜻한다. 후세에 대나무 대롱으로 붓대를 만든 까닭에 '竹'을 더하게 되었다. '聿(율)'은 음도 나타낸다.
[字解] ①붓. 〔禮記〕史載筆. ②쓰다, 적다. 〔釋名〕筆, 述也, 述事而書之也. ③덧보태어 쓰다. 〔史記〕筆則筆, 削則削. ④산문, 시가 아닌 보통 글. 〔文心雕龍〕今之常言, 有文有筆, 以爲無韻者筆也, 有韻者文也. ⑤필적(筆迹), 글씨. 〔唐書〕旭視之, 天下之奇筆. ⑥필재(筆才).
【筆諫 필간】글로 써서 간함.
【筆健 필건】시문(詩文)을 짓는 힘이 뛰어남.
【筆耕硯田 필경연전】붓으로 농사를 짓고 벼루로 논을 삼음. 문인이 문필로 생활함.
【筆工 필공】붓을 만드는 일을 업으로 삼는 사람. 筆師(필사). 筆匠(필장).
【筆管 필관】①붓대. 붓대롱. ②붓.
【筆端 필단】①붓끝. ②붓의 운용(運用). 문장을 쓰는 방식.
【筆橢 필독】붓을 넣는 기구. 筆筒(필통).

【筆頭 필두】①붓끝. 筆端(필단). ②붓처럼 뾰족하게 생긴 머리 筆公(필공). ③어떤 단체나 동아리의 주장되는 사람. ④國여럿이 연명(連名)할 때, 맨 처음 차례.
【筆頭生花 필두생화】붓끝에 꽃이 핌. 문필에 재주가 있음. 故事 당(唐)의 이백(李白)이 어렸을 때 붓끝에 꽃이 핀 꿈을 꾸었는데, 그 뒤로 글재주가 크게 진보했다는 고사에서 온 말. 筆花(필화). 筆華(필화).
【筆力 필력】①글씨의 획에 드러난 힘. ②문장의 힘. 筆勢(필세).
【筆力扛鼎 필력강정】문장의 기운참이 마치 무거운 솥을 들어 올릴 만함.
【筆路 필로】①붓의 놀림새. 運筆(운필). ②문맥. 文脈(문맥).
【筆名 필명】①글이나 글로 떨치는 명성. ②작가가 작품을 발표할 때 쓰는, 본명(本名) 이외의 이름.
【筆帽 필모】붓뚜껑.
【筆墨 필묵】①붓과 먹. ②문장.
【筆法 필법】①붓을 만드는 법. ②글씨나 시문을 쓰는 법.
【筆鋒 필봉】①붓끝. ②붓의 위력. 문장의 위세. 筆勢(필세).
【筆史 필사】기록하는 사람.
【筆師 필사】붓을 만드는 일을 업으로 하는 사람. 筆工(필공). 筆匠(필장).
【筆寫 필사】붓으로 베껴 씀.
【筆削 필삭】①가필(加筆)과 삭제. 써놓은 글에 더 써 넣거나 지움. ②공자(孔子)가 필삭한 춘추(春秋).
【筆算 필산】①숫자를 써서 하는 계산. ②쓰는 일과 셈하는 일.
【筆舌 필설】①붓과 혀. ②글과 말.
【筆洗 필세】붓을 씻는 그릇.
【筆述 필술】글로 써서 진술함. 記述(기술).
【筆硯 필연】①붓과 벼루. ②저작(著作) 생활. 筆硏(필연).
【筆意 필의】①운필(運筆)의 방식. 붓 놀림새. 筆趣(필취). ②시문(詩文)의 취지.
【筆者 필자】①글씨를 쓰거나 그림을 그리는 사람. ②문장을 지은 사람.
【筆跡 필적】손수 쓴 글씨나 그림의 행적. 筆蹟(필적).
【筆戰 필전】①글로써 논전(論戰)함. ②필력을 떨침. 필봉을 휘두름.
【筆精 필정】운필이 정묘(精妙)함.
【筆誅 필주】남의 죄를 글로 써서 견책함.
【筆地 필지】國논·밭·임야 등의 구획된 전부를 하나치로 셀 때 쓰는 단위.
【筆陣 필진】①시문의 웅건(雄建)함이 행군에 비유한 말. ②國필자의 진용.
【筆札 필찰】①붓과 종이. ②필적(筆跡). 手蹟(수적). ③편지. 筆翰(필한).
【筆帖 필첩】國옛 사람의 필적을 모아 엮은 서첩(書帖).
【筆致 필치】①글씨를 쓰는 솜씨. ②문장의 운치(韻致).
【筆翰 필한】①붓. ②글씨를 쓰거나 글을 지음. ③서한(書翰). 筆札(필찰).
【筆翰如流 필한여류】문장을 거침없이 써 내려가는 모양. 운필이 물 흐르듯이 빠른 일.
【筆毫 필호】붓털. 붓끝.
【筆花 필화】☞筆頭生花(필두생화).
【筆華 필화】①☞筆頭生花(필두생화). ②시가나 문장의 문채(文彩). 文華(문화). 詞華(사화).
【筆禍 필화】지은 시문이 말썽이 되어 화를 당하는 일.
【筆興 필흥】글씨를 쓰거나 그림을 그릴 때 일어나는 흥취.

○加ㅡ, 健ㅡ, 曲ㅡ, 骨ㅡ, 亂ㅡ, 能ㅡ, 短ㅡ, 達ㅡ, 禿ㅡ, 名ㅡ, 毛ㅡ, 墨ㅡ, 文ㅡ, 石ㅡ, 速ㅡ, 惡ㅡ, 運ㅡ, 雄ㅡ, 自ㅡ, 絶ㅡ, 拙ㅡ, 眞ㅡ, 執ㅡ, 親ㅡ, 特ㅡ, 畫ㅡ, 揮ㅡ.

竹6 【筬】⑫ 참빗 희 囡 jī
소전 筬 字解 참빗, 서캐훑이.

竹7 【笧】⑬ ❶대 서까래 각 囝 jué
                    ❷대 이름 악 囝 wò
字解 ❶대 서까래. ❷대 이름.

竹7 【筥】⑬ ❶광주리 거 囼 jǔ
                    ❷밥통 려 囼 jǔ
소전 筥 초서 筥 간체 筥 字解 ❶①광주리. 대오리로 둥글고 깊게 결어 만든 그릇.〔詩經〕于以盛之, 維筐及筥. ②볏단. 한 줌의 단을 '秉(병)', 네 볏을 '筥'라고 한다. ③성(姓). ❷밥통=簇.
【筥米 거미】멱 둥 구미에 수북이 담은 쌀.
○筐ㅡ, 飯ㅡ, 箱ㅡ.

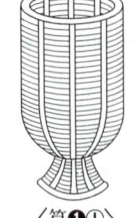
〈筥❶①〉

竹7 【筧】⑬ 대 홈통 견 囝 jiǎn
초서 筧 字解 ①대 홈통, 대나무 홈.〔白居易·記〕南有筧, 放水溉田. ②대나무 이름.
【筧水 견수】대 홈통으로 끌어 오는 물.
○曲ㅡ, 山ㅡ, 接ㅡ, 竹ㅡ, 翠ㅡ.

竹7 【筦】⑬ 피리 관 囝 guǎn
소전 筦 소전 筦 초서 筦 字解 ①피리. =管.〔詩經〕磬筦將將. ②맡아 다스리다.〔漢書〕周大夫尹氏 筦朝事. ③열쇠.
【筦權 관각】이익을 독점하는 일.
【筦鍵 관건】열쇠. 管鍵(관건).

【筦籥 관약】①피리. ②열쇠.
【筦絃 관현】 피리와 거문고 따위.

竹 7 【筠】⑬ 대나무 균 ⑧운 眞 yún
〔韋應物·詩〕停車欲去繞叢竹, 偏愛新筠十數竿. ②대의 푸른 껍질. 대나무의 가장 여문 부분. 〔禮記〕其有人也, 如竹箭之有筠. ③윤택하다, 광택이 있는 모양.
【筠籃 균람】대바구니.
【筠籠 균롱】①가늘게 쪼갠 댓개비로 결어 만든 농. ②대바구니. 筠籃(균람). ③새장.
【筠席 균석】대오리로 엮은 자리.
【筠籜 균탁】대나무의 껍질.
【筠筒 균통】대로 만든 통. 대통. 竹筒(죽통).
【筠篁 균황】대나무.
● 雪−, 疎−, 松−, 新−, 野−, 貞−, 翠−.

竹 7 【梪】⑬ 제기 두 囿 còu
〔字解〕제기(祭器). 고기를 담는 굽 높은 제기. =豆.

竹 7 【筤】⑬ ❶바구니 랑 陽 láng ❷일산 랑 漾 làng
〔字解〕❶①바구니. ②어린 대. 〔易經〕震, 爲筤竹. ❷일산. 부채의 한 가지로, 자루가 굽은 의장(儀杖)용 일산.

竹 7 【筣】⑬ 대울타리 리 支 lí
〔字解〕①대울타리. ②어량(魚梁), 통발. ③대 이름.
【筣笓 이비】①통발. 어량(魚梁). ②대울타리. ③대 이름.

竹 7 【筗】⑬ 비 미 尾 wěi
〔字解〕①비, 대비. ②대 이름.

竹 7 【筝】⑬ 뜸 봉 東 péng
〔字解〕뜸. 대를 결어 배나 수레 위를 덮어 볕을 가리는 물건. =篷.

竹 7 【筟】⑬ 대청 부 虞 fū
〔字解〕①대청, 죽여(竹茹). 대나무 줄기 속의 안벽에 붙은 아주 얇고 흰 꺼풀. ②꾸릿대. 꾸리를 감는 데 쓰는 대. =筳.

竹 7 【筭】⑬ ❶산가지 산 翰 suàn ❷셀 산 翰 suàn
〔字解〕❶①산가지. ②꾀, 계책. 〔陸機·文〕長筭屈於

短日. ❷세다, 수효를 세다.
【筭錢 산전】한대(漢代)에 시행했던 인구세(人口稅).

竹 7 【筮】⑬ 점대 서 霽 shì
〔字源〕會意. 竹+巫→筮. '竹'은 비수리, '巫'는 무당을 뜻한다. 합하여 점대, 또는 그것을 써서 점을 침을 나타낸다.
〔字解〕①점대. 점을 칠 때 쓰는 가늘게 쪼갠 댓가지. 처음에는 비수리를 썼다. 〔禮記〕筴爲筮. ②점을 치다, 점대로 점을 치다. 〔儀禮〕筮于廟門.
【筮龜 서귀】①시초(蓍草;톱풀) 속에 사는 거북. ②점치는 데 쓰는 거북.
【筮短龜長 서단귀장】점대로 치는 점보다 귀갑으로 치는 점이 나음.
【筮卜 서복】①점대로 점치는 일과 귀갑(龜甲)을 불태워서 점치는 일. ②점.
【筮仕 서사】①길흉을 점쳐서 벼슬함. ②처음으로 벼슬함.
【筮占 서점】점을 치는 일. 점.
【筮驗 서험】점의 징험(徵驗).
● 卦−, 龜−, 卜−, 著−, 易−, 預−, 占−.

竹 7 【筬】⑬ 바디 성 庚 chéng
〔字解〕①바디. 베틀, 가마니틀 등에 딸린 기구. ②대나무 이름.

竹 7 【筲】⑬ 대그릇 소·삭 肴覺 shāo
〔字解〕①대그릇, 둥구미. 〔儀禮〕苞二筲三. ②밥통. 닷 되, 한 말, 또는 한 말 두 되들이. '적은 분량'이나 '평범한 사람'을 뜻한다. 〔論語〕斗筲之人. ③수저통. =䈰. ④부엌 솥.
【筲斗 소두】①적은 분량. ②도량이 좁음.

竹 7 【筵】⑬ 대자리 연 先 yán
〔字解〕①대자리. ㉮대를 결어 만든 자리. ㉯깔개의 총칭. 〔周禮〕司几筵. ②좌석. 〔詩經〕賓之初筵. ③곳, 장소. 〔正字通〕筵, 經筵, 王者講讀之處.
【筵席 연석】①대자리. ②술자리. 연회의 자리.
● 講−, 開−, 經−, 談−, 滿−, 別−, 詩−, 御−, 宴−, 莞−, 恩−, 初−, 蒲−.

竹 7 【筽】⑬ 國 버들고리 오
〔字解〕버들고리. 고리버들의 가지로 결어 만든 상자. 〔萬機要覽〕柳筽二部.

竹 7 【筰】⑬ 대 밧줄 작·착 藥陌 zuó

竹部 7~8획 筋節筳筴策筷筩箇箝箞菰箍箜管

【筓】 ①대 밧줄. 대오리로 꼰 동아줄. 배를 끄는 데 쓴다.〔漢鼓吹曲〕桂樹爲君舩, 青絲爲君筓. ②촉박하다. =筰.〔周禮〕侈聲筓. ③나라 이름. 한대(漢代)에 중국 서남쪽 지방에 있던 이민족의 나라.〔漢書〕南距羌筓之塞.

竹7【筋】⑬ 젓가락 저 圖 zhù
字解 ①젓가락. =箸. ②조개 이름. 방합(蚌蛤) 종류.

竹7【節】⑬ 節(1315)의 속자

竹7【筳】⑬ ❶꾸릿대 정 庚 tíng ❷들보 정 迥 tíng
字解 ❶①꾸릿대. 꾸리를 감는 데 쓰는 대. ②대오리. 점대.〔楚辭〕索藑茅以筳篿兮. ③대의 장대. ④바구니. ❷들보.

竹7【筴】⑬ ❶점대 책 洽 jiā ❷집을 협 葉 cè ❸젓가락 협 洽 cè
字解 ❶①점대. 점을 치는 데 쓰는 댓가지.〔禮記〕龜爲卜, 筴爲筮. ②꾀, 계책. =策.〔史記〕怨陳王不用其筴. ②①집다, 끼다.〔韓愈·碑〕撥黃岡, 筴漢陽. ②젓가락.〔茶經〕火筴, 一名筯. ③작은 키. 물건을 까부르는 기구. ❸①젓가락. ※❷의 ②와 같다. ②끼다, 끼우다. 늑夾.

竹7【策】⑬ 策(1306)의 속자

竹7【筷】⑬ 젓가락 쾌 卦 kuài
字解 젓가락.

竹7【筩】⑬ ❶대통 통 董 tǒng ❷전동 용 腫 yǒng
字解 ❶①대통.〔潘岳·賦〕越上筩而通下管. ②작은 아가리가 있는 통. 벙어리 저금통 따위. ③낚시, 물고기를 잡는 갈고리.〔郭璞·賦〕筩灑連鋒. ❷전동〔箭筒〕, 화살을 넣는 통.〔春秋左氏傳·注〕冰, 箭筩蓋, 可以取飮.

竹8【箇】⑭ 낱 개 箇 gè
字解 ①낱. 물건을 세는 단위.〔荀子〕負矢五十箇. ②대나무를 셀 때 붙이는 말. ③물건이나 곳을 가리킬 때 붙이는 말. 속에는 '這箇(저개), 那箇(나개)' 따위. ④어조를 고르는 말.〔韓愈·詩〕老翁眞箇似童兒.
【箇箇 개개】하나하나. 낱낱.
【箇數 개수】한 개씩 낱으로 셀 수 있는 물건의 수효.

竹8【箝】⑭ 재갈 먹일 겸 鹽 qián
字解 ①재갈을 먹이다.〔漢書〕箝語燒書. ②끼우다. =鉗.〔戰國策〕蚌合而箝其喙. ③항쇄(項鎖), 칼.
【箝口 겸구】①입을 다물고 말하지 않다. ②언론의 자유를 빼앗음. 鉗口(겸구).
【箝制 겸제】속박하여 자유를 주지 않음.
◐ 口-, 塞-, 閉-.

竹8【箞】⑭ 箝(1310)과 동자

竹8【菰】⑭ 피리 고 虞 gū
字解 ①피리, 호가(胡笳). ②대나무 이름.〔張衡·賦〕篠簳菰箛.

竹8【箍】⑭ 테 고 虞 gū
字解 ①테. 그릇이나 물건 따위의 둘레를 두르는 줄. =苽. ②테를 메우다. ③둘레, 두르다.〔廣東新語〕下番禺諸村, 皆在海島之中, 大村曰大箍圍, 小村曰小箍圍, 言四環皆江水也.
【箍桶 고통】통에 테를 메움.

竹8【箜】⑭ 공후 공 東 kōng
字解 ①공후(箜篌). 하프와 비슷한 동양의 옛 현악기. ②바구니.
【箜篌 공후】현악기의 한 가지. 현이 23개인 수공후(竪箜篌), 4~6개인 와공후(臥箜篌), 10여 개인 봉수공후(鳳首箜篌) 등 세 가지가 있음.
【箜篌引 공후인】고조선 때 뱃사공 곽리자고(霍里子高)의 아내 여옥(麗玉)이 지었다고 전해 오는 시가(詩歌).

〈箜篌〉

竹8【管】⑭ ❶피리 관 旱 guǎn ❷집 관 翰
字源 形聲. 竹+官→管. '官(관)'이 음을 나타낸다.
字解 ❶①피리.〔蔡邕·月令章句〕管者形長尺圍寸, 有孔無底, 其器今亡. ②대나무로 만든

竹部 8획 箘箟箕

악기의 총칭.〔孟子〕管籥之音. ③대롱.〔莊子〕用管窺天. ④붓대.〔詩經〕貽我彤管.〔春秋左氏傳〕掌其北門之管. ⑤열쇠(奏)하다.〔儀禮〕乃管新宮三終. ⑦말아 다스리다.〔漢書〕管在縣官. ⑧법.〔呂氏春秋〕以信爲管. ⑨고동, 추요(樞要), 사북.〔荀子〕聖人也者, 道之管也, 天下之道管是也. ⑩성(姓). ❷집, 저택. 늑館.〔儀禮〕管人布幕于寢門外.
【管家 관가】 ①한 집안의 일을 관리하는 사람. ②상점의 지배인.
【管鍵 관건】 열쇠. 管籥(관약).
【管見 관견】 ①대롱 구멍을 통하여 봄. ②㉠좁은 견식. ㉡자기의 견식에 대한 겸칭(謙稱). 管窺(관규). 管蠡(관려).
【管軍 관군】 ①군사(軍事)를 맡아보던 벼슬 이름. ②군사를 관리함.
【管窺 관규】 ☞管見(관견).
【管蠡 관려】 ①대롱과 표주박. ②대롱 구멍을 통하여 하늘을 보고, 표주박으로 바닷물을 됨. 소견이 극히 좁음. 管見(관견).
【管領 관령】 ①도맡아 다스림. ②수령(受領)함. 받아서 자기 것으로 삼음.
【管說 관설】 소견이 좁은 언설(言說).
【管攝 관섭】 지배함. 다스림. 감독함.
【管城子 관성자】 붓의 딴 이름. ○당(唐)나라 한유(韓愈)의 모영전(毛穎傳)에서 붓을 의인화한 데서 온 말. 管翰(관한).
【管押 관압】 구류(拘留)함.
【管籥 관약】 ①피리. ②열쇠. 管鑰(관약).
【管鑰 관약】 ①열쇠. ②자물쇠를 채움.
【管音 관음】 피리 소리. 管響(관향).
【管掌 관장】 맡아서 주관함.
【管中窺天 관중규천】 ①대롱 구멍으로 하늘을 봄. ②소견이 몹시 좁음.
【管統 관통】 맡아 통솔함.
【管鮑之交 관포지교】 관중(管仲)과 포숙아(鮑叔牙)의 사귐. 아주 돈독한 우정. 故事 춘추 시대 제(齊)나라의 관중과 포숙아가 가난한 어린 시절부터 재상이 된 뒤까지도 지극한 우정을 나누었다는 고사에서 온 말.
【管下記 관하기】 지방 관리의 회계 장부.
【管翰 관한】 붓. 管城子(관성자).
【管轄 관할】 ①맡아 관리함. ②가장 중요한 지위. ○'管'은 열쇠, '轄'은 수레 굴대에 끼우는 비녀장. ③수레 굴대의 비녀장.
【管響 관향】 피리 소리. 管音(관음).

❶ 笳—, 窺—, 氣—, 機—, 保—, 司—, 絲—, 笙—, 所—, 簫—, 煙—, 鉛—, 玉—, 移—, 銓—, 主—, 參—, 擅—, 總—, 弦—, 血—.

竹 8【箘】⑭ 이대 균 𥯤 𥯤 jùn
소전 𥯤 초서 𥯤 고자 𥯤 箟 字解 ①이대. 화살 만들기에 알맞은 대나무. ②화살. ③대의 순, 죽순(竹筍).〔呂氏春秋〕和之美者, 越駱之菌. ④쌍륙(雙六)

놀이에 쓰이는 주사위.
【箘簬 균로】 ☞箘簵(균로).
【箘簵 균로】 이대. 대의 한 가지로, 화살을 만드는 데 씀. 箭竹(전죽).

竹 8【箟】⑭ 箘(1311)의 고자

竹 8【箕】⑭ 키 기 因 jī
소전 𥴊 고문 𥰉 고문 𥰉 고문 𥴊 주문 𥴊 주문 𥴊 초서 𥴊 字源 會意. 竹+甘+丌→箕. '甘'은 고문에서 '키'의 상형. 키는 받침을 두었기 때문에 '丌'를 더하고, 대나무로 만들었기 때문에 '竹'을 더하여 '키'를 나타냈다.
字解 ①키. 곡식을 까부르는 데 쓰는 기구. ②28수(宿)의 하나.〔詩經〕成是南箕. ③쓰레받기.〔曲禮〕凡爲長者糞之禮, 必加帚於箕上. ④두 다리를 뻗고 앉다.〔禮記〕立毋跛, 坐毋箕. ⑤만물의 밑뿌리.〔史記〕箕者, 言萬物之根棋.
【箕踞 기거】 두 다리를 쭉 뻗고 앉음. 예의에 벗어난 앉음새. 箕坐(기좌).
【箕裘 기구】 부조(父祖)의 가업(家業)을 이어받음. ○활을 만드는 사람의 아들은 먼저 연한 버드나무 가지로 키를 만드는 것을 배우고, 대장장이의 아들은 먼저 보드라운 짐승 가죽으로 갖옷 만드는 일을 배워, 차츰 어려운 본업에 숙달한다는 데서 온 말.
【箕斂 기렴】 조세(租稅)를 가혹하게 받아들임. 箕賦(기부). 箕會(기회).
【箕伯 기백】 ①바람을 맡은 신. 風伯(풍백). ②國기찰(箕察).
【箕服 기복】 대로 만든 전동〔箭筒〕. ○'服'은 '箙'의 뜻.
【箕山之志 기산지지】 은퇴하여 지조를 지키고자 하는 뜻. 故事 요(堯)임금 때 소보(巢父)와 허유(許由)가 기산에 은거한 고사에서 온 말.
【箕星 기성】 28수(宿)의 하나. 동쪽의 일곱째 별자리. 箕宿(기수).
【箕潁 기영】 기산과 영수. 높은 절개를 지켜 은둔함. 故事 요(堯)임금 때 허유(許由)가 기산(箕山)에 은거하여, 요임금이 정사를 맡아 달라고 하자 영수(潁水)에 귀를 씻었다는 고사에서 온 말.
【箕察 기찰】 國평안도 관찰사의 딴 이름.
【箕箒 기추】 ①쓰레받기와 비. ②물 뿌리고 청소하는 집안일. ③箕箒妾(기추첩).
【箕箒妾 기추첩】 쓰레받기와 비를 잡는 여자. 자기 아내의 겸칭(謙稱). 箕箒(기추).
【箕風 기풍】 바람. ○바람은 기성(箕星)이 맡다고 하는 데서 온 말.
【箕風畢雨 기풍필우】 ①풍우(風雨). ○기성(箕星)은 바람을 좋아하고, 달〔月〕을 만나면 바람을 일으키고, 필성(畢星)은 비를 좋아하여 달과

竹部 8획 簽箔箳箙箁箁箇箇箑篋箏

만나면 비를 내리게 한다는 데서 온 말. ❷별〔星〕에 따라 그 기호(嗜好)를 달리함. 백성이 좋아하고 미워함이 사람에 따라 다름.
【箕會 기회】 조세를 가혹하게 부과함.
❶ 弓―, 南―, 斗―, 北―, 箕―.

竹8【簽】⑭ 뱃줄 념 圍 niàn
초서 簽 字解 뱃줄, 배를 끄는 데 쓰는 대오리로 꼰 밧줄.

竹8【箔】⑭ 발 박 藥 bó
초서 箔 字解 ❶발(簾). 〔唐書〕 門下施落箔. ❷잠박(蠶箔). 〔李正封, 韓愈·詩〕 春蠶看滿箔. ❸금속의 얇은 조각. 〔宋史〕 禁以金箔飾佛像.

竹8【箳】⑭ 문짝 병 庚 píng
字解 ❶문짝. ❷대 이름.

竹8【箙】⑭ 전동 복 屋 fú
소전 箙 초서 箙 字解 전동, 화살을 넣는 통. 〔周禮〕 中秋獻矢箙.

竹8【箁】⑭
❶죽순 껍질 부 尤 póu
❷댓잎 부 宥 bù
❸대 이름 부 尤 fú
❹대 그물 포 虞 pú
소전 箁 字解 ❶죽순 껍질. ❷댓잎, 대의 잎 사귀. ❸대 이름. ❹대 그물, 대오리를 걸어 만든 그물.

竹8【箄】⑭
❶종다래끼 비 支 bǐ
❷떼 패 佳 pái
❸발 비·벽 錫 bì
❹첫불 비 紙 bēi
소전 箄 초서 箄 字解 ❶①종다래끼, 작은 대바구니. ②물고기를 잡는 대그릇, 통발. ❷떼, 대를 엮어 만든 큰 뗏목. 〔後漢書〕 乘枋箄下江關. ❸발, 대발. ❹첫불, 체 바닥의 그물.
【箄籭 비리】 물고기를 잡는 대그릇의 한 가지. 통발.
【箄船 패선】 뗏목 배.

竹8【箅】⑭ 덧바퀴 비·폐 霽 圍 bì
소전 箅 초서 箅 字解 ❶덧바퀴, 수레의 덧바퀴. 〔周禮·輪人注〕 輪箅則車行不掉. ❷시루 밑에 까는 발, 시루밑. 〔庾信·賦〕 敝箅不能救鹽池之鹹.

竹8【箇】⑭ 箇(1318)의 속자

竹8【算】⑭
❶셀 산 旱 suàn
❷산가지 산 翰 suàn

丶 亠 竺 竹 笱 笪 笪 算 算

전서 算 초서 算 동자 笇 字源 會意. 竹+具→算. 대나무로 만든 산가지(竹)로, 수를 갖춘다(具)는 뜻을 나타낸다.
字解 ❶①세다. 〔論語〕 噫斗筲之人, 何足算也. ②수, 수효. 〔魏書〕 國家居廣漠之地, 民畜無算. ③바구니, 대그릇. 〔史記〕 其餽遺人, 不過算器食. ❷①산가지. 〔儀禮〕 一人執算以從之. ②세는 법, 산술(算術). 〔漢書〕 善爲算. ③꾀하다, 계략. 〔陸機·文〕 長算短於短日. ④슬기, 지혜. 〔列子〕 自長非所增, 自短非所損, 算之所亡若何. ⑤명수(命數), 수명. 〔顏延之·賦〕 齒算延長, 聲價隆振. ⑥성(姓).
【算曆 산력】 산법(算法)과 역상(曆象).
【算無遺策 산무유책】 계책에 빈틈이 없음. 계략이 반드시 적중함.
【算盤 산반】 주판(籌板).
【算賦 산부】 한대(漢代)에 15세부터 56세까지의 장정(壯丁)에게 부과하던 세금.
【算術 산술】 계산하는 방법.
【算入 산입】 셈에 넣음. 세어 넣음.
【算子 산자】 ①산가지. ②주판(籌板).
【算錙銖 산치수】 작은 이익을 일일이 따짐. '錙'와 '銖'는 모두 무게의 단위로, 매우 작은 수량을 이름.
【算筒 산통】 장님이 점칠 때 쓰는, 산가지를 넣은 통.
❶加―, 假―, 檢―, 決―, 計―, 公―, 口―, 起―, 目―, 妙―, 細―, 勝―, 神―, 心―, 暗―, 謬―, 豫―, 精―, 珠―, 籌―, 淸―, 推―, 打―, 通―, 筆―, 合―, 換―.

竹8【箑】⑭ 부채 삽 洽 shà
소전 箑 혹체 箑 초서 箑 字解 부채(扇). =篋. 〔淮南子〕 知多日之箑.
【箑脯 삽포】 요(堯)임금 때 부엌에서 생겨났다고 하는 상서로운 포(脯). 부채와 같이 얇고, 움직이면 바람이 일어 음식물이 쉬는 것을 막아 주었다고 함.

竹8【篋】⑭
❶대그릇 삽 葉 qiè
❷부채 삽 洽 shà
字解 ❶①대그릇. ②대에 단 깃털 장식. ❷부채. =箑.

竹8【箏】⑭ 쟁 쟁 庚 zhēng
소전 箏 초서 箏 간체 筝 字解 ❶쟁. 거문고와 비슷한 악기. 〔楚辭〕 挾人箏而彈緯. ❷풍경(風磬). 〔杜甫·詩〕 風箏吹玉柱.

【箏曲 쟁곡】 쟁의 가락.
【箏雁 쟁안】 기러기발.

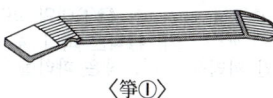
〈箏①〉

竹8 【箋】⑭ 찌지 전 匧 jiān

[소전] 篯 [초서] 䇳 [간체] 笺 [字解] ①찌지, 부전(附箋). 간단한 쪽지. ②주해(註解), 주석(註釋). 〔後漢書〕鄭玄作毛詩箋. ③글, 글을 쓴 것. ④편지, 서한(書翰). 〔曾鞏·啓〕豈期厚眷, 特枉長箋. ⑤종이. 시문·편지에 쓰는 폭이 좁은 고운 종이. 〔徐陵·序〕五色華箋, 河北膠東之紙. ⑥명함. 〔熙朝樂事〕姻友投箋互拜. ⑦문체(文體)의 이름. =牋.
【箋文 전문】 國나라에 길흉사가 있을 때 임금께 아뢰던 사륙체(四六體)의 글.
【箋注 전주】 본문의 뜻을 풀이한 주석. 箋釋(전석). 箋註(전주).
【箋惠 전혜】 남이 보낸 편지의 경칭(敬稱). 惠書(혜서).
● 短-, 御-, 矮-, 用-, 吟-, 紅-, 花-.

竹8 【箝】⑭ 솜돗 전 匧 qián

[소전] 䇴 [字解] 솜돗. 솜반을 짓는 데 쓰는 돗자리.

竹8 【箐】⑭ ❶작은 바구니 정 庚 jīng
❷대 활 청 庚 qìng
❸대 이름 창 陽 qiāng

[字解] ❶작은 바구니. ❷대 활. 대나무로 만든 활. ❸대 이름.

竹8 【箄】⑭ 罩(1398)와 동자

竹8 【箈】⑭ 죽순 지·대·태 支灰賄 tái, chí

[초서] 箈 [字解] ①죽순, 이대의 순. 〔周禮〕加豆之實, 箈菹·雁醢·筍菹·魚醢. ②물이끼, 말, 어의(魚衣).
【箈菹 태저】 죽순으로 담근 김치.

竹8 【箉】⑭ 籨(1318)의 속자

竹8 【箚】⑭ 차자 차 ㊀잡 洽 zhā

[초서] 剳 [字解] ①찌르다. 〔六書故〕箚, 削竹剌入也. ②상소문. 〔歸田錄〕唐人奏事, 非表非狀者, 今謂之箚子. ③위에서 내리는 공문서. 〔魏鄭公〕降敕箚差主首. ④파호(破戶)하다. 바둑 기법의 하나.
【箚記 차기】 독서하여 얻은 느낌을 수시로 기록하여 놓은 것. 隨錄(수록).

【箚子 차자】 ①간단한 서식으로 하는 상소문의 한 체(體). ②상관이 하급 관리에게 내려 보내는 공문서.
【箚刺 차자】 바늘로 살갗을 찌르고 그곳에 먹물을 넣음.
● 駐-, 抄-, 敕-.

竹8 【筴】⑭ 策(1306)과 동자

竹8 【箠】⑭ ❶채찍 추 紙 chuí
❷대 이름 수 支 chuí

[소전] 箠 [초서] 箠 [통자] 捶 [字解] ❶①채찍, 말 채찍. 〔漢書〕士以馬箠擊亭長. ②채찍질하다. 〔後漢書〕召宣欲箠殺之. ③태형(笞刑). 〔漢書〕景帝中六年, 定箠令. ❷①대 이름. 〔張衡·賦〕篠簳箘箠. ②대의 마디.
【箠令 추령】 태형(笞刑)을 규정한 법령.
【箠罵 추매】 매질하며 욕을 함.
【箠轡 추비】 채찍과 고삐.
【箠梃 추정】 채찍과 몽둥이.
【箠策 추책】 채찍.
【箠楚 추초】 볼기를 치는 데 쓰던 형구(刑具).
● 馬-, 榜-, 杖-, 尺-, 鞭-.

竹8 【箒】⑭ 帚(527)의 속자

竹9 【筥】⑮ 笘(1302)와 동자

竹9 【範】⑮ 법 범 豏 fàn

[소전] 範 [초서] 範 [간체] 范 [字源] 形聲. 車+笵→範. '笵(범)'이 음을 나타낸다.
[字解] ①법. 〔逸周書〕棄德刑範. ②조신(祖神)에게 지내는 제사. ③본, 골, 틀. 〔揚雄·序〕經諸範. ④한계, 구획. 〔晉書〕宇量高雅, 器範自然. ⑤늘, 항상. ⑥만나다. 늑逢. ⑦성(姓).
【範軌 범궤】 규칙. 規範(규범).
【範民 범민】 예교(禮敎)로써 백성을 바르게 함.
【範世 범세】 ①세상에 모범을 보임. ②세상의 모범이 됨.
【範式 범식】 본보기.
【範疇 범주】 같은 성질을 가진 부류나 범위.
● 敎-, 軌-, 規-, 閫-, 模-, 師-, 聖-, 垂-, 示-, 遺-, 儀-, 典-, 洪-, 訓-.

竹9 【箱】⑮ 상자 상 陽 xiāng

[소전] 箱 [초서] 箱 [字解] ①상자. ㉠수레 위에 짐을 싣거나 사람이 타는 곳. 〔詩經〕乃求萬斯箱. ㉡물건을 담는 그릇.

〔晉書〕出一箱書付門生. ❷곳집, 쌀을 간수하는 곳간. ❸결채. 느廂.〔漢書〕側耳於束箱廳.
【箱筥 상거】대오리로 결어 만든 상자. ╱'筥'는 둥근 모양의 상자.
【箱房 상방】❹궁궐·절 따위의 정당(正堂) 앞이나 좌우에 지은 행랑. 行閣(행각).
【箱篋 상협】대오리로 결어 만든, 네모난 상자.
◐ 巾─, 瓊─, 筐─, 方─, 書─, 瑤─, 重─.

竹【筅】⑮ 筅(1306)과 동자
9

竹【箵】⑮ 종다래끼 성 梗靑 xǐng
9
字解 종다래끼. 물고기를 담는 대바구니.〔唐書〕帶筌箵而盡船.

竹【篂】⑮ 수레 발 성 靑梗 xīng
9
字解 수레 발. 수레의 뒤쪽을 가리는 대발.

竹【簫】⑮ ❶음악 소 簫
9 ❷칠 삭 覺 shuò
字解 ❶①음악, 순(舜)임금의 음악. ＝簫.〔春秋左氏傳〕見舞韶簫者曰, 德至矣哉. ②춤을 출 때 손에 가지는 것. ❷①치다, 장대로 두드리다. ②무곡(舞曲)의 이름.〔荀子〕汋桓箾簡象.

竹【箕】⑮ 箕(1323)과 동자
9

竹【筸】⑮ 筍(1306)과 동자
9

竹【飾】⑮ 사람 이름 식
9
字解 사람 이름.

竹【箬】⑮ 대껍질 약 藥 ruò
9
소전 篛 초서 茖 동자 篛 字解 ①대껍질, 대나무의 겉껍질. ②대나무의 한 가지.
【箬笠 약립】대껍질로 결어 만든 삿갓. 대삿갓.

竹【籯】⑮ 籯(1327)과 동자
9

竹【箷】⑮ ❶책상 이 支 yí
9 ❷횃대 시 支 shī
字解 ❶책상. 탑전(榻前)에 놓은 책상. ＝椸. ❷①횃대. 옷을 걸 수 있도록 만든 막대. ②대나무 이름.

竹【箹】⑮ ❶대 마디 요 嘯 yào
9 ❷작은 피리 약 藥 yuē

字解 ❶①대의 마디. ❷작은 관악기. ❷작은 피리. 큰 피리를 '產', 중간 피리를 '仲', 작은 피리를 '箹'이라 한다.

竹【箴】⑮ 바늘 잠 本침 侵 zhēn
9
소전 箴 초서 箴 통자 鍼 字解 ①바늘. ㉮옷을 꿰매는 바늘.〔禮記〕衣裳綻裂, 紉箴請補綴. ㉯침, 병을 고치는 침.〔漢書〕箴石湯火. ②경계, 경계하다.〔書經〕無或敢伏小人之攸箴. ③꽂다, 지르다. ④문체(文體)의 하나. 경계의 뜻을 펴는 글.
【箴諫 잠간】훈계(訓戒)하여 간함.
【箴儆 잠경】＝箴誡(잠계).
【箴誡 잠계】남을 훈계함. 또는 그 훈계(잠경).
【箴規 잠규】①경계. ②경계하여 바로잡음.
【箴石 잠석】돌침. 箴砭(잠폄).
【箴言 잠언】가르쳐서 훈계하는 말.
【箴砭 잠폄】①돌침. 箴石(잠석). ②남을 훈계하여 과실을 바로잡음.
【箴諷 잠풍】넌지시 훈계함.
◐ 官─, 規─, 文─, 世─, 良─, 酒─, 學─.

竹【箸】⑮ ❶젓가락 저 御 zhù
9 ❷붙을 착 藥 zhuó
소전 箸 초서 箸 禾考 대법원 지정 인명용 한자의 음은 '저'이다.
字解 ❶①젓가락. ＝筯.〔史記〕紂爲象箸而箕子唏. ②대통[竹筒].〔史記〕象箸而羹. ③통(桶). 크고 깊은 그릇. ❷(通)著(1528). ①붙다.〔戰國策〕兵箸晉陽三年矣. ②입다, 옷을 입다.
◐ 象─, 匙─, 竹─, 火─.

竹【篆】⑮ 전자 전 銑 zhuàn
9
소전 篆 초서 篆 字解 ①전자. 주문(籀文)이 변형된 서체로, 예서(隸書)의 전신(前身)이다. 주문(籀文)을 대전(大篆)이라 하는 데 대하여 소전(小篆)이라고 하며, 진(秦)나라 이사(李斯)가 만들었다고 한다. ②도장. 도장에 쓰는 서체는 전자체인 데서 이른다. ③사람의 이름자. 도장에 이름을 새길 때는 전자체를 쓴 데서 이른다.
【篆刻 전각】①전자(篆字)를 새김. ②어구(語句)만 다듬어 꾸밈이 많고 실속이 없는 문장. ③대나무 돌 등에 도장을 새김.
【篆款 전관】금석(金石)에 새긴 전자(篆字).
【篆額 전액】전자(篆字)로 쓴 비문(碑文)의 제자(題字).
【篆籀 전주】주문(籀文)의 딴 이름.
【篆體 전체】전자(篆字)의 서체.
◐ 大─, 繆─, 小─, 鳥─, 秦─, 草─.

竹【箭】⑮ 화살 전 霰 jiàn
9

竹部 9획 節   1315

【箭】 소전 篰 초서 筹 字解 ①화살. ②이대, 대나무 이름.〔周禮〕其利金錫竹箭. ③화살대. ④도박 기구.〔韓非子〕箭長八尺. ⑤물시계의 눈금 바늘.〔王維·詩〕寒更傳曉箭. ⑥圖어살. 물고기를 잡는 장치.〔磻溪隨錄〕然後乃得結箭.
【箭幹 전간】화살대. 살대. 箭笥(전간).
【箭瘢 전반】화살에 맞은 흉터.
【箭書 전서】화살대에 매어 쏘아 전하는 글.
【箭羽 전우】화살의 깃.
【箭籌 전주】산가지.
【箭竹 전죽】화살대.
【箭窓 전창】①활을 쏘기 위하여 성루(城壘) 따위에 만들어 놓은 창문. ②圖살창.
【箭鏃 전촉】화살촉.
【箭馳 전치】쏜살같이 달림.
● 激—, 勁—, 弓—, 急—, 帶—, 毒—, 猛—, 鳴—, 木—, 飛—, 流—, 竹—, 壺—, 火—.

竹 9【節】⑮ 마디 절 鳳 jié
丶 卜 午 竹 竹 節 節 節 節 節
소전 篰 초서 筹 속자 節 간체 节 字源 形聲. 竹+卽→節. '卽(즉)'이 음을 나타낸다.
字解 ①마디. ㉮대의 마디, 초목의 마디.〔南史〕夕則然松節讀書. ㉯뼈의 마디.〔素問〕客勝則大關節不利. ㉰사물의 한 단락.〔陸機·演連珠〕踸踔之客, 俯仰依訟. ㉱남악의 곡소, 가락.〔後漢書〕大會賓客開試音節. ②절개.〔荀子〕士大夫莫不敬節死制. ③규칙, 제도.〔國語〕夫祀國之大節也. ④법, 법도.〔荀子〕必有節於內. ⑤예절.〔禮記〕興秩節. ⑥등급, 등차.〔史記〕大禮與天地同節. ⑦징험(徵驗).〔禮記〕無節於內者, 觀物弗之察矣. ⑧맞는 정도.〔中庸〕發而皆中節, 謂之和. ⑨단락(段落), 매듭.〔易經〕分段支節之義. ⑩관습(慣習).〔禮記〕其有不安節, 則內豎以告文王. ⑪행사(行事).〔論語〕臨大節, 則不可奪. ⑫때, 시기.〔國語〕天節不遠. ⑬시절 구분의 이름.〔史記〕二十四節, 各有敎令. ⑭두공(斗栱). 기둥 위에 대는 네모반듯하거나 직사각형의 나무.〔論語〕山節藻梲. ⑮알맞게 하다.〔周禮〕節其帑. ⑯알맞다.〔禮記〕風雨節, 寒暑時. ⑰맞다, 들어맞다.〔呂氏春秋〕節乎性也. ⑱줄이다, 없애다.〔論語〕節用而愛人. ⑲검소하다.〔呂氏春秋〕其唯仁且節與. ⑳부신, 병부.〔孟子〕若合符節. ㉑깃발, 기치(旗幟).〔周禮〕九面五正. ㉒경절(慶節), 국경일.〔唐書〕請廢正月晦, 以二月朔爲中和節. ㉓높다 험한 모양.〔詩經〕節彼南山. ㉔괘 이름, 64괘의 하나. 괘형은 ䷻. 막혀서 나감을 상징한다. ㉕악기의 이름. ㉖박(拍).〔左思·賦〕巴姬彈弦, 漢女擊節. ㉗박판(拍板)의 한 가지. 대나무를 결어 키 모양으로 만들어, 그것을 문질러 소리를 내는 악기.

【節概 절개】지조(志操)와 기개(氣槪). 기개 있는 지조. 氣節(기절).
【節季 절계】①계절. 계절의 끝. ②음력 섣달의 딴 이름. 세밑. 歲暮(세모).
【節級 절급】①겹쳐져 있는 순서. 層次(층차). ②당송대(唐宋代) 이래 둔 군대의 하급 관리.
【節氣 절기】①한 해를 스물넷으로 나눈 계절의 구분. ②24절기 중에서 양력으로 매달 상순에 드는 것. 입춘·경칩·청명 따위.
【節度 절도】①규칙. 법도(法度). ②말·행동 따위의 적당한 정도. 알맞은 도수.
【節亮 절량】지조가 굳고 성실함.
【節禮 절례】①알맞은 예의. 중화(中和)를 얻은 예의. ②한 해 세 번의 절계(節季), 곧 단오절·중추절·연말에 주고받는 선물.
【節錄 절록】알맞게 줄여 기록함. 抄錄(초록).
【節理 절리】①절의와 도리. ②조리(條理). ③암석의 결.
【節旄 절모】천자(天子)가 사자(使者)에게 부신(符信)으로 주던 기. ◯'旄'는 깃대 끝에 다는 모우(旄牛)의 꼬리털.
【節目 절목】①초목의 마디와 눈. ②규칙이나 법률의 항목. 條目(조목).
【節物 절물】철따라 나오는 산물.
【節夫 절부】지조가 굳은 남자.
【節婦 절부】절개가 굳은 여자 貞女(정녀).
【節分 절분】①철이 바뀌는 날. 입춘·입하·입추·입동의 전날. ②입춘의 전날.
【節士 절사】지조가 굳은 선비.
【節尙 절상】높은 절개. 고상한 절주.
【節上生枝 절상생지】가지 마디에 또 가지가 남. 일이 복잡하여 귀결(歸結)을 알지 못함.
【節嗇 절색】아까워 남에게 내어 주기를 싫어함. 인색함.
【節省 절생】절약하여 줄임.
【節扇 절선】圖단오절에 선사하는 부채.
【節欲 절욕】①사욕(私慾)을 억제함. ②색욕(色慾)을 억누름.
【節鉞 절월】부절(符節)과 부월(斧鉞). ㉠천자(天子)가 부임하는 절도사(節度使)나 출정하는 장수에게 통솔권의 상징으로 주던 것. ㉡조선 때 관찰사(觀察使)·유수(留守)·병사(兵使)·수사(水使)·통제사(統制使)·대장(大將) 등이 부임할 때 임금이 주던 것. ◯'節'은 수기(手旗)와 같은 신표(信標)이며, '鉞'은 도끼같이 만든 것으로 생살권(生殺權)을 상징함. 節斧鉞(절부월).
【節義 절의】①절개와 의리. ②굳은 지조.
【節日 절일】①명절날. ②천자의 생일.
【節傳 절전】관문(關門)을 통과할 때 제시하는 부신(符信).
【節節 절절】①말이나 글의 한 마디 한 마디. ②대의 마디처럼 차례차례로 된 모양. ③봉(鳳)의 울음소리. 卽卽(즉즉).
【節制 절제】①잠도리하여 도를 넘지 않도록 함. ②절도와 규범이 있음. 규율이 엄정함. ③통솔함. 절검(節儉).
【節操 절조】①절개와 지조. ②음악의 선율. 악

곡의 박자. 가락.
【節族】 ❶절족 ❷절주】 ❶친족(親族). 일가. '節'은 골절(骨節). ❷節奏(절주).
【節奏 절주】 음의 강약·장단이 주기적으로 반복되는 것. 박자. 리듬. 節族(절주).
【節中 절중】 사리나 형편에 꼭 알맞음.
【節鎭 절진】 ①절도사(節度使)가 있는 관아(官衙). 節度府(절도부). ②절도사를 둔, 요충이 되는 큰 고을.
【節下 절하】 장수에 대한 경칭. 麾下(휘하).
【節限 절한】 알맞게 제한함.
【節解 절해】 ①서리가 내려 초목의 가지나 잎이 시들어 떨어짐. ②골절(骨節)의 마디마디를 끊는 형벌.
【節俠 절협】 절개(節槪)가 있어 약자를 돕고 강자를 누름.
【節會 절회】 조정에서 절일(節日)에 베풀던 연회(宴會).
【節孝 절효】 ①절조와 효심(孝心). ②청상과부가 수절하며 시부모를 잘 섬김.
【節孝祠 절효사】 절부(節婦)와 효부(孝婦)를 모시는 사당.
【節麾 절휘】 대장군의 기(旗).
○ 佳−, 季−, 孤−, 高−, 曲−, 關−, 氣−, 大−, 晩−, 名−, 芳−, 變−, 符−, 士−, 死−, 瑞−, 聖−, 時−, 禮−, 音−, 貞−, 志−, 忠−, 品−, 寒−, 抗−, 換−.

竹【篅】⑮ ❶둥구미 천 冗 chuán ❷대 이름 단 冗 duān
소전 [萹] 동자 [篅] 字解 ❶둥구미, 대로 만든 둥구미. 〔淮南子〕 與守其篅笆有其井一實也. ❷대나무 이름, 꽃대.
【篅笆 천둔】 곡식을 담아 두는 대그릇.

竹【䈛】⑮ 퉁소 추·초 冗 冗 qiū
소전 [䈛] 字解 퉁소, 피리.

竹【築】⑮ 築(1319)의 와자(譌字)

竹【㶱】⑮ 먹자 침 冗 qìn
字解 ①먹자. 목수가 금을 긋는 데 쓰는 도구. ②붓에 먹을 묻히다.

竹【薹】⑮ ❶죽순 태 冗 tái ❷말 지 冗 tái
소전 [薹] 字解 ❶죽순, 이대의 순. ≒笞. ❷말, 수조(水藻). ≒䈞.

竹【篿】⑮ 가마 편 冗 biān
소전 [篿] 초서 [篿] 字解 가마, 대로 만든 가마. 〔漢書〕 上使泄公持節問之篿輿前印視泄公.
【篿輿 편여】 널빤지를 바탕으로 하고 사방을 댓가지로 결어 만든 가마. 竹輿(죽여).

竹【篇】⑮ 책 편 冗 piān
[篇의 자형 변천]
소전 [篇] 초서 [篇] 字源 形聲. 竹＋扁→篇. '扁(편)'이 음을 나타낸다.
字解 ①책, 서책, 완결된 책.〔漢書〕 著之于篇. ②완결된 시문(詩文), 사장(詞章).〔韓愈·詩〕 早能綴文篇. ③시문을 세는 단위.〔漢書〕 詩三百篇. ④편액(篇額). ≒扁. ⑤가볍게 날리는 모양. ＝翩.
【篇卷 편권】 책. 서적. 篇籍(편적).
【篇伎 편기】 시문(詩文)을 짓는 재주.
【篇法 편법】 시문을 짓는 방법.
【篇章 편장】 ①시문의 편(篇)과 장(章). ②문장. 서적.
【篇帙 편질】 ①책의 편과 질. ②책가위.
【篇篇 편편】 ①시문의 매편(每篇). ②가볍게 날아오르는 모양. 翩翩(편편).
【篇翰 편한】 ①서책(書冊). ②문장(文章). 시문(詩文). 篇簡(편간).
○ 佳−, 古−, 內−, 短−, 斷−, 名−, 詩−, 外−, 遺−, 長−, 全−, 前−, 中−, 後−.

竹【篋】⑮ 상자 협 冗 qiè
혹체 [䈞] 초서 [篋] 간체 [箧] 字解 상자, 좁고 긴 네모난 상자. ＝匧.〔儀禮〕 同篋.
【篋籠 협록】 대로 만든 상자.
【篋笥 협사】 문서나 의복 등을 넣는 상자. 行擔(행담).
【篋衍 협연】 대로 만든 네모난 상자.
○ 巾−, 筐−, 囊−, 籠−, 箱−, 書−, 竹−.

竹【箶】⑮ 전동 호 冗 hú
초서 [箶] 字解 ①전동〔箭筒〕. ¶ 箶簏. ②대나무 이름.
【箶簏 호록】 화살을 담아 두는 통. 전동.

竹【篊】⑮ ❶홈통 홍 冗 hóng ❷통발 홍 冗
초서 [篊] 字解 ❶①홈통, 물받이. ②다발로 묶다. ❷통발.〔陸龜蒙·詩〕 到頭江畔尋漁事, 織作中流萬尺篊.

竹【篁】⑮ 대숲 황 冗 huáng
소전 [篁] 초서 [篁] 字解 ①대숲.〔謝莊·賦〕 風篁成韻. ②대의 통칭(通稱).〔齊己·詩〕 邛州靈境産筇篁. ③피리.〔文心雕龍〕 志感絲篁. ④대 이름.

【篁篠 황조】황죽(篁竹)과 화살대.
【篁竹 황죽】대숲. 竹林(죽림).
○ 筠一, 綠一, 絲一, 修一, 幽一, 叢一, 翠一.

竹9 【篌】 ⑮ 공후 후 尤 hóu
[字解] 공후(箜篌). 하프와 비슷한 동양의 옛 현악기.

竹9 【萱】 ⑮ 대 꽃 훤 元 xuān
[字解] 대의 꽃.

竹10 【箚】 ⑯ 죽순 절임 가 圖 gé
[字解] 죽순 절임, 죽순을 소금에 절인 반찬.

竹10 【箝】 ⑯ 대그릇 겸 鹽 qiàn
[字解] 대그릇, 바구니.

竹10 【篙】 ⑯ 상앗대 고 豪 gāo
[字解] 상앗대. 배를 젓는 긴 막대. 〔越絶書〕篙工船師, 可當君之輕足驃騎.
【篙工 고공】뱃사공.
【篙艣 고로】상앗대와 노.
【篙師 고사】뱃사공.
【篙手 고수】뱃사공.
【篙人 고인】뱃사공.
○ 輕一, 老一, 短一, 撑一, 竹一.

竹10 【篝】 ⑯ ❶배롱 구 尤 gōu ❷대그릇 구 宥 gòu
[字解] ❶①배롱(焙籠). 화로에 씌워 놓고 젖은 옷을 그 위에 얹어 말리는 기구. 〔楚辭〕秦篝齊縷. ②부담농. 물건을 넣어 지고 다니는 농. 〔史記〕囊橐滿篝. ③모닥불. 〔柳貫·詩〕一篝松火照微茫. ❷대그릇.
【篝燈 구등】❶배롱(焙籠)으로 등불을 덮어 가림. ②모닥불을 피움. 등불을 켬.
【篝卒 구졸】모닥불을 지키는 군사.
【篝火 구화】배롱으로 가린 등불.
【篝火狐鳴 구화호명】배롱으로 가린 등불과 여우의 울음소리. 은밀히 계획을 세워 의거함. [故事] 진(秦)나라 말기에 진승(陳勝)이 의거할 때, 등불을 배롱으로 가려 도깨비불처럼 보이게 하고, 여우의 울음소리를 내어 귀신이 나타난 것처럼 꾸몄던 고사에서 온 말.
○ 衣一, 寒一, 香一.

竹10 【篞】 ⑯ 중 피리 녈 屑 niè
[字解] 중 피리, 중간 크기의 피리. 〔爾雅〕大管謂之簥, 其中謂之篞.

竹10 【篷】 ⑯ 창 답 洽 tà
[字解] ①창, 창문. ②객실의 문짝. ③창짝.

竹10 【簹】 ⑯ 대자리 당 陽 táng
[字解] 대자리. 대오리로 결어 만든 자리.

竹10 【篤】 ⑯ 도타울 독 沃 dǔ
[字解] ①도탑다. ㉮굳다, 흔들리지 아니하다. 〔論語〕信道不篤. ㉯인정이 많다. 〔論語〕君子篤於親. ㉰신실하다. 〔呂氏春秋〕朋友不篤. ㉱전일(專壹) 하다, 오로지. 〔禮記〕篤行而不倦. ②도타이 하다. 〔中庸〕天之生物, 必因其材而篤焉. ③말이 천천히 걷다. ④괴로워하다, 고생하다. 〔後漢書〕高年鰥寡孤獨, 及篤癃無家屬, 貧不能自存者. ⑤병이 위중하다. 〔史記〕病遂稱篤.
【篤降 독강】돈후한 성질을 타고남.
【篤敬 독경】행동이 독실하고 공손함.
【篤固 독고】뜻이 도탑고 굳음.
【篤恭 독공】인정이 두텁고 공손함.
【篤眷 독권】두터운 사랑. 두터운 은혜.
【篤謹 독근】인정이 두텁고 유전함.
【篤亮 독량】인정이 많고 성실함.
【篤老 독로】몹시 연로(年老)함.
【篤密 독밀】독실하고 치밀함.
【篤恕 독서】인정이 두텁고 남의 사정을 잘 보아줌.
【篤愼 독신】매우 신중함.
【篤實 독실】인정이 두텁고 일에 충실함.
【篤愛 독애】몹시 사랑함.
【篤藝 독예】예도(藝道)에 전념함.
【篤友 독우】매우 두터운 우애.
【篤志 독지】①한 가지 일에만 마음을 쏟음. ②친절한 마음씨. 후한 뜻.
【篤摯 독지】친절하고 진지함.
【篤疾 독질】위독한 병. 篤劇(독극).
【篤弼 독필】지성을 다하여 보필(輔弼)함.
【篤學 독학】학문에 충실함.
【篤行 독행】①돈후한 행위. ②성실히 실행함.
【篤誨 독회】성의를 다하여 가르침.
【篤厚 독후】친절하고 극진함.
○ 謹一, 敦一, 病一, 純一, 醇一, 危一, 慈一.

竹10 【簏】 ⑯ 밥 바구니 려 語 lǔ
[字解] 밥 바구니. =筥.

竹10 【笔】 ⑯ 籠(1326)과 동자

竹部 10획 簺 籇 篣 浮 篚 篦 篩 篨 篇 篠 篟 篔 篭 篨 篪 篡 筡

【簺】⑯ 대 이름 률 質 lì
字解 ①대 이름. 〔吳錄〕日南有簺竹, 勁利, 削爲矛. ②필률(觱簺). 피리처럼 생긴 관악기.

【籇】⑯ 통발 반 寒 bān
字解 ①통발. ②대 이름. ③대 겉껍질.
【籇籛 반전】 대나무 이름.

【篣】⑯ ❶키 방 陽 páng ❷바구니 방 庚 péng
字解 ❶①키〔箕〕. ②대 이름, 방죽(篣竹). 맹렬한 독이 있는 대나무. ❷①바구니. ②매, 매질하다. 〔後漢書〕輒加篣二百.
【篣格 방격】 불기를 침.
【篣筤 방랑】 차(茶)를 담아 두는 대그릇.
【篣楚 방초】 매. 회초리.

【浮】⑯ 아롱대 부 虞 fú
字解 아롱대, 반죽(斑竹).

【篚】⑯ 대광주리 비 尾 fěi
字解 ①대광주리, 네모난 대광주리. 〔書經〕厥篚織文. ②수레의 먼지를 막는 가리개.

【篦】⑯ ❶빗치개 비 齊 pí ❷참빗 비 霽 bì
字解 ❶①빗치개. ②통발, 테. ❷참빗. 〔白居易·行〕細頭銀篦擊節碎.
【篦子 비자】 참빗.

【篩】⑯ 체 사 灰 shāi
字解 ①체. 치거나 거르거나 하는 데 쓰는 기구. ②치다, 체로 치다. 〔漢書〕篩土築阿房之宮.
【篩管 사관】 식물체에서 양분의 통로가 되는, 체 모양의 조직. 체관.
【篩子 사자】 대오리나 갈대로 엮어 만든 구멍이 큰 체. 어레미.
【篩土 사토】 흙을 체로 침.

【篿】⑯ 蕿(1532)와 동자

【篇】⑯ 부채 선 霰 shàn
字解 ①부채. 늑扇. ②대나무.

【篠】⑯ 조릿대 소 · 조 篠 xiǎo
參考 대법원 지정 인명용 한자의 음은 '소'이다.
字解 ①조릿대. 화살대를 만들기에 알맞은 대. 〔書經〕篠簜既敷. ②삼태기. 〔論語〕遇丈人以杖荷篠.
【篠屋 소옥】 조릿대로 지붕을 인 작은 집.
【篠驂 소참】 죽마(竹馬).
【篠簜 소탕】 조릿대와 왕대.

【篛】⑯ 箬(1314)와 동자

【篔】⑯ 왕대 운 文 yún
字解 왕대. 대나무의 이름.
【篔簹 운당】 왕대. 물가에 나며, 껍질이 얇고 마디와 마디 사이가 긺.

【篨】⑯ 자새 원 元 yuán
字解 자새. 실 따위를 감았다 풀었다 할 수 있는 작은 얼레. =榬.

【篨】⑯ 대자리 저 魚 chú
字解 ①대자리, 죽석(竹席). ②새가슴, 구흉(鳩胸). 〔詩經〕籧篨不鮮.

【篪】⑯ 저 이름 지 支 chí
字解 ①저(笛) 이름. 가로 부는 관악기의 한 가지. =笩. 〔呂氏春秋〕調竽笙壎篪. ②대 이름.

【篡】⑯ 빼앗을 찬 諫 cuàn
參考 簒(1391)은 딴자.
字解 ①빼앗다. 〔范甯·序〕弑逆篡盜者. ②주살로 잡다. 〔後漢書〕鴻飛冥冥, 弋者何篡焉.
【篡立 찬립】 신하가 왕위(王位)를 빼앗아 그 자리에 오름.
【篡逆 찬역】 신하가 반역(反逆)하여 왕위를 빼앗음.
【篡位 찬위】 제왕의 자리를 빼앗음.
【篡奪 찬탈】 제왕의 자리를 억지로 빼앗음.
【篡虐 찬학】 임금을 죽이고 그 자리를 빼앗음. 篡弒(찬시).

【筡】⑯ ❶대 퍼질 치 支 cī ❷바구니 차 歌 cuō ❸숯둥구미 차 馬 zhǎ ❹큰 피리 산 寒 cī
字解 ❶①대가 퍼지다, 대가 퍼지는 모양. ②통소. ❷①바구니. ②쌀둥구미. ❸숯둥구미. ❹큰 피리.

竹部 10~11획

竹【簉】 ⑯ 용수 추 因 chōu
①용수. 술을 뜨거나 장을 거르는 데 쓰는 기구.〔白居易·詩〕釀糯豈勞炊范黍, 撇蒭何假濾陶巾. ②술.〔沈周·詩〕兒子欣將宿醞簉, 老人佳節強相酬.

竹【築】 ⑯ 쌓을 축 囚 zhù
字源 形聲. 木+筑→築. '筑(축)'이 음을 나타낸다.
①쌓다. ㉮성을 쌓다.〔孟子〕齊人將築薛. ㉯집을 짓다, 동산을 만들다.〔史記〕改築宮. ②절굿공이, 용저(舂杵).〔史記〕身負板築. ③다지다.〔儀禮〕甸人築垎坎. ④날개치다, 새가 날개치다.〔韓愈, 孟郊·詩〕逗蟯翅相築.
【築堅 축견】쌓아서 견고하게 함.
【築構 축구】쌓고 얽음.
【築臺 축대】①높이 쌓아 올린 대. ②누대(樓臺)를 건축함.
【築山 축산】흙을 쌓아 만든 산.
【築堤 축제】제방을 쌓음.
【築造 축조】다지고 쌓아서 만듦.
【築礎 축초】기초를 다지고 쌓음.
◐ 架―, 改―, 建―, 構―, 修―, 新―, 營―, 造―, 增―, 創―, 穿―, 推―, 版―, 興―.

竹【熷】 ⑯ 배롱 홍 因 hòng
字解 배롱(焙籠). 화로에 씌워 놓고 젖은 옷을 그 위에 얹어 말리는 기구.

竹【斛】 ⑰ 큰 상자 곡 囚 hú
字解 ①큰 상자. ②섬, 쌀을 담는 그릇. ③풀 이름.

竹【簋】 ⑰ 제기 이름 궤 紙 guǐ
字源 會意. 竹+皀+皿→簋. '皀'은 낟알, '皿'은 그릇. 여기에 '竹'을 더하여 낟알을 담는 대로 만든 그릇을 나타낸다.
字解 제기(祭器). 바깥 쪽은 둥글고 안쪽은 네모진, 서직(黍稷)을 담는 제기.
【簋豆 궤두】궤(簋)와 두(豆). ☞'豆'는 고기를 담는, 나무로 만든 그릇.
【簋簠 궤보】①제사(祭祀) 때 서직(黍稷)을 담는 그릇. 대로 만듦.

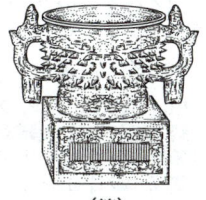
〈簋〉

竹【簂】 ⑰ 머리 꾸미개 괵·귁 國 guó, guì
字解 ①머리 꾸미개, 부인의 머리 꾸미개. ≒幗.〔後漢書〕猶中國有簂步搖. ②대광주리, 고운 대오리로 결은 광주리. ③부인이 상중(喪中)에 쓰는 첩지.

竹【簞】 ⑰ ❶둥구미 단 寒 tuán
❷점대 전 先 zhuān
字解 ❶둥구미, 둥근 대그릇. ❷①점대.〔楚辭〕索藑茅以筵簞兮. ②고리짝.

竹【箌】 ⑰ 대 이름 담 感勘 dàn
字解 대나무 이름.

竹【篼】 ⑰ 구유 두 因 dōu
字解 ①구유. 말에게 먹이를 담아 주는 그릇. ②통. 말에게 물을 담아 주는 통. ③대로 만든 가마.

竹【簏】 ⑰ 대 상자 록 因 lù
字解 대 상자, 운두가 높은 대나무 상자.〔晉書〕卿讀書雖多, 而無所解, 可謂書簏矣.

竹【簍】 ⑰ 대 채롱 루 因麌 lǒu, lǔ
字解 ①대 채롱, 대 상자. 성기게 결은 채롱. ②수레 덮개. ③수레바퀴의 테.
【簍筐 누광】대 채롱. 대바구니.

竹【虆】 ⑰ 삼태기 루 紙 lěi
字解 ①삼태기, 흙이나 거름 따위를 담는 소쿠리. ②법, 규칙.

竹【篾】 ⑰ 대껍질 멸 屑 miè
字解 ①대껍질. 대나무의 속과 겉을 벗겨낸 가장 단단한 부분.〔書經〕敷重篾席. ②대 이름, 도지죽(桃枝竹).〔張衡·賦〕其竹則鐘籠篁篾.
【篾笯 멸념】배 끄는 밧줄.
【篾席 멸석】도지죽(桃枝竹)으로 만든 자리.
【篾輿 멸여】대를 엮어 만든 가마.

竹【䉠】 ⑰ 篾(1319)과 동자

竹部 11획 篷䈴簅篹籔篲籞䅥篴䈇䈏簇籍篡篸簀

篷
11 ⑰ 뜸 봉 囷 péng
초서/간체 篷 字解 ①뜸. 대를 엮어 배·수레 따위를 덮는 물건.〔溫庭筠·詩〕一夜篷舟宿葦花. ②거룻배, 작은 배.〔皮日休·詩〕一蓑衝雪返華陽.
【篷底 봉저】배의 밑바닥. 船底(선저).
【篷舟 봉주】뜸으로 위를 가린 배.
【篷窓 봉창】뜸을 단 배의 창문.
❶ 孤-, 疎-, 雨-, 釣-, 青-, 風-.

䈴
11 ⑰ 체 사・시 皮 紙 shāi
소전 䈴 字解 ①체. 가루를 치거나 액체를 거르는 데 쓰는 기구. =籮・篩. ②종다래끼. ¶ 䈴箪. ③물고기가 꼬리를 흔드는 모양.
【䈴籮 사라】체.
【䈴箪 사비】물건을 담는, 대로 만든 그릇.
【䈴䈴 사사】물고기가 뛰는 모양.

簅
11 ⑰ 큰 피리 산 潸 chǎn
字解 큰 피리.〔爾雅〕大簫謂之簅.

篹
11 ⑰ ❶대 제기 산 旱 suǎn
❷반찬 찬・전 潸 霰 zhuàn
字解 ❶①대 제기, 굽이 높은 대로 만든 제기.〔禮記〕食於篹者盥. ②꾸미지 아니한 목기, 죽기(竹器). ❷①반찬. 食饌.〔漢書〕獨置孝元廟故篹, 以爲文母篹食堂. ②서술하다, 짓다. 늑撰.〔漢書〕門人相與輯而論篹.

籔
11 ⑰ 체 속 屋 sù
초서 籔 字解 ①체. ②무성한 모양, 물건의 소리.〔元稹・詞〕風動落花紅籔籔.
【籔籔 속속】①무성하고 빽빽한 모양. ②바스락거리는 소리. ③나뭇잎 따위가 떨어지는 모양.

篲
11 ⑰ ❶비 수 霽 huì
❷살별 세 霽
초서 篲 동자 彗 字解 ❶①비, 쓰레기를 쓰는 비.〔莊子〕操拔篲, 以待門庭. ②대 이름, 이대. ③부지런히 힘쓰다. ❷살별, 혜성(彗星).
【篲星 세성】살별. 꼬리별. 彗星(혜성).

䈇
11 ⑰ 籥(1327)와 동자

䈏
11 ⑰ 누각 곁채 이・지 支 紙 yí
소전 䈏 초서 䈏 字解 ①누각(樓閣)의 곁채. ②이어진 궁실(宮室).

篴
11 ⑰ ❶피리 적 錫 dí
❷대 이름 축 屋 zhú

䇡
11 ⑰ 피리. 처음에는 구멍이 다섯 개였는데, 뒤에 여섯 개, 일곱 개로 늘어났다.〔周禮〕篞簜䇡篎管. ②대 이름.

䅥
11 ⑰ 낚싯대 조 嘯 diào
字解 낚싯대.

篴 (巢)
11 ⑰ 큰 피리 조 肴 cháo
字解 큰 피리, 생황(笙簧). 19황(簧)인 것.

簇
11 ⑰ ❶조릿대 족 屋 cù
❷모일 족 木・宥 屋 còu
❸화살촉 착 覺 chuò
참고 대법원 지정 인명용 한자의 음은 '족'이다.
字解 ❶①조릿대. 볏과의 다년초. ❷모이다, 떨기로 나다.〔史記〕正月, 律中泰簇, 泰簇者, 萬物簇生也. ❸화살촉.
【簇生 족생】초목이 떨기로 남. 叢生(총생).
【簇擁 족옹】떼 지어 둘러싸고 보호함.
【簇子 족자】글씨나 그림을 표구하여 벽에 걸게 만든 축(軸).
【簇簇 족족】빽빽하게 많이 모인 모양.
【簇酒 족주】여러 집에서 모은 술.
【簇出 족출】떼 지어 나옴.

籍 (簎)
11 ⑰ 작살 착 藥 cè
소전 籍 초서 籍 字解 ①작살, 작살로 찌르다.〔周禮〕䱷人以時䈇魚鼈龜蜃凡貍物. ②우리, 가축을 기르는 우리.

篡
11 ⑰ 篡(1318)의 속자

篸
11 ⑰ ❶퉁소 참 侵 cēn
❷비녀 잠 覃 zān
❸꿰맬 잠 覃
소전 篸 초서 篸 字解 ❶①퉁소. ②참치(參差)한 모양. ③대가 긴 모양. ④비녀. ※❷의 ①과 같다. ❷①비녀. =簪.〔韓愈・詩〕山如碧玉篸. ②바늘. ❸꿰매다.
【篸筌 참차】퉁소.
【篸差 참차】①대가 긴 모양. ②들쭉날쭉하여 가지런하지 않은 모양.

簀
11 ⑰ ❶살평상 책 陌 zé
❷술 짜는 기구 채 卦 zhài
소전 簀 초서 簀 字解 ❶①살평상. ②대자리.〔史記〕卽卷以置廁中. ③상(牀) 앞의 가로대〔橫木〕. ④쌀다.〔詩經〕綠竹如簀. ❷술을 짜는 기구. =醡.
【簀牀 책상】살평상. 簀床(책상).
【簀子 책자】①대오리로 결은 자리. ②삿자리.
❶ 家-, 易-, 玉-, 招-.

竹部 11~12획 䈏 篴 簰 箅 簡

竹11 【䈏】 ⑰ ❶키 초 蕭 shāo
❷부엌 솥 삭 藥 shuò
字解 ❶키. 배의 방향을 조종하는 장치. ❷움직이다. 〔馬融·賦〕其應淸風也, 纖末奮䈏. ❷부엌 솥. =䈊

竹11 【篴】 ⑰ 버금 자리 추 豪 zào
字解 ❶버금 자리, 부관(副官). 〔春秋左氏傳〕使助篴氏之篴. ❷부거(副車). 〔張衡·賦〕屬車之篴. ❸가지런하다. 〔唐書〕篴羽鵷鷺. ❹섞다. 〔江淹·詩〕步欄篴瓊弁. ❺차다, 가득 차다.
【篴羽 추우】 가지런한 깃털. 백관(百官)의 조현(朝見) 행렬이 가지런함.

竹11 【簰】 ⑰ 큰 뗏목 패 佳 pái
字解 큰 뗏목. =簿.

竹11 【箅】 ⑰ 울타리 필 質 bì
字解 ❶울타리, 바자울. ❷사립문. 〔春秋左氏傳〕箅門閨竇之人. ❸악기 이름, 필률(箅篥).
【箅路藍縷 필로남루】 섶나무로 거칠게 만든 허술한 수레와 누더기 옷. ㉠온갖 어려움을 견디며 노력함. ㉡일을 처음으로 시작함.
【箅篥 필률】 피리처럼 생긴 아악용(雅樂用) 악기의 한 가지.
【箅門 필문】 ①사립문. 柴門(시문). 柴扉(시비). ②가난한 집.

竹12 【簡】 ⑱ 대쪽 간 潸 jiǎn

⺮ ⺮ ⺮ 𥫗 𥫗 𥫰 笥 筲 簡 簡

字源 形聲. 竹+間→簡. '間(간)'이 음을 나타낸다.
字解 ❶대쪽. 종이가 없던 옛날에 글을 쓰던 대나무 조각. ❷글, 책. 〔詩經〕畏此簡書. ❸편지. 〔柳宗元·書〕辱致來簡. ❹홀(笏). 임금을 뵐 때, 조복(朝服)에 갖추어 손에 쥐는 물건. ❺줄이다. 〔素問〕簡而不置. ❻검소하다. 〔唐書〕謙愿儉簡. ❼대범하다. 〔論語〕可也, 簡. ❽단출하다. 〔易經〕簡則易從. ❾업신여기다, 무례하다. 〔孟子〕是簡驩也. ❿천하게 여기다. 〔淮南子〕非簡之也. ⓫견주어 세다. 〔周禮〕簡稽鄕民. ⓬가리다, 선별하다. ≒柬. 〔春秋左氏傳〕簡兵蒐乘. ⓭검열하다, 조사하다. 〔周禮〕正歲簡稼器. ⓮나누다, 분별하다. =間. 〔莊子〕食於苟簡之田. ⓯일다, 물을 넣어 흔들어 가리다. 〔戰國策〕簡練以爲揣摩. ⓰익히다. 〔國語〕簡服吳國之士於甲兵. ⓱크다. 〔詩經〕簡兮簡兮. ⓲정성. 〔禮記〕有旨無簡不聽. ⓳

간(諫)하다. ≒諫. 〔春秋左氏傳〕是用大簡. ⓴거만하게 굴다, 교만을 떨다. 〔呂氏春秋〕自驕則簡士. ㉑게을리 하다, 태만하다. 〔呂氏春秋〕長不簡慢矣.
【簡簡 간간】①소리가 부드럽고 큰 모양. ②복(福)이 큰 모양.
【簡倨 간거】 ⇨簡傲(간오).
【簡潔 간결】 간단하고 깔끔함.
【簡稽 간계】 검열함. 병기(兵器)와 사졸(士卒)을 점검함.
【簡古 간고】 시문(詩文)이 간결하고 예스러움.
【簡求 간구】 가려서 구함.
【簡記 간기】 ①죽간(竹簡)에 씀. 죽간에 쓴 글. ②임명장.
【簡淡 간담】 간결하고 담박함.
【簡牘 간독】 ①종이가 없었 때 글씨를 쓰던 대쪽과 나무쪽. ②편지. ③편지들.
【簡練 간련】 선발하여 조련(調練)함.
【簡慢 간만】 ①소홀히 하고 업신여김. ②접대가 소홀하였다는 겸사(謙辭).
【簡默 간묵】 말이 적음. 寡默(과묵).
【簡朴 간박】 간소하고 질박함. 簡樸(간박).
【簡拔 간발】 가려 뽑음. 簡擢(간탁).
【簡卜 간복】 가려서 점침.
【簡孚 간부】 범죄 사실이 법형(法刑)과 일치하여 의심할 여지가 없는 일.
【簡師 간사】 ①정병(精兵)을 골라 뽑음. ②가려 뽑은 군사.
【簡散 간산】 신중하지 못하고 맺힌 데가 없음.
【簡省 간생】 줄여서 간편하게 함. 簡約(간약).
【簡書 간서】 ①편지. ②계명(戒名)의 글.
【簡素 간소】 ①간략하고 수수함. ②글을 쓰는 데 사용하던 대쪽과 비단. 竹帛(죽백).
【簡疎 간소】 대범하고 소탈함.
【簡率 간솔】 단순하고 솔직함.
【簡授 간수】 뽑아서 벼슬을 줌.
【簡習 간습】 익힘. 연습함.
【簡深 간심】 간단하고 뜻이 깊음.
【簡閱 간열】 살펴봄. 가려서 조사함.
【簡傲 간오】 뜻이 크고 오만함. 교만을 부림. 簡倨(간거).
【簡要 간요】 간략하고 요령이 있음.
【簡儀 간의】 천체의 운행과 현상을 관측하던 기구.
【簡易 간이】 ①간단하고 쉬움. ②성품이 온후하고 담백함.
【簡章 간장】 요약한 규칙. 略則(약칙).
【簡切 간절】 간편하고 잘 맞음.
【簡定 간정】 가려 정함.
【簡紙 간지】 두껍고 품질이 좋은 편지지.
【簡直 간직】 꾸밈이 없고 정직함.
【簡札 간찰】 편지. 簡牒(간첩).
【簡牒 간첩】 글을 적어 두는 나뭇조각.
【簡策 간책】 ①종이 대신 글을 쓰던 대쪽. 竹簡(죽간). ②책. 서적.
【簡斥 간척】 없앰. 물리침.
【簡捷 간첩】 간략하고 빠름.

竹部 12획

【簡牒 간첩】 ①글씨를 쓰던 나뭇조각. ②편지. 簡札(간찰).
【簡撮 간촬】 가려서 가짐. 가려냄.
【簡出 간출】 ①가려냄. 選出(선출). ②때를 가려 외출함.
【簡充 간충】 선발하여 보충함.
【簡取 간취】 골라잡음. 가려 취함.
【簡惰 간타】 소홀하고 게으름.
【簡汰 간태】 여럿 중에서 좋은 것만을 골라냄.
【簡擇 간택】 골라 뽑음. 여럿 중에서 골라 냄. 簡選(간선).
【簡派 간파】 선발하여 파견함.
【簡筆 간필】 편지 쓰기에 알맞은 붓. 大筆(대필)과 抄筆(초필)의 중간쯤 되는 붓.
【簡核 간핵】 간단하고 확실함.
【簡兮 간혜】 큰 모양. ◎'兮'는 조자(助字).
【簡忽 간홀】 ①경솔함. ②대수롭지 않게 여겨 소홀히 함.
○ 寬−, 狂−, 苟−, 答−, 妙−, 煩−, 書−, 手−, 易−, 精−, 竹−, 錯−, 篇−, 和−.

竹12【簡】⑱ 簡(1321)과 동자

竹12【觚】⑱ 대쪽 고 gū
[字解] ①대쪽, 댓조각. ②모, 모서리. ③네모진 널쪽. ≒觚.

竹12【䈽】⑱ 일산 살 공 qióng
[字解] 일산의 살대, 수레 위를 덮는 일산을 버티는 살. 〔方言〕車枸簍, 宋魏陳楚之間, 謂之筱, 或謂之䈽籠.

竹12【簣】⑱ 삼태기 궤 kuì
[초서] 簣 [동자] 蕢 [간체] 篑 [字解] 삼태기. 〔書經〕爲山九仞, 功虧一簣.

竹12【簞】⑱ 대광주리 단 dān
[소전] 簞 [간체] 箪 [참고] 簞(1323)은 딴 자. [字解] ①대광주리. 〔春秋左氏傳〕與之一簞珠. ②도시락, 대오리로 둥글게 결은 그릇. 〔孟子〕簞食壺漿, 以迎王師. ③호로병박. ④대 이름. 〔稽含・南方草木狀〕簞竹, 葉疏而大, 一節相去五六尺.

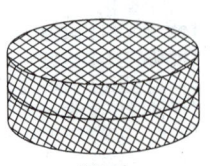
〈簞②〉

【簞笥 단사】 대오리로 결어 만든 도시락 그릇. ◎'簞'은 둥근 것. '笥'는 네모난 것.
【簞食豆羹 단사두갱】 도시락에 담은 밥과 그릇에 담은 국. 변변치 못한 소량의 음식.
【簞食瓢飮 단사표음】 도시락에 담은 밥과 표주박에 담은 물. 청빈(淸貧)한 생활. 簞瓢(단표).
【簞食壺漿 단사호장】 도시락에 담은 밥과 병에 담은 음료. 음식물을 차려 놓고 군대를 환영함.
【簞瓢 단표】 ①도시락과 표주박. ②☞簞食瓢飮 (단사표음).
○ 空−, 一−, 瓢−.

竹12【簦】⑱ 우산 등 dēng
[소전] 簦 [초서] 簦 [字解] ①우산. 〔史記〕躡蹻擔簦. ②대나무.
【簦笠 등립】 우산.
○ 擔−, 臺−.

竹12【簵】⑱ 대 이름 로 lù
[소전] 簵 [고문] 簬 [字解] 대 이름. 화살 만들기에 알맞은 대나무.

竹12【簝】⑱ 대 이름 로 láo
[字解] 대 이름. 〔左思・賦〕篻簝有叢.
【簝竹 노죽】 대 이름. 죽순은 독이 있어 식용하지 못함.

竹12【簝】⑱ 제기 이름 료 liáo
[소전] 簝 [초서] 簝 [字解] 제기 이름. 종묘 제사에 고기를 담는 그릇. 〔周禮〕與其盆簝以待事.

竹12【簚】⑱ 수레 덮개 멱 mì
[초서] 簚 [字解] 수레 덮개, 수레의 뜸. 〔禮記〕鞮屨素簚.

竹12【簙】⑱ 쌍륙 박 bó
[소전] 簙 [초서] 簙 [字解] ①쌍륙, 주사위 놀이. 〔楚辭〕菎蔽象棊, 有六簙些. ②도박, 노름. ≒博.

竹12【簠】⑱ 제기 이름 보 fǔ
[소전] 簠 [고문] 匧 [초서] 簠 [字解] 제기 이름. 바깥쪽은 네모지고 안쪽은 둥근, 벼・기장을 담는 제기. 〔周禮〕凡祭祀共簠簋.
【簠簋 보궤】 보와 궤. 제향(祭享)할 때 도량(稻粱)과 서직(黍稷)을 담는 그릇.

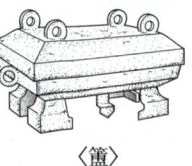
〈簠〉

竹12【簧】⑱ 대 열매 복 fù

竹部 12~13획 簭簨篸篸簟簥簜簧簳簢簴簵簶簷 1323

[字解] 대 열매. 〔竹譜〕根幹將枯, 花復乃懸.

竹12 【簭】 ⑱ 점칠 서 圖 shì
[字解] ①점치다. =筮. 〔周禮〕簭人掌三易, 以辨九簭之名. ②물다, 깨물다. 〔周禮〕凡攫閷援簭之類.

竹12 【簨】 ❶악기 다는 틀 순 鬭 sǔn ❷대그릇 찬 潤 zhuàn
초서 簨 [字解] ❶악기를 다는 틀. 편종·편경 따위를 다는 가로대〔橫木〕. =簨.〔周禮〕有鐘磬而無簨虡. ❷대그릇. =籑.
【簨虡 순거】편종·편경 따위를 다는 나무틀. '簨'은 횡목(橫木), '虡'는 종목(縱木).

竹12 【簪】 ⑱ 비녀 잠 覃 感 zān
소전 簪 초서 簪 [字解] ①비녀. 머리털을 끌어 올리거나, 관(冠)이 벗어지지 않게 머리에 꽂는 물건.〔左思·詩〕聊欲投吾簪. ②꽂다, 찌르다.〔李嶠·詩〕同簪鳳凰筆. ③빠르다, 신속하다.〔易經〕勿疑朋盍簪.
【簪裾 잠거】①관에 꽂는 비녀와 옷자락. ②귀인(貴人) 또는 관리의 복장(服裝).
【簪珪 잠규】관에 꽂는 비녀와 서옥(瑞玉).
【簪帶 잠대】①관에 꽂는 비녀와 띠. ②벼슬아치의 비유.
【簪纓世族 잠영세족】대대로 높은 벼슬을 해 온 겨레붙이.
【簪珥 잠이】비녀와 귀고리.
【簪筆 잠필】①털로 꾸민 관 앞쪽에 꽂는 비녀. ②붓을 머리에 꽂음. 미관(微官)이 됨.
【簪笏 잠홀】관에 꽂는 비녀와 홀. ㉠예복(禮服), 예복을 입는 벼슬아치. ㉡관리가 됨.
【簪花 잠화】①머리에 꽃을 꽂음. ②축하연 때 머리에 꽂는 꽃이나 조화(造花).
● 冠—, 金—, 斜—, 玉—, 珠—, 盍—, 花—.

竹12 【篸】 ⑱ 笛(1304)과 동자

竹12 【簟】 ⑱ 삿자리 점 琰 dìàn
소전 簟 초서 簟 [篆考] 簟(1322)은 딴 자.
[字解] ①삿자리, 대자리.〔詩經〕上莞下簟. ②멍석, 거적.〔禮記〕君以簟席. ③대 이름. 마디가 길고 키가 큰 대나무.〔沈懷遠·銘〕簟竹旣大.
【簟牀 점상】대로 만든 살평상. 簟床(점상).
【簟席 점석】대오리로 결어 만든 자리.
【簟褥 점욕】대자리.
● 莞—, 瑤—, 靑—, 淸—, 翠—, 枕—, 華—.

竹12 【簴】 ⑱ 악기 이름 제 霽 dì
[字解] ①악기의 이름.〔王襃·頌〕伯牙操簴鐘.

②저〔笛〕이름. ※簴(1318)의 속자(俗字).
【簴鐘 제종】악기의 이름. 편종(編鐘) 24개로 이루어진 타악기.

竹12 【簜】 ⑱ ❶왕대 탕 漾 dàng ❷물 이름 탕 陽 tāng
소전 簜 초서 簜 [字解] ❶①왕대. 마디와 마디 사이가 길고 큰 대.〔書經〕篠簜旣敷. ②관악기의 총칭. 생황, 퉁소 따위.〔儀禮〕簜在建鼓之間. ❷물 이름.

竹12 【簧】 ⑱ 혀 황 陽 huáng
소전 簧 초서 簧 간체 簧 [字解] ①혀. 관악기의 부리에 장치하여 그 진동으로 소리를 내는 얇은 조각. ②피리. 우(竽)·생(笙) 따위.〔詩經〕左執簧. ③비녀의 장식.
【簧鼓 황고】피리의 혀를 진동시켜 소리를 냄. 망언(妄言)으로 뭇사람을 현혹시킴.

竹13 【簳】 ⑲ ❶조릿대 간 旱 gǎn ❷화살깃 간 翰 gàn
초서 簳 [字解] ❶①조릿대. 화살을 만들기에 알맞은 대.〔張衡·賦〕其竹則篠簳箛箠. ②화살대. 矢笴.〔列子〕乃以燕角之弧, 朔蓬之簳射之. ❷화살깃.

竹13 【簶】 ⑲ 악기 갈 黠 qià
[字解] 악기. 음악을 그치게 할 때 치는 악기. 㭉敔·篕·楬.

竹13 【簴】 ⑲ 악기 다는 틀 거 御 jù
초서 簴 [字解] 악기를 다는 틀. 종·경쇠·북 따위를 다는 틀의 기둥. =虡.〔周禮〕設筍簴陳庸器.

竹13 【䆳】 ⑲ 대 장지 격 陌 gé
[字解] 대 장지. 미닫이와 비슷하나 운두가 높고 문지방이 낮게 된 문.

竹13 【簡】 ⑲ 호적 견 銑 qiǎn
[字解] 호적(戶籍).
【簡鮮 견선】호적(戶籍).

竹13 【簻】 ⑲ ❶채찍 과 ㊗좌 麻 zhuā ❷풀 이름 과 歌 kē
초서 簻 [字解] ❶①채찍, 채찍질하다.〔馬融·賦〕裁以當簻便易持. ②관악기.〔夢溪筆談〕古人謂樂之管爲簻. ❷풀 이름.

竹13 【簙】 ⑲ 簙(1317)와 동자

竹部 13획 簹 簾 簵 簶 簿 簙 簺 簫 簯 簷

簹 dāng
竹 13
⑲ ❶왕대 당 陽
❷수레 먼지 받이 당 陽 dāng
字解 ❶왕대.〔左思·賦〕其竹則貧 簹林筍.❷수레의 먼지 받이. 수레의 먼지를 막는 물건.

簾 jián
竹 13
⑲ 발 렴 鹽 jián
字解 ❶발, 주렴.〔漢書〕置飾室中簾南.❷音염. 한시(漢詩)에서 평측(平仄)을 맞추는 방법.
【簾鉤 염구】문발을 걸어 거는 갈고리.
【簾櫳 염롱】발을 친 살창.
【簾箔 염박】발. ○'箔'도 발의 뜻.
【簾押 염압】발이 바람에 흔들리지 않게 누르는 물건.
【簾外 염외】❶발을 친 밖. ❷과거 때 시험을 감독하는 벼슬아치.
【簾政 염정】수렴청정(垂簾聽政).
【簾中 염중】❶발을 친 안. ❷후비(后妃)가 거처하는 방.
【簾波 염파】발 그림자가 흔들려 파문(波紋)같이 보임.
【簾幌 염황】발과 휘장.
● 湘−, 疎−, 玉−, 帷−, 珠−, 竹−, 下−.

簵
竹 13
⑲ 簬(1322)의 고자

簶 lù
竹 13
⑲ 전동 록 屋 lù
字解 전동[箭筒]. 화살을 담는 통.〔舊五代史〕金裝胡簶.

簿 bù/bó
竹 13
⑲ ❶장부 부 麌 bù
❷섶 박 藥 bó
❸잠박 박 覺 bó
❹줏대 벽 陌 bó

竹 竹 竹 笛 簿 簿 簿 簿

参考 ❶簿(1550)은 딴 자. ❷대법원 지정 인명용 한자의 음은 '부'이다.
字源 形聲. 竹+溥→簿. '溥(부)'가 음을 나타낸다.
字解 ❶❶장부[帳簿].〔漢書〕上間上林尉諸禽獸簿.❷회계부.〔漢書〕與郡縣通姦, 多張空簿. ❸홀(笏).〔蜀志〕必以簿擊頰.❹다스리다, 통괄하다.〔荀子〕五官簿之而不知.❺조사하다.〔新唐書〕然已命簿錄其家.❻벌열(閥閱), 벌족(閥族).〔漢書〕官簿皆在方進之右.❼행렬, 천자 거가(車駕)의 차례.〔漢書〕鼓嚴簿.❷❶섶. 누에가 고치를 짓게 차려 주는 물건.＝薄.❷다닥치다, 다그다.❸❶잠박[蠶簿]. ≒箔.❷섶. ※❶과 같다.❹중깃. 외를 얽기 위하여 벽 속에 세우는 가는 나뭇등. ≒欂.

簙
竹 13
⑲ 섶 박 藥 bó
字解 ❶섶. 누에가 고치를 짓게 하도록 차려 주는 물건. ≒簿.❷쌍륙, 노름, 도박. ≒博.

簺 sài
竹 13
⑲ 주사위 새 隊 sài
字解 ❶주사위, 쌍륙을 놀다.〔後漢書〕簺有四采. 塞・白・乘・五是也.❷어량(魚梁).

簫 xiāo
竹 13
⑲ 퉁소 소 蕭 xiāo
字解 ❶퉁소. 대나무 대롱을 나란히 묶어서 만든 취주 악기의 한 가지.〔詩經〕簫管備擧.❷순임금의 음악 이름.〔漢書〕簫勺羣慝.❸활의 두 머리, 활고자.〔禮記〕右手執簫, 左手承弣.❹이대. ≒篠.〔馬融·賦〕林簫蔓荊.
【簫管 소관】퉁소와 피리. 관악기의 총칭.
【簫韶 소소】순(舜)임금이 만든 음악 이름.
【簫韶九成 소소구성】소소(簫韶)를 아홉 번 연주함. ○'成'은 악곡(樂曲)의 한 끝마침.
【簫笛 소적】퉁소.
● 笳−, 管−, 短−, 籟−, 樓−, 邊−, 頌−, 雅−, 玉−, 洞−, 風−, 和−.

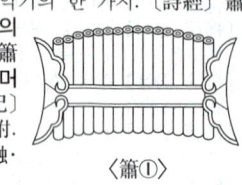
〈簫①〉

簯
竹 13
⑲ 籪(1326)의 속자

簷 yán
竹 13
⑲ 처마 첨 ⓑ염 鹽 yán
字解 ❶처마.〔韋莊·詩〕一身如燕戀高簷.❷갓모자, 모자의 갓 둘레.〔杜荀鶴·詩〕帽簷曉滴淋蟬露.
【簷間 첨간】처마 사이. 처마 근처.
【簷端 첨단】처마 끝. 簷頭(첨두).
【簷牙 첨아】갓모자.
【簷燈 첨등】처마 끝에 다는 등.

竹部 13~14획 簽簸簹籃簹籋籍籊籌 1325

【簷溜 첨류】처마 끝에서 떨어지는 물방울. 낙숫물. 簷雷(첨뢰). 簷滴(첨적).
【簷馬 첨마】풍경(風磬)의 한 가지. 용(龍)의 모양을 한 많은 구슬을 실에 달아, 바람이 불면 서로 부딪쳐 소리가 나게 한 것.
【簷牙 첨아】①추녀. ②國처마. 檐牙(첨아).
【簷牙高啄 첨아고탁】추녀가 어금니처럼 튀어나옴. 건물이 굉대(宏大)함.
【簷橡 첨연】처마의 서까래.
【簷月 첨월】처마에 걸린 달.
【簷際 첨제】①처마 끝. 簷端(첨단). ②처마 밑. 簷下(첨하).
【簷風 첨풍】처마 끝에 부는 바람.
【簷響 첨향】처마에서 떨어지는 물소리.

竹[簽]⑲ 농 첨 ⊞ qiān
초서 签 간체 签 字解 ①농, 죽롱(竹籠). 付臣等看詳簽揭以上. ③서명하다. =籤. 〔宋史〕
【簽揭 첨게】찌를 붙여 표로 삼음.
【簽記 첨기】적어 둠. 기록함.
【簽名 첨명】문서에 서명(署名)함.
【簽題 첨제】제목을 씀.
　附ー, 浮ー, 題ー.

竹[簸]⑲ 까부를 파 ⊞圖 bǒ
소전 簸 초서 字解 ①까부르다. 〔詩經〕或簸或蹂. ②까불리다. 〔杜甫·詩〕浪簸船應坏.
【簸頓 파돈】업신여겨 희롱함.
【簸弄 파롱】①희롱하여 놀림. 調戲(조희). 翻弄(번롱). ②말을 꾸며 시비(是非)를 뒤바꿈. 선동하여 문제를 일으키게 함.
【簸揚 파양】키질을 하여 겨를 날림.
　浪ー, 鱗ー, 揚ー, 吹ー, 飄ー.

竹[簹]⑳ 삿갓 대 ⊞ tái
초서 簹 字解 ①삿갓. 〔謝朓·詩〕簹笠聚東菑. ②대. =臺.

竹[籃]⑳ 바구니 람 ⊞ lán
소전 籃 고문 㔼 초서 籃 간체 篮 參考 藍(1555)은 딴 자.
字解 ①바구니, 큰 바구니. ②대광주리, 고운 대오리로 결은 광주리. ③배롱(焙籠).
【籃球 남구】농구(籠球).
【籃輿 남여】대로 만든, 뚜껑이 없는 작은 가마.
　傾ー, 筐ー, 魚ー, 搖ー, 竹ー, 簀ー, 花ー.

竹[籋]⑳ 광주리 령 ⊞ líng
字解 광주리. =箐.

竹[籋]⑳ ❶대껍질 미 囚 mí ❷족집게 섭 本녑 ⊠ niè ❸참대 미 ⊠ mí
소전 籋 초서 籋 字解 ❶①대껍질. ②①족집게. =鑷·鎳. ②밟다. ≒蹑. 〔漢書〕籋浮雲, 晻上馳. ③작은 상자. ❸참대.

竹[籍]⑳ ❶서적 적 囚 jí ❷온화할 자 囮 jiè
〈자형변천〉 ⺮ 䇺 䇱 籍 籍 籍 籍 籍
소전 籍 초서 籍 參考 대법원 지정 인명용 한자의 음은 '적'이다.
字源 形聲. 竹+耤→籍. '耤(적)'이 음을 나타낸다.
字解 ❶①서적, 책. 〔班固·賦〕蓋六籍所不能談. ②문서, 적바림. 〔漢書〕安知尺籍伍符. ③장부. 〔史記〕明蟄天下圖書計籍. ④명부, 대쪽. 〔史記〕當高罪死, 除其官籍. ⑤호적. 〔漢書〕以昭元功之侯籍云. ⑥적다, 기록하다. 〔春秋左氏傳〕非禮也, 勿籍. ⑦등록하다. 〔漢書〕籍吏民. ⑧빌리다. ≒藉. 〔史記〕空籍五歲矣. ⑨구실, 세(稅). ≒租. 〔詩經〕實畝實籍. ⑩밟다. 〔史記〕不修籍於千畝. ⑪갈다, 밭 갈다. ❷온화하다, 너그럽다. ≒藉. 〔漢書〕治敢往, 少溫籍.
【籍貫 적관】①호적(戶籍). ②조상이 살았거나 자신이 태어난 곳.
【籍記 적기】장부에 기입함
【籍甚 적심】평판이 높음. 명성이 세상에 널리 퍼짐.
【籍籍 적적】①난잡한 모양. ②여러 사람의 입에 오르내리는 모양. 藉藉(자자). ③종횡(縱橫)으로 흩어지는 모양.
【籍田 적전】임금이 몸소 농민을 두고 농사를 지어 거둔 곡식으로 종묘(宗廟)·사직(社稷)에 제사를 지내던 제전(祭田).
　經ー, 貫ー, 國ー, 軍ー, 妓ー, 記ー, 狼ー, 無ー, 兵ー, 本ー, 史ー, 原ー, 書ー, 船ー, 入ー, 在ー, 載ー, 典ー, 除ー, 地ー, 脫ー, 篇ー, 學ー, 戶ー, 宦ー.

竹[籊]⑳ 길고 끝이 빨 적 ⊠ tì
초서 籊 字解 길고 끝이 빨다, 대가 길고 끝이 빤 모양. 〔詩經〕籊籊竹竿, 以釣于淇.
【籊籊 적적】대나무가 가지 없이 가늘고 길며 끝이 뾰족한 모양.

竹[籌]⑳ ❶투호살 주 囨 chóu ❷일 도 ⊠ táo
초서 籌 간체 筹 參考 대법원 지정 인명용 한자의 음은 '주'이다.
字解 ❶①투호(投壺)살. 〔禮記〕籌室中五扶.

竹部 14~16획 籔籱籀籑籤簠籙籠

②산가지.〔儀禮〕箭籌八十. ③세다, 헤아리다. 〔後漢書〕豫籌其事. ④꾀, 계책.〔史記〕運籌策帷帳之中. ⑤제비. 승부나 차례를 결정하는 한 방법으로 쓰는 물건.〔北史〕州頗有優劣, 文令探籌取之. ❷이다, 머리에 얹다.
【籌決 주결】헤아려 결정함. 의논하여 시비곡직(是非曲直)을 결정함.
【籌款 주관】①돈을 둘러댈 궁리를 함. ②부담해야 할 금액.
【籌堂 주당】圖비변사(備邊司)의 당상관. 備堂(비당).
【籌略 주략】계획과 모략. 籌策(주책).
【籌馬 주마】투호(投壺)에서 산가지로 쓰이던 용구.
【籌辨 주변】①금전의 출납을 헤아려 일을 처리함. ②계획을 시행함.
【籌備 주비】어떤 일을 하기 위해 미리 계획하고 준비함.
【籌商 주상】①헤아림. 상량(商量)함. ②의논함. 籌議(주의).
【籌議 주의】헤아려 의논함. 籌商(주상).
【籌策 주책】손익을 헤아려 생각해 낸 꾀. 籌劃(주획).
【籌度 주탁】꾀함. 계획함.
【籌學 주학】산학(算學)의 딴 이름.
❶ 更-, 軍-, 邊-, 象-, 運-, 酒-, 探-.

竹 14【籔】⑳ ❶채 진 圓 zhēn ❷대 기구 견 圀 jiān
초서 籔 字解 ❶채, 어(敔)라는 악기를 두드리는 채. 나무나 대의 막대기 끝을 부챗살처럼 쪼갠 것. ❷대로 만든 기구.

竹 14【籑】⑳ 얼레 확 圓 yuè
소전 籑 혹체 𥳑 초서 𥳕 字解 얼레. 실을 감는 기구. =籰.

竹 15【籀】㉑ 구자 구 圀 ōu
字解 구자. 아이를 넣어 그 안에서 놀게 하는 대 둥우리.

竹 15【籐】㉑ 대 기구 등 囿 téng
초서 籐 본자 藤 字解 ①대 기구. ②등덩굴.

竹 15【籓】㉑ 가릴 번 囿 fān
초서 籓 籓 字解 ①가리다, 덮다. ②키, 곡식을 까부르는 키.
【籓落 번락】바자울. 잡목·대나무 따위로 엉성하게 결어서 만든 울타리.

竹 15【籓】⑳ 籓(1326)과 동자

竹 15【籔】㉑ ❶휘 수 圄 shǔ ❷조리 수 囿 sŏu
소전 籔 字解 ❶①휘. 16말(斗)들이 용량.〔儀禮〕門外米三十車, 車乘有五籔. ②똬리, 대나무로 만든 똬리. ❸조리(笊籬).
【籔箕 수기】대오리로 만든, 쌀을 이는 기구. 笊籬(조리).

竹 15【籀】㉑ 주문 주 囿 zhòu
소전 籀 초서 籀 속자 籀 字解 ①주문(籀文). 〔書法攷〕籀文者, 史籀所作也, 與古文大篆小異. ②읽다, 글을 읽다.
【籀文 주문】주(周) 선왕(宣王) 때 태사(太史) 주(籀)가 만든, 한자 자체(字體)의 한 가지. 소전(小篆)의 전신으로 대전(大篆)이라고도 함. 史籀(사주). 籀篆(전주).

竹 15【籑】㉑ ❶撰(725)과 동자 ❷篹(1320)과 동자 ❸饌(2042)과 동자

竹 15【籤】㉑ 籤(1328)의 속자

竹 16【簠】㉒ 창 자루 로 囿 lú
소전 簠 字解 ①창의 자루. ②큰 상자. ③대 이름.〔戴凱之·譜〕有竹象簠, 因以爲名. ④동자기둥. 들보 위에 세우는 짧은 기둥.

竹 16【籙】㉒ 책 상자 록 囿 lù
초서 籙 字解 ①책 상자. ②책. ③대쪽.〔吳志〕此子已在鬼籙. ④미래기, 예언서.〔張衡·賦〕高祖膺籙, 謂當五勝之籙. ⑤도교(道敎)의 비문(祕文).
【籙圖 녹도】①역사에 관한 책. 史籍(사적). ②미래의 길흉을 예언한 글.
❶ 圖-, 符-, 祕-, 攝-, 帝-.

竹 16【籠】㉒ ❶대그릇 롱 圂 lóng ❷대 이름 롱 圂 lóng ❸축축해질 롱 圂 lŏng
소전 籠 초서 籠 동자 篭 간체 笼 字解 ❶①대그릇. ㉮삼태기. 흙을 옮기는 데 쓰는 대그릇.〔漢書〕荷籠負鍤. ㉯새장.〔莊子〕以天下爲之籠, 則雀无所逃. ㉰물건을 담는 대그릇.〔新五代史〕匿於茶籠中.〔簡筒〕充籠箙矢. ③수레 굴대.〔史記〕令其宗人盡壞其車軸末而傳鐵籠. ④포괄하다.〔史記〕盡籠天下之貨物. ❷①대 이름.〔張衡·賦〕其竹則篠籠箁箘. ②풀 이름.〔管子〕有籠與斥. ❸①축축해지다. 〔荀子〕東籠而退耳. ②대 기구.〔六書故〕今

人不言篋笥而箱籠, 淺者爲箱, 深者爲籠也.
【籠括 농괄】 포괄(包括)함.
【籠東 농동】 패배하여 흩어져 달아나는 모양. 籠陳(농진).
【籠羅 농라】 ①새장과 그물. ②▷籠絡(농락)②. ③법률(法律).
【籠絡 농락】 ①새장과 고삐. ②교묘한 꾀로 남을 손아귀에 넣어 마음대로 놀림. 籠羅(농라).
【籠籠 농롱】 ①숨어 있는 모양. ②분명하지 않은 모양.
【籠絆 농반】 얽매어 자유를 주지 않음.
【籠城 농성】 ①성문을 굳게 닫고 성을 지킴. ②어떤 목적을 이루기 위하여 한자리를 떠나지 않고 시위함.
【籠鶯 농앵】 새장 안의 꾀꼬리. 속박되어 자유롭지 못함의 비유.
【籠鳥 농조】 새장에 갇힌 새. 속박된 신세의 비유. 籠禽(농금).
【籠鳥戀雲 농조연운】 새장에 갇힌 새가 구름을 그리워함. 속박된 몸이 자유를 갈망함.
【籠陳 농진】 패배하는 모양.
【籠檻 농함】 대로 엮어 만든 우리.
❶ 筇-, 牢-, 東-, 燈-, 尾-, 樊-, 紗-, 石-, 藥-, 魚-, 旅-, 印-, 珠-, 竹-, 參-, 綵-, 香-, 火-, 熏-.

竹 16 【籟】 ㉒ 세 구멍 퉁소 뢰 ☒ lài
[소진] 籟 [초시] 籟 [갑체] 籟 字解 ①세 구멍 퉁소. 〔史記〕吹鳴籟. ②소리, 울림. 〔莊子〕地籟則眾竅是已, 人籟則比竹是已, 敢問天籟.

竹 16 【籞】 ㉒ 금원 어 ☒ yù
[초서] 籞 [동자] 籞 字解 ①금원(禁苑). 〔漢書〕池籞未御幸者, 假與貧民. ②물고기를 놓아기르는 곳. 못 안에 대울타리를 치고 물고기를 놓아기르는 곳. ③어리. 새를 가두어 기르는 것. ④가리개, 볕을 가리는 가리개.

竹 16 【籝】 ㉒ 광주리 영 ☒ yíng
[초서] 籝 [동자] 籝 字解 ①광주리. 〔漢書〕遺子黃金滿籝. ②전통(箭筒).
【籝金 영금】 돈 그릇 속의 돈. ∽'籝'은 돈을 담는 그릇.

竹 16 【籛】 ❶성 전 ☒ jiān ❷대 이름 전 ☒ jiǎn
[초서] 籛 字解 ❶①성(姓). 〔通志〕彭祖, 姓籛, 名鏗. ②언치. 안장이나 길마 밑에 까는 물건. ❷대 이름.

竹 16 【籜】 ㉒ 대껍질 탁 ☒ tuo
字解 ①대껍질, 죽순 껍질. 〔謝靈運·詩〕初篁苞綠籜.
②풀 이름.
【籜龍 탁룡】 죽순(竹筍)의 딴 이름.
❶ 枯-, 筠-, 笋-, 筍-, 新-, 竹-.

竹 17 【籧】 ㉓ ❶대자리 거 ☒ qú ❷대광주리 거 ☒ jǔ
[소전] 籧 [초서] 籧 [갑체] 籧 字解 ❶①대자리, 발이 거친 대자리. ②새가슴. 〔國語〕籧篨不可使俯. ❷대광주리. 뽕잎을 담는 그릇. 〔禮記〕其曲植籧筐.
【籧筐 거광】 뽕잎을 따서 담는 대바구니.
【籧篨 거저】 ①대자리. ②새의 가슴처럼 불룩한 사람의 가슴. 새가슴. ③남에게 아첨하는 사람.

竹 17 【鞠】 ㉓ 심문할 국 ☒ jū
[소전] 鞠 [혹체] 鞠 [초서] 鞠 字解 ①심문하다, 국문하다. =鞫. ②극에 이르다, 다하다. =鞫. 〔楚辭〕背歸射鞠, 而無害厥躬.

竹 17 【蘭】 ㉓ 동개 란 ☒ lán
[소전] 蘭 [초서] 蘭 参考 蘭(1564)은 딴 자. 字解 동개. 활과 화살을 넣어 등에 지는 기구. 〔漢書〕抱弩負蘭.

竹 17 【籢】 ㉓ 경렴 렴 ☒ lián
[소전] 籢 [초서] 籢 [동자] 籢 字解 ①경렴(鏡籢). 거울·화장품 등을 넣는 상자. 〔列女傳〕置鏡籢中. ②향 그릇.

竹 17 【鮮】 ㉓ 호적 선 ☒ xiān, xiǎn
字解 ①호적(戶籍), 호적부. ②대 이름.

竹 17 【籥】 ㉓ 피리 약 ☒ yuè
[소전] 籥 [초서] 籥 字解 ①피리. 구멍이 셋 또는 여섯. 〔詩經〕左手執籥. ②자물쇠, 열쇠. 늑鑰. 〔禮記〕脩鍵閉愼管籥. ③잠그다, 쇠를 채우다. 〔越絶書〕忠臣籥口, 不得一言. ④풀무에서 바람을 넣는 관(管). ❺펄쩍펄쩍 뛰다.
【籥口 약구】 입을 다물고 말하지 않음.

竹 17 【籅】 ㉓ 대 이름 여 ☒ yú
[초서] 籅 字解 ①대 이름. ②광주리. ③가마. =輿.

竹 17 【籯】 ㉓ 까부를 엽·접 ☒ dié
字解 까부르다, 키로 곡물을 까부르다.

竹部 17~26획 鐘籤籩籱籮籬籭籪籱籲 米部 0획 米

竹 17 【鐘】㉓ 대 이름 종 图 zhōng
[字解] 대 이름. 〔戴凱之·譜〕鐘籠之美, 爰自崐崙.
【鐘籠 종롱】대나무 이름. 피리를 만드는 데 알맞은 대나무.

竹 17 【籤】㉓ 제비 첨 圖 qiān
[字解] ①제비, 심지. ②미래기, 예언의 기록. ≒讖. ③시험하다, 그런지 어떤지를 점치다. ④산가지, 산대. 〔陳書〕乃敕送者, 必投籤於階石之上, 令鎗然有聲. ⑤꼬챙이, 꼬치. 〔宋史〕每月削竹籤十六穿于革. ⑥찌, 찌지. ⑦날카롭다.
【籤辭 첨사】점대에 적힌 길흉에 대한 문구.
【籤子 첨자】①꼬챙이. ②圖 ①점대. ⓒ장도(粧刀)가 칼집에서 빠지지 않도록 칼집 옆에 덧대어 붙인 두 개의 쇠.
【籤題 첨제】서책(書冊)의 겉에 쓰는 그 책의 표제(標題).
【籤爪 첨조】대꼬챙이로 손톱·발톱 밑을 찌르는 형벌.
【籤紙 첨지】책 따위에 무엇을 표시하려고 붙이는 쪽지.
○ 漏-, 當-, 書-, 牙-, 典-, 抽-.

竹 18 【籱】㉔ 돛 쌍 江 shuāng
[字解] ①돛. 〔南越志〕南海有盧頭木, 葉如甘蔗, 織以爲帆, 名曰籱. ②배. 〔王世貞·詩〕細雨滯吳籱. ③용수. 술을 뜨거나 장을 거르는 데 쓰는 기구의 한 가지.

竹 19 【籮】㉕ 키 라 歌 luó
[字解] ①키. 곡식을 까부르는 데 쓰는 기구. ②광주리. 밑은 네모지고 위는 둥근 광주리.

竹 19 【籬】㉕ 울타리 리 支 lí
[字解] 울타리. 〔潘岳·賦〕長楊映沼, 芳枳樹籬.
【籬菊 이국】울 밑의 국화.
【籬窺 이규】울타리 사이로 엿봄.
【籬落 이락】울. 울타리. 籬垣(이원).
【籬門 이문】울타리의 문.
【籬藩 이번】울타리. 藩籬(번리).
【籬壁間物 이벽간물】울타리와 벽 사이에 있는 물건. 곧, 신변(身邊) 가까이에 있는 물건.
【籬鷃 이안】울타리 사이를 나는 굴뚝새. ②좁은 견식. 井蛙(정와).
【籬垣 이원】울타리. 籬落(이락).
【籬牆 이장】①울타리. ②담장.
○ 短-, 東-, 藩-, 疎-, 牆-, 竹-, 荒-.

竹 19 【籩】㉕ 제기 이름 변 先 biān
[字解] 제기 이름. 제사 때 과일이나 건육(乾肉)을 담는 대그릇. 굽이 높고 뚜껑이 있다. 〔周禮〕掌四籩之實.
【籩豆 변두】제사 때 쓰는 그릇인 변과 두. ○'豆'는 김치·식혜 등을 담는 나무 그릇.
○ 豆-, 百-, 肆-, 羞-, 薦-.

〈籩〉

竹 19 【籭】㉕ ①체 사 支 shī ②대 이름 시 支 shī
[字解] ①체. =簁·篩. ②대 이름.

竹 20 【籪】㉕ 푸집개 엄 圖 yán
[字解] ①푸집개. 병장기를 덮는 물건. ②막다, 가리다.

竹 20 【籯】㉕ 바구니 영 庚 yíng
[字解] ①바구니. 〔漢書〕遺子黃金滿籯, 不如一經. ②저통(箸筒). ③주머니. 〔左思·賦〕籯金所過.

竹 20 【籰】㉖ ①얼레 확 藥 yuè ②대 떨기로 날 역 陌 yuè
[字解] ①얼레. ②대가 떨기로 나다, 대가 총생(叢生)하다.

竹 26 【籲】㉜ 부를 유·약 遇藥 yù
[字解] ①부르다, 부르짖다. 〔書經〕無辜籲天. ②부드럽게 하다, 화하게 하다. 〔書經〕率籲衆慼.
【籲俊 유준】슬기롭고 뛰어난 사람을 초빙함.
【籲天 유천】하늘을 우러러 부르짖음. 하늘에 빌어 호소함.
【籲號 유호】부르짖음.

米 部

6획 부수 | 쌀미부

米 0 【米】⑥ 쌀 미 薺 mǐ

丶 丷 䒑 半 米 米

米部 2~4획 籴籼籽籸粂粃粄粅粆粉

米 〖소전〗 〖초서〗 〖字源〗象形. 곡식의 알, 곧 낟알을 본뜬 글자. 네 개의 점은 낟알을 본뜬 것이고, '十'은 낟알이 따로따로 떨어져 있음을 나타낸다.
〖字解〗①쌀. 껍질을 벗긴 벼의 알맹이. 이 밖에 보리·조·수수·옥수수 등 껍질을 벗긴 볏과 곡식의 총칭. ②[現]길이의 단위. '미터(meter)'의 음역.

【米泔 미감】쌀뜨물. 米瀾(미란). 米潘(미번).
【米監 미감】(佛)절에서 쌀나주기를 맡아보는 일. 또는 그런 일을 맡은 사람.
【米糠 미강】쌀겨.
【米穀 미곡】①쌀. ②쌀을 비롯한 모든 곡식.
【米課 미과】쌀로 바치는 현물세(現物稅).
【米囊花 미낭화】양귀비. 罌粟(앵속).
【米瀾 미란】 ☞米泔(미감).
【米糧 미량】쌀. 양식.
【米廩 미름】①미곡 창고. ②하(夏)나라의 학교 이름.
【米麵 미면】①쌀가루. 米粉(미분). ②쌀과 보릿가루.
【米粉 미분】쌀가루. 米麵(미면).
【米糒 미비】말린 밥.
【米粟 미속】①쌀. 쌀과 조. ②곡물(穀物).
【米壽 미수】88세의 딴 이름. ◯'米'자를 풀면 '八十八'이 되는 데서 온 말.
【米食 미식】쌀밥을 먹음.
【米鹽 미염】①쌀과 소금. ②생활의 밑천. ③자질구레하고 번거로운 일.
【米廛 미전】[國]싸전. 쌀을 파는 가게.
【米錢 미전】①쌀과 돈. ②쌀값.
【米點 미점】동양화에서, 수목이나 산수(山水) 등을 그릴 때 가로로 찍는 작은 점. ◯송대(宋代)에 미불(米芾) 부자(父子)가 이런 점을 많이 쓴 데서 온 말.
【米珠薪桂 미주신계】쌀은 구슬처럼 비싸고 땔나무는 계수나무처럼 비쌈. 생활필수품이 몹시 비쌈.
【米泉 미천】술의 딴 이름.
【米包 미포】쌀부대. 쌀가마니.
【米蝦 미하】쌀새우. 아주 작은 새우.

❶古-, 穀-, 祿-, 飯-, 白-, 粉-, 稅-, 粟-, 薪-, 粱-, 薏-, 粒-, 節-, 精-, 粗-, 竹-, 陳-, 玄-, 禾-, 還-.

米2 【籴】⑧ ❶쌀 사들일 적 〖錫〗 dí ❷섞일 잡 〖合〗 zá
〖字解〗❶쌀을 사들이다. =糴. ❷섞이다, 섞다. ≒雜.

米3 【籼】⑨ 秈(1267)과 동자

米3 【籽】⑨ 녹말 신 〖眞〗 shēn
〖동전〗籸 〖字解〗①녹말(綠末), 전분(澱粉). 녹두를 갈아 가라앉힌 앙금을 말린 가

루. ②범벅. 곡식 가루를 된풀처럼 쑨 음식.

米3 【籹】⑨ 중배끼 여 〖語〗 nǚ
〖소전〗籹 〖초서〗籹 〖字解〗중배끼. 유밀과(油蜜菓)의 한 가지. [楚辭] 粔籹蜜餌, 有餦餭些.

米3 【粂】⑨ 묵은쌀 홍 〖東〗 hóng
〖소전〗粂 〖동자〗秔 〖字解〗①묵은쌀, 묵어서 냄새가 나는 쌀. ②앵미〔惡米〕, 불그스름한 나쁜 쌀.

米3 【粄】⑨ ❶무거리 흘 〖質〗 hé ❷쌀가루 흘 〖月〗 hé
〖字解〗❶무거리, 싸라기. 곡식 따위를 체에 밭쳐 가루를 내고 남은 찌꺼기. ❷①쌀가루. ②보리 무거리.

米4 【粅】⑩ 糠(1335)과 동자

米4 【粆】⑩ 料(757)와 동자

米4 【粉】⑩ ❶가루 분 〖吻〗 fěn ❷단장할 분 〖問〗 fěn

丶 ` ``' 兰 半 米 米 米 粉 粉

〖소전〗粉 〖초서〗粉 〖字源〗形聲. 米+分→粉. '分(분)'이 음을 나타낸다.
〖字解〗❶①가루. ㉠쌀가루. ㉡차진 음식 위에 붙지 않게 뿌리는 가루. [周禮] 糗餌粉養. ㉢분. 화장품의 한 가지. [博物志] 燒鉛錫成胡粉. ㉣석회(石灰). ㉤부스러기. ②가루를 빻다, 가루를 내다. [馬融·賦] 應聲粉潰. ❷①단장하다, 분을 바르다. [太玄經] 粉其題. ②채색하다. ③희다. [書經] 藻火粉米.
【粉匣 분갑】[國]분을 담는 조그만 갑.
【粉骨碎身 분골쇄신】뼈를 가루로 만들고 몸을 부숨. 자기 몸을 희생할 각오로 온 힘을 다함.
【粉筐 분광】분을 담는 갑(匣). 粉匲(분렴).
【粉黛 분대】①㉠분과 눈썹먹. ㉡화장함. 粉墨(분묵). ②미인.
【粉堵 분도】흰 담. 粉墻(분장).
【粉綠 분록】①분과 눈썹을 그리는 검푸른 먹. ②화장함.
【粉面 분면】분으로 화장한 얼굴.
【粉墨 분묵】①분과 먹. 서로 거리가 먼 사물. 黑白(흑백). ②아름다운 채색(彩色). ③☞粉黛(분대). ④수식(修飾)하는 일.
【粉白 분백】①화장하는 데 쓰는 흰색 분. 白粉(백분). ②㉠흰 분으로 화장함. ㉡젊은 여자.
【粉白黛綠 분백대록】분을 하얗게 바르고 눈썹먹을 칠함. 곱게 화장함.
【粉壁紗窓 분벽사창】흰 벽과 깁으로 바른 창.

미인이 거처하는 곳.
【粉本 분본】①초벌 그림. 素描(소묘). ②시가나 문장의 본. ③모사(模寫)한 그림.
【粉沸 분비】①가루가 바람에 날리듯 솟아오름. ②무질서하게 떠드는 모양.
【粉碎 분쇄】①가루처럼 잘게 부스러뜨림. ②적을 철저히 쳐부숨.
【粉愁香怨 분수향원】미인이 한스러워하며 슬퍼하는 일.
【粉飾 분식】①분을 발라 화장함. ②겉만을 꾸밈. ③남을 몹시 칭찬함.
【粉蝶 분접】흰 나비. 아름다운 나비.
【粉脂 분지】분과 연지(臙脂).
【粉堞 분첩】하얗게 칠한 성가퀴.
【粉澤 분택】분대(粉黛)와 화장에 쓰는 기름. 여자의 화장품.
【粉筆 분필】①그림 그리는 붓. 화필(畫筆). ②칠판에 글씨를 쓰는 물건. 白墨(백묵).
【粉毫 분호】화필(畫筆).
【粉華 분화】화장(化粧).
【粉繪 분회】①색칠함. ②채색화(彩色畫).
◐穀−, 骨−, 金−, 丹−, 麥−, 白−, 石−, 鉛−, 艶−, 製−, 脂−, 香−, 胡−, 花−.

米4【粃】⑩ 쭉정이 비 紙 bǐ, pī
[字解]①쭉정이. =秕.〔莊子〕塵垢粃糠. ②모르다, 아니다. 부정(否定)하는 말.
【粃穅 비강】쭉정이와 겨. ㉠하찮은 물건. ㉡國변변치 못한 음식.
【粃滓 비재】①쭉정이와 찌끼. ②쓸모없는 사람.
【粃政 비정】잘못되어 어지러운 정치.

米4【柴】⑩ 굳은쌀 비 眞 bì
[字解]①굳은쌀, 나쁜 쌀. =粃. ②땅 이름. =費.

米4【籿】⑩ ❶사탕 사 麻 shā ❷건량 자루 초 肴 chǎo
[字解]❶사탕[砂糖]. 늑沙. ❷건량(乾糧) 자루, 건량을 넣는 자루.〔宋史〕團練使以上, 旗鼓, 槍劍, 棍棒, 籿袋, 云云, 各一.

米4【粋】⑩ 粹(1333)와 동자

米5【粓】⑪ 쌀뜨물 감 覃 gān
[字解]쌀의 뜨물. =泔.

米5【粔】⑪ 중배끼 거 語 jù
[字解]중배끼, 유밀과(油蜜菓)의 한 가지.〔皮日休·詩〕一錢買粔籹.

米5【粝】⑪ 糲(1337)의 속자

米5【粒】⑪ 알 립 緝 lì
[字解]①알. ㉠쌀알. ㉡알갱이. 구슬, 환약 따위와 같이 둥글고 잔 물건.〔中山詩話〕壺中一粒長生藥. ②쌀밥을 먹다.〔書經〕烝民乃粒. ③낟알.〔禮記〕有不粒食者矣.
【粒粒 입립】쌀알 하나하나.
【粒米 입미】①낟알. 쌀알. ②매우 적은 양.
【粒雪 입설】싸라기눈. 싸락눈.
【粒食 입식】낟알로 음식을 지어 먹음. 쌀밥을 먹음.
◐麥−, 米−, 微−, 飯−, 砂−, 粟−, 絶−.

米5【籾】⑪ 죽 말·멸 屑 miè
[字解]죽, 미음.

米5【䌰】⑪ ❶깊이 들 미 齊 mí ❷그물 미 支 mí
[字解]❶깊이 들다, 무릇쓰다. =采. ❷그물.

米5【粕】⑪ 지게미 박 藥 pò
[字解]지게미. 술을 짠 찌꺼기.〔淮南子〕是直聖人之糟粕耳.

米5【粘】⑪ 끈끈할 점 本념 鹽 zhān, nián
[字解]①끈끈하다, 끈기가 많다, 차져서 잘 붙다. ②國식물(食物) 이름.〔萬機要覽〕粘二千七十筒.
【粘啓 점계】國증거나 참고가 될 만한 문서를 첨부하여 임금에게 글을 올리던 일.
【粘塊 점괴】끈끈하게 엉긴 덩이.
【粘連 점련】발라 붙여서 이어 나감.
【粘着 점착】착 달라붙음.
【粘土 점토】진흙. 빛깔이 붉은 차진 흙.

米5【粢】⑪ 糳(1338)과 동자

米5【粗】⑪ 거칠 조 本추 虞 cū
[字解]①거칠다, 정세(精細)하지 아니하다, 정(精)하지 못하다.〔荀子〕愚者之言, 芴然而粗. ②쌀지 아니한 쌀.〔莊子〕吾食也執粗而不臧.〔禮記〕其器高以粗. ④대강, 대략.〔司馬相如·文〕請爲大夫枢陳其略. ⑤國과거(科擧)에서 셋째 등급.〔大典會通〕不失一章大旨者爲粗.
【粗功 조공】큰 공. 大功(대공).

【粗略 조략】 정성을 들이지 않아 거칢. 간략하여 보잘것없음.
【粗厲 조려】 거칠고 사나움.
【粗糲 조려】 ①거칠고 궂은 쌀. 玄米(현미). ②변변하지 않은 음식. 惡食(악식).
【粗鹵 조로】 거칢.
【粗漏 조루】 일이 거칠고 실수가 많음.
【粗米 조미】 거친 쌀.
【粗樸 조박】 허술하고 소박함. 粗朴(조박).
【粗飯 조반】 ①거친 밥. ②남을 대접하는 밥의 겸칭(謙稱).
【粗率 조솔】 거칠고 경솔함.
【粗安 조안】 별고 없이 편안함. 粗寧(조녕).
【粗野 조야】 ①거칠고 촌스러움. ②조심성이 없고 거친 모양.
【粗言 조언】 거친 말. 난폭한 말.
【粗衣粗食 조의조식】 거친 옷과 변변하지 않은 음식. 惡衣惡食(악의악식).
【粗製 조제】 물건을 거칠게 만듦.
【粗製濫造 조제남조】 품질이 거친 물건을 함부로 많이 만듦.
【粗糙 조조】 거칠고 엉성함.
【粗茶淡飯 조차담반】 질이 나쁜 차와 거친 밥. 검소하고 소박함.
【粗醜 조추】 못생김. 상스럽고 추함.
【粗暴 조포】 거칠고 포악함.
【粗悍 조한】 성질이 거칠고 사나움.
【粗豪 조호】 성질이 거칠고 힘이 셈.
【粗忽 조홀】 언행이 가볍고 탐탁하지 않음.

米6【梁】⑫ 梁(1332)의 속자

米6【㷭】⑫ 燐(1082)과 동자

米6【棘】⑫ 싸라기 색 囷 cè
[字解] ①싸라기, 부스러진 쌀알. ②떡이 차지다, 찰떡.

米6【粟】⑫ 조 속 囩 sù

一 冖 西 西 西 覀 粟 粟 粟

[소전][주문][초서] 粂考 栗(845)은 딴 자.
[字源] 會意. 米＋卤＝槀→粟. '卤'은 초목에 열매가 달린 모양. '米'와 합하여 찧지 않은 곡식 낟알, 특히 조를 나타낸다.
[字解] ①조. 〔韻會小補〕粟爲陸種之首, 米之有甲者. ②오곡의 총칭. 〔禮記〕獻粟者執右契. ③벼, 찧지 아니한 곡식. 〔論衡〕穀之始熟曰粟, 云云, 粟未爲米. ④낟알, 알. 좁쌀과 닮은 것. 〔楊萬里·詩〕獨往獨來銀果地. ⑤녹미(祿米), 녹봉(祿俸)으로 준 쌀. 〔史記〕義不食周粟. ⑥군량(軍糧). 〔孟子〕粟米之征. ⑦몸을 삼가고 억누르다. 〔管子〕未敢自恃, 自命曰粟. ⑧소름. 〔蘇軾·詩〕凍合玉樓寒起粟.
【粟金 속금】 좁쌀 같은 작은 금.
【粟奴 속노】 조의 깜부기.
【粟文 속문】 좁쌀 모양의 무늬. 粟紋(속문).
【粟米 속미】 ①조와 쌀. ②벼. ③좁쌀.
【粟帛 속백】 곡물과 비단.
【粟膚 속부】 ①추위 따위로 소름이 끼치는 일. ②거슬거슬한 거친 피부.
【粟散國 속산국】 작은 나라들. ○작은 나라들이 산재(散在)한 것이 좁쌀을 흩뜨려 놓은 것과 같다는 데서 이르는 말.
【粟芋 속우】 조와 토란.
【粟秩 속질】 녹미(祿米).
◐ 嘉—, 官—, 給—, 廩—, 稻—, 秣—, 米—, 腐—, 稅—, 菽—, 罌—, 黏—, 陳—, 倉—.

米6【粎】⑫ 粎(1329)과 동자

米6【粵】⑫ ❶어조사 월 月 yuè

[소전][초서] 粵
[字解] ①어조사. ㉮이에. 발어사. 曰과 같다. 〔漢書〕粵其聞日. ㉯이에. 윗글을 이어 아랫글을 일으키는 말. ＝越. ㉰아아. 탄식하는 말. ㉱~에. 구(句) 가운데 두는 말. ＝于･於.〔漢書〕尙粵其幾. ②두텁다.〔管子〕天爲粵宛. ③종족 이름. 중국 남쪽에 살았던 오랑캐. ＝越.〔漢書〕以適徙民與粵雜處. ④나라 이름. 주대(周代)의 제후국. ＝越.〔周禮〕粵無鎛. ⑤땅 이름. ＝越. ㉮광동(廣東)･광서(廣西) 등의 지역. 옛날에는 백월(百粵)이라고 하였다. ㉯광동의 딴 이름.
【粵犬吠雪 월견폐설】 월(粵)의 개가 눈을 보고 짖음. ○낯선 것을 보면 의심하기 쉬움. ○식견이 좁은 자가 탁월한 언행(言行)을 의심하여 비난함. ○월 지방은 눈이 적게 오므로, 눈이 오면 개가 이상히 여겨 짖는다는 데서 온 말. 蜀犬吠日(촉견폐일).
◐ 南—, 百—, 兩—.

米6【粢】⑫ ❶기장 자 支 zī ❷술 제 霽 jì

[초서] 粢
[字解] ❶①기장.〔孟子〕以供粢盛. ②곡식의 총칭.〔春秋左氏傳〕粢食不鑿. ③제물로 바친 곡식.〔國語〕上帝之粢盛. ④쌀떡. ⑤술. ※❷와 같다. ❷술(酒). 〔禮記〕粢醍在堂.
【粢糲 자려】 몹시 거친 음식.
【粢盛 자성】 나라의 큰 제사에 쓰는 곡물(穀物).
【粢醍 제제】 술. 기장으로 빚은 술.
◐ 潔—, 稻—, 明—, 糯—, 六—, 祭—.

米6【粧】⑫ 단장할 장 陽 zhuāng

丷 丬 半 米 米 米 米 米 粧 粧

【粧】 妝 字源 形聲. 米→庄→粧. '庄(장)'이 음을 나타낸다.
字解 ①단장하다. 〔南史〕必爲半面粧以俟. ②제하다, 분장하다.
【粧鏡 장경】화장용 거울.
【粧刀 장도】國주머니에 넣거나 옷고름에 차고 다니는 칼집이 있는 작은 칼. 장도칼.
【粧奩 장렴】①화장품 상자. ②혼수(婚需).
【粧睡 장수】자는 체함.
【粧鉛 장연】분을 발라 단장함.
【粧臂 장비】보조개를 꾸며 만듦.
【粧點 장점】①단장함. ②國좋은 땅을 가려 집을 지음.
【粧痕 장흔】단장한 흔적.
● 假-, 濃-, 美-, 淡-, 盛-, 新-, 姸-, 紅-, 化-, 華-.

【粥】 ❶죽 죽 屋 zhōu ❷팔 육 屋 yù ❸된죽 미 支 mí
粥 精 鬻 参考 대법원 지정 인명용 한자의 음은 '죽'이다.
字解 ❶죽. 〔禮記〕饘粥之食. ❷①팔다. 〔禮記〕宗廟之器, 不粥於市. ②기르다. 〔周禮〕與其國粥. ③시집보내다. 〔禮記〕請粥庶弟之母. ④성(姓). ❸된죽. 늑糜.
【粥飯僧 죽반승】죽과 밥만 많이 먹는 중. 무능한 사람을 욕하는 말. 밥통.
【粥粥 죽죽】❶육육】①자기를 낮추는 모양. 겸손한 모양. ②유약(柔弱)한 모양. ③㉠닭이 서로 부르는 소리. ㉡사람이 닭을 부르는 소리. ❷삼가고 두려워하는 모양.
【粥米 육미】쌀을 팖.
● 茶-, 淡-, 豆-, 麋-, 薄-, 煮-, 饘-.

【粎】 粎(1329)과 동자

【粔】 흰쌀 환 删 huān
字解 흰쌀, 멥쌀, 백미(白米).

【粳】 메벼 갱 庚 jīng 秔
字解 메벼. 낟알에 찰기가 없는 벼. 〔史記〕祭以粳稻.
【粳稻 갱도】메벼.
【粳米 갱미】멥쌀.

【粱】 기장 량 陽 liáng 粱 粱 粱 参考 粱(850)은 딴 자.
字解 ①기장. 조보다 낟알이 굵은 곡식의 한 가지. 〔漢書〕重車餘粱肉. ②기장밥. 〔禮記〕大夫不食粱. ③쓿은 곡식. 낟알이 줄기〔莖〕에 달려 있는 것을 '禾(화)', 껍데기에 싸여 있는 것을 '粟(속)'이라 하며, 알맹이를 '米(미)', 정제한 것을 '粱'이라 한다.
【粱糒 양구】찐쌀을 말린 밥.
【粱米 양미】①좋은 쌀. ②기장과 쌀.
【粱飯 양반】좋은 쌀로 지은 밥. 쌀밥.
【粱肉 양육】좋은 쌀과 좋은 고기. 부귀한 사람의 음식.
● 高-, 膏-, 稻-, 童-, 白-, 黃-.

【粮】 糧(1336)과 동자

【粆】 누룩 매 灰 méi
字解 누룩, 술밀. 술을 빚는 재료. =酶.

【粡】 떡 보 遇 bù
粡 粱 字解 떡. =餔.

【粰】 ❶산자 부 尤 fú ❷왕겨 부 虞 fū
粰 字解 ❶①산자(饊子). 〔晉書〕士卒唯給粰橡. ②죽, 된죽. ❷①왕겨. ②찌꺼기, 빈 껍질. 〔晉書〕時俸盡, 食醫粰.

【粲】 정미 찬 翰 càn
粲 粱 字解 ①정미, 잘 쓿은 쌀. ②밝다, 선명하다. 늑燦. 〔詩經〕於粲洒埽. ③깨끗하다. 〔荀子〕俄而粲然有秉芻豢稻粱而至者. ④무늬, 문채. ⑤웃는 모양. 〔春秋穀梁傳〕軍人粲然皆笑. ⑥아름답다. 〔陸雲·詩〕灼灼懷春粲. ⑦많다. 〔詩經〕三英粲兮. ⑧세 여자, 세 미인. 일처(一妻) 이첩(二妾). 〔詩經〕見此粲者. ⑨음식. 늑餐.
【粲如 찬여】선명한 모양. 분명한 모양.
【粲然 찬연】①선명한 모양. 분명한 모양. ②웃는 모양. ③깨끗한 모양.
【粲粲 찬찬】①문채가 나고 산뜻하며 화려한 모양. ②아름답고 민첩한 모양.
【粲彰 찬창】환히 드러남.
【粲花 찬화】아름다운 꽃. 언론(言論)이 아름답고 훌륭함. 故事 당대(唐代)에 이백(李白)이 담론할 때 그 말이 정연하고 아름다웠으므로, 그때 사람들이 춘화(春花)에 비유하여 일컬은 고사에서 온 말.
● 白-, 星-, 笑-, 薪-, 一-, 灼-, 華-.

【粼】 ❶물 맑을 린 眞 lín ❷내 모양 린 軫 lǐn
粼 粼 字解 ❶①물이 맑다, 물이 맑아 물속의 돌이 환히 보이는 모양. 〔詩經〕揚之水, 白石粼粼. ②대의 한 가지. 속이 찬 대. ❷내〔川〕의 모양.

【鄰鄰 인린】①물이 맑아 물속의 돌이 환히 보이는 모양. ②달빛이 밝고 맑은 모양.

米8 【糀】⑭ 糒(1335)와 동자

米8 【粹】⑭ ❶순수할 수 圓 cuì
❷부서질 쇄 圖 suì

[소전] 粮 [초서] 粹 [동자] 粋 [参考] 대법원 지정 인명용 한자의 음은 '수'이다.

[字解] ❶①순수하다.〔呂氏春秋〕天下無粹白之狐. ②불순물이 없는 쌀. ③아름답다.〔後漢書〕朋精粹而爲徒. ④같다.〔楚辭〕昔三后之純粹兮. ⑤오롯하다, 온전하다.〔荀子〕所欲未嘗粹而來也. ⑥정밀하다, 자세하다.〔荀子〕析速粹孰而不急. ⑦변하지 않다. ❷①부서지다. 늑碎.〔荀子〕舍粹折無適也. ②부스러기 쌀.

【粹器 수기】훌륭한 인물. 뛰어난 사람.
【粹靈 수령】①뛰어나고 기이함. ②몹시 영묘(靈妙)함.
【粹穆 수목】순수하고 온화함.
【粹美 수미】순수하고 아름다움.
【粹想 수상】순수한 생각. 훌륭한 생각.
【粹然 수연】꾸밈없이 순수한 모양.
【粹學 수학】뛰어난 학문. 훌륭한 학문. 순수한 학문.
【粹折 쇄절】부서지고 꺾임.

❶端―, 明―, 拔―, 秀―, 純―, 淳―, 神―, 雅―, 溫―, 貞―, 精―, 眞―, 淸―, 和―.

米8 【粻】⑭ 양식 장 陽 zhāng

[소전] 糧 [초서] 粧

[字解] ①양식.〔禮記〕五十異粻. ②엿, 물엿. 늑餦.

米8 【精】⑭ ❶쓿은 쌀 정 庚 jīng, qíng
❷굳셀 정 圖 jīng

丷 丷 半 米 米 米 糈 精 精 精

[소전] 精 [초서] 精 [동자] 精 [속] 粖 [字源] 形聲. 米+靑→精. '靑(청)'이 음을 나타낸다.

[字解] ❶①쓿은 쌀, 정미.〔論語〕食不厭精. ②쓿다, 찧다.〔楚辭〕精瓊廳以爲粻. ③자세하다, 면밀하다.〔呂氏春秋〕用志如此其精也. ④밝고 자세하다.〔呂氏春秋〕無以害其天, 則知精. ⑤깊다, 그윽하다.〔呂氏春秋〕其知彌精. ⑥순일(純一)하다, 전일(專一)하다.〔淮南子〕心竟不精. ⑦교묘하다. ⑧날카롭다.〔呂氏春秋〕選練角材, 欲其精也.⑨아름답다.〔後漢書〕朋精粹而爲徒. ⑩맑다.〔國語〕祓除其心精也. ⑪개다, 하늘이 개다.〔史記〕天精而見景星. ⑫해. 달. 별.〔後漢書〕三精霧塞. ⑬근본. ⑳생명의 근원, 남자의 정액(精液).〔易經〕男女構精, 萬物化生. ④만물을 생성하는 음양의 기(氣).〔淮南子〕天地之襲, 精爲陰陽. ⑭

혼, 혼백, 정령(精靈).〔宋玉·賦〕精交接以來往. ⑮정성.〔漢書〕各厲志竭精. ⑯진실, 참됨.〔管子〕中不精者, 必不治. ⑰신, 신령.〔杜甫·行〕雲霧晦冥方降精. ⑱눈동자. 늑睛. ⑲꽃. 늑菁. ❷굳세다, 강하다.

【精幹 정간】뛰어난 수완(手腕).
【精懇 정간】정성스럽고 간절함.
【精簡 정간】정밀하게 고름.
【精鑑 정감】①정밀하게 관찰함. ②뛰어난 감식.
【精甲 정갑】①견고하고 훌륭한 갑옷. ②날래고 용맹스러운 군사. 정병(精兵).
【精剛 정강】뛰어나고 굳셈.
【精强 정강】날래고 강함. 정경(精勁).
【精虔 정건】정성을 다하고 삼감.
【精勁 정경】①≒精强(정강). ②필세(筆勢)가 날카로움.
【精光 정광】①밝은 빛. 환한 빛. ②뛰어난 명예. ③의용(儀容)이 뛰어나고 단정한 모양. ④말쑥함, 깨끗하고 산뜻함.
【精勤 정근】①정성스럽고 부지런함. ②부지런히 힘씀. 쉬지 않고 근무함.
【精金良玉 정금양옥】정련(精鍊)된 금속과 훌륭한 옥. 인품이 깨끗하고 온화함.
【精氣 정기】①만물을 생성하는 원기(元氣). ②정신과 기력(氣力). 정력과 근기(根氣). ③진실한 마음.
【精記 정기】①잘 기억함. ②자세히 기록함.
【精器 정기】정예(精銳)한 무기.
【精騎 정기】정예한 기병(騎兵).
【精緊 정긴】정묘하고 긴요함. 精要(정요).
【精刀 정도】예리한 칼.
【精到 정도】아주 정묘한 경지에 이름.
【精良 정량】매우 정묘하고 훌륭함.
【精慮 정려】곰곰이 생각함. 精思(정사).
【精勵 정려】힘써 부지런히 일함.
【精廬 정려】①학문을 닦거나 글을 읽는 곳. ②절〔寺〕.
【精練 정련】①잘 연습함. ②실이나 피륙을 표백함.
【精鍊 정련】①충분히 단련함. ②광석 따위에 들어 있는 금속을 정제함.
【精靈 정령】①혼. 정신. ②빼어나고 영묘한 기운. 우주 만물의 근원. ③(佛)죽은 사람의 혼.
【精利 정리】정교하고 예리함.
【精芒 정망】날카롭게 빛나는 칼이나 창 끝.
【精魅 정매】도깨비.
【精妙 정묘】정밀하고 오묘함.
【精微 정미】정밀하고 미묘함.
【精美 정미】≒精姸(정연).
【精敏 정민】사리에 정통하고 재지(才智)가 예민함. 학식이 많고 현명함.
【精博 정박】지식이 깊고 넓음.
【精方 정방】정밀한 방법. 세밀한 술법.
【精白 정백】①아주 힘. 純白(순백). ②國쌀이나 보리를 찧어 희게 만듦.
【精辯 정변】상세하고 명백한 변론.
【精舍 정사】①학문을 가르치려고 베푼 집. 학

교. 學舍(학사). ②정신이 깃들어 있는 곳. 곧, 마음. ③도사(道士)가 사는 곳. ④(佛)불도를 닦는 곳. 절.
【精爽 정상】정신(精神).
【精詳 정상】정밀하고 자세함.
【精鮮 정선】매우 고움.
【精細 정세】아주 자세함. 아주 세밀함.
【精誦 정송】정신을 들여 외움. 精讀(정독).
【精灑 정쇄】정결(精潔)하고 쇄락(灑落)함. 아주 깨끗하고 맑음.
【精水 정수】①수컷의 생식액(生殖液). 精液(정액). ②깨끗하고 맑은 물.
【精修 정수】정미(精微)하게 학문을 닦음.
【精粹 정수】①세밀하고 순수함. ②청렴하고 사욕(私欲)이 없음.
【精髓 정수】①뼈 속에 있는 골. ②사물의 핵심(核心). 고갱이. 眞髓(진수).
【精熟 정숙】정통하고 능숙함. 아주 익숙함.
【精純 정순】조금도 잡것이 섞이지 않음.
【精識 정식→정지】①잘 기억함. 기억력이 뛰어남. ②뛰어난 견식.
【精神滿腹 정신만복】정신이 온몸에 가득 차 있음. 정신력이 남보다 뛰어남.
【精深 정심】자세하고 깊이가 있음.
【精尋 정심】사물의 이치를 깊이 탐구함.
【精陽 정양】음력 6월의 딴 이름.
【精姸 정연】정묘하고 고움. 精美(정미).
【精研 정연】깊이 연구함. 精究(정구).
【精詣 정예】정도(精到)한 학술의 조예.
【精銳 정예】썩 날래고 용맹함. 또는 그런 군사.
【精曜 정요】①아름답게 빛남. ②빛. 광채. ③보옥(寶玉)의 빛.
【精衛塡海 정위전해】정위(精衛)가 바다를 메움. 무모한 일을 꾀하여 헛되이 수고함. 故事 동해(東海)에서 익사한 염제(炎帝)의 딸이 정위라는 새로 변하여 늘 서산(西山)의 나무와 돌을 물어다 동해를 메우려 했다는 전설에서 온 말.
【精義 정의】①정심(精深)한 도리. 오묘한 이치. ②자세한 의의(意義).
【精義入神 정의입신】오묘한 이치를 깨달아 영묘한 경지에 이름.
【精益求精 정익구정】뛰어난데도 더욱 뛰어나고자 애씀.
【精一 정일】①마음이 정세(精細)하고 한결같음. ②조금도 잡된 것이 섞이지 않고 순수함.
【精腆 정전】자세하고 후함.
【精切 정절】자세하고 적절함.
【精整 정정】잘 정돈됨.
【精粗 정조】정밀함과 조잡함. 精麤(정추).
【精眞 정진】순수하고 진실함.
【精進 정진】①정력을 다하여 나아감. ②사물에 정통하고 직무에 힘씀. ③(佛)㉠일심으로 불도를 닦음. ㉡육식을 삼가고 채식함.
【精彩 정채】①윤. 광채(光彩). ②발랄한 기상. 精采(정채).
【精鐵 정철】정련(精鍊)한 쇠. 熟鐵(숙철).
【精忠 정충】한결같은 충성(忠誠). 조금도 사심

(私心)이 없는 순수한 충성.
【精測 정측】①자세하게 헤아림. ②정밀하게 측량함.
【精緻 정치】정교하고 치밀함.
【精祲 정침】음양(陰陽)의 기. 음양의 기가 서로 침범하는 일.
【精汰 정태】정밀하게 골라냄.
【精討 정토】정밀하게 탐구함.
【精學 정학】정성 들여 배움. 학문에 정통함.
【精悍 정한】날래고 사나움. 성질이 날카롭고 용감함.
【精解 정해】①정밀한 해석. ②정밀하게 해득(解得)함. 환하게 깨달음.
【精核 정핵】①정세(精細)하고 확실함. ②자세히 연구하여 핵심을 밝힘. 精覈(정핵).
【精好 정호】정밀하고 좋음. 만듦새가 훌륭하고 아름다움.
【精魂 정혼】넋. 영혼. 精魄(정백).
【精華 정화】①뛰어나고 화려함. 가장 순수하고 빛남. ②정수가 될 만한 뛰어난 부분. ③빛. 光彩(광채).
【精曉 정효】정통(精通)함.
【精洽 정흡】자세하고 골고루 미침.
● 交-, 金-, 木-, 山-, 三-, 水-, 受-, 養-, 硏-, 妖-, 雲-, 日-, 酒-, 地-.

米⁸【精】⑭ 精(1333)과 동자

米⁸【稱】⑭ 精(1333)과 동자

米⁸【粽】⑭ 주악 종 圝 zòng
字解 주악, 각서(角黍), 조각(糙角). 떡의 한 가지.

米⁸【精】⑭ 粥(1332)과 동자

米⁸【粺】⑭ 정미 패 圊 bài
字解 ①정미(精米). 특히, 현미 열 말을 쓿어서 백미 아홉 말로 한 것. 〔詩經〕彼疏斯粺. ②피, 돌피. 늑稗. 〔孔子家語〕是用秕粺.

米⁹【䴢】⑮ 麪(2119)과 동자

米⁹【糂】⑮ 나물죽 삼 圝 sǎn
字解 ①나물죽. 나물국에 쌀을 넣어 쑨 죽. ②국에 쌀을 넣다. 〔荀子〕藜羹不糂. ③낟알. ④섞다, 섞이다.

米部 9~11획   粞 糅 糉 糊 糇 糕 縠 糗 糖 糒 糏 糔 糮 糠

粞
米 9 ⑮ 양식 서 魚語   xǔ
[소전] 粞 [字解] ①양식. ②정미(精米), 젯메쌀. 〔楚辭〕懷椒粞而要之. ③쌀알. ④튀밥.
【粞秶 서도】신에게 바치는 쌀과 찰벼.

糅
米 9 ⑮ ❶섞을 유 宥   róu
❷먹을 유 尤   róu
[초서] 糅 [字解] ❶①섞다, 섞이다. 〔儀禮〕白羽與朱羽糅. ②갖가지 안주. ③비빔밥. ❷먹다.
【糅錯 유착】서로 뒤섞임.

糉
米 9 ⑮ 주악 종 送   zòng
[소전] 糉 [초서] 糉 [동자] 粽 [字解] 주악, 각서(角黍). 떡의 한 가지.

糊
米 9 ⑮ 풀 호 虞   hú
[초서] 糊 [字解] ①풀, 붙이는 풀. =黏. ②끈끈하다. ③입에 풀칠하다, 살아가다. 〔宋正考父·鼎銘〕饘于是, 粥于是, 以糊余口. ④흐리다, 모호하다. 〔杜甫·詩〕馳背錦模糊. ⑤차지게 하다, 이기다. 〔鮑照·賦〕製磁石以禦衝, 糊赬壤以飛文.
【糊口 호구】입에 풀칠힘.
㋐겨우 먹고삶. ㋑가난한 살림. 餬口(호구).
【糊斗 호두】풀을 넣어 두는 그릇.
〈糊斗〉
【糊名 호명】과거 볼 때 시험관의 정실(情實) 행위를 막기 위하여, 시험지의 응시자 이름을 풀칠하여 봉하던 일.
【糊丸 호환】약가루를 풀로 반죽하여 지은 환약.

糇
米 9 ⑮ 말린 밥 후 尤   hóu
[초서] 糇 [字解] ①말린 밥, 건량(乾糧), 찐쌀을 말린 보존 식량. =餱. ②양식, 식량. 〔後漢書〕屑瑤蘂以為糇兮.
【糇糧 후량】식량. 양식.

糕
米 10 ⑯ 떡 고 豪   gāo
[초서] 糕 [동자] 餻 [字解] 떡, 가루떡. 쌀가루를 쪄서 만든 것.
【糕乾 고건】쌀가루에 설탕을 넣어 만든 것. 젖이 부족할 때 대용으로 먹임.
【糕坊 고방】떡집.
【糕餠 고병】떡과 과자류의 총칭.
【糕點 고점】과자(菓子).

縠
米 10 ⑯ 縠(869)의 속자

糗
米 10 ⑯ ❶볶은쌀 구 有   qiǔ
❷양식 구 宥   qiǔ
[소전] 糗 [초서] 糗 [字解] ❶①볶은 쌀, 곡물을 볶은 것. 〔周禮〕糗餌粉餈. ②볶은 쌀로 쑨 죽. ③미숫가루. 〔儀禮〕取糗與腵脩. ④건량(乾糧). ≒糒. 〔孟子〕舜之飯糗茹草也. ⑤씹다. ⑥성(姓). ❷양식, 식량.
【糗糒 구비】말린 밥. 옛날에 군량(軍糧)으로 썼음. 乾飯(건반). 糗糧(구량).
【糗脩 구수】말린 밥과 포(脯).

糖
米 10 ⑯ 사탕 당 陽   táng

丷 丬 米 糒 糒 糒 糒 糒 糒 糖

[소전] 糖 [초서] 糖 [참고] 대법원 지정 인명용 한자의 음은 '당·탕'이다.
[字源] 形聲. 米+唐→糖. '唐(당)'이 음을 나타낸다.
[字解] ①사탕. 〔易林〕南箕無舌, 飯多沙糖. ②엿. =餳.
【糖酪 당락】맛이 단 젖. 乳汁(유즙).
【糖霜 당상】흰 설탕. 백설탕.
【糖乳 당유】진하게 달인 우유. 煉乳(연유).
❶ 果－, 白－, 沙－, 雪－, 精－, 製－, 黑－.

糒
米 10 ⑯ 건량 비 寘   bèi
[소전] 糒 [초서] 糒 [동자] 餥 [字解] 건량, 말린 밥. 행군할 때의 양식. 〔漢書〕大將軍使長史持糒醪遺廣.
【糒醪 비료】말린 밥과 술.

糏
米 10 ⑯ ❶싸라기 설 屑   xiè
❷쌀가루 솔 月   xiè
[字解] ❶싸라기. 부스러진 쌀알. ❷쌀가루.

糔
米 10 ⑯ 묵은 쌀뜨물 수 有宥   xiǔ
[초서] 糔 [字解] ①묵은 쌀뜨물. ②반죽하다. 〔禮記〕為稻粉糔溲之以為酏.

糮
米 10 ⑯ 메벼 함·겸 咸鹽   xián
[字解] ①메벼. ②붉은 기장.

糠
米 11 ⑰ 겨 강 陽   kāng
[초서] 糠 [동자] 穅 [동자] 秔 [字解] ①겨, 쌀겨. 〔莊子〕不如食糠糟. ②매우 작은 것. 〔莊子〕塵垢粃糠.
【糠麋 강미】겨로 쑨 죽. 겨죽.
【糠粃 강비】①겨와 쭉정이. ②소용없는 물건.
【糠糟 강조】①겨와 술지게미. ②변변치 않은 음식.
【糠鰕 강하】(動)보리새우.
❶ 粃－, 糟－, 舐－及米.

米部 11~12획 糢 縻 糞 糤 糝 糚 糟 糙 糧

米11 【糢】⑰ 模(875)의 속자

米11 【縻】⑰ 죽 미 因 mí
[소전] 糜 [초서] 麋 [字解] ①죽, 된죽. 〔禮記〕行縻粥飲食. ②싸라기, 부서진 쌀알. ③문드러지다. 〔孟子〕縻爛其民. ④써서 없애다, 흩다. 늑縻. 〔荀子〕以縻敝之.
【縻軀 미구】갖은 고초를 겪음. 간난신고(艱難辛苦)함.
【縻爛 미란】①잘게 부서짐. ②썩어 문드러짐.
【縻滅 미멸】멸망함. 멸망시킴.
【縻沸 미비】죽이 끓듯이 소란함. 鼎沸(정비).
【縻散 미산】흩어져 없어짐.
【縻粥 미죽】죽. 미음.
【縻弊 미폐】지쳐서 쇠약해짐. 피폐(疲弊)하여 쇠약해짐.
○ 糠-, 豆-, 茗-, 薄-, 潭-, 肉-, 殘-.

米11 【糞】⑰ 똥 분 囷 fèn
[소전] 糞 [초서] 糞 [간체] 粪 [字解] ①똥. 〔吳越春秋〕今者臣竊嘗大王之糞. ②더러운 것을 제거하다. ③떨다, 청소하다. 〔荀子〕堂上不糞. ④거름을 주다. 〔禮記〕可以糞田疇. ⑤볍씨를 뼈를 곤 물에 담그다.
【糞壤 분양】①더러운 땅. 썩은 흙. 糞土(분토)①. ②땅에 거름을 줌.
【糞田 분전】①앞에 거름을 줌. ②거름을 준 밭.
【糞除 분제】털어 없앰. 스스로 몸을 닦아 깨끗이 함.
【糞土 분토】①더러운 흙. 썩은 흙. 糞壤(분양)①. ②몹시 비하(卑下)하거나 혐오함.
【糞土言 분토언】도리에 닿지 않는 비천한 말. 더러운 말. 가치 없는 말.
【糞溷 분혼】뒷간. 변소.
○ 犬-, 馬-, 放-, 掃-, 蠅-, 尿-, 人-.

米11 【糤】⑰ 흩을 살 囷 sà
[소전] 糤 [字解] ①흩다. ②이삭에서 떤 곡식. ③해치다. 늑殺. ④내치다, 추방하다. 늑蔡. 〔春秋左氏傳〕周公殺管叔, 而糤蔡叔.

米11 【糝】⑰ ❶나물죽 삼 國 sǎn ❷나물국 삼 囷 sān
[초서] 糝 [字解] ❶①나물죽. ㉮죽에 나물을 넣은 것. 〔禮記〕酏食·糝食. ㉯죽에 고기를 넣은 것. 〔禮記〕糝, 取牛羊豕之肉, 三如一, 小切之, 與稻米, 稻米二, 肉一, 合以爲餌, 煎之. ②국에 쌀 또는 쌀가루를 넣다. 〔莊子〕七日不火食, 藜羹不糝. ③차지게 하다, 이기다. ④밥알. ⑤섞이다. ❷나물국.
【糝粒 삼립】낟알. 쌀알.
【糝糝 삼삼】분분하게 흩어지는 모양.

【糝食 삼식】쌀가루를 넣어서 끓인 국.

米11 【糚】⑰ 妝(408)과 동자

米11 【糟】⑰ 전국 조 豪 髓 zāo
[소전] 糟 [주문] 䉼 [초서] 粩 [字解] ①전국, 거르지 아니한 술. 〔周禮〕共后之致飲于賓客之禮醫酏糟. ②지게미. 술을 거르고 남은 찌꺼기. 〔楚辭〕何不餔其糟而歠其醨. ③성(姓). ④헐다, 상하다.
【糟糠 조강】①지게미와 쌀겨. ②변변하지 않은 음식.
【糟糠不厭 조강불염】지게미나 쌀겨도 배불리 먹지 못함. 몹시 가난함.
【糟糠之妻 조강지처】가난하여 지게미와 겨 같은 거친 음식을 먹으면서 고생을 같이한 아내. 糟糠之婦(조강지부).
【糟丘 조구】①언덕처럼 쌓은 지게미. 지게미로 된 언덕. ②술에 탐닉함. 糟隄(조제).
【糟粕 조박】①지게미. ②보잘것없는 것.
【糟甕 조옹】지게미를 담은 독.
○ 肥-, 籍-, 酒-.

米11 【糙】⑰ 매조미쌀 조 豪 髓 cāo
[초서] 粩 [간체] 糙 [字解] ①매조미쌀, 현미(玄米). ②거칠다, 살결이 거칠다. 〔長生殿〕玉體渾身糙漆.
【糙米 조미】매조미쌀. 玄米(현미).
【糙漆 조칠】살결이 거칠고 검음.

米12 【糧】⑱ 양식 량 陽 liáng
" 丷 半 米 粐 粐 粐 糎 糎 糧 糧
[소전] 糧 [초서] 糧 [동자] 粮 [간체] 粮 [字源] 形聲. 米+量→糧. '量(량)'이 음을 나타낸다.
[字解] ①양식. ㉮식량의 총칭. 〔晉書〕每月初得祿, 裁留身糧, 其餘悉分振親族. ㉯여행이나 행군에 쓰는 식량, 건량(乾糧). 〔周禮〕治其糧與其食. ㉰자료(資料). 〔蘇軾·狀〕若學糧不繼, 使至者無歸. ②구실, 조세. 〔宋史〕度田屋錢糧之數, 以給之. ③급여(給與), 녹(祿). 〔新唐書〕新至官者, 計日給糧.
【糧廥 양괴】군량(軍糧)을 저장하는 창고.
【糧道 양도】①군량을 운반하는 길. ②國양식의 씀씀이.
【糧米 양미】①군량미(軍糧米). ②양식으로 쓰는 쌀.
【糧食 양식】살아가는 데 필요한 먹을거리.
【糧資 양자】①군량과 군자금(軍資金). ②생활에 필요한 양식과 비용.
【糧草 양초】군량과 말먹이. 糧秣(양말).
【糧仗 양장】군량과 병장기.

米部 12～17획 糦 糤 糔 糦 糦 糩 糪 糫 糬 糭 糮 糯 糰 糱 糲 1337

【糧餉 양향】 군인에게 지급하는 양식과 돈.
● 見一, 穀一, 樸一, 軍一, 給一, 農一, 斗一, 米一, 兵一, 食一, 年一, 資一, 絶一, 租一, 秋一, 聚一, 學一, 後一.

米12 【糦】⑱ ❶방귀 낄 비 圖 pì ❷김 빠진 음식 비 困 pì
字解 ❶방귀를 뀌다. ＝屁. ❷①김이 빠진 음식, 진기(津氣)가 없는 음식물. ②방귀를 뀌다. ※❶과 같다. ③짐승 이름.

米12 【糤】⑱ 산자 산 單 sǎn
字解 산자(饊子), 유밀과(油蜜菓)의 한 가지. ≒饊.

米12 【糔】⑱ 풋바심할 착 圉 zhuō
字解 ❶풋바심하다. 곡식이 채 익기 전에 베어서 양식을 마련하는 일. ＝穛·稤. ❷작다, 곡식 알이 작다.

米12 【糦】⑱ 매조미쌀 추 虞 cū
字解 매조미쌀, 쓿지 않은 쌀, 현미(玄米). ＝粗·麤.

米12 【糦】⑱ 술과 안주 치·희 圓 囡 chì
字解 ❶술과 인주, 주시(酒食). ＝饎. ❷찌다, 찐 밥. 〔方言〕自河以北, 趙魏之閒, 火熱曰爛, 氣熱曰糦. ❸기장밥. 〔詩經〕大糦是承. ❹대제(大祭)에 바치는 주식.

米13 【糩】⑲ 糩(1337)와 동자

米13 【糪】⑲ ❶밥 벽 囮 bò ❷선 떡 팔 圓 bò
字解 ❶①밥, 죽. ②선밥, 덜 익은 쌀이 남아 있는 밥. ❷선떡, 설익어 푸슬푸슬한 떡.

米13 【糫】⑲ 쌀 일 석·역 囮 shì
字解 쌀을 일다. ≒釋.

米13 【糮】⑲ 糲(1338)와 동자

米14 【糯】⑳ 찰벼 나·난 圖 圞 nuò
字解 찰벼. ＝秔.
【糯稻 나도】 찰벼.
【糯黍 나서】 찰기장.

【糯粟 나속】 ①차조. ②쌀·조 등의 곡물.

米14 【糰】⑳ 경단 단 囲 tuán
字解 경단(瓊團). 떡의 한 가지.
【糰子 단자】 경단.

米14 【糗】⑳ ❶차질 도 囮 dào ❷된죽 주 囗 chóu
字解 ❶①차지다, 끈적끈적하다. ②덮다. ❷된죽, 범벅.

米15 【糲】㉑ ❶현미 려·랄 圖 lì ❷현미 뢰 圈 圞
字解 ❶①현미, 매조미쌀. 〔史記〕糲粱之食. ②맷돌로 갈다. ❷현미, 매조미쌀. ※❶의 ①과 같다.
【糲米 여미】 현미(玄米).
【糲飯 여반】 현미밥. 거친 밥.
【糲粢 여자】 현미와 기장. 거친 음식.
● 飯一, 粢一, 粗一.

米15 【糱】㉑ ❶가루 말 圓 mò ❷죽 멸 圓 miè
字解 ❶①가루, 곡식의 분말(粉末). ＝粖. ②쌀에 가루를 섞다. ❷죽.

米16 【糵】㉒ 누룩 얼 圓 niè
字解 ❶누룩. 〔禮記〕禮之于人, 猶酒之有糵也. ❷곡식에 싹이 자란 것. 콩나물, 엿기름 따위. ❸싹트다, 빚다, 일을 만들어 내다. 〔漢書〕媒糵其短.
【糵麴 얼국】 누룩.
【糵酒 얼주】 누룩으로 만든 단 술.

米16 【糴】㉒ ❶쌀 사들일 적 圓 dí ❷성 조 圉 dí
字解 ❶①쌀을 사들이다. 〔春秋〕臧孫辰告糴于齊. ②구두쇠, 노랑이. ③圍환자(還子), 환곡(還穀)을 거두던 일. 〔秋官志〕糴簿之磨勘未了. ❷성(姓).
【糴價 적가】 사들이는 곡식의 값.
【糴貴 적귀】 사들이는 곡식의 값이 비쌈.
【糴買 적매】 곡식을 사들임.
【糴米 적미】 쌀을 사들임. 사들인 쌀.
【糴簿 적부】 환자(還子)의 수납에 관한 장부.
● 貴一, 貸一, 收一, 夜一, 抑一, 增一, 販一.

米16 【糱】㉒ 糱(1338)의 속자

米17 【糵】㉓ 糵(1337)과 동자

【米19 糠】㉕ 부술 미·마 辟 歔 mí
[字解] ①부수다, 깨뜨리다. ②곡물(穀物)의 왕겨를 잘게 부스러뜨리다. ③부스러기, 가루. =䊳. ④몽글게 찧다.

【米19 糶】㉕ 쌀 내어 팔 조 嘯 tiào
[字解] ①쌀을 내어 팔다. 〔漢書〕 媼歸糶買未具. ②國환곡(還穀). 백성에게 봄에 꾸어 주고 가을에 이자를 붙여 거두던 곡식.
【糶米 조미】 쌀을 내어 팖.
【糶糴 조적】 ①곡식을 매매하는 일. ②내는 쌀과 사는 쌀. ③國환곡을 꾸어 주거나 거두어들이던 일.
【糶出 조출】 파는 쌀. 팔려고 내놓은 쌀.

【米21 籑】㉗ 쓿을 착·족 藥 屋 zuò
[字解] ①쓿다. ②쓿은 쌀, 찧은 쌀, 정미(精米).

糸 部

6획 부수 │ 실사부

【糸0 糸】⑥ ❶가는 실 멱 錫 mì ❷실 사 支 sī
[參考] 대법원 지정 인명용 한자의 음은 '사'이다.
[字源] 象形. 실타래의 모양을 본뜬 글자.
[字解] ❶①가는 실. ②적다, 가늘다. =幺. ③매우 적은 수. 絲(사)의 절반. ❷실. ※絲(1357)의 속자(俗字).

【糸1 系】⑦ 이을 계 霽 xì
[字源] 會意. 爪＋糸→系. 손(爪)으로 실(糸)을 잡고 있다는 데서 본래 '매달리다'라는 뜻을 나타내었다. 실을 매달고 있으므로 '잇다'의 뜻이 나왔다.
[字解] ①잇다. 〔班固·賦〕 系唐統, 接漢緒. ②걸리다, 이어지다, 매다. 〔漢書〕 系高頊之玄胄兮. ③실마리. ④핏줄, 혈통. 〔王僧孺·墓誌銘〕 自姬發系. ⑤계보(系譜). 〔新唐書〕 失其先系. ⑥실, 실낱. 〔後漢書〕 歷暴亮不斷若系.
【系家 계가】 봉록을 받으며 대대로 이어진 가문(家門). 世家(세가).
【系念 계념】 마음에 두고 잊지 않음.
【系譜 계보】 ①가문의 혈통이나 역사를 적은 책. ②혈연·학문·사상 따위의 계통을 나타낸 기록.
【系孫 계손】 혈통이 먼 자손.
【系子 계자】 國양아들. 繼子(계자).
【系族 계족】 혈통이 같은 겨레붙이. 血族(혈족).
●家―, 根―, 大―, 傍―, 譜―, 先―, 姓―, 世―, 帝―, 直―, 體―, 統―.

【糸1 紀】⑦ 糾(1338)와 동자

【糸2 紃】⑧ 綠(1363)와 동자

【糸2 糾】⑧ ❶꼴 규 尤 jiū ❷맺힐 교 豪 jiǎo
[參考] 대법원 지정 인명용 한자의 음은 '규'이다.
[字源] 形聲. 糸＋丩→糾. '니(구)'가 음을 나타낸다.
[字解] ❶①꼬다, 드리다. 〔史記〕 何異糾纆. ②끌어 모으다. 〔後漢書〕 收離糾散. ③거두다, 합치다. 〔春秋左氏傳〕 糾合宗族于成周. ④얽히다, 맺히다. 〔詩經〕 糾糾葛屨. ⑤바로잡다, 독촉하다. 늘督. 〔周禮〕 以糾邦國. ⑥살피다, 규명하다. 〔周禮〕 以五刑糾萬民. ⑦들추어내다. 〔書經〕 繩愆糾繆. ⑧으르다, 위협하다. 〔春秋左氏傳〕 慢則糾之以猛. ⑨급하다, 엄하다. 늘緓. ⑩공손하다, 정중하다. 〔國語〕 糾虔天刑. ⑪고하다, 알리다. ⑫어지럽다. ⑬성(姓). ❷①맺히다, 깊이 맺힌 시름. ②훤칠하고 날씬한 모양. 〔詩經〕 舒窈糾兮.
【糾舉 규거】 죄를 따져 열거함. 糾持(규지).
【糾結 규결】 서로 엉클어져 얽힘.
【糾戒 규계】 조사하여 경계함. 糾禁(규금).
【糾糾 규규】 ①서로 얽힌 모양. ②성긴 모양.
【糾禁 규금】 ①법도(法度), 규정. ②조사하여 경계함. 糾戒(규계).
【糾勵 규려】 바로잡아 격려함.
【糾繆 규류】 잘못을 조사하여 바로잡음.
【糾戮 규륙】 죄를 따져 사형에 처함.
【糾墨 규묵】 ①□糾纆. ②먹줄.
【糾纆 규묵】 ①여러 가닥으로 꼰 새끼. ②새끼처럼 꼬여 엉클어짐. 糾墨(규묵).
【糾問 규문】 죄를 따져 물음.
【糾紛 규분】 ①어지럽게 얽힘. 糾錯(규착). ②산이나 언덕 따위가 중첩되어 있는 모양.
【糾攝 규섭】 죄를 따져 다스림.
【糾率 규솔】 규합하여 인솔함.
【糾繩 규승】 잘못을 바로잡음.
【糾按 규안】 죄를 따져 조사함.
【糾雜 규잡】 어지럽게 얽힘.
【糾適 규적】 죄를 규명하여 먼 곳으로 내쫓음.

【糾纏 규전】서로 뒤얽힘.
【糾正 규정】그릇된 일을 밝혀 바로잡음.
【糾族 규족】일족(一族)을 모음.
【糾罪 규죄】죄를 따져 조사함.
【糾奏 규주】관원(官員)의 죄를 규탄하여 상주(上奏)함.
【糾錯 규착】얽히고 뒤섞임. 糾紛(규분).
【糾黜 규출】죄를 따져 물리침.
【糾飭 규칙】경계하여 타이름. 戒飭(계칙).
◑ 結—, 蟠—, 紛—, 繩—, 裁—, 纏—, 彈—.

糸 2 【紝】⑧ 노끈 끝을 정 硬庚 zhěng
[字解] ①노끈이 곧다, 실·노 따위가 켕기어 곧은 모양. ②잡아당기다.

糸 3 【紀】⑨ 벼리 기 紙 jǐ

ㄥ ㄠ ㄠ ㄠ ㄠ 糸 糸 紀 紀 紀

[소전] 紀 [초서] 紀 [동자] 絹 [간체] 纪 [字源] 形聲. 糸+己→紀. '己(기)'가 음을 나타낸다.
[字解] ①벼리, 작은 벼릿줄. 큰 벼릿줄은 綱(강)이라 한다. 〔書經〕亂其紀綱. ②실마리를 잡다. ③실마리. 〔說苑〕袁氏之婦, 絡而失其紀. ④다스리다. 〔詩經〕綱紀四方. ⑤사람의 길, 인륜 도덕. 〔呂氏春秋〕無亂人之紀. ⑥법, 규칙. 〔國語〕四時以爲紀. ⑦요점, 사북. 〔禮記〕中和之紀. ⑧일. 〔禮記〕喪紀以服之輕重爲序. ⑨근본, 바탕. 늑基. 〔呂氏春秋〕夫孝三皇五帝之本務, 而萬事之紀也. ⑩만나는 일, 해와 달이 만나는 일. 〔禮記〕月窮于紀. ⑪통하다. 〔淮南子〕經紀山川. ⑫수(數). 〔呂氏春秋〕飭喪紀. ⑬끝, 궁극. 〔後漢書〕無厭之心, 不知紀極. ⑭고치다, 개역(改易)하다. 늑改. 〔國語〕若亡國不過十年, 數之紀也. ⑮12년. 목성(木星)의 공전 주기. 〔書經〕旣歷三紀. ⑯일세(一世). 지금의 100년. 〔班固·賦〕皇十紀而鴻漸兮. ⑰해, 세월. '歲·月·日·時' 등을 이른다. 〔晉書〕以長年紀. ⑱적다, 기록하다. 늑記. 〔張衡·賦〕咸用紀宗. ⑲본기(本紀). 역사 기술에서 제왕의 사적을 요약하여 적은 부분. 〔史記〕作五帝本紀. ⑳실 굵기의 이름.
【紀綱 기강】①기율과 법강. 나라를 다스리는 법도(法度). 綱紀(강기). ②단속함. 다스림.
【紀綱之僕 기강지복】나라의 일을 처리할 만한 사람.
【紀極 기극】끝. 마지막.
【紀年 기년】①세기(世紀)와 연월(年月). ②연령. ③기원(紀元)에서부터 헤아린 햇수.
【紀事 기사】사실을 기록함. 또는 그 문체.
【紀事本末體 기사본말체】연대의 순서에 의하지 않고, 사건마다 그 본말을 종합하여 적는 역사 기술의 한 체(體). 송대(宋代)에 원추(袁樞)가 자치통감(資治通鑑)에 시도한 통감기사본말(通鑑紀事本末)에서 시작됨.

糸部 2~3획 紝紀紃約 1339

6획

【紀元 기원】①연대를 계산하는 데 기준이 되는 해. ②새로 출발하는 시대나 시기.
【紀序 기서】법. 질서.
【紀傳體 기전체】역사 기술의 한 체. 임금의 사적을 적은 본기(本紀), 신하의 전기를 모은 열전(列傳), 각종 연대표를 서술한 표(表), 각종 제도의 연혁(沿革)을 적은 지(志) 등으로 나누어 엮음.
【紀識 기지】적음. 기록함.
【紀統 기통】법. 준칙.
◑ 綱—, 官—, 校—, 國—, 軍—, 檀—, 大—, 民—, 邦—, 譜—, 本—, 西—, 書—, 世—, 年—, 倫—, 律—, 人—, 天—, 風—.

糸 3 【紃】⑨ 끈 순·천 眞庚 xún

[소전] 紃 [초서] 紃 [간체] 紃 [字解] ①끈. ㉮둥근 끈, 신에 선 두르는 둥근 끈. ㉯납작한 끈. 〔禮記〕織紝組紃. ②법. 〔淮南子〕以道爲紃. ③좇다, 따르다. =循. 〔荀子〕反紃察之.

糸 3 【約】⑨ ❶묶을 약 藥 yuē ❷부절 요 嘯 yào ❸기러기발 적 錫 dì

ㄥ ㄠ ㄠ ㄠ ㄠ 糸 糸 紒 約 約

[소전] 約 [초서] 約 [간체] 約 [參考] 대법원 지정 인명용 한자의 음은 '약'.
[字源] 形聲. 糸+勺→約. '勺(작)'이 음을 나타낸다.
[字解] ❶①묶다. ㉮다발 짓다. 〔詩經〕約之閣閣. ㉯합치다, 결합하다. 〔戰國策〕使蘇秦以幣帛約乎諸侯. ②따르다, 준거(準據)하다. 〔孔安國·序〕約史記. ③약속하다. 〔漢書〕懷王與諸將約, 先入定關中者, 王之. ④약속, 조약. 〔周禮〕司約. ⑤어음, 증서. 〔周禮〕司約, 掌邦國及萬民之約劑. ⑥검약, 검소. 〔論語〕以約失之者, 鮮矣. ⑦검소하게 하다, 줄이다. 〔禮記〕君子約言. ⑧오그라들다. 〔周禮〕凡任索約. ⑨적다. 〔荀子〕故操彌約, 而事彌大. ⑩제산(除算)을 얻다. 〔孟子〕孟施舍守約也. ⑪제산(除算)하다, 나눗셈하다. 〔宋史〕二乘而三約之者, 爲下生之實. ⑫고생, 빈곤. 〔論語〕不可以久處約. ⑬유약(柔弱)하다. 〔荀子〕綽約微達似察. ⑭쇠(衰)하다. 〔國語〕不爲豊約擧. ⑮인색하다. 〔荀子〕約者有筐篋之藏. ⑯멈추다, 말리다. 〔戰國策〕蘇代約燕王曰, 楚得枳而國亡. ⑰구부리다. 〔楚辭〕土伯九約. ⑱노끈, 새끼. 〔春秋左氏傳〕人尋約, 吳髮短. ⑲대략, 대강. 〔元稹·詩〕約略環區字. ⑳분명하지 아니하다. 〔荀子〕春秋約而不速. ㉑갖추다. 〔戰國策〕王其爲臣約車幷幣. ㉒장식, 아름답다. 〔呂氏春秋〕庛象之約. ㉓성(姓). ❷①부절(符節), 부신(符信). ②고동, 사북. 늑要. ❸기러기발, 괘(棵). 현악기의 줄을 괴는 기둥. =的.

【約儉 약검】절약하여 낭비하지 않음.
【約結 약결】①서로 약속하여 결탁함. ②속이 답답하여 풀리지 않음.
【約計 약계】①대강의 계획. ②대개. 대저.
【約單 약단】계약서.
【約略 약략】①대개. 大凡(대범). ②숙부드러운 모양.
【約禮 약례】몸가짐을 예법에 맞도록 단속함.
【約盟 약맹】맹약을 맺음.
【約法三章 약법삼장】세 가지 법 조항을 제정하여 시행할 것을 약속함. 故事 한(漢) 고조(高祖)가 관중(關中)에 들어가 사람을 죽인 자는 사형, 남을 해친 자와 도둑질한 자는 그에 상응하여 처벌한다는 세 가지 법 조항을 약속하여 제정한 데서 온 말.
【約省 약생】간략하게 함. 생략함.
【約素 약소】검약하고 소박함.
【約束 약속】①다발로 묶음. ②상대자와 서로 의견을 맞추어 정함. 또는 그 맞춘 내용. ③법령에 의하여 단속함. 검속(檢束)함.
【約言 약언】①간략하게 말함. ②간단한 말. ③약속의 말.
【約長 약장】國향약(鄕約)의 우두머리.
【約節 약절】검소하고 절도가 있음.
【約指 약지】①손가락에 끼움. ②가락지. 반지. 指環(지환).
【約撰 약찬】대요(大要)를 저술함.
【約飭 약칙】약속하여 훈계함. 약속하여 신칙(申飭)함.
● 儉-, 契-, 公-, 口-, 舊-, 規-, 期-, 盟-, 密-, 誓-, 新-, 言-, 豫-, 要-, 違-, 節-, 條-, 集-, 協-, 婚-, 確-.

糸3 【紆】⑨ 굽을 우 虞 yū
소전 紆 초서 紆 본자 紆 간체 纡 字解 ①굽다, 구부러지다.〔周禮〕中弱則紆. ②굽히다, 구부리다.〔漢書〕紆體衡門. ③두르다, 감돌다.〔宋玉·賦〕水澹澹而盤紆兮. ④얽히다.〔晉書〕紆青拖紫. ⑤우울하다, 답답하다.〔楚辭〕心鬱結而紆軫. ⑥드리워지다.〔張衡·賦〕紆皇組. ⑦노끈, 새끼.
【紆結 우결】마음이 맺혀 울적함.
【紆曲 우곡】꼬불꼬불함. 紆折(우절).
【紆盤 우반】산길 따위가 구불구불 굽어 돎.
【紆徐 우서】①천천히 가는 모양. ②아래로 드리워진 모양.
【紆餘 우여】①물이 구불구불 흐르는 모양. ②숲이나 언덕이 길게 구불구불 이어진 모양. ③재능이 뛰어난 모양. ④문장이 활달하고 여유 있는 모양.
【紆餘曲折 우여곡절】①이리저리 굽음. ②뒤얽혀 복잡해진 사정.
【紆縈 우영】얽혀서 돎. 빙 둘러쌈.
【紆軫 우진】①마음에 맺혀 있어 슬픔. ②지형(地形)이 구불구불함. 盤曲(반곡).

【紆靑拖紫 우청타자】인끈(印綬)을 차고 높은 벼슬자리에 오름. ◯'靑'은 청수(靑綬), '紫'는 자수(紫綬). '紆'는 띠(帶), '拖'는 관복.
【紆行 우행】구불구불 구부러져 감.
【紆險 우험】구불구불하여 위험함.
● 盤-, 煩-, 縈-, 鬱-, 推-, 環-, 回-.

糸3 【紓】⑨ 紆(1340)의 본자

糸3 【紉】⑨ ❶새끼 인 眞 rèn
❷꼴 근 圓 rèn
소전 紉 초서 紉 간체 纫 字解 ❶①새끼. 주로 볏짚으로 꼬아 만든 줄. ②노끈을 드리다.〔集韻〕合絲爲繩曰紉. ③잇다, 철(綴)하다.〔楚辭〕紉秋蘭以爲佩. ④찢다. ⑤문지르다.〔管子〕裸體紉胷稱疾. ⑥묶다, 단으로 묶다.〔楚辭〕情素潔於紉帛. ⑦바늘에 실을 꿰다.〔禮記〕衣裳綻裂, 紉箴請補綴. ⑧어그러지다. ⑨심복(心服)하다. ❷꼬다, 새끼를 꼬다, 노끈을 드리다. ※❶의 ②와 같다.
【紉佩 인패】①몸에 차서 패물로 삼음. ②감복(感服)함.

糸3 【紂】⑨ 껑거리끈 주 宥 zhòu
소전 紂 초서 紂 간체 纣 字解 ①껑거리끈, 밀치끈. 껑거리막대의 양 끝에 매어 길마 뒷가지와 연결하는 줄. ②주(紂)임금. 은대(殷代)의 마지막 임금.〔史記〕是爲帝辛, 天下謂之紂.

糸3 【紅】⑨ ❶붉을 홍 東 hóng
❷베짤 공 東 gōng
❸질붉을 강 江 jiāng
소전 紅 초서 紅 간체 红 參考 대법원 지정 인명용 한자의 음은 '홍'이다. 字源 形聲. 糸+工→紅. '工(공)'이 음을 나타낸다. 字解 ❶①붉다, 붉은빛.〔論語〕紅紫不以爲褻服. ②붉은 모양.〔史記〕紅杏渺以眩潛兮. ③연지.〔徐陵·序〕高樓紅粉, 仍定魯魚之文. ④붉은 꽃.〔李賀·詞〕墮紅殘萼暗參差. ⑤말여뀌. 여꿧과의 일년초. ⑥땅 이름. 지금의 강소성(江蘇省) 소현(蕭縣)의 서남.〔春秋〕秋蒐于紅. ❷①베를 짜다, 일을 하다. ≒工.〔漢書〕害女紅之物. ②공. 복(服)의 이름. ≒功.〔漢書〕服大紅十五日, 小紅十四日. ＝絳.
【紅裙 홍군】紅裙(홍군).
【紅臉 홍검】혈색이 좋은 아름다운 얼굴.
【紅絹 홍견】붉은색 명주.
【紅鏡 홍경】①붉은 거울. ②아침 해.
【紅麴 홍국】멥쌀로 만든 누룩의 한 가지.

【紅裙 홍군】①붉은 치마. ②미인. 기생. 紅裾(홍거).
【紅閨 홍규】붉은색으로 장식한 부녀자의 처소. 미인의 침실.
【紅男綠女 홍남녹녀】갖가지 빛깔의 옷을 차려 입은 젊은 남녀.
【紅黛 홍대】①연지와 눈썹먹. ②화장(化粧).
【紅暾 홍돈】붉은 아침 해. 紅日(홍일).
【紅銅 홍동】구리. 赤銅(적동).
【紅豆 홍두】붉은 팥. 赤豆(적두).
【紅杜鵑 홍두견】붉은 진달래꽃. 홍철쭉.
【紅燈街 홍등가】國붉은 등이 켜져 있는 거리. 유곽(遊廓)이나 화류계(花柳界).
【紅燈綠酒 홍등녹주】붉은 등과 푸른 술. 화류계(花柳界)의 방탕한 분위기.
【紅羅 홍라】붉은 깁.
【紅蠟 홍랍】붉은 밀초.
【紅蓮地獄 홍련지옥】(佛)팔한 지옥의 하나. 심한 추위로 몸이 얼어 터져 연꽃처럼 된다는 지옥. 鉢特摩(발특마).
【紅爐點雪 홍로점설】불이 빨갛게 타고 있는 화로 위에 떨어지는 한 점의 눈. ㉠도를 깨달아 마음속이 탁트여 맑음. ㉡큰 일에 작은 힘이 아무 보람도 되지 못함.
【紅淚 홍루】붉은 눈물. ㉠여자의 눈물. 미인의 눈물. ㉡피눈물. 血淚(혈루).
【紅樓 홍루】①붉은 칠을 한 누각. ②부잣집 여자가 거처하는 집. 여자가 거처하는 곳. ③기생집. 청루(靑樓).
【紅鱗 홍린】붉은 비늘. 붉은 물고기.
【紅林 홍림】①붉은 꽃의 숲. ②붉은 기(旗)가 숲처럼 많은 모양.
【紅抹 홍말】붉게 칠함. 붉은 선을 그음.
【紅梅 홍매】붉은 매화.
【紅毛 홍모】①붉은 빛깔의 털. ②서양 사람. 紅髥(홍염).
【紅門 홍문】國①능(陵)·원(園)·묘(廟)·궁전·관아 등의 정면 입구에 세우던 붉은 문. 홍살문. 紅箭門(홍전문). ②충신·효자·열녀 등을 표창하기 위하여 그의 집 앞에 세우던 붉은 문. 旌門(정문).
【紅腐 홍부】쌀이 오래되어 빛깔이 붉어지고 썩음. ㉠묵은쌀.
【紅粉 홍분】①연지와 분. ②화장(化粧). ③아름다운 여자.
【紅事 홍사】경사(慶事).
【紅絲 홍사】①홍실. ②혼인(婚姻)의 인연. ③國㉠오라. ㉡붉은 발.
【紅衫 홍삼】國조복(朝服)에 딸린 웃옷의 한 가지. 붉은 바탕에 검은 선을 두름.
【紅裳 홍상】①다홍치마. ②國조복(朝服)에 딸린 아래옷의 한 가지. 붉은 바탕에 검은 선을 두름.
【紅袖 홍수】①붉은 소매. 미인의 옷소매. ②여자. 미인. ③國㉠옛 군복의 붉은 소매. ㉡궁녀(宮女).
【紅樹 홍수】①붉은 꽃이 만발한 나무. ②단풍(丹楓)이 지는 나무.
【紅脣 홍순】①붉은 입술. 미인의 입술. ②막 피어나는 꽃송이. 반쯤 핀 꽃송이.
【紅柹 홍시】물렁물렁하게 잘 익은 감.
【紅顔 홍안】붉고 윤이 나는 얼굴. ㉠소년의 얼굴. ㉡미인의 얼굴. 아름다운 얼굴.
【紅顔薄命 홍안박명】미인은 팔자가 사나운 경우가 많음.
【紅藥 홍약】작약(芍藥)의 딴 이름.
【紅於 홍어】단풍의 딴 이름.
【紅鉛 홍연】①연지(臙脂)와 백분(白粉). ②부인의 월경.
【紅焰 홍염】붉게 타오르는 불꽃.
【紅艶 홍염】화색이 붉게 돌고 탐스러움.
【紅葉 홍엽】①붉은 잎. ②단풍잎. ③단풍나무. ④중매인.
【紅英 홍영】붉은 꽃.
【紅霓 홍예】붉은 무지개.
【紅醴 홍예】붉은 꽃술.
【紅友 홍우】술의 딴 이름.
【紅雨 홍우】①꽃을 적시는 비. ②비처럼 떨어져 내리는 붉은 꽃.
【紅旭 홍욱】□紅日(홍일).
【紅雲 홍운】①붉은 구름. ②꽃이 만발한 모양.
【紅運 홍운】행운(行運).
【紅日 홍일】붉은 해. 아침 해. 紅旭(홍욱).
【紅一點 홍일점】國①푸른 풀 속에 핀 떨기의 붉은 꽃. ②여러 남자들 속에 홀로 끼어 있는 여자.
【紅紫 홍자】①붉은빛과 보랏빛. ②여러 가지 꽃의 아름다운 색깔.
【紅妝 홍장】미인의 화장. 화장을 한 미인.
【紅菹 홍저】國깍두기.
【紅箋 홍전】시 따위를 쓰는 붉은 종이. 명함이나 초대장 등을 만드는 데도 씀.
【紅箭 홍전】투호(投壺)에 쓰던 붉은 화살.
【紅箭門 홍전문】國홍살문. 紅門(홍문)①.
【紅潮 홍조】①취하거나 부끄러워 뺨에 붉은빛이 드러남. 또는 그러한 빛. ②월경(月經). ③國아침 해가 바다에 비쳐 붉게 보이는 경치.
【紅脂 홍지】①연지 ②여자의 화장.
【紅塵 홍진】①햇빛에 비쳐 벌겋게 일어나는 티끌. ②번거롭고 속된 세상. 속세(俗世).
【紅草 홍초】①식물 이름. ㉠털여뀌. ㉡잇꽃. ②상서로운 풀. 瑞草(서초). ③國붉은색의 살담배. 불경이.
【紅綃 홍초】붉은 빛깔의 깁.
【紅葩 홍파】붉은 꽃.
【紅汗 홍한】붉은 땀. 부녀자의 땀. ○양귀비(楊貴妃)가 땀을 닦는 데 수건에 붉은 분이 묻어났다는 데서 온 말.
【紅頰 홍협】붉은 뺨.
【紅女 공녀】베 짜는 여자. 길쌈하는 여자. 일하는 여자. 工女(공녀).

❶ 老ㅡ, 濃ㅡ, 丹ㅡ, 淡ㅡ, 桃ㅡ, 薄ㅡ, 鮮ㅡ, 閃ㅡ, 羞ㅡ, 深ㅡ, 女ㅡ, 映ㅡ, 殷ㅡ, 紫ㅡ, 絶ㅡ, 點ㅡ, 彫ㅡ, 眞ㅡ, 淺ㅡ, 堆ㅡ.

糸部 3~4획 紈紇統紒紘紟級納

紈 [3획]
⑨ 흰 비단 환 寒 wán

小篆 紈 初 紈 簡體 纨

[參考] 䋥(1338)는 딴 자.

[字解] ①흰 비단. 〔戰國策〕下宮糅羅紈曳綺縠. ②맺다. ③포개지다.

【紈縑 환겸】 합사로 짠 흰 비단.
【紈袴 환고】 ①흰 비단으로 지은 바지. 귀족 자제(子弟)의 옷. ②귀족의 자제.
【紈袴子弟 환고자제】 부귀한 집안의 자제.
【紈綺 환기】 ①흰 비단과 무늬 있는 비단. 화려한 옷. 綺紈(기환) ②귀족의 자제.
【紈扇 환선】 흰 비단으로 바른 부채.
【紈素 환소】 흰 비단.

○輕一, 綺一, 薄一, 冰一, 素一.

紇 [3획]
⑨ ❶질 낮은 명주실 흘 月 hé
❷빌 힐 質 jié

小篆 紇 初 紇 本字 紇 簡體 纥

[參考] 대법원 지정 인명용 한자의 음은 '흘'이다.

[字解] ❶①질 낮은 명주실. ②묶다, 다발 짓다. ③사람 이름. 공자의 아버지. 숙량흘(叔梁紇). 〔春秋左氏傳〕耶人紇抉之以出門者. ④종족 이름. ⑤성(姓). ❷①뵙다, 알현하다. ②심하다, 엄하다.

統 [4획]
⑩ 綋(1361)과 동자

紒 [4획]
⑩ ❶상투 틀 계 霽 jì
❷인끈 계 卦 jiè

初 紒

[字解] ❶①상투를 틀다. =髻. 結. 〔儀禮〕將冠者采衣紒. ②총명하지 못하다. ❷인끈.

紘 [4획]
⑩ 갓끈 굉 本 횡 庚 hóng

小篆 紘 或體 紭 初 紘 簡體 纮

[字解] ①갓끈. 〔春秋左氏傳〕衡紞紘綖. ②경쇠를 매다는 끈. 〔儀禮〕鼗倚于頌磬西紘. ③밧줄, 굵은 밧줄. 〔淮南子〕紘宇宙而章三光. ④경계(境界)의 표지로 친 줄. 〔班固·答賓戲〕廓帝紘. ⑤넓다, 크다. 〔淮南子〕夫天地之道, 至紘而小. ⑥묶다. 〔王念孫·疏證〕士冠禮, 贊者卒紘. ⑦속이 넓은 물건. 〔禮記〕其器圜以閎.

【紘覆 굉부】 크게 덮음. 洪覆(홍부).

○綱一, 帝一, 朱一, 至一, 地一, 八一.

紟 [4획]
⑩ ❶옷고름 금 侵 jīn
❷홑이불 금 沁
❸포백 이름 겸 鹽

小篆 紟 主篆 綊 初 紟 簡體 紟

[字解] ❶①옷고름, 안고름. ②포백(布帛) 이름. ※❸의 ①과 같다. ③옷깃. =襟. ❷①홑이불. 〔儀禮〕緇絞紟. ②옷고름. ※❶의 ①과 같다. ❸①포백 이름. ❷옷고름. =衿.

級 [4획]
⑩ 등급 급 緝 jí

幺 幺 糸 糸 紗 約 級

小篆 級 初 級 動 汲 俗 阪 簡體 级

[字源] 形聲. 糸+及→級. '及(급)'이 음을 나타낸다.

[字解] ①등급, 순서. 〔禮記〕貴賤之等級. ②갈피, 실의 차례. ③층계, 계단(階段). 〔呂氏春秋〕分級而立. ④수급(首級), 전장에서 벤 적의 머리. 〔後漢書〕斬首數十級. ⑤國두름. ㉮물고기를 한 줄에 열 마리씩 두 줄로 엮은 것. 〔華城城役儀軌〕蘇魚一百級. ㉯산나물을 열 모숨 정도로 엮은 것. 〔萬機要覽〕陳艾五級.

【級頭 급두】 싸움터에서 벤 적의 머리. ○이 머리의 수로 상(賞)을 정한 데서 '級'이라 이름. 首級(수급)
【級數 급수】 우열(優劣)에 따라 매긴 등급.
【級職 급직】 직위와 소임.

○階一, 高一, 官一, 同一, 等一, 上一, 首一, 昇一, 低一, 中一, 進一, 特一, 學一, 勳一.

納 [4획]
⑩ 바칠 납 合 nà

幺 幺 糸 糸 紗 紑 納

小篆 納 初 納 簡體 纳

[字源] 形聲. 糸+內→納. '內(내)'가 음을 나타낸다.

[字解] ①바치다, 헌납하다. 〔書經〕百里賦納總. ②넣어 두다. 〔書經〕納冊于金縢之匱中. ③거두다, 수확하다. 〔詩經〕十月納禾稼. ④들이다. ㉮받아들이다. 〔書經〕九江納錫大龜. ㉯끌어들이다, 인도하다. 〔儀禮〕小臣納卿大夫. ⑤되돌리다. 〔國語〕則請納祿與車服. ⑥보내다. 〔禮記〕納女於天子. ⑦지다, 해나 달이 지다. 〔書經〕寅餞納日. ⑧신을 신다. 〔禮記〕坐左納右. ⑨해어진 데를 깁다. 〔華陽國志〕多所補納. ⑩부마(副馬). 〔孔子家語〕仁以爲納. ⑪피륙 이름, 주름진 무명. ⑫실이 습기 차서 눅눅한 모양.

【納貢 납공】 ①공물(貢物)을 바침. ②곡물(穀物)을 내고 국자감(國子監)에 입학한 생원(生員).
【納款 납관】 서사(誓詞)를 보냄. 정의(情誼)를 통함. 주로 배반하여 적과 내통함을 이름.
【納吉 납길】 ①주대(周代) 혼례(婚禮)의 육례(六禮) 중 한 가지. 가묘(家廟)에 점쳐 길조(吉兆)를 얻게 되면 여자 집에 알려 혼사(婚事)를 정하던 일. ②國신랑 집에서 신부 집으로 혼인 날을 보내 알리는 일.
【納納 납납】 ①물건을 포용(包容)함. ②습기가 차서 눅눅한 모양.
【納頭 납두】 남에게 머리를 숙여 복종함.

糸部 4획 紐統紋紊紡紑

【納涼 납량】여름에 더위를 피하여 서늘한 기운을 맛봄.
【納履 납리】①신을 신음. ②발을 들여놓음.
【納拜 납배】절하고 뵘.
【納受 납수】받아들임. 受納(수납).
【納言 납언】순(舜)임금 때의 벼슬 이름. 임금의 명령을 선포하고, 신하의 말을 임금에게 전하는 일을 맡아봄.
【納牖 납유】임금의 밝은 마음에 충성을 다함. ◯'牖'는 방 안의 볕이 잘 드는 창으로, 군심(君心)을 이해하기 쉬움의 비유. 納約(납약).
【納音 납음】궁상각치우의 오음(五音)에 십이율(十二律)을 결합하여 육십음을 만들고 이를 육십갑자에 배정하여 오행(五行)으로 나타낸 것.
【衲衣 납의】①무명으로 지은 옷. 질소(質素)한 의복. ②승려가 입는 검정색 옷.
【納日 납일】지는 해. 夕日(석일).
【納節 납절】정절(旌節)을 조정에 도로 바침. 관직을 사임함.
【納徵 납징】①주대(周代) 혼례의 육례(六禮) 중 하나. 납길(納吉)한 후 정혼(定婚)한 표적으로 신랑 집에서 신부 집으로 보내는 예물. 納幣(납폐). ②금품을 거두어들임.
【納讒 납참】참언을 받아들임.
【納采 납채】①주대(周代) 혼례의 육례(六禮) 중 하나. 혼인을 청하는 일. 또는 그때 보내는 예물. ②國약혼하였을 때, 신랑 집에서 신부 집으로 보내는 물건. 푸른 저고릿감과 붉은 치맛감의 비단을 보냄.
【納直 납직】값을 치름. 대기(代價)를 치름.
【納陛 납폐】대궐의 축대를 파서 남의 눈에 띄지 않게 오르내릴 수 있도록 만든 계단. 일종의 비밀 출입 계단.
【納幣 납폐】◯納徵(납징).
【納降 납항】항복하겠다는 청을 받아들임.
【納獻 납헌】금품을 바침. 獻納(헌납).
【納隍 납황】도랑에 밀어 넣음. 남을 괴롭힘.
◯ 嘉一, 開一, 金一, 物一, 未一, 拜一, 奉一, 分一, 上一, 賞一, 笑一, 收一, 受一, 完一, 察一, 滯一, 聽一, 出一, 吐一, 獻一.

糸 4 【紐】⑩ 끈 뉴 有 niǔ

소전 䋮 초서 纽 간체 纽 字解 ①끈. 아이들 옷의 중동에 꿰매어 단 띠.〔周禮〕朱裏延紐. ②인끈. 인쪽지에 꿰어 맨 끈.〔淮南子〕龜紐之璽. ③매듭, 묶다.〔荀子〕交喩異物, 名實玄紐. ④매듭, 맺은 자리.〔禮記〕弟子縞帶幷紐約用組. ⑤근거하다, 의거하다.〔莊子〕禹舜之所紐也. ⑥주름. ⑦맥(脈), 붉은 힘줄.〔史記〕下有破陰之紐. ⑧반절법(反切法)에서 반절의 자음(子音)에 해당하는 것. 모음(母音)에 해당하는 것은 '운(韻)'이라 한다. ⑨틀어쥐다, 꽉 쥐다. =扭.
【紐帶 유대】끈과 띠. 둘 이상을 연결하여 결합시키는 관계.
【紐星 유성】북극성.

【紐情 유정】정에 얽혀 떨어지지 않는 마음.
◯ 綱一, 屈一, 根一, 樞一, 解一.

糸 4 【統】⑩ 귀막이 끈 담 感 dǎn

소전 統 초서 䋶 字解 ①귀막이 끈, 귀막이를 매다는 끈.〔春秋左氏傳〕衡統紘綖. ②이불의 가를 꾸미는 술.〔儀禮〕緇衾, 頳裏無統. ③북 치는 소리.〔晉書〕統如打五鼓.
【統統 담담】북 치는 소리.

糸 4 【紋】⑩ 무늬 문 文 wén

초서 䋷 간체 纹 字解 ①무늬, 직물의 문채. =文. ②주름, 주름살.〔唐太宗·賦〕疊風紋兮連復連.
【紋縠 문곡】무늬가 있고 오글오글 주름진 비단.
【紋銀 문은】은(銀)의 함유량이 가장 많은 은괴(銀塊). 馬蹄銀(마제은).
◯ 錦一, 綺一, 羅一, 斑一, 指一, 波一, 花一.

糸 4 【紊】⑩ 어지러울 문 問 wěn

소전 紊 초서 紊 字解 어지럽다, 어지럽히다.〔書經〕有條而不紊.
【紊棄 문기】어지러워지고 쇠퇴함.
【紊亂 문란】도덕·질서 등이 어지러움.
【紊緖 문서】어지러워지는 실마리.
【紊擾 문요】어지럽고 시끄러움.
【紊隆 문추】어지러워지고 쇠퇴함.
◯ 妨一, 繁一, 散一, 枉一, 弛一, 彫一, 侵一.

糸 4 【紡】⑩ 자을 방 養 fǎng, bǎng

소전 紡 초서 䋨 간체 纺 字解 ①잣다, 실을 뽑다.〔春秋左氏傳〕託於紀鄒, 紡焉. ②실, 자은 실.〔儀禮〕賄用束紡. ③걸다, 달아매다.〔國語〕獻子執而紡於庭之槐.
【紡車 방거·방차】실을 잣는 기구. 물레.
【紡纑 방로】①삼실을 자음. ②자은 삼실.
【紡毛 방모】①털실을 자음. ②자은 털실.
【紡文績學 방문적학】문장을 짓고 학문을 연구하는 일을 방적(紡績)에 비유함.
【紡塼 방전】실패.
【紡織 방직】①실을 뽑아서 피륙을 짜는 일. ②여자의 손재주.
【紡錘 방추】①물레의 가락. ②북. 베틀에 딸린 기구의 한 가지.
◯ 綿一, 毛一, 纘一, 織一, 混一.

糸 4 【紑】⑩ 산뜻할 부 尤 有 fóu

소전 紑 초서 䋯 字解 산뜻하다, 청아하다, 옷이 희고 고운 모양.〔詩經〕絲衣其紑.

糸4 **【紛】** ⑩ 어지러워질 분 囚 fēn

자원(字源) 形聲. 糸+分→紛. '分(분)'이 음을 나타낸다.

자해(字解) ①어지러워지다. ≒紊.〔春秋左氏傳〕獄之放紛. ②어지러워진 모양.〔莊子〕紛而封哉. ③섞이다.〔張衡·賦〕瑰麗以參靡. ④말썽이 나다, 옥신각신하다.〔老子〕挫其銳, 解其紛. ⑤많다.〔易經〕用史巫紛若, 吉无咎. ⑥성한 모양. ≒扮.〔楚辭〕紛吾旣有此內美兮. ⑦드리다, 정신이 흐리다. ≒惛.〔漢書〕青雲爲紛. ⑧느슨하여지다. ⑨물건을 닦는 헝겊.〔禮記〕左佩紛帨. ⑩깃발.〔揚雄·賦〕青雲爲紛. ⑪끈 무늬가 있고 폭이 좁은 띠.〔周禮〕莞筵紛純. ⑫말 꼬리를 싸는 주머니.

【紛結 분결】마음이 산란하고 울적함.
【紛更 분경】교란하여 뒤바꿈.
【紛梗 분경】어지러워지고 막힘.
【紛競 분경】뒤섞여 겨룸. 紛爭(분쟁).
【紛泪 분골】흐트러짐. 어지러워짐.
【紛垢 분구】더러움.
【紛糾 분규】복잡하게 뒤얽혀 말썽이 많고 시끄러움.
【紛劇 분극】번거롭고 바쁨.
【紛拏 분나】얼크러져 서로 침. 어지럽게 다툼.
【紛鬧 분뇨】사람들이 북적대어 시끄러움.
【紛謬 분류】뒤섞이고 어긋남.
【紛靡 분미】붐벼 서로 스침.
【紛紛 분분】①뒤섞여 어수선한 모양. ②갈피를 잡을 수 없이 어수선하게 많은 모양. ③참언(讒言)을 꾸미는 일. ④물건에 명중하는 모양.
【紛紛擾擾 분분요요】어지러운 모양.
【紛霏 분비】낙화나 낙엽 따위가 어지럽게 날림.
【紛奢 분사】화려한 사치. 華奢(화사).
【紛帨 분세】물건을 닦는 헝겊. ○'紛'은 그릇을 닦는 행주, '帨'는 손을 닦는 수건.
【紛騷 분소】뒤얽혀 시끄러움.
【紛靄 분애】①어지럽게 먼지가 일어남. ②속세의 번거로움.
【紛若 분약】매우 많은 모양.
【紛如 분여】①문채가 있는 모양. ②어지러운 모양. 紛然(분연).
【紛衍 분연】어지럽게 초목이 자라남.
【紛然 분연】시끌끌하고 복잡한 모양. 어지러운 모양. 紛如(분여).
【紛縕 분온】①성(盛)한 모양. ②어지러운 모양.
【紛撓 분요】어지럽게 뒤얽힘.
【紛縟 분욕】뒤섞여 번거로움.
【紛云 분운】왕성하게 흥하는 모양.
【紛紜 분운】①紛云(분운). ②어지러운 모양. ③많은 모양.
【紛糅 분유】어지럽게 뒤얽힘. 매우 많은 것이 뒤섞임.
【紛爭 분쟁】시끄럽고 복잡하게 다툼.

【紛塵 분진】①어지럽게 나는 먼지. ②번거로운 속사(俗事).
【紛舛 분천】어지럽고 어그러짐.
【紛濁 분탁】어지럽고 흐림.
【紛蕩 분탕】어지럽게 움직임.
【紛詑 분파】①매우 많은 모양. ②시끌시끌한 소리.
【紛披 분피】①꽃이 얼크러져 활짝 피는 모양. ②온화한 모양. ③많은 모양. ④흩어져 어지러운 모양.
【紛惑 분혹】헷갈리고 미혹함.
【紛訌 분홍】내부에서 자기들끼리 일으킨 분쟁. 내홍(內訌).
【紛華 분화】①빛나고 화려함. ②혼잡(混雜)함. 雜沓(잡답).
【紛譁 분화】어지럽고 시끄러움.
【紛殽 분효】뒤섞임.
【紛囂 분효】어지럽고 시끄러움.
【紛喧 분훤】소란함. 시끄러움. 紛呶(분노).

● 紏—, 繽—, 世—, 時—, 繽—, 囂—, 喧—.

糸4 **【紕】** ⑩ ❶가선 비 囚 pī ❷꾸밀 비 囮 pí ❸모직물 비 紙 bǐ

자해(字解) ❶①가선. 의복·관(冠) 따위의 가장자리 끝을 딴 헝겊으로 가늘게 싸서 돌린 것.〔禮記〕縞冠素紕. ②합사(合絲)하다.〔詩經〕素絲紕之. ③깁다, 꿰매다. ④잘못, 착오(錯誤).〔六書故〕紕, 經緯不相持之謂. ⑤실의 매듭. ⑥해어진 비단. ⑦거친 비단. ❷①꾸미다. ②다스리다. ❸모직물.

【紕繆 비류】잘못. 실수(失手). 錯誤(착오).
【紕越 비월】잘못. 실수. 錯誤(착오).

糸4 **【紗】** ⑩ ❶깁 사 麻 shā ❷미미할 묘 篠 miǎo

참고(參考) 대법원 지정 인명용 한자의 음은 '사'이다.

자해(字解) ❶①깁. 엷고 가는 견직물.〔漢書〕充衣紗縠禪衣. ②외올실, 합사하지 아니한 실. ❷미미(微微)하다, 적다. ≒眇.

【紗袴 사고】깁으로 만든 바지.
【紗縠 사곡】①주름을 잡은 비단. ②곱고 가벼운 비단.
【紗燈籠 사등롱】깁으로 둘러 바른 등롱.
【紗羅 사라】깁. 얇은 비단.
【紗籠中人 사롱중인】재상(宰相)이 될 운명을 타고난 사람. ○재상은 저승에서 반드시 그 상(像)을 세우고 사롱을 둘러 보호한다는 옛 이야기에서 온 말.
【紗帽 사모】벼슬아치들이 관복을 입을 때 쓰던, 검은 깁으로 만든 모자.
【紗帷 사유】얇은 비단으로 만든 휘장.
【紗障 사장】깁을 바른 장지.
【紗幬 사주】깁으로 만든 모기장.
【紗窓 사창】깁을 바른 창.

【紗紗 묘묘】미미(微微)함.
❶ 更—, 輕—, 羅—, 素—, 窓—.

糸 4 【索】⑩ ❶동아줄 삭 suǒ
❷찾을 색 suǒ
❸구할 소 suǒ

[소전][초서] [參考] 대법원 지정 인명용 한자의 음은 '삭·색'이다.
[字源] 會意. 宋+糸→索. '宋'은 '市'의 생략형으로 초목이 무성함을 뜻한다. 곧, 초목의 줄기를 실〔糸〕처럼 꼬아 새끼를 만든다는 뜻을 나타낸다.
[字解] ❶①동아줄.〔書經〕若朽索之取六馬. ②꼬다, 새끼를 꼬다.〔淮南子〕索鐵歙金. ③가리다, 선택하다.〔春秋左氏傳〕索牛馬. ④세다, 수효를 세다.〔易經〕一索而得男. ⑤다하다, 다 되다.〔書經〕惟家之索. ⑥비다, 공허하다. ⑦흩어지다, 떨어지다.〔禮記〕吾離群而索居. ⑧법, 법제(法制).〔春秋左氏傳〕疆以周索. ❷①찾다.〔禮記〕大夫以索牛. ②취(取)하다, 가지다. ③바라다, 원하다.〔元曲〕我索折一枝斷腸柳, 餞一杯送別酒. ❸①구(求)하다.〔書經〕八卦之說謂之八索. ②성덕(聖德)이 있고 벼슬이 없는 사람이 제정한 법률.〔釋名〕八索, 索, 素也, 著素王之法, 若孔子者, 聖而不王, 制作此法者, 有八也.
【索居 삭거】친구와 사귀지 않고 떨어져 있음. 쓸쓸하게 홀로 있음.
【索綯 삭도】새끼를 꼼.
【索頭 삭두】☞索虜(삭로).
【索虜 삭로】변발한 오랑캐. 남북조(南北朝) 때 남조 사람이 북조 사람을 업신여겨 부르던 말. ♠북조 사람들의 변발(辮髮)하는 풍속에서 온 말. 索頭(삭두).
【索莫 삭막】①황폐하여 쓸쓸한 모양. 寂寞(적막). ②기운을 잃은 모양. 의기소침한 모양.
【索辮 삭변】변발(辮髮).
【索索 삭삭】①두려워하는 모양. 불안한 모양. ②흩어져 없어지는 모양. ③바삭바삭하는 소리.
【索性 삭성】빠르게 결정함.
【索然 삭연】①눈물이 흐르는 모양. ②흥미가 없는 모양. ③다하여 없어지는 모양. ④흩어지는 모양.
【索求 색구】찾아 구함.
【索婦 색부】①며느리를 봄. 장가 듦. ②아내를 맞음.
【索隱 색은】사물의 숨은 이치를 찾아냄.
❶ 鋼—, 踏—, 大—, 覓—, 摸—, 部—, 思—, 消—, 搜—, 繩—, 鐵—, 探—, 討—.

糸 4 【紓】⑩ 느슨할 서 shū

[소전][초서][간체] 紓 [字解] ①느슨하다, 느슨해지다.〔詩經〕彼交匪紓. ②풀다, 화해(和解)하다.〔春秋左氏傳〕紓禍也.
【紓難 서난】어려움을 없앰. 어려움을 벗어남.
【紓憂 서우】근심을 없앰. 시름을 풂.
【紓禍 서화】화를 풂. 화에서 벗어남.

糸 4 【紺】⑩ 紲(1349)의 속자

糸 4 【素】⑩ 흴 소 sù

[소전][초서] [字源] 會意. 垂+糸→素. '主'는 '垂'의 생략형으로 초목의 잎이 아래로 드리워진 것을 뜻한다. '糸'와 합하여 실로 짠 '흰빛의 비단'이라는 뜻을 나타낸다.
[字解] ①희다, 흰빛.〔詩經〕素絲五紽. ②생명주.〔禮記〕純以素. ③한 빛깔의 무늬가 없는 피륙. 기물에 장식이 없는 것도 이른다.〔儀禮〕以素爲裳. ④질소(質素)하다, 꾸밈이 없다.〔淮南子〕素而不飾. ⑤근본. ㉮처음, 본시(本始).〔尙書大傳〕著其素. ㉯원료.〔周禮〕春獻素. ㉰본바탕.〔管子〕素也者, 五色之質也. ㉱예비(豫備).〔國語〕夫謀必素. ㉲유래(由來).〔素問〕皆非其素所能也. ㉳예, 구고(舊故). ⑥평소.〔潘岳·賦〕目覯騂乎平素. ⑦성질, 타고난 바탕.〔淮南子〕平易者道之素. ⑧정성, 진정.〔漢書〕素何卿見情素. ⑨바르다, 옳다.〔劉峻·論〕賢達之素交. ⑩늘, 항상. ⑪분수를 따르다, 현재의 형편에 응하다.〔禮記〕君子素其位而行. ⑫부질없다, 헛되이.〔詩經〕不素餐兮. ⑬콩날. ⑭덕은 있으나 벼슬이 없음.〔說苑〕於是退作春秋明素王之道以示後人.
【素憾 소감】전부터 품고 있는 원한.
【素蓋 소개】흰 깁으로 만든 일산(日傘).
【素車 소거】백악(白堊)을 칠한 수레. 백목(白木)으로 만든 수레. 장식을 하지 않은 수레. 흉사(凶事)에 씀.
【素車白馬 소거백마】흰 수레와 흰 말. 장례 때나 적에게 항복할 때에 씀.
【素儉 소검】소박하고 검소함.
【素絹 소견】①흰 생명주. ②(佛)흰 생명주로 만든 법복(法服).
【素縑 소겸】곱게 짠 흰 명주. 素繒(소증).
【素故 소고】오랜 교우(交友).
【素官 소관】낮은 벼슬. 청빈한 벼슬아치.
【素光 소광】흰빛. 달·이슬·서리·눈 따위의 빛.
【素交 소교】①오래된 사귐. ②바른 교제.
【素轎 소교】㉠상제(喪制)가 타는 흰 가마.
【素襟 소금】①흰 옷깃. ②본심(本心).
【素肌 소기】흰 살결. 素膚(소부).
【素氣 소기】가을 기운.
【素旗 소기】영구(靈柩) 앞에 들고 가는 흰 깃발. 죽은 이의 관직, 성명 등을 씀.
【素器 소기】장식이 없는 그릇. 素木(소목).
【素屢 소려】능력이 없으면서 헛되이 애씀.

【素練 소련】①흰 빛깔의 누인 명주. ②평소의 훈련.
【素履 소리】검소한 생활을 함. 본분(本分)을 좇아 만족함.
【素面 소면】화장하지 않은 얼굴. 素顔(소안).
【素木 소목】①장식이 없는 그릇. 素器(소기). ②깎기만 하고 칠을 하지 않은 나무.
【素描 소묘】연필·목탄·철필 따위로 사물의 형태와 명암을 위주로 그린 그림. 데생.
【素撫 소무】평소부터 애무(愛撫)함.
【素門 소문】빈천한 가문. 상사람의 집안.
【素聞 소문】본디부터 듣고 있는 일. 전부터의 평판.
【素飯 소반】고기 반찬이 없는 밥상.
【素髮 소발】흰 머리. 白髮(백발).
【素魄 소백】달의 딴 이름.
【素封 소봉】큰 부자. 封土(봉토)·녹봉·작위 등은 없으나 제후 못지않은 부자. 素侯(소후).
【素士 소사】①벼슬이 없는 선비. ②청빈(淸貧)한 선비.
【素食 소사】❶소사 ❷소식】❶평소에 먹는 거친 밥. ❷①하는 일 없이 먹음. 徒食(도식). ②고기 반찬이 없는 밥을 먹음. 菜食(채식).
【素絲 소사】흰 실. ㉠어떤 색으로도 물들 수 있는 밑바탕. ㉡선악(善惡) 어느 쪽으로도 될 수 있는 소질.
【素絲良馬 소사양마】기(旂)에 단 소사(素絲)의 장식과 대부(大夫)가 타는 좋은 말. 현자(賢者)를 예우하는 일.
【素尙 소상】①검소하고 고상함. ②평소의 소원. 素願(소원).
【素商 소상】▷素秋(소추).
【素書 소서】①편지. ○옛사람들이 편지를 흰 비단에 쓴 데서 온 말. ②진(秦)나라 황석공(黃石公)이 지은 병서(兵書)의 이름.
【素膳 소선】변변하지 못한 음식.
【素雪 소설】흰 눈. 白雪(백설).
【素蟾 소섬】달의 딴 이름.
【素性 소성】본디 타고난 성품.
【素手 소수】희고 고운 손. 여자의 손.
【素習 소습】①평소에 익힘. ②평소의 습관.
【素室 소실】①벽을 희게 바른 집. ②평민의 집.
【素心 소심】①평소의 마음. 本心(본심). ②소박한 마음. 결백한 마음.
【素娥 소아】①월궁(月宮)의 선녀. 姮娥(항아). ②달의 딴 이름. ③소복(素服)한 미녀.
【素堊 소악】흰 흙.
【素顔 소안】①▷素面(소면). ②수염 없는 얼굴.
【素謁 소알】가난한 덕이 있는 사람의 말.
【素液 소액】흰 액체. ㉠소금이 나는 못. ㉡백옥(白玉). ㉢눈(雪).
【素養 소양】평소에 수양하여 얻은 교양이나 지식.
【素影 소영】흰 그림자. 달그림자.
【素霓 소예】흰 무지개.
【素王 소왕】제왕의 자리에 오르지는 않았으나 임금의 덕망을 갖춘 사람. 유가(儒家)에서는 공자(孔子)를, 도가(道家)에서는 노자(老子)를 이른다.

【素月 소월】①밝은 달빛. 밝은 달. 晧月(호월). 皎月(교월). ②음력 8월의 딴 이름.
【素位 소위】지위에 만족하여 그 소임에 전력을 다함.
【素意 소의】본디부터 가진 마음. 평소의 뜻.
【素因 소인】근본 원인.
【素一 소일】순일(純一)함. 순박함.
【素日 소일】①평소. 평상시. ②밝은 태양.
【素稔 소임】평소부터 잘 앎. ○ '稔'은 결실한다는 뜻으로, '사물에 익숙함'을 이름.
【素帳 소장】國장사 지내기 전에 궤연(几筵) 앞에 드리우는 흰 포장.
【素節 소절】①가을의 딴 이름. ②밝은 마음. 결백한 지조. ③평소의 행실.
【素族 소족】관직이 없는 집안. 平民(평민).
【素地 소지】가공(加工)하지 않은 본바탕.
【素志 소지】평소에 품은 뜻. 素意(소의).
【素質 소질】①흰 바탕 ②타고난 성질. ③어떤 일에 적합한 성질.
【素餐 소찬】그 지위에 있으면서 하는 일 없이 녹만 먹음. 素飧(소손).
【素秋 소추】가을의 딴 이름. ○가을은 오행설(五行說)의 오색 중 백색(白色)에 해당하는 데서 온 말.
【素湯 소탕】國고기를 넣지 않고 끓인 국.
【素風 소풍】①순수하고 결백한 기풍(氣風). ②가을바람.
【素行 소행】①평소의 품행. ②자기 분수에 맞는 올바른 행동. ③그 지위에 있지 않으면서 그 도(道)를 행함. ④본디부터 행해짐.
【素絢 소현】흰 비단에 물감을 들임. 아름다운 바탕이 있은 후에 예문(禮文)을 더해야 함.
【素紈 소환】흰 비단.
【素懷 소회】평소에 품은 회포.
【素輝 소휘】흰 광채.

▶ 簡一, 儉一, 潔一, 朴一, 酸一, 水一, 純一, 心一, 約一, 鹽一, 要一, 元一, 質一, 尺一, 炭一, 平一, 縞一, 紈一, 繪一, 酵一.

❶생사 순 眞 chún
❷가선 준 圖 zhǔn
糸【純】⑩❸묶을 돈 兀 tún
4 ❹온전할 전 兒 quán
❺검은 비단 치 甾 zī

소전 純 초서 純 간체 纯 [參考] 대법원 지정 인명용 한자의 음은 '순·준'이다.

[字源] 形聲. 糸+屯→純. '屯(둔)'이 음을 나타낸다.

[字解] ❶①생사(生絲), 실. 〔論語〕今也純, 儉. ②순색(純色)의 비단. 〔漢書〕一色成體, 謂之純. ❸순수하다, 섞임이 없다. 〔詩經〕文王之德之純. ❹오로지, 전일(專一). 〔國語〕能帥舊德, 而守終純固. ❺꾸밈이 없다, 천진하다. 〔淮南子〕不剖割純樸. ❻도탑다. 〔春秋左氏

傳〕穎考叔純孝也. ⑦온전하다. 〔莊子〕純也者, 謂其不虧其神也. ⑧온화하다. 〔論語〕從之純如也. ⑨정성. ⑩착하다. ≒善. 〔史記〕非德不純. ⑪크다. 〔詩經〕純嘏爾常矣. ⑫아름답다, 정교하다. 〔漢書〕織作氷紈綺繡純麗之物. ⑬모두, 다. 〔周禮〕諸侯純九. ⑭길이의 이름, 열다섯 자. 〔淮南子〕里間九純, 純, 丈五尺. ⑮밝다. ≒焞. ⑯성(姓). ❷①가선, 가장자리. ≒緣. ②피륙의 폭. 〔儀禮·聘禮·注〕朝貢禮云, 純四只. ❸①묶다, 싸다. ≒稛·纏. 〔詩經〕白茅純束. ②포백 길이의 이름. ※1돈(純)은 1단(段). 1단은 반 필(匹). 〔戰國策〕錦繡千純. ③땅 이름. 〔春秋左氏傳〕執孫蒯于純留. ❹온전하다. 〔儀禮〕二算爲純. ❺검은 비단. ＝緇. 〔禮記〕大夫佩水蒼玉而純組綬.

【純潔無垢 순결무구】심신이 아주 깨끗하여 조금도 때 묻지 않음.

【純固 순고】순수하고 견고함.

【純鉤 순구】월왕(越王)의 명으로 구야(歐冶)가 만든 명검(名劍)의 이름.

【純氣 순기】순수한 기(氣).

【純德 순덕】①순수한 덕. ②흠 없는 온전한 도덕을 행하는 일.

【純麗 순려】정교하고 화려함.

【純吏 순리】충실한 벼슬아치.

【純理 순리】①순수한 이성. ②순수한 이론.

【純明 순명】성실하고 현명함.

【純茂 순무】①한결같이 아름다움. 순수하고 성함. ②한창 무성(茂盛)함.

【純味 순미】순수한 맛.

【純美 순미】순수하고 아름다움. 순수한 아름다움. 醇美(순미).

【純白 순백】①순수한 흰빛. ②순수하고 깨끗함. 섞임이 없이 맑음.

【純師 순사】모범이 되는 일을 다함. 완전한 사표(師表)가 되는 일.

【純誠 순성】지극히 성실함. 순수한 정성. 純愨(순각).

【純淑 순숙】순진하고 정숙함. 순수하고 착함.

【純熟 순숙】완전히 익음.

【純純 순순】①순수한 모양. 자연 그대로의 모양. ②성실한 모양. 전일(專一)한 모양. ③인후(仁厚)한 모양.

【純臣 순신】충순(忠純)한 신하.

【純陽 순양】①순수한 양기(陽氣). 강건(剛健)하여 부단히 활동하는 기. ②불〔火〕. ③음양가(陰陽家)에서, 음력 5월 기사일(己巳日)을 이르는 말. 이날은 모든 일에 불길하다고 함.

【純如 순여】화합(和合)하는 모양.

【純曜 순요】순수한 빛. 큰 빛.

【純殷 순은】한가운데. 중앙(中央).

【純陰 순음】①순일(純一)한 음기. ②음양가에서, 음력 10월 기해일(己亥日)을 이르는 말. 이날은 모든 일에 좋지 않다고 함.

【純一 순일】섞임이 없이 순수함.

【純正 순정】잡것이 없이 깨끗하고 바름.

【純直 순직】순진하고 정직함.

【純眞 순진】전혀 세속에 더럽혀짐이 없음. 순수하고 참다움.

【純忠 순충】정성에서 우러나는 충성.

【純嘏 순하】큰 복(福).

【純化 순화】①섞인 것을 제거하여 깨끗하게 함. ②복잡한 것을 단순하게 함.

【純孝 순효】지극한 효성.

【純洽 순흡】두루 미침. 골고루 윤택하게 함.

【純束 돈속】묶음. 동여맴.

【純帛 치백】검은 비단.

◑ 單—, 不—, 澀—, 全—, 精—, 淸—, 忠—.

糸 4 【紜】⑩ 어지러울 **운** [文] yún

[초서] 紜 [간체] 纭 [字解] **어지럽다, 사물이 많아서 어지러운 모양.**

【紜紜 운운】①사물이 번잡하고 어지러운 모양. ②왕래가 빈번한 모양.

糸 4 【紝】⑩ 짤 **임** [沁][侵] rèn

[소전] 紝 [혹체] 絍 [초서] 紝 [동자] 紝 [간체] 纴

[字解] **①짜다, 베를 짜다. ②베틀에 날아 놓은 실. ③명주.** 〔禮記〕織紝組紃.

【紝器 임기】베틀·북·바디 따위의 베를 짜는 데 쓰는 도구.

【紝織 임직】베를 짬. 織紝(직임).

糸 4 【紙】⑩ 종이 **지** [紙] zhǐ

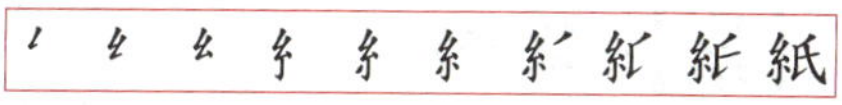

[소전] 紙 [초서] 紙 [간체] 纸 [字源] 形聲. 糸+氏→紙. '氏(씨)'가 음을 나타낸다.

[字解] **①종이.** 〔後漢書〕與簡紙經傳各一通. **②장.** 종이의 장수를 세는 단위. 〔元史〕雖摹千萬紙皆不差.

【紙價高 지가고】종이 값이 비쌈. 저작물(著作物)이 인기를 끌어 잘 팔림.

【紙匣 지갑】[國]①종이로 만든 작은 상자. ②돈 따위를 넣을 수 있도록 가죽이나 헝겊으로 만든 작은 물건.

【紙貴 지귀】종이 값이 비싸짐. 책이나 종이가 잘 팔림. [故事] 진대(晉代)에 좌사(左思)가 삼도부(三都賦)를 짓자 사람들이 서로 다투어 이를 베꼈으므로 낙양(洛陽)의 종이 값이 등귀했다는 고사에서 온 말. 紙貴洛陽(지귀낙양).

【紙榜 지방】[國]종잇조각에 글을 써서 만든 신주(神主).

【紙背 지배】①종이의 뒷면. ②문면(文面)에 나타난 뜻 외의 깊이 숨겨져 있는 뜻.

【紙本 지본】①종이에 쓴 서화(書畫). ②서화의 바탕이 된 종이.

【紙上談兵 지상담병】종이 위에서 군사(軍事)를 논의함. 실현될 가망이 없는 탁상공론. [故事]

전국(戰國) 시대 조(趙)나라의 조괄(趙括)이 아버지 사(奢)에게서 병법(兵法)을 배워 이론에는 환히 통했으나, 후에 장수로서 출전하여 진(秦)나라 장수 백기(白起)에게 크게 패하였다는 고사에서 온 말.

【紙魚 지어】 반대좀. 몸이 가늘고 길며 날개는 없음. 옷·종이 등의 풀기 있는 물건을 좀먹음. 蠹魚(두어).

【紙衣 지의】①염습할 때 입히는 종이로 만든 옷. 冥衣(명의). 明衣(명의). ②솜 대신 종이를 두어 만든 겨울옷. ③(佛)영혼을 천도할 때 쓰는, 종이로 만든 영가(靈駕)의 옷.

【紙田 지전】 필경(筆耕)으로 하는 생활. ○종이를 농부의 밭에 견준 말.

【紙札 지찰】 종이쪽. 용지.

【紙燭 지촉】 부의(賻儀)로 보내는 종이와 초.

【紙牌 지패】 종이로 만든 놀이 도구의 이름.

【紙砲 지포】 딱총.

【紙筆 지필】①종이와 붓. ②종이를 감은 붓. 데생할 때 씀.

● 諫一, 簡一, 缺一, 空一, 官一, 罪一, 斷一, 唐一, 滿一, 簿一, 白一, 生一, 熟一, 試一, 用一, 油一, 印一, 窓一, 尺一, 牒一, 破一, 片一, 便一, 表一, 筆一, 畫一, 休一.

糸 4 【紖】⑩ 고삐 진·인 zhèn
[소전] [초서] [간체] [字解]①고삐, 소의 고삐. 〔禮記〕牛則執紖. ②수레를 끄는 줄.

糸 4 【紫】⑩ 紫(1353)과 동자

糸 4 【紇】⑩ 紇(1342)의 본자

糸 5 【紺】⑪ 감색 감 gàn
[소전] [초서] [간체] [字解] 감색, 반물, 야청빛. 검은빛을 띤 푸른빛. 〔論語〕君子不以紺緅飾.
【紺瞳 감동】 검푸른 눈동자.
【紺碧 감벽】 짙은 검푸른 빛.
【紺宇 감우】①귀인의 저택. ②➡紺園(감원)①.
【紺園 감원】①절〔寺〕의 딴 이름. 紺宇(감우). ②수목이 울창한 검푸른 동산.
【紺珠 감주】 손으로 만지면 기억이 되살아난다는 기이한 구슬. 박학다식(博學多識)함의 비유.
【紺緅 감추】 제사 때 입는 옷인 제복(祭服)과 붉은색 옷인 강복(絳服)의 장식.

糸 5 【絅】⑪ ❶끌어 죌 경 jiōng ❷홑옷 경 jiǒng
[소전] [초서] [간체] [字解]❶①끌어 죄다, 잡아당기다. ②심하다, 엄하다. ❷홑옷. 늑襞. 〔中庸〕詩曰, 衣錦尙絅, 惡其文之著也.

糸 5 【経】⑪ 經(1361)의 속자

糸 5 【絇】⑪ 신코 장식 구 qú
[소전] [초서] [字解]①신코 장식, 신코 장식 끈. 〔禮記〕繩屨武絇. ②피륙의 합사 올, 합사로 짠 피륙의 올. ③올가미.
【絇屨 구구】 신끈에 장식이 있는 신.
【絇繶 구억】 신코와 신 가장자리의 장식. 모두 끈으로 만들었음.

糸 5 【紀】⑪ 紀(1339)와 동자

糸 5 【絮】⑪ ❶삼거웃 녀 rú ❷달라붙는 모양 나 nǎ
[소전] [字解]❶①삼거웃, 삼북더기. ②묵은 솜, 헌 솜. =袽·絮. 〔易經〕需有衣絮. ③막다, 틀어막다. ❷달라붙는 모양.

糸 5 【累】⑪ ❶묶을 루 léi ❷늘 루 lěi ❸번거롭게 할 루 lèi ❹벌거벗길 라 lěi ❺땅 이름 렵 liè

[초서] [參考] 대법원 지정 인명용 한자의 음은 '루'이다.
[字源] 形聲. 畾+糸→累. '畾(루)'가 음을 나타낸다.
[字解]❶①묶다, 동여매다. 〔孟子〕係累其子弟. ②새끼를 찾는 어미소, 수컷을 좇는 암컷의 새끼. =攈. ❷①늘다, 늘리다. ②쌓이다. 〔春秋穀梁傳〕善累而後進之. ③포개다. 〔楚辭〕層臺累榭. ④끊임없이, 여러 번. 〔晉書〕累戰皆捷. ⑤모두. 〔春秋穀梁傳〕累數皆至也. ❸①번거롭게 하다. ㉮수고를 끼치다. 〔書經〕不矜細行, 終累大德. ㉯부탁하다, 맡기다. 〔戰國策〕皆以國事累君. ②번거로움. ㉮근심. 〔戰國策〕此國累也. ㉯부담, 짐. 〔呂氏春秋〕主無所避其累矣. ③연루, 연좌. 〔唐書〕坐小累下, 除芮城令. ④일족, 권속(眷屬). 〔晉書〕欲진其家累. 〔史記〕則蓬累而行. ❹두려워하게 하다. 〔淮南子〕因太祖以累其心. ❹벌거벗기다. =裸. ❺땅 이름. 지금의 하북성(河北省) 진현(晉縣)의 서쪽.
【累家 누가】 대대로 이어 온 집안.
【累減 누감】①國차례로 줄임. ②어떤 죄인이 감형(減刑)이 되었을 때 그 관련 범죄인도 감형이 되는 일.
【累巨萬 누거만】 썩 많음.

糸部 5획 袜絆紨紼紱紷紩緤

【累句 누구】흠투성이의 문구. 자기 시구(詩句)의 겸칭.
【累氣 누기】①숨을 죽임. ②문사(文思)가 막혀 새 경지를 열지 못함.
【累棊 누기】바둑돌을 쌓아 올림. 매우 위태로움.
【累騎 누기】남이 탄 말의 뒤에 같이 탐.
【累德 누덕】①덕(德)을 욕되게 함. 덕에 누가 되는 악행. ②덕을 쌓음. 쌓은 덕. 積德(적덕).
【累棟 누동】여러 층으로 된 지붕의 마룻대.
【累卵 누란】포개어 놓은 알. 매우 위태함.
【累卵之危 누란지위】알을 쌓아 둔 것처럼 위태로움. 危如累卵(위여누란).
【累論 누론】누범(累犯)으로 범죄 사실과 법의 적용이 동등한 것은 두 개 이상의 죄를 누계하여 그 죄를 논정(論定)함.
【累累 누루~누누】①물건이 겹친 모양. 중첩(重疊)한 모양. ②계속 잇닿은 모양.
【累萬 누만】여러 만(萬). 굉장히 많은 수.
【累犯 누범】거듭 죄를 범함. 여러 번 죄를 범한 사람.
【累榭 누사】여러 층으로 된 정자.
【累觴 누상】여러 잔을 마심. 술을 많이 마심.
【累紲 누설】포승(捕繩). 포박(捕縛)당함.
【累宵 누소】여러 밤.
【累息 누식】숨을 죽임.
【累心 누심】①마음을 괴롭힘. ②근심이나 걱정.
【累葉之勳 누엽지훈】부조(父祖) 대대로 세운 공훈.
【累辱 누욕】거듭 장피를 줌.
【累積 누적】포개어 여러 번 쌓음.
【累祖 누조】①대대의 조상. ②나그네의 안전을 보호한다는 신. 祖神(조신).
【累坐 누좌】다른 범죄자에 관련하여 함께 벌을 받음. 連坐(연좌). 累及(누급).
【累重 누중】①일신에 짐이 되는 것. 처자(妻子)·재물 따위. ②자녀가 많음. ③거듭함.
【累徵 누징】임금이 여러 번 부름.
【累遷 누천】관직이 여러 번 승진(昇進)함. 累拜(누배).
【累七 누칠】(佛)사람이 죽은 뒤 49일까지, 7일마다 추선 공양(追善供養)하는 일.
【累土 누토】①흙을 쌓음. 쌓아 올린 흙. ②소량의 흙.
【累解 누해】근심·걱정이 풀림.
【累形 누형】몸을 괴롭힘.
【累惑 누혹】쌓이고 쌓인 의혹.
【累洽 누흡】태평 세월이 계속됨. ○'洽'은 임금의 덕이 두루 미침.
【累欷 누희】계속하여 흐느껴 욺.
● 家-, 係-, 繫-, 物-, 煩-, 縫-, 私-, 世-, 俗-, 連-, 積-, 情-, 罪-, 患-.

糸5【袜】⑪ 버선 말 囷 wà, mò
[초서] 弦 [字解] ①버선. =韈. ②허리띠. =袜.

糸5【絆】⑪ 줄 반 屬 bàn
[소전] 絆 [초서] 絆 [간체] 绊 [字解] ①줄. ㉮말의 발을 잡아매는 줄. ㉯사물을 얽매는 줄. 〔漢書〕今吾子已貫仁誼之羈絆. ②얽어매다. 비끄러매다. 〔隋書〕籠絆朝市.
【絆繫 반계】잡아맴.
【絆拘 반구】①구애됨. ②붙들어 맴.
【絆羈 반기】①고삐. 굴레. ②세상살이의 갖가지 구속.
【絆驥 반기】천리마를 매어 둠. 구속당하여 능력을 자유롭게 발휘하지 못함.
● 脚-, 系-, 拘-, 囚-, 圍-, 繼-.

糸5【紨】⑪ ❶베 이름 부 廛 fū
❷줄 부 圖 fū
[소전] 紨 [字解] ❶①베[布] 이름. ②거친 비단. ③굵은 실. ❷줄, 굴레. =縛.

糸5【紼】⑪ ❶얽힌 삼 불 囫 fú
❷난마로 짠 베 비 圂 fú
[소전] 紼 [초서] 紼 [간체] 绋 [字解] ❶①얽힌 삼, 얽힌 삼의 가닥. ②동아줄. 〔詩經〕紼纚維之. ③수레를 끄는 줄. ≒綍. 〔禮記〕助葬必執紼. ④인끈. =紱. 〔漢書〕上將使人加紼而封之. ⑤폐슬(蔽膝). 조복(朝服)이나 제복(祭服)을 입을 때 무릎을 가리던 장식. ≒芾. ❷난마(亂麻)로 짠 베.
【紼謳 불구】상여(喪輿)를 메고 갈 때 부르는 노래. 挽歌(만가).
【紼纚 불리】밧줄로 맴. ○'紼'은 굵은 밧줄.
【紼蔽 불폐】폐슬(蔽膝).

糸5【紱】⑪ 인끈 불 屋 fú
[초서] 弦 [동자] 紼 [간체] 绂 [字解] ①인끈. 〔漢書〕授單于印紱. ②제복(祭服). 〔易經〕朱紱方來. ③입다, 몸에 걸치다. 〔莊子·肩吾問於連叔曰·注〕足以纓紱其心矣.
【紱冕 불면】인수(印綬)와 관(冠). ㉠고관(高官)의 지위. ㉡예복(禮服).
● 釋-, 繡-, 纓-, 印-, 組-, 朱-, 華-.

糸5【紷】⑪ 紱(1349)과 동자

糸5【紷】⑪ 紱(1349)의 속자

糸5【緤】⑪ 고삐 설 屑 xiè, yì
[소전] 緤 [혹체] 縲 [초서] 弦 [간체] 绁 [字解] ①고삐, 마소나 개를 매는 줄. 〔春秋左氏傳〕臣負羈緤. ②오라.

〔論語〕雖在縲絏之中. ③매다, 묶다. 〔張衡·賦〕絏子罃於軹塗. ④실마리. ⑤도지개. 〔周禮〕譬如終絏, 非弓之利也. ⑥넘다, 건너다. ㅇ躠. 〔揚雄·賦〕亶觀夫栗禽之絏隃. ⑦평상복. ㅇ褻. 〔詩經〕是紲袢也.

【紲袢 설반】 더울 때 입는 속옷. 땀받이.

細 ⑪ 가늘 세 xì

紃 紞 細 細

納(1353)는 딴 자.

[字源] 形聲. 糸+囟→細. '囟(신)'이 음을 나타낸다.

[字解] ①가늘다. 〔梁元帝·賦〕坐視帶長, 轉看腰細. ②미미(微微)하다. 〔梁元帝·詩〕風細雨聲遲. ③작다. 〔淮南子〕沙土人細. ④여위다. 〔劉楨·賦〕豐ენ異形. ⑤드물다. 〔蘇軾·詩〕歸來踏人影, 雲細月娟娟. ⑥잘다, 자세하다. 〔北史〕自蠱入細. ⑦장황하다, 번거롭다. 〔晉書〕好爲糾察, 近於繁細. ⑧비천하다. 〔郭璞·疏〕臣主未寧於上, 黔細未輯於下. ⑨소인(小人). 〔禮記〕細人之愛人也以姑息. ⑩가는 실. ⑪잘게, 자세히. 〔元好問·詩〕細看潛溪樹.

【細苛 세가】 잗다랗고 번거로움.
【細奸 세간】 도량이 좁고 간악함. 또는 그런 사람. 細姦(세간). 小人(소인).
【細看 세간】 자세히 봄. 細視(세시).
【細鉅 세거】 잔일과 큰일. 細大(세대).
【細檢 세검】 ①잘고 시시한 행위. ②자세하게 조사함. 細査(세사).
【細徑 세경】 좁은 길. 細路(세로).
【細計 세계】 ①자세히 헤아림. ②자세한 계획.
【細故 세고】 ①대수롭지 않은 일. 작은 일. 小事(소사). ②도량이 좁은 사람.
【細管 세관】 ①가는 관(管). ②가는 피리.
【細君 세군】 ①제후(諸侯)의 부인. 小君(소군). ②한문 편지글 따위에서, 자기 아내를 이르는 말. ③남의 아내를 이르는 말.
【細謹 세근】 ①아주 작은 일에 이르기까지 삼감. ②사소(些細)한 예의.
【細德 세덕】 덕(德)이 보잘것없음.
【細讀 세독】 자세히 읽음.
【細漣 세련】 잔물결. 물놀이.
【細縷 세루】 가는 실.
【細柳 세류】 ①실버들. 수양버들. ②가지가 가는 버드나무. 세버들. ③서쪽의 들. 해가 지는 곳.
【細鱗 세린】 ①잔 비늘. ②물고기.
【細馬 세마】 잘 길들인 말. 良馬(양마).
【細木 세목】 國 올이 가는 무명. 고운 무명.
【細目 세목】 자세히 규정한 조목. 잘게 나눈 절목(節目).
【細墨 세묵】 國 시먹. 단청에서, 가는 획을 그어 경계를 나타내는 선.
【細問 세문】 자세히 물음.

【細眉 세미】 가는 눈썹. 蛾眉(아미).
【細微 세미】 ①가늘고 작음. 微細(미세). ②신분이 낮음.
【細民 세민】 가난한 사람. 貧民(빈민).
【細事 세사】 자질구레한 일.
【細思 세사】 곰곰이 생각함.
【細査 세사】 세밀하게 조사함.
【細說 세설】 ①자세한 설명. 詳說(상설). ②소인의 말. ③國 잔말. 쓸데없는 말.
【細細 세세】 ①자세한 모양. ②가느다란 모양.
【細碎 세쇄】 ①잘게 부숨. ②잘고 번거로움. 煩碎(번쇄).
【細瑣 세쇄】 가늘고 작음. 자질구레한 일.
【細數 세수】 상세하게 셈.
【細詢 세순】 자세히 물음.
【細術 세술】 하찮은 기술. 末技(말기).
【細弱 세약】 ①가늘고 약함. ②처자(妻子).
【細軟 세연】 ①잘고 연함. ②주옥(珠玉)·보기(寶器) 따위의 귀중한 물건.
【細娛 세오】 하찮은 오락.
【細腰 세요】 ①가는허리. 미인의 비유. 柳腰(유요). 纖腰(섬요). ②절굿공이. ◯절굿공이의 모양이 여자의 가는허리와 모습이 닮은 데서 온 말. ③대추.
【細雨 세우】 가랑비. 이슬비.
【細月 세월】 가는 달. 초승달.
【細人 세인】 ①마음씨가 나쁜 사람. 쓸모없는 사람. 小人(소인). ②벼슬이 낮은 사람. ③기생. 예기(藝妓).
【細疵 세자】 작음 흠. 細瑕(세하).
【細作 세작】 간첩(間諜).
【細族 세족】 형세가 미약한 집안.
【細註 세주】 ①자세히 풀이한 주해. ②잔글자로 써 넣은 주해.
【細聽 세청】 자세히 들음. 상세하게 들음.
【細毳 세취】 짐승의 솜털.
【細緻 세치】 ①바닥이 아주 고운 명주. ②치밀(緻密)함.
【細斟 세침】 ①조용히 술을 마심. ②비가 조용히 내림.
【細評 세평】 자세하게 비평함. 자세한 비평.
【細布 세포】 올이 고운 삼베와 무명.
【細風 세풍】 솔솔 부는 바람. 微風(미풍).
【細筆 세필】 ①잔글씨를 씀. ②가는 붓.
【細瑕 세하】 미세한 하자(瑕疵). 작은 결점.
【細覈 세핵】 자세히 조사함.
【細行 세행】 조그마한 행실. 사소한 예법.
【細花 세화】 ①작은 꽃. 小花(소화). ②눈(雪).
【細滑 세활】 살결이 곱고 보드라움. ㉠여자의 살결. ㉡여색(女色).

◐ 奸-, 巨-, 縷-, 短-, 微-, 煩-, 詳-, 織-, 瑣-, 仔-, 精-.

紹 ⑪ ❶이을 소 shào ❷느슨할 초 chāo

紹 紹 紹 紹

[參考] 대법원 지정

인명용 한자의 음은 '소'이다.
字解 ❶①잇다.〔呂氏春秋〕以此紹殷. ②받다.〔漢書〕酒紹天明意. ③소개하다, 알선하다. 돕다.〔史記〕請爲紹介, 而見之於先生. ④단단하게 꼰 세 가닥의 노끈. ⑤성(姓). ❷느슨하다, 헐겁다. 늑弨.〔詩經〕匪紹匪遊.

【紹介 소개】 모르는 사이를 서로 알도록 관계를 맺어 줌. 仲介(중개). 周旋(주선).
【紹繼 소계】 앞의 일을 이어받음.
【紹登 소등】 이어서 오름.
【紹復 소복】 이어 일으킴. 선조의 사업을 이어 다시 흥왕하게 함. 再興(재흥)함.
【紹擯 소빈】 주인과 빈객 사이에서 주선하는 사람. 上賓(상빈).
【紹述 소술】 전인(前人)의 사업·제도 등을 계승하여 그를 좇아 행함.
【紹承 소승】 이어받음. 계승함.
【紹衣 소의】 좋은 바를 이어 행함. ○'衣'는 '行'으로 '행함'을 뜻함.
【紹絕 소절】 끊어진 것을 이어 일으킴.
【紹恢 소회】 앞사람이 사업을 이어받아 이를 더 크게 함. ○'恢'는 '大'로 '큼'을 뜻함.
【紹興 소흥】 계승하여 흥왕하게 함.
【紹熙 소희】 전대(前代)를 이어 빛냄.
● 介─, 繼─, 克─, 要─, 遠─, 後─.

糸
5 【絁】⑪ 깁 시 厃 shī
초서 紙 字解 ①깁, 명주.〔唐書〕丁歲輸綾絁二丈. ②가늘다.

糸
5 【紳】⑪ 큰 띠 신 眞 shēn
소전 紳 초서 神 간체 绅 字解 ①큰 띠. 신분이 높은 사람의 예복에 갖추어 매는 큰 띠.〔論語〕加朝服拖紳. ②묶다, 다발 짓다.

【紳衿 신금】 향당(鄕黨)에 있는 사대부(士大夫). ○'紳'은 진신(搢紳) 곧 관리, '衿'은 청금(靑衿)의 준말로, 사대부의 아들.
【紳帶 신대】 문관이 의식 때 띠던 큰 띠.
【紳士 신사】 ①시골에 있는 벼슬아치. 벼슬에서 물러난 사람. ②교양이 있고 덕망이 높은 남자. ③남자의 미칭(美稱).
【紳笏 신홀】 큰 띠와 홀. 곧, 문관(文官)의 복식(服飾).
● 高─, 縉─, 搢─, 薦─, 解─, 華─.

糸
5 【絨】⑪ 채색 비단 월 月 yuè
소전 絨 字解 ①채색 비단. ②반베. 수건이나 띠 감으로 받물 실과 흰 실을 섞어서 짠, 폭이 좁은 무명. ③베, 삼베. ④고운 베, 올이 가는 베.

糸
5 【紫】⑪ 자줏빛 자 國 zǐ

소전 紫 초서 紫 字源 形聲. 糸+此→紫. '此(차)'가 음을 나타낸다.
字解 ①자줏빛. ②자줏빛의 의관(衣冠)과 인수(印綬).〔晉書〕紆靑拖紫. ③신선이나 제왕의 집 빛깔.〔李嶠〕白玉仙輿紫禁來.

【紫閣 자각】 ①자줏빛으로 칠한 궁전. 紫闥(자달). ②신선이나 은자가 사는 곳.
【紫肩 자견】 대궐의 문.
【紫姑 자고】 뒷간의 신(神). ○이 신은 생전에 남의 첩이어서 본처의 시샘으로 항상 뒷간 청소만을 하다가 죽었는데, 후세에 그 죽은 날인 정월 보름에 뒷간 가까이에 신으로 모셔 제사 지내고 길흉을 점치는 민속(民俗)이 생겼음.
【紫誥 자고】 조서(詔書). ○자색 종이에 쓴 데서 온 말.
【紫宮 자궁】 ①별 이름. 자미궁(紫微宮). ②대궐. ③신선이 있는 곳.
【紫闕 자궐】 궁성(宮城). 대궐.
【紫極 자극】 ①대궐. ②제위(帝位).
【紫禁 자금】 임금이 거처하는 곳. ○북두(北斗)의 북쪽에 있는 자미원(紫微垣)을 임금이 있는 곳에 비유한 데서 온 말.
【紫氣 자기】 ①자줏빛의 서기(瑞氣). ②칼의 빛. ③손이나 벗이 올 예감.
【紫氣東來 자기동래】 상서로운 기운이 동쪽에서 옴. ㉠성인(聖人)이 옴. ㉡벗이 옴.
【紫泥 자니】 ①자줏빛 인주(印朱). 곧, 조서(詔書)를 봉하는 데 쓰던 자줏빛 진흙. ②조서.
【紫泥書 자니서】 조서(詔書).
【紫闥 자달】 ▷紫閣(자각)①.
【紫嵐 자람】 자줏빛의 남기(嵐氣). 이내.
【紫騮 자류】 검은 밤색 털의 말[馬].
【紫笠 자립】 國융복(戎服)을 입을 때 쓰던 붉은 칠을 한 갓.
【紫磨 자마】 순금(純金).
【紫陌 자맥】 도성(都城)의 길.
【紫冥 자명】 하늘.
【紫微 자미】 ①북두칠성의 북쪽에 있는 별 이름. 천제(天帝)가 있는 곳이라 함. ②궁궐(宮闕). 왕궁(王宮).
【紫斑 자반】 피하 출혈로 말미암아 피부에 나타나는 반점(斑點). 멍.
【紫房 자방】 ①자줏빛으로 꾸민 방. 태후(太后)의 처소. ②자줏빛의 열매.
【紫氛 자분】 자줏빛 운기(雲氣).
【紫塞 자새】 만리장성(萬里長城)의 딴 이름. ○흙빛이 자색인 데서 온 말.
【紫書 자서】 도가(道家)의 경전(經典).
【紫石 자석】 ①자석영(紫石英). 紫水晶(자수정). ②눈동자. 눈이 모나고 광채가 있는 모양. ③벼루의 딴 이름.
【紫霄 자소】 ①하늘. 천공(天空). ②왕궁.
【紫綬 자수】 國정삼품 당상관(堂上官) 이상의 관원이 차던 인수(印綬).
【紫宸 자신】 천자의 궁전. ○'紫'는 자미성(紫

微星), '宸'은 제왕의 거처.
【紫喔 자악】자줏빛 장막. 신을 제사 지낼 때 사용하였음.
【紫煙 자연】①자색의 연기. 자색의 안개. 이내. ②담배 연기.
【紫髯綠眼 자염녹안】자줏빛 수염과 푸른 눈. 백인종의 용모.
【紫宇 자우】①영기(靈氣). ②잘생긴 이마의 눈썹 언저리.
【紫雲 자운】①자줏빛 구름. 상서로운 구름. 瑞雲(서운). ②(佛)염불 수행한 사람의 임종 때 아미타불이 타고 맞이하러 온다는 자색 구름.
【紫衣 자의】①자줏빛 옷. ②임금의 옷. ③(佛)자줏빛 가사(袈裟). ④이끼의 한 가지.
【紫電 자전】①번개. ②상서로운 빛. 瑞光(서광). ③빠른 모양. ④날카로운 눈빛.
【紫庭 자정】대궐의 뜰. 宮庭(궁정).
【紫宙 자주】하늘.
【紫翠 자취】①보석의 이름. ②이내가 긴 산의 경치.
【紫奪朱 자탈주】자색이 주색의 아름다움을 뺏음. 소인이 군자를 능멸함. ◯'紫'는 간색(間色), '朱'는 정색(正色).
【紫貝 자패】조개의 한 가지. 껍데기에는 자색 바탕에 아름다운 담색(淡色)의 무늬가 있어 화폐로 썼음. 文貝(문패).
【紫袍 자포】①자줏빛 도포. 자줏빛 곤룡포. ②아주 훌륭한 옷이나 예복.
【紫霞 자하】①보랏빛 안개. ②㉠신선이 사는 곳에 긴 안개. ㉡선궁(仙宮).
【紫霞想 자하상】선경(仙境)에서 놀았던 생각.
【紫虛 자허】하늘. ◯운하(雲霞)가 해에 비쳐 자줏빛으로 물드는 데서 이르는 말.
【紫毫 자호】토끼 털로 만든 붓.
【紫花地丁 자화지정】제비꽃. 오랑캐꽃.
【紫渙 자환】조서(詔書).
【紫篁 자황】궁중에 있는 대숲. 翠篁(취황).
◯金-, 純-, 深-, 朱-, 淺-, 靑-, 紅-.

糸5【紵】⑪ 모시 저 圖 zhù
[소전] 絆 [혜체] 繆 [초서] 羽 [간체] 纻
[字解]①모시 풀. 〔詩經〕可以漚紵. ②모시베. 늑亭. 〔禮記〕絺綌紵不入.
【紵麻 저마】모시.
【紵絮 저서】삼거웃이나 솜처럼 쓰이는 것.
【紵衣 저의】모시옷.
【紵絺 저치】모시와 고운 갈포(葛布).
【紵布 저포】모시.
【紵縞 저호】모시와 흰 깁.

糸5【紅】⑪ 말 치장 정 庚 zhēng
[소전] 紅 [字解]승여(乘輿)를 끄는 말의 치장.
【紅紾 정협】임금이 타는 수레의 말 장식.

糸5【組】⑪ 끈 조 圖 zǔ
ㄥㄠ幺乇纟糸 紉 絈 組 組
[소전] 組 [초서] 玿 [간체] 组 [字源] 形聲. 糸+且→組. '且(차)'가 음을 나타낸다.
[字解]①끈, 끈목. 〔禮記〕織紝組紃. ②짜다. ㉮베를 짜다. 〔詩經〕執轡如組. ㉯꿰매다. 〔詩經〕素絲組之. ㉰짝이 되다, 조직하다. ③풀 이름.
【組甲 조갑】①끈목으로 짠 갑옷. ②옻칠을 한 갑옷에 끈목의 무늬가 있는 것.
【組繫 조계】끈목.
【組綦 조기】들메끈.
【組練 조련】①갑옷과 투구. 甲胄(갑주). ②병사(兵士), 군대(軍隊). ③끈목과 누인 명주.
【組紱 조불】인끈. 印綬(인수).
【組綬 조수】패옥(佩玉)이나 인장(印章)을 띠는 끈목.
【組紃 조순】①끈을 꼼. ②허리에 띠는 끈.
【組纓 조영】갓끈.
【組紝 조임】베를 짬.
【組帳 조장】끈으로 걷 휘장이나 장막.
【組織 조직】①끈을 꼬고 베를 짬. ②같은 형태와 기능을 가진 세포의 집단. ③단체나 사회를 구성하는 각 요소가 결합하여 유기적 작용을 하는 통일체를 이룸.
◯結-, 綺-, 文-, 縫-, 素-, 縟-, 簪-, 朱-, 纂-, 綵-, 尺-, 楚-, 解-, 華-.

糸5【終】⑪ 끝날 종 庚 zhōng
ㄥㄠ乇纟糸 紉 絃 終 終
[소전] 綫 [고문] 兂 [초서] 经 [간체] 终 [字源] 形聲. 糸+冬→終. '冬(동)'이 음을 나타낸다.
[字解]①끝나다. ㉮극(極)에 이르다. ㉯다되다. 〔呂氏春秋〕數將幾終. ㉰그치다. 〔春秋左氏傳〕婦怨無終. ㉱완료되다. 〔易經〕終朝三褫之. ㉲미치다. 〔禮記〕工人, 升物三祀. ㉳이루어지다. 〔國語〕純明則終. ㉴차다, 그득 차다. 〔儀禮〕廣終幅. ㉵죽다. 〔國語〕司民協孤終. ②끝, 종말(終末). 〔禮記〕愼始而敬終. ③마침내. ㉮종국에는, 결국은. 〔書經〕終累大德. ㉯끝까지. 〔大學〕有斐君子, 終不可諠兮. ④꽁꽁 동여맨 실. ⑤12년. 세성(歲星)이 하늘을 일주하는 데 걸리는 햇수. 〔春秋左氏傳〕十二年矣, 是謂一終, 一星終也. ⑥사방 100리의 땅.
【終決 종결】결말이 남.
【終結 종결】끝을 냄. 끝마침. 終末(종말). 終局(종국).
【終竟 종경】끝. 끝마침. 終畢(종필).
【終境 종경】땅의 지경이 끝나는 곳.
【終古 종고】①언제까지나. 영구히. ②옛날. 古昔(고석). ③항상. 平常(평상).

【終窮 종궁】①다함. 끝남. 죽음. ②한평생 궁고(窮苦)함.
【終葵 종규】①망치. ②지치. 지칫과의 여러해살이풀.
【終吉 종길】언제까지나 평안하고 태평함.
【終南捷徑 종남첩경】종남산의 지름길. 쉽게 벼슬하는 길. 故事 당대(唐代) 노장용(盧藏用)이 전시(殿試)에 낙제한 뒤, 궁성에서 가까운 종남산에 들어가 은거하였더니, 고사(高士)라는 소문이 나서 마침내 임금의 부름을 받고 등용되었다는 고사에서 온 말.
【終年 종년】①일 년 내내. ②한평생. ③한 해를 마침.
【終末 종말】끝. 끝판. 結末(결말).
【終命 종명】①목숨을 마침. ②천수(天壽). 타고난 수명.
【終尾 종미】일의 끝. 終末(종말).
【終生 종생】①한평생. ②일생을 마침.
【終世 종세】한 생애를 마침. 죽음.
【終歲 종세】①일 년 내내 終年(종년). ②한 해를 마침.
【終始如一 종시여일】처음부터 끝까지 한결같음. 始終如一(시종여일).
【終始一貫 종시일관】처음부터 끝까지 한결같이 함. 始終一貫(시종일관).
【終食之間 종식지간】식사를 끝내는 동안. 곧, 짧은 동안.
【終夜 종야】밤새도록. 하룻밤 동안.
【終養 종양】①어버이를 끝까지 봉양함. 특히 어버이의 임종을 지킴. ②부모가 늙있을 때, 관리가 휴직하고 집에서 부모를 임종 때까지 봉양하는 일.
【終焉 종언】①자리잡고 편히 사는 일. 정착할 곳으로 삼는 일. ③國①일생의 마지막. 임종. 죽음. ㉡하던 일이 끝장남. ②막다른 처지에 이름. 곤궁함.
【終譽 종예】끝까지 명예를 잃지 않음.
【終日不倦 종일불권】온종일 싫증 내지 않음.
【終制 종제】①부모의 삼년상(三年喪)을 마침. ②장례(葬禮) 제도. 장례에 따르는 여러 가지 기구.
【終朝 종조】아침 내내. 새벽부터 조반 때까지.
【終天 종천】이 세상이 계속되는 한. 이 세상이 끝날 때까지. 영원토록.
【終風 종풍】①종일 부는 바람. ②서풍(西風).
【終獻 종헌】제사 때 삼헌(三獻)의 세 번째 잔을 올림.
○古ー, 無始ー, 無ー, 死ー, 歲ー, 始ー, 愼ー, 令ー, 永ー, 有ー, 臨ー, 最ー.

糸5【紬】⑪ ❶명주 주 囯 chóu ❷얽 주 囝 zhòu ❸실마리 수 囝 chōu
[소전][초서][간체 纟由] 纂秀 ①細(1353)는 딴 자. ②대법원 지정 인명용 한자의 음은 '주'이다.
字解 ❶①명주, 굵은 명주. ②잣, 실을 뽑다. 〔史記〕紬績日分. ③철(綴)하다, 모으다. 〔史記〕紬史記石室金匱之書. ④현(絃)을 타다. ≒抽. 〔宋玉·賦〕紬大絃而雅聲流. ❷①업(業), 일. ※❸과 같음. ❸실마리.
【紬緞 주단】명주와 비단.
【紬繹 주역】실마리를 뽑아내어 찾음.
【紬績 주적】실을 뽑음. 자음.
【紬次 주차】뽑아내어 차례를 붙임.

糸5【紸】⑪ 댈 주 囯 zhù
[초서] 字解 대다, 서로 닿게 하다. ≒注. 〔荀子〕紸纊聽息之時.
【紸纊 주광】임종 때, 고운 솜을 입과 코에 대어 숨을 쉬고 있는지의 여부를 알아보는 일.

糸5【紾】⑪ ❶비틀 진 銑 zhěn ❷결 거칠 진 銑 tiǎn ❸실 팽팽히 감을 긴 銑 jǐn
[소전][초서][간체 纟㐱] 字解 ❶①비틀다, 비뚤어지다. 〔孟子〕紾兄之臂. ②구르다, 굴리다. 〔淮南子〕千變萬紾. ③감기다. 〔淮南子〕以相繆紾. ④홑옷. =袗·襌. 〔論語〕紾絺綌. ❷①결이 거칠다. 〔周禮〕老牛之角, 紾而昔. ②새끼를 감다. ③끊어지려는 모양. ❸실을 팽팽히 감다. =緊.
【紾臂 진비】팔을 비틂.

糸5【紩】⑪ 기울 질 質 zhì
[소전][초서] 字解 ①깁다, 꿰매다. ②들이다, 넣다. ③밧줄. ≒紼.

糸5【紮】⑪ 감을 찰 黠 zā, zhā
[초서] 字解 ①감다, 매다, 묶다. ②활 줌통 싸개. ③머무르다, 주둔(駐屯)하다. 〔燕子箋〕衆軍士且暫紮住在此.
【紮盲 찰맹】아이들 놀이의 한 가지. 까막잡기.
【紮縛 찰박】묶음.
【紮營 찰영】군대를 주둔시킴.
【紮住 찰주】진영(陣營)을 치고 주둔함.

糸5【絀】⑪ 물리칠 출 質 chù
[소전][초서][간체 纟出] 字解 ①물리치다. ≒黜. 〔禮〕君絀以爵. ②꿰매다. ≒紩. 〔史記〕卻冠秫絀. ③굽히다, 겸양하다. ≒詘·曲. 〔荀子〕恭敬縛絀, 以畏事人. ④모자라다.
【絀臣 출신】쫓겨난 신하. 逐臣(축신).
【絀約 출약】쫓겨나 곤궁(困窮)함.
【絀陟 출척】인사(人事)에서 내쫓는 일과 올려 쓰는 일. 黜陟(출척).

糸5【紽】⑪ 타래 타 歌 tuó

糸5 【組】⑪ 綻(1372)과 동자

糸5 【紿】⑪ 속일 태 ㉲ dài

字解 ❶속이다. 느誺.〔漢書〕東越卽紿吳王. ❷실이 삭아서 약해지다. ❸의심하다. ❹빌리다. 느貸. ❺이르다〔至〕.〔淮南子〕出百死而紿一生. ❻느슨하다. ❼감다. ❽게을리 하다.

糸5 【絃】⑪ ❶악기 줄 현 ㉱ xián ❷새끼 현 ㉲ xuān

字源 形聲. 糸+玄→絃. '玄(현)'이 음을 나타낸다.
字解 ❶악기의 줄. 거문고·비파 등의 줄.〔禮記〕舜作五絃之琴. ❷새끼〔索〕. 줄, 끈.〔李賀·歌〕水聲繁, 絃聲淺.
【絃歌 현가】 현악기에 맞추어 부르는 노래.
【絃琴 현금】①현악기의 총칭. 가야금·거문고·비파·공후 따위. ②현악기를 탐.
【絃斷 현단】 악기의 줄이나 활의 줄이 끊어짐. 부부의 관계가 끊어짐.
【絃索 현삭】①현악기의 줄. ②현악기.
【絃誦 현송】 현악기를 타며 시가를 노래함.
❶ 管-, 斷-, 大-, 悲-, 續-, 調-, 彈-.

糸5 【紘】⑪ 벼리 굉 ㉱ hóng

字解 ①벼리. 그물의 위쪽 코를 꿰어 잡아당기게 된 줄.〔左思·賦〕狼跋乎紘中. ②매이다, 걸리다. ③갓끈. =紭.

糸6 【絳】⑫ 진홍 강 ㉲ jiàng

字解 ①진홍, 진홍색.〔淮南子〕絳樹在其南. ②땅 이름. 산서성(山西省)에 있던 주(州) 이름. ③강 이름. 산서성(山西省)에 있다.
【絳裙 강군】 붉은 치마.
【絳闕 강궐】 붉은 칠을 한 대궐의 문.
【絳氣 강기】 붉은 운기(雲氣). 絳氛(강분).
【絳氛 강분】 무지개 따위의 붉은 기운.
【絳樹 강수】①옛날 미녀의 이름. ②산호(珊瑚)의 딴 이름.
【絳脣 강순】 붉은 입술. 丹脣(단순).
【絳萼 강악】 붉은 꽃받침.
【絳葉 강엽】 붉은 잎. 紅葉(홍엽).
【絳英 강영】 붉은 꽃부리.
【絳衣大冠 강의대관】 붉은 옷과 큰 관(冠). 장군(將軍)의 몸차림.
【絳帳 강장】 붉은 휘장. ㉠스승의 자리. ㉡학자의 서재(書齋). 故事 후한(後漢)의 대유(大儒)인 마융(馬融)이 고당(高堂)에 앉아 붉은 휘장을 그 앞에 드리우고, 학도(學徒)를 앉혀 놓고 가르쳤다는 고사에서 온 말. 絳帷(강유).
【絳被 강피】 붉은색의 이불.
【絳河 강하】①하늘의 딴 이름. ②은하(銀河).
【絳汗 강한】 핏빛 땀.
【絳虹 강홍】 비가 갤 무렵에 나타나는 붉은 무지개.
❶ 似-, 緹-, 淺-.

糸6 【縫】⑫ 絳(1354)과 동자

糸6 【結】⑫ ❶맺을 결 ㉲ jié ❷맬 계 ㉱ jì

参考 대법원 지정 인명용 한자의 음은 '결'이다.
字源 形聲. 糸+吉→結. '吉(길)'이 음을 나타낸다.
字解 ❶①맺다. ㉮매듭짓다.〔易經〕上古結繩而治. ㉯맺히다.〔古詩〕嚴霜結庭蘭. ㉰열매를 맺다.〔杜甫·詩〕卑枝低結子. ㉱잊히지 아니하고 마음속에 뭉쳐 있다.〔詩經〕我心蘊結兮. ㉲사귀다, 약속을 하다.〔摯虞·詩〕好以義結. ㉳끝내다. ㉴완성하다.〔春秋左氏傳〕使陰里結之. ②다지다, 단단히 하다.〔孫綽·賦〕結根彌於華岱. ③막다, 못하게 하다.〔張衡·賦〕結徒營. ④늘어세우다.〔楚辭〕靑驪結駟兮. ⑤엇걸리게 하다.〔呂氏春秋〕車不結軌. ⑥모으다.〔淮南子〕不結於一迹之塗. ⑦묶다, 매다.〔張衡·賦〕置羅之所羂結. ⑧꾸미다, 짓다.〔陶潛·詩〕結廬在人境. ⑨매듭.〔春秋左氏傳〕帶有結. ⑩바로잡다, 책하다.〔漢書〕以結延年. ⑪물리치다. ⑫굽다, 구부러지다.〔禮記〕蚯蚓結. ⑬굽히다, 구부리다.〔楚辭〕結余軫於西山兮. ⑭끝 구(句), 결구(結句). ⑮〔佛〕번뇌, 마음의 괴로움.〔法華經科注〕斷結成佛. ⑯㊀목, 100짐〔負〕. 조세를 매길 때 쓰던 논밭 넓이의 단위.〔經國大典〕百負爲結. ❷①매다, 연결하다. =系.〔漢書〕釋之跪而結之. ②상투. 느髻.〔楚辭〕激楚之結.
【結價 결가】㊀토지 1결에 대하여 매기던 조세의 액수.
【結跏趺坐 결가부좌】〔佛〕좌선(坐禪)할 때 앉는 방법의 한 가지. 좌우의 다리를 서로 반대의 넓적다리 위에 올려놓는 자세를 취함.
【結界 결계】①〔佛〕㉠불도를 수행하는데 방해가 될 만한 것을 들이지 않는 구역. ㉡〔佛〕부처 앞의 내진(內陣)과 외진(外陣). 속승(俗僧)의 좌석을 구분하기 위하여 만든 목책(木柵). ②출입 금지 구역.

【結縉 결겹】 굳게 맺혀 풀리지 않음.
【結果 결과】 ①어떤 원인에 의하여 이루어진 결말. ②일이 되어 가는 끝판. ③國열매를 맺음. 結實(결실).
【結課 결과】 벼슬아치의 사무 성적을 조사하던 일. 考課(고과).
【結襘 결괴】 옷고름 매는 곳과 띠 매는 곳.
【結口 결구】 입을 다물고 말을 하지 않음.
【結納 결납】 ①서로 마음을 통하여 도움. ②혼약(婚約)의 뜻으로 신랑 집에서 신부 집으로 보내는 예물. 納采(납채).
【結念 결념】 ①맺힌 마음. ②마음을 쏟는 곳. 외곬으로 깊이 생각함.
【結紐 결뉴】 ①끈을 맴. ②서약함.
【結黨 결당】 ①정당(政黨)을 결성함. ②무리를 모아 패를 만듦. 도당을 결성함.
【結代錢 결대전】 國토지의 조세로 곡식 대신 내던 돈.
【結童 결동】 머리를 땋은 아이.
【結連 결련】 서로 이어 맺음.
【結了 결료】 끝남. 完了(완료).
【結褵 결리】 ①딸이 시집갈 때, 어머니가 띠에 향주머니를 채워 주던 일. ②딸이 시집갈 때, 어머니가 띠에 수건을 채워 주던 일. 結帨(결세). ③시집가는 일.
【結膜 결막】 눈알의 겉과 눈꺼풀의 안을 싼 얇은 막.
【結尾 결미】 일의 끝. 結末(결말).
【結髮 결발】 ①머리를 땋음. ②혼인하여 남자는 상투를 틀고 여자는 쪽을 찌는 일. 부부가 됨. ③정처(正妻). 本妻(본처). ④관례(冠禮).
【結髮夫妻 결발부처】 귀밑머리 풀어 상투를 틀고 쪽을 찐 부부. 정식으로 혼인한 부부.
【結社 결사】 주의·사상·의견이 같은 사람끼리 단체를 조직함. 또는 그 단체.
【結駟 결사】 ①말 네마리를 한 대의 수레에 맴. ②신분이 높고 귀함.
【結駟連騎 결사연기】 거마(車馬)를 나란히 하여 감. 행렬이 성한 모양.
【結轖 결색】 마음이 울적함.
【結帨 결세】 ☞結褵(결리).
【結稅 결세】 國토지의 면적 단위인 결(結)을 기준으로 매기던 조세.
【結束 결속】 ①한 덩이로 묶음. ②여행이나 출정(出征) 등의 몸차림. 結裝(결장). ③매여 자유롭지 못함. ④끝남. 마무리함. ⑤굳게 맺음. 약속함.
【結綬 결수】 직책에 취임함.
【結繩 결승】 새끼를 매듭지음. 문자가 없던 고대에 계약의 표시로 삼았음.
【結繩文字 결승문자】 글자가 없던 고대에 새끼 따위에 매듭을 지어 기호로 삼은 문자.
【結怨 결원】 원한을 품음. 원한을 삼.
【結願 결원】 신불(神佛)에게 기원하는 마지막 날. 법회나 기도가 끝남.
【結因 결인】 인연을 맺음.
【結子 결자】 ①열매를 맺음. 結實(결실). ②실,

끈 따위를 잡아매어 마디를 이룬 것. 매듭.
【結者解之 결자해지】 國맺은 사람이 품. 일을 벌여 놓은 사람이 마무리를 지어야 함.
【結裝 결장】 몸차림을 함. 채비를 차림.
【結晶 결정】 ①광물이 일정한 법칙에 따라 특유의 형체를 이룸. ②뭉쳐져 단단해짐. ③애써 노력하여 이루어진 일의 결과.
【結着 결착】 ①맺어짐. 결부됨. ②결말이 남. 일이 낙착됨.
【結撰 결찬】 문장을 지음.
【結草 결초】 ①풀을 결어 집을 지음. ②풀을 매어 점을 치는 일. ③☞結草報恩(결초보은).
【結草報恩 결초보은】 죽은 뒤에라도 은혜를 갚음. 故事 춘추 시대 진(晉)나라의 위무자(魏武子)의 아들 과(顆)가 아버지의 유언을 어기고 서모(庶母)를 개가시켜 순사(殉死)를 면하게 하였더니, 후에 그가 전쟁에 나가 진(秦)의 두회(杜回)와 싸워 위태하게 되었을 때 서모 아버지의 망혼(亡魂)이, 적군의 앞길에 풀을 묶어 두회를 사로잡게 하였다는 고사에서 온 말.
【結風 결풍】 회오리바람. 旋風(선풍).
【結夏 결하】 (佛)음력 4월 15일부터 90일 동안 승려가 조용히 수도에 들어가는 일.
【結韤 결말】 풀어진 버선 끈을 매어 줌. 웃어른을 위해 몸을 굽힘. 故事 한대(漢代) 정위(廷尉) 벼슬에 있던 장석지(張釋之)가 많은 대신이 모인 조정에서 처사(處士) 왕생(王生)의 풀어진 버선 끈을 매어 주었다는 고사에서 온 말.
◐固─, 括─, 縄─, 交─, 歸─, 糾─, 團─, 凍─, 面─, 百─, 紛─, 氷─, 約─, 連─, 蘊─, 完─, 要─, 紆─, 憂─, 鬱─, 凝─, 終─, 集─, 締─.

糸 6 【絝】⑫ 바지 고 固 kù
소전 絝 초서 誇 간체 绔 字解 바지. =袴. 〔漢書〕短衣大絝長劍.
【絝下之辱 고하지욕】 바지 아래를 기어가는 치욕. 일시의 치욕을 참음. 故事 한신(韓信)이 남의 가랑이 밑을 기어간 고사에서 온 말.

糸 6 【絖】⑫ 솜 광 漢 kuàng
초서 絖 字解 솜, 고운 솜. =纊. 〔莊子〕世世以洴澼絖爲事.

糸 6 【絓】⑫ ❶걸릴 괘·과 固 guà ❷괘사 괘 固 kuā
소전 絓 초서 縸 간체 绐 字解 ❶①걸리다. =挂. 〔楚辭〕心絓結而不解. ②홀로, 단독(單獨). ③명주, 거친 명주. ④막히다, 침체하다. ❷①괘사(絓絲). 누에고치의 외피(外皮)에서 뽑은 질이 낮은 견사(絹絲). ②솜을 자루에 넣어 물에 담가 씻는 일.
【絓結 괘결】 울적함. 우울함.
【絓法 괘법】 법에 저촉됨.

【絓閡 괘애】막히고 거리낌.

絞

糸6 【絞】⑫
❶목맬 교 🪧 jiǎo
❷염습 효 🪧 xiáo
❸검누른 명주 교 🪧 jiǎo

[참고] 대법원 지정 인명용 한자의 음은 '교'이다.

[字解] ❶①목매다. 〔呂氏春秋〕因而自絞也. ②꼬다, 새끼를 꼬다. ③묶다. ④두르다. ⑤엄하다, 조금의 여유도 없다. 〔論語〕直而無禮則絞. ⑥비방하다, 헐뜯다. ⑦주대(周代)의 나라 이름. ⑧땅 이름. 춘추시대 주(周)나라의 읍(邑). ⑨성(姓). ❷①염습(斂襲), 염포(斂布). ②연한 초록빛. ❸검누른 명주.

【絞車 교거】기중기(起重機)의 한 종류.
【絞頸 교경】목을 죔. 목을 졸라매어 줄임. 絞首(교수).
【絞絞 교교】빙 두른 모양.
【絞殺 교살】목을 졸라 죽임. 絞殺(교살).
【絞縛 교박】묶음.
【絞盤 교반】녹로(轆轤)의 딴 이름.
【絞死 교사】목을 매어 죽음.
【絞殺 교살】목을 졸라 죽임.
【絞縊 교액】목을 맴.
【絞切 교절】남의 잘못을 가차 없이 꾸짖음.
【絞斬 교참】교수형과 참형(斬刑).
【絞衾 효금】시체를 덮는 이불.
【絞紟 효금】염습 때 시신을 묶는 띠와 시신에 입히는 옷. ◯'絞'는 옷을 매는 연둣빛 천, '紟'은 홑옷.
【絞帶 효대】상복(喪服)에 띠는 삼베 띠. 腰絰(요질).
【絞衣 효의】연둣빛의 옷.

〈絞車〉

絭

糸6 【絭】⑫ 멜빵 권 🪧 juàn

[字解] ①멜빵. ②묶다, 다발로 묶다. ③돌아보다. 늑 眷. ④쇠뇌. =卷.

給

糸6 【給】⑫ 넉넉할 급 🪧 jǐ, gěi

[字源] 形聲. 糸+合→給. '合(합)'이 음을 나타낸다.

[字解] ①넉넉하다. 〔淮南子〕古者上求薄, 而民用給. ②더하다, 보태다. 〔呂氏春秋〕且何地以給之. ③대다, 공급하다. 〔戰國策〕恐不能給也. ④갖추어지다. 〔國語〕外內齊給. ⑤주다. 〔宋史〕給錢五萬, 以助其裝. ⑥미치다. 〔國語〕豫而後給. ⑦빠르다, 제때에 대다. 〔後漢書〕言論給捷. ⑧급여. 〔史記〕仰給縣官. ⑨휴가(休暇). 〔漢書〕不給復憂盜賊治官事. ⑩말을 잘하다, 구변이 좋다. 〔禮記〕恭而不中禮, 謂之給.

【給假 급가】벼슬아치들에게 휴가를 줌.
【給供 급공】종자(從者)를 줌.
【給料 급료】①노력에 대한 보수로 지급하는 돈. ②🇰벼슬아치에게 녹미(祿米)를 줌. 또는 그 녹미. 料給(요급).
【給廩 급름】녹미(祿米)를 줌.
【給復 급복】세금과 부역을 면제함. ◯'復'은 '나라에서 부과하는 의무를 면제함'을 뜻함.
【給扶 급부】⇨給助(급조).
【給富 급부】재산이 풍족함.
【給使 급사】①남을 부림. ②곁에서 명령을 전하는 사람.
【給事 급사】귀한 사람의 옆에서 시중을 드는 사람.
【給賜 급사】물품을 하사(下賜)함.
【給散 급산】나누어 줌.
【給侍 급시】⇨給事(급사).
【給養 급양】①의식을 대어 주어 먹여 살림. ②군대에서 의복·양식·연료 따위의 필수품을 공급하는 일.
【給由 급유】①관리를 승진시킬 때 소속 장(長)이 본인의 이력을 이부(吏部)에 제출하던 일. ②🇰잠시 말미를 줌. 여유를 줌.
【給災 급재】🇰재해를 입은 토지의 조세를 면하던 일.
【給濟 급제】금품을 주어 구제함.
【給助 급조】금품을 주어 도움.
【給足 급족】생계가 넉넉함. 자급자족함.
【給犒 급호】물품을 주어 위로함.

◯加一, 減一, 供一, 官一, 口一, 饋一, 俸一, 分一, 賜一, 賞一, 昇一, 女一, 年一, 月一, 恩一, 日一, 資一, 支一, 龍一.

絙

糸6 【絙】⑫ 緪(1372)과 동자

絧

糸6 【絧】⑫
❶베 이름 동 🪧 tóng
❷곧 달릴 동 🪧 dòng

[字解] ❶베의 이름. ❷①달리다, 곧바로 달리는 모양. 〔漢書〕鴻絧緁獵. ②심원(深遠)하다. ③서로 통하는 모양.

絡

糸6 【絡】⑫ 헌솜 락 🪧 luò

[字源] 形聲. 糸+各→絡. '各(각)'이 음을 나타낸다.

[字解] ①헌솜. ②누이지 아니한 삼(麻). ③명주, 깁. ④생명주. ⑤두레박줄. ⑥얼레에 감은 실. ⑦고삐. 〔梁簡文帝·詩〕晨風白金絡. ⑧얽다,

얽히다.〔漢書〕縣絡天地. ⑨두르다.〔班固·賦〕籠山絡野. ⑩묶다, 잡아매다.〔楚辭〕鄭綿絡些. ⑪그물. 그물눈과 같은 것.〔張衡·賦〕振天維, 衍地絡. ⑫조리, 사리.〔論語摘輔象〕地典受州絡. ⑬인신(人身)의 맥락(脈絡).〔史記〕中經維絡.
【絡車 낙거】실을 감는 데 쓰는 얼레.
【絡頭 낙두】①말갈기 위에 붙이는 장식. ②머리에 둘러쓰는 것.
【絡脈 낙맥】사물이 잇닿아 있는 관계. 인체의 신경·혈관 따위. 脈絡(맥락).
【絡繹 낙역】인마(人馬)의 왕래가 끊이지 않는 모양.
【絡纓 낙영】말의 가슴걸이.
◑ 結―, 經―, 脈―, 連―, 聯―, 包―.

糸6【絫】⑫ 포갤 루 grn lěi
[소전][초서] 字解 ①포개다, 쌓다. =累. ②무게의 단위. 銖(수)의 10분의 1.

糸6【絖】⑫ 자수 무늬 미 grn mǐ
[소전] 字解 자수의 무늬.

糸6【絣】⑫
❶명주 붕 庚 bēng
❷켕긴 줄 팽 梗 běng
❸고깔 변
[소전][초서][본자] 字解 ❶①명주. ②줄무늬 베. ③솜.〔戰國策〕妻自組甲絣. ④잇다, 이어지다.〔後漢書〕將絣萬嗣. ⑤섞이다.〔漢書〕絣之以象類. ⑥먹줄을 치다. ⑦활시위를 켕기다. ❷①켕기게 친 줄. ②명주. ※❶의 ①과 같다. ③줄무늬 베. ※❶의 ②와 같다. ❸고깔. =弁.

糸6【絲】⑫ 실 사 支 sī

| 𠃌 | 𠃍 | 幺 | 糸 | 糸 | 絲 | 絲 | 絲 | 絲 |

[소전][초서][속자][간자] 字源 會意. 糸+糸→絲. '糸(실 사)'자 두 개를 합하여 '실'이란 뜻을 나타낸다.
字解 ①실. =糸.〔埤雅〕鳶輒引絲而上. ②명주실.〔書經〕厥貢漆絲. ③실을 잣다.〔郭璞·贊〕不蠶不絲. ④명주.〔漢書〕食不重肉, 妻不衣絲. ⑤악기 이름. 거문고 따위의 현악기.〔太玄經〕擊石彈絲. ⑥소수(小數)의 이름, 1의 1만분의 1. ⑦가늘고 길다. 실과 같이 가늘고 긴 것.〔禮記〕王言如絲.
【絲管 사관】▷絲竹(사죽).
【絲桐 사동】거문고의 딴 이름. ○거문고의 동체(胴體)가 오동나무인 데서 온 말.

【絲蘿 사라】토사(兎絲)와 송라(松蘿). 혼인함의 비유.
【絲來線去 사래선거】일이 얽히고설켜 복잡함.
【絲路 사로】①좁은 길. 細路(세로). ②근본은 같은데 환경에 따라 선악이 갈라짐. 故事 묵적(墨翟)은 흰색의 연사(練絲)를 보고 울었고, 양주(楊朱)는 기로(岐路)에 서서 울었다는 고사에서 온 말. 哭岐泣練(곡기읍련).
【絲縷 사루】실 가닥. 絲線(사선).
【絲綸 사륜】①천자의 조칙(詔勅). ○'綸'은 인끈. ②낚싯줄.
【絲麻 사마】명주실과 삼실.
【絲髮 사발】실과 머리카락. ㉠썩 가는 것. ㉡근소(僅少)한 것.
【絲拂 사불】실로 만든 먼지떨이.
【絲事 사사】길쌈·바느질 따위의 일.
【絲緖 사서】실의 첫머리. 실마리.
【絲蓴 사순】실같이 가는 순채(蓴菜).
【絲繩 사승】①명주실로 꼰 끈. ②명주실로 끈을 꼬아 만든 발〔簾〕.
【絲雨 사우】실같이 가는 가랑비.
【絲恩髮怨 사은발원】조그마한 은혜와 원한.
【絲竹 사죽】①현악기와 관악기. ②음악.
【絲毫 사호】실오리나 털끝. 극히 적은 수량의 비유. 秋毫(추호).
【絲籰 사확】얼레.
◑ 絹―, 麻―, 鳴―, 毛―, 悲―, 生―, 素―, 練―, 柳―, 遊―, 蛛―, 寸―, 菟―.

糸6【絮】⑫
❶솜 서 魚 xù
❷간 맞출 처 御 chù
❸실 헝클어질 나 麻 ná
[소전][초서] 參考 대법원 지정 인명용 한자의 음은 '서'이다.
字解 ❶①솜. ㉮헌 풀솜. ㉯거친 풀솜. ㉰버들개지·눈송이 따위.〔鄭谷·詩〕千絲萬絮惹春風. ②솜옷, 핫옷.〔孝子傳〕冬不衣絮. ③막히다. ≒絜. ④침체하다, 밀리다. ⑤장황하다. ⑥두건.〔史記〕太后以冒絮提文帝. ❷간을 맞추다. ≒挈.〔禮記〕毋絮羹. ❸실이 헝클어지다.
【絮繭 서견】솜.
【絮縷 서루】솜과 실.
【絮綿 서면】솜. ○새것을 '綿', 묵은 것을 '絮'라고 함.
【絮煩 서번】지루하고 번거로움. 귀찮음.
【絮飛 서비】버들개지가 낢.
【絮絮 서서】①주저하는 모양. 망설이는 모양. ②솜이나 새털 따위를 넣어 꿰맴. ③장황하고 번거로움. 말이 많은 모양.
【絮雪 서설】버들개지.
【絮說 서설】지루하게 이야기함. 지루한 이야기.
【絮酒 서주】술에 솜을 적심. 간소한 제물의 비유. 故事 후한(後漢) 때 서치(徐穉)가 술에 적신 솜을 말려 두었다가, 초상이 나면 그 솜을 물에 적셔 술 냄새를 나게 하여 조상했다는 고사에서 온 말.
【絮繒 서증】솜과 명주.

【絮花 서화】①목화 꽃. ②솜 같은 꽃. 버들개지의 비유. 絮雪(서설).
【絮羹 처갱】국의 간을 맞춤.
◐ 輕-, 故-, 落-, 綿-, 柳-, 敗-, 弊-.

糸6 【綹】⑫ 綾(1369)과 동자

糸6 【絬】⑫ 옷 솔기 단단할 설 囲 xiè
[소전] 結 [字解] ①옷의 솔기가 단단하다. ②실이 나긋나긋하다. ③평상복. ≒褻. 〔論語〕絬衣長, 短右袂.

糸6 【絏】⑫ ❶맬 설 囲 xié
❷소매 예 囲 yì
[초서] 浅 [字解] ❶①매다, 묶다. =紲. 〔論語〕雖在縲絏之中, 非其罪也. ②고삐.
❷소매. 옷소매. 옷의 길이가 긴 모양.

糸6 【綏】⑫ 纓(1393)의 속자

糸6 【絨】⑫ 융 융 囲 róng
[초서] 絨 [간체] 绒 [字解] ①융. 표면이 부드럽고 감이 두툼한 모직물. ②가는 베, 고운 베.
【絨緞 융단】무늬를 넣어 짠 두꺼운 모직물. 絨氈(융전).

糸6 【絇】⑫ 고삐 치렁거릴 이 囲 ěr
[字解] 고삐가 치렁거리다, 늘어진 고삐가 흔들리는 모양. ≒耳.

糸6 【絪】⑫ 기운 인 囲 yīn
[초서] 絪 [간체] 绢 [字解] ①기운, 천지의 기운이 성한 모양. 〔易經〕天地絪縕. ②요, 깔개. 〔漢書〕加畫繡絪馮.
【絪馮 인빙】요. 자리.
【絪縕 인온】천지의 기운이 서로 합하여 왕성한 모양.

糸6 【紙】⑫ 紙(1347)과 동자

糸6 【絟】❶가는 베 전 囲 quán
❷갈포 절 囲
[소전] 絟 [字解] ❶가는 베. =荃. ❷갈포(葛布). 칡 섬유로 짠 베.

糸6 【絶】⑫ 끊을 절 囲 jué

[자형] 纟 纟 纟 纟 纟 纱 紁 絡 絡 絶

[소전] 絕 [고문] 𢇃 [초서] 绝 [간체] 绝 [字源] 形聲. 糸+刀+卩→絕. '巴'는 '卩(절)'과 같은 자로 음을 나타낸다.
[字解] ①끊다. ㉮실을 자르다. ㉯분리하다. 〔戰國策〕必絕其謀. ㉰막다, 차단하다. 〔後漢書〕遏絕狂狡窺欲之源. ㉱그만두다, 중지하다. 〔呂氏春秋〕嗜酒甘而不能絕於口. ㉲가로막다, 금하다. 〔後漢書〕悉令禁絕. ㉳사이를 띄우다. 〔後漢書〕位次與諸將絕席. ㉴교제를 끊다. 〔春秋左氏傳〕晉侯使呂相絕秦. ㉵없애다. 〔論語〕子絕四, 毋意, 毋必, 毋固, 毋我. ㉶버리다. 〔春秋左氏傳〕絕世于良. ㉷멸망시키다, 죽이다. 〔書經〕天用勦絕其命. ②끊어지다. ㉮실이 잘리다. 〔史記〕淳于髠仰天大笑, 冠纓索絕. ㉯절단되다. 〔戰國策〕秦王驚自引而起, 袖絕. ㉰후사(後嗣)가 없다. 〔漢書〕蓋誅絕之罪也. ㉱가운데서 끊어지다, 중단되다. 〔漢書〕秋七月大雨, 渭橋絕. ㉲다하다, 물이 마르다. 〔淮南子〕江河山川, 絕而不流. ㉳망하다. 〔魏書〕禮經泯絕. ㉴숨이 그치다. 〔春秋左氏傳·注〕以背受戈, 故當時悶絕也. ㉵없다, 양식이 떨어지다. 〔呂氏春秋〕振乏絕. ㉶멀리 떨어지다. 〔淮南子〕絕國殊俗. ㉷떨어지다. 〔楚辭〕雖萎絕其亦何傷兮. ㉸죽다, 말라 죽다. 〔儲光羲·詩〕稼穡旣殄絕, 川澤復枯槁. ③건너다, 곧바로 가다. 〔漢書〕不敢絕馳道. ④지나가다, 지나치다. 〔呂氏春秋〕又絕諸侯之地. ⑤멀다. 〔孫綽·賦〕邈彼絕域. ⑥뛰어나다. 〔漢書〕博見彊志, 過絕于人. ⑦절대로. 〔蘇軾·書〕秦漢以來之所絕無而僅有. ⑧더 이상 없다, 매우, 더 없이. 〔史記〕秦女絕美. ⑨극에 이르다. 〔後漢書〕榮寵絕矣. ⑩다하다, 힘을 다하다. 〔鮑照·詩〕絕目盡平原.
【絕佳 절가】썩 아름다움. 아주 훌륭함.
【絕澗 절간】깊고 험한 골짜기. 멀리 떨어져 있는 골짜기. 絕谷(절곡).
【絕去 절거】끊고 떠남.
【絕裾 절거】남의 만류를 뿌리치고 떠남. [故事] 진대(晉代)에 온교(溫嶠)가 사마예(司馬睿)에게 즉위를 권하는 표문(表文)을 올리기 위해 집을 떠날 때, 그의 어머니가 만류하자 어머니가 붙잡고 있던 옷자락을 끊어 버리고 떠났다는 고사에서 온 말.
【絕徑 절경】앞이 막힌 좁은 길.
【絕景 절경】더할 나위 없이 훌륭한 경치.
【絕谷 절곡】깊고 험한 골짜기.
【絕穀 절곡】먹는 일을 끊음.
【絕巧 절교】①썩 교묘함. ②기교를 버림.
【絕口 절구】①입을 다물고 말하지 않음. ②극구 칭찬함. ③음식을 먹지 않음.
【絕句 절구】①끊어져 계속되지 않는 글귀. ②한시(漢詩)의 한 체. 4구(句)를 한 수로 하며, 한 구의 글자 수에 따라 오언 절구와 칠언 절구로 나뉨. 小律詩(소율시). 半律(반율).
【絕群 절군】무리 가운데서 가장 빼어남.
【絕奇 절기】썩 기이함. 奇絕(기절).

【絕氣 절기】①숨이 끊어짐. 죽음. 氣絕(기절). ②음기(陰氣).
【絕端 절단】①실마리를 끊음. 연고(緣故)를 끊음. ②물건의 맨 끝.
【絕代 절대】①⇨絕世(절세)③. ②멀리 떨어진 옛 시대. 太古(태고).
【絕代佳人 절대가인】당대에 비할 데 없이 아름다운 여자. 絕世佳人(절세가인).
【絕島 절도】육지에서 멀리 떨어진 외딴 섬.
【絕倒 절도】감정이 극도에 이르러 외형에 나타나는 일. ㉠허리가 끊어지도록 크게 웃음. 抱腹絕倒(포복절도). ㉡크게 감격하여 넋을 잃음. ㉢매우 슬퍼하여 정신을 잃음. ㉣매우 경복(敬服)함. ㉤몹시 걱정함.
【絕東 절동】동쪽 끝. 極東(극동).
【絕糧 절량】양식이 떨어짐.
【絕類離倫 절류이륜】같은 무리 중에서 훨씬 뛰어남.
【絕倫 절륜】월등하게 뛰어남. 출중함. ○'倫'은 '類'로 '무리'를 뜻함. 絕群(절군).
【絕粒 절립】①양식이 떨어짐. ②식사를 끊음. 絕食(절식).
【絕邈 절막】매우 멂.
【絕命 절명】목숨이 끊어짐. 죽음.
【絕目 절목】시야(視野)가 미치는 한.
【絕妙好辭 절묘호사】매우 뛰어난 문장이나 시가(詩歌)를 기리는 말.
【絕無僅有 절무근유】썩 드물게 있음. 몹시 적음. 거의 없음.
【絕比 절비】견줄 짓이 없음. 아주 뛰어남.
【絕四 절사】의(意)·필(必)·고(固)·아(我)의 넷을 끊음. 공자(孔子)가 인격이 원만하여 마음에 조금도 집착함이 없는 일. ○'意'는 억측(臆測)하는 일, '必'은 기필(期必)하는 일, '固'는 고집하는 일, '我'는 아집에 빠지는 일.
【絕塞 절새】①요새를 지나감. ②멀리 떨어진 국경의 요새.
【絕瑞 절서】썩 길한 상서(祥瑞). 썩 드문 길조(吉兆).
【絕緖 절서】후사(後嗣)가 끊어짐.
【絕席 절석】자리를 같이하지 않음. 자기의 존현(尊顯)을 보임.
【絕世 절세】①대를 이을 자손이 끊어짐. ②세상을 버림. 죽음. ③비교할 데가 없을 만큼 뛰어남. 絕代(절대).
【絕世獨立 절세독립】세상에 뛰어나 견줄 사람이 없음. 미인(美人)의 비유.
【絕所 절소】몹시 험한 곳.
【絕笑 절소】몹시 자지러지게 웃음. 大笑(대소).
【絕俗 절속】①속세를 떠남. 세상의 번거로운 일에 관계하지 않음. ②세속 사람보다 월등하게 뛰어남.
【絕續 절속】끊어짐과 이어짐.
【絕孫 절손】대를 이을 자손이 끊어짐.
【絕息 절식】①숨이 끊어짐. 죽음. 絕命(절명). ②없어짐.
【絕巖 절암】깎아 세운 듯한 바위.

【絕崖 절애】매우 험한 벼랑.
【絕愛 절애】지극히 사랑함.
【絕域 절역】멀리 떨어져 있는 땅. 사람의 발길이 닿지 않은 땅.
【絕豔 절염】몹시 요염함. 요염한 미인.
【絕影 절영】그림자마저 끊어짐.
【絕遠 절원】①멀리함. ②몹시 멂.
【絕垠 절은】아주 먼 끝. 하늘 끝.
【絕意 절의】단념함.
【絕異 절이】①뛰어나게 다름. 월등하게 뛰어남. ②다른 것과 몹시 다름. 전혀 같지 않음.
【絕人 절인】①남보다 뛰어난 사람. ②남과 교제를 끊음.
【絕長補短 절장보단】긴 것을 끊어서 짧은 것을 기움. 남는 것으로써 부족한 것을 메움. 截長補短(절장보단).
【絕調 절조】①더할 나위 없이 잘 갖추어짐. ②뛰어나게 훌륭한 곡조.
【絕足 절족】①뛰어나게 빠른 걸음. 逸足(일족). ②國발걸음을 끊어 왕래하지 않음.
【絕族 절족】절손(絕孫)한 집안.
【絕踪 절종】①종적을 감춤. ②남에게 알리지 않음.
【絕衆 절중】뭇사람 속에서 뛰어남.
【絕地 절지】①빠져나올 수 없는 험난한 곳. ②나무도 물도 없는 곳. ③멀리 떨어져 있는 곳.
【絕盡 절진】다하여 없어짐.
【絕塵 절진】①걸음이 매우 빨라 먼지가 나지 않음. ②세속을 멀리 벗어남. 脫俗(탈속).
【絕唱 절창】①더할 나위 없이 뛰어난 시문(詩文). ②뛰어나게 잘 부르는 노래.
【絕處逢生 절처봉생】아주 막다른 판에 이르면 살길이 생김.
【絕致 절치】아주 뛰어난 운치.
【絕歎 절탄】매우 탄복함. 극구 칭찬함.
【絕特 절특】몹시 뛰어남.
【絕筆 절필】①붓을 놓고 쓰기를 그만둠. ②비할 바 없이 뛰어난 필적(筆跡). ③죽기 전에 마지막 쓴 글씨. 또는 그 작품.
【絕乏 절핍】물건이 떨어져 옹색함.
【絕瑕 절하】흠이 없는 구슬. 훌륭한 구슬.
【絕學 절학】①학문을 중도에서 그침. ②학문이 중도에 끊어져 후세에 전하지 않음.
【絕壑 절학】깊고 험한 계곡.
【絕汗 절한】國임종 때 흐리는 식은땀.
【絕亢 절항】멱을 끊어 죽음.
【絕海 절해】①바다를 건넘. ②육지에서 멀리 떨어진 바다.
【絕響 절향】다시 볼 수 없게 된 풍류 있는 운치. 故事 진(晉)나라 혜강(嵇康)이 사형을 당할 때, 마지막으로 거문고를 타면서 자기가 죽고 나면 광릉산(廣陵散)이라는 명곡(名曲)도 다시는 후인에게 전해지지 않을 것이라고 한탄하였다는 고사에서 온 말.
【絕巘 절헌】썩 높은 산.
【絕絃 절현】지기지우(知己之友)의 죽음. 故事 춘추 시대 거문고의 명수인 백아(伯牙)가 자기

의 거문고 소리를 알아 주던 친구 종자기(鍾子期)가 죽자, 거문고의 줄을 끊고 다시는 타지 않았다는 고사에서 온 말.
【絶峽 절협】깊고 험한 두메.
【絶火 절화】國가난하여 밥을 짓지 못함.
【絶潢 절황】물길이 끊어진 웅덩이.
【絶後 절후】①이후로 그런 일이 다시는 없음. ②대를 이을 사람이 없음. 無後(무후). ③죽은 다음. 死後(사후).
◐奸-, 拒-, 距-, 隔-, 冠-, 禁-, 奇-, 氣-, 斷-, 杜-, 邈-, 妙-, 謝-, 秀-, 殊-, 中-, 凄-, 卓-, 懸-, 橫-.

糸 6 【絑】⑫ 붉을 주 图 zhū
[소전] 絑 [字解] ①붉다. ≒朱. ②분홍색의 비단.

糸 6 【絰】⑫ 질 질 图 dié
[소전] 絰 [초서] 絰 [간서] 絰 [字解] 질. 상복을 입을 때, 머리에 쓰는 수질(首絰)과 허리에 두르는 요질(腰絰). 〔周禮〕凡弔事弁絰服.
【絰帶 질대】수질(首絰)과 요질(腰絰).
【絰杖 질장】질(絰)과 지팡이. 곧, 상제(喪制)의 옷차림.
【絰皇 질황】무덤 앞을 두두룩하게 한 곳.
◐弁-, 首-, 腰-, 苴-, 衰-.

糸 6 【絘】⑫ 삼 삼을 차 图 cì
[소전] 絘 [字解] ①삼을 삼다. ②낳이한 섬유. 낳이하고도 삼지 아니한 섬유. ③구실베[稅布].

糸 6 【綞】⑫ 면류관 앞 드림 타 圖 duǒ
[字解] 면류관 앞 드림, 면류관 앞에 내려뜨리는 장식품.

糸 6 【統】⑫ 큰 줄기 통 图 tǒng
[그림: 統의 자형 변천]
[소전] 統 [초서] 統 [속서] 統 [간서] 统 [字源] 形聲. 糸+充→統. '充(충)'이 음을 나타낸다.
[字解] ①큰 줄기, 본가닥의 실. 〔淮南子〕繭之性爲絲, 然其用工女, 煮以熱湯, 而抽其統紀, 則不能成絲. ②혈통, 핏줄. 〔漢書〕援立皇統. ③실마리. 〔揚雄·賦〕拓迹開統. ④처음, 본시(本始). 〔春秋公羊傳〕大一統也. ⑤근본. 〔禮記·祭統·釋文〕統, 猶本也. ⑥바탕을 두다. 〔易經〕乃統天. ⑦법, 강기(綱紀). 〔荀子〕端慤以爲統. ⑧거느리다. ㉠통괄하다, 통솔하다. 〔後漢書〕前在方外, 仍統軍實. ㉡한데 묶다.

〔潘岳·賦〕統大魁以爲笙. ㉢다스리다. 〔書經〕統百官. ㉣살피다. 〔漢書〕統楫羣元. ⑨연기(年紀)의 이름. 1통(統)은 1539년. ⑩國군대 편제의 단위. 부(部)의 하위 단위. 〔萬機要覽〕每部各有四統. ⑪國민간의 편제 단위. 〔經國大典〕京外以五戶爲一統, 有統主.
【統坤 통곤】천하를 통치함.
【統紀 통기】①통합된 법칙. 근본 법칙. ②단속, 감독.
【統督 통독】통할하여 감독함.
【統領 통령】전체를 거느림. 또는 그 사람.
【統論 통론】총체(總體)를 뭉뚱그려 논함. 總論(총론).
【統理 통리】도맡아 다스림. 統治(통치).
【統緖 통서】①다스림. 거느림. ②國한 갈래로 이어 온 계통.
【統攝 통섭】도맡아 다스림. 통치함.
【統帥 통수】온통 몰아 거느림.
【統承 통승】계통을 이어받음.
【統御 통어】거느려 제어(制御)함.
【統業 통업】나라를 통치하는 사업.
【統營 통영】①통제하고 경영함. ②國통제사(統制使)의 군영.
【統乂 통예】통치함.
【統楫 통집】한데 모아 거느림. 모아서 전체적으로 봄.
【統稱 통칭】개개의 것을 하나로 묶어 일컬음. 통틀어 일컫는 명칭.
【統轄 통할】모두 거느려서 다스림.
【統合 통합】여러 조직이나 기구를 하나로 합침.
【統護 통호】모두를 보호함.
◐監-, 兼-, 系-, 繼-, 官-, 管-, 大-, 道-, 都-, 本-, 分-, 聖-, 世-, 王-, 元-, 源-, 閏-, 一-, 全-, 傳-, 正-, 宗-, 踐-, 總-, 血-, 皇-.

糸 6 【絯】⑫ ❶묶을 해 图 gāi ❷걸 해 图 gài
[초서] 絯 [字解] ❶묶다. ②걸다[挂]. ③거리낌, 장애(障礙). 〔莊子〕方且爲物絯. ❷①걸다. ②실.

糸 6 【絢】⑫ ❶무늬 현 图 xuàn ❷노 순 图 xún
[소전] 絢 [초서] 絢 [간서] 绚 [參考] 대법원 지정 인명용 한자의 음은 '현'이다.
[字解] ❶①무늬, 문채. 〔論語〕素以爲絢兮. ②빠르다. ≒侚. 〔顏延之·賦〕絢練複絕. ❷노, 노끈. =紃.
【絢爛 현란】①눈부시게 빛남. ②시문(詩文)이 화려함.
【絢練 현련】빠른 모양.
【絢美 현미】무늬가 있고 아름다움.
【絢飾 현식】아름답게 꾸밈.
【絢煥 현환】번쩍거리며 아름다움.
◐光-, 明-, 炳-, 英-, 藻-, 彩-, 華-.

糸部 6~7획   絜絙絵綌絹絸綆經   1361

糸 6 【絜】⑫
❶헤아릴 혈 匣 xié
❷깨끗할 결 匣 jié
❸들 계 霽 qì
❹홀로 갈 黠 jiá

[소전] 絜 [초서] 絜 [字解] ❶①헤아리다, 재다.〔大學〕君子有絜矩之道. ②두르다, 묶다.〔莊子〕絜之百圍. ③삼(麻) 한 단. ❷①깨끗하다, 결백하다. =潔.〔禮記〕主人之所以自絜而以事賓也. ②밝다.〔史記〕直哉, 維靜絜. ③희다. ④고요하다. ❸들다, 휴대하다. ❹홀로, 혼자. =挈.

【絜矩 혈구】①곱자를 가지고 잼. ②=絜矩之道(혈구지도).
【絜矩之道 혈구지도】자기 마음을 미루어 남의 마음을 헤아리는 도덕상의 법도. 絜矩(혈구).
【絜楹 결영】매끄럽고 윤이 남.
【絜粢 결자】제물(祭物)로 바치는 정결한 서직(黍稷). ○ '粢'는 제사 때 쓰는 곡류.
【絜齋 결재】육식을 삼가고 몸가짐을 깨끗이 함. 潔齋(결재). 齋戒(재계).
【絜齊 결제】깨끗하고 가지런함.

糸 6 【絙】⑫ 끈목 환 刪 huán

[소전] 絙 [字解] 끈목, 인끈.

糸 6 【絵】⑫ 繪(1390)의 속자

糸 7 【綌】⑬ 칡베 격 陌 xì

[소전] 綌 [혹체] 綌 [초서] 綌 [간체] 綌 [字解] 칡베, 거친 갈포, 거친 갈포로 만든 옷.〔詩經〕爲絺爲綌.
【綌冪 격멱】거친 갈포의 덮개.
【綌衰 격최】거친 갈포로 지은 상복(喪服).
○ 輕-, 衫-, 絺-.

糸 7 【絹】⑬
❶명주 견 霰 juàn
❷그물 견 銑 xuàn

[소전] 絹 [초서] 絹 [간체] 绢 [字解] 形聲. 糸+肙→絹. '肙(연)'이 음을 나타낸다.
[字解] ❶①명주.〔後漢書〕遺絹二疋. ②생명주, 생견(生絹). ❸과녁을 매어 놓은 줄. ❷그물, 덫으로 쳐 놓은 그물. =羂.
【絹帛 견백】명주. 명주실로 짠 비단.
【絹本 견본】①비단에 그린 서화(書畫). ②서화를 그리는 데 쓰는 비단.
【絹絲 견사】누에고치에서 뽑아 만든 실. 명주실.
【絹素 견소】서화(書畫)에 쓰이는 흰 비단.
【絹織物 견직물】명주실로 짠 피륙.
【絹布 견포】명주.
○ 官-, 俸-, 賻-, 生-, 素-, 純-, 租-.

糸 7 【䌉】⑬ 繭(1387)의 고자

糸 7 【綆】⑬
❶두레박줄 경 梗 gěng
❷수레바퀴 치우칠 병 梗 bǐng

[소전] 綆 [초서] 綆 [동체] 統 [간체] 绠 [字解] ❶두레박줄.〔莊子〕綆短者不可以汲深. ❷수레바퀴가 치우치다, 수레바퀴가 한쪽으로 쏠리다. 綗絞.
【綆短汲深 경단급심】짧은 두레박줄로는 깊은 우물물을 길을 수 없음. 소임은 무거운데 재능이 부족함.
【綆縻 경미】두레박줄. 汲綆(급경).
【綆繘 경율】두레박줄.
【綆縋 경추】두레박줄.
○ 汲-, 縻-, 繘-.

糸 7 【經】⑬ 날 경 青 jīng

幺 幺 幺 糸 糸 糸 經 經 經

[소전] 經 [초서] 經 [동체] 経 [간체] 经 [字解] 形聲. 糸+巠→經. '巠(경)'이 음을 나타낸다.
[字解] ❶①날, 날실.〔禮記〕黑經白緯曰織. ②세로, 상하나 남북으로 통하는 것, 또는 그 방향. ③길. ㉮조리(條理).〔春秋左氏傳〕王之大經也. ㉯도로(道路).〔張衡·賦〕經途九軌. ④떳떳하다.〔春秋左氏傳〕政有經矣. ⑤법.〔中庸〕凡爲天下國家有九經. ⑥이치.〔呂氏春秋〕是非之經. ⑦의(義), 의리(義理).〔易經〕拂經. ⑧다스리다.〔春秋左氏傳〕經國家. ⑨경영하다.〔國語〕吾子經楚國. ⑩건지다, 구하다. ⑪따르다, 좇다.〔周禮〕經而無絶. ⑫헤아리다.〔逸周書〕人出謀, 聖人是經. ⑬비롯하다, 처음.〔鬼谷子〕經起秋毫之末. ⑭경계(境界), 경계하다.〔孟子〕夫仁政必自經界始. ⑮짜다, 베를 짜다.〔春秋左氏傳〕經緯天地曰文. ⑯목매다.〔春秋公羊傳〕靈王經而死. ⑰걸다, 걸리다.〔史記〕遂經其頸於樹枝. ⑱흔들리다.〔淮南子〕熊經鳥伸. ⑲주맥(主脈).〔素問〕人有四經十二從. ⑳월경, 경도. ㉑지나다, 지내다.〔漢書〕還經魯地. ㉒일찍이.〔史記〕其語不經見. ㉓보이다. ㉔성인이 지은 책, 경서.〔揚雄·劇秦美新〕制成六經. ㉕책.〔國語〕挾經秉枹. ㉖적다, 기록하다.〔淮南子〕經誹譽. ㉗실로 엮은 것, 나뭇잎을 엮어서 만든 책. ㉘경, 불경.〔耽津·詩〕來自西天竺, 持經奉紫微. ㉙작은 술병. 목이 길고 아가리가 작다. ㉚수의 이름. 10조(兆). ㉛오음(五音)의 하나, 각(角)의 딴 이름.
【經戒 경계】불교의 계율(戒律).
【經過 경과】①거쳐 지나감. 통과함. ②일의 과정. ③시일이 지나감. ④살아가는 형편.
【經國 경국】나라를 다스림.
【經國之才 경국지재】나라를 다스릴 만한 재주. 또는 그런 재주를 가진 사람.

【經卷 경권】①성현(聖賢)이 지은 서적. 經書(경서). ②불교의 서적.
【經權 경권】경법(經法)과 권도(權道). 일정 불변의 법칙과 임기응변의 처리.
【經机 경궤】(佛)독경할 때 불경을 올려놓는 작은 책상.
【經紀 경기】①조리(條理). 나라의 법과 풍속 등에 대한 기율(紀律). 綱紀(강기). ②한 집안을 잘 다스림. ③순리를 좇아 다스림. ④천체가 운행하는 도수(度數).
【經難 경난】어려운 고비를 겪음.
【經年 경년】몇 해를 지남.
【經堂 경당】경전(經典)을 간수하는 집.
【經德 경덕】①사람이 늘 지켜야 할 도덕. ②도덕을 지켜 변하지 않음.
【經略 경략】①천하를 경영하며 사방을 공략함. ②나라를 다스림.
【經歷 경력】①겪어 지내 온 일들. 履歷(이력). ②세월이 지나감. 過(경과). ③이곳 저곳 두루 다님. 遍歷(편력).
【經禮 경례】예(禮)의 대강(大綱).
【經論 경론】①경서(經書)에 관한 논의. ②계통을 세워서 논함. ③(佛)삼장(三藏) 가운데 경장(經藏)과 논장(論藏).
【經綸 경륜】①천하를 경영하여 다스림. ②천하를 다스리는 포부와 방책.
【經律 경률】①변하지 않는 법. ②불도의 법. 佛法(불법). ③(佛)삼장(三藏) 가운데 경장(經藏)과 율장(律藏).
【經理 경리】①경영하여 다스림. ②경서의 의의(意義). ③회계나 급여에 관한 사무. ④지배인.
【經履 경리】돌아다님. 유력(遊歷)함.
【經武 경무】군비(軍備)를 다스림. 무를 닦음.
【經文緯武 경문위무】문을 날실로 삼고 무를 씨실로 삼음. 문무의 도를 겸비함.
【經方 경방】고대의 의술. 고대의 의술을 적은 책.
【經邦 경방】나라를 다스림.
【經部 경부】서적을 경(經)·사(史)·자(子)·집(集)의 4부로 분류한 것 중에서 경에 딸린 부류. 사서삼경(四書三經) 따위.
【經死 경사】목매어 죽음.
【經事 경사】일상의 일. 항상 하는 일.
【經師 경사】①경서(經書)를 가르치는 스승. ②정신 교육은 하지 않고 경서의 자의(字義)만을 가르치는 스승.
【經史笥 경사사】경서와 사서(史書)를 넣은 상자. 박학(博學)한 사람.
【經商 경상】행상(行商). 무역상(貿易商).
【經常 경상】항상 일정하여 변하지 않음.
【經說 경설】①경서(經書)에 쓰인 성인의 말. ②경서의 뜻을 풀이한 책.
【經涉 경섭】거쳐 지나감.
【經世 경세】세상을 다스림.
【經世家 경세가】정치가.
【經世濟民 경세제민】세상을 다스리고 백성을 건짐.

【經售 경수】위탁 판매를 함.
【經宿 경숙】하룻밤을 묵음.
【經術 경술】①유교의 경전(經典)에 의거하여 이루어진 정치상의 기능. ②경서(經書)를 연구하는 학문. 곧 경학(經學).
【經始 경시】①집을 짓기 시작함. 토목 공사를 일으킴. ○'經'은 땅을 측량하는 일. ②일을 시작함. 개시함.
【經案 경안】책상.
【經縊 경액】목을 맴.
【經夜 경야】①밤을 지냄. ②죽은 사람을 장사지내기 전에 친척이나 친구들이 관(棺) 옆에서 밤새도록 지키는 일.
【經延 경연】시간을 끎.
【經筵 경연】①임금 앞에서 경서를 강론(講論)하는 자리. 經幄(경악). ②☞經筵廳(경연청)①.
【經筵廳 경연청】國①경연관들이 임금과의 경연에 참석하기 위하여 대기하던 장소. ②경연에 관한 일을 맡아보던 관아.
【經營 경영】①집을 짓기 위해 터를 측량하고 기초를 다짐. ②계획을 세워 사업을 해 나감. ③동서남북의 방위. ④오가는 모양.
【經藝 경예】①유교의 경전(經典)을 바탕으로 하여 이루어진 정치상의 기능. ②경서(經書)를 연구하는 학문.
【經院 경원】경서를 강론하는 집.
【經遠 경원】원대한 경략(經略).
【經緯 경위】①날과 씨. ②경선과 위선. ③세로와 가로. ④사건의 전말. ⑤사물의 골자가 되는 것. 도의 상법(常法). ⑥다스려 정리함. ⑦도로의 남북과 동서. ⑧친친 얽어맴.
【經藏 경장】(佛)①삼장(三藏)의 한 가지. 불교의 경전. ②절에서 불경을 넣어 두는 곳 집. 經堂(경당).
【經傳 경전】①유학의 성현(聖賢)이 남긴 글. ○'經'은 성인(聖人)의 글, '傳'은 현인(賢人)의 글. ②경서와 그 해설서.
【經正 경정】①상도(常道)로 바꿈. 상도로 되돌림. ②법칙에 맞고 바름. ③논밭의 경계를 바로 잡는 제도. ○'正'은 '制'의 잘못.
【經制 경제】①나라를 다스리는 제도. ②경서(經書). ③다스려 통제함. ④제도를 다스려 정함. ⑤경리(經理)와 관할의 권리가 있는 사람. ⑥종래와 같은 부과(賦課).
【經濟 경제】①나라를 다스려 백성을 구제함. 經世濟民(경세제민). ②욕망을 충족하기 위하여 재화(財貨)를 획득하고 사용하는 일체의 행위. ③절약(節約).
【經呪 경주】①경문(經文)과 주문(呪文). ②부처께 염불하며 비는 일.
【經旨 경지】①경서(經書)의 취지. ②불경(佛經)의 요지.
【經天緯地 경천위지】천지를 경위(經緯)함. 천하를 경영함.
【經解 경해】①경서의 뜻을 해석함. ②의경(醫經)의 해설.
【經行 경행】①일정한 행동. 절조(節操)가 있는

糸部 7획 継絪絋絿絻紼綁緐練続綏綉

일. ②월경(月經). ③통과함. ④(佛)승려가 좌선할 때 졸음을 쫓거나 번민을 없애기 위하여 일정한 곳을 천천히 거니는 일.
【經穴 경혈】경락(經絡) 중의 요처(要處). 침을 놓거나 뜸을 뜨는 자리. 鍼灸穴(침구혈).
【經護 경호】다스려 지킴.
【經訓 경훈】경적(經籍)의 뜻풀이.
◐ 九-, 羣-, 紀-, 大-, 道-, 讀-, 東-, 梵-, 佛-, 常-, 西-, 聖-, 小-, 誦-, 禮-, 月-, 典-, 正-, 政-, 天-, 橫-.

糸7 【継】⑬ 繼(1390)의 속자

糸7 【絪】⑬ 짤 곤 阮 kǔn
간체 绲 字解 ①짜다〔織〕. ②두들기다. = 捆. ③묶다.

糸7 【絋】⑬ 紘(1342)의 속자

糸7 【絿】⑬ 급박할 구 尤 qiú
소전 綠 초서 球 字解 ①급박하다. 〔詩經〕不競不絿. ②구하다. ≒逑. ③작다, 어리다. = 劬.

糸7 【絻】⑬ ❶상복 문 問 wèn ❷관 면 銑 miǎn
초서 绖 字解 ❶①상복, 발상(發喪)할 때 입는 상복. 〔春秋左氏傳〕使太子絻. ②상엿줄, 조상하는 사람이 상여를 끌 때 잡는 줄. 〔春秋公羊傳〕弔所執紼曰絻. ❷관. ≒冕.

糸7 【紼】⑬ ❶상엿줄 발 物 불 fú ❷바 발 비 困 fú
초서 绋 字解 ❶상엿줄. = 綍. 〔禮記〕諸侯執紼五百人. ❷바, 밧줄. 〔禮記〕王言如綸, 其出如紼.

糸7 【綁】⑬ 동여맬 방 養 bǎng
간체 绑 字解 동여매다, 묶다.
【綁送 방송】묶어서 보냄.

糸7 【緐】⑬ 繁(1381)과 동자

糸7 【練】⑬ 베 소 魚 shū
소전 繗 초서 綀 字解 ①베〔布〕. 〔後漢書〕禰衡著練巾. ②자은 거친 실. ③갈포〔葛布〕. 〔范成大·志〕練出於兩江洲洞, 似苧, 織有花曰花練.
【練巾 소건】갈포로 만든 두건.

【練裳竹笥 소상죽사】거친 베로 만든 치마와 대나무로 만든 옷 상자. ㉠혼수(婚需)에 대한 겸사. ㉡빈약한 혼수.
【練縕 소온】거친 실과 헌 솜.

糸7 【続】⑬ 續(1392)의 속자

糸7 【綏】⑬ ❶편안할 수 支 suī ❷기 드림 유 支 ruí ❸드리울 타 哿 tuǒ
소전 緌 초서 绥 간체 绥 參考 대법원 지정 인명용 한자의 음은 '수'이다.
字解 ❶①편안하다. ≒安. ②수레 손잡이 줄. 수레를 탈 때나 수레에 설 때 이것을 잡는다. 〔論語〕升車, 必正立執綏. ③안심하다. 〔論語〕綏之斯來. ④물러서다. ≒退. 〔春秋左氏傳〕乃皆出戰, 交綏. ⑤말리다, 멈추게 하다. 〔國語〕使民以勸綏謗言. ⑥느리다, 천천하다. 〔王襃·賦〕時恬淡以綏肆. ⑦새앙의 한 가지. 〔儀禮〕實綏澤焉. ⑧털이 긴 모양. ❷①기 드림, 기 장식. ≒緌. 〔詩經〕淑旂綏章. ②편안하다. ❸드리우다, 내리다. 물건을 가슴 아래까지 내려 들다. 〔禮記〕執天子之器則上衡, 云云, 大夫則綏之.
【綏寧 수녕】⇨綏靖(수정).
【綏理 수리】편안하게 다스림.
【綏撫 수무】어루만져 편안하게 함.
【綏邊 수변】변경의 백성을 편안히 함.
【綏綏 수수】①편안한 모양. ②나란히 가는 모양. ③혼자 가서 배우자를 구하는 모양. ④비나 눈이 오는 모양.
【綏御 수어】편안하게 다스림. 綏馭(수어).
【綏遠 수원】먼 지방을 진정(鎭定)하여 편안하게 함.
【綏慰 수위】위로함. 慰撫(위무).
【綏宥 수유】가없이 여겨 위무함.
【綏定 수정】나라를 안정시킴.
【綏靖 수정】편안하게 함. 안정시킴. 綏寧(수녕). 綏靜(수정).
【綏懷 수회】편안히 하여 따르게 함.
【綏章 유장】새의 깃털이나 모우(旄牛)의 꼬리를 물들여 깃대 끝에 붙인 장식.
【綏旌 유정】드리워진 기. 깃발을 드리움.
【綏視 타시】얼굴 아래와 옷깃 위의 사이를 봄.
◐ 交-, 來-, 撫-, 授-, 安-, 王-, 靖-, 鑲-, 緝-, 寵-, 安-, 惠-.

糸7 【綉】⑬ ❶수놓을 수 宥 xiù ❷솜 조각 투 宥 tòu
간체 绣 字解 ❶수놓다. ≒繡. ❷솜 한 조각.
【綉帶 수대】수를 놓은 띠.
【綉鸞 수란】금봉(錦鳳)의 청색이 많고 홍색이 적은 것.
【綉帳 수장】수놓은 장막.

糸部 7~8획 綖綎𦈢綈條絛絸縝綃綤綅綐統綊繉統綱

糸7 【綖】⑬ ❶면류관 싸개 연 旡 yán
❷실 선 霰 xiàn
[초서][소전] 字解 ❶면류관 싸개. 관을 만들고, 검은 베나 비단으로 싼다.〔春秋左氏傳〕衡紞紘綖. ❷실, 선(線). =綫.

糸7 【綎】⑬ 띳술 정 靑 tīng
[소전][초서][동자][속자] 字解 띳술. 패옥 따위를 띠에 차는 끈.〔後漢書〕端委韜綎.

糸7 【綖】⑬ 綎(1364)과 동자

糸7 【綈】⑬ 깁 제 齊 tí
[소전][초서][간체] 字解 깁, 두껍게 짠 비단.〔管子〕魯梁之民, 俗爲綈.
【綈弋 제익】두꺼운 검은 비단.
【綈袍 제포】두꺼운 비단으로 만든 솜옷.
【綈袍戀戀 제포연련】❶옛 은혜를 생각함. ❷우정이 두터움. 故事 전국(戰國) 시대 위(魏)나라의 수가(須賈)가 친구인 범저(范雎)의 생활이 곤궁한 것을 동정하여 두꺼운 비단 옷을 주었다는 고사에서 온 말.
❶弋-, 皁-, 繒-.

糸7 【條】⑬ 끈 조 本도 豪 tāo
[소전][초서][동자] 字解 끈, 실을 땋은 납작한 끈. =絛. ≒條.
【條絲 조사】여러 가닥으로 땋은 실.
【條蟲 조충】촌충(寸蟲).

糸7 【絸】⑬ 織(1387)과 동자

糸7 【縝】⑬ 고삐 진 軫 zhèn
字解 고삐, 소의 고삐. ≒紖.〔周禮〕凡祭祀, 飾其牛牲, 設其楅衡, 置其縝.

糸7 【綃】⑬ ❶생사 초 本소 蕭 xiāo
❷끌어 올릴 소 蕭 shāo
[소전][초서][동자][간체] 字解 ❶❶생사(生絲), 생명주실. ❷생명주, 생초(生綃). ❸무늬 비단.〔禮記〕玄綃衣以褐之. ❹얇은 비단.〔曹植·賦〕曳霧綃之輕裾. ❷❶끌어 올리다, 머리카락을 끌어 올리다. ❷돛 줄.〔木華·賦〕維長綃.
【綃頭 초두】머리에 둘러매는 띠, 머리띠.
【綃紋 초문】생초의 무늬.
【綃紈 초환】얇은 흰 비단. 綃素(초소).

糸7 【絺】⑬ ❶칡베 치 支 chī
❷수놓을 치 紙 zhǐ
[소전][초서][간체] 字解 ❶❶칡베, 고운 갈포(葛布).〔詩經〕爲絺爲綌. ❷갈포 홑옷.〔呂氏春秋〕天子始絺. ❸춘추 시대의 땅 이름. 하남성(河南省) 하내현(河內縣)의 서남. ❹성(姓). ❷수놓다. ≒黹.〔書經〕黼黻絺繡.
【絺綌 치격】고운 갈포와 거친 갈포.
【絺纊 치광】❶갈포와 솜. ❷여름과 겨울.
【絺句 치구】섬세하고 아름다운 글귀.
【絺索 치삭】혼잡함. 雜沓(잡답).
❶葛-, 單-, 纖-, 紵-, 粗-.

糸7 【縝】⑬ ❶실 침 侵 qīn
❷흑백 교직 비단 섬 鹽 xiān
[소전][초서][본자] 字解 ❶❶실.〔詩經〕貝冑朱縝. ❷❶흑백 교직 비단. ≒纖.〔禮記·禫而纖·注〕黑經白緯曰纖, 纖, 或作綅. ❷실, 선(線).

糸7 【綐】⑬ 명주 태 灰 duì
[소전] 字解 명주, 가는 명주.

糸7 【統】⑬ 統(1360)의 속자

糸7 【綊】⑬ 면류관 싸개 협 葉 xié
[소전] 字解 ❶면류관의 싸개. ❷승여(乘輿)의 말 장식, 임금이 타는 수레의 말을 꾸미다.

糸7 【繉】⑬ 인끈 호 遇 hù
字解 인끈, 인수(印綬).

糸7 【統】⑬ ❶바람개비 환 寒 huán
❷비끄러맬 완 翰 wàn
字解 ❶바람개비, 풍향계(風向計). ❷비끄러매다. ≒綰.

糸8 【綱】⑭ 벼리 강 陽 gāng

⟨자형⟩ 纟 纟 糹 糸 紀 紀 綱 網 綱 纲

[소전][고문][초서][간체] 參考 網(1368)은 딴 자.
字源 形聲. 糸+岡→綱. '岡(강)'이 음을 나타낸다.
字解 ❶벼리. ㉮그물을 버티는 줄.〔書經〕若網在綱, 有條而不紊. ㉯과녁을 펴서 치는 줄.

〔周禮〕上綱與下綱, 出舌尋. ④사물의 가장 주가 되는 것, 근본(根本), 추요(樞要). 〔北史〕爲政當貴擧綱. ②줄을 치다, 그물을 치다. 〔詩經〕綱紀四方. ③통괄(統括)하다. 〔晉書〕此朕所以垂拱總綱. ④비끄러매다. 〔周禮〕綱惡馬. ⑤늘어선 줄. 〔鮑照·賦〕離綱別赴, 合緖相依. ⑥상품(商品)을 총괄하여 이르는 말. ⑦그물, 늪綱. 〔論語〕子釣而不綱.

【綱擧目張 강거목장】 원칙을 들면 세목은 저절로 밝혀짐. 법령은 헌법을, 하(下)는 상(上)을, 소(小)는 대(大)를 따르게 마련임.

【綱紀 강기】 ①벼릿줄과 가는 줄. 곧, 국가를 다스리는 대법(大法)과 세칙(細則), 법강(法綱)과 풍기(風紀). 紀綱(기강). ②나라를 통치함.

【綱領 강령】 ①일의 으뜸 되는 큰 줄거리. '綱'은 벼리, '領'은 옷깃. ②정당이나 단체의 취지·목적·행동 규범 따위의 원칙.

【綱理 강리】 통치함. 紀綱(기강).

【綱網 강망】 세상을 다스리는 법강(法綱).

【綱目 강목】 사물을 분류, 정리하는 대단위와 소단위.

【綱常 강상】 삼강(三綱)과 오상(五常). 사람이 마땅히 지켜야 할 도덕.

【綱要 강요】 가장 중요한 점.

【綱運 강운】 화물을 몇 개로 나누어 운반함.

【綱維 강유】 ①큰 밧줄로 동여맴. ②삼강(三綱)과 사유(四維). 나라의 법도. ③통치함. ④〔佛〕사내(寺內)를 다스리고, 불사(佛事)를 유지하는 승려.

【綱條 강조】 법도. 규정.

◑ 國─, 紀─, 大─, 民─, 三─, 要─, 政─.

糸 8 【縈】⑭ ❶발 고운 비단 계 𦇜 qǐ ❷힘줄 얽힌 곳 경 𦇞 qìng

蘭 초서 綮 간체 綮 〔字解〕 ❶발 운 비단. ❷(旗幟). ③창집, 창을 넣어 두는 자루. 늪綮. ④창날 가지. ⑤힘줄이 얽힌 곳. ※❷와 같다. ❷힘줄이 얽힌 곳, 가장 중요한 곳. 〔莊子〕技經肯綮之未嘗.

糸 8 【縈】⑭ 繁(1365)와 동자

糸 8 【緄】⑭ ❶띠 곤 𦇞 gǔn ❷꿰맬 곤 𦇞 hún ❸오랑캐 이름 혼 𦇞 gǔn

緄 소전 緄 초서 緄 간체 缊 〔字解〕 ❶띠, 짜서 만든 허리띠. 〔後漢書〕童子佩刀緄帶各一. ②새끼, 줄. 〔詩經〕竹閉緄縢. ③다발, 단. 〔戰國策〕束組三百緄. ④곤룡포. 늪袞. ❷①꿰매다. ❷오랑캐 이름. ※❸과 같다. ❸오랑캐 이름. '緄夷(혼이)' 는 서융(西戎)의 이름.

【緄帶 곤대】 짜서 만든 띠.

【緄縢 곤등】 밧줄로 묶음. ◎'緄'은 '繩', '縢'은 '約'으로 '묶는다'의 뜻.

【緄邊 곤변】 옷의 가장자리.

【緄戎 혼융】 한대(漢代) 서융(西戎)의 이름.

糸 8 【縮】⑭ ❶얽을 관 𦇟 wǎn

縮 소전 縮 초서 綰 간체 绾 〔字解〕 ①얽다, 비끄러매다, 과녁이 켕기게 치는 줄. ②꿰뚫다, 관통하다. ③곱지 않은 적색(赤色), 불그죽죽한 빛. ④올가미. ⑤매다, 묶다. 〔漢書〕絳侯綰皇帝璽. ⑥다스리다, 지배하다. 〔史記〕東綰穢貉朝鮮眞番之利. ⑦쭈그러뜨리다.

【綰髻 관계】 쪽을 찌거나 상투를 틂.

【綰攝 관섭】 통치(統治)함.

【綰綬 관수】 인수(印綬)를 참. 벼슬아치가 됨.

糸 8 【絸】⑭ 부인 제의 궐·궐 𦇟 月 jué

〔字解〕 ①부인의 제의(祭衣). ②맺다.

糸 8 【綣】⑭ ❶정다울 권 𦇟 quǎn ❷다발로 묶을 균 𦇟 quǎn

繾 소전 綣 초서 绻 간체 绻 〔字解〕 ❶①정답다, 곡진하다. 〔春秋左氏傳〕繾綣從公. ②털가죽 목도리. 〔淮南子〕古者有鍪而綣領, 以王天下者矣. ❷다발로 묶다, 모아서 다발을 짓다.

糸 8 【綺】⑭ 비단 기 𦇜 qǐ

綺 소전 綺 초서 绮 간체 绮 〔字解〕 ①비단, 무늬가 놓인 비단. 〔漢書〕賈人毋得衣錦繡綺縠絁紵罽. ②무늬, 광택. 〔長協·七命〕流綺星連. ③아름답다. 〔後漢書〕充備綺室.

【綺閣 기각】 화려한 누각. 綺樓(기루).

【綺穀 기곡】 무늬가 있는 얇은 비단.

【綺觀 기관】 아름다운 누대(樓臺).

【綺衾 기금】 ①비단 이불. ②화려한 잠옷.

【綺年 기년】 소년 시절. 연소(年少)한 때.

【綺羅 기라】 ①무늬 있는 비단과 얇은 비단. ②아름다운 의복. 美服(미복). ③아름다운 옷을 입은 사람.

【綺麗 기려】 아름다움. 고움. 화려함.

【綺陌 기맥】 아름다운 거리.

【綺文 기문】 아름다운 무늬. 綺紋(기문).

【綺靡 기미】 아름답고 화려함.

【綺思 기사】 아름다운 생각. 묘한 생각.

【綺疏 기소】 무늬를 새김. 기문(綺文)을 조각함.

【綺繡 기수】 고운 수. 화려한 자수.

【綺室 기실】 아름답게 꾸민 방.

【綺語 기어】 ①아름다운 말. ②〔佛〕십악(十惡)의 한 가지. 교묘하게 꾸민 말.

【綺艷 기염】 화려함. 華美(화미). 綺靡(기미).

【綺雲 기운】 아름다운 구름.

【綺襦紈袴 기유환고】 무늬 있는 비단 저고리와 바지. 귀한 집안 자제의 비유.

糸部 8획 綦緙緊緊綯綢綯緉練

【綺節 기절】 칠석(七夕)의 딴 이름.
【綺藻 기조】 ①아름다운 당초문(唐草紋). ②아름다운 시문(詩文).
【綺錯 기착】 ①아름답게 뒤섞임. ②뒤섞여 분잡함. 혼잡함.
【綺窓 기창】 무늬가 놓인 비단을 친 창.
【綺紈 기환】 무늬 놓인 비단과 누인 명주. 아름다운 옷감이나 의복.
❶輕—, 錦—, 羅—, 綠—, 綾—, 文—, 奢—, 紫—, 雕—, 淸—, 華—, 紈—.

糸
8 【綦】 ⑭ 연둣빛 비단 기 皮質 qí
초서 𦁗 字解 ❶연둣빛 비단. 〔詩經〕縞衣綦巾. ❷빛깔 이름. ㉮연둣빛, 쑥빛. ㉯검푸른 빛. 〔書經〕四人綦弁. ㉰검붉은 빛. ❸들메끈. 〔儀禮〕組綦繫于踵. ❹끝나다, 궁극(窮極)에 이르다. ≒極. 〔荀子〕目欲綦色, 耳欲綦聲. ❺바탕. ≒基. ❻물 이름. ≒淇.
【綦巾 기건】 처녀가 입던 푸른 쑥색의 옷.

糸
8 【緙】 ⑭ 연둣빛 기 皮 qí
소전 緙 혹체 𦂅 字解 ❶연둣빛, 누른빛을 띤 연한 초록색. 〔詩經〕縞衣緙巾. ❷들메끈. ≒綦.

糸
8 【緊】 ⑭ 굳게 얽을 긴 㨾 jǐn

[자형 변천]

소전 𦁶 초서 𦂃 간체 紧 字源 形聲. 臤+糸→緊. '臤(현)'이 음을 나타낸다.
字解 ❶굳게 얽다, 굳게 감다. ❷감기다, 감기지다. 〔楚辭〕心緊絭兮傷懷. ❸오그라지다. 〔素問〕其化緊斂. ❹속이 들다, 속이 차다. 〔殷仲文·詩〕風物白凄緊. ❺엄하다, 급하다, 팽팽하다. ❻단단하다, 굳다. 〔管子〕戈戟之緊. ❼주(州)·현(縣)의 호구에 의하여 구별하는 이름. ¶緊縣. ❽긴축(緊縮)하다.
【緊健 긴건】 꽉 죄이고 힘이 있음.
【緊急 긴급】 ①실·줄 따위를 극도로 켕기게 침. 해이하지 않고 엄격함. ②매우 긴하고 급함.
【緊斂 긴렴】 오그라듦.
【緊密 긴밀】 ①매우 긴요함. ②빈틈이 없음. ③매우 밀접함.
【緊紗 긴사】 곱게 짠 얇은 깁.
【緊束 긴속】 꼭 졸라 묶음. 단단히 구속함.
【緊要 긴요】 꼭 필요함. 매우 소중함.
【緊張 긴장】 ①매우 절박함. 緊急(긴급). ②팽팽하게 켕김. 마음을 조이고 정신을 바짝 차림.
【緊切 긴절】 긴요하고 절실함. ②꼭 맞음. 매우 적절함.
【緊縮 긴축】 ①바싹 줄임. ②재정의 기초를 든든히 하기 위하여 지출을 줄임.
❶高—, 喫—, 鮮—, 細—, 要—, 遒—, 凄—.

糸
8 【綟】 ⑭ 연둣빛 담 𣪘 tián
❷연둣빛 담 㚻 tǎn
소전 綟 초서 𦃡 字解 ❶①옷의 채색이 선명하다. ②깎다, 비끄러매다. ≒剡. 〔淮南子〕綟麻索縷. ❷연둣빛.

糸
8 【綯】 ⑭ 꿀 도 𣪘 táo
초서 綯 간체 绚 字解 ①꼬다, 새끼·노 따위를 꼬다. 〔詩經〕宵爾索綯. ②새끼, 노끈.

糸
8 【綢】 ⑭ ❶쌀 도 𣪘 tāo
❷얽을 주 㚻 chóu
❸용 머리 움직이는 모양 조 㚻 diāo
소전 綢 초서 綢 간체 绸 參考 대법원 지정 인명용 한자의 음은 '주'이다.
字解 ❶싸다, 숨기다. ≒韜. 〔漢書〕麋屈虹而爲綢. ❷①얽다, 얽히다. 〔詩經〕綢繆束薪. ②묶다. 〔楚辭〕薜荔拍兮蕙綢. ③빽빽하다, 배다. 〔詩經〕綢直如髮. ④견직물(絹織物). ❸용 머리의 움직이는 모양, 조(蜩蟉). ≒蜩.
【綢練 도련】 깃발을 흰 깁으로 쌈.
【綢緞 주단】 명주와 비단. 견직물.
【綢繆 주무】 ①뒤얽힘. 纏綿(전면). ②심오(深奧)함. ③연속한 모양. ④번잡하고 잠. ⑤미리 준비함.
【綢繆束薪 주무속신】 땔나무를 단을 지어 묶음. 결혼함의 비유.
【綢繆牖戶 주무유호】 들창이나 지게문을 꼼꼼하게 수리함. 재화(災禍)를 미리 막음.
【綢密 주밀】 빽빽함. 촘촘함.
【綢直 주직】 성정이 치밀하고 태도와 행실이 정직함.

糸
8 【緉】 ⑭ 신 한 켤레 량 𣪘 𣪘 liǎng
소전 緉 간체 緉 字源 會意·形聲. 糸+兩 →緉. '糸'는 신, '兩'은 두 짝, 곧 한 켤레. 합하여 신 한 켤레를 뜻하며, '兩(량)'이 음도 나타낸다.
字解 ❶①신 한 켤레. ≒兩. ②꼬다, 드리다.

糸
8 【綟】 ⑭ ❶연둣빛 려 㚻 lì
❷연둣빛 렬 㚻 liè
소전 綟 초서 𦃃 字解 ❶①연둣빛, 조개풀로 들인 연둣빛, 연둣빛 비단. 〔東觀漢紀〕復設諸侯王金璽綟綬. ②실, 선(線). ❷①연둣빛. ※❶의 ①과 같다. ②조개풀로 물들인 인끈.
【綟綬 여수】 연둣빛의 비단으로 지은 승상(丞相)의 복식(服飾).

糸
8 【練】 ⑭ 練(1372)의 속자

糸8 【綠】 ⑭ 초록빛 록 因 lù

소전 繡 초서 孫 동자 绿 간체 绿 │參考│ 綠(1374)은 딴 자.
亨源 形聲. 糸+彔→綠. '彔(록)'이 음을 나타낸다.
字解 ①초록빛, 초록빛 비단. 〔詩經〕綠兮衣兮. ②조개풀, 왕추(王芻). ≒菉. 〔詩經〕綠竹猗猗.
【綠車 녹거】 왕손이 타는 수레 이름.
【綠卿 녹경】 대나무의 딴 이름.
【綠髻 녹계】 검은 상투. 검은 쪽.
【綠筠 녹균】 푸른 대나무. 綠竹(녹죽).
【綠毯 녹담】 푸른 담요.
【綠堂 녹당】 여자가 기거하는 푸른 칠을 한 집.
【綠黛 녹대】 푸른 눈썹먹.
【綠瞳 녹동】 푸른 눈동자. 서양 사람의 눈동자. 綠眼(녹안).
【綠浪 녹랑】 ①푸른 물결. 綠波(녹파). 碧浪(벽랑). ②벼·보리 따위의 잎이 물결침.
【綠林 녹림】 ①푸른 숲. ②도적의 소굴. │故事│ 후한(後漢) 말 왕망(王莽) 때 왕광(王匡)·왕봉(王鳳) 등 도적의 무리가 호북성(湖北省) 녹림산(綠林山)에 웅거한 데서 온 말.
【綠末 녹말】 ①전분(澱粉). ②國감자·녹두 따위를 갈아서 가라앉은 앙금을 말린 가루.
【綠茗 녹명】 ①푸른빛의 차나무. ②좋은 빛깔의 달인 차.
【綠毛 녹모】 ①푸른 깃털. ②칠흑(漆黑) 같은 머리. ③노송나무의 잎.
【綠蕪 녹무】 ①푸른 잡초. 푸르게 우거진 풀. ②망한 나라의 터전.
【綠髮 녹발】 윤이 나고 아름다운 검은 머리. 젊은 사람의 머리.
【綠醅 녹배】 좋은 술.
【綠鬢 녹빈】 윤이 나는 고운 귀밑머리.
【綠莎 녹사】 푸른 사초(莎草).
【綠簑衣 녹사의】 도롱이.
【綠嶼 녹서】 초목 우거진 작은 섬.
【綠水 녹수】 ①푸른 물. ②푸른 나무 그림자가 비친 물.
【綠楊 녹양】 푸른 잎이 우거진 버드나무.
【綠煙 녹연】 푸른빛의 연기. 저녁 무렵의 연무(煙霧).
【綠玉 녹옥】 ①푸른 옥(玉). ②대나무. ③녹색 주상(柱狀)의 옥돌. 綠柱石(녹주석).
【綠褥 녹욕】 푸른 요. 풀이 우거진 모양.
【綠雨 녹우】 녹음이 짙은 계절에 내리는 비.
【綠雲 녹운】 ①푸른 구름. ②여자의 숱이 많고 아름다운 머리. ③푸른 잎이 무성한 모양.
【綠陰芳草 녹음방초】 푸른 나무의 그늘과 향기로운 풀. 여름철의 경치.
【綠漪 녹의】 푸른빛의 잔물결.
【綠蟻 녹의】 ①걸러 놓은 술에 뜬 밥알. 술구더

기. ②미주(美酒)의 딴 이름. 綠酒(녹주).
【綠衣紅裳 녹의홍상】 연두 저고리와 다홍치마. 젊은 여자의 고운 차림.
【綠耳 녹이】 주(周) 목왕(穆王)이 탔던 팔준마(八駿馬)의 하나. 좋은 말의 비유.
【綠字 녹자】 ①흑칠(黑漆)로 쓴 글자. ②비석에 새긴 글자. ③부적(符籍). ○푸른 글자로 쓴 데서 온 말.
【綠錢 녹전】 바위에 돈닢으로 자라는 이끼. 綠蘚(녹선).
【綠汀 녹정】 푸른 물가.
【綠洲 녹주】 갈대 따위가 무성한 물가.
【綠酒 녹주】 푸른빛을 띤 좋은 술.
【綠珠 녹주】 푸른 구슬. 곧, 나무 열매.
【綠樽 녹준】 푸른 술두루미.
【綠窓 녹창】 ①초록색의 창문. ②가난한 여자가 사는 곳. ③부녀자가 거처하는 방.
【綠天 녹천】 파초(芭蕉)의 딴 이름. ○본래 당대(唐代)의 승려 회소(懷素)가 있던 곳의 이름으로, 그가 거처에 파초 수만 그루를 심었다는 데서 온 말.
【綠帶 녹체】 푸른 꼭지.
【綠叢 녹총】 우거진 풀숲.
【綠翠 녹취】 녹색과 비취색. 푸른 빛깔.
【綠態 녹태】 푸른 자태. 초목의 아름다운 모양.
【綠波 녹파】 푸른 물결.
【綠荷 녹하】 푸른 연잎.
【綠鬟 녹환】 검은 머리의 쪽.
【綠篁 녹황】 푸른 대나무 숲.
【綠畦 녹휴】 푸른 밭두둑.
❶穠—, 淡—, 萬—, 繁—, 碧—, 常—, 新—, 深—, 淺—, 草—, 翠—, 寒—, 紅—.

糸8 【綠】 ⑭ 綠(1367)과 동자

糸8 【縲】 ⑭ 끈목 류 因 liǔ

소전 縲 간체 绺 字解 ①끈목, 실로 짜서 만든 끈. 〔沈佺期·七夕曝衣篇〕上有仙人長命縲. ②실 수의 이름. ㉮씨실 열 올. ㉯명주실 스무 올. ③타래실.

糸8 【綸】 ⑭ ❶낚싯줄 륜 圓 lún
❷푸른 실 허리끈 관 刪 guān
소전 綸 서 孫 간체 纶 │參考│ 대법원 지정 인명용 한자의 음은 '륜'이다.
字解 ❶①낚싯줄. 〔詩經〕言綸之繩. ②현악기의 줄. ③실, 굵은 실. 〔禮記〕王言如絲, 其出如綸. ④푸른 실로 드린 허리끈. ⑤새끼, 끈. ⑥다스리다, 경리하다. ⑦통괄하다. 〔易經〕君子以經綸. ⑧싸다, 하나로 묶다. 〔易經〕彌綸天地之道. ⑨길, 도(道). ≒倫. ⑩솜. 〔淮南子〕綸組節束. ⑪땅 이름. 춘추 시대 우(虞)나라의 읍. 지금의 하남성(河南省) 우성현(虞城縣) 동남. ⑫성(姓). ❷①푸른 실로 드린 허리끈. ※❶

의 ④와 같다. ②두건 이름. ¶綸巾. ③해초 이름, 다시마, 곤포(昆布).
【綸綿 윤면】 실과 솜.
【綸命 윤명】 조칙(詔勅).
【綸綍 윤발】 임금의 명령. 詔勅(조칙).
【綸紱 윤불】 ⇨綸綍(윤발).
【綸言 윤언】 임금의 조칙. 綸音(윤음).
【綸言如汗 윤언여한】 땀이 한번 나면 도로 들어가지 않는 것처럼, 임금의 윤언도 한번 내리면 고칠 수 없음.
【綸旨 윤지】 임금의 교지. 綸明(윤명).
【綸巾 관건】 ①비단으로 만든 두건. 제갈량(諸葛亮)이 늘 썼다 하여 제갈건(諸葛巾)이라고도 함. ②풍류인(風流人)이 쓰는 두건.
【綸布 관포】 다시마의 딴 이름. 昆布(곤포).
○ 經-, 縉-, 紛-, 絲-, 垂-, 釣-, 投-.

綾 líng

糸 8 【綾】⑭ 비단 릉 厤 líng

①비단, 무늬 있는 비단. ②평평하지 아니한 모양.〔王延壽·賦〕 則繒綾而龍鱗.
【綾綺 능기】 무늬 있는 비단. 무늬 있는 비단으로 만든 옷.
【綾羅 능라】 무늬 있는 비단과 엷은 비단.
【綾羅錦繡 능라금수】 명주실로 짠 비단의 총칭.
【綾文 능문】 올새가 비슷한 방향으로 나타난 비단의 무늬.
【綾扇 능선】 무늬 있는 비단을 발라 만든 부채.
【綾紈 능환】 무늬 있는 비단과 흰 비단.
○ 綺-, 文-, 色-, 細-, 繒-, 綵-, 青-.

網 wǎng

糸 8 【網】⑭ 그물 망 𦉪 wǎng

參考 網(1364)은 딴 자.
字源 形聲. 糸+罔→網. '罔(망)'이 음을 나타낸다.
字解 ①그물.〔詩經〕魚網之設. ②날과 씨가 빗겨 엇걸리는 무늬.〔楚辭〕網戶朱綴. ③규칙, 법.〔老子〕天網恢恢, 疏而不失. ④그물질하다. ㉮그물로 잡다.〔王十朋·賦〕漁人骈集, 以釣以網. ㉯법망(法網)을 씌우다.〔孟子〕是罔民也. ㉰휩싸다.〔漢書〕網羅天下異能之士.
【網開三面 망개삼면】 은덕(恩德)이 금수(禽獸)에게까지 미침. 故事 탕(湯)임금이 빙 둘러친 그물의 삼면을 열어 금수가 자유롭게 도망칠 수 있게 했다는 고사에서 온 말.
【網巾 망건】 國 상투를 튼 사람이 머리가 흩어지지 않도록 이마 위에 둘러쓰는 두건의 한 가지.
【網罟 망고】 ①그물. ◯'罟'는 코가 촘촘한 그물. ②법망(法網).
【網羅 망라】 ①그물. ◯'網'은 물고기를 잡는 그물, '羅'는 새를 잡는 그물. ②빠짐없이 거두어들임. 죄다 포용함.
【網絡 망락】 ①새가 걸리도록 처마에 드리워 치는 그물. ②⇨網羅(망라)②.
【網目 망목】 ①그물눈. 網眼(망안). ②법망(法網)이 그물눈처럼 촘촘하고 엄함.
【網墨 망묵】 법률, 또는 형벌.
【網紗 망사】 ①그물처럼 성기게 짠 깁. ②國 꿀벌을 다룰 때 얼굴에 뒤집어쓰도록 그물처럼 만든 물건.
【網疏 망소】 그물의 눈이 성김. 법망(法網)이 꼼꼼하지 않고 허술함.
【網罩 망조】 물고기를 잡는 어리 모양의 기구. 가리.
【網周 망주】 법망이 주밀(周密)하여 죄인을 놓치지 않음.
【網中 망중】 그물 속. 남의 술책(術策) 속.
【網蟲 망충】 그물처럼 줄을 친 거미. 거미.
【網捕 망포】 그물을 쳐서 고기를 잡음.
○ 綱-, 罟-, 禁-, 羅-, 密-, 法-, 纖-, 世-, 疎-, 魚-, 蛛-, 天-, 投-, 解-, 憲-, 刑-.

綿 mián

糸 8 【綿】⑭ 이어질 면 冘 mián

字源 會意. 길게 이어짐을 뜻하는 데서 '糸'를 쓰고 실은 피륙을 짜는 데 쓰므로 '帛'을 썼다. 실을 만드는 원료라는 데서 '솜'을 뜻한다.
字解 ①이어지다, 가늘고 길게 이어지다. ②잇다, 연속하다.〔張衡·賦〕綿日月而不衰. ③두르다, 걸치다.〔楚辭〕鄭綿絡些. ④공략(攻略)하다.〔淮南子〕綿之以方城. ⑤퍼지다, 만연하다.〔春秋穀梁傳〕綿地千里. ⑥멀다, 아득하다.〔陸機·行〕去家邈以綿. ⑦약하다, 박약하다.〔漢書〕越人綿力薄材, 不能陸戰. ⑧솜. ㉮고치를 편 솜, 풀솜.〔束晢·賦〕弱如春綿. ㉯목화에서 딴 솜. ⑨홑옷.
【綿亙 면긍】 길게 이어 뻗쳐짐.
【綿代 면대】 대대(代代). 누대(屢代).
【綿篤 면독】 병이 매우 중함. 위독함.
【綿頓 면돈】 병으로 고생함. 병이 중함.
【綿絡 면락】 길게 이어짐.
【綿麗 면려】 섬세하고 고움.
【綿力 면력】 힘이 약함. 微力(미력).
【綿歷 면력】 ①길게 이어짐. ②오랜 세월을 경과함. ③여러 곳을 거쳐 멀리 감.
【綿力薄材 면력박재】 힘과 재주가 모두 약함.
【綿連 면련】 계속됨. 잇달아 끊어지지 않음. 連綿(연면).
【綿裏針 면리침】 솜에 싼 바늘. 겉보기에는 부드러우나, 마음에 품은 바가 있음의 비유.
【綿邈 면막】 매우 멂.
【綿蠻 면만】 ①작은 새의 우는 소리. 작은 새의 모양. ②무늬가 있는 모양.
【綿襪 면말】 솜을 넣은 버선. 솜버선.

糸部 8획 綰絣繃緋緖錫綫綬綱緎維

【綿綿 면면】①오래 계속되어 끊어지지 않는 모양. 連綿(연면). ②세밀한 모양. 詳密(상밀). ③편안하고 조용한 모양. ④아득한 모양. 희미한 모양.
【綿毛 면모】솜처럼 보드라운 털. 솜털.
【綿薄 면박】재력(才力)이 약함.
【綿手 면수】가냘프고 부드러운 손.
【綿弱 면약】가냘픔.
【綿羊 면양】솟과의 하나. 緬羊(면양).
【綿延 면연】연하여 길게 뻗음. 영속(永續)함.
【綿襖 면오】솜을 둔 웃옷.
【綿蕞 면절】①㉠야외에서 예(禮)를 강(講)할 때 띠〔茅〕를 묶어 늘어세워, 존비(尊卑)의 차례를 표시하던 일. ㉡조정(朝廷)의 회합에 위차(位次)를 나타내기 위하여 띠풀을 묶어 세운 다발. ②몸을 가지는 태도. 儀表(의표).
【綿紬 면주】명주실로 무늬 없이 짠 피륙.
【綿地 면지】길게 이어진 땅.
【綿芋 면천】초목이 무성한 모양.
【綿歎 면탄】긴 한숨. 오래 계속되는 탄식.
◐ 佳一, 落一, 木一, 絮一, 石一, 純一, 連一, 柳一, 纏一, 周一, 芊一, 海一.

糸8【綰】⑭ 綰(1373)과 동자

糸8【絣】⑭ 絣(1357)의 본자

糸8【繃】⑭ 繃(1382)의 동자

糸8【緋】⑭ 붉은빛 비 圈 fēi
〔소전〕緋 〔초서〕緋 〔간체〕绯 〔字解〕①붉은빛. ②붉은빛의 누인 명주.〔唐書〕袴褶之制, 五品以上緋.
【緋甲 비갑】붉은 갑옷.
【緋衲 비납】붉은 가사(袈裟).
【緋緞 비단】⑧명주실로 짠 피륙의 총칭.
【緋綠 비록】붉은빛을 띤 녹색. 또는 그런 빛깔의 의복.
【緋玉 비옥】⑧비단옷과 옥관자(玉冠子). 곧, 당상관의 관복.

糸8【緖】⑭ 緖(1373)의 속자

糸8【錫】⑭ 고운 베 석 圈 xī
〔소전〕錫 〔혹체〕𥿔 〔초서〕錫 〔字解〕①고운 베.〔淮南子〕弱錫羅紈. ②누인 마포(麻布). ③치맛단 장식.〔儀禮〕頹絆錫.

糸8【綫】⑭ 실 선 圈 xiàn
〔소전〕綫 〔고문〕𦃇 〔동자〕線 〔동자〕綖 〔간체〕线
〔字解〕실, 줄.〔漢書〕不絶如綫.

糸8【綬】⑭ 인끈 수 圃圈 shòu
〔소전〕綬 〔초서〕綬 〔간체〕绶 〔字解〕①인끈.〔顔延之·詩〕結綬登王畿. ②폐슬(蔽膝)의 끈. ③실을 땋은 끈, 끈목.〔周禮〕掌帷幕帟綬之事.
【綬帶 수대】인끈을 매다는 띠.
【綬笥 수사】인수(印綬)를 넣어 두는 상자.

糸8【綱】⑭ 가는 비단 아 圈 ē
〔字解〕①가는 비단. ②마전하다, 마전해서 부드럽게 만든 비단.

糸8【緎】⑭ 솔기 역 圈 yù
〔초서〕緎 〔字解〕솔기, 옷 솔기.〔詩經〕素絲五緎.

糸8【維】⑭ 바 유 圃 wéi
〔소전〕維 〔초서〕維 〔간체〕维 〔字源〕形聲. 糸＋隹→維. '隹(추)'가 음을 나타낸다.
〔字解〕①바, 밧줄. ㉮거개(車蓋)를 버티는 줄. ㉯과녁을 버티는 줄.〔儀禮〕中離維綱. ㉰금줄, 출입을 막는 표시의 줄.〔管子〕法令爲維綱. ㉱버리.〔史通〕略擧綱維, 務在褒譏. ②매다. ㉮줄을 치다.〔周禮〕維王之大常. ㉯묶다.〔詩經〕縶之維之. ㉰맺다.〔周禮〕以維邦國. ㉱배를 매다.〔爾雅〕諸侯維舟. ㉲얽히다. ③유지하다.〔逸周書〕大小相維. ④구석, 천지의 구석.〔素問〕土不及四維. ⑤생각하다, 헤아리다. 늑惟.〔史記〕維萬世之安. ⑥발어사.〔詩經〕維鵲有巢. ⑦다만. 늑唯.〔荀子〕非維下流水多邪. ⑦조사. ㉮~와(과).〔詩經〕旒維旐矣. ㉯~로써.〔詩經〕維子之故, 使我不能餐兮.
【維綱 유강】①굵은 밧줄로 이어 맴. ②법령(法令). 법도(法度). 綱紀(강기).
【維繫 유계】잡아맴. 연결함.
【維斗 유두】북두성(北斗星)의 딴 이름.
【維星 유성】북두칠성에서 자루 쪽에 있는 세 개의 별 이름.
【維城 유성】①성(城)처럼 나라의 방패가 되는 사람. ②천자의 가족.
【維新 유신】모든 일을 새롭게 고침. 구폐(舊弊)를 일소하여 혁신함.
【維御 유어】거느려 다스림.
【維日不足 유일부족】하루 종일 힘써도 시간이 모자람.

【維鵜 유제】 소인(小人)이 조정(朝廷)에 있음의 비유.
【維舟 유주】 ①제후가 타는 배. 배 네 척을 이어서 씀. ②배를 이어 맴.
【維持 유지】 어떤 상태대로 지탱하여 나감.
【維楫 유집】 배를 매는 줄과 배를 젓는 노.
【維縶 유집】 잡아맴. 붙들어 맴.
【維翰 유한】 나무의 으뜸이 되는 줄기처럼 의지할 수 있는 사람.

○ 綱─, 乾─, 坤─, 國─, 羈─, 屠─, 四─, 纖─, 水─, 王─, 地─, 天─, 皇─.

糸8 【緌】 ⑭ 갓끈 유 因 ruí

字解 ①갓끈, 드리워진 갓끈. 〔詩經〕冠緌雙止. ②기, 깃대의 꼭대기에 쇠털을 단 기. ③앞치마 끈. ④있다. ⑤매미의 주둥이. 〔禮記〕范則冠而蟬有緌.

【緌纓 유영】 갓의 늘어진 끈. 갓끈을 드리움.
【緌緌 유유】 드리운 모양. 늘어진 모양.

○ 素─, 垂─, 綏─, 纓─, 長─.

糸8 【綽】 ⑭ 너그러울 작 藥 chuò

字解 ①너그럽다, 여유가 있다. 〔孟子〕豈不綽綽然有餘裕哉. ②몸이 가냘프고 맵시가 있다. ≒淖. 〔傅毅·賦〕綽約閑靡. ③많다. 〔楚辭〕溺心綽態. ④베풀다, 어짊을 베풀다.

【綽名 작명】 ☞綽號(작호).
【綽楔 작설】 선행(善行)을 표창하기 위하여 세우던 나무 기둥. ○'楔'은 문설주.
【綽約 작약】 ①유약한 모양. 가냘프고 맵시 있는 모양. ②상냥하고 예쁜 모양. 음전한 모양.
【綽然 작연】 침착하고 여유 있는 모양.
【綽綽 작작】 ①너그러운 모양. ②여유 있는 모양. 서두르지 않는 모양.
【綽態 작태】 ①여유 있고 날씬한 모양. ②교태(嬌態)가 많은 모양.
【綽兮 작혜】 관대한 모양.
【綽號 작호】 별명(別名). 綽名(작명).

○ 寬─, 卓─, 閒─, 弘─, 和─, 揮─.

糸8 【諍】 ⑭ 급박한 현 소리 쟁 庚 zhēng

字解 ①급박한 현(弦)의 소리. ②밧줄을 드릴 새끼. =縡. ③꼬다, 밧줄을 드리다.

糸8 【綖】 ⑭ 실 이을 접 葉 jiē

字解 실을 잇다.

糸8 【綜】 ⑭ 잉아 종 冬 zōng

字解 ①잉아. 베틀의 날실을 끌어올리도록 맨 굵은 실. 〔列女傳〕推而往, 引而來者綜也. ②모으다, 통할(統轄)하다. 〔易經〕錯綜其數. ③國선단(船團). 어떤 일을 공동으로 하는 배의 집단. 〔續大典〕船隻一齊作綜. ④國새. 피륙의 날을 세는 단위. 〔高麗史〕七綜布五十匹.

【綜管 종관】 통할하여 다스림. 總理(총리).
【綜括 종괄】 개별적인 여러 가지를 하나로 묶음. 總括(총괄).
【綜校 종교】 종합하여 조사함.
【綜達 종달】 모든 것을 깨달음. 모두 달성함.
【綜練 종련】 종합하여 연습함. 충분히 익힘.
【綜理 종리】 종합하여 다스림. 總理(총리)함.
【綜務 종무】 여러 가지 일을 통틀어 다스림. 總務(총무).
【綜悉 종실】 남김없이 종합함.
【綜輯 종집】 모아서 종합함. 總緝(총집).
【綜合 종합】 여러 가지를 한데 모아서 합함.
【綜核 종핵】 사물의 본말을 종합하여 밝힘. 綜覈(종핵).

○ 關─, 窮─, 機─, 硏─, 專─, 詮─, 錯─, 參─, 探─, 通─, 畢─, 該─.

糸8 【綵】 ⑭ 비단 채 賄 cǎi

字解 ①비단. =采. 〔宋書〕爲妻買繒綵. ②무늬, 채색. =彩. 〔梁昭明太子·賦〕色兼列綵.

【綵觀 채관】 단청을 한 누각.
【綵毬 채구】 색실로 꾸민 공.
【綵纜 채람】 배를 매는 고운 빛깔의 밧줄.
【綵樓 채루】 단청을 한 누각.
【綵縷 채루】 빛깔이 고운 실, 또는 올.
【綵綾 채릉】 무늬 있는 고운 빛깔의 비단.
【綵房 채방】 고운 채색으로 꾸민 방.
【綵索 채삭】 색실로 꼰 줄.
【綵帨 채세】 채색한 실과 차는 수건.
【綵袖 채수】 수(繡)를 놓은 소매.
【綵繡 채수】 아름다운 무늬가 있는 비단.
【綵雲 채운】 꽃구름. 오색구름.
【綵衣娛親 채의오친】 색동옷을 입고 어버이를 기쁘게 해 드림. 부모에게 효도함. 故事 춘추시대 초(楚)나라의 노래자(老萊子)가 70세에 색동옷을 입고 부모 앞에서 응석을 부려 부모를 위안하였다는 고사에서 온 말.
【綵帳 채장】 아름다운 비단으로 만든 휘장.
【綵組 채조】 고운 실로 친 끈목.
【綵毫 채호】 아름다운 붓.
【綵花 채화】 비단으로 만든 꽃. 綵華(채화).

○ 奇─, 綾─, 文─, 繡─, 五─, 雜─, 繪─.

糸8 【綺】 ⑭ 무늬 처 齊 qī

字解 무늬, 무늬를 놓다. =萋. 〔詩經〕綺兮萋兮, 成是貝錦.

糸部 8획 綪綴緁総綷緅緇

綪
糸8 【綪】⑭
❶붉은 비단 천 茜 qiàn
❷연한 옥색 청 靑 qīng
❸새끼 쟁 庚 zhēng

[字解] ❶붉은 비단. 꼭두서니로 물들인 비단. 〔春秋左氏傳〕分康叔以綪茂. ❷연한 옥색. ❸①새끼, 밧줄을 드릴 새끼. =綪. ②맺다, 잡아매다, 굽히다. 〔禮記〕齊則綪結佩而爵韠. ③감다, 두르다. 〔史記〕王綪繳蘭臺.
【綪茷 천패】붉은 깃발.

綴
糸8 【綴】⑭
❶꿰맬 철 本체 贅 zhuì
❷막을 철 鳳 chuò

[字源] 會意·形聲. 糸+叕→綴. '叕(철)'은 잇다. 여기에 '糸'을 더하여 이어 맞춤을 나타낸다. '叕(철)'이 음도 나타낸다.

[字解] ❶①꿰매다, 이어 맞추다. 〔戰國策〕綴甲厲兵. ②짓다, 글을 짓다. 〔漢書〕自孔子後, 綴文之士衆矣. ③연잇다. 〔張衡·賦〕綴以二華. ④비끄러매다, 매어 두다. 〔楚辭〕綴鬼谷於北辰. ⑤맺다. 〔詩經〕爲下國綴旒. ⑥계속하다. 〔漢書〕綴之以祀. ⑦실을 잣다. ⑧가, 가장자리. 〔楚辭〕網戸朱綴. ⑨장식, 꾸미개. 〔大戴禮〕赤綴戸也. ⑩깃발. 〔揚雄·賦〕熊耳爲綴. ⑪표지(標識). 〔禮記〕行其綴兆. ❷①막다, 그치다. 〇輟. 〔儀禮〕綴足用燕几.
【綴旒 철류】❶잡아맨 깃발. ❷임금이 신하에게 좌우되어 실권이 없음. 〇깃발은 아래에서 지 유로이 다룰 수 있다는 데서 온 말.
【綴文 철문】글을 지음. 지은 글.
【綴衣 철의】휘장. 장막.
【綴字 철자】①글자를 맞추어 낱말을 만듦. ②자음자와 모음자를 맞추어 한 음절자를 만듦.
【綴兆 철조】악무(樂舞)에서 춤을 추는 사람이 서는 각각의 위치.
【綴輯 철집】여러 가지 재료를 모아 책을 만듦.
【綴綴 철철】서로 연결되어 떨어지지 않는 모양.
【綴宅 철택】몸. 신체.
【綴行 철행】행렬을 지음.
〇牽-, 羅-, 補-, 縫-, 連-, 聯-, 點-, 接-, 集-, 緝-, 鈔-, 編-, 筆-.

緁
糸8 【緁】⑭ 꿰맬 첩 叶 qiè

[字解] ❶꿰매다. 〔漢書〕白縠之表, 薄紈之裏, 緁以偏諸. ❷이어지다.

総
糸8 【総】⑭ 總(1384)과 동자

綷
糸8 【綷】⑭
❶오색 비단 쵀 碎 cuì
❷옷 스치는 소리 최 隊
❸두루 미칠 졸 圓

綷 (right column)
糸8 【綷】⑭

[字解] ❶①오색 비단. 〔漢書〕綷雲蓋而樹華旗. ②오색. 〔左思·賦〕孔雀綷羽而翶翔. ③섞다. 〔何晏·賦〕綷以萬年, 綷以紫榛. ❷옷이 스치는 소리, 비단옷이 스쳐서 나는 소리. ❸두루 미치다.
【綷羽 쵀우】오색 빛깔의 깃털.
【綷雲 쵀운】아름다운 무늬가 있는 구름. 오색구름. 꽃구름.
【綷縩 최채】비단옷이 서로 스쳐 나는 소리.

緅
糸8 【緅】⑭ 검붉을 추 尤 zōu

[字解] 검붉다, 검붉은 비단, 아청(鴉青). 〔論語〕君子不以紺緅飾.

緇
糸8 【緇】⑭ 검은 비단 치 支 zī

[字解] ❶검은 비단, 검은빛. 〔論語〕緇衣羔裘. ❷검은 옷. 〔列子〕衣素衣而出, 天雨, 解素衣, 衣緇衣而反. ❸승복(僧服). 〔高啓·詩〕披緇別家人. ❹승려, 중. 〔盧綸·詩〕泯跡在緇流. ❺검게 물들다. 〔論語〕不曰白乎, 涅而不緇.
【緇褐 치갈】①검은 천의 거친 베옷. ②승려.
【緇涅 치날】검게 물듦.
【緇衲 치납】①승복(僧服). 緇衣(치의). ②승려.
【緇徒 치도】치의(緇衣)의 무리. 곧, 승려.
【緇流 치류】⇨緇徒(치도).
【緇磷 치린】때가 묻어 거메지고 닳아 엷어짐. 세속에 물들어 절조를 잃음.
【緇林 치림】①울창한 숲. 緇帷(치유). ②사원(寺院). 절.
【緇林杏壇 치림행단】검은 휘장을 친 것처럼 수목이 울창한 숲과, 살구꽃이 피어 있는 단(壇). 학문을 교수하는 곳. [故事] 공자가 치림에서 놀고 행단에서 쉬었다는 고사에서 온 말.
【緇墨 치묵】검은색. 黑色(흑색).
【緇服 치복】①검은 옷. ②승려의 옷.
【緇素 치소】①검은 옷과 흰 옷. ②승려와 속인.
【緇叟 치수】늙은 승려. 老僧(노승).
【緇帷 치유】검은 휘장. 숲이 무성한 모양.
【緇衣 치의】①검은색의 옷. ②승복(僧服).
【緇塵 치진】검은 티끌. 속세의 더러운 때.
【緇撮 치찰】검은 베로 만든 관(冠). 〇 '撮'은 모은다는 뜻으로, 관을 쓸 때 머리카락을 쓸어 모아 상투를 틂.
【緇布 치포】①검은 천. 검은 베. ②緇布冠(치포관)②.
【緇布冠 치포관】①검은 베로 만든, 관례(冠禮)할 때 쓰던 관. ②유생(儒生)이 평상시에 쓰던, 검은 베로 만든 관. 緇布(치포).

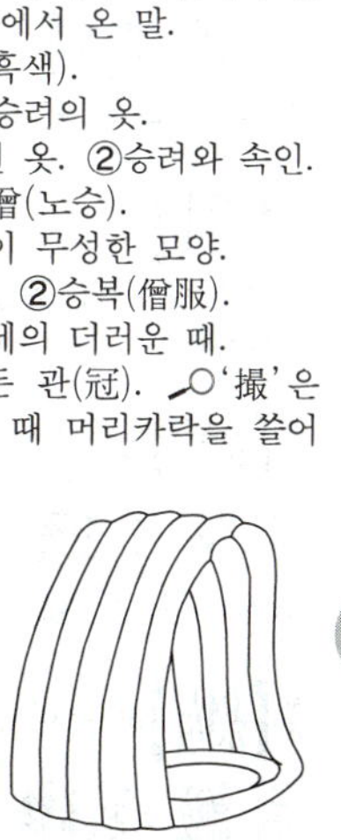

〈緇布冠②〉

【緇黃 치황】 승려(僧侶)와 도사(道士)。 ○승려는 치의(緇衣)를 입고 도사를 황관(黃冠)을 쓴 데서 온 말.
○ 名－, 紡－, 涅而不－, 涅－, 披－.

糸8 【綝】⑭ ❶말릴 침 侵 chēn ❷성할 림 侵 ❸늘어질 삼 侵 shēn

[소전] 綝 [초서] 綝 [자해] ❶①말리다, 금지하다. ②잡아매다. ❷성한 모양, 성하게 꾸민 모양. ¶綝纚. ❸늘어지다, 옷의 깃털이 늘어진 모양.〔楚辭〕舒佩兮綝纚.
【綝纚 ❶임리 ❷삼사】①성한 모양, 성하게 꾸민 모양. ②옷의 깃털이 드리워진 모양.

糸8 【綻】⑭ 옷 터질 탄 諫 zhàn

[초서] 綻 [동서] 綻 [간체] 綻 [자해] ①옷이 터지다, 꿰맨 곳이 터지다.〔禮記〕衣裳綻裂. ②봉오리가 벌다.〔王禹偁·詩〕日點野塘梅欲綻. ③터지다.〔郝經·詩〕碎顆蹙丹砂, 肉綻殷紅透. ④깁다, 꿰매다.〔古樂府〕新衣誰當綻.
【綻露 탄로】비밀이 드러남.
【綻裂 탄열】터지고 찢어짐.
【綻破 탄파】터지고 해어짐.
【綻花 탄화】핀 꽃.
○ 斷－, 衣－, 破－.

糸9 【絺】⑮ 굵은 실 개 佳 kāi

[소전] 絺 [자해] 굵은 실.

糸9 【緄】⑮ ❶깃 다발 곤 阮 gǔn ❷깃 다발 혼 阮 gǔn ❸씨실 운 畏 yǔn

[소전] 緄 [초서] 緄 [자해] ❶①깃 다발, 백 개의 깃, 열 개의 깃을 묶은 다발. ②다발, 큰 다발. ❷깃 다발. ❸씨실.

糸9 【緺】⑮ 무늬 과 歌 kē

[자해] ①무늬, 문양. ②실을 다스리다, 실을 정리하다.

糸9 【緱】⑮ 칼자루 감을 구 尤 gōu

[소전] 緱 [초서] 緱 [간체] 緱 [자해] 칼자루를 감다, 노로 감은 칼자루.〔史記〕猶有一劍耳, 又斮緱.

糸9 【絚】⑮ 동아줄 긍 蒸 徑 gēng, gèng

[소전] 絚 [초서] 絚 [간체] 絚 [자해] ①동아줄. ②팽팽하게 매다, 현(弦)을 켕기게 치다.〔楚辭〕緪瑟兮交鼓.

엄하다, 급하다. ❹빠르다. ❺걸치다, 미치다. 늑亙. ❻마치다, 끝내다.〔班固·答賓戲〕緪以年歲.
【緪瑟 긍슬】비파 줄을 켕기게 침.
【緪昇 긍승】①건장(健壯)함. ②위로 오름.

糸9 【緊】⑮ 緊(1366)과 동자

糸9 【緞】⑮ ❶비단 단 翰 duàn ❷신 뒤축 헝겊 하 禡 duàn

[소전] 緞 [간체] 緞 [참고] 대법원 지정 인명용 한자의 음은 '단'이다.
[자해] ❶비단. ❷신 뒤축의 헝겊, 신 뒤축에 붙인 헝겊이나 가죽 조각.

糸9 【練】⑮ 익힐 련 霰 liàn

幺 手 糸 糹 紅 絅 綀 紳 緋 練

[소전] 練 [초서] 練 [속서] 練 [간체] 练 [자원] 形聲. 糸+柬→練. '柬(간)'이 음을 나타낸다.
[자해] ①익히다. ㉮누이다, 모시·명주 등을 잿물에 삶아서 부드럽게 하다. ㉯단련하다.〔北史〕繕甲練兵. ㉰경험하다, 시험하다.〔漢書〕音靡不練. ②익다, 익숙하다.〔後漢書〕閑練故事. ③누인 명주. ④가리다, 고르다. 늑揀.〔漢書〕練時日. ⑤일다, 일어서 가려내다. 늑湅.〔枚乘·七發〕灑練五藏. ⑥흐물흐물하도록 익히다. ⑦희다.〔淮南子〕墨子見練絲而泣之. ⑧상복(喪服) 이름, 소상(小祥)에 입는 상복, 소상.〔荀子〕魯大夫練而牀, 禮邪.
【練簡 연간】훈련을 시켜 뽑음.
【練句練字 연구연자】시문(詩文)을 짓는 데 자구(字句)를 여러 번 다듬음.
【練達 연달】익숙하게 통달함. 숙달(熟達)함.
【練磨 연마】갈고 닦음. 研磨(연마).
【練武 연무】무예(武藝)를 익힘.
【練兵 연병】①군사를 훈련함. ②잘 단련된 병기(兵器).
【練服 연복】소상(小祥) 후 담제(禫祭) 전에 입는 상복.
【練絲 연사】누인 명주실. 표백한 실.
【練祥 연상】사람이 죽은 뒤 일 년 만에 지내는 제사. 小祥(소상).
【練熟 연숙】경험을 쌓아 익숙함.
【練悉 연실】잘 익혀 죄다 앎.
【練染 연염】누임과 물들임.
【練銳 연예】훈련이 잘 되어 날램. 훈련이 잘된 군사.
【練日 연일】날을 가림. 擇日(택일).
【練字 연자】시문(詩文)에 쓰이는 글자를 여러 번 다듬음. 練句練字(연구연자).
【練祭 연제】①죽은 뒤 일 년 만에 지내는 제사. 小祥(소상). ②돈 아버지가 살아 있을 때 어머니가 돌아간 경우, 어머니의 소상을 앞당겨 11개

월 만에 지내는 제사.
【練擇 연택】 고름. 고안하고 퇴고(推敲)함.
【練覈 연핵】 세밀하게 조사함.
❶ 簡-, 校-, 鍛-, 達-, 大-, 明-, 文-, 未-, 詳-, 選-, 洗-, 素-, 修-, 熟-, 浣-, 精-, 澡-, 綜-, 縞-, 訓-.

糸9【縷】⑮ 縷(1380)의 속자

糸9【緬】⑮ 가는 실 면 [銑] miǎn
[字解] ❶가는 실. ≒縣.〔國語〕緬然引領南望. ❷멀다. 아득하다. ❸생각하는 모양. ❹다하는 모양, 떨어지는 모양.〔潘岳·賦〕冀闕緬其堙盡. ❺가볍다. ❻나라 이름. 면전(緬甸)의 약칭으로, 지금의 미얀마. ❼廣무덤을 옮기다. ¶ 緬禮(면례).
【緬禮 면례】廣무덤을 옮겨 장례를 다시 지냄. 移葬(이장).
【緬服 면복】廣부모의 면례 때 입는 시마복(緦麻服).
【緬奉 면봉】廣면례(緬禮)의 높임말.
【緬想 면상】먼 곳에 있는 사람을 상상함. 먼 곳에 있는 일을 헤아림.
【緬憶 면억】아득히 지난 일을 회상함.
【緬然 면연】①아득한 모양. ②사색하는 모양. 생각에 잠기는 모양.
【緬甸 면전】미얀마(Myanmar)의 음역어.
❶ 冥-, 崇-, 悠-, 超-, 邈-, 懷-.

糸9【緜】⑮ 綿(1368)과 동자

糸9【緢】⑮ ❶깃술 묘 [肴] máo ❷실반대 묘 [篠] miǎo
[字解] ❶깃술, 기(旗)를 꾸미는 술.〔周書〕惟緢有稽. ❷실반대.

糸9【緲】⑮ 아득할 묘 [篠] miǎo
[字解] 아득하다. ≒紗.

糸9【緡】⑮ ❶낚싯줄 민 [眞] mín ❷성할 민 [阮] hún, mǐn ❸새 우는 소리 면 [先] mián 參考 대법원 지정 인명용 한자의 음은 '민'이다.
[字解] ❶❶낚싯줄.〔左思·賦〕迎潮水而振緡. ❷돈꿰미.〔漢書〕初算緡錢. ❸입다, 입히다.〔詩經〕言緡之絲. ❹베풀다. ❺성하다. ❻맞다, 합당하다. ❼땅 이름. 지금의 산동성(山東省) 금향현(金鄕縣)의 동쪽. ❽성(姓). ❷❶성하다. ※❶의 ❺와 같다.〔莊子〕雖使丘陵之緡.

❷어둡다. ≒瞑.〔莊子〕當我緡乎. ❸아파하다. ≒愍. ❸새 우는 소리.〔禮記〕緡蠻黃鳥. ≒綿.
【緡綸 민륜】낚싯줄.
【緡緡 민민】어리석은 모양. 무지한 모양.
【緡錢 민전】꿰미에 꿴 돈.
【緡蠻 면만】새 우는 소리. 綿蠻(면만).
❶ 算-, 垂-, 釣-, 脆-, 沈-.

糸9【緥】⑮ 포대기 보 [皓] bǎo
[字解] 포대기.〔後漢書〕始免繦緥.

糸9【絣】⑮ 삼신 봉·방 [庚] běng
[字解] ❶삼신. 삼으로 삼은 신. ❷꺽두기. 당혜(唐鞋) 모양으로 기름에 결은 가죽신. ❸어린이 가죽신.

糸9【緗】⑮ 담황색 상 [陽] xiāng
[字解] 담황색, 담황색 비단.
【緗素 상소】①담황색 물을 들인 명주. 글씨를 쓰는 데 사용하였음. ②책. 書籍(서적).
【緗帙 상질】담황색 헝겊으로 만든 책갑. 書衣(서의).
【緗縹 상표】①담황색, 또는 그런 옷감으로 지은 옷. ②책. 서적.
❶ 縹-, 綷-, 青-

糸9【緒】⑮ ❶실마리 서 [語] xù ❷나머지 사 [御] xù

幺 乎 糸 糸 糺 紅 紗 紗 緒 緒

[字解] ❶❶실마리.〔張衡·賦〕白鶴飛兮繭曳緒. ❷비롯함, 시초.〔淮南子〕反覆終始, 不知其端緒. ❸계통, 줄기.〔陳書〕纂承門緒. ❹차례, 순서.〔莊子〕食不敢先嘗, 必取其緒. ❺차례를 세워 선 줄, 행렬(行列). ❻마음.〔錢宰·詩〕冷然旦氣清, 逍遙散塵緒. ❼사업.〔中庸〕武王纘太王·王季·文王之緒. ❽나머지.〔莊子〕其緒餘以爲國家. ❾찾다.〔史記〕緒正律曆. ❿끈, 끈목. ❷나머지. ※❶의 ❽과 같다.
【緒功 서공】처음 세운 공. 始功(시공).
【緒信 서신】따르고 믿음.
【緒業 서업】시작한 사업.
【緒餘 서여】①쓰고 난 나머지. 殘餘(잔여). ②본업(本業) 외에 하는 일. 餘事(여사).
【緒正 서정】근본을 찾아 바로잡음.
【緒胄 서주】혈통(血統).
【緒風 서풍】남은 바람. 餘風(여풍).

糸部 9획 線縇緤繩總緣縁緼緩

○ 功一, 端一, 頭一, 萬一, 福一, 絲一, 聖一, 心一, 意一, 情一, 帝一, 宗一, 纘一, 勳一.

糸9 【線】 ⑮ 줄 선 圖 xiàn

幺 幸 糸 糸' 約 紵 統 綧 綧 線

[초서] 豫 [동자] 綫 [字源] 形聲. 糸＋泉→線. '泉(천)'이 음을 나타낸다.

[字解] 줄, 실.〔周禮〕縫人掌王宮之縫線之事.

【線脚 선각】 솔기. 꿰맨 바늘 자국.
【線纊 선광】 실과 솜.
【線路 선로】 ①좁은 길. 細路(세로). ②기차나 전차의 궤도.
【線縷 선루】 실의 가닥. 絲縷(사루).
【線鞋 선혜】 끈이 달린 신.

○ 幹一, 經一, 曲一, 光一, 罫一, 單一, 伏一, 複一, 本一, 死一, 視一, 緯一, 電一, 戰一, 點一, 接一, 支一, 直一, 脫一, 混一.

糸9 【縇】 ⑮ 國선 두를 선

[字解] 선을 두르다, 가선을 두르다.

糸9 【緤】 ⑮ 고삐 설 圖 xiè

[초서] 綎 [字解] ①고삐. 개나 마소를 붙들어 매는 줄. ＝紲.〔禮記〕犬則執緤. ②잡아매다.〔楚辭〕登閬風而緤馬. ③끈.

糸9 【繩】 ⑮ 繩(1389)의 속자

糸9 【總】 ⑮ 시마복 시 圆 sī

[소전] 總 [고문] 㯱 [초서] 㹅 [간체] 緦 [字解] 시마복. 일곱 새 반의 베. 일설에는 삼 2, 명주 1의 비율로 짠 베. 석 달 입는 복(服)에 입는다.

【緦麻 시마】 석 달 동안 입는 복. 또는 그 상복(喪服). 緦麻服(시마복).
【緦麻冠 시마관】 석 달 입는 상복(喪服)에 쓰는 관. 올이 가는 삼베로 만듦.
【緦麻服 시마복】 상복의 한 가지. 석 달 동안 입는 복. 종증조(從曾祖), 삼종형제, 현손(玄孫), 외손 등의 상사(喪事)에 입음.

糸9 【緣】 ⑮ ❶가선 연 圖 yuàn, yuán
❷연줄 연 圀 yuàn, yuán
❸부인 옷 이름 단 圖

幺 幸 糸 糸' 紒 絆 紵 綧 綧 緣

[소전] 緣 [초서] 緣 [속자] 縁 [간체] 缘 [参考] ① 緣(1367) 은 딴 자. ②대법원 지정 인명용 한자의 음은 '연'이다.

[字源] 形聲. 糸＋彖→緣. '彖(단)'이 음을 나타낸다.

[字解] ❶①가선, 가장자리.〔禮記〕緣廣寸半. ④물건의 가장자리.〔周書〕裂其薄餠緣. ②묶음, 활고자의 묶음.〔爾雅〕弓有緣者謂之弓, 無緣者謂之弭. ③가장자리를 꾸미다.〔書經〕白黑雜繒緣之. ④꾸미다.〔漢書〕緣飾以儒術. ❷①연줄. ㉮연유하다, 말미암다.〔荀子〕緣耳而知聲可也. ㉯따르다.〔管子〕緣地之利. ㉰더위잡아 오르다.〔孟子〕猶緣木而求魚也. ②두르다.〔荀子〕緣之以方城. ③인연, 연분.〔謝靈運·詩〕永絕平生緣. ④걸. ⑤버리다. ≒捐.〔管子〕好緣而好訛. ⑥옷의 장식. ⑦〔佛〕마음이 외계를 향하여 움직여, 인지(認知)하다.〔成唯識論〕緣識所變五取蘊相. ❸부인(夫人)의 옷 이름. ≒褖.

【緣家 연가】 인연이 있는 집. 親戚(친척).
【緣覺 연각】〔佛〕스승 없이 혼자서 불법(佛法)을 깨닫는 일. 獨覺(독각).
【緣起 연기】〔佛〕①인(因)과 연(緣)이 서로 응하여 만물이 생기는 일. ②사원(寺院) 등이 창건된 유래나 그것을 적은 문서.
【緣木求魚 연목구어】 나무에 올라가 물고기를 잡으려 함. 불가능한 일을 굳이 하려 함.
【緣法 연법】 ①종래의 법을 따름. ②인연(因緣)을 맺음.
【緣姓 연성】 승려가 되기 전의 성. 俗姓(속성).
【緣飾 연식】 외면을 장식함. 부연하여 꾸밈.
【緣縈 연영】 휘휘 감김.
【緣坐 연좌】 다른 사람의 죄에 관련되어서 벌을 받음.
【緣衣 단의】 왕후의 평상복. 褖衣(단의).

○ 奇一, 起一, 機一, 內一, 萬一, 妙一, 無一, 百一, 佛一, 世一, 俗一, 宿一, 因一, 外一, 由一, 有一, 因一, 前一, 塵一, 血一.

糸9 【縁】 ⑮ 緣(1374)의 속자

糸9 【緼】 ⑮ 縕(1378)과 동자

糸9 【緩】 ⑮ 느릴 완 圂阮 huǎn

幺 幸 糸 糸' 紒 絆 紵 綏 綏 緩

[소전] 緩 [혹] 緩 [초서] 緩 [간체] 缓 [字源] 形聲. 糸＋爰→緩. '爰(원)'이 음을 나타낸다.

[字解] ①느리다, 느슨하다.〔春秋穀梁傳〕三人緩帶. ②늦추다, 느슨하게 하다.〔易經〕君子以議獄緩死. ③늘어지다, 수축(收縮)되지 아니하다.〔素問〕其動縱尽拘緩. ④부드럽다.〔呂氏春秋〕使地肥而土緩. ⑤누그러지다, 엄하지 아니하다.〔史記〕嘽緩慢易. ⑥늦다, 늦어지다.〔國語〕不507如秦, 謝緩秦賂. ⑦처지다, 드리워지다.〔後漢書〕連緩耳, 瑣雕題.

【緩急 완급】 ①느림과 빠름. 느직함과 급함. ②

糸部 9획 緺緯緭經縆綍緹縱縱緟緝

절박함. 위급함.
【綏囊 완낭】 國게으름쟁이.
【綏帶 완대】 허리띠를 느슨하게 함. 여유 있고 마음 편히 쉼.
【綏賂 완뢰】 때를 놓친 뇌물이나 선물.
【綏慢 완만】 모양이나 행동이 느릿느릿함. 느리고 태만함. 綏怠(완태).
【綏綏 완완】 느릿느릿한 모양.
【綏衝 완충】 충돌을 누그러지게 함.
【綏怠 완태】 마음이 풀리고 게을러짐.
【綏頰 완협】 안색을 부드럽게 함. 안색을 부드럽게 하여 완곡하게 말함.

○ 寬―, 急―, 矜―, 徐―, 舒―, 疎―, 優―, 儒―, 停―, 靜―, 遲―, 疲―, 閑―.

糸 9 【緺】 ⑮ 자청색 인끈 왜 ⓑ과 圄 guā
[소전] 緺 [초서] 緺 [간체] 纲 [字解] 자청색(紫青色) 인끈. 〔史記〕佩青緺.

糸 9 【緯】 ⑮ ❶씨 위 因 wěi
❷묶을 위 尾 wěi

[갑골/금문/전서 자형들] 緯

[소전] 緯 [초서] 緯 [간체] 纬 [字源] 形聲. 糸+韋→緯. '韋(위)'가 음을 나타낸다.

[字解] ❶①씨, 가로. ㉮피륙의 가로 실, 씨실. 〔春秋左氏傳〕 嫠不恤其緯. ㉯좌우 방향, 동서 방향. 〔周髀算經〕正督經緯. ㉰좌우 또는 동서로 통하는 길. 〔周禮〕國中九經九緯. ②줄기, 길, 종횡(縱橫). 〔太玄經〕形地之緯, 曰從與橫. ③짜다. 〔莊子〕恃緯蕭而食者. ④실, 현(弦). 〔楚辭〕挾人箏而彈緯. ⑤별. 28수가 왼쪽으로 도는 것을 경(經)이라 이르는 데 대하여, 오성(五星)이 오른쪽으로 도는 것을 위(緯)라고 이른다. ⑥비서(祕書)의 이름. 〔蔡邕·碑文〕探綜圖緯. ❷묶다, 단으로 묶다. 〔大戴禮〕農緯厥未.
【緯車 위거·위차】 물레. 紡車(방거·방차).
【緯經 위경】 씨와 날. 물건이 종횡으로 엇걸림.
【緯武經文 위무경문】 무를 씨실로 삼고, 문을 날실로 삼아 나라를 다스림. 문과 무를 종횡(縱橫)으로 하여 국가를 경륜함.
【緯書 위서】 미래의 일이나 길흉화복(吉凶禍福)을 예언한 서책.
【緯世 위세】 천하를 다스림. 經世(경세).
【緯蕭 위소】 쑥대로 발을 짬. 안빈낙도(安貧樂道)함.
【緯俗 위속】 풍속을 바로잡아 훌륭하게 함.

○ 經―, 圖―, 符―, 祕―, 綜―, 辰―, 讖―.

糸 9 【緭】 ⑮ 비단 위 因 wèi
[소전] 緭 [字解] ①비단. ②끈목.

糸 9 【經】 ⑮ 움직일 인 圊 yīn
[초서] 經 [字解] 움직이다, 운동하는 모양. 〔馬融·賦〕經寃蜿蟺.

糸 9 【縆】 ⑮ 纏(1391)의 속자

糸 9 【綍】 ⑮ 綖(1364)의 속자

糸 9 【緹】 ⑮ 붉은 비단 제 齊 薺 tí
[소전] 緹 [혹체] 祇 [초서] 緹 [간체] 缇 [字解] ①붉은 비단. 〔後漢書〕 緹繒十重. ②붉다, 붉은빛. 〔史記〕張緹絳帷.
【緹齊 제제】 주대(周代) 오제(五齊)의 한 가지. 빛깔이 붉은 하등의 술〔酒〕.
【緹縞 제첩】 ①빛깔이 선명한 모양. ②붉은 수를 놓은 옷.

○ 赤―, 青―, 布―.

糸 9 【緵】 ⑮ 새 종 東 圂 zōng
[초서] 緵 [字解] ①새. 날실을 세는 단위. 날실 여든 올, 또는 마흔 올을 한 새라 한다. ②그물, 어망(魚網). ＝總.

糸 9 【縱】 ⑮ 縱(1383)의 속자

糸 9 【縱】 ⑮ ❶더할 중 圂 chóng
❷명주실 중 因 zhòng
[소전] 縱 [초서] 縱 [字解] ❶①더하다. ②포개다, 거듭하다. ③두껍다. ❷명주실.

糸 9 【緝】 ⑮ 낳을 집 ⓑ즙 圁 jī
[소전] 緝 [초서] 緝 [간체] 缉 [字解] ①낳다, 실을 낳다, 길쌈하다. 〔詩經·東門之池可以漚麻·箋〕於池中柔麻, 使可緝續作衣服. ②잇다. 〔詩經〕授几有緝御. ③모으다. 〔顏延之·誄〕以緝華裔之衆. ④맞다, 화목하다. ≒濈. 〔後漢書〕人謀雖緝, 幽運未當. ⑤부드럽다, 온화하다. ≒輯. 〔王儉·碑文〕衣冠未緝. ⑥빛나다, 밝다. ≒熠. ⑦두려워하며 삼가다. 〔詩經〕授几有緝御. ⑧잡다, 체포하다. ¶緝捕.
【緝拿 집나】 잡음. 나포(拿捕)함. 緝拏(집나).
【緝穆 집목】 화목(和睦)하게 함.
【緝績 집적】 길쌈을 함.
【緝緝 집집】 ①수다스러운 모양. ②수다스럽게 지껄이는 소리.
【緝綴 집철】 글을 모아 엮음. 글을 지음.
【緝捕 집포】 죄인을 체포함.

【緝熙 집희】①빛이 밝은 모양. ②덕화(德化)의 빛이 빛남.
○補—, 連—, 綜—, 綴—, 總—, 編—.

糸9 【締】⑮ 맺을 체 🀄 dì
[소전]締 [초서]締 [간체]缔 〔字解〕①맺다. ㉮끈으로 묶다. ㉯맺다, 연결하다.〔史記〕合從締交. ②울해지다.〔楚辭〕氣繚轉而自締. ③닫다, 닫치다.
【締結 체결】①얽어서 맺음. ②계약이나 조약을 맺음.
【締交 체교】친교를 맺음. 結交(결교).
【締盟 체맹】동맹을 맺음.

糸9 【緫】⑮ 總(1384)의 속자

糸9 【緧】⑮ 껑거리 추 🀄 qiū
[소전]緧 [동자]緧 [동자]鞧 〔字解〕①껑거리. 길마를 얹을 때 소의 궁둥이에 대는 막대기. ②바싹 가까이하다. ¶緧迫.
【緧迫 추박】다가섬. 바싹 가까이함.

糸9 【緅】⑮ 緧(1376)와 동자

糸9 【緻】⑮ 밸 치 🀄 zhì
[초서]緻 [속자]緻 [간체]致 〔字解〕①배다.〔後漢書〕硬礠采緻. ②꿰매다. ③깁다, 헌 옷을 깁다.

糸9 【緇】⑮ 緇(1371)의 본자

糸9 【緫】⑮ 總(1354)와 동자

糸9 【編】⑮ ❶엮을 편 🀄 biān
❷땋을 변 🀄 biǎn, biàn

糹 糹 糹 糹 紼 絎 絹 絹 編

[소전]編 [초서]編 [간체]编 〔參考〕대법원 지정 인명용 한자의 음은 '편'이다.
〔字源〕形聲. 糸+扁→編. '扁(편)'이 음을 나타낸다.
〔字解〕❶①엮다. ㉮대쪽을 엮다.〔漢書〕出—編書. ㉯문서를 모아 엮다.〔漢書〕幷編敞教. ㉰기록하다.〔春秋穀梁傳〕春秋編年. ㉱이어 놓다, 늘어놓다.〔張衡·賦〕編町成篁. ㉲맺다.〔楚辭〕編愁苦以爲膺. ㉳얽다.〔徐寅·詩〕織茅編竹稱居處. ②책.〔舊唐書〕往聖遺編. ③책을 맨 끈.〔漢書〕讀之韋編三絶. ④

끈. ⑤다리, 월내(月乃), 월자(月子). 덧드리는, 덧지를 맨 머리. ⑥호적에 올리다, 호적.〔漢書〕非編列之民. ❷①땋다. 늑辮.〔漢書〕解編髮, 削左袵. ②꼬다, 새끼 꼬다. ③엷은 비단. ④가늘다.
【編柳 편류】버들잎을 엮음. 고학(苦學)함. 〔故事〕초(楚)나라 손경(孫敬)이 가난하여 버들잎을 엮어서 경서를 베꼈다는 고사에서 온 말.
【編氓 편맹】호적에 들어 있는 백성. 서민(庶民). 編民(편민).
【編罨 편엄】띠를 엮어서 만든 솥 덮개.
【編配 편배】귀양 보낼 사람의 명부에 이름을 적어 넣음.
【編排 편배】순서를 따라 배열함.
【編成 편성】엮어 만듦. 짜서 이룸.
【編修 편수】①정돈되어 바름. ②여러 가지 재료를 모아 책을 만들어 냄. 編纂(편찬).
【編隨 편수】많은 사람이 수행함.
【編輿 편여】대나무를 엮어 만든 가마.
【編列 편열】①엮어 늘어놓음. ②호적(戶籍)에 등록함.
【編鐘 편종】아악기(雅樂器)의 한 가지. 음계를 따라 조율된 순서로 크기가 다른 16개의 종을 두 층으로 된 종가(鐘架)에 달아 놓음.
【編帙 편질】책의 편(編)과 질(帙).
【編次 편차】순서를 좇아 편찬함. 또는 그 편집하는 차례.
【編纂 편찬】⇨編修(편수)②.
【編貝 편패】엮어 놓은 조개. 이(齒)가 고르고 고움의 비유.
【編蒲 편포】부들을 엮음. 고학(苦學)함.〔故事〕한대(漢代) 노온서(路溫舒)가 가난하여 부들잎을 엮어서 경서를 베꼈다는 고사에서 온 말.
【編戶 편호】①호적을 편성함. ②호적에 편입함. 호적에 편입된 사람.
【編髮 변발】머리를 땋아 늘임. 땋아 늘인 머리. 辮髮(변발).
○間—, 簡—, 改—, 共—, 末—, 續—, 新—, 完—, 韋—, 遺—, 前—, 次—, 後—.

糸9 【緶】⑮ ❶꿰맬 편 🀄 biàn, pián
❷옷 걷을 변 🀄 biǎn
[소전]緶 [초서]緶 [간체]缏 〔字解〕❶①꿰매다. ③삼(麻)을 꼬다. ③옷의 가선을 두르다. ❷옷을 걷다, 옷자락을 추어올리다.

糸9 【絹】⑮ 絹(1364)와 동자

糸9 【綃】⑮ 綃(1364)와 동자

糸部 9~10획 緘縶縑縬縠絹綩縚縢縭縛縏 1377

糸9 【緘】⑮ ❶봉할 함 ㉿감 咸 jiān
❷관 묶는 줄 함 陷 jiān

[소전] 緘 [초서] 緘 [간체] 缄 [字解] ❶봉하다. 其口. ②새끼, 줄.〔莊子〕則必攝緘縢.③함을 묶는 끈.〔漢書〕使客了解篋緘, 未已.④봉한 자리, 봉함(封緘).〔李商隱·啓〕伸紙發緘.⑤서류함. ⑥봉투. ⑦편지.〔王禹偁·詩〕兩月勞君寄兩緘. ❷관(棺)을 묶는 줄.
【緘口 함구】입을 다물고 말하지 않음. 緘默(함묵). 緘脣(함순).
【緘保 함보】봉하여 보관함.
【緘封 함봉】편지·문서 따위의 겉봉을 봉함.
【緘祕 함비】봉하여 비밀로 함.
【緘鎖 함쇄】봉하여 단단히 닫음.
【緘繩 함승】관(棺)을 묶는 밧줄.
【緘制 함제】봉쇄(封鎖)하여 제어함. 묶어 꼼짝 못하게 함.
【緘歎 함탄】가슴에 간직한 탄식.
【緘包 함포】봉하여 쌈.
【緘翰 함한】봉한 편지. 緘書(함서).
◑ 開-, 啓-, 封-, 三-, 素-, 披-, 華-.

糸9 【縶】⑮ 띠 혈 屑 xié

[초서] 縶 [字解] 띠, 허리띠.〔莊子〕正縶係履而過魏王.

糸10 【縑】⑯ 합사 비단 겸 鹽 jiān

[소전] 縑 [초서] 縑 [간체] 缣 [字解] ❶합사(合絲) 비단.〔漢書〕縕爲翁須作單縑衣. ②생명주.〔淮南子〕縑之性黃, 染之以丹則赤, 檀弓, 布幕衞也, 繰幕魯也. ③비단.〔漢書〕作縑單衣.
【縑纊 겸광】합사로 짠 비단과 솜.
【縑緗 겸상】①담황색의 엷은 비단. ②책. ○이 비단을 책 장정으로 쓴 데서 온 말.
【縑素 겸소】합사로 짠 흰 비단. 서화(書畫)의 바탕으로 씀. 素絹(소견).
【縑楮 겸저】합사로 짠 흰 비단과 종이. 서화의 바탕으로 씀.
【縑綵 겸채】합사로 짠 비단과 무늬가 있는 비단.
◑ 綾-, 生-, 素-, 熟-, 新-, 綵-, 紈-.

糸10 【縬】⑯ 繫(1387)와 동자

糸10 【縠】⑯ 주름 비단 곡 屋 hú

[소전] 縠 [초서] 縠 [字解] ①주름 비단, 추사(縐紗). 잔주름이 잡혀 있는 비단.〔漢書〕充衣紗縠襌衣. ②명주(明紬), 생견(生絹).
【縠文 곡문】주름이 잡힌 것 같은 무늬.
【縠皺 곡추】①주름. ②잔물결.
◑ 綺-, 文-, 紋-, 薄-, 碧-, 纖-, 紈-.

糸10 【絹】⑯ ❶맺힐 골 月 gǔ
❷비단 흘 月 hú

[소전] 絹 [초서] 絹 [字解] ❶맺히다. ❷비단, 비단의 한 가지.

糸10 【綩】⑯ 옥색 비단 담 感 tǎn

[초서] 綩 [字解] 옥색 비단, 파르스름한 흰 비단.〔詩經〕毳衣如綩.

糸10 【縚】⑯ 끈 도 豪 tāo

[字解] ①끈, 실을 땋아 만든 끈. =絛. ②숨기다. ③넓다. ④칼 전대. =韜.

糸10 【縢】⑯ 봉할 등 蒸 téng

[초서] 縢 [字解] ①봉하다, 묶다.〔書經〕周公作金縢. ②노, 노끈.〔詩經〕朱英綠縢. ③끈, 띠.〔禮記〕甲不組縢. ④행전.〔戰國策〕羸縢履蹻. ⑤가, 가장자리. ⑥주머니.〔莊子〕必攝緘縢, 固扃鐍.
【縢囊 등낭】전대.

糸10 【縭】⑯ 비끄러맬 리·려 支霽 lí

[소전] 縭 [字解] ①비끄러매다. ②줄, 벼리. ③풀솜실. ④헌솜.

糸10 【縛】⑯ ❶묶을 박 藥 fù
❷줄 부 遇 fù
❸얽을 박

[소전] 縛 [초서] 縛 [간체] 缚 [參考] ①縛(1383)은 딴 자. ②대법원 지정 인명용 한자의 음은 '박'이다.
[字解] ❶①묶다. ㉮동여매다, 비끄러매다. ㉯감다.〔春秋左氏傳〕以幣錦二兩, 縛一如瑱. ㉰매다, 매어 자유를 속박하다.〔春秋左氏傳〕晉襄公縛楚囚. ②포승(捕繩).〔史記〕乃解其縛. ③복토(伏兔). 차상(車箱) 바닥 중심에 있는, 가로 댄 나무. 차상과 굴대를 연결한다. ❷줄〔纆〕. =紼. ❸얽다, 얼굴에 마맛자국이 생기다.
【縛格 박격】묶어 매질함. 묶어 손수 목을 뱀.
【縛擒 박금】사로잡아 묶음.
【縛苫 박섬】國복쌈. 음력 정월 보름날에 먹는 김쌈.
【縛束 박속】묶음. 束縛(속박).
【縛纒 박전】①동여 묶음. ②몸을 잡아매는 번거로운 일.
【縛著 박착】잡아맴.
【縛鐵 박철】國못 박기가 어려울 때 못 대신에 걸쳐 쓰는 쇳조각.
◑ 劫-, 結-, 毆-, 擒-, 急-, 緊-, 面-, 生-, 束-, 囚-, 繩-, 縶-, 捕-.

糸10 【縏】⑯ 주머니 반 寒 pán

糸部 10획 縍 縰 縊 縌 縈 縕 縟 縜 縡 縓 縧 縝

【縍】⑯ ❶신 가 꿰맬 방 陽 bāng
❷헌솜 방 漾 bàng
[字解] ❶신 가를 꿰매다. ＝幇. ❷헌솜.

【縰】⑯ 고운 베 비 紙 pí
[字解] 고운 베, 가는 베.

【縊】⑯ 목맬 액 陌예·의 寘 yì
[字解] ❶목매다. 〔春秋左氏傳〕莫敖縊於荒谷. ❷목을 졸라 죽이다. 〔春秋左氏傳〕縊而弑之.
【縊殺 액살】 목을 매어 죽임.
【縊刑 액형】 교수형(絞首刑).
❶ 絞-, 刎-, 自-.

【縌】⑯ 인끈 역 陌 nì
[字解] 인끈. 병권을 가진 사람이 차던 길고 넓적한 끈. 〔漢書〕赤黻縌.

【縈】⑯ 얽힐 영 庚 yíng
[字解] ❶얽히다, 감기다. 〔詩經〕葛藟縈之. ❷굽다. 〔張衡·賦〕臨縈河之洋洋. ❸두르다, 둘러싸다.
【縈結 영결】 얽혀 맺힘. 얽어 맺음.
【縈帶 영대】 ❶몸에 두르는 띠. ❷굽이쳐 돎. 띠처럼 둘러쌈.
【縈愁 영수】 근심을 띰.
【縈繞 영요】 빙 둘러 감돎. 縈廻(영회).
【縈紆 영우】 ❶얽힘. 휘감아 돎. ❷구불구불 부러짐.
【縈靑繚白 영청요백】 주위가 푸른 산으로 둘러싸이고 맑은 물이 감돌아 흐름.
【縈抱 영포】 휘돌아 안음. 안은 것처럼 둘러쌈.
【縈河 영하】 꾸불꾸불 흐르는 강.
【縈廻 영회】 얽혀 돌아감. 둘러쌈.
❶ 盤-, 煩-, 遠-, 紆-, 廻-.

【縕】⑯ ❶헌솜 온 吻 yùn
❷어지러울 온 吻 yùn
❸주홍빛 온 元 wēn
[字解] ❶❶헌솜, 삭은 북더기, 헌 풀솜. 〔論語〕衣敝縕袍. ❷풍부하다, 쌓다. 〔易經〕天地網縕. ❷어지럽다. 〔法言〕齊桓之時縕. ❷깊숙한 곳, 창고(倉庫). 〔易經〕乾坤其易耶. ❸붉다. ❹솜. ❸❶주홍빛. 〔禮記〕士佩瓀玟而縕組綬.

【縕黂 온발】 ❶부스러기 삼〔麻〕. ❷헌 풀솜을 둔 거친 옷.
【縕袍 온포】 핫옷. 솜옷.
【縕緒 온서】 거친 옷. 縕袍(온포).
【縕巡 온순】 나란히 가는 모양.
【縕袍 온포】 빈천(貧賤)한 사람이 입는 거친 옷. 縕緒(온서).
【縕袍不恥 온포불치】 온포를 입고도 부끄러워하지 않음. 뜻이 높아 의복(衣服) 따위의 자질구레한 일에 구애되지 않음.
❶ 紛-, 細-, 疏-, 弊-, 袍-.

【縟】⑯ 화문 놓을 욕 沃 rù
[字解] ❶화문 놓다, 화려한 채식(采飾). 〔郭璞·賦〕縟組爭映. ❷무늬, 채색. 〔左思·賦〕綢繆縟繡. ❸번다(煩多)하다. 〔儀禮〕喪成人者, 其文縟. ❹요, 자리. ≒褥. 〔謝惠連·賦〕援綺衾兮坐芳縟.
【縟麗 욕려】 정교하게 장식하여 아름다움.
【縟禮 욕례】 번거롭고 까다로운 예절.
【縟繡 욕수】 갖가지 색으로 놓은 수(繡).
【縟采 욕채】 번거롭고 화려하게 색칠함. 문장을 퇴고(推敲)함. 縟彩(욕채).
❶ 繁-, 紛-, 婉-, 優-, 雕-, 華-.

【縜】⑯ 가는 끈 운 文 yún
[字解] 가는 끈, 과녁을 벼리에 연결하는 가는 끈.

【縡】⑯ 일 재 隊 zài
[字解] 일(事). ≒載. 〔漢書〕上天之縡, 杳旭卉兮.

【縓】⑯ 분홍빛 전 先 quán
[字解] 분홍빛, 분홍빛 비단. 〔儀禮〕麻衣縓緣.

【縧】⑯ 條(1364)와 동자

【縝】⑯ ❶삼실 진 眞 chēn
❷촘촘할 진 軫 zhěn
[字解] ❶❶삼실〔麻絲〕. ❷많고 성한 모양. 〔司馬相如·賦〕縝紛軋芴. ❷❶촘촘하다, 곱다. 〔禮記〕縝密以栗. ❸홑옷. ❹머리숱이 많고 검다. ≒鬒. 〔謝朓·詩〕誰能縝不變. ❺검다. ❻삼실. ※❶의 ❶과 같다.
【縝密 진밀】 마음씀이 자세하고 주의 깊음.
【縝髮 진발】 검은 머리. 黑髮(흑발).
【縝紛 진분】 많고 성한 모양.
【縝緻 진치】 세밀(細密)함. 緻密(치밀).

糸₁₀【縉】⑯ 꽂을 진 匼 jìn

소전 䌭 초서 縉 속자 縉 간자 缙 [字解]① 擂.〔荀子〕縉紳而無鉤帶. ②붉은 비단. ③분홍빛.〔漢書〕縉紳者弗道.
【縉紳 진신】①속대(束帶)할 때에 홀(笏)을 큰 띠(紳帶)에 꽂음. ㉠공경(公卿). ㉡고관(高官). ㉢사대부. ②벼슬에서 물러나 집에 있는 사람.

糸₁₀【縚】⑯ 縧(1379)의 속자

糸₁₀【縗】⑯ ❶상복 이름 최 匼 cuī ❷깃옷 사 匼 suāi ❸해오라기의 관모 최 匼 shuāi

소전 縗 초서 縗 간자 縗 [字解] ❶①상복 이름. 삼년상을 입을 때, 가슴에 대는 길이 여섯 치, 폭 네 치의 헝겊.〔春秋左氏傳〕晏嬰麤縗斬. ②깃옷. ※❷와 같음. ❷깃옷, 해오라기의 깃털을 엮어 만든 옷. ❸해오라기의 관모(冠毛), 해오라기의 도가머리.
【縗素 최소】흰 상복(喪服).
【縗絰 최질】상복(喪服).
【縗斬 최참】아랫단을 호지 않은, 거친 삼베로 만든 상복.

糸₁₀【縋】⑯ 매달 추 匼 zhuì

소전 縋 초서 縋 간자 缒 [字解] ①매달다, 줄로 매달다.〔春秋左氏傳〕夜縋而出. ②줄, 걸어 놓은 줄.〔晉書〕乘縋而入秦園.
【縋登 추등】밧줄을 걸어 그것을 타고 올라감.
【縋繩 추승】밧줄을 겹.
【縋出 추출】밧줄을 걸고, 그것을 타고 나옴.

糸₁₀【縐】⑯ ❶주름질 추 匼 zhòu ❷주름질 축 匼 cù ❸거친 명주 초 匼 chào

소전 縐 초서 縐 간자 绉 [字解] ❶①주름지다.〔司馬相如·賦〕襞積褰縐. ②주름진 피륙.〔詩經〕蒙彼縐絺. ③가늘다. ④무늬, 주름진 무늬. ❷주름지다. ※❶의 ①과 같음. ❸거친 명주, 질이 낮은 명주.
【縐絺 추치】주름지게 짠 고운 갈포(葛布).

糸₁₀【緻】⑯ 緻(1376)의 속자

糸₁₀【縒】⑯ ❶가지런하지 않을 치 匼 cī ❷빛 고울 차 匼 suō ❸어지러울 착 匼 cuò

소전 縒 초서 縒 [字解] ❶①가지런하지 않다, 실이 얼크러진 모양. ❷빛이 곱다, 빛이 고운 모양, 색채가 선명한 모양. ❸

어지럽다, 엉클어지다. 늑錯.

糸₁₀【縵】⑯ 縵(1364)의 본자

糸₁₀【縰】⑯ 올무 던져 잡을 탑 匼 tà

초서 縰 간자 缉 [字解] 올무를 던져서 잡다.〔資治通鑑〕契丹設伏橫擊之, 飛索以縰玄遇仁節, 生獲之.

糸₁₀【縣】⑯ ❶매달 현 匼 xuán ❷고을 현 匼 xiàn

目 月 目 且 早 県 県 縣 縣 縣

소전 縣 초서 縣 속자 県 간자 县 [字解源] 會意. 県+系→縣. '県'은 목을 거꾸로 한 것. '系'와 합하여 목을 거꾸로 매달아둔다는 뜻을 나타낸다. '매다, 매이다'의 뜻에서 군(郡)에 매인 행정 단위를 나타낸다. '달다'의 뜻에서는 후세에 주로 '懸'이 쓰이게 되었다.

[字解] ❶ (同)懸(655). ①매달다. ㉠줄로 목을 공중에 달다.〔漢書〕縣蠻夷邸門. ㉡목매다.〔國語〕驪姬請使申生處曲沃以速縣. ㉢매다, 잡아매다.〔荀子〕不足以縣天下. ㉣높이 걸다.〔易經〕縣象著明, 莫大乎日月. ㉤공포하다.〔周禮〕縣衰冠之式于路門之外. ②걸리다.〔史記〕必搖搖然如縣旌. ③사이가 멀리 뜨다.〔漢書〕縣隔千里. ④달다, 무게를 달다.〔漢書〕縣石鑄鍾廣. ⑤추, 저울추.〔禮記〕故衡誠縣, 不可欺以輕重. ⑥종을 거는 틀.〔荀子〕縣樂奢泰. ⑦거는 악기. 편종(編鐘)·편경(編磬) 따위.〔周禮〕正樂縣之位. ⑧성(姓). ❷고을, 지방 행정 구역 이름. 진대(秦代)에 처음으로 군현 제도(郡縣制度)를 베풀었다.
【縣監 현감】조선 때의 외관직 문관. 작은 현의 으뜸 벼슬로, 품계는 종육품.
【縣隔 현격】사이가 멀리 떨어져 있음.
【縣官 현관】①조정(朝廷). ②대사농(大司農). ③천자(天子). ④현(縣)의 관리. 현의 우두머리. ⑤조정의 벼슬아치.
【縣令 현령】①현의 장관. ②조선 때 큰 현의 으뜸 벼슬. 품계는 종육품.
【縣吏 현리】현의 벼슬아치. 衙前(아전).
【縣耜 현사】쟁기를 걸어 놓음. 농사를 쉼.
【縣象 현상】①일월성신(日月星辰) 등 하늘에 나타나는 것. ②법령을 게시함.
【縣丞 현승】현령의 속관(屬官).
【縣廷 현정】현의 관아(官衙). 縣庭(현정).
【縣旌 현정】①기를 높이 매닮. ②바람에 펄럭이는 깃발. 마음이 안정되지 않음의 비유. ③멀리 군사를 출동시킴.
【縣主 현주】왕세자의 서녀(庶女)에게 주던 정삼품의 봉작.
【縣次續食 현차속식】지나는 길의 각 현에서 차례로 음식물을 공급함.

糸部 10~11획 縞縫縴緊縺縷縲縳縭縵

【縣治 현치】 ①현의 행정. ②현의 관아 소재지. ●曲―, 區―, 郡―, 近―, 畿―, 同―, 僻―, 邊―, 府―, 比―, 山―, 州―, 村―, 軒―.

縞 [10획] ⑯ 명주 호 皓 gǎo

字解 ①명주. ㉮주름진 비단. ㉯발이 고운 명주, 엷은 명주. 〔詩經〕縞衣綦巾. ㉰흰 명주, 흰 비단. 〔漢書〕履絲曳縞. ㉱누인 명주. ㉲생명주. ②희다, 흰빛. ③물 이름.

【縞巾 호건】 흰 누인 명주로 만든 두건.
【縞服 호복】 ①흰 명주 옷. 縞衣(호의). ②흰 상복(喪服).
【縞烏 호석】 흰 신. 素舃(소석).
【縞素 호소】 ①흰 명주. ②서화(書畫)의 바탕이 되는 흰 비단. ③흰 상복(喪服). 흰 상복을 입음. ④소박함의 비유.
【縞衣綦巾 호의기건】 ①흰 옷과 연둣빛의 슬갑(膝甲). 주대(周代)에 천한 여자의 옷차림. ②자기 아내에 대한 겸칭.
【縞紵 호저】 ①친구 사이의 선물. 우정이 매우 두터움. 故事 오(吳)나라의 계찰(季札)이 정(鄭)나라의 자산(子産)에게 흰 비단 띠〔帶〕를 보내니, 자산이 또한 그에게 모시옷을 보냈다는 고사에서 온 말. ②흰 비단과 삼베.

● 縞―, 薄―, 鮮―, 纖―, 素―, 紵―.

縫 [11획] ⑰ 포대기 강 襁 qiǎng

字解 ①포대기, 띠. =襁. 〔呂氏春秋〕不穀免衣縫褓. ②마디가 많고 거친 실. ③줄, 끈. ④돈꿰미. 〔漢書〕臧縫千萬.
【縫褓 강보】 ①아기를 업는 띠와 포대기. ②어린아이.

縴 [11획] ⑰ ❶헌솜 견 qiān ❷밧줄 념 qiàn

字解 ❶헌솜. ¶ 縴縕. ❷밧줄.
【縴縕 견리】 헌솜. 나쁜 솜.

緊 [11획] ⑰ 엄격할 견 jiān

字解 엄격하다, 단단하다, 굳다.

縺 [11획] ⑰ 실 얽힐 련 lián

字解 실이 얽히다, 실이 얽혀 풀리지 아니하다.
【縺縷 연루】 ①얽힌 실. ②추위를 막는 기구.

縷 [11획] ⑰ ❶실 루 屢 lǚ ❷누더기 루 屢 lǚ

字解 ❶①실, 의 가닥. 〔孟子〕有布縷之征. ②실처럼 가늘고 긴 것. 〔潘岳·賦〕雍人縷切. ③명주. 〔管子〕故爲禱朝縷綿. ④자세히 하다, 곡절을 밝히다. 〔柳宗元·書〕雖欲秉筆覼縷. ⑤자세히, 상세히. 〔吳志〕不足縷責. ❷누더기. 늑縷.
【縷縷 누루】 ①실이 길게 계속되는 모양. ②자세히 말하는 모양. ③가늘게 이어 가며 끊이지 않는 모양.
【縷析 누석】 세밀하게 분석하여 설명함.
【縷述 누술】 자세히 진술함. 縷陳(누진).
【縷言 누언】 자세히 말함. 자세히 하는 말.
【縷肉 누육】 고기를 잘게 썲.
【縷切 누절】 잘게 썲.
【縷膾 누회】 잘게 친 회(膾).

● 結―, 襤―, 繁―, 絲―, 線―, 細―, 一―.

縲 [11획] ⑰ ❶포승 루 léi ❷밧줄 라 léi

字解 ❶포승, 죄인을 묶는 검은 줄. 〔論語〕雖在縲絏之中. ❷밧줄, 큰 줄.
【縲絏 누설】 ①검은 포승(捕繩). ②감옥. 감옥에 갇힘. 縲紲(누설).

縳 [11획] ⑰ 동아줄 률 lù

字解 ①동아줄, 삼 밧줄. ②배를 매는 밧줄. ③관(棺)을 묶는 줄, 하관(下棺)할 때 쓰는 밧줄. ④다룬 가죽으로 만든 옥 받침. 〔張衡·賦〕藻縳繫屬.

縭 [11획] ⑰ ❶신 꾸미개 리 lí ❷빗질할 리 治 lí

字解 ❶①신 꾸미개. 신의 가장자리, 콧등 등을 실로 꾸미는 일. ②폐슬(蔽膝). 〔詩經〕親結其縭. ③띠, 허리띠. 〔張衡·賦〕獻環琨與琛縭兮. ④향주머니 끈. ❷빗질하다, 머리 빗다. 〔唐書〕風縭露沐.

縵 [11획] ⑰ ❶무늬 없는 비단 만 màn ❷무늬 없을 만 màn

字解 ❶①무늬 없는 비단. ②무늬가 없다, 꾸밈이 없다. 〔國語〕乘縵不驂. ③다스리지 아니하다. 〔漢書〕常過縵田畝以上. ④합주(合奏)하다, 합주 악기. 〔周禮〕教縵樂. 燕樂之鐘磬. ⑤늘어지다, 완만하다. 늑慢. ❷무늬가 없다. ※⑥의 ②와 같다.
【縵立 만립】 오래 멈추어 서 있음. 延佇(연저).
【縵縵 만만】 ①길게 퍼져 나가는 모양. ②기운을 잃음. 沮喪(저상)함. ③교화가 널리 미치는 모양. ④구름이 길게 끼어 있는 모양. ⑤생사(生死)를 같이하는 모양.
【縵樂 만악】 서로 뒤섞어 연주하는 음악. 雜樂(잡악).
【縵田 만전】 밭이랑을 만들지 않은 밭.

糸部 11획 䌙 繆 縻 繗 繁 縫

糸 11 【䌙】⑰
❶헌솜 모 圖 mù
❷그물 칠 막 圖 mò

[초서] 㯯 [字解] ❶헌솜. ❷그물을 치다. ≒幕.
〔後漢書〕纖羅絡䌙.

糸 11 【繆】⑰
❶삼 열 단 무 圄 móu
❷졸라맬 규 圄 jiū
❸잘못할 류 圄 무 圄 miù
❹두를 료 圄 liáo
❺사당 차례 목 圄 mù
❻실 모양 료 圄 liáo
❼꿈틀거릴 료 圄 liáo

[소전] 繆 [초서] 繆 [간체] 缪 [参考] 대법원 지정 인명용 한자의 음은 '무'이다.

[字解] ❶①삼(麻) 열 단. ②묶다, 얽다. 〔詩經〕綢繆束薪. ❷①졸라매다. 〔漢書〕卽自繆死. ②두르다, 감기다. ③맺다. 〔莊子〕內韄者不可繆而捉. ④엇걸리다. 〔後漢書〕金薄繆龍爲興倚較. ⑤꼬다, 새끼 따위를 꼬다. ≒糾. ❸①잘못하다. ≒謬. 〔禮記〕不能詩以爲繆. ②어긋나다. 〔漢書〕何以錯繆至是. ③어그러지다, 위배되다. ④속이다. 〔漢書〕臨邛令繆爲恭敬. ⑤다르다, 변하다. 〔王延壽·賦〕事各繆形. ❹두르다, 감기다. =繚. ※❷의 ②와 같다. ❺①사당 차례. 〔禮記〕序以昭繆. ②깊이 생각하는 모양. 〔孔子家語〕孔子有所繆然而思焉. ③성(姓). ❻실 모양. ¶繆繆. ❼꿈틀거리다, 용의 머리가 움직이는 모양. =蟉.

【繆死 규사】목매어 죽음. 縊死(액사).
【繆巧 유교】교묘한 계책.
【繆戾 유려】어긋남. 도리에 어그러짐.
【繆論 유론】그릇된 논설. 繆說(유설).
【繆言 유언】①그릇된 말. ②속이는 말.
【繆傳 유전】사실과 다르게 전함. 誤傳(오전).
【繆繞 요요】서로 얽힘.
【繆繆 ❶목요 ❷요료】❶화목하여 아름다움. 穆(목목). ❷①실의 모양. ②뒤얽힌 모양.

糸 11 【縻】⑰
고삐 미 圄 mí

[초서] 縻 [흑서] 縻 [초서] 縻 [동체] 縻 [字解] ❶고삐. 〔史記〕其義羈縻勿絶而已. ②얽어매다. ❸줄, 잡아매는 줄. ④흩다. ≒靡. ⑤갈다. ≒磨.

【縻綆 미경】줄. 밧줄.
【縻爛 미란】썩어 문드러짐. 糜爛(미란).
【縻鏁 미쇄】쇠사슬로 비끄러맴.

糸 11 【繗】⑰
縻(1381)와 동자

糸 11 【繁】⑰
❶많을 번 圄 fán
❷뱃대끈 반 圄 pán
❸성 파 圄 pó

糸 11 【繁】⑰
[초서] 繁 [동체] 緐 [参考] 대법원 지정 인명용 한자의 음은 '번'이다.

[字源] 形聲. 敏+糸→繁. '敏(민)'이 음을 나타낸다.

[字解] ❶①많다. ㉮많다. 〔詩經〕正月繁霜. ㉯성하다. 〔禮記〕獻酬辭讓之節繁. ㉰번거롭다. 〔南史〕繁碎職事, 各有司存. ㉱뒤섞이다. 〔後漢書〕刪裁繁蕪. ㉲자주. 〔淮南子〕箠策繁用者, 非致遠之御也. ②무성하다. 〔陶潛·詩〕卉木繁榮. ③번성하다. 〔後漢書〕種類繁熾. ④바쁘다. 〔羅隱·啓〕遺於繁務之中. ⑤대개, 대체로. ⑥풀 이름. ❷①뱃대끈. 마소의 배에 매는 끈. ≒鞶. 〔禮記〕大路繁纓一就. ②말갈기 장식. ❸성(姓).

【繁苛 번가】법률 따위가 번거롭고 가혹함.
【繁簡 번간】번거로움과 간단함.
【繁禮 번례】예법(禮法)을 번거롭게 함. 번거로운 예법.
【繁忙 번망】매우 바쁨. 繁劇(번극).
【繁務 번무】초목이 무성함. 우거짐.
【繁蕪 번무】①번잡스럽고 어수선함. ②☞繁茂(번무).
【繁文 번문】①번거롭게 꾸밈. 지나친 장식. ②번거로운 규칙이나 예절. 虛禮(허례).
【繁文縟禮 번문욕례】쓸데없는 허례. 번잡한 규칙 따위. ▷'繁文'은 번거로운 겉치레, '縟禮'는 세세한 예식. 繁縟(번욕).
【繁霜 번상】많이 내린 서리.
【繁說 번설】번거롭게 말함. 번거로운 말.
【繁盛 번성】번영하고 장성(昌盛)함.
【繁細 번세】번거롭고 자질구레함.
【繁衍 번연】번성하여 불어남. 널리 뻗어 퍼짐.
【繁英 번영】많이 핀 꽃. 繁花(번화).
【繁榮 번영】번성하고 영화로움.
【繁縟 번욕】①번성하고 화려함. ②☞繁文縟禮(번문욕례). ③소리가 가늚.
【繁蔚 번울】①繁茂(번무). ②문장이 화려함.
【繁陰 번음】무성한 녹음(綠陰). 繁蔭(번음).
【繁滋 번자】붇고 늚. 번거롭게 많음.
【繁條 번조】무성한 가지.
【繁湊 번주】연이어 성하게 모임.
【繁昌 번창】①초목이 무성함. 繁茂(번무). ②나라나 집안이 번영하고 창성함.
【繁朶 번타】꽃이 많이 달린 가지.
【繁閑 번한】바쁨과 한가함.
【繁絃急管 번현급관】잦은 가락의 관현악. ▷'絃'은 현악(絃樂), '管'은 관악(管樂).
【繁華 번화】①번성하고 화려함. ②초목이 무성하여 아름다운 꽃이 핌. 젊은 시절의 비유.
【繁纓 반영】말의 뱃대끈과 가슴걸이. 제후의 말장식.

❶劇─, 頻─, 世─, 殷─, 滋─, 浩─, 喧─.

糸 11 【縫】⑰
❶꿰맬 봉 圄 féng
❷솔기 봉 圄 fèng

[소전] 縫 [초서] 縫 [간체] 缝 [字解] ❶①꿰매다. ②깁다, 붙이다.

다. ❷솔기, 꿰맨 줄. 〔禮記〕 古者冠縮縫, 今也衡縫.
【縫界 봉계】 꿰맨 줄. 솔기. 縫際(봉제).
【縫紕 봉비】 꿰매는 방법의 한 가지. 감침.
【縫衣淺帶 봉의천대】 ①도포와 엷은 띠. 유학자(儒學者)의 복장. ②학자. 문인(文人).
【縫紉 봉인】 실로 꿰맴. 바느질함.
【縫刺 봉자】 재봉과 자수.
【縫製 봉제】 재봉틀 따위로 박아서 제품을 만듦.
【縫罅 봉하】 ①꿰맨 자리. ②틈. 터진 틈.
【縫合 봉합】 실로 꿰맴.
⊙ 彌−, 書−, 深−, 裁−, 縮−, 合−, 衡−.

糸 11 【繃】 ⑰ 묶을 붕 庚 bēng
소전 초서 동문 字解 ①묶다, 감다. 〔墨子〕 葛以繃之. ②포대기, 아기를 업 때 두르는 포대기.
【繃帶 붕대】 상처나 헌데에 약을 바르고 감아 두는 데 쓰는, 좁고 긴 소독한 헝겊.

糸 11 【縿】 ⑰
❶기의 정폭 삼 咸 shān
❷깃발 섬 鹽 xiān
❸생명주 소 蕭 xiāo
❹고치 켤 소 蕭 sāo
❺반물 명주 참 感 cǎo
字解 ❶㉠기(旗)의 정폭(正幅). =縿. ㉡깃발. ≒旞. ❸생명주, 생명주실. ≒綃. 〔禮記〕 縿幕, 魯也. ❹고치를 켜다. =繅. ❺반물 명주, 엷은 반물 빛 명주.

糸 11 【縼】 ⑰ 잡아맬 선 霰 xuàn
소전 字解 잡아매다, 긴 밧줄로 마소를 매다.

糸 11 【繰】 ⑰
❶고치 켤 소 豪 sāo
❷문채 조 皓 zǎo
소전 초서 간체 字解 ❶고치를 켜다, 고치에서 실을 뽑다. =繅. 〔禮記〕 夫人繰三盆手. ❷문채. ㉠관(冠)의 드리워진 끈. 〔周禮〕 五采繰十有二就. ㉡옥 받침. 〔周禮〕 加繰席畫純. ④홀(笏)을 달아매는 끈, 홀을 떨어뜨리지 않게 매는 끈. 〔儀禮〕 取圭垂繰.
【繰車 소거】 고치를 켜서 실을 뽑는 물레.
【繰繭 소견】 고치에서 실을 뽑음.
【繰絲 소사】 고치를 켜서 실을 뽑음.
【繰絲車 소사거】 = 繰車(소거).
【繰絲湯 소사탕】 고치를 켤 때 고치를 삶은 물. 약으로 씀.
【繰藉 조자】 옥(玉)을 올려놓는 받침. 옥 받침. 繰席(조석).

糸 11 【縰】 ⑰ 머리 싸개 쇄 ㊀사 紙 xǐ

字解 ①머리 싸개, 머리를 싸는 천. =纚. 〔禮記〕 櫛縰笄總. ②많은 모양. ¶ 縰縰.
【縰縰 쇄쇄】 물건이 많은 모양.

糸 11 【繀】 ⑰ 토리 쇄 隊 suì
소전 초서 字解 ①토리. 물레로 실을 자아 둥글게 감은 뭉치. 〔說文〕 繀, 箸絲於筟車也. ②짜다. 〔太平御覽〕 織織謂之繀.

糸 11 【縯】 ⑰
❶길 연 銑 yǎn
❷당길 인 軫 yǐn
초서 간체 㕘考 대법원 지정 인명용 한자의 음은 '연'이다.
字解 ❶길다〔長〕. ❷당기다, 잡아당기다.

糸 11 【繄】 ⑰
❶창 전대 예 齊 yī
❷탄식하는 소리 예 霽 yì
소전 초서 字解 ❶①창 전대. ②검붉은 비단. ③검푸른 비단. ④어조사. ㉮아아. 〔春秋左氏傳〕 爾有母遺, 繄我獨無. ㉯이〔是〕. 〔春秋左氏傳〕 民不易物, 惟德繄物. ㉰다만. 〔春秋左氏傳〕 王室之不壞, 繄伯舅是賴. ❷①탄식하는 소리. ②어린아이의 턱받이.

糸 11 【繇】 ⑰
❶역사 요 蕭 yáo
❷말미암을 유 尤 yóu
❸점괘 주 尤 zhòu
소전 초서 㕘考 대법원 지정 인명용 한자의 음은 '요'이다.
字解 ❶①역사(役事), 부역. 〔漢書〕 高祖常繇咸陽. ②따르다. ③노래. ≒謠. 〔漢書〕 參人民繇俗. ④무성하다. 〔書經〕 厥草惟繇. ⑤흔들리다. ≒搖. 〔史記〕 二日而莫不盡繇. ⑥근심하다. ≒悠. ⑦성(姓). ❷①말미암다. =由. ㉮말미암다. 〔漢書〕 政繇冢宰. ㉯〜부터. 〔漢書〕 政繇羽出. ㉰〜로, 〜에 의하여. 〔漢書〕 自小覆大, 繇疏陷親. ㉱지나가다. 〔春秋左氏傳〕 繇朐汰輈. ②길, 도(道). 〔漢書〕 謨先聖之大繇. ③꾀, 계책. =猷. ④쓰다. 〔呂氏春秋〕 必繇其道也. ⑤기뻐하다. ⑥벼슬하지 아니하다. ≒游. ❸점괘. ≒籀. 〔春秋左氏傳〕 成風聞成季之繇.
【繇賦 요부】 부역(賦役)과 조세(租稅).
【繇戍 요수】 백성을 징발하여 국경을 수비함. 국경 수비에 동원된 병사. 徭戍(요수).
【繇役 요역】 부역. 부역에 나감.
【繇繇 유유】 ①아득한 모양. 서두르지 않고 태연한 모양. 悠悠(유유). ②다니는 모양.

糸 11 【績】 ⑰ 실 낳을 적 錫 jī

幺 予 糸 糸+ 絴 結 綪 績 績

糸部 11획 縛縱縩繻

績 [소전] 勣 [초서] 绩 [간체]

[字源] 形聲. 糸＋責→績. '責(책)'이 음을 나타낸다.

[字解] ①실을 낳다. 길쌈을 하다. 〔詩經〕不績其麻. ②잇다. ③되다. ④일〔事〕. ⑤업〔業〕, 사업. 〔詩經〕維禹之績. ⑥공, 공적. 〔書經〕庶績咸熙. ⑦쌓다. ≒積. 〔漢書〕賜皮弁素績.

【績女 적녀】실을 잣는 여자.
【績文 적문】문장을 지음.
【績用 적용】공. 공로. 績效(적효).
【績學 적학】학문을 쌓음.
【績行 적행】실천함.

● 考ー, 功ー, 名ー, 紡ー, 丕ー, 善ー, 成ー, 殊ー, 實ー, 業ー, 異ー, 政ー, 治ー, 徽ー.

糸 11 【縛】 ⑰

❶묶을 전 銑 juán
❷장목 전 霰 zhuàn
❸감을 전 先 juán
❹고운 명주 천 霰
❺명주 견

縛 [소전] 縛 [초서]

[字解] ❶희다, 흰 명주. ❷장목. 꿩의 꽁지깃을 묶어 깃대 따위의 끝에 꽂는 꾸밈새. 〔周禮〕百羽爲搏, 十搏爲縛. ❸감다, 말다. ❹고운 명주, 발이 고운 명주. ❺명주. ＝絹.

糸 11 【縱】 ⑰

❶늘어질 종 困 zòng
❷바쁠 총 董 zǒng
❸세로 종 图 cóng
❹상투 클 총 腫 còng
❺종용할 종 腫 zǒng

幺 幷 糸 糾 紛 紛 縱 縱 縱 縱

縱 [소전] 縱 [초서] 縱 [속] 纵 [간체]

[參考] 대법원 지정 인명용 한자의 음은 '종'이다.

[字源] 形聲. 糸＋從→縱. '從(종)'이 음을 나타낸다.

[字解] ❶①늘어지다, 느슨해지다. 〔南齊書〕蓬髮弛縱. ②용서하다. 〔漢書〕李种坐故, 縱死罪棄市. ③놓다. ④활을 쏘다. 〔詩經〕抑縱送忌. ④풀다. 〔蜀志·諸葛亮傳·注〕亮笑縱使更戰, 七縱七擒. ⑤쫓다. 〔漢書〕莫敢縱兵. ⑥불을 놓다. 〔史記〕縱火焚廩. ④주다. ⑥버리다. 舍·捨. ⑦방종. ⑦규칙에서 벗어나다. 〔書經〕欲敗度, 縱敗禮. ⑧자유자재. 〔論衡·超奇〕意奮而筆縱. ⑦멋대로, 멋대로인. 〔杜甫·詩〕縱飮久拚人共棄. ⑧멋대로 하다, 내버려 두다. 〔蘇軾·賦〕縱一葦之所如. ⑨어지럽다, 어지러히다. ⑩정기(精氣)를 받아서 낳다. 〔尙書緯·帝命驗〕姚氏縱華樞感. ⑪가령, 설령. 가설의 말. ⑫성(姓). ❷바쁘다, 바쁜 모양, 많은 모양. 〔禮記〕喪事欲其縱縱爾. ❸①세로, 남북. ≒從. 〔楚辭〕不別橫之與縱. ②밟다. ≒蹤. 〔淮南子〕縱矢躡風. ❹상투가 크다, 상투가 크고 높은 모양. ❺종용(慫慂)하다, 부추기다. ≒慫.

【縱歌 종가】멋대로 노래를 부름.

【縱擊 종격】①마음대로 공격함. 자유자재로 공격함. ②북 따위를 기분 내키는 대로 침.
【縱谷 종곡】산맥 사이에 있어 산맥과 나란한 골짜기.
【縱貫 종관】세로로 꿰뚫음. 남북으로 관통함.
【縱談 종담】거리낌 없이 이야기함. 放談(방담).
【縱覽 종람】마음대로 봄. 자유롭게 열람함.
【縱令 종령】가령.
【縱步 종보】멋대로 걸음.
【縱奢 종사】방종하고 사치함.
【縱燒 종소】불을 놓아 태움.
【縱送 종송】활을 쏘고 새를 쫓음.
【縱囚 종수】죄인을 임시로 석방하여 집으로 돌려 보냄. 또는 그렇게 한 죄수.
【縱豎 종수】세로로 섬. 세로로 세움.
【縱心 종심】마음대로 함. 멋대로 생각함.
【縱言 종언】멋대로 말함.
【縱然 종연】가령. 縱令(종령).
【縱欲 종욕】제멋대로 욕심을 부림.
【縱臾 종유】교사(敎唆)함. 꼬드김. 유인하여 권함. 慫慂(종용).
【縱飮 종음】술을 마시고 싶은 대로 마구 마심.
【縱弛 종이】①방종(放縱)함. 단정하지 못함. ②느릿한 모양.
【縱逸 종일】함부로 함. 멋대로 굶.
【縱任 종임】멋대로 하게 함. 제멋대로 행동함.
【縱恣 종자】삼가지 않고 제멋대로 놂.
【縱敵 종적】적을 용서하여 놓아줌.
【縱誕 종탄】①생각 없이 되는대로 큰소리를 침. ②제멋대로 굶. 縱恣(종자).
【縱脫 종탈】예의범절을 무시하고 함부로 행동함. 방종함.
【縱探 종탐】마음 내키는 대로 마음껏 탐승(探勝)함.
【縱忒 종특】멋대로 나쁜 짓을 함.
【縱橫 종횡】①세로와 가로. ②방종함. ③자유자재로 행동함. ④천하를 경영함. 合縱連橫(합종연횡). 縱衡(종횡). ⑤구불구불한 모양. ⑥십자형.
【縱橫家 종횡가】전국(戰國) 시대에 강국인 진(秦)에 대한 시세(時勢)를 살펴 전략적인 외교책을 가지고 여러 제후들을 설득하러 다니던 책사(策士). 합종책(合縱策)을 주장한 소진(蘇秦), 연횡책(連橫策)을 주장한 장의(張儀) 등이 대표적 인물임.
【縱總 종총】①일을 급히 서두르는 모양. ②많은 모양.

● 矜ー, 放ー, 肆ー, 任ー, 操ー, 天ー, 橫ー.

糸 11 【縩】 ⑰ 고운 옷 채 國 cài

縩 [간체]

[字解] ①고운 옷, 옷이 스치는 소리. 〔漢書〕紛綷縩分絪素聲. ②깁다, 꿰매다.

糸 11 【繻】 ⑰ 縺(1371)과 동자

糸 11 【總】⑰
❶거느릴 총 圉 zǒng
❷꿰맬 총 圉 zōng
❸그물 종 圉

幺 彳 糸 糹 紒 納 納 緫 總 總

〔소전〕總 〔초서〕總 〔동자〕摠 〔동자〕総 〔속자〕総

〔간체〕总 〔참고〕緫 대법원 지정 인명용 한자음은 '총'이다.

〖字源〗 形聲. 糸+悤→總. '悤(총)'이 음을 나타낸다.

〖字解〗 ❶㉠거느리다. ㉯모아서 묶다. ㉰통괄하다. 〔淮南子〕德之所總要. ㉱합치다. 〔張衡·賦〕總集瑞命. ㉲다스리다. 〔書經〕百官總己, 以聽冢宰. ㉳단속하다. 〔莊子〕非其事而事之, 謂之總. ㉴거느리다, 이끌다. 〔春秋左氏傳〕若總其罪人以臨之. ❷모이다, 합치다. 〔淮南子〕萬物總而爲一. ❸모두, 다. ❹총괄(總括), 뭉뚱그림. 〔周禮〕執其總. ❺맺다. 〔楚辭〕總余轡乎扶桑. ❻잡아매다, 비끄러매다. 〔史記〕總光耀之采旄. ❼머리카락을 묶다. 〔詩經〕總角丱兮. ❽술, 유소(流蘇). 기나 커튼 등의 가장자리에 장식으로 다는 여러 가닥의 실. 〔隋書〕總以朱爲之, 如馬纓而小. ❾단, 짚단. 〔書經〕百里賦納總. ❿머리카락을 묶는 끈, 상투끈. ⓫가지다, 잡아 쥐다. 〔禮記〕總干而山立. ⓬여러, 여러 사람. 늑衆. 〔逸周書〕因其耆老及其總害. ⓭갑자기, 서둘러. 늑悤. 〔禮記〕寒氣總至. ⓮성(姓). ❷㉠꿰매다, 솔기. ㉯실의 수효. 〔詩經〕素絲五緫. ㉰푸른 포백, 엷은 명주. ❸그물. 느緵.

【總角】 총각 ①㉠머리를 양쪽으로 갈라 빗어 올려 귀 뒤에서 두 개의 뿔같이 묶어 맨 아이들의 머리 모양. ㉯어린아이. 總丱(총관). ㉰ 혼인하지 않은 성년 남자.
【總角之好】 총각지호 어릴 때부터의 친구.
【總鑑】 총감 전체를 감안하여 살펴봄.
【總綱】 총강 정치의 대강(大綱)을 총괄함.
【總戈】 총과 술이 달린 창(槍).
【總括】 총괄 ①통틀어 모아 묶음. ②어떤 개념의 외연(外延)을 늘여 많은 개념을 포괄함.
【總攬】 총람 ①정권을 한 손에 장악함. 總執(총집). ②사람의 마음을 끌어당겨 자기에게 심복(心服)하게 함.
【總領】 총령 전체를 모두 거느림.
【總髮】 총발 ①머리를 한데 묶음. ②어린아이나 소년.
【總秉】 총병 일을 통틀어 잡음.
【總轡】 총비 ①매여 있는 고삐. ②고삐를 잡음.
【總攝】 총섭 전체를 총괄하여 다스림.
【總帥】 총수 ①모두를 거느림. ②군대 전체를 지휘하는 사람. 總大將(총대장).
【總身】 총신 온몸. 全身(전신).
【總御】 총어 통괄하여 다스림.
【總戎】 총융 전군(全軍)을 지휘함.
【總一】 총일 합하여 하나로 함. 總合(총합)하여 통일함.

【總章】 총장 ①만물을 모두 이루어 이것을 밝힘. ②임금이 조회를 받던 정전(正殿). ②악관(樂官)의 이름. 옛날의 여악(女樂). 伎樂(기악).
【總之】 총지 요컨대. 필경.
【總集】 총집 ①전체를 합침. ②여러 사람의 시문(詩文)을 한데 모은 서적.
【總察】 총찰 모든 일을 맡아 보살핌.
【總總】 총총 ①많은 모양. 摠摠(총총). ②단순히 묶어 모으는 모양. ③어지러운 모양. 흐트러지는 모양.
【總辦】 총판 일을 도맡아 다스림.
【總包】 총포 전체를 쌈. 모두 포함함.
【總合】 총합 전부를 합함. 합친 전부.
【總會】 총회 ①전원을 모음. 전원이 모임. ②회원·주주(株主) 등 그 단체 전원이 모여서 의논하는 회의.

➊ 監—, 兼—, 笄—, 任—, 專—, 組—, 該—.

糸 11 【纞】⑰ 오그라질 축 圉 cū

〖字解〗 ①오그라지다, 수축되다. ②바닥이 오글오글하게 짜여진 직물. 되게 꼰 씨실로 느리게 꼬거나 꼬지 않은 날실로 짜서 바닥을 오글오글하게 짠 직물. ③비단 무늬, 아롱무늬 비단.

糸 11 【縮】⑰ 다스릴 축 ㊍숙 圉 suō

幺 彳 糸 糹 紒 紒 絘 縮 縮 縮

〔소전〕縮 〔초서〕縮 〔간체〕缩

〖字源〗 形聲. 糸+宿→縮. '宿(숙)'이 음을 나타낸다.

〖字解〗 ①다스리다. ②곧게 하다, 바루다. 〔禮記·奇則日奇鈞則日左右鈞·注〕奇則縮諸純下. ③바르다, 옳다. 〔孟子〕自反而不縮. ④세로. 〔儀禮〕絞橫三縮一. ⑤다리가 움츠러들다. ⑥오그라들다. ㉠물러서다. 〔漢書〕退舍爲縮. ㉯멈추다. ㉰쭈그러지다, 주름 잡히다. 〔一切經音義〕皺不申曰縮. ㉱짧다. 〔淮南子〕孟秋始縮. ㉲모자라다, 줄다. 〔班固·賦〕故遭罹而羸縮. ㉳늦다. 〔漢書〕晚出爲縮. ⑦오그라뜨리다. ㉠간직하다. 〔淮南子〕春秋縮其和. ㉯줄이다, 짧게 하다. 〔張九成·詩〕林深恐人知, 頭角互出縮. ⑧빼다, 뽑다. 〔戰國策〕縮劒將自誅. ⑨취(取)하다, 가지다. 〔國語〕縮於財用則匱. ⑩단으로 묶다. 〔詩經〕縮版以載. ⑪실, 끈. ⑫모사(茅沙)에 조금 따르다. 〔春秋左氏傳〕無以縮酒. ⑬조리. 느籭. 쌀을 이는 데 쓰는 기구.

【縮氣】 축기 기운이 움츠러짐.
【縮朒】 축뉵 ①음력 초하루에 달이 동쪽에 나타남. ②움츠러듦.
【縮頭】 축두 ①뿌리 쪽의 마디를 끝으로 한 채 찍. ②목을 움츠림.
【縮栗】 축률 ①縮慄(축률). ②오그라듦. 초목의 잎이 말라 오그라짐.
【縮慄】 축률 두려워서 몸을 움츠리고 떪.

糸部 11~12획 縶縹縪縉綶繝繑繟繚繙纀 1385

【縮米 축미】 國축난 쌀.
【縮縫 축봉】 세로로 꿰맴.
【縮鼻 축비】 코허리를 찡그림. 싫어하고 미워하는 모양.
【縮手 축수】 손을 뗌. 일을 그만둠.
【縮首 축수】 두려워 머리를 움츠림.
【縮頞 축알】 콧마루를 찡그림. 눈살을 찌푸림. 불쾌한 모양.
【縮衣節食 축의절식】 옷을 짧게 하고 음식을 적게 먹음. 절약하여 검소하게 생활함.
【縮酒 축주】 ①술을 거름. ②제사의 헌작(獻酌) 때 모사(茅沙) 그릇에 약간 붓는 술.
【縮地法 축지법】 도술에 의하여 땅을 주름잡듯이 축소해 먼 거리를 가깝게 한다는 술법.
【縮地補天 축지보천】 땅을 줄여 하늘을 기움. 천자가 천하를 개조함.
【縮縮 축축】 두려워서 움츠리는 모양.
【縮退 축퇴】 움츠리고 물러남.
【縮項 축항】 목을 움츠림. 두려워하는 모양.
● 減―, 愧―, 局―, 軍―, 卷―, 緊―, 濃―, 短―, 收―, 伸―, 壓―, 盈―, 寒―.

糸⁽¹¹⁾【縶】⑰ ❶맬 칩 圓 zhí
　　　　　 ❷사람 이름 접 圓 zhí
초전 縶 간체 絷 字解 ❶①매다, 마소를 잡아매다. 〔詩經〕 縶之維之. ②고삐, 굴레. ③연잇다. ④실. ❷사람 이름.〔春秋〕盜殺衛侯之兄縶.
【縶靽 칩반】 말고삐를 맴.
【縶拘 칩구】 얽어매어 잡힘. 얽매여 멈춤.
【縶維 칩유】 ①맴. 묶음. ②밧줄.
● 繫―, 拘―, 羈―, 籠―, 維―.

糸⁽¹¹⁾【縹】⑰ 옥색 표 圖 ⑰ piǎo
초전 縹 간체 缥 字解 ❶옥색, 옥색 비단. 〔後漢書〕賈人緗縹而已. ②아득하다, 높고 멀어 희미한 모양.〔李白·詩〕縹紗晴霞外. ③나부끼다, 훌쩍 날다.〔賈誼·賦〕鳳縹縹其高逝兮.
【縹囊 표낭】 ①책을 넣어 두는 옥색 자루. ②서적(書籍).
【縹綾 표릉】 옥색의 무늬 있는 비단.
【縹緲 표묘】 ①멀리 희미하게 보이는 모양. ②아득히 넓은 모양. 縹渺(표묘).
【縹帙 표질】 ①옥색의 책갑(冊匣). ②서적.
【縹縹 표표】 가볍게 올라가는 모양. 펄럭이는 모양. 飄飄(표표).
● 碧―, 緗―, 裝―, 淺―, 靑―, 翠―.

糸⁽¹¹⁾【縪】⑰ ❶그칠 필 圓 bì
　　　　　 ❷홀 맬 별 圓 bì
초전 縪 간체 縪 字解 ❶①그치다. ②묶다. ③깁다, 꿰매다. ④관의 솔기, 관의 꿰맨 솔기.〔儀禮〕冠六升外縪纓條. ❺무릎 덮어. ❷홀(笏)을 매다, 홀의 가운데를 매다. 홀을 떨어뜨리지 않기 위하여 맨다.〔周

禮·注〕必, 讀如鹿車縪之縪.

糸⁽¹¹⁾【縉】⑰ 꿰맬 혼 元 hún
字解 꿰매다. 〔管子〕攝權渠縉綀, 所以御春夏之事也.

糸⁽¹²⁾【繝】⑱ 비단 무늬 간 諫 jiàn
字解 비단의 무늬. 〔唐書〕禁大綱竭鑿六破錦.

糸⁽¹²⁾【繑】⑱ ❶바지 끈 교 蕭 qiāo
　　　　　 ❷신 각 藥 jué
소전 繑 초서 繑 字解 ❶바지 끈. 〔管子〕絻繡而踵相隨. ❷신. =屩.

糸⁽¹²⁾【繟】⑱ ❶느슨할 단 寒 chān
　　　　　 ❷계속될 선 兌 chán
소전 繟 字解 ❶느슨하다, 완만하다, 띠가 헐렁하다. =繵. ❷계속되다, 계속하여 끊어지지 않는 모양.
【繟然 단연】 ①느슨한 모양. 넓고 큰 모양. ②평이(平易)한 모양. 坦然(탄연).

糸⁽¹²⁾【繚】⑱ ❶감길 료 蕭 liáo
　　　　　 ❷다스릴 료 篠 rǎo
　　　　　 ❸사람 이름 요 篠
소전 繚 초서 繚 간체 缭 字解 ❶①감기다, 얽히다. ②두르다.〔楚辭〕腸紛紜以繚轉兮. ③비틀다, 굽히다. ④묶다, 속박하다.〔儀禮〕弗繚右絕末以祭.〔楚辭〕繚之兮壯衡. ❷①다스리다. =撩.〔莊子〕繚意絕體而爭此. ②감기다. ※❶의 ①과 같음. ❸사람 이름.
【繚糾 요규】 감기고 얽힘.
【繚亂 요란】 얽혀 어지러운 모양. 紛亂(분란).
【繚悷 요려】 마음에 맺혀 풀리지 않음.
【繚縈 요영】 둘러쌈. 휘감겨 돎.
【繚繞 요요】 ①얽히고설킴. 꾸불꾸불 굽은 모양. 繞繚(요료). ②소매가 긴 모양. 펄럭이는 모양.
【繚垣 요원】 둘러싼 담.
【繚意 요의】 생각을 다스림.
● 翹―, 屈―, 縈―, 繞―, 回―.

糸⁽¹²⁾【繙】⑱ 되풀 번 元 fān
소전 繙 초서 繙 간체 繙 字解 ①되풀다, 되풀이하다, 번역하다.〔莊子〕於是繙十二經, 以說老聃. ②어지럽다, 어지럽히다. ③바람에 펄럭이는 모양. ¶繙繙. ④찾다, 근본을 찾아 구명(究明)하다.
【繙譯 번역】 책을 읽고 그 뜻을 깊이 캠.
【繙譯 번역】 한 나라의 말로 표현된 문장을 다른 나라 말로 옮김. 飜譯(번역).

糸⁽¹²⁾【纀】⑱ 幞(535)과 동자

糸 12 **【繖】** ⑱ 일산 산 旱 sǎn

繖 초서 간체 字解 일산, 우산. =傘.
〔晉書〕遇雨請以繖入.

【繖蓋 산개】비단으로 만든 일산.
【繖房花序 산방화서】무한(無限) 꽃차례의 한 가지. 총상 화서와 비슷하나 아래쪽의 꽃일수록 꽃꼭지가 길어서 거의 평평하고 가지런하게 핌. 산방 꽃차례.

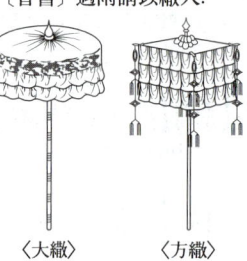
〈大繖〉　〈方繖〉

糸 12 **【繕】** ⑱ 기울 선 霰 shàn

繕 초서 간체 字解 ①깁다, 손보아 고치다.〔春秋左氏傳〕繕城郭. ②다스리다.〔春秋左氏傳〕繕甲兵. ③잘하다, 좋게 하다.〔莊子〕繕性於俗. ④갖추어지다, 음식이 갖추어지다.〔史記〕繕兵不傷衆. ⑤모으다, 문서를 편록(編錄)하다. ⑥세다, 세게 하다.〔禮記〕急繕其怒. ⑦쓰다, 베끼다.〔後漢書〕供繕寫上.

【繕補 선보】보충하여 수리함.
【繕寫 선사】①정서(淨書)함. ②문서를 모아서 기록함.
【繕寫本 선사본】잘못을 바로잡아 다시 쓴 책.
【繕修 선수】낡은 물건을 고침. 修繕(수선).
【繕營 선영】건축물 따위의 신축과 수리.
【繕完 선완】수선하여 완전하게 함.
【繕造 선조】고쳐 만듦.
【繕葺 선집】가옥이나 성벽 따위를 수선하고 지붕을 새로 임. 補葺(보집).
【繕築 선축】고쳐 쌓음. 수리하여 구축함.
● 督-, 修-, 飾-, 營-, 葺-, 興-.

糸 12 **【繐】** ⑱ 가늘고 설핀 베 세·혜 霽 suì

繐 초서 간체 字解 ①가늘고 설핀 베.〔禮記〕紷衰繐裳非古也. ②누이지 아니한 실.〔儀禮〕不履繐屨.
【繐縗 세구】거상(居喪) 때에 신는 가는 베로 만든 신.
【繐帷 세유】가늘고 설핀 베로 만든 장막.
【繐衰 세최】가늘고 설핀 베로 만든 상복(喪服). 소공(小功)의 복(服).

糸 12 **【緛】** ⑱ 얽힐 연 先 rán

緛 字解 ①얽히다, 실이 엉클어지다. ②진분홍. 썩 짙은 분홍색.

糸 12 **【蕤】** ⑱ 드리워질 예 紙 ruí

字解 ①드리워지다. ②패물이 드리워진 모양.〔春秋左氏傳〕佩玉蕤兮, 余無所繫之. ③우거지다. ④미치다. ≒緌.

糸 12 **【繞】** ⑱ ❶두를 요 篠 rǎo
❷감길 요 嘯 rǎo

繞 초서 간체 字解 ❶①두르다.〔魏武帝·行〕繞樹三匝. ②둘러싸다.〔吳志〕圍繞數重. ③감다, 얽히다. ④치맛자락. ⑤성(姓). ❷①감기다. ※❶의 ③과 같다. =撓. ②굽다, 휘어지다.〔傅毅·賦〕眉連娟以增繞兮.
【繞帶 요대】에두름. 에돌림.
【繞亂 요란】어지러이 얼크러짐.
【繞梁 요량】①노랫소리가 청아하고 여음(餘音)이 끊어지지 않음. 故事 한아(韓娥)가 제(齊)나라로 갈 때, 옹문(雍門)을 지나면서 양식이 떨어져 노래를 불러 조로 밥을 얻어 먹었는데, 그 떠난 뒤에도 그 노래의 여음이 대들보를 맴돌았다는 고사에서 온 말. ②공후(箜篌) 비슷한 악기의 이름.
【繞繚 요료】두름. 둘러쌈.
【繞膝 요슬】어린아이들이 부모의 무릎 앞에서 넘노는 일.
【繞繞 요요】둘러싼 모양. 빙 둘러싸인 모양.
● 盤-, 紛-, 連-, 縈-, 繆-, 繚-, 紆-, 圍-, 夾-, 圓-, 環-, 回-.

糸 12 **【繘】** ⑱ ❶두레박줄 율 質 yù
❷실오리 결 屑 jué

繘 고문 주문 초서 字解 ❶두레박줄.〔儀禮〕管人汲, 不說繘屈之. ❷실오리, 실낱.

糸 12 **【繜】** ⑱ ❶두렁이 존 元 zūn
❷누를 준 阮 zūn

繜 초서 字解 ❶두렁이. 예맥(濊貊)의 여자들은 고의(袴衣)가 없고, 두렁이로 아랫도리를 가렸다 한다. ❷누르다. ≒撙.〔荀子〕不能則恭敬繜絀, 以畏事人.

糸 12 **【繒】** ⑱ 비단 증 蒸 zēng

繒 주문 초서 간체 參考 繢(1390)는 딴 자.
字解 ①비단, 명주. 견직물의 총칭.〔謝惠連·賦〕裸壞垂繒. ②주살. =矰.〔三輔黃圖〕佽飛具繒繳, 以射鳬雁. ③평평하지 아니한 모양.〔王延壽·賦〕前繒綾而龍鱗.
【繒纊 증광】비단과 솜. ○'繒'은 깁, '纊'은 고운 솜.
【繒綺 증기】무늬가 있는 비단.
【繒綾 증릉】평평하지 않은 모양. 가지런하지 못한 모양. 參差(참치).
【繒絮 증서】명주와 솜.

糸部 12~13획 織繓繣繢繪繮繭繫 1387

【繒繳 증작】 주살의 줄. 矰繳(증작).
【繒綵 증채】 빛깔이 고운 비단.
【繒紈 증환】 곱고 흰 비단.
❶絳−, 金−, 文−, 纖−, 細−, 素−, 厚−.

糸12 【織】⑱ ❶짤 직 職 zhī ❷무늬 비단 치 志 zhì

[소전]織 [초서]織 [동자]紩 [간체]织 [참고]대법원 지정 인명용 한자의 음은 '직'이다.
[字源] 形聲. 糸+戠→織. '戠(시)'가 음을 나타낸다.
[字解] ❶①짜다, 베를 짜다. ②조직(組織)하다.〔劉峻·論〕組織仁義. ③베 짜기, 베를 짜는 일.〔詩經〕婦無公事, 休其蠶織. ④베틀에 걸어 놓은 실.〔列女傳〕孟母曰, 子之廢學, 若吾斷斯織也. ⑤직물(織物).〔宋史〕幼孤貧, 母粥機織資給. ⑥고운 모시.〔書經〕厥篚織貝. ⑦모직물.〔書經〕熊羆狐狸織皮. ❷①무늬 비단.〔書經〕厥篚織文. ②기치(旗幟), 기(旗)의 표지.〔漢書〕旗織加其上.
【織耕 직경】①베 짜기와 밭 갈기. ②스스로 노력하여 의식을 충당함.
【織錦 직금】비단을 짬.
【織女 직녀】①베를 짜는 여자. 織婦(직부). ②거문고자리에서 가장 밝은 별. 織女星(직녀성).
【織絡 직락】①베를 짜듯 함. ㉠왕래가 빈번함. ㉡사방으로 왕래한 織絡(지료). ②임금을 가까이 모시고 시중드는 사람.
【織文】❶직문 ❷치문】❶무늬가 있는 피륙. ❷기(旗)의 문양(紋樣).
【織縫 직봉】베 짜기와 바느질.
【織成 직성】①짜냄. 일을 만들어 냄. ②아름다운 비단. 오늘날의 자수(刺繡)와 같은 것.
【織室 직실】①한대(漢代)에 궁중에서 베를 짜던 관아. ②베를 짜는 장소.
【織烏 직오】태양(太陽)의 딴 이름.
【織紝 직임】베를 짬. 베를 짜는 사람.
【織造 직조】베를 짬. 피륙 따위를 기계로 짬. 織作(직작).
❶耕−, 交−, 機−, 羅−, 妙−, 文−, 紡−, 桑−, 手−, 紝−, 蠶−, 組−, 促−, 混−.

糸12 【繓】⑱ 맺을 촬 曷 zuǒ
[字解] ①맺다, 묶다, 졸라매다. ②끝내지 못한 바느질.

糸12 【繣】⑱ 밧줄 화·획 卦畫 huà
[초서]繣 [字解] ①세 가닥으로 드린 밧줄, 끈.〔周禮·注〕有繣, 結項中. ③맺혀 거리끼다.〔漢書·注〕繣乖於項, 繣者, 結磾此也. ④어그러지다.〔楚辭〕忽緯繣其難遷. ⑤깨어지는 소리.〔潘岳·賦〕繣瓦解而冰泮.

糸12 【繢】⑱ ❶토끝 회 隊 huì ❷채색 고울 회 灰 huí ❸토끝 궤 寘

[소전]繢 [초서]繢 [간체]绩 [字解] ❶①토끝. 베를 짠 끄트머리. ②끈, 붉은 끈. ③채색하다, 그리다.〔詩經〕衣繢而裳繡. ④그림. 繢繪.〔禮記〕衣純而繢. ⑤수놓은 비단.〔禮記〕節羔鴈者以繢. ⑥채색, 무늬.〔漢書〕狗馬被繢罽. ❷채색이 곱다, 채색이 선명하다. ❸토끝. ※❶의 ①과 같다.
【繢罽 회계】무늬 있는 모직물.
【繢繡 회수】수놓은 비단.
【繢緌 회유】채색한 관(冠)의 끈.
【繢繪 회회】무늬 있는 비단.
【繢畫 회화】그림. 회화(繪畫).
❶錦−, 綺−, 文−, 純−, 雅−, 染−, 采−.

糸12 【繪】⑱ 繪(1390)의 속자

糸13 【繮】⑲ 고삐 강 陽 jiāng
[소전]繮 [초서]繮 [간체]缰 [字解] 고삐, 말고삐. =韁.

糸13 【繭】⑲ 고치 견 銑 jiǎn
[소전]繭 [고문]絸 [초서]繭 [간체]茧 [字源] 會意. 糸+虫+芇→繭. 누에가 토해 내는 실이기 때문에 '虫'과 '糸'를 합치고, 몸을 가린다는 뜻으로 '芇'를 더하여 '누에고치'를 뜻한다.
[字解] ①고치, 누에고치.〔禮記〕世婦卒繭奉繭, 以示于君. ②솜 북데기, 실 북데기. ③이어지다, 위아래 옷이 이어지다.〔禮記〕繭衣裳. ④솜옷, 핫옷.〔春秋左氏傳〕重繭衣裘. ⑤발에 생긴 못, 티눈.〔戰國策〕百舍重繭. ⑥기세가 약한 모양.〔禮記〕言容繭繭.
【繭繭 견견】기세가 약한 모양. 綿綿(면면).
【繭館 견관】양잠(養蠶)하는 방. 잠실.
【繭綿 견면】國고치의 겉면을 둘러싼 솜.
【繭絲 견사】①고치에서 뽑은 실. 명주실. 絹絲(견사). ②백성에게서 조세(租稅)를 죄다 거두어들이고는 그치지 않음.
【繭栗 견율】①고치나 밤만 한 크기. 송아지의 뿔이 갓 돋는 모양. ②덕성과 지조가 굳음. ③꽃봉오리. ④죽순(竹筍)이 처음 돋아나는 모양.
【繭紬 견주】멧누에고치에서 뽑은 실로 짠 명주.
❶絲−, 山−, 繰−, 野−, 玉−, 蠶−, 重−.

糸13 【繫】⑲ 맬 계 霽齊 jì, xì
[초서]繋 [동자]繋 [간체]系 [참고]擊(727)은 딴 자.

1387

糸部 13획 繫繻檗繴繪繰繸繡

糸
13【繫】
字源 形聲. 毄+糸→繫. '毄(계)'가 음을 나타낸다.
字解 ❶매다. ㉮매다, 동여매다. 〔北史〕提一河東酒缾, 以繩繫之. ㉯머무르게 하다. 〔戎昱·詩〕子陵棲遁處, 堪繫野人心. ㉰구속하다, 체포하다. 〔漢書〕捕繫豪强, 유지하다. 〔國語〕欲爲繫援. ㉱연잇다, 연철(連綴)하다. 〔周禮〕以九兩繫邦國之名. ❷매달다, 매달리다. 〔晉書〕取金印如斗大繫肘. ❸죄수. 〔宋史〕宿繫皆決遣之. ❹줄, 끈. 〔儀禮〕著組繫. ❺매듭. ❻고삐. 〔白居易·詩〕官繫何因得再遊. ❼괘사(卦辭). 주역의 괘(卦)와 효(爻)에 대한 설명. ❽계통. 〔周禮〕世奠繫.
【繫羈 계기】 붙들어 맴. 자유를 구속함.
【繫纜 계람】 닻줄을 맴. 배를 맴.
【繫戀 계련】 몹시 그리워함.
【繫絏 계설】 매이고 걸림.
【繫累 계루】 ①부모·처자 등의 서로 헤어지기 어려운 얽매임. 자기 몸에 얽매인 번거로운 일. 係累(계루). ②이어 묶음. 마음이 이어짐.
【繫縻 계미】 붙들어 맴. 자유를 구속함.
【繫臂之寵 계비지총】 궁녀가 군주에게서 받는 특별한 총애. 故事 진(晉)나라 무제(武帝)가 예쁜 궁녀를 골라서 그 팔뚝에 붉은 깁을 매었다는 고사에서 온 말.
【繫辭 계사】 ①문왕(文王)이 지었다고 하는 괘사(卦辭). 주역의 괘(卦)와 효(爻) 밑에 써 넣은 설명. ②명제의 주사(主辭)와 빈사(賓辭)를 연결하여 긍정이나 부정의 뜻을 나타내는 말.
【繫索 계삭】 물건을 잡아맴. 경계함.
【繫世 계세】 세계(世系)를 적은 책. 系譜(계보).
【繫屬 계속】 맴. 남에게 매여 있음.
【繫心 계심】 마음을 비끄러맴.
【繫縶 계칩】 묶임. 포박함.
【繫蟄 계칩】 자유를 잃고 집 안에 칩거(蟄居)하고 있음.
【繫匏 계포】 걸려 있는 바가지. 세월만 헛되이 보냄의 비유.
【繫風捕影 계풍포영】 바람을 잡아매고 그림자를 잡음. 황당무계하여 믿을 수 없음.
❶械-, 官-, 拘-, 羈-, 誣-, 泊-, 束-, 囚-, 列-, 繞-, 留-, 捕-, 劾-.

糸
13【縉】⑲ ❶실 금 㦳 jìn ❷푸른빛 금 㦳 jìn
字解 ❶실. ❷푸른빛, 반물색, 감색(紺色).

糸
13【繷】⑲ 성하고 많을 농 㨱 nǒng
字解 ❶성(盛)하고 많다. 〔後漢書〕紛繷塞路. ❷착하지 아니하다, 좋지 아니하다.

糸
13【繴】⑲ 덮치기 그물 벽 㬎 bì
字解 덮치기 그물, 수레의 끌채에 장치한 그물.

糸
13【檗】⑲ 띠 벽 㬎 bó
字解 ❶띠〔帶〕. ❷헌솜, 굳은 솜.

糸
13【繪】⑲ 합칠 색 㬎 sè
字解 ❶합치다. ❷바느질하다, 누비다.

糸
13【繰】⑲ ❶고치 켤 소 㬎 sāo ❷야청 통견 조 㬎 zǎo
참고 대법원 지정 인명용 한자의 음은 '조'이다.
字解 ❶고치를 켜다, 실을 잣다. =繅. ❷①야청 통견(通絹). ②야청빛, 반물. ③합사로 짠 비단. ④무늬, 문채. 〔禮記〕朱綠繰.
【繰車 소거】 고치를 켜는 물레.
【繰繭 소견】 고치를 켬.

糸
13【綏】⑲ 인끈 수 㬎 suí
字解 인끈, 패물 차는 끈.

糸
13【繡】⑲ ❶수 수 㬎 xiù ❷생초 초 㬎 xiù
참고 대법원 지정 인명용 한자의 음은 '수'이다.
字解 ❶①수, 수놓다. =綉. 〔詩經〕黻衣繡裳. ②성(姓). ❷생초(生綃), 생명주. ≒綃. 〔禮記〕繡黼丹朱中衣.
【繡工 수공】 ①수놓은 일. ②자수 직공.
【繡口 수구】 수놓은 입. 시문(詩文) 따위를 짓는 재주가 풍부함의 비유.
【繡衾 수금】 비단 이불. 수놓은 비단 이불.
【繡囊 수낭】 수놓은 주머니. 지식이 많은 사람.
【繡襴 수란】 國 폭이 넓고 단에 금실로 수놓은 나인(內人)들의 치마.
【繡陌 수맥】 화려한 도성(都城)의 거리.
【繡紋 수문】 자수(刺繡). 자수의 무늬.
【繡裳 수상】 수놓은 치마. 옛날의 예복(禮服)으로, 오색(五色)을 갖춘 치마.
【繡衣 수의】 ①오색(五色)의 수를 놓은 옷. ② 國 암행어사의 미칭(美稱).
【繡衣夜行 수의야행】 國 비단옷 입고 밤길 걷기. ㉠생색이 나지 않는 공연한 짓. ㉡자랑스러운 일이 남에게 알려지지 않음. 錦衣夜行(금의야행).
【繡帳 수장】 수놓은 휘장.
【繡腸 수장】 수놓은 듯 아름다운 창자. 시문(詩文)에 뛰어난 사람이나 그 시상(詩想)의 비유.
【繡梓 수재】 문서를 판목에 아름답게 새김. 책을 출판함.
【繡被 수피】 수놓은 이불.
【繡虎 수호】 수놓은 것같이 아름다운 무늬가 있는 범. 아름다운 문장의 비유.
【繡幌 수황】 수놓은 휘장.
❶錦-, 綺-, 文-, 繁-, 纘-, 辮-, 印-, 刺-, 組-, 錯-, 綵-, 絺-, 紈-.

糸部 13획 繩繶繹繹繳 1389

糸13【繩】⑲
❶줄 승 蒸 shéng
❷알이 들 잉 蒸 yìng
❸끝없을 민 軫 mǐn
❹노끈 승 蒸 shèng

繩(소전) 絙(초서) 縄(속자) 绳(간체) 绳

參考 대법원 지정 인명용 한자의 음은 '승'이다.

字解 ❶①줄, 새끼.〔易經〕上古結繩而治. ②먹줄.〔楚辭〕背繩墨而追曲兮. ③법도.〔淮南子〕中程者賞, 缺繩者誅. ④헤아리다.〔禮記〕省其文采, 以繩德厚. ❺본받다.〔史記〕以繩德厚也. ⑥바루다, 바로잡다.〔書經〕繩愆糾謬. ❼바르다, 정직하다.〔呂氏春秋〕潔白清廉中繩. ❽경계(警戒)하다.〔詩經〕繩其祖武. ❾묶다, 얽다. ❿뒤를 잇다.〔詩經〕繩其祖武. ⑪기리다. ≒譝.〔春秋左氏傳〕繩息嬀以語楚子. ⑫성(姓). ❷알이 들다, 알이 배다. ≒孕.〔周禮〕秋繩而芟之. ❸끝없다, 그침 없이 운동하다. ❹노끈, 세 가닥으로 꼰 오랏줄.

〈繩❶②〉

【繩愆糾謬 승건규류】허물을 고치고 잘못을 바로잡음.
【繩檢 승검】죄우 맴. 동여맴. 기속(羈束)함.
【繩矩 승구】①먹줄과 곡척(曲尺). ②법, 법도(법도). 規範(규범).
【繩屨 승구】미투리.
【繩伎 승기】줄타기. 繩戲(승희).
【繩度 승도】①규칙. 법도(법도). ②험한 길을 밧줄에 의지하여 건너감.
【繩督 승독】바로잡아 다스림.
【繩絡 승락】이어져 휘감김. 이어져 달라붙음.
【繩墨 승묵】①먹줄. ②규칙. 법도(법도).
【繩削 승삭】먹줄을 치고 깎아서 바르게 함.
【繩牀 승상】노끈을 얽어매어 만든 의자. 안락의자와 비슷한 걸상.
【繩繩 승승】①경계하고 삼가는 모양. ②잇달아 끊이지 않는 모양. ③많은 모양. ④무궁무진한 모양.
【繩纓 승영】수질(首絰).
【繩枉 승왕】구부러진 것을 바로잡음. 잘못된 것을 시정함.
【繩外 승외】먹줄을 친 바깥쪽. 곧, 법이나 법도의 밖.
【繩正 승정】먹줄로 바로잡음. 법에 의하여 바로잡음.
【繩梯 승제】밧줄을 얽어 만든 사닥다리. 줄사다리.
【繩祖 승조】①조상의 행적에 대하여 계승. ②조상의 사업을 계승함.
【繩準 승준】①먹줄과 수준기(水準器). ②법. 규칙. 準繩(준승). 繩矩(승구).
【繩直 승직】먹줄처럼 똑 바름.

【繩察 승찰】따져 조사함. 糾察(규찰).
【繩尺 승척】①먹줄과 곡척(曲尺). ②규칙이나 규율.
【繩樞 승추】새끼로 얽어 만든 문호(門戶). 가난한 집.
【繩趨尺步 승추척보】예절에 맞는 행동을 하는 사람. 곧, 유학자(儒學者).
【繩劾 승핵】법률에 비추어 죄상을 조사함.
【繩鞋 승혜】鬻미투리.
【繩戲 승희】줄타기. 繩伎(승기).

❶結−, 矩−, 糾−, 規−, 法−, 絲−, 世−,
綸−, 長−, 準−, 直−, 捕−, 火−.

糸13【繶】⑲ 끈 억 職 yì

繶 字解 ❶①끈, 실로 친 끈목. ②묶다. ③신 가장자리를 박아서 꾸미는 끈.〔周禮〕赤繶黃繶. ④술잔 가장자리에 새긴 무늬.〔儀禮〕賓長洗繶爵三獻.
【繶純 억순】신 가장자리에 꿰매는 장식 끈.
【繶爵 억작】도드라지게 한 무늬 장식이 있는 술잔.
【繶緇 억치】신 가장자리를 장식하는 검은 끈.

糸13【繹】⑲
❶풀어낼 역 陌 yì
❷풀 석 陌 shì

繹(소전) 繹(초서) 繹(해) 繹(본) 绎(간체)

參考 대법원 지정 인명용 한자음은 '역'이다.

字解 ❶①풀어내다, 실마리를 뽑아내다. ②나스리다. ③찾다, 궁구하다.〔論語〕繹之爲貴. ④늘어놓다, 벌여 놓다.〔詩經〕會同有繹. ⑤잇달다, 끊이지 아니하다.〔論語〕繹如也. ⑥통하다, 뜻이 통하다.〔論語·八佾·注〕繹如, 志意條達之貌. ⑦실마리.〔揚雄·劇秦美新〕神歇靈繹. ⑧제사 이름, 정제(正祭) 다음날 지내는 제사.〔春秋公羊傳〕繹者何, 祭之明日也. ⑨싫증나다, 물리다.〔詩經〕徒御無繹. ⑩기뻐하다. ≒懌.〔詩經〕亦不夷繹. ❷풀다. ≒釋.
【繹味 역미】뜻을 캠. 내용을 음미함.
【繹騷 역소】끊임없이 떠들썩함. 계속 소란함.
【繹如 역여】잇달아 끝이 없는 모양.
【繹繹 역역】①잘 달리는 모양. ②왕성한 모양. ③잘 조화된 모양. ④끊이지 않는 모양. 絡繹(낙역) ⑤무궁무진한 모양. ⑥빛나는 모양.
【繹祭 역제】본제(本祭) 다음날 지내는 제사.

❶絡−, 論−, 繙−, 思−, 紓−, 尋−, 衍−,
連−, 演−, 吟−, 夷−, 理−, 討−.

糸13【繹】⑲ 繹(1389)의 본자

糸13【繳】⑲
❶주살의 줄 작 藥 zhuó
❷얽힐 교 篠 jiǎo

繳(소전) 繳(초서) 繳(간체)

字解 ❶①주살의 줄.〔淮南子〕好弋者先具繳與磻. ②생사(生絲), 누이지 아니

糸部 13~14획 纏縰繯繪纘繼

한 실. ❷①얽히다.〔漢書〕名家苟察繳繞. ❷바치다. 치르다. 납부(納付)하다. ❸행전(行纏). 발목에서 장딴지 위까지 바짓가랑이 위에 둘러싸는 물건.
【繳網 작망】 주살과 그물. 곧, 수렵(狩獵).
【繳矰 작증】 주살. ☞ '繳'은 주살의 줄, '矰'은 주살. 矰繳(증작).
【繳交 교작】 서류나 물품을 돌려보냄.
【繳校 교요→작요】 작은 일에 얽매임.
【繳還 교환→작환】 ①반환함. 도로 찾아옴. ②갚음. 반제(返濟)함.
◐ 輕-, 弓-, 纖-, 繩-, 弋-, 釣-, 矰-.

糸 13 【纏】⑲ ❶홑옷 전 匼 chán ❷새끼 단 寒 tán ❸큰 띠 단 旱 dàn
字解 ❶①홑옷. ❷옷 입다, 옷을 몸에 걸치다, 두르다. =纏.〔史記〕動胃纏緣中經維絡. ❷①새끼, 밧줄. ❷보랏빛. ❸①큰 띠, 허리를 동이는 큰 띠, 허리띠. ❷묶다.

糸 13 【縰】⑲ 헌 옷 해 蟹 xiè
초서 字解 ①헌 옷. ②옷을 빨다.

糸 13 【繯】⑲ ❶얽을 현 銑 huán ❷잠가 기둥 환 刪 huán
소전 초서 간체 字解 ❶①얽다, 얽히다. ②두르다.〔後漢書〕繯橐四野之飛征. ③매다, 잡아매다. ④고리, 고.〔漢書〕紅蜺繞繯. ❺올가미.〔呂氏春秋〕繯網置罘. ❷①잠가(蠶架)의 기둥. '잠가'는 잠박(蠶箔)을 올려놓는 시렁 모양의 틀. ②엷은 비단의 문채.
【繯網置罘 현망저부】 현망과 저부. 모두 짐승을 잡는 그물.
【繯首 현수】 교수형(絞首刑).
【繯橐 현탁】 둘러쌈.

糸 13 【繪】⑲ ❶그림 회 隊 huì ❷색실로 머리 묶을 쾌 泰 guì
소전 초서 속자 간체 參考 ❶繪(1386)은 딴 자. ②대법원 지정 인명용 한자의 음은 '회'이다.
字解 ❶①그림.〔唐書〕天下皆施之圖繪. ②그리다, 그림 그리다.〔論語〕繪事後素. ③그림이 있는 비단.〔潘岳·賦〕身拖黼繪. ❷색실로 머리를 묶다.
【繪事 회사】 그림을 그리는 일.
【繪事後素 회사후소】 ①㉠그림을 그릴 때 먼저 바탕을 손질한 뒤에 채색함. ㉡그림을 그릴 때 흰색을 제일 나중에 칠하여 딴 색을 한층 더 선명하게 함. ②사람은 좋은 바탕이 있은 뒤에 문식(文飾)을 더해야 함.
【繪像 회상】 ①상(像)을 그림. ②사람의 얼굴을 그린 형상. 화상(畫像). 초상(肖像).
【繪素 회소】 그림. 圖畫(도화).
【繪塑 회소】 흙으로 만든 색칠한 인형.
◐ 刻-, 圖-, 墨-, 文-, 美-, 彩-, 華-.

糸 14 【繾】⑳ 곡진할 견 銑 qiǎn
소전 초서 간체 字解 곡진하다.〔春秋左氏傳〕繾綣從公.
【繾綣 견권】 그리는 정이 두터워 못내 잊지 못하는 모양.

糸 14 【繼】⑳ 이을 계 霽 jì
幺 玄 幺 糸 糸 丝 絲 繼 鐵 繼
소전 초서 속자 간체
字源 會意. 糸+㡭→繼. 끊어진 곳[㡭]을 잇는다[糸]는 뜻을 나타낸다.
字解 ①잇다.㉠계통을 잇다.〔論語〕繼絶世. ㉡이어 나가다.〔晉書〕紘入繼本宗. ㉢불려 나가다.〔論語〕不繼富. ㉣이어 붙이다, 덧붙이다.〔楚辭〕折瓊枝以繼佩. ㉤이어지다.〔常建·詩〕亭亭碧流暗, 日入孤霞繼. ㉥잇다, 기대를 걸다.〔後漢書〕群下繼望. ②뒤이음.㉠후사(後嗣).〔揚雄·誄〕覲禮高禖, 祈廟嗣繼. ㉡후속(後續), 후속 부대(後續部隊).〔晉書〕帥諸將以爲後繼. ③이어.〔孟子〕繼而有師命.
【繼承承 계승승】 자손 대대로 이어 감.
【繼軌 계궤】 앞사람의 길을 이어받음.
【繼糧 계량】 國 한 해 농사지은 곡식으로 일 년 양식을 이어 나감.
【繼望 계망】 희망을 이음. 희망을 걺. 기대함. 冀望(기망).
【繼武 계무】 ①앞뒤의 발자국이 서로 닿음. ☞ '武'는 자취. ②그 일을 이어받음. 繼承(계승).
【繼父 계부】 ①아버지의 뒤를 이음. ②어머니의 계부(繼夫)로 실부(實父)가 아닌 사람. 의붓아버지.
【繼嗣 계사】 대를 잇는 아들. 繼貳(계이).
【繼紹 계소】 선대(先代)의 사업을 이어받음.
【繼受 계수】 이어받음. 물려받음.
【繼述 계술】 선인(先人)이 남긴 일이나 뜻을 이어 명백히 서술함. 紹述(소술).
【繼襲 계습】 계승하여 답습(踏襲)함.
【繼子 계자】 ①의붓아들. 가봉자(加捧子). ②양자(養子).
【繼踵 계종】 뒤를 이음. 繼蹤(계종).
【繼晝 계주】 낮을 이어 밤에도 일을 함.
【繼妻 계처】 다시 장가들어 맞이한 아내. 後室(후실). 後妻(후처).
【繼體 계체】 제왕(帝王)의 자리를 계승함.
【繼體之君 계체지군】 왕세자(王世子).
【繼後 계후】 계통을 이음. 계통을 잇는 양자.
【繼興 계흥】 연달아 일어남.

◐ 過─, 嗣─, 常─, 紹─, 承─, 聯─, 傳─, 中─, 纘─, 天─, 表─, 後─.

糸 14 【繾】 ⑳ 초록빛 도·적·고 綢 錫 𦂝 dào
字解 초록빛, 연둣빛.

糸 14 【韂】 ⑳ 韂(1633)과 동자

糸 14 【辮】 ⑳ 땋을 변 銑 biàn
소전 辮 초서 辫 간체 辫 字解 ①땋다.〔張衡·賦〕辮貞亮以爲鑿分. ②땋은 머리.〔唐書〕貴者以兩股辮爲鬌髻.
【辮髮 변발】 뒤로 길게 땋아 늘인 머리. 몽골 인이나 만주인의 풍습.

糸 14 【繽】 ⑳ 어지러울 빈 眞 bīn
초서 縝 간체 缤 字解 ①어지럽다. ②성(盛)한 모양.〔楚辭〕九疑繽其竝迎.
【繽繙 빈번】 깃발 따위가 바람에 펄럭이는 모양. 繽翻(빈번).
【繽駢 빈병】 많은 것.
【繽紛 빈분】 ①많고 성한 모양. ②혼잡하여 어지러운 모양. ③꽃 따위가 어지럽게 떨어지는 모양. ④춤추는 모양. ⑤바람이 부는 모양.
【繽繽 빈빈】 ①많은 모양. ②얽혀 어지러운 모양. ③새가 나는 모양.

糸 14 【繻】 ⑳ 고운 명주 수·유 虞 xū
소전 繻 초서 繻 간체 繻 字解 ①고운 명주, 올이 곱고 톡톡한 명주. ②코가 촘촘한 그물. ③명주 조각, 명주 헝겊.〔易經〕繻有衣袽. ④헝겊 신표(信標). 헝겊의 찢어진 자리, 또는 거기에 쓴 글자를 증거로 하여 관소(關所)를 출입한다.

糸 14 【縊】 ⑳ 꿰맬 은 軫 yǐn
字解 꿰매다, 바느질하다, 꿰맞추다.〔一切經音義〕合紩曰縊.

糸 14 【纆】 ⑳ 纏(1392)의 속자

糸 14 【纂】 ⑳ 모을 찬 旱 zuǎn
소전 纂 초서 纂 參考 纂(1318)은 딴 자. 字解 ①모으다. 늑攅.〔漢書〕揚雄取其有用者, 以作訓纂篇. ②붉은 끈.〔漢書〕錦繡纂組, 害女紅者也. ③무늬, 채색.〔淮南子〕富人則車輿衣纂錦. ④잇다, 계승하다. ≒纘.〔國語〕纂修其緒.
【纂錦 찬금】 무늬가 있는 비단.
【纂修 찬수】 ①문서의 자료를 수집, 정리하여 책으로 만듦. ②정돈하여 학문을 닦음.
【纂承 찬승】 계승함. 紹承(소승).
【纂嚴 찬엄】 경계함. 戒嚴(계엄).
【纂業 찬업】 앞사람의 사업을 이음.
【纂組 찬조】 끈. 합사(合絲).
【纂輯 찬집】 자료를 모아 분류하고 순서를 세워 편집함. 編輯(편집). 纂集(찬집).
【纂次 찬차】 모아서 순서를 정함. 편집함.
【纂纂 찬찬】 모이는 모양.

◐ 論─, 嗣─, 參─, 編─.

糸 14 【纁】 ⑳ 분홍빛 훈 文 xūn
소전 纁 초서 纁 간체 纁 字解 분홍빛, 분홍빛 비단.〔周禮〕三入爲纁.
【纁裳 훈상】 분홍 치마.
【纁襦 훈유】 분홍빛의 짧은 옷.
【纁黃 훈황】 해질 녘.

糸 15 【纊】 ㉑ 솜 광 漾 kuàng
소전 纊 혹체 絖 초서 纊 간체 纩 字解 ①솜, 새 솜.〔書經〕厥篚織纊. ②솜옷, 핫옷.〔南史〕冬日不衣綿纊. ③누에고치.〔淮南子〕小人在上位, 如寢關曝纊. ④어든 새. '새'는 피륙의 날을 세는 단위.
【纊縑 광겸】 솜과 합사로 짠 비단.
【纊衣 광의】 솜옷.

◐ 綿─, 白─, 絮─, 織─, 旒─, 重─, 挾─.

糸 15 【纇】 ㉑ 실마디 뢰 隊 lèi
소전 纇 초서 纇 간체 纇 參考 類(2017)는 딴 자. 字解 ①실마디, 맺힌 실. ②어그러지다.〔春秋左氏傳〕忿纇無期. ③치우치다, 고르지 못하다.〔春秋左氏傳〕刑之頗纇. ④깊다, 고요하다.〔老子〕夷道若纇. ⑤흠, 상처.〔淮南子〕明月之珠, 不能無纇. ⑥잘못, 과실, 허물.

糸 15 【纍】 ㉑ ❶맬 루 支 léi ❷산 이름 루 𩕨 lěi ❸연루시킬 루 寘 lèi
소전 纍 초서 纍 간체 累 字解 ❶①매다, 철(綴)하다.〔禮記〕纍纍乎端如貫珠. ②얽히다, 감기다.〔詩經〕甘瓠累之. ③잡아매다, 묶다.〔春秋左氏傳〕兩纍纍乎. ④연이어지다, 연이어지는 모양. ⑤갑주(甲冑)를 넣는 전대.〔國語〕諸侯不解纍. ⑥연루(連累)시키다.〔尙書大傳〕有過必赦, 小罪勿增, 大罪勿纍. ⑦밧줄.〔漢書〕以劍斫絶纍. ⑧재앙, 누명을

쓰고 죽다. 〔漢書〕 欽弔楚之湘纍. ⑨어그러지다, 화(禍)가 되다. 〔太玄經〕 骨纍其肉. ⑩성(姓). ❷산 이름. ¶ 嵲纍. ❸연루(連累)시키다. ※❶의 ⑥과 같다. =累.
【纍纍 누루】①뜻을 얻지 못하는 모양. ②지친 모양. ③서로 잇닿은 모양. ④겹쳐 쌓인 모양.
【纍纍衆塚 누루중총】다닥다닥 연달아 있는 많은 무덤.
【纍紲 누설】죄인을 묶는 끈. ㉠체포됨. ㉡감옥.
【纍囚 누수】옥에 갇힘. 옥에 갇힌 사람.
【纍臣 누신】옥에 갇힌 신하.

糸 15 **【纆】** ㉑ 노 **묵** [職] mò

[초서] 纆 [간체] 纆 [字解] 노, 두 가닥이나 세 가닥으로 꼰 노. 〔史記〕 夫禍之與福兮, 何異糾纆.

糸 15 **【縩】** ㉑ ❶오글오글한 명주 **살** [曷] cā ❷명주 소리 **채** [泰] cài

[字解] ❶①**오글오글한 명주**. ②**엷은 명주**. ❷**명주 소리**, 엷은 명주가 스치는 소리. 〔潘岳·賦〕 綃紈綷縩.

糸 15 **【纎】** ㉑ 纖(1393)의 속자

糸 15 **【續】** ㉑ 이을 **속** [沃] xù

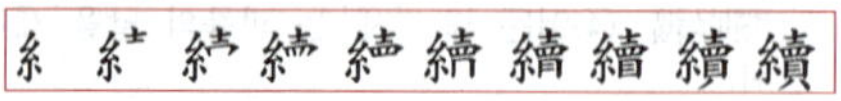

[소전] 續 [고문] 賡 [초서] 續 [속자] 続 [간체] 续

[字源] 形聲. 糸+賣→續. '賣(매)'가 음을 나타낸다.

[字解] ①**잇다**. ㉮연잇다. 〔禮記〕 續衽鉤邊. ㉯이어 내다, 달아내다. 〔晉書〕 貂不足, 狗尾續. ②**이어지다**. 〔晉書〕 微言之緒, 絶而復續. ③**뒤를 잇다**. 〔詩經〕 似續妣祖. ④**계속**. 〔史記〕 此亡秦之續耳. ⑤**속(贖)하다**. 〔史記〕 刑不可復續. ⑥**공**, 공적. ≒績.
【續刊 속간】정간되었던 정기 간행물을 다시 간행함.
【續稿 속고】전에 쓰던 원고에 계속하여 씀. 또는 그 원고.
【續斷 속단】이어졌다 끊어졌다 함.
【續短斷長 속단단장】짧은 것은 잇고, 긴 것은 잘라서 적절하게 맞춤.
【續續 속속】계속되는 모양. 잇따르는 모양.
【續田 속전】[國]땅이 나빠서 해마다 계속하여 경작하기 어려운 논밭.
【續貂 속초】①봉작(封爵)을 함부로 줌. [故事] 진대(晉代)에 조왕(趙王) 사마륜(司馬倫)의 일파가 권력을 잡자 그들의 종까지도 관위에 올라 관(冠)을 장식하는 담비 꼬리가 모자라 개 꼬리로 대신했다는 고사에서 온 말. ②남이 다하지 못한 일을 계승함의 겸사(謙辭). ③훌륭하고 아름다운 것에 변변찮은 것이 뒤이어짐. 狗尾續貂(구미속초).
【續出 속출】잇따라 나옴.
【續編 속편】이미 편찬된 책에 잇대어 편찬된 책.
【續行 속행】계속하여 행함.
【續絃 속현】다시 아내를 얻음. 🔍부부의 화락함을 금슬(琴瑟)의 해조(諧調)에 견주는 데서, 상처(喪妻)하는 것을 '단현(斷絃)', 재취(再娶)하는 일을 '속현'이라 함.
◑ 繼-, 斷-, 嗣-, 手-, 連-, 陸-, 轉-.

糸 15 **【纅】** ㉑ 綸(1393)과 동자

糸 15 **【纋】** ㉑ 잘록한 비녀 **우** [尤] yōu

[字解] ①**잘록한 비녀**, 비녀의 가운데가 잘록하다. 〔儀禮〕 鬠笄用桑, 長四寸, 纋中. ②**비녀 가운데 감아 곁들이는 머리**. ③**댕기**.

糸 15 **【纏】** ㉑ 얽힐 **전** [先][霰] chán

[소전] 纏 [속자] 纒 [속자] 纏 [간체] 缠 [字解] ①**얽히다**. 〔太玄經〕 萬物乃纏. ②**묶다**. ③**줄**, 새끼. 〔淮南子〕 儋纏采薪. ④**끌다**, 잡아당기다. 〔謝靈運·詩〕 質弱易版纏. ⑤**밟다**, 지내다. 〔漢書〕 歲纏星紀.
【纏結 전결】동여맴.
【纏裹 전과】감아 쌈.
【纏頭 전두】가무(歌舞)를 한 사람에게 칭찬의 뜻으로 주는 금품. 行下(행하).
【纏綿 전면】착 달라붙음. 단단히 매여 풀리지 않음. 마음에 감겨 떨어지지 않는 모양.
【纏縛 전박】①동여맴. ②행동에 제약을 주는 것. 거치적거리는 일.
【纏索 전삭】①오랏줄. ②감옥.
【纏束 전속】동여맴. 纏約(전약).
【纏繞 전요】휘감김. 일신의 자유를 방해함.
◑ 結-, 拘-, 糾-, 縛-, 縈-, 紆-, 包-.

糸 15 **【纉】** ㉑ 纘(1394)의 속자

糸 15 **【纈】** ㉑ 홀치기 염색 **힐** [本]**혈** [屑] xié

[초서] 纈 [간체] 缬 [字解] ①**홀치기 염색**. 옷감의 군데군데를 홀쳐서 하는 염색. 또는 그렇게 해서 된 무늬. 〔魏書〕 奴婢悉不得衣綾綺纈. ②**무늬 있는 비단**. ③**맺다**. ④**안화(眼花)**. 눈앞에 불꽃 같은 것이 어른어른하게 보이는 눈병. 〔庾信·詩〕 花鬢醉眼纈.
【纈文 힐문】①바탕에 흰 반점을 드문드문 넣은 홀치기 염색. ②눈이 안개가 낀 것처럼 흐릿함.

糸 16 **【纜】** ㉒ 纜(1394)의 속자

糸部 16~17획 纑纇纈縘纊纎綸纕纓

糸 16 【纑】㉒ 실 로 庚 lú

①실, 무명실, 삼실 베를 짠 실. 〔春秋左氏傳〕因紡績纑. ②어저귀. 섬유 작물의 한 가지. 〔史記〕山西饒材竹穀纑. ③삼〔麻〕을 누이다. 〔孟子〕妻辟纑以易之. ④명주를 누이다. ⑤틈, 빈틈. ⑥거칠다, 성기다. 〔管子〕恣土之次曰五纑.

糸 16 【纇】㉒ 다듬이질할 빈 眞 pín

字解 다듬이질하다.

糸 16 【纖】㉒ 纖(1386)의 본자

糸 16 【纈】㉒

❶새끼 선 霰 xuàn
❷잠박 매다는 끈 유 霰 xuàn

字解 ❶새끼. ❷잠박(蠶箔)을 매다는 끈.

糸 16 【纆】㉒ 纏(1392)의 속자

糸 17 【罽】㉓ 전 霽 jì

字解 전. 짐승의 털로 짠 모직물의 한 가지.

糸 17 【纖】㉓ 가늘 섬 鹽 xiān

字解 ①가늘다. 〔司馬相如·賦〕雜纖羅. ②고운 비단, 얇은 비단. 〔楚辭〕被文服纖. ③잘다, 작다. ④가는 실, 가는 줄. 〔賈誼·賦〕縷積于纖. ⑤검소(儉素)하다. 〔史記〕周人旣纖. ⑥웃옷의 꾸밈새. 〔史記〕蜚纖垂髾. ⑦무늬, 채색. ⑧검고 씨가 흰 피륙. 〔禮記〕禫而纖. ⑨끝이 날카로운 모양. 〔周禮〕欲其擊爾而纖. ⑩여자의 손이 보드라운 모양. 〔古詩〕纖纖出素手. ⑪찌르다. 늑 䉶. 〔禮記〕其刑罪則纖剸. ⑫소수(小數)의 이름. 1의 1000만분의 1.

【纖角 섬각】 가늘고 뾰족한 뿔.
【纖介 섬개】 조금. 약간.
【纖芥 섬개】 ①티끌. 먼지. 纖塵(섬진). ②늑 纖介(섬개).
【纖鉅 섬거】 가는 것과 큰 것.
【纖刀 섬도】 가느다란 칼. 가는 칼.
【纖麗 섬려】 날씬하고 아름다움.
【纖悋 섬린】 인색(吝嗇)함. 纖嗇(섬색).
【纖妙 섬묘】 가늘고 정교함.
【纖眉 섬미】 가느다란 눈썹. 미인의 비유.
【纖靡 섬미】 작고 예쁨.
【纖魄 섬백】 초승달의 딴 이름. 纖月(섬월).
【纖嗇 섬색】 아까워함. 인색함.
【纖纖 섬섬】 ①미세한 모양. ②끝이 뾰족하고

날카로운 모양. ③연약하고 가냘픈 모양. 달〔月〕이나 미인의 손 모양.
【纖纖玉手 섬섬옥수】 가냘프고 고운 여자의 손. 미인(美人)의 손.
【纖素 섬소】 발이 촘촘한 흰 비단.
【纖疎 섬소】 체격이나 구조가 가냘프고 어설픔.
【纖手 섬수】 여자의 가냘프고 아름다운 손.
【纖身 섬신】 가냘픈 몸.
【纖埃 섬애】 ①먼지. 티끌. ②적음.
【纖姸 섬연】 섬세하고 아름다움.
【纖艶 섬염】 호리호리하고 요염함.
【纖葉 섬엽】 가느다란 나뭇잎. 細葉(세엽).
【纖瞖 섬예】 조금 흐림. 구름이 조금 낌.
【纖婉 섬완】 호리호리하고 아름다움.
【纖腰 섬요】 가냘프고 연약한 여자의 허리. 미인의 허리. 楚腰(초요).
【纖縟 섬욕】 섬세하고 울긋불긋한 모양.
【纖月 섬월】 초승달의 딴 이름.
【纖人 섬인】 ①기질이 약한 사람. ②소인(小人).
【纖疵 섬자】 자그마한 상처. 작은 흠.
【纖條 섬조】 가는 가지〔枝〕.
【纖塵 섬진】 가는 티끌. 잔 먼지.
【纖毳 섬취】 가는 털. 솜털.
【纖瑕 섬하】 작은 흠. 纖疵(섬자).
【纖毫 섬호】 조금. 약간.
【纖華 섬화】 가늘고 아름다움. 섬세(纖細)하고 아름다움.

● 輕-, 脩-, 玉-, 至-, 珍-, 尖-.

糸 17 【綸】㉓ 실 약 藥 yào

동 纅 字解 실〔絲〕.

糸 17 【纕】㉓

❶팔 걷어붙일 양 陽 ráng
❷연한 노랑 상 陽 sāng
❸실 얽힐 양 養 rǎng

字解 ❶①팔을 걷어붙이다. ②띠. 허리띠 또는 소매를 걷어 올려 매는 끈. 〔楚辭〕旣替余以蕙纕兮. ③뱃대끈. 말의 배에 걸쳐 졸라매는 끈. ❷연한 노랑. ❸실이 얽히다.

糸 17 【纓】㉓ 갓끈 영 庚 yīng

字解 ①갓끈. 〔孟子〕滄浪之水清兮, 可以濯我纓. ②끈, 새끼. 〔魏徵·詩〕請纓繫南粤. ③가슴걸이. 말의 가슴에 걸어, 안장을 매는 가죽 끈. 〔周禮〕樊纓十有再就. ④감기다. 〔陸機·賦〕若翰鳥纓繳而墜曾雲之峻.

【纓絡 영락】 ①구슬을 꿰어서 만든 목걸이. ② 얽힘. 휘감김. 세상의 번거로운 근심의 비유.
【纓紳 영신】 갓끈과 큰 띠. 존귀하고 현달(顯達)한 사람.

● 冠-, 羅-, 絡-, 馬-, 繁-, 玉-, 簪-, 長-, 絶-, 組-, 珠-, 華-.

糸部 17~23획 纔纗纛纚纘纜縲纙纞　缶部 0~3획 缶缶缸

糸17 【纔】㉓ ❶겨우 재 灰 cái ❷밤색 삼 咸 shān

字解 ❶①겨우 ≒才. 〔漢書〕身死纔數月耳. ②한 번 물들인 명주. ③방금. ④그야말로. ❷밤색, 흙빛.
【纔方 재방】가까스로. 간신히. 겨우.
【纔至 재지】겨우 도착함. 방금 도착함.

糸18 【纗】㉔ ❶맬 수 支 zuī ❷맬 휴 齊 zuī ❸줄 끊어질 유 眞 zuī

字解 ❶①매다, 끈. 〔張衡·賦〕纗幽蘭之秋華兮. ②그물. 〔太玄經〕拂其繫, 絶其纗. ③띠. ❷밧줄을 잇는, 가운데 친 밧줄. ❷매다. ※❶의 ①과 같다. ❸줄이 끊어지다, 현(弦)이 끊어지다.

糸19 【纛】㉕ 둑 독·도 沃 dào

參考 대법원 지정 인명용 한자의 음은 '독'이다.
字解 둑, 쇠꼬리나 꿩의 꽁지로 장식한 큰 기. 군대에서 쓰다가 진한(秦漢) 이후에 천자의 수레 장식으로 썼다.
【纛旗 독기→둑기】원수(元帥)의 큰 기.
● 鸞-, 大-, 牙-, 旌-, 左-.

糸19 【纚】㉕ ❶머리싸개 사 紙 xǐ ❷맬 리 支 lí ❸떨어질 쇄 蟹 sǎ ❹수레 장식 시 支 sǎ ❺이어질 리 紙 lí

字解 ❶①머리싸개. =縰. 〔漢書〕冠禪纚步搖冠. ②이어지다, 잇달다. ≒邐. 〔漢書〕韋道纚屬. ③가다. =縰. 〔漢書〕纚乎淫淫. ❷매다. 〔後漢書〕纚朱鳥以承旐. ❸갓끈. 〔詩經〕紼纚維之. ❸①떨어지다, 떨어지는 모양. 〔史記〕落英幡纚. ②머리싸개. ③족대, 작은 반두와 같다. 〔張衡·賦〕釣魴鱧, 纚鰅魽. ❹①수레 장식, 수레 장식의 모양. 〔漢書〕灘摩嶙纚. ❷깃(羽)이 드리워진 모양. ❺이어지다.
【纚纚 사사】①밧줄 따위가 길고 매끈한 모양. ㉠바람이 길게 붊. ㉡폭포수(瀑布水). ②피륙의 발이 곱고 채색이 선명한 모양.
【纚迤 사이】연이음.
【纚屬 사속】연이은 모양.
【纚乎 사호】떼 지어 가는 모양.

糸19 【纘】㉕ 이을 찬 旱 zuǎn

字解 잇다. ≒纂. 〔中庸〕武王纘太王王季文王之緒.
【纘繼 찬계】계속함. 계승함.
【纘緖 찬서】앞사람의 사업을 이어받음.

【纜述 찬술】잇달아 서술함.

糸21 【纜】㉗ 닻줄 람 勘 lǎn

字解 닻줄. 〔謝靈運·詩〕解纜及流潮.
【纜舸 남가】배를 맴.
● 舸-, 結-, 繫-, 錦-, 收-, 犧-, 解-.

糸21 【縲】㉗ 걸칠 루 支 léi

字解 ①걸치다, 몸에 걸치다. ②휘감기다. ③검은 줄. ≒縲. 〔論語·注〕黑索也, 亦作縲.

糸21 【纙】㉗ 띠 속 沃 zhú

字解 ①띠. ②책 매는 끈.

糸23 【纞】㉙ 이어질 련 霰 liàn

字解 이어지다, 끊이지 않다.

缶 部

6획 부수 | 장군부부

缶0 【缶】⑥ 장군 부 有 fǒu

字源 象形. 장군의 모양을 본뜬 글자.
字解 ①장군, 액체를 담는 그릇의 한 가지. 달걀을 눕혀 놓은 것처럼 타원형이다. 진대(秦代) 사람들은 연회 때 이것을 두들기며 장단을 맞추었다. ②용량(容量)의 단위. ㉮4곡(斛). ㉯16말(斗).
【缶米 부미】한 장군의 쌀. 16말의 쌀.
● 擊-, 罍-, 土-.

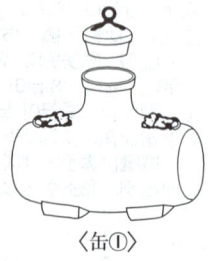

〈缶①〉

缶0 【缶】⑥ 缶(1394)의 속자

缶3 【缸】⑨ 항아리 항 江 gāng

字解 항아리. 한 말들이 질그릇.
【缸面酒 항면주】갓 익은 술.
【缸硯 항연】술을 담는 옹기그릇의 파편(破片)으로 만든 벼루.

缶 4 【缺】 ⑩ ❶이지러질 결 屑 quē ❷머리띠 규 霽 kuī

丿 ㇒ ㇒ 乍 乍 缶 缶 缶 缺 缺

[소전] 缺 [초서] 缺 [参考] 대법원 지정 인명용 한자의 음은 '결'이다.
[字源] 形聲. 缶+夬→缺. '夬(쾌)'가 음을 나타낸다.
[字解] ❶①이지러지다. ※欠(895)은 약자(略字). ㉮그릇이 깨뜨려지다. 〔易林〕甕破缶缺. ㉯이지러지다, 일부분이 망그러지다. 〔孟子〕咸以正無缺. ㉰모자라다. 〔史記〕禮樂廢, 詩書缺. ②틈, 빈틈. ③흠, 결점. 〔史記〕願得補黑衣之缺, 以衛王宮. ④관직(官職)의 빈 자리. 〔史記〕齊尚修列大夫之缺. ❷머리띠의 한 가지. 늑頍. 〔儀禮〕緇布冠缺項靑組.

【缺刻 결각】 나뭇잎 가장자리의 톱니 모양으로 된 부분.
【缺格 결격】 자격이 모자라거나 빠져 있음.
【缺缺 결결】 ①모자라는 모양. ②슬기가 모자라는 모양.
【缺口 결구】 언청이. 兔脣(토순).
【缺禮 결례】 예의범절에 벗어남.
【缺略 결략】 결여(缺如)되어 갖추어지지 않음.
【缺漏 결루】 틈이 벌어져 샘.
【缺籬 결리】 부서진 울타리.
【缺席 결석】 나가야 할 자리에 나가지 않음.
【缺脣 결순】 언청이.
【缺失 결실】 과실(過失). 缺陷(결함).
【缺如 결여】 ①이지러져 불완전한 모양. ②만족스럽지 못한 모양. 缺然(결연).
【缺然 결연】 마음에 차지 않는 모양. 만족스럽지 못한 모양.
【缺員 결원】 정한 인원에서 모자람. 闕員(궐원).
【缺點 결점】 잘못되거나 모자라는 점.
【缺甃 결추】 파손된 벽돌.
【缺乏 결핍】 모자람. 부족함. 귀하게 됨.
【缺呀 결하】 일부가 떨어져 나가 횅뎅그렁함. ○'呀'는 입을 딱 벌리는 일.
【缺陷 결함】 흠이 있어 완전치 못함.
【缺畫 결획】 한자(漢字)의 필획(筆畫)을 생략하여 높은 이의 이름 쓰기를 피하던 한 방법. '玄'을 '𤣥'으로 쓰는 따위.
【缺朽 결후】 부스러져 썩음.
【缺項 규항】 목덜미 쪽이 터진 머리띠. 검은 천으로 만들며, 관(冠)을 쓸 때 벗겨지지 않게 관자(貫子) 대신 목에 매는 끈.

◐ 無-, 剝-, 補-, 散-, 損-, 脣-, 圓-, 殘-, 點-, 兔-, 頹-, 破-, 戻-.

缶 4 【䍃】 ⑩ 항아리 유·요 尤 蕭 yóu
[소전] 䍃 [字解] ①항아리. 아가리가 작고 배가 부른 질그릇. ②질그릇을 굽는 가마.

缶 5 【鉢】 ⑪ 鉢(1882)의 속자

缶 5 【瓵】 ⑪ 缶(1394)와 동자

缶 5 【坫】 ⑪ 질그릇 흠 점 琰 豏 diǎn
[소전] 坫 [字解] 질그릇 흠, 질그릇 이지러진 흠.

缶 6 【缾】 ⑫ 缾(1395)의 속자

缶 6 【缿】 ⑫ 벙어리저금통 항 講 xiàng
[소전] 缿 [초서] 缿 [字解] ①벙어리저금통. 옛날에는 질그릇으로 만들었다. ②투서함(投書函). 〔史記〕苛察盜賊惡少年, 投缿, 購告言姦.
【缿筩 항통】 비밀 문서나 밀고(密告)하는 문서를 넣는 통. 한번 넣은 것은 도로 집어내지 못하게 되어 있음.

缶 7 【䍃】 ⑬ 날기와 부 虞 fū
[字解] 날기와, 아직 굽지 아니한 기와.

缶 8 【缾】 ⑭ 두레박 병 靑 píng
[소전] 缾 [혹체] 缾 [속자] 缾 [字解] ①두레박. =瓶. ②물장군. 술을 담는 그릇. 〔詩經〕缾之罄矣, 維罍之恥.
【缾罌 병앵】 단지. 항아리. 독.

缶 8 【盞】 ⑭ 술잔 잔 潸 zhǎn
[字解] 술잔, 옥술잔. =琖.

缶 10 【㲉】 ⑯ 아직 굽지 않은 그릇 부·구·곡 虞 宥 屋 fū
[소전] 㲉 [字解] 아직 굽지 않은 그릇, 날기와. =䍃.

缶 10 【罃】 ⑯ 물독 앵 庚 영 庚 yīng
[소전] 罃 [초서] 罃 [字解] ①물독. 방화용(防火用)의 물을 담아 둔다. ②술단지, 양병. =甖.
【罃甀 앵계】 쟁반.

缶 11 【罄】 ⑰ 빌 경 徑 qìng
[소전] 罄 [초서] 罄 [字解] ①비다, 공허하다. ②다하다, 다되다. 〔詩經〕缾之罄矣. ③죄다, 다. 〔詩經〕罄無不宜. ④보이다. 〔韓非子〕鬼神無形者, 不罄於前. ⑤경쇠. 늑磬.
【罄竭 경갈】 ①다함. 끝남. ②최선을 다함.
【罄匱 경궤】 다 떨어져 궁함.

【罄地 경지】 모든 땅.
【罄盡 경진】 다 없어짐. 죄다 없어짐.
● 空−, 窘−, 凋−, 疲−, 虛−.

缶 11 【罅】 ⑰ 틈 하 音 xià
字解 ①틈, 빈틈. 〔史記〕不能傅合疏罅. ②갈라 터지다, 옹기가 갈라져 터지다.
【罅隙 하극】 이지러진 틈.
【罅漏 하루】 갈라진 틈.
【罅裂 하열】 갈라짐.
● 孔−, 隙−, 石−, 巖−, 雲−, 林−.

缶 12 【甎】 ⑱ 질그릇 전 선 音 shàn
字解 질그릇의 전.

缶 12 【罇】 ⑱ 술두루미 준 音 zūn
字解 술두루미. =尊·樽.
【罇罍 준뢰】 제향(祭享) 때 술을 담는 그릇.
【罇俎 준조】 술통과 희생(犧牲)을 올려놓는 궤(机). 樽俎(준조).
【罇觶 준치】 술통과 술잔.

缶 13 【甕】 ⑲ 독 옹 音 wèng
字解 ①독. =甕. ②두레박. 〔史記〕 陣涉甕牖繩樞之子.
【甕牖 옹유】 깨어진 독의 아가리로 창(窓)을 만듦. 몹시 가난한 집.

缶 14 【罌】 ⑳ 양병 앵 영 音 yīng
字解 ①양병. ②병의 총칭.
【罌缶 앵부】 양병. 배가 부르고 아가리가 좁고 짧은, 나무나 오지로 만든 그릇.
【罌粟 앵속】 양귀비. 열매껍질의 진액은 아편(阿片)이 되고 씨는 앵속자(罌粟子), 열매껍질은 앵속각(罌粟殼)이라 하여 각각 약재로 씀.
● 銅−, 杯−, 缾−, 浮−, 玉−, 湯−, 壺−.

缶 14 【罎】 ⑳ ❶질그릇 함 音 xiàn ❷얼음 단지 감 音 xiàn ❸큰 독 함 音 xiàn
字解 ❶질그릇. ❷물독. ❸얼음 단지, 얼음을 담는 아가리 좁은 항아리. ❸큰 독. =罎.

缶 14 【罅】 ⑳ 금갈 흔 音 xìn
字解 금가다, 그릇이 금가다.

缶 15 【罍】 ㉑ 술독 뢰·루 音 léi

缶 15 【罍】 字解 ①술독. 표면에 구름·우레 따위의 무늬를 그린 열 말들이. ②대야, 세숫대야.
【罍觶 뢰상】 술단지와 술잔.
【罍尊 뢰준】 표면에 구름 무늬를 그린 술단지.

〈罍①〉

缶 15 【齾】 ㉑ 흠질 알 音 yà
字解 흠지다, 그릇에 이가 빠지다.

缶 16 【罎】 ㉑ 壜(368)과 동자

缶 16 【罏】 ㉒ 술독 로 音 lú
字解 술독, 항아리.

缶 17 【罌】 ㉓ 귀 달린 독 령 音 líng
字解 귀가 달린 독.

缶 18 【罐】 ㉔ 두레박 관 音 guàn
字解 ①두레박. =鑵. ②가마, 가마솥. 〔世說新語〕毀缾罐.
【罐子 관자】 물을 따르는 기구.

网部

6획 부수 | 그물망부

网 0 【网】 ⑥ 그물 망 音 wǎng
參考 '网'이 한자의 구성에서 머리로 쓰일 때는 글자 모양이 '罒·四·冂'로 되기도 한다. '目'이 부수로 쓰일 때의 글자 모양과 같으므로 유의해야 한다.
字源 象形. 冂+㐅→网. '㐅'은 그물의 코, '冂'는 덮어 씌운다는 뜻이다. 합하여 '網'과 같이 '그물'을 뜻한다.
字解 그물. =網.

网 3 【罔】 ⑧ ❶그물 망 音 wǎng ❷성 망 音 wàng

丨 冂 冂 罓 罓 罔 罔 罔

參考 岡(499)은 딴 자.
字源 形聲. 网+亡→罔. '亡(망)'

이 음을 나타낸다.
字解 ❶①그물. =网. ㉮금수(禽獸)·어류(魚類)를 잡는 그물. 〔易經〕結繩而爲罔罟. ㉯죄인을 잡는 그물. 〔詩經〕天之降罔. ㉰굴레, 자유를 속박하는 것. 〔張九齡·詩〕形隨世罔罣. ②그물질하다, 잡다. 〔孟子〕是罔民也. ③맺다, 얽다. 〔楚辭〕罔薜荔兮爲帷. ④없다. 늑無·亡. 〔書經〕罔不率俾. ❺아니다. 부정하는 말. 늑不. 〔書經〕乃罔畏畏. ❻어둡다, 어리석다. 〔論語〕學而不思則罔. ❼덮어씌우다 속이다. 늑誣. 〔論語〕可欺也, 不可罔. ❽덮다, 가리다. 〔漢書〕不可罔以非類. ❾근심하다. 〔宋玉·賦〕罔兮不樂. ❿망령되다. 늑妄. ⓫재앙. 〔詩經〕天之降罔, 維其優矣. ❷성(姓), 장적(長狄)의 추장의 성.
【罔罟 망고】그물. ◯'罔'은 짐승을 잡는 그물, '罟'는 물고기를 잡는 그물.
【罔極 망극】①끝이 없음, 한이 없음. ②끝없이 악(惡)을 행한 사람.
【罔極之恩 망극지은】한없는 은혜, 끝없는 은혜. 부모의 높은 은혜.
【罔極之痛 망극지통】한없는 슬픔. 임금과 부모의 상사(喪事)에 쓰는 말.
【罔兩 망량】①그림자 옆에 생기는 엷은 그늘. ②의지할 데 없는 모양. ③요괴(妖怪)의 이름. 곧, 산의 정령(精靈). 魍魎(망량).
【罔民 망민】무지(無知)한 백성을 속여서 법망(法網)에 걸려들게 함.
【罔辟 망벽】임금의 눈을 어둡게 함.
【罔知所措 망지소조】창황하여 어찌할 바를 모름, 허둥지둥함. 罔措(망조).
【罔測 망측】헤아릴 수 없음. 정상적인 상태를 벗어나 차마 볼 수 없음.
◐ 姦—, 罟—, 禁—, 欺—, 誣—, 文—, 勿—, 迷—, 眾—, 天—, 侵—, 敝—, 罕—, 惑—.

网 3 【罕】⑦ ❶그물 한 罕 hǎn ❷땅 이름 한 罕 hàn
字解 ❶①그물, 새그물. 자루가 길다. 〔揚雄·賦〕罕車飛揚. ②기(旗). 〔史記〕荷罕旗以先驅. ③드물다. 〔論語〕子罕言利. ④성(姓). ❷땅 이름.
【罕車 한거】①그물을 싣는 수레. 獵車(엽거). ②필성(畢星)의 딴 이름.
【罕見 한견】드물게 봄.
【罕古 한고】옛날부터 드묾.
【罕漫 한만】분명하지 않은 모양.
【罕罔 한망】그물. ◯'罔'도 그물.
【罕言 한언】가끔 말함, 거의 말하지 않음.
【罕儔 한주】동료(同僚)가 적음. ◯'儔'는 '侶'로 '벗'을 뜻함.
【罕畢 한필】천자의 의장(儀仗).
◐ 罘—, 雲—, 旌—, 駐—, 畢—.

网 3 【罕】⑧ 罕(1397)의 본자

网 4 【罘】⑨ ❶그물 부 罘 fú ❷덮치기 부 罘 fú
字解 ❶①그물. ㉮토끼 그물. 〔史記〕罘罔彌山. ㉯사슴 그물. 〔呂氏春秋〕罝罘羅網. ②거듭하다. ❷덮치기, 수레에 베푼 새그물.
【罘罔 부망】덮치기. 수레 위에 쳐서 금수(禽獸)를 잡는 그물. 罘網(부망).
【罘罳 부시】①궁문 밖에 있는 담장. ②대나 널조각을 이리저리 엇걸어 만든, 정원(庭園)의 울타리. ③그물. ④휘장, 장막.

网 4 【罟】⑨ 토끼 그물 호 罟 hù
字解 토끼 그물, 망.

网 4 【罠】⑨ 그물 벼리 굉 罠 gōng
字解 ①그물의 벼리. ②새끼, 밧줄. ③그물에 가득 차다.

网 5 【罡】⑩ 별 이름 강 罡 gāng
字解 별 이름, 북두성의 딴 이름.

网 5 【罟】⑩ 그물 고 罟 gǔ
字解 ①그물. 〔中庸〕驅而納諸罟擭陷阱之中. ②물고기 그물. 〔孟子〕數罟不入洿池. ③규칙, 법칙. 〔詩經〕畏此罪罟. ④그물질하다.
【罟網 고망】그물. 罟網(고망).
【罟擭陷阱 고확함정】그물과 덫과 허방다리. 금수(禽獸)를 잡는 장치.
◐ 羅—, 網—, 獸—, 漁—, 罪—, 數—, 兔—.

网 5 【罛】⑩ 물고기 그물 고 罛 gū
字解 ①물고기 그물. 〔詩經〕施罛濊濊. ②나타나는 모양. 〔張衡·賦〕睊罛序豁.
【罛罟 고고】그물 무늬의 옷 장식품.
【罛罶 고류】어망(漁網)과 통발.

网 5 【罞】⑩ 罞(1398)와 동자

网 5 【罞】⑩ 고라니 그물 몽·모 罞 máo
字解 고라니 그물, 고라니를 잡는 그물.

网 5 【罠】⑩ 낚싯줄 민 罠 mín
字解 ①낚싯줄. ②토끼 그물. ③고라니 그물. 〔左思·

网部 5~8획 罢 罝 罜 罣 罙 罥 罦 罧 罨 罳 罫 罧 罨 罭 罩

〕畢罕瑣結, 罠蹏連網.
【罠蹏 민제】 노루나 사슴을 잡는 그물.

网5 【罢】 ⑩ 罙(1398)와 동자

网5 【罝】 ⑩ 짐승 그물 저·차 〔魚麗〕 jū
〔소전〕罝 〔주문〕罝 〔혹체〕罝 〔초서〕罝 罝 羅
〔동자〕𦊱 〔字解〕❶짐승 그물. 〔呂氏春秋〕繾網罝罦不敢出於門. ❷토끼 그물. 〔詩經〕肅肅兔罝. ❸그물. 〔張衡·賦〕結罝百里.
【罝羅 저라】 새나 짐승을 잡는 그물.
【罝罔 저망】 토끼나 물고기를 잡는 그물.
【罝網 저망】 금수를 잡는 그물.
【罝罦 저부】 짐승, 특히 토끼를 잡는 그물.
【罝設 저설】 그물을 침.

网5 【罜】 ⑩ 작은 물고기 그물 주·독 〔國屋〕 zhǔ
〔소전〕罜 〔초서〕罜 〔字解〕 작은 물고기 그물. ¶罜麗.
【罜麗 주록】 물고기를 잡는 작은 그물.

网6 【罣】 ⑪ 걸 괘 〔卦〕 guà
〔초서〕罣 〔字解〕❶걸다, 걸리다. ≒絓. ❷거리끼다. 〔般若心經〕心無罣礙.
【罣罳 괘시】 대나무로 만든 어레미.
【罣礙 괘애】 방해(妨害). 방해함.
【罣誤 괘오】 관리가 과오를 범하여 견책을 당함.

网6 【罙】 ⑪ 그물 미 〔支〕 mí
〔소전〕罙 〔혹체〕罙 〔字解〕❶그물. ❷두루 돌아다니다. ❸깊다. ❹범하다.

网7 【罥】 ⑫ ❶얽을 견 〔銑〕 juǎn ❷그물 견 〔霰〕 juàn
〔초서〕罥 〔字解〕❶❶얽다, 옭다. 〔木華·賦〕或挂胃於岑㟧之峯. ❷맺다. 〔鮑照·賦〕荒葛胃塗. ❷❶그물. ❷올가미를 만들다.
【罥索 견삭】 ❶그네. 鞦韆(추천). ❷고삐.

网7 【罭】 ⑫ 편한 모양 랑 〔漾〕 làng
〔字解〕 편한 모양, 광대한 모양. 〔左思·賦〕相與騰躍乎莽罭之野.

网7 【罦】 ⑫ 꿩그물 매·무 〔灰〕〔宥〕 méi
〔소전〕罦 〔동자〕罦 〔동자〕罦 〔字解〕 꿩그물.

网7 【罦】 ⑫ ❶토끼 그물 부 〔尤〕 fú ❷덮치기 부 〔虞〕 fú

〔소전〕罦 〔字解〕❶❶토끼 그물. ❷면장(面牆). 집의 정면에 쌓은 담. ❷덮치기 두 나룻 사이에 베푼 새그물. =罦.

网7 【罦】 ⑫ 그물 부 〔虞〕 fú
〔초서〕罦 〔동자〕罦 〔字解〕 그물, 덮치기. 두 나룻 사이에 베푼 새그물. 늑罞·罧. 〔詩經〕雉離于罦.
【罦罝 부저】 꿩그물과 토끼 그물.

网7 【罤】 ⑫ ❶토끼 그물 제 〔齊〕 tí ❷형 곤 〔元〕 kūn
〔字解〕❶토끼 그물. ❷형. =昆.

网8 【罧】 ⑬ 众(1397)와 동자

网8 【罫】 ⑬ ❶줄 괘 〔卦〕 guǎi ❷거리낄 홰 〔卦〕 guà
〔참고〕 대법원 지정 인명용 한자의 음은 '괘'이다.
〔字解〕❶❶줄. ❷바둑판처럼 가로세로 엇갈리게 친 줄. ❷거리끼다.
【罫線 괘선】 인쇄물에서 윤곽이나 경계를 나타낸 선.
【罫中 괘중】 바둑판의 정간(井間) 안.
【罫紙 괘지】 괘선을 친 용지.

网8 【罧】 ⑬ 고깃깃 삼 〔寢〕〔沁〕 shèn
〔소전〕罧 〔字解〕 고깃깃. 섶나무를 물속에 쌓아, 물고기가 모이게 하여 잡는 장치. 〔淮南子〕罧者扣舟.

网8 【罨】 ⑬ 그물 엄·압 〔琰〕〔洽〕 yǎn
〔소전〕罨 〔초서〕罨 〔字解〕❶그물. ㉮새그물. ㉯물고기 그물. ❷그물을 덮어씌우다. 〔左思·賦〕罨翡翠.
【罨法 엄법】 〔國〕찜질. 냉수나 온수에 적신 수건을 환부(患部)에 덮어서 염증이나 충혈을 없애는 치료법.
【罨畫 엄화】 채색한 그림.

网8 【罭】 ⑬ 어망 역 〔職〕 yù
〔소전〕罭 〔초서〕罭 〔字解〕 어망(漁網), 물고기 그물. 작은 물고기를 잡는, 눈이 촘촘한 작은 그물. 〔詩經〕九罭之魚鱒魴.

网8 【罩】 ⑬ 보쌈 조·탁 〔效〕〔覺〕 zhào
〔소전〕罩 〔초서〕罩 〔字解〕❶보쌈. 대나무나 시나무로 결어서 만든, 고기를 잡는 그릇. 〔左思·賦〕罩兩鯢. ❷끼다, 연기 따위가 끼다. 〔司空圖·詩〕荷塘烟罩小齊

网部 8~9획 罪罪罬置罻

虛. 景物皆宜入畫圖. ③가리, 가리로 물고기를 잡다. 〔詩經〕烝然罩罩. 【罩罩】①물고기를 잡는 가리. ②물고기가 떼를 지어 노는 모양.
● 駒-, 籠-, 網-, 弛-, 釣-.

【罜】⑬ 새 덮어씌울 조 zhāo
[字源] 會意. 网+隹→罜. '网'은 그물, '隹'는 꼬리가 짧은 새로, '새를 덮쳐서 내놓지 않는다'는 뜻을 나타낸다.
[字解] 새를 덮어씌우다.

【罪】⑬ 허물 죄 zuì
[字源] 形聲. 网+非→罪. '非(비)'가 음을 나타낸다.
[字解] ①허물, 죄. ㉠법을 어긴 죄.〔晉書〕宜聲其罪而戮之. ㉡형벌.〔呂氏春秋〕行罪無疑. ㉢재앙.〔春秋左氏傳〕懷璧有罪. ②죄 주다. ㉠형벌을 내리다.〔書經〕四罪而天下咸服. ㉡책망하다, 힐책하다.〔史記〕夫子罪我, 以群婢故也夫.
【罪譴 죄견】죄. 허물.
【罪辜 죄고】죄. 罪過(죄과).
【罪科 죄과】①죄악. ②죄에 대하여 과해지는 형벌.
【罪過 죄과】죄와 과실.
【罪魁 죄괴】범죄자 일당의 두목. 범죄의 장본인. 魁首(괴수).
【罪咎 죄구】죄. 허물.
【罪根 죄근】(佛)죄악의 근본. 無明(무명).
【罪戾 죄려】죄. ♪ '戾'도 '罪'를 뜻함.
【罪累 죄루】①죄에 연루(連累)되는 일. ②죄를 여러 번 범하는 일.
【罪不容誅 죄불용주】죄가 죽여도 용납될 수 없을 정도로 큼.
【罪狀 죄상】죄를 저지른 실제 사정.
【罪惡 죄악】죄가 될 만한 나쁜 행위.
【罪案 죄안】①죄과(罪科)에 대한 재판의 기록. ②범죄 사건.
【罪殃 죄앙】죄. 허물.
【罪孽 죄얼】죄. 허물. 재난. 罪禍(죄화).
【罪業 죄업】(佛)몸·입·마음의 삼업(三業)에 의하여 짓는 죄.
【罪疑惟輕 죄의유경】죄상이 확실하지 못하여 벌의 경중을 판단하기 어려울 때는, 가벼운 쪽을 따름.
【罪人不孥 죄인불노】당사자에게만 죄를 주고 처자(妻子)에게는 미치지 않게 함.
【罪迹 죄적】범죄의 자취.
【罪疾 죄질】죄와 병. 재난.
【罪責 죄책】①죄를 저지른 책임. ②죄에 대한 형벌. 罪罰(죄벌).
【罪蟄 죄칩】國죄를 지어 숨어 있음. 부모의 상

중(喪中)에 있음을 이르는 말.
● 辜-, 功-, 斷-, 待-, 免-, 無-, 問-, 犯-, 死-, 赦-, 謝-, 贖-, 原-, 冤-, 有-, 宥-, 坐-, 重-, 治-, 刑-, 橫-.

【罬】⑬ 새그물 철·결 zhuó
[字解] 새그물.

【置】⑬ 둘 치 zhì
[字源] 會意. 网+直→置. 정직한 [直] 사람은 잡아도 [皿] 용서한다는 데서, '두다'의 뜻을 나타낸다.
[字解] ①두다. ㉠용서하다, 풀어 주다.〔史記〕無有所置. ㉡버리다.〔國語〕是以小怨置大德也. ㉢버려두다.〔荀子〕其置顔色, 出辭氣效. ㉣남기다.〔漢書〕招樊噲出, 置車官屬. ㉤세우다.〔周禮〕置而搖之.〔呂氏春秋〕湯見祝網者置四面. ㉥편안하다.〔列子〕剖賢探心, 易而置之. ㉦안치(安置)하다. ②역말. ≒馹.〔孟子〕速於置郵而傳命. ③사다, 사들이다.〔韓非子〕鄭人有且置履者.
【置毒 치독】독약을 음식에 넣어 둠.
【置履 치리】신을 사들임.
【置簿 치부】國금전·물품 등의 출납(出納)을 기록함.
【置辭 치사】재판에서의 피고(被告)의 진술. 또는 말하는 법.
【置身無知 치신무지】國두렵거나 부끄러워 몸 둘 바를 모름.
【置郵 치우】파발마(擺撥馬)를 달림. ♪ '置'는 역참(驛站), '郵'는 파발마.
【置傳 치전】준마(駿馬) 네 필을 단 역참(驛站)의 마차.
【置酒高會 치주고회】성대한 주연(酒宴)을 베풂.
【置重 치중】어떤 일에 중점을 둠.
【置贄 치지】신하가 임금에게 물품을 바침.
【置之度外 치지도외】생각 밖에 버려둠. 내버려 두고 문제 삼지 않음.
【置塚 치총】國치표(置標)하여 만든 무덤.
【置錐之地 치추지지】송곳을 세울 만한 아주 좁은 땅. 立錐之地(입추지지).
【置標 치표】①표하여 둠. ②國묏자리를 미리 잡아 표적을 묻어서 무덤 모양으로 만들어 둠. 또는 그 표적.
【置換 치환】바꾸어 놓음.
● 改-, 拘-, 代-, 對-, 倒-, 放-, 排-, 配-, 備-, 設-, 安-, 位-, 留-, 前-, 措-, 迭-, 處-, 布-, 鋪-, 換-.

【罻】⑭ 罼(1398)와 동자

网部 9~10획 罰署置罳罶罵罻罛罷

网 9 【罰】⑭ 죄 벌 囲 fá

罒 四 罒 罒 罒 罰 罰 罰 罰
소전 𠛬 초서 罰 동재 罰 간체 罚

字源 會意. 罒+刀→罪. 죄가 가벼운 사람에게는 칼(刂)로써 으르며 말로써 꾸짖는다(詈)는 데서 '가벼운 죄'를 뜻한다. 바뀌어 '두루 벌을 준다'는 뜻을 나타낸다.

字解 ❶죄. 가벼운 죄. 〔列女傳〕淫爲大罰. ❷벌, 형벌. 〔易經〕刑罰淸而民服. ❸죄를 속(贖)하다. 〔周禮〕掌受士之金罰貨罰入于司兵. ❹벌하다, 벌주다. 〔周禮〕凡民之有袤惡者, 三讓而罰. ❺죽이다. 〔書經〕致天之罰.

【罰科 벌과】囲 거인(擧人)·진사(進士) 시험에서 규정을 어긴 사람에게 회시(會試)·전시(殿試)의 과(科)를 정지하던 일.
【罰殛 벌극】죄를 줌.
【罰金 벌금】벌로 물리는 돈.
【罰杯 벌배】술 좌석에서 주령(酒令)을 어겨 벌로 먹이는 술. 罰酒(벌주).
【罰俸 벌봉】봉급을 몰수하는 형벌. 관리의 공무상의 범죄에 대한 제재.
【罰惡 벌악】악을 벌함.
【罰爵 벌작】①군신(君臣)이 함께 술을 마실 때, 결례(缺禮)한 사람에게 벌주(罰酒)를 먹이던 일. ②승부에 진 사람에게 벌로 먹이는 술.
【罰錢 벌전】囲 약속·규칙 따위를 어겨 벌로 내는 돈.
【罰懲 벌징】벌을 주어 징계함.
【罰則 벌칙】법규를 어겼을 때의 처벌을 정해 놓은 규칙.

● 辜ㅡ, 科ㅡ, 咎ㅡ, 勸ㅡ, 極ㅡ, 濫ㅡ, 私ㅡ, 賞ㅡ, 嚴ㅡ, 懲ㅡ, 責ㅡ, 謫ㅡ, 罪ㅡ, 誅ㅡ, 重ㅡ, 鞭ㅡ, 處ㅡ, 天ㅡ, 體ㅡ, 刑ㅡ, 訓ㅡ.

网 9 【署】⑭ 관청 서 圄 shǔ

罒 四 罒 甲 𦋳 羅 罘 署 署
소전 𦋱 초서 署 간체 署 参考 暑(791)는 딴 자.

字源 形聲. 罒+者→署. '者(자)'가 음을 나타낸다.

字解 ❶관청, 관아(官衙). 〔唐書〕學士入署, 常視日影爲候. ❷부(部)·국(局) 등으로 나누어 베풀다. 〔漢書〕我署文章. ❸나누어진 부서(部署). 〔後漢書〕北面受署. ❹벼슬, 관직. 〔張衡·賦〕重以虎賁章溝嚴更之署. ❺적다. ㉮제목·표제(標題)를 쓰다. 〔漢書〕署其官爵姓名. ㉯쓰다, 적다. 〔漢書〕翟公大署其門. ㉰서명(署名)하다, 수결을 두다. 〔後漢書〕不肯平署. ❻수결(手決). 도장 대신에 자기 성명 밑에 하는 일정한 표지. ❼대리(代理). 〔嘉慶會典〕有署理以權其事.
【署理 서리】조직에서 결원(缺員)이 있을 때 딴 사람이 직무를 대리함.
【署名 서명】이름을 적어 넣음.
【署押 서압】①서명 날인함. ②화압(花押)을 둠. ◐'花押'은 수결(手決)과 함자(衜字).
【署正 서정】관서(官署)의 장(長).
【署置 서치】각기 관직에 임명함.

● 公ㅡ, 官ㅡ, 本ㅡ, 府ㅡ, 部ㅡ, 支ㅡ, 宦ㅡ.

网 9 【置】⑭ 罿(1402)과 동자

网 9 【罳】⑭ 면장 시 囲 사·새 囲 sī

소전 𦋺 초서 罳 字解 면장(面牆). 집의 정면에 쌓은 담.
【罳頂 시정】천장. 天井(천정).

网 10 【罶】⑮ 통발 류 囲 liǔ

소전 𦋲 혹체 𦋳 초서 罶 字源 會意·形聲. 网+留→罶. 그물(网)에 든 물고기가 머물러서(留) 나가지 않는 어구(漁具), 곧 '통발'을 뜻한다. '留(류)'가 음도 나타낸다.
字解 통발. 〔詩經〕魚麗于罶.

网 10 【罵】⑮ 욕할 매 囲 마 囲 mà

소전 𦋹 초서 罵 간체 骂 字解 욕하다, 꾸짖다. 〔史記〕輕士善罵.
【罵譏 매기】욕하고 헐뜯음.
【罵倒 매도】몹시 욕하며 몰아세움.
【罵詈 매리】욕. 욕함.
【罵言 매언】욕설을 함.
【罵辱 매욕】욕설을 퍼부어 창피를 줌.
【罵坐 매좌】좌중(座中)의 사람에게 욕을 함.

● 怒ㅡ, 面ㅡ, 侮ㅡ, 惡ㅡ, 嘲ㅡ, 責ㅡ, 詬ㅡ.

网 10 【罻】⑮ 罰(1400)과 동자

网 10 【罛】⑮ 그물 여 囲魚 yú

字解 그물.

网 10 【罷】⑮
❶방면할 파 囲 bà
❷고달플 피 囲 pí
❸가를 벽 囲 pì
❹그만둘 파 囲 bà

罒 四 罒 罒 罝 罷 罷 罷
소전 𦋻 초서 罷 간체 罢 参考 대법원 지정 인명용 한자의 음은 '파'이다.

字源 會意. 网+能→罷. 현자(能)는 잡혀도 (罒) 곧 풀려나므로 '방면하다'라는 뜻을 나타

낸다. 바꾸어 '그만두다·쉬다' 등의 뜻을 나타낸다.
字解 ❶①방면(放免)하다, 놓아주다. 〔史記〕乃罷魏勃. ②그치다, 쉬다. 〔梁元帝·詩〕波橫山渡影, 雨罷葉生光. ③그만두다, 쉬게 하다. 〔論語〕欲罷不能. ④덜다, 줄이다. 〔淮南子〕罷官之無事. ⑤내치다, 물리치다. 〔晉書〕時欲沙汰郎官非才者罷之. ⑥흩어지다. 〔春秋左氏傳〕布路而罷. ⑦돌아가다, 돌아오다. 〔國語〕遠者罷而未至. ⑧어미(語尾)에서 명령·추측을 나타내는 조사. 〔元曲〕我和你回去罷. ❷①고달프다, 느른하다. 늑疲. 〔國語〕今吳民旣罷. ②앓다. 〔國語〕罷士無伍. ③약하다, 능력이 모자라다. 〔荀子〕君子賢而能容罷. ④둔하다, 어리석다. 〔楚辭〕誅譏罷只. ❸가르다, 두 쪽으로 가르다. ❹그만두다. ※❶의 ③과 같다.
【罷家 파가】 살림살이를 작파함.
【罷遣 파견】 하던 일을 그만두게 하고 돌려보냄.
【罷漏 파루】 圇통행금지를 해제하기 위하여 오경 삼점(五更三點)에 종각의 종을 서른세 번 치던 일.
【罷免 파면】 직무를 박탈함.
【罷兵 파병】 전쟁을 그침. 전쟁을 그만둠.
【罷市 파시】 시장이 서지 않고 쉼.
【罷養 파양】 圇양자 관계의 인연을 끊음. 罷繼 (파계)
【罷業 파업】 ❶파업 ❷피업 ❶①하던 일을 중지함. ②圐동맹 파업. 스트라이크(strike). ❷지침. 느른함.
【罷議 파의】 의논하던 것을 그만둠.
【罷場 파장】 ①시장(市場)이 파함. ②과거 시험장이 파함. ③일이 거의 끝날 무렵.
【罷職 파직】 관직을 파면(罷免)함.
【罷陣 파진】 군대의 진을 풀어 헤침.
【罷黜 파출】 파면하여 쫓아냄. 斥罷(척파).
【罷倦 파권】 지침. 피로함.
【罷駑 피노】 ①지쳐서 둔해진 말. ②쓸모없는 둔재(鈍才).
【罷馬 피마】 피로한 말. 말을 지치고 약하게 만듦.
【罷民 피민】 ①일정한 주거(住居)나 직업이 없는 사람. ②백성을 피폐하게 함.
【罷士 피사】 ①지친 병사(兵士). ②재능이 변변하지 못한 사람.
【罷盡 피진】 몹시 지침. 극도로 피로함.
❶ 去一, 郎一, 老一, 斥一, 廢一.

网 11 【麗】 ⑯ 잡어 어망 록 圂 lù
字解 ①잡어 어망(雜魚漁網). ②드리워진 모양.

网 11 【罹】 ⑯ 근심 리 囡 lí
字解 ①근심, 근심하다. 〔詩經〕逢此百罹. ②걸리다, 병·재앙 따위에 걸리다. 〔書經〕罹其凶害. ③만나다, 당하다. 〔漢書〕罹寒暑之數.
【罹難 이난】 ⇨罹災(이재).
【罹病 이병】 병에 걸림.
【罹災 이재】 재해를 입음. 재난을 만남.
【罹罝 이저】 그물에 걸림.
【罹被 이피】 걸림. 당함.

网 11 【罻】 ⑯ 그물 위·울 囷 wèi
字解 그물, 새를 잡는 작은 그물. 〔禮記〕設罻羅.
【罻羅 위라】 새를 잡는 그물의 총칭.
【罻蒙 울몽】 어두운 모양.

网 11 【䍖】 ⑯ 罝(1398)와 동자

网 11 【罹】 ⑮ 罝(1398)의 속자

网 11 【巢】 ⑯ 산대 조 圚 cháo
字解 산대. 물고기를 떠 올려 잡는 작은 그물. 〔左思·賦〕巢鰝鰕.

网 11 【畢】 ⑯ 족대 필 圓 bì
字解 ①족대. 물고기를 잡는 기구의 하나. 작은 반두와 비슷하나 그물의 가운데 부분이 처지게 되어 있다. ②토끼 그물.
【畢弋 필익】 긴 자루를 단, 새 잡는 작은 그물. 畢弋(필익).
【畢罕 필한】 ①필(畢)과 한(罕). 다 같이 새를 잡는 그물. ②큰 기〔大旗〕.

网 12 【罽】 ⑰ 물고기 그물 계 圚 jì
字解 ①물고기 그물. ②융단(絨緞), 양탄자. 〔漢書〕狗馬被繢罽.
【罽毯 계담】 담요. 털로 짠 자리.
【罽繡 계수】 모직물과 자수(刺繡).
【罽衣 계의】 모직(毛織)으로 만든 옷. 털옷.

网 12 【罿】 ⑰ 새그물 동·충 圐 chōng
字解 ①새그물. 〔法言〕杭辭免罿. ②그물. 〔張華·賦〕尙何懼於罿罻.

网 12 【罞】 ⑰ 물고기 그물 료 liào
字解 물고기 그물.

网 12 【罛】 ⑰ 들창 망 무 庚 wǔ
字解 ①들창 망, 들창에 치는 망. ②꿩그물.

【巽】⑰ 그물 선·산 xuǎn
①그물, 올무.

【罾】⑰ 어망 증 zēng
어망. 네 귀를 잡고 들어 올리는 어망(漁網)과 통발. 〔楚辭〕 罾何爲兮木上.
【罾笱 증구】 네 귀를 잡고 들어 올리는 그물과 통발.
【罾繳 증격】 그물과 주살.

【罥】⑱ 올무 견 juàn
①올무, 그물. ②올무를 써서 잡다. ③잡아매다. 〔張衡·賦〕 罥羅之所罥結.
【罥結 견결】 잡아맴.

【䍥】⑱ 麗(1401)과 동자

【羅】⑲ ❶새그물 라 luó
❷돌 라 luó

會意. 网+維→羅. 그물〔网〕에 벼릿줄〔維〕을 펜다는 데서 '새를 잡는 그물'의 뜻을 나타낸다.
❶①새그물. 〔詩經〕 雉離于羅. ②그물질하다. 〔周禮〕 羅氏掌羅烏鳥. ③휩싸다. 〔漢書〕 網羅天下異能之士. ④펴다. 〔太玄經〕 六幹羅如. ⑤잇다, 연잇다. 〔漢書〕 從車羅騎. ⑥비단. 〔楚辭〕 羅幬張些. ⑦벌이다, 늘어서다. 〔楚辭〕 步騎羅些. ⑧성(姓). ❷돌다, 순찰하다. ≒邏.
【羅裾 나거】 얇은 비단옷의 옷자락.
【羅經 나경】 나침반(羅針盤).
【羅罟 나고】 그물. 법망(法網)의 비유.
【羅郭 나곽】 ⇨羅城(나성)①.
【羅綺 나기】 ①얇은 비단과 무늬 있는 비단. 얇은 무늬 있는 비단. ②성장(盛裝)한 미녀.
【羅騎 나기】 행렬 가운데에서 말을 타고 따르는 사람.
【羅羅 나라】 깨끗하고 고운 모양. 청초(淸楚)한 모양.
【羅綾 나릉】 얇은 비단과 두꺼운 비단.
【羅立 나립】 줄을 지어 늘어섬.
【羅馬 나마】 로마. ㉠이탈리아의 수도. ㉡로마 제국의 약칭. ○'로마(Roma)'의 음역어.
【羅網 나망】 ①새를 잡는 그물. 새그물. ②법률(法律). 법망(法網). ③그물을 씌워 잡음. ④죄를 뒤집어씌움. ⑤그물 모양으로 구슬을 꿰어 불전(佛前)을 장식하는 기구.
【羅文 나문】 ①엷은 비단의 무늬. ②벼루의 딴 이름.
【羅拜 나배】 죽 늘어서서 함께 절함.
【羅敷 나부】 연이어서 깖. 羅布(나포).
【羅浮少女 나부소녀】 나부산(羅浮山)의 소녀. 미인(美人). 故事 나부산에 있는 매화(梅花)의 정령(精靈)이 미인의 모습으로 나타났다는 고사에서 온 말.
【羅紗 나사】 발이 나타나지 않은, 두꺼운 모직물. ○포르투갈 어 '라샤(raxa)'의 음역어.
【羅城 나성】 ①큰 성(城)의 외곽. 작은 성의 외곽은 자성(子城)이라 함. 羅郭(나곽). ②'로스앤젤레스(Los Angeles)'의 음역어.
【羅星 나성】 죽 늘어선 별.
【羅袖 나수】 엷은 비단옷의 소매.
【羅列 나열】 죽 벌여 놓음.
【羅雲 나운】 그물을 쳐서 구름을 잡음. 현인(賢人)을 초치(招致)함.
【羅幃 나위】 엷은 비단으로 만든 장막(帳幕).
【羅罝 나저】 ①새그물과 토끼 그물. ②형벌.
【羅甸 나전】 '라틴(Latin)'의 음역어.
【羅卒 나졸】 國지방 관아에 딸린 사령(使令)과 군뢰(軍牢)의 총칭.
【羅織 나직】 ①엷은 견직물. ②죄를 꾸며 법망(法網)에 끌어넣음.
【羅利 나찰】 (佛)사람을 잡아먹으며, 지옥에서 죄인을 괴롭힌다는 악귀. 뒤에 불교의 수호신이 되었음.
【羅致 나치】 새를 그물로 잡듯이 훌륭한 사람을 불러들임.
【羅針盤 나침반】 방위를 알 수 있도록 만든 기구.
【羅布 나포】 죽 연달아 벌여 놓음.
【羅漢 나한】 (佛)소승 불교의 최상급 수행자로 공덕을 구비한 성자(聖者). 阿羅漢(아라한).
❶ 輕—, 綺—, 綾—, 摩—, 網—, 汨—, 紗—, 森—, 織—, 星—, 水—, 修—, 新—, 列—, 閻—, 雀—, 罝—, 鳥—, 耽—, 海—, 紅—.

【幂】⑲ 덮을 멱 mì
①덮다, 덮개, 씌우개. =冪. 〔春渚紀聞〕 皆以青帛幂之. ②밥보자기.

【羆】⑲ 큰곰 비 pí
큰곰. 곰의 한 가지. 〔詩經〕 維熊維羆.

【齎】⑲ 거를 제 jī
거르다, 짜다, 밭다.

【羅】㉑ 상보 력 lì
①상보(床褓), 밥보자기. ②연기가 자욱한 모양.

网部 17~19획 羈覊䍜麗 羊部 0획 羊

17 【羈】㉒ 나그네 **기** 因 jī
초서 羈 통자 羈
[字解] ①나그네, 나그네살이. 〔春秋左氏傳〕爲羈終世, 可謂無民. ②굴레, 말의 굴레. ≒羈. 〔韓詩外傳〕孰負羈縶而從.
【羈客 기객】 나그네.
【羈旅 기려】 ①타향에 머묾. 여행. ②나그네.
【羈旅之臣 기려지신】 다른 나라에서 와서 정식 신하가 되지 않고 한때 몸을 의탁한 나그네로서의 신하. 羈旅之臣(기려지신).
【羈留 기류】 여행을 떠나 묵음.
【羈離 기리】 고향을 떠나 여행함.
【羈魄 기백】 ①여행 중의 몸. ②나그네의 마음. 旅心(여심).
【羈愁 기수】 나그네의 근심. 나그네의 쓸쓸한 생각. 旅愁(여수).
【羈心 기심】 나그네의 심정. 旅心(여심).
【羈寓 기우】 타향에서 우거(寓居)함. 객지살이.
【羈滯 기체】 나그네가 되어 머무름.

19 【羈】㉔ 굴레 **기** 因 jī
초서 羈 속자 羈 속자 羈 통자 羈 간체 羁
[字解] ①굴레. 〔春秋左氏傳〕臣負羈絏. ②재갈. 소는 이에 해당하는 것을 고삐(縻)라 한다. 〔司馬相如·文〕其義羈縻勿絶而已. ③끌다. 〔呂氏春秋〕有以羈誘之也. ④잡아매다. 〔司馬遷·書〕僕少負不羈之行. ⑤꼭지 머리. 머리를 깎고, 정수리에 조금 남긴 머리. 〔禮記〕翦髮爲鬐, 男角女羈. ⑥나그네살이. ≒羈. 〔春秋左氏傳〕單獻公棄親用羈.
【羈角 기각】 어린이의 머리를 두 갈래로 갈라 양쪽 귀 위에 뿔처럼 동여맨 것. ○'羈'는 여자의 것, '角'은 남자의 것.
【羈客 기객】 나그네.
【羈繫 기계】 속박되어 자유롭지 못함.
【羈孤 기고】 혼자서의 여행. 羈孤(기고).
【羈梏 기곡】 ①굴레와 수갑. ②속박되어 자유롭지 못하게 함.
【羈貫 기관】 ①남녀 성동(成童)의 머리 매는 방법. 羈角(기각). ②8세 정도의 나이.
【羈旅 기려】 나그네.
【羈旅之臣 기려지신】 ⇨ 羈旅之臣(기려지신).
【羈勒 기륵】 ①말의 굴레. ②속박하여 제약함. 羈絆(기반).
【羈縻 기미】 잡아맴. 자유를 구속하고 억압함. ○'羈'는 굴레, '縻'는 고삐.
【羈絆 기반】 굴레. 속박의 비유.
【羈紲 기설】 ①굴레와 고삐. ②임금의 말고삐를 잡음. 신하가 되어 섬김의 겸칭(謙稱).
【羈束 기속】 얽어맴. 묶음. 구속함.
【羈役 기역】 속박되어 사역(使役)당함.
【羈維 기유】 매어 둠. 자유를 속박함.
【羈子 기자】 나그네. 羈客(기객).
【羈鳥 기조】 새장 속의 새.

17 【羇】㉒ 객지 **기** 침】 객지에서의 잠자리. 客枕(객침).
【羇恨 기한】 ①객지에서 느끼는 쓸쓸한 생각. ②나그네의 호젓한 생각.
【羇魂 기혼】 여행할 때의 마음. 나그네의 마음. 羇心(기심).
【羇宦 기환】 고향을 떠나 객지(客地)에서 벼슬살이를 함.
◐ 牽−, 係−, 繫−, 絆−, 不−.

19 【䍜】㉔ 흰 두건 **리** 因 lí
초서 䍜 [字解] 흰 두건, 흰 모자.

19 【麗】㉔ ①용수 지를 **소** 魚 shī ②거를 **사**
[字解] ①용수를 지르다, 용수를 질러 술을 뜨다. =醨. ②거르다, 받다, 여과하다.

羊 部

6획 부수 | 양양부

0 【羊】⑥ 양 **양** 陽 yáng

`、` `丷` `兰` `羊`

소전 羊 초서 羊 [參考] '羊'이 한자의 구성에서 머리에 쓰일 때는 글자 모양이 '⺶'으로 바뀐다.
[字源] 象形. 본자는 '⺶'으로, '⺍'는 뿔, '⼲'는 네 발과 꼬리를 본뜬 것이다.
[字解] ①양. 가축의 한 가지. 오행의 '火·土', 8괘로는 '兌(태)'에 속한다. 〔詩經〕羔羊之皮. ②상서롭다. ≒祥. ③배회(徘徊)하다. ≒徉.
【羊角風 양각풍】 회오리바람.
【羊胛熟 양갑숙】 양의 견골(肩骨)을 삶음. 시간이 짧음.
【羊羹 양갱】 양고기를 넣고 끓인 국. 양고기 국.
【羊裘 양구】 양의 가죽으로 만든 옷.
【羊頭狗肉 양두구육】 양의 머리를 간판으로 세워 놓고 개고기를 팖. 선전과 내용이 일치하지 않음. 羊頭馬脯(양두마포).
【羊腸 양장】 양의 창자. 구불구불하고 험한 길의 비유.
【羊酒 양주】 양고기와 술. 둘 다 상(賞)으로 주거나 선물용으로 썼음.
【羊質虎皮 양질호피】 속은 양인데 거죽은 호랑이. 외관은 훌륭하나 실속이 없음.
【羊皮紙 양피지】 양의 가죽으로 만든 서사(書寫) 재료.
【羊毫 양호】 ①양의 털. ②양의 털로 맨 붓.
◐ 羔−, 望−, 牧−, 緬−, 綿−, 白−, 山−, 商−, 野−, 羚−, 牛−, 犧−.

羊部 1~3획 芈 羌 𦍌 羍 㚖 美 羑

羊1 【芈】⑧ 양 울 미 ㊀ mǐ
소전 𦍌 𦍌 혹체 㚖 字解 양이 울다, 양이 우는 소리.

羊2 【羌】 ❶종족 이름 강 ㊂ qiāng
❷새 새끼 주린 모양 강 ⓐ향 ㊃ qiāng
소전 𦍌 고문 𦍌 초서 𦍌 동자 羗 字源 會意. 羊+儿→羌. 양[羊]을 치는 사람[儿], 곧 유목민이라는 뜻을 나타낸다.
字解 ❶①종족 이름. 중국 서쪽의 오랑캐 이름. 현재의 티베트 족. 〔後漢書〕 西羌之本, 出自三苗. ②굳세다. ③발어사(發語辭). 〔楚辭〕 羌衆人之所仇. ④성(姓). ❷새 새끼가 주린 모양. ¶ 羌量.
【羌桃 강도】 호두의 딴 이름.
【羌量 강량】 새 새끼가 굶주려 고달픈 모양.
【羌笛 강적】 악기의 한 가지. 중국 서쪽의 이민족(異民族)이 불던 피리.

羊2 【𦍌】⑧ 牽(1404)과 동자

羊3 【羍】⑨ 어린 양 달 ㊁ dá
소전 𦍌 혹체 𦍌 동자 𦍌 속자 㚖 字解 ①어린 양. ②맛이 좋다. ③나다[生]. ≒達.

羊3 【㚖】⑨ 牽(1404)의 속자

羊3 【美】⑨ 아름다울 미 ㊂ měi
丶ソ丷丷丷羊芏美美
소전 美 초서 美 字源 會意. 羊+大→美. 사람[大]이 머리에 양과 비슷한 장식[羊]을 쓰고 있다는 데서 '아름답다'의 뜻을 나타낸다.
字解 ①아름답다. 〔國語〕 知襄子爲室美. ②맛이 좋다, 맛있다. 〔孟子〕 膾炙與羊棗孰美. ③좋다, 좋은 일, 착한 것. 〔論語〕 尊五美, 屏四惡. ④경사스럽다. 〔管子〕 然后天地之美生. ⑤기리다. 〔荀子〕 或美或惡. ⑥즐기다. 〔荀子〕 美意延年. ⑦現미국의 약칭.
【美擧 미거】 아름다운 일. 칭찬할 만한 갸륵한 행위. 장한 일.
【美景良辰 미경양신】 좋은 경치와 절기(節氣).
【美觀 미관】 아름다운 경치.
【美談 미담】 사람을 감동시킬 만한 아름다운 이야기. 칭찬할 만한 이야기.
【美德 미덕】 아름다운 덕. 훌륭한 행위.
【美麗 미려】 아름답고 고움.
【美祿 미록】 ①넉넉하고 후한 봉록(俸祿). 많은 봉급. ②술[酒]의 딴 이름.
【美名 미명】 ①좋은 이름. 좋은 평판. ②그럴듯한 명목.
【美貌 미모】 아름다운 얼굴 모습.
【美目盼兮 미목반혜】 검은자위와 흰자위가 분명하며 동그랗고 아름다운 눈. 아름다운 용모.
【美盼 미반】 아름다운 눈매.
【美仕 미사】 좋은 관직에 취임함.
【美辭麗句 미사여구】 아름답게 꾸민 말과 글.
【美秀 미수】 아름답고 빼어남.
【美須豪眉 미수호미】 아름다운 수염과 억센 눈썹. ㊀'須'는 '鬚'로 '수염'을 뜻함.
【美食 미식】 ①맛난 음식. ②사치한 음식.
【美惡 미악】 ①아름다움과 추함. 美醜(미추). ②좋은 일과 나쁜 일. 옳음과 그름. 善惡(선악). ③기쁨과 노여움.
【美言 미언】 ①아름답고 훌륭한 말. ②유익한 말. ③아름답게 꾸민 말. 말을 아름답게 꾸밈. 美語(미어).
【美如冠玉 미여관옥】 아름답기가 관의 옥 같음. 겉만 아름답고 알맹이가 없음.
【美髥 미염】 아름답게 난 구레나룻.
【美豔 미염】 아름답고 요염함.
【美音 미음】 ①(佛)불법(佛法)을 지키는 신(神). ②아름답고 고운 목소리.
【美人 미인】 ①용모가 예쁜 여자. 美女(미녀). 美姬(미희). ②용모가 아름다운 남자. 美男(미남). ③임금. ④재덕(才德)이 뛰어난 사람. 賢人(현인). ⑤미국 사람.
【美人計 미인계】 미인을 이용해 남을 꾀는 계략.
【美績 미적】 아름다운 공적. 뛰어난 업적.
【美田 미전】 비옥한 전답.
【美爪 미조】 ①손톱을 예쁘게 다듬음. ②예쁜 손톱.
【美質 미질】 아름다운 성질이나 바탕.
【美醜 미추】 아름다움과 추함.
【美稱 미칭】 ①아름답게 일컫는 말. ②아름다운 칭찬.
【美風良俗 미풍양속】 아름답고 좋은 풍속. 良風美俗(양풍미속).
【美好 미호】 아름답고 어여쁨.
【美行 미행】 아름다운 행실. 착한 행동.
【美化 미화】 ①아름다운 감화(感化). 훌륭한 교화(敎化). ②아름답게 꾸밈. ③아름다운 풍습.
【美肴 미효】 맛 좋은 안주.
❶ 甘―. 姣―. 綺―. 肥―. 善―. 鮮―. 粹―. 淑―. 醇―. 審―. 雅―. 麗―. 軟―. 艷―. 優―. 潤―. 衆―. 至―. 盡―. 讚―. 淸―. 醜―. 歎―. 耽―. 豊―. 華―.

羊3 【羑】⑩ 인도할 유 ㊆ yǒu
소전 𦍌 초서 𦍌 속자 𦍌 字解 인도하다, 이끌다, 권하다. 사람을 선(善)에 나아가게 하다. ≒誘. 〔書經〕 誕受羑若.
【羑里 유리】 ①은대(殷代)의 감옥 이름. ②땅

羊部 3~5획 羗 羠 羖 羔 羙 羛 羜 羘 羓 羜 羚 靺 羞 羛 羝

羊3 【羗】⑩ 羌(1404)의 속자

羊4 【羠】⑩ 羌(1404)과 동자

羊4 【羖】⑩ 검은 암양 고 gǔ
[소전] [초서] [동자] 羖 [字解] ①검은 암양. 〔詩經〕俾出童羖. ②불깐 양, 거세한 양.
【羖䍽 고력】산양(山羊). 검은빛의 양.

羊4 【羔】⑩ 새끼 양 고 gāo
[초서] [동자] [속자] [字解] ①새끼 양. 〔詩經〕羔羊之皮. ②검은 양(烏羊). 〔論語〕緇衣羔裘.
【羔裘 고구】검은 양의 가죽으로 지은 갖옷. 대부(大夫)의 예복(禮服).
【羔豚 고돈】어린 양과 돼지.
【羔鞶 고명】양가죽으로 만들어 양 앞의 가로지른 손잡이에 까는 것.
【羔袖 고수】어린 양의 가죽으로 만든 소매. ㉠괜찮은 편이나 결점이 조금 있음. ㉡천한 사람.
【羔雁 고안】어린 양과 기러기. ㉠경대부(卿大夫)끼리 주고받는 폐백. 경끼리는 어린 양을, 대부끼리는 기러기를 폐백으로 썼음. ㉡예물.
【羔羊 고양】①어린 양과 큰 양. ②경대부(卿大夫)의 행실이 결백하여 진퇴에 절도가 있음. ⊙시경(詩經) 소남(召南) 고양(羔羊)의 시(詩)에 근거하여 온 말.

羊4 【羙】⑪ 羔(1405)와 동자

羊4 【羙】⑪ 羔(1405)의 속자

羊4 【羘】⑩ 牂(1094)의 와자

羊4 【羒】⑩ ❶숫양 장 zāng ❷國양 양
[字解] ❶숫양, 양의 수컷. ❷양, 소의 밥통. ※臟(1462)의 속자(俗字).

羊4 【羓】⑩ 포 파 bā
[초서] [字解] 포, 말린 고기.

羊5 【羜】⑪ 羖(1405)와 동자

羊5 【羚】⑪ 영양 령 líng
[초서] [字解] 영양(羚羊). 〔傳燈錄〕我若羚羊挂角.
【羚羊 영양】솟과의 짐승. 염소와 비슷하며 뿔은 약재로, 모피는 방한용 의복의 재료로 씀.
【羚羊挂角 영양괘각】①영양이 밤에 잘 때에는 나뭇가지에 뿔을 걸어 위해(危害)를 막음. ②흔적을 찾을 수 없는 일. 모든 것을 초탈하여 자유분방한 시(詩)의 세계를 이르는 말.

羊5 【靺】⑪ 오랑캐 양 말 wà
[字解] 오랑캐의 양.

羊5 【羞】⑪ 바칠 수 xiū
[소전] [초서] [간체] 羞 [字源] 會意. 羊+丑→羞. 종묘에 바치는 양(羊)의 끈을 잡고 끌고 나아간다(丑)는 데서 '나아가다·바치다'의 뜻을 나타낸다.
[字解] ①바치다, 드리다. 〔呂氏春秋〕羞以含桃. ②맛있는 음식, 맛 좋은 음식물. 〔周禮〕嘗王之食飮膳羞. ③음식물. 〔禮記〕群鳥養羞. ④육포(肉脯), 속수(束脩). 〔楚辭〕折瓊枝以爲羞兮. ⑤부끄럼, 수치. 〔春秋左氏傳〕無作神羞. ⑥부끄러워하다. 〔後漢書〕羞愧流汗. ⑦모욕하다. 〔漢書〕以羞先帝之遺德.
【羞愧 수괴】부끄러움. 羞恥(수치).
【羞赧 수난】부끄러워 얼굴이 붉어짐.
【羞明 수명】①낮에 내려 이내 녹아 버리는 눈. ②밤에 오는 눈. ③눈이 부심.
【羞澁 수삽】①부끄러워서 머뭇거림. ②궁핍(窮乏)함.
【羞惡之心 수오지심】자기의 나쁜 짓을 부끄러워하며, 남의 나쁜 짓을 미워하는 마음.
【羞辱 수욕】부끄럽고 욕됨.
【羞怍 수작】부끄러움. 부끄러워함.
【羞恥 수치】부끄러움.
【羞恨 수한】부끄러워하며 한스럽게 여김.
【羞花閉月 수화폐월】꽃도 부끄러워하고 달도 숨음. 여인의 얼굴과 맵시가 더없이 아름다움.
◑庶-, 膳-, 深-, 珍-, 憖-, 含-, 好-.

羊5 【羛】⑪ 義(1407)와 동자

羊5 【羝】⑪ 숫양 저 dī
[소전] [초서] [字解] 숫양, 양의 수컷. =牴. 〔詩經〕取羝以軷.
【羝羊觸藩 저양촉번】숫양이 울타리를 떠받다가 뿔이 걸려 꼼짝하지 못함. 저돌적(豬突的)인 행동을 하는 사람은 이러지도 저러지도 못하는 궁지에 빠지기 쉬움.
【羝乳 저유】숫양이 새끼를 낳음. 결코 있을 수 없는 일의 비유.

羊5 【羒】⑪ 새끼 양 저·서 圈 zhù
字解 새끼 양, 태어난 지 다섯 달 된 양. 〔詩經〕既有肥羒.

羊5 【羍】⑪ 얼룩양 평 庚 pēng
字解 ①얼룩양. ②부리다, 양을 부리다. ＝抨.

羊6 【羒】⑫ 羺(1408)과 동자

羊6 【羢】⑫ 양털 융 图 róng
字解 양털.

羊6 【羠】⑫ 불깐 양 시·이 甑 yí
字解 ①불깐 양, 거세한 양. ②들양, 야생하는 양.

羊6 【羛】⑫ 고을 이름 이 因 yí
参考 羡(1406)은 딴 자.
字解 고을 이름, 사이(沙羛). 한대(漢代)에 두었던 현이름, 지금의 호북성(湖北省) 무창현(武昌縣) 서남쪽.

羊7 【群】⑬ 무리 군 囡 qún
字源 形聲. 君＋羊→群. 「君(군)」이 음을 나타낸다.
字解 ①무리, 떼. 〔詩經〕或群或友. ②떼 지어 모이다. 〔論語〕群而不黨. ③동아리, 동료(同僚). 〔禮記〕離群而索居. ④부류(部類). 〔逸周書〕用其則必有群. ⑤친족, 일가. 〔禮記〕因以飾群. ⑥여러, 많은. 〔禮記〕王爲群姓立社. ⑦합치다, 모으다. 〔荀子〕壹統類而群天下之英傑. ⑧화합(和合)하다. 〔詩經〕俾爾孔群.
【群居 군거】떼 지어 있음. 떼 지어 삶.
【群輕折軸 군경절축】가벼운 것도 많이 모이면 수레의 굴대를 부러뜨림. 작은 힘이라도 모으면 큰 힘이 됨.
【群鷄一鶴 군계일학】많은 닭 가운데 한 마리의 학. 많은 사람 가운데 홀로 빼어남.
【群起 군기】떼를 지어 일어남. 한꺼번에 일어남. 蜂起(봉기).
【群島 군도】무리를 이룬 많은 섬.
【群盜 군도】무리 지은 도둑. 도둑의 집단.
【群落 군락】①많은 부락. 聚落(취락) ②같은 자연환경에서 자라는 식물군(植物群).
【群黎 군려】많은 백성. 〇'黎'는 '백성'을 뜻함. 萬民(만민). 黔首(검수).
【群盲撫象 군맹무상】많은 장님이 코끼리를 만짐. 좁은 소견이나 주관으로 사물을 잘못 판단함. 群盲評象(군맹평상).
【群牧 군목】①여러 제후(諸侯). ②여러 목민관(牧民官). 여러 지방관.
【群邦 군방】많은 나라.
【群芳 군방】①많은 꽃. 群花(군화). 群英(군영). ②많은 미인. ③많은 현인(賢人).
【群司 군사】많은 벼슬아치. 많은 관리.
【群翔 군상】떼를 지어 낢.
【群像 군상】많은 사람이 모여 있는 모습.
【群小 군소】①많은 작은 것들. ②많은 첩(妾). ③많은 소인(小人).
【群蝨處褌中 군슬처곤중】많은 이가 잠방이 속에 숨어 있음. 견식(見識)이 좁고 한때의 편안함을 누리며 세월을 보냄.
【群英 군영】①많은 뛰어난 사람. 群雄(군웅). ②國여러 가지 꽃.
【群雄割據 군웅할거】많은 영웅이 각지에 자리 잡고 서로 세력을 다툼.
【群遊 군유】떼를 지어 놂.
【群議 군의】많은 사람들의 의론. 衆論(중론).
【群疑滿腹 군의만복】많은 의심이 마음속에 가득 참.
【群蟻附羶 군의부전】많은 개미가 양고기에 달라붙음. 사람들이 이로운 곳으로 떼 지어 몰림.
【群而不黨 군이부당】많은 사람들과 가까이 지내지만 사정(私情)으로 누구에게 편들거나 빌붙지 않음.
【群籍 군적】많은 책.
【群衆 군중】무리 지어 모여 있는 많은 사람.
【群策群力 군책군력】군신(群臣)의 책략과 군사(羣士)의 힘.
【群醜 군추】①군중(群衆). 〇'醜'는 '類'로 '같은 무리'를 뜻함. ②흉악한 무리. 群兇(군흉). ③음양가(陰陽家)에서 일컫는, 가장 흉한 방위.
【群下 군하】많은 부하. 많은 제자. 많은 신첩(臣妾).
【群兇 군흉】흉악한 무리.
◉鷄-, 拔-, 不-, 殊-, 越-, 離-, 鱗-, 逸-, 絶-, 珍-, 超-, 出-, 特-, 匹-.

羊7 【羣】⑬ 群(1406)의 본자

羊7 【羨】⑬ ❶부러워할 선 霰 xiàn
❷묘도 연 先 yán
参考 ①羛(1406)는 딴 자. ②대법원 지정 인명용 한자의 음은 '선'이다.
字源 會意. 次＋羑→羨. '次'는 '침'을 뜻하고, '羑'는 '羮'를 줄인 것으로 '꾀다'라는 뜻이다. 합하여 욕망에 이끌려 침을 흘리다, 곧 '부러워하다'의 뜻을 나타낸다.
字解 ❶①부러워하다. ㉮탐내다. 〔淮南子〕臨河而羨魚. ㉯그리워하다. 〔張衡·賦〕羨上都之赫戱兮. ②나머지. 능衍. 〔孟子〕以羨補不足.

③남다, 넘치다, 지나다. 〔史記〕 功羨於五帝. ④잡아당기다. ≒挽 ㉮길다. 〔周禮〕 璧羨以起度. ㉯가까이 부르다. 〔張衡·賦〕 乃羨公侯卿士. ⑤비뚤어지다, 바르지 않다. 〔太玄經〕 羨于微. ⑥잘못하다. ≒愆. 〔淮南子〕 有天下不羨其和. ❷묘도(墓道). ≒延. 〔史記〕 共伯人釐侯羨自殺.
【羨望 선망】 부러워하며 바람.
【羨慕 선모】 부러워하고 사모함. 欽羨(흠선).
【羨餘 선여】 나머지. 剩餘(잉여).
【羨溢 선일】 남아 넘침.
【羨道 연도】 고분(古墳)의 입구에서 현실(玄室)에 이르는 길. 墓道(묘도).
【羨門 연문】 무덤 입구의 문. 墓門(묘문).
◑ 企－, 奇－, 仰－, 餘－, 歎－, 欽－, 歆－.

羊 7 【義】 ⑬ 옳을 의 [寘][支] yì

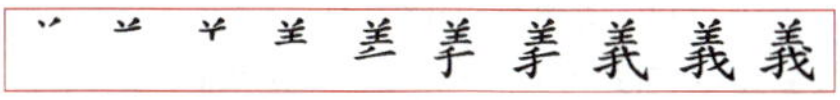

[소전] 義 [소전] 羛 [초서] 義 [동자] 羛 [통자] 儀

[간체] 义 [字源] 會意. 羊＋我→義. '羊'은 착하고 아름답다는 뜻. 합하여 나〔我〕의 행동이 예의에 맞다는 뜻을 나타낸다.

[字解] ①옳다, 의롭다. 〔荀子〕 分義則明. ②바르다, 정도(正道)를 따르다. 〔孟子〕 春秋無義戰. ③평평하다, 고르게 나누다. 〔孔子家語〕 以之義則國義. ④사물의 처리, 재단(裁斷). 〔荀子〕 分何以能行, 曰義. ⑤법도(法度), 길. 〔孟子〕 義, 人路也. ⑥직책, 본분. 〔漢書〕 背恩忘義. ⑦임금에게 충성하는 일. 〔史記〕 守節死義. ⑧의협(義俠), 약자를 돕고 위급을 구하는 일. 〔史記〕 以公子之高義, 爲能急人之困. ⑨의미, 뜻. 〔詩經〕 詩有六義焉. ⑩도리, 이치. 〔呂氏春秋〕 公上過語墨子之義. ⑪혜택(惠澤), 자혜(慈惠). 〔宋史〕 發義米振糶. ⑫해 넣다, 실물(實物)을 대신하여 만들어 맞추다. 〔五代史〕 養以爲兒, 號義兒軍. ⑬문체(文體)의 이름. 이치에 근거하여 풀어 밝히는 것.
【義居 의거】 육친(肉親)이 모두 한집에서 삶.
【義擧 의거】 정의를 위하여 떨쳐 일어남.
【義故 의고】 은의(恩義)를 베푼 연고가 있는 사람. 연고자(緣故者).
【義戈 의과】 ☞義軍(의군).
【義軍 의군】 정의를 위하여 스스로 일어난 군사.
【義氣 의기】 의로운 기개(氣槪). 의리를 소중히 여기는 마음.
【義旗 의기】 ①정의를 위하여 일으킨 군사. 義戈(의과). ②[國]의병(義兵)의 군기(軍旗).
【義女 의녀】 ①의붓딸. 가봉녀(加捧女). ②의로 맺은 딸.
【義徒 의도】 의를 주장하는 무리.
【義理 의리】 ①사람으로서 지켜야 할 올바른 도리(道理). ②뜻. 의미(意味). 意義(의의). ③신의를 지켜야 할 교제상의 도리. ④혈족이 다른 사람끼리 혈족 관계를 맺는 일.
【義務 의무】 마땅히 해야 할 직분.
【義米 의미】 빈민을 구제하기 위한 쌀.
【義方 의방】 ①의를 지키고 외모를 단정히 함. ②의에 적합한 일. 올바른 길. 正道(정도). ③가정에서의 교훈.
【義兵 의병】 정의를 위하여 싸우는 군사.
【義服 의복】 상복(喪服)을 입을 관계에 있지 않은 친척이나 아는 사람이 의리로 입는 복.
【義父 의부】 ①의붓아버지. ②수양아버지. ③의리로 맺은 아버지.
【義婦 의부】 의협심이 강한 여자. 절조(節操)를 지키는 여자.
【義憤 의분】 정의감에서 우러나는 분노.
【義奮 의분】 정의를 위하여 분발(奮發)함.
【義士 의사】 ①의리와 지조를 굳게 지키는 사람. ②재물을 보시(布施)하는 사람.
【義死 의사】 정의를 위하여 죽음.
【義師 의사】 ☞義兵(의병).
【義疏 의소】 ①문장이나 문자를 풀이한 것. ②경서(經書)를 해석한 책.
【義塾 의숙】 사회의 여러 사람을 위하여 개인이 세운 학교.
【義役 의역】 부역에 나가지 않는 사람에게 전곡(田穀)을 받아 부역에 나간 사람의 집에 주는 제도.
【義捐 의연】 자선이나 공익을 위하여 금품 또는 물품을 냄.
【義烈 의열】 뛰어난 충의(忠義).
【義勇 의용】 ①정의심에서 우러나는 용기. ②충의와 용기.
【義人 의인】 의로운 사람.
【義賊 의적】 부정한 재물을 빼앗거나 훔쳐서 가난한 사람을 도와주는 의로운 도둑.
【義田 의전】 친족 중의 가난한 사람을 구제하기 위하여 마련한 땅. 義莊(의장).
【義戰 의전】 정의를 위하여 일으키는 싸움. 의로운 전쟁. 義軍(의군).
【義絶 의절】 ①맺었던 의를 끊음. ②친척이나 친구 사이에 감정이 상하여 정을 끊음. ③이혼.
【義足 의족】 발이 없는 사람이 붙여 쓸 수 있도록 고무나 나무로 만든 발.
【義倉 의창】 흉년에 대비하여 해마다 수확한 곡식의 일부를 비축해 두는 각 지방의 창고.
【義塚 의총】 ①연고자 없는 사람의 무덤. ②공동묘지(共同墓地). ③[國]의사(義士)의 무덤.
【義齒 의치】 만들어 박은 이.
【義學 의학】 ①공중(公衆)을 위하여 설립한 사립학교. 義塾(의숙). ②(佛)불법(佛法)을 오직 학문의 대상으로만 연구하는 일.
【義兄弟 의형제】 ①의붓형제. ②의(義)로 맺은 형제.
【義解 의해】 글 뜻의 해석.
【義行 의행】 의로운 행동. 의를 위한 행위.
【義俠 의협】 정의를 위하여 약자를 돕는 일. 또는 그 사람.
【義形於色 의형어색】 정의의 신념을 품은 기색이 얼굴에 나타남.

【義刑義殺 의형의살】법에 따라 형벌을 부과하고 사형에 처함.
○ 講一. 故一. 公一. 廣一. 敎一. 難一. 論一. 大一. 德一. 道一. 名一. 問一. 文一. 發一. 本一. 不一. 死一. 私一. 辭一. 釋一. 守一. 信一. 失一. 深一. 衍一. 禮一. 奧一. 恩一. 意一. 異一. 理一. 仁一. 人一. 字一. 節一. 正一. 情一. 精一. 主一. 旨一. 眞一. 集一. 彰一. 忠一. 通一. 解一. 狹一. 好一. 訓一.

羊7【羱】⑬ 뿔 가는 산양 환 寒 huán
字解 ①뿔이 가는〔細〕산양. ②양을 닮은 사나운 짐승.

羊8【羧】⑭ 양 우리 잔 酒 jiàn
字解 양의 우리.

羊8【羘】⑭ 영양 쟁 庚 zhēng
字解 ①영양(羚羊). ②양 새끼.

羊9【羯】⑮ 불깐 흑양 갈 月 jié
소전 초서 字解 ①불깐 흑양. ②종족 이름. 흉노(匈奴)의 한 갈래. 〔晉書〕石勒, 上黨武鄕羯人也.
【羯磨 갈마】(佛) ①미래에 선악의 결과를 가져오는 원인이 된다고 하는, 몸과 입과 뜻으로 짓는 선악(善惡)의 소행. ○범어(梵語) 'karma'의 음역어(音譯語). 業(업) ②비구(比丘)가 계(戒)를 받거나 참회할 때의 의식법(儀式法). ③세 가락의 금강저를 십자(十字) 모양으로 엇걸어 만든 불기(佛器). 羯磨金剛(갈마금강).
【羯羊 갈양】거세(去勢)한 양.
【羯羠 갈이】①들양〔野羊〕. ②성질이 교활하고 강포(強暴)함.
○ 羌一. 寇一. 戎一. 拓一. 胡一. 獯一.

羊9【羮】⑮ 羹(1408)의 속자

羊9【羭】⑮ 검은 암양 유 虞 yú
소전 초서 参考 흔히 '숫양'이라고 이르는 잘못이다.
字解 ①검은 암양. 〔列子〕老羭之爲猨也. ②아름답다. 〔春秋左氏傳〕攘公之羭.

羊10【㝅】⑯ 양젖 짤 구 囿 gòu
字解 양의 젖을 짜다.

羊10【羱】⑯ 들양 완·원 元 yuán

字解 들양, 야생의 양. 비대(肥大)한 흰 양과 비슷하며 큰 뿔이 있다.
【羱鹿 완록·원록】뿔이 큰 들양과 사슴.

羊10【羲】⑯ 숨 희 支 xī
소전 초서 속자 字解 ①숨, 내쉬는 숨. ②복희(伏羲)의 약칭. 〔班固·答賓戱〕基隆於羲農. ③왕희지(王羲之)의 약칭. 〔書譜〕鐘張云沒, 羲獻獵之.
【羲經 희경】역경(易經)의 딴 이름. ○복희씨(伏羲氏)가 처음 8괘(卦)를 만든 데서 온 말.
【羲農 희농】복희씨(伏羲氏)와 신농씨(神農氏).
【羲文 희문】복희씨와 주(周) 문왕(文王).
【羲娥 희아】희화(羲和)와 소아(素娥). 곧, 해와 달. 日月(일월).
【羲獻 희헌】왕희지(王羲之)와 왕헌지(王獻之) 부자. 모두 유명한 서예가임.
【羲和 희화】①요임금 때 역법(曆法)을 맡아보던 희씨(羲氏)와 화씨(和氏). ②태양을 실은 마차를 부린다는 사람.
【羲皇上人 희황상인】①복희씨 이전, 곧 태고 때의 사람. ②속세를 떠나 한가로이 세월을 보내는 사람.

羊11【羲】⑰ 羲(1408)의 속자

羊12【犝】⑱ 뿔 없는 양 동 東 tóng
동자 字解 뿔 없는 양.

羊12【羳】⑱ 배 누런 양 번 元 fán
소전 字解 배가 누런 양.

羊12【羵】⑱ 땅속 괴물 분 文 吻 fén
초서 字解 땅속 괴물.
【羵羊 분양】땅속에 산다는 괴상한 양.

羊12【羴】⑱ 羶(1409)과 동자

羊13【羹】⑲ ❶국 갱 庚 gēng
❷땅 이름 랑 陽 láng
소전 초서 속자 参考 대법원 지정 인명용 한자의 음은 '갱'이다.
字解 ❶국. 〔詩經〕亦有和羹. ❷땅 이름. 불랑(不羹)은 춘추 시대의 땅 이름. 지금의 하남성(河南省) 양성현(襄成縣) 동남쪽에 있었다.
【羹藜含糗 갱려함구】명아주 국에 미숫가루를 먹

羊部 13~24획 羷羸羶羺羷羼羸羸 羽部 0획 羽

넣어 먹음. 아주 맛없고 거친 음식.
【羹牆 갱장】사람을 우러러 사모함. [故事] 요(堯)임금이 죽은 뒤 순(舜)임금이 그를 그리워하여, 앉으면 담(牆) 옆에서, 음식을 먹을 때는 국(羹)에서 요임금을 그렸다는 데서 온 말.
【羹粥 갱죽】국과 죽.
【羹獻 갱헌】제수로 신에게 올리는 개고기.
❶大-, 芼-, 藜-, 肉-, 豆-, 菜-, 和-.

羊13【羷】⑲ 뿔 굽은 양 검·렴 [엮] liǎn
[字解] 뿔이 세 돌림 굽은 양.

羊13【羸】⑲ ❶여윌 리 [因] léi ❷현 이름 련 [因] léi
[소전] [초서] [參考] 대법원 지정 인명용 한자의 음은 '리'이다.
[字解] ❶①여위다. 〔國語〕民之羸餒日已甚矣. ②약하다. 약하게 하다. 〔春秋左氏傳〕請羸師以張之. ③앓다. 〔國語〕恤民之羸. ④고달프다, 피로하다. 〔禮記〕身病體羸. ⑤괴로워하다. ⑥휘감기다, 얽히다. 〔易經〕羝羊觸藩羸其角. ⑦엎지르다, 뒤집어엎다. 〔易經〕羸其瓶. ⑧알몸, 벌거숭이. ≒倮. 〔春秋左氏傳〕而體羸露. ❷현(縣) 이름. ¶羸陵.
【羸餒 이뇌】지치고 굶주림.
【羸老 이로】①늙어 쇠약함. ②나이 먹어 쇠약한 노인.
【羸兵 이병】지친 군사. 羸師(이사).
【羸病 이병】허약하고 병듦.
【羸瘦 이수】지쳐서 야위, 몸이 약하고 파리함. 羸腹(이수).
【羸弱 이약】지쳐서 약함. 연약함.
【羸敗 이패】피로하여 패함.
【羸陵 연릉】한대(漢代)에 안남(安南) 교주부(交州府)에 설치한 현(縣)의 이름.

羊13【羶】⑲ ❶누린내 전 [本][선] [因] shān ❷향기 형 [庚] shān
[초서] [字解] ❶①누린내, 양(羊)의 냄새. =羴. 〔周禮〕羊泠毛而毳, 羶. ②비린내. 〔李商隱·雜纂〕過屠家覺羶. ③나무 냄새. 〔禮記〕其臭羶. ❷향기. =馨.
【羶食 전식】누린내가 나는 음식.
【羶行 전행】개미가 비린내를 좋아하듯이, 남을 이 흠모하는 착한 행위.
【羶香 전향】①제수용(祭需用) 소와 양. ②비린내와 향기로운 냄새.
❶腥-, 逐-, 庖-, 葷-.

羊14【羺】⑳ 오랑캐 양 누 [因] nóu
[字解] 오랑캐 양.

羊15【羷】㉑ 때 오를 매 [因] mài
[字解] 때가 오르다, 때가 묻다, 때가 끼다.

羊15【羼】㉑ 양 뒤섞일 찬 [諫] chàn
[소전] [초서] [字源] 會意. 尸+羴→羼. '尸'는 '屋'으로 집, 세 마리의 '羊'과 함하여 많은 양이 집 안에 우글거리고 있음을 나타낸다.
[字解] ①양(羊)이 뒤섞이다. ②섞다. 〔顏氏家訓〕皆由後人所羼. ③다투어 앞으로 나서다.

羊16【羷】㉒ 검은 숫양 력 [錫] lì
[字解] ①검은 숫양, 흑양(黑羊)의 수컷. ②산양. ¶羧羷.

羊24【羷】㉚ 뿔 가늘고 큰 양 령 [青] líng
[字解] 뿔이 가늘고 큰 양, 뿔이 가늘고 몸집이 큰 양.

羽部

6획 부수 | 깃우부

羽0【羽】⑥ ❶깃 우 [麌] yǔ ❷느슨할 호 [麌] hù

一 ⺄ ⺄ 习 羽 羽 羽

[소전] [초서] [參考] 대법원 지정 인명용 한자의 음은 '우'이다.
[字源] 象形. 새의 깃의 모양을 본뜬 글자.
[字解] ❶①깃, 날개. ㉮새의 깃, 새의 날개. 〔書經〕齒革羽毛. ㉯날벌레의 날개. 〔詩經〕螽斯羽, 詵詵兮. ㉰무인(舞人)이 춤출 때 쥐는 장대 끝에 단 새의 깃. 〔書經〕舞干羽于兩階. ㉱화살의 깃간 도피 아래에 붙인 깃털. ㉲낚시찌에 단 깃털. 〔呂氏春秋〕魚有大小, 餌有宜適, 羽有動靜. ②깃털 장식. 〔詩經〕崇牙樹羽. ③새, 조류. 〔張充·書〕奇禽異羽. ④기러기. 〔禮記〕多宜鮮羽. ⑤오음(五音)의 하나. 동양 오음계의 다섯 번째 음으로 가장 맑은 소리가 난다. 〔素問〕在音爲羽. ⑥돕다, 돕는 사람. 〔太玄經〕翕其羽. ⑦성(姓). ❷느슨하다, 느슨해지다. 〔周禮〕弓而羽䪅.
【羽客 우객】①날개가 달린 사람. 선인(仙人). ②도사(道士). ③봉선화의 딴 이름.
【羽檄 우격】국가 유사시나 급히 군사를 동원해야 할 때에 쓰는 격문. 목간(木簡)에 글을 적고 이것에 깃털을 꺼워 때우 급함을 나타냄.
【羽旗 우기】깃대 끝에 새털을 단 기.
【羽櫂 우도】날개로 만든 노. ㉠가벼운 배. ㉡빠른 배.
【羽獵 우렵】사냥. 특히 임금의 사냥.
【羽流 우류】신선의 술법을 닦는 사람들. 羽士(우사). 羽客(우객).

羽部 3~5획 羾 羿 翄 翃 翂 翁 翅 翇 翁 翀 翆 翂 翎

【羽鱗 우린】 날개와 비늘. 곧, 조류와 어류.
【羽士 우사】 도사(道士).
【羽觴 우상】 ①새 모양으로 양쪽에 날개 같은 것을 붙인 술잔. 술잔의 범칭(汎稱). ②축하의 뜻을 말하는 일.
【羽書 우서】 새의 깃을 꽂아 표시한 격문(檄文). 羽檄(우격).
【羽籥 우약】 ①꿩의 깃털과 피리. 문무(文舞)를 출 때 손에 쥐는 것. ②춤 이름. 왼손에 피리를 들고, 오른손에는 꿩의 날개를 잡고 추는 춤.
【羽衣 우의】 ①새의 깃으로 만든 옷. ②도사(道士)나 신선.
【羽儀 우의】 ①모범. 귀감. ○날아가는 큰 기러기의 모양이 우아하고 당당하여 그 모습을 본받으려 한 데서 온 말. ②의용(儀容)을 갖추고 당당한 풍채로 조정(朝廷)에 출사(出仕)함.
【羽翼 우익】 ①새의 날개. ②좌우에서 보좌하는 사람이나 사물. ③도움으로 삼음. 도움을 바람.
【羽翮飛肉 우핵비육】 가벼운 깃이 새의 육체를 날림. 경미한 것도 많이 모이면 강해짐.
【羽化 우화】 ①번데기에 날개가 돋아 성충(成蟲)이 됨. ②☞羽化登仙(우화등선). ③도사(道士)의 죽음.
【羽化登仙 우화등선】 몸에 날개가 돋아 신선이 되어 하늘로 날아감. 羽化(우화).
○ 怪―, 毛―, 舞―, 拂―, 蟬―, 飮―, 異―, 鱗―, 箭―, 翠―, 縞―, 華―.

羽3 【羾】 ⑨ 날아올 공 匣 gòng
字解 날아오다. 〔漢書〕登椽欒而羾天門兮.
【羾愬 공소】 날아와서 호소함.

羽3 【羿】 ⑨ 사람 이름 예 霽 yì
소전 羿 초서 羿 본자 羿 字源 會意. 羽+ 开→羿→羿. '廾'은 평평하다는 뜻. 합하여 새가 날개를 펴고 바람을 일으키며 날아오름을 나타낸다.
字解 ①사람 이름. 요(堯)임금의 신하로, 10개의 태양이 함께 떠올랐을 때 그중 9개를 쏘아 떨어뜨렸다고 한다. 〔論語〕羿善射. ②날개로 바람을 일으키며 날아오름.

羽3 【翄】 ⑨ 제비 날 치 寘 chí
字解 제비가 날다, 제비가 나는 모양.

羽4 【翃】 ⑩ 벌레 날 굉 ㉿횡 庚 hóng
字解 벌레가 날다, 벌레가 나는 모양.

羽4 【翂】 ⑩ 천천히 날 분 文 fēn
초서 翂 字解 천천히 나는 모양, 낮게 나는 모양.〔莊子〕其爲鳥也, 翂翂翐翐而似無能.

羽4 【翁】 ⑩ 나는 모양 분 文 fēn
參考 翁(1410)은 딴 자.
字解 나는 모양.

羽4 【翅】 ⑩ 날개 시 寘 chì
소전 翅 혹체 翄 초서 翅 본자 翄 字解 ①날개.〔史記〕折翅傷翼. ②나는 모양. ¶翅翅. ③다만 ~만이 아니라. 늑啻.〔孟子〕奚翅食重.
【翅翎 시령】 날개 깃.
【翅翅 시시】 나는 모양.
【翅影 시영】 ①새의 모습. ②새의 그림자.
○ 薄―, 拂―, 舒―, 雙―, 羽―, 翼―, 皓―.

羽4 【翇】 ⑩ 翅(1410)의 본자

羽4 【翁】 ⑩ ❶늙은이 옹 東 wēng ❷창백할 옹 董 wěng
丶 八 公 公 公 公 公 翁 翁 翁
소전 翁 초서 翁 字源 形聲. 公+羽→翁. '公(공)'이 음을 나타낸다.
字解 ❶①늙은이. 노인의 존칭(尊稱).〔史記〕與長孺共一老禿翁. ②아버지.〔漢書〕吾翁卽汝翁. ③목털, 새의 목에 난 털.〔漢書〕殊翁雜, 五采文. ④성(姓). ❷창백한 모양. ¶翁翁.
【翁姑 옹고】 시아버지와 시어머니.
【翁媼 옹구】 노옹(老翁)과 노구(老嫗). 늙은 남자와 늙은 여자. 翁媼(옹온).
【翁壻 옹서】 장인과 사위.
【翁媼 옹온】 ①☞翁媼(옹구). ②늙은 부모.
【翁翁 옹옹】 ①조부(祖父). ②창백한 모양.
【翁主 옹주】 ①제왕(諸王)이나 제후(諸侯)의 딸로서 국인(國人)에게 시집간 사람. ②國㉠임금의 후궁에게서 난 딸. ㉡조선 중기 이전에 세자빈(世子嬪) 이외의 임금의 며느리.
○ 孤―, 老―, 棹―, 漁―, 婦―, 鳧―, 沙―, 山―, 塞―, 殊―, 嶽―, 野―, 漁―, 田―, 酒―, 主―, 樵―, 村―, 醉―, 嬌―.

羽4 【翀】 ⑩ 높이 날 충 東 chōng
초서 翀 字解 높이 날다.

羽4 【翆】 ⑩ 翠(1413)와 동자

羽4 【翂】 ⑩ 새 날아 내릴 항 陽 ㉿漾 háng
字解 새가 날아 내리다.

羽5 【翎】 ⑪ 깃 령 靑 líng

羽部 5획 翏 翄 狝 習 翊 翋 狘 狘

翎

〔字解〕 ①깃. 〔吳萊·詩〕畫品翎毛貴. ②화살 깃, 전우(箭翎).
【翎毛 영모】①새의 깃털과 짐승의 털. 날짐승과 길짐승. ②영모화. 새나 짐승을 그린 그림. ③깃털.

翏

⑪ 높이 날 류·료·륙 liù, lù
〔字源〕 會意. 羽+㐱→翏. '㐱'는 갓난 깃의 털이 많다는 뜻. '羽'와 합하여 그 깃으로 높이 난다는 뜻을 나타낸다.
〔字解〕①높이 날다. ②나는 모양. ¶翏翏. ③바람 소리, 멀리서 불어오는 바람 소리. 〔莊子〕獨不聞之翏翏乎.
【翏翏 요료】①나는 모양. ②멀리서 불어오는 바람 소리.

翄

⑪ 깃춤 불 fú
⑪ 깃춤. 깃을 들고 추는 춤. 사직(社稷) 제사에 춘다.

狝

⑪ 翄(1411)과 동자

習

⑪ 익힐 습 xí

〔字源〕會意. 羽+白→習. '白'은 '鼻(코 비)'. 새끼 새가 어미 새를 본받아 날아 보려고 날갯짓을 되풀이하느라 숨찬 숨결이 입과 코로 나온다는 데서, 새끼 새가 나는 법을 익힌다는 뜻을 나타낸다.
〔字解〕①익히다. ㉮새 새끼가 나는 법을 익히다. 〔禮記〕鷹乃學習. ㉯되풀이하여 행하다, 연습하다. 〔論語〕學而時習之. ㉰배우다. 〔呂氏春秋〕退而習之. ㉱닦다. 〔易經〕不習无不利. ②숙달하다, 통효(通曉)하다. 〔戰國策〕不習於誦. ③익다. ㉮손에 익다. 〔後漢書〕便習山谷. ㉯친압(親狎)하다, 무람없다. ㉰물들다, 옮다. 〔五代史〕人情易習. ④길들이다. 〔詩經〕調習田馬. ⑤습관, 관습. 〔論語〕性相近也, 習相遠也. ⑥포개지다. ≒疊. ⑦쌓다, 쌓이다. 〔易經〕習坎入于坎. ⑧조절(調節). 〔大載禮〕旣知其以生有習. ⑨어렴성 없이 가까운 사람. 〔後漢書〕終淪嬖習.
【習慣 습관】버릇.
【習氣 습기】습관과 같이, 무의식중에 몸에 밴 기분.
【習讀 습독】①글을 읽어 익힘. ②읽는 법을 배움. 독법(讀法)을 익힘.
【習得 습득】배워 터득함.
【習武 습무】무예나 병법을 배움.
【習士 습사】숙달한 사람. 익숙한 사람.
【習射 습사】활쏘기를 익힘.
【習相遠 습상원】사람의 성질은 처음에는 서로 비슷하나, 습관을 따라 혹은 착하게도 되고 혹은 악하게도 되어 마침내 멀어짐.
【習性 습성】버릇.
【習俗 습속】습관이 된 풍속.
【習誦 습송】익히고 읽음.
【習熟 습숙】사물에 익숙함. 충분히 그 일을 할 수 있게 됨.
【習習 습습】①바람이 솔솔 부는 모양. ②훨훨 나는 모양. ③성한 모양. ④걸어가는 모양.
【習御 습어】①익숙하게 다룸. 다루는 데 능란함. ②말 부리는 일을 익힘.
【習與性成 습여성성】습관은 오래되어 마침내 천성(天性)이 됨.
【習字 습자】글씨 쓰는 법을 익힘.
【習作 습작】연습으로 작품을 만듦. 또는 그런 작품.
【習陣 습진】진을 치는 법을 배워 익힘.
【習學 습학】되풀이하여 익힘. 復習(복습).
❶ 講―, 見―, 慣―, 敎―, 舊―, 口―, 讀―, 獨―, 復―, 常―, 誦―, 時―, 惡―, 練―, 演―, 豫―, 因―, 甄―, 傳―, 風―, 習―.

翌

⑪ 다음 날 익 yì
〔字解〕①다음 날. 〔漢書〕翌日親登嵩高. ②돕다. ≒翼.
【翌年 익년】다음 해. 이듬해.
【翌亮 익량】도움. 보익(輔翼)함.
【翌夜 익야】이튿날 밤.
【翌日 익일】다음 날. 이튿날.

翊

⑪ 도울 익 yì
〔字解〕①돕다. ≒翼. 〔陳琳·文〕翊衞幼主. ②나는 모양. ③다음 날. ≒翌. 〔漢書〕越若翊辛丑.
【翊戴 익대】군주(君主)로 받들어 도움. 임금으로 추대함. 翼戴(익대).
【翊成 익성】도와 이루게 함.
【翊翊 익익】①조심하는 모양. 삼가는 모양. 翼翼(익익). ②돌아다니는 모양. ③떼 지어 다니는 모양.
【翊贊 익찬】군주의 정치를 도움.
❶ 匡―, 輔―, 馮―, 鎭―, 環―.

狘

⑪ 㹪(291)와 동자

狘

⑪ 나는 모양 질 zhì
〔字解〕①나는 모양. ②천천히 나는 모양.

【狨狨 질질】①천천히 나는 모양. ②낮게 나는 모양. ③날개 치는 소리.

羽5 【翛】⑪ ❶새 깃 초 蕭 xiāo ❷깃 나쁜 모양 조 蕭 tiáo
字解 ❶①새의 깃, 새의 꼬리 가운데 길게 뻗친 깃. ②깃의 모양. ❷깃이 나쁜 모양.

羽5 【翍】⑪ ❶날개 펼 피 支 pī ❷나는 모양 파 歌 pō ❸날개 피 寘 bì
字解 ❶①날개를 펴다. ②터놓다, 열어 놓다, 통하게 하다. ※披(688)의 고자(古字). 〔漢書〕翍桂椒而鬱栘楊. ❷나는 모양. ❸날개, 깃.

羽6 【翔】⑫ 빙빙 돌아 날 상 陽 xiáng
字解 ①빙빙 돌아 날다. 〔論語〕翔而後集. ②날다. ㉮높이 날다. 〔張衡·賦〕翔鶤仰而弗逮. ㉯날개를 편 채 바람을 타고 날다. 〔淮南子〕雖欲翱翔, 其勢焉得. ③달리다, 뛰어가다. 〔禮記〕室中不翔. ④배회하다. ⑤놀다. 〔穆天子傳〕翔畋於曠原. ⑥머무르다, 앉다. 〔淮南子〕鳳皇翔於庭. ⑦선회하다, 돌다. 〔周禮〕前翔則俛, 後翔則仰. ⑧삼가다. 〔禮記〕朝廷濟濟翔翔. ⑨자세하다. ¶翔實.
【翔翔 상상】빙빙 돌며 낢. 翺翔(고상).
【翔空 상공】하늘을 날아다님.
【翔貴 상귀】새가 하늘 높이 날아오르듯 물가가 오름. 昂貴(앙귀).
【翔舞 상무】날며 춤춤. 춤추듯 낢.
【翔翔 상상】①엄숙하고 정중한 모양. ②근심이 없는 모양. ③편안한 모양.
【翔實 상실】일이 자세하고 정확함.
【翔陽 상양】해의 딴 이름. ◇해 속에 까마귀가 산다는 전설에서 온 말.
【翔泳 상영】나는 새와 헤엄치는 물고기.
【翔集 상집】①날아와서 모임. ②널리 수집함.
❶鷲—, 高—, 翱—, 群—, 翻—, 飛—, 馴—, 雲—, 遊—, 回—, 嬉—.

羽6 【翇】⑫ 翇(1410)의 본자

羽6 【翢】⑫ 서두를 주 尤 zhōu
字解 ①서두르다, 바삐 굴다. ②연약한 깃.

羽6 【翍】⑫ 훨훨 날아갈 훌 質 xù
字解 ①훨훨 날아가다. ②날개를 치는 모양. 〔郭璞·賦〕鼓翅翍翍. ③당황해하는 모양.

羽6 【翕】⑫ 합할 흡 緝 xī ⓐ화합하다. ⓑ兄弟旣翕. ③일다, 새가 날아오르다. ④많은 것이 한꺼번에 일어나다. 〔論語〕樂其可知也, 始作, 翕如也. ④따르다. 〔太玄經〕翕其志. ⑤닫다. ≒闔. 〔易經〕夫坤, 其靜也翕. ⑥거두다. 〔荀子〕代翕代張. ⑦모으다. 〔史記〕天下翕然. ⑧많다. ⑨성(盛)하다. 〔論語〕翕如也. ⑩당기다, 잡아 끌다. 〔詩經〕載翕其舌.
【翕受 흡수】합하여 받음.
【翕習 흡습】①위세나 명망 따위가 대단한 모양. ②바람이 부는 모양. 習習(습습). ③힘차게 나는 모양. ④음악의 가락이 느린 모양. ⑤친압(親押)함.
【翕如 흡여】여러 악기의 소리가 일제히 울려 나는 모양.
【翕然 흡연】①인심이 화합하여 일치하는 모양. 합동(合同)하는 모양. ②봉황이 나는 모양.
【翕合 흡합】한데 모음.
【翕忽 흡홀】재빠른 모양.

羽6 【翖】⑫ 翕(1412)과 동자

羽6 【翗】⑫ 翕(1412)과 동자

羽6 【翓】⑫ 날아오를 힐 屑 xié
字解 날아오르다. ≒頡.
【翓翓 힐항】오르락내리락 나는 모양.

羽7 【猵】⑬ 獗(1414)와 동자

羽7 【翣】⑬ ❶빨리 날 삽 洽 shà ❷운불삽 삽 洽 shà
字解 ❶①빨리 날다. ②협기(俠氣)가 있다. ❷①운불삽(雲黻翣). 발인할 때에 영구의 앞뒤에 세우고 가는 운삽과 불삽. ≒翣. ②부리다, 시키다.

羽7 【翛】⑬ ❶날개 찢어질 소 蕭 xiāo ❷빠른 모양 유 尤 yú ❸빨리 나는 모양 숙 屋 shù
字解 ❶①날개가 찢어지는 모양. ¶翛翛. ②날개 치는 소리. ❷빠른 모양. 〔莊子〕翛然而往. ❸빨리 나는 모양.
【翛翛 소소】①새의 꼬리가 찢어져 상한 모양. ②녹음이 우거진 모양. ③비가 오는 소리.
【翛然 유연】사물에 얽매이지 않은 모양.

羽8 【翡】⑭ 물총새 비 尾 fěi
字解 ①물총새, 물총새의 수컷. 온몸이 검고 가슴·등·

羽部 8~9획 翣 㩉 㩋 翟 翤 翠 翨   1413

날개에 붉은 털이 있다. 암컷은 '翠(취)'라고 한다.〔班固·賦〕翡翠火齊.❷비취, 비취옥.
【翡色 비색】①비취색. ②고려청자의 빛깔.
【翡玉 비옥】붉은 점이 박힌 비취옥.
【翡翠 비취】①물총새. ②푸른 날개. ③푸르고 윤이 나는 아름다운 것. ④연한 녹색의 단단한 옥. 비취옥(翡翠玉).

羽8 【翣】⑭ 운삽 삽 [洽] shà

[字解]❶운삽(雲翣). 발인할 때에 영구의 앞뒤에 세우고 가는 널판.〔周禮〕后之喪持翣. ❷덮개, 깃털로 꾸민 부채 모양의 덮개.〔淮南子〕冬日不用翣者, 非簡之也. ❸부채(扇). ❹종고(鐘鼓) 걸이를 위의 꾸미개.〔禮記〕周之璧翣.
【翣萎 삽삽】관(棺)을 덮는 피륙의 장식. 翣柳(삽류).
【翣箑 삽삽】부채.

羽8 【㩉】⑭ 죽지 접을 엄 [琰] yàn

[字解] 죽지를 접다, 깃을 거두어들이다.

羽8 【㩋】⑭ 챌 잔·전 [潸][霰] zhǎn

[字解]❶채다, 맹금이 날쌔게 채는 모양. ❷빨리 나는 모양. ❸사나운 모양, 날랜 모양.〔法言〕鷹隼㩋㩋.
【㩋㩋 잔잔·전전】①빠르게 나는 모양. ②용감한 모양. 사나운 모양. 날랜 모양.

羽8 【翟】⑭ ❶꿩 적 [錫] dí ❷땅 이름 책 [陌] znái ❸산새 탁 [藥]

[參考] 대법원 지정 인명용 한자의 음은 '적'이다.
[字解]❶①꿩, 꽁지가 긴 꿩.〔書經〕羽畎夏翟. ②꿩의 깃. 춤추는 데 쓴다.〔詩經〕右手秉翟. ③꿩의 깃으로 꾸민 수레.〔詩經〕翟茀以朝. ④깃옷, 꿩의 깃으로 꾸민 옷.〔詩經〕其之翟也. ⑤오랑캐. ≒狄. ⑥성(姓). ❷①땅 이름, 양책(陽翟)은 현(縣) 이름. ②성(姓). ❸산새, 멧새.
【翟車 적거】꿩의 깃으로 꾸민, 황후(皇后)가 타던 수레.
【翟茀 적불】꿩의 깃으로 장식한, 부인이 타던 수레. 翟蔽(적폐).
【翟羽 적우】꿩의 깃. 춤출 때 씀.
【翟茸 적용】보드라운 꿩의 깃털.
【翟蔽 적폐】☞翟茀(적불).

◐ 簡-, 舞-, 重-, 夏-.

羽8 【翤】⑭ 빨리 날 줄 [質] zú

[字解] 빠르게 나는 모양.

羽8 【翠】⑭ 물총새 취 [寘] cuì

[字解]❶물총새, 물총새의 암컷. 수컷은 '翡(비)'라고 한다.〔楚辭〕翡翠珠被. ❷비취색.〔王勃·詩〕歌屛朝捲翠. ❸꽁지 살.〔呂氏春秋〕肉之美者, 雋觾之翠.
【翠鬟 취환】푸르고 윤이 나는 쪽 찐 머리. 미인의 머리. 翠鬢(취환).
【翠翹 취교】①물총새의 꽁지깃 가운데 가장 긴 깃. ②여자의 머리에 꽂는 장식물.
【翠閨 취규】푸른빛의 안방.
【翠黛 취대】①눈썹을 그리는 데 쓰는 푸른빛의 먹. ㉠미인의 눈썹. ㉡미인. ②멀리 보이는 푸른 산의 모습.
【翠嵐 취람】①푸른 산기(山氣). 먼 산에 끼어 푸르스름하게 보이는 흐릿한 기운. ②나무가 울창한 모양.
【翠浪 취랑】①푸른 물결. 碧浪(벽랑). 蒼波(창파). ②푸른 잎이 바람에 물결치는 모양. ③푸르른 산이 구불구불 이어져 있는 모양.
【翠簾 취렴】푸른 발.
【翠樓 취루】①푸른 칠을 한 누각. ②기생집.
【翠巒 취만】푸른 산봉우리.
【翠眉 취미】①검푸른 눈썹. 아름다운 여자. ②버들잎이 푸른 모양.
【翠微 취미】①산의 중턱. ②먼 산에 엷게 낀 푸른 기운. ③엷은 남색(藍色).
【翠屛 취병】①푸른 병풍. ②산이나 바위가 병풍처럼 둘러친 모양. ③國꽃나무의 가지로 엮어서 문이나 병풍 모양으로 만든 것.
【翠峯 취봉】푸른 산봉우리. 翠嶂(취장). 翠尖(취첨).
【翠鳳 취봉】①푸른빛의 봉황새. ②천자(天子)의 기(旗)를 꾸미는 장식. ③천자의 탈 것. ④머리에 꽂는 장식의 하나.
【翠色 취색】비췻빛. 蒼色(창색).
【翠煙 취연】①푸른 연기. ②멀리 푸른 숲에 낀 연무(煙霧).
【翠影 취영】푸른 초목의 그림자.
【翠雨 취우】①푸른 잎에 내리는 비. 綠雨(녹우). ②검푸른 머리에 튀는 물방울.
【翠陰 취음】우거진 수목의 그늘.
【翠帳 취장】①물총새의 깃으로 장식한 휘장. ②부인의 침실.
【翠嶂 취장】푸른 산봉우리. 翠峯(취봉).
【翠花 취화】①비취(翡翠)로 만든 비녀. ②솔잎. ③☞翠華(취화).
【翠華 취화】물총새의 깃으로 장식한 천자(天子)의 기(旗). 翠花(취화).
【翠鬢 취환】☞翠鬟(취계).

◐ 綠-, 濃-, 晩-, 翡-, 深-, 幽-, 蒼-.

羽9 【翨】⑮ 칼깃 시·기 [寘] chì

羽部 9~10획 翨翫翥翦翩翪翭翬翶翯翵翯翰

翨 ⑮ 칼깃, 사나운 새.
〔周禮〕翨氏, 掌攻猛鳥, 以時獻其羽翮. ②거칠다, 사납다.

翨 ⑮ 떼 지어 모일 시 chí
字解 ①떼 지어 모이다. ¶翨翨. ②성하게 나는 모양.
【翨翨 시시】떼 지어 모이는 모양.

翫 ⑮ 가지고 놀 완 wàn
字解 ①가지고 놀다, 반복하여 한껏 즐기다. ②기뻐하다, 즐거워하다. 〔張華·詩〕流目翫儵魚. ③가지고 노는 것, 장난감. 〔南史〕服翫車馬, 皆窮一時之驚絶. ④얕잡아 보다, 호락호락하게 보다. 〔春秋左氏傳〕寇不可翫. ⑤탐하다. 〔春秋左氏傳〕翫歲而愒日.
【翫愒 완게】탐냄. 욕심을 냄. 翫愒(완개).
【翫弄 완롱】가지고 놂. 翫弄(완롱).
【翫味 완미】①음식을 잘 씹어서 맛봄. ②시문(詩文)의 뜻을 잘 감상하여 음미(吟味)함. 翫味(완미).

翥 ⑮ 날아오를 저 zhù
字解 날아오르다. 〔楚辭〕鸞鳥軒翥而翔飛.

翦 ⑮ ①자를 전 jiǎn ②화살 전 jiǎn
字解 ①①자르다. ㉮간종그려서 자르다. 〔詩經〕實始翦商. ㉯끊다, 베다. 〔禮記〕不翦其類也. ㉰깎다. 〔春秋左氏傳〕其człowiek以賜諸侯. ㉱다하다. 〔張衡·賦〕而翦諸鶉首. ㉲멸망시키다. 〔書經·逐踐奄·鄭注〕踐, 讀曰翦, 翦, 滅也. ㉳제거하다, 없애다. 〔詩經〕勿翦勿伐. ②가위. 〔楊維楨·詩〕便欲手把幷州翦. ③깃을 붙인 화살. ②화살. =箭.
【翦刀 전도】①가위. 剪刀(전도). ②자고(慈姑), 곧 쇠귀나물의 모종.
【翦落 전락】①머리와 수염을 깎음. 승려가 됨. ②깎아 없앰. 제거(除去)함.
【翦伐 전벌】①정벌함. 멸망시킴. ②나무를 벰.
【翦夷 전이】정벌함. 평정함.
【翦裁 전재】옷감 따위를 자름. 翦斷(전단).
【翦翦 전전】①슬기가 모자라는 모양. ②말을 잘하는 모양. 아첨하는 모양. ③바람이 불어 한기가 스며듦.
【翦草除根 전초제근】풀을 베고 뿌리를 뽑음. 화근을 제거함. 拔本塞源(발본색원).
◐剗-, 砕-, 夷-, 除-, 誅-, 剔-, 刑-.

翮 ⑮ 翦(1414)과 동자

翩 ⑮ 빨리 날 편 piān
字解 ①빨리 날다. 〔詩經〕翩翩者鵻. ②나부끼다, 펄럭이다. 〔詩經〕翩其反矣.
【翩翩 편편】①새가 훨훨 나는 모양. ②깃발 따위가 펄럭이는 모양.
【翩翩 편편】①경솔하게 행동하는 모양. ②새가 가볍게 나는 모양. ③왕래하는 모양. ④풍채나 글이 아름다운 모양. ⑤궁궐이 높이 솟아 으리으리한 모양. ⑥뜻대로 되어 기뻐하는 모양.

翭 ⑮ ①깃촉 후 hóu ②화살촉 후 hóu
字解 ①①깃촉. ②부등깃. ②화살촉의 한 가지. =鍭.

翭 ⑮ 翭(1414)와 동자

翬 ⑮ 훨훨 날 휘 huī
字解 ①훨훨 날다, 훨훨 날 때의 날개 치는 소리. 〔爾雅〕鷹隼醜, 其飛也翬. ②꿩. 〔詩經〕如翬斯飛.
【翬飛 휘비】휘치(翬雉)가 낢. 궁전이 으리으리하고 화려함.
【翬雉 휘치】흰 바탕에 오색 무늬가 있는 꿩.
【翬翬 휘휘】새가 빨리 날 때의 날개 치는 소리.

翱 ⑯ 翶(1416)와 동자

翃 ⑯ 날 굉 hōng
字解 날다. =翃.
【翃翃 굉굉】날 때 깃을 푸드덕거리는 소리.

翭 ⑯ 솜털 부 fū
字解 새의 솜털, 깃.

翯 ⑯ ①함치르르할 학 hè ②흰 깃 호 hào
字解 ①①새가 함치르르한 모양. 〔詩經〕白鳥翯翯. ②깃이 깨끗하고 흰 모양. ③물이 맑고 빛나는 모양. 〔史記〕翯乎滈滈. ④희다. =皜. ⑤학(鶴). =鶴. ②흰 깃.
【翯翯 학학】①새가 살져서 토실토실한 모양. ②결백(潔白)한 모양.
【翯乎 학호】물이 희게 빛나는 모양.

翰 ⑯ 날개 한 hàn

羽部 10~11획 翮翯翳翼翩 1415

羽10 【翰】 ⑯ ①날개. 〔陳琳·書〕豈可謂其措翰於晨風, 假足於六駿哉. ②금계(錦雞). 머리에 볏 같은 것이 있고, 깃은 꿩과 비슷한 새. ③빠르게 날다. 〔詩經〕如飛如翰. ④높이 날다. 〔詩經〕翰飛戾天. ⑤높다. 〔易經〕白馬翰如. ⑥길다. 〔禮記〕雞曰翰音. ⑦줄기. ≒幹. 〔詩經〕王后維翰. ⑧깨끗하다, 희다. 〔易經〕白馬翰如. ⑨백마(白馬). 〔禮記〕戎事乘翰. ⑩붓. 〔潘岳·賦〕於是染翰操紙. ⑪문서, 편지. 〔高適·詩〕札翰忽相637.
【翰林 한림】 ①학자·문인의 모임. ②당대(唐代) 이래의 벼슬 이름. 주로 학문·문필(文筆)에 관한 일을 맡아봄. ③조선 때, 예문관(藝文館) 검열(檢閱)의 딴 이름.
【翰毛 한모】 ①긴 털. 길고 큰 털. ②國붓의 털.
【翰墨 한묵】 ①붓과 먹. 筆墨(필묵). ②문학.
【翰飛 한비】 높이 날아오름.
【翰音 한음】 ①높이 날아 욺. 명성이 터무니없이 높아 실제와 맞지 않음. ②닭의 딴 이름.
【翰藻 한조】 문사(文辭). 시가(詩歌).
【翰札 한찰】 편지. 簡札(간찰).
○ 貴ー, 內ー, 弄ー, 飛ー, 書ー, 手ー, 羽ー, 賤ー, 藻ー, 札ー, 尺ー, 投ー, 筆ー, 揮ー.

羽10 【翮】 ⑯ ❶깃촉 핵 囮 hé ❷세발솥 력 囲 lì
字解 ❶깃촉. 깃의 아래쪽에 있는 강경(強硬)한 축(軸). 〔周禮〕掌以時徵羽翮之政. ❷세발솥. 〔史記〕呑三翮六翼, 以高世主.

羽11 【翃】 ⑰ 날 굉 本횡 囲 hōng
字解 날다. =翃.
【翃翃 굉굉】 날개 치는 소리.

羽11 【翳】 ⑰ 일산 예 囮齊 yì
字解 ①일산(日傘). 깃으로 꾸민 일산. 임금의 수레에 쓴다. ②몸 가리개. 〔禮記〕畢翳. ③방패. 〔國語〕兵不解翳. ④덮다, 가리다. 〔楚辭〕石嵾嵯以翳日. ⑤새의 깃으로 만든, 춤출 때 드는 물건. 〔山海經〕左手操翳. ⑥받다, 손에 가지다. 〔曹植·飛龍篇〕乘彼白鹿, 手翳芝草. ⑦막다, 거절하다. 〔國語〕縱過而翳諫. ⑧물리치다, 가두다. 〔國語〕是去其藏而翳其人也. ⑨숨다. 〔魏志〕拘道懷眞, 潛翳海隅. ⑩그늘. 〔蜀志〕有聲有寂, 有光有翳. ⑪눈에 침침해지다. 〔宋史〕目為之翳. ⑫삼눈. 눈에 삼이 생기는 눈병. 〔蘇軾·詩〕去翳如折屋. ⑬쓰러지다, 죽다. ≒瘞. 〔詩經〕其菑其翳. ⑭새 이름. 봉황새를 닮았다. 〔屈原·離騷〕駟玉虯而乘翳.
【翳桑 예상】 무성하여 그늘이 많은 뽕나무.
【翳翳 예예】 ①그늘이 져 어둑어둑한 모양. ②숨어 있어 알기 어려운 모양. ③덮어쓰워지는 모양. 나오지 못하는 모양.
【翳日 예일】 햇빛을 가림.
【翳薈 예회】 ①초목이 무성하게 덮여 있는 모양. ②초목이 우거져 그늘을 이루고 있는 모양.
【翳朽 예후】 나무가 저절로 말라 죽음.
○ 冥ー, 蒙ー, 屛ー, 掩ー, 雲ー, 陰ー, 蔽ー.

羽11 【翼】 ⑰ 날개 익 囮 yì

字源 形聲. 羽+異→翼. '異(이)'가 음을 나타낸다.
字解 ①날개. ㉠새의 날개. 〔易經〕明夷于飛, 垂其翼. ㉡곤충의 날개. 〔戰國策〕王獨不見夫蜻蛉乎, 六足四翼. ②돕다, 도움. ≒翊. 〔春秋左氏傳〕翼戴天子. ③이루다. 〔國語〕烏翼鷇卵. ④천거하다. 〔漢書〕翼姦以獲封侯. ⑤받들다. 〔尙書中侯〕欽翼皇象. ⑥받다. 〔孫綽·詩〕形無斐釐以翼櫹. ⑦삼가다. 〔詩經〕有嚴有翼. ⑧법. 〔班固·典引〕降承龍翼. ⑨아름답다, 성(盛)하다. 〔詩經〕有馮有翼. ⑩가슴지느러미. 〔宋玉·賦〕振鱗奮翼. ⑪솥귀. 〔史記〕呑三翮六翼. ⑫처마. 〔後漢書〕列榱橑以有翼. ⑬배, 선박. 〔顏延之·詩〕千翼泛飛浮. ⑭좌우의 부대. 〔史記〕多爲奇陳, 張左右翼. ⑮다음 날. ≒翌. ⑯빼앗다. ≒弋. 〔書經〕非我小國敢弋殷命. ⑰들다. 〔書經·敢聚殷命·鄭注〕翼猶驅也. ⑱바른 모양. 〔論語〕趨進翼如也. ⑲빠른 모양. 〔嵇康·賦〕趨進翼驅. ⑳춘추 시대 진(晉)나라의 서울. 지금의 산서성(山西省) 익성현(翼城縣) 동남쪽에 있다.
【翼戴 익대】 보좌하여 받듦.
【翼卵 익란】 ①새가 알을 품어서 깜. ②어린 사람을 보살펴 기름.
【翼輔 익보】 도움. 보좌함. 輔翼(보익).
【翼星 익성】 28수(宿)의 한 가지.
【翼如 익여】 새가 양 날개를 펴듯이, 두 손을 마주 잡고 팔을 쭉 폄. 태도가 단정한 모양.
【翼然 익연】 새가 양 날개를 쭉 편 모양.
【翼翼 익익】 ①공경하고 삼가는 모양. ②장엄하고 웅장한 모양. ③잘 정돈된 모양. ④무성(茂盛)한 모양. ⑤날아오르는 모양. 나는 모양. ⑥수가 많은 모양.
【翼佐 익좌】 도움. 翼助(익조).
【翼贊 익찬】 도움. 보좌(輔佐)함.
【翼蔽 익폐】 가리고 감쌈. 감싸고 도움.
【翼訓 익훈】 돕고 가르침.
○ 卵ー, 鵬ー, 比ー, 舒ー, 垂ー, 翅ー, 燕ー, 斂ー, 右ー, 鳥ー, 左ー, 振ー, 虎ー, 翕ー.

羽11 【翩】 ⑰ 나는 모양 표 囮蕭 piāo
字解 ①나는 모양. ②날다, 높이 날다. ③아주 조금. ≒秒.

羽部 12〜14획

羽12 【翱】⑱ 날 고 ⊕요 䍐 áo
소전 翱 초서 翱 동자 翺 속자 翱
字解 날다, 비상하다. ㉮날아다니다, 노닐다. ㉯날개를 치며 날다. 〔淮南子〕雖欲翱翔, 其勢焉得.
【翱翶 고고】새가 높이 나는 모양.
【翱翔 고상】①새가 높이 나는 모양. ○'翔'은 새가 날개를 위아래로 움직이는 것, '翱'은 날개를 움직이지 않는 것. ②방황하는 모양. 떠도는 모양. ③뛰놂.

羽12 【翹】⑱ 꼬리 긴 깃털 교 蕭 qiáo
소전 翹 초서 翹 간체 翘 字解 ①꼬리 긴 깃털. 〔郭璞·賦〕蜾蠟森衰以垂翹. ②꼬리. 〔楚辭〕砥室翠翹. ④들다, 들리다. ≒趯. 〔淮南子〕翹尾而走. ⑤발돋음하다. 〔史記〕亡可翹足而待也. ⑥재능이 뛰어나다. ¶翹材. ⑦머리 꾸미개, 부인의 머리 깃털 장식. 〔梁簡文帝·詩〕寶髻珊瑚翹.
【翹翹 교교】①잡목이 쑥쑥 뻗은 모양. ②위태로운 모양. ③먼 모양.
【翹企 교기】발돋움하여 기다림. 몹시 기다림. 翹足(교족).
【翹思 교사】마음에 두고 생각함.
【翹想 교상】머리를 들어 우러러 바라봄. 경모(敬慕)함.
【翹首 교수】①고개를 듦. ②간절히 기다림. 翹企(교기).
【翹材 교재】뛰어난 재능. 高才(고재).
【翹足 교족】☞翹企(교기).
【翹足而待 교족이대】발돋움을 하여 기다림. 걸리는 시간이 아주 짧음. 蹻足待(교족대).
【翹楚 교초】잡목 가운데서 특출한 나무. 뛰어난 인재.

羽12 【翻】⑱ 날 번 元 fān
소전 翻 초서 翻 동자 飜 字解 ①날다. ②번드치다. 〔鮑照·賦〕星翻漢廻, 曉月將落. ③뒤집다. 〔李嶠·詩〕風翻鳥隼文. ④번역하다. 〔舊唐書〕今之佛經羅什所譯, 姚興與之對翻. ⑤엮다, 편술(編述)하다. 〔元稹·詞〕偸得新翻數船曲.
【翻刻 번각】한 번 새긴 책판을 본보기로 삼아 똑같이 다시 새김.
【翻車 번거·번차】①무자위. 水車(수차). ②수레 위에 치는 새 잡는 그물. 覆車網(복거망).
【翻倒 번도】거꾸로 됨. 벌렁 넘어짐.
【翻弄 번롱】마음대로 희롱함. 놀림.
【翻翻 번번】①펄럭이며 나는 모양. 한 번에 뒤집는 모양. ②펄렁 나는 모양.
【翻覆 번복】뒤집음. 뒤엎음.
【翻盆 번분】①물동이를 뒤엎음. ②눈이나 비가 세차게 쏟아짐.
【翻翔 번상】새가 몸을 번드치며 이리저리 낢.
【翻案 번안】①앞의 안건을 뒤짚어 놓음. ②원작의 줄거리는 그대로 두고 다른 표현 양식을 써서 새롭게 고쳐 지음.
【翻譯 번역】한 나라의 말로 표현된 문장을 다른 나라 말로 옮김.
【翻然 번연】①펄럭이는 모양. ②마음을 갑자기 번드치는 모양.
【翻雲覆雨 번운복우】손을 뒤집으면 구름이 되고, 손을 엎으면 비가 됨. ㉠손바닥을 뒤집듯이 인정이 변하기 쉬움. ㉡이랬다저랬다 함.
【翻意 번의】전에 가지고 있던 마음을 뒤집음.
◑翹—. 亂—. 騰—. 覆—. 飛—. 繽—. 翩—.

羽12 【翽】⑱ 날 숙 屋 sù
字解 날다.

羽12 【翻】⑱ 나는 모양 율 質 yù
동자 翻 字解 ①나는 모양. ②빨리 날다.

羽12 【翶】⑱ 翱(1416)과 동자

羽12 【翼】⑱ 翼(1415)과 동자

羽12 【翻】⑱ 들 증 蒸 zēng
字解 ①들다, 높이 들어 올리다. ②날다.

羽12 【翽】⑱ 칼깃 혜·예 霽 huì
동자 翽 字解 칼깃, 풍절우(風切羽). 새의 날개를 이루고 있는 깃.

羽13 【翾】⑲ 조금 날 현 先 xuān
소전 翾 초서 翾 字解 ①조금 날다. ②빠르다. 〔荀子〕喜則輕而翾.
【翾飛 현비】조금 낢.
【翾風廻雪 현풍회설】나는 바람과 날리는 눈. 춤추는 모습.
【翾翾 현현】처음으로 일어서서 조금 나는 모양.
◑輕—. 連—. 翩—. 飄—.

羽13 【翽】⑲ 날개 치는 소리 홰·쾌 卦 huì
소전 翽 초서 翽 字解 날개 치는 소리. 〔詩經〕鳳凰于飛, 翽翽其羽.
【翽翽 홰홰】①수가 많은 모양. ②날개 치는 소리. 홰치는 소리.

羽14 【翱】⑳ 翱(1416)의 속자

羽部 14～15획　翿翾耀𦒱　老部 0획 老

羽
14
【翿】⑳ 우보당 도 𦒱 dào
[소전] 𦒱 [초서] 𦒱 [字解] ①우보당(羽葆幢). 춤출 때 쓰는 물건. 〔詩經〕君子陶陶, 左執翿. ②둑. =纛.

羽
14
【翾】⑳ 나는 모양 빈 𦒱 pīn
[字解] 나는 모양. ¶ 翾翁.
【翾翁 빈분】 나는 모양.

羽
14
【耀】⑳ 빛날 요 𦒱 yào
[초서] 耀 [동서] 曜 [동서] 燿 [字解] ①빛나다. 〔潘岳·詩〕素甲日耀. ②빛내다. 〔國語〕以耀德於廣遠也. ③빛. 〔後漢書〕建天地之功, 增日月之耀.
【耀德 요덕】 덕을 빛나게 함.
【耀耀 요요】 빛나는 모양. 曜曜(요요).
【耀電 요전】 번쩍이는 번개.
● 光－, 明－, 炳－, 鮮－, 清－, 華－, 晃－.

羽
15
【𦒱】㉑ 𦒱(1416)와 동자

老 部

6획 부수 ｜ 늙을로부

老
0
【老】⑥ 늙은이 로 𦒱 lǎo

一 十 土 耂 耂 老

[소전] 耂 [초서] 耂 [參考] '老'가 한자의 구성에서 머리에 쓰일 때는 글자 모양이 '耂'로 바뀌고, '늙을로엄'이라고 부른다. [字源] 會意. 毛+人+匕→老. '匕'는 '人'이 집은 것으로, 늙어서 허리가 굽고 머리가 세어 모양이 변함을 뜻한다. 모두 합하여 늙어서 머리털(毛)이 변한 사람(人)이라는 뜻으로, 일흔 이상의 늙은이라는 뜻을 나타낸다.
[字解] ①늙은이. 일흔 살 이상, 예순 살 이상, 쉰 살 이상 등의 설이 있다. 〔孟子〕老吾老, 以及人之老. ②늙다. ㉮나이를 많이 먹다, 오래 살다. 〔詩經〕君子偕老. ㉯늙어 빠지다, 늙어서 약해지다. 〔漢書〕學者罷老. ㉰지치다. 〔春秋左氏傳〕老師費財. ㉱쉬다. 〔荀子〕治之道美不老. ㉲쇠하다, 약해지다. 〔春秋左氏傳〕直爲壯, 曲爲老. ㉳색다. ③치사(致仕)하다. 〔春秋左氏傳〕老有加於家. ④나이 먹어 벼슬을 그만두다. 〔史記〕歸老於家. ⑤품위가 있다, 노숙하다. 〔徐積·詩〕子美骨格老. ⑤익숙하다, 노련하다. 〔杜甫·詩〕枚乘文章老. ⑥늙은이로 높이다. 〔大學〕上老老而民興孝. ⑦신(臣)의 우두머리, 삼공(三公)의

〔禮記〕屬於天子之老二人. ④천자의 대부(大夫)의 총칭. 〔春秋左氏傳〕天子之老. ㉮제후의 상경(上卿). 〔禮記〕國君不名卿老世婦. ㉯대부(大夫)의 가신(家臣). 〔儀禮〕老牽牛以致之. ㉰군리(群吏)의 존장(尊長). 〔儀禮〕授老鴈. ⑧부모. 〔周禮〕以其財養死政之老. ⑨선인(先人). 〔顔氏家訓〕先人爲老. ⑩노자(老子)의 약칭. 〔韓愈·解〕攘斥佛老. ⑪사람의 성씨 앞이나 뒤에 붙이는 말. 〔朱熹·跋米元章帖〕米老書如天馬脫銜.
【老健 노건】 ①늙어서도 몸이 건강함. ②문장 따위가 노련하고 힘참.
【老姑 노고】 ①고모(姑母). ②國할미.
【老苦 노고】 (佛)사고(四苦)의 하나. 늙어서 겪는 괴로움.
【老公 노공】 ①늙은이. ②나이 지긋한 귀인(貴人). ③거세(去勢)한 남자.
【老軀 노구】 늙은 몸.
【老君 노군】 ①노인의 존칭. ②노자(老子)의 존칭. 太上老君(태상노군).
【老氣 노기】 노련한 기운.
【老驥伏櫪 노기복력】 늙은 준마가 마구간에 엎드려 있음. ㉠뛰어난 사람이 늙어서도 여전히 큰 뜻을 품고 있음. ㉡능력 있는 인물이 늙도록 뜻을 펴지 못함.
【老衲 노납】 ①늙은 승려. 老僧(노승). ②노승이 스스로를 일컫는 말.
【老駑 노노】 늙고 둔한 말. 사람이 늙어서 쓸모 없게 됨.
【老當益壯 노당익장】 늙어서는 더욱 의기(意氣)를 굳건히 해야 함.
【老大 노대】 ①나이를 먹음. 노년(老年)이 됨. ②대단함.
【老杜 노두】 성당(盛唐)의 시인 두보(杜甫). 만당(晚唐)의 시인 두목(杜牧)을 소두(少杜)라 일컫는 데 대한 별칭(別稱).
【老來 노래】 나이를 먹음. 늙바탕. ♪'來'는 조자(助字). 晚來(만래).
【老練 노련】 오랫동안 경험을 쌓아 익숙하고 능란함. 老鍊(노련).
【老老 노로】 노인을 존경함.
【老馬厭太乎 노마염태호】 國늙은 말이 콩 마다하랴. 본능적인 욕망은 늙었다고 없어지는 것이 아님.
【老馬之智 노마지지】 늙은 말의 지혜. 풍부한 경험에서 나오는 지혜. 故事 제(齊)나라의 관중(管仲)이 산속에서 길을 잃었을 때, 늙은 말을 풀어 주어 그 뒤를 따라가 마침내 길을 찾았다는 고사에서 온 말.
【老謀 노모】 ①잘 짜여진 계책. ②노후(老後)의 계책.
【老物 노물】 ①노인이 자기를 일컫는 겸칭. ②늙다리. 늙은 사람을 욕하는 말. ③낡은 물건. 舊物(구물). ④늙고 피로한 만물(萬物)의 신(神). 또는 그 신을 위하는 제사. ♪'老'는 늙어서 피로함, '物'은 만물의 신을 뜻함.
【老蚌生珠 노방생주】 늙은 방합이 구슬을 낳음.

㉠총명한 아들을 두었음을 축하하는 말. ㉡부자(父子)가 모두 출중함. ㉢늘그막에 아들을 낳음. 老蚌出珠(노방출주).

【老佛 노불】①노자학(老子學)과 불타학(佛陀學). 道釋(도석). ②노승(老僧)의 존칭(尊稱).

【老師 노사】①승려에 대한 존칭(尊稱). ②나이 많은 스승. 또는 단순히 스승에 대한 호칭. ③오랫동안 전지(戰地)에 있어 군사를 지치게 함.

【老生 노생】①늙은이. 노인. ②늙은이의 자칭(自稱).

【老生常譚 노생상담】노인이 항상 하는 이야기. 늙은이의 평범한 의론이나 시세(時勢)에 어두운 케케묵은 이론.

【老成 노성】①경험을 쌓아 일에 익숙함. 문장 따위가 노련하고 교묘함. 老功(노공). ②어리면서 어른 티가 남.

【老少同樂 노소동락】늙은이와 젊은이가 함께 즐김.

【老少不定 노소부정】(佛)늙은이도 어린이도 언제 죽을지 정해져 있지 않음. 사람의 수명은 알기 어려움.

【老衰 노쇠】늙어서 심신이 쇠약함.
【老手 노수】노련한 솜씨. 익숙한 기량.
【老壽 노수】오래 삶. 명이 긺.
【老宿 노숙】①나이가 많고 경험이 풍부한 사람. 宿老(숙로). ②(佛)불도(佛道)를 많이 닦아 덕이 높은 승려.
【老熟 노숙】오랫동안 경험을 쌓아 익숙함.
【老臣 노신】①늙은 신하. ②신분이 높은 신하. 重臣(중신).
【老實 노실】노숙하고 성실함.
【老艾 노애】50세 이상 된 노인.
【老爺 노야】①존귀한 사람을 공경하여 이르는 말. 나리. 마님. ②고용인이 고용주를 일컫는 말. ③손자가 외조부를 부르는 말. ④아내가 남편을 부르는 말.
【老弱 노약】①늙은이와 어린이. ②늙은이와 젊은이. 老少(노소). ③늙고 쇠약함.
【老炎 노염】늦더위.
【老牛舐犢 노우지독】늙은 소가 송아지를 핥음. 자식을 사랑하는 정(情).
【老儒 노유】①나이 많고 학덕이 높은 학자. ②늙어서 쓸모없는 학자.
【老人 노인】①늙은이. ②남에게 자기의 늙은 부모를 이르는 말. ③나이가 많은 어른의 자칭(自稱).
【老將 노장】①늙은 장수. ②군사(軍事)에 노련한 대장.
【老莊 노장】노자(老子)와 장자(莊子).
【老莊之學 노장지학】노자(老子)와 장자(莊子)가 내세운 학설. 무위(無爲)로 도덕의 표준을 삼고, 허무(虛無)로 우주의 근원을 삼음.
【老措大 노조대】늙은 서생(書生). 나이 많은 학자.
【老拙 노졸】늙고 못남. 노인의 겸칭(謙稱).
【老傖 노창】늙은 시골내기. ◑남북조 시대에 남조(南朝) 사람이 북방 사람을 업신여겨 '傖'이라고 일컬은 데서 온 말.

【老蒼 노창】①머리카락이 희끗희끗한 늙은 사람. ②나무가 푸르고 무성함.
【老妻 노처】늙은 아내.
【老稚 노치】늙은이와 어린이.
【老退 노퇴】늙어서 퇴임함.
【老婆心 노파심】①필요 이상으로 남의 일을 걱정하는 마음. ②(佛)선사(禪師)가 반복하여 정성을 다해 제자를 가르치는 마음.
【老悖 노패】노쇠함. 노망함.
【老圃 노포】①늙은 농부. ②농사에 숙련한 사람. 老農(노농).
【老筆 노필】國①능숙한 글씨. ②늙어 힘없는 글씨.
【老學究 노학구】세상 물정에 어두워 쓸모없는 글방 서생(書生).
【老昏 노혼】늙어서 정신이 흐림.
【老患 노환】늙어서 오는 병.
【老鰥 노환】늙은 홀아비. 아내도 자식도 없는 늙은 홀아비.
【老獪 노회】의뭉하고 능갈침.
【老朽 노후】①낡아서 못 쓰게 됨. ②늙어서 쓸모가 없음. ③노인의 겸칭(謙稱).

◐家―, 卿―, 古―, 告―, 故―, 孔―, 舊―, 國―, 窮―, 耆―, 堂―, 父―, 扶―, 佛―, 庶―, 釋―, 衰―, 宿―, 野―, 養―, 元―, 遺―, 贏―, 長―, 莊―, 拙―, 宗―, 耋―, 初―, 鄕―, 黃―, 朽―.

考 ⑥ 상고할 고 [上聲] kǎo

一 十 土 耂 耂 考

〔字源〕象形. 머리가 길고 허리가 굽은 사람(老)이 지팡이를 짚고 있는 모습을 본뜬 글자.

〔字解〕①상고하다. ≒攷. ㉮곰곰 생각하다. 〔易經〕視履考祥. ㉯밝히다, 자세히 하다. 〔易經〕中以自考也. ㉰살펴보다. 〔淮南子〕考世俗之行. ㉱견주어 보다. 〔國語〕考省不倦. ㉲궁구하다. 〔漢書〕考其文理. ㉳조사하다. 〔後漢書〕詔遣覆考. ㉴책하다, 꾸짖다. 〔後漢書〕各各考事. ㉵묻다. ②치다, 두드리다. 〔詩經〕弗鼓弗考. ③이루다. 〔詩經〕五日, 考終命. ④오르다. 〔儀禮〕考降無有近悔. ⑤맞다, 맞추다. 〔國語〕考中聲而量之以制. ⑥마치다. 〔楚辭〕身憔悴而考旦. ⑦오래 살다, 장수하다. 〔詩經〕周王壽考. ⑧죽은 뒤에 부(父)를 이르는 말. 〔禮記〕生曰父母曰妻, 死曰考曰妣曰嬪. ⑨흠. ≒朽. 〔淮南子〕夏后氏之璜, 不能無考. ⑩시험, 고시(考試). 〔宋史〕不由銓考, 擢授朝列. ⑪고거 논증(考據論證)한 문장, 사체(史體)의 한 가지. 司天考(사천고)·職方考(직방고) 따위.

【考降 고강】①오르내림. 昇降(승강). 登降(등강). ②아버지의 죽음.

【考據 고거】①고적(古籍)의 자의(字義) 및 역대의 명물(名物)·전장(典章)·제도(制度) 등을

연구하여 확고한 근거를 밝힘. 考證(고증). ②상고(詳考)하여 증거로 삼음. 證憑(증빙).
【考檢 고검】상고하여 조사함. 考驗(고험).
【考古 고고】유물·유적 등으로 옛일을 연구함.
【考考 고고】북을 치는 소리.
【考課 고과】근무 성적을 평가하여 우열을 정함. 考績(고적).
【考校 고교】①상고하여 조사함. ②시험. 고시.
【考究 고구】깊이 연구함. 깊이 생각함.
【考旦 고단】아침을 다 보냄.
【考量 고량】생각하고 헤아림.
【考慮 고려】생각하여 헤아림.
【考槃 고반】①은둔할 곳을 마련하여 유유자적(悠悠自適)함. ○'考'는 '成'으로 '이루다'를, '槃'은 '樂'으로 '즐기다'를 뜻함. ②쟁반을 두드리면서 노래의 장단을 맞춤. ○'考'는 '扣'로 '두드리다'를, '槃'은 '기구(器具)'를 뜻함.
【考妣 고비】돌아가신 부모. ○'考'는 돌아가신 아버지, '妣'는 돌아가신 어머니.
【考死 고사】고문으로 죽음.
【考查 고사】①자세히 생각하고 조사함. 考檢(고검). ②성적·실력 따위를 시험함. ③㉠취조함. ㉡시찰함.
【考案 고안】①상고하여 조사함. 考檢(고검). ②연구하여 새로운 안을 생각하여 냄.
【考閱 고열】상고하여 열람함. 검열함.
【考績 고적】관리의 공적을 조사함.
【考績幽明 고적유명】관리의 공적을 조사하여 승진과 강등을 결정함.
【考正 고정】심사하여 오류를 바로잡음.
【考訂 고정】고적(古籍)의 진위(眞僞)와 이동(異同)을 밝혀 정정(訂正)함. 校訂(교정).
【考終命 고종명】오복(五福)의 하나. 늙도록 제 명대로 살다가 편안하게 죽음. 천명을 다하고 죽음.
【考證 고증】①조사하고 검증함. ②옛 문헌이나 유물 등을 상고하여 증거를 대어 설명함.
【考治 고치】고문(拷問)하여 죄를 다스림.
【考評 고평】시문의 우열을 평가하여 결정함.
【考驗 고험】상고하여 조사함. 勘驗(감험).
◑ 勘-, 檢-, 覆-, 詳-, 先-, 壽-, 掠-, 硏-, 夷-, 銓-, 祖-, 參-, 皇-.

老₄【耆】⑩ ❶늙은이 기 囡 qí
❷이를 지 紙 zhǐ
❸즐길 기 寘 shì
소전 📜 초서 📜 [衆考] 대법원 지정 인명용 한자의 음은 '기'이다.
字解 ❶늙은이. 60세나 70세 이상의 늙은이. ②어른, 스승. 〔國語〕耆艾修之. ③지휘하다, 일을 시키다. ④강하다, 세다. 〔春秋左氏傳〕不懦不耆. ❺성(姓). ❷이르다, 다다르다. 〔詩經〕耆定爾功. ❸즐기다. 늙嗜. 〔禮記〕節耆欲.
【耆舊 기구】기로(耆老)와 고구(故舊). 노인과 옛 친구.
【耆老 기로】①60세 이상의 늙은이. ○'耆'는 60세, '老'는 70세. 耆耄(기모). ②나이가 많고 덕이 높은 사람.
【耆老所 기로소】조선 때, 70세가 넘은 정2품 이상의 문관들이 모여 놀 수 있게 마련한 곳.
【耆耄 기모】☞耆老(기로).
【耆蒙 기몽】노인과 아이.
【耆宿 기숙】연로하고 학덕이 있는 사람. 늙어서 명망이 있는 사람.
【耆艾 기애】①늙은이. 노인. ○'耆'는 60세, '艾'는 50세. ②존자(尊者)나 사부(師傅).
【耆儒 기유】학덕이 있는 노학자.
【耆婆 기파】(佛)불제자(佛弟子)로 고대 인도의 명의(名醫). 중국의 명의인 편작(扁鵲)과 병칭(並稱)됨.

老₄【耄】⑩ 늙은이 모 號 mào
소전 📜 초서 📜 동자 📜 字解 ①늙은이. ㉮90세. ㉯80세. ㉰70세. ②노쇠하다. 〔詩經〕亦聿旣耄. ③혼몽하다. 〔楚辭〕心悼怵而耄思.
【耄期 모기】노인. ○'耄'는 80세나 90세, '期'는 100세.
【耄齡 모령】①칠팔십 세. ②팔구십 세.
【耄老 모로】①아주 노쇠한 노인. ②늙음.
【耄耄 모모】백발(白髮)이 성성한 모양.
【耄思 모사】정신이 혼몽함.
◐ 耆-, 老-, 衰-, 昏-.

老₄【耄】⑧ 耄(1419)와 동자

老₅【耇】⑨ 늙을 구 宥 gǒu
소전 📜 초서 📜 동자 📜 字解 ①늙은이의 검은 얼굴, 검버섯이 난 얼굴. 〔漢書〕年其逮耇. ②늙다, 장수하다. 〔詩經〕遐不黃耇.
【耇德 구덕】늙고 덕망이 있는 사람.
【耇老 구로】①늙은이. 노인. ②오래 삶.
【耇長 구장】늙고 덕이 높은 사람. 노성한 사람.
◐ 耆-, 壽-, 胡-, 黃-.

老₅【耇】⑪ 耇(1419)와 동자

老₅【者】⑨ 놈 자 馬 zhě
一 十 土 耂 耂 考 者 者 者
소전 📜 초서 📜 숙서 📜 者 간체 者 字源 象形. 본래 풍로(風爐) 위에 장작을 잔뜩 쌓고 태우는 모양을 본뜬 글자. 뒤에 '그것·그 사람' 등의 뜻으로 가차되었다.
字解 ①놈, 사람. 〔孟子〕爲此詩者, 其知道乎. ②것. ㉮일을 가리켜 이른다. 〔易經〕危者

使平, 易者使傾. ④물건을 가리켜 이른다. 〔韋誕·筆經〕桀者居前, 毳者居後. ⑤곳. 〔春秋左氏傳〕請更諸爽塏者. ④~라고 하는 것은, ~은. 차별(差別)의 조사(助詞). 〔易經〕元者, 善之長也. ⑤~면. 순접(順接)의 조사. 〔史記〕伍奢有二子, 不殺者, 爲楚國患. ⑥어세(語勢)를 세게 하는 조사. 〔論語〕三子者出. ⑦때를 가리키는 말에 붙이는 조사. 〔蘇軾·賦〕今者薄暮, 擧網得魚. ⑧동사·형용사 등을 명사로 바꾸는 조사. 〔孟子〕滅國者五十.
【者流 자류】 그 동아리. 그 부류(部類).
【者番 자번】 이번. 금번. 此回(차회).
【者也之乎 자야지호】 일부러 어려운 문자를 사용하거나 문구에 얽매임. 모두 문장을 돕는 조자(助字)로, 딱딱한 문장 또는 말투를 이름.
❶ 記—, 讀—, 亡—, 使—, 聖—, 識—, 信—, 謁—, 譯—, 王—, 隱—, 仁—, 作—, 長—, 著—, 諜—, 筆—, 學—, 患—, 後—.

老 6 【耊】 ⑩ 耋(1420)과 동자

老 6 【耋】 ⑫ 늙은이 질 屑 dié

【耋】 ㉮ 90세. ㉯ 70세. 〔春秋左氏傳〕以伯舅耋老. ㉰ 60세. 〔春秋公羊傳〕使帥一二耋老而綏焉.
【耋老 질로】 칠팔십 세의 노인.
【耋艾 질애】 ① 늙은이와 젊은이. ② 늙은이.

老 9 【耉】 ⑮ 壽(371)의 고자

而 部
6획 부수 | 말이을이부

而 0 【而】 ⑥ ❶말 이을 이 支 ér
❷편안할 능 蒸 néng

参考 대법원 지정 인명용 한자의 음은 '이'이다.
字源 象形. 본래 코밑수염을 본뜬 글자. 뒤에 '너'의 뜻으로 가차되었다.
字解 ❶① 말을 잇다. ㉮ 그리하여. 순접 관계를 나타낸다. 〔孟子〕予旣烹而食之. ㉯ ~에서. 〔論語〕十有五而志于學. ㉰ 그러나. 역접 관계를 나타낸다. 〔春秋左氏傳〕有威而不昭. 그런데. 〔論語〕不好犯上, 而好作亂者. ② 구말(句末)에 붙여 어세(語勢)를 돕는 조사(助詞). 〔易經〕宜建侯而不寧. ③ 너. 〔春秋左氏傳〕夫差而忘越王之殺而父乎. ④ ~와 같다. = 如·若. ⑤ 〔戰國策〕而此者三. ⑤ 그러하다. = 然. 〔書經〕啓呱呱而泣. ⑥ 곧. ㉮ 이에. = 乃. ㉯ ~(이)면. = 則. ⑦ 써. = 以. 〔墨子〕使天下之爲善者可而勸也. ⑧ 잘. 〔呂氏春秋〕其誰可而爲之. ⑨ 및, ~과. 〔論語〕不有祝鮀之佞, 而有宋朝之美. ⑩ 인연하여. 〔論語〕學而時習之. ⑪ 만일, 가령. 〔孟子〕而居堯之宮逼堯之子, 是篡也. ⑫ 뿐. 而已, 而已矣로 연용하여 '~일 따름'을 뜻한다. ⑬ 구레나룻. ⑭ 턱수염. ❷ 편안하다, 평온하다. ≒能.
【而公 이공】 ① 너의 임금. ② 임금의 자칭어(自稱語). ○'而'는 '汝'로 '너'를 뜻함. 乃公(내공).
【而今 이금】 지금에 이르러. 이제 와서.
【而今而後 이금이후】 현재 이후에. 今後(금후).
【而立 이립】 30세. ○공자가 30세에 뜻이 확고하게 섰다고 한 데서 온 말.
【而父 이부】 ① 너의 아버지. ② 아버지의 자식에 대한 자칭어. 乃父(내부).
【而已 이이】 ~뿐임. ~일 따름임.
【而還 이환】 그 후. 그로부터. 以來(이래).
【而況 이황】 하물며. 게다가.
❶ 然—, 已—.

而 2 【耐】 ⑧ 耏(1421)와 동자

而 3 【耐】 ⑨ ❶견딜 내 隊 nài
❷능할 능 蒸 néng

参考 대법원 지정 인명용 한자의 음은 '내'이다.
字源 會意·形聲. 而+寸→耐. 법도(寸)에 따라 구레나룻(而)을 깎는 형벌을 뜻한다. '而(이)'가 음도 나타낸다.
字解 ❶① 견디다, 참다. 〔荀子〕能耐任之, 則慎行此道也. ② 구레나룻을 깎는 형벌. = 耏. ③ 임무를 감당하다. 〔漢書·耐以上·注〕如淳曰, 耐, 猶任也, 任其事也. ❷① 능하다, 능히 하다. ※能(1443)의 고자(古字). 〔禮記〕聖人耐以天下爲一家. ② 곰〔熊〕의 한 가지. =能.
【耐久 내구】 오래 견딤. 오래 지속함.
【耐性 내성】 ① 어려움을 견딜 수 있는 성질. ② 병원균이 약품에 대하여 나타내는 저항성.
【耐忍 내인】 참고 견딤. 忍耐(인내).
【耐震 내진】 건조물 따위가 지진의 진동에 견딤.
【耐乏 내핍】 가난함을 참고 견딤.
【耐寒 내한】 추위를 견딤.
【耐火 내화】 불에 잘 견딤.
❶ 堪—, 忍—.

而 3 【耑】 ⑨ ❶시초 단 寒 duān
❷구멍 천 先 zhuān

字源 象形. 위의 '山'은 처음 생겨난 물건의 꼭대기. 아래의 '而'는 그 뿌리를 본떴다. 본뜻은 처음

而部 3~4획

耑
字解 ❶①시초, 실마리. ≒端.〔漢書〕感物造耑. ②처음 생겨난 물건의 꼭대기. ❷①구멍, 구멍을 뚫다.〔周禮〕已下則摩其耑. ②오로지, 한결같이. ≒專.
【耑緖 단서】일의 첫 부분. 실마리. 端緖(단서).
【耑倪 단예】맨 끝. 아주 먼 끝.

而3 耍 ⑨ 희롱할 사 馬   shuǎ
字解 ①희롱하다. ②재빠르다, 유별나게 빠르다. ③만지다, 짓궂게 굴다. ④노름하다.

而3 耎 ⑨ 가냘플 연 銑   ruǎn
字解 ①가냘프다.〔戰國策〕鄭魏者楚之耎國. ②끝이 밑보다 크다. ③부드럽다. ④물러서다.〔漢書〕是爲耎而伏. ⑤굼틀거리다. ≒蝡.〔莊子〕憛耎之蟲.
【耎弱 연약】연하고 약함. 軟弱(연약)함.
【耎脆 연취】연약함. 유약(柔弱)한 모양.

而3 耏 ⑨ ❶구레나룻 이 支   ér ❷구레나룻 깎는 형벌 내 國   nài
字解 ❶①구레나룻.〔後漢書〕冒耏之類. ②머리숱이 많다. ③털이 많은 짐승. ④수염을 깎다. ⑤성(姓). ❷구레나룻 깎는 형벌. ≒耐.

而4 㒟 ⑩ 오그라들 난 旱   ruǎn
字解 오그라들다, 움츠러들다, 어떤 힘에 눌려서 졸아들고 펴지 못하다.〔太玄經〕㒟, 其心, 中無勇也.

耒部

6획 부수 | 쟁기뢰부

耒0 耒 ⑥ 來(96)의 속자

耒0 耒 ⑥ 쟁기 뢰 隊 賄 支   lěi
字解 會意. 木+丯→耒. '丯'은 풀이 어수선하게 우거진 모양. '木'과 합하여 우거진 풀을 나무로 만든 연장으로 갈아 넘긴다는 의미로, '쟁기'라는 뜻을 나타낸다.
字解 쟁기, 굽정이. 마소에 끌려 논밭을 가는 농기구.〔後漢書〕致耒耜之勤.

耒部 0~4획

**耒耨 뇌누】①쟁기와 괭이. 농구(農具). ②밭을 갈고 김맴. 耕耘(경운).
【耒耜 뇌사】쟁기. ○'耒'는 쟁기 자루, '耜'는 쟁기 날.
耒鍤(뇌삽)
○耒耜(뇌사)
❶ 耕－, 秉－, 負－, 釋－, 執－, 輟－.

耒2 耵 ⑧ 쟁깃술 정 靑   tīng
字解 쟁깃술, 나무로 만든 쟁깃술.

耒3 耚 ⑨ 평미레 걸 屑   qǐ
字解 평미레.

耒3 耔 ⑨ 북돋울 자 紙 支   zǐ
字解 북돋우다, 북돋우어 가꾸다.〔詩經〕或耘或耔.

耒4 耕 ⑩ 밭 갈 경 庚   gēng

一 二 三 丰 耒 耒 耒 耒 耕

字源 形聲. 耒+井→耕. '井(정)'이 음을 나타낸다.
字解 ①밭을 갈다, 논밭을 갈다.〔論語〕長沮桀溺耦而耕. ②고르다, 평평하게 하다. ③농사에 힘쓰다.〔禮記〕三年耕, 必有一年之食. ④부지런히 힘쓰다.〔法言〕耕道而得道. ⑤농사 이외의 일을 하여 생계를 꾸리다. ¶筆耕. ⑥농사.〔漢書〕有不勸耕之心.
【耕稼 경가】논밭을 갈아 곡식을 심음.
【耕墾 경간】황무지를 개간하여 경작함.
【耕農 경농】농사를 지음. 농사를 짓는 백성.
【耕耨 경누】갈고 김맴.
【耕讀 경독】①농사짓기와 글 읽기. 농사일을 하면서 학문을 닦음. ②주경야독(晝耕夜讀).
【耕犁 경려】성에의 앞 끝에 가로로 박은 물추리막대. 쟁기에 딸린 농기구의 한 가지.
【耕夫讓畔 경부양반】농부들이 서로 밭고랑을 양보함. 순(舜)임금의 덕이 백성에게 미쳐, 농부들까지도 예양(禮讓)을 알게 되었음.
【耕耘 경운】논밭을 갈고 김을 맴. 농사를 지음.
【耕作 경작】논밭을 갈아 농사를 지음.
【耕田 경전】논밭을 갊. 또는 그 경지(耕地).
【耕種 경종】논밭을 갈아 씨를 뿌림.
【耕織 경직】농사짓는 일과 베 짜는 일.

〈耕犁〉

1422 耒部 4~8획 耗耘耖耙耞耜耤耞耡耤秮糪

○ 懇一, 歸一, 農一, 舌一, 時一, 深一, 力一,
牛一, 耦一, 耘一, 輟一, 秋一, 春一, 筆一.

耒 4 【耗】 ⑩ ❶줄 모 ㊀호 號 hào
❷어두울 모 號 mào
❸없을 모 ㊃ máo

字解 ❶줄다, 줄이다. 〔周禮〕改煎金錫則不耗. ❷다하다, 없애다. 〔曹植·七啓〕耗精離乎虛廓. ❸쓰다, 소비하다. 〔素問〕革金且耗. ❹비다, 없다. 〔史記〕其虛則耗. ❺토박(土薄)하다. 〔大戴禮〕耗土之人, 醜. ❻나쁘다, 나쁘게 하다. 〔詩經〕耗斁下土. ❼소식. 〔劇談錄〕無登第之耗. ❽동태(動態), 동정(動靜). 〔揮塵三錄〕漢陽僚吏至安州者, 特正問處厚近耗. ❾감소하다. =秏. ㊁어둡다. =眊. ❸①없다, 다하다. ②외로운 모양.
【耗穀 모곡】 조선 때, 환자(還子)를 받으면서, 쌓아 두는 동안 축날 것을 감안하여 미리 얼마씩 덧붙여 받던 곡식.
【耗斁 모두】 상하여 깨짐. 쇠약해짐.
【耗亂 모란】 문란하여 분명하지 않은 모양.
【耗問 모문】 소식. 음신(音信).
【耗損 모손】 닳아 없어짐. 耗減(모감).
【耗盡 모진】 해지거나 닳아서 다 없어짐.

○ 省一, 消一, 息一, 信一, 抑一, 音一, 虛一.

耒 4 【耘】 ⑩ 김맬 운 ㊃ 畵 yún

字解 ❶김매다, 늑芸. 〔詩經〕或耘或耔. ❷없애다, 제거하다. 〔史記〕不戰而耘.
【耘鋤 운서】①잡초를 베고 논밭을 갊. ②국토를 평정함.
【耘耘 운운】논농사가 풍성하게 잘된 모양.
【耘耔 운자】김매고 북을 돋움.

耒 4 【耖】 ⑩ 밭 거듭 갈 초 ㊃ chào

字解 ①밭을 거듭 갈다, 한번 간 것을 다시 갈다. ②써레. 갈아 놓은 논밭을 고르는 데 쓰는 큰 빗 모양의 농기구. '耙(파)'로 고른 뒤에 다시 흙덩이를 잘게 부수어 고른다.

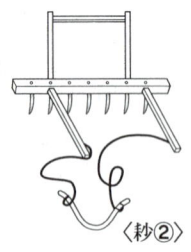

〈耖②〉

耒 4 【耙】 ⑩ 써레 파 ㊃ bà

字解 ①써레. 쟁기로 갈아 놓은 밭을 고르는 데 쓰는 큰 빗모양의 농기구. '耙'로 고른 뒤에 흔히 '耖(초)'로 더 고른다.

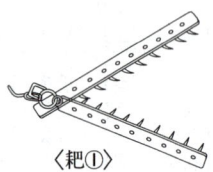

〈耙①〉

②쇠스랑. 쇠로 서너 개의 발을 만들어 자루에 박은 농기구.
【耙耞 파서】우마(牛馬)로 끌게 하여 논밭의 흙덩이를 깨뜨려 고르는 기구.

耒 5 【耞】 ⑪ 도리깨 가 ㊃ jiā

字解 도리깨, 연가(連枷). 이삭을 두드려서 알곡을 떠는 농기구. =枷. 〔國語〕耒耜耞芟.

耒 5 【耜】 ⑪ 보습 사 ㊃ sì

字解 ①보습, 쟁기 날. ㊀나무로 만든 보습. 〔易經〕斲木爲耜. ㊁쇠로 만든 보습. 〔禮記〕脩耒耜. ②따비로 갈다. 〔周禮〕冬日至而耜之. ③쟁기를 손질하다. 〔詩經〕三之日于耜. ④매, 때리는 매. 〔莊子〕禹親自操橐耜. ⑤물을 담는 그릇.

耒 5 【耛】 ⑪ ❶김맬 치 ㊃ chí
❷쟁깃술 이 ㊃ yí

字解 ❶김매다. ❷쟁깃술. =枱.

耒 6 【耞】 ⑫ 고무래 규·와 齊 guī

字解 ①고무래. 농기구의 한 가지. ②갈다, 논밭을 갈다.

耒 7 【耤】 ⑬ 보리밭 갈 국 ㊃ jú

字解 ①보리밭을 갈다. ②논밭을 갈다.

耒 7 【耡】 ⑬ ❶구실 이름 서 ㊀조 御 chú
❷호미 서 ㊃ chú

字解 ❶①구실 이름, 세법 이름. 정전법(井田法)에서 공전(公田)의 수확을 세금으로 내던 세법. 〔周禮〕掌聚野之耡粟. ②모여서 의논하고 서로 돕는 곳. 〔周禮〕以歲時合耦于耡. ③주대(周代)의 제도로, 백성이 서로 돕는 조직. 〔周禮〕興鋤利耡. ④돕다, 힘을 빌리다. 논밭을 갈다. ❷호미. 늑鉏.
【耡粟 서속】주대(周代)에 정전(井田)의 공전(公田)에서 바친 조세의 곡식.

耒 8 【耪】 ⑭ ❶보습 방 講 bàng
❷갈 부 ㊃ póu

字解 ❶보습. 땅을 가는 데 쓰는 쟁기의 날. ❷갈다, 논밭을 갈다.

耒 8 【耚】 ⑭ 날카로운 보습 염 ㊃ yǎn

字解 ①날카로운 보습. ②논밭을 갈다.

耒 8 【糪】 ⑭ 耘(1422)의 속자

未部 8～18획

耤 耦 耩 耆 耨 耬 耮 樀 㯺 機 耢 耫 穫 耰 耲 櫇 糀

未 8 【耤】⑭ ❶적전 적 ji
❷갈개 자 jiè

소전 [耤] 초서 [耤] 字解 ❶①적전(耤田), 친경(親耕)하다. ≒藉. ❷빌리다. 〔漢書〕以輜耤友報仇. ❸구실, 세금. ❷깔개. =藉.
【耤友 적우】 친구의 힘을 빌림.
【耤田 적전】 임금이 친히 농사를 짓던 논. 籍田(적전).

未 9 【耦】⑮ 짝 우 ǒu

소전 [耦] 초서 [耦] 字解 ①짝. =偶. ⑦둘이 한 짝. 〔周禮〕射則張耦次. ㉯상대자. ㉰동류(同類). 〔莊子〕嗒焉似喪其耦. ㉱배우자, 부부. 〔春秋左氏傳〕人各有耦. ㉲짝수, 우수. ❷폭이 갑절이 되게 두 번 갈다. 다섯 치 폭의 보습으로 다섯 치 폭으로 가는 것을 '伐(벌)', 두 번 갈아서 흙이 한 자가 되게 가는 것은 '耦'라 하였다. ❸둘이 나란히 서서 갈다. 〔論語〕耦而耕. ❹논밭을 갈다. ❺둘이다, 양쪽 다. 〔春秋左氏傳〕耦俱無猜. ❻쌍둥이. ❼합하다. ㉠하나가 되다, 합치하다. 〔漢書〕何百離而曾不壹耦. ㉡마주 향하다. 〔漢書〕耦語者棄市. ㉢짝짓다. 〔春秋左氏傳〕姬姞耦, 其子孫必蕃. ❽화합.
【耦耕 우경】 둘이서 나란히 논밭을 갊.
【耦立 우립】 두 사람이 나란히 섬.
【耦數 우수】 짝수. 偶數(우수).
【耦語 우어】 두 사람이 소곤소곤 이야기함.
【耦坐 우좌】 마주 대하여 앉음.
❶耕-, 對-, 不-, 敵-, 衆-, 合-.

未 9 【耞】⑮ 심을 창 chuàng
字解 ①심다. ②간작(間作)을 하다.

未 10 【耩】⑯ 김맬 강·구 jiǎng
字解 ①김매다. ②밭을 갈다, 논밭을 갈다.
【耩耨草 강누초】 민들레의 딴 이름.

未 10 【耆】⑯ 보리씨 뿌릴 기 qí
字解 보리씨를 뿌리다.

未 10 【耨】⑯ 김맬 누·녹 nòu
초서 [耨] 字解 ①김매다. =鎒. 〔史記〕鉏耨之. ②없애다, 나쁜 일을 덜어 없애다. 〔禮記〕講學以耨之. ③호미. 〔易經〕耒耨之利.
【耨耕 누경】 김을 매고 논밭을 갊.
【耨耜 누사】 보습·괭이 따위의 농기구.

未 11 【耬】⑰ ❶씨 뿌리는 기구 루 lóu
❷밭 갈 루 lǒu

字解 ❶씨를 뿌리는 기구. ❷밭을 갈다, 논밭을 갈다.
【耬車 누거】 씨를 뿌리는 데 쓰는 기구. 모양이 세 발 쟁기 같은데, 가운데에 깔때기가 있어 거기에 씨앗을 넣고 소가 끌고 가게 하면 씨앗이 골고루 뿌려짐.

未 11 【耮】⑰ ❶두루 씨 뿌릴 만 mán
❷심을 만 màn
字解 ❶두루 씨를 뿌리다. ❷①심다. ②묵정밭. 종자를 뿌리지 않은 밭.

未 11 【樀】⑰ 대우 낼 체·적 tì
字解 ①대우 내다, 갈지 않고 심다, 간작(間作)하다. ②심다.

未 11 【㯺】⑰ ❶겨울갈이 한 hàn
❷밭 갈 한 hǎn
字解 ❶겨울갈이, 겨울에 갈다. ❷밭을 갈다.

未 12 【機】⑱ 밭 갈 기 jī
字解 밭을 갈다, 논밭을 갈다.

未 12 【耢】⑱ 고무래 로 lào
간체 [耢] 字解 고무래. 논밭을 가는 농기구.

未 12 【耫】⑱ 땅 이름 작 zuó
字解 땅 이름. 촉(蜀)나라 때 있던 땅 이름.

未 14 【穫】⑳ 곡식 거둘 확 huò
字解 곡식을 거두다. =穫.

未 15 【耰】㉑ 씨 덮을 우 yōu
초서 [耰] 字解 ①씨를 뿌려 흙으로 덮다. 〔論語〕耰而不輟. ②곰방메. 흙덩이를 부수거나 씨를 덮는 데 쓰는 농기구.
【耰鉏 우서】 가래. 흙을 파는 데 씀.

未 15 【耲】㉑ 쟁기 파 bēi
간체 [耲] 字解 쟁기. =鑼.

未 15 【櫇】㉑ ❶갈 표 pāo
❷김맬 표 biāo
字解 ❶갈다, 논밭을 갈다. ❷김매다. =穮.

未 18 【糀】㉔ 보습 구 gú
字解 보습, 쟁기의 날.

耳部

6획 부수 | 귀이부

耳 0 【耳】 ⑥ ❶귀 이 📖 ěr
❷팔대째 손자 잉 📖 réng

一丆丆斤斤耳耳

[소전] 耳 [초서] 귀
[参考] 대법원 지정 인명용 한자의 음은 '이'이다.
[字源] 象形. 귀의 모양을 본뜬 글자.
[字解] ❶귀. ㉮청각 기관, 오관(五官)의 하나. 〔管子〕耳目者, 視聽之官也. ㉯귀같이 생긴 쥘손. 어떤 물건을 쥘 때, 손으로 쥐는 데 편리하게 된 부분. 〔周禮〕其耳三寸. ❷귀에 익다, 듣다. 〔漢書〕耳囊者所夢日件. ❸곡식이 비를 맞아 싹이 나다. 〔朝野僉載〕禾頭生耳. ❹조사. ㉮뿐. 한정하거나 단정하는 뜻을 나타낸다. 〔論語〕前言戱之耳. ㉯어세를 돕는 말. = 矣. 〔大戴禮〕吾無望焉耳. ❺성(盛)한 모양. ¶耳耳. ❻팔대째 손자, 자기부터 세어 8대가 되는 손자. 현손(玄孫)의 증손. 늑仍.
【耳殼 이각】 귓바퀴. 耳輪(이륜).
【耳垢 이구】 귀지.
【耳璫 이당】 귀고리. 耳珠(이주).
【耳力 이력】 귀로 소리를 듣는 힘. 聽力(청력).
【耳聾 이롱】 ①귀먹음. ②귀머거리.
【耳鳴 이명】 ①귀 안에서 연속적으로 소리가 나는 것처럼 느끼는 증상. 귀울. ②자기만 알고 남은 알지 못함.
【耳目 이목】 ①귀와 눈. ②듣는 일과 보는 일. ③귀로 듣고 눈으로 봄. 자세히 살핌. ④귀와 눈이 되어 일하는 사람. ㉮남의 앞잡이. ㉯보좌하는 사람이나 신임하는 사람. ⑤남을 지도하는 사람. ⑥사람들의 주목이나 관심.
【耳目口鼻 이목구비】 ①귀·눈·입·코의 총칭. ②얼굴의 생김새.
【耳目官 이목관】 ①임금의 귀와 눈이 되어 국가의 치안을 맡은 벼슬. 어사대부(御史大夫). ②듣고 보는 감관(感官). 이목의 작용.
【耳邊風 이변풍】 귓가의 바람. 귀담아듣지 않고 지나쳐 흘려 버림. 馬耳東風(마이동풍).
【耳順 이순】 60세. ◎공자가 60세에 천지 만물의 이치에 통달하고, 듣는 대로 모두 이해할 수 있게 되었다는 데서 온 말.
【耳視 이시】 귀로 봄. 귀로 들은 일의 옳고 그름을 궁구하지 않고 일을 행함.
【耳食 이식】 듣기만 하고 그 맛을 판단함. 남의 말만 듣고 그대로 믿어 버림.
【耳語 이어】 귓속말. 귀엣말. 耳言(이언).
【耳耳 이이】 ①매우 성한 모양. 유순하게 따르는 모양. ②이러이러함. 저러저러함. 爾爾(이이). ③밝은 모양.
【耳提面命 이제면명】 귀를 끌어당겨 타이르고, 눈앞에서 마주 대하여 가르침.

【耳聰 이총】 귀가 밝음.
【耳懸鈴鼻懸鈴 이현령비현령】 📖귀에 걸면 귀걸이, 코에 걸면 코걸이. ㉠일정함이 없이 둘러댈 탓. ㉡하나의 사물이 관점에 따라 이리 될 수도 있고 저리 될 수도 있음.
【耳孫 잉손】 ①현손(玄孫)의 증손(曾孫). ②현손의 아들.
○傾—, 卷—, 馬—, 木—, 洗—, 俗—, 植—, 掩—, 逆—, 盈—, 竹—, 外—, 牛—, 鼎—, 中—, 屬—, 充—, 側—, 駭—, 黃—.

耳 2 【耵】 ⑧ 귀지 정 📖 📖 dīng

[초서] 耵 [字解] 귀지. 〔韓愈·詩〕如新去耵聹.
【耵聹 정녕】 귀지. 耳垢(이구).

耳 3 【耶】 ⑨ ❶어조사 야 📖 yé
❷간사할 사 📖 xié

一丆丆斤斤耳耳'耶耶

[초서] 耶 [参考] 대법원 지정 인명용 한자의 음은 '야'이다.
[字源] 形聲. 牙+邑→耶. '牙(아)'가 음을 나타낸다.
[字解] ❶①어조사. 의문·감탄 등의 뜻을 나타낸다. =邪. ㉮어세를 돕는 조사. ㉯의문 조사. 〔史記〕歌之曰, 松耶, 柏耶, 住建供者客耶. ②아버지를 부르는 말. 〔杜甫·詩〕見耶皆面啼. ③명검(名劍) 이름. ¶莫耶. ❷간사하다. =邪. 〔荀子〕耶枉僻回失道途.
【耶孃 야양】 부모(父母). ○'耶'는 '爺'로 '아버지'를, '孃'은 '어머니'를 뜻함. 爺孃(야양).
【耶華和 야화화】 여호와. ○히브리 어 'Jehovah'의 음역어(音譯語).
【耶柱 사왕】 간사함.

耳 3 【聊】 ⑨ 귀 울 요 📖 yāo

[字解] 귀가 울다, 귓속에서 소리가 나다.

耳 4 【耿】 ⑩ ❶빛날 경 📖 gěng
❷빛 경 📖 gěng

[소전] 耿 [초서] 耿 [字解] ❶①빛나다, 비추다. 〔國語〕其光耿於民矣. ②귀가 앞으로 향해 처져 뺨에 붙다. ③환하다, 명백하다. 〔楚辭〕耿吾既得此中正兮. ④빛. ⑤맑다. 〔張衡·賦〕聘丘園之耿潔. ⑥슬퍼하다. 〔梁昭明太子·書〕甚以酸耿. ⑦결같은 모양, 절개를 굳게 지키다. 〔潘岳·賦〕屬耿介之專心兮. ⑧땅 이름. 은대(殷代)에 조을(祖乙)에 있던 도시. ⑨성(姓). ❷①빛 =炅. ②명백하다.
【耿介 경개】 ①덕이 널리 빛나고 큰 모양. ②한결같은 모양. 절조(節操)를 굳게 지키고 세속과 구차하게 화합하지 않음.
【耿潔 경결】 밝고 깨끗함. 耿絜(경결).
【耿耿 경경】 ①잠이 오지 않는 모양. ②불안한

모양. ③빛나는 모양.
【耿光 경광】①밝은 빛. ②성덕(盛德).
【耿光大烈 경광대열】성덕대업(盛德大業).
◐ 剛-, 光-, 憂-, 雄-, 淸-.

耳
4 【耼】⑩ 귓바퀴 없을 담 覃 dān

소전 耼 혹체 眈 초서 耼 속자 聃 字解 ①귓바퀴가 없다. ②주대(周代)의 나라 이름. 지금의 호북성(湖北省) 형문현(荊門縣)의 나구성(那口城).
【耼周 담주】노담(老耼)과 장주(莊周). ✐ '耼'은 노자(老子)의 이름, '周'는 장자(莊子)의 이름.

耳
4 【耺】⑩ ❶귓속 울 운 文 yún
❷소리 잉 庚 yíng
字解 ❶①귓속이 울다, 귀울음, 이명(耳鳴).
②종과 북의 소리. 〔法言〕琴瑟不鑑, 鐘鼓不耺, 吾則無以見聖人矣. ❷소리. ¶ 耺耺.
【耺耺 잉잉】소리의 형용.

耳
4 【耴】⑩ 職(1430)의 속자

耳
4 【耻】⑩ 恥(615)의 속자

耳
4 【耽】⑩ 즐길 탐 覃 담 覃 dān

소전 耽 초서 耽 속자 躭 參考 眈(1211)은 딴 자.
字解 ①즐기다, 기쁨을 누리다. 〔詩經〕士之耽兮. ②귀가 크게 처지다. 〔淮南子〕夸父耽耳, 在其北方. ③즐기고 좋아하다. ④탐닉하다, 열중하여 빠지다. 〔書經〕惟耽樂之從.
【耽古 탐고】옛것에 몰두함.
【耽溺 탐닉】어떤 일을 몹시 즐겨 거기에 빠짐.
【耽讀 탐독】책을 즐겨 읽음. 어떤 책을 유달리 열중하여 읽음.
【耽樂 탐락】향락(享樂)에 빠짐. 주색(酒色) 따위에 빠져 마음껏 즐김.
【耽湎 탐면】어떤 일을 몹시 즐겨 거기에 빠짐.
【耽味 탐미】깊이 맛봄. 음미함.
【耽美 탐미】미(美)를 추구하여 거기에 빠짐.
【耽愛 탐애】지나치게 사랑함.
【耽玩 탐완】몹시 즐김. 깊이 완상(玩賞)함.
【耽耽 탐탐】①매우 즐겨 좋아하는 모양. ②깊숙한 모양. ③수목이 겹겹이 쌓여 무성한 모양.
【耽好 탐호】외곬으로 좋아함.
【耽惑 탐혹】어떤 사물에 마음이 빠져 미혹(迷惑)됨.
◐ 樂-, 深-, 玩-, 荒-.

耳
4 【耾】⑩ 속삭일 횡 庚 hóng
字解 ①속삭이다. ②귀울음. ③귀머거리. ④큰소리. 〔法言〕隱耾耾.

【耾耾 횡횡】①큰 소리. ②바람 소리.

耳
5 【聃】⑪ 耼(1425)의 속자

耳
5 【聆】⑪ 들을 령 靑 qín

소전 聆 초서 聆 字解 ①듣다. 〔馬融·賦〕獨聆風於極危. ②좇다, 따르다. ③깨닫다. 〔淮南子〕告之以東西南北, 所居聆聆. ④나이, 연령. ≒齡. 〔禮記〕夢帝與我九聆.
【聆聆 영령】마음에 깨닫는 모양.
【聆音 영음】소리를 듣는 일.
【聆風 영풍】①바람 소리를 들음. 소문을 들음. ②이대의 딴 이름.

耳
5 【聊】⑪ ❶귀 울 료 蕭 liáo
❷나무 이름 류 尤 liú

소전 聊 초서 聊 본자 聊 參考 대법원 지정 인명용 한자의 음은 '료'이다.
字解 ❶①귀가 울다. 〔楚辭〕耳聊啾而憮慌. ②의지하다, 힘입다. 〔戰國策〕民無所聊. ③즐기다. 〔楚辭〕心煩憤兮意無聊. ④두려워하다. 〔枚乘·七發〕聊兮慄兮. ⑤멋대로, 멋대로 떠돌다. 〔揚雄·賦〕聊浪乎宇內. ⑥바라다. 〔詩經〕聊與之謀. ⑦애오라지. 좀 부족하나마 겨우. 〔詩經〕聊與子同歸兮. ⑧어조를 고르는 조사. 〔詩經〕椒聊且. ⑨땅 이름. 춘추 시대 제(齊)나라의 읍(邑) 이름. 지금의 산동성(山東省) 요성현(聊城縣)의 서북쪽. ⑩성(姓). ❷①나무 이름. 〔爾雅〕杻者聊. ②말(馬) 이름. =駵.
【聊浪 요랑】제멋대로 여기저기 서성거림.
【聊賴 요뢰】의뢰함. 힘입음.
【聊爾 요이】잠시. 한때. 임시.
【聊啾 요추】걱정으로 귀가 울림. 耳鳴(이명).

耳
5 【竍】⑪ 홀로 가는 모양 정 庚 zhēng
字解 홀로 가는 모양.
【竍竍 정정】혼자서 길을 가는 모양.

耳
5 【聄】⑪ 고할 진 軫 zhěn
字解 ①고하다, 아뢰다, 여쭙다. ②듣다, 정신을 차리고 듣다.

耳
5 【聅】⑪ 화살로 귀 꿸 철 屑 chè
소전 聅 字解 화살로 귀를 꿰다. 군법(軍法)에서 형벌의 한 가지.

耳
6 【聒】⑫ 떠들썩할 괄 曷 guō
소전 聒 초서 聒 字解 ①떠들썩하다. 〔春秋左氏傳〕聒而與之語. ②어

耳部 6~7획 聏 聎 䏺 聊 聘 聖

리석은 모양, 무지한 모양. 〔書經〕今汝聒聒,
起信儉膚.
【聒聒 괄괄】①무지한 모양. ②말이 많아 남의
뜻을 어지럽게 하는 일. ③새가 시끄럽게 우는
모양.
【聒耳 괄이】귀가 따갑도록 시끄러움.
【聒子 괄자】올챙이.
● 强─, 驚─, 叫─, 惡─, 鳥─, 噪─, 喧─.

耳6 【聏】⑫ ❶부끄러워할 뉵 㘽 nǜ
❷화할 이 㘽 ér
字解 ❶부끄러워하다. =恧. ❷화(和)하다, 빛
깔이 질은 모양. 〔莊子〕以聏合驩, 以調海內.

耳6 【聎】⑫ 귀 앓을 조 㘽 tiāo
字解 ①귀를 앓다. ②귀가 울다, 귀가 찡하고
울다.

耳6 【䏺】⑫ 귀울 홍 㘽 hōng
字解 귀가 울다, 귓속이 찡하다, 귀에서 소리
가 나다.

耳7 【聊】⑬ 聊(1425)의 본자

耳7 【聘】⑬ 찾아갈 빙 㘽 pìn

字源 形聲. 耳＋甹→聘.
'甹(병)'이 음을 나타낸다.
字解 ①찾아가다, 방문하여 안부를 묻다. 〔詩
經〕靡使歸聘. ②부르다. ㉮예를 갖추어 부르
다. 〔孟子〕湯使人以幣聘之. ㉯보수를 주고 사
람을 부르다. 〔白居易·書〕欲聘倡妓. ③구(求)
하다. 〔太玄經〕聘取天下之合. ④장가들다. 늑
娉. 〔禮記〕聘則爲妻, 奔則爲妾.
【聘求 빙구】예로써 사람을 구함.
【聘君 빙군】숨은 현자(賢者)로 초빙되어 관원
이 된 사람.
【聘納 빙납】아내를 맞음.
【聘禮 빙례】①제후가 대부(大夫)를 다른 나라에
사신으로 보내는 예(禮). ②납폐(納幣)의 예물.
혼인의 의례.
【聘命 빙명】예를 갖추어 맞아들임.
【聘母 빙모】㊟아내의 어머니. 丈母(장모).
【聘物 빙물】예를 갖추어 방문할 때 가지고 가
는 예물.
【聘父 빙부】아내의 아버지. 丈人(장인).
【聘丈 빙장】빙부(聘父)의 존칭.
【聘賢 빙현】예로써 현인을 맞음.
● 辟─, 盛─, 禮─, 朝─, 重─, 徵─, 幣─.

耳7 【聖】⑬ 성스러울 성 㘽 shèng

字源 會
意. 耳＋
口＋壬(人의 변형체)→聖. 사람(壬) 옆
에 입(口)이 있는 모습으로, 다른 사람이 말하는
것을 귀담아 듣는다는 뜻이다.
字解 ①성스럽다. 〔書經〕乃聖乃神. ②성인
(聖人). 〔荀子〕聖人者道之極也. ③한 방면에
대하여 더할 수 없이 뛰어난 사람. 〔南史〕常謂
志爲書聖. ④천자의 존칭. 〔晉書〕聖上神聰.
⑤천자에 관한 사물에 쓰는 경칭. 〔魏書〕聖駕
清道. ⑥슬기롭다, 밝다. 〔詩經〕母氏聖善. ⑦
슬기, 기술. 〔老子〕絶聖棄智. ⑧맑은 술. '濁
酒(탁주)'를 현인(賢人)이라 하는 데 대한 말.
〔李白·詩〕已聞淸比聖, 復道濁如賢.
【聖駕 성가】①천자의 탈것. 車駕(거가). 寶駕
(보가). ②천자의 존칭.
【聖潔 성결】거룩하고 깨끗함.
【聖經賢傳 성경현전】성현의 글. ◯성인의 글
을 '經', 현인의 글을 '傳'이라 함.
【聖敎 성교】①성인의 가르침. 聖訓(성훈).
②(佛)불교.
【聖君 성군】덕이 높은 임금. 聖王(성왕).
【聖斷 성단】임금의 판단. 勅裁(칙재).
【聖堂 성당】①공자를 모신 사당(祠堂). 文廟
(문묘). ②천주교의 교회당.
【聖德 성덕】①더할 나위 없이 높은 덕. ②천자
나 성인의 덕.
【聖道 성도】성인이 가르친 도덕.
【聖覽 성람】임금이 관람(觀覽)함. 上覽(상람).
【聖慮 성려】임금의 뜻. 임금의 마음.
【聖輦 성련】임금이 타는 수레.
【聖靈 성령】①선성(先聖)의 신령. ②임금의 존
엄한 위세.
【聖林 성림】①공자의 묘소를 둘러싸고 있는 숲.
孔林(공림). ②㊟할리우드(Hollywood)의 의역
어(意譯語).
【聖明 성명】①거룩하고 밝음. 성인이나 임금의
덕. ②임금이나 성군(聖君)의 치세(治世).
【聖武 성무】사리에 밝고 용기가 있음. 지덕(智
德)을 겸비하고 용맹함.
【聖門 성문】①성인의 도(道)로 나아가는 길. ②
공자(孔子)의 문인(門人).
【聖凡 성범】①성인과 범인. ②성스러움과 범상
(凡常)함.
【聖法 성법】①성인이 만든 법칙. 聖範(성범).
②임금이 제정한 법령.
【聖算 성산】①임금의 나이. 寶算(보산). ②임금
의 계책.
【聖上 성상】임금의 높임말.
【聖像 성상】①성인의 상. ②임금의 상. ③불상
(佛像). ④예수의 상.
【聖善 성선】①뛰어나게 착함. 어머니의 덕을
칭송하여 이르는 말. ②어머니.
【聖世 성세】어진 임금이 다스리는 세상.
【聖壽 성수】임금의 나이. 聖算(성산).

【聖獸 성수】 기린(麒麟)의 딴 이름.
【聖神 성신】 ①지덕(智德)이 뛰어나서 통하지 않는 바가 없음. ②성인을 칭송하는 말. ③성인(聖人). ④기독교에서, 삼위일체 중의 제3위. 聖靈(성령).
【聖心 성심】 ①성인의 마음. ②임금의 마음.
【聖業 성업】 ①거룩한 사업. ②임금이 나라를 다스리는 대업(大業).
【聖域 성역】 ①성인의 지위. 성인의 경지. 聖境(성경). ②신성한 지역. 특히 종교에서의 신성한 지역. ③문제 삼지 않기로 한 사항.
【聖運 성운】 임금의 운수. 임금이 될 운명.
【聖諭 성유】 제왕의 칙유(勅諭).
【聖儀 성의】 ①임금의 위의(威儀). ②임금.
【聖人 성인】 ①지덕(智德)이 뛰어나 세인의 모범으로 숭앙받는 사람. ②당대(唐代) 이래 임금의 존칭. ③청주(淸酒)의 딴 이름. ④(佛)지덕이 뛰어나고 자비로운 사람. 석가나 선인(仙人)의 존칭.
【聖姿 성자】 ①임금의 모습. ②훌륭한 모습.
【聖子神孫 성자신손】 성인의 아들이나 신의 손자. 역대(歷代)의 임금이나 임금의 혈통.
【聖作 성작】 ①임금이 지은 시가·문장 따위. 聖製(성제). ②성인이 흥함.
【聖裁 성재】 임금의 재단(裁斷).
【聖籍 성적】 성인이 지은 책. 經籍(경적).
【聖典 성전】 ①성인이 만든 법식. ②성인이 지은 책. 만세(萬世)에 전거(典據)가 될 책. 聖經(성경).
【聖殿 성전】 신성한 전당(殿堂). 신전(神殿).
【聖節 성절】 성인이나 임금이 탄생한 날. 만수절(萬壽節).
【聖帝 성제】 ①뛰어난 임금. 덕이 높은 임금. ②임금을 부르는 존칭. 聖皇(성황).
【聖製 성제】 임금이 지은 시문(詩文).
【聖祖 성조】 ①뛰어난 임금의 조상. ②노자(老子)의 존칭.
【聖祚 성조】 임금의 자리. 天位(천위).
【聖朝 성조】 ①성군이 다스리는 조정. ②당대(當代) 조정의 존칭.
【聖衆 성중】 (佛)모든 불보살(佛菩薩).
【聖旨 성지】 ①임금의 뜻. 聖慮(성려). ②임금의 명령. ③부처의 가르침.
【聖哲 성철】 ①성인과 철인. ○'聖'은 지덕이 뛰어나 통하지 않는 것이 없는 사람, '哲'은 지혜로워 사리에 잘 통하는 사람. ②출중한 재덕. 또는 그런 재덕이 있는 사람. ③제왕.
【聖聽 성청】 임금의 들음. 임금의 청문(聽聞). 天聽(천청).
【聖寵 성총】 ①임금의 은총. ②천주교에서, 천주의 은혜.
【聖勅 성칙】 제왕의 명령. 聖詔(성조).
【聖誕 성탄】 ①임금의 생일. 聖節(성절). ②그리스도의 탄일. 성탄절. 크리스마스.
【聖澤 성택】 임금의 은택. 聖恩(성은).
【聖學 성학】 성인의 가르침. 곧, 유학(儒學).
【聖賢 성현】 ①성인과 현인. ②청주와 탁주.

【聖火 성화】 ①신에게 제사 지낼 때에 밝히는 성스러운 불. ②큰 운동 경기에서 켜 놓는 횃불.
【聖化 성화】 ①성인의 교화(敎化). ②임금의 덕화(德化).
【聖候 성후】 임금의 안후(安候).
【聖訓 성훈】 ①성인의 가르침. ②임금의 가르침. 聖諭(성유).
【聖輝 성휘】 ①천자의 성덕(盛德). ②성인의 성덕. 聖德(성덕).
❶ 大-, 書-, 先-, 詩-, 神-, 亞-, 列-, 仁-, 前-, 哲-, 賢-, 後-, 希-.

耳7 【聖】⑬ 聖(1426)과 동자

耳7 【聧】⑬ 들을 오 圃 wù
字解 듣다, 소리를 듣다.

耳7 【聰】⑬ 聰(1430)과 동자

耳8 【聝】⑭ 귀 벨 괵 囲 guó
소전 聝 혹체 馘 字解 귀를 베다. 싸움터에서 적의 귀를 베어, 수급(首級)을 대신하였다. 〔春秋左氏傳〕以爲俘聝.

耳8 【聞】⑭ ❶들을 문 囟 wén
　　　　　 ❷들릴 문 圖 wèn

𠃊 𠃊 門 門 門 門 門 閇 閗 聞

소전 聞 고서 𦕽 초서 𥃩 고자 𦕿 간체 闻
字源 形聲. 門+耳→聞. '門(문)'이 음을 나타낸다.
字解 ❶①듣다. ㉮귀로 소리를 알아듣다. 〔大學〕聽而不聞. ㉯받다, 삼가 받다. 〔戰國策〕義渠君曰, 謹聞令. ㉰가르침을 받다. 〔禮記〕願聞所以行三言之道, 可得聞乎. ㉱알다. 〔呂氏春秋〕名不可得而聞. ㉲널리 견문하다. 〔論語〕友直, 友諒, 友多聞. ㉳냄새를 맡다. 〔李商隱·詩〕掃後更聞香. ②들려주다, 알리다. 〔禮記〕某固願聞名於將命者. ③찾다, 방문하다, 서신을 보내다. 〔宋史〕平生親舊, 無復相聞者. ④소문, 전해 들음. 〔漢書〕百聞不如一見. ⑤성(姓). ❷①들리다. ㉮소리가 닿아 들리다. 〔詩經〕聲聞于天. ㉯알려지다. 〔呂氏春秋〕謀未發而聞於國. ②평판. 〔漢書〕以休令聞.
【聞見 문견】 듣는 일과 보는 일. 견식(見識).
【聞記 문기】 들어서 앎.
【聞達 문달】 이름이 나고 지위가 오름. 입신출세(立身出世)함.
【聞道 문도】 ①도리를 들어서 앎. ②들으니, 듣는 바에 의하면. 주로 시(詩)에 쓰임. 聞說(문설).
【聞望 문망】 ①명망(名望)이 널리 알려져 숭앙받음. ②명예와 성망(聲望).

耳部 8〜11획   智 睛 聪 聚 睡 瑀 聯 聞 聤 聪 聯 聧 瞋 聒 聯

【聞名 문명】①이름을 들음. ②혼례의 한 의식. 혼인을 정한 여자의 운수를 점칠 때, 그 어머니의 이름을 묻는 일.
【聞識 문식】들어서 앎. 견문과 지식.
【聞人 문인】이름이 세상에 알려진 사람. 평판이 자자한 사람.
【聞一知十 문일지십】하나를 들으면 열을 미루어 앎. 두뇌가 매우 명석함.
【聞奏 문주】임금에게 아룀. 奏聞(주문).
【聞知 문지】들어서 앎. 귀로 듣고 마음으로 앎.
【聞香 문향】①냄새를 맡음. ②향기를 맡아 구별하는 유희(遊戲).
❶見ー, 寡ー, 舊ー, 記ー, 奇ー, 多ー, 明ー, 博ー, 令ー, 臥ー, 傳ー, 聲ー, 所ー, 承ー, 新ー, 淺ー, 聽ー, 醜ー, 仄ー, 側ー, 風ー.

耳
8 【智】⑭ 堉(371)의 속자

耳
8 【睛】⑭ 잘 들을 정 庚   jīng
字解 잘 듣다, 귀 밝다, 귀가 밝아서 잘 듣다.

耳
8 【聪】⑭ 聰(1430)과 동자

耳
8 【聚】⑭ ❶모일 취 本 虞   jù
❷달 이름 추 虞   jù
소전 𦕈 초서 𦕖 参考 대법원 지정 인명용 한자의 음은 '취'이다.
字源 形聲. 取+乑→聚. '取(취)'가 음을 나타낸다.
字解 ❶①모이다, 모여들다.〔史記〕五星皆從 而聚於一舍. ②모으다.〔易經〕君子學以聚之. ③무리.〔春秋左氏傳〕我是以有輔氏之聚. ④축적(蓄積), 저축.〔春秋左氏傳〕陳人恃其聚而 侵楚. ⑤함께.〔國語〕聚居異情惡. ⑥마을, 촌락.〔後漢書〕所止聚落化其德. ⑦절름발이. ⑧달리다. 늑騶. ❷달 이름.〔史記〕月名畢聚.
【聚落 취락】사람들이 모여 사는 곳. 마을.
【聚斂 취렴】①거두어들임. ②세금을 심하게 거두어들이는 일.
【聚蚊成雷 취문성뢰】작은 모기도 많이 모이면 그 소리가 우렛소리와 같이 들림. 간악한 무리들이 모여 하찮은 일을 과장하여 떠들어 대면 문제가 커질 수 있음.
【聚散 취산】모임과 흩어짐. 集散(집산).
【聚訟 취송】①서로 시비(是非)를 다투어 결말이 나지 않음. ②여러 사람이 연명(連名)으로 소송하는 일.
【聚首 취수】머리를 맞대고 앉음. 곧, 가까이 대면함.
【聚議 취의】여러 사람이 모여서 의논함.
【聚珍版 취진판】활자판(活字版)의 아칭(雅稱). 청(淸)의 건륭(乾隆) 38년에 사고전서(四庫全書)를 활자판으로 간행(刊行)했을 때 임금이 지어 준 이름.

【聚合 취합】모여서 합침.
❶鳩ー, 屯ー, 民ー, 宴ー, 斂ー, 雲ー, 類ー, 蟻ー, 積ー, 集ー, 叢ー, 萃ー, 合ー, 會ー.

耳
8 【睡】⑭ 귀 처질 타 哿   duǒ
字解 ①귀가 처지다, 귀가 축 늘어지다. ②귀가 밝다, 귀가 잘 들리다.

耳
9 【瑀】⑮ 귀 쫑긋거릴 구・우 麌 麌   jǔ
소전 𦕢 字解 ①귀를 쫑긋거리다, 귀를 쫑긋거리며 듣다. ②놀라다.

耳
9 【聯】⑮ 聯(1428)의 속자

耳
9 【聞】⑮ 聞(1427)의 고자

耳
9 【聤】⑮ 귀에 진물 흐를 정 青   tíng
초서 𦕧 字解 귀에 진물이 흐르다, 귀에 진물이 흐르는 병.

耳
9 【聪】⑮ 聰(1430)의 속자

耳
10 【聯】⑯ 聯(1428)의 속자

耳
10 【瞋】⑯ ❶들을 면 先   mián
❷사뢸 명 青   míng
字解 ❶①듣다, 들리다. ②주의하여 듣다, 유의(留意)하여 듣다. ❷사뢰다, 여쭈다.

耳
10 【聧】⑯ 반귀머거리 재 賄   zǎi
소전 𦖈 字解 반귀머거리, 가는귀먹다.

耳
10 【瞋】⑯ 귀에 찡 울릴 전 先   tián
字解 귀에 찡 울리다, 소리가 귀에 찡 울리다.

耳
11 【聒】⑰ 큰 귀 곽 藥   guō
字解 큰 귀, 귀가 크다.

耳
11 【聯】⑰ 잇달 련 先   lián
ㄱ 王 耳 耴 聯 聯 聯 聯 聯
소전 𦖮 초서 𦖯 속자 聯 속자 聪 속자 联
간체 联 字源 會意. 耳十絲→聯. '絲'는 이어져 끊이지 아니함, '耳'는 뺨에 이어진 데서, 합하여 이어진다는 뜻을 나타낸다. 〖字解〗①잇달다, 잇닿다. 〔張衡·賦〕繚垣緜聯 西百餘里. ②잇다, 연결하다. 〔漢書〕結蠻他種. ③연계(聯繫), 혼인. 〔新唐書〕姻聯媵十族. ④합치다. 〔周禮〕三日, 聯兄弟. ⑤관청. 관청 사무를 연합하여 서로 돕는다는 뜻에서 온 말. 〔周禮〕以官府之六聯合邦治, 一曰, 祭祀之聯事. ⑥대(對), 대구(對句). 〔螢雪義說〕王勃滕王閣詩序, 落霞孤鶩齊飛, 秋水長天一色之句, 世以爲警聯. ⑦연(聯). 대구가 되는 두 구의 한 짝을 이르는 말. 〔明蘭769陰冗記〕鄭唐爲州長, 書門聯云, 架有春風筆, 門無暮夜金. ⑧주대(周代)의 행정 구역 이름. ㉮호구(戶口)의 한 구획. 〔周禮〕五家爲比, 十家爲聯. ㉯부오(部伍)의 한 구획. 〔周禮〕五人爲伍, 十人爲聯. ㉰마을의 한 구획. 〔周禮〕四閭爲族, 八閭爲聯.

【聯句 연구】①구를 연이음. 여러 사람이 한 구씩 지어 한 편의 시를 이루는 일. 또는 그렇게 이룬 율시(律詩). 連句(연구). 聯詩(연시). ②國한시(漢詩)의 율시(律詩)에서 서로 짝을 이루는 두 구. 함련(頷聯)과 경련(頸聯)을 이름.
【聯絡 연락】①서로 관계를 맺음. ②사정을 알리는 일. ③서로 이어 댐.
【聯聯 연련】잇닿아 끊어지지 않는 모양. 連連(연련). 綿綿(면면).
【聯立 연립】①잇닿아 섬. ②연합(聯合)하여 섬.
【聯盟 연맹】둘 이상의 단체나 국가 등이 서로 돕고 행동을 함께 할 것을 약속하는 일. 또는 그 조직체.
【聯綿 연면】①길게 이어지는 모양. ②처마.
【聯邦 연방】몇 나라가 연합하여 하나의 주권 국가를 이루고 있는 나라.
【聯璧 연벽】①한 쌍의 구슬. 둘이 나란히 아름다운 것의 비유. ②태평(太平). ③친한 사이의 뛰어난 두 인물(人物). 雙璧(쌍벽).
【聯想 연상】한 관념에 의해 관계되는 다른 관념을 생각하게 되는 현상.
【聯政 연정】둘 이상의 정당에 의해 구성되는 정부.
【聯臂 연비】國①간접으로 소개함. ②서로 이리저리 알게 됨.
【聯珠 연주】구슬을 꿴. 아름다운 시문(詩文)의 비유.
【聯翩 연편】①이어진 모양. ②새가 너붓거리며 나는 모양. ③막 떨어지려고 하는 모양.
【聯合 연합】두 가지 이상의 사물이 서로 합함.

● 結—, 官—, 關—, 校—, 對—, 綿—, 榜—, 比—, 詩—, 領—, 楹—, 接—, 柱—.

耳 11 【聲】 ⑰ 소리 성 庚 shēng

〖字源〗 形聲. 殸+耳→聲. '殸'은 '磬(경)'의 생략형으로 음을 나타낸다.

〖字解〗①소리. ㉮음향. 〔晉書〕卿試擲地, 當作金石聲也. ㉯음성. 〔詩經〕鶴鳴于九皐, 聲聞于野. ②소리를 내다, 단음(單音)을 지르다. 탄식하는 따위의 소리. ③음악. 〔禮記〕去聲色. ④노래, 가락. 〔國語〕平公喜新聲. ⑤말, 언어(言語). 〔鬼谷子〕以無形, 求有聲. ⑥퍼다, 선고(宣告)하다. 〔孟子〕金聲而玉振之也. ⑦가르침. 〔書經〕朔南曁聲敎. ⑧소문. 〔史記〕古之君子, 交絶不出惡聲. ⑨명예. 〔淮南子〕聲施千里. ⑩글자의 네 운(韻). 〔南齊書〕以平上去入爲四聲. ⑪소식, 음신(音信). 〔漢書〕界上亭長, 寄聲謝我.

【聲價 성가】세상의 좋은 소문이나 평판.
【聲敎 성교】임금이 백성을 감화(感化)하는 덕택(德澤). 임금의 덕화(德化).
【聲妓 성기】노래하는 기생. 歌妓(가기).
【聲氣 성기】①의기(意氣). 氣脈(기맥). ②음성(音聲)과 기상(氣象).
【聲東擊西 성동격서】동쪽을 친다고 소문을 퍼뜨리고 실제로는 서쪽을 침. 기묘한 용병(用兵)으로 승리를 거둠.
【聲量 성량】목소리의 크거나 작은 정도.
【聲淚 성루】말하는 소리와 흘리는 눈물. 울먹이는 목소리.
【聲淚俱下 성루구하】눈물을 흘리면서 말함. 매우 비통해함.
【聲律 성률】①한자의 발음에 대한 사성(四聲)의 규율(規律). 또는 그 법을 따라 지은 시부(詩賦)나 문장. ②음악의 가락. 音律(음률).
【聲名 성명】세상에 널리 떨친 이름. 좋은 평판.
【聲明 성명】①공공연히 말함. 널리 알림. ②명백히 설명함. 언명(言明)함. ③(佛)㉠오명(五明)의 한 가지. 불경을 읽을 때의 고저나 게송(偈頌)할 때의 굴곡 등을 연구하는 일. ㉡부처의 공덕을 찬미하는 노래.
【聲貌 성모】음성과 용모. 聲色(성색).
【聲問 성문】소식. 음신(音信).
【聲聞 성문】①명예. 좋은 평판. 聲譽(성예). ②소리가 들림.
【聲聞過情 성문과정】명성이 실제를 앞섬. 그 사람의 가치 이상으로 평판이 높음.
【聲病 성병】문장시부(文章詩賦)에서, 평측(平仄)이나 성률(聲律)에만 얽매이는 폐해.
【聲色 성색】①말소리와 얼굴빛. 언어와 태도. ②노래와 여색.
【聲勢 성세】①명성(名聲)과 위세(威勢). ②음성의 여세(餘勢).
【聲詩 성시】음악(音樂).
【聲譽 성예】좋은 평판. 榮譽(영예).
【聲援 성원】①말로 격려하고 고무함. ②소리쳐서 사기를 북돋워 주는 응원이나 원조.
【聲威 성위】①명성으로 위협함. ②평판(評判)과 위광(威光).
【聲音 성음】①음악(音樂). ②목소리.
【聲音笑貌 성음소모】음성과 웃는 모양. 겉만 꾸미는 일.
【聲調 성조】①목소리의 가락. ②소리의 높낮이.

사성(四聲)의 고저장단(高低長短).
【聲響相應 성향상응】소리와 울림이 호응함.
【聲華 성화】세상에 널리 알려진 명성. 좋은 평판. 聲譽(성예).

❶ 歌―, 澗―, 去―, 溪―, 金―, 奇―, 德―, 名―, 無―, 發―, 梵―, 四―, 上―, 笑―, 失―, 心―, 惡―, 艷―, 五―, 有―, 肉―, 音―, 淫―, 入―, 正―, 鳥―, 終―, 鐘―, 中―, 淸―, 聽―, 初―, 秋―, 仄―, 呑―, 歎―, 平―, 風―, 諧―, 形―, 和―.

耳 11 【聱】 ⑰ ❶듣지 아니할 오 囿 áo
  ❷뭇소리 오 豏 áo

[소전] [초서]   字解 ❶말을 듣지 않다. 남의 말을 받아들이지 않다. 〔唐書〕更曰聱叟, 彼誰以聱者, 爲其不相從聽. ❷뭇소리.
【聱叟 오수】남의 말을 받아들이지 않는 늙은이.
【聱牙 오아】①어구(語句)나 문구(文句)가 까다로워 이해하기 어려움. ○'聱'는 말이 들리지 않는 것, '牙'는 잇바디가 고르지 못하여 아래위가 맞지 않는 것. ②남의 말을 받아들이지 않음. ③고목(古木)이 꼬불꼬불 굽은 모양.

耳 11 【聳】 ⑰ 솟을 용 ㊀송 腫 sǒng

[소전] [초서] [간체]   字解 ①솟다, 높이 솟다. 〔沈約·詩〕梢聳振寒聲. ②두려워하다. 〔春秋左氏傳〕駟氏聳. ③삼가다, 공경하다. ≒竦. 〔國語〕昔殷武丁能聳其德. ④권하다. 〔國語〕聳善而抑惡焉. ⑤바라다, 원하다. ⑥배냇귀머거리.
【聳懼 용구】떨며 두려워함.
【聳動 용동】①놀람. 놀라게 함. ②부추김. 선동함. ③놀라 몸을 솟구쳐 뛰듯 움직임.
【聳立 용립】산 따위가 우뚝 솟음.
【聳然 용연】①높이 솟은 모양. ②삼가고 두려워하는 모양. 竦然(송연).
【聳出 용출】우뚝 솟아남.
【聳擢 용탁】높이 솟아 나옴. 남보다 우뚝 뛰어남. 특출(特出)함.

❶ 孤―, 高―, 碧―, 秀―, 直―, 青―, 特―.

耳 11 【聰】 ⑰ 귀 밝을 총 東 cōng

[耳 耳´ 耴 耵 耹 聰 聰 聰]
[소전] [초서] [예서] [해서] [속자] [聡]
[간체] [聪]   字源 形聲. 門+恩→聰. '恩(총)'이 음을 나타낸다.
字解 ①귀가 밝다, 총명하다. 〔楚辭〕遭値君之不聰. ②듣다. 〔詩經〕尙寐無聰.
【聰警 총경】영리하고 민첩함.
【聰氣 총기】①총명한 기운. ②지닐재주.
【聰達 총달】총명하여 사물의 이치에 통달함.
【聰了 총료】영리함. 총명함.

【聰明 총명】①귀와 눈이 밝음. ②무슨 일에도 잘 통하여 앎. 총기가 좋고 명민(明敏)함.
【聰明睿智 총명예지】①총명하고 슬기로움. ②성인의 네 가지 덕. ○'聰'은 듣지 않는 것이 없으며, '明'은 보이지 않는 것이 없으며, '睿'는 통하지 않는 것이 없으며, '智'는 알지 못하는 것이 없음.
【聰叡 총예】총명하고 예지(叡智)가 있음. 임금의 슬기를 기리는 말.
【聰耳酒 총이주】國음력 정월 보름날 아침에 마시는 술. 귀밝이술.
【聰慧 총혜】재지(才智)가 뛰어남. 영리하고 현명함.

❶ 明―, 四―, 塞―, 聖―, 宸―, 掩―.

耳 11 【聽】 ⑰ 겨우 들을 표 蕭 piāo
  字解 ①겨우 듣다. ②가서 듣다.

耳 12 【瞥】 ⑱ 잠깐 들을 별 屑 piē
  字解 잠깐 듣다, 언뜻 듣다.

耳 12 【聶】 ⑱ ❶소곤거릴 섭 ㊍녑 葉 niè
  ❷합할 섭 葉 zhé
  ❸움직일 엽 葉 yè
  ❹저밀 접 葉 zhé

[소전] 聶 [간체] 聂   字源 會意. 耳+耳+耳→聶. '耳(귀 이)' 셋을 합하여 소곤거림을 나타낸다.
字解 ❶①소곤거리다. 〔史記〕乃效兒女子咕聶耳語. ②잡다, 쥐다. 〔山海經〕聶耳之國, 在無腸國東, 使兩文虎, 爲人兩手聶其耳. ③오그라지다, 주름지다. ≒攝. 〔素問〕聶辟氣不足. ④성(姓). ❷①합하다. ≒翕. 〔爾雅〕守宮槐, 葉晝聶宵炕. ②나뭇잎이 움직이는 모양. ❸움직이는 모양. ※❷의 뜻과 같다. ¶ 聶聶. ❹저미다, 저민 엷은 고기 조각. 〔禮記〕牛與羊魚之腥, 聶而切之爲膾.
【聶聶 섭섭】나뭇잎이 움직이는 모양.
【聶許 섭허】①귀에 대고서 소곤거림. ②귀로 들음.

耳 12 【聵】 ⑱ 배냇귀머거리 외 隊 kuì

[소전] [혹체] [초서] [간체] 聩   字解 배냇귀머거리. 〔國語〕聾聵不可使聽.
【聵眊 외모】①귀가 먹고 눈이 어두워짐. 자기의 쇠퇴(衰頹)함을 겸손하게 이르는 말. ②사리에 어두움.
【聵聵 외외】무지(無知)한 모양.

耳 12 【職】 ⑱ ❶벼슬 직 職 zhí
  ❷말뚝 특 職 tè
  ❸말뚝 익 職 yì
  ❹기 치 寘 zhì

耳部 13～16획

耳13 【職】

耳 耳` 耳² 耳³ 耳⁴ 聠 聵 職 職 职

〔소전〕職 〔초서〕 〔속자〕戜 〔간체〕职 參考 대법원 지정 인명용 한자의 음은 '직'이다.

字源 形聲. 耳+戠→職. '戠(시)'가 음을 나타낸다.

字解 ❶①벼슬, 관직. 〔書經〕六卿分職, 各率其屬. ②맡아 다스리다. 〔春秋左氏傳〕太師職之. ③임무, 직분. 〔孟子〕共爲子職而已矣. ④관직, 직위. 〔漢書〕不署右職. ⑤작용. 〔周禮〕輪敝三材不失職, 謂之完. ⑥일, 직업. 〔淮南子〕大夫安其職. ⑦공물, 나라에 바치는 물건. 〔淮南子〕四夷納職. ⑧부세(賦稅). ≒賦. 〔周禮〕施貢分職. ⑨표하다. ≒識·幟. ⑩번다(繁多)한 모양. ¶ 職職. ⑪떳떳하다. ⑫오로지. 〔春秋左氏傳〕蓋言語漏洩, 則職女之由. ⑬성(姓). ❷말뚝. =樴. 〔周禮〕以授職人而芻之. ❸말뚝. =杙. ❹기(旗). =幟. 〔史記〕百官執職傳警.

【職貢 직공】공물(貢物). 방물(方物).
【職官 직관】①관직(官職). ②일정한 실직(實職)을 가지는 관리.
【職權 직권】직무상의 권한.
【職能 직능】①직무를 수행하는 능력. ②직업에 따라 다른 고유한 기능.
【職墨 직묵】먹줄대로 따름. 바른 규칙을 지키는 일. 繩墨(승묵).
【職分 직분】마땅히 해야 할 본분(本分).
【職司 직사】①직무로서 맡아보는 일. 직책으로 맡은 일. 職掌(직장). ②관서(官署).
【職事 직사】①관직상의 사무. 관직에 봉사함. ②생계(生計). 직업.
【職所 직소】國직무를 맡아보는 곳.
【職業 직업】①관직상의 일. ②생계를 꾸리기 위하여 일상 종사하는 일.
【職由 직유】사물의 근원(根源).
【職掌 직장】직무(職務)를 관장함.
【職職 직직】번다(繁多)한 모양. 많은 모양.
【職秩 직질】①일정한 규칙. ②관위(官位).
【職人 ❶특인 ❷직인】❶소〔牛〕치는 일을 업으로 삼는 사람. ❷손재주로 하는 일을 업으로 하는 사람. 목수·미장이 따위.
❶諫—, 兼—, 官—, 內—, 末—, 免—, 無—, 奉—, 辭—, 聖—, 殉—, 失—, 要—, 吏—, 移—, 在—, 前—, 轉—, 重—, 天—, 賤—, 就—, 退—, 閒—, 現—, 休—.

耳13 【聽】

⑲ 귀 울 농 江 náng

字解 귀가 울다, 귀울음. ≒聾. 〔淮南子〕聽雷者聾. 〔集解〕古本作聽雷者聽, 今本聽作聾.

耳13 【聸】

⑲ 귀 처질 담 覃 dān

〔소전〕聸 字解 귀가 처지다, 귀가 축 늘어지다. ≒儋.

耳14 【聹】

⑳ 귀지 녕 靑 迥 níng

〔초서〕聹 〔간체〕聍 字解 ①귀지. ¶ 耵聹. ②시끄럽다.

耳14 【聻】

⑳ ❶가리키는 모양 니 紙 nǐ ❷귀신 적 陌 jiàn

〔초서〕聻 字解 ❶①가리키는 모양. ②어조사. 어조를 고르는 말. ❷귀신이 죽어서 된 괴물. 귀신을 쫓는다 하여 이 글자를 부적으로 써서 문 위에 붙인다.

耳14 【聶】

⑳ 쇠귀 움직일 습 緝 shī

字解 소가 귀를 쫑긋거리는 모양, 말이나 소가 귀를 움직이는 모양.
【聶聶 습습】마소가 귀를 쫑긋거리는 모양.

耳14 【聽】

⑳ 聽(1431)의 속자

耳16 【聽】

㉒ 자세히 들을 력 錫 lì

字解 자세히 듣다, 상세하게 듣다.

耳16 【聾】

㉒ 귀머거리 롱 東 lóng

〔소전〕聾 〔초서〕聾 〔동자〕聋 〔간체〕聋 字解 ①귀머거리. 〔莊子〕聾者無以與乎鐘鼓之聲. ②어리석다. 〔淮南子〕雖聾蟲而不自陷. ③어둡다. 〔春秋左氏傳〕鄭昭宋聾.
【聾盲 농맹】귀머거리와 소경. 聾瞽(농고).
【聾俗 농속】귀머거리이며 사리를 알지 못하는 속인(俗人). 무지(無知)한 모양.
【聾啞 농아】귀머거리와 벙어리.
【聾暗 농암】귀머거리와 벙어리. 상하(上下)의 정의(情意)가 서로 통하지 않음. 瘖聾(음롱).
【聾聵 농외】①귀머거리. ○'聵'는 선천적인 귀머거리. ②무지(無知)함.
【聾蟲 농충】어리석은 짐승. 미련한 짐승.
❶盲—, 頑—, 瘖—, 耳—, 痴—.

耳16 【聾】

㉒ 聾(1431)과 동자

耳16 【聽】

㉒ ❶들을 청 徑 tīng ❷용서할 청 靑 tīng

耳 耳` 耳² 耳³ 聽 聽 聽 聽 聽 聽

〔소전〕聽 〔초서〕聽 〔속자〕聴 〔속자〕聼 〔간체〕听

字源 形聲. 耳+悳+壬→聽. '壬(정)'이 음을 나타낸다.
字解 ❶①듣다, 자세히 듣다. 〔書經〕聽德惟聰. ②기다리다. 〔儀禮〕進聽命. ③받다, 받아들이다, 허락하다. 〔春秋左氏傳〕鄭伯如晉聽

成. ④따르다, 순종하다. 〔春秋左氏傳〕姑慈婦
聽. ⑤맡기다. 〔漢書〕其議民欲徙寬大地者聽
之. ⑥살피다, 밝히다. 〔戰國策〕王何不聽乎.
⑦다스리다. 〔戰國策〕不可以不聽也. ⑧결정하
다. 〔周禮〕以聽官府之六計. ⑨재판하다, 판정
하다. 〔周禮〕以五聲聽獄訟. ⑩엿보다, 염탐하
다. 〔戰國策〕請爲王聽東方之處. ❷①용서하
다. 〔呂氏春秋〕三月而聽. ②듣다. ※❶의 ①
과 같다. ③이목(耳目), 간첩, 남의 앞잡이.
〔荀子〕且仁人之用十里之國, 則將有百里之
聽. ④관청. ＝廳.
【聽決 청결】호소를 들어 결정을 내림.
【聽經 청경】경서(經書)의 강의를 들음.
【聽納 청납】남의 말을 받아들임. 남의 의견을
채택함.
【聽令 청령】명령을 들음. 聽命(청명).
【聽命 청명】분부를 받음. 명령을 들음.
【聽聞 청문】①이야기를 들음. ②(佛)설법을 들
음. ③國들리는 소문.
【聽思聰 청사총】귀로 들을 때는, 재빨리 그 시
비 곡직을 분별할 것을 생각함.
【聽朔 청삭】천자나 제후가 매월 초하룻날에 그
달의 정령(政令)을 백성에게 포고(布告)하는
일. 告朔(고삭).
【聽訟 청송】송사(訟事)를 심리함. 재판함.
【聽用 청용】말을 받아들임. 의견을 채택함.
【聽允 청윤】승낙함. 승인함. 允許(윤허).
【聽而不聞 청이불문】아무리 귀를 기울여 들으
려고 해도 들리지 않음. 중요하게 여기지 않거
나 관심이 없는 모양. ♪'聽'은 유심히 들음,
'聞'은 저절로 들림.
【聽箴 청잠】사물(四勿)의 하나. 예가 아니면 듣
지 말라는 규계(規戒).
【聽政 청정】정사(政事)를 듣고 처리함. 정무(政
務)를 봄.
【聽從 청종】들은 대로 좇음. 명령을 따름.
【聽許 청허】듣고 허락함. 듣고 용서함.
【聽熒 청형】①듣고도 잘 이해하지 못함. 뜻을
모름. ②밝지 못한 모양.
◐ 聳—, 傾—, 敬—, 觀—, 盗—, 博—, 傍—,
　上—, 聖—, 細—, 視—, 玩—, 竊—, 靜—,
　衆—, 天—, 聰—, 側—, 偏—, 風—.

耳
17【聹】㉓심한 귀머거리 얼·외 國 wài
〔字解〕①심한 귀머거리. ②귀가 없는
사람.

聿部

6획 부수 | 붓율부

聿
0【聿】⑥붓 율 質 yù

聿 초서 〔音源〕指事. 聿+一→聿.
'一'은 대쪽·나뭇쪽을 본뜨
고, '聿'은 재빠르고 솜씨가 있음을 뜻한다. 합
하여 대쪽에 재빠르게 쓰는 물건, 곧 '붓'을 나
타낸다.
〔字解〕①붓. 진대(秦代) 이후에는 '筆(필)'로
쓴다. ②드디어, 마침내. 〔詩經〕蟋蟀在堂, 歲
聿其莫. ③스스로, 친히, 함께. 〔詩經〕聿來胥
宇. ④펴다. 〔詩經〕聿脩厥德. ⑤닦다. ¶聿修.
⑥따르다, 좇다. 〔後漢書〕密勿朝夕, 聿同始
卒. ⑦어조사(語助辭). 글귀의 첫머리나 중간에
놓아 '이에·오직·마침내' 등의 뜻을 나타낸다.
〔春秋左氏傳〕聿懷多福. ⑧빠르다. 〔左思·賦〕
聿越巇嶮.
【聿來 율래】①스스로 옴. ②또는 함께 옴.
【聿修 율수】선인의 덕을 이어받아 닦음.
【聿役 율역】뛰어다니는 모양.
【聿遵 율준】이어받아 좇음. 준수(遵守)함.
【聿皇 율황】가볍고 빠른 모양.
【聿懷 율회】①말하여 생각함. ②드디어 옴. ③
선왕의 미덕을 이어받아 백성을 편안하게 함.

聿
2【甹】⑧肅(1433)의 속자

聿
4【肂】⑩광 사·이 寘 sì
〔字解〕①광(壙), 무덤 구덩이. 〔儀
禮〕掘肂見衽. ②관을 묻다. 〔呂氏
春秋〕威公薨, 肂九月不得葬. ③길가에 임시로
매장하다.

聿
4【肇】⑩비롯할 조 篠 zhào
〔音源〕會意. 戶+聿→肈.
'聿'은 비롯하다. '戶'와
합하여 비로소 연다는 데서 '비롯'의 뜻을 나타
낸다.
〔字解〕①비롯하다, 시작하다. ②비로소 열다,
처음으로 열다. ③꾀하다.

聿
6【肅】⑪肅(1433)의 속자

聿
7【肆】⑬나머지 이 寘 yì
❶방자할 사 寘 sì
❷방자할 실 寘
❸나머지 이 寘 yì
❹악장 이름 해 本개 國
❺희생 적 國 tì

〔字解〕❶①방자하다, 멋대로 하다. 〔史記〕寧
貧賤而輕世肆志焉. ②극(極)까지 다하다, 극에
다다르다. 〔春秋左氏傳〕穆王欲肆其心. ③거
리낌 없이 마음대로 말하다. 〔論語〕古之狂也
肆. ④도를 넘다, 정도를 넘다. 〔春秋公羊傳〕

肆者何, 跌也. ⑤펴다.〔春秋左氏傳〕旣東封鄭, 又欲肆其西封. ⑥죄인을 죽여 효시(梟示)하다.〔論語〕吾力猶能肆諸市朝. ⑦죽이다.〔大戴禮〕狸子肇肆. ⑧늘어놓다, 진열(陳列)하다.〔儀禮〕問大夫之幣, 俟于郊爲肆. ⑨줄[列].〔春秋左氏傳〕歌鐘二肆. ⑩두다. ⑪드디어, 마침내.〔書經〕肆類于上帝. ⑫그러므로, 고로.〔書經〕肆予以爾衆士. ⑬진실로.〔詩經〕肆其靖之. ⑭그러므로 이제, 지금.〔書經〕肆王惟德用和懌. ⑮느슨해지다, 늦추다.〔春秋左氏傳〕肆眚圍鄭. ⑯크다.〔書經〕皇天旣付中國民, 越厥疆土于先王肆. ⑰길다.〔詩經〕其風肆好. ⑱빠르다.〔詩經〕肆伐大商. ⑲버리다.〔揚雄·賦〕平不肆險. ⑳헤아리다, 조종하다.〔法言〕肆筆而成書. ㉑웅그리다. ㉓줄다. ㉔찌르다, 범하다.〔詩經〕是伐是肆. ㉕바르다, 곧다.〔史記〕肆直而慈愛者. ㉖힘쓰다. ㉗안정하다.〔王襃·賦〕時恰娛以綏肆. ㉘고사(故事), 전례.〔書經〕子惟率肆矜爾. ㉙가게, 저자.〔左思·賦〕樓船擧颿而過肆. ㉚관영(官營) 공장.〔論語〕百工居肆. ㉛역(驛), 역참(驛站). ㉜넷. ※'四(323)'의 갖은자. ㉝성(姓). ❷방자하다. ※❶의 ①과 같다. ❸나머지. 늑肆. ❹악장(樂章) 이름. 늑陜.〔禮記〕其出也肆夏而送之. ❺①희생, 쪼개어 제기에 차린 희생.〔禮記〕祀五帝, 奉牲羞其肆. ②다른 고기.〔禮記〕腥肆爓腍祭. ❸뼈를 바르다. =剔.

【肆氣 사기】함부로 성미를 부림.
【肆力 사력】있는 힘을 다함. 노력함. 盡力(진력).
【肆目 사목】①안력(眼力)을 다함. ②자유스럽게 바라봄. 마음대로 바라봄.
【肆放 사방】거리낌 없이 제멋대로 행동함. 방자(放恣)함.
【肆赦 사사】죄인을 용서하여 놓아줌.
【肆奢 사사】방자하고 교사(驕奢)함.
【肆心 사심】마음을 제멋대로 가짐. 방자한 마음.
【肆然 사연】①방자한 모양. 제멋대로인 모양. ②한가하고 평온한 모양. 느긋하게 쉬는 모양.
【肆欲 사욕】제멋대로 욕심을 부림.
【肆飮 사음】함부로 술을 마심.
【肆廛 사전】가게. 店鋪(점포).
【肆陳 사진】늘어 놓음. 벌여 놓음.
【肆惰 사타】방자하고 게으름.
【肆虐 사학】함부로 잔학(殘虐)한 짓을 함.
【肆行 사행】①제멋대로 감. ②제멋대로 행동함.
● 開-, 驕-, 茶-, 放-, 書-, 城-, 市-, 藥-, 廛-, 店-, 縱-, 酒-, 橫-.

聿 【肅】⑬ ❶엄숙할 숙 屋 sù
7　　　　　❷공경할 소 蕭 xiāo

⺕ ⺕ ⺕ ⺕ ⺕ ⺕ ⺕ 肅 肅

[소전] [고문] [초서] [예자] [행서] [속자]
[간체] 肃 [약자] 대법원 지정 인명용 한자의 음은 '숙'이다.

[字源] 會意. 聿+𣶒→肅. '聿'은 '又(手)+巾'으로, 손에 수건을 쥐다, 곧 일을 행한다는 뜻, '𣶒'은 못(淵)의 뜻. 합하여 깊은 못에 다다라 일을 행할 때처럼 전전긍긍(戰戰兢兢)하여 두려워하며 삼가는 뜻을 나타낸다.

[字解] ❶①엄숙하다.〔書經〕罔不祗肅. ②공경하다.〔春秋左氏傳〕肅而寬. ③정중하다.〔禮記〕氣容肅. ④경계(警戒)하다.〔禮記·注〕宿, 讀爲肅, 肅, 猶戒也, 戒輕, 肅重也. ⑤가지런하다, 가지런히 하다.〔素問〕其政凝肅. ⑥엄하다.〔禮記〕刑肅而俗敝. ⑦고요하다.〔素問〕終爲肅. ⑧맑다.〔素問〕其政肅. ⑨차다, 춥다.〔管子〕春行冬政肅. ⑩오그라지다, 추위로 오그라지다.〔禮記〕九月肅霜. ⑪죽이다, 상하다, 엄해지다.〔春秋左氏傳〕天地始肅. ⑫빠르다.〔禮記〕刑肅而俗敝. ⑬나아가다.〔詩經〕民有肅心. ⑭서행(徐行)하여 나아가다.〔書經·疏〕徐行前曰肅. ⑮이끌다, 인도하다.〔禮記〕主人肅客而入. ⑯물건의 소리. ⑰절(拜)의 한 가지. 선 채로 허리를 굽히고 손을 내린다. 진중(陣中)에서 무장한 군인이 하는 절.〔春秋左氏傳〕敢肅使者. ⑱성(姓). ❷①공경하다. ※❶의 ②와 같다. ②통소 소리.

【肅客 숙객】손을 인도함. 손을 안내함.
【肅敬 숙경】삼가 존경함. 공손히 섬김.
【肅戒 숙계】훈계함. 충고함.
【肅啓 숙계】삼가 아룀. 편지 글에서 첫머리에 쓰는 말.
【肅隊 숙대】대오(隊伍)를 정비함.
【肅良 숙량】①조심성이 많고 바름. ②공손하고 착함.
【肅穆 숙목】온화하고 조용한 모양.
【肅拜 숙배】①구배(九拜)의 한 가지. 고개를 숙이고 손을 내려 절함. ②윗사람에게 올리는 편지 끝에 쓰는 말. ③서울을 떠나 임지로 향하는 관원이 임금께 작별을 아뢰던 일. 下直(하직).
【肅白 숙백】삼가 말함. 편지 글에 쓰는 말.
【肅殺 숙살】①가을의 찬 기운이 초목을 시들게 함. ②매섭고 준엄함.
【肅殺之氣 숙살지기】쌀쌀한 가을의 기운.
【肅霜 숙상】①된서리. 찬 서리. ②준마(駿馬)의 이름.
【肅肅 ❶숙숙 ❷소소】❶①엄정(嚴正)한 모양. ②삼가는 모양. ③고요한 모양. ④날개 치는 소리. ⑤빠른 모양. ⑥소나무에 부는 바람 소리. ⑦맑은 모양. ⑧깊은 모양. ❷통소 소리.
【肅愼 숙신】①예의 바르게 삼감. ②춘추 전국 시대에 중국 동북쪽에 있던 나라 이름. 한대(漢代) 이후에는 읍루(挹婁), 남북조(南北朝) 시대에는 물길(勿吉), 수당대(隋唐代)에는 말갈(靺鞨), 오대(五代) 때에는 여진(女眞)이라 하였음. 지금의 송화강(松花江)과 흑룡강(黑龍江) 유역.
【肅心 숙심】착한 길로 나아가는 마음.
【肅如 숙여】삼가는 모양. 엄전한 모양.
【肅然 숙연】①삼가는 모양. 근신하는 모양. 肅如(숙여). ②두려워하는 모양. 황공해하는 모양.

③엄숙하고 조용한 모양. ④몸이 오싹하여지는 듯한 느낌을 주는 모양.
【肅雍 숙옹】삼가고 부드러워짐.
【肅雝 숙옹】①肅雍(숙옹). ②음악의 온아(溫雅)한 소리.
【肅正 숙정】①공손하고 바름. ②엄격히 다스려 바로잡음.
【肅靜 숙정】죽은 듯이 조용함.
【肅淸 숙청】①난을 평정하여 어지러운 세상을 깨끗하게 함. 단속하여 부정을 없앰. ②차고 맑은 모양. ③정적(靜寂)한 모양.
【肅聽 숙청】삼가 들음. 공손히 들음.
● 恪－, 簡－, 虔－, 謙－, 敬－, 恭－, 嚴－, 畏－, 正－, 靜－, 整－, 淸－, 忠－.

聿 7 【肄】⑬ ❶익힐 이 寘 yì ❷죽여 효시할 시 寘 sì
참고 대법원 지정 인명용 한자의 음은 '이'이다.
字解 ❶①익히다.〔魏志〕敎習講肄. ②노력하다, 수고하다.〔春秋左氏傳〕莫知我艱. ③살펴보다.〔漢書〕稅肄郡國出入關者. ④어린 나뭇가지. ⑤움돋이. 그루터기에서 나는 움.〔詩經〕伐其條肄. ⑥나머지. ❷죽여 효시(梟示)하다. ＝肆.
【肄武 이무】무술을 익힘.
【肄習 이습】실습함.
【肄業 이업】기술을 배움. 강습(講習)함.
【肄儀 이의】예의범절을 미리 익힘.

聿 8 【肇】⑭ 칠 조 篠 zhào
字解 ①치다, 공격하다. ②비롯하다, 시작하다.〔書經〕肇我邦于有夏. ③꾀하다.〔詩經〕召公是似, 肇敏戎公. ④바로잡다. 矯. ⑤재빠르다, 민첩하다.〔書經〕肇牽車牛遠服賈. ⑥길다. ⑦교제(郊祭)의 신위(神位).
【肇建 조건】처음으로 일으킴.
【肇國 조국】처음으로 나라를 세움.
【肇基 조기】토대를 닦음. 기초를 확립함.
【肇冬 조동】초겨울. 初冬(초동).
【肇末 조말】끝을 바로잡음.
【肇歲 조세】연초(年初). 歲首(세수).
【肇業 조업】처음 사업을 시작함.
【肇域 조역】경계를 넓힘. 국가의 영역을 정함.

聿 8 【肈】⑭ 肇(1434)의 본자

肉 部
6획 부수 | 고기육부

肉 0 【肉】❶고기 육 屋 ròu ❻❷옥 둘레 유 尤 róu ❸살 유 尤 róu

丨 冂 内 内 肉 肉

참고 ①'肉'이 한자의 구성에서 변에 쓰일 때는 글자 모양이 '月'로 바뀌고, '육달월'이라고 부른다. ②대법원 지정 인명용 한자의 음은 '육'이다.
字源 象形. 잘라 낸 고깃덩어리를 본뜬 글자.
字解 ❶①고기. ㉮베어 낸 고기, 고깃덩이.〔禮記〕觴酒豆肉. ㉯동물의 살.〔管子〕五藏已具, 而後生肉. ㉰과실·채소 등의 껍질에 싸인 연한 부분.〔蔡邕·爲陳留縣上孝子狀〕嚼柰肉以哺之. ㉱몸, 육체.〔荀子〕治古無肉刑. ②피부.〔杜甫·詩〕紅顏白面花映肉. ③살이 붙다, 살이 오르다.〔春秋左氏傳〕生死而肉骨也. ④새의 딴 이름.〔吳越春秋〕古孝子彈歌曰, 斷竹續竹, 飛土逐肉. ⑤목소리, 노랫소리.〔晉書〕絲不如竹, 竹不如肉. ❷①옥 둘레. 구멍이 뚫린 돈이나 옥의 몸 부분.〔漢書〕令之肉倍好者. ②살찌다.〔禮記〕使其曲直繁瘠廉肉節奏. ③두텁다, 굵다.〔禮記〕寬裕肉好. ❸살, 근육.〔周禮〕其民豐肉而庳.
【肉桂 육계】계수나무의 두꺼운 껍질. 약용하거나 향료(香料)로 씀.
【肉骨 육골】새살이 돋음. 다시 살아나게 함. 깊은 은혜를 입음.
【肉冠 육관】닭의 볏. 鷄冠(계관).
【肉交 육교】남녀 간의 성교(性交).
【肉袒 육단】윗옷을 벗어 상체를 드러냄. 복종·항복·사죄 등의 뜻을 나타냄.
【肉談 육담】國음담 따위의 야비한 이야기.
【肉俗飯囊 육대반낭】國무위도식하는 사람.
【肉德 육덕】國몸에 살이 많은 정도나 상태.
【肉頭文字 육두문자】國육담으로 하는 욕설.
【肉류 육류】혹.
【肉林 육림】①걸어 놓은 고기가 숲처럼 많음. ②☞肉山脯林(육산포림).
【肉味 육미】①고기의 맛. ②짐승의 고기로 만든 음식.
【肉薄 육박】①몸으로 적진(敵陣) 가까이 처들어가는 일. ②많은 사람이 서로 몸이 닿을 정도로 밀집(密集)하는 일. ③엄격하게 따짐.
【肉薄骨幷 육박골병】많은 사람이 몸이 맞닿을 정도로 밀집함. 또는 그렇게 하여 적을 공격하는 일.
【肉腐出蟲 육부출충】고기가 썩어서 벌레가 꾐. 근본이 무너진 뒤에 재난이 일어남.
【肉山 육산】①살진 몸. ②고기가 많은 모양. ③(佛)㉮절도(竊盜)를 한 자가 지옥에 떨어져서 화형(火刑)을 받기 위하여 산처럼 쌓인 상태. ㉯언제나 물자(物資)가 풍부한 절(寺).
【肉山脯林 육산포림】고기를 산처럼 쌓고 포를 숲처럼 늘어놓음. 몹시 사치스러운 연회.
【肉聲 육성】기계를 통하지 않고 직접 들리는 사람의 목소리.

肉部 1~3획 肍肎肌肋肝肚育肜肔肕

【肉食 육식】①고기를 먹음. 동물성 음식물을 먹음. ②좋은 음식을 먹음. 미식(美食)함. ③동물의 식육성(食肉性).
【肉眼 육안】①안경 따위의 힘을 빌리지 않은 그대로의 눈. 또는 그 시력(視力). ②사물의 표면만을 보는 얕은 안목.
【肉刺 육자】티눈. 鷄眼(계안).
【肉質 육질】①고기의 질(質). ②살이 많은 체질. ③살로 된 부분.
【肉滯 육체】고기를 먹고 생긴 체증.
【肉親 육친】부자(父子)·형제(兄弟)와 같이 혈족(血族) 관계에 있는 사람.
【肉脫 육탈】①몸이 몹시 여위어 살이 빠짐. ②시체의 살이 썩어 뼈만 남은 상태.
【肉圃 육포】고기의 남새밭. 곧, 고기가 대량으로 있음.
【肉筆 육필】본인이 직접 쓴 글씨.
【肉刑 육형】신체에 상처를 입혀 고통을 주던 형벌. 코를 베는 의형(劓刑)·발뒤꿈치를 베는 비형(剕刑) 따위.

● 乾—, 骨—, 蟠—, 肥—, 脾—, 生—, 獸—, 魚—, 殘—, 截—, 酒—, 豐—, 皮—, 血—.

【肍】⑤ 臆(1460)과 동자
1

【肎】⑥ 肯(1437)과 동자
2

【肌】⑥ ❶살 기 囷 jī
2 ❷몸 기 囷 jī

[소전] [초서] [동자] [字解] ❶①살, 근육. 〔史記〕割皮解肌. ②피부. 〔蘇軾·詩〕洗盡鉛華見雪肌. ❷몸, 신체.
【肌膏 기고】①몸의 살과 기름. ②몹시 수고스럽게 애씀.
【肌骨 기골】살과 뼈. 피부와 뼈.
【肌理 기리】살결. 膚理(부리).
【肌膚 기부】①살과 피부. ②살갗.
【肌液 기액】땀. 汗漿(한장).

● 膚—, 氷—, 雪—, 素—, 玉—, 豐—, 皮—.

【肋】⑥ ❶갈비 륵 職 lèi
2 ❷힘줄 근 囷 jīn

[소전] [초서] [參考] 대법원 지정 인명용 한자의 음은 '륵'이다.
[字解] ❶갈비, 갈빗대. ❷힘줄. =筋.
【肋骨 늑골】갈빗대.
【肋膜 늑막】늑골의 안쪽에 있는, 폐의 표면과 흉곽의 내면을 둘러싸고 있는 막.

● 鷄—, 沙—, 山—, 羊—, 兩—, 脇—.

【肝】⑦ 간 간 囷 gān
3

丿 刀 月 月 肝 肝 肝

[소전] [초서] [字源] 形聲. 肉+干→肝. '干(간)'이 음을 나타낸다.
[字解] ①간, 간장(肝臟). 〔呂氏春秋〕祭先肝. ②정성, 충정. 〔史記〕披腹心, 輸肝膽. ③중요하다.
【肝膈 간격】①간장과 명치. ②마음속. 心中(심중). ③진실된 마음의 비유.
【肝腦塗地 간뇌도지】배 속의 간과 머리의 뇌가 땅에 어지러이 흩어져 뒤범벅이 됨. ㉠전란 때 참혹하게 죽은 모양. ㉡목숨을 아까워하지 않고 충성을 다함.
【肝膽 간담】①간장(肝臟)과 담낭(膽囊). 간과 쓸개. ②참마음. 眞心(진심). ③관계가 친밀함.
【肝膽相照 간담상조】①속마음을 서로 비추어 봄. ②숨김이 없을 정도로 친한 사이.
【肝膽楚越 간담초월】간과 쓸개 같은 가까운 사이도 초나라와 월나라의 사이처럼 멀어질 수 있음. 사물(事物)은 보기에 따라 몹시 닮은 것도 다르게 보일 수 있음. 肝膽胡越(간담호월).
【肝膽胡越 간담호월】☞肝膽楚越(간담초월).
【肝銘 간명】마음에 깊이 새겨 잊지 않음.
【肝心 간심】①간과 심장. ②마음.
【肝要 간요】매우 중요함. 또는 그러한 곳.
【肝腸 간장】①간과 창자. ②마음.
【肝臟 간장】오장(五臟)의 하나. 가로막 바로 밑에 있는 장기로 해독 작용을 함. 간.
【肝肺 간폐】①간과 허파. ②진심(眞心).
【肝懷 간회】마음.

● 銘—, 洗—, 心—, 龍—, 鐵—, 忠—, 肺—.

【肚】⑦ 배 두 囷 囷 dù, dǔ
3

[초서] [字解] ①배(腹). 〔五燈會元〕脚在肚下. ②위(胃), 밥통.
【肚裏 두리】뱃속. 마음속. 心中(심중).
【肚裏淚落 두리누락】마음속으로 욺.

【育】⑦ 育(1438)의 본자
3

【肜】⑦ ❶융제사 융 囷 róng
3 ❷배 가는 모양 침 囷 chēn

[초서] [字解] ❶융제사. 은대(殷代)에, 제사 지낸 다음날에 또 지내던 제사. 〔書經〕祭之明日又祭, 殷曰肜, 周曰繹. ❷배가 가는 모양, 배가 나아가는 모양.
【肜日 융일】융제사를 지내는 날.

【肔】⑦ 찢을 이 紙 chǐ
3

[초서] [字解] 찢다, 가르다, 창자를 가르다.

【肕】⑦ 질길 인 震 rèn
3

[초서] [字解] ①질기다, 튼튼하다. 늑靭·韌. 〔管子〕人能正靜者, 筋肕而骨強. ②질긴 고기.

肉部 3~4획 肘肖肛肒肓肩股肱

肉3 **【肘】** ⑦ 팔꿈치 주 宙 zhǒu

[字源] 會意. 肉+寸→肘. '寸'은 손바닥에서 아래로 한 치의 맥점(脈點). '肉'과 합하여 '팔꿈치, 팔'을 나타낸다.
[字解] ❶팔꿈치, 팔의 관절, 팔. 〔晉書〕取金印如斗大, 繫肘. ❷말리다, 팔을 붙잡고 말리다. 〔杜甫‧詩〕欲起時被肘. ❸길이의 단위. 1주는 2자(尺). 또는 1자 5치(寸).
【肘腋 주액】①팔꿈치와 겨드랑이. ②매우 가까운 곳.
【肘腋助 주액조】가장 믿을 수 있는 도움.
【肘腕 주완】팔꿈치와 팔.
● 曲-, 臂-, 雙-, 兩-, 引-, 掣-, 枕-.

肉3 **【肖】** ⑦ ❶닮을 초 嘯 xiào
❷꺼질 소 嘯 xiào

[參考] 대법원 지정 인명용 한자의 음은 '초'이다.
[字源] 形聲. 小+肉→肖. '小(소)'가 음을 나타낸다.
[字解] ❶①닮다, 골상(骨相)·육체가 닮다. 〔法言〕速哉, 七十子之肖仲尼也. ②작다. 늑小. ❷①꺼지다, 녹다, 없어지다. 늑消. ②쇠약하다. 〔史記〕申呂肖矣. ③작다. 〔莊子〕惽惛之蟲, 肖翹之屬.
【肖似 초사】닮음.
【肖像 초상】그림이나 사진에 나타난 사람의 얼굴이나 모습.
【肖翹 소교】①작은 날개. ②작은 날개를 가진 것. 참새·곤충 따위.

肉3 **【肛】** ⑦ 똥구멍 항·홍 江 東 gāng

[參考] 대법원 지정 인명용 한자의 음은 '항'이다.
[字解] ❶똥구멍. 〔史記‧注〕肛門重十二兩. ❷부풀다. 〔韓愈‧詩〕形軀頓胮肛.
【肛門 항문】똥구멍. 糞門(분문).
● 脫-.

肉3 **【肒】** ⑦ 긁어 부스럼 날 환 諫 huàn

[字解] 긁어 부스럼 나다, 긁어 상처 나다.

肉3 **【肓】** ⑦ 명치끝 황 陽 huāng

[參考] 盲(1205)은 딴 자.
[字解] 명치끝. 횡격막(橫膈膜)의 윗부분. 심장의 아랫부분인 고(膏)와 이곳 사이에 병이 생기면 낫기 어렵다고 한다.
● 膏-.

肉4 **【肩】** ⑧ ❶어깨 견 先 jiān
❷어깨뼈 간 删 jiān
❸여위고 약할 혼 元 xián

[字源] 象形. 사람의 어깨를 본뜬 글자.
[字解] ❶①어깨. 〔孟子〕脅肩, 諂笑. ②견디다, 무거운 짐에 견디다. ③이겨 내다. ④맡기다, 임용(任用)하다. 〔書經〕朕不肩好貨. ⑤단단하다. ⑥세 살 난 짐승. 〔詩經〕並驅從兩肩兮. ⑦성(姓). ❷어깨뼈. ❸여위고 약하다, 여위고 작다. 〔莊子〕其脽肩肩.
【肩胛 견갑】어깨뼈가 있는 곳.
【肩摩轂擊 견마곡격】어깨와 어깨가 서로 스치고, 수레의 바퀴통이 서로 부딪침. 왕래가 번잡한 모양.
【肩隨 견수】①연장자(年長者)에 대한 예(禮). 동행할 때 어깨를 나란히 하면서 조금 뒤처져 걷는 일. ②뒤따르는 일. ③동행하는 일.
【肩輿 견여】두 사람이 앞뒤에서 메는 가마.
【肩章 견장】제복의 어깨에 붙여 계급 따위를 나타내는 표지.
【肩次 견차】國어깨차례.
【肩肩 혼혼】①야위고 작은 모양. ②곧은 모양. 똑바른 모양.
● 袒-, 併-, 比-, 隨-, 雙-, 齊-, 隻-.

肉4 **【股】** ⑧ 넓적다리 고 麌 gǔ

[字解] ①넓적다리, 넓적다리, 무릎 윗부분. 〔詩經〕赤芾在股. ④두 가닥 난 물건. 〔韓偓‧詩〕釵股欲分猶半環. ②정강이. 〔淮南子〕有脩股民. ③끝. ④바퀴살의 바퀴통에 가까운 부분. 〔周禮〕參分其股圍. ⑤가닥지다, 가지. 〔漢書〕皆往往股引取之. ⑥고(股). 직각삼각형에서 직각을 이룬 두 변 가운데 긴 변. 짧은 변은 '句(구)'라 한다. ⑦가닥. 새끼, 노를 이루는 가닥.
【股間 고간】아랫배와 두 허벅다리가 이어진 어름. 사타구니. 샅.
【股肱 고굉】①넓적다리와 팔. ②☞股肱之臣(고굉지신).
【股肱之力 고굉지력】①신하로서의 힘. ②전신(全身)의 힘. 전력(全力).
【股肱之臣 고굉지신】손발이 되어 보필하는 가장 신뢰하는 신하. 股肱(고굉).
【股圍 고위】바퀴통에 가까운 부분의 바깥 둘레.
【股慄 고율】다리가 떨림. 몹시 겁먹은 모습. 股戰(고전).
● 脛-, 句-, 四-, 脩-, 赤-, 合-.

肉4 **【肱】** ⑧ 팔뚝 굉 蒸 gōng

[字解] 팔뚝. 〔論語〕曲肱而枕之.

肉部 4획 肯 肯 肯 肵 肭 肳 肪 胖 胚 盼 肥

【肱膂 굉려】팔뚝과 등뼈. 믿을 만한 것이나 가장 중요한 것. 心膂(심려).
● 股-, 曲-, 三-, 折-, 枕-.

肉4 【肯】⑧ ❶옳이 여길 긍 圖 kěn
　❷뼈 사이 살 개 圖 kěn

〔필순〕 ノ 上 ト 止 肯 肯 肯

[소전][고문][초서][동자] 肯
[동자] 肎 [參考] 대법원 지정 인명용 한자의 음은 '긍'이다.
[字源] 會意. 止+肉→肯. 본래 뼈[止] 사이에 있는 살[肉→月]을 뜻하였다.
[字解] ❶①옳이 여기다, 가(可)라 하다. ②뼈 사이의 살, 뼈에 붙은 살. 〔莊子〕 技經肯綮之未嘗. ③살이 붙지 않은 뼈. ④즐기다, 수긍하다. 〔詩經〕 惠然肯來. ❷뼈 사이의 살. ※❶의 ②와 같다.
【肯可 긍가】허락함.
【肯綮 긍경】①뼈와 살이 접한 곳. ◯'肯'은 뼈에 붙은 살, '綮'은 뼈와 살이 붙은 곳. ②사물의 가장 요긴한 부분. [故事] 옛날, 요리의 명수가 소를 각 뜰 때, '肯綮'을 잘 가려 칼질했다는 고사에서 온 말.
【肯顧 긍고】기꺼이 돌아봄. ㉠귀여워함. 친절하게 돌봄. ㉡마음에 둠. 마음이 끌림.
【肯穀 긍곡】수긍하여 선을 행함. ◯'穀'은 '善'으로 '착하다'를 뜻함.
【肯構 긍구】아버지의 사업을 아들이 계승하여 성취함. 肯堂(긍당).
【肯諾 긍낙】수긍하여 허락함.
【肯堂 긍당】☞肯構(긍구).
【肯首 긍수】그러하다고 고개를 끄덕임. 옳다고 인정함.
【肯定 긍정】어떤 사물·현상에 대하여 그것이 옳다고 인정함. 同意(동의)함.
【肯從 긍종】즐겨 따름. 수긍하여 좇음.
● 不-, 首-, 惠-.

肉4 【肎】⑩ 肯(1437)과 동자

肉4 【肎】⑧ 肯(1437)과 동자

肉4 【肵】⑧ ❶공경할 기 圖 qí
　❷공경할 근 圖 qí

[초서] 肵 [字解] ❶①공경하다, 삼가다. 〔儀禮〕 載于肵俎. ②적대(炙臺). ❸시동(尸童)에게 차리고 남은 고기를 담는 적대. 〔禮記〕 祭殤不擧, 無肵俎. ❷공경하다. ※❶의 ①과 같다.

肉4 【肭】⑧ 살찔 눌 圓 nù

肉4 【肳】⑧ 살찌다. 〔皮日休·詩〕 猿眼但腽肭.

肉4 【肳】⑧ ❶입술 문 圓 wěn
　❷먼 데 볼 매 圓 wěn
[字解] ❶입술. =吻. ❷①먼 데를 보다, 눈을 가늘게 뜨고 먼 곳을 보다. ②오래, 오랫동안.

肉4 【肪】⑧ 기름 방 圓 fáng
[소전][초서] 肪 [字解] ①기름, 비계. ②살찌다.
【肪膩 방니】살갗에 기름기가 있어 반들반들함.
【肪脆 방취】기름기가 많고 부드러운 것.

肉4 【胖】⑧ ❶배부를 방 圓 pāng
　❷부을 방 圓 pāng
[字解] ❶①배부르다. ②냄새가 퀴퀴하다. ❷붓다, 부어오르다.

肉4 【胚】⑧ 胚(1440)와 동자

肉4 【盼】⑧ ❶머리 클 분 圓 fén
　❷나눌 반 圓 bān
[초서] 盼 [字解] ❶①머리가 큰 모양. ②많은 모양. =頒. ❷①나누다, 배분하다. =頒. 〔儀禮〕 盼肉及廋車. ②높다, 높고 크다.

肉4 【肥】⑧ ❶살찔 비 圓 féi
　❷가벼이 여길 비 圓 bǐ

〔필순〕 ノ 月 月 月 肥 肥 肥

[소전][초서] 肥 [字源] 會意. 肉+巴→肥. 본래 '巴'는 '月'로 알맞다는 뜻. 살[肉→月]이 알맞게[月] 졌다는 뜻을 나타낸다.
[字解] ❶①살찌다. 〔春秋左氏傳〕 吾牲牷肥腯. ②걸우다, 땅을 걸게 하다. 〔史記〕 恩肥土域. ③거름. 〔花鏡〕 澆肥之法, 草與木不同. ④살진 말. 〔漢書〕 乘堅策肥. ⑤살진 고기. 〔後漢書〕 甘肥飮美. ⑥어육(魚肉). 〔雲笈七籤〕 沐浴盛潔棄肥葷. ⑦즐기다, 느긋하게 만족하다. 〔易經〕 肥遯无不利. ⑧냇물의 한 가지. ㉮같은 근원에서 나와 하류에서 갈라지는 내. 〔詩經〕 我思肥泉. ㉯다른 근원에서 나와 하류에서 합쳐지는 내. ⑨춘추 시대 적인(狄人)의 나라 이름. 산서성(山西省) 석양현(昔陽縣)의 동쪽에 있었다. ⑩성(姓). ❷가벼이 여기다. ≒鄙. 〔列子〕 口所偏肥, 晉國黜之.
【肥甘 비감】①맛이 좋음. ②맛있는 음식.
【肥强 비강】살지고 힘셈. 강력하고 왕성함.
【肥磽 비교】땅의 기름짐과 메마름.
【肥膩 비니】①살지고 기름짐. 또는 그 고기. ②생활이 풍족함. 富裕(부유).
【肥大 비대】①살이 쪄서 몸집이 크고 뚱뚱함. ②생체 기관이나 조직의 피부가 정상 이상으로

肉部 4획 肫肬育肚禽肢胝肺

커지는 일. ③부나 세력이 너무 커져서 주체를 하지 못하는 상태.
【肥遯 비둔】유유한 심정으로 세상을 피하여 숨음. 肥遁(비둔).
【肥馬輕裘 비마경구】살진 말과 가벼운 갖옷. 생활이 호사스러움.
【肥胖 비반】살쪄서 뚱뚱함.
【肥碩 비석】살지고 큼. 肥大(비대).
【肥鮮 비선】살지고 신선함. 또는 그러한 고기나 생선.
【肥息 비식】포동포동하게 자람.
【肥沃 비옥】땅이 기름짐. 肥饒(비요).
【肥肉大酒 비육대주】살진 고기와 맛 좋은 술. 호화로운 요리.
【肥瘠 비척】①살짐과 여윔. ②땅의 기름짐과 메마름.
【肥澤 비택】①살지고 윤기가 있음. ②땅이 기름짐. 肥沃(비옥).
【肥厚 비후】맛이 좋음.
● 金-, 綠-, 魚-, 軟-, 追-, 堆-, 豊-.

肉4 【肫】 ❶광대뼈 순 ⑧준 眞 zhūn
❷말린 고기 순 震 chún
❸광대뼈 졸 屑
❹떡 둔 阮 tún
❺아래턱 준 軫 zhǔn

[字解] ❶①광대뼈. ②새의 밥통. ③정성스러운 모양. ≒惇. 〔中庸〕肫肫其仁. ④통째 말린 고기. ※❷의 ①와 같다. ❷①통째 말린 고기. ≒純. 〔儀禮〕腊一肫. ②정강이뼈, 짐승 뒷다리의 경골(脛骨). 〔儀禮〕右肩臂臑肫胳. ③장딴지. ❸광대뼈. ❹떡, 만두. ❺아래턱.
【肫脾 순비】통째로의 넓적다리의 살코기.
【肫肫 순순】①자상한 모양. 공손한 모양. ②정세(精細)하고 치밀함. 정밀하고 세세함.

肉4 【肬】⑧ 사마귀 우 尤 yóu
[字解] ①사마귀. ≒疣. ②붓다, 부어 오르다.
【肬贅 우췌】①사마귀, 또는 혹. ②쓸데없는 것.

肉4 【育】⑧ ❶기를 육 屋 yù
❷맏아들 주 宥 zhòu

[참고] 대법원 지정 인명용 한자의 음은 '육'이다.
[字源] 會意·形聲. 去+肉→育. '去'는 '子'를 거꾸로 한 것으로, 아기가 어머니의 태내(胎內)에서 나오는 모양, 곧 태어난다는 뜻. 여기에서 나아가 '자라다, 기르다'의 뜻으로 되었으며, '肉(육)'은 음도 나타낸다.
[字解] ❶①기르다. 〔詩經〕長我育我. ②자라다. 〔詩經〕旣生旣育. ③낳다. 〔易經〕婦孕不育. ④성(姓). ❷맏아들, 상속자. ＝胄.
【育鞠 육국】①곤궁한 가운데서 생장함. ②늘 그막에 곤궁함.
【育林 육림】계획적으로 나무를 심어서 숲을 가꾸는 일.
【育成 육성】길러서 키움. 길러서 이루어지도록 함. 養成(양성).
【育兒 육아】어린아이를 기름.
【育養 육양】길러 자라게 함.
【育英 육영】①영재·인재를 기름. ②교육.
【育嬰堂 육영당】버려진 아이를 양육하는 곳.
【育育 육육】①활발한 모양. ②기뻐하는 모양. ③생장하는 모양.
● 坤-, 敎-, 鞠-, 德-, 發-, 生-, 成-, 養-, 知-, 體-, 化-, 薰-.

肉4 【肚】⑧ 곰국 임 寢 rēn
[字解] ①곰국. ②잘 고아지다. ※飪(2032)의 고자(古字).

肉4 【禽】⑩ 炙(1061)과 동자

肉4 【肢】⑧ ❶사지 지 支 zhī
❷찌뿌드드할 시 寘 shì

[참고] 대법원 지정 인명용 한자의 음은 '지'이다.
[字源] 形聲. 肉+支→肢. '支(지)'가 음을 나타낸다.
[字解] ❶사지(四肢), 팔다리. 〔孟子〕四肢之於安佚也. ❷찌뿌드드하다, 몸이 거북하다.
【肢幹 지간】사지와 몸통.
【肢體 지체】①사지와 몸통. ②몸, 신체(身體). ③손발.
【肢解 지해】사지를 잘라 내던 혹형(酷刑).
● 四-, 上-, 雪-, 腰-, 折-, 下-.

肉4 【胝】⑧ 새 창자 치 支 chī
[字解] 새의 창자.

肉4 【肺】⑧ ❶허파 폐 霽 fèi
❷초목 무성한 모양 패 隊 pèi

丿 丿 月 月 丬 丬 肺 肺

[字源] 形聲. 肉+市→肺. '市(불)'이 음을 나타낸다.
[字解] ❶①허파, 부아. 오장(五臟)의 하나. 〔禮記〕年穀不登, 君膳不祭肺. ②마음, 충심(衷心). 〔新唐書〕人莫能探其肺腑. ③지저깨비. ≒柿. 〔漢書〕紛以肺附爲相. ④붙다. 〔周禮〕以肺石達窮民. ❷초목이 무성한 모양. 〔詩經〕

肉部 4~5획　肣肮肴肸朎胛肱胍胸胙胆脉胉胖

東門之楊, 其葉肺肺.
【肺肝 폐간】 ①허파와 간. ②마음속. 진심.
【肺氣 폐기】 딸꾹질.
【肺腑 폐부】 ①부아. 허파. 또는 모든 장부(臟腑). ②마음속. ③긴요한 곳. 핵심. 요점. ④황실의 사람들.
【肺炎 폐염→폐렴】 폐에 생기는 염증.
【肺活量 폐활량】 숨을 깊이 들이쉬었다가 힘껏 내쉴 때의 공기의 양.
【肺肺 패패】 초목이 무성한 모양.
❶肝-, 枯-, 愁-, 心-, 膺-.

肉4【肣】⑧ ❶혀 함 圈 hán
❷소 배 함 國 hàn
❸거둘 금 圓 qín

[字解] ❶①혀. ②쇠고기. ③풀무의 자루. ❷소의 배. ❸거두다, 움츠러들다. 〔史記〕 褚先生曰, 肣開.

肉4【肮】⑧ 목구멍 항 陽 國 gāng

[字解] 목, 목구멍. 〔史記〕 乃仰絕肮, 遂死.

肉4【肴】⑧ 안주 효 肴 yáo

[소전] 肴 [초서] 肴 [동자] 餚 [통자] 殽 [字解] ❶안주, 술안주. 새·짐승·물고기 따위를 뼈째 구워 익힌 고기. 늑殽. 〔漢書〕 載酒肴於田間. ❷채소 절임. 채소를 소금이나 등겨 따위에 절인 것.
【肴蔬 효소】 ①각종 고기와 채소 요리. ②안주.
【肴羞 효수】 ①술안주를 권함. ②고기나 맛있는 음식.
【肴將 효장】 음식 중에서 가장 중요한 것. 소금.
【肴核 효핵】 안주와 과실. 맛 좋은 음식. '肴'는 어육(魚肉), '核'은 과실.

肉4【肸】⑧ ❶소리 울릴 힐·흘 質 xī
❷땅 이름 비 寘 bì

[소전] 肸 [초서] 肸 [동자] 肸 [字解] ❶①소리가 울려 퍼지다. ②떨쳐 일어나다. 〔漢書〕 肸蠁布寫. ③웃음소리. 〔戴表元·詩〕 天女笑肸肸. ④사람 이름. ⑤나라 이름. ❷땅 이름. 산동성(山東省)에 있었던 노(魯)나라의 읍(邑) 이름. =費.
【肸響 힐향】 ①울림이 사방으로 퍼짐. ②모기 같은 작은 벌레가 많이 모여 나는 모양. ③성하게 일어나는 모양.
【肸肸 힐힐】 웃음소리.

肉4【朎】⑧ 朎(1439)과 동자

肉5【胛】⑨ 어깨뼈 갑 洽 jiǎ

[초서] 胛 [字解] 어깨뼈. 〔後漢書〕 中矛貫胛.

肉5【胠】⑨ ❶열 거 圄 qū
❷우익 겁 棄 qū
❸갈비 협 洽 겁 圄 qū

[소전] 胠 [초서] 胠 [字解] ❶①열다. 옆으로 열다. 〔莊子〕 胠篋探囊. ②겨드랑이. 〔素問〕 兩胠下滿. ❷①우익(右翼), 오른편 군대. 〔春秋左氏傳〕 胠, 商子車御侯朝. ②막다. 〔荀子〕 胠於沙而思水, 則無逮矣. ❸갈비.
【胠篋 거협】 ①상자를 엶. 도둑질함. ②좀도둑.

肉5【胍】⑨ ❶큰 배 고 虞 gū
❷클 호 圄 hù

[字解] ❶큰 배(腹). ❷크다, 큰 모양.

肉5【胸】⑨ ❶굽은 포 구 虞 qú
❷오랑캐 이름 우 虞 xū
❸지렁이 준 軫 chǔn
❹손가락 마디 울 박 屋

[소전] 胸 [참고] 胸(812)는 딴 자. [字解] ❶①굽은 포(脯). 〔禮記〕 左胸右末. ②굽다. ③멀다. 〔管子〕 古之祭者, 有時而胸. ④풀 이름. =蒟. ⑤성(姓). ❷북방 오랑캐 이름. ❸①지렁이. ②땅 이름. 사천성(四川省)에 있었던 현(縣). ❹손가락 마디가 울다.

肉5【胉】⑨ ❶고깃국 급 緝 qì
❷고기 섞일 랍 合 lā

[字解] ❶고깃국. ❷고기가 섞이다.

肉5【胆】⑨ ❶어깨 벗을 단 旱 tǎn
❷살진 모양 달 曷 dá
❸침 단 覃 tán

[초서] 胆 [字解] ❶①어깨를 드러내다, 웃통을 벗다. =膻. ②쓸개. ※膽(1459)의 속자. ❷살진 모양. ¶膴胆. ❸침, 타액(唾液).

肉5【脉】⑨ 脈(1444)의 속자

肉5【胉】⑨ ❶어깨뼈 박 藥 bó
❷옆구리 백 陌 bó

[초서] 胉 [字解] ❶①어깨뼈. ②무릎뼈. ❷옆구리. 〔儀禮〕 其實特豚四鬄去蹄, 兩胉兩肺.

肉5【胖】⑨ ❶희생 반쪽 반 翰 pàn
❷편안할 반 寒 pán
❸안심 반 潸

[소전] 胖 [초서] 胖 [字源] 會意·形聲. 肉+半→胖. 몸(月)의 반쪽(半)을 뜻한다. '半(반)'은 음도 나타낸다.
[字解] ❶①희생의 반쪽. 〔周禮〕 凡祭祀共豆脯薦脯膴胖凡腊物. ②갈비 살, 갈비에 붙은 살. 〔禮記〕 鵠鴇胖. ③넓적한 고기 조각. ④살찌다. ❷편안하다, 너그럽다. 〔大學〕 心廣體胖. ❸안심. 소의 갈비 안쪽 채끝에 붙은 고기.

【胖大 반대】살이 쪄서 몸집이 크고 뚱뚱함.
【胖子 반자】살찐 사람. 肥大漢(비대한).
◐膿ー, 左ー, 體ー.

肉 5 【胈】⑨ 정강이 털 **발**·**패** 圓 薉 bá
초서 𦜕 字解 ①정강이 털. 〔莊子〕堯舜於是乎股無胈, 脛無毛. ②솜털. 몸에 난 잔털. 〔漢書〕躬傶骿胝無胈, 膚不生毛. ③흰 살, 흰 피부. 〔史記〕躬腓無胈, 膚不生毛.

肉 5 【背】⑨ ❶등 **배** 隊 bèi
❷배반할 **배** 隊 bèi

丿 一 丬 丬 北 北 背 背 背

소전 𦟀 초서 𦜇 字源 形聲. 北+肉→背. '北(북)'이 음을 나타낸다.
字解 ❶등. 〔孟子〕見於面, 盎於背. ②뒤, 등쪽. 〔晉書〕腹背擊之. ③양(陽). 〔周禮〕壁在背, 琮在腹. ④음(陰). 〔史記〕有獻牛乳出背上. ⑤뒤채, 북쪽에 있는 집. 〔詩經〕言樹之背. ⑥간괘(艮卦). 〔易經·見豕負塗·注〕艮爲背. ⑦배자(褙子). 종이 헝겊 따위를 포개어 붙인 것. ⑧햇무리. 〔漢書〕暈適背穴. ❷①배반하다. 〔詩經〕噂沓背憎. ②달아나다, 버리고 떠나다. 〔李密·表〕生孩六月, 慈父見背. ③물러나다. 〔宋玉·賦〕背穴偃蹠, 外抃讀入. 〔齊家寶要〕每日工夫, 先考德, 次背書. ⑤등지다, 등 뒤에 두다. 〔羅鄴·詩〕早背胡霜過戍樓.

▦ 背의 각 부분 명칭

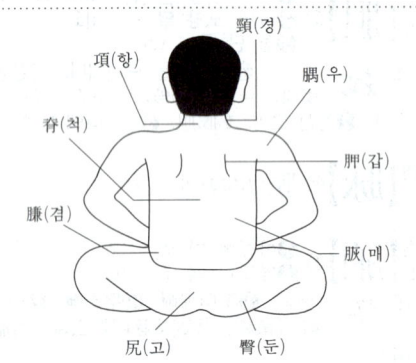

【背講 배강】책을 보지 않고 돌아앉아서 외는 일. 背誦(배송).
【背景 배경】뒤쪽의 경치.
【背光 배광】부처의 몸 뒤에서 내비치는 빛.
【背敎 배교】①가르침을 배반함. ②종교의 교의(敎義)를 배반함.
【背道 배도】도리에 어긋남. 또는 그 행위.
【背戾 배려】거역함. 배반함.
【背禮 배례】예를 거스름. 예에 어긋남.
【背盟 배맹】맹세를 어김. 동맹을 배반함.
【背叛 배반】신의를 저버리고 돌아섬.

【背水陣 배수진】①강이나 바다를 등지고 진을 침. 결사의 각오로써 적군에 대진하는 일. ②전력을 다하여 성패를 시도해 봄.
【背信 배신】신의를 저버림.
【背逆 배역】배반하고 거스름.
【背恩忘德 배은망덕】입은 은덕을 저버리고 배반함.
【背任 배임】임무를 저버림. 임무에서 벗어난 짓을 함.
【背子 배자】조복(朝服)의 적삼 위에 덧입는 옷. 褙子(배자).
【背馳 배치】서로 등지고 달림. 목적이나 행동이 상반됨.
【背風 배풍】①배면(背面)에서 불어오는 바람. ②바람을 등짐.
【背汗 배한】등에 흐르는 땀. 등에 땀이 흐름.
【背行 배행】①등을 보이고 걸어감. 앞에 서서 인도함. ②등으로 기어감.
【背向 배향】①배반함과 복종함. 向背(향배). ②앞과 뒤. 前後(전후).
【背後 배후】①등 뒤. 뒤쪽. ②겉으로 드러나지 않는 부분. 幕後(막후).
◐乖ー, 棄ー, 刀ー, 逃ー, 反ー, 翻ー, 腹ー, 違ー, 離ー, 悖ー, 向ー, 鄕ー, 後ー.

肉 5 【胚】⑨ 아이 밸 **배** 灰 pēi
소전 𦜹 초서 胚 동자 肧 字解 ①아이를 배다. ②엉기다, 어리다. 〔郭璞·賦〕類hún渾之未凝. ③시초(始初), 비롯하다. 〔眞德秀·箴〕造化發育之妙, 實胚胎乎其中.
【胚芽 배아】식물의 씨 속에서 자라 싹눈이 되는 부분.
【胚乳 배유】씨 속에 있어 싹이 틀 때에 양분이 되는 물질.
【胚子 배자】동물의 태(胎)나 알 속에서 자라나게 되는 부분.
【胚胎 배태】①아이나 새끼를 뱀. ②사물의 시초나 원인이 될 빌미.

肉 5 【跗】 ❶장부 **부** 虞 fū
❷발 **부** 虞 fū
❸종기 **부** 虞 fú
동자 胕 字解 ❶①장부(臟腑), 창자. =腑. ❷①발. =跗. 〔戰國策〕服鹽車而上太行, 蹄申膝折, 尾湛胕潰. ②살갗. =膚. 〔戰國策〕尾湛胕潰. ❸종기. 〔山海經〕浴之已疥, 又可以已胕.
【胕潰 부궤】①피부가 짓무름. ②발이 짓무름.
【胕動 부동】마음이 병듦. 심장을 앓음.
【胕腫 부종】종기. 부스럼.

肉 5 【胥】⑨ ❶서로 **서** 魚 xū
❷깨어날 **소** 虞 xū
소전 𦞙 초서 胥 參考 대법원 지정 인명용 한자의 음은 '서'이다.

肉部 5획 胥胂胦胃胤胔胏胆胫胙

【胥】
字解 ❶①서로, 함께. ≒與.〔詩經〕載胥及溺. ②다, 모두.〔詩經〕民胥然矣. ③게장, 게젓.〔周禮〕青州之蟹胥. ④보다, 자세히 보다. ≒相.〔管子〕胥令而動者也. ⑤기다리다.〔孟子〕帝將胥天下而遷之焉. ⑥잠깐. ⑦돕다. ⑧성기다, 멀다. ≒疏.〔莊子〕是於聖人也, 胥易. ⑨아전, 하급 관리.〔周禮〕胥十有二人. ⑩여쭙다.〔周禮〕以比追胥之事. ⑪어조르는 조사(助辭).〔詩經〕侯氏燕胥. ⑫악관(樂官).〔禮記〕胥齊南. ⑬나비, 호접(胡蝶). ⑭성(姓). ❷깨어나다. ≒蘇.
【胥匡 서광】서로 바로잡음.
【胥動浮言 서동부언】아무 근거 없는 말로 인심을 선동함.
【胥吏 서리】문서를 담당하는 하급 관리. 衙前(아전).
【胥命 서명】춘추 시대에 제후가 서로 만나 약속하던 일.
【胥失 서실】서로 잘못함.
【胥虐 서학】서로 학대하는 일.

【胜】
❶비릴 성 庚 xīng
❷새 이름 성 靑 qīng
❸선물 고기 생 庚 shēng
字解 ❶①비리다, 누리다, 개고기 냄새. ≒腥. ②날고기. ③여위다.〔管子〕必知其食飲飢寒, 身之膌胜, 而哀憐之. ❷새 이름. ❸선물 고기, 선물로 보내는 고기, 희육(饎肉).

【胂】
❶기지개 켤 신 眞 chēn
❷등심 신 眞 shèn
❸등심 이 支 shēn
字解 ❶기지개 켜다. ❷①등심. ※❸과 같다. ②現신산(胂酸). 비소(砒素) 화합물의 한 가지. ❸등심. ≒胂.

【胦】
❶배부를 앙 江 yāng
❷배꼽 앙 陽 yāng
字解 ❶배가 부르다, 배가 불러 엎드리지 못하다. ❷배꼽.

【胃】 ⑨ 밥통 위 未 wèi

丶 冂 囚 用 田 甲 胃 胃 胃

소전 초서 동자 胃 참고 肎(170)·青(1442)는 딴 자.
字源 會意. 囧+肉→胃+肉. '囧'는 위의 모양을 본뜬 것, '肉'은 몸둥이의 뜻. 합하여 오장의 하나인 밥통을 나타낸다.
字解 ①밥통.〔素問〕水穀入口, 則胃實而腸虛. ②마음.〔陸雲·頌〕淵胃往藏, 朗思來照. ③성수(星宿)의 이름. 28수(宿)의 한 가지. 서쪽에 있으며, 창고(倉庫)를 맡아본다.
【胃經 위경】①위에 붙은 인대(靭帶)의 총칭(總稱). ②위에 딸린 경락(經絡).

【胃腑 위부】육부(六腑)의 하나. 위. 밥통.
【胃酸 위산】위에서 분비되는, 소화 작용을 하는 산(酸).
【胃癌 위암】위 속에 생기는 악성 종양.
【胃腸 위장】위와 창자.
【胃痛 위통】위가 아픈 증세.
❶肝—, 健—, 脾—, 心—, 腸—, 調—, 治—.

【胤】 ⑨ 이을 윤 震 yìn

소전 고문 초서

字源 會意. 肉+八+幺→胤. '肉'은 핏줄, '八'은 널리 퍼짐, '幺'는 쌓임. 합하여 자손이 조상을 이어받는다는 뜻을 나타낸다.
字解 ①잇다, 자손이 조상의 뒤를 잇다.〔書經〕予乃胤保. ②맏아들, 후사(後嗣).〔書經〕胤子朱, 啓明. ③핏줄, 혈통.〔春秋左氏傳〕周公之胤也. ④악곡(樂曲). ≒引.
【胤文 윤문】혈통을 적은 문서.
【胤嗣 윤사】자손(子孫). 후손.
【胤裔 윤예】①자손. 말손(末孫). ②혈통.
【胤玉 윤옥】남의 아들의 높임말.
【胤子 윤자】①맏아들. 사자(嗣子). ②자손. 胤胄(윤주).
❶傳—, 帝—, 祖—, 冢—, 賢—, 皇—, 後—.

【胔】
❶썩은 고기 자 寘 zì
⑪❷바다거북 자 支 zī
❸여윌 적 陌
字解 ❶①썩은 고기.〔禮記〕掩骼埋胔. ②살이 붙은 조수(鳥獸)의 남은 뼈. ❷바다거북. ❸①여위다. =膌. ②앓다.
【胔骼 자격】살이 붙은 뼈.
【胔蝸 자휴】바다거북의 총칭. 큰 거북.

【胏】 ⑨ 밥찌끼 자 紙 zǐ
字解 ①밥찌끼, 먹다 남은 밥. ②뼈에 붙은 마른 고기.〔易經〕噬乾胏. ③마른 고기, 포. ④대자리. ≒笫.

【胆】 ⑨ 구더기 저 魚 qū
參考 胆(1439)은 딴 자.
字解 구더기. =蛆.

【胫】 ⑨ 간납 정 庚 zhēng
字解 간납, 저냐.

【胙】 ⑨ 제사 지낸 고기 조·작 遇 zuò
字解 ①제사 지낸 고기, 음복 고기.〔史記〕致文武胙於秦孝公. ②복(福), 복되게 하다.〔國語〕天地所胙, 小而後國. ③주다, 녹(祿)을 주다.〔國

語〕 胙以天下. ④갚다. 〔春秋左氏傳〕 世胙太師. ⑤즉위(卽位)하다. 〔國語〕 反胙于絳. ⑥섬돌, 층층대. =阼. 〔荀子〕 登自胙階. ⑦사직(社稷)을 세우다. ⑧사직을 지키다. ⑨주대(周代)의 나라 이름. 지금의 하남성 연진현(延津縣)의 북쪽. 〔春秋左氏傳〕 凡蔣邢茅胙祭, 周公之胤也.
【胙俎 조조】 주인용(主人用)의 적대(炙臺). '俎'는 어육(魚肉)을 올려놓는 적틀, '胙'는 동쪽계단에 주인의 자리를 이름.

肉 5 【胄】 ⑨ 맏아들 주 圕 zhòu

字解 ❶맏아들, 후사(後嗣). 〔書經〕 教胄子. ❷핏줄, 혈통. 〔國語〕 等胄之親疎也.
【胄孫 주손】 맏손자.
【胄筵 주연】 왕세자가 강론하던 곳.
【胄裔 주예】 ①핏줄. 혈통. ②자손.
【胄胤 주윤】 ☞胄裔(주예).
【胄子 주자】 ①천자(天子)에서 경대부(卿大夫)까지의 맏아들. ②국자학생(國子學生).
◐ 名—, 門—, 世—, 商—, 胤—, 遐—, 皇—.

肉 5 【胑】 ⑨ 肢(1438)와 동자

肉 5 【胝】 ❶굳은살 지 囡 zhī ❷멀떠구니 치 囡 chī

字解 ❶굳은살, 변지, 못. 〔任昉·府僚重請牋〕 累跡救宋, 重胝存楚. ❷①멀떠구니. ②오장(五臟).

肉 5 【胗】 ⑨ 입술 틀 진·긴 郅 zhěn

字解 ①입술이 트다. 〔宋玉·賦〕 中脣爲胗. ②종기, 부스럼. ③부스럼 딱지.

肉 5 【胣】 ⑨ 창자 가를 치·이 紙 chǐ

字解 창자를 가르다. 〔莊子〕 昔者龍逢斬, 比干剖, 萇弘胣.

肉 5 【胎】 ⑨ 아이 밸 태 灰 tāi

字解 ①아이를 배다. 〔淮南子〕 三月而胎. ②잉부(孕婦). 〔淮南子〕 剖刑殺夭. ③태아(胎兒). 〔禮記〕 不殺胎. ④태아처럼 싸여 있는 물건. 〔漢書〕 剖明月之珠胎. ⑤사물의 기원(起源). 〔漢書〕 福生有基, 禍生有胎. ⑥기르다. ⑦검버섯. 늙은 사람의 살가죽에 생기는 점. 〔孔耽碑〕 背有胎文. ⑧달아나다, 벗어나다. ≒駘.
【胎甲 태갑】 배 속. 胎(中중). 胎內(태내).
【胎敎 태교】 태아에게 좋은 감화(感化)를 주기 위해 임부(妊婦)가 마음을 바르게 하고 언행을

삼가는 일. 胎誨(태회).
【胎禽 태금】 ☞胎仙(태선).
【胎動 태동】 ①모태 안에서 태아가 움직임. ②어떤 일이 일어날 기운(氣運)이 싹틈.
【胎卵 태란】 태생(胎生)과 난생(卵生).
【胎膜 태막】 태아를 싸서 보호하는 막.
【胎脈 태맥】 임신한 부인의 맥박.
【胎夢 태몽】 잉태할 조짐을 보인 꿈.
【胎生 태생】 ①모태(母胎) 안에서 일정한 기간 발육한 뒤에 출생하는 일. ②사람이 어떤 곳에서 태어남.
【胎仙 태선】 학(鶴)의 딴 이름. 胎禽(태금).
【胎屎 태시】 갓난아이의 똥. 배내똥.
【胎息 태식】 배 속까지 숨을 들이마셔 마음을 가라앉히고 기운을 기르는 법. 도교(道敎)에서의 장수법의 하나. 복식 호흡법(腹式呼吸法).
【胎兒 태아】 포유류의 모체(母體) 안에서 자라고 있는 유체(幼體).
【胎夭 태요】 태중(胎中)의 아이와 갓 태어난 어린아이.
【胎衣 태의】 태반과 태아를 싸고 있는 막. 胞衣(포의).
【胎紙 태지】 ①편지 속에 따로 접어 넣는 종이. 夾紙(협지). ②주련(柱聯)·병풍 따위를 배접할 때 모자라는 종이를 채워서 넣는 종이. 胎(胎).
【胎化 태화】 어머니의 태내에서 발육하여 태어남. 胎生(태생).
◐ 落—, 卵—, 動—, 母—, 胚—, 受—, 元—, 孕—, 竹—, 出—, 墮—, 胞—, 懷—.

肉 5 【胇】 ⑨ 肺(1438)와 동자

肉 5 【胞】 ⑨ ❶태보 포 肴 bāo ❷숙수 포 肴 páo ❸여드름 포 効 pào

丿 月 月 月 肑 肑 肑 胞

字源 形聲. 肉+包→胞. '包(포)'가 음을 나타낸다.
字解 ❶①태보, 삼. 배 속의 아이를 싸고 있는 막과 태반. 〔漢書〕 善臧我兒胞. ②종기(腫氣). 〔戰國策〕 夫癘雖癰腫胞疾. ③친형제. ❷숙수, 조리사. 〔莊子〕 湯以胞人籠伊尹. ❸여드름. =皰.
【胞宮 포궁】 아기집. 子宮(자궁).
【胞衣 포의】 태(胎).
【胞人 포인】 요리하는 사람.
【胞子 포자】 포자식물의 생식 세포. 홀씨.
【胞胎 포태】 ①胞衣(포의). ②자궁. 아기집. ③圀임신함.
◐ 空—, 僑—, 同—, 細—, 育—.

肉 5 【胇】 ⑨ ❶클 필 質 bì ❷허파 폐 圀 fèi ❸마를 비 困 fèi

字解 ❶크다. ❷허파. =肺. ❸마르다.

肉部 5~6획 胡胳胯胱胺能

肉 5 【胡】⑨ ❶턱살 호 虞 hú
❷목 호 週 hú

一 十 十 古 古 古 胡 胡 胡

[소전] 胡 [초서] 胡 字源 形聲. 古+肉→胡. '古(고)'가 음을 나타낸다.

字解 ❶①턱살, 아래턱에 붙은 살. 〔漢書〕 有龍垂胡䫇, 下迎黃帝. ②드리워지다. 〔禮記·袂圓以應規·注〕謂胡下也. ③멀다. 늑遐. 〔儀禮〕永受胡福. ④장수하다. 〔詩經〕胡考之寧. ⑤크다. ⑥어찌. 늑曷. 〔詩經〕胡能有定. ⑦창날의 가지. ⑧하(夏)나라의 예기(禮器) 이름. =瑚. ⑨엉터리없다. 〔齊東野語〕周筠告變, 時韓佗胄已被酒, 視之. 曰, 這漢又來胡説. ⑩풀, 붙이는 풀. ⑪오랑캐 이름. 진대(秦代) 이전에는 흉노(匈奴)만을 일컬었으나, 뒤에는 새외(塞外) 민족의 범칭(汎稱)이 되었다. 〔周禮〕胡無弓車. ⑫주대(周代)의 나라 이름. 지금의 안휘성(安徽省) 부양현(阜陽縣)의 서북쪽. ⑬성(姓). ❷목〔頸〕.〔漢書〕日磾捽胡投何羅殿下.

【胡笳 호가】호인(胡人)이 갈댓잎으로 만든 피리.
【胡角 호각】호인이 불던 뿔피리.
【胡考 호고】①장수함. ②노인.
【胡耉 호구】①오래 삶. 長壽(장수). ②노인. ③90세.
【胡弓 호궁】현악기의 한 가지. 석줄로 이루어져 있고, 말총으로 맨 활로 켜서 연주함.
【胡琴 호금】당악(唐樂)을 연주하는 현악기의 한 가지. 대로 만들고 두 줄임.
【胡亂 호란】①확실하지 않음. 대충대충. 적당히. ②괴이하고 의심스러움. 수긍이 가지 않음. ③호인(胡人)들이 일으킨 난리. 특히 병자호란(丙子胡亂).

〈胡琴〉

【胡盧 호로】①입을 가리고 웃음. 또는 깔깔거리며 웃음. 盧胡(노호). ②호리병박. 조롱박.
【胡馬 호마】①호지(胡地)에서 나는 말. ②호지의 병마.
【胡麻 호마】참깨와 검은깨를 통틀어 이르는 말.
【胡福 호복】큰 행복.
【胡粉 호분】조가비를 태워서 만든 흰 가루. 채료(彩料)·도료(塗料)로 씀.
【胡思亂想 호사난상】이것저것 쓸데없는 생각을 함. 胡思亂量(호사난량).
【胡散 호산】의심스러움. 수상함.
【胡牀 호상】의자의 한 가지. 등을 기댈 수 있으며, 쓰지 않을 때는 접을 수 있게 만든 의자.
【胡說 호설】①이치에 맞지 않는 말. ②남의 의론을 욕하는 말.
【胡孫 호손】원숭이의 딴 이름.
【胡孫入袋 호손입대】원숭이가 자루 속에 들어감. 자유자재로 할 수 없음. 故事 송대(宋代)의 매요신(梅堯臣)이 당서수찬(唐書修撰)의 벼슬에 임명되었을 때 아내에게 한 말.
【胡壽 호수】목숨이 긺. 오래 삶. 長壽(장수).

【胡言亂語 호언난어】얼토당토않은 말을 함. 터무니없는 말을 함.
【胡然 호연】①어째서 그런가. 말이 이치에 닿지 않음을 꾸짖어 하는 말. ②아득한 모양. 어렴풋한 모양.
【胡元 호원】원조(元朝)를 북호(北胡)에서 일어났다 하여 낮추어 이르는 말.
【胡越 호월】호국(胡國)과 월국(越國). 서로 멀리 떨어져 있거나 소원함. ♀'胡'는 북쪽에 있는 나라 이름, '越'은 남쪽에 있는 나라 이름.
【胡越一家 호월일가】멀리 떨어져 있는 사람들이 한집에 모임. 곧, 온 세상이 하나로 통일됨.
【胡爲乎 호위호】어째서. 하고(何故)로.
【胡人 호인】①㉠중국 북방의 만주족. ㉡서역(西域)의 이민족. ②남을 업신여겨 하는 말. ③야만스러운 사람.
【胡笛 호적】관악기의 한 가지. 태평소.
【胡蝶 호접】①나비. 蝴蝶(호접). ②잠자리의 딴 이름.
【胡種 호종】①만주족(滿洲族). ②만주에서 나는 물종(物種).
【胡坐 호좌】책상다리를 하고 앉음.
【胡地 호지】북쪽 이민족이 사는 땅.
【胡塵 호진】①북쪽 사막에서 일어나는 먼지. ②호인(胡人)의 병마가 일으키는 흙먼지.
【胡椒 호초】①후추. ②후추나무 열매의 껍질.
【胡風 호풍】①북쪽에서 불어오는 바람. 朔風(삭풍). ②호인(胡人)의 풍속.

◐ 彊-, 東-, 跋-, 五-, 彫-, 含-, 函-.

肉 6 【胳】⑩ ❶겨드랑이 각 藥 gē
❷희생 후경골 격 陌 gé

[소전] 胳 [초서] 胳 字解 ❶겨드랑이. ❷①희생의 후경골(後頸骨). 후경골. 목 뒤쪽 뼈. ②겨드랑이. ※❶과 같다.

肉 6 【胯】⑩ ❶사타구니 과·고 禡 週 kuà
❷부드럽게 살찔 과 禡 kuà

[소전] 胯 [초서] 胯 字解 ❶사타구니. =跨. ❷①부드럽게 살찐 모양. ②사타구니. ※❶과 같다.

肉 6 【胱】⑩ 오줌통 광 陽 guāng

[초서] 胱 字解 오줌통, 방광(膀胱).

肉 6 【胺】⑩ ❶성길 나 麻 ná
❷살찔 나 禡 nà

字解 ❶성기다, 배지 않다. ❷살찌다.

肉 6 【能】⑩ ❶능할 능 蒸 néng
❷세 발 자라 내 灰 nái
❸별 이름 태 灰 tái
❹견딜 내 隊 nài

ノ ム ム 台 台 台 能 能 能

肉部 6획 胴脢脈脈胮

〈能❷〉

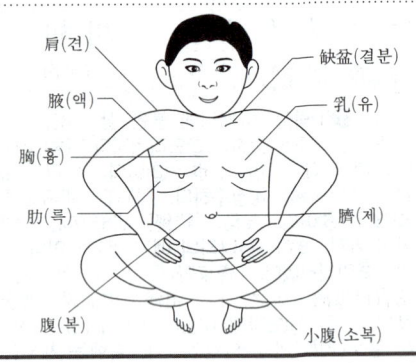
胴의 각 부분 명칭
肩(견), 腋(액), 胸(흉), 肋(륵), 腹(복), 缺盆(결분), 乳(유), 臍(제), 小腹(소복)

[소전][초서] [參考] 대법원 지정 인명용 한자의 음은 '능'이다.
[字源] 象形. 곰〔熊〕의 모양을 본뜬 글자.
[字解] ❶①능하다.〔史記〕寡人弗能拔. ②잘하다, 보통 정도 이상으로 잘하다.〔中庸〕唯聖者能之. ③미치다.〔淮南子〕不能被德承澤. ④능히.〔論語〕愛之能勿勞乎. ⑤재예(才藝)가 뛰어나다.〔荀子〕足以容天下之能士矣. ⑥재량(才量), 능력.〔呂氏春秋〕君知我而使我畢能. ❼곰의 한 가지. 전설에 나오는 신령스런 짐승으로, 사슴과 같은 발을 가졌다. ❽이와 같이.〔范成大·詩〕菱母向能瘦. ❷세 발 자라. ❸별 이름. ❹견디다. 능耐.〔漢書〕其性能寒. ❷성(姓).

【能幹 능간】솜씨. 일을 감당하는 재주와 능력. 才幹(재간).
【能官 능관】재간 있는 관리. 能吏(능리).
【能動 능동】스스로 움직이거나 작용하는 것.
【能爛 능란】솜씨가 익숙함.
【能力 능력】재능과 역량. 어떤 일을 해낼 수 있는 힘.
【能率 능률】일정한 시간 내에 이룰 수 있는 일의 분량.
【能吏 능리】유능한 관리. 能官(능관).
【能名 능명】재능이 있다는 평판.
【能文 능문】글을 잘 지음. 문필(文筆)의 재주가 있음.
【能辯 능변】말솜씨가 능란함. 또는 그 말.
【能士 능사】재능이 있는 사람. 유능한 사람.
【能事 능사】①잘 해낼 수 있는 일. 해내지 않으면 안 될 일. ②특별히 잘하는 일. ③일을 할 수 있음.
【能小能大 능소능대】크고 작은 모든 일에 두루 능함.
【能臣 능신】재능이 있는 신하. 일을 훌륭하게 처리하는 신하.
【能人 능인】재능이 있는 사람. 특히 수완(手腕)이 좋은 사람.
【能仁 능인】(佛)능하고 어진 이. 곧, 석가모니. ○범어(梵語) 'Sakya'의 의역어(意譯語).
【能通 능통】사물에 잘 통함. 어떤 일에 통달(通達)함.
【能化 능화】①잘 변화함. 잘 감화함. ②(佛)남을 교화하는 사람.
【能寒 내한】추위를 견딤. 耐寒(내한).
○ 可-, 官-, 技-, 萬-, 無-, 本-, 不-, 性-, 良-, 才-, 低-, 知-, 效-.

肉6【胴】⑩ ❶큰창자 동 圀 dòng ❷곧은 모양 동 圉 dòng
[초서] [字解] ❶큰창자, 대장(大腸). ❷①곧은 모양. ❶ 侗胴. ❷창자. ❸國몸통.

肉6【脢】⑩ 등심 매 灰隊 méi
[字解] 등심. 등골뼈에 붙은 살.〔禮記〕搏珍取牛羊麋鹿麕之肉, 必脢.

肉6【脈】⑩ 맥 맥 陌 mài

丿月月月䀛脉脉脈脈

[초서][동자][속자] 脉 [字源] 會意. 肉+𠂢→脈. 몸〔肉〕에 물줄기〔𠂢〕처럼 여러 갈래로 갈라져 흐른다는 데서 '맥, 혈맥'의 뜻을 나타낸다.
[字解] ①맥, 혈맥.〔薛勝·賦〕脹脈憤而體如癰水. ②수로(水路), 물길.〔韋應物·詩〕側峭緣溝脈. ③줄기, 연달, 잇닿음. 사물이 관통 연락하여 계통을 이루는 것.〔珊瑚鉤詩話〕語脈新奇. ④맥박.〔史記〕特以診脈爲名耳. ⑤진맥하다, 맥을 짚다.〔史記〕至今天下言脈者, 由扁鵲也.
【脈管 맥관】피가 도는 관. 血管(혈관).
【脈動 맥동】①맥박이 뜀. ②표면에 나타나지 않고 밑바닥에서 끊임없이 행해지는 움직임.
【脈絡 맥락】①혈관. 脈管(맥관). ②일관(一貫)된 계통. 條理(조리). ③사물의 줄거리.
【脈搏 맥박】심장의 움직임에 따라 동맥벽에 일어나는 주기적인 움직임.
【脈所 맥소】①신체 표면을 짚어서 맥을 알 수 있는 곳. 팔목·발목 등의 동맥이 얕게 통과하는 곳 따위. ②사물의 중요한 곳.
○ 經-, 礦-, 金-, 動-, 命-, 山-, 水-, 人-, 靜-, 地-, 診-, 執-, 血-.

肉6【脈】⑩ 脈(1444)과 동자

肉6【胮】⑩ 불룩할 방 江 pāng
[字解] 불룩하다, 붓다.〔韓愈·詩〕形軀頓胮肛.
【胮肛 방항】①부어오름. 부풀어 커진 모양. ②

개구리의 한 가지인 편녕(蝙蟧)의 딴 이름.

肉6 【胼】 ⑩ 胼(1449)의 속자

肉6 【䏚】 ⑩ 지렁이 순·준 圂[䏚] chǔn
[字解] ①지렁이. ②땅 이름. 한대(漢代)의 순인현(胊䏚縣)에 지렁이가 많이 난 데서 생긴 이름이다.

肉6 【胰】 ⑩ 胰(1453)의 속자

肉6 【胰】 ⑩ 등심 이 圂 yí
[초서] 猠 [字解] ①등심. =肿. ②돼지의 췌장(膵臟).

肉6 【胹】 ⑩ 삶을 이 圂 ér
[소전] 𦜯 [초서] 胹 [字解] 삶다, 문드러지게 삶다. 〔春秋左氏傳〕宰夫胹熊蹯不熟.

肉6 【咽】 ⑩ 목구멍 인 ⑧연 圂 yān
[초서] 胭 [동자] 咽 [字解] 목구멍.

肉6 【胾】 ⑫ 고깃점 자 圂 zì
[소전] 胾 [초서] 胾 [字解] 고깃점, 크게 썬 고기 조각. 〔漢書〕獨置大胾.

肉6 【脀】 ⑩ ❶미련할 증 圂 zhēng ❷어리석을 승 圂 chéng
[소전] 𦞧 [초서] 𦞯 [동자] 脀 [字解] ❶①미련하다, 어리석다. ②적대(炙臺)나 솥에 희생을 담다. 〔儀禮〕宗人告祭脀. ③적대에 담은 희생. 〔儀禮〕有脀. ④삶다, 찌다, 익히다. ≒烝. ❶과 같다. ❷붓다.

肉6 【脀】 ⑩ 脀(1445)과 동자

肉6 【脂】 ⑩ ❶기름 지 圂 zhī ❷손가락 지 圂 zhǐ
[소전] 脂 [초서] 𦜍 [字解] ❶①기름, 비계. 〔詩經〕膚色脂澤. ②기름기가 돌다. 〔列子〕膚色脂澤. ③기름을 치다. 〔詩經〕載脂載舝. ④영화(榮華). 〔太玄經〕出泥入脂. ⑤노력하여 얻은 소득. 〔腐談〕戒石銘曰, 爾俸爾祿, 民膏民脂. ⑥입술연지. ⑦두 달 난 태아(胎兒). ⑧성(姓). ❷손가락. =指.

【脂膏 지고】 ①동식물에서 짜낸 기름. 脂肪(지방). ②백성들이 피땀 흘려 얻은 수익(收益). ③풍부한 물질.
【脂膩 지니】 ⇨脂澤(지택)②.
【脂肪 지방】 동식물에 들어 있으며, 물에 풀어지지 않고 불에 타는 성질을 가진 물질. 기름.
【脂粉 지분】 연지(燕脂)와 백분(白粉). 화장품.
【脂粉氣 지분기】 지분냄새. 유약하고 비속한 티.
【脂韋 지위】 지방과 다름가죽. 남에게 아첨하고 시속에 영합하는 사람.
【脂肉 지육】 ①기름진 고기. ②고기.
【脂澤 지택】 ①기름지고 윤이 남. ②몸이 기름이나 연지 따위로 더럽혀진 것. 기름때. 脂膩(지니). ③지성(脂性) 화장품.
○ 口-, 丹-, 樹-, 脣-, 臙-, 油-, 凝-.

肉6 【脊】 ⑩ 등성마루 척 圂 jǐ
[소전] 脊 [초서] 脊 [字源] 會意. 㐭+肉→脊. '㐭'는 등성마루, 등뼈. 여기에 '肉'을 더하여 '등, 등뼈'를 나타낸다.
[字解] ①등성마루. 〔史記〕必折天下之脊. ②등뼈, 등골뼈. ③조리(條理). 〔詩經〕有倫有脊. ④어지럽다. ¶ 脊脊.
【脊骨 척골】 등뼈. 脊柱(척주).
【脊梁 척량】 ①등뼈. 등골뼈로 이어진 등마루. 脊柱(척주). ②길게 연이어 있는 고지나 산맥. 산등성마루. 산마루. ③주관(珠管)의 꿴대.
【脊令在原 척령재원】 형제가 우애하여 서로 위난을 구제함.
【脊髓 척수】 척추의 관 속에 있는 신경 중추.
【脊椎 척추】 등마루를 이루는 뼈. 脊柱(척주).
【脊脊 척척】 어지러운 모양.
○ 曲-, 穹-, 刀-, 山-, 領-, 屋-.

肉6 【脆】 ⑩ 무를 취 圂月 cuì
[소전] 脆 [초서] 脆 [동자] 脃 [字解] ①무르다. 〔管子〕無委致囷, 城脆致衝. ②약하다. ③가볍다. 〔後漢書〕風俗脆薄. ④부드럽다.
【脆味 취미】 연해서 맛이 좋음.
【脆美 취미】 고기가 연하여 맛이 좋음.
【脆薄 취박】 ①연하고 엷음. ②인정이 야박함.
【脆弱 취약】 무르고 약함. 여림.
【脆軟 취연】 연약함.
○ 甘-, 輕-, 嬌-, 凍-, 浮-, 爽-, 肥-, 新-, 危-, 柔-, 淸-.

肉6 【脃】 ⑩ 脆(1445)의 본자

肉6 【胵】 ⑩ ❶멀떠구니 치 圂 chī ❷살찔 치 圂 zhì ❸땅 이름 질 圂 zhì
[소전] 胵 [초서] 𦝐 [字解] ❶①멀떠구니, 모이주머니. =胝. ②조수(鳥獸)

肉部 6~7획 胲胻脅胎脇脋胸脚

肉6 **【胲】**⑩ ❶엄지발가락 해 灰 gāi ❷뺨 개 賄 gǎi
字解 ❶엄지발가락.〔莊子〕臘者之有膍胲. ❷엄지발가락의 털이 난 부분. ❸다르다, 변하다. ❹갖추어지다. ❷뺨, 뺨의 살.〔漢書〕樹頰胲.

肉6 **【胻】**⑩ ❶배 행 庚 héng ❷정강이 항 陽 héng
字解 ❶❶배〔肚〕. ❷정강이의 무릎에 가까운 부분. ❷정강이.〔史記〕壯士斬其胻.

肉6 **【脅】**⑩ ❶옆구리 협 葉 xié ❷으쓱거릴 흡 緝 xī
字解 대법원 지정 인명용 한자음은 '협'이다.
字源 形聲. 劦+肉→脅. '劦(협)'이 음을 나타낸다.
字解 ❶❶옆구리, 갈빗대.〔春秋左氏傳〕聞其騈脅, 欲觀其裸. ❷곁.〔顧況·碑〕滄島之脅, 有白沙之墟焉. ❸으르다.〔禮記〕是謂脅君. ❹웅크리다, 숨을 죽이다.〔宋玉·賦〕股戰脅息. ❷으쓱거리다.〔孟子〕脅肩諂笑.
【脅喝 협갈】으르고 겁먹게 함. 협박 공갈함. 脅嚇(협하).
【脅恐 협공】위협해서 겁먹게 함.
【脅勒 협륵】협박하여 우겨 댐.
【脅迫 협박】①으르고 다잡음. ②사람을 공포에 빠지게 할 목적으로 해악을 끼칠 뜻을 통고함.
【脅息 협식】①몹시 두려워서 숨을 죽임. ②몸이 허약해져서 숨을 헐떡거림.
【脅威 협위】힘으로 으르고 협박함.
【脅制 협제】위협하여 억누름.
【脅從 협종】위협에 못 이겨 복종함. 두려워서 추종함.
【脅奪 협탈】협박하여 빼앗음.
【脅痛 협통】갈빗대 언저리가 결리고 아픈 증세.
【脅嚇 협하】으르고 겁먹게 함. 恐嚇(공하).
【脅降 협항】위협해서 항복시킴.
【脅肩 흡견→협견】양 어깨를 치키고 목을 움츠림. ㉠아첨하는 모양. ㉡두려워하는 모양.
● 劫-, 恐-, 迫-, 騈-, 威-, 逼-, 胸-.

肉6 **【胎】**⑩ 脅(1446)과 동자

肉6 **【脇】**⑩ 脅(1446)과 동자

肉6 **【脋】**⑩ 胸(1446)과 동자

肉6 **【胸】**⑩ 가슴 흉 冬 xiōng
ノ 几 月 月 月' 刖 朐 朐 胸 胸
字源 形聲. 肉+匈→胸. '匈(흉)'이 음을 나타낸다.
字解 ❶가슴.〔素問〕胸滿腹脹. ❷가슴속, 마음.〔南史〕披見聞, 掃心胸. ❸앞, 앞쪽.〔張衡·賦〕淸水盪其胸. ❹요충지, 사북.〔戰國策〕韓天下之咽喉, 魏天下之胸腹.
【胸甲 흉갑】전쟁터에서 가슴을 막기 위해 가슴에 대는 갑옷의 한 가지.
【胸膈 흉격】①심장(心臟)과 비장(脾臟) 사이의 가슴 부분. ②마음속.
【胸襟 흉금】①앞가슴의 옷깃. ②마음속에 품은 생각.
【胸裏 흉리】가슴속. 마음속.
【胸無宿物 흉무숙물】마음속에 맺힌 것이 없음. 선입견이나 편견을 두지 않음. ◎ '宿物'은 막혀서 걸려 있는 것.
【胸背 흉배】①가슴과 등. ②학이나 호랑이 문양을 수놓아 관복의 가슴과 등에 붙이던 헝겊 조각.
【胸壁 흉벽】①흉부의 외벽(外壁). ②화살·탄환을 막기 위하여 가슴 높이로 쌓은 벽.
【胸腹 흉복】①가슴과 배. ②마음. ③사물의 요해처(要害處).
【胸部 흉부】가슴 부분.
【胸算 흉산】속셈.
【胸像 흉상】인체의 머리에서 가슴까지를 나타낸 조각상이나 초상화.
【胸有成竹 흉유성죽】대를 그리기에 앞서, 마음속에 이미 완성된 대나무가 있음. 일을 처리하기 전에 마음에 이미 계획이 있음.
【胸中 흉중】①가슴속. ②마음. 생각.
【胸中鱗甲 흉중인갑】남과 다투는 음험한 마음. ◎ '鱗甲'은 갑옷과 투구.
【胸懷 흉회】가슴에 품은 생각. 품은 회포.
● 雞-, 龜-, 氣-, 滿-, 心-, 充-, 肺-.

肉7 **【脚】**⑪ 다리 각 藥 jiǎo
ノ 几 月 月' 肝 胠 脐 胠 脚
字源 形聲. 肉+却→脚. '却(각)'이 음을 나타낸다.
字解 ❶다리. ㉮정강이.〔荀子〕捶笞臏脚. ㉯다리의 범칭(汎稱).〔晉書〕素有脚疾. ㉰발다칠, 다리의 다리.〔南史〕東西堂施局脚牀. ㉱바탕, 기슭.〔張耒·詩〕山脚繫吾纜. ㉲걸음걸이.〔蘇軾·詩〕鹿移泉眼趁行脚. ❷파발꾼. 급한 전갈을 전하는 심부름꾼.〔白居易·策林二十四〕罷運穀而收脚價. ❸밟다. ❹발을 잡다, 발을 잡아끌어서 잡다.〔史記〕射麋脚麟.
【脚光 각광】①무대 전면의 아래에서 배우를 비

추는 광선. ②사회적 관심이나 흥미.
【脚氣 각기】영양 실조증의 한 가지. 다리가 붓고 마비되어 보행이 어렵게 되는 병.
【脚踏 각답】①발로 밟음. ②발판.
【脚力 각력】①다리의 힘. 걷는 힘. ②편지 따위를 배달하는 사람.
【脚本 각본】①연극·영화 따위의 줄거리, 무대 장치, 배우의 동작과 대사 등을 적은 대본. ②희곡(戲曲).
【脚夫 각부】파발꾼.
【脚色 각색】①신분 증명서. 출사(出仕)할 때의 이력서. ②연극 배우. 또는 그 역할. ③분장(扮裝)하는 모양. ④소설·설화 따위를 각본으로 고쳐 쓰는 일.
【脚線美 각선미】다리의 곡선에서 느끼는 아름다움.
【脚註 각주】책 따위의 본문 아래쪽에 알기 쉽게 따로 풀이를 닮. 또는 그 주석. 脚注(각주).
【脚婆 각파】더운물을 넣어 발을 따뜻하게 하는 병(瓶). 湯婆子(탕파자).
【脚下 각하】①발밑. 발. ②지금.
【脚戱 각희】씨름.

○ 健一, 蹇一, 老一, 鈍一, 三一, 失一, 雨一, 韻一, 雲一, 日一, 赤一, 註一, 跛一, 行一.

肉
7 【脛】⑪ 정강이 경 本形 脛迥 jìng, kēng

소전 脛 초서 脛 간체 胫 字解 ①정강이. 〔論語〕以杖叩其脛. ②바른 모양. ≒俓. 〔漢書〕脛脛者未必全也.
【脛脛 경경】곧은 모양. 정직한 모양.
【脛骨 경골】정강이뼈.
【脛無毛 경무모】정강이의 털이 닳아 없어짐. 바쁘게 돌아다님.

○ 高一, 沒一, 瘦一, 雙一, 赤一, 寸一.

肉
7 【腦】⑪ 腦(1452)의 속자

肉
7 【脰】⑪ 목 두 團 dòu

소전 脰 초서 脰 字解 ①목, 목줄기. 〔春秋左氏傳〕兩矢夾脰. ②목구멍. ③정강이. 〔春秋公羊傳〕絕其脰.

肉
7 【脟】⑪ ❶갈비 살 렬 屑 liè
          ❷저민 고기 련 銑 luán

소전 脟 초서 脟 동 脔 字解 ❶①갈비살. ②창자 사이가 기름지다. ❷①저민 고기. ≒臠. ②저미다. ③굽다. 얽히다. ≒輪. 〔楚辭〕龍邛脟圈.
【脟圈 연권】구부정함. 구부러지는 힘.
【脟割 연할】자름. 잘라 저밈.

肉
7 【脬】⑬ 脬(1447)과 동자

肉
7 【脢】⑪ 등심 매·미 國魚 méi

소전 脢 초서 脢 字解 등심. 등뼈에 붙은 고기.

肉
7 【脕】⑪ ❶싹틀 문 問 wèn
          ❷흠치르르할 만 願 wàn

소전 脕 초서 脕 字解 ❶싹트다. ❷흠치르르하다, 윤이 나다. 예쁘다. ≒豔. 〔楚辭〕玉色頯以脕分.

肉
7 【脗】⑪ 꼭 맞을 문 吻 wěn

소전 脗 초서 脗 字解 꼭 맞다, 입술이 맞듯이 꼭 맞다. 〔莊子〕爲其脗合, 置其滑涽.
【脗合 문합】입술의 아래위가 맞는 것처럼 어떤 일이 꼭 맞음. 符合(부합). 吻合(문합).

肉
7 【脖】⑪ 배꼽 발 月 bō

字解 ①배꼽. ②목줄기.
【脖胦 발앙】배꼽.

肉
7 【脩】⑪ ❶포 수 尤 xiū
          ❷옻칠한 통 유 宥 yǒu
          ❸땅 이름 조 蕭 tiáo
          ❹날개 찢어질 소 蕭 xiāo

소전 脩 초서 脩 桑考 대법원 지정 인명용 한자의 음은 '수'이다.

字解 ❶①포. 고기를 얇게 저며 양념하여 밀린 것. 〔周禮〕凡肉脩之頒賜, 皆掌之. ②마르다. 〔詩經〕旣其脩矣. ③닦다. ≒修. 〔禮記〕脩韶敷鼓. ④익히다. 〔禮記〕藏焉脩焉. ⑤꾸미다. 〔荀子〕多能非以脩蕩是, 則謂之知. ⑥마련하다, 베풀다. 〔淮南子〕立仁義脩禮樂. ⑦행하다. 〔禮記〕講信脩睦. ⑧힘쓰다. ⑨공경하다. 〔國語〕吾冀而朝夕脩我. ⑩쓸다, 깨끗이 쓸다. 〔禮記〕脩其祖廟. ⑪씻다, 물 뿌리다. ≒滌. 〔周禮〕凡酒脩酌. ⑫길다. 〔詩經〕四牡脩廣. ⑬오래다. 〔周禮〕及其大脩也. ⑭크다. 〔淮南子〕吳爲封豨脩蛇. ⑮속수(束脩). 포(脯) 10개를 묶은 것. 처음 스승에게 가르침을 청할 때 예물로 썼다. 〔論語〕自行脩束以上, 吾未嘗無誨焉. ⑯성(姓). ❷옻칠을 한 통. 〔周禮〕廟用脩. ❸땅 이름. 한대(漢代)에 주아부(周亞夫)가 봉해진 곳. ❹날개가 찢어지다. ¶ 脩脩.
【脩短 수단】길고 짧음. ㉠길이의 장단. ㉡수명의 길고 짧음. ㉢장점과 단점.
【脩路 수로】먼 길. 長途(장도).
【脩脩 ❶수수 ❷소소】❶정돈되어 있는 모양. ❷날개가 찢어짐.
【脩夜 수야】①밤이 긺. ②긴 밤.
【脩遠 수원】아득히 멂. 修遠(수원).
【脩竹 수죽】①키가 큰 대. 밋밋하게 자란 대. 修竹(수죽). ②대숲.
【脩脯 수포】포(脯). 乾脯(건포).

○ 段一, 束一, 酒一, 脯一, 遐一, 廼一.

肉 7 【脣】⑪ ❶입술 순 囲 chún
❷꼭 맞을 민 𠠵 chún

一 厂 厂 尸 辰 辰 辰 脣 脣 脣

소전 脣 고문 䫃 초서 脣 참고 ①脣(295)은 딴 자. ②대법원 지정 인명용 한자의 음은 '순'이다.
字源 形聲. 辰+肉→脣. '辰(신)'이 음을 나타냄.
字解 ❶①입술. 〔春秋左氏傳〕脣亡齒寒. ②가, 언저리. 〔王維·詩〕嚴腹乍旁穿, 澗脣時外拓. ❷꼭 맞다. 위아래 입술이 맞듯이 맞다.
【脣亡齒寒 순망치한】입술이 없어지면 이가 시림. 서로 의지하고 돕는 사이에서, 한쪽이 망하면 다른 한쪽도 따라 망하게 됨.
【脣舌 순설】①입술과 혀. ②말을 잘함.
【脣脂 순지】입술연지.
【脣齒 순치】입술과 이. 이해관계가 긴밀한 사이.
【脣齒之國 순치지국】서로 이해관계가 아주 깊은 나라.
○ 絳-, 缺-, 丹-, 反-, 宣-, 搖-, 濡-, 張-, 頳-, 朱-, 舐-, 兔-, 緘-, 厚-.

肉 7 【脤】⑪ 제육 신 𠠵 shèn
초서 脤 字解 제육(祭肉). 제사에 쓰는 날고기. 날것은 '脤', 익힌 것은 '膰(번)'이라 한다. 〔國語〕受脤於社.
【脤膰 신번】사직이나 종묘에 제사 지낸 뒤에, 동성(同姓)의 나라에 하사하는 고기.

肉 7 【脘】⑪ ❶밥통 완 ⊛관 圄 wǎn
❷살 한 囲 huàn
❸뼈 기름 환 𠠵

소전 㿲 소전 脘 초서 㿲 동자 脘 참고 대법원 지정 인명용 한자의 음은 '완'이다.
字解 ❶①밥통, 위(胃). 〔素問〕胃脘痛. ②밥통을 말린 것, 양이나 처녀의 포(脯). ❷살, 고기. ❸뼈의 기름.

肉 7 【朒】⑪ 지렁이 인 𠠵 rùn
소전 朒 字解 ①지렁이. ②땅 이름. 한대(漢代)의 순인현(朐朒縣). 지렁이가 많이 난 데서 생긴 이름.

肉 7 【脠】⑪ ❶날고기 젓 전 𠠷 shān
❷젓갈 전 𠠷 chān
초서 脠 字解 ❶날고기 젓. 〔桓譚新論〕鄢人有得脠醬而美之. ❷젓갈.

肉 7 【脡】⑪ 곧은 포 정 𠤆 tǐng
초서 脡 字解 ①곧은 포. 〔春秋公羊傳〕高子執簞食, 與四脡脯. ②곧다. 〔禮記〕鮮魚曰脡祭. ③희생(犧牲)의 등줄기 중앙부의 살. 등줄기 고기의 앞부분을 '正體(정체)', 중앙부를 '脡(정)', 뒷부분을 '橫(횡)'이라 한다. 〔儀禮〕脡脊一.
【脡脊 정척】희생의 등줄기 중앙부.
【脡脯 정포】곧게 말린 포.

肉 7 【脞】⑪ ❶잘 좌 囲 cuǒ
❷무릎 좌 𠠵 qiē
초서 脞 字解 ❶①잘다, 자질구레하다. 〔書經〕元首叢脞哉. ②저민 고기. ❷무르다, 약하다.

肉 7 【脧】⑪ ❶갓난아이 음부 최 𠠵 zuī
❷줄 선 𠠵 juān
소전 脧 字解 ❶갓난아이의 음부(陰部). ❷줄다, 오그라지다. 〔漢書〕日削月脧.

肉 7 【脫】⑪ ❶벗을 탈 囲 tuō
❷허물 벗을 열 𠠵 tuì
❸느릿느릿할 태 𠤆 tuì

丿 月 月 肹 肹 肹 胎 胎 脫 脫

소전 脫 소전 脫 초서 脫 속자 脫 참고 대법원 지정 인명용 한자의 음은 '탈'이다.
字源 形聲. 肉+兌→脫. '兌(태)'가 음을 나타냄.
字解 ❶①벗다, 옷을 벗다. 〔國語〕脫衣就功. ②살이 빠지다, 여위다. 〔列子〕其狀若脫. ③벗기다, 껍질을 벗기다. 〔禮記〕肉曰脫之. ④면하다, 빠져 나가다. 〔漢書〕百擧必脫. ⑤나오다, 떨어져 나오다. 〔管子〕言脫于口, 而令行乎天下. ⑥없애다, 없어지다, 나아지다. 〔春秋公羊傳〕脫然愈. ⑦빠지다, 빠뜨리다. 〔漢書〕無有遺脫. ⑧거칠다, 소략하다. 〔史記〕凡禮始乎脫. ⑨성(姓). ❷벌레가 허물을 벗어 아름다운 모양. 〔莊子〕胡蝶, 胥也, 化而爲蟲, 生於竈下, 其狀若脫. ❸느릿느릿하다. 느릿느릿 가는 모양. ¶脫脫.
【脫却 탈각】①벗어남. ②벗어서 버림.
【脫殼 탈각】껍질을 벗음.
【脫稿 탈고】원고가 다 됨. 초고가 완성됨.
【脫臼 탈구】뼈마디가 접질리어 어긋남.
【脫落 탈락】①빠짐. 떨어져 나감. ②벗어 버림.
【脫略 탈략】①대수롭지 않게 여겨 소홀히 함. ②일을 덜어 생략함. ③벗어남.
【脫漏 탈루】밖으로 샘. 遺漏(유루).
【脫離 탈리】①어려움을 벗어남. 병란(兵亂)을 피함. ◎'離'는 '亂'으로 '어려움'을 뜻함. ②떨어져 나감. 관계를 끊음. 離反(이탈).
【脫帽 탈모】①모자를 벗음. ②두건을 벗고 귀순할 뜻을 나타냄.
【脫帽露頂 탈모노정】모자를 벗어 정수리를 드러냄. 예의에 구애되지 않음.
【脫屣 탈사】①짚신을 벗어 던짐. ②사물을 경시함. ③아낌없이 버림.
【脫喪 탈상】國부모의 삼년상을 마침.

肉部 7~8획　脯 脬 脾 脝 腔 腒 膌 腰 胼

【脫線 탈선】①차량의 바퀴가 궤도에서 벗어남. ②언행이 정상적인 것에서 벗어나거나 나쁜 방향으로 빗나감.
【脫粟 탈속】겉껍질만 벗긴 쌀. 현미.
【脫灑 탈쇄】속된 번거로움에서 벗어나 깨끗함. 超逸(초일).
【脫身 탈신】①위험을 벗어남. ②모든 것을 포기하고 자유로운 몸이 됨. 관계하던 일에서 몸을 뺌.
【脫然 ❶탈연 ❷태연】❶①병이 낫는 모양. 무거운 짐을 부린 것처럼 상쾌한 모양. ②초월(超越)함. ❷①느릿한 모양. 느긋한 모양. ②기분이 느긋한 모양.
【脫營 탈영】군인이 병영을 빠져나와 도망감.
【脫易 탈이】어리석고 경솔함.
【脫脂 탈지】기름기를 뺌.
【脫盡 탈진】기운이 다 빠져 없어짐.
【脫驂 탈참】곁마를 수레에서 풂. 남이 보낸 향전(香奠)에 대한 감사의 말. 故事 공자(孔子)가 지인(知人)의 죽음에 곁마를 보낸 고사에서 온 말.
【脫出 탈출】몸을 빼어 도망함.
【脫胎 탈태】①형식을 바꿈. 다른 사람의 작품을 본떴으나 형식을 바꾸어 자기 것으로 삼는 일. ②國질이 매우 엷어서 마치 잿물만 가지고 그릇이 된 듯한 투명한 자기(瓷器)의 몸.
【脫態 탈태】구태(舊態)를 벗어남.
【脫兔 탈토】달아나는 토끼. 동작이 매우 빠름.
【脫退 탈퇴】관계를 끊고 물러섬.
【脫皮 탈피】①파충류나 곤충류 따위가 겉껍질을 벗는 일. ②낡은 생각에서 벗어나 한층 더 진보하는 일. 脫殼(탈각).
【脫會 탈회】어떤 조직이나 모임에서 관계를 끊고 빠져 나옴.
【脫脫 태태】느릿느릿 가는 모양. 진행이 느린 모양.
❶ 高-, 漏-, 得-, 免-, 剝-, 蟬-, 誤-, 離-, 逸-, 超-, 通-, 解-, 虛-, 活-.

肉7【脯】⑪ ❶포 포 本보 翼 fǔ
❷회식할 보 圜 pú
소전 脯 초서 肺 參考 대법원 지정 인명용 한자의 음은 '포'이다.
字解 ❶①포. 저미어 말린 고기. 〔周禮〕田獸之脯腊. ②말린 과실. 〔吳萊·詩〕生徒修棗脯. ③포를 뜨다. 〔呂氏春秋〕殺鬼侯而脯之. ❷①회식(會食)하다. ②사람에게 재앙을 주는 신. 늑酺.
【脯糒 포비】건포(乾脯)와 건량(乾糧).
【脯腊 포석】☞脯脩(포수).
【脯脩 포수】고기포. 포육(脯肉).
【脯肉 포육】얇게 저며서 양념하여 말린 고기.
【脯資 포자】①포육(脯肉)과 양식(糧食). ②㉠선물로 보내는 포육. ㉡여비(旅費).
【脯醢 포해】①포와 젓. ②사람을 죽여 포로 떠서 젓을 담던 고대의 잔혹(殘酷)한 형벌.
❶ 福-, 肥-, 束-, 脩-, 市-, 瓠-.

肉7【脬】⑪ 오줌통 포 肴 pāo
소전 脬 초서 脬 字解 오줌통, 방광(膀胱).

肉7【脾】⑪ 허벅다리 폐 紙 bì
字解 ①허벅다리. 〔唐書〕李甘齧疽刲脾, 以急親病. ②밥통, 위(胃). ¶脾胵.
【脾臀 폐둔】항문(肛門).
【脾胵 폐치】밥통. 위(胃).

肉7【脝】⑪ 배 불룩한 모양 형 庚 hēng
초서 脝 字解 배가 불룩한 모양. 〔陸游·詩〕老子腹膨脝.

肉8【腔】⑫ ❶빈 속 강 江 qiāng
❷양 포 공 絳 kòng
소전 腔 초서 腔 參考 대법원 지정 인명용 한자의 음은 '강'이다.
字解 ❶①속이 비다. 몸 안의 빈 곳. 〔近思錄〕滿腔子是惻隱之心. ②가락, 곡조. 〔謝宗可·詩〕紫韻紅腔細細吟. ❷①양의 포. ②양의 갈빗대.
【腔子 강자】몸통이나 신체, 또는 배.
【腔子裏 강자리】몸의 속. 체내(體內). 배 속.
【腔腸 강장】종이나 원통 모양으로 생겨, 내부가 전부 소화 기관의 작용을 하는 몸통. 해파리의 몸통 따위.
【腔調 강조】①노래의 가락. ②시·사(詞)·문장의 성률과 격조. ③말소리. 말씨.
❶ 空-, 口-, 滿-, 腹-, 鼻-, 體-, 胸-.

肉8【腒】⑫ 새 포 거 魚 jū
소전 腒 초서 腒 字解 ①새의 포. 〔周禮〕夏行腒鱐, 膳膏臊. ②굳은 포. =胠. 〔後漢書·奉贄以結好·注〕腒, 乾胊. ③오래다. ④절반, 가운데.
【腒腊 거석】①새(鳥)를 말린 고기. 꿩의 포. ②대단히 고생하는 일.
【腒鱐 거숙】말린 꿩 고기와 말린 생선.

肉8【膌】⑫ 蹜(1758)와 동자

肉8【腰】⑫ 연약한 모양 뇌 賄 něi
초서 腰 字解 ①연약한 모양. 〔後漢書〕萎腰咋舌. ②주리다. =餒. ③목에 물건을 얹어서 지다, 또는 그것을 생업으로 하는 사람.

肉8【胼】⑫ 살갗 틀 변 先 pián
초서 胼 속서 胼 字解 ①살갗이 트다, 굳은살. 〔荀子〕手足胼胝, 以養

其親. ②굳다. 〔太玄經〕陰形胇冒.
【胇冒 변모】굳고 튼튼함.
【胇胝 변지】①추위 따위로 튼 살갗. ◯'胇'은 손이 튼 것을 '胝'는 발이 튼 것을 뜻함. ②손발에 생긴 못.

肉 8 【腐】⑭ 썩을 부 麇 fǔ

亠广广庐府府腐腐腐

소전 腐 초서 腐 [字源] 形聲. 府+肉→腐. '府(부)'가 음을 나타낸다.

[字解] ①썩다. ㉮살이 썩다. ㉯나무 따위가 썩다. 〔詩經〕濕腐不中用也. ㉰물이 썩다. 〔呂氏春秋〕流水不腐. ㉱쓸모없다. 〔漢書〕腐儒為天下. ㉲멸망하다. 〔唐書〕亦不一于立言, 而垂不腐. ②썩이다. 〔論語〕美味腐腸. ③나쁜 냄새가 나다. 〔楚辭〕淹芳芷於腐井兮. ④마음을 상하다. 〔史記〕此臣之日夜切齒腐心也. ⑤불알 까는 형벌. 〔漢書〕罪欲腐者許之. ⑥벌레 이름, 개똥벌레.
【腐爛 부란】①썩어 문드러짐. ②생활이 문란함. ③학문·문장 따위가 진부함.
【腐史 부사】사기(史記)의 딴 이름. ◯저자인 사마천(司馬遷)이 부형(腐刑)을 당한 데서 붙인 이름.
【腐索 부삭】썩은 새끼나 밧줄.
【腐生 부생】쓸모없는 학자.
【腐鼠 부서】①썩은 쥐. ②아주 경박하고 천한 사람.
【腐蝕 부식】썩고 좀먹음.
【腐心 부심】속을 썩임.
【腐儒 부유】썩어 빠진 유생. 쓸모없는 학자.
【腐腸 부장】①창자를 썩임. 腐腹(부복). ②맛이 좋은 음식.
【腐腸之藥 부장지약】①창자를 썩이는 약. ②맛있는 음식이나 술.
【腐井 부정】물이 썩은 우물.
【腐敗 부패】썩음. 정신이 타락하거나 기강이 문란함.
【腐刑 부형】남자의 생식기를 제거하던 형벌. 宮刑(궁형).
【腐朽 부후】썩음. 朽腐(후부).
● 枯—, 爛—, 豆—, 陳—, 臭—, 敗—, 朽—.

肉 8 【腑】⑫ 장부 부 麇圇 fǔ

초서 腑 [字解] ①장부(臟腑), 오장육부. ②마음, 충심(衷心). 〔源乾曜·詩〕保大襏襟腑. ③친족. 〔後漢書〕時五校官顯職閑, 云云, 多以宗室肺腑居之.
【腑臟 부장】내장의 총칭. 오장 육부(五臟六腑). 臟腑(장부).
● 六—, 臟—, 肺—.

肉 8 【腒】⑫ 腑(1440)와 동자

肉 8 【胇】⑫ 장딴지 비 麇圂 féi

소전 胇 초서 胇 [字解] ①장딴지. 〔易經〕咸其胇. ②다리를 베는 형벌. ③피하다. 〔詩經〕君子所依, 小人所胇. ④덮다. ㈖芘. ⑤앓다.

肉 8 【脾】⑫ ❶지라 비 囡 pí ❷허벅다리 비 紙 bì

소전 脾 초서 脾 속 脾 [字解] ❶①지라. 오장의 하나. 위의 왼쪽이나 뒤쪽에 있으며, 오행에서는 토(土), 오상(五常)에서는 신(信)에 해당한다. 〔呂氏春秋〕祭先脾. ②소의 양, 소의 밥통. ¶脾析. ③그치다. ❷허벅다리. ≒髀.
【脾析 비석】소나 가축의 밥통.
【脾胃 비위】①비장과 위. ②國㉠사물에 대하여 좋고 언짢음을 느끼는 기분. ㉡아니꼽고 싫은 것을 잘 참는 힘.
【脾臟 비장】지라. 오장의 하나.

肉 8 【脺】⑫ 脾(1450)의 속자

肉 8 【腊】⑫ ❶포 석 囿 xī ❷납향 랍 盍 là

초서 腊 [字解] ❶①포. 〔易經〕噬腊肉. ②건어(乾魚). ③오래다, 오래. ④심하다, 혹독하다. 〔國語〕味厚寔腊毒. ⑤주름살. 〔山海經〕其脂以已腊. ❷납향. ≒臘.
【腊毒 석독】심한 독.
【腊魚 석어】자반. 소금에 절인 생선.
【腊肉 석육】포. 말린 고기.

肉 8 【脽】⑫ 꽁무니 수 囝 shuí

소전 脽 [字解] ①꽁무니. 〔漢書〕連脽尻. ②꽁무니뼈. ③땅 이름.
【脽尻 수구】볼기. 궁둥이.

肉 8 【脣】⑫ ❶입술 순 圓 chún ❷꼭 맞을 문 问 wěn

[字解] ❶입술. ≒唇. ❷①꼭 맞다. ②입의 끝. ≒吻.

肉 8 【腎】⑫ 콩팥 신 軫 shèn

소전 腎 초서 腎 간체 腎 [字解] ①콩팥. 오장(五臟)의 하나. 오행에서는 수(水), 오상(五常)에서는 지(智)에 해당하며, 옛날에는 정기(精氣)를 간직한 곳이라 하였다. ②단단하다.
【腎氣 신기】①신장의 기능. ②남성의 정력(精力). 勢氣(세기).
【腎囊 신낭】불알.
【腎腸 신장】①콩팥과 창자. ②진심(眞心).
【腎臟 신장】비뇨기와 관련된 장기의 하나. 몸

안의 노폐물을 오줌으로 내보내는 기관. 콩팥.
【腎虛 신허】 신장 기능이 허약함. 신기(腎氣)가 허약한 병.
◑ 肝－, 內－, 副－, 心－, 腸－, 海狗－.

肉 8【腎】⑫ 혹 신 [軫] shèn
[參考] 腎(1450)은 딴 자.
[字解] 혹, 군더더기 살. 〔山海經〕 陽山, 有獸焉, 其狀如牛而赤尾, 其頸腎, 其狀如句瞿.

肉 8【腋】⑫ 겨드랑이 액 [陌] yè
[소전] [字解] 겨드랑이. ≒掖. 〔莊子〕 赴水則接腋持頤.
【腋氣 액기】 암내. 겨드랑이에서 나는 노린 냄새. 腋臭(액취).
【腋芽 액아】 잎과 줄기 사이에서 나는 싹.
【腋汗 액한】 겨드랑이에서 나는 땀. 곁땀.
◑ 反－, 扶－, 兩－, 肘－.

肉 8【腌】⑫ 절인 고기 업·엄 [葉][豔] yān, ā
[소전] [초서] [字解] ①절인 고기. ②절인 생선. ③더럽다, 때 묻다.

肉 8【腕】⑫ 팔 완 [翰] wàn
[초서] [字解] ①팔. ㉮팔뚝. 〔洞天淸錄〕 山谷乃懸腕書. ㉯손목. ②수완, 솜씨. 〔張雨·詩〕 盡力輸老腕.
【腕骨 완골】 손목의 뼈. 손목의 관절을 구성하는 여덟 개의 작은 뼈.
【腕力 완력】 ①팔의 힘. ②육체적으로 억누르는 힘. ③운필(運筆)하는 힘.
【腕章 완장】 팔에 두르는 표장.
【腕釧 완천】 팔찌.
◑ 敏－, 手－, 扼－, 弱－, 玉－, 枕－, 懸－.

肉 8【腤】⑫ 脘(1448)과 동자

肉 8【腍】⑫ ❶맛좋을 임 [寢] rèn
❷아름다울 점 [豔] diàn
[字解] ❶①맛이 좋다. ②물리다, 싫증나다. ③익히다. 〔禮記〕 腥肆爓腍祭. ❷아름답다.

肉 8【腦】⑫ ❶살 통통할 자 [寘] zì
❷포 치 [支] zì
[字解] ❶살이 통통하다. ❷포, 말린 고기 포.

肉 8【腆】⑫ 두터울 전 [銑] tiǎn
[소전] [고문] [초서] [字解] ①두텁다. 〔春秋左氏傳〕 不腆敝邑. ②많이 차리다, 음식을 많이 차리다. ③좋다, 선(善)하다. 〔儀禮〕 辭無不腆. ④이름답다. ⑤이르다. 〔書經〕 殷小腆. ⑥잊다.
【腆愧 전괴】 몹시 부끄럽게 생각함.
【腆冒 전모】 뻔뻔한 모양. 후안무치(厚顔無恥)한 모양.
【腆默 전묵】 부끄러워서 말을 못하는 모양.
【腆顔 전안】 부끄러움을 모르는 모양.
【腆贈 전증】 후한 예물. 정중한 선물.
◑ 不－, 鮮－, 洗－, 豐－, 荒－.

肉 8【腜】⑫ 腜(1454)과 동자

肉 8【脺】⑫ ❶약할 졸 [屑] cuì
❷얼굴 윤기 있을 수 [寘] suì
[字解] ❶약하다. ❷①얼굴에 윤기가 있다. ②뇌(腦), 골, 두뇌.

肉 8【脹】⑫ ❶배부를 창 [本]장 [漾] zhàng
❷창자 장 [陽] cháng
[초서] [간체] 胀 [參考] 대법원 지정 인명용 한자의 음은 '창'이다.
[字解] ❶배가 부르다, 부풀다. ≒張. ❷창자, 대장(大腸), 소장(小腸).
【脹滿 창만】 ①배가 부름. 배가 불룩해짐. ②배가 몹시 팽창하는 병.
【脹飽 창포】 포식(飽食)하여 배가 부름.
◑ 鼓－, 痞－, 膨－.

肉 8【腏】⑫ ❶살 바를 철 [屑] chuò
❷강신 잔 체 [霽] zhuì
[소전] [字解] ❶①살을 바르다, 뼈 사이의 살을 바르다. ②뼈의 골〔髓〕. ❷강신(降神) 잔.
【腏食 체식】 뭇 신(神)을 제사 지낼 때, 위패를 나란히 하여 한꺼번에 지내는 일.

肉 8【腄】⑫ ❶발꿈치 못 추 [支] chuí
❷볼기 수 [支] chuí
❸현 이름 추 [寘] hóu
❹모양 흉할 최 [佳] chuái
[소전] [字解] ❶①발꿈치 못, 발꿈치의 굳은 살. ②부스럼 자국. ③말 정강이의 혹 같이 생긴 뼈. ❷볼기. ❸현(縣) 이름. 진대(秦代)에 두었다. 지금의 산동성(山東省) 문등현(文登縣)의 서쪽. ❹모양이 흉하다.

肉 8【腪】⑫ 턱 함 [覃] hán
[字解] 턱, 아래턱. ＝頷.

肉 9【腳】⑬ 脚(1446)의 본자

肉 9【腱】⑬ ❶힘줄 밑동 건 [願] jiàn, qián
❷힘줄 근 [文]
[초서] [동자] 腱 [參考] 대법원 지정 인명용 한자의 음은 '건'이다.

肉部 9획 朕腩腤腦腰腇脪䐃腹

【朕】字解 ❶①힘줄 밑동. ②큰 힘줄. 〔楚辭〕肥牛之腱, 臑若芳些. ❷힘줄. =筋.

肉9 【朕】⑬ 못생긴 모양 규 囷 kuí
字解 못생긴 모양.

肉9 【腩】⑬ ❶삶은 고기 남 醼 nǎn ❷國간납 남
동자 【腤】 字解 ❶①삶은 고기. ②고깃국. ③포. ❷간납(肝納). 제사에 쓰는 저냐. 소의 간이나 처녑·어육(魚肉) 등으로 만든다.

肉9 【腤】⑬ 腩(1452)과 동자

肉9 【腦】⑬ ❶뇌 뇌 ㋐노 䐉 nǎo ❷다룸가죽 뇌 ㋐노 䐉 nào

字源 會意. 肉+巛+囟→腦. 머리카락[巛] 아래에 있는 머리[囟], 곧 '뇌'라는 뜻을 나타낸다.
字解 ❶①뇌. 〔戰國策〕王腦塗地. ②머리, 머리통. 〔五代史〕市人爭破其腦. ③마음, 정신. 〔陸機·書〕痛心拔腦. ④심, 중심. 〔道潛·詩〕葵心菊腦厭甘涼. ❷①다룸가죽. ②광택, 매끄러움.
【腦蓋 뇌개】뇌를 둘러싼 골격. 頭蓋骨(두개골).
【腦力 뇌력】생각하는 힘.
【腦裏 뇌리】머릿속.
【腦死 뇌사】뇌의 기능이 완전히 정지되어 있는 상태.
【腦髓 뇌수】대뇌·소뇌·연수(延髓)의 총칭. 머릿골. 뇌.
【腦漿 뇌장】뇌수(腦髓) 속의 점액(粘液). 뇌척수액.
❶肝-, 大-, 頭-, 馬-, 髓-, 龍-, 樟-.

肉9 【腰】⑬ ❶뼈 섞어 담은 젓 니 齍 ní ❷발병 연 䎡 ruǎn ❸어깻죽지 노 䐉 nào ❹연할 눈 囷 nèn ❺삶을 이 囷 ér

字解 ❶뼈 섞어 담은 젓. ❷발병, 발이 아프다. ❸어깻죽지. 팔이 어깨에 접한 곳. ❹①연하다, 무르다. ②장조림. =臑. ❺삶다, 문드러지게 삶다. =胹.

肉9 【腇】⑬ 약포 단 囷 duàn
字解 약포. 마른 고기를 두들겨, 생강·계피 등의 가루를 넣고 섞은 것.
【腇脩 단수】생강과 계피를 섞어서 말린 고기. 腇脯(단포).

【脪】⑬ ❶살찔 돌 囷 tú ❷발을 끌며 갈 돈 囷 dùn
字解 ❶①살찌다, 돼지·짐승 따위가 살찌다. =豚. 〔春秋左氏傳〕牲牷肥脪. ②성(盛)하다, 달아나다. ≒遯. 〔禮記〕微子舍其孫脪. ❷발을 끌며 가다. =豚.
【脪肥 돌비】①돼지의 딴 이름. ②살찜.
❶博-, 肥-, 豐-.

肉9 【䐃】⑬ 아이 밸 매 囷 méi
字解 ❶첫아이를 배다. ❷살지다, 아름답다. ¶ 䐃䐃.
【䐃䐃 매매】①살진 모양. ②아름다운 모양.

肉9 【腹】⑬ 배 복 囷 fù
字源 形聲. 肉+复→腹. '复(복)'이 음을 나타낸다.
字解 ❶배. ㉠배. ㉡창자. 〔莊子〕偃鼠飲河, 不過滿腹. ㉢마음, 충심(衷心). 〔劉基·詩〕披腹陳否臧. ㉣아이를 배다. 〔漢書〕有遺腹子媛. ㉤앞, 앞쪽. 〔晉書〕腹背擊之. ㉥중앙부, 가운데. 〔韓維·詩〕一徑絶城腹. ❷두텁다. 〔禮記〕水澤腹堅. ❸안다. 〔詩經〕出入腹我. ❹날다. ❺①이어지다, 소속(所屬)되다.
【腹腔 복강】척추동물의 배 안.
【腹堅 복견】얼음이 얼어 단단함.
【腹稿 복고】시문(詩文)을 짓거나 연설을 할 때 미리 마음속으로 그 초(草)를 잡는 일. 흉중(胸中)의 초고(草稿).
【腹背 복배】①배와 등. ②앞과 뒤, 근접(近接)함의 비유. 전후(前後). ③가까운 친척. 近親(근친).
【腹誹 복비】심중(心中)으로 헐뜯음. 입 밖에 내지는 않으나 마음속으로 비방함.
【腹笥 복사】①배 속에 있는 책상자. 마음속에 기억하는 서적. ②학문의 소양(素養).
【腹心 복심】①배와 가슴. 心腹(심복). ②뜻이 같고 서로 의지할 수 있는 사람. 매우 친한 사람. ③진심(眞心). 참마음.
【腹心之疾 복심지질】배 속의 무거운 병. 구제할 수 없는 우환(憂患).
【腹案 복안】마음속에 품고 있는 생각. 마음속의 고안(考案).
【腹中 복중】①배 속. ②마음속. 腹裏(복리).
【腹中書 복중서】읽고 기억해 둔 책.
【腹痛 복통】①배의 통증. ②원통하고 답답함을 나타낼 때 쓰는 말.
【腹瘧 복학】말라리아로 비장(脾臟)이 부어 배 안에 자라 모양의 멍울이 만져지는, 어린아이의 학질(瘧疾). 자라배.
❶鼓-, 空-, 寬-, 口-, 同-, 滿-, 背-, 私-, 心-, 遺-, 異-, 便-, 豐-, 胸-.

肉部 9획 腺腥脺腧膉膈腥腤臉膃腰膈腢腴

肉9 【腺】⑬ 샘 선 霰 xiàn
[초서] 腺 [字解] 샘. 생물체 안에서 분비 작용을 하는 기관.
【腺病 선병】임파선·편도선 등에 생기는 병.

肉9 【腥】⑬ 비릴 성 青徑 xīng
[소전] 腥 [초서] 腥 [字源] 會意·形聲. 肉+星→腥. 돼지의 살 속에 생긴 작은 사마귀같이 붙은 고기, 곧 돼지의 날고기를 뜻하며, 여기서 '기름, 날고기, 비린내' 따위를 나타낸다. '星(성)'이 음도 나타낸다.
[字解] ❶비리다. 늑鮏. ❷돼지 살에 생긴 사마귀 따위의 군살. 〔周禮〕豕盲眡而交睫,腥. ❸기름. 〔周禮〕膳膏腥. ❹날고기. 〔論語〕君賜腥, 必熟而薦之. ❺누리다. ≒胜. ❻못생기다, 더럽다. 〔書經〕庶群自酒,腥聞在上.
【腥膩 성니】비린내가 나고 기름기가 낌.
【腥聞 성문】추(醜)한 풍문. 품행이 좋지 못하다는 소문. 醜聞(추문).
【腥生 성생】날고기.
【腥魚 성어】생선(生鮮).
【腥羶 성전】①누린내가 남. ②외국인을 욕하여 이르는 말. 羶腥(전성).
【腥臊 성조】①비림. 누린내가 남. ②더러움.
【腥臭 성취】비린내.
【腥風 성풍】①피비린내가 풍기는 바람. ②살벌한 기운이나 분위기.
【腥血 성혈】비린내가 나는 피.
● 鮮一, 羶一, 臊一, 臭一, 鹹一, 血一, 革一.

肉9 【脺】⑬ ❶경혈 이름 수 遇 shù ❷아첨하는 모양 유 虞 yú
[초서] 脺 [字解] ❶경혈(經穴) 이름, 등에 있는 뜸의 요처. ❷아첨하는 모양.

肉9 【腧】⑬ 髓(2068)와 동자

肉9 【膉】⑬ 頤(2015)의 속자

肉9 【腭】⑬ 齶(2142)과 동자

肉9 【腥】⑬ 기름질 악·옥 覺屋 wò
[字解] 기름지다, 가멸다, 도탑다. 〔周禮〕欲其柔滑而腥脂之則需.

肉9 【腤】⑬ 고기 삶을 암 覃 ān
[동자] 臉 [字解] ①고기를 삶다. ②삶다.
【腤雞 암계】닭을 삶음.
【腤䐖 암남】조리(調理)함. 삶음.

肉9 【膾】⑬ 腤(1453)과 동자

肉9 【膃】⑬ 膃(1455)의 속자

肉9 【腰】⑬ 허리 요 蕭 yāo

月 月 肝 肝 胛 腰 腰 腰

[초서] 腰 [字源] 會意·形聲. 肉+要→腰. 사람이 허리를 두 손으로 받치고 있는 모습을 본뜬 '要'가 '허리'를 뜻하였으나, 뒤에 '요구하다'의 뜻으로 가차되자, 허리의 뜻으로는 '肉'자를 더한 '腰'자를 새로 만들어 썼다. '要(요)'가 음을 나타낸다.
[字解] ①허리. =要. 〔後漢書〕楚王好細腰, 宮中多餓死. ②사북, 중요한 곳. 〔戰國策〕梁者, 山東之要也. 〔正解〕要·腰同. ③밑동, 기슭. 〔陳樵·詩〕頃刻陰雲滿樹腰. ④허리에 띠다. 〔梁簡文帝·七勵〕緣腰白玉. ⑤띠를 세는 말. 〔北史〕金九環,帶一腰. ⑥신장(腎臟)의 속칭.
【腰間 요간】허리춤.
【腰劍 요검】칼을 허리에 참.
【腰鼓 요고】①장구. ②청대(淸代)의 악기(樂器) 이름.
【腰機 요기】베틀. 무명을 짜는 기계.
【腰腹 요복】①허리와 배. ②중요한 곳.
【腰繩 요승】죄가 가벼운 죄수가 허리에 노끈 한 가닥으로만 묶음. 또는 그 노끈.
【腰輿 요여】①앞뒤에 한 사람씩 허리 높이까지 끈으로 어깨에 메고 손으로 들고 가는 가마. ②國장례 후에 혼백과 신주를 모시고 돌아오는 작은 가마. 靈輿(영여).
【腰折 요절】①허리가 꺾어짐. ②몹시 우스워서 허리가 꺾어질 듯함.
【腰絰 요질】상복을 입을 때 허리에 띠는 띠. 짚에 삼을 섞어서 동아줄같이 만듦.
【腰斬 요참】허리를 자르던 형벌.
【腰下 요하】허리의 언저리.
● 曲一, 弓一, 蜂一, 山一, 纖一, 細一, 伸一, 柳一, 低一, 折一, 楚一, 蝦一.

肉9 【腢】⑬ 어깻죽지 우 尤有 ǒu
[초서] 腢 [字解] 어깻죽지. 어깨에 팔이 붙은 부분. 〔儀禮〕當腢用吉器.

肉9 【膈】⑬ 胃(1441)와 동자

肉9 【腴】⑬ 아랫배 살찔 유 虞麌 yú
[소전] 腴 [초서] 腴 [속자] 腴 [字解] ①아랫배에 살이 찌다. 〔論衡〕桀紂之君, 垂腴尺餘. ②돼지·개의 창자. 〔禮

肉部 9～10획 腬腸脪䐑腫腠胵腨膈腰膈膁

記〕君子不食圂腴. ③살져서 기름진 고기. 〔南史〕膳無鮮腴. ④땅이 걸다, 땅이 기름지다. 〔南齊書〕田甚肥腴. ⑤가멸다. 〔晉書〕處腴能約. ⑥아름답다, 아름답고 선(善)하다. 〔班固·答賓戲〕味道之腴. ⑦기름, 기름기. 〔論衡〕甘而多腴. ⑧물고기의 살지고 기름진 배〔腹〕. 〔禮記〕羞濡魚者進尾, 冬右腴, 夏右鰭.

【腴膏 유고】 ①살지고 기름짐. ②논밭이 기름짐. ③살림이 넉넉함. 부유함.
【腴潤 유윤】 ①살찌고 윤이 남. ②아름다운 일.

肉9 【腬】⑬ ❶좋은 고기 유 冘 róu ❷온화할 유 有 róu

字解 ❶좋은 고기, 살지고 부드러운 고기. ②왕성하다. ❷온화하다, 얼굴빛이 온화한 모양.

肉9 【腸】⑬ 창자 장 陽 cháng

字源 形聲. 肉+昜→腸. '昜(양)'이 음을 나타낸다.
字解 창자. 〔素問〕大腸者, 傳道之官, 變化出焉, 小腸者, 受盛之官, 化物出焉. ②마음, 충심(衷心). 〔南史〕剛腸似直. ③자세하다.
【腸骨 장골】①허리 부분을 이루고 있는 뼈. ②배.
【腸肚 장두】 마음속.
【腸斷 장단】①창자가 끊어짐. ②매우 슬퍼함.
【腸肚相連 장두상련】 창자와 배가 서로 잇닿음. 협력하여 일을 함.
【腸肥腦滿 장비뇌만】 외양은 버젓하나 지식이 없음.
【腸腎 장신】①창자와 콩팥. ②마음.
【腸胃 장위】①창자와 위. ②아주 요긴한 곳.
○ 剛—, 腔—, 枯—, 灌—, 冷—, 斷—, 大—, 盲—, 石—, 小—, 愁—, 心—, 羊—, 女—, 熱—, 胃—, 直—, 鐵—, 脫—, 肺—, 回—.

肉9 【腞】⑬ ❶새길 전 霰 zhuàn ❷살찔 돌 月 tú ❸발 끌며 갈 돈 願 dùn

字解 ❶새기다, 아로새기다. 늑篆. 〔莊子〕死得於腞楯之上. ❷살찌다. =腯. ❸발을 끌며 가다. =腯.
【腞楯 전순】①조각한 제사상. ②관(棺)을 싣는 수레. 殯車(빈거).

肉9 【脪】⑬ 얇게 저민 고기 접 葉 zhé

字解 얇게 저민 고기, 얇고 크게 저민 고기 조각. 동脪

肉9 【腫】⑬ 부스럼 종 腫 zhǒng

字解 ①부스럼, 종기. ②부증(浮症). ③혹. ④붓다. 〔春秋左氏傳〕目盡腫. ⑤두통(頭痛). 〔呂氏春秋〕鬱處頭, 則爲腫爲風.
【腫噲 종괄】 살결이 거칠어짐. 피부가 틈.
【腫氣 종기】 큰 부스럼.
【腫毒 종독】 종기의 독기.
【腫病 종병】 붓는 병.
【腫瘍 종양】 세포가 병적으로 불어나 쓸모없는 덩어리를 이루는 병증.
【腫脹 종창】 종기 같은 것이 생겨서 살갗이 부어 오름.
○ 浮—, 水—, 擁—, 瘤—, 瘡—, 黃—, 掀—.

肉9 【腠】⑬ 살결 주 宥 còu

字解 살결. 〔素問〕病有在毫毛腠理者.
【腠理 주리】①살갗의 결. 살결. ②진액(津液)이 스며 나오는 곳.
○ 肌—, 肉—, 中—.

肉9 【胵】⑬ 살 돋아날 질 質 chì

字解 ①살이 돋아나다. ②멀떠구니. ※胵(1445)의 와자(譌字).

肉9 【腨】⑬ 장딴지 천 銑 shuàn

字解 장딴지.

肉9 【腷】⑬ 답답할 픽 本벽 職 bì

字解 ①답답하다, 울적하다. 〔李華·文〕腷臆誰訴. ②물건의 소리. ¶腷膊腷膊.
【腷臆 픽억】 가슴이 답답함. 가슴이 막힘.
【腷腷膊膊 픽픽박박】①새의 날개치는 소리. ②얼음이 깨지는 소리. ③화살 소리.

肉10 【腰】⑭ 腰(1451)과 동자.

肉10 【膈】⑭ 흉격 격 陌 gé

字解 ①흉격, 횡격막. 심장과 지라의 사이. ②종틀. 종을 거는 틀. 〔史記〕懸一鐘, 尚拊膈.
【膈膜 격막】 흉강(胸腔)과 복강(腹腔) 사이에 있어 양자를 구별하는 막. 횡격막(橫膈膜).

肉10 【膁】⑭ ❶허구리 겸 琰 qiǎn ❷마소 허리 잘룩한 곳 감 豏 qiǎn ❸소 함 陷 xiàn ❹맛좋을 염 鹽 yán

字解 ❶①허구리. ②말의 옆구리. ③맛좋다.

肉部 10획 膏膷膋臇臂膊膀膍膝膆膃

❷마소 허리의 잘록한 곳. ❸소. 떡이나 만두 등의 속에 넣어 맛을 내는 재료. ❹맛좋다.

肉10 【膏】⑭ ❶살찔 고 羔 gāo ❷기름 칠 고 羔 gào

[字源] 形聲. 高+肉→膏. '高(고)'가 음을 나타낸다.

[字解] ❶①살찌다.〔國語〕不能爲膏. ②살진 고기, 비육(肥肉).〔國語〕夫靑粱之性, 難正也. ③기름진 땅, 땅이 비옥하다.〔左思·賦〕內函要害於膏腴. ④기름. ㉮돼지 기름. ㉯녹은 기름. ⑤단장(丹粧)에 쓰는 기름, 연지.〔詩經〕豈無膏沐, 誰適爲容. ⑥고약.〔後漢書〕傅以神膏. ⑦윤택, 광택. ⑧은혜, 은택.〔易經〕屯其膏. ⑨아이를 배다, 한 달째의 태아. ⑩가슴 아래.〔春秋左傳〕居肓之上, 膏之下. ⑪맛이 좋다.〔禮記〕天降膏露. ❷①기름을 치다.〔韓愈·序〕膏吾車兮. ②적시다, 윤택하게 하다.〔詩經〕芃芃黍苗, 陰雨膏之.

【膏粱 고량】①살진 고기와 좋은 곡식. 美食(미식). ②삼대(三代)에 걸쳐 삼공(三公)을 지낸 집안. 부귀한 집안.
【膏粱之性 고량지성】비육미곡(肥肉美穀)을 먹는 교사(驕奢)한 사람의 성질.
【膏粱珍味 고량진미】기름진 고기와 좋은 곡식으로 만든 맛있는 음식.
【膏露 고로】만물을 촉촉이 적시는 이슬.
【膏霖 고림】곡식을 살찌게 하는 장마.
【膏沐 고목】머리를 감고 화장을 함. 곧, 몸 단장을 함.
【膏壤 고양】기름진 땅.
【膏雨 고우】곡식을 잘 자라게 하는 제때에 내리는 비. 膏霂(고목). 滋雨(자우).
【膏腴 고유】기름진 땅. 膏壤(고양).
【膏澤 고택】은택(恩澤). 은혜(恩惠).
【膏土 고토】①아편(鴉片). ○'膏'는 불에 구운 아편, '土'는 정제하지 않은 아편. ②기름진 흙.
【膏汗 고한】비지땀.
【膏血 고혈】①기름과 피. ②백성들이 애써 얻은 이익(利益)이나 재산.
【膏肓 고황】①심장과 횡격막의 사이. ○'膏'는 심장의 아랫부분, '肓'은 횡격막의 윗부분. 이 사이에 병이 들면 고치기 어렵다고 함. 명치. ②고치기 어려운 병폐. 굳어진 습벽(習癖).
◑ 硬−, 肌−, 軟−, 腴−, 脂−, 豐−.

肉10 【膷】⑭ 궁형 궁 東 gōng
[字解] 궁형(宮刑). =宮.

肉10 【膋】⑭ 등골뼈 려 慮 lǔ
[초서] 膋 [동자] 臇 [字解] ①등골뼈.〔書經〕作股肱心膋. ②근육의 힘. ③등에 지다.
【膋力 여력】등뼈의 힘. 체력(體力).
◑ 共−, 肱−, 筋−, 背−, 髀−, 心−.

肉10 【臇】⑯ 膋(1455)와 동자

肉10 【膋】⑭ 발기름 료 蕭 liáo
[字解] 발기름. 짐승의 뱃가죽 안쪽에 낀 기름.〔禮記〕取膟膋, 腸間脂也.
【膋石 요석】활석(滑石)의 딴 이름.
【膋蕭 요소】창자의 기름과 향기 있는 쑥.
【膋薌 요향】기름과 향기 있는 조〔粟〕.
【膋血 요혈】기름과 피.

肉10 【膊】⑭ ❶포 박 藥 pò ❷경계 부 東 liè
[參考] 대법원 지정 인명용 한자의 음은 '박'이다.
[字解] ❶①포. 고기를 말린 것. ②책형(磔刑)하다.〔春秋左傳〕殺而膊諸城上. ③버르집다, 들추어내다. ④고깃덩이, 베어 낸 고깃덩이.〔淮南子〕同味而嗜厚膊者, 必其甘之者也. ⑤어깨뼈. 늑膊.〔魏書〕以指彈碎羊膊骨. ⑥물건을 치는 소리. ❷경계(境界).〔太玄經〕福則有膊, 禍則有形.

肉10 【膀】⑭ ❶오줌통 방 陽 páng ❷어깨뼈 방 養 bǎng
[字解] ❶①오줌통. ¶ 膀胱. ②갈빗대. ③부풀다. ❷어깨뼈.
【膀胱 방광】콩팥에서 흘러나온 오줌을 저장하였다가 요도를 통하여 배출시키는 배설 기관. 오줌통.

肉10 【膍】⑭ ❶처녑 비 支 pí ❷배꼽 비 齊 pí
[字解] ❶①처녑. 멀떠구니. 늑胵. ②포개다, 두껍게 하다.〔詩經〕福祿膍之. ❷배꼽. ¶ 膍臍.
【膍臍 비제】배꼽. ○'齊'도'배꼽'을 뜻함.
【膍胵 비치】①반추 동물의 위. 처녑. ②새의 위. 멀떠구니.

肉10 【膆】⑭ 멀떠구니 소 遇 sù
[字解] ①멀떠구니. =嗉.〔潘岳·賦〕裂膆破觜. ②살찌다.

肉10 【膆】⑭ 군살 식 職 xī
[字解] 군살, 혹. =瘜.

肉10 【膃】⑭ 살질 올 月 wà
[字解] ①살지다, 살지고 부드럽다.

②앓다. ③물개, 해구(海狗).
【膃肭 올눌】①살지고 보드라움. ②물개의 바다짐승. 바닷개. 물개.
【膃肭臍 올눌제】①물개. 海狗(해구). ②물개의 음경과 고환을 한방에서 이르는 말. 해구신(海狗腎).

肉10【膉】⑭ 목 살 익 囮 yì
초서 绖 간체 字解 ①목 살. 〔儀禮〕取諸左膉. ②살찌다. ③돼지가 엎드리다, 돼지가 자다.

肉10【齌】⑭ 臍(1461)와 동자

肉10【膄】⑭ 瘦(1460)와 동자

肉10【膜】⑭ 부을 진 囻 chēn
소전 膜 參考 瞋(1221)은 딴 자.
字解 ①붓다. ②크다. 〔太玄經〕股脚膜如, 維身之疾.

肉10【膌】⑭ 瘠(1180)의 본자

肉10【膇】⑭ 다리 부을 추 囮 zhuì
초서 纵 간체 膇 字解 다리가 붓다, 수종다리. 〔春秋左氏傳〕民愁則墊隘, 於是乎有沉溺重膇之疾.

肉10【腿】⑭ 넓적다리 퇴 囮 tuǐ
초서 䏶 간체 腿 字解 ①넓적다리. =骽. ②정강이. ③다리 살. 넓적다리의 뒤쪽 살과 장딴지의 살.
【腿骨 퇴골】넓적다리의 뼈.
❶大－, 小－, 下－.

肉10【膗】⑭ 곰국 학 皬 hè
소전 膗 초서 绖 속 膗 字解 ①곰국. ②향기가 피어오르는 모양.

肉10【膈】⑭ 膉(1456)의 속자

肉10【膎】⑭ 포 해 囮 xié
소전 膎 字解 ①포. 〔南史〕孔靖飮宋高祖酒無膎, 取伏雞卵爲肴. ②고기 반찬. ③익힌 음식. 〔太玄經〕多田不婁, 費我膎功. ④피부.

肉11【膕】⑮ ❶오금 괵 囮 guó ❷오금 국 膕 guó
초서 綱 간체 膕 字解 ❶①오금. 〔荀子〕詘要撓膕. ②발을 나란히 하다. ❷오금. ※❶의 ①과 같다.

肉11【膠】⑮ ❶아교 교 囿 jiāo ❷화할 교 囚 jiāo ❸어지러운 모양 뇨 囜 nǎo ❹어긋날 호 囩 háo
소전 膠 초서 缌 간체 胶 參考 대법원 지정 인명용 한자의 음은 '교'이다.
字解 ❶①아교, 갖풀. 〔周禮〕膠也者, 以爲和也. ②아교로 붙이다. 〔史記〕膠柱鼓瑟. ③끈끈하다. 〔莊子〕置杯焉則膠. ④굳다. 〔詩經〕音孔膠. ⑤바루다. 〔禮記〕周人養國老於東膠. ⑥엇섞이다. 〔漢書〕雜遝膠輵以方馳. ⑦그릇되다, 간사하다. 〔司馬相如‧賦〕宛潬膠盭. ⑧속이다. ≒謬. ⑨학교 이름. ⑩성(姓). ⑪고무. ❷화(和)하다. ¶ 膠膠. ❸어지러운 모양. ❹어긋나다, 거스르다.
【膠加 교가】①어긋나 뒤섞여 얽힘. 膠葛(교갈). ②모여서 쌓임.
【膠葛 교갈】①빨리 달리는 모양. ②⇨膠加①. ③가볍고 맑은 기운. ④길고 먼 모양.
【膠匣 교갑】먹기 어려운 가루약을 넣어 쉽게 삼키게 하는, 아교로 만든 작은 갑.
【膠固 교고】①아교로 붙인 것처럼 단단함. 牢固(뇌고), 鞏固(공고). ②융통성이 없음. 고루하고 변통성이 없음.
【膠膠 교교】①누그러지는 모양. 화(和)하는 모양. ②닭 우는 소리. ③요란스러운 모양.
【膠膠擾擾 교교요요】시끄럽고 어지러운 모양.
【膠沙 교사】①배가 모래땅에 좌초되는 일. ②바다 밑바닥에 들러붙은, 개흙이 섞인 모래.
【膠柱鼓瑟 교주고슬】거문고의 줄을 괴는 기러기발을 갖풀로 붙이고 거문고를 탐. 규칙에 구애되어 변통을 알지 못함.
【膠着 교착】①아주 단단히 달라붙음. ②어떤 상태가 고정되어 조금도 변동이 없음.
【膠緻 교치】정밀(精密)함. 精緻(정치).
【膠漆 교칠】①아교와 옻. ②교분이 돈독함.
❶東－, 阿－, 魚－, 漆－, 皓－.

肉11【膅】⑮ 살진 모양 당 本탕 陽 tāng, táng
초서 绖 字解 ①살진 모양. ②속이 비다.

肉11【膢】⑮ 𦞅(1830)과 동자

肉11【膟】⑮ 제사 이름 루 囩 lú
소전 膟 초서 绖 字解 제사 이름. ㉮섣달에 지내는 음식신(飮食神)의 제

사. ④삼월에 지내는 음식신의 제사.〔漢書〕三月, 行幸河東, 祠后土, 令天下, 大酺五日, 腰五日. ④팔월의 초하루와 보름에 지내는 제사.〔後漢書〕䣍腰時. ㉢사냥 지낸. 입추날에 천자가 지낸. ㉣햇곡식을 바쳐 곡신(穀神)에게 지내는 제사.

肉 11 【脺】 ⑮ 제사 고기 률 圜 lù
초서 縴 字解 ①제사 고기. ②발기름. 짐승의 뱃가죽 안쪽에 낀 기름.

肉 11 【膜】 ⑮ ❶막 막 圜 mó
❷오랑캐 절 모 虞 mó
소전 膜 초서 縴 叅考 대법원 지정 인명용 한자의 음은 '막'이다.
字源 形聲. 肉+莫→膜. '莫(막)'이 음을 나타낸다.
字解 ❶①막(膜), 얇은 꺼풀.〔素問〕膜原之下. ②사막. ≒漠. ③어루만지다. ❷오랑캐가 하는 절의 이름. 땅에 무릎을 꿇고 절한다.
【膜外 막외】 마음에 두지 않음. 문제삼지 않음. 度外(도외).
【膜拜 모배】 두 손을 들고 땅에 꿇어앉아 절함.
【膜唄 모패】 범패(梵唄)를 부르며 예불함.
◐ 角—, 膈—, 結—, 鼓—, 網—, 腹—, 粘—.

肉 11 【膚】 ⑮ 살갖 부 虞 fū
소선 膚 주문 膚 초서 膚 동자 膚 간체 肤
字源 形聲. 盧+肉→膚. '盧(로)'가 음을 나타낸다.
字解 ①살갖. ㉮피부.〔論語〕膚受之愬. ㉡나무의 겉껍질, 표피.〔後漢書〕用樹膚麻頭及敝布魚網, 以爲紙. ②고기. ㉮저민 고기.〔禮記〕麇膚魚醢. ㉡돼지고기.〔儀禮〕膚鮮魚鮮腊, 設扃鼏. ㉢갈비의 살.〔儀禮〕雍人倫膚九. ③문사(文辭)가 천박하다.〔張衡·賦〕所謂末學膚受. ④떨어지다. ⑤벗기다. ⑥붙다. ⑦깔개. ⑧이끼.〔韓愈, 孟郊·聯句〕靑膚聳磔楨. ⑨기름.〔漢書〕噬膚之恩. ⑩크다, 넓다. ≒博.〔孟子〕殷士膚敏. ⑪아름답다.〔詩經〕公孫碩膚. ⑫네 손가락을 나란히 한 길이. ≒扶.〔春秋公羊傳〕膚寸而合.
【膚見 부견】 피상적인 관찰. 천박한 견해.
【膚公 부공】 큰 공훈(功勳). ⇨'公'은 공(功).
【膚肌 부기】 피부. 살갗.
【膚理 부리】 살결.
【膚敏 부민】 미덕(美德)이 있으며 민첩함.
【膚使 부사】 임금의 명을 욕되게 하지 않는 훌륭한 사신.
【膚受 부수】 ①피상적으로만 전수(傳受)하여 충분히 이해하지 못하는 일. ②살을 찌르는 것같이 통절(痛切)함.
【膚受之愬 부수지소】 ①살을 찌르는 것 같은 통절한 호소연. ②몸에 때가 끼는 것처럼, 알지

못하는 사이에 남을 참언(讒言)하는 일.
【膚受之言 부수지언】 겉만을 핥아 그 깊은 뜻을 알지 못하는 말.
【膚如凝脂 부여응지】 피부가 굳은 기름같이 희고 고우며 윤이 남.
【膚引 부인】 ①여러 곳에서 천박하고 얕게 인용하여 씀. ②인용문이 타당하지 않음.
【膚淺 부천】 생각이 얕음.
【膚寸 부촌】 얼마 되지 않는 길이. ◎ '膚'는 '손가락 네 개를 나란히 한 길이'를, '寸'은 '손가락 하나의 길이'를 뜻함.
【膚學 부학】 옅은 학문. 천박한 학문.
【膚合 부합】 조각조각의 구름이 모여서 합함. 膚寸而合(부촌이합).
◐ 肌—, 鏤—, 腊—, 芳—, 冰—, 玉—, 雪—, 素—, 粟—, 淺—, 靑—, 體—, 豐—, 皮—.

肉 11 【膝】 ⑮ 무릎 슬 圜 xī
초서 縴 동자 腳 속자 膝 속자 剎 字解 무릎.〔莊子〕左手據膝.
【膝甲 슬갑】 圁겨울에 추위를 막기 위하여 무릎까지 내려오게 입는 옷.
【膝甲盜賊 슬갑도적】 圁남의 글귀를 조금 손질하여 제 것으로 하는 사람.
【膝袒 슬단】 무릎으로 걸어나가고 윗옷의 왼쪽 소매를 벗음. 두려워 복종하는 모양.
【膝臏 슬빈】 무릎과 종지뼈.
【膝癢搔背 슬양소배】 무릎이 가려운데 등을 긁음. 의론 따위가 이치에 맞지 않음.
【膝前 슬전】 ①무릎의 앞. ②즐거운 일 때문에 무릎이 저절로 앞으로 나가는 일.
【膝退 슬퇴】 무릎을 꿇은 채 뒤로 물러감.
【膝下 슬하】 ①무릎 아래. ②어버이의 곁. ③자식을 두어 대를 이어야 할 처지.
【膝行 슬행】 ①무릎을 꿇고 걸음. ②매우 두려워함. 膝步(슬보).
◐ 屈—, 端—, 斂—, 容—, 牛—, 立—, 前—, 接—, 促—, 蔽—, 抱—, 鶴—.

肉 11 【䯒】 ⑮ 등심 인 圜 yín
字解 등심. ≒夤.

肉 11 【膓】 ⑮ 腸(1454)의 속자

肉 11 【膞】 ⑮ ❶저민 고기 전 銑 zhuǎn
❷넓적다리뼈 순 圜 chún
❸녹로대 천 死 chuán
소전 膞 초서 縴 간체 䏝 字解 ❶①저민 고기. ②조각.〔淮南子〕一膞炭燃, 掇之爍指. ③장딴지. ❷넓적다리뼈.〔禮記〕司馬升羊右胖膊, 不升肩臂臑膊骼. ❸녹로대(轆轤臺). 도자기를 만드는 용구.〔周禮〕器中膞.

肉 11 【膣】⑮ 새살 돋을 질 〔質〕 zhì
字解 ①새살이 돋다. ②여자의 생식기, 음문(陰門). =腟.

肉 11 【膘】⑮ ❶소 허구리살 표 〔簫〕 piǎo
❷갈비뼈 조 〔蕭〕
❸종기 터지려 할 표 〔蕭〕 biāo
字解 ❶소의 허구리 살. ❷갈비뼈. ❸종기가 터지려 하다.

肉 12 【膭】⑯ ❶뚱뚱하고 큰 모양 괴 〔灰〕 kuì
❷밑동 큰 모양 대 〔隊〕 duì
字解 ❶뚱뚱하고 큰 모양, 살이 뚱뚱하게 찐 모양. ❷밑동이 큰 모양.

肉 12 【膸】⑯ 腦(1452)와 동자

肉 12 【膩】⑯ 기름질 니 〔實〕 nì
字解 ①기름지다. 〔顧況·膩〕滋飯蔬之精素, 攻肉食之羶膩. ②기름, 스며 나온 기름. ③매끄럽다. 〔楚辭〕靡顔膩理. ④때, 기름때. 〔元稹·詩〕玉滑無塵膩. ⑤물리다, 싫증나다.
【膩理 이리】살결이 보드랍고 윤택이 나며 고움. 용모가 아름다움.
【膩粉 이분】매끄럽고 윤이 나는 분.
【膩染 이염】기름기가 낌. 기름이 뱀.
【膩脂 이지】비계. 굳기름.
【膩體 이체】기름지고 매끈한 몸.
【膩滑 이활】기름기가 있고 매끄러움.
◐ 堅-, 肥-, 細-, 柔-, 潤-, 脂-.

肉 12 【膫】⑯ ❶발기름 료 〔蕭〕 liáo
❷구울 료 〔嘯〕 liào
❸창자 기름 로 〔豪〕 liáo
字解 ❶①발기름, 소의 창자 기름. ②한대(漢代) 후국(侯國)의 이름. 지금의 하남성(河南省) 무양현(無陽縣)의 서쪽. ❷굽다, 불에 굽다. ❸창자 기름, 장지(腸脂).

肉 12 【膴】⑯ ❶포 무 〔虞〕 hū
❷두터울 무 〔虞〕 wū
❸등심 매 〔灰〕 méi
字解 ❶①포, 새의 포. 〔周禮〕掌共羞脩刑膴胖骨鱐, 以待共膳. ③법. 〔詩經〕民雖靡膴仕. ❷①두텁다. 〔詩經〕周原膴膴. ❸등심. =腜.
【膴仕 무사】①후한 봉록을 받고 벼슬함. ②후하게 대우하여 사람을 씀.

肉 12 【膰】⑯ ❶제사 고기 번 〔元〕 fán
❷큰 배 반 〔寒〕 pán
字解 ❶①제사 고기. 종묘·사직 제사에 쓴 익힌 고기〔膰〕를 제사가 끝나면 나누어 준다. =燔. 〔春秋穀梁傳〕生曰脤, 熟曰膰. ②간(肝). ❷큰 배〔腹〕.
【膰肉 번육】종묘(宗廟)에 쓰는 익힌 고기. 燔肉(번육).
【膰俎 번조】번육을 괸 적대(炙臺).

肉 12 【膳】⑯ 반찬 선 〔霰〕 shàn
字解 ①반찬. 〔漢書〕損膳省宰. ②드리다, 찬을 차리어 권하다. 〔禮記〕膳於君. ③먹다. 〔禮記〕食入, 問所膳. ④고기, 희생 고기. 〔周禮〕掌王之食飲膳羞.
【膳物 선물】선사로 물건을 줌. 또는 그 물건.
【膳服 선복】음식과 의복.
【膳羞 선수】①희생(犧牲)의 고기와 맛있는 음식. ②맛있는 음식.
◐ 加-, 供-, 素-, 損-, 羞-, 侍-, 食-, 御-, 玉-, 甕-, 六-, 珍-, 饗-.

肉 12 【膆】⑯ ❶건어 수 〔尤〕 sōu
❷고기 저미어 섞을 소 〔虞〕 xiāo
字解 ❶건어(乾魚). ❷①고기를 저미어 섞다. ②국물.

肉 12 【齋】⑯ 臍(1461)와 동자

肉 12 【膝】⑯ 膜(1460)와 동자

肉 12 【膱】⑯ 늘인 포 직 〔職〕 zhí
字解 ①늘인 포, 한 자 두 치가 되는 포. ②고기가 썩다. ③나쁜 냄새가 나다.

肉 12 【膲】⑯ 삼초 초 〔蕭〕 jiāo
字解 ①삼초(三焦). 늑초. ②살이 빠지다. 〔淮南子〕月死而蠃蛖膲.

肉 12 【膵】⑯ 췌장 췌 〔紙〕 cuì
字解 췌장. 소화 기관의 하나.
【膵臟 췌장】위 뒤쪽에 있는 가늘고 긴 모양의 장기. 이자.

肉 12 【膨】⑯ 부풀 팽 〔庚〕〔敬〕 péng
字解 부풀다.

肉部 12~13획 膮膥臉膿膻膽臀臋臘臂

【膨大 팽대】 부풀어 점점 커짐.
【膨脹 팽창】 ①부풀어 탱탱함. ②물체가 온도의 상승에 따라, 그 체적이 늘어나는 현상. ③발전하여 늘어남.
【膨膨 팽팽】 한껏 부푼 모양.
【膨脖 팽영】 배가 불룩해짐. 배부름.
❶ 丹−, 笑−, 愁−, 雙−, 粧−, 醉−, 紅−.

【膮】⑯ 돼지고기 국 효 𧈦𦣝 xiāo
[소전][초서] 膮 [字解] ①돼지고기 국. 〔儀禮〕豚膮膷膮. ②향기롭다.

【膥】⑰ ❶순대 각 𦢖 jué ❷새 포 거 𩹦 jū
[초서][字解] ❶①순대. 창자 속에 두부·고기붙이 따위를 넣어서 찌거나 삶은 음식. ②입천장의 오목한 곳. 〔詩經〕嘉殽脾膥. ❷새의 포. =腒.

【臉】⑰ ❶뺨 검 𦠜 liǎn ❷국 첨 𦠢 ❸국 렴 𧈗
[초서][간체] 脸 [字解] ❶①뺨. 눈의 아래, 턱의 위. ②얼굴. 〔陳後主·樂府·紫騮馬〕紅臉桃色, 客別長羞眉. ❷국, 국물. ❸국. ※❷와 같다.
【臉嫩 검눈】 ①얼굴이 보동보동함. ②낯가죽이 두껍지 않음.
【臉波 검파】 맑디맑은 눈[眼]과 같은 물결.

【膿】⑰ 고름 농 𦣝 nóng
[초서][간체] 脓 [字解] ①고름. 〔史記〕後八日嘔膿死. ②진한 국물. ③짓무르다. 〔齊民要術〕草悉膿死. ④살진 모양. 〔曹植·七啓〕肥豢膿肌.
【膿團 농단】 고름 덩어리. ②쓸모없는 사람.
【膿瘍 농양】 고름이 생긴 종양.
【膿汁 농즙】 고름. 膿液(농액).
【膿血 농혈】 피고름.

【膻】⑰ ❶어깨 드러낼 단 𢾰 dàn ❷누릴 전 𦠁 shān
[소전][간체] 膻 𦡂 [字解] ❶①어깨를 드러내다. =袒. ②심장 아래에 있는 격막(膈膜). 단중(膻中). ❷누리다, 누린 냄새가 나다. 〔列子〕王之嬪御, 膻惡而不可親.

【膽】⑰ 쓸개 담 𦠢 dǎn
[소전][초서][간체] 胆 [字源] 形聲. 肉+詹→膽. '詹(첨)'이 음을 나타낸다.
[字解] ①쓸개. 간장에서 분비된 담즙을 일시 저장하는 곳. 〔史記〕置膽於坐, 坐臥卽仰膽. ②담력. 〔蜀志〕子龍一身, 都是膽也. ③마음, 충심(衷心). 〔江淹·啓〕吞悲茹號, 情膽載絕. ④닭간. 문지르다. 〔禮記〕桃曰膽之.
【膽氣 담기】 대담(大膽)한 기력.
【膽囊 담낭】 간장(肝臟)에서 분비하는 담즙(膽汁)을 일시 저장·농축하는 주머니. 쓸개.
【膽大心小 담대심소】 대담하면서도 세심하게 주의함. 담력은 크고, 주의는 섬세함.
【膽大於身 담대어신】 쓸개가 몸뚱이보다 큼. 곧, 담력이 큼.
【膽略 담략】 ①담력(膽力)과 지략. ②대담한 책략(策略).
【膽力 담력】 사물을 두려워하지 않는 기력. 膽氣(담기).
【膽石 담석】 담낭(膽囊)이나 수담관(輸膽管) 안에 생기는 결석(結石). 황달(黃疸)의 원인이 되며 심한 통증을 느낌.
【膽如斗 담여두】 담이 말[斗]처럼 큼.
【膽勇 담용】 대담한 용기. 膽氣(담기).
【膽戰 담전】 ①담이 부들부들 떨림. ②두려워 떪.
【膽顫 담전】 ①담이 떨림. ②놀라고 두려워함.
【膽戰心慄 담전심척】 ①담이 떨리고 마음이 두려움. ②겁이 많음.
【膽汁 담즙】 간장(肝臟)에서 분비되는 쓴 맛의 소화액.
【膽汁質 담즙질】 사람의 기질(氣質)의 하나. 침착하고 냉정하며 인내력이 강하고 사려가 풍부함. 의지가 굳고 결단력이 있는 반면에 고집이 세고 거만함.
【膽智 담지】 ①담력과 지혜. ②출중한 재주. 넘치는 재지(才智).
【膽寒 담한】 매우 놀라서 간담이 서늘함.
❶肝−, 落−, 大−, 斗−, 喪−, 嘗−, 心−, 勇−, 熊−, 義−, 壯−, 志−, 破−, 魂−.

【臀】⑰ 볼기 둔 𦣝 tún
[초서][동자] 臋 [字解] ①볼기. 〔易經〕臀無膚. ②밑, 바다. 〔周禮〕其臀一寸.
【臀部 둔부】 엉덩이. 볼기 언저리.
【臀肉 둔육】 볼기의 살. 볼깃살.

【臋】⑰ 臀(1459)과 동자

【臘】⑰ ❶제사 이름 랍 𦣞 là ❷살진 모양 갈 𦣟 gé
[字解] ❶①제사 이름, 납향. =臈. ❷살진 모양. ¶臘胆.
【臘月 납월】 음력 섣달. 臘月(납월).
【臘胆 갈달】 살진 모양.

【臂】⑰ 팔 비 𦣝 bì
[소전][초서] 臂 [字解] ①팔. ㉮팔꿈치부터 손목까지. ㉯어깨부터 팔꿈

肉部 13획 髓膝脚臆臃膺膺膴膵膔臊臅腳膾

치까지. ㉣어깨부터 손목까지. 〔呂氏春秋〕交
臂而債. ❷희생의 앞발. 〔儀禮〕肩臂臑. ❸쇠
뇌 자루.
【臂力 비력】팔의 힘. 팔심. 腕力(완력).
【臂膊 비박】양쪽 팔뚝. ○팔의 어깨 가까운 쪽
을 '上膊', 손 가까운 쪽을 '下膊'이라 함.
【臂不外曲 비불외곡】 ◯팔이 들이굽지 내굽지는
않음. 자기와 가까운 사람에게 인정이 더 쏠리
거나, 자기에게 이익되게 하는 것이 사람의 상
정임.
【臂使 비사】팔이 손가락을 부리듯이 사람을 마
음대로 부림.
◐ 懸-, 交-, 怒-, 半-, 攘-, 肘-.

肉
13【髓】⑰ 골수 수 㺕 suǐ
[字解] ❶골수, 뼛속 기름. =髓. ❷뼛속 구멍.

肉
13【膝】⑰ 膝(1457)의 속자

肉
13【脚】⑰ 膝(1457)과 동자

肉
13【臆】⑰ ❶가슴 억 㿗 yì
         ❷마실 것 의 㿗 yì
[초전] 𦙍 [동체] 肊 [參考] 대법원 지정 인명용
한자의 음은 '억'이다.
[字解] ❶㉠가슴. 〔潘岳·賦〕 丹臆蘭綷. ㉡가슴
뼈. ㉢생각, 마음. 〔白居易·詩〕 中臆一以曠,
外累都若遺. ㉣억제하다, 억눌러 막다, 기운이
눌려 막히다. ❷마실 것, 단술. 〔周禮〕漿水臆.
【臆見 억견】자기 혼자만의 생각.
【臆決 억결】억측하여 결정함. 臆斷(억단).
【臆斷 억단】억측하여 판단함.
【臆塞 억색】가슴이 막힘. 몹시 원통하거나 슬픔.
【臆說 억설】❶근거 없이 제멋대로 추측하거나
억지를 부려 하는 말. ❷억측하여 하는 말.
【臆測 억측】제멋대로 짐작함.
【臆度 억탁】제멋대로 추측함.
◐ 空-, 服-, 膈-, 合-, 胸-.

肉
13【臃】⑰ 부스럼 옹 㾺 腫 yōng
[초전] 縫 [동체] 癕 癰 [字解] 부스럼. 〔史
記〕色將發臃.
【臃腫 옹종】❶작은 부스럼. 腫氣(종기). ❷형식
만 어처구니 없이 부풀어 커짐.

肉
13【癕】⑲ 臃(1460)과 동자

肉
13【膺】⑰ 가슴 응 㾺 㾺 yīng
[초전] 𦜉 [초서] 膺 [字解] ❶가슴. 〔史記〕大膺
大喪, 修下而馮. ❷안다.
〔國語〕膺保明德. ❸받다. 〔後漢書〕膺萬omme之
貢珍. ❹당하다. 〔詩經〕戎狄是膺. ❺가깝다,
가까이하다. 〔禮記〕執箕膺揭. ❻막히다. ❼뱃
대끈. 〔詩經〕虎韔鏤膺. ❽가슴걸이. 〔楚辭〕
繙愁苦以爲膺. ❾치다, 정벌하다. 〔孟子〕戎狄
是膺.
【膺圖 응도】임금이 될 상서로운 조짐과 합치함.
膺錄(응록).
【膺錄 응록】▷膺圖(응도).
【膺受 응수】받음. 받아들임.
【膺懲 응징】❶이민족(異民族)을 쳐서 징계함.
외적(外敵)을 토벌함. ○'膺'은 '當'으로 '당
하다'를, '懲'은 '艾'로 '징계'를 뜻함. ❷잘
못을 뉘우치도록 징계함.
◐ 光-, 鉤-, 鏤-, 篤-, 煩-, 服-, 懲-.

肉
13【膴】⑰ 孕(431)과 동자

肉
13【膵】⑰ 지짐이 전·취 㺓 㿗 juǎn
[소전] 膵 [혹체] 煎 [字解] 지짐이. 국물을 적게
잡아 끓인 음식. 〔曹植·七啓〕膵江東之潛鼇,
臇漢南之鳴鶉.
【膵鳧 전부】오리고기 지짐이.

肉
13【臊】⑰ 누릴 조 㼌 sāo
[소전] 臊 [초서] 綵 [동자] 騷 [동자] 臊 [字解] 누리다.
누린내 나다. ❶腥臊. ❷돼지·개의 기름. 〔周
禮〕夏行腒鱐, 膳膏臊. ❸부끄러워하다.
【臊羯狗 조갈구】누린내 나는 갈(羯)의 개. 당
(唐)의 안고경(顔杲卿)이 안녹산(安祿山)을 욕
하여 이른 말. ○'羯'은 북방의 이민족인 흉노
(匈奴)를 뜻함.
【臊腥 조성】비린내가 남. 腥臊(성조).
【臊聲 조성】나쁜 평판.
◐ 膏-, 腥-, 羶-.

肉
13【膔】⑰ 비계 촉 㾺 chù
[字解] 비계, 이리 가슴의 비계. 〔禮
記〕小切狼膔膏.

肉
13【腳】⑰ 쇠고기 국 향 㼌 xiāng
[초서] 㾺 [字解] ❶쇠고기 국. 〔儀禮〕腳以東,
腳曉牛炙. ❷군살. 사마귀·혹 따위.

肉
13【膾】⑰ 회 회 㾺 kuài
[소전] 膾 [간체] 脍 [字解] ❶회, 잘게
저민 날고기. 〔論
語〕膾不厭細. ❷회를 치다. 〔詩經〕炰鼈膾鯉.
【膾羹 회갱】회와 뜨거운 고깃국.
【膾刀 회도】고기를 저미는 칼.
【膾鱸 회로】농어 회.

肉部 14~15획 臑膎臘朦膹臍臓臍臐臗臢臘 1461

【膾炙 회자】 ①날고기의 회와 구운 고기. ②널리 사람들에게 칭찬을 받는 일.
【膾炙人口 회자인구】 명성이나 좋은 평판이 여러 사람의 입에 오르내리는 일.
【膾殘魚 회잔어】 뱅어〔白魚〕의 딴 이름. 故事 월(越)나라 왕 구천(句踐)이 회계(會稽)에서 물고기 회를 먹고 있을 때, 오(吳)나라 병사가 이르렀음을 듣고 남은 회를 강에 버린 것이 화하여 뱅어가 되었다는 고사에서 온 말.
【膾截 회절】 회를 침.
● 縷-, 鮮-, 魚-, 玉-, 肉-, 蒸-.

肉 14 【臑】 ⑱ ❶팔꿈치 노 [腝] nào ❷삶을 이 [胾] ér ❸몸 더울 완 [煗] nuǎn ❹육장 혼 [肉] nèn ❺부드러울 유 [腝] rú

소전 초서 字解 ❶①팔꿈치, 어깨부터 팔꿈치까지. ②팔뚝, 팔꿈치부터 손목까지. ❷삶다. =腝. ❸몸이 덥다, 몸이 따뜻하다. ❹육장(肉醬). 늑腝. ❺①부드럽다, 부드러운 모양. ②팔꿈치뼈. ③희생의 앞다리 상부, 어깨 쪽 부분.
【臑骨 노골】 희생의 앞다리 상부의 뼈.
【臑肫 노순】 제물(祭物)로 바치는 넓적다리 살 전체의 포.
【臑羔 이고】 푹 삶은 새끼 양의 고기.
【臑若 이약】 ①고기가 푹 삶김. ②고기가 연한 모양.

肉 14 【膡】 ⑱ 臙(1458)와 동자

肉 14 【臘】 ⑱ 臘(1461)의 속자

肉 14 【朦】 ⑱ ❶풍부할 몽 [朦] méng ❷풍만한 살 망 [䏩] mǎng

參考 朦(817)은 딴 자. 字解 ❶①풍부하다. ②큰 모양. ❷풍만한 살.

肉 14 【膍】 ⑱ ❶성할 비 [贔] pì ❷군살 이 [肊] yì

字解 ❶성하다, 왕성하다. ❷군살, 혹.

肉 14 【臏】 ⑱ 종지뼈 빈 [髕] bìn

초서 간체 髕 字解 ①종지뼈. =髕. 〔潘岳·賦〕狙潛鉛而脫臏. ②정강이뼈. 〔史記〕王與孟說擧鼎絶臏. ③정강이뼈를 베는 형벌. 〔荀子〕捶笞臏脚.
【臏脚 빈각】 발을 자르는 형벌. 또는 종지뼈를 도려내는 형벌. 故事 전국 시대 제(齊)나라의 손빈(孫臏)이 함께 공부한 친구 방연(龐涓)에 위(魏)나라로 찾아갔다가 도리어 시기를 받고 다리를 잘린 고사에서 온 말.
● 膝-, 絶-, 脫-.

肉 14 【臓】 ⑱ 臟(1462)의 속자

肉 14 【臍】 ⑱ 배꼽 제 [齊] qí

소전 초서 동자 동자 간체 脐 字解 배꼽. ㉠배 가운데 있는 배꼽. 〔後漢書〕然火置臍中. ㉡과실 꼭지의 반대쪽 오목한 곳, 또는 볼록한 곳. ㉢물건에서, 배꼽처럼 볼록한 것. 〔朱子語類〕如輪之轂, 如磑之臍. ㉣게의 배. 늑齊.
【臍帶 제대】 탯줄.
【臍下丹田 제하단전】 배꼽 밑 한 치 반쯤 되는 곳. 정신과 호흡을 항상 이곳에 응집(凝集)시키면, 건강을 유지하며 용기를 가지게 된다고 함.
● 固-, 磨-, 噬-, 礎-, 膕朒-.

肉 14 【臐】 ⑱ 국 훈 [焄] [臑] xūn

초서 字解 국, 양고기 국. 〔儀禮〕膷以東, 臐臇牛炙.

肉 15 【臗】 ⑲ 볼기 곤・관 [元] [寬] kuān

字解 ①볼기. ②몸.

肉 15 【殰】 ⑲ 殰(917)의 고자

肉 15 【臘】 ⑲ 납향 랍 [䏵] là, liè

소전 초서 속자 臘 간체 腊 字解 ①납향. 동지 뒤 셋째 술일(戌日)에 선조・백신(百神)에게 고하는 제사. =臈. 〔春秋左氏傳〕虞不臘矣. ②섣달. 〔梅堯臣・詩〕正月東都雪, 多于舊臘時. ③승려의 한 해. 승려가 계(戒)를 받고 나서 한여름 90일 동안 안거수행(安居修行)하고 지내는 것을 '臘(납)'이라 하므로, 득도(得度) 후의 햇수를 이른다. ④양날, 양쪽에 있는 날. 〔周禮〕桃氏爲劍, 臘廣二寸有半寸. ⑤소금에 절여 말린 고기. ¶ 臘肉. ⑥구하다. ⑦아이가 난 지 첫이레. 〔田藝蘅〕人之初生, 以七日爲臘.
【臘鼓 납고】 납제(臘祭) 때에 치던 북. 마을 사람들이 납일에 북을 치고, 금강역사(金剛力士)의 옷차림을 하여 역병(疫病)을 쫓아내는 행사.
【臘尾 납미】 세밑. 歲末(세말).
【臘月 납월】 음력 섣달.
【臘肉 납육】 ①소금에 절인 고기. ②㉠납향에 쓰는 산짐승의 고기. ㉡납일에 잡은 산짐승의 고기.
【臘日 납일】 ①동지(冬至) 뒤 셋째 술일(戌日). 납향(臘享)하는 날. ②國동지 후 셋째 미일(未日). 臘平(납평).
【臘祭 납제】 납일(臘日)에 백신(百神)에게 지내는 제사.

肉 15 【膸】⑲ 膚(1457)와 동자

肉 15 【臕】⑲ 살진 모양 표 蕉 biāo
字解 살진 모양, 뚱뚱한 모양.
【臕滿 표만】살이 찜. 뚱뚱함.
【臕壯 표장】살지고 건강함. 強健(강건).

肉 16 【臚】⑳ ❶살갗 려 魚 lú
❷제사 이름 려 語 lǔ
字解 ❶①살갗, 가죽. 〔抱朴子〕淳于能解臚以理腦. ②배〔腹〕의 앞. ③펴다, 순서대로 늘어놓다. =攄. 〔太玄經〕臚湊群辟. ④펼쳐 놓다. 늑敷. 〔史記〕臚於郊祀. ⑤전하다. 〔國語〕風聽臚言於市. ⑥행(行)하다. 〔張衡·賦〕臚人列. ❷제사 이름, 천신(天神)·산천신(山川神)에게 지내는 제사. 늑旅. 〔漢書〕大夫臚岱.
【臚句 여구】통역관(通譯官). ○'臚'는 위에서 아래로 전하는 것, '句'는 아래에서 위로 전하는 것.
【臚言 여언】세상에 전하는 말.
【臚列 여열】진열하거나 나열함.
【臚傳 여전】①윗사람의 말을 아랫사람에게 전함. ②전시(殿試) 급제자를 호명하여 계하(階下)의 위사(衛士)에게 전하던 일.
【臚陳 여진】진열(陳列)함.
【臚唱 여창】전상(殿上)에서 진사(進士) 합격자를 호명하여 들어오게 하던 일.
【臚驩 여환】기쁨을 나타내어 말함.
○ 腹-, 傳-, 鴻-.

肉 16 【臙】⑳ 연지 연 先 yān
草 간 胭 字解 ①연지. ②목, 목구멍.
【臙脂 연지】여자가 화장할 때 양쪽 뺨에 찍는 붉은 안료(顔料).

肉 16 【臛】⑳ 고깃국 학 藥 huò
草 字解 고깃국.

肉 17 【臝】㉑ 벌거벗을 라 箇 luǒ
草 字解 ①벌거벗다. =裸. 〔春秋左氏傳〕童子臝而轉. ②털이 짧고 사나운 짐승의 총칭(總稱). 〔周禮〕其動物宜臝物.
【臝物 나물】털이 짧은 동물.
【臝葬 나장】시체에 수의(壽衣)를 입히지 않고 그냥 묻음.
【臝行 나행】벌거벗은 채 걸어감.

肉 17 【𦜍】㉑ 膊(1455)의 속자

肉 17 【䑋】㉑ 살찔 양 養 rǎng
소전 䑋 字解 ①살찌다. ②왕성하다. ③소의 양.

肉 18 【臞】㉒ 여월 구 虞 圂 qú
소전 臞 초서 臞 字解 ①여위다. =癯. 〔史記〕形容甚臞. ②잘다, 작다. ③줄다, 닮다. 〔太玄經〕赫河臞.
【臞小 구소】야위고 작음.
【臞儒 구유】야윈 학자.
【臞瘠 구척】땅이 메마름.

肉 18 【臟】㉒ 오장 장 漾 zàng

月 臟 臟 臟 臟 臟 臟 臟 臟

초서 臟 속서 臟 간체 脏 字源 形聲. 肉+藏→臟. '藏(장)'이 음을 나타낸다.
字解 오장, 내장.
【臟器 장기】내장의 여러 기관.
【臟腑 장부】①오장(五臟)과 육부(六腑). 곧, 내장의 총칭. ○'五臟'은 폐(肺)·심(心)·간(肝)·신(腎)·비(脾)이며, '六腑'는 대장(大腸)·소장(小腸)·위(胃)·담(膽)·방광(膀胱)·삼초(三焦)임. ②마음속. 胸中(흉중).
【臟汚 장오】부정한 물건을 받는 더러운 행위.
▶肝-, 内-, 脾-, 腎-, 心-, 五-, 脬-.

肉 19 【臡】㉓ 뼈 섞어 담은 젓 니·나 齊 歌 ní
초서 臡 字解 뼈 섞어 담은 젓. =䐑.

肉 19 【臠】㉕ ❶저민 고기 련 銑 luán
❷여윈 모양 란 寒 luán
소전 臠 초서 臠 字解 ❶①저민 고기. 〔晉書〕卿莫近禁臠. ②여위다. ❷여윈 모양. 〔詩經〕棘人臠臠兮.
【臠卷 연권】①늘어나지 않는 모양. ②서로 당기는 모양.
【臠殺 연살】토막쳐 죽임.
【臠壻 연서】①임금의 사위. ②진사 급제자 중에서 사위를 고르는 일.
【臠肉 연육】①저민 고기. ②적은 분량.
【臠截 연절】참혹하게 난도질하여 죽임.
【臠臠 난란】여윈 모양.

臣部

6획 부수 | 신하신부

臣 ⑥ 신하 **신** 眞 chén

一 丆 굣 五 五 臣

[소전] 臣 [초서] 臣

〔字源〕 象形. 임금 앞에서 머리를 숙이고 있는 모양을 본뜬 글자. 임금을 섬기는 사람, 곧 '신하'라는 뜻을 나타낸다.

〔字解〕 ①신하. 〔國語〕事君不貳, 是謂臣. ②신하가 되어 섬기다. 〔管子〕諸侯臣伏. ③신하로 하다. 〔戰國策〕欲以力臣天下之主. ④신하답다, 신하로서의 직분을 다하다. 〔論語〕君君, 臣臣. ⑤하인. 〔書經〕臣妾逋逃. ⑥포로. 〔禮記〕臣則左之. ⑦백성. 〔詩經〕率土之濱, 莫非王臣. ⑧신하의 자칭. 〔漢書〕上書曰, 臣朔, 少失父母. ⑨자기의 겸칭(謙稱). 〔漢書〕臣少好相人. ⑩어떤 것에 종속(從屬)되는 것. ㉮양(陽)에 대한 음(陰). ㉯건(乾)에 대한 곤(坤). ㉰일(日)에 대한 월(月). ㉱오음(五音)에서 상(商). 〔禮記〕宮爲君, 商爲臣.

【臣工 신공】 군신(群臣)과 백관(百官).
【臣道 신도】 신하로서 지켜야 할 도리.
【臣虜 신로】 포로가 되어 신하가 됨.
【臣僚 신료】 많은 벼슬아치.
【臣民 신민】 ①신하와 백성. ②모든 인민(人民). 臣庶(신서).
【臣服 신복】 신하가 되어 복종함.
【臣僕 신복】 ①신하. ②부림을 당하는 사람. ☞ '臣'은 옛날 육형(肉刑)에 해당하는 죄인으로 노예로 부림을 받은 자, 또는 제후(諸侯)를 섬기는 자를, 僕은 경대부(卿大夫)를 섬기는 자를 뜻함.
【臣不臣 신불신】 신하로서 신하된 도리를 다하지 않음.
【臣事 신사】 신하의 예로써 섬김. 신하로서 섬김. 臣仕(신사).
【臣屬 신속】 ①☞臣從(신종)². ②신하. 부림을 받는 사람.
【臣臣 신신】 ①신하된 사람은 어떠한 경우에도 신하로서의 직분(職分)을 지켜야 함. ②자기를 낮추는 모양.
【臣心如水 신심여수】 신하의 마음이 물과 같음. 신하가 청렴결백함.
【臣一主二 신일주이】 ①신하로서 섬기는 몸은 하나이지만 군주로서 섬겨야 할 사람은 여럿임. ②군주로 받들 만한 사람을 어느 나라에 가서 찾든 자유라는 뜻.
【臣子 신자】 ①신하. ②가신(家臣)과 자식.
【臣節 신절】 신하로서 지켜야 할 절개.
【臣從 신종】 ①신하가 되따름. ②신하로서 복종함. 臣服(신복). 臣屬(신속).
【臣妾 신첩】 ①신하와 소실. ②國여자가 임금에 대하여 자기를 낮추어 일컫는 말.
【臣忠 신충】 신하가 충성을 다함.

○ 家—, 孤—, 功—, 舊—, 君—, 群—, 權—, 近—, 亂—, 老—, 大—, 名—, 謀—, 武—, 文—, 使—, 世—, 小—, 良—, 逆—, 佞—, 王—, 諫—, 人—, 爭—, 貞—, 重—, 直—, 諂—, 寵—, 忠—, 嬖—, 賢—, 勳—.

臥 ⑧ 엎드릴 **와** 箇 wò

一 丆 굣 五 五 臣 臥 臥

[소전] 臥 [초서] 臥 [속자] 臥

〔字源〕 會意. 臣+人→臥. 사람〔人〕이 엎드려〔臣〕 쉰다는 뜻을 나타낸다.

〔字解〕 ㉮①엎드리다. ㉯엎드려 자다, 안석에 기대어 자다. 〔孟子〕隱几而臥. ㉰누워 자다. 〔禮記〕則唯恐臥. ㉱거짓 자다, 가매(假寐)하다. 〔山海經〕邊春之山有獸, 見人則臥. ㉲넘어지다. 〔南史〕徒步之墓, 遇風雨, 仆臥中路. ㉳쉬다, 휴식하다. 〔史記〕上獨枕一宦者臥. ㉴자리에 들다. 〔史記〕漢王病創臥. ②엎다, 그만두다. 〔管子〕臥名利者寫生危. ③잠자리. 〔後漢書〕出入臥內. ④잠, 휴식. 〔梁書〕求安臥其可得乎. ⑤숨어 살다. 〔晉書〕累違朝旨高臥東山.

【臥具 와구】 이부자리.
【臥內 와내】 침실 안. 잠자리.
【臥龍 와룡】 ①누워 있는 용. ②영웅이 아직 때를 만나지 못하고 숨어 있음. ③간웅(姦雄)이 잠복함.
【臥龍鳳雛 와룡봉추】 누워 있는 용과 봉황의 새끼. 영웅이 아직 세상에 나타나지 않고 숨어 있음의 비유.
【臥房 와방】 잠자는 방. 寢室(침실).
【臥病 와병】 병으로 누워 있음.
【臥牀 와상】 ①잠자리. 침대. 臥床(와상). 臥榻(와탑). ②잠자리에 들어 잠. ③병으로 누워 있음. 臥褥(와욕).
【臥食 와식】 일하지 않고 놀고 먹음.
【臥薪嘗膽 와신상담】 섶에 누워 자고 쓸개를 맛봄. 원수를 갚으려고 온갖 괴로움을 참고 견딤. 〔故事〕춘추 때 오(吳)나라 왕 부차(夫差)는 따가운 섶나무 위에 누워 자며 월(越)나라에 복수할 것을 잊지 않으려고 애썼고, 월나라 왕 구천(句踐)은 쓰디쓴 쓸개를 맛보며 오나라에 복수할 일을 잊지 않았다는 고사에서 온 말.
【臥室 와실】 ☞臥房(와방).
【臥語 와어】 누워서 하는 말이나 이야기.
【臥褥 와욕】 병으로 병상(病床)에 누움.
【臥雲 와운】 은거(隱居)하여 아직 벼슬을 하지 않음.
【臥遊 와유】 누워서 유람(遊覽)함. 집에서 명승이나 고적의 그림을 보며 즐김.
【臥轍 와철】 수레바퀴 앞에 누움. 지방 장관의 전근을 만류함.

【臥治 와치】 누워서 다스림. 정치를 간략(簡略)하게 하여 덕화(德化)로써 백성을 잘 다스림.
【臥榻之側 와탑지측】 ①침대의 곁. ②자기의 영토 안. ③가까운 이웃.
【臥虎 와호】 누워 있는 범. ㉠관리(官吏)가 엄혹(嚴酷)함. ㉡교만하고 횡포한 사람. ㉢사람이 용맹함.
❶ 高-, 起-, 病-, 安-, 仰-, 醉-, 橫-.

臣 5 【㔷】⑪ 藏(1556)의 고자

臣 5 【䛗】⑪ 밝을 진 軫 zhěn
字解 밝다.

臣 8 【臧】⑭ ❶착할 장 陽 zāng
❷곳간 장 漾 cáng

소전 臧 주문 䑘 초서 臧 字解 ❶①착하다. 〔詩經〕何用不臧. ②두텁다. ③거두다. 〔管子〕天子臧珠玉. ④숨기다, 숨다. 〔賈誼·文〕遠濁世而臧. ⑤억누르다. 〔長編·賦〕按摯挍臧. ⑥적다. 〔呂氏春秋〕愛惡不臧. ⑦뇌물, 뇌물을 받다. 〔漢書〕汙吏坐臧. ⑧종, 노복. 〔方言〕荆淮海岱雜齊之間, 罵奴曰臧. ⑨땅 이름. ⑩성(姓). ❷①곳간, 저축(貯蓄). ≒藏. 〔漢書〕出御府之臧. ②오장(五臟). =臟. 〔漢書〕吸新吐故以練臧.
【臧去 장거】 거두어들임. 간직하여 둠.
【臧否 장부】 ①좋음과 좋지 않음. 선악(善惡). 또는 선인과 악인. ②선악과 양부(良否)를 검토하여 그 가치와 타당성을 판정함.
【臧罪 장죄】 뇌물을 받은 죄.
【臧獲 장획】 종. 노비(奴婢). ☞'臧'은 남자 종, '獲'은 여자 종. 臧穀(장곡).
❶ 否-, 式-, 自-, 挍-, 獲-.

臣 11 【臨】⑰ ❶임할 림 侵 lín
❷곡할 림 沁 lìn

丆 Ŧ 丮 臣 臥 臨 臨 臨 臨

소전 臨 초서 臨 간체 临 字源 會意. 臣+品→臨. 사람〔亻〕이 여러 가지 물체〔品〕를 내려다보고〔臣〕 있다는 데서 '자세히 살피다'라는 뜻을 나타낸다.
字解 ❶①임하다. ㉠내려다보다. 〔詩經〕上帝臨女. ㉡높은 데로 향하여 대하다. 〔論語〕臨之以莊則敬. ㉢낮은 사람에게로 나아가다. 〔周禮〕凡王弔臨. ㉣남이 내게로 옴을 높이는 말. 〔晉書〕使君不以鄙賤而辱臨之. ㉤비추다. 〔詩經〕照臨下土. ㉥다스리다. 〔國語〕臨長晉國者. ㉦어루만지다. 〔春秋穀梁傳〕春秋有臨天下之言焉. ㉧지키다. 〔戰國策〕君臨函谷. ㉨치다, 정벌하다. 〔戰國策〕道於二周之間, 以臨韓魏. ㉩제어(制御)하다, 누르다. 〔戰國策〕循有燕以臨之. ㉪보다. 〔易經〕如臨父母. ㉫맞

다, 그 일에 당하다. 〔春秋左氏傳〕朝夕臨政. ㉬그 자리에 나아가다. 〔唐書〕奏遣蔣沈臨按. ㉭미치다, 그때에 미치다. 〔漢書〕臨秋收斂. ②본떠 쓰다, 본떠 그리다. ¶臨摹. ③전거(戰車). 적을 내려다볼 수 있도록 만들었다. 〔詩經〕與爾臨衝. ④크다. ⑤괘 이름, 64괘의 하나. 괘형은 ䷒. 나아가 사물에 육박하는 것을 상징한다. ⑥땅 이름. ⑦성(姓). ❷곡하다, 관(棺)에 곡하는 의례(儀禮). 〔春秋左氏傳〕卜臨于大宮.
【臨渴掘井 임갈굴정】 목이 말라야 우물을 팜. 평소에 준비 없이 일을 당하고서야 허둥지둥 서두름.
【臨監 임감】 그곳에 가서 감독함.
【臨界 임계】 경계(境界).
【臨哭 임곡】 영결식에 참례하여 곡(哭)함. 또는 그 곡.
【臨機應變 임기응변】 그때그때의 사정과 형편을 보아 알맞게 그 자리에서 처리함.
【臨臨 임림】 큰 모양. 웅대(雄大)한 모양.
【臨摹 임모】 본을 보고 그대로 베끼는 일과 본 위에 엷은 종이를 대고 비치게 하여 베끼는 일.
【臨迫 임박】 시기·사건 등이 가까이 닥쳐옴.
【臨事 임사】 어떤 일을 하기에 이름.
【臨時 임시】 ①시기에 임함. ②정해진 때가 아닌 일시적인 기간.
【臨深履薄 임심이박】 깊은 못에 임하고, 엷은 얼음을 밟음. ㉠매우 위험함. ㉡마음가짐을 삼가고 두려워함.
【臨按 임안】 현장에 나아가 조사함.
【臨御 임어】 ①☞臨幸(임행). ②제왕의 자리에 올라 나라를 다스림.
【臨淵結網 임연결망】 연못에 가서야 그물을 짜기 시작함. 헛된 욕심을 앞세우기보다 실행을 앞세움이 나음.
【臨戰 임전】 ①전쟁에 임함. ②싸움터에 나아감.
【臨戰無退 임전무퇴】 세속오계(世俗五戒)의 한 가지. 전쟁에 나아가서는 물러서지 말아야 함.
【臨節 임절】 국가의 대사(大事)에 당면(當面)함.
【臨眺 임조】 높은 곳에서 조망(眺望)함.
【臨存 임존】 귀인이 직접, 또는 사람을 보내어 안부를 묻는 일.
【臨終 임종】 ①죽음에 다다름. ②부모가 세상을 떠날 때 그 옆에서 모시고 있음.
【臨池 임지】 ①못에 이름. ②글씨 연습. 故事 후한(後漢)의 장지(張芝)가 못가에서 글씨 익히기에 몰두하여 못물이 새까맣게 되었다는 고사에서 온 말.
【臨陣易將 임진역장】 개전(開戰)할 때 장수를 바꿈. 요긴한 시기에 임하여 익숙한 사람을 버리고 서투른 사람을 써서 일을 헛되이 함.
【臨帖 임첩】 서첩(書帖)이나 화첩(畫帖)을 일일이 본떠서 쓰거나 그리는 일.
【臨下 임하】 임금이 되어 백성을 다스림.
【臨河羨魚 임하선어】 내에 이르러 고기를 탐냄. 부질없이 행복을 바람.
【臨行 임행】 출발의 즈음. 이별의 즈음.

【臨幸 임행】 임금이 지정된 곳으로 거둥하는 일. 臨御(임어)①.
【臨況 임황】 귀인(貴人)이 자기 집을 찾아옴.
○ 監-, 瞰-, 光-, 君-, 窺-, 來-, 登-, 摹-, 撫-, 俯-, 賁-, 侍-, 枉-, 遠-, 涖-, 慈-, 弔-, 照-, 至-, 親-.

自 部

6획 부수 | 스스로자부

【自】⑥ 스스로 자 zì

ノ 丨 冂 白 自 自

[字源] 象形. 사람의 코를 본뜬 글자. 본래 코를 뜻하였으나 뒤에 '자기'의 뜻으로 가차되자, 코의 뜻으로는 畀를 더한 '鼻(비)' 자를 새로 만들어 썼다.

[字解] ①스스로, 몸소, 자기. 〔後漢書〕織席自給. ②자연히, 저절로. 〔列子〕自然而已. ③어조사, ~서부터. 〔論語〕有朋自遠方來. ④~부터 하다, 말미암다. 〔詩經〕自天子所. ⑤좇다, 따르다. 〔孟子〕天視自我民視. ⑥쓰다. 〔書經〕自我五禮, 有庸哉. ⑦써. 〔書經〕凡民自得罪. ⑧진실로. =苟. 〔春秋左氏傳〕自非聖人, 外寧必有內憂. ⑨출처(出處). 〔中庸〕知風之自. ⑩코. ※鼻(2136)의 고자(古字). ⑪처음, 시초. 〔韓非子〕刑者愛之自也.

【自家撞着 자가당착】 같은 사람의 언행이 앞뒤가 맞지 않음.
【自刻 자각】 ①스스로 애써 노력함. ②스스로 새김.
【自覺 자각】 ①스스로 자기를 반성하여 깨달음. ②자기가 자신을 의식하는 작용. ③(佛)스스로 미망을 끊고 정법을 깨닫는 일.
【自強 자강】 스스로 힘써 행하여 강하게 함.
【自彊不息 자강불식】 스스로 노력하여 쉬지 아니함.
【自劫 자겁】 제풀에 겁을 먹음.
【自激之心 자격지심】 제가 한 일에 대하여 스스로 미흡하게 여기는 마음.
【自決 자결】 ①스스로 자기의 진퇴를 결정함. ②자살(自殺).
【自慊 자겸】 스스로 만족함. 양심에 부끄러울 바가 없음.
【自經 자경】 스스로 목매어 죽음.
【自警 자경】 스스로 자기의 마음이나 언동(言動)을 경계하여 조심함.
【自顧 자고】 스스로 돌아봄. 반성함.
【自過不知 자과부지】 자기의 허물은 스스로 알지 못함.

【自潰 자궤】 저절로 무너짐.
【自及 자급】 ①자연히 와서 이름. ②스스로 화를 미치게 함.
【自矜 자긍】 스스로 자랑함. 자만(自慢)함.
【自記 자기】 ①자기가 겪은 일을 스스로 기록함. 手記(수기). ②자동 장치로 문자나 기호(記號)를 적음.
【自欺 자기】 스스로 자기 양심을 속임.
【自多 자다】 스스로 영리하다고 여김.
【自達 자달】 ①저절로 도달함. ②스스로 도달함. 자기 힘으로 입신출세함.
【自大 자대】 스스로 잘난 체함. 거만함.
【自屠 자도】 ①스스로 자기를 죽임. ②자진하여 항복하거나 흩어져 도망함.
【自圖 자도】 ①스스로 도모함. ②자살함.
【自得 자득】 ①스스로 터득함. ②스스로 즐김. ③스스로 만족하게 여겨 뽐내며 우쭐거림. ④(佛)자기가 저지른 일의 과보(果報)를 받는 일. 自業自得(자업자득).
【自量 자량】 ①손수 물건을 됨. ②스스로의 역량과 재능을 헤아려 앎.
【自勵 자려】 스스로 힘씀.
【自憐 자련】 스스로 자기를 가엾게 생각함.
【自了 자료】 ①혼자 힘으로 일을 마침. ②스스로 깨달음. 스스로 결정함.
【自累 자루】 스스로 자기를 괴롭힘.
【自利 자리】 ①자기 이익. ②저절로 이익을 줌. ③(佛)자신이 쌓은 공덕(功德)은 남에게 주지 않는 일.
【自理 자리】 ①손수 조사함. ②손수 다스림. 자기 스스로 처리함.
【自慢 자만】 스스로 자랑함.
【自瞞 자만】 스스로 자기를 속임.
【自媒 자매】 ①중매인 없이 직접 배우자를 구함. ②스스로 자기를 추천함. 自薦(자천).
【自命 자명】 ①스스로 자기에게 이름을 붙임. ②스스로 자기가 훌륭하다고 인정함. ③자연의 운명.
【自明 자명】 ①증명하지 않아도 저절로 명백함. ②자기의 직관에 의해 그것을 명백하게 함.
【自鳴 자명】 ①저절로 소리가 남. ②제풀에 울거나 울림.
【自鳴鼓 자명고】 國외적이 침입하면 저절로 울리어 경보를 알린, 낙랑(樂浪)에 있었다는 북.
【自明疏 자명소】 國죄과(罪過)가 없음을 스스로 변명하는 상소(上疏).
【自誣 자무】 스스로 자기를 속임.
【自刎 자문】 스스로 목을 찔러 죽음.
【自反 자반】 ①스스로 반성함. ②소리를 그치는 일. ③반절법(反切法)의 하나. '足亦'의 '跡', '矢引'의 '矧' 따위.
【自伐 자벌】 ①자기가 자기를 침. ②자기의 공(功)을 드러내어 스스로 자랑함.
【自服 자복】 ①스스로 종사(從事)함. ②범죄 사실을 자백하고 복종함. 自首(자수).
【自奉 자봉】 자기 몸을 스스로 보양(保養)함. 의식(衣食) 등을 충분히 확보함.

【自負 자부】①자기의 가치나 능력에 대하여 자신을 가지고 스스로 자랑으로 생각함. ②스스로 짊어짐. 스스로 맡음.
【自奮 자분】스스로 떨침. ㉠고집을 부림. ㉡지나친 자부(自負). ㉢스스로 분발하여 일어남.
【自卑 자비】①남에 대한 예의로서 스스로 자기를 낮춤. ②낮은 곳에서부터 시작함.
【自色 자색】저절로 물듦.
【自恕 자서】스스로 용서함.
【自說 자설】자기의 설을 주장함.
【自性 자성】(佛)누구나 본디부터 갖추고 있는 불성(佛性).
【自疏 자소】①자기 변명을 함. 自解(자해). ②스스로 자신을 소홀히 함.
【自訴 자소】자수하여 죄상을 밝힘.
【自損 자손】①스스로 손해를 봄. ②스스로 겸손함.
【自訟 자송】①스스로 자기의 잘못을 책망함. ◐'訟'은 '責'으로 '꾸짖다'를 뜻함. ②자기의 잘못을 스스로 하소연함. 自訴(자소).
【自修 자수】①제 힘으로 학문을 닦고 덕행을 쌓음. ②제 스스로 배워 익힘.
【自壽 자수】①자연히 수명이 긺. 천명(天命). ②스스로 보전함. ◐'壽'는 '保'로 '보전하다'를 뜻함.
【自手成家 자수성가】團유산이 없는 사람이 자기의 힘으로 한 살림을 이룩함.
【自順 자순】스스로 좇음.
【自勝 자승】스스로 사욕(私慾)을 억제하여 이김. 克己(극기).
【自繩自縛 자승자박】자기 끈으로 자기 몸을 옭아 묶음. ㉠자기가 잘못하여 불행을 자초하는 비유. ㉡(佛)스스로 번뇌를 일으켜 괴로워함.
【自恃 자시】자기의 능력을 스스로 믿음.
【自息 자식】①스스로 그만둠. 스스로 끊음. ②저절로 자람.
【自食其力 자식기력】남에게 의지하지 않고 자기 힘으로 생활하여 감. 독립독행(獨立獨行)함.
【自新 자신】스스로 마음을 고쳐 새롭게 함.
【自失 자실】①몸에 위험한 재해를 받는 일. 失身(실신). ②자신을 의식하지 못하고 멍하게 정신이 나간 상태.
【自我作古 자아작고】나부터 예를 만듦. 옛 일에 얽매이지 않고, 표본이 될 만한 일을 자기부터 처음으로 만들어 냄.
【自安 자안】스스로 만족함.
【自愛 자애】①스스로 제 몸을 소중히 여김. ②자기의 이익만을 꾀함.
【自若 자약】☞自如(자여)②.
【自約 자약】스스로 검소하게 함.
【自業自得 자업자득】(佛)자기가 저지른 일의 과보는 자신이 받게 됨.
【自如 자여】①마음이 흔들리지 않고 태연한 모양. ②종전과 같은 태도. 평시와 같은 자세. 自若(자약).
【自餘 자여】①넉넉하여 저절로 남음. ②그 밖. 其他(기타).

【自艾 자예】①잘못을 뉘우쳐 악(惡)을 제거하고 선(善)을 닦음. ◐'艾'는 '刈'로 '베다'를 뜻함. ②후회(後悔)함.
【自夭 자요】젊어 죽는 일도 천명(天命)임. 저절로 요절함.
【自用 자용】①자기의 재능을 과시하여 남의 말을 용납하지 않고 자기 고집대로 처리하는 일. ②자기의 소용(所用).
【自虞 자우】①스스로 즐김. ②스스로 헤아림. ◐'虞'는 '度'으로 '헤아리다'를 뜻함.
【自怨自艾 자원자예】잘못을 뉘우쳐, 다시는 그러한 잘못이 없도록 악(惡)을 베어 없앰.
【自衛 자위】몸·나라·일터 따위를 스스로 막아 지킴.
【自有眞 자유진】나면서부터 본래 진정한 재주와 덕이 갖추어져 있음.
【自隱 자은】①스스로 은둔함. ②스스로 헤아림. ◐'隱'은 '度'으로 '헤아리다'를 뜻함. ③스스로 아파함. 측은히 여김. ◐'隱'은 '痛'으로 '아프다'를 뜻함.
【自隱無名 자은무명】스스로 은둔하여 이름이 세상에 알려지지 않음.
【自意 자의】①團자기 의사. 제 뜻. ②제멋대로 굶. 방자함.
【自怡 자이】스스로 기뻐함.
【自刃 자인】칼로 자살함.
【自引 자인】①스스로 물러남. ②스스로 겸양(謙讓)함. ③자살함. 自決(자결). ④團자기 허물을 자기가 들어 말함.
【自任 자임】①자기의 임무(任務)로 떠맡음. ②자기의 행위·재능 따위를 자랑함.
【自恣 자자】①제멋대로 굶. 방자함. ②(佛)하안거(夏安居)를 마칠 때까지, 온 승려들이 자기의 죄과를 참회하고 고백하여 다른 승려들과 함께 기쁨에 좇는 일.
【自作孼 자작얼】스스로 지은 재앙.
【自作自受 자작자수】스스로 저지른 악은 스스로 그 악과(惡果)를 받음.
【自將 자장】스스로 지키고 보호함.
【自在 자재】①생각대로 됨. 속박이나 장애가 없는 일. ②(佛)마음이 번뇌의 속박에서 벗어나는 일.
【自財 자재】①스스로 자기 목숨을 끊음. ◐'財'는 '裁'로 '자르다'를 뜻함. 自殺(자살). ②스스로 재물을 내놓음.
【自適 자적】마음 내키는 대로 생활함.
【自全 자전】자기 몸을 온전히 함.
【自全之計 자전지계】자신의 안전을 도모하는 계책.
【自絶 자절】①스스로 절멸(絶滅)의 길을 취함. ②스스로 인연을 끊어 버림.
【自點 자점】스스로를 더럽힘. 스스로를 욕되게 함. ◐'點'은 '辱'으로 '더럽히다'를 뜻함.
【自助 자조】①남의 힘에 의존하지 않고 자력으로 일을 함. ②스스로 자기를 도움.
【自照 자조】①스스로 비춤. ②개똥벌레의 딴이름.

【自尊 자존】 ①스스로 자기 몸을 높임. 스스로 높은 사람인 체함. ②스스로 제 품위를 지킴.
【自重 자중】 ①제 몸을 소중하게 여겨 매사에 신중함. ②언행을 조심하여 스스로의 인격을 훌륭하게 함.
【自中之亂 자중지란】 같은 패 속에서 일어나는 싸움.
【自持 자지】 ①자기의 절조를 지킴. ②스스로 지님. ③자기를 높이 여김. ④제 몸을 지킴.
【自珍 자진】 스스로 자신을 소중하게 함.
【自陳 자진】 스스로 진술함. 또는 변명함.
【自盡 자진】 ①스스로 제 목숨을 끊음. ②스스로 힘을 다함.
【自薦 자천】 자기가 자기를 천거함.
【自初至終 자초지종】 처음부터 끝까지.
【自麤入細 자추입세】 작문(作文)은 처음에는 너무 규칙에 얽매이지 말고 생각나는 대로 쓰고, 익숙해지면서 정교하고 아름답게 다루어야 함.
【自取之禍 자취지화】 자기가 저질러 얻은 재화(災禍).
【自治 자치】 ①자기의 일을 자기 스스로 처리함. ②자연히 다스려짐. ③국민으로서 국가의 일에 참여함. ④국가의 공공 단체가 자체의 권능(權能)으로 그 단체의 일을 처리함.
【自快 자쾌】 스스로 유쾌하게 여김.
【自判 자판】 저절로 판명됨.
【自辦 자판】 ①자기의 일을 손수 처리함. ②비용을 자기가 담당함.
【自暴自棄 자포자기】 자기의 몸을 스스로 해치고 버림. 마음에 불만이 있어 몸가짐이나 행동을 함부로 함.
【自下 자하】 ①아랫사람. ②스스로 자기를 낮춤. 스스로 겸손함. ③➡自下擧行(자하거행).
【自下擧行 자하거행】 전례(前例)를 따라 윗사람의 결재나 승낙 없이 스스로 일을 처리함. 自下(자하).
【自閑 자한】 ①저절로 마음이 편하고 한가함. ②스스로 막아 지냄.
【自割 자할】 스스로 갈라 줌임.
【自解 자해】 ①스스로 변명함. 自疏(자소)①. ②스스로 해탈(解脫)을 구함.
【自劾 자핵】 스스로 자기의 죄를 탄핵함.
【自行自止 자행자지】 가고 싶으면 가고 말고 싶으면 맒. 마음 내키는 대로 행동함.
【自許 자허】 ①제 힘으로 할 만한 일이라고 여김. 자부(自負)함. ②자연에 맡김.
【自虛 자허】 스스로의 마음을 공허하게 하여, 사심(私心)이나 잡념을 끼우지 않음.
【自見 자현】 ①자연히 나타남. ②스스로 나타냄.
【自形 자형】 저절로 모양을 이룸.
【自好 자호】 ①스스로 이름 나기를 좋아함. ②스스로 자기 몸을 소중히 함. ③저절로 그 좋아하는 것을 따름. ④저절로 좋음.
【自號 자호】 자기가 스스로 지어 부르는 호.
【自畵自讚 자화자찬】 ①자기가 그린 그림을 스스로 칭찬함. ②자기가 한 일을 스스로 칭찬함.
【自環 자환】 자기의 이익을 꾀함.

【自晦 자회】 자기의 재능(才能)을 감추어 드러내지 않음.
【自會 자회】 ①자연히 돌고 돌아 만남. ②친히 만남.
◐ 各ㅡ, 獨ㅡ.

自 0【自】⑥ 自(1465)의 고자

自 1【自】⑦ 自(1465)의 고자

自 3【臭】⑨ 臭(1467)의 속자

自 4【臬】⑩ 말뚝 얼 圓 niè

[소전] 臬 [초서] 臬 [字解] ①말뚝. 문간에 세운 말뚝. =闑. ②과녁. 사적(射的). ③해시계 말뚝. 말뚝의 그림자로 시각을 잰다. ④목표. 〔書經〕 汝陳時臬. ⑤법. ⑥한도, 극한. 〔張衡·賦〕 桃弧棘矢, 所發無臬. ⑦기둥. ≒槷.
【臬司 얼사】 사법관(司法官). 명청대(明淸代)의 안찰사(按察使)의 딴 이름.
◐ 圭ㅡ, 無ㅡ, 藩ㅡ, 水ㅡ, 桅ㅡ, 準ㅡ.

自 4【臭】⑩ ❶냄새 취 ㊅추 圓 chòu
❷냄새 맡을 후 圓 xiù

ノ 丿 ㄅ ㄅ 白 白 自 臭 臭 臭

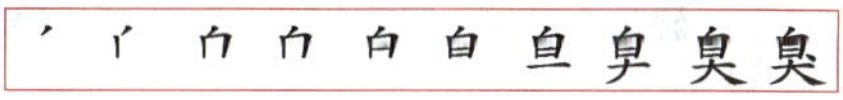

[소전] 臭 [초서] 臭 [속자] 梟 [속자] 臭 [參考] 대법원 지정 인명용 한자의 음은 '취'이다.
[字源] 會意. 自+犬→臭. 개〔犬〕는 코〔自〕로 냄새를 잘 맡는 데서 '냄새'라는 뜻을 나타낸다.
[字解] ❶㉠냄새. ㉡냄새. 후각(嗅覺)을 통한 감각. 〔荀子〕 鼻欲綦臭. ㉢좋은 냄새. 〔易經〕 其臭如蘭. ㉣나쁜 냄새, 역한 냄새. 〔春秋左氏傳〕 一薰一蕕, 十年尙猶有臭. ②냄새나다. ㉠향기롭다. 〔郭璞·讚〕 虆蕪其臭. ㉡구리다, 나쁜 냄새가 나다. 〔後漢書〕 工匠餓死, 長安皆臭. ③나쁜 소문, 추문(醜聞). 〔晉書〕 不足復遺臭萬載. ④썩다. ≒殠. 〔後漢書〕 愍芳香兮日臭. ⑤더럽다, 더럽히다. 〔書經〕 無起穢以自臭. ⑥現주식(株式) 시세가 떨어지다. ❷냄새 맡다. ≒嗅. 〔荀子〕 三臭之不食也.
【臭氣 취기】 좋지 않은 냄새.
【臭味 취미】 ①나쁜 맛. 싫은 맛. ②냄새와 맛. ③같은 종류의 사람이나 사물. 동류(同類).
【臭腐 취부】 썩음. 썩어서 구린내가 남.
【臭腥 취성】 냄새가 비림.
【臭蝨 취슬】 빈대.
【臭惡 취악】 ①냄새가 나쁨. ②보기 흉함. ③수치스러운 일.
【臭如蘭 취여란】 ①방향(芳香)이 난의 향기와 닮았음. ②여럿이 합심하여 하는 말이 다른 것

에 미치는 힘은 몹시 큼.
【臭穢 취예】구리고 더러움.
【臭敗 취패】썩어서 못쓰게 됨.
❶奇ー, 氣ー, 銅ー, 醒ー, 聲ー, 惡ー, 腋ー, 餘ー, 五ー, 乳ー, 遺ー, 香ー, 酷ー.

自 6 【皋】⑫ 皋(1192)의 속자

自 6 【殠】⑫ 臭(1467)의 속자

自 9 【㞃】⑮ 臲(1468)과 동자

自 10 【㒈】⑯ 臲(1468)과 동자

自 10 【臲】⑯ 위태할 얼 厰 niè
동자 㒈 동자 㞃 字解 ❶위태하다. =陧. ¶ 臲卼. ❷불안하다. 〔易經〕上六, 困于葛藟于臲卼.
【臲卼 얼올】위태함.
【臲卼 얼올】편하지 않음. 불안함.

自 13 【䵼】⑲ ❶개 비린내 할 厰 hè ❷구릴 애 厰 ài ❸썩은 냄새 알 月 hài
字解 ❶개 비린내. ❷구리다, 냄새나다. ❸썩은 냄새.

自 14 【䑔】⑳ 개 무녀리 비 寘 bì, bí
字解 ❶개 무녀리. 한 태에 낳은 새끼 중 맨 처음 나온 강아지. ❷처음.

至 部

6획 부수 | 이를지부

至 0 【至】⑥ ❶이를 지 寘 zhì ❷가벼이 발하는 모양 질 屑 dié

一 T 云 至 至

소전 ⛾ 고문 ⛾ 초서 至 参考 대법원 지정 인명용 한자의 음은 '지'이다.
字源 指事. '一'은 땅, '⛾'는 새가 날아 내리는 모양을 본떴다. 새가 날아 내려와 땅에 닿는다는 데서 '이르다'의 뜻을 나타낸다.
字解 ❶❶이르다. ㉮새가 땅에 내려앉다. ㉯오다, 도래하다. 〔論語〕鳳鳥不至. ㉰미치다.

〔論語〕至於犬馬, 皆能有養. ㉱당다, 두루 미치다. 〔禮記〕樂至則無怨, 禮至則不爭. ㉲다하다. 〔國語〕陽至而陰. ❷지극히, 매우. 〔戰國策〕法令至行. ❸지극하다, 극에 이르다. 〔儀禮〕義之至也. ❹힘쓰다, 힘을 다하다. 〔荀子〕夫此有常以至其誠者也. ❺깊다. 〔國語〕固皆至矣. ❻많다. 〔孟子〕園囿汙池沛澤多, 而禽獸至. ❼크게. 〔呂氏春秋〕至勞也. ❽좋다. 〔周禮〕覆之而角至. ❾맞다, 중정(中正)을 얻다. 〔荀子〕不知逆順之理, 小大至不至之變者也. ❿이루다, 성취하다. 〔呂氏春秋〕大忠不至. ⓫얻다. 〔呂氏春秋〕理奚由至. ⓬진실. 〔漢書〕非至數也. ⓭동지, 하지. 한 해 가운데 해가 가장 짧은 날과 가장 긴 날. ⓮표하다, 적는다. 늦志. 〔荀子〕是正者之至也. ❷가벼이 발(發)하는 모양.
【至堅 지견】몹시 단단함.
【至竟 지경】①맨 마지막에 이름. ②마침내.
【至戒 지계】뛰어나게 훌륭한 훈계.
【至計 지계】최상의 계략.
【至困 지곤】몹시 시달리고 지침.
【至公無私 지공무사】지극히 공평하여 조금도 사사로움이 없음. 더할 나위 없이 공변함.
【至交 지교】매우 두터운 교분. 지극히 친밀한 정의(情誼).
【至敎 지교】더할 나위 없이 훌륭한 가르침. 자상한 교훈.
【至極 지극】더할 수 없이 극진함.
【至近 지근】매우 가까움.
【至當 지당】이치에 꼭 맞음. 아주 적당함.
【至大無外 지대무외】더할 수 없이 큰 것은 외위(外圍)가 없음. 무한하게 크기 때문에 바깥의 둘레가 다시 있을 수 없음.
【至大至剛 지대지강】지극히 광대하여 한계가 없고, 지극히 강건(剛健)하여 굽힐 수 없음.
【至德 지덕】최상의 덕. 지극히 높은 덕.
【至道 지도】지극한 도리. 최선의 길.
【至道不損 지도불손】지극히 큰 도리는 줄어드는 일이 없음.
【至等 지등】똑같음.
【至樂 ❶지락 ❷지악】❶지극한 즐거움. ❷선미(善美)를 다한 음악.
【至靈 지령】더할 나위 없이 영묘함.
【至禮 지례】예의의 극치.
【至理 지리】①지당한 이치. 지극한 도리. ②썩 잘 다스려짐. ▶'理'는 '治'로 '다스리다'를 뜻함.
【至務 지무】가장 중요한 일.
【至物 지물】가장 뛰어난 것, 또는 근본적인 것.
【至密 지밀】國 ①임금・왕비가 평소에 거처하던 곳. ②각 궁방(宮房)의 침실.
【至不至 지부지】마땅함과 마땅하지 않음. 當不當(당부당).
【至死不屈 지사불굴】죽음을 당하는 처지에 이르러도 끝내 굽히지 않음.
【至想 지상】가장 뛰어난 생각.
【至善 지선】최상의 선(善). 최고선(最高善). 도

덕상의 최고 이상(理想).
【至性 지성】 가장 착한 성질.
【至聖 지성】 ①지덕(智德)이 가장 뛰어남. ②최상의 성인.
【至誠感天 지성감천】 지극한 정성에는 하늘도 감동함.
【至誠如神 지성여신】 지극한 정성은 무엇에든 감통(感通)함이 신과 같음.
【至數 지수】 ①참된 술수의 도. ②심오한 명수(命數). ③사물을 오게 하는 계략.
【至是 지시】 더할 나위 없이 착한 일.
【至神 지신】 매우 신통함.
【至信辟金 지신벽금】 지극한 믿음은 금옥(金玉) 따위를 피함. 신뢰가 두터우면 징표가 필요 없음. ▷'金玉'은 부절(符節)·신부(信符) 따위를 말함.
【至惡 지악】 ①지극히 악독함. ②악착스럽게 일에 덤벼들어 끈질김.
【至闇 지암】 더할 나위 없이 어둡고 어리석음.
【至夜 지야】 동짓날 밤.
【至言 지언】 ①지당한 말. ②오묘한 뜻을 품은 매우 유익한 말.
【至嚴 지엄】 매우 엄함.
【至于今 지우금】 지금에 이르기까지. 지금까지. 至今(지금).
【至願 지원】 간절한 소원.
【至月 지월】 圖음력 11월. 동짓달.
【至恩 지은】 지극한 은혜.
【至矣盡矣 지의진의】 지극한 경지에 달하고, 모든 것을 극진하게 이룸. ㉠완전함. ㉡매우 훌륭함.
【至人 지인】 덕을 닦아 지극한 경지에 이른 사람. 聖人(성인).
【至仁 지인】 지극히 어짊. 매우 인자함.
【至仁無親 지인무친】 인(仁)의 극치를 체득한 사람은 친소(親疏)를 구별하지 않음.
【至仁至慈 지인지자】 매우 인자함.
【至一 지일】 ①피차(彼此)의 구별이 없고, 시비(是非)의 뜻이 없으며, 자연과 내가 합치하는 경지. ②지극한 하나의 도리.
【至日 지일】 동지와 하지의 날.
【至材 지재】 뛰어난 재능을 가진 사람.
【至情 지정】 ①매우 가까운 정분. ②지극한 충정(衷情). ③아주 가까운 친척.
【至足 지족】 ①분량에 차서 모자람이 없음. 充足(충족). ②크게 만족함. ③완전무결함.
【至尊 지존】 ①지극히 존귀(尊貴)함. ②제왕(帝王). 또는 제왕의 자리.
【至止 지지】 이름. ▷'止'는 어조사.
【至至 지지】 지극한 경지. 또는 그곳에 도달함.
【至察 지찰】 ①극히 밝음. ②더할 나위 없이 명백함.
【至賤 지천】 ①매우 천함. ②너무 많아서 귀할 것이 없음. 또는 그 상태.
【至治 지치】 세상이 매우 잘 다스려짐.
【至親 지친】 ①더없이 친함. ②가장 가까운 친족. 부자, 형제, 숙질 등의 사이.
【至通 지통】 사리(事理)에 정통함.

【至行 지행】 ①크게 행해짐. ②매우 훌륭한 행동. ③사람으로서 마땅히 해야 할 행동.
【至刑 지형】 ①가장 합당한 형벌. ②형벌을 철저히 함함. 또는 함부로 형벌을 가함.
【至好 지호】 ①극히 친함. ②친한 친구.
【至孝 지효】 지극한 효성. 大孝(대효).
【至厚 지후】 ①인정이 지극히 두터움. ②극히 사이가 좋음.
○ 南-, 乃-, 來-, 冬-, 並-, 北-, 飮-, 長-, 淯-, 偏-, 必-, 夏-, 後-.

至3【致】⑨ 致(1469)의 본자

至4【致】⑩ 보낼 치 圖 zhì

一 厂 互 互 至 至 到 到 致 致

[小篆] [初書] [本書] 致

字源 會意. 至+攵→致. '至'는 이르다, '攵'는 가다. 합하여 '전송하여 보낸다'는 뜻을 나타낸다.

字解 ①보내다. ㉮전송해 보내다. 〔春秋左氏傳〕如宋致女. ㉯돌려 바치다. 〔禮記〕七十而致政. ㉰주다. 〔春秋公羊傳〕吾將焉致乎魯國. ㉱바치다, 내던지다. 〔論語〕士見危致命. ㉲맡기다. 〔論語〕事君能致其身. ㉳전하다. 〔詩經〕工祝致告. ㉴끌어당기다. 〔漢書〕致利除害. ㉵부르다. 〔漢書〕莽聞其言不強致. ㉶끝까지 하다, 지극히 하다. 〔國語〕飮食不致味. ㉷궁구하다. 〔大學〕致知在格物. ㉸힘쓰다. 〔論語〕人未有自致者也, 必也親喪乎. ㉹정성스레 하다. 〔老子〕其致之一也. ②이르다, 도달하다. 〔周禮〕一曰, 致夢. ③극치(極致). 〔禮記〕禮也者物之致也. ④나아가다. 〔老子〕故致數車無車. ⑤해당하다, 맞다. 〔禮記〕致喪三年. ⑥자세하다, 치밀하다. ≒緻. 〔禮記〕德產之致也精微. ⑦겹치다, 포개다. 〔漢書〕爲致樺作家. ⑧풍치, 운치. 〔晉書〕致遠遠致. ⑨이루다.
【致家 치가】 圖가업(家業)을 이룸.
【致敬 치경】 경의(敬意)를 다함.
【致告 치고】 정성을 다하여 아룀.
【致命 치명】 ①신명(身命)을 바침. ②명령을 전함. ③목숨이 끊어질 지경에 이름.
【致罰 치벌】 형벌을 가함.
【致法 치법】 형법을 적용함.
【致福 치복】 ①신하의 제사에서, 제사의 남은 고기를 임금에게 권하는 일. ②남의 제사를 대행(代行)하는 사람이 제사 지낸 나머지 고기를 관계자에게 권할 때 하는 말. ③복을 부름. 복이 오게 함.
【致富 치부】 재물을 모아 부자가 됨.
【致仕 치사】 관직을 내놓고 물러남.
【致死 치사】 죽음에 이르게 함.
【致事 치사】 ①관료(官僚)의 근무 성적을 보고함. ②☞致仕(치사).
【致師 치사】 싸움을 걺. 도전함.

【致謝 치사】 사례의 뜻을 나타냄.
【致賞 치상】 분에 넘치는 상.
【致誠 치성】 ①정성을 다함. ②國신불(神佛)에게 정성을 드림.
【致身 치신】 임금에게 신명을 바침.
【致役 치역】 노역을 시킴.
【致雨 치우】 비를 부름. 비를 내리게 함.
【致遠 치원】 ①원대한 임무에 견딤. ②먼 곳에 이름. ③먼 곳의 백성을 불러옴.
【致爲臣 치위신】 관직을 사임함. ✎ '致'는 '還'으로 '물러나다'를 뜻함. 致仕(치사).
【致意 치의】 ①자기의 뜻을 남에게 알림. ②자기의 뜻을 충분히 밝힘.
【致疑 치의】 의심을 둠.
【致齋 치재】 제관(祭官)이 3일 동안 재계(齋戒)하는 일.
【致奠 치전】 ①제물을 올림. ②國소대상(小大祥) 때 친척·친지가 상가에 가서 제수를 차려 놓고 제문을 읽어 정회와 조의를 표하는 일.
【致知 치지】 ①지식을 궁구하여 사물의 이치에 통달함. ②인간 본연(本然)의 양지(良知)를 완전하게 함. ③그 본분을 앎.
【致贄 치지】 예물을 보냄. 신하가 됨.
【致敗 치패】 실패하는 일. 살림이 결딴남.
【致賀 치하】 남의 경사를 하례함. 축하함.
【致賢 치현】 현인을 초빙함.
【致刑 치형】 형벌을 가함. 致罰(치벌).
【致孝 치효】 효도를 다함.
【致效 치효】 몸을 바침. 목숨을 버림.
❶ 格-, 景-, 拘-, 極-, 奇-, 送-, 馴-, 勝-, 韻-, 誘-, 一-, 自-, 風-, 興-.

至6 【載】⑫ ❶늙은이 질 囷 dié ❷나라 이름 질 囷 zhí
字解 ❶①늙은이. 여든 살의 늙은이. =耋. ②바뀌다. ③갈마들다. ≒迭. ❷나라 이름.〔山海經〕三苗國, 載國在其東.

至6 【臶】⑫ 거듭 천 囷 jiàn
통자 洊 字解 ①거듭. ②거듭 오다.

至7 【㙜】⑬ 臺(1470)의 속자

至7 【脙】⑬ 익힐 수 囷 xiū
字解 익히다, 나아가다.

至8 【臺】⑭ ❶돈대 대 囷 tái ❷땅 이름 호 囷 tái

土 圥 吉 髙 㙜 臺 臺 臺 臺

소전 𡌫 초서 臺 속자 㙜 간체 台 參考 대법원 지정 인명용 한자의 음은 '대'이다.

字源 會意. 士+吅+至→臺. '士'는 出 곧 '之(갈 지)'의 변형, '吅'는 '高(높을 고)'의 생략형. 본뜻은 사방을 바라보기 위하여 흙을 높이 쌓은 곳을 나타낸다.
字解 ❶①돈대.〔國語〕夫爲臺榭, 將以敎民利也. ②대. ㉮물건을 얹는 대.〔司空圖·詩〕似要題詩落硯臺. ㉯높고 평평한 곳.〔帝京景物略〕東望一平處曰歡喜臺. ③관청.〔後漢書〕雖置三公, 事歸臺閣. ④조정.〔容齋續筆〕晉宋閒, 謂朝廷禁省爲臺. ⑤성문(城門).〔江總·詩〕驅駕出城臺. ⑥능(陵), 능묘(陵墓). ⑦남을 높이어 이르는 말. 상관을 헌대(憲臺), 당대(堂臺), 친구를 대하(臺下), 형제(兄臺)라고 이르는 따위. ⑧낮은 벼슬아치, 하인.〔孟子〕蓋自是臺無餽也. ⑨기다리다. ≒待. ⑩청대(淸代)의 제도로 역(驛)의 하나. ⑪산 이름. ⑫성(姓). ❷땅 이름. ※壺(371)의 와자(譌字).
【臺閣 대각】 ①누각과 정자. ②한대(漢代)의 상서성(尙書省). ③정치를 실행하는 관청. 內閣(내각). ④國사헌부(司憲府)·사간원(司諫院)의 총칭.
【臺諫 대간】 ①당송대(唐宋代)의 어사(御史). ②명청대(明淸代)의 어사(御史). ③國사헌부(司憲府)·사간원(司諫院)의 벼슬.
【臺啓 대계】 조선 때, 사헌부(司憲府)·사간원(司諫院)에서 관리 중 잘못이 있으면 유죄(有罪)로 인정하여 올리는 계사(啓辭).
【臺觀 대관】 높고 큰 전각, 또는 망루.
【臺木 대목】 접목할 때 바탕이 되는 나무.
【臺門 대문】 ①제후(諸侯)의 문. ②성문(城門). ③어사대(御史臺)의 문.
【臺榭 대사】 높고 큰 누각이나 정자.
【臺上 대상】 ①높은 대의 위. ②하인이 주인을 존대하여 부르는 말.
【臺城 대성】 육조 시대(六朝時代) 천자가 거처하던 곳. 궁성(宮城).
【臺侍 대시】 國대간(臺諫)이 되어 시종하는 일.
【臺臣 대신】 ①간관(諫官). ②대각(臺閣)의 신하. 大臣(대신).
【臺座 대좌】 상(像)을 안치하는 대(臺).
❶ 鏡-, 高-, 觀-, 蘭-, 燈-, 樓-, 望-, 舞-, 盤-, 山-, 輿-, 演-, 靈-, 寢-.

至9 【絰】⑮ 상복 이름 질 囷 dié
字解 상복 이름, 최질(縗絰). 상복의 가슴에 대는 헝겊, 머리와 허리에 두르는 질(絰).

至10 【臻】⑯ 이를 진·전 囷 囷 zhēn
초서 臻 參考 대법원 지정 인명용 한자의 음은 '진'이다.
字解 ①이르다.〔詩經〕餓饉薦臻. ②미치다.〔後漢書〕澤臻四表. ③모이다.〔鹽鐵論〕商賈之所臻. ④곧, 이에(乃).
【臻極 진극】 궁극에 이름.
【臻赴 진부】 나아가 이름.

臼 部

6획 부수 | 절구구부

臼⓪ 【臼】⑥ 절구 구 宥 jiù

〔參考〕臼(1471)는 본래 딴 자이나 한자의 구성에서 부수로 쓰일 때 '臼' 자가 이 글자 모양으로 바뀌기도 한다.
〔字源〕象形. 확을 본뜬 글자. 'ㅂ'는 확으로, 그 안의 점은 확에 든 쌀을 본뜸.
〔字解〕❶절구, 확. 〔易經〕斷木爲杵, 掘地爲臼, 臼杵之利, 萬民以濟. ❷절구질하다. 〔張衡·賦〕杵爲舂臼之用. ❸허물. 늑咎.
【臼頭深目 구두심목】절구처럼 생긴 머리와 움푹 파인 눈. 여자의 몹시 추한 얼굴.
【臼頭花鈿 구두화전】절구처럼 생긴 머리에 꽃 비녀. ㉠추한 얼굴에 화장함. ㉡문학에 재능이 없는 사람이 함부로 미사여구(美辭麗句)만을 나열함.
【臼磨 구마】절구와 맷돌.
【臼狀 구상】절구처럼 가운데가 우묵하게 파인 형상.
【臼杵 구저】절구와 공이.
【臼齒 구치】어금니.
【臼砲 구포】구경(口徑)에 비하여 포신(砲身)이 짧고 사각(射角)이 큰 대포의 한 가지.
❶殼-, 踏-, 磨-, 石-, 杵-, 井-.

臼⓪ 【臼】⑦ ❶깍지 낄 국 屋 jú
❷들 거 語 jǔ

〔參考〕臼(1471)는 딴 자.
〔字解〕❶❶깍지 끼다. ❷두 손으로 물건을 받들다. ❸손을 거두다. ❹움키다. ※掬(223)의 고자(古字). ❷들다. ※擧(730)의 고자(古字).

臼② 【臾】⑨ ❶잠깐 유 虞 yú
❷권할 용 腫 yǒng
❸삼태기 궤 寘 kuì
❹약한 활 유 麌 yǔ

〔參考〕①臾(259)는 딴 자. ②대법원 지정 인명용 한자의 음은 '유'이다.
〔字源〕會意. 申+乙→臾. 펴려는〔申〕것을 끌어서 굽힌다〔乙〕는 데서 '만류하다'의 뜻을 나타냄.
〔字解〕❶❶잠깐. 〔中庸〕道也者, 不可須臾離也. ❷만류하다, 말리다. ❸착하다. ❹성(姓). ❷권하다. =慂. ❸삼태기. =蕢. 〔論語〕荷臾而過孔氏之門. ❹약한 활. 〔周禮〕往體多, 來體寡, 謂之夾臾之屬.
【臾曳 유예】얽어매어 잡아끎. 곧, 견제함.
❶須-.

臼② 【臽】⑧ 허방다리 함 陷 xiàn

〔字解〕❶허방다리, 작은 함정. ❷허방다리에 빠지다.

臼③ 【臿】⑨ 가래 삽 洽 chā

〔字解〕❶가래. 흙을 파는 농기구. 〔史記〕身自持築臿. ❷찧다, 보리를 엽치다, 능그다. ❸가래의 날. ❹꽂다, 끼우다. 〔史記〕雜臿其間.
【臿築 삽축】가래와 공이.

臼④ 【䎱】⑩ 찧을 벌·폐 月 fèi

〔字解〕찧다.

臼④ 【帛】⑩ 䎱(1471)과 동자

臼④ 【舁】⑩ 마주들 여·거 魚 yú

〔字解〕마주 들다, 들어 올리어 메다.
【舁轎夫 여교부】가마꾼. 轎軍(교군).
【舁櫃 여궤】함을 멤.

臼④ 【舀】⑩ 퍼낼 요 篠 yǎo

〔字源〕會意. 臼+爪→舀. 확〔臼〕에서 물건을 쥐어 낸다〔爪〕는 데서 '퍼내다'의 뜻을 나타냄.
〔字解〕❶퍼내다, 확에서 퍼내다, 다 찧어서 퍼내다. ❷술을 치다.

臼④ 【㽱】⑩ 舀(1471)와 동자

臼⑤ 【䊀】⑪ 쌀 빻을 말 曷 mò

〔字解〕쌀을 빻다.

臼⑤ 【舂】⑪ ❶찧을 용 송 冬 chōng
❷방창 창 江 chuāng

〔字源〕會意. 午+廾+臼→舂. 두 손〔廾〕으로 공이〔午〕를 쥐고 확〔臼〕에 나아가다는 데서 '곡식을 찧다'라는 뜻을 나타냄.
〔字解〕❶❶찧다, 절구질하다. ❷해가 지다. 〔淮南子〕日至于虞淵, 是謂高舂, 至于連石, 是謂下舂. ❸치다. 〔禮記·待從容·注·疏〕舂謂擊也. ❹찌르다. 늑衝. ❺형벌 이름, 부인(婦人)의 형벌. 쌀을 찧어 도역자(徒役者)에게 공급하게 하였음. ❻산 이름. ㉮해가 지는 곳. 전설상 해가 지는 곳에 있다는 산. ㉯형산(荊山)의 딴

이름. ❷방창(旁春). 팔만(八蠻)의 하나.
【舂歌 용가】 절구질하면서 부르는 노래.
【舂堂 용당】 큰 나무를 파서 만든 절구.
【舂容 용용】 ①종(鐘) 따위를 침. ②느긋하고 침착함. ③서로 화합함.
【舂融 용융】 해가 질 무렵의 저녁 경치.
【舂炊 용취】 방아 찧는 일과 밥 짓는 일.
【舂簸 용파】 곡식을 찧고 키로 까붊.
❶ 高−, 戈−, 宿−, 賃−, 下−, 喧−.

白 【舂】 ⑫ 찧을 박 圞 pò
6
소전 舂 〔字解〕 찧다, 방아 찧다.

白 【舃】 ⑫ ❶까치 작 圞 què
6 ❷신 석 圄 xì
    ❸아름찰 탁 圞 tuō

소전 舃 전문 雒 초서 舃 동자 舃 〔字解〕 ❶까치. =鵲. ❷성(姓). ❸①신. 바닥을 여러 겹으로 붙인 신. 바닥을 홑 것으로 붙인 신을 '履(리)'라 한다.〔春秋左氏傳〕帶裳幅舃. ②개펄, 간석지(干潟地). ③주춧돌. ≒礎.〔何晏·賦〕金楹齊列, 玉舃承跋. ❸아름차다, 큰 모양.〔詩經〕松桷有舃.
【舃鹵 석로】 간석지. 鹹地(함지).
❶ 金−, 複−, 履−, 礎−, 海−, 革−.

白 【舄】 ⑫ 舃(1472)과 동자
6

白 【舅】 ⑬ 시아비 구 囿 jiù
7

소전 舅 초서 舅 동자 舅 〔字解〕 ①시아비.〔稱謂錄〕尊如父而非父者舅也. ②외삼촌, 외숙(外叔). ③장인.〔禮記〕壻親迎見於舅姑. ④처남(妻男).〔新唐書〕楊行密妻, 延壽姊也, 行密病甚, 曰, 吾諸子幼, 得舅代我, 無憂矣. ⑤제후가 이성(異姓)의 대부(大夫)를 부르는 말. ⑥천자가 이성(異姓)의 제후를 부르는 말. ⑦오래되다, 묵다. ⑧허물. ≒咎.
【舅姑 구고】 ①시아버지와 시어머니. ②장인(丈人)과 장모(丈母).
【舅父 구부】 외삼촌.
【舅甥 구생】 ①외숙(外叔)과 생질(甥姪). ②장인(丈人)과 사위.
【舅嫂 구수】 처남의 아내. 妻嫂(처수).
【舅氏 구씨】 ①외삼촌, 외숙. ②장인.
【舅弟 구제】 외사촌 동생.
❶ 姑−, 國−, 母−, 伯−, 父−, 叔−, 外−, 元−, 從−, 賢−.

白 【舅】 ⑬ 舅(1472)와 동자
7

白 【與】 ⑭ ❶줄 여 圄 yǔ
7 ❷조사 여 圉 yú
    ❸참여할 여 圃 yù

[자원 필순] 與

소전 與 고문 與 초서 与 속자 与 간체 与

〔字源〕會意·形聲. 舁+与→與. 함께 마주 들어[舁] 준다[与]는 데서 '한 동아리'라는 뜻을 나타낸다.
〔字解〕❶①주다, 베풀다.〔孟子〕可以與, 可以無與. ②동아리, 무리.〔漢書〕群臣連與成朋. ③동아리가 되다. ㉮한동아리가 되다.〔漢書〕弗與矣. ㉯따르다.〔國語〕桓公知天下諸侯多與已也. ㉰돕다.〔戰國策〕不如與魏以勁之. ㉱허락하다, 편을 들다.〔論語〕吾與女不如也. ㉲좋아하다.〔淮南子〕聖人不與也. ④∼와, 과, 및.〔易經〕是以立天之道曰陰與陽. ⑤함께.〔孟子〕諸君子皆與驩言. ⑥∼를 따라.〔淮南子〕蛤蠏珠龜, 與月盛衰. ⑦어우르다.〔春秋公羊傳〕與季子同母者四. ⑧서로 닮다, 서로 닮은 점.〔莊子〕人之貌有與也. ⑨상대가 되다.〔史記〕龐煖易與耳. ⑩돕다.〔孟子〕是與人爲善者也. ⑪기다리다.〔論語〕歲不我與. ⑫모두, 다.〔楚辭〕與世皆然兮. ⑬셈하다.〔禮記〕生與來日. ⑭화하다, 화합하다.〔戰國策〕內寇不與, 外敵不可拒. ⑮∼써, 더불어.〔詩經〕之子于歸, 不我與. ⑯같이 하다, 같게 하다.〔大戴禮〕事必與食, 食必與位, 無相越踰. ⑰비교를 나타내는 말.〔春秋左氏傳〕與其殺不辜, 寧失不經. ⑱∼에서, ∼에 있어서. =於.〔楚辭〕與前世而皆然兮, 又何怨乎今之人. ⑲∼에, ∼에게. =於.〔詩經〕雖無德與女. ⑳어세(語勢)를 돕는 말.〔國語〕其與幾何. ㉑성(姓). ❷①조사(助辭). ㉮의문을 나타낸다.〔春秋公羊傳〕未知其爲是與, 其諸君子樂道堯舜之道與. ㉯반어(反語)를 나타낸다.〔淮南子〕不識天下之以我備其物與. ㉰감탄을 나타낸다.〔中庸〕舜其大孝也與. ②사물의 모양.〔詩經〕我黍與與. ❸①참여하다.〔禮記〕六十不與服戎. ②의지하다, 붙다.〔禮記〕與爲人後者. ③의심하는 모양.〔莊子〕與乎其觚而不堅也.
【與件 여건】國 주어진 조건.
【與古爲徒 여고위도】 옛사람을 벗으로 삼음.
【與國 여국】 우리 편의 나라. 同盟國(동맹국).
【與黨 여당】 ①한패, 동아리. ②정부 편을 들어 그 정책을 지지하는 정당.
【與民同樂 여민동락】 임금이 백성과 더불어 함께 즐김.
【與否 여부】 그러함과 그렇지 않음.
【與世推移 여세추이】 세상의 추이에 따라 행동함. 세속(世俗)을 좇음.
【與時俯仰 여시부앙】 시대의 조류(潮流)를 따라 행동함.

【輿輿 여여】①초목이 무성한 모양. ②위의(威儀)가 갖추어지고 분에 맞는 모양. ③침착한 모양. 느긋한 모양. ④왕래하는 모양. ⑤유예(猶豫)하는 일.
【輿譽無毀 여예무훼】 칭찬받으려고 애쓰기보다는 비난받지 않도록 하라.
【輿議 여의】①함께 의논함. ②논의(論議)에 참여함.
【輿人相約 여인상약】 남과 더불어 약속함.
【輿人爲善 여인위선】 남을 도와 착한 일을 함.
【輿知 여지】 관여하여 앎. 그 일에 관계하는 일.
【輿奪 여탈】 줌과 빼앗음.
【輿狐謀皮 여호모피】①여우와 더불어 여우 가죽과 같은 값진 모피(毛皮)를 얻을 의논을 함. ②이해가 상반되는 상대와 의논하면 결코 성사(成事)될 수 없음.
● 關一, 給一, 黨一, 貸一, 附一, 賜一, 賞一, 授一, 施一, 猶一, 儔一, 贈一, 參一, 奪一.

【興】⑯ ❶일 흥 xīng
❷본뜰 흥 xìng
❸피 바를 흔 xìn

字源 會意. 同+舁→䕵→興. 힘을 합하여 [同] 함께 들어 올린다[舁]는 데서 '일을 일으켜 성하게 하다'라는 뜻을 나타낸다.

字解 ❶①일다, 일어나다. 〔詩經〕夙興夜寐. ②일으키다. ㉮발(發)하다, 내다. 〔春秋左氏傳〕使興國人以攻白公. ㉯행하다. 〔周禮〕凡小祭祀則不興舞. ㉰왕성하게 하다. 〔國語〕誰能興之. ㉱바치다. 〔禮記〕其興物備矣. ㉲등용하다, 발탁하다. 〔周禮〕進賢興功. ③관(官)이 징수하다. 〔周禮〕平頒其興積. ④성(姓). ❷①본뜨다. ②비유하다. 〔論語〕詩可以興. ③시경(詩經) 육의(六義)의 한 가지. 노래하려는 일과 닮은 다른 일을 먼저 읊은 다음에, 노래하려는 심정을 읊는 체(體). 〔詩經·序〕詩有六義焉, 一曰風, 二曰賦, 三曰比, 四曰興, 五曰雅, 六曰頌. ④좋아하다. 〔禮記〕不興其藝. ⑤흥, 흥취. 〔玉勃·序〕興盡悲來. ❸피를 바르다. 제기(祭器)에 희생의 피를 바름. ≒釁. 〔禮記〕旣興器用幣.
【興感 흥감】 흥미가 한창임.
【興感 흥감】①흥겹게 느낌. ②느낀 바가 커서 흥기(興起)함.
【興功 흥공】①유공자를 기용함. ②공업(功業)을 일으켜 흥하게 함. ③흥하게 하여 이용함.
【興起 흥기】①떨치고 일어남. ②세력이 한창 일어남. ③흥취가 솟아남.
【興農 흥농】 농업을 진흥함.
【興德 흥덕】 도덕을 진흥함.
【興隆 흥륭】 일어나 융성하여짐. 흥왕함.
【興利 흥리】①이익을 늘림. 要利(요리). ②이익

이 되는 사업을 일으킴.
【興亡盛衰 흥망성쇠】 흥망과 성쇠. 흥하여 일어남과 쇠하여 멸망함.
【興發 흥발】①창고를 열어 은혜로운 정치를 베품. ②흥미가 일어남.
【興復 흥복】 다시 성(盛)하게 함. 회복함.
【興奮 흥분】①상기(上氣)한 상태. 심적(心的)으로 충격을 받아 일시적으로 신경이 곤두서는 일. ②자극에 의하여 생물체의 기능이 상승하는 현상.
【興師 흥사】 군사를 일으킴.
【興戎 흥융】 전쟁을 일으킴.
【興作 흥작】①일으켜 만듦. ②한창 일어남. ③흥분하여 신경이 날카로운 모양.
【興盡悲來 흥진비래】 즐거운 일이 다하면 슬픈 일이 옴. 곧, 인생행로에는 반드시 기복(起伏)이 있게 마련임.
【興替 흥체】 흥함과 쇠함.
【興致 흥치】 흥겨운 운치(韻致).
【興廢 흥폐】 흥함과 쇠함. 興替(흥체).
【興行 흥행】①품행을 닦고 일으킴. ②한창 행함. ③연극 따위를 하여 구경시킴.
【興化 흥화】 교화를 왕성하게 일으킴.
【興和 흥화】 화기(和氣)를 힘차게 일으킴.
【興況 흥황】 흥미 있는 정황(情況).
【釁器 흔기】 제기에 희생의 피를 바름.
● 感一, 繼一, 軍一, 代一, 勃一, 發一, 蕃一, 繁一, 復一, 奮一, 紹一, 夙一, 詩一, 晨一, 新一, 餘一, 遊一, 隆一, 作一, 再一, 酒一, 中一, 振一, 洗一, 廢一.

【舉】⑰ 擧(730)와 동자

【䂎】⑯ ❶절구질할 차 cuó
❷보리 찧을 차 cuó
字解 ❶절구질하다. ❷보리를 찧다, 대끼다.

【擧】⑱ 擧(730)와 동자

【舊】⑱ 예 구 jiù

字源 形聲. 萑+臼→舊. '臼(구)'가 음을 나타낸다.

字解 ①예. 〔書經〕台小子, 舊學于甘盤. ②오래다. ≒久. 〔詩經〕告爾舊止. ③오래. 〔書經〕舊勞于外. ④오래되다, 묵다. 〔春秋左氏傳〕舍其舊而新是謀. ⑤친구. 〔論語〕故舊不遺則民不偸. ⑥늙은이. 〔陳書〕江左耆舊, 先在關右者, 咸相傾慕. ⑦오랜 집안, 구가(舊家). 〔陶宏景·碑〕郡邑豪舊, 遂相率與出. ⑧묵은 사례(事例), 고사(故事). 〔晉書〕秦變周

官. 漢遼嬴舊. ⑨평소, 일상. 〔荀子〕卒遇故人, 曾無舊言. ⑩주역(周易)에서 건(乾)에 해당한다. 〔易經〕舊井无禽. ⑪부엉이, 올빼미.
【舊家 구가】①오래된 집. 옛날에 살던 집. ②여러 대를 이어 살아오는 집.
【舊故 구고】옛 친구. 舊友(구우).
【舊慣 구관】옛 관습(慣習).
【舊觀 구관】①옛 모습. 옛 경관(景觀). ②오래된 전각(殿閣).
【舊敎 구교】천주교(天主敎). 가톨릭교.
【舊國 구국】①오래된 나라. ②고향(故鄕). 고국(故國). ③황폐해진 나라.
【舊君 구군】전에 섬기던 임금.
【舊記 구기】예전 기록.
【舊基 구기】옛터. 故址(고지).
【舊年 구년】지난해. 작년.
【舊德 구덕】①옛 정의(情誼). 舊誼(구의). ②본디 행한 착한 일. ③예전에 베푼 은덕(恩德). ④덕이 높은 사람. ⑤선조의 공로로 받는 식록(食祿).
【舊道 구도】예로부터 있던 길.
【舊冬 구동】작년 겨울. 客冬(객동).
【舊臘 구랍】지난해의 섣달. 客臘(객랍).
【舊曆 구력】①전에 사용하던 역법(曆法). ②음력(陰曆).
【舊老 구로】옛일을 잘 알고 있는 늙은이.
【舊里 구리】고향. 故里(고리).
【舊面 구면】전부터 아는 사람.
【舊夢 구몽】이전에 꾼 꿈. 지나가 버린 허망(虛妄)한 일.
【舊聞 구문】①예전부터 전해 내려오는 이야기. ②이전에 이미 들어 알고 있는 소문.
【舊物 구물】오래된 것. ㉠구래(舊來)의 문물제도. ㉡조상이 남겨 놓은 물건.
【舊邦 구방】오래된 나라. 舊國(구국).
【舊譜 구보】①이전부터 있던 시(詩). ②예전 족보(族譜). ③옛날의 악보.
【舊服 구복】①낡은 옷. ②옛 영토(領土). ○ '服'은 오복(五服)·구복(九服)을 뜻함.
【舊歲 구세】지난해. 작년.
【舊痾 구아】오래된 병. 持病(지병).
【舊愛 구애】옛날의 사랑.
【舊業 구업】①오래전부터 모아 온 재산. ②옛사람이 한 사업. 예로부터 해 온 사업. ③옛적의 별장(別莊).
【舊雨今雨 구우금우】옛 친구와 새 친구. ○ '雨'는 '友'로 '친구'를 뜻함.
【舊遊 구유】①지난날에 놀던 일. ②옛날에 사귄 친구. 옛날의 교우(交友).
【舊誼 구의】옛날의 정의(情誼).
【舊人 구인】①옛날부터 아는 사람. ②옛날부터의 신하. 舊臣(구신). ③많은 경력을 쌓아 익숙해진 사람.
【舊因 구인】오래된 인연.
【舊章 구장】①옛 제도와 문물. ②예로부터의 법령·규칙. 규범.
【舊迹 구적】옛 자취. 옛날의 사적(事蹟).

【舊典 구전】①오래된 책. ②옛날의 법전.
【舊情 구정】옛 마음. ②오래된 정분. 옛 정의(情誼). 舊誼(구의).
【舊製 구제】①옛날에 지은 시문(詩文). ②옛날에 만들어진 모든 것. ②구식(舊式)의 제법(製法).
【舊蹤 구종】①옛 발자취. 옛날 놀던 곳. 故從(고종). ②지나간 일.
【舊址 구지】전에 건조물이 있던 빈 터.
【舊知 구지】예로부터 친한 사이. 예로부터 사귄 사람. 舊識(구식).
【舊陳 구진】國여러 해 묵은 땅이나 논밭.
【舊態依然 구태의연】옛 모습 그대로임.
【舊宅 구택】①여러 대에 걸쳐 살아오는 집. ②전에 살던 집.
【舊學 구학】①옛적에 배운 일. ②國재래의 국학(國學)·한학(漢學).
【舊恨 구한】오래전부터 품어 온 원한.
【舊嫌 구혐】묵은 혐의(嫌疑).
【舊好 구호】옛날의 정분. 오래된 정의(情誼).
【舊懷 구회】①그리운 생각. ②전부터 품고 있는 생각.
○ 故—, 耆—, 復—, 朋—, 世—, 新—, 仍—, 知—, 親—, 鄕—, 懷—, 勳—.

臼12【釁】⑲틈 흔·문 ⾣ 衅 xìn
釁字解 ①틈, 틈을 내다. =衅. ②움직이다. 〔王延壽·賦〕仡䯂釁而軒鬐.
【釁鼓 흔고】희생의 피를 북(鼓)에 바르고 제사 지냄. 衅鼓(흔고).

舌 部
6획 부수 | 혀설부

舌0【舌】⑥혀 설 ⾆ shé
一 二 千 千 舌 舌
舌字源 象形. 입에서 혀가 나온 모양을 본뜬 글자.
舌字解 ①혀. 〔素問〕在竅爲舌. ②목관 악기에 끼워 소리를 내는 물건. 〔書經〕金鈴木舌. ③과녁 좌우의 귀. ④말, 언어. 〔張衡·賦〕重舌之人, 九譯.
【舌乾脣焦 설건순초】혀가 마르고 입술이 탐. 매우 초조함.
【舌劍脣槍 설검순창】혀의 칼과 입술의 창. 입으로 사람을 해치는 일. 곧, 참언(讒言)이나 참소(讒訴) 따위.
【舌耕 설경】①학문을 호구(糊口)의 밑천으로 삼음. 글을 가르쳐 생계(生計)를 세움. ②소설(小說).
【舌端 설단】혀끝. 舌尖(설첨).

【舌芒于劍 설망우검】 혀는 칼보다 날카로움. 논봉(論鋒)의 날카로움.
【舌鋒 설봉】 날카로운 말. 격렬한 말씨.
【舌尙存 설상존】 혀가 아직 있음. 아직 공을 세울 수 있는 여력(餘力)이 있음.
【舌院 설원】 國사역원(司譯院).
【舌瘖 설음】 말을 하지 못하는 병.
【舌人 설인】 통역(通譯)을 맡아보던 관리.
【舌戰 설전】 말다툼. 입씨름.
【舌禍 설화】 ①말을 잘못한 데서 받는 재앙. ②남의 험담·중상으로 인한 재앙.

⦿ 鴃-, 結-, 巧-, 口-, 國-, 卷-, 弄-, 訥-, 毒-, 百-, 辯-, 惡-, 饒-, 利-, 長-, 重-, 讒-, 吐-, 筆-, 喉-.

舌 2 【舍】 ❽ ❶집 사 䐑 shè
❷둘 사 䨲 shě
❸풀 석 囿 shì

丿 人 厶 合 仐 余 舍 舍

[소전] [초서] [동서] [參考] 대법원 지정 인명용 한자의 음은 '사'이다.
[字源] 形聲. 亼+口→舍. '亼(사)'가 음을 나타낸다.
[字解] ❶①집. 〔呂氏春秋〕舍之上舍. ②머무는 곳. ㉮거처. 〔鬼谷子〕神歸其舍. ㉯해와 별이 머무는 곳. 〔郭璞·詩〕廻日向三舍. ㉰행군(行軍)에서 하룻밤의 숙영(宿營). 〔春秋左氏傳〕凡師出, 一宿爲舍. ㉱관청. 〔周禮〕舍人. ④창고. 〔春秋文耀鉤〕咸池曰天潢, 五帝車舍也. ⑤방(房). 〔謝靈運·石壁精舍還湖中詩·注〕善曰, 精舍, 今讀書齋, 是也. ⑥묵다. 〔呂氏春秋〕舍故人之家. ⑦머물다. 〔素問〕舍於何藏. ⑧살다, 거처하다. 〔太玄經〕舍彼枯園. ⑨쉬다. 〔漢書〕定舍, 以待其勞. ⑩베풀다. 〔春秋左氏傳〕施舍不倦. ⑪용서하다. ≒赦. 〔漢書〕姦以事君, 常刑不舍. ⑫없애다. ※❷의 ⑥과 같다. 〔詩經〕不舍晝夜. ⑬30리의 행정(行程). 군대가 하루 동안에 행군해서 가는 거리. 〔春秋左氏傳〕其辟君三舍. ⑭무엇. 〔孟子〕舍皆取諸其宮中而用之. ❷①두다. ㉮놓아두다. 〔春秋穀梁傳〕以薦舍於前. ㉯버려두다. 〔論語〕山川其舍諸. ②버리다. ≒捨. 〔國語〕女無亦謂我老耄而舍我. ③그치다. 쉬다. 〔論語〕不舍晝夜. ④그만두다. ㉮벼슬에서 물러나다. 〔史記〕趣舍有時. ㉯일을 행하지 않다. 〔易經〕不如舍. ㉰버리고 쓰지 않다. 〔春秋左氏傳〕舍藥物可也. ⑤가다, 떠나다. 〔國語〕昔闘子文三舍令尹. ⑥없애다. 〔詩經〕舍彼有罪. ⑦풀다, 놓다. 〔周禮〕上罪三年而舍. ⑧쏘다. 〔詩經〕舍矢如破. ⑨거두다. 〔戰國策〕故物舍其所長. ⑩주지 않음. 〔國語〕故聖人之施舍也議之. ⑪짐승 이름. 〔張衡·賦〕舍利颬颬. ⑫던지다, 버리다. 〔論語〕鏗爾舍瑟而作. ⑬받다. 〔詩經〕舍命不渝. ❸풀다, 두다. ≒釋. 〔周禮〕春入學舍采.
【舍監 사감】 기숙사에서 기숙생들의 생활을 지

도하고 감독하는 사람.
【舍車 사거】 수레를 풂. 수레에서 말을 풂.
【舍車而徒 사거이도】 수레를 버리고 걸어서 감. 불의(不義)의 지위를 버리고, 청빈(淸貧)에 만족함.
【舍己從人 사기종인】 자기의 의견을 버리고 공론을 따름.
【舍短取長 사단취장】 나쁜 점을 버리고 좋은 점을 취함.
【舍廊 사랑】 國바깥주인이 거처하며 손을 응접하는 방.
【舍利 사리】 ①(佛)㉠석가모니, 또는 고승(高僧)의 유골(遺骨). ㉡고승의 시체를 화장하여 맨 나중에 남는 구슬 같은 뼈. ◯범어(梵語) 'Sarīra'의 음역어. 佛骨(불골). ②새 이름.
【舍利塔 사리탑】 (佛)부처나 고승의 사리를 넣어 둔 탑.
【舍命 사명】 ①명령을 지켜 변하지 않음. ②천명(天命)에 만족함.
【舍伯 사백】 남에게 자기의 맏형을 이르는 겸칭(謙稱). 舍兄(사형).
【舍生取義 사생취의】 목숨을 버리고 의를 취함.
【舍營 사영】 군대가 민가에서 숙박하는 일.
【舍音 사음】 國마름. 지주를 대리하여 소작권을 관리하는 사람.
【舍易求難 사이구난】 쉬운 일은 버리고 어려운 일을 구함.
【舍弟 사제】 남에게 자기의 아우를 이르는 겸칭(謙稱). 家弟(가제).
【舍次 사차】 군대의 숙영(宿營)
【舍奠 석전】 임금이 순수(巡狩)한 뒤나 사냥·정벌에 앞서, 산천 또는 종묘(宗廟)에 지내던 제사. ◯'舍·奠'은 '놓는다'를 뜻함.
【舍采 석채】 옛날에 처음으로 입학할 때, 선사(先師)에게 예물로써 채소류를 바치던 일.

⦿ 客-, 公-, 官-, 館-, 校-, 同-, 茅-, 肆-, 宿-, 僧-, 野-, 旅-, 廬-, 屋-, 蝸-, 鄰-, 田-, 精-, 學-, 休-.

舌 2 【舍】 ❽ 舍(1475)와 동자

舌 3 【舓】 ❾ 舐(1475)와 동자

舌 4 【舑】 ❿ 입 다물 금 䨳 jìn
[字解] ①입을 다물다. =噤. 〔韓愈, 孟郊·聯句〕巧舌千皆舑. ②소 혀의 병.

舌 4 【舑】 ❿ 혀 빼물 담·첨 䨲 䨲 tān
[초서] [字解] 혀를 빼물다. 〔玉延壽·賦〕玄熊舑舕以斷斷.

舌 4 【舐】 ❿ 핥을 지 ㉮시 䨳 shì

舌部 5~13획 舐 舒 辞 䑙 䑝 舔 䑛 䑍 舖 舘 䑟 䑤 䑥 舛部 0획 舛

舐 핥다, 빨다.
〔莊子〕秦王有病召醫, 破癰潰痤者得車一乘, 舐痔者得車五乘.
【舐糠及米 지강급미】겨를 다 핥고 나면 쌀까지 먹어 치움. ㉠점차로 해가 미침. ㉡국토를 떼어 주기 시작하면 마침내 나라가 망함.
【舐犢之愛 지독지애】어미 소가 송아지를 핥아 주는 사랑. 제 자식을 깊이 사랑함.
【舐痔 지치】①치질을 핥음. ②아첨함.
【舐痔得車 지치득거】남의 치질을 핥아 주고 수레를 얻음. 천한 일로 큰 이익을 얻음.
【舐筆 지필】①붓을 핥음. ②소홀히 씀. 정신을 들이지 않고 끼적거림.

舓 ⑪ 舐(1475)와 동자

舒 ⑫ 펼 서 魚 shū
字解 ①펴다, 펴지다.〔素問〕其政舒啓. ②열리다.〔素問〕其令條舒. ③흩어지다.〔淮南子〕嬴縮卷舒. ④느긋하다. 늑紓 ㉮급하지 않다. ㉯천천하다, 조용하다.〔詩經〕舒而脫脫. ㉰느리다.〔詩經〕舒窈糾兮. ⑤우아(優雅)하다, 조화되다.〔禮記〕君子之容舒遲. ⑥소홀히 하다, 깔보다.〔史記〕貴而不舒. ⑦차례를 세우다. 늑敍. ⑧실마리. ⑨되살아나다. ⑩나라 이름. 안휘성(安徽省)에 있었던, 주대(周代)의 제후국.
【舒卷 서권】①폄과 맒. 때에 따라 진퇴(進退)하는 일. ②책을 폄.
【舒眉 서미】찌푸린 눈살을 폄. 근심이 사라짐. 伸眉(신미).
【舒舒 서서】느긋한 모양. 조용한 모양.
【舒嘯 서소】①조용히 읊조림. 느린 가락으로 노래 부름. 안온한 기분으로 풍월(風月)을 즐기는 일. ②휘파람을 붊.
【舒綏 서완】①조용하고 느긋함. 때에 맞추어 진퇴(進退)하는 일. ②소리가 느긋이 울리는 모양. ③헐거워짐. 긴장이 풀림.
【舒情 서정】정서(情緒)를 폄.
【舒遲 서지】여유 있고 느긋한 모양.
【舒暢 서창】마음이 상쾌해짐. 즐거워짐.
【舒懷 서회】회포를 풀어 말함.
➊ 寬-, 卷-, 散-, 安-, 綏-, 長-, 閑-.

辞 ⑬ 辭(1797)의 속자

䑙 ⑭ 혀 내밀 담 覃 tàn
字解 혀를 내밀다.〔吳偉業·詩〕䑙舚張饕餮.
【䑙䑒 담첨】혀를 내민 모양.

䑝 ⑭ 舐(1475)의 본자

舔 ⑭ 핥을 첨 琰 tiǎn
字解 핥다, 빨다.
【舔舕 첨담】핥는 일.
【舔鹹鹿 첨함록】사슴 사냥의 이름. 밤중에 사슴이 소금을 먹으러 올 때 사냥꾼이 녹적(鹿笛)을 불어 사슴을 모아서 이를 쏨.

䑛 ⑭ 䑍(1476)과 동자

䑍 ⑮ ❶많이 먹을 탑 合 tà ❷할짝거릴 첩 葉 tiè
字解 ❶많이 먹다, 대식(大食)하다. ❷할짝거리다, 개가 할짝거리다.

舖 ⑮ 鋪(1891)와 동자

舘 ⑯ 館(2038)의 속자

䑟 ⑰ 䑍(1476)과 동자

䑤 ⑱ 말 뒤집을 화 禡 huà
字解 ①말을 뒤집다, 말을 이랬다저랬다 하다. ②말. =話.

䑥 ⑲ 혀 빼물 첨 琰 tiàn
字解 혀를 빼물다.〔韓愈·詩〕交驚舌互䑥.

舛 部

6획 부수 │ 어그러질천부

舛 ⓒ ❶어그러질 천 銑 chuǎn ❷잡될 준 軫
参考 대법원 지정 인명용 한자의 음은 '천'이다.
字源 會意. 夕+㐄→舛. 두 발[夊와 㐄]이 서로 어긋나 있는 모습에서 '배반하다·어긋나다'의 뜻을 나타낸다.
字解 ❶①어그러지다, 상치되다.〔漢書〕各以其知舛馳. ②어수선하다.〔左思·賦〕詭類舛錯. ❷잡되다, 섞이다.
【舛駁 천박】뒤섞여 바르지 못함. 뒤섞여 순수하지 못함.
【舛逆 천역】선후가 뒤바뀜. 어긋나고 거슬림.
【舛誤 천오】잘못함. 잘못.

【舛訛 천와】 잘못. 실수. 오류(誤謬).
【舛雜 천잡】 서로 뒤섞임.
【舛差 천차】 서로 어긋남.
【舛錯 천착】 ①어그러짐. 어긋남. 差錯(차착). ②뒤섞임.
【舛互 천호】 ①뒤섞임. ②어긋남. 어그러짐.
● 蹇―, 乖―, 壞―, 交―, 蕉―, 煩―, 紛―, 疏―, 訛―, 違―, 謬―, 雜―, 差―, 錯―.

舛 6 【舜】 ⑫ 순임금 순 震 shùn

[소전] [고문] [초서]
[字源] 會意·形聲. 𦰩+舛→蕣→舜. 나팔꽃 덩굴이 땅에 뻗어 꽃이 이어져[𦰩] 어긋맞게 피었다[舛]는 뜻을 나타낸다.

[字解] ①순임금. 요(堯)임금의 뒤를 이어 천하를 다스렸다는 전설상의 임금. 〔史記〕虞舜者, 名曰重華. ②무궁화. =蕣. 〔詩經〕顏如舜華. ③뛰어나다. 늑俊. ④나팔꽃.
【舜英 순영】 ①무궁화꽃. ②미인(美人).
【舜禹 순우】 순임금과 우임금. 모두 중국 고대의 성왕(聖王).
【舜華 순화】 ①무궁화. 槿花(근화). ②미인.
● 堯―, 虞―.

舛 7 【䑞】 ⑬ 비녀장 할 䑞 xiá

[소전] [초서]
[字解] ①비녀장. =鎋·轄. 〔詩經〕載脂載䑞. ②별 이름. 〔史記〕鈐北一星䑞.

舛 8 【舞】 ⑭ 춤출 무 震 wǔ

[자형변천]

[소전] [초서]
[字源] 形聲·會意. 無+舛→舞. '無(무)'가 음도 나타낸다. '無'가 본래 사람이 춤을 추는 모습을 그린 상형자였으나, 뒤에 '없다'라는 뜻으로 가차되자 '춤추다'라는 뜻으로는 발 모양의 '舛'을 더한 '舞(무)'자를 새로 만들어 썼다.

[字解] ①춤추다. ㉮율동적으로 팔다리를 움직이다. 〔史記〕項莊拔劍起舞. ㉯하늘을 훨훨 날다. 〔列子〕鳥舞魚躍. ㉰깡충깡충 뛰다. 〔書經〕百獸率舞. ②춤. 〔禮記〕舞動其容也. ③춤추게 하다. 〔蘇軾·賦〕舞幽壑之潛蛟. ④희롱하다. 〔史記〕舞文弄法. ⑤업신여기다. 늑侮. 〔列子〕舞彼來者奚若. ⑥격려하다. 〔易經〕鼓之舞之, 以盡神. ⑦임무. 늑務. 〔楚辭〕干協時舞. ⑧종(鐘)의 몸 윗부분. 〔周禮〕鉦上謂之舞.
【舞鼓 무고】 ①정재(呈才) 때 기생들이 치며 춤추던 큰 북. ②고전 무용의 북춤에서 쓰는 북. ③북춤.
【舞曲 무곡】 ①춤출 때 부르는 노래. ②무악(舞樂)에 쓰는 악곡(樂曲)의 총칭. ③춤과 음악.
【舞妓 무기】 ①춤추는 여자. 舞姬(무희). ②國재(呈才) 때 춤추던 기생.
【舞蹈 무도】 ①춤을 춤. ②발을 구르며 기뻐 날뜀. ③서양식의 춤. 댄스.
【舞童 무동】 國궁중의 잔치 때 춤을 추고 노래 부르던 사내아이.
【舞弄 무롱】 ①멋대로 법률 따위를 농락함. ②남을 깔보고 농락함.
【舞馬之災 무마지재】 화재(火災). [故事] 진대(晉代)에 황평(黃平)이 말[馬]이 춤추는 꿈을 꾸고 난 후에 불이 났다는 고사에서 온 말.
【舞文 무문】 ①문서나 장부를 뜯어고침. ②붓을 함부로 놀려 왜곡된 글을 씀.
【舞文弄法 무문농법】 조문(條文)을 곡해(曲解)하고 법률을 남용함. 법률을 자기 형편에 좋도록 적용함.
【舞法 무법】 법을 멋대로 가지고 놂. 법을 남용(濫用)함.
【舞樂 무악】 ①춤출 때 장단을 맞추는 음악. ②춤에 맞추어 하는 아악(雅樂).
【舞籥 무약】 ①관악기의 하나인 약(籥). ②일무(佾舞)에서 문무(文舞)를 추는 사람이 오른손에 잡던, 대[竹]로 만든 기구.
【舞筵 무연】 춤추는 자리.
【舞雩 무우】 기우제(祈雨祭). 기우제를 지내는 제단(祭壇).
【舞雩歸詠 무우귀영】 무우에서 놀다가 시를 읊으며 돌아옴. 자연을 즐기는 즐거움. ♢'舞雩'는 언덕 이름.
【舞翟 무적】 일무(佾舞)에서 문무(文舞)를 추는 사람이 왼손에 쥐고 춤추던 기구.
【舞天 무천】 國예(濊)에서 농사를 마치고 음력 10월에 행하던 제천 의식(祭天儀式).
【舞筆 무필】 사실을 바른 대로 쓰지 않고 일부러 왜곡하여 씀.
● 歌―, 劍―, 鼓―, 群―, 亂―, 蹈―, 妙―, 手―, 僧―, 圓―, 輪―, 聚―, 環―, 興―.

舟 部

6획 부수 | 배주부

舟 0 【舟】 ⑥ 배 주 尤 zhōu

[소전] [초서]
[字源] 象形. 배의 모양을 본든 글자.

[字解] ①배. 〔詩經〕方之舟之. ②술통을 받치는 쟁반, 술을 치는 데 쓰는 예기(禮器). 〔周禮〕春祠夏禴, 祼用雞彝·鳥彝, 皆有舟. ③싣다. ④띠다. 〔詩經〕何以舟之, 維玉及瑤. ⑤나라 이름. 늑周. 〔詩經〕舟人之子.
【舟車 주거】 배와 수레.
【舟梁 주량】 ①배와 다리. ②배다리. 작은 배를

舟部 2〜4획　舠舡舣般舫舩舥航

한 줄로 이어서 만든 다리.
【舟筏 주벌】①배와 뗏목. ②배.
【舟師 주사】수군(水軍). 舟軍(주군).
【舟輿 주여】배와 수레. 舟車(주거).
【舟人 주인】뱃사공. 舟子(주자).
【舟戰 주전】수전(水戰). 海戰(해전).
【舟中敵國 주중적국】한배 안에 적의 편이 있음. 덕의(德義)를 닦지 않으면 같은 배를 탄 사람도 배반하고자 함.
【舟楫 주즙】①배와 노. 배. ②임금을 보필하는 신하.
【舟艦 주함】전투용의 배. 戰艦(전함).
【舟行 주행】①배를 타고 감. ②뱃놀이.
●刻—, 客—, 輕—, 孤—, 歸—, 方—, 飛—, 小—, 漁—, 龍—, 釣—, 扁—, 虛—.

舟 2【舠】⑧ 거룻배 도 䊷 dāo
[초서][字解] 거룻배, 작은 배. 〔吳均·詩〕行衣侵曉露, 征舠犯夜湍.
【舠子 도자】거룻배.

舟 3【舡】⑨ ❶오나라 배 강 [江] xiāng
❷배 선 䊷 chuán
[초서][參考] 대법원 지정 인명용 한자의 음은 '강'이다.
[字解] ❶오(吳)나라 배. ❷배. ※船(1479)의 속자(俗字).
【舡人 강인】뱃사공. 船夫(선부).

舟 3【舣】⑨ 거룻배 차 䊷 chā
[字解] 거룻배, 짧고 깊은 배. =艖.
【舣艊 차보】거룻배. 짧고 깊은 배.

舟 4【般】⑩ ❶돌 반 [裏] pán
❷되돌릴 반 䊷 bān
❸현 이름 반 䊷 bǎn
❹반야 반 [本] 발 䊷 bō

ノ ノ 刀 月 月 舟 舟 舟 舩 般

[소전][고문][초서][字源] 會意. 舟+殳→般. '殳'는 상앗대. '舟'와 합하여 배가 왔다 갔다 하여 돈다는 뜻을 나타낸다.
[字解] ❶①돌다, 돌리다. ②옮다, 옮기다, 나르다. 〔舊唐書〕自冬歷夏, 般載不了. ③오래다. 〔賈誼·文〕般紛紛其離此尤兮. ④머뭇거리다. 〔傅毅·賦〕般妳不發. ⑤즐기다. 〔荀子〕忠臣危殆, 讒人般矣. ⑥크다. ≒伴. 〔孟子〕般樂怠敖. ⑦방죽, 제방. 〔史記〕鴻漸于般. ⑧반석. ⑨단정하지 못하다. 〔莊子〕解衣般礴. ❿큰 배. ⓫무리, 종류. 〔宋史〕求淑女兮, 豈樂多般. ⓬시경(詩經)의 편명. ❷①(通)반(班)(1130). 되돌리다. ㉮돌아오다, 되돌리다. ㉯잇달다. 〔漢書〕涇涇翠宮, 般以相燭兮. ㉰펴다. 〔漢書〕先以雨, 般裔裔. ㉱나누다, 주다.

〔太玄經〕渙爵般秩. ②얼룩. 〔周禮〕馬黑脊而般臂螻. ③어지럽다. ≒斑. 〔漢書〕般紛紛其離此郵兮. ❸①현(縣) 이름. 한대(漢代)에 두었으며, 지금의 산동성(山東省) 덕평현(德平縣)의 동북쪽. ②면(面)이 평평한 모양. ❹반야(般若).
【般樂 반락】크게 즐기며 놂.
【般礴 반박】두 다리를 키 모양으로 쭉 뻗고 앉음. 箕踞(기거).
【般般 반반】①문채(文彩)가 있는 모양. ②얼룩얼룩한 모양. 斑斑(반반).
【般師 반사】군사를 되돌림.
【般旋 반선】빙 돎. 빙빙 돌아다님.
【般若 반야】(佛)미망(迷妄)을 버리고 불법을 깨닫는 지혜. ◯범어(梵語) 'Prajñā'의 음역어.
【般若湯 반야탕】(佛)승려들의 은어(隱語)로, 술(酒)의 딴 이름.
【般遊 반유】즐기며 놂. 般樂(반락).
【般逸 반일】즐기며 놂. 놀며 게으름을 피움.
【般桓 반환】나아가지 않는 모양.
●各—, 過—, 今—, 幾—, 多—, 萬—, 百—, 先—, 一—, 這—, 全—, 諸—, 千—.

舟 4【舫】⑩ 배 방 䊷 fǎng
[소전][초서][字解] ①배. ②뗏목. ③쌍배. =艕. 〔史記〕舫船載卒. ④사공.
【舫樓 방루】배의 망루(望樓).
【舫船 방선】서로 매어 놓은 배. 並舟(병주).
【舫屋 방옥】배의 지붕.
【舫人 방인】뱃사공. 舟人(주인).
【舫舟 방주】①두 척의 배를 나란히 함. 서로 매어 놓은 배. 方舟(방주). 並舟(병주). ②배. ③뱃사공.
●巨—, 輕—, 官—, 筏—, 船—, 連—, 遊—, 敗—, 行—, 花—.

舟 4【舩】⑩ 船(1479)의 속자

舟 4【舥】⑩ 배다리 파 䊷 pā
[字解] 배다리.

舟 4【航】⑩ 배 항 [陽] háng

ノ ノ 刀 月 月 舟 舟 舟 航 航

[초서][字源] 形聲. 舟+亢→航. '亢(항)'이 음을 나타낸다.
[字解] ①배. 〔張衡·賦〕譬臨河而無航. ②배다리. 〔淮南子〕賢主之用人也, 猶巧工之制木也, 大者以爲舟航柱樑. ③건너다. 〔王褒·碑〕桓譚作論, 明弱水之難航.
【航空 항공】공중을 비행함.
【航路 항로】항행하는 길.

【航船 항선】 여객을 태우고 항해하는 배.
【航程 항정】 항행하는 거리.
【航海曆 항해력】 항해에 필요한 천문(天文) 사항을 적은 책력.
【航行 항행】 비행기나 배를 타고 감.
○ 輕-, 歸-, 寄-, 難-, 樓-, 渡-, 密-, 浮-, 巡-, 夜-, 直-, 津-, 進-, 回-

舟5 【舸】 ⑪ 큰 배 가 ge

[字解] 큰 배, 배. 〔吳志〕 乘大舸船.
【舸纜 가람】 큰 배의 닻줄.
【舸艦 가함】 큰 군함(軍艦).
○ 軻-, 單-, 慢-, 小-, 遙-, 利-, 走-

舟5 【舠】 ⑪ 배 이름 구 gōu

[字解] 배 이름.

舟5 【舲】 ⑪ 작은 배 령 líng

[字解] ①작은 배, 창이 있는 작은 배. 〔楚辭〕 乘舲船余上沅兮. ②거룻배. 〔淮南子〕 越舲蜀艇, 不能無水而浮.
【舲船 영선】 창문이 달린 작은 배.
【舲舟 영주】 작은 배.
○ 孤-, 同-, 漁-, 風-

舟5 【舶】 ⑪ 큰 배 박 bó

[字解] ①큰 배, 당도리. 〔歐陽脩·詩〕 此鳥何年隨海舶. ②장삿배, 상선(商船).
【舶賈 박고】 외국에서 들어온 상인(商人).
【舶來 박래】 ①외국에서 배로 수입해 옴. ②☞舶來品(박래품).
【舶來品 박래품】 외국에서 수입해 온 물품.
【舶物 박물】 ☞舶來品(박래품).
【舶載 박재】 ①배에 실음. 배에 실어 운반함. 船載(선재). ②舶來(박래)①.
【舶趠風 박초풍】 배를 빨리 달리게 하는 바람. 음력 5월에 부는 강한 계절풍.
○ 大-, 船-, 碇-

舟5 【船】 ⑪ 배 선 chuán

丿 月 月 月 舟 舟 舯 舯 船 船

[字源] 形聲. 舟+㕣.
'㕣(연)'이 음을 나타낸다.
[字解] ①배. 〔史記〕 信乃益疑兵陳船, 欲渡臨晉. ②옷깃. 촉(蜀)나라 사람들이 옷깃을 '穿(천)'이라 하던 것을 '船'으로 고친 데서 온 말.
【船歌 선가】 뱃노래.

舟部 5획 舸 舠 舲 舶 船 舼

船의 각 부분 명칭

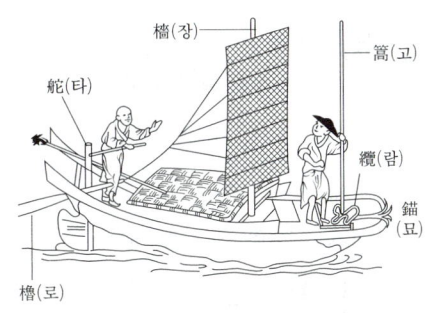

【船脚 선각】 ①배 밑의 물에 잠기는 부분. ②배로 짐을 나르는 삯. 뱃삯. ③뱃사공.
【船車 선거】 배와 수레. 舟車(주거).
【船格 선격】 國사공의 일을 돕던 곁꾼.
【船工 선공】 ①배를 만드는 목공. ②뱃사공.
【船橋 선교】 ①배다리. 舟橋(주교). ②배의 상갑판(上甲板) 전면에 한층 더 높게 만든 곳. 선장(船長)이 항해 중에 배를 지휘, 조종하는 곳.
【船頭 선두】 ①뱃머리. 이물. ②회조선(回漕船)의 감독관.
【船路 선로】 뱃길. 航路(항로).
【船艫 선로】 ①배의 이물, 또는 고물. ②배.
【船舶 선박】 배의 총칭.
【船步 선보】 나루터. 도선장(渡船場).
【船卜 선복】 國뱃짐.
【船腹 선복】 ①배의 중간 부분. ②배에서 짐을 싣는 부분.
【船篷 선봉】 ①배의 뜸. ②뜸으로 덮은 배.
【船手 선수】 뱃사공. 선원(船員).
【船緣 선연】 뱃전. 船舷(선현).
【船運 선운】 ①배가 이동함. ②배로 운반함.
【船遊 선유】 뱃놀이. 舟遊(주유).
【船裝 선장】 ①배를 꾸밈. ②배의 장식.
【船積 선적】 배에 짐을 실음.
【船倉 선창】 짐을 싣는 배의 곳간.
【船艙 선창】 ①배 아랫부분의 화물을 싣는 곳. 또는 선실(船室). ②國물가에 다리처럼 만들어 배가 닿을 수 있게 한 시설.
【船隻 선척】 배.
【船艦 선함】 ①전함(戰艦). ②군함(軍艦)과 상선(商船)의 총칭.
【船舷 선현】 뱃전. 선연(船緣).
【船戶 선호】 ①배의 입구. ②배의 주인.
【船暈 선훈】 國뱃멀미.
○ 舸-, 駕-, 開-, 客-, 輕-, 鯨-, 汽-, 難-, 樓-, 單-, 渡-, 舲-, 發-, 舫-, 商-, 乘-, 御-, 漁-, 遊-, 陸-, 輪-, 戰-, 造-, 釣-, 漕-, 酒-, 鐵-, 鬪-, 破-, 下-, 虛-, 廻-

舟5 【舼】 ⑪ 싸움배 제 dì

舟部 5~9획 舴 䒀 舳 舵 舷 䑠 䑓 䑙 䑗 䒊 䒇 艄 艅 艇 艍 艋 䑻 艛

字解 싸움배. ¶舼艦.
【舼艦 제당】 싸움배. 전선(戰船).

舟 5 【舴】 ⑪ 작은 배 책 囷 zé
초서 䒀 字解 작은 배. ¶舴艋.
【舴艋 책맹】 작은 배. 거룻배.

舟 5 【䒀】 ⑪ 오나라 배 초 䑿 diāo
字解 ①오(吳)나라 배. ②배 이름.

舟 5 【舳】 ⑪ ❶고물 축 囿 zhú
                ❷이물 주 宥 zhòu
소전 舳 초서 舳 字解 ❶①고물. 배의 뒷부분. 〔漢書〕舳艫千里. ②배의 크기 이름. 축로(舳艫). 사방이 10자인 크기. ③키. 배의 방향 조종 장치. ❷이물. 배의 앞부분. 〔左思·賦〕弘舸連舳.
【舳艫 축로】 ①선미(船尾)와 선수(船首). 배의 고물과 이물. ②방형(方形)인 긴 배.
【舳艫相銜 축로상함】 배의 고물과 이물이 서로 맞닿음. 많은 배가 잇닿아 있는 모양.
【舳艫千里 축로천리】 많은 배가 전후로 죽 이어져 있는 모양.
● 艫-, 連-, 玉-.

舟 5 【舵】 ⑪ 키 타 哿 duò
동자 䑨 字解 키. =柁.

舟 5 【䑓】 ⑪ 舵(1480)와 동자

舟 5 【舷】 ⑪ 뱃전 현 先 xián
초서 舷 字解 뱃전. 〔蘇軾·賦〕扣舷而歌之.
【舷燈 현등】 뱃전을 밝히는 등.
【舷窓 현창】 뱃전으로 난 선창(船窓).
【舷舷相摩 현현상마】 뱃전과 뱃전이 서로 스침. 수전(水戰)이 매우 치열함.
● 刻-, 扣-, 船-, 右-, 左-.

舟 6 【䑠】 ⑫ ❶배 도 豪 tāo
                ❷큰 배 요 嘯 yào
字解 ❶배. ❷큰 배.

舟 6 【䑓】 ⑫ 배 동 東 tóng
字解 배. 경쾌하게 가는 배. =䑳.

舟 6 【䑙】 ⑫ 배 방 江 páng, féng
字解 배. 오(吳)나라에서 이르는 말.

舟 7 【䑗】 방강 ①배. 배의 모양. ②크고 굼틀거리는 물건.
【䑗䑻 방쌍】 배.

舟 7 【䑗】 ⑬ 큰 배 랑 陽 láng
字解 ①큰 배. 바다를 운항(運航)하는 큰 배. ②뱃전.

舟 7 【䒊】 ⑬ 작은 배 보 𪇰 bù
字解 작은 배, 짧고 깊은 배.

舟 7 【䒇】 ⑬ 작은 배 부 尤 fú
초서 䒇 字解 작은 배, 세로 길이가 짧은 배.
【䒇艇 부정】 거룻배.

舟 7 【艄】 ⑬ ❶고물 소 肴 shāo
               ❷배 이름 소 效 shào
초서 艄 字解 ❶고물. 배의 뒷부분. ❷배 이름, 정탐하는 배.
【艄公 소공】 뱃사공.

舟 7 【艅】 ⑬ 배 이름 여 魚 yú
소전 艅 초서 艅 字解 배 이름. 〔郭璞·賦〕漂飛雲運艅艎.
【艅艎 여황】 아름답게 장식한 배.

舟 7 【艇】 ⑬ 거룻배 정 迥 tǐng
소전 艇 초서 艇 字解 거룻배, 작은 배. 〔淮南子〕越舲蜀艇.
【艇子 정자】 뱃사람. 뱃사공. 船夫(선부).
【艇板 정판】 배에서 부두에 오르내리기 편하도록 걸쳐 놓은 널빤지. 棧橋(잔교).
● 孤-, 歸-, 汽-, 舫-, 小-, 舟-, 艦-.

舟 8 【艍】 ⑭ 𪇰거룻배 거 jū
字解 거룻배.
【艍舮船 거도선】 ①거룻배. ②거룻배 모양의 작고 빠른 병선(兵船).

舟 8 【艋】 ⑭ 작은 배 맹 梗 měng
초서 艋 字解 작은 배, 거룻배. 〔南齊書〕乘舴艋過江.

舟 8 【䑻】 ⑭ 키 배 卦 bài
字解 키. 배의 방향을 잡는 기구.

舟 9 【䑻】 ⑮ 艛(1481)의 속자

舟部 9～13획

舟9 【艒】⑮ 작은 배 목·모·묵 屋 mù
字解 ①작은 배.〔宋書〕從西還, 大舶小艒, 錢米布絹, 無船不滿. ②배 이름.

舟9 【䑺】⑮ 帆(525)과 동자

舟9 【艘】⑮ 艘(1481)와 동자

舟9 【艓】⑮ 배 이름 접 葉 dié
字解 ①배 이름.〔宋書〕輕艓一萬, 截其津要. ②작은 배.〔戴昺·釣竿篇〕翠羽飾長縷, 蓼花裝小艓.
【艓子 접자】작은 배.

舟9 【艐】⑮ ❶배 모래에 박힐 종 東 kè ❷이를 계 齊 jiè
字解 ❶①배가 모래에 박히다, 배가 모래밭에 박혀 나가지 않다. ②이르다. ※❷와 같다. ③나라 이름. ❷이르다, 미치다. ※屆(489)의 고자(古字).
【艐路 계로】길이 경계선이 됨.

舟9 【艑】⑮ 거룻배 편·변 銑 biàn
字解 ①거룻배. ②오(吳)나라의 큰 배. 길이는 20장(丈)이고, 600~700명을 태운다.
【艑艚 편조】식수를 실어 나르는 배.

舟9 【艎】⑮ 큰 배 황 陽 huáng
字解 ①큰 배.〔謝朓·詩〕飛艎遡極浦, 旌節去關河. ②오(吳)나라 배의 이름. ③나룻배.

舟10 【艚】⑯ 舳(1479)와 동자

舟10 【艕】⑯ ❶쌍배 방 漾 bàng ❷배 방 陽 bàng
字解 ❶①쌍배, 배를 나란히 하다. =舫. ❷배〔船〕.
【艕船 방선】쌍배.
【艕人 방인】사공. 수부(水夫).

舟10 【艘】⑯ 배 소 豪 sōu
字解 ①배, 배의 총칭(總稱). =䑺. ②배를 세는 말.〔吳志〕乃取蒙衝鬪艦數十艘.
【艘楫 소즙】배를 젓는 노.
【艘海 소해】큰 배.
❶客ー, 巨ー, 輕ー, 交ー, 連ー, 征ー.

舟10 【艗】⑯ 이물 익 本역 錫 yì
字解 ①이물, 뱃머리. ②배. 익(鷁)이라는 새 모양을 뱃머리에 새긴 배.

舟10 【艜】⑯ 朝(815)와 동자

舟10 【艖】⑯ 작은 배 차 麻 馬 chā
字解 ①작은 배. ②배. ③평평한 배. ④배 이름.

舟10 【艙】⑯ 선창 창 陽 cāng
字解 ①선창(船倉). 배의 갑판 밑에 있는 짐칸. ②선실(船室).

舟10 【艚】⑯ 큰 배 탑 合 tà
字解 큰 배.〔梁元帝·行〕蓮花逐獬返, 何時乘艚歸.

舟11 【艛】⑰ 배 루 尤 lóu
字解 ①배. ②누선(樓船). 다락을 이룬 층이 있게 만든 배.〔漢書〕修昆明池, 治艛船, 高十餘丈. ③배 이름.
【艛船 누선】망루 역할을 하는 다락이 있게 만든 배.

舟11 【艚】⑰ 거룻배 조 豪 cáo
字解 거룻배, 배.〔南史〕虜悉率彥德水軍大艚, 連以鐵鎖三重斷河.

舟11 【艞】⑰ 배 긴 모양 조 篠
字解 ①배가 긴 모양. ②배의 한 가지.

舟12 【艟】⑱ ❶배 동 東 tóng ❷싸움배 충 冬 chōng ❸짧은 배 당 絳 zhuàng
字解 ①배. =艨. ②싸움배.〔資治通鑑〕艨艟十餘艘. ③짧은 배.
【艟艨 충로】싸움배. 艨艟(몽충).

舟12 【艨】⑱ 큰 배 발·벌 月 fá
字解 ①큰 배, 바다를 운항(運航)하는 큰 배. ②큰 배 이름.
【艨艛 발루】바다를 운항(運航)하는 큰 배.

舟13 【艡】⑲ 배 당 陽 漾 dāng
字解 배.

舟部 13~18획 艫艤艦䑝艨艦艪艬艫艦艨　艮部 0~1획 艮良

舟13 【艫】⑲ 노 로 虜 lú
동자 艪 字解 노(櫓), 상앗대.

舟13 【艤】⑲ 배 댈 의 紙 yǐ
초서 艤 간체 舣 字解 배를 대다, 출항(出航) 채비를 하여 배를 대다. 〔左思·賦〕試水客艤輕舟.
【艤裝 의장】 출항(出航)를 준비를 위하여 모든 필요한 것을 챙겨 갖춤.
【艤舟 의주】 배가 떠날 준비를 함.
【艤楫 의즙】 배가 떠날 준비를 갖춤.

舟13 【䑝】⑲ 檣(888)과 동자

舟13 【䑝】⑲ 楫(866)과 동자

舟14 【艨】⑳ 싸움배 몽 東 庚 méng
초서 艨 字解 싸움배. ¶艨衝.
【艨艟 몽충】 ⇨艨衝(몽충).
【艨衝 몽충】 쇠가죽으로 선체를 덮어 화살과 돌을 막으며 적선을 격파하는 전선(戰船).

舟14 【艦】⑳ 싸움배 함 陷 jiàn
초서 艦 간체 舰 字解 싸움배, 군함. 〔陸機·辨亡論下〕前驅不過百艦.
【艦橋 함교】 사령관이나 함장(艦長)이 항해 중에 함대를 지휘하는 선교(船橋).
【艦隊 함대】 여러 척의 군함으로 조직된 해군 부대.
【艦船 함선】 군함·선박 따위의 총칭.
【艦籍 함적】 함선의 국적이나 군관구(軍管區)의 소속 따위를 기록하여 모아 둔 것.
【艦艇 함정】 크거나 작은 군사용 배의 총칭. 전함·구축함·어뢰정·구명정 따위. ○'艦'은 '큰 배'를, '艇'은 '작은 배'를 뜻함.
● 舸―, 巨―, 軍―, 大―, 母―, 戰―, 砲―.

舟14 【艧】⑳ 배 확 藥 huò
字解 배. 〔江淹·詩〕方水埋金艧.

舟15 【艪】㉑ 艫(1482)와 동자

舟16 【艫】㉒ 뱃머리 로 虞 lú
소전 艫 초서 艫 간체 舻 字解 ①뱃머리, 이물. ②배 크기의 이름, 축로(舳艫). 사방이 1장(丈)인 크기.

③고물. 배의 뒷부분. 배의 앞부분은 이물(舳) 이라고 한다. ④배 이름.
【艫枻 노예】 뱃머리의 노.

舟16 【艨】㉒ ①뜸을 친 작은 배 롱 東 lóng ②배 이름 롱 東 lóng
字解 ①뜸을 친 작은 배. ②배 이름.

舟17 【艫】㉓ 지붕 있는 놀잇배 령 靑 líng
字解 지붕이 있는 놀잇배, 배. =舲.

舟18 【艨】㉔ 배 이름 쌍 江 shuāng
초서 艨 字解 배 이름, 작은 배. 〔袁宏道·詩〕黃笙藤枕夢吳艨.

艮 部

6획 부수 │ 괘이름간부

艮0 【艮】⑥ ①어긋날 간 願 gèn ②끝 흔 元 hén
소전 艮 고문 㔿 參考 대법원 지정 인명용 한자의 음은 '간'이다.
字源 會意. 目+匕→艮→艮. 눈(目)이 나란하여(匕) 서로 물러섬이 없다는 데서 '어긋나다·거스르다'라는 뜻을 나타낸다.
字解 ①①어긋나다, 거스르다. ②그치다. ③어려워하다. =艱. 〔太玄經〕象艮有守. ④한정하다. ≒限. ⑤견고하다. ⑥괘(卦) 이름. ㉮8괘의 하나. 괘형은 ☶. 머물러 나아가지 않는 것을 상징한다. 가족에서는 젊은 남자, 방위에서는 동북에 해당한다. ㉯64괘의 하나. 괘형은 ䷳. 머물러 나아가지 않는 것을 상징한다. 〔易經〕兼山, 艮, 君子以思不出其位. ⑦축(丑)과 인(寅)의 사이. ㉮동북의 방위. ㉯오전 2시에서 4시까지. ②끝나다.
【艮磴 간애】 단단함. 돌이 단단한 모양.

艮1 【良】⑦ ①좋을 량 陽 liáng ②무덤 랑 漾 liàng ③도깨비 량 養 liǎng
`ㄱㅋㅋㅋ`良 良 良
소전 良 고문 㫚 고문 㫚 고문 㫚 초서 良
參考 대법원 지정 인명용 한자음은 '량'이다.
字源 象形. 본래 곡식의 낟알을 체로 치는 모양을 본뜬 글자. 곡식을 체질하여 좋은 것만 가려낸다는 데서 '좋다'라는 뜻을 나타낸다.
字解 ①①좋다. ㉮가멸다, 부(富)하다. 〔管子〕問鄕之良家. ㉯어질다. 〔春秋左傳〕良敬仲也. ㉰뛰어나다. 〔蜀志〕馬氏五常, 白眉

最良. ㉔아름답다.〔大戴禮〕良蜩鳴. ㉕경사스럽다.〔禮記〕及良日. ㉖공교(工巧)하다.〔禮記〕陶器必良. ㉗편안하다.〔荀子〕其容良. ㉘평온하다.〔新書〕安柔不苟, 謂之良. ㉙순진하다.〔論語〕夫子溫良恭儉讓以得之. ㉚가장 뛰어나다.〔山海經〕瑾瑜之玉爲良. ②잘, 능히.〔春秋左傳〕弗良及也. ③진실로, 정말.〔古詩〕良無盤石固. ④깊다.〔後漢書〕良夜乃罷. ⑤매우, 심(甚)히.〔漢書〕上旣聞廉頗·李牧爲人, 良說. ⑥조금, 좀 있다가.〔列子〕良久告退. ⑦처음, 머리. ⑧타고나다, 천생(天生).〔孟子〕人之所不學而能者, 其良能也. ⑨공(功), 공로.〔禮記〕惟予小子無良. ⑩현인(賢人).〔詩經〕黃鳥, 哀三良也. ⑪명의(名醫).〔論衡〕醫能治一病, 謂之巧, 能治百病, 謂之良. ⑫남편.〔孟子〕良人者所仰望而終身也. ⑬준마(駿馬).〔史記〕乘堅驅良, 逐狡兔. ⑭헤아리다. ⑮베풀다, 재물을 베풀다.〔管子〕以財予人者, 謂之良. ⑯무덤. ※❷와 같다. ⑰춘추 때의 땅 이름. 지금의 강소성(江蘇省) 비현(邳縣)의 북쪽.〔春秋左傳〕晉侯會吳子于良. ⑱성(姓). ❷무덤.〔莊子〕闔胡嘗視其良. ❸도깨비, 방량(方良), 망량(罔兩).〔周禮〕以戈擊四隅, 敺方良.

【良家 양가】①좋은 집안. 청렴결백한 집. 지체가 있는 집안. ②부호(富豪)의 집.
【良計 양계】좋은 꾀.
【良苦 양고】①좋은 것과 나쁜 것. ②몹시 고생함. 진실로 고생함.
【良久 양구】매우 오램. 한참 지나서.
【良弓 양궁】①좋은 활. ②좋은 활을 만드는 궁사(弓師).
【良弓難張 양궁난장】좋은 활은 강하기 때문에 활시위를 얹기가 어려움.
【良貴 양귀】타고날 때부터 지닌 덕성(德性). 良心(양심).
【良金美玉 양금미옥】좋은 금과 아름다운 옥. ㉠뛰어난 문장. ㉡뛰어난 덕성.
【良能 양능】①타고난 재능. ②뛰어난 능력이 있는 사람.
【良吏 양리】선량한 관리.
【良民 양민】①선량한 백성. ②國양반과 천민의 중간 신분의 백성.
【良方 양방】①좋은 방법. ②효험 있는 약방문(藥方文).
【良兵 양병】①훌륭한 병사. ②좋은 무기.
【良輔 양보】①훌륭한 보좌(補佐). ②좋은 보좌관. 良弼(양필).
【良否 양부】좋음과 좋지 않음.
【良朋 양붕】좋은 벗. 良友(양우).
【良士 양사】①사내, 선량한 남자. ②선한 선비. 훌륭한 무사(武士).
【良史 양사】①훌륭한 사관(史官). 훌륭한 역사가. ②좋은 역사책.
【良死 양사】수명대로 살고 죽음.
【良師 양사】좋은 스승.
【良相 양상】훌륭한 재상(宰相).

【良書 양서】내용이 좋은 책.
【良宵 양소】좋은 밤. 맑게 갠 밤.
【良臣 양신】어진 신하.
【良辰 양신】좋은 때. 좋은 날.
【良辰美景 양신미경】좋은 시절과 아름다운 경치. 곧, 봄 경치.
【良心 양심】①사람의 본마음. 인간 고유의 선심(善心). ②인의(仁義)의 마음.
【良冶 양야】솜씨가 좋은 대장장이.
【良夜 양야】①달이 밝은 밤. 경치가 좋은 달밤. ②깊은 밤.
【良藥苦口 양약고구】좋은 약은 입에 씀. 충고하는 말은 듣기에 거북함.
【良友 양우】좋은 벗. 착한 벗.
【良月 양월】①좋은 달. ②음력 10월의 딴 이름.
【良遊 양유】①즐거운 놀이. ②중매(仲媒). 중개(仲介).
【良二千石 양이천석】선량한 지방 장관. ◦한대(漢代)에 태수(太守)의 연봉이 2,000석이었던 데서 온 말.
【良人 양인】①선량한 사람. 君子(군자). ②아내가 남편을 이르는 말. ③아름답고 착한 아내. 美室(미실). ④일반 평민.
【良日 양일】①좋은 날. 吉日(길일). 吉辰(길신). ②칠석(七夕)의 딴 이름.
【良才 양재】①좋은 재주. ②좋은 재주를 가진 사람. 良材(양재).
【良材 양재】①좋은 재목. ②⇨良才(양재).
【良知 양지】①생각하지 않고 사물을 알 수 있는 천부적인 지능. ②양명학(陽明學)에서, 마음의 본체. 영묘(靈妙)하여 감응을 그르치지 않는 마음의 작용. ③좋은 벗.
【良知良能 양지양능】생각하지 않고도 알며, 배우지 않고도 능히 할 수 있는 것.
【良妻 양처】착한 아내.
【良稱 양칭】좋은 명칭.
【良平之智 양평지지】한대(漢代)의 장량(張良), 진평(陳平)과 같은 지혜.
【良匹 양필】①좋은 배필(配匹). 佳偶(가우).
【良貨 양화】①좋은 보물. ②좋은 화물(貨物). ③질이 좋은 화폐(貨幣).

❶ 佳一, 嘉一, 改一, 國一, 明一, 不一, 善一, 選一, 順一, 淳一, 溫一, 優一, 元一, 精一, 儁一, 淸一, 最一, 忠一, 閑一, 賢一.

艮 11 【艱】⑰ 어려울 간 ▦ jiān

소전 鞎 주문 艱 초서 艱 간체 艰 字解 ①어렵다.〔書經〕稼穡之艱難. ②어려워하다.〔書經〕后克艱厥后, 臣克艱厥臣. ③괴로워하다.〔書經〕奏庶艱食鮮食. ④어려움, 괴로움.〔詩經〕莫知我艱. ⑤험악하다.〔詩經〕其心孔艱. ⑥어버이 상(喪).〔王儉·碑文〕又以居母艱去官.
【艱苦 간고】고생.
【艱困 간곤】구차하고 곤궁함.
【艱苟 간구】구차함. 빈곤(貧困)함.

【艱窘 간군】 어렵고 군색(窘塞)함.
【艱急 간급】 괴롭고 앞길이 막힘.
【艱難辛苦 간난신고】 몹시 어려운 고생.
【艱難險阻 간난험조】 인생행로가 몹시 험하고 어려움.
【艱澁 간삽】 ①시문이 어려워 이해하기 곤란함. ②힘들고 고생스러움. ③맛이 씀.
【艱辛 간신】 고생. 괴로움.
【艱深 간심】 시문(詩文)의 의미가 깊어 이해하기 어려움.
【艱虞 간우】 걱정과 근심.
【艱險 간험】 ①험난한 곳. 險阻(험조). ②고민과 고생.

○ 曲−, 內−, 母−, 私−, 辛−, 外−, 在−, 于−, 阻−, 拙−, 險−, 後−.

色 部

6획 부수 | 빛색부

色 0 【色】 ⑥ 빛 색 㐱 sè

ノ ク 夕 夛 名 色

[소전][초서] 字源 會意. 人＋卩→色. '卩'은 '節(병부 절)'과 같다. 사람(人)의 심정이 얼굴빛에 나타남이 부절(符節)을 맞춤과 같이 맞다는 데서 '안색(顔色)'이라는 뜻을 나타낸다.

字解 ①빛. 빛깔. ㉮얼굴빛. 〔周禮〕以五氣五聲五色, 眡其死生. ㉯색채. 〔書經〕以五采彰施于五色. ㉰윤, 광택(光澤). 〔北史〕體色不變. ㉱모양, 상태. 〔莊子〕車馬有行色. ㉲기색(氣色). 〔周禮〕大夫占色. ㉳형상(形相). 〔般若心經〕色則是空, 空則是色. ㉴용모의 예쁨. 〔淮南子〕去聲色. ②갈래, 종류. 〔唐書〕敦厚浮薄, 色色有之. ③여색(女色), 정욕(情慾). 〔論語〕少之時, 血氣未定, 戒之在色. ④화장하다, 꾸미다, 윤색(潤色)하다. 〔論語〕東里子產潤色之. ⑤물이 들다. ㉮발끈하다. 〔春秋左氏傳〕謗所謂, 室於怒, 市於色, 楚之謂也. ㉯생기가 돌다. 〔潘岳·詩〕重圍克解, 危城載色. ㉰놀라다. 〔春秋公羊傳〕皆俛然而駭. ⑥평온하다. 〔詩經〕載色載笑. ⑦꿰매다, 깁다. ⑧나라 빛, 색. 사무의 한 부서. 〔朝鮮太祖實錄〕坊里色掌各告其部.

【色界 색계】 ①(佛)삼계(三界)의 하나. 욕계(慾界)와 무색계(無色界)의 중간. 물질·육체에 집착하는 경계. ②여색(女色)의 세계. 화류계(花柳界).

【色骨 색골】 國여색을 지나치게 즐기는 사람. 好色漢(호색한).

【色官 색관】 國관아에서 일정한 일을 맡아보던 벼슬아치.

【色狂 색광】 國색에 미친 사람.
【色難 색난】 ①자식이 안색을 항상 부드럽게 하여 부모를 섬기기는 어려움. ②부모의 얼굴빛을 살펴 그 마음에 맞도록 봉양(奉養)하기란 어려운 일임.
【色德 색덕】 여자가 갖춘 고운 얼굴과 갸륵한 덕행.
【色讀 색독】 문장의 뜻을 글자 그대로만 해석하고 그 참뜻을 생각하지 않는 일.
【色厲內荏 색려내임】 겉으로는 엄격하게 보이나 속마음은 부드러움.
【色盲 색맹】 특정한 색을 구별하지 못하는 시각. 또는 그런 사람. 색소경.
【色目 색목】 ①종류와 명목. 種目(종목). ②희귀한 성. 稀姓(희성). ③당대(唐代)의 가문과 신분. ④원대(元代)에, 서역(西域) 여러 나라 사람의 총칭. ⑤조선 때 사색당파(四色黨派)의 파별(派別).
【色法 색법】 (佛)물질(物質)의 법.
【色思溫 색사온】 안색을 항상 온화하게 하려고 마음을 씀. 구사(九思)의 한 가지.
【色相 색상】 ①색 자체가 갖는 고유의 특성. ②(佛)눈으로 볼 수 있는 모든 물질의 형상.
【色傷 색상】 방사(房事)의 과다로 생긴 병.
【色身 색신】 (佛)색상(色相)의 신체. 곧, 육체(肉體).
【色心 색심】 ①색욕이 일어나는 마음. ②(佛)색법(色法)과 심법(心法). 무형의 정신과 유형의 물질.
【色養 색양】 ①부모의 얼굴빛에서 그 불편 여부를 알아차려 마음이 편할 수 있도록 효양(孝養)함. ②항상 얼굴빛을 부드럽게 하여 부모의 마음을 즐겁게 함.
【色容 색용】 낯빛의 모양. 안색(顔色).
【色人 색인】 ①관리(官吏). ②(佛)몸을 파는 여자. 賣淫女(매음녀).
【色莊 색장】 안색이 엄숙하고 진지함. 외모(外貌)가 장엄함.
【色紬 색주】 國물을 들인 명주.
【色卽是空 색즉시공】 (佛)무릇 형상을 갖춘 만물은 인연(因緣)으로 말미암아 생긴 것이며, 원래 실재하는 것이 아니므로 그대로 공무(空無)한 것임.
【色智 색지】 ①스스로 지능(智能)을 자랑하여 그것을 밖으로 나타내 보이는 일. ②기량(器量)이 작음.
【色態 색태】 ①여자의 아리따운 자태. ②빛깔의 맵시.
【色澤 색택】 윤. 윤기(潤氣).
【色鄕 색향】 ①미인이 많이 나는 고장. ②기생이 많이 나는 지방.
【色荒 색황】 여색에 빠지는 일. 색정을 함부로 쓰는 일.
【色候 색후】 안색에 나타난 병의 증세.

○ 景−, 古−, 國−, 男−, 藍−, 物−, 白−, 服−, 本−, 死−, 生−, 聲−, 神−, 顔−, 女−, 染−, 五−, 容−, 潤−, 雜−, 才−.

赤一, 正一, 察一, 采一, 青一, 秋一, 春一,
脫一, 耽一, 特一, 形一, 血一, 好一, 黃一,
灰一, 黑一, 喜一.

色 5 【艴】⑪ ❶발끈할 불 物 bó ❷새벽 배 隊 pèi
소전 㱿 초서 艴 [字解] ❶ (同) 艴(1485). ① 발끈하다. 성난 얼굴. 〔孟子〕曾西艴然不悅. ②색칠하다. ❷새벽.
【艴然 불연】 성을 발끈 내는 모양.

色 7 【艵】⑬ 艴(1485)과 동자

色 8 【顔】⑭ 顔(2015)과 동자

色 10 【䀤】⑯ ❶검푸를 명 徑 míng ❷눈 감을 명 徑 míng
초서 䀤 [字解] ❶검푸르다, 검푸른 빛. ❷눈을 감다. 瞑暝.

色 12 【䑋】⑱ ❶마음 어지러울 승 蒸 sēng ❷빛 흉할 층 蒸
[字解] ❶①마음이 어지럽다. ②마음이 개운하지 않는 모양. ❷빛이 흉하다.

色 13 【艶】⑲ 艷(1485)의 속자

色 14 【䚇】⑳ 그은 빛 훈 圊 xùn
[字解] 그은 빛, 연기에 그은 빛.

色 16 【艨】㉒ ❶마음 어지러울 맹 庚 méng ❷마음 개운치 않을 맹 徑 mèng
[字解] ❶마음이 어지러운 모양. ❷①마음이 개운치 않다. ②빛이 나쁜 모양.

色 18 【艷】㉔ 고울 염 豔 yàn
동자 豔 속자 艶 간체 艳 [字解] ①곱다, 아름답다, 요염하다. ②광택, 광채(光彩). 〔廬山記〕海濱漁人常見夜有光艷. ④아름다운 문장. 〔范甯·序〕 左氏艷而富. ④초(楚)의 가사(歌辭) 이름. 〔左思·賦〕 荊艷楚舞. ⑤탐내다, 부러워하다. 〔唐書〕 虜指目歆艷.
【艷歌 염가】 염정(艷情)을 내용으로 한 노래. 요염한 노래. 艷曲(염곡).
【艷麗 염려】 아리땁고 고움.
【艷蕾 염뢰】 아름다운 꽃봉오리.
【艷聞 염문】 연애에 관한 소문.
【艷色 염색】 윤기 있고 아리따운 얼굴빛.
【艷羨 염선】 부러워함. 羨慕(선모).
【艷冶 염야】 요염하고 아리따움. 매우 곱다 아리따움. 妖冶(요야).

【艷陽 염양】 화창하고 따스한 늦봄의 날씨.
【艷語 염어】 요염(妖艷)한 말.
【艷艷 염염】 ①광택이 나는 모양. ②윤기가 돌고 아름다운 모양.
【艷妝 염장】 아리따운 단장. 요염한 차림.
【艷粧 염장】 짙은 화장. 아리따운 단장.
【艷絶 염절】 더할 수 없이 아리따움.
【艷情 염정】 연정(戀情).
【艷質 염질】 아리따운 바탕. 가냘픈 천성.
【艷體 염체】 사조(詞藻)가 아름답고 섬세한 문체. 여성적인 시의 문체.
▷嬌一, 綺一, 澹一, 芳一, 鮮一, 麗一, 妍一, 婉一, 妖一, 絶一, 香一, 華一, 紅一.

艸 部

6획 부수 | 풀초부

艸 0 【艸】⑥ 풀 초 皓 cǎo
소전 艸 동자 草 [參考] '艸'가 한자의 구성에서 머리에 쓰일 때는 글자 모양이 '艹'로 바뀌고, '초두머리'라고 부른다. [字源] 會意. 屮+屮→艸. 초목이 처음 돋아 나오는 모양을 본뜬 글자(屮) 둘을 합하여 '풀'이라는 뜻을 나타낸다. [字解] 풀.

艸 2 【艽】⑥ ❶나라 끝 구 尤 qiú ❷오독도기 교 肴 jiāo
소전 艽 초서 艽 [字解] ❶①나라의 끝, 궁벽한 땅. 〔詩經〕我征徂西, 至于艽野. ②깔개, 풀을 깐 짐승의 잠자리. 〔淮南子〕 獸藏有艽𦮔櫼櫛, 窟虛連比, 以象宮室. ❷오독도기, 한라투구꽃.
【艽野 구야】 서울에서 아주 멀리 떨어진 곳. 두메. 遠荒(원황).
【艽𦮔 구초】 짐승이 풀을 깔고 잔 자리.

艸 2 【芀】⑥ ❶향기풀 이름 륵 職 lè ❷대추 극 職 jí
[參考] 芀(1486)는 딴 자. [字解] ❶①향기풀 이름. ②약초 이름. ③손가락 사이, 손가락 사이에 끼우다. ❷대추〔棗〕. 〔資治通鑑〕 樹芀木爲柵, 可支數十年.

艸 2 【艾】⑥ ❶쑥 애 泰 ài ❷거둘 예 霽 yì
소전 艾 [參考] 대법원 지정 인명용 한자의 음은 '애'이다. [字解] ❶①쑥. 〔詩經〕 彼采艾兮. ②쑥 빛, 창백(蒼白)한 빛깔. ③뜸쑥. 뜸을 뜨는 데 쓰도록 만든 쑥. ④늙은이. 쉰 살이라는 설과 일흔 살이라는 설이 있다. ⑤오래다. 〔詩經〕夜未艾.
⑥지내다, 겪다. ⑦나이, 연치(年齒). ⑧크다.
⑨아름답다. 〔孟子〕知好色則慕少艾. ⑩부양
(扶養)하다. 〔詩經〕保爾後. ⑪같다. 〔國語〕
艾人必豐. ⑫다하다, 끊어지다. 〔春秋左氏傳〕
國未艾也. ⑬이르다(至). ⑭서로 보다. ⑮징
계하다. 〔詩經〕予其懲. 〔箋〕懲, 艾也. ⑯남
색(男色). 〔國語〕國君好艾大夫殆, 好內適子
殆. ⑰춘추 때 오(吳)나라의 성읍(城邑) 이름.
⑱성(姓). ❷①거두다, 수확하다. ≒刈. 〔春秋
穀梁傳〕一年不艾而百姓饑. ②낫. ③다스리
다. 〔詩經〕或肅或艾. ④편안하다. 〔春秋左氏
傳〕是得艾也.
【艾猳 애가】①늙은 수퇘지. ②잘생긴 사람.
【艾灸 애구】쑥으로 뜸을 뜸.
【艾耆 애기】50~60세의 노인. ◦'艾'는 '쉰
살'을, '耆'는 '예순 살'을 뜻함.
【艾年 애년】50세. 쉰 살.
【艾老 애로】50세를 지난 노인.
【艾餠 애병】쑥떡.
【艾服 애복】①50세가 되어 조정(朝廷)에 참여
함. 널리 일을 다스림. ②애써 종사함. ③50세.
【艾色 애색】예쁜 얼굴. 아름다운 얼굴.
【艾艾 애애】말을 더듬는 모양. 故事 위(魏)나
라의 명장(名將) 등애(鄧艾)가 말더듬이여서,
말을 할 때마다 '艾艾'하고 말을 더듬었다는
고사에서 온 말.
【艾葉 애엽】약쑥의 잎. 약재로 씀.
【艾人 애인】①쑥으로 만든 인형. 단오절에 문
위에 걸어 두면 사기(邪氣)를 물리친다고 함.
②남에게 보답함. ③노인(老人).
【艾藍 예람】낮 등으로 쪽을 뱀.
【艾安 예안】세상이 잘 다스려져 편안함.
❶耆−, 蘭−, 蓬−, 少−, 幼−, 蒼−, 萬−.

艸 2 【芿】⑥ ❶풀 이름 잉 [陵] réng
❷움 잉 [徑] rèng
❸토란 내 [薑] mǎi
字解 ❶풀 이름. ②묵은 풀 속에 새로 난 풀. ❷
움, 묵은 뿌리에 돋은 움. ❸토란, 큰 토란, 토
란의 어미 줄기.

艸 2 【芋】⑥ ❶구장 정 [唐] tīng
❷술 취할 정 [逈] dǐng
字解 ❶구장(蒟醬). 후춧
과의 덩굴성 목본(木本). ❷
술에 몹시 취하다. =酊.

艸 2 【苕】⑥ 갈대 이삭 초 [蕭] tiáo
參考 苕(1485)은 딴 자.
字解 ❶갈대의 이삭. ②풀
이름. ≒茗.

艸 3 【芉】⑦ ❶풀 이름 간 [寒] gān
❷율무 열매 간 [早] gǎn

參考 芋(1487)는 딴 자.
字解 ❶풀 이름. ②율무 열매.

艸 3 【芎】⑦ 궁궁이 궁 [東] xiōng
字解 궁궁이, 천궁(川芎). 산형과의 여러해살이풀. 〔淮南子〕夫亂人者, 芎藭之與藁本也.

艸 3 【芑】⑦ 흰 차조 기 [紙] qǐ
字解 ①흰 차조. 〔詩經〕維穈維芑. ②상추. ③풀 이름. 〔詩經〕豐水有芑. ④지황(地黃). ⑤나무 이름, 갯버들. =杞.

艸 3 【芒】⑦ ❶까끄라기 망 [陽] máng
❷미숙할 황 [陽] huāng
❸어두울 황 [漾] huàng
❹형체 없는 모양 망 [漾] máng
參考 대법원 지정 인명용 한자의 음은 '망'이다.
字解 ❶①까끄라기, 벼·보리 따위의 수염. 〔周禮〕種之芒種. ②털, 털끝. 〔班固·答賓戲〕銳思於毫芒之內. ③바늘, 바늘 끝. 〔後漢書〕隆潰蟻孔, 氣洩鍼芒. ④창, 창끝. ≒鋩. 〔張協·七命〕建雲髦啓雄芒. ⑤빛살 끝, 광망(光芒). 〔後漢書〕揚芒熛而絳天兮. ⑥크다, 넓다, 많다. ≒茫. ⑦어둡다, 어리석다. ≒盲. 〔莊子〕人之生也, 固若是芒乎. ⑧망하다. ≒亡. ⑨잊다. ≒忘. ⑩부산하다, 경황없다. 〔孟子〕芒芒然歸. ⑪피곤한 모양. ¶芒芒. ⑫산 이름, 북망산(北邙山). ≒邙. ⑬억새. 볏과의 여러해살이풀. ⑭성(姓). ❷①미숙하다, 서투르다. ②대황락(大黃落). 태세(太歲)가 사(巳)인 해. ≒荒. ❸어둡다. =慌. ❹형체가 없는 모양.
【芒角 망각】①별의 빛살 끝. ②모. 모서리.
【芒履 망리】짚신. 芒鞋(망혜).
【芒芒 망망】①지치고 싫증이 나는 모양. ②넓
고 먼 모양. 茫茫(망망). 茫洋(망양). 茫乎(망
호). ③어리둥절한 모양. 망연자실한 모양. ④
많은 모양. ⑤광대한 모양. ⑥눈이 어지러워 확
실히 보이지 않는 모양. ⑦어둠침침하여 잘 보
이지 않는 모양. ⑧혼란한 모양. 질서가 잡히지
않는 모양.
【芒然 망연】①무심(無心)한 모양. 얽매이는 데
가 없는 모양. ②어두운 모양. 의식 상태가 흐
린 모양. 茫然(망연). ③지쳐서 싫증이 나는 모
양. ④아는 것이 없는 모양.
【芒銳 망예】까끄라기 끝의 날카로운 곳. 까끄라
기처럼 뾰족한 날카로움.
【芒刃 망인】칼날. 鋒刃(봉인).
【芒刺 망자】①까끄라기. ②가시.
【芒刺在背 망자재배】까끄라기를 등에 지고 있
음. 두려워서 마음이 편안하지 않음.
【芒種 망종】①24절기의 하나. 소만(小滿)과 하
지(夏至) 사이. 양력 6월 5일경. ②벼·보리 따

위처럼 까끄라기가 있는 곡식.
【芒鞋 망혜】짚신. 미투리.
【芒芴 황훌】어두운 모양. 어슴푸레한 모양.
❶光-, 麥-, 鋒-, 北-, 星-, 穎-, 雄-, 精-, 靑-, 寒-, 毫-, 混-, 芴-, 暉-.

艸3 【芒】⑦ 芒(1486)의 본자

艸3 【芃】⑦ 풀 무성할 봉 園 péng
芃(1487)은 딴 자.
❶풀이 무성하다, 풀이 더부룩하다.〔詩經〕芃芃其麥. ❷작은 짐승의 모양, 꼬리가 긴 모양.〔詩經〕有芃者狐, 率彼幽草. ❸풀 이름.
【芃芃 봉봉】❶초목이 아름답게 우거진 모양. ❷곡식이 잘 자라는 모양.

艸3 【芋】⑦ ❶토란 우 圜 yù ❷풀 성한 모양 우 圍 yú ❸덮을 우 圍 xū
芋(1486)은 딴 자. ❶토란. ❷풀이 성(盛)한 모양. ❸❶덮다, 가리다.〔詩經〕君子攸芋. ❷보유(保有)하다. ❸크다.
【芋渠 우거】➡芋魁(우괴).
【芋魁 우괴】토란의 덩이뿌리 중에서 가장 큰 알. 芋渠(우거).
【芋菽 우숙】토란과 콩.
❶家-, 水-, 野-, 烏-, 紫-.

艸3 【芓】⑦ ❶암삼 자 圍 zì ❷북돋울 자 紙 zǐ ❸풀 이름 자 囟 zī
❶❶암삼, 삼〔蔘〕의 암포기. ❷방죽, 제방(堤防). ≒沚. ❷북돋우다. ❸풀 이름.

艸3 【芍】⑦ ❶함박꽃 작 藥 sháo ❷검은 쇠귀나물 효 圍 xiào ❸연밥 적 圍 dì
대 법원 지정 인명용 한자의 음은 '작'이다.
❶❶함박꽃, 작약꽃. ❷언덕 이름. ❷검은 쇠귀나물, 자고(慈姑). ❸연밥.
【芍藥 작약】미나리아재빗과의 여러해살이풀. 함박꽃.

艸3 【芊】⑦ ❶풀 무성할 천 园 qiān ❷초목 섞일 천 圞 qiàn
芊(1486)는 딴 자.
❶❶풀이 무성하다. ❷산골이 푸른 모양.〔宋玉·賦〕仰觀山巓, 肅何芊芊. ❷❶초목이 섞이다. ❷풀이 무성하다. ❸곡두서니. ≒茜.

【芉眠 천면】❶광채가 성한 모양. ❷풀이 우거진 모양. 芉蔚(천울).
【芉綿 천면】➡芉蔚(천울).
【芉蔚 천울】초목이 우거진 모양.
【芉芉 천천】❶풀이 우거진 모양. ❷푸른 모양.

艸3 【芐】⑦ 지황 호·하 麌 禡 hù, xià
❶지황(地黃). 약초의 한 가지. ❷부들.〔禮記〕芐剪不納.

艸3 【芄】⑦ 왕골 환 圂 wán
芄(1487)은 딴 자.
❶왕골, 환란(芄蘭).

艸3 【芔】⑨ ❶풀 훼 尾 huì ❷성할 휘 圂 hū
會意. 屮+屮+屮→芔. '屮'는 초목의 싹이 터서 나오는 모양을 본뜬 글자〔屮〕셋을 합하여, '풀'이라는 뜻을 나타낸다.
❶풀. =卉. ❷성(盛)하다, 움직이다, 일다.
【芔然 훼연】성하게 이는 모양. 勃然(발연).
【芔隕 휘운】눈물 따위가 많이 떨어짐.
【芔吸 휘흡】숲의 나무가 고동(鼓動)하는 소리.

艸4 【芥】⑧ ❶겨자 개 卦 jiè ❷작은 풀 갈 園 jiè
대법원 지정 인명용 한자의 음은 '개'이다.
❶❶겨자.〔禮記〕秋用芥. ❷갓. 씨는 겨자와 비슷하나 매운맛이 적다. ❸티끌, 먼지.〔淮南子〕視天之間, 猶飛羽浮芥也. ❹작다, 잘다.〔春秋繁露〕春秋記纖芥之失. ❺흙덩이. ≒塊.〔春秋左氏傳〕以與記土芥. ❷작은 풀.
【芥屑 개설】❶먼지. ❷겨자. 芥粉(개분).
【芥子 개자】❶겨자씨와 갓씨. ❷극히 작은 것.
【芥子紅菹 개자홍저】圍겨자깍두기.
【芥舟 개주】❶배처럼 떠 있는 작은 풀잎. ❷작은 배.
【芥蔕 개체】❶사소한 것. ≑'芥'는 겨자씨, '蔕'는 작은 가시. ❷가슴이 멤. 속이 답답함.
❶腐-, 纖-, 塵-, 蔓-, 蔕-, 草-, 土-.

艸4 【芡】⑧ 가시연 감 圂 검 圂 qiàn
가시연. 못이나 늪에 서 나는 연꽃.
【芡實 감실】한방에서 가시연밥을 약재로 이르는 말. 雞頭實(계두실).

艸4 【芵】⑧ 초결명 결 圂 jué
초결명. 씨를 결명자(決明子)라고 하며 약재로 쓴다.

艹【芤】⑧ 파 규 本구 匝 kōu
字解 ①파〔葱〕. ②경화(硬化)된 혈관.

艹【芹】⑧ 미나리 근 囡 陽 qín
소전 초서 字解 ①미나리. 〔詩經〕 言采其芹. ②물건을 선사할 때의 겸사(謙辭). ¶芹獻.
【芹誠 근성】미나리를 바치는 정성. 정성스러운 마음. ㉠충성스러운 농부가 미나리를 캐어 임금에게 바쳤다는 데서 온 말. 芹忱(근침).
【芹藻 근조】미나리와 말〔藻〕. ㉠제사 때 신(神)에게 바치는 물품. 祭需(제수). ㉡덕(德)이 박(薄)하여 족히 취할 바가 없음. ㉢진사(進士)를 지원한 사람.
【芹菜 근채】미나리.
【芹忱 근침】☞芹誠(근성).
【芹曝 근폭】미나리와 햇볕. 다른 사람에게 바치는 하찮은 물건.
【芹獻 근헌】미나리를 바침. 남에게 선물을 보낼 때의 겸사. 獻芹(헌근).
○ 白-, 水-, 野-, 旱-, 香-, 獻-.

艹【芩】⑧ ❶풀 이름 금 囝 qín ❷수초 이름 음 囝 yín
소전 초서 參考 대법원 지정 인명용 한자의 음은 '금'이다.
字解 ❶①풀 이름. 만초(蔓草)의 하나. 〔詩經〕 食野之芩. ②황금(黃芩), 속서근풀. ❷수초(水草) 이름.

艹【芨】⑧ 말오줌나무 급 緝 jí
소전 초서 字解 ①말오줌나무, 넓은잎딱총나무, 삭조(蒴藋). ②바곳. 뿌리는 한방(漢方)에서 오두(烏頭), 부자(附子)라고 한다. ③백급(白及). 대왕풀을 한방에서 약재로 이르는 말. ④풀 이름. 껍질은 종이를 만드는 데 쓴다. 〔謝靈運·賦〕剝芨巖椒.

艹【芪】⑧ ❶단너삼 기 囡 qí ❷풀 이름 지 囡 chí
소전 字解 ❶단너삼. 뿌리는 황기(黃耆)라 하여 약재로 쓴다. ❷풀 이름.

艹【芰】⑧ 마름 기 寘 jì
소전 초서 字解 마름. 수초(水草)의 한 가지.
【芰荷 기하】☞芰荷(기하).
【芰坐 기좌】마름을 모아서 만든 자리.
【芰荷 기하】마름과 연(蓮). 芰蓮(기련).

艹【芚】⑧ ❶채소 이름 둔 囝 tún ❷어리석을 춘 囝 chūn
소전 초서 參考 대법원 지정 인명용 한자의 음은 '둔'이다.
字解 ❶①채소 이름. ②초목이 싹트는 모양. 〔法言〕春木之芚兮. ❷어리석은 모양, 두터운 모양. 〔莊子〕 聖人愚芚.
【芚愚 춘우】어리석은 모양.

艹【芼】⑧ ❶풀 우거질 모 號 mào ❷풀 모 號 mào
소전 초서 字解 ❶①풀이 우거지다, 풀이 우거져 땅을 덮다. ②고르다, 가리다. 〔詩經〕 參差荇菜, 左右芼之. ③국에 넣는 나물, 잡탕국. 〔禮記〕 雉兎皆有芼. ❷풀. =毛. 〔柳宗元·詩〕 野蔬盈傾筐, 頗雜池沼芼.
【芼羹 모갱】채소와 고기를 섞어 끓인 국.
【芼斂 모렴】풀을 거두어들임.

艹【芠】⑧ 범의귀 문 囡 wén
字解 ①범의귀, 바위취. ②분명하지 않다. 〔淮南子〕古未有天地之時, 惟像無形, 窈窈冥冥, 芒芠漠閔.

艹【芴】⑧ ❶순무 물 囫 wù ❷희미할 훌 囝 hū
소전 초서 字解 ❶순무. ❷희미하다, 밝지 않다. 늑忽. 〔莊子〕 芴乎芒乎, 而无從出乎, 芒乎芴乎, 而无有象乎.
【芴菁 물청】순무.
【芴然 홀연】어두운 모양. 흐릿한 모양.

艹【芳】⑧ 꽃다울 방 陽 fāng
丨 一 十 廾 芐 芓 芳芳
소전 초서 字源 形聲. 艹+方→芳. '方(방)'이 음을 나타낸다.
字解 ①꽃답다. ㉮향기가 나다, 향기롭다. 〔晉書〕 經歲寒而彌芳. ㉯명성(名聲)이 높다. 〔蔡邕·碑銘〕 雖沒不朽, 名字芳兮. ②향기풀. ③향기. ㉮좋은 냄새. 〔唐太宗·賦〕 草ймё色而同芳. ㉯명성(名聲). 〔晉書〕 后承前訓, 奉述遺芳. ④향기가 좋은 꽃. 〔益部方物略記〕 是異于衆芳. ⑤현자(賢者), 능사(能士). 〔楚辭〕 固衆芳之所在. ⑥아름다움의 비유. 〔李白·序〕 看芳酒濃, 夜寂琴暢.
【芳景 방경】향기로운 봄의 흥취. 봄 경치.
【芳郊 방교】향기로운 꽃이 핀 들판. 봄의 교외.
【芳氣 방기】향기로운 냄새. 향긋한 향기.
【芳年 방년】①좋은 세월. ②꽃다운 나이. 젊은 여자의 나이. 妙齡(묘령).
【芳烈 방렬】①향기가 강렬함. 강렬한 향기. ②훌륭한 공훈.
【芳醱 방록】향기가 좋은 술. 芳醇(방순).
【芳醪 방료】맛 좋은 막걸리.
【芳林 방림】①봄철의 나무. ②향기로운 숲.

【芳名 방명】①꽃다운 이름. 명예. 令名(영명). ②남의 이름의 존칭.
【芳墨 방묵】①향긋한 좋은 먹. ②남의 글이나 편지의 존칭.
【芳芬 방분】향기로운 냄새. 꽃의 향기.
【芳菲 방비】①향기로운 꽃과 풀. ②풀이 새파랗게 나고 꽃이 피어 향기로움.
【芳聲 방성】좋은 평판. 名聲(명성).
【芳歲 방세】①봄철. ②정월(正月). ③젊은 나이. 青春(청춘).
【芳樹 방수】꽃 피는 나무. 花木(화목).
【芳醇 방순】향기롭고 맛이 좋은 술.
【芳時 방시】꽃이 한창인 시절. 곧, 봄.
【芳辰 방신】향기로운 봄철.
【芳信 방신】①꽃이 피었다는 소식. 꽃소식. 花信(화신). ②남의 편지의 존칭.
【芳心 방심】①아름다운 마음. 미인의 마음. 芳魂(방혼). ②남의 친절한 마음.
【芳液 방액】냄새가 좋은 국물.
【芳艷 방염】향기롭고 아름다움.
【芳友 방우】난초의 딴 이름.
【芳郁 방욱】향기가 왕성함. 향내가 한창임. 芬郁(분욱).
【芳園 방원】꽃을 심은 동산. 花園(화원).
【芳意 방의】①봄의 풍취. 봄의 경치. ②☞芳志(방지).
【芳姿 방자】꽃다운 자태.
【芳節 방절】봄철. 春節(춘절).
【芳情 방정】향기로운 정의(情誼).
【芳朝 방조】봄날의 아침. 春曙(춘서).
【芳樽 방준】①맛 좋은 술이 담긴 술단지. ②좋은 술.
【芳志 방지】남의 친절한 마음의 존칭.
【芳札 방찰】①좋은 소식의 편지. ②남의 편지의 존칭. 芳翰(방한).
【芳草 방초】향기로운 풀.
【芳叢 방총】꽃이 피어 있는 풀숲.
【芳春 방춘】①꽃이 한창인 봄. ②청춘.
【芳翰 방한】남의 편지의 존칭.
【芳香 방향】꽃다운 향기. 좋은 향기.
【芳魂 방혼】①미인의 혼. ②꽃의 정기(精氣).
【芳華 방화】향기 있는 꽃. 향기로운 꽃.
❶ 群-, 美-, 微-, 百-, 芬-, 秀-, 垂-, 餘-, 妍-, 英-, 遺-, 摘-, 傳-, 衆-, 叢-, 秋-, 春-, 含-, 香-.

艸4 【芣】⑧ ❶질경이 부 因 fú
❷당아욱 부 宥 fǒu
字解 ❶질경이. 〔詩經〕采采芣苢. ②꽃이 성(盛)한 모양. ❷당아욱. 금규(錦葵). ¶ 芣苢.
【芣苢 부이】질경이. 잎은 어릴 때 나물로 먹으며, 씨는 차전자(車前子)라 하여 한방의 이뇨제(利尿劑)로 씀. 芣苢(부이).

艸4 【芙】⑧ 부용 부 虞 fú

艸4 【芙】 字解 ❶부용, 연꽃. 〔史記〕外發芙蓉菱華. ❷목부용(木芙蓉). 〔王安石·詩〕水邊無數木芙蓉.
【芙蕖 부거】①연(蓮)의 딴 이름. ②연꽃의 딴 이름. 芙渠(부거).
【芙蓉 부용】①연꽃. ②미인(美人). ③목부용(木芙蓉).
【芙蓉劍 부용검】①빼어난 검. 훌륭한 검. ②의장(儀仗)에 쓰는, 은빛·금빛의 보검.
【芙蓉姿 부용자】①부용처럼 아름다운 모습. ②미인의 아름다운 자태.
【芙蓉帳 부용장】①목부용의 꽃으로 물들인 휘장. ②연꽃을 수놓은 휘장. ③연꽃을 수놓은 휘장 안. 규방(閨房).
【芙蓉出水 부용출수】연(蓮)이 물에서 나옴. 맑고 빼어나게 아름다움.

艸4 【芬】⑧ 향기로울 분 文 fēn
字解 ❶향기롭다, 풀이 싹이 터서 향기가 퍼지다. 〔荀子〕香臭芬鬱. ②향기. ㉮좋은 냄새. 〔傳咸·賦〕蘭蕙含芬. ㉯좋은 명성(名聲). 〔晉書〕揚芬千載之上. ③조화(調和)하다, 온화해지다. ④부풀어오르다. 〔管子〕芬然若灰. ⑤많다, 어지럽다. 〔逸周書〕汝無泯泯芬芬, 厚顔忍恥.
【芬陀利 분다리】(佛)활짝 핀 백련화(白蓮華). 아직 피지 않은 것을 굴마라(屈摩羅), 바야흐로 지려고 하는 것을 가마라(迦摩羅)라고 함.
【芬芳 분방】①좋은 향기. ②훌륭한 공적이나 명예.
【芬馥 분복】향기가 높은 모양. 芬芬(분분).
【芬芬 분분】①향기가 높은 모양. 芬馥(분복). 芬郁(분욱). ②흐트러져 어지러운 모양. ③왕성하고 아름다운 모양.
【芬菲 분비】향기로운 냄새. 화초의 좋은 향기. 芳菲(방비).
【芬然 분연】①흙이 높이 부풀어오른 모양. ②많은 모양.
【芬烈 분열】①강한 향기. ②훌륭한 공훈(功勳).
【芬鬱 분울】냄새가 좋은 모양.
【芬苾 분필】향기가 높음.
【芬香 분향】향기로운 냄새.
【芬馨 분형】①좋은 향기. 芳香(방향). ②훌륭한 명성(名聲).
【芬華 분화】①화려함. 아름다움. ②화려하게 꾸밈. ③향기로운 꽃.
❶ 高-, 蘭-, 芳-, 餘-, 淸-, 苾-, 含-.

艸4 【芾】⑧ ❶작은 모양 비 囷 fèi
❷초목 우거질 불 物 fú
字解 ❶①작은 모양. =茀. 〔詩經〕蔽芾甘棠. ②성(姓). ❷①초목이 우거지다. ②슬갑. 늑韍. 〔詩經〕三百赤芾.

艸4 【芘】⑧ 풀 이름 비 囷 寘 pí, bì

艸部 4획 芰芯芽茚荇芮苅芉芸

艸 4 【芰】⑧ ❶풀 이름. ❷당아욱, 금규(錦葵). ❸가리다, 감싸다. 〔莊子〕隱將芑其所藾.
【芑莉 비리】차를 담은 채롱. 茶籠(다롱).
【芑芣 비부】당아욱. 錦葵(금규).

艸 4 【芟】⑧ ❶벨 삼 國 shān ❷풀꽃 수 紙 wěi
[參考] 대법원 지정 인명용 한자의 음은 '삼'이다.
[字解] ❶①베다. ㉮풀을 베다. 〔詩經〕載芟載柞. ㉯제거하다. 〔魏志〕芟除寇賊. ❷큰 낫. 〔國語〕耒耜枷芟. ❷풀꽃, 초목(草木)의 꽃.
【芟鋤 삼서】⇨芟除(삼제).
【芟穢 삼예】①잡초를 베어 버림. ②세상에 해로운 것을 제거함.
【芟夷 삼이】①풀을 말끔히 베어 버림. ②삭제함. ③베어 죽임.
【芟斫 삼작】풀을 베고 나무를 자름.
【芟正 삼정】나쁜 곳을 깎아서 바르게 함. 나쁜 곳을 바로잡음. ◯'芟'은 '刪'으로 '깎아 버림'을 뜻함.
【芟除 삼제】①풀을 베어 없애 버림. ②난적을 쳐서 나라를 평정함. 芟鋤(삼서).
【芟柞 삼책】①초목을 베어 버림. ◯'柞'은 나무를 벰. ②농사를 지음.
【芟討 삼토】풀을 베듯이 적을 토벌함.
◐ 掃-, 薙-截柞.

艸 4 【芯】⑧ 등심초 심 侵 xīn, xìn
[字解] ①등심초, 골풀. ②물건의 중심. =心.

艸 4 【芽】⑧ 싹 아 麻 yá
[字源] 形聲. 艸+牙→芽. '牙(아)'가 음을 나타낸다.
[字解] ①싹. ②싹트다. 〔歐陽脩·詩〕而今春物已爛漫, 念昔草木冰未芽. ③조짐이 보이다. 〔江統·賦〕消姦宄於未芽. ④처음, 시초. 〔宋之問·詩〕永割偏執性, 自長薰修芽. ⑤차(茶) 새싹. 〔李群玉·詩〕自雲凌煙露, 采撷春山芽. ⑥어금니. ≒牙.
【芽甲 아갑】초목에서 처음 돋아난 떡잎. 새싹.
【芽蘖 아얼】움이 틈.
◐ 麥-, 嫩-, 綠-, 萌-, 發-, 芳-, 新-, 叢-, 抽-, 吐-.

艸 4 【茚】⑧ 창포 앙 陽 ang
[字解] 창포(菖蒲).

艸 4 【荇】⑧ 荇(1498)의 본자

艸 4 【芮】⑧ ❶풀 뾰족뾰족 날 예 霽 ruì ❷나라 이름 열 屑 ruò
[參考] 대법원 지정 인명용 한자의 음은 '예'이다.
[字解] ❶①풀이 뾰족뾰족 나다. ②작은 모양. 〔潘岳·賦〕藂芮於城隅者, 百不處一. ③작은 벌레 이름. 〔列子〕脊芮生於腐蠸. ④솜, 솜옷. 〔呂氏春秋〕不衣芮溫. ⑤방패를 이어 매는 끈. ⑥물가. ≒汭. 〔詩經〕芮鞫之卽. ⑦나라 이름. 주대(周代)의 제후국. 지금의 섬서성(陝西省) 조읍현(朝邑縣)의 남쪽. ⑧성(姓). ❷나라 이름. 동호족(東胡族)의 한 갈래. 〔資治通鑑〕芮芮亦遺間使.
【芮戈 예과】짧은 창.
【芮芮 ❶예예 ❷열열】❶싹이 나긋나긋하게 돋아나는 모양. ❷오랑캐의 나라 이름.

艸 4 【苅】⑧ 刈(185)의 속자

艸 4 【芉】⑧ 풀 이름 우 尤 niú
[字解] ①풀 이름. ②쇠무릎지기, 우슬(牛膝). 뿌리는 생식기 질환에, 잎은 독사에게 물린 데에 해독제로 쓴다.

艸 4 【芸】⑧ ❶향초 이름 운 文 yún ❷단풍 들 운 問 yùn ❸재주 예 霽
[參考] 대법원 지정 인명용 한자의 음은 '운'이다.
[字解] ❶①향초(香草)의 이름. 〔禮記〕芸始生. ②채소 이름, 궁궁이. 〔呂氏春秋〕菜之美者, 陽華之芸. ③성한 모양, 많은 모양. 〔老子〕夫物芸芸, 各復歸其根. ④김매다. ≒耘. 〔論語〕植其杖而芸. ⑤성(姓). ❷단풍 들다, 잎이 누레지다. 〔詩經〕芸其黃矣. ❸재주. ※藝(1560)의 속자(俗字).
【芸閣 운각】①서적을 간직하는 곳집. 서재(書齋). 芸窗(운창). ②조선 때 교서관(校書館)의 딴 이름.
【芸臺 운대】①한대(漢代)에 비서(祕書)를 간직하던 방. 蘭臺(난대). ②한대(漢代)의 비서감(祕書監). ◯운향(芸香)으로 책의 좀을 피한 데서 온 말.
【芸夫 운부】김매는 남자. 농부.
【芸鋤 운서】김을 맴.
【芸芸 운운】성한 모양. 많은 모양.
【芸帙 운질】①좀먹지 않게 하기 위하여 운향(芸香) 잎을 넣은 서질(書帙). ②서적(書籍). 藏帙(장서). 芸編(운편).
【芸窗 운창】서재(書齋). 芸閣(운각)①.
【芸編 운편】서적. 芸帙(운질)②.
【芸香 운향】향초의 한 가지. 잎을 책 속에 넣어 좀을 막는 데 썼으며, 뿌리는 한약재로 씀. 궁궁이. 川芎(천궁).
【芸黃 운황】초목이 시들어 떨어지는 모양.

艸部 4획 芫芢芿苎芝芷芻芭芦花 1491

艸4 【芫】⑧ 팥꽃나무 원 元 yuán

字解 팥꽃나무. 꽃봉오리를 말린 것을 완화(芫花)라 하여 한약재로 쓴다.

艸4 【芢】⑧ 풀 이름 인 眞 rén

字解 풀 이름.

艸4 【芿】⑧ ❶새 풀싹 잉 徑 rèng ❷풀 잉 漾 rèng

字解 ❶①새 풀싹. 묵은 풀을 벤 뒤에 난 싹. 늑芿. ②묵은 풀, 잡초.〔列子〕藉芿燔林. ❷풀, 묵은 풀.

艸4 【苎】⑧ ❶방동사니 저 語 zhù ❷도토리 서·여 魚 xù

字解 ❶①방동사니. 습한 곳에서 나는 사초의 한 가지. ②모시. 늑苧. ❷도토리, 상수리나무.〔莊子〕狙公賦芧.
【芧栗 여율】①도토리. ②산밤. 작은 밤.

艸4 【芝】⑧ 지초 지 支 zhī

字解 ①지초(芝草). 서조(瑞兆)로 보는 신초(神草)의 이름. 또는 버섯의 한 가지. 늑㞢.〔孔子家語〕芝蘭生於深林. ②일산(日傘).〔揚雄·賦〕夫鳳凰兮而翳華芝.
【芝蘭 지란】①지초(芝草)와 난초(蘭草). ②선인(善人)·군자(君子)의 비유.
【芝蘭玉樹 지란옥수】지초와 옥수. 똑똑하고 훌륭한 남의 자제(子弟)의 비유.
【芝蘭之交 지란지교】친구 사이의 고상하고 청아한 교제.
【芝蘭之室 지란지실】지초와 난초가 있어 좋은 향기가 나는 방. 선인(善人)·군자(君子)의 비유.
【芝焚蕙歎 지분혜탄】지초(芝草)가 불타면 혜초(蕙草)가 탄식함. 같은 부류끼리 서로 슬퍼함.
【芝宇 지우】남의 얼굴의 존칭.
【芝草 지초】①지칫과에 딸린 여러해살이풀. ②활엽수의 그루터기에 나는 버섯. 靈芝(영지).

艸4 【芷】⑧ 구릿대 지 紙 zhǐ

字解 ①구릿대. 뿌리는 백지(白芷)라 하여 약재로 쓴다. ②향기풀의 뿌리.〔荀子〕蘭槐之根, 是爲芷. 늑茝.〔荀子〕芷蘭生於深林. ③지초(芝草).
【芷蘭 지란】구릿대와 난초.

艸4 【芻】⑩ 꼴 추 虞 chú

字源 象形. 베어

서 묶어 놓은 풀의 모양을 본뜬 글자. 'ᄼ'는 包로 묶다를, 'ᄔ'는 풀을 뜻한다.
字解 ①꼴, 말린 풀.〔莊子〕食以芻叔. ②베어 묶은 풀. ③꼴을 먹이다.〔周禮〕芻之三月. ④풀을 베다, 풀을 베는 사람. ¶ 芻蕘. ⑤초식하는 가축. 소·양 따위.〔孟子〕猶芻豢之悅我口. ⑥풀, 짚, 줄풀.〔禮記〕塗車芻靈.
【芻狗 추구】①여물과 개. ②짚으로 만든 개. 필요할 때는 이용하고 그 일이 끝나면 내버리는 물건. ○옛날에 추구(芻狗)를 만들어 제사 때 쓰고 제사가 끝나면 곧바로 없앤 데서 온 말.
【芻靈 추령】풀을 묶어 만든 인형. 순사자(殉死者)를 대신하여 쓰던 물건.
【芻秣 추말】마소에게 먹이는 사료. 꼴. 여물.
【芻米 추미】꼴과 쌀. 곧, 가축의 사료와 사람의 양식.
【芻言 추언】비천한 사람의 무식한 말.
【芻蕘 추요】①꼴과 푸나무. ②꼴꾼과 나무꾼. 무식한 사람. 芻樵(추초). ③자기의 문장에 대한 겸사(謙辭).
【芻蕘之說 추요지설】꼴꾼과 나무꾼의 말. ㉠순박한 말. ㉡고루하고 야비한 언사(言辭).
【芻議 추의】①초야(草野)에서 나오는 언론(言論). 비천한 사람의 말. ②자기 의견에 대한 겸사(謙辭).
【芻場 추장】목장(牧場).
【芻樵 추초】☞芻蕘(추요)².
【芻豢 추환】집에서 기르는 짐승의 총칭. ○'芻'는 풀을 먹는 소·양 따위를, '豢'은 곡식을 먹는 개·돼지 따위.
❶牧-, 反-, 詢-, 玉-, 靑-, 苾-.

艸4 【芭】⑧ 파초 파 麻 bā

參考 苩(1486)는 딴 자.
字解 ①파초.〔韋應物·詩〕芭蕉葉上獨題詩. ②향기풀 이름.〔楚辭〕傳芭兮代舞. ③꽃. =葩.〔大戴禮〕桐華始生, 貌拂拂然也.
【芭蕉 파초】파초과에 속하는 중국 원산의 열대성 다년초. 잎은 크고 긴 타원형이며 꽃은 황갈색임.

艸4 【芦】⑧ ❶苧(1487)와 동자 ❷蘆(1562)의 속자

參考 대법원 지정 인명용 한자음은 '호'이다.

艸4 【花】⑧ 꽃 화 麻 huā

字源 形聲. 艸+化→花. '化(화)'가 음을 나타낸다.
字解 ①꽃. =華. ㉮초목의 꽃. ㉯특히 '모란'을 이르는 말.〔歐陽脩·記〕洛陽人, 花曰, 某花某花, 至牧丹則不名, 直曰花. ㉰특히 '해

당'을 이르는 말.〔鶴林玉露〕洛陽人謂牧丹爲花, 成都人謂海棠爲花, 尊貴之也. ④꽃 모양의 물건.〔司空圖·詩〕剪得燈花自掃眉. ⑤꽃이 피는 초목.〔歐陽脩·記〕澆花亦自有時. ②꽃이 피다.〔戴昺·詩〕春至梅梢次第花. ③꽃답다, 아름다운 것의 비유.〔庾信·詩〕洞房花燭明, 燕餘雙舞輕. ④흐려지다, 어두워지다.〔杜甫·歌〕眼花落井水底眠. ⑤소비(消費)하다, 비용. ¶花費. ⑥비녀.〔隋書〕自皇后以下, 小花並如大花之數.

【花街 화가】기생집이 모여 있는 거리. 花柳街(화류가).
【花甲子 화갑자】60갑자의 딴 이름.
【花蓋 화개】①꽃무늬가 있는 덮개. ②꽃받침과 꽃부리의 빛깔·형태가 같아서 구분하기 어려울 때, 이를 통틀어 이르는 말. ③닫집. 법전(法殿)의 용상(龍床) 위나 법당의 부처 위에 만들어 다는 장식.
【花客 화객】①송대(宋代)의 장경수(張景修)가 고른 12가지의 꽃. 상객(賞客;모란)·청객(淸客;매화)·수객(壽客;국화)·가객(佳客;서향〔瑞香〕)·소객(素客;정향〔丁香〕)·유객(幽客;난초)·정객(靜客;연꽃)·야객(雅客;물억새)·선객(仙客;침〔桭〕나무)·야객(野客;장미)·원객(遠客;말리〔茉莉〕)·근객(近客;작약〔芍藥〕). ②꽃을 구경하는 사람. ③단골손님. 顧客(고객).
【花臉 화검】꽃 같은 얼굴. 미인의 얼굴.
【花梗 화경】꽃이 달린 꼭지. 꽃꼭지.
【花冠 화관】①아름답게 장식한 관. ②國칠보(七寶)로 꾸민 여자의 관.
【花魁 화괴】①매화의 딴 이름. ○온갖 꽃 중의 우두머리라는 데서 온 말. ②난초의 딴 이름.
【花氣 화기】꽃의 향기. 花香(화향)①.
【花機 화기】베틀. 織機(직기).
【花奴 화노】무궁화(無窮花)의 딴 이름.
【花壇 화단】꽃밭. 흙을 한층 높게 쌓아 화초를 심는 곳.
【花代 화대】①잔치 때, 기생이나 악공(樂工)에게 주는 돈이나 물건. 놀음차. ②노는 계집을 상관하고 주는 돈. 해웃값.
【花郞 화랑】신라 때, 귀족 출신의 청소년들을 뽑아 군사 훈련과 도의(道義)를 연마하던 집단. 또는 그 중심 인물.
【花蕾 화뢰】꽃봉오리. 花含(화함).
【花柳 화류】①붉은 꽃과 푸른 버들. '아름다움'의 형용. ②사내들을 상대로 노는 계집. ③유곽(遊廓).
【花幔 화만】①꽃무늬가 있는 장막. ②꽃이 만발하여 장막을 친 것같이 보임.
【花鬘 화만】①(佛)불전(佛前)을 장엄하게 꾸미기 위하여 생화(生花) 또는 금은(金銀)으로 만든 조화(造花)를 달아 늘어뜨린 장식. ②옛날 인도(印度) 풍속으로, 꽃을 실에 꿰어 몸이나 머리에 장식하던 것. ③꽃으로 만든, 머리에 꽂는 장식물.
【花面 화면】꽃같이 아름다운 얼굴.
【花無十日紅 화무십일홍】열흘 붉은 꽃이 없음.

한 번 번성하면 반드시 뒤에 쇠퇴함.
【花發多風雨 화발다풍우】꽃이 필 무렵에는 비바람이 많아 핀 꽃도 헛되이 떨어짐. 인간 세상의 만사가 마음대로 되지 않음.
【花費 화비】비용. 경비(經費). 용돈. 헛돈.
【花仙 화선】해당화(海棠花)의 딴 이름.
【花笑 화소】꽃이 방긋이 웃음. 꽃이 핌. 花開(화개).
【花樹 화수】①꽃이 피는 나무. ②꽃을 감상하는 나무. ③國성(姓)과 본관이 모두 같은 일가.
【花脣 화순】①꽃잎. ②미인의 입술.
【花信 화신】꽃이 피었다는 소식. 꽃소식.
【花神 화신】①꽃을 맡은 신. ②꽃의 정령(精靈). ③꽃을 재배하는 데 능한 사람.
【花晨 화신】꽃 피는 아침. 花朝(화조).
【花心 화심】①꽃술. 花蕊(화예). ②촛불의 심지. ③미인의 마음.
【花押 화압】문서의 자기 이름 밑에 도장을 찍는 대신에 자필(自筆)로 적는 표지. 書判(서판).
【花宴 화연】①성대하고 화려한 잔치. ②國환갑 잔치. 華宴(화연).
【花英 화영】꽃송이. 꽃.
【花影 화영】꽃 그림자.
【花蕊 화예】꽃술. 꽃의 생식 기관. 수술과 암술 두 가지가 있음. 花心(화심)①.
【花王 화왕】모란(牡丹)의 딴 이름.
【花容月態 화용월태】꽃 같은 모습과 달 같은 자태. 아름다운 여자의 고운 용모.
【花月 화월】①꽃과 달. ②꽃에 비치는 달. ③음력 2월의 딴 이름.
【花乳 화유】①처음 나온 꽃. 꽃봉오리. ②차(茶)의 딴 이름.
【花裀 화인】꽃방석. 아름다운 방석.
【花子 화자】①여자의 얼굴 장식. ②거지. 乞人(걸인). ③꽃씨.
【花瓷 화자】찬란한 무늬를 넣은 자기.
【花簪 화잠】금·은·주옥 따위를 박고 떨새를 앉혀 꾸민 비녀. 花鈿(화전).
【花煎 화전】國찹쌀가루를 반죽하여 개나리·진달래·국화 따위의 꽃잎이나 대추를 붙여 기름에 지진 떡.
【花箋 화전】꽃무늬가 있는 아름다운 종이.
【花田衝火 화전충화】國꽃밭에 불을 지름. 젊은이의 앞길을 막거나 그르치게 함.
【花鳥 화조】①꽃과 새. ②꽃을 찾아다니는 새. ③꽃과 새를 그린 그림.
【花朝 화조】①☞花晨(화신). ②음력 2월 12일. 또는 2월 15일.
【花鳥使 화조사】남녀 사이의 애정에 관계되는 일을 심부름하여 주는 사람. 사랑의 사자. ○당(唐) 현종 때 후궁(後宮)으로 들어올 천하의 미인을 가려 뽑기 위하여 조정에서 파견한 사자(使者)의 이름에서 온 말.
【花朝月夕 화조월석】①꽃 피는 아침과 달 밝은 저녁. 경치가 좋은 시절. 花晨月夕(화신월석). ②음력 2월 보름과 8월 보름.
【花酒 화주】①기생을 사이에 두고 술을 마심.

②꽃으로 빚은 술.
【花中君子 화중군자】 연꽃의 딴 이름.
【花中神仙 화중신선】 해당화(海棠花)의 딴 이름. 花仙(화선).
【花中王 화중왕】 모란의 딴 이름.
【花枝 화지】 ①꽃가지. 꽃이 피어 있는 가지. ②미인(美人).
【花釵 화채】 ①꽃비녀. 花簪(화잠). 花鈿(화전). ②꽃나무를 접붙일 때 대목(臺木)에 꽂는 어린 가지.
【花天 화천】 하늘 가득하게 핀 꽃.
【花草 화초】 ①꽃이 피는 풀과 나무. 꽃이 없더라도 관상용이 되는 식물의 총칭. 花卉(화훼). ②[國]그 물건이 실용적이지 않고 노리개나 장식품에 지나지 않음.
【花燭 화촉】 ①아름다운 초. ②결혼식·신방 등에 켜는 촛불. ③결혼의 의식.
【花燭洞房 화촉동방】 등촉(燈燭)이 빛나는 부인의 방. ㉠첫날밤에 신랑 신부가 자는 방. ㉡신혼(新婚).
【花叢 화총】 꽃이 핀 풀숲.
【花托 화탁】 꽃턱. 화경(花梗)의 위. 꽃이 붙는 불룩한 부분. 花床(화상).
【花香 화향】 ①꽃향기. 花氣(화기). ②(佛)불전(佛前)에 올리는 꽃과 향.
【花兄 화형】 매화(梅花)의 딴 이름.
【花候 화후】 꽃이 필 무렵. 꽃이 피는 시기. 봄철. 花期(화기).
【花煦 화후】 꽃 피고 따뜻한 때. 음력 3월.
【花卉 화훼】 꽃이 피는 풀. 관상용으로 재배하는 식물. 花草(화초).
◑ 佳－, 假－, 嘉－, 開－, 嬌－, 菊－, 禁－, 奇－, 綺－, 落－, 浪－, 丹－, 桃－, 燈－, 晩－, 萬－, 名－, 美－, 芳－, 白－, 百－, 生－, 瑞－, 鮮－, 疎－, 眼－, 野－, 楊－, 艶－, 六－, 梨－, 殘－, 庭－, 弔－, 造－, 彫－, 燭－, 叢－, 娶－, 貪－, 探－, 風－, 香－, 好－, 紅－, 黃－.

艸 5 【苛】 ⑨ 매울 **가** ㊍**하** [哿] [歌] kē, hē

[소전] [초서] [字解] **①맵다,** 사납다. 〔荀子〕 苛關市之征. **②잘다,** 자세하다. 〔漢書〕 父老苦秦苛法久矣. **③번거롭다.** 〔史記〕 好苛禮. **④무지근하다.** 〔素問〕 筋肉拘苛. **⑤어지러워지다,** 어지럽히다. 〔國語〕 朝夕苛我邊鄙. **⑥학대하다,** 혹독하다. 〔國語〕 弭其百苛. **⑦밝게 살피다.** **⑧꾸짖다.** ≒訶. 〔周禮〕 不敬者苛罰之. **⑨작은 풀**〔草〕. **⑩가렵다,** 옴〔疥〕. 이 뜻 갈래에서는 본음(本音)으로 읽는다. 〔禮記〕 疾痛苛癢. **⑪앓다,** 병. 〔呂氏春秋〕 身無苛殃.
【苛刻 가각】 인정이 없고 모짊. 사소한 나쁜 일도 용서하지 않음. 苛酷(가혹).
【苛急 가급】 가혹하고 까다로움.
【苛厲 가려】 가혹하고 사나움.
【苛斂誅求 가렴주구】 가혹하게 세금을 거두어들이고 무리하게 재물을 빼앗음.
【苛令 가령】 가혹한 법령. 苛法(가법).
【苛禮 가례】 까다로운 예절.
【苛吏 가리】 가혹한 관리. 酷吏(혹리).
【苛罰 가벌】 꾸짖고 벌줌.
【苛法 가법】 가혹한 법령. 번거로운 법률.
【苛細 가세】 까다롭고 잚.
【苛稅 가세】 가혹한 세금. 苛征(가정).
【苛碎 가쇄】 ☞苛細(가세).
【苛殃 가앙】 심한 재앙. 비참한 재화.
【苛嚴 가엄】 몹시 까다롭고 엄함.
【苛征 가정】 가혹한 세금의 징수. 🔍'征'은 징세(徵稅)의 뜻. 苛稅(가세).
【苛政猛於虎 가정맹어호】 가혹한 정치는 범보다 무서움. 혹독한 정치의 폐가 큼.
【苛重 가중】 가혹하고 부담이 무거움.
【苛疾 가질】 위중한 병. 重病(중병).
【苛察 가찰】 엄한 사찰(査察). 가혹한 경계.
【苛責 가책】 혹독한 꾸지람.
【苛評 가평】 가혹한 비평. 酷評(혹평).
【苛虐 가학】 몹시 괴롭히고 학대함.
【苛酷 가혹】 매우 혹독함.
◑ 煩－, 細－, 深－, 嚴－, 殘－, 慘－, 暴－.

艸 5 【茄】 ⑨ ❶연 줄기 **가** [麻] jiā
❷가지 **가** [歌] qié

[소전] [초서] [字解] **❶①연 줄기.** 〔張衡·賦〕 蔕倒茄於藻井. **②연**(蓮). ＝荷. **③절**〔寺〕. ≒伽. **④나라 이름.** 〔春秋左氏傳〕 楚子使薳射城州屈復茄人焉. **❷가지.** ¶ 茄子.
【茄子 가자】 가지.
【茄荷 가하】 연(蓮) 줄기.
◑ 茭－, 白－, 黃－.

艸 5 【苷】 ⑨ 감초 **감** [覃] gān

[소전] [字解] **감초.** 콩과의 여러해살이풀. 붉은 갈색의 뿌리는 단맛이 나는데, 식용하거나 약으로 쓴다.

艸 5 【苣】 ⑨ 상추 **거** [語] jù

[소전] [초서] [字解] **①상추.** 〔杜甫·詩〕 隔種一兩席許萵苣. **②횃불** ＝炬. 〔墨子〕 人擅苣長五節. **③검은깨.**
【苣文 거문】 횃불 모양의 무늬. 苣紋(거문).
【苣勝 거승】 호마(胡麻)의 딴 이름. 참깨.

艸 5 【茎】 ⑨ 莖(*1507*)의 속자

艸 5 【苘】 ⑨ 어저귀 **경** [迥] qǐng

[字解] **어저귀,** 모싯대, 경마(苘麻), 청마(青麻). 뿌리를 한방(漢方)에서 약재로 제니(薺苨)라고 한다.

艸 【苽】⑨ 줄 고 虞 gū

字解 ①줄, 진고(眞苽). 다 자란 줄기는 돗자리를 만드는 데 쓴다. ②산수국(山水菊). 〔詩經·疏〕蘦, 一名巨苽.

【苽米 고미】 육곡(六穀)의 하나. 진고(眞苽)의 열매.

【苽瓠 고호】 표주박.

艸 【苦】⑨ ❶쓸 고 麌 kǔ
5   ❷멀미 고 遇 kǔ

字源 形聲. 艸+古→苦. '古(고)'가 음을 나타낸다.

字解 ❶㉠쓰다, 쓴 맛. 〔素問〕苦勝辛. ㉡씀바귀, 쓴 나물. 〔詩經〕采苦采苦. ㉢고달프다, 지치다. 〔史記〕勞苦而功高如此. ㉣힘쓰다, 애쓰다. 〔戰國策〕無勞勸之苦. ㉤앓다. 〔呂氏春秋〕皆甚苦之. ㉥아프다, 고통을 받다. 〔呂氏春秋〕自苦而居海上. ㉦걱정하다, 근심하다. 〔法言〕或苦亂. ㉨싫어하다. 〔漢書〕亭長妻苦之. ㉩욕되게 하다. 〔漢書〕或貪汙爲外國所苦. ③소홀하다, 조략(粗略)하다. 〔呂氏春秋〕從師苦而欲學之功也. ④나쁘다, 추하다. 〔淮南子〕工事苦慢. ⑤거칠다. 〔史記〕善惡. ⑥무르다. 〔國語〕辨其功苦. ⑦꺼려하다. 〔莊子〕疾則苦而不入. ⑧간절하다, 정성스럽다. 〔晉書〕坦之非而苦諫之. ⑨마르다, 시들다. 늑枯. 〔莊子〕此以其能, 苦其生者也. ⑩매우, 과도(過度)하게. 〔侍兒小名錄〕苦加撻辱. ⑪(佛)사제(四諦)의 하나, 고제(苦諦). 〔般若心經〕無苦集滅道. ❷멀미, 뱃멀미, 차멀미. 〔西谿叢語〕今人以不善乘船, 謂苦船, 北人謂之苦車.

【苦諫 고간】 고언(苦言)으로 정중히 간함.
【苦客 고객】 國귀찮은 손〔客〕, 싫은 손.
【苦界 고계】 (佛)괴로움이 많은 인간 세계.
【苦苦 고고】 ①공손히, 정중히, 간절히. ②고슴도치의 털. ○고려(高麗) 때의 속어(俗語). ③(佛)㉠삼고(三苦)의 하나. 중생의 심신을 괴롭히는 고(苦). 굶주림·질병·비바람·한서(寒暑)·노역 따위의 괴로움. ㉡정(情)이 있는 심신은 본래 괴로운 것인데, 이것에 칼·몽둥이 따위의 괴로움이 더해짐.
【苦哭 고곡】 몹시 슬퍼함. 痛哭(통곡).
【苦功 고공】 거칠고 치밀하지 못한 제품. 삼베 따위.
【苦空 고공】 (佛)이 세상이 괴롭고 허무함.
【苦口 고구】 ①입에 씀. ②충고. 고언(苦言).
【苦待 고대】 ①가혹하게 대우함. 학대함. ②애타게 기다림.
【苦毒 고독】 고통스러움. 괴로움.
【苦力 고력】 ①애써 힘을 냄. ②고심(苦心)함. ③現중국의 하급 노동자.
【苦杯 고배】 ①쓴 술잔. ②실패나 패배.
【苦使 고사】 몹시 혹독하게 부림.
【苦船 고선】 뱃멀미.

【苦辛 고신】 괴롭고 쓰라림.
【苦心 고심】 애씀. 마음을 태움. 苦慮(고려).
【苦心慘憺 고심참담】 처참할 정도로 몹시 근심 걱정함.
【苦讓 고양】 정중히 양보함. 몹시 사양함.
【苦言 고언】 ①듣기에는 거슬리나 유익한 말. 苦語(고어). ②처량한 말.
【苦言利行 고언이행】 고언(苦言)으로 행동을 바로잡을 수 있음.
【苦業 고업】 ①고생스러운 사업. ②(佛)번거롭고 성가신 인연.
【苦役 고역】 ①고된 작업. 힘드는 노동. ②고되게 부림. ③형벌로써 과하는 노역(勞役). 징역(懲役).
【苦雨 고우】 장마. ○사람을 오랫동안 괴롭히는 데서 온 말.
【苦窳 고유】 도자기 따위가 거칠고 비뚤어짐.
【苦肉之計 고육지계】 제 몸을 괴롭히기까지 하여 적을 속이는 계교. 苦肉策(고육책).
【苦吟 고음】 고심하여 시가(詩歌)를 지음.
【苦戰 고전】 몹시 고생스럽고 힘든 싸움. 苦鬪(고투).
【苦節 고절】 어떤 고난을 당해도 굳게 지켜 나가는 절개나 지조.
【苦情 고정】 ①괴로운 일. ②괴로운 마음.
【苦諦 고제】 (佛)사제(四諦)의 하나. 중생계(衆生界)의 과보가 모두 고(苦)라는 이치.
【苦酒 고주】 ①식초의 딴 이름. ②國㉠독한 술. ㉡쓴 술. 술을 남에게 권할 때의 겸칭. 薄酒(박주). ③맥주(麥酒).
【苦竹 고죽】 참대. 왕대.
【苦盡甘來 고진감래】 쓴 것이 다하면 단 것이 옴. 고생이 끝나면 즐거움이 옴.
【苦集滅道 고집멸도】 (佛)사제(四諦). '苦'는 생로병사의 괴로움, '集'은 '고(苦)'의 원인이 되는 번뇌의 모임, '滅'은 고집(苦集)이 사라져 버린 깨달음의 경계, '道'는 깨달음의 경계에 도달하는 수행의 도정.
【苦草 고초】 國고추.
【苦衷 고충】 괴로운 심정이나 사정.
【苦學 고학】 스스로 학비(學費)를 벌어서 고생하며 배움.
【苦寒 고한】 ①지독한 추위. ②추위로 고생함.
【苦海 고해】 (佛)고통의 세계. 괴로움이 많은 인간 세계.
【苦行 고행】 (佛)①불법을 닦기 위하여 육신을 괴롭히고 고뇌(苦惱)를 견뎌 냄. ②절에서 고역(苦役)에 종사함.
【苦患 고환】 괴로워하고 번민함.

❶ 苟—, 刻—, 甘—, 困—, 功—, 窮—, 勤—, 勞—, 病—, 四—, 三—, 愁—, 辛—, 憂—, 疾—, 悽—, 痛—, 寒—, 鹹—.

艸 【苟】⑨ ❶진실로 구 宥 gòu
5   ❷풀 이름 구 尤 gōu

苟 (1495)

〔參考〕 苟(1495)은 딴 자.
〔字源〕 形聲. 艸＋句→苟. '句(구)'가 음을 나타낸다.
〔字解〕 ❶진실로. 〔大學〕苟日新, 日日新, 又日新. ❷한때, 임시, 잠시. 〔儀禮〕賓爲苟敬. ❸적어도, 구차하도. 〔詩經〕苟無飢渴. ❹구차(苟且)히 하다, 눈앞의 편함만 탐내다. 〔管子〕則民不苟. ❺다만. 〔法言〕非苟知之. ❻가령, 만일. 〔易經〕苟非其人, 道不虛行. ❼혹은. 〔易經〕苟錯諸地. ❽원컨대, 바라건대. 〔春秋左氏傳〕苟捷有功, 無作神羞. ❾채소 이름. ❿성(姓). ⓫풀 이름.

【苟簡 구간】 ①소홀히, 등한함. ②일을 간략하게 함. 적당하지 않음.
【苟同 구동】 ☞苟合(구합)①.
【苟得 구득】 결코 얻어서는 안 될 것을 얻음. 도리를 생각하지 않고 함부로 탐함.
【苟免 구면】 ①간신히 모면함. ②당장 모면함. 일시적으로 죄를 면했다 하여 기뻐하고 부끄럽게 생각하지 않는 일.
【苟命 구명】 구차한 목숨.
【苟生 구생】 구차히 삶. 구차한 생활.
【苟安 구안】 일시적인 편안. 한때의 안락(安樂)을 탐함. 偸安(투안).
【苟容 구용】 구차하게 남의 비위를 맞춤.
【苟全 구전】 하는 일 없이 헛되이 목숨만을 보존함.
【苟存 구존】 일시적인 안일을 위하여 살아감. 구차하게 살아감. 苟活(구활).
【苟且 구차】 ①눈앞의 편함만 탐내어 그럭저럭 살아감. ②살림이 매우 가난함. ③언행이 떳떳하지 못함.
【苟且偸安 구차투안】 구차하게 일시적인 안일만을 탐함.
【苟偸 구투】 일시적 안일만을 취함.
【苟合 구합】 ①경솔히 남의 뜻이나 말에 영합함. 苟同(구동). ②약간 모임.
【苟活 구활】 일시적으로 살아감. 苟存(구존).

茍 ⑨ 경계할 극 ji

〔參考〕 苟(1494)는 딴 자.
〔字解〕 경계(警戒)하다, 스스로 삼가다.

茶 ⑨ 나른할 날 ㉠녈 niè

〔參考〕 茶(1501)는 딴 자.
〔字解〕 ①나른하다. ②멈추는 모양. ③잊다. 〔莊子〕茶然疲役.
【茶然 날연】 ①피로한 모양. ②잊는 모양.

苨 ⑨ 잔대 니 nǐ

〔字解〕 ①잔대. 초롱꽃과의 여러해살이풀. ②도라지. ③우거지다, 무성하다. 〔詩經〕維葉苨苨.

苓 ⑨ ❶도꼬마리 령 líng ❷풀 이름 련 lián

〔字解〕 ❶①도꼬마리, 권이(卷耳). 열매에 갈고리 모양의 가시와 짧은 털이 있어 다른 물체에 잘 붙는다. 열매는 창이자(蒼耳子)라 하여 약재로 쓴다. ②향기풀 이름. ③원추리, 훤초(萱草). ④복령(茯苓). ⑤저령(豬苓). 단풍나무에서 생기는 버섯을 한방에서 약재로 이르는 말. ⑥떨어지다. ≒零. 〔漢書〕失時者苓落. ⑦수레 난간. ≒軨. ⑧땅 이름. 지금의 하북성(河北省) 영수현(靈壽縣). ❷①풀 이름. ②연(蓮). ≒蓮.
【苓落 영락】 초목의 잎이 시들어 떨어짐.
❶茯~, 豬~.

苙 ⑨ ❶우리 립 lì ❷구릿대 급 jí

〔字解〕 ❶①우리. 〔孟子〕如追放豚, 旣入其苙. ②구릿대. ※❷와 같다. ❷구릿대. 뿌리는 백지(白芷)라고 하여 약재로 쓴다.

茉 ⑨ 말리 말 mò

〔字解〕 말리(茉莉). 물푸레나뭇과의 상록 관목. 〔陸賈·記〕南越五穀無味, 百花不香, 獨茉莉不隨水土而變.

苺 ⑨ 딸기 매·모 méi

〔字解〕 딸기. ≒莓.

茅 ⑨ ❶띠 모 máo ❷꼭두서니 매 máo

〔參考〕 대법원 지정 인명용 한자의 음은 '모'이다.
〔字解〕 ❶①띠. 볏과의 여러해살이풀. 〔春秋穀梁傳〕茅茨盡矣. ②띠를 베다, 새를 베다. 〔詩經〕晝爾于茅. ③띳집. 띠로 지붕을 인 집. 〔方岳·詩〕聊結一間茅. ④어둑하다, 어스레하다. ＝霧. ⑤나라 이름. 주대(周代)의 제후국. 지금의 산동성(山東省) 금향현(金鄕縣) 서북 창읍(昌邑). ⑥성(姓). ⑦두름. 물고기를 한 줄에 열 마리씩 두 줄로 엮은 것. 〔陶山書院節目〕青魚一茅. ❷꼭두서니. 뿌리는 붉은 물감의 원료로 쓴다.
【茅堂 모당】 띠로 지붕을 인 집. 茅屋(모옥).
【茅門 모문】 띠로 지붕을 인 문. ㉠오막살이. ㉡자기 집의 겸사.
【茅沙 모사】 제사에서 강신(降神) 때, 땅을 상징한 그릇에 담은 띠의 묶음과 모래.
【茅塞 모색】 띠가 나서 막힘. 마음이 욕심에 말미암아 막힘.
【茅柴 모시】 박주(薄酒). 맛없는 술. 茅柴酒(모시주).
【茅庵 모암】 띠로 지붕을 인 초막. 茅屋(모옥).

【茅茹 모여】띠의 뿌리를 하나 뽑으면 여러 개가 함께 뽑힘. ㉠동류(同類)끼리 서로 끌어당김. ㉡많은 현인 군자가 함께 조정(朝廷)에 출사함.
【茅屋 모옥】①띠로 지붕을 인 집. 검소한 집. ②자기 집의 겸칭(謙稱). 茅舍(모사).
【茅牖 모유】띠로 만든 들창문. 가난한 살림살이의 비유.
【茅茨 모자】①띠와 남가새. ②띠로 인 지붕. 茆茨(묘자). ㉡ ☞茅屋(모옥).
【茅茨不剪 모자부전】띠로 지붕을 이고 그 끝을 베어 가지런히 하지 않음. 몹시 검소한 생활.
【茅蒩 모절】조회(朝會)의 의식을 익히기 위하여 띠로 만든 좌석의 표지.
【茅店 모점】띠로 지붕을 인 주막. 시골의 조그마한 주막.
【茅簷 모첨】초가지붕의 처마.
【茅草 모초】띠.
【茅土 모토】제후(諸侯)를 봉(封)함. ○천자가 제후를 봉할 때 그 방위의 빛깔, 곧 동(東)은 청색, 서(西)는 백색, 남(南)은 적색, 북(北)은 흑색, 중앙은 황색의 흙을 흰 띠에 싸서 내려준 데서 온 말.
【茅茷 모패】무성한 띠로 덮인 들판.
【茅軒 모헌】띠로 지붕을 인 집. 茅屋(모옥).
【茅蒐 매수】꼭두서니.
❶ 白—, 葺—, 青—, 草—, 包—, 衡—, 黃—.

艸
5 【苜】⑨ 거여목 목 匧 mù

초서 苜 동자 莈 字解 거여목. 콩과의 두해살이풀.〔韓愈, 孟郊·詩〕苜蓿從大漠, 楓槲至南荆.
【苜蓿 목숙】거여목. 마소의 사료나 비료로 쓰며, 어린잎은 먹기도 함.

艸
5 【苗】⑨ 모 묘 蕭 miáo

[필순] 苗

소전 田 초서 苖 參考 苗(1499)은 딴 자. 字源 會意. 艸+田→苗. 밭〔田〕에 나는 풀〔艸〕, 곧 곡식의 모라는 뜻을 나타낸다.
字解 ①모. 옮겨 심기 위하여 가꾼 어린 벼. 〔詩經〕稷之苗. ②곡식.〔詩經〕無食我苗. ③싹.〔楊萬里·詩〕雷聲一夜雨一朝, 森然迸出如蕨苗. ④여름 사냥.〔詩經〕之子于苗. ⑤구(求)하다. ⑥끝, 후손(後孫).〔楚辭〕帝高陽之苗裔兮. ⑦무리, 백성.〔法言〕秦楚播其虐于黎苗. ⑧요절(夭折), 젊어서 죽음.〔後漢書〕或秀或苗. ⑨업신여기다. ⑩종족 이름. 중국 남방에 사는 종족.〔宋之問·詩〕征苗夏禹徂.
【苗稼 묘가】벼의 모. 苗穉(묘치).
【苗脈 묘맥】①땅속의 광맥(鑛脈). ②사물이 바뀌어 계속되는 일. ③일이 내비치는 실마리. 곧, 일이 나타날 싹수.
【苗木 묘목】모종할 어린 나무.
【苗肥 묘비】圖모내기 전에 논밭에 주는 거름.
【苗床 묘상】①모종을 키우는 자리. ②못자리. 苗板(묘판).
【苗緖 묘서】먼 혈통(血統).
【苗裔 묘예】먼 후손. 苗胤(묘윤).
【苗而不秀 묘이불수】모가 말라 죽음. 사람이 요절(夭折)함.
【苗茨 묘자】①짚으로 지붕을 임. ②짚으로 인 지붕. 茅葺(모즙).
【苗族 묘족】①혈족(血族). ②중국 귀주성(貴州省)·운남성(雲南省) 등에 거주하는 소수 민족.
【苗板 묘판】못자리. 苗床(묘상)②.
【苗圃 묘포】①모종. ②묘목을 기르는 밭.
❶ 嘉—, 昆—, 稻—, 晚—, 美—, 三—, 新—, 秧—, 藥—, 良—, 黎—, 種—, 青—, 禾—.

艸
5 【茆】⑨ ❶순채 묘 巧 mǎo
❷풀숲 모 皓

소전 茆 초서 茆 본자 茆 字解 ❶①순채. 부규(鳬葵).〔詩經〕薄采其茆. ②우거진 모양. ③띠. ≒茅.〔周禮〕茆菹. ❷풀숲. 떨기로 난다.
【茆屋 묘옥】지붕을 띠로 인 집.
【茆茨 묘자】①띠. ②띠로 인 지붕. 茅茨(모자).
【茆菹 묘저】순채(蓴菜)의 한 가지.
【茆簷 묘첨】띠로 인 지붕의 처마.

艸
5 【茂】⑨ 우거질 무 宥 mào

[필순] 茂

소전 茂 초서 茂 字源 形聲. 艸+戊→茂. '戊(무)'가 음을 나타낸다.
字解 ①우거지다, 무성하다.〔詩經〕種之黃茂. ②가멸다, 풍족하다. ③왕성하다.〔詩經〕德音是茂. ④아름답다.〔詩經〕子之茂兮. ⑤훌륭하다. ⑥착하다, 선량하다.〔漢書〕廣延茂士. ⑦힘쓰다.〔詩經〕方茂爾惡.
【茂德 무덕】성대한 덕행. 盛德(성덕).
【茂林 무림】나무가 무성한 숲.
【茂士 무사】재덕(才德)이 뛰어난 선비.
【茂盛 무성】풀이나 나무가 우거짐.
【茂異 무이】재능이 뛰어남.
【茂才 무재】①재능이 뛰어난 사람. ②관리 등용 시험의 과목명(科目名). 茂材(무재).
【茂宰 무재】부(府)나 현(縣)의 지사(知事)를 높여 이르는 말.
【茂迹 무적】훌륭한 사적(事迹).
【茂積 무적】훌륭한 사업. 훌륭한 공적.
【茂學 무학】학문에 힘씀.
【茂行 무행】①뛰어난 덕행(德行). ②행동을 훌륭하게 함.
【茂勳 무훈】훌륭한 공훈. 偉勳(위훈).
❶ 蔓—, 美—, 蕃—, 繁—, 富—, 盛—, 秀—, 純—, 英—, 榮—, 鬱—, 偉—, 幽—, 壯—, 俊—, 叢—, 翠—, 熾—, 豊—, 黃—.

艸部 5획 芪茇苢范苻苯萉茒若

艸5 【芪】⑨ 속대 민 圓 mín
字解 ①속대〔竹膚〕. ②많은 모양.
【芪芪 민민】많은 모양.

艸5 【茇】⑨
❶풀뿌리 발 圓 bá
❷능소화나무 패 圝 pèi
❸뱃줄 불 圽 fèi

字解 ❶①풀뿌리. ②한둔하다, 노숙(露宿)하다. 〔詩經〕 召伯所茇. ③나무 이름. ④넘다, 산야(山野)를 넘다. 늑跋. 〔資治通鑑〕 茇涉至此. ⑤성(姓). ❷①능소화(凌霄花)나무. 낙엽 활엽 만목(蔓木). ❸뱃줄, 대나무줄.
【茇舍 발사】한데에서 잠. 노숙(露宿)함.
【茇涉 발섭】산을 넘고 물을 건넘. 여러 곳을 두루 돌아다님. 跋涉(발섭).

艸5 【苢】⑨
❶성 백 圐 bó
❷꽃 파 圝 pā
字解 ❶성(姓). ❷꽃. =葩.

艸5 【范】⑨ 풀 이름 범 圝 fàn
字解 ①풀 이름. ②벌. 늑蜂·蠭. ③거푸집. =笵. 〔禮記〕范金合土. ④법, 규범, 틀. 〔太玄經〕鴻文無范. ⑤수레의 가로막이 나무〔軾〕의 앞. 〔禮記〕祭左右軌范.
【范鎔 범용】쇠를 녹여 거푸집에 부음.

艸5 【苻】⑨
❶귀목풀 부 圐 fú
❷땅 이름 포 圝 pú

字解 ❶①귀목풀. 백영(白英)의 딴 이름. ②깍지. 꼬투리 안에서 알맹이를 까낸 껍질. 늑孚. ③갈대의 얇은 속껍질. 〔淮南子〕蘆苻之厚. ❷①땅 이름. 〔春秋左氏傳〕攻崔苻之盜, 盡殺之. ②성(姓).
【苻甲 부갑】풀씨의 껍질. 콩깍지 따위.
【苻秦 부진】오호 십육국의 하나인 전진(前秦). 부건(苻健)이 세운 나라인 데서 이르는 말.

艸5 【苯】⑨ 풀 떨기로 날 분 圐 běn
字解 풀 떨기로 나다. 〔張衡·賦〕戎葵懷羊, 苯䔿蓬茸.
【苯䔿 분준】풀이 떨기로 남.

艸5 【萉】⑨
❶우거질 불 圐 fú
❷주살 이름 복 圝 bó
❸작은 모양 비 圐 fèi
❹살별 패 圝 bèi
❺도울 필 圝 bì

字解 ❶①우거지다. ②풀이 길을 덮어서 가지 못하다. 〔國語〕道萉不可行也. ③덮다, 덮어. 〔詩經〕翟萉以朝. ④머리 치장. 늑髴. 〔易經〕婦喪其

茀. ⑤앞치마, 제복(祭服)의 앞치마. 늑韍. ❻다스리다. 늑拂. 〔詩經〕萉祿豐草. ⑦복(福), 행복. 늑祓. 〔詩經〕萉祿爾康矣. ⑧상엿줄. 늑紼. 〔春秋左氏傳〕始用葛萉. ⑨작다. 〔詩經〕萉祿爾康矣. ⑩치다, 공격하다, 쏘아 잡다. 늑刜. 〔周禮〕繢矢, 萉矢. ⑪세고 왕성한 모양. 〔詩經〕臨衝萉萉. ⑫구불거리다. 〔楚辭〕白蜺嬰萉. ❷①주살의 이름. ②향기가 높다. 〔司馬相如·賦〕晻薆咇萉. ❸작은 모양. =苇. ❹①살별, 혜성(彗星). =孛. ②작다. ❺①돕다. =佛. 〔漢書〕萉肸. ②성(姓).
【萉祿 불록】복. 행복. 福祿(복록).
【萉萉 불불】①풀이 무성한 모양. ②강성(强盛)한 모양.
【萉然 불연】숨을 쉬는 모양.
【萉星 패성】살별. 혜성.

艸5 【茒】⑨ 노양이 선 圐 xiān
字解 노양이. 왕골과 비슷한 풀. 〔皮日休·詩〕兩牀茒席一素几.

艸5 【若】⑨
❶같을 약 圐 ruò
❷건초 야 圝 rè
❸땅 이름 야 圝 ré

參考 대법원 지정 인명용 한자의 음은 '약·야'이다.
字源 會意. 艸+右→若. 손(右)으로 나물[艹]을 골라서 가진다는 데서 '따다'라는 뜻을 나타낸다.

字解 ❶①같다. 〔禮記〕若此則周道四達. ②너. 〔史記〕始我從若飮. ③만일, 가령. 〔春秋左氏傳〕若掘地及泉, 隧而相見. ④그렇지 않으면, 또는. 〔春秋左氏傳〕若從踐土, 若從宋, 亦唯命. ⑤혹은. 〔春秋左氏傳〕若入於大都而乞師於諸侯. ⑥견줄 만하다. 〔莊子〕與仲尼相若. ⑦및, 와, 과. 〔後漢書〕彊盜爲上官若他郡縣所糺覺. ⑧그와 같은, 그와 같이. 〔論語〕南宮适出, 子曰, 君子哉若人, 尙德哉若人. ⑨미치다, 이르다. 〔老子〕貴大患若身. ⑩그 위에. 〔老子〕寵辱若驚. ⑪곧, 연후에. 〔國語〕必有忍也, 若能有濟也. ⑫그대로, 본디대로. 〔戰國策〕吾子不殺人, 織自若. ⑬그, 저. 〔春秋左氏傳〕子若免之. ⑭이. 〔書經〕若天棐忱. ⑮구(句) 끝에 오는 말. 〔易經〕出涕沱若, 戚嗟若. ⑯어떠한가, 어찌하는가. 〔經傳釋詞〕若, 猶奈也, 凡經言若何·若之何者, 皆是. ⑰고르다, 가리다. 〔國語〕夫晉國之亂, 吾誰使先若大二公子而立之, 以爲朝夕之急. ⑱따르다, 순종하다. 늑順. ⑲해신(海神)의 이름. 〔莊子〕望洋向若而歎. ⑳두약(杜若). 〔楚辭〕華采衣兮若英. ㉑성(姓). ❷①건초(乾草). ②드리워지는 모양. 若若. ③〔佛〕반야(般若). 범어 'Prajñā'의 음역어. ④성(姓). ❸땅 이름, 촉(蜀)나라 땅 이름.
【若觀火 약관화】불을 보는 것과 같음. 사물이

분명해서, 조금의 의문이나 의혹도 없음.
【若輩 약배】 너희. 너희들. 若曹(약조).
【若父 약부】 너의 아버지.
【若不勝衣 약불승의】 옷 무게를 이기지 못하는 듯함. ㉠몸이 여위어 잔약함. ㉡겸양(謙讓)하는 모양.
【若是 약시】 이와 같이. 若此(약차).
【若是若是 약시약시】 이러이러함.
【若若 ❶약약 ❷야야】 ❶성(盛)한 모양. ❷끈목이 길게 늘어진 모양.
【若曹 약조】 너희들. 若輩(약배).
【若此若此 약차약차】 이러이러함.
【若何 약하】 ①어떠함. 어떻게. 如何(여하). ②어찌하여.
【若合符節 약합부절】 부절을 맞추듯 사물이 꼭 맞음. 如合符節(여합부절).
【若或 약혹】 혹시. 만일.

◐ 敬-, 蘭-, 萬-, 般-, 孰-, 肅-, 儼-, 苒-, 自-, 嗟-, 何-, 海-, 宴-, 欽-.

艸 【苒】⑨ 풀 우거질 염 琰 rǎn
⑤ [字解] ①풀이 우거진 모양. 〔唐彦謙·詩〕苒苒齊芳草. ②연약한 모양. ③세월이 덧없이 흐르다. 〔陸雲·書〕時去苒荏.
【苒若 염약】 풀이 무성한 모양.
【苒弱 염약】 ①苒若(염약). ②춤추는 모양.
【苒苒 염염】 ①풀이 무성한 모양. ②가볍고 나긋나긋한 모양. ③걸어가는 모양. ④나아가는 모양.
【苒荏 염임】 시일이 느즈러짐. 荏苒(임염).

艸 【英】⑨
❶꽃부리 영 庚 yīng
❷못자리의 모 앙 陽 yāng
❸창 장식 깃털 영 庚 yīng
❹장식 영 國 yīng

[참고] 대법원 지정 인명용 한자의 음은 '영'이다.
[字源] 形聲. 艸+央→英. '央(앙)'이 음을 나타낸다.
[字解] ❶①꽃부리. 꽃잎 전체를 이르는 말. 〔楚辭〕夕餐秋菊之落英. ②열매가 열지 않는 꽃. ③꽃 장식(裝飾). 〔詩經〕二矛重英. ④아름답다. ⑤뛰어나다, 걸출(傑出)하다. 〔孟子〕得天下英才, 而教育之. ⑥질(質)이 좋은 물건. ⑦명예. 〔漢書〕浮英華, 湛道德. ⑧나라 이름. ⑨성(姓). ❷못자리의 모, 옮겨 심지 아니하는 모. ❸창 장식 깃털. =瑛. ❹장식(裝飾).
【英傑 영걸】 뛰어난 인물. 英雄(영웅).
【英果 영과】 ☞英斷(영단).
【英氣 영기】 ①뛰어난 기상(氣像). ②뛰어난 용기(勇氣).
【英斷 영단】 지혜롭고 과단성 있게 결단함.
【英達 영달】 ①재능이 뛰어남. 英明(영명). ②뛰어난 사람.

【英圖 영도】 뛰어난 계획. 英略(영략).
【英靈 영령】 ①뛰어난 사람. ②훌륭한 영기(靈氣). ③뛰어난 사람의 영혼.
【英邁 영매】 영민(英敏)하고 비범(非凡)함.
【英名 영명】 훌륭한 명예. 뛰어난 명성.
【英髦 영모】 뛰어난 젊은이. 훌륭한 사람.
【英武 영무】 영걸하고 용맹함.
【英物 영물】 뛰어난 인물. 재능이 뛰어나고 걸출한 사람.
【英敏 영민】 영특하고 민첩함.
【英拔 영발】 재기(才氣)가 뛰어남. 英挺(영정).
【英發 영발】 재기(才氣)가 겉으로 드러남.
【英輔 영보】 ①뛰어난 보좌(輔佐). ②훌륭한 재상(宰相).
【英士 영사】 영특한 사람. 뛰어난 선비.
【英聖 영성】 천성이 뛰어나서 사리에 밝음. 明聖(명성).
【英聲 영성】 ①훌륭한 명예. 英名(영명). ②좋은 소리. 아름다운 음성.
【英彦 영언】 영특하고 뛰어난 사람.
【英英 영영】 ①구름이 가볍고 밝은 모양. ②아름다운 모양. 뛰어난 모양. ③부드럽고 성한 모양.
【英义 영예】 뛰어나게 슬기로운 사람.
【英銳 영예】 영민(英敏)한 예기(銳氣).
【英悟 영오】 빼어나고 총명함.
【英雄 영웅】 재능과 지혜가 비범하여 대중을 영도하고 세상을 경륜할 만한 사람.
【英媛 영원】 뛰어나게 아름다운 여자.
【英威 영위】 뛰어난 위력. 대단한 세력.
【英偉 영위】 영명하고 위대함.
【英人 영인】 ①뛰어난 사람. ②영국 사람.
【英資 영자】 뛰어난 자질(資質).
【英才 영재】 ①영민(英敏)한 재주. ②뛰어난 재능을 가진 사람. 英士(영사).
【英主 영주】 뛰어나게 훌륭한 임금.
【英哲 영철】 영민하고 현철(賢哲)함.
【英風 영풍】 ①영걸스러운 풍채. 영웅의 풍모. 英姿(영자). ②훌륭한 덕풍(德風). 훌륭한 교화(教化).
【英賢 영현】 뛰어나게 지혜로움. 영특하고 현명함. 英彦(영언).
【英豪 영호】 뛰어난 인물.
【英華 영화】 ①화려한 꽃. ②화려한 빛. 英耀(영요). ③시문(詩文) 등이 뛰어나고 아취(雅趣)가 있음. ④명예. 영광.

◐ 瓊-, 群-, 落-, 丹-, 麥-, 繁-, 祥-, 石-, 舜-, 雲-, 殘-, 精-, 俊-, 衆-, 賢-, 豪-, 華-, 黃-.

艸 【苑】⑨
❶나라 동산 원 阮 yuàn
❷성 원 元 yuān
❸굽을 울 物 yùn

[참고] 대법원 지정 인명용 한자의 음은 '원'이다.
[字解] ❶①나라 동산. 울타리를 쳐 놓고 짐승을 기르거나 나무를 심어 가꾸는 곳. 〔漢書〕北有胡苑之利. ②동산. 울타리를 치고 화훼와 채소,

艸部 5획 苡苢芘芧苴苗芙苫

과일을 가꾸는 곳. 〔晉書〕譙其群臣于內苑新堂. ③나무가 무성한 모양. 〔國語〕人皆集於苑, 己獨集於枯. ④부류(部類)에 따라 모이는 곳. 〔宋史〕不緝前代文字, 類爲文苑英華. ⑤쌓이다. 〔禮記〕並行而不流. ⑥앓다. 〔淮南子〕百節莫苑. ⑦마르다, 말라 병들다. 〔淮南子〕形苑而神壯. ⑧무늬가 있는 모양. 〔詩經〕蒙伐有苑. ⑨두르다, 돌다. ⑩솔솔바람. 〔莊子〕適遇苑風. ❷성(姓). ❸①굽다. ②울결(鬱結)하다, 울적하다. =鬱.

【苑臺 원대】정원(庭園)과 높은 대(臺).
【苑囿 원유】①울을 치고 금수(禽獸)를 기르는 곳. ②초목을 심는 동산(苑)과 금수를 기르는 동산(囿).
【苑牆 원장】정원의 담.
【苑池 원지】①동산과 못. ②동산 가운데 있는 못. ③정원(庭園).
【苑花 원화】정원에 핀 꽃.
【苑結 울결】마음이 우울해지는 일.

❶ 故一, 廣一, 舊一, 宮一, 根一, 禁一, 茂一, 文一, 上一, 神一, 藥一, 御一, 藝一, 園一, 囿一, 遊一, 天一, 廢一, 學一, 花一.

艸 5 【苡】⑨ ❶질경이 이 🔲 yǐ
❷오랑캐 이름 와 🔲 yǐ

소전 쁠 초서 苡 본자 苢 참고 대법원 지정 인명용 한자의 음은 '이'이다.
字解 ❶①질경이, 차전자(車前子). ②율무, 의이(薏苡). ❷오랑캐 이름, 북방 오랑캐 별종.
【苡米 이미】①율무의 열매. 율무쌀. ②열매로 만든 염주(念珠). 苡仁(이인).

艸 5 【苢】⑨ 苡(1499)의 본자

艸 5 【芘】⑨ ❶지치 자 🔲 zǐ
❷올방개 자 🔲 cí
❸돌미나리 시 🔲 chái

소전 芘 초서 芘 字解 ❶①지치. 〔山海經〕多芘. ❷패랭이꽃. 또는 능소화풀. ③고비. ④가지런하지 않은 모양. 〔史記〕柴池芘虒. ⑤자줏빛. ≒紫. ❷올방개. 뿌리 줄기는 오우(烏芋)라 하여 한약재로 쓴다. ❸①돌미나리. ¶芘胡. ②섶. ≒柴.
【芘萁 자기】고비. 고빗과의 여러해살이풀. 어린 잎과 줄기는 식용하고 뿌리는 약용함.
【芘草 자초】지치. 지칫과의 여러해살이풀. 뿌리는 약용하거나 자주색 염료로 씀. 紫草(자초).
【芘虒 자치】가지런하지 않은 모양.
【芘胡 시호】돌미나리.

艸 5 【芧】⑨ 모시 저 🔲 zhù

초서 芧 字解 모시. ≒紵. 〔王襃・僮約〕多取蒲芧, 益作繩索.
【芧麻 저마】모시풀.

【芧綬 저수】두건(頭巾).
【芧布 저포】모시.
【芧蒲 저포】모시나 부들로 만든 삿갓.

艸 5 【苴】⑨
❶신 바닥 창 저 🔲 jū
❷거친 거적 조 🔲 jiē
❸개구리밥 차 🔲 xié
❹두엄 자 🔲 zhǎ
❺업신여길 사 🔲
❻나라 이름 파 🔲 bāo

字解 ❶①신 바닥 창. 〔漢書〕冠雖敝不以苴履. ②풀숲. 〔管子〕苴多騰蟇. ③삼, 열매가 여는 삼. 〔莊子〕苴布之衣, 而自飯牛. ④마름. 마름과에 딸린 한해살이풀. 〔詩經〕草不潰茂, 如彼棲苴. ⑤마른 풀, 시들어 마른 풀. 〔楚辭〕草苴比而不芳. ⑥싸다, 꾸러미. 선물의 비유로도 쓴다. 〔禮記〕苞苴. ⑦거칠다, 조악(粗惡)하다. ≒粗. 〔荀子〕齊衰苴杖. ⑧검다. 〔禮記〕苴杖. ⑨언짢다. 〔禮記・傳〕苴, 惡貌也, 所以首其內而見諸外也. ⑩김치. =菹. ⑪성(姓). ❷거친 거적. 제사 때에 쓴다. ❸①개구리밥. ②밭, 사냥터. ③땅 이름. 〔集韻〕苴, 苴咩城, 在雲南. ④남만(南蠻)의 하나. ❹두엄, 티끌, 찌끼. ❺①업신여기다. ②엿보다. ❻나라 이름. =巴. 〔史記〕苴蜀相攻擊.

【苴麻 저마】열매가 여는 삼. 암삼.
【苴杖 저장】상제가 상중(喪中)에 짚는 검은빛의 대지팡이. 喪杖(상장).
【苴絰 저질】상제가 상중에 띠는 수질(首絰)과 요질(腰絰).
【苴布 저포】거친 삼베. 상복(喪服)을 짓는 데 쓰는 삼베.

❶ 補一, 樓一, 叔一, 土一, 苞一.

艸 5 【苖】⑨ 참소리쟁이 적 🔲 dí

소전 苖 참고 苗(1496)는 딴 자.
字解 참소리쟁이. 마디풀과의 여러해살이풀. 습지나 물가에 나며, 뿌리는 한약재로, 줄기와 잎은 사료로 쓴다.

艸 5 【芙】⑨ 돌피 절 🔲 dié
字解 돌피.

艸 5 【苫】⑨
❶이엉 점 🔲 shàn
❷약초 이름 첨 🔲 tiān
❸뜸집 섬 🔲 shān
❹國섬 섬

소전 苫 초서 苫 字解 ❶①이엉. 〔晉書〕苫覆其上而居焉. ②거적. 〔儀禮〕居倚廬, 寢苫, 枕塊. ③덮다. ④성(姓). ❷약초 이름. ❸뜸집. 뜸으로 인 움집. ❹①섬. 곡식을 담기 위하여 짚으로 엮어서 만든 물건. ②섬(島).

【苫蓋 점개】①띠풀로 엮어 만든 덮개나 지붕.

②가난하고 천함.
【苫塊 점괴】 부모의 상중(喪中)에 쓰는 거적자리와 흙덩이 베게. 상제(喪制)가 거처하는 곳.
【苫席 점석】 상제가 까는 거적자리.
【苫前 점전】 거적자리의 앞. 부모 상중에 있는 사람에게 장사 지내기 전에 편지를 낼 때 상제의 이름 아래에 쓰는 말.
【苫次 점차】 거적을 깔고 기거함. 친상 중(親喪中). 苫席(점석).
○ 蓑一, 廉一, 寢一.

【茀】⑨ 黃(1504)와 동자

【茁】⑨ ❶풀 처음 나는 모양 줄 圓 zhuó
❷싹틀 촬 圓 zhú
❸풀 이름 절 圓 zhú
[소전][초서][參考] 대법원 지정 인명용 한자의 음은 '줄'이다.
[字解] ❶풀이 처음 나는 모양. ❷①싹이 트다, 풀이 싹트는 모양.〔詩經〕彼茁者葭. ②동물이 자라는 모양.〔孟子〕牛羊茁壯長而已矣. ❸성(姓). ❸풀 이름.
【茁芽 촬아】 싹이 틈.
【茁壯 촬장】 ①살찌고 건강함. ②한창 싹이 틈.
【茁茁 촬촬】 풀이 싹트기 시작하는 모양.

【苕】⑨ ❶능소화 초 蕭 tiáo
❷풀 이름 소 蕭 sháo
[소전][초서][參考] 대법원 지정 인명용 한자의 음은 '초'이다.
[字解] ❶①능소화(凌霄花). 능소화과의 낙엽 관목.〔詩經〕苕之華, 芸其黃矣. ②완두(豌豆). 콩과의 식물.〔詩經〕防有鵲巢, 邛有旨苕. ③갈대 이삭.〔荀子〕繫之葦苕. ④높고 먼 모양, 우뚝한 모양.〔謝靈運·詩〕苕苕歷千載. ⑤성(姓). ❷풀 이름.
【苕嶢 초요】 높이 솟은 모양. 높고 가파른 모양.
【苕苕 초초】 ①높은 모양. ②먼 모양.
【苕帚 초추】 비. 빗자루. ○갈대의 줄기로 만든 데서 온 말.
【苕華 초화】 ①완두의 꽃. ②미옥(美玉)의 이름.
○ 陵一, 連一, 葦一, 旨一.

【茈】⑨ 삽주 출 圓 zhú
[소전] [字解] ①삽주, 백출(白朮). 뿌리는 약재로 쓴다. =朮. ②작약, 모란.

【苔】⑨ 이끼 태 灰 tái
[초서] [字解] 이끼. =菭.〔淮南子〕窮谷之汗, 生以青苔.
【苔磶 태갈】 이끼가 낀 비석. 苔碑(태비).
【苔徑 태경】 이끼가 낀 좁은 길.
【苔磴 태등】 이끼 낀 돌층대.
【苔蘚 태선】 이끼. 蘚苔(선태).

【苔衣 태의】 이끼.
【苔田 태전】 바닷가에 김을 양식하기 위해 마련한 곳.
【苔紙 태지】 가는 털과 같은 이끼를 섞어서 뜬 종이. 아주 길김.
【苔泉 태천】 이끼 낀 샘. 옛샘.
○ 綠一, 石一, 蘚一, 舌一, 蒼一, 青一, 海一.

【萍】⑤⑨ ❶개구리밥 평 庚 píng
❷수레 이름 병 庚 píng
❸부릴 병 庚 pēng
[소전][초서][字解] ❶①개구리밥, 부평초. =萍.〔大戴禮〕湟潦生萍. ②쑥, 맑은대쑥.〔詩經〕食野之萍. ③갈대 부들. ④풀이 우거진 모양. ¶ 萍萍. ⑤사과. ¶ 萍果. ❷수레 이름, 평거(萍車).〔周禮〕萍車之萍. ❸①부리다, 사역(使役)하다. ②물이 넘치는 모양.
【萍車 평거】 사면을 가죽으로 둘러 적과 대적할 때 몸을 숨겨 돌과 화살을 피할 수 있도록 만든 수레.
【萍果 평과】 사과. 능금.
【萍縈 평영】 둠. 선회(旋回)하는 모양.
【萍萍 평평】 풀이 무성한 모양.

【苞】⑤⑨ ❶그령 포 肴 bāo
❷돌콩 포 肴 biāo
[소전][초서][字解] ❶①그령. 볏과의 여러해살이풀. 길가에서 자라며, 잎이 질기므로 노끈을 만드는 데 쓴다.〔禮記〕苞履. ②밑동, 뿌리 짬.〔詩經〕苞有三蘗. ③싸다. =包.〔詩經〕白茅苞之. ④봉오리.〔詩經〕方苞方體. ⑤꾸러미.〔禮記〕凡以弓劍苞苴簞笥問人者. ⑥떨기로 나다.〔書經〕草木漸苞. ⑦우거지다. ⑧배다, 치밀하다.〔詩經〕集于苞栩. ⑨가멸다, 풍부하다. ⑩포로(捕虜). =俘.〔春秋穀梁傳〕苞人民. ⑪꾸미다. ⑫조롱박, 호리병박.〔太玄經〕厥美可以達于瓜苞. ⑬성(姓). ❷돌콩.
【苞裹 포과】 물건을 쌈. 꾸림.
【苞羅 포라】 많은 것을 싸서 뭉뚱그림.
【苞桑 포상】 ①뽕나무 뿌리. ②근본이 확고함. ③떨기로 난 뽕나무.
【苞藏 포장】 물건을 싸서 간직함. 包藏(포장).
【苞苴 포저】 ①싼 것과 깐 것. 선물. 선사품. ○선물을 보낼 때 짚으로 싸는 것을 '苞', 짚을 밑에 까는 것을 '苴'라 한다. ②뇌물.
【苞天 포천】 하늘을 쌈. 도량이 매우 큼.

【苾】⑤⑨ ❶향기로울 필 質 bì
❷채소 이름 별 屑 bié
❸연뿌리 밀 質 mì
[소전][초서][參考] 대법원 지정 인명용 한자의 음은 '필'이다.
[字解] ❶①향기롭다, 향기.〔大戴禮〕苾乎如入蘭芷之室. ②풀 이름. ¶ 苾芻. ❷채소 이름. ❸연뿌리, 땅속줄기.

艸部 6획 荅 荁 茳 苗 荂 苽 茪 茭 荍 茩 荼 茶

【芯芬 필분】향기로운 모양. 芬芯(분필).
【芯蒭 필추】①풀 이름. ②승려. ┗이 풀은 부드러워서 바람이 부는 대로 쓰러지기 때문에, 속사(俗事)에 얽매이지 않는 승려를 비유한 데서 온 말. 芯蒭(필추).
【芯芯 필필】향기로움.

艸6 【荅】 ⑩ 달래 각 麗 gé
[소전][동자] 格 [字解] 달래, 산파〔山葱〕.

艸6 【荁】 ⑩ ❶덩굴옻나무 간 顧 gèn ❷미나리아재비 간 ④건 顧 gèn
[초서] [字解] ❶⑴덩굴옻나무. ⑵초오(草烏)의 모종. ❷미나리아재비, 자구(自灸), 모간(毛茛).

艸6 【茳】 ⑩ 천궁 모종 강 囮 jiāng
[초서] [字解] 천궁(川芎)의 모종. ¶茳蘺.
【茳蘺 강리】①궁궁이, 川芎(천궁). ②해캄. 水綿(수면).

艸6 【苗】 ⑩ 누에 발 곡 囚 qū
[소전] [字解] 누에 발, 잠박(蠶箔). ≒曲. 〔說文解字〕苗, 蠶薄也.

艸6 【荂】 ⑩ 꽃 과·후·부 慮 fū
[字解] ①꽃. 〔爾雅·注〕今江東人呼華爲荂. ②엉겅퀴 열매. ③꽃 모양. ④가곡(歌曲) 이름. 〔莊子〕折楊皇荂, 則嗑然而笑.

艸6 【苦】 ⑩ ❶하눌타리 괄 囚 guā ❷풀 이름 설 屋 guā
[소전] [字解] ❶하눌타리. ≒栝. ❷풀 이름.

艸6 【茪】 ⑩ 초결명 광 囮 guāng
[字解] ①초결명, 결명초. ②마름.

艸6 【茭】 ⑩ ❶꼴 교 囚 jiāo ❷뿌리 먹는 풀 효 嘯 xiào ❸속임말 교 囮 qiáo ❹도지개 격 麗
[소전][초서] [字解] ❶⑴꼴, 건초, 마른 풀. 〔書經〕峙乃芻茭, 無敢不多. ②왜당귀, 승검초. ③줄풀. ≒菰. ④대(결네)로 꼰 밧줄. ≒筊. 〔史記〕搴長茭兮沈美玉. ⑤장대, 간짓대. ⑥엿걸이, 이음새. ≒交. 〔周禮〕今夫茭解中有變焉. ❷뿌리 먹는 풀. ❸속임말. ❹도지개, 궁교

(弓矯), 궁경(弓檠). 뒤틀린 활을 바로잡는 틀.
【茭牧 교목】목축을 함.
【茭蒭 교추】마소에게 먹이는 풀. 꼴.

艸6 【苽】 ⑩ 당아욱 교·수 蕭 qiáo
[소전][초서] 荍 [字解] ①당아욱, 금규(錦葵). 〔詩經〕視爾如荍, 貽我握椒. ②메밀. 〔蘇軾·詩〕但見古河東, 荍麥如鋪雪.

艸6 【茩】 ⑩ 초결명 구 囿 gòu
[소전] [字解] 초결명, 결명초.

艸6 【荼】 ⑩ 董(1514)의 고자

艸6 【茶】 ⑩ 차 다·차 麻 chá
[초서] [參考] 대법원 지정 인명용 한자의 음은 '다·차'이다.
[字源] 形聲. 艸+余→茶. '余(여)'가 음을 나타낸다.
[字解] ①차. ㉮차나무. 차나뭇과의 상록 활엽 관목. 〔宋名臣言行錄〕拔茶而植桑. ㉯음료로 하는 차의 싹〔芽〕. 〔玉褒·賦〕武陽買茶. ㉰찻잎을 달인 음료, 전다(煎茶). 〔唐書〕羽嗜茶. ㉱신차(新茶), 햇차. 만차(晩茶)를 '茗(명)'이라 한다. 〔封氏聞見記〕早采者爲茶. ㉲초목의 잎을 삶아서 마시는 것. 〔五燈會元〕一盞菖蒲茶, 數個沙糖粽. ②소녀, 미소녀(美少女). 〔元好問·詩〕牙牙嬌語總堪誇, 學念新詩似小茶.
【茶榷 다각】차의 전매(專賣). 정부가 차를 전매하여 이익을 얻던 일.
【茶磑 다개】찻잎을 가는 맷돌. 茶臼(다구).
【茶菓 다과】①차와 과자. ②차와 과일.
【茶課 다과】차의 판매에 대한 세금.
【茶臼 다구】찻잎을 가는 맷돌.
【茶器 다기·차기】①차를 마시는 데 쓰이는 도구, 차제구. 茶具(다구). ②(佛)부처 앞에 맑은 물을 떠 바치는 그릇.
【茶道 다도】①차를 끓이는 방법. ②차를 끓여 마실 때 지켜야 할 격식이나 예절.
【茶禮 다례·차례】⊖음력 매달 초하루와 보름, 명절, 조상의 생일 등에 지내는 아침 제사. 茶祀(차사).
【茶寮 다료】①차를 끓이는 곳. ②찻집.
【茶房 다방】차를 파는 집. 찻집.
【茶毗 다비】(佛)화장(火葬). ⊖범어(梵語) 'Jhāpita'의 음역어(音譯語). 茶毘(다비).
【茶粥 다죽】찻물에 끓인 죽. 茗粥(명죽).
【茶湯 다탕】①차와 끓인 물. ②끓인 차.
【茶戶 다호】①차를 재배(栽培)하는 농가. ②차

를 판매하는 집.
【茶會 다회】①차를 마시는 모임. ②차 장수들이 차 가게에 모여 매매에 관해 의논하는 일.
【茶欌 차장→찻장】찻그릇이나 과실 따위를 넣어두는 자그마한 장.
❶綠－, 濃－, 茗－, 新－, 煮－, 煎－, 烹－.

艹 6 【苔】⑩ 팥 답 da

❶팥, 소두(小豆). ②대답하다. 늑荅. 〔漢書〕不荅不饗. ③맞다, 맞추다. 늑合. 〔史記〕蘖麴鹽豉千荅. ④두껍다. 늑疊. ⑤되(말)의 이름, 1말〔斗〕 6되〔升〕들이.

艹 6 【蓸】⑩ 쑥갓 동 tóng

쑥갓.
【蓸蒿 동호】쑥갓.

艹 6 【荔】⑩ 타래붓꽃 려 lì

①타래붓꽃, 마린(馬藺). 〔漢書〕葳析苞荔. ②과수 이름, 여지(荔蕋). 〔楚辭〕貫薜荔之落蕋. ③향기 풀. ④오랑캐 나라 이름, 대려(大荔). 진대(秦代)에 임진(臨晉)에로 고쳤다. 지금의 섬서성(陝西省) 조읍현(朝邑縣)의 동쪽.
【荔丹 여단】붉게 익은 여지의 열매.
【荔子 여자】여지의 열매.
【荔枝 여지】①무환자나뭇과의 상록 교목. 원산지는 남쪽. 우상 복엽(羽狀複葉)이며 열매는 식용함. ②박과의 덩굴풀. 여주. 苦瓜(고과).
❶丹－, 大－, 薜－, 山－, 香－.

艹 6 【荔】⑩ 荔(1502)의 속자

艹 6 【茢】⑩ ❶갈대 이삭 렬 liè ❷풀 이름 례 liè

❶①갈대 이삭. ②비, 갈대 고갱이로 만든 비. 재앙을 쓸어내는 데 썼다. 〔春秋左氏傳〕乃使巫以桃茢先祓殯. ③풀 이름. ④여우오줌풀, 천명정(天名精). 잎·꽃·열매·뿌리를 한약재로 쓴다.
❷풀 이름.

艹 6 【茫】⑩ 아득할 망 máng

形聲. 水+芒→茫. '芒(망)'이 음을 나타낸다.

①아득하다, 한없이 넓다. 〔漢書〕鴻濛沆茫. ②빠르다, 신속하다. ③갑자기, 졸연히. 〔聊齋志異〕劉茫然改容. ④시무(時務). 〔一切

經音義〕時務日茫. ⑤남쪽 소수 민족의 우두머리의 칭호. 〔新唐書〕茫蠻, 本關南種, 茫, 其君號也, 或呼茫詔.
【茫漠 망막】그지없이 아득한 모양.
【茫茫 망망】①널찍한 모양. 광대한 모양. ②먼 모양. 끝없는 모양. ③성(盛)한 모양. ④밝지 못한 모양. ⑤눈이 침침한 모양.
【茫昧 망매】분명하지 않음. 정신이 흐리멍덩함. 멍청함.
【茫無頭緖 망무두서】정신이 흐려 하는 일에 두서가 없음. 茫無端緖(망무단서).
【茫洋 망양】한없이 넓고 아득한 모양.
【茫然 망연】①밀고 끝이 없는 모양. ②두서 없는 모양. ③어이없어 하는 모양. 정신을 잃은 모양. ④갑작스러운 모양.
【茫然自失 망연자실】멍하니 제 정신을 잃고 있는 모양.
❶昧－, 冥－, 杳－, 淼－, 渺－, 微－, 汪－, 滄－, 沆－, 浩－, 昏－, 混－.

艹 6 【茗】⑩ 차 싹 명 míng

①차의 싹, 다아(茶芽). 〔述異記〕巴東有眞香茗. ②늦게 딴 차, 만차(晚茶). 신차(新茶)를 '茶'라 한다. 늑檟. 〔封氏聞見記〕晚采者爲茗. ③차(茶). ④높은 모양. 〔張協·七命〕搖肌峻挺, 茗邈茗嶤. ⑤술에 취하다.
【茗柯 명가】①차. ②술에 몹시 취한 모양.
【茗柯有實理 명가유실리】차나무의 가지는 작아도 열매가 옮. 겉보기에는 보잘것없어도 그 내용이 충실함.
【茗果 명과】차와 과일.
【茗旗 명기】싹튼 차의 잎. ○새로 난 곱고 어린 잎을 '일창(一槍)', 자라서 커진 잎을 '일기(一旗)'라고 함.
【茗邈 명막】높은 모양.
【茗坊 명방】찻집. 茶房(다방).
【茗宴 명연】차를 마시는 모임.
【茗園 명원】차 밭. 다원(茶園).
【茗酌 명작】차를 끓여 마심.
【茗汀 명정】술에 몹시 취함.
【茗粥 명죽】찻물에 끓인 죽.
【茗香 명향】차의 향기.
❶佳－, 苦－, 濃－, 茶－, 薄－, 芳－, 新－, 玉－, 煮－, 煎－.

艹 6 【茯】⑩ ❶복령 복 fú ❷수레 장식 비 fú

대법원 지정 인명용 한자의 음은 '복'이다.
❶복령(茯苓). 버섯의 한 가지. 한약재로 쓴다. ❷수레의 장식.
【茯苓 복령】소나무를 벤 뒤 그 뿌리에 기생하는 버섯의 한 가지. 둥글게 생겼으며 껍질은 검은 갈색, 속은 엷은 붉은색으로 무르며, 마르면 딱딱해지고 흰색을 나타냄. 수종(水腫)·임질 등

艸部 6획 茱荀茹茸荑茙茵荏 1503

에 이뇨제(利尿劑)로 씀.
【茯神 복신】소나무 뿌리를 둘러싸고 생긴 복령. 이뇨제, 신경 안정제 등으로 쓰는 한약재.

艸6【茱】⑩ 수유 수 虞 zhū
[소전][초서] 字解 수유. 수유나무의 열매. 한약재로 쓴다.〔王維·詩〕遙知兄弟登高處, 遍插茱萸少一人.

艸6【荀】⑩ 풀 이름 순 眞 xún
[소전][초서] 字解 ①풀 이름.〔山海經〕青要之山, 有草焉, 名曰荀草. ②주대(周代)의 제후 이름.〔春秋左氏傳〕荀侯賈伯伐曲沃. ③성(姓).

艸6【茹】⑩ 먹을 여 御 魚 rú
[소전][초서] 字解 ①먹다.〔莊子〕不飲酒, 不茹葷. ②기르다, 말·소를 기르다. ③탐나다, 게걸스럽다.〔春秋左氏傳〕柔亦不茹. ④나물을 먹다.〔漢書〕食於舍而茹葵. ⑤채소.〔漢書〕菜茹有畦. ⑥넣다, 받아들이다.〔詩經〕柔則茹之.⑦섞이다, 섞다. ⑧부드럽다, 부드러운 나물.〔楚辭〕攬茹蕙以掩涕兮. ⑨깊이 생각하다. ≒慮.〔詩經〕不可以茹. ⑩당기다, 이어지다, 잇닿다. ≒挐.〔易經〕拔茅連茹. ⑪역한 냄새가 나다. 썩다. ≒胒.〔呂氏春秋〕以茹魚去蠅.
【茹藿 여곽】콩잎을 먹음. 거친 음식을 먹음.
【茹淡 여담】변변찮은 음식을 먹음.
【茹毛飮血 여모음혈】①원시인이 새나 짐승의 고기를 익히지 않고 날로 먹음. ②털을 삼키고 피를 마심. 고대의 맹세 의식.
【茹腥 여성】비린내 나는 것을 먹음.
【茹素 여소】채식(菜食)함.
【茹菽 여숙】①채소와 콩. ②콩을 먹음.
【茹哀 여애】슬퍼함.
【茹魚 여어】썩은 생선. 臭魚(취어).
【茹柔吐剛 여유토강】부드러우면 삼키고 억세면 뱉음. 약한 것을 업신여기고 강한 것을 두려워함의 비유.
【茹葷 여훈】①파·마늘 등의 훈채를 먹음. ②생선과 짐승의 고기를 먹음.

● 茅−, 芳−, 蔬−, 連−, 菜−.

艸6【茸】⑩ ❶무성할 용 冬 róng
❷무성할 용 本용 腫 rǒng
❸어리석을 용 腫 rǒng
[소전][초서] 字解 ❶①무성하다.〔盧同·詩〕相逢之處草茸茸. ②흐트러지다.〔李商隱·詩〕孫枝擢細葉, 旖旎狐裘茸. ③부들 꽃.〔謝靈運·詩〕新蒲含紫茸. ④수놓는 실.〔岑安卿·詩〕繡茸慵理怯餘寒. ⑤무늬 있는 대.〔竹〕〔張衡·賦〕阿那蓊茸. ⑥녹용(鹿茸) 사슴의 묵은 뿔이 떨어지고 새로 돋아나는

뿔.〔抱朴子〕當角解之時, 其茸痛甚, 獵人得之, 以索繫住, 取茸. ❷무성하다. ※❶의 ①과 같다. ❸①어리석다, 천하다.〔漢書〕在闒茸之中. ②솜털, 가는 털. ③밀다, 밀어붙이다.〔漢書〕僕又茸以蠶室.
【茸茸 용용】①풀이 우거진 모양. ②떼 지어 있는 모양.
【茸闒 용탑】둔하고 어리석음.

● 鹿−, 龍−, 蒙−, 厖−, 丰−, 叢−.

艸6【荑】⑩ 荑(1527)의 속자

艸6【茙】⑩ 접시꽃 융 東 róng
[초서] 字解 ①접시꽃, 촉규화(蜀葵花). ¶茙葵. ②완두(豌豆).〔列子〕進其茙菽. ③두꺼운 모양. ¶茙茙.
【茙葵 융규】접시꽃.
【茙菽 융숙】완두.
【茙茙 융융】두꺼운 모양.

艸6【茵】⑩ 자리 인 眞 yīn
[소전][초서] 字解 ①자리, 수레 안에 까는 자리.〔漢書〕此不過汙丞相車茵耳. ②관(棺)에 까는 자리.〔儀禮〕加茵用疏布. ③풀 이름, 사철쑥, 인진(茵蔯). ④기운이 왕성한 모양.〔江淹·賦〕茵藴秪冥.
【茵毯 인담】양탄자. 담요.
【茵席 인석】자리. 깔개. 茵褥(인욕).
【茵席之臣 인석지신】임금 곁에서 시중을 드는 신하.
【茵蘊 인온】기(氣)가 왕성한 모양.
【茵蓐 인욕】자리. 깔개.
【茵幬 인주】자리와 휘장.
【茵蔯 인진】사철쑥. 한방에서 습열로 인한 황달과 소변이 적으면서 잘 나오지 않는 증상에 한약재로 씀.

● 錦−, 芳−, 軟−, 苔−, 花−.

艸6【荏】⑩ 들깨 임 寢 rěn
[소전][초서] 字解 ①들깨, 임자(荏子).〔方言〕蘇, 亦荏也, 關之東西, 或謂之蘇, 或謂之荏. ②누에콩, 잠두콩.〔詩經〕荏菽旆旆. ③부드러운 모양.〔論語〕色厲而內荏. ④구르다, 세월이 흐르다. ¶荏苒. ⑤점점, 점차로. ¶荏染.
【荏菽 임숙】잠두콩. 누에콩.
【荏弱 임약】부드럽고 약함. 柔軟(유연).
【荏染 임염】①부드러운 모양. 푸른 모양. ②점점. 점차로.
【荏苒 임염】①시간을 자꾸 끎. ②사물이 점차 나아가는 모양.
【荏油 임유】콩기름.
【荏子 임자】들깨.

艹[茲]⑩ 무성할 자 因 zī

소전 艹 초서 茲 [字解] ①무성해지다, 만연(蔓延)하다. 〔素問〕色見靑如草茲者死. ②더욱, 점점 더. 〔漢書〕賦斂茲重. ③돗자리, 멍석. 〔史記〕衛康叔封布茲. ④여기, 이에, 이것, 이. ≒此. 〔詩經〕築室于茲. ⑤지금, 이제. 〔書經〕茲予大享于先王. ⑥연(年), 해. 〔呂氏春秋〕今茲美禾. ⑦힘쓰다. ≒孜. 〔管子〕由乎茲免. ⑧수염. ≒髭. 〔荀子〕狼牙龍茲. ⑨캥이. ¶茲其. ⑩붇다. =滋. ⑪즉(則), 곧. 〔春秋左氏傳〕若可帥有濟也君而繼之, 茲無敗矣. ⑫말 끝에 붙는 조사(助辭). 〔書經〕周公曰, 嗚呼休茲.
【茲其 자기】괭이. 錤基(자기).
【茲茲 자자】불어나는 모양. 증식하는 모양.
● 龜—, 今—, 來—, 如—, 在—.

艹[茨]⑩ 가시나무 자 因 cí

소전 茨 초서 茨 [字解] ①가시나무, 형극(荆棘). ②지붕을 이다, 띠・억새 따위로 이은 지붕. 〔書經〕惟其塗墍茨. ③지붕을 이는 풀, 띠. 〔荀子〕屬茨倚廬. ④덮다. ⑤쌓다, 쌓이다. 〔淮南子〕茨其所扶而出. ⑥남가새, 질려(蒺藜). ≒薺. 〔詩經〕牆有茨. ⑦떡. ≒餈. 〔周禮・糗餌粉餈・注〕故書, 餈作茨.
【茨棘 자극】①남가새와 가시나무. ②풀이 우거진 깊은 산골. 두메.
【茨牆 자장】①가시나무로 만든 울타리. 가시울타리. ②울타리에 난 가시나무. ③담을 덮음.
【茨簷 자첨】초가집.
【茨草 자초】①남가새와 풀. ②지붕에 이엉을 이는 일.
● 棘—, 茅—, 葺—.

艹[莊]⑩ 莊(1511)의 속자

艹[荃]⑩

①겨자 무침 전 玩 quán
②붓꽃 손 元 quán
③고운 베 절 屑 quán
④풀 이름 찰 黠 quán

소전 荃 초서 荃 [參考] 대법원 지정 인명용 한자의 음은 '전'이다.
[字解] ①①겨자 무침, 겨자로 버무린 것. ②향초 이름. 임금을 비유함. 〔楚辭〕荃不察余之中情兮. ③통발. 물고기를 잡는 기구. ≒筌. 〔莊子〕荃者所以在魚, 得魚而忘荃. ②붓꽃. =蓀. ③①고운 베, 가는 베. =絟. 〔漢書〕緣王閎侯亦遺紐荃葛. ②풀 이름. ④풀 이름. ※③의 ②와 같다.
【荃宰 전재】①임금. ②임금과 신하.
【荃蹄 전제】①물고기를 잡는 기구인 통발과 토끼를 잡는 올가미. ②목적을 달성하기 위한 수단이나 방편. ③남조(南朝) 때 사대부가 설법을 할 때에 손에 쥐던 불자(拂子) 같은 것.

艹[荑]⑩

①삘기 제 齊 tí
②흰비름 이 因 yí

소전 荑 초서 荑 [參考] 대법원 지정 인명용 한자의 음은 '이'이다.
[字解] ①①삘기. 띠의 어린 싹. 〔詩經〕自牧歸荑, 洵美且異. ②싹트다, 움트다. ③싹, 어린 싹, 새싹. 〔郭璞・詩〕陵岡掇丹荑. ④버드나무 움. 〔後漢書〕樹卽生荑. ⑤풀. 〔一切經音義〕草, 陸生曰荑. ⑥돌피. 볏과의 한해살이풀. 〔孟子〕≒稊・稀. 不如荑稗. ②①흰비름. ②베다. ≒夷. 〔周禮〕稻人, 以水殄草而芟荑之.
【荑指 제지】곱고 부드러운 손가락.
【荑稗 제패】돌피와 피.

艹[蒸]⑩ 蒸(1534)과 동자

艹[茝]⑩ 구릿대 채・치 賄 紙 chǎi, zhǐ

소전 茝 초서 茝 [字解] ①구릿대, 향초 이름. 산형과의 여러해살이풀. 뿌리는 백지(白芷)라 하여 한약재로 쓴다. 〔楚辭〕豈維紉夫蕙茝. ②궁궁(芎藭)의 싹. 〔禮記〕佩帨茝蘭.
【茝蘭 채란】향초 이름. 구릿대.
【茝若 채약】구릿대와 두약(杜若). 모두 향초(香草) 이름.

艹[莿]⑩ 풀 가시 책・자 陌 寘 cì

소전 莿 동자 莿 [字解] 풀의 가시.

艹[荐]⑩

①거듭할 천 霰 jiàn
②풀 이름 존 願 jiàn

소전 荐 초서 荐 [字解] ①①거듭하다. 〔春秋左氏傳〕晉荐饑. ②풀[草], 목초(牧草). 〔春秋左氏傳〕戎狄荐居. ③돗자리. ④빈번히, 자주, 때때로. 〔春秋左氏傳〕以荐食上國. ⑤모이다, 쌓이다. 〔國語〕戎翟荐處. ⑥자주 굶다. 〔爾雅〕仍饑爲荐. ②풀 이름.
【荐居 천거】①모여서 삶. 荐處(천처). ②수초(水草)가 있는 곳을 따라 옮겨 삶.
【荐及 천급】자주 닥쳐옴. 연달아 옴.
【荐饑 천기】자주 굶주림. 흉년이 계속됨.
【荐問 천문】자주 방문함.
【荐食 천식】누에가 뽕잎을 먹듯이, 남의 영토를 침략하여 들어감. 蠶食(잠식).
【荐仍 천잉】자주 겹침.
【荐處 천처】모여서 삶. 荐居(천거).

艹[茜]⑩ 꼭두서니 천 霰 qiàn

소전 茜 초서 茜 [字解] ①꼭두서니, 모수(茅蒐). 꼭두서닛과의 여러해살이풀로, 진홍색의 염료로 쓴다. =蒨. 〔史記〕千畝卮茜. ②빨강, 꼭두서니색, 꼭두서니 염색.

〔于濆·詩〕綠野含曙光, 東北雲如茜.

艸 6 【莌】 ⑩ 늦 차 천 [釧] chuǎn
[동자] 荈 [字解] 늦 차, 늦게 딴 찻잎.

艸 6 【草】 ⑩ 풀 초 [艸] cǎo

[字源] 形聲. 艸＋早→草. '早(조)'가 음을 나타낸다.
[字解] ①풀. 늑艸. 〔詩經〕在彼豐草. ②초원. 풀숲. 풀이 무성한 곳. 〔後漢書〕今賊依草結營, 易爲風火. ③거친 풀, 잡초. 〔陶潛·詩〕時復墟曲中, 披草共來往. ④풀을 베다. 〔禮記〕則民弗敢草也. ⑤천하다, 비루하다. 〔史記〕草野而偃侮. ⑥거칠다, 허술하다. 〔史記〕以惡草具進楚使. ⑦시초, 시작하다. 늑造·俶. 〔易經〕天造草昧. ⑧초(草)를 잡다. 〔漢書〕蕭何草律. ⑨원고, 초안. 〔漢書〕視草. ⑩한자 서체의 하나, 초서(草書). 〔魏志〕好古字, 鳥篆隸草, 無所不善.
【草家 초가】①한의(漢醫) 또는 식물 학자. 본초가(本초가). ②國이엉으로 지붕을 인 집. 초가집. 草廬(초려), 草屋(초옥).
【草間 초간】①풀이 무성한 들판 사이. ②민간. 재야.
【草間求活 초간구활】초야에 묻혀 살 길을 찾음. 욕되게 한갓 삶을 탐냄.
【草芥 초개】풀과 티끌. ㉠아무 소용이 없거나 하찮은 것. ㉡경시함.
【草檄 초격】격문(檄文)을 기초(起草)함.
【草稿 초고】문장이나 시 등의 맨 처음 쓴 원고.
【草具 초구】①변변치 못한 음식. 粗食(조식). ②처음으로 비로소 갖춤. ③풀로 짠 기구.
【草屨 초구】짚신. 草鞋(초혜).
【草根木皮 초근목피】풀 뿌리와 나무 껍질. ㉠맛이나 영양 가치가 없는 거친 음식. ㉡한약재의 원료.
【草堂 초당】①초가집. ②집의 원채 밖에 억새나 짚 같은 것으로 지붕을 인 자그마한 집. ③자기 집의 겸칭(謙稱).
【草頭露 초두로】풀잎 끝에 맺힌 이슬. 세력이 오래 가지 못함의 비유.
【草萊 초래】①무성한 잡초. 황폐한 땅. ②시골. 초야(草野).
【草略 초략】몹시 거칠고 간략함.
【草廬 초려】①초가집. ②자기 집의 겸칭.
【草廬三顧 초려삼고】초가집을 세 번 찾아감. 인재를 맞아들이기 위해 노력함. [故事] 촉(蜀) 나라의 유비(劉備)가 제갈량(諸葛亮)의 오두막 집을 세 번이나 방문하여 출사(出仕)할 것을 간청한 고사에서 온 말. 三顧草廬(삼고초려).
【草露 초로】풀에 맺힌 이슬. 사물의 덧없음의 비유.

【草立 초립】처음으로 세움.
【草笠 초립】①풀로 만든 삿갓이나 갓. ②國관례(冠禮)한 나이 어린 사내가 쓰던, 가는 풀로 결어 만든 누른 빛깔의 갓.
【草莽 초망】①풀숲. ②민간. 재야.
【草莽之臣 초망지신】벼슬하지 않고 민간에 있는 사람. 草茅之臣(초모지신).
【草昧 초매】①천지가 창조될 때의 혼돈한 상태. ②사물의 시초로 아직 질서가 잡히지 못할 때. 국가 창건의 초기 따위. ③풀이 무성하여 어둑어둑한 모양.
【草命 초명】천한 목숨.
【草茅 초모】①풀과 띠. ㉡⇨草莽(초망)②.
【草茅危言 초모위언】민간에 있으면서 국정(國政)을 통박(痛駁)함.
【草茅之臣 초모지신】⇨草莽之臣(초망지신).
【草木皆兵 초목개병】온 산의 초목까지도 모두 적군으로 보임. ㉠적을 매우 두려워함. ㉡군사의 수효가 너무 많아 산과 들에 가득 찬 상태. ㉢어떤 일에 크게 놀라 신경이 날카로워진 것의 비유. [故事] 전진(前秦)의 왕 부견(苻堅)이 동진(東晉)의 군대에게 비수(淝水)에서 크게 패한 뒤에 산에 서 있는 수풀이 다 적의 군사로 보였다는 고사에서 온 말.
【草木俱朽 초목구후】초목과 함께 썩음. 세상에 알려지지 못하고 허무하게 죽음. 草木同腐(초목동부).
【草木怒生 초목노생】초목이 봄을 맞아 갑자기 싹틈.
【草靡 초미】풀이 바람에 한쪽으로 쏠리듯 추종(追從)함.
【草服 초복】①풀로 짠 옷. 곧, 허술한 의복. ②㉠풀로 엮어 만든 관(冠). ㉡초야에 묻혀 있는 사람.
【草索 초삭】새끼.
【草上之風必偃 초상지풍필언】풀에 바람이 닿으면 반드시 쏠림. 군자의 덕이 소인을 감화함. 草尙之風必偃(초상지풍필언).
【草書 초서】서체의 한 가지. 필획을 가장 흘려 쓴 서체로, 획의 생략과 연결이 심함.
【草席 초석】왕골 따위로 짠 자리.
【草食 초식】푸성귀로만 만든 음식. 또는 그런 음식만을 먹음.
【草案 초안】①안건을 기초함. ②문장이나 시 따위를 초 잡음.
【草庵 초암】이엉을 인 암자.
【草野 초야】풀이 난 들. 궁벽한 시골.
【草偃風從 초언풍종】풀이 바람에 쏠림. 임금의 덕이 백성을 감화함의 비유.
【草煙 초연】풀 위에 길게 낀 연기.
【草臥 초와】돗자리.
【草妖 초요】①초목의 이변(異變). 복숭아·살구 따위가 겨울에 연다든지, 고목(枯木)이 소생하는 따위. ②담배.
【草衣 초의】풀로 만든 옷. ㉠검소하거나 몹시 가난한. ㉡은자(隱者)의 옷. 은자.
【草酌 초작】간략한 주연(酒宴). 자기가 베푸는

잔치의 겸칭(謙稱).
【草賊 초적】 ①난을 일으킨 농민. ②國㉠좀도둑. 草竊(초절). ㉡남의 농작물을 논밭에서 직접 훔쳐 가는 도둑.
【草紙 초지】 ①풀을 원료로 하여 만든 종이. ②뒷간에서 쓰는 종이. 허드렛종이. 休紙(휴지). ③國글을 초 잡는 데 쓰는 종이.
【草次 초차】 ①분주하고 바쁨. 급할 때. 倉卒(창졸). 造次(조차). ②들에서 잠.
【草創 초창】 일을 처음으로 시작함.
【草薙 초체】 ①풀을 벰. ②난적(亂賊)을 평정함.
【草草 초초】 ①급히 서두는 모양. 간략한 모양. ②걱정하는 모양. 속을 태우고 근심하는 모양. ③고생하는 모양. ④초목이 무성한 모양.
【草楚 초초】 초목이 무성한 곳.
【草行 초행】 ①서체(書體)의 한 가지. 초서체가 가미된 행서체. ②풀을 밟으며 감. 길이 아닌 곳으로 감.
【草鞋 초혜】 ▷草履(초구).
【草華 초화】 ①풀에서 피는 꽃. 초본 식물의 꽃. ②대나무의 꽃. 草花(초화).

❶ 結ー, 勁ー, 枯ー, 奇ー, 起ー, 亂ー, 綠ー, 嫩ー, 蔓ー, 茂ー, 美ー, 芳ー, 百ー, 本ー, 山ー, 霜ー, 生ー, 庶ー, 仙ー, 神ー, 惡ー, 野ー, 藥ー, 靈ー, 穢ー, 幽ー, 遺ー, 雜ー, 章ー, 眞ー, 青ー, 翠ー, 豐ー, 行ー, 香ー, 荒ー, 橫ー.

艸
6 【茺】 ⑩ 익모초 충 匣 chōng
字解 익모초.

艸
6 【蕫】 ⑩ 풀 이름 충 匣 chóng
字解 ①풀 이름. ②풀이 시들다.

艸
6 【茷】 ⑩ ❶무성할 패 國 fá
❷나무 우거져 얽힐 발 國 bó
소전 字解 ❶①무성하다, 우거지다. ≒茇. 〔柳宗元·記〕斫榛莽, 焚茅茷. ②깃발. ≒旆. 〔詩經〕白茷央央. ③법도 있는 모양. ❷①나무가 우거져 얽힌 모양. ②풀뿌리. 초근(草根). =茇.
【茷茷 패패】 법도(法度)가 있는 모양. 순서 있고 정돈된 모양.
❶ 茅ー, 白ー.

艸
6 【荇】 ⑩ 마름 행 梗 xìng
字解 마름. 마름과에 딸린 한해살이 수초(水草). 뿌리는 식용함. 〔詩經〕參差荇菜 左右流之.
【荇菜 행채】 마름.

艸
6 【苉】 ⑩ 꼭두서니 혈·혁 風 屑 xuè

소전 字解 ①꼭두서니, 꼭두서니 풀. ②풀의 모양.

艸
6 【荊】 ⑩ 모형나무 형 庚 jīng
소전 획 초서 字解 ①모형(牡荊)나무, 인삼목(人參木). 마편초과에 딸린 낙엽 관목. 줄기·잎은 한약재로 쓴다. 〔春秋左氏傳〕班荊相與食. ②가시나무, 가시가 있는 관목의 총칭. 〔後漢書〕入深山, 踐荊棘於群虎之中. ③매, 곤장. 모형나무로 매를 만들어 쓴 데서 온 말. 〔史記〕肉袒負荊. ④다스리다, 처벌하다. ⑤땅 이름, 구주(九州)의 하나. 지금의 호남성·호북성 일대. 〔書經〕荊及衡陽惟荊州. ⑥나라 이름, 초(楚)나라의 딴 이름. 〔春秋〕荊敗蔡師于莘. ⑦자기 아내의 겸칭. ¶ 荊妻.
【荊棘 형극】 ①가시. 가시 있는 나무의 총칭. ②고난. ③뒤얽힌 사태. 분규. ④나쁜 마음. 남을 해칠 마음.
【荊杞 형기】 ①가시나무와 구기자나무. 잡목이 우거진 황폐하고 쓸쓸한 풍경. ②간신.
【荊扉 형비】 가시나무로 만든 사립문. 매우 구차한 살림살이. 荊門(형문).
【荊室 형실】 ①초라한 집. 오두막집. ②▷荊妻(형처).
【荊玉 형옥】 ①형산(荊山)의 옥(玉). 화씨벽(和氏璧). ②자질이 뛰어난 인재.
【荊榛 형진】 가시나무와 개암나무. 잡목의 숲.
【荊釵布裙 형차포군】 가시나무 비녀와 거친 베로 지은 치마. 곧, 부녀자의 초라한 차림. 故事 후한(後漢) 때 양홍(梁鴻)의 아내인 맹광(孟光)이 가시나무 비녀를 꽂고 거친 베로 지은 치마를 입어 남편을 감동시켰다는 고사에서 온 말. 孟光荊釵(맹광형차). 荊布(형포).
【荊妻 형처】 자기 아내의 겸칭. 荊婦(형부).
【荊布 형포】 ①변변하지 않은 옷. 허술한 옷. ②▷荊釵布裙(형차포군).
❶ 牡ー, 負ー, 柴ー, 識ー, 紫ー, 拙ー.

艸
6 【茠】 ⑩ ❶김맬 호 豪 hāo
❷쉴 휴 尤 xiū
❸콩 후 宥 kòu
字解 ❶김매다. 〔唐書〕身操畚銛, 茠刺無休時. ❷①쉬다. =休. ②그늘, 나무 그늘. 〔淮南子〕得茠越下, 則脫然而喜矣. ❸콩. =蔲.

艸
6 【荒】 ⑩ ❶거칠 황 陽 huāng
❷묵은 농경지 황 陽 huāng
❸공허할 강 陽 kāng
❹어두울 황 養 kuǎng

소전 초서 참고 대법원 지정 인명용 한자의 음은 '황'이다.
字源 形聲. 艸+巟→荒. '巟(황)'이 음을 나타낸다.

字解 ❶①거칠다.〔周禮〕野荒民散. ②거칠어지다, 황폐하다.〔陶潛·辭〕三徑就荒. ❸황무지.〔晉書〕開荒千有二千餘頃. ④기근, 흉년.〔周禮〕以荒政十有二聚萬民. ⑤덮다.〔詩經〕葛藟荒之. ⑥덮개, 차양, 씌우개.〔禮記〕振容, 纁荒. ⑦버리다, 잊다. 늑忘.〔書經〕無荒失朕命. ⑧빠지다, 탐닉하다. 늑妄.〔書經〕內作色荒, 外作禽荒. ⑨패하다, 싸움에 지다.〔逸周書〕靡敵不荒. ⑩상(傷)하다.〔周禮〕以荒禮哀凶札. ⑪망하다, 멸망시키다. 늑亡.〔書經〕天毒降災荒殷邦. ⑫이르다, 차지하다.〔詩經〕遂荒大東. ⑬멀다, 끝.〔楚辭〕將往觀乎四荒. ⑭넓히다, 키우다.〔詩經〕大王荒之. ⑮늙다, 노쇠하다.〔禮記〕武王之志荒矣. ⑯어리석다, 손이 설다.〔荀子·注〕荒, 或讀爲荒, 言不習熟也. ⑰어둡다. 늑恍.〔司馬相如·賦〕荒亭亭而復明. ⑱성(姓). ❷묵은 농경지. ❸공허하다, 삭막하다. ❹어둡다. 늑慌.

【荒鷄 황계】 ①삼경(三更)이 되기 전에 우는 닭. 사변이 일어날 전조(前兆). ②닭이 새벽에 어지러이 우는 일.
【荒郊 황교】 황폐한 교외. 쓸쓸한 들판.
【荒極 황극】 머나먼 끝. 매우 먼 곳.
【荒棄 황기】 폐기함.
【荒饑 황기】 흉년이 들어 굶주림.
【荒年 황년】 농작물이 예년에 비하여 잘되지 않은 해. 凶年(흉년).
【荒寧 황녕】 일을 게을리하고 편히 지냄.
【荒唐客 황당객】 말이나 행동 따위가 터무니없는 사람. 荒客(황객).
【荒唐無稽 황당무계】 말이나 행동 따위가 허황되고 터무니없음. 荒誕無稽(황탄무계).
【荒涼 황량】 황폐하여 쓸쓸함.
【荒漠 황막】 ①거칠고 아득하게 넓음. ②거칠고 을씨년스러움.
【荒亡 황망】 사냥이나 주색잡기 등의 즐거움에 빠짐. 荒湎(황면).
【荒湎 황면】 ☞荒亡(황망).
【荒蕪 황무】 잡초가 우거져 땅이 황폐함.
【荒民 황민】 흉년으로 고통받는 백성.
【荒白 황백】 가뭄으로 땅이 거칠어지고 마름.
【荒僻 황벽】 황폐한 벽촌.
【荒服 황복】 ①오복(五服) 중 가장 변두리에 있는 구역. 왕기(王畿)로부터 2,000리(里)에서 2,500리 사이를 이름. ②제왕의 감화(感化)가 미치지 못하는 지역. 또는 그곳에 사는 민족.
【荒肆 황사】 주색에 빠지고 방자함.
【荒說 황설】 허황된 말. 엉터리없는 말.
【荒歲 황세】 흉년. 荒年(황년).
【荒失 황실】 폐기함. 다른 일에 정신을 빼앗겨 사물을 버림.
【荒野 황야】 거칠고 쓸쓸한 들판.
【荒裔 황예】 멀리 떨어진 국토의 끝.
【荒原 황원】 돌보지 않아 거칠어진 들판. 荒野(황야).
【荒月 황월】 음력 4월. ◯백성들이 논밭에 나가 마을이 텅 비어 쓸쓸하게 되는 데서 온 말.
【荒幼 황유】 무지하고 도리에 어두운 어린이.
【荒淫無道 황음무도】 주색에 빠져 도리를 잃어버림.
【荒夷 황이】 변방의 오랑캐.
【荒殘 황잔】 거칠어지고 손상됨.
【荒田 황전】 거칠어진 논밭.
【荒腆 황전】 술에 빠짐. 술에 탐닉함.
【荒政 황정】 ①임금이 정사를 태만히 함. ②흉년에 백성을 구휼하는 정치. 기근 구제 정책.
【荒酒 황주】 술을 과음함. 술에 빠짐.
【荒疇 황주】 황폐한 밭. 荒畦(황휴).
【荒瘠 황척】 땅이 거칠고 메마름.
【荒村 황촌】 황폐하여 쓸쓸한 마을.
【荒陬 황취】 서울에서 멀리 떨어진, 나라의 끝. 僻村(벽촌).
【荒唐 황탄】 허황하여 터무니없음. 荒唐(황당).
【荒耽 황탐】 주색 같은 것에 빠져 제 정신을 못 차림.
【荒怠 황태】 크게 게으름을 피움.
【荒波 황파】 거친 물결. 거센 파도.
【荒廢 황폐】 ①집·토지·삼림 따위를 버려 두어 못 쓰게 됨. ②정신이나 생활 따위가 거칠어지고 메마름.
【荒暴 황포】 거칠고 사나움.
【荒墟 황허】 황폐한 터.
【荒惑 황혹】 정신이 어지러워 갈피를 잡지 못함.
【荒荒 황황】 ①어둠침침한 모양. ②몸과 마음이 피곤한 모양.
【荒畦 황휴】 황폐한 밭. 荒疇(황주).
◑ 蕪—, 邊—, 四—, 酒—, 八—, 忽—, 凶—.

艸 6 【茴】 ⑩ 회향 회 灰 huí
字解 ①회향. 산형과의 여러해살이풀로, 열매는 향기가 강한데 한약재로 쓰고 기름도 짠다. ②방풍(防風)의 잎. 산형과의 여러해살이풀로, 뿌리는 한방에서 해열제로 쓴다.

艸 7 【莒】 ⑪ 감자 거 語 jǔ
字解 ①감자. ②주대(周代)의 제후 이름. 성은 영(嬴), 소호(小昊)의 후손. 주(周) 무왕이 자여기(玆輿期)를 거(莒)에 봉하였다.
【莒刀 거도】 제(齊)나라의 화폐 이름. ◯칼처럼 생겼으며 거읍(莒邑)에서 만들었던 데서 온 말.

艸 7 【莖】 ⑪ ❶줄기 경 庚 jīng
❷지황 영 庚 yīng
參考 대법원 지정 인명용 한자의 음은 '경'이다.
字解 ❶①줄기, 풀의 줄기.〔楚辭〕綠葉兮紫莖. ②작은 가지. ③기둥.〔後漢書〕抗仙掌以承露, 擢雙立之金莖. ④장대, 깃대.〔左思·賦〕介胄重襲, 旌旗躍莖. ⑤풀을 셀 때 쓰는 말. ⑥

艹部 7획 莙蒳茶莟荳莨莅莉莽蒂

가느다란 것을 셀 때 쓰는 말.〔杜甫·歌〕數莖白髮那抛得. ⑦홀로, 특히.〔張衡·賦〕徑百常而莖擢. ⑧자루, 칼자루, 손잡이.〔周禮〕以其臘廣爲之莖圍, 長倍之. ❷①지황(地黃). 현삼과의 여러해살이풀. ②지수(地髓), 생건지황(生乾地黃).
【莖柯 경가】 줄기와 가지.
【莖葉 경엽】 줄기와 잎.
❶球—, 根—, 地下—.

艹7【莙】⑪ 버들말즘 군·균 麇 𡖝 jūn
소전【莙】字解 ①버들말즘, 말. 가랫과에 딸린 여러해살이 수초(水草). ②모으다.〔淮南子〕莙凝天地.
【莙凝 군응】 모아서 한곳에 응결시킴.

艹7【蒳】⑪ 國늦을 늦
字解 늦다.

艹7【茶】⑪
❶씀바귀 도 麌 tú
❷차 다 麻 chá
❸땅 이름 야 麻 yé
❹띠꽃 사 麻 tú
❺띠꽃 여 魚 tú
❻띠꽃 호 麌 tú
❼옥 이름 서 魚 shū
❽두 머리 사슴 이름 채 蟹
소전【茶】초서【茶】參考 茶(1501)는 딴 자.
字解 ❶①씀바귀. 산과 들에 절로 나는 국화과의 여러해살이풀로, 뿌리·줄기·어린잎은 식용한다. ②방가지똥. 국화과의 한해살이풀 또는 두해살이풀로, 어린잎은 나물로 먹는다.〔詩經〕誰謂茶苦. ③차(茶). 특히 일찍 딴 싹을 도(茶), 늦게 딴 것을 명(茗)이라 한다. =茶. ❹물억새의 이삭, 물억새 꽃.〔詩經〕予所捋荼. ❺띠꽃.〔詩經〕出其闉闍, 有女如茶. ❻거친 풀, 잡초.〔詩經〕以薅茶蓼. ❼괴로움, 학대.〔書經〕弗忍茶毒. ❹완만하다, 조용하다. 느紓.〔尙書大傳〕厥咎茶. ❷차(茶). =茶. ❸땅 이름. 후한(後漢) 때 호남성(湖南省) 장사(長沙)에 있었다. ❹띠꽃. ❺❻※뜻은 ❹와 같다. ❼옥(玉) 이름, 제후가 가지는 아름다운 옥.〔禮記〕諸侯荼詔後. ❽두 머리 사슴 이름.
【茶毒 도독】 ①고통. 해악(害惡). ②고통을 줌. 학대함. ◎'茶'는 씀바귀, '毒'은 해독을 주는 것. 茶蓼(도료).
【茶蓼 도료】 ①씀바귀와 여뀌. 고통·학대·해악의 비유. ◎씀바귀와 여뀌가 맛이 매우 쓴 데서 온 말. 茶毒(도독). ②부모의 죽음. ◎부모의 죽음은 자식에게는 가장 고통스러운 일인 데서 온 말.
【茶薺 도제】 ①씀바귀와 냉이. ②악인과 선인.
【茶炭 도탄】 진흙 수렁과 숯불. 매우 고통스러운 지경. 塗炭(도탄).

艹7【茈】⑪ 다비(茶毘)(佛) ①화장(火葬). ②승려의 죽음.
❶苦—, 堇—, 神—, 茹—, 如—火.

艹7【莟】⑪ 민족두리풀 두 麌 dù
字解 민족두리풀, 세신(細辛). 족두리풀은 쥐방울덩굴과에 딸린 여러해살이풀로, 뿌리를 한방에서 세신이라고 하며 약재로 쓴다.

艹7【荳】⑪ 콩 두 宥 dòu
초서【荳】字解 콩. =豆.〔物理論〕菽子衆荳之名.
【荳餠 두병】 콩기름을 짜고 난 찌끼.
【荳花水 두화수】 7월의 황하(黃河)의 물.

艹7【莨】⑪
❶수크령 랑 陽 láng
❷미치광이 랑 漾 làng
소전【莨】초서【莨】字解 ❶①수크령. 볏과의 여러해살이 풀. ②조〔粟·梁〕. 오곡(五穀)의 하나. 볏과의 한해살이풀. ❷미치광이. ¶莨菪.
【莨菪 낭탕】 미치광이. 깊은 산의 응달에 자생하는, 가짓과에 딸린 여러해살이풀. 잎과 씨에는 맹독(猛毒)이 있어 잘못 먹으면 미치광이가 된다 하며, 한방에서 마취제로 쓴다.

艹7【莅】⑪ 다다를 리·률 霽 lì
초서【莅】字解 ①다다르다, 이르다, 향하다. ㉮그 자리로 가다.〔易經〕君子以莅衆. ㉯왕으로서 임하다, 군림하다.〔孟子〕莅中國而撫四夷也. ㉰감시하다.〔漢書〕莅之之彊. ㉱맡아보다, 담당하다.〔書經〕莅事惟煩. ②지위, 계급.〔春秋穀梁傳〕莅者位也. ③녹(祿), 봉록(俸祿). ④수목이 바람에 흔들리는 소리.〔漢書〕劉莅蓊歙.
【莅臨 이림】 어떤 장소나 어떤 일에 임함.
【莅盟 이맹】 제후가 서로 만나 맹약(盟約)을 맺음. 會盟(회맹).
【莅民 이민】 백성을 다스림.
【莅颯 이삽】 ①수목이 바람에 흔들리는 소리. ②행동이 재빠른 모양.
❶遠—, 臨—.

艹7【莉】⑪ 말리 리 霽 lì
초서【莉】字解 말리(茉莉). 물푸레나뭇과에 딸린 상록 관목.

艹7【莽】⑪ 莽(1515)의 속자.

艹7【蒂】⑪
❶참억새 망 陽 wáng
❷잠자리 무 虞 wáng
소전【蒂】字解 ❶①참억새. =芒. ②물망초. ❷잠자리.〔淮南子〕水蠆爲蟌蒂.

艸部 7획 莓 茵 莫 莁 菀 莂

艸7 【莓】⑪ ❶나무딸기 매 厌 méi
❷나무 이름 매 陌 méi
❸고무딸기 무 周

[字解] ❶①나무딸기. 장미과에 딸린 낙엽 활엽 관목. 열매는 식용한다. ≒苺. ②이끼, 선태(蘚苔). 〔孫綽·賦〕踐莓苔之滑石. ③밭의 모양, 풀이 무성한 모양. 〔左思·賦〕蘭渚莓莓, 石瀨湯湯. ❷나무 이름, 풀 이름. ❸고무딸기, 복분자딸기. 장미과에 딸린 낙엽 활엽 관목. 열매는 약용·식용한다.
【莓莓 매매】①풀이 무성한 모양. ②밭이 기름진 모양.
【莓苔 매태】이끼. 蘚苔(선태).
◑ 木-, 蛇-, 烏蔹-, 五葉-, 蠶-.

艸7 【茵】⑪ ❶패모 맹 庚 méng
❷어저귀 경 迥 qǐng

[字解] ❶①패모(貝母), 맹근(茵根). 백합과에 딸린 여러해살이풀. 비늘줄기는 한약재로 쓴다. ②어저귀. 아욱과에 딸린 한해살이풀. 인도가 원산지로, 줄기 껍질로 로프와 마대를 만들고 씨는 맹실(茵實)이라 하여 한약재로 쓴다. ❷어저귀. ※❶의 ②와 같다.

艸7 【莫】⑪ ❶저물 모 遇 mù
❷없을 막 藥 mò
❸덕 있고 온화할 맥 陌 mò
❹공허할 멱 錫 mò

一 十 艹 莋 苫 苜 莒 莫 莫

[소전] 莫 [초서] 莫 [参考] 대법원 지정 인명용 한자의 음은 '막'이다.
[字源] 會意. 艸+日→莫. 해[日]가 풀숲[艸] 사이에 있다는 데서, '해가 지다·어둡다'라는 뜻을 나타낸다. 뒤에 '아무도 ~않다'라는 뜻으로 가차되자, '저물다'의 뜻으로는 日 자를 더한 暮(모) 자를 새로 만들어 썼다.
[字解] ❶①저물다, 해질 무렵. ≒暮. 〔詩經〕不夙則莫. ②저녁, 밤. 〔尙書大傳〕星辰莫同. ③늦다, 저물다. ≒暮. 〔詩經〕維莫之春. ❷①없다. ㉮부정(否定)의 조사(助詞). 〔書經〕亦莫不寧. ㉯금지의 조사. ㉰의문의 조사. 〔論語〕文莫吾猶人也. ②허무하다. 〔禮記〕是謂合莫. ③쓸쓸하다, 고요하다. 〔漢書〕遂晻莫而昧幽. ④어둡다. ≒冥. 〔荀子〕悖亂昏莫, 不終極. ⑤넓다. ≒漠. 〔莊子〕廣莫之野. ⑥힘쓰다, 노력하다. 〔淮南子〕猶未之莫與. ⑦그리다, 사모하다. ≒慕. ⑧깎다, 없애다. 〔管子〕屠牛坦, 朝解九牛, 而刀可以莫鐵. ⑨두려워하다. ≒怕. ⑩안정되다. 〔詩經〕民之莫矣. ⑪나쁘다, 옳지 않다. 〔論語〕聖人莫之. ⑬병들다, 앓게 하다. ≒瘼. 〔詩經〕求民之莫. ⑭얇은 껍질, 얇은 피막. ≒膜. 〔禮記·去其皽·注〕皽, 謂皮肉之上魄莫也. ⑮장막, 장막을 치다. ≒幕. 〔史記〕上功莫府. ⑯성(姓). ❸덕 있고 온화할. 〔禮記〕莫其德音. ❹공허하다, 허무하다.

【莫莫】 ❶모모 ❷막막 ❶어리석은 모양. ❷①초목이 울창하게 우거진 모양. ②수효가 많은 모양. ③조용하고 삼가는 모양. ④먼지가 뽀얗게 일어나는 모양.
【莫夜 모야】 늦은 밤. 暮夜(모야).
【莫春 모춘】 늦봄. 만춘(晚春). 暮春(모춘).
【莫可奈何 막가내하】 어찌할 수 없음.
【莫强 막강】 더할 나위 없이 강함.
【莫大 막대】 더할 수 없이 큼.
【莫童角抵戱 막동각저희】 ㊀막둥이 씨름하듯 함. 세력이 비슷해 서로 우열을 가리기 어려움.
【莫論 막론】 말할 나위도 없음.
【莫非 막비】 아닌게 아니라.
【莫斯科 막사과】 現 러시아의 수도 '모스크바(Moskva)'의 음역어(音譯語).
【莫上 막상】 아주 위. 제일 좋음.
【莫上莫下 막상막하】 낫지도 않고 못하지도 않음. 서로 우열을 가리기 어려움. 難兄難弟(난형난제).
【莫須有 막수유】 있을 법하지도 않은가? 반신반의(半信半疑)하는 말.
【莫須有之獄 막수유지옥】 원통한 죄로 남을 죄에 빠뜨리는 일. 무고한 사람을 모함하는 일.
【莫甚 막심】 더없이 심함. 매우 심함.
【莫邪 막야】 보검(寶劍)의 이름. 명검(名劍)의 비유. [故事] 춘추 시대 오(吳)나라 왕 합려(闔閭)가 최고의 칼 제조 기술을 가진 간장(干將)에게 명검을 주조하도록 명령하였다. 간장은 3년이 지나도록 만들 수 없었지만 아내인 막야(莫邪)의 머리털과 손톱을 함께 녹여 두 자루의 보검을 만들고 자신과 아내의 이름을 붙였다는 고사에서 온 말. 莫耶(막야). 鎭鄒(막야).
【莫逆 막역】 서로 뜻이 맞아 거스르지 않음. 서로 허물없이 썩 친함.
【莫逆之交 막역지교】 마음에 거스름이 없는 사귐. 서로 뜻이 맞는 교제.
【莫逆之友 막역지우】 서로 거스름이 없는 친구. 의기 투합한 벗.
【莫往莫來 막왕막래】 서로 왕래가 없음.
【莫重 막중】 아주 귀중함. 중요함.
【莫顯乎微 막현호미】 눈에 보이지 않는 미세한 것이 도리어 밝게 나타남.
【莫見乎隱 막현호은】 숨을수록 더 잘 보임. 남이 보지 않는 곳에서 한 일은 더 잘 드러남.

艸7 【莁】⑪ 풀 이름 무 虞 wú
[字解] 풀 이름, 흰비름.

艸7 【菀】⑪ ❶새로 돋아난 초목 문 文 wèn
❷사람 이름 면 銑 miǎn
[参考] 菀(1519)은 딴 자.
[字解] ❶새로 돋아난 초목. ≒蒝. ❷사람 이름.

艸7 【莂】⑪ 모종 낼 별 屑 bié
[字解] ①모종을 내다. ②씨뿌리기, 볍씨를 모판

艸部 7획 莎莆莩荴莽莏莎葰萎茜莘

艹
7 【莎】⑪ ❶흐트러진 풀 보 麌 bù
       ❷흐트러진 풀 긁어 모아 거두어
         들일 보 虞 pú
소전 字解 ❶흐트러진 풀. ❷꼴, 여물.
       ❷흐트러진 풀을 긁어 모아 거두어들
       이다.

艹
7 【莆】⑪ ❶서초 부 麌 fǔ
       ❷땅 이름 보 虞 pú
소전 초서 字解 ❶서초(瑞草). 요(堯) 임금 때 부엌에 돋아난 풀. 스스로 흔들려 부채질하여 서늘하게 함으로써 더위에 의한 음식물의 부패를 막았다 한다.〔白虎通〕蓂莆生庖廚. ❷①땅 이름, 보전현(莆田縣). 수대(隋代)에 두었다가 폐지하고 당대(唐代)에 다시 두었다. 복건성(福建省) 선유현(仙遊縣)의 동쪽.〔楚辭〕莆藿是營. ②성(姓).

艹
7 【莩】⑪ ❶풀 이름 부 虞 fú
       ❷개피 부 尤 fú
       ❸굶어 죽을 표 蕭 piǎo
소전 초서 參考 대법원 지정 인명용 한자의 음은 '부'이다.
字解 ❶❶풀 이름, 독말풀, 귀목(鬼目). 가짓과에 딸린 한해살이풀로, 씨・잎에는 독이 있어 한약재로 쓴다. 늑荷. ❷갈대청, 갈대 줄기 속의 흰 속껍질. 매우 얇은 것의 비유.〔漢書〕非有葭莩之親. ❷암삼, 암꽃만 있는 삼. ❷개피. 볏과에 딸린 두해살이풀. 열매는 식용한다. ❸①굶어 죽다. =殍.〔孟子〕野有餓莩. ②떨어지다. =蔈.
【莩甲 부갑】싹 남. 순이 돋음.
【莩車 부거】물레.

艹
7 【荴】⑪ 널리 퍼질 부 虞 fū
字解 널리 퍼지다.〔漢書〕菡菱荴以俟風兮.

艹
7 【莖】⑪ 풀로 경계 지을 분 願 bèn
字解 풀로 경계를 짓다, 풀로 경계하다.

艹
7 【莏】⑪ 문지를 사・수 歌 suō
字解 문지르다, 손으로 비비다. 늑挲.

艹
7 【莎】⑪ ❶향부자 사 歌 suō
       ❷베짱이 사 麻 shā
       ❸비빌 수 支 suī
소전 초서 參考 대법원 지정 인명용 한자의 음은 '사'이다.
字解 ❶향부자(香附子), 작두향(雀頭香), 사초(莎草). 사초과에 딸린 여러해살이풀. 땅속줄기는 한약재로 쓴다. ❷베짱이, 사계(莎鷄).〔詩經〕六月莎鷄振羽. ❸비비다, 손을 비비다. 늑挱.
【莎鷄 사계】베짱이.
【莎城 사성】①풍수지리에서, 묏자리 뒤에 작은 맥이 혈(穴)의 가를 에워싼 두둑. ②무덤 뒤에 반달 모양으로 두둑하게 둘러쌓은 토성(土城).
【莎草 사초】①사초과에 딸린 골사초・산사초・선사초 따위를 통틀어 이르는 말. 향부자. ②國 ㉠잔디. ㉡오래되거나 허물어진 무덤에 떼를 입혀 잘 다듬는 일.
❶踏−, 碧−, 靑−, 叢−.

艹
7 【葰】⑪ 꽃술 수 支 suī
字解 ①꽃술.〔漢書〕菡菱荴以俟風兮. ②고수풀, 호수(胡荽). =荾・葰.

艹
7 【萎】⑪ ❶향초 이름 수 支 suī
       ❷약초 이름 위 支 wěi
       ❸풀 이름 뉘 紙
초서 동자 字解 ❶향초 이름, 고수풀, 향수(香荽), 호수(胡荽). 산형과에 딸린 한해살이풀로, 열매는 향료・약재로 쓴다.〔潘岳・賦〕蓼葰芬芳. ❷약초 이름, ❸풀 이름, 둥굴레, 위유(葳蕤), 토죽(兔竹), 선인반(仙人飯). 백합과에 딸린 여러해살이풀로, 땅속줄기는 한약재로 쓰며 녹말을 채취하여 식용한다.

艹
7 【酋】⑪ ❶술 거를 숙 本축 屋 sù
       ❷누린내풀 유 尤 yóu
소전 字解 ❶①술을 거르다, 액체를 뚝뚝 떨어뜨리다. 늑縮.〔詩經・傳〕滑, 茜之也. ②강신술, 축주(縮酒). 제사의 강신(降神) 때 모사(茅沙) 그릇에 지우는 술.〔春秋左氏傳〕王祭不供, 無以茜酒. ❷누린내풀. 마편초과에 딸린 여러해살이풀로, 줄기와 잎에서 고약한 냄새가 난다.

艹
7 【莘】⑪ 긴 모양 신 眞 shēn
초서 字解 ①긴 모양.〔詩經〕魚在在藻, 有莘其尾. ②많다. 늑詵.〔莊子〕禍之長也玆莘. ③족두리풀, 세신(細辛). 쥐방울덩굴과에 딸린 여러해살이풀로, 말린 뿌리를 한방에서 세신이라고 하여 약재로 쓴다. ④나라 이름.〔春秋左氏傳〕有神降于莘. ㉮사성(姒姓). 하우(夏禹)의 후손. 주(周) 무왕(武王)의 어머니 태사(太姒)는 이 나라 출신. 섬서성(陝西省) 흡양현(郃陽縣).〔詩經〕纘女維莘. ㉯신국(莘國). 우왕(禹王)의 어머니는 이 나라 출신. 산동성(山東省) 조현(曹縣)의 북쪽. ㉰하남성(河南省) 진류현(陳留縣)의 동북쪽.〔春秋左氏傳〕晉侯登有莘之虛, 以觀師. ⑤땅 이름. ㉮춘추시대 위(衛)나라의 땅. 산동성(山東省) 신현(莘

艸部 7획 莪 莚 莞 莠 荵 莊 莇 荻

縣)의 북쪽. 〔春秋左氏傳〕 公使諸齊, 使盜待諸莘. ④춘추 시대 괵(虢)의 땅. 하남성(河南省) 섬현(陝縣) 협석진(硤石鎭)의 서쪽에 신원(莘原)이 있다.
【莘莘 신신】 많은 모양.
【莘野 신야】 은거하는 곳. ○은대(殷代)의 재상 이윤(伊尹)이 등용되기 전에 유신(有莘)에 은거하면서 농사를 지은 데서 온 말.

艸7 【莪】⑪ 지칭개 아 歌 é
字解 ①지칭개. 엉거시과에 딸린 두해살이풀. 어린 줄기·잎은 먹기도 한다. 〔詩經〕 菁菁者莪, 在彼中阿. ②약초 이름, 봉아술(蓬莪茂). 근경을 봉출(蓬朮)이라 하여 약재로 쓴다.
【莪蒿 아호】 풀 이름. 지칭개. ○갓 나서 여린 것은 '莪', 자라서 쇤 것은 '蒿'라고 함.

艸7 【莚】⑪ 풀 이름 연 先霰 yán
莚(1512)은 딴 자.
字解 ①풀 이름. ②자라다, 뻗다. 〔左思·賦〕 風連莚蔓於蘭皐.
【莚蔓 연만】 널리 뻗는 모양.

艸7 【莞】⑪ ❶왕골 완 木관 寒 guān ❷웃을 완 木환 潸 wǎn ❸웃는 모양 완 木환 wǎn
字解 ❶①왕골, 골풀 〔漢書〕 莞蒲爲席. ②자리, 골풀로 짠 자리. 〔詩經〕 下莞上簟. ❷웃다, 방긋 웃다. ❸웃는 모양. =莧. 〔論語〕 夫子莞爾而笑.
【莞留 완류】 웃으며 받아 달라는 뜻. 선물을 보낼 때 편지에 쓰는 말.
【莞席 완석】 왕골자리.
【莞爾 완이】 빙그레 웃는 모양. 莞然(완연).
【莞簟 완점】 왕골자리와 대자리.
【莞蒲 완포】 왕골과 부들.

艸7 【莠】⑪ ❶강아지풀 유 有 yǒu ❷고들빼기 수 宥 xiù
字解 ❶①강아지풀, 구미초(狗尾草), 낭미초(狼尾草). 포아풀과에 딸린 한해살이풀. 〔孟子〕 惡似而非者, 惡莠恐其亂苗也. ②추하다, 겉으로 착하게 보이나 속은 악한 것의 비유. 늑醜. 〔詩經〕 莠言自口. ❷고들빼기, 고채(苦菜). 국화과에 딸린 한해살이풀.
【莠命 유명】 교명(敎命)을 더럽히고 어지럽힘.
【莠言 유언】 추악한 말.
【莠草 유초】 강아지풀.

艸7 【荵】⑪ 풀 이름 인 軫 rěn
字解 ①풀 이름, 인동덩굴. ②우엉. 국화과에 딸린 두해살이풀. 뿌리와 어

린잎은 식용한다.
【荵冬 인동】 겨우살이 덩굴. 인동초.

艸7 【莊】⑪ ❶풀 성할 장 陽 zhuāng ❷삼갈 장 漾 zhuāng
字源 形聲. 艸+壯→莊. '壯(장)'이 음을 나타낸다.
字解 ❶《俗》庄(545). ①풀이 성한 모양. ②풀이 고루 가지런한 모양. ③엄숙하다. 〔論語〕 臨之以莊則敬. ④삼가다, 정중하다, 공손하다. 〔禮記〕 非禮不誠不莊. ⑤바르다, 단정하다. 〔逸周書〕 汝無以變幼固莊后. ⑥꾸미다, 치장하다, 몹시 장식하다. 〔宋玉·賦〕 貌豊盈以莊妹. ⑦씩씩하다. 늑壯. ⑧고루 가지런하다. ⑨시골 마을, 촌락이나 산촌(山村)의 원포(園圃). 〔宋史〕 佗嘗嘗飮南園, 過山莊, 顧竹籬茅舍. ⑩별저(別邸), 별서(別墅). 〔宋史〕 歸洛, 有裵度午橋莊, 有池樹松竹之盛. ⑪사통팔달인 거리, 여섯 갈래로 갈라진 거리. 〔春秋左氏傳〕 得慶氏之木百車於莊. ⑫자패(紫貝) 한 개를 이르는 말. 〔雲南通志〕 海貝一枚, 土人謂之莊. ⑬성(姓). ❷삼가다, 공손하다.
【莊敬 장경】 엄숙하고 삼감. 엄숙하고 공손함.
【莊士 장사】 예의 바른 사람. 단정한 선비. 정인군자(正人君子).
【莊語 장어】 ①큰소리를 침. 大言壯談(대언장담). ②바른말. 진지한 의론.
【莊嚴 장엄】 웅장하고 엄숙함.
【莊園 장원】 왕실·귀족·고관·부호·사원(寺院) 등이 점유한 광대한 토지.
【莊莊 장장】 왕성한 모양.
【莊田 장전】 왕실의 사유지(私有地).
【莊周之夢 장주지몽】 ①나와 외물(外物)은 본디 하나로서 그 근본은 같음. 故事 장자(莊子)가 꿈에 나비가 되었다가 깬 뒤에, 원래 인간인 자기가 꿈에 나비로 됐는지, 원래 나비인 자기가 꿈에 인간으로 됐는지 모르겠다고 한 고사에서 온 말. ○'周'는 장자의 이름. ②헛되고 덧없는 일.
❶ 康-, 矜-, 老-, 端-, 墨-, 美-, 別-, 山-, 肅-, 嚴-, 厲-, 衣-, 齊-, 村-.

艸7 【莇】⑪ ❶구기자 저 御 zhù ❷호미 서 御 zhù
字解 ❶구기자(枸杞子), 구기자나무. ❷①호미. =耡·鉏. ②공전(公田)의 수확을 공조(公租)로 하는 일. 정전법(井田法)에서, 여덟 집이 공전을 경작하여 그 수확을 공조로 하던 일.

艸7 【荻】⑪ 물억새 적 錫 dí
荻(1529)는 딴 자.
字解 ①물억새. 포아풀과에 딸린 여

艸部 7획 莛莜莝蒠䓪荷莧菡蓉莢

러해살이풀. ❷쑦. 개사철쑥. 〔山海經〕太山有草焉, 名曰棃, 其葉狀如荻. ❸갈잎 피리. 〔穆天子傳〕籥荻.
【荻花 적화】물억새의 꽃.
❶ 枯—, 蘆—, 岸—, 靑—.

艸7 【莛】⑪ 줄기 정 庚迥 tíng
[소전] 莛 [초서] 莛 [隸考] 莛 莛(1511)은 딴 자. [字解] ❶줄기. 〔漢書〕以莛撞鐘. ❷대들보. 〔莊子〕擧莛與楹.

艸7 【莜】⑪ ❶김매는 연장 조 篠 diào ❷씨앗을 그릇에 담을 적 錫 dí
[소전] 莜 [字解] ❶❶김매는 연장, 제초(除草)하는 기구. 〔論語〕以杖荷莜. ❷삼태기. =蓧. ❸염교, 염부추, 채지(茶芝), 해채(薤菜). 백합과에 딸린 여러해살이풀. ❹씨앗을 그릇에 담다.

艸7 【莝】⑪ 여물 좌 箇 cuò
[소전] 莝 [초서] 莝 [字解] ❶여물. 〔史記〕置莝豆前. ❷꼴을 베다. =㝎. ❸가볍고 작은 것의 비유. 〔柳宗元·文〕合莝脆以爲強.
【莝豆 좌두】여물에 콩을 섞은 말의 사료.

艸7 【蒠】⑪ 원지 지 寘 zhì
[字解] 원지(遠志). 원지과에 딸린 여러해살이풀. 뿌리는 약재로 쓴다.

艸7 【䓪】⑪ 莽(1505)과 동자

艸7 【荷】⑪ ❶연 하 歌 hé ❷짊어질 하 箇 hè
[자형변천] 𦾔 𦾔 𦾔 𦾔 𦾔 荷 荷
[소전] 荷 [초서] 荷 [字源] 形聲. 艸+何→荷. '何(하)'가 음을 나타낸다.
[字解] ❶❶연(蓮). 〔詩經〕山有扶蘇, 隰有荷華. ❷책망하다, 규탄하다. =苛. ❸번거롭다. =苛. 〔漢書〕皆握齱好苛禮. ❹늪 이름. =菏. ❷❶짊어지다. ㉮물건을 어깨에 걸메다. 〔論語〕有荷蕢而過孔氏之門者. ㉯떠맡다, 자임(自任)하다. 〔春秋左氏傳〕猶荷其祿. ❷짐, 짊어지는 물건, 들어 나르는 물건. 〔新唐書〕至有重荷趨肆而徒返者.
【荷葉 하엽】연(蓮). 부용(芙蓉).
【荷校 하교】목에 칼을 씌움.
【荷眷 하권】은혜를 입음.
【荷簣 하궤】삼태기를 걸멤. 은사(隱士)의 비유.
【荷擔 하담】짐을 짐. ◯'荷'는 어깨에 메는 일, '擔'은 등에 지는 일.
【荷禮 하례】사소하고 번잡스러운 예의(禮儀).
【荷露 하로】연잎에 내린 이슬. 荷珠(하주).
【荷物 하물】운송하는 물품.
【荷負 하부】①받음. 주어짐. ②가지고 있음. 짊어짐.
【荷役 하역】짐을 싣고 내리는 일.
【荷葉 하엽】①연의 잎. 연잎. ②남화(南畫)에서 돌의 주름살을 그리는 법. ◯연잎의 이면과 같은 형상인 데서 나온 말.
【荷衣 하의】①연잎으로 걸어 만든 옷. 은자(隱者)의 옷. 세속을 초월한 훌륭한 사람의 옷. ②연잎.
【荷錢 하전】새로 피는 작은 연잎을 돈에 비유하여 이르는 말.
【荷珠 하주】☞荷露(하로).
【荷重 하중】①어떤 물체 따위의 무게. ②물체에 작용하는 외부의 힘.
【荷佩 하패】①받음. 입음. ②감격함. 고맙게 여김. 荷珮(하패).
【荷包 하포】①연잎으로 쌈. ②물건을 싼 자루.
【荷荷 하하】원망하여 성내는 소리의 형용.
【荷香 하향】연꽃의 향기.
【荷花 하화】연꽃.
❶ 感—, 枯—, 露—, 綠—, 擔—, 薄—, 拜—, 碧—, 負—, 衰—, 重—, 悉—, 衡—, 紅—.

艸7 【莧】⑪ ❶비름 한 潸 xiàn ❷자리공 현 霰 xiàn ❸방긋 웃는 모양 완 本환 wàn
[소전] 莧 [초서] 莧 [예서] 莧 [간체] 苋 [字解] ❶❶비름. ❷뱀도랏. ❷자리공, 상륙(商陸). ❸방긋이 웃는 모양. 늑莞. ¶莧爾.
【莧陸 현륙】자리공의 뿌리. 한방(漢方)에서 상륙(商陸)이라 하여 약재로 씀.
【莧爾 완이】빙긋 웃음. 莞爾(완이).

艸7 【菡】⑪ ❶꽃봉오리 함 覃 hàn ❷핀 꽃 함 感 hàn
[초서] 菡 [字解] ❶❶꽃봉오리. ❷꽃술. ❷❶핀 꽃. ❷연꽃. =蓞.

艸7 【蓉】⑪ 荇(1506)과 동자

艸7 【莢】⑪ 풀 열매 협 本겹 葉 jiá
[소전] 莢 [초서] 莢 [간체] 荚 [字解] ❶풀 열매. ❷콩꼬투리, 콩깍지. ❸풀이 처음 돋아나다. ❹비수리〔蓍〕. 콩과에 딸린 여러해살이풀. ❺돈의 이름, 유협전(楡莢錢). 〔漢書〕漢興, 以爲秦錢重難用, 更令民鑄莢錢.
【莢果 협과】꼬투리로 맺히는 열매. 녹두·콩·팥 따위.
【莢錢 협전】돈 이름. ◯한(漢) 고조(高祖) 때 만든 것으로 무게는 3수(銖)이며, 모양이 느릅나무 열매 꼬투리를 닮은 데서 지은 이름.

艸部 8획

䒷 ⑫ 개사철쑥 견·긴 qìn
字解 개사철쑥. 늦쮘·䓗.

槀 ⑫ 짚 고 gǎo
字解 ①짚. =槀. ②시들어 마른 풀. 〔國語〕擊槀除田, 以待時耕.

菰 ⑫ 줄 고 gū
字解 ①줄, 줄풀, 진고(眞菰). =苽. ②버섯의 하나, 고자(菰子).
【菰根 고근】 줄풀의 뿌리. 위장병이나 불에 덴 데 약으로 씀.
【菰蘆 고로】 줄과 갈대.
【菰菜 고채】 줄의 싹. 줄나물.
❶淡巴-, 茈-, 眞-, 蒲-, 胡-.

菎 ⑫ ❶향초 곤 kūn ❷풀 이름 곤 kūn
字解 ❶①향초. ②옥의 이름. 〔楚辭〕菎蔽象棊. ❷풀 이름, 부추.
【菎蔽 곤폐】 옥으로 장식한 화살 주머니.

菓 ⑫ 과일 과 guǒ
字解 ①과일, 나무 열매. =果. 〔漢書〕古者有春嘗菓. ②國과자(菓子).
【菓子 과자】 밀가루·설탕 따위로 만든 음식.
【菓品 과품】 과일의 총칭.

菅 ⑫ ❶골풀 관 jiān ❷골풀 간 jiān ❸땅 이름 관 guān
參考 대법원 지정 인명용 한자의 음은 '관'이다.
字解 ❶①골풀, 왕골, 띠. 〔春秋左氏傳〕無棄菅蒯. ②등골나물, 산란(山蘭). 엉겅퀴과에 딸린 여러해살이풀. 각지에 분포하는데 어린잎은 식용한다. ③난초. 〔漢書〕方秉菅兮. ④띠로 엮은 뜸, 거적. 〔春秋左氏傳〕取一編菅焉. ⑤사(私), 부정, 옳지 않다. 늦姦. 〔管子〕野蕪曠, 則民乃菅. ⑥성(姓). ❷골풀. ※❶의 ①과 같다. ❸땅 이름. 춘추 시대 송(宋)나라 땅. 산동성(山東省) 금향(金鄉)·성무(城武) 양현(兩縣) 사이. 〔春秋左氏傳〕公敗宋師于菅.
【菅屨 관구】 짚신. 왕골로 삼은 신.
【菅蒯 관괴】 ①새끼를 꼬는 데 쓰는 풀. ②평범한 인물의 비유.
【菅屨 관구】 왕골로 삼은 신. 菅菲(관비).
【菅葦 관위】 골풀과 갈대.

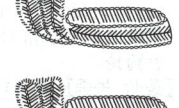

〈菅屨〉

菊 ⑫ 국화 국 jú
字源 形聲. 艸+匊→菊. '匊(국)'이 음을 나타낸다.
字解 ①국화. =蘜. ②대국(大菊). ⑦구맥(瞿麥), 석죽화(石竹花), 패랭이꽃. 너도개미자리과에 딸린 여러해살이풀. 각지에 나는데 전초(全草)를 약재로 쓴다. ④술패랭이꽃. 너도개미자리과에 딸린 여러해살이풀. 패랭이꽃과 비슷한데 꽃잎이 가늘고 깊게 째져서 복잡하다.
【菊月 국월】 음력 9월의 딴 이름.
【菊版 국판】 ①종이 규격판의 한 가지. ②국판 전지(全紙)를 16겹으로 접은 크기의 책 판형.
【菊花 국화】 국화과에 속하는 여러해살이풀. 관상용으로 재배함.
【菊花節 국화절】 음력 9월 9일. 중양절(重陽節).
【菊花酒 국화주】 국화를 넣어 빚은 술. 중양절에 마시면 액운을 벗는다는 민속이 있음.
❶佳-, 東-, 芳-, 白-, 芬-, 盆-, 霜-, 疏-, 殘-, 叢-, 寒-, 黃-, 畦-.

菤 ⑫ 풀 이름 권 juǎn
字解 풀 이름, 도꼬마리.

菌 ⑫ ❶버섯 균 jūn, jùn ❷육계 균 jūn, jùn ❸버섯 훤 jūn, jùn ❹버섯 권 jūn, jùn
參考 대법원 지정 인명용 한자의 음은 '균'이다.
字源 形聲. 艸+囷→菌. '囷(균)'이 음을 나타낸다.
字解 ❶①버섯. ⑦버섯푸성귀, 목이(木耳)버섯, 석이(石耳)버섯, 흙버섯. ④혹, 사마귀, 콧속의 종양, 병으로 생기는 군살. ②무궁화나무. 늦蕣. 〔莊子〕朝菌不知晦朔. ③하루살이. 〔淮南子〕朝菌不知晦朔. ④울적해지다, 마음이 펴이지 않다. 〔莊子〕蒸成菌. ⑤죽순. 늦箘. 〔呂氏春秋〕越駱之菌. ⑥세균(細菌). ⑦성(姓). ❷①육계(肉桂), 균계(菌桂). 대(竹)와 비슷한 식물. ②막혔던 온갖 소리가 한꺼번에 터져 나오는 모양. 〔馬融·賦〕瞋菌碨柍. ❸①버섯. ※❶의 ①⑦와 같다. ②풀 이름. 〔山海經〕孟子之山, 多菌蒲. ❹버섯. ※❶의 ①⑦와 같다.
【菌毒 균독】 균류가 가지고 있는 독.
【菌類 균류】 다른 유기체에 기생하여 포자로 번식하는 식물의 총칭. 곰팡이·버섯 따위.
【菌絲 균사】 균류(菌類)의 본체를 이루는 실올 모양의 부분.
【菌傘 균산】 버섯의 갓. 우산 모양으로 생겼으므로 이르는 말. 菌蓋(균개).

艸部 8획 菣菫萁菧菡菼葡菈萊菉蓄

【菌蕈 균심】 버섯.
❶黴-, 病-, 殺-, 細-, 松-, 濕-, 異-.

艸8 【菣】⑫ 苟(1495)의 속자

艸8 【菫】⑫ ❶제비꽃 근 吻 jǐn
❷바꽃 긴 吻 jǐn
[소전][초서][고자] [參考] ①菫(351)은 딴 자. ②대법원 지정 인명용 한자의 음은 '근'이다.
[字解] ❶①제비꽃, 오랑캐꽃. 제비꽃과에 딸린 여러해살이풀. 어린잎은 식용한다.〔詩經〕菫荼如飴. ②넓은잎딱총나무, 말오줌나무, 접골목, 삭조(蒴藋). 분인동과에 딸린 갈잎떨기나무. ③무궁화.〔禮記〕木菫榮. ❷바꽃, 투구꽃. 덩이뿌리 말린 것을 오두(烏頭), 초오(草烏), 부자(附子)라 하여 약재로 쓴다.〔淮南子〕蝮蛇螫人, 傅以和菫則愈.
【菫茶 긴도】 오두(烏頭)와 씀바귀.
【菫草 긴초】 독초(毒草). 오두(烏頭).
【菫喙 긴훼】 독초와 부리. 악인(惡人)의 비유.

艸8 【萁】⑫ ❶콩깍지 기 吱 qí
❷나무 이름 개 吱 jī
[소전] [字解] ❶①콩깍지, 콩대.〔漢書〕種一頃豆, 落而爲萁. ❷재소 이름.〔後漢書〕茈萁芸藕. ③풀 이름, 물억새의 하나. 물억새보다 가늘고 화살통을 만드는 데 썼다.〔漢書〕棨弧萁服. ④검푸른 빛. 늑萘.〔漢書〕棨弧萁服, 按, 青黑色. ⑤조사(助辭), 어조사. 늑其. ❷나무 이름.〔淮南子〕爨萁燧火.
【萁稈 기간】 콩줄기. 콩대.
【萁豆 기두】 ①콩깍지와 콩. ②형제의 비유.
【萁服 기복】 기초(萁草)로 결어 만든 전동〔箭筒〕. 萁箙(기복).
❶枯-, 豆-, 煮豆燃-.

艸8 【菧】⑫ ❶풀뿌리 드러날 니 薺 nǐ
❷이슬 짙은 모양 니 薺 nǐ
[字解] ❶풀뿌리가 드러나다. ❷이슬이 짙은 모양. 늑泥.

艸8 【菡】⑫ 연꽃 봉오리 담 感 dàn
[소전][초서] [字解] ①연꽃의 봉오리. ②화려하다, 꽃의 모양.〔杜甫賦〕雲菌菡以張蓋. ③풍부하게 왕성한 모양.

艸8 【菼】⑫ 물억새 담 感 tǎn
[소전][혹체][초서] [字解] 물억새. 포아풀과에 딸린 여러해살이풀. 들이나 물가에 흔히 나며, 참억새와 비슷한데 이삭에 까끄라기가 없고 잎에 톱니가 없다. 갓 난 것을 菼, 자란 것을 薍, 성숙한 것을 '崔'라고 한다.

艸8 【葡】⑫ 포도 도 虞 táo
[소전][초서] [字解] ①포도(葡萄). ②풀 이름.
【葡藤 도등】 포도나무. 포도 덩굴.
【葡酒 도주】 포도주.

艸8 【菈】⑫ 무 랍 合 lā
[초서] [字解] ①무. ②무너지는 소리.〔左思賦〕菈擸雷硍.
【菈擸 납렵】 무너지는 소리.

艸8 【萊】⑫ ❶명아주 래 灰 lái
❷향부자 리 支
[소전][초서][간체] [參考] 대법원 지정 인명용 한자의 음은 '래'이다.
[字解] ❶①명아주.〔詩經〕北山有萊. ②묵정밭, 경작하지 아니한 묵은 밭.〔詩經〕田萊多荒. ③풀이 나서 묵다.〔詩經〕田卒汙萊. ④잡초.〔鹽鐵論〕燔萊而播粟. ⑤김매다, 다스리다. 늑薋.〔周禮〕若大田獵, 則萊山田之野. ⑥교외(郊外). ⑦풀 이름, 계소(雞蘇). 꿀풀과에 딸린 여러해살이풀. ⑧수유(茱萸). 운향과(芸香科)에 딸린 갈잎큰키나무. 약재로 쓴다. ⑨나라 이름. 주대(周代)의 제후국. 성은 강(姜)씨. 산동성(山東省) 황현(黃縣)의 동남(東南)에 위치하였으며 제(齊)나라에 멸망당하였다.〔春秋左氏傳〕齊侯伐萊. ❷향부자. 방동사닛과에 딸린 여러해살이풀. 땅속줄기를 향부자(香附子)라 하여 약재로 쓴다.
【萊蕪 내무】 잡초가 무성한 황무지.
【萊菔 내복】 무.
【萊衣 내의】 춘추 시대 초(楚)나라의 노래자(老萊子)가 70세가 되어서도 늙은 어버이를 즐겁게 위로해 드리기 위하여 입었다는 오색(五色)의 옷. 萊彩(내채).
【萊彩 내채】 ①명아주 잎을 찐 것. ②거친 음식.
【萊彩 내채】 ☞萊衣(내의).
【萊妻 내처】 춘추 시대 초(楚)나라의 노래자(老萊子)의 처. 곧, 현부(賢婦). [故事] 노래자의 아내가 남편에게 충고하여 벼슬을 하지 말고 청빈한 생활을 하게 한 고사에서 온 말. 萊婦(내부).
❶燔-, 逢-, 汙-, 田-, 草-, 荒-.

艸8 【菉】⑫ 조개풀 록 沃 lù
[소전][초서] [字解] ①조개풀. 포아풀과에 딸린 한해살이풀. ②적다, 기록하다. 늑錄.〔逸周書〕堂下東面, 郭叔掌爲天子菉幣焉. ③푸르다. 늑綠.〔詩經〕菉竹猗猗.
【菉竹 녹죽】 푸른 대나무. 綠竹(녹죽).

艸8 【蓄】⑫ ❶참죽나무 론 元 lún
❷풀 이름 륜 眞 lún

艸部 8획 菱莽萌莁菩荓蔀

[字解] ❶①참죽나무. 멀구슬나뭇과에 딸린 갈잎큰키나무. ②향초 이름. ③벤젠(Benzen). ❷풀 이름.

艸8 【菱】⑫ 淩(1538)과 동자

艸8 【莽】⑫ ❶우거질 망·무 měng ❷들 경치 망 máng

[소전] [초서] [속자] [참고] 대법원 지정 인명용 한자의 음은 '망'이다.

[字解] ❶①우거지다, 풀이 우거진 모양.〔漢書〕或地饒廣, 薦草莽, 水泉利. ②개가 토끼를 몰아낸다. ③풀, 잡초.〔孟子〕在野曰草莽之臣. ④풀숲, 덤불.〔易經〕伏戎于莽. ⑤크다.〔呂氏春秋〕何以爲之莽莽也. ⑥덮다, 구름이 해를 가리는 모양.〔漢書〕莽若雲. ⑦거칠다, 조략(粗略)하다.〔莊子〕君爲政焉勿鹵莽. ⑧멀다, 아득하다. ¶莽渺. ⑨대〔竹〕의 하나, 마디 사이가 짧은 대.〔郝懿行義疏〕數節, 促節也, 莽竹節短, 蓋如今馬鞭竹. ❷들의 경치, 시골 경관(景觀).

【莽大夫 망대부】절개를 굽히고 위조(僞朝)에 붙어 벼슬하는 사람. [故事] 한(漢)나라 양웅(揚雄)이 본디 한나라에서 벼슬하다가 왕망(王莽)에게 붙어 대부(大夫)가 된 것을 주자(朱子)가 통감강목(通鑑綱目)에서 '망대부'라 쓰고, 그 절조를 잃은 것을 비난한 데서 온 말.

【莽莽 망망】①풀이 무성한 모양. ②들판이 넓은 모양. 莽蕩(망탕). ③장대(長大)한 모양. ④깊숙한 모양.

【莽渺 망묘】아득하고 끝이 없음.
【莽操 망조】전한(前漢)을 찬탈한 왕망(王莽)과 후한(後漢)을 찬탈한 조조(曹操).
【莽蒼 망창】푸르디푸른 빛깔. 교외(郊外) 들판의 경치.
【莽蕩 망탕】☞莽莽(망망)②.
● 鹵—, 衰—, 穢—, 林—, 蒼—, 草—, 叢—.

艸8 【萌】⑫ ❶싹 맹 méng ❷활량나물 명 míng ❸있을 몽

[소전] [초서] [참고] 대법원 지정 인명용 한자의 음은 '맹'이다.

[字解] ❶①싹, 움. ②죽순(竹筍). ③싹 트다. ㉮초목이 싹 트다, 움트다.〔周禮〕乃舍萌于四方. ㉯일이 시작되다, 일어나다.〔漢書〕明者遠見於未形. ④나타나다.〔淮南子〕風先萌焉. ⑤조짐, 시초, 발단.〔韓非子〕聖人見微以知萌, 見端以知末.〔周禮〕春始生而萌之. ⑦백성, 서민. ≒氓.〔呂氏春秋〕比於賓萌. ⑧촌사람, 시골뜨기, 어리석은 모양. ≒甿.〔管子〕謂高田之萌. ⑨움직이지 않는 모양.〔莊子〕萌乎不震不正. ⑩성(姓). ❷①활량나물, 콩과에 딸린 여러해살이풀. ②있다, 존재.

【萌動 맹동】①초목이 싹 틈. ②사물이 처음으로 움직이기 시작함.
【萌黎 맹려】서민(庶民). 평민. 萌隷(맹례).
【萌生 맹생】①㉠싹이 돋아남. ㉡조짐이 나타남. ②앞을 다투어 나옴. 많이 나옴.
【萌芽 맹아】①싹이 남. 싹이 틈. ②징후(徵候). 사물의 시초.
【萌蘖 맹얼】①나뭇가지에서 돋는 새 잎과 뿌리에서 돋아나는 새 움. 싹과 움. ②미소(微小)한 것의 비유.
【萌兆 맹조】조짐. 징조(徵兆).
【萌乎 맹호】움직이지 않는 모양.
● 蕨—, 未—, 邪—, 蘗—, 孼—, 竹—, 衆—.

艸8 【莁】⑫ 苜(1496)과 동자

艸8 【菩】⑫ ❶모사풀 배 bó ❷풀 이름 발 bèi ❸보살 보 pú

[소전] [초서] [참고] 대법원 지정 인명용 한자의 음은 '보'이다.

[字解] ❶①모사(茅沙)풀. ≒蓓. 제사 지낼 때 그릇에 모래를 담고 거기에 꽂는 풀 묶음을 만드는 데 쓰는 풀.〔周禮〕以菩芻棘柏爲神主. ②자리, 멍석. ≒蔀. ❷풀 이름.〔齊民要術〕二月上旬及麻菩揚生, 種子爲上時. ❸(佛)보살(菩薩).

【菩薩 보살】①(佛)부처에 버금가는 성인(聖人). ○범어(梵語) 'Bodhisattva'의 음역어(音譯語)인 菩提薩埵(보리살타)에서 온 말. ②國㉠나이 많은 여신도를 대접하여 부르는 말. ㉡고승(高僧)의 존칭.
【菩薩乘 보살승】(佛)보살이 되는 길. 육바라밀(六波羅蜜)을 닦고 중생을 교화하여, 생사를 초탈(超脫)하는 일. 삼승(三乘)의 하나.
【菩提 보리】(佛)①제법(諸法)을 다 깨쳐 정각(正覺)을 얻는 일. ②불과(佛果)를 얻어 정토(淨土)에 왕생(往生)하는 일. ○범어 'Bodhi'의 음역어.
【菩提樹 보리수】(佛)석가모니가 그 아래에서 진리를 깨달아 정각(正覺)을 얻었다는 나무.
【菩提心 보리심】(佛)①불도(佛道)를 구하는 마음. ②성불득도(成佛得道)의 마음.

艸8 【荓】⑫ 풀 이름 병 píng, pēng

[字解] ①풀 이름, 마추(馬帚). ②하여금, ~로 하여금 ~하게 함. 사역(使役)의 조사(助辭).〔詩經〕荓云不逮.
【荓蜂 병봉】악(惡)으로 끌어들임. 粤窄(병봉).

艸8 【蔀】⑫ 무 복 fú

[소전] [초서] [字解] ①무. ≒蔔.〔後漢書〕掘庭中蘆蔀根. ②칼집.
● 蘿—, 萊—, 蘆—.

艸[菶] ⑫ 풀 무성할 봉 董匣 běng

字解 ①풀이 무성하다. 〔詩經〕梧桐生矣, 于彼朝陽, 菶菶萋萋. ②열매가 많이 열리다. ¶ 菶菶.
【菶菶 봉봉】①초목이 우거진 모양. ②열매가 많이 달린 모양.
【菶茸 봉용】초목이 한창 성한 모양. 몹시 더부룩한 모양.
【菶萋 봉처】초목이 무성한 모양.

艸[萆]

❶비해 비 因 bēi
❷골풀 비 紙 bì
❸덮을 폐 霽 bá
❹청미래덩굴 발 黠 pì
❺도롱이 벽 錫

字解 ①비해(草薢), 쓴마. ②도롱이. ②골풀. 골풀과에 딸린 여러해살이풀. 여름에 녹갈색 꽃이 줄기 끝에 핀다. 말린 줄기는 약재로도 쓰고 자리를 짜거나 등잔 심지로도 쓴다. ③덮다, 가리다, 산에 숨다. =蔽. 〔漢書〕從閒道萆山而望趙軍. ④청미래덩굴. 청미래덩굴과에 딸린 갈잎덩굴나무. 산기슭 양지에 나는데 어린잎과 순은 식용하며 뿌리는 약재로 쓴다. =菝. ❺도롱이, 우의(雨衣).
【萆麻 비마】아주까리. 피마자. 萞麻(비마).
【萆薢 비해】쓴마. 마과(麻科)에 딸린 여러해살이 덩굴풀로 뿌리와 줄기는 식용함. ②머래의 뿌리. 요통(腰痛)·지체통(肢體痛)·풍습(風濕)에 쓰는 한약재.
【萆山 폐산】산에 숨음.

艸[菲] ⑫

❶엷을 비 尾 fěi
❷채소 이름 비 困 fèi
❸풀 이름 비 微 fēi

字解 ①①엷다, 보잘것없다. 〔論語〕菲飮食. ②채소 이름, 순무, 쥐참외. 〔詩經〕采葑采菲, 無以下體. ③쇠퇴하다, 한물가다, 버리다. 〔史記·注〕菲, 廢也, 本亦作廢. ④섞이는 모양. 〔太玄經〕白黑菲菲. ❷①채소 이름. ②상복(喪服)에 따른 짚신. 〔儀禮〕繩屨者, 繩菲也. ③짚신. 〔荀子〕菲對屨, 홑옷, 생명주나 삼베의 홑옷. ⑤풀옷〔草衣〕, 도롱이 같은 것. 〔荀子〕菲繐菅屨. ⑥풀로 만든 문, 풀로 엮어서 만든 거적문. ⑦상심하다, 슬퍼하다. 늑悲. 〔禮記〕不杖不菲不次. ❸①풀 이름. ②무성하다. ③향기롭다.
【菲儉 비검】검약(儉約)함.
【菲德 비덕】부족한 덕. 자기 덕의 겸칭. 寡德(과덕). 薄德(박덕).
【菲薄 비박】①물건이 적음. 가난한 살림. ②재주나 덕망이 뒤짐. ③검소하게 함. 검약한 생활을 함. ④자기를 낮춤. 겸손함. ⑤어리석고 못난 사람으로 자처함.
【菲菲 비비】①㉠풀이 무성한 모양. ㉡꽃이 아름다운 모양. ②어지럽게 뒤섞인 모양. 난잡한 모양. ③향기로운 모양. 향기가 감도는 모양.

④흔들려 고정(固定)하지 못하는 모양. ⑤성(盛)한 모양.
【菲食 비식】변변하지 못한 음식.
【菲儀 비의】변변하지 못한 예물. 변변하지 못한 선물. 薄謝(박사).
【菲才 비재】①변변하지 못한 재능. 둔한 재주. 鈍才(둔재). ②자기 재능의 겸칭.
【菲奠 비전】①변변하지 못한 제물(祭物). ②허술하게 지내는 제사.
【菲質 비질】둔한 자질. 자기 자질의 겸칭.
● 芳-, 葑-, 芬-, 采-, 萋-.

艸[萉] ⑫ 개사철쑥 비·피 霽 bì

字解 ①개사철쑥. ②아주까리, 피마자. =萞.

艸[萐] ⑫ 서초 이름 삽 洽 shà

字解 ①서초(瑞草) 이름. 상서로운 풀. ¶ 萐莆. ②부채, 질부채. 늑箑. 〔論衡〕薄如萐形.
【萐莆 삽보】서초(瑞草) 이름. 요(堯)임금 때 부엌에서 자라나서 스스로 움직여 시원한 바람을 일으켜서 음식물이 상하는 것을 막았다는 풀. 萐甫(삽보).

艸[菙] ⑫ 모형 수 紙 chuí

字解 ①모형(牡荊), 인삼목(人蔘木). 마편초과에 딸린 갈잎떨기나무. 중국 남방 원산으로 줄기, 잎사귀를 약재로 쓴다. 귀복(龜卜)때 거북의 등딱지를 굽는 데 쓴다. 〔周禮〕燋燧用荊, 菙之類. ②매, 채찍, 채찍질하다. =箠.

艸[菽] ⑫

❶콩 숙 屋 shū
❷사람 이름 초 蕭 jiāo

參考 대법원 지정 인명용 한자음은 '숙'이다.
字解 ①①콩, 콩류의 총칭. =尗. 〔詩經〕七月亨葵及菽. ②대두(大豆). 〔詩經〕采菽采菽. ③콩잎, 콩의 어린잎. ❷사람 이름. =椒. 〔春秋穀梁傳·釋文〕楚子使菽來聘菽, 或作叔.
【菽麥 숙맥】①콩과 보리. ②콩인지 보리인지를 구별하지 못함. 어리석은 사람. 菽麥不辨(숙맥불변).
【菽粟 숙속】콩과 조. 곡류(穀類).
【菽水 숙수】콩과 물. 변변하지 못한 음식.
【菽水之歡 숙수지환】콩을 먹고 물을 마시는 가난한 처지에서도 어버이에게 효도를 다하여 그 마음을 즐겁게 함.
【菽芽 숙아채】콩나물.

艸[菘] ⑫ 배추 숭 東 sōng

字解 배추.
【菘芥 숭개】갓. 개채(芥菜).
【菘尾湯 숭미탕】國배추꼬랑잇국.

【菘菜 숭채】 배추.
ⓞ 甘-, 葵-, 晚-, 旱-, 地-.

艸8 【菴】⑫ ❶풀 이름 암 覃 ān
❷나무 우거진 모양 암 豏 yǎn
초서 菴 고체 莽 字解 ❶①풀 이름, 맑은대쑥. 〔史記〕菴䕡軒芋. ②암자. =庵. ❷나무가 우거진 모양.
【菴觀 암관】 절과 도관(道觀). ○도관은 도교(道敎)의 사원(寺院).
【菴婪 암람】 탐(貪)함. 한없이 욕심 부림.
【菴䕡 암려】 맑은대쑥. 국화과에 딸린 여러해살이풀.
【菴舍 암사】 무덤 옆에 지어서 시묘(侍墓)하는 초막.
【菴子 암자】 ①큰 절에 딸린 작은 절. ②승려가 임시로 거처하며 도(道)를 닦는 집.

艸8 【菸】⑫ ❶향초 어 魚 yū
❷향초 연 先 yān
❸악취 나는 풀 어 御 yù
소전 㷤 초서 菸 字解 ❶①향초(香草). ②시들다. ③담배. ≒烟. ❷향초. ※❶의 ①과 같다. ❸①악취(惡臭)가 나는 풀. 〔楚辭〕葉菸邑而無色兮. ②썩다.
【菸邑 어읍】 초목이 시듦. 부서짐.

艸8 【菀】⑫ ❶자완 완 阮 wǎn
❷무성할 울 物 yù
❸쌓을 운 問 yùn
소전 䔇 초서 菀 字解 ❶①자완(紫菀), 탱알, 개미취. 엉겅귓과에 딸린 여러해살이풀. ②원유(園囿), 동산. ≒苑. 〔管子〕地者, 萬物之本原, 諸生之根菀也. ❷①무성하다, 울창하다. ≒鬱. 〔詩經〕菀彼桑柔. ②우울해지다. 〔詩經〕我心菀結. ③쌓다. 〔素問〕大怒則形氣絕而生菀於上. ❸쌓다. =薀.
【菀菀 완완】 자늑자늑함. 날씬함.
【菀結 울결】 마음이 울적하여 기분이 펴이지 아니함.
【菀熱 울열】 쌓인 열.

艸8 【萎】⑫ ❶마를 위 支 wēi
❷약초 이름 위 紙 wěi
❸마소 기를 위 寘 wèi
소전 蕟 초서 萎 字解 ❶①마르다, 시들어 마르다. 〔詩經〕無木不萎. ②시들다, 이울다. 〔晉書〕鈴下儀仗生華, 如蓮華, 五六日而萎落. ③병들다, 고민하다. 〔禮記〕哲人其萎乎. ④약하다, 연약하다. ❷약초 이름, 둥굴레. 백합과에 딸린 여러해살이풀. ¶萎蕤. ❸①마소를 기르다, 마소를 치다. =餧. ②피곤하다, 쇠약하다. ≒痿. 〔李漢·序〕氣象萎苶. ③연약하다. 〔後漢書〕但萎腬咋舌, 叉手從族乎.
【萎腬 위뇌】 연약함. 약함.
【萎餒 위뇌】 지치고 주림.

【萎落 위락】 시들어 떨어짐. 萎絕(위절).
【萎靡 위미】 시듦. 기력(氣力)이 떨어짐. 활기가 없음.
【萎蕤 위유】 둥굴레. 백합과의 여러해살이풀. 땅속줄기는 약용하거나 식용하며, 어린잎도 식용함.
【萎縮 위축】 ①시들어서 오그라듦. ②기를 펴지 못함.
【萎悴 위췌】 시들고 여윔.

艸8 【菿】⑫ 芍(1487)과 동자

艸8 【萇】⑫ 나무 이름 장 陽 cháng
소전 萇 간체 苌 字解 ①나무 이름, 장초나무, 양도(羊桃), 조익(銚弋). 〔詩經〕隰有萇楚. ②나라 이름. 인도(印度) 북부에 있었다. 〔北史〕烏萇國, 在賒彌南, 北有葱嶺, 南至天竺.
【萇楚 장초】 양도(羊桃)의 딴 이름.

艸8 【菹】⑫ ❶채소 절임 저 魚 zū
❷풀이 돋은 늪 제 御 jù
소전 䕋 혹체 蒩 혹체 䔜 초서 菹 參考 대법원 지정 인명용 한자의 음은 '저'이다.
字解 ❶①채소 절임. 식초 따위에 겉절이한 채소. 〔詩經〕疆場有瓜, 是剝是菹. ②젓갈, 고기젓. 고기를 저며 다져서 소금·술·누룩 따위에 절인 것. 육장(肉醬) 〔禮記〕麋鹿魚爲菹. ③마른풀. ≒苴. 〔管子〕請君伐菹薪, 煮水爲鹽. ❷풀이 돋은 늪. =葅. 〔孟子〕驅蛇龍而放之菹.
【菹戮 저륙】 죽여서 그 몸을 소금에 절임.
【菹醢 저해】 ①소금에 절인 야채와 고기. ②옛날의 혹독한 형벌의 하나. 사람을 죽여 그 뼈나 살을 소금에 절이던 형벌.

艸8 【菂】⑫ 연밥 적·효 錫 dì
초서 菂 字解 연밥, 연실(蓮實). =芍. ≒的. 〔王延壽·賦〕綠房紫菂.

艸8 【萐】⑫ ❶개연꽃 접 葉 jiē
❷운삽 삽 洽 shà
소전 萐 초서 萐 字解 ❶개연꽃, 접여(菨餘). ❷운삽(雲翣), 깃으로 꾸민 운삽. ≒翣. 발인(發靷) 때에 영구(靈柩)의 앞뒤에 세우고 가는 상구(喪具)의 하나.

艸8 【菁】⑫ ❶부추꽃 정 庚 jīng
❷꽃 성한 모양 청 靑 jīng
소전 菁 초서 菁 參考 대법원 지정 인명용 한자의 음은 '청'이다.
字解 ❶①부추꽃. 〔張衡·賦〕秋韭冬菁. ②꽃, 화려하다. 〔張衡·賦〕麗服颺菁. ③순무, 무. ≒蓈. 〔周禮〕菁菹. ④물풀, 수초(水草) 〔司馬相如·賦〕唼喋菁藻. ⑤채소 이름. 〔漢書〕陳菁

艸部 8획 菖 菜 蒯 萋 葱 萑 菆 蒂 萅 萃

茅四色之土。 ❷①꽃이 성한 모양。 ②우거진 모양。〔詩經〕菁菁者莪, 在彼中阿。
【菁華 정화】사물의 아름답고 순수한 부분。精華(정화)。
【菁莪 청아】인재를 교육함。○시경(詩經) 소아(小雅)의 한 편인 청청자아(菁菁者莪)의 약칭으로, 내용이 인재 기르는 것을 즐거워한 시인 데서 온 말。
【菁菁 청청】①초목이 무성한 모양。②인재를 교육함。菁莪(청아)。③적은 모양。
❶冬-, 蔓-, 蕪-。

艸8【菖】⑫ 창포 창 陽 chāng
초서 字解 창포。≒昌。〔呂氏春秋〕冬至後五旬七日菖始生。
【菖蒲 창포】천남성과의 여러해살이풀。뿌리는 약용하고, 술을 빚는 데도 쓰임。

艸8【菜】⑫ 나물 채 隊 cài

字源 形聲。艸＋采→菜。'采(채)'가 음을 나타낸다。
字解 ①나물, 푸성귀。〔禮記〕皮弁祭菜。②반찬。〔北史〕飯菜精潔。③굶어서 얼굴빛이 푸른 모양。〔禮記〕民無菜色。④수레의 바퀴살이 바퀴통에 박히는 곳。≒䆿。〔荀子〕三月五月爲幬菜, 敝而不反其常。⑤다스리다, 채취하다。≒采。〔列子〕臣有所與共擔纏薪菜者。
【菜羹 채갱】나물국。蔬羹(소갱)。
【菜根 채근】①채소의 뿌리。당근이나 무 따위。②변변하지 못한 음식。
【菜毒 채독】①채소 따위에 섞여 있는, 채독증(菜毒症)을 일으키는 독기。②채독증。십이지장충에 감염되었을 때 나타나는 여러 가지 증상。
【菜麻 채마】심어서 가꾸는 나물。무·배추·미나리 따위。남새。
【菜飯 채반】①나물과 밥。②나물·무청 등을 넣어 지은 밥。③거친 음식。蔬飯(소반)。
【菜色 채색】①푸성귀의 빛깔。②병들거나 굶주린 사람의 혈색이 없는 누르스름한 얼굴빛。
【菜蔬 채소】밭에서 기르는 농작물。잎·줄기·열매 따위를 식용함。남새。푸성귀。
【菜食 채식】①주로 채소로 만든 반찬을 먹음。②거친 음식。
【菜菹 채저】푸성귀로 담근 김치。
【菜把 채파】채소를 묶은 다발。
【菜圃 채포】채소밭。菜園(채원), 菜畦(채휴)。
【菜殽 채효】야채로 만든 안주。
【菜畦 채휴】➡菜圃(채포)。
❶咬-, 奇-, 美-, 蘋-, 舍-, 釋-, 蔬-, 水-, 蓴-, 野-, 鹽-, 異-, 奠-, 葷-。

艸8【蒯】⑫ 菜(1504)과 동자

艸8【萋】⑫ 풀 성하게 우거질 처·체·차 齊霽支 qī
초전 소전 字解 ①풀이 성하게 우거진 모양。〔漢書〕中庭萋兮綠草生。②공손한 모양。〔詩經〕有萋有苴。
【萋錦 처금】①아름다운 무늬가 있는 비단。②참언(讒言)。○여러 가지 색실을 모아서 아름다운 비단을 짜듯 남의 사소한 잘못을 모아서 큰 죄처럼 꾸미어 말한 데서 온 말。
【萋斐 처비】비단의 무늬가 아름다운 모양。萋菲(처비)。
【萋萋 처처】①초목이 무성한 모양。②구름이 흘러가는 모양。③힘을 다하는 모양。④옷의 빛깔이 성한 모양。

艸8【葱】⑫ 葱(1543)과 동자

艸8【萑】⑫ ❶풀 많을 추 支 zhuī ❷물억새 환 刪 huán
소전 초서 字解 ❶①풀이 많은 모양。②익모초, 암눈비앗, 충울(茺蔚)。❷①물억새。처음 난 것은 담(菼), 자란 것은 환(薍), 성숙한 것은 환(萑)이라고 한다。〔詩經〕八月萑葦。②눈물이 떨어지는 모양。¶萑蘭。
【萑蘭 환란】눈물이 흐르는 모양。
【萑席 환석】물억새로 결어 만든 자리。
【萑葦 환위】충분히 자란 물억새。

艸8【菆】⑫ ❶겨릅대 추 尤 zōu ❷초빈할 찬 寒 cuán ❸풀떨기 돋는 모양 총 東 cóng
소전 초서 字解 ❶①겨릅대, 마골(麻骨)。껍질을 벗겨 낸 삼대。②깔개。③풀이 떨기로 돋다。④좋은 화살。〔春秋左氏傳〕左射以菆。⑤나머지。⑥줄기, 식물의 줄기。〔儀禮〕御以蒲菆。❷초빈(草殯)하는 일。≒欑。〔禮記〕菆塗龍輴以椁。❸①풀이 떨기로 돋는 모양。＝叢。〔異物志〕菆著枝葛間。②새 둥우리。
【菆井 추정】겨릅대를 파는 시장。

艸8【蒂】⑫ 帝(527)의 속자

艸8【萅】⑫ 春(784)의 본자

艸8【萃】⑫ ❶모일 췌 本취 寘 cuì ❷풀이 성한 모양 죄 隊 cuì ❸모일 줄 質 cuì ❹결을일 채 cuì
소전 초서 參考 대법원 지정 인명용 한자의 음은 '췌'이다。
字解 ❶①모이다, 모으다, 모임。〔詩經〕有鴞萃止。②풀이 모이는 모양。③이르다。〔張衡·賦〕悵懷萃。④그치다。〔楚辭〕北至回水萃, 何

艹部 8획 菑若菭菟菠萍菢菏菡華　1519

喜. ❺기다리다. ❻머위. 관동(款冬). 엉겅컷과에 딸린 여러해살이풀. ❼옷이 스치는 소리. ¶萃聚 패취. ❽괘 이름, 64괘의 하나. 괘형은 ䷬. 만물이 모임을 상징함.〔易經〕萃, 亨, 王假有廟, 利見大人. ❾여위다, 지치다. ≒悴.〔春秋左氏傳〕無充蕉萃. ❷풀이 성한 모양. ❸모이다. ❹결임, 버금. =倅.〔周禮〕掌戎路之萃.
【萃美 췌미】좋은 것을 모음.
【萃然 췌연】모이는 모양. 萃如(췌여).
【萃止 췌지】모임. ☞'止'는 조자(助字).
【萃蔡 췌채】옷이 스치는 소리.
❶群一, 屯一, 霧一, 拔一, 雲一, 叢一, 出一, 畢一, 咸一, 會一.

艹
8【菑】⑫ ❶묵정밭 치 支 zī
　　　❷재앙 재 灰 zāi
　　　❸나무 말라 죽을 치 寘 zì

소전 혹체 초서 본자 菑 字解 ❶❶묵정밭, 묵힌 밭. ❷개간 첫해의 밭.〔爾雅〕田一歲曰菑. ❸일구다, 풀을 갈아 엎다.〔易經〕不菑畬. ❹풀을 말려 죽이다.〔詩經〕于此菑畝. ❺우거진 풀.〔淮南子〕菑榛穢. ❻성(姓). ❷재앙. =災・栽.〔大學〕小人之使爲國家, 菑害並至. ❸❶나무가 말라 죽다, 고목(枯木).〔詩經〕其菑其翳. ❷바퀴살이 바퀴통에 박히는 곳.〔周禮〕察其菑蚤不齵, 輪雖敝不匡. ❸담, 담을 둘러치다.〔春秋公羊傳〕以人爲菑. ❹세우다, 수립하다. =植. ❺쪼개다, 가르다.
【菑沴 재려】재앙. ☞'沴'는 나쁜 기운으로, 천재(天災)・기근(饑饉)・악역(惡疫) 등의 재앙.
【菑祥 재상】재앙의 조짐.
【菑害 재해】화(禍). 재난. 災害(재해).
【菑患 재환】재난과 근심. 災患(재환).
【菑畬 치여】❶거친 땅을 개간함. ❷사물의 근본의 비유.
【菑翳 치예】나무가 선 채 말라 죽음.
【菑栗 치율】쪼갬. 톱으로 줄기를 쪼갬.
【菑榛 치진】풀이 우거진 모양.
❶斷一, 無一, 不畬, 石一.

艹
8【若】⑫ 독초 이름 탕 漾 dàng

초서 若 字解 ❶독초의 이름, 미치광이. 뿌리와 잎은 약재로 쓴다. ❷수랑탕(水莨若). 독초, 바꽃, 부자(附子), 초오(草烏). 덩이뿌리에는 극독(劇毒)이 있으며, 건조하여 약재로 쓴다. ❸풀 이름. 자리를 만드는 데 쓴다.

艹
8【菭】⑫ ❶물이끼 태 灰 tái
　　　❷느릅나무 열매 꼬투리 지 支 zhī
　　　❸국화 치 支 chí

소전 초서 菭 字解 ❶❶물이끼.〔漢書〕華殿塵兮玉階菭. ❷이끼, 지의(地衣). =苔.〔管子〕五藏之狀, 黑土黑菭. ❷느릅나무 열매 꼬투리. ❸국화. ¶菭牆.
【菭牆 치장】국화(菊花)의 딴 이름.

艹【菟】⑫ ❶새삼 토 麌 tù
8　　　❷호랑이 도 虞 tú

초서 菟 字解 ❶❶새삼, 토사(菟絲). 새삼과에 딸린 한해살이 덩굴 기생 식물. ❷토끼. ≒兎.〔戰國策〕見菟而顧犬. ❷호랑이. =檡.〔春秋左氏傳〕楚人謂乳穀, 謂虎於菟, 故命之曰鬭穀於菟.

艹
8【菠】⑫ 시금치 파 歌 bō

초서 菠 字解 시금치. ¶菠薐.
【菠薐 파릉】시금치.
【菠菜 파채】시금치. 菠薐(파릉).

艹
8【萍】⑫ 부평초 평 本 병 庚 píng

소전 초서 동자 萍 字解 ❶부평초, 개구리밥. 개구리밥과에 딸린 여러해살이풀. ❷쑥. ≒苹.
【萍泊 평박】부평초같이 여기저기 떠돌아다니는 일. 유랑함. 飄泊(표박).
【萍蘋 평빈】개구리밥. 부평초. 萍藻(평조).
【萍水相逢 평수상봉】❶부평초가 물에서 서로 만남. ❷우연히 서로 만나게 됨.
【萍寓 평우】여기저기 떠돌아다니며 묶음.
【萍跡 평적】❶부평초같이 떠돌아다닌 자취. ❷유랑.
【萍蹤 평종】❶부평초의 자취. ❷이곳저곳 헤매며 일정한 주거가 없음. 萍跡(평적).
【萍蹤靡定 평종미정】사방으로 떠돌아다니어 정해진 거처가 없음.
【萍漂 평표】부평초같이 떠돌아다님.
❶輕一, 枯一, 白一, 浮一, 流一, 靑一, 漂一.

艹
8【菢】⑫ 덮을 포 號 bào
字解 ❶덮다. ❷새가 알을 안다.〔韓愈・詩〕鶴翎不天生, 變化在啄菢. ≒抱.

艹
8【菏】⑫ ❶무 하 歌 hé
　　　❷늪 이름 가 哿 gě
字解 ❶무, 풀 이름. ❷늪 이름. ≒荷.〔書經〕導菏澤.

艹
8【菡】⑫ 연봉오리 함 感 hàn

초서 본자 동자 菡 萏 蓞 字解 연봉오리. ¶菡萏.
【菡萏 함담】❶연꽃 봉오리가 아직 피지 아니한 것. 미인(美人) 용모의 비유. ❷풍성한 모양.

艹
8【華】⑫ ❶꽃 화 麻 huā
　　　❷땅 이름 화 禡 huà
　　　❸옳지 않을 과 佳 kuā

艹 艹 艹 芢 芢 莘 莗 華

艸部 8획 華

華 华 參考 대법원 지정 인명용 한자의 음은 '화'이다.

字源 象形. 꽃이 활짝 핀 모양을 본뜬 글자.

字解 ❶꽃. ❷꽃이 피다. 〔禮記〕 桃始華. ❸색채, 빛. 〔漢書〕 華者, 色也. ❹황색(黃色). 〔禮記〕 大夫玄華. ❺희다, 머리가 희다. 〔資治通鑑〕 德宗, 建中元年, 有華髮者. ❻분(粉). 화장용 분. 〔曹植·賦〕 鉛華不御. ❼빛, 광기(光氣). 〔尙書大傳〕 日月光華, 旦復旦兮. ❽광택, 윤기. 〔詩經〕 尙之以瓊華乎而. ❾모양, 무늬, 그림. 〔禮記〕 華而睆, 大夫之簀與. ❿장식, 세공(細工). 〔司馬相如·賦〕 華榱璧璫. ⓫빛깔에 나타나는 일. 〔國語〕 夫貌, 情之華也. ⓬겉으로 화려한 것, 허식. 〔潛夫論〕 競比質而行趨華. ⓭번영하다, 성하다, 한창. 〔史記〕 不以繁華時樹本. ⓮풀이 무성하다. ⓯뛰어나다, 뛰어난 곳. 〔北史〕 儒學博通, 有才華. ⓰화려하다, 아름답다. 〔隋書〕 窮華極麗. ⓱요염하다, 용모가 아름답다. 〔隋書〕 華者猶榮華, 容色之象也, 以色亂國, 故謂華孽. ⓲맛이 좋다, 선미(鮮美)하다. 〔素問〕 其民華食而脂肥. ⓳문덕(文德). 〔書經〕 帝舜曰重華. ⓴명성, 명망. 〔任昉·宣德皇后令〕 客遊梁朝, 則聲華籍甚. ㉑가계(家系). 〔南史〕 貝不散驥馭, 二職, 淸華所不爲. ㉒행동거지, 언행(言行). 〔南史〕 謝琨風華, 爲江左第一. ㉓깃발 끝에 꽂는 새깃. 〔漢書〕 建翠華之旗. ㉔과실, 참외. 〔禮記〕 天子樹瓜華. ㉕예문(禮文)이 왕성한 곳. ㉮수도(首都). 〔李白·詩〕 賈生西望憶京華. ㉯중국인이 자기 나라를 일컫는 말, 중화(中華). 〔春秋左氏傳〕 夷不亂華. ㉖쪼개다, 둘로 가르다. 〔禮記〕 爲國君者華之. ㉗성(姓). ㉘꽃. ≒花. ❷❶땅 이름. 〔莊子〕 堯觀乎華. ❷산 이름. ❸성(姓). ❸옳지 않다. 〔周禮〕 無有華離之地.

【華菅茅束 화간모속】①솔새를 물에 적시어 거적을 짤 때는 반드시 띠로 묶어야 함. ②부부는 서로 떨어져서는 안 됨.

【華甲 화갑】61세. ○'華' 자를 파자(破字)하면 '十'자 여섯과 '一'자로 되며, '甲'은 '갑(歲)'의 뜻인 데서 온 말. 華年(화년). 還甲(환갑). 還曆(환력).

【華蓋 화개】①천자(天子)의 일산(日傘). ②별 이름. 북극성(北極星)을 둘러싼 아홉 별.

【華京 화경】아름다운 서울.

【華景 화경】①음력 2월. ②햇빛.

【華僑 화교】외국에 나가 사는 중국 사람.

【華年 화년】①꽃다운 나이, 소년(少年). ②61세. 華甲(화갑).

【華麗 화려】빛나고 아름다움.

【華留 화류】國수원 유수(水原留守)의 딴 이름.

【華騮 화류】①주(周) 목왕(穆王)이 탔던 팔준마(八駿馬)의 하나. ②양마(良馬). 驊騮(화류).

【華鬘 화만】옛날 인도(印度)의 풍속으로, 끈으로 많은 꽃들을 꿰어 머리나 몸을 장식하던 것. 오늘날 불상(佛像)의 머리 또는 앞가슴에 장식으로 씀. 花鬘(화만).

【華美 화미】곱고 아름다움.

【華髮 화발】흰머리. 노년(老年).

【華閥 화벌】현달(顯達)한 문벌(門閥).

【華服 화복】國화려한 무색옷.

【華封三祝 화봉삼축】축수(祝壽)할 때 쓰는 말. 故事 화(華) 땅의 봉인(封人)이 수(壽)·부(富)·다남자(多男子)의 세 가지를 가지고 요(堯)임금을 축수(祝壽)했다는 고사에서 온 말. ○'封人'은 경계를 지키는 사람.

【華不再揚 화불재양】①한번 떨어진 꽃은 다시 올라 붙을 수 없음. ②흘러간 세월은 다시 돌아오지 않음.

【華奢 화사】화려하고 사치스러움.

【華胥 화서】①안락(安樂)하고 평화(平和)로운 경지(境地). 華胥之國(화서지국). ②복희씨(伏羲氏)의 어머니.

【華胥之國 화서지국】몹시 잘 다스려져 있는 나라. 華胥之夢(화서지몽).

【華胥之夢 화서지몽】①꿈, 좋은 꿈. 故事 황제(黃帝)가 낮잠을 자다가 꿈속에 화서 나라에서 놀며 태평한 광경을 보았다는 고사에서 온 말. 吉夢(길몽). ②낮잠.

【華贍 화섬】문장이 아름답고 뜻이 풍부함.

【華盛頓 화성돈】俗워싱턴(Washington)의 음역어(音譯語).

【華首 화수】흰머리. 백발(白髮). 노인.

【華飾 화식】아름답게 꾸밈. 아름다운 치장.

【華實 화실】①꽃과 열매. ②㉠형식(形式)과 실질(實質). 외관(外觀)과 내용(內容). ㉡문장(文章)과 조행(操行).

【華顔 화안】꽃다운 얼굴. 미인. 花顔(화안).

【華陽巾 화양건】도사(道士)가 쓰는 두건(頭巾). ○위(魏) 무제(武帝) 때 위절(韋節)이 화산(華山)에 은거하면서 이 두건을 쓴 데서 온 이름.

【華語 화어】①남을 칭찬하는 말. ②중국어. 華言(화언).

【華言 화언】①겉만 화려하고 실속이 없는 말. 華談(화담). ②중국말.

【華嚴 화엄】(佛)만행(萬行)·만덕(萬德)을 닦아 덕과(德果)를 장엄하게 하는 일.

【華嚴宗 화엄종】(佛)불교의 한 종파. 화엄경(華嚴經)을 종지(宗旨)로 삼는다. 우리나라에서는 신라 때 의상 대사(義湘大師)가 개종(開宗)하여 후에 교종(敎宗)이 되었음.

【華姸 화연】①㉠꽃이 아름다움. ㉡화려하고 고움. ②아름다운 여자. 美女(미녀).

【華榮 화영】꽃이 핌. 화려하고 번영함.

【華月 화월】①아름다운 달. ②성(盛)한 때. 봄철.

【華夷 화이】중화(中華)와 이적(夷狄). 한민족(漢民族)이 스스로를 높여 일컫던 말.

【華而不實 화이불실】①겉만 훌륭하고 실속이 없음. ②말은 그럴싸하나 실행이 따르지 않음. ③문장의 용어만 화려할 뿐 내용이 공허함.

【華鈿 화전】꽃비녀. 花鈿(화전).

【華箋 화전】①아름다운 종이. ②남의 서한(書翰)에 대한 경칭(敬稱).

【華顚 화전】 ①흰머리. 白髮(백발). ②꽃.
【華節 화절】 음력 정월(正月).
【華亭鶴唳 화정학려】 화정의 학 울음소리. 평생을 돌아보며 벼슬길에 들어선 것을 후회함. 故事 진(晉)나라의 육기(陸機)가 참소를 당하여 처형될 때, 그의 고향 화정에서 학의 우는 소리를 들을 수 없다고 탄식한 데서 온 말.
【華族 화족】 귀한 집안. 귀족(貴族).
【華胄 화주】 왕족이나 지체가 높은 귀족의 자손. 顯裔(현예).
【華楚 화초】 아름답고 청초함.
【華燭 화촉】 ①화려한 등촉. 화려한 불빛. ②결혼. 花燭(화촉).
【華叢 화총】 꽃이 한창 피어 있는 풀숲.
【華蟲 화충】 꿩의 딴 이름. 옛날에 예복(禮服)에 베풀던 꿩 그림의 자수(刺繡).
【華侈 화치】 화려하게 꾸밈. 화려하고 사치스러움. 華奢(화사).
【華佗 화타】 후한(後漢)의 명의(名醫). 위(魏)나라 조조(曹操)의 시의(侍醫)가 되었다가 후에 노여움을 사 죽음을 당하였음.
【華表 화표】 ①교량(橋樑)·궁성(宮城)·성곽(城郭)·능묘(陵墓) 등의 앞에 장식을 겸하여 세운 거대한 기둥. ②⇨華表柱(화표주). ③위정자(爲政者)에 대한 불평 등을 백성이 적도록 하기 위하여 길가에 세워 두던 나무. ⇨(堯)임금 때의 비방의 나무〔誹謗之木〕에서 온 제도.
【華表柱 화표주】 무덤 앞에 세우는 아름답게 꾸민 한 쌍의 돌기둥. 望柱石(망주석).
【華夏 화하】 중국 사람이 자기 나라를 높여 일컫는 말.
【華翰 화한】 남의 편지나 필적을 높여 이르는 말. 華簡(화간).
【華虛 화허】 겉은 아름다우나 실속이 없음.
【華軒 화헌】 화려하게 꾸민, 귀인(貴人)이 타는 수레.
【華婚 화혼】 혼인의 미칭(美稱).
○ 京−, 光−, 南−, 露−, 德−, 名−, 文−, 物−, 繁−, 浮−, 芬−, 聲−, 歲−, 水−, 年−, 蓮−, 英−, 榮−, 容−, 優−, 園−, 菁−, 精−, 中−, 重−, 淸−, 秋−, 春−, 翠−, 風−, 荷−, 閑−, 豪−, 黃−.

艸
9 【葭】⑬ ❶갈대 가 麻 jiā
        ❷멀 하 麻 xiá
字解 ❶①갈대, 어린 갈대. 〔詩經〕彼茁者葭. ②갈잎 피리. 늑笳. 〔張衡·賦〕葭鳴581. ③강 이름. 〔漢書·注〕葭水在廣平南和. ❷①멀다. 늑遐. ②연밥 =遐.
【葭孚 가부】①갈대청. 갈대의 줄기 속에 있는 얇은 막. 가볍고 얇음의 비유. ②갈대청같이 지극히 얇은 관계. 먼 친척의 비유.
【葭孚之親 가부지친】 먼 친척(親戚).
【葭葦 가위】 갈대.
【葭墻 가장】 갈대 울타리.
【葭灰 가회】 ①갈대 재. 갈대의 줄기 속의 얇은 막(膜)을 태운 재. 이 재를 악기(樂器)의 율관(律管) 안에 두어 기후(氣候)를 점친다고 함. ②기후(氣候). 時節(시절).
【葭萌 하맹】 서울에서 멀리 떨어진 지방에서 사는 백성. ○'葭'는 '遐'.
○ 兼−, 兼−蒼蒼, 鳴−.

艸
9 【葛】⑬ 칡 갈 曷 gé
字解 ①칡. 콩과에 딸린 갈잎덩굴나무. 〔詩經〕葛之覃兮. ②덩굴, 몸에 감겨들어 곤란함의 비유. 〔易經〕困于葛藟于臲卼. ③갈포(葛布), 거친 베. 〔春秋穀梁傳〕以葛覆質. ④옛 나라 이름. 하남성(河南省) 규구현(葵丘縣)의 동북. 〔書經〕葛伯不祀.
【葛巾 갈건】 갈포(葛布)로 만든 두건(頭巾). 야인(野人) 또는 은자(隱者)의 두건.
【葛巾野服 갈건야복】 갈포로 만든 두건과 평민의 옷. 은사(隱士)의 의복.
【葛裘 갈구】①여름에 입는 갈포(葛布) 옷과 겨울에 입는 갖옷. ②여름 겨울 내내. 1년간(一年間) 내내.
【葛屨履霜 갈구이상】①여름에 신는 칡으로 만든 신을 서리가 내리는 겨울철에도 신음. ②지나치게 검소하거나 인색함.
【葛根 갈근】 칡뿌리.
【葛藤 갈등】①칡덩굴과 등나무 덩굴. ②사물이 복잡하게 뒤얽힘. 불화함. ③정신 내부의 두 가지 욕구가 충돌하는 상태. ④(佛)번뇌 또는 법문(法門)의 번거로운 분규.
【葛藤禪 갈등선】 (佛)문자상(文字上)의 선(禪). 선가(禪家)에서 문자에 구애되어 문자 이외의 진의(眞意)를 깨닫지 못하는 사람을 욕하여 이르는 말.
【葛藟 갈류】①칡이나 등나무 같은 덩굴풀. 蔓草(만초). ②근심이 되는 곤란함의 비유.
【葛粉 갈분】 칡뿌리를 짓찧어 물에 담근 뒤 가라앉은 앙금을 말린 가루.
【葛衣 갈의】 갈포로 만든 옷.
【葛絰 갈질】 칡을 꼬아서 만든, 상복(喪服)을 입을 때 두르는 수질(首絰) 또는 요질(腰絰).
【葛天氏 갈천씨】 중국 전설상의 임금. 교화(敎化)에 힘써 세상이 태평했다고 함.
【葛布 갈포】 칡의 섬유로 짠 베.
【葛筆 갈필】 칡뿌리를 잘라 끝을 두들겨서 모필 대신으로 쓰는 붓. 현판 글씨 따위에 씀.
○ 膠−, 裘−, 蘢−, 細−, 疎−.

艸
9 【䈞】⑬ 풀 이름 괄 曷 kuò
字解 ①풀 이름. 서초(瑞草)의 하나. ②박하(薄荷)의 딴 이름.

艸
9 【蔽】⑬ 기름새 괴 賄 kuǎi
字解 기름새. 포아풀과에 딸린 여러해살이풀. =蒯.

艸部 9획 葵董落

葵 ⑬ 해바라기 규 囷 kuí

字解 ①해바라기. 〔春秋左氏傳〕 鮑莊子之知, 不如葵, 葵猶能衛其足. ②무성귀. 채소나 무성귀 등에 붙는 조자(助字). 바람꽃을 토규(菟葵), 미나리를 초규(楚葵), 순채(蓴菜)를 부규(鳧葵)라 하는 따위. 〔詩經〕 七月亨葵及菽. ③접시꽃, 촉규(蜀葵). ④대싸리나무. ⑤망치. ⑥헤아리다. 〔詩經〕 樂只君子, 天子葵之.

【葵傾 규경】①해바라기가 해를 향하여 기움. ②백성이 임금의 덕을 흠앙하는 일.

【葵藿 규곽】①해바라기와 콩. ②해바라기. 해바라기꽃이 해를 향하여 기울듯이 임금 또는 웃어른에게 충성하고 공경함.

【葵藿志 규곽지】임금 또는 웃어른을 존경하고, 이에 충성을 다하고자 하는 뜻.

【葵菜 규채】사탕무. 甘菜(감채).

【葵花向日 규화향일】①해바라기꽃이 늘 해를 향함. ②충성스러운 마음으로 임금을 우러러 사모함. 葵藿傾陽(규곽경양).

● 錦一, 露一, 鳧一, 山一, 水一, 戎一, 錢一, 楚一, 蜀一, 菟一, 蒲一, 寒一, 向日一.

董 ⑬ ❶동독할 동 囷 dǒng ❷짧을 종 囮 zhǒng ❸바로잡을 독 囷 dǒng

❊❊ 대법원 지정 인명용 한자의 음은 '동'이다.

字解 ❶①동독하다, 감독하다. 〔書經〕 董之用威. ②거두다, 깊숙이 간직하다. 〔史記〕 年六十已上, 氣高大董. ③굳다, 견고하다. ④연뿌리, 연근. ⑤움직이다. ≒動. 〔周禮·四日振動·注〕 鄭大夫云, 動, 讀爲董, 書亦或爲董, 振董, 以兩手相擊也. ⑥성(姓). ❷짧다, 머리카락이 짧다. ❸바로잡다, 고치다.

【董督 동독】감독하고 독려함.
【董率 동솔】감독하여 거느림.
【董役 동역】공사를 감독함.
【董狐之筆 동호지필】동호의 직필(直筆). 권세를 두려워하지 않고, 있는 그대로를 써서 역사에 남기는 일. **故事** 동호는 춘추 시대 진(晉)나라의 사관(史官)으로서, 정경(正卿) 조돈(趙盾)이 그의 임금 영공(靈公)을 시살(弑殺)한 조천(趙穿)의 행위를 묵과하고 토벌하지 않자 조돈을 시해자로 기록한 고사에서 온 말.
【董正 독정】바르게 다스림. 督正(독정).

● 骨一, 校一, 商一, 紳一, 前一, 振一, 後一.

落 ⑬ 떨어질 락 囊 luò

[자형 변천]

字源 形聲. 艸+洛→落. '洛(락)'이 음을 나타낸다.

字解 ①떨어지다. ㉮나뭇잎이 말라 떨어지다. 〔禮記〕 草木零落, 然後入山林. ㉯먼지 따위가 떨어지다. 〔論衡〕 顏淵炊飯, 塵落甑中. ㉰흩어지다. 〔史記〕 賓客益落. ㉱빠지다, 탈락하다. 〔漢書〕 髮齒墮落. ㉲줄다, 줄어지다. 〔蘇軾·賦〕 水落石出. ㉳수습되다, 귀착하다. 〔杜circle·詩〕 扁舟落吾手. ㉴몰락하다, 영락하다, 방랑하다. 〔管子〕 五穀不削, 土民零落. ㉵벗겨지다, 벗겨져 떨어지다. 〔李邕·賦〕 苔蘚剝落. ㉶그치다, 가라앉다. 〔孫遜·序〕 風落嶠濆. ㉷거치다, 지나다. 〔孫綽·賦〕 落五界而迅征. ②죽다. ≒殕. 〔國語〕 民人離落. ③버리다, 쓸모없게 되다, 버려지다, 해지다. 〔莊子〕 無落吾事. ④얽히다, 두르다. ≒絡. 〔莊子〕 落馬首, 穿牛鼻. ⑤처음, 시작. ≒額. 〔詩經〕 訪予落止. ⑥낙엽(落葉), 떨어져 있는 먼지. 〔史記〕 如發蒙振落耳. ⑦빗방울이 줄기져 떨어지다. 〔杜牧·賦〕 蜂房水渦, 矗不知其幾千萬落. ⑧바자울, 울타리. 〔漢書〕 爲中周虎落. ⑨사람이 사는 곳. ㉮촌락. 〔綱目集覽〕 人所聚居, 故謂之村落·屯落·聚落. ㉯저택, 사원, 관청 등. 〔後漢書〕 廬舍整頓. ⑩전각(殿閣). ≒閣. 〔漢書〕 禹從落中以劍斫絶纍. ⑪낙성하다. ㉮궁실(宮室)이 낙성되었을 때 제사 지내는 일. 〔春秋左氏傳〕 楚子成章華之臺, 願與諸侯落之. ㉯새로 만든 종(鐘)에 피를 바르는 일. 〔春秋左氏傳〕 饗大夫, 以落之. ㉰공사가 완공되다. ⑫나무 이름, 느릅나무의 하나. ⑬술잔 담는 바구니. ⑭ 囷마지기, 두락(斗落). 볍씨 한 말의 씨앗 또는 모를 심을 만한 넓이.

【落款 낙관】서화(書畫) 작품에 작가가 아호(雅號)나 이름을 쓰고 도장을 찍는 일.
【落句 낙구】①오언(五言)·칠언(七言) 율시(律詩)의 제7·8의 두 구. 미련(尾聯)을 이름. ② 囷시조의 종장(終章)의 마지막 구절.
【落南 낙남】囷서울에 살던 사람이 남쪽 지방으로 이사하여 감.
【落年 낙년】죽은 해. 歿年(몰년).
【落膽 낙담】①바라던 일이 뜻대로 되지 않아 마음이 몹시 상함. ②너무 놀라서 간이 떨어지는 듯함.
【落島 낙도】육지에서 멀리 떨어져 있는 섬.
【落落 낙락】①쓸쓸한 모양. ②㉮남과 어울리지 못하는 모양. ㉯뜻이 높고 커서 세속(世俗)과 맞지 않는 모양. ③적은 모양. 성긴 모양. ④많은 모양. ⑤뜻이 높고 큰 모양. ⑥뜻을 얻지 못하는 모양.
【落落難合 낙락난합】①뜻이 높고 커서 사회와 서로 맞지 않음. ② 囷여기저기 흩어져 모이기가 어려움.
【落落長松 낙락장송】가지가 길게 축축 늘어진 키가 큰 소나무.
【落雷 낙뢰】벼락이 떨어짐.
【落淚 낙루】눈물을 흘림.
【落馬 낙마】말에서 떨어짐.
【落莫 낙막】①마음이 쓸쓸한 모양. 落寞(낙막). 索寞(삭막). ②무늬가 서로 이어짐.
【落望 낙망】희망을 잃음. 실망함.
【落木 낙목】잎이 떨어진 나무.

【落墨 낙묵】①글씨를 쓰거나 그림을 그림. ②재목(材木)의 치수를 재기 시작함.
【落眉之厄 낙미지액】눈앞에 닥친 재앙.
【落髮 낙발】①머리를 깎고 승려가 됨. 落飾(낙식). ②國머리털이 빠짐.
【落榜 낙방】①과거(科擧)에 응시하였다가 떨어짐. ②모집·선거·시험 등에 응하였다가 떨어짐.
【落魄 낙백·낙탁】①넋을 잃음. ②영락(零落)함. 뜻을 얻지 못한 모양. 落泊(낙박).
【落傷 낙상】떨어지거나 넘어져서 다침.
【落成 낙성】건축물의 공사를 다 이룸.
【落飾 낙식】☞落髮(낙발).
【落心 낙심】바라던 일을 이루지 못하여 맥이 빠지고 마음이 상함.
【落雁 낙안】땅에 내려앉는 기러기.
【落然 낙연】보잘것없이 됨. 영락함.
【落影 낙영】☞落日(낙일).
【落伍 낙오】①대오(隊伍)에서 떨어짐. ②시대의 진보에 뒤떨어짐.
【落月屋梁 낙월옥량】①지는 달이 지붕 위를 비춤. ②고인(故人)을 그리워하는 마음이 간절함.
【落日 낙일】지는 해. 저무는 해. 落影(낙영). 落暉(낙휘).
【落穽下石 낙정하석】함정에 떨어진 것을 보고 돌을 떨어뜨림. 재난을 당한 사람을 구제하기는커녕 도리어 해를 입힘.
【落照 낙조】①저녁에 지는 햇빛. ②지는 해 주위로 퍼지는 붉은빛.
【落潮 낙조】①썰물. 退潮(퇴조). ②점점 쇠퇴해지는 기미.
【落種 낙종】곡식의 씨를 뿌림.
【落地 낙지】①땅에 떨어짐. ②세상에 태어남.
【落帙 낙질】한 질을 이루는 여러 권의 책 중에서 빠진 권이 있음. 缺帙(결질). 散帙(산질).
【落差 낙차】①높은 곳에서 낮은 곳으로 떨어지는 물체의 높낮이의 차이. ②두 가지 일 사이의 시간 차이. ③두 가지 것 사이의 정도·수준 따위의 차이.
【落托 낙탁】☞落拓(낙탁).
【落拓 낙탁】①산만하고 맺힌 데가 없음. ②쓸쓸한 모양. ③기개와 도량이 큰 모양. 호방하여 사물에 얽매이지 않는 모양. ④보잘것없이 됨. 영락함.
【落筆 낙필】①붓을 들어 쓰기 시작함. 落墨(낙묵). ②장난삼아 아무렇게나 쓰는 글씨나 그림. 落書(낙서).
【落筆點蠅 낙필점승】화가의 훌륭한 솜씨. 故事 삼국 시대 오(吳)나라의 화가인 조불흥(曹不興)이 손권(孫權)의 명을 받아 병풍에 그림을 그리다, 잘못하여 떨어뜨린 붓의 흔적을 교묘하게 파리로 바꾸어 그렸다는 고사에서 온 말.
【落霞 낙하】①저녁놀. 낮게 드리운 저녁놀. ②거문고 이름. ③날아다니는 나방.
【落鄕 낙향】시골로 거처를 옮기거나 이사함.
【落婚 낙혼】國지체가 높은 집에서 낮은 집으로 혼인함. 降婚(강혼).
【落花難上枝 낙화난상지】떨어진 꽃은 다시 가지로 돌아갈 수 없음. ㉠한번 헤어진 부부는 다시 결합하기 어려움. ㉡대오(大悟)한 사람은 다시 미혹되지 않음.
【落花流水 낙화유수】①떨어지는 꽃과 흘러가는 물. 낙화가 물에 떠내려감, 또는 꽃은 지고 물은 흐름. ②쇠잔영락(衰殘零落)의 비유. ③낙화를 남자에게, 유수를 여자에게 비유하여, 남자가 여자를 그리워하는 마음이 있으면, 여자도 사모하는 정을 일으켜 받아들이게 됨.
【落花風 낙화풍】꽃을 흩날리는 바람. 곧, 꽃샘바람.
【落後 낙후】기술이나 문화·생활 따위의 수준이 일정한 기준에 미치지 못하고 뒤떨어짐.
【落暉 낙휘】저녁 햇빛. 落日(낙일).

❶傾−, 枯−, 瓠−, 區−, 奈−, 牢−, 磊−, 段−, 斷−, 禿−, 沒−, 剝−, 藩−, 碧−, 部−, 灑−, 承−, 零−, 榮−, 蓼−, 流−, 留−, 遺−, 淪−, 邑−, 弛−, 里−, 離−, 岨−, 凋−, 振−, 錯−, 拓−, 村−, 摧−, 墜−, 聚−, 墮−, 脫−, 頹−, 暴−, 飄−, 下−, 陷−, 黃−.

艸 9 【葎】 ⑬ 한삼덩굴 률 葎 lù
[소전][초서] 字源 한삼덩굴. 삼과에 딸린 한해살이 덩굴풀. 전초(全草)에 거꾸로 된 잔가시가 많이 돋혀 있는데, 열매는 약재로 쓴다. ¶葎草.
【葎草 율초】한삼덩굴.

艸 9 【萬】 ⑬ 일만 만 萬 wàn
[소전][초서][속자 万][간자 万] 字源 象形. '전갈'의 모양을 본뜬 글자. 수효로서 '10,000'을 뜻하는 것은 가차(假借)이다.
字解 ①일만. 1,000의 10배.〔書經〕公其以予萬億年, 敬天之休. ②수의 많음을 나타내는 말, 다수(多數).〔易經〕首出庶物, 萬國咸寧. ③크다. ④결단코, 반드시.〔韓愈·書〕況萬萬無此理乎. ⑤전갈. =蠆. ⑥벌(蜂). ⑦춤의 이름.〔詩經〕方將萬舞.
【萬感 만감】여러 가지 복잡한 감정.
【萬劫 만겁】(佛)영원한 세월. 무한한 시간.
【萬境 만경】모든 지역(地域). 모든 곳.
【萬頃 만경】지면(地面)이나 수면(水面)이 매우 넓음. ○'頃'은 면적의 단위로 밭 100묘(畝), 약 5,000평(坪)에 해당함.
【萬頃蒼波 만경창파】한없이 넓은 바다.
【萬古 만고】①아주 오랜 옛적. ②한없이 오랜 세월.
【萬古千秋 만고천추】언제까지나. 과거 미래에 걸친 오랜 세월.
【萬古風霜 만고풍상】오랜 동안 겪어 온 많은 쓰라림.

【萬區 만구】①많은 나라. 萬國(만국). ②많은 구분.
【萬口成碑 만구성비】여러 사람이 기리는 것은 송덕비(頌德碑)를 세움과 같음.
【萬口一談 만구일담】많은 사람의 의견이 일치함. 異口同聲(이구동성).
【萬鈞 만균】매우 무거움. ✑'鈞'은 30근.
【萬金 만금】많은 돈.
【萬機 만기】정치상의 여러 가지 중요한 일. 제왕(帝王)의 정무(政務).
【萬機主 만기주】모든 정사(政事)를 통괄하는 사람. 君主(군주). 天子(천자).
【萬難 만난】온갖 어려움.
【萬能 만능】모든 일에 다 능통하거나 모든 일을 다 할 수 있음.
【萬端 만단】①모두. 죄다. 모조리. 萬事(만사). 萬故(만고). ②가지가지. 형형색색. ③온갖 일의 실마리. ④온갖 방법.
【萬端無方 만단무방】가지각색이어서 일정한 규정이 없음.
【萬綠叢中紅一點 만록총중홍일점】많은 푸른 잎 속에 오직 하나의 붉은 꽃이 있음. ㉠많은 평범한 것 가운데 하나의 뛰어난 것이 있음. ㉡많은 남자 가운데 한 여자가 있음. 紅一點(홍일점).
【萬籟 만뢰】만물의 울림. 모든 소리.
【萬流 만류】①많은 흐름. 많은 강. ②많은 백성. 萬民(만민).
【萬里同風 만리동풍】천하가 통일되어 만리나 떨어진 먼 곳까지 풍속을 같이함.
【萬里之望 만리지망】①먼 곳에 도달하려고 하는 희망. ②입신출세하려는 희망.
【萬里之任 만리지임】왕도(王都)에서 멀리 떨어진 땅을 지키는 임무. 지방 장관의 소임. 千里之任(천리지임).
【萬里侯 만리후】이역(異域)에서 공(功)을 세워서 제후로 봉해지는 일.
【萬萬 만만】①만의 만 배. 1억. ②많은 수. ③썩 뛰어남. ④절대로. 결코.
【萬萬不可 만만불가】전혀 옳지 아니함.
【萬無 만무】절대로 없음.
【萬舞 만무】고대의 춤 이름. 먼저 무무(武舞)를 출 때는 손에 병기를 들며, 후에 문무(文舞)를 출 때는 손에 새의 깃털과 악기를 듦.
【萬無一失 만무일실】만에 한 번도 실수라고는 없음. 萬不失一(만불실일).
【萬物 만물】①우주의 모든 사물. ②뭇사람.
【萬物之靈 만물지령】만물 중에서 가장 훌륭한 존재. 곧, 사람.
【萬物之祖 만물지조】①만물의 시초. 태고의 질박한 세계. ②만물이 생기는 근원. 天地(천지).
【萬般 만반】마련할 수 있는 모든 것.
【萬夫 만부】많은 남자. 많은 사람.
【萬不當 만부당】도무지 사리에 맞지 아니함.
【萬夫之望 만부지망】만인이 우러러 사모함. 또는 그 사람.
【萬不失一 만불실일】만에 하나도 틀림없음. 결코 틀리지 않음. 萬無一失(만무일실).

【萬死 만사】①만 번 죽음. ②살아나기 어려운 위험한 상태.
【萬事 만사】모든 일.
【萬謝 만사】①깊이 사례함. 多謝(다사). ②깊이 사과함.
【萬死無惜 만사무석】만 번 죽어도 아깝지 않을 만큼 죄가 무거움.
【萬死一生 만사일생】죽을 고비를 여러 차례 넘어서 겨우 살아남.
【萬事休矣 만사휴의】모든 일이 헛수고로 됨. 이미 어떻게도 할 수 없게 됨.
【萬姓 만성】①모든 백성. ②백관(百官).
【萬歲 만세】①영구한 세월. ②경축 때 축의(祝意)를 표하여 외치는 말. ③언제까지나 장수하라는 뜻.
【萬世不忘 만세불망】은덕을 영원히 잊지 않음.
【萬世不朽 만세불후】영원히 썩지 않음. 언제까지나 존재함.
【萬世一時 만세일시】오랜 세월 가운데 단 한 번의 기회. 千秋一時(천추일시).
【萬世之名 만세지명】만세 후까지 남을 명성(名聲). 언제까지나 남을 이름.
【萬歲後 만세후】①만세의 후. 귀인(貴人)의 죽음을 완곡하게 이르는 말. ②죽은 뒤. 사후(死後). 임금이 스스로 이르거나, 신하가 임금에 대하여 이름.
【萬壽無疆 만수무강】한이 없이 오래오래 삶. 다른 사람에게 장수를 축원하는 말.
【萬壽節 만수절】임금의 생신(生辰).
【萬乘 만승】①1만 대의 병거(兵車). ②병거 1만 대를 낼 수 있는 넓은 땅. ③만승의 땅을 영유하는 군주. 곧, 천자(天子).
【萬乘之國 만승지국】1만 대의 병거(兵車)를 갖출 만한 힘을 가진 나라. 곧, 천자의 나라.
【萬乘之尊 만승지존】천자(天子)의 지위.
【萬安 만안】아주 편안함. 萬康(만강).
【萬緣 만연】속세(俗世)의 많은 관계. 온갖 인연(因緣).
【萬葉 만엽】①영구(永久). 만세(萬世). ✑'葉'은 '世'로 '세대'를 뜻함. ②많은 나뭇잎.
【萬旺 만왕】신기(身氣)가 매우 왕성함.
【萬有引力 만유인력】질량을 가지고 있는 모든 물체가 서로 잡아당기는 힘.
【萬仞 만인】만 길. 아주 높거나 깊음.
【萬人疏 만인소】조선 때 만여 명의 선비들이 연명(連名)하여 올리던 상소.
【萬人敵 만인적】①만인을 대적할 만한 지략과 용맹이 있는 사람. ②병법(兵法). ③화기(火器)의 이름. 성을 공격하는 적을 무찌르는 무기.
【萬人之上 만인지상】신하로서 최고의 지위. 곧, 영의정(領議政)의 지위. 一人之下萬人之上(일인지하 만인지상).
【萬紫千紅 만자천홍】온갖 빛깔의 아름다운 꽃. 千紫萬紅(천자만홍).
【萬丈 만장】만 길. ㉠매우 높음. ㉡매우 깊음.
【萬障 만장】온갖 장애(障礙). 많은 고장.
【萬全之計 만전지계】실패의 위험이 없는 아주

艸部 9획　莽葧葆菖葑蕡葐葠葙蓰　1525

안전하고 완전한 계책.
【萬鍾 만종】아주 많은 양(量). 다량의 미곡(米穀). ◯'鍾'은 양(量)의 이름. 6곡(斛) 4두(斗)는 8곡(斛).
【萬鍾之祿 만종지록】매우 많은 녹봉.
【萬重 만중】①여러 겹. 萬疊(만첩). ②아주 편안함. '편안'의 높임말. 萬旺(만왕).
【萬疊靑山 만첩청산】겹겹이 둘러싸인 푸른 산.
【萬軸 만축】①많은 수레. ②많은 두루마리.
【萬雉 만치】왕성(王城). ◯'雉'는 길이가 3장(丈), 높이가 1장(丈)인 담장.
【萬朶 만타】많은 가지.
【萬壑 만학】첩첩이 겹쳐진 많은 골짜기.
【萬壑千峰 만학천봉】수많은 골짜기와 수많은 봉우리.
【萬幸 만행】①아주 다행함. ②만일의 요행.
【萬或 만혹】만일(萬一).
【萬化方暢 만화방창】봄이 되어 만물이 바야흐로 창성(暢盛)함.
【萬黃氏 만황씨】國못나고 어리석은 사람을 비꼬아 하는 말.
【萬彙群象 만휘군상】온갖 사물.
◐巨—, 鉅—, 累—, 億—, 振—, 千—, 統—.

艸9【莽】⑬ 莽(1515)의 속자

艸9【葧】⑬ 흰산쑥 발 月 bó
[초전][농자체] [字解]①흰산쑥. 엉거싯과에 딸린 여러해살이풀. ②올방개. 방동사닛과에 딸린 여러해살이풀. ③왕성한 모양.〔柳宗元·賦〕山水浩以蔽虧兮, 路翁葧以揚氛. ④꽃술. ≒勃.

艸9【葆】⑬ ❶풀 더부룩할 보 晧 bǎo
❷넓을 보 號 bào
[소전][초서] [字解]❶①풀이 더부룩하다, 풀이 무더기로 돋는 모양.〔漢書〕頭如蓬葆. ②뿌리, 밑동, 무더기로 돋아난 풀의 밑동. ③채소.〔史記〕主葆旅事. ④움돋이, 나무 그루터기의 새 움.〔尤倉子·農道〕莖葆長桐. ⑤깃으로 된 장식, 수레 덮개 가에 늘어뜨리는, 깃대 꼭대기에 다는 새깃. ≒翳.〔禮記〕匠人執羽葆御柩. ⑥북의 장식. ⑦보살핌, 유모(乳母), 교모(敎母).〔管子〕五幼又予之葆. ⑧칭찬하다. ≒襃. ⑨편안하게 하다.〔呂氏春秋〕是之謂五藏之葆. ⑩지키다, 유지하다.〔管子〕窖則民失其所葆. ⑪평평하다.〔素問〕從谷之葆. ⑫숲이다, 싸다.〔莊子〕此之謂葆光. ⑬관직(官職) 이름. ⑭포대기. ≒緥.〔史記〕成王少在强葆之中. ⑮보배. ≒寶.〔史記〕取而葆祀之. ⑯성채(城砦). ≒堡. ⑰크다. ⑱성(姓). ❷넓다.
【葆光 보광】①빛을 감춤, 지덕(知德)을 숨기어 나타내지 않음의 비유. ②희미한 빛. ③큰 빛.
【葆大 보대】숭고(崇高)하고 큼.

【葆命 보명】하늘의 명령. 寶命(보명).
【葆葆 보보】풀이 무성하게 우거진 모양.
【葆祠 보사】보물로 삼아 제사 지냄.
【葆塞 보새】①성채(城砦). 要塞(요새). ②북만(北蠻)의 한 가지.
【葆守 보수】보전하여 지킴. 守護(수호)함.
【葆眞 보진】참된 본성(本性)을 보전함.
◐褓—, 幡—, 蓬—, 翁—, 叢—.

艸9【菖】⑬ 메꽃 복 屋 fú
[소전][초서] [字解]메꽃, 메. 통꽃류 메꽃과에 딸린 여러해살이풀. =葍.

艸9【葑】⑬ ❶순무 봉 冬 fēng
❷순무 빙 蒸 fēng
❸줄뿌리 봉 困 fèng
[소전][초서] [字解]❶순무. ≒葊.〔詩經〕采葑采菲. ❷순무. ※❶과 같다. ❸줄뿌리.〔晉書〕珠藪云, 菰草叢生, 其根盤結, 名曰葑.
【葑菲 봉비】①순무. 무청(蕪菁)의 종류. 뿌리·줄기는 다 식용함. ②비루한 사람도 취할 만한 한 가지 덕(德)은 가지고 있음.
【葑田 봉전】①물 위에 줄뿌리가 모이고 쌓여서 진흙이 되어 그곳에 농작물을 가꿀 수 있게 된 논밭. ②줄뿌리에 진흙을 고루 붙이고 나무 시렁에 매어 물 위에 띄운 논밭.

艸9【蕡】⑬ ❶하눌타리 부 宥 fù
❷풀 이름 배 隊 bèi
[소전] [字解]❶①하눌타리.〔禮記〕孟夏王瓜生.〔注〕王瓜, 革挈也, 今月令云, 王蕡生. ②풀 이름.〔管子〕大蕡細蕡. ❷풀 이름. ≒菩.〔穆天子傳〕茅蕡.

艸9【葐】⑬ 기 성한 모양 분 文 fén
[字解]①기(氣)가 성한 모양.〔左思·賦〕鬱葐葐以翠微. ②향기가 나다, 냄새 나다. ③고무딸기, 복분자. ≒盆.
【葐葐 분온】기(氣)가 왕성한 모양.

艸9【葠】⑬ ❶인삼 삼 侵 shēn
❷자리 섬 鹽 shān
[字解]❶인삼. =蔘. ❷자리, 거적자리. =苫.

艸9【葙】⑬ 개맨드라미 상 陽 xiāng
[字解]개맨드라미. 비름과에 딸린 한해살이풀로서 맨드라미의 하나. 씨는 청상자(靑葙子)라 하여 약재로 쓴다. =蘘.
【葙根 상근】개맨드라미의 뿌리.

艸9【蓰】⑬ ❶순박할 새 紙 xǐ
❷삼갈 시 寘

艸部 9획

蓋
字解 ❶①순박하다, 정직하다, 좋다. ②다르다. ❷①삼가다. ②순진한 모양. ③두려워하는 모양.〔論語〕慎而無禮則葸. ④기뻐하지 않는 모양.〔禮記〕人言善而色葸焉.
【葸葸 시시】두려워하는 모양.

蕭 ⑬
❶우거질 **소** 蕭 xiāo
❷마늘가리 **소** 肴 shāo
❸약초 이름 **삭** 覺 shuò

字解 ❶①우거지다, 초목이 우거진 모양. ❷마늘가리, 잎·가지가 떨어진 줄기.〔楚辭〕蕭櫹槮之可哀兮. ❸①약초 이름, 넓은잎딱총나무, 말오줌나무. 인동과에 딸린 갈잎떨기나무. 잎·가지는 말려서 약재로 쓰며, 어린싹은 식용, 나무는 제지(製紙)에 쓴다. ②우듬지, 나뭇가지 끝. ≒梢.〔楚辭〕蕭櫹槮之可哀兮.

葈 ⑬
도꼬마리 **시** 紙 xǐ

字解 도꼬마리. 국화과에 딸린 한해살이풀.〔淮南子〕位賤尚葈.
【葈耳 시이】도꼬마리. 蒼耳(창이).

葹 ⑬
도꼬마리 **시** 支 shī

字解 도꼬마리. ≒施.〔楚辭〕薋菉葹以盈室兮.

葚 ⑬
蓋(1555)과 동자

葚 ⑬
오디 **심** 沁寢 shèn

字解 오디, 뽕나무 열매. =椹.〔詩經〕于嗟鳩兮, 無食桑葚.

萼 ⑬
꽃받침 **악** 藥 è

字解 꽃받침. ≒蕚.
【萼珠 악주】꽃받침을 아름답게 이르는 말.
【萼片 악편】꽃받침의 조각.
❶萬-, 發-, 素-, 千-, 香-, 花-.

葧 ⑬
부들 싹 **악** 藥 wò

字解 부들의 싹, 뿌리에서 돋아난 여린 부들.

葊 ⑬
菴(1517)의 고자

葯 ⑬
❶구릿대 잎 **약** 藥 yào
❷몸에 두를 **적** 錫 yào

參考 대법원 지정 인명용 한자의 음은 '약'이다.

字解 ❶①구릿대 잎, 백지(白芷)의 잎. ②구릿대, 백지.〔山海經〕虢山, 其草多葯虌芎藭. ③부들풀 싹. ④꽃술의 꽃가루 주머니. ❷몸에 걸치다, 싸다.〔潘岳·賦〕首葯綠素.
【葯胞 약포】꽃밥. 수술 꽃 끝에 붙어서 꽃가루를 가지고 있는 주머니.

葉 ⑬
❶잎 **엽** 葉 yè
❷땅 이름 **섭** 葉 shè
❸책 접 葉 yè

[筆順]

參考 대법원 지정 인명용 한자의 음은 '엽·섭'이다.

字源 形聲. 艸+葉→葉. '葉(엽)'이 음을 나타낸다.

字解 ❶①잎, 초목의 잎. ②뽕나무 잎.〔陸游·詩〕滿箔蠶飢待葉歸. ③끝, 갈래, 가지.〔詩經〕苕蘭之葉. ④세대, 시대.〔詩經〕昔在中葉. ⑤떨어지다.〔列子〕其葉如胡蝶. ⑥누르다. ≒壓. ⑦모으다, 모이다, 떼 지어 모이다. ⑧종이, 표, 책, 종이 따위를 셀 때에 쓰는 말.〔王彦泓·詩〕鼠翻書葉響. ⑨평평하고 얇은 것.〔儀禮〕葉, 謂平面如木葉. ⑩납작하고 작은 것의 비유.〔蘇軾·賦〕駕一葉之扁舟. ⑪숟가락의 끝. ≒擖.〔儀禮〕贊者洗於房中, 側酌醴加柶, 覆之面葉. ⑫짧은 홑옷. ≒襟. ⑬성 이름. ⑭성(姓). ❷①땅 이름. 춘추 시대 초(楚)나라의 섭읍(葉邑). 지금의 하남성(河南省) 섭현(葉縣). ②성(姓). ❸책.
【葉貫 엽관】잎마다 꿰뚫음. 모든 것을 꿰뚫는 일. 만물에 공통한 근본 원리를 파악하는 일.
【葉綠素 엽록소】식물의 세포인 엽록체 속에 들어 있는 녹색 색소. 광합성에 필요한 에너지를 태양으로부터 얻는 구실을 함.
【葉脈 엽맥】잎몸에 가로세로 있는 가는 줄. 잎몸을 버티며 수분과 영양분의 통로가 됨.
【葉柄 엽병】잎자루. 잎이 줄기에 붙어 있는 부분. 잎꼭지.
【葉散 엽산】①잎이 흩어짐. ②자손이 많음의 비유.
【葉腋 엽액】잎이 식물의 가지나 줄기에 붙은 자리.
【葉語 엽어】세상에 전(傳)하여 내려온 말.
【葉子 엽자】족자(簇子)나 두루마리와는 달리, 한 장 한 장씩 맨 책의 체재를 이름.
【葉錢 엽전】놋쇠로 만든, 둥글고 납작하며 가운데 네모진 구멍이 있는 옛날 돈.
【葉菜 엽채】잎을 식용하는 채소.
【葉草 엽초】잎담배.
【葉托 엽탁】잎의 밑동 좌우에 있는 자엽(子葉).
【葉片 엽편】잎. 葉身(엽신).
【葉華 엽화】잎과 꽃. 葉榮(엽영).
❶柯-, 乾-, 枯-, 根-, 落-, 末-, 木-, 繁-, 碧-, 上-, 霜-, 衰-, 一-, 竹-, 中-, 枝-, 冊-, 青-, 翠-, 黃-, 後-.

艹部 9획 䓝 萵 葽 萬 葳 葦 葇 茰 葰 葬

艹 9 【䓝】⑬ 기 성한 모양 온 囚 yūn
字解 ①기(氣)가 성한 모양.〔左思·賦〕鬱䓝 䓝以翠微. ②향기로운 모양.

艹 9 【萵】⑬ 상추 와 ^{國} wō
초서 萵 간체 莴 參考 萵(1537)는 딴 자.
字解 상추. 엉거싯과에 딸린 한해 또는 두해살이풀.
【萵苣 와거】상추. 苣萵(거와).

艹 9 【葽】⑬ ❶풀 이름 요 ^{蕭} yāo
❷원지 요 ^{篠} yǎo
소전 葽 초서 葽 字解 ❶①풀 이름.〔詩經〕 四月莠葽. ②강아지풀, 구미초(狗尾草). ③왕성한 모양, 풀이 우거진 모양.〔漢書〕豐草葽, 女蘿施. ❷원지(遠志). 애기풀. ¶ 葽繞.
【葽葽 요요】풀이 우거진 모양.
【葽繞 요요】애기풀. 원지(遠志). 산지에 나며, 뿌리는 강장제로 씀.

艹 9 【萭】⑬ ❶풀 이름 우 ^{麌} yǔ
❷수레바퀴 바로잡는 기구 구 ^{麌} jǔ
소전 萭 字解 ❶①풀 이름. ②성(姓). ❷수레바퀴를 바로잡는 기구, 수레바퀴를 바로잡음. =矩.〔周禮〕萭之以眡其匡也.

艹 9 【葳】⑬ 초목 무성한 모양 위 ^{微} wēi
초서 葳 字解 ①초목이 무성한 모양.〔張九齡·詩〕蘭葉春葳蕤. ②둥굴레. 은방울꽃과에 딸린 여러해살이풀. 뿌리와 잎은 약으로 한다. ③능소화(凌霄花). ④쇠하다.〔史記〕紛綸葳蕤, 堙滅而不稱者.
【葳蕤 위유】①둥굴레. ②초목의 가지와 잎이 무성하여 아래로 드리워진 모양. ③꽃이 아름다운 모양. ④깃털 장식의 모양. 기(旗)의 모양. ⑤쇠퇴하는 모양. 혼란해지는 모양.

艹 9 【葦】⑬ ❶갈대 위 ^{尾} wěi
❷짧을 위 ^{未} wèi
소전 葦 초서 葦 字解 ❶①갈대. 포아풀과에 딸린 여러해살이풀. 줄기는 마디가 있고 속이 비었다. 뿌리는 노근(蘆根)이라 하여 약재로 쓴다. 어린 것은 '葭(가)', 성장한 것은 '蘆(노)', 성숙한 것은 '葦(위)'라 한다.〔詩經〕八月萑葦. ②작은 배, 편주(片舟).〔蘇軾·賦〕縱一葦之所如. ③변동하는 모양.〔漢書〕葦然閔漢氏之終不可濟. ④대의 이름. ❷짜다, 결어 내다, 풀을 짜서 만들다. ≒緯.〔錢謙益·序〕葦蕭之人至矣.
【葦車 위거】장식하지 않은 수레.
【葦橋 위교】갈대를 묶어 만든 조교(弔橋).
【葦席 위석】갈대로 엮은 자리.

葦然 위연 변동하는 모양.
葦笮 위작 갈대로 꼰 밧줄.
葦杖 위장 갈대의 매. 가벼운 형벌에 쓰던 형구(刑具).
葦汀 위정 갈대가 무성한 물가.
葦蒲 위포 갈대와 부들. 보드랍고 약한 것의 비유.
葦航 위항 작은 배.
❶葭-, 菅-, 枯-, 亂-, 蘆-, 疎-, 岸-, 蒲-, 萑-.

艹 9 【葇】⑬ 향유 유·우 囚囿 róu
동자 蕤 字解 ①향유(香薷), 노야기. ≒薷.

艹 9 【茰】⑬ 수유 유 ^{虞} yú
소전 茰 字解 ①수유. ¶ 茱萸. ②풀 이름.

艹 9 【葰】⑬ ❶생강 유 ^{宋} 囚 suī
❷고을 이름 사 ^{哿} suǒ
❸꽃술 준 ^{震} jùn
소전 葰 초서 葰 參考 대법원 지정 인명용 한자의 음은 '준'이다.
字解 ❶①생강. ≒葰·薑. ②①고을 이름. ¶葰人. ②성(姓). ③①꽃술. ≒蕤. ②크다, 왕성하다. ≒陵.〔司馬相如·賦〕實葉葰楙. ③향채(香菜)의 이름, 생강, ※❶과 같다.
【葰人 사인】한(漢)나라 때의 현(縣) 이름. 지금의 산서성(山西省) 번치현(繁峙縣) 남쪽.

艹 9 【葬】⑬ 장사 지낼 장 ^{漾} ^{陽} zàng
소전 葬 초서 葬 字源 會意. 艹+死+一→葬. 죽은 사람(死)을 받침[一]에 얹어 풀숲[艹] 속에 둔다는 데서 '주검을 묻는다'는 뜻을 나타낸다.
字解 장사 지내다, 매장하다. ≒塟.〔禮記〕葬也者, 藏也, 藏也者, 欲人之弗得見也.
【葬具 장구】장례에 쓰는 여러 가지 기구. 葬器(장기).
【葬列 장렬】장송(葬送)의 행렬.
【葬事 장사】장례(葬禮)에 관한 일. 시신을 매장하거나 화장하는 일.
【葬送 장송】죽은 사람을 장사 지내어 보냄.
【葬魚腹 장어복】시체가 물고기 밥이 됨. 물에 빠져 죽음.
【葬玉埋香 장옥매향】미인을 매장하는 일.
【葬虞 장우】장사(葬事)와 우제(虞祭).
【葬儀 장의】사자(死者)를 장사 지내는 의식. 葬禮(장례).
【葬祭 장제】장례(葬禮)와 제사(祭祀).
【葬地 장지】매장할 땅. 장사 지내는 곳.

【葬擇 장택】 장사 날짜를 가림.
【葬穴 장혈】 시체를 묻는 구덩이. 壙穴(광혈)
❶ 改-, 儉-, 國-, 歸-, 埋-, 薄-, 耐-, 奢-, 燒-, 送-, 水-, 神-, 暗-, 敷-, 禮-, 土-, 偸-, 風-, 合-, 火-, 厚-.

艸9 【葅】⑬ 葅(1517)와 동자

艸9 【著】⑬
❶분명할 저 𨓎 zhù
❷둘 저 𨞂 zhāo
❸붙일 착 𨞆 zhuó
❹뜰 저 𨞉 chú

丷 艹 艹 芇 芳 茅 著 著 著

[초서] 羑
[参考] ❶箸(1314)는 딴 자. ❷대법원 지정 인명용 한자의 음은 '저'이다.
[字源] 形聲. 艸+者→著. '者(자)'가 음을 나타낸다.
[字解] ❶❶분명(分明)함, 뚜렷함. 〔禮記〕名著而男女有別. ❷드러나다, 분명해지다. 〔禮記〕著不息者天也. ❸나타내다. ㉮분명하게 하다, 드러내다, 저술하다. 〔大學〕揜其不善, 而著其善. ㉯짓다, 저술하다. 〔史記〕著書上不篇. ㉰기록하다, 문서에 싣다. 〔司馬光·記〕刻著于石. ㉱그리다, 도록(圖錄)하다. 〔淮南子〕皆著於明堂. ❹두드러지다. 〔中庸〕形則著. ❺알다, 알리다. 〔禮記〕帝嚳能序星辰, 以著衆. ❻생각하다. 〔禮記〕致愛則存, 致愨則著. ❼좇다, 마땅하다. ❽오래되다. 〔莊子〕甲氏也, 著封也. ❾정(定)하다. ❿보충하다. ⓫세우다, 확립하다. 〔禮記〕故先王著其教焉. ⓬정성, 정성스러이 하다. 〔史記〕以著萬物之理. ⓭이루다, 이루어지다. 〔禮記〕由主人之繫, 著此水也. ⓮지위, 계급, 위치의 표시. 〔春秋左氏傳〕若不廢君命, 則固有著矣. ⓯두다, 비축하다. ＝貯. 〔史記〕廢著鬻財於曹魯之間. ⓰뜰. 〔詩經〕俟我於著乎而. ⓱시경(詩經) 제풍(齊風)의 편명(篇名). 당시 결혼에 친영(親迎)의 예절이 없음을 풍자한 시. ❸①(俗) 着(1216). 붙다, 붙이다. ㉮달라붙다, 부착하다. 〔周禮·注〕書其賈數而著其物. ㉯풀 붙다, 끈질기게 붙다. ㉰입다, 옷을 입다. 〔韓愈·銘〕著道士衣冠. ㉱신다, 신을 신다. 〔晉書〕帝使軍士二千人著軟材平底木屐前行. ㉲쓰다, 머리에 쓰다. 〔後漢書〕大加, 主簿皆著幘. ㉳걸들이다, 베풀다. 〔晉書〕譬以破竹, 數節之後, 皆迎刃而解, 無復著手處也. ㉴머물러 옮기지 아니하다, 자리 잡고 살다, 정착하다. 〔史記〕其俗或土著, 或移徙. ㉵더하다, 부풀리다. 〔風俗通〕後之好事者, 因取奇怪語, 附著之耳. ❷있다, 거처하다. 〔禮記〕樂著大始. ❸놓다, 두다. 〔吳越春秋〕從陰收著陽出糶. ❹솜옷, 핫옷. 〔儀禮〕著, 組繫. ❺옷, 의복. ❻바둑을 두다. 〔山堂肆考〕著時由輪贏, 著了並無一物. ❼술통 이름, 은(殷)나라 때 사용한 발 없는 술통. 〔禮記〕著, 殷尊也. ❽붙인 것, 부접하는 곳. 〔周禮〕胝其著,
欲其淺也. ❾하게 하다, 하도록 하다. 명령의 뜻을 나타내게 한다. 〔福惠全書〕著候堂事畢. ❿조사. 동작을 나타내는 말에 붙는다. 〔梁武帝·文〕以此而推, 何可嗜著. ⓫태세(太歲) 이름. 착옹(著雍)은 태세에 간지 무(戊)가 들어 있는 해. ＝祝. 〔爾雅〕太歲在戊, 曰著雍. ❹①뜰, 대문과 정문(正門) 사이. ＝寧. 〔史記〕繆公學著人. ②태세(太歲) 이름, 저옹(著雍). ※❸의 ⓫과 같다. ③약초 이름, 오미자(五味子).
【著錄 저록】①기록함. 장부에 기재함. ②이름이 제자(弟子)의 명부에 실린 사람. 門弟子(문제자). ③책을 펴냄.
【著名 저명】이름이 세상에 널리 알려져 있음.
【著明 ˙저명】뚜렷함. 드러남.
【著聞 저문】널리 소문남. 또는 유명한 소문.
【著姓 저성】이름 있는 집안. 名族(명족).
【著述 저술】글이나 책 따위를 씀.
【著雍 저옹】①태세(太歲)에 10간(干)의 무(戊)가 들어 있는 해. ②무의 고갑자(古甲子).
【著枷 착가】죄인의 목에 칼을 씌움.
【著巾束帶 착건속대】건을 쓰고 띠를 띰. 관복을 갖추어 입음.
【著根 착근】①옮겨 심은 식물이 뿌리를 내림. ②거주를 정한 곳으로 옮겨서 안착하게 됨.
【著念 착념】착실하게 생각하에 둠.
【著力 착력】힘을 냄. 힘을 씀.
【著綿 착면】솜옷을 입음.
【著服 착복】①옷을 입음. ②남의 금품을 부당하게 자기 것으로 함.
【著想 착상】①일의 실마리가 될 만한 생각. 著意(착의). ②예술품을 창작할 때, 그 내용을 머릿속에서 구상함.
【著手 착수】①어떤 일에 손을 댐. 어떤 일을 시작함. 着手(착수). ②힘을 들임.
【著心 착심】①(佛)사리(事理)에 집착하는 마음. ②어떠한 일에 마음을 붙임.
【著岸 착안】언덕에 닿음.
【著眼 착안】어떤 일을 눈여겨보거나 그 일에 대한 기틀을 깨달아 잡음. 주의함.
【著押 착압】수결(手決)을 둠.
【著意 ❶착의 ❷저의】❶①어떤 일에 뜻을 둠. 著想(착상). ②마음에 둠. 주의함. ❷①마음을 정함. ②마음을 밝게 함.
【著足 착족】①발을 붙이고 섬. ②어떤 곳에 자리 잡고 섬.
【著彈 착탄】쏜 탄알이 날아가 명중함.
【著鞭 착편】①말을 채찍질함. ②일을 시작함.
【著火 착화】불이 붙음. 불을 붙임.
【著花 착화】꽃이 핌.
❶ 共-, 膠-, 根-, 喫-, 落-, 論-, 撞-, 到-, 名-, 明-, 發-, 逢-, 附-, 先-, 昭-, 崇-, 失-, 愛-, 戀-, 梁-, 汚-, 衣-, 雜-, 黏-, 執-, 沈-, 土-, 表-, 合-, 懸-, 顯-, 洽-.

艸9 【蓍】⑬ 蔜(1314)과 동자

艸部 9획 葶葼葴葺蒂葱萩萴蒚葩萹葡葫葓

艸9 【葶】

⑬ ❶두루미냉이 정 庚 tíng
❷취어초 정 迥 dǐng

초서 葶

字解 ❶두루미냉이, 정력(葶藶). 꿀풀과에 딸린 여러해살이풀. ❷취어초(醉魚草), 독초(毒草)의 하나.

艸9 【葼】

⑬ 가는 가지 종 東 zōng

소전 葼

字解 ①가는 가지, 작은 가지, 휘추리. 〔左思·賦〕弱葼係實. ②작다. ③풀 이름, 작은 쪽풀. 염색하는 데 쓴다.

艸9 【葴】

⑬ ❶쪽풀 짐 侵 zhēn
❷쪽풀 함 咸 zhēn
❸사람 이름 겸 鹽 qián

소전 葴

字解 ❶①쪽풀, 산쪽풀, 청대(青黛). ②꽈리, 산장(酸漿). ③성(姓). ❷쪽풀. ※❶의 ①과 같다. ❸사람 이름.

艸9 【葺】

⑬ 지붕 일 집 本즙 緝 qì

소전 葺

參考 대법원 지정 인명용 한자의 음은 '즙'이다.

字解 ①지붕을 이다, 띠나 짚으로 지붕을 이다. 〔王禹偁·記〕嗣而葺之, 庶斯樓之不朽也. ②덮다. 〔春秋左氏傳〕繕完葺牆. ③수리하다, 깁다. 〔春秋左氏傳〕必葺其牆屋. ④겹치다, 포개다. ≒緝. 〔左思·賦〕葺鱗鏤甲.
【葺鱗 집린】 포개어진 비늘.
【葺茅 집모】 띠풀로 지붕을 임.
【葺繕 집선】 낡거나 허름한 물건을 손보아 고침. 修繕(수선).
【葺屋 집옥】 초가(草家). 草屋(초옥).
【葺茨 집자】 지붕을 억새나 띠로 인 집.
【葺治 집치】 ①다스림. ②손질함, 정리함. ③수리함.
◐ 補-, 繕-, 修-, 完-, 整-, 草-, 治-.

艸9 【蒂】

⑬ 蔕(1543)와 동자

艸9 【葱】

⑬ 蔥(1543)의 속자

艸9 【萩】

⑬ ❶사철쑥 추 尤 qiū
❷사람 이름 초 蕭 jiāo

소전 萩 초서 萩

參考 대법원 지정 인명용 한자의 음은 '추'이다.

字解 ❶①사철쑥, 엉거싯과에 딸린 여러해살이풀. 말린 것을 인진호(茵蔯蒿)라 하며 약재로 쓴다. ②가래나무, 추목(萩木). 호도과에 딸린 갈잎큰키나무. 〔春秋左氏傳〕伐雍門之萩. ③가을. ≒秋. ❷사람 이름. 〔春秋穀梁傳〕楚子使萩來聘.

艸9 【萴】

⑬ 바꽃 측 職 cè

艸9 【葝】

字解 ①바꽃, 오두(烏頭), 부자(附子). ②성(姓). 우하(虞夏) 때의 제후. 상구씨(爽鳩氏)에 대신하여 제후가 되었다. 〔春秋左氏傳〕昔爽鳩氏, 始居此地, 季萴因之.

艸9 【䔷】

⑬ 䔷(1519)의 본자

艸9 【葩】

⑬ ❶꽃 파 麻 pā
❷꽃 아 歌 pā

소전 葩 초서 葩 字解 ❶①꽃. 〔嵇康·賦〕若衆葩敷榮曜春風. ②꽃 모양의 쇠 장식. 〔張衡·賦〕轙琱輿而樹葩兮. ③화초(花草)가 희다. ④흩어지다. 葩華蹴沮. ❷꽃. ※❶의 ①과 같다.
【葩經 파경】 시경(詩經)의 딴 이름. ○한유(韓愈)의 진학해(進學解)에 '시는 바르고 아름다우며 [詩正而葩]'라고 한 데서 온 말.
【葩實 파실】 꽃과 열매.
【葩蘖 파얼】 꽃잎과 새싹.
【葩卉 파훼】 화초(花草).
◐ 嘉-, 瓊-, 群-, 奇-, 豔-, 殘-, 春-.

艸9 【萹】

⑬ 마디풀 편·변 先銑 biān, pián

소전 萹 초서 萹 동자 遍

字解 ①마디풀. ②초목이 흔들리는 모양.

艸9 【葡】

⑬ ❶포도 포 虞 pú
❷갖출 비 寘 bèi

초서 葡

參考 대법원 지정 인명용 한자의 음은 '포'이다.

字解 ❶①포도. ≒蒲. ②現 포르투갈의 약칭. 〔青史稿〕雍正五年夏四月, 葡國遣使臣麥德樂, 表貢方物. ❷갖추다. ≒備.
【葡萄 포도】 포도나무의 열매.
【葡萄糖 포도당】 포도나 꿀처럼 단맛이 나는 즙 속에 포함되어 있는 당분의 한 가지.
【葡萄牙 포도아】 現 포르투갈(Portugal)의 음역어(音譯語).

艸9 【葫】

⑬ 마늘 호 虞 hú

초서 葫

字解 ①마늘, 대산(大蒜), 호산(胡蒜). 백합과에 딸린 여러해살이풀. 약용, 식용으로 널리 쓴다. ②호리병박, 조롱박, 포로(匏盧). 박과에 딸린 한해살이 덩굴풀. ③줄풀의 열매. ④풀 이름.
【葫蘆瓶 호로병】 호리병박같이 만든 술병.
【葫蒜 호산】 마늘.
◐ 蒜-, 瓜-, 蔬-, 土-, 風-.

艸9 【葓】

⑬ 털여뀌 홍 東 hóng

字解 털여뀌, 말여뀌. 마디풀과에 딸린 한해살이풀.

艸部 9~10획 渶葷萱蓋蒹

艸 9 【渶】⑬ 莢(1529)과 동자

艸 9 【葷】⑬ 매운 채소 훈 囡 hūn

[소전] 葷 [초서] 葷 [동자] 蒿 [동자] 薰 [간체] 荤

[字解] ①매운 채소, 냄새 나는 채소, 훈채(葷菜). 생강·파·부추·마늘 따위. 〔儀禮〕夜侍坐, 問夜, 膳葷, 請退可也. ②비릿하다. 육식(肉食)에서 나는 비린 냄새. 〔唐書〕奉佛食不葷, 衣不文綵.

【葷腥 훈성】마늘·생강·파 따위의 냄새 나는 채소와 비린내 나는 생선.
【葷辛 훈신】냄새 나는 채소와 매운 채소. 불가(佛家)에서는 꺼리어 먹지 않음.
【葷肉 훈육】훈채(葷菜)와 날고기.
【葷粥 훈육】흉노(匈奴)의 딴 이름. 熏鬻(훈육). 葷允(훈윤).
【葷酒 훈주】훈채(葷菜)와 술.
【葷菜 훈채】파·마늘처럼 냄새가 특이한 채소.

●肥一, 膳一, 五一, 饘一.

艸 9 【萱】⑬ 원추리 훤 囝 xuān

[소전] 萱 [행서] 萱 [초서] 萱 [동자] 蘐

[字解] 원추리, 망우초(忘憂草). 백합과의 여러해살이풀. ≒蘐·蕿. 〔謝靈運·詩〕積慣成疾病, 無萱將如何.

【萱堂 훤당】남의 어머니의 존칭. ○고대에 어머니는 북당(北堂)에 거처하였는데, 그 뜰에 원추리를 심은 데서 온 말. 萱室(훤실).
【萱菜 훤채】원추리 나물. 忘憂菜(망우채).
【萱親 훤친】어머니.

●樹一, 紫一, 庭一, 椿一.

艸 10 【蓋】⑭ ❶덮을 개 囼 gài
❷어찌 아니할 합 囼 gài
❸땅 이름 갑 囼 gě

[소전] 蓋 [초서] 蓋 [본자] 葢 [속자] 盖 [간체] 盖

[參考] 대법원 지정 인명용 한자음은 '개'이다.
[字源] 形聲. 艸+盍→蓋. '盍(개·합)'이 음을 나타낸다.
[字解] ❶①덮다, 덮어씌우다. 〔孟子〕謨蓋都君. ②덮개, 이엉 덮개. 〔春秋左氏傳〕乃祖吾離被苫蓋. ③뚜껑, 용기(容器)의 아가리 덮개. 〔禮記〕器則執蓋. ④덮다, 뚜껑을 덮다. ⑤숭상하다. 〔國語〕夫固知君王之蓋威以好勝也. ⑥맞추다, 견주어 보다. 〔史記〕蓋號以況榮. ⑦손상을 입다, 찢다, 쪼개다. ≒害·割. 〔書經〕鰥寡無蓋. ⑧하늘. ¶蓋壤. ⑨뜸. 띠로 엮어 만든 덮개. ⑩일산(日傘). ㉮일산, 자루 달린 일산. 비 가리고 햇빛을 가리는 데 쓴다. 〔史記〕白頭如新, 傾蓋如故. ㉯수레 위에 세워 비

를 가리는 우산. 〔孔子家語〕孔子將行, 雨而無蓋. ㉰의장(儀仗)의 한 가지. 행렬할 때 세워 위의를 갖추는 것. 〔周禮〕王下則以蓋從. ⑪의심 나는 것은 궐하고 자기가 모르는 것은 말하지 아니하는 일. 〔論語〕不知者不言, 謂之蓋闕. ⑫어찌. ≒曷. 〔戰國策〕蓋可忽乎哉. ⑬아마. ㉮오히려. 비교 조사. 〔詩經〕謂山蓋卑. ㉯이 (是). 발어사(發語辭). 〔春秋公羊傳〕孔子蓋善之也. ㉰대개, 대략. 추측하는 말. 〔孝經〕蓋天子之孝也. ⑭모두. =皆. 〔詩經〕蓋云歸哉. ⑮성(姓). ❷①어찌 아니하리오? '何不(하불)'의 뜻. ≒盍. 〔禮記〕子蓋言子之志於公乎. ②이엉, 개초(蓋草). ③문짝. 〔荀子〕還復瞻被九蓋皆繼. ④부들자리, 부들로 짠 자리. ❸①땅 이름. 제(齊)나라의 하읍(下邑). 지금의 산동성(山東省) 기수현(沂水縣). ②성(姓).

【蓋棺 개관】관(棺)의 뚜껑을 덮음. 곧, 죽음.
【蓋棺事定 개관사정】관(棺)의 뚜껑을 덮고 난 뒤에야 일이 정해짐. 사람의 진정한 가치는 그 사람이 죽은 뒤에야 비로소 알 수 있음. 蓋棺定論(개관정론).
【蓋代 개대】☞蓋世(개세).
【蓋頭 개두】①혼례(婚禮) 때 신부의 얼굴에 쓰는 것. 족두리. ②부녀자가 길을 갈 때 얼굴을 가리는 것. 너울. ③㉮비석(碑石) 위에 지붕 모양으로 덮는 돌. 加檐石(가첨석). ㉯국상(國喪) 때에 왕비 이하 나인(內人)이 머리에 쓰는 상복(喪服)의 한 가지. ㉰다리꼭지를 많이 넣어서 튼 부인의 머리.
【蓋頭換面 개두환면】머리와 얼굴을 바꿈. 어떤 일의 근본은 고치지 아니하고 사람만 바꾸어 그 일을 그대로 시킴.
【蓋冪 개멱】뚜껑. 덮개.
【蓋甓 개벽】전각(殿閣)의 바닥에 까는 벽돌.
【蓋石 개석】무덤의 석실(石室)을 덮는, 돌로 만든 뚜껑.
【蓋世 개세】재능(才能)이나 공적(功績) 등이 세상에 견줄 사람이 없을 정도로 뛰어남.
【蓋壤 개양】하늘과 땅. 天地(천지).
【蓋然 개연】확실하지는 않으나 그럴 것으로 추측됨.
【蓋瓦 개와】①기와로 지붕을 임. ②기와.
【蓋印 개인】관인(官印)을 찍음. 踏印(답인).
【蓋草 개초】①이엉. ②지붕에 이엉을 임.

●軍一, 傾一, 冠一, 穹一, 大一, 方底圓一, 寶一, 覆一, 佛一, 傴一, 五一, 藏一, 苫一, 朱一, 天一, 華一.

艸 10 【蒹】⑭ 갈대 겸 囼 jiān

[소전] 蒹 [행서] 蒹

[字解] 갈대. 〔詩經〕蒹葭蒼蒼.

【蒹葭 겸가】①갈대. 미천한 신분의 비유. ②시경(詩經) 진풍(秦風)의 편명.
【蒹葭玉樹 겸가옥수】갈대가 옥으로 된 아름다운 나무에 기댐. 신분이 낮은 사람이 신분이 높은 사람에게 의지함.

艸部 10획 袞蒯蒟荼蓏蓈蒗蒞蓂蒙

袞

艸10 【袞】⑭ 북돋울 곤 阮 gǔn

字解 복돋우다, 초목의 뿌리에 흙을 그러모아 주다. ≒衮. 〔春秋左氏傳〕譬如農夫是穮是袞.

蒯

艸10 【蒯】⑭ 황모 괴 賄 kuǎi

字解 ①황모(黃茅). 줄기의 섬유로 자리 따위를 만들고 새끼도 꼰다. =蕢. 〔春秋左氏傳〕雖有絲麻, 無棄菅蒯. ②새끼줄로 묶다. ③땅 이름. 지금의 하남성(河南省) 낙양현(洛陽縣)의 서남쪽. 〔春秋左氏傳〕尹辛攻蒯, 蒯潰. ④성(姓). 〔尙友錄〕蒯, 晉大夫蒯得之後.

【蒯席 괴석】풀로 짠 자리.

蒟

艸10 【蒟】⑭ 구장 구 麌 麌 麌 jǔ

字解 ①구장(蒟醬), 필발(蓽茇)의 열매. ≒枸. ②구약(蒟蒻). 알줄기로는 곤약(菎蒻)을 만든다.

【蒟蒻 구약】천남성과의 다년초.

荼

艸10 【荼】⑭ 호장 도 虞 tú

字解 ①호장(虎杖), 감제풀. 마디풀과에 딸린 여러해살이풀. ②묵은 잡초(雜草), 시든 풀잎, 위엽(委葉). ≒茶.

蓏

艸10 【蓏】⑭ 열매 라 哿 luǒ

字解 열매. 나무에 있는 것을 '果(과)', 땅에 있는 것 또는 덩굴에 있는 것을 '蓏(라)', 껍데기와 씨가 있는 것을 '果', 껍데기와 씨가 없는 것을 '蓏', 나무의 열매를 '果', 풀의 열매를 '蓏'라 한다. ≒蠃.

【蓏蔬 나소】풀의 열매와 푸성귀.

蓈

艸10 【蓈】⑭ 강아지풀 랑 陽 láng

字解 강아지풀, 낭미초(狼尾草). ≒稂. ¶ 董蓈.

蒗

艸10 【蒗】⑭ 운하 이름 랑 漾 làng

字解 운하(運河) 이름, 낭탕(蒗蕩).

蒞

艸10 【蒞】⑭ 莅(1508)의 속자

蓂

艸10 【蓂】⑭ ❶명협 명 靑 míng
❷굵은 냉이 멱 錫 mì

參考 대법원 지정 인명용 한자의 음은 '명'이다.

字解 ❶①명협(蓂莢), 달력풀, 책력풀. 〔抱朴子〕唐堯觀蓂莢以知月. ②약초의 이름, 사명초(思蓂子). ❷굵은 냉이. ¶ 析蓂.

【蓂曆 명력】음력. 태음력(太陰曆).

【蓂莢 명협】서초(瑞草)의 이름. 요(堯)임금 때 났다는 전설상의 풀. 초하루부터 보름까지 하루에 잎이 하나씩 났다가 열엿새부터 그믐까지 한 잎씩 떨어졌다 하여 '달력풀'이라고 일컬었음.

蒙

艸10 【蒙】⑭ ❶입을 몽 東 méng
❷어두울 몽 董 měng
❸날릴 몽 送 měng
❹두꺼울 방 江

參考 대법원 지정 인명용 한자의 음은 '몽'이다.

字源 形聲. 艸+冡→蒙. '冡(몽)'이 음을 나타낸다.

字解 ❶①입다, 입히다. ≒冡. ㉯덮다, 덮어씌우다. 〔詩經〕蒙彼縐絺. ㉰싸다. 〔春秋左氏傳〕以幕蒙之. ㉱받다, 주는 것을 가지다. 〔後漢書〕今日所蒙, 稽古之力也. ㉲덮어쓰다, 입다. 〔國語〕聞蒙甲冑. ②숨기다, 덮어 가리다. 〔漢書〕常蒙其罪. ③덮개. 〔漢書〕至說公孫弘等, 如發蒙耳. ④무릅쓰다. ≒冒. 〔漢書〕雖有患禍, 猶蒙死而有之. ⑤어지럽히다, 질서를 흩트리다. 〔後漢書〕蒙者君臣上下相冒亂也. ⑥섞이다. 〔詩經〕蒙伐有苑. ⑦만나다. ≒逢. 〔易經〕以蒙大難. ⑧속이다, 기만하다. 〔春秋左氏傳〕上下相蒙. ⑨어리석다, 어둡다. 〔春秋左氏傳〕小童者, 童蒙幼末之稱. ⑩어린 사람, 어리석은 사람, 비소(卑小)한 사람. 〔易經〕童蒙求我. ⑪어린 모양. 〔易經〕物生必蒙. ⑫싹이 트다. ≒萌. ⑬이다, 치켜들다. 〔國語〕篷蔠蒙璆. ⑭기운, 기(氣)의 모양. 〔後漢書〕蒙之比也. ⑮저, 자기의 겸칭(謙稱). 〔張衡·賦〕蒙竊惑焉. ⑯괘 이름, 64괘(卦)의 하나. 괘형은 ䷃. 사물이 희미하여 밝지 않음을 상징한다. ⑰어둡다. ≒濛. 〔爾雅〕西至日所入, 爲大蒙. ⑱땅 이름. 춘추 시대 노(魯)나라의 고을. 산동성(山東省) 몽음현(蒙陰縣)의 서남쪽. ⑲몽고(蒙古)의 약칭. ⑳성(姓). ❷어둡다, 캄캄하다. ≒霧. ❸날리다, 바람에 날려 오르는 모양. ¶ 蔑蒙. ❹두껍다, 크다. ≒厖. 〔荀子〕爲下國駿蒙.

【蒙固 몽고】어리석고 고집이 셈.

【蒙求 몽구】몽매한 사람이 나에게 의문을 풀어 줄 것을 바람.

【蒙頭 몽두】조선 때 죄인을 잡아 올 때에 죄인의 얼굴을 싸서 가리던 물건.

【蒙絡 몽락】덮이고 얽힘. 온통 퍼져서 휘감김.

【蒙籠 몽롱】초목이 어지럽게 우거진 모양. 또는 그런 곳.

【蒙利 몽리】이익을 입음.

【蒙網捉魚 몽망착어】㋖그물 쓰고 고기잡기. 고기를 잡으려면 그물을 물에 던져야 하는데, 그물을 머리에 쓰고서도 고기가 잡힌 것은 우연히 운이 좋았다는 뜻.

【蒙昧 몽매】사리(事理)에 어둡고 어리석음.

艸部 10획 蓴 蒡 蓓 蓜 蓑 蒴 蒜 蓆 薛

【蒙蒙 몽몽】①성한 모양. ②어두운 모양.
【蒙密 몽밀】나무 따위가 우거지고 빽빽이 들어서 무성함.
【蒙放 몽방】죄인이 석방됨. 蒙宥(몽유).
【蒙福 몽복】복을 받음.
【蒙批 몽비】國상소(上疏)에 대하여 임금의 비답(批答)을 받음.
【蒙士 몽사】무지한 사람. 몽매한 선비.
【蒙死 몽사】죽음을 무릅쓰고 일을 행함.
【蒙氾 몽사】①고대 중국 신화에 나오는, 해가 지는 곳. ②해가 뜨는 곳.
【蒙喪 몽상】상복(喪服)을 입음.
【蒙養 몽양】①겉으로는 어리석은 체하면서 속으로는 정도(正道)를 기름. ②어린이를 교육함.
【蒙然 몽연】어두운 모양. 어리석은 모양.
【蒙翳 몽예】수목 따위가 덮이어 그늘짐. 蔭翳(음예).
【蒙茸 몽용】①풀이 어지럽게 자라는 모양. 초목이 푸르른 모양. ②사물이 어지러운 모양. 난잡한 모양. ③몽롱한 모양.
【蒙幼 몽유】①사리에 어두운 어린아이. ②어리고 어리석음. 蒙稚(몽치).
【蒙宥 몽유】☞蒙放(몽방).
【蒙戎 몽융】혼란한 모양. 난잡한 모양.
【蒙恩 몽은】은혜를 입음. 蒙惠(몽혜).
【蒙耳 몽이】귀를 막고 듣지 않음.
【蒙塵 몽진】①머리에 먼지를 덮어씀. ②임금이 난리를 만나 궁궐 외의 다른 곳으로 피신함.
【蒙衝 몽충】전함(戰艦)의 한 가지. 적진을 돌격하는 데 쓰임.
【蒙稚 몽치】어린아이. 철나지 않은 아이. 蒙幼(몽유).
【蒙蔽 몽폐】①사리에 어둡고 어리석어 지혜롭지 못함. 어리석음. ②진상을 감추고 속임.
【蒙被 몽피】받음. 입음. 무릅씀.
【蒙惠 몽혜】☞蒙恩(몽은).
【蒙化 몽화】덕화(德化)를 입음. 은택(恩澤)을 입어 변화함.
【蒙厚 몽후】소박하고 후덕함.
◐ 啓−, 耆−, 唐−, 童−, 蔑−, 冥−, 發−, 相−, 愚−, 幼−, 旆−, 衝−, 昏−.

艸 10 【蓴】⑭ 양하 박·포 圍沃 pò
參考 蓴(1541)은 딴 자.
字解 ①양하(蘘荷). 생앙과에 딸린 숙근초(宿根草). 〔楚辭〕膾苴蓴只. ②파초(芭蕉).

艸 10 【蒡】⑭ ❶인동덩굴 방 圖 páng
❷우방 방 圖 bàng
초서 蒡 字解 ❶①인동(忍冬)덩굴. 은인(隱茐). ②흰 쑥. 번모(蘩母). ❷우방(牛蒡), 우엉. 이 씨를 한방에서 우방자(牛蒡子)라고 한다.

艸 10 【蓓】⑭ 꽃봉오리 배 圃 bèi

字解 ①꽃봉오리, 꽃망울. ②풀 이름.
【蓓蕾 배뢰】꽃봉오리.
◐ 細−, 黃−.

艸 10 【蓜】⑭ 薈(1545)의 고자

艸 10 【蓑】⑭ ❶도롱이 사 歌 suō
❷잎 우거질 최 佳 suī
❸잎 시들 최 灰 suī
초서 蓑 동자 簑 參考 대법원 지정 인명용 한자의 음은 '사'이다.
字解 ❶①도롱이. 띠풀을 엮어 만든 우장. =衰. 〔詩經〕何蓑何笠. ②덮다, 풀로 덮어 가리다. 〔春秋公羊傳〕不蓑城也. ❷초목의 잎이 우거진 모양. ¶蓑蓑. ❸①초목의 잎이 시든 모양. ②꽃이 드리워진 모양.
【蓑笠 사립】도롱이와 삿갓. 우장.
【蓑翁 사옹】도롱이를 두른 노인.
【蓑衣 사의】도롱이.
【蓑唱 사창】도롱이를 입고 노래함.
【蓑蓑 최최】①아래로 드리워진 모양. ②초목의 잎이 우거진 모양.
◐ 綠−, 農−, 短−, 漁−, 雨−, 長−, 釣−.

艸 10 【蒴】⑭ 말오줌때 삭 藥 shuò
字解 말오줌때, 접골목(接骨木). ¶蒴果.
【蒴果 삭과】익으면 과피(果皮)가 말라 쪼개지면서 씨를 퍼뜨리는, 여러 개의 씨방으로 된 열매. 나팔꽃·백합 따위.

艸 10 【蒜】⑭ 달래 산 翰 suàn
소전 蒜 초서 蒜 字解 ①달래, 작은 마늘. 냄새 나는 나물의 한 가지. 마늘을 '大蒜(대산)'이라 하는 데서 '마늘'을 뜻하기도 한다. 〔爾雅翼〕大蒜爲葫, 小蒜爲蒜. ②달래의 모양으로 만든 발[簾]의 누름쇠. 〔庚信·詩〕幔繩金麥穗, 簾鉤銀蒜條.
【蒜氣 산기】①달래 냄새. 마늘 냄새. ②암내. 腋臭(액취).
◐ 大−, 卵−, 生−, 小−, 銀−.

艸 10 【蓆】⑭ 자리 석 陌 xí
소전 蓆 초서 蓆 字解 ①자리. =席. 〔韓非子〕出則爲扞蔽, 入則爲蓆薦. ②넓고 많다, 풀이 많다. ③크다. 〔詩經〕緇衣之蓆兮. ④저축하다. 늑儲.
【蓆石 석석】거적자리.
【蓆薦 석천】①깔개. ②남의 밑에 있음.
【蓆戶 석호】문짝 대신 삿자리를 친 집. 곧, 매우 가난한 집.

艸 10 【薛】⑭ 薜(1551)과 동자

艸10【蓀】⑭ 향풀 이름 손 元顧 sūn

소전 蓀 초서 蓀 간체 荪 字解 ❶향풀의 이름. 〔楚辭〕數惟蓀之多怒兮. ❷창포(菖蒲)의 한 가지. 꽃창포. ¶ 溪蓀.
【蓀美 손미】창포의 아름다움. '미덕(美德)'의 비유.

艸10【蒐】⑭ ❶꼭두서니 수 元 sōu
❷모을 수 宥 sōu
❸향풀 후 麌 huì

소전 蒐 초서 蒐 參考 대법원 지정 인명용 한자의 음은 '수'이다.
字解 ❶❶꼭두서니. 꼭두서닛과에 속하는 다년생 만초(蔓草). 붉은 물을 들이는 데 쓴다. 〔山海經〕釐山, 其陰多蒐. ❷사냥하다. ≒獀. ㉮봄 사냥. 〔周禮〕遂以蒐田. ㉯가을 사냥. 〔春秋公羊傳〕秋日蒐. ❸모으다, 모아들이다. ④숨기다, 숨다. ≒廋. 〔春秋左氏傳〕服讒蒐慝. ❺고르다, 뽑다. 〔春秋左氏傳〕蒐乘補卒. ❻수를 세다, 계산하다. ≒數. 〔春秋左氏傳〕蒐軍實. ❼찾다, 구하다. ≒搜. 〔陸機·論〕蒐三王之樂. ❷모으다, 수집하다. ❸향풀, 회양(懷羊).
【蒐練 수련】병마(兵馬)를 조련(調練)함. ○옛날에 사냥을 통하여 병마를 조련하였으므로 '蒐'라 이름.
【蒐獵 수렵】㉠㉠사냥. ㉡사냥을 통한 병마 조련(兵馬調練). ❷모아들임.
【蒐苗 수묘】사냥. ○'蒐'는 봄 또는 기을에 하는 사냥, '苗'는 여름에 하는 사냥.
【蒐補 수보】찾아서 빠진 것을 보충함.
【蒐狩 수수】사냥. ○'蒐'는 봄 또는 가을에 하는 사냥, '狩'는 겨울에 하는 사냥.
【蒐田 수전】사냥. 사냥을 함. ○'蒐'는 봄철에 아직 새끼를 배지 않은 짐승을 골라서 잡음.
【蒐集 수집】여러 가지 재료를 찾아서 모음. 收集(수집).
▶大-, 茅-, 山-, 春-.

艸10【蓃】⑭ 수산 수 元 sǒu

字解 수산.
【蓃酸 수산】가장 간단한 화학 구조의 이염기성 유기산의 한 가지.

艸10【蒓】⑭ 蓴(1541)과 동자

艸10【蓍】⑭ 시초 시 支 shī

소전 蓍 초서 蓍 字解 ❶시초(蓍草). 비수리, 톱풀. 옛날에 점치는 데 썼다. 〔易經〕蓍之德, 圓而神. ❷점대, 서죽(筮竹). 〔楚辭〕蓍蔡兮蹢躅.
【蓍龜 시귀】❶복서(卜筮). 점칠 때 쓰는 비수리와 귀갑(龜甲). 蓍蔡(시채). ❷거울삼음. 본받

기로 삼아 경계함. ❸덕망이 높은 사람.
【蓍筮 시서】점대로 점을 침.
【蓍草 시초】엉거싯과에 속하는 다년초. 비수리. 점치는 데 썼으나, 후세에 와서 대 조각으로 만들어 썼기 때문에 서죽(筮竹)이라고 이름.

艸10【蒔】⑭ ❶모종 낼 시 寘 shì
❷소회향 시 支 shí

소전 蒔 초서 蒔 간체 莳 字解 ❶❶모종을 내다, 옮겨 심다. ❷심다. 〔晉書〕蒔樹一根, 以旌戰功. ❸풀 이름. ※❷와 같다. ❷소회향(小茴香). 한약재로 쓴다.
【蒔蘿 시라】소회향(小茴香). 한약재로 씀.
【蒔樹 시수】정원수를 옮겨 심음.
【蒔植 시식】채소 따위의 모종을 옮겨 심음.
【蒔秧 시앙】모심기. 모내기.

艸10【蒻】⑭ ❶부들 약 藥 ruò
❷콩 낙 藥 ruò

소전 蒻 초서 蒻 參考 대법원 지정 인명용 한자의 음은 '약'이다.
字解 ❶❶부들의 싹, 어린 부들, 뿌리에서 돋아난 부들. ❷부들의 밑동. ≒蒻. ❸연(蓮) 줄기가 진흙 속에 묻힌 부분. 〔本草綱目〕其芽穿泥成白蒻. ❹구약(蒟蒻)의 구경으로는 곤약을 만든다. 〔左思·賦〕蒟蒻茱萸. ❺자리, 어린 부들로 짠 자리. 〔鹽鐵論〕古者皮毛草蓐, 無茵席之加, 旃蒻之美. ❻잘다, 잘다. 〔淮南子〕匡牀蒻席, 非不寧也. ❷콩.
【蒻笠 약립】어린 부들로 만든 모자.
【蒻席 약석】부들로 만든 자리. 부들자리.

艸10【蔦】⑭ 물억새 오 虞 wū

字解 물억새.

艸10【蒚】⑭ 蒚(1527)의 속자

艸10【蓊】⑭ ❶동 옹 董 wěng
❷우거질 옹 董 wěng

초서 蓊 字解 ❶❶동, 장다리. 초화(草花)에서 나오는 꽃줄기. ❷우거지다, 초목이 무성하다. 〔張衡·賦〕鬱蓊蒌蕤. ❷❶초목이 우거진 모양. ❷풀 이름. 노란빛을 염색하는 데에 쓴다.
【蓊茂 옹무】초목이 무성한 모양.
【蓊勃 옹발】성한 모양. 蓊然(옹연).
【蓊蒌 옹애】초목이 우거져 덮임.
【蓊薈 옹애】초목이 울창한 모양.
【蓊然 옹연】㉠㉠초목이 무성한 모양. ㉡사물이 흥성한 모양. 蓊勃(옹발). 蓊鬱(옹울). ❷모이는 모양.
【蓊蓊 옹옹】초목이 무성한 모양.
【蓊茸 옹용】❶무성한 모양. ❷어지럽게 빽빽한 모양.

艹部 10획 蓐蓉蔚蔩蔋葴蒢菹蒫蔛蒸

【蓊鬱 옹울】①초목이 무성한 모양. ②구름 따위가 성하게 일어나는 모양.
【蓊薈 옹회】초목이 무성한 모양.

艹10 【蓐】⑭ 요 욕 沃 rù

字解 ①요, 깔개. 〔李密·表〕劉夙嬰疾病, 常在牀蓐. ②거적, 거적자리. ③깃, 외양간 깃. 외양간·마구간 등에 깔아 주는 짚이나 풀. 〔周禮〕春除蓐. ④풀자리, 풀요. 〔春秋左氏傳〕左追蓐. ⑤산실(產室), 해산하는 방. ⑥새싹이 나다, 묵은 풀이 마르고 새싹이 나다. ⑦조개풀, 황초(黃草). 볏과에 딸린 한해살이풀. 줄기와 잎은 노란색 염료(染料)로 쓴다. ⑧누에섶, 잠족(蠶簇). ⑨줄다, 쭈그러지다. ⑩두텁다, 정의가 두텁다. ⑪나라 이름. 〔春秋左氏傳〕沈似蓐黃.
【蓐母 욕모】조산원(助產員). 산파(產婆).
【蓐婦 욕부】산모(產母).
【蓐食 욕식】①아침 일찍 잠자리 위에서 식사를 하는 일. ②포식(飽食)함.
【蓐月 욕월】아이 낳을 달. 해산달. 產月(산월). 臨月(임월).
【蓐瘡 욕창】병으로 오랫동안 누워서 지내어, 자리에 닿은 부위가 배겨서 생기는 종기.
●產-, 牀-, 臥-, 茵-, 薦-, 草-, 虎-.

艹10 【蓉】⑭ 연꽃 용·왕 冬 róng

參考 대법원 지정 인명용 한자의 음은 '용'이다.
字解 ①연꽃, 부용(芙蓉). ≒容. 〔楚辭〕集芙蓉以爲裳. ②목련(木蓮).

艹10 【蔚】⑭ 蔚(1541)와 동자

艹10 【蔩】⑭ 풀빛 푸를 은 文 yín

字解 ①풀의 빛깔이 푸르다. 〔徐孚遠·賦〕採英懷中, 飄颻其蔩. ②야채(野菜)의 이름.

艹10 【蔋】⑭ 풀이 가뭄에 마를 적 錫 dí

字解 풀이 가뭄에 마르다. 〔詩經〕蔋蔋山川.

艹10 【葴】⑭ ❶풀 이름 점 琰 diǎn ❷성 침 寑 diǎn

字解 ❶①풀 이름. ②사람 이름. ≒點. 〔史記〕曾葴, 字晳. ❷성(姓).

艹10 【蒢】⑭ 까마종이 제 魚 chú

字解 ①까마종이, 용규(龍葵). ②오이풀의 뿌리, 지유(地楡). 뿌리는 약

재로 쓴다. ③구변(口辯)이 좋다. 〔漢書〕舅氏蘧蒢. ④땅 이름. 춘추 시대 송(宋)나라의 땅. 〔春秋〕齊侯衞侯次蘧蒢.

艹10 【菹】⑭ ❶띠거적 조 魚 jū ❷제사 때 까는 거적 저 語 zū ❸풀 우거진 늪 저 御 jí ❹제사 때 펴는 깔개 자 禡 zū

字解 ❶①띠거적, 거칠게 짠 거적. 따로 짜서 제사 때 까는 자리. =苴. 〔周禮〕大祭祀羞牛牲共茅菹. ②침채(沈菜), 김치. ≒葅. ❸삼백초(三白草), 즙채(蕺菜), 멸. 한방에서 지하경과 잎을 말려서 약재로 쓴다. ≒蕺. 〔後漢書〕茈其芸菹. ❷제사 때 까는 거적. ≒苴. ❸풀 우거진 늪. ❹①제사 때 펴는 깔개. =藉. ②흩어져 어지럽다. =藉.

艹10 【蒫】⑭ 꾸벅일 좌 箇 cuò

字解 ❶꾸벅이다, 절할 때에 꾸벅하다. ≒蹉. 〔禮記〕介者不拜, 爲其拜而蒫拜. ②걸어앉다, 걸터앉다. ≒蹲.

艹10 【蒱】⑭ ❶술찌끼 주 尤 qiú ❷술찌끼 조 皓 zāo

字解 ❶술찌끼. 술을 거르고 남은 찌끼. ❷①술찌끼. =糟. ②전국, 술의 진액.

艹10 【蒸】⑭ ❶찔 증 蒸 zhēng ❷찔 증 徑 zhēng

參考 어휘는 烝(1065)을 아울러 보라.
字源 形聲. 艹+烝→蒸. '烝(증)'이 음을 나타낸다.
字解 ❶①찌다. ≒烝. ㉠수증기 따위의 김이 올라가다. 〔嵆康·賦〕蒸靈液以播雲. ㉡김을 올려 익히다. 〔論衡〕穀未春蒸曰粟. ②덥다, 무덥다. 〔素問〕其候溽蒸. ③나아가다, 나아가게 하다. ④바치다, 제사 때 제기에 담아 바치는 것. 〔呂氏春秋〕大飲蒸. ⑤겨울 제사 이름. 〔春秋繁露〕冬曰蒸. ⑥아름답다, 예쁘다. ⑦무리, 많다. ≒衆. 〔孟子〕天生蒸民. ⑧임금, 군왕(君王). ⑨티끌, 먼지. ⑩음란함, 사통(私通). ≒烝. ⑪겨릅대, 마골(麻骨). 껍질을 벗겨 낸 삼대. ⑫홰, 횃불. 〔詩經〕放乎而蒸盡. ⑬땔나무, 섶. 〔薪〕, 가는 가지 같은 것을 '薪(신)', 가는 가지 같은 것을 '蒸(증)'이라 한다. 〔詩經〕以薪以蒸. ⑭불에 말린 대〔竹〕. 〔楚辭〕菎蕗雜於廢蒸兮. ⑮사물의 모양. ¶ 蒸蒸. ❷찌다, 김이 오르다. =烝.
【蒸漚 증구】부글부글 거품을 냄.
【蒸氣 증기】액체나 고체가 증발 또는 승화하여 생긴 기체.

【蒸騰 증등】 김이 무럭무럭 위로 올라감.
【蒸溜 증류】 액체를 끓여 생긴 증기를 식힌 후 다시 액화(液化)하여 분리 또는 정제(精製)함.
【蒸民 증민】 모든 백성. 庶民(서민).
【蒸發 증발】 액체나 고체가 그 표면에서 기화(氣化)함.
【蒸嘗 증상】 겨울 제사와 가을 제사.
【蒸庶 증서】 모든 백성. 蒸民(증민).
【蒸暑 증서】 찌는 듯이 무더움.
【蒸溽 증욕】 ①무더움. ②찌는 듯한 더위.
【蒸鬱 증울】 찌는 듯이 덥고 답답함.
【蒸蒸 증증】 ①순일(純一)한 모양. ②효도(孝道)를 극진히 하는 모양. ③향상 또는 진보(進步)하는 모양. ④사물이 성하게 일어나는 모양.
【蒸炊 증취】 불을 때어 찌는 일.
【蒸炮 증포】 ①쬠. ②그릇에 넣은 다음 밀폐하여 구움.
◐ 薪-, 黎-, 鬱-, 焦-.

蓁 (艸 10획) ⑭ 우거질 진 眞 zhēn

[字解] ①우거지다, 무성한 모양.〔詩經〕桃之夭夭, 其葉蓁蓁. ②많다. ③나무가 더부룩이 나다. =榛.〔莊子〕逃於深蓁. ④물건의 모양. ¶蓁蓁. ⑤풀 이름, 쥐꼬리망초, 오독도기. 뿌리는 진범(蓁芃)이라 하여 약재로 씀.
【蓁莽 진망】 초목이 무성한 모양.
【蓁蕪 진무】 잡초가 무성함.
【蓁蓁 진진】 ㉠초목이 무성한 모양. ②많이 모이는 모양. ③머리에 물건을 이는 모양.
◐ 深-, 葳-.

蒺 (艸 10획) ⑭ 남가새 질 質 jí

[字解] ①남가새. 바닷가나 모래땅에 나는 풀의 한 가지.〔易經〕困于石據于蒺藜. ②벌레 이름. ¶蒺藜.
【蒺藜 질려】 ①남가샛과에 속하는 일년초. 열매는 단단하고 세모 또는 네모로 억센 가시가 있으며, 뿌리와 열매는 약재로 씀. ②마름쇠. 무기의 한 가지. 남가새 열매 모양으로 만들어 적의 진로를 막는 데 씀. ③벌레 이름. 누리 비슷하며 몸집이 더 큼.

蒫 (艸 10획) ⑭ 냉이 씨 차 歌 cuó

[字解] 냉이의 씨.

蒼 (艸 10획) ⑭
❶푸를 창 陽 cāng
❷푸른 경치 창 漾 cǎng

[字源] 形聲. 艸+倉→蒼. '倉(창)'이 음을 나타낸다.
[字解] ❶①푸르다. ㉠풀의 푸른 빛깔.〔易經〕震爲蒼筤竹. ㉡푸른빛, 짙은 푸른 빛깔.〔漢書〕爲蒼頭軍. ㉢연한 푸른 빛깔.〔素問〕在色爲蒼. ㉣근교의 푸른 경치. ※❷의 ①과 같다. ②우거지다, 무성해지다.〔書經〕至于海隅蒼生.〔傳〕蒼蒼然生草木. ③늙다, 늙은 모양. ¶蒼浪. ④허둥지둥 당황한 모양. ¶蒼黃. ⑤성(姓). ❷①푸른 경치, 근교(近郊)의 푸른 경치.〔莊子〕適莽蒼者, 三湌而反. ②쓸쓸한 모양. ¶莽蒼. ③광활하여 가없는 모양.
【蒼庚 창경】 꾀꼬리. 倉庚(창경).
【蒼頭 창두】 ①푸른 수건으로 머리를 싸맨 병졸(兵卒). ②부하(部下). 하인(下人). ③희끗희끗한 머리. 늙은이.
【蒼浪 창랑】 ①한없이 푸르고 넓은 모양. ②머리털이 센 모양. 蒼蒼(창창)②.
【蒼嶺 창령】 푸르디푸른 산봉우리. 蒼峰(창봉).
【蒼老 창로】 ①나무가 늙어서 아취(雅趣)를 지니게 된 모양. ②반백(斑白)의 노인.
【蒼龍 창룡】 ①늙은 소나무의 형용. ②털이 푸른 큰 말. 8척 이상의 말을 '龍'이라고 함. 靑龍(청룡). ③28수(宿) 중 동방(東方)에 있는, 각(角)·항(亢)·저(氐)·방(房)·심(心)·미(尾)·기(箕)의 일곱 별. ④산세(山勢)의 형용.
【蒼茫 창망】 ①푸르고 넓은 모양. ②넓고 멀어서 아득한 모양.
【蒼莽 창망】 ①푸른 하늘의 형용. ②초목이 짙푸르게 우거진 모양.
【蒼冥 창명】 끝이 없는 우주(宇宙).
【蒼民 창민】 백성. 蒼生(창생).
【蒼旻 창민】 푸른 하늘. 봄의 창천(蒼天)과 가을의 민천(旻天).
【蒼髮 창발】 회색의 머리털. 반백(半白)의 머리.
【蒼白 창백】 ①푸른 기를 띤 흰빛. ②얼굴빛이 해쓱함.
【蒼生 창생】 ①초목이 무성하게 우거짐. ②모든 백성. 만민(萬民). 蒼民(창민).
【蒼蠅 창승】 ①㉠쉬파리. ㉡소인(小人). ②사(邪)가 정(正)을 닮아 판별하기 어려움의 비유.
【蒼顔 창안】 검푸른 안색. 늙어서 여윈 얼굴.
【蒼靄 창애】 푸른 아지랑이.
【蒼然 창연】 ①푸른 모양. 초목의 푸른 모양. ②해질 무렵의 어두컴컴한 모양. ③물건이 오래되어 고색(古色)이 짙은 모양.
【蒼髯 창염】 늙어서 반백이 된 구레나룻.
【蒼髯叟 창염수】 소나무의 딴 이름.
【蒼遠 창원】 아주 아득하고 오램.
【蒼鷹 창응】 ①깃털이 창백(蒼白)한 빛깔의 큰 매. ②가혹(苛酷)한 관리(官吏)의 비유.
【蒼卒 창졸】 당황해하는 모양. 어수선한 모양.
【蒼蒼 창창】 ①성(盛)한 모양. ②머리털이 센 모양. 斑白(반백). ③초목이 무성한 모양. ④봄 하늘의 푸른빛. ⑤맑게 갠 하늘의 모양. ⑥푸른 달빛의 형용. ⑦늙은 모양. ⑧앞길이 멀어서 아득함.
【蒼天 창천】 ①푸른 하늘. 蒼空(창공). 靑空(청공). ②봄 하늘. ③동쪽.
【蒼海 창해】 크고 넓은 바다.

【蒼惶 창황】당황해 하는 모양. 허둥지둥하는 모양. 蒼卒(창졸). 蒼黃(창황).
【蒼黃 창황】①청(青)과 황(黃). 푸른빛과 누른빛. ②⇨蒼惶(창황).
【蒼頡 창힐】황제(黃帝)의 신하. 새와 동물의 발자국을 본떠 처음으로 문자를 만들었다고 함. 倉頡(창힐).
● 穹-, 老-, 莽-, 旻-, 鬱-, 青-, 昊-.

艹10【蒨】⑭ 꼭두서니 천 ᠖ qiàn
초서 蒨 字解 ①꼭두서니. =茜. ②나무 이름. 〔山海經〕敖岸之山, 北望河林, 其狀如蒨如擧. ③풀이 우거진 모양. =芊. 〔左思·賦〕夏嘩冬蒨. ④선명(鮮明)한 모양.
【蒨蔚 천위·천울】풀이 한창 우거진 모양.
【蒨粲 천찬】선명한 모양.
【蒨蒨 천천】①선명(鮮明)한 모양. ②풀이 한창 무성한 모양.
● 冬-, 姸-, 染-, 紫-, 蔥-.

艹10【蒭】⑭ 芻(1491)와 동자

艹10【蓄】⑭ ❶쌓을 축 ᠖ xù
❷겨울 푸성귀 휵 ᠖ xù
艹 艹 艹 苎 蕘 菁 蓄 蓄
소전 蕃 초서 蓄 參考 대법원 지정 인명용 한자의 음은 '축'이다.
字源 形聲. 艹+畜→蓄. '畜(축)'이 음을 나타낸다.
字解 ❶①쌓다, 포개다. 〔張衡·賦〕洪恩素蓄. ②모으다. 〔詩經〕我有旨蓄. ③쌓아 두다, 저축하다. 〔詩經〕乏於飮食之蓄. ④감추다, 간직하다, 저장하다. ⑤기르다, 양성하다. 〔國語〕蓄力一紀. ⑥기다리다, 기대하다. 〔後漢書〕孰謂時之可蓄. ⑦저축. ⇨稸. 〔管子〕府倉虛, 蓄積竭. ⑧성(姓). ❷겨울의 푸성귀, 겨울에 쓰려고 저장하는 채소.
【蓄力 축력】힘을 차차로 쌓아서 기름.
【蓄髮 축발】①머리털을 깎지 않고 기름. ②삭발(削髮)했던 머리를 다시 기름. 곧, 승려가 환속(還俗)하는 일.
【蓄思 축사】쌓이는 생각. 蓄念(축념).
【蓄泄 축설】모음과 흩음.
【蓄銳 축예】왕성한 기력을 쌓음.
【蓄怨 축원】①마음속에 원한을 쌓음. ②쌓인 원한.
【蓄藏 축장】모아서 간직하여 둠.
【蓄財 축재】재물을 모아 쌓음.
【蓄積 축적】❶축적 ❷축재 ①많이 모아서 쌓음. ❷저축(貯蓄).
【蓄妾 축첩】첩을 둠.
【蓄縮 축축】①오그라듦. ②일을 태만히 함.
【蓄聚 축취】모아 둠. 쌓아 둠.
● 備-, 蘊-, 資-, 貯-, 積-, 含-, 涵-.

艹10【蒲】⑭ ❶부들 포 ᠖ pú
❷땅 이름 박 ᠖ bó
소전 蒲 초서 蒲 參考 대법원 지정 인명용 한자의 음은 '포'이다.
字解 ❶①부들, 향포(香蒲). 부들과에 딸린 여러해살이풀. 〔詩經〕其蔌維何, 維笋及蒲. ②창포(菖蒲). ③왕골, 소포(所蒲). ④냇버들, 포류(蒲柳). 〔詩經〕揚之水, 不流束蒲. ⑤자리, 부들로 짠 자리. 〔孔子家語〕妻織蒲. ⑥초가지붕. ⑦구기. 술·국 따위를 뜰 때에 쓰는 기구. ⑧도박, 노름. ⇨蒱. ⑨땅 이름. ㉮위(衞)나라 땅. 지금의 하북성(河北省) 장원현(長垣縣). ㉯진(晉)나라 읍(邑). 지금의 산서성(山西省) 습현(隰縣)의 서북쪽. 〔春秋左氏傳〕獻公使寺人披伐蒲. ⑩성(姓). ❷땅 이름, 박고(蒲故). 〔書經〕將遷其君于蒲姑.
【蒲葵扇 포규선】포규 잎으로 만든 부채.
【蒲團 포단】부들로 만든 둥근 방석.
【蒲盧 포로】①부들과 갈대. ②나나니벌. ③백성(百姓)에 대한 교화(敎化)의 비유. ④허리가 잘록한 조롱박. 호리병박.
【蒲柳 포류】①갯버들. 수양(水楊). ②㉠늙기도 전에 쇠함. ㉡신체가 본래 허약함. ㉢갯버들의 잎은 빨리 시들어 떨어지는 데서 온 말.
【蒲輪 포륜】진동을 막기 위하여 부들로 바퀴를 싼 수레. 현사(賢士)를 초빙(招聘)할 때에 썼음. 蒲車(포거).
【蒲伏 포복】배를 땅에 대고 김. 匍匐(포복).
【蒲色 포색】붉은 바탕에 누런빛을 띠는, 부들의 이삭과 같은 빛깔.
【蒲席 포석】부들로 짠 자리.
【蒲筵 포연】⇨蒲席(포석).
【蒲屋 포옥】지붕을 부들로 인 집.
【蒲衣 포의】①부들로 엮어 만든 옷. 너절한 옷. ②상고(上古)의 현인(賢人). 8세 때에 순(舜)임금이 천하를 물려주려 해도 받지 않고 떠난 후, 그 행방을 모른다고 함.
【蒲節 포절】단오절(端午節)의 딴 이름.
【蒲鞭 포편】부들 채찍.
【蒲鞭之罰 포편지벌】부들 채찍으로 매질하는 벌. ㉠상징적으로 형벌을 가할 뿐, 고통을 주지 않는 형벌. ㉡관후(寬厚)한 정치.
● 菰-, 茅-, 白-, 石菖-, 深-, 莞-, 葦-, 樗-, 菖-, 蒽-.

艹10【蒱】⑭ 도박 포 ᠖ pú
초서 蒱 字解 도박, 노름. ⇨蒲. 〔晉書〕摴蒲者, 牧豬奴戲耳.
【蒱戲 포희】360개의 말을 써서 하는 노름. 摴蒲(저포).

艹10【蓖】⑭ 萆(1516)과 동자

艹10【菌】⑭ 菡(1519)의 본자

艸部 10～11획 葵萹薢蓑蘆寇薿塋葖蓮 1537

艸10 【葵】⑭ ❶풀 이름 혜 xí
❷신 혜 xì
❸들메끈 계 xì

[초서] 葵 [字解] ❶풀 이름, 머위, 토혜(菟葵). ❷신, 신발. ❸들메끈. 신이 벗겨지지 않도록 매는 끈. 〔南史〕葵斷, 以芒接之. ❷풀 이름.

艸10 【萹】⑭ ❶쑥 호 hāo
❷짚 고 gǎo

[소전] 萹 [초서] 萹 [參考] 대법원 지정 인명용 한자의 음은 '호'이다.
[字解] ❶❶쑥. 파랑쑥, 사철쑥, 개사철쑥. 〔詩經〕食野之萹. ❷향기가 나다, 향기가 서려 오르다. 〔禮記〕焄萹悽愴. ❸지치다, 소모(消耗)하다. 늑耗. 〔國語〕使民萹焉忘其安樂, 而有遠心. ❹흐트러지다, 어지러워지다. 늑眊. 〔莊子〕今世之仁人蒿目, 而憂世之患. ❺성(城) 밖. 늑郊. 〔周禮〕近萹之地. ❻묘지(墓地). 늑蕘. ❼땅 이름. 〔春秋穀梁傳〕桓公會齊侯于萹. ❽성(姓). ❷짚, 볏짚. 늑稾.
【萹萊 호래】①들풀. 잡초. ②민간. 초야(草野).
【萹廬 호려】쑥대로 지붕을 인 집. 자기 집의 겸칭(謙稱).
【萹里 호리】①㉠태산(泰山)의 남쪽에 있는 산 이름. 죽은 사람을 장사 지내던 곳. ㉡묘지(墓地). ②상여(喪輿)를 메고 갈 때 부르는 노래의 이름. 輓歌(만가).
【萹目 호목】근심하여 바라보는 모양.
【萹矢 호시】쑥대로 만든 화살. 나뭇가지 꽃는다고 함. 蓬矢(봉시).
【萹艾 호애】풀 이름. 쑥.
❶牡-, 白-, 蓬-, 艾-, 靑-, 煮-.

艸11 【薢】⑮ 석골풀 곡 hú
[초서] 薢 [字解] 석골풀, 석곡(石薢). 약초의 이름.

艸11 【蓑】⑮ 蓑(1531)과 동자

艸11 【蘆】⑮ ❶물억새 구 우 qiū
❷따뜻이 할 구 우 욱 xū
❸따뜻이 할 구 xū
❹꽃 필 부 fū
❺시무나무 우 ōu

[소전] 蘆 [字解] ❶물억새, 오구(烏蘆). 볏과에 딸린 여러해살이풀. ❷❶따뜻이 하다. 늑嫗. ㉮새가 알을 품다. ❹태양이 만물을 따뜻하게 하다. 〔太玄經〕陽蘆萬物. ②꽃이 피는 모양. ❸따뜻. ❹의 ①과 같다. ※❷의 ①과 ❹와 같다. ❹꽃이 피다, 꽃이 피는 모양. 〔左思·賦〕異薈蘆薾. ❺시무나무, 자유(刺楡). ≒樞.
【蘆煦 구구】따뜻하게 함.
【蘆陽 구양】따뜻한 햇볕.

艸11 【寇】⑮ 두구 구 kòu
[초서] 寇 [字解] 두구(荳寇). 열대 지방에서 나는 풀. 〔左思·賦〕草則藿蔄荳寇.

艸11 【薿】⑮ 풀 많을 기 jǐ, xì
[소전] 薿 [초서] 薿 [字解] ❶풀이 많은 모양. ❷이르다, 미치다. 〔春秋左氏傳〕善鄭以勸來者, 猶懼不薿. ❸땅 이름. 춘추(春秋) 시대 노(魯)나라의 땅. 지금의 산동성(山東省) 역현(嶧縣)의 동쪽 고증성(故繒城)의 북쪽. 〔春秋〕莊公及齊大夫盟于薿.

艸11 【塋】⑮ 藪(1513)과 동자

艸11 【葖】⑮ 오이김치 담 tān
[字解] 오이김치.

艸11 【蓮】⑮ ❶연밥 련 lián
❷범부채 뿌리 섭 lián

艹 艿 苎 苜 莗 萐 蕹 蓮 蓮

[소전] 蓮 [초서] 蓮 [參考] 대법원 지정 인명용 한자의 음은 '련'이다.
[字源] 形聲. 艸+連→蓮. '連(련)'이 음을 나타낸다.
[字解] ❶❶연밥, 연실(蓮實). 연방(蓮房). ❷연, 연꽃. 〔周敦頤·說〕蓮花之君子者也. ❷범부채의 뿌리, 사간(射干).
【蓮炬 연거】연꽃 모양의 촛대. 蓮燭(연촉).
【蓮境 연경】절. 사원(寺院).
【蓮根 연근】연의 땅속뿌리.
【蓮塘 연당】⇨蓮池(연지).
【蓮幕 연막】대신(大臣)의 집.
【蓮房 연방】연밥이 든 송이.
【蓮步 연보】여자의 아름다운 걸음걸이. 미인의 걸음걸이. [故事] 남제(南齊) 때 동혼후(東昏侯)가 금으로 연꽃 모양을 새겨 땅에 박아 놓고 반비(潘妃)에게 그 위를 걷게 한 고사에서 온 말.
【蓮府 연부】①대신(大臣)의 집. ②승상대신(丞相大臣). 蓮幕(연막).
【蓮社 연사】동진(東晉)의 혜원(慧遠)이, 여산(廬山)의 북쪽에 반야운대정사(般若雲臺精舍)를 세우고, 당시의 현사(賢士)인 유유민(劉遺民)·송병(宋炳)·뇌차종(雷次宗) 등 뜻을 같이하는 승속(僧俗) 123명을 모아 만든 불교의 결사(結社). 정사의 결에 백련(白蓮)을 많이 심고, 서방정토(西方淨土)의 가르침을 닦으므로 백련사(白蓮社)라 일컬었음.
【蓮像 연상】연화좌(蓮華座) 위에 앉은 불상.
【蓮藕 연우】연뿌리. 蓮根(연근).

艸部 11획 蓼蔞藟薐蓤蔓蔑

【蓮肉 연육】연밥의 살. 보중(補中)·익기(益氣)의 한약재로 씀.
【蓮荳 연적】연밥.
【蓮座 연좌】①연꽃 모양으로 만든 불좌(佛座). 연화좌(蓮華座). ②연꽃 새김을 한 대좌(臺座).
【蓮池 연지】연을 심은 못. 蓮塘(연당).
【蓮華 연화】①연꽃. 蓮花(연화)①. ②차(茶)의 이름. ③(佛)불교(佛敎) 전적(典籍)에 나오는 연화는 타원형의 수련(睡蓮)을 이름.
【蓮花 연화】①연꽃. ②여자의 예쁜 발.
【蓮花臺 연화대】①(佛)극락세계에 있다는 대. ②國정재(呈才) 때 추던 춤의 한 가지.
【蓮華世界 연화세계】(佛)극락세계(極樂世界).
● 枯ー, 金ー, 杜ー, 白ー, 碧ー, 素ー, 疎ー, 水ー, 睡ー, 池ー, 靑ー, 紅ー.

艸11【蓼】⑮ ❶여뀌 료 篠 liǎo
❷찾을 로 晧 lǎo
❸장성할 륙 屋 lù
❹서로 끌 류 尤 liú

字解 ❶여뀌. 마디풀과의 일년초.〔詩經〕以薅荼蓼. ❷신고(辛苦)하다.〔詩經〕予又集于蓼. ❸춘추(春秋) 시대의 나라 이름. ⑦나라 이름. 고요(皐陶)의 후예(後裔)로 초(楚)나라에 멸망되었다. 지금의 하남성(河南省) 고시현(固始縣)의 땅. 卽鄝.〔春秋左氏傳〕楚公子燮滅蓼. ④고성(古城). 지금의 하남성(河南省) 당현(唐縣)의 남쪽 호양(湖陽).〔春秋左氏傳〕鄭人軍於蒲騷, 將與隨·絞·州·蓼伐楚師. ④성(姓). ❷찾다, 수색하다.〔張衡·賦〕摎蓼浰浪. ❸장성한 모양, 많은 섶[薪].〔詩經〕蓼彼蕭斯. ❹서로 끄는 모양.〔司馬相如·賦〕紆蓼叫嫋.
【蓼蟲 요충】여뀌 잎을 갉아 먹는 벌레.
【蓼蟲不知苦 요충부지고】여뀌는 몹시 매우나, 그것을 먹고 사는 벌레는 그 맛을 모름. 자기가 좋아서 하게 되면 무엇이건 고생스럽지 않음.
【蓼風 요풍】가을바람.
【蓼花 요화】여뀌의 꽃.
【蓼蓼 육륙】장대(長大)한 모양.
【蓼莪 육아】부역(賦役)으로 멀리 나가 있어 어버이를 봉양하지 못하고, 사후(死後)에 돌아와 그 슬픔을 읊은 시경(詩經) 소아(小雅)의 편명.
● 甘ー, 糾ー, 茶ー, 嘗ー, 水ー, 野ー, 含ー.

艸11【蔞】⑮ ❶쑥 루 尤 lóu
❷상여 장식 류 尤 liú

字解 ❶①쑥, 물쑥.〔楚辭〕吳酸蒿蔞, 不沾薄只. ②풀이 자란 모양. ③성(姓). ④수레바퀴의 굽은 것을 바로잡는 기구, 구루(萬蔞).〔周禮·注〕等爲萬蔞, 以運輸入. ❷①상여(喪輿)의 장식. 상여에 다는 새 깃 모양. ②풀 이름. ③목이 버섯.
【蔞蒿 누호】물쑥.

艸11【藟】⑮ ❶삼태기 루 灰 léi
❷덩굴 뢰 灰 léi

字解 ❶삼태기. 흙 따위를 나르는 소쿠리. ＝虆.〔鹽鐵論〕剨鼻盈藟. ❷덩굴, 덩굴지다.

艸11【薐】⑮ 마름 릉 蒸 líng

菱 薐

字解 ❶마름. 마름과의 한해살이풀. 진흙 속에 뿌리를 박고 줄기는 물속에서 자란다. 그 열매가 세 모 또는 네 모 진 것을 '芰(기)', 두 모 진 것을 '薐'이라 한다. ②모, 모나다. ≒稜.
【薐歌 능가】마름을 따면서 부르는 노래.
【薐荷 능하】마름과 연(蓮).
【薐形 능형】마름모.
【薐花 능화】①마름꽃. ②거울의 딴 이름.
【薐花板 능화판】책 겉장에 마름꽃의 무늬를 박아 내는 목판.

艸11【蓤】⑮ 薐(1538)과 동자

艸11【蔓】⑮ ❶덩굴 만 願 màn
❷순무 만 寒 mán

字解 ❶①덩굴, 덩굴풀의 총칭. ②덩굴지다.〔周敦頤·說〕中通外直, 不蔓不枝. ③자라다, 뻗어 나가다.〔詩經〕野有蔓草. ④퍼지다.〔春秋左氏傳〕無使滋蔓, 蔓難圖也. ⑤흐트러지다.〔楚辭〕鬢髮蔓鬋兮顙白. ⑥감기다, 얽히다.〔拾遺記〕其支體纏蔓, 若人懷袖也. ⑦성(姓). ⑧가지가 자라다. ❷순무, 만청(蔓菁). 채소의 이름.〔晉書〕地宜大麥, 而多蔓菁.
【蔓蔓 만만】①장구(長久)한 모양. 또는 장구하고 날로 무성(茂盛)해지는 모양. ②만연(蔓延)하는 모양. 널리 퍼지는 모양. ③뒤얽혀 이해하기 어려운 일.
【蔓茂 만무】초목이 우거져 널리 뻗어 나감.
【蔓生 만생】덩굴이 뻗으며 자람.
【蔓說 만설】쓸데없는 헛말.
【蔓延 만연】널리 번지어 퍼짐.
【蔓引 만인】서로 엉키어 관련됨.
【蔓引株求 만인주구】덩굴을 더듬어 뿌리까지 찾아냄. 일망타진함.
【蔓菁 만청】순무. 蕪菁(무청).
【蔓草 만초】덩굴져 뻗는 풀.
【蔓草寒烟 만초한연】우거진 풀과 쓸쓸한 연기. 고적(古蹟) 따위의 황량(荒凉)한 모양.
● 枯ー, 蘿ー, 絡ー, 綠ー, 綿ー, 碧ー, 修ー, 野ー, 延ー, 柔ー, 滋ー, 長ー, 纏ー, 走ー, 菁ー, 翠ー, 荒ー.

艸11【蔑】⑮ ❶업신여길 멸 屑 miè
❷사람 이름 매 霽 miè

字解 參考 대법원 지정 인명용 한자의 음은 '멸'이다.

艸部 11획 蔝蔜萻蓬

[字解] ❶①업신여기다, 깔보다, 얕보다, 가볍게 보다.〔沈約·文〕蔑祖辱親. ②버리다.〔國語〕不蔑民功. ③없다. ≒弗.〔詩經〕喪亂蔑資. ④속이다. ≒懱.〔國語〕是蔑先王之官ълъ. ⑤어둡다, 눈에 정채(精彩)가 없다, 시력(視力)이 떨어지다. ⑥잘다. ≒末. ㉮작을 모양. ㉯정미(精微)하다, 미세(微細)하다.〔書經〕蔑德降于國人. ⑦휘추리. 나무의 가늘고 긴 가지. ⑧깎다.〔易經〕蔑貞凶. ⑨멸망하다. ≒滅.〔國語〕蔑殺其民人. ⑩엷은 대쪽, 푸른 대 꺼풀. ⑪땅 이름. 춘추(春秋) 시대 노(魯)나라의 땅 이름. 지금의 산동성(山東省) 사수현(泗水縣)의 동쪽. ＝昧.〔春秋左氏傳〕隱公及邾儀父盟于蔑. ❷사람 이름. ≒眛.〔荀子〕兵殆於垂沙, 唐蔑死.

【蔑棄 멸기】 업신여겨서 버림.
【蔑德 멸덕】 ①자상하고 아름다운 덕. 妙德(묘덕). ②덕이 없음.
【蔑蔑 멸멸】 잔 모양. 하찮은 모양.
【蔑蒙 멸몽】 ①날아오르는 모양. ②빠른 모양. ③기(氣). 기운(氣運).
【蔑法 멸법】 나라의 법률이나 법규를 업신여김.
【蔑視 멸시】 업신여김. 깔봄.
【蔑如 멸여】 ①업신여기는 모양. 깔보는 모양. ②멸망함. 없어짐.
【蔑然 멸연】 어두운 모양. 잘 보이지 않는 모양.
◐ 輕-, 凌-, 侮-, 微-, 暴-.

艸11【蔝】⑬
❶취어초 모 mǎo
❷도꼬마리 무 mǎo
❸풀 더부룩할 무 mǎo
❹취어초 목 mǎo

[字解] ❶①취어초(醉魚草). 독초의 한 가지. 측백나뭇과의 작은 낙엽 관목. ②도꼬마리, 권이(卷耳). ③떨기로 나다, 더부룩하게 나다. ④우거지다, 무성하다. ❷도꼬마리. ※❶의 ②와 같다. ❸풀이 더부룩하게 나는 모양. ❹취어초. ※❶의 ①과 같다.
【蔝蔝 모모】 무성한 모양.

艸11【蔜】⑮ 勃(1525)과 동자

艸11【萻】⑮ 무 복 bo
[字解] ①무, 나복(蘿萻). ＝菔. ②치자(梔子)꽃. ¶ 薺萻.
【萻匏 복포】 무와 박. ㉠변변치 못한 음식. ㉡검소한 음식.

艸11【蓬】⑮
❶쑥 봉 péng
❷초목 무성할 봉 péng

[字解] ❶①쑥.〔詩經〕彼苫者蓬. ②구부러지다, 막히다, 굳어서 굽지 않다.〔莊子〕夫子猶有蓬之心也夫. ③풀숲, 떨기. ④흐트러지다, 머리카락이 흐트러지다. ≒髼. ⑤무성한 모양. ¶ 蓬蓬. ⑥떠돌아다니다, 이리저리 옮기다.〔楚辭〕飄風蓬龍. ⑦흙덩이, 티끌. ≒塳. ⑧돕다, 거들다. ≒扶. ⑨성(姓). ❷초목이 무성한 모양.

【蓬丘 봉구】 봉래산(蓬萊山).
【蓬島 봉도】 신선(神仙)이 산다는 해도(海島). 봉래산(蓬萊山). 蓬丘(봉구).
【蓬頭 봉두】 ⇨蓬髮(봉발).
【蓬頭垢面 봉두구면】 흐트러진 머리털과 때가 낀 얼굴. 외모에 무관심한 상태.
【蓬頭亂髮 봉두난발】 머리를 빗지 않아 다북쑥처럼 흐트러진 머리털.
【蓬萊弱水 봉래약수】 봉래산은 신선이 사는 곳으로서 약수(弱水)와 멀리 떨어져 있음. 서로 아득히 떨어져 있음.
【蓬廬 봉려】 쑥대로 지붕을 인 집. 허술한 집. 가난한 집. 또는 은자(隱者)의 집.
【蓬累 봉루】 ①머리에 물건을 이고 두 손으로 붙들고 감. ②쑥이 바람 부는 대로 나부끼는 것과 같이 방랑하는 모양. ◯ '累'는 옮아 다니는 모양.
【蓬門 봉문】 쑥대로 엮어 만든 문. ㉠가난한 집. ㉡은자(隱者)의 집. 蓬戶(봉호).
【蓬勃 봉발】 ①구름이 이는 모양. ②바람이 이는 모양. ③기운이 나오는 모양. ④빛나는 모양. ⑤향기가 풍기는 모양.
【蓬髮 봉발】 흐트러진 머리. 쑥대강이. 蓬頭亂髮(봉두난발).
【蓬葆 봉보】 쑥이 더부룩하게 무성한 모양. 머리딜이 어지리이 흐트러긴 모양.
【蓬蓬 봉봉】 ①왕성한 모양. ②바람이 부는 모양. ③㉠소리가 조화되는 모양. ㉡북을 치는 소리. 逢逢(봉봉).
【蓬士 봉사】 문을 쑥대로 엮어서 만든 집에 사는 선비. 가난한 선비.
【蓬生麻中 봉생마중】 꾸불꾸불 자라게 마련인 다북쑥도 삼밭에 나면, 손을 쓰지 않아도 삼처럼 곧게 자람. 사람은 환경의 영향을 받게 됨.
【蓬生枲中 봉생시중】 쑥이 모시풀 속에서 자라면, 모시풀처럼 곧게 됨.
【蓬首 봉수】 다북쑥처럼 흐트러진 머리.
【蓬矢 봉시】 쑥대로 만든 화살. 사기(邪氣)를 쫓는다고 함. 蒿矢(호시).
【蓬心 봉심】 ①지식이 얕아 사리를 통달하지 못함. ②자신의 지식이 보잘것없다는 뜻의 겸사(謙辭). ③소심한 마음. 흐트러져 안정되지 않는 마음.
【蓬庵 봉암】 지붕에 쑥이 나 있는 허술한 암자.
【蓬然 봉연】 바람이 이는 모양.
【蓬瀛 봉영】 봉래(蓬萊)와 영주(瀛州). 둘 다 신선이 산다는 곳.
【蓬轉 봉전】 쑥이 뿌리째 뽑혀 바람에 굴러다님. 정처 없이 떠돌아다님.
【蓬蓽 봉필】 ①봉호(蓬戶)와 사립문. 가난한 집. ②자기 집의 겸칭.
【蓬戶 봉호】 쑥대를 엮은 문(門). 가난한 집.
【蓬壺 봉호】 봉래(蓬萊). ◯신선이 살고 있다는

艸部 11획 䕺 蓰 蔘 蔏 蔎 蔬 蕭 蔌

삼신산(三神山)의 하나로, 그 모양이 병과 비슷한 데서 이르는 말.
【蓬蒿 봉호】①쑥. 쑥이 우거진 풀숲. ②궁벽한 두멧사람. ③채소 이름. 쑥갓.
【蓬蒿滿宅 봉호만택】쑥이 집 안에 가득 자람. 세상의 명리(名利)에 조금도 개의치 않음.
【蓬戶甕牖 봉호옹유】쑥대로 엮어 만든 문과 깨진 항아리의 주둥이로 만든 창문. 가난한 사람이 사는 집.
● 斷-, 飛-, 轉-, 飄-.

艸11 【䕺】⑮ ❶빈지문 부 囿 bù
❷볕가리개 부 囿 bù
字解 ❶①빈지문, 덧문. 햇볕을 가리고 비바람을 막기 위해 뒤에 널을 댄 격자창의 덧문. 〔易經〕豐其䕺. ②덮개, 덮이다. 〔後漢書〕欲豐其屋, 乃䕺其家. ③작다. ④작은 자리, 좁은 자리. ⑤어둡다, 캄캄하다. ⑥푸성귀 이름, 어제(魚虀). ⑦역법(曆法) 이름. 일흔여섯 해를 '一䕺'라 한다. 〔詩經·疏〕從三統曆, 七十六歲爲一䕺, 二十䕺爲一紀. ⑧〔星〕이름. ⑨자리. 늑菩. ❷①별가리개, 덧문. ②풀 이름.
【䕺家 부가】①집을 크게 짓고 빈지문을 설치함. ②지위가 높고 권세 있는 사람의 집.
【䕺屋 부옥】거적자리로 지붕을 덮은 집. 가난하게 사는 누추하고 어둠침침한 집. 䕺室(부실).
【䕺會 부회】고대 역법상(曆法上)의 말. 1부(䕺), 곧 76년의 기점(起點)이 만나는 곳.

艸11 【蓰】⑮ ❶다섯 곱 사 囧 xǐ
❷풀 이름 시 紙 xǐ
字解 ❶①다섯 곱, 오배(五倍). 〔孟子〕或相倍蓰. ②죽지가 늘어져 펴떡거리지 못하는 모양. 〔韓愈, 孟郊·詩〕離蓰不能翩. ❷①풀 이름. ②다섯 곱. ※❶의 ①과 같다.

艸11 【蔘】⑮ ❶인삼 삼 侵 shēn
❷넓고 클 삼 覃 sān
❸갈대 싹 삼 覃 sān
간체 参
字解 ❶①인삼(人蔘). =蓡. ②가지가 치솟다. 〔司馬相如·賦〕紛溶箾蔘. ③나무가 높게 자란 모양. =槮. ❷넓고 크다, 늘어진 모양. ¶蔘綏. ❸갈대의 어린 싹.
【蔘毒 삼독】인삼이 체질에 맞지 않거나, 지나치게 많이 먹어서 나는 신열(身熱). 蔘熱(삼열).
【蔘商 삼상】인삼을 사거나 파는 장사.
【蔘綏 삼수】①넓고 큼. ②드리워진 모양. 아래로 늘어진 모양.
【蔘茸 삼용】인삼과 녹용(鹿茸).
【蔘圃 삼포】삼밭. 인삼을 재배하는 밭.
● 家-, 乾-, 童-, 白-, 山-, 水-, 人-, 蒸-, 稚-, 海-, 紅-.

艸11 【蔏】⑮ 쑥 상 陽 shāng
字解 ①쑥. ②큰 명아주. 명아주의 한 가지.

③자리공. 자리공과의 여러해살이풀. 잎은 식용하고 뿌리는 이뇨제로 쓴다.

艸11 【蔎】⑮ 향풀 설·살 屑 曷 shè
소전 蔎 초서 蔎 參考 대법원 지정 인명용 한자의 음은 '설'이다.
字解 ①향풀, 향초(香草) 이름. ②향기롭다, 좋은 향기가 나는 모양. 〔楚辭〕懷椒聊之蔎蔎兮. ③차(茶)의 딴 이름. 〔茶經〕一曰茶, 二曰檟, 三曰蔎.

艸11 【蔬】⑮ ❶푸성귀 소 魚 御 shū
❷버섯 소 囿
❸싸라기 소 圖 shǔ
十 艹 艹 艹 荶 芢 蔬 蔬 蔬
소전 蔬 초서 蔬 字源 形聲. 艸+疏→蔬. '疏(소)'가 음을 나타낸다.
字解 ❶①푸성귀, 채소, 남새. 식용하는 온갖 나물의 총칭. 늑疏. 〔潘岳·賦〕灌園粥蔬. ②풀의 열매, 풀씨. 〔楚辭〕能殖百穀百蔬. ③벼. 〔禮記〕稻曰嘉蔬. ④거칠다, 충분히 찧지 않다. 〔論語〕蔬食菜羹. ⑤버섯의 한 가지. ❷버섯. 땅버섯과 비슷한데 줄풀〔菰草〕속에서 난다. ❸싸라기, 쌀알. 〔莊子〕鼠壤有餘蔬.
【蔬茗 소명】채소와 차(茶).
【蔬飯 소반】나물과 밥. 변변치 못한 음식. 素食(소식).
【蔬食 소사·소식】①고기나 생선 따위의 반찬이 없는 거친 음식. 변변치 못한 음식. ②풀이나 나무의 열매.
【蔬蔌 소속】채소. 푸성귀.
【蔬菽 소숙】채소와 콩.
【蔬筍 소순】채소와 죽순.
【蔬筍氣 소순기】채소나 죽순만 먹고 육식(肉食)하지 않는 사람이 지은, 차고 거친 느낌의 시(詩). 승려의 시문(詩文)이나 어투에 나타나는 특징.
【蔬壤 소양】채소밭. 蔬圃(소포).
【蔬奠 소전】변변치 못한 제수(祭需). 자기가 올리는 제수의 겸칭.
【蔬菜 소채】남새. 푸성귀.
● 家-, 嘉-, 冬-, 美-, 野-, 魚-, 園-, 柔-, 菜-, 靑-, 草-, 豐-, 肴-, 畦-.

艸11 【蕭】⑮ 蕭(1551)의 속자

艸11 【蔌】⑮ 푸성귀 속·수 屋 囿 sù
초서 蔌 字解 ①푸성귀. 채소의 총칭. 〔詩經〕其蔌維何. ②흰 띠꽃. 늑薍. ③바람이 세게 부는 소리. ¶蔌蔌.
【蔌蔌 속속】①가난하고 누추한 모양. ②바람이 세게 부는 모양. ③물이 흐르는 소리. ④꽃이 지는 모양. ⑤부스럭거리는 소리.

艹部 11획 蓿蓴蔫蓺蔜蔚蔭蓶黃 1541

艹11 【蓿】⑮ 거여목 숙 國 xu
[초서] [字解] 거여목, 목숙(苜蓿). 콩과의 두해살이풀.

艹11 【蓴】⑮ ❶순채 순 國 chún ❷풀 더부룩할 단 國 tuán
[소전][초서] [參考] ①蓴(1532)은 딴 자. ②대법원 지정 인명용 한자의 음은 '순'이다.
[字解] ❶①순채. 수련과(睡蓮科)의 여러해살이풀. =蒓. ②부들의 꽃. ❷풀이 더부룩한 모양.
【蓴羹 순갱】 순챗국. 순나물국.
【蓴羹鱸膾 순갱노회】 순나물국과 농어회. 고향을 그리워하는 마음. [故事] 진(晉)의 장한(張翰)이 고향의 이름난 산물인 순나물국과 농어회가 먹고 싶어 벼슬을 그만두고 고향으로 돌아갔다는 고사에서 온 말.
【蓴菜 순채】 수련과의 여러해살이풀.

艹11 【蔫】⑮ ❶시들 언 國 yān ❷풀 이름 연 國 yàn
[소전][초서] [字解] ❶①시들다, 풀·꽃이 시들다. ②신선(新鮮)하지 않다, 낡다. ③쉬다, 음식물이 상하다. =菸. ❷풀 이름, 나쁜 냄새 나는 풀.
【蔫綿 언면】 부드럽고 아름다운 모양.
【蔫食 언식】 신선하지 않은 음식물.

艹11 【蓺】⑮ 심을 예 國 yì
[초서] [字解] ①심다. =埶. [周禮] 以敎稼穡樹蓺. ②다하다, 끝나다. [國語] 貪無蓺也. ③과녁, 과녁을 맞히다. [國語] 用人無蓺. ④재주. =藝. [書經] 工執蓺事以諫. [釋文] 藝, 本又作蓺.

艹11 【蔜】⑮ 별꽃풀 오 國 áo
[字解] 별꽃풀. 용담과의 두해살이풀.

艹11 【蔚】⑮ ❶풀 이름 울 國 wèi ❷제비쑥 위 國 wèi ❸병들 위 國 wèi
[소전][초서] [參考] 대법원 지정 인명용 한자의 음은 '울'이다.
[字解] ❶①풀 이름. ②고을 이름, 주(州) 이름. ③초목이 우거진 모양. ≒鬱. [淮南子] 設蔚施伏. ④성(姓). ❷①제비쑥. 국화과의 여러해살이풀. =蔚. [詩經] 匪莪伊蔚. ②초목이 우거진 모양. ③무늬가 아름다운 모양. [易經] 君子豹變, 其文蔚也. ❸병들다, 앓다. ≒㾓. [淮南子] 五藏無蔚氣.
【蔚藍 울람】 짙은 쪽빛.
【蔚藍天 울람천】 푸른 하늘. 碧空(벽공).
【蔚薆 울애】 많고 왕성한 모양.
【蔚然 울연】 ①초목이 무성하게 우거진 모양.

②별이 나란히 있는 모양.
【蔚爾 울이】 성(盛)한 모양. 蔚然(울연).
【蔚薈 울회】 ①초목이 무성한 모양. ②구름이 뭉게뭉게 이는 모양.
【蔚興 울흥·위흥】 성하게 일어남.
【蔚氣 위기】 답답한 기운. 우울한 기운.
▷繁―, 炳―, 彬―, 森―, 薦―, 蓊―, 幽―, 陰―, 薈―, 芋―, 翠―, 薈―.

艹11 【蔭】⑮ ❶그늘 음 國 yìn ❷가릴 음 國 yīn
[소전][서][간체] 荫 [字源] 會意·形聲. 艹+陰→蔭. 풀이 가려서 풀의 그늘이라는 뜻을 나타낸다. '陰(음)'은 음도 나타낸다.
[字解] ❶①그늘. ≒陰. ㉮풀 그늘, 풀이 가려서 해가 비치지 않는 곳. ㉯나무의 그림자, 나무 그늘. [荀子] 樹成蔭而衆鳥息焉. ㉰응달, 일영(日景). [春秋左氏傳] 趙孟視蔭曰, 朝夕不相及. ②덕택. ㉮도움, 비호(庇護). ≒音. [魏書] 臣不自揆, 遠託大蔭. ㉯부조(父祖)의 공덕, 조상의 덕택으로 특별히 대우를 받아 얻은 벼슬. [隋書] 少以父蔭, 爲太子親衛. ③물건의 그늘에 있음. [淮南子] 蔭不ايت之木, 爲雷所撲. ④다하다, 본분을 다하다. ⑤덮다, 숨기다, 감싸다. [南史] 況吾不能爲汝蔭政, 應各自努力耳. ⑥우거지다, 번성하다. [左思·賦] 桃李蔭翳. ❷가리다, 그늘지게 하다, 초목이 우거져 가리다.
【蔭官 음관】 과거(科擧)에 의하지 않고 부조(父祖)의 공덕으로 얻은 벼슬. 蔭仕(음사). 蔭職(음직).
【蔭德 음덕】 ①조상의 덕. ②남몰래 하는 선행(善行). 陰德(음덕).
【蔭補 음보】 조상의 덕으로 벼슬자리를 얻음.
【蔭覆 음부】 ①그늘에 덮임. ②덮어 가림.
【蔭室 음실】 기물(器物)에 칠을 하여 햇빛 또는 공기에 쐬지 않게 하기 위해 넣어 두는 방.
【蔭藹 음애】 수목이 한창 우거진 모양.
【蔭映 음영】 ①덮어 비춤. ②사람이나 물건이 밀집하여 서로의 그림자나 빛깔이 비치는 일.
【蔭鬱 음울】 초목이 무성한 모양. 蔭蔚(음울).
【蔭子 음자】 조상의 공덕으로 벼슬을 얻은 사람. 蔭生(음생).
【蔭職 음직】 ☞蔭官(음관).
▷嘉―, 軍―, 綠―, 木―, 茂―, 美―, 繁―, 庇―, 樹―, 涼―, 恩―, 慈―, 勳―.

艹11 【蓶】⑮ 풀 시들 이 國 yí
[소전] [字解] 풀이 시들다.

艹11 【黃】⑮ 쥐참외 인·연·이 國 yín
[소전] [字解] 쥐참외, 하눌타리, 토과(土瓜). 왕과(王瓜).

艸部 11획 蔗蔣蒿蔪蓧蔦蔟蓯蔯蒫蔡

艸[蔗]⑮ 사탕수수 자·저 쟈 zhè

소전 蔗 초서 蔗 参考 대법원 지정 인명용 한자의 음은 '자'이다.

字解 ❶사탕수수. 감자(甘蔗). ＝柘. ❷맛이 좋다, 좋다. ¶蔗境.
【蔗境 자경】이야기나 사건 따위의 재미있는 곳.
【蔗糖 자당】사탕수수를 고아서 만든 설탕.
【蔗尾 자미】처음에는 고생스럽다가 후에는 즐거움. 나중에 복이 있음. 故事 고개지(顧愷之)가 사탕수수를 먹을 때마다 꼬리부터 먹자, 어떤 사람이 이상히 여겨 그 이유를 묻는 질문에 점점 더 맛있어진다고 대답했다는 고사에서 온 말.
【蔗霜 자상】흰 설탕. 白糖(백당).
【蔗田 자전】사탕수수를 가꾸는 밭.
● 甘－, 噉－, 都－, 食－, 瘖－, 諸－.

艸[蔣]⑮ 줄 장 陽 jiāng, jiǎng

소전 蔣 초서 蒋 간체 蒋 字解 ❶줄, 진고(眞菰). 볏과의 여러해살이풀. 〔漢書〕蔣茅青薠. ❷격려하다. ≒奬. ❸깔개, 자리. ≒薦·藉. ❹나라 이름. 주대(周代)의 제후국. 지금의 하남성(河南省) 고시현(固始縣)의 동쪽. ❺성(姓). ❻빛이 강렬한 모양. 〔太平御覽〕彗字蔣蔣.
【蔣茅 장모】포아풀과의 여러해살이 수초.
【蔣席 장석】줄로 짠 자리. 줄로 만든 깔개.
【蔣蔣 장장】번쩍번쩍 빛나는 모양. 날카로운 빛살이 멀리까지 비추는 모양.

艸[蒿]⑮ 荻(1511)과 동자

艸[蔪]⑮

❶쌀 점 鹽 jiàn
❷벨 삼 咸 shān
❸우거질 첨 鹽 jiān

소전 蔪 혹체 蔪 초서 蔪 字解 ❶싸다, 풀이 서로 둘러싸다. ≒漸. ❷①베다, 베어 버리다. ≒芟. 〔漢書〕蔪去不義諸侯, 而虛其國. ②보리 이삭이 패어 우거진 모양. ¶蔪蔪. ❸우거지다. ※❷의 ②와 같다.
【蔪去 삼거】베어 없앰.
【蔪蔪 삼삼·첨첨】보리 이삭이 패어서 우거진 모양.

艸[蓧]⑮

❶삼태기 조 嘯 diào
❷참소리쟁이 조 嘯 tiáo

초서 蓧 字解 ❶삼태기. 곡식이나 풀을 담아 나르는 그릇. 대나무나 초목(草木)의 가지를 결어 만든다. 〔論語〕遇丈人以杖荷蓧.
❷참소리쟁이. 마디풀

〈蓧❶〉

과의 여러해살이풀. 뿌리는 약재로 쓰고, 어린잎은 식용한다.

艸[蔦]⑮ 담쟁이 조 篠 niǎo

소전 蔦 혹체 樢 초서 蔦 간체 茑 字解 담쟁이덩굴. 〔詩經〕蔦與女蘿, 施于松柏.
【蔦蘿 조라】①담쟁이덩굴. ②담쟁이덩굴과 여라(女蘿). 형제 친척이 서로 의지하여 삶.

艸[蔟]⑮

❶누에섶 족 屋 cù
❷모일 주 宥 còu
❸작살 착 覺 chuò

소전 蔟 초서 蔟 字解 ❶①누에섶, 잠족(蠶蔟). 〔揚雄·誄〕帥導群妾, 咸循蠶蔟. ②모이다, 떼 지어 모이다. ≒簇. 〔尙書大傳〕蔟以爲八. ③보금자리, 새의 둥지. ❷①모이다. ②12율(律)의 하나. 정월(正月)에 해당한다. 〔禮記〕孟春之月, 其音角, 律中大蔟. ③나아가다, 풍악 소리가 울려 나가다. ④누에섶. ※❶의 ①과 같다. ⑤음률(音律) 이름. ≒族. ❸작살. 물고기를 잡는 기구. ＝簎. 〔張衡·賦〕又蔟之所攙挏.

艸[蓯]⑮

❶육종용 종 冬 cōng
❷순무 총 董 zǒng
❸서로 뒤섞일 송 腫 sǒng

초서 蓯 간체 苁 字解 ❶육종용(肉蓯蓉). 버섯의 한 가지. ❷순무, 만청(蔓菁). ❷풀이 우거진 모양. ❸서로 뒤섞이는 모양. 〔漢書〕騷擾衝蓯.

艸[蔯]⑮ 더위지기 진 眞 chén

字解 더위지기, 사철쑥. ¶茵蔯.

艸[蒫]⑮

❶풀 이름 차 歌 cuó
❷풀 죽을 추 虞 cǔ
❸미나리 사 麻 zhā

字解 ❶풀 이름. 사초(莎草)의 한 가지. 신의 깔개를 만드는 데 쓴다. ＝苴. ❷①풀이 죽다. ②풀 이름. ❸미나리. ＝葅.

艸[蔡]⑮

❶거북 채 泰 cài
❷내칠 살 曷 sà

소전 蔡 초서 蔡 参考 대법원 지정 인명용 한자의 음은 '채'이다.

字解 ❶①거북, 점을 칠 때 쓰는 큰 거북. 〔論語〕臧文仲居蔡. ②풀이 흐트러지다. ③풀 떨기, 풀숲. 〔左思·賦〕蔡莽螫剌. ④법(法). 〔書經〕⑤쇠약해지다. ≒衰. 〔尙書大傳〕秋伯之樂舞蔡俶. ⑥줄이다. ❷①나라 이름. 주대(周代)의 제후국. 지금의 하남성(河南省) 상채현(上蔡縣)의 서남쪽. 〔史記〕武王已克殷紂, 平天下, 封功臣昆弟, 於是封叔度於蔡. ②성(姓). ❷내치다, 추방하다. ≒槷.

艸部 11〜12획　蔕蔥蕞蓮蓫薉蓪蓷萍藨華蕉蕳

〔春秋左氏傳〕周公殺管叔, 而蔡蔡叔.

艸11【蔕】⑮ ❶가시 체 圍 chài
❷꼭지 체 本제 圞 dì
❸초목 뿌리 대 圞 dài

小篆 蔕 初書 蔕 字解 ❶❶가시, 사소한 장애물. =蠆. 〔漢書〕細故蔕芥, 何足以疑. ❷❶꼭지, 배꼽, 꽃받침. 꽃이 열매가 가지·줄기 등과 연결된 부분. 〔左思·賦〕扤白蔕. ❷꼭지로 달리다, 꼭지로 붙다. 〔張衡·賦〕蔕倒茄於藻井. ❸밑동, 뿌리. 늑柢. 〔陶潛·詩〕人生無根蔕. ❹성(姓). ❸초목의 뿌리.

【蔕芥】체개 ①작은 가시나 티끌. ②사소한 지장(支障). 芥蔕(개체).
【蔕鯁】체경 ⇨蔕芥(체개).
❶根—, 綠—, 霜—, 翠—.

艸11【蔥】⑮ ❶파 총 東 cōng
❷창문 창 江 chuāng

篆蔥 参考 대법원 지정 인명용 한자의 음은 '총'이다.

字解 ❶❶파. 백합과의 여러해살이풀. =葱. ❷부들. ❸푸르다, 파랗다. 〔詩經〕有瑲蔥珩. ❹연한 남빛. ❺기운이 통달하다. ❻칼 이름. 〔荀子〕桓公之蔥. ❷창문. 늑窻.

【蔥根】총근 ①파의 흰 뿌리. ②흰 손가락.
【蔥嶺之敎】총령지교 불교. ⇨'蔥嶺'은 인도(印度)에 있는 산으로, 석가가 이 산에서 수행(修行)한 데서 이르는 말.
【蔥白】총백 ①파의 밑동. 성질이 온하고 윤담(潤痰)하는 효능이 있어 상한(傷寒) 약을 달일 때 흔히 몇 뿌리를 넣음. ②아주 엷은 남색.
【蔥笛】총적 파피리. 파 잎으로 만들어 부는 아이들의 장난감 피리.
【蔥蒜】총산 파와 마늘.
【蔥竹之交】총죽지교 파피리를 불며 죽마(竹馬)를 타고 함께 놀던 옛 친구.
【蔥倩】총천 초목이 짙푸르게 무성한 모양.
【蔥靑】총청 ①초목의 푸른 새싹. 보드랍고 여림의 형용. ②초목이 짙푸르게 무성한 모양. ③파의 잎.
【蔥蔥】총총 ①초목이 무성한 모양. ②곱고 성한 기운의 형용.
【蔥翠】총취 푸르디푸른 모양. 蒼翠(창취).

艸11【蕞】⑮ 蕞(1547)와 동자

艸11【蓮】⑮ 풀 나란할 추 圍 chōu

小篆 蓮 字解 ①풀이 나란한 모양. ②풀뿌리가 얽히다. ③잇따르다, 가지런하다.

艸11【蓫】⑮ 참소리쟁이 축 圍 chù, zhú

字解 ❶참소리쟁이. 〔詩經〕言采其蓫. ②자리공, 상륙(商陸). 자리공과의 여러해살이풀.

艸11【藏】⑮ 꽈리 침 侵 zhēn
字解 꽈리, 산장(酸漿), 홍낭자(紅娘子), 등롱초(燈籠草). 가짓과의 여러해살이풀.

艸11【蓪】⑮ 으름덩굴 통 東 tōng
字解 으름덩굴, 통초(通草), 목통(木通). 으름덩굴과의 낙엽 활엽 덩굴나무.

艸11【蓷】⑮ 익모초 퇴 灰 tuī
小篆 蓷 初書 蓷 字解 익모초(益母草), 충울(茺蔚), 암눈비앗. 꿀풀과의 두해살이풀. 열매는 약재로 쓴다. 〔詩經〕中谷有蓷.

艸11【萍】⑮ 부평초 평 青 píng
小篆 萍 初書 萍 字解 ①부평초, 개구리밥, 부평(浮萍). =苹. ②비를 맡은 신(神), 평예(萍翳).
【萍浮】평부 부평초가 물에 뜸. 이리저리 정처 없이 떠돌아다님.
【萍翳】평예 비를 맡은 신(神). 우사(雨師).

艸11【藨】⑮ ❶능소화 표 蕭 biāo
❷갈대 이삭 표 蕭 biāo
❸노란 꽃 피는 곡식 표 蕭 biāo
字解 ❶❶능소화(凌霄花), 능소의 꽃이 노란색인 것, 풀의 노란색인 것. ②풀이 무성한 모양. ③떨어지다, 초목(草木)의 잎이 떨어지다. ④끝, 까끄라기, 벼의 까끄라기. 늑秒. 〔淮南子〕秋分藨定. ❷①갈대의 이삭. ②뜨다, 부평초(浮萍草). 늑漂·藻. ③능소화(凌霄花). ※❶의 ①과 같다. ④까끄라기. ※❶의 ④와 같다. ❸①노란 꽃이 피는 곡식. ②까끄라기, 벼의 까끄라기. ③능소화.

艸11【華】⑮ 콩 필 質 bì
初書 華 簡體 荜 字解 ①콩, 대두(大豆). ②가시, 식물의 가시. 〔傳·詩〕歸身蓬華廬, 樂道以忘饑. ③참소리쟁이, 양제초(羊蹄草). ④사립문. =篳.
【華門】필문 가시나무로 만든 사립문. 가난한 집. 篳門(필문).
【華域】필역 서울. 京師(경사).

艸11【蕉】⑮ 華(1530)과 동자

艸12【蕳】⑯ 등골나물 간 刪 jiān
初書 蕳 字解 ①등골나물, 산란(山蘭). 엉거싯과의 여러해살이풀. 〔詩經〕士與女, 方秉蕳兮. ②연(蓮). ③풀 이름.

艸部 12획 蕖蕢蕎蕨蕁董蔾蓂蔆藜蕒蕪

蕖 ⑯ 연꽃 거 渠 qú
字解 ①연꽃, 연화(蓮花). =渠.〔陶潛·詩〕昔爲三春蕖, 今作秋蓮房. ②씨토란, 토란. ③풀 이름.〔拾遺記〕石蕖, 靑色, 堅而甚輕, 從風靡靡, 覆其波上.
【蕖藕 거우】연뿌리. 연(蓮).

蕢 ⑯ ❶상할 괴 塊 kuài ❷흙덩이 괴 塊 kuài ❸삼태기 궤 匱 kuì
字解 ❶①상하다, 썩다.〔呂氏春秋〕草鬱則爲蕢. ②흙덩이, 토괴(土塊). 늑塊·凷.〔禮記〕蕢桴而土鼓. ③붉은 비름, 적현(赤莧). ④성(姓). ❷흙덩이. ※❶의 ②와 같다. ❸삼태기. 풀이나 대나무를 결어 만든 그릇으로, 흙이나 재 등을 나를 때 쓴다. =簣.〔漢書〕以一蕢障江河.
【蕢桴 괴부】풀과 흙으로 만든 북채.
● 一一, 荷一.

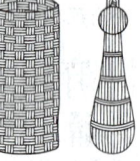
〈蕢❸〉 〈蕢桴〉

蕎 ⑯ 메밀 교 喬 qiáo, jiáo
字解 ①메밀, 교맥(蕎麥). ②대극(大戟). 대극과의 여러해살이풀.
【蕎麥 교맥】메밀. 마디풀과의 일년생 재배 식물.
● 苦一, 收一, 花一, 辛一.

蕨 ⑯ 고사리 궐 月 jué
字解 ①고사리. 참고사릿과의 여러해살이 양치식물. 어린잎은 먹는다.〔詩經〕言采其蕨. ②고비. 고사릿과의 여러해살이 양치식물. ¶迷蕨. ③마름. 수초(水草)의 한 가지.
【蕨拳 궐권】고사리의 여린 싹.
【蕨薇 궐미】고사리의 어린순.
【蕨手 궐수】고사리의 어린순.
【蕨菜 궐채】고사리나물.
● 薇一, 山一, 野一, 藜一, 采一, 春一.

蕁 ⑯ ❶지모 담 覃 tán ❷쐐기풀 심 侵 qián
參考 대법원 지정 인명용 한자의 음은 '담'이다.
字解 ❶①지모(知母). 지모과의 여러해살이풀. ②풀가사리, 해라(海羅). ③찌다, 무덥다. 늑燂.〔淮南子〕火上蕁, 水下流. ❷쐐기풀, 심마(蕁麻). 쐐기풀과의 여러해살이풀.
【蕁麻疹 심마진】두드러기. 급성 피부병의 한 가지.

董 ⑯ 황모 동 董東 dǒng
字解 ①황모(黃茅). 모양이 부들과 비슷한데 조금 가늘다. 신을 삼거나 새끼를 꼴 때 재료로 쓴다. ②연뿌리, 연근(蓮根). =董.
【董蕗 동랑】낭미초(狼尾草)의 딴 이름. 강아지풀. 개꼬리풀.

蔾 ⑯ 나라 이름 려 齊 lí
字解 나라 이름, 신려(新蔾). 흉노(匈奴)의 북쪽에 있던 나라. 늑犂.〔漢書〕後北服渾窳·屈射·丁零, 隔昆龍·新蔾之國.

蓂 ⑯ 螢(1711)와 동자

蔆 ⑯ 시금치 릉 庚 léng
字解 시금치, 적근채(赤根菜). ¶菠蔆.

藜 ⑯ 남가새 리·려 支齊 lí
字解 남가새. 남가샛과의 여러해살이풀.〔易經〕據于蒺藜.

蕒 ⑯ 시화 매 蟹 mǎi
字解 ①시화. 시홧과의 여러해살이풀. ②방가지똥. 꽃상춧과의 한해 또는 두해살이풀.
【蕒菜 매채】방가지똥.

蕪 ⑯ ❶거칠어질 무 虞 wú ❷우거질 무 麌 wǔ ❸풀 이름 무 虞
字解 ❶①거칠어지다, 잡초가 우거지다.〔呂氏春秋〕不除則蕪. ②거친 풀, 풀밭.〔顔延之·詩〕白露生庭蕪. ③순무, 순무나물. ¶蕪菁. ④달아나다, 피하다. 늑逋.〔楚辭〕孰兩東門之可蕪. ⑤성(姓). ❷①우거지다, 풍성하다. =蕪. ②어지러워지다, 다스려지지 않다.〔舊唐書〕揚推古今, 擧要刪蕪. ❸풀 이름.
【蕪徑 무경】황폐한 좁은 길. 荒徑(황경).
【蕪根 무근】순무의 딴 이름. 蕪菁(무청).
【蕪沒 무몰】잡초가 우거져 덮임. 우거진 잡초에 덮여 보이지 않게 됨.
【蕪蕪 무무】초목이 무성한 모양.
【蕪駁 무박】거칠고 잡스러움. 조잡함.
【蕪詞 무사】☞蕪辭(무사).
【蕪辭 무사】두서없는 말. 자기 언사(言辭)의 겸칭. 蕪詞(무사).
【蕪然 무연】풀이 거칠게 자란 모양.
【蕪穢 무예】①땅이 거칠고 잡초가 무성함. ②

천하고 용렬함. 荒蕪(황무).
【蕪雜 무잡】①잡초가 어지럽게 우거짐. ②사물이 어수선하고 순서가 없음.
【蕪舛 무천】거칠고 도리에 어긋남. 문장 따위에서 조리가 닿지 않음.
【蕪淺 무천】학문·견식이 난잡하고 천박함.
【蕪菁 무청】순무. 蔓菁(만청).
【蕪荒 무황】잡초가 멋대로 자라남. 荒蕪(황무).
❶高-, 繁-, 疎-, 衰-, 野-, 榛-, 蒼-, 青-, 平-, 荒-, 黃-.

艸 12 【蕃】⑯ ❶우거질 번 园 fán
❷고을 이름 피 囡 pí

소전 蕃 초서 蕃 동자 藩 參考 藩(1559)을 아울러 보라. ②대법원 지정 인명용 한자의 음은 '번'이다.
字解 ❶①우거지다, 풀이 무성하다. 〔易經〕草木蕃. ②붇다, 늘다. 〔春秋左氏傳〕男女同姓, 其生不蕃. ③많다. 〔周敦頤·說〕水陸草木之花, 可愛者甚蕃. ④번성하다. 〔漢書〕此盜賊所以蕃也. ⑤붉다. 〔禮記〕周人黃馬蕃鬣. ⑥변화(變化)하다. ≒變. ⑦수레의 가로대. 수레의 양쪽에 표기(標旗)를 세우는 곳. ≒藩. 〔太玄經〕至於蕃也. ⑧울타리. ≒藩. 〔國語〕以蕃爲軍. ⑨상자, 궤두. ⑩올빼미. ≒鵬. 〔山海經〕涿光之山, 其鳥多蕃. ⑪풀 이름. ≒蘋. 〔山海經〕陰山, 其草多茆蕃. ⑫번(蕃國). ⑬제후국. 〔左思·賦〕威振八蕃. ⑭중국 변방의 소수 민족. 〔周禮〕九州之外, 謂之蕃國. ❷①고을 이름, 현 이름. 지금의 산동성(山東省) 등현(滕縣). ≒鄱. ②성(姓).
【蕃境 번경】미개한 땅. 오랑캐가 사는 곳. 蠻地(만지).
【蕃國 번국】①왕실(王室)의 울타리가 되는 나라. 제후국(諸侯國). ②구주(九州) 밖의 나라. 오랑캐 나라. 蠻國(만국).
【蕃畿 번기】주례(周禮) 구기(九畿)의 하나. 왕기(王畿)의 가장 먼 쪽 500리의 땅.
【蕃多 번다】매우 많음.
【蕃茂 번무】초목이 무성함. 繁茂(번무).
【蕃民 번민】미개한 민족. 야만인. 오랑캐.
【蕃邦 번방】미개한 나라. 야만의 나라.
【蕃屏 번병】①울타리와 대문의 앞가림. ②변방에서 울타리와 같이 왕실을 수호하는 감영(監營)이나 병영(兵營). ③제후국.
【蕃庶 번서】①굉장히 많음. ②붇어남. 번식함.
【蕃盛 번성】①초목이 무성함. ②자손이 늘어서 퍼짐.
【蕃熟 번숙】곡식 따위가 무성하고 잘 여묾.
【蕃息 번식】붇고 늘어서 많이 퍼짐. 蕃殖(번식). 繁殖(번식).
【蕃臣 번신】임금을 지키는 중요한 신하.
【蕃神 번신】야만인(野蠻人)이 믿는 신(神).
【蕃衍 번연】①초목이 무성하여 잘 퍼짐. ②자손이 많이 퍼짐. 蕃盛(번성).
【蕃宇 번우】오랑캐가 사는 땅. 邊境(변경).

【蕃育 번육】①길러 자라게 함. 양육(養育)함. ②붇고 늚. 많이 퍼짐. 蕃息(번식).
【蕃人 번인】오랑캐. 미개인(未開人).
【蕃滋 번자】붇어남. 번식함. 蕃息(번식).
【蕃障 번장】울. 울타리.
【蕃族 번족】①대만(臺灣)의 토족(土族). ②야만족(野蠻族). ③ 번성하는 집안.
【蕃地 번지】미개한 땅. 蕃土(번토).
【蕃昌 번창】힘차게 융성하여 감. 번성함.
【蕃椒 번초】고추.
【蕃酋 번추】오랑캐의 우두머리. 야만인의 수령.
【蕃蔽 번폐】①둘러쳐서 막음. ②담이나 병풍처럼 둘러막는 데 사용하는 것.
【蕃華 번화】한창 피는 꽃. 곧, 젊고 한창일 때.
❶生-, 熟-, 實-, 眞-, 靑-, 吐-.

艸 12 【蕧】⑯ 금불초 복 园 fù

소전 蕧 字解 ①금불초(金佛草), 선복화(旋覆花). 엉거싯과의 여러해살이풀. ②순무.

艸 12 【蘆】⑯ 메 부·복 囿 fù

소전 蘆 字解 메, 선복(旋蘆). 메꽃과의 여러해살이 덩굴풀. =葍.

艸 12 【蕡】⑩ ❶들깨 분 囚 fén
❷열매 많이 열릴 번 园 fén
❸나무 우거질 분 囫 fén
❹삼 빈 顧 féi
❺삼씨 비 囷 féi

소전 蕡 초서 蕡 고자 薲 字解 ❶①들깨, 임자(荏子). ②삼〔麻〕의 씨. ≒蘈. 〔儀禮〕苴絰者, 麻之有蕡者也. ③삼, 겨릅대. ④열매가 많이 여는 모양. 〔詩經〕有蕡其實. ⑤활시위. ⑥성(姓). ❷열매가 많이 열리다. ※❶의 ④와 같다. ❸①나무가 우거진 모양, 나무의 열매가 많이 열린 모양. ¶ 蕡藹. ②나무 열매의 이름. ④삼, 대마(大麻). ❺삼씨.
【蕡實 분실】①잘 여문 초목의 열매. ②초목의 많은 열매. ③잎과 열매.
【蕡藹 분애】①나무가 무성한 모양. ②나무의 열매가 많이 열린 모양.
【蕡香 분향】향기(香氣)가 짙음. 噴香(분향).

艸 12 【蕬】⑯ 물풀 이름 사 因 sī

字解 ①물풀〔水草〕이름. 〔玉堂閒話〕蕬草, 江南水草, 葉如薤, 隨水淺深而生. ②새삼, 토사자(兔絲子). ¶ 菟蕬.

艸 12 【蔠】⑯ ❶별꽃 소 繒 sǎo
❷닭의장풀 수 囮 sǎo

字解 ❶별꽃. ❷①닭의장풀, 계장초(鷄腸草). ②별꽃. ※❶과 같다.

艹部 12획 舜 䕁 蕈 䕀 蕠 蕊 蒵 蒕 蕘 蕅 蕓 蔿 蕤

舜 무궁화 순 shùn

[字解] 무궁화, 무궁화나무, 목근(木槿). =舜. 〔詩經〕顏如舜英.
【舜顏 순안】무궁화 같은 얼굴. 아름다운 용모가 오래가지 않음. ○무궁화는 아침에 피었다가 저녁에 지는 데서 이르는 말.
【舜英 순영】무궁화. 舜華(순화)
【舜華 순화】무궁화. 舜英(순영)
◐ 董-, 白-, 朝-, 秋-.

䕁 참깨 승 shèng

[字解] 참깨, 호마(胡麻). =藤.

蕈 ❶버섯 심 xùn ❷풀 이름 담 tán

[參考] 簟(1323)은 딴 자.
[字解] ❶버섯. 은화식물(隱花植物)의 한 가지. =樟. 〔陸雲·詩〕思樂葛藟, 薄采其蕈. ❷풀 이름.

䕀 䕀(1526)의 속자

蕠 ❶꼭두서니 여 rú ❷달라붙을 녀 rú

[字解] ❶꼭두서니. 뿌리는 물감 원료와 약재로 쓴다. =茹. ¶ 蕠藘. ❷달라붙다, 끈적거리다. 〔史記〕以北山石, 爲槨, 用紵絮斲陳, 蕠漆其閒, 豈可動哉.
【蕠藘 여려】꼭두서니.

蕊 ❶꽃술 예 ruǐ ❷꽃 더부룩 할 전 juǎn

[字解] ❶❶꽃술, 꽃수염. 〔楚辭·注〕花, 外日萼, 內日蕊. 花, 花鬚頭點也. ❷초목이 더부룩한 모양. ❸향초(香草) 이름. ❹열매. ❺꽃. 〔郭璞·賦〕翹莖瀵蕊. ❷꽃이 더부룩한 모양.
【蕊宮 예궁】향초가 우거진 궁전. 天宮(천궁).
【蕊犀 예서】꽃무늬가 있는 코뿔소의 뿔.
【蕊蕊 예예】무더기로 더부룩하게 나 있는 풀. 풀숲.
【蕊珠 예주】꽃·꽃술·주옥(珠玉) 따위로 꾸민 궁전. 신선(神仙)이 사는 곳.
【蕊珠經 예주경】도교(道敎)의 경문(經文).
【蕊香 예향】꽃술의 향기. 꽃향기.

蒵 蕊(1546)의 속자

蒕 蒕(1552)과 동자

蒵 ❶풀나무 요 ráo ❷순무 뇨 yáo

[字解] ❶❶풀나무. 땔감으로서의 풀. 〔春秋左氏傳〕泛芻蕘者. ❷땔나무, 가는 땔나무. 〔管子〕賣其薪蕘. ❸풀나무를 하는 나무꾼, 나무꾼. 〔詩經〕詢于芻蕘. ❹순무, 무청(蕪菁). ❷❶순무. ※❶의 ❹와 같음. ❷약초 이름. ❸나무 이름.
【蕘童 요동】❶땔나무를 하는 아이. ❷꿀을 베는 아이.
【蕘豎 요수】➾蕘童(요동)
【蕘子 요자】❶꿀을 베는 사람. ❷나무꾼.

蕅 연뿌리 우 ǒu

[字解] 연뿌리, 연근(蓮根). =藕.

蕓 평지 운 yún

[字解] 평지, 유채(油菜). 겨잣과의 두해살이풀. 씨는 기름을 짜서 식용한다.
【蕓薹 운대】평지. 유채.

蔿 ❶애기풀 위 wěi ❷떠들 화 huā ❸풀 이름 화 è ❹교활할 규 kuī

[參考] 대법원 지정 인명용 한자의 음은 '위'이다.
[字解] ❶❶애기풀. 원지과의 여러해살이풀. =䓆. ❷고을 이름. 춘추 시대 초(楚)나라의 읍(邑) 이름. 〔春秋左氏傳〕子玉復治兵於蔿. ❸성(姓). ❷❶떠들다, 시끄럽게 지껄이다. ❷변화하다. ❸잘못되다. =譌. ❸풀 이름. ❹교활하다, 간교하다.
【蔿子 위자】가시연밥의 딴 이름.

蕤 ❶드리워질 유 ruí ❷땅 이름 생 ruí

[字解] ❶❶드리워지다, 늘어지다. ❷초목(草木)의 꽃이 드리워진 모양. ❸초목의 꽃. 〔陸雲·賦〕播芳蕤之馥. ❹잇다(繼). 〔太玄經〕應鐘生蕤賓. ❺평온하다, 태평하다. 〔淮南子〕蕤賓者, 安而服也. ❻부드럽다, 화한 모양. 〔國語〕四曰蕤賓. ❼장식, 관(冠)·기(旗)의 늘어진 장식. =緌. 〔禮記〕大白冠·緇布之冠, 皆不蕤. ❽둥글레, 위유(萎蕤·葳蕤). ❾굽틀거리다. ¶ 蕤綏. ❷땅 이름. 노(魯)나라의 지명(地名).
【蕤賓 유빈】❶음계(音階) 12율(律)의 일곱 번째 소리. ❷음력 5월의 딴 이름.
【蕤綏 유수】구불구불 오르는 모양.
【蕤蕤 유유】용이 굼틀거리며 가는 모양.

艸部 12획 蕕揉蕤蕝稊蕁蕆蕉㝡蕩

蕕
艸12 ⑯ 누린내풀 유 因有 yóu
소전 蕕 초서 蕕 동자 蘕 간체 莸 字解 누린내 풀, 마당(馬唐). 마편초과의 여러해살이풀. ≒茜. ≒酋.〔春秋左氏傳〕一薰一蕕, 十年尙猶有臭.
【蕕薰 유훈】①악취 나는 풀과 향내 나는 풀. ②선악(善惡). 호오(好惡).

揉
艸12 ⑯ 菜(1527)와 동자

蕤
艸12 ⑯ ❶쪽 이삭 의 紙 wéi
❷꼭지 수 紙 wěi
❸사초 수 因 wéi
소전 蕤 동자 蘬 字解 ❶①쪽(藍)의 이삭. ②잎이 처음 나오는 모양. ❷꼭지. ❸①사초(莎草), 향부자(香附子). ②쪽의 이삭. ③잎, 잎사귀.

蕝
艸12 ⑯ ❶띠 묶어 표할 절 屑 jué
❷썰매 체 霽 jué
소전 蕝 초서 蕝 字解 ❶①띠를 묶어 표하다. ㉮조회(朝會) 때 존비(尊卑)의 차례를 나타내는 것. =蕞.〔國語〕置茅蕝, 設望表. ㉯술을 적시는 것.〔國語〕楚爲荊蠻, 置茅蕝. ②모으다. ≒纂.〔史記·爲緜蕝·注〕蕝, 今之纂字. ❷①썰매. 진흙이나 눈 위로 가는 썰매의 한 가지. ②띠를 묶어 표하다. ※❶의 ①과 같다.

稊
艸12 ⑯ 돌피 제 齊 tí
소전 稊 字解 돌피. 볏과의 한해살이풀.

蕁
艸12 ⑯ 더부룩 난 풀 준 阮 zǔn
소전 蕁 초서 蕁 字解 ①더부룩하게 난 풀. ②모이다, 집중되다. ③우거진 모양. ¶蕁蕁.
【蕁蕁 준준】우거진 모양. 무성한 모양.

蕆
艸12 ⑯ 경계할 천 本 전 銑 chǎn
소전 蕆 초서 蕆 간체 蒇 字解 ①경계하다, 바로잡다, 신칙하다.〔春秋左氏傳〕以蕆陳事. ②갖추다, 준비가 되다. ③풀다, 얽힌 것을 풀다. ④뇌물(賂物)을 주다.
【蕆事 천사】일을 처리하여 마침.

蕉
艸12 ⑯ 파초 초 蕭 jiāo
소전 蕉 초서 蕉 字解 ①파초(芭蕉), 감초(甘蕉).〔三國志〕奇物異果, 蕉, 邪, 龍眼之屬. ②생마(生麻), 누이지 않은 삼. ③눈다, 타다, 그을리다, 검다. ≒焦. ④베다, 풀을 베다. ⑤티끌, 먼지, 잡초.〔莊子〕死者以國量乎, 澤若蕉. ⑥땔나무, 섶. ≒樵.〔列子〕覆之以蕉. ⑦야위다, 수척해지다.
【蕉葛 초갈】파초의 섬유(纖維)로 짠 베. 蕉布(초포).
【蕉鹿夢 초록몽】인생의 득실(得失)이 허무하고 덧없음. 故事 정(鄭)나라 사람이 사슴을 잡아 파초 잎으로 덮어 두었으나 너무 기쁜 나머지 그 장소를 잊어버려 찾지 못하고, 그것을 한바탕의 꿈으로 체념했다는 고사에서 온 말.
【蕉麻 초마】파초과의 여러해살이풀.
【蕉葉 초엽】①파초의 잎. ②춤이 얕고 작은 술잔의 이름.
【蕉萃 초췌】마르고 파리한 모양. 憔悴(초췌).
【蕉布 초포】파초의 하나인 초마(蕉麻)의 섬유로 짠 베. 芭蕉布(파초포).
●甘-, 綠-, 牙-, 翠-, 芭-, 敗-.

㝡
艸⑯ ❶작을 최 隊 zuì
❷풀 더부룩할 절 屑 jué
❸작을 촬 曷
초서 㝡 字解 ❶①작은 모양.〔春秋左氏傳〕㝡爾國. ②모이는 모양.〔潘岳·賦〕㝡芮於城隅者, 百不處一. ③띠를 묶어 표하다, 띠를 묶어 존비(尊卑)의 자리 차례를 표시하여 세운 것. =蕝. ④땅 이름. ❷풀이 더부룩한 모양. ❸작은 모양. ※❶의 ①과 같다.
【㝡陋 최루】①추악함. ②궁벽하고 외진 곳.
【㝡芮 최예】작고 초라한 것이 많이 모인 모양.
【㝡爾 최이】작은 모양.
【㝡殘 최잔】이치에 맞지 않는 것을 억지로 꾸미는 일. 날조(捏造).
●綿-, 薈-.

蕩
艸12 ⑯ ❶쓸어버릴 탕 蕩 dàng, tāng
❷넓을 탕 陽 dàng, tāng
❸운하 이름 탕 漾 tàng
소전 蕩 초서 蕩 통자 盪 간체 荡 參考 어휘는 湯(1204)을 아울러 보라.
字解 ❶①쓸어버리다, 씻어 버리다.〔禮記〕蕩天下之陰事. ②흐르게 하다, 물을 대다.〔周禮〕以溝蕩水. ③흘어지다.〔書經〕今我民用蕩析離居. ④움직이다, 감동시키다, 흔들다.〔春秋左氏傳〕齊侯與蔡姬乘舟于囿, 蕩公. ⑤싹트다, 마음이 동하다.〔禮記〕諸生蕩. ⑥제멋대로 하다, 음란하다, 단정하지 않다, 방탕하다.〔論語〕今之狂也蕩. ⑦깨뜨리다, 부수다.〔國語〕幽王蕩以爲魁陵·糞土·溝瀆. ⑧두다, 놓다. ⑨크다, 넓다.〔春秋左氏傳〕美哉, 蕩乎. ⑩평탄하다, 평이(平易)하다.〔詩經〕魯道有蕩. ⑪간편하다, 간단하다. ⑫하남성(河南省)의 옛 창덕부(彰德府)에 있는 탕수(湯水). ⑬성(姓). ❷①넓은 모양. ②내 이름. ※❶의 ⑫와 같다. ≒湯. ❸운하(運河) 이름.〔水經〕東過滎陽縣北, 蒗蕩渠出焉.

【蕩渴 탕갈】 재물이 남김없이 다 없어짐. 재물을 다 없앰.
【蕩減 탕감】 ⓷빚·세금 따위를 모조리 감해 줌.
【蕩恐 탕공】 몹시 두려워함. 매우 겁냄.
【蕩口 탕구】 쓸데없는 말. 실없이 하는 말.
【蕩濛 탕몽】 한없이 넓은 모양.
【蕩覆 탕복】 ①깨뜨려 뒤엎음. ②깨져 뒤집힘.
【蕩婦 탕부】 ①노는계집. 娼婦(창부). ②방탕한 여자.
【蕩析 탕석】 이산(離散)함. 뿔뿔이 흩어짐.
【蕩心 탕심】 ①마음을 혼란시킴. ②방탕한 마음. 蕩情(탕정).
【蕩兒 탕아】 방탕한 사내. 난봉꾼. 蕩子(탕자).
【蕩漾 탕양】 ①물결이 출렁거리는 모양. 浩漾(호양). ②마음이 흔들리는 모양.
【蕩攘 탕양】 제거함. 쫓아 버림.
【蕩然 탕연】 ①허무한 모양. 흔적도 없는 모양. ②방자한 모양. 제멋대로 하는 모양.
【蕩搖 탕요】 흔들림. 움직임.
【蕩宥 탕유】 늦추어 용서함.
【蕩游 탕유】 놀이에 탐닉함. 遊蕩(유탕).
【蕩倚衝冒 탕의충모】 제멋대로 기대고 부딪침.
【蕩佚 탕일】 ①관대하고 느슨함. 자유롭고 한가함. ②맺힌 데가 없고 제멋대로임.
【蕩逸 탕일】 ▷蕩佚(탕일).
【蕩定 탕정】 난(亂)을 평정(平定)함.
【蕩情 탕정】 방탕한 마음. 蕩心(탕심).
【蕩志 탕지】 마음을 씻음. 기분을 풂.
【蕩盡 탕진】 재물 따위를 다 써서 없앰.
【蕩滌 탕척】 깨끗이 씻음.
【蕩蕩 탕탕】 ①썩 큰 모양. 지대한 모양. ②넓고 먼 모양. ③평탄한 모양. ④마음이 누긋한 모양. ⑤사심(私心)이 없는 모양. ⑥관대한 모양. ⑦법도(法度)가 쇠퇴한 모양. ⑧수세(水勢)가 강대한 모양. ⑨광평(廣平)한 모양. ⑩마음이 안정되지 않는 모양.
【蕩蕩平平 탕탕평평】 어느 쪽에도 치우치지 않음. 蕩平(탕평).
【蕩駘 탕태】 ①제멋대로 굶. 탐닉함. ②아름다움. 황홀하도록 아름다움.
【蕩平 탕평】 ①소탕하여 완전히 평정(平定)함. 蕩定(탕정). ②▷蕩蕩平平(탕탕평평). ③▷蕩平策(탕평책).
【蕩平策 탕평책】 조선 영조(英祖) 때 당쟁을 뿌리뽑기 위하여 각 당파의 인재를 고르게 등용하던 정책. 蕩平(탕평).

○ 輕一, 曠一, 動一, 莽一, 放一, 燔一, 焚一, 消一, 掃一, 疎一, 搖一, 流一, 遊一, 淫一, 震一, 佚一, 跌一, 滌一, 清一, 坦一, 誕一, 波一, 板一, 逋一, 漂一, 飄一, 虛一, 浩一, 豪一, 豁一.

艸 【蔽】⑯ ❶덮을 폐 鷖 bì
12　　　❷나눌 별 鳳 piē
　　　　❸수레 장식 불 物 bì

一 十 十 十 十 艹 芹 芾 蔽 蔽

[초서] [예서] 대법원 지정 인명용 한자의 음은 '폐'이다.
[字源] 形聲. 艸＋敝→蔽. '敝(폐)'가 음을 나타낸다.
[字解] ❶①덮다. ⓖ싸다, 씌우다. 〔禮記〕女子出門, 必擁蔽其面. ⓗ숨기다, 비밀로 하다. 〔禮記〕罪無有掩蔽. ⓘ막다, 가로막다. 〔史記〕常以身翼蔽沛公. ⓙ하나로 덮다, 포괄하다. 〔論語〕詩三百, 一言以蔽之, 曰, 思無邪. ⓚ속이다.〔春秋左傳〕以誣道蔽諸侯. ②가림. ⓖ가려 막는 것.〔論語〕女聞六言六蔽矣乎. ⓗ바자, 울타리.〔儀禮〕蒲蔽. ⓘ방비, 지탱.〔史記〕然則韓魏, 趙之南蔽也. ③어둡다, 사리에 통하지 못하다.〔淮南子〕聰明先而不蔽. ④희미하다. ⑤이르다.〔至〕〔淮南子〕蔽于委羽之山. ⑥극(極)에 이르다, 가득 차다.〔呂氏春秋〕功名蔽天地. ⑦정하다, 결정하다. ≒擊.〔書經〕惟先蔽志. ⑧쓰러지다, 쓰러뜨리다. ≒弊. ⑨작은 풀의 모양. ⑩작은 모양. ⑪도박, 노름.〔楚辭〕蔽象棊. ⑫가리개, 수레의 뒷문 가리개. ⑬고을 이름, 읍 이름.〔國語〕鄒·蔽·補·丹·依·驟·歷·莘. ⑭덮다, 숨기다. ≒敝.〔周禮〕長其畏而薄其敝. ❷①나누다. ＝撆. ②시들다, 이울다. ❸①수레 장식. 부인용 수레에 다는 꿩 깃의 장식. ≒茀. ②수레의 가리개. 바람과 먼지를 막기 위하여 수레의 옆과 뒤에 치는 포장.〔周禮〕木車蒲蔽. ③떨다, 먼지를 떨어내다.〔史記〕跪而蔽席.
【蔽固 폐고】 도리에 어둡고 완고함.
【蔽匿 폐닉】 덮어 감춤. 숨김. 隱蔽(음폐).
【蔽明 폐명】 ①밝고 슬기로운 사람을 막아 가림. ②눈이 잘 보이지 않게 가림.
【蔽蒙 폐몽】 ①가리어 캄캄함. ②우매(愚昧)함.
【蔽美 폐미】 남의 선행(善行)을 덮어 가림.
【蔽上 폐상】 위를 가림. 윗사람을 속임.
【蔽塞 폐색】 가리어 막음. 가리어 막힘. 남의 눈을 가림. 蔽壅(폐옹).
【蔽膝 폐슬】 예복의 무릎 가리개. 궤배(跪拜)할 때에 쓰던 것.
【蔽陽子 폐양자】 ⓷패랭이. 천인(賤人)이나 상제(喪制)가 쓰던, 대오리로 결어 만든 갓의 한 가지.
【蔽獄 폐옥】 재판에서 원고와 피고의 진술을 충분히 듣지 않거나, 들어도 그것을 존중하지 않고 부당한 판결을 내리는 일.
【蔽壅 폐옹】 덮어서 가림. 蔽塞(폐색).
【蔽月羞花 폐월수화】 달도 숨고 꽃도 부끄러워할 만한 미인(美人)의 자태.
【蔽日 폐일】 해를 가림.
【蔽一言 폐일언】 한마디 말로 휩싸서 말함. 한 마디로 말하면.
【蔽罪 폐죄】 죄를 처단함.
【蔽志 폐지】 뜻을 정함.
【蔽遮 폐차】 가로막음. 저지함. 遮蔽(차폐).
【蔽芾 ❶폐패 ❷폐불】 ❶성(盛)한 모양. ❷①나무가 무성한 모양. ②가지와 잎이 우거져 덮는 모양.

【蔽扞 폐한】 가리어 막음.
【蔽賢 폐현】 현자(賢者)를 숨김. 현자가 있음을 임금에게 알리지 않는 일.
【蔽晦 폐회】 가리어 어둡게 함. 가리어 사리에 어두움.
【蔽虧 폐휴】 가리어 숨김. 가리어 숨겨짐.
❶欺-, 蒙-, 藩-, 屏-, 掩-, 擁-, 壅-, 愚-, 隱-, 陰-, 障-, 遮-, 侵-, 扞-.

艸 12 【蕙】 ⑯ 혜초 혜 霽 huì
초서 / 蕙 字解 ①혜초(蕙草), 영릉향(零陵香). 〔楚辭〕 又樹蕙之百畞. ②향초(香草) 이름. 난초의 한 가지. ③아름답다. ¶ 蕙心.
【蕙交 혜교】 사이가 좋은 사귐. 정다운 교제.
【蕙氣 혜기】 향초의 향기.
【蕙蘭 혜란】 ①난초의 한 가지. ②여자가 순결하고 아름다움.
【蕙心 혜심】 미인의 아름다운 마음.
【蕙心紈質 혜심환질】 미인의 마음과 몸이 모두 아름다움.
【蕙帳 혜장】 장막을 아름답게 이르는 말.
【蕙質 혜질】 ①미인의 체질(體質). ②아름다운 본바탕. 美質(미질).
❶蘭-, 芳-, 莖-.

艸 12 【蕐】 ⑯ 華(1519)의 본자

艸 13 【薑】 ⑰ 생강 강 陽 jiāng
소전 / 초서 / 동자 薑 / 간체 姜 字解 생강, 새앙.
【薑桂 강계】 ①생강과 계피. ②사람의 성질이 곧고 굳음.
【薑桂之性 강계지성】 늙을수록 더욱 강직해지는 성품. ○생강과 계수나무 껍질은 오래될수록 매워지는 데서 온 말.
【薑性 강성】 강직한 성격.
❶乾-, 母-, 生-, 廉-.

艸 13 【薊】 ⑰ ❶삽주 계 霽 jì ❷굳은 가시 개 卦 jì ❸풀 이름 결 屑 jì
소전 / 초서 / 간체 蓟 字解 ❶①삽주, 마계(馬薊). 엉거싯과의 여러해살이풀. 어린잎과 줄기는 먹을 수 있으며, 뿌리는 백출(白朮)이라 하여 약재로 쓴다. 〔爾雅〕 朮, 山薊. ②성(姓). ❷굳은 가시. ≒芥. ❸풀 이름.

艸 13 【薧】 ⑰ ❶마를 고 晧 kǎo ❷묘지 호 晧 hāo ❸시들 고 號 kǎo
소전 / 동자 薧 字解 ❶①마르다, 마른 것. ≒槁. ㉮말라 죽다, 고목(枯

木). 〔禮記〕 枌楡免薧. ❹물고기 말린 것, 건어(乾魚). 〔周禮〕 辨魚物爲鱻薧. ❷묘지(墓地). ≒蒿. ❸시들다, 마르다.

艸 13 【薖】 ⑰ 관대할 과 歌 kē
소전 / 蕅 字解 ①관대하다, 관대한 모양. 〔詩經〕 考槃在阿, 碩人之薖. ②굶주리다. 〔詩經·考槃·箋〕 薖, 飢意. ③공허하다. ≒窠. ④아름답다.
【薖軸 과축】 ①㉠굶주림과 병. ㉡벼슬할 길이 없어 몹시 궁한 처지에 놓임. ②은거하여 벼슬하지 않음. ③은거하여 곤경에 빠지거나 병에 걸림.

艸 13 【舊】 ⑰ 舊(1473)의 속자

艸 13 【繭】 ⑰ 菌(1513)과 동자

艸 13 【薘】 ⑰ 질경이 달 曷 dá
초서 / 薘 字解 ①질경이, 차전초(車前草). ②근대, 군달(莙薘). 명아줏과의 두해살이 채소.

艸 13 【薝】 ⑰ 치자나무 담 感 zhān
초서 / 薝 字解 치자나무.
【薝蔔 담복】 치자나무의 꽃. 빛이 희고 향기가 강함.

艸 13 【薍】 ⑰ ❶달래 뿌리 란 寒 luán ❷물억새 환 諫 wàn
소전 / 동자 薍 字解 ❶달래 뿌리, 소산근(小蒜根). ❷물억새.
【薍子 난자】 달래의 뿌리.

艸 13 【蘱】 ⑰ 薍(1549)과 동자

艸 13 【薟】 ⑰ ❶가회톱 렴 琰 liǎn ❷털진득찰 험 鹽 xiān ❸부추 엄 鹽 yán ❹너무 달 감 豏 kàn
소전 / 혹체 薟 / 초서 字解 ❶가회톱, 백렴(白薟). ❷①털진득찰. 국화과의 한해살이풀. 〔本草綱目〕 豨薟. ②매운맛. ❸부추, 물속에서 나는 부추. ❹너무 달다. =餡.
【薟芋 염우】 토란(土卵). 토련(土蓮).

艸 13 【薠】 ⑰ 떨어질 령 靑 líng
字解 떨어지다, 풀잎이 말라 떨어지다. ≒苓.

艸部 13획 蕾 蔆 蔓 蠓 薇 薄

艸13 **【蕾】** ⑰ 꽃봉오리 뢰 〔뢰〕 lěi
초서 蕾 字解 꽃봉오리. 〔王安石·詩〕 丹白 未分齊破蕾.

艸13 **【蔆】** ⑰ 시름치 릉 〔릉〕 léng
초서 蔆 字解 시금치, 적근채(赤根菜). 〔玉篇〕菠薐.

艸13 **【蔓】** ⑰ 蔓(1538)과 동자

艸13 **【蠓】** ⑰ 蠛(1601)과 동자

艸13 **【薇】** ⑰ 고비 미 〔미〕 wēi
소전 薇 주문 薇 초서 薇 字解 ①고비. 고빗과에 딸린 여러해살이 고등 은화식물. ②들완두. 콩과의 여러해살이풀. 〔詩經〕 言采其薇. ③백미꽃. 박주가릿과에 딸린 여러해살이풀. ④배롱나무, 백일홍, 자미(紫薇). ⑤운미(芸微). 향초(香草) 이름.
【薇藿 미곽】 ①고비와 콩잎. 들완두와 콩잎. ②거친 음식.
【薇蕨 미궐】 고비와 고사리. 가난한 사람이 먹는 음식.
【薇蕪 미무】 향초(香草)의 한 가지. 궁궁이.

艸13 **【薄】** ⑰ ❶엷을 박 〔박〕 bó
❷쪼구미 벽 〔벽〕 bó
❸풀 이름 보 〔보〕 bù

艹 艼 艼 芕 荢 蒲 蒲 蓮 薄 薄

소전 薄 초서 薄 參考 대법원 지정 인명용 한자의 음은 '박'이다.
字源 形聲. 艸+溥→薄. '溥(부)'가 음을 나타낸다.
字解 ❶①엷다. ㉮두껍지 않다. 〔詩經〕 如履薄冰. ㉯적다. 〔易經〕 德薄而位尊. ㉰가볍다. 〔周禮〕 二日, 薄征. ㉱지위가 낮다. 〔史記〕 年少官薄. ㉲담박하다, 산뜻하다. 〔莊子〕 魯酒薄而邯鄲圍. ㉳땅이 박하다, 교학(磽确). 〔孟子〕 地有肥磽. 〔注〕 磽, 薄也. ㉴낮다. 〔春秋左氏傳〕 土淺水淺. ㉵좁다. 〔史記〕 此地狹薄. ㉶정이 박하다. 〔唐書〕 天資刻薄人也. ㉷사려가 모자라다. 〔唐書〕 吾嘗器樞不浮薄, 今乃爾. ㉸빛이 엷다, 일월(日月)의 빛이 없다. 〔漢書〕 日月薄食. ②등한히 하다. ㉹깔보다, 천하게 보다. 〔史記〕 其母死, 起終不歸, 曾子薄之. ㉺싫어하다. 〔漢書〕 薄朕忽怠, 非所望也. ③얇게 하다, 줄이다, 상하게 하다, 덜다. 〔禮記〕 薄滋味. ④다그치다, 핍박(逼迫)하다. ≒迫. 〔易經〕 陰陽相薄. ⑤이르다, 닿다. 〔潘岳·賦〕 飛鳴薄廡. ⑥멎다, 멈추다. 〔楚辭〕 忽翱翔之焉薄. ⑦의지하다. 〔史記〕 掩薄草渚.

⑧붙다. ≒附. 〔楚辭〕 腥臊並御, 芳不得薄兮. ⑨힘쓰다. ⑩바꾸다, 대속(代贖)하다. ≒博. ⑪범하다. 〔易經〕 言陰陽相薄也. ⑫펴다, 널리 베풀다. ≒敷. ⑬두려워하다. ⑭바래다, 햇볕에 쬐다. ⑮모이다. 〔司馬相如·賦〕 掩薄水渚. ⑯풀숲. 〔楚辭〕 露申辛夷死林薄兮. ⑰거친 풀, 잡초. ⑱발, 주렴. 〔禮記〕 帷薄之外不趨. ⑲잠박(蠶箔). 〔史記〕 勃以織薄曲爲生. ⑳대바구니. 〔荀子〕 薄器不成用. ㉑어량(魚梁). ㉒짚신. ㉓쇠장식. ≒鎛. ㉔사물의 모양. ¶ 薄薄. ㉕묵다, 머무르다. ≒泊. 〔謝靈運·詩〕 赤亭無淹薄. ㉖땅 이름. =亳. 〔禮記〕 薄社, 北牖. ㉗어조사(語助辭), 발어사(發語辭). ㉸적이, 잠깐. 〔詩經〕 薄澣我衣. ㉹비로소. 〔詩經〕 薄言震之. ㉺성(姓). ❷쪼구미, 동자기둥. ≒欂. 〔漢書〕 爲銅薄櫨. ❸풀 이름.

【薄遽 박거】 매우 급함. 急遽(급거).
【薄曲 박곡】 누에발. 양잠(養蠶) 기구의 한 가지. 蠶箔(잠박).
【薄觀 박관】 다가가서 봄. 가까이서 봄.
【薄技 박기】 얕은 재능. 하찮은 기예(技藝). 薄伎(박기).
【薄氣 박기】 체내에 충만하여 밖으로 강하게 발산하려는 기운.
【薄器 박기】 대나 갈대로 만든 기물(器物).
【薄沓 박답】 메마른 논.
【薄待 박대】 불친절한 대우. 냉담한 대접. 薄遇(박우).
【薄德 박덕】 ①심덕이 두텁지 못함. 엷은 덕행(德行). ②덕이 없음. 菲德(비덕).
【薄略 박략】 후하지 못하고 약소함.
【薄劣 박렬】 ①재능 따위가 뒤짐. 愚劣(우열). ②애정 따위가 적음.
【薄禮 박례】 ①예를 박하게 함. 예를 그르침. ②보잘것없는 예물. 박한 선물.
【薄祿 박록】 ①얼마 안 되는 봉급. 적은 녹봉. ②불행(不幸). ○'祿'은 행복.
【薄利多賣 박리다매】 이익을 적게 보고 많이 파는 것.
【薄面皮 박면피】 낯가죽을 엷게 함. 얼굴빛을 부드럽고 환하게 함.
【薄命 박명】 ①기구한 운명. 不運(불운). 薄運(박운). ②목숨이 짧음. 短命(단명).
【薄明 박명】 해가 뜨기 전이나 해가 진 후 얼마 동안 주위가 희미하게 밝은 상태.
【薄暮 박모】 ①해질 녘. 땅거미. 黃昏(황혼). 薄夜(박야). ②저녁때가 됨.
【薄物細故 박물세고】 자질구레한 사물.
【薄米 박미】 ①잘 여물지 못한 쌀. ②얼마 되지 않는 쌀. 약간의 쌀.
【薄媚 박미】 상냥하고 우아한 자태.
【薄薄 박박】 ①광대한 모양. ②수레가 빨리 달리는 소리. ③맛없는 모양. ④엷은 것을 엷다고 판단함. 판단의 바른 예(例).
【薄福 박복】 복이 적거나 없음. 팔자가 사나움.
【薄夫 박부】 ①인정이 없는 사람. ②말과 행동이 경박한 사내.

【薄冰 박빙】 얇게 언 얼음. 위험함의 비유.
【薄謝 박사】 적은 사례. 薄志(박지).
【薄色 박색】 ①아주 못긴 얼굴. ②얼굴이 아주 못긴 사람.
【薄暑 박서】 약간의 더위. 첫여름의 기후.
【薄俗 박속】 경박한 풍속.
【薄蝕 박식】 일식이나 월식.
【薄夜 박야】 ①새벽 녘. ②황혼. 땅거미.
【薄弱 박약】 ①연약함. ②불확실함.
【薄屋 박옥】 ①집상(執喪)하는 사람이 거처하는 여막(廬幕). ②허름한 집.
【薄祐 박우】 하늘의 도움이 적음.
【薄運 박운】 운이 나쁨. 不運(불운).
【薄違 박위】 ①간악하고 옳지 못한 행동을 제거하는 데 힘씀. ②명을 어기는 사람을 추방함.
【薄游 박유】 ①박한 녹봉(祿俸)을 받고 벼슬살이함. ②검소한 여행.
【薄衣 박의】 ①엷은 옷. ②허술한 옷.
【薄意 박의】 얼마 안 되는 작은 정성. 薄志(박지). 寸志(촌지).
【薄葬 박장】 장사(葬事)를 검소하게 지냄.
【薄材 박재】 하찮은 재능. 薄才(박재).
【薄征 박정】 조세(租稅)를 가볍게 함.
【薄情 박정】 ①답답한 심정. ②인정이 없음.
【薄罪 박죄】 가벼운 죄.
【薄酒 박주】 ①싱거운 술. 맛없는 술. ②자기가 대접하는 술의 겸칭.
【薄志 박지】 ①박약한 의지. 무기력. ②마음만의 사례. 薄意(박의). 寸志(촌지).
【薄饌 박찬】 변변하지 못한 반찬.
【薄妻 박처】 ①아내를 구박함. ②아내를 소박(疏薄)함.
【薄胎 박태】 아주 얇게 만든 도자기의 몸.
【薄土 박토】 메마른 땅.
【薄學 박학】 학식이 옅음. 淺學(천학).
【薄行 박행】 경박하고 냉담한 행위. 박정한 소행. 薄倖(박행).
【薄幸 박행】 복(福)이 적음. 不幸(불행).
【薄倖 박행】 ①☞薄幸(박행). ②무정(無情)함. 薄刻(박정).
❶ 刻一, 儉一, 激一, 輕一, 空一, 淡一, 靡一, 浮一, 卑一, 菲一, 鄙一, 貧一, 鮮一, 疏一, 深一, 涼一, 劣一, 帷一, 肉一, 林一, 嘲一, 拙一, 瘠一, 淺一, 漂一, 狹一, 厚一, 毁一

艹 13【薠】 ⑰ 풀 이름 번 园 fán
소전 薠 字解 ❶풀 이름. 향부자(香附子)와 비슷한데 그보다 크다. ②삼베, 마포(麻布). ≒芬.

艹 13【薜】 ⑰
❶승검초 벽 囷 bò
❷줄사철나무 폐 囷 bì
❸깨질 박 囷 bó
❹수초 이름 배 囷 bài
소전 薜 초서 薛 参考 薛(1551)은 딴 자.
字解 ❶①승검초, 당귀(當歸). ②돌삼, 산에 나는 삼. 〔爾雅〕薜, 山麻. ③편벽하다, 한쪽으로 치우치다. ≒僻. 〔漢書〕陂三王之陁薜. ❷줄사철나무, 담쟁이. 노박덩굴과에 딸린 늘푸른큰굴나무. ≒蘿. 〔楚辭〕貫薜荔之落蕊. ❸깨지다, 찢어지다, 그릇이 금이 가다. ≒劈. 〔周禮〕凡陶瓬之事, 髺墾薜暴, 不入市. ❹수초(水草)의 이름.
【薜蘿 벽라】 줄사철나무와 여라(女蘿). ㉠은자(隱者)의 옷. ㉡은자가 사는 집.
【薜荔 ❶폐려 ❷벽려】 ❶마삭나무. 마삭줄. ❷줄사철나무. 담쟁이. '폐려'를 잘못 읽은 것.
◐ 蘿一, 陁一.

艹 13【蕼】 ⑰
❶풀 이름 사 圂 sì
❷풀 이름 이 圂 sì
초서 蕼 字解 ❶①풀 이름. ㉮풀 이름. ㉯제비꽃. ㉰개구리자리. 미나리아재빗과에 딸린 두해살이풀. ②너그럽다, 느슨하다. ≒肆. 〔荀子〕儼然壯然, 祺然蕼然. ❷풀 이름. ※❶의 ①과 같다.

艹 13【薓】 ⑰ 인삼 삼 囝 shēn
소전 薓 초서 薓 字解 인삼. ≒蔘·參. 〔唐書〕太原府土貢, 人薓.

艹 13【薔】 ⑰
❶물여뀌 색 囶 sè
❷장미 장 陽 qiáng
초서 薔 간체 蔷 参考 대법원 지정 인명용 한자의 음은 '장'이다.
字解 ❶①물여뀌. ②성(姓). ❷장미. ≒蘠.

艹 13【薛】 ⑰ 맑은대쑥 설 屑 xuē
소전 薛 초서 薜 동자 薛 参考 薜(1551)은 딴 자.
字解 ❶맑은대쑥. 〔司馬相如·賦〕薛莎青薠. ②향부자(香附子). ③나라 이름. 주대(周代)의 제후국. 성(姓)은 임(任), 황제(黃帝)의 후예 해중(奚仲)이 봉해진 나라. 〔孟子〕齊人將築薛.
【薛羅 설라】 신라(新羅)를 당시에 중국에서 일컫던 이름.

艹 13【蕭】 ⑰ 맑은대쑥 소 囷 xiāo
소전 蕭 초서 蕭 속자 蕭 간체 萧 参考 종래의 자전에서는 艹부 12획으로 다루었으나, 실제 획수에 의하여 13획으로 잡는다.
字解 ❶맑은대쑥. 〔詩經〕彼采蕭兮, 一日不見, 如三秋兮. ②비뚤어지다, 기울다. ③삼가다. ≒肅. 〔論語〕不在顓臾, 而在蕭牆之內也. ④쓸쓸하다, 고요한 모양. 〔劉伶·詩〕枯葉散蕭林. ⑤나라 이름. 춘추(春秋) 시대 송(宋)나라의 읍(邑)이었는데, 뒤에 송(宋)나라의 부용국(附庸國)이 되었다가 초(楚)나라에 멸망되었다. 〔春秋左氏傳〕宋高哀爲蕭封人.

【蕭郞 소랑】 ①㉠사랑하는 남자의 호칭. ㉡남편. ②당대(唐代)에, 남자에 대한 통칭. ③소씨(蕭氏) 집의 아들. ☞'郞'은 젊은이.
【蕭冷 소랭】 쓸쓸하고 싸늘함.
【蕭寥 소료】 쓸쓸한 모양. 蕭條(소조).
【蕭斧 소부】 ①날카롭고 잘 드는 도끼. ②월(越)나라의 도끼. ③형벌에 쓰는 도끼. ☞'蕭'는 엄숙의 뜻.
【蕭索 소삭】 쓸쓸한 모양. 蕭條(소조).
【蕭散 소산】 ①조용하고 한가함. ②기분이 산뜻하고 꺼림한 것이 없음.
【蕭森 소삼】 ①조용하고 쓸쓸한 모양. ②㉠수목이 많은 모양. ㉡수목의 가지가 긴 모양.
【蕭颯 소삽】 쓸쓸한 모양.
【蕭疎 소소】 나뭇잎이 성기고 쓸쓸함.
【蕭蕭 소소】 ①한가한 모양. ②쓸쓸함. ③소리 ㉠바람 소리. ㉡말의 울음소리. ㉢낙엽 소리. 쓸쓸한 모양. ④나무가 흔들리는 모양. ⑤물건이 많이 있는 모양.
【蕭灑 소쇄】 ①산뜻하고 깨끗함. ②뜻이나 품격 따위가 세속적인 것을 벗어나 높고 우아함. ③이슬비가 내리는 모양.
【蕭瑟 소슬】 ①가을바람 소리. ②쓸쓸한 모양.
【蕭辰 소신】 가을철.
【蕭然 소연】 ①쓸쓸한 모양. 텅 비어 허전한 모양. ②시끄럽고 빠지려는 듯한 모양.
【蕭遠 소원】 그윽하고 멂.
【蕭牆 소장】 ①문병(門屛). 군신(君臣)이 회견하는 곳에 설치한 가림. ②집 안. 내부(內部).
【蕭牆之憂 소장지우】 내부에 존재하는 우환. 내란(內亂).
【蕭寂 소적】 고요하고 적막함.
【蕭條 소조】 ①쓸쓸한 모양. 한적한 모양. 蕭索(소삭). ②초목이 말라 시드는 모양.
【蕭稍 소초】 잎이 떨어진 쓸쓸한 우듬지.
● 艾−, 寥−, 蔘−, 跳−, 采−, 飄−.

艸13【蕎】⑰ 참깨 승·칭 㖞 chēng
字解 참깨. =藤.

艸13【薪】⑰ 섶나무 신 眞 xīn
字解 ①섶나무, 땔나무, 장작. 〔禮記〕季秋之月, 草木黃落, 乃伐薪爲炭. ②풀, 잡초. 〔孟子〕毁傷其薪木. ③나무하다. 〔詩經〕芃芃棫樸, 薪之槱之. ④봉급.
【薪桂米金 신계미금】 가난하여 땔나무나 쌀을 쉽게 얻을 수 없는 사람에게는 땔나무는 계수나무처럼, 쌀은 금처럼 귀중하게 여겨짐.
【薪燎 신료】 ①화톳불. ②화톳불의 땔나무.
【薪木 신목】 섶나무. 땔나무.
【薪米 신미】 땔나무와 쌀. 생활의 재료.
【薪蘇 신소】 ①땔나무와 꼴. ②나무꾼과 꼴꾼.
【薪水 신수】 ①땔나무와 물. ②땔나무 하고 물을 긷는 일. 곧, 취사(炊事). ③봉급(俸給). 식비(食費). ④봉양(奉養)함.
【薪水之勞 신수지로】 ①땔나무를 채취하고 물을 긷는 수고. 곧, 취사(炊事). ②천한 노동. 賤役(천역).
【薪柴 신시】 땔나무. 섶나무. ☞커서 쪼개야 할 것은 '薪', 작게 다발을 지을 것은 '柴'라 함.
【薪盡火滅 신진화멸】 땔감이 다하여 불이 꺼짐. 사람의 죽음이나 사물의 멸망.
【薪采 신채】 땔나무를 함. 采薪(채신).
【薪採 신채】 ①땔감. ②나무꾼.
【薪樵 신초】 땔나무.
【薪炭 신탄】 땔나무와 숯. 연료. 柴炭(시탄).
● 鬼−, 勞−, 負−, 束−, 拾−, 臥−, 錯−, 采−, 尺−, 芻−.

艸13【蕬】⑰ 莪(1511)와 동자

艸13【薆】⑰ ❶숨길 애 㖞 ài
❷어두울 희 困 ài
字解 ❶①숨기다. 〔史記〕觀衆樹之塏薆兮. ②덮다. 〔漢書〕味薆於未. ③초목이 우거진 모양. ④향기. 〔司馬相如·賦〕晻薆咇茀. ❷어둡다.
【薆蔚 애대】 초목이 무성한 모양.
【薆薆 애애】 초목이 우거진 모양. 초목이 뒤덮인 모양.
【薆然 애연】 ①성한 모양. ②덮어 가리는 모양.
● 掩−, 晻−, 翳−.

艸13【藥】⑯ 藥(1560)의 속자

艸13【薬】⑰ 藥(1560)의 속자

艸13【蕶】⑰ 擘(438)과 동자

艸13【蕷】⑰ 참마 여 魚 yù
草書 字解 참마. 맛과에 딸린 덩굴풀. =薯. 〔杜甫·詩〕充腸多薯蕷.

艸13【薉】⑰ 거친 풀 예 㖞 huì
小篆 草書 字解 ①거친 풀, 거칠어지다, 잡초. 〔周禮·總敍·注〕粵地塗泥, 多草薉. ②행실이 좋지 않다. ③썩은 냄새. 늑穢. ④더러움, 오예(汙穢). =穢. 〔楚辭〕情純潔而罔薉兮. ⑤오랑캐. 요동(遼東) 동쪽에 살았던 종족. 늑濊. 〔漢書〕皆朝鮮濊貉句驪蠻夷.
【薉薉 예예】 잡초가 우거진 모양.

艸13【薀】⑰ ❶붕어마름 온 元 wēn
❷쌓을 온 本 㖞 yùn
❸익힐 온 囸 yùn

艸部 13획 蕷薗蕕薏薋蔌載薦

蘊 [소전][초서][통자]
[字解] ❶붕어마름. ＝蘊藻. ❷❶쌓다. 〔春秋左傳〕芟夷蘊崇之. ❷모이다. ❸왕성하다. ❹간직하다, 쌓아 두다. ❺풍부하다. ＝蘊. ❻덥다, 따뜻하다. ＝熅·宛. 〔漢書〕晝夜嚥蘊火. ❼붕어마름. ※❶의 ①과 같다. ＝菭. 〔春秋左傳〕蘋蘩蘊藻之菜. ❸①익히다, 배우다. ❷쌓다.
【蘊年 온년】 곡물(穀物)을 쌓아 저축함. ○ '年'은 곡물.
【蘊崇 온숭】 쌓아 모음. 蘊崇(온숭).
【蘊藏 온장】 쌓아 둠. 쌓아 간직함.
【蘊藻 온조】 붕어마름. 붕어마름과에 딸린 여러해살이풀.
【蘊蓄 온축】 쌓아 둠. 축적함.

艸13 [蕷] ⑰ 까마귀머루 욱·오 [屋沃] yù
[소전][초서] 蕷
[字解] ①까마귀머루. 포도과에 딸린 덩굴나무. ②산앵두나무. 〔司馬相如·賦〕隱夫蕷棣. ③풀 이름.
【蕷李 욱리】 산앵두나무의 열매. 郁李(욱리).
【蕷棣 욱체】 산앵두나무.

艸13 [薗] ⑰ 園(335)과 동자

艸13 [蕕] ⑰ 蕕(1547)와 동자

艸13 [薏] ⑰ 율무 의·억 [職] yì
[소전][초서] 薏 [參考] 대법원 지정 인명용 한자의 음은 '의'이다.
[字解] ①율무, 의이(薏苡). ②연밥, 연실(蓮實), 연심(蓮心).
【薏苡 의이】 율무. 薏芣(의자).
【薏苡明珠 의이명주】 억울한 수회(收賄) 혐의. [故事] 후한(後漢)의 마원(馬援)이, 교지(交趾)에서 돌아올 그곳의 율무가 병에 좋다 하여 수레에 싣고 왔는데, 뇌물 받은 진주가 한 수레라고 무고당하였다는 고사에서 온 말. 薏苡之謗(의이지방).
【薏苡仁 의이인】 율무 열매의 껍질을 벗긴 알맹이. 율무쌀.

艸13 [薋] ⑰ 풀 더부룩할 자 [支] cí, zī
[소전][초서] 薋
[字解] ①풀이 더부룩하다. ②남가새. 남가샛과에 딸린 한해살이풀. ＝茨. 〔楚辭〕薋菉葹以盈室兮. ③백급(白芨), 대왐풀. 수렴 지혈(收斂止血)의 효력이 있어 약재로 쓴다. ④수채(水菜)의 이름.

艸13 [蔌] ⑰ 속새풀 적 [錫] zéi
[字解] 속새풀, 목적(木賊).

艸13 [載] ⑰ ❶삼백초 즙 [緝] jí ❷작게 부러지는 소리 첩 [葉] qiè
[소전][초서] 載
[字解] ❶삼백초(三白草), 멸. 삼백초과에 딸린 여러해살이풀. ❷작게 부러지는 소리.

艸13 [薦] ⑰ ❶천거할 천 [霰] jiàn ❷꽂을 진 [震] jiàn

艹 芊 芦 芹 芹 荐 薦 薦 薦
[소전][초서][동자] 薦 [동자] 蘺 [간체] 荐
[參考] 대법원 지정 인명용 한자음은 '천'이다.
[字源] 會意. 艸+廌→薦. 짐승(廌)이 먹는 풀(艹+)을 뜻한다.
[字解] ❶①천거하다. ㉮바치다, 받들다, 올리다. 〔易經〕殷薦之上帝. ㉯뽑아 추천하다. 〔孟子〕諸侯能薦人於天子. ②공물(供物), 제물(祭物). ＝饌·異. 〔周禮〕與其薦羞之物. ③거적, 깔개. ＝荐. 〔楚辭〕薜荔飾而陸離薦兮. ④뗏목에서 사는 일. ⑤풀, 무성한 풀, 가는 풀, 깔 것으로 쓰는 풀. 〔管子〕薦草多衍. ⑥깔다. 〔賈誼·賦〕章甫薦屨. ⑦줄곧, 계속, 때때로, 거듭. 〔詩經〕饑饉薦臻. ⑧견디어 내다. 〔荀子〕以相薦撙. ⑨이르다. ＝薦. ⑩늘어놓다, 벌이다, 진열하다. ⑪풀 이름, 짐승이 먹는 풀. 〔莊子〕麋鹿食薦. ⑫쑥의 한 가지, 서봉(黍蓬). ⑬제사 이름, 희생을 올리지 않는 제사. 〔春秋公羊傳·冬烝·注〕無牲而祭, 謂之薦. ⑭성(姓). ❷꽂다, 끼우다. ＝晉·搢. 〔史記〕薦紳之屬.
【薦可 천가】 임금에게 좋은 말을 올림.
【薦擧 천거】 어떤 일을 맡아 할 수 있는 사람을 그 자리에 쓰도록 소개하거나 추천함.
【薦祼 천관】 제사의 의식. ○ '薦'은 제물을 올리는 일, '祼'은 술을 땅에 부어 강신(降神)을 청하는 일.
【薦達 천달】 남을 추천하여 영달(榮達)하게 함.
【薦度 천도】 〔佛〕죽은 사람의 넋이 정토나 천상에 나도록 기원하는 일.
【薦望 천망】 벼슬아치를 윗자리에 천거함.
【薦聞 천문】 ①들은 바를 말함. 아는 것을 진술함. ②추천하여 아룀. 인재를 추천하여 임금에게 아룀.
【薦拔 천발】 인재를 추천하여 등용토록 함.
【薦羞 천수】 제사에 쓰는 음식. 祭物(제물).
【薦新 천신】 시절(時節)에 새로 나온 곡식이나 과실을 먼저 신(神)에게 올리는 일.
【薦譽 천예】 천거하여 칭찬함.
【薦引 천인】 끌어올림. 천거함.
【薦狀 천장】 추천하는 내용을 적은 서류.
【薦主 천주】 남을 추천하여 준 사람.
【薦枕 천침】 첩·시녀 등이 잠자리에서 시중듦. 侍寢(시침).
【薦紳 진신】 고귀한 사람. 지체가 높은 사람. 搢身(진신).
❶供ー, 口ー, 論ー, 登ー, 追ー, 稱ー, 顯ー.

艹部 13～14획 薙 蓫 薥 蔋 薤 薢 薌 薅 薃 薈 薫 薨 蔆 藁 薣 薴

艹13 【薙】⑰ ❶풀 벨 체 霽 tì
❷풀 벨 치 寘 zhì
字解 ❶①풀을 베다, 풀을 옆으로 후려져 베다.〔禮記〕季夏之月, 燒薙行水. ②깎다, 머리털이나 수염을 깎다. ≒夷·雉·剃〔周禮·注〕薙, 讀如鬌小兒頭之鬌. ③없애다. ❷①풀을 베다. ※❶의 ① 과 같다. ②백목련(白木蓮).
【薙刀 체도】긴 자루가 달린, 물건을 베는 칼.
【薙髮 체발】머리를 밂. 剃髮(체발).
◐刈-, 耕-, 剗-, 辛-, 艾-.

艹13 【蓫】⑰ ❶촉규화 촉 屋 shǔ
❷풀 이름 촉 屋 zhú
字解 ❶촉규화, 접시꽃. ❷풀 이름. =藩.

艹13 【薥】⑰ 蒚(1529)과 동자

艹13 【蔋】⑰ ❶연잎 하 麻 xiá
❷갈대 가 麻 xiá
字解 ❶연잎, 하엽(荷葉). ❷갈대, 이삭이 아직 나지 않은 갈대. ≒葭.

艹13 【薤】⑰ 염교 해·혜 卦 xiè
字解 염교. 백합과의 여러해살이풀. =薤.
【薤露 해로】한대(漢代)의 만가(輓歌). 인생은 염교 잎에 맺힌 이슬처럼 덧없음을 노래한 것.
【薤露聲 해로성】상여가 나갈 때 부르는 노래.
【薤上露 해상로】염교에 내린 이슬. 인생의 허무함의 비유.

艹13 【薢】⑰ ❶마름 해 蟹 xiè
❷초결명 개 佳 xiè
字解 ❶①마름. ②며래 뿌리. ¶草薢. ❷초결명.

艹13 【薌】⑰ ❶곡식 냄새 향 陽 xiāng
❷울림 향 養 xiǎng
字解 ❶①곡식 냄새.〔禮記〕黍曰薌合, 粱曰薌萁. ②곡식. 제사에 쓰는 기장·수수를 이른다. ③향기, 향기롭다. =香.〔禮記〕以小鼎薌脯, 於其中. ④참깨 따위.〔禮記〕薌無蓼. ⑤소의 창자 사이의 지방(脂肪).〔禮記〕燔燎羶薌. ❷울림, 나무가 바람에 흔들리는 소리.〔漢書〕薌呹肸以掍根兮.
【薌萁 향기】종묘 제사에 쓰는 수수.
【薌澤 향택】향기(香氣).
【薌合 향합】종묘 제사에 쓰는 기장.

艹13 【薅】⑰ 김 맬 호 豪 hāo
字解 김 매다, 제초(除草)하다.〔詩經〕以薅荼蓼.

艹13 【薃】⑰ 薅(1554)와 동자

艹13 【薈】⑰ 무성할 회 外·의 隊 huì
字解 ①무성하다, 초목이 우거진 모양.〔潘岳·賦〕翳薈葱茸. ②덮다. ③막다, 가리다. ④깊고 어둡다.〔郭璞·賦〕潛薈葱蘢. ⑤운무(雲霧)가 이는 모양. ⑥부추. ⑦약 이름.
【薈翳 회예】초목이 우거져 가림.
【薈蔚 회울】①초목이 무성한 모양. ②구름이 뭉게뭉게 피어오르는 모양. ③축축함.
【薈鬱 회울】초목이 무성한 모양.
【薈蕞 회최】난잡하여 보잘것없음. 자기 저서(著書)에 대한 겸칭.
◐蘆-, 芳-, 翳-, 穢-, 蓊-, 蔚-, 叢-.

艹13 【薫】⑰ 薰(1557)의 속자

艹13 【薨】⑰ ❶죽을 훙 本 hōng
❷무리 훙 蒸 hōng
參考 대법원 지정 인명용 한자의 음은 '훙'이다.
字解 ❶①죽다, 제후(諸侯)가 죽다.〔禮記〕天子死曰崩, 諸侯曰薨. ②무너지는 소리. ❷①무리, 많다. ≒薨.
【薨落 훙락】죽음. 사망(死亡).
【薨逝 훙서】왕이나 왕족·귀족 등의 죽음에 대한 높임말.
【薨隕 훙운】죽음.
【薨殂 훙조】왕후(王侯)의 죽음.
【薨薨 훙훙】①벌레가 떼를 지어 나는 소리. ②흙을 메우는 소리나 물소리·북소리·우렛소리 등.

艹14 【蔆】⑱ 메 경·선 庚 銑 qióng
字解 ①메, 선복(旋葍). 메꽃과에 딸린 여러해살이 덩굴풀. ②영초(靈草)의 이름.〔楚辭〕索蔆茅以筳篿兮.

艹14 【藁】⑱ 나무 마를 고 皓 gǎo
參考 어휘는 槀(868)·稿(1278)를 보라.
字解 나무가 마르다, 마른 나무. =槀.

艹14 【薣】⑱ 藚(1544)와 동자

艹14 【薴】⑱ 흐트러질 녕 庚 níng
字解 ①흐트러지다. ㉮풀이 흐트러지다. ㉯머리털이 흐트러지다.〔楚辭〕鬚髮薴顇鬢斑白. ②뱀차조기. 꿀풀과에 딸린 여러해살이풀.

艸部 14획 薹 薱 藍 藐 薶 蘱 藊 蕢 薩 薯 葇 藎

艸14 【薹】⑱ 유채 대 灰 tái

초서 薹 字解 ①유채(油菜), 평지. ②삿갓사초. 방동사닛과에 딸린 여러해살이풀. ≒臺. ③동. 채소 등의 꽃줄기가 뻗어 나온 것.
【薹芥 대개】평지. 유채(油菜).
【薹笠 대립】삿갓사초로 엮은 삿갓.

艸14 【薱】⑱ 우거질 대 隊 duì

字解 우거지다, 초목이 무성한 모양. 〔張衡·賦〕鬱蓊薆薱.

艸14 【藍】⑱ ❶쪽 람 覃 lán ❷초무침 람 勘 lán

소전 藍 초서 藍 간체 蓝 字解 ❶①쪽. 마디풀과에 딸린 한해살이풀. 남빛을 물들이는 염료로 쓴다. 〔詩經〕終朝采藍. ②남색, 진한 푸른빛. 〔賀鑄·詞〕玉津春水如藍. ③누더기. ≒襤.〔春秋左氏傳〕篳路藍縷. ④어지럽다. ≒濫.〔大戴禮〕藍之以樂, 以觀其不寧. ⑤성(姓). ❷초무침, 채소의 초무침.
【藍溪 남계】푸르디푸른 계류(溪流).
【藍縷 남루】①헌 누더기. 해어진 옷. ②옷에 어지고 때가 묻어 더러움. 襤褸(남루).
【藍碧 남벽】짙은 푸른빛. 葱碧(총벽).
【藍本 남본】①회화의 애벌 그림. ②근거가 되는 책(冊). 紅本(홍본).
【藍色 남색】푸른색과 자줏색의 중간색.
【藍綬 남수】남색 인끈.
【藍田生玉 남전생옥】남전에서 아름다운 옥이 남. 훌륭한 집안에서 현명한 자제(子弟)가 남.
【藍青 남청】짙고 검푸른 색.
❶伽-, 甘-, 木-, 山-, 蓼-, 蔚-, 紅-.

艸14 【藐】⑱ ❶아득할 막 藥 miǎo ❷멀 묘 篠 miǎo ❸지치 모 莫 mò

소전 藐 초서 藐 字解 ❶①아득하다, 넓다. 멀다. ≒邈.〔楚辭〕藐曼曼之不可量兮. ②조금, 차례를 따라서 조금씩. ≒稍. ③사물의 모양. ¶ 藐藐. ④지치, 자초(紫草). 자색의 염료로 쓰는 풀. ❷①멀다. ②작다, 작은 모양. ≒秒.〔春秋左氏傳〕以是藐諸孤, 辱在大夫. ③가벼이 보다.〔孟子〕說大人, 則藐之. ④아름답다, 예쁘다. ≒懇.〔張衡·賦〕略藐流眄, 一顧傾城. ⑤어둡다. ≒眊. ❸지치.
※❶의 ④와 같다.
【藐藐 막막】①아름다운 모양. ②넓고 아득한 모양. ③가르침을 귀담아 듣지 않는 모양. ④왕성한 모양.
【藐焉 막언】고독(孤獨)한 모양.
【藐然 막연】①멀고 아득한 모양. ②고독한 모양. ③깊고 원대한 모양.
【藐少 묘소】아주 적음. 微少(미소)함.
【藐視 묘시】업신여김. 깔봄.

艸14 【薶】⑱ ❶메울 매 佳 mái ❷막을 리 紙 mái ❸문을 매 隊 mái ❹더러울 왜 歐 wō

소전 薶 초서 薶 字解 ❶①메우다, 감추다. 묻다, 덮다. ≒狸·埋.〔荀子〕雖此倮而薶之. ②묻어 제사 지내다. 희생(犧牲)을 묻어서 땅에 제사 지내다. ❸막다, 구멍을 막다. ❷막다. ※❶의 ③과 같다. ❸묻다. 희생을 묻어서 산림(山林)에 제사 지내다. ※❶의 ②와 같다. ❹더럽다, 더럽히다. ≒霾.〔淮南子〕夫鑑明者, 塵垢弗能薶.

艸14 【蘱】⑱ 藬(1565)의 본자

艸14 【藊】⑱ 변두 변 木편 銑 biǎn

字解 변두(藊豆). 콩과에 딸린 재배하는 덩굴풀. ≒稨.

艸14 【蕢】⑱ 蘈(1562)과 동자

艸14 【薩】⑱ 보살 살 曷 sà

초서 薩 간체 萨 字解 보살. 범어(梵語) 'Sat'의 음역자(音譯字).
【薩埵 살타】(佛)부처의 다음가는 위치에 있어, 대용맹심으로 불도를 구하고 대자비심으로 중생을 제도하는 사람. 菩薩(보살). 菩提薩埵(보리살타).
❶菩提-埵, 菩-, 布-.

艸14 【薯】⑱ 참마 서 語 shǔ

초서 薯 字解 참마, 산약(山藥). ≒藷·藷. ¶薯蕷.
【薯童謠 서동요】백제의 서동(薯童)이 지은 4구체의 향가(鄕歌). 서동이 신라의 선화 공주(善化公主)를 사모하던 끝에 아내로 맞기 위해 경주의 아이들에게 부르게 하였다고 함.
【薯蕷 서여】마. 참마. 맛과에 속하는 덩굴풀의 총칭. 山芋(산우). 藷蕷(서여).

艸14 【葇】⑱ ❶아름다울 서·여 語 xù ❷향초 이름 여 魚 yú ❸참마 여 語 yù ❹성 서 語 xū

초서 葇 參考 대법원 지정 인명용 한자의 음은 '서'이다.
字解 ❶①아름답다. ≒醧.〔詩經〕醧酒有葇. ②우거지다, 곡식의 싹이 무성하다. ❷향초(香草) 이름. ❸참마, 산약(山藥). ≒薯. ❹성(姓).

艸14 【藎】⑱ ❶조개풀 신 震 jìn ❷풀 이름 진 軫 jìn

艸部 14획 蕭榮邁薷薿薾藉藏

藎

字解 ❶①조개풀. 포아풀과에 딸린 한해살이 풀. ②나아가다. ≒進.〔詩經〕王之藎臣. ③나머지, 남음, 타다 남음. =燼.〔詩經〕具禍以藎. ❷풀 이름.
【藎臣 신신】충신(忠臣). 충후한 신하.
【藎言 신언】충직하고 바른 말. 忠言(충언).

蕭
⑱ 蕭(1565)의 속자

榮
⑱ 얽힐 영 庚 qióng
字解 ①얽히다, 풀이 얽히는 모양. ≒縈.〔詩經〕葛藟榮之. ②둥굴레, 위유(萎蕤).

邁
⑱ 애기풀 위·원 紙阮 wěi
字解 ①애기풀, 원지(邁蔿), 영신초(靈神草). =蒍. 원지과에 딸린 여러해살이풀. ②성(姓).
【邁蔿 원위】애기풀. 뿌리는 약재로 씀.

薷
⑱ ❶목이버섯 유 虞 rú
❷노야기 유 虞 rú
字解 ❶목이(木耳)버섯. ❷노야기, 향유(香薷). 꿀풀과의 한해살이풀. =葇.

薿
⑱ 우거질 의·억 紙職 nǐ
字解 우거지다, 무성하다.〔詩經〕黍稷薿薿.
【薿薿 의의·억억】곡식이 무성한 모양.

薾
⑱ 번성할 이·녜 紙霽 ěr
參考 薾(1325)는 딴 자.
字解 ①번성하다, 꽃이 번성하게 피는 모양. =爾.〔詩經〕彼薾維何. ②지치다, 고달프다.

藉
⑭ ❶깔개 자 禡 jiè
❷깔개 적 陌 jí
參考 ①籍(1741) 은 딴 자. ②대법원 지정 인명용 한자의 음은 '자'이다.
字解 ❶①깔개. ❷제사 지낼 때의 깔개. ≒薦. ④옥(玉)의 받침.〔禮記〕執玉其有藉者則裼. ②깔다, 그 위에 물건을 두다, 앉거나 눕다.〔易經〕藉用白茅. ③빌리다, 꾸다.〔春秋左氏傳〕藉之告楚. ④의존하다.〔管子〕彼道自來, 可藉與謀. ⑤빙자하다, 핑계 삼다.〔春秋左氏傳〕若苟有以藉口, 而復於寡君. ⑥낭자하다, 흐트러지다.〔蘇軾·賦〕杯盤狼藉. ⑦가령, 설사.〔史記〕藉第令毋斬. ⑧어조사(語助辭).〔漢書〕溫雅有醞藉. ❷①깔개. ※❶의 ①과 같다. ②낭자하다, 흐트러지다. ※❶의 ⑥과 같다. ③밟다, 업신여기다. ≒躤.〔史記〕人皆藉吾弟. ④송구스러워하다.〔呂氏春秋〕藉夫子者不禁. ⑤돕다.〔春秋左氏傳〕藉之以樂. ⑥빌리다.〔禮記〕古者公田藉而不稅. ⑦노끈, 매다. 노끈으로 묶어 매다. ≒組·索.〔莊子〕執犧之狗來藉. ⑧마음이 공허한 모양. ❶藉藉. ⑨에우다, 에워싸다. ≒籍.〔列子〕長幼群聚而爲牢藉. ⑩성(姓).
【藉口 자구】구실을 붙여 변명함. 핑계함.
【藉名 자명】이름을 빙자함.
【藉勢 자세】권력이나 세력 따위를 믿고 세도를 부림.
【藉手 자수】남의 손을 빌림. 남의 힘을 빌림. 남에게 의지함.
【藉藉 ❶자자 ❷적적】❶여러 사람의 입에 오르내리는 모양. 籍籍(적적). ❷①어지럽게 흩어져 있는 모양. ②마음이 공허한 모양. 헛되이 살다 죽는 모양.
【藉草 자초】풀을 깖.
【藉託 자탁】다른 일을 구실 삼음. 핑계함.
【藉甚 적심】명성을 떨침. 평판이 높음.
【藉田 적전】임금이 제사에 쓸 곡식을 장만하기 위하여 손수 경작(耕作)하던 논밭.
▶權-, 狼-, 憑-, 承-, 慰-, 薦-, 枕-.

藏
⑭ ❶감출 장 陽 cáng
❷곳집 장 漾 zàng
字源 形聲. 艸+臧→藏. '臧(장)'이 음을 나타낸다.
字解 ❶①감추다, 간직하다. ≒臧.〔山海經〕槐江之山, 多藏琅玕黃金玉. ②품다, 속에 안고 있다.〔呂氏春秋〕藏怒而待之. ③저장하다.〔易經〕君子藏器於身. ④잠재하다, 숨다.〔呂氏春秋〕袁乃殺, 殺乃藏. ⑤정돈 처리하다.〔周禮〕掌官契以治藏. ⑥깊다.〔素問〕頭疾痛, 爲藏鍼之. ⑦우거진 모양. ❶藏藏. ⑧성채(城砦), 버텨 나가는 것, 방어(防禦).〔禮記〕義之修而禮之藏也. ⑨풀 이름. 물억새와 비슷한데 소·말의 사료로 쓴다.〔史記〕其卑濕則生藏莨兼葭. ⑩그치다, 버리다. ≒戕.〔淮南子〕高鳥盡而強弩藏. ⑪저축, 비축(備蓄).〔史記〕厚積餘藏. ⑫매장하다. ≒葬. ⑬장물. ※臟(1741)의 속자(俗字). ⑭성(姓). ❷①곳집, 물건을 저장하는 곳.〔禮記〕孟冬之月, 命百官, 謹蓋藏. ②오장. ≒臟.〔周禮〕參之以人, 五藏之動. ③서장(西藏)의 약칭(略稱). 티베트의 한자어 이름.〔清會典〕置駐藏大臣, 以統前藏後藏.
【藏監 장감】창고를 맡아보는 사람.
【藏去 장거】간수함. 서화(書畫) 따위를 간직해 둠. ◎'去'도 '藏'의 뜻. 藏弆(장거).
【藏經 장경】①불교 경전의 총칭. 대장경(大藏

艸部 14획 薲薺藿藻蔡藂蕟薸歗薰

經). ❷경서(經書)를 간직해 둠.
【藏巧於拙 장교어졸】공교함을 졸렬함에 숨김. 재능을 숨기고 졸렬한 듯이 보임.
【藏垢 장구】❶수치를 받아들여 간직함. 수치를 참음. ❷큰 도량으로 남의 결점이나 허물을 용서하여 모르는 체함.
【藏氣 장기】❶축적되어 있는 기운. ❷오장 육부의 기운. 臟氣(장기).
【藏器 장기】❶재질(才質)을 쌓아 둠. ❷저장된 기구(器具).
【藏機 장기】기능을 숨김. 재능을 감춤.
【藏頭雉 장두치】머리를 감추는 꿩. 꿩처럼 머리만 감추고 온몸을 숨긴 것으로 생각하는 어리석은 짓.
【藏六 장륙】거북의 딴 이름. ⟶머리·꼬리와 네 발을 등껍데기 속에 숨기는 데서 온 말.
【藏命 장명】성명(姓名)을 감춤.
【藏魄之地 장백지지】혼백이 묻힐 곳. 육체를 묻을 땅.
【藏鋒 장봉】❶재능을 감추고 드러내지 않음. ❷서법(書法)의 하나. 글씨를 쓸 때에 붓끝이 드러나지 않게 하는 일.
【藏府 장부】❶창고. ❷내장. 臟腑(장부).
【藏書 장서】책을 간직하여 둠. 간직하여 둔 책.
【藏修 장수】책을 읽고 학문에 힘씀.
【藏用 장용】❶공용(功用)을 숨김. ❷숨겨져 있는 기능.
【藏跡 장적】흔적을 감춤.
【藏籍 장적】호구(戶口)·토지·면적·노비(奴婢) 따위를 등록하여 둔 내장.
【藏拙 장졸】졸렬함을 감추어 남에게 보이지 않음. 자기의 단점을 숨김.
【藏之名山 장지명산】명산에 간직함. 곧, 책이 인멸되어 후세에 전하지 못할 것을 염려하여, 돌 상자에 넣어 명산에 감추어 두었던 일.
【藏置 장치】간직하여 둠. 간수함.
【藏版 장판】책의 판목(板木)이나 지형(紙型)을 간직하여 둠.
【藏活 장활】자기 집에 두고 먹여 살림.
❶家-, 經-, 庫-, 內-, 遁-, 埋-, 密-, 壁-, 寶-, 封-, 府-, 祕-, 備-, 所-, 收-, 斂-, 幽-, 隱-, 貯-, 積-, 地-, 畜-, 沈-, 土-, 包-, 行-, 晦-.

艸14 【薲】⑱ 둥굴레 정 ◪ jīng
字解 ❶둥굴레, 죽대, 황정(黃精). 은방울꽃과에 딸린 여러해살이풀. ❷순무. ≒菁. ❸동, 장다리. 채소 따위의 꽃이 피는 중심 줄기.

艸14 【薺】⑱ ❶냉이 제 ◪ jì
❷남가새 자 ◪ cí
소전 薺 초서 薺 간체 荠 參考 대법원 지정 인명용 한자의 음은 '제'이다.
字解 ❶❶냉이, 제채(薺菜). 겨자과에 딸린 두해살이풀.〔詩經〕其甘如薺. ❷남가새, 질려(蒺

藜). =茨·蕡. ❷❶남가새. ※❶의 ❷와 같다. ❷악장(樂章)의 이름.〔周禮〕行以肆夏, 趨以采薺.

艸14 【藿】⑱ ❶청명아주 조 ◪ diào
❷넓은잎딱총나무 탁 ◪ zhuó
❸수수 적 ◪ dí
소전 藿 초서 藿 동서 藿 간체 藿
字解 ❶❶청명아주. 명아주의 한 가지.〔莊子〕夫逃虛空者, 藜藿柱乎鼪鼬之逕. ❷넓은잎딱총나무, 말오줌나무. 인동과에 딸린 갈잎떨기나무. ¶蒴藿. ❷넓은잎딱총나무. ※❶의 ❷와 같다. ❸수수, 고량(高粱). 볏과에 딸린 한해살이 재배 식물.

艸14 【藻】⑱ 藻(1563)의 본자

艸14 【蔡】⑱ ❶고기 잡는 독초 찰 ◪ chá
❷땅 더럽힐 최 ◪ chuì
초서 蔡
字解 ❶❶고기를 잡는 독초(毒草).〔韓愈, 孟郊, 詩〕蔡蓑均草蔡. ❷지푸라기, 초개(草芥). ❷땅을 더럽히다.

艸14 【藂】⑱ ❶잔풀 총 ◪ cōng
❷떨기 총 ◪ cóng
字解 ❶잔풀, 어린 풀. ❷떨기, 모이다. ※叢(259)의 속자(俗字).

艸14 【蕟】⑱ 蕚(1564)과 동자

艸14 【薸】⑱ 개구리밥 표 ◪ piáo
초서 薸 동서 蘋
字解 개구리밥, 부평초.

艸14 【歗】⑱ ❶풀 모양 효 ◪ xiāo
❷나무 마를 학 ◪ hè
❸급히 일어날 호 ◪ hào
소전 歗
字解 ❶❶풀의 모양. ❷벼가 주저앉다, 벼가 웃자라서 상하다. ❷❶나무가 마르다. ❷풀이 살찐 모양. ❸❶급히 일어나는 모양.〔周禮〕穀雖敝不歗. ❷줄다, 오그라들다. ≒耗.〔周禮〕穀雖敝不歗. ❸침착하지 못한 모양, 한쪽으로 치우친 모양.

艸14 【薰】⑱ 향풀 훈 ◪ xūn
소전 薰 초서 薰 동서 薫 속자 薰 參考 어휘는 熏(1079)을 아울러 보라.
字解 ❶향풀(香草), 영릉향(零陵香). 뿌리는 '훈(薰)'이라 하여 향불을 피우고, 잎은 '혜(蕙)'라 하여 몸에 지녔다.〔春秋左氏傳〕一薰一蕕. ❷향내 내다, 향기를 풍기다.〔江淹·賦〕

艸部 15획 薲藁藭蘄薄藤藜

陌上草薰. ③향기, 좋은 향기.〔孔子家語〕薰蕕不同器而藏. ④그슬다, 연기가 오르다. ≒熏.〔謝惠連·賦〕燎薰爐兮炳明燭. ⑤태우다, 피우다, 그슬다.〔漢書〕薰胥以刑. ⑥바람이 부는 모양.〔左思·賦〕蕙風如薰. ⑦훈자(薰炙)하다, 선도(善導)하다, 감화하다.〔易經〕厲薰心. ⑧온화하다.〔莊子〕薰然慈仁. ⑨매운 나물. ≒葷.〔儀禮〕問夜膳薰. ⑩공훈. ≒勳. ⑪흉노(匈奴)의 옛 이름. ≒獯.
【薰氣 훈기】①훈훈한 기운. 훈김. ②권세 있는 사람의 세력.
【薰陶 훈도】교화하고 훈육(訓育)함. 불로 물건을 태워 향기를 피우고, 흙을 다져 질그릇을 만들 듯이 인재를 교육함.
【薰沐 훈목】향을 옷에 배게 하고, 머리를 감아 몸을 깨끗이 함.
【薰門 훈문】권세 있는 집안.
【薰胥 훈서】①남의 죄에 연좌됨. 淪胥(윤서). ②부형(腐刑)에 처해짐. 熏胥(훈서).
【薰修 훈수】(佛)덕화(德化)를 받아 수행(修行)을 쌓음.
【薰心 훈심】마음을 괴롭힘. 애를 태움.
【薰藥 훈약】열을 가하거나 불에 태워서 그 기운을 쐬어 병을 치료하는 약.
【薰然 훈연】①귀와 눈이 밝은 모양. ②온화(溫和)한 모양. 온화하여 자연히 남을 감화시키는 모양.
【薰染 훈염】①향기가 스며듦. ②선(善)에 물듦. 좋은 감화를 받음.
【薰蕕 훈유】군자와 소인. 선인과 악인. ◎ '薰'은 향기가 나는 풀, '蕕'는 구린내 나는 풀.
【薰育 훈육】①덕의(德義)로써 교육함. ②흉노(匈奴)의 옛 이름. 獯粥(훈육).
【薰以香自燒 훈이향자소】훈초(薰草)는 향기를 가짐으로써 불태워지는 재난을 만남. 재주가 있는 사람은 그 재주를 감추지 못함으로써 도리어 그 몸을 망침.
【薰炙 훈자】굽고 지짐. 남에게 감화를 미침.
【薰灼 훈작】①태워서 냄새를 냄. ②높이 향기를 풍김. 세력이 대단함. ③괴롭힘. 고통을 줌.
【薰蒸 훈증】①찜. 찜질. 증발함. ②찌는 듯이 더움.
【薰菜 훈채】마늘·파 따위의 특이한 냄새가 나는 풀.
【薰草 훈초】①풀이 향기를 풍김. ②향초(香草)의 이름.
【薰風 훈풍】남쪽에서 불어오는 온화한 바람. 南風(남풍).
【薰赫 훈혁】권세가 대단함.
【薰薰 훈훈】①화평하고 기쁜 모양. ②훈기가 나는 모양. 따뜻한 모양. ③술이 거나하게 취한 모양.
◐ 嘉-, 蘭-, 芳-, 芬-, 麝-, 染-, 香-.

艸15【薲】⑲ 꿀 털찌끼 간 ⓑ한 ⓘ諫
字解 ①꿀 털찌끼, 먹다 남은 꿀.〔元結·詩〕

豈欲卓櫺中, 爭食麪與薲. ②굳다, 단단하다. ③풀 이름.

艸15【藁】⑲ 稿(1278)와 동자

艸15【藭】⑲ 궁궁이 궁 ⓘ東 qióng
초서 藭 본자 藭 동자 芎 간체 芎 字解 궁궁이, 천궁. 미나릿과에 딸린 여러해살이풀.

艸15【蘄】⑲ 蘄(1561)와 동자

艸15【薄】⑲ ❶이끼고사리 담 ⓘ覃 tán ❷물 출렁이는 모양 임 ⓘ覃 tán
字解 ❶①이끼고사리, 석의(石衣). 녹조류에 속하는 민물말. ②청각채(青角菜). 홍조류에 딸린 바닷말. ❷물이 출렁이는 모양.

艸15【藤】⑲ 등나무 등 ⓘ蒸 téng
초서 藤 동자 藤 参考 籐(1559)은 딴 자. 字解 ①등나무, 등나무 덩굴.〔謝朓·詩〕交藤荒且蔓. ②등(籐), 등나무. ③참깨. ④자등(紫藤).
【藤架 등가】등나무 덩굴을 올리는 시렁.
【藤蘿 등라】등나무의 덩굴.
【藤陰 등음】등나무의 그늘.
【藤纏 등전】등 넝쿨이 감김.
【藤紙 등지】등나무 껍질로 만든 종이.
【藤牌 등패】등나무로 만든 방패.
◐ 葛-, 亂-, 綠-, 刺-, 紫-, 青-, 荒-.

艸15【藜】⑲ 명아주 려 ⓘ齊 lí
소전 藜 초서 藜 字解 ①명아주. 명아줏과의 한해살이풀. =蔾, 莱.〔晉書〕以母老, 幷贈藜杖一枚. ②검다. ≒黎. ③흩어지다. ≒離.〔揚雄·賦〕配藜四施. ④독초 이름, 박새. ¶藜蘆.
【藜羹 여갱】①명아주의 잎을 넣어 끓인 국. 명아줏국. ②보잘것없는 음식.
【藜藿 여곽】명아주 잎과 콩잎. ㉠변변치 않은 음식. ㉡빈천(貧賤)한 사람.
【藜藿不采 여곽불채】쏘는 벌레가 있어 명아주 잎과 콩잎을 따지 않음. 두려운 것을 가지고 있으므로 함부로 남에게 침해되지 않음.
【藜棘 여극】①명아주와 가시. ②가치 없는 것.
【藜蘆 여로】박새. 백합과의 여러해살이풀. 뿌리 줄기에 독이 있어 살충제나 한약재로 씀.
【藜杖 여장】명아주 줄기로 만든 지팡이. 가벼워서 노인의 지팡이로 애용됨.
【藜灰 여회】명아주를 태운 재. 염료로 씀. 冬灰(동회).
◐ 羹-, 配-, 蓬-, 杖-, 蒺-, 蒿-.

艸部 15획 蘆藔虆藩虜蔿藚蔌藪䕷 1559

艸15 【蘆】⑲ 꼭두서니 려 厲 lú
字解 ①꼭두서니. 〔詩經〕茹蘆在阪. ②독초의 이름.

艸15 【藔】⑲ 蓩(1562)와 동자

艸15 【虆】⑲ 등나무 덩굴 루 𦉢 léi
字解 ①등나무 덩굴. =藟. 덩굴지는 식물의 총칭. 〔詩經〕葛虆虆之. ②얽히다, 감기다, 휘감기다. 〔王績·詩〕漁人遞往還, 網罟相縈虆. ③꽃봉오리. 〔陸游·詩〕梅初破虆江路. ④술 이름. 기장에 울금향(鬱金香)을 넣어서 빚은, 종묘(宗廟)에 바치는 술.

艸15 【藩】⑲ 덮을 번 元 fān, fán
字解 ①덮다, 지키다. 〔春秋左氏傳〕吳人藩衛侯之舍. ②바자울타리. 〔易經〕羝羊觸藩. ③수레의 휘장. 수레 양편에 바람·먼지를 막기 위해 치는 휘장. 〔儀禮·蒲蔽·注〕蔽, 藩. ④휘장이 있는 수레. 〔春秋左氏傳〕以藩載欒盈. ⑤경계, 한계, 끝. 〔莊子〕吾願游於其藩. ⑥왕후(王侯)의 영토(領土), 변방을 지키는 왕가(王家)의 부용국(附庸國). 〔後漢書〕外有大國賢王, 並爲藩屛. ⑦지모(知母). 약초의 이름.
【藩閫 번곤】 감사(監司)·병사(兵使)·수사(水使) 등의 총칭.
【藩國 번국】 왕실의 번병(藩屛)이 되는 나라. 곧, 제후(諸侯)의 나라.
【藩落 번락】 울타리. 籬落(이락).
【藩籬 번리】 ①울타리. 藩落(번락). ②입구(入口). 문호(門戶). 범위를 이름.
【藩籬之鷃 번리지안】 울타리에 앉은 메추라기. 구천(九天)을 나는 봉(鳳)에 견주어 견식이 좁은 소인(小人)의 비유.
【藩邦 번방】 왕실을 수호하는 나라. 곧, 제후의 나라.
【藩屛 번병】 ①울타리와 문병(門屛). ②왕실을 수호하는 제후(諸侯). 藩翰(번한).
【藩輔 번보】 왕실을 돕는 사람. 곧, 제후.
【藩服 번복】 주대(周代) 구복(九服)의 하나. 곧, 왕성(王城)에서 5천 리 떨어진 곳에서부터 5백 리의 땅. 蕃服(번복).
【藩臣 번신】 ①왕실을 수호하는 신하. 諸侯(제후). ②중앙에서 멀리 떨어져 있는 감영의 관찰사(觀察使).
【藩職 번직】 제후 밑에 속하는 관직.
【藩鎭 번진】 ①당대(唐代) 지방 관서의 이름. 절도사(節度使). ②왕실의 번병(藩屛)이 되는 제후. ③지방에 주둔하는 군진(軍鎭).
【藩蔽 번폐】 ①수레의 덮개. ②㉠울타리, 덮개. ㉡왕실을 수호하는 제후.

【藩翰 번한】 ①울타리와 기둥. ②한 지방을 진압하여 왕실의 번병(藩屛)이 되는 일.
● 疆−, 鉅−, 大−, 名−, 小−, 列−, 外−, 雄−, 遠−, 籬−, 牆−, 親−, 沅−, 翰−.

艸15 【虜】⑲ 댑싸리 부 虞 fū
字解 댑싸리, 지부(地膚). 명아줏과에 딸린 한해살이풀. ≒虜.

艸15 【蔿】⑲ 택사 사 馬 xiè
字解 택사(澤蔿), 벗풀. 택사과에 딸린 여러해살이풀. 덩이줄기는 약재로 쓴다.

艸15 【藚】⑲ 택사 속 囚 xù
字解 ①택사(澤瀉). 〔詩經〕言采其藚. ②풀 이름. 속단(續斷) 비슷한데 마디가 있다.

艸15 【蔌】⑲ 띠 속 屋 sù
字解 띠. 아직 이삭이 패지 않은 띠. ≒萩.

艸15 【藪】⑲
❶늪 수 有 sǒu
❷또아리 수 麌 shǔ
❸바퀴살 구멍 추 尤 cōu
參考 대법원 지정 인명용 한자의 음은 '수'이다.
字解 ❶①늪. ㉮큰 늪, 못, 호수. ㉯늪이 얕아 초목이 무성하고 새·짐승이 사는 곳. 〔周禮〕澤虞, 每大澤大藪. ②덤불. 〔楚辭〕逡巡兮圓藪. ③구석진 깊숙한 곳. 〔楚辭〕步從容於山藪. 〔注〕藪, 一作藪. ④사물이 모여 귀결하는 곳, 연수(淵藪). 〔詩經〕叔在藪. ⑤구하다, 찾다. ≒搜. ⑥수레 바퀴통에 살이 박히는 구멍. 〔周禮〕以其圍之阞捎其藪. ⑦풀 이름. 술을 거르는 데 쓴다. 〔詩經·伐木·醓酒有蕷·傳〕以藪曰湑. ❷①또아리. ¶窶藪. ②분량(分量)의 단위. ≒籔. ❸바퀴살 구멍. ※❶의 ⑥과 같다.
【藪淵 수연】 ①덤불과 늪. ②물건이 많이 모이는 곳.
【藪幽 수유】 큰 못의 그윽한 곳.
【藪中荊曲 수중형곡】 덤불 속에 난 가시나무는 구부러짐. 나쁜 것이 좋지 않은 주위 환경으로 인해 더욱더 나빠짐.
【藪澤 수택】 ①잡목이나 잡초가 우거진 곳. '藪'는 물이 없는 곳, '澤'은 물이 있는 곳. ②물건이 많이 모여 있는 곳.
● 窶−, 歸−, 談−, 淵−, 幽−, 林−, 囿−.

艸15 【䕷】⑲ 쇠무릎지기 슬 質 xī
參考 蘱(1558)은 딴 자.
字解 쇠무릎지기, 산현채(山莧菜). ≒膝.

艸部 15획 藥 蘆 藝

艸15 【藥】⑲
❶약 약 〔藥〕 yào
❷더울 삭 〔藥〕 shuò
❸간맞출 략 〔藥〕 lüè

〔소전〕 樂 〔초서〕 薬 〔속자〕 薬 〔속자〕 藥 〔간체〕 药

〔參考〕 대법원 지정 인명용 한자음은 '약'이다.
〔字源〕 形聲. 艸+樂→藥. '樂(악)'이 음을 나타낸다.
〔字解〕 ❶①약. ㉮질병을 고치는 데 효과가 있는 것의 총칭. 〔周禮〕以五味五穀五藥, 養其病. ㉯방술사(方術士)가 복용(服用)하는 것. ㉰폭발 작용을 하는 합제(合劑). 화약(火藥). 〔備要略〕專管裝藥抽換. ㉱심신(心身)을 유익하게 하는 것. 〔史記〕苦言, 藥也. ❷독(毒). 〔春秋公羊傳〕季子和藥而飮之.〔注〕藥者, 酖毒也. ❸고치다. 치료하다, 구(救)하다, 약으로 병을 치료하다. 〔詩經〕不可救藥. ❹담. 금원(禁苑). 담을 둘러쌓고 출입을 제한한 곳. 〔資暇錄〕古人詩詞, 多以藥檻連用, 藥卽欄也, 猶言圍援, 非花藥之藥. ❺작약(芍藥)의 약칭.〔謝朓·詩〕紅藥當階翻. ❻성(姓). ❼아편(阿片), 화약(火藥). ❷더운 모양. ❸간을 맞추다, 조미하다, 양념한 젓갈. 〔布肺〕〔張衡·賦〕歸鴈鳴鵽, 黃稻鱻魚, 以爲勺藥.

【藥果 약과】 圖꿀과 기름을 섞은 밀가루 반죽을 판에 박아 기름에 지진 과자.
【藥囊 약낭】 약을 넣어 두는 주머니.
【藥碾 약년→약연】 ㅁ藥研(약연).
【藥袋 약대】 가정의 상비약을 넣어 두는 주머니. 약주머니.
【藥籠 약롱】 약을 치는 체.
【藥令 약령】 圖해마다 정기적으로 열려 약재를 사고팔던 장. 藥令市(약령시).
【藥爐 약로】 약을 볶는 냄비.
【藥籠 약롱】 약을 담아 두는 채롱이나 궤.
【藥籠中物 약롱중물】 약 상자 속의 약품. ㉠수중(手中)의 것. 회유(懷柔)해서 제 편으로 만든 것. ㉡필요한 인물.
【藥味 약미】 ①약의 맛. ②약의 갖가지 종류. ③산초·후추 등 모든 음식물에 곁들이는 향신료.
【藥方文 약방문】 약을 짓기 위하여 약의 이름과 분량을 적은 글. 藥方(약방).
【藥師 약사】 ①국가의 면허를 받아 약에 관한 일을 맡아보는 사람. ②(佛)중생의 병을 구제한다는 약사유리광여래(藥師瑠璃光如來).
【藥傷 약상】 상처를 치료함. 또 나은 상처.
【藥石 약석】 ①약과 돌침. ㉠약재(藥材)의 총칭. ㉡치료. ②㉠교훈(敎訓)이 되는 말. ㉡통절(痛切)히 사람의 경계가 되는 사물.
【藥石無功 약석무공】 약석의 효험이 없음. 곧, 사람의 죽음.
【藥石之言 약석지언】 나쁜 점을 고치도록 충고하는 말. 藥言(약언).
【藥艾 약애】 ①약과 쑥. ②약을 먹고 뜸을 뜸.
【藥液 약액】 액체로 된 약. 물약.

【藥言 약언】 ㅁ藥石之言(약석지언).
【藥碾 약연】 약재를 갈아 가루로 만드는 기구. 藥碾(약연).
【藥煙 약연】 아편(阿片)의 딴 이름.
【藥雨 약우】 음력 10월에 오는 비.
【藥餌 약이】 ①약용(藥用)으로 하는 음식. ②약과 자양분이 있는 음식.
【藥箋 약전】 처방전(處方箋).
【藥箭 약전】 화살촉에 독을 바른 화살.
【藥鼎 약정】 ①약을 달이는 기구. 약탕기(藥湯器). ②도교(道敎)에서, 단약(丹藥)을 빚는 그릇. 丹鼎(단정).
【藥種商 약종상】 약재를 파는 장사. 藥材商(약재상).
【藥酒 약주】 ①약을 넣어 빚은 술. 약술. ②독주(毒酒). ③圖㉠맑은술. 약주술. ㉡술을 점잖게 이르는 말.
【藥指 약지】 약손가락. 넷째 손가락.
【藥債 약채】 빚진 약값.
【藥湯 약탕】 ①달여 마시는 한약. ②약재를 넣은 욕탕(浴湯).
【藥圃 약포】 약밭. 약초를 심은 밭.
【藥和劑 약화제】 圖약방문(藥方文).
【藥效 약효】 약의 효험(效驗).

❶膏─, 狂─, 救─, 劇─, 奇─, 丹─, 毒─, 賣─, 妙─, 方─, 百─, 服─, 山─, 散─, 生─, 仙─, 善─, 水─, 神─, 新─, 良─, 靈─, 五─, 醫─, 餌─, 灼─, 芍─, 典─, 煎─, 坐─, 珍─, 採─, 鍼─, 湯─, 投─, 爆─, 漢─, 紅─, 火─, 丸─.

艸15 【蘆】⑲ 풀 이름 여 〔蘆〕 lú
〔字解〕 풀 이름. ㉮여여(蘆茹). 대극과의 한해살이풀. 독(毒)이 있다. ㉯맑은대쑥. ¶ 菴蘆.

艸15 【藝】⑲ 심을 예 〔藝〕 yì

〔초서〕 藝 〔속자〕 芸 〔간체〕 艺 〔字源〕 會意·形聲. 艸+埶+云→藝. 사람이 무릎을 꿇고 두 손으로 나무를 심는 모습을 뜻하는 '埶(예)'에 풀(艹)을 더하여 '심다'라는 뜻을 나타낸다. 뒤에 음을 나타내는 '云(운)'이 더해졌다.

〔字解〕 ①심다, 씨를 뿌리다. =埶. 〔書經〕純其藝黍稷. ②기예, 기술, 재능. 〔史記〕能通一藝以上. ③궁극, 끝, 한계. 〔春秋左氏傳〕貢之無藝. ④법도, 규범. 〔春秋左氏傳〕陳之藝極. ⑤과녁. 〔史記〕藝殪仆. ⑥다스리다. 〔孔子家語〕協於分藝. ⑦육예(六藝). 예(禮)·악(樂)·사(射)·어(御)·서(書)·수(數). ⑧육경(六經). 역(易)·시(詩)·서(書)·예(禮)·악(樂)·춘추(春秋). ⑨고요하다.

【藝極 예극】 ①알맞은 정도. ②모든 일의 절도.
【藝妓 예기】 기생(妓生). 가희(歌姬).

【藝技 예기】 미술·공예 따위의 예능. 손재주. 技藝(기예).
【藝能 예능】 재주와 기능. 음악·미술·연극·영화 따위의 예술과 관련된 능력.
【藝林 예림】 ①전적(典籍)이 모이는 곳. ②학문과 예술의 사회.
【藝文 예문】 ①기예와 학문. ②예술과 문학.
【藝術 예술】 기예와 학술. 특별한 재료·기교·양식 따위로 감상의 대상이 되는 아름다움을 표현하려는 인간의 활동과 그 작품.
【藝苑 예원】 예술의 사회. 藝園(예원).
【藝儀 예의】 육예(六藝)와 육의(六儀)의 병칭(並稱). 주대(周代)에 나라에서 육예와 육의의 도(道)를 가르쳐 국자(國子)를 양성했는데, 육예란, 오례(五禮)·육악(六樂)·오사(五射)·오어(五馭)·육서(六書)·구수(九數)이며, 육의란, 제사(祭祀)·빈객(賓客)·조정(朝廷)·상기(喪紀)·군려(軍旅)·거마(車馬) 등의 의용(儀容)을 이름.
【藝祖 예조】 ①문덕(文德)이 있는 조상. 조상의 높임말. 文祖(문조). ②나라를 세운 제왕.

● 嘉ㅡ, 耕ㅡ, 經ㅡ, 曲ㅡ, 工ㅡ, 技ㅡ, 農ㅡ, 多ㅡ, 道ㅡ, 武ㅡ, 無ㅡ, 文ㅡ, 博ㅡ, 射ㅡ, 詞ㅡ, 手ㅡ, 演ㅡ, 耘ㅡ, 園ㅡ, 偉ㅡ, 遊ㅡ, 遺ㅡ, 六ㅡ, 才ㅡ, 絶ㅡ, 種ㅡ, 學ㅡ.

艸 15 【藕】 ⑲ 연뿌리 우 ㉮ ǒu

[字解] ①연뿌리. =蕅. 〔史記〕咀嚼菱藕. ②연(蓮).
【藕根 우근】 연뿌리. 蓮根(연근).
【藕斷絲連 우단사련】 연뿌리는 끊겨도 그 실은 이어져 있음. 표면적으로는 관계가 단절되었으나 실제로는 여전히 이어져 있음. 남녀 간의 정이 끊어지지 않았음의 비유.
【藕絲 우사】 ①연의 줄기나 연뿌리에 있는 섬유. 蓮絲(연사). ②채색(彩色)의 이름.
【藕蕩 우탕】 연을 심은 정원의 작은 못.
【藕香 우향】 ①연꽃이 향기를 풍김. ②연꽃의 향기.
【藕花 우화】 연꽃. 蓮花(연화).

● 干挺ㅡ, 菓ㅡ, 丹ㅡ, 素ㅡ, 蓮ㅡ, 玉ㅡ.

艸 15 【藙】 ⑲ 오수유 의 ㉮ yì

[字解] 오수유(吳茱萸). 운향과의 낙엽 활엽 교목. 〔禮記〕三牲用藙.

艸 15 【藛】 ⑲ 藱(1567)의 속자

艸 15 【藱】 ⑲ 薲(1169)와 동자

艸 15 【藨】 ⑲ ①쥐눈이콩 표 ㉮ biāo ②딸기 표 ㉮ pāo ③물고랭이 보 ㉮ biāo

艸 15 【藭】 [字解] ①①쥐눈이콩. 서목태(鼠目太). ②물고랭이. 사초과에 딸린 여러해살이풀. 자리를 짜거나 짚신을 삼는 데 쓴다. =藨. ②①딸기. ②갈대 이삭. =藨·莩·葭·蒢. ③갈다. =藨·穙. ③물고랭이. ※❶의 ②와 같다.

艸 16 【薑】 ⑳ 薑(1549)과 동자

艸 16 【藱】 ⑳ 藱(1549)와 동자

艸 16 【藿】 ⑳ ①콩잎 곽 ㉮ huò ②낙화 깔릴 수 ㉮ ③國미역 곽

대법원 지정 인명용 한자의 음은 '곽'이다.

[字解] ①①콩잎. 콩의 어린잎. 〔詩經〕食我場藿. ②쥐눈이콩. 서목태(鼠目太). ≒鹿藿. ③향초(香草)의 이름. 〔左思·賦〕草則藿蒳豆蔲. ②낙화가 깔리다, 낙화가 흩어져 깔리는 모양. ③미역.
【藿羹 곽갱】 ①콩잎을 넣고 끓인 국. 콩잎국. ②변변하지 못한 음식.
【藿囊 곽낭】 콩잎을 가득 넣은 자루. 재능이 모자라는 사람.
【藿靡 곽미】 꽃 따위가 지는 모양.
【藿食者 곽식자】 콩잎을 먹는 사람. 곧, 백성(百姓). 관리·귀족을 육식자(肉食者)라 하는 데 대한 말.
【藿巖 곽암】 國미역이 붙어서 자라는 바위. 미역돌.
【藿耳 곽이】 미역귀. 미역의 꼭지.
【藿田 곽전】 國미역을 양식하는 밭. 미역을 따는 곳. 미역밭.

● 葵ㅡ, 鹿ㅡ, 芳ㅡ, 荍ㅡ, 藜ㅡ, 穙ㅡ, 牛ㅡ, 春ㅡ.

艸 16 【蘄】 ⑳ ①풀 이름 기 ㉮ qí ②고을 이름 기 ㉮ jī ③승검초 근 ㉮ qín

[字解] ①①풀 이름. ②승검초, 당귀(當歸). ¶山蘄. ③재갈, 마함(馬銜). ≒靳. 〔張衡·賦〕結駟方蘄. ④구하다, 빌어서 원하다. ≒祈. 〔莊子〕予惡乎知夫死者不悔其始之蘄生乎. ⑤나무 이름. ②고을 이름. 전국(戰國) 시대 초(楚)나라의 고을. 지금의 안휘성(安徽省). 〔史記〕陳勝等起蘄. ③승검초. ※❶의 ②와 같다.

艸 16 【夔】 ⑳ 夔(373)의 와자(譌字)

艸 16 【藤】 ⑳ 藤(1558)과 동자

艸部 16획 蘭 蘑 蘆 橑 濛 蘢 蘱 藺 蘉 蘋 薜 蘇

艸16 【蘭】 ⑳ 蘭(1564)의 속자

艸16 【蘑】 ⑳ 개냉이 력 〔錫〕 lì
초서 蘑 간체 苈 〔字解〕 개냉이, 정력(葶藶). 꿀풀과의 여러해살이풀.

艸16 【蘆】 ⑳ ❶갈대 로 〔虞〕 lú
❷절굿대 뿌리 려 〔魚〕 lú
소전 蘆 초서 芦 간체 芦 〔參考〕 대법원 지정 인명용 한자의 음은 '로'이다.
〔字解〕 ❶①갈대, 이삭이 아직 패지 않은 것. 〔淮南子〕 銜蘆而翔. ②무, 채소의 이름. ③냉이의 뿌리. ④성(姓). ❷절굿대의 뿌리. ¶漏蘆.
【蘆管 노관】 ①갈대 줄기. ②갈대 피리. 갈댓잎을 말아서 만듦. 蘆笛(노적).
【蘆笠 노립】 〔國〕 갈삿갓. 갈대로 결어 만든 삿갓.
【蘆菔 노복】 무. 蘿蔔(나복).
【蘆絮 노서】 갈대꽃.
【蘆雪 노설】 눈처럼 흰 갈대의 이삭.
【蘆雁 노안】 갈밭에 내려앉은 기러기.
【蘆荻 노적】 갈대와 물억새.
【蘆田 노전】 갈밭. 갈대밭.
【蘆汀 노정】 갈대가 우거진 물가.
【蘆洲 노주】 갈대가 난 사주(沙洲).
【蘆花 노화】 갈대꽃.
● 葭—, 菰—, 漏—, 碧—, 岸—, 藜—, 葦—, 荻—, 秋—, 蒲—, 胡—, 壺—, 瓠—.

艸16 【橑】 ⑳ 말린 매실 로 〔晧〕 lǎo
소전 橑 혹체 橑 초서 橑 동자 潦 동자 潦
동자 橑 〔字解〕 ①말린 매실. 〔周禮〕 其實棗·栗·桃·乾橑·榛實. ②말린 과실.

艸16 【濛】 ⑳ 橑(1562)와 동자

艸16 【蘢】 ⑳ ❶개여뀌 롱 〔東〕 lóng
❷모일 롱 〔董〕 lǒng
❸개여뀌 롱 〔送〕 lòng
소전 蘢 초서 蘢 〔字解〕 ❶①개여뀌, 마료(馬蓼). 여뀟과에 딸린 한해살이풀. ②덮어 가린 모양. 〔漢書〕 艸木蒙蘢. ❷모이는 모양. ¶蘢茸. ❸①개여뀌. ②대나 나무가 우거지다.
【蘢茸 농용】 모여 있는 모양.
【蘢蔥 농총】 초목이 무성한 모양.
【蘢蓯 농총】 ①모임. ②초목이 무성한 모양.

艸16 【蘱】 ⑳ 맑은대쑥 뢰 〔隊〕 lài
초서 蘱 〔字解〕 ①맑은대쑥. ≒蘱. ②덮다, 가리다. 〔莊子〕 隱將芘其所蘱.

艸16 【藺】 ⑳ 골풀 린 〔震〕 lìn
소전 藺 초서 藺 간체 蔺 〔字解〕 ①골풀, 등심초(燈心草). ②조약돌, 팔맷돌. ¶藺石. ③꽃창포. ≒茘.
【藺石 인석】 성 위에서 던져 적을 방어하는 데 쓰는 돌. 팔맷돌.

艸16 【蘉】 ⑳ 힘쓸 망 〔陽〕 máng
초서 蘉 〔字解〕 힘쓰다. 〔書經〕 汝乃是不蘉.

艸16 【蘋】 ⑳ 네가래 빈 〔眞〕 pín
소전 蘋 초서 蘋 간체 蘋 〔字解〕 ①네가래, 개구리밥, 부평(浮萍), 초장조(酢漿藻). 네가랫과에 딸린 여러해살이 수초(水草). ≒蘋. 〔詩經〕 于以采蘋. ②풀 이름. 〔陸機·擬青青陵上柏〕 冉冉高陵蘋.
【蘋蘩 빈번】 ①개구리밥과 다북쑥. ②변변하지 못한 제물(祭物).
【蘋藻 빈조】 수초(水草)의 이름. ◦'蘋'은 물 위에 뜬 풀, '藻'는 물속에 잠겨 있는 풀.
【蘋風 빈풍】 부평초 위를 스치는 바람.
● 綠—, 渚—, 藻—, 青—, 萍—.

艸16 【薜】 ⑳ 薜(1551)과 동자

艸16 【蘇】 ⑳ ❶차조기 소 〔虞〕 sū
❷향할 소 〔遇〕 sū
소전 蘇 초서 蘇 통자 穌 간체 苏 〔字源〕 形聲. 艸+穌→蘇. '穌(소)'가 음을 나타냄.
〔字解〕 ❶①차조기, 자소(紫蘇), 계임(桂荏). 꿀풀과에 딸린 한해살이풀. ②소생하다, 깨어나다. 〔春秋左氏傳〕 蘇而復上者三. ③쉬다, 고달픔을 벗어나서 쉬다. 〔書經〕 后來其蘇. ④깨다, 잠에서 깨다, 깨닫다. 〔楚辭〕 蘇世獨立. ⑤그르치다, 틀리다. ⑥풀. 〔莊子〕 蘇者取而爨之. ⑦땔나무, 섶. 〔列子〕 若果塊積蘇焉. ⑧풀을 베다. 〔曹松·詩〕 澤國江山入戰圖, 生民何計樂樵蘇. ⑨잡다, 취(取)하다. ≒穌. 〔楚辭〕 蘇糞壤以充幃兮. ⑩찾다, 구하다. 〔淮南子〕 蘇援世事. ⑪차다, 가득 차다. ⑫소홀히 하다. ≒疏. ⑬성(姓). ❷①향하여 가다. ≒傃. 〔荀子〕 蘇刃者死. ②거스르다, 역행하다. ≒遡.
【蘇塗 소도】 삼한(三韓) 때 천신(天神)에게 제사하던 성지(聖地).
【蘇復 소복】 ①병 뒤에 원기가 회복됨. ②병 뒤에 원기가 회복되도록 고기를 먹어 몸을 보함.
【蘇生 소생】 다시 살아남.
【蘇醒 소성】 잃었던 의식을 다시 회복함. 다시 깨어남.

【蘇蘇 소소】두려워 안절부절못하는 모양. 초조해하는 모양.
【蘇息 소식】숨을 돌이킴. 蘇生(소생).
【蘇張 소장】소진(蘇秦)과 장의(張儀). 둘 다 전국(戰國) 시대의 유세가(遊說家)로, 소진은 합종책(合從策)을, 장의는 연횡책(連衡策)을 주장하였음.
【蘇黃米蔡 소황미채】북송(北宋)의 4대 서가(書家). 곧, 소식(蘇軾)·황정견(黃庭堅)·미불(米芾)·채양(蔡襄).
❶ 姑-, 故-, 落-, 來-, 老-, 大-, 屠-, 茅-, 三-, 新-, 耶-, 紫-, 香-.

艸[䕡]⑳ 蓋(1555)과 동자

艸[藹]⑳ ❶열매 많이 열릴 애 ǎi
❷우거질 애 ǎi
❸우거질 알 ǎi
소전 초서 간체
字解 ❶❶열매가 많이 열리다. ❷우거지다, 초목이 무성하다.〔楚辭〕離芳藹之方壯兮. ❸부지런히 일하다. ❹윤택하다, 번지르르하다.〔管子〕藹然若夏之靜雲. ❺성(姓). ❷우거지다, 초목이 우거진 모양. ❸우거지다. ※❷와 같다.
【藹藹 애애】①성하고 많은 모양. ②초목이 무성한 모양. ③향기로운 모양. ④달빛이 흐릿한 모양. ⑤온화한 모양. ⑥아름답고 성한 모양. ⑦구름이 이는 모양. ⑧어둠침침한 모양.
【藹然 애연】①성한 모양. ②기분이 좋은 모양. ③구름이 모여드는 모양.
【藹蔚 애울】초목이 무성함. 蔚藹(울애).
❶ 唵-, 菴-, 蔚-, 幽-, 懃-, 隱-, 蔭-.

艸[蘂]⑳ 蕊(1546)의 속자

艸[蘃]⑳ 蘂(1563)의 와자(譌字)

艸[䕺]⑳ ❶거스를 오 wù
❷놀랄 악 è
초서 字解 ❶거스르다, 거역하다. ≒悟.〔莊子〕不敢䕺立. ❷❶놀라다, 경악하다. ≒䎽·愕.〔列子〕二日, 䕺夢. ❷꽃받침. =萼.

艸[蘊]⑳ 쌓을 온 yùn, wēn
간체 蘊 參考 어휘는 薀(1552)을 아울러 보라.
字解 ❶쌓다. =薀.〔莊子〕以是相蘊. ❷저축하다, 감추다.〔後漢書〕蘊匿古今. ❸간직하다, 감추다. ❹너그럽다, 포용(包容)하다. ❺맺히다, 울울해지다.〔詩經〕我心蘊結兮. ❻속내, 사물의 가장 심오한 것.〔宋史〕胺觀朱熹集注大學·論語·中庸·孟子, 發揮聖賢蘊奧, 有補治道. ❼모이다. ❽덥다, 기온이 따뜻하다. ≒熅.〔詩經〕蘊隆蟲蟲. ❾초목이 우거지다. ❿붕어마름. 수조(水藻)의 한 가지.〔左思·賦〕雜以蘊藻.
【蘊結 온결】마음이 맺혀 풀리지 않음. 가슴이 답답하여 막힘.
【蘊隆 온륭】무더움.
【蘊憤 온분】분한 마음을 감춤.
【蘊色 온색】색조(色調)를 싸서 감춤.
【蘊暑 온서】무더움.
【蘊粹 온수】순수한 덕을 쌓음.
【蘊藝 온예】기예(技藝)를 감춤.
【蘊奧 온오】학문·기예 등의 심오한 이치.
【蘊蘊 온온】①모이는 모양. ②무더운 모양.
【蘊藉 온자】①마음이 너그럽고 온화함. 縕藉(온자). ②함축성이 있고 여유가 있음.
【蘊藏 온장】깊숙이 간직하여 둠.
【蘊積 온적】저축하여 쌓음.
【蘊眞 온진】진실을 감춤.
【蘊質 온질】숨겨진 좋은 품성(稟性).
【蘊哲 온철】슬기를 쌓음.
【蘊蓄 온축】①물건을 많이 모아서 쌓음. ②학문·기예 등의 소양이 깊음.
【蘊抱 온포】가슴속에 재주나 포부를 깊이 간직함. 또는 그 재주나 포부.
【蘊含 온함】포함(包含)함.
❶ 瓊-, 高-, 器-, 內-, 密-, 崇-, 餘-, 五-, 幽-, 潛-, 藏-, 精-, 賢-, 幻-.

艸[蘁]⑳ 풀 이름 짐 qián, xún
字解 ①풀 이름. ②쐐기풀.

艸[藷]⑳ ❶사탕수수 저 zhū
❷참마 제·서 shǔ
소전 초서 參考 대법원 지정 인명용 한자의 음은 '저'이다.
字解 ❶사탕수수. ≒諸.〔張衡·賦〕藷蔗薑蠩. ❷참마, 산약(山藥). ≒薯·藷·藷.〔山海經〕景山北望少澤, 其上多草藷藇.
【藷芋 저우】고구마.
【藷蔗 저자】사탕수수.
❶ 甘-, 山-, 土-.

艸[藻]⑳ 말 조 zǎo
소전 혹체 초서 본자 동자 藻 藻 藻 藻 藻
字解 ①말, 바닷말. 물속에 나는 민꽃식물의 총칭. 가랫과에 딸린 여러해살이풀.〔詩經〕于以采藻. ②물에 있는 말, 아름다운 수초(水草).〔班固·答賓戲〕摛藻如春華. ③무늬, 채색, 아름다움. =繅·繰.〔曹植·七啓〕華藻繁縟. ④문채 있는 문장(文章), 아름다운 표현.〔陸機·賦〕以述先士之盛藻. ⑤장식하다, 수식하다.〔後漢書〕識深甄藻. ⑥그리다, 말[藻]의 모양을 그리다.〔論語〕山節藻梲. ⑦다섯 가지 색

으로 물들인 술. 천자의 면류관 앞뒤에 옥(玉)을 달아 매는 데 쓴다. 〔禮記〕天子玉藻. ⑧오색(五色)의 옥(玉). ≒璪. 〔山海經〕璧用一藻玉. ⑨깔개. 무두질한 가죽으로 널빤지를 덮어 싼 옥(玉) 받침. 〔禮記〕藻, 三采六等. ⑩감식(鑑識)하다, 품평(品評)하다. 〔李德裕・良相論〕品藻漢之將相.

【藻鑑 조감】 사물을 고를 때에 그 됨됨이나 품질을 알아보는 식견.
【藻鏡 조경】 ☞藻鑑(조감).
【藻棟 조동】 수초(水草)를 그린 마룻대.
【藻厲 조려】 ①아름답게 꾸밈. 훌륭하게 갈고 다듬음. ②외모를 단정히 하고 심신을 연마함.
【藻類 조류】 은화식물(隱花植物)에 딸린 물풀의 종류.
【藻文 조문】 ①무늬. 화려한 문채(文彩). ②잘 지은 글.
【藻抃 조변】 매우 기뻐함.
【藻蘋 조빈】 ①개구리밥. 부평초(浮萍草). ②조악(粗惡)한 나물. 거친 나물.
【藻思 조사】 시문(詩文)을 잘 짓는 재능.
【藻飾 조식】 ①몸단장을 함. 외모를 꾸밈. ②문장을 수식함.
【藻雅 조아】 시문(詩文)을 잘하고 풍류스러움. 文雅(문아).
【藻耀 조요】 아름답게 빛남.
【藻井 조정】 수초(水草) 무늬를 그린 천장. 수초는 불을 피한다는 뜻으로 그림.
【藻翰 조한】 ①아름다운 무늬가 있는 깃털. ②아름다운 문장.
【藻荇 조행】 수초(水草).
【藻火 조화】 ①수초인 말과 불꽃을 수놓은 무늬. 관위(官位)를 표시하기 위하여 관복(官服)에 수놓음. ②관복.
【藻繪 조회】 무늬. 文彩(문채).
❶ 嘉－, 擒－, 綺－, 馬－, 文－, 密－, 斧－, 浮－, 鳧－, 蘋－, 詞－, 辭－, 盛－, 粹－, 麗－, 玉－, 蘊－, 牛－, 才－, 萍－, 品－, 翰－, 海－, 鴻－.

艸 16 【薦】 ⑳ 薦(1553)과 동자

艸 16 【蘀】 ⑳ ❶낙엽 탁 藥 tuò ❷벗풀 택 陌 zé
[소전] 蘀 [소전] 蘀 [초서] 蘀 [동자] 蘀 [간체] 蘀
[字解] ❶①낙엽, 말라 떨어진 나뭇잎. 〔詩經〕蘀兮蘀兮, 風其吹女. ②떨어지다. 〔詩經〕十月隕蘀. ③풀 이름. ④갈댓잎. 〔西京雜記〕太液池邊, 皆是彫胡紫蘀綠節之類. ❷벗풀, 택사. =薄.
【蘀兮 탁혜】 나뭇잎이 시들어 떨어지려는 모양.

艸 16 【薄】 ⑳ 벗풀 택 陌 zé
[字解] 벗풀. =蘀.

【薄舄 택사】 벗풀. 연못에 나는 택사과의 여러해살이풀. 뿌리는 약재로 씀.

艸 16 【蘁】 ⑳ 藻(1557)와 동자

艸 16 【蘥】 ⑳ 菡(1519)과 동자

艸 16 【蘅】 ⑳ 곰취 형 庚 héng
[초서] 蘅 [字解] 곰취, 두형(杜蘅). ≒衡. 〔楚辭〕蘅芷彫兮瑩嫄.

艸 16 【蘍】 ⑳ 薰(1557)과 동자

艸 16 【蘐】 ⑳ 萱(1530)의 본자

艸 17 【蘧】 ㉑ ❶풀 이름 거 魚 jù ❷술패랭이꽃 구 虞 qú, jù ❸형태 있는 모양 거 魚 qú, jù
[소전] 蘧 [초서] 蘧 [동자] 蘧 [字解] ❶풀 이름. ❷①술패랭이꽃. 너도개미자릿과에 딸린 여러해살이풀. ②연(蓮), 연꽃. 〔張衡・賦〕蘧藕拔. ③줄버섯. 줄풀에서 나는 버섯. ④여사(旅舍). ¶ 蘧廬. ❸형태가 있는 모양. ≒據. 〔莊子〕蘧然覺.
【蘧蘧 거거】 ①스스로 즐기는 모양. ②높은 모양. ③많이 모이는 모양.
【蘧然 거연】 ①놀라고 기뻐하는 모양. ②형체가 있는 모양.
【蘧廬 구려】 여사(旅舍). 여관.

艸 17 【蘜】 ㉑ 국화 국 屋 jú
[소전] 蘜 [字解] 국화. =菊. 〔郝懿行義疏〕月令, 鞠有黃華, 卽此, 蓋蘜省借作鞠, 今又借作菊耳.

艸 17 【蘬】 ㉑ ❶냉이 씨 규 支 kuī ❷해바라기 귀 微 guī ❸사람 이름 훼 尾 huī
[소전] 蘬 [字解] ❶①냉이 씨. ②개여뀌, 마료(馬蓼). ❷①해바라기. ≒葵. ②냉이 씨. ※❶의 ①과 같다. ③개여뀌. ※❶의 ②와 같다. ❸사람 이름. 〔荀子〕其在中蘬之言也, 註云, 中蘬與仲虺同.

艸 17 【蘭】 ㉑ 난초 란 寒 lán
芇 芇 芇 門 門 蕑 蕑 蘭 蘭
[소전] 蘭 [초서] 蘭 [속자] 蘭 [간체] 兰 [字源] 形聲. 艸＋闌→蘭. '闌(란)'이 음을 나타낸다.

艸部 17획 蘞蘦蘨蘪蘮蘩蘚蘥

[字解]①난초. ㉮등골나물. 국화과에 딸린 여러해살이풀.〔漢書〕蕕蘭芷若.④난과에 딸린 향초 이름.②목란(木蘭), 목련.〔何晏·賦〕於是蘭栭積重.③병가(兵架), 도가(刀架), 창가(槍架). 병기(兵器)를 거는 것.〔管子〕輕罪入蘭盾鞈革二戟.④가로 뻗은 혈관(血管).〔史記〕夫以陽入陰支蘭藏者生.⑤차단(遮斷)하다, 우리. 늑蘭·欄.〔漢書〕與牛馬同蘭. ⑥떠돌다, 부랑(浮浪).〔列子〕宋有蘭子. ⑦성(姓).

【蘭客 난객】좋은 벗. 良友(양우).
【蘭契 난계】뜻이 맞는 친구 간의 두터운 교분. 金蘭之契(금란지계).
【蘭膏 난고】①향유(香油). ②난초의 꽃술에 괸 이슬.
【蘭交 난교】☞蘭契(난계).
【蘭閨 난규】①후비(后妃)의 침실. ②부녀자의 침실. 蘭房(난방).
【蘭堂 난당】아름다운 집. 훌륭한 집.
【蘭燈 난등】밝고 아름다운 등. 蘭燭(난촉).
【蘭房 난방】①난초 향기가 그윽한 방. 蘭室(난실). ②부녀자의 침실.
【蘭奢 난사】(佛)인도(印度)에서 사람을 칭찬하는 말.
【蘭石 난석】난초의 향기와 돌의 견고(堅固)함. 지조와 절의가 굳음.
【蘭省 난성】①상서성(尙書省)의 딴 이름. ②왕후(王后)의 침실. 蘭閨(난규).
【蘭室 난실】난초 향기가 그윽한 방. 선인(善人)이나 미인이 거처하는 방.
【蘭艾 난애】①난초와 쑥. ②군자와 소인.
【蘭艾同焚 난애동분】난초와 쑥을 함께 불태움. 군자와 소인의 구별이 없이 함께 재액을 당함. 玉石俱焚(옥석구분).
【蘭若 난야】❶난야 ❷난약】❶(佛)절. ○범어(梵語) 'āranya'의 음역어. 寺刹(사찰). 阿蘭若(아란야). ❷난초와 두약(杜若). 둘 다 향초(香草).
【蘭言 난언】서로 뜻이 맞고 마음이 통하는 말. 친우의 말.
【蘭輿 난여】난간을 베푼 아름다운 수레.
【蘭玉 난옥】①난초와 옥수(玉樹). 남의 자제(子弟)를 칭찬하여 이르는 말. ②여자의 절개.
【蘭章 난장】①훌륭한 문장. ②남의 편지의 존칭(尊稱).
【蘭殿 난전】왕후의 궁전.
【蘭亭殉葬 난정순장】물건을 사랑하는 마음이 두터움. [故事]당(唐) 태종(太宗)이 왕희지(王羲之)가 쓴 난정첩(蘭亭帖)을 아껴 관에 넣어 함께 묻도록 유명(遺命)한 고사에서 온 말.
【蘭藻 난조】아름다운 문장.
【蘭芷 난지】①난초와 구리때. ②현인(賢人). 미녀(美女).
【蘭芷漸滫 난지점수】향초(香草)를 오줌에 담금. 착한 사람이 나쁜 일에 물듦.
【蘭燭 난촉】아름다운 촛불. 蘭燈(난등).
【蘭摧玉折 난최옥절】난초가 꺾이고 옥이 부서짐. 현인(賢人)이나 미인 등의 죽음.
【蘭秋 난추】음력 칠월의 딴 이름.

【蘭蕙 난혜】향기로운 풀.○'蕙'도 난초의 한 가지.
【蘭薰 난훈】난초의 향기. 덕행(德行)이 아름다움의 비유.
❶金-, 樓-, 木-, 墨-, 芳-, 野-, 玉-, 幽-, 紫-, 芝-, 叢-, 香-, 蕙-, 萑-.

艸17【蘞】㉑ ❶거지덩굴 렴 liǎn ❷풀 맛 매울 힘 xiān
[소전][간체] 蘞 [字解]❶거지덩굴. =蘝. ❷풀 맛이 맵다.

艸17【蘦】㉑ 감초 령 líng
[소전][초서][동자] 蘦 蘦 蘦 [字解]①감초(甘草). ②떨어지다, 영락하다. 늑零.

艸17【蘨】㉑ 蘨(1562)와 동자

艸17【蘪】㉑ 천궁 미 méi
[소전][초서][동자] 蘪 蘪 蘪 [字解]①천궁(川芎), 궁궁이. =蘼. ②물속에 풀이 나다, 물과 풀이 엇걸리는 곳. 늑湄·麋.
【蘪蕪 미무】천궁(川芎). 궁궁(芎藭).

艸17【蘮】㉑ 蘮(1565)의 동자

艸17【蘩】㉑ 산흰쑥 번 fán
[소전][초서][본자] 蘩 蘩 蘩 [字解]①산흰쑥, 백호(白蒿).〔詩經〕于以采蘩. ②머위. ③부평초의 한 가지.〔左思·賦〕雜以蘊藻, 揉以蘋蘩.
【蘩葽 번루】너도개미자릿과에 속하는 두해살이풀. 별꽃.
❶蘋-, 水-, 采-.

艸17【蘚】㉑ 이끼 선 xiǎn
[초서][간체] 蘚 蘚 [字解]이끼, 음습한 곳에 나는 이끼.〔杜甫·詞〕蟲書玉佩蘚.
【蘚磴 선등】이끼 낀 돌층대.
【蘚書 선서】돌에 낀 이끼가 글씨를 쓴 것 같은 무늬를 이루고 있는 것.
【蘚崖 선애】이끼 낀 절벽.
【蘚牆 선장】이끼 낀 담.
【蘚苔 선태】이끼.
❶綠-, 碧-, 宣-, 水-, 淨-, 蒼-, 苔-.

艸17【蘥】㉑ 귀리 약 yuè

艸部 17～18획 蘘蘖蔾蘙蘟藉蘠藻蘗蔿蘴蓸蘨䕷蘵蘬蕞豐

艸17【蘘】㉑ ❶양하 양 陽 ráng
❷개맨드라미 상 陽 xiāng
❸풀 이름 낭 陽 nāng

소전 蘘 속자 蘘 초서 蘘 字解 ❶양하. 생강과에 딸린 여러해살이풀. ❷개맨드라미. 비름과에 딸린 한해살이풀. 늑蒢. ❸풀 이름. 새끼를 꼬는 데 쓴다.

艸17【蘖】㉑ ❶그루터기 얼 屑 niè
❷황경나무 벽 陌 bò

초서 蘖 參考 ①蘖(1566)은 딴 자. ②대법원 지정 인명용 한자음은 '얼'이다.
字解 ❶그루터기. 나무를 베어 낸 뒤에 남은 밑동. ❷움. 그루터기에서 돋은 움. 〔書經〕若顚木之有由蘖. ❸끊다. 〔詩經〕苞有三蘖. ❹가지를 쳐내다. 〔漢書〕然猶山不苄蘖. ❺허물, 재앙. ❻성(姓). ❷황경나무, 황벽나무. ※蘗(1566)의 속자.
【蘖芽 얼아】움. 그루터기에서 돋아난 움.
❶根-, 萌-, 芽-, 育-, 條-, 枝-, 黃-.

艸17【蔾】㉑ 까마귀머루 영 庚 yīng

초서 蔾 字解 까마귀머루. 포도과에 딸린 여러해살이 덩굴풀.
【蔾薁 영욱】까마귀머루.

艸17【蘙】㉑ 무성한 모양 예 霽 yì

초서 蘙 字解 무성한 모양, 초목이 무성하여 그늘지다. 〔郭璞·賦〕標之以翠蘙.
【蘙薈 예회】①초목(草木)이 무성하게 우거짐. ②덮어 가림.

艸17【蘟】㉑ 인동덩굴 은 吻 yǐn

字解 인동덩굴, 인동.

艸17【藉】㉑ 藉(1556)의 고자

艸17【蘠】㉑ 장미 장 陽 qiáng

소전 蘠 字解 ①장미(蘠薇). =薔. ②국화. ③수초의 이름. 열매는 먹는다. 늑蘬. 〔司馬相如·賦〕東蘠彫胡. ④비름.

艸17【藻】㉑ 藻(1563)와 동자

艸17【蘗】㉑ ❶승검초 폐 霽 bì
❷황경나무 벽 陌 bò

초서 蘗 參考 ①蘗(1566)은 딴 자. ②대법원 지정 인명용 한자음은 '벽'이다.

字解 ❶승검초, 당귀(當歸). =蘁. ❷①황벽나무, 황경나무. 운향과의 낙엽 교목. =檗. ②쓰다, 괴롭다. 황벽나무 속껍질로 쓴 데서 온 말.
【蘗苦 벽고】곤란하고 괴로움.
【蘗木 벽목】황벽(黃蘗)나무.

艸17【蔿】㉑ 꽃 화·위 紙 huā, wěi

초서 蔿 字解 꽃, 꽃이 피다. =花·華.

艸18【蘴】㉒ 蘴(1564)와 동자

艸18【蓸】㉒ 북소리 동 董 dǒng

字解 북소리.

艸18【蘨】㉒ 蘨(1538)와 동자

艸18【蘨】㉒ 풀 무성한 모양 요 蕭 yáo

소전 蘨 字解 풀이 무성한 모양.

艸18【蘬】㉒ ❶참마 저 魚 shǔ
❷참마 서 御 shǔ
❸풀 이름 저 魚 shǔ

字解 ❶참마. =稌. ❷참마. ※❶과 같다. =藷. ❸풀 이름. =藷. 〔山海經〕景山北望, 少澤多藷薁, 或作蘬.
【蘬糧 저량】감저(甘藷)를 말려서 쌀알만큼씩 잘게 썬 것.

艸18【䕷】㉒ 까마종이 직 職 zhī

동자 䕷 字解 까마종이. 가짓과에 딸린 한해살이풀. 과실은 먹으며, 잎과 줄기는 용규(龍葵)라 하여 약재로 쓴다.

艸18【蘵】㉒ 蘵(1566)과 동자

艸18【蘬】㉒ 薦(1553)과 동자

艸18【叢】㉒ 떨기 총 東 cóng

동자 叢 字解 ①떨기, 풀이 더부룩하게 무더기를 이룬 모양. 늑菆·藂·薵. ②그루, 그루터기.

艸18【豐】㉒ ❶순무 풍 東 fēng
❷배추 숭 東 sōng

字解 ❶순무. =葑. 〔詩經〕采葑采菲. 葑, 字書作豐. ❷배추. =菘.

艸部 18~21획

艸18 【藛】㉒ 겨릅대 할·개 鹽匣 jiē
字解 ①겨릅대. 껍질을 벗겨 낸 삼대. ②볏짚.

艸19 【蘁】㉓ 蘁(1558)의 본자

艸19 【蘁】㉓ 蘁(1558)과 동자

艸19 【蘿】㉓ 소나무겨우살이 라 歐 luó
소전 초전 간체 夢 字解 ①소나무겨우살이, 여라(女蘿), 송라(松蘿). 〔詩經〕蔦與女蘿. ②담쟁이덩굴. ③지칭개, 아호(莪蒿). ④무, 나복(蘿蔔). ⑤바자울. ≒籬. 〔周禮〕苑囿藩蘿之材.
【蘿徑 나경】담쟁이덩굴이 우거진 오솔길.
【蘿蔓 나만】담쟁이덩굴.
【蘿蔔 나복】무. 菁根(청근).
【蘿月 나월】담쟁이덩굴 사이로 보이는 달.
【蘿衣 나의】선태류(蘚苔類)에 속하는 이끼. 나무 위에 나는데 줄기는 실같이 가늘고 길며, 잎은 피침형임.
【蘿窓 나창】담쟁이덩굴이 뻗어 얽힌 창.
●葛一, 綠一, 藤一, 蔓一, 碧一, 纖一, 松一, 深一, 女一, 幽一, 靑一, 翠一.

艸19 【藟】㉓ 등나무 덩굴 루 紙 lěi
소전 주문 말서 字解 등나무 덩굴, 덩굴 식물의 총칭. =蘽·虆. ≒櫐.
【藟蕪 누무】순무의 하나.

艸19 【蘱】㉓ ❶풀 이름 류 寘 lèi ❷땅 이름 귀 寘 lèi
字解 ❶풀 이름, 물고랭이의 한 가지. ❷땅 이름. ≒繹. 〔春秋公羊傳〕公孫歸父帥師伐邾婁, 取蘱.

艸19 【蘺】㉓ 천궁 리 支 lí
소전 초서 동자 蘺 字解 ①천궁(川芎). 〔劉向·詩〕佩江蘺之裵裵. ②피, 돌피. ≒䅻. ③왕골. ④울타리, 바자울.

艸19 【蘼】㉓ 장미 미 支 mí
초서 字解 ①장미. ≒蘼·薇. ②천궁(川芎). ≒蘼·薇.
【蘼蕪 미곽】채소.
【蘼蕪 미무】천궁(川芎)의 싹. 어린 궁궁이.

艸19 【藾】㉓ 隋(1547)와 동자

艸19 【蘸】㉓ 담글 잠 陷 zhàn
소전 蘸 초전 蘸 속자 蘸 字解 ①담그다. 〔庾信·賦〕黛蘸油檀. ②초례. ※醮(1866)의 속자(俗字).
【蘸甲 잠갑】술을 가득 따른 술잔. ○술잔을 들면 손톱을 적시기 때문에 이르는 말.
【蘸墨 잠묵】붓을 먹물에 담금. 먹을 찍음.
【蘸物 잠물】데친 것.
【蘸釉 잠유】國도자기를 잿물에 적셔 잿물을 올림. 贊釉(찬유).
【蘸破 잠파】깨닫게 함. 각성(覺醒)시킴.

艸19 【蘁】㉓ 버무릴 제 齊 jī
초서 字解 ①버무리다, 무치다, 양념하다. =齏. ②채소 절임. ③부수다, 잘게 부수다. 〔杜甫·詩〕十月卽爲蘁粉期.
【蘁鹽 제염】①채소 요리. ②변변치 못한 음식. 齏鹽(제염).
【蘁糟 제조】하찮은 일을 장황하게 말함.

艸19 【蘳】㉓ 蘳(1557)와 동자

艸19 【蠾】㉓ 연화진달래 촉 沃 zhú
字解 연화진달래. 철쭉과에 딸린 낙엽 관목.

艸20 【䕤】㉔ 國화살 살
字解 화살.

艸20 【䕲】㉔ 산부추 섬 鹽 jiān
字解 ①산부추. ②지오공(地蜈蚣). 지네의 한 가지.

艸20 【蘳】㉔ 蘳(1557)와 동자

艸21 【虆】㉕ ❶덩굴 루 支 léi ❷짚 그릇 라 歌 léi
초서 字解 ❶덩굴. ≒藟·蘽. 〔曹植·種葛篇〕葛藟自成陰. ❷짚 그릇, 새끼로 결은 삼태기. ≒虆·欙·虆. 〔孟子〕蓋歸反虆梩而掩之.
【虆梩 나리】흙을 운반하는 농기구. 짚 그릇. 새끼나 가마니때기로 만듦.
【虆垂 누수】농기구의 한 가지. 가마니때기 네 귀에 새끼로 끈을 달아 흙 등을 나르는 데 씀.

艸21 【蘺】㉕ 蘺(1567)와 동자

艸21 【虉】㉕ ❶풀 이름 역 錫 yì ❷새 이름 역 陌 yì

艸部 23~33획 蘱蘲蘳蘴蘵蘶 虍部 0~2획 虍虎

字解 ❶풀 이름. ❷㉮새 이름. ㉯풀 이름. ※❶과 같다.

艸 23 【蘱】 ㉗ 물놀이칠 **약** yuè

字解 물놀이치다, 물 위로 바람이 불어 잔잔한 물결이 이는 모양.

艸 24 【蘲】 ㉘ 蕎(1565)과 동자

艸 24 【蘳】 ㉘ ❶향유 **양** niàng ❷채소 절임 **양** niàng

字解 ❶❶향유(香薷), 노야기, 향여(香茹), 향채(香菜). 꿀풀과에 딸린 한해살이풀. ❷담그다, 절이다. ❷채소 절임.

艸 25 【蘴】 ㉙ 차조 **문** mén

字解 ❶차조. 찰기가 있는 조. 늦麋. ❷장미. ¶蘴冬.
【蘴冬 문동】①천문동(天門冬). ②장미.

艸 25 【蘵】 ㉙ 고사리 **별** biē

字解 고사리. 늦鱉.

艸 33 【蘶】 ㉗ 짚신 **초**·**조** cū

字解 짚신. 물고랭이·왕골·짚 따위로 삼은 짚신.

虍 部

6획 부수 │ 범호엄부

虍 0 【虍】 ⑥ 호피 무늬 **호** hū

參考 한자 부수로 쓰일 때는 글자 모양이 '虍'으로 바뀌고, '범호엄'이라고 부른다.
字源 象形. 범 가죽의 무늬를 본뜬 글자.
字解 ❶호피(虎皮)의 무늬. ❷아직 나타나지 아니한 모양. ❸한자 부수의 하나, 범호엄.

虍 2 【虎】 ⑧ 범 **호** hǔ

字源 會意. 虍+儿→虎. '虍'는 범 가죽의 무늬, '儿'은 그 발. 합하여 '범'이라는 뜻을 나타낸다.

字解 ❶범.〔淮南子〕虎嘯而谷風至. ❷용맹스럽다. ㉮용맹함의 비유.〔詩經〕矯矯虎臣. ❹사납고 모짊의 비유.〔禮記〕苛政猛於虎也. ❸바둑 수법 이름, 호구(虎口)를 치다.
【虎踞 호거】①범처럼 웅크리고 앉음. ②지세(地勢)가 웅대(雄大)한 모습. ③괴이하게 생긴 돌의 모습.
【虎踞龍盤 호거용반】 범이 웅크리고 용이 서려 있음. 산세(山勢)가 웅장한 모습.
【虎溪三笑 호계삼소】 호계에서 세 사람이 웃음. 동양화 화제(畫題)의 한 가지. 故事 진대(晉代)의 승려 혜원(慧遠)이 여산(廬山) 동림사(東林寺)에서 수도하면서 호계를 건너 밖으로 나가지 않고 안거(安居)하겠다고 맹세하였으나, 서로 마음이 통하던 도잠(陶潛)과 육수정(陸修靜)을 전송할 때 무심코 건너게 되었는데, 호랑이 울부짖는 소리에 맹세를 어긴 것을 깨닫고 세 사람이 크게 웃었다는 고사에서 온 말.
【虎鵠 호곡】 과녁의 표시. 호랑이 가죽으로 만들어 사후(射侯) 안에 붙였는데, 왕이 대사례(大射禮)를 베풀 때 썼음.
【虎骨 호골】 범의 뼈. 약으로 씀.
【虎口 호구】①범의 입. 매우 위험한 지경이나 경우의 비유. ②엄지와 검지의 사이. 침구(鍼灸)의 합곡혈(合谷穴). ③國바둑에서, 바둑돌 석 점을 솥발 모양으로 놓은 곳. 상대편의 석 점이 이미 둘러싸고 있는 그 속.
【虎騎 호기】 용맹한 기병(騎兵).
【虎鈕 호뉴】 호랑이 모양으로 새긴 도장의 꼭지.
【虎膽 호담】 범의 쓸개. 약으로 씀.
【虎頭蛇尾 호두사미】 범의 머리와 뱀의 꼬리. 처음은 성(盛)하나 끝이 부진(不振)함.
【虎落 호락】①쪼갠 대나무로 만든 울짱. ②적의 왕래를 알기 위하여 요새(要塞) 밖에 모래를 깔아 놓은 것.
【虎狼 호랑】①호랑이와 이리. ②욕심이 많고 잔인한 사람.
【虎吻 호문】 범의 입. ㉠남을 해칠 상(相). ㉡아주 위험함.
【虎尾難放 호미난방】 國이미 잡은 범의 꼬리는 놓기 어려움. 위태한 처지에 빠져 이러지도 저러지도 못함.
【虎尾春冰 호미춘빙】 범의 꼬리와 봄철의 얼음. 몹시 위험함의 비유.
【虎班 호반】①범 가죽의 무늬. ②國무관(武官)의 반열. 武班(무반).
【虎榜 호방】 진사(進士) 시험 급제자의 성명을 발표하던 방. ○ '虎'는 준재(俊才)의 비유.
【虎變 호변】 범의 가죽 무늬처럼 여러 빛깔이 어우러져 곱게 빛남. ㉠문장이 매우 아름다움. ㉡때에 알맞게 고쳐 환히 빛남.
【虎變鼠 호변서】 호랑이가 쥐로 변함. 임금도 권세를 잃으면 신하에게 업신여김을 받는 존재가 됨.
【虎步 호보】 범처럼 걸음. 곧, 위엄 있는 거동(擧動).
【虎符 호부】 구리로 범 모양을 본떠 만들어서

虍部 2~4획 虎虐虐虔虒 1569

군대 동원의 표지로 쓰던 병부(兵符).
【虎父犬子 호부견자】 國호랑이 아비에 개의 새끼. 훌륭한 아버지에 비하여 못난 자식.
【虎負嵎 호부우】 범이 산모퉁이를 등지고 섬. 영웅이 한 지방에 할거(割據)함.
【虎賁 호분】 ①용맹스러운 군사. 勇士(용사). ②주대(周代)의 근위병(近衛兵).
【虎死留皮 호사유피】 범은 죽어서 가죽을 남김. 사람은 죽어서 이름을 남겨야 함. 豹死留皮(표사유피).
【虎嘯風生 호소풍생】 범이 울어 바람이 일어남. 영웅이 때를 만나 떨쳐 일어남.
【虎視眈眈 호시탐탐】 ①범이 먹이를 노려, 눈을 부릅뜨고 지켜보는 모양. ②강한 자가 약자의 것을 먹으려고 기회를 노리고 있는 모양.
【虎臣 호신】 용맹한 신하.
【虎列剌 호열자】 現콜레라(cholera)의 음역어. 虎疫(호역).
【虎威 호위】 범의 위세(威勢). 권세가의 위엄의 비유.
【虎彝 호이】 순(舜)임금의 제기(祭器). 범의 모양을 새긴 술그릇.
【虎而冠 호이관】 범이 관을 씀. 사람의 의관을 하여 외모를 꾸몄으나, 마음이 범처럼 잔인하고 횡포한 사람의 비유.
【虎翼 호익】 ①범에 날개. 세력가에 권력까지 더함의 비유. ②진형(陣形)의 이름.
【虎翼吏 호익리】 잔인하고 포악한 관리. 酷吏(혹리).
【虎子 호자】 ①범의 새끼. ②변기(便器). ③몸이 튼튼하고 건전한 사나이.
【虎前乞肉 호전걸육】 國범에게 고기 달라기. 어림도 없는 일을 계획함.
【虎竹 호죽】 동호부(銅虎符)와 죽사부(竹使符). 동호부는 출병(出兵)에, 죽사부는 징발에 신표로 쓰던 병부(兵符).
【虎蹲砲 호준포】 쇠뇌의 한 가지. 틀은 나무로 만들었는데, 모양은 호랑이가 웅크리고 앉아 있는 것과 같다.
【虎叱 호질】 호되게 꾸짖음.
【虎氅 호창】 범의 가죽으로 만든 등개.
【虎擲龍拏 호척용나】 범과 용이 맞잡고 침. 영웅끼리 다툼. 龍虎相搏(용호상박).
【虎豹 호표】 ①범과 표범. ②용맹한 병사. ③몹시 우악스럽고 사나운 것. ④범과 표범의 모양을 한 암석.
【虎皮下 호피하】 지위 높은 사람에게 보내는 편지 겉봉의 상대방 이름 아래에 쓰는 말. 좌하(座下)보다 더 높이는 뜻이 됨.
【虎穴 호혈】 ①범의 굴. 매우 위험한 곳의 비유. ②함정. 허방다리. ③國풍수지리에서, 범의 혈로 된 묏자리.
【虎患 호환】 國범에게 당하는 앙화(殃禍).

○騎—, 餒—, 狼—, 猛—, 搏—, 白—, 市—, 蠅—, 餓—, 臥—, 龍—, 熊—, 咆—, 暴—.

虍2 【虐】⑧ 虐(1569)과 동자

虍3 【虐】⑨ 사나울 학 ㊀약 nüè

[字源] 會意. 虍+爪+人→虐. 범(虍)이 발톱(爪)으로 사람(人)을 해친다는 데서 '모질게 다룬다'는 뜻을 나타낸다. 뒤에 '人'을 줄이고 '爪'를 'ㅌ'로 썼다.
[字解] ㉮사납다. ㉯해치다, 상하다. 〔楚辭〕紂暴虐以失位兮. ㉰모질다. 〔書經〕不虐無告, 不廢困窮. ②잔인하다, 가혹(苛酷)하다. 〔孟子〕民之憔悴於虐政, 未有甚於此時者也. ③죽다. 〔春秋左氏傳〕無穢虐士. ④재앙. 〔書經〕殷降大虐.
【虐待 학대】 가혹하게 대함.
【虐士 학사】 죽은 사람.
【虐使 학사】 잔학(殘虐)하게 부림.
【虐殺 학살】 참혹하게 죽임.
【虐政 학정】 포학한 정치. 苛政(가정).
【虐疾 학질】 몹시 심한 병. 흑독한 병.

○苛—, 大—, 邪—, 威—, 淫—, 殘—, 侵—, 貪—, 暴—, 害—, 酷—, 橫—.

虍3 【虐】⑨ 虐(1569)과 동자

虍4 【虔】⑩ 정성 건 ㊀ qián

[字解] ①정성, 공경하다. =謹. 〔春秋左氏傳〕虔卜於先君也. ②단정한 모양. ③굳다, 굳게 잡아쥐다. 〔詩經〕虔共爾位. ④상하다, 죽이다. 〔春秋左氏傳〕虔劉我邊陲. ⑤어지럽게 하다. 〔書經〕奪攘矯虔. ⑥빼앗다. ⑦범이 가는 모양, 용맹스러운 모양. 〔詩經〕有虔秉鉞.
【虔恪 건각】 조심하고 삼감. 공손함.
【虔虔 건건】 조심하고 삼가는 모양.
【虔敬 건경】 경건(敬虔)함.
【虔恭 건공】 삼가 공손한 모양.
【虔劉 건류】 모조리 죽여 해침.
【虔誠 건성】 삼가고 정성스러운 일.
【虔肅 건숙】 삼감.

○恪—, 敬—, 恭—, 肅—, 嚴—, 寅—, 精—.

虍4 【虒】⑩ ❶뿔범 사 ㊀ sī
❷현 이름 제 ㊁ tí
❸가지런하지 않을 치 ㊂ zhì

[字解] ❶뿔범. 전설상의 동물로, 범과 비슷하고 뿔이 달려 있다고 한다. ❷현 이름. 제해(虒奚)는 하북성(河北省) 밀운현(密雲縣)의 동북에 있는 현

〈虎蹲砲〉

虍部 4~5획 虓 虒 虙 處 處 虛 虖

(縣). ❸가지런하지 아니하다. 〔司馬相如·賦〕 傑池茈虒.

虍4 【虓】 ⑩ 울부짖을 효 囲 xiāo
[字解] ①울부짖다. 〔太玄經〕虎虓振廄. ②범이 성내다. 〔詩經〕闞如虓虎. ③사자(獅子). ④두들기다. 늑敲. 〔呂氏春秋〕船人怒而以楫虓其頭.
【虓闞 효감】 ①노하여 소리 지르는 모양. ②성내는 모양.
【虓怒 효노】 범이 성내어 울부짖음. 용맹한 기세의 비유.
【虓將 효장】 용맹한 장수. 虎將(호장).
【虓呼 효호】 범이 노하여 울부짖음. 용맹함.
【虓虎 효호】 ①성난 범. ②용맹한 장수와 병졸.
【虓吼 효후】 범이 노하여 울부짖음.
❶ 闞—, 雄—, 呼—.

虍4 【虒】 ⑩ 虓(1570)와 동자

虍5 【虙】 ⑪ 엎드릴 복 囲 fú
[字解] ①엎드리다. 늑伏. 〔詩經〕太峰虙戲氏之墟. ②범의 모양. ③성(姓). 늑宓. 〔顔氏家訓〕孔子弟子虙子賤爲單父宰, 卽虙羲之後.
【虙妃 복비】 복희씨(伏羲氏)의 딸. 낙수(洛水)에 빠져 죽어 수신(水神)이 되었다 함. 宓妃(복비).

虍5 【處】 ⑪ ❶살 처 囲 chǔ ❷곳 처 囲 chù ❸사람 이름 거 囲 jù
⼁⼂⼃广庐虎虍虐處處
[字解] 形聲. 虍+処→處. '処(처)'가 음을 나타낸다.
[字解] ❶①살다. ㉮머물러 있다. 〔禮記〕去者 半, 處者半. ㉯남아서 지키다. 〔春秋左氏傳〕 及處守者. ㉰묵다, 안정되다. 〔荀子〕處舍收藏, 欲周以固. ㉱쉬다, 안정되다. 〔春秋左氏傳〕民有寢廟, 獸有茂草, 各有攸處, 德用不擾. ㉲마음을 두다. 〔孟子〕處仁遷義. ㉳거처하다. 〔易經〕 上古穴居而野處. ㉴자리를 차지하고 있다. 〔史記〕人之賢不肖, 譬如鼠矣, 在所自處耳. ㉵집에 있다. 〔易經〕或出或處. ㉶야(野)에 있다, 벼슬을 하지 않다. 〔荀子〕古之所謂處士者. ㉷ 시집가지 아니하다. 〔莊子〕綽約若處子. ②두다. ㉮자리 잡고 있다. 〔呂氏春秋〕而安處 之. ㉯안정시키다. 〔禮記〕何以處我. ㉰저축하다. 〔管子〕處器之具. ③정하다, 결정하다. 〔晉書〕人間巧僞滋多, 雖處以嚴刑, 而不能禁止.

④분별(分別)하다. 〔晉書〕處分旣定, 乃啓請伐吳之期. ⑤일을 처리하다, 다스리다. 〔春秋左氏傳〕德以處事. ⑥앓다. 〔呂氏春秋〕陽城胥渠無常處. ❷①곳, 위치. 〔史記〕遷徙往來無常處. ②평상(平常), 일상(日常). 〔呂氏春秋〕喜怒無處. ③관서(官署)의 호칭(呼稱). ④<國>왕실·귀족의 사유지. 〔高麗史〕上下皆撤處干. ❸사람 이름. 늑據.
【處干 처간】 고려 때 왕실이나 귀족, 사원(寺院) 등의 사유지에 딸려 있던 천민.
【處決 처결】 ①결정하여 조처함. 판결하여 처단함. ②사형(死刑)에 처함.
【處女 처녀】 ①성숙한 미혼의 여자. 순결한 여자. 處子(처자). ②처음으로 하는 일.
【處斷 처단】 결단하여 처리함.
【處待 처대】 대접.
【處理 처리】 일을 다스려 무마함.
【處罰 처벌】 형벌에 처함.
【處變 처변】 ①일의 기틀을 따라 변통성 있게 잘 처리함. ②변사(變事)를 당하여 그것을 잘 처리함.
【處分 처분】 ①처치함. 처벌함. ②죄의 유무를 분별함. ③행정 또는 사법 관청에서 특정 사건에 대하여 법규를 적용하는 징계(懲戒).
【處士 처사】 벼슬하지 않고 초야(草野)에 묻혀 있는 선비. 處子(처자).
【處事 처사】 일을 처리함.
【處暑 처서】 24절기의 하나. 입추(立秋)와 백로(白露) 사이의 절기. 양력 8월 23일경.
【處心 처심】 마음에 둠. 유의(留意)함.
【處約 처약】 곤궁한 지경에 있음.
【處子 처자】 ①處女(처녀)❶. ②處士(처사).
【處地 처지】 ①자기가 처해 있는 경우나 환경. ②서로 사귀어 지내 온 관계. ③지위, 신분.
【處斬 처참】 참형(斬刑)에 처함.
【處處 처처】 ①어디 없이. 각처(各處). 도처(到處). ②처소(處所). ③여기저기. 군데군데. ④마땅히 있어야 할 곳에 있음.
【處置 처치】 ①일을 감당하여 처리함. ②처리하여 없애거나 죽임.
【處刑 처형】 ①형벌에 처함. ②사형을 집행함.
❶ 居—, 難—, 妙—, 逃—, 僻—, 常—, 安—, 野—, 要—, 幽—, 隱—, 定—, 穴—.

虍5 【處】 ⑪ 處(1570)의 속자

虍5 【虛】 ⑪ 虛(1571)의 속자

虍5 【虖】 ⑪ ❶울부짖을 호 囲 hū ❷사람 이름 호 囲 hù ❸울부짖을 후 囲 hū ❹어조사 호 囲 hú ❺내 이름 형 囲
[字解] ❶①울부짖다, 맹수가 울부짖다. ②탄식하는 소

리, 오호(嗚呼). ≒呼. 〔漢書〕嗚摩, 何施而臻此與. ❷사람 이름. ❸울부짖다, 범이 울부짖다. ❹어조사. 의문의 뜻을 나타내는 말. ※乎(43) 의 고자(古字). 〔漢書〕寧令從諛承意陷主於不誼乎. ❺내 이름, 강 이름. ¶摩池.
【摩池 형지】산서성(山西省) 번현(繁縣)에서 발원하여, 동남으로 흘러 천진시(天津市) 부근에 이르러 위하(衛河)에 합류되는 강.

虛 ⑫ 빌 허 圖 xū

广 尸 庐 虍 虚 虛 虛 虛 虛

字源 形聲. 虍+丘→虛. '虍(호)'가 음을 나타낸다.

字解 ①비다. ㉮없다, 존재하지 아니하다. 〔張衡·賦〕有馮虛公子者. ㉯적다, 드물다. 〔呂氏春秋〕不知其稼居地之虛也. ㉰모자라다. 〔素問〕虛者聶辟氣不足. ㉱약하다. 〔呂氏春秋〕齊國以虛也. ②비워 두다. 〔史記〕公子從車騎, 虛左, 自迎夷門侯生. ③틈, 빈틈. ❹공허(空虛)하다. 〔淮南子〕若循虛而出入. ❺속에 든 것이 없이 비다. 〔禮記〕執虛如執盈. ❻무념무상(無念無想). 〔莊子〕唯道集虛, 虛者心齋也. ❼마음. 〔淮南子〕是故虛室生白. ❽하늘. 〔孫綽·賦〕太虛遼廓而無閡. ❾앓다. 〔呂氏春秋〕人之竅九, 一有取居, 則八虛, 八虛甚久則身蹶. ❿큰 언덕. =墟. 〔詩經〕升彼虛矣. ⑪옛 터, 폐허. 〔春秋左氏傳〕大辰之虛也. ⑫위치, 방위(方位). 〔易經〕周流六虛. ⑬별자리, 성좌(星座). 〔國語〕實沈之虛, 晉人是居. ⑭28수(宿)의 하나, 허수(虛宿). 〔書經〕宵中星虛. ⑮살다, 거(居)하다. ≒居. 〔荀子〕仁非其里而虛之非禮也.

【虛喝 허갈】허세를 부리어 공갈함. 虛猲(허갈).
【虛怯 허겁】마음이 허약하여 겁이 많음.
【虛憍 허교】실속 없이 자기의 가치나 능력을 뽐냄. 자부(自負)함. 虛驕(허교).
【虛己 허기】사심(私心)을 없애고 마음을 비움.
【虛氣 허기】①물체는 없는데 냄새만 나는 것. ②□虛氣平心(허기평심). ③일시적인 충동에서 일어나는 기운.
【虛飢 허기】몹시 심한 시장기.
【虛器 허기】①신분에 맞지 않는 쓸데없는 도구. ②실권(實權)이 없는 이름뿐인 것. ③빈 그릇.
【虛氣平心 허기평심】감정을 가라앉혀 마음을 고요하게 함.
【虛洞 허동】굴(窟).
【虛頭 허두】國글이나 말의 첫머리.
【虛浪 허랑】國허황하고 실답지 않음.
【虛冷 허랭】國몸이 허약하고 수족이 참.
【虛靈 허령】①마음이 잡된 생각이 없이 신령함. ②포착할 수는 없으나 그 영험이 불가사의함.
【虛靈不昧 허령불매】마음이 잡된 생각이 없이 신령하여 어둡지 않음.
【虛勞 허로】심신이 허약하고 피로함.
【虛留 허류】國창고에 쌓아 둔 환곡(還穀)을 소비하고 장부에만 있는 듯이 기록하던 일.
【虛妄 허망】어이없고 허무함.
【虛名無實 허명무실】이름만 있고 실상이 없음. 有名無實(유명무실).
【虛耗 허모】①헛되이 소모(消耗)함. ②몸이 쇠약하고 피로함. 虛勞(허로).
【虛無 허무】①아무것도 없이 텅 빔. ②덧없음. 無常(무상). ③허공(虛空).
【虛無孟浪 허무맹랑】터무니없이 거짓되고 실속이 없음.
【虛無恬淡 허무염담】사심(私心)이 없고 사물에 얽매이지 않는 일. 스스로를 공허하게 하여 마음에 품는 바가 없고 담박무위(淡泊無爲)한 일. 노장 사상(老莊思想)의 근본을 이루는 것. 虛靜恬淡(허정염담).
【虛病 허병】꾀병. 佯病(양병).
【虛費 허비】쓸데없는 비용을 씀.
【虛想 허상】쓸데없는 생각. 부질없는 상념.
【虛勢 허세】실상이 없는 기세.
【虛所 허소】들 가운데의 교역장(交易場). 월남(越南) 지방의 방언임. 野市(야시).
【虛疏 허소】허술함. 虛漏(허루).
【虛損 허손】텅 비고 상함.
【虛送 허송】하는 일 없이 헛되이 시간을 보냄. 虛度(허도).
【虛受 허수】①선입감(先入感)이 없이 남의 말을 들음. ②재능이 없는 사람이 헛되이 관직(官職)을 받음.
【虛室 허실】①거처하지 않는 방. ②꾸밈이 없는 방.
【虛實 허실】①거짓과 참. 眞僞(진위). ②공허(空虛)와 충실(充實).
【虛室生白 허실생백】방을 개방하면 저절로 광선이 들어와 환하게 됨. 무념무상(無念無想)의 심경에 이르면, 저절로 진리에 도달할 수 있음.
【虛心坦懷 허심탄회】마음에 거리낌이 없이 솔직한 태도로 품은 생각을 터놓고 말함.
【虛心平意 허심평의】마음에 아무 일도 생각하지 않고, 고요하며. 애증호오(愛憎好惡)의 생각이 없고 공평무사한 태도.
【虛弱 허약】①몸이 허하고 약함. ②세력이나 권력이 약함.
【虛言 허언】①실속 없는 빈말. ②거짓말.
【虛延歲月 허연세월】헛되이 세월만 끎.
【虛榮 허영】①자기 분수에 넘치고 실속이 없어 겉모습뿐인 헛된 영화(榮華). ②필요 이상의 겉치레.
【虛往實歸 허왕실귀】①잡념 없는 마음으로 대해 나가면 사물의 이치는 저절로 깨닫게 되어 배(腹)에 가득 채운 상태로 돌아오게 됨. ②아직 배우지 않고 가서 덕(德)을 얻어서 돌아옴.
【虛位 허위】①실권(實權)이 없는 지위. ②헛된 이름. 空名(공명).
【虛威 허위】겉으로 꾸민 헛된 위세(威勢).
【虛僞 허위】거짓. 虛妄(허망).
【虛而實 허이실】허하면서도 실함. 속이 빈 듯

虍部 7획 虜虜虞虞

【虛引 허인】 ①빈 활을 잡아당겨 소리를 냄. ②사념(邪念) 없는 평정한 마음으로 사람을 대함. ③한문에서 본제(本題)에 들어가기 전에 복선(伏線)으로 미리 본문에 맞는 말을 슬쩍 해 두는 일.
【虛日 허일】 한가한 날. 할 일이 없는 날.
【虛字 허자】 ①쓸데없는 글자. ②실자(實字)・조자(助字) 이외의 글자. ㉠무형(無形)의 것을 나타내는 글자. 飛・流・行・走 따위. ㉡전치사, 후치사, 감동사 등의 글자. 於・于・哉・焉 따위.
【虛葬 허장】 ①오랫동안 생사를 모르거나 시체를 찾지 못하는 경우에 옷가지나 유품으로 장사를 지냄. ②거짓으로 장사를 지냄.
【虛張聲勢 허장성세】 헛되이 명성과 위세를 폄. 실력은 없으면서 허세만 부림.
【虛點 허점】 허술하거나 불충분한 점. 주의가 미치지 못하거나 틈이 생긴 구석.
【虛靜 허정】 망상이나 잡념이 없이 마음이 항상 평정함.
【虛靜恬淡 허정염담】 마음속에 티끌만큼의 사심도 없이 깨끗하게 비워 고요하며, 담박무위(淡泊無爲)함. 虛無恬淡(허무염담).
【虛舟 허주】 ①빈 배. ②아무 거리낌 없는 마음.
【虛中 허중】 ①공허함. ②공복(空腹). ③마음속에 아무 잡념이나 거리낌이 없음.
【虛中子 허중자】 대나무의 딴 이름.
【虛沖 허충】 허심탄회(虛心坦懷)함.
【虛誕 허탄】 거짓되고 미덥지 않음. 황당무계함.
【虛脫 허탈】 정신이 멍하고 몸에 기운이 빠진 상태.
【虛風 허풍】 ①동짓날, 남쪽에서 부는 질풍(疾風). 흔히 사람을 해치는 데서 적풍(賊風)이라고도 함. ②國사실과 맞지 않아 믿음성이 적은 과장된 언행.
【虛汗 허한】 원기가 허하여 나는 땀. 헛땀.
【虛行 허행】 ①헛되게 행(行)해짐. ②목적을 이루지 못한 걸음. 헛걸음.
【虛虛實實 허허실실】 허실(虛實)의 계책을 써서 싸움. 곧 계략이나 기량을 다하여 적의 실(實)을 피하고 허(虛)를 틈타 싸움.
【虛荒 허황】 ①거짓되고 근거가 없음. ②國마음이 들떠서 황당함.
【虛暈 허훈】 ①햇무리. 달무리. ②원기가 쇠약하여 일어나는 어질증.

○ 謙ー, 空ー, 廣ー, 淩ー, 大ー, 四ー, 盈ー, 靜ー, 中ー, 淸ー, 充ー, 太ー, 平ー.

虍7 【虜】 ⑬ 포로 로 🔲 lǔ

[소전] [초서] [속자] [간체] 字解 ① 포로, 사로잡다. ＝擄. 〔漢書〕其將固可襲而虜也. ②종, 하인. 〔史記〕嚴家無格虜而名也. ③오랑캐. 중국 남방 사람들이 북방 사람들을 멸시하여 부르던 말. 〔後漢書〕羌虜及疏勒龜玆. ④적(敵), 반역자. 〔魏文帝・詩〕不戰屈敵虜. ⑤강

하다. ⑥빼앗다. ＝鹵. 〔張載・詩〕珍寶見剽虜.
【虜騎 노기】 오랑캐의 기병(騎兵).
【虜掠 노략】 사람을 사로잡고 재물을 약탈함. 虜略(노략).
【虜囚 노수】 포로.
【虜獲 노획】 적을 산 채로 잡거나 적의 목을 베어 죽임.

○ 係ー, 驕ー, 奴ー, 讐ー, 亡ー, 僕ー, 俘ー, 囚ー, 首ー, 臣ー, 敵ー, 捕ー, 降ー.

虍7 【虜】 ⑬ 虜(1572)의 속자

虍7 【虞】 ⑬ 虞(1572)와 동자

虍7 【虞】 ⑬ 헤아릴 우 🔲 yú

[소전] [초서] 字解 ①헤아리다. 〔孟子〕有不虞之譽, 有求全之毁. ②헤아림. 〔書經〕儆戒無虞. ③염려하다, 근심 걱정하다. 〔易經〕悔吝者憂虞之象也. ④경계(警戒), 대비(對備). 〔國語〕衞文公有邢翟之虞. ⑤바라다. 〔春秋左氏傳〕且日虞四邑之至也. ⑥고르다, 선택하다. ⑦돕다. ⑧속이다. 〔春秋左氏傳〕爾無我詐, 我無爾虞. ⑨돌리다, 두르다. 〔呂氏春秋〕利不足以虞其意矣. ⑩거스르다. ≒忤. 〔崔駰・頌〕謐爾無虞. ⑪놀라다. ⑫유지하다, 보존하다. ⑬오락하다. 〔易經〕虞吉. ⑭편안하다, 안정하다. 〔國語〕虞于湛樂. ⑮즐기다. ≒娛. 〔漢書〕君安虞而民和睦. ⑯잘못. ≒誤. 〔詩經〕無貳無虞. ⑰어진 짐승 이름, 추우(騶虞). 의로운 짐승으로 흰 바탕에 검은 무늬가 있으며, 산 것을 잡아먹지 않고, 지신(至信)의 덕을 가진 임금이 있으면 나타난다고 한다. ⑱벼슬 이름. 산과 못을 맡아보았다. ⑲우제(虞祭). 장례를 치른 뒤 집으로 돌아와 지내는 초우・재우・삼우의 제사. 〔禮記〕士虞禮. ⑳왕조(王朝) 이름. 순(舜)임금 때의 나라를 부르던 이름. ㉑나라 이름. ㉮순임금의 조상이 봉해진 나라. ㉯우(禹)임금이 순임금의 아들 상균(商均)을 봉한 나라. ㉰주대(周代)의 나라 이름. 〔詩經〕虞芮質厥成.
【虞唐 우당】 유우씨(有虞氏)와 도당씨(陶唐氏). 곧, 순(舜)임금과 요(堯)임금.
【虞犯 우범】 범죄를 저지를 우려가 있음.
【虞殯 우빈】 장례 행렬이 행진할 때 부르는 노래. 葬送曲(장송곡).
【虞韶 우소】 순(舜)임금이 지은 음악.
【虞舜 우순】 순(舜)임금.
【虞淵 우연】 ①해가 지는 곳. ②해질 녘.
【虞芮之訟 우예지송】 서로 사양하여 송사(訟事)가 종식됨. 故事 주대(周代) 초기에 우와 예 두 나라가 지경(地境)을 둘러싸고 다투어 결말이 나지 않으므로 서백(西伯), 곧 문왕(文王)에게 판결을 받으러 주(周)의 경내에 들어서니, 밭 가는 사람은 밭고랑을 양보하고 길 가는 사

람은 길을 양보하는 것을 보고는 감화하여 다시는 싸우지 않았다는 고사에서 온 말.
【虞人 우인】산림, 소택(沼澤), 짐승을 기르는 동산을 맡아보던 벼슬아치. 虞官(우관). 虞衡(우형).
【虞廷 우정】순(舜)임금의 조정. 어진 임금이 다스리는 조정. 虞庭(우정).
【虞祭 우제】장례를 치른 뒤에 처음으로 지내는 제사인 초우(初虞), 두 번째 지내는 제사인 재우(再虞), 세 번째 지내는 제사인 삼우(三虞)의 총칭.
【虞初 우초】①한(漢) 무제(武帝) 때의 소설가. 의술에도 능했으며, 그가 지은 주설(周說)은 주대(周代)의 전설(傳說)을 집록(集錄)한 것으로 소설(小說)의 원조로 추앙받았음. ②소설.
【虞衡 우형】☞虞人(우인).
【虞候 우후】①산림과 소택(沼澤)을 맡아보던 벼슬아치. ②척후(斥候)와 간사한 무리를 살피는 일을 맡아보던 벼슬아치. ③조선 때 각 도의 병영(兵營)과 수영(水營)에 두었던 종3품·정4품의 무관 벼슬.
◑ 艱—, 近—, 多—, 唐—, 無—, 不—, 山—, 綏—, 外—, 憂—, 騶—, 澤—, 驩—.

虍 7【號】⑬ ❶부르짖을 호 [豪] háo
❷부를 호 [號] hào

[소전] [초서] [속사] 号 [간체] 号 [字源] 會意. 号+虎→號. 범〔虎〕이 큰 소리로 운다〔号〕는 뜻을 나타낸다.
[字解] ❶①**부르짖다**. 〔詩經〕 誰之永號. ②**큰 소리로 울면서 한탄하다**. 〔顔氏家訓〕 禮以哭有言者爲號. ③**닭이 울다**. 〔晉書〕 冰凍始泮, 蟄蟲始發, 雞始三號. ④**범이 울다**. ⑤**의문사, 어찌**. =胡. ¶ 號然. ❷①**부르다**. ㉮불러오다. 〔春秋左氏傳〕 見衞在城上, 號之, 乃下. ㉯호(號)하다, 일컫다. 〔北史〕 自號隱君. ㉰양언(揚言)하다, 선전하다. 〔漢書〕 號百萬. ②**이름**, 명호(名號). ㉮통칭(通稱) 이외의 이름, 호(號). 〔史記〕 賜奢號爲馬服君. ㉯명칭. 〔國語〕 而能知山川之號. ㉰시호(諡號). ㉱공신호(功臣號) ③**소문**, 성문(聲門). 〔說苑〕 嘉號布於外. ④**암호의 말**, 군호. 〔宋史〕 先得賊軍號. ⑤**신호**, 첩보(諜報). 〔劉禹錫·詩〕 火號休傳警, 機橋罷亘空. ⑥**표**, 표지(標識). 〔禮記〕 易服色, 殊徽號. ⑦**호령하다**. 〔莊子〕 何不號於國中. ⑧**명령**. 〔呂氏春秋〕 先發聲出號. ⑨**호통**(號筒). 아가리가 둥글고 긴 대롱처럼 생겼으며, 불어서 호령을 전한다.
【號叫 호규】울부짖음. 소리 지름. 외침.
【號旗 호기】①신호용의 기. 信號旗(신호기). ②군기(軍旗).
【號咷 호도】목 놓아 욺. 대곡(大哭).
【號令 호령】①지휘하는 명령. ②[國]큰 소리로 꾸짖음.
【號令如山 호령여산】호령이 산과 같음. 호령은 엄중하여 변경할 수 없음.
【號令如汗 호령여한】호령이 흘린 땀과 같음. 한번 발포(發布)한 명령은 취소하지 못함.
【號房 호방】명대(明代)에 과거(科擧)를 보던 사람들이 들어가던 방. 호수(號數)를 천자문(千字文)의 순으로 분류하였음.
【號屛 호병】비의 신(神). 雨神(우신).
【號俸 호봉】직제(職制)나 연공(年功)을 기초로 하여 정해진 급여 체계에서의 등급.
【號召 호소】여러 사람들을 불러서 오게 함.
【號然 호연】왜 이러한가. 胡然(호연).
【號外 호외】돌발 사건이 있을 때에 신속한 보도를 위해 임시로 발행하는 신문이나 잡지.
【號泣 호읍】목 놓아 욺. 號哭(호곡).
【號衣 호의】군복(軍服).
【號笛 호적】신호·군호로 부는 나발·피리·사이렌 따위.
【號天 호천】하늘에 부르짖어 하소연함.
【號筒 호통】군중(軍中)에서 입으로 불어서 호령을 전하는 대롱 같은 물건.
【號牌 호패】조선 때 16세 이상의 남자가 차던 신분을 증명하는 패.
【號寒啼饑 호한제기】추위와 굶주림으로 욺. 극빈(極貧)함.
【號火 호화】신호로 올리는 불.
◑ 改—, 驚—, 口—, 舊—, 國—, 叫—, 記—, 旗—, 怒—, 名—, 番—, 別—, 負—, 符—, 商—, 殊—, 諡—, 信—, 雅—, 暗—, 哀—, 年—, 泣—, 尊—, 追—, 稱—, 呼—, 徽—.

虍 8【虡】⑭ 쇠북 걸이 틀 기둥 거 [語] jù

[소전] [전문] [혹체] [초서] [본자] 虡 [동자] 簴 [字解] ①**쇠북을 거는 틀 기둥**. 〔周禮〕 爲筍虡. ②**책상**. ③**신령스러운 짐승 이름**. 녹두(鹿頭) 용신(龍身)으로, 기둥 장식에 이 짐승의 모양을 새긴다.
【虡業 거업】종·경쇠 등의 악기를 거는 틀. 🔍 '虡'는 종고(鐘鼓)를 거는 틀, '業'은 그 가로 나무 위의 큰 널빤지.

虍 8【虡】⑭ 虡(*1573*)의 본자

虍 9【虢】⑮ 범 발톱 자국 괵 [陌] guó

[소전] [초서] [字解] ①**범의 발톱 자국**. ②**나라 이름**, 주(周)와 동성(同姓)인 나라. ㉮문왕의 아우 괵중(虢仲)이 처음 봉해진 땅. 서괵(西虢). 지금의 섬서성(陝西省) 보계현(寶雞縣) 괵성(虢城). ㉯평왕(平王)의 동천(東遷)에 따라 서괵(西虢)이 옮긴 땅. 남괵(南虢). 지금의 하남성(河南省) 섬현(陝縣). ㉰괵중(虢仲)의 자손이 차지한 땅. 북괵(北虢). 지금의 산서성(山西省) 평륙현(平陸

虎部 9~20획 虩 䚚 虠 戲 䚜 彪 虧 虩 䚛 䚝 虩 虪 虪　虫部 0획 虫

縣).〔春秋左氏傳〕晉侯復假道於虞以伐虢.
㉣ 문왕의 아우 괵숙(虢叔)이 봉해진 땅. 동괵(東虢). 지금의 하남성(河南省) 형택현(滎澤縣) 형정(滎亭).
【虢國夫人 괵국부인】당대(唐代) 양귀비(楊貴妃)의 언니. 화장을 하지 않고 스스로 아름다움을 자랑하여 맨얼굴로 천자를 뵈었다고 함.

虎9 【虣】 ⑮ 사나울 포 bào
字源 會意. 虎+䖑→虣. '䖑'는 '武'의 본자. '虎'와 합하여 '사납다'라는 뜻을 나타낸다.
字解 사납다, 학대하다. ≒暴.〔周禮〕以刑罰禁虣而去盜.

虎10 【䖘】 ⑯ 범 도 tú
字解 범, 호랑이.

虎10 【虓】 ⑯ 불안할 오 yào
字解 불안하다, 뒤뚱거리다.
【虓虓 오오】 불안한 모양.

虎10 【虥】 ⑯ 살쾡이 잔 zhàn
字解 ①살쾡이, 삵. ②범의 한 가지. 〔韓愈·詩〕下言人吏稀, 唯足彪與虥.

虎10 【虤】 ⑯ 범 성내는 모양 현 yàn
字源 會意. 虎+虎→虤. '虎' 둘을 합하여 범이 성냄의 뜻을 나타낸다.
字解 범이 성내는 모양.

虎11 【彪】 ⑰ 범 무늬 반 bīn
字解 범의 무늬.

虎11 【虧】 ⑰ 이지러질 휴 ㋐규 kuī
字解 ①이지러지다, 한 귀퉁이가 떨어져 나가다. ㉮기력이 줄다. ㉯줄다, 깎이다. ㉰제거(除去)하다. ㉱그치다, 그만두다.〔楚辭〕唯昭質其猶未虧. ㉲부서지다, 무너지다.〔詩經〕不虧不崩. ㉳한 부분이 떨어져 나가다.〔史記〕日中則昃, 月滿則虧. ②줄다.〔書經〕功虧一簣. ③덕택으로, 다행히.〔淸平山堂話本〕虧你兩中下着得, 諸般事兒都不理.
【虧價 휴가】값을 깎음.
【虧缺 휴결】한 부분이 떨어져 나감. 완전하지 않음.

【虧桼 휴문】①어지럽게 마구 뒤섞임. ②휘저어 흩뜨림.
【虧本 휴본】밑천이 줆. 손실(損失)함.
【虧負 휴부】빚짐. 그 노고(勞苦)에 응수(應酬)하지 못하는 일.
【虧喪 휴상】이지러져 없어짐. 缺損(결손).
【虧損 휴손】이지러짐.
【虧蝕 휴식】①해와 달이 이지러짐. 일식(日蝕)과 월식(月蝕). ②자본금의 결손(缺損).
【虧失 휴실】이지러져 없어짐.
【虧盈 휴영】①이지러짐과 참. 달이 둥글었다 이지러졌다 함. ②가득 차지 않게 함.
【虧月 휴월】이지러진 달. 조각달.
【虧蔽 휴폐】이지러지고 가리어짐.
【虧形 휴형】신체를 훼손함.
【虧欠 휴흠】결손(缺損). 부족(不足).
● 傾−, 覆−, 盈−, 漸−, 中−, 頹−, 蔽−.

虎12 【虩】 ⑱ ❶두려워하는 모양 혁 xì
❷범 놀랄 색 sè
字解 ❶①두려워하는 모양.〔易經〕震來虩虩. ②파리잡이거미, 승호(蠅虎). ❷①범이 놀라는 모양. ②놀라 두려워하다. =愬.
【虩虩 혁혁】 두려워하는 모양.

虎12 【䚛】 ⑱ 虩(1574)와 동자

虎13 【虪】 ⑲ ❶범 놀라는 모양 색 sè
❷범 우는 소리 혈 xì
字解 ❶범이 놀라는 모양. ❷범이 우는 소리.

虎13 【虩】 ⑲ 虩(1574)의 와자(譌字)

虎14 【虪】 ⑳ 범 싸우는 소리 은·은 yín
字解 범이 싸우는 소리, 두 마리의 범이 싸우는 소리.

虎20 【虪】 ㉖ 검은 범 숙·육 shù
字解 검은 범.〔左思·賦〕暴虪虪.

虫部
6획 부수 | 벌레훼부

虫0 【虫】 ⑥ ❶벌레 훼 huī
❷벌레 충 chóng
參考 ①虫과 蟲은 본래 딴 자이지

虫部 1~3획 虬 虯 虱 蚓 蚒 虵 蛍 蚆 虽 虸 蚕 虹 蚕 蛩 虺 蚳

만, ❷의 뜻일 때는 虫가 蟲의 속자(俗字)로 쓰인다. ❷한자의 구성에서 변에 쓰일 때는 '벌레충변'이라고 부른다. ❸대법원 지정 인명용 한자의 음은 '충'이다.
[字源] 象形. 살무사가 몸을 사리고 있는 모양을 본뜬 글자.
[字解] ❶①벌레. ②살무사. ≒虺. ❷벌레.

虫1 【虬】 ⑦ 虯(1575)와 동자

虫2 【虯】 ⑧ 규룡 규 尤 qiú
[소전] [초서] [동자]
[字解] ①규룡(虯龍). 양쪽 뿔이 있는 새끼 용. ②뿔 없는 용. 〔揚雄·賦〕 駟蒼螭兮六素虯.
【虯鬚 규수】 규룡처럼 구부러진 수염.
【虯髥 규염】 규룡처럼 구불구불한 수염.
◐ 蛟—, 蟠—, 蟉—, 潛—, 赤—.

虫2 【虱】 ⑧ 蝨(1588)과 동자

虫2 【蚒】 ⑧ 蛯(1579)와 동자

虫3 【蚒】 ❶장구벌레 간 寒 hán
❷범할 간 翰 gàn
[초서]
[字解] ❶장구벌레. 모기의 애벌레. ❷①범하다, 침범하다. 〔漢書〕 白虹蚒日, 連陰不雨. ②좀먹다, 좀이 물건을 쏟다.
【蚒日 간일】 태양을 범함.
【蚒蟹 간해】 장구벌레와 게.

虫3 【虵】 ⑨ 螽(1587)과 동자

虫3 【蚕】 ⑨ 螽(1587)의 속자

虫3 【虵】 ⑨ 蛇(1578)의 속자

虫3 【虽】 ⑨ 雖(1966)의 속자

虫3 【虸】 ⑨ 며루 자 紙 zǐ
[초서]
[字解] 며루, 자방충(虸蚄蟲). 각다귀의 애벌레로 곡식의 뿌리와 싹을 잘라 먹는 해충. 〔金史〕 新平等縣虸蚄蟲生.

虫3 【蚕】 ⑨ 길 천 銑 chǎn
[소전]
[字解] ①기다, 벌레가 꿈틀거리며 기어가는 모양. ②어리석다. =蠢.

虫3 【虹】 ❶무지개 홍 東 hóng
❷어지러울 항 江 hóng
[소전] [주문] [초서] [동자] [동자]
[参考] 대법원 지정 인명용 한자의 음은 '홍'이다.
[字解] ❶①무지개. 〔王勃·序〕 虹銷雨霽. ②채색(彩色)한 기(旗). 〔楚辭〕 建虹采以招指. ③기름접시, 등잔에 기름을 담는 그릇. =釭. 〔考古圖〕 王氏銅虹. ④무지개 다리. 〔陸龜蒙·詩〕 橫截春流架斷虹. ⑤공격하다, 순양(純陽)이 음기(陰氣)를 공격하다. ❷어지럽다, 어지럽히다. =訌. 〔詩經〕 彼童而角, 實虹小子.
【虹橋 홍교】 ①무지개. 彩橋(채교). ②무지개처럼 생긴 다리. 무지개 다리. 虹棧(홍잔).
【虹洞 홍동】 연이어진 모양. 澒洞(홍동).
【虹沴 홍려】 재앙의 전조로서의 무지개.
【虹蜺 홍예】 무지개. ◐'虹'은 빛이 선명한 수무지개, '蜺'는 빛이 연한 암무지개.
【虹霓 홍예】 ①무지개. ②별 이름.
【虹霓門 홍예문】 인방(引枋)을 무지개같이 반월형(半月形)으로 만든 문. 虹蜺門(홍예문).
【虹棧 홍잔】 무지개같이 높이 벼랑에 걸친 잔교(棧橋).
【虹彩 홍채】 안구의 각막과 수정체 사이에서 동공(瞳孔)을 둘러싸고 있는 둥글고 얇은 막.
【虹泉 홍천】 폭포(瀑布).
◐ 絳—, 跨—, 錦—, 爛—, 丹—, 晚—, 文—, 白—, 雾—, 宛—, 雄—, 長—, 直—, 彩—.

虫3 【蚕】 ⑨ 虹(1575)과 동자

虫3 【蛩】 ⑨ 虹(1575)과 동자

虫3 【虺】 ❶살무사 훼 尾 huǐ
❷고달플 회 灰 huī
[소전]
[字解] ❶①살무사. 독사의 한 가지. 〔新唐書〕 前有巨虺守穴. ②도마뱀〔蜥蜴〕. ③작은 뱀, 어린 뱀. 〔國語〕 爲虺弗摧, 爲蛇將若何. ④우렛소리. 〔詩經〕 虺虺其雷. ❷고달프다, 말이 병들어 고달프다, 말 병. 〔詩經〕 陟彼崔嵬, 我馬虺隤.
【虺蛇 훼사】 ①독사. ②악인.
【虺蛇入夢 훼사입몽】 살무사나 뱀의 꿈을 꿈. 딸을 낳을 태몽(胎夢).
【虺蜴 훼역】 ①살무사와 물여우. ②남을 해치는 사악(邪惡)한 사람.
【虺蜴 훼척】 ①살무사와 도마뱀. ②해독(害毒)을 끼치는 것.
【虺虺 훼훼】 우렛소리.
【虺隤 훼퇴】 병들고 지침.
◐ 毒—, 蜥—, 蝮—, 蛇—, 王—.

虫3 【蚳】 ⑨ 虫(1574)과 동자

虫部 4획 蚧 蚗 蚣 蚑 蚪 蛃 蚊 蚕 蚄 蚌 蚥 蚥 蚡

虫4 【蚧】⑩ 조개 이름 개 囲 jiè

字解 ①조개 이름.〔大戴禮〕冬燕雀入於海, 化而爲蚧. ②합개(蛤蚧). 도마뱀의 한 가지. 폐병에 약재로 쓴다. ③옴. 늑疥.
【蚧搔 개소】옴. 전염성 피부병의 한 가지.

虫4 【蚗】⑩ ❶쓰르라미 결 囲열 jué ❷도롱뇽 결 囲 quē

字解 ❶쓰르라미. 매미의 한 가지.〔王逸·九思〕蚵蚗兮噍噍. ❷①도롱뇽. ②씽씽매미.

虫4 【蚣】⑩ ❶지네 공 東 gōng ❷여치 송 图 zhōng

参考 대법원 지정 인명용 한자의 음은 '공'이다.
字解 ❶지네. 지넷과에 속하는 절지동물의 한 가지. ¶ 蜈蚣. ❷여치. 여칫과의 곤충을 통틀어 이른다. ＝蜙. ¶ 蚣蝑.
【蚣蝑 송서】여치·메뚜기·베짱이 등 여칫과 곤충의 총칭. 螽斯(종사).

虫4 【蚑】⑩ 길 기 囡圛 qí

字解 ①기다, 벌레가 기어가는 모양. ②갈거미, 소초(蠨蛸). ＝跂.
【蚑行 기행】①벌레가 기어감. ②기어 다니는 것. 곧, 벌레나 짐승의 총칭.
【蚑行蟯動 기행요동】작은 벌레.

虫4 【蚪】⑩ 올챙이 두 囿 dǒu

参考 蚪(1575)는 딴 자.
字解 올챙이. 늑斗. ¶ 蝌蚪.

虫4 【蛃】⑩ 말매미 면 囲 mián

字解 말매미, 마조(馬蜩). 매밋과의 곤충. ¶ 蛃蚗.
【蛃蚗 면결】말매미, 선충(蟬蟲).

虫4 【蚊】⑩ 모기 문 因 wén

字解 모기. 장구벌레가 우화(羽化)한 곤충.〔莊子〕蚊虻嗜膚, 則通昔不寐矣.
【蚊脚 문각】①모기의 다리. ②가는 글씨.
【蚊雷 문뢰】모기떼의 윙윙거리는 소리가 대단함을 우렛소리에 견주어 한 말.
【蚊甿 문맹】모기와 등에. ㉠소인(小人). ㉡쓸모 없는 것. 蚊虻(문맹).
【蚊甿走牛羊 문맹주우양】모기와 등에가 소와 양에 붙어 피를 빨아 달리게 한다. 작은 것이 큰 것을 제압할 수 있음.
【蚊蚋 문예】모기.
【蚊蚋負山 문예부산】모기가 산을 짐. 역량이 적어 중임(重任)을 감당하지 못함.
【蚊幬 문주】모기장. 蚊帳(문장). 蚊幭(문주).
【蚊陳 문진】모기의 떼. 蚊群(문군).
【蚊睫 문첩】①모기의 속눈썹. ②극히 미세함.
【蚊幌 문황】작은 모기장.
○朝蠅暮-, 聚-, 避-.

虫4 【蚕】⑩ 蚊(1576)과 동자

虫4 【蚄】⑩ 며루 방 陽 fāng

字解 며루, 자방충(虸蚄蟲).

虫4 【蚌】⑩ 방합 방 講灡 bàng

字解 ①방합. 방합(蚌蛤)과의 민물조개.〔左思·賦〕蚌蛤珠胎, 與月虧全. ②말씹조개. 마합(馬蛤)과에 속하는 민물조개.
【蚌珠 방주】진주조개에서 나온 진주(眞珠).
【蚌蛤 방합】검은색 바탕에 갈색 무늬가 있는 타원형의 민물조개.
【蚌鷸之勢 방휼지세】방합과 도요새가 싸우는 형세. 서로 적대(敵對)하여 버티고 양보하지 않음. 故事 도요새가 방합을 먹으려는 순간에 방합이 조가비로 도요새의 부리를 잡고 서로 버티다가 어부에게 둘 다 잡히고 되었다는 고사에서 온 말. 鷸蚌之勢(휼방지세).
【蚌鷸之爭 방휼지쟁】방휼지세(蚌鷸之勢)로 다투어 결국 제삼자만 유리하게 하는 다툼. 鷸蚌之爭(휼방지쟁).
○巨-, 老-, 珠出老-, 鷸-.

虫4 【蚥】⑩ 두꺼비 보 圛 fù, fú

字解 ①두꺼비, 하마(蝦蟆). ②벌레 이름. 매미의 큰 것. ③사마귀, 버마재비, 당랑(螳螂).

虫4 【蚥】⑩ 노린재 보 圛 fǔ

字解 노린재, 오이의 잎을 갉아 먹는 벌레.

虫4 【蚨】⑩ 파랑강충이 부 虞 fú

字解 ①파랑강충이. ¶ 青蚨. ②돈의 딴 이름.〔張正見·謝賜錢啓〕青蚨委質.

虫4 【蚡】⑩ 두더지 분 因 fén

字解 ①두더지, 전서(田鼠). ＝鼢.〔新唐書〕蚡穴於門. ②소리가 흐트

虫部 4획 蚉 蚍 蚜 蚦 蚋 蚘 蚖 蚏 蚗 蚓 蚖 蚕 蚤 蚇 蚩

러지는 모양. ¶蚡緼.
【蚡鼠 분서】두더지.
【蚡息 분식】모여 불어남.
【蚡緼 분온】소리가 흐트러지는 모양.

虫⁴【蚉】⑩ 蚡(1576)과 동자

虫⁴【蚍】⑩ 왕개미 비 囿 pí
[소전][혹체][초서] [字解]①왕개미. 개미과의 곤충으로 보통 개미보다 크다.〔韓愈·序〕外無蚍蜉蟻子之援.②당아욱. ≒芘. ¶蚍衃.
【蚍衃 비배】당아욱. 금규(錦葵).
【蚍蜉 비부】왕개미.
【蚍蜉撼大樹 비부감대수】왕개미가 큰 나무를 흔들려고 함. 견식(見識)이 적은 사람이 함부로 자기보다 훌륭한 사람을 비평함. 蚍蜉撼大木(비부감대목).

虫⁴【蚜】⑩ 진딧물 아 麻하 囿 yá
[초서] [字解]①진딧물. 초목의 잎이나 가지에 떼 지어 붙어서 진을 빨아 먹는 작은 해충.〔黃庭堅·文〕紅螺蚜光.②갈다, 맷돌질하다.

虫⁴【蚦】⑩ 비단뱀 염 囹 rán
[소전][초서] [字解]비단뱀, 대사(大蛇).

虫⁴【蚋】⑩ 蝸(1586)와 동자

虫⁴【蚘】⑩ ❶치우 우 尤 yóu ❷거위 회 灰 huí
[字解]❶치우(蚩蚘). 제후(諸侯)의 이름. ≒尤. ❷거위, 회충(蛔蟲). =蛔.

虫⁴【蚖】⑩ ❶영원 원 元 yuán ❷살무사 완 寒 wán
[소전][소전] [字解]❶영원(蠑蚖). 양서류(兩棲類)로 도롱뇽과 비슷하게 생겼다. ❷살무사.
【蚖膏 원고】영원에서 짠 기름으로 켠 등불.
【蚖蝮 완복】살무사.

虫⁴【蚏】⑩ 팽활 월 月 yuè
[字解] 팽활, 소라게. 방게보다 작고 엄지발가락에 털이 없으며 바닷가에 사는 게의 한 가지.

虫⁴【蚗】⑩ 蛣(1577)과 동자

虫⁴【蚓】⑩ 지렁이 인 軫 yǐn
[초서][혹체] 螾 [字解] 지렁이.〔孟子〕夫蚓, 上食槁壤, 下飮黃泉.
【蚓泣 인읍】슬프게 들리는 지렁이의 울음소리.
【蚓操 인조】오로지 흙과 물을 먹으면서, 달리 구하는 것이 없는 지렁이의 절조(節操). 사람이 작은 절개를 지킴.
❶蚯-, 附-, 紫-, 秋-, 春-, 寒-.

虫⁴【蚝】⑩ 쐐기 자 寘 cì
[字解]①쐐기, 풀쐐기. 노랑쐐기나방의 애벌레. =䖹.〔韓愈, 孟郊·詩〕痒肌遭蚝刺.②가뢰, 반모(班蝥).

虫⁴【蚕】⑩ ❶지렁이 전 銑 tiǎn ❷누에 잠 覃 cán
[초서] [字解]❶지렁이, 한인(寒蚓). ❷누에. ※蠶(1603)의 속자(俗字).

虫⁴【蚤】⑩ 벼룩 조 晧皓 zǎo
[소서][혹체][초서] [字解]①벼룩.〔曹植·論〕得蚤者, 莫不糜之齒牙, 爲害身也.②일찍, 일찍이. ≒早.〔孟子〕蚤起, 施從良人之所之.③손톱. ≒爪.〔墨子〕差論蚤牙之士.
【蚤甲 조갑】손톱. 爪甲(조갑).
【蚤起 조기】아침 일찍 일어남.
【蚤莫 조모】아침과 저녁. 朝暮(조모).
【蚤蝨 조슬】벼룩과 이.
【蚤牙之士 조아지사】발톱이나 어금니가 조수(鳥獸)를 보호하듯이 임금을 지키는 선비. 곧, 보필의 신하.
【蚤夜 조야】일찍 일어나고 늦게 잠.
【蚤天 조요】젊어서 죽음. 夭死(요사).
【蚤腸出食 조장출식】圖벼룩의 간 내어 먹기. 보잘것없는 이익을 부당하게 갉아 먹으려 함.
【蚤知之士 조지지사】선견지명(先見之明)이 있는 사람. 기회를 보는 데 민감한 사람.
【蚤寢晏起 조침안기】일찍 자고 늦게 일어남.

虫⁴【蚇】⑩ 자벌레 척 陌 chǐ
[字解] 자벌레. ≒尺. ¶蚇蠖.
【蚇蠖 척확】자벌레. 尺蠖(척확).

虫⁴【蚩】⑩ ❶어리석을 치 支 chī ❷기어갈 치 紙 chǐ
[소전][초서][동서] [字解]❶①어리석다.〔後漢書〕宗室無蚩者.②벌레 이름.③업신여기다, 얕보다, 모멸하다.〔張衡·賦〕蚩眩邊鄙.④희롱하다.⑤추하다, 더럽다. ≒媸.〔陸機·賦〕姸蚩好惡, 可得而言.❷기어가다, 벌레가 기어가는 모양.
【蚩笑 치소】비웃음. 嗤笑(치소).

虫部 4~5획   蚕 虵 蚶 蛆 蚨 蛄 蛊 蚤 蚯 蛐 蛋 蛎 蛉 蜜 蛃 蚹 蛇

【蚩蚩 치치】 ①어리석은 모양. ②인정이 두터운 모양. 돈독한 모양. ③어지럽게 얽힌 모양.
【蚩眩 치현】 업신여겨 속임.

虫4 【蚕】⑩ 蠶(1577)와 동자

虫4 【虵】⑩ 虵(1575)와 동자

虫5 【蚶】⑪ 새고막 감 覃 hān
[字解] ①새고막. 살조갯과의 조개. 새고막·피조개·피안다미조개 등의 이름이 있다. 〔郭璞·賦〕洪蚶專車. ②다슬기. 다슬깃과 고둥의 하나.
【蚶田 감전】 새고막을 양식하는 곳.
【蚶菜 감채】 새고막의 한 가지.

虫5 【蛆】⑪ 노래기 거 語 jù
[字解] 노래기. 절지동물의 한 가지. 지네 비슷하나 몸이 훨씬 작고, 노린내를 풍긴다. 〔莊子〕猶使蚊負山, 商蚷馳河也.

虫5 【蚨】⑪ ①두꺼비 거 語 qǔ ②거북손 겁 屑 jié
[字解] ①두꺼비. ②거북손. 갑각류(甲殼類) 만각목(蔓脚目)의 절지동물.

虫5 【蛄】⑪ 땅강아지 고 虞 gū
[字解] ①땅강아지. 하늘밥도둑. 〔李賀·詩〕嘹嘹濕蛄聲. ②씽씽매미. 〔莊子〕蟪蛄不知春秋. ¶바구미. ¶蛄螽.
【蛄螽 고시】 바구미. 바구밋과의 곤충.

虫5 【蛊】⑪ 蠱(1602)와 동자

虫5 【蚤】⑪ 蚤(1580)의 속자

虫5 【蚯】⑪ 지렁이 구 尤 qiū
[字解] 지렁이. 〔禮記〕蚯蚓出.
【蚯蚓 구인】 지렁이. 蚯蝝(구인).
【蚯蚓鑽額 구인찬액】 지렁이가 이마를 송곳 삼아 구멍을 뚫음. 몹시 고생함.

虫5 【蛐】⑪ 蝸(1584)과 동자

虫5 【蛋】⑪ 새알 단 翰 dàn
[字解] ①새알, 새의 알. ②해녀(海女). ③오랑캐 이름. 남방(南方)에 사는 오랑캐로 무자맥질을 잘한다.
【蛋殼 단각】 알의 껍데기. 卵殼(난각).
【蛋白 단백】 알의 흰자위. 卵白(난백).
【蛋白質 단백질】 생물체를 구성하는 고분자 유기물의 총칭. 탄소·수소·질소·산소 따위를 함유함. 鷄卵素(계란소). 흰자질.
【蛋黃 단황】 알의 노른자위. 卵黃(난황).

虫5 【蛎】⑪ 방아깨비 력 錫 lì
[字解] 방아깨비. 딱따깨비. 메뚜깃과의 곤충. 뒷다리가 매우 커서 끝을 손으로 잡아 쥐면 디딜방아처럼 끄떡끄떡 몸을 움직인다.
【蛎蠖 역확】 자벌레. 尺蠖(척확).

虫5 【蛉】⑪ 잠자리 령 青 líng
[字解] ①잠자리. 〔謝朓·詩〕蜻蛉草際飛. ②배추벌레. ③씽씽매미. ¶蛉蛄.
【蛉蛄 영고】 씽씽매미. 蟪蛄(혜고).

虫5 【蜜】⑪ 蜜(1585)과 동자

虫5 【蛃】⑪ 반대좀 병 梗 bǐng
[字解] 반대좀. 의어(衣魚). 담어(蟫魚). 백어(白魚).
【蛃魚 병어】 반대좀. 옷·책·종이 등을 쏘는 좀.

虫5 【蚹】⑪ 비늘 부·복 遇屋 fù
[字解] ①비늘, 뱀의 배에 있는 비늘. 〔莊子〕吾待蛇蚹蜩翼邪. ②달팽이의 한 가지.

虫5 【蛇】⑪ ①뱀 사 麻 shé ②구불구불 갈 이 支 yí
口 ㅁ 中 虫 虵 虵 蚆 蛇 蛇
[혹체] 虵 [초서] 蛇 [속자] 虵 [参考] 대법원 지정 인명용 한자의 음은 '사'이다.
[字源] 形聲. 虫+它→蛇. '它(타)'가 음을 나타낸다.
[字解] ❶①뱀. 파충류(爬蟲類)의 한 가지. = 它. 〔春秋左氏傳〕丑父寢於軥, 蛇出於其下. ②자벌레. ③별 이름. 〔春秋左氏傳〕蛇乘龍. ④성(姓). ❷①구불구불 가다, 용·뱀 따위가 구불구불 가는 모양. ¶委蛇. ②생각이 천박(淺薄)하다. 〔詩經〕蛇蛇碩言, 出自口矣.
【蛇蝎 사갈】 ①뱀과 전갈(全蠍). ②남을 해치거나 불쾌한 느낌을 주는 사람.
【蛇弓 사궁】 ①활 그림자가 술잔의 술에 비치어

虫部 5획 蜿蚰蚴蚵蛆蛅蛁蛀蚔蛰蚱 1579

뱀같이 보이는 일. 蛇影(사영). ②활 이름.
【蛇毒 사독】뱀의 독. 아주 심한 해독.
【蛇龍 사룡】이무기가 변하여 된다는 용.
【蛇無頭不行 사무두불행】뱀이 머리가 없으면 나아가지 못함. 무리를 지어 횡행하는 자는, 두목이 없으면 일을 할 수가 없음.
【蛇紋石 사문석】뱀 껍질 같은 무늬가 있는 어두운 녹색이나 연두색 돌. 장식용 석재로 씀.
【蛇蚹 사부】①뱀의 비늘. ②서로 의지함. ◯뱀은 비늘로 움직이고 비늘은 뱀을 따라 움직이는 데서 온 말.
【蛇豕 사시】①뱀과 큰 돼지. ②욕심이 많고 포악한 사람. 長蛇封豕(장사봉시).
【蛇神 사신】용문산(龍門山)에서 우왕(禹王)에게 팔괘(八卦)의 그림을 지시하고 옥간(玉簡)을 주었다는 사신인수(蛇身人首)의 신(神).
【蛇心 사심】뱀처럼 집요하고 간악한 마음.
【蛇心佛口 사심불구】뱀의 마음에 부처의 입. 속은 악독하면서도 겉으로는 후덕한 말을 함.
【蛇影 사영】뱀의 그림자. 의심·걱정 따위로 두려운 마음이 생김. 故事 술잔에 비친 활의 그림자를 잘못 보고 뱀이라고 생각했다는 고사에서 온 말. 杯中蛇影(배중사영).
【蛇足 사족】뱀의 발. 쓸데없는 일을 덧붙여 하다가 도리어 일을 그르침. 군더더기. 故事 뱀을 빨리 그리는 것으로써 술 내기 시합을 벌인 사람이 있지도 않은 뱀의 발을 공연히 덧붙여 그렸다가 내기에서 졌다는 고사에서 온 말. 畵蛇添足(화사첨족).
【蛇行 사행】①하천이 구불구불하게 된 것. ②뱀처럼 구불구불하며 감.
【蛇虺 사훼】①뱀과 살무사. ②남을 해롭게 하는 사람.
【蛇蛇 이이】①활짝 펴진 기분으로 편안한 모양. 安舒(안서). ②천박한 모양.
◯巨-, 蛟-, 大-, 毒-, 白-, 靈-, 龍-, 王-, 透-, 長-, 靑-, 海-.

【蜿】⑪ 꿈틀거릴 원·완 元 麏 wān
[字解] ①꿈틀거리는 모양, 용이 꿈틀거리며 가는 모양. ②지렁이. ¶ 蜿蟺.
【蜿蟺 원선】①지렁이. 구인(蚯蚓). ②전전(輾轉)하는 모양. 또는 반선(盤旋)하는 모양.
【蜿蜒 원연】글자의 체(體). 字體(자체).

【蚰】⑪ 그리마 유 尤 yóu
[字解] 그리마. 그리맛과의 절지동물. 〔王逸·九思〕 巷有兮蚰蜒.
【蚰蜒 유연】그리마.

【蚴】⑪ 꿈틀거릴 유 宥 yǒu
[字解] ①꿈틀거리다, 꿈틀거리며 가는 모양. 〔司馬相如·賦〕 靑龍蚴蟉於東廂. ②나나니벌.

【蚴虯 유규】용이 꿈틀거리며 가는 모양.
【蚴蟉 유류】용이나 뱀이 꿈틀거리며 가는 모양.

【蚵】⑪ 載(1581)와 동자

【蛆】⑪ 구더기 저 魚 qū, jū
[字解] ①구더기. 파리의 애벌레. 〔後漢書〕 根蓫詐死, 三日, 目中生蛆. ②지네, 오공(蜈蚣). ③노래기, 마현(馬蚿). ④거머리. ¶ 水蛆. ⑤쏘다, 벌레가 살갗을 쏘다. ⑥동동주에 뜨는 술 찌꺼기. 〔蘇軾·詩〕 枇杷已熟粲金珠, 桑落初嘗灩玉蛆.
【蛆蠅糞穢 저승분예】①구더기나 파리와 똥 같은 더러운 것. ②남을 업신여겨 이르는 말.
【蛆蟲 저충】①구더기. ②혐오감을 주는 것. ③비열하고 수치를 모르는 사람.
◯水-, 玉-, 蠱-.

【蛅】⑪ 쐐기 점 鹽 zhān
[字解] ①쐐기. ¶ 蛅蟖. ②안타깨비쐐기. 쐐기나방의 애벌레.
【蛅蟖 점사】①안타깨비쐐기. ②쐐기. 풀쐐기.
【蛅蟴 점채】땅벌의 딴 이름.

【蛁】⑪ 참매미 조 蕭 diāo
[字解] 참매미. 〔太玄經〕 蛁鳴喁喁.

【蛀】⑪ 나무좀 주 遇 zhù
[字解] ①나무좀. 나무에 붙어사는 나무굼벵이·가루좀 따위. ②좀먹다, 좀이 물건을 쏠다.
【蛀齒 주치】벌레 먹은 이. 蟲齒(충치).

【蚔】⑪ 개미알 지 支 chí
[字解] ①개미알, 의란(蟻卵). 〔禮記〕 蜩脩蚔醢. ②전갈(全蠍).
【蚔母 지모】약초 이름. 知母(지모).

【蛰】⑪ 씽씽매미 찰 黠 zhá
[字解] 씽씽매미. 매미의 한 가지로 몸집이 작다. 〔韓愈·詩〕 始去杏飛蜂, 及歸柳嘶蛰.

【蚱】⑪ 벼메뚜기 책 陌 zhà
[字解] ①벼메뚜기. ¶ 蚱蜢. ②말매미. ¶ 蚱蟬.
【蚱蜢 책맹】메뚜깃과의 곤충. 메뚜기.

虫部 5～6획 蚿 螢 蚈 蚰 蛩 蛬 蛟 蛣 蛚 蛮 蜩 蝐 蚥 蛙

【蚱蟬 책선】 말매미. 雌蟬(자선).
【蚱蟲 책충】 메뚜기.

虫 5 【蚿】 ⑪ 노래기 현 园 xián
[초서] 字解 노래기. 절지동물의 한 가지.

虫 5 【螢】 ⑪ 螢(1592)의 속자

虫 6 【蚈】 ⑫ 개똥벌레 견 园 qiān
字解 ①개똥벌레. ②노래기, 마현(馬蚿). 〔淮南子〕腐草化爲蚈.

虫 6 【蚰】 ⑫ 지렁이 곡 园 qū
字解 지렁이, 구인(蚯蚓).

虫 6 【蛩】 ⑫ ❶메뚜기 공 图 qióng
❷그리마 공 匯 gǒng
[소전][초서][동자] 字解 ❶①메뚜기. 〔淮南子〕飛蛩滿野. ②매미 허물, 선퇴(蟬退). ③귀뚜라미. ≒蛬. 〔鮑照·詩〕秋蛩扶戶吟. ④짐승 이름, 공공(蛩蛩). 〔山海經〕有素獸焉, 狀如馬, 名曰蛩蛩. ⑤근심하며 생각하는 모양. ⑥발자국 소리. ≒跫. ❷그리마, 백족(百足).
【蛩蛩 공공】 ①근심하여 생각하는 모양. ②전설에 나오는, 북해(北海)에 산다는 말과 비슷한 짐승. 공공이.
【蛩聲 공성】 귀뚜라미의 울음소리.
【蛩語 공어】 귀뚜라미의 울음소리.
【蛩音 공음】 귀뚜라미의 울음소리.
【蛩秋 공추】 귀뚜라미의 딴 이름.
➊亂-, 鳴-, 斑-, 幽-, 吟-, 秋-, 寒-.

虫 6 【蛬】 ⑫ 蛩(1580)과 동자

虫 6 【蛬】 ⑫ 귀뚜라미 공 匯 qióng
字解 귀뚜라미, 실솔(蟋蟀). ≒蛩. 〔蠡海集〕蛬近陰依於土.
【蛬穴 공혈】 귀뚜라미의 굴(집).

虫 6 【蛟】 ⑫ 교룡 교 肴 jiāo
[소전][초서] 字解 ①교룡(蛟龍). 구름과 비를 일으키는 전설상의 용(龍). 〔漢書〕親射蛟江中, 獲之. ②상어. ≒鮫. 〔荀子〕蛟韅絲末彌龍.
【蛟虯 교규】 ①교룡과 규룡. ②꼬불꼬불 서린 상태.
【蛟龍 교룡】 ①이무기 용. ②모양이 뱀과 같고 발이 넷이 넘으며, 네 개의 넓적한 발이 있다고 하는 상상(想像)의 동물.
【蛟龍得水 교룡득수】 교룡이 물을 얻음. ㉠임금은 백성을 얻음으로써 비로소 그 권위가 서게 됨. ㉡영웅이 때를 얻음.
【蛟龍得雲雨 교룡득운우】 교룡이 구름과 비를 얻어 하늘에 오름. 영웅이 때를 얻어 대업(大業)을 성취함.
【蛟螭 교리】 ①㉠이무기. ㉡뿔 없는 용. ②㉠수신(水神). ㉡용의 암컷. 용의 새끼라고도 함.
【蛟篆 교전】 종정(鐘鼎)에 새긴 전자(篆字). 자체(字體)가 교룡 같다 하여 이르는 말.
【蛟穴 교혈】 교룡이 사는 굴.
➊騰-, 水-, 龍-, 潛-, 蟄-, 虎-, 黑-.

虫 6 【蛣】 ⑫ 장구벌레 길 屑 jié
[소전][초서] 字解 ①장구벌레. 모기의 애벌레. ¶蛣蟩. ②나무좀. ③풍뎅이, 말똥구리. ④매미.
【蛣蜣 길강】 풍뎅잇과의 곤충. 말똥구리.
【蛣崛 길굴】 나무좀·나무굼벵이의 총칭.
【蛣蟩 길궐】 ①모기의 유충. 장구벌레. ②우물벌레. 孑孑(혈궐).

虫 6 【蛚】 ⑫ 귀뚜라미 렬 屑 liè
[소전] 字解 귀뚜라미. 〔文天祥·詩〕蜻蛚吟野草.

虫 6 【蛮】 ⑫ 蠻(1603)의 속자

虫 6 【蜩】 ⑫ 蜩(1585)과 동자

虫 6 【蝐】 ⑫ 꽃게 모 肴 máo
[초서] 字解 ①꽃게. 바닷게로 몸집이 크다. 〔趙翼·詩〕魯直詩文如蝤蝐. ②해충(害蟲). 거염벌레·풍뎅이의 애벌레 따위, 농작물이나 묘목의 뿌리를 잘라 먹는 해충. =蟊. ③사마귀, 버마재비.

虫 6 【蚥】 ⑫ 메뚜기 부 宥 fù
字解 메뚜기. =蝮. ¶蚥蠢.
【蚥蠢 부종】 메뚜기.

虫 6 【蛙】 ⑫ 개구리 와·왜 麻 佳 wā
[초서] 参考 대법원 지정 인명용 한자의 음은 '와'이다.
字解 ①개구리. 蛙與蝦蟆羣鬭. ②음란하다. 〔漢書〕紫色蛙聲.
【蛙角 와각】 머리를 개구리 모양으로 묶는 일.
【蛙鼓 와고】 ☞蛙吠(와폐).
【蛙鳴蟬噪 와명선조】 ①개구리와 매미가 시끄럽

게 욺. ②졸렬한 문장. ③쓸데없는 입씨름.
【蛙聲 와성】①개구리의 울음소리. ②음란한 음악 소리. 정음(正音)이 아닌 음악 소리. 淫聲(음성).
【蛙市 와시】개구리들이 떼 지어 욺. ◎'市'는 군집(群集).
【蛙吹 와취】개구리의 울음소리.
【蛙吠 와폐】개구리의 울음소리. 蛙鼓(와고).
● 群−, 亂−, 怒−, 鳴−, 泥−, 井−, 靑−.

蟲 6 【蚭】⑫ 쥐며느리 이 支 yī

[字解] ①쥐며느리, 서부(鼠婦). 썩은 나무 음습한 곳에 사는 곤충. ¶蚭蠍. ②참매미. ¶蚭蚗. ③잠자리.
【蚭蚗 이결】참매미.
【蚭蠍 이위】쥐며느릿과의 곤충. 쥐며느리.

蟲 6 【蚝】⑫ 쐐기 자 寘 cì

[字解] 쐐기, 모충(毛蟲). 〔楚辭〕蚝緣兮我裳.

蟲 6 【蛛】⑫ 거미 주 虞 zhū

[字解] 거미. 〔孫覿·詩〕蛛挂千絲擾.
【蛛網 주망】거미집. 蛛罔(주망).
【蛛煤 주매】거미집과 그을음.
【蛛絲 주사】거미줄.
【蛛絲馬跡 주사마적】가는 거미줄과 말발굽의 흔적. 희미한 단서나 흔적.
【蛛吞象 주탄상】거미가 코끼리를 삼킴. 작은 것이 큰 것을 이김.
● 饑−, 網−, 壁−, 蜘−, 簷−.

蟲 6 【蛭】⑫ 거머리 질 質 zhì

[字解] ①거머리, 수질(水蛭). 〔論衡〕下地之澤, 其蟲曰蛭. ②개밋둑, 의총(蟻塚). 〔淮南子〕人莫蹪於山, 而蹪於蛭.
【蛭蟣 질인】①거머리와 지렁이. ②쓸모없는 소인(小人).
● 馬−, 山−, 石−, 水−, 泥−, 草−.

蟲 6 【蛇】⑫ 해파리 차 禡 zhà

[字解] 해파리, 수모(水母), 해월(海月). 자포동물의 한 가지.

蟲 6 【蛤】⑫ 대합조개 합 合 gé, há

[字解] ①대합조개, 무명조개. 〔春秋左氏傳〕魚鹽蜃蛤, 弗加於海. ②큰 두꺼비. 〔韓愈·文〕蛤卽是蝦蟆. ③개구리. 〔高啓·詩〕何處多啼蛤, 荒園暑潦天.
【蛤蜊 합리】①참조개. ②새조개.
【蛤蟆 합마】개구리.
【蛤子 합자】섭조개나 홍합을 말린 어물.
【蛤仔 합자】참조개.
【蛤蜆 합현】대합조개와 바지락조개.
● 牡−, 文−, 蚌−, 蜃−, 珠−, 海−, 花−.

蟲 6 【盒】⑫ 蛤(1581)과 동자

蟲 6 【蛞】⑫ 괄태충 활 曷 kuò

[字解] ①괄태충(括胎蟲), 알달팽이. 연체동물(軟體動物)의 한 가지. ¶蛞蝓. ②올챙이, 과두(蝌蚪). ③땅강아지, 누고(螻蛄).
【蛞螻 활루】땅강아지. 螻蛄(누고).
【蛞蝓 활유】알달팽이. 온습(溫濕)한 땅에 사는 연체동물(軟體動物). 달팽이 비슷하나 껍데기가 없음. 括胎蟲(괄태충).

蟲 6 【蚘】⑫ 거위 회 灰 huí

[字解] 거위, 회충(蚘蟲). 기생충의 한 가지.

蟲 6 【蛕】⑫ 蚘(1581)와 동자

蟲 7 【蚯】⑬ 집게벌레 구 尤 qiú

[字解] 집게벌레. 집게벌렛과의 곤충.

蟲 7 【蜑】⑬ 오랑캐 이름 단 旱 dàn

[字解] ①오랑캐 이름. 남쪽 지방에 살던 만족(蠻族)의 이름. 〔韓愈·銘〕林蠻洞蜑. ②구불구불하여 긴 모양. =蜒. ③새알. ※蛋(1578)의 고자(古字).
【蜑人 단인】중국 복건성(福建省)·광동성(廣東省)의 연해(沿海)에 살던 종족의 이름. 수상(水上) 생활을 하던 민족. 蜑戶(단호).

蟲 7 【蜋】⑬ ❶사마귀 랑 陽 láng ❷쇠똥구리 랑 陽 liáng

[字解] ❶사마귀, 버마재비. ¶螳蜋. ❷풍뎅이, 쇠똥구리.
【蜋蜣 낭강】게의 수컷. 수게.
● 蛣−, 螳−, 蠰−, 石−.

蟲 7 【蜊】⑬ 참조개 리 支 lí

[字解] 참조개. 판새류에 속하는 조개의 한 가지. 〔南史〕不知許事且食蛤蜊.

虫部 7획 蜊 蜂 蜉 蜁 蛻 蛸 蜃 蛾

虫7 【蜊】
⑬ 蜊(1581)와 동자

虫7 【蜂】
⑬ 벌 봉 图 fēng

字源 形聲. 虫+夆→蜂. '夆(봉)'이 음을 나타낸다.
字解 ❶벌. 막시류(膜翅類) 중 개미류를 제외한 곤충의 총칭. 〔淮南子〕蜂房不容鵠卵. ❷창날, 창(鎗)의 날카로운 끝. 늑鋒. 〔新唐書〕突厥蜂銳, 所向無完. ❸붐비다, 잡답(雜沓)하다.
【蜂窠 봉과】벌의 집. 벌집. 蜂巢(봉소). 蜂衙(봉아).
【蜂起 봉기】벌 떼같이 일어남. 많은 사람들이 한꺼번에 들고일어남.
【蜂屯 봉둔】벌 떼처럼 무리 지어 모여듦. 蜂聚(봉취).
【蜂蠟 봉랍】꿀을 짜내고 남은 찌꺼기를 끓여서 만든 유지 같은 것. 벌집을 만들기 위하여 꿀벌이 분비하는 물질. 밀(蜜). 黃蠟(황랍).
【蜂目豺聲 봉목시성】벌 같은 눈매에 늑대 같은 목소리. 흉악한 인상(人相).
【蜂蜜 봉밀】벌꿀. 꿀.
【蜂房水渦 봉방수와】벌의 집과 물의 소용돌이. 건물(建物)이 꽉 들어차 늘어서 있는 모양.
【蜂衙 봉아】①➡蜂窠(봉과). ②꿀벌이 조석으로 일정한 시각에 벌집을 드나들듯이, 병사들이 군문(軍門)에 드나듦.
【蜂午 봉오】붐빔. 북적북적하고 복잡함.
【蜂腰 봉요】①벌의 허리. 가는 허리. 細腰(세요). 柳腰(유요). ②벌의 허리가 가는 데서, 삼형제의 둘째가 못났음의 비유. ③한시(漢詩) 결점의 하나. 구(句)의 제2자(字)와 제4자가 같은 측성(仄聲)으로 된 것. 칠언(七言)에서는 바깥짝의 제5자가 평성(平聲)으로 되고, 오언(五言)에서는 바깥짝의 제3자가 평성으로 된 것.
【蜂腰體 봉요체】율시(律詩)의 함련(頷聯)이 대구(對句)로 되어 있지 않은 것.
【蜂蝶 봉접】벌과 나비.
【蜂準 봉준】우뚝 솟은 콧마루.
【蜂準長目 봉준장목】벌과 같은 높은 콧마루와 가느스름한 긴 눈. 영민(英敏)하고 사려(思慮)가 깊은 인상(人相).
【蜂體 봉체】①벌과 전갈. ②작아도 무서운 것.
【蜂出 봉출】벌이 벌집에서 나오듯 떼 지어 한꺼번에 나오는 일.
【蜂聚 봉취】벌 떼처럼 사람이 무리 지어 모임.
❶ 木一, 蜜一, 分一, 奔一, 蠭一, 細一, 養一, 雄一, 螽一, 土一, 胡一.

虫7 【蜉】
⑬ 하루살이 부 匛 fú

字解 ①하루살이. 〔詩經〕蜉蝣之羽. ②왕개미.

【蜉蝣 부유】①하루살잇과의 작은 곤충. 하루살이. 蜉蝤(부유). ②인생의 덧없음.
【蜉蝣之命 부유지명】하루살이의 목숨. 인생의 짧음.

虫7 【蜁】
⑬ 소라 선 匹 xuán

字解 소라, 다슬기. 〔郭璞·賦〕鸚螺蜁蝸.

虫7 【蛻】
⑬ 허물 세·태 匦 匥 tuì

字解 ①허물, 매미·뱀 등의 허물. 〔神仙傳〕忽失其屍, 衣冠不解, 如蛇蛻耳. ②허물을 벗다. 〔史記〕蟬蛻於濁穢.
【蛻骨 세골】뼈를 허물 벗다. 곧, 뼈를 뽑다.

虫7 【蛸】
⑬ ❶갈거미 소 匩 shāo ❷사마귀 알 소 匰 xiāo

字解 ❶갈거미. 납거밋과에 속하는 거미의 한 가지. 〔詩經〕蠨蛸在戶. ❷①사마귀 알, 버마재비의 알. ¶ 螵蛸. ②오징어. ③성(姓).
【蛸枕 소침】벚꽃성게. 극피동물(棘皮動物) 해담류(海膽類)의 한 가지.

虫7 【蜃】
⑬ 무명조개 신 匴 shèn

字解 ①무명조개, 대합(大蛤). 기(氣)를 토하면 누대(樓臺)가 나타난다고 한다. ≒蜄. 〔禮記〕雉入大水爲蜃. ②이무기. 교룡(蛟龍)의 한 가지로, 기운을 토하면 신기루(蜃氣樓)가 나타난다는 상상의 동물. 〔漢書〕海旁蜃氣象樓臺. ③제기(祭器). 〔周禮〕凡山川四方用蜃. ④조개 껍데기를 태워 만든 재[灰]. 〔周禮〕共白盛之蜃.

〈蜃②〉

【蜃車 신거】장례 때 시체를 넣은 관을 실어 나르는 수레. ◦수레가 슬슬 가는 것이 무명조개와 비슷한 데서 이르는 말.
【蜃氣樓 신기루】①온도·습도의 영향으로 빛이 이상 굴절하여 엉뚱한 곳에 물상(物像)이 나타나는 현상. 蜃氣(신기). 蜃樓(신루). 蜃市(신시). 蜃雲(신운). ②근거나 현실적 토대가 없는 헛된 공상이나 존재.
【蜃蛤 신합】무명조개. 대합. ◦큰 것은 '蜃', 작은 것은 '蛤'.
❶ 老一, 文一, 蚊一, 海一.

虫7 【蛾】
⑬ ❶나방 아 匘 é ❷개미 의 匦 yǐ

虫部 7획 蚉 蜍 蜒 蜎 蜈 蛹 蜓 蠂 蜄 蜄 蜱 蜇 蜀

[參考] 대법원 지정 인명용 한자음은 '아'이다.
[字解] ❶①나방, 누에나방, 밤에 날아다니는 곤충의 총칭. ②눈썹, 미인(美人)의 눈썹. 〔魏文帝·書〕於是提挾徐進, 提蛾微眺. ③초승달. 나방의 더듬이에 견주어 이른 말. 〔何遜·詩〕今夕千餘里, 雙蛾映水生. ④갑자기. 늑俄. 〔漢書〕始盜少使, 蛾而大幸. ❷개미. =蟻.
【蛾眉 아미】①누에나방의 더듬이처럼 가늘고 아름다운 눈썹. 미인의 눈썹. ②미인. ③초승달.
【蛾眉月 아미월】초승달. 新月(신월).
【蛾撲燈蕊 아박등예】나방이 등불 심지를 때림. 화(禍)를 자초(自招)함.
【蛾附 의부】개미 떼처럼 모여듦. 蛾傅(의부). 蟻附(의부).
【蛾術 의술】어린 개미가 큰 개미의 하는 일을 본받아 끊임없이 흙을 날라 드디어 큰 개밋둑을 이룸. 사람도 성현(聖賢)의 가르침을 배워 지덕을 닦아 대성(大成)해야 함.
【蛾賊 의적】①개미 떼처럼 많은 도둑. ②황건적(黃巾賊).
● 黛-, 文-, 白-, 飛-, 翅-, 雙-, 夜-, 野-, 蠶-, 螓-, 青-.

虫7【蚉】⑬ 蛾(1582)와 동자

虫7【蜍】⑬ 두꺼비 여 ㊍서 ㊂ chú
[字解] 두꺼비. 〔張衡·賦〕蟾蜍與龜, 水人弄蛇.

虫7【蜒】⑬ 구불구불할 연 ㊃ yán, yàn
[參考] 蜒(1583)은 딴 자.
[字解] ①구불구불하다, 구불구불하게 긴 모양. 〔楚辭〕蝮蛇蜒只. ②그리마. ¶ 蚰蜒.
【蜒蜒 연연】용(龍) 같은 것이 꾸물꾸물 기어가는 모양.
● 蜿-, 蚰-, 祝-.

虫7【蜎】⑬ 장구벌레 연 ㊃㊃ yuān
[字解] ①장구벌레. 모기의 애벌레. ②휘다, 굽다. 〔周禮〕剌兵欲無蜎.
【蜎飛蠕動 연비연동】벌레가 꿈틀거리며 기어가는 모양.
【蜎蜎 연연】①장구벌레 따위가 꾸물거리는 모양. ②떠드는 모양.
● 蟬-, 便-.

虫7【蜈】⑬ 지네 오 ㊊ wú
[字解] 지네. ¶ 蜈蚣.
【蜈蚣 오공】지네. 절지동물 중 독충(毒蟲)으로, 한약재로 씀.

虫7【蛹】⑬ 번데기 용 ㊄ yǒng
[字解] ①번데기. 곤충의 애벌레가 나방으로 변하기 전의 한 형태. 〔蔡邕·賦〕繭中蛹兮蠶蠕須. ②초파리.
【蛹臥 용와】번데기가 고치 속에 가만히 드러누워 있음. 은자(隱者)가 칩거(蟄居)함.
【蛹蟲 용충】번데기.

虫7【蜓】⑬ ❶수궁 전 ㊆ diàn ❷잠자리 정 ㊆ tíng
[字解] [參考] 蜓(1583)은 딴 자. ❶수궁(守宮). 도마뱀 비슷한 동물. 〔荀子〕螭龍爲蝘蜓. ❷①잠자리. 〔王建·詞〕衛得蜻蜓飛過屋. ②씽씽매미. ¶ 蜓蛚.
【蜓蛚 정렬】매미의 한 가지. 씽씽매미.

虫7【蝭】⑬ 씽씽매미 제 ㊆ tí
[字解] 씽씽매미, 쓰르라미. =螗.

虫7【蜄】⑬ ❶움직일 진 ㊆ zhèn ❷무명조개 신 ㊆ shèn
[字解] ❶①움직이다. 〔史記〕辰者, 言萬物之蜄也. ②이무기. =蜃. ❷무명조개, 대합조개. =蜃.

虫7【蜱】⑬ 치오 차 ㊆ chē
[字解] 차오(蜱螯). 조개의 한 가지. 대합(大蛤)과 비슷하다.

虫7【蜇】⑬ 쏠 철 ㊆ zhē, zhé
[字解] ①쏘다, 벌레가 독침으로 쏘다. 〔柳宗元·文〕蜇吻裂鼻. ②아리다, 쏘인 살이 찌르듯이 아프다. 〔列子〕蜇於口. ③해파리, 수모(水母). ¶ 海蜇.
【蜇吻 철문】입술을 찌름.
【蜇螫 철석】벌레 따위가 쏘아 독(毒)을 냄.

虫7【蜀】⑬ 나라 이름 촉 ㊆ shǔ
[字解] ①나라 이름. ㉮촉한(蜀漢). 유비(劉備)가 후한 말(後漢末)에 지금의 사천성(四川省) 지방에 세운 나라. 서울은 성도(成都)이고, 위(魏)에 망하였다(221~265). ㉯전촉(前蜀). 오대십국(五代十國)의 하나로 왕건(王建)이 창립하였다가 후당(後唐)에게 망하였다(891~925). ㉰후촉(後蜀). ㉠성한(成漢). 이웅(李雄)이 창립한 나라로 동진(東晉)에게 망하였다(302~347). ㉡맹지상(孟知祥)이 세운 오대십국의 하나. 송(宋)에게 망하였다(930~965). ②땅 이름. 노(魯)나라의 땅. 산동성(山東省) 태안현(泰安縣)의 서

쪽. ③사천성(四川省)의 약칭. ④나비, 나방 유충의 총칭. ⑤사당(祠堂)의 제기(祭器). 〔管子〕抱蜀不言, 而廟堂既脩.
【蜀客 촉객】해당화의 딴 이름.
【蜀犬吠日 촉견폐일】촉(蜀) 지방의 개가 해를 보고 짖음. 식견(識見)이 좁은 사람이 다른 탁월(卓越)한 언행에 대하여 의심하고 공격함. ○촉 지방은 사방으로 산이 높고, 안개가 항상 짙어 해가 보이는 날이 드물기 때문에 해가 나면 개들이 이상하게 여겨 짖은 데서 온 말. 越犬吠雪(월견폐설).
【蜀錦 촉금】촉(蜀)의 금강(錦江)의 물로 표백(漂白)한 실로 짠 비단. 고운 비단.
【蜀道 촉도】①촉(蜀)으로 통하는 험준한 길. ②처세하기 어려운 상황의 비유.
【蜀魄 촉백】☞蜀魂(촉혼).
【蜀黍 촉서】수수의 딴 이름.
【蜀相 촉상】삼국 시대 촉한(蜀漢)의 재상(宰相). 곧, 제갈량(諸葛亮).
【蜀鳥 촉조】☞蜀魂(촉혼).
【蜀布 촉포】촉군(蜀郡)에서 나는 발이 고운 베.
【蜀魂 촉혼】두견(杜鵑). 소쩍새. ○촉한(蜀漢) 망제(望帝)의 혼백(魂魄)이 화하여 되었다는 전설에서 온 이름. 子規(자규). 蜀魄(촉백). 蜀鳥(촉조).
◑ 巴一, 後一.

虫7 【蛯】⑬ 홍합 폐 bì
字解 ①홍합. 홍합과의 조개. ②긴맛, 맛조개.

虫7 【蜆】⑬ 가막조개 현 xiǎn
字解 가막조개, 바지락조개. 〔隋書〕性好啖蜆.
【蜆蛤 현합】바지락조개와 대합(大蛤).
◑ 唻一, 撠鰕一.

虫7 【蛺】⑬ 나비 협 jiá
字解 나비, 호랑나비.
【蛺蝶 협접】호랑나비. 鳳蝶(봉접).

虫8 【蜣】⑭ 쇠똥구리 강 qiāng
字解 쇠똥구리, 말똥구리. ¶蜣螂.
【蜣螂 강랑】말똥구리. 쇠똥구리.

虫8 【昆】⑭ 벌레 곤 kūn
字解 벌레, 벌레의 총칭.
【昆蠕 곤연】벌레의 총칭.

虫8 【蜾】⑭ 나나니벌 과 guǒ

字解 나나니벌, 구멍벌과의 곤충. 〔詩經〕螟蛉有子, 蜾蠃負之.
【蜾蠃 과라】나나니벌. 土蜂(토봉).

虫8 【蛆】⑭ 나무좀 굴 qū
字解 나무좀, 길굴(蛣蜛).

虫8 【蜷】⑭ 굼틀굼틀 갈 권 quán
字解 ①굼틀굼틀 가다. ②구부리다, 웅크리다. 〔楚辭〕蜷局顧而不行. ③나무좀, 길굴(蛣蜛).
【蜷局 권국】①웅크리고 가지 않는 모양. ②뱀 따위가 몸을 서리는 일.
【蜷蜿 권원】뱀 같은 것이 서린 모양.

虫8 【蜞】⑭ 방게 기 qí
字解 ①방게. 〔晉書〕初渡江見蟚蜞. ②거머리의 한 가지.

虫8 【蜞】⑭ 蜞(1584)와 동자

虫8 【蜞】⑭ ❶매미 기 jī ❷거미 기 qí
字解 ❶매미. ❷거미의 한 가지.
【蜞蛄 기길】매미.

虫8 【蝳】⑭ ❶대모 대 dài ❷거미 독 dú
字解 ❶대모(瑇瑁). 거북과에 속하는 바다거북의 하나. 배갑(背甲)은 공예품·장식품 등에 쓴다. =瑇. 〔左思·賦〕摸蝳瑁, 捫觜蠵. ❷거미. 〔方言〕鼅鼄, 北燕朝鮮洌水之間, 謂之蝳蜍.

虫8 【蜳】⑭ 설렐 돈 dūn
字解 설레다, 초조하다, 두려워서 불안하다. 〔莊子〕蜳蠝不得成.
【蜳蠝 돈진】두려워서 불안한 모양.

虫8 【蝀】⑭ 무지개 동 dōng
字解 무지개. ¶蝃蝀.

虫8 【蜡】⑭ 蠟(1600)의 속자

虫8 【蜽】⑭ 도깨비 량 liǎng
字解 도깨비, 산천의 요정(妖精). 〔春秋左氏傳〕蛧蜽魅.

虫部 8획　蜺 蛑 蜦 蝄 蜢 蜜 蜯 蜉 蜖 蜚 蜱 蜰

罔兩.〔釋文〕兩, 本又作蜽.

虫8 【蜺】⑭ 신령스러운 뱀 려·륜 lí
[字解] 신령스러운 뱀.

虫8 【蛑】⑭ 피조개 륙 lù
[字解] 피조개, 피안다미조개. ¶ 魁蛑.

虫8 【蜦】⑭ ❶꿈틀꿈틀 갈 륜 lún
　❷큰 두꺼비 륜 lún
　❸뱀 려 lún
[소전][혹체] [字解] ❶꿈틀꿈틀 가다, 굼틀굼틀 가는 모양.〔郭璞·賦〕神蚖蠵蜦以沈遊.　❷큰 두꺼비, 전부(田父).　❸뱀, 신령스러운 뱀. =蜺.

虫8 【蝄】⑭ 도깨비 망 wǎng
[동자] 蛧 [字解] 도깨비, 산천의 요정(妖精).
【蝄蜽 망량】 산(山)의 요정(妖精). 사람의 말을 즐겨 흉내 내어 사람을 호린다고 함.

虫8 【蜢】⑭ ❶벼메뚜기 맹 měng
　❷두꺼비 맹 mèng
[소전][초서] [字解] ❶벼메뚜기. =蟒.
　❷두꺼비.

虫8 【蜜】⑭ 꿀 밀 mì

宀 宓 宓 宓 宓 宓 宓 宓 蜜 蜜

[소전][혹체][초서][동자] [參考] 密(457)은 딴 자.
[字源] 形聲. 宓+虫→蜜. '宓(복)'이 음을 나타낸다.
[字解] ❶꿀, 벌꿀.〔論衡〕蜜爲蜂液.　❷달콤하다, 감미롭다.〔梁簡文帝·頌〕朝葉與蜜露共鮮.
【蜜柑 밀감】 귤. 귤나무.
【蜜灸 밀구】 한약재에 꿀을 발라 불에 굽는 일.
　灸)보다 열을 적게 줌.
【蜜丸 밀환】 약 가루를 꿀에 반죽하여 만든 환약(丸藥).
　○蜂一, 山一, 巖一, 崖一, 野一, 飴一.

虫8 【蜯】⑭ 蚌(1576)과 동자

虫8 【蜉】⑭ 메뚜기 부 fù
[字解] 메뚜기.

虫8 【蜖】⑭ 쥐며느리 부 fù
[字解] 쥐며느리. 쥐며느릿과에 딸린 절지동물. =蝜.

虫8 【蜚】⑭ ❶바퀴 비 fěi
　❷날 비 fēi
[소전][혹체][초서] [字解] ❶①바퀴, 향랑자(香娘子). 바퀴과에 딸린 곤충. 몸빛은 갈색이며, 악취를 풍긴다. ②쌕쌔기. 여칫과에 딸린 곤충.〔漢書〕有蜚有蜮. ③짐승 이름. 소와 비슷한데 머리가 희고 꼬리는 뱀처럼 생겼다. 이것이 나타나면 큰 역병(疫病)이 돈다고 한다. ❷날다. ≒飛.
〔史記〕三年不蜚不鳴.

〈蜚❶③〉

【蜚禽 비금】 날짐승. 蜚鳥(비조).
【蜚騰 비등】 높이 날아오름. 飛騰(비등).
【蜚蠊 비렴】 바퀴. 바퀴벌레.
【蜚語 비어】 터무니없이 떠도는 말.
【蜚鳥盡良弓藏 비조진양궁장】 나는 새가 없어지면 좋은 활도 활집에 넣어 둠. 필요한 때는 귀중하게 쓰이다가 소용이 없게 되면 사정없이 버림 받음의 비유.
【蜚芻 비추】 말의 먹이를 빨리 나르는 일.
【蜚鴻 비홍】 진디등에. 蛾蠓(멸몽).

虫8 【蜱】⑭ 사마귀 알 비 pí
[소전][혹체] [字解] ①사마귀의 알. =螵. ¶蜱蛸. ②긴맛, 맛조개.
【蜱蜉 비부】 왕개미. 蚍蜉(비부).
【蜱蛸 비초】 사마귀의 알. 한약재로 씀.
【蜱醢 비해】 조개젓.

虫8 【蜰】⑭ ❶바퀴 비 fěi
　❷뱀 비 fēi
[소전] [字解] ❶①바퀴, 별바퀴. 별바퀴는 적리(赤痢), 또는 장티푸스를 전파하는 해충. ②빈대. ❷뱀, 신사(神蛇).
【蜰蜻 비제】 굼벵이.

虫部 8획 蜡 蜥 蜥 蜅 蜙 蠅 蛩 蚓 蜺 蜹 蜿 蝼 蜼 蚕 蝶 蜩

虫 8 【蜡】 ⑭ ❶납향 사 [𢂻] zhà
❷구더기 저 [𢂻] qū
❸벌레 이름 착 [𢂻] zhà
[字解] ❶❶납향(臘享). 납일(臘日)에 한 해 동안의 농사 형편과 그 밖의 일을 신(神)에게 알리는 제사. =禡. 〔禮記〕 秋省而遂大蜡. ❷찾다, 구하다. ❷구더기. =蛆. ❸벌레 이름.
【蜡月 사월】 음력 섣달의 딴 이름.
【蜡祭 사제】 사월(蜡月)에 백신(百神)에게 지내는 제사. 臘祭(납제).

虫 8 【蜥】 ⑭ ❶여치 사 [𢂻] sī
❷도마뱀 석 [𢂻] xī
[字解] ❶여치, 종사(螽斯). ❷도마뱀. =蜥.

虫 8 【蜥】 ⑭ 도마뱀 석 [𢂻] xī
[字解] 도마뱀. 〔漢書〕 是非守宮, 卽蜥蜴.
【蜥蜴 석척】 도마뱀.

虫 8 【蜅】 ⑭ 蠇(1598)의 속자

虫 8 【蜙】 ⑭ 베짱이 송 [𢂻] sōng
[字解] ❶베짱이, 메뚜기. 蜙. ¶蜙蝑. ❷지네. 〔本草綱目〕 蜈蚣生大吳川谷及江南.
【蜙蝑 송서】 베짱이. 螽斯(종사).

虫 8 【蠅】 ⑭ 蠅(1598)의 속자

虫 8 【蛩】 ⑭ 살무사 악 [𢂻] è
[字解] 살무사.

虫 8 【蜮】 ⑭ 물여우 역 [𢂻] yù, guó
[字解] ❶물여우, 단호(短狐), 수호(水狐), 사공(射工), 사영(射影). 날도랫과에 속하는 곤충의 유충(幼蟲). 주둥이에 한 개의 긴 뿔이 있는데, 독기(毒氣)로 사람의 그림자를 쏘면 종기(腫氣)가 생긴다고 한다. 〔詩經〕 爲鬼爲蜮. ❷헷갈리게 하다. 〔春秋公羊傳〕 秋有蜮. ❸개구리, 두꺼비. 〔大戴禮〕 四月鳴蜮.
【蜮射 역사】 물여우가 모래를 머금고 사람을 쏘아 해침.
【蜮祥 역상】 재앙(災殃)의 조짐.

虫 8 【蜺】 ⑭ 무지개 예 [𢂻] ní
[字解] ❶무지개. 쌍무지개에서 빛이 선명한 수무지개를 '虹', 빛이 엷고 흐린 암무지개를 '蜺'라 한다. 느霓. ❷쓰르라미, 한선(寒蟬), 한조(寒蜩).
【蜺旌 예정】 무지개 형상을 그린 기(旗).
▶素─, 雲─, 妖─, 虹─.

虫 8 【蜹】 ⑭ ❶파리매 예 [𢂻] ruì
❷독충 예 [𢂻] wèi
[字解] ❶❶파리매, 파리매의 유충. 〔荀子〕 醯酸而蜹聚焉. ❷독사(毒蛇)의 이름. ❷독충(毒蟲).

虫 8 【蜿】 ⑭ ❶꿈틀거릴 완 [𢂻] wān
❷꿈틀거릴 원 [𢂻] wān
❸지렁이 원 [𢂻] wǎn
[字解] ❶꿈틀거리다, 용이나 뱀이 꿈틀거리는 모양. 〔劉基·詩〕 如鶴如鵠如龍蜿. ❷❶꿈틀거리는 모양. ※❶과 같다. =蜿. ❷벌레가 구물거리는 모양. ¶蜿蜒. ❸범이 걸어가는 모양. ❸지렁이.
【蜿蟬 원선】 ❶서려서 얼크러진 모양. ❷빙빙 돌며 춤추는 모양.
【蜿蟺 원선】 ❶지렁이. ❷산세(山勢) 따위가 굽어 꺾인 모양. ❸서려 있는 모양.
【蜿蜒 원연】 ❶용이나 뱀 따위가 구불구불 꿈틀거리며 기어가는 모양. 蜿蜿(원완). ❷꾸불꾸불 길게 이어진 모양.
【蜿蜿 원원】 ⇨蜿蜒(원연).
【蜿只 원지】 범이 걸어가는 모양. ◎'只'는 조자(助字).

虫 8 【蝼】 ⑭ ❶쥐며느리 위 [𢂻] wěi
❷꿈틀거릴 위 [𢂻] wěi
[字解] ❶쥐며느리. 느委. ¶蝼蟓. ❷❶꿈틀거리다, 굼틀거리며 가다. 〔宋玉·賦〕 蝼蝼蜿蜿. ❷물속에 사는 요정(妖精).
【蝼蟓 위서】 쥐며느리. 鼠婦(서부).
【蝼蝼 위위】 용·뱀이 구불구불 가는 모양.
【蝼蛇 위이】 ❶구불구불 가는 모양. ❷여우이 울리며 길게 끄는 모양. ❸악귀(惡鬼)의 이름.

虫 8 【蜼】 ⑭ 원숭이 유 [𢂻] wèi
[字解] 원숭이, 긴꼬리원숭이, 거미원숭이.

虫 8 【蚕】 ⑭ 蠶(1603)과 동자

虫 8 【蝶】 ⑭ 나비 접 [𢂻] dié
[字解] 나비. ※蝶(1589)의 본자(本字).

虫 8 【蜩】 ⑭ ❶매미 조 [𢂻] tiáo
❷꿈틀거릴 조 [𢂻] diào
[字解] ❶매미. 〔詩經〕 五月鳴蜩. ❷

굼틀거리다. 용이 머리를 흔들며 굼틀거리는 모양.〔漢書〕蜩蟉偃蹇.
【蜩甲 조갑】매미의 허물. 선태(蟬蛻)라 하여 한약재로 씀. 蜩蛻(조세).
【蜩螗 조당】①매미. 蜩蟬(조선). ②시끄러워 불편함의 비유.
【蜩螗沸羹 조당비갱】매미가 울고, 물과 국이 끓는 소리. 외치는 소리가 매우 시끄러움의 비유. 蜩沸(조비).
【蜩蟉 조료】용이 머리를 내두르는 모양.
【蜩沸 조비】⇨蜩螗沸羹(조당비갱).
【蜩蟬 조선】매미. 蜩螗(조당).
【蜩蛻 조세】①⇨蜩甲(조갑). ②매미가 허물을 벗음. 속세를 벗어남.
○ 馬—, 鳴—, 蟬—, 瘖—, 殘—, 秋—, 寒—.

虫8【蜘】⑭ 거미 지 支 zhī
[소전][혹체][초서] [자해] 거미.〔張協·詩〕蜘蛛網四屋.
【蜘蛛 지주】거미.

虫8【蜴】⑭ ①도마뱀 척 ㊀역 陌 yì ②속일 석 陌 xí
[초서] [참고] 蜴(1590)은 딴 자.
[자해] ①도마뱀.〔詩經〕胡爲虺蜴. ②속이다, 기만하다.

虫8【蜻】⑭ ①귀뚜라미 청 庚 jīng ②씽씽매미 청 勁 ③잠자리 청 靑 qīng
[소전][초서] [자해] ①귀뚜라미, 실솔(蟋蟀).〔鹽鐵論〕蜻蛚鳴. ②씽씽매미. ⇨蜻蜻. ③잠자리.〔戰國策〕王獨不見夫蜻蛉乎.
【蜻蛚 청렬】귀뚜라미. 蟋蟀(실솔).
【蜻蛉 청령】잠자리의 한 가지. 고추잠자리. 암컷은 메밀잠자리라고 함.
【蜻蜓接囊 청정접낭】ⓑ잠자리 꼬리 맞추기. 일이 오래갈 수 없음의 비유.

虫8【蝃】⑭ ①무지개 체 霽 dì ②거미 철 屑 zhuó
[초서] [자해] ①무지개. =蝀.〔詩經〕蝃蝀在東. ②거미. ⇨蝃蟊.
【蝃蝀 체동】①무지개. 虹蜺(홍예). ②다리.
【蝃蟊 체무】거미.

虫8【蝂】⑭ 벌레 이름 판 ㊀반 潸 bǎn
[자해] 벌레 이름. 몸은 작으나 무거운 물건을 지고 잘 견딘다고 함.〔柳宗元·文〕蝜蝂者, 善負小蟲也.

虫8【虎】⑭ 깡충거미 호 麌 hǔ
[자해] 깡충거미, 파리잡이거미.

虫9【蝎】⑮ 蠍(1598)의 속자

虫9【蜾】⑮ 蚧(1576)와 동자

虫9【蚪】⑮ 蝌(1587)와 동자

虫9【蝌】⑮ 올챙이 과 歌 kē
[초서][동자] [자해] 올챙이.〔南史〕蝌蚪唯唯, 群浮闇水.
【蝌蚪 과두】올챙이.
【蝌蚪文字 과두문자】황제(黃帝) 때 창힐(蒼頡)이 지었다는 중국 고대 문자. 글자 모양이 올챙이같이 획 머리는 굵고 끝이 가늚.

虫9【蜗】⑮ ①좋은 모양 구 虞 qú ②곱사등이 우 虞 yǔ
[초서] [자해] ①좋은 모양.〔呂氏春秋〕視之蜗焉美, 無所可用. ②곱사등이. ≒傴.
【蜗焉 구언】솥[鼎]이 좋은 모양.
【蜗僂 우루】몸을 구부리는 모양.

虫9【蝼】⑮ 螻(1593)의 동자

虫9【蝱】⑮ 등에 맹 庚 méng
[소전][초서][동자][속자] [자해] ①등에. 등엣과에 속하는 곤충의 총칭.〔漢書〕蚊蝱宵見. ②패모(貝母). 백합과에 속하는 다년초.〔詩經〕陟彼阿丘, 言采其蝱. ③새 이름. 다리 한 짝, 날개 한 짝으로, 두 마리가 서로 도와서 난다는 전설상의 새.
【蝱風 맹풍】질풍(疾風).
○ 蚊—, 奔—, 飛—, 牛—, 草—.

虫9【瑁】⑮ 대모 모 號 mào
[동자] [자해] 대모, 바다거북의 한 가지. ¶ 瑇瑁.

虫9【蝥】⑮ ①해충 모 尤 máo ②가뢰 모 肴 máo ③집게벌레 무 遇 wù ④거미 무 虞 wú
[소전][고문][본체][혹체][초서][동자] [자해] ①①해충(害蟲). 곡식의 뿌리를 잘라 먹는 해충. =蟊.〔春秋左氏傳〕蝥賊遠屛. ②기(旗) 이름. ¶ 蝥弧. ❷가뢰, 반묘(斑猫). ❸집게벌레. ❹거미, 지주(蜘蛛).
【蝥蠈 모역】①가뢰와 물여우. ②사람을 해치는

악인(惡人)의 비유.
【蝥賊 모적】①벼의 뿌리를 갉아 먹는 벌레와 줄기를 갉아 먹는 벌레. ②양민(良民)을 해치는 악인(惡人)의 비유.
【蝥弧 모호】①춘추 시대에 정백(鄭伯)이 쓰던 기의 이름. ②군기(軍旗).

虫 9 【蜚】⑮ 벌 범 ㉸ fàn
字解 벌(蜂). 늑范.

虫 9 【蝠】⑮ 박쥐 복 ㉸ fú
소전 초서 字解 ①박쥐.〔易林〕蝙蝠夜藏,不敢晝行. ②살무사. =蝮.〔後漢書〕蝠蛇其心,縱毒不悔.

虫 9 【蝮】⑮ 살무사 복 ㉸ fù
소전 초서 字解 ①살무사. 독사(毒蛇)의 한 가지.〔漢書〕蝮蠚手則斬手,蠚足則斬足. ②큰 뱀, 구렁이.〔楚辭〕蝮蛇蓁蓁. ③매미 허물. ④메뚜기 새끼.
【蝮蠚 복갈】①살무사와 전갈. ②흉악한 사람의 비유.
【蝮蛇 복사】살무사.
【蝮鷙 복지】①살무사와 맹금(猛禽). ②가혹(苛酷)함의 비유.
○毒-, 蛇-, 靑-, 虺-.

虫 9 【蝜】⑮ 쥐며느리 부 ㉸ fù
초서 字解 ①쥐며느리. =蚥. ②벌레 이름, 부판(蝜蝂).〔柳宗元·文〕蝜蝂者, 善負小蟲也. ③벼메뚜기, 초종(草蚣).
【蝜蝂 부판】벌레 이름. 작은 몸집으로 무거운 물건을 잘 지고 간다는 벌레.

虫 9 【蝑】⑮ 베짱이 서 ㉸ xū
소전 字解 베짱이. ¶蜙蝑.

虫 9 【蝬】⑮ 집게벌레 수 ㉸ sōu
字解 집게벌레.

虫 9 【蝨】⑮ 이 슬 ㉸ shī
소전 초서 동자 字解 ①이, 반풍자(半風子).〔漢書〕夫搏牛之蝨,不可以破蝱. ②참깨, 검은깨. ③폐해(弊害). 관(官)의 폐단으로 생기는 해를 이(蝨)에 비유하는 말.〔商君書〕富에 淫則富, 淫則有 蝨. ④섞이다, 잡거(雜居)하다.〔韓愈·詩〕得無蟲其間,不武亦不文.
【蝨脛蟣肝 슬경기간】이의 종아리와 서캐의 간.

극히 작음의 비유.
【蝨官 슬관】나라를 좀먹고 민폐(民弊)를 일삼는 관리.
【蝨處禪中 슬처곤중】이가 속곳 속에 숨어 있음. 견식(見識)이 좁아 일시의 안일(安逸)을 탐하는 사람의 비유.
○禪-, 狗-, 蟣-, 壁-, 沙-, 搔-, 竹-.

虫 9 【蝨】⑮ 바구미 시 ㉸ shī
字解 바구미, 쌀벌레. ¶ 姑蝨.

虫 9 【蝕】⑮ 좀먹을 식 ㉸ shí
소전 초서 간체 字源 會意·形聲. 食+人+虫→䖒→蝕. 벌레가 물건을 먹어 들어가듯이, 사람의 상처가 썩어 들어간다는 뜻을 나타낸다. '食(식)'은 음도 나타낸다.
字解 ①좀먹다, 침식(侵蝕)하다.〔梅堯臣·詩〕精銅不蠹蝕. ②일식(日蝕)·월식(月蝕).〔史記〕日月薄蝕. ③썩어 들어간 상처.
【蝕旣 식기】일식·월식으로 해나 달이 아주 가려지는 현상.
○皆旣-, 腐-, 雨-, 月-, 日-, 侵-, 虧-.

虫 9 【蝘】⑮ 수궁 언 ㉸ yǎn
소전 혹체 초서 字解 ①수궁(守宮). 도마뱀 비슷한 파충류.〔揚雄·解嘲〕執蝘蜒而嘲龜龍. ②매미의 한 가지.〔詩經〕如蜩如螗. 〔傳〕螗, 蝘也. ③두더지. =鼴. ¶蝘鼠.
【蝘鼠 언서】두더지.

虫 9 【蝡】⑮ 굼틀거릴 연 ㉸ ruǎn
소전 초서 동자 字解 굼틀거리다, 벌레가 움직이는 모양.〔漢書〕踐行喙息, 蝡動之類.
【蝡動 연동】①굼틀거리며 움직임. ②벌레가 기어가는 모양.
【蝡蝡 연연】벌레가 굼틀거리는 모양.

虫 9 【蜎】⑮ 웅숭깊을 연 ㉸ yuān
초서 參考 재래의 자전에서는 虫부 8획으로 다루었으나, 여기서는 현실적 획수를 따랐다.
字解 ①웅숭깊다, 집 안이 깊고 넓은 모양.〔揚雄·賦〕琁題玉英, 蜎蜎蠖濩之中. ②장구벌레. =蜎.

虫 9 【蝝】⑮ ❶누리 새끼 연 ㉸ yuán ❷장구벌레 현 ㉸ yuán
소전 초서 字解 ❶①누리의 새끼, 아직 날개가 나지 않은 황충

(蝗蟲)의 유충.〔春秋左氏傳〕冬生蝝.❷왕개미새끼, 비부(蚍蜉)의 새끼.❸장구벌레. =蜎.
【蝝災 연재】누리의 재해. 황충의 피해.
【蝝蝗 연황】누리. 황충(蝗蟲).

虫 9【蝸】⑮ ❶달팽이 와 ㊍과 ㊃ wō
❷고둥 라 ㊃ luó
㊀ 蝸 ㊁ ㊂ 蝸 [参考] 대법원 지정 인명용 한자의 음은 '와'이다.
[字解] ❶달팽이.〔白居易·詩〕蝸牛角上爭何事. ❷고둥. 권패류(卷貝類)의 총칭. =蠃.
【蝸角 와각】달팽이의 더듬이. 지극히 작음.
【蝸角之爭 와각지쟁】달팽이 더듬이 위에서의 싸움. ㉠지극히 작은 것을 두고 다툼. ㉡작은 나라끼리의 싸움. [故事] 달팽이 왼쪽 더듬이에 있는 촉(觸)나라와 오른쪽 더듬이에 있는 만(蠻)나라가 서로 영토를 다투었다는 이야기에서 온 말. 蠻觸之爭(만촉지쟁).
【蝸廬 와려】달팽이 껍데기 같은 작은 집. 자기 집의 겸칭(謙稱).
【蝸牛 와우】달팽이.
【蝸牛角上 와우각상】달팽이의 더듬이 위. 좁은 세상의 비유.
【蝸牛廬 와우려】달팽이 집처럼 생긴 집. ㉠작은 오막살이 집의 비유. ㉡자기 집의 겸칭(謙稱).
【蝸篆 와전】전서(篆書). ○달팽이가 기어간 자국이 전서와 닮은 데서 온 말.

虫 9【蝓】⑮ 파랑강충이 우 ㊃ yú
㊀ 蝓 [字解] 파랑강충이, 청부(靑蚨). 빛이 푸른 강충이의 총칭.

虫 9【蝯】⑮ 긴팔원숭이 원 ㊊ yuán
㊀ 蝯 ㊁ 猨 ㊁ 猿 [字解] 긴팔원숭이.
【蝯眩 원현】원숭이가 현기증을 일으킴. 지세(地勢)가 험준함의 비유.

虫 9【蝟】⑮ 고슴도치 위 ㊄ wèi
㊀ 蝟 [字解] ❶고슴도치, 위서(蝟鼠). =猬.〔淮南子〕鵲矢中蝟. ❷운집(雲集)하다.
【蝟起 위기】고슴도치의 털이 곤두섬. 말썽이 어지럽게 생김.
【蝟毛 위모】고슴도치의 털. 수(數)가 많음.
【蝟鼠 위서】고슴도치.
【蝟愛子蝟毛美 위애자모미】⓻고슴도치도 제 새끼는 함함하다고 함. ㉠자기 자식의 나쁜 점을 알지 못하고 도리어 자랑함. ㉡부모 눈에는 제 자식이 다 잘나 보임.
【蝟集 위집】고슴도치 털처럼 사물이 많이 모임.
【蝟縮 위축】고슴도치가 적과 마주치면 외축(畏縮)하는 것처럼, 두려워 웅크린 모양.

虫 9【蝛】⑮ 쥐며느리 위 ㊃ wēi
㊀ 蝛 [字解] 쥐며느리, 서부(鼠婦). 쥐며느릿과의 절지동물. ¶ 蚜蝛.
【蝛蝛 위위】쥐며느리. 蚜蝛(이위).

虫 9【蚴】⑮ 굼틀거릴 유 ㊅ yōu
㊀ 蚴 ㊁ 蝛 ㊂ 蚴 [字解] 굼틀거리다, 용이나 뱀이 굼틀거리는 모양.
【蚴蟉 유류】용·뱀이 굼틀거리며 가는 모양.

虫 9【蝚】⑮ ❶거머리 유 ㊅ róu
❷원숭이 노 ㊃ náo
㊀ 蝚 [字解] ❶㉠거머리, 수질(水蛭). ¶蛭蝚. ㉡땅강아지, 하늘밥도둑, 누고(螻蛄). ❷원숭이. =猱.〔漢書〕蛭蝚獲蝚.

虫 9【蝣】⑮ 하루살이 유 ㊅ yóu
㊀ 蝣 [字解] 하루살이. ≒蝤.〔詩經〕蜉蝣之羽.

虫 9【蝓】⑮ 달팽이 유 ㊅ yú
㊀ 蝓 ㊁ 蝓 [字解] ❶달팽이.〔劉基·歌行〕勿生蝓與蜈. ❷괄태충. 알달팽이. ¶ 蛞蝓.

虫 9【蝹】⑮ 蝹(1591)의 속자

虫 9【蝶】⑮ 나비 접 ㊆ dié
口 中 虫 虫 蚪 蚪 蝶 蝶 蝶
㊀ 蝶 ㊁ 蜨 [字源] 形聲. 虫+枼→蝶. '枼(엽)'이 음을 나타낸다.
[字解] 나비, 호접(蝴蝶·胡蝶).〔張協·詩〕胡蝶飛南園.
【蝶翎 접령】나비의 날개. 蝶翅(접시).
【蝶夢 접몽】나비의 꿈. 자아(自我)와 외계(外界)와의 구별을 잊어버린 물아일체(物我一體)의 경지의 비유. [故事] 장자(莊子)가 꿈에 나비가 되어 즐기는 동안, 자기가 나비가 된 꿈을 꾸는 것인지, 나비가 자기가 된 꿈을 꾸는 것인지 구별하기 어려웠다는 고사에서 온 말. 蝴蝶夢(호접몽).
【蝶兒 접아】나비. ○'兒'는 조자(助字).
➊孤−, 狂−, 粉−, 仙−, 素−, 野−, 異−, 彩−, 風−, 蛺−, 蝴−, 黃−, 戲−.

虫 9【蜓】⑮ 긴맛 정 ㊊ tíng
㊀ 蜓 [字解] ❶긴맛, 맛조개, 죽합(竹蛤). ❷잠자리, 청령(蜻蛉).

虫部 9~10획 蜺 蝩 蝤 蝡 蜿 蜙 蜩 蝪 蝙 蝦 蝎 蝴 蝗 蟚

虫9 【蜺】⑮
❶쓰르라미 제 厲 tí
❷소쩍새 시 因 chí
字解 ❶①쓰르라미, 씽씽매미. =鵙.〔枚乘·賦〕昆雞蜺蛙. ②풀 이름, 지모(知母).
【蜺螂 제로】매미의 한 가지. 쓰르라미.
【蜺蛙 시와】두견이. 소쩍새. 杜宇(두우).

虫9 【蝩】⑮
❶여름누에 중 图 chóng
❷메뚜기 종 图 zhōng
字解 ❶여름누에, 하잠(夏蠶). ❷메뚜기.

虫9 【蝤】⑮
지네 즉 職 jié
字解 ①지네, 오공(蜈蚣).〔楚辭〕蝤蛆兮穰穰. ②잠자리. ¶蝤蛉. ③자벌레, 척확(尺蠖). ¶蝤蝤.
【蝤蛉 즉령】잠자리.
【蝤蛆 즉저】①지네. ②귀뚜라미.
【蝤蝤 즉즉】자벌레. 尺蠖(척확).

虫9 【蝡】⑮
벌레 구물거릴 천 跣 chuǎn
字解 ①벌레가 구물거리다. ②발이 없는 벌레, 구물거리는 벌레.

虫9 【蜿】⑮
조개 이름 천 尻 quán
字解 조개 이름. 백색 바탕에 황색 무늬가 있는 조개.

虫9 【蜙】⑮
잠자리 총 東 cōng
字解 잠자리, 청령(蜻蛉).〔淮南子〕水蠆爲蜙.

虫9 【蜩】⑮
❶나무굼벵이 추 ㊇주 尤 qiú
❷하루살이 유 尤 yóu
字解 ❶①나무굼벵이. 하늘솟과의 애벌레.〔詩經〕領如蜩蠐. ②꽃게.〔續博物志〕蜩蛑大有力. ❷하루살이. ≒蚍. ¶蜉蜩.
【蜩蛑 추모】꽃게.
【蜩蠐 추제】①하늘솟과 애벌레의 총칭. 나무굼벵이. ②미인의 목의 비유. ○나무굼벵이의 몸이 희고 깨끗한 데서 온 말.

虫9 【蝪】⑮
땅거미 탕 陽 tāng
參考 蝪(1587)은 딴 자.
字解 땅거미, 거미의 한 가지.

虫9 【蝙】⑮
박쥐 편 迅 biān
字解 박쥐.〔易林〕蝙蝠夜藏, 不敢晝行.
【蝙蝠 편복】박쥐. 服翼(복익).
【蝙蝠之役 편복지역】國박쥐의 구실. ㉠한 몸이

로 두 가지 구실을 하여 교묘히 살아감. ㉡자기 이익을 좇아 유리한 쪽에만 붙는 줏대 없는 행동의 비유.

虫9 【蝦】⑮
새우 하 麻 xiā, há
字解 ①새우. =鰕.〔楚辭〕從蝦兮遊涯. ②두꺼비.〔酉陽雜俎〕蝦蟇無腸.
【蝦蛄 하고】갯가재. 가재와 비슷하며 연안의 진흙 속에 서식함.
【蝦蟇 하마】두꺼비.
【蝦蜆 하현】갯가재와 바지락조개.
● 佳-, 乾-, 魚-, 侶魚-.

虫9 【蝎】⑮
❶나무좀 할 曷 hé, xiē
❷무지개 홍 東 hóng
字解 ❶①나무좀, 나무굼벵.〔嵆康·論〕蝎盛則木朽. ②떡 이름. ③도마뱀붙이, 수궁(守宮). ¶蝎虎. ④멈추다, 미치다. ≒遏. ⑤전갈. ※蠍(1598)의 본자(本字). ❷무지개. ※虹(1575)의 고자(古字).
【蝎螫 할석】전갈의 침(針). 전갈 쏨.
【蝎譖 할참】나무좀이 나무를 속에서부터 파먹듯이 남을 해치는 참소(讒訴).
【蝎虎 할호】도마뱀과에 속하는 파충. 도마뱀붙이. 守宮(수궁).

虫9 【蝴】⑮
나비 호 虞 hú
字解 나비.〔莊子〕莊周夢爲蝴蝶.
【蝴蝶 호접】나비.
【蝴蝶夢 호접몽】나비의 꿈. 자아(自我)와 외계(外界)의 구별을 잊어버린 물아일체(物我一體)의 경지의 비유. 故事 장자(莊子)가 꿈에 나비가 되어 내가 나비인지 나비가 나인지를 모르고 즐거이 놀았다는 고사에서 온 말. 莊周之夢(장주지몽). 蝶夢(접몽).

虫9 【蝗】⑮
누리 황 陽 huáng
字解 누리, 황충(蝗蟲). 메뚜기 비슷하나 몸집이 크며, 떼 지어 날아다니면서 벼에 큰 해를 끼치는 해충.〔禮記〕蝗蟲爲災.
【蝗災 황재】주로 벼농사를 해치는 황충으로 인한 재앙. 蝗害(황해).
【蝗蟲 황충】①누리. 벼메뚜기. ②논밭을 팔아먹고 사는 못난 자제(子弟)의 비유.
【蝗旱 황한】황재(蝗災)와 한재(旱災).
● 大-, 飛-.

虫10 【蟚】⑯
수궁 궁 東 gōng
字解 수궁(守宮), 도마뱀붙이.

虫 10【螗】⑯ 씽씽매미 **당** [陽] táng

[字解] **씽씽매미.** 〔詩經〕 如蜩如螗.

【螗蛦 당이】 씽씽매미. 털매미. 등은 청록색(靑綠色)이고 머리에 반점이 있음.

【螗蠩 당저】 두꺼비.

虫 10【螙】⑯ 蠹(1602)의 고자

虫 10【螣】⑯ ❶등사 **등** [蒸] téng ❷박각시나방 애벌레 **특** [職] tè

[소전] [초서] [字解] **❶등사(螣蛇).** 신사(神蛇)의 이름. 운무(雲霧)를 일으켜 몸을 감춘다는 상상의 동물. 〔張衡·賦〕 螣蛇蜿而自糾. **❷박각시나방의 애벌레.**

虫 10〖螂〗⑯ 蜋(1581)과 동자

虫 10【螊】⑯ 긴맛 **렴** [鹽] lián

[소전] [字解] **긴맛.** 대합(大蛤)과 비슷하며 길고 납작한 조개. ≒蠊. 〔晉書〕 拘螊蛂以資養.

【螊蛂 염월】 긴맛.

虫 10【螞】⑯ 말거머리 **마** [馬] mǎ

[간체] 蚂 [字解] **①말거머리.** 거머릿과에 딸린 환형동물. ¶ 螞蟥. **②왕개미.**

【螞蟻 마의】 왕개미.

【螞蟥 마황】 말거머리.

虫 10〖螟〗⑯ 마디충 **명** [靑] míng

[소전] [초서] [字解] **①마디충,** 명충(螟蟲). 화본과(禾本科) 식물의 줄기 속을 파먹는 해충. 〔詩經〕 去其螟螣. **②배추벌레.** 〔詩經〕 螟蛉有子, 蜾蠃負之. **③모기.** 〔管子〕 山多蟲螟.

【螟蛉 명령】 ①빛깔이 푸른 나비와 나방의 유충. 배추벌레. ②타성(他姓)에서 맞아들인 양자(養子). 🔎나나니벌이 명령(螟蛉)의 새끼를 업고 가서 제 새끼로 삼는다는 데서 온 말.

【螟蛉子 명령자】 양아들.

【螟嗣 명사】 양자(養子).

【螟螣 명특】 ①명충(螟蟲)과 박각시나방의 애벌레. 모두 농작물의 해충임. ②세상에 해를 끼치는 간악한 인간의 비유.

◑ 飛−, 焦−, 秋−, 蟲−.

虫 10【螌】⑯ ❶가뢰 **반** [刪] bān ❷진딧물 **반** [寒] pán

[소전] [字解] **❶가뢰,** 반묘(斑猫). 성질이 차고 독성이 있으며, 약재로 쓴다. ¶ 螌蝥. **❷진딧물.**

【螌蝥 반모】 가뢰. 斑猫(반묘). 地膽(지담).

虫 10【螃】⑯ 방게 **방** [陽] páng

[초서] [字解] **방게.** 해변에 가까운 연못의 갈대가 나는, 흙 속에 서식하는 게의 한 가지. 〔元稹·詩〕 池清漉螃蠏.

虫 10【螕】⑯ ❶진드기 **비** [齊] bī ❷왕개미 **비** [支] pī

[소전] [초서] [字解] **❶진드기. ❷왕개미.**

虫 10【螄】⑯ 다슬기 **사** [本]**시** [支] sī

[초서] [간체] 蛳 [字解] **다슬기,** 와라(蝸螺). 다슬깃과에 딸린 권패(卷貝)의 총칭.

虫 10【螦】⑯ [國]배좀 **소**

[字解] **배좀.** 배〔船〕의 나무를 쏠아 구멍을 내는 좀의 한 가지.

虫 10【螉】⑯ 나나니벌 **옹** [東] wēng

[소전] [초서] [字解] **나나니벌.**

虫 10【螈】⑯ 영원 **원** [元] yuán

[소전] [字解] **①영원(蠑螈).** 도롱뇽과에 속하는 양서류(兩棲類). ＝蚖. **②여름누에,** 하잠(夏蠶).

【螈蠶 원잠】 두벌누에. 여름누에.

虫 10【螤】⑯ 양의 이름 **유** [冬] zhōng

[字解] **양(量)의 이름,** 예순너 말. 〔莊子〕 螤斛不敢入于四竟.

虫 10【蝹】⑯ 굼틀거릴 **윤·운** [眞][文] yūn

[초서] [속자] 蝹 [字解] **①굼틀거리다,** 용이나 뱀이 굼틀거리는 모양. 〔張衡·賦〕 狀蜿蜿以蝹蝹. **②가는 모양,** 굼틀거리며 가는 모양. ¶ 蝹蝹.

【蝹輪 윤륜·운륜】 벌레가 굼틀거리며 기어가는 모양.

【蝹蝹 윤윤】 용이나 뱀이 꿈틀거리는 모양.

虫 10〖融〗⑯ 화할 **융** [東] róng

[소전] [주문] [초서] [동자] 蝠 [字解] **①화(和)하다,** 화합하다, 화락하다. 〔春秋左氏傳〕 其樂也融融. **②녹다,** 녹이다. 〔孫綽·賦〕 融而爲川瀆.

③밝다. 〔詩經〕昭明有融. ④명랑하다. 〔春秋左氏傳〕明而未融. ⑤통하다. 늘通.〔何晏·賦〕品物咸融. ⑥잇다. 이어지다. 늘庸. ⑦김이 오르다, 끓어오르다. ⑧축융(祝融). 전설상의 화신(火神)의 이름. 〔國語〕融降于崇山.
【融朗 융랑】 투명하고 밝음.
【融釋 융석】 ①풂. 풀림. 融解(융해). ②의심이 싹 가심.
【融然 융연】 기분이 누긋하고 안온한 모양.
【融遠 융원】 길고 멂.
【融怡 융이】 ①화락(和樂)한 모양. ②날씨가 화창(和暢)한 모양.
【融資 융자】 자본을 융통함.
【融劑 융제】 다른 물질을 녹이기 위하여 쓰는 약제.
【融暢 융창】 풀리어 화합함.
【融風 융풍】 ①동북풍. ②입춘(立春)에 부는 바람. ③축융(祝融)의 바람. 곧, 큰불.
【融合 융합】 여럿이 녹아서 하나로 합침.
【融解 융해】 ①녹음. ②고체에 열을 가했을 때 액체로 되는 현상.
【融會 융회】 ①녹아서 하나로 어울림. ②자세히 이해(理解)함.
○ 孔-, 光-, 金-, 圓-, 祝-, 蟄-, 春-, 沖-, 顯-, 渾-.

虫10【螎】⑯ 融(1591)과 동자

虫10【螘】⑯ 개미 의 紙 yǐ
개미, 말개미. =蟻蛾.
【螘動 의동】 개미 떼가 쏘다니는 것처럼 백성들이 소란함. 나라가 어지러움.
【螘垤 의질】 개밋둑. 蟻塚(의총).
○ 大-, 飛-, 戰-, 蟲-, 打-.

虫10【螠】⑯ 도롱이벌레 의 圓 yì
도롱이벌레. 늘縊. ¶螠女.
【螠女 의녀】 도롱이벌레. 몸이 작고 검으며 머리는 붉음. 집을 도롱이를 두른 것처럼 만들어 사는데, 제 줄에 목매어 죽기를 잘한다고 함.

虫10【螔】⑯ ❶달팽이 이 因 yí ❷수궁 사 因 sī
❶달팽이, 와우(蝸牛). ¶螔蝓. ❷수궁(守宮). 도마뱀 비슷한 파충류.
【螔蝓 이유】 달팽이. 蝸牛(와우).

虫10【螓】⑯ 씽씽매미 진 眞 qín
씽씽매미. 매미의 한 가지로, 이마가 넓고 회다. 〔詩經〕螓首蛾眉.

【螓首 진수】 ①씽씽매미의 머리. ②미인의 넓고 아름다운 이마의 비유.

虫10【螣】⑯ 모종 잎 먹는 벌레 특 職 té
모종의 잎을 먹는 벌레. 〔詩經〕去其螟螣.

虫10【螛】⑯ ❶눈 굴리며 혀 날름거릴 할 曷 hé ❷땅강아지 할 圇 xiá
❶눈을 굴리며 혀를 날름거리다. 〔漢書〕蛭蜲螛蝟, 容以凱麗兮. ❷땅강아지.

虫10【螢】⑯ 개똥벌레 형 靑 yíng

炏 炑 炎 熒 熒 螢 螢

螢 熒 蛍 萤 字源 形聲. 炏 + 虫 → 螢. '炏'은 '熒(형)'의 생략형으로 음을 나타낸다.
①개똥벌레, 반디. 〔禮記〕腐草爲螢. ②흐린 빛. 〔韓愈·詩〕列宿曜分螢.
【螢光 형광】 반딧불.
【螢雪 형설】 ①반딧불과 눈. ②어렵게 공부함. 故事 진(晉)나라 차윤(車胤)과 손강(孫康)은 매우 가난하여, 차윤은 반딧불에 비추어 책을 읽고, 손강은 눈빛에 비추어 글을 읽었다는 고사에서 온 말. 螢窓雪案(형창설안).
【螢雪之功 형설지공】 고생하면서도 꾸준히 학문을 닦은 보람.
【螢案 형안】 반딧불에 비추어 보는 책상. 가난하면서 배움에 힘씀. ❸螢雪(형설).
【螢窓 형창】 ①반딧불이 비치는 창문. 공부하는 방의 창문. ②서재(書齋). ❸螢雪(형설).
【螢窓雪案 형창설안】 ☞螢雪(형설).
【螢火 형화】 반딧불.
○ 孤-, 高-, 群-, 飛-, 星-, 盛-, 疎-, 新-, 野-, 涼-, 流-.

虫10【螇】⑯ 씽씽매미 혜 齊 xī, qī
字解 ①씽씽매미. ②딱따깨비. ¶螇蚸. ③나나니벌.
【螇蚸 혜력】 딱따깨비. 메뚜깃과의 곤충.

虫10【蜖】⑯ ❶번데기 회 灰 guī ❷살무사 훼 圓 huǐ
字解 ❶번데기, 누에번데기. ❷살무사. 늘虺. 〔柳宗元·天對〕蜖蠚已毒, 不以外肆.

虫10【螖】⑯ 방게 활 圓 huá
字解 방게. 바다 근처 민물의 모래 속에 서식하는 게의 한 가지. 〔韓愈·詩〕水漉雜鱣螖.

虫部 10~11획

虫10 【䗐】 ⑯ 고개 들고 갈 후 宥 xiū
[초서] [자해] 고개를 들고 가는 모양. 용이 고개를 쳐들고 꿈틀거리며 가는 모양. 〔史記〕沛艾赳䗐.

虫11 【蠢】 ⑰ 뽕잎 벌레 감 勘覃 hàn
[자해] 뽕잎 벌레. 외잎 벌레.

虫11 【蠋】 ⑰ 청개구리 괵 囿 guō, yù
[초서] [갑체] [자해] ①청개구리. 〔淮南子〕蠼蠋鳴. ②물여우. 단호(短狐). ③여치.

虫11 【螳】 ⑰ 사마귀 당 陽 táng
[소전] [초서] [통자] [자해] 사마귀. 버마재비. 〔後漢書〕螳螂之斧.
【螳螂 당랑】 사마귀. 버마재비.
【螳螂拒轍 당랑거철】 버마재비가 수레바퀴에 대항함. 제 분수도 모르고 강적(強敵)에게 대듦.
[고사] 제(齊)나라의 장공(莊公)이 수렵하러 나가는데, 버마재비가 앞발을 들어 그가 탄 수레를 가로막아 대항하였다는 고사에서 온 말. 螳螂之斧(당랑지부).
【螳螂窺蟬 당랑규선】 버마재비가 매미를 잡으려고 그것에만 마음이 팔려 참새가 자신을 노리는 줄을 모름. 눈앞의 이익에만 정신이 쏠려 곧 닥칠 위험을 알지 못함. 螳螂在後(당랑재후).
【螳螂之力 당랑지력】 버마재비의 힘. 미약한 힘.
【螳臂 당비】 버마재비의 팔뚝. 자기의 힘을 헤아리지 못함의 비유.

虫11 【螺】 ⑰ 소라 라 歌 luó
[초서] [자해] ①소라. 나선(螺旋) 모양을 한 조개 종류의 총칭. ㉯우렁이. ¶田螺. ㉰소라. ㉱다슬기. ¶蝸螺. ㉲소라고동. ¶法螺. ㉳달팽이. ②술잔. 소라 껍데기로 만든 술잔. 〔梅堯臣·詩〕海月團團入酒螺. ③먹(墨). 〔陸游·詩〕墨試小螺看斗硯. ④눈썹먹. 눈썹먹을 그리는 데 쓰는 화장품. 〔陳旅白·詩〕銷盡波斯萬斛螺. ⑤쪽 찐 머리. 소라고동 모양으로 쪽 찐 머리. 〔侯寘·詞〕雙縮香螺春意淺. ⑥지문(指紋). 〔蘇軾·詩〕文如人指上螺. ⑦산. 〔韓琦·詩〕拂黛遙峰濯萬螺. ⑧고수머리. 〔袁桷·詩〕圓如佛螺綴頭顱.
【螺角 나각】 소라고둥의 껍데기로 만든 악기. 소라. 法螺(법라).
【螺階 나계】 나선형(螺旋形)의 계단.
【螺髻 나계】 ①소라 껍데기 모양으로 틀어 올린

〈螺①〉

상투. 어린아이들의 북상투. ②푸른 산.
【螺髮 나발】 ① 소라 껍데기처럼 곱슬곱슬한 머리. 고수머리. ②(佛)석가여래의 머리털.
【螺絲 나사】 ① ☞螺旋(나선). ②소라처럼 비틀리게 고랑진 못. 나사못.
【螺旋 나선】 소라 껍데기처럼 빙빙 뒤틀린 형상.
【螺子黛 나자대】 눈썹먹으로 쓰는, 검푸른 색의 안료.
【螺鈿 나전】 광채가 나는 조개 껍데기를 여러 가지 형상으로 조각내어, 박아 꾸미는 일.
● 蝸-, 法-, 旋-, 田-, 鈿-, 靑-, 吹-.

〈螺髮〉
肉髻(육계)
白毫(백호)
螺髮(나발)
三道(삼도)

虫11 【蟧】 ⑰ 하루살이 략 藥 lüè
[소전] [동자] [자해] 하루살이. 부유(蜉蝣).

虫11 【蟧】 ⑰ 蟧(1593)과 동자

虫11 【蟩】 ⑰ 벌레 서릴 련 先霰 lián, liàn
[자해] ①벌레가 서리다. 반거(蟠踞)하다. 〔方某·詩〕神虬或蟩蜷. ②율모기. 뱀과에 달린 파충류.

虫11 【蟉】 ⑰ ❶머리 흔들 료 蕭 liáo
❷꿈틀거릴 류·규 尤 liú
[소전] [초서] [자해] ❶머리를 흔들다. 용이 머리를 흔들며 가는 모양. =虯. ¶蜩蟉. ❷①꿈틀거리다. 용이나 뱀 따위가 꿈틀거리며 가다. ¶蟉虯. ②벌레 이름.
【蟉虯 요규】 ①용·뱀 따위가 꿈틀거리며 가는 모양. ②얼크러진 모양.
● 蟉-, 蜩-.

虫11 【螻】 ⑰ 땅강아지 루 尤 lóu
[소전] [초서] [갑체] [자해] ①땅강아지. 하늘 밥도둑. 〔莊子〕在下爲螻蟻食. ②청개구리. 〔禮記〕孟夏之月, 螻蟈鳴. ③악취(惡臭)를 풍기다. 〔周禮〕馬黑脊而般臂, 螻.
【螻蛄 누고】 땅강아지. 蛄螻(고루).
【螻蟻 누의】 ①땅강아지와 개미. ②보잘것없는 것의 비유.
【螻蟻得志 누의득지】 땅강아지와 개미같이 작은 것이 뜻을 얻음. 소인이 득세하여 날뜀.
【螻蟻之誠 누의지성】 땅강아지나 개미 같은 것의 정성. 자기 정성의 겸사(謙辭).
【螻螲 누질】 ☞螻蛄(누고).

虫部 11획 螭 蟆 蠆 蟃 蟒 蟁 蝨 蠭 螫 蟀 蟋 螯 螾 蟅 螿 蟧 螽

虫 11 【螭】 ⑰ 교룡 리 ㊲치 因 chī

[소전] [초서] [字解] ①교룡(蛟龍), 뿔 없는 용. 〔後漢書〕亘螭龍之飛梁. ②용의 새끼, 용의 암컷. 〔漢書·注〕文穎曰, 龍子爲螭, 張揖曰, 赤螭, 雌龍. ③맹수의 이름. 범 비슷한데 비늘이 있다는 짐승. 〔班固·賦〕拖熊螭. ④산신(山神)의 이름. ¶ 螭魅.
【螭龍 이룡】 상상의 동물인, 뿔이 없는 용.
【螭魅 이매】 산속에 산다는 괴물(怪物). 산도깨비. 수목(樹木)의 요정(妖精) 따위.
【螭魅罔兩 이매망량】 온갖 도깨비. ○'罔兩'은 물도깨비.
【螭首 이수】 비석(碑石)의 머리나 궁전의 석계(石階)·종정(鐘鼎) 따위에 뿔 없는 용의 머리 모양을 새긴 장식물. 螭頭(이두).
【螭陛 이폐】 궁전의 섬돌.
◑ 蛟—, 虯—, 盤—, 伏—, 奔—, 蒼—.

虫 11 【蟆】 ⑰ 두꺼비 마 麻 má

[소전] [초서] 蠆 [字解] 두꺼비. 두꺼빗과의 양서류. 〔蘇軾·詩〕蟆背似覆盂.

虫 11 【蠆】 ⑰ 蟆(1594)와 동자

虫 11 【蟃】 ⑰ 뽕나무 벌레 만 願 wàn

[字解] ①뽕나무 벌레, 명령(螟蛉)의 유충. 빛깔이 푸른 나방과 나비의 어린 벌레. 〔詩經·螟蛉有子·疏〕俗謂之桑蟃. ②짐승 이름. ¶ 蟃蜒.
【蟃蜒 만연】 상상의 동물 이름. 살쾡이 비슷한데 크다고 함.

虫 11 【蟒】 ⑰ 蟒(1596)의 속자

虫 11 【蟁】 ⑰ 蚊(1587)와 동자

虫 11 【蝨】 ⑰ 蚤(1576)의 본자

虫 11 【蠭】 ⑰ 蜂(1582)의 속자

虫 11 【螫】 ❶ 쏠 석 陌 shì ❷ 성낼 학 藥 shì

[소전] [초서] 螫 [字解] ❶①쏘다, 벌레가 쏘다. 〔史記〕蜂蠆之致螫. ②독, 해독(害毒). 〔班固·賦〕遺亡秦之毒螫. ❷성내다, 노하다. 〔史記〕有如兩宮之螫將軍.
【螫毒 석독】 독충에게 쏘인 독.
【螫手解腕 석수해완】 독사가 손을 물면 독이 몸 전체로 퍼지는 것을 막기 위해 팔을 자름. 전체

의 이익을 위하여 일부를 희생함.
【螫刺 석자】 벌레가 쏨.

虫 11 【蟀】 ⑰ 귀뚜라미 솔 質 shuài

[소전] [초서] [字解] 귀뚜라미. 〔詩經〕蟋蟀在堂, 歲聿其莫.

虫 11 【蟋】 ⑰ 귀뚜라미 실 質 xī

[소전] [초서] [字解] 귀뚜라미. 〔詩經〕蟋蟀在堂, 歲聿其莫.
【蟋蟀 실솔】 귀뚜라미.

虫 11 【螯】 ⑰ 차오 오 豪 áo

[초서] 螯 [字解] ①차오(蟹螯). 조개의 한 가지. 대합(大蛤)과 비슷하다. ②집게발, 게의 엄지발. 〔荀子〕蟹六跪而二螯. ③게. 〔蘇軾·詩〕紫螯應已肥.

虫 11 【螾】 ⑰ 지렁이 인 震 yǐn

[소전] [혹체] 蚓 [초서] 螾 蚓 [字解] ①지렁이. 〔賈誼·文〕夫豈從蝦與蛭螾. ②쓰르라미. ③그리마.
【螾螾 인인】 꿈틀거리며 태어나는 모양.

虫 11 【蠩】 ⑰ 쥐며느리 자 碼 zhè

[소전] 蠩 [동체] 盧 [字解] ①쥐며느리, 서부(鼠婦). ②누리, 황충(蝗蟲).

虫 11 【盧】 ⑰ 蠩(1594)와 동자

虫 11 【螿】 ⑰ 쓰르라미 장 陽 jiāng

[초서] 螿 [字解] ①쓰르라미. ②애매미.

虫 11 【蠐】 ⑰ 굼벵이 조 豪 cáo

[소전] [초서] [字解] 굼벵이. 매미의 유충. 〔孟子〕蠐食實者過半矣.

虫 11 【螽】 ⑰ 누리 종 東 zhōng

[소전] [혹체] [초서] [字解] ①누리, 황충(蝗蟲). 메뚜깃과에 속하는 곤충. 〔詩經〕螽斯羽詵詵兮, 宜爾子孫振振兮. ③메뚜기, 메뚜깃과 곤충의 총칭. ④마디충, 명충(螟蟲). 〔漢書〕水旱飢蝝螽螟. ⑤누리의 재해. 〔春秋穀梁傳〕螽, 蟲災也.
【螽斯 종사】 ①㉠메뚜기. ㉡베짱이. 여치. ②자

손이 번성할 징조의 비유.
【螽斯詵詵 종사선선】메뚜기가 의좋게 날아 모여드는 모양. 부부가 화합하여 자손이 많음의 비유.
❶ 擊-, 阜-, 靑-, 草-, 春-.

虫11 【蹇】⑰ 설렐 진 圓 chén
字解 설레다, 불안정하다. ¶蹇蟫.
【蹇蟫 진돈】①벌레가 겨울잠에서 아직 완전히는 깨어나지 않은 일. ②일이 성취(成就)되기 어려운 모양.

虫11 【蟄】⑰ 땅강아지 질 圓 zhì
字解 땅강아지, 누고(螻蛄). ¶螻蟄.

虫11 【螮】⑰ 무지개 체 圖 dì
字解 무지개, 홍예(虹霓). 〔禮記·注〕螮蝀謂之虹.
【螮蝀 체동】무지개.

虫11 【蟄】⑰ 숨을 칩 圙 zhé
字解 ❶숨다, 숨어 살다. 〔辛棄疾·詞〕深蟄要驚雷. ②겨울잠을 자다, 동면하다. 〔易經〕龍蛇之蟄, 以存身也. ③겨울잠 자는 동물. 〔史記〕於時冰泮發蟄. ④의좋게 모여들다. 〔詩經〕宜爾子孫蟄蟄兮.
【蟄居 칩거】①나가서 활동하지 않고 집에 들어박혀 있음. ②벌레 따위가 땅속에 죽치고 있음. 동면(冬眠)함. 蟄伏(칩복). 蟄藏(칩장).
【蟄雷 칩뢰】①그해의 맨 첫 번의 천둥소리. 初雷(초뢰). ②동면(冬眠)하고 있는 동물의 잠을 깨운다는 봄 천둥. 春雷(춘뢰).
【蟄龍 칩룡】숨어서 나타나지 아니하는 용. 아직 때를 얻지 못하여 숨어 있는 영웅의 비유.
【蟄伏 칩복】☞蟄居(칩거).
【蟄藏 칩장】☞蟄居(칩거).
【蟄蟄 칩칩】①조용한 모양. ②사이좋게 모이는 모양. 많은 모양.
❶ 驚-, 啓-, 冬-, 發-, 幽-, 藏-, 閉-.

虫11 【蟥】⑰ 오징어 표 蕭 piāo
字解 ①오징어. ¶蟥蛸. ②사마귀의 알, 사마귀의 알집. ¶蟥蛸.
【蟥蛸 표초】①사마귀의 알. 한약재로 씀. 桑螵蛸(상표초). ②오징어. 烏賊魚(오적어).

虫11 【蟂】⑰ 영원 효 蕭 xiāo
字解 ①영원. 도롱뇽과의 양서류. ②쓰르라미, 털매미.

虫11 【鶹】⑰ 蟂(1595)와 동자

虫12 【蟜】⑱ ❶독충 교 蕭 jiǎo ❷개미 교 蕭 qiáo
字解 ❶①독충(毒蟲) 이름. 쐐기의 한 가지. 〔枚乘·七發〕蚑蟜螻蟻聞之, 柱喙而不能前. ②오랑캐 이름. 〔山海經〕蟜, 其爲人虎文. ③꿈틀거리다, 용이 꿈틀거리는 모양. ¶天蟜. ④성(姓). 〔通志〕高陽氏之元孫蟜牛之後, 舜之祖也. ❷①개미 이름. ¶蠤蟜. ②제후(諸侯) 이름. 〔國語〕少典取於有蟜氏.
【蟜極 교극】상고(上古) 때의 사람. 고신씨(高辛氏)의 아버지.
【蟜牛 교우】상고(上古) 때의 사람. 고수(瞽叟)의 아버지. 곧, 순(舜)임금의 조부(祖父).

虫12 【蟨】⑱ 쥐 궐 月 jué
字解 ①쥐, 짐승 이름. ¶蟨鼠. ②장구벌레. =蟩.
【蟨鼠 궐서】짐승 이름. 쥐같이 생긴 동물인데 앞발이 짧아서 달릴 수가 없으므로 항상 공공(蛩蛩)과 함께 서식하여, 위급할 때는 공공에게 업어 도망친다고 함.

虫12 【蟩】⑱ 장구벌레 궐 月 jué
字解 장구벌레. =蟨. ¶蛣蟩.

虫12 【蟣】⑱ 서캐 기 尾 jǐ
字解 ①서캐, 이. 〔漢書〕介冑生蟣蝨. ②거머리, 수질(水蛭).
【蟣肝 기간】①이의 간장(肝臟). ②지극히 작고 하찮은 것의 비유.
【蟣蝨 기슬】사람 몸의 해충. 이.

虫12 【蟫】⑱ ❶반대좀 담 覃 yín ❷반대좀 음 侵 yín ❸움직일 심 侵 xún
字解 蟫(1596)은 딴 자. ❶반대좀, 지어(紙魚). 반대좀과에 딸린 곤충. 옷·책 따위를 좀먹는다. 〔寒山子·詩〕脫體似蠹蟫. ❷반대좀. ※❶과 같다. ❸①움직이다, 벌레의 움직이는 모양. 〔後漢書〕螾蜒蟫蟫. ②서로 따르는 모양.
【蟫蟫 심심】①서로 따르는 모양. ②벌레의 굼질굼질 움직이는 모양.

虫12 【蟧】⑱ ❶쓰르라미 로 豪 láo ❷말매미 료 蕭 liáo
字解 ❶①쓰르라미. 〔傅占衡·賦〕蜣蟧春鳴而秋止. ②방직 새끼. ❷말매미. =蟟.

虫12 【嶚】⑱ 참매미 료㊋ liáo
字解 ①참매미. ¶蛁嶚. ②말매미. =螃.

虫12 【蟒】⑱ 반딧불 린㊋ lìn
字解 반딧불, 개똥벌레.

虫12 【蟒】⑱ ❶이무기 망㊋ mǎng
　　　　　❷누리 맹㊋ měng
字解 ❶①이무기, 대망(大蟒), 왕뱀. 〔白居易·詩〕雲烟蟒蛇氣. ②망의(蟒衣). ❷누리, 황충(蝗蟲). =蝱.
【蟒蛇 망사】 왕뱀. 王蛇(왕사).
【蟒衣 망의】 명청대(明淸代) 관원의 예복. 남색 바탕에 금실로 5~8마리의 이무기를 신분에 따라 수놓았음. 蟒袍(망포).
【蟒袍 망포】 ➡蟒衣(망의).
● 巨−, 怪−, 叫−, 大−, 毒−, 蟠−, 修−.

虫12 【蟠】⑱ 서릴 반㊋ pán, fán
字解 ①서리다, 몸을 감고 엎드려 있다. 〔尙書大傳〕蟠龍賁信於其藏. ②두르다, 주위를 빙 감아 돌다. 〔春秋文耀鉤〕圍軫七蟠. ③쌓이다, 축적되다. 〔禮記〕及夫禮樂之極乎天蟠于地. ④모이다. ⑤쥐며느리.
【蟠車 반거】 기구의 이름. 실을 켜는 자새.
【蟠踞 반거】 뿌리를 박고 서림. 한 지방을 차지하고 세력을 떨침. 盤踞(반거).
【蟠據 반거】 어떤 곳에 근거하여 웅거함.
【蟠屈 반굴】 ①서리어 엎드림. ②마음이 맺혀 펴이지 아니함. 盤屈(반굴).
【蟠糾 반규】 서리어 얽힘.
【蟠虯 반규】 서린 규룡(虯龍).
【蟠桃 반도】 선경(仙境)에 3천 년 만에 한 번씩 열린다는 복숭아. 또는 그 나무.
【蟠龍 반룡】 아직 하늘에 오르지 못하고 땅에 서리고 있는 용. 盤龍(반룡).
【蟠木 반목】 얽히고설킨 나무. 가지가 얽힌 큰 나무.
【蟠縈 반영】 서리어 얽힘.
【蟠蜿 반완】 ①서리고 얽힌 모양. ②용이 꿈틀거리는 모양.
【蟠際 반제】 위는 하늘에 이르고 아래는 땅에 닿음. 광막한 모양.
● 屈−, 根−, 龍−, 潛−.

虫12 【融】⑱ 蟠(1596)과 동자

虫12 【蟞】⑱ 개미 별㊋ bié
字解 개미.

虫12 【蟲】⑱ 蟲(1600)의 와자(譌字)

虫12 【蟖】⑱ 쐐기 사㊋ sī
字解 쐐기. 쐐기나방의 유충으로 누에처럼 생겼다. ¶蛅蟖.

虫12 【蟴】⑱ 蟖(1596)와 동자

虫12 【蟓】⑱ 누에 상㊋ xiàng
字解 ①누에. ②땅강아지. ¶蟓蛉.
【蟓蛉 상령】 땅강아지. 螻蛄(누고).

虫12 【蟞】⑱ 쥐며느리 서㊋ shǔ
字解 ①쥐며느리, 서부(鼠婦). 〔本草綱目〕蟞蟞. ②베짱이.

虫12 【蟬】⑱ ❶매미 선㊋ chán
　　　　❷날 선㊋ shàn
　　　　❸땅 이름 제㊋ tí
參考 ①蟬(1595)은 딴 자. ②대법원 지정 인명용 한자의 음은 '선'이다.
字解 ❶①매미. 〔大戴禮〕蟬飮而不食. ②뻗다, 펴지다. 〔史記〕蟬猶伸也. ③잇다, 연속하다. 〔史記〕蟬聯血食. ④겁내다, 두려워 떨다. ≒戰·顫. ⑤아름답다. ⑥애처롭다. ≒悝. ❷날다. ❸땅 이름. 점제(黏蟬)는 낙랑(樂浪)의 현 이름.
【蟬冠 선관】 매미의 날개로 꾸민 관. 귀인이 쓰던 관. 蟬冕(선면).
【蟬連 선련】 잇닿음. 연속함. 蟬聯(선련).
【蟬紗 선사】 매미 날개같이 곱고 엷은 깁.
【蟬蛻 선세】 ①매미의 허물. 蟬殼(선각). ②깨끗이 벗어남의 비유. ③세속을 초탈함의 비유.
【蟬語 선어】 매미의 우는 소리.
【蟬嫣 선언】 이어져 끊이지 않는 모양.
【蟬娟 선연】 ①아름답고 품위가 있는 모양. ②아득히 보이는 모양.
【蟬珥 선이】 임금을 가까이서 모시는 신하. 근시(近侍)하는 신하가 담비의 꼬리와 매미의 날개로 관(冠)을 장식한 데서 온 말.
【蟬翼 선익】 매미의 날개. ㉠가볍고 섬세함의 비유. ㉡아름다움의 비유.
【蟬噪 선조】 ①매미가 시끄럽게 욺. ②시끄럽게 떠듦.
【蟬脫 선탈】 ①매미가 허물을 벗음. ②구습(舊習)이나 옛 사고방식에서 벗어남. 蟬蛻(선세).
● 枯−, 亂−, 馬−, 鳴−, 暮−, 暗−, 涼−, 雌−, 蜩−, 噪−, 靑−, 秋−, 寒−.

虫12 【蟳】⑱ 꽃게 심㊋ xún

虫部 12획

【蠕】⑱ 蠕(1600)과 동자

【蟯】⑱ 요충 요 náo
字解 요충(蟯蟲). 선충류(線蟲類)의 기생충. 〔史記〕 蟯瘕爲病.

【蟯】⑱ 蟯(1597)와 동자

【蚏】⑱ 방게 월 yuè
字解 방게. 바다에 가까운 민물의 모래 속에 서식하는 게의 한 가지. 〔晉書〕 或至海邊, 拘蠣蚏以資養.

【蟕】⑱ 바다거북 주 zuī
字解 바다거북. 푸른거북. 바다거북과에 속하는 거북의 한 가지. 〔孫綽·賦〕 蟕蠵煥爛以映漲.
【蟕蠵 주휴】 바다거북. 푸른거북.

【蟭】⑱ 사마귀 알 초·추 jiāo
字解 ①사마귀의 알, 사마귀의 집. ②초명(蟭螟).
【蟭螟 초명】 작은 벌레의 이름. 모기의 눈썹에 집을 짓는다고 함.

【蝎】⑱ 蝎(1603)의 속자

【蠈】⑱ 자벌레 축 zú
字解 자벌레. 자벌레나방의 유충(幼蟲).

【蟲】⑱ ❶벌레 충 chóng ❷좀먹을 충 zhòng ❸찔 동 tóng

小篆 䖝 初書 䖝 俗書 虫 間字 虫 參考 대법원 지정 인명용 한자의 음은 '충'이다.
字源 會意. '虫(벌레 충)' 자 세 개를 합하여 '모든 동물'이라는 뜻을 나타내었으나, 뒤에 '벌레'라는 뜻으로 의미가 축소되었다.
字解 ❶①벌레, 곤충의 총칭. ❷동물의 총칭. 우충(羽蟲;새), 모충(毛蟲;짐승), 갑충(甲蟲;벌레), 인충(鱗蟲;물고기), 나충(裸蟲)의 총칭. 〔大戴禮〕 有倮之蟲三百六十而聖人爲之長. ❸구더기. 〔荀子〕 肉腐出蟲. ❹충해, 벌레의 피

해. 〔舊唐書〕 旱及霜蟲, 百姓餓乏. ❺충서(蟲書), 조충서(鳥蟲書). ❻성(姓). ❷좀먹다, 벌레먹다. ❸①찌다, 찌는 듯이 더운 모양. 〔詩經〕 蘊隆蟲蟲. ②그을리다, 훈(薰)하다.
【蟲籠 충롱】 벌레를 잡아 넣는 바구니.
【蟲臂鼠肝 충비서간】 벌레의 팔과 쥐의 간. 쓸모없고 하찮은 것의 비유. 鼠肝蟲臂(서간충비).
【蟲書 충서】 새와 벌레의 모양을 본뜬 글씨체. 기치(旗幟)와 부신(符信)에 썼음.
【蟲蝕 충식】 벌레 먹음. 좀먹음.
【蟲魚 충어】 ①벌레와 물고기. 작은 동물. ②하찮은 일. 고증(考證) 학자의 장황한 고정(考訂)을 비난하는 말.
【蟲蟻 충의】 ①벌레와 개미. ②미물(微物).
【蟲篆 충전】 ①전서(篆書)의 한 체. ◯벌레가 기어다닌 자국과 비슷한 데서 온 말. ②옛날 종(鐘)에 베풀어진 옹크린 곰〔熊〕, 서린 용(龍) 등의 조각 장식.
【蟲蟲 충충·동동】 더위가 심한 모양. 찌는 듯이 더운 모양.
【蟲齒 충치】 벌레 먹은 이.
【蟲害 충해】 해충으로 인해 농작물이 입는 피해.
◐ 甲—, 昆—, 裸—, 大—, 毛—, 成—, 蟯—, 羽—, 幼—, 吟—, 陰—, 益—, 鱗—, 草—, 寸—, 害—, 華—, 蛔—.

【蟛】⑱ 방게 팽 péng
字解 방게. 바위겟과에 딸린 게의 한 가지.
【蟛蜞 팽기】 방게.
【蟛螖 팽활】 방게.

【蟚】⑱ 蟛(1597)과 동자

【蟪】⑱ 쓰르라미 혜 huì
字解 ①쓰르라미. 〔莊子〕 蟪蛄不知春秋. ②여치.
【蟪蛄 혜고】 매미의 한 가지. 쓰르라미.
【蟪蛄不知春秋 혜고부지춘추】 쓰르라미는 여름 동안에만 살기 때문에 봄과 가을을 알지 못함. ㉠생명이 극히 짧음. ㉡생명이 짧은 것은 긴 세월이 있음을 알지 못함.

【蟥】⑱ 풍뎅이 황 huáng
字解 ①풍뎅이. ②말거머리, 마질(馬蛭). ¶ 馬蟥.

【蟢】⑱ 갈거미 희 xǐ
字解 갈거미. 납거밋과에 딸린 거미의 한 가지. 〔新論〕 野人晝見蟢子者, 以爲有喜樂之瑞.
【蟢子 희자】 갈거미.

虫部 13획 蠍 蠒 螫 螯 蠕 螳 蟷 蠃 蠍 蠡 蠊 蟺 蟾 蠨 蠅

蠍 ⑲ 전갈 갈 ㉿혈 月 xiē
字解 蠍 蝎 전갈(全蠍). 전갈과의 절지동물. 꽁지 끝에 독침이 있어 쏘이면 생명이 위험해진다. 〔北史〕好取蠍.
【蠍梢 갈초】 전갈의 독침(毒針).
【蠍虎 갈호】 도마뱀붙이.
● 猛—, 蝮—, 蛇—.

蠒 ⑲ 백강잠 강 陽 jiāng
字解 백강잠(白殭蠶), 백강병(白殭病)으로 죽어서 빛깔이 허여진 누에. 풍증(風症)을 다스리는 약으로 경간(驚癇)·중풍(中風)·담증(痰症)·후증(喉症) 따위에 쓴다.

螫 ⑲ 두꺼비 경 梗 jǐng
字解 두꺼비. 두꺼빗과에 딸린 양서류.

螯 ⑲ 방아깨비 계 齊 qì
字解 螯 방아깨비. 메뚜깃과의 곤충.
【螯螽 계종】 방아깨비.

蠕 ⑲ ❶남방 오랑캐 단 ㉿탄 寒 dàn ❷벌레 꿈틀거릴 연 銑 yǎn
字解 ❶남방 오랑캐의 이름. = 蜑. ❷벌레가 꿈틀거리는 모양.

螳 ⑲ 사마귀 당 陽 dāng
字解 螳 螗 當 사마귀, 버마재비. 〔莊子〕螳蜋執翳而搏之.
【螳螂 당랑】 버마재비. 사마귀. 螳蠰(당낭).

當 ⑲ 蟷(1598)과 동자

蠃 ⑲ ❶나나니벌 라 哿 luǒ ❷소라 라 歌 luó
字解 ❶나나니벌. 벌의 한 가지. ¶ 螺蠃. ❷달팽이, 우렁이. = 螺. 권패류(卷貝類)의 총칭.
【蠃蚌 나방】 고둥과 방합(蚌蛤).
【蠃蜆 나현】 소라고둥과 바지락조개.
● 果—, 蚌—, 鸚—, 蚯—.

蠍 ⑲ 蠟(1600)의 속자

蠡 ⑲ 蠡(1600)와 동자

蠊 ⑲ 바퀴 렴 鹽 lián
字解 바퀴, 향랑자(香娘子). ¶ 蜚蠊.

蟺 ⑲ ❶지렁이 선 銑 shàn ❷매미 선 先 chán, dàn
字解 蟺 蟬 ❶지렁이. ¶ 蜿蟺. ❷꾸불꾸불하다. 〔嵆康·賦〕蜿蟺相糾. ❸장어. ≒鱔. ❷①매미. =蟬. ②땅벌, 땅말벌, 토봉(土蜂).
【蟺蜂 선봉】 땅벌. 땅말벌. 土蜂(토봉).
【蟺蜎蠖濩 선연확확】 ①정교(精巧)한 조각(彫刻)의 형용. ②궁전(宮殿)의 경관(景觀)이 그윽한 모양.

蟾 ⑲ 두꺼비 섬 鹽 chán
字解 ①두꺼비. 〔淮南子〕月中有蟾蜍. ②달, 달빛. 〔李白·試〕開戶牛蟾生. ③연적(硯滴). 〔陸游·詞〕蟾滴夜寒.
【蟾桂 섬계】 ①두꺼비와 계수나무. ②달의 딴 이름.
【蟾光 섬광】 달빛. 月光(월광).
【蟾宮 섬궁】 ①달 속에 있다는 궁전. 月宮(월궁). ②과거에 급제하는 동경(憧憬)의 세계.
【蟾輪 섬륜】 달의 딴 이름.
【蟾盤 섬반】 달의 딴 이름.
【蟾魄 섬백】 달의 딴 이름.
【蟾蜍 섬여】 ①두꺼비. ②달의 딴 이름. ③연적(硯滴).
【蟾彩 섬채】 달빛. 蟾光(섬광).
【蟾兔 섬토】 달의 딴 이름. 〇달 속에 두꺼비와 옥토끼가 산다는 전설에서 온 말.
● 孤—, 硯—.

蠨 ⑲ 갈거미 소 蕭 xiāo
字解 蠨 蠨 蠨 參考 재래의 자전에서는 虫부 12획이었으나, 여기서는 현실 획수를 따랐다.
字解 갈거미. 납거밋과에 딸린 거미의 한 가지. ¶ 蠨蛸.
【蠨蛸 소소】 갈거미.

蠅 ⑲ 파리 승 蒸 yíng
字解 蠅 蠅 蠅 ①파리. 쌍시류(雙翅類)에 속하는 곤충의 총칭. 〔詩經〕營營青蠅. ②파리잡이거미. ¶ 蠅虎. ③돌아다니는 모양. 〔王襃·賦〕蠅蠅翊翊.
【蠅頭 승두】 ①파리의 대가리. ②미소(微小)한 것의 비유. ③세자(細字).
【蠅拂 승불】 파리채. 파리를 쫓는 기구.
【蠅鼠 승서】 ①파리와 쥐. ②남을 훼방하는 얄미운 사람의 비유.
【蠅蠅 승승】 각처를 돌아다니며 유람하는 모양.

【蠅營 승영】파리가 분주히 먹이를 찾아 날아
  듦. 적은 이익을 위하여 악착스러움.
【蠅虎 승호】껑충거미. 파리잡이거미.
○ 飢-, 飛-, 蒼-, 靑-, 寒-.

蟻 ⑲ 개미 의 紙 yǐ

字解 ①개미, 비부(蚍蜉). 〔韓非子〕千丈之堤, 以螻蟻之穴而潰. ②검다, 흑색. 〔書經〕麻冕蟻裳. ③동동주 위에 뜨는 거품, 옥저(玉蛆). 〔張衡·賦〕浮蟻如萍.
【蟻寇 의구】두려워할 것 없는 작은 도둑.
【蟻潰 의궤】①개미 떼가 흩어지듯이 흩어져 도망함. ②개미 때문에 무너짐.
【蟻動 의동】많이 모여서 떠듦.
【蟻螻 의루】①개미와 땅강아지. ②미천(微賤)한 것의 비유.
【蟻封 의봉】개밋둑. 蟻垤(의질).
【蟻蜂 의봉】개미와 벌.
【蟻附 의부】개미 떼처럼 떼를 지어 달라붙음.
【蟻視 의시】개미 보듯이 봄. 남을 몹시 멸시함.
【蟻壤 의양】개미집. 개밋둑.
【蟻援 의원】구원군(救援軍).
【蟻蠶 의잠】알에서 갓 깬 누에. ○개미처럼 생긴 데서 온 말.
【蟻垤 의질】개밋둑. 蟻封(의봉).
【蟻集 의집】개미 떼처럼 많이 모임.
【蟻穴 의혈】①개미집. ②미소(微小)한 것의 비유. 蟻孔(의공).
○ 巨-, 群-, 綠-, 螻-, 白-, 浮-, 赤-.

蠈 ⑲ 마디충 적 職 zéi

字解 마디충, 벼의 마디를 먹는 벌레. 식물의 줄기 속을 파먹는 곤충의 어린 벌레의 총칭.

蠈 ⑲ 蠈(1599)과 동자

蟶 ⑲ 긴맛 정 庚 chēng

字解 긴맛, 마도패(馬刀貝). 긴맛과에 속하는 조개.

蠆 ⑲ 전갈 채 卦 chài

字解 ①전갈 중 꽁지가 긴 것을 '蠆', 짧은 것을 '蠍'이라 한다. = 蠇. 〔詩經〕彼君子女, 卷髮如蠆. ②잠자리애벌레, 잠자리의 유충. 물속에 살며, 모양이 전갈 비슷하다. 〔淮南子〕水蠆爲蟌. ③가시. = 蒂. 〔張衡·賦〕眭眦蠆芥.
【蠆芥 채개】①가시. 뼈. ②성내는 모양.
【蠆尾 채미】①전갈의 꼬리. 전갈의 독침(毒針).

②남을 해치는 사람의 비유.

蠋 ⑲ 나비 애벌레 촉 沃 zhú

字解 나비의 애벌레. 배추벌레·쐐기 등 나비·나방의 유충. 누에 비슷하며 식물의 잎을 갉아 먹는다. = 蠾. 늑蜀.

蟹 ⑲ 게 해 蟹 xiè

字解 게. 십각목(十脚目)의 갑각류(甲殼類)에 속하는 동물의 총칭. 〔周禮〕仄行蟹屬.
【蟹匡 해광】게의 등.
【蟹網具失 해망구실】國게와 그물을 함께 잃어버림. 이익을 보려다가 도리어 손해를 봄.
【蟹舍 해사】어부(漁夫)의 집.
【蟹眼 해안】①게의 눈. ②차 따위를 끓일 때 넘어 오르는 거품.
【蟹螯 해오】게의 집게발.
【蟹黃 해황】게의 배 속에 있는 누른 장.
○ 巨-, 乾-, 霜-, 石-, 魚-, 紫-, 蝦-.

蠏 ⑲ 蟹(1599)와 동자

蠁 ⑲ 번데기 향 養 xiǎng

字解 ①번데기. 특히 땅벌레로서 흙 속에서 번데기로 화한 것. 말소리를 알아듣는다는 옛말이 있다. 〔爾雅·注〕今呼蛹蟲爲蠁. ②초파리, 혜계(醯鷄). 술·초 따위에 엉겨드는 작은 파리. ③향하다. = 嚮.
【蠁子 향자】초파리. 혜계(醯鷄).
【蠁曶 향홀】신속(迅速)함. 빠름. ○'曶'은 '忽'로 '빠름'을 뜻함.

蠉 ⑲ 장구벌레 현 銑 xuān

字解 ①장구벌레. = 蜎. ②기다, 벌레가 기어가는 모양. 〔淮南子〕蠉飛蝡動, 莫不仰德而生.
【蠉飛蝡動 현비연동】벌레가 굼실거리며 기어다니는 모양.

蠒 ⑳ 繭(1387)의 속자

蠟 ⑳ 蠟(1600)의 속자

蠓 ⑳ 눈에놀이 몽 董 měng

字解 눈에놀이. 눈에놀잇과에 딸린 작은 곤충. 늑蒙.

蟲部 14~15획 蠹蠙蠕蠑蟗蠘蟣蠔蠖蠟蠣蠡

〔列子〕春夏之月, 有蠔蚋者, 因雨而生, 見陽而死.
【蠔蚋 몽예】 눈에놀이.

虫 14 【蠹】 ⑳ 메뚜기 부 冟 fù
字解 메뚜기. =蠹.
【蠹螽 부종】 메뚜기.

虫 14 【蠙】 ⑳ 진주조개 빈 冟 pín
소전 초서 字解 ①진주조개, 씹조개. 〔書經〕 淮夷蠙珠曁魚. ②구슬 이름, 진주(眞珠). ③물이끼. 〔莊子〕 得水土之際, 則爲蛙蠙之衣.
【蠙珠 빈주】 조개류의 체내에서 형성되는 구슬 모양의 분비물 덩어리. 보배로서 장식에 씀. 蚌珠(방주).

虫 14 【蠕】 ⑳ 꿈틀거릴 연 冟 rú
초서 동자 字解 꿈틀거리다, 벌레가 움직이는 모양. 〔淮南子〕 蠉飛蠕動, 莫不仰德而生.
【蠕動 연동】 ①지렁이 따위의 벌레가 굼실거리며 감. 또는 그런 모양. ②微動(미동)하는 모양. ③음식물을 소화하기 위하여 위장이 파상(波狀)으로 움직이는 현상.

虫 14 【蠑】 ⑳ 영원 영 冟 róng
초서 간체 字解 영원(蠑螈). 늑榮.
【蠑螈 영원】 도롱뇽목 영원과에 딸린 양서류(兩棲類).

虫 14 【蟗】 ⑳ 등에 유 冟 wèi
초서 字解 ①등에, 작은 등에. 작은 것을 '蟗'라 하고, 큰 것을 '蝱(맹)'이라 한다. 〔國語〕 虽蟗之旣多. ②바구미. 쌀·보리의 해충.

虫 14 【蠘】 ⑳ 게 절 冟 jié
字解 게, 게의 한 가지.

虫 14 【蟣】 ⑳ 굼벵이 제 冟 qí
소전 초서 간체 字解 ①굼벵이, 매미의 유충. 〔列子〕 烏足之根爲蟣蠐. ②나무굼벵이, 추제(蝤蟣). 하늘솟과의 애벌레.
【蟣蠐 제조】 매미의 유충. 굼벵이.

虫 14 【蠔】 ⑳ 굴 호 冟 háo
字解 굴, 굴조개, 모려(牡蠣). 굴과에 속하는 조개. 〔韓愈·詩〕 蠔相黏爲山, 百十各自生.

虫 14 【蠖】 ⑳ 자벌레 확 冟 huò
소전 초서 字解 자벌레, 척확(尺蠖). 몸을 움츠렸다 폈다 하면서 기어가는 모양이 마치 자로 물건을 재는 듯한 데서 온 이름. 〔易經〕 尺蠖之屈.
【蠖屈 확굴】 ①자벌레가 등을 움츠림. ②사람이 뜻을 얻지 못하여 잠시 굽히거나, 재능을 품고 있으면서도 잠시 은퇴(隱退)하여 있음.
【蠖略 확략】 ①나아가락 멈추락 하는 모양. ②용(龍)이 가는 모양.
【蠖濩 확확】 ①물러가 숨는 모양. ②아로새긴 모양. ③집 안이 깊숙하고 너른 모양.
● 溫-, 柔-, 尺-.

虫 15 【蠟】 ㉑ 밀 랍 冟 là
소전 속자 간체 字解 ①밀. 꿀벌의 집을 끓여서 짜낸 기름. 〔唐書〕 茶蠟芒硝. ②밀초, 밀로 만든 초. 〔韓偓·詩〕 已嫌刻蠟春宵短. ③밀을 발라 광택을 내다. 〔晉書〕 正見自蠟屐.
【蠟淚 납루】 초가 탈 때에 녹아서 옆으로 흘러내리는 것. 촛농. 燭淚(촉루).
【蠟書 납서】 비밀의 누설, 또는 습기로 상하는 것을 막기 위하여 밀랍으로 싸서 봉한 문서.
【蠟詔 납조】 비밀히 하기 위하여 납환(蠟丸)으로 봉한 조서(詔書).
【蠟燭 납촉】 밀랍으로 만든 초.
【蠟火 납화】 촛불.
【蠟丸 납환】 비밀 누설, 또는 습기를 막기 위하여 서류를 봉한 둥근 밀덩이.
● 綠-, 蜜-, 白-, 封-, 香-, 紅-, 黃-.

虫 15 【蠣】 ㉑ 굴 려 冟 lì
소전 초서 간체 字解 굴, 굴조개. 굴과에 속하는 조개의 한 가지. 〔神農本草經〕 牡蠣味鹹平.
【蠣房 여방】 굴 껍데기.
【蠣粉 여분】 굴 껍데기를 태워서 빻은 가루. 학질(瘧疾) 등의 약으로 씀.
【蠣黃 여황】 굴젓.
● 牡-, 石-, 玄-.

虫 15 【蠡】 ㉑ ❶좀먹을 려 冟 lí ❷표주박 라 冟 ❸달팽이 려 冟 luó
소전 고문 초서 동자 字解 ❶①좀먹다, 좀이 나무를 좀먹다. ②좀먹어서 말라드는 모양. 〔孟子〕 以追蠡. ③낡다, 바래다. ❷①표주박. ②벌레가 나무의 심을 쏠다. ③흉노(匈奴)의 벼

虫部 15～17획

슬 이름. ¶ 谷蠡. ❸①달팽이. ②다슬기, 소라 동. 〔曹昭·賦〕諒不登樑而椓蠡兮. ③표주박. ※❷의 ①과 같다. ④벌레가 나무의 심을 쏟다. ※❷의 ②와 같다. ⑤잇달린 모양. 〔楚辭〕登長陵而四望兮, 覽芷圃之蠡蠡.
【蠡蠡 여려】①잇닿은 모양. ②행렬(行列).
【蠡測 여측】소라 껍데기로 바닷물을 되어 양을 헤아림. 좁은 견식으로 큰일을 헤아림.
❶ 谷一, 螺一, 彭一.

虫 15 【蠝】㉑ 날다람쥐 뢰 囡 lěi
字解 날다람쥐, 오서(鼯鼠).

虫 15 【蠆】㉑ ❶전갈 채 緊 chài ❷숫돌 려 緊 lì
字解 ❶전갈. =䘍. ❷숫돌. =厲.
【蠆蠹之尾 뇌채지미】 전갈의 꽁지. 전갈의 독침.

虫 15 【蠛】㉑ 눈에놀이 멸 冝 miè
字解 눈에놀이. 눈에잇과에 딸린 작은 곤충. 늑蔑.
【蠛蠓 멸몽】눈에놀이. 蠓蠛(몽멸).

虫 15 【蠜】㉑ 누리 번 冠 fán
字解 누리, 날개 긴 누리, 황충(蝗蟲).

虫 15 【蠢】㉑ 꿈틀거릴 준 匧 chǔn
字解 ①꿈틀거리다, 벌레가 움직이는 모양.〔莊子〕蠢動而相使, 不以爲賜. ②어리석다, 혼하여 사리를 분별하지 못하는.〔書經〕蠢玆有苗. ③고집이 세어 분하지 않다, 불손하다.〔詩經〕蠢爾蠻荊.
【蠢動 준동】①벌레가 굼지럭거림. ②무지한 사람들이 비밀리에 어떤 일을 책동(策動)함. ③불순한 세력이 숨어서 몰래 행동함.
【蠢愚 준우】①느리고 어리석음. ②바보.
【蠢爾 준이】①작은 벌레가 굼지럭거리는 모양. ②무지해서 사리에 어두운 모양.
【蠢蠢 준준】①벌레가 굼지럭거리는 모양. ②예의가 없는 모양. ③나라가 어지러운 모양.

虫 15 【蠚】㉑ 쏠 학·석 鼅凼 hē
字解 ①쏘다, 벌레가 독침(毒針)으로 쏘다. =螫.〔漢書〕螫蠚手則斬手. ②쏘는 벌레, 석충(螫蟲). ③독, 벌레에 쏘인 독(毒), 충독(蟲毒).〔漢書〕猛虎之猶豫, 不如蠭蠚之致蠚.

虫 16 【蠧】㉒ 蠹(1602)의 속자

虫 16 【蠛】㉒ 멧누에 력 鼅 lì
字解 멧누에, 야잠(野蠶).

虫 16 【蠪】㉒ 개미 롱 東 lóng
字解 ①개미, 붉은 반점이 있는 왕개미.〔表異錄〕蟻, 一名蠪蛜. ②도마뱀. ③두꺼비.
【蠪蛜 농교】개미.

虫 16 【蠫】㉒ 쪼갤 리 圊 lì
字解 쪼개다, 두 쪽으로 가르다.〔荀子〕蠫盤盂刎牛馬.

虫 16 【蠭】㉒ 성 방 江 páng
字解 ①성(姓).〔荀子〕羿蠭門. ②벌.

虫 16 【蠥】㉒ 근심 얼 冝 niè
字解 ①근심, 우수(憂愁). =孼.〔楚辭〕卒然離蠥. ②요괴(妖怪), 짐승·벌레·물고기의 요괴.〔楊炯·賦〕此昏主亂君之妖蠥.
【蠥火 얼화】재앙의 불.

虫 16 【蠠】㉒ 여름누에 원 冠 yuán
字解 여름누에, 하잠(夏蠶). 늑原.

虫 16 【蠶】㉒ 蠶(1603)과 동자

虫 16 【蠩】㉒ 두꺼비 저 鼅 chú
字解 두꺼비. =蝫.

虫 16 【蠶】㉒ 蚕(1599)의 본자

虫 17 【蠲】㉓ 밝을 견 冝 juān
字解 ①밝다, 밝히다.〔春秋左氏傳〕惠公蠲其大德. ②맑다, 깨끗하다.〔周禮〕除其不蠲. ③제거(除去)하다, 떨어 버리다.〔揚雄·文〕應時而蠲. ④병이 낫다.〔李德裕·詩〕唯懷藥餌蠲痰病. ⑤빠르다.〔哀宏道·詩〕碧水蠲忙去. ⑥노래기, 그리마.
【蠲苛 견가】까다로운 정령(政令)을 없앰.
【蠲潔 견결】오물(汚物)을 없애어 깨끗하게 함.
【蠲救 견구】조세를 면제하여 구제함.
【蠲吉 견길】목욕재계(沐浴齋戒)하여 길일(吉日)을 택함. 涓吉(연길).
【蠲復 견복】조세를 면제함.

虫部 17~18획   蠱 蠰 蠕 蠭 蠯 蠨 蠩 蠭 蠮 蠳 蠵 蠶 蠷 蠸 蠹

【蠲除 견제】①조세·부역 따위를 면제함. 蠲免(견면). ②제거(除去)함. 없앰.
【蠲滌 견척】오물(汚物)을 씻어 없앰.
【蠲蕩 견탕】미납된 조세를 죄다 탕감함.
○ 吉一, 明一, 文一, 優一, 粢一, 濯一, 豊一.

虫 17 【蠱】㉓ 독 고 虞 gǔ

[字解] ① 사람을 해치는 것.〔周禮〕掌除毒蠱. ②벌레. ㉮곡식 속에 있는 벌레.〔春秋左氏傳〕穀之飛亦爲蠱. ㉯기명(器皿)에 생기는 벌레.〔春秋左氏傳〕於文皿蟲爲蠱. ㉰주술(呪術)에 써서 남을 해치는 벌레. ③악기(惡氣). 나쁜 기운.〔史記〕以狗禦蠱. ④미혹하다, 미혹시키다.〔春秋左氏傳〕楚令尹子元欲蠱文夫人. ⑤경계하다, 신칙(申飭)하다.〔易經〕蠱則飭也. ⑥주문을 외다, 귀신에게 빌어 사람을 해치다.〔漢書〕江充造蠱. ⑦고괘(蠱卦), 64괘(卦)의 하나. 괘형은 ䷑. 괴란(壞亂)이 극(極)에 달하여 새로이 흥(興)함을 상징한다.
【蠱女 고녀】남을 호리는 여자.
【蠱毒 고독】해침. 害毒(해독).
【蠱疾 고질】정신이 착란을 일으키는 병.
【蠱敝 고폐】쌓인 폐해. 積弊(적폐).
【蠱惑 고혹】남의 마음을 호림.
○ 幹一, 毒一, 巫一, 禦一, 厭一, 妖一.

虫 17 【蠰】㉓ ❶사마귀 낭 陽 náng
❷뽕나무하늘소 상 漾 sháng

[小篆]蠰 [字解] ❶사마귀. ¶ 螳蠰. ❷❶뽕나무하늘소, 상우(桑牛).〔淮南子〕吾比夫子, 猶黃鵠與蠰蟲也. ❷메뚜기, 책맹(蚱蜢).
【蠰谿 상계】송장메뚜기. 土螽(토종).

虫 17 【蠕】㉓ 뽕나무 벌레 령 靑 líng

[小篆]蠕 [字解] 뽕나무 벌레, 명령(螟蛉) 나방의 유충.

虫 17 【蠭】㉓ 蜂(1582)의 고자

虫 17 【蠯】㉓ 긴맛 비 齊 pí

[字解] 긴맛, 맛의 조개. =蠯.〔張衡·賦〕供蝸蠯與菱芡.

虫 17 【蠨】㉓ 갈거미 소 蕭 xiāo

[書] 蠨 [動] 蠨 [俗] 蠨 [簡] 蠨
[參考] 재래의 자전에서는 虫부 16획으로 다루었으나 여기서는 현실 획수를 따랐다.
[字解] 갈거미. 납거미과에 속하는 거미의 한 가지.〔詩經〕蠨蛸在戶.

【蠨蛸 소소】갈거미. 거미의 한 가지로, 발이 길고 가시털이 나 있음.

虫 17 【蠲】㉓ 개똥벌레 약 藥 yuè

[字解] 개똥벌레, 반딧불.

虫 17 【蠮】㉓ 나나니벌 열 屑 yē

[字解] 나나니벌. 나나니벌과에 딸린 벌의 한 가지. ¶ 蠮螉.
【蠮螉 열옹】나나니벌.
【蠮螉塞 열옹새】성채(城砦) 위에 움을 만들고 그 속에서 적정(敵情)을 망보는 사람. ○ 나나니벌이 땅속에 집을 짓는 것에 비유한 말.

虫 17 【蠳】㉓ 거북 이름 영 庚 yīng

[字解] 거북 이름.

虫 17 【蠅】㉓ 쓰르라미 응 蒸 yīng

[字解] 쓰르라미, 한조(寒蜩).

虫 18 【蠷】㉔ 집게벌레 구 虞 qú

[字解] 집게벌레, 구수(蠷螋).

虫 18 【蠸】㉔ 노린재 권 先 quán

[小篆]蠸 [草]蠸 [字解] 노린재. 딱정벌레목에 딸린 갑충(甲蟲)의 총칭.〔列子〕瞀芮生乎腐蠸.

虫 18 【蠹】㉔ 좀 두 遇 dù

[小篆]蠹 [或体]蠹 [草]蠹 [字解] ① 좀. 책이나 의복을 좀먹는 해충.〔周禮〕掌除蠹物. ②나무좀, 나무굼벵이. 나무에 기생하는 해충.〔呂氏春秋〕樹鬱則爲蠹. ③사물을 좀먹어 해독을 끼치는 것.〔春秋左氏傳〕財用之蠹. ④좀먹다, 좀이 먹다.〔春秋左氏傳〕朽蠹以重敝邑之罪. ⑤해치다, 잔해(殘害)하다.〔戰國策〕壞韓蠹魏.
【蠹簡 두간】좀먹은 서류나 책.
【蠹居棊處 두거기처】좀벌레가 숨어 있고 바둑 알이 많이 놓여 있음. 악한 무리가 깊이 숨어 있고 널리 퍼져 있음.
【蠹國病民 두국병민】나라를 좀먹고 국민을 병들게 함.
【蠹毒 두독】좀벌레의 해. 害毒(해독).
【蠹書 두서】①좀먹은 책. ②책을 볕에 쬐거나 바람에 쐼.
【蠹書蟲 두서충】책을 좀먹는 벌레. 독서한 것을 활용하는 재주가 없는 사람.
【蠹魚 두어】①좀벌레. 좀. 紙魚(지어). 衣魚(의

虫部 18~24획 蠱蠶蠵蠻蠼蠽蠾蠿

어). ②책벌레. ㉠독서에만 몰두하는 사람. ㉡책은 항상 읽으면서 활용할 줄 모르는 사람.
【蠱政 고정】 정치(政治)를 그르침.
○ 狐-, 老-, 蜮-, 毛-, 浮-, 腐-, 枇-, 邪-, 桑-, 書-, 汚-, 殘-, 蟲-.

虫 18 【蠶】㉔ 누에 잠 囲 cán

소전 초서 독서 蠶 속자 蚕
간체 蚕 字解 ①누에, 누에나방의 유충.〔詩經〕蠶月條桑. ②누에 치다, 양잠(養蠶)하다.〔書經〕桑上旣蠶. ③잠식하다, 차츰 먹어 들어가다.〔孫樵·武皇遺劍錄〕蠶於民生.
【蠶架 잠가】 잠박(蠶箔)을 올려놓는 시렁.
【蠶繭 잠견】 누에고치.
【蠶頭馬蹄 잠두마제】 國 필법의 한 가지. 붓으로 가로 긋는 획의 처음 시작은 말발굽 모양같이 쓰고, 오른쪽 끝은 누에의 머리 모양이 되게 씀.
【蠶卵紙 잠란지】 누에가 알을 슬어 놓은 종이. 蠶紙(잠지).
【蠶莓 잠매】 ①뱀딸기. ②딸기.
【蠶箔 잠박】 누에를 담아 기르는 데 쓰는 채반. 蠶薄(잠박).
【蠶史 잠사】 사기(史記)의 딴 이름. ○사마천(司馬遷)이 흉노(匈奴)에게 항복한 이릉(李陵)을 변호한 죄로 무제(武帝)의 노여움을 사서 궁형(宮刑)을 당하고 잠실(蠶室)에 유폐(幽閉)된 뒤에 지은 책이라 붙인 이름.
【蠶沙 잠사】 누에의 똥. 蠶矢(잠시).
【蠶絲 잠사】 고치실. 명주실.
【蠶桑 잠상】 누에를 치고 뽕나무를 기름.
【蠶繅 잠소】 누에를 치고 고치를 켬.
【蠶矢 잠시】 누에의 똥. 蠶沙(잠사).
【蠶食 잠식】 ①누에가 뽕잎을 갉아 먹음. ②차츰차츰 남의 나라를 병탄(倂呑)함. ③무거운 세금을 거두어들임. ④스스로 일을 하지 아니하고 남의 것을 먹음.
【蠶室 잠실】 ①누에를 치는 집이나 방. ②궁형(宮刑)에 처할 사람을 가두는 일종의 감옥. ③누에고치.
【蠶蛾 잠아】 누에나방.
【蠶衣 잠의】 ①누에고치. ②누에를 칠 때 입는 옷. ③명주옷.
【蠶簇 잠족】 누에를 올리는 섶.
【蠶織 잠직】 누에를 치고 명주를 짬.
○ 繭-, 耕-, 農-, 晩-, 桑-, 石-, 野-, 養-, 再-, 天-, 秋-, 春-, 夏-.

虫 18 【蠶】㉔ 蠶(1603)과 동자

虫 18 【蠵】㉔ 바다거북 휴 囲 xī

소전 소전 초서 字解 바다거북, 푸른거북.〔漢書〕拔靈蠵.

虫 19 【蠻】㉕ 오랑캐 만 囲 mán

소전 蠻 초서 蛮 속자 蛮 간체 蛮 字解 ①오랑캐, 남방의 미개 민족.〔禮記〕南方曰蠻, 雕題交趾. ②미개 민족의 총칭.〔班固·賦〕內撫諸夏, 外綏百蠻. ③업신여기, 모멸(侮蔑)하다.〔書經注〕蠻, 慢也. ④권력(權力)을 자행(恣行)하다.〔新方言〕凡專權自恣者, 通謂之蠻.
【蠻貊 만맥】 ①미개인(未開人). ○ '蠻'은 중국의 남쪽, '貊'은 북쪽의 이민족(異民族). ②미개한 나라.
【蠻舶 만박】 외국의 선박.
【蠻性 만성】 야만적인 성질.
【蠻野 만야】 지식이 진보하지 않음. 문물이 보잘것없음.
【蠻語 만어】 ①야만인의 언어. ②외국어를 낮잡아 이르는 말.
【蠻勇 만용】 사리를 분간하지 않고 함부로 날뛰는 용기.
【蠻夷戎狄 만이융적】 사방의 야만국. 고래로 한족(漢族)들은 제 나라를 중심으로 하여 사방의 이민족(異民族)을 동이(東夷)·서융(西戎)·남만(南蠻)·북적(北狄)이라고 하였음.
【蠻族 만족】 ①남방의 미개 민족. ②야만적인 민족.
【蠻觸之爭 만촉지쟁】 작은 나라끼리의 싸움. 하찮은 일로 서로 다툼의 비유. 故事 달팽이의 왼쪽 더듬이에는 만씨(蠻氏), 오른쪽 더듬이에는 촉씨(觸氏)가 있어 서로 싸웠다는 고사에서 온 말.
【蠻酋 만추】 오랑캐의 추장.
【蠻風 만풍】 ①야만인의 풍속. 오랑캐의 풍속. ②천한 풍속.
【蠻行 만행】 야만적인 행위.
【蠻荒 만황】 먼 지방의 미개한 지역.
○ 群-, 南-, 綿-, 緡-, 百-, 野-, 遠-, 夷-, 荊-.

虫 20 【蠼】㉖ ❶큰 원숭이 곽 囲 jué ❷집게벌레 구 囲 qú
초서 蠼 字解 ❶큰 원숭이, 대원(大猿).〔司馬相如·賦〕蛭蜩蠼猱. ❷집게벌레. 몸은 검은 갈색이고 배 끝에 집게가 있다. ≒螋.

虫 21 【蠽】㉗ 쓰르라미 절 囲 jié
소전 蠽 字解 쓰르라미.

虫 21 【蠾】㉗ 벼룩 촉 囲 shú, zhú
속자 蠾 字解 ①벼룩. 기생 곤충의 한 가지. ②거미. ③나비 애벌레. =蠋·蜀.

虫 24 【蠿】㉚ 蠶(1597)과 동자

血 部

6획 부수 | 피혈부

血 0 【血】⑥ 피 혈 厘 xuè, xuě

丶 丿 宀 血 血

[소전] 血 [초서] 血 [字源] 會意. 皿+丿→血. 제사 지낼 때 그릇(皿)에 희생(犧牲)의 피(丿)를 담아 놓은 것을 나타낸다. [字解] ①피. ㉮몸 안의 피.〔春秋左氏傳〕口血未乾而背之. ㉯희생의 피.〔詩經〕取其血膋. ㉰골육의 관계.〔杜牧·詩〕血絕然方己. ㉱피칠하다, 희생의 피를 그릇에 바르다.〔漢書〕兵可毋血刃而俱罷. ③흠, 상처(傷處).〔易經〕渙其血去. ④눈물, 슬퍼서 흘리는 눈물.〔李陵·書〕戰士爲陵飮血. ⑤느끼어 울다. ¶泣血. ⑥감괘(坎卦). 주역(周易)의 감(坎)에 해당하는 괘의 이름.〔易經〕坎爲血卦. ⑦근심하다. 늑恤.〔易經〕血去惕出.

【血枯 혈고】월경할 나이에 있는 여자의 월경이 막히는 부인병. 血閉(혈폐).
【血管 혈관】혈액이 통하여 흐르는 관. 핏줄.
【血痰 혈담】피가 섞여 나오는 가래.
【血黨 혈당】혈맹(血盟)으로 생사를 같이하는 도당(徒黨).
【血路 혈로】①적의 포위망을 뚫고 벗어나는 결사적인 길. ②곤경을 견디어 벗어나는 어려운 고비. 위급을 면하는 수단.
【血淚 혈루】피눈물. 몹시 슬프거나 분통해서 나오는 눈물.
【血漏 혈루】음부(陰部)에서 때때로 피가 나오는 병증.
【血流漂杵 혈류표저】피가 흘러 절굿공이를 띄움. 전사자(戰死者)가 많음.
【血痲 혈림】피오줌이 나오는 임질(淋疾).
【血脈貫通 혈맥관통】①신체 내에 혈맥이 통해 있음. ②한 편의 문장이 주제를 위하여 긴밀하게 연락되어 있음.
【血脈相通 혈맥상통】①혈맥이 서로 통해 있음. ㉠혈육(血肉) 관계에 있음. ㉡의지가 부합하는 친구 사이. ②☞血脈貫通(혈맥관통).
【血盟 혈맹】희생의 피를 입에 머금거나 입술에 발라 맹세함. 굳게 맹세함.
【血祀 혈사】☞血食(혈식)①.
【血書 혈서】제 몸의 피를 내어 쓴 글씨. 결의나 맹세가 결사적임을 표시함.
【血誠 혈성】진심에서 나오는 정성.
【血讎 혈수】한사코 갚으려고 하는 원수. 피맺힌 원수.
【血食 혈식】①희생(犧牲)을 바쳐 제사를 지내는 일. 血祀(혈사). ②자손이 이어져 제사가 끊이지 않는 일. ③물고기나 고기를 날로 먹음. ④國국전(國典)으로 제사를 지냄.

【血眼 혈안】①핏발이 선 눈. ②기를 쓰고 덤비는 핏대 오른 눈.
【血緣 혈연】같은 핏줄로 이어진 인연.
【血怨骨讎 혈원골수】뼈에 사무친 깊은 원수.
【血肉 혈육】①피와 살. ②자기가 낳은 아들딸. ③부모·자식·형제·자매 등의 가까운 혈족.
【血胤 혈윤】핏줄을 이어받은 자손.
【血漿 혈장】혈청(血淸)과 섬유소(纖維素)로 된, 혈액의 한 성분을 이루는 액질(液質).
【血戰 혈전】피투성이가 되어 싸움. 목숨을 걸고 싸움.
【血祭 혈제】희생(犧牲)의 피를 바쳐 신에게 제사 지냄.
【血淸 혈청】혈장(血漿)에서 섬유소(纖維素)를 빼낸 황색의 투명한 액체.
【血忠 혈충】혈성(血誠)을 다하는 충성.
【血痔 혈치】똥을 눌 때에 피가 실오리같이 섞여 나오는 치질. 疣痔(우치).
【血統 혈통】같은 핏줄의 계통.
【血鬪 혈투】죽기를 각오하고 덤벼드는 싸움.
【血汗 혈한】피와 땀.
【血暈 혈훈】심한 출혈 또는 빈혈증으로 인하여 정신이 흐리고 어지러운 병.
【血痕 혈흔】피가 묻은 흔적. 핏자국.

● 咯-, 喀-, 膏-, 嘔-, 冷-, 白-, 鮮-, 輸-, 熱-, 溫-, 流-, 泣-, 凝-, 赤-, 戰-, 止-, 出-, 充-, 吐-, 下-, 汗-.

血 2 【衂】⑧ 衄(1604)과 동자

血 3 【衄】⑨ 衄(1604)과 동자

血 3 【衁】⑨ 피 황陽 huāng
[소전] 衁 [초서] 衁 [동자] 衁 [字解] ①피, 혈액(血液).〔春秋左氏傳〕士刲羊亦無衁也. ②게의 배 속에 있는 누른 장, 게장.

血 3 【衃】⑨ 衃(246)의 와자(譌字)

血 4 【衄】⑩ 코피 뉵 屋 nǜ
[소전] 衄 [초서] 衄 [동자] 鼼 衂 衄 [속자] 衂 [字解] ①코피. ②꺾이다, 패배하다.〔後漢書〕臣兵累見折衄. ③오그라들다, 줄어들다. 늑朒.〔曹植·表〕師徒小衄.
【衄銳 육예】날카로운 기세를 꺾음.
【衄血 육혈】코피. 鼻血(비혈).
●窮-, 奔-, 沮-, 折-, 挫-, 敗-.

血 4 【衂】⑩ 衄(1604)의 속자

血部 4~7획

血 4 【衃】 ⑩ 어혈 배 仄 pēi
字解 어혈, 썩은 피, 검붉어진 응혈 (凝血). 〔素問〕赤如衃血者死.
【衃血 배혈】어혈진 피. 썩은 피.

血 4 【衁】 ⑩ 衁(1604)과 동자

血 5 【衃】 ⑪ 衃(1605)과 동자

血 5 【衅】 ⑪ 피 칠할 흔 仄 xìn
초서 동자 字解 피를 칠하다, 희생의 피를 그릇에 바르다. 〔禮記〕車甲衅而藏之府庫, 而弗復用.

血 6 【衉】 ⑫ 衉(1606)과 동자

血 6 【衇】 ⑫ 혈맥 맥 囲 mài
소전 혹체 별체 주문 동자 字源 會意. 血+辰→衇. '辰'는 '派'의 본자로 물이 흐르는 줄기, 합하여 피가 흐르는 줄기, 곧 혈맥을 뜻한다. 字解 혈맥(血脈).

血 6 【辰血】 ⑫ 衇(1605)과 동자

血 6 【衈】 ⑫ 피 바를 이 仄 ér
초서 동자 字解 ①피를 바르다. 〔春秋穀梁傳〕用之者, 叩其鼻以衈社也. ②희생(犧牲)의 귀를 잘라 그 피를 바치는 제사. 〔禮記〕其衈皆于屋下.

血 6 【衆】 ⑫ 무리 중 送 zhòng

〔자형 변천〕

소전 초서 본자 간체 字源 會意. 日+众→衆. 해〔日〕 아래에 세 사람〔众〕이 있는 데서, 해가 뜨자 사람들이 모여서 일을 한다는 뜻을 나타낸다.
字解 ①무리, 많다. ②많은 사람. 〔周禮〕七口以上曰衆. ③많은 물건. 〔淮南子〕斟酌萬殊, 旁薄衆宜. ④많은 일. 〔禮記〕凡衆之動得其宜. ⑤땅, 토지(土地). 〔易經〕坤爲衆. ⑥백성, 서민(庶民). 〔書經〕格爾衆庶. ⑦군신(群臣), 백관(百官). 〔禮記〕典司五衆. ⑧장마, 사흘 이상 오는 비. 〔禮記·注〕雨三日以爲霖, 今月令曰衆雨.
【衆寡 중과】①수효(數爻)의 많음과 적음. ②많

은 사람과 적은 사람.
【衆寡不敵 중과부적】무리가 적어서 대적할 수 없음. 소수는 다수에 대적할 수 없음.
【衆口難防 중구난방】많은 사람의 입은 막기가 어려움. 곧, 여론(輿論)의 힘이 큼.
【衆口鑠金 중구삭금】여러 사람의 말은 쇠를 녹임. ㉠여러 사람의 말은 마침내 인심(人心)을 움직임. ㉡참언(讒言)이나 여론의 힘이 큼.
【衆口一辭 중구일사】여러 사람이 하는 말이 일치함. 異口同聲(이구동성).
【衆口熏天 중구훈천】많은 사람의 말은 하늘을 감동시킴.
【衆力移山 중력이산】많은 사람이 힘을 합하면 산도 옮길 수 있음.
【衆望 중망】①여러 사람들의 촉망(囑望). ②세상 사람들에게서 받는 신망(信望).
【衆萌 중맹】많은 초목의 싹.
【衆目 중목】①많은 사람들의 눈. ②많은 사람의 관찰.
【衆目所視 중목소시】뭇사람이 지켜보고 있는 바. 衆人所視(중인소시).
【衆妙 중묘】많은 묘리(妙理).
【衆芳 중방】많은 향기로운 꽃. 많은 현신(賢臣)의 비유.
【衆賓 중빈】많은 빈객.
【衆生 중생】①모든 생명 있는 것. 많은 사람들. ②사람 이외의 모든 동물. ③(佛)부처의 구제를 받는 인간과 그 밖의 감정을 가진 일체의 생물.
【衆庶 중서】①모든 백성. ②서출(庶出).
【衆小 중소】많은 소인(俗人).
【衆少 중소】①많음과 적음. ②적은 것을 모음.
【衆心成城 중심성성】중인(衆人)의 마음이 일치하면 성처럼 견고하게 됨.
【衆陽之長 중양지장】태양의 딴 이름.
【衆藝 중예】여러 기예(技藝).
【衆辱 중욕】여러 사람 앞에서 모욕(侮辱)을 주거나 받음.
【衆怨 중원】①많은 사람에게서 받는 원망. ②원수가 많아짐.
【衆人 중인】①뭇사람. ②보통 사람.
【衆人廣坐 중인광좌】많은 사람이 모여 있는 공개적인 장소.
【衆子 중자】맏아들 이외의 모든 아들.
【衆智 중지】뭇사람의 지혜.
【衆賢茅茹 중현모여】많은 현인(賢人)이 함께 조정에 나아가서 벼슬을 함의 비유. ○'茅茹'는 띠뿌리가 서로 얼크러짐.
【衆咻漂山 중휴표산】많은 것이 내뿜는 따뜻한 기운이 산을 움직임. 여러 사람이 모이면 힘이 커짐.

◐ 公-, 觀-, 群-, 大-, 民-, 聽-, 合-.

血 7 【衋】 ⑬ 衋(1606)과 동자

血 7 【衊】 ⑬ 고추자지 최 仄 zuī

血部 8~18획 峪 峨 監 盟 衉 幾 峢 盥 嶹 衊 盡　行部 0획 行

[초서] 脧 [동자] 䗥　[字解] 고추자지, 어린애의 생식기. =朘. 〔老子〕 未知 牝牡之合, 而㕞作, 精之至也.

血8 【峪】⑭ 선짓국 감 𥁕　kàn
[소전] 𥁕 [혹체] 𥁕　[字解] ①선짓국, 혈갱(血羹). 짐승의 피로 끓인 국. ②양(羊)의 응혈(凝血).

血8 【峨】⑭ 개 피 괵 䘔　guó
[字解] 개의 피, 견혈(犬血).

血8 【監】⑭ 육장 담 䘄　tǎn
[소전] 𥁕 [동자] 湛　[字解] 육장. =醓.

血8 【盟】⑭ 盟(1201)과 동자

血9 【衉】⑮ 피 토할 각·객 䘕 䘔　kā
[字解] 피를 토하다. =喀·峈.

血10 【幾】⑯ 자를 기 䘖　jī
[소전] 𥁕　[字解] ①자르다, 쪼개다, 끊다. ②희생의 피로 지내는 제사.

血11 【峢】⑰ 피에 젖을 호 䘗　hù
[字解] 피에 젖다, 피로 더러워지다.

血13 【盥】⑲ 膿(1459)의 본자

血13 【嶹】⑲ 峻(1605)와 동자

血14 【嶹】⑳ 衄(1604)과 동자

血15 【衊】㉑ 모독할 멸 䘘　miè
[소전] 𥁕 [초서] 䘘 [간체] 蔑　[字解] ①모독하다, 욕되게 하다. 〔漢書〕 汙衊宗室. ②더러운 피, 오혈(汙血). ③코피를 흘리다. 〔素問〕 衄衊瞑目.

血18 【盡】㉔ 애통해할 혁 䘙　xì
[소전] 𥁕　[字解] 애통해하다, 서러워하다, 마음 아파하다. 〔書經〕 罔民不盡傷心.
〔盡傷 혁상〕 몹시 슬퍼함.
〔盡然 혁연〕 슬퍼하는 모양.

行部

6획 부수 ｜ 갈행부

行0 【行】⑥
❶갈 행 庚　háng
❷행실 행 敬　xìng
❸늘어설 항 陽　xíng
❹순서 항 漾　hàng

丿 ㇏ 彳 彳 行 行

[소전] 𧗞 [초서] 𢕳　[參考] ①한자 부수로 쓰일 때는 '彳'과 '亍'으로 자체(字體)가 나뉜다. ②대법원 지정 인명용 한자의 음은 '행·항'이다.
[字源] 會意. 彳+亍→行. '彳(척)'은 왼발이 걷는 모양, '亍'은 오른발이 걷는 모양. 합하여 좌우의 발을 차례로 옮겨 걸어간다는 뜻을 나타낸다.
[字解] ❶①가다. ㉮걷다, 걸어가다. 〔詩經〕 獨行踽踽. ㉯나아가다, 전진하다. 〔史記〕 膝行蒲伏. ㉰향하여 가다. 〔呂氏春秋〕 使者行至齊. ㉱떠나다. 〔春秋左氏傳〕 以其族行. ㉲달아나다. 〔春秋左氏傳〕 是將行. ㉳돌아다니다, 순수(巡狩)하다. 〔周禮〕 師田行役之事. ㉴옮다, 유행하다. 〔素問〕 氣不行. ㉵겪다, 거치다. 〔國語〕 行年五十矣. ㉶흐르다. 〔春秋左氏傳〕 潢汗行潦之水. ㉷움직이다, 운동하다. 〔易經〕 天行健. ㉸보내다, 흘려 보내다. 〔漢書〕 禹之行河水. ②행하다. ㉮하다, 일하다. 〔論語〕 吾無所行而不與二三子者. ㉯쓰다. 〔周禮〕 掌行火之政令. ㉰사용하다. 〔淮南子〕 及其於銅則不行也. ㉱베풀다, 시여(施輿)하다. 〔禮記〕 行糜粥飲食. ③행하여지다, 쓰이다. 〔戰國策〕 書十上而說不行. ④길. ㉮도로(道路). 〔詩經〕 行有死人. ㉯마땅히 행해야 할 의리(義理). 〔詩經〕 女子有行. ㉰이정(里程). 〔老子〕 千里之行, 始於足下. ⑤여행(旅行), 여장(旅裝). 〔漢書〕 趣治行. ⑥빈객(賓客)을 말아보는 벼슬. 〔管子〕 隰朋爲行. ⑦길의 신, 도로의 신. 〔禮記〕 其祀行. ⑧걸어가면서, 걸으면서. 〔楚辭〕 行吟澤畔. ⑨먼저, 무엇을 하기에 앞서. 〔史記〕 乃行下. ⑩보다, 관찰하다. 〔呂氏春秋〕 入山行木. ⑪행서(行書). 서체(書體)의 하나. 〔舊唐書〕 勿拘眞行. ⑫시체(詩體)의 한 가지. ¶琵琶行. ⑬겸관(兼官)의 이름. 대관(大官)이 소관(小官)을 겸하는 경우로, 모관(某官)을 행(行)한다고 한다. 〔歐陽脩·表〕 觀文殿學士, 特進行兵部尙書. ⑭늘다, 뻗다. 바둑 수법(手法)의 하나. ❷①행실, 행위. 〔周禮〕 以三德敎國子注〕 在心爲德, 施之爲行. ②일(事). 〔禮記〕 民猶貴義而賤行. ③순시(巡視)하다. 〔管子〕 行鄉里. ④성(姓). ⑤(佛)계행(戒行), 고행(苦行). 수행자(修行者)가 정해진 업(業)을 닦는 일. ❸①늘어서다, 열위(列位). 〔詩經〕 寘彼周行. ②진(陣), 진차(陣次). 〔春秋左氏傳〕 亂行於曲

梁. ❸처음, 첫머리. 〔太玄經〕 莫見之行. ❹줄, 대열. 25명을 1행(行)으로 한다. ❺깃촉. 깃의 아래쪽에 있는 단단한 축(軸). 〔詩經〕 肅肅鴇行. ❻가게, 도매상. ❼곳, 주변. ❹①순서, 차례. ②같은 또래, 제배(儕輩). 〔史記〕 漢天子我丈人行也. ③굳센 모양. 〔論語〕 行行如也.

【行脚 행각】 ①(佛)승려가 여러 나라를 걸어 다니면서 불도(佛道)를 수행(修行)하는 일. ②도보(徒步)로 여러 곳을 돌아다님.

【行姦 행간】 부정한 남녀 관계를 맺음. 도리에 어긋난 음사(淫事)를 행함.

【行間 ❶행간 ❷항간】 ❶①군중(軍中). ◯'行'은 행렬(行列). 陣中(진중). ②간자(間者)를 보내어 이간함. ③줄지어 늘어선 사이. 줄 사이. ❷글의 줄과 줄의 사이.

【行檢 행검】 품행(品行)이 방정(方正)하고 절도(節度)가 있음.

【行徑 행경】 왕래하는 작은 길. 샛길.

【行鼓 행고】 임금의 거동 때에 치던 북.

【行苦 행고】 ①부지런히 행함. ◯'苦'는 '動'으로 '행동함'을 뜻함. ②(佛)삼고(三苦)의 하나. 무상유전(無常流轉)으로 인하여 받는 고통.

【行賈 행고】 도붓장수. 도붓장사.

【行國 행국】 ①성곽(城廓)이 없이 물과 풀밭을 따라 이동하는 부락(部落). 유목민의 부락. ②나라 안을 두루 돌아다님. ③나라를 떠남.

【行宮 행궁】 임금이 순행(巡幸)할 때의 임시 숙소. 行在(행재).

【行權 행권】 ①권도(權道)를 씀. ②권세를 부림.

【行殣 행근】 길에서 굶어 죽은 시체.

【行己 행기】 세상을 살아가는 데 가져야 할 몸가짐. 處身(처신).

【行氣 행기】 ①마음을 온화하게 함. 기분을 품. ②도교(道敎)에서 이르는 심호흡술(深呼吸術). ③안마를 함.

【行器 행기】 여행용 기구.

【行囊 행낭】 ①우편물을 담아서 보내는 자루. ②여행하는 사람이 휴대하는 자루.

【行年 행년】 ①세상을 살아온 햇수. 먹은 나이. ②죽은 사람이 이 세상에서 산 나이.

【行能 행능】 품행(品行)과 재능(才能).

【行德 행덕】 ①도덕을 행함. ②(佛)불법(佛法)을 수행(修行)하여 얻은 덕(德).

【行道 행도】 ①길을 감. ②도덕을 실천함. ③길, 도로.

【行童 행동】 절에서 잔심부름을 하는 아이. 사원(寺院)의 사동(使童).

【行動擧止 행동거지】 몸의 온갖 동작.

【行同能偶 행동능우】 행적이 같고 재능이 엇비슷함.

【行燈 행등】 등롱(燈籠).

【行縢 행등】 ▷行纏(행전).

【行樂 ❶행락 ❷행악】 ❶즐김. 즐겁게 놂. ❷음악을 세상에 보급함.

【行力 행력】 (佛)불법을 닦는 힘.

【行歷 행력】 지나감.

【行令 행령】 명령을 내림.

【行路 행로】 ①통행하는 길. 道路(도로). ②길 가는 사람. 전혀 상관할 바 없는 남의 비유. ③세상을 살아 나가는 길.

【行爐 행로】 녹인 쇳물을 성(城) 위에서 홀뿌리어 적(敵)의 공격을 막는 도구.

【行路難 행로난】 세상살이의 어려움을 길의 험난함에 비유한 말. 세상일이 뜻대로 되지 않음.

【行路心 행로심】 길 가는 사람의 마음. 아무 상관을 하지 아니하는 마음.

【行錄 행록】 사람의 언행을 기록한 글.

【行潦 행료】 길바닥에 괸 물.

【行栗 행률】 길을 표시하는 수목(樹木).

【行李 행리】 ①관청의 사자(使者)나 빈객(賓客)을 맡아보던 벼슬. ◯'李'는 '吏'로 '벼슬아치'를 뜻함. 行吏(행리). 行理(행리). ②여행(旅行)할 때의 짐.

【行理 행리】 ▷行李(행리).

【行馬 행마】 ①문(門) 밖에 설치하여 말이 들어오거나 달아나지 못하게 쳐 놓은 울짱. ②적의 침입을 막기 위하여, 못을 박아서 만든 말뚝. ③國쌍륙이나 장기 따위에서 말을 씀.

【行媒 행매】 중매를 듦. 중매인.

【行文 행문】 ①문사(文事)를 행함. ②문장을 지음. 지은 문장. ③문장을 짓는 방법.

【行伴 행반】 길동무. 同伴(동반).

【行房 행방】 남녀가 잠자리를 같이함.

【行杯 행배】 ▷行酒(행주).

【行不由徑 행불유경】 길을 가는데 지름길을 취하지 아니하고 큰길로 감. 행동을 공명정대하게 힘의 비유.

【行不踰方 행불유방】 행실이 도를 벗어나지 아니함.

【行祕書 행비서】 움직이는 비서. 지식이 넓고 많음. ◯천자는 비서각(祕書閣)을 두고 책을 간직하고 있으나, 박학한 사람은 가슴속에 만권의 책을 간직하고 있다는 데서 이르는 말.

【行事 행사】 ①일을 거행함. ②행한 일. 事實(사실). ③사명을 받들고 가는 일에 관계되는 일. 사자(使者)의 일.

【行賞 행상】 상(賞)을 줌.

【行常帶經 행상대경】 나다닐 때 늘 경서를 지님. 늘 학문에 힘씀. 手不釋卷(수불석권).

【行書 행서】 ①서체(書體)의 한 가지. 해서(楷書)와 초서(草書)의 중간 되는 한자체(漢字體). ②보수를 받고 필사(筆寫)를 함. 또는 그 사람. 筆耕(필경).

【行禪 행선】 좌선(坐禪)함.

【行戍 행수】 가서 국경(國境)을 지킴. 또는 그 병사(兵士).

【行尸 행시】 ①걸어가는 시체. 살아 있으나 송장과 다름없는 것의 비유. ②맥(脈)은 병들었으나 육체는 병들지 않은 병증.

【行尸走肉 행시주육】 걸어가는 시체와 달리는 고깃덩어리. ㉠살아 있으나 아무것도 할 수 없는 사람. ㉡아무 쓸모 없는 사람.

【行神 행신】 길을 지키는 신령. 祖神(조신).

【行實 행실】 실지로 드러난 행동. 그 사람이 실

【行惡 행악】모질고 나쁜 짓을 행함.
【行業 행업】①행실. 품행. ②생산 작업. 직업. ③(佛)불도(佛道)를 수행함.
【行役 행역】①관(官)의 명령에 따라 토목 사업, 또는 국경을 지키는 일에 종사함. ②여행함.
【行營 행영】①당대(唐代) 절도사(節度使)가 임지(任地)를 정하지 아니하고 잠시 군대를 머무르게 하던 곳. ②진영(陣營). ③진영을 순행하여 시찰함. ④경영(經營)함.
【行雲流水 행운유수】①떠가는 구름과 흘러가는 물. 갖가지로 변화함의 비유. ②㉠막힘없이 일을 잘 해 나감. ㉡일정한 형체가 없이 늘 변화하는 것의 비유.
【行吟 행음】걸으면서 시를 읊음. 걸어가면서 노래를 부름.
【行衣 행의】①여행길의 차림. ②國유생(儒生)이 입는 옷. 소매가 넓은 두루마기에 검은 천으로 가를 꾸몄음.
【行誼 행의】올바른 행위. 방정(方正)한 품행. 行義(행의).
【行而不流 행이불류】의(義)로써 제어(制御)하므로, 하는 대로 맡겨 두어도 방종에 흐르지 아니함.
【行人 행인】①길을 가는 사람. 여행하는 사람. ②사자(使者)의 통칭. ③벼슬 이름. 빈객(賓客)을 접대하는 일을 맡아보았음. ④(佛)불도를 수행(修行)하는 사람.
【行者 행자】①길 가는 사람. 行人(행인). ②(佛)불도를 수행하는 사람. ③國행상(行喪)때 상제를 모시고 가는 사내종.
【行狀 행장】①행동. 몸가짐. 품행. 行跡(행적). ②한문 문체(文體)의 하나. 사람이 죽은 뒤에 그의 평생 행적을 적은 글.
【行裝 행장】여행할 때 쓰이는 모든 물건. 行具(행구).
【行藏 행장】세상에 나가 도(道)를 행하는 일과 물러나서 숨는 일.
【行在 행재】임금이 순행(巡幸) 중에 일시 머무르는 곳. 行宮(행궁).
【行炙 행적】음식물을 옮겨 나름.
【行迹 행적】①行蹟(행적). ②발자국.
【行蹟 행적】①행동의 실적이나 자취. ②평생한 일을 죽은 뒤에 이르는 말.
【行纏 행전】①부인(婦人)이 비단으로 발을 묶는 일. ②바지·고의를 입을 때 정강이에 감아 무릎 아래에 눌러 치는 것. 헝겊으로 소맷부리같이 만들고 위쪽에 두 끈을 달아서 돌라매게 되어 있음. 行縢(행등).
【行主 행주】①전쟁 때에 싣고 가는 목주(木主). 位牌(위패). ②여행자의 인솔자.
【行酒 행주】①주령(酒令)을 행함. ②잔에 술을 쳐서 손에게 드림. 술을 침.
【行廚 행주】도시락.
【行住坐臥 행주좌와】가는 일, 멈추는 일, 앉는 일, 눕는 일. 곧, 기거동작(起居動作).
【行中 행중】중도(中道)를 행함.

【行止 행지】①가는 일과 멈추는 일. 행하는 일과 그치는 일. ②행실. 品行(품행). ③주선. 처리. ④행방. 종적.
【行直 행직】성질이 강하고 곧음.
【行陣 행진】①진중(陣中). 군대의 열(列). ②군대가 진군함. 行軍(행군).
【行次 ❶행차 ❷항차】❶①오행(五行)의 위차. ②여행 중 잠시 동안 머무는 곳. ③웃어른이 차리고 나서서 길을 감. ❷차례.
【行草 행초】①행서(行書)와 초서(草書). ②초서에 가까운 행서. ③國여행할 때에 가지고 가는 담배.
【行春 행춘】태수(太守)가 봄에 관할하는 현(縣)을 순시하며 농잠(農蠶)을 권하는 일.
【行暴 행포】난폭한 행위.
【行幸 행행】임금이 궁궐 밖으로 거둥함. ◯임금의 거가(車駕)가 이르는 곳에는 행복이 깃든다는 뜻에서 온 말.
【行香 행향】①문무관(文武官)이 문무묘(文武廟)에 들어가 향을 피우고 절하는 일. ②(佛)㉠부처에게 드리는 예(禮)로, 향로(香爐)를 들고 불전(佛殿) 안을 도는 의식(儀式). ㉡향을 피우고 불당(佛堂)을 도는 일.
【行刑 행형】형벌을 집행함.
【行貨 행화】①뇌물을 줌. ②거칠게 만든 물품. 조악품(粗惡品). ③상품을 사들임. ④도붓장사. 도붓장수. 行商(행상).
【行休 행휴】①가서 쉼. 잠간 쉼. ②차츰 죽음에 가까워짐.
【行兇 행흉】사람을 죽이는 흉악한 짓을 함.
【行列 ❶항렬 ❷행렬】❶①군대의 대열. ②군대. ③國같은 혈족(血族) 간의 대수(代數) 관계를 나타내는 말. ❷①여럿이 줄지어 감. 또는 그런 줄. ②여럿이 벌여 선 줄.
【行伍 항오】①군대를 편성한 행렬. ②군대. ◯고대(古代)의 군제(軍制)에서 25인을 '行', 5인을 '伍'라 하였음.
【行伍發薦 항오발천】國①병졸에서 장관(將官)이 됨. ②낮은 벼슬자리에서 높은 벼슬자리로 오름.
【行第 항제】항렬(行列)의 차례.
【行行 ❶항항 ❷행행】❶강한 모양. ❷길을 가고 가는 모양. 쉬지 않고 계속 가는 모양.

❶ 景—, 苦—, 急—, 單—, 德—, 篤—, 獨—, 尾—, 微—, 立—, 步—, 飛—, 徐—, 善—, 攝—, 性—, 隨—, 施—, 實—, 雁—, 夜—, 言—, 旅—, 力—, 逆—, 五—, 運—, 流—, 直—, 進—, 通—, 平—, 品—, 橫—, 孝—.

行 3 【衎】⑨ ❶즐길 간 圝 kàn
❷바를 간 圐 kǎn

[小篆] 衎 [草書] 衎 (냐) 字解 ❶①즐기다. 〔詩經〕嘉賓式燕以衎. ②기뻐하는 모양, 자득(自得)한 모양. 〔禮記〕居處言語飲食衎爾. ❷바르다. 늑侃. 〔孫根碑〕衎賽不撓.
【衎衎 간간】①즐기는 모양. 화락한 모양. ②강직하고 민첩한 모양.

【袪袪然 간간연】 직언(直言)하는 모양.
【袪然 간연】 ①즐기며 기뻐하는 모양. ②안정한 모양.

行3 【衍】⑨ 넘칠 연 [銳] yǎn

[字解] ①넘치다, 넘쳐흐르다. 〔尙書大傳〕至今衍於四海. ②흐르다, 물이 흘러가다. 〔易經〕衍在中也. ③가다, 순행(巡行)하다. 〔後漢書〕流衍四方. ④남다, 나머지. 〔楚辭〕南北順橢, 其衍幾何. ⑤퍼지다, 만연하다. 〔張衡·賦〕篠簜敷衍. ⑥넓히다. 〔漢書〕推行鹽鐵之議. ⑦펴다, 펴지다. 〔張衡·賦〕仁風衍而外流. ⑧끌다, 끌어 넣다. 〔後漢書〕博衍幽隱. ⑨이르다, 달(達)하다. 〔太玄經〕水直衍. ⑩즐기다. 〔詩經〕及爾游衍. ⑪크다. 〔元史〕列星相承丕衍無疆之祚. ⑫넓다, 끝없다. 〔漢書〕陵高衍之嶛嶷兮. ⑬넉넉하다. 〔荀子〕暴人衍矣. ⑭많다. 〔杜篤·賦〕國富人衍. ⑮성(盛)하다. 〔漢書〕德星昭衍. ⑯평평한 땅, 평지(平地). 〔周禮〕丘陵墳衍. ⑰섬, 물 가운데 있는 모래섬. 〔江淹·詩〕潒余舟於沙衍. ⑱못, 연못. 〔楚辭〕巡陵夷之曲衍兮. ⑲고개, 비탈길. 〔史記〕其日止於鄜衍. ⑳아름다운 모양. 〔詩經〕釃酒有衍.
【衍文 연문】 글 가운데 끼인 쓸데없는 글귀.
【衍繹 연역】 뜻을 넓혀 설명함.
【衍沇 연연】 물이 흘러가는 모양.
【衍盈 연영】 가득 차 넘침. 盈衍(영연).
【衍沃 연옥】 넓고 기름진 땅.
【衍義 연의】 ①인(仁)의 도(道)를 널리 폄. ②뜻을 넓혀서 설명함.
【衍溢 연일】 가득 차서 넘침.
【衍字 연자】 글 가운데 들어간 군글자.
○ 廣−, 摩訶−, 蔓−, 敷−, 充−, 豊−.

行5 【術】⑪ ❶꾀 술 [實] shù
❷취락 이름 수 [實] shù

[參考] 대법원 지정 인명용 한자의 음은 '술'이다.
[字源] 形聲. 行+朮→術. '朮(출)'이 음을 나타낸다.
[字解] ❶①꾀, 계략. 〔淮南子〕用兵有述矣. ②길. ㉮통로(通路). 〔漢書〕園衢術路. ㉯마음이 말미암는 곳, 마음씨. 〔禮記〕心術形焉. ㉰규칙, 법칙. 〔荀子〕師術有四. ㉱수단, 방법. 〔孟子〕是乃仁術也. ③일, 사업(事業). 〔禮記〕營道同術. ④재주, 학문(學問). 〔禮記〕技術. ⑤짓다, 서술하다. ≒述. 〔漢書〕術追厥功. ⑥술수. 음양가·복서가(卜筮家) 등의 술법. ❶術數(술수). ⑦성(姓). ⑧계략, 책략. 〔淮南子〕用兵有術矣. ❷취락(聚落) 이름. 주대(周代)의 행정 구획으로 1만 2,500호. ≒遂. 〔禮記〕術有序, 國中.

行部 3〜6획 衍術衒街 1609

【術計 술계】 계략(計略). 술책(術策).
【術法 술법】 ①수단, 방법. ②음양(陰陽)과 복술(卜術) 따위에 관한 이치. 또는 그것을 실현하는 방법.
【術士 술사】 ①유학(儒學)에 능통한 사람. 儒士(유사). ②방술(方術)에 정통한 사람. 方士(방사). ③술책(術策)이 교묘한 사람.
【術數 술수】 ①꾀. 術計(술계). ②법제(法制)로서 나라를 다스리는 방법. ③음양(陰陽)·오행(五行)의 원리에 의하여 인사(人事)의 길흉을 추측하는 복서(卜筮)·점술(占術) 따위.
【術業 술업】 학술과 기예. 학업.
【術藝 술예】 ①기술(技術)과 문예(文藝). ②경서(經書)와 예술(藝術). ③역서(曆數)·복서(卜筮)의 술법.
【術知 술지】 꾀와 슬기. 술수와 지혜.
【術學 술학】 기예(技藝)와 학문(學問).
○ 劍−, 權−, 技−, 奇−, 馬−, 魔−, 美−, 兵−, 祕−, 算−, 手−, 心−, 藝−, 醫−, 仁−, 話−, 幻−.

行5 【衒】⑪ 팔 현 [霰] xuàn

[同音] 術. [字源] 會意. 行+言→衒. '行'은 걷다, '言'은 말하다. 합하여 돌아다니면서 외치며 판다는 뜻을 나타낸다. 여기서 '자기를 팔다' 곧 '자랑하다'의 뜻으로 바뀌었다.
[字解] ①팔다, 돌아다니며 팔다. 〔楚辭〕妖夫曳衒, 何號于市. ②발보이다, 스스로를 자랑하여 남에게 내보이다. 〔舊唐書〕矜衒, 事多專決. ③현기증이 나다. ≒眩.
【衒沽 현고】 발보이어 팖. 衒賈(현고).
【衒賈 현고】 ☞衒沽(현고).
【衒氣 현기】 자만(自慢)하는 마음. 뽐내는 모양.
【衒女 현녀】 뽐내는 여자. 자기 용모를 발보이는 여자.
【衒賣 현매】 ①자랑하여 팖. 물건을 선전하며 팖. ②자신을 발보이며 광고함.
【衒士 현사】 자기의 재능이나 학문을 발보이는 사람.
【衒玉賈石 현옥고석】 옥의 아름다움을 보여 사람을 모아 놓고는 돌을 팖.
【衒耀 현요】 자기의 재학(才學)을 발보임.
【衒張 현장】 어떤 일을 과장하여 보임. 겉치레만 과시함. 誇衒(과현).
【衒學 현학】 자기 학문을 발보임. 학자인 체함.
○ 估−, 誇−, 矜−, 媒−, 女−, 自−.

行6 【街】⑫ 거리 가 [佳] jiē

[字源] 形聲. 行+圭→街. '圭(규)'가 음을 나타낸다.
[字解] ①거리, 시가(市街). 〔後漢書〕入街下

行部 6~9획 術衡街衕衚衖衛衝

馬, 擁經以前. ❷한길, 대로(大路). 〔張衡·賦〕街衢相經. ❸네거리, 십자로(十字路). ❹길, 통로(通路). 〔素問〕此腎之街也.
【街鼓 가고】도성(都城)에서 통행금지 시간을 알리기 위하여 아침저녁에 치던 북.
【街官 가관】시가를 순찰하는 벼슬아치.
【街衢 가구】①거리. 市街(시가). ②사통팔달(四通八達)의 길.
【街談巷語 가담항어】시중의 하찮은 소문. 세간의 뜬소문. 街談巷說(가담항설).
【街道 가도】곧고 넓은 큰 도로.
【街童走卒 가동주졸】길거리에서 노는 철없는 아이와 일정한 주견(主見)도 없이 길거리를 떠돌아다니는 상식 없는 사람들.
【街頭 가두】길가. 길거리.
【街邏 가라】시가를 순시하는 병사.
【街路 가로】도시의 넓은 길.
【街使 가사】⇨街官(가관).
【街說巷談 가설항담】⇨街談巷語(가담항어).
【街衝 가충】거리. 시가지.
【街彈 가탄】한대(漢代)에, 네거리에 마련한 검문소.
【街巷 가항】거리. ○'街'는 곧고 넓은 길, '巷'은 굽고 좁은 길.
❶ 大―, 都―, 四―, 市―, 長―, 巷―, 花―.

行6【術】⑫ 거리 동 囷東 tóng, dòng
[소전][초서][자해]①거리, 길거리. =同. ②설사하다, 하리(下痢). 〔山海經〕食之已腹痛, 可以止術.

行6【衡】⑫ 微(591)와 동자

行6【街】⑫ 街(1888)과 속자

行6【衕】⑫ 巷(523)과 동자

行7【衖】⑬ ❶마을 아 麎 yú, yá ❷갈 어 魚 yú
[소전][초서][참고] 대법원 지정 인명용 한자의 음은 '아'이다.
[자해] ❶①마을, 관청. 〔舊唐書〕在公衖亦准此. ②대궐, 당대(唐代)에 천자(天子)의 거처(居處). 〔新唐書〕天子居曰衖. ③예궐(詣闕)하다, 조참(朝參)하다. 〔張耒·詩〕晚庭三疊鼓催衖. ④병영(兵營). 〔新唐書〕天子禁軍者, 南北衖兵也. ⑤줄, 행렬(行列). 〔陳造·詩〕亂蜂迎客蠟排衖. ⑥방(房). 〔趙奕·詩〕花暖護蜂衖. ❼성(姓). ❷①가다, 가는 모양. 〔楚辭〕通飛廉之衖衖. ②막다. 늑樂.
【衖客 아객】團지방 수령을 찾아와 관아에서 묵는 손.
【衖內 아내】①궁성(宮城) 안. 관청 안. ②당대

(唐代) 궁성(宮城)을 수비하던 금병(禁兵). ③귀족의 자제. ○당말(唐末)에서 송초(宋初)까지 귀족(貴族)의 자제를 가까운 관아의 무관(武官)으로 임명한 데서 온 말.
【衖蠹 아두】나쁜 관리. 악리(惡吏).
【衖隸 아례】지방 관청에서 부리던 하인.
【衖門 아문】①병영(兵營)의 문. ②관청의 문. ③관청.
【衖兵 아병】궁성(宮城)을 지키던 군대.
【衖前 아전】지방 관청에 딸린 낮은 벼슬아치. 吏胥(이서).
【衖參 아참】아침저녁으로 관리들이 아문(衖門)에 참집(參集)하는 일.
【衖推 아추】①당대(唐代)에 절도사(節度使)·관찰사(觀察使) 등의 밑에 속한 벼슬아치. ②의사(醫師).
【衖退 아퇴】관직(官職)에서 물러남.
【衖衖 어어】①걸어가는 모양. ②소원(疎遠)한 모양.
❶ 公―, 官―, 蜂―, 殿―, 正―, 退―.

行7【衙】⑬ 街(1609)과 동자

行9【衛】⑮ 衞(1611)의 속자

行9【衝】⑮ ❶찌를 충 冬 chōng ❷뒤얽힐 종 腫 chǒng ❸사북 충 困 chōng
[彳 千 彳 行 行 行 衙 衝 衝 衝]
[소전][초서][본자][간체][참고] 대법원 지정 인명용 한자의 음은 '충'이다.
[자원] 形聲. 行+重→衝. '重(중)'이 음을 나타낸다.
[자해] ❶①찌르다, 치다. 〔戰國策〕使輕車銳騎衝雍門. ②향하다. 〔山海經〕首衝南方. ③맞부딪치다. 〔唐詩紀事〕不覺衝大尹韓愈. ④치솟다, 위로 거슬러 올라가다. 〔史記〕怒髮上衝冠. ⑤움직이다. 〔周繇·詩〕山畔衝樹杪斜. ⑥돌다, 회전하다. 〔楚辭〕衝風起兮橫波. ⑦길, 통로. 〔春秋左氏傳〕及衝擊之以戈. ⑧전거(戰車)의 이름. 늑幢. 〔詩經〕與爾臨衝. ❷뒤얽히다. 〔漢書〕騷擾衝苙其紛挐兮. ❸사북, 요처(要處). ¶要衝.
【衝車 충거】병거(兵車)의 이름. 옆에서 적을 들이치는 병거.
【衝激 충격】서로 세차게 부딪침.
【衝擊 충격】①대들어 들이침. ②부딪쳤을 때의 심한 타격. ③심한 마음의 동요.
【衝口 충구】입에서 술술 나옴. 말이 술술 나옴.
【衝撞 충당】부딪침. 충돌함.
【衝突 충돌】①서로 부딪침. ②의견이나 이해관계의 대립으로 맞서서 싸움.
【衝動 충동】흥분할 정도로 강한 자극을 일으킴.

【衝斗 충두】 북두성(北斗星)에도 부딪칠 만큼의 거센 세력.
【衝然 충연】 ①우뚝 서 있는 모양. ②흔들리어 안정되지 않는 모양.
【衝要 충요】 중요한 지점. 要衝(요충).
【衝天 충천】 높이 솟아 하늘을 찌름. 기세(氣勢)가 드높은 모양.
【衝衝 충충】 ①가는 모양. ②많은 모양. ③마음이 초조하여 안정되지 않은 모양.
【衝輣 충팽】 당거(撞車)와 누거(樓車). 적을 들이치는 병거와 적정(敵情)을 살피는 망루가 있는 병거.
【衝火 충화】 일부러 불을 지름. 放火(방화).
❶ 街−, 蒙−, 兵−, 緩−, 要−, 折−.

行9 【衚】⑮ 거리 호 [虞] hú
[字解] 거리, 도시의 가로(街路). ≒ 胡. 〔桃花扇〕胸中一部縉紳, 脚下千條衚衕.
【衚衕 호동】 거리. 한길.

行10 【衟】⑯ 道(1821)의 고자

行10 【衛】⑯ 지킬 위 [霽] wèi
[字源] 形聲. 行+韋→衛. '韋(위)'가 음을 나타낸다.
[字解] ①지키다. 〔春秋公羊傳〕朋友相衛. ②숙위(宿衛)하다, 시위(侍衛)하다. 〔晉書〕禁衛嚴警. ③막다, 방비하다. 〔呂氏春秋〕爪牙不足以自守衛. ④영위(營爲)하다, 경영(經營)하다. 〔國語〕有貨以衛身也. ⑤아름답다. ≒ 禕. ⑥예리(銳利)하다. 〔淮南子〕彎棊衛之箭. ⑦위복(衛服). 구복(九服)의 하나로, 기내(畿內)에서 다섯째 지경. 〔書經〕侯・甸・男・采・衛. ⑧나라 이름. 주대(周代)에 무왕(武王)의 아우 강숙(康叔)을 봉(封)한 나라.
【衛輔 위보】 보호하고 도움.
【衛士 위사】 궁성(宮城)・능(陵)・관아(官衙)・군영을 지키던 병사. 衛兵(위병).
【衛士坐甲 위사좌갑】 천자의 상(喪)에 위사가 갑옷을 옆에 두고 있다가 유사시에 바로 무장할 수 있도록 하는 일.
【衛生 위생】 건강의 유지・증진을 위하여 질병을 예방하고 치료에 힘쓰는 일.
【衛星 위성】 ①행성(行星)의 둘레를 운행하는 작은 천체. ②주된 것 가까이에 있어 그것을 지키거나 그것에 딸리어 있음.
【衛送 위송】 호송(護送)함.
【衛戍 위수】 ①군대가 일정한 지역에 오래 주둔하여 경비함. ②임금이 거둥할 때 호위함. ③수자리를 사는 일. 수자리.

【衛正斥邪 위정척사】 ①옳은 것을 지키고 사특(邪慝)한 것을 배척하다. ②조선 후기에 주자학(朱子學)을 지키고 천주교를 배척하자던 주장.
❶ 警−, 禁−, 門−, 防−, 兵−, 守−, 侍−, 自−, 前−, 親−, 護−, 後−.

行10 【衡】⑯ ❶저울대 형 [庚] héng ❷가로 횡 [庚] héng

[參考] 대법원 지정 인명용 한자의 음은 '형'이다.
[字源] 形聲. 行+角+大→衡. '行(행)'이 음을 나타낸다.
[字解] ❶①저울대, 저울. 〔禮記〕猶衡之於輕重也. ②달다, 저울질하다. 〔淮南子〕衡之於左右, 無私輕重. ③쇠뿔의 가름대. 소의 두 뿔에 매어 사람을 떠받지 못하게 하는 나무. 〔周禮〕設其福衡. ④가로나무. ㉮들보, 도리, 외나무를 가로지른 문. 〔詩經〕衡門之下. ㉯수레채 끝에 댄 횡목(橫木). 〔論語〕倚於衡. ⑤멍에. 〔莊子〕加之以衡扼. ⑥비녀. 관이 벗겨지지 않게 머리에서 지르는 관계(冠笄). 〔春秋左氏傳〕衡紞紘綖. ⑦난간(欄干). 〔漢書〕百金之子不騎衡. ⑧평형하다, 고르다. 〔素問〕五化均衡. ⑨바르다. 〔管子〕朝有定度衡儀. ⑩자루. 그릇의 손잡이로 만들어 둔 것. 〔周禮〕衡四寸. ⑪혼천의(渾天儀)의 굴대 구실을 하는 횡목(橫木). 〔書經〕璿璣玉衡. ⑫별 이름, 북두(北斗)의 중성(中星). 〔張衡・賦〕攝提運衡. ⑬눈퉁이. 〔左思・賦〕乃眄衡而詰曰. ⑭패옥(佩玉). ≒ 珩. ⑮산 이름, 형산(衡山). 오악(五嶽)의 하나. ⑯벼슬 이름. 산림을 관장하는 벼슬. ¶衡鹿. ⑰성(姓). ❷가로, 가로눕다. ≒ 橫. 〔孟子〕一人衡行於天下.

〈衡❶①〉

【衡鑑 형감】 ①저울과 거울. ②저울은 물건의 경중(輕重)을 재고, 거울은 물건의 미추(美醜)를 앎. 시비(是非)와 선악(善惡)을 판별함.
【衡鈞 형균】 ①공평함. ②공평을 지키는 정치. 또는 그 직책. ③재상(宰相)의 지위.
【衡鹿 형록】 산림을 맡아보던 벼슬. ○'衡'은 '林衡(임형)'의 준말. '鹿'은 '麓(산록 록)'의 가차(假借).
【衡茅 형모】 지붕 없는 대문과 초가집. 은자(隱者)가 사는 초가(草家).
【衡門 형문】 ①두 개의 기둥에 한 개의 횡목(橫木)을 가로질러서 만든 허술한 대문. ㉠누추한 집. ㉡은자(隱者)가 사는 곳. ②궁궐 앞에 서서 천자를 지키는 사람.
【衡石 형석】 ①저울. ○'衡'은 저울대, '石'은 저울추로서 120근. ②기준・법도의 비유. ③인재

(人材)를 뽑아 등용하는 직위. 銓衡(전형). ④재상의 권한.
【衡宇 형우】형문(衡門)과 옥우(屋宇). 허술하고 간소한 집. ☞'衡門'은 지붕 없는 대문(大門), '屋宇'는 집.
【衡宰 형재】재상(宰相).
【衡平 형평】균형이 잡혀 있음.
【衡巷 형항】①거리. ②민간(民間).
【衡縮 횡축】가로와 세로.
【衡行 횡행】도(道)를 거슬러 마음대로 행동함. 橫行(횡행).
● 權―, 均―, 連―, 爭―, 銓―, 稱―, 平―.

行 11 【衛】⑰ 거느릴 솔 貿 shuài
字解 ①거느리다, 통솔하다. ②인도(引導)하다. ③복속(服屬)시키다.

行 12 【衛】⑱ 衝(1610)의 본자

行 18 【衢】㉔ ❶네거리 구 廣 qú ❷갈 구 邏 qú
字解 ❶①네거리, 사통팔달의 도로(道路).〔春秋左氏傳〕尸諸周氏之衢, 加木焉. ②갈림길, 기로(岐路). ≒岐.〔荀子〕楊朱哭衢涂. ③서로 엉크러져 뻗어 있는 나뭇가지.〔山海經〕宣山, 其上有桑焉, 其枝四衢. ④성(姓). ❷가다(行).
【衢柯 구가】사방으로 뻗은 나뭇가지.
【衢街 구가】큰 길거리.
【衢國 구국】지형적으로 사방에서 적의 공격을 받을 위치에 있는 나라.
【衢涂 구도】갈림길. 岐路(기로).
【衢路 구로】갈림길. 사방으로 통하는 길.
【衢肆 구사】길거리의 가게. 시내의 상점.
【衢室 구실】정치에 관한 의견을 듣는 곳. 明堂(명당).
【衢室之問 구실지문】널리 민중의 의견을 들음. 故事 요(堯)임금이 구실에서 백성들에게 정사(政事)에 관한 의견을 청취한 고사에서 온 말.
【衢巷 구항】거리. 街巷(가항).
● 街―, 路―, 四―, 天―.

衣部

6획 부수 | 옷의부

衣 0 【衣】⑥ 옷 의 微 yī

丶 亠 ナ 亣 衣 衣

篆書 초서 參考 '衣'가 한자의 구성에서 변에 쓰일 때는 글자 모양이 'ネ'으로 바뀌고, '옷의변'이라고 한다.
字源 象形. 亠+从→衣. '亠'는 덮어 가리는 모양, '从'은 모든 사람을 뜻한다. 합하여 사람의 윗도리를 가리는 옷이라는 뜻을 나타낸다.
字解 ①옷. ㉮저고리, 윗도리에 입는 옷.〔詩經〕綠衣黃裳. ㉯예복, 나들이옷.〔詩經〕薄澣我衣. ㉰가사(袈裟), 승려의 법복.〔崔顥·詩〕竹房見衣鉢, 松宇清身心. ②싸는 것, 덮는 것. ㉮기물을 덮는 덮개.〔漢書〕所載不過囊衣. ㉯신체의 한 부분을 가리는 가리개.〔西京雜記〕金花紫縹面衣. ③이끼, 청태(靑苔).〔白居易·詩〕曖變牆衣色. ④깃털, 우모(羽毛).〔韓偓·詩〕偏承雨露潤毛衣. ⑤살갗, 표피(表皮).〔李建勳·詩〕移鐺剝芋衣. ⑥자락, 여자의 옷자락.〔禮記〕摳衣趨隅. ⑦입다, 입히다.〔論語〕衣弊縕袍. ⑧덮다.〔易經〕古之葬者厚衣之以薪. ⑨행하다, 실천하다.〔書經〕衣德言.
【衣架 의가】옷걸이. 횃대. 衣桁(의항).
【衣褐 의갈】투박한 천으로 만든 옷을 입음. ☞'褐'은 천민(賤民)이 입는 거친 옷.
【衣裾 의거】옷자락.
【衣巾 의건】①의복과 수건. ②의복과 두건(頭巾). ③평상시 차림의 의복과 두건.
【衣袴 의고】저고리와 바지.
【衣冠 의관】①옷과 갓. 사(士) 이상이 갖추어 입는 옷차림. ②옷을 입고 관을 씀. ③문물이 열리고 예의가 바른 풍속.
【衣冠之會 의관지회】①문물이 열리고 예의가 바른 사회. ②衣裳之會(의상지회).
【衣裘 의구】옷과 갖옷.
【衣錦尙絅 의금상경】비단옷을 입은 위에 엷은 홑옷을 더함. 미덕(美德)이 있어도 감추고 드러내지 아니함.
【衣錦夜行 의금야행】비단옷을 입고 밤길을 감. 부귀하게 되었으나, 고향으로 돌아가지 아니하면 그 보람이 없음. 衣繡夜行(의수야행).
【衣錦晝行 의금주행】비단옷을 입고 낮에 감. 출세하여 자랑스럽게 고향으로 돌아감. 衣繡晝行(의수주행).
【衣囊 의낭】호주머니.
【衣糧 의량】의복과 식량.
【衣領 의령】①옷깃. ②의복.
【衣履弊穿 의리폐천】옷은 해어지고 신에는 구멍이 남. 천하고 가난한 차림.
【衣鉢 의발】①(佛)가사와 바리때. 스승에게서 전수받은 불법(佛法)의 오의(奧義). ②학문·기예 등을 손아랫사람에게 전하는 일. 故事 선종의 시조 달마 조사(達磨祖師)가 혜가(慧可)에게 정법(正法)을 전수할 때 그 증거로서 가사와 바리때를 준 뒤로 육조(六祖) 혜능(慧能)에게 전해진 고사에서 온 말.
【衣服 의복】옷.
【衣不重帛 의불중백】비단옷을 겹쳐 입지 않음. 검소함의 비유.
【衣笥 의사】옷을 넣어 두는 상자.
【衣裳 의상】①옷. ②저고리와 치마. ③어진 임금. 덕망 높은 선비.

衣部 2~3획 䘏衩衫衼衺表　1613

【衣裳之治 의상지치】 구태여 법을 제정하는 일을 하지 아니하고, 덕에 의하여 국민을 저절로 교화하는 일.
【衣裳之會 의상지회】 예복(禮服)을 입은 사람들의 모임. 곧, 평화의 회담, 평화적인 회합.
【衣繡 의수】 ①수를 놓은 옷. ②수를 놓은 옷을 입음.
【衣繡夜行 의수야행】 ▷衣錦夜行(의금야행).
【衣繡晝行 의수주행】 ▷衣錦晝行(의금주행).
【衣食 의식】 ①의복과 음식. ②입는 일과 먹는 일. 생활.
【衣食足則知榮辱 의식족즉지영욕】 의식이 풍족하여 생활의 근심이 없어지면, 저절로 명예를 중히 여겨 영욕을 알게 됨.
【衣食住 의식주】 ①입는 옷과 먹는 양식과 사는 집. 인간 생활의 삼대 요소. ②생활.
【衣纓 의영】 ①의복과 갓끈. ②조정의 관리. 벼슬아치.
【衣簪 의잠】 ①예복과 머리에 꽂는 비녀. ②관리의 옷차림. 관리.
【衣裝 의장】 ①의복. 옷과 짐.
【衣次 의차】 옷감.
【衣被 의피】 ①의복. ②널리 가리움. 은혜를 입힘. ③은택을 입음.
【衣香鬢影 의향빈영】 여자의 아름다운 자태와 화려한 옷차림.

● 客-, 更-, 錦-, 綺-, 衲-, 綠-, 短-, 端-, 麻-, 白-, 蓑-, 繡-, 禮-, 浴-, 羽-, 雨-, 戎-, 征-, 地-, 振-, 着-, 寢-, 脫-, 弊-, 布

衣2 【䘏】 ⑦ 잠방이 료 ㊍ liǎo
[字解] 잠방이. 가랑이가 짧은 홑고의.

衣2 【衩】 ⑦ 襻(1634)과 동자

衣3 【衫】 ⑧ 적삼 삼 ㊍ shān
[字解] ①적삼. 윗도리에 입는 홑옷. ②내의, 땀받이. 늉襂.〔束晳·賦〕脅汗衫以當熱. ③옷, 의복의 통칭.〔新唐書〕士人以棠苧襴衫爲上服.
【衫子 삼자】 여자의 옷으로, 저고리와 치마의 구별이 없이 이어진 것. 半衣(반의).

● 靑-, 翠-, 汗-.

〈衫①〉

衣3 【衼】 ⑧ 옷 선 이 ㊍ yí
[字解] ①옷의 선, 옷자락의 가장자리에 다른 빛깔의 헝겊을 둘러 꾸민 선.〔儀禮〕繡裳緇衼. ②소매.〔漢書〕揚衼戍指.

衣3 【衺】 ⑧ 옷섶 차 ㊍ chà
[字解] ①옷섶, 옷의 옆으로 탄 곳. ②홑옷. ③속옷, 평상복. ④옷깃, 옷자락.〔李商隱·詩〕裙裾芙蓉小.
【衺衣 차의】 평상시에 입는 옷. 平服(평복).

衣3 【表】 ⑧ 겉 표 ㊍ biǎo

一 十 耂 丰 耒 耒 表 表

[소전] [고문] [초서] [동자] [字源] 會意·形聲.
衣+毛→表. '毛'를 안으로 받친 웃옷, 윗도리라는 뜻을 나타낸다. '毛'는 음(音)도 나타낸다.
[字解] ①겉. ㉮거죽, 겉면.〔潘岳·誄〕人見其表, 莫測其裏. ㉯바깥, 역외(域外).〔書經〕至于海表. ②나타내다, 명백히 하다, 밝히다.〔禮記〕君子表微. ㉯표하다, 안표(眼標)를 해 두다.〔荀子〕水行者表深, 使人無陷. ㉰드러내다.〔後漢書〕表彰德信, 是以化致升平. ③나타나다.〔春秋左氏傳〕以表東海. ④뛰어나다, 특출하다.〔楚辭〕表獨立兮山之上. ⑤우두머리.〔漢書〕爲世表. ⑥특이한 곳, 특징(特徵).〔呂氏春秋〕先知必審徵表. ⑦푯말, 표지(標識). ㉮선행(善行)을 표상하여 그 집 대문이나 동구에 세우는 석주(石柱). ¶ 表旌. ㉯죽은이의 덕을 기려 묘 앞에 세우는 석주. ㉰국경이나 소유지의 경계에 세우는 표지.〔漢書〕千里立表. ⑧조짐, 징조.〔後漢書〕倪天必有異表. ⑨기, 정기(旌旗).〔國語〕車無退表. ⑩해시계의 기둥.〔隋書〕冬至之日, 樹八尺之表. ⑪규범(規範), 모범.〔禮記〕仁者天下之表也. ⑫용모(容貌), 거동(擧動).〔南史〕姿表瓖麗. ⑬저고리.〔禮記〕表裘不入公門. ⑭입다, 입히다.〔論語〕必表而出. ⑮표(表). 임금에게 올리는 서장(書狀). ¶ 出師表. ⑯표(表), 도표. 어떤 내용을 일정한 형식과 순서에 따라 보기 쉽게 만든 것. ¶ 東史年表. ⑰외가붙이, 외척(外戚).〔北史〕宗族姻表.
【表揭 표게】 비석(碑石)을 세워서 표창함.
【表決 표결】 의안(議案)에 대한 가부(可否)의 사를 표시하여 결정함.
【表具 표구】 종이·천 따위를 써서 병풍·족자 따위를 꾸며 만드는 일. 粧潢(장황).
【表閭 표려】 ▷表門(표문).
【表裏不同 표리부동】 사람이 겉 다르고 속 다름. 마음이 음흉하고 불량함.
【表妹 표매】 외사촌 누이.
【表明 표명】 ①표시하여 명백히 함. ②나타나 명백해짐.
【表木 표목】 표지로 세운 나무. 푯말.
【表文 표문】 ①임금 또는 조정(朝廷)에 올리던 글의 한 가지. ②문장(文章).
【表門 표문】 마을에 비석(碑石)을 세워 착한 일을 한 사람을 밝힘. 表閭(표려).

衣部 4획 衱袞袀衿衾裧衹

【表背 표배】☞表具(표구).
【表白 표백】드러내어 밝히거나 나타내어 말함.
【表率 표솔】①스스로 규칙을 세워 여러 사람을 이끎. ②모범. 본보기.
【表叔 표숙】외삼촌. 外叔(외숙).
【表示 표시】드러내어 보임.
【表意 표의】뜻을 나타냄.
【表異 표이】①특이한 점을 나타냄. ②표창함.
【表字 표자】사람의 본이름 외에 부르는 이름.
【表裝 표장】☞表具(표구).
【表迹 표적】겉에 나타난 형적.
【表旌 표정】충신·효자·열녀를 표창하여 정문(旌門)을 세움. 또는 그 정문.
【表從 표종】외사촌. 外從(외종).
【表座 표좌】해시계를 받치어 놓는 대(臺).
【表奏 표주】표(表)를 올려 아룀.
【表次 표차】표를 만들어 순서를 세움.
【表彰 표창】선행(善行)을 기리어 널리 세상에 드러내는 일. 表章(표장). 表顯(표현).
【表則 표칙】본보기. 모범.
【表親 표친】외척(外戚).
【表土 표토】경작에 적당한 표면의 흙.
【表表 표표】뛰어나 눈에 잘 띄는 모양. 두드러지게 나타나는 모양.
【表現 표현】의견·감정 따위를 드러내어 나타냄.
【表顯 표현】☞表彰(표창).
【表兄 표형】외사촌 형. 外從兄(외종형).
❶ 公一, 代一, 圖一, 墓一, 門一, 發一, 四一, 師一, 辭一, 上一, 年一, 雲一, 意一, 儀一, 人一, 章一, 旌一, 塵一, 賀一, 華一.

衣4【衱】⑨ 옷자락 겁 jié

字解 ①옷자락, 옷 뒷자락. ②옷깃.

衣4【袞】⑩ 곤룡포 곤 gǔn

字解 ① 곤룡포. =袗. 〔詩經〕袞衣繡裳. ②상공(上公)의 예복. ③삼공(三公). 〔北史〕位居上袞. ④띠. ≒緄.
【袞袞 곤곤】①강물 따위로 큰 물이 흐르는 모양. ②먼지 따위가 잇따라 일어나는 모양. ③간곡히 타이르는 모양. ④연속하여 끊이지 않는 모양.
【袞闕 곤궐】천자의 잘못. 임금의 과실.
【袞龍袍 곤룡포】천자가 입던 용 수놓은 예복. 袞服(곤복). 袞袍(곤포).
【袞冕 곤면】① 곤룡포와 면류관. ②조정(朝廷)을 이름.
【袞命 곤명】삼공(三公)의 직위.
【袞裳 곤상】천자 및 삼공이 입던 예복.
【袞衣 곤의】☞袞龍袍(곤룡포).
❶ 上一, 御一, 龍一, 玄一, 華一.

衣4【袀】⑨ 군복 균 jūn

字解 ①군복, 융의(戎衣). ≒均. ②검은 옷. 〔漢書〕袀服振振. ③같다, 다르지 않다. 〔左思·賦〕六軍袀服.
【袀服 균복】①검은 옷. ②군복(軍服).
【袀玄 균현】제사 때 입던 검은색의 옷.

衣4【衿】⑨ ❶옷깃 금 jīn
❷맬 금 qīn

字解 ❶①옷깃. 〔詩經〕青青子衿. ②옷고름. =紟. 〔詩經〕施衿結帨. ❷①매다, 잡아매다. 〔禮記〕衿纓綦屨. ②띠다, 띠 같은 것을 두르다. 〔漢書〕衿芰茄之綠衣兮.
【衿甲 금갑】갑옷을 입은 채 있음.
【衿契 금계】마음을 서로 허락한 벗.
【衿帶 금대】①옷깃과 띠. ②산이 옷깃같이 둘러싸고 강이 띠같이 둘러싼 요해처(要害處)의 비유.
【衿喉 금후】①옷깃과 목구멍. ②요해지(要害地)의 비유.
❶ 青一, 解一, 喉一.

衣4【衾】⑩ 이불 금 qīn

字解 이불. 침구의 한 가지. 〔詩經〕抱衾與裯.
【衾具 금구】이불. 금침. 寢具(침구).
【衾襚 금수】염(殮)할 때 죽은 사람을 덮는 이불과 입히는 옷.
【衾影無慚 금영무참】이불이나 자기 그림자에 대해서도 부끄러움이 없음. 남이 보지 않는 곳에서도 품위를 떨어뜨리지 아니함.
【衾褥 금욕】이불과 요. 곧, 침구.
【衾裯 금주】이불과 홑이불. 衾幬(금주).
【衾枕 금침】이불과 베개. 곧, 침구.
❶ 輕一, 孤一, 錦一, 羅一, 綾一, 單一, 同一, 薄一, 芳一, 複一, 重一, 枕一, 破一, 布一, 夏一, 合歡一.

衣4【裧】⑩ 衾(1614)과 동자

衣4【衹】⑨ ❶가사 기 jīn
❷마침 지 zhī
參考 衹(1617)는 딴 자.
字解 ❶가사, 승려의 법복(法服). ❷마침, 때 마침 공교롭게. ≒祇. 〔春秋左氏傳〕晉未可滅, 而殺其君, 衹以成惡.

〈袞龍袍〉

衣部 4획 衲袂袚衯裒衺衻衰衻 1615

衣4【衲】⑨ 기울 납 図 nà

초서 衲
字解 ①깁다, 옷을 수선하다.〔戴復古・詩〕衲被蒙領睡. ②장삼, 승려의 옷.〔戴叔倫・詩〕挂衲雲林淨. ③승려, 비구(比丘). =納.〔戴叔倫・詩〕老衲共茶盌.

【衲僧 납승】☞衲子(납자).
【衲衣 납의】(佛)①승려가 입는 검정 옷. 장삼. ②승려의 딴 이름.
【衲子 납자】(佛)승려. 衲僧(납승).
【衲被 납피】①군데군데 헝겊을 대어 기운 이불. ②남의 어구(語句)를 모아 지은 글.

❶桂-, 老-, 半-, 梵-, 耕-, 野-, 愚-, 拙-, 敝-, 寒-.

衣4【袂】⑨ 소매 몌 図 mèi

소전 袂 초서 袂
字解 소매.〔春秋公羊傳〕反袂拭面.
【袂別 몌별】소매를 나눔. 이별함.
❶分-, 奮-, 拂-, 衣-, 振-, 香-, 揮-.

衣4【袚】⑨ 앞섶 부 図 fū

소전 袚
字解 ①앞섶. 두루마기나 저고리의 깃 아래에 달린 긴 헝겊. ②칼전대. 칼집에 꽂은 칼을 넣어 두는 전대. ③겹치다, 옷을 껴입다.

衣4【衯】⑨ 옷 치렁치렁할 분 図 fēn

소전 衯 동문 衯
字解 ①옷이 치렁치렁하다, 옷이 긴 모양.〔史記〕衯衯裶裶. ②옷이 큰 모양.

衣4【裒】⑩ 衯(1615)과 동자

衣4【裒】⑩ 사특할 사 図 xié

소전 裒 동문 裒
字解 ①사특하다, 사악하다. =邪. ②비끼다. ≒斜.

衣4【衻】⑨ 裒(1615)와 동자

衣4【衰】⑩ ❶쇠할 쇠 図 shuāi
❷줄 최 図 cuī
❸도롱이 사 図 suō

丶 亠 广 亣 亦 畜 亨 㐱 衰

소전 衰 고문 衰 초서 衰
参考 대법원 지정 인명용 한자의 음은 '쇠'이다.
字源 象形. 본래 사람이 띠로 엮어 만든 비옷을 입고 있는 모습을 본뜬 글자로, '도롱이'라는 뜻을 나타낸다.

字解 ❶쇠하다. ≒瘵. ㉮약해지다, 기운이 없어지다.〔論語〕及其老也, 血氣旣衰. ㉯작아지다, 적어지다.〔春秋左氏傳〕其周德之衰乎. ㉰늙다, 나이를 먹다.〔淮南子〕年齒志憫. ㉱여위다.〔呂氏春秋〕人之老也, 形益衰. ㉲줄다, 감퇴(減退)하다.〔素問〕衰則基復反入. ㉳게으르다.〔楚辭〕年旣老而不衰. ㉴세력이 없어지다, 기울어지다.〔史記〕周室旣衰. ㉵퇴색되다, 미(美)가 감소하여지다.〔詩經〕華落色衰. ❷①줄다, 줄이다, 감쇄(減殺)하다.〔戰國策〕日食飮得無衰乎. ②후세로 내려오다.〔春秋左氏傳〕自是以衰. ③상복 이름. 참최(斬衰)·재최(齊衰) 등의 상복. =縗. ¶衰絰. ❸도롱이. =簑.〔詩經〕何衰何笠.

【衰境 쇠경】늙바탕. 老境(노경).
【衰困 쇠곤】몸이 쇠약하고 고달픔.
【衰軀 쇠구】쇠약하여진 몸.
【衰亂 쇠란】쇠하며 어지러워짐.
【衰老 쇠로】늙어서 쇠약해짐.
【衰亡 쇠망】쇠잔하여 멸망함.
【衰門 쇠문】영락(零落)한 집안.
【衰微 쇠미】쇠퇴하여 미약함.
【衰白 쇠백】몸은 쇠하고 머리는 셈.
【衰憊 쇠비】쇠약하여 지침.
【衰世 쇠세】망하여 가는 세상. 타락하여 가는 세상.
【衰顏 쇠안】쇠한 얼굴. 衰容(쇠용).
【衰眼 쇠안】쇠약해진 시력(視力).
【衰弱 쇠약】몸이 쇠하여 약해짐.
【衰弛 쇠이】①나라가 쇠약하여 기강(紀綱)이 해이(解弛)해짐. ②몸이 쇠약하여 마음이 해이해짐.
【衰殘 쇠잔】쇠퇴하여 상함. 영락(零落)함.
【衰盡 쇠진】기운이 쇠하여 다함.
【衰替 쇠체】쇠함.
【衰退 쇠퇴】쇠하여 전보다 못해짐.
【衰敗 쇠패】쇠하여 기력이 없어짐.
【衰弊 쇠폐】쇠약하여 피폐(疲弊)함.
【衰廢 쇠폐】쇠하여 폐하여짐.
【衰麻 최마】최복(衰服)으로 지은 베옷.
【衰服 최복】아들이 부모, 증조부모, 고조부모의 상중에 입는 상복(喪服).
【衰裳 최상】치마 모양으로, 베로 만들어 입는 상복.
【衰征 최정】토지의 차등(差等)을 따라 조세를 받는 일.
【衰絰 최질】①상중(喪中)에 입는 삼베옷. '衰'는 상복(喪服), '絰'은 상복을 입을 때 두르는 요질(腰絰)과 수질(首絰). ②거상(居喪).

❶紾-, 老-, 等-, 變-, 病-, 森-, 楊-, 盛-, 蕭-, 齊-, 斬-, 盛-.

衣4【衻】⑨ 옷 끝동 염 図 rán

초서 衻 동문 衻
字解 ①옷 끝동. 옷자락의 가장자리를 딴 헝겊으로 가늘게 싸서 돌린 선.〔儀禮〕純衣纁衻. ②활옷.

衣部 4~5획 袁袒衽袯衷袈袪袞袧袒

시집갈 때 입는 저고리.〔禮記〕婦人復不以袡.
❸폐슬(蔽膝), 앞치마.〔禮記〕純衣纁袡.

衣4 【袁】 ⑩ 옷 길 원 [元] yuán

〔字解〕❶옷이 긴 모양, 옷이 치렁치렁한 모양. ❷성(姓).
【袁安高臥 원안고와】어려운 처지에 있어도 절조(節操)를 굳게 지킴.〔故事〕후한(後漢) 때, 권력을 제 마음대로 휘두르던 두헌(竇憲)을 원안(袁安)이 탄핵하며 절조를 굽히지 않은 고사에서 온 말.

衣4 【袒】 ⑨ 속속곳 일 [質] yì

〔字源〕會意·形聲. 衣+日→袒. '衣'와 '日'을 합하여 날마다 입는 옷, 곧 평상복이라는 뜻을 나타낸다. '日(일)'이 음도 나타낸다.
〔字解〕❶속속곳. 여자의 맨 속에 입는 내의.〔春秋左氏傳〕皆衷其袒服, 以戲于朝. ❷일상으로 입는 옷.
【袒服 일복】부인의 속옷. 부인의 땀받이.

衣4 【衽】 ⑨ 옷깃 임 [沁] rèn

〔字解〕❶옷깃.〔潘岳·賦〕且斂衽以歸來兮. ❷옷섶. ❸여미다, 옷깃을 바로잡다.〔新序〕衽襟而肘見. ❹소매. ❺요. 바닥에 까는 침구.〔禮記〕請衽何趾. ❻깔다, 요 같은 것을 깔다.〔中庸〕衽金革. ❼솔기, 치마의 솔기.〔管子〕攝衽. ❽자락, 치맛자락.〔漢書〕執衽采藥. ❾거멀장. 물건 사이를 연결하여 벌어지지 않게 하는 것. 두 끝이 넓고 가운데가 잘록하게 생긴 쇳조각. ❿치마.〔周禮〕衣衽不敝.
【衽褐 임갈】거친 베로 깃을 만든 옷. 천한 사람의 의복.
【衽席 임석】①깔개 자리. ②요. ③침실(寢室).
◐ 結—, 斂—, 袵—, 斂—, 臥—, 左—, 懷—.

衣4 【袯】 ⑨ 袾(1620)와 동자

衣4 【衷】 ⑩ 속마음 충 [東] zhōng

〔字解〕❶속마음, 정성스러운 마음.〔顔延之·五君詠〕深衷自此見. ❷가운데, 중앙(中央).〔春秋左氏傳〕不止將取其衷. ❸속옷.〔春秋左氏傳〕衷其服不表. ❹맞다, 알맞다. ㉮바르다, 올바르다.〔春秋左氏傳〕楚辭我衷. ㉯착하다.〔書經〕惟皇上帝, 降衷于下民.
【衷懇 충간】충심(衷心)으로 간청(懇請)함.
【衷甲 충갑】평복 속에 갑옷을 입음.
【衷曲 충곡】마음속 깊이 간직한 섬세한 감정.

간절하고 애틋한 마음. 心曲(심곡).
【衷款 충관】진심. 衷誠(충성).
【衷心 충심】진정에서 우러나는 마음.
【衷正 충정】치우침이 없이 바름.
【衷情 충정】진심에서 우러나는 참된 정.
【衷懷 충회】❶衷心(충심).
◐ 潔—, 苦—, 徵—, 聖—, 宸—, 深—, 誘—, 折—, 天—, 和—.

衣5 【袈】 ⑪ 가사 가 [麻] jiā

〔字解〕가사(袈裟).
【袈裟 가사】①털옷. 毛衣(모의). ②(佛)승려가 장삼 위에, 왼쪽 어깨에서 오른쪽 겨드랑 밑으로 걸쳐 입는 옷. ○범어(梵語) 'kasāya'의 음역어(音譯語).

衣5 【袪】 ⑩ 소매 거 [魚] qū

〔字解〕❶소매, 소맷자락.〔詩經〕摻執子之袪兮. ❷소맷부리, 수구(袖口).〔儀禮〕袪尺二寸. ❸들다, 위로 올라가게 하다, 옷자락을 추어올리다.〔呂氏春秋〕袪衣步堂下. ❹열다, 흩다, 흩어지다.〔漢書〕合袪於天地神祇. ❺가다, 떠나다.〔殷仲文·詩〕惑袪咎亦泯. ❻강한 모양.〔詩經〕唐石經作袪袪.
【袪袪 거거】강한 모양.
【袪痰 거담】담을 없앰.
【袪袂 거몌】소매를 걷어붙임.
【袪步 거보】옷을 추어올리고 걸음.

衣5 【袞】 ⑪ 袞(1614)과 동자

衣5 【袧】 ⑩ ❶주름 구 [尤] gōu
❷제복 고 [虞] gōu

〔字解〕❶주름, 치마 따위의 주름. ❷상복 치마의 양쪽에 주름을 잡고 가운데는 비게 하는 것.〔儀禮〕凡衰外削幅, 裳內削幅, 幅三袧. ❷제복(祭服).

衣5 【袒】 ⑩ ❶웃통 벗을 단 [旱] tǎn
❷옷솔 타질 탄 [諫] zhàn

〔參考〕대법원 지정 인명용 한자의 음은 '단'이다.
〔字解〕❶웃통을 벗다. 늑但. ㉮왼쪽 어깨를 벗는 예(禮). 예를 행할 때 왼쪽 어깨를 벗어 왼쪽 어깨를 드러내다.〔孟子〕雖袒裼裸裎於我側. ㉯소매를 걷어 올리다.〔儀禮〕大夫興士射, 袒薰襦. ㉰열다.〔禮記〕袒橐奉胄. ㉱편들다, 비호(庇護)하다.〔柳宗元·平淮夷雅〕士獲厥心, 太឴高驤. ❷옷솔기가 타지다, 옷이 해어지다. 늑綻.
【袒肩 단견】웃통을 벗음.

【袒裸 단라】⇨袒裼裸裎(단석나정).
【袒免 단문】왼쪽 어깨의 옷을 벗고, 관(冠)을 벗어 머리를 묶음. 유복지친(有服之親) 이외의 친족 상사(喪事)에 조의를 표하는 일.
【袒裼 단석】①웃통을 벗어 알몸을 드러냄. ②웃옷을 벗어 속옷을 드러냄.
【袒裼裸裎 단석나정】웃옷을 벗어 어깨를 드러냄과 발가벗음. 무례한 행위를 함. 袒裸(단라).
【袒右 단우】오른쪽 어깨의 옷을 벗음. ㉠상례(喪禮)의 형식. ㉡죄인이 형(刑)을 받을 때의 형식. ㉢찬성의 뜻을 표하는 일. 右袒(우단).
【袒左 단좌】①왼쪽 어깨의 옷을 벗음. ②한쪽의 편을 든다는 의사를 표시하는 방법.
● 裸—, 露—, 兩—, 右—, 左—, 偏—, 解—.

衣5【袋】⑪ 자루 대 國 dài
[字解] 자루, 부대, 주머니. =帒. 〔隋書〕有司嘗進乾薑以布袋.
【袋鼠 대서】캥거루.
● 甲—, 劍—, 琴—, 書—, 布—, 皮—.

衣5【袊】⑩ 활옷 령 梗 lǐng
[字解] ①활옷. 시집갈 때 입는 웃옷. ¶直袊. ②옷깃. ¶衣袊. ③옷자락.

衣5【袜】⑩ 버선 말 月 wà, mò
[字解] ①버선. =襪·韤. ②허리띠, 여자들이 허리에 두르는 넓은 띠. 〔隋煬帝·詩〕錦袖淮南舞, 寶袜楚宮腰.

衣5【袤】⑪ 길이 무 宥 mào
[字解] 길이, 남북의 길이.〔史記〕延袤萬餘里.

衣5【袢】⑩ ❶속옷 번 元 fán ❷옷 차려입을 반 願 fàn
[字解] ❶속옷, 땀받이로 속에 입는 옷. ❷①속옷. ※❶과 같다. ②옷을 차려입는 모양.
【袢暑 번서】옷에 배는 더위.
【袢延 번연】①헐렁하게 여유가 있는 옷. ②더운 기운.
【袢迅 반신】나들이옷을 차려입는 모양.

衣5【袑】⑩ 바지 소 篠 shào
[字解] ①바지, 바지의 허리 둘레.〔漢書〕褻衣大袑. ②옷깃.

衣5【袖】⑩ 소매 수 宥 xiù
[字解] ①소매, 옷의 소매. =褏.〔史記〕長袖善舞. ②소매에 넣다, 소매 속에 숨기다.〔劉禹錫·詞〕袖刃妬名娼.
【袖口 수구】소맷부리.
【袖幕 수막】통행하는 사람들의 소매가 연이어서 장막을 이룸. 길거리가 번화함의 비유.
【袖手 수수】팔짱을 낌. 손을 옷소매 속에 꽂음. ㉠한가하고 편안한 모습. ㉡아무 일도 하지 아니하고 있음.
【袖手傍觀 수수방관】팔짱을 끼고 곁에서 보고만 있음. 응당 해야 할 일을 그대로 버려둠.
【袖刃 수인】비수(匕首)를 소매 속에 숨김.
【袖珍 수진】소매 속에 들어갈 만한 작은 책. 袖珍本(수진본).
【袖箚 수차】임금에게 직접 바치던 상소.
● 綺—, 羅—, 舞—, 芳—, 領—, 衣—, 長—.

衣5【袲】⑪ 옷 치렁치렁할 아 哿 ě
[字解] ①옷이 치렁치렁한 모양. ②우아(優雅)한 모양.

衣5【袡】⑩ 袡(1615)과 동자

衣5【袣】⑩ ❶긴 옷 예 霽 yì ❷소매 이 寘 yì
[字解] ❶긴 옷, 옷이 긴 모양. ❷소매.〔司馬相如·賦〕曳獨繭之褕袣.

衣5【袎】⑩ 버선목 요 效 yào
[字解] 버선목.〔唐國史補〕馬嵬店嫗收得錦袎一隻.

衣5【袘】⑩ ❶길이 yí ❷소매 이 寘 yí ❸가선 yì ❹옷자락 타 哿 tuó
[字解] ❶①길. 웃옷의 섶과 무 사이의 넓고 큰 폭. ②옷이 치렁치렁한 모양.〔史記〕撫獨繭之褕袘. ❷소매. =袖.〔史記〕揚袘邮削. ❸가선, 옷자락의 가장자리의 선(線).〔儀禮〕纁裳緇袘. ❹옷자락. ※袉(1618)의 속자(俗字).

衣5【袟】⑩ 갈아입을 옷 자 紙 zǐ
[字解] ①갈아입을 옷, 여벌의 옷. ②솔기, 꿰매어 맞춘 부분.

衣5【袛】⑩ 속적삼 저 齊 dī
[字解] 袛(1614)는 딴 자.
[字解] 속적삼.〔後漢書〕其資藏惟有布衾敝袛裯鹽麥數斛而已.

【袛襌 저단】정복(正服).
【袛裯 저도】속적삼. 땀받이.

衣5 【袗】⑩ 홑옷 진 𧝑 zhěn
[소전][혹체][초서] [字解] ①홑옷, 홑으로 된 여름옷. =袀. ≒襌·紾.〔論語〕當暑袗絺綌. ②아름다운 옷, 수놓아 꾸민 옷.〔孟子〕被袗衣. ③검을 옷. ≒袀.〔儀禮〕兄弟畢袗玄. ④아름답다, 옷이 아름답다. ≒珍.
【袗衣 진의】수놓은 옷.
【袗絺綌 진치격】갈포(葛布)로 만든 홑옷. 칡베 옷. ○'絺'는 올이 고운 것, '綌'은 올이 굵은 것. 葛衣(갈의).
【袗玄 진현】위아래가 모두 검은색으로 된 옷.

衣5 【袟】⑩ 칼전대 질 質 zhì
[초서] [字解] ①칼전대, 검의(劍衣). 칼집에 꽂은 칼을 넣어 두는 전대. ②품계(品階), 차서(次序). ≒秩. ③책갑. =帙.

衣5 【袠】⑪ 책갑 질 質 zhì
[字解] ①책갑. =袟·帙.〔後漢書〕吾綈袠中有先祖所傳祕記. ②의낭(衣囊), 옷에 붙은 주머니.〔禮記〕施縏袠. ③십 년(十年). =帙.〔野客叢書〕年開第七袠, 是以十年爲一袠.

衣5 【袱】⑩ 칼전대 출 質 shù
[字解] 칼전대, 검의(劍衣). 칼집에 꽂은 칼을 넣어 두는 전대.

衣5 【袉】⑩ 옷자락 타 歌箇 tuó, tuǒ
[소전] [字解] ①옷자락. ②아름다운 모양. ③긴 모양, 길게 편 모양.

衣5 【袥】⑩ 옷깃 헤칠 탁 藥 tuō
[소전] [字解] ①옷깃을 헤치다. ②넓고 크다, 광대(廣大)하다.〔太玄經〕宇宙袥祖.

衣5 【袙】⑩ ❶휘장 파 禡 pà ❷머리띠 말 黠 mò
[字解] ❶휘장, 둘러치는 넓은 천. =帊·帕. ❷머리띠, 무인(武人)의 머리에 둘러 귀천을 나타내는 표지. =帕.〔後漢書〕爲絳袙以表貴賤.
【袙腹 파복】등거리 갑옷.
【袙頭 말두】머리를 싸매는 수건.

衣5 【袍】⑩ 핫옷 포 豪 páo
[소전][동자]袌 [字解] ①핫옷, 솜을 둔 겨울옷.〔詩經〕與子同袍. ②웃옷, 겉에 입는 옷. 도포 따위.〔唐書〕袍仗精整. ③평상복(平常服).〔禮記〕袍必有表不襌. ④앞깃, 옷깃의 앞부분.〔春秋公羊傳〕反袂拭面涕沾袍.

〈袍③〉

【袍仗 포장】군대의 장비. ○'仗'은 병장기(兵器).
【袍笏 포홀】도포와 홀.
❶綾-, 道-, 同-, 綿-, 綉-, 縕-, 綈-,

衣5 【襃】⑪ 袍(1618)와 동자

衣5 【袃】⑪ ❶띠 매지 않을 피 寘 pī ❷옷 주름 비 寘 zhì ❸핫바지 자 支 zī ❹옷깃 제 霽 jì
[字解] ❶띠를 매지 아니하다. ❷①옷의 주름. ②옷이 펴지지 아니하다, 옷이 구겨지다. ❸핫바지, 솜을 둔 바지. ❹옷깃, 옷깃을 여미다.

衣5 【被】⑩ ❶이불 피 紙 bèi ❷입을 피 寘 bì ❸두를 피 支 pī
丶 亠 亠 衤 衤 衤 衤 衤 衤 衤 袛 被
[소전][초서] [字源] 形聲. 衣+皮→被. '皮(피)'가 음을 나타낸다.
[字解] ❶①이불, 덮는 침구.〔楚辭〕翡翠珠被. ②잠옷, 잠잘 때 입는 옷. ③미치다, 한정된 곳까지 달하다.〔書經〕四被于流沙. ④덮다, 덮어 가리다.〔楚辭〕皋蘭被徑兮. ⑤성(姓). ❷①입다. ㉮옷을 입다.〔孟子〕被袗衣. ㉯은혜 등을 입다.〔趙岐·辭〕幼被慈母三遷之敎. ㉰피해·부상 등을 당하다.〔諸葛亮·表〕陟險被創, 덮어쓰다.〔禮記〕被髮衣皮. ②쓰는 것, 입는 것. 머리에 쓰는 건(巾)이나 입는 옷의 총칭.〔春秋左氏傳〕被練三千. ③갑옷 따위를 세는 단위.〔史記〕甲楯五百被. ④겉, 표면.〔儀禮〕笄緇被纁裏. ⑤당하다. 수동임을 나타내는 말.〔史記〕信而見疑, 忠而被謗. ⑥머리꾸미개, 여자의 수식(首飾). ≒髲.〔詩經〕被之僮僮. ⑦손잡이. ≒披. ⑧깎다, 머리를 자르다. ≒披.〔淮南子〕被髮文身. ❸①두르다, 도롱이 같은 것을 두르다.〔春秋左氏傳〕被苫蓋. ②띠를 매지 아니한 모양.〔楚辭〕何桀紂之猖被兮. ③긴 모양.〔楚辭〕靈衣兮被被.
【被褐懷玉 피갈회옥】겉에는 굵은 베옷을 입었으나 속에는 옥을 품고 있음. 현인(賢人)이 지덕(智德)을 갖추었으나 겉에 드러내지 않음.
【被甲 피갑】갑옷을 입음.
【被擊 피격】습격이나 공격을 당함.
【被堅執兵 피견집병】갑옷을 입고 날카로운 병

衣部 5~6획 袨 袼 袺 袷 袴 袿 袽 袈 裂

기를 손에 잡음. 전투 준비를 함.
【被告 피고】 소송에서 고소를 당한 사람.
【被衾 피금】 이부자리.
【被拉 피랍】 납치를 당함.
【被動 피동】 남에게 작용을 받음.
【被命 피명】 윗사람에게서 명령을 받음.
【被毛 피모】 몸을 덮은 털.
【被髮 피발】 머리를 풀어 헤침. 披髮(피발).
【被髮徒跣 피발도선】 부모상에 여자가 머리를 풀고 버선을 벗는 일.
【被髮纓冠 피발영관】 머리털을 흐트러뜨린 채 갓을 쓰고 갓끈을 맴. 몹시 급하게 서두름.
【被髮左衽 피발좌임】 머리털을 흐트러뜨리고 옷깃을 왼쪽으로 여밈. ㉠미개한 종족의 풍속. ㉡중원(中原) 사람이 미개한 종족의 통치를 받음.
【被謗 피방】 비방이나 비난을 받음.
【被服 피복】 ①옷을 입음. 의복. ②몸에 입음. 몸에 받음. ③몸소 행함.
【被覆 피복】 ①덮어씌움. ②이불로 덮음.
【被殺 피살】 살해를 당함.
【被襲 피습】 습격을 당함.
【被底鴛鴦 피저원앙】 이불 밑의 원앙. ㉠이불 속에 있는 남녀. ㉡금실이 좋은 부부.
【被酒 피주】 몹시 술을 많이 마심. 취함.
【被奪 피탈】 빼앗김. 약탈을 당함.
【被被 피피】 긴 모양.
【被害 피해】 해를 입음.
【被劾 피핵】 탄핵(彈劾)을 당함.
● 加-, 廣-, 錦-, 同-, 繡-, 狷-, 布-.

衣5【袨】⑩ 나들이옷 현 霰 xuàn
소전 袨 초서 袨 字解 ①나들이옷, 성복(盛服). 〔左思·賦〕袨服靚裝. ②고운 옷, 성장(盛裝)할 때 입는 좋은 옷. ③검은 옷, 아래위가 다 검은빛인 옷. 〔漢書〕武力鼎士袨服叢臺之下者一旦成市.
【袨服 현복】 ①훌륭히 차려입은 옷. ②아름다운 옷. 미인(美人)의 옷. ③검은 옷.

衣6【袼】⑪ ❶소매 각 藥 gē
❷턱받이 락 藥 luò
초서 袼 字解 ❶①소매. ②소매의 밑 겨드랑이의 솔기. 〔禮記〕袼之高下, 可以運肘. ❷턱받이.

衣6【袺】⑪ 옷섶 잡을 결 屑 jié
소전 袺 초서 袺 字解 옷섶을 잡다. 〔詩經〕采采芣苢, 薄言袺之.

衣6【袷】⑪ ❶겹옷 겁 洽 jiā
❷옷깃 겁 屑 jié
소전 袷 초서 袷 字解 ❶겹옷. 두 겹으로 지은 옷. =裌. 〔漢書〕服繡袷綺衣. ❷옷깃.
【袷衣 겁의】 겹옷.

衣6【袴】⑪ ❶바지 고 遇 kù
❷샅 과 禡 kù
초서 袴 동자 絝 參考 대법원 지정 인명용 한자의 음은 '고'이다.
字解 ❶바지. 가랑이가 있는 아랫도리 옷. 〔禮記〕衣不帛襦袴. ❷샅, 사타구니, 두 다리의 사이. =胯. 〔史記〕出我袴下.
【袴褶 고습】 사마치.
【袴鞾 고화】 통바지와 신. 軍服(군복).
【袴下 과하】 바짓가랑이 밑.
【袴下辱 과하욕】 바짓가랑이 아래를 기어 나온 치욕. 큰일을 이루기 위해 일시적인 치욕을 참고 견딤. 故事 한(漢) 고조(高祖)를 도와 중국을 통일하는 데 큰 공을 세운 한신(韓信)이 어렵게 지내던 시절에 거리에서 자신을 욕보이는 소년의 샅 밑을 기어 나온 고사에서 온 말.
● 寬-, 短-, 半-, 長-, 破-, 弊-.

衣6【袿】⑪ 여자 웃옷 규 霽 guà, guī
초서 袿 字解 ①여자의 웃옷. 〔後漢書〕袿裳鮮明. ②소매. 〔元稹·詩〕各各揚輕袿. ③옷자락, 옷의 뒷자락.
【袿裳 규상】 여자의 웃옷.

衣6【袽】⑪ 해진 옷 녀 魚 rú
초서 袽 동자 裂 字解 ①해진 옷. 〔易經〕繻有衣袽. ②해진 헝겊, 걸레. 〔易經·繻有衣袽·注〕袽者, 殘幣帛, 可拂拭器物也. ③실보무라지.

衣6【袈】⑫ 袽(1619)와 동자

衣6【裂】⑫ ❶찢을 렬 屑 liè
❷가선 두른 주머니 례 霽 liè
一 丆 歹 列 列 契 刿 裂 裂 裂
소전 裂 초서 裂 동자 㓟 고자 㓞 參考 대법원 지정 인명용 한자의 음은 '렬'이다.
字源 形聲. 列+衣→裂. '列(렬)'이 음을 나타낸다.
字解 ❶①찢다, 찢어지다. 〔禮記〕衣裳綻裂. ②해지다, 무너지다. 〔國語〕戎車待游車之裂. ③거열(車裂). 수레에 묶어 사지를 찢는 형벌. 〔後漢書〕九裂不恨. ④마르다, 재단(裁斷)하다. 〔後漢書〕乃裂素爲書. ❷가선을 두른 주머니. ¶ 鞶裂.
【裂肝碎首 열간쇄수】 간이 찢기고 머리가 부서짐. 심한 화를 입음.
【裂開 열개】 찢어져 벌어짐. 찢어 벌림.
【裂帛 열백】 ①비단을 찢음. ②비단을 찢을 때 나는 소리. 烈帛(열백). ③비단을 찢어 편지(便紙)로 함. ④소쩍새가 우는 소리.
【裂膚 열부】 살을 찢음. 추위가 심함의 비유.

衣部 6~7획 裂 㿡 梳 袹 袱 袘 袤 裀 袵 袲 裝 裁 袾 袳 袷

【裂傷 열상】 피부가 찢어진 상처.
【裂眥 열자】 눈초리가 찢어짐. 노하여 눈을 크게 부릅뜸의 비유.
【裂指 열지】 병자가 위독할 때 제 손가락을 째서 깨끗한 피를 마시게 하는 일.
【裂蔽 열폐】 찢어지고 해어짐.
【裂罅 열하】 터져서 생긴 틈서리.
○決一, 龜一, 凍一, 滅一, 蟹一, 剖一, 分一, 炸一, 震一, 車一, 拆一, 綻一, 破一, 爆一.

衣6 【㿡】 ⑪ 裂(1619)과 동자

衣6 【㿡】 ⑫ 裂(1619)의 고자

衣6 【梳】 ⑪ 梳(1621)와 동자

衣6 【袹】 ⑪ ❶머리띠 말 圜 mò ❷배띠 맥 圄 bó
[초서] 袹 [字解] ❶머리띠. 초상에 머리에 쓰는 것. =帞. ❷배띠, 배를 감는 헝겊. 〔晉書〕著布袹腹, 爲齊持服.

衣6 【袱】 ⑪ 보 복 圖 fú
[초서] 袱 [字解] 보, 보자기. 〔王明淸·文〕尋得一小袱.
【袱紙 복지】 약첩을 싸는 종이. 약봉지.
○裏一, 卓一, 包一.

衣6 【袘】 ⑪ 袘(1617)와 동자

衣6 【袤】 ⑫ ❶땅 이름 이 因 chǐ ❷옷 치렁거릴 치·나 圄圖 nuǒ
[字解] ❶땅 이름. 춘추 시대 송(宋)나라 땅. 지금의 안휘성(安徽省) 숙현(宿縣)의 서쪽. 〔春秋左氏傳〕公會宋公衞侯陳侯于袤. ❷옷 치렁거림, 옷이 길다. =袲.

衣6 【裀】 ⑪ 요 인 眞 yīn
[초서] 裀 [동문] 裡 [字解] ①요, 까는 침구. ≒茵.〔司馬相如·賦〕裀褥重陳. ②겹옷.
【裀褥 인욕】 요. 자리.

衣6 【袵】 ⑪ 衽(1616)과 동자

衣6 【袲】 ⑫ 衽(1616)과 동자

衣6 【裝】 ⑫ 裝(1623)의 속자

衣6 【裁】 ⑫ 마를 재 灰 cái

十 圡 圥 圥 圥 𢽇 𢽇 裁 裁

[소전] 𢽇 [초서] 裁 [字源] 形聲. 戈+衣→裁. '戈(재)'가 음을 나타낸다.
[字解] ①마르다, 마름질하다.〔謝惠連·詩〕裁用筩中刀. ②옷을 짓다.〔玉臺新詠〕十四學裁衣. ③헝겊, 피륙의 자투리.〔唐書〕杉布一裁. ④자르다, 절단하다.〔後漢書〕刪裁繁蕪. ⑤절감하다, 알맞게 줄이다.〔國語〕裁其有餘. ⑥헤아리다, 재량하다. ≒財.〔淮子〕取民則不裁其力. ⑦결단하다, 처단하다.〔戰國策〕大王裁其罪. ⑧분별하다.〔唐書〕於鑒裁尤長. ⑨억제하다, 제어하다.〔楚辭〕爲螻蟻之所裁. ⑩757처우. ≒才.〔漢書〕裁什二三.
【裁可 재가】 ①안건(案件)을 재량하여 결정함. ②임금이 국사를 결재하여 허가함.
【裁減 재감】 재량하여 감함.
【裁決 재결】 옳고 그름을 판단하여 결정함.
【裁斷 재단】 옷감 따위를 본에 맞추어 마름. 마름질.
【裁答 재답】 편지를 써서 답함.
【裁量 재량】 짐작하여 헤아림.
【裁縫 재봉】 옷감을 말라 바느질함.
【裁成 재성】 알맞게 처리하여 일을 성취함.
【裁詩 재시】 시를 지음. 作詩(작시).
【裁抑 재억】 못하게 억누름. 제재(制裁)하고 억제(抑制)함. 裁制(재제).
【裁酌 재작】 재량하고 참작함.
【裁定 재정】 옳고 그름을 판단하여 결정함.
【裁制 재제】 ①의복 따위를 재단하여 만듦. ②제도(制度). ③알맞게 처리하여 정함. ④=裁抑(재억).
【裁割 재할】 ①베어 끊음. ②재량하여 처리함. 사물을 알맞게 처리함.
【裁許 재허】 재결(裁決)하여 허가함.
○檢一, 決一, 獨一, 抑一, 自一, 剪一, 制一, 製一, 體一, 總一, 親一.

衣6 【袾】 ⑪ 붉은 옷 주 虞 zhū
[소전] 袾 [동문] 𧘂 [字解] ①붉은 옷. ≒絑·朱.〔荀子〕天子袾裷衣冕. ②길, 의신(衣身). 웃옷의 섶과 무 사이에 있어서, 그 옷의 주체(主體)가 되는 넓고 큰 폭.

衣6 【袳】 ⑪ ❶옷 펼쳐질 치 圄 chǐ ❷옷 헤칠 계 圖 qǐ ❸옷 부드러울 타 圖 duǒ
[소전] 袳 [字解] ①❶옷이 펼쳐지다. ②옷이 긴 모양. =袲. ❷옷을 헤치다. =袚. ❸①옷이 부드럽다. ②덮다, 가리다.

衣7 【袷】 ⑫ 겹옷 겁 圖 jiā
[字解] ①겹옷, 겹으로 된 옷. =裌.〔杜甫·詩〕

衣部 7획 裍裘衮裙裵裓裊梳裏裡補

地偏初衣袂. ②옷깃.

衣7 【裍】 ⑫ 걷어 올릴 곤 囦 kǔn
字解 ①걷어 올리다, 옷을 추어올리다. ②이루다, 성취하다. ③두드리어 죄다. ≒捆.

衣7 【裘】 ⑬ 갖옷 구 囨 qiú
소전 초서 동자 字解 ①갖옷, 가죽옷, 털가죽옷. 〔詩經〕狐裘黃黃. ②갖옷을 입다. 〔呂氏春秋〕天子始裘.
【裘葛 구갈】①갖옷과 갈포옷. ②겨울옷과 여름옷. 의복(衣服). ③더위와 추위가 바뀜. 겨울과 여름. ④일 년(一年).
【裘褐 구갈】①갖옷과 거친 털옷. 추위를 막는 겨울옷. ②검소한 의복. ③은사(隱士).
【裘馬 구마】갖옷과 말. 부유한 생활의 비유.
【裘弊金盡 구폐금진】갖옷은 해지고 돈은 다 써서 없음. 몹시 궁핍함.
● 輕-, 羔-, 箕-, 鹿-, 羊-, 氈-, 珍-, 貂-, 蠹-, 敗-, 弊-, 皮-, 狐-.

衣7 【衮】 ⑬ 裵(1621)와 동자

衣7 【裙】 ⑫ 치마 군 囚 qún
초서 裙 字解 ①치마 여자의 아랫도리에 입는 겉옷. =帬·裳. 〔張華·白紵歌〕羅裙飄颻昭儀光. ②가, 가장자리. 〔孔平仲·說〕拖裙到頸. ③속옷. 〔史記〕取親中裙廁牏.
【裙帶 군대】치마와 허리띠.
【裙襦 군유】속옷. 땀받이.
【裙釵 군차】①치마와 비녀. ②부녀자.
● 羅-, 舞-, 長-, 靑-, 布-, 縞-, 紅-.

衣7 【裵】 ⑬
❶帬(529)과 동자
❷裙(1621)과 동자

衣7 【裓】 ⑫ 옷자락 극 囒 gé
字解 ①옷자락, 의거(衣裾). ②승려들이 쓰는 천 조각의 이름. 어깨에 걸어서 손을 닦기도 하고 물건을 담기도 하는 데 쓰는 장방형(長方形)의 천 조각. 〔柳宗元·序〕蔑衣裓之贈.

衣7 【裊】 ⑬ 간드러질 뇨 囒 niǎo
초서 동자 간자 字解 ①간드러지다, 하늘하늘하다. =嫋. 〔元稹·詩〕樹裊游絲上. ②끈목을 말에 걸쳐 꾸미다. 끈목은 실로 짠 끈. =嬝. ③얽히어, 휘감기다. 〔柳永·詩〕漁市孤烟裊寒碧.
【裊娜 요나】날씬하고 가냘픈 모양.

【裊裊 요뇨】①나뭇가지가 바람에 간들거리는 모양. ②소리가 간드러지게 계속 들리는 모양. 嫋嫋(요뇨). ③가냘픈 것이 휘감기는 모양. ④꼬불꼬불한 모양.

衣7 【梳】 ⑫ 해질 류 囦 liú
동자 梳 字解 ①해지다, 옷이 해지다. ②덧입는 웃옷의 장식.

衣7 【裏】 ⑬ 속 리 囩 lǐ
亠 亠 亠 宀 申 軎 重 裏 裏
소전 초서 동자 간자 里 字源 形聲. 衣+里→裏. '里(리)'가 음을 나타낸다.
字解 ①속. ㉮내부, 가운데. 〔李白·詩〕不知明鏡裏. ㉯배 속, 가슴 속. 〔素問〕裏急暴通. ㉰속마음, 충심(衷心). 〔春秋左氏傳〕伯父無裏言. ㉱태, 모태(母胎). 〔詩經〕不屬于毛, 不離于裏. ②안. ㉮옷의 안. 〔詩經〕綠衣黃裏. ㉯사물의 안쪽. 〔韓愈·詩〕表裏忽通透. ③다스려지다. ≒理. 〔荀子〕宇宙裏矣. ④안에 받아들이다. 〔春秋左氏傳〕伯父無裏言. ⑤곳. 〔紅樓夢〕你旣要在這裏.
【裏監 이감】가벼운 죄를 지은 죄인을 가두는 옥(獄).
【裏甲 이갑】옷 안에 갑옷을 입음.
【裏書 이서】어음·수표 등의 소유자가 그것의 뒷면에 필요한 사항을 적고 서명하여 상대편에게 주는 일. 背書(배서).
【裏言 이언】남을 내부로 받아들이기 위하여 거들어 하는 말.
【裏題 이제】책의 첫 장에 적힌 제목.
【裏海 이해】①대륙 내에 있는 바다. 內海(내해). ②현 카스피 해.
● 匣-, 客-, 闈-, 內-, 腦-, 盂-, 山-, 袖-, 心-, 雨-, 園-, 竹-, 表-, 胸-.

衣7 【裡】 ⑫ 裏(1621)와 동자

衣7 【補】 ⑫ 기울 보 囩 bǔ
丶 亠 衤 衤 衤 补 袻 補 補
소전 초서 고자 간자 补 字源 形聲. 衣+甫→補. '甫(보)'가 음을 나타낸다.
字解 ①깁다. ㉮옷 따위의 해진 데를 깁다. 〔禮記〕紉箴請補綴. ㉯고치다. 〔大戴禮〕疾其過而不補也. ㉰보수(補修)하다. 〔荀子〕事暴君者, 有補削, 無撟拂. ㉱더하다, 보태다. 〔漢書〕又將無補輿. ㉲돕다. 〔周禮〕則令賻補之. ㉳책의 내용을 증정(增訂)하다. ②수(繡), 수놓다. 〔續文獻通考〕上有蟒補. ③임명(任命)하

다, 관직에 임명하다. 〔後漢書〕選補衆職. ④수(數), 수의 단위, 1000조(兆). 10조(兆)는 경(經), 10경(經)은 해(垓), 10해(垓)는 보(補). ⑤땅 이름. 춘추 시대에 괵(虢)나라가 도읍했던 곳. 지금의 하남성(河南省) 범수현(氾水縣).

【補袞 보곤】 ①임금의 잘못을 보충하는 일. '袞'은 곤룡포(袞龍袍)로 '임금'을 뜻함. ②관복(官服).

【補過拾遺 보과습유】 신하가 임금의 덕 가운데 모자라는 부분을 기워 보탬.

【補闕 보궐】 빈자리를 채움.

【補給 보급】 모자라거나 떨어진 물자를 대어 줌.

【補氣 보기】 약을 먹거나 영양을 섭취하여 원기를 도움.

【補導 보도】 도와서 올바른 데로 인도함.

【補理 보리】 수리(修理)함.

【補色 보색】 색상(色相)을 달리하는 두 색을 섞어서 흰색·회색·흑색 따위 무채색(無彩色)을 이룰 때, 이 두 색을 서로 다른 색에 대해서 이르는 말. 餘色(여색).

【補習 보습】 일정한 과정을 마친 사람에게 적당한 교과(敎科)를 더 보충하여 가르침.

【補元 보원】 원기(元氣)를 도움.

【補遺 보유】 빠진 곳을 기워서 채움. 또는 그 채운 것.

【補陰 보음】 몸의 음기(陰氣)를 도움.

【補刺 보자】 ①옷의 해어진 곳을 기움. ②자자형(刺字刑)을 받은 자가 멋대로 그 자리를 지운 것을 다시 자자함.

【補苴 보저】 결점을 보충하여 바로잡음.

【補塡 보전】 보태어 채움.

【補劑 보제】 ①몸을 보하는 약제. 補藥(보약). ②처방(處方) 가운데의 주약(主藥)을 돕거나 부작용을 덜기 위하여 넣는 약제.

【補足 보족】 모자람을 보태어 넉넉하게 함.

【補註 보주】 주석(註釋)의 모자라는 점을 보충함. 또는 그 주해(註解). 補注(보주).

【補葺 보즙】 집이나 성벽 같은 것의 허물어진 곳을 수리함. ②☞補輯(보집).

【補輯 보집】 책의 부족한 내용을 더하여 편집함. 補葺(보즙).

【補天浴日 보천욕일】 여와씨(女媧氏)가 하늘의 이지러진 곳을 기운 일과 회화(羲和)가 해를 목욕시킨 일. 위기를 만회한 큰 공이 있음.

【補綴 보철】 ①해어진 데를 기움. ②옛 글귀를 모아 시문(詩文)을 지음.

【補充 보충】 모자람을 보태어 채움.

【補胎 보태】 임신한 여자의 기력을 보하여 줌.

【補弊 보폐】 폐단을 바로잡음.

【補血 보혈】 약을 써서 부족한 피를 보충함.

❶加一, 匡一, 神一, 删一, 繕一, 修一, 試一, 完一, 塡一, 添一, 寸一, 候一.

衣 7 【裒】⑬ ❶모을 부 ㄆㄡˊ póu
❷큰 자락 보 ㄅㄠ bāo
字解 ❶①모으다, 모이다. 〔詩經〕原隰裒兮. ②많다. 〔詩經〕裒時之對. ③취(取)하다. ≒掊·抔. 〔易經〕君子以裒多益寡. ④덜다, 감소하다. ⑤포로, 사로잡다. 〔詩經〕裒荊之旅. ❷큰 자락, 큰 옷자락. =褒.

【裒斂 부렴】 조세를 과다하게 거둠.
【裒集 부집】 모음. 蒐集(수집).
【裒次 부차】 모아서 차례를 세워 편집(編集)함.
【裒會 부회】 ☞裒斂(부렴).

衣 7 【裟】⑬ 가사 사 ㄕㄚ shā
字解 가사(袈裟). 장삼 위에 왼쪽 어깨에서 오른쪽 겨드랑 밑으로 걸쳐 입는 승려의 옷. 〔慧皎·傳〕且披袈裟, 振錫杖.

衣 7 【裞】⑫ 수의 세 ㄕㄨㄟˋ shuì
字解 ①수의, 죽은 사람에게 입히는 옷. ≒襚. 〔漢書〕奉百金裞. ②추복하다. 상(喪)을 당한 일을 늦게 알고 그때부터 복을 입는 일. 〔禮記·注〕日月已過, 乃聞喪而追服, 謂之曰裞.

衣 7 【裋】⑫ 해진 옷 수 ㄕㄨˋ shù
字解 ①해진 옷, 남루한 옷. 〔史記〕夫寒者利裋褐. ②짧은 바지. =短. 〔史記·寒者利裋褐·注〕裋, 一作短, 小襦也. ③겹바지, 겹으로 된 바지. 〔列子·衣則裋褐·注〕裋, 複襦也.

【裋褐 수갈】 ①종들이 입는 거친 옷. ②좁고 짧은 옷.

衣 7 【袽】⑫ 길 신 ㄕㄣ shēn
字解 길, 의신(衣身). 웃옷의 섶과 무 사이에 있어서, 그 옷의 주체(主體)가 되는 넓고 큰 폭.

衣 7 【裔】⑬ 후손 예 ㄧˋ yì
字解 ①후손, 후사. 〔書經〕德垂後裔. ②옷자락. ③단, 옷단. 〔漢書〕六經之支與流裔. ④변방, 변경(邊境). 〔春秋左氏傳〕裔夷之俘. ⑤오랑캐의 통칭. 〔春秋左氏傳〕裔不謀夏. ⑥남다. 〔太玄經〕其中裔.

【裔孫 예손】 대(代) 수가 먼 자손.
【裔習 예습】 손에 익도록 가지고 즐김.
【裔裔 예예】 ①가는(行) 모양. ②물살이 빠른 모양. ③무리를 지어 가는 모양. ④춤추는 모양. ⑤나는 모양.
【裔夷 예이】 변방에 사는 이민족.
【裔胄 예주】 먼 후손. 裔孫(예손).
【裔土 예토】 먼 변방(邊方).

❶末一, 苗一, 邊一, 四一, 餘一, 遠一, 幽一, 流一, 胄一, 醜一, 遐一, 荒一, 後一.

衣部 7~8획 裕褎裝襃裎裚裖裺裾

衣7 【裕】 ⑫ 넉넉할 유 圄 yù

`丶 亠 ナ 衤 衤 衤 衤 衤 衤 衫 裕 裕`

[소전] [초서] [字源] 形聲. 衣+谷→裕. '谷(곡)'이 음을 나타낸다.
[字解] ❶넉넉하다. ㉮유족하다. 〔法言〕天地裕於萬物乎. ㉯너그럽다, 관대하다. 〔書經〕裕乃以民寧. ㉰여유(餘裕). 〔詩經〕綽綽有裕. ㉱느긋하다, 완서(緩舒). 〔國語〕布施優裕. ㉲옷이 헐렁하다. ❷넉넉하게 하다, 풍요롭게 하다. 〔國語〕裕其衆庶. ❸받아들이다, 용납하다. 〔書經〕彼裕我民. ❹열다.
【裕寬 유관】너그러움.
【裕福 유복】살림이 넉넉함. 부자.
【裕足 유족】살림살이가 넉넉함.
❶ 寬―, 雅―, 餘―, 恬―, 溫―, 優―, 和―.

衣7 【褎】 ⑬ 향내 밸 읍 圄 yì

[소전] [초서] [字解] ❶향내가 배다. 〔韋莊·詩〕麝褎戰袍香. ❷적시다. 늪浥. 〔杜甫·詩〕雨褎紅蕖冉冉香. ❸얽다. 〔班固·賦〕褎以藻繡. ❹보자기, 보자기로 싼 책갑, 책 주머니.
【褎露 읍로】이슬에 젖음.
【褎衣 읍의】향을 피워 스며들게 한 옷. 향기가 나게 한 옷.

衣7 【裝】 ⑬ ❶꾸밀 장 陽 zhuāng ❷행장 장 漾 zhuāng

`丨 丬 爿 爿 壯 壯 裝 裝 裝 裝 裝`

[소전] [초서] [동자] 襃 [속자] 装 [간자] 装

[字源] 形聲. 壯+衣→裝. '壯(장)'이 음을 나타낸다.
[字解] ❶❶꾸미다. ㉮화장을 하다. 〔後漢書〕脂澤裝具. ㉯수식하다. 〔韋莊·詩〕寶裝軍器麗. ❷차리다. ㉮옷차림을 하다. 〔後漢書〕夜分嚴裝衣冠待明. ㉯길 떠날 채비를 하다. 〔後漢書〕束裝, 妻子可全. ❸간직하다, 마음속에 기억하여 두다. 〔孔稚珪·文〕牒訴倥傯裝其懷. ❹싸다. 〔史記〕裝直千金. ❺묶다. 〔張衡·賦〕簡元辰而俶裝. ❻차림. ㉮옷차림. 〔後漢書〕何不改裝. ㉯행장, 길 떠날 차림. 〔戰國策〕約車治裝. ㉰의복이나 신변의 도구. 〔晉書〕其嫁時資裝. ㉱장식품, 세공품(細工品). 〔宋書〕上賜銀裝箏. ❼짐, 짐보따리. 〔韓愈·序〕解其裝. ❽싣다, 적재(積載)하다. 〔晉書〕船裝甚盛. ❾흉내 내다, 닮다. ¶ 假裝. ❷❶행장(行裝). ※❶의 ❻의 ㉯와 같다. ❷꾸밈, 장식(裝飾).
【裝甲 장갑】①갑옷을 입고 투구를 갖춤. ②적의 탄환을 막기 위하여 선체(船體)나 차체(車體)를 강철판(鋼鐵板)으로 싸는 일.
【裝船 장선】배에 짐을 실음.
【裝束 장속】①몸을 꾸며 차림. 몸차림. ②예

(禮服)을 입음. 성장(盛裝)함. ③여행 준비를 함. 행장(行裝)을 갖춤.
【裝送 장송】시집보낼 여러 가지 준비.
【裝身具 장신구】몸치장에 쓰이는 물건들.
【裝載 장재】포장하여 배나 수레에 실음.
【裝塡 장전】①총포(銃砲)에 탄약을 잼. ②속에 채워 넣음.
【裝釘 장정】①꾸며서 못질을 함. 꾸며서 철(綴)함. ②＝裝幀(장정).
【裝幀 장정】①책을 아름답게 꾸밈. ②책 뚜껑의 모양. 책의 겉장·싸개·상자 따위에 대한 꾸밈새.
【裝潢 장황】①서화(書畫) 따위를 표구(表具)함. ②＝裝幀(장정). ③화물(貨物)의 장식(裝飾).
❶ 假―, 改―, 輕―, 軍―, 急―, 男―, 武―, 變―, 服―, 扮―, 盛―, 新―, 女―, 旅―, 衣―, 春―, 包―, 行―.

衣7 【襃】 ⑬ 裝(1623)과 동자

衣7 【裎】 ⑫ ❶벌거숭이 정 梗 chéng ❷끈 정 庚 chéng

[소전] [초서] [字解] ❶①벌거숭이, 벌거 벗다. 〔孟子〕雖袒裼裸裎於我側. ②홑옷, 깃이 없는 홑옷. ❷①끈, 패물을 차는 끈. 늪綎. ②벌거숭이. ※❶의 ①과 같다. ③옷을 추어올리다. ④땅 이름. 늪郢.
【裎袒 정단】웃통을 벗음. 裎裸(정라).
【裎裸 정라】웃통을 벗음.
❶ 裸―, 徒―.

衣7 【裚】 ⑬ 끊을 제 霽 jì

[字解] 끊다, 옷을 자르다. 〔管子〕朝之爭祿相刺, 裚領而刎頸者不絶.

衣7 【裖】 ⑫ 홑옷 진 軫 zhěn

[字解] ①홑옷. ＝袗. ②갖추다, 정비하다. 〔史記〕槃石裖崖. ③왕성하다.

衣7 【裺】 ⑫ 짧은 옷 착 藥 cuò

[字解] 짧은 옷, 단의(短衣).

衣8 【襀】 ⑬ 襀(1629)과 동자

衣8 【裾】 ⑬ ❶옷자락 거 魚 jū ❷거만할 거 御 jù

[소전] [초서] [字解] ❶①옷자락, 옷의 뒷자락. ②의낭(衣囊), 옷에 붙은 주머니. ③옷이 크다. 〔淮南子〕楚莊王裾衣博袍. ④옷이 찬란한 모양. 〔荀子〕子路盛服見孔子. 孔子曰, 由, 是裾裾者何也. ❷①거만하다. 늪倨. 〔漢書〕禹爲人廉裾. ②목을 빳빳

衣部 8획 褎裍裏褂褕裧袷褮褥裸裲裵襃裶

이 하다.〔漢書〕裾以驕驁兮.③바르다, 방직(方直)하다.〔荀子〕埤下裾拘.④의거하다. 늑據.〔左思·賦〕因長川之裾勢.
【裾裾 거거】의복이 훌륭한 모양.
【裾襗 거설】짧은 옷.
【裾香 거향】옷자락의 향기.
❶ 輕ㅡ, 衣ㅡ, 簪ㅡ, 長ㅡ, 翠ㅡ, 紅ㅡ, 華ㅡ.

衣 8 【褎】⑭ 옷 헤칠 계 圈 qǐ
字解 옷을 헤치다, 옷깃을 헤치다.

衣 8 【裍】⑬ 褌(1626)과 동자

衣 8 【裏】⑭ 쌀 과 圈 guǒ
소전 褁 초서 裏 字解 ①싸다, 보자기 같은 것으로 싸다. ¶裹革. ②얽다. ③꾸러미.〔王維·詩〕松龕藏藥裏. ④그치다, 멈추다.〔戰國策〕裹足不入秦. ⑤꽃송이.〔宋玉·賦〕綠葉紫裹. ⑥풀의 열매, 초실(草實).〔郭璞·賦〕濯穎散裏. ⑦보배.〔管子〕富之以國裹. ⑧형상, 형해(形骸).〔淮南子〕又況乎以無裹之者邪.
【裹頭 과두】①머리를 천으로 싸맴. ②관례(冠禮)를 치름. ③승려가 다시 속인(俗人)으로 돌아옴. 還俗(환속). ④圈염습(殮襲)할 때 시체의 머리를 싸는 데 쓰는 수의.
【裹糧 과량】①양식을 쌈. ②먼 길을 떠날 때에 가지고 가는 양식.
【裹屍馬革 과시마혁】시체를 말가죽으로 쌈. 전장에서 죽음. 裹革(과혁).
【裹足 과족】발을 싸맴. ㉠두려워서 발걸음이 떨어지지 않음. ㉡먼 길을 걸어서 여행함.
【裹革 과혁】➡裹屍馬革(과시마혁).
❶ 覆ㅡ, 紫ㅡ, 纏ㅡ, 苞ㅡ.

衣 8 【褂】⑬ 마고자 괘 圈 guà
초서 褂 字解 ①마고자, 장유(長襦). 늑袿. ¶馬褂. ②융복(戎服)의 한 가지. ③청대(淸代)의 예복(禮服) 이름.〔淸會典〕服有袍有褂.

衣 8 【褊】⑬ 반비 굴 物 jué
字解 ①반비(半臂), 배자.〔後漢書·注〕繡褊如今之半臂. ②짧은 옷, 단의(短衣). ③누더기, 남루한 옷.

衣 8 【褖】⑬ ❶버선 권 阮 yuān
❷두건 원 元 yuān
❸천자의 법복 곤 阮 gǔn
초서 褖 字解 ❶버선. ❷두건, 복건(幞巾).〔韓非子〕先以其褖麾之. ❸천자의 법복(法服). =袞.

衣 8 【袷】⑬ 衿(1614)과 동자

衣 8 【袽】⑭ 등솔기 독·속 屋 dū
소전 袽 동자 褥 字解 등솔기, 등솔. 옷의 뒷길을 맞붙여 꿰맨 솔기.〔國語〕衣之偏袽之衣.

衣 8 【褥】⑬ 袽(1624)과 동자

衣 8 【裸】⑬ 벌거숭이 라 哿 luǒ
초서 裸 본자 臝 동자 躶 동자 贏 字解 ①벌거숭이.〔列子〕被髮而裸. ❷벌거벗다, 옷을 모두 벗다.〔漢書〕裸躬就笞. ③사람. 동물을 분류하는 관점에서 일컫는 사람.〔大玄經·類爲其裸·注〕裸, 爲無鱗甲毛羽, 人爲之長也.
【裸麥 나맥】보리의 한 가지. 쌀보리.
【裸跣 나선】알몸과 맨발.
【裸葬 나장】관(棺)을 쓰지 않고 시체만을 염하여 묻음.
【裸裎 나정】①벌거벗음. 나체. ②무례함.
【裸出 나출】속엣것이 겉으로 드러남.
【裸蟲 나충】①몸에 털·날개·비늘 따위가 없는 벌레. ②사람.
【裸形 나형】나체(裸體). 裸身(나신).
❶ 袒ㅡ, 赤裸ㅡ.

衣 8 【裲】⑬ 배자 량 養 liǎng
초서 裲 字解 배자. 저고리 위에 덧입는 소매 없는 옷. 늑兩.〔沈約·詩〕單衫繡裲襠.
【裲襠 양당】소매 없는 저고리. 배자.

衣 8 【裵】⑭ ❶옷 치렁치렁할 배 灰 péi
❷나라 이름 비 微 féi
소전 裵 초서 裵 본자 裴 參考 대법원 지정 인명용 한자의 음은 '배'이다.
字解 ❶①옷이 치렁치렁하다. ②서성거리다, 배회하다. 늑徘.〔史記〕彌節裵回. ③성(姓). ❷나라 이름. '郥裵(즉비)'는 한대(漢代)의 제후국. =棐.
【裵裵 배배】옷이 긴 모양.

衣 8 【襃】⑭ 裴(1624)의 본자

衣 8 【裶】⑬ 옷 치렁치렁할 비 微 fēi
字解 ①옷이 치렁치렁한 모양, 옷이 긴 모양.〔司馬相如·賦〕紛紛裶裶. ②옷자락을 잘 끄는 모양.

衣部 8획 裨裳裼裺被裵製裯 1625

衣8 【裨】⑬ 도울 비 囚 bì

字解 ①돕다, 보좌하다. 〔漢書〕籍爲裨將. ②보태다, 모자라는 것을 더하여 깁다. 〔國語〕裨諸侯之闕. ③주다. ≒埤. ④작다. ≒稗. 〔史記〕有裨海環之. ⑤천하다, 비천하다. 〔荀子·大夫裨冕·注〕裨之言, 卑也. ⑥성가퀴, 여장(女牆). ≒陴. ⑦땅 이름. 춘추 시대 용(庸)의 고을 이름.

【裨補 비보】 도와서 모자람을 채움.
【裨王 비왕】 한대(漢代)에 흉노(匈奴)의 소왕(小王)을 일컫던 말.
【裨益 비익】 ①보태어 도움. ②유익함.
【裨將 비장】 ①부장군(副將軍). ②조선 때 감사(監司)·유수(留守)·병사(兵使)·수사(水使)·견외사신(遣外使臣) 들을 따라다니며 돕던 관원.
【裨助 비조】 보조함. 도움.
【裨販 비판】 소규모로 장사하는 사람. 소매상.
【裨海 비해】 작은 바다.

衣8 【裳】⑭ 치마 상 陽 cháng, shang

字源 形聲. 尙+衣→裳. '尙(상)'이 음을 나타낸다.
字解 ①치마, 아랫도리에 입는 옷. =常. 〔詩經〕綠衣黃裳. ②낮에 입는 옷. 〔詩經〕載衣之裳. ③화려하고 아름다운 모양. 〔詩經〕裳裳者華, 其葉湑兮.
【裳裳 상상】 아름답고 성한 모양. 당당하고 화려한 모양.
【裳繡 상수】 치마에 수를 놓음.
【裳衣 상의】 ①치마와 저고리. 옷. 衣裳(의상). ②군복(軍服). ③평상시에 입는 옷.
● 羅-, 素-, 繡-, 羽-, 衣-, 玄-, 紅-.

衣8 【裼】⑬ ❶옷통 벗을 석 錫 xī ❷포대기 체 霽 tì

字解 ❶①옷통을 벗다, 웃통을 벗어 어깨를 드러내다. 〔孟子〕雖袒裼裸裎於我側. ②소매를 걷어 올리다, 팔을 드러내다. ③홀로 된 갖옷. 〔禮記〕君在則裼. 盡飾也. ❷포대기, 강보(襁褓). ≒褯. 〔詩經〕載衣之裼.
【裼襲 석습】 석의(裼衣)와 습의(襲衣).
【裼衣 석의】 ❶석의 ❷체의】 ❶갖옷 위, 정복(正服) 아래에 입는 등거리의 한 가지. ②웃통을 벗음. ❷포대기. 襁褓(강보).
● 袒-, 禮-, 徒-, 素-, 偏-.

衣8 【裺】⑬ ❶여물 주머니 암 覃 ān ❷옷 헐렁할 엄 琰 yǎn

字解 ❶①여물 주머니. =俺. ❷①옷이 헐렁한 모양. ②턱받이. ③가, 가장자리.

衣8 【被】⑬ 겨드랑이 솔기 액 陌 yè

字解 ①겨드랑이 솔기, 겨드랑이 밑의 소매 폭을 맞대고 꿰맨 줄. ②소매.

衣8 【祝】⑬ 해질 예 齊 ní

字解 ①해지다. 옷이 해지다. ②여자의 상의(上衣).

衣8 【製】⑭ 지을 제 霽 zhì

字源 形聲. 制+衣→製. '制(제)'가 음을 나타낸다.
字解 ①짓다. ㉮옷을 짓다. 〔春秋左氏傳〕子有美錦, 不使人學製焉. ㉯마르다, 치수에 맞추어 베다. 〔楚辭〕製芰荷以爲裳兮. ㉰글을 짓다. 〔唐書〕明皇爲親製碑文. ㉱약을 짓다. ¶製藥. ㉲기물을 만들다. 〔唐書〕楚私製者. ②시문(詩文). 〔杜甫·詩〕灑落富淸製. ③옷. ㉮갖옷, 가죽 옷. 〔春秋左氏傳〕晳幘而衣貍製. ㉯비옷, 우의(雨衣). 〔春秋左氏傳〕成子衣製杖戈. ④모양. ㉮형(型), 형식(形式). 〔史記〕服短衣楚製. ㉯모습, 풍채. 〔新唐書〕頎皙美姿製. ⑤벌. 의복을 세는 단위. 〔說苑〕衛寗子具絝絅三百製.
【製圖 제도】 기계·건축물 등의 설계 도면을 그려 만듦.
【製鍊 제련】 피륙을 마전함. 마전한 피륙.
【製鍊 제련】 광석(鑛石)에서 금속을 빼내어 정제함.
【製法 제법】 물품을 만드는 방법.
【製本 제본】 인쇄물 등을 매고, 겉장을 붙여 책으로 만듦. 製冊(제책).
【製氷 제빙】 얼음을 만듦.
【製絲 제사】 솜이나 고치 또는 합성 섬유 따위로 실을 뽑음.
【製述 제술】 시문(詩文)을 지음.
【製作 제작】 ①물건을 만듦. 製造(제조). ②글을 지음.
【製材 제재】 원목을 켜서 재목을 만듦.
【製裁 제재】 만듦. 만드는 법.
【製進 제진】 임금의 명을 받아 시문(詩文)을 지어 올림.
【製撰 제찬】 만들어 편집함.
【製革 제혁】 짐승의 날가죽을 다루어 부드러운 가죽으로 만듦.
● 工-, 官-, 舊-, 謹-, 名-, 私-, 手-, 新-, 御-, 外-, 作-, 精-, 調-, 特-.

衣8 【裯】⑬ ❶홑이불 주 尤 chóu ❷속옷 도 豪 dāo

字解 ❶①홑이불, 홑겹의 이불. 〔詩經〕抱衾與裯. ②

衣部 8～9획　裮 裰 褒 襜 綻 裱 褐 褌 褍 褖 褸 褙 褓 複

장막(帳幕), 휘장. ≒幬. ❷①속옷, 땀받이로 입는 속옷.〔楚辭〕被荷裯之晏晏兮. ②해진 옷, 남루한 옷.
【裯衽 주임】홑이불과 요. 침구.

衣8【裮】⑬ 창피할 **창** 陽 chāng
字解 창피하다. 본디 옷을 풀어헤치고 옷고름이나 띠를 매지 않은 모양.〔楚辭〕何桀紂之裮披兮.
【裮披 창피】①옷을 풀어헤치고 띠를 매지 않아 단정하지 못함. ②國체면이 깎일 일을 당하여 부끄러움. 모양이 사나움.

衣8【裰】⑬ 기울 **철** 木 탈 曷 duō
초서 裰 동자 裋　字解 깁다, 해진 옷을 꿰매다.

衣8【褒】⑭ 裰(1626)과 동자

衣8【襜】 ❶휘장 **첨** 鹽 chān
⑬ ❷옷자락 헤칠 **첨** 琰 chàn
❸털옷 **담** 感 dān
초서 襜　字解 ❶휘장, 수레의 휘장.〔儀禮〕婦車亦如之有襜. ②상여(喪輿) 휘장의 가장자리.〔禮記〕其輤有襜. ③폐슬(蔽膝). =襝. ❷옷자락을 헤치다. =襝. ❸털옷, 모피 옷.

衣8【綻】⑬ 綻(1372)과 동자

衣8【裱】⑬ 목도리 **표** 嘯 biǎo
字解 ❶목도리. 옛날 부인들이 정장할 때에 장식으로 어깨에 걸치던 길고 얇은 천. ②소매 끝. =褾. ❸표구, 장황(裝潢).〔古今小說〕大尹已將行樂圖, 取去遺筆, 重新裱過.
【裱背匠 표배장】병풍이나 족자 같은 것을 꾸미는 일을 업으로 하는 사람.
【裱手 표수】표구(表具)하는 기술이나 재능.

衣9【褐】⑭ 털옷 **갈** 木 할 曷 hè
소전 褐 동자 褐　字解 ❶털옷, 모포로 지은 옷.〔詩經〕無衣無褐. ②베옷, 거친 베로 지은 옷.〔漢書〕桓褐不完. ❸삼으로 결은 버선 모양의 신. ❹천인(賤人), 미천한 사람.〔春秋左氏傳〕余與褐之父睨之. ❺갈색, 다색(茶色).
【褐巾 갈건】엉성한 베로 만든 두건(頭巾).
【褐寬博 갈관박】①천한 사람이 입는 모직 옷. ◦'寬博'은 헐렁하게 지은 의복. ②천한 사람.
【褐夫 갈부】갈관박(褐寬博)을 입은 천한 사람. 褐父(갈부).

【褐衣 갈의】①거친 모직물로 만든 옷. 또는 짧은 옷. ②천한 사람이 입는 옷.
【褐鐵 갈철】황갈색 또는 흑갈색의 철.
❶裘-, 短-, 毛-, 素-, 袒-, 緇-, 粗-, 振-, 敝-, 幣-, 布-, 皮-.

衣9【褌】⑭ 잠방이 **곤** 元 kūn
초서 褌 동자 幝 동자 裩 간체 裈　字解 ❶잠방이. 가랑이가 짧은 홑고의. ❷속옷, 가랑이가 짧은 내의.〔急就篇·注〕合襠謂之褌, 最親身者也.
【褌袴 곤과】잠방이.
【褌中 곤중】잠방이 속.
❶犢鼻-, 緋-, 弊-, 紅-.

衣9【褍】⑭ 길 **단** 寒 duān
소전 褍 통자 端　字解 ①길, 옷길, 옷의 바른 폭.〔墨子〕取妻身迎祇褍爲僕. ②옷이 헐렁하다.

衣9【褖】⑭ 단옷 **단** 翰 tuàn
초서 褖　字解 ①단옷, 붉은 가선을 두른 검정 옷. 옛날 상복(喪服)으로, 도포 위에 덧입었다.〔禮記〕一命褕衣士褖衣. ②왕후의 옷 이름. 검정 천에 흰색 안을 받친 것.

衣9【褸】⑭ 褸(1629)의 속자

衣9【褙】⑭ 속적삼 **배** 隊 bèi
字解 ①속적삼. ②배접(褙接)하다.
【褙子 배자】①길고 소매가 있는 부인의 웃옷. ②國마고자 모양의 소매가 없는 덧저고리.
【褙接 배접】종이나 헝겊 따위를 여러 겹 포개어 붙임.
【褙布 배포】배악비.

衣9【褓】⑭ 포대기 **보** 皓 bǎo
초서 褓 동자 緥 통자 葆 통자 保　字解 포대기. 어린아이를 업을 때 두르는 보. ¶襁褓.
【褓襁 보강】①포대기. ②어릴 때. 어린아이. 襁褓(강보).
【褓裙 보군】젖먹이의 옷.
【褓負商 보부상】國봇짐장수와 등짐장수.
【褓乳 보유】젖먹이. 幼少(유소).
❶襁-, 錦-, 負-商.

衣9【複】⑭ ❶겹옷 **복** 屋 fù
❷겹칠 **부** 宥 fù

＞ 衤 衤 衤 衤 衤 衤 衭 褔 複

衣部 9획 福襃褎禔福禕禕禐褕禋褚

복 【馥 複 複 复】 대법원 지정

인명용 한자의 음은 '복'이다.
[字源] 形聲. 衣+复→複. '复(복)'이 음을 나타낸다.
[字解] ❶《通》復(590). ①겹옷. ②솜옷, 핫옷. ③겹치다, 거듭되다.〔陸游·詩〕山重水複疑無路. ④겹, 이중(二重), 둘 이상의 것.〔魏志〕以單攻複. ❺복도(複道). ❷겹치다. ※❶의 ③과 같다.
【複閣 복각】이 층 삼 층의 겹으로 지은 전각.
【複道 복도】①상하 이중으로 만든 낭하(廊下). 復道(복도). ②건물 안에 다니게 된 긴 통로. 廊下(낭하). ③건물과 건물 사이에 비를 맞지 않도록 지붕을 씌워 만든 통로.
【複名 복명】두 글자로 된 이름.
【複本 복본】원본(原本)을 그대로 베낀 서류. 副本(부본).
【複寫 복사】①원본을 베낌. ②같은 문서를 한 번에 여러 벌 만듦. ③그림·문서 등을 복제함.
【複成 복성】거듭 만듦. 같은 것을 또 만듦.
【複數 복수】둘 이상의 수.
【複萼 복악】한 개의 꽃에 두 개 이상으로 된 꽃받침.
【複垣 복원】겹으로 된 담.
【複衣 복의】솜옷. 핫옷.
【複雜 복잡】겹치고 뒤섞여 어수선함.
【複製 복제】본떠서 다시 만듦. 책이나 예술 작품 등을 그대로 본떠서 다시 만듦.
【複合 복합】둘 이상을 하나로 합함.
❶ 單-, 繁-, 重-, 持-, 廻-.

衣 9 【福】⑭ 옷 한 벌 부 囿 fù

[參考] 福(1259)은 딴 자.
[字解] ①옷 한 벌, 일습(一襲).〔匡謬正俗〕今俗呼一襲爲一福衣. ②부응(副應)하다.〔魏大饗碑〕魏海內欣戴之望. ③간직하다, 저장하다.〔史記〕邦福重寶. ④같다.〔張衡·賦〕仰福帝居. ❺차다, 가득 차다.〔韓詩外傳〕福乎天地之閒者德也.

衣 9 【襃】⑮ ❶소매 수 囿 xiù ❷나아갈 유 囿 yòu

[소전] 𧞫 [초서] 襃 [동자] 襃 [字解] ❶소매.〔詩經〕羔裘豹襃. ❷①나아가다. ≒迪. ②옷이 화려한 모양.〔詩經〕襃如充耳. ③무성하다, 벼가 무성하게 자란 모양.〔詩經〕實種實襃. ④옷는 모양. ≒裒.〔詩經〕顏色襃然.
【襃如充耳 유여충이】①대부(大夫)가 좋은 옷으로 잘 차려입고 있으나 덕이 미치지 못함. ②옷치장만 할 뿐 귀를 막고 들으려 하지 않음.
【襃然 유연】①나아가는 모양. 빼어난 모양. ②화려하게 옷치레한 모양. ③옷는 모양.
【襃襃 유유】성한 모양.
❶ 實-, 豹-.

衣 9 【襃】⑮ 襃(1627)와 동자

衣 9 【禔】⑭ ❶옷 고울 시 囿 shī ❷옷 두툼할 제 囿 tí

[소전] 禔 [參考] 禔(1260)는 딴 자.
[字解] ❶①옷이 곱다, 의복이 아름다운 모양. ②의복이 단정한 모양.〔法言〕或問士何如斯可以禔身. ❷옷이 두툼한 모양.

衣 9 【福】⑭ 福(1629)의 속자

衣 9 【禕】⑭ 때 묻은 옷 외 囿 wēi

[字解] 때 묻은 옷, 더러워진 옷.

衣 9 【禕】⑭ 옷고름 요 囿 yào

[字解] ①옷고름. ②허리띠, 요대(腰帶).〔晉書〕著衣者皆壓禕.

衣 9 【禐】⑭ ❶패옥 띠 원 囿 yuán ❷옷 원 囿 yuán

[字解] ❶패옥 띠, 패옥을 차는 띠, 노리개를 차는 옷고름.〔爾雅〕佩衿謂之禐. ❷옷.

衣 9 【褕】⑭ ❶고울 유 囿 yú ❷황후 옷 요 囿 yú ❸속옷 두 囿 tóu

[소전] 褕 [초서] 褕 [동자] 褕 [字解] ❶①곱다, 옷이 아름답다.〔史記〕褕衣甘食. ②자락이 짧은 홑옷.〔漢書〕有一男子衣黃襜褕. ③꿩의 깃으로 장식한 황후(皇后)의 제복(祭服). ¶ 褕翟. ❷황후의 옷, 꿩을 그린 황후의 옷. ≒揄.〔柳宗元·表〕褕狄亦被於恩光. ❸①속옷, 땀받이. ②민소매 적삼.
【褕袂 유몌】①자락이 짧은 홑옷. ②가볍고 긴 모양.
【褕衣 ❶유의 ❷요의】❶아름다운 옷. ❷꿩을 그린 황후의 옷.
【褕衣甘食 유의감식】아름다운 옷을 입고 맛있는 음식을 먹음.
【褕翟 유적·요적】꿩을 그린 황후의 제복(祭服). 褕狄(요적).

衣 9 【禋】⑭ 裀(1620)와 동자

衣 9 【褚】⑭ 솜옷 저 囿 zhǔ

[소전] 褚 [초서] 祛 [字解] ①솜옷, 핫옷. ¶ 褚衣. ②옷에 솜을 두다. ≒絮. ③구의(柩衣). 관(棺) 위를 덮는 홑이불 같은 것.〔禮記〕素錦褚. ④주머니.〔唐書〕傾褚以濟. ❺쌓다, 저축하다. ≒儲·貯.〔春秋左氏傳〕取我衣冠而褚之.

【褚幕 저막】 관(棺) 위를 덮는 홑이불 같은 것. 柩衣(구의).
【褚衣 저의】 솜옷. 핫옷.

衣9 【褋】 ⑭ 홑옷 접 叶 dié

[소전] 褋 [초서] 褋 [예] 褋 [동서] 褋 [字解] ①홑옷, 안을 대지 않은 옷. ②제복(祭服)의 한 가지. 〔楚辭〕遺余褋兮澧浦.

衣9 【褊】 ⑭

❶좁을 편 銑 biǎn
❷옷 날릴 변 霰 pián

[소전] 褊 [예] 褊 [해] 褊 [字解] ❶①좁다. ④땅이 좁다. 〔孟子〕齊國雖褊小, 吾何愛一牛. ⑤능력의 한계가 좁다. 〔楚辭〕淺智褊能兮. ㉰도량이 좁다. ¶ 褊性. ②성급하다. 〔詩經〕維是褊心. ❷옷이 날리다, 옷이 펄렁펄렁 날리는 모양.
【褊急 편급】 소견이 좁고 성미가 급함.
【褊忌 편기】 마음이 좁고 시기심이 많음.
【褊陋 편루】 소견이 좁고 비루함.
【褊薄 편박】 인정이 적음. 박정함.
【褊忿 편분】 마음이 좁아 성을 잘 냄.
【褊性 편성】 비뚤어져 바르지 못한 성질.
【褊心 편심】 편협한 마음. 도량이 좁고 성급함.
【褊隘 편애】 마음이 좁음.
【褊躁 편조】 마음이 좁아서 어수선함.
【褊促 편촉】 소견이 좁고 성질이 아주 급함. 褊急(편급).
【褊狹 편협】 ①땅이 궁벽하고 좁음. ②도량이 좁음.
◑ 剛-, 卑-, 禪居-, 貧-.

衣9 【褒】 ⑮ 褒(1630)의 속자
[참고] 대법원 지정 인명용 한자음은 '포'이다.

衣9 【褘】 ⑭
❶폐슬 휘 微 huī
❷향낭 위 微
❸아름다울 위 尾 yǐ

[소전] 褘 [초서] 褘 [간체] 袆 [참고] ①褘(1260)는 딴 자. ②대법원 지정 인명용 한자의 음은 '위'이다. [字解] ❶①폐슬(蔽膝). 조복(朝服)이나 제복(祭服)을 입을 때 가슴에서 늘여 무릎을 가리는 천. ②꿩을 그린 왕후의 제복(祭服). 翬翬(주)禮〕褘衣. ❷①향낭(香囊). ②손수건이 아름답다. ❸褘〔張衡·賦〕漢帝之德侯其褘而.
【褘衣 휘의】 꿩 모양을 그린 왕후의 제복(祭服).

衣10 【褰】 ⑯ 출 건 先 qiān

[소전] 褰 [초서] 褰 [고문] 寋 [字解] ①추다, 옷자락을 추어올리다. 늑攐. 〔詩經〕褰裳涉溱. ②바지. =袴. 〔春秋左氏傳〕徵褰與襦. ③들다, 올리다. 〔楚辭〕褰虹旗於玉門. ④접다, 주름을 잡다. 〔史記〕襞積褰縐.
【褰裳 건상】 옷자락이나 치마를 추어올림.
【褰衣 건의】 옷자락을 걷어 올림.
【褰縐 건추】 주름살이 잡힘.

衣10 【褧】 ⑯ 홑옷 경 泂 jiǒng

[소전] 褧 [초서] 褧 [字解] 홑옷. 안을 대지 않은 옷. =絅. 〔詩經〕衣錦褧衣.
【褧衣 경의】 ①삼베옷. ②비단옷을 입을 때 그 화려함을 가리기 위하여 덮어 입는 홑옷.

衣10 【褲】 ⑮ 袴(1619)의 속자

衣10 【褠】 ⑮ 소창옷 구 尤 gōu

[초서] 褠 [字解] ①소창옷, 홑으로 지은 창옷. 두루마기와 비슷한데 소매가 좁고 무가 없는 웃옷의 한 가지. 〔晉書〕絳褠始於秦漢. ②홑옷. ③팔찌, 토시. 소매 끝을 묶어 일하는 데 편하게 하는 물건. 〔後漢書〕蒼頭衣綠褠.
【褠幘 구책】 토시와 두건(頭巾).

衣10 【褦】 ⑮ 피서립 내 隊 nài

[초서] 褦 [字解] ①피서립(避暑笠), 양산의 한 가지. 볕을 가리기 위하여 대오리와 천으로 만든 모자. ¶ 褦襶. ②어리석다, 사리에 어둡다. 〔程曉·詩〕只今褦襶子, 觸熱到人家.
【褦襶 내대】 ①햇볕을 가리는 모자. 패랭이. ②옷을 껴입은 모양. ③어리석은 사람.
【褦襶子 내대자】 ①피서립(避暑笠)을 쓴 사람. ②더운 날씨에 성장을 하고 남을 찾아가는 사람. 미욱하여 사정에 어두운 사람의 비유.

衣10 【褭】 ⑯ 낭창거릴 뇨 篠 niǎo

[소전] 褭 [초서] 褭 [字源] 會意. 馬+衣→褭. 끈으로 말의 배에 묶는다는 뜻을 나타낸다.
[字解] ①낭창거리다, 낭창거리는 모양. =嫋·嬝. 〔皇甫松·賦〕野鶴飛而桂褭. ②말 북두. 말 등에 짐을 싣고, 그 짐과 배를 얼러서 매는 줄. ③양마(良馬)의 이름. ¶ 騕褭.
【褭褭 요뇨】 ①나긋나긋한 모양. 낭창낭창한 모양. ②바람이 산들산들 부는 모양. ③한들거리며 나아가는 모양.
【褭蹏 요제】 금(金)을 말발굽 모양으로 녹인 것. 馬蹄金(마제금).

衣10 【褡】 ⑮ 옷 해질 답 合 dā

[字解] 옷이 해지다.

衣部 10~11획 縕 褧 褥 褶 褚 褫 褪 褐 襃 襄 襁 襆 褸 褵 襀 襂 襅 襖

衣10 【縕】 ⑮ ❶무명 핫옷 온 冠 wēn ❷옷 운 問 yǔn

字解 ❶무명 핫옷, 변변하지 않은 옷, 허술한 옷. 〔王沈·論〕 袞龍出於縕褐. ❷❶옷. ❷옷 위에 걸쳐 입는 옷.

【縕褐 온갈】 ①무명 핫옷. 무명으로 만든 솜옷. ②신분이 낮은 사람의 비유.
【縕袍 온포】 솜을 두툼하게 놓은 옷. 허술한 옷.

衣10 【褧】 ⑯ 褧(1630)과 동자

衣10 【褥】 ⑮ ❶요 욕 沃 rù ❷어린애 옷 녹 沃 nù

參考 대법원 지정 인명용 한자의 음은 '욕'이다.
字解 ❶요, 까는 침구. 〔後漢書〕給帷帳牀褥. ❷어린애 옷.
【褥席 욕석】 요. 잠자리.
● 錦-, 芳-, 産-, 席-, 茵-, 蒲-, 皮-.

衣10 【褶】 ⑮ 옷 구김살 추 宥 zhòu

字解 옷의 구김살, 옷을 구기다.

衣10 【褚】 ⑮ 쌓을 축 屋 xù

字解 ①쌓다, 갈무리하다. =畜. 〔春秋左氏傳〕取我衣冠而褚之. ②빼앗다. ③감추다.

衣10 【褫】 ⑮ 빼앗을 치 紙 chǐ

字解 ①빼앗다. 〔後漢書〕強梁褫氣. ②옷을 벗겨 빼앗다. 〔易經〕終朝三褫之. ③벗다, 풀다. 〔謝惠連〕念解珮而褫紳.
【褫散 치산】 빼앗기고 사방으로 흩어짐.
【褫職 치직】 관직을 빼앗음. 免職(면직).
【褫奪 치탈】 관직 따위를 빼앗음.
【褫革 치혁】 ☞褫職(치직).
● 三-, 摧-, 偸-.

衣10 【褪】 ⑮ 바랠 퇴 本톤 願 tùn

字解 ①바래다, 빛이 바래어 없어지다. ¶褪色. ②벗다, 옷을 벗다. 〔桂安生·詞〕髻雲鬆髀衣斜褪. ③꽃이 지다. 〔馬臻·詩〕驚見殘紅褪杏梢. ④물러나다. 〔沈奧求·詩〕十篇八九褪.
【褪色 퇴색】 빛이나 색이 바램.

衣10 【褐】 ⑮ 여자 웃옷 합 合 kè

字解 여자의 웃옷, 옷 위에 걸쳐 입는 옷. ¶褐褐.
【褐褐 합합】 옷 위에 걸쳐 입는 옷.

衣10 【襃】 ⑯ 품을 회 佳 huái

字解 ①품다. =懷·褱. ②소매. ③싸다, 싸서 간직하다.

衣10 【襄】 ⑯ 懷(653)의 고자

衣11 【襁】 ⑯ 포대기 강 養 qiǎng

동자 襁 字解 ①포대기. 어린아이를 업을 때 두르는 보. 〔列子〕人生有不見日月, 不免襁褓. ②업다, 사람을 등에 업다. 〔論語〕襁負其子而至矣.
【襁褓 강보】 ①포대기. ②어릴 적. 襁緥(강보).
【襁負 강부】 포대기로 어린아이를 업음.
【襁抱 강포】 포대기로 어린아이를 업거나 안음.

衣11 【褴】 ⑯ 턱받이 구 本우 宥 ōu

字解 ①턱받이, 어린아이 침받이. ②베옷, 천한 사람의 옷. ③모시풀로 결은 모자.

衣11 【褸】 ⑯ 남루할 루 麌 lǚ

字解 ①남루하다, 헐벗은 모양, 해진 옷. =縷. 〔白居易·賦〕傳衣念褴褸. ②깁다, 해진 옷을 깁다. 〔方言〕紩衣謂之褸. ③옷깃.

衣11 【褵】 ⑯ 향낭 리 支 lí

字解 ①향낭(香囊), 향주머니. =縭·褵. ≒離. 〔後漢書〕施衿結褵. ②띠, 의대(衣帶).

衣11 【複】 ⑯ 複(1626)의 본자

衣11 【襂】 ⑯ 늘어질 삼 咸 shān

字解 ①늘어지다, 옷이나 깃털이 늘어진 모양. 〔揚雄·賦〕灕摩襂纚. ②깃발, 기각(旗脚). =縿. 〔司馬相如·賦〕垂旬始以爲襂. ③홑옷.
【襂襹 삼시】 옷이나 깃털이 늘어진 모양.

衣11 【襅】 ⑯ 옷 펄렁거릴 선 先 xiān

字解 옷이 펄렁거리다, 옷자락이 날리는 모양.

衣11 【褻】 ⑰ 더러울 설 屑 xiè

字解 ①더럽다, 더럽히다. ¶猥

衣部 11획 褌褶襹襄褻褽褺襀褺襃

褻. ②무람없다, 친압하다. 〔論語〕雖褻必以貌. ③속옷. ¶ 褻衣. ④평복, 평상복. 〔論語〕紅紫不以爲褻服. ⑤업신여기다. 〔禮記〕欲民之毋相褻也.
【褻器 설기】①똥·오줌을 받아 내는 그릇. 요강. 虎子(호자). ②손을 씻는 그릇.
【褻瀆 설독】①모독함. 모욕함. ②더럽혀짐.
【褻慢 설만】 무례하고 방자함.
【褻服 설복】①속옷. ②평상복.
【褻臣 설신】 임금에게 가까이하여 무람없이 구는 신하.
【褻狎 설압】 친압하여 가까이함. 무람없이 굶.
【褻言 설언】①천한 말. 외설(猥褻)한 말. ②너무 친근하게 여겨 무람없이 하는 말.
【褻翫 설완】 가까이하여 늘 완상함.
【褻衣 설의】①평복(平服). ②속옷.
【褻戲 설희】 외설(猥褻)한 장난.
❶ 私一, 燕一, 猥一.

衣 11 【褌】⑯ 핫옷 솔 囩 shuài
[字解] 핫옷, 솜을 둔 옷.

衣 11 【褶】⑯ ❶주름 습 囩 xí ❷겹옷 첩 囩 dié
[초서] 褶 [参考] 대법원 지정 인명용 한자의 음은 '습'이다.
[字解] ❶①주름. ¶ 褶曲. ②사마치, 말을 탈 때 입는 바지. ❷①겹옷. 〔儀禮〕 襺者以褶. ②덧옷, 옷 위에 덧입는 옷. =襲.
【褶曲 습곡】①주름져 굽음. ②지각 운동의 영향으로 지층(地層)에 물결 모양으로 생긴 주름.
【褶衣 첩의】 겹옷. 袷衣(겹의).

衣 11 【褷】⑯ 털 처음 날 시 囩 shī
[초서] 褷 [字解] ①털이 처음으로 나다, 깃이 처음 나는 모양. =鸂. 〔木華·賦〕 鳧雛離褷. ②모우(毛羽)로 만든 옷의 모양. 〔柳宗元·文〕 蕭蕭褷褷, 合衆雲而成之.
【褷褵 시리】 ☞ 褷褷(시시).
【褷褷 시시】 모우로 만든 옷이 정돈된 모양.

衣 11 【襄】⑰ 도울 양 ㊀상 陽 xiāng
[소전] 襄 [고문] 襄 [초서] 襄
[字解] ①돕다, 조력하다. ②오르다, 높은 곳으로 가다. 〔書經〕 懷山襄陵. ③우러르다, 머리를 들다. 〔漢書〕 交龍襄首奮翼. ④목소리를 높이다. 〔書經〕 思日贊贊襄哉. ⑤높다. 〔張衡·賦〕 襄岸夷塗. ⑥떨다, 청소하다. 늑穰. 〔詩經〕 不可襄也. ⑦수레에 메운 말. 늑驤. 〔詩經〕 兩服上襄. ⑧하다, 이루다. 〔春秋左氏傳〕 不克襄事. ⑨돌다, 옮기다, 운행(運行)하다. 〔詩經〕 跂彼織女, 終日七襄. ⑩장사지내다. ¶ 襄禮. ⑪서성거리는 모양.
【襄禮 양례】 장사 지내는 예절. 葬禮(장례).

【襄事 양사】①일을 성취함. ②㉠장례를 마침. ㉡장례(葬禮).
【襄羊 양양】 어슬렁거림. 서성거림.
❶ 上一, 龍一, 定一, 贊一, 七一, 懷一.

衣 11 【襃】⑰ 裔(1622)의 와자(譌字)

衣 11 【襦】⑰ 깔 외 囩 wèi
[소전] 襦 [초서] 襦 [본자] 襦 [동자] 襦
[字解] ①깔다, 밑에 깔다. 〔春秋左氏傳〕 襦之以玄纁. ②옷깃. ③쌀 담는 그릇.

衣 11 【褺】⑯ 襦(1630)의 본자

衣 11 【襀】⑯ 주름 적 囩 jì
[초서] 襀 [字解] 주름, 옷의 주름. 늑襀. 〔司馬相如·賦〕 襞襀褰縐.

衣 11 【襲】⑰ 겹옷 첩 囩 dié
[소전] 襲 [字解] ①겹옷. ②고을 이름.

衣 11 【襃】⑰ ❶기릴 포 ㊀보 囩 bāo ❷모을 부 囩 póu
[소전] 襃 [속자] 褒
[字解] ❶①기리다, 칭찬하다. ¶ 襃賞. ②넓고 큰 옷자락. 〔漢書〕 襃衣博帶. ③크다, 넓다. 〔淮南子〕 一人被之而不襃. ④나라 이름. 하우(夏禹)의 제후국. 지금의 섬서성(陝西省) 포성현(襃城縣). 〔詩經〕 襃姒滅之. ⑤성(姓)이다. =襃. 늑拊. ❷모으다, 모이다.
【襃賚 포뢰】 ☞ 襃賜(포사).
【襃美 포미】 칭찬하여 기림.
【襃賜 포사】 칭찬하여 물품을 하사함.
【襃賞 포상】 칭찬하고 기림. 기려 물품을 줌.
【襃錫 포석】 ☞ 襃賜(포사).
【襃升 포승】 칭찬하여 승진시킴.
【襃揚 포양】 칭찬하고 추어올림.
【襃優 포우】 칭찬하여 우대함.
【襃慰 포위】 공적을 칭찬하고 노고를 위로함.
【襃衣 포의】①옷을 하사하여 칭찬함. 상으로 주는 옷. ②옷자락이 넓은 옷.
【襃衣博帶 포의박대】 옷자락이 넓은 옷을 입고 넓은 띠를 띰. 선비의 옷차림.
【襃章 포장】 표창하여 주는 휘장(徽章).
【襃獎 포장】 칭찬하고 장려함. 襃揚(포양).
【襃題 포제】 國 감사(監司)가 관할 지역 수령(守令)의 치적을 임금에게 알리던 글.
【襃懲 포징】 포상(襃賞)과 징계(懲戒).
【襃讚 포찬】 칭찬함.
【襃寵 포총】 칭찬하고 총애함.

衣部 11~13획 標褞裥襀襌襏襒襆襐裪襑襓襛襃襑襇襑襑襡

【襃稱 포칭】칭찬함. 稱揚(칭양).
【襃貶 포폄】①칭찬과 나무람. ②시비선악(是非善惡)을 판단하여 결정함.
◐ 過-, 飾-, 榮-, 旌-, 寵-, 稱-.

衣 11 【標】⑯ 소맷부리 표 〔篠〕 biǎo
字解 ①소맷부리, 소매의 끝. =裱. ②배접하다, 표구(表具)하다. 〔蘇軾·尺牘〕躬親標背題跋.
【標工 표공】표구(表具)하는 사람.
【標裝 표장】책이나 서화첩(書畫帖)을 꾸며 만듦. 表裝(표장).

衣 11 【褞】⑯ 褞(1629)과 동자

衣 12 【裥】⑰ 치마 주름 간 〔產〕 jiǎn
字解 ①치마의 주름. ②잡색 옷, 바램 옷. 두 가지 이상의 물감을 들여, 그 경계선을 흐리게 한 것. ③타다, 꿰맨 자리의 실밥이 타지다.

衣 12 【襀】⑰ 옷깃 극 〔職〕 jí
字解 옷깃. 〔詩經〕要之襀之.

衣 12 【襌】⑰ 홑옷 단 〔寒〕 dān
字解 ①홑옷. 〔禮記〕襌爲絅. ②엷다. =薄. ③겹옷. ¶ 襌襦. ④속옷, 땀받이로 맨 안에 입는 옷. 〔漢書〕衣紗縠襌衣. ⑤다하다. ≒殫. 〔大戴禮〕往榱黍襌.
【襌襦 단유】홑옷. 적삼.
【襌衣 단의】홑옷. 單衣(단의).

衣 12 【襏】⑰ 도롱이 발 〔曷〕 bó
字解 ①도롱이, 우의(雨衣). 〔國語〕身衣襏襫. ②허술한 옷, 허드레로 입는 옷. 〔劉禹錫·碑〕蒸徒謳呼, 奪襏而舞. ③오랑캐의 옷. ④폐슬(蔽膝).
【襏襫 발석】①도롱이. 雨衣(우의). ②거친 베로 만든 질긴 옷.
◐ 縕-, 奪-.

衣 12 【襒】⑰ 털 별 〔屑〕 bié
字解 ①털다, 옷을 털다, 옷으로 훔치다. 〔史記〕適趙, 平原君側行襒席. ②옷.

衣 12 【襆】⑰ 幞(535)과 동자

衣 12 【襐】⑰ 수식 상 〔漾〕 xiàng
字解 ①수식(首飾), 머리 꾸미개. 특히 아이들의 귀 뒤에 드리우는 수식. 〔新唐書〕皆珠翠襐飾. ②꾸미다, 꾸미개.
【襐飾 상식】①관례(冠禮) 전의 머리 장식. ②성장(盛裝)의 장식. ③귀에 거는 조각한 장식.

衣 12 【襑】⑰ 襐(1631)과 동자

衣 12 【襑】⑰ 옷품 넉넉할 심·탐 〔侵感〕 xín
字解 옷품이 넉넉하다, 옷이 크다.

衣 12 【襓】⑰ 칼전대 요 〔蕭〕 ráo
字解 칼전대, 검의(劍衣). 칼집에 꽂은 칼을 넣어 두는 자루. 〔禮記〕加夫襓與劍焉.

衣 12 【襛】⑰ 襦(1633)와 동자

衣 12 【襍】⑰ 雜(1968)의 본자

衣 12 【襢】⑱ 붉은 제사의옷 전 〔霰銑〕 zhàn
字解 붉은 저사(苧紗) 옷, 붉은 비단 옷. 바닥이 오글오글한 비단.

衣 12 【褅】⑰ 기저귀 체 〔霽〕 tì
字解 기저귀. ≒裼.

衣 12 【襇】⑰ 襇(1635)의 속자

衣 12 【襊】⑰ 치포관 촬 〔曷〕 cuō
字解 ①치포관(緇布冠). 유생(儒生)이 평시에 쓰는, 검은 베로 지은 관. ②옷깃. ③옷의 주름, 치마 주름. 〔王筠·行路難〕袓腹兩邊作八襊.

衣 12 【襑】⑰ 진동 하 〔箇〕 hè
字解 진동, 소매.

衣 13 【襑】⑱ 褐(1626)과 동자

衣 13 【襑】⑱ 褞(1629)과 동자

衣部 13획

襘 ⑱ 띠매듭 괴·회 guī
字解 ①띠매듭, 띠 매는 자리. ②옷고름 매는 자리, 옷고름. 〔春秋左氏傳〕衣有襘, 帶有結.

襟 ⑱ 옷깃 금 jīn
字解 ①옷깃. 〔楚辭〕霑余襟之浪浪. ②가슴, 마음, 생각. ¶襟懷. ③재빠르다, 민첩하다. ≒嬾.〔漢書〕襟侵育而高縱. ④집의 남쪽.〔瑯嬛記〕堂北日背, 堂南日襟. ⑤물이 합류하는 곳.〔王勃·序〕襟三江, 而帶五湖. ⑥새의 목.〔丁仙芝·詩〕曉幔紅襟燕, 春城白項烏.
【襟裾 금거】옷의 깃과 자락. 옷을 입음.
【襟曲 금곡】마음속. 心曲(심곡).
【襟帶 금대】①옷깃과 띠. 의복. ②산이나 강에 둘러싸인 요해지(要害地). ③몸에 지니고 지킴.
【襟度 금도】금회(襟懷)와 도량(度量).
【襟要 금요】옷깃과 허리. 요해지(要害地)나 요충지 비유.
【襟韻 금운】가슴속의 풍류와 운치.
【襟章 금장】군인이나 학생의 옷깃에 다는 휘장.
【襟情 금정】마음. 심정.
【襟抱 금포】마음속. 마음에 품은 생각.
【襟懷 금회】마음에 품은 생각. 襟抱(금포).
【襟喉 금후】옷깃과 목구멍. 요해지(要害地)나 요충지의 비유.
● 開−, 煩−, 分−, 愁−, 宸−, 憂−, 幽−, 衣−, 正−, 整−, 塵−, 青−, 懷−, 胸−.

襛 ⑱ 옷 두툼할 농 nóng
字解 ①옷이 두툼한 모양. ②성하다, 한창 아름답다, 얼굴이 예쁜 모양. 〔詩經〕何彼襛矣, 唐棣之華.

襢 ⓵웃통 벗을 단 tǎn ②흰 베 전 zhàn
字解 ①웃통을 벗다. ＝袒.〔詩經〕襢裼暴虎. ②드러내다.〔禮記〕設牀襢第. ②①흰 베, 무늬 없는 흰 베. ②붉은 비단 옷. 바닥이 오글오글한 비단.
【襢裼 단석】웃옷을 벗음. 袒裼(단석).

襠 ⑱ 잠방이 당 dāng
字解 ①잠방이, 농부가 입는 짧은 홑고의.〔六書故〕襠, 窮袴也. ②등거리, 배자.〔西京雜記〕金錯繡襠.

嬴 ⑲ 裸(1624)의 본자

襞 ⑲ 주름 벽 bì
字解 ①주름. 치마 주름 따위.〔史記〕襞積褰縐. ②접다, 옷을 개키다.
【襞積 벽적】옷의 주름. ○ '積' 도 주름.

襚 ⑱ 수의 수 suì
字解 ①수의, 죽은 사람에게 입히는 옷, 수의를 선물로 보내다. 〔儀禮〕君使人襚. ②옷, 선물로 보내는 옷, 옷을 선물로 보내다. 〔西京雜記〕謹上襚三十五條.
【襚服 수복】 ⇨襚衣(수의).
【襚衣 수의】염할 때 시체에 입히는 옷.
● 衾−, 賻−, 贈−.

襩 ⑱ 裎(1622)와 동자

襖 ⑱ 웃옷 오 ǎo
字解 ①웃옷. ㉮두루마기.〔韓愈·詩〕破襖請來綻. ㉯금(金)나라 여자들이 입었던, 남자의 도포 비슷한 옷. ¶大襖子. ㉰갖옷, 가죽 옷. ③겹옷.
【襖衣 오의】웃옷. 웃저고리.
【襖子 오자】무명 속옷.

襪 ⑱ 祩(1628)과 동자

襜 ⓵행주치마 첨 chān ②오랑캐 담 dān
字解 ①①행주치마, 폐슬(蔽膝). ＝襜.〔詩經·不盈一襜·傳〕衣蔽前謂之襜. ②옷의 겨드랑이 밑. ③적삼, 길이가 짧은 홑옷. ¶襜褕. ④가지런한 모양.〔論語〕衣前後襜如也. ⑤옷 휘날리는 모양.〔楚辭〕裳襜襜而含風兮. ⑥수레의 휘장. ≒幨.〔後漢書〕絳襜絡. ②오랑캐, 오랑캐 나라의 이름.〔史記〕滅襜襤.
【襜如 첨여】옷을 단정하게 입은 모양.
【襜帷 첨유】①수레의 휘장. ②수레.
【襜褕 첨유】①가슴에 늘여 무릎을 가리는 헝겊. ②짧은 홑옷. 單衣(단의).
【襜襜 첨첨】①성장(盛裝)한 모양. ②휘장이나 치맛자락이 너울거리는 모양.

襡 ⓵긴 속옷 촉 shǔ ②자루 독 dú
字解 ①긴 속옷. 위아래가 이어져 있다. ＝襦.〔晉書〕妓女之徒, 服袿襡, 炫金翠. ②자루, 자루에 넣다. ＝韣·韣.

衣部 13~16획 襗 褶 襤 襒 襦 齌 褲 襠 襪 襬 襮 襫 襭 襬 襯 襲

衣13 【襗】⑱ 속고의 탁 襗 zé, duó
[소전] 襗 [초서] 袸 [字解] 속고의, 땀받이로 아랫도리에 입는 속옷. 〔詩經〕與子同襗.

衣14 【褶】⑲ 國의대 대
[字解] 의대(衣褶). ㉮임금의 옷. ㉯무당이 굿할 때 입는 옷.

衣14 【襤】⑲ 누더기 람 襤 lán
[소전] 襤 [초서] 襤 [동자] 幭 [동자] 繿 [간체] 褴 [字解] ①누더기, 해어진 옷. ¶襤褸. ②가선을 대지 않은 옷.
【襤褸 남루】누더기. 해어져 너덜너덜한 옷.
【襤衣 남의】해어진 옷.

衣14 【襒】⑲ 쇠코잠방이 비 襒 bì
[초서] 襒 [字解] 쇠코잠방이. 농부가 일할 때 입는, 가랑이가 잠방이보다 길고 사발고의보다 짧은 홑고의.

衣14 【襦】⑲ ❶저고리 유 襦 rú ❷國싸개갓장이 유
[소전] 襦 [초서] 襦 [동자] 襦 [字解] ❶①저고리. 허리까지 내려가는 저고리로, 겹 혹은 핫으로 겨울에 추위를 막는 옷. ②속옷. 땀받이로 속에 입는 짧은 옷. 〔後漢書〕平生無襦, 今五袴. ③턱받이, 어린아이 침받이. ④올이 가는 엷은 비단. ≒繻. 〔周禮〕蠟則作羅襦. ❷①싸개갓장이, 갓싸개하는 장색(匠色). ②동옷.
【襦袴 유고】속옷과 바지.
【襦笠 유립】國갓싸개를 한 삿갓.
【襦袖 유수】땀받이의 소매.
【襦襖 유오】짧은 웃옷.
【襦衣 유의】①저고리. ②國동옷.
◐裙-, 羅-, 汗-.

衣14 【齌】⑳ 옷단 홀 자 齌 zī
[소전] 齌 [동자] 褙 [字解] ①옷단을 호다, 치맛단을 호는 일. ②치맛단, 치마의 끝 부분. 〔漢書〕攝齌登堂.

衣14 【褲】⑲ 齌(1633)와 동자

衣14 【襠】⑲ 襠(1632)과 동자

衣15 【襪】⑳ 襧(1629)와 동자

衣15 【襪】⑳ 버선 말 襪 wà
[초서] 襪 [동자] 韈 [간체] 袜 [字解] 버선, 족의(足衣). 〔曹植·文〕凌波微步, 羅襪生塵.
【襪線 말선】버선의 실. 내세울 만한 재주가 없음의 비유. ◯풀어도 쓸 만한 긴 실이 나오지 않는 데서 이르는 말.
【襪衣 말의】버선의 딴 이름.
◐羅-, 洋-.

衣15 【襮】⑳ 수놓은 깃 박 襮 bó
[동자] 襮 [字解] ①수놓은 깃, 자수의 옷깃. 〔詩經〕素衣朱襮. ②드러내다, 겉에 나타내다. ¶暴. 〔新唐書〕將務持重, 豈宜自表襮. ③겉, 표면. 〔班固·賦〕張脩襮而內逼. ④옷의 장식.

衣15 【襫】⑳ 비옷 석 襫 shì
[초서] 襫 [字解] 비옷, 우의(雨衣). 〔管子〕身服襏襫.

衣15 【襭】⑳ 襭(1634)과 동자

衣15 【襮】⑳ 表(1613)와 동자

衣15 【襬】⑳ 치마 피 襬 bēi
[字解] 치마. =帔.

衣15 【襭】⑳ 옷자락 꽂을 힐 襭 xié
[소전] 襭 [혹체] 襭 [초서] 襭 [동자] 擷 [字解] 옷자락을 꽂다, 옷자락 끝을 띠에 꽂고 그 속에 물건을 넣다. 〔詩經〕薄言襭之.

衣16 【襱】㉑ ❶바짓가랑이 롱 襱 lóng ❷옷 헐렁할 룡 襱 lòng
[소전] 襱 [혹체] 襱 [초서] 襱 [字解] ❶①바지의 가랑이. ②치마. ❷옷이 헐렁하다.

衣16 【襭】㉑ 襭(1632)와 동자

衣16 【襲】㉒ 엄습할 습 襲 xí
龏 䶒 䶒 䶒 龍 龍 龖 襲 襲
[소전] 䶒 [주문] 䶒 [초서] 䶒 [간체] 袭 [字源] 形聲. 龍+衣→襲. '龍(룡)'이 음을 나타낸다.

衣部 16〜19획 襯 襱 襴 襽 襳 褸 襵 襮 襹 襺 襻

【字解】①엄습하다, 불의에 쳐들어가다.〔春秋穀梁傳〕齊侯襲莒. ②잇다, 계승하다.〔漢書〕襲琓室與傾宮兮. ③받다.〔春秋左氏傳〕故襲天祿. ④미치다, 한정된 곳에 이르다.〔楚辭〕芳菲菲兮襲予. ⑤들다, 들어가다.〔國語〕使晉襲於爾門. ⑥뒤집다.〔史記〕襲九淵之神龍兮. ⑦겹치다, ㉮옷을 껴입다.〔禮記〕寒不敢襲. ㉯포개다, 쌓다.〔淮南子〕此聖人所以重仁襲恩. ⑧벌, 갖추어진 옷을 세는 단위.〔史記〕賜相國衣二襲. ⑨입다, 옷을 입다.〔禮記〕襲絰于序東. ⑩염습하다, 죽은 사람에게 옷을 입히다. ¶殮襲. ⑪수의, 죽은 사람에게 입히는, 깃이 왼쪽으로 된 옷.〔儀禮〕乃襲三稱. ⑫닫다, 닫아 걸다.〔逸周書〕無襲門戶. ⑬화합(和合)하다. ≒協.〔淮南子〕天地之襲精爲陰陽. ⑭맞추다.〔禮記〕劍則啓櫝蓋襲之. ⑮상자. ≒匧·匣. ⑯인(因)하다, 종전대로 따르다. ≒習.〔禮記〕卜筮不相襲. ⑰돌아가다.〔潘岳·文〕襲窮泉兮朽壤.
【襲擊 습격】갑자기 적을 덮쳐 침.
【襲繼 습계】뒤를 이어받음.
【襲殮 습렴】죽은 사람의 몸을 씻은 뒤에 옷을 입히는 일. 殮襲(염습).
【襲冒 습모】습격함. 습격하여 범함.
【襲封 습봉】제후(諸侯)가 선대(先代)의 봉지(封地)를 세습함.
【襲賞 습상】도(道)의 진수(眞髓)에 듦.
【襲承 습승】뒤를 이어받음.
【襲用 습용】그전대로 눌러 씀.
【襲衣 습의】①옷을 껴입음. ②염습(殮襲)할 때 시체에 입히는 옷.
【襲因 습인】옛것을 좇아 함. 因襲(인습).
【襲刺 습자】습격하여 찔러 죽임.
【襲取 습취】습격하여 빼앗음.
【襲虛 습허】허를 침. 적이 생각하지 못한 데를 갑자기 들이침.
▷強—, 繼—, 空—, 急—, 奇—, 來—, 踏—, 蹈—, 世—, 什—, 承—, 夜—, 掩—, 逆—, 殮—, 因—, 積—, 葺—, 勦—, 討—, 被—.

衣16【襯】㉑ 속옷 친 本촌 韻 chèn
초서 襯 간체 衬 【字解】①속옷. ¶襯衣. ②가까이하다, 접근하다.〔李商隱·詩〕香肌冷襯琤琤珮. ③베풀다, 주다.〔續齊諧記〕以襯衆僧. ④드러내다, 나타내 보이다. ⑤돕다, 곁에서 돕다.
【襯衫 친삼】속옷. 내복.
【襯衣 친의】속옷. 땀받이.
▷陪—, 貼—, 布—.

衣17【襱】㉒ 옷 추어올릴 건 阮 韻 qiān
【字解】①옷을 추어올리다. ②바지. =褰.

衣17【襳】㉒ 어리석을 대 國 dài

衣【襳】초서 襳 【字解】 어리석다, 사리에 어둡다. ¶䑛襳.

衣17【襴】㉒ 난삼 란 寒 lán

衣【襽】초서 襽 【字解】난삼(襴衫). ≒襴.〔綱目集覽〕馬周以三代布深衣因于其下著襴刃裾, 名曰襴衫, 以爲上士之服.
【襴裙 난군】치마 띠. 허리띠. 袜胸(말흉).
【襴衫 난삼】①저고리와 치마가 이어지고 옷자락에 가선을 두른 옷. 진사(進士)와 국자생(國子生)·주현생(州縣生) 들이 입던 옷. ②國생원(生員)·진사(進士)가 합격했을 때에 입던 예복. 녹색이나 검은빛의 단령(團領)에 각기 같은 빛의 선을 둘렀음. 襴衫(난삼).

〈襴衫〉

衣17【襳】㉒ ❶짧은 속옷 섬 鹽 xiān ❷우의 모양 삼 侵 shēn ❸깃발 삼 咸 shēn

衣【襳】【字解】❶①짧은 속옷. ②홑속옷. ③띠, 허리띠.〔漢書〕蜚襳垂髾. ④우모(羽毛) 모양. ❷우의(羽衣)의 모양. ¶襳襹. ❸①깃발. ②속옷. ※❶의 ①과 같다.
【襳襹 삼시】깃털옷의 모양. 襳襹(삼시).

衣17【襵】㉒ 치맛주름 영 梗 yìng
【字解】①치맛주름. ②색상(色相)이 아름답다. 색채가 조화되다.〔郭璞·賦〕葭蒲雲蔓, 襵以蘭紅.

衣18【襸】㉓ 襸(1633)과 동자

衣18【襮】㉓ ❶주름 접 葉 zhé ❷깃 끝 첩 葉 zhé
【字解】❶①주름, 옷의 주름, 주름을 잡다.〔梁簡文帝·詩〕熨斗成裙襮. ②깁다. ③장막. ❷깃의 끝. =㡀.

衣19【襺】㉔ 솜옷 견 銑 jiǎn
소전 襺 간체 䌹 【字解】①솜옷, 핫옷. ②고치. ≒繭.

衣19【襹】㉔ 襺(1629)와 동자

衣19【襻】㉔ 옷끈 반 諫 pàn
【字解】옷끈, 중동에 꿰매 단 띠.〔庾信·賦〕裴斜假襻.

衣部 19~21획 襹襺䙣襽襡 襾部 0획 西西

衣19 【襹】㉔ ❶우의 모양 시 因 shī ❷깃발 시 因 shī
字解 ❶우의(羽衣)의 모양. =褫. ❷깃발, 깃발의 모양.

衣19 【襺】㉔ 소매 예 霽 yì
字解 소매. =袂.〔潘岳·賦〕搞裳連襺.

衣19 【䙣】㉔ 고운 옷 찬 翰 zàn
字解 ①고운 옷. ②좋다. ③아름답다, 예쁘다.

衣20 【襽】㉕ 襕(1634)과 동자

衣21 【襽】㉖ 袞(1614)의 속자

衣21 【襡】㉖ 긴 속옷 촉 因 shǔ
字解 ①긴 속옷. 위아래가 이어져 있다. ②아랫도리에 입는 속옷. ③가선을 두르다.

襾部

6획 부수 | 덮을아부

襾0 【襾】⑥ 덮을 아 禡 yà
參考 西(1635)는 딴 자.
字源 會意. 冂+冂+一→襾. '冂'은 밑에서 덮고, '冂'은 그것을 위에서 덮고, '一'은 그것을 또 덮어 가린다는 데서 '덮다, 엄폐하다'의 뜻을 나타낸다.
字解 덮다, 가려 덮다.

襾0 【西】⑥ 서녘 서 霽 xī

一 丆 丙 丙 西 西

參考 西(1635)는 딴 자.
字源 象形. 弓+囟→䨮→西. '弓'은 새〔鳥〕, '囟'는 새의 보금자리의 모양. 합하여 새가 보금자리에 듦을 뜻하며, 그때는 해가 서쪽에 질 때이므로 '서쪽'이라는 뜻을 나타낸다.
字解 ①서녘, 서쪽. 사시(四時)에서는 가을, 오행(五行)에서는 금(金), 간지(干支)에서는 유(酉), 팔괘(八卦)에서는 태(兌)에 배당된다.〔論衡〕西方金也, 其星白虎也. ②서쪽으로 향하여

가다.〔漢書〕跛行而西耳. ③깃들이다, 새가 둥우리에 깃들이다. ≒棲·栖.〔漢嚴發碑〕西遲衡門. ④옮기다.〔漢書〕西, 遷也. ⑤서양(西洋), 구미(歐美) 각국의 범칭.
【西經 서경】본초 자오선을 0도로 하여 서쪽 180도까지의 경선(經線).
【西階 서계】당(堂)에 오르는 서쪽 계단. 손이 이용함.
【西曲 서곡】①서쪽 모퉁이. ②서양 음악.
【西崑 서곤】①서쪽의 곤륜산(崑崙山). ②해가 지는 곳. 늙고 쇠약함의 비유. ③당대(唐代) 이상은(李商隱)의 시체(詩體).
【西崑體 서곤체】송대(宋代) 초에 유행한 시체(詩體)의 한 가지. 당대(唐代) 이상은(李商隱)의 시풍(詩風)을 본받아 고사(故事)의 인용과 화려한 수사, 대구(對句)를 중요하게 여겼음.
【西瓜 서과】수박.
【西郊 서교】①도시의 서쪽 교외(郊外). ②가을의 들. ○서울의 서쪽 들에서 가을을 맞는 제사를 지낸 데서 이르는 말.
【西敎 서교】①불교(佛敎). ②서양의 종교. 천주교·기독교 따위.
【西國 서국】①서쪽에 있는 나라. ②(佛)극락 정토(極樂淨土).
【西紀 서기】예수가 태어난 해를 원년(元年)으로 삼는 서력의 기원.
【西道 서도】國황해도와 평안도.
【西陸 서륙】성좌(星座)를 동서남북 넷으로 나눈 것의 하나. 규(奎)·누(婁)·위(胃)·묘(昴)·필(畢)·삼(參) 등이 이에 속함.
【西廡 서무】문묘(文廟)의 서쪽 채. 유현(儒賢)들을 배향(配享)하는 집.
【西班 서반】①무관(武官)의 반열(班列). ②무관. ○조회 때에 문관은 동쪽에, 무관은 서쪽에 서 있었던 데서 온 말.
【西方 서방】①서쪽. ②서쪽 지방. ③서양(西洋). ④⇨西方淨土(서방정토).
【西方淨土 서방정토】(佛)서쪽 십만 억 국토 저쪽에 있다고 하는 극락세계. 西方(서방).
【西伯 서백】서방 제후(西方諸侯)의 우두머리. 곧, 주(周) 문왕(文王).
【西賓 서빈】①동쪽을 향하여 서쪽 자리에 앉는 손. 스승. ②서쪽에서 온 손.
【西廂 서상】집의 서쪽 채.
【西序 서서】①⇨西廂(서상). ②하대(夏代)의 소학(小學). ○왕궁의 서쪽에 있었던 데서 온 말.
【西席 서석】①스승이 앉는 자리. ②스승. 故事 태공망(太公望)이 동향(東向)으로 자리를 잡고 앉아서 무왕(武王)에게 황제(黃帝)의 글을 가르쳤다는 고사에서 온 말.
【西成 서성】가을에 농작물이 익어 거두어들이는 일. ○음양오행설에서 가을이 서(西)에 해당하는 데서 온 말.
【西陲 서수】서쪽 변방. 西邊(서변).
【西施捧心 서시봉심】같은 행위라도 그것을 행하는 사람의 됨됨이나 행하는 경우에 따라 가치의 차이가 생김. 故事 가슴앓이를 견디기 어려

워 가슴에 손을 대고 찌푸린 서시의 얼굴이 몹시 아름다웠으므로, 못난 여자가 자기도 예쁘게 보이기 위해 일부러 가슴에 손을 대고 얼굴을 찌푸렸더니, 사람들이 그 추악한 얼굴에 놀라 도망쳤다는 고사에서 온 말.

【西掖 서액】①건물의 서쪽 옆. ②중서성(中書省)의 딴 이름. ◯궁전의 서쪽에 있었던 데서 이르는 말.

【西諺 서언】 서양의 속담.

【西域 서역】 중국의 서쪽 지역에 있던 여러 나라의 총칭. 넓게는 서아시아·중앙아시아·인도를 포함하나, 좁게는 지금의 신강성(新疆省)·천산남로(天山南路) 지방을 가리킴.

【西王母 서왕모】 신화에 나오는 선녀의 이름. 곤륜산(崑崙山)에 살며 불사약(不死藥)을 가졌다 함.

【西人 서인】①춘추 시대 주(周)나라 서울인 호경 사람. ②송대(宋代)의 서하(西夏) 사람. ③서양 사람. ④조선 때 당파(黨派)의 하나. 선조(宣祖) 때 김효원(金孝元)을 중심으로 한 동인(東人)에 대하여 심의겸(沈義謙)을 중심으로 한 당파.

【西藏 서장】 티베트의 한자 이름.

【西漸 서점】 차츰 서쪽으로 번져 감.

【西征 서정】①서쪽을 향하여 감. 서쪽을 정벌(征伐)함. ②사람이 죽음. ◯해가 서쪽에서 짐을 비유한 말.

【西疇 서주】 서쪽 밭.

【西窓 서창】①서쪽으로 난 창. ②부인(婦人)의 거실.

【西天 서천】①서쪽 하늘. ②서천 서역국(西天西域國). 중국에서 인도(印度)를 일컫던 말.

【西淸 서청】①서쪽의 깨끗한 곁방. ②궁중의 휴식하는 곳. ③청대(淸代)에 한림학사가 집무하던 곳. 南書房(남서방).

【西風 서풍】①서쪽에서 불어오는 바람. 갈바람. ②가을바람. ◯음양오행설에서 가을이 서(西)에 해당하는 데서 온 말.

【西皮 서피】 칠기(漆器).

【西學 서학】①주대(周代)의 소학(小學). ◯도성(都城)의 서쪽 교외에 있었던 데서 이르는 말. ②㉠사학(四學)의 하나. ㉡서양의 학문.

【西海 서해】①서쪽에 있는 바다. ②황해(黃海).

【西顥 서호】①서방(西方)을 맡은 신(神). ②가을의 대기(大氣).

◐ 江—, 關—, 洛—, 南—, 隴—, 東—, 北—, 山—, 陝—, 城—, 嶺—, 遼—, 鎭—, 泰—, 河—, 湖—, 淮—.

西 3 【要】⑨ ❶구할 요 䔄 yāo
❷사북 요 㗛 yào

一 ア 币 而 襾 襾 覀 要 要

[소전] 𢍏 [소전] 覂 [고문] 𢍃 [초서] 要 [통자] 要

[字源] 象形. 사람이 허리에 두 손을 대고 있는 모습을 본든 글자. 본래 '허리'를 뜻하였으나

뒤에 '요구하다'라는 뜻으로 가차되면서 '허리'의 뜻으로는 肉(육) 자를 더한 '腰(요)'자를 새로 만들어 썼다.

[字解] ❶①구하다, 요구하다. ≒徼. 〔孟子〕以要人爵. ②원하다, 바라다. 〔說文通訓〕要, 後人謂欲曰要, 亦憿字. ③잡다. 〔淮南子〕以要飛鳥. ④얻다, 취득(取得)하다. 〔呂氏春秋〕所要輕也. ⑤허리. =腰. 〔墨子〕楚靈王好士細要. ⑥허리에 감다. 〔曹植·賦〕解玉佩, 以要之. ⑦허리띠. 〔詩經〕要之襋之. ⑧모으다, 합치다. 〔禮記〕要其節奏. ⑨통괄하다. 〔史記〕要之以仁義爲本. ⑩말리다. 〔管子〕要淫佚. ⑪잠복하여 노리다. 〔孟子〕將要而殺之. ⑫으르다, 협박하다. 〔漢書〕上自欲征匈奴, 群臣諫不聽, 皇太后固要, 上乃止. ⑬바루다, 그릇된 것을 고치다. 〔淮南子〕要之以太歲. ⑭조사하다. 〔書經〕要囚. ⑮책망하다. 〔周禮〕異其死刑之罪而要之. ⑯누르다. ⑰금(禁)하다. 〔素問〕是門戶不要也. ⑱맞히다, 적중하다. 〔太玄經〕不要止洫. ⑲언약하다, 맹세하다. ≒約. 〔國語〕夷蠻要服. ⑳이루다, 성취하다. ≒就. 〔詩經〕倡予要女. ㉑굽히다. ≒夭. 〔張衡·賦〕微行要屈. ❷①사북, 근본. 〔孝經〕先王有至德要道. ②생략(省略), 간략(簡略). 〔書經〕辭尙體要. ③반드시, 꼭. 〔後漢書〕男兒要當死於邊野. ④요컨대, 요약하여 말하면. 〔韓愈·詩〕要自胸中無滯礙. ⑤회계부, 출납 명부. 〔周禮〕受其要. ⑥증권(證券). 〔後漢書〕由質要之故業.

【要綱 요강】 요약된 중요한 사항.

【要訣 요결】 중요한 비결. 중요한 비결을 쓴 책. 蘊奧(온오).

【要結 요결】①굳게 약속함. ②國중요한 결과.

【要求 요구】①약속함. 要結(요결). ②필요한 것을 청구함.

【要具 요구】 요긴한 도구. 필요한 도구.

【要劇 요극】 중요하고 바쁜 관직(官職). 중요한 지위.

【要緊 요긴】 꼭 필요함.

【要道 요도】①중요한 길. ②중요한 가르침.

【要覽 요람】 중요한 것만 간추려 만든 책.

【要領 요령】①허리와 목. ②허리띠와 옷깃. 사물의 요긴한 곳. ③경험에서 얻은 묘한 이치. 미립.

【要路 요로】①가장 중요한 길목. ②권력을 쥔 중요한 지위.

【要望 요망】 꼭 그렇게 되기를 바람.

【要盟 요맹】 힘으로 억압하여 서약을 맺음. 남을 강제하여 맺은 약속.

【要妙 요묘】①긴요하고 현묘(玄妙)함. ②정밀하고 상세함.

【要眇 요묘】①아름다운 모양. ②정밀하고 상세한 모양. 要妙(요묘).

【要償 요상】 손해 배상을 청구함.

【要塞 요새】 국방상 중요한 곳에 마련해 놓은 군사적 방어 시설.

【要誓 요서】 맹세. 약속.

【要素 요소】 어떤 사물의 성립·효력 따위에 꼭

필요한 성분이나 성질.
【要囚 요수】 죄인을 조사하여 죄과를 결정함.
【要須 요수】 꼭 필요함. 必須(필수).
【要式 요식】 중요한 법식. 반드시 따라야 할 양식(樣式).
【要約 요약】 ①주요한 대목을 추려 냄. ②약속을 함.
【要言 요언】 ①약속한 말. ②요점만 추려 하는 말. 요령 있는 말.
【要言不煩 요언불번】 요점을 파악하여 하는 말은, 번거롭게 수다를 떨지 않아도 그 취지를 이해할 수 있음.
【要徼 요요】 국경의 중요한 보루(堡壘).
【要人 요인】 ①요로(要路)에 있는 사람. ②남을 맞춤.
【要節 요절】 ①행해야 할 때에 만남. ②절의(節義)로써 행동을 단속함. ③글의 중요한 대목.
【要點 요점】 요약된 점. 요약된 점.
【要地 요지】 ①중요한 곳. ②적을 막는 데 요긴한 곳. ③중요한 지위.
【要職 요직】 중요한 직위나 직무.
【要津 요진】 ①중요한 나루터. ②실권을 쥔 지위. 要路(요로).
【要鎭 요진】 군사상 중요한 곳. 요해처(要害處)에 있는 병영.
【要斬 요참】 허리를 자르는 형벌. 죄인의 허리를 베어 죽임. 腰斬(요참).
【要處 요처】 ①긴요한 곳. 중요한 점. 要所(요소). ②변소(便所).
【要樞 요추】 요긴하고 중요로운 곳.
【要害 요해】 ①지세(地勢)가 험조(險阻)하여, 지키기에 편하고 공격하기에 힘든 곳. 要害地(요해지). ②신체의 생명과 직결되는 중요한 부분. 急所(급소).
【要會 요회】 ①회계 장부. 總計(총계). ②계산(計算). ◐ '要'는 월계(月計)를, '會'는 연계(年計)를 뜻함.
◐ 肝-, 簡-, 強-, 綱-, 概-, 權-, 急-, 機-, 緊-, 大-, 法-, 需-, 摘-, 切-, 提-, 主-, 重-, 樞-, 衝-, 必-.

西 5 【覂】⑪ 엎을 봉 腫 fěng
[字解] ①엎다, 엎어지다. ≒泛. 〔孔穎達·序〕覂駕之馬. ②다하다, 다하여 없어지다. 〔新唐書〕公私覂竭.
【覂駕 봉가】 ①수레를 엎음. ②말[馬]이 사나워서 수레가 바른 길에서 벗어남.

西 6 【覃】⑫ ❶미칠 담 覃 tán
❷날카로울 염 琰 yǎn
[參考] 대법원 지정 인명용 한자음은 '담'이다.
[字解] ❶①미치다, 한정된 곳에 이르다. 〔詩經〕覃及鬼方. ②벋다, 퍼지다. ≒延. 〔詩經〕葛之覃兮. ③길다. 〔詩經〕實覃實訏. ④깊다. 〔孔安國·序〕研精覃思. ⑤고요하다. 〔後漢書〕覃思À述. ⑥크다. 〔漢書〕揚雄覃思. ⑦찾다, 더듬어 찾다. ≒探·撢. ⑧자리 잡다, 안정하다. ⑨성(姓). ❷날카롭다, 예리하다. 〔詩經〕以我覃耜.
【覃及 담급】 두루 미침.
【覃思 담사】 깊이 생각함.
【覃恩 담은】 ①은혜를 널리 베풂. ②임금이 베푸는 은혜.
【覃耜 염사】 날카롭게 날이 선 보습.
◐ 廣-, 普-, 遙-, 遠-, 遐-.

西 12 【覆】⑱ ❶뒤집힐 복 屋 fù
❷덮을 부 宥 fù
[參考] 대법원 지정 인명용 한자의 음은 '복'이다.
[字源] 形聲. 襾+復→覆. '復(복·부)'가 음을 나타낸다.
[字解] ❶①뒤집히다. ㉮반전(反轉)하다. 〔國語〕沐則心覆. ㉯넘어지다, 전도(顚倒)하다. 〔管子〕棟生橈不勝任則屋覆. ②무너지다. 〔禮記〕毋越厥命以自覆也. ③망하다. 〔逸周書〕國覆國事. ④뒤집다. ㉮뒤집어 놓다. 〔楚辭〕覆舟斟尋. ㉯무너뜨리다. 〔春秋左氏傳〕覆昏亂. ㉰넘어뜨리다, 거꾸로 하다. 〔易經〕鼎折足, 覆公餗. ⑤도리어, 반대로, 〔詩經〕覆出爲惡. ⑥되풀이하다, 겹치다. 〔史記〕欲反覆之. ⑦상고(詳考)하다, 자세히 하다. 〔周禮〕覆之而角至. ⑧아뢰다, 고하다. ≒告·白. 〔漢書〕不從中覆也. ❷①덮다. ㉮덮어씌우다. ㉯덮어 싸다. ㉰감싸다, 비호하다. 〔魏書〕皆所以撫覆導養. ㉱덮어 숨기다. ②숨어서 노리다. 〔春秋左氏傳·而覆諸山下·注〕覆, 設伏兵而待也. ③덮개, 덮는 물건. 〔魏志〕華蓋羽獨蓋. ④옷, 의복. 〔鬼谷子〕神之覆也. ⑤복병(伏兵). ≒伏. 〔春秋左氏傳〕君爲三覆以待之.
【覆勘 복감】 다시 조사함.
【覆檢 복검】 ①다시 검사함. ②송장을 다시 검사함.
【覆啓 복계】 회답을 올림. 편지 첫머리에 쓰는 말. 復啓(복계).
【覆考 복고】 반복하여 조사함. 覆校(복교).
【覆面 복면】 얼굴을 알아보지 못하게 헝겊 따위로 싸서 가림.
【覆滅 복멸】 뒤엎어 멸망시킴. 멸망함.
【覆命 복명】 사명을 띤 사람이 일을 마치고 돌아와 아룀. 復命(복명).
【覆沒 복몰】 ①배가 뒤집혀 가라앉음. ②싸움에 크게 패함. ③한집안이 결딴남.
【覆翻 복번】 뒤집음.
【覆盆 복분】 ①동이를 엎음. 엎은 동이. ②동이의 물을 뒤집어엎음. 소나기가 세차게 내리는 모양. ③엎어 둔 동이는 속이 어두움. 근거 없

는 죄를 뒤집어씀.
【覆沙 복사】 國①물에 실려 와서 논밭을 덮은 모래. ②복대기. ○광석을 빻아서 금을 골라내고 남은 돌가루.
【覆船 복선】 배가 뒤집힘. 뒤집힌 배.
【覆巢破卵 복소파란】 둥우리를 뒤엎고 알을 깸. ㉠부모의 재난에 자식도 화를 당함. ㉡근본이 망하면 지엽도 따라 망함.
【覆餗 복속】 솥에 담은 것을 뒤엎음. 재상(宰相)이 소임을 감당하지 못하고 일을 그르침. 鼎餗(정속).
【覆手 복수】 손바닥을 뒤집음. ㉠일이 아주 쉬움. ㉡쉽사리 변함. 覆掌(복장).
【覆水 ❶복수 ❷부수】 ❶그릇을 뒤엎어 물을 쏟음. 엎질러진 물. ❷수면 위를 덮어 가림.
【覆水難收 복수난수】 엎질러진 물은 다시 퍼 담을 수 없음. 한번 기회를 잃으면 다시 얻을 수 없음.
【覆試 복시】 國과거에서 초시(初試)에 합격한 사람이 2차로 보던 시험.
【覆審 복심】 ①다시 자세히 조사함. ②상소(上訴)한 사건을 다시 심리(審理)하여 판결함.
【覆按 복안】 되풀이하여 잘 조사함.
【覆壓 복압】 덮어 누름. 덮어씌움.
【覆雨飜雲 복우번운】 비와 구름이 이리저리 뒤집힘. 소인의 우정이 변덕스러움. 翻雲覆雨(번운복우).
【覆掌 복장】 ☞覆手(복수).
【覆舟 복주】 배를 뒤집음. 뒤집힌 배. 멸망함의 비유.
【覆轍 복철】 수레가 뒤집힌 자국. 전에 실패한 일의 비유. 前轍(전철).
【覆墜 복추】 ①뒤집혀 떨어짐. 기울어져 떨어짐. ②집안이 망함.
【覆蓋 부개→복개】 ①덮어 가림. ②뚜껑. 덮개.
【覆瓿 부부】 ☞覆醬(부장).
【覆育 부육】 ①천지(天地)가 만물을 감싸 기름.

②부형(父兄)의 은혜.
【覆藏 부장】 (佛)마음속에 숨겨 간직함.
【覆醬 부장】 ①장독 뚜껑을 덮음. 저서(著書)의 내용이 세상의 호평을 얻지 못하여, 휴지로 장독을 덮는 데나 쓰이게 됨. ②자기가 지은 시문에 대한 겸칭(謙稱). 覆瓿(부부).
【覆載 부재】 ①하늘은 만물을 덮어 싸고, 땅은 만물을 받아 실음. 천지 군부(天地君父)의 은덕. ②천지.
【覆被 부피】 덮음. 掩蔽(엄폐).
❶ 蓋—, 檢—, 傾—, 反—, 翻—, 溥—, 私—, 申—, 掩—, 蔭—, 顚—, 驗—.

西 13 【覇】⑲ 霸(1984)의 속자

西 13 【覈】⑲ ❶핵실할 핵 囡 hé
❷보리 싸라기 흘 月 hé

字解 ❶①핵실하다, 실상을 조사하다. 〔張衡·賦〕研覈是非. ②엄하다, 엄격하다. 〔後漢書〕峭覈爲方. ③씨, 핵(核). ≒核. 〔周禮〕其植物宜覈物. ❷싸라기. ≒麩. 〔漢書〕食糠覈.
【覈擧 핵거】 자세히 조사하여 거용(擧用)함.
【覈論 핵론】 일의 실상을 조사하여 논박(論駁)함. 엄하게 논(論)함.
【覈辨 핵변】 일의 실상을 조사하여 밝힘.
【覈實 핵실】 일의 실상을 조사함.
❶ 檢—, 考—, 校—, 窮—, 明—, 深—, 審—, 按—, 研—, 精—, 綜—, 推—, 看—.

西 17 【羈】㉓ 羈(1403)의 속자

西 19 【羈】㉕ 羈(1403)의 속자

見 部

7획 부수 | 불견부

見₀【見】 ㉠ ❶볼 견 國 jiàn
❷나타날 현 國 xiàn
❸관 덮는 보 간 諫 jiàn

｜ㄇ冂日目貝見

[소전] 見 [소전] 見 [초서] 見 [간체] 见 [參考] 대법원 지정 인명용 한자의 음은 '견·현'이다.

[字源] 會意. 目+儿→見. 사람의 눈[目]을 특별히 강조하여 '보다'의 뜻을 나타낸다.

[字解] ❶㉠보다. ㉮눈으로 보다. [易經] 行其庭, 不見其人. ㉯생각해 보다, 사고하다. [漢書] 深見天命. ㉰돌이켜 보다, 반성하다. [漢書] 未得省見. ㉱변별(辨別)하다. [淮南子] 明弗能見者何. ❷보이다. ㉮형상이 시각에 비쳐 인식되다. [大學] 心不在焉, 視而不見. ㉯마음에 터득하다. [魏略] 讀書百遍, 而義自見. ③보는 바, 소견, 생각. [晉書] 敢陳愚見. ④당하다. 수동임을 나타낸다. [史記] 信而見疑, 忠而被謗. ❷①나타나다, 드러나다. [漢書] 情見力屈. ②나타내다. ㉮밝히다, 표백(表白)하다. [荀子] 不下賢良. ㉯나타내 보이다, 정시(呈示)하다. [漢書] 天見大異. ③벼슬하다, 출사(出仕)하다. [論語] 天下有道則見. ④보이다, 대면하다. [論語] 從者見之. ⑤보다. ㉮웃어른을 뵙다. [儀禮] 某也願見. ㉯불러서 만나 보다. [漢書] 延見群臣. ⑥출세하다. [孟子] 修身見於世. ⑦지금, 현재. =現. [史記] 軍無見糧. ⑧해돋이, 일출(日出). ≒曣. [詩經] 見睍日消. ❸①관(棺)을 덮는 보. ≒荒. [禮記] 實見閒而後折入. ②섞다. ≒覸.

【見棄 견기】 남에게서 버림을 당함.
【見機 견기】①기미를 보고 이해화복(利害禍福)을 사전에 알아챔. ②기회를 봄.
【見卵而求時夜 견란이구시야】 달걀을 보자 곧 닭이 되어 밤의 때를 알려 주기를 바람. 지나치게 서두름.
【見利忘義 견리망의】 이익 될 일을 보고 의리를 잊음.
【見利思義 견리사의】 이익 될 일을 보고 그것이 의리(義理)에 합당한지를 생각함.
【見侮 견모】 남에게서 모욕을 당함.
【見蚊拔劍 견문발검】 ☞ 모기를 보고 칼을 뽑음. 사소한 일에 어울리지 않게 큰 대책을 씀.
【見物生心 견물생심】 실물을 보면 욕심이 생김.
【見本 견본】①본보기로 보이는 상품의 일부. ②무엇을 만들 때 본보기가 되는 물건.
【見霜知冰 견상지빙】 서리 내린 것을 보고 얼음이 얼 것을 앎. 조짐을 보아 결과를 예측함.
【見說 견설】 남의 말을 들음. 듣는 바에 의하면. ○'說'은 조자(助字). 聞說(문설).

【見性 견성】(佛)본디부터 갖추어 있는 자기의 천성(天性)을 깨달음.
【見性成佛 견성성불】(佛)자기의 본성을 깨달아 부처가 됨.
【見識 견식】 견문과 학식.
【見失 견실】 잃어버림.
【見辱 견욕】 욕을 당함.
【見危致命 견위치명】 국가의 위태함을 보면 목숨을 던져 힘을 다함.
【見地 ❶견지 ❷현지】 ❶사물을 관찰하거나 판단하는 자기 나름의 처지. 觀點(관점). ❷①현재 소유한 토지. 현지(現地). ②현재 어떤 일이 행하여지고 있는 곳.
【見知 견지】①눈으로 보고 도(道)를 앎. ②공(功)과 죄(罪)를 앎. ③바로 눈앞에 봄. ④☞見知法(견지법). ⑤현지에 나아가서 검사함.
【見知法 견지법】 한대(漢代)에 관리가 백성의 범죄를 알고도 검거하지 않았을 때, 그 관리도 같은 죄로 처벌하던 법.
【見天日 견천일】 다시 햇빛을 봄. ㉠다시 제위(帝位)에 오름. ㉡죄인이 풀려 나옴. ㉢소경이 시력(視力)을 되찾음.
【見解 견해】 자기 의견으로 본 해석.
【見賢思齊 견현사제】 현인을 보고, 자기도 그와 같이 되려고 생각함.
【見頭角 현두각】 두각을 나타냄. 여러 사람 가운데 홀로 두드러지게 드러나 보임.
【見米 현미】 현재 있는 쌀.
【見兵 현병】 현재 있는 군사.
【見身 현신】①현세(現世)의 몸 ②(佛)부처가 중생을 구하기 위하여 드러내는 색신(色身).
【見錢 현전】 현금. 現錢(현전).
【見卒 현졸】 현재 있는 병사. 見兵(현병).
【見齒 현치】 웃는 일. ○웃으면 이가 드러나는 데서 온 말.

❶ 高一, 管一, 短一, 達一, 聞一, 博一, 發一, 邪一, 賜一, 相一, 先一, 所一, 識一, 實一, 謁一, 豫一, 愚一, 隱一, 意一, 引一, 正一, 朝一, 進一, 淺一, 親一, 卓一, 偏一, 會一.

見₂【覌】⑨ 觀(1645)의 속자

見₃【覔】⑩ 覺(1644)과 동자

見₃【覌】⑩ 觀(1645)의 속자

見₃【覞】⑩ 覭(1641)와 동자

見₄【覐】⑪ 覺(1644)의 고자

見₄【覚】⑪ 覺(1644)의 속자

見⁴ 【規】⑪ 법 규 囷 guī

二 丰 夫 邽 却 担 担 規 規

[소전] 梘 [초서] 戏 [본자] 規 [간체] 规 [字源] 會意. 夫＋
見→規. 장부〔夫〕의 식견〔見〕은 법에 맞는다는
데서 '규구(規矩)'라는 뜻을 나타낸다.
[字解] ①법, 규정, 법칙.〔春秋左氏傳〕極棟宇
之弘規. ②모범, 의범(儀範).〔王粲·詩〕死爲
壯士規. ③그림쇠, 원을 그리는 제구.〔孟子〕
規矩方員之至也. ④동그라미, 원(圓), 원을 그
리다.〔太玄經〕天道成規. ⑤둥글다, 원만하다.
〔楚辭〕曲眉規只. ⑥하늘.〔太玄經〕神象二生
規. ⑦베끼다, 모사(模寫)하다.〔張衡·賦〕規
遵王度. ⑧본뜨다, 모범으로 삼다.〔張衡·賦〕
則規規乎殷盤. ⑨한정하다, 구획하다.〔國語〕
規方千里, 以爲甸服. ⑩가지다, 영유(領有)하
다.〔國語〕不規東夏. ⑪꾀하다, 책략.〔淮南
子〕心知規而師傳諭導. ⑫바루다, 바로잡다.
〔春秋左氏傳〕子寧以他規我. ⑬간하다, 충고
하다.〔呂氏春秋〕近臣盡規. ⑭용모, 풍채.
〔晉書〕素德淸規. ⑮경계, 훈계.〔徐陵·文〕上
奉父母之嚴規. ⑯문체(文體)의 한 가지. 과실
을 경계하는 글.〔文體明辯〕規之爲文, 則漢以
前絶無作者, 至唐元結, 始作五規.
【規諫 규간】①바르게 간함. ②충고, 훈계. 規箴
(규잠).
【規格 규격】①사물의 표준이 되는 격식. ②공
업 제품의 품질·형식 따위를 규정한 표준.
【規誡 규계】바르게 경계함. 規戒(규계), 訓戒
(훈계).
【規求 규구】욕심내어 구함.
【規矩 규구】①그림쇠와 자. ②행위의 표준. 사
물의 준칙. 일상생활에서 지켜야 할 법도. 常道
(상도).
【規矩準繩 규구준승】①그림쇠·곱자·수준기(水
準器) 및 먹줄. 모두 목수의 도구임. ②사물의
준칙(準則).
【規規 규규】①놀라 얼빠진 모양. ②해와 달이
둥근 모양. ③작은 모양. 자질구레한 모양.
【規圖 규도】꾀. 꾀함. 規畫(규획).
【規度 규도】❶규도 ❷규탁. ❶규범(規範). ❷헤아려
계획함.
【規略 규략】계략. 꾀.
【規模 규모】①그림쇠와 물건의 틀. ②본보기.
③물건의 크기나 구조.
【規範 규범】꼭 지켜야 할 법칙이나 질서. 模範
(모범).
【規旋 규선】그림쇠처럼 둥글게 돎. 사람의 행실
이 올바름.
【規式 규식】법규와 격식.
【規益 규익】경계하여 도움.
【規箴 규잠】☞規諫(규간)②.
【規切 규절】경계하여 바로잡음.
【規定 규정】규式으로 정함. 조목(條目)을 나누
어 정해 놓은 표준.
【規程 규정】①모든 행위의 준칙이 되는 규칙.
②기관의 내부 조직 및 사무 처리상의 규칙.
【規制 규제】어떤 규칙을 정하여 제한함. 또는
그 규칙.
【規準 규준】그림쇠와 수준기(水準器). 표준이
될 만한 것.
【規則 규칙】여러 사람이 모두 지켜야 할 법칙.
【規行矩步 규행구보】①걸음걸이가 법도에 맞
음. 품행이 방정함. ②기존의 법식을 묵수(墨
守)함.
【規誨 규회】①바로잡고 타이름. ②가르침.
【規畫 규획】꾀. 꾀함.
❶ 家一, 官一, 內一, 明一, 法一, 常一, 良一,
子一, 箴一, 正一, 定一, 制一, 朝一, 洪一.

見⁴ 【覓】⑪ 찾을 멱 闃 mì

[초서] 冕 [속자] 覔 [간체] 觅 [字解] ❶찾다, 구
하여 찾다.〔晉書〕
是猶欲登山者涉舟航而覓路. ❷곁눈질, 곁눈으
로 보는 짓. ＝覛.
【覓去 멱거】찾아감. 가져감.
【覓擧 멱거】선비가 등용해 줄 것을 바람.
【覓句 멱구】시인(詩人)이 훌륭한 시를 지으려
고 애써 좋은 글귀를 찾음.
【覓得 멱득】찾아서 얻음. 찾아냄.
【覓來 멱래】찾아옴.
【覓索 멱색】찾음.
【覓子 멱자】國멱서리. 짚으로 날을 촘촘히 결
어서 만든, 주로 곡식을 담는 데 쓰는 그릇의
한 가지.
【覓疵 멱자】남의 흉터를 찾음. 남의 결점을 찾
으려고 애씀. 吹毛覓疵(취모멱자).

見⁴ 【覔】⑪ 覓(1640)의 속자

見⁴ 【視】⑪ 視(1641)와 동자

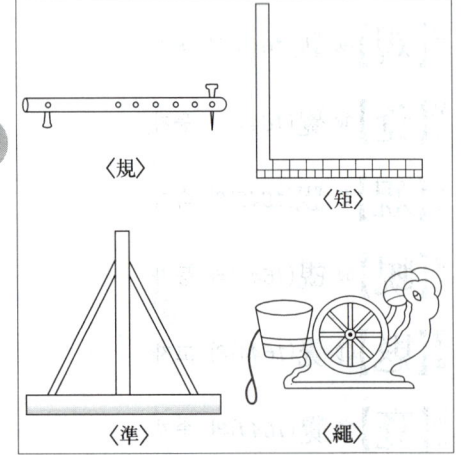

〈規〉 〈矩〉 〈準〉 〈繩〉

見部 5～6획 覚 覽 覕 覗 視 覘 覘 覮

見5 【覚】⑫ 覺(1644)의 속자

見5 【覽】⑫ 覽(1645)의 속자

見5 【覕】⑫ 언뜻 볼 별 匣 piē
〔소전〕 煰 〔초서〕 礿 字解 ①언뜻 보다, 일별(一瞥)하다. ≒瞥. 〔莊子〕 是以一人之斷制天下, 譬之猶一覕也. ②베다, 끊다, 쪼개다. ≒切. 〔莊子〕 譬之, 猶一覕也.

見5 【覗】⑫ 엿볼 사 匣 sì
〔초서〕 视 〔간체〕 觇 字解 엿보다, 훔쳐보다. =伺.

見5 【視】⑫ 볼 시 眞 shì

二 于 示 示 초 초 和 神 視 視

〔소전〕 視 〔고문〕 眡 〔고문〕 眡 〔초서〕 祝 〔동자〕 視
〔고자〕 眡 〔간체〕 视 字源 形聲. 示+見→視. '示(시)'가 음을 나타낸다.
字解 ①보다. ㉮우러러보다, 바라보다. 〔莊子〕 中之質若視日. ㉯똑똑히 보다. 〔尙書大傳〕 次三事曰視. ㉰자세히 살피다, 조사하여 보다. 〔國語〕 叔魚生, 其母視之. ㉱눈에 띄다. 〔史記〕 河伯視之. ㉲훔쳐보다. 〔史記〕 尉左右視, 盡不能對. ㉳엿보다. 〔漢書〕 莫不竊視. ㉴맡아보다, 주관하다. 〔漢書〕 我監我視. ㉵뵙다, 알현하다. 〔周禮〕 殷覛曰視. ㉶문안(問安)하다. 〔呂氏春秋〕 親往視之. ②대우(待遇)하다, 대접하다. 〔春秋左氏傳〕 荀罃善視之. ③돌보다, 기르다. 〔國語〕 遂弗視. ④본받다, 모범으로 삼다. 〔書經〕 視乃厥祖. ⑤가르치다. 〔儀禮〕 遂視之. ⑥받아들이다. 〔禮記〕 則不視其饋. ⑦견주다, 비교하다. 〔孟子〕 受地視侯. ⑧보이다. ≒示. 〔詩經〕 視民不恌. ⑨가리키다. ≒指. 〔列子〕 視撝則諸侯從命.
【視角 시각】①무엇을 보는 각도. ②보거나 생각하는 방향.
【視覺 시각】 보는 감각 작용.
【視官 시관】 시각(視覺)을 맡은 감각 기관. 눈.
【視其所使 시기소사】 부리는 사람을 보면 그 임금이나 주인의 됨됨이를 알 수 있음.
【視力 시력】 물체나 존재의 형상을 인식하는 눈의 능력.
【視務 시무】 사무를 봄.
【視民如傷 시민여상】 임금이 백성을 다친 사람을 보듯이 깊이 사랑하고 가엾게 여김.
【視民如子 시민여자】 임금이 백성을 친자식처럼 생각함. 임금이 백성을 깊이 사랑함.
【視事 시사】 관청에 나가서 사무를 봄.
【視死如歸 시사여귀】 죽음을 집으로 돌아가는 것같이 여김. 죽음을 두려워하지 않음.
【視死如生 시사여생】 죽음을 삶과 같이 보아 두려워하지 않음. 죽음을 두려워하지 않음. 생사를 초월함.
【視線 시선】 눈길이 가는 방향.
【視息 시식】 눈을 뜨고 숨을 쉬고 있음. 이 세상에 살아 있는 일. 生存(생존).
【視野 시야】 ①시력이 미치는 범위. ②사물을 관찰하는 식견의 범위.
【視若楚越 시약초월】 초나라와 월나라처럼 봄. 사이가 벌어져서 서로 무관심하게 봄. ○전국 시대에 초나라와 월나라가 서로 원수로 여긴 데서 온 말.
【視養 시양】 조심하여 기름. 잘 돌보아 기름. 養視(양시).
【視于無形 시우무형】 형체가 드러나기 이전에 이미 이를 보아 앎.
【視而不見 시이불견】 보아도 보이지 않음. 시선은 대상을 향하고 있으나 마음이 다른 것에 사로잡혀 있으면, 그것이 눈에 들어오지 않음. ○'視'는 '주의하여 보는 것'을, '見'은 '자연히 눈에 들어오는 것'을 뜻함.
【視朝 시조】 조정에 나아가 정무를 봄.
【視察 시찰】 돌아다니며 실지 사정을 살펴봄.
【視瞻 시첨】 바라다봄. 휘둘러봄.
【視聽 시청】 눈으로 보고 귀로 들음.
【視險若夷 시험약이】 위험한 곳에 있으면서도 마치 평지에 있는 것처럼 태연히 행동하며, 두려워서 마음을 움직이는 일이 없음. ○'夷'는 '平'으로 '평지'를 뜻함.
○ 監―, 檢―, 輕―, 窺―, 近―, 亂―, 同―, 蔑―, 明―, 無―, 斜―, 詳―, 熟―, 巡―, 仰―, 傲―, 雄―, 遠―, 凝―, 臨―, 敵―, 竊―, 正―, 坐―, 注―, 直―, 疾―, 透―.

見5 【覗】⑫ 문후할 시 匣 shī
〔소전〕 覗 〔동자〕 覗 字解 《通》施(765). ①문후하다, 찾아뵙고 문안드리다. ②다소곳하다. ③아첨하다.

見5 【覘】⑫ 엿볼 점 ㉭첨 鹽 chān
〔소전〕 覘 〔초서〕 视 〔간체〕 觇 字解 ①엿보다, 몰래 보다. =貼佔. 〔春秋左氏傳〕 公使覘之. ②보다. 〔孔子家語〕 使人覘之.
【覘邏 점라】 탐색하여 봄.
【覘望 점망】 살피면서 몰래 바라봄. 엿봄.
【覘視 점시】 엿봄. 窺視(규시).
【覘敵 점적】 적의 형세를 엿봄.
【覘候 점후】 ①남몰래 살핌. ②적의 형편을 살핌. 偵伺(정사).
○ 窺―, 密―, 使―, 應―.

見6 【覮】⑬ 覺(1644)의 고자

見部 6～9획 覓覔覠覢覣現覤覥親覦覩覧覫覬

見6 【覓】⑬
❶몰래 볼 **멱** 國 mì
❷볼 **맥** 囲 mì

[소전] 覓 [주문] 覛 [동문] 覔 [字源] 會意. 辰+見→覓. 물이 비껴 갈라져 흐르는(辰) 것을 본다(見)는 데서 '곁눈질하다'의 뜻을 나타낸다.

[字解] ❶몰래 보다, 곁눈질하다. [張衡·賦] 覓往昔之遺館. ❷보다, 자세히 보다. [國語] 古者太史順時覓土.

【覓土 맥토】 땅을 봄. 토지를 자세히 관찰함.

見6 【覔】⑬ 覓(1642)과 동자

見6 【覠】⑬
❶뵐 **조** 國 tiào
❷볼 **조** 國
❸바라볼 **조** 囲

[소전] 覠 [초서] 覠 [字解] ❶①뵈다, 알현하다. 주대(周代)에 제후가 3년마다 모여 천자를 알현하던 의식. [周禮] 殷覠曰視. ❷보다, 회견하다. [春秋左氏傳] 享覠有璋. ❸바라보다. =眺. [後漢書] 流目覠夫衡阿兮.

見6 【覢】⑬ 다소곳할 **척** 國 qī

[字解] 다소곳하다, 아첨하다.

見7 【覣】⑭ 박수 **격** 國 xí

[소전] 覣 [초서] 覣 [간체] 覣 [字解] 박수, 남자 무당. ≒擊. [國語] 在男曰覡, 在女曰巫.

見7 【現】⑭ 볼 **렴** 國 lián

[字解] 보다, 살펴보다, 조사하다. ≒廉. [漢書·廉問·注] 廉, 察也, 字本作現.

見7 【覤】⑭ 볼 **혁** 囲 hè

[字解] ①보다. ②땅 이름. [北史] 位宮敗走, 毋丘儉追至覤覤.

見8 【覥】⑮ 언뜻 볼 **섬** 國 shǎn

[소전] 覥 [字解] 언뜻 보다, 일별(一瞥)하다. [春秋公羊傳] 覥然公子陽生.

見8 【親】⑮ 親(1642)과 동자

見8 【覬】⑮ 놀랄 **혁** 國 xì

[초서] 覬 [字解] 놀라다, 놀라 두려워하는 모양. =覤. [莊子] 覬覬然驚.

見9 【覦】⑯ 놀라고 두려워하는 모양.

見9 【覩】⑯ 볼 **도** 囲 dǔ

[초서] 覩 [字解] 보다. ※睹(1219)의 고자(古字). [易經] 聖人作而萬物覩.

【覩聞 도문】 보는 일과 듣는 일.

見9 【覧】⑯ 覽(1645)의 속자

見9 【覬】⑯ 넘겨다볼 **유** 囲 yú

[소전] 覬 [초서] 覬 [간체] 覬 [字解] 넘겨다보다, 분수 밖의 일을 바라다. [春秋左氏傳] 能官人, 則民無覬心.

【覬視 유시】 엿봄. 살핌.
【覬心 유심】 분수에 넘치는 일을 바라는 마음. ◐窺一, 覦一, 覬一.

見9 【親】⑯ 친할 **친** 囲囲 qīn

[소전] 親 [초서] 親 [동자] 親 [고자] 寴 [고자] 寴
[간체] 亲 [字源] 形聲. 亲+見→親. '亲(친)'이 음을 나타낸다.

[字解] ①친하다. ㉮사랑하다. [孟子] 人之親其兄之子. ㉯사이좋게 지내다. [呂氏春秋] 不能相親. ㉰가까이하다. [韓愈·詩] 燈火稍可親. ㉱가깝다. [易經] 本乎天者親上, 本乎地者親下. ②화목하다. [荀子] 交親而不比. ③친히, 손수. [禮記] 世子親齊玄而養. ④친히 하다, 몸소 하다, 손수 하다. [詩經] 弗躬弗親, 庶民弗信. ⑤자애(慈愛). [國語] 慈保庶民親也. ⑥우정(友情). [史記] 連六國從親. ⑦어버이, 부모. [禮記] 始聞親喪. ⑧겨레, 일가. ≒懺. [春秋左氏傳] 祿勳合親. ⑨동료, 동아리. [春秋左氏傳] 輕則失親. ⑩새롭다, 새롭게 하다. 이 뜻 갈래일 때의 음은 '신'이다. =新. [大學] 在親民.

【親客 친객】 ①친근한 손. 친근한 식객(食客). ②거미의 딴 이름.
【親耕 친경】 ①몸소 갊. ②임금이 농업을 장려하기 위하여 몸소 적전(籍田)을 갈던 의식.
【親敬 친경】 친하며 공경함. 愛敬(애경).
【親告 친고】 임금이 몸소 신(神)에게 알림.
【親功臣 친공신】 國 스스로 공을 세워 녹훈(祿勳)된 공신.
【親串 친관】 친근함. 흉허물 없는 사이임.
【親敎 친교】 부모의 교훈.
【親舊 친구】 친척과 오래 사귄 벗. ②國친하게 사귀는 벗.
【親鞠 친국】 임금이 중죄인을 직접 신문함.
【親眷 친권】 ①아주 가까운 권속(眷屬). 친척. ②친밀하게 돌봄.

【親貴 친귀】①임금의 총애를 받아 높은 지위에 있음. ②임금의 집안.
【親忌 친기】國부모의 기제사(忌祭祀).
【親昵 친닐】친하고 화목함. 親暱(친닐).
【親同氣 친동기】國같은 부모에게서 난 형제자매(兄弟姉妹).
【親等 친등】①친족 사이의 멀고 가까움의 등급. 寸數(촌수). ②친소(親疏)의 정도.
【親臨 친림】임금이 직접 그곳에 참석함.
【親命 친명】부모의 명령.
【親睦 친목】서로 친하여 뜻이 맞고 정다움.
【親廟 친묘】종묘(宗廟).
【親聞 친문】친히 들음.
【親媚 친미】친애하고 사랑함.
【親民 친민】❶친민 ❷신민 ❶백성을 친애함. ❷백성을 새롭게 함. 교화하여 선(善)으로 이끎. 대학 삼강령의 하나. ✎'親'은 '新'으로 '새롭게 하다'를 뜻함.
【親藩 친번】임금과 친족인 제후(諸侯).
【親兵 친병】임금이 직접 거느리는 군사.
【親附 친부】친하여 붙좇음. 심복(心服)함.
【親分 친분】친밀한 정분.
【親不因媒 친불인매】부부 사이의 정의는 중매함이 없이 저절로 생김.
【親事 친사】①임금이 친히 일을 다스림. ②혼인에 관한 일. 婚事(혼사).
【親祠 친사】☞親祭(친제).
【親山 친산】國부모의 산소.
【親桑 친상】왕후(王后)가 친히 뽕을 따다가 누에를 침.
【親喪 친상】부모의 상사. 父母喪(부모상).
【親書 친서】①몸소 글씨를 씀. ②몸소 써서 보내 준 서신.
【親署 친서】임금이 친히 서명함.
【親疏 친소】친함과 버성김.
【親率 친솔】①임금이 솔선하여 일을 행함. ②몸소 군대를 거느림. ③한집안의 권솔(眷率).
【親受 친수】몸소 받음.
【親授 친수】몸소 줌.
【親熟 친숙】친하고 흥허물이 없음.
【親臣 친신】가까이 거느리는 신하.
【親婭 친아】동서(同壻).
【親狎 친압】①사이가 너무 가까워져 무람없음. 버릇없이 지나치게 친함. ②☞親合(친합).
【親愛 친애】친근하게 사랑함.
【親閱 친열】임금이 친히 사열함.
【親迎 친영】①친히 나아가 맞음. ②☞親迎禮(친영례).
【親迎禮 친영례】신랑이 친히 신부 집에 가서 신부를 맞아 오는 예. 親迎(친영).
【親王 친왕】황제의 아들이나 형제.
【親往 친왕】친히 감.
【親遇 친우】친절히 대우함.
【親倚 친의】가까이 의지함.
【親誼 친의】친밀한 정의.
【親任 친임】①친근히 여겨 맡김. ②임금이 친히 임명함. 또는 그 벼슬.

【親炙 친자】스승에게 직접 가르침을 받음.
【親長 친장】손윗사람. 어른.
【親裁 친재】임금이 직접 재결함. 勅裁(칙재).
【親展 친전】①친히 만나 이야기함. ②수신인이 친히 펴보라는 뜻으로 편지 겉봉에 쓰는 말.
【親切 친절】대하는 태도가 정겹고 고분고분함.
【親接 친접】①친하게 사귐. 주변 가까이에 있음. ②몸소 나가서 대접함.
【親征 친정】임금이 몸소 나아가 정벌함.
【親政 친정】임금이 친히 정사를 봄.
【親庭 친정】國혼인한 여자의 본집.
【親祭 친제】임금이 몸소 신(神)을 제사 지냄.
【親知 친지】친하게 잘 알고 지내는 사람.
【親執 친집】몸소 잡음. 일을 몸소 함.
【親策 친책】전시(殿試)에 임금이 몸소 시험하던 일.
【親戚 친척】①친족과 외척. ②성(姓)이 다른 가까운 척분(戚分). 고종(姑從)·이종(姨從) 따위.
【親親 친친】①마땅히 친해야 할 사람과 친함. 친척을 친애함. 어버이를 친애함. ②친척.
【親避 친피】근친 사이에서 서로 시관(試官)과 과생(科生)이 되기를 피하던 일.
【親筆 친필】손수 쓴 글씨.
【親合 친합】國부부가 동침함.
【親享 친향】☞親祭(친제).
【親好 친호】친하고 의가 썩 좋음.
【親患 친환】부모의 병환.
【親厚 친후】친하고 정의가 두터움.
○懇─, 強─, 繼─, 近─, 老─, 等─, 睦─, 甥─, 熟─, 兩─, 養─, 嚴─, 六─, 肉─, 慈─, 切─, 族─, 宗─, 至─, 從─, 和─.

見
10【覯】 ⑰ 만날 구 圍 gòu
[字解] ①만나다, 우연히 만나다. 〔詩經〕亦旣覯止. ②이루다, 구성(構成)하다. ≒構. 〔春秋左氏傳〕其惡易覯. ③합치다, 만나 합하게 하다. 〔詩經·箋〕男女覯精, 萬物化生. ④혼인하다. 〔詩經·箋〕旣覯, 謂已昏也. ⑤수동(受動)을 나타내는 말, ~지다, ~게 되다, ~을 당하다. 〔詩經〕覯閔旣多.
【覯閔 구민】근심을 만남. 근심이 생김.

見
10【覬】 ⑰ 바랄 기 圍 jì
[字解] ①바라다, 분에 넘치는 일을 바라다. ≒冀. 〔王符·論〕衣冠無所覬望. ②처지다, 드리워지다.
【覬望 기망】바람. 소망함.
【覬覦 기유】분에 넘치는 희망을 품음.
【覬幸 기행】간절히 바람. 요행을 바람.

見
10【覿】 ⑰ 볼 기 圍 qí
[字解] 보다.

見部 10~14획 覭 覯 覬 覲 覰 覱 覽 覲 覺 覷 覼

見 10 【覭】 ⑰ ❶볼 명 靑 míng ❷더부룩이 날 맥 陌 míng
字解 ❶①보다, 슬쩍 보다. ②어두운 데서 엿보다. ❷더부룩이 나다, 초목이 총생(叢生)한 모양.
【覭髳 맥무】 초목이 무성한 모양. 초목이 우거진 모양.

見 11 【観】 ⑱ 觀(1645)의 속자

見 11 【覲】 ⑱ 뵐 근 震 jìn
字解 뵈다, 알현(謁見)하다. 〔禮記〕諸侯北面而見天子曰覲. ❷보다, 만나 보다, 인견(引見)하다. 〔書經〕日覲四岳群牧. ❸겨우 =僅. 〔呂氏春秋〕至於覲存. ❹구슬, 옥(玉). =瑾. 〔荀子〕琅玕龍茲華覲以爲實.
【覲禮 근례】 제후(諸侯)가 천자에게 알현(謁見)하는 예식.
【覲參 근참】 찾아가서 뵘.
【覲天 근천】 천자를 알현함.
【覲親 근친】 ①國시집간 딸이 친정에 가서 부모를 뵘. 歸寧(귀녕). ②(佛)승려가 속가(俗家)의 부모를 뵈러 감.
【覲行 근행】 근친(覲親)하러 가거나 옴.
【覲見 근현】 뵘. 배알(拜謁)함.
◐來-, 王-, 入-, 朝-, 參-.

見 11 【覰】 ⑱ 엿볼 처 御魚 qù
字解 엿보다. =覷. 〔唐書〕北寇覰邊. ❷보다. ❸거칠다, 촘촘하지 않다.
【覰邊 처변】 변방을 엿봄.
【覰步 처보】 ①여기저기 둘러보면서 걸어감. 시찰하면서 순행(巡行)함. ②탐정(探偵).
【覰知 처지】 엿보아서 앎.

見 12 【覰】 ⑲ 엿볼 간·한 諫刪 jiàn
字解 ❶엿보다. =瞯. 〔孟子〕王使人覰夫子. 注云, 覰, 視也. 覰與覰同. ❷보다. ❸섞다. 〔禮記〕見聞以俠覰. 注云, 見聞, 當爲覰.

見 12 【覼】 ⑲ 자세할 라·란 歌翰 luó, luǎn
字解 ❶자세하다, 말이 곡진(曲盡)하다. ❷즐겁게 보다, 기쁜 표정으로 보다. ❸차례, 차서(次序).

見 12 【覽】 ⑲ 覽(1223)과 동자

見 12 【覷】 ⑲ 覰(1644)의 속자

見 13 【覺】 ⑳ ❶깨달을 각 藥 jué ❷깰 교 效 jiào

[字形evolution] 爲 芼 芇 覍 覺 覺 覺

[소전] 覺 [초서] 覚 [동자] 覐 [속자] 覚 [속자] 覚
[고자] 憥 [고자] 憥 [간체] 觉 參考 대법원 지정 인명용 한자의 음은 '각'이다.
字源 形聲. 與+見→覺. '與'은 '學(학)'의 생략형으로 음을 나타낸다.
字解 ❶①깨닫다, 터득하다. 〔春秋公羊傳〕叔術覺焉. ②깨우치다, 깨닫게 하다. 〔孟子〕使先知覺後知. ③깨달음, 도리를 깨달아 아는 일. 〔梁元帝·序〕無復圓覺之風. ④달인(達人), 도리를 깨달은 사람. 〔左思·賦〕未寤於前覺也. ⑤알다, 기억하다. 〔書經〕厥德修罔覺. ⑥느끼다. 〔韓愈, 孟郊·詩〕先被詩情覺. ⑦나타나다, 드러나다. 〔李邕·文〕朗日開覺. ⑧나타내다, 밝히다. 〔春秋左氏傳〕以覺報宴. ⑨높고 크다. ≒嶨. 〔詩經〕有覺其楹. ⑩곧다, 똑바르다. ≒縮. 〔詩經〕有覺德行. ⑪견주다, 경쟁하다. ≒校·推. 〔孟子〕春秋無義戰, 注云, 彼此相覺. ❷①깨다, 꿈을 깨다. 〔詩經〕尙寐無覺. ②깨우다, 일으키다. 〔晉書〕中夜聞荒雞鳴, 蹴琨覺. ③이승, 현실. 〔列子〕覺之所見者妄.
【覺劍 각검】 (佛)깨달음의 힘. ◯그 힘은 능히 사악을 깨뜨리므로 검(劍)에 비유한 말.
【覺非 각비】 이전의 잘못을 깨달음.
【覺書 각서】 상대편에게 약속하는 내용을 적어 주는 문서.
【覺醒 각성】 ①잘못을 깨달아 정신을 차림. ②깨달아 앎.
【覺悟 각오】 ①깨달음. 이전의 과오를 깨달아 앎. 醒悟(성오). ②(佛)미혹에서 벗어나 진리를 깨닫고 진지(眞智)를 얻음. ③國미리 마음을 작정함. 결심함.
【覺寤 각오】 ①꿈에서 깸. ②깨달아 앎. 깨달아 알게 함.
【覺王 각왕】 (佛)부처의 딴 이름.
【覺苑 각원】 ①(佛)깨달음의 동산. 부처가 있는 정토(淨土). ②마음.
【覺知 각지】 깨달아 앎.
【覺海 각해】 (佛)교의(敎義)가 바다처럼 깊고 넓은 불교의 세계.
◐感-, 警-, 大-, 晚-, 妙-, 味-, 發-, 先-, 睡-, 視-, 悟-, 自-, 正-, 知-, 直-, 錯-, 聽-, 觸-, 幻-, 嗅-.

見 13 【覷】 ⑳ 覰(1644)와 동자

見 14 【覼】 ㉑ 覰(1644)와 동자

見 14 【覽】 ㉑ 볼 람 [感] lǎn

[소전] [초서] [속자] 覧 [속자] 覽 [간체] 览

[字源] 會意·形聲. 監+見→覽. 사람〔人〕이 그릇〔皿〕 안에 있는 물〔一〕에 자신을 들여다보고〔臣〕 있는 모습으로 '내려다보다'라는 뜻을 나타낸다. '監(감)'이 음도 나타낸다.

[字解] ①보다. ㉮살펴보다, 비교하여 보다. 〔漢書〕 又覽纍之昌辭. ㉯바라보다, 전망하다. 〔史記〕 登玆泰山, 周覽東極. ②전망, 경관. 〔王惲·詩〕 富覽山無盡. ③받다, 받아들이다. 〔戰國策〕 大王覽其說.

【覽古 남고】 고적을 찾아 그 당시의 일을 회상함. 懷古(회고).
【覽古考新 남고고신】 옛일을 살펴 지금의 일을 고찰함.
【覽觀 남관】 구경함. 觀覽(관람).
【覽究 남구】 보고 연구함.
【覽揆 남규】 ①보고 헤아림. ②생일(生日).
【覽讀 남독】 죽 훑어보며 읽음.
【覽歷 남력】 지나가면서 구경함.
【覽示 남시】 드러내어 보임.
◑ 敬-, 高-, 觀-, 博-, 俯-, 上-, 聖-, 熟-, 巡-, 歷-, 閱-, 遊-, 一-, 展-, 眺-, 縱-, 周-, 淸-, 親-, 便-, 回-.

見 15 【覰】 ㉒ 覷(*1646*)의 속자

見 15 【覿】 ㉒ 볼 적 [錫] dí

[소전] [초서] [간체] 觌

[字解] ①보다, 만나다, 뵈다, 보이다. ≒儥. 〔易經〕 三歲不覿. ②눈이 붉다. ③멀리 바라보는 모양.

【覿面 적면】 ①눈앞. 목전(目前). ②면전에서 뵘. 임금이나 어른을 직접 면전에서 뵘.
【覿武 적무】 무덕(武德)을 드러내어 보임.
◑ 俯-, 私-, 遠-.

見 18 【觀】 ㉕ ❶볼 관 [翰] guān ❷볼 관 [寒] guàn

[소전] [고문] [초서] [속자] 観 [속자] 覌 [속자] 娊 [간체] 观

[字源] 形聲. 雚+見→觀. '雚(관)'이 음을 나타낸다.

[字解] ❶①보다, 자세히 보다. 〔列子〕 不知務內觀. ②보이다, 나타내 보이다. 〔周禮〕 嘉量旣成, 以觀四國. ③드러내다, 명시하다. 〔漢書〕 以觀欲天下. ④볼품, 외관. 〔韓非子〕 上用目則下飾觀. ⑤경관, 경치. 〔蘇軾·記〕 背湖山之觀, 而行桑麻之野. ⑥모양, 의용. 〔禮記〕 習容觀玉聲. ⑦양관(兩觀). 궁문(宮門) 좌우에 있는 높은 대(臺). ⑧누각, 망루. 〔春秋左氏傳〕 宮室不觀. ⑨촉루대(髑髏臺). 시체를 한데 쌓고 흙으로 덮어 둔 무덤. 〔春秋左氏傳〕 收晉尸, 以爲京觀. ⑩도관(道觀). 선인·도사가 수도하는 곳. 〔唐書〕 上寺留便二十一, 上觀道士十四. ⑪괘 이름, 64괘의 하나. 괘형은 ䷓. 내순외손(內順外遜)을 상징한다. ⑫많다. ≒貫. 〔詩經〕 遹觀厥成. ⑬황새. ≒鸛. 〔莊子〕 觀雀蚊虻. ❷①보다. ㉮살펴보다. 〔書經〕 予欲觀古之象. ㉯점쳐 보다. 〔漢書〕 觀成潢. ㉰바라보다. 〔史記〕 諸將皆從壁上觀. ㉱쳐다보다. ㉲거울삼다, 본받다. 〔春秋左氏傳〕 書而不法, 從嗣何觀. ㉳널리 보다. 〔論語〕 觀其所由. ②눈, 시선(視線). 〔後漢書〕 坐者皆屬觀. ③유람(遊覽). 〔孟子〕 吾何修而可以比於先王觀也. ④사고력, 판단의 능력. ⑤체계화된 견해. 〔范成大·詩〕 正觀不起況邪觀. ⑥사념(思念)하다, 고구(考究)하다. 〔程顥·詩〕 萬物靜觀皆自得, 四時佳興與人同.

【觀閣 관각】 ①누각(樓閣). ②망대(望臺).
【觀感 관감】 ①서로 느껴 통하는 바를 관찰함. ②눈으로 보고 마음으로 느낌.
【觀過知仁 관과지인】 군자의 과오는 관후(寬厚)한 데서 오고, 소인의 과오는 박덕한 데서 빚는 것이므로, 과오의 동기를 살피면 그 어짊과 어질지 못함을 알 수 있음.
【觀光 관광】 ①다른 나라의 문물제도를 봄. ②다른 지방이나 다른 나라의 풍광·풍속을 유람함. ③[國]과거(科擧)를 보러 감.
【觀闕 관궐】 누문(樓門). 궁성의 문 따위.
【觀闕之誅 관궐지주】 부정한 신하를 죽임. [故事] 공자(孔子)가 노(魯)나라의 사구(司寇)가 되어, 정치를 문란하게 한 대부(大夫) 소정묘(少正卯)를 성문의 관궐에서 벤 고사에서 온 말.
【觀念 관념】 사물·현상에 대한 생각이나 의견.
【觀燈 관등】 ①정월 보름날 밤에, 등불 구경을 하는 행사. ②(佛)음력 4월 초파일에 등을 달아 석가의 탄일을 축하하는 일.
【觀望 관망】 ①멀리서 바라봄. ②되어 가는 형편을 제삼자의 처지에서 바라봄.
【觀廡 관무】 누각(樓閣).
【觀美 관미】 ①부질없이 겉만을 꾸밈. 내용이 충실하지 않음. ②아름다움을 봄.
【觀榜 관방】 방문(榜文)을 봄. 시험 성적 게시(揭示)를 봄.
【觀相 관상】 얼굴 등을 보고 그 사람의 재수·운명 등을 판단하는 일.
【觀象 관상】 ①점괘(占卦)를 봄. ②법식(法式)을 살펴봄. ③기상(氣象)이나 천문(天文)을 관측함.
【觀賞 관상】 취미에 맞는 대상을 보면서 즐김.
【觀色窺心 관색규심】 안색을 살피고 마음을 뚫어 봄.
【觀書 관서】 책을 봄. 소리를 내지 않고 책을 읽음. 묵독(默讀)함.
【觀世音菩薩 관세음보살】 (佛)자비(慈悲)의 화

見部 19획 觀 角部 0획 角

신(化身)인 보살. 세지보살(勢至菩薩)과 함께 아미타불(阿彌陀佛)의 좌우에서 부처의 교화를 도움. 觀音(관음).
【觀心 관심】①마음을 봄. 마음이 있는 곳을 봄. ②(佛)마음의 본성을 밝게 살핌. 내관(內觀)함.
【觀往知來 관왕지래】과거를 봄으로써 장래를 미루어 앎. 以往察來(이왕찰래).
【觀魏 관위】궁문(宮門)의 누관(樓觀). ▷'觀'과 '魏' 모두 '대궐'을 뜻함. 門闕(문궐).
【觀者如堵 관자여도】구경하는 사람이 많아 담장처럼 늘어서 있음.
【觀自在 관자재】(佛)관세음보살의 딴 이름. ▷제법(諸法)을 자유롭게 본다는 데서 온 말.
【觀點 관점】사물을 관찰할 때 그 사람이 보는 처지. 見地(견지).
【觀照 관조】①(佛)지혜로써 사리(事理)를 비추어 봄. ②고요한 마음으로 자연이나 예술 작품 등을 관찰하여 음미하는. ③미(美)를 직접적으로 지각하는 일.
【觀察 관찰】주의 깊게 살펴봄.
【觀瞻 관첨】①자세히 봄. 지켜봄. ②國㉠여러 사람이 봄. ㉡여러 사람이 우러러봄.
【觀取 관취】보아서 그 진상을 알아차림. 看取(간취).
【觀風 관풍】①시기(時機)를 살핌. ②타향의 풍속이나 인정의 득실(得失)을 살핌.
【觀海 관해】바다를 바라봄. 보는 바가 큼.
【觀行 관행】①남의 행동을 봄. ②스스로의 행동을 살펴봄. ③(佛)마음으로 진리를 보고 몸으로 이를 행함.
【觀形察色 관형찰색】①안색을 살핌. ②사물을 자세히 관찰함.
【觀釁 관흔】①기회를 엿봄. ②죄상(罪狀)을 관찰함.
【觀釁而動 관흔이동】틈을 보아 군사를 움직임. 적의 헛점을 노려 군사를 부림.
○ 可-, 槪-, 客-, 京-, 景-, 舊-, 宮-, 奇-, 樂-, 樓-, 達-, 大-, 臺-, 美-, 傍-, 悲-, 外-, 偉-, 遊-, 臨-, 壯-, 邸-, 靜-, 縱-, 坐-, 主-, 止-, 參-.

見 【觀】 ❶볼 리 覼 lí
19 ㉖ ❷살펴볼 리 䙵 lí

소전 觀 속자 觀 字解 ❶㉠보다. ❷구하여 보다, 찾아서 보다. ❷살펴 보다, 자세히 관찰하다.

角部
7획 부수 | 뿔각부

角 【角】 ❶뿔 각 覺 jiǎo
0   ⑦ ❷사람 이름 록 圞 lù
    ❸꿩 우는 소리 곡 圞 gǔ

',', ', 广, 乃, 角, 角, 角
소전 甬 초서 甬 본자 甬 간자 角 參考 대법원 지정 인명용 한자의 음은 '각'이다.
字源 象形. 짐승의 뿔을 본뜬 글자.
字解 ❶㉠뿔. ㉮짐승의 뿔.〔詩經〕有捄其角. ㉯달팽이나 곤충의 촉각.〔莊子〕有國於蝸之左角者. ②모, 귀, 모진 데.〔易經〕晉其角維用伐邑. ③구석, 한 모퉁이.〔楊炯·廟碑銘〕德澤天外, 文明地角. ④뿔피리, 뿔로 만든 관악기.〔北史〕鳴角收兵. ⑤뿔 세공(細工).〔庾信·碑銘〕珠大擅奇. ⑥뿔을 잡다, 동물의 뿔을 잡아 쥐고 생포하다, 전면(前面)에서 적을 제어하다.〔春秋左氏傳〕譬如捕鹿, 晉人角之. ⑦사람의 이마 한가운데가 도톰한 상(相).〔後漢書〕龍準日角. ⑧상투.〔禮記〕男女女鬣. ⑨술잔, 술그릇.〔儀禮〕一角一散. ⑩되, 말, 양기(量器).〔呂氏春秋·注〕石升角皆量器也. ⑪짐승, 금수.〔太玄經〕山無角. ⑫견주다. 늑校·覈.〔漢書〕非親角材而臣之. ⑬겨루다, 경쟁하다.〔漢書〕角無用之虛文. ⑭다투다.〔後漢書〕與子陽角力. ⑮닿다, 접촉하다.〔漢書〕物觸地而出, 載芒角也. ⑯시험하다.〔呂氏春秋〕肆射御角力. ⑰뛰다.〔白虎通〕角者躍也, 陽氣動躍. ⑱깍지. 콩·팥 따위의 꼬투리에서 알맹이를 까낸 껍질.〔本草綱目〕角曰莢. ⑲오음(五音)의 하나. 동양 음악의 오음계 중에서 셋째 음.〔周禮〕宮商角徵羽. ⑳별 이름, 28수(宿)의 하나.〔楚辭〕角宿未旦. ㉑사람 이름, 녹리(角里). 상산사호(商山四皓)의 한 사람.〔十八史略〕角里先生. ㉒꿩이 우는 소리. ¶ 角角.

【角角 ❶각각 ❷곡곡】❶잘게 구획(區劃)함. ❷꿩이 우는 소리.
【角距 각거】소의 뿔과 닭의 며느리발톱. 무기(武器)의 비유.
【角巾 각건】①은자(隱者)가 쓰던 모가 진 두건. 方巾(방건). ②國㉠정재(呈才) 때 무동(舞童)이 쓰던 건. ㉡향교(鄕校)나 지방 관아의 객사에서 시중드는 남자 종이 예식 때 쓰던 건.
【角冠 각관】도사(道士)가 쓰는 관.
【角弓 각궁】쇠뿔이나 양뿔로 꾸민 활.
【角掎 각기】뿔을 잡아당기기도 하고 다리를 끌어당기기도 하여 넘어뜨림. 앞뒤로 적을 제어(制御)함.
【角度 각도】①각의 크기. ②사물을 보는 방향. 觀點(관점).
【角力 각력】①서로 힘을 겨룸. ②씨름.
【角列 각렬】①모나게 늘어섬. ②뿔을 늘어놓은 듯한 모양.
【角立 각립】①뛰어남. 빼어남. 傑出(걸출). ②늘어선 모양.
【角馬 각마】말에 뿔이 남. ㉠사물이 그 본래 모습을 잃음. ㉡있을 수 없는 일의 비유.
【角木 각목】네모지게 켠 나무.
【角門 각문】정문 옆에 있는 작은 문.
【角崩 각붕】항복함.

【角柶 각사】 짐승의 뿔로 만든 숟가락.
【角黍 각서】 웃기떡의 한 가지. 주악.
【角聲 각성】 군중(軍中)에서 쓰던 나팔 비슷한 악기인 각(角)을 부는 소리.
【角勝 각승】 승부를 겨룸.
【角試 각시】 시험하여 성적의 우열을 비교함.
【角鷹 각응】 매. 맷과의 새.
【角者無齒 각자무치】 國뿔이 있는 동물에게는 사나운 이빨이 없음. 한 사람에게 여러 가지 재능이나 복이 갖추어지지는 않음.
【角材 각재】 ①재능을 겨룸. 기능을 잼. ②네모지게 켜낸 목재(木材).
【角抵 각저】 ①힘이나 기예・사어(射御) 등을 겨룸. ②씨름.
【角笛 각적】 뿔로 만든 피리.
【角指 각지】 활을 쏠 때, 시위를 잡아당기기 위하여 엄지손가락에 끼는, 뿔로 만든 기구. 깍지.
【角逐 각축】 서로 이기려고 다투며 덤벼듦. '角'은 '힘을 겨루는 것'을, '逐'은 '뒤쫓는 것'을 뜻함.
【角枕 각침】 뿔로 만들거나 장식한 베개.
【角戲 각희】 ①승부를 겨루는 놀이의 총칭. ②씨름.
◐骨-, 圭-, 麈-, 稜-, 多-, 頭-, 四-, 三-, 犀-, 羊-, 銳-, 屋-, 蝸-, 外-, 牛-, 一-, 直-, 天-, 觸-, 總-.

角0【肉】⑧ 角(1646)의 본자

角1【甪】⑧ 觓(1647)의 속자

角2【觓】⑨ 굽을 구 因風 qiú
[소전][속자] 觓 [参考] 觓(757)은 딴 자. [字解] 굽다, 뿔의 끝이 굽다. =觩. 〔春秋穀梁傳〕郊牛日展觓角而知傷.

角2【觔】⑨ 힘줄 근 因 jīn
[字解] ①힘줄. =筋. 〔淮南子〕良馬者, 可以形容觔骨相也. ②근. 무게의 단위. 열엿 냥쭝. =斤. 〔舊唐書〕每一石灰得鹽一十二觔一兩. ③공중제비. ¶ 觔斗.
【觔斗 근두】 ①공중제비. 跟頭(근두). ②산악(散樂)의 이름.

角3【釵】⑩ 대구 차 風 chāi
[字解] 대구(帶鉤), 혁대의 자물단추.

角4【觖】⑪
❶서운해 할 결 風 jué
❷바랄 기 國 kuì
❸혀찰 계 風 guì
[초서][字解] ❶①서운해 하다, 불만스레 여기다. 〔史記〕獨此尙觖望. ②들추어내다, 적발하다. =抉. 〔漢書〕欲擿觖以揚我惡. ❷바라다, 원하다. =冀. 〔史記〕為群臣觖望. ❸혀를 차다, 혀를 차며 하는 말.
【觖望 결망】 ❶결망 ❷기망 ①마음에 차지 않아 원망함. 觖望(결망). ②간절히 바람. 희망함. 冀望(기망).
【觖如 결여】 마음에 차지 않는 모양. 불만스러운 모양.

角4【觲】⑪ 觸(1651)의 고자

角4【觕】⑪ 거칠 추 麌 cū
[초서] 觕 [字解] ①거칠다, 정밀하지 못하다. =麤. =粗. 〔春秋公羊傳〕觕者曰侵, 精者曰伐. ②대략(大略), 대강. 〔漢書〕觕擧僚職.
【觕擧 추거】 대강 등용함.
【觕識 추식】 대강 앎. 대강은 앎.

角5【駏】⑫ 며느리발톱 거 圄 jù
[동자] 駏 [字解] ①며느리발톱. =距. ②짐승 이름.

角5【觚】⑫ 술잔 고 麌 gū
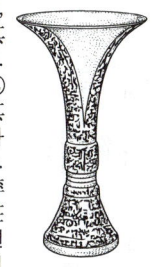
〈觚①〉
[소전][초서][속자] 觚 [字解] ①술잔, 의식(儀式)에 쓰는 술잔. 〔論語〕觚不觚. ②모, 능각(稜角). =楞. 〔莊子〕其觚而不堅也. ③네모, 사각형. 〔漢書〕漢興破觚而為圜. ④법, 법칙. 〔太玄經〕占之以其觚. ⑤대쪽, 죽간(竹簡). 문자를 기록하는 데 쓰던 나무쪽. =簡. ⑥홀로, 혼자. =孤. 〔莊子〕其觚而不堅也. ⑦줄, 진 고(眞觚). 볏과에 속하는 여러해살이풀. =菰. 苽. 〔漢書〕蓮藕觚盧. ⑧자루, 손잡이. =把. 〔淮南子〕操其觚招其末.
【觚牘 고독】 ①글자를 적는 데 쓰던 대쪽이나 나무쪽. ②책(冊).
【觚盧 고로】 호리병박.
【觚稜 고릉】 전각(殿閣) 따위의 가장 높고 뾰족하게 내민 모서리.
【觚不觚 고불고】 고(觚)가 모가 나지 않음. 이름만 있고 실속이 없음. ◯본디 모난 술잔을 '觚'라 하였으나 나중에 실물은 없어지고 이름만 그대로 쓰인 데서 온 말.
◐劍-, 操-, 執-.

角5【觛】⑫ 觚(1647)의 속자

角部 5~6획 觜觝觡觥觠觢解

角 5 【觜】⑫
❶털뿔 자 因 zī
❷부리 취 紙 zhǐ
❸바다거북 주 因

[소전][초서] [字解] ❶①털뿔[毛角]. 부엉이의 머리 위에 뿔처럼 난 털. ❷뾰족한 끝. 〔皇甫松·詩〕鶻鵰飛達青山觜. ❸별 이름, 28수(宿)의 하나. 〔史記〕小三星隅置曰觜觿爲虎首. ❹바다거북. 〔後漢書〕甲瑇瑁, 戕觜觿. ❷부리, 새의 주둥이. 〔潘岳·賦〕列膵破觜. ❸바다거북. ※❶의 ❹와 같다.

[觜宿 자수] 28수의 하나. 서쪽에 있는 백호(白虎)의 여섯째 별.
[觜觿 자휴] ①⇨觜宿(자수). ②바다거북.
[觜距 취거] 부리와 발톱. 무기(武器)의 비유.
[觜翅 취시] 부리와 날개.

❶ 曲—, 猛—, 蜂—, 沙—, 雅—, 利—, 鐵—.

角 5 【觝】⑫
❶닥뜨릴 저 薺 dǐ
❷칠 지 紙 zhǐ

[소전] [字解] ❶①닥뜨리다. =牴. 〔韓愈·解〕觝排異端. ②이르다, 도달하다. 〔嵆康·賦〕觸巖觝隙. ❷치다. =抵.

[觝排 저배] 물리침. 배척함. 거절함.
[觝觸 저촉] ①부딪침. 닥뜨림. 방해가 됨. ②모순됨. 이치에 어그러짐. 抵觸(저촉).

❶ 角—, 相—.

角 6 【觡】⑬
뿔 격 陌 gé

[소전][초서] [字解] 뿔. ㉠뼈처럼 단단한 뿔. 〔禮記〕角觡生. ㉣가지가 있는 사슴의 뿔. 가지가 없는 뿔을 '角(각)'이라 한다.

[觡觡 격격] 귀뚜라미가 우는 소리.

角 6 【觥】⑬
뿔잔 굉 庚 gōng

[소전][고문][초서][동자] [字解] ①뿔잔, 뿔로 만든 큰 술잔. 〔詩經〕我姑酌彼兕觥. ≒觵·觿. 〔太玄經〕觥羊之毅. ③강직(剛直)한 모양. ¶觥觥.
[觥觥 굉굉] 강직(剛直)한 모양.
[觥飯 굉반] 잘 차린 음식. 盛饌(성찬).
[觥船 굉선] 큰 술잔. ◯모양이 배처럼 생긴 데서 이르는 말.
[觥羊 굉양] 큰 양.
[觥盂 굉우] 술잔.
[觥籌 굉주] 술잔과 산가지. ◯'觥'은 술잔, '籌'는 승부를 겨루어 벌주(罰酒)를 마신 수를 세기 위한 산가지.
[觥籌交錯 굉주교착] 벌주 잔과 산가지가 뒤섞임. 연회가 성대한 모양.

❶ 巨—, 罰—, 兕—, 銀—, 酒—, 彭—.

角 6 【觠】⑬
뿔 권 先 quán

[소전] [字解] 뿔, 굽은 뿔, 뿔이 굽다. 〔北史〕唯觠角存.

角 6 【觢】⑬
❶쇠뿔 솟을 서 霽 shì
❷꼿꼿할 체 霽 shì

[소전][초서] [字解] ❶쇠뿔이 솟다, 쇠뿔이 치솟아 있는 모양. ❷꼿꼿하다, 뿔이 곧다. =挈·挈. 〔易經〕其角觢.

角 6 【解】⑬
❶풀 해 蟹 jiě
❷마디 해 卦 xiè

丿 ⺈ 尹 甪 角 角⺈ 角刀 角刅 解

[소전][초서][속자][속자] [字源] 會意. 角＋刀＋牛→解. 칼(刀)로 소(牛)의 뿔(角)을 끊는다는 뜻을 나타낸다.

[字解] ❶①풀다. ㉠가르다, 해부하다. 〔春秋左氏傳〕宰夫解黿. ㉡깎다. 〔國語〕晉文公解曹地, 以分諸侯. ㉢흩뜨리다. 〔莊子〕苟能無解其五藏. ㉣벗다, 벗기다. 〔禮記〕解屨不敢當階. ㉤열다. 〔後漢書〕嚴城解扉. ㉥용서하다, 면제하다. 〔漢書〕於法無以解. ㉦놓아주다. 〔管子〕是故以寬裕而有解舍. ㉧풀이하다, 설명하다. 〔文心雕龍〕有關剌解牒. ㉨타이르다, 설유하다. 〔後漢書〕訓導譬解. ㉩변명하다, 해명하다. 〔漢書〕夫安敢以服爲解. ㉪맨 것이 얽힌 것을 풀다. 〔小學〕衣不解帶. ㉫해결하다. 어려운 일을 처리하다. 〔孫子〕患不解也. ㉬직위를 풀다. ¶解職. ㉭서로 좋게 하다. 和解. ②풀리다. ㉠이해되다, 납득이 가다. 〔諸葛亮·表〕此臣之未解一也. ㉡해이해지다, 긴장이 풀리다. ¶解弛. ㉢게을러지다. ¶解怠. ㉣떨어지다. 〔逸周書〕鹿角解. ㉤해지다, 헐어서 못 쓰게 되다. 〔淮南子〕羊裘解札. ㉥화목해지다. 〔史記〕業已講解. ③깨닫다. 깨달음. 〔禮記〕相說以解. ④번뇌에서 벗어나다. ¶解脫. ⑤괘 이름, 64괘(卦)의 하나. 괘형은 ䷧. 어려움이 풀림을 상징함. ⑥악장(樂章)의 한 장(章). ¶一解. ⑦문체(文體)의 이름, 의혹을 변해(辨解)하는 글. ¶進學解·獲麟解. ⑧게. 蟹. 〔呂氏春秋〕大解陵魚. ⑨취[取汗]하다. ¶解熱. ⑩대소변. ⑪신수(神獸)의 이름. ❷①마디, 지절(支節). 〔史記〕君知其解乎. ②만나다, 뜻하지 않게 만나다. ≒邂. ③게으름을 피우다, 나태하다. 〔禮記〕三日不解. ④없애다, 제거하다. ¶解除. ⑤흩다, 흩어지다. ¶解散. ⑥그치다, 그만두다. 〔漢書〕歸獄不解. ⑦사과하다. 〔後漢書〕雖有解而, 注云, 解除, 謂謝過也. ⑧희생으로서 바치다. 〔淮南子〕禹之爲水, 以身解於陽盱之河. ⑨아뢰다, 여쭈다. ⑩보내다, 파견하다. 〔宋史〕令監司守臣解送. ⑪향시(鄕試). ¶解元. ⑫마을, 관청. ≒廨. 〔商子〕高其解舍.

[解角 해각] ①새 뿔이 나려고 묵은 뿔이 빠짐. ②포위망의 무너진 일각(一角).
[解渴 해갈] ①목마름을 풂. 갈증을 해소함. ②

비가 내려 가뭄을 면함.
【解褐 해갈】 천한 옷을 벗어 버리고 관복(官服)으로 바꾸어 입음. 처음으로 관직에 나아감.
【解巾 해건】 은자(隱者)가 쓰는 건을 벗음. 벼슬살이를 함.
【解故 해고】 ①사정을 해설함. 까닭을 설명함. ②옛글의 해석. 釋故(석고).
【解雇 해고】 고용했던 사람을 내보냄.
【解詁 해고】 ☞解故(해고)².
【解垢 해구】 부회(附會)하는 말. 詭辯(궤변).
【解搆 해구】 부회(附會)함. 억지로 끌어다 붙임.
【解構 해구】 ①이간질함. 참언(讒言)함. ②만남.
【解禁 해금】 금지하였던 것을 풂.
【解答 해답】 ①설명하여 답함. 또는 그 대답. ②문제를 풀어서 답함. 또는 그 답.
【解道 해도】 ①앎. 이해함. 知道(지도). ②남 하는 말이 이해가 감. ~라고 말할 수 있음. 남의 명구(名句)를 인용할 때 동감한다는 의미로 쓰는 시어(詩語).
【解凍 해동】 언 것이 녹아서 풀림.
【解頭 해두】 향시(鄕試)에 장원 급제한 사람.
【解得 해득】 깨달아 앎.
【解纜 해람】 닻줄을 풂. 출범(出帆)함.
【解例 해례】 보기를 들어 가며 해설함.
【解明 해명】 잘 설명하여 분명히 함.
【解夢 해몽】 꿈의 길흉을 풀이함.
【解悶 해민】 근심을 풂. 고민을 해소함.
【解放 해방】 ①가두거나 얽매어 둔 것을 풀어 놓음. ②인습적인 속박에서 벗어나 자유로운 상태가 됨.
【解配 해배】 ①죄수를 호송함. ②유배를 해제함.
【解帆 해범】 출범(出帆)함. 解纜(해람).
【解腹 해복】 해산(解産). 분만(分娩).
【解剖 해부】 ①생물의 몸을 쪼개어 내부를 조사함. ②사물의 조리를 분석하여 연구함.
【解紛 해분】 얽힌 것을 풂. 분쟁을 해결함.
【解事 해사】 일을 깨달음. 일에 숙달함.
【解舍 해사】 ①풀어서 놓아줌. 釋放(석방). ②관청(官廳). 廨舍(해사).
【解謝 해사】 신에게 제사 지내어 재앙을 물리침.
【解産 해산】 아이를 낳음. 몸을 풂.
【解散 해산】 흩어짐. 흩어지게 함.
【解喪 해상】 친상(親喪)을 마침.
【解釋 해석】 ①알기 쉽게 풀이함. 解義(해의). ②풀어 없앰. 解消(해소). ③달램.
【解船 해선】 출범(出帆)함. 解纜(해람).
【解消 해소】 어떤 관계를 풀어서 없애 버림.
【解綬 해수】 ☞解組(해조).
【解試 해시】 향시(鄕試). 과거(科擧)의 일차 시험. 初試(초시).
【解顔 해안】 안색을 풂. 부드러운 낯을 함. 얼굴에 웃음을 띰.
【解語 해어】 ①말을 이해함. ②깨달음.
【解語花 해어화】 말을 알아듣는 꽃. 미인(美人)의 비유. ○당(唐) 현종(玄宗)이 양귀비(楊貴妃)를 가리켜 말하였다는 데서 온 말.
【解嚴 해엄】 경계나 단속을 풂. 적 후퇴한 뒤

에 병비(兵備)를 늦춤.
【解熱 해열】 신열(身熱)을 풀어 내림.
【解悟 해오】 깨달음. 도리를 터득함.
【解元 해원】 향시(鄕試)에 장원한 사람. ○향시를 해시(解試)라고 한 데서 온 말.
【解冤 해원】 원한을 풂. 분을 풂. 분풀이.
【解由 해유】 ①송대(宋代)에 관리가 부임할 때에 증거로 하던 공문서. ②國관청의 물품을 관리하는 관원이 경질될 때, 후임자에게 그 사무를 인계하고 호조(戶曹)에 보고하여 그 책임을 면하던 일.
【解衣推食 해의추식】 옷을 벗어 남에게 입히고 음식을 권함. ㉠남에게 은혜를 베풂. ㉡사람을 중용(重用)함.
【解弛 해이】 풀려서 느즈러짐.
【解頤 해이】 턱이 빠짐. 크게 웃음.
【解任 해임】 임무를 내어 놓게 함.
【解酲 해정】 ①술기운을 풂. ②술기운을 풀기 위하여 조반 전에 국과 함께 술을 약간 마심. 해장.
【解除 해제】 ①풀어 없앰. 제거함. ②법령 따위를 풀어 자유롭게 함.
【解組 해조】 인끈을 풂. 벼슬을 내놓음. 사직(辭職)함. ○'組'는 인끈. 致仕(치사).
【解罪 해죄】 죄를 면함. 죄를 벗어남.
【解職 해직】 직위에서 물러나게 함.
【解尺 해척】 國천을 필로 팔지 않고 몇 자씩 끊어서 팖. 자풀이.
【解體 해체】 ①흩어지거나 없어짐. ②헤치거나 없앰.
【解惰 해타】 게으름을 피움.
【解脫 해탈】 ①구속을 벗겨 줌. 구속에서 벗어남. ②(佛)미계(迷界)에 얽매인 굴레를 벗어남. 미혹이나 번뇌에서 벗어나 깨달음.
【解脫禪 해탈선】 참선하여 인욕(人欲)을 벗어난 불도(佛道)의 깨달음.
【解怠 해태】 게으름을 피움. 解惰(해타).
【解泰 해태】 마음이 풀려 편안함.
【解土 해토】 ①낙성식 등에서 토지의 신에게 제사를 지냄. ②언 흙이 녹아 풀림. 땅풀림.
【解惑 해혹】 의혹(疑惑)을 풂. 破惑(파혹).
【解曉 해효】 밝게 깨달음. 解悟(해오).

▷ 講-, 見-, 曲-, 難-, 論-, 讀-, 明-,
  妙-, 辯-, 分-, 氷-, 詳-, 深-, 略-,
  諒-, 誤-, 瓦-, 義-, 理-, 正-, 精-,
  支-, 知-, 體-, 脫-, 和-, 曉-, 訓-.

角
6 【觧】 ⑬ 解(1648)의 속자

角
6 【觧】 ⑬ 解(1648)의 속자

角
6 【觸】 ⑬ ❶물고기 이름 홍 陳 chù
      ❷닿을 촉 区 chù
字解 ❶물고기 이름. 몸은 희고 꼬리는 붉다.
❷닿다. ※觸(1651)의 속자(俗字).

角部 6～10획 觟 觩 觪 觫 輥 觭 觰 䚡 觼 觶 觱 觳

角6 【觟】⑬ ❶화살 이름 화 馬 huà
❷해태 해 xiè

字解 ❶화살 이름. 〔西京雜記〕以觟矢射雉. ❷뿔이 있는 암말. ❸뿔이 높이 솟은 모양. ❹해태(獬𧳋). 시비선악을 판단하여 안다는 상상의 동물. =獬. 〔論衡〕觟𧳋者一角之羊也, 性知有罪.

角7 【觩】⑭ 뿔 굽을 구 尤 qiú

字解 ❶뿔이 굽다, 뿔이 굽은 모양. =觓. 〔詩經〕兕觥其觩. ❷진설(陳設)한 모양. 〔春秋左氏傳〕兕觥其觩, 注云, 陳設之貌. ❸느슨한 모양. 잡아당기는 모양. 〔詩經〕角弓其觩.

角7 【觪】⑭ 뿔활 고를 성 庚 xīng

字解 ❶뿔활을 고르다, 뿔활을 알맞게 조절하다. ❷활이 손에 익숙해지다. =騂.

角7 【觫】⑭ 곱송그릴 속 屋 sù

字解 곱송그리다, 죽음을 두려워하여 옴츠리는 모양, 곡속(觳觫). 〔孟子〕吾不忍其觳觫若無罪而就死地.

角8 【輥】⑮ 觗(1647)와 동자

角8 【觭】⑮ 천지각 기 支 jī

字解 ❶천지각(天地角). 하나는 위로, 하나는 아래로 향한 소의 뿔. 〔戰國策〕必有觭重者矣. ❷외짝. 다른 한 짝이 불구가 된 것. ≒踦. 〔漢書〕匹馬觭輪. ❸기이하다, 이상하다. ≒奇. ❹얻다, 꿈에서 얻다. ≒掎. 〔周禮·注〕觭, 云云, 言夢之所得. ❺쇠뿔.

【觭輪 기륜】한 짝의 수레바퀴.
【觭夢 기몽】괴이한 꿈. 奇夢(기몽).
【觭偶 기우】기수(奇數)와 우수(偶數). 홀수와 짝수.

角9 【觰】⑯ 뿔 밑동 다 馬 zhā

字解 ❶뿔 밑동, 뿔의 뿌리 짬. ❷크다. ❸쇠뿔이 가로 난 것. ❹뿔이 올라갈수록 넓어지다. ❺의거(依據)하는 곳, 근거(根據). 〔六書故〕根據爲觰023.
【觰拏 다나】❶짐승 이름. ❷근거(根據).
【觰沙 다사】벌어져 켕기는 모양.

角9 【觛】⑯ 각단 단 寒 duān

字解 각단(角觛). 멧돼지를 닮은 짐승으로, 뿔은 뿔활[角弓]의 좋은 재료가 된다. =端. 〔史記〕獸則麒麟角觛.

角9 【䚡】⑯ 뿔심 새 灰 sāi

字解 ❶뿔심, 뿔 한가운데의 육질(肉質) 부분. ❷뿔의 표면이 반드럽고 광택이 있는 것. 〔禮記·角䚡生·注〕無䚡曰骼. 疏云, 䚡, 謂角外皮滑澤者, 鹿角之屬是也.

角9 【觷】⑯ 뿔 많을 집 緝 jí

字解 ❶뿔이 많다, 뿔이 웅긋쫑긋 많은 모양. ❷뿔이 단단한 모양. ❸뿔이 날카로운 모양. ≒濈. 〔詩經〕其角濈濈, 釋文云, 濈, 本又作觷.

角9 【觼】⑯ 대구 철 屑 chè

字解 ❶대구(帶鉤), 띠의 자물단추. 〔隋書〕天子革帶玉鉤觼, 皇太子革帶金鉤觼. ❷뿔.

角9 【觱】⑯ 필률 필 質 bì

字解 ❶필률. 중국 서쪽 변방의 토인이 불던 뿔로 만든 피리. 후에는 대로 만들었다. 〔明皇雜錄〕觱栗本龜茲國樂. ❷쌀쌀하다, 바람이 쌀쌀한 모양. 〔詩經〕一之日觱發. ❸용솟음치다, 샘물이 솟아나는 모양. 〔詩經〕觱沸檻泉.
【觱栗 필률】➡觱篥(필률).
【觱篥 필률】피리. 앞면에 일곱 개, 뒷면에 한 개의 구멍이 있음. 悲篥(비율). 笳管(가관).
【觱發 필발】바람이 찬 모양.
【觱沸 필불】샘물이 솟아나는 모양.

角10 【觳】⑰ ❶뿔잔 곡 屋 hú
❷견줄 각 覺 jué

字解 ❶❶뿔잔, 뿔로 만든 큰 술잔, 술을 담아 두는 그릇. ❷말, 양기(量器)의 이름. 세 말[斗] 또는 한 말 두 되. ≒斛. 〔周禮〕甒實五觳. ❸살촉, 화살의 촉. ❹살전대, 화살을 넣는 전대. ≒韇. ❺다하다, 끝이 되다. 〔史記〕雖監門之養, 不觳於此. ❻곱송그리다, 죽음을 두려워하는 모양. ¶觳觫. ❷❶견주다, 겨루다. ≒角. 〔韓非子〕彊弱不觳力. ❷주살을 넣는 전대. ❸엷다. ≒确. 〔管子〕剛而不觳. ❹윤기(潤氣)가 없다, 파리하다. 〔莊子〕其道大觳. ❺검소하다, 검약하다. 〔唐書〕其奉君親, 皆以儉觳爲無窮計. ❻토하다. 〔春秋左氏傳〕君將觳之. ❼발등, 족부(足跗). ≒柎. ❽뒷다리. 〔儀禮〕主婦俎觳折. ❾받다, 떠받다. ≒觸.
【觳觫 곡속】소가 죽을 곳에 이르러 몹시 두려워하는 모양. 죽음을 두려워하는 모양.
【觳力 각력】힘을 겨룸. 角力(각력).
【觳薄 각박】엷음. 검약(儉約)함.
【觳抵 각저】힘을 겨룸. 角抵(각저).

角部 10～13획 觲 觴 觵 觶 觷 觸

【穀土 각토】메마른 땅. 薄土(박토).

角10 【觲】⑰ 뿔활 잘 쓸 **성** 庚 xīng
소전 觲 字解 ①뿔활을 잘 쓰다, 뿔활의 뿔을 위아래로 조종하며 잘 사용하다. ②뿔활의 조궁(調弓)이 잘되어 쓰기에 편리하다. 〔詩經〕騂角弓, 傳疏云, 說文引詩作觲觲.

角11 【觴】⑱ 잔 **상** 陽 shāng
소전 觴 주문 觴 초서 觴 동자 醻 간체 觞
字解 ①잔, 술잔의 총칭(總稱). 〔大戴禮〕執觴杯豆而不醉. ②잔질하다, 술잔을 남에게 돌리다. 〔春秋左氏傳〕觴曲沃人.
【觴豆 상두】잔에 친 술과 변두(籩豆)에 담은 고기. 곧, 음식.
【觴令 상령】☞ 觴政(상정).
【觴詠 상영】술을 마시며 시가를 읊음.
【觴飲 상음】술잔을 들고 술을 마심.
【觴政 상정】주연의 흥을 돋우기 위하여 정한 음주(飲酒)의 규칙. 觴令(상령).
【觴酒 상주】잔에 따른 술. 잔술.
【觴肴 상효】술잔과 안주.
● 擧—, 空—, 交—, 濫—, 累—, 杯—, 飛—, 壽—, 玉—, 羽—, 流—, 重—, 行—, 獻—.

角12 【觹】⑲ 觿(1652)과 동자

角12 【觵】⑲ 觥(1648)과 동자

角12 【觭】⑲ 비뚤 **교** 蕭 jiǎo
字解 ①비뚤다, 뿔이 바르지 않다. ②뿔이 높다. 〔太玄經〕郭其目, 觭其角. ③뿔이 길다.

角12 【觶】⑲ 잔 **치** 寘 zhì
소전 觶 혹체 觗 혹체 觚 초서 觶 간체 觯
字解 잔. ㉮향음주(鄕飲酒)의 의식에 쓰이는 뿔잔. 〔儀禮〕實勺觶, 注云, 爵三升曰觶. ㉯빈 술잔. 술을 따른 잔은 觴(상)이라 한다. ㉰벌주(罰酒)로 마시게 하는 술잔.

角13 【觸】⑳ 닿을 **촉** 沃 chù
〝 厂 角 角 角 觸 觸 觸
소전 觸 초서 觸 속자 触 고자 𧢢 간체 触
字源 形聲. 角+蜀→觸. '蜀(촉)'이 음을 나타낸다.
字解 ①닿다. ㉮부딪다. 〔易經〕羝羊觸藩.
㉯받다, 떠받다. 〔春秋左氏傳〕觸槐而死. ㉰범하다, 저촉하다. 〔漢書〕去禮儀, 觸刑法. ㉱감각하다, 감응하다. 〔易經〕觸類而長之. ㉲더럽히다, 더럽혀지다. 〔江淹·啓〕燋鱗在躬, 輒復塵觸. ②의거(依據)하다. ③(佛)마음이 외물(外物)에 닿아 일어나는 심리 작용. 〔梁簡文帝·文〕身根頑鯁, 唯貪細軟.
【觸角 촉각】곤충 따위의 머리에 있는 감각기. 더듬이.
【觸覺 촉각】피부에 무엇이 닿았을 때 느끼는 감각.
【觸諫 촉간】노여움을 살 것을 각오하고 간함.
【觸感 촉감】피부에 닿는 느낌.
【觸激 촉격】물결 따위가 바위에 심하게 부딪침.
【觸擊 촉격】부딪쳐 침. 觸搏(촉박).
【觸禁 촉금】법령(法令)에 저촉됨. 죄를 저지름.
【觸忌 촉기】☞ 觸諱(촉휘).
【觸怒 촉노】남의 마음을 거슬러 성을 내게 함. 觸忤(촉오).
【觸突 촉돌】충돌함.
【觸羅 촉라】그물에 걸림. 觸網(촉망).
【觸冷 촉랭】찬 기운이 몸에 닿음.
【觸蠻 촉만】①달팽이의 촉각 위에 있다고 하는 촉(觸)과 만(蠻)의 두 나라. ②작은 이익 때문에 서로 싸움.
【觸網 촉망】①그물에 걸림. 觸羅(촉라). ②법망(法網)에 걸림. 법을 어김.
【觸冒 촉모】①죄를 범함. ②추위·더위 따위를 무릅씀.
【觸目 촉목】눈에 뜨임. 눈에 뜨이는 물건.
【觸目傷心 촉목상심】눈에 뜨이는 것마다 보는 사람의 마음을 아프게 함.
【觸發 촉발】①사물에 맞닥뜨려 어떤 느낌이 일어남. ②무엇에 닿아 폭발함.
【觸撥 촉발】닿으면 튀어서 되돌아옴.
【觸犯 촉범】범(犯)함. 어김. 거스름.
【觸鼻 촉비】냄새가 코를 찌름.
【觸傷 촉상】찬 기운이 몸에 닿아서 병이 생김. 觸感(촉감).
【觸手 촉수】①더러운 손. 곧, 오른손. ②하등동물의 촉관(觸官). 무척추동물의 입 언저리에 있으며 돌기 모양임. ③물건에 손을 댐.
【觸穢 촉예】더러운 것에 닿음.
【觸忤 촉오】남의 마음을 거슬러 노엽게 함.
【觸戰 촉전】적과 맞부딪혀 싸움.
【觸塵 촉진】(佛)육진(六塵)의 하나. 몸으로 대하여 차고, 덥고, 굳고, 무거운 것 등을 느끼는 경지. 이런 것이 정식(情識)을 어지럽히는 데서 '塵'이라 함.
【觸處逢敗 촉처봉패】가는 곳마다 낭패를 당함.
【觸礁 촉초】①암초(暗礁)에 부딪침. 坐礁(좌초)함. ②일이 난관에 봉착함.
【觸風 촉풍】찬바람을 쐼.
【觸寒 촉한】추운 기운이 몸에 닿음.
【觸諱 촉휘】기휘(忌諱)해야 할 어른의 이름을 함부로 부름. 觸忌(촉기).
● 感—, 繫—, 蠻—, 犯—, 抵—, 牴—, 接—.

角部 13~18획 觿䚘艭觾觿 言部 0획 言

角13 【觿】⑳ 觿(1652)와 동자

角14 【䚘】㉑ 뿔 뾰족할 의·억 㐌㰲 yí
字解 뿔이 뾰족하다. ¶ 䚘䚘.
【䚘䚘 의의】①날카로운 모양. ②뿔이 날카로운 모양.

角15 【艭】㉒ 쇠고리 결 㞢 jué
㊁艭 ㉯鐍 ㊁觼 字解 쇠고리. 말고삐를 연결하거나, 말 북두의 두 끝을 끼워 맞추는 자물단추.

角16 【觾】㉓ 觿(1652)와 동자

角18 【觿】㉕ 뿔송곳 휴 㐌 xī
㊁觿 ㊂䚏 ㊁觾 ㊁觿 字解 뿔송곳. 상아(象牙)나 뿔 등으로 끝을 뾰족하게 만들어, 허리에 차고 다니며 매듭 따위를 푸는 데 쓰는 기구.〔詩經〕童子佩觿, 集傳云, 觿, 云云, 所以解結, 成人之佩, 非童子之飾也.
【觿年 휴년】아직 관례(冠禮)를 하지 않은 동자(童子). 童年(동년).

言 部

7획 부수 │ 말씀언부

言0 【言】⑦ ❶말씀 언 㐌 yán
❷온화하고 삼갈 은 㐌 yín
❸소송할 언 㐌 yàn

丶亠글言言言

㊁䚯 ㊁䚯 ㊂言 㕁考 대법원 지정 인명용 한자의 음은 '언'이다.
字源 形聲. 口+辛→䚯→言. 辛(건)이 음을 나타낸다.
字解 ❶❶말씀, 말. ㉮언어.〔魏志·管輅傳·注〕夫生民之音曰言, 鳥獸之音曰鳴. ㉯가르치는 말.〔詩經〕受言藏之. ㉰호령하는 말.〔國語〕有不祀與不享. ㉱맹세하는 말.〔禮記〕士載言. ㉲글자, 문자. ㉳말하다. ㉴발언하다.〔禮記〕言而不語. ㉵타이르다.〔禮記〕然後言其喪算. ㉶설명하다.〔呂氏春秋〕其可與言樂乎. ㉷서술하다.〔周禮〕及葬言䡍車象人. ㉸헤아리다, 논의하다.〔戰國策〕使天下之士不敢言. ㉹여쭈다, 아뢰다. ③꾀, 모의(謀議).〔呂氏春秋〕文公用咎犯之言. ④말씨.〔周

禮〕婦德婦言. ⑤한 구(句).〔論語〕一言以蔽之, 曰思無邪. ⑥한 자(字).〔春秋左氏傳〕夫子語我九言. ⑦나, 자기.〔詩經〕受言藏之. ⑧발어사.〔詩經〕言既遂矣. ⑨어세를 고르는 말.〔易經〕田有禽, 利執言. ⑩땅 이름. 춘추 시대 위(衛)나라의 땅. 지금의 하북성(河北省) 청풍현(淸豐縣) 북쪽.〔詩經〕出宿于干, 飮餞于言. ❷온화하고 삼가다. ¶ 言言.〔禮記〕二爵而言言斯. ❸소송하다, 고소하다.〔後漢書〕兄弟爭財, 互相言訟.
【言甘 언감】남의 마음에 들도록 말을 잘함. 듣기 좋은 말. 甘言(감언).
【言輕 언경】말씨가 가벼움.
【言過其實 언과기실】말하는 것이 실제보다 지나침.
【言官 언관】간관(諫官)의 딴 이름.
【言近旨遠 언근지원】말은 알아듣기 쉬우나 그 뜻은 심원(深遠)함.
【言及 언급】하는 말이 그 문제에 미침. 어떤 문제에 대하여 말함.
【言端 언단】말다툼의 실마리.
【言談 언담】말이나 말씨. 言辭(언사).
【言路 언로】임금 또는 정부에 말을 올릴 수 있는 길.
【言論 언론】①말이나 글로써 자기의 생각을 발표하는 일. 또는 그 의론. ②논의함.
【言明 언명】분명히 말함. 公言(공언)함.
【言文 언문】①법률을 논함. 법(法)의 적용에 대하여 논함. ②문장의 용어에 대하여 말함. ③말과 글.
【言門 언문】말문. 입〔口〕.
【言文一致 언문일치】입으로 말하는 언어와 그 말을 적은 문장이 일치함.
【言未畢 언미필】하던 말이 채 끝나기 전.
【言辯 언변】말솜씨. 口辯(구변).
【言不盡意 언부진의】말은 그 의중(意中)을 완전하게 다 표현해 내지 못함.
【言飛千里 언비천리】말이 천 리를 날아감. 말이란 삽시간에 멀리까지 퍼짐.
【言辭 언사】말. 말씨.
【言上 언상】어른에게 아룀.
【言相約 언상약】서로 말로써 약속함.
【言說 언설】①말로써 설명함. ②설명하는 말.
【言笑 언소】자유로운 분위기로 웃으며 이야기함. 말과 웃음소리.
【言少意多 언소의다】말은 적어도 함축된 뜻은 많음.
【言笑自若 언소자약】말하고 웃으며 아무 일도 없는 듯 태연함.
【言身之文 언신지문】말은 그 사람의 인격을 정을 나타내는 문체임. 말은 마음의 문장임.
【言語 언어】말. 생각이나 느낌을 음성·문자 따위로 전달하는 수단과 체계.
【言語道斷 언어도단】①말할 길이 끊어짐. 어이가 없거나 너무 사리에 맞지 않아 도무지 말할 수 없음. ②(佛)말로 설명할 수 없는 심오(深奧)한 진리.

【言言】❶언언 ❷은은】❶①높고 큰 모양. ②곧 허무러지려는 모양. ③말 한마디 한마디. ❷온화하고 삼가는 모양.
【言外之意 언외지의】말에 나타난 뜻 이외의 숨어 있는 딴 뜻.
【言有召禍 언유소화】말은 이따금 화단(禍端)을 불러옴.
【言猶在耳 언유재이】이전에 들은 말이 아직도 귀에 남아 있는 듯함.
【言議 언의】설명하는 말과 의론.
【言者不知 언자부지】안다고 자처하고 함부로 지껄이는 사람은 사실상 알지 못하는 사람임.
【言爭 언쟁】말다툼.
【言筌 언전】말과 통발. 말단에 구애되어 목적이나 본질을 망각하는 일의 어리석음. ◠말은 뜻을 전달하는 수단이며, 통발은 물고기를 잡는 도구로서, 둘 다 목적이나 본질에 대해서는 지엽적이고 말단(末端)에 지나지 않는다는 데서 온 말. 言詮(언전).
【言詮 언전】①☞言筌(언전). ②사리를 상세하게 설명함.
【言足以飾非 언족이식비】그 말의 교묘함은 자기 잘못을 꾸미기에 충분함.
【言重 언중】말씨가 신중함. 입이 무거움.
【言中有骨 언중유골】말 속에 뼈가 있음. 예사로 하는 말에 단단한 속뜻이 들어 있음.
【言中有言 언중유언】말 속에 말이 있음. 예사로운 말 속에 어떤 풍자나 암시가 들어 있음.
【言則是也 언즉시야】말인즉 옳음.
【言志 언지】뜻을 진술함. 자기의 뜻을 말함.
【言次 언차】말하던 차. 말하던 김.
【言讖 언참】미래의 일을 꼭 맞히는 말.
【言責 언책】①언론을 다할 책임. 간관(諫官) 따위의 임무. ②자기가 한 말에 대한 책임.
【言必稱 언필칭】①말을 할 때마다 반드시. ②말할 때마다 무엇을 칭함.
【言下 언하】말이 떨어지자마자.
【言行相詭 언행상궤】말하는 것과 행동하는 것이 서로 다름. 言行相悖(언행상패).

❶ 佳—, 諫—, 甘—, 格—, 苦—, 空—, 過—, 狂—, 巧—, 極—, 金—, 奇—, 訥—, 多—, 斷—, 談—, 德—, 妄—, 名—, 無—, 文—, 美—, 微—, 發—, 方—, 謗—, 法—, 不—, 鄙—, 私—, 宣—, 善—, 聖—, 笑—, 愼—, 失—, 雅—, 惡—, 約—, 揚—, 豫—, 訛—, 妖—, 寓—, 僞—, 流—, 遺—, 綸—, 耳—, 俚—, 一—, 逸—, 立—, 雜—, 前—, 傳—, 正—, 造—, 衆—, 至—, 知—, 直—, 讒—, 忠—, 贅—, 擇—, 偏—, 虛—, 豪—, 華—,

言1【司】⑧ 詞(1661)의 고자

言2【計】⑨ ❶꾀 계圖 jì ❷꾀할 결圖 jì

`ㅡ 亠 ㄣ 言 言 言 言 計

【計】소전 計 초서 나 간체 計 參考 대법원 지정 인명용 한자의 음은 '계'이다.
字源 會意. 言+十→計. 말(言)로 숫자(十)를 센다는 뜻을 나타낸다.
字解 ❶①꾀. ㉮계략. 〔史記〕計者事之機也. ㉯계획. 〔管子〕一年之計, 莫如樹穀. ㉰경영. 〔晉書〕我屈節, 爲汝家作妾, 門戶計耳. ②꾀하다. ㉮계획하다. 〔史記〕會薛計事. ㉯의논하다. 〔史記〕請歸與婦計之. ③세다, 헤아리다. 〔呂氏春秋〕命司農計耦耕事. ④산법, 산술. 〔禮記〕學書計. ⑤회계, 출납의 결산. 〔周禮·注〕會, 大計也, 司會主天下之計. ⑥수(數). 〔漢書〕使領郡錢穀計. ⑦총계, 다 합한 수. 〔侍兒小名錄〕計八百餘字. ⑧계수의 장부. ㉮금전 등을 출납하는 장부. 〔漢書〕受計于甘泉. ㉯백성의 호구를 기록한 장부. 〔後漢書〕遺使奉計. ⑨생각하다, 비교 조사하다, 구실이치를 고찰(考察)하다. 〔春秋繁露〕前後三考而黜陟命之, 曰計. ❷꾀하다.
【計考 계고】헤아려 고찰함. 인물을 헤아려 고찰하여 관(官)에 추천함.
【計過 계과】①잘못에 대하여 생각함. ②계략이 잘못됨.
【計巧 계교】여러모로 생각해 낸 꾀.
【計校 계교】☞計較(계교).
【計較 계교】①헤아려 비교함. 생각하여 견주어 봄. ②논쟁함. ③의논함. 計校(계교).
【計較錙銖 계교치수】극히 작은 이해(利害)를 따져 헤아림. 算錙銖(산치수).
【計窮 계궁】계책이 막힘. 묘책이 없음.
【計器 계기】분량·정도 등을 재는 기계나 기구의 총칭.
【計略 계략】계획과 책략. 計策(계책).
【計量 계량】분량을 계산함.
【計料 계료】헤아림.
【計網 계망】적을 속여 걸려들게 하는 꾀. 빈틈없는 계략.
【計仕 계사】國관리의 출근 일수를 계산함.
【計事 계사】①일을 꾀함. ②계략.
【計朔 계삭】달수를 셈함. 計月(계월).
【計算 계산】수량을 헤아림. 셈함.
【計數 계수】①수를 셈함. 計算(계산). ②수를 헤아림. 會計(회계).
【計議 계의】①꾀하여 의논함. ②계책(計策).
【計帳 계장】①호적부(戶籍簿). ②회계 장부.
【計籍 계적】회계 장부. 計簿(계부).
【計聽 계청】계책과 남의 말을 듣는 일.
【計寸 계촌】일가의 촌수를 따짐.
【計測 계측】길이·넓이·무게 등을 재어 계산함.
【計會 계회】①여러 가지를 한데 모아서 셈함. 會計(회계). ②헤아림. ③의논함.
【計畫 계획】①꾀하여 미리 작정함. ②國관학유생(館學儒生)의 평소 성적을 따져서 시험의 등급을 정함.

❶ 家—, 姦—, 權—, 詭—, 奇—, 大—, 謀—, 妙—, 密—, 百—, 祕—, 算—, 上—, 生—,

設一, 術一, 失一, 深一, 良一, 月一, 陰一,
日一, 早一, 智一, 總一, 合一, 活一, 會一.

言 2 【訇】⑨ ❶큰 소리 굉 庚 hōng
❷속일 균 眞 jùn

소전 訇 주문 訇 초서 訇 【字解】❶①큰 소리. ㉮폭포가 내리쏟는 소리. 〔史書〕砰磅訇磕. ㉯종이나 북이 울리는 소리. 〔張衡·賦〕軥磕隱訇. ㉰놀라서 내지르는 소리. 〔新方言〕今人謂驗人獨語不休爲訇. ❷성(姓). ❷속이다. =訰.

【訇磕】 굉개 큰 소리. 물이 세차게 흐르는 소리.
【訇訇】 굉굉 크게 울리는 소리.
【訇然】 굉연 ☞訇訇(굉굉).
【訇礚】 굉은 큰 우렛소리.
【訇隱】 굉은 큰 소리.
❶隱一, 砰一.

言 2 【訊】⑨ 叫(264)와 동자

言 2 【訃】⑨ 부고 부 虞 fù

초서 訃 간서 訃 【字解】①부고, 죽음을 알리는 통지. 〔柳宗元·文〕捧訃哀號. ②통부(通訃)하다, 사람의 죽음을 알리다. 〔禮記〕凡訃於其君, 曰君之臣某死. ③이르다〔至〕.
【訃告】 부고 사람의 죽음을 알리는 통지. 赴告(부고).
【訃聞】 부문 ☞訃告(부고).
【訃音】 부음 ☞訃告(부고).
❶告一, 捧一, 奔一, 省一, 承一, 遠一.

言 2 【訂】⑨ ❶바로잡을 정 徑 dìng
❷균평하게 할 정 青 dìng

소전 訂 초서 訂 간서 訂 【字源】形聲. 言+丁→訂. '丁(정)'이 음을 나타낸다.
【字解】❶①바로잡다. ㉮정(定)하다. 〔晉書〕亦足有所訂正. ㉯잘못된 문자·문장을 바로잡아 고치다. ②머무르다, 두류(逗遛)하다. ③백성에게 부과(賦課)하다. ❷균평하게 하다. 〔詩經·箋〕訂大王文王之道.
【訂交】 정교 교분(交分)을 정함. 교분을 맺음. 結交(결교).
【訂補】 정보 잘못을 고쳐 바로잡거나 불충분한 것을 보충함.
【訂正】 정정 잘못을 고쳐 바로잡음. 글귀나 글자 등의 틀린 곳을 바로잡음. 訂譌(정와).
【訂定】 정정 잘못을 의논해 정함.
❶改一, 檢一, 校一, 再一, 增一.

言 3 【䛒】⑩ 誇(1665)의 고자

言 3 【訌】⑩ ❶두드릴 구 宥 kòu
❷웃는 소리 하 麻

소전 訌 【字解】❶①두드리다, 집을 찾아 문을 두드리다, 구걸하다. ②웃다. 늑欤. ❷웃는 소리.

言 3 【記】⑩ 기록할 기 寘 jì

、 ㄴ ㅕ ㅕ 言 言 訂 訂 記

소전 記 초서 記 간서 記 【字源】形聲. 言+己→記. '己(기)'가 음을 나타낸다.
【字解】①기록하다, 적다. 〔漢書〕因江潭而洼記兮. ②외다, 기억하다. 〔書經〕撻以記之. ③문서, 글. ㉮일의 내력을 기록한 문서. 〔春秋公羊傳〕記曰, 脣亡而齒寒. ㉯교서(敎書), 위 관서에서 내린 문서. 〔漢書〕受記考事. ㉰주장(奏狀), 상주하는 글. 〔後漢書〕前後十餘通記. ④경서(經書)의 주해. 〔經學歷史〕孔子所定謂之經, 弟子所釋謂之傳, 或謂之記. ⑤문체의 한 가지, 사실대로 적는 글. 〔文體明辨〕記者紀事之文也. ⑥도장, 인장. 〔宋史〕鑄銅記給之. ⑦발어사(發語辭). =其. 〔詩經〕彼其之子, 箋云, 其, 或作記.
【記念】 기념 오래도록 기억하여 잊지 않음. 紀念(기념).
【記得】 기득 기억함. 기억하고 있음. 마음에 새겨 둠. ◯'得'은 조자(助字).
【記覽】 기람 많은 사물을 견문하여 기억함.
【記錄】 기록 ①어떤 사실을 뒤에 남기려고 적음. ②운동 경기 따위의 성적.
【記問之學】 기문지학 단순히 고서(古書)를 외어 남의 질문이나 응답하는 학문. 아무런 깨달음도 활용도 없는 학문.
【記事】 기사 ①사실을 그대로 적음. ②신문·잡지 등에 기록된, 어떠한 사실을 알리는 글.
【記寫】 기사 베낌. 씀.
【記事本末體】 기사본말체 역사 서술 체제의 하나. 어떤 사건의 전말을 기술하는 방법.
【記性】 기성 사물을 기억하는 능력. 기억력.
【記誦詞章】 기송사장 인격 도야와는 동떨어진 학문. ◯'記誦'은 암기하여 입으로 욈, '詞章'은 시가와 문장의 길을 닦음.
【記憶】 기억 잊지 않고 외어 둠.
【記入】 기입 적어 넣음. 記載(기재).
【記帳】 기장 장부(帳簿)에 적음.
【記載】 기재 문서에 기록하여 실음.
【記籍】 기적 인사(人事)에 관한 사항을 기록한 장부(帳簿).
【記傳】 기전 기록과 전기(傳記).
【記注】 기주 기록함. 記註(기주).
【記下】 기하 ◯직위나 신분이 조금 높은 사람에 대하여 자기를 겸손하게 이르던 말.
❶強一, 登一, 明一, 聞一, 別一, 附一, 簿一, 書一, 速一, 手一, 暗一, 連一, 列一, 日一, 雜一, 傳一, 追一, 筆一, 勳一.

言3 【訉】⑩ 말 많을 범 陷 fàn
字解 말이 많다, 수다하다.

言3 【訕】⑩ 헐뜯을 산 諫刪 shàn
소전 訕 초서 訕 속자 訮 간체 讪 字解 헐뜯다, 윗사람을 비방하다. 〔荀子〕有諫而無訕.
【訕謗 산방】비웃고 헐뜯음. 비방(誹謗)함.
【訕上 산상】윗사람을 헐뜯음. 윗사람의 과실을 공격함.
【訕笑 산소】비방하여 비웃음.
◐ 無—, 造—.

言3 【訒】⑩ 訕(1655)의 속자

言3 【訊】⑩ 물을 신 震 xùn
소전 訊 고문 訊 초서 訊 속자 訊 고자 諏 고자 訊 간체 讯 字解 ①묻다. ㉮하문(下問)하다. 〔詩經〕訊之占夢. ㉯방문하다. 〔後漢書〕帝朝夕問訊. ㉰고문(拷問)하다. 〔漢書〕訊鞫論當. ㉱따져 묻다, 힐문하다. 〔國語〕乃訊申胥. ②알리다, 간하다, 충고하다. 〔詩經〕歌以訊之. ③말하다, 진술하다. 〔周禮〕用情訊之. ④말, 언어. 〔詩經〕執訊獲醜. ⑤편지, 서찰. 〔荀子〕行úa疾速而不可託訊者與. ⑥다스리다. 〔禮記〕訊疾以祂. ⑦몸직이다, 떨치다. 〔漢書〕焱駭雲訊. ⑧재빠르다. 늑迅. 〔詩經·傳〕羽成而振訊之.
【訊檢 신검】신문하고 검사함.
【訊鞫 신국】①엄하게 캐어물음. ②죄인을 취조함. 국문(鞫問)함.
【訊問 신문】물어서 캠. 죄를 따져 물음.
【訊杖 신장】신문할 때 매질하던 몽둥이.
◐ 鞫—, 問—, 覆—, 騷—, 案—, 音—, 驗—.

言3 【訙】⑩ 訊(1655)의 고자

言3 【訊】⑩ 訊(1655)의 속자

言3 【訫】⑩ 진실 신 震 xìn
字解 ①진실, 사실. ※信(105)의 고자(古字). ②사람 이름. 〔宋史〕必訫·訫夫.

言3 【訐】⑩ ❶들추어낼 알 舄갈 月 jié ❷기탄없이 말할 계 霽 jì
소전 訐 초서 訐 간체 讦 參考 訐(1655)는 딴 자. 字解 ❶①들추어내다, 폭로하다. 〔論語〕惡訐以爲直者. ②비방하다, 남의 단점을 지적하다. ❷기탄없이 말하다, 직언(直言)하다.
【訐揚 알양】남의 비밀을 들추어냄.
◐ 告—, 驕—, 非—, 肆—, 詆—, 峭—.

言3 【訏】⑩ ❶클 우 虞 xū ❷클 우 虞 xǔ ❸떠들 호 虞 xū
소전 訏 초서 訏 간체 讦 參考 訏(1655)은 딴 자. 字解 ❶①크다. 〔詩經〕洵訏且樂. ②속이다. 〔新書〕訏則誣人. ③과장하다, 큰소리치다. ④땅이 넓다. ⑤탄식하는 소리. ※吁(272)의 고자(古字). ⑥진실(眞實). ❷크다. ※❶의 ①과 같다. 〔詩經〕川澤訏訏. ❸떠들다, 큰 소리로 떠들다. 〔詩經〕實覃實訏.
【訏謨 우모】큰 꾀. ✿'訏'는 '大'로 '크다'를, '謨'는 '謀'로 '꾀'를 뜻함.
【訏訏 우우】너그럽고 큰 모양.

言3 【訛】⑩ 訛(1659)와 동자

言3 【訔】⑩ 논쟁할 은 眞 yín
字解 ①논쟁하다, 시비를 고집하여 다투다. 〔法言〕何後世之訔訔也. ②서로 즐겁게 다투며 이야기하다. =誾.
【訔訔 은은】시비(是非)를 논쟁(論爭)함.

言3 【訑】⑩ ❶으쓱거릴 이 支 yí ❷수다할 시 支 shī ❸속일 타 哿 tuó ❹방자할 탄 翰 dàn
초서 訑 동자 訑 간체 讪 字解 ❶으쓱거리다, 자존심이 강하여 남의 충언을 받아들이지 않고, 스스로 만족해 하는 모양. 〔孟子〕訑訑之聲音顏色, 距人於千里之外. ❷수다하다, 말이 많다. ❸속이다. =詑. 〔戰國策〕寡人甚不喜訑者言也. ❹방자하다, 제멋대로 하다. =誕. 〔莊子〕天知予僻陋慢訑.
【訑訑 이이】잘난 체하여 남의 말을 받아들이지 않는 모양.
【訑謾 타만】속임. 기만(欺謾)함.

言3 【訒】⑩ 말 더듬을 인 震 rèn
소전 訒 초서 訒 간체 讱 字解 ①말을 더듬어 말하지 아니하다. ②둔하다. ③참다, 할 말을 참고 아니하다. 〔論語〕仁者其言也訒. ④알다, 인정하다. 늑認. ⑤불쌍히 여겨 사랑하다.

言3 【託】⑩ 부탁할 탁 藥 tuō
소전 託 초서 託 간체 托 字解 ①부탁하다. ㉮당부하다, 청탁하다.〔孟子〕士之不託諸侯, 何也.❹맡기다, 위탁하다.〔論語〕可以託六尺之孤.❷기탁하다, 기우(寄寓)하다.〔李陵·書〕遠託異國.❸붙다, 붙이다.〔戰國策〕託於東海之上.❹핑계하다, 말미음으로 내세우다.〔嵇康·贊〕託疾避官.❺우의(寓意)하다, 사물에 뜻을 붙여 말하다.〔後漢書〕託以他辭.

【託故 탁고】사고를 빙자하여 핑계함.
【託孤 탁고】고아를 의탁(依託)함.
【託孤寄命 탁고기명】①어린 임금을 의탁하고 국정을 맡김. ②어린 임금을 옹립(擁立)하고 국정을 통괄함. 寄託(탁기).
【託寄 탁기】①맡겨 부탁함. ②⇨託孤寄命(탁고기명).
【託驥尾 탁기미】천리마의 꼬리에 붙어 따름. 뛰어난 사람의 힘을 빌림. 附驥尾(부기미).
【託病 탁병】병을 핑계함.
【託事 탁사】딴 일을 핑계로 내세움.
【託辭 탁사】①핑계하는 말. ②부탁하여 말함.
【託送 탁송】남에게 부탁하여 물건을 보냄.
【託食 탁식】남의 집에 의탁하여 숙식(宿食)함. 寄食(기식).
【託身 탁신】남에게 몸을 의탁함.
【託言 탁언】⇨託辭(탁사).
【託意 탁의】심중의 뜻을 사물에 붙여 상징적으로 나타냄.
【託子 탁자】①찻잔 받침. 托子(탁자). ②國자식을 남에게 의탁함.
【託迹 탁적】종교나 어떤 일에 몸을 의탁함.
【託處 탁처】임시로 다른 곳에 몸을 의지하고 지냄. 寄寓(기우)함.
【託諷 탁풍】풍자(諷刺)함.
❶ 假-, 結-, 顧-, 寄-, 反-, 付-, 承-, 信-, 神-, 委-, 依-, 請-, 囑-.

言3【討】⑩칠 토 ㅊ tǎo

[字源] 會意. 言＋寸→討. 寸(촌)이 법의 뜻으로 쓰여, 법〔寸〕으로 죄를 따져서〔言〕벌한다는 뜻을 나타낸다.

[字解] ❶치다. ㉮벌하다.〔禮記〕畔者君討. ㉯정벌하다, 토벌하다.〔呂氏春秋〕以討其故. ㉰꾸짖다. ㉱죽이다. ㉲없애다, 제거하다.〔春秋公羊傳〕討賊之辭也. ③다스리다, 죄를 다스리다.〔書經〕天討有罪. ❹어지럽다, 뒤섞이다.〔詩經·蒙伐有苑·傳〕蒙, 討羽也. ❺구(求)하다, 요구하다. ❻찾다, 탐구하다.〔論語〕世叔討論之.

【討擊 토격】무력으로 공격함.
【討究 토구】사물의 이치를 검토하여 궁구함.
【討論 토론】여러 사람이 어떤 논제(論題)에 대하여 따지고 논의함.
【討伐 토벌】군대를 보내어 침.
【討索 토색】금품을 억지로 요구함.
【討襲 토습】적을 덮쳐 침. 적을 습격함.
【討尋 토심】일의 실상을 조사하여 찾음. 잘 조사함. 討問(토문).
【討源 토원】근본을 찾음.
【討賊 토적】도둑을 침. 역적을 토벌함.
【討罪 토죄】범한 죄를 하나하나 들어 엄하게 꾸짖음.
【討酒 토주】國술을 억지로 청하여 마심.
【討破 토파】남의 말이나 글을 논박하여 깨뜨림.
【討平 토평】무력으로 쳐서 평정함.
【討捕 토포】무력으로 쳐서 잡음.
【討覈 토핵】엄하게 따져 조사함.
❶ 檢-, 攻-, 論-, 聲-, 征-, 鎭-, 捕-.

言3【訌】⑩무너질 홍 ㄷㄨㄥˊ hòng

[字解] ❶무너지다, 내부부터 무너지다. ≒虹.〔詩經〕蟊賊內訌. ②집안 싸움, 내분. ③어지러워지다, 옥신각신하다.〔新唐書〕外阻內訌.
【訌阻 홍조】그 일을 승복(承服)하지 않고 떠들어 댐.
❶ 內-, 兵-, 戎-.

言3【訓】⑩ ❶가르칠 훈 ㄒㄩㄣˋ xùn ❷길 순 ㄒㄩㄣˋ xùn

[참고] 인명용 한자의 음은 '훈'이다.

[字源] 形聲. 言＋川→訓. '川(천)'이 음을 나타낸다.

[字解] ❶①가르치다, 훈계하다.〔詩經〕四方其訓之. ②인도하다, 이끌다.〔法言〕訓諸理. ③경계하다.〔書經〕學于古訓. ④따르다, 순종하다.〔書經〕于帝是訓. ⑤풀다, 자구의 뜻을 해석하다. ⑥뜻, 문자의 해석.〔漢書〕訓詁通而已. ⑦성(姓). ❷길(道).

【訓戒 훈계】타일러 경계함.
【訓告 훈고】①훈계하여 타이름. ②관리의 과실을 훈계함.
【訓詁 훈고】①경서(經書) 따위 고문(古文)의 자구(字句)를 해석하는 일. ②경서의 고증(考證)·해석·주해(註解)의 총칭. 詁訓(고훈).
【訓讀 훈독】한문의 뜻을 새겨 읽음.
【訓練 훈련】①병사에게 무예를 가르침. 調練(조련). ②배워 익히도록 연습하거나 단련함.
【訓令 훈령】상급 관청이 하급 기관을 지휘, 감독하기 위하여 내리는 훈시나 명령.
【訓蒙 훈몽】어린아이나 초학자를 가르침.
【訓放 훈방】가벼운 죄를 범한 죄인을 훈계하여 방면(放免)함.
【訓辭 훈사】훈계하는 말. 訓言(훈언).
【訓手 훈수】國바둑·장기 따위를 둘 때, 구경하던 사람이 끼어들어 수를 가르쳐 주는 일.

【訓示 훈시】 가르쳐 보임.
【訓諭 훈유】 가르쳐 타이름.
【訓育 훈육】 ①훈계하여 기름. ②피교육자의 도덕적 품성의 도야(陶冶)를 목적으로 하는 교육.
【訓長 훈장】 國 글방의 선생.
【訓迪 훈적】 훈계하여 인도함.
【訓典 훈전】 선왕(先王)·성현이 남긴 교훈이 되는 책.
【訓定 훈정】 가르쳐 정함.
【訓政 훈정】 청대(淸代)에 태상황(太上皇)·황태후(皇太后)가 새 황제의 즉위 뒤에도 여전히 정무를 처리하던 일.
【訓飭 훈칙】 엄하게 경계하여 신칙(申飭)함.
【訓解 훈해】 글자나 글의 새겨 읽기와 뜻의 풀이. 訓說(훈설).
【訓化 훈화】 가르치고 타일러서 착하게 함.
【訓話 훈화】 교훈의 말. 훈시(訓示)하는 말.
【訓誨 훈회】 가르침. 교회(敎誨)함.
❶ 家-, 戒-, 高-, 詁-, 校-, 敎-, 規-, 內-, 導-, 師-, 善-, 聖-, 垂-, 遺-, 音-, 箴-, 典-, 政-, 庭-, 祖-.

言 3 【䚂】⑩ 訓(1656)의 고자

言 3 【訖】⑩ ❶이를 흘 物 qì ❷마칠 글 物 qì
소전 䚃 초서 訖 본자 訖 갑체 訖 參考 대법원 지정 인명용 한자의 음은 '흘'이다.
字解 ❶이르다. =迄.〔漢書〕訖今不改. ❷①마치다, 끝나다. ②그치다, 그만두다.〔春秋穀梁傳〕母訖糴. ③다, 모두.〔書經〕民訖自若是多盤. ④이미, 벌써.〔逸周書〕訖亦有孚. ⑤마침내, 필경.〔漢書〕莽以錢幣訖不行.
【訖今 흘금】 지금까지.
【訖糴 글적】 곡식을 저축하여 두고서 꺼내지 않는 일.

言 4 【訣】⑪ ❶이별할 결 屑 jué ❷결정할 계 霽 jué
소전 䚅 초서 訣 갑체 訣 參考 대법원 지정 인명용 한자의 음은 '결'이다.
字解 ❶①이별하다, 작별하다.〔後漢書〕輕行相候, 以展訣別. ②사별하다, 죽어 이별하다.〔舊唐書〕生死永訣. ③끊다, 결단하다.〔王褒·賦〕訣厲悄切. ④비결, 비방(祕方).〔魏志〕大禹聞長生之訣. ⑤노하여 꾸짖다.〔太平廣記〕半年未訣. ❷결정하다.
【訣厲 결려】 소리가 맑고 높은 모양.
【訣別 결별】 기약 없는 작별. 이별.
【訣要 결요】 비술(祕術). 비법(祕法).
❶ 口-, 道-, 妙-, 祕-, 永-, 要-, 眞-.

言 4 【訒】⑪ ❶속일 균 眞 jùn ❷화할 운 眞 yùn

字解 ❶속이다, 기만하다. =旬. ❷①화(和)하다. ②운(韻).

言 4 【訥】⑪ 말 더듬을 눌 月 nè
소전 䚇 초서 訥 갑체 讷 字源 會意. 言+內→訥. 말〔言〕이 입 안〔內〕에 있어 말을 하기가 어렵다는 데서 '말을 더듬다'의 뜻을 나타낸다.
字解 말을 더듬다, 과묵하여 말을 경솔하게 하지 않다. =呐·詘.〔論語〕君子欲訥於言而敏於行.
【訥口 눌구】 ☞訥辯(눌변).
【訥訥 눌눌】 말솜씨가 없어 더듬는 모양.
【訥辯 눌변】 더듬더듬하는 서투른 말솜씨.
【訥澀 눌삽】 더듬더듬하여 말이 잘 나오지 않음.
【訥舌 눌설】 ☞訥言(눌언).
【訥言 눌언】 말더듬이. 더듬거리는 말. 구변이 없음.
【訥言敏行 눌언민행】 말은 더듬어도 동작은 민첩함. 과묵하나 선행(善行)에는 민첩함.
❶ 口-, 木-, 語-, 拙-, 質-.

言 4 【訪】⑪ 찾을 방 漾 fǎng
소전 䚈 초서 訪 갑체 访 字源 形聲. 言+方→訪. '方(방)'이 음을 나타낸다.
字解 ①찾다. ㉮구하다, 두루 찾다.〔晉書〕博訪遺書. ㉯심방하다, 방문하다.〔宋史〕欲徒步訪兩蘇. ②널리 꾀하다.〔周禮〕受納訪以詔王聽治. ③묻다, 문의하다.〔書經〕王訪于箕子. ④미치다. ⑤바야흐로. 늑方.〔漢書〕訪以呂氏故, 幾亂天下.
【訪客 방객】 찾아온 손. 방문객.
【訪古 방고】 고적(古蹟)을 탐방함.
【訪求 방구】 사람을 찾아 구함.
【訪戴 방대】 벗을 방문함. 故事 진(晉)나라의 왕휘지(王徽之)가 산음(山陰)에 살 때, 눈〔雪〕이 멈춘 달 밝은 밤에 문득 친구인 대규(戴逵)가 섬계(剡溪)에 있음을 생각하고 배를 타고 집 앞까지 갔다가, '흥이 나서 찾아왔으나 흥이 다하였으니 꼭 찾을 필요가 있으랴?' 하고 돌아갔다는 고사에서 온 말.
【訪道 방도】 도(道)를 물음. 진리를 찾음.
【訪問 방문】 남을 찾아봄.
【訪慰 방위】 방문하여 위로함.
【訪議 방의】 ①찾아가 의논함. 상의함. ②계책을 물음.
【訪質 방질】 물어서 바로잡거나 밝힘.
【訪採 방채】 찾아 모아 취함. 인재 따위를 찾아서 얻음.
【訪薦 방천】 인재(人材)를 찾아 추천함.
【訪花 방화】 꽃을 찾아 구경함.
❶ 見-, 顧-, 來-, 搜-, 詢-, 尋-, 探-.

言₄【設】⑪ 베풀 설 圐 shè

會意. 言+殳→設. 말[言]로 사람을 부려[殳] 진열하게 한다는 뜻을 나타낸다.

字解 ①베풀다. ㉮늘어놓다, 진열하다.〔禮記〕整設于屏外. ㉯베풀어 두다, 설치하다.〔禮記〕規矩誠設, 不可欺以方圓. ㉰세우다, 설립하다.〔漢書〕故高帝設之以撫海內. ㉱설비하다, 시설하다.〔春秋公羊傳〕權之所設. ②주연, 연회.〔晉書〕客來早不得住設. ③설비, 베풀어 둔 것.〔魏書〕質文異設. ④준비하다, 차비하다.〔漢書〕設以子女貂裘. ⑤크다.〔易經〕益長裕而不設. ⑥탐하다, 욕심 내다.〔戰國策〕設策於前. ⑦설령(設令), 가령(假令).〔史記〕設百歲後. ⑧합치다.

【設計 설계】계획을 세움.
【設科 설과】①조목을 세움. ②과거(科擧) 시험을 베풂. ③어떤 교과 과정을 설치함.
【設難 설난】문제를 마련하여 물음.
【設頭 설두】國앞장서서 주선함.
【設令 설령】①명령을 마련함. ②가령(假令). 設或(설혹).
【設立 설립】베풀어 세움.
【設問 설문】문제를 내어 물어봄.
【設備 설비】베풀어 갖춤.
【設使 설사】그렇다 치더라도. 假令(가령). 設令(설령). 設或(설혹).
【設帨 설세】딸을 낳음. ◯딸을 낳으면 수건[帨]을 대문 오른쪽에 걸어 놓은 데서 온 말.
【設施 설시】①시행할 바를 계획함. 계획하고 시행함. ②재능을 펼침.
【設若 설약】☞設令(설령)②.
【設張 설장】①시설(施設)함. 설치함. ②글방. 학교.
【設張擧措 설장거조】일을 처리해 나가는 방법과 동작.
【設奠 설전】제(祭)를 올리기 위하여 제수(祭需)와 자리를 마련함.
【設定 설정】새로 만들어 정함.
【設置 설치】베풀어 놓음.
【設險 설험】요해지(要害地)에 방비 시설을 함.
【設或 설혹】☞設令(설령)②.

◐ 假-, 建-, 具-, 倂-, 附-, 私-, 常-, 施-, 新-, 增-, 陳-, 特-, 合-.

言₄【訟】⑪ 송사할 송 圂 sòng

形聲. 言+公→訟. '公(공)'이 음을 나타낸다.

字解 ①송사하다. 관부(官府)에 호소하여 시비를 가려 주기를 원하는 일. ㉮재물을 다투다.〔周禮〕以兩造禁民訟. ㉯죄를 다투다.〔禮記〕分爭辨訟. ㉰시비곡직을 다투다. ㉱글을 올려 억울한 죄를 하소연하다.〔漢書〕吏上書冤訟莽者以百數. ㉲매매 계약에 위배됨을 호소하다.〔周禮〕若有馬訟, 則聽之. ②송사.〔論語〕必也使無訟乎. ③논쟁하다, 말다툼하다.〔淮南子〕分徒而訟. ④떠들어 주장하다.〔楚辭〕訟謂閭娵爲醜惡. ⑤꾸짖다, 자책하다.〔論語〕吾未見能見其過而內自訟者也. ⑥다스려 바로잡다.〔春秋左氏傳〕使尹氏與聃啓訟周公于晉. ⑦괘 이름, 64괘(卦)의 하나. 괘형은 ䷅. 서로 다툼을 상징한다.〔易經〕天與水違行, 訟. ⑧흉이다.〔書經〕嚚訟可乎. ⑨드러나다, 드러내다. 늑公.〔淮南子〕天下訟見之. ⑩외다. 늑誦.〔史記〕未敢訟言誅之. ⑪칭송하다. 늑頌. ⑫법정(法廷).〔詩經〕何以速我訟.

【訟理 송리】①재판이 올바름. ②소송하여 일을 처리함.
【訟事 송사】소송하는 일.
【訟師 송사】남을 부추겨서 송사를 일으키게 하는 사람. 대언인(代言人).
【訟言 송언】여러 사람 앞에서 분명히 말함.
【訟獄 송옥】소송. 송사. ◯ '訟'은 민사적인 사건, '獄'은 형사적인 사건.
【訟廷 송정】송사를 듣고 판결을 내리는 관부. 재판소.
【訟隻 송척】송사에 관계된 상대자.
【訟鬩 송혁】소송하여 다툼.

◐ 辨-, 訴-, 新-, 獄-, 陰-, 自-, 爭-, 地-, 聽-, 滯-, 聚-, 鬪-, 貨-.

言₄【詷】⑪ 詩(1667)와 동자

言₄【訛】⑪ 譌(1685)과 통자

言₄【訝】⑪ 맞을 아 禡 yà

字解 ①맞다, 위로하다. =迓.〔儀禮〕厥明訝賓于館. ②의심하다, 수상히 여기다.〔新唐書〕高祖訝無表. ③놀라다, 서로 만나 놀라다. 늑迓.
【訝賓 아빈】왕명으로 손을 맞이하여 접대함.

◐ 譴-, 驚-, 怪-, 猜-, 疑-, 嗟-.

言₄【訳】⑪ 譯(1700)의 속자

言₄【誉】⑪ 譽(1702)의 속자

言₄【訛】⑪ 그릇될 와 圞 é

[초서] 訛 [동자] 譌 [동자] 吪 [간체] 讹 [字解] ①**그릇되다.** ㉮문자·언어가 그릇 전해져 잘못되다.〔舊唐書〕校正訛謬. ㉯발음이 변하여 그릇되다.〔晉書〕諸部因呼之爲步搖, 其後音訛, 遂爲慕容焉. ②**속이다,** 거짓되다.〔詩經〕民之訛言. ③**거짓,** 거짓말.〔漢書〕訛言大水至. ④**사투리,** 방언.〔唐國史補〕自是後人語訛相承. ⑤**어긋나다,** 틀리다.〔韓愈·歌〕毫髮盡備無差訛. ⑥**유언비어,** 수상쩍은 소문.〔宋史〕止訛之術, 在乎識斷, 不在乎厭勝. ⑦**변하다,** 바뀌다.〔書經〕平秩南訛. ⑧**움직이다.**〔詩經〕或寢或訛.

【訛謬 와류】잘못됨. 잘못되어 이치에 틀림.
【訛索 와색】속여서 돈을 빼앗음.
【訛語 와어】①그릇 전해진 말. ②사투리.
【訛言 와언】①거짓말. ②잘못 전해진 말. 訛說(와설).
【訛音 와음】그릇 전해진 글자의 음(音).
【訛傳 와전】말을 그릇 전함.
【訛舛 와천】잘못되어 어그러짐. 틀림.
【訛脫 와탈】글자의 와전과 탈락.
【訛火 와화】들에 난 불. 들불. 野火(야화).
◑ 姦－, 欺－, 違－, 轉－, 差－, 錯－, 舛－.

言 4 【訞】⑪ 요사할 요 [蕭] yāo

[초서] 訞 [字解] ①**요사하다,** 괴이한 말. ＝妖.〔漢書〕今法有誹謗訞言之罪. ②**교묘하게 말하는 모양.** ③**재앙.** ≒祅.

言 4 【訧】⑪ 허물 우 [尤] yóu

[소전] 訧 [초서] 訧 [동자] 訧 [字解] ①**허물,** 죄 ≒尤.〔周禮〕報以庶訧. ②**잘못,** 과실.〔詩經〕俾無訧兮.

言 4 【訨】⑪ 생각할 임 [侵] rén

[字解] **생각하다.**

言 4 【訰】⑪ ❶어지러울 준 [震] zhùn ❷횡설수설할 준 [眞] zhūn

[字解] ❶**어지럽다,** 어지러워지다. ≒諄. ¶ 訰訰. ❷①**횡설수설하다.** ②**심란(心亂)한 모양.** ③**난잡(亂雜)한 모양.** ④**두텁다,** 순후하다.

【訰訰 준준】①마음이 어지러운 모양. ②마음이 어두운 모양.

言 4 【訬】⑪ ❶재빠를 초 [肴] chāo ❷높을 묘 [篠] miǎo ❸가벼울 초 [嘯] chǎo

[소전] 訬 [字解] ❶①**재빠르다,** 민첩하다.〔淮南子〕越人有重遲者而人謂之訬. ②**교활하다.**〔漢書〕江都訬輕. ③**시끄럽다,** 소란하다. ④**건전하다,** 건강하다.〔晉書音義〕訬, 健也. ⑤**쓰다,** 글·글씨를 쓰다. ❷①**높다.** ≒杪.〔張衡·賦〕通天訬以竦峙. ②**가냘프다,** 허리가 가늘고 아리따운 모양. ≒杪.〔張衡·賦〕舒訬婧之纖腰兮. ③**농담하다,** 말을 농락하다. ❸**가볍다.** ＝吵.

【訬輕 초경】간사하고 경박함.
【訬婧 묘청】허리가 가늘고 예쁜 모양.

言 4 【許】⑪ ❶허락할 허 [語] xǔ ❷이영차 호 [麌] hǔ

亠 亠 亖 亖 言 言 訁 訁 訁 許

[소전] 許 [초서] 許 [간체] 许 [參考] 대법원 지정 인명용 한자의 음은 '허'이다.

[字源] 形聲. 言＋午→許. '午(오)'가 음을 나타낸다.

[字解] ❶①**허락하다.** ㉮받아들이다, 승인하다.〔呂氏春秋〕王子許. ㉯따르다, 들어주다. ¶ 聽許. ㉰편이 되다, 가담하다.〔春秋公羊傳〕許夷狄者, 不一而足也. ㉱약속하다.〔史記〕何自妄許與劉季. ㉲맡기다, 위탁하다.〔史記〕老母在, 政身未敢以許人也. ㉳믿다, 진실을 인정하다.〔書經〕爾之許我. ②**나아가다.** ≒御.〔詩經〕昭茲來許. ③**흥하다,** 일으키다.〔孟子〕可復許乎. ④**바라다,** 기대하다.〔孟子〕管仲晏子之功, 可復許乎. ⑤**곳,** 장소. ≒處.〔世說新語〕欲與共詣思遠許. ⑥**쯤,** 정도.〔漢書〕赴河死者五萬許人. ⑦**얼마,** 어느 만큼. ¶ 幾許. ⑧**이같이,** 여차(如此). ¶ 如許. ⑨**어미에 붙이는 어조사.**〔古樂府〕奈何許, 石闕生口中, 銜碑不得語. ⑩**나라 이름.** 주대(周代), 하남성(河南省) 허창현(許昌縣)에 있었던 나라. 전국 시대 초(楚)나라에 멸망되었다. ⑪**성(姓).** ❷**이영차.** 여러 사람이 무거운 물건을 들거나 옮길 때 지르는 소리.〔詩經〕伐木許許.

【許可 허가】들어줌. 許諾(허락).
【許嫁 허가】혼인을 허락함. 許婚(허혼).
【許交 허교】서로 벗하기를 허락하고 사귐.
【許久 허구】매우 오래됨.
【許國 허국】나라를 위하여 목숨을 바침.
【許諾 허낙→허락】청을 들어줌.
【許多 허다】몹시 많음. 수두룩함.
【許卜 허복】[國]추천한 후보자 가운데서 의정(議政)을 선택하여 임명함.
【許心 허심】마음을 허락함.
【許與 허여】①불러서 오게 함. 불러들임. ②[國]허락하여 줌. 내심(內心)으로 허락함.
【許容 허용】허락하여 용납함.
【許由 허유】①고대 중국의 전설상의 인물. 요(堯)임금이 천하를 물려주려 하였으나 거절하고 기산(箕山)에 들어가 은거하였으며, 후에 다시 불러 구주(九州)의 장(長)을 삼으려 하자 도리어 자신의 귀가 더러워졌다고 하여 영수(潁水) 물가에서 귀를 씻었다 함. [참]洗耳(세이). ②[國]말미를 허락함.
【許遞 허체】[國]임금이 특지(特旨)를 내려서 벼슬을 갈아 줌.
【許下 허하】허락함. 약속함.

7 획

1659

【許邪 호야】 ▶許許(호호).
【許許 호호】 여러 사람이 힘을 합하여 일을 할 때, 기운을 돋우기 위하여 함께 지르는 소리. 許邪(호야).
❶ 官一, 幾一, 免一, 少一, 如一, 然一, 允一, 認一, 自一, 裁一, 聽一, 特一, 何一.

言4【訩】⑪ 송사할 흉 图 xiōng

[字解] ❶송사하다, 다투다. =訩. 〔詩經〕不告于訩. ❷재앙, 재화(災禍). 〔詩經〕降此鞠訩. ❸떠들썩하다, 다투어 소란한 모양. 〔晉書〕天下訩訩, 只爭品位. ❹울다.
【訩訩 흉흉】 소란한 모양. 떠들썩한 모양.
❶ 鞠一.

言4【訢】⑪
❶기뻐할 흔 图 xīn
❷온화하며 공손할 은 圖 yín
❸화기 서릴 희 图 xī

[参考] ①訢(1661)는 딴 자. ②대법원 지정 인명용 한자의 음은 '은'이다.
[字解] ❶기뻐하다. ❷온화하며 공손하다. =言. 〔漢書〕僮僕訢訢如也. ❸화기가 서리다, 천지의 화기(和氣)가 교감(交感)하는 모양. 늑熹. 〔禮記〕天地訢合, 陰陽相得.
【訢然 흔연】 기뻐하는 모양.
【訢訢 ❶흔흔 ❷은은】 ❶기뻐하는 모양. 소리가 부드러운 모양. ❷온화하며 공손한 모양. 삼가 공경하는 모양.
【訢訢焉 흔흔언】 기뻐하는 모양.
【訢訢然 흔흔연】 ▶訢訢焉(흔흔언).
【訢合 희합】 천지의 화기(和氣)가 교감하는 모양. 천지의 기운이 화합하여 하나가 됨.

言4【訖】⑪ 訖(1657)의 본자

言5【訶】⑫ 꾸짖을 가 本하 歐 hē

[参考] 詞(1661)는 딴 자.
[字解] 꾸짖다. ㉮야단치다. 〔韓非子〕王出而訶之曰. ㉯노하다. ㉰책망하다.
【訶譏 가기】 꾸짖어 흠봄. 訶訾(가저).
【訶辱 가욕】 꾸짖어 욕보임.
【訶詆 가저】 꾸짖어 흠봄.
【訶止 가지】 꾸짖어 못하게 함.
【訶斥 가척】 큰 소리로 꾸짖고 물리침.
【訶詰 가힐】 꾸짖어 힐문함.
❶ 譴一, 禁一, 摩一, 詆一, 誅一, 訓一.

言5【詎】⑫ 어찌 거 语 jù

[字解] ❶어찌. 반어의 뜻을 나타낸다. '豈(기)'와 같은 뜻. =巨·距·鉅·渠·遽. 〔後漢書〕天下詎可知而閉長者乎. ❷적어도, 진실로. '苟(구)'와 같은 뜻. ❸그치다. ❹이르다. ❺~에서, ~부터. 동작·작용의 기점을 나타낸다. 〔國語〕詎非聖人, 必偏而後可.
【詎幾 거기】 몇, 얼마, 어느 정도 등 확실하지 않은 수효를 이르는 말.

言5【詁】⑫ 주낼 고 覽 gǔ

[字解] 주내다, 고서(古書)의 자구에 해석을 붙이다. 지금의 말로써 옛말의 뜻을 풀이하여 밝히다. 〔舊唐書〕詁訓以紀六經識候.

言5【詢】⑫ 詢(1671)와 동자

言5【詘】⑫
❶굽을 굴 圀 qū
❷내칠 출 園 chù
❸말 더듬을 눌 圊 qū

[字解] ❶ 굽다, 굽히다. 늑屈. ㉮몸을 굽히다, 복종하다. 〔戰國策〕詘敵國. ㉯뜻을 굽히다. 〔史記〕賢能詘於不肖. ㉰물건을 굽히다. 〔荀子〕詘五指. ❷말이 막히다, 대꾸할 말이 없다. 〔戰國策〕於是魏王聞其言也甚詘. ❸짧다. 〔周脾算經〕往者詘也, 來者信也. ❹덜다, 감하다. 〔史記〕皆詘其勢. ❺따르다, 따르게 하다. 〔荀子〕敵國不待試而詘. ❻접다, 주름을 잡다. 〔禮記〕凡陳衣不詘. ❼꿇리다. 〔漢書〕無所詘. ❽도리어, 오히려. 〔戰國策〕詘令韓魏歸帝重於齊. ❾뚝 끊어지는 모양. 늑闋. 〔禮記〕叩之, 其聲淸越以長, 其終詘然. ❿다하다. 〔史記〕徽飢受詘. ⓫궁지에 빠지다. 〔管子〕其兵不詘. ⓬기꺼이 절개를 버리는 모양. 〔禮記〕不充詘於富貴. ⓭나다. 늑出. 〔周禮·注〕詘, 本作出. ❷내치다, 물리치다. 늑黜. 〔戰國策〕秦勢能詘之. ❸말을 더듬다. =訥.
【詘服 굴복】 몸을 굽혀 복종함.
【詘伸 굴신】 굽힘과 폄. 굽히고 폄. 늘이고 줄임. 詘信(굴신).
【詘身 굴신】 몸을 굽힘.
【詘然 굴연】 그치는 모양. 끊어져 그침.
【詘指 굴지】 ①손꼽아 셈. 손가락을 꼽아 헤아림. ②지조(志操)를 굽힘. ✍'指'는 '旨'로 '뜻, 지조'를 뜻함.
【詘體 굴체】 몸을 굽힘. 몸을 굽혀서 절함.
【詘坐 출좌】 내쫓아 죄를 줌.
❶ 俛一, 不一, 身一, 抑一, 充一, 詰一.

言5【詉】⑫
❶시끄러울 뇨 園 náo
❷말 불명할 나 園 ná
❸나쁘게 말할 노 圊 nù

言部 5획 詅 詈 詐 詞 䛐 訴

訕

字解 ❶시끄럽다, 소란하다. =呌. 〔舊唐書〕以號訕爲令德. ❷말이 불명(不明)하다, 말을 이해할 수가 없다. ❸나쁘게 말하다, 남을 헐뜯어 말하다.

言5 【詅】⑫ 팔 령 庚 líng

字解 ①팔다, 매각하다. ②자랑하다, 발보이다. 〔齊東野語〕其夫以鬻粉羹爲業, 子稍長, 詅鬻於市.
【詅癡符 영치부】어리석음을 자랑하여 파는 표. ㉠서투른 문장을 명문인 것처럼 세상에 퍼뜨려 수치를 삼. ㉡수치를 모르는 사람. 철면피.

言5 【詈】⑫ 꾸짖을 리 寘 lì

字解 ①꾸짖다, 매도(罵倒)하다. 〔漢書〕詈罵而榜笞之. ②빗대어 욕하다. 바로 욕하는 것은 '罵(매)', 빗대어 욕하는 것은 '詈'라 한다. 〔漢書〕其誹謗詈詛者, 又先斷舌.
【詈罵 이매】모진 말로 욕하며 꾸짖음.
【詈辱 이욕】꾸짖어 모욕함.
◐ 詞-, 怒-, 罵-, 恣-, 怨-, 瞋-, 訴-.

言5 【詐】⑫ 속일 사 禡 zhà

字解 形聲. 言+乍→詐. '乍(사)'가 음을 나타낸다.
字解 ①속이다, 거짓말하다. 〔荀子〕匿行曰詐. ②기롱(欺弄)하다. 〔荀子〕掎契司詐. ③말을 꾸미다, 교언(巧言)하다. 〔淮南子·巧故萌生·注〕巧言爲詐. ④함정에 빠뜨리다, 술책을 쓰다. 〔呂氏春秋〕繁戰之君, 不足於詐. ⑤갑자기, 문득. 늑年. 〔春秋公羊傳〕詐戰不日.
【詐計 사계】속이는 꾀. 僞計(위계).
【詐欺 사기】남을 속임.
【詐力 사력】사기(詐欺)와 폭력.
【詐妄 사망】거짓말. 속임. 欺瞞(기만).
【詐反 사반】거짓으로 갚는 체함. ◐'反'은 '報'로 '갚다'를 뜻함.
【詐譎 사휼】속임. 속여서 꾀함.
【詐善 사선】거짓 착한 체함. 僞善(위선).
【詐數 사수】속이는 꾀. 詐術(사술).
【詐術 사술】남을 속이는 꾀. 詐謀(사모).
【詐佯 사양】거짓. 속임. 欺瞞(기만).
【詐僞 사위】속이는 일. 거짓.
【詐戰 사전】갑작스런 싸움. 불시(不時)의 싸움.
【詐晴 사청】장마 때 비가 그치고 잠깐 갬.
【詐取 사취】남의 것을 거짓으로 속여서 빼앗음.
【詐稱 사칭】성명·관직 등을 속여 일컬음.
【詐誕 사탄】언행이 간사하고 허황함.
【詐態 사태】속임. 거짓.
【詐騙 사편】속임. 속여서 남의 금품을 편취함.

◐ 姦-, 巧-, 權-, 詭-, 欺-, 多-, 謀-, 變-, 逆-, 愚-, 作-, 譎-.

言5 【詞】⑫ 말씀 사 支 cí

叅考 訶(1660)는 딴 자.
字源 形聲. 言+司→詞. '司(사)'가 음을 나타낸다.
字解 ①말씀, 말, 문장. 〔春秋公羊傳〕其詞則丘有罪焉爾. ②알리다, 고하다. 〔禮記〕其詞于賓. ③청하다, 원하다. ④말하다, 설명하다. ⑤호소하다, 송사하다. ⑥잇다, 뒤를 잇다. ⑦글, 문장. 〔史記〕是時天子方好文詞. ⑧문체의 한 가지. ¶詞曲.
【詞客 사객】사(詞)를 짓는 사람. 시가나 문장을 잘 짓는 사람. 詞人(사인).
【詞曲 사곡】사(詞)와 곡(曲). ◐'詞'는 중당(中唐) 때 시작하여 송대(宋代)에 성행한 운문(韻文)의 한 체이며, '曲'은 원대(元代)에 비롯한 운문의 한 체임. 詩餘(시여).
【詞林 사림】①시문(詩文)을 모은 책. ②시인·문인들의 세계. 文壇(문단). ③한림원(翰林院)의 딴 이름.
【詞伯 사백】시문에 뛰어난 사람. 시문의 대가.
【詞賦 사부】①사(詞)와 부(賦). ②운자(韻字)를 달아 평측(平仄)을 구별하여 지은 한시의 총칭.
【詞訟 사송】소송함. 소송.
【詞章 사장】시가와 문장.
【詞藻 사조】시문을 짓는 재능. 글의 수식.
【詞宗 사종】☞詞伯(사백).
【詞彩 사채】언어의 문채. 말의 색조(色調). 곧, 시문의 아름다움.
【詞致 사치】말의 운치(韻致).
【詞表 사표】말이나 문장에 나타난 뜻 이외의 뜻. 言外(언외). 紙表(지표).
【詞學 사학】시문(詩文)에 대한 학문.
【詞兄 사형】벗으로 사귀는 문인이나 학자끼리 서로 높여 부르는 말.
【詞華 사화】말의 수사(修辭). 아름다운 무늬로 수놓인 언어. 뛰어난 시문. 詞藻(사조).
◐ 歌-, 宮-, 動-, 名-, 文-, 副-, 賞-, 誓-, 聲-, 數-, 心-, 雅-, 弔-, 助-, 祝-, 枕-, 品-, 賀-.

言5 【䛐】⑫ 詞(1661)와 동자

言5 【訴】⑫ ❶하소연할 소 遇 sù ❷헐뜯을 척 陌 sù

訴

[본자] 訴 **[동자]** 愬 **[간체]** 诉 **[參考]** ①訴(1660)은 딴 자. ②대법원 지정 인명용 한자의 음은 '소'이다.
[字源] 形聲. 言+斥→訴. '斥(척)'이 음을 나타낸다.
[字解] ❶㉠하소연하다. ㉮알리다, 고하다. 〔論語〕訴子路於季孫. ㉯헐뜯어 말하다, 참소(讒訴)하다. 〔春秋左氏傳〕而訴公于晉侯. ㉰불평을 털어놓으며 동정을 구하다. 〔古樂府〕舒憤訴穹蒼. ㉱변명하다, 원통함을 호소하다. 〔後漢書〕舉頭若欲自訴. ㉲송사하다, 관청에 고하여 판결을 청하다. ¶訴訟. ㉳하소연, 호소, 참소. 〔劉峻·論〕子興困臧倉之訴. ❷헐뜯다, 배척하다.
【訴訟 소송】 법원에 재판을 청구함.
【訴冤 소원】 억울하고 원통함을 관아에 하소연함. 冤訴(원소).
【訴願 소원】 ①호소하여 바로잡아 주기를 바람. ②위법(違法)이나 부당한 행정 처분의 취소·변경을 행정 기관에 청구하는 일.
【訴人 소인】 소송하는 사람.
【訴狀 소장】 ①하소연하는 글. ②소송을 제기하는 취지를 써서 사법 당국에 내는 문서. 訴牒(소첩).
【訴陳 소진】 하소연하여 진술함.
【訴請 소청】 하소연하여 바른 판결을 청함.
【訴牒 소첩】 하소연하는 글. 訴狀(소장).
❶告─, 公─, 控─, 起─, 密─, 上─, 勝─, 仰─, 哀─, 獄─, 怨─, 冤─, 自─, 提─, 嘲─, 讒─, 敗─, 呼─.

訴

[言 5] 訴 ⑫ 訴(1661)의 본자

訹

[言 5] 訹 ⑫ 꾈 술 ⑫ xù
[소전] 訹 **[초서]** 訹 **[字解]** 꾀다, 유혹하다, 유혹을 당하다. =怵·鉥. 〔漢書〕今大王列在諸侯, 訹邪臣浮說.

詇

[言 5] 詇 ⑫ 슬기로울 앙 ⑫ yàng
[소전] 詇 **[字解]** ①슬기롭다, 미리 알아차리다. ②알리다, 고하다. ③묻다, 의심되는 바를 묻다. ④억지로 청하다, 강청(強請)하다. 〔新方言〕今謂人所不願而強請之爲詇求.

詠

[言 5] 詠 ⑫ 읊을 영 ⑫ yǒng

二 亠 言 言 訂 訢 詠 詠

[소전] 詠 **[혹체]** 咏 **[초서]** 詠 **[동자]** 咏 **[동자]** 詠
[字源] 形聲. 言+永→詠. '永(영)'이 음을 나타낸다.
[字解] ①읊다, 노래하다. ㉮시가를 읊다. 〔書經〕搏拊琴瑟, 以詠. ㉯사물에 빗대어 노래하다. 〔國語〕則文詠物以行之. ㉰새가 노래하다. 〔陸機·行〕耳悲詠時禽. ②시가를 짓다. 〔南史〕夫令聞令望, 詩人所作詠. ③시가(詩歌), 노래의 가사(歌詞). 〔左思·賦〕綷以藻詠.
【詠歌 영가】 시가(詩歌)를 읊음.
【詠歸 영귀】 교외의 풍경을 완상하고 시를 읊으며 돌아옴. 풍류를 즐김.
【詠德 영덕】 높은 덕을 영탄(詠歎)함.
【詠物 영물】 사물을 시가(詩歌)로 읊조림. 자연경물을 제재로 하여 시가를 지음.
【詠史 영사】 역사적 사실을 주제로 하여 시가를 지음.
【詠絮 영서】 시가를 잘 짓는 여자.
【詠雪 영설】 눈을 시로 읊음.
【詠雪之才 영설지재】 여자의 뛰어난 글재주. **[故事]** 진(晉)나라 왕응지(王凝之)의 아내 사도온(謝道韞)이 눈을 버들개지에 비겨 즉흥으로 뛰어난 시구를 읊었다는 고사에서 온 말.
【詠嘯 영소】 긴 소리로 읊조림.
【詠頌 영송】 시가를 지어 칭송함.
【詠吟 영음】 시나 노래를 읊음. 吟詠(음영).
【詠歎 영탄】 ①목소리를 길게 뽑아 읊음. ②감동하여 찬탄함. ③심원하고 강렬한 감정을 문장으로 나타냄.
【詠懷 영회】 소회(所懷)를 시가로 읊음.
❶歌─, 高─, 歸─, 朗─, 談─, 舞─, 賦─, 賞─, 嘯─, 誦─, 愛─, 玩─, 謠─, 遺─, 吟─, 題─, 諷─.

詍

[言 5] 詍 ⑫ 수다스러울 예·세 ⑫ yì
[소전] 詍 **[초서]** 詍 **[동자]** 呭 **[동자]** 嘒 **[동자]** 讏
[字解] 수다스럽다, 말이 많은 모양. ≒泄·洩. 〔荀子〕辯利非以言, 是則謂之詍.

詑

[言 5] 詑 ⑫ ❶자랑할 이 ⑫ yī, yí ❷속일 타 ⑫ tuó, duò
[소전] 詑 **[동자]** 訑 **[字解]** ❶①자랑하다, 자득(自得)하는 모양. ②천박하다. ❷①속이다. ②가벼이 보다.

詫

[言 5] 詫 ⑫ 詑(1662)와 동자

詒

[言 5] 詒 ⑫ ❶보낼 이 ⑫ yí ❷속일 태 ⑪ dāi
[소전] 詒 **[초서]** 詒 **[동자]** 詒 **[간체]** 诒 **[字解]** ❶①주다, 증여하다. ≒貽·遺. 〔春秋左氏傳〕叔向使詒子產書. ②전하다, 전언하다. 〔詩經〕詒厥孫謀. ③끼치다, 남기다. 〔詩經〕自詒伊阻. ④부치다, 기탁(寄託)하다. 〔春秋穀梁傳〕夫請者非可詒託而往也. ❷①속이다, 기만하다. 〔列子〕吾笑龍之詒孔穿. ②게으르다, 나태한 모양. ≒怠. 〔莊子〕談詒爲病數日不出.
【詒厥 이궐】 자손.

【詒謀 이모】 자손을 위하여 좋은 계책을 남김.
【詒託 이탁】 핑계함. 假託(가탁).
【詒欺 태기】 속임.

言5【詒】⑫ 詒(1662)와 동자

言5【訑】⑫ 訑(1655)와 동자

言5【訾】⑫ ❶헐뜯을 자 支 zī ❷나쁠 자 紙 zǐ

[소전][초자][동자] 訿 [字解] ❶①헐뜯다. ≒皆. 〔禮記〕不 苟訾. ②생각하다, 사량(思量)하다. ≒咨. 〔漢書〕擧吳兵以訾 於漢. ④게으른 모양. ¶ 訾訾. ⑤한정하다. 〔管子〕吏嗇夫盡有訾程事律. ⑥재보, 자본. ≒資·貲. 〔漢書〕選郞吏又以富訾. ⑦병(病), 흠터. ≒疵. 〔禮記〕子之所刺於禮者, 亦非禮之訾也. ⑧한탄하다. 〔逸周書〕四荒至, 莫有怨訾. ⑨ 아! 탄식하는 소리. 〔漢書〕訾黃其何不徠下. ❷①나쁘다, 거칠다. 〔管子〕訾食者不能肥其 體. ②앓다, 고민하다. 〔管子〕歲凶庸人訾厲. ③방자하다. 〔荀子〕離縱而跂訾者也.
【訾咎 자구】 헐뜯고 나무람.
【訾短 자단】 헐뜯음. 毁短(훼단).
【訾厲 자려】 ①병듦. ②병.
【訾病 자병】 헐뜯고 욕함.
【訾省 자성】 재물을 정리함.
【訾食 자식】 음식을 가림. 편식함.
【訾訾 자자】 ①헐뜯는 모양. ②게으름을 피우는 모양.
【訾毁 자훼】 헐뜯음. 욕함.
● 謗−, 非−, 怨−, 詔−, 訴−, 毁−.

言5【訿】⑫ 訾(1663)와 동자

言5【詆】⑫ 꾸짖을 저 薺霽 dǐ

[소전][간체] 诋 [字解] ①꾸짖다, 비난하다. ¶ 詆訶. ②욕하다, 모욕하다. 〔漢書〕巧言醜詆. ③들추어내다, 적발하다. 〔史記〕詆訾孔子. ④속이다. 〔史記〕詆欺文致. ⑤법, 규범. ⑥저촉하다. 〔史記〕宣下吏詆罪. ⑦근본, 요긴한 일. ≒柢. 〔淮南子〕兵有三詆.
【詆訶 저가】 역정 내어 꾸짖음. 헐뜯으며 꾸짖음. 詆訶(저가).
【詆欺 저기】 속임. 欺瞞(기만).
【詆嫚 저만】 흉보며 업신여김.
【詆排 저배】 꾸짖어 물리침.
【詆訐 저알】 헐뜯어 나쁜 점을 들추어냄.
【詆辱 저욕】 꾸짖어 욕되게 함.
【詆訾 저자】 남의 잘못을 들추어내어 헐뜯음.
【詆罪 저죄】 죄에 저촉(抵觸)됨. ○'詆'는 '抵'로 '저촉되다'를 뜻함.

【詆毁 저훼】 헐뜯음. 욕함.
● 訶−, 譏−, 面−, 誣−, 排−, 相−, 峻−, 醜−, 噬−, 劾−, 毁−.

言5【詛】⑫ 저주할 저 語 zǔ

[소전] 詛 [초자] 诅 [동자] 禠 [동자] 謯 [간체] 诅 [字解] ①저주하다. 〔書經〕否則厥口詛祝. ②맹세하다. 〔春秋左氏傳〕詛諸五父之衢. ③욕하다, 원망하다. 〔後漢書〕匈罵腹詛.
【詛詈 저리】 저주하며 욕함.
【詛盟 저맹】 맹세함. 서약(誓約)함.
【詛呪 저주】 남이 잘못되기를 빎.
● 盟−, 謗−, 怨−, 呪−, 匈罵腹−.

言5【詀】⑫ ❶수다스러울 점 鹽 zhān ❷희학질할 잠 咸 diān ❸속삭일 첩 葉 chè

[초자] 诂 [字解] ❶①수다스럽다. ②교묘한 말. ❷①희학질하다, 실없는 말로 농하다. ②수다스럽다. ¶ 詀諵. ❸속삭이다. ¶ 詀讘.
【詀謓 점체·잠제】 장황하게 말함.
【詀詀 ❶점잠 ❷잠점】 ①교묘(巧妙)한 말. ❷수다스러움.
【詀諵 잠남】 ①수다스럽게 재잘거리는 모양. ② 새가 지저귀는 모양.
【詀讘 첩섭】 귀에 대고 소곤소곤 말을 함. 귓속 말을 함.

言5【証】⑫ ❶간할 정 敬 zhèng ❷증거 증 徑 zhèng

[소전] 証 [초자] 证 [字解] ❶간(諫)하다. 〔戰國策〕士尉以証靖郭君. ❷증거. ※證(1697)의 속자. 〔晉書〕皆有典証.

言5【詔】⑫ ❶고할 조 嘯 zhào ❷소개할 소 嘯 zhāo

[소전] 詔 [초자] 诏 [간체] 诏 [참고] 대법원 지정 인명용 한자의 음은 '조'이다.
[字解] ❶①고하다. ≒告. ㉮알리다. 〔禮記〕出 入有詔於國. ㉯신에게 고하다. 〔周禮〕司勳詔 之. ㉰말하다. 〔莊子〕若啼無詔. ②가르치다. 〔呂氏春秋〕問而不詔. ③돕다. 〔周禮〕以八柄 詔王馭群臣. ④부르다, 초빙하다. 〔後漢書〕詔 伊尹於亳郊兮. ⑤조서, 조칙. 천자의 명령. 〔漢 書〕陛下發德音, 下明詔. ⑥문체 이름. 천자의 명령을 기록하는 데 쓰는 문체. 〔文體明辯〕秦 幷天下, 改命曰制, 令曰詔, 於是詔興焉. ⑦왕 호, 남만왕(南蠻王)의 호. 〔舊唐書〕其先渠帥 有六, 自號六詔. ❷소개하다. ≒紹. 〔禮記〕故 禮有擯詔.
【詔告 조고】 알림. 고함.
【詔令 조령】 천자의 명령.
【詔命 조명】 ☞詔書(조서).
【詔使 조사】 조서(詔書)를 받들고 가는 사신.

【詔書 조서】 임금의 명령을 국민에게 알리고자 적은 문서. 制書(제서). 詔命(조명).
【詔獄 조옥】 왕의 칙명에 의하여 죄인을 신문함. 또는 그 옥사(獄舍).
【詔諭 조유】 ①임금의 명령. ②임금이 명령을 내려서 깨우침.
【詔條 조조】 조서에서 든 조목.
【詔旨 조지】 조서(詔書)의 취지. 勅旨(칙지).
【詔册 조책】 조칙(詔勅)의 문서.
【詔勅 조칙】 조서(詔書). 詔敕(조칙).
【詔黃 조황】 왕의 명령. ◯왕의 명령을 적을 때는 황지(黃紙)를 사용한 데서 온 말.
◐ 大-, 明-, 拜-, 璽-, 聖-, 手-, 嚴-, 玉-, 優-, 恩-, 制-, 草-.

言
5【註】⑫ 주낼 주 圍 zhù
[초서] 注 [통서] 注 [간체] 注 [字解] ①주내다, 뜻을 풀어 밝히다. ¶註疏. ②주, 주해. 〔晉書〕向秀欲註莊子. ③적다, 기술(記述)하다. 〔後漢書〕重黎記註.
【註脚 주각】 본문의 뜻을 보충하거나 풀이한 것. ◯'註'는 본문 사이에, '脚'은 본문 아래에 보충한 것.
【註文 주문】 주석(註釋)한 글.
【註書 주서】 책에 주를 닮. 주를 단 책.
【註釋 주석】 낱말이나 문장의 뜻을 알기 쉽게 풀이함. 註解(주해).
【註疏 주소】 경서(經書)의 본문 사이에 끼워 넣은 설명. ◯'註'는 경서의 내용을 해석한 것, '疏'는 '註'를 다시 해석하거나 부연한 것.
◐ 脚-, 頭-, 旁-, 點-, 側-, 標-, 解-.

言
5【詋】⑫ 呪(285)와 동자

言
5【診】⑫ 볼 진 軫 zhěn
[소전] 診 [초서] 诊 [동자] 眕 [속자] 訫 [간체] 诊
[字解] ①보다. ≒眕. ㉮눈으로 보다. 〔楚辭〕乃自診兮在兹. ㉯엿보다. 〔後漢書〕群臣怪而診之. ㉰맥을 짚다, 진찰하다. 〔史記〕診切其脈. ②증상, 병의 징후(徵候). 〔素問〕願聞其診. ③고(告)하다, 점치다. ≒眕. 〔莊子〕匠石覺而診其夢.
【診斷 진단】 의사가 환자를 진찰하여 병의 증상을 판단함.
【診脈 진맥】 손목의 맥을 짚어 병을 진찰함.
【診夢 진몽】 꾼 꿈을 점침.
【診切 진절】 맥을 짚어 병의 증세를 자세하게 살핌.
【診察 진찰】 의사가 병의 원인과 증상을 살펴봄. 診候(진후).
◐ 檢-, 來-, 問-, 誤-, 往-, 聽-, 初-, 觸-, 打-, 宅-, 表-, 回-, 休-.

言
5【眕】⑫ 診(1664)과 동자

言
5【訫】⑫ 診(1664)의 속자

言
5【詄】⑫ 잊을 질 屑 dié
[소전] 詄 [초서] 詄 [字解] ①잊다, 소홀히 하다. ②천체(天體)가 단단하고 맑은 모양. 〔前漢禮樂志〕天門開, 詄蕩蕩.

言
5【評】⑫ 꼲을 평 庚 píng
[필순] 評
[초서] 评 [간체] 评 [字源] 形聲. 言+平→評. '平(평)'이 음을 나타낸다.
[字解] ①꼲다, 평론하다. 〔後漢書〕初劭論與靖俱有高名, 好共覈論鄕黨人物, 每月輒更其品題, 故汝南俗有月旦評焉. ②품평. 〔南史〕品古今詩爲評. ③문체 이름. 사관(史官)이 군신의 언행을 평론한 글. 〔文體明辯〕評, 品論也, 史家襃貶之詞.
【評價 평가】 사람·사물의 가치를 판단함.
【評決 평결】 평론하여 결정함.
【評論 평론】 사물의 가치·선악 따위를 비평하여 논함. 또는 그 글.
【評林 평림】 비평을 모아서 실은 책. 평론집(評論集).
【評釋 평석】 시가·문장을 해석하고 비평함. 또는 그 글.
【評語 평어】 ①평론하는 말. ②학과 성적을 나타내는 짧은 말.
【評言 평언】 비평하는 말. 評語(평어).
【評議 평의】 모여 의논함. 많은 의견을 두고 여럿이 상의함.
【評傳 평전】 평론을 붙인 전기(傳記).
【評定 평정】 평의(評議)하여 결정함.
【評判 평판】 ①평론하여 판정함. ②세상 사람의 비평(批評). ③명성(名聲).
◐ 考-, 高-, 公-, 論-, 批-, 世-, 惡-, 月-, 適-, 定-, 嘲-, 品-, 好-, 酷-.

言
5【詖】⑫ 치우칠 피 寘 bì
[소전] 詖 [초서] 詖 [간체] 詖 [字解] ①치우치다, 공정하지 못하다. ≒頗. 〔孟子〕詖辭知其所蔽. ②말 잘하다, 편파하다. 〔楚辭〕不從俗而詖行兮. ③판단하여 설명하다, 분석(分析)하다. ④교활하다, 간사한 꾀가 많다. 〔漢書〕趙敬險詖. ⑤아첨하다. 〔漢書〕險詖陰賊. ⑥비뚤어진 말, 공평하지 못한 말. 〔漢書〕壞散險詖之聚.
【詖辭 피사】 한쪽으로 치우쳐 올바르지 못한 말. 부정한 언론.
【詖行 피행】 비뚤어진 행동. 공평(公平)하지 못

言部 5~6획 詗詠誇誆註詭

하고 한쪽으로 치우친 행동.
【詖險 피험】 심지가 비뚤어지고 아첨함.
○ 傾-, 險-.

言5【詗】⑫ 염탐할 형 迥 xiòng
[소전] 詗 [초서] 诇 [간체] 诇 [字解] ①염탐하다, 염탐꾼. 〔漢書〕 爲中詗長安. ②구하다, 탐구하다. ③똑똑히 깨달아 알다.
【詗邏 형라】 순라(巡邏)를 돎. 순찰함.
【詗察 형찰】 남모르게 살핌. 염탐함.
○ 窺-, 覘-, 中-.

言5【詠】⑫ 화평할 화 歌 hé
[字解] ①화평하다. ②평탄하다. ≒和·龢.

言6【誇】⑬ ❶자랑할 과 麻 kuā
❷노래할 구 遇 qù

[필순] 一 亠 言 言 言 訁 訒 誇 誇

[소전] 誇 [고자] 䚻 [통자] 夸 [간체] 夸 [參考] 대법원 지정 인명용 한자음은 '과'이다.
[字源] 形聲. 言+夸→誇. '夸(과)'가 음을 나타낸다.
[字解] ❶①자랑하다, 자만하다. 〔揚雄·賦〕 上將大誇胡人以多禽獸. ②자랑, 자만. 〔蘇軾·詩〕 青紫令今里巷誇. ③거칠다, 굵고 섬기다. 〔漢書〕 妄誇布服. ④친절한 모양. ❷노래하다.
【誇競 과경】 서로 자랑하며 다툼.
【誇矜 과긍】 자랑함.
【誇多 과다】 많음을 자랑함.
【誇大 과대】 ①작은 것을 크게 과장하여 말함. ②자만하여 뽐냄.
【誇大妄想 과대망상】 작은 것을 사실 이상으로 크게 평가하는 헛된 생각.
【誇伐 과벌】 자랑함.
【誇尙 과상】 자랑하며 교만을 부림.
【誇示 과시】 뽐내어 보임.
【誇言 과언】 자랑하여 하는 과장된 말.
【誇張 과장】 실제보다 지나치게 떠벌려 나타냄.
【誇稱 과칭】 과장하여 일컬음.
【誇詫 과타】 자랑함. 뽐냄.
【誇布 과포】 올이 굵고 성긴 베. 거친 베.
【誇衒 과현】 자기가 자기를 자랑하여 뽐냄.
【誇詡 과후】 자랑함. 자만함.
○ 驕-, 矜-, 陵-, 浮-, 自-.

言6【誆】⑬ 속일 광 陽 kuāng
[간체] 诓 [字解] ①속이다, 속이는 말, 거짓말. =誑. 〔福惠全書〕 指官誆詐. ②미친 말, 광언(狂言).
【誆詐 광사】 거짓말로 속임.
【誆騙 광편】 사기하여 취함.

言6【註】⑬ 그르칠 괘 卦 guà
[소전] 詿 [초서] 诖 [간체] 诖 [字解] ①그르치다, 그릇 되게 하다. 〔漢書〕 詿誤吏民. ②속이다. 〔史記〕 詿亂天下. ③훼방하다, 가로막아 못하게 하다.
【詿亂 괘란】 사람을 속여 어지럽힘.
【詿誤 괘오】 ①속여서 미혹하게 함. ②관리가 과실에 대하여 징계를 당함.

言6【詭】⑬ 속일 궤 紙 guǐ
[소전] 詭 [초서] 诡 [간체] 诡 [字解] ①속이다, 기만하다. 〔春秋穀梁傳〕 詭辭而出. ②꾸짖다, 책망하다. =譎. 〔漢書〕 今臣得出守君, 自詭效功. ③어기다, 위배(違背)하다. 〔淮南子〕 詭自然之性. ④이상하다, 이상하게 여기다. 〔淮南子〕 詭文回波. ⑤다르다, 특수하다. 〔漢書〕 卓詭切至. ⑥가지런하지 않다. 〔淮南子〕 尺寸雖齊必有詭. ⑦바르지 않다, 정도(正道)에 벗어나다. 〔孟子〕 爲之詭遇. ⑧헐뜯다, 비방하다. 〔後漢書〕 若固之序事, 不激詭, 不抑抗.
【詭激 궤격】 언행이 과격하여 상궤(常軌)를 벗어남. 矯激(교격).
【詭計 궤계】 교묘하게 남을 속이는 꾀. 간사한 꾀. 詭策(궤책).
【詭觀 궤관】 기이하고 보기 드문 광경.
【詭矯 궤교】 속임.
【詭道 궤도】 ①남을 미혹하여 속이는 수단. ②지름길. 捷徑(첩경).
【詭麗 궤려】 진기하고 아름다움.
【詭妄 궤망】 속임. 詭詐(궤사).
【詭文 궤문】 기이한 무늬.
【詭辯 궤변】 이치에 닿지 않는 내용으로 상대를 속이는 말.
【詭服 궤복】 거짓으로 복종하는 체함. 겉으로만 온순하게 굶.
【詭祕 궤비】 은밀하여 내막을 알기 어려움.
【詭詐 궤사】 교묘하게 속임. 詭妄(궤망).
【詭辭 궤사】 ①거짓말. ②이상야릇한 말.
【詭說 궤설】 거짓말. 속이는 말.
【詭殊 궤수】 딴 물건과 다름. 별다름.
【詭隨 궤수】 ①옳고 그름을 가리지 않고 함부로 남을 따름. 맹종함. ②작은 악(惡).
【詭術 궤술】 속이는 술책.
【詭言 궤언】 거짓. 거짓말.
【詭遇 궤우】 ①사냥할 때 바르지 못한 방법으로 수레를 몰아 새나 짐승을 잡음. ②정도(正道)에 의하지 않고 임기응변(臨機應變)의 수단으로 남의 비위를 맞춤. 세속에 영합(迎合)하여 부귀를 얻음.
【詭誕 궤탄】 거짓되고 망령됨.
【詭銜竊轡 궤함절비】 말이 재갈을 뱉어 내고 고삐를 물어뜯음. 구속이 심할수록 거기에서 벗어나려고 더욱 애씀의 비유.
○ 激-, 輕-, 怪-, 奇-, 特-, 虛-, 譎-.

言部 6획 詞誄銘詳詵訓詢

【詞】 ⑬ 한가지 동 東董 tóng, dòng
[소전] 詞 [초서] 詢 字解 ①한가지, 공동(共同). 〔禮記〕鋪筵設同几, 注云, 同之言, 詞也. ②큰소리, 허풍. ③당황하여 말하다, 급박하게 말하다. 〔後漢書〕輕薄謟詷. ④사동(使童). ≒僮.

【誄】 ⑬ 뇌사 뢰 紙 lěi
[소전] 誄 [초서] 誄 [간체] 诔 字解 ①뇌사, 조문(弔文). ②조문(弔文)을 읽다. 〔陸機·賦〕碑披文以相質, 誄纏緜而悽愴. ③빌다, 살아 있는 이의 공덕을 일컬으며 신에게 복을 빌다. ≒讄. 〔論語〕誄曰, 禱爾于上下神祇.
【誄文 뇌문】⇨誄詞(뇌사).
【誄詞 뇌사】죽은 사람의 명복을 비는 말이나 글. 죽은 이의 생전의 공덕을 칭송하며 조상하는 말이나 글. 誄文(뇌문).
【誄讚 뇌찬】뇌(誄)와 찬(讚). ◎ '誄'는 죽은 이의 생전의 행적을 기술한 글, '讚'은 살아 있는 사람의 미덕을 찬양한 글.
◑ 銘一, 私一, 哀一, 制一, 鍼一.

【銘】 ⑬ 이름 붙일 명 敬 mìng
字解 이름을 붙이다, 명목을 붙이다. ≒名. 〔唐書〕昔陶弘景, 以神農經合雜家別錄, 注銘之.

【詳】 ⑬ ❶자세할 상 陽 xiáng
❷속일 양 陽 yáng
一 二 言 言 言 訳 詳 詳 詳
[소전] 詳 [초서] 詳 [간체] 详 參考 대법원 지정 인명용 한자의 음은 '상'이다.
字源 形聲. 言+羊→詳. '羊(양)'이 음을 나타낸다.
字解 ❶①자세하다. ㉮자세히 헤아리다. ¶詳料. ㉯자세히 보다. ¶詳探. ㉰자세히 이야기하다. 〔詩經〕中冓之言, 不可詳也. ㉱자세히 알다. 〔陶潛·傳〕亦不詳其姓字. ㉲자세히 밝히다. 〔後漢書〕詳言正色. ②자세한 내용. 〔孟子〕其詳不可得而聞也. ③두루 갖추어짐, 주비(周備). 〔荀子〕略則擧大, 詳則擧小. ④다하다, 남김없이 하다. 〔漢書〕亦未可詳. ⑤죄다, 모조리. 〔漢書〕故詳延天下方聞之士. ⑥골고루 마음을 쓰다. 〔春秋公羊傳〕不赦不詳. ⑦공평하다. 〔漢書〕刑戮將甚不詳. ⑧상서롭다. 〔淮南子〕六畜生多耳目者不詳. ⑨길조(吉兆), 좋은 조짐. 〔易經〕吉事有詳. ⑩날다, 비상(飛翔)하다. ≒翔. ⑪공문서, 하급 관청에서 상급 관청으로 보내는 기밀 문서. ¶詳文. ❷속이다, 거짓. ≒佯. 〔史記〕公子光, 詳爲足疾.
【詳考 상고】자세히 참고함. 상세히 검토함.
【詳究 상구】자세하게 탐구함.

【詳記 상기】상세하게 기록함. 자세한 기록.
【詳略 상략】상세함과 간략함. 精粗(정조).
【詳料 상료】자세히 살펴 헤아림.
【詳明 상명】상세하고 분명함.
【詳敏 상민】자세하고 민첩함.
【詳文 상문】하급 관리가 상급 관리에게 올리는 상신문(上申文).
【詳報 상보】자세한 소식.
【詳說 상설】상세하게 설명함. 자세한 풀이.
【詳細 상세】자상하고 세밀함.
【詳述 상술】자세하게 진술함.
【詳悉 상실】내용을 빠짐없이 상세히 앎. 속속들이 알아냄.
【詳審 상심】①자세함. 주밀(周密)함. ②자세히 살핌.
【詳雅 상아】자상하고 단아(端雅)함.
【詳正 상정】공평하고 바르게 함. 또는 마음을 두루 써서 바름.
【詳探 상탐】자세히 더듬어 찾아봄.
【詳平 상평】일의 처리가 명백하고 공평함.
【詳覈 상핵】자세히 조사함.
【詳確 상확】자세하고 확실함.
【詳狂 양광】거짓 미친 체함. 佯狂(양광).
【詳聾 양롱】거짓으로 귀가 먹은 체함.
◑ 不一, 審一, 安一, 仔一, 精一, 周一.

【詵】 ⑬ 많을 선·신 眞 shēn
[소전] 詵 [간체] 诜 參考 대법원 지정 인명용 한자의 음은 '선'이다.
字源 會意·形聲. 言+先→詵. 남이 대답하기〔言〕전〔先〕에 먼저 묻는다는 데서 '묻다'의 뜻을 나타낸다. '先(선)'이 음도 나타낸다.
字解 ①많다, 수가 많은 모양. 〔詩經〕螽斯羽, 詵詵兮. ②묻다, 물어보다. ③모이다, 덕을 흠모하여 모여드는 모양. 〔袁宏·文〕詵詵衆賢, 千載一遇.
【詵詵 선선】①많은 모양. ②화목하게 모여드는 모양. 흠앙(欽仰)하여 모여드는 모양.

【訓】 ⑬ 대답할 수 宥 zhòu, chóu
[소전] 訓 [초서] 訓 [간체] 讎 字解 ①대답하다, 응답하다. 〔北史〕訓答論難. ②저주하다. =譸. ③갚다, 응수하다. ≒酬. ④누구, 어느 사람. ≒疇. 〔魏元丕碑〕訓咨群寮.

【詢】 ⑬ 물을 순 眞 xún
[소전] 詢 [초서] 詢 [간체] 询 字解 ①묻다, 자문하다. 〔書經〕詢于四岳. ②꾀하다. 〔詩經〕周爰咨詢. ③같다, 균평하다. 〔尙書大傳〕詢十有二變. ④믿다, 믿음, 진실. ≒洵.
【詢謀 순모】①물어 계책을 세움. ②계책을 물음. 상의(相議)함.

【詢問 순문】 질문함. 상의함. 咨問(자문).
【詢訪 순방】 방문하여 의논함.
【詢事 순사】 일을 상의함.
【詢咨 순자】 윗사람이 아랫사람에게 물어서 의논함. 咨詢(자순).
【詢察 순찰】 찾아가 실정을 살피고 조사함.
❶博-, 細-, 咨-, 諮-, 許-.

【詩】 ⑬ 시 시 因 shi

[字源] 形聲. 言+寺→詩. '寺(시)'가 음을 나타낸다.
[字解] ❶시. 운문(韻文)의 한 체. 〔國語〕詩所以合意也, 歌所以詠詩也. ❷시경(詩經). 오경(五經)의 하나. 〔皇甫謐·序〕孔子采萬國之風正雅頌之名, 集而謂之詩. ❸악보(樂譜), 악장(樂章). 〔楚辭〕投詩賦只. ❹악기에 맞추어 노래하는 소리. 〔北堂書抄〕詩, 弦歌諷誦之聲也. ❺노래하다, 읊다. 〔國語〕詩以道之. ❻받다, 가지다. 늑持. 〔儀禮〕詩懷之. ❼나라 이름. 춘추 시대 노(魯)나라의 부용국(附庸國). 늑邿.
【詩歌 시가】 시와 노래. 詩詠(시영).
【詩客 시객】 시인(詩人).
【詩格 시격】 ①시를 짓는 법칙. ②시의 풍격. 시의 품위.
【詩經 시경】 오경(五經)의 하나. 중국 최고(最古)의 시집. 각지의 민요를 채집한 3천여 편 중에서 공자(孔子)가 305편을 선정하였다 하며, 한대(漢代)에 모형(毛亨)과 모장(毛萇)이 이를 전하였으므로 '모시(毛詩)'라고도 함.
【詩境 시경】 시흥(詩興)이 절로 나는 아름다운 경지.
【詩稿 시고】 시의 초고(草稿).
【詩課 시과】 시를 짓는 과정(課程).
【詩窖 시교】 시재(詩才)가 뛰어난 사람.
【詩國 시국】 시취(詩趣)가 풍부한 아름다운 장소. 詩境(시경).
【詩卷 시권】 시를 모은 책. 詩集(시집).
【詩囊 시낭】 ①시사(詩思). 시정(詩情). ②시초(詩草)를 넣어 두는 주머니.
【詩壇 시단】 시인들의 사회.
【詩侶 시려】 시를 짓는 동아리. 詩友(시우).
【詩禮之訓 시례지훈】 시(詩)와 예(禮)의 교훈. 자식이 아버지에게서 받는 교훈. 故事 노(魯)나라 백어(伯魚)가 아버지인 공자(孔子)에게 시(詩)와 예(禮)를 배워야 하는 까닭을 듣고 당장 배웠다는 고사에서 온 말. 庭訓(정훈).
【詩料 시료】 시의 소재(素材). 詩材(시재).
【詩魔 시마】 ①시를 좋아하는 성벽. 시심(詩心)을 충동하는 불가사의한 힘. ②야비(野鄙)하고 바르지 못한 시상(詩想).
【詩文 시문】 시가와 산문.
【詩伯 시백】 뛰어난 시인. 시의 대가(大家).

【詩癖 시벽】 ①시 짓기를 좋아하는 성벽. 詩魔(시마). ②시를 짓는 데 드러나는 그 사람 특유의 편벽(偏癖)된 버릇.
【詩賦 시부】 시(詩)와 부(賦). 韻文(운문).
【詩碑 시비】 시를 새긴 비.
【詩史 시사】 ①시(詩)의 발생과 변천, 사조(思潮), 발달 형식 등을 밝힌 저술. ②역사적 사실을 시의 형식으로 쓴 글. 史詩(사시). ③시로써 시사(時事)를 서술한 것. ④두보(杜甫)의 시.
【詩社 시사】 시인들이 결성한 문학 단체.
【詩想 시상】 ①시를 창작하기 위한 시인의 착상이나 구상. 詩情(시정). ②시에 나타난 사상이나 감정. ③시적인 생각이나 상념(想念).
【詩序 시서】 시경(詩經)의 각 편의 서문.
【詩書氣 시서기】 시경(詩經)과 서경(書經)을 읽어 인의(仁義)를 함양(涵養)하는 기운.
【詩仙 시선】 ①선풍(仙風)이 있는 천재적인 시인. 시에 몰두하여 세상일을 잊은 사람. ③당대(唐代)의 이백(李白).
【詩聖 시성】 ①고금에 뛰어난 시인(詩人). ②당대(唐代)의 두보(杜甫).
【詩什 시십】 시편(詩篇). ◯시경(詩經)의 아(雅)와 송(頌)의 시를 10편씩을 엮어 한 권으로 만들었다는 데서 온 말.
【詩眼 시안】 ①시를 이해하는 안식(眼識). ②시의 잘되고 못됨을 결정짓는 중요한 한 글자. 오언(五言)에서는 셋째 자, 칠언(七言)에서는 다섯째 자가 '眼'이 됨. 句中眼(구중안).
【詩語 시어】 시인의 감정을 나타낸, 함축성 있는 어구.
【詩餘 시여】 시체(詩體)의 한 가지. 사(詞)의 딴 이름. 시형에 장단구(長短句)가 섞여 있어 '장단구'라고도 함. 塡詞(전사).
【詩韻 시운】 ①시의 운율. 시의 풍류와 운치. ②시(詩) 작법의 격식에 따라 시구의 끝에 다는 운자(韻字).
【詩有別材 시유별재】 시를 잘 지으려면 본래부터 뛰어난 천분을 타고나야 함.
【詩腸 시장】 흥취를 느껴 시를 짓는 심사(心思). 詩心(시심). 詩情(시정).
【詩腸鼓吹 시장고취】 시정(詩情)을 일으키는 소리. 곧, 꾀꼬리 소리.
【詩才 시재】 시를 짓는 재능.
【詩材 시재】 ⇨詩料(시료).
【詩敵 시적】 시를 짓는 좋은 적수.
【詩傳 시전】 ①시경(詩經)을 주해(註解)한 책. ②시를 전함.
【詩箋 시전】 시를 쓰는 종이.
【詩題 시제】 시의 제목. 시의 주제. 시를 짓는 제재(題材).
【詩調 시조】 ①시의 가락. ②國시조(時調).
【詩宗 시종】 ①⇨詩伯(시백). ②시경(詩經)에 통달한 대가(大家).
【詩酒徵逐 시주징축】 술을 마시고 시를 지으면서 서로 친하게 왕래함.
【詩中有畵 시중유화】 시 속에 그림이 있음. ◯당대(唐代) 왕유(王維)의 시는 실제 경치가 눈

【詩識 시참】 자기가 지은 시가 우연히 자기의 미래를 예언한 것과 같이 되는 일.
【詩債 시채】 시의 부채(負債). 마땅히 지어야 할 시를 아직 짓지 않은 일. 이전부터 배태(胚胎)한 시상을 가지고 있으면서 아직 완성하지 못하였거나, 남에게서 받은 시(詩)에 수답(酬答)하지 못한 일.
【詩體 시체】 ①시경(詩經)의 정신과 일치함. ②시의 형식과 체재(體裁).
【詩抄 시초】 시를 추려서 엮은 책.
【詩草 시초】 ①시의 초고(草稿). 詩稿(시고). ②시집(詩集).
【詩軸 시축】 시를 쓴 두루마리.
【詩趣 시취】 시에 나타난 정취(情趣). 시적인 흥취(興趣).
【詩牌 시패】 ①시를 적은 목판(木板). ②평성(平聲)의 운자(韻字) 30자를 장마다 쓴 종이나 나무판. 시회(詩會) 등에서 나누어 주고 분운(分韻)하는 데 쓰게 하였음.
【詩篇 시편】 ①편(篇) 단위의 시. ②시를 모아 묶은 책.
【詩品 시품】 시의 품격. 詩格(시격).
【詩號 시호】 시인의 아호(雅號).
【詩豪 시호】 뛰어난 시인.
【詩話 시화】 시(詩)의 평론(評論)이나 시인에 관한 일화(逸話)를 적은 책.
【詩興 시흥】 시에 도취되어 일어나는 흥취.
● 古一, 舊一, 唐一, 聲一, 新一, 惡一, 詠一, 律一, 作一, 展一, 祭一, 弔一, 采一, 祝一, 漢一, 廻文一.

言6 【試】⑬ 시험할 시 圜 shì

형성. 言+式→試. '式(식)'이 음을 나타낸다.

字解 ①시험하다. 〔易經·注〕不可試也. ②맛보다, 간을 보다. 〔易經〕无妄之藥, 不可試也. ③시험 삼아 해 보다. 〔莊子〕嘗試言之. ④조사하다, 점검하다. 〔周禮〕試其弓弩. ⑤찾다, 찾아보다. 〔戰國策〕臣請試之. ⑥견주다, 비교하다. ⑦쓰다, 사용하다. 〔論語〕吾不試 故藝. ⑧임명(任命)하다. 〔漢書〕已而試縣亭長. ⑨시험, 고사(考查). 〔五代史〕就禮部試. ⑩시험하다. ≒弒. 〔漢書〕受命之臣, 專征试.
【試劍 시검】 검(劍)의 날카로운 정도나 쓰는 방법을 시험하여 봄.
【試官 시관】 ①시험을 관장하는 관리. 시험관. 考官(고관). ②관리의 자격은 있으나 아직 임관되지 않은 사람. 試補(시보).
【試掘 시굴】 시험 삼아 파 봄.
【試卷 시권】 과거 시험을 볼 때 글을 지어 올리던 두루마리. 卷子(권자).

【試金石 시금석】 ①금의 품질을 시험하는 돌. 층샛돌. 層石(층석). 稱石(칭석). ②가치나 역량(力量)을 알아보는 기회나 사물.
【試膽 시담】 담력을 시험함.
【試刀 시도】 칼의 날카로운 정도를 알아보기 위하여 시험 삼아 베어 봄.
【試練 시련】 ①겪기 어려운 단련이나 고비. ②의지나 사람됨을 시험하여 봄.
【試尾 시미】 몰래 뒤를 밟음. 미행(尾行)함.
【試射 시사】 ①활이나 총 등을 시험 삼아 쏨. ②활을 잘 쏘는 사람을 시험 보아 선발함.
【試涉 시섭】 다리를 준공하여 개통할 때 처음으로 건너는 일.
【試乘 시승】 시험 삼아 타 봄.
【試食 시식】 맛이나 요리 솜씨를 보기 위하여 먹어 봄.
【試案 시안】 시험적으로 만든 안.
【試藝 시예】 재능을 시험하여 봄.
【試用 시용】 시험적으로 사용하여 봄.
【試邑 시읍】 조선 때, 도(道)에서 3년에 한 번씩 치르는 향시(鄕試)를 보일 곳으로 정한 고을.
【試取 시취】 시험을 보여 인재를 뽑음.
【試筆 시필】 ①시험 삼아 붓대를 놀림. 시험 삼아 글씨를 쓰거나 그림을 그림. ②신년 초에 처음으로 글씨를 써 보는 일. 試毫(시호).
【試合 시합】 서로 재주를 부려 승부를 겨룸.
【試驗 시험】 ①재능·실력 따위를 일정한 절차에 따라 검사하고 평가하는 일. ②사물의 성질·기능을 실지로 증험하여 보임.
【試毫 시호】 ➾試筆(시필).
● 講一, 考一, 科一, 課一, 都一, 明一, 覆一, 嘗一, 選一, 御一, 歷一, 入一, 殿一, 點一, 廷一, 庭一, 策一, 初一, 鄕一, 會一.

言6 【詾】⑬ 訩(1655)의 고자

言6 【詻】⑬ 다툴 액 圄 è

字解 ①다투다, 말다툼하는 모양. 〔墨子〕上必有詻詻之下. ②말씨가 사납다. ③거스르다, 반격하다. ≒捔. 〔莊子〕若唯無詔, 釋文云, 詔, 崔本作詻. ④엄하다, 교령(敎令)이 엄한 모양. 〔禮記〕言容詻詻.
【詻詻 액액】 ①교령(敎令)이 엄한 모양. ②언쟁(言爭)하는 모양. 말다툼하는 모양.

言6 【詹】⑬ 諺(1685)의 고자

言6 【詠】⑬ 詠(1662)과 동자

言6 【詣】⑬ 이를 예 圛 yì

字解 ①이르다. ㉮절후가 이르다,

계절이 돌아오다. ㉣도착하다. 〔漢書〕 未得詣前. ㉤학예가 깊은 경지에 이르다. ¶造詣. ②가다, 나아가다. ㉮관청에 출두하다. 〔列仙傳〕 乃詣關令訟老君. ㉯불사(佛寺)에 가다, 참배하다. 〔世說新語〕 元日詣佛寺.
【詣闕 예궐】 대궐(大闕)에 들어감.
【詣謁 예알】 예궐(詣闕)하여 배알(拜謁)함. 군주(君主)나 지체 높은 사람을 찾아뵘.
◐ 奔-, 游-, 造-, 參-, 馳-.

言6 【詴】 ⑬ 訛(1662)와 동자

言6 【誉】 ⑬ 譽(1702)의 속자

言6 【誢】 ⑬ 諝(1686)의 속자

言6 【諀】 ⑬ 풍간할 자 圀 cì
소전 諀 字解 풍간(諷諫)하다, 비유로 윗사람을 깨우치다. ≒刺. 〔詩經·序〕下以風刺上.

言6 【詮】 ⑬ 설명할 전 兒 quán
소전 詮 초서 詮 간체 诠 字解 ①설명하다, 사리를 밝혀 말하다. 〔晉書〕文帝數與詮論. ②법칙, 도리, 진리. 〔淮南子〕 發必中詮, 言必合數. ③갖추다, 사리를 갖추다, 사리를 갖춘 말. 〔杜甫·詩〕衣褐向眞詮. ④말을 고르다, 골라서 하는 말.
【詮較 전교】 비교하여 분명하고 상세하게 따져 말함.
【詮論 전론】 사리를 자세하게 설명하여 밝힘.
【詮釋 전석】 알기 쉽게 해설하여 밝힘.
【詮言 전언】 ①근거 있는 말. 진리에 근거한 말. ②사리를 깨우쳐 명백하게 한 말.
【詮義 전의】 의리(義理)를 상세하게 풀이하여 밝힘.
【詮議 전의】 ①서로 평의(評議)하여 일을 분명히 정함. 평정(評定). ②죄적(罪跡) 또는 죄인(罪人)을 속속들이 조사함.
【詮證 전증】 사실을 더듬어 해설함.
【詮次 전차】 말이나 글의 짜여진 조리나 순서.
【詮度 전탁】 충분히 헤아림.
【詮筆 전필】 문장(文章).
◐ 能-, 名-, 妙-, 祕-, 言-, 眞-, 評-.

言6 【誂】 ⑬ 꾈 조 圀 tiǎo
소전 誂 초서 誂 字解 ①꾀다, 유혹하다. 〔戰國策〕楚人有兩妻, 人誂其長者. ②희롱하다, 실없이 놀리다. ¶誂擊. ③별안간, 갑자기. 〔淮南子〕雖誂合刃於天下, 誰敢在於上者. ④경첩(輕捷)하다, 소리가 가볍

고 빠른 모양. ≒佻. 〔呂氏春秋〕流辟誂越慆濫之音出.
【誂擊 조별】 조롱함. 희롱거리거나 실없이 놀림.

言6 【誅】 ⑬ 벨 주 圀 zhū
소전 誅 초서 誅 간체 诛 字解 ①베다. ㉮죽이다. 〔漢書〕將義兵, 行天誅. ㉯풀 같은 것을 베어 없애다. 〔楚辭〕寧誅鋤草芽以力耕乎. ②치다, 적을 토벌하다. 〔書經〕天命誅之. ③족살(族殺)하다, 죄를 가족에게 연루시켜 다 죽이다. ≒殊. 〔白虎通〕誅不避親戚何. ④덜다, 제거하다. 〔國語〕故以惠誅怨. ⑤다스리다, 죄를 다스리다. 〔淮南子〕阿上亂法者誅. ⑥꾸짖다, 책망하다. 〔周禮〕誅以馭其過. ⑦벌, 형벌. 〔禮記〕齒路馬者有誅.
【誅誡 주계】 꾸짖어 훈계함.
【誅求 주구】 관청에서 백성의 재물을 강제로 빼앗음.
【誅屠 주도】 ①죄를 따져 죽임. ②성(城)이나 도시를 공격하여 함락시킴.
【誅流 주류】 혹은 주륙(誅戮)하고, 혹은 유형(流刑)에 처함.
【誅戮 주륙】 죄인을 죽임. 죄로 몰아 죽임. 誅殺(주살).
【誅放 주방】 죄인을 처벌하여 내쫓음. 죄를 꾸짖어 추방함.
【誅伐 주벌】 죄인을 침. 죄인을 쳐 죽임.
【誅罰 주벌】 죄를 책하여 처벌함.
【誅辟 주벽】 죄를 따져 벌함.
【誅不塡服 주부전복】 주벌(誅罰)함에 있어 항복하여 오는 자를 막지 않음. 항복하여 따르는 자는 용서하여 포용함.
【誅賞 주상】 악을 벌하고 선을 기림.
【誅鋤 주서】 ①초목을 뿌리째 뽑아 버림. ②벌하여 죄다 베어 버림. 誅翦(주전).
【誅讓 주양】 잘못을 엄하게 꾸짖음. 범한 죄를 책망(責望)함. 誅責(주책).
【誅夷 주이】 토벌(討伐)하여 평정함. 모조리 살육(殺戮)함. '誅'는 죄가 일문(一門)에 미침, '夷'는 죽음이 구족(九族)에 미침.
【誅殘 주잔】 죄를 꾸짖어 죽임.
【誅翦 주전】 벌하여 죽임.
【誅殄 주진】 죄를 따져 토멸(討滅)함.
【誅竄 주찬】 죽이는 형벌과 귀양 보내는 형벌.
【誅責 주책】 잘못을 엄하게 꾸짖음.
【誅斥 주척】 죄를 다스려 물리침.
【誅討 주토】 죄인을 토벌함.
◐ 濫-, 征-, 族-, 罪-, 天-, 筆-, 詰-.

言6 【訾】 ⑬ 이름 지을 지 圀 zì
字解 이름을 짓다, 명명하다.

言6 【訾】 ⑬ ❶볼 찰 圀 chá
❷밝게 볼 절 圀 qiè

言部 6획 詹誃詫該話謊詼

營 【字解】 ❶보다, 분명히 하다. 〔漢書·郊祀志·注〕張損曰, 營, 古察字. ❷ ①밝게 보다. ②바르게 말하다.

詹 ⑬ ❶이를 첨 鹽 zhān ❷족할 담 勘 dàn

【參考】 대법원 지정 인명용 한자의 음은 '첨'이다.
【字解】 ❶①이르다, 도달하다. ≒至. 〔詩經〕魯邦所詹. ②수다스럽다, 말이 많은 모양. =譫· 譸. 〔莊子〕大言炎炎, 小言詹詹. ③보다. ≒瞻. 〔史記〕顧詹有河. ④점, 점치다. ≒占. 〔楚辭〕乃往見太卜鄭詹尹. ⑤두꺼비. ≒蟾. 〔淮南子〕月照天下, 蝕於詹諸. ❷족하다, 넉넉하다. ≒澹·憺. 〔呂氏春秋〕不充則不詹.
【詹諸 첨저】①두꺼비. 달 속에 산다는 두꺼비. ②달의 딴 이름. 蟾蜍(섬여).
【詹詹 첨첨】말이 많은 모양. 수다스러운 모양.

誃 ⑬ ❶헤어질 치·지 紙 chǐ ❷속일 타 箇 duò

【字解】 ❶①헤어지다, 이별하다, 가르다, 분리하다. ②협문(挾門), 방문(旁門). =謻. 〔戰國策〕出誃門. ③별관(別館), 딴채. 〔說文解字〕周景王作洛陽誃臺. ❷속이다. =詑.

詫 ⑬ ❶자랑할 타 禡 chà ❷고할 하 禡 chà

【字解】 ❶①자랑하다, 풍을 치다. =咤·姹. 〔宋史〕必列步騎, 以自誇詫. ②속이다, 기만하다. 〔唐書〕思明詫曰, 朝義怯, 不能成我事. ❷고하다, 알리다. 〔莊子〕踵門而詫子扁慶子.
【詫誇 타과】자랑함.
【詫絶 타절】매우 괴이쩍어 추측할 수가 없음.

該 ⑬ 그 해 ㊉개 灰 gāi

【字解】 ❶①그, 사물을 지시하는 말. ※其(166)와 같은 뜻으로 쓴다. 〔福惠全書〕該房開具上任儀注. ②갖추다. ≒胲. 〔楚辭〕齊桓聞以該輔. ③갖추어지다. 〔管子〕四言者該. ④겸하다. 〔太玄經〕旁該終始. ⑤포용(包容)하다. 〔孔子家語〕夫孔子者, 大聖無不該. ⑥마땅히, 당연히. =當. ⑦모조리, 죄다. 〔楚辭〕招具該備. ⑧군호(軍號), 군대에서의 신호.
【該貫 해관】모두 꿰뚫어 통함. 널리 통하여 앎.
【該究 해구】널리 연구함. 광범위하게 궁구함. 兼究(겸구).
【該當 해당】①관련되는 바로 그것. ②바로 들어맞음.
【該吏 해리】담당 관리. 그 계(係)의 직원.
【該敏 해민】널리 갖추어져 영리하고 민첩함.
【該博 해박】여러 방면으로 학식이 넓음.
【該胥 해서】그 일을 담당하는 낮은 벼슬아치.
【該書 해서】담당 서기(書記). 그 부서(部署)에 있는 사람.
【該贍 해섬】두루 갖추어 넉넉함.
【該涉 해섭】책을 두루 읽어 많이 앎.
【該悉 해실】죄다 앎.
【該地 해지】그곳. 그 땅.
【該覈 해핵】널리 조사함.
【該曉 해효】널리 앎.
【該洽 해흡】널리 미침. 該博(해박).
❶兼-, 當-, 博-, 備-, 遍-.

話 ⑬ 말할 화 卦 huà

【字解】 ①말하다, 이야기하다. 〔書經〕乃話民之弗率. ②이야기, 좋은 내용의 말이나 이야기. 〔陶潛·辭〕悅親戚之情話. ③다스리다. ≒撌.
【話頭 화두】①이야기의 첫머리. 말의 서두(緖頭). ②(佛)선원(禪院)에서 이르는 참선 수행을 위한 실마리. 고칙(古則)·공안(公案) 등의 1절(節)이나 1칙(則)을 이르는 말.
【話說 화설】중국 소설에서 이야기를 시작할 때 쓰는 말. 우리나라의 '각설(却說)'과 같은 뜻.
【話術 화술】말하는 기술. 말재주.
【話言 화언】좋은 말. 선한 언어.
【話題 화제】이야깃거리. 이야기.
【話次 화차】이야기하는 김에.
❶談-, 對-, 童-, 祕-, 神-, 哀-, 夜-, 野-, 逸-, 電-, 情-, 閑-, 會-.

謊 ⑬ 잠꼬대 황 陽 huǎng

【字解】 ①잠꼬대, 섬어(譫語). ②지각(知覺)이 흐려지다. 〔老子〕無狀之狀, 無象之象, 是謂忽恍. 恍與謊通. ③망령된 말.

詼 ⑬ 조롱할 회 灰 huī

【字解】 ①조롱하다, 비웃다. ≒悝. 〔宋史〕詼嘲譏刺. ②기롱(譏弄)하다, 실없는 말로 농락하다. 〔晉書〕好詼諧.
【詼達 회달】익살을 마음껏 부려 막힘이 없음.
【詼笑 회소】기롱하여 웃음. 장난으로 웃음.
【詼嘲 회조】▷詼嘲(회조).
【詼嘲 회조】농지거리로 비웃음. 놀림.
【詼諧 회학】익살스럽고도 품위 있는 농담.

【訑諧 회해】실없는 농담이나 익살스러운 말. ❶ 詭一, 俳一, 嘲一.

言6 【詨】⑬ 부르짖을 효 [音] xiāo
[字解] ①부르짖다, 외치다. ≒譁. ②자랑하다.

言6 【詡】⑬ 자랑할 후 [音] xǔ
[소전][간체] [字解] ①자랑하다, 장담하다. 〔漢書〕 誇詡衆庶. ②크다. 〔漢書〕 尙泰奢, 麗誇詡. ③두루 미치다. 〔禮記〕 德發揚, 詡萬物. ④화하다, 의좋게 모여드는 모양. 〔易林〕 魴鱮詡詡. ⑤날래다, 민첩하고 용맹하다. 〔禮記〕 會同主詡. ⑥말씨가 분명하고 떳떳하다. 〔禮記·少儀·集說〕 詡者, 辭氣明盛之貌. ⑦말, 언어. ⑧예쁘다, 아름답다. ≒嫵. 〔漢書·張京兆眉嫵·注〕 北方人謂媚好爲詡畜.
【詡詡 후후】①큰소리치는 모양. 호언장담(豪言壯談)하는 모양. ②남의 비위를 맞추는 모양. ③화(和)하여 모이는 모양. ④날개 치는 소리.

言6 【詬】⑬ 꾸짖을 후·구 [音][音] gòu
[소전][혹체][초서][간체] [字解] 꾸짖다, 욕하며 책망하다. 〔春秋左氏傳〕 曹人詬之. ②욕보이다, 망신시키다. =詢. 〔禮記〕 常以儒相詬病. ③부끄러움, 치욕(恥辱), 〔史記〕 詬莫大於卑賤.
【詬怒 후노】성내어 꾸짖음.
【詬罵 후매】꾸짖음. 욕하여 꾸짖음.
【詬病 후병】꾸짖어 헐뜯고 망신을 줌.
【詬言 후언】욕설을 함.
【詬辱 후욕】꾸짖어 욕함. 망신을 줌.
【詬叱 후질】꾸짖음.
【詬恥 후치】꾸짖어 욕되게 함.
❶ 尤一, 虞一, 嘲一, 責一, 笞一.

言6 【訩】⑬ ❶송사할 흉 [音] xiōng ❷협박할 흉 [音] xiōng
[소전][혹체][혹체][초서] [字解] ❶ ①송사하다, 다투다. =訟·詾. ②수군거리다, 여러 사람이 지껄여 소란하다. ¶訩訩. ③차다, 가득하다. ❷협박하다, 으르다.
【訩訩 흉흉】말다툼하여 시끄러운 모양. 모여서 소란을 피우는 모양. 恟恟(흉흉).

言6 【詰】⑬ 물을 힐 [音] jié, jí
[소전][초서][간체] [字源] 形聲. 言+吉→詰. '吉(길)'이 음을 나타낸다.
[字解] ①묻다, 힐문(詰問)하다. 〔老子〕 此三者不可致詰. ②따지다. ㉠꾸짖다. 〔淮南子〕 取之不詰. ㉡공격하다. 〔春秋左氏傳〕 詰姦慝. ③금지하다, 못하게 하다. 〔周禮〕 以詰邦國. ④다스리다. 〔春秋左氏傳〕 子盍詰盜. ⑤조사하여 바로잡다. 〔周禮〕 以詰邦國. ⑥경계하다, 삼가게 하다. 〔周禮〕 詰四方. ⑦벌하다, 처벌하다. 〔呂氏春秋〕 取之不詰. ⑧채우다, 충당하다. 〔書經〕 其克詰爾戎兵. ⑨굽다, 펴지 못하다. 〔晉書〕 硏桑不能數其詰屈. ⑩새벽, 아침. ≒昕. 〔北史〕 詰旦還攻東門克之.
【詰曲 힐곡】꺾이고 굽음. 반듯하거나 평탄하지 않음. 屈曲(굴곡).
【詰究 힐구】철저하게 궁구함. 상세하게 음미(吟味)함.
【詰屈 힐굴】①구부러져서 펴지지 않음. ②글씨의 필세가 꺾이고 휘어짐. 詰詘(힐굴).
【詰屈聱牙 힐굴오아】글 뜻이 어렵고 음조(音調)가 까다로워 읽기가 매우 거북한 문장. 佶屈聱牙(길굴오아).
【詰窮 힐궁】사실을 밝히기 위하여 추궁함.
【詰難 힐난】잘못을 따져 비난함.
【詰問 힐문】잘못을 따져 물음.
【詰晨 힐신】이른 아침. 아침 일찍.
【詰朝 힐조】이튿날 아침. 詰旦(힐단).
【詰誅 힐주】죄를 물어 추궁하여 다스림.
【詰責 힐책】잘못을 따져 꾸짖음.
❶ 訶一, 究一, 窮一, 難一, 面一, 密一, 彈一.

言7 【誩】⑭ 다투어 말할 경·탐 [音][音] jìng
[소전] [字源] 會意. 言+言→誩. '言' 둘을 합하여 다투어 자기 주장을 말한다는 뜻을 나타낸다.
[字解] 다투어 말하다. 〔饒炯·部首訂〕 誩猶二人直持其說, 各不相讓, 蓋爭言也.

言7 【誙】⑭ 말 똑똑할 경 [音] kēng
[字解] ①말이 똑똑하다, 언어가 확실하다. ②죽음으로 나아가는 모양, 옳은 일을 그르다 하고, 그른 일을 옳다고 하는 일. 〔莊子〕 誙誙然如將不得已, 而皆曰樂者吾未知樂也.
【誙誙 경경】①곧 숨이 넘어가려 함. ②옳음을 그르다 하고 그름을 옳다고 함.

言7 【誡】⑭ 경계할 계 [音] jiè
[소전][초서][통용][통용][간체] [字解] ①경계하다. ㉠훈계하다. 〔易經〕 小懲而大誡. ㉡조심하고 삼가다. 〔春秋左氏傳〕 必不誡. ②훈계, 교훈. 〔後漢書〕 設四誡, 以定六親長幼之禮. ③명검(名劍)의 이름. 〔刀劍錄〕 秦昭王鑄一劍, 長三尺, 名曰誡.
【誡勉 계면】훈계하고 격려함.
【誡命 계명】①도덕상·종교상 마땅히 지켜야 할 규율. ②훈계나 경계의 명령.
【誡飭 계칙】경계하여 신칙함. 戒飭(계칙).

【誡誨 계회】 훈계하고 가르침.
❶ 家-, 誥-, 敎-, 軍-, 嚴-, 女-, 立-, 箴-, 訓-.

言 7 【誥】⑭ 고할 고 𥳑 gào

字解 ①고하다. ㉮말하여 알리다. ㉯아랫사람에게 알리다. 〔蔡邕·表〕中讀符策誥戒之詔. ㉰사람을 모아서 알리는 일. 〔書經·注〕會同曰誥. ㉱가르치다. 〔書經〕文王誥敎小子. ㉲삼가도록 훈계하다. 〔蔡邕·表〕誥戒之詔令. ②경계, 훈계. 〔周禮〕二曰誥, 用之于會同. ③서경(書經)의 전모(典謨) 이외의 여덟 편(篇)의 총칭. 곧, 훈(訓)·고(誥)·서(誓)·명(命)·가(歌)·공(貢)·정(征)·범(範)의 하나. ④직첩(職牒), 사령(辭令). 송대(宋代) 이후, 일품(一品)에서 오품(五品) 사이의 관원을 임명할 때에 주던 사령. ⑤문체이름. 임금의 포고문(布告文). ⑥다스리다. 〔後漢書〕誥四方.
【誥戒 고계】 윗사람이 아랫사람에게 훈계함. 또는 그 말.
【誥誡 고계】 경계하여 이름.
【誥命 고명】 ①고(誥)와 명(命). ◯'誥'는 천자가 아랫사람에게 고하는 말, '命'은 명령하는 말. ②오품(五品) 이상의 관리를 임명할 때에 주던 사령(辭令).
❶ 論-, 申-, 遺-, 典-, 制-, 酒-, 訓-.

言 7 【誑】⑭ 속일 광 𥳑 kuáng

字解 ①속이다, 기만하다. ≒誆. 〔禮記〕幼子常視無誑. ②호리다, 유혹하다. 〔國語〕天又誑之.
【誑詐 광사】 속임.
【誑語 광어】 속이는 말.
【誑燿 광요】 남을 속여 미혹하게 함.
【誑誘 광유】 남을 속여 꾐.
【誑誕 광탄】 거짓되고 허황함. 虛誕(허탄).
【誑惑 광혹】 거짓말을 하여 미혹하게 함.
❶ 欺-, 自-, 謠-.

言 7 【誋】⑭ 경계할 기 𥳑 jì

字解 ①경계하다. 〔淮南子〕不可以昭誋. ②알리다, 고하다. ③금하다, 금지하다. 〔管子〕是以下之人無諫死之誋.

言 7 【詴】⑭ 교활할 독 𥳑 tū

字解 ①교활하다. ②서로 속이다.

言 7 【読】⑭ 讀(1703)의 속자

言 7 【誣】⑭ 무고할 무 𥳑 wū

字解 ①무고하다, 사실을 굽혀 말하다. 〔漢書〕非誣告殺傷人, 佗皆勿坐. ②깔보다, 업신여기다. 〔禮記〕誣上行私而不可止也. ③법을 굽히다, 죄 없는 사람을 벌하다. 〔國語〕其刑矯誣. ④능력 없이 벼슬에 오르다. 〔管子〕不誣於上. ⑤실천이 따르지 못하는 말. 〔大戴禮〕不能行而言之, 誣也. ⑥악을 선으로 가장하는 일. 〔國語〕欒氏之誣晉國也久矣. ⑦공 없이 상을 탐내는 일. 〔呂氏春秋〕今功伐甚薄而所望厚, 誣也. ⑧거짓말하다, 속이다. 〔孟子〕是邪說誣民. ⑨함부로 하다, 참람한 짓을 하다. 〔禮記〕今之祭者, 不省其義, 故誣於祭也. ⑩헐뜯다, 비방하다. 〔漢書〕未敢誣明府也. ⑪남의 명예 등을 훼손하다. 〔唐書〕陰嗾不逞百輩, 使飛語誣衊公卿.
【誣告 무고】 없는 죄를 있는 것처럼 꾸며서 관청에 고발함.
【誣構 무구】 죄가 없는 사람을 죄가 있는 것처럼 꾸밈.
【誣欺 무기】 속임. 欺瞞(기만).
【誣妄 무망】 허위 사실을 꾸며 남을 속임.
【誣謗 무방】 속이고 헐뜯음.
【誣報 무보】 거짓 보고(報告).
【誣服 무복】 강제를 당하여 없는 죄를 있다고 자복(自服)하고 복역(服役)함.
【誣殺 무살】 ❶속임수로 죽임. ❷죄 없는 사람에게 죄를 씌워 권위를 감쇄함.
【誣說 무설】 터무니없는 뜬소문. 근거 없는 말.
【誣言 무언】 실없이 꾸며 댄 말.
【誣染 무염】 ①속여 더럽힘. 誣汚(무오). ②무방(誣謗)하여 죽임.
【誣枉 무왕】 사실을 굽혀 무고함.
【誣淫 무음】 거짓이 많고 음란함.
【誣引 무인】 죄 없는 사람을 죄로 몰아넣음.
【誣奏 무주】 남을 헐뜯어 없는 죄를 있는 것처럼 꾸며서 고해 바침. 讒訴(참소).
【誣陷 무함】 허물이 없는 사람을 모함함.
❶ 矯-, 欺-, 詆-, 讒-, 虛-.

言 7 【誔】⑭ 그릇할 비 𥳑 pī

字解 그릇하다, 잘못하다. ≒紕.

言 7 【詐】⑭ 부끄러워하며 말할 사·작 𥳑 zhà

字解 부끄러워하며 말하다.

言 7 【誓】⑭ 맹세할 서 𥳑 shì

字源 形聲. 折+言→誓. '折(절)'이 음을 나타낸다.

言部 7획 說

字解 ①맹세하다, 약속하다.〔詩經〕信誓旦旦.②임명하다, 임명되다.〔周禮〕凡諸侯之適子, 誓於天子, 攝其君. ③경계하다, 훈계하다.〔書經〕禹乃會羣后, 誓于師. ④알리다, 고하다.〔儀禮〕司射西面誓之. ⑤삼가다, 조심하다. ≒悊.〔禮記〕曲藝皆誓之以待. ⑥맹세, 약속.〔史記〕封爵之誓. ⑦경계, 훈계.〔周禮〕以五戒先, 云云, 一曰誓, 用之于軍旅. ⑧문체 이름. 임금이 군대나 군신(群臣)에게 계고(戒告)하는 글.

【誓告 서고】서약함. 서약하여 고함.
【誓誥 서고】☞誓命(서명)①.
【誓券 서권】서약서(誓約書).
【誓命 서명】①임금이 신하에게 명하는 글. 誓誥(서고). ②임금이 신하에게 말하는 경계.
【誓墓 서묘】①아버이의 무덤 앞에서 맹세를 함. ②벼슬에서 물러나 고향에 은거함. 故事 진대(晉代)에 왕희지(王羲之)가 벼슬에서 물러난 뒤 부모의 무덤 앞에서 다시는 벼슬하지 않겠다고 맹세한 고사에서 온 말.
【誓師 서사】출정(出征)하는 장병들을 모아 놓고 훈계하여 설유(說諭)하는 일.
【誓詞 서사】맹세하는 말. 誓言(서언).
【誓約 서약】맹세하여 약속함.
【誓願 서원】①맹세하고 기원함. ②(佛) 부처가 중생을 제도(濟度)하려는 소원이 달성되도록 기원하는 일.

◐ 起-, 盟-, 牧-, 默-, 宣-, 信-, 約-, 言-, 泰-, 弘-.

言【說】⑭
7
❶말씀 설 國 shuō
❷기쁠 열 國 yuè
❸달랠 세 國 shuì
❹벗을 탈 國 tuō

亠 讠 言 言 言 訂 訓 訵 說

소전 譀 초서 说 속자 说 간자 说 參考 대법원 지정 인명용 한자의 음은 '설·열·세'이다.
字源 形聲. 言+兌→說. '兌(태)'가 음을 나타낸다.
字解 ❶①말씀, 말. ㉮언설(言說), 언론(言論).〔禮記〕游於說. ㉯가르침, 학설(學說).〔史記〕學百家之說. ㉰생각, 의견(意見).〔戰國策〕王不聞夫管與之說乎. ㉱변명, 해명.〔漢書〕是欲以我爲說於匈奴也. ㉲맹세하는 말.〔詩經〕與子成說. ㉳풀어서 하는 말, 해설(解說).〔莊子〕孰能說王之意. ㉴뜻풀이, 경서(經書)의 주해(註解).〔墨子〕說, 所以明也. ②도(道), 도리(道理).〔易經〕原始反終, 故知死生之說. ③말하다. ㉮이야기하다.〔史記〕口吃不能道說. ㉯논(論)하다, 알가알하다.〔漢書〕通習能說. ㉰알리다, 고하다.〔國語〕使人說于子胥. ㉱풀어 밝히다, 해석하다.〔孟子〕博學而詳說之. ㉲타이르다, 설유하다.〔詩經〕女之耽兮, 不可說也. ㉳가르치다, 교육하다.〔莊子〕上說下敎. ㉴변

명하다, 해명하다.〔淮南子〕素服廟臨, 以說於衆. ④문체 이름. 사물에 대한 의리(義理)를 풀어 밝히고, 자기의 의견을 진술하는 글. ¶ 愛蓮說. ⑤제사 이름. 사설(辭說)로써 잡귀를 쫓는 제사.〔周禮〕掌六祈以同鬼神示, 云云, 六曰說. ❷①기쁘다, 기뻐하다. ≒悅.〔詩經〕我心則說. ②기쁨, 희열(喜悅).〔周禮〕達萬民之說. ③즐거워하다.〔國語〕平公說新聲. ④따르다, 복종하다.〔詩經〕我心則說. ⑤즐기다, 좋아하다.〔國語〕厲王說榮夷公. ⑥아첨하다, 아유하다.〔國語〕又能上下說於鬼神. ⑦공경하다, 남을 높이다.〔戰國策〕孟嘗君有舍人而弗說. ⑧쉽다, 용이하다.〔淮南子〕以爲其禮煩擾而不說. ⑨수(數), 헤아리다. ≒閱.〔詩經〕與子成說. ❸달래다, 유세(遊說)하다.〔孟子〕說大人則藐之. ❹①벗다, 빼앗기다. ≒脫·奪. ②놓아주다, 용서하다.〔詩經〕女覆說之. ③제거하다, 풀어 벗기다.〔易經〕用說桎梏.

【說卦 설괘】주역의 편명. 십익(十翼)의 하나로, 팔괘(八卦)의 덕업변화(德業變化)와 법상(法象)을 설(說)한 것.
【說敎 설교】종교의 교리를 설명함.
【說得 설득】알아듣도록 설명하여 납득시킴. 說伏(설복).
【說鈴 설령】방울과 같은 작은 소리. 자질구레한 언론(言論).
【說夢 설몽】①꿈 이야기를 함. ②잠꼬대. 말이 똑똑하지 않음의 비유.
【說伏 설복】알아듣도록 말하여 수긍하게 함. 설명하여 좇게 함.
【說書 설서】①책을 강설(講說)함. ②송대(宋代)에 경서(經書)를 임금에게 진강(進講)하던 벼슬. ③노래와 사설로 된 이야기.
【說往說來 설왕설래】서로 변론을 주고받으며 옥신각신함.
【說諭 ❶설유 ❷열유】❶말로 타이름. ❷기쁘게 깨달음.
【說破 설파】①사물의 이론을 밝혀 이의(異議)의 여지가 없도록 말함. ②상대방의 이론을 뒤엎어 깨뜨림.
【說話 설화】①있지 않은 일을 사실처럼 재미있게 말함. 또는 그런 이야기. ②각 민족 사이에 전승되어 오는 신화·전설·민담의 총칭.
【說樂 ❶열락 ❷열악】❶기쁘고 즐거움. 기쁘게 하고 즐겁게 함. 悅樂(열락). ❷음악을 즐김.
【說服 열복】☞說懷(열회).
【說懷 열회】기쁜 마음으로 복종함.
【說喜 열희】만족하여 기뻐함. 喜悅(희열).
【說客 세객】유세(遊說)하는 사람.
【說者 세자】☞說客(세객).
【說甲 탈갑】갑옷을 벗음.

◐ 各-, 諫-, 講-, 槪-, 經-, 古-, 曲-, 怪-, 口-, 舊-, 論-, 談-, 道-, 妄-, 繆-, 聞-, 辯-, 浮-, 邪-, 社-, 師-, 辭-, 序-, 細-, 小-, 騷-, 俗-, 言-, 力-, 演-, 遊-, 誘-, 異-, 一-, 雜-, 前-, 傳-, 總-, 叢-, 學-, 解-.

言部 7획 誠誦訟誐語

言7 【誠】⑭ 정성 성 庚 chéng

二 늘 言 言 訂 訂 訴 誠 誠 誠

[소전] 諴 [초서] 诚 [동자] 誠 [간체] 诚 [字源] 形聲. 言+成→誠. '成(성)'이 음을 나타낸다.

[字解] ①정성. ㉮순수한 마음. 〔中庸〕誠者自成也. ㉯공평무사한 마음. 〔易經〕脩辭立其誠. ㉰참마음, 진심. 〔後漢書〕開心見誠. ㉱사실, 실정(實情). 〔史記〕以嫗爲不誠. ②참되게 하다, 마음을 정성스럽게 가지다. 〔新書〕志操精果謂之誠. ③삼가다, 공경하다. 〔北史〕張黎誠謹廉方. ④자세하다, 정미하다. 〔禮記〕繩墨誠陳. ⑤진실로, 참으로. 〔孟子〕是誠何心哉. ⑥만약, 과연. 〔史記〕誠如父言, 不敢忘德.
【誠慤 성각】정성스러움. 성실(誠實).
【誠懇 성간】정성스럽고 친절함.
【誠敬 성경】①정성스러운 마음으로 공경하고 삼감. ②정주학(程朱學)에서의 존성(存誠)과 거경(居敬). 곧, 기거동작(起居動作)을 삼감.
【誠恐 성공】진심으로 황공함.
【誠款 성관】참된 마음. 誠心(성심).
【誠謹 성근】성실하고 조심스러움.
【誠金 성금】정성으로 내는 돈.
【誠道 성도】참된 도(道).
【誠烈 성렬】충성스럽고 지조가 곧고 굳음. 또는 그런 사람.
【誠服 성복】진심으로 복종함.
【誠信 성신】정성스러운 마음. 참된 마음.
【誠實 성실】정성스럽고 참되어서 거짓이 없음.
【誠心 성심】정성스러운 마음.
【誠意 성의】정성스러운 뜻.
【誠壹 성일】마음이 순일(純一)하고 참됨. 한결같이 정성스러움. 또는 그런 마음.
【誠哉 성재】'정말 그렇도다!' 하고 탄미(歎美)하는 말.
【誠正 성정】참되고 바름.
【誠則形 성즉형】마음속에 정성스러움이 있으면 반드시 그 결과가 바깥에 드러남.
【誠忠 성충】①진심에서 우러나온 충성. ②정성어린 친절.
【誠惶 성황】진심으로 황공함. 誠恐(성공).
【誠惶誠恐 성황성공】진심으로 황공함. 임금에게 제 뜻을 말할 때 쓰는 말.
❶懇−, 款−, 丹−, 篤−, 純−, 赤−, 精−, 存−, 至−, 眞−, 寸−, 忠−, 致−.

言7 【誦】⑭ 욀 송 困 sòng

二 늘 言 言 訂 訂 誦 誦 誦

[소전] 誦 [초서] 诵 [간체] 诵 [字源] 形聲. 言+甬→誦. '甬(용)'이 음을 나타낸다.

[字解] ①외다, 암송하다. 〔周禮〕敎國子興道諷誦言語. ②말하다, 여쭈다. 〔孟子〕臣請爲王誦之. ③의논하다, 왈가왈부하다. 〔楚辭〕惜誦以致愍. ④풍악에 맞추어 노래하다. 〔禮記〕春誦夏弦. ⑤운문(韻文), 시가(詩歌). 〔詩經〕家父作誦. ⑥경계하는 글. 〔國語〕瞍賦矇誦. ⑦비방하다, 원망하다. 〔國語〕興人誦之. ⑧고소하다. ≒訟. ⑨칭송하다, 공변되다. ≒頌. ⑩소나무. ≒松.
【誦經 송경】①경서(經書)를 읽음. ②(佛)소리를 내어 불경을 읽음.
【誦功 송공】공적을 칭송함. 頌功(송공).
【誦讀 송독】①외어 읽음. 暗誦(암송). ②소리를 내어 글을 읽음.
【誦說 송설】①읽는 일과 설명하여 밝히는 일. ②경서(經書)를 읽으면서 해설함.
【誦習 송습】①책을 외어서 익힘. ②시가(詩歌)를 읊어 익힘.
【誦言 송언】①공언(公言)함. 訟言(송언). ②시서(詩書)의 말을 욈.
【誦詠 송영】시가를 외어 읊음. 誦詩(송시).
【誦奏 송주】상주문(上奏文)을 임금에게 읽어 바침.
❶謳−, 讀−, 背−, 暗−, 傳−, 諷−.

言7 【誐】⑭ 訟(1658)의 고자

言7 【誐】⑭ ❶착할 아 歌 é ❷응얼거릴 아 哿 ě

[소전] 誐 [字解] ❶①착하다, 아름답다. 〔詩經〕誐以謐我. ②착한 말, 본받을 만한 좋은 말. ❷응얼거리다, 입속으로 읊다. ≒哦.

言7 【語】⑭ ❶말씀 어 語 yǔ ❷알릴 어 御 yù

二 늘 言 言 訂 訐 訢 語 語 語

[소전] 語 [초서] 语 [간체] 语 [字源] 形聲. 言+吾→語. '吾(오)'가 음을 나타낸다.

[字解] ❶①말씀. ㉮말, 이야기. 〔漢書〕僕以口語, 遇遭此禍. ㉯어구(語句), 문구(文句). 〔宋史〕聞人誦伊川語. ㉰속담(俗談). 〔春秋穀梁傳〕語曰, 脣亡則齒寒. ㉱말씨. 〔顏氏家訓〕敎其鮮卑語. ②소리, 새·벌레 따위의 소리. 〔范成大·詩〕壁下秋蟲語. ③말하다. ㉮의사를 발표하다. 〔易經〕或默或語. ㉯논란하다, 시비를 따져 말하다. 〔詩經〕于時言言, 于時語語. ㉰대답하다. 〔周禮〕敎國子興道諷誦言語. ㉱설명하다. 〔中庸〕故君子語大. ㉲의논하다, 모의하다. 〔國語〕記諸國君臣相與言諛議之得失也. ㉳이야기하다. 〔黃庭堅·文〕人不讀書, 則語言無味. ④깨우치다. ≒悟. 〔說文通訓〕莊子漁父, 甚矣子之難語. ⑤기뻐하는 모양. ¶語語. ⑥논어(論語)의 약칭. 〔程氏遺書〕學者先須讀語孟. ❷①알리다, 고하다. 〔春秋左氏傳〕公語之故. ②가르치다, 설명하다. 〔禮記〕言而不語.

【語感 어감】 말소리 또는 말투의 차이에 따른 느낌.
【語氣 어기】 말하는 기세.
【語訥 어눌】 말을 더듬어 유창하지 못함.
【語鈍 어둔】 말을 더듬어 둔함.
【語錄 어록】 ①명유(名儒)·고승(高僧)의 말을 모은 책. ②외국에 사절(使節)로 나갔다가 주고받은 말을 모아 임금에게 올린 것.
【語孟 어맹】 논어(論語)와 맹자(孟子)를 아울러 이르는 말. 論孟(논맹).
【語病 어병】 ⇨語弊(어폐).
【語不成說 어불성설】 말이 조금도 이치에 맞지 아니함.
【語澁 어삽】 말이 잘 나오지 아니함.
【語塞 어색】 ①말이 막힘. 語屈(어굴). ②國열없거나 겸연쩍어 서먹서먹함.
【語釋 어석】 말의 해석.
【語勢 어세】 말에서 느껴지는 힘.
【語言 어언】 ①말. 언어. ②의논.
【語言詭譎 어언궤휼】 말에 속임이 있음.
【語源 어원】 말이 이루어진 근원.
【語調 어조】 ①말의 가락. ②억양.
【語次 어차】 말하던 김에. 말하던 차에.
【語趣 어취】 말하고자 하는 취지.
【語套 어투】 말투.
【語弊 어폐】 ①말의 폐단이나 결점. ②남의 오해를 받기 쉬운 말. 語病(어병).
【語彙 어휘】 ①어떤 일정한 범위 안에서 쓰이는 낱말의 수효. 또는 낱말의 전체. ②많은 낱말을 유별(類別)하여 모아 놓은 것.
○ 古一, 款一, 口一, 國一, 禽一, 單一, 獨一, 妄一, 面一, 目一, 文一, 密一, 反一, 梵一, 飛一, 鄙一, 笑一, 俗一, 手一, 述一, 術一, 詩一, 言一, 譯一, 偶一, 原一, 流一, 類一, 隱一, 俚一, 壯一, 傳一, 鳥一, 主一, 勅一, 標一, 間一, 漢一, 韓一, 巷一, 豪一.

言 7 【誤】 ⑭ 그릇될 오 圓 wù

○ 字源 聲. 言+吳→誤. '吳(오)'가 음을 나타낸다.
字解 ①그릇되다. ㉮도리에 어긋나다.〔漢書〕君何言之誤. ㉯실수하다, 잘못하다.〔禮記〕使者聘而誤. ㉰잘못 알다.〔佛國記〕時天逢連陰, 海師相望僻誤. ②그르치게 하다, 그릇되게 이끌다.〔漢書〕註誤吏民. ③헷갈리게 하다, 현혹되게 하다.〔唐書〕熒誤上心. ④잘못, 과오.〔三國志〕曲有誤, 周郞顧. ⑤현혹되는 일, 방황하는 일.〔荀子〕是姦人之誤於亂說.
【誤國 오국】 나라의 전도(前途)를 그르침. 나라를 위태롭게 함.
【誤謬 오류】 그릇되어 이치에 어긋나는 일. 謬誤(유오).
【誤犯 오범】 실수하여 지은 죄.

【誤報 오보】 잘못된 보고나 보도.
【誤死 오사】 형벌이나 재앙을 입어 비명(非命)에 죽음.
【誤算 오산】 잘못 계산함.
【誤殺 오살】 잘못하여 사람을 죽임.
【誤譯 오역】 잘못 번역함.
【誤用 오용】 잘못 사용함.
【誤認 오인】 ①그릇 인정함. 錯認(착인). ②짐작이 틀림.
【誤入 오입】 ①잘못 들어감. ②國사도(邪道)에 빠짐. 사내가 노는계집과 상종함.
【誤字 오자】 잘못 쓴 글자.
【誤診 오진】 잘못 진단함.
【誤判 오판】 잘못 판정함. 誤審(오심).
【誤脫 오탈】 글자를 잘못 씀과 빠뜨림.
【誤平生 오평생】 일생을 그르침.
【誤解 오해】 뜻을 잘못 이해함.
【誤惑 오혹】 현혹시킴. 또는 현혹됨.
○ 過一, 闕一, 辨一, 訛一, 謬一, 正一, 差一, 錯一, 舛一, 脫一.

言 7 【誘】 ⑭ 꾈 유 囿 yòu

○ 字源 形聲. 言+秀→誘. '秀(수)'가 음을 나타낸다.
字解 ①꾀다. ㉮유혹하다.〔淮南子〕以女樂誘之. ㉯불러내다, 유인하다.〔孔子家語〕天誘其衷. ㉰권하다, 권유하다.〔論語〕夫子循循然善誘人. ㉱가르치다, 지도하다.〔儀禮〕誘射. ㉲인도하다.〔楚辭〕步及驟處兮誘騁先. ㉳움직이다, 감동하게 하다.〔淮南子〕好憎成形, 而知誘於外. ㉴헷갈리게 하다, 미혹하게 하다.〔淮南子〕不誘於人. ㉵농락하다, 기롱하다.〔荀子〕彼誘其名. ㉶속이다, 기만하다.〔風俗通〕誘, 巧詐也. ②꾐, 유인.〔沈約·碑銘〕庶馮嘉誘. ③아름다운 모양.〔淮南子〕誘然與日月爭光.
【誘拐 유괴】 사람을 속여 꾀어냄.
【誘敎 유교】 이끌어 가르침. 誘誨(유회).
【誘勸 유권】 권하여 하도록 함. 勸誘(권유).
【誘騎 유기】 적병을 꾀어내는 기병.
【誘導 유도】 꾀어서 이끎.
【誘發 유발】 어떤 일이 원인이 되어 다른 일이 일어남.
【誘兵 유병】 패하여 달아나는 척하며 적병을 꾀어내는 군사.
【誘殺 유살】 유괴(誘拐)하여 살해(殺害)함.
【誘說 유세】 달콤한 말로 달래어 꾐.
【誘掖 유액】 인도하여 도움. 誘益(유익).
【誘引 유인】 유혹하여 꾀어냄.
【誘因 유인】 어떤 일이나 현상을 일으키는 원인.
【誘進 유진】 달래어 권함. 勸誘(권유).
【誘衷 유충】 본심을 이끌어 착한 일을 하게 함.

【誘致 유치】 꾀어서 끌어 옴.
【誘脅 유협】 유혹하고 협박함.
【誘惑 유혹】 꾀어서 마음을 현혹하게 함.
● 開-, 証-, 敎-, 勸-, 導-, 善-, 外-, 慰-, 招-, 誨-.

【誼】 ⑭ 옳을 의 寘 yì
소전 誼 속자 誼 간체 谊 字解 ①옳다. 사람이 옳다고 생각하는 바. 〔漢書〕 摩民以誼. ②의논하다. ≒議. 〔漢書〕 論誼考問. ③정분, 교분(交分). ④도리(道理).

【認】 ⑭ ❶알 인 軫 rèn ❷적을 잉 徑 rèn
𠃜 㐰 㐰 㖟 訒 認 認 認 認
초서 认 동자 認 간체 认 参考 대법원 지정 인명용 한자의 음은 '인'이다.
字源 形聲. 言+忍→認. '忍(인)'이 음을 나타낸다.
字解 ❶①알다. ㉮인식하다. ㉯인정하다. 〔劉克莊·詩〕 細認苔間字. ㉰승인하다, 허가하다. ②행하다, 진실을 행하다. 〔元史〕 臨事不認眞, 豈盡忠之道乎. ❷적다, 쓰다.
【認可 인가】 인정하여 허가함.
【認得 인득】 ①앎. ②얼굴을 앎.
【認保 인보】 보증(保證)함.
【認識 인식】 ❶인식 ❷인지 ❶사물을 감지(感知)하여, 그 의의를 분별하고 판단하는 마음의 작용. ②앎, 기억함. ❷표, 표지.
【認容 인용】 인정하여 용납함. 認可(인가).
【認賊爲子 인적위자】 (佛)도둑을 아들로 생각함. 망상(妄想)을 진실이라고 믿음의 비유.
【認知 인지】 사실을 인정하여 앎.
【認眞 인진】 소홀히 하지 않음. 착실하게 행함.
【認許 인허】 인정하여 허락함.
● 公-, 官-, 默-, 否-, 承-, 是-, 誤-.

【認】 ⑭ 認(1676)과 동자

【誌】 ⑭ 기록할 지 寘 zhì
譺 誌 誌 誌 誌
소전 譺 초서 誌 간체 誌 字源 形聲. 言+志→誌. '志(지)'가 음을 나타낸다.
字解 ①기록하다, 기록. ≒志·識. 〔新唐書〕 李吉甫, 元和郡縣誌. ②기억하다, 외다. 〔新唐書〕 一經目, 輒誌于心. ③안표로 삼다, 안표, 표지. 〔荊楚歲事記〕 以血點其衣而爲誌. ④문체 이름. 사적(史的)인 기사문(記事文). =志. ⑤사마귀. ≒痣. 〔南齊書〕 高宗脛上有赤誌.

【誌面 지면】 신문 따위 인쇄물의 기사가 실린 종이의 면. 誌上(지상).
【誌銘 지명】 묘지명(墓誌銘).
【誌文 지문】 죽은 사람의 이름·생몰 연월일(生沒年月日)·행적 및 무덤이 있는 곳을 적은 글.
【誌石 지석】 죽은 사람의 이름·생몰 연월일·행적·무덤의 방향 등을 적어 무덤 앞에 묻는 돌.
【誌心 지심】 마음에 새김.
● 銘-, 墓-, 碑-, 日-, 雜-, 地-, 會-.

【誚】 ⑭ 꾸짖을 초 嘯 qiào
초서 誚 간체 诮 字解 꾸짖다, 책망하다. =譙. 〔呂氏春秋〕 酒醒而誚其子.
【誚讓 초양】 꾸짖어 나무람. ○'讓'은 '責(책)'으로 '꾸짖다'의 뜻.
【誚責 초책】 꾸짖어 나무람.
● 譏-, 謗-, 讓-, 詆-, 嘲-, 責-.

【誕】 ⑭ 태어날 탄 旱 dàn
𧥷 訁 訁 䛐 䛐 䛐 誕 誕 誕
소전 𧥷 주문 䛐 초서 䛐 간체 诞 字源 形聲. 言+延→誕. '延(연)'이 음을 나타낸다.
字解 ①태어나다, 출생하다. 〔舊唐書〕 上誕日不納中外之貢. ②속이다. 〔書經〕 乃逸乃諺旣誕. ③거짓으로 남을 현혹하게 하다. 〔史記〕 先生得無誕之乎. ④거짓, 거짓말. 〔國語〕 是言誕也. ⑤크다. 〔書經〕 帝乃誕敷文德. ⑥넓다, 광활하다. 〔詩經〕 旂丘之葛兮, 何誕之節兮. ⑦바르지 않다. 〔淮南子〕 弦高誕而存鄭. ⑧방종하다, 제멋대로 굴다. 〔春秋左氏傳〕 子姑憂子皙之欲背誕也. ⑨진실로, 참으로. 발어사(發語辭). 〔書經〕 誕敢紀其敍. ⑩어조사. 어구 중간에 놓임. 〔書經〕 肆朕誕以爾東征. ⑪기르다, 양육하다. 〔晉書〕 誕靈物以瑞瑞.
【誕降 탄강】 하늘에서 세상에 내려옴. 성인(聖人)이나 제왕이 세상에 남. 誕生(탄생).
【誕欺 탄기】 속임. 거짓말함.
【誕略 탄략】 커다란 계략.
【誕漫 탄만】 방종(放縱)하고 오만함.
【誕妄 탄망】 말이나 행동이 터무니없고 망령됨.
【誕放 탄방】 지나치게 방자함. 誕縱(탄종).
【誕敷 탄부】 크게 펴서 베풂.
【誕辭 탄사】 허황하여 믿기 어려운 말. 허풍 치는 말. 誕言(탄언).
【誕生 탄생】 성인 또는 귀인이 태어남.
【誕辰 탄신】 임금이나 성인이 태어난 날. 誕日(탄일).
【誕瓦 탄와】 와(瓦)를 쓸 사람을 낳음. 곧, 딸을 낳음. ○'瓦'는 실패.
【誕育 탄육】 기름, 양육함.
● 降-, 誑-, 怪-, 矜-, 欺-, 妄-, 放-, 浮-, 生-, 聖-, 虛-, 荒-, 恢-.

言部 7~8획 誣詩誧調諙誨談謇課諬諐

言7【誣】⑭ 말 머뭇거릴 투 囿 dòu
[초서] 誣 [字解] 말을 머뭇거리다. 〔韓愈·詩〕 後鈍嚊誣譑.

言7【詩】⑭ 어지러울 패·발 國囝 bèi
[소전] [주문] [혹체] [字解] ①어지럽다. 어지럽게 하다. 〔史記〕 或詩其心. ②어그러지다, 위배되다. ≒悖. 〔漢書〕 誣罔詩大臣節. ③거스르다, 반역하다. 〔漢書〕 它政詩亂. ④어기다, 도리에 어긋나다. 〔漢書〕 詩天祖. ⑤헷갈리다, 미혹되다. 〔漢書〕 惑學者不達其意而師詩. ⑥어리석다, 도리에 어둡다.
【詩亂 패란】정도(正道)에 어그러져 문란함. 또는 모반함. 悖亂(패란).
● 驕一, 師一.

言7【誧】⑭ 도울 포 虞 bū
[소전] 誧 [간체] 谇 [字解] ①돕다, 서로 돕다. ≒補. ②큰소리치다, 큰소리치는 말. ③간하다, 윗사람에게 충고하다. ④꾀하다, 도모하다. ≒敷.

言7【調】⑭ 調(1665)과 동자

言7【諙】⑭ 話(1670)의 본자

言7【誨】⑭ 가르칠 회 國 huì
[소전] [초서] 誨 [간체] 诲 [字解] ①가르치다, 가르쳐 인도하다. 〔詩經〕 教誨爾子. ②간언(諫言). 〔書經〕 朝夕納誨, 以輔台德.
【誨盗誨淫 회도회음】도둑질을 가르치고 음탕함을 가르침. 재물을 허술하게 간직하고, 여자가 몸단장을 지나치게 하는 것을 경계하는 말.
【誨授 회수】가르침. 教授(교수).
【誨示 회시】가르침.
【誨言 회언】훈계하여 가르치는 말. 訓言(훈언).
【誨誘 회유】가르쳐 인도함.
【誨諭 회유】가르쳐 깨우침.
【誨育 회육】가르쳐 기름.
● 誡一, 高一, 教一, 勸一, 善一, 聖一, 誘一, 仁一, 慈一, 訓一.

言7【欷】⑭ 탄식할 희 囜 xī
[소전] [주문] [간체] 诶 [字解] ①탄식하다. ≒譆. 〔漢書〕 在予小子, 勤欷厥生. ②아! 탄식의 소리. ③예. 응낙의 말. ≒唉. ④억지로, 마음에 없이. 〔楚辭〕 欷笑狂只, 注云, 或曰欷, 笑樂也.

【談笑 희소】①억지 웃음. ②웃으며 즐거워함.

言8【謇】⑮ 허물 건 兂 qiān
[초서] 謇 [字解] 허물. ※愆(630)의 고자(古字). 〔漢書〕 元首無失道之謇.

言8【課】⑮ 매길 과 圖 kè
[소전] 課 [초서] 課 [간체] 课 [字源] 形聲. 言+果→課. '果(과)'가 음을 나타낸다.
[字解] ①매기다, 세금 등을 부과하다. 〔輟耕錄〕 羊則當年課之. ②조세, 세금. ㉮인두세(人頭稅). 〔舊唐書〕 凡賦人之制有四, 一曰租, 二曰調, 三曰役, 四曰課. ㉯여러 가지 세, 잡세(雜稅). 〔蘇轍·文〕 茶稅雜稅錢及酒課增美. ③시험하다. 〔楚辭〕 何不課而行之. ④헤아리다, 공과(功過)를 따져 등수를 정하다. 〔後漢書〕 集課上計於所屬郡國. ⑤고시, 관리 임용의 시험. 〔孔稚珪·文〕 常綱繆於結課. ⑥관리의 성적 고사. 〔漢書〕 坐課屋府. ⑦일과, 일상의 일. 〔唐書〕 槀史殘課. ⑧점(占), 점을 치는 일. 〔冷齋夜話〕 有日者能課, 使之課, 無不合驗. ⑨살피다, 조사하다. 〔史記〕 課校人畜計. ⑩정도(程度), 일정한 한도(限度). 〔隋書〕 百工作役, 均加程課. ⑪부서. 사무 부서를 구분하는 단위.
【課校 과교】수량을 헤아림.
【課利 과리】세금.
【課稅 과세】세금을 매김.
【課試 과시】①일정한 시기에 정기적으로 보이는 시험. ②과제를 내어 시험함.
【課業 과업】①꼭 해야 할 일이나 임무. ②정하여 놓은 업무나 학업.
【課役 과역】①조세와 부역. ②일을 부과함. 또는 그 일.
【課外 과외】규정된 교육 과정 밖.
【課切 과절】세금을 부과하여 엄하게 재촉함.
【課程 과정】①부과된 일이나 학과의 정도. ②물품에 매겨진 세금의 정도.
【課題 과제】문제를 부과함. 또는 부과된 문제.
● 考一, 功一, 賦一, 詩一, 日一, 精一, 學一.

言8【諬】⑮ 헐뜯을 구 囿 jiù
[字解] 헐뜯다, 헐어 말하다.

言8【諐】⑮ 굽을 굴 囫 qū
[초서] 諐 [동자] 詘 [간체] 诎 [字解] ①굽다, 굽히다. =屈. 〔淮南子〕 諐寸而伸尺, 聖人爲之. ②괴이하다, 이상하다. 〔左思·賦〕 諐詭之殊事. ③고집이 세어 굽히지 아니하다. =倔.

【謧詭 굴궤】 보통과 다름. 괴상함.
【謧伸 굴신】 굽힘과 폄.

言8【誇】⑮ 수다할 궁 图 qióng
字解 ①수다하다, 말이 많다. ②묻다, 함부로 말하다.

言8【諆】⑮ 속일 기 因 qī
字解 ①속이다, 모의하다. =謨. 〔後漢書〕回志揭來從玄諆. 거짓말. ②꾀하다,

言8【朞】⑮ 꺼릴 기 寘 jì, jī
字解 ①꺼리다. 〔周禮〕爾尙不朞于凶德. ②뜻하다, 마음먹다. ③꾀하다.

言8【談】⑮ 말씀 담 覃 tán

소전 錟 초서 谈 간체 谈 字源 形聲. 言+炎→談. '炎(염)'이 음을 나타낸다.
字解 ①말씀, 말, 이야기. 〔春秋公羊傳〕魯人至今以爲美談. ②말하다, 이야기하다. =譚. 〔莊子〕三日不談. ③농담하다, 희롱하다. 〔詩經〕不敢戲談. ④안일(安逸)하고 방종(放縱)하다. ≒俠.
【談客 담객】①유세(遊說)하는 사람. ②담론(談論)을 잘하는 사람.
【談交 담교】담론(談論)을 통하여 교제하는 일. 높은 사람을 붙좇아 출세를 바라는 일.
【談論 담론】이야기를 주고받으며 논의함.
【談理 담리】이치를 이야기함. 주로 노장(老莊)의 학리(學理)를 이야기함.
【談柄 담병】이야깃거리. 원래는 이야기할 때 손에 쥐는 불자(拂子)를 말함.
【談緖 담서】이야기의 실마리. 話頭(화두).
【談笑自若 담소자약】놀라운 일이나 걱정되는 일을 당하여도 평시와 같이 예사스럽게 담소함.
【談藪 담수】①이야기 내용이 풍부하여 끝이 없음. 談叢(담총). ②재미있는 많은 이야기를 모은 것.
【談言微中 담언미중】말이 은미(隱微)하나 정곡을 찌름. 완곡히 남의 급소를 찔러 말함.
【談餘 담여】①용건 외의 이야기. ②이야기하던 김에. 談次(담차).
【談義 담의】①도리를 설명함. 뜻을 설명함. ②(佛)불교의 교리를 담론(談論)함. ③의논함.
【談助 담조】이야깃거리.
【談次 담차】이야기하던 김에. 談餘(담여).
【談天雕龍 담천조룡】천문(天文)을 말하고 용을 조각함. 변론이 굉원박대(宏遠博大)함.
【談判 담판】시비를 가리거나 결말을 짓기 위해

당사자들이 서로 논의함.
【談何容易 담하용이】담론이 어찌 쉽겠는가. 담론하는 일이 어렵다는 뜻.
【談話 담화】어떤 일에 대한 의견이나 태도를 밝히는 말.
❶ 講-, 高-, 怪-, 奇-, 弄-, 對-, 漫-, 面-, 美-, 放-, 私-, 相-, 笑-, 言-, 餘-, 政-, 眞-, 淸-, 閑-, 歡-, 會-.

言8【諮】⑮ 수다스러울 답 合 tà
소전 譖 초서 谘 字解 ①수다스러운 모양. =沓. 〔荀子〕諮諮然而沸. ②꾸짖다, 욕하다.
【諮諮 답답】수다스러운 모양. 말이 많은 모양.

言8【諫】⑮ 말 많을 동 董 dǒng
參考 諫(1683)은 딴 자.
字解 말이 많다, 수다스럽다.

言8【諒】⑮ ❶믿을 량 漾 liàng
❷어질 량 陽 liáng

소전 諒 초서 谅 간체 谅 字源 形聲. 言+京→諒. '京(경)'이 음을 나타낸다.
字解 ❶①믿다, 의심하지 아니하다. ≒亮. 〔詩經〕不諒人只. ②참, 진실(眞實). 〔論語〕友直友諒. ③작은 일에 구애되는 진실, 하찮은 의리를 묵수(墨守)하는 일. 〔論語〕豈若匹夫匹婦之爲諒也. ④진실로, 참으로. 〔詩經〕諒不我知. ⑤돕다, 조력하다. 〔詩經〕涼彼武王, 傳云, 涼本亦作諒. ⑥고집스럽다, 완고하다. ≒勍. 〔論語〕君子貞而不諒. ⑦찾다, 살피다. ≒倞.
❷①어질다. ≒良. 〔禮記〕易直子諒之心生則樂. ②흉하다, 상서롭지 못하다. 〔論語〕高宗諒陰.
【諒恕 양서】양해하여 용서함.
【諒闇 양암】임금이 부모의 상(喪) 중에 거처하는 방. 또는 임금의 거상(居喪).
【諒陰 양음】☞諒闇(양암).
【諒知 양지】살펴서 앎.
【諒察 양찰】다른 사람의 사정을 잘 헤아려 살핌. 諒燭(양촉).
【諒燭 양촉】☞諒察(양찰).
【諒解 양해】사정을 헤아려 이해함.
❶ 簡-, 直-, 忠-.

言8【論】⑮ ❶말할 론 元 lùn
❷조리 륜 眞 lún

소전 論 초서 论 간체 论 參考 대법원 지정 인명용 한자의 음은 '론'이다.

言部 8획 諚誹

[字源] 形聲. 言+侖→論. '侖(륜)'이 음을 나타낸다.
[字解] ❶㉠말하다. ㉮서술하다, 진술하다. 〔張衡·賦〕不可勝論. ㉯해명하다, 말하여 밝히다. 〔書經〕論道經邦. ㉰고하다, 여쭈다. 〔史記〕臣請論其故. ②옳고 알아보다, 토론하다. 〔論語〕世叔討論之. ③헤아리다. ㉠사물의 이치를 헤아리다. ≒倫. 〔詩經〕於論鼓鐘. ㉯시비·선악을 헤아리다. 〔禮記〕凡官民材, 必先論之. ㉰사람의 재능을 헤아리다. 〔呂氏春秋〕此賢主之所以論人也. ㉱정사(政事)를 계획하다. 〔周禮〕或坐而論道. ④분간하다, 사리를 분별하다. 〔呂氏春秋〕不可不熟論也. ⑤관장(管掌)하다. 경륜(經綸)하다. ≒綸. ⑥견해(見解), 학설(學說). 〔後漢書〕觀覽乎孔老人論. ⑦문체 이름. 자기의 의견을 서술하여 주장하는 글. ❷조리, 조리가 있는 말. ≒倫. 〔禮記〕必卽天論.
【論客 논객】 논담(論談)을 잘하는 사람. 논담하기를 좋아하는 사람.
【論據 논거】 논설이나 이론의 근거.
【論啓 논계】 신하가 임금의 잘못을 논하여 간(諫)함.
【論告 논고】 ①자기의 의견을 논술함. ②형사 재판에서, 검사가 피고의 범죄 사실과 그에 대한 법률 적용에 관한 의견을 진술하는 일.
【論功行賞 논공행상】 공로를 논의하여 상을 줌.
【論過 논과】 무의식중에 논리상 과오를 범하여 하는 언설.
【論究 논구】 사물의 이치를 궁구하여 논함.
【論救 논구】 변론하여 구세힘.
【論及 논급】 논하는 말이 그 일에까지 미침.
【論難 논난→논란】 잘못을 논하여 비난함. 서로 논술하여 비평함.
【論壇 논단】 ①토론을 하는 곳. ②논객(論客)들의 사회.
【論談 논담】 사물의 옳고 그름 따위를 논하여 말함.
【論道經邦 논도경방】 나라를 다스릴 길을 논하여, 국가를 경륜(經綸)함.
【論篤 논독】 언론이 독실(篤實)함.
【論孟 논맹】 논어(論語)와 맹자(孟子)를 아울러 이르는 말. 語孟(어맹).
【論駁 논박】 상대의 의견을 비난하고 공격함.
【論辨 논변】 ①한문 문체의 하나. 논(論)·변(辯)·난(難)·의(議)·설(說)·해(解) 따위. ②☞論辯(논변).
【論辯 논변】 사리의 옳고 그름을 밝혀 말함. 의견을 논술함.
【論報 논보】 하급 관청에서 상급 관청에 대하여 의견을 붙여 보고하던 일.
【論鋒 논봉】 언론의 날카롭고 굳센 논조를 검봉(劍鋒)에 견주어 이르는 말.
【論說 논설】 ①사물을 평론하고 설명하는 일. 또는 그 글. ②신문의 사설(社說).
【論述 논술】 논하여 의견을 진술함.
【論繹 논역】 논란하여 뜻을 밝힘.
【論列 논열】 ①일의 옳고 그름을 열거하여 논함.

②죄목(罪目)을 들추어내어 열거함.
【論議 논의】 서로 의견을 말하여 토의함. 議論(의논).
【論爭 논쟁】 서로 다른 의견을 가진 사람들이 각각 자기의 주장을 말이나 글로 논하여 다툼.
【論定 논정】 논의하여 결정함.
【論罪 논죄】 ①죄과를 논의함. ②죄를 논의하여 형을 적용함.
【論證 논증】 옳고 그름을 이유를 들어 밝힘. 또는 그 근거나 이유.
【論旨 논지】 논의의 취지. 논설의 주지(主旨).
【論陣 논진】 논단(論壇)의 필진(筆陣). 논의하는 사람들의 구성.
【論執 논집】 자기의 의견을 논하여 고집함.
【論次 논차】 논의의 차서(次序).
【論贊 논찬】 ①공적을 평론하여 칭찬함. ②사서(史書)의 기술(記述)이 끝난 후 작자가 이에 관하여 내린 평론.
【論責 논책】 잘못을 분석하여 책망함.
【論策 논책】 시사 문제에 관하여 의견을 진술하는 글. 송대(宋代)부터 시작된 과거의 시험 과제임.
【論叢 논총】 논문을 모은 책.
【論破 논파】 ①듣는 사람이 알기 쉽게 말함. ②논하여 남의 학설이나 이론을 깨뜨림.
【論評 논평】 논하면서 비평함.
【論劾 논핵】 허물을 논하여 탄핵(彈劾)함.
【論詰 논힐】 논술하여 힐난함. 죄과(罪過)를 따져 힐난함.
○ 講—, 槪—, 激—, 高—, 公—, 空—, 國—, 談—, 讜—, 毋—, 勿—, 反—, 辯—, 序—, 緖—, 世—, 時—, 言—, 興—, 議—, 異—, 理—, 爭—, 正—, 衆—, 持—, 總—, 討—.

言 8 【諚】 ⑮ 속일 망 wǎng
[초서] [字解] 속이다, 속여 모함하다. =罔. 〔晉書〕朋黨則誣諚.

言 8 【誹】 ⑮ 헐뜯을 비 fěi
[소전] [초서] [간체] [字解] 헐뜯다, 비방하다. =非. 〔史記〕誹謗者族.
【誹謗 비방】 비웃고 헐뜯어서 욕함.
【誹謗之木 비방지목】 임금의 잘못을 써 붙이도록 세워 놓은 나무. [故事] 순(舜)임금이 다리 위에 나무를 세워 놓고 백성들에게 정치의 그릇됨을 비방하는 말을 쓰게 하여 반성하였다는 고사에서 온 말. 華表木(화표목).
【誹訕 비산】 남을 헐뜯고 비난함.
【誹笑 비소】 비방하여 웃음. 비웃음.
【誹譽在俗 비예재속】 헐뜯김과 칭찬받음은 다 세속에 맡기고, 자신의 본체를 지키어 움직이지 아니함.
【誹怨 비원】 헐뜯으며 원망함.
【誹訾 비자】 헐뜯음.

【誹章 비장】남을 비방하는 글.
【誹諧 비해】익살스럽게 헐뜯음.
【誹毁 비훼】☞誹訕(비산).
❶腹-, 怨-, 沮-.

言8 【諀】⑮ 비방할 비 紙 pǐ
字解 비방하다, 헐뜯다.

言8 【誏】⑮ 말 전할 수 宥 shòu
字解 말을 전하다, 직접 자기 입으로 말을 전하다. 〔唐書〕得其密號, 誏諸軍.

言8 【誰】⑮ 누구 수 支 shuí, shéi

亠　言　言　訁　訐　詐　詐　誰　誰

소전 雖 초서 誰 간체 谁 字源 形聲. 言+隹→誰. '隹(추)'가 음을 나타낸다.
字解 ❶누구, 어떤 사람. ≒譙·孰.〔論語〕夫執輿者爲誰. ❷묻다, 찾아 묻다.〔漢書〕漢帝宜誰差天下, 求索賢人. ❸옛날, 접때. ≒疇.〔詩經〕誰昔然矣.
【誰某 수모】아무개. 누구.
【誰無過 수무과】어떤 사람인들 허물이 없으리오. 누구나 다소의 허물이 있음.
【誰昔 수석】옛날. 접때.
【誰怨誰咎 수원수구】누구를 원망하며 누구를 탓하랴. 남을 원망하거나 탓할 것이 없음.
【誰知烏之雌雄 수지오지자웅】누가 까마귀의 암수를 분별하랴. 시비나 선악을 가리기 어려움의 비유.
【誰何 수하】①누구. 아무개. ②'누구냐' 하고 묻는 말. ✒'何'는 '問(문)'으로 '묻다'의 뜻.
❶始-, 阿-, 爲-, 何-.

言8 【誶】⑮ ❶욕할 수 寘 suì ❷말 더듬을 쇄 國 suì ❸물을 신 震 suì

소전 誶 초서 誶 간체 谇 字解 ❶①욕하다, 꾸짖다.〔國語〕誶申胥. ②묻다.〔莊子〕察士不凌誶之事則不樂. ③간하다, 윗사람에게 충고하다.〔楚辭〕謇朝誶而夕替. ❷말을 더듬는 모양.〔列子〕凌誶, 釋文云, 誶, 訥澁辯給之貌. ❸미워하다. ≒訊.〔莊子〕虜人逐而誶之.

言8 【諔】⑮ ❶속일 숙 屋 chù ❷고요할 적 錫 jí
간체 諔 字解 ❶①속이다, 기만하다.〔莊子〕諔詭幻怪之名. ②기이하다, 익살스럽다.〔莊子〕其辭雖參差而諔詭可觀. ❷①고요하다. =寂. ②편안하다.
【諔詭 숙궤】①속임. 기만함. ②기이함. 신기로움. ③익살스러움.

言8 【諄】⑮ ❶타이를 순 眞 zhūn ❷죄 순 稕 zhūn ❸미워할 준 稕 zhūn

소전 諄 초서 諄 간체 谆 參考 대법원 지정 인명용 한자의 음은 '순'이다.
字解 ❶①타이르다, 거듭 타일러 깨우치다. =訰.〔詩經〕誨爾諄諄. ②알뜰하다, 매우 정성스럽다. =忳.〔後漢書〕勞心諄諄, 視民如子. ③돕다, 조력하다.〔國語〕以諄趙鞅之故. ❷①죄, 죄악. ≒憝. ②어지러워지다. ≒惷. ③둔하다.〔漢書〕年未盈五十, 而諄諄焉如八九十者. ④삼가다, 착실한 모양.〔後漢書〕勞心諄諄. ❸미워하다.
【諄諄 순순】①친절하게 타이르는 모양. ②삼가고 성실한 모양. ③둔한 모양.
【諄誨 순회】정성껏 가르침.

言8 【諗】⑮ 고할 심 寑 shěn
소전 諗 초서 諗 간체 谂 字解 ①고하다, 알리다.〔國語〕使果敢者諗之. ②간하다, 간곡하게 간하다.〔春秋左氏傳〕昔辛伯諗周桓公. ③숨다, 몸을 감추다.〔孔子家語〕魚鮪不諗. ④생각하다. ≒念.〔詩經〕將母來諗.

言8 【諉】⑮ 번거롭게 할 위 支寘 wěi
소전 諉 초서 諉 간체 诿 字解 ①번거롭게 하다.〔漢書〕執事不諉上. ②핑계하다.〔漢書〕尙有可諉者. ③맡기다, 위탁하다. ≒委.

言8 【誾】⑮ 온화할 은 眞 yín
소전 誾 초서 誾 간체 訚 字解 ①온화하다, 온화하면서 삼가는 모양. ②평온하게 토론하는 모양. ③향기가 짙은 모양.〔司馬相如·賦〕芳酷烈之誾誾. ④중용을 지켜 치우치지 않는 모양.〔論語〕與上大夫言, 誾誾如也.
【誾誾 은은】①화기(和氣)를 띠고 시비를 논하는 모양. ②온화하고 삼가는 모양. ③향기가 짙은 모양.

言8 【誼】⑮ 誃(1676)의 속자

言8 【諍】⑮ ❶간할 쟁 敬 zhèng ❷다툴 쟁 庚 zhèng
소전 諍 초서 諍 간체 诤 字解 ❶①간하다, 윗사람에게 충고하다.〔漢書〕諫諍卽見聽.②간하는 말이나 글.〔說苑〕有能盡言於君, 用則可生, 不用則死, 謂之諍. ❷①다투다. ≒爭.〔晉書〕闒茸勇敢於饗諍. ②송사하다, 송사.〔後漢書〕平理諍訟.

言部 8획 諍調

【諍氣 쟁기】 남과 다투어 이기고자 하는 기질.
【諍訟 쟁송】 송사(訟事)를 일으켜 서로 다툼.
【諍臣 쟁신】 임금의 잘못을 직언(直言)으로 간하는 충신.
❶ 諫一, 苦一, 紛一, 念一, 延一.

言8 【諓】 ⑮ 교묘히 말할 전 [諓] jiàn

[소전] 諓 [초서] 諓 [간체] 诔 [字解] ❶교묘히 말하다, 말이 교묘하다. 〔國語〕又安知是諓諓者乎. ❷좋은 일, 착한 일. 〔漢書〕說諓諓之言. ❸아첨하다, 비위를 맞추어 말하는 모양. 〔後漢書〕 諓諓諓之辭. ❹얕다, 말이 얕퍅한 모양. 〔春秋公羊傳〕惟諓諓善靖言. ❺천하다, 비천한 모양. 〔鹽鐵論〕諓諓者賤也. ❻참소하다, 남을 모함하여 말하는 모양. 〔楚辭〕譏人諓諓, 孰可憖兮. ❼그윽히 말하다, 귓속말을 하는 모양. 〔楚辭〕諓諓分唯喔. ❽글이 묘하다, 문사(文詞)가 교묘한 모양. 〔新唐書〕章什諓諓.
【諓諓 전전】 ❶작은 선행(善行)을 하는 모양. ❷아첨하는 모양. ❸말이 천박한 모양. ❹말이 교묘하고 유창한 모양. ❺천박한 모양. ❻참소하는 모양. ❼귓속말을 하는 모양. ❽문사(文詞)가 교묘한 모양.

言8 【調】 ⑮ ❶고를 조 [蕭] tiáo
❷뽑힐 조 [嘯] diào
❸아침 주 [尤] zhōu

二 亖 言 訂 訶 訶 調 調 調

[소전] 調 [초서] 調 [간체] 调 [參考] 대법원 지정 인명용 한자의 음은 '조'이다.
[字源] 形聲. 言+周→調. '周(주)'가 음을 나타낸다.
[字解] ❶❶고르다. ㉮조절하다. 〔新唐書〕帝賜食, 親爲調羹. ㉯어울리다, 어울리게 하다. ¶調和. ㉰균형이 잡히다. 〔史記〕陰陽調, 風雨節. ㉱걸맞다, 화합하다. 〔素問〕調於四時. ㉲고루다, 균평하게 하다. 〔漢書〕以調盈虛. ㉳익히다, 조습(調習)하다. 〔禮記〕調竽笙竾簧. ㉴길들이다. 〔史記〕調馴鳥獸. ❷꼭 맞다, 적합하다. 〔淮南子〕皆調於口. ❸지키다, 수호하다. 〔史記〕調護太子. ❹비웃다, 조롱하다. 늑嘲. 〔世說新話〕王丞相每調之. ❺속이다, 기만하다. ❷❶뽑히다, 선임(選任)되다. 〔史記〕調爲隴西都尉. ❷부르다, 불러내다. 〔後漢書〕特選橫調. ❸걷다, 징발하다. ❹옮다, 전근하다. 〔淸國行政法汎論〕調者, 謂一官吏之變轉他位者, 與改義無大差. ❺헤아리다, 살피다. 늑籌. 〔漢書〕調立城邑. ❻갖추다, 준비하다. 〔漢書〕豫爲調棺. ❼곡식을 내다. 늑糶. ❽구실, 당대(唐代)의 부세(賦稅)의 한 가지. 〔新唐書〕取之以租庸調之法. ❾가락, 음률. 〔謝靈運·詩〕異代可同調. ❿악기로 연주하다. 〔庾信·賦〕玉管初調, 鳴絃暫撫.

⑪부드럽다. 〔謝觀·賦〕其風順雨調, 豈止于觸酒. ⑫취향(趣向), 운치(韻致). 〔顏延之·詩〕義心多苦屬. ❸❶아침. 늑朝. 〔詩經〕怒如調飢. ❷무겁다.
【調經 조경】 월경(月經)을 고르게 함.
【調貢 조공】 공물(貢物). 공물을 바침.
【調達 조달】 필요한 것을 대어 줌.
【調度 조도】 ①정도에 맞게 처리함. ②조세(租稅). 또는 조세를 거두어들임.
【調練 조련】 병사(兵士)를 훈련함.
【調理 조리】 ①몸을 보살피고 병을 다스림. 調攝(조섭). ②일을 사리에 맞도록 처리함. ③음식을 요리함.
【調馬 조마】 ①말을 길들임. 말을 조련(調練)함. ②말을 징발(徵發)함.
【調味 조미】 음식의 맛을 냄.
【調白 조백】 가짜를 진짜와 바꾸어 부정한 이익을 취함.
【調伏 조복】 (佛)①심신을 고르게 하여 악행(惡行)을 제어함. ②불력(佛力)에 의하여 원수와 악마를 제어함.
【調査 조사】 살펴서 알아봄.
【調書 조서】 조사 사항을 기록한 문서.
【調選 조선】 선발되어 영전하는 일.
【調攝 조섭】 ☞調理(조리)①.
【調馴 조순】 금수(禽獸)를 길들임.
【調習 조습】 정숙하게 배워 익힘.
【調息 조식】 양생법(養生法)의 한 가지. 정좌하여 복식 호흡으로 호흡을 고르게 함.
【調養 조양】 ☞調理(조리)①.
【調役 조역】 조세(租稅)와 부역(賦役).
【調用 조용】 ①전임(轉任)함. 調任(조임). ②필요한 만큼 씀.
【調律 조율】 음을 기준 음에 맞춰 고름.
【調人 조인】 ①주대(周代)에 백성의 분쟁을 화해시키는 일을 맡아보던 벼슬. ②중재(仲裁)하는 사람. 중재인.
【調引 조인】 희롱거리며 상대의 마음을 끎.
【調印 조인】 서로 약속하여 만든 문서에 도장을 찍음.
【調節 조절】 사물을 알맞게 맞추어 잘 어울리도록 함.
【調停 조정】 틀어진 사이를 중간에 들어서 화해시키는 일.
【調整 조정】 어떤 기준이나 실정에 맞게 정돈함.
【調劑 조제】 여러 가지 약재를 적절히 배합하여 약을 짓는 일.
【調布 조포】 부세(賦稅)로 바치던 베.
【調風 조풍】 ①풍속을 고름. ②입춘(立春) 때 부는 바람.
【調諧 조해】 고르게 함. 조화를 이루게 함.
【調和 조화】 ①서로 잘 어울림. ②음악의 가락이 잘 어울리는 일. ③간이 맞는 일. ④싸움을 그만둠.
【調戲 조희】 놀림. 희롱함. 장난함.
❶ 歌一, 格一, 高一, 曲一, 課一, 均一, 短一, 同一, 變一, 不一, 賦一, 悲一, 聲一, 順一,

言部 8획 諑譜諂諓謀請

時-, 詩-, 哀-, 律-, 長-, 情-, 租-,
風-, 譜-, 協-, 好-, 和-.

言8 【諑】⑮ 헐뜯을 착 覺 zhuó
[초서] 诼 [간체] 诼 [字解] ①헐뜯다, 헐뜯어 말하다. 〔楚辭〕被諑謂兮虛獲尤. ②참소하다. 〔楚辭〕謠諑謂予以善淫. ③꾸짖다. ④호소하다.

言8 【譜】⑮
❶큰소리 책 陌 zé
❷대답 작 藥 zuò
❸필 차 馬 zhǎ
❹탄식할 차 禡 jiè
[소전] 譜 [혹체] 嗻 [字解] ①큰소리. =嘖. ②대답. 〔大唐西域記〕於是如意詰請外道. ❸꾀다, 꾀어 말하다. ❹탄식하는 소리.

言8 【諂】⑮ 아첨할 첨 琰 chǎn
[소전] 讇 [혹체] 諞 [초서] 谄 [간체] 谄 [字解] ①아첨하다, 알랑거리다. =諞. 〔易經〕上交不諂. ②아양떨다, 교태 부리다. 〔春秋左氏傳〕稱其讐不爲諂. ③사특하다, 부정한 짓을 하다. 〔論語〕貧而無諂.
【諂巧】첨교 교묘하게 아첨함. 또는 그 사람.
【諂侫】첨녕 아첨함. 諂諛(첨유).
【諂詐】첨사 아첨하고 속임.
【諂笑】첨소 마음에도 없이 억지로 웃음. 아첨하여 웃음.
【諂譽】첨예 아첨하여 찬양함.
【諂諛】첨유 아첨함. 諂侫(첨녕).
● 姦-, 欺-, 邪-, 阿-, 諛-, 讒-.

言8 【諓】⑮ 수다스러울 첩 屑 jié
[字解] 수다스럽다, 말이 많다.

言8 【謀】⑮ 謀(1687)과 동자

言8 【請】⑮
❶청할 청 梗 qǐng
❷받아들일 정 庚 qíng
二 丁 言 言 言 計 計 請 請 請
[소전] 請 [초서] 请 [속체] 請 [간체] 请 [参考] 대법원 지정 인명용 한자의 음은 '청'이다.
[字源] 形聲. 言+青→請. '青(청)'이 음을 나타낸다.
[字解] ❶①청하다. ㉮요구하다.〔後漢書〕宦者親屬, 輒爲請乞. ㉯고하다.〔禮記〕請賓曰. ㉰원하다, 바라다.〔漢書〕上書自請擊吳. ㉱빌다, 기원하다.〔春秋左氏傳〕余得請於帝矣. ㉲묻다, 문의하다.〔禮記〕請業則起, 請益則起. ㉳부르다, 초청하다. =請.〔漢書〕迺置酒請之. ㉴청컨대, 바라건대.〔孟子〕請勿復敢見矣. ②청, 청탁.〔戰國策〕顚蹶之請. ③뵈다, 알현하다. 한대(漢代)에, 제후가 가을에 천자를 알현하던 일을 '請'이라 하고, 봄에 알현하던 일을 '朝(조)'라 하였다. ④칭찬하다, 가상히 여기다.〔山海經〕巴人請訟於孟涂之所. ❷①받아들이다, 인정하다.〔周禮〕大夫自受命以出, 則其餘事莫不復請. ②진실, 사실. =情.〔荀子〕明其請. ③맑게 하다. =淸.〔漢書〕造請室而請皐耳.

【請暇】청가 말미를 청함. 휴가를 신청함.
【請客】청객 ①손을 초대함. ②손에게 청함.
【請求】청구 무엇을 달라고 하거나, 무엇을 해 달라고 요구함.
【請急】청급 ☞請暇(청가).
【請寄】청기 사사(私事)를 부탁함.
【請期】청기 ①육례(六禮)의 하나. 혼인할 때에 신랑 집에서 택일(擇日)을 하여 그 가부를 묻는 편지를 신부 집으로 보내는 일. ②기한을 청함.
【請禱】청도 하늘에 빎. 신에게 기도함.
【請來】청래 ①(佛)불경·불상을 외국에 청하여 가져옴. ②와 줄 것을 청함.
【請老】청로 벼슬아치가 늙어 벼슬에서 물러나기를 임금께 청함.
【請命】청명 ①조정의 명으로 관리에 임명될 것을 청함. ②목숨을 보전할 것을 청함. ③하명(下命)을 청함. 지령을 기다림.
【請負】청부 일을 도거리로 맡김. 都給(도급).
【請謝】청사 인사함. 감사의 말을 함.
【請辭】청사 사퇴함. 사양함.
【請攝】청섭 대신할 것을 청함. 바꿀 것을 바람.
【請召】청소 불러들여 임용(任用)함.
【請壽】청수 건강을 축함. 장수를 빎.
【請室】청실 단죄(斷罪)를 기다리는 방. 곧, 뇌옥(牢獄).
【請謁】청알 ①귀인에게 면회를 청함. ②권력 있는 사람에게 사사로이 청탁함.
【請業】청업 학업을 부여할 것을 청함. 가르쳐 주기를 바람.
【請邀】청요 초청하여 맞음.
【請願】청원 바라는 바를 들어 달라고 청함.
【請益】청익 ①더욱 늘릴 것을 바람. ②더욱 유익한 가르침을 청함.
【請狀】청장 ①맡았다는 증서. ②청하는 글. 청첩(請牒).
【請坐】청좌 혼인 때에 신부 집에서 신랑에게 사람을 보내어 초례청에 나오기를 청하던 일.
【請罪】청죄 ①저지른 죄에 대하여 벌을 줄 것을 청함. ②죄를 면하거나 감형해 줄 것을 청함.
【請奏】청주 ①아룀. 사룀. ②음악을 연주할 것을 청함.
【請牒】청첩 경사에 손님을 초청하는 글발.
【請招】청초 초청(招請)함.
【請囑】청촉 청을 들어 주기를 부탁함.
【請託】청탁 청하여 부탁함.
【請婚】청혼 혼인을 청함.

❶ 懇-, 强-, 固-, 勸-, 謹-, 祈-, 禱-, 辟-, 普-, 聘-, 受-, 申-, 要-, 造-, 朝-, 奏-, 陳-.

言8 【請】⑮ 請(1682)의 속자

言8 【警】⑮ 諏(1683)와 동자

言8 【諏】⑮ 꾀할 추 虞 zōu
소전 諏 초서 诹 동자 警 동자 諉 간체 诹
字解 ①꾀하다, 의논하다. ②묻다, 자문하다. 〔春秋左氏傳〕諸事爲諏.
【諏吉 추길】길일(吉日)을 택함.
【諏謀 추모】어떤 일을 의논하여 꾀함.
【諏訪 추방】물어서 의논함. 諮問(자문).
❶咨-, 諮-.

言8 【諈】⑮ 번거롭게 할 추 寘 zhuì
소전 諈 초서 诿 字解 ①번거롭게 하다, 남에게 수고를 끼치다. ＝棰. 〔列子〕眠娗, 諈諉, 勇敢, 怯疑四人相與游於世. ②핑계하다, 남의 탓으로 돌리다.
【諈諉 추위】①둔하고 우물쭈물함. ②부탁함.

言8 【謘】⑮ 메아리 치 支 chī
字解 ①메아리, 산울림. ②무고하다, 말로써 서로 모함하다. ③모르다, 질문에 대답할 말을 알지 못하다.

言8 【諃】⑮ 착한 말 침 侵 chēn
字解 착한 말, 선언(善言).

言8 【諴】⑮ 말 급할 현 先 xián
字解 ①말이 급하다, 일이 급박하다. 〔莊子〕謀稽乎諴. ②굳건하고 바르다.

言8 【諕】⑮ ❶부르짖을 효 肴 háo ❷속일 하 禡 xià ❸재빠를 획 陌 huō
소전 諕 字解 ❶부르짖다. ＝謣. 號. ❷속이다. ❸재빠르다, 신속하다. ＝謣.

言9 【諫】⑯ ❶간할 간 諫 jiàn ❷헐뜯을 란 翰 làn
소전 諫 초서 谏 간체 谏 叅考 ①간(1678)은 딴 자. ②대법원 지정 인명용 한자의 음은 '간'이다.
字解 ❶①간하다. ㉮직언(直言)하여 바로잡다. 〔漢書〕唐林數上書諫正. ㉯제지하다, 못하게 하다. 〔呂氏春秋〕內之則諫其君之過也. ㉰범하다, 간범(干犯)하다. 〔詩經〕又能聽其規諫. ②간하는 말, 간언(諫言). 〔漢書〕從諫若轉圜. ❷헐뜯다, 서로 비방하다. ＝讕. 〔論衡〕諫難不懼.
【諫鼓 간고】임금에게 간하거나 호소하고자 하는 사람이 치도록 궁문(宮門)에 달아 두었던 큰 북. 朝鼓(조고). 登聞鼓(등문고).
【諫勸 간권】간하여 착한 일을 권함.
【諫輔 간보】간하여 보좌하다. 또는 그 사람.
【諫書 간서】임금에게 간하는 상소(上疏).
【諫疏 간소】➡諫書(간서).
【諫臣 간신】임금에게 직언(直言)으로 간하는 신하.
【諫言 간언】간하는 말.
【諫議 간의】임금에게 간함.
【諫而剖腹 간이부복】간하다가 배를 갈림. 故事 은대(殷代)의 비간(比干)이 주(紂)임금에게 간하다가 배를 갈려 죽음을 당한 고사에서 온 말.
【諫而不逆 간이불역】간하기는 하지만 거스르지는 아니함. 부모를 대하는 자식의 도리를 이름.
【諫爭 간쟁】굳게 간하여 잘못을 고치게 함.
【諫正 간정】간하여 바로잡음.
【諫止 간지】옳지 못한 일을 간하여 못하게 함.
❶强-, 苦-, 固-, 匡-, 規-, 極-, 密-, 戶-, 力-, 泣-, 箴-, 切-, 正-, 至-, 直-, 忠-, 諷-, 顯-, 謫-.

言9 【諽】⑯ 고칠 격·혁 陌職 gé
소전 諽 字解 ①고치다, 개혁하다. ＝革·愅. ②경계하다, 훈계하다. ③삼가다, 조심하다.

言9 【諔】⑯ 말 더듬거릴 극 職 jí
字解 말을 더듬거리다, 더듬거리는 말.

言9 【諾】⑯ 대답할 낙 藥 nuò

一 亠 言 言 言 訝 訝 諾 諾 諾

소전 諾 초서 諾 고체 喏 간체 诺 字源 形聲. 言＋若→諾. '若(약)'이 음을 나타낸다.
字解 ①대답하다. ㉮예 하고 대답하다. 〔呂氏春秋〕史起敬諾. ㉯느린 가락으로 응답하는 공손하지 못한 대답. 〔詩經〕莫敢不諾. ㉰좋아하고 승낙하는 대답, 大師曰. ㉱알았소 하며 인정하는 말. 〔老子〕輕諾必寡信. ㉲머리를 끄덕이는 일, 수긍하는 일. 〔吳志〕拜跪讀之, 每句應諾. ②승낙(承諾). 〔史記〕得黃金百斤, 不如得季布一諾. ③허락(許諾). 〔論語〕子路無宿諾. ④허락하다, 승낙하다. 〔荀子〕刑賞已諾. ⑤따르다, 순종하다. 〔呂氏春秋〕劇貌辨答曰, 敬諾. ⑥문서 등의 끝에 찍는 화압(花押).

【諾諾 낙낙】 오로지 남의 말에 순종하는 모양. 남의 말을 좇아 거스르지 않는 모양.
【諾否 낙부】 승낙함과 승낙하지 아니함.
【諾唯 낙유】 승낙함. 응낙함. ◯'諾'은 느린 대답, '唯'는 빠른 대답.
【諾責 낙책】 응낙하여 실행하지 아니한 책임.
◯ 敬ー, 謹ー, 受ー, 宿ー, 承ー, 然ー, 唯ー, 應ー, 快ー, 許ー.

【諵】⑯ 수다스러울 남 ㉺ nán

字解 ①수다스럽다. 말이 많다. =喃·娚.〔韓愈·詩〕論詩說賦相諵諵. ②시끄러운 말, 재재거리는 소리.〔北史〕諵諵細語.
【諵諵 남남】 수다스러운 모양.

【謟】⑯ 諂(1690)의 약자

【謀】⑯ 꾀할 모 ㉺ móu

字解 形聲. 言+某→謀. '某(모)'가 음을 나타낸다.
字解 ①꾀하다. ㉮상의하다, 의논하다.〔詩經〕周爰咨謀. ㉯관심을 가지다.〔論語〕君子謀道不謀食. ㉰모의하다.〔晉書〕二人對議, 謂之謀. ㉱헤아리다, 자세히 고찰하다.〔張衡·賦〕疇克謀而從諸. ②꾀. ㉮술책, 계책.〔書經〕弗詢之謀勿庸. ㉯묘산(廟算), 정책.〔范曄·文〕明明謀議. ㉰권모술수(權謀術數).〔逸周書〕任謀生詐.
【謀計 모계】 계교. 계략. 謀略(모략).
【謀攻 모공】 공격하기 전에 계획을 세움. 잘 계획한 뒤에 공격함.
【謀及婦人 모급부인】 부인과 일을 꾀함. 비밀이 샐 염려가 있음을 비난하는 말.
【謀略 모략】 ①계책. 책략. ②사실을 왜곡하거나 속임수를 써서 남을 해롭게 함. 또는 그 일.
【謀慮 모려】 꾀하여 생각함. 또는 계책.
【謀免 모면】 꾀를 써서 어떤 일이나 책임에서 벗어남.
【謀面 모면】 ①얼굴 생김새를 보고 직책을 줌. ②문안을 드림.
【謀反 모반】 국가의 전복을 꾀함.
【謀叛 모반】 ①자기 나라를 배반하고 적국과 내통함. ②반역을 꾀함.
【謀士 모사】 일을 잘 꾀하여 이루어지게 하는 사람.
【謀事 모사】 일을 꾸밈. 일을 꾀함.
【謀殺 모살】 ①사람을 죽일 것을 꾀함. ②미리 모략을 꾸며 사람을 죽임.
【謀生 모생】 생계의 방도를 세움.
【謀書 모서】 ①위조한 문서. ②문서를 거짓으로 꾸밈.
【謀泄 모설】 계획이 누설됨. 비밀이 새어 나감.
【謀臣 모신】 계략을 잘 꾸미는 신하.
【謀逆 모역】 반역(叛逆)을 꾀함.
【謀欲密 모욕밀】 모책(謀策)은 절대 비밀로 할 것임.
【謀猷 모유】 ▷謀計(모계).
【謀議 모의】 어떤 일을 꾀하고 의논함.
【謀人 모인】 모사(謀事)에 뛰어난 사람.
【謀將 모장】 지모(智謀)가 있는 장수.
【謀主 모주】 주모자(主謀者).
【謀策 모책】 어떤 일을 처리하거나 모면할 꾀를 세움. 또는 그 꾀.
【謀度 모탁】 헤아림. 생각함.
【謀避 모피】 꾀를 부려 피함. 圖免(도면).
【謀陷 모함】 꾀를 써서 남을 어려운 처지에 빠뜨림.
【謀害 모해】 ①해칠 것을 꾀함. ②꾀를 써서 남을 해침.
◯ 計ー, 權ー, 奇ー, 無ー, 密ー, 祕ー, 詐ー, 善ー, 首ー, 詢ー, 深ー, 遠ー, 陰ー, 人ー, 智ー, 參ー, 策ー, 淺ー, 譎ー.

【諝】⑯ 슬기 서 ㉺ xū

字解 ①슬기, 재지(才智). 늑胥. ②헤아리다.〔陸機·論〕謀無遺諝. ③속이다.

【謏】⑯ ❶적을 소 ㉺ xiǎo ❷험담 수 ㉺ sòu

字解 ❶①적다, 작다. =訵.〔禮記〕足以謏聞. ②다, 유인하다. ❷험담, 뒤에서 하는 험구.

【諄】⑯ 諄(1680)의 속자

【謚】⑯ 시호 시 ㉺ shì

字解 ①시호. =諡. ②시호를 내리다, 시호를 추증(追贈)하다.〔禮記〕死而謚, 今也. ③삼가다.
【謚望 시망】 시호를 정할 때 미리 세 가지의 정(議定)하여 임금에게 올리던 일.
【謚法 시법】 시호를 붙이는 법. 시호를 의논하여 정하는 법.
【謚議 시의】 문체의 이름. 시호를 의정(議定)하는 글.
【謚狀 시장】 경상(卿相)이나 유현(儒賢) 들이 시망(諡望)을 의논하여 상주(上奏)할 때, 죽은 사람의 생존 시의 공적들을 적은 글.
【謚號 시호】 제왕·공경(公卿)·유현(儒賢) 등의 생전의 공적을 사정(査定)하여 사후(死後)에 임

言部 9획 諰諟諶諤謁諳諵諺

금이 내려 주는 칭호.
❶ 美-, 賜-, 善-, 令-, 追-.

言 9 【諰】⑯ 두려워할 시 紙 xǐ
[소전][초서][통자][간체] 諰
[字解] ①두려워하다, 두려워하는 모양.〔荀子〕諰諰然常恐天下之一合而軋己也. ②바른말을 하다, 직언하다. ③생각하다, 말하면서 생각하다.
【諰諰 시시】두려워하는 모양.

言 9 【諟】⑯ ❶이 시 紙 shì ❷자세히 살필 체 霽 dì
[소전][초서][통자][간체] 諟
[字解] ❶①이. 지시하는 말. ≒是.〔大學〕顧諟天之明命. ②바루다, 바로잡다, 시정하다.〔陳書〕研覆古今, 諟正文字. ❷자세히 살피다. =諦.

言 9 【諶】⑯ 참 심 侵 chén
[소전][초서][통자][간체] 諶
[字解] ①참, 진실.〔詩經〕天難諶斯. ②진실로, 참으로.〔楚辭〕諶荏弱而難持.

言 9 【諤】⑯ 직언할 악 藥 è
[초서][동자][간체] 諤
[字解] 직언하다, 기탄없이 바른말을 하다. ≒咢.〔楚辭〕或直言之諤諤.
【諤諤 악악】직언(直言)하는 모양.
【諤諤之臣 악악지신】직언하는 신하.
【諤然 악연】조금도 꺼리지 않는 모양.
❶ 侃-, 鯁-.

言 9 【謁】⑯ 아뢸 알 月 yè

丶 亠 言 言 訶 訶 謁 謁 謁

[소전][초서][간체] 謁
[字源] 形聲. 言+曷→謁. '曷(갈)'이 음을 나타낸다.
[字解] ①아뢰다, 여쭈다.〔戰國策〕臣請謁其故. ②알리다, 고하다.〔春秋左氏傳〕事至而戰, 又何謁焉. ③뵈다. ㉮윗사람을 뵙다.〔後漢書〕謁見光武. ㉯사당을 참배하다.〔宋史〕即位而廟. ④청하다, 구하다.〔列子〕弟子敢有所請. ⑤전알(典謁), 중개. 손님을 주인에게 전하는 일. 또는 그 사람.〔漢書〕謁者掌賓贊受事. ⑥객사(客舍), 손님을 접대하는 곳.〔漢書〕坐肆列里區謁舍. ⑦명함. 면회를 청할 때 내놓는, 성명을 적은 쪽지.〔史記〕使者懼而失謁.
【謁告 알고】휴가를 청함. 請暇(청가).
【謁過 알과】허물을 알림.

【謁廟 알묘】사당(祠堂)에 참배함.
【謁舍 알사】손을 접대하는 곳. 客舍(객사).
【謁聖 알성】임금이 문묘(文廟)에 참배함.
【謁聖科 알성과】조선 때 임금이 알성한 뒤에 성균관(成均館)에서 보이던 과거.
【謁刺 알자】알현을 청할 때 내놓는 명함.
【謁者 알자】①알현을 청하는 사람. ②중간에서 연결 지어 주는 안내자. ③사방으로 파견되는 사자(使者).
【謁見 알현】지위가 높은 사람을 뵘.
【謁候 알후】어른을 뵙고 문후함.
❶ 啓-, 內-, 拜-, 典-, 朝-, 請-, 親-.

言 9 【諳】⑯ 욀 암 覃 ān
[소전][초서][동자][간체] 諳
[字解] ①외다, 글을 외다, 암송하다.〔晉書〕羅什多所諷誦. ㉯기억하다, 잊지 않고 있다.〔後漢書〕皆諳其數. ②알다, 익히 알다.〔北史〕無不諳練. ③깨닫다, 깨달아 알다.〔南史〕諳曉故事. ④큰 소리. ≒喑.
【諳究 암구】충분히 궁구하여 암송함.
【諳記 암기】외어서 기억함. 暗記(암기).
【諳練 암련】아주 익숙해짐. 숙달됨.
【諳鍊 암련】☞諳練(암련).
【諳寫 암사】보지 않고 외어서 씀.
【諳算 암산】마음속으로 계산함.
【諳誦 암송】책을 보지 않고 외어서 읽음. 暗誦(암송).
【諳識 암식】외어 앎. 죄다 앎.
【諳悉 암실】☞諳委(암위).
【諳委 암위】자세하게 외어 앎. 상세하게 죄다 기억함. 諳悉(암실).
【諳曉 암효】환히 알고 욈.
❶ 詳-, 熟-.

言 9 【諵】⑯ 諵(1685)과 동자

言 9 【諺】⑯ ❶상말 언 霰 yàn ❷자랑할 안 霰 yàn
[소전][초서][동자][고자][간체] 諺
[參考] 대법원 지정 인명용 한자음은 '언'이다.
[字解] ❶①상말. ㉮속된 말, 속어(俗語).〔大學〕古諺有之曰. ㉯예로부터 전해 오는 말, 속담(俗談).〔戰國策〕先生聽諺言於市. ②조문(弔問)하다, 조상하다. ≒唁·喭.〔新論〕子游揚裘而諺. ❷①자랑하다, 자기 자랑을 하다. ②공손하지 못하다. ③강하고 억세다.
【諺簡 언간】한글로 쓴 편지(便紙)를 얕잡아 이르던 말.
【諺文 언문】속된 글. 한글을 낮추어 부르던 말.
【諺語 언어】속담(俗談).
【諺言 언언】☞諺語(언어).
【諺譯 언역】언문으로 번역함. 또는 그 글.

【諺解 언해】한문을 한글로 풀이함. 또는 그 책. 諺譯(언역).
◐ 古-, 貴-, 鄙-, 俗-, 野-, 里-, 俚-.

言9 【諺】⑯ 諺(1685)과 동자

言9 【謠】⑯ 謠(1692)의 속자

言9 【諢】⑯ 농담할 원 顧 hùn
속자 謹 간체 诨 字解 ①농담하다. 늑頹. 〔明道雜志〕雜以談笑諢語. ②익살꾼, 익살 잘 부리는 사람. 〔新唐書〕思明愛優諢.
【諢名 원명】별명(別名). 綽號(작호).
【諢語 원어】익살스러운 말.
【諢衣 원의】음란한 말을 낙서한 옷.

言9 【謂】⑯ 이를 위 困 wèi

㇐ ㇐ 言 言 訂 訶 謂 謂 謂 謂

소전 謂 초서 谓 간체 谓 字源 形聲. 言+胃→謂. '胃(위)'가 음을 나타낸다.
字解 ①이르다. ㉮말하다, 일컫다. 〔戰國策〕此乃公孫衍之所謂也. ㉯알리다, 고하다. 〔禮記〕瑕不謂矣. ㉰설명하다. 〔楚辭〕人心不可謂兮. ㉱비평·논평하다. 〔論語〕孔子謂季氏, 八佾舞於庭. ㉲가리키다, 손가락질하다. 〔論語〕子謂仲弓曰. ㉳일컫다, 이름하다. 〔春秋公羊傳〕婦人謂嫁曰歸. ②생각하다, 생각건대. 〔論語〕曾謂泰山不如林放乎. ③이름. 〔論語〕甚斯之謂與. ④취지(趣旨), 취의(趣意). 〔列子〕唯知言之謂者乎. ⑤까닭, 이유. 〔漢書〕甚無謂也. ⑥일컬음, 명칭. 〔漢書〕不損財於亡謂. ⑦하다. =爲. ㉮하다. 〔易經〕是謂災眚. ㉯때문에. 〔鹽鐵論〕有一人不得其所, 則謂之不樂. ⑤함께. 늑與. 〔史記〕鄭文公恐, 不敢謂叔詹言. ⑥어쩌랴, 어찌하랴. 如何(여하), 奈何(내하)와 같은 뜻. 〔漢書〕徧觀是邪謂何. ⑦근면하다. 늑勤. 〔詩經〕謂之何哉.
【謂何 위하】어쩌랴. 어찌하랴.
◐ 可-, 無-, 所-, 意-, 稱-.

言9 【諭】⑯ ❶깨우칠 유 週 yù ❷꾈 투 宥 tòu
소전 諭 초서 谕 동자 諭 간체 谕 參考 대법원 지정 인명용 한자의 음은 '유'이다.
字解 ❶①깨우치다. ㉮타이르다, 효유하다. 〔漢書〕何聞而不諭. ㉯밝히다, 명확히 하다. 〔呂氏春秋〕欲諭其信於民. ㉰이끌다, 인도하다. 〔淮南子〕此教訓之所諭也. ②깨닫다, 말을 듣고 깨달아 알다. 〔荀子〕其言多當矣, 而未諭也. ③견주다, 비유하다. 〔漢書〕誼追傷之, 因以自諭. ④비유하여 간하다, 풍간(諷諫)하다. 〔一切經音義〕諭, 譬諫也. ⑤행해지다, 고루 미치다. 〔呂氏春秋〕而威已諭矣. ⑥타이름, 설유(說諭). 〔北史〕持節宣諭. ⑦비유, 견주어 하는 말. =喻. 〔傳玄·序〕必假諭以達其旨. ❷꾀다, 유혹하다.
【諭告 유고】①타일러 알림. ②문체(文體) 이름. 윗사람이 아랫사람에게 내리는 글.
【諭教 유교】타일러 가르침.
【諭達 유달】관(官)에서 내는 유시(諭示).
【諭示 유시】타일러 훈계함. 관아에서 백성을 타이르는 말이나 그 문서. 諭告(유고).
【諭咨 유자】의논함. 의견을 물음.
【諭旨 유지】①취지(趣旨)를 알려 줌. ②천자(天子)가 백성에게 행하는 유시(諭示). 上諭(상유). ③유(諭)와 지(旨). 둘 다 천자가 내리는 청대(淸代) 공문서의 하나.
【諭蜀 유촉】지방 장관이 백성에게 알려서 깨우쳐 주는 글. 故事 한대(漢代)에 사마상여(司馬相如)가 촉(蜀)에 사신으로 가서 그곳의 백성에게 고유(告諭)한 고사에서 온 말.
◐ 諫-, 開-, 告-, 高-, 教-, 譬-, 上-, 宣-, 說-, 申-, 審-, 慰-, 獎-, 詔-, 勅-, 褒-, 諷-, 誨-, 曉-.

言9 【諭】⑯ 諭(1686)와 동자

言9 【諛】⑯ 아첨할 유 虞 yú
소전 諛 초서 谀 간체 谀 字解 ①아첨하다, 아유(阿諛)하다. 〔史記〕先生何言之諛也. ②아첨하는 말. 〔漢書〕唯ások 信. ③즐겨 따르는 모양. 〔管子〕諛然告民有事.
【諛佞 유녕】남에게 붙어 아첨하는 일.
【諛墓 유묘】이익을 위해 붓을 굽혀 죽은 사람을 찬양하여 묘지(墓誌)를 짓는 일.
【諛媚 유미】아첨함. 알랑거림. 阿媚(아미).
【諛言 유언】아첨하는 말.
【諛然 유연】즐거운 마음으로 따르는 모양.
【諛悅 유열】아첨하여 기쁘게 함.
【諛諂 유첨】▷諛媚(유미).
◐ 恐-, 巧-, 面-, 善-, 阿-, 侫-, 諂-.

言9 【諲】⑯ 공경할 인 眞 yīn
字解 공경하다, 삼가다.

言9 【諮】⑯ 물을 자 支 zī
초서 谘 동자 咨 간체 谘 字解 ①묻다, 자문하다. 윗사람이 아랫사람에게 묻는 일. 〔蜀志〕諮詢典禮. ②꾀하다, 의논하다. 〔魏志〕引見諮議.

【諮決 자결】상의하여 결정함.
【諮謀 자모】서로 의논함. 상담(相談)함.
【諮問 자문】물음. 의견을 청함. 諮詢(자순).
【諮詢 자순】➡諮問(자문).
【諮議 자의】자문에 응하여 시비(是非)를 평의(評議)함.
【諮稟 자품】일을 의논하여 그 지시를 받음.

言9 【諪】⑯ 고를 정 庚 tíng
字解 ①고르다. ②조정하다.

言9 【諸】⑯ ❶모든 제 魚 저 魚 zhū
❷성 차 麻 chū
❸두꺼비 저 魚 chú

소전 초서 간체 諸 참고 대법원 지정 인명용 한자의 음은 '제'이다.
字源 形聲. 言+者→諸. '者(자)'가 음을 나타낸다.
字解 ❶①모든, 여러. 늑庶.〔淮南子〕諸人皆爭學之. ②이, 이를. 대명사 '之'와 같다.〔論語〕告諸往而知來者. ③어조사. ㉮어세를 강하게 하는 말.〔春秋公羊傳〕其諸以病. ㉯은, 는, 것은. '者'와 같은 구실을 한다. 하나를 들어서 상대되는 것과 구별하는 국문법의 보조사와 비슷하다.〔禮記〕不知神之所在, 於彼乎, 於此乎, 或諸遠人乎. ㉰'之於(지어)' 또는 '之乎(지호)'의 합음(合音). '諸'의 음이 之於 또는 之乎를 합친 것과 같이 대신 사용한다. ㉠이(그)를 ~에. '之於'와 같다.〔春秋左氏傳〕邑諸緜. ㉡이(그)를 ~하겠는가? '之乎'와 같다.〔論語〕子路問, 聞斯行諸. ㉱에서, 에게. '於'와 같다.〔禮記〕射求正諸己. ㉲에, 을, 를. 위치, 목적 등을 나타내는 어조사 '乎'와 같다.〔禮記〕孝弟發諸朝廷, 云云, 修乎軍旅. ㉳무의미의 조사. '焉', '乎'와 같다.〔春秋左氏傳〕不祀忽諸. ④간수하다, 갈무리하여 두다. 늑儲.〔釋名〕桃諸, 藏桃也. ⑤절인 것. 김치 따위. 늑葅.〔禮記〕桃諸, 梅諸. ❷성(姓). ❸두꺼비.〔淮南子〕蟾之爲詹諸.
【諸公 제공】①여러 공(公). ㅇ'公'은 제후의 최상위(最上位). ②여러분.
【諸君 제군】여러분. 그대들. 諸氏(제씨).
【諸禮 제례】모든 예의범절.
【諸妄 제망】①대충. 大凡(대범). ②(佛)모든 번뇌(煩惱). ㅇ심성(心性)을 어둡게 하기 때문에 '妄'이라 함.
【諸母 제모】①자식이 있는 아버지의 첩(妾). 庶母(서모). ②여러 고모(姑母).
【諸般 제반】여러 가지.
【諸法 제법】(佛)우주에 있는 유형, 무형의 모든 사물.
【諸法無我 제법무아】(佛)우주 만물은 모두 인연 화합(因緣和合)으로 나타난 것으로서, 자아(自

我)의 실체는 존재하지 않음.
【諸父 제부】①아버지의 형제들. 伯叔父(백숙부). ②천자가 동성 제후(同姓諸侯)를, 제후가 동성 대부(同姓大夫)를 높여 부르는 말.
【諸司 제사】①여러 관청. ②많은 관리.
【諸相 제상】여러 가지 모습. 여러 가지 태도와 맵시. 갖가지 형상(形相).
【諸御 제어】①모든 일을 처리하는 벼슬. ②천자가 거느리는 많은 첩.
【諸彦 제언】①많은 뛰어난 사람. ㅇ'彦'은 남자의 미칭(美稱). ②➡諸賢(제현)②.
【諸于 제우】부인(婦人)의 웃옷.
【諸位 제위】여러분.
【諸子 제자】①여러 자식. ②너희들. 선생·장자(長者)가 손아랫사람을 부르는 말. 諸君(제군). ③➡諸子百家(제자백가).
【諸子百家 제자백가】춘추 시대의 많은 학자나 학파. 또는 그들의 저서(著書).
【諸節 제절】國①윗사람의 기거 동작을 높여 이르는 말. ②상대방 집안 사람의 기거 동작을 높여 이르는 말.
【諸天 제천】(佛)여러 천상계(天上界). 또는 그곳에 살고 있다는 부처들.
【諸夏 제하】주대(周代)에 분봉(分封)된 각 제후국. 곧, 중국 본토.
【諸行無常 제행무상】(佛)우주 만물은 늘 돌고 변하여 잠시도 한 모양으로 머물지 않음. 인생의 무상함.
【諸許 제허】많음. 許多(허다).
【諸賢 제현】①여러 어진 사람들. 群賢(군현). ②여러분의 높임말.
【諸華 제화】중국(中國). 諸夏(제하).
【諸侯 제후】천자 밑에서 일정한 영토를 가지고 영내(領內)의 백성을 지배하던 사람.
◐ 居−, 桃−, 望−, 梅−, 方−, 蟾−, 于−, 因−, 偏−, 忽−.

言9 【諿】⑯ ❶화할 집 緝 qī
❷슬기 서 語 xǔ
字解 ❶①화하다. ②말하다, 자세히 말하다. ❷슬기, 재지(才智).〔太玄經〕次七女不女, 其心予, 覆夫諿.

言9 【諜】⑯ ❶염탐할 첩 葉 dié
❷주장할 섭 葉 dié

소전 초서 간체 諜 참고 ①牒(1096)을 딴 자. ②대법원 지정 인명용 한자의 음은 '첩'이다.
字解 ❶①염탐하다, 몰래 적지에 들어가서 사정을 살피다.〔春秋左氏傳〕使伯嘉諜之. ②염탐꾼, 간첩, 세작(細作).〔春秋左氏傳〕晉人獲秦諜. ③안심하다.〔莊子〕大多政法而不諜. ④날쌔다, 행동이 세련된 모양. 늑僷.〔莊子〕形union成光. ⑤기록, 문서. 늑牒.〔史記〕余讀諜記. ⑥노상 지껄이는 모양. 늑喋.〔史記〕嗇夫諜諜. ❷주장하다, 의견을 굳게 내세우다.
【諜記 첩기】계보(系譜)를 적은 기록.

【諜報 첩보】 적의 형편을 염탐하여 알려 줌. 또는 그 보고.
【諜者 첩자】 첩보의 임무를 띠고 암암리에 활동하는 사람. 염탐꾼. 간첩(間諜). 間者(간자).
【諜諜 첩첩】 말이 많은 모양. 나불거리는 모양.
【諜候 첩후】 몰래 염탐함. 또는 그 사람. 諜子(첩자).

○ 間―, 貴―, 怪―, 防―, 偵―, 解―.

諦 ⑯ ❶살필 체 本제 廣 dì ❷울 제 廣 tí

篆考 대법원 지정 인명용 한자의 음은 '체'이다.

字解 ❶①살피다, 자세히 조사하다. ＝諟. 〔關尹子〕諦毫末者, 不見天地之大. ②자세히 알다, 명료하게 알다. 〔新論〕雖入於耳, 而不諦於心. ③(佛)진실, 깨달음. 〔高適·詩〕途經世諦閒. ❷울다, 부르짖다. ≒啼·嗁. 〔荀子〕哭泣諦號.

【諦觀 체관】 ①고려 때, 출가(出家)하여 도(道)를 닦는 승려를 이르던 말. ②☞諦視(체시).
【諦念 체념】 ①도리를 깨닫는 마음. ②國희망을 버림. 단념(斷念).
【諦料 체료】 곰곰이 헤아림.
【諦味 체미】 자세히 맛봄. 음미(吟味)함.
【諦思 체사】 곰곰이 생각함.
【諦視 체시】 정신을 들여서 샅샅이 살펴봄. 자세히 봄.
【諦認 체인】 자세하게 분간함.
【諦聽 체청】 주의하여 자세히 들음.
【諦號 제호】 울부짖음. 啼號(제호).

○ 明―, 妙―, 三―, 詳―, 世―, 俗―, 審―, 要―, 第一義―, 眞―.

諰 ⑯ 諰(1695)의 속자

諑 ⑯ 諏(1683)와 동자

諞 ⑯ 말 교묘히 할 편 冗䩞 piǎn

字解 말을 교묘하게 하다, 교묘하게 말을 잘 둘러맞추다. ≒便. 〔書經〕我尙不欲, 惟截截善諞言.

【諞言 편언】 말을 교묘하게 둘러맞춤.

諷 ⑯ 욀 풍 匿諷 fěng

字解 ①외다, 안 보고 읽다. 〔周禮〕諷誦言語. ②풍자하다, 넌지시 말하여 깨우치다. ≒風. 〔顔氏家訓〕詩有諷刺之詞. ③풍간하다, 사물에 비유하여 간하다. 〔史記〕常以談笑諷諫. ④알리다, 고하다. 〔後漢書〕諷諫者, 知

禍患之萌, 而諷告也.

【諷諫 풍간】 넌지시 간함. 슬며시 돌려서 간함.
【諷讀 풍독】 책을 외어 읽음. 誦讀(송독).
【諷嘯 풍소】 ☞諷詠(풍영).
【諷誦 풍송】 소리를 내어 글을 욈.
【諷詠 풍영】 시가(詩歌)를 읊조림.
【諷諭 풍유】 넌지시 타이름. 諷喩(풍유).
【諷意 풍의】 ①뜻을 넌지시 비춤. ②풍자(諷刺)하는 뜻.
【諷刺 풍자】 슬며시 돌려서 남의 결점을 찔러 말함. 무엇에 빗대어 남을 꼬집음.

○ 譏―, 朗―, 玩―, 吟―, 箴―, 嗟―.

謔 ⑯ 희룽거릴 학 藥 xuè

字解 ①희룽거리다, 농담하다, 익살 부리다. 〔北齊書〕劇談謔語. ②희롱, 농담, 익살. 〔禮記〕是謂君臣爲謔. ③즐겁게 노는 모양. 〔詩經〕天之方虐, 無然謔謔.

【謔劇 학극】 장난침. 謔浪(학랑).
【謔浪 학랑】 장난치며 희룽거림.
【謔笑 학소】 ①희롱하여 웃음. ②익살맞은 웃음.
【謔謔 학학】 ①성하고 맹렬한 모양. ②기뻐하며 즐기는 모양.

○ 乖―, 侮―, 羌―, 笑―, 哂―, 調―, 嘲―, 醜―, 諧―, 歡―, 嬉―, 戲―.

諴 ⑯ 화할 함 咸 xián

字解 ①화하다, 화동(和同)하다. 〔書經〕諴于小民. ②정성, 지성(至誠). 〔書經〕至諴感神. ③농다, 희롱하다. ≒噉. ④익살, 농담.

諧 ⑯ 화할 해 佳 xié

字解 ①화하다, 화합하다. 〔周禮〕克諧以孝. ②조화되다, 잘 어울리다. 〔書經〕八音克諧. ③고르게 하다, 물건 값을 적정하게 하다. 〔後漢書〕諧價然後得去. ④가리다, 판별하다. 〔列子〕予一人不盈于德, 而諧於樂. ⑤농담하다, 익살 부리다. 〔漢書〕上以朔口諧辭給, 好作問之. ⑥맞다. 이루어지다. 〔漢書〕卽妄爲諧語.

【諧價 해가】 값을 의논하여 정함. 값을 흥정함.
【諧文 해문】 익살스러운 내용의 글.
【諧比 해비】 사이좋게 지냄. 친숙해짐.
【諧聲 해성】 한자의 육서(六書)의 한 가지인 형성(形聲). 두 개의 글자가 합하여 한 글자를 이루는데, 한 쪽은 뜻, 다른 쪽은 음을 나타냄.
【諧語 해어】 ①희롱하는 말. 농담(弄談). 익살. ②마음을 털어놓고 정답게 이야기함.
【諧易 해이】 부드럽고 너그러움.
【諧調 해조】 ①서로 화하여 잘 어울림. ②잘 조화(調和)된 곡조.

【諧暢 해창】 조화되어 화창함.
【諧謔 해학】 익살스럽고 풍자적인 말이나 짓.
【諧和 해화】 ①서로 화합함. ②음악의 곡조가 잘 어울림. ③부드러워짐. 평온해짐.
【諧嬉 해희】 화합하여 즐김.
【諧戲 해희】 장난하며 농담함.
◐俳－, 嘲－, 和－, 歡－, 詼－.

言9 【諻】⑯ 큰 소리 횡㋱ huáng
[字解] ①큰 소리. ≒喤. 〔左思·賦〕 諠譁諻呷. ②말하는 소리. 〔廣韻〕 諻, 語聲.

言9 【諠】⑯ 잊을 훤㋳ xuān
[字解] ①잊다, 속이다. =諼. 〔詩經〕 有斐君子, 終不可諠兮. ②떠들썩하다, 시끄럽다. =諠·喧·嚾. ③밝다, 빛나다. 〔後漢書〕 威譽諠赫.
【諠競 훤경】 떠들썩하게 다툼.
【諠己 훤기】 자기 자신을 잊음.
【諠亂 훤란】 떠들썩하며 어지러움. 소란을 피움.
【諠言 훤언】 시끄럽게 말함. 수다스럽게 지껄임. 多辯(다변).
【諠擾 훤요】 왁자하게 떠듦. 喧擾(훤요).
【諠譊 훤요】 시끄럽게 이야기함. 떠듦.
【諠傳 훤전】 소문이 널리 퍼짐.
【諠駭 훤해】 놀라 시끄럽게 떠듦.
【諠赫 훤혁】 매우 밝음. 아주 빛남.
【諠呼 훤호】 시끄럽게 부름. 喧呼(훤호).
【諠譁 훤화】 소란을 피움.
【諠囂 훤효】 시끄러움. 떠들썩함.

言9 【諼】⑯ 속일 훤㋳㋵ xuān
[字解] ①속이다, 거짓말을 하다. 〔漢書〕 虛造詐諼之策. ②잊다. =諠. 〔詩經〕 終不可諼兮. ③풀 이름, 원추리, 훤초(萱草). =萱. 〔詩經〕 焉得諼草. ④떠들썩하다, 소란스럽다. ≒譁. 〔禮記〕 少詐諼.

言9 【䚷】⑯ 비방할 훼㋴ huǐ
[字解] 비방하다, 비난하다. ≒毁.

言9 【諱】⑯ 꺼릴 휘㋱ huì
[字解] ㉠꺼리다, 싫어하다, 미워하다. ㉡피하다, 기피하다. 〔戰國策〕 罰不諱强大. ㉢숨기다, 은휘하다. 높은 사람의 이름을 부르기를 피하는 일. 〔春秋公羊傳〕 春秋爲尊者諱, 爲親者諱, 爲賢者諱. ㉣두려워하다, 겁내다. 〔史記〕 擊斷無諱. ㉤죽은 사람의 이름을 은휘하다. 〔禮記〕 卒哭而諱. ②휘. ㉠죽은 사람의 이름. 〔春秋左氏傳〕 以諱事神. ㉡높은 사람의 이름. ③제삿날, 기일(忌日). 〔楞嚴經〕 諱日營齋.
【諱忌 휘기】 ①음양도(陰陽道) 등에서, 꺼리는 일. ②두려워함. 꺼려서 피함.
【諱談 휘담】 세상이 두려워서 드러내 놓고 하기 어려운 말.
【諱名 휘명】 이름 부르기를 기피함.
【諱病 휘병】 앓고 있을 때, 이를 꺼려 말하지 않는 일. 병을 숨기는 일. 諱疾(휘질).
【諱祕 휘비】 ☞諱之祕之(휘지비지).
【諱言 휘언】 ①꺼려 삼가야 할 말. 또는 말하기를 꺼림. ②충고나 간언(諫言)을 꺼림.
【諱惡 휘오】 ①선왕(先王)의 이름과 기일(忌日). ②꺼려 미워함.
【諱隱 휘은】 꺼리어 숨김. 隱諱(은휘).
【諱音 휘음】 사람의 죽음을 알리는 통지. 訃音(부음).
【諱日 휘일】 제삿날. 명일(命日). 忌日(기일).
【諱字 휘자】 ①자호(字號) 부르기를 피함. ②돌아가신 어른의 생전의 이름자.
【諱之祕之 휘지비지】 國남을 꺼리어 숨기고 우물쭈물 얼버무려 넘김. 諱祕(휘비).
【諱避 휘피】 꺼리어 피함.
◐拒－, 忌－, 犯－, 不－, 隱－, 疑－, 藏－, 尊－, 觸－, 偏－, 避－.

言10 【謌】⑰ 歌(900)와 동자

言10 【講】⑰ ❶익힐 강㋳ jiǎng ❷화해할 구㋱ jiǎng
[参考] 대법원 지정 인명용 한자의 음은 '강'이다.
[字源] 形聲. 言+冓→講. '冓(구)'가 음을 나타낸다.
[字解] ❶①익히다, 학습하다. 〔春秋左氏傳〕 零講于梁氏. ②읽다, 독서하다. 〔宋史〕 每講讀, 隨事納忠. ③풀이하다, 해석하다. 〔梁書〕 于鐘山聽講. ④토구(討究)하다, 검토하다. 연구하다. 〔論語〕 學之不講. ⑤조사하다, 검토하다. 〔國語〕 擇臣取諫工, 而講以多物. ⑥꾀하다, 의하다. 〔春秋左氏傳〕 講事不令. ⑦화해하다, 화의하다. 〔戰國策〕 寡人欲割河東而講. ⑧이야기하다, 담론하다. 〔禮記〕 講信脩睦. ⑨의논하다, 시비·선악을 따지다. 〔國語〕 仁者講功. ⑩가지런하게 하다, 정리하다. ≒覯·顜. 〔漢書〕 蕭何爲法, 講若畫一. ❷화해하다. ≒媾. 〔史記〕 與魏講罷兵.
【講經 강경】 ①경서의 뜻을 풀어서 밝힘. 성인의 책을 강설(講說)함. ②과거의 강경과(講經科)를 보기 위하여 경서 중의 몇 가지를 강송(講誦)하던 일. ③(佛)불경을 강설하는 일.
【講求 강구】 조사하여 찾음.
【講究 강구】 ①좋은 방법을 궁리함. ②조사하여

규명함. 연구함. 궁구함.
【講堂 강당】강연·강의·의식 따위를 할 때에 쓰는 건물이나 큰 방.
【講道 강도】①도(道)를 강의(講議)함. ②도(道)를 배움. 도를 연구함.
【講讀 강독】글을 읽으면서 그 뜻을 밝힘.
【講旅 강려】군대를 조련(操練)함.
【講論 강론】사물의 이치를 설명하고 토론함.
【講明 강명】사리를 강구(講究)하여 분명히 함.
【講武 강무】무술(武術)을 익힘.
【講辯 강변】문답함. 토론함.
【講師 강사】①학예(學藝)의 강석(講釋)을 하는 사람. ②무도(武道)를 강습하는 일. 講武(강무). ③강연 따위를 하는 사람. ④학교에서, 정식 교원이 아닌 촉탁(囑託)을 받아 강의하는 사람. ⑤(佛)불교의 강의를 맡아보는 승려.
【講席 강석】강의·강연·설교를 하는 자리.
【講釋 강석】풀어 밝힘. 설명함.
【講說 강설】풀이하여 밝힘.
【講聲 강성】글을 외는 소리.
【講誦 강송】책의 뜻을 새기면서 읽음.
【講授 강수】강의하고 교수함.
【講習 강습】학문·예술·실무를 익히고 연습함.
【講筵 강연】①강의하는 자리. 講席(강석). ②國임금 앞에서 경서(經書)를 진강(進講)하던 일.
【講演 강연】일정한 주제를 가지고 청중 앞에서 행하는 연설.
【講帷 강유】강단(講壇).
【講義 강의】①경전의 뜻을 강론하여 해석함. ②글이나 학설의 뜻을 설명하여 가르침.
【講肄 강이】연습하여 익힘.
【講定 강정】결정함.
【講座 강좌】대학에서 교수가 맡아 강의하는 학과목.
【講評 강평】강석(講釋)하여 비평함.
【講學 강학】①학문을 연구함. 연구하고 배움. ②강설(講說)하고 학습(學習)함.
【講解 강해】①화해함. 講和(강화). ②책을 풀어 밝힘.
【講和 강화】①화해함. ②싸우던 나라끼리 전쟁을 마치고 평화를 회복하기 위한 합의.
【講話 강화】강의함. 또는 그 말.
❶ 開-, 缺-, 名-, 受-, 始-, 侍-, 研-, 熱-, 輪-, 終-, 聽-, 特-, 廢-, 會-.

言10【謇】⑰ 떠듬거릴 건 阮 jiǎn
字解 ①떠듬거리다, 말을 더듬더듬 하다. =蹇. 〔北史〕因謇而徐言. ②어렵다, 힘들다. 〔楚辭〕謇吾法夫前修兮. ③아! 감탄할 때 쓰는 말. 〔楚辭〕謇不可釋. ④바른말 하는 모양. 〔楚辭〕謇其有意些.
【謇謇 건건】①직언(直言)하는 모양. ②정직한 말. ③고생이 심한 모양.
【謇愕 건악】▷謇諤(건악).
【謇諤 건악】거리낌 없이 바른말을 함.
❶ 剛-, 勤-, 博-, 諤-, 忠-.

言10【謙】⑰
❶ 겸손할 겸 鹽 qiān
❷ 족할 협 函겹 葉 qiān
❸ 혐의 혐 鹽 qiān
❹ 속을 참 陷 zhàn

대법원 지정 인명용 한자의 음은 '겸'이다.
字源 形聲. 言+兼→謙. '兼(겸)'이 음을 나타낸다.
字解 ❶①겸손하다, 제 몸을 낮추어 양보하다. =嗛. 〔漢書〕謙遜靜愨. ②공손하다, 삼가다. 〔後漢書〕謙敬博愛. ③덜다, 감하다. 〔逸周書〕爵位不謙. ④괘 이름, 64괘(卦)의 한 가지. 괘형은 ䷎. 남에게 겸손함을 상징한다. ❷족하다, 만족하다. ≒慊. 〔大學〕此之謂自謙. ❸혐의. =嫌. 〔荀子〕信而不處謙. ❹속다. =詀.
【謙慤 겸각】겸손하고 삼감. 謙愼(겸신).
【謙謙 겸겸】겸손하고 공경하는 모양.
【謙敬 겸경】▷謙恭(겸공).
【謙恭 겸공】겸손하고 공손함.
【謙謹 겸근】겸손하고 삼감. 謙慤(겸각).
【謙卑 겸비】자기를 낮춤. 겸손함.
【謙恕 겸서】겸손하고 인정이 많음.
【謙巽 겸손】겸손함. ▷'巽'은 공손함을 뜻함.
【謙損 겸손】겸손하여 뽐내지 않음. 겸손하여 양보함. 退損(퇴손).
【謙遜 겸손】남을 높이고 자기를 낮추는 태도가 있음.
【謙受益 겸수익】겸손하면 이익을 얻음.
【謙約 겸약】겸손하고 검약함.
【謙讓 겸양】겸손한 태도로 사양함.
【謙抑 겸억】겸손하여 자기를 억제함.
【謙靖 겸정】겸손하고 조용함.
【謙沖 겸충】겸손하고 허심(虛心)함.
【謙稱 겸칭】겸손하게 일컫는 말. 자기를 소생이라고 하는 따위.
【謙退 겸퇴】겸손한 태도로 사양함. 겸손히 물러남. 謙讓(겸양).
【謙虛 겸허】겸손하게 제 몸을 낮추어 교만한 기가 없음.
【謙和 겸화】겸손하고 온화함.
【謙厚 겸후】겸손하고 온후함.
❶ 恭-, 勞-, 卑-, 柔-, 自-, 和-.

言10【謙】⑰ 謙(1690)과 동자

言10【謹】⑰ 謹(1693)의 속자

言10【謟】⑰ 의심할 도 豪豏 tāo
字解 ①의심하다. 〔春秋左氏傳〕天道不謟.

②틀리다, 어긋나다. 〔逸周書〕帝念不諝.

言10 【謄】 ⑰ 베낄 등 厲 téng

소전 초서 간체 〔字解〕 베끼다, 등사하다. 〔元史〕謄錄試卷.
【謄記 등기】 원본(原本)을 베낌. 謄寫(등사).
【謄錄 등록】 ①베낌. 과거(科擧)의 답안을 베끼게 하여 채점자에게 넘겨 필적에 의한 부정을 막게 한 일. ②國베껴서 기록하는 일을 맡아보던 서기(書記).
【謄本 등본】 원본대로 베껴 적은 서류. 원본의 사본(寫本).
【謄寫 등사】 ①원본을 베껴 씀. ②등사판으로 박음.
【謄書 등서】 ☞謄抄(등초).
【謄抄 등초】 원본에서 필요한 것만 골라 베낌.
【謄黃 등황】 천자(天子)의 조서(詔書)를 받은 성(省)에서 황지(黃紙)에 등사하여 각 주현(州縣)에 반포하던 일.

言10 【謎】 ⑰ ❶수수께끼 미 厲 mí ❷헛갈리게 할 미 薺 mí

소전 초서 간체 〔字解〕 ❶수수께끼. 〔陵餘叢考〕謎, 卽古人之隱, 云云, 亦曰廋詞. ❷헛갈리게 하다, 말로써 사람을 현혹하게 하다.
【謎語 미어】 ①수수께끼. 은어(隱語). ②수수께끼 같은 이야기.
【謎題 미제】 풀기 어렵거나 풀 수 없는, 수수께끼 같은 문제.

言10 【謐】 ⑰ 고요할 밀 質 mì

소전 초서 간체 〔字解〕 ①고요하다, 조용한 말. ≒恤. 〔漢武帝內傳〕內外寂謐. ②자세하다, 상세하다. ③삼가다, 조심하다. ④평온하다, 안심하다. ≒宓. 〔新書〕謐者寧也.
【謐謐 밀밀】 매우 고요한 모양.
【謐然 밀연】 고요한 모양.
◑ 曠-, 恬-, 寧-, 安-, 寂-, 靜-, 清-.

言10 【謗】 ⑰ 헐뜯을 방 陽漾 bàng

소전 초서 간체 〔字解〕 ① 헐뜯다. 〔說文通訓〕大言曰謗, 微言曰誹. ㉮떠들어 비방하다. 〔國語〕國人謗王. ㉯면대해서 꾸짖다. 〔張來·志〕常遭人謗詈. ㉰원망하여 헐뜯다. 〔新書〕民不謗怨. ㉱저주하여 헐뜯다. 〔春秋左氏傳〕進胙者, 莫不謗令尹. ②비방, 비방하는 말. 〔楚辭〕反離謗而見擯. ③대답하다.
【謗讟 방독】 헐뜯음. 헐뜯는 말.
【謗論 방론】 남을 헐뜯는 논의. 謗議(방의).
【謗罵 방매】 헐뜯고 욕함.

【謗木 방목】 백성에게 자유로이 정치의 결점을 적게 하기 위하여 조정에 세운 나무. 정치에 나무랄 데가 있을 때에 백성에게 자유로이 이 나무를 치게 하였다고 함. 誹謗之木(비방지목).
【謗訕 방산】 나무라고 비웃음.
【謗書 방서】 ①비방하고 책망하는 편지. ②사마천(司馬遷)의 사기(史記).
【謗譽 방예】 비난과 칭찬. 毀譽(훼예).
【謗怨 방원】 비방하고 원망함.
【謗議 방의】 ☞謗論(방론).
【謗嘲 방조】 헐뜯고 비웃음. 비난하거나 비방함.
【謗讒 방참】 헐뜯음. 비방함.
【謗毁 방훼】 헐뜯음. 誹謗(비방).
◑ 群-, 譏-, 誣-, 分-, 非-, 誹-, 訕-, 猜-, 怨-, 造-, 嘲-, 讒-, 虛-, 毁-.

言10 【謝】 ⑰ 사례할 사 禡 xiè

소전 초서 간체 〔字源〕 形聲. 言+射→謝. '射(사)'가 음을 나타낸다.
〔字解〕 ①사례하다. 〔漢書〕嘗有所薦, 其人來謝. ②사죄하다, 용서를 빌다. 〔史記〕旦日不可不蚤自來謝項王. ③물러나다, 사퇴하다. 〔南齊書〕若此兒不救, 便當回舟謝職. ④죽다, 이 세상을 떠나다. 〔南史〕形謝則神滅. ⑤거절하다, 인연을 끊다. 〔史記〕謝絶賓客. ⑥시들다, 떨어지다 〔李郢·詩〕刺桐花謝芳草歇. ⑦받아들이다, 허락하다. 〔禮記〕大夫七十而致事, 若不得謝, 則必賜之几杖. ⑧갚다, 보상하다. 〔後漢書〕謝其錢貨. ⑨바꾸다, 대사(代謝)하다. 〔莊子〕何少何多, 是謂謝施. ⑩부끄러워하다. 〔顔延之·詩〕屬美謝繁翰. ⑪정자. ≒榭. 〔荀子〕臺謝甚高.
【謝却 사각】 거절함. 사절(謝絶)함.
【謝遣 사견】 거절하여 돌려보냄.
【謝過 사과】 잘못에 대하여 용서를 빎.
【謝禮 사례】 고마운 뜻을 상대에게 나타냄. 또는 그 인사.
【謝老 사로】 나이 많음을 이유로 관직에서 물러나기를 원함. 告老(고로).
【謝病 사병】 병을 핑계로 사직(辭職)하거나 손님의 면회를 사절함.
【謝辭 사사】 ①사례의 말. ②사과의 말.
【謝謁 사알】 인사함. 문안함.
【謝恩 사은】 은혜에 감사하여 사례함.
【謝恩肅拜 사은숙배】 임금의 은혜에 감사하여 경건하게 절함.
【謝意 사의】 ①감사의 뜻. ②사과하는 마음.
【謝絶 사절】 요구를 받아들이지 않고 물리침. 거절함.
【謝罪 사죄】 지은 죄나 잘못의 용서를 빎.
【謝表 사표】 임금에게 글을 올려 감사의 뜻을 표함. 또는 그 글.
【謝孝 사효】 어버이의 상(喪)에 조문 온 사람의

言部 10획 譱誜謶謏謢謍謠謜謚謯謰謱謲謳

집에 답례(答禮)하러 감.
● 懇―, 感―, 固―, 賂―, 多―, 代―, 薄―, 拜―, 伏―, 辭―, 深―, 月―, 周―, 陳―, 遷―, 追―, 悔―, 厚―.

言10 【譱】 ⑰ 부추길 선 shàn
[초서] 讪 [字解] 부추기다, 충동하다, 헷갈리게 하다.

言10 【誜】 ⑰ 譱(1706)의 속자

言10 【謶】 ⑰ 訴(1661)와 동자

言10 【謏】 ⑰ ❶적을 소 xiǎo ❷꾸짖을 수 sōu
[동자] 詨 [字解] ❶①적다, 작다.〔禮記〕足以謏聞.②권(勸)하다, 타일러 지도하는 말. ③권하여 착한 일을 하도록 하다. ❷꾸짖다, 성내어 말하다.
【謏聞 소문】 작은 평판(評判). 세간(世間)의 작은 비평.

言10 【謢】 ⑰ 일어날 속 sù
[초서] 谡 [간체] 谡 [字解] ①일어나다, 일어서다.〔詩經〕神具醉止, 皇尸載起, 簫云, 神醉而尸謢. ②높이 빼어난 모양.〔趙孟頫·詩〕長松謢謢含蒼煙. ③바람이 부는 모양. ④솔바람 소리.〔蘇軾·詩〕臥聽謢謢碎龍鱗. ⑤정신을 가다듬는 모양.
【謢謢 속속】①우뚝한 모양. 쑥 솟아난 모양. ②바람이 이는 모양. ③솔바람 소리.
【謢然 속연】 옷깃을 여미는 모양.

言10 【謍】 ⑰ ❶작은 소리 영 yíng ❷큰 소리 횡 hōng
[소전] 蠑 [초서] 謍 [字解] ❶①작은 소리, 가는 다란 소리.〔詩經〕謍謍青蠅. ②왕래하는 모양, 분주히 왔다 갔다 하는 모양. ③노하다, 성내다. ❷큰 소리, 소리가 큰 모양.〔班固·賦〕欋女謳, 皷吹震, 聲激越, 謍厲天.
【謍謍 영영】 작은 소리를 내는 모양.
【謍嗃 영효】 작은 소리와 큰 소리가 한꺼번에 남.

言10 【謠】 ⑰ 노래 요 yáo
[소전 초서 간체 이체자 형태들] 謠 谣 [字源] 形聲. 言+䍃→謠. '䍃(요)'가 음을 나타낸다. [字解] ①노래. 유행가·민요 따위. =䚰.〔國語〕辨祅祥於謠. ②노래하다, 악기 반주 없이 육성으로 노래하다. 늑繇.〔詩經〕我歌且謠. ③풍

설, 유언비어.〔後漢書〕聽民庶之謠吟. ④헐뜯다, 비방하다.〔楚辭〕謠諑謂余以善淫.
【謠歌 요가】 노래. 歌謠(가요).
【謠俗 요속】①세상 풍속. 繇俗(요속). ②풍속을 노래한 노래.
【謠言 요언】①뜬소문. 流言(유언). ②유행가.
【謠詠 요영】 노래함. 謠吟(요음).
【謠諑 요착】 헐뜯음. 비방함.
● 歌―, 謳―, 童―, 民―, 俗―, 詩―, 詠―, 吟―, 俚―, 風―.

言10 【源】 ⑰ 천천히 말할 원 yuán
[소전] 谚 [字解] ①천천히 말하다, 말이 막힘없이 썩 잘 나오다. ②끊이지 않는 모양. =源.〔孟子〕故源源而來. ③근본을 캐다. 늑原.
【源源 원원】 끊이지 않고 계속되는 모양.

言10 【謚】 ⑰ ❶웃을 익 yì ❷시호 시 shì
[소전 초서 간체 참고 이체자들] 謚 谥 谥 [參考] 대법원 지정 인명용 한자의 음은 '익'이다.
[字解] ❶웃는 모양. ❷시호. =諡.

言10 【謰】 ⑰ 말 느릴 지 chí
[소전 초서] 謰 谦 [字解] 말이 느리고 둔하다.〔荀子〕衆積意謰謰乎.
【謰謰 지지】 말이 느리고 둔한 모양.

言10 【謱】 ⑰ ❶성낼 진 chēn ❷비웃을 진 zhèn
[소전] 謱 [字解] ❶성내다, 노하다. =嗔. ❷비웃다, 냉소하다.
【謱怒 진노】 드러낸 노여움. 瞋怒(진노).

言10 【謅】 ⑰ ❶농담할 초 chǎo ❷속삭일 추 zhōu
[초서 간체] 谄 诌 [字解] ❶①농담하다, 농지거리를 하다. ②친압하다, 서로 친해지다. ③소리. ④재빠르다, 민첩하다.〔馬融·頌〕輕謅趨悍. ❷①속삭이다, 귓속말을 하는 말. ②살짝 귀엣말을 하다.

言10 【譻】 ⑰ 하소연할 포 pó
[소전 초서] 譻 譻 [字解] ①하소연하다, 큰 소리로 무실(無實)한 죄를 하소연하다. ②소리, 몹시 아플 때 지르는 소리.
【譻言 포언】 죄 없음을 호소하는 소리.

言10 【嗃】 ⑰ ❶간특할 학 hè ❷부르짖을 효 xiāo
[초서] 嗃 [字解] ❶①간특하다, 헐뜯기를 좋아하고 잔혹하다. ②성렬(盛烈)한 모양.

〔爾雅〕 孫炎曰, 厲王暴虐, 大臣譆譆然盛以興讒慝. ❷부르짖다, 큰 소리로 부르짖다. ≒嘻.
【譆譆 학희】 ①남을 헐뜯어 참소(讒訴)를 조하는 일. ②매우 성렬(盛烈)한 모양.
【譆躁 희조】 성질이 사납고 도리에 어그러짐.

言 10 【譆】 ⑰ ❶창피 줄 혜 薺 xǐ ❷바르지 못할 혜 薺 xí
소전 훼체 초서 字源 ❶①창피를 주다, 수치. ¶ 譆訕. ②소인(小人)들이 내는 성(怒). 〔楚辭〕違群小兮譆詢. ❷바르지 못한 모양. 〔莊子〕譆髁無任.
【譆髁 혜과】 ①바르지 못한 모양. ②치욕(恥辱)을 잘 참고 견딤.
【譆詬 혜구】 ①욕을 퍼부어 창피를 줌. ②소인의 분노.
【譆訕 혜후】 ①창피를 줌. ②치욕(恥辱).

言 10 【譠】 ⑰ 詤(1670)의 속자

言 10 【謋】 ⑰ 재빠를 획 陌 huò
字解 ①재빠른 모양. =諕. ②뼈를 발라내는 소리, 백정의 칼 쓰는 소리. 〔莊子〕動刀甚微, 謋然已解.

言 11 【謦】 ⑱ 기침 경 徑 qǐng
소전 초서 字解 ①기침, 기침 소리. ②속삭이다. 〔莊子〕昆弟親戚之謦欬其側乎.
【謦咳 경해】 ▷謦欬(경해).
【謦欬 경해】 ①기침 소리. 인기척을 내는 헛기침. 謦咳(경해). ②웃으며 소곤거림.

言 11 【謳】 ⑱ ❶노래할 구 尤 ōu ❷따뜻해질 후 虞 xú
소전 초서 간체 參考 대법원 지정 인명용 한자는 음은 '구'이다.
字解 ❶①노래하다. ㉮노래를 부르다. 〔孟子〕河西善謳. ㉯제창(齊唱)하다. 〔漢書〕皆歌謳思東歸. ㉰반주 없이 노래하다. 〔楚辭〕謳和揚阿. ㉱읊조리다, 흥얼거리다. ②노래. ㉮가락을 붙여서 부르는 노래. 〔莊子〕需役聞之於謳. ㉯제(齊)나라의 민요. 〔曹植·行〕齊謳楚舞紛紛. ③어린애의 말소리. ≒嘔. 〔荀子·富國〕呃嘔之注〕嘔嘔謳同. ❷①따뜻해지다. =煦. ②화(化)하려고 하는 모양. 〔莊子〕需役聞之於謳, 釋文云, 欲化之貌.
【謳歌 구가】 ①노래를 부름. 여러 사람이 모여 노래함. ②임금의 공덕을 칭송함. 謳吟(구음).
【謳謠 구요】 노래를 부름. 노래.
【謳唱 구창】 노래를 부름. 노래.
▶ 歌−, 謠−, 樵−.

言 11 【謹】 ⑱ ❶삼갈 근 吻 jǐn ❷찰흙 근 因 jǐn
소전 초서 간체 字源 形聲. 言+菫→謹. '菫(근)'이 음을 나타낸다.
字解 ❶①삼가다. ㉮조심하다. 〔易經〕庸行之謹. ㉯엄하게 하다. 〔荀子〕謹其時禁. ㉰경계하다. 〔春秋左氏傳〕以謹無良. ㉱금지하다. 〔荀子〕謹盜賊. ㉲지키다. 〔荀子〕各謹其所聞. ㉳공손하게 하다. 〔史記〕丞相醇謹而已. ㉴신중하게 하다. ㉵청렴하고 정직하게 하다. ②삼가는 일. 〔史記〕大行不顧細謹. ③삼가, 정중하게. 〔荀子〕案謹募選閱材伎之士. ❷찰흙, 점토(粘土). 〔禮記〕塗之以謹塗.
【謹恪 근각】 행동을 삼가고 직무에 충실함.
【謹慤 근각】 신중하고 성실함. 謹愿(근원).
【謹啓 근계】 '삼가 아룁니다'의 뜻으로, 편지 첫머리에 쓰는 말.
【謹告 근고】 삼가 아룀.
【謹空 군공】 편지 끝에 써서 경의(敬意)를 표하는 말.
【謹諾 근낙】 삼가 승낙함.
【謹塗 근도】 짚이나 풀을 섞은 찰흙.
【謹篤 근독】 근엄하고 돈독함.
【謹毛失貌 근모실모】 그림을 그릴 때, 미세한 곳에만 주의하다가 전체 형상을 그르침. 소절(小節)에 구애되어 대의(大義)를 잊음.
【謹敏 근민】 조심성이 많으며 재치가 있음.
【謹密 근밀】 ①조심성 있고 치밀함. ②소중함. 중요함.
【謹白 근백】 삼가 아룀. 편지에 쓰는 말.
【謹封 근봉】 삼가 봉함. 보내는 편지나 소포 따위의 겉봉에 쓰는 말.
【謹上 근상】 삼가 올림. 편지 끝에 쓰는 말.
【謹肅 근숙】 삼가고 공경함. 恭肅(공숙).
【謹愼 근신】 언행을 삼가고 조심함.
【謹嚴 근엄】 매우 점잖고 엄함.
【謹正 근정】 신중하고 정직함.
【謹呈 근정】 삼가 드림. 남에게 물건을 드릴 때 쓰는 말.
【謹弔 근조】 삼가 애도(哀悼)를 표함.
【謹直 근직】 신중하고 곧음.
【謹請 근청】 삼가 청함. 삼가 신불(神佛)의 내림(來臨)을 빎.
【謹勅 근칙】 조심성이 많음. 경솔하지 않음. 삼가고 스스로 경계함. 謹飭(근칙).
【謹飭 근칙】 삼가고 신칙(申飭)함. 공손하고 삼가서 스스로 경계함.
【謹賀 근하】 삼가 축하함.
【謹厚 근후】 조심성 있고 중후(重厚)함.
▶ 恪−, 謙−, 敬−, 恭−, 篤−, 愼−, 良−, 廉−, 溫−, 柔−, 忠−, 和−, 孝−.

言 11 【謰】 ⑱ 말 얽힐 련 先 lián

言部 11획 譴譟謬謾譧謹謨瞀謪謵謷

【譁】 ①말이 얽히다, 말이 뒤얽혀 이어지는 모양.〔楚辭〕媒女謳兮譁謱. ②쌍성첩운(雙聲疊韻)의 말. 의성어·의태어 따위.

【譴】⑱ 황당히 말할 로 ⾵ lǔ
字解 황당히 말하다, 말이 일정하지 않다, 구차(苟且)하다.

【譟】⑱ 譴(1703)와 동자

【謬】⑱ 그릇될 류 ⾳무 ⾵ miù
字解 ①그릇되다, 잘못되다.≒繆.〔史記〕比之於春秋謬矣. ②어긋나다, 상위(相違)하다.〔漢書〕差而豪釐, 謬以千里. ③속이다, 기만하다.〔史記〕謬其說, 紕其辭. ④미친 소리, 미친 사람의 망언.=嚠. ⑤과실, 과오.〔書經〕繩愆糾謬.
【謬舉 유거】잘못 천거하거나 임용함.
【謬見 유견】잘못된 견해. 그릇된 생각.
【謬計 유계】잘못 계산함. 잘못된 계책.
【謬巧 유교】남을 속이는 꾀. 기만의 계책.
【謬戾 유려】사리에 어그러짐. 그르치고 해(害)함. 乖戾(괴려).
【謬習 유습】그릇된 습관. 못된 버릇.
【謬悠 유유】허황됨. 종잡을 수 없음.
【謬字 유자】잘못 쓴 글자. 자획(字畫)이 잘못된 글자. 誤字(오자).
【謬傳 유전】잘못 전함.
【謬政 유정】정치를 그르침. 또는 그 정치.
【謬解 유해】잘못 해석함. 잘못된 풀이.
【謬諛 유훌】거짓. 속임.
● 紛一, 誤一, 愚一, 違一, 差一, 錯一, 悖一.

【謾】⑱ ❶속일 만 ⾵ mán ❷업신여길 만 ⾵ màn ❸교활할 면 ⾵
字解 ❶①속이다, 기만하다.〔義證〕漢時有欺謾詐僞科. ②헐뜯다, 서로 비방하다.〔荀子〕鄕則不若, 背則謾之. ③느리다, 게으름을 피우다.¶ 謾謾. ④아득하다, 넓다.〔莊子〕中其說曰, 大謾, 願聞其要. ⑤겁내다, 두려워하다. ❷①업신여기다.≒慢.〔漢書〕輕謾宰相. ②친압하여 버릇없다.=慢.〔漢書〕長吾有諄謾. ③게으름 피우다, 태만히 하다.≒慢.〔漢書〕婿謾亡狀. ④거드름 피우다, 교만하다.=慢.〔漢書〕桀紂暴謾. ⑤넓다, 아득하다.〔莊子〕中其說曰大謾. ❻속여 말하다, 속이기 위한 말. ⑦공연히, 만연히, 까닭 없이.≒漫. ❸①교활하다. ②속이다.
【謾欺 만기】속임. 欺謾(기만).
【謾語 만어】①거짓말. 엉터리없는 말. 이치에

닿지 않는 말. ②거만한 말.
【謾吟 만음】생각나는 대로 시를 읊음.
【謾易 만이】업신여김. 깔봄.
【謾誕 만탄】거짓말이 많아 믿음성이 없음.
【謾學 만학】만연히 배움.
● 夸一, 欺一, 面一, 訑一, 誕一, 詐一.

【謾】⑱ 謾(1694)과 동자

【謹】⑱ 원망할 망 ⾵ wàng
字解 ①원망하다, 책망하다.≒望. 〔繫傳〕史記張耳傳曰, 陳餘固望耳, 本此謹字也. ②속이다. ③꾸짖다.

【謨】⑱ 꾀 모 ⾵ mó
字解 ①꾀, 계책(計策), 광범위한 계략(計略).〔周禮〕夏宗以陳天下之謨. ②꾀하다.㉮널리 책모(策謀)하다, 대계(大計)를 정하다.〔詩經〕訏謨定命. ㉯계획하다.〔孟子〕謨蓋都君, 咸我績. ③속이다. ④없다.〔南唐書〕越人謨信. ⑤그릇 이름.≒瞀.〔周禮·注〕故書, 瞀, 或爲謨.
【謨蓋 모개】덮어씌우기를 꾀함. 해치려고 꾀함.
【謨教 모교】회교(回敎).
【謨慮 모려】계획(計劃). 계략(計略).
【謨信 모신】믿음성이 없음.
【謨訓 모훈】①국가의 대계(大計). ②후왕(後王)의 모범이 될 가르침과 깨우침.
● 嘉一, 宏一, 奇一, 聖一, 宸一, 良一, 令一, 英一, 雄一, 遠一, 典一, 朝一, 皇一.

【瞀】⑱ 謨(1694)와 동자

【謪】⑱ 商(298)과 동자

【謵】⑱ ❶익힐 습 ⾵ xí ❷속삭일 첩 ⾵ chè ❸말 바르지 않을 첩 ⾵
字解 ❶①익히다, 학습하다.≒習.〔莊子〕夫復謵不餒而忘人. ②겁먹고 말하다, 겁먹어 떨리는 목소리. ❷속삭이다, 소곤거리다. ❸①말이 바르지 않다. ②성(姓).

【謷】⑱ ❶헐뜯을 오 ⾵ áo ❷고매할 오 ⾵ ào
字解 ❶①헐뜯다, 시끄럽게 욕하는 모양.≒嗷.〔詩經〕聽我謷謷, 傳云, 謷謷, 猶謷謷也. ②자기 주장만 내세우고 남의 말을 듣지 않다.〔詩經·傳〕謷謷然不肯受. ③비통해하는 소리.≒嗷.

〔說文解字〕哭不止, 悲聲謷也. ❹방자한 모양, 큰 모양. =敖.〔莊子〕謷乎大哉. ❺어리석은 사람, 못난 사람의 말이 번거로운 일. ❷①고매하다, 뜻이 높고 큰 모양.〔莊子〕謷乎其未可制也. ②농하다, 장난하다. ≒謸.〔荀子〕歌謠謷笑. ③오만하다. ≒傲.〔莊子〕謷然不顧.
【謷然 오연】교만하고 남을 멸시하는 모양.
【謷謷 오오】①남의 말을 듣지 않고 함부로 말하는 모양. ②슬피 우는 소리가 그치지 않는 모양. ③많은 사람이 일제히 한 사람을 욕하는 모양. ④많은 사람이 입을 모아 근심하는 소리.
【謷醜 오추】헐뜯음. 비방함.
【謷悍 오한】교만하며 사나움.
【謷乎 오호】큰 모양. 높고 큰 모양.

言11【謸】⑱ 謷(1694)와 동자

言11【諛】⑱ ❶망령되이 말할 우 ⓥ yú ❷이영차 후 ⓥ xū
[字解] ❶망령되이 말하다, 망언(妄言)하다. ≒譀.〔法言〕諛言敗俗. ❷①이영차, 여럿이 힘을 합쳐 일할 때, 기운을 차리도록 함께 지르는 소리. ②예, 대답하는 말. ≒許.
【諛言 우언】아무 근거 없이 함부로 하는 말.
【諛興 후여】무거운 것을 들어 올릴 때 힘을 더 내려고 부르는 노래.

言11【謻】⑱ ❶문 이름 이 ⓥ yí ❷헤어질 치 ⓥ chí
[字解] ❶①문(門) 이름.〔張衡·賦〕謻門曲榭. ②누대(樓臺) 이름. =池.〔漢書〕有逃責之臺. 注云, 洛陽南宮謻臺是也. ❷①헤어지다, 이별하다. =謻. ②궁실(宮室)이 서로 잇대어 있다. ≒移.
【謻臺 이대】①따로 세운 대. ②대(臺) 이름.
【謻門 이문】①따로 낸 문. 別門(별문). 旁門(방문). ②빙실(氷室)의 문.

言11【譆】⑱ 詎(1663)와 동자

言11【謫】⑱ 귀양 갈 적 ⓥ zhé
[字解] ①귀양 가다, 유배(流配)되다, 먼 곳으로 좌천(左遷)되다.〔范仲淹·記〕謫守巴陵郡. ②꾸지람, 견책.〔春秋左氏傳〕自取謫于日月之災. ③벌하다. ≒適.〔賈誼·論〕謫戌之衆. ④괴이한 운기(雲氣).〔春秋左氏傳〕日始有謫.
【謫降 적강】①문책(問責)을 받아 강등(降等)되어 변방으로 좌천됨. ②신선이 천상(天上)에서 죄를 지어 하계(下界)로 쫓겨남.
【謫客 적객】귀양살이를 하는 사람.

【謫居 적거】먼 곳에서 귀양살이함.
【謫咎 적구】재앙(災殃). 재난(災難).
【謫罰 적벌】책(責)하고 벌함.
【謫仙 적선】①선계(仙界)에서 인간계로 쫓겨 내려온 선인(仙人). 범속에서 뛰어난 사람. ②당대(唐代) 시인 이백(李白)의 미칭(美稱).
【謫所 적소】죄인이 귀양살이를 하는 곳.
【謫戍 적수】잘못을 저질러 변방에 파견되어 수자리를 사는 일. 또는 그 병사.
【謫遷 적천】문책을 받아 변경으로 좌천됨.
【謫墮 적타】영락(零落)함.
❶謫─, 遠─, 流─, 遷─, 貶─, 瑕─.

言11【謗】⑱ 譭(1703)과 동자

言11【讁】⑱ 꾸짖을 책 ⓥ zé
[字解] ①꾸짖다. ≒責. ②성내다. ③큰 소리로 부르다. =嘖.

言11【謿】⑱ 대신 말할 초 ⓥ chāo
[字解] ①대신 말하다, 남을 대신하여 말하다. ②시끄럽다, 귀찮다.

言11【謥】⑱ 급히 말할 총 ⓥ còng
謥 [字解] 급히 말하다.〔後漢書〕假借威權, 輕薄謥詞.
【謥詞 총동】말을 빨리 함. 말이 경망스러움.

言11【謼】⑱ ❶부를 호 ⓥ hū ❷울 효 ⓥ xiāo
[字解] ❶①부르다. ≒呼. ②부르짖다, 외치다. =呼.〔漢書〕一夫大謼. ❷①울다, 큰 소리로 울다. ②큰 소리로 부르다. =詨.

言11【謞】⑱ 諕(1683)와 동자

言12【譯】⑲ 辜(1795)와 동자

言12【譑】⑲ 들추어낼 교 ⓥ jiǎo
[字解] ①들추어내다, 남의 죄(罪)를 폭로하다.〔荀子〕必有貪利糾譑之名. ②말이 많다, 수다스럽다. ③농하다, 장난하다.

言12【譏】⑲ 나무랄 기 ⓥ jī
[字解] ①나무라다, 꾸짖다.〔史記〕二者皆譏. ②간하다, 충고하다.〔楚辭〕殷有惑婦, 何所譏. ③원망하다. ④싫어하다. ⑤나무람,

꾸지람.〔論衡〕誅惡伐無道, 無伯夷之譏. ❻
살피다, 조사하다.〔孟子〕關市, 譏而不征.
【譏呵 기가】헐뜯음. 호되게 비난함.
【譏弄 기롱】실없는 말로 놀림.
【譏謗 기방】헐뜯음. 譏刺(기자).
【譏訕 기산】비방함. 욕함.
【譏笑 기소】욕하고 비웃음.
【譏議 기의】헐뜯음. 비난함.
【譏刺 기자】헐뜯음. 誹謗(비방).
【譏嘲 기조】☞譏笑(기소).
【譏察 기찰】①남의 동태를 엄하게 살핌. ②죄인을 잡기 위하여 염탐하며 검문(檢問)함.
【譏讒 기참】남을 헐뜯어 말함.
【譏評 기평】비난함. 나쁘게 평함.
【譏諷 기풍】넌지시 욕함. 간접적으로 비난함.
【譏嫌 기혐】욕먹고 미움을 받음.
【譏興 기흥】사물에 빗대어 비평함.
❶群-, 誹-, 刺-, 嘲-, 訴-.

言12【譊】⑲ ❶떠들 뇨 肴 náo ❷두려워할 효 蕭 xiāo
[소전] 譊 [초서] 譊 [간체] 譊 [字解] ❶①떠들다, 시끄럽게 소리를 내다.〔晉書〕臨時誼譊. ②호통치다, 큰 소리로 부르다. ③하소연하는 소리. ④말하다. ⑤다투다, 싸우다. ❷두려워하다.

言12【譚】⑲ 이야기 담 覃 tán
[초서] 譚 [간체] 谭 [字解] ①이야기, 이야기하다. ≒談.〔莊子〕夫子何不譚我於王. ②크다, 깊다.〔班固·答賓戱〕揚雄譚思. ③느릿하다, 완만하다.〔大戴禮〕修業居久而譚. ④달라붙다.〔成公綏·賦〕參譚雲屬. ⑤벋다, 미치다.〔管子〕祀譚次祖.
【譚譚 담담】고요하고 깊은 모양.
【譚論 담론】이야기하고 논의함.
【譚思 담사】깊이 생각함.
【譚詩 담시】자유로운 형식의 짧은 서사시.
【譚叢 담총】많은 이야기를 모아 엮은 책.
❶怪-, 奇-, 參-.

言12【譈】⑲ 원망할 대 隊 duì
[초서] 譈 [字解] ①원망하다, 미워하다. ≒憝.〔周書〕元惡大憝, 注云, 譈同憝. ②죽이다.〔孟子〕凡民罔不譈.

言12【譊】⑲ ❶빛날 로 豪 láo ❷소리 많을 로 號 lào
[字解] ❶①빛나다, 빛나는 모양.〔尙書大傳〕譊然乃作大唐之歌. ②소리, 말하는 소리. ❷소리가 많은 모양.

言12【譕】⑲ 말 모자랄 모 麌 mǔ
[字解] 말이 모자라다, 말이 황당하다.

言12【譕】⑲ ❶꾀할 모 虞 mó ❷꾀는 말 무 虞 wú
[초서] 譕 [字解] ❶꾀하다, 계략. ※謨(1694)의 고자(古字).〔管子〕譕臣者, 可以遠擧. ❷꾀는 말, 유인하는 말.
【譕臣 모신】꾀가 많은 신하. 謨臣(모신).

言12【譲】⑲ 말 꺼낼 발 月 fā
[字解] 말을 꺼내다.

言12【譜】⑲ 譜(1699)와 동자

言12【譅】⑲ 譅(1702)과 동자

言12【誓】⑲ ❶슬퍼하는 소리 서 霽 xì ❷목쉰 소리 사 支 sí
[소전] 誓 [동자] 嘶 [字解] ❶①슬퍼하는 소리. ②소리가 떨리다. ③신음(呻吟)하다. ❷①목쉰 소리. =嘶. ②진실(眞實).

言12【誓】⑲ 誓(1696)와 동자

言12【譔】⑲ ❶가르칠 선 霰 zhuàn, quán ❷기릴 찬 霰 zhuàn, quán
[소전] 譔 [초서] 譔 [字解] ❶①가르치다, 교육에 전념하다. ②다르다, 달리하다. ❷①기리다, 칭송하다.〔禮記〕銘者論譔先祖之有德善. ②아름답다. ③갖추어지다.〔楚辭〕聽歌譔只. ④오로지 삼가다, 몸을 삼가는 데 전일하다. ⑤서술하다, 찬술하다. =撰.〔白居易·傳法堂碑〕遠託譔述, 追今而成.

言12【識】⑲ ❶알 식 職 shí ❷적을 지 寘 zhì ❸기 치 寘
[소전] 識 [초서] 識 [간체] 识 [참고] 대법원 지정 인명용 한자의 음은 '식·지'이다.
[字源] 形聲. 言+戠→識. '戠(시)'가 음을 나타낸다.
[字解] ❶①알다. ㉮분별하다, 판별하다.〔晉書〕有人倫識鑒. ㉯인정하다, 인식하다. ㉰모르는 것을 깨닫다.〔詩經〕不識不知, 順帝之則. ㉱자세히 알다.〔周禮〕壹能不識. ㉲명확히 하다.〔法言〕多聞見而識乎正道者, 至識也. ㉳서로 낯이 익다, 사귀다.〔春秋左氏傳〕見子産如舊相識. ②지혜, 시비·선악을 분별할 수 있는 능력.〔顔延之·詩〕識密духю亦洞. ③아는 것, 지식.〔張衡·賦〕鄙夫寡識. ④타고난 성품.〔後漢書〕識危臣欲者鮮矣. ⑤식견, 분별력.〔唐書〕史有三長, 才學識, 世罕兼之. ⑥지각

言部 12획 譈譌譍譓證

감각.〔梁武帝·賦〕觀耳識之愛聲, 亦如飛鳥之歸林. ❼아는 것이 많다. 박식(博識). ❽친밀한 사이, 친지.〔梁書〕嘗謂親識. ❷①적다, 기록하다. ㉠나타내다.〔漢書〕以計識其人衆畜牧. ㉡나타내다.〔儀禮〕故以其旗識, 識之. ③표(標). ㉠안표, 표지.〔後漢書〕進止皆有表識. ㉡기호, 암호.〔名畫記〕二曰, 圖識, 字學是也. ④종정(鐘鼎) 등에 새긴 글자.〔史記〕鼎大異於衆鼎, 文縷無欸識. ❸기(旗). =幟.〔漢書〕旌旗表識.
【識鑒 식감】 사물의 선악을 분명히 식별함. 특히 인품(人品)을 식별함.
【識見 식견】 사물을 식별하고 관찰하는 능력. 見識(견식).
【識斷 식단】 식견과 결단. 식견이 있어 판단에 뛰어남.
【識達 식달】 식견(識見)이 있어 사리(事理)에 통달함.
【識度 식도】 식견과 도량(度量). 뛰어난 생각과 큰 도량.
【識量 식량】 ☞識度(식도).
【識慮 식려】 ①깊이 헤아림. ②견식(見識)과 사려(思慮).
【識陋 식루】 견식이 좁고 천함.
【識命 식명】 천명(天命)을 앎.
【識味 식미】 음식의 맛을 식별함.
【識拔 식발】 인물을 식별하여 발탁함.
【識別 ❶식별 ❷지별】 ❶잘 알아서 분별함. ❷표(標)하여 구별되게 함.
【識性 식성】 시비·선악·정사(正邪)·곡직(曲直) 등을 판별하는 타고난 성질.
【識神 식신】 정신. 영혼.
【識業 식업】 견식(見識)과 학업(學業).
【識域 식역】 무의식에서 의식으로, 또는 의식에서 무의식에 이르는 경계에서 심리적 상태의 기준. 識閾(식역).
【識藝 식예】 견식(見識)과 재예(才藝).
【識遇 식우】 인정하여 잘 대우함.
【識遠 식원】 견식이 풍부함. 식견이 깊음.
【識者 식자】 사물의 이치를 깨달아 아는 사람. 학식·견식이 있는 사람.
【識字憂患 식자우환】 國글자까나 아는 것이 도리어 근심이 됨.
【識韓 식한】 명사(名士)를 만나 그 이름이 알려짐. 🔍'韓'은 형주(荊州)의 태수(太守) 한조종(韓朝宗).
【識荊 식형】 ☞識韓(식한).
【識文 지문】 솥〔鼎〕에 새긴 글자. 🔍'識'는 양각(陽刻).

❶ 鑑—, 強—, 見—, 款—, 舊—, 達—, 面—, 默—, 博—, 常—, 新—, 眼—, 良—, 有—, 意—, 認—, 知—, 淺—, 表—, 標—, 學—.

言 【譈】 ⑲ ❶미워할 오 圖 wù
12   ❷헐뜯을 악 圝 wù ·
字解 ❶미워하다, 부끄러워하다. =惡. ❷헐뜯다. =啞.

言 【譌】 ⑲ ❶거짓말 와 圝 é
12   ❷속일 궤 圝 guǐ
字解 소전 초서 간체 讹 讹 字源 ❶①거짓말. =訛.〔詩經〕民之譌言. ②바뀌다, 변화하다. ③깨다, 잠에서 깨어나다.〔詩經〕或寢或譌, 釋文云, 譌, 韓作譌. ④이상하다, 괴이하다.〔山海經〕見則其邑有譌火. ⑤속이다, 거짓. ⑥괴이한 말, 이상한 말. ❷속이다, 꾸짖다. =詭.
【譌言 와언】 거짓말. 거짓으로 남을 속이는 말. 訛言(와언).
【譌火 와화】 괴이한 불. 원인 모를 화재.

言 【譍】 ⑲ 嘲(314)와 동자
12

言 【譓】 ⑲ 噂(315)과 동자
12

言 【證】 ⑲ 증거 증 圝 zhèng
12

證 소전 초서 간체 证 证 字源 形聲. 言+登→證. '登(등)'이 음을 나타낸다.
字解 ①증거, 사실을 증명할 만한 근거나 표적.〔大戴禮〕慎中六證. ②증명하다, 확실함을 밝히다.〔楚辭〕所以證之不遠. ③알리다, 고하다.〔論語〕其父攘羊, 而子證之. ④법칙, 규칙.〔太玄經〕人不攻之, 自然證也. ⑤간하다, 윗사람에게 충고하다.〔呂氏春秋〕不可證移. ⑥(佛)깨닫다, 깨달음. 진실무망(眞實無妄)의 도(道)를 체득하는 일.〔陳子昂·表〕涅槃之證, 幽讚于宸臺. ⑦병의 상태, 용태(容態).〔列子〕因告其子之證.
【證據 증거】 사실을 증명할 만한 근거나 자료.
【證果 증과】 (佛)수행(修行)으로 모든 번뇌를 끊어 버리고 진리를 깨닫는 경지.
【證券 증권】 ①재산에 관한 권리·의무를 나타낸 법적인 증거 서면. ②증거가 되는 문서.
【證明 증명】 증거를 들어 어떤 사물의 진상을 밝힘. 확실한 증거를 세움.
【證憑 증빙】 증거로 삼음. 또는 그러한 근거.
【證書 증서】 어떤 사실을 법적·공적으로 증명하는 문서.
【證言 증언】 어떤 사실을 증명함. 또는 그 말.
【證悟 증오】 (佛)불도를 닦아 진리를 깨달음.
【證移 증이】 충고를 받아들여 잘못을 고침.
【證人 증인】 어떤 사실을 증명하는 사람.
【證引 증인】 증거를 듦. 증거로 내세움.
【證印 증인】 증거로 찍는 도장.
【證跡 증적】 증거가 되는 자취.
【證左 증좌】 참고가 될 만한 증거.
【證票 증표】 증명이나 증거가 될 만한 표.
【證驗 증험】 증거. 또는 증거를 세움.

❶ 檢—, 考—, 保—, 實—, 偽—, 引—, 確—.

言 12 【譖】 ⑲ ❶참소할 참 zèn
　　　　　 ❷어긋날 참 jiàn

字解 ❶①참소하다, 무고하다. =譛.〔春秋公羊傳〕夫人譖公于齊侯. ②헐뜯다, 비방하다.〔論語〕侵潤之譖. ③하소연하다, 호소하다. ❷①어긋나다, 위배되다.〔詩經〕譖始竟背. ②속이다, 거짓말하다, 미덥지 않다. ≒僣.〔詩經〕朋友已譖.

【譖構】 참구 헐뜯어 죄를 꾸며 냄.
【譖短】 참단 결점이나 과실을 헐뜯어 말함.
【譖說】 참설 남을 비방하는 언론. 譖言(참언).
【譖訴】 참소 남을 헐뜯어서 없는 죄를 있는 듯이 꾸며 고해바치는 일. 讒訴(참소).
【譖言】 참언 비난하는 말. 참소하는 말.
【譖潤】 참윤 ①날이 갈수록 차차로 참소의 말을 믿게 됨. ②물이 스며들듯이 차츰차츰 감화됨. 浸潤(침윤).
【譖人】 참인 남을 헐뜯음. 남의 잘못을 과장하여 비난함.
❶ 巧−, 構−, 誣−, 猜−, 詆−, 聽−, 猾−.

言 12 【譙】 ⑲ ❶꾸짖을 초 qiào
　　　　　 ❷망루 초 qiáo
　　　　　 ❸누구 수

字解 ❶꾸짖다, 책망하다.〔史記〕子孫有過失, 不譙讓. ❷망루(望樓), 높은 누각. ≒巢·樵.〔漢書〕與戰譙門中. ❸해지다, 상하다. =燋.〔詩經〕予羽譙譙. ❸누구.

【譙呵】 ❶초가 ❷수하 ❶꾸짖음. ❷누구냐고 소리 내어 그 이름을 물음. 誰何(수하).
【譙樓】 초루 성문 위에 세운 망루.
【譙門】 초문 ①☞譙樓(초루). ②초루의 문.
【譙讓】 초양 말로 꾸짖음.
【譙譙】 초초 새의 날개가 괴로움을 겪어 찢기고 깃이 빠짐.
❶ 門−, 麗−, 連−, 危−, 重−.

言 12 【譒】 ⑲ 펼 파 bò

字解 ①펴다, 널리 알리다. ≒播.〔商書〕王譒告之. ②노래하다.

言 12 【譓】 ⑲ 슬기로울 혜 huì

字解 ①슬기롭다, 총명하다. =譿. ≒慧. ②좇다, 순종하다.〔漢書〕義征不譓. ③명확히 분별하다, 똑똑히 판별하다.

言 12 【譁】 ⑲ ❶시끄러울 화 huá
　　　　　 ❷바뀔 와 wá

參考 대법원 지정 인명용 한자의 음은 '화'이다.
字解 ❶시끄럽다, 떠들썩하다.〔書經〕嗟, 人無譁. ❷바뀌다, 그릇 전해지다. =譌.

【譁釦】 화구 시끄럽게 외침. 크게 소리 지름.
【譁沸】 화비 시끄럽게 떠듦.
【譁笑】 화소 시끄럽게 떠들며 웃음.
【譁然】 화연 왁자하게 떠드는 모양.
【譁吟】 화음 시끄럽게 외침.
【譁譟】 화조 시끄럽게 지껄임. 諠譟(훤조).
【譁眩】 화현 귀가 따갑고 눈이 어지러움.
【譁囂】 화효 ☞譁譟(화조).
❶ 紛−, 囂−, 喧−, 諠−, 讙−.

言 12 【讀】 ⑲ 묵을 회 huì

字解 ①묵다, 머물다.〔說文解字〕司馬法曰, 師多則民讀. ②생각하다, 고려하다. ③깨닫다, 각성하다. ④불러 모으다. ⑤해석하다. ⑥속이다.

言 12 【譎】 ⑲ 속일 휼 jué

字解 ①속이다, 기만하다. =矞.〔論語〕晉文公譎而不正. ②속임수, 거짓.〔漢書〕權譎自在. ③변하다, 바뀌다.〔張衡·賦〕瑰異譎詭. ④풍간(諷諫)하다, 넌지시 사물에 비유하여 간하다.〔詩經·周南·關雎序〕文王而譎諫. ⑤굽다, 굴곡하다. ¶紆譎. ⑥어긋나다, 위배(違背)되다.〔莊子〕倍譎不同. ⑦다르다, 상이하다.〔傅毅·賦〕瑰姿譎起. ⑧햇무리. 태양을 두른 운기(雲氣).〔淮南子〕君臣乖心, 則背譎見於天.

【譎諫】 휼간 직언하지 않고 넌지시 간함.
【譎計】 휼계 남을 속이는 꾀. 속임수.
【譎誆】 휼광 속임.
【譎怪】 휼괴 ①괴이할 만큼 아름다움. 또는 그 물건. ②허탄하고 괴이함.
【譎權】 휼권 ☞譎計(휼계).
【譎詭】 휼궤 ①속임. ②물건의 형체가 괴이함. 또는 괴이한 물체.
【譎起】 휼기 기이하게 달라진 모양으로 일어남.
【譎欺】 휼기 속임. 기만함.
【譎略】 휼략 ☞譎計(휼계).
【譎妄】 휼망 거짓. 터무니없음.
【譎謀】 휼모 속이는 꾀. 譎計(휼계).
【譎詐】 휼사 남을 속이기 위하여 간사한 꾀를 부림. 또는 그 꾀.
【譎而不正】 휼이부정 속이고 바르지 못함.
❶ 怪−, 巧−, 狡−, 權−, 詭−, 奇−, 背−, 詐−, 紆−, 智−, 誕−, 陰−.

言 12 【譆】 ⑲ 감탄할 희 xī

字解 ①아! ㉮탄식하는 소리. ㉯두려워하는 소리. ㉰감탄하는 소리.〔莊子〕譆善哉, 技蓋至此乎.㉱근심에 찬 소리.〔曹植·七啓〕俯而應之曰, 譆有此言乎. ㉲아플 때 내는 소리. ②희롱하며 웃고 즐기는 소리. ≒唉.

③뜨겁다. ≒熹.〔春秋左氏傳〕譆譆出出. ④만족스러워하는 모양.

言13 【警】 ⑳ 경계할 **경** 硬 jīng

[字源] 形聲. 言＋敬→警. '敬(경)'이 음을 나타낸다.

[字解] ①경계하다. ㉮타이르다, 조심하게 하다.〔史記〕乃警公仲之行. ㉯대비(對備)하다, 방비하다.〔春秋左氏傳〕軍衛不徹, 警也. ㉰군호로 알리다, 신호(信號)하다.〔齊書〕邊虜告警. ②놀라다, 놀라게 하다. ≒驚.〔陸機·賦〕節循虛而警立. ③겁나다, 겁나게 하다.〔春秋左氏傳·注〕以警懼夷狄. ④깨다, 깨우다.〔禮記〕大昕鼓徵, 所以警衆也. ⑤경계. ㉮타이름, 설유(說諭), 신칙(申飭).〔元史〕天地有警, 民何與焉. ㉯대비, 방비.〔北史〕陰山息警, 弱水無塵. ㉰경보, 사변의 통보.〔後漢書〕明燧燧之警. ㉱불시에 생긴 일, 사변(事變).〔宋史〕河北有警. ⑥경계의 말.〔周禮〕警戒群吏. ⑦벽제(辟除). 존귀한 사람의 행차에 길을 치우는 일. 또는 그 소리.〔漢書〕出稱警, 入言趯. ⑧영리하다, 슬기롭다.〔南史〕幼聰警. ⑨빼어나다, 뛰어나다.〔陸機·賦〕乃一篇之警策.

【警戒 경계】 잘못되는 일이 생기지 않도록 미리 마음을 가다듬어 조심함.
【警告 경고】 조심하라고 경계하여 알림.
【警鼓 경고】 ①비상시를 알리기 위하여 치는 북. ②천자가 출행(出行)할 때 연주하는 경위(警衛)의 악곡(樂曲) 이름.
【警句 경구】 진리나 교훈을 짧고 날카롭게 표현한 문구.
【警懼 경구】 경계하며 두려워함.
【警急 경급】 ①급변(急變)을 경계하고 대비함. ②경계를 요하는 화급한 사건.
【警邏 경라】 순찰하여 경계함. 警巡(경순).
【警勵 경려】 경계하고 격려함.
【警務 경무】 경찰의 사무.
【警敏 경민】 민첩함. 슬기가 있음. 뛰어나게 총명함. 警捷(경첩).
【警拔 경발】 ①뛰어나게 슬기로움. ②문장이 뛰어나고 기발(奇拔)함.
【警發 경발】 ①경계하여 분발하게 함. ②뛰어나게 슬기로움.
【警報 경보】 닥쳐올 위험을 경계하도록 미리 알리는 일. 또는 그 통보.
【警備 경비】 경계하고 비상함.
【警事 경사】 위급함을 경계하는 보고.
【警醒 경성】 경계하여 잠을 깨움. 미혹(迷惑)된 마음을 깨닫게 함.
【警世 경세】 세상을 깨우침. 세상 사람들의 주의를 환기함.
【警語 경어】 사람을 경계하여 감동하게 할 만한 기발한 말.
【警悟 경오】 ①깨달음이 빠름. 영특하여 잘 깨달음. ②경고하여 깨닫게 함.
【警鐘 경종】 ①비상사태나 위급한 일을 알리는 종·사이렌 따위의 신호. ②사람들이 경계하도록 해 주는 사물.
【警察 경찰】 ①경계하며 사찰함. ②사회의 질서 유지를 담당하는 국가 조직.
【警策 경책】 ①경계하고 채찍질함. ②문장을 생동감 있게 하는 기발(奇拔)한 문구.
【警飭 경칙】 경계하여 신칙(申飭)함. 또는 그 경계. 警勅(경칙).
【警枕 경침】 깊이 잠들면 한쪽으로 기울어져 잠이 쉽게 깰 수 있도록 둥글게 만든 목침(木枕).
【警柝 경탁】 경계를 위하여 치는 딱따기.
【警趯 경필】 ☞警蹕(경필).
【警蹕 경필】 임금이 거둥할 때 일반인의 통행을 금지하던 일.
【警護 경호】 경계하고 호위함.

❶ 寇—, 軍—, 奇—, 機—, 邊—, 烽—, 備—, 巡—, 市—, 夜—, 威—, 天—, 聰—.

言13 【譥】 ⑳ 소리 지를 **교** 嘯 jiào

[字解] ①소리를 지르다, 큰 소리로 외치다. ②아파서 지르는 소리. ③들추어내다, 적발하다. ≒徼.〔漢書〕及警者爲之.

言13 【譹】 ⑳ 말 많을 **누** 尤 nóu

[字解] 말이 많다, 다투어 아첨하다.〔楚辭〕群司分譹譹.

言13 【讘】 ⑳ 讘(1707)과 동자

言13 【譜】 ⑳ 계보 **보** 麌 pǔ

[字源] 形聲. 言＋普→譜. '普(보)'가 음을 나타낸다.

[字解] ①계보, 족보. 계통을 따라 차례대로 적어 놓은 것.〔北史〕高諒造親表譜錄. ②계통을 좇아 열기(列記)하다, 계도(系圖)를 만들다.〔史記〕諸侯不可得而譜. ③악보(樂譜), 음악의 가락을 적은 표.〔隋書〕候節氣, 作律譜.
【譜系 보계】 조상 때부터 내려오는 혈통과 집안의 간단한 역사를 계통적으로 적은 책.
【譜曲 보곡】 음악의 가락. 樂譜(악보).
【譜記 보기】 가계(家系)의 기록.
【譜錄 보록】 ①보계(譜系). 족보(族譜). ②악보를 적어 실은 기록.
【譜所 보소】 족보를 만들기 위하여 임시로 만든 사무소.
【譜第 보제】 ①☞譜系(보계). ②친척. 혈족.
【譜牒 보첩】 족보로 만든 책.

【譜表 보표】 음악을 악보로 표시하기 위한 오선(五線)의 체계.
【譜學 보학】 각 성씨(姓氏)의 계보를 연구하는 학문.
❶ 系-, 曲-, 琴-, 圖-, 世-, 氏-, 樂-, 年-, 音-, 印-, 族-, 花-.

言13 【譬】⑳ 비유할 비 📖 pí
[字解] ❶비유하다, 다른 사물을 빗대어 설명하다. 〔論語〕譬如北辰居其所, 而衆星共之. ❷깨우치다, 깨닫도록 넌지시 타이르다. 〔後漢書〕又譬諸外戚. ❸깨닫다, 알아차리다. 〔後漢書〕言之者雖誠, 而聞之未譬.
【譬類 비류】 비유함. 譬喩(비유).
【譬說 비설】 ❶비세 ❷비설 ❶타일러 깨우침. ❷비유로 설명함.
【譬喩 비유】 어떠한 사물의 모양·상태 따위를 설명하기 위하여 그것과 비슷한 다른 사물에 빗대어 표현함. 또는 그런 표현 방법. 比喩(비유). 譬諭(비유). 譬類(비류).
❶ 空-, 慰-, 證-, 罕-而喩, 曉-.

言13 【譱】⑳ 善(304)의 본자

言13 【譫】⑳ 헛소리 섬 📖 zhān
[字解] ❶헛소리, 실없는 소리. 〔素問〕不欲食譫言. ❷말이 많다, 수다스럽다.
【譫言 섬언】 헛소리. 터무니없는 말.

言13 【譣】⑳ ❶따져 물을 섬 📖 xiǎn ❷교활할 험 📖 xiǎn
[字解] ❶❶따져 묻다, 추궁하다. 〔周禮〕勿以譣人. ❷꾀하다, 모의하다. ❷❶교활하다. ≒憸. ❷교활한 말, 간사한 말.

言13 【譝】⑳ 칭찬할 승 📖 shéng
[字解] ❶칭찬하다, 찬양하다. ≒繩. ❷말이 꾸밈이 없는 모양, 말이 천진한 모양. 〔子華子〕譝譝兮如將孩.
【譝譝 승승】 말이 질박(質朴)한 모양.

言13 【譪】⑳ 부지런할 애 📖 ǎi
[字解] ❶부지런하다, 신하가 심력(心力)을 다하여 임금을 섬기는 모양. 〔詩經〕譪譪王多吉士. ❷말이 부드럽다. 〔說文通訓定聲〕仁義之人, 其言譪如.

言13 【讓】⑳ 讓(1705)의 속자

言13 【譯】⑳ 통변할 역 📖 yì

[字源] 形聲. 言+睪→譯. '睪(역)'이 음을 나타낸다.
[字解] ❶통변하다, 통역하다, 통역하는 사람. 〔史記〕重譯請朝. ❷뜻, 뜻을 풀다, 경의(經義)를 풀어 밝히다. 〔潛夫論〕賢者爲聖譯. ❸가리다, 선택하다. ≒擇. 〔說文通訓定聲〕譯, 叚借爲擇, 漢脩堯廟碑, 各相土譯居.
【譯科 역과】 조선 때 잡과(雜科)의 한 가지. 한어(漢語)·몽어(蒙語)·왜어(倭語)·여진어(女眞語)에 능통한 사람을 역관으로 뽑기 위해 보이던 과거.
【譯官 역관】 ❶통역·번역을 맡아보던 관리. 通譯官(통역관). ❷사역원(司譯院) 관리의 총칭. 象胥(상서).
【譯經 역경】 불전(佛典)을 번역하는 일.
【譯讀 역독】 ❶책을 읽는 일과 뜻을 푸는 일. ❷외국어로 쓰인 책을 번역하여 읽는 일.
【譯使 역사】 통역을 맡은 사신.
【譯詩 역시】 시를 번역함. 번역한 시.
【譯言 역언】 통역(通譯).
❶ 共-, 國-, 對-, 翻-, 佛-, 英-, 誤-, 完-, 意-, 拙-, 重-, 直-, 通-.

言13 【譯】⑳ 譯(1700)의 본자

言13 【譁】⑳ 譁(1686)의 속자

言13 【䧹】⑳ 應(652)과 동자

言13 【議】⑳ 의논할 의 📖 yì

[字源] 形聲. 言+義→議. '義(의)'가 음을 나타낸다.
[字解] ❶의논하다, 상의하다. 〔史記〕爲上大夫, 不治而議論. ❷꾀하다. ㉮문의(問議)하다. 〔書經〕議事以制, 政乃不迷. ㉯평의(評議)하다. 〔後漢書〕評議乃殺之. ㉰여러모로 생각하다. 〔詩經〕唯酒食是議. ㉱계획을 세우다. 〔中庸〕非天子不議禮. ❸강론하다, 풀어서 밝히다. 〔荀子〕法而不議. ❹간하다, 윗사람에게 충고하다. 〔吳越春秋〕死於諫議. ❺논쟁하다, 왈가왈부하다. 〔孟子〕處士橫議. ❻헐뜯다, 비방하다. 〔禮記〕大功言而不議. ❼가리다, 선택하다. 〔儀禮〕乃議侑于賓, 以異姓. ❽의견, 논설. 〔史記〕始皇下其議丞相. ❾단죄(斷罪)하여

言部 13~14획　謙譟讀讆譮譺譭譩譴譖

부를 논하는 일.〔周禮〕以八辟麗邦灋附刑罰,一曰議親之辟, 云云, 八曰議賓之辟.❿기울다. 늑俄.〔管子〕法制不議, 則民不相私.⓫문체(文體)의 한 가지. 논의하여 사의(事宜)를 정하는 글.
【議決 의결】합의에 의하여 의안에 대한 의사를 결정하는 일.
【議論 의론→의논】❶각자 의견을 주장하거나 논의함. ❷서로 의견을 주고받음.
【議論風生 의론풍생】의론이 잇달아 나옴.
【議事 의사】❶일을 의논함. ❷의회에서 의안(議案)을 토의함.
【議臣 의신】항상 정론(正論)으로써 건의하는 신하.
【議案 의안】❶토의할 안건. ❷국회에 제출하는 원안(原案).
【議政 의정】❶정사(政事)를 논의함. ❷國의정부(議政府)의 영의정·좌의정·우의정의 총칭.
【議定書 의정서】논의하여 결정한 일을 기록한 문서.
【議題 의제】❶회의에서 논의할 문제. 의안의 제목. ❷시문의 제목을 논의하여 정함.
【議員 의원】의결권을 가진 합의 기관의 구성원.
【議罪 의죄】죄의 경중을 논함. 論罪(논죄).
【議奏 의주】평의(評議)하여 아룀.
【議處 의처】관원의 과실을 심의하여 처벌함.
【議請 의청】범죄의 진의를 찾아 그 죄에 해당하는 벌을 의논하여 주청(奏請)하고 재결을 기다리던 일.
【議請減贖 의청감속】특수한 신분에 있는 사람이 죄를 저질렀을 때, 이에 적용하는 형을 의논하여 일정한 예(例)를 따라 죄를 감하거나 속(贖)하게 할 절차를 갖추어 주청하던 일.
【議諦 의체】사물의 근본 의의(意義).
【議度 의탁】헤아림.
❶諫-, 講-, 建-, 決-, 論-, 談-, 黨-, 動-, 謀-, 物-, 密-, 發-, 審-, 異-, 諸-, 爭-, 提-, 朝-, 衆-, 參-, 討-, 評-, 抗-, 協-, 會-.

言
13【謙】⓴ 詁(1663)과 동자

言
13【譟】⓴ 시끄러울 조 ⑧소 𧭉 zào
소전 𧭉 초서 譟 동자 噪 간체 譟 字解 ❶시끄럽다. 떠들썩하다.〔國語〕王使婦人不幃而譟之. ❷기뻐하다.〔周禮〕車徒皆譟. ❸울다, 새·벌레 등이 울다. ❹부르짖다.〔呂氏春秋〕爲絲竹歌舞之聲則若譟. ❺북을 치다.〔孔子家語〕齊使萊人以兵鼓譟, 劫定公. ❻소리, 음(音).

言
13【讀】⓴ 속일 탄 ⓤ tán
字解 ❶속이다.〔揚子方言〕譠謾, 欺謾之語也. ❷깔보다, 경시하다. ❶譠謾. ❸돌보지 않

다. ❹느슨하다, 헐렁하다.
【讀謾 탄만】❶그럴듯하게 속여 넘기는 말속임. ❷느슨함.

言
13【譞】⓴ 영리할 현 ⑪ xuān
소전 譞 간체 譞 字解 ❶영리하다, 슬기롭다. 늑儇. ❷슬기, 지혜. ❸말이 많다, 수다스럽다.

言
13【譮】⓴ ❶말할 화 ㊄ huà ❷기세 높을 회 ㊄ huì
字解 ❶말하다. ❷①기세(氣勢)가 높은 모양. ②깨닫다.

言
13【譺】⓴ 소리 홰 ㊀회 譺 huì
소전 譺 字解 ❶소리.〔詩經〕有譺其聲. ❷들레다, 여러 사람의 소리. 늑噦.

言
13【譭】⓴ 詆(1689)와 동자

言
13【譩】⓴ 噫(318)와 동자

言
14【譴】㉑ 꾸짖을 견 ㉮ qiǎn
소전 譴 초서 譴 간체 谴 字解 ❶꾸짖다. ㉮힐무(詰問)하다.〔漢書〕以譴告之. ㉯책망(責望)하다.〔戰國策〕太卜譴之曰, 周之祭祀爲崇. ㉰혼내다, 질책(叱責)하다.〔詩經〕畏此譴怒. ❷꾸지람, 견책.〔北史〕用消又譴. ❸허물, 죄과(罪過).〔北史〕臣有大譴. ❹재앙, 재화.〔後漢書〕消伏災譴. ❺구르다.〔方言〕譴喘, 轉也.
【譴呵 견가】책망함. 꾸짖음. 譴訶(견가).
【譴告 견고】❶죄를 책하고 잘못된 일을 알림. ❷하늘이 천재지변(天災地變)을 내려 임금에게 경고함.
【譴怒 견노】성내어 꾸짖음. 질책(叱責)함.
【譴罰 견벌】잘못을 책(責)하여 처벌함.
【譴訝 견아】의심하여 꾸짖음.
【譴謫 견적】벌을 줌. 처벌함. 또는 그 벌(罰).
【譴責 견책】❶허물을 꾸짖고 나무람. ❷직무상 허물이 있는 공무원에게 주는 경계 처분의 한 가지.
【譴黜 견출】잘못을 문책하여 관위(官位)를 떨어뜨림.
【譴罷 견파】잘못이 있는 벼슬아치를 꾸짖고 파면함.
❶加-, 呵-, 怒-, 大-, 徵-, 嚴-, 罪-, 斥-, 天-, 禍-.

言
14【譬】㉑ ❶속살거릴 녕 ㊄ níng ❷아첨할 녕 ㊄ nìng
字解 ❶①속살거리다, 소곤거리는 소리. ②욕

악담.〔揚子〕譁言敗俗.❷아첨하다. ≒佞.

言 14 【譶】㉑ 말 머뭇거릴 누 宥 nòu
字解 ①말을 머뭇거리다. ②말이 바르지 않다.

言 14 【譶】㉑ ❶재재거릴 답 合 tà
❷줄곧 지껄일 칩 緝 tà
소전 譶 동자 譶 字解 ❶①재재거리다, 말을 빨리 하다, 입빠르게 말하다. ②소리가 많다, 지껄이는 소리가 가득 차다.〔嵆康·賦〕儽譶以流漫.❷줄곧 지껄이다, 계속 지껄여 대다.〔左思·賦〕譅譶潎潎, 交貿相競.

言 14 【譶】㉑ 譶(1702)과 동자

言 14 【譶】㉑ 말할 답 合 tà
소전 譶 字解 ①말하다, 쉬지 않고 계속 말하다. =諧. ②헛소리, 거짓말, 망언(妄言). ③말로써 남의 마음을 떠보다.

言 14 【譅】㉑ 더듬을 삽 緝 sè
동자 譅 參考 재래의 자전에서는 言부 12획으로 다루었으나, 여기서는 현실적 획수를 따랐다.
字解 ①더듬다, 말을 순조롭게 하지 못하고 떠듬떠듬 하다.〔楚辭〕言語訥譅兮. ②말이 많다, 말이 끝없이 계속되다.

言 14 【譻】㉑ 소리 앵 庚 yīng
소전 譻 字解 소리. ㉮새가 지저귀는 소리. ¶譻譻.㉯방울이 달랑거리는 소리. =嚶.〔張衡·賦〕鳴玉鑾之譻譻.
【譻譻 앵앵】①새가 지저귀는 소리. ②방울이나 패물이 울리는 소리.

言 14 【譽】㉑ 기릴 예 㞢여 御 yù

與 譽 譽

소전 譽 초서 譽 속자 譽 속자 誉 간체 誉
字源 形聲. 與+言→譽. '與(여)'가 음을 나타낸다.
字解 ①기리다, 칭찬하다.〔莊子〕好而譽人者, 亦好背而毀之. ②바로잡다.〔禮記〕君子不以口譽人. ③가상히 여기다.〔淮南子〕經誹譽. ④영예, 명성.〔任昉·序〕譽望所屬. ⑤즐기다. ≒豫.〔詩經〕韓姞燕譽. ⑥시호(諡號).〔逸周書〕狀古述今曰譽.
【譽望 예망】명예와 인망. 영예(榮譽).
【譽髦 예모】명예가 있는 준재(俊才). 재주가 뛰

어나 큰일을 할 만한 사람. 준사(俊士).
【譽聲 예성】①명예와 성문(聲聞). ②칭찬하는 소리.
【譽兒癖 예아벽】자기 자식을 칭찬하는 버릇.
【譽諛 예유】칭찬하여 아첨함.
【譽譽 예예】칭찬함과 헐뜯음.
【譽歎 예탄】칭찬하여 감탄함.
❶光-, 廣-, 德-, 名-, 謗-, 誹-, 聲-, 令-, 榮-, 稱-, 歎-, 虛-, 毀-.

言 14 【譺】㉑ ❶희롱할 의 紙 ài
❷삼갈 억 職 yí
소전 譺 초서 譺 동자 譺 字解 ❶①희롱하다, 놀리다. ②속이다, 기만하다. ③헤아리다. =擬.❷삼가다, 삼가는 모양.〔史記〕齋戒以待, 譺然.
【譺然 억연】재계(齋戒)하여 삼가는 모양.

言 14 【譺】㉑ 譺(1702)와 동자

言 14 【譸】㉑ 저주할 주 尤 zhōu
소전 譸 초서 譸 간체 诪 字解 ①저주하다, 남이 못되도록 빌다. =詛. ②속이다, 기롱하다.〔書經〕民無或胥譸張爲幻. ③꾀하다, 헤아리다. ≒籌.〔後漢書〕以詡譸之.
【譸張 주장】속임. 기롱함.
❶改-, 爲-.

言 14 【譏】㉑ 譏(1706)의 속자

言 14 【譹】㉑ ❶號(1683)와 동자
❷號(1573)와 동자

言 14 【護】㉑ 보호할 호 遇 hù

言 言 訐 訐 誰 誰 諽 護 護

소전 護 초서 護 간체 护 字源 形聲. 言+蒦→護. '蒦(약)'이 음을 나타낸다.
字解 ①보호하다, 감싸다, 비호하다.〔史記〕何數以吏事護高祖. ②통솔하다, 거느리다.〔史記〕於是幷護趙楚韓魏燕之兵以伐齊. ③지키다. ㉮감시하다.〔漢書〕有白馬將, 出護兵. ㉯섭생(攝生)하다.〔素問〕適而自護. ④돕다, 구제하다.〔唐書〕如此護宥者數十. ⑤경호, 수비.〔書經〕使有保護. ⑥대호(大護). 악곡(樂曲)의 이름. =濩·頀.〔呂氏春秋〕湯乃命伊尹, 作大護.
【護國 호국】나라를 보호하여 지킴.
【護短 호단】①남의 단점을 건드리지 않음. ②자기의 잘못을 감쌈.

【護摩 호마】(佛)밀교(密敎)에서, 호마단(護摩壇)을 베풀고 화로 속에 유목(乳木)을 태우며 부처에게 비는 일. 지혜의 불로 일체의 번뇌를 태워 없앰.
【護法 호법】①법을 수호(守護)함. ②(佛)선법(善法)을 호지(護持)함. 부처의 정법(正法)을 옹호(擁護)함.
【護喪 호상】①장사(葬事)에 관한 모든 일을 주관함. 또는 그 사람. ②영구(靈柩)를 지킴.
【護送 호송】①위해(危害)에 대비해서 호위하여 보내는 일. ②죄인을 압송함.
【護身符 호신부】몸을 재액(災厄)으로부터 지킨다고 하여 몸에 지니는 부적. 護符(호부).
【護葉 호엽】표지(表紙).
【護衛 호위】보호하여 지킴.
【護葬 호장】①장례(葬禮)를 보살펴 줌. ②장의위원(葬儀委員).
【護前 호전】과거를 보호함. 곧, 허물을 고치지 않는 일.
【護持 호지】①지켜 보호함. ②신불(神佛)의 가호(加護).
【護疾而忌醫 호질이기의】병을 보호하여 의료를 꺼림. 수양 과정에 있는 사람이 충언(忠言)을 꺼림.
○ 加―, 看―, 監―, 救―, 大―, 都―, 防―, 辯―, 保―, 輔―, 庇―, 守―, 擁―, 回―.

言 【讀】 ㉒ ❶읽을 독 屋 dú
15   ❷구두 두 宥 dòu
              ❸國이두 누

〔소전〕讀 〔초서〕读 〔속자〕読 〔간체〕读 〔參考〕대법원 지정 인명용 한자의 음은 '독·두'이다.
〔字源〕形聲. 言+賣→讀. '賣(매)'가 음을 나타낸다.
〔字解〕 ❶①읽다. ㉮소리를 내어 글을 읽다. 〔史記〕荊卿好讀書擊劍. ㉯문장이나 구절의 뜻을 해독하다. 〔抱朴子〕得紫文金簡之書不能讀. ②풀다, 설명하다. 〔詩經〕中冓之言不可讀也. ③읽기, 읽는 법. 〔吳志〕從昭受讀. ④잇다, 이어지다. ≒續. 〔周禮·歲時更續·注〕故書更續爲受讀. ⑤문체(文體)의 한 가지. 제발(題跋)에 속하는 것으로, 독후감을 적은 글. ❷구두. 단어나 구절 사이에 점이나 부호를 찍어 읽기에 편리하게 하는 것. ❸이두(吏讀). 삼국 시대부터 한자의 음이나 뜻을 빌려서 우리말을 표기하는 데 쓰던 문자.
【讀經 독경】경문(經文)을 소리 내어 읽음.
【讀禮 독례】①친상(親喪)에 모든 업(業)을 폐하고 오직 예서(禮書) 중의 상제(喪祭)에 관한 글만 읽던 일. 곧, 친상 중에 있음. ②전례(典禮)를 읽고 배움.
【讀本 독본】읽어서 그 내용을 익히기 위한 책.
【讀師 독사】(佛)안거나 법회 때에 불경을 강석(講釋)하는 승려. 경(經)스승.
【讀書亡羊 독서망양】책을 읽다가 치던 양을 잃음. 마음을 딴 곳에 쓰느라고 본디 길을 잃음.
【讀書三到 독서삼도】송대(宋代)의 주희(朱熹)가 주창한 독서의 세 가지 방법. 곧, 심도(心到)·안도(眼到)·구도(口到). 글의 참뜻을 이해하려면 마음과 눈과 입을 오로지 글 읽기에 집중해야 한다는 뜻.
【讀書三餘 독서삼여】독서하기에 적합한 겨울과 밤과 비 올 때.
【讀書尙友 독서상우】글을 읽어 옛 현인(賢人)과 벗함.
【讀書種子 독서종자】학문하기를 좋아하는 사람. 학문하기를 좋아하는 자손.
【讀誦 독송】읽음. 소리 내어 읽거나 외워 읽음.
【讀脣術 독순술】벙어리가 상대방의 입술 움직임을 보고 그 하는 말을 이해하는 일.
【讀習 독습】글을 읽어 스스로 익힘.
【讀心 독심】남의 마음을 알아냄.
【讀祝 독축】축문·제문을 읽음.
【讀破 독파】끝까지 다 읽어 냄.
【讀解 독해】글을 읽어 이해함.
【讀畫 독화】그림을 감상(鑑賞)함.
【讀會 독회】의회에서 법률안이나 의안 등의 초안을 토의함. 또는 그 모임.
【讀點 두점】하나의 문장 안에서 어구의 단속(斷續)을 분명하게 하기 위하여 그 끊어지는 자리에 찍는 점. 句讀點(구두점).
○ 講―, 句―, 購―, 濫―, 朗―, 多―, 代―, 目―, 默―, 味―, 誦―, 熟―, 侍―, 愛―, 音―, 吏―, 丙―, 精―, 耽―, 訓―.

言 【讄】 ㉒ 뇌사 뢰 紙 lěi
15

〔소전〕讄 〔혹체〕讄 〔동자〕誄 〔통자〕誺 〔字解〕①뇌사(誄詞). 죽은 이의 공덕을 칭송하여 조상하는 글. ②빌다, 뇌사로 명복을 빌다. 〔論語〕讄曰, 禱爾于上下神祇.

言 【變】 ㉒ 變(1704)의 속자
15

言 【譒】 ㉒ 審(469)과 동자
15

言 【讁】 ㉒ 謫(1695)과 동자
15

言 【譾】 ㉒ 얕을 전 銑 jiǎn
15

〔초서〕譾 〔동체〕譾 〔간체〕谫 〔字解〕얕다, 천박하다. 〔史記〕能薄而材譾.
【譾劣 전열】천박하고 졸렬함.

言 【讃】 ㉒ 讚(1707)의 속자
15

言 15 【讖】㉒ 識(1706)의 속자

言 15 【讂】㉒ 구할 현 [韻] juàn
[字解] ①구하다, 추구하다. 〔急就篇〕乏興猥逮詞讂求. ②소문을 퍼뜨리다. 뜬소문.

言 15 【譓】㉒ 슬기로울 혜 [韻] huì
[字解] ①슬기롭다, 총명하다, 똑똑히 판별하다. =憓. 〔國語〕今陽子之情, 譓矣. ②재지(才智), 재주와 슬기.

言 16 【變】㉓ ❶변할 변 [韻] biàn ❷바를 변 [韻] biàn

言 絎 絎 絎 絎 縊 縊 縊 縴 變

[소전] 䜌 [초서] 変 [속자] 變 [속자] 変 [간체] 変

[字源] 形聲. 䜌+攴→變. '䜌(란)'이 음을 나타낸다.
[字解] ❶①변하다. ㉮달라지다, 변경되다. 〔戰國策〕則楚之計變. ㉯변해 가다, 변천하다. 〔列子〕變易治亂, 古猶今也. ㉰화(化)하다. 〔史記〕下以變化黎庶也. ㉱움직이다. 〔國語〕故變而不勤. ㉲쇠해지다, 수척해지다. 〔呂氏春秋〕顏色不變. ㉳고치다. ㉴변경하다, 새롭게 하다. 〔禮記〕一成而不可變. ㉵바꾸다. 〔周禮〕四時變國火. ㉶완전히 바꾸다. 〔淮南子〕變宮生徵. ㉷움직이게 하다, 이동시키다. 〔禮記〕不可以變. ③전변(轉變), 전화(轉化). 〔淮南子〕而五音之變, 不可勝聽也. ④어지러워지다. 〔漢書〕奴客持刀兵, 入市鬬變. ⑤어그러지다, 어기다. 〔呂氏春秋〕無變天之道. ⑥보통과 다르다, 특이하다, 특이한 일. 〔張衡·賦〕盡變態乎其中. ⑦갑자기 일어난 사건. 〔漢書〕卒然有非常之變. ⑧모반, 반란. 〔史記〕舍人弟上變. ⑨재앙, 재화. 〔漢書〕災變數見. ⑩편법(便法). ㉮그 당장만을 빠져나가기 위한 바르지 않은 수단. 〔漢書〕皆徼一時之權變. ㉯정도(正道)와 맞지 않으나 허용되는 방법. 〔文中子〕非君子, 不可與語變. ⑪죽음, 상사(喪事). 〔春秋穀梁傳〕君在祭樂之中, 大夫有變以聞可乎. ⑫귀신, 악령(惡靈). 〔易經〕精氣爲物, 遊魂爲變. ❷바르다, 정상(正常). 〔禮記〕君死社稷, 謂之義, 大夫死宗廟, 謂之變.
【變改 변개】 고쳐 바꿈.
【變格 변격】 보통과 다른 양식. 색다른 격식.
【變更 변경】 바꾸어 고침.
【變故 변고】 ①괴이한 사건. ②재변(災變)과 사고(事故).
【變怪 변괴】 귀신. 도깨비. 재변이 될 만한 괴이한 일. 妖怪(요괴).
【變德 변덕】 ⇒이랬다저랬다 잘 변하는 성질.
【變動 변동】 변하여 움직임.

【變亂 변란】 ①나라가 어지러움. 병란(兵亂). ②세상이 어지러워짐.
【變貌 변모】 모습이 달라짐.
【變法 변법】 법률을 고침. 또는 그 고친 법률.
【變服 변복】 남의 눈을 피하려고 변장(變裝)함. 또는 변장한 옷.
【變死 변사】 뜻밖의 재난이나 자해(自害) 등으로 죽는 일. 비명의 죽음. 橫死(횡사).
【變詐 변사】 ①배반하여 속임. 또는 요사스럽게 이랬다저랬다 함. ②⇒병세(病勢)가 갑자기 달라짐.
【變辭 변사】 말을 이리저리 바꿈. 또는 그런 말.
【變相 변상】 ①바뀌어진 모습. ②(佛)부처의 법신(法身)이 여러 가지 모양으로 변하여 나타난 모습.
【變說 변설】 ①지론(持論)을 도중에 바꿈. ②자기가 하던 말을 중간에 고침.
【變聲 변성】 ①오음(五音) 가운데의 치(徵)와 우(羽). ②변궁(變宮)과 변치(變徵). ③목소리가 변함. 목소리를 바꿈.
【變成男子 변성남자】 (佛)여자가 미래에 부처가 되기 위하여 성(性)을 바꾸어 남자가 됨.
【變衰 변쇠】 변하여 쇠약해짐.
【變易 변역】 변하여 바꾸거나 바뀜.
【變異 변이】 ①괴이한 일. 천지의 재변 따위. ②같은 종류의 동식물이 그 성상(性狀)이 달라짐.
【變災 변재】 뜻하지 않은 재앙.
【變轉 변전】 이리저리 변하여 달라짐.
【變節 변절】 ①절개를 꺾음. ②종래의 주장을 바꿈. ③계절의 변화. 철이 바뀜.
【變除 변제】 ①제거함. ②⇒상복을 바꾸어 입는 일. 소상(小祥)을 마친 뒤에 상복을 빨고 수질(首絰)을 벗으며, 대상(大祥)을 마친 뒤에 상복을 아주 벗음.
【變種 변종】 ①종류가 달라짐. ②원종(原種)에서 변하여 생긴 새 종자. ③성질이나 언행이 괴팍한 사람을 조롱하는 말.
【變則通 변즉통】 지금까지의 주의(主義)나 태도 등을 바꾸면, 막혔던 길이 새로 열림.
【變症 변증】 병의 증세가 자꾸 달라짐.
【變置 변치】 바꾸어 놓음.
【變徵之聲 변치지성】 변치조(變徵調)의 악곡(樂曲). 몹시 비장(悲壯)한 곡.
【變態 변태】 모습이 변함. 또는 그 변한 모습.
【變通 변통】 ①사물은 변화를 통해 통달함. ②형편이나 경우에 따라서 융통성 있게 처리함. ③⇒돈이나 물건을 서로 빌려 융통함.
【變革 변혁】 사회·제도 등을 근본적으로 바꿈.
【變化無方 변화무방】 변화함에 일정한 방향이 없음. 다양(多樣)하게 변화하는 일.
【變化無常 변화무상】 변화가 많거나 심하여 종잡을 수가 없음.
【變幻 변환】 변화가 종잡을 수 없이 빠름. 갑자기 나타났다 갑자기 없어졌다 함.
▶ 權-, 詭-, 機-, 大-, 萬-, 百-, 不-, 事-, 時-, 神-, 雲-, 應-, 異-, 一-, 災-, 地-, 千-, 天-, 豹-, 禍-.

言部 16~17획 聾讎讋譚讌䜺讇讇讇讌讕讓

言16 【聾】㉓
❶두려워할 섭 [葉] zhé
❷자꾸 지껄일 답 [合] zhé

소전 聾 주문 讋 초서 聾 간체 讋

[字解] ❶①두려워하다, 두려워서 정신없이 말하다. 〔後漢書〕莫不陸聾水慄. ②떨리는 목소리. ③꺼리다, 싫어하다. 〔淮南子〕故因其資, 以聾之. ④되풀이하다. ≒襲. ⑤자꾸 지껄이다. ≒聶. ❷자꾸 지껄이다.

【聾伏 섭복】 두려워서 엎드림.
【聾服 섭복】 두려워하여 복종함.
【聾怖 섭포】 두려워서 떪.

◐ 攝-, 諫-, 憂-, 戰-, 震-.

言16 【讎】㉓ 원수 수 [尤] chóu

소전 讎 초서 讎 동자 讐 고자 㤘 간체 雠

[字解] ①원수, 구적(仇敵). ≒仇. 〔後漢書〕骨肉兄弟, 還爲讎敵. ②원수로 삼다. 〔楚辭〕衆兆之所讎. ③비교하여 바로잡다, 교정(校正)하다. 〔左思·賦〕讎校篆籀. ④대답하다, 응대하다. 〔詩經〕無言不讎. ⑤갚다. ㉮원수를 갚다. 〔周禮·注〕難相與仇讎. ㉯값을 치르다, 보상하다. 〔魏志〕子許買物, 隨價讎直. ㉰대접하다. ≒酬. 〔戰國策〕著之盤盂, 屬之讎柞. ⑥팔다, 팔리다. ≒售. 〔史記〕高祖每酤, 留飮酒, 讎數倍. ⑦주다. ≒授. ⑧쓰다, 사용하다. 〔呂氏春秋〕民之讎之若性. ⑨같다, 비슷하다. 〔漢書〕皆讎有功. ⑩맞다, 합당하다. 〔新唐書〕事皆不讎. ⑪부류(部類), 동배(同輩). ≒儔. 〔書經〕予小臣, 敢以王之讎民, 百君子. ⑫효험이 있다, 효험. 〔史記〕其方盡, 多不讎.

【讎校 수교】 두 사람이 상대하여 원본과 대조하여 교정(校正)함. 讎正(수정).
【讎仇 수구】 원수.
【讎斂 수렴】 원수처럼 조세를 무겁게 부과하여 마구 거두어 감.
【讎問 수문】 따져 물음. 힐문(詰問)함.
【讎殺 수살】 원수로 여겨 죽임.
【讎厭 수염】 부르는 값대로 팖.
【讎怨 수원】 원한(怨恨). 讎冤(수원).
【讎僞 수위】 흉내 냄.
【讎日 수일】 國부모의 기일(忌日).
【讎柞 수작】 응대(應對)함. 酬酢(수작).
【讎正 수정】 ☞讎校(수교).
【讎疾 수질】 원수처럼 미워함.
【讎嫌 수혐】 ①원수같이 여겨 미워함. ②원수로서의 혐의(嫌疑).

◐ 校-, 仇-, 寇-, 國-, 報-, 復-, 奮-, 私-, 世-, 深-, 怨-, 恩-, 敵-.

言16 【讋】㉓ 讎(1705)와 동자

言16 【讇】㉓ 諂(1685)과 동자

言16 【讌】㉓ 잔치 연 [霰] yàn

초서 讌

[字解] ①잔치, 주연(酒宴). =醼. ≒燕·宴. ②잔치하다. 〔晉書〕欲與親知, 時坐歡讌. ③모여 이야기하다, 흉허물 없이 이야기하다. 〔後漢書〕與穰人蔡少公等讌語.
【讌服 연복】 평상복(平常服).
【讌席 연석】 연회(宴會)의 자리. 宴席(연석).
【讌笑 연소】 즐겁게 웃음. 燕笑(연소).
【讌語 연어】 터놓고 이야기함. 흉허물 없이 이야기함.
【讌飮 연음】 잔치하며 술을 마심. 연석(讌席)에서 술을 마심. 燕飮(연음).
【讌會 연회】 여러 사람이 모여서 베푸는 잔치.
【讌戲 연희】 연회를 베풀어 즐김.

◐ 談-, 從容-語, 歡-.

言16 【讆】㉓ 잠꼬대 위 [寘] wèi

초서 讆 간체 讆

[字解] ①잠꼬대, 헛소리. ②속이다, 거짓말하다. ≒僞·譌. 〔春秋左氏傳〕是讆言也. ③못난 사람을 기리는 일. 〔管子〕推譽不肖之謂讆. ④어리석다. 〔管子〕訾讆之人.

言16 【諂】㉓
❶아첨할 첨 [琰] chǎn
❷지나치게 공경할 염 [琰] chǎn
❸잠꼬대 섬 [琰] chǎn

초서 諂 간체 谄

[字解] ❶①아첨하다, 알랑거리다. —詔. 〔禮記〕爲人臣下者, 云云, 有頌而無諂. ②지나치게 공경하다. 〔禮記〕立容辨卑毋諂. ❸잠꼬대.

言17 【讕】㉔ 헐뜯을 란 [寒] lán

소전 讕 혹체 讕 초서 讕 간체 谰

[字解] ①헐뜯다, 서로 모함하여 헐뜯다. 〔春秋繁露〕是非之情, 不可以相讕已. ②잘못 말하다, 무의식중에 입밖에 내다. 〔新唐書〕亮讕辭曰, 囚等畏死見誣耳. ③속이다, 거짓말을 하다. 〔漢書〕滿讕誣天. ≒諫. 〔漢書·藝文志〕讕言十篇.
【讕辭 난사】 엉겹결에 불쑥 한 말.
【讕言 난언】 ①☞讕辭(난사). ②책 이름. 공천(孔穿)이 지었다고 함. 10편.

◐ 滿-, 相-, 抵-, 詆-.

言17 【讓】㉔ 사양할 양 讓 ràng

言言訓譲譲譲譲讓

소전 讓 초서 譲 간체 让

[字源] 形聲. 言+襄→讓. '襄(양)'이 음을 나타낸다.

[字解] ①사양하다. ㉮남에게 양보하다. ≒攘. 〔禮記〕退讓以明禮. ㉯자기를 낮추다, 겸손하다. 〔禮記〕其尊讓, 有如此者. ㉰주다, 넘겨주

다.〔呂氏春秋〕堯以天下讓舜. ㉔응하지 않다.〔楚辭〕知死不可讓兮. ㉕어기다, 좇지 않다.〔管子〕治斧鉞者, 不敢讓刑. ㉖물러나다. ②사양, 양보.〔大學〕一家讓, 一國興讓. ③꾸짖다, 힐책하다.〔國語〕讓不貢. ④욕하다, 매도하다. ≒讓.〔新方言〕今謂罵人曰讓. ⑤절의 한 가지. 손을 모아 어깨 높이로 올려, 상대자 앞으로 몸을 굽히는 예(禮).〔儀禮〕升堂讓, 注云, 讓, 謂擧手平衡也. ⑥제사 이름, 왕후(王侯)가 산천에 지내는 제사. ⑦빛다. ≒釀.〔急就篇〕消渴歐逆欬懣讓.

【讓能 양능】재지(才智) 있는 사람에게 자리를 양보함.
【讓渡 양도】권리·이익 따위를 남에게 넘겨줌. 讓與(양여).
【讓畔而耕 양반이경】농부가 서로 토지의 경계를 양보하면서 밭을 갊. 민정이 순후함.
【讓步 양보】①남에게 길을 비켜 주거나 자리를 내줌. ②제 주장을 굽혀 남의 의견을 좇음.
【讓禪 양선】⇨讓位(양위).
【讓受 양수】남에게서 넘겨받음.
【讓位 양위】임금의 자리를 물려줌.
【讓揖 양읍】공수(拱手)하여 절을 함.
【讓誚 양초】꾸짖음.
【讓退 양퇴】남에게 사양하고 물러남.
【讓賢 양현】현명한 사람에게 양보함.

◐ 謙−, 敬−, 交−, 卑−, 辭−, 禪−, 遜−, 飾−, 廉−, 禮−, 僞−, 揖−, 責−, 誚−, 推−, 退−, 虛−, 互−, 確−.

言 17 【讔】㉔ 수수께끼 은 㘃 yǐn
소전 䛆 초동 讔 간체 讔 字解 ①수수께끼, 미어(迷語). ≒隱.〔呂氏春秋〕荊莊王立三年, 不聽而好讔. ②저주하다, 악담(惡談)하다.

言 17 【讕】㉔ 讔(1706)과 동자

言 17 【讒】㉔ 참소할 참 㘃 chán
소전 䜌 초속 讒 간체 谗 字解 ①참소(讒訴)하다, 거짓을 꾸며 남을 모함하다.〔莊子〕好言人之惡, 謂之讒. ②해치다, 중상하다.〔荀子〕傷良曰讒. ③거짓말하다, 큰소리치다.〔韓詩外傳〕讒, 誕也. ④알랑거리다, 아첨하다. ⑤사특하다, 마음이 바르지 못하다.〔呂氏春秋〕讒慝勝良.

【讒間 참간】참소하여 사이를 멀어지게 함. 이간질함.
【讒構 참구】남을 참소하여 죄에 빠뜨림.
【讒佞 참녕】참소하고 아첨함. 교묘하게 남을 헐뜯음. 또는 그런 사람.
【讒誣 참무】없는 일을 꾸며서 윗사람에게 고해 바침. 무고(誣告)하여 참소함.

【讒謗 참방】헐뜯음. 비방함.
【讒夫 참부】참소하는 사람. 교묘한 말로 남을 모함하는 사람. 讒人(참인).
【讒邪 참사】간사한 마음으로 남을 헐뜯음.
【讒說 참설】⇨讒言(참언).
【讒訴 참소】남을 헐뜯어서 없는 죄를 있는 듯이 꾸며 고해바침.
【讒臣 참신】참소하는 신하.
【讒言 참언】거짓으로 꾸며서 남을 참소하는 말.
【讒鼎 참정】①솥의 이름. 참소를 미워하는 뜻을 나타낸 솥. ②우왕(禹王)이 감참(甘讒) 땅에서 만든 구정(九鼎).
【讒奏 참주】임금에게 참소함.
【讒嫉 참질】질투하여 참소함.
【讒諂 참첨】참소하고 아첨함. 또는 그런 사람.
【讒慝 참특】간특하고 사악함. 또는 그런 사람.
【讒陷 참함】참소하고 모함함.
【讒毀 참훼】남을 헐뜯어 말함.

◐ 口−, 譏−, 內−, 謗−, 毀−.

言 17 【讖】㉔ ❶참서 참 㘃 chèn ❷뉘우칠 참 㘃 chàn
소전 䜟 초 讖 간체 谶 字解 ❶①참서(讖書), 비결(祕訣), 미래기(未來記).〔後漢書〕以圖讖說孝武. ②조짐, 미래의 길흉에 대한 징조.〔後漢書〕光武善讖. ❷뉘우치다. ≒懺.
【讖記 참기】미래의 일을 예언한 기록.
【讖書 참서】참언을 모아 적은 책.
【讖術 참술】미래의 일을 아는 술법.
【讖言 참언】앞일의 길흉(吉凶)을 예언하는 말. 讖語(참어).
【讖緯 참위】도참(圖讖)과 위서(緯書).

◐ 圖−, 符−, 祕−, 詩−, 謠−.

言 18 【讘】㉕ 속삭일 섭 㘃 niè
소전 讘 속 讘 字解 ①속삭이다, 소곤거리다. ≒囁. ②말이 많다. =囁·譇.

言 18 【讙】㉕ ❶시끄러울 환 㘃 huān ❷부를 환 㘃 huàn ❸놀라 소리 지를 훤 㘃
소전 䜩 초 讙 간체 谨 字解 ❶①시끄럽다, 시끄럽게 떠들다.〔荀子〕百姓讙敖. ②시끄럽게 말다툼을 하다.〔漢書〕諸將盡讙. ③꾸짖다, 책망하다. ④기뻐하다. ≒歡.〔禮記〕鼓聲之聲讙. ⑤울다, 새들이 시끄럽게 지저귀다. ❷①부르다. =喚·嚾. ②기뻐하다. =懽. ❸놀라 소리 지르다. =喧·喧.

【讙奮 환분】기꺼이 떨쳐 일어남.
【讙然 환연】기뻐하는 모양. 歡然(환연).
【讙敖 환오】떠들썩함. 시끄러움.
【讙譁 환화】시끄럽게 떠듦.
【讙囂 환효】시끄럽게 떠듦. 또는 그 소리.

【讙讙 환환】 시끄러운 모양.
◯叫-, 譟-, 衆-.

言18【譎】㉕ 말 씩씩할 획 🈺 xié
[字解] ①말이 씩씩한 모양. ②성내다, 성내어 꾸짖다. ③자랑하다, 제 자랑을 하는 모양. ④말을 빨리 하는 모양, 재잘거리는 모양.

言18【譫】㉕ 噫(318)와 동자

言19【讛】㉖ 囈(322)와 동자

言19【讚】㉖ 기릴 찬 🈺 zàn

[초서] 讚 [속자] 讃 [간체] 赞 [字源] 形聲. 言+贊→讚. '贊(찬)'이 음을 나타낸다.
[字解] ①기리다, 칭찬하다. ≒譽. 〔魏志〕下詔褒讚. ②밝히다, 명확히 하다. ③적다, 기록하다. 〔晉書〕凡所讚迷, 百ერ萬言. ④돕다, 보좌하다. 〔潘岳·詩〕光讚納言. ⑤문체 이름, 선행을 찬양한 글. ≒贊. 〔後漢書〕著詩·賦·碑·誄·銘·讚. ⑥(佛)찬불가(讚佛歌). 부처의 공덕을 찬양한 가사(歌詞).
【讚歌 찬가】 찬미하는 노래.
【讚明 찬명】 도와서 분명하게 함.
【讚美 찬미】 아름답거나 거룩한 것을 기리어 칭송함. 贊美(찬미).
【讚佛 찬불】 부처의 공덕을 기림.
【讚辭 찬사】 칭찬하는 말이나 글.
【讚賞 찬상】 칭찬하여 기림.
【讚頌 찬송】 기리고 칭송함. 讚美(찬미).
【讚述 찬술】 기리어 기술함. 칭찬하여 기록함. 贊述(찬술).
【讚歎 찬탄】 기리고 감탄함. 몹시 칭찬함.
◯圖-, 賞-, 書-, 頌-, 禮-, 自畫自-, 絶-, 題-, 推-, 稱-, 畫-.

言20【讜】㉗ 곧은 말 당 🈺 dǎng

[소전] 讜 [초서] 谠 [간체] 谠 [字解] ①곧은 말, 직언(直言), 선언(善言). ≒讛. ≒黨. 〔後漢書〕讜言善策, 隨事獻納. ②바르다, 정직하다.
【讜言 당언】 올바른 말. 正言(정언).
【讜獄 당옥】 지사(志士)가 옥에 갇히는 일.
【讜議 당의】 ▱議論(당론).
【讜直 당직】 곧고 바름. 정직함.
◯忠-.

言20【讞】㉗ 죄 의논할 언·얼 🈺 yàn

[초서] 谳 [동자] 瀛 [간체] 谳 [字解] ①죄를 의논하다, 죄의 경중을 평의(評議)하여 정하다. 〔宋史〕屢爲法官, 數以讞議. ②피의자(被疑者)를 조사하다. 〔後漢書〕欲避請讞之煩. ③정직하다, 마음이 바르고 곧은 모양. 〔石介·頌〕立朝讞讞. ④아뢰다, 여쭈다. 〔禮記〕獄成, 有司讞于公. ⑤심리를 정하다, 재결을 바라다. 〔後漢書〕郡縣疑不能決, 乃上讞之.
【讞牘 언독】 소송을 심리한 기록.
【讞書 언서】 재판의 판결문.
【讞讞 언언】 마음이 정직한 모양.
【讞獄 언옥】 의옥(疑獄)을 조사함.
【讞疑 언의】 의심스러운 안건을 심리함.
【讞議 언의】 공평한 논의.
【讞正 언정】 죄를 바르게 헤아림.

言20【讝】㉗ 헛소리 점 🈺 zhán
[字解] 헛소리, 병든 사람의 헛소리.

言22【讟】㉙ 원망할 독 🈺 dú

[소전] 讟 [초서] 讟 [간체] 讟 [字解] ①원망하다, 몹시 한스럽게 여기며 탓하다. 〔春秋左氏傳〕民無謗讟. ②헐뜯다, 비방하다. 〔春秋左氏傳〕君無怨讟. ③미워하다, 질시하다. ④원망하는 말. 〔漢書〕怨讟動於民.
【讟謗 독방】 헐뜯음. 비방(誹謗)함.

谷 部

7획 부수 | 골곡부

谷0【谷】⑦ ❶골 곡 🈺 gǔ
❷흉노 왕 록 🈺 lù

丿 八 夕 父 兦 谷 谷

[소전] 岕 [초서] 岕 [參考] 대법원 지정 인명용 한자의 음은 '곡'이다.
[字源] 會意. 口+兦→谷. '口'는 샘물이 솟아 나오는 구멍, '兦'는 샘물이 절반쯤 솟아난다는 뜻. 합하여 샘물이 솟아나 산과 산 사이를 지나 바다에 흘러가기까지의 사이, 곧 '골짜기'라는 뜻을 나타낸다.
[字解] ❶①골, 골짜기, 계곡(溪谷). =峪. 〔王勃·賦〕細察谷底. ②홈, 홈통. 〔漢書〕取竹之解谷. ③좁은 길, 경로(徑路). 〔楚辭〕橫飛谷以南征. ④살이 깊은 곳. 〔素問〕肉之大會爲谷. ⑤막히다, 궁진(窮盡)하다. 〔詩經〕進退維谷. ⑥기르다. 〔老子〕谷神不死. ⑦자라게 하

다, 성장시키다. 〔爾雅〕東風謂之谷風. ⑧성(姓). ❷흉노(匈奴)의 왕. 〔史記〕置左右賢王, 左右谷蠡王.
【谷閣 곡각】골짜기에 걸쳐 놓은 잔교(棧橋).
【谷間 곡간】골짜기. 산골짜기.
【谷澗 곡간】산골짜기를 흐르는 시내. 개울.
【谷谷 곡곡】새의 울음소리. 穀穀(곡곡).
【谷口 곡구】골짜기의 어귀.
【谷量 곡량】골짜기를 단위로 하여 수량을 헤아림. 물품이 매우 많음.
【谷無虎先生兎 곡무호선생토】(諺)범 없는 골에 토끼가 선생 노릇함. ㉠강자가 없어지면 약자가 도리어 횡포하게 굶. ㉡군자가 없는 곳에 소인이 횡행함.
【谷水 곡수】①골짜기의 개울물. 개울. ②때로는 물이 있고 때로는 물이 마르는, 골짜기의 도랑.
【谷神 곡신】①골짜기의 공허한 곳. 현묘(玄妙)한 도(道)의 비유. ②신(神)을 기름.
【谷王 곡왕】모든 골짜기의 물이 모이는 곳. 곧, 강이나 바다.
【谷飮 곡음】골짜기의 물을 움켜 마심. 은거함.
【谷泉 곡천】골짜기에서 나는 샘.
【谷風 곡풍】①동풍(東風). 만물의 성장을 돕는 바람. '谷'은 '穀'으로 '곡식'을 뜻함. 春風(춘풍). ②골짜기에서 산꼭대기로 부는 바람. 골바람.
【谷蠡 녹려】흉노(匈奴) 번왕(藩王)의 봉호(封號).
◐ 澗—, 谿—, 空—, 窮—, 陵—, 山—, 深—, 巖—, 暘—, 幽—, 壑—, 解—, 虛—, 峽—.

谷 3【谸】⑩ 산 이름 천㊀ qiān
字解 산 이름.

谷 4【谻】⑪ ❶절 각㊂ jí ❷곤할 극㊂ jí
소전 字解 ❶절다, 발을 절다, 절뚝절뚝 걷는 모양. ❷곤하다, 피곤하다, 지치다. 〔史記〕徵谻受詘.

谷 4【谺】⑪ 골 휑할 하㊀ xiā
字解 골이 휑하다, 골짜기가 깊고 넓어 텅 빈 모양. 〔史記〕谽谺豁閕.

谷 4【谹】⑪ 깊을 횡㊁ hóng
초서 字解 ①깊다, 뜻이 깊다. 〔漢書〕崇論谹議. ②큰 소리의 형용. 〔法言〕非雷非霆, 隱隱谹谹. ③산울림, 메아리, 골짜기에서 울리는 소리.
【谹議 횡의】넓고 깊은 논의(論議).

谷 5【睿】⑫ ❶쳐낼 준㊂ jùn ❷충명할 예㊁ ruì
소전 字解 ❶쳐내다, 준설(浚渫)하다, 개울물이 잘 흐르도록 밑바닥에 멘 것을 파내다. =濬. 〔虞書〕睿畎澮距川. ❷총명하다. ※叡(259)의 고자(古字).

谷 6【谼】⑬ 큰 골 홍㊀ hóng
초서 字解 큰 골, 큰 골짜기.

谷 7【叡】⑭ 壡(367)의 본자

谷 7【谽】⑭ 골 휑할 함㊀ hān
초서 字解 골이 휑하다, 골짜기가 깊어 공허한 모양. 〔史記〕谽谺豁閕.
【谽谺 함하】①골짜기가 휑하니 빈 모양. ②골짜기가 깊은 모양.

谷 8【谾】⑮ ❶골 휑할 홍㊀ hōng ❷골 깊을 롱㊀ lóng
초서 字解 ❶골이 휑하다, 골짜기가 휑뎅그렁하게 텅 빈 모양. ❷골이 깊다, 골짜기가 깊고 긴 모양. =谼. 〔司馬相如·賦〕巖巖深山之谾谾兮.
【谾壑 홍학】골짜기가 텅 빈 모양.
【谾谾 농롱】①골짜기가 깊은 모양. ②텅 비고 광활한 골짜기.

谷 8【谽】⑮ 골 클 효㊁ xiāo
字解 골이 크다, 골짜기가 큰 모양.

谷 10【谿】⑰ 시내 계㊀ xī
소전 초서 동자 동자 字解 ①시내. ㉮막힌 시내, 흘러 갈 데가 없는 시내. ㉯마른 시내, 물이 없는 시내. 〔呂氏春秋〕若高山之奧深谿. ㉰내에 흘러 들어가는 시내. 〔左思·賦〕含谿懷谷. ㉱산골짜기의 시내. 〔春秋左氏傳〕澗谿沼沚之毛. ②비다, 공허하다. 〔呂氏春秋〕則耳谿極. ③살(肉)이 깊이 모인 곳 진 곳. 〔素問〕肉之小會爲谿. ④각시메뚜기, 토종(土螽).
【谿澗 계간】골짜기를 흐르는 개울.
【谿谷 계곡】①물이 흐르는 골짜기. 溪谷(계곡). ②몸에서 살(肉)이 모인 곳. '谷'은 살이 많이 모인 곳을, '谿'는 적게 모인 곳을 뜻함.
【谿流 계류】산골에 흐르는 시냇물.
【谿鴨 계압】비오리. 오릿과의 물새. 水鷄(수계). 紫鴛鴦(자원앙).
【谿子 계자】센 쇠뇌를 만들었다는 남쪽의 만족(蠻族). 또는 그 쇠뇌의 이름.
【谿壑 계학】①골짜기. 溪谷(계곡). ②끝없는 욕심의 비유.
【谿壑之慾 계학지욕】한없는 욕심. 대단한 탐심(貪心).
◐ 澗—, 深—, 清—.

谷部 10~16획

谷10 【谿】⑰
❶뒵들 혜 xī
❷시내 계 xī
[字解] ❶뒵들다, 서로 덤벼들어 말다툼하다. 〔莊子〕婦姑勃谿. ❷공허하다. ❸시내. =谿.

谷10 【豁】⑰ 뚫린 골 활 huò
[字解] ❶뚫린 골, 넓게 탁 트인 골짜기. ❷열리다. 〔郭璞·賦〕豁若天開. ❸통하다, 소통(疏通)하다. 〔何晏·賦〕開南端之豁達. ❹미치다, 이르다. 〔史記〕意豁如也. ❺텅 비다, 공허(空虛)하다. 〔史記〕谽谺豁閜. ❻크다, 도량이 크다. 〔大學或問〕是以君子之心, 豁然大公. ❼깊은 모양. 〔左思·賦〕豁險呑若巨防. ❽용서하다, 면제하다. 〔淸會典〕明季加派三餉及召買津糧, 槪予豁除.
【豁達 활달】활짝 열린 모양. ㉠사방이 탁 트여 넓은 모양. ㉡도량이 넓고 큼.
【豁達大度 활달대도】넓고 큰 도량.
【豁落 활락】넓고 큼.
【豁如 활여】도량이 넓은 모양.
【豁然 활연】①활짝 열리는 모양. ②넓게 트인 모양. ③의심·미혹이 깨끗이 풀리는 모양. 깨닫는 모양.
【豁然貫通 활연관통】환하게 도를 깨달음.
【豁然大悟 활연대오】마음이 활짝 열리듯 크게 깨달음을 얻는 일.
【豁悟 활오】시원하게 깨달음.
【豁蕩 활탕】도량이 커서 사물에 구애되지 않음.
【豁平 활평】넓고 평평함.
【豁閒 활한】공허하고 광대한 모양.
【豁險 활험】깊고 험준함.
【豁豁 활활】널찍한 모양.
▶ 開-, 空-, 洞-, 舒-, 疏-, 恬-, 寥-, 通-, 軒-.

谷10 【豁】⑰ 豁(1709)의 본자

谷11 【谸】⑱ 㵎(1952)과 동자

谷12 【谳】⑲ 㵎(1034)과 동자

谷12 【谽】⑲ 열릴 함 hǎn
[字解] ❶열리는 모양. 〔郭璞·賦〕谽如地裂, 豁若天開. ❷골짜기가 깊은 모양. ❸가파르게 뚫린 모양.

谷16 【谾】㉓ 크고 긴 골 롱 lóng
[字解] ❶크고 긴 골. ❷산이 깊은 모양. ❸골이 휑뎅그렁하게 빈 모양.

豆 部

7획 부수 | 콩두부

豆0 【豆】⑦ 콩 두 dòu

一 厂 戸 盲 卣 豆 豆

[字源] 象形. 굽이 높은 제기(祭器)의 모양을 본뜬 글자. 위의 '一'은 뚜껑, '口'는 물건을 담는 부분, 아래의 '丷'은 그 굽을 가리킨다. 뒤에 '荅'과 통하여 '콩'의 뜻으로 쓰인다.
[字解] ❶콩, 팥. 콩과에 딸린 식물의 총칭. 또는 그 열매. =荅. 〔王襃·儀約〕奴當飯豆飮水. ❷제기(祭器) 이름. 제사나 예식 때 음식을 담는 데 쓰던, 나무로 만든 굽 높은 그릇. 〔詩經〕卬盛于豆. ❸제수(祭需), 제물. 〔詩經〕爲豆孔庶. ❹잔대, 잔받침. ❺용량 단위. 너 되(四升). 〔春秋左氏傳〕四升爲豆. ❻무게 단위. 〔說苑〕十六黍爲一豆, 六豆爲一銖.
【豆羹 두갱】①한 그릇의 국. 소량(小量)의 국. 매우 적고 하찮음. ②단팥죽 비슷한 음식.
【豆萁 두기】①콩깍지. ②콩깍지를 태워 콩을 삶음. 형제의 의가 좋지 못함의 비유. 煮豆燃萁(자두연기).
【豆登 두등】제사 때 쓰는 그릇. ○'豆'는 김치나 젓갈을 담는 나무 그릇, '登'은 국을 담는 오지그릇.
【豆糜 두미】콩죽. 豆粥(두죽).
【豆籩 두변】제사 때 쓰는 굽이 높은 그릇. ○'豆'는 나무 그릇, '籩'은 대나무 그릇으로, 모두 기장을 담는 데 씀.
【豆剖瓜分 두부과분】콩이나 오이를 쪼개듯이 분열(分裂)하거나 분할(分割)함.
【豆分 두분】콩이 쪼개지듯이 갈라짐.
【豆豉 두시】콩으로 만든 식품. 된장·메주 따위.
【豆芽菜 두아채】①콩나물. 菽芽菜(숙아채). ②숙주나물.
【豆油 두유】콩기름.
【豆乳 두유】진한 콩국. 豆漿(두장).
【豆肉 두육】제기(祭器)에 담은 고기.
【豆人 두인】작은 사람. 먼 데서 바라본 사람 모습의 형용.
【豆滓 두재】콩깻묵. 豆粕(두박).
【豆酒 두주】한 말의 술.
【豆靑 두청】연한 황색(黃色).
【豆太 두태】國 ①콩과 팥. ②콩팥. 신장(腎臟).
【豆泡 두포】두부(豆腐).
【豆花雨 두화우】콩의 꽃이 필 무렵인 음력 8월에 오는 비.
【豆黃 두황】볶은 콩을 간 가루. 콩가루.
▶ 豇-, 簋-, 綠-, 大-, 籩-, 小-, 粟-, 菽-, 野-, 豌-, 一-, 甌-, 俎-, 竹-.

豆 2 【豋】 ⑨ 豆(1709)와 동자

豆 3 【豇】 ⑩ 광저기 강 豇 jiāng

字解 광저기, 강두(豇豆). 콩과의 일년생 만초. 또는 그 열매.
【豇豆 강두】 콩의 한 가지. 광저기.

豆 3 【豈】 ⑩ ❶어찌 기 尾 qǐ ❷즐길 개 賄 kǎi

參考 대법원 지정 인명용 한자의 음은 '기·개'이다.
字源 形聲. 山+豆→豈. '山(산)'은 '微(미)'의 생략형으로 음을 나타낸다.
字解 ❶①어찌, 어째서. 반어(反語)의 뜻을 나타내는 말. '安, 焉'과 같다. 〔張衡·賦〕豈徒跼高天, 蹐厚地而已哉. ②그. 발어사(發語辭). 〔莊子〕君豈有斗升之水而活我哉. ③바라다, 원하다. 〔曹植·詩〕君不垂眷, 豈云其誠. ④일찍이. '曾'과 같은 뜻. ❷①즐기다. ≒愷. 〔詩經〕豈樂飮酒. ②개가(凱歌), 개선(凱旋)하여 부르는 노래. ≒凱. ③화하다, 화락하다. 〔詩經〕豈弟君子.
【豈可 기가】어찌 할 수 있는가? 해서는 안 된다는 금지의 뜻.
【豈徒順之 기도순지】어찌 다만 이에 따르기만 하리오. 따르기만 할 뿐 아니라 또한 이러이러한 일도 한다는 뜻.
【豈不爾思 기불이사】어찌 너를 생각하지 않으리오.
【豈非 기비】어찌 ~가 아니랴. 그것임에 틀림없다는 반어의 뜻. 寧非(영비).
【豈唯 기유】어찌 다만 그것뿐이랴.
【豈有此理 기유차리】어찌 그런 도리(道理)가 있으리오.
【豈止 기지】⇨豈唯(기유).
【豈樂 ❶개락 ❷개악】❶기뻐함. 즐거워함. ❷개선할 때 부르는 음악.
【豈樂飮酒 개락음주】즐거워하며 술을 마심.
【豈弟 개제】화락하게 즐김. 마음이 즐겁고 편안한 모양. 凱弟(개제). 愷悌(개제).

豆 4 【豉】 ⑪ 메주 시 寘 chǐ

字解 ❶메주, 된장 따위. ❷물맴이, 물무당. 물 위를 떠다니는 물방개와 비슷한 곤충.

豆 5 【豋】 ⑫ 豋(1710)과 동자

豆 6 【登】 ⑬ 제기 이름 등 蒸 dēng

參考 登(1710)은 딴 자.
字源 會意. 肉+豆+++→豋→登. 두 손으로 받드는 고기를 담은 제기(祭器), 굽이 높은 질그릇이라는 뜻을 나타낸다.
字解 제기(祭器) 이름. 제사나 예식(禮式) 때 음식을 담는 데 쓰던 도제(陶製)의 굽 높은 그릇. ≒鐙. 〔詩經〕于豆于登.

豆 6 【豊】 ⑬ ❶굽 높은 그릇 례 薺 lǐ ❷풍년 풍 東 fēng

參考 대법원 지정 인명용 한자의 음은 '풍'이다.
字源 象形. 曲+豆→豊→豊. '豆'는 음식을 담는 그릇의 모양, '曲'는 음식을 담은 모양. 합하여 의식 때 쓰는 굽이 높은 그릇이라는 뜻을 나타낸다.
字解 ❶①굽이 높은 그릇, 의식(儀式) 때 쓰는 그릇. ②예도. ※禮(1262)의 고자(古字). ❷풍년. ※豐(1711)의 속자(俗字).

豆 8 【豎】 ⑮ 더벅머리 수 麌 shù

字解 ①더벅머리, 아직 관례(冠禮)를 치르지 않은 총각 아이, 심부름하는 아이. ≒孺. 〔春秋左氏傳〕公夢疾爲二豎子. ②내시(內侍), 환관(宦官). 〔後漢書〕豎宦充朝. ③천하다, 비루하다. 〔史記〕豎儒, 幾敗乃公事. ④짧다. 〔荀子〕衣則豎褐不完. ⑤서다, 세우다. 〔唐書〕毛髮爲森豎. ⑥세로. 〔梁簡文帝·銘〕霞文橫豎. ⑦곧다, 바르다. 〔晉書〕直豎不斜. ⑧잠방이, 짧은 홑 고의.
【豎褐 수갈】동복(僮僕)들이 입는 짧은 잠방이. 褐衣(갈의).
【豎琴 수금】거문고의 한 가지.
【豎童 수동】심부름하는 더벅머리 아이.
【豎吏 수리】하급 관리. 豎臣(수신).
【豎理 수리】세로로 난 금. 세로무늬.
【豎立 수립】똑바로 섬, 또는 세움.
【豎毛 수모】머리털이 곤두섬. 몹시 놀라고 두려워하는 모양.
【豎臣 수신】미관말직(微官末職). 하급 관리. 小臣(소신).
【豎儒 수유】①못난 학자. 유학자(儒學者)를 욕하는 말. ②유학자의 겸칭.
【豎子 수자】①더벅머리 아이. 童子(동자). ② '애송이'라고 남을 얕잡아 일컫는 말.
【豎宦 수환】내시. 宦官(환관).
● 賈-, 群-, 內-, 奴-, 牧-, 僕-, 斜-, 森-, 小-, 牛-, 變-, 橫-, 凶-.

豆 8 【豌】 ⑮ 완두 완 寒 wān

字解 ①완두. 콩과의 두해살이 만초. 또는 그 열매. 〔本草綱目〕其苗柔弱宛宛, 故得豌名. ②콩으로 만든 엿, 콩엿.

豆部 8~12획 䝁 䜿 登 䜽 䝑 豐 䝒 䝔   1711

【豌頭瘡 완두창】 완두 모양으로 허는 종기.

豆8 【䝁】 ⑮ 탄 콩 책 囮 cè
[字解] ①탄 콩, 맷돌에 간 콩, 비지. ②볶은 콩을 간 콩가루. 〔新唐書〕日膳裁豆䝁而已.

豆8 【䜿】 ⑮ 豐(1711)의 고자

豆10 【登】 ⑰ 새콩 로 囵 láo
[字解] 새콩. 콩과의 일년생 만초. 〔唐書〕撷登荳以食.

豆10 【䜽】 ⑰ 군사용 북 비 齏 bī
[字解] 군사용(軍事用) 북, 기병(騎兵)이 쓰는 북.

豆10 【䝑】 ⑰ 콩 반쯤 싹 틀 함 囦 xiàn
[字解] ①콩이 반쯤 싹 트다. ②콩이 반쯤 성숙(成熟)하다. ③덜 삶은 콩, 데친 콩. ④콩으로 만든 소, 떡에 넣는 콩소·팥소 따위.

豆11 【豐】 ⑱ 풍년 풍 囗 fēng

[字源] 象形. 제기(豆) 위에 물건을 가득 올려놓은 모습으로, '넉넉하다'라는 뜻을 나타낸다.
[字解] ①풍년, 풍년 들다. 〔禮記〕視年之豐耗. ②넉넉하다. ㉮차다, 가득하다. 〔易林〕富饒豐衍. ㉯성하다, 푸지다. 〔張衡·賦〕仁洽道豐. ㉰많다, 족하다, 부하다. 〔國語〕不爲豐約擧. ㉱잘 자라다, 무성하다. 〔詩經〕在彼豐草. ㉲크다. ㉳두껍다. ㉴굵다. ㉵살찌다. 〔宋玉·賦〕貌豐盈以莊姝兮. ③제기(祭器) 이름. 제사 때 술잔을 받치는 그릇. ④잔(盞·盞), 굽이 달린 잔받침. 〔儀禮〕飮酒實於觶, 加于豐. ⑤괘 이름, 64괘(卦)의 하나. 괘형은 ䷶. 성대광충(盛大光充)함을 상징한다.

【豐潔 풍결】 제수(祭需)가 풍족하고 깨끗함.
【豐歉 풍겸】 풍년과 흉년.
【豐功 풍공】 큰 공적. 偉功(위공).
【豐筋多力 풍근다력】 글씨의 획이 굵고 힘참.
【豐年 풍년】 곡식이 잘 여문 해. 농사가 잘된 해.
【豐年化子 풍년화자】 ⓒ풍년거지. 여러 사람이 이익을 볼 때 혼자 빠져 이익을 못 봄.
【豐登 풍등】 곡식이 잘 여묾. 豐稔(풍임).
【豐樂 풍락】 물자가 풍부하고 백성이 안락함. 재물이 넉넉하여 즐거움.
【豐麗 풍려】 풍만하고 아름다움.
【豐隆 풍륭】 ①우렛소리. 또는 뇌신(雷神). ②비나 구름의 신(神).
【豐滿 풍만】 ①물자가 풍족함. ②몸이 투실투실하게 살찜.
【豐富 풍부】 넉넉하고 많음.
【豐碑 풍비】 ①공덕을 찬양하여 세우는 큰 비석. ②하관(下棺)할 때 쓰던 장구(葬具)의 한 가지. 관을 서서히 광중으로 내리는 데 쓰는 나무.
【豐羨 풍선】 풍부하여 여유가 있음.
【豐贍 풍섬】 풍족함. 재물이 넉넉함.
【豐盛 풍성】 넉넉하고 흥성흥성함.
【豐城劍氣 풍성검기】 걸출한 인재의 기운. [故事] 진(晉)의 장화(張華)가 북두성과 견우성 사이에 보라색 기운이 뻗치는 것을 보고 풍성(豐城) 지방으로 사람을 보내어 그곳에 묻힌 용천(龍泉)과 태아(太阿)라는 두 명검을 얻었다는 고사에서 온 말.
【豐歲 풍세】 곡식이 잘 여물어 수확이 많은 해. 豐年(풍년).
【豐熟 풍숙】 많이 열고 잘 익음. 豐穰(풍양).
【豐殖 풍식】 ①풍족하게 늚. 늘고 불어남. ②넉넉하게 자람.
【豐約 풍약】 ①풍족함과 검약함. ②빈부(貧富), 성쇠(盛衰), 다과(多寡).
【豐穰 풍양】 ☞豐稔(풍임).
【豐漁 풍어】 물고기가 많이 잡힘.
【豐衍 풍연】 넉넉하여 남아돎.
【豐艶 풍염】 얼굴이 포동포동하고 아리따움.
【豐屋 풍옥】 큰 집. 大廈(대하).
【豐饒 풍요】 산물이나 음식물 등이 매우 닉닉함.
【豐偉 풍위】 몸이 비대(肥大)함.
【豐潤 풍윤】 ①풍부하고 윤택함. ②풍부한 액즙(液汁).
【豐稔 풍임】 결실(結實)이 잘됨. 풍년이 듦.
【豐作 풍작】 풍년이 들어 잘된 농사.
【豐足 풍족】 넉넉하여 충분함.
【豐草 풍초】 무성한 풀.
【豐悴 풍췌】 흥함과 쇠함. 성쇠(盛衰).
【豐取刻與 풍취각여】 많이 차지하고 조금 줌. 탐욕스럽고 인색함.
【豐下 풍하】 턱 밑에 살쪄 도톰함. 부귀(富貴)의 상(相)임.
【豐亨豫大 풍형예대】 세상이 평화로워 백성이 즐거움을 누림.
【豐厚 풍후】 ①극진히 함. 또는 매우 정중함. ②얼굴에 살이 많아 덕성스러움.
【豐凶 풍흉】 풍년과 흉년.
● 大-, 登-, 歲-, 新-, 年-, 隆-, 凶-.

豆12 【䝒】 ⑲ 登(1711)와 동자

豆12 【䝔】 ⑲ 북소리 전 囮 tián
[字解] 북소리.
【䝔䝔 전전】 북소리.

豆部 20~21획 豐豓 豕部 0~5획 豕豖豗豜豚𧱊豝豝豞象

豆20 【豐】㉗ 豓(1712)의 본자

豆21 【豓】㉘ 艶(1485)과 동자

豕 部
7획 부수 | 돼지시부

豕0 【豕】⑦ 돼지 **시** 紙 shǐ

소전 豕 고문 豕 초서 豕 동자 豕 字源 象形. 돼지가 꼬리를 치켜든 모양을 본뜬 글자.

字解 돼지. 돼지류(類)의 총칭. 주역(周易)에서는 '坎(감)', 오행에서는 '水(수)'에 속한다. 〔詩經〕有豕白蹢.
【豕交獸畜 시교수축】 돼지와 같이 사귀고 짐승처럼 기름. 사람을 예(禮)로써 대하지 않음.
【豕突 시돌】 멧돼지처럼 앞뒤를 헤아리지 않고 달려듦. 猪突(저돌).
【豕牢 시뢰】 뒷간. ○뒷간을 돼지우리에 두었기 때문에 이르는 말.
【豕腊 시석】 돼지고기의 포(脯).
【豕視 시시】 돼지의 눈매로 봄. 불인(不仁)한 인상(人相).
【豕心 시심】 돼지처럼 욕심이 많고 부끄러움이 없는 마음.
【豕彘 시체】 돼지.
【豕喙 시훼】 돼지 주둥이. 곧, 욕심이 많아 보이는 인상(人相).
● 封-, 肥-, 蛇-, 野-, 魚-, 遼東-.

豕3 【豖】⑩ 豕(1712)와 동자

豕3 【豗】⑩ 칠 회 灰 huī

초서 豗 본자 豗 동자 豧 字解 ①치다, 맞부딪쳐 서로 때리다.〔木華·賦〕磊砢匌而相豗. ②돼지가 땅을 뒤지다. ③떠들썩하다, 시끄럽다.〔李白·蜀道難〕飛湍瀑流爭喧豗. ④병든 모양. =虺.

豕4 【豜】⑪ 豜(1713)의 속자

豕4 【豚】⑪ ❶돼지 **돈** 元 tún
❷지척거릴 **돈** 阮 dùn

月 月 𠂣 肝 肕 肜 豚 豚
소전 豚 전문 肳 초서 豚 동자 𧱊 字源 會意. 肉+

豕→豚. 제사를 지낼 때 쓰는 고기인 희생(犧生)을 뜻한다.
字解 ❶①돼지, 새끼 돼지. 〔禮記〕豚肩不掩豆. ②흙 부대. 제방을 쌓기 위하여 부대 속에 흙을 넣은 것.〔魏志〕豫作土豚, 遏斷湖水. ③복, 복어, 하돈(河豚). =魨. ④성(姓). ❷지척거리다, 발꿈치를 질질 끌고 가다. =腯.
【豚犬 돈견】①돼지와 개. ②어리석은 사람. 자기 자식의 겸칭. 豚兒(돈아).
【豚豚 돈돈】 뱅뱅 도는 모양.
【豚兒 돈아】 돼지처럼 어리석은 아이. 자기 아들의 겸칭.
【豚魚 돈어】①돼지와 물고기. ㉠감정이 둔한 사람. ㉡사람을 대접하는 데 예의가 없음. ②복어의 딴 이름.
【豚魚之信 돈어지신】 둔한 돼지와 물고기에까지 미치는 신의. 지극한 신의.
【豚肉 돈육】 돼지고기.
【豚蹄盂酒 돈제우주】 돼지 발굽 하나와 한 잔의 술로 풍년을 빎. 주는 것은 적고 탐하는 것은 많음.
● 家-, 江-, 鷄-, 養-, 土-, 河-, 海-.

豕4 【𧱊】⑪ 豚(1712)과 동자

豕4 【豝】⑪ 豭(1714)와 동자

豕4 【豝】⑪ 암돼지 **파** 麻 bā

소전 豝 초서 𧱏 동자 豝 字解 ①암돼지, 어미 돼지.〔詩經〕壹發五豝. ②두 살 난 돼지.〔周禮·注〕二歲爲豝. ③큰 돼지.〔何承天·文〕漁陽以大豬爲豝. ④포, 말린 고기. =𦠄.〔五代史〕晉人謂之帝豝.

豕4 【豞】⑪ 豗(1712)의 본자

豕5 【象】⑫ 코끼리 **상** 養 xiàng

⺈ 𠂊 𠂊 ⻂ 乌 乡 象 象 象

소전 象 초서 象 속자 象 字源 象形. 코끼리의 귀, 어금니, 네 발, 꼬리 등의 모양을 본뜬 글자.

字解 ①코끼리. 장비목(長鼻目)에 딸린 몸집이 큰 짐승. 긴 코와 긴 어금니가 있다.〔山海經〕禱過之山多象. ②상아(象牙), 코끼리의 어금니.〔禮記〕笏, 諸侯以象. ③모양. 늑像. ㉮모상, 생김새.〔傅毅·賦〕不可爲象. ㉯그림, 초상.〔魏志〕身著圖象, 名垂後世. ④조짐, 징후(徵候).〔易經〕見乃謂之象. ⑤점조(占兆), 점괘(占卦).〔史記〕兆有口象. ⑥일월성신(日月星辰).〔易經〕在天成象. ⑦역(曆), 달력.〔尙

豕部 5~6획 象 豤 豜 豥 豢 1713

書〕欽翼皇象. ⑧도(道), 도리. 〔老子〕執大象. ⑨법칙, 법도. 〔史記〕聲者樂之象也. ⑩본뜨다. ㉮닮게 하다. 〔法言〕象龍之致而已. ㉯본받다, 배우다. ㉰유사하게 하다. 〔春秋左氏傳〕火如象之, 不火何爲. ⑪문궐(門闕). 궁문(宮門) 밖 양쪽에 만든 대(臺). 〔周禮〕乃懸治象之灋于象魏. ⑫악곡(樂曲) 이름. 주(周) 무왕(武王)이 주(紂)를 치고 지었다는 악곡. 〔禮記〕下管象. ⑬춤 이름. 방패와 창을 들고 추는 춤. 〔禮記〕成童舞象. ⑭술두루미. 술독의 한 가지. 상준(象尊). 〔周禮〕其再獻用兩象尊. ⑮통역관, 외국으로 가는 사신. 〔周禮〕通夷狄之言者曰象. ⑯장인(匠人), 만들다. ≒匠. 〔周禮〕二曰象. ⑰상수리나무. ≒橡. 〔周禮〕藍象斗之屬. ⑱효상(爻象), 역경(易經)의 괘(卦) 풀이. 〔史記〕孔子晩而喜易, 序象·繫·象·說卦·文言, 讀易韋編三絶.
【象嵌 상감】①금속·도자기 등의 표면에 음각으로 무늬를 새기고 그 자리에 금·은 따위를 박아 넣는 기술. 또는 그 작품. ②연판(鉛版)의 잘못된 글자를 도려내고 바른 글자를 박아 고치는 일. 象眼(상안).
【象管 상관】상아(象牙)의 관(管). ㉠붓의 딴 이름. ㉡피리의 딴 이름.
【象恭 상공】용모가 공손함.
【象教 상교】불교(佛敎)의 딴 이름. ◯석가가 열반한 뒤에 제자들이 석가의 초상을 새겨서 숭배한 데서 온 말.
【象闕 상궐】⇨象魏(상위).
【象寄譯 상기제역】통변(通辯). 통역관(通譯官). ◯동방 말의 통변은 '寄', 남방 말의 통변은 '象', 서방 말의 통변은 '狄鞮(적제)', 북방 말의 통변은 '譯'이라 함.
【象德 상덕】덕을 나타냄. 덕을 본으로 함.
【象事 상사】한자(漢字) 육서(六書)의 하나인 지사(指事).
【象犀珠玉 상서주옥】상아(象牙)·서각(犀角)·진주·백옥. 진기한 보배.
【象石 상석】능(陵)·원(園) 등에 세우는 사람이나 짐승 모양의 석물(石物).
【象聲 상성】①육서의 하나인 형성(形聲). ②한 사람이 동시에 여러 가지 소리를 흉내 내는 재주.
【象數 상수】주역(周易)의 괘(卦)에 나타난 형상과 변화.
【象牙塔 상아탑】①세속을 떠나 오직 학문이나 예술에만 잠기는 경지. ②대학의 비유.
【象譯 상역】통변(通辯). 통역(通譯).
【象王 상왕】(佛)코끼리.
【象外 상외】형상의 밖. 마음이 형체 밖에 초연(超然)함.
【象魏 상위】대궐의 문. ◯옛날에 법률을 높은 성문에 게시한 데서 온 말. '魏'는 '高'로 '높다'는 뜻을 나타냄. 象闕(상궐).
【象意 상의】육서(六書)의 하나인 회의(會意).
【象人 상인】①인형. 허수아비. ②제례(祭禮)에 탈을 쓰고 놀이하는 사람.

【象尊 상준】술두루미의 한 가지.
【象徵 상징】추상적인 개념이나 사물을 표현하기 위하여 구체적인 사물을 끌어대어 나타냄.
【象齒焚身 상치분신】코끼리는 상아를 가졌기 때문에 죽임을 당함. 재물이 많으면 화를 입기 쉬움.
【象皮 상피】①코끼리의 가죽. ②㿉인도 고무나무.
【象限 상한】원을 사등분한 것의 하나. 90도.
【象限儀 상한의】자오선(子午線)을 관측하는 데 쓰는 기구.
【象刑 상형】법률. 국법. ◯옛날의 형벌은 죄인에게 보통 사람과 다른 옷을 입혀 부끄러움을 느끼게만 한 데서 온 말.
【象形 상형】①형상을 본뜸. ②한자 육서(六書)의 하나로, 사물의 모양을 본뜬 글자. 日·月·山·川 따위.
【象戲 상희】장기(將棋). 象棋(상기).

◐巨-, 具-, 氣-, 對-, 萬-, 物-, 法-, 事-, 想-, 星-, 易-, 曆-, 龍-, 印-, 天-, 體-, 抽-, 表-, 現-, 形-, 畫-.

豕 5【象】⑫ 象(1712)의 속자

豕 6【豤】⑬ 돼지 물 간 阮 kěn
[字解] ①돼지가 물다, 돼지가 물어 씹다. ②돼지가 먹는 모양. ③정성스러운 모양, 간절한 모양. ≒懇.〔漢書〕豤豤數奸死亡之誅.

豕 6【豜】⑬ ❶돼지 견 先 jiān ❷노루 견 銑 yàn
豜 豠 豜 豣 豜
[字解] ❶①돼지, 큰 돼지. ②세 살 난 돼지. ≒肩.〔詩經〕並驅從兩豜兮. ❷노루, 몹시 힘이 센 노루.
【豜豵 견종】짐승의 새끼.

豕 6【豥】⑬ 네 굽 흰 돼지 해 灰 gāi
[字解] 네 발굽이 다 흰 돼지. ≒駭.

豕 6【豢】⑬ 기를 환 諫 huàn
豢 豢
[字解] ①기르다, 금수(禽獸)를 치다.〔晏子〕置桑豢收. ②곡식으로 가축을 기르다, 사육(飼育)된 가축. =圂.〔禮記〕案芻豢. ③이익을 앞세워서 상대방을 꾀다.〔春秋左氏傳〕子胥懼曰, 是豢吳也夫.
【豢養 환양】가축 따위를 기름.
【豢圉 환어】마소를 기르는 곳. 외양간.
【豢擾 환요】길러서 길들임.

◐酗-, 芻-.

豕6【豠】⑬ 貙(1716)과 동자

豕6【𧰼】⑬ 𠪷(1712)와 동자

豕7【豩】⑭ ❶돼지 빈 眞 bīn ❷완강할 환 刪 huān

소전 동자 字解 ❶돼지, 두 마리의 돼지. ❷완강(頑強)하다, 용감하여 굽히지 않다. 〔劉禹錫·詩〕 杯前膽不豩.

豕7【𧲂】⑭ 별 이름 투·탁 宥覺 dòu

동자 豝 동자 字解 별 이름, 용투(龍𧲂). 〔國語〕 日月會於龍𧲂.

豕7【豪】⑭ 호걸 호 豪 háo

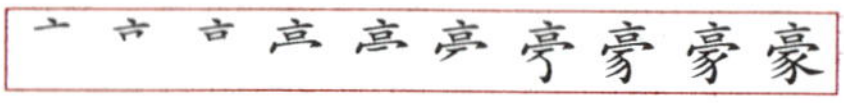

소전 초서 字源 形聲. 高+豕→豪. '高'는 '高(고)'의 생략형으로 음을 나타낸다.

字解 ①호걸, 걸출한 사람. 〔陸游·歌〕 虬鬚豪客狐白裘. ②귀인, 신분이 높은 사람, 부자. 〔列子〕 對鄉豪稱之. ③호협(豪俠), 임협(任俠). 〔史記〕 平原君之遊, 徒豪擧耳. ④장(長), 우두머리. 〔漢書〕 先零豪言. ⑤빼어나다, 뛰어나다. ⑥강건하다, 용감하다. ⑦성하다, 웅대(雄大)하다. 〔蘇軾·詩〕 未足當韓豪. ⑧사치, 호사. 〔梁書〕 相競誇豪. ⑨거드름을 피우다, 업신여겨 오만하게 굴다. 〔漢書〕 不得豪奪吾民矣. ⑩거느리다, 통솔하다. 〔史記〕 雁門馬邑豪聶翁壹. ⑪호저(豪豬). 호저과에 딸린 짐승으로, 온몸이 가시털로 뒤덮여 있으며 고슴도치와 비슷하다. 〔元好問·驅猪行〕 辦與豪豬作糧食. ⑫호어(豪魚). 물고기의 이름. 〔山海經〕 豪魚, 狀如鮪. ⑬털. ≒毫.

【豪強 호강】 세력이 매우 강함. 또는 그 사람. 豪彊(호강).
【豪芥 호개】 털과 티끌. 아주 조금. 微細(미세).
【豪客 호객】 ①호기(豪氣) 있는 사람. 호유(豪遊)하는 사람. ②불한당이나 화적(火賊). 도둑. ③대단히 사치스러운 손〔客〕.
【豪擧 호거】 ①호협(豪俠)한 행위. ②장한 거사(擧事).
【豪健 호건】 뛰어나게 건장함.
【豪傑 호걸】 ①재덕(才德)이 뛰어난 인물. ②무용(武勇)이 걸출한 사람. ○'豪'는 백 명 중, '傑'은 십 명 중에 뛰어남.
【豪勁 호경】 뛰어나고 굳셈.
【豪氣 호기】 ①장한 의기. ②호방한 기상.
【豪膽 호담】 매우 담대(膽大)함.
【豪釐 호리】 ☞豪芥(호개).
【豪釐千里 호리천리】 처음에는 극히 작은 차이 같지만 나중에는 큰 차이가 됨.
【豪末 호말】 털끝. 미소(微少)함. 毫末(호말).
【豪邁 호매】 성질이 호탕하고 인품이 뛰어남.
【豪眉 호미】 긴 눈썹. 장수(長壽)의 표시임.
【豪民 호민】 세력이 있는 백성.
【豪放 호방】 의기가 장하여 작은 일에 거리낌이 없음. 豪縱(호종). 豪宕(호탕).
【豪士 호사】 호방한 선비.
【豪奢 호사】 지나치게 사치함.
【豪商 호상】 대규모로 장사하는 상인. 자본이 많은 상인.
【豪爽 호상】 호방하고 시원시원함.
【豪姓 호성】 ☞豪族(호족).
【豪臣 호신】 세력이 강한 신하.
【豪勇 호용】 호기롭고 용감함.
【豪右 호우】 그 고장에서 세력을 떨치는 사람.
【豪雨 호우】 세차게 많이 내리는 비.
【豪雄 호웅】 호걸과 영웅. 곧, 뛰어나게 훌륭한 사람.
【豪遊 호유】 호화롭게 놀며 즐김. 또는 그 일.
【豪飮 호음】 술을 많이 마심. 鯨飮(경음).
【豪恣 호자】 세력을 믿고 제멋대로 함.
【豪壯 호장】 세력이 강하고 기세가 대단함.
【豪族 호족】 한 지방에서 세력이 성한 일족. 豪姓(호성).
【豪縱 호종】 매우 방자함. 제멋대로 날뜀.
【豪俊 호준】 재지가 뛰어남. 또는 그 사람.
【豪快 호쾌】 호탕하고 쾌활함.
【豪奪 호탈】 세력을 믿고 강탈함. 억지로 남의 물건을 탈취함.
【豪宕 호탕】 기개(氣槪)가 굳고 호걸스러워 사소한 일에 얽매이지 않음. 豪放(호방).
【豪蕩 호탕】 ①☞豪宕(호탕). ②사상이 거칠고 대범함.
【豪悍 호한】 호방하고 사나움.
【豪俠 호협】 호탕하고 의협심이 많음. 또는 그런 사람.
【豪華 호화】 사치스럽고 화려함.
【豪猾 호활】 강포(強暴)하여 법을 두려워하지 않음. 또는 그런 사람.
【豪橫 호횡】 ☞豪縱(호종).
◑ 強-, 拳-, 權-, 文-, 富-, 詩-, 英-, 粗-, 酒-, 俊-, 土-, 鄉-, 賢-.

豕7【豨】⑭ 멧돼지 희 微 xī

소전 초서 字解 ①멧돼지, 큰 멧돼지. =狶. 〔淮南子〕 封豨脩蛇. ②멧돼지가 달리는 모양. ¶ 豨豨. ③봉희(封豨). 신령스러운 짐승의 이름. 〔楚辭〕 封豨是射.
【豨膏 희고】 돼지기름.
【豨突 희돌】 멧돼지처럼 앞뒤를 헤아리지 않고 마구 덤빔. 豕突(시돌). 猪突(저돌).
【豨苓 희령】 단풍나무의 뿌리에서 생기는 버섯. 豬苓(저령).
【豨勇 희용】 ①멧돼지처럼 무서움을 모르고 덤비는 용기(勇氣). 또는 그런 용기를 가진 군사. ②한대(漢代)의 왕망(王莽)이 죄인과 종을 모아

豕部 8~10획 猏豵豭猯猵豫貐豬獌豳

조직한 군대의 이름.
【豨豨 희희】 멧돼지가 달리는 모양.

豕8 【猏】⑮ 豜(1713)과 동자

豕8 【豵】⑮ 수퇘지 종 冬 zōng
字解 ①수퇘지. ②돼지 새끼. ③난 지 6개월 된 돼지.〔林氏小說〕豕子生六月曰豵.

豕9 【豭】⑯ 수퇘지 가 麻 jiā
豭 豠 豭 字解 수퇘지.〔史記〕佩豭豚.

豕9 【猯】⑯ 멧돼지 단 寒 tuān
字解 ①멧돼지.〔李白·賦〕拳封猯. ②오소리. 족제빗과에 딸린, 너구리와 비슷한 짐승.

豕9 【猵】⑯ 돼지 변 先 pián
字解 돼지.

豕9 【豫】⑯ ❶미리 예 本 여 御 yù
       ❷펄 서 魚 shū
予 予 予 予 予 豫 豫 豫
豫 豫 象 予 參考 대법원 지정 인명용 한자의 음은 '예'이다.
字源 形聲. 予+象→豫. '予(여)'가 음을 나타낸다.
字解 ❶①미리, 사전에.〔易經〕君子以思患而豫防之. ②미리 하다, 사전에 대비하다.〔中庸〕凡事豫則立, 不豫則廢. ㉮즐겁게 지내다.〔詩經〕逸豫無期. ㉯기뻐하다.〔莊子〕何甚之不豫也. ㉰마음이 평화롭고 즐겁다.〔華嚴經音義〕心中和悅, 謂之豫. ㉱놀다.〔孟子〕吾王不豫. ㉲게을리하다, 태만하다.〔大戴禮〕貴而不豫. ㉳안심하다, 안도하다. ④즐거움, 열락(悅樂).〔孟子〕而豎豎底豫. ⑤가을철의 행락(行樂).〔張衡·賦〕度秋豫以收成. ⑥크다.〔漢書〕梗枏豫章. ⑦미리 값을 더 얹어 매기다, 에누리를 하다.〔史記〕市不豫價. ⑧진심으로, 충심으로.〔漢書〕將相和則士豫附. ⑨주저하다, 미적거리다.〔楚辭〕壹心而不豫兮. ⑩꺼리다, 싫어하다.〔楚辭〕君行直而不豫兮. ⑪참여하다, 참가하여 관여하다. 늑與.〔後漢書〕亦豫豫盟. ⑫괘 이름, 64괘(卦)의 한 가지. 괘형은 ䷏. 인심(人心)이 화락(和樂)함을 상징한다. ⑬땅 이름. 우공(禹貢)의 구주(九州)의 하나로, 지금의 하남성(河南省) 따라서 하남성의 약칭(略稱)으로도 쓰인다. ❷펴다. 늑舒.〔書經〕曰豫, 恒燠若.
【豫感 예감】 미리 느낌.

【豫見 ❶예견 ❷예현】 ①미리 앞일을 내다봄. ②미리 나타남.
【豫戒 예계】 미리 경계함. 사전에 단속함.
【豫斷 예단】 미리 판단함.
【豫盟 예맹】 회맹(會盟)에 참여함.
【豫防 예방】 탈이 있기 전에 미리 막음.
【豫報 예보】 앞으로 일어날 일을 미리 알림. 미리 보도함.
【豫附 예부】 기꺼이 따름. 좋아하여 따름.
【豫設 예설】 미리 설비함. 미리 설치함.
【豫審 예심】 소송의 한 단계. 공판에 회부할 것인지를 결정하기 위하여 미리 조사하는 일.
【豫約 예약】 미리 약속함.
【豫言 예언】 앞으로 일을 미리 말함.
【豫議 예의】 ①참여하여 계획함. ②미리 상의함.
【豫定 예정】 미리 작정함.
【豫程 예정】 미리 정한 노정(路程).
【豫知 예지】 미리 앎.
【豫參 예참】 참여함.
【豫測 예측】 미리 헤아림. 豫料(예료).
【豫度 예탁】 ⇨豫測(예측).
【豫探 예탐】 미리 탐색함.
【豫怠 예태】 몸이 편하려고 게으름을 피움.
【豫行 예행】 미리 연습해 봄.
【豫後 예후】 예견(豫見)되는 병의 징후.
● 暇-, 不-, 備-, 安-, 悅-, 游-, 猶-, 怡-, 逸-, 底-, 閑-, 和-, 懽-, 戱-.

豕9 【貐】⑯ 호저 유 麌 yǔ
字解 ①호저(豪豬), 환유(獂貐), 아프리카바늘두더지. ②짐승 이름. 어린애 같은 소리를 내며, 이 짐승이 나타나면 큰물이 진다고 한다.

豕9 【豬】⑯ ❶돼지 저 魚 zhū
        ❷암퇘지 차 麻 zhū
豬 豘 豬 猪 參考 숙어(熟語)는 猪(1115)를 보라.
字解 ❶①돼지, 한 털구멍에서 세 가닥의 털이 난 돼지. ②멧돼지. ③물이 괸 데. 늑瀦.〔書經〕大野旣豬. ❷암퇘지, 암내 나는 암퇘지.〔春秋左氏傳〕旣定爾婁豬.

豕10 【獌】⑰ 작은 돼지 명 靑 míng
字解 작은 돼지.

豕10 【豳】⑰ ❶나라 이름 빈 眞 bīn
        ❷알록알록할 반 刪 bān
字解 ❶①나라 이름. 주(周)나라의 시조 공류(公劉)가 세운 나라. 지금의 섬서성(陝西省) 빈주(邠州). =邠. ②성(姓). ❷알록알록하다, 여러 가지 빛이 섞여 아롱지다. =斒.
【豳文 반문】 아롱무늬가 있는 옷.
● 玢-.

豕部 10～18획   豯 㝅 獂 㺅 豵 豶 豷 豱 豷 豮 豲 豩 鶲   豸部 0～3획   豸 豺 豻 豹

豕10 【豯】⑰ 돼지 새끼 혜 廯 xī
소전 㺅 동자 豯 字解 ①돼지 새끼, 난 지 석 달 지난 돼지. ②돼지 배가 부른 모양.

豕10 【㝅】⑰ ❶흰 여우 새끼 혹 廯 hù ❷작은 돼지 박 廯 hù
소전 㝅 字解 ❶①흰 여우 새끼.〔郝懿行義疏〕㝅似鼬而大, 食獼猴. ②수돼지. ❷작은 돼지.

豕10 【獂】⑰ 멧돼지 환·원 廯元 huán
소전 獂 동자 㺅 字解 ①멧돼지. =豲.〔逸周書〕獂有爪而不敢以撅. ②호저(豪豬).
【獂貐 환유】호저(豪豬)의 딴 이름.

豕11 【㺅】⑱ 암퇘지 루 廯 lóu
초서 㺅 字解 암퇘지, 암내 나는 암퇘지. ≒婁.〔林氏小說〕㺅, 牝豕也.

豕11 【豵】⑱ 돼지 새끼 종 廯 zōng
소전 豵 초서 豵 字解 ①돼지 새끼, 난 지 여섯 달 되는 돼지, 한 살 먹은 돼지.〔詩經〕壹發五豵. ②한 배에서 난 세 마리 돼지. ③작은 돼지.

豕12 【豶】⑲ 豵(1716)의 속자

豕12 【豷】⑲ 돼지우리 증 廯 céng
字解 돼지우리. 돼지를 가두어 두는 곳. =橧.

豕12 【豱】⑲ 땅의 요괴 충 廯 chōng
字解 땅의 요괴. 돼지 비슷한 땅의 정기.〔集韻〕土精如豚, 謂之豱.

豕12 【豷】⑲ 돼지 숨 희·예 廯廯 yì
소전 豷 字解 ①돼지 숨, 돼지가 쉬는 숨. ②사람 이름.〔春秋左氏傳〕涅因羿室, 生澆及豷.

豕13 【豮】⑳ 불 깐 돼지 분 廯 fén
소전 豮 속자 豮 간자 豮 字解 ①불을 깐 돼지, 거세(去勢)한 돼지. ②제거하다.〔易經〕豮豕之牙.

豕14 【鶲】㉑ 豲(1714)과 동자

豕18 【鶲】㉕ 鶲(1719)과 동자

豸部

7획 부수 ｜ 갖은돼지시변부

豸0 【豸】⑦ ❶발 없는 벌레 치 廯 zhì ❷해태 태 廯치 廯 zhì
소전 豸 초서 豸 参考 부수로서의 명칭은 '豕'와 자형이 비슷하여 '갖은돼지시변'이라고 한다.
字源 象形. 짐승이 먹이를 노려, 몸을 낮추어 이제 곧 덮치려 하는 모양을 본뜬 글자.
字解 ❶①발 없는 벌레의 총칭.〔漢書〕蟲豸之類謂之豸. ②짐승이 먹이를 잡으려고 웅크려 노리는 모양. ③풀다, 느슨하게 하다. ≒解.〔春秋左氏傳〕庶有豸乎. ❷해태(獬豸). 시비와 선악을 판단할 줄 안다는 전설상의 신령스러운 동물. ≒廌.〔太玄經〕角解豸終.
【豸冠 태관】법관(法官)이 쓰는 관. 獬冠(해관).

豸3 【豺】⑩ 승냥이 시 廯 chái
소전 豺 초서 豺 동자 犲 字解 승냥이. 갯과의 맹수로 이리와 비슷하다.〔詩經〕投畀豺虎.
【豺狼 시랑】승냥이와 이리. ㉠욕심이 많고 무자비한 사람. ㉡간악하고 잔혹한 사람.
【豺狼當路 시랑당로】➡豺狼橫道(시랑횡도).
【豺狼橫道 시랑횡도】승냥이와 이리가 길을 가로막고 있음. 간악한 자가 요직을 차지하고 권세를 부림.
【豺虎 시호】①승냥이와 호랑이. ②사납고 음험한 사람.

豸3 【豻】⑩ ❶들개 안 廯 àn ❷들개 간 廯 àn ❸옥 안 廯 àn
소전 豻 혹체 犴 초서 豻 字解 ❶①들개. 여우 비슷한 야생의 개. =犴.〔淮南子〕玄貉黃羆青豻. ❷들개. ※❶의 ①과 같다. ❸옥, 지방의 감옥.〔漢書〕獄豻不平之所致也.
【豻侯 안후】과녁의 한 가지. 들개의 가죽으로 장식한 과녁.
❶獄-.

豸3 【豹】⑩ 표범 표 廯 bào
소전 豹 초서 豹 字解 표범. 고양잇과의 맹수(猛獸). 온몸에 검고 둥근 무늬가 있다.〔五代史〕豹死留皮, 人死留名.
【豹裘 표구】표범의 털가죽으로 만든 갖옷.

【豹騎 표기】날래고 용감한 기병(騎兵).
【豹文 표문】표범의 털 무늬. 또는 그와 같은 아름다운 무늬.
【豹尾 표미】①표범의 꼬리. ②표범 꼬리로 장식한 수레. 임금의 수레. ③장수의 정기(旌旗)를 꾸미는 장식물.
【豹變 표변】①표범의 무늬처럼 현저하게 변화함. ㉠허물을 고쳐 말과 행동이 뚜렷이 달라짐. ㉡빈천(貧賤)한 자가 출세하여 고관(高官)에 오름. ②태도가 갑자기 변함.
【豹死留皮 표사유피】표범은 죽어서 가죽을 남김. 사람은 죽어서 명예를 남겨야 함. 虎死留皮(호사유피).
【豹隱 표은】세상에 나타나지 않고 숨음. 은거함. ⃝표범이 그 털을 아끼기 때문에 비가 올 때는 산속에 숨는 데서 온 말.
【豹直 표직】쉬는 날에 드는 번(番).
【豹侯 표후】표범의 모양을 그린, 활을 쏘는 과녁의 한 가지.
◐文-, 獅-, 水-, 虎-.

【貀】⑪ 짐승 이름 눌 㴸 ná
字解 짐승의 이름, 원숭이의 한 가지. 개 비슷하나 앞발이 없고 뿔이 있으며, 표범 무늬를 한 짐승. 〔後漢書〕天下以爲貂貀名裘.

【豼】⑪ 貔(1718)와 동자

【毅】⑪ 毅(921)와 동자

【豽】⑪ 貀(1717)와 동자

【貆】⑫ 貆(1717)과 동자

【豾】⑫ 삵 비 㴸 pī
字解 ①삵. ②삵의 새끼. =狉. ③비휴(貔貅). 표범의 한 가지.

【貁】⑫ 긴꼬리원숭이 유 㴸 yòu
字解 ①긴꼬리원숭이. 원숭이의 한 가지. =狖. 〔淮南子〕猨貁顚蹶而失木枝. ②족제비의 한 가지. 〔一切經音義〕貁, 似猫搏鼠.

【貂】⑫ 담비 초 㴸 diāo
字解 담비. 족제빗과의 동물. 모피는 값지고 귀중하며, 꼬리를 관(冠)의 장식으로 사용하였다. 〔淮南子〕貂裘而雜, 不若狐裘之粹.

【貂裘 초구】담비의 털가죽으로 만든 갖옷.
【貂璫 초당】①한대(漢代) 중상시(中常侍)의 관이 쓰던 관(冠). ⃝담비 꼬리와 금고리로 장식했음. ②환관(宦官). ⃝중상시에서 환관을 등용한 데서 온 말.
【貂蟬 초선】①담비 꼬리와 매미 날개. 고관(高官)이 쓰는 관의 장식으로 씀. ②군자의 덕.
【貂寺 초시】환자(宦者). ⃝담비 꼬리로 관을 장식한 데서 온 말. 貂璫(초당)②.
【貂珥 초이】①황금 귀고리와 담비 꼬리의 장식. ②고관(高官).
◐金-, 白-, 續-, 玉-, 黑-.

【狐】⑫ 狐(1109)와 동자

【豜】⑬ 豜(1713)과 동자

【貊】⑬ 狗(1108)와 동자

【貊】⑬ 북방 종족 맥 㴸 mò
字解 ①북방의 종족 이름. 중국의 동북쪽에 살았던, 한족(韓族)의 근간이 되는 민족. 〔書經〕華夏蠻貊. ②고요하다, 조용하다. 〔詩經〕貊其德音. ③맹수의 이름, 나귀만 한 크기의 곰과 비슷한 짐승. ④나라 이름, 부여국(扶餘國). 〔山海經〕貊國在漢水東北.

【貉】⑬ ❶담비 학 㴸 hé ❷오랑캐 맥 㴸 mò
字解 ❶①담비. 살쾡이와 비슷한데, 머리와 코가 뾰족하고 털이 많다. 잠을 좋아하여 길을 가다가도 잔다. =狢. 〔論語〕與衣狐貉者立. ②몸이 튼튼하다. ❷①오랑캐, 북방 오랑캐. ②고요하다. ③정(定)하다.

【貈】⑬ 담비 학 㴸 hé
字解 담비. 족제빗과의 하나. =貉. 〔論語〕狐貈厚以居.

【貆】⑬ 담비 새끼 환·훤 㴸㴸 huán, huān
字解 ①담비 새끼. 〔詩經〕胡瞻爾庭有縣貆兮. ②짐승 이름, 담비의 한 가지. =狟. ③너구리. 〔周禮〕凡糞種鹹潟用貆. ④호저(豪猪). 〔山海經〕譙明之山有獸焉, 其狀如貆而赤豪.

【貅】⑬ 비휴 휴 㴸 xiū
字解 비휴(貔貅). 맹수의 이름. 〔禮

記〕前有摯獸, 則載貔狼.

豸
7 【貍】⑭ ❶삵 리 囷 lí
❷묻을 매 匯 mái

[소전] 貍 [초서] 貍 [동자] 貍 [동자] 薶 字解 ❶삵, 살
쾡이. 야묘(野猫).〔莊子〕捕鼠不如貍. ❷너구
리. 동아시아 특산의 갯과 짐승.〔唐書〕以貍毛
爲筆. ❸죽이다. ≒殣.〔鄒陽·書·注〕伐子自
貍. ❹성(姓). ❷①묻다, 매장하다. ≒薶.〔周
禮〕以相葬貍. ②희생을 땅에 묻어 제사 지내
다. 또는 그 제사. ≒埋.〔周禮〕以貍沈祭山林
川澤.

【貍奴 이노】①고양이의 딴 이름. ②수달의 딴
이름.
【貍德 이덕】①살쾡이처럼 탐욕스러움. ②살쾡
이의 특기.
【貍子皮 이자피】살쾡이의 털가죽. 삵피.
【貍製 이제】살쾡이의 가죽으로 지은 옷.
【貍沈 매침】희생을 묻어 산림에 제사 지내고,
이를 물에 던져 천택(川澤)에 제사 지냄.
◐家-, 猫-, 文-, 魚-, 海-, 虎-, 狐-.

豸
7 【貌】⑭ ❶얼굴 모 囫 mào
❷본뜰 막 圐 mó

丶 冫 亇 豸 豸´ 豹 豹 貌 貌

[소전] 皃 [주문] 貌 [획체] 䫉 [초서] 䫉 [동자] 貌
[동자] 皃 [동자] 皃 [고자] 䫉 [참고] 대법원 지
정 인명용 한자의 음은 '모'이다.
字源 形聲. 豸+皃→貌. '皃(모)'가 음을 나
타낸다.
字解 ❶①얼굴. ㉮형용, 의용(儀容).〔書經〕
貌曰恭. ㉯얼굴, 안색(顏色).〔楚辭〕情與貌其
不變. ㉰외모, 행동거지(行動擧止).〔論語〕貌
思恭. ㉱표면에 나타나는 것.〔禮記〕禮節之,
仁之貌也. ㉲겉보기, 외관.〔逸周書〕王貌受
之. ㉳모습, 자태.〔春秋穀梁傳〕察其貌而不
察其形. ②행동에 공경하는 뜻을 나타내는 일.
〔論語〕雖褻必以貌. ③사당. ≒廟.〔荀子〕疏
房檖貌. ④성(姓). ❷①본뜨다, 초상을 그리다.
〔杜甫·丹青引〕畫工如山貌不同. ②멀다, 아득
하다. ≒邈·藐.

【貌敬 모경】겉치레로 하는 공경.
【貌德 모덕】예모(禮貌)와 덕행(德行).
【貌色 모색】얼굴빛. 용모(容貌).
【貌樣 모양】겉으로 드러나 보이는 됨됨이.
【貌言 모언】겉치레뿐이고 실속이 없는 말.
【貌情之華 모정지화】용모는 감정이 어리어 나
타나는 바탕임.
【貌執 모집】예를 갖추어 정중히 대우함.🔍
'執'은 대우.
【貌侵 모침】몸집과 키가 작고 용모가 추(醜)함.
【貌合心離 모합심리】표면으로만 친한 듯 할
뿐, 마음은 딴 데 있음.

◐面-, 美-, 狀-, 色-, 聲-, 顏-, 言-,
禮-, 外-, 容-, 才-, 體-, 風-, 形-.

豸
7 【䝈】⑭ 貌(1718)의 고자

豸
7 【䝉】⑭ 貌(1718)와 동자

豸
7 【䝎】⑭ 䝎(1714)와 동자

豸
8 【猊】⑮ 사자 예 霽 ní
字解 ①사자. =狻. ②사슴의 새끼. =麑.

豸
8 【貏】⑮ 평평할 피 紙 bǐ
[초서] 貏 字解 평평하다, 평평해진 모양.〔史
記〕陂池貏豸.

豸
9 【貒】⑯ ❶오소리 단 寒 tuān, tuàn
     ❷너구리 환 寒 tuān, tuàn
[소전] 貒 [초서] 貒 [동자] 猯 字解 ❶①오소리.
②각단(角貒). 하루에 2만 리 가까이를 가고, 여러 지방의 말을
통한다는 전설상의 동물. 돼지 비슷한데 코 위
에 뿔이 하나 있다고 한다. ≒端. ❷너구리. 오
소리 비슷한 짐승으로, 문자상 오소리와 흔히
혼용된다. =貛·狟.

豸
9 【貓】⑯ 貒(1718)과 동자

豸
9 【貓】⑯ 猫(1114)와 동자

豸
9 【猰】⑯ 짐승 이름 설 屑 알 黠 yà
[동자] 猰 字解 짐승 이름, 설유(猰貐).

豸
9 【貐】⑯ 짐승 이름 유 麌 yǔ
[소전] 貐 [속자] 貐 字解 짐승 이름, 설유(猰
貐). 용 머리에 말 꼬리, 범
발톱을 가졌으며 동물 중 가장 큰 동물로, 사람
을 잡아먹는다는 상상의 동물.

豸
9 【豬】⑯ 豬(1715)와 동자

豸
10 【貔】⑰ 비휴 비 囡 pí
[소전] 貔 [획체] 貔 [초서] 貔 [동자] 豼 字解 비
휴. 범과
비슷하기도 하고 곰과 비슷하기도 하다는 맹수

의 이름. 옛날에는 이를 길들여 전쟁에 썼다 한다. 〔周書〕如虎如貔.
【貔虎 비호】①비휴와 범. ②용맹한 군사.
【貔貅 비휴】①맹수의 이름. ◯'貔'는 수컷, '貅'는 암컷. ②용맹한 군대.

豸 10 【豯】⑰ 돼지 새끼 혜 圀 xī
字解 ①돼지 새끼, 돼지 새끼의 배가 불룩한 모양. ≒豨. ②호수 이름. 〔周禮〕東北曰幽州, 云云, 其澤藪曰豯養.

豸 11 【貗】⑱ 오소리 새끼 루 圀 jù
字解 오소리의 새끼.

豸 11 【貜】⑱ 貜(1117)과 동자

豸 11 【貘】⑱ 짐승 이름 맥 圀 mò
소전 貘 초서 貘 동자 獏 字解 ①짐승 이름. 곰같이 생겼으나, 코끼리처럼 코가 길어 마음대로 쓸 수 있으며, 머리는 작고 다리는 짧으며, 동(銅)과 철(鐵)을 잘 먹는다는 짐승. ②표범의 딴 이름. 〔列子〕中國謂之豹, 越人謂之貘. ③북방의 종족 이름. ≒貊.

豸 11 【貙】⑱ 맹수 이름 추 圀 chū
소전 貙 초서 貙 字解 맹수 이름, 추만(貙獌). 개만 한 크기에 살쾡이 같은 무늬가 있으며, 표범 비슷한 동물. 〔柳宗元·文〕貙畏虎, 虎畏羆.
【貙膢 추루】입추(立秋) 때 종묘에 지내던 제사.
【貙虎 추호】①무늬가 있고 표범과 비슷한 맹수의 이름. ②용맹한 군대나 군사.

豸 11 【豺】⑱ 사나운 짐승 치 圀 chī
字解 사나운 짐승의 이름. 〔周禮·注〕臝物虎豹貔豺之屬.

豸 12 【獠】⑲ 오랑캐 이름 료 圀 lǎo
字解 ①오랑캐 이름. 중국의 서남방에 살던 종족의 이름. =獠·僚. ②밤 사냥, 밤에 하는 수렵. =獠.

豸 12 【貛】⑲ 貍(1718)와 동자

豸 13 【貒】⑳ 북방 종족 예 圀 wèi
초서 貒 통자 濊 字解 북방의 종족 이름, 예맥(貒貊). 한족(韓族)의 근

간이 되는, 중국 동북쪽의 소수 민족. 또는 고구려(高句麗)의 전신(前身)으로 고조선(古朝鮮) 안에 있었던 나라.

豸 16 【獺】㉓ 수달 달 圀 tǎ
字解 수달, 수구(水狗). 족제비와 비슷하며 물가에서 산다. =獺.

豸 16 【貗】㉓ 짐승 이름 력 圀 lì
字解 짐승 이름.

豸 18 【貛】㉕ 오소리 환 圀 huān
소전 貛 초서 貛 동자 貛 동자 貛 字解 ①오소리. 〔淮南子〕蟚知爲坻, 貛爲曲穴. ②이리, 이리의 수컷. 암컷은 '狼'이라 한다.

豸 20 【貜】㉗ 큰 원숭이 확 圀 jué
소전 貜 초서 貜 字解 큰 원숭이. 원숭이의 한 가지. =玃.

貝 部

7획 부수 | 조개패부

貝 0 【貝】⑦ 조개 패 圀 bèi

丨 冂 冂 月 目 貝 貝

소전 貝 초서 貝 간체 贝 字源 象形. 조개의 모양을 본뜬 글자. 옛날에는 조개가 화폐로 통용되었기 때문에 '돈'이라는 뜻도 나타낸다.
字解 ①조개. ㉮물에 사는 개충류(介蟲類)의 총칭, 패각(貝殼)을 가진 두족류(頭足類)의 동물. 〔宋玉·賦〕齒如含貝. ㉯소라. 소라 껍데기로 만든 피리, 나각(螺角). 〔高啓·詩〕施貝來江岵. ㉰조가비, 조개껍데기. 〔周禮〕婦人則多貫蠙貝以爲耳及頸飾. ②돈, 옛날 화폐로 유통되던 조가비. 〔史記〕農工商交易之路通, 而龜貝金錢刀布之幣興焉. ③무늬, 조개껍데기의 무늬와 같은 비단의 무늬. 〔詩經〕成是貝錦. ④장신구(裝身具), 패물(貝物). 〔詩經〕貝冑朱綅. ⑤(佛)패다라엽(貝多羅葉)의 약칭. 종려(棕櫚)의 잎사귀와 비슷한 다라수의 잎으로, 옛날 인도에서 바늘로 불경(佛經)을 새겼다. 〔宋史〕得貝葉梵經四十夾.
【貝殼 패각】조개의 껍데기. 조가비.
【貝錦 패금】조개 무늬와 같은 아름다운 비단. 남을 참소하는 사람이 비단을 짜내듯이 교묘하

게 죄를 얽어 모함함.
【貝多 패다】①나무 이름. 보리수(菩提樹). 그 잎은 옛 종이 대신, 불경을 베껴 쓰는 데 사용함. ②나라 이름.
【貝勒 패륵】①조가비로 장식한 말굴레. ②만주어로 부장(部長)의 뜻. 청대(淸代)에는 만주와 몽고 출신에게 내린 작호(爵號). 패자(貝子)의 윗계급.
【貝物 패물】圖산호·호박·수정·대모 따위로 만든 장신구의 총칭.
【貝書 패서】경문(經文).
【貝石 패석】①조가비의 화석(化石). ②조가비가 많이 붙어 있는 돌.
【貝玉 패옥】①조가비와 옥. 곧, 보물. 寶玉(보옥). ②장례 때에 죽은 사람의 입에 물린 옥.
【貝子 패자】①고대에 화폐로 쓰던 조가비. ②청대(淸代) 작위의 이름. ③조개의 한 가지.
【貝冑 패주】조가비로 꾸민 투구.
【貝塚 패총】고대인이 조개를 까먹고 버린 조가비가 무덤처럼 쌓여 있는 것. 조개더미.
【貝編 패편】(佛)불경(佛經). 불서(佛書).
【貝貨 패화】고대에 통용되던 조가비 화폐.
◑龜—, 螺—, 梵—, 紫—, 珠—, 編—.

貝2 【負】⑨ 질 부 冇 fù

會意. 人+貝→負. 사람〔人〕이 화폐〔貝〕를 잡고 마음에 믿는 바가 있다는 데서 '믿다'라는 뜻을 나타낸다.
①지다. 늑背. ㉮등에 짐을 지다.〔詩經〕是任是負. ㉯책임을 지다, 짐을 떠맡다. ㉰빚을 지다.〔漢書〕負責數鉅萬. ㉱등에 지다, 배후에 두다.〔禮記〕天子負斧依. ②지다, 승부에 지다, 싸움에 패하다.〔孫子兵法〕一勝一負. ③씌우다, 덮어씌우다.〔史記〕負之以不義之名. ④업다, 사람을 등에 업다.〔淮南子〕負子而登牆. ⑤입다, 당하다.〔管子〕必負以恥. ⑥믿다, 힘으로 하여 믿다.〔戰國策〕趙固負其衆庶. ⑦기대다, 의지하다.〔孟子〕虎負嵎. ⑧빚.〔後漢書〕寬其負算. ⑨짐. ㉮등에 진 물건.〔春秋穀梁傳〕昭公出奔, 民如釋重負. ㉯책임, 부담.〔魏志〕當官苟在於免負. ⑩저버리다. ㉮은덕을 배반하다.〔列子〕負類反倫. ㉯약속·명령 등을 지키지 않다.〔史記〕負命毁族. ⑪잃다, 잃어버리다.〔後漢書〕負義無可言. ⑫부끄러워하다.〔後漢書〕負無可言. ⑬근심, 걱정.〔後漢書〕刺史二千石不以爲負. ⑭늙은 여자, 노부인(老婦人). 늑婦.〔漢書〕常從王媼武負貰酒. ⑮圖넓이. 논밭의 면적을 나타내는 단위. 속(束)의 10배, 결(結)의 100분의 1.
【負劍 부검】①장검(長劍)을 짊어짐. ②어린아이를 업고 안고 감.
【負郭田 부곽전】성을 등진 땅. 곧, 성 근처의 기름진 땅.

【負笈 부급】책 상자를 짊어짐. 타향으로 유학(遊學)함.
【負笈從師 부급종사】책 상자를 지고 스승을 좇음. 먼 곳에 유학함.
【負氣 부기】자기의 용기를 믿음. 또는 자기의 의기를 믿고 남에게 굽히기를 싫어함.
【負擔 부담】①짐을 짐. 또는 그 짐. ②어떤 일을 맡음. 책임을 짐.
【負戴 부대】짐을 등에 지고 머리에 임.
【負負 부부】매우 부끄러워하는 모양.
【負山 부산】산을 짐. 과중함의 비유.
【負商 부상】圖등짐장수. 裸負商(보부상).
【負傷 부상】상처를 입음.
【負俗之累 부속지루】지조가 높아 세속에 벗어나므로 세상 사람에게서 비난을 받는 어려움.
【負數 부수】영(零)보다 작은 수.
【負恃 부시】의지하여 믿음. 의지함.
【負薪 부신】①땔나무를 짊어짐. ②서인(庶人)의 아들. ③천한 사람.
【負薪之憂 부신지우】①땔나무를 졌던 피로로 난 병. ②병으로 땔나무를 질 수 없음. 자기의 병의 겸칭.
【負薪之資 부신지자】천하고 못난 자질.
【負薪之才 부신지재】소인의 재능.
【負約 부약】약속을 저버림.
【負嵎 부우】험한 산모퉁이를 의지함. 영웅이 한 곳을 차지하여 위세를 부림.
【負子 부자】제후(諸侯)의 병. ◯백성을 자식처럼 사랑할 의무를 저버리게 된 데서 나온 말.
【負租 부조】미납한 조세.
【負罪引慝 부죄인특】죄를 뒤집어쓰고 잘못을 자신의 탓으로 돌림.
【負重致遠 부중치원】무거운 짐을 지고 먼 길을 감. 중요한 직책을 맡음.
【負債 부채】빚. 또는 빚을 짐.
【負板 부판】①슬픔의 심함. ②상복(喪服)의 등 뒤에 늘어뜨리는 베 조각.
【負販 부판】물건을 지고 다니며 팖. 또는 그 사람. 도붓장수. 행상(行商).
【負荷 부하】①짐을 지고 멤. 負擔(부담). ②선조의 업(業)을 계승함.
【負荊 부형】스스로 형장(荊杖)을 짊어지고 깊이 사죄함. ◯'荊'은 죄인을 때리는 가시나무 매.
【負暄 부훤】햇볕을 쬐는 일. ㉮부귀를 부러워하지 않는 마음. ㉯임금에게 충성을 바침. 故事 송(宋)나라의 가난한 농부가 봄볕에 등〔背〕을 쬐면서 세상에 이보다 더 따스한 것은 없으리라 생각하고서 이 상쾌한 맛을 임금에게 드렸으면 했다는 고사에서 온 말.
◑襁—, 孤—, 辜—, 愧—, 矜—, 欺—, 擔—, 鼠—, 宿—, 勝—, 自—, 重—, 抱—, 荷—.

貝2 【負】⑨ 負(1720)의 속자

貝2 【負】⑨ 負(294)의 속자

貝部 2~3획 貞貞貢 **1721**

貝2【貞】⑨ 곧을 정 庚 zhēn

丶 卜 ト 卢 卢 占 自 貞 貞

소전 貞 초서 貞 간체 贞 [字源] 會意. 卜＋貝→貞. 신〔卜〕에게 제물〔貝〕을 바친다는 데서 '점치다'라는 뜻을 나타낸다.

[字解] ①곧다. 능正. 〔論語〕 君子貞而不諒. ②정하다, 안정하다. 능定. 〔書經〕 一人元良, 萬邦以貞. ③정조, 여자의 절개, 절개를 지키다. 〔晉書〕 覩松竹, 則思貞操之賢. ④진실한 마음, 정성(精誠). 〔易經〕 ⑤점치다, 점을 쳐서 알아보다. 능偵. 〔周禮〕 以貞來歲之孅惡. ⑥사덕(四德)의 한 가지, 만물 성숙(成熟)의 덕. 〔易經〕 元亨利貞. ⑦당하다. 〔書經〕 我二人共貞. ⑧처녀(處女). 〔易經〕 女子貞不字.

【貞愨 정각】마음이 곧고 정성스러움.
【貞幹 정간】담을 칠 때에 양쪽 끝에 세우는 나무 기둥. 마음이 바르고 재능이 있음. ○'幹'은 근본(根本), 정간(楨幹).
【貞堅 정견】절개가 곧고 굳음.
【貞堅 정견】마음이 곧고 절개가 굳음.
【貞潔 정결】여자의 정조가 곧고 결백함.
【貞固 정고】마음이 곧고 굳음. 정도(正道)를 굳게 지킴.
【貞期 정기】잘 다스려진 세상. 태평한 세상.
【貞吉 정길】절개를 바르게 지켜 좋은 일이 옴.
【貞女 정녀】①정조와 절개가 굳은 여자. 貞婦(정부). ②남자와 아직 한 번도 성교하지 않은 숫처녀. 童貞女(동정녀).
【貞亮 정량】마음이 곧고 성실함.
【貞諒 정량】☞貞亮(정량).
【貞烈 정렬】여자의 정조가 곧고 매움.
【貞謐 정밀】곧고 청렴함.
【貞木 정목】①사철 푸른 나무. 常綠樹(상록수). ②소나무의 딴 이름.
【貞珉 정민】①견고하고 아름다운 돌. ②비석. 貞石(정석).
【貞敏 정민】마음이 곧고 영리함.
【貞方 정방】마음이 곧고 행실이 바름.
【貞白 정백】마음이 곧고 결백함.
【貞士 정사】지조가 굳은 선비.
【貞石 정석】☞貞珉(정민).
【貞淑 정숙】여자의 지조가 곧고 마음씨가 얌전함. 貞婉(정완).
【貞純 정순】지조가 곧고 정성스러움.
【貞順 정순】마음이 곧고 온순함.
【貞醇 정순】바르고 순후(醇厚)함.
【貞臣 정신】지조가 굳은 신하.
【貞實 정실】마음이 곧고 성실함.
【貞壯 정장】곧고 의기가 왕성함.
【貞專 정전】곧고 한결같음.
【貞節 정절】굳은 마음과 변치 않는 절개.
【貞靜 정정】여자의 정조가 굳고 깨끗하며, 마음씨 얌전함.
【貞操 정조】여자의 굳은 절개.
【貞志 정지】굳은 지조.
【貞眞 정진】바르고 진실함.
【貞忠 정충】절개가 곧고 충성스러움.
【貞和 정화】마음이 바르고 온화함.
【貞確 정확】바르고 굳음.
【貞晦 정회】마음이 곧고 재능을 자랑하지 않음.
【貞休 정휴】바르고 아름다움. ○'休'는 '美'로 '아름다움'을 뜻함.
● 堅-, 潔-, 端-, 不-, 女-, 淸-, 忠-.

貝2【貟】⑨ 貨(1725)의 본자

貝3【貢】⑩ 바칠 공 送 gòng

一 丅 工 产 齐 齐 盲 盲 貢 貢

소전 貢 초서 貢 간체 贡 [字源] 形聲. 工＋貝→貢. '工(공)'이 음을 나타낸다.

[字解] ①바치다, 드리다. 〔書經〕 任土作貢. ②공물(貢物). 나라에 바치는 지방의 산물(産物). 〔禮記〕 五官致貢. ③천거하다, 어진 사람을 조정에 추천하다. 〔何遜·牋〕 將以允應貢選, 待間金門. ④알리다, 고하다. 능告. 〔易經〕 六爻之義易以貢. ⑤무너지다, 혼란해지다. 능訌. 〔班固·賦〕 周賈盪而貢慎兮. ⑥빠지다, 빠뜨리다. 능坎. 〔書經〕 爾無以釗冒貢于非幾. ⑦구실, 하대(夏代)의 조세 이름. 〔周禮〕 貢者自治其所受田, 貢其稅穀.
【貢擧 공거】지방에서 우수한 인재를 조정에 천거하던 일.
【貢納 공납】①공물을 바침. ②지방에서 나는 특산물을 현물(現物)로 바침.
【貢糧 공량】國훈장에게 보수로 주던 곡식. 講米(강미).
【貢物 공물】백성이 나라에 바치던 특산물.
【貢法 공법】하대(夏代)의 전제(田制). 논밭 50묘(畝)를 주어 그 가운데 5묘의 소득, 곧 수확의 10분의 1을 조세로 바치게 하던 법.
【貢奉 공봉】물품을 조정에 바침.
【貢賦 공부】①공물(貢物)과 부세(賦稅). ○'貢'은 바침, '賦'는 거둠. ②國지방의 토산물을 나라에 바치던 세제(稅制).
【貢士 공사】지방에서 조정에 천거한 인재. 貢生(공생).
【貢生 공생】①貢士(공사). ②國향교나 서원에 다니던 학생. 校生(교생).
【貢稅 공세】납세(納稅).
【貢試 공시】공사(貢士)를 선발하던 시험.
【貢案 공안】공문을 기록한 문서.
【貢御 공어】貢物(공물). ○'御'는 천자가 쓰는 물건.
【貢院 공원】공사(貢士)를 시험하던 곳.
【貢職 공직】공물(貢物).
【貢獻 공헌】①공물을 바치던 일. ②국가나 사

貝部 3~4획 貤財貣貫

회를 위하여 힘써 이바지함.
❶供－, 九－, 納－, 來－, 奉－, 賦－, 賓－, 歲－, 輸－, 時－, 年－, 外－, 禹－, 雜－, 租－, 朝－, 珍－, 土－, 鄕－.

貝3 【貤】⑩ ❶거듭할 이 寘 yì
❷옮을 이 支 yí
[소전] 貤 [초서] 貤 [동자] 貤 [간체] 貤
字解 ❶거듭하다, 차례를 세워 겹쳐 나가다. ❷더하다, 보태다. ❸주다, 가져다 주다. ❹뻗다, 길게 이어 나가다. 〔漢書〕貤于子孫. ❷옮다, 옮기다. 〔漢書〕無所流貤.

貝3 【財】⑩ 재물 재 灰 cái

| 一 | Π | Ｈ | 月 | 目 | 貝 | 貝 | 財 | 財 |

[소전] 財 [초서] 財 [동자] 賄 [동자] 賍 [간체] 财
字源 形聲. 貝+才→財. '才(재)'가 음을 나타낸다.
字解 ❶재물. 〔禮記〕輕財而重禮之義也. ❷녹(祿), 봉록(俸祿). 〔管子〕率部校長官佐各財足. ❸마르다, 처리하다. 늑裁. 〔荀子〕一天下財萬物. ❹재주, 재능. 늑才. 〔孟子〕有達財者. ❺거리, 재료. 늑材. 〔左思·賦〕財以工化. ❻겨우. 늑纔. 〔漢書〕士財有數千.
【財界 재계】실업가나 금융업자의 사회(社會).
【財交 재교】재물로써 사귐.
【財多命殆 재다명태】재물을 많이 가지고 있으면, 늘 도적의 겨냥을 받으므로 목숨이 위태함.
【財團 재단】어떤 목적을 달성하기 위하여 결합된 재산의 집단.
【財利 재리】재물과 이익. 금전상의 이익.
【財物 재물】돈과 값나가는 물건.
【財寶 재보】보배로운 재물. 귀중한 재화(財貨). 금·은·주옥·보석 따위.
【財本 재본】재물을 근본으로 함.
【財賦 재부】재물과 공물(貢物).
【財産 재산】개인이나 단체에 속하여 그의 소유로 되어 있는 물건.
【財色 재색】재물과 여색(女色). 貨色(화색).
【財成 재성】잘 조절하여 만듦. 절장보단(截長補短)하여 이룸.
【財數 재수】재물에 대한 운수. 財運(재운).
【財施 재시】(佛)재물을 베풂. 절이나 가난한 사람에게 재물을 베풂.
【財用 재용】❶밑천. 資本(자본). ❷씀씀이. 재물의 용도.
【財征 재정】공물(貢物). 부세(賦稅).
【財政 재정】❶국가 또는 공공 단체의 유지 발전에 필요한 일체의 경제적 행위. ❷개인의 금융 사정.
【財足 재족】❶겨우 채워짐. ❷재물이 풍족함.
【財取 재취】재량(裁量)하여 취함.
【財擇 재택】재량하여 채택함.

【財幣 재폐】□財貨(재화).
【財貨 재화】사람의 물질적 욕망을 채워 주는 것의 총칭. 재물.
【財賄 재회】재물. 재산.
❶家－, 公－, 多－, 文化－, 寶－, 私－, 散－, 餘－, 理－, 自－, 資－, 積－, 蓄－, 貨－.

貝3 【貣】⑩ 빌릴 특 職 tè
[소전] 貣 [초서] 貣
字解 ❶빌리다, 꾸다. 늑貸. 〔荀子〕行貣而食. ❷구하다, 찾아 구하다. ❸어긋나다, 틀리다. 늑忒. 〔史記〕卜五, 占之用二, 衍貣.

貝4 【貫】⑪ ❶꿸 관 翰 guàn
❷당길 만 刪 wān

| 乚 | 口 | 毌 | 毌 | 毌 | 冊 | 冊 | 冒 | 貫 | 貫 |

[소전] 貫 [초서] 貫 [간체] 贯 [參考] 대법원 지정 인명용 한자의 음은 '관'이다.
字源 形聲. 毌+貝→貫. '毌(관)'이 음을 나타낸다.
字解 ❶❶꿰다. ㉮꿰뚫다. 〔易經〕貫魚以宮人寵. ㉯입다, 착용(着用)하다. 〔晉書〕貫鉀跨馬. ㉰통하다, 통과하다. 〔淮南子〕貫大人之國. ㉱맞다, 적중(的中)하다. 〔詩經〕射則貫兮. ㉲변하지 않다, 일관(一貫)하다. 〔顏延之·詩〕峻節貫秋霜. ㉳이어지다, 연속하다. 〔漢書〕以次貫行. ㉴거치다, 경유하다. 〔禮記〕貫四時而不改柯易葉. ㉵거느리다, 통괄하다. 〔論語〕吾道一以貫之. ㉶거듭하다, 겹치다. 〔楚辭〕貫薜荔之落蕊. ㉷쌓다, 시간을 거듭하여 오래되게 하다. 〔荀子〕若夫貫日而治詳. ㉸따르다, 뒤따르다. 〔後漢書〕奉承貫行. ㉹같다, 다르지 않다. 〔呂氏春秋〕亡國之主一貫. ㉺깨닫다, 잘 알게 되다. 〔史記〕貫乎人情矣. ㉻이르다, 한계에 이르다. 〔書經〕商罪貫盈. ❷돈꿰미. 엽전을 꿰던 꿰미. 〔漢書〕累百鉅萬, 貫朽而不可校. ❸지위, 관직. 〔淮南子〕使various有經紀條貫. ❹호적(戶籍), 이름을 적은 장부. 〔唐書〕戍者多死, 邊將諱以不聞, 故貫籍不除. ❺전례(前例), 관례(慣例). 〔論語〕仍舊貫. ❻섬기다, 모시어 받들다. 〔詩經〕三歲貫女. ❼기관(羇貫). 성동(成童)이 된 남녀 아이의 양쪽으로 갈라 위로 올려 틀어 묶은 머리. 남자의 경우는 총각(總角)의 형태가 된다. 늑卝. 〔春秋穀梁傳〕羇貫成童. ❽익다, 익숙하다. 〔孟子〕我不貫與小人乘. ❾國관. ㉮무게를 재는 단위, 열 냥쭝. 1貫은 3.75kg. ㉯쾌. 엽전 10꾸러미를 한 묶음으로 세는 단위. ❷당기다, 잡아당기다. 늑彎. 〔史記〕士亦不敢貫弓而報怨.
【貫道 관도】도리를 잘 깨달음.
【貫道之器 관도지기】도(道)를 밝혀 기술하는 도구. 곧, 문장(文章).
【貫瀆 관독】무람없이 모독(冒瀆)함.

【貫祿 관록】 인격에 갖추어진 위엄이나 무게.
【貫屬 관속】 ①호적이 있는 곳. 본적지(本籍地). 貫籍(관적). ②연결됨.
【貫蝨之技 관슬지기】 이를 꿰뚫는 재주. 궁술(弓術)의 뛰어남. 故事 기창(紀昌)이라는 명궁(名弓)이 먼 데서 활을 쏴, 이의 가슴을 꿰뚫었다는 고사에서 온 말.
【貫魚 관어】 ①물고기를 나란히 꿴. 또는 그 물고기. ②여관(女官)을 거느림에 편애하지 않음. ○물고기는 음물(陰物)로 여자를 상징하는 데서 온 말. ③순서가 정연함의 비유.
【貫盈 관영】 가득 참. 미치지 않은 곳이 없음.
【貫日 관일】 ①해를 꿰뚫음. ②날을 거듭함. 세월을 쌓음.
【貫籍 관적】 고향. 본적(本籍). 관향(貫鄕).
【貫珠 관주】 ①구슬을 꿴. 노래하는 목소리의 아름다움. ②염주(念珠). ③圖시문(詩文)을 끊을 때, 잘 된 시구 옆에 치는 고리표.
【貫穿 관천】 꿰뚫음. 널리 학문에 통달함.
【貫徹 관철】 끝까지 뚫어 통하게 함.
【貫通 관통】 ①꿰뚫어 통함. ②처음부터 끝까지 하나같이 통함.
【貫行 관행】 일을 계속하여 행함. 끝까지 해냄.
【貫鄕 관향】 시조(始祖)가 난 땅. 本貫(본관).
【貫革 관혁】 ①활을 쏘아 갑옷을 뚫음. ②國활·총 따위를 연습할 때 겨냥하는 목표물. 과녁의 원말.
【貫革之射 관혁지사】 과녁을 꿰뚫는 활쏘기. 예용(禮容)을 무시하고 화살이 과녁을 꿰뚫는 힘만을 겨루는 활쏘기.
【貫朽 관후】 ①돈꿰미가 썩어 끊어짐. 돈을 쌓아 두고 쓰지 않음. ②책을 맨 끈이 끊어짐. 독서에 힘씀.
【貫弓 만궁】 활시위를 한껏 잡아당김.
● 綱-, 舊-, 滿-, 名-, 本-, 斜-, 世-, 習-, 魚-, 盈-, 錢-, 條-, 洞-, 通-, 包-, 鄕-, 橫-, 朽-.

貝4【貧】⑪ 가난할 빈 眞 pín

桑考 貪(1724)은 딴 자.
字源 形聲. 分+貝→貧. '分(분)'이 음을 나타낸다.
字解 ❶①가난하다, 빈곤하다. 〔詩經〕終窶且貧. ②가난한 사람, 재물이 없는 사람. 〔莊子〕無財謂之貧. ③적다, 모자라다. 〔文心雕龍〕富于萬篇, 而貧于一字.
【貧居 빈거】 가난하게 삶. 어려운 살림.
【貧潔 빈결】 가난하지만 결백함.
【貧困 빈곤】 가난하고 군색함.
【貧交 빈교】 가난할 때의 사귐. 또는 그 때 사귄 친구.
【貧窶 빈구】 가난함. 가난에 찌듦.

【貧餒 빈뇌】 가난하여 굶주림.
【貧道 빈도】 덕(德)이 적음. 중이나 도사(道士)가 자기를 겸손하게 이르는 말.
【貧到骨 빈도골】 가난이 뼈에 사무침.
【貧陋 빈루】 가난하고 누추함.
【貧薄 빈박】 매우 가난함.
【貧病 빈병】 ①가난과 질병. ②가난한 자와 병든 자.
【貧士 빈사】 가난한 선비. 가난한 사람.
【貧素 빈소】 가난함. 가난한 사람.
【貧弱 빈약】 ①가난하고 약함. ②보잘것없음.
【貧而樂道 빈이낙도】 몸은 곤궁에 처해 있어도 도를 즐김.
【貧者小人 빈자소인】 가난하면 굽히는 일이 많아 저절로 졸장부가 됨.
【貧者一燈 빈자일등】 가난한 사람이 신불(神佛)에 바치는 하나의 등불. 성의를 다한 물건은 약소할지라도 귀함.
【貧妻 빈처】 가난에 쪼들리는 아내.
【貧賤不能移 빈천불능이】 아무리 빈천한 처지에 떨어지더라도 바른 뜻을 굽히지 않음.
【貧賤之交 빈천지교】 빈천할 때에 사귄 친구. 또는 그런 친구와의 사귐.
【貧寒 빈한】 몹시 가난하여 집안이 쓸쓸함.
【貧巷 빈항】 빈민이 사는 곳.
【貧血 빈혈】 피 속의 적혈구나 혈색소의 수가 줄어든 상태.
● 甘-, 簍-, 極-, 樂-, 素-, 素寒-, 守-, 安-, 赤-, 賤-, 淸-, 寒-.

貝4【貫】⑪ 貫(1727)와 동자

貝4【貥】⑪ 財(1722)와 동자

貝4【貭】⑪ 質(1735)의 속자

貝4【責】⑪ ❶꾸짖을 책 陌 zé ❷빚 채 卦 zhài

參考 대법원 지정 인명용 한자의 음은 '책·채'이다.
字源 形聲. 朿+貝→責. '朿(자)'가 음을 나타낸다.
字解 ❶①꾸짖다. ㉮요구하다, 강요하다. 〔春秋左氏傳〕宋多責賂於鄭. ㉯꾸지람하다, 힐문(詰問)하다, 비방하다. 〔漢書〕痛自刻責. ㉰따져 밝히다, 규명하다. 〔史記〕督責之術者也. ②바라다, 권장(勸奬)하다. 〔孟子〕責善朋友之道. ③책임, 해야 할 임무. 〔莊子·注〕任其事而自當其責. ④책망, 꾸지람. 〔書經〕是有丕子之責于天. ❷빚, 부채(負債). =債. 〔漢書〕負責數百萬.

【責課 책과】☞責賦(책부).
【責躬 책궁】 스스로 자기 잘못을 꾸짖음.
【責難 책난】①남에게 어려운 일을 하도록 권면(勸勉)함. ②現힐책하고 비난함.
【責怒 책노】 책망하고 노함.
【責望 책망】①구하여 바람. 요구함. ②어떤 일을 요구하여 뜻대로 되지 않음을 원망함. ③허물을 들어 꾸짖음.
【責務 책무】 당연히 해야 할 의무.
【責問 책문】 따져 물음. 꾸짖으며 물음.
【責罰 책벌】 책(責)함. 벌을 줌.
【責賦 책부】 세금의 납부를 독촉함.
【責善 책선】 착한 일을 하도록 권고함.
【責讓 책양】 책망함. 꾸짖음.
【責言 책언】 힐난(詰難)함. 또는 그 말.
【責任 책임】①맡아서 해야 할 임무. ②행위의 결과로 생기는 손실이나 제재를 떠맡는 일.
【責詬 책후】 꾸짖어 욕함.
【責主 책주】 채권자. 債主(채주).
◐ 刻-, 譴-, 督-, 默-, 問-, 薄-, 罰-, 償-, 收-, 宿-, 言-, 峻-, 重-, 職-, 叱-, 質-, 稱-, 答-, 貶-, 詰-.

貝 4 【貪】⑪ 탐할 탐 覃 𧴱 tān

入 人 今 今 含 含 含 貪 貪

소전 貪　초서 𧴱　간체 贪　參考 貧(1723)은 딴 자.
字源 形聲. 今+貝→貪. '今(금)'이 음을 나타낸다.
字解 ①탐하다, 과도히 욕심내다.〔呂氏春秋〕暴戾頑貪. ②더듬어 찾다, 탐지(探知)하다. 늑探.〔後漢書〕捨狀以貪情.
【貪強 탐강】 욕심이 많고 세력이 강함.
【貪見 탐견】(佛)세속의 사물에 집착하여 일어나는 그릇된 생각.
【貪競 탐경】 서로 탐하여 다툼.
【貪官汚吏 탐관오리】 부정하게 재물을 탐하는 관리와 청렴하지 못한 벼슬아치. 貪吏(탐리).
【貪求 탐구】 뇌물 따위를 탐내어 구함.
【貪嗜 탐기】 탐내어 즐김.
【貪溺 탐닉】 옳지 않은 일에 지나치게 마음이 쏠리어 빠짐.
【貪多務得 탐다무득】①많은 지식을 얻고자 애써 노력함. ②아무리 탐하여도 물리지 않음.
【貪饕 탐도】 욕심을 냄. 또는 그런 사람.
【貪婪 탐람】 욕심이 많음.◐ '貪'은 금전(金錢)을, '婪'은 음식(飮食)을 탐하는 일.
【貪惏 탐람】 ☞貪婪(탐람).
【貪戾 탐려】 욕심이 많고 도리에 벗어남. 욕심이 많고 포악함. 貪悖(탐패).
【貪戀 탐련】 사물에 몹시 마음이 끌림. 탐하고 연연해 함.
【貪廉 탐렴】 탐욕(貪慾)과 청렴(淸廉).
【貪吝 탐린】 욕심이 많고 인색함.
【貪冒 탐모】 욕심이 많음. 貪慾(탐욕).

【貪墨 탐묵】①욕심이 많고 마음이 검음. ②욕심내어 남의 것을 빼앗음.
【貪放 탐방】 욕심이 많고 방자함.
【貪兵 탐병】 남의 재물이나 땅을 탐내는 군사.
【貪夫徇財 탐부순재】 욕심이 많은 사람은 재물 때문에 목숨을 버림. 貪者殉財(탐자순재).
【貪鄙 탐비】 욕심이 많고 야비함.
【貪色 탐색】 여색을 탐함. 好色(호색).
【貪生 탐생】 오로지 살려고 애씀.
【貪惜 탐석】 욕심이 많고 인색하여 아낌.
【貪小失大 탐소실대】 작은 것을 탐하다가 큰 것을 잃음.
【貪惡 탐악】 욕심이 많고 마음씨가 나쁨.
【貪愛 탐애】 남의 베풂을 탐내어 받음.
【貪漁 탐어】 탐하여 마구 약탈함.
【貪汚 탐오】 욕심이 많고 마음이 더러움.
【貪慾 탐욕】 욕심이 많음. 貪欲(탐욕).
【貪淫 탐음】 지나치게 탐함. ◐ '淫'은 도(度)를 넘침.
【貪者殉財 탐자순재】☞貪夫徇財(탐부순재).
【貪殘 탐잔】 욕심이 많고 잔혹함. 貪酷(탐혹).
【貪財黷貨 탐재독화】 금전·재물을 탐함.
【貪情 탐정】 실정(實情)을 살핌.
【貪濁 탐탁】①욕심이 많고 사악함. ②(佛)탐욕의 번뇌.
【貪悖 탐패】☞貪戾(탐려).
【貪虐 탐학】 욕심이 많고 포학함.
【貪酷 탐혹】☞貪殘(탐잔).
【貪花 탐화】 꽃을 탐함. 호색(好色)함.
【貪猾 탐활】 욕심이 많고 교활함.
【貪橫 탐횡】 욕심이 많고 방자함.
◐ 慳-, 強-, 狼-, 杳-, 叨-, 猛-, 不-, 色-, 小-, 大失-, 食-.

貝 4 【販】⑪ 팔 판 願 fàn

丨 冂 冂 目 目 貝 貝 販 販 販

소전 販　초서 販　간체 贩　參考 販(1208)은 딴 자.
字源 形聲. 貝+反→販. '反(반)'이 음을 나타낸다.
字解 ①팔다, 사다, 매매하다. 물건을 사서 전매하여 이익을 얻는 일.〔周禮〕販夫販婦. ②장사, 상업.〔孔子家語〕子貢好販, 與時轉貨.
【販路 판로】 상품이 팔려 나가는 길.
【販賣 판매】 상품을 팖.
【販貿 판무】 매매함. 장사함.
【販夫 판부】 행상(行商).
【販糴 판적】 쌀을 사들임.
【販糶 판조】 쌀을 내어 팖.
【販賤賣貴 판천매귀】 헐값에 사서 비싸게 팖.
◐ 街-, 沽-, 共-, 屠-, 買-, 貿-, 負-, 商-, 市-, 營-, 外-, 傭-, 總-.

貝 4 【賢】⑪ 賢(1736)의 속자

貝部 4~5획 貨貴貸

貝4 【貨】⑪ 재화 화 圖 huò

亻 亻 化 化 侪 侪 貨 貨 貨 貨

[字源] 形聲. 化+貝→貨. '化(화)'가 음을 나타낸다.

[字解] ①재화(財貨). 돈 값을 지닌 모든 물건의 총칭.〔老子〕不貴難得之貨. ②물품, 상품(商品).〔易經〕日中爲市, 致天下之民, 聚天下之貨, 交易而退. ③뇌물을 주다.〔春秋左氏傳〕曹伯之豎侯獳貨筮史. ④팔다.〔輟耕錄〕今遂有貨者.

【貨黷 화독】부정한 재물을 탐냄.
【貨賂 화뢰】뇌물.
【貨利 화리】재물. 돈. 財利(재리).
【貨物 화물】①화폐로 쓰던 귀갑(龜甲)과 조가비. ②물품. 物貨(물화). ③실어 나르는 짐.
【貨寶 화보】보물. 寶貨(보화).
【貨色 화색】재물과 여색. 財色(재색).
【貨殖 화식】①재산을 늘림. 돈을 벎. ②상품. 재화.
【貨糴 화적】곡식의 매매(賣買). 또는 곡식을 사 들임.
【貨取勢求 화취세구】재물로 벼슬을 사고, 세가 (勢家)에 아첨하여 관직을 얻음.
【貨幣 화폐】사회에 유통하여 교환의 매개, 지불의 수단, 가격의 표준, 축적의 목적물로 쓰이는 물건. 돈. 通貨(통화).
【貨賄 화회】①돈과 포백(布帛). 재물. ②뇌물. ◯ '貨'는 금옥(金玉), '賄'는 포백(布帛).
◯ 金-, 銅-, 百-, 物-, 寶-, 外-, 銀-, 雜-, 財-, 楮-, 錢-, 紙-, 通-, 貝-.

貝5 【貴】⑫ 귀할 귀 困 guì

冖 口 中 虫 爭 肀 聿 昔 貴 貴

[字源] 形聲. 臾+貝→貴. '臾(유)'가 음을 나타낸다.

[字解] ①귀하다. ㉮신분이 높다.〔孟子〕不挟貴. ㉯값이 비싸다.〔漢書〕糴甚貴傷民. ㉰소중하다, 중요하다.〔論語〕禮之用, 和爲貴. ㉱빼어나다, 우수하다.〔呂氏春秋〕養心爲貴. ②귀히 여기다, 존경하다.〔中庸〕賤貨而貴德. ③귀하게 되다, 번영하다.〔太玄經〕當時則貴. ④자랑하다, 거드름을 피우다.〔後漢書〕爲府鄕貴驕. ⑤두려워하다, 경외(敬畏)하다.〔老子〕貴大患若身. ⑥사랑하다.〔荀子〕下安則貴上. ⑦바라다, 원하다.〔戰國策〕貴合於秦以伐齊. ⑧벼슬이 높은 사람, 경대부(卿大夫).〔周禮〕以辨其貴賤老幼廢疾. ⑨높의 뜻을 나타내는 말.〔三國志〕貴土風俗.
【貴介 귀개】높은 지위. 높은 신분.
【貴价 귀개】남의 사자(使者)에 대한 경어.
【貴介弟 귀개제】남의 아우에 대한 존칭.
【貴客 귀객】①귀한 손님. 貴賓(귀빈). ②모란의 딴 이름.
【貴鵠賤雞 귀곡천계】고니를 귀하게 여기고 닭을 천하게 여김. 보기 드문 것은 귀하게 여기고 흔히 보는 것은 천하게 여김.
【貴官 귀관】①지위가 높은 관원. ②상대방의 관직을 높여 이르는 말.
【貴老 귀로】①노인을 높임. 노인을 존중함. ②약재의 이름. 진피(陳皮).
【貴命 귀명】①귀한 신분이 될 운명. ②▷貴門(귀문)②.
【貴門 귀문】①존귀한 집안. ②상대방의 집안을 높여 이르는 말.
【貴物 귀물】귀중한 물건. 진기한 물건.
【貴富 귀부】①재산이 많은 것을 귀히 여김. ②지위가 높고 재산이 많음.
【貴仕 귀사】벼슬이 높이 오름.
【貴臣 귀신】신분이 높은 신하.
【貴要 귀요】지위가 높고 중요한 자리에 있음.
【貴庚 귀유】쌓아 두었다가 값이 올랐을 때 내어 팖. ◯ '庚'는 '積'으로 '쌓아둠'을 뜻함.
【貴遊 귀유】①상류 사회. 귀한 집안. ②치사(致仕)한 사람.
【貴耳賤目 귀이천목】듣는 것을 귀히 여기고, 보는 것을 천히 여김. 생각이 옅음.
【貴人賤己 귀인천기】군자는 남을 높이고 자기를 낮춤.
【貴糴 귀적】시세보다 비싸게 쌀을 사들임.
【貴糶 귀조】시세보다 비싸게 쌀을 내다 팖.
【貴冑 귀주】존귀한 집안의 자손.
【貴重 귀중】①매우 소중함. ②신분이 높음. 또는 귀하고 소중함.
【貴地 귀지】①높은 지위. 귀한 신분(身分). ②상대방을 높여 그가 사는 곳을 이르는 말.
【貴徵 귀징】귀한 징조.
【貴戚 귀척】①임금의 친족. ②상대방을 높여 그의 친척을 이르는 말.
【貴賤 귀천】①귀함과 천함. 또는 귀인과 천인. 尊卑(존비). ②값의 비쌈과 쌈.
【貴寵 귀총】▷貴幸(귀행).
【貴下 귀하】편지글에서 상대편을 높여 그의 이름 뒤에 쓰는 말.
【貴函 귀함】상대편의 편지를 높여 이르는 말. 貴簡(귀간).
【貴幸 귀행】임금이 은총을 베풂. 임금의 은총을 입음. 貴寵(귀총).
【貴顯 귀현】지위가 높고 또한 세상에 알려져 있음.
◯ 高-, 功-, 窮-, 權-, 騰-, 蒙-, 富-, 翔-, 盛-, 勝-, 良-, 榮-, 隆-, 朝-, 尊-, 至-, 寵-, 暴-, 顯-.

貝5 【貸】⑫ ❶빌릴 대 國 dài
❷틀릴 특 職 tè

亻 亻 代 代 侪 侪 貸 貸 貸 貸

貸 [소전][초서][간체] 參考 대법원 지정 인명용 한자의 음은 '대'이다.
字源 形聲. 代+貝→貸. '代(대)'가 음을 나타낸다.
字解 ❶㉮빌리다. ㉯베풀다, 시여(施與)하다. ㉰금품을 대여(貸與)하다.〔春秋左氏傳〕盡其家貸於公. ㉱바치다, 높은 사람에게 재물을 바치다.〔大戴禮〕以財投長曰貸. ❷느슨하다, 관대(寬大)히 다스리다.〔漢書〕然亦縱舍, 時有大貸. ❸빌린 금품.〔漢書〕逋貸未入者勿收. ❷①틀리다, 어긋나다. ≒忒.〔禮記〕無有差貸. ②빌리다, 차용하다. ≒貣. ③빌다, 구걸하다.〔荀子〕行貸而食.
【貸假 대가】빌림. 빌려 줌.
【貸減 대감】벌을 경감함.
【貸付 대부】이자와 기한을 정하고 돈이나 물건을 빌려 줌.
【貸費生 대비생】학교 또는 단체에서 학자금을 빌려 공부하는 학생.
【貸賒 대사】외상으로 삼.
【貸贍 대섬】재물을 주어 백성의 곤궁을 구제함.
【貸與 대여】빌려 주거나 꾸어 줌.
【貸宥 대유】형벌을 가볍게 해 줌.
【貸地 대지】세 주는 땅, 빌리는 땅.
【貸借 대차】꾸어 옴과 빌려 옴.
【貸出 대출】돈·물건 따위를 빚으로 꾸어 줌.
● 假-, 寬-, 敉-, 賒-, 貰-, 容-, 原-, 恩-, 賃-, 賑-, 稱-, 橐-.

買 [貝5] ⑫ 살 매 圊 mǎi

[필순] 買

[소전][초서][본서][간체] 買
字源 會意. 罓+貝. 그물(罓)로 조개(貝)를 잡는다는 데서 '물건을 사고판다'는 뜻을 나타낸다.
字解 ❶사다. ㉮값을 치르고 넘겨받다.〔元稹·詩〕買犢買破車. ㉯세내다, 고용(雇用)하다.〔薩都剌·詩〕買舟乘興過滄浪. ㉰불러오다, 화나 원망 같은 것을 자초(自招)하다.〔戰國策〕所謂市怨而買禍者也. ❷성(姓).
【買氣 매기】상품을 사고자 하는 마음.
【買櫝還珠 매독환주】상자는 사고 구슬은 돌려 줌. 귀한 것은 천히 여기고 천한 것은 귀히 여김. 故事 초나라 사람이 목란(木蘭) 상자에 찬란한 장식을 하여, 그 속에다 구슬을 넣어 정나라 사람에게 팔았더니 정나라 사람은 그 상자를 사서 구슬은 돌려 주었다는 고사에서 온 말.
【買路錢 매로전】장례(葬禮)에서 운구(運柩)할 때 행렬 앞에 서서 뿌리는 지전(紙錢).
【買鄰 매린】이웃을 가려서 삶. 좋은 이웃을 찾아 주거(住居)를 정함.
【買死馬骨 매사마골】죽은 말의 뼈를 삼. ㉠한 때 쓸모없는 것에 희생을 치르고 바라는 바의 사물을 얻게 됨. ㉡우자(愚者)라도 우대하여 주

면 현자(賢者)도 자연히 모여듦. 故事 어느 나라 임금이 연인(涓人)에게 천금을 주어 천리마를 구하게 하였는데, 사방을 해매던 끝에 명마(名馬)의 죽은 뼈를 오백 금에 사 왔던 바, 그 소문이 사방에 퍼져 일 년도 되기 전에 천리마가 세 마리나 나타났다는 고사에서 온 말.
【買上 매상】상품을 사들임.
【買笑 매소】①기생을 삼. 유녀(遊女)를 희롱함. ②장미(薔薇)의 딴 이름.
【買收 매수】①사들임. ②금품으로 남을 꾀어 자기편으로 삼음.
【買怨 매원】남의 원한을 삼.
【買占賣惜 매점매석】값이 오르거나 물건이 달릴 것을 예상하여 어떤 상품을 많이 사 두고 되도록이면 팔지 않으려 하는 일.
【買春 매춘】①술을 삼. ◐'春'은 술의 딴 이름. ②술을 마련하여 봄놀이를 함.
【買春錢 매춘전】과거(科擧)의 응시자가 성적이 좋지 못할 때 시험관에게 제공하는 주식(酒食)의 비용.
【買脫 매탈】뇌물을 써서 벌을 면함.
【買辦 매판】①상품의 매입을 맡은 사람. ②외국인 상점 또는 은행·회사 등에 고용되어 매매의 중개를 하는 사람. ③외국 자본의 앞잡이가 되어 사리(私利)를 취하고, 자국의 이익을 돌보지 않는 일. 또는 그 사람.
【買禍 매화】화(禍)를 자초함.
● 競-, 佔-, 故-, 購-, 貴-, 多-, 賣-, 不-, 市-, 零-, 羅-, 賤-.

貿 [貝5] ⑫ 바꿀 무 囿 mào

[필순] 貿

[소전][초서][본서][속서][간체] 貿
字源 形聲. 卯+貝→貿. '卯(묘)'가 음을 나타낸다.
字解 ❶바꾸다, 무역하다, 물품을 교역(交易)하다.〔呂氏春秋〕男女貿功以長生. ❷사다, 물건을 사다.〔詩經〕抱布貿絲. ❸바뀌다, 갈마들다.〔梁昭明太子·書〕炎涼始貿. ❹흐트러지다, 뒤섞여 어지러워지다.〔裴駰·序〕是非相貿, 眞僞舛雜. ❺눈이 어두운 모양, 머리를 떨어뜨리고 맥없는 모양.〔禮記〕有餓者, 蒙袂輯屨, 貿貿然來.
【貿功 무공】서로 일을 바꾸어 함.
【貿亂 무란】어지러워짐.
【貿名 무명】명예를 구함. 이름을 삼.
【貿貿 무무】①눈이 흐릿한 모양. 눈이 어두운 모양. ②낙심하여 머리를 떨어뜨리고 있는 모양. ③흐리멍덩함.
【貿首之讐 무수지수】서로 상대의 머리를 얻고자 하는 원한이 깊은 원수.
【貿市 무시】장사함. 매매함. 퍎. 무역(貿易).
【貿易 무역】①재화를 교환하여 유무상통(有無相通)함. 외국과의 교역. ②변이(變異)하는 일.

【貿財 무재】물건을 팔아서 돈을 삼.
【貿販 무판】①물품을 교환하여 장사함. ②國육류(肉類)를 파는 푸주를 냄.
○ 交-, 賦-, 易-, 賤-, 販-.

貝5【賀】⑫ 貿(1726)의 속자

貝5【賁】⑫ 賁(1729)의 속자

貝5【費】⑫ 쓸 비 困 fèi

一 ㄱ ㅋ ㅋ 弗 弗 弗 帯 費 費

소전 費 초서 費 간체 费 字源 形聲. 弗＋貝→費. '弗(불)'이 음을 나타낸다.

字解 ①쓰다. ㉠금품을 소비하다. 〔論語〕君子惠而不費. ㉡손상하다, 해치다. 〔呂氏春秋〕費神傷魂. ㉢닳다, 소모되다. 〔莊子〕志乎期費. ②비용, 용도. 〔韓詩外傳〕君子有三費, 飮食不在其中. ③재화, 재보(財寶). 〔呂氏春秋〕非愛其費也. ④빛나다, 빛나는 모양. 〔楚辭〕費白些. ⑤쓸데없는 말을 지껄이는 일. 〔禮記〕口費而煩. ⑥널리 쓰이다. 〔中庸〕君子之道, 費而隱. ⑦땅 이름. 춘추(春秋) 시대 노(魯)나라의 읍(邑) 이름. 지금의 산동성(山東省) 어대현(魚臺縣)의 서남(西南)쪽.
【費句 비구】불필요한 구. 군더더기 문구.
【費耗 비모】비용.
【費目 비목】비용을 지출하는 명목. 비용의 세목(細目).
【費散 비산】마구 써 없앰.
【費消 비소】써서 없앰. 消費(소비).
【費時 비시】시간을 헛되이 보냄.
【費心 비심】걱정함. 애태움. 또는 애타는 마음. 費神(비신).
【費額 비액】드는 돈의 액수. 쓴 돈머리.
【費用 비용】드는 돈. 쓰이는 돈.
【費而隱 비이은】성인의 도(道)는 그 효용이 광대하여 두루 미치나 그 자체는 은미하여 드러나지 않음.
【費財 비재】재물을 낭비함.
【費錢 비전】돈을 헛되이 씀. 費財(비재).
○ 經-, 工-, 公-, 空-, 官-, 國-, 濫-, 浪-, 勞-, 路-, 私-, 奢-, 歲-, 消-, 食-, 旅-, 游-, 淫-, 入-, 出-, 學-.

貝5【胜】⑫ 넉넉할 성 敻 shèng
字解 ①넉넉하다. ②재물.

貝5【貰】⑫ 세낼 세 圝 shì

소전 貰 초서 貰 동자 賖 동자 貰 간체 贳

字解 ①세내다, 세를 주고 남의 것을 빌리다, 외상으로 사다. 〔史記〕常從王媼武負貰酒. ②놓아주다, 용서하다. 〔國語〕不貰不忍. ③관대하게 대하다. 〔漢書〕良久貰貰之.
【貰貸 세대】①세를 받고 빌려 줌. ②빌림과 빌려 줌. 貰借(대차).
【貰馬 세마】세를 주고 빌리는 말.
【貰物 세물】세를 주고 빌리는 물건.
【貰赦 세사】죄를 용서함.
【貰牛 세우】세를 주고 부리는 소.
【貰錢 세전】셋돈.
【貰酒 세주】술을 외상으로 삼.
【貰冊 세책】세를 주고 빌리는 책.
○ 家-, 貸-, 物-, 賖-, 傳-.

貝5【貹】⑫ 점칠 소 圝 shǔ
소전 貹 字解 점치다, 복채를 주고 점을 치다. 또는 그 복채.

貝5【貳】⑫ 두 이 圝 èr
소전 貳 초서 貳 고문 弍 간체 贰 字解 ①둘. 늑二. 〔易經〕因貳以濟民行. ②두 마음, 두 가지 마음을 품다. 〔春秋左氏傳〕諸侯朝前歸者, 皆有貳心. ③거듭하다, 되풀이하다. 〔孔子家語〕行不貳過. ④배반하다, 모반하다. 〔荀子〕脩道而不貳. ⑤의심하다, 믿지 못하다. 〔國語〕不可以貳. ⑥떠나다, 헤어지다. 〔春秋左氏傳〕則諸侯貳. ⑦변하다. ㉠바뀌다, 대신하다. 〔春秋左氏傳〕其卜貳圉也. ㉡변화하다, 달라지다. 〔詩經〕衣服不貳. ⑧배신하다, 내응(內應)하다. 〔春秋左氏傳〕大叔命西鄙北鄙貳於己. ⑨돕다, 보좌하다. ¶副貳. ⑩짝, 적수(敵手). 〔春秋左氏傳〕君之貳也. ⑪곁들임, 예비로 곁따르게 하는 것. 〔周禮〕貳車九乘. ⑫업(業), 하는 일. 〔太玄經〕載幽貳, 執夷內. ⑬더럽히다. ⑭채우다, 가득하다. ⑮타다, 붙다.
【貳車 이거】여벌로 따르는 수레.
【貳公 이공】삼공(三公)의 부관(副官). 소사(少師)·소부(少傅)·소보(少保)를 이름.
【貳過 이과】잘못을 다시 저지름.
【貳相 이상】조선 때 삼정승 다음가는 벼슬. 곧, 의정부의 좌·우찬성(左右贊成).
【貳臣 이신】절개를 지키지 않고 두 임금을 섬긴 신하.
【貳室 이실】임금이 거둥할 때 머무르는 별궁.
【貳心 이심】두 마음. 불충(不忠)한 마음. 모반심(謀叛心). 二心(이심).
【貳衙 이아】國①감영(監營)이 있는 곳의 군아(郡衙). ②유향소(留鄕所)의 딴 이름.
【貳豫 이예】의심하여 결정짓지 못함.
【貳適 이적】군주를 바꿈. 이심(貳心)을 가지고 모반함. ○ '適'은 '主'로 '군주'를 뜻함.
○ 間-, 介-, 繼-, 乖-, 副-, 不-, 參-, 猜-, 違-, 應-, 疑-, 離-, 儲-, 嫌-.

貝5 【貽】⑫ 끼칠 이 囡 國 yí

소전 貽 초서 貽 간체 贻 字解 ①끼치다, 남기다, 전하다. ≒詒.〔書經〕貽厥子孫. ②주다, 증여하다. ≒飴.〔韓愈·文〕作師說以貽之.

【貽厥 이궐】자손. 또는 자손을 위하여 남기는 계책.
【貽範 이범】모범을 남김.
【貽殃 이앙】재앙(災殃)을 남김.
【貽訓 이훈】조상이 자손을 위하여 남긴 교훈. 遺訓(유훈).
❶ 形管−, 相−.

貝5 【貤】⑫ 貤(1722)와 동자

貝5 【貲】⑫ 재물 자 囡 zī

소전 貲 초서 貲 간체 赀 字解 ①재물, 재화, 자본. ≒資·訾.〔史記〕以貲爲騎郞. ②대속(代贖)하다, 재화를 주고 죄를 대속하다, 벌금을 물다. ③값, 물건의 값.〔管子〕之謂爲無貲. ④세다, 측량하다. ≒訾.〔後漢書〕不可貲計.

【貲郎 자랑】돈을 내고 된 낭관(郞官). 곧, 돈을 내고 벼슬한 사람.
【貲簿 자부】금전 출납부.
【貲產 자산】토지·건물·금전 따위의 재산(財産).
【貲財 자재】금은보화(金銀寶貨). 재산.
❶ 家−, 高−, 傾−, 不−, 先−, 貨−.

貝5 【貯】⑫ 쌓을 저 圄 zhù

丨 冂 冃 月 目 貝 貝 貝ˋ 貯 貯 貯

소전 貯 초서 貯 동자 䘢 간체 贮 字源 形聲. 貝+宁→貯. '宁(저)'가 음을 나타낸다. 字解 ①쌓다, 쌓아 두다, 저축하다, 갈무리해 두다. ≒著. ≒褚.〔呂氏春秋〕我有衣冠, 而子產貯之. ②우두커니 서다. ≒佇.〔漢書〕飾新宮以延貯兮. ③가게, 상점. ④복, 행복.
【貯穀 저곡】곡식을 저장하여 둠. 또는 그 곡식. 貯粟(저속).
【貯金 저금】돈을 모아 둠. 또는 그 돈.
【貯水 저수】물을 저장함. 물을 모아 가두어 둠.
【貯藏 저장】쌓아서 간직하여 둠.
【貯儲 저저】저축함.
【貯積 저적】모아서 쌓아 둠.
【貯蓄 저축】절약하여 모아 둠.
❶ 窖−, 滿−, 積−, 糴−, 苞−.

貝5 【貾】⑫ 조개 지 囡 chí

字解 조개, 황색 바탕에 흰색 무늬가 있는 조개. ≒蚳.

貝5 【貼】⑫ 붙을 첩 囡 tiē

소전 貼 초서 貼 간체 贴 字解 ①붙다. ㉮접근(接近)하여 닿다.〔徐渭·詩〕低茅水上貼. ㉯달라붙다. ¶貼付. ②붙이다, 달라붙게 하다.〔宋史〕書之屛風, 以時揭貼. ③전당 잡히다, 물건을 저당(抵當)하다.〔南史〕身自販貼. ④따르다. ≒帖.〔春秋公羊傳〕卒貼荊. ⑤깁다, 보충하다.〔白居易·詩〕補貼平生得事遲. ⑥알맞게 하다, 편의에 따라 행하다.〔王建·詩〕熨貼朝衣抛戰袍. ⑦國봉지에 싼 약을 세는 단위.
【貼墨 첩묵】시험의 한 방법. 경서(經書) 중에서 한 줄만 보여 주고 앞뒤를 외게 함.
【貼夫 첩부】서방질함. 또는 샛서방.
【貼付 첩부】착 들러붙게 붙임. 풀로 붙임.
【貼寫 첩사】☞貼書(첩서).
【貼書 첩서】서리(書吏)의 조수. 서기(書記).
【貼試 첩시】☞貼墨(첩묵).
【貼身 첩신】시녀(侍女). 잉첩(媵妾).
【貼藥 첩약】國여러 가지 약재를 섞어 한 첩씩 봉지에 싼 약.
【貼黃 첩황】①당대(唐代)에 조칙(詔勅)을 고치던 일. ○조칙은 황지(黃紙)에 쓰고 고칠 때는 그 위에 다시 황지를 붙였던 데서 온 말. ②정부나 임금에게 제출하는 문서의 요점을 황지에 적어서 그 문서의 끝에 붙여 보기 편한게 한 것.

貝5 【貶】⑫ 떨어뜨릴 폄 國 biǎn

소전 貶 초서 貶 간체 贬 字解 ①떨어뜨리다. ㉮관직을 깎아 낮추다.〔孟子〕一不朝則貶其爵. ㉯덜다, 감하다.〔司馬相如·文〕不可貶也. ㉰물리치다, 내치다.〔漢書〕貶諸侯, 討大夫. ㉱벌하다, 귀양 보내다.〔林鶴梁·序〕高宗赫怒, 連貶竄之. ㉲폄하다, 헐뜯다.〔范寗·序〕片言之貶辱, 過市朝之撻. ②떨어지다, 지위가 낮아지다.〔詩經〕我位孔貶. ③줄다, 감해지다.〔周禮〕則令邦國都家縣鄙施刑貶.
【貶降 폄강】관직을 깎아 낮춤.
【貶流 폄류】관직을 깎아내리고 귀양 보냄. 貶竄(폄찬).
【貶戮 폄륙】벼슬을 깎아내리고 벌함.
【貶辭 폄사】남을 깎아내리는 말. 貶論(폄론).
【貶損 폄손】①줄임. ②깎아내림. 헐뜯음.
【貶殺 폄쇄】줄이고 깎음. 감함.
【貶謫 폄적】☞貶流(폄류).
【貶坐 폄좌】허물로 인하여 관위(官位)를 깎아 물리침.
【貶職 폄직】國파면(罷免)함.
【貶斥 폄척】①벼슬을 떨어뜨리어 물리침. ②인망(人望)을 깎아내려 배척함.
【貶遷 폄천】벼슬을 깎아내리고 자리를 옮김. 좌천(左遷).
【貶逐 폄축】벼슬을 떼고 귀양 보냄.
【貶黜 폄출】☞貶斥(폄척)①.

貝部 5~6획 賀眩貺賈賂買賁 1729

【貶退 폄퇴】 ☞貶斥(폄척)①.
【貶下 폄하】 치적이 좋지 못한 원(員)의 벼슬을 떨어뜨림.
【貶毀 폄훼】 깎고 헐뜯음.
❶損-, 抑-, 自-, 懲-, 竄-, 褒-, 顯-.

貝5【賀】⑫ 하례 하 圖 hè

[소전]賀 [초서]賀 [간체]贺 [字源] 形聲. 加+貝→賀. '加(가)'가 음을 나타낸다.

[字解] ❶하례하다. ㉮축사(祝辭)로 경축하다. 〔戰國策〕群臣聞見者畢賀. ㉯예물을 보내어 경축하다. 〔禮記〕昏禮不賀, 人之序也. ❷경축, 경사. 〔後漢書〕每月朔視首, 爲大朝受賀. ❸위로하다, 노고에 치하하다. 〔晏子〕景公迎而賀之. ❹가상(嘉尙)히 여기다, 기특하게 여기다. ≒嘉. ❺더하다, 보태다. ≒加. 〔儀禮〕賀之結于後. ❻메다, 둘러메다. ≒何·荷. 〔唐書〕群臣皆賀戟侍. ❼주석(朱錫)의 딴 이름.
【賀客 하객】 축하하기 위하여 찾아온 손(客).
【賀慶 하경】 경사를 축하함.
【賀禮 하례】 축하하는 예식. 賀儀(하의).
【賀詞 하사】 축하하는 말. 祝詞(축사).
【賀頌 하송】 축하하며 칭송함.
【賀壽 하수】 장수(長壽)를 축하함.
【賀筵 하연】 축하하는 잔치. 또는 그 좌석.
【賀正 하정】 새해를 축하함.
【賀表 하표】 나라 또는 조정에 경사가 있을 때, 신하가 임금에게 올리는 축하의 글.
❶慶-, 來-, 拜-, 上-, 年-, 弔-, 朝-, 參-, 祝-, 表-.

貝5【眩】⑫ 衒(1609)과 동자

貝5【貺】⑫ 줄 황 漢 kuàng

[소전]貺 [초서]貺 [간체]贶 [字解] ❶주다. ㉮하사하다. 〔詩經〕中心貺之. ㉯남에게 주다. 〔辭〕更統世而自貺. ❷남에게서 받은 선물이나 하사품(下賜品). =況. 〔春秋左氏傳〕不敢求貺.
【貺祐 황우】 복을 줌. 주는 복.

貝6【賈】⑬ ❶장사 고 麌 gǔ ❷값 가 禡 jià

[소전]賈 [초서]賈 [간체]贾 [參考] 대법원 지정 인명용 한자의 음은 '고·가'이다.

[字解] ❶①장사, 상업. 가게를 가지고 하는 장사. 〔漢書·注〕坐賣曰賈. ②장수, 상인, 특히 좌상(坐商). 〔漢書〕百貨震動. ③장사하다, 상품을 매매하다. 〔史記〕善賈市. ④팔다. ㉮값을 받고 물건을 주다. 〔漢書〕賈不至千萬. ㉯속여서 부당한 이득(利得)을 얻다. 〔逸周書〕極賞則賈其上. ⑤사다. ㉮값을 치르고 물건을 받다. 〔韓非子〕多錢善賈. ㉯속여서 부당하게 손에 넣다. 〔春秋左氏傳〕用此以賈害. ⑥구하다, 찾다. 〔國語〕謀於衆, 不以賈好. ⑦파는 물건, 상품. 〔詩經〕賈用不售. ❷①값, 가격. =價. 〔禮記〕命市納賈. ②나라 이름, 가백(賈伯). 지금의 산서성(山西省) 임분현(臨汾縣)의 가향(賈鄕). ③성(姓).
【賈客 고객】 상인(商人).
【賈賈 고매】 사는 일.
【賈師 고사】 주대(周代)에 시장의 물가 관리를 맡아보던 벼슬.
【賈船 고선】 장삿배. 商船(상선).
【賈豎 고수】 천한 장사치. 상인(商人)을 낮추어 이르는 말.
【賈市 고시】 ①장사. ②장터. 시장(市場).
【賈勇 고용】 ①용기(勇氣)를 삼. 남의 용기를 내 것으로 삼음. ②남에게 용기를 다하게 함. ③용기를 보여 공을 세우려 함. ④용기가 넘쳐 흐름.
【賈怨 고원】 원망을 삼.
【賈人 고인】 장사하는 사람. 商人(상인).
【賈儈 고쾌】 물건의 매매를 중개하여 구전(口錢)을 먹는 사람. 거간꾼. 거매(居媒).
【賈害 고해】 스스로 재앙을 삼. 화(禍)를 자초(自招)함. 賈禍(고화).
【賈胡 고호】 장사하는 호인(胡人). 외국 상인.
❶待-, 富-, 商-, 善-, 市-, 良-, 行-.

貝6【賂】⑬ 뇌물 줄 賄 ⑦로 國 lù

[소전]賂 [초서]賂 [간체]赂 [字解] ❶뇌물을 주다. ㉮재물을 주다, 재물을 증여(贈與)하다. 〔詩經〕大賂南金. ㉯몰래 금품을 보내어 부탁하다. 〔國語〕驪姬賂二五, 使言於公. ❷뇌물. ㉮선물. 〔春秋左氏傳〕齊陳鄭皆有賂. ㉯부탁하기 위한 선물. 〔後漢書〕吏有因事受賂者, 嵩更以錢物賜之. ③재화(財貨). 〔春秋左氏傳〕旣曰王命, 取賂而還.
【賂物 뇌물】 직권(職權)을 이용하여 특별한 편의를 보아 달라는 뜻으로 몰래 주는 부정한 금품(金品). 賄賂(회뢰).
【賂賜 뇌사】 뇌물을 줌.
【賂謝 뇌사】 일을 청탁하며 주는 금품.
【賂遺 뇌유】 뇌물을 보냄.
❶賕-, 納-, 寶-, 受-, 緩-, 重-, 取-, 貨-, 賄-, 厚-.

貝6【買】⑬ 買(1726)의 본자

貝6【賁】⑬ ❶꾸밀 비 圓 bì ❷클 분 囟 fén ❸노할 분 圓 fèn ❹땅 이름 륙 屋 lù

[소전]賁 [초서]賁 [속]賁 [간체]贲 [參考] 대법원 지정

인명용 한자의 음은 '분'이다.
[字解] ❶①**꾸미다**, 장식하다. 〔易經〕 賁其趾. ②**섞이다**, 빛이 순수하지 않다. 〔呂氏春秋〕 孔子卜得賁. ③**괘 이름**, 64괘(卦)의 한 가지. 괘형은 ䷕. 강(剛)함과 유(柔)함이 왕래교착(往來交錯)하여 무늬를 이룸을 상징한다. 〔易經〕 山下有火, 賁. ❷①**크다**, 거대하다. 〔書經〕 用宏玆賁. ②**큰 북**. ≒鼖. 〔詩經〕 賁鼓維鏞. ③**달리다**. '虎賁'은 날래고 잘 달리는 병사. ≒奔. 〔孟子〕 虎賁三千人. ④**아름답다**. ❸①**노하다**, 성내다. ≒憤·忿. 〔禮記〕 奮末廣賁之音作. ②**끓다**, 끓어오르다. ≒濆. 〔春秋穀梁傳〕 覆酒於地而地賁. ③**무찌르다**, 패배(敗北)하다. ≒僨. 〔禮記〕 賁軍之將. ❹**땅 이름**. 〔春秋公羊傳〕 楚子伐賁渾之戎.

【賁來 비래】 남이 방문해 옴의 높임말.
【賁臨 비림】 ☞賁來(비래).
【賁飾 비식】 아름답게 꾸밈.
【賁然 비연】 ①잘 차려입은 모양. ②광채가 나는 모양.
【賁鼓 분고】 큰 북.
【賁軍 분군】 패배(敗北)한 군대. 敗軍(패군).
【賁墉 분용】 대궐의 담.
◑ 孟-, 白-, 寵-, 褒-, 顯-, 虎-.

貝 6 【貰】 ⑬ 貰(1727)와 동자

貝 6 【賃】 ⑬ 품팔이 **임** [沁] lìn

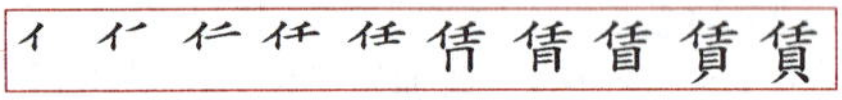

[소전] [초서] [간체] 赁 [字源] 形聲. 任+貝→賃. '任(임)'이 음을 나타낸다.
[字解] ①**품팔이**, 더부살이, 고용인(雇傭人). 〔史記〕 爲人僕賃. ②**품팔이하다**, 고용되다. 〔揚雄·賦〕 徒行負賃. ③**고용하다**, 삯을 주고 사람을 부리다. ④**품삯**, 노동의 대가. 〔南史〕 賃書以營事. ⑤**세내다**, 세를 주고 물건을 임시로 빌려 쓰다. 〔蘇軾·狀〕 微生芟葑, 卽許劃賃.

【賃金 임금】 노동에 대한 보수. 품삯.
【賃貸 임대】 삯을 받고 빌려 줌.
【賃書 임서】 품삯을 받고 글씨를 씀.
【賃舂 임용】 품삯을 받고 방아를 찧거나 절구질을 하는 일.
【賃銀 임은】 품팔이에 대한 보수.
【賃作 임작】 품삯을 받고 일을 함.
【賃借 임차】 삯을 내고 빌려 씀.
【賃僦 임추】 ①집세. ②품삯.
◑ 家-, 僕-, 負-, 船-, 傭-, 運-, 租-, 車-, 借-, 馱-.

貝 6 【資】 ⑬ ❶재물 **자** [支] zī ❷방자할 **자** [寘] zì

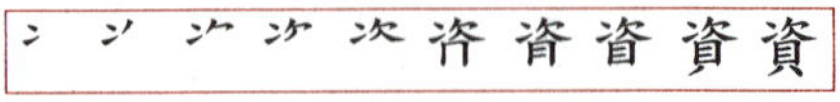

[소전] [초서] [동자] [간체] 资 [字源] 形聲. 次+貝→資. '次(차)'가 음을 나타낸다.
[字解] ❶①**재물**, 재화. 〔詩經〕 喪亂蔑資. ②**밑천**, 자본. 〔管子〕 受資於上而祠之. ③**비발**, 비용. 〔禮記〕 致馬資於有司. ④**장사하다**, 상품을 매매하다. 〔莊子〕 宋人資章甫, 而適諸越. ⑤**쌓다**, 저장하다. 〔史記〕 如姬資之三年. ⑥**주다**, 금품을 주다, 땅을 떼어 주다. 〔戰國策〕 王資臣萬金. ⑦**돕다**, 도와주다. 〔莊子〕 堯何以資汝. ⑧**취(取)하다**. 〔易經〕 萬物資始. ⑨**의지하다**, 의뢰하다. 〔顏延之·詩〕 資此夙知. ⑩**보내다**, 가져오다. ≒齎·致. 〔莊子〕 不以嫛資. ⑪**의지할 곳**. 〔淮南子〕 以水爲資. ⑫**도움**, 자조(藉助). 〔老子〕 不善人善人之資. ⑬**양식**, 양도(糧道). 〔國語〕 資窮困. ⑭**지위**, 관직. 〔唐書〕 不得任淸資. ⑮**때**, 기회. 〔淮南子〕 隨其天資. ⑯**상복 이름**, 재최(齊衰). ≒齋·齊. 〔禮記〕 爲后服資衰. ⑰**바탕**, 재질, 타고난 품성. 〔漢書〕 又有能致之資. ⑱**날카롭다**, 예리하다. 〔後漢書〕 故陳資斧, 而人靡畏. ⑲**묻다**, 꾀하다. ≒咨. 〔禮記〕 事君先資其言. ⑳**줄다**, 줄이다. 〔儀禮〕 資黍于羊俎兩端. ㉑**이르다**. ≒至. 〔禮記〕 資冬祈寒. ㉒**성(姓)**. ❷**방자하다**, 제멋대로 하다. =恣.

【資格 자격】 타고난 바탕. 일정한 신분·지위를 가지거나 어떤 행동을 하는 데 필요한 조건.
【資窮 자궁】 [國]당하관의 최고 위계. 정삼품 하계. 階窮(계궁).
【資金 자금】 이익을 낳는 바탕이 되는 돈. 資本金(자본금).
【資給 자급】 공급함. 베풀어 줌.
【資糧 자량】 ①식량(食糧). ②[國]노자와 양식.
【資歷 자력】 경력(經歷). 이력(履歷).
【資望 자망】 남을 귀복(歸服)시키기에 충분한 위덕(威德)과 명망(名望).
【資辯 자변】 태어나면서부터 변설(辯舌)에 능함.
【資本 자본】 사업의 기본이 되는 돈이나 물자.
【資斧 자부】 돈과 도끼. 노자(路資).
【資性 자성】 타고난 성질. 천성(天性).
【資送 자송】 혼수(婚需)나 필요한 물자를 갖추어 보냄.
【資用 자용】 ①밑천으로 씀. ②필요한 상품. 또는 비용(費用). 돈.
【資源 자원】 생산의 바탕이 되는 여러 가지 물자(物資).
【資廕 자음】 ☞資蔭(자음).
【資蔭 자음】 조상의 덕으로 하는 벼슬.
【資裝 자장】 ①보내어 갖추게 함. ②혼수(婚需).
【資材 자재】 ①물건을 만드는 데 필요한 재료. ②타고난 성질.
【資質 자질】 타고난 바탕과 성질. 天性(천성).
【資蓄 자축】 돈·곡식 등 축적된 자산.
【資治 자치】 정치에 도움이 됨.
【資賄 자회】 시집갈 때 가지고 가는 물품.
◑ 嫁-, 軍-, 勞-, 馬-, 物-, 本-, 英-, 天-, 淸-, 投-, 稟-, 學-, 合-.

貝部 6~7획　歃 貯 賊 賤 賅 賌 賄 賉 賕 賈 賓

貝6 【歃】⑬ 賌(1730)와 동자

貝6 【貯】⑬ 財(1722)와 동자

貝6 【賊】⑬ 도둑 적 𧵳 zéi

【字源】會意. 貝+戈+刀→賊. 창〔戈〕과 칼〔刀〕을 가지고 재물〔貝〕을 훼손시킨다는 뜻을 나타낸다.
【字解】①도둑.〔張載·詩〕賊盜如豺虎. ②해치다, 상하게 하다.〔論語〕賊夫人之子. ③죽이다, 살육하다.〔書經〕寇賊姦宄. ④훔치다, 강탈하다. ⑤으르다, 협박하다. ⑥학대하다, 모질게 굴다.〔周禮〕賊賢害民, 則伐之. ⑦헐뜯다, 비방하다.〔春秋繁露〕稱人之惡, 謂之賊. ⑧요괴(妖怪)하다, 요사하다.〔淮南子〕賊星不行. ⑨역적, 반역자, 불충불효한 자.〔史記〕誅賊臣辟陽侯. ⑩원수, 구적(寇敵).〔陳書〕上陣看賊. ⑪적(敵), 전쟁의 상대방.〔諸葛亮·表〕先帝慮漢賊不兩立, 王業不偏安. ⑫마디충. 벼의 마디를 갉아 먹는 명충(螟蟲)의 애벌레.〔詩經〕降此蟊賊.
【賊去關門 적거관문】도둑이 나간 뒤에 문을 잠금. 소 잃고 외양간 고치기.
【賊警 적경】①도적을 경계함. ②도적이 일어날 기미가 나타남.
【賊軍 적군】모반한 군사. 반란군.
【賊難 적난】도둑 맞은 재난.
【賊民 적민】사람을 해치는 불인(不仁)한 백성. 간적(奸賊)의 백성.
【賊反荷杖 적반하장】도적이 도리어 매를 듦. 잘못한 사람이 도리어 성을 냄의 비유.
【賊殺 적살】해치어 죽임.
【賊傷 적상】해치어 상하게 함.
【賊星 적성】요성(妖星). 또는 혜성(彗星).
【賊首 적수】①도적의 우두머리. 賊魁(적괴). ②도적의 수급(首級).
【賊臣 적신】①모반한 신하. ②불충한 신하. 逆臣(역신).
【賊心 적심】남을 해치려는 마음.
【賊仁 적인】인도(仁道)를 해침.
【賊子 적자】①어버이를 해치는 불효한 자식. ②반역의 무리.
【賊贓 적장】부정한 물건. 臟物(장물).
【賊被狗咬 적피구교】도둑이 개한테 물림. 남에게 말할 수 없음의 비유.
【賊虐 적학】해치고 학대함.
【賊漢 적한】도둑놈.
【賊害 적해】①남을 해침. 손해를 입힘. ②國도둑에게 입은 손해.
○姦-, 劫-, 寇-, 國-, 老-, 大-, 盜-, 邦-, 山-, 女-, 逆-, 鳥-, 陰-, 殘-, 戎-, 諜-, 剽-, 海-, 險-, 虧-.

貝6 【賤】⑬ 賤(1736)의 속자

貝6 【賅】⑬ 족할 해 𧶽 𧷗 gāi

【字解】①족하다, 갖추어지다.〔莊子〕百骸九竅六藏, 賅而存焉. ②재화, 재물. ③이상하다, 기이하다. =侅.
【賅備 해비】넉넉히 갖춤.

貝6 【賌】⑬ 비술 해 本개 𧶽 gāi

【字解】비술(祕術).〔淮南子〕刑德奇賌之數.

貝6 【賄】⑬ 뇌물 회 賉 huì

【字解】①뇌물. 청탁을 위하여 주는 부당한 재화.〔春秋左氏傳〕亂獄滋豐, 賄賂並行. ②선물, 예물, 호의로 주는 재화.〔春秋左氏傳〕先事後賄禮也. ③예물을 주다, 뇌물을 주다.〔儀禮〕賄用束紡. ④재보(財寶), 재화.〔春秋左氏傳〕爾有利市寶賄.
【賄交 회교】재화를 가지고 하는 교제.
【賄賂 회뢰】뇌물을 주거나 받음. 또는 그 뇌물.
【賄賂公行 회뢰공행】뇌물이 아무 거리낌 없이 공공연히 오감.
【賄縱 회종】뇌물을 받고 놓아줌.
○方-, 收-, 容-, 資-, 財-, 贈-, 貨-.

貝6 【賉】⑬ 卹(246)과 동자

貝7 【賕】⑭ 뇌물 구 𧶽 qiú

【字解】①뇌물. 청탁을 위하여 주는 부당한 금품.〔史記〕又恐受賕枉法. ②뇌물을 주다.〔漢書〕賕客楊明. ③구하다, 담보를 내고 구하다. ④청하다, 바라다.
【賕賂 구뢰】뇌물. 賄賂(회뢰).
【賕餉 구향】뇌물.

貝7 【賈】⑭ 貿(1726)의 본자

貝7 【賓】⑭ ❶손 빈 𧶽 bīn ❷물리칠 빈 𧶽 bìn

【字源】會意. 宀+丏+貝→賓. '貝(패)'는 손님이 가지고 온 선물을 뜻하고, 집 안〔宀〕에서 허

리를 숙여〔丙〕손님을 맞는다는 뜻을 나타낸다. 字解 ❶①손, 손님.〔春秋左氏傳〕相敬如賓. ②손으로 묵다.〔禮記〕鴻雁來賓. ③손으로 대우하다.〔莊子〕以賓寡人久矣. ④존경하다.〔周禮〕以禮禮賓之. ⑤인도하다. ≒儐.〔列子〕賓者以告. ⑥따르다, 복종하다. ≒幷.〔國語〕其不賓也久矣. ⑦따르게 하다, 굴복시키다.〔史記〕遣中郎將往賓之. ⑧어울리다, 친화하다.〔禮記〕諸侯賓服. ⑨사귀다.〔儀禮〕賓東面答拜. ⑩물가. ≒濱.〔漢書〕率土之賓. ⑪살쩍. ≒鬢. ❷①물리치다, 버리다. ≒擯.〔書經〕予惟四方罔攸賓. ②손〔客〕을 모으다.
【賓客 빈객】①귀한 손, 손님. ②문하의 식객(食客). ③세자시강원에 속하여 경사(經史)와 도의(道義)를 가르치던 정이품 벼슬.
【賓貢 빈공】①☞賓興(빈흥)②. ☞儐. ②외국인이 입조(入朝)하여 공물을 바침. ③다른 나라 출신의 공사(貢士).
【賓待 빈대】빈객(賓客)으로 대우함.
【賓旅 빈려】손과 나그네.
【賓白 빈백】무대에서 배우가 연극 중에 하는 말. 臺詞(대사). ○'賓'은 대화(對話), '白'은 독백(獨白).
【賓服 빈복】와서 봉족함. 공물(貢物)을 바치고 알현(謁見)함.
【賓師 빈사】관직에 있지 않으면서 임금의 존중을 받는 사람.
【賓位 빈위】손의 좌석. 손이 앉을 자리.
【賓雀 빈작】참새. ○지붕·처마 같은 곳에 집을 지어 마치 손님 같다는 데서 붙여진 말.
【賓接 빈접】손으로 대접함.
【賓從 빈종】①진심으로 복종함. 賓服(빈복). ②절친하여 거리낌이 없음.
【賓至如歸 빈지여귀】손으로 온 것이 제 집에 돌아온 것처럼 조금의 불편도 없음.
【賓次 빈차】빈객을 접대하는 곳.
【賓天 빈천】하늘의 빈객(賓客)이 됨. 곧, 천자의 죽음.
【賓廳 빈청】비변사의 대신과 당상관들이 모여 회의하던 곳.
【賓興 빈흥】①주대(周代)에 인재를 채용하는 법. 학교에서 우수한 학생은 향음주(鄕飮酒)의 예로써 이를 빈객(賓客)에 천거(薦擧)함. ○'興'은 '擧'로 '천거'를 뜻함. ②선비가 향시(鄕試)에 응하려고 할 때 지방관(地方官)이 잔치를 마련하여 이를 대접하던 일. 賓貢(빈공).
○ 嘉-, 國-, 群-, 貴-, 來-, 內-, 上-, 俗-, 野-, 外-, 雜-, 主-, 衆-.

貝 7 【賔】⑭ 賓(1731)의 속자

貝 7 【賒】⑭ 외상으로 살 사 ▣ shē
소전 賒 초서 賒 간체 赊 字解 ①외상으로 사다.〔周禮〕凡賒者, 祭祀無過旬日. ②멀다, 아득하다.〔何遜·詩〕寂寂漏方賒. ③느리다, 느릿하다.〔謝朓·詩〕徒使春帶賒. ④사치하다, 사치. =奢.〔後漢書〕楚楚衣服, 戒在窮賒.
【賒貸 사대】외상으로 대여함. 賒貰(사세).
【賒貰 사세】☞賒貸(사대).
【賒與 사여】빌려 줌.
【賒遙 사요】멂. 요원함.
【賒取 사취】외상으로 사들임.

貝 7 【賖】⑭ 賒(1732)의 속자

貝 7 【賣】⑭ 賣(2139)와 동자

貝 7 【賑】⑭ 구휼할 진 ▣ zhèn
소전 賑 초서 賑 간체 赈 字解 ①구휼하다, 기민을 먹이다. ≒振.〔史記〕虛郡國倉廩, 以賑貧民. ②가멸다, 재화가 넉넉하다.〔張衡·賦〕鄕邑殷賑.
【賑救 진구】물품을 베풀어 구제함.
【賑給 진급】어려운 사람에게 물자를 베풀어 줌. 賑與(진여).
【賑貸 진대】생활이 어려운 사람에게 물건을 빌려 줌.
【賑賜 진사】가난한 사람에게 물자를 베풀어 줌. 賑與(진여).
【賑瞻 진섬】어려운 사람에게 널리 물건을 나누어 줌.
【賑助 진조】물자를 베풀어 도움.
【賑護 진호】구휼(救恤)하여 보호함.
【賑恤 진휼】흉년에 곤궁한 백성을 구호(救護)하여 줌. 救恤(구휼).
○ 矜-, 富-, 瞻-, 施-, 殷-, 隱-, 存-.

貝 7 【賻】⑭ 갚을 포 ▣ bù
字解 갚다, 받은 예물에 답례하다, 예물을 서로 주고받다.

貝 7 【賄】⑭ 賄(1731)와 동자

貝 8 【賡】⑮ 이을 갱 ▣ gēng
초서 賡 간체 赓 字解 ①잇다, 계승하다.〔書經〕賡載歌. ②갚다, 보상(補償)하다.〔管子〕愚者有不賡本之事.
【賡歌 갱가】다른 사람에 이어서 시가(詩歌)를 지어 읊음.
【賡酬 갱수】다른 사람과 시가를 주고받음.
【賡韻 갱운】다른 사람의 시에 차운(次韻)함.
【賡唱 갱창】시문을 서로 주고받음.

貝 8 【賚】⑮ 줄 뢰·래 ▣ 灰 lài

賚

[소전] 賚 [초서] 耒 [동자] 睞 [간체] 赉

[참고] 대법원 지정 인명용 한자의 음은 '뢰'이다.

[字解] ①주다, 하사하다. 〔書經〕予其大賚汝. ②사물(賜物), 하사품. 〔論語〕周有大賚. ③위로하다. 늑絲. ④시경(詩經)의 편명(篇名). 주(周) 무왕(武王)이 주(紂)를 토벌하고, 공신(功臣)을 봉(封)한 내용을 노래한 것.

【賚賜 뇌사】 하사(下賜)함. 또는 그 물건.
【賚賞 뇌상】 상(賞)을 내림.
【賚錫 뇌석】 ☞賚賜(뇌사).
【賚汝 뇌여】 너에게 줌.
【賚獎 뇌장】 상을 주어 장려함.

◐ 眷-, 勞-, 大-, 頒-, 普-, 分-, 賜-, 賞-, 錫-, 恩-, 褒-, 惠-, 犒-.

睞
貝 8 【睞】 ⑮ 賚(1732)와 동자

賣
貝 8 【賣】 ⑮ 팔 매 [국] mài

[자형] 十 土 吉 吉 击 壱 壱 壱 賣 賣

[소전] 賣 [초서] 壱 [본자] 賞 [속자] 売 [간체] 卖

[참고] 賣(1735)은 딴 자.

[字源] 會意. 出+買→賣→賣. 사들인(買) 물건을 내다 판다(出)는 뜻을 나타낸다.

[字解] 팔다. ㉮값을 받고 물건을 주다. ㉯속이다, 기만하다. 〔史記〕自知見賣. ㉰배신하다, 내통(內通)하다. 〔戰國策〕欲秦趙之相賣乎. ㉱넓히다, 퍼뜨리다. 〔莊子〕賣名聲于天下.

【賣家 매가】 집을 팖. 또는 팔 집.
【賣價 매가】 파는 값.
【賣却 매각】 팔아 버림.
【賣劍買犢 매검매독】 칼을 팔아서 송아지를 삼. 전쟁을 그만두고 농업에 종사함.
【賣官賣職 매관매직】 돈을 받고 벼슬을 시킴.
【賣交 매교】 ☞賣友(매우).
【賣國 매국】 나라를 팖. 사리(私利)를 위하여 적국과 내통하여 제 나라에 해를 끼침.
【賣渡 매도】 팔아넘김. 賣却(매각).
【賣弄 매롱】 ①임금의 총애를 믿고 권세를 함부로 부림. ②뽐냄. 자만(自慢)함.
【賣買 매매】 물건을 팔고 사고 함.
【賣名 매명】 이름을 팖. ㉠명의(名義)를 팖. ㉡이름을 세상에 퍼뜨리려고 애씀.
【賣文 매문】 글을 팖. 문장을 지어 주고 보수를 받는 일.
【賣文爲活 매문위활】 글을 팔아 생활을 함.
【賣物 매물】 팔 물건.
【賣放 매방】 관리가 뇌물(賂物)을 받고 죄인을 놓아 줌.
【賣卜 매복】 돈을 받고 점을 쳐 줌. 점으로 업을 삼음.
【賣笑 매소】 창기(娼妓)가 아양 부리는 일.
【賣笑婦 매소부】 웃음을 파는 여자. 돈을 받고

남자에게 몸을 파는 여자. 賣春婦(매춘부).
【賣身 매신】 ①몸을 팖. ②정조를 팖.
【賣我 매아】 ①남이 나를 속임. ②자기 자신을 속임.
【賣惡 매악】 나쁜 일을 남에게 전가(轉嫁)함.
【賣眼 매안】 다정스러운 눈으로 아양을 떪.
【賣獄 매옥】 형옥(刑獄)을 돈으로 좌우함.
【賣友 매우】 친구를 팖. 자기 이익을 위하여 친구를 저버림. 賣交(매교).
【賣恩 매은】 짐짓 은혜를 베풀어 감격시킴.
【賣漿 매장】 음료수를 팖.
【賣店 매점】 물건을 파는 작은 가게.
【賣盡 매진】 남김 없이 다 팔림.
【賣出 매출】 물건을 내어 팖.
【賣筆 매필】 글씨를 써 주고 돈을 받음.
【賣婚 매혼】 재산을 목적으로 하는 혼인.

◐ 競-, 沽-, 故-, 放-, 叫-, 買-, 發-, 商-, 略-, 零-, 佑-, 鬻-, 專-, 轉-, 斥-, 投-, 特-, 販-, 衒-.

賠
貝 8 【賠】 ⑮ 물어 줄 배 [灰] péi

[초서] 賠 [간체] 赔

[字解] 물어 주다, 보상(補償)하다. 〔墨子〕皆各以其賈, 賠償之.

【賠款 배관】 손해를 배상하는 조약의 조문.
【賠累 배루】 금전상의 폐(弊)를 끼침.
【賠償 배상】 남에게 끼친 손해를 물어 줌.
【賠還 배환】 변상(辨償)함. 상환(償還)함.

賦
貝 8 【賦】 ⑮ 구실 부 [국] fù

[자형] 丿 目 貝 貝 貯 貯 貯 賦 賦

[소전] 賦 [초서] 賦 [간체] 赋

[字源] 形聲. 貝+武→賦. '武(무)'가 음을 나타낸다.

[字解] ①구실, 조세(租稅), 조세를 바치다. 〔書經〕厥賦惟上上錯. ②부역(賦役), 부역에 징발된 사람. 〔周禮〕以任地事而令貢賦. ③공사(貢士). 주군(州郡)의 공거(貢擧)에서 선발된 선비. 〔漢書〕遒以臣錯充賦. ④펴다, 베풀다. 〔詩經〕明命使賦. ⑤주다, 나누어 주다. 〔漢書〕賦醫藥. ⑥받다, 천성으로 타고나다. 〔中庸章句〕氣以成形, 而理亦賦焉. ⑦매기다, 부과하다. 〔十八史略〕賦於民, 食人二難子. ⑧읊다, 영송(詠誦)하다. 〔楚辭〕人有所極, 同以賦些. ⑨시가(詩歌)를 짓다. 〔蘇軾·賦〕橫槊賦詩. ⑩문체(文體)의 한 가지. 풍영(諷詠)하여 윗사람을 깨우치려는 뜻을 담은 운문. ¶阿房宮賦. ⑪시(詩)에서 육의(六義)의 한 가지. 마음에 느낀 것을 사실 그대로 읊은 것.

【賦貢 부공】 할당된 공세(貢稅). 연공(年貢).
【賦課 부과】 ①세금을 매김. 조세를 할당함. ②일정한 책임을 맡김.
【賦金 부금】 ①부과된 돈. ②할부금(割賦金). 나누어 내는 돈.

【賦納 부납】 진술함. 남을 시켜 진언(進言)함.
【賦斂 부렴】 조세 따위를 부과하여 징수함.
【賦命 부명】 타고난 운명. 天稟(천품).
【賦性 부성】 타고난 성품. 天性(천성).
【賦稅 부세】 세금을 매겨서 거둠. 또는 그 세금.
【賦粟 부속】 조세로 받아들이는 곡식.
【賦詩 부시】 시를 지음.
【賦與 부여】 나눠 줌. 안겨 줌.
【賦役 부역】 ①국가나 공공 단체가 국민에게 의무적으로 지우는 노역. ②청대(淸代)에는 전조(田租)만을 이름.
【賦詠 부영】 시가(詩歌)를 짓고 읊음.
【賦入 부입】 조세의 수입.
【賦質 부질】 ☞賦性(부성).

❶ 貢―, 課―, 口―, 丘―, 年―, 薄―, 辭―, 常―, 稅―, 詩―, 月―, 田―, 征―, 租―, 天―, 會―, 厚―.

貝 【賜】 ⑮ 줄 사 ⚇ cì
8

ㄇ 目 貝 貝 貝 貝 貝 賜 賜 賜

[소전] 賜 [초서] 賜 [간체] 赐 [字源] 形聲. 貝+易→賜. '易(이)'가 음을 나타낸다.

[字解] ①주다. ㉮하사하다.〔禮記〕凡賜君子與小人, 不同日. ㉯은혜를 베풀다.〔春秋公羊傳〕非相істи賜. ㉰분부하다, 명령하다.〔周禮〕賜卿大夫士爵. ②은덕(恩德), 은혜(恩惠).〔國語〕報私以大賜. ③다하다. ≒澌.〔潘岳·賦〕若循環之無賜.
【賜假 사가】 ☞賜暇(사가).
【賜暇 사가】 휴가를 줌. 말미를 줌.
【賜給 사급】 하사함. 賜與(사여).
【賜賚 사뢰】 물건을 하사함. 또는 그 물건.
【賜物 사물】 ☞賜賚(사뢰).
【賜復 사복】 부역이 정부로부터 면제됨.
【賜鈇鉞 사부월】 부월을 줌. 천자가 생살(生殺)의 권리를 줌. 곧, 대장군에 임명함.
【賜不趨 사불추】 조정에서 추창(趨蹌)하지 않아도 좋다는 허락을 내리는 일. 공신(功臣)에 대한 특별한 예우. ◦'趨蹌'은 윗사람 앞에서 허리를 굽혀 총총걸음으로 걸어감.
【賜死 사사】 임금이 중죄인에게 자결을 명함.
【賜姓 사성】 임금이 공신에게 성(姓)을 내려 주던 일. 또는 그 성.
【賜送 사송】 하사하여 보냄.
【賜額 사액】 임금이 사당이나 서원 등에 이름을 지어 그것을 새긴 편액(扁額)을 내리던 일.
【賜藥 사약】 ⚇임금이 중한 죄를 지은 신하에게 독약을 내려 죽게 함. 또는 그 약.
【賜宴 사연】 나라에서 잔치를 베풀어 줌. 또는 그 잔치.
【賜田 사전】 임금이 땅을 하사함. 또는 그 땅.
【賜祭 사제】 대신이 죽었을 때, 임금이 칙사(勅使)를 보내 제사 지내게 하던 일.
【賜第 사제】 ①특별히 과거 급제자와 똑같은 자

격을 내려 줌. ②나라에서 집을 하사함.
【賜饌 사찬】 임금이 하사한 음식.
【賜酺 사포】 조정에서 백성들이 모여서 술을 마시며 즐기는 것을 허락함. 또는 관청에서 음식물을 백성에게 베풂.

❶ 嘉―, 顧―, 眷―, 給―, 勞―, 拜―, 分―, 散―, 賞―, 膳―, 受―, 餼―, 榮―, 遣―, 恩―, 贈―, 賑―, 天―, 寵―, 特―, 褒―, 下―, 惠―, 厚―.

貝 【賞】 ⑮ 장사할 상 ⚇ shāng
8

[소전] 賓 [字解] 장사하다, 행상(行商). =商.

貝 【賞】 ⑮ 상 줄 상 ⚇ shǎng
8

丨 ⺌ ⺌ 尚 尚 賞 賞 賞 賞

[소전] 賞 [초서] 賞 [간체] 賞 [字源] 形聲. 尙+貝→賞. '尙(상)'이 음을 나타낸다.

[字解] ①상을 주다, 공 있는 사람에게 재화를 주다.〔墨子〕賞, 上報下之功也. ②기리다, 찬양하다.〔春秋左氏傳〕善則賞之. ③상(賞), 기리는 뜻에서 주는 표적.〔書經〕賞延于世. ④즐기다, 완상(玩賞)하다.〔陶潛·詩〕奇文共欣賞. ⑤주다, 증여(贈與)하다.〔淮南子〕毋賞越人昌布. ⑥높이다, 숭상하다. ≒尙.〔荀子〕賢使能以次之. ⑦권하다, 권장하다.〔戰國策〕故賞韓王以近河外. ⑧품평(品評)하다.〔南史〕眞賞殆絶. ⑨감식(鑑識)하다, 감상(鑑賞)하다.〔宋史〕賞識之下, 率爲聞人.
【賞鑑 상감】 서화·골동 등을 즐기고 감정함.
【賞格 상격】 시상(施賞)에 관한 규정(規定).
【賞慶 상경】 칭찬함. 賞美(상미)함.
【賞功 상공】 공로를 기림.
【賞金 상금】 상으로 주는 돈.
【賞給 상급】 상으로 줌. 또는 그 물건.
【賞納 상납】 진정으로 기림. 진심으로 칭찬함.
【賞弄 상롱】 칭찬하여 즐김. 완상함.
【賞味 상미】 칭찬하여 맛봄. 맛있게 먹음.
【賞杯 상배】 상으로 주는 잔.
【賞罰無章 상벌무장】 상벌이 명백하지 못함. 상벌이 합당하지 못하며 조리가 서 있지 않음.
【賞不踰時 상불유시】 상은 즉시 행하고 때를 늦추어서는 안 됨.
【賞賜 상사】 공로·선행 등을 기려서 금품·관직 따위를 내림. 또는 그 재물.
【賞識 상식】 아름다움을 분별함. 감식(鑑識)함.
【賞心 상심】 경치를 완상하는 마음. 또는 마음이 즐거움.
【賞揚 상양】 찬양(讚揚)함.
【賞與 상여】 ①상으로 물품을 줌. ②급료 이외에 노고를 위로하여 주는 돈. 상여금(賞與金).
【賞譽 상예】 기림.
【賞玩 상완】 ☞賞翫(상완).

【賞翫 상완】 즐기며 구경함. 즐기며 감상함.
【賞一勸百 상일권백】 한 사람의 선행을 기려서 많은 사람에게 선행을 권장함.
【賞狀 상장】 상을 주는 뜻을 표하여 주는 증서.
【賞典 상전】 ①상으로 받은 물품. 賞品(상품). ②상여(賞與)의 규정. 賞格(상격).
【賞讚 상찬】 기림. 칭찬함.
【賞春 상춘】 봄철의 경치를 구경하며 즐김.
【賞歎 상탄】 탄복하여 크게 칭찬함.
【賞牌 상패】 상으로 주는 패.
【賞品 상품】 상으로 주는 물품.
【賞刑 상형】 상과 형벌.
【賞花 상화】 꽃을 즐김. 꽃을 완상함.
【賞會 상회】 즐거운 모임. 재미있게 놂.
【賞勳 상훈】 공로를 찬양함. 공훈이 있는 사람에게 상을 줌.

❶ 嘉-, 鑑-, 激-, 觀-, 軍-, 濫-, 妄-, 拔-, 上-, 受-, 授-, 游-, 恩-, 爵-, 旌-, 誅-, 重-, 讚-, 稱-, 擢-, 歎-, 探-, 褒-, 行-, 懸-, 厚-.

貝【賮】⑮ 재물 수 _匮 suì
8
[字解] 재물, 재화. 〔韓非子〕 破家殘賮.

貝【賣】⑮ 행상할 육 _屋 yù
8
_{동자}賣 _{속자}賣 [參考] 賣(1733)는 딴 자. [字解] 행상하다, 이곳저곳 돌아다니면서 팖.

貝【賵】⑮ ❶줄 정 _徑 jìng
8   ❷받을 청 _庚 qíng
_{간체}赗 [字解] ❶주다, 하사하다. ❷받다, 주는 것을 받다.

貝【賨】⑮ 공물 종 _冬 cóng
8
_{소전}賨 _{초서}賨 _{동자}賨 [字解] ①공물(貢物), 남만(南蠻)에서 바치는 공물과 부세(賦稅). 〔後漢書〕 歲令大人輸布一匹小口二丈, 謂之賨布. ②종족 이름, 중국 파(巴) 지방 사람, 파주(巴州)에 살고 있는 토인(土人). 〔左思·賦〕 奮之則賨旅.

貝【賙】⑮ 진휼할 주 _尤 zhōu
8
_{초서}賙 _{간체}赒 [字解] ①진휼(賑恤)하다, 기민(飢民)을 구제하다. ≒周. 〔詩經〕 欲令賙饋之. ②주다, 나누어 주다. ③보태다, 보태어 채우다. 〔周禮〕 五黨爲州, 使之相賙.
【賙窮 주궁】 곤궁한 사람에게 베풂. 가난한 사람을 구원함.
【賙贍 주섬】 가난한 사람을 구원함. 진휼(賑恤)함. 賑贍(진섬).
【賙恤 주휼】 구휼(救恤)함.

貝【質】⑮ ❶바탕 질 _質 zhì
8   ❷볼모 질 _本지 _寘 zhì
     ❸폐백 지 _寘 zhì

丶 ㄏ ㅏ ㅏ 斤 所 斦 斦 斦 質 質

_{소전}質 _{초서}貭 _{속자}质 _{간체}质 [參考] 대법원 지정 인명용 한자의 음은 '질'이다.
[字源] 形聲. 所+貝→質. '所(은)'이 음을 나타낸다.
[字解] ❶①바탕, 꾸미지 않은 그대로의 성질. 〔禮記〕 大圭不磨, 美其質也. ②진실. ㉮사실(事實). 〔大戴禮〕 子貢以其質告. ㉯성실(誠實). 〔春秋左氏傳〕 要盟無質. ㉰맹세, 맹약(盟約). 〔春秋左氏傳〕 先主與吳王有質. ③순진하다, 순박하다. 〔陸雲·詩〕 遺華反質. ④본성(本性), 품성(禀性). 〔列子〕 太素者質之始也. ⑤근본(根本). 〔論語〕 君子義以爲質. ⑥몸, 실체(實體). 〔易〕 原始要終, 以爲質也. ⑦모양, 형체. 〔素問〕 此人者質壯以秋冬. ⑧적다 하다. 〔禮記〕 君子多聞, 質而守之. ⑨무겁다. 〔漢書〕 雖齊魯諸儒質行, 皆自以爲不及也. ⑩아름답다, 좋다. 〔淮南子〕 青黃白黑, 莫不質良. ⑪슬기롭다, 현명하다. 〔國語〕 王公之子弟之質. ⑫바르다. ≒準. 〔儀禮〕 質明行事. ⑬바루다, 바로잡다. 〔呂氏春秋〕 喜質我於人中. ⑭이루다, 이루어지다. 〔詩經〕 虞芮質厥成. ⑮정하다, 결정하다. ⑯당하다, 맞서다. 〔禮記〕 君子於其所尊弗敢質. ⑰묻다, 따져 묻다. ≒詰. 〔太玄經〕 爰質所疑. ⑱답하다, 응답하다. 〔禮記〕 雖質君之前. ⑲과녁, 표적. 〔淮南子〕 先者則後之弓矢質的也. ⑳어음, 증권. ≒札. 〔周禮〕 聽賣買以質劑. ㉑모탕, 나무를 팰 때나 죄인의 목을 자를 때 받치는 나무토막. 〔史記〕 解衣伏質. ㉒칼, 도끼. 〔史記〕 今臣之首, 不足以當棋質. ㉓줌통, 활의 손잡이. 〔春秋公羊傳〕 弓繡質. ㉔주인, 우두머리. 〔莊子〕 因以已爲質. ㉕삼가다, 조심하다. ㉖주춧돌, 기초(基礎). 〔戰國策〕 以鍊銅爲柱質. ㉗보증하다, 보증. 〔戰國策〕 以順子爲質. ❷①볼모, 인질(人質). 〔春秋左氏傳〕 周鄭交質. ②저당, 저당잡히다. ❸폐백, 예물(禮物). ≒贄·摯. 〔荀子〕 錯質之臣.
【質古 질고】 질박(質樸)하고 예스러움.
【質鬼神 질귀신】 옳고 그름을 신명(神明)에게 물어 밝힘.
【質訥 질눌】 꾸밈이 없고 말주변이 없음. 진실하고 입이 무거움. 木訥(목눌).
【質量 질량】 ①자질과 기량. ②성질과 수량.
【質明 질명】 날이 샐 무렵. 새벽녘.
【質問 질문】 모르거나 의심나는 것을 물음.
【質朴 질박】 자연 그대로 꾸밈이 없고 순박함. 素朴(소박).
【質樸 질박】 ⇨ 質朴(질박).
【質性 질성】 타고난 성질. 또는 꾸밈이 없는 마음. 性質(성질).
【質素 질소】 ①꾸밈이 없는 일. 의·식·주 따위에 사치하지 않는 일. ②고유한 성질. 素質(소질).

【質野 질야】 질박하고 꾸밈이 없음.
【質言 질언】 ①꾸밈이 없는 말. 진실한 말. ②남이 한 말을 꼬집어서 증거로 삼음. 또는 그 말. 言質(언질).
【質義 질의】 뜻을 물음.
【質疑 질의】 의심나는 것을 물음.
【質子 질자】 볼모. 자식을 볼모로 잡힘.
【質的 질적】 ①과녁. 射的(사적). ②실질의 방면. 내용의 방면.
【質正 질정】 시비(是非)를 바로잡음.
【質定 질정】 여러 모로 사리를 따지고 헤아려서 작정함.
【質直 질직】 질박하고 정직함.
【質責 질책】 ①잘못을 따져 꾸짖음. ②잘잘못을 따져서 밝힘.
【質稟 질품】 상관에게 여쭈어 봄. 品議(품의)함.
【質行 질행】 착실한 행실.
● 剛―, 謹―, 奇―, 氣―, 器―, 文―, 物―, 美―, 朴―, 本―, 上―, 尙―, 纖―, 性―, 素―, 淳―, 實―, 心―, 弱―, 麗―, 廉―, 艶―, 叡―, 玉―, 容―, 異―, 資―, 才―, 材―, 天―, 體―, 品―, 稟―, 形―.

貝8 【贇】⑮ 贇(1740)의 속자

貝8 【賤】⑮ 천할 천 ㊂ jiàn

[자형] 𠂉月日貝貝貝賎賎賤賤
[소전]賤 [초서]賎 [속자]賎 [고자]𧴷 [간체]贱

[字源] 形聲. 貝+戔→賤. '戔(전)'이 음을 나타낸다.
[字解] ①천하다. ㉮값이 싸다. 〔漢書〕 穀賤傷農. ㉯신분이 낮다. 〔論語〕 貧與賤, 是人之所惡也. ㉰자기(自己)의 겸칭(謙稱). 〔鮑照·東武吟〕 賤子歌一言. ②천히 여기다. ㉮업신여기다, 경멸하다. 〔書經〕 不貴異物賤用物. ㉯미워하다, 증오하다. 〔荀子〕 下危則賤上 ㉰버리다, 쓰지 않다. 〔禮記〕 是以君子賤之也. ③신분이 낮은 사람. 〔周禮〕 以辨其貴賤老幼廢疾. ④쓰이지 않게 되다, 쓸모없게 되다. 〔太玄經〕 已用則賤.
【賤價 천가】 ①아주 싼 값. 廉價(염가). ②값을 싸게 함.
【賤工 천공】 천한 기능인. 또는 서투른 기능인.
【賤軀 천구】 천한 몸. 자기 몸의 낮춤말. 賤躬(천궁).
【賤技 천기】 ①천한 기예(技藝). ②자기 기예를 낮추어 이르는 말.
【賤棄 천기】 천하게 여겨 버림.
【賤待 천대】 업신여겨 푸대접함.
【賤斂貴發 천렴귀발】 싸게 사서 비싸게 팖.
【賤陋 천루】 ①천함. 비천함. ②재주와 덕망이 없음.
【賤侮 천모】 경멸함. 업신여김.

【賤物 천물】 명예와 이익을 천히 여김. 또는 값이 싼 물건.
【賤民 천민】 신분이 천한 백성.
【賤事 천사】 ①천한 일. 하찮은 속사(俗事). ②자기 일을 낮추어 이르는 말.
【賤率 천솔】 🗾자기 가족이나 첩을 낮추어 이르는 말.
【賤市 천시】 싸게 팖.
【賤視 천시】 업신여겨 봄. 천하게 여김.
【賤息 천식】 자기 자식을 낮추어 이르는 말.
【賤臣 천신】 ①지위가 낮은 신하. ②신하가 임금에게 대하여 자신을 낮추어 이르는 말.
【賤劣 천열】 천하고 용렬함. 低劣(저열)함.
【賤隸 천예】 천한 종. 하인(下人).
【賤惡 천오】 업신여기고 미워함.
【賤儒 천유】 천한 유학자. 식견이 얕은 선비.
【賤易 천이】 업신여김.
【賤子 천자】 남에게 자신을 낮추어 이르는 말.
【賤丈夫 천장부】 행실이 비루한 남자.
【賤質 천질】 ①천한 품성(品性). 천한 바탕. ②자기의 자질을 겸손하게 이르는 말.
【賤妾 천첩】 ①천한 계집종. 하녀(下女). ②아내가 남편에 대하여 자신을 낮추어 이르는 말.
【賤出 천출】 천한 출신. 庶出(서출).
【賤稱 천칭】 낮춘 호칭(呼稱).
【賤貨 천화】 ①재물을 귀하게 여기지 않음. ②천한 재물. 싸구려 물건.
● 困―, 窮―, 貴―, 陋―, 微―, 卑―, 貧―, 幽―, 下―.

貝8 【琛】⑮ 보배 침 ㊂ chēn
[字解] ①보배, 값진 재보(財寶). =琛. ②보석의 빛깔.

貝8 【賧】⑮ 속 바칠 탐 ㊂ tàn
[간체]赕
[字解] 속(贖)을 바치다, 재물을 바쳐 죄를 대속하다. 늑俶.

貝8 【賢】⑮ 어질 현 ㊂ xián

[자형] 丆王丯臣臤臤腎腎腎賢
[소전]賢 [초서]竖 [속자]賢 [고자]臤 [간체]贤

[字源] 形聲. 臤+貝→賢. '臤(견)'이 음을 나타낸다.
[字解] ①어질다. ㉮재지(才智)와 덕행(德行)이 있다. 〔春秋穀梁傳〕 使仁者佐賢者. ㉯성인(聖人) 다음갈 만한 재덕(才德)이 있다. 〔荀子·如此則可謂賢人矣·注〕 賢者, 亞聖之名. ②어진 사람, 재지가 있고 덕행이 뛰어난 사람. 〔書經〕 野無遺賢. ③착하다, 선량하다. 〔張衡·賦〕 必以肆奢爲賢. ④낫다, 서로 견주어 좋은 점이 더 많다. 〔禮記〕 某賢於某若干純. ⑤넉넉하다, 가멸다. 〔六書故〕 賢, 貨貝多於人也. ⑥많다.

〔呂氏春秋〕賢於千里之地. ⑦지치다, 애쓰다. 〔詩經〕我從事獨賢. ⑧두텁다, 정의(情誼)가 남다르다. 〔戰國策〕賢於兄弟. ⑨존경하다, 어진이로 대우하다. 〔論語〕賢賢易色. ⑩재물을 나누어 어려운 사람을 구제하는 일. 〔莊子〕以財分人, 謂之賢. ⑪남을 높여 이르는 말. 〔魏書〕此賢何獨如此.

【賢關 현관】현자(賢者)가 되기 위하여 통과하는 관문. ㉠현인의 자리에 있음. ㉡학문과 덕행이 깊음.
【賢內助 현내조】어진 아내.
【賢能 현능】①똑똑하고 유능함. 또는 그 사람. ②덕행(德行)과 재능이 있는 사람.
【賢達 현달】현명하여 사물에 통달함. 또는 그 사람.
【賢臺 현대】남을 높여 이르는 말. 편지 등에 씀. 賢兄(현형).
【賢郞 현랑】남을 높여 '그의 아들'을 이르는 말. 令郞(영랑).
【賢良 현량】①어질고 착함. 또는 그런 사람. ②☞賢良科(현량과).
【賢良科 현량과】조선 중종(中宗) 때 시행했던 과거 과목의 하나. 경학(經學)에 밝고 덕행이 높은 사람을 시험하여 뽑음.
【賢勞 현로】①재능이 남보다 뛰어나 도리어 공사(公事)에 사역되어 피로함. ②남보다 갑절이나 더 수고함.
【賢路 현로】어진 사람의 나아가는 길. 어진 사람의 입신출세할 길.
【賢命 현명】손장(尊長)이나 남의 명령의 경칭. (敬稱).
【賢明 현명】어질고 영리하여 사리에 밝음.
【賢髦 현모】뛰어나게 어진 사람.
【賢母良妻 현모양처】어진 어머니이면서 또한 착한 아내.
【賢輔 현보】어진 보좌역(輔佐役). 어진 재상.
【賢婦 현부】①어진 아내. 현명한 아내. ②부덕 (婦德)이 뛰어난 여자.
【賢不肖 현불초】어짊과 못남. 또는 어진 사람과 미련한 사람. 현인(賢人)과 우인(愚人).
【賢相 현상】어진 재상.
【賢書 현서】①어질고 유능한 사람의 이름을 기재한 명부(名簿). ②후세에 향시(鄕試)에 합격한 명단.
【賢聖 현성】현명하고 뛰어남. 또는 지덕(智德)이 뛰어난 사람. 현인과 성인.
【賢聖在德 현성재덕】성현이 성현인 까닭은 용모에 있는 것이 아니라 그 덕에 있음.
【賢淑 현숙】여자의 심성이 어질고 착함. 현명하고 정숙함.
【賢彦 현언】어진 선비. 賢士(현사).
【賢英 현영】어질고 뛰어난 사람. 훌륭한 인물. 賢豪(현호).
【賢愚 현우】현명함과 어리석음. 영리함과 우둔함. 또는 현인과 우인.
【賢胤 현윤】①똑똑하고 훌륭한 자손. ②남의 아들에 대한 경칭. 令息(영식).

【賢人 현인】①어진 사람. 현명한 사람. 賢者(현자). ②재덕을 겸비하여 성인 다음가는 사람. ③탁주(濁酒)의 딴 이름.
【賢才 현재】뛰어난 재능. 또는 그런 사람.
【賢俊 현준】남보다 뛰어나고 훌륭함. 또는 그 사람.
【賢知 현지】현명하고 사리에 밝음.
【賢智 현지】어질고 슬기로움. 또는 그런 사람. 睿智(예지).
【賢察 현찰】남의 살핌을 높여 이르는 말.
【賢妻 현처】어진 아내. 현명한 아내.
【賢哲 현철】①어질고 사리에 밝음. 또는 그 사람. ②현인(賢人)과 철인(哲人).
【賢閤 현합】남의 아내를 높여 이르는 말.
【賢賢 현현】현인(賢人)을 우러러 받듦.

❶高-, 群-, 大-, 名-, 上-, 尙-, 先-, 聖-, 儒-, 前-, 俊-, 至-, 眞-, 忠-.

貝9 【賢】⑯ 貴(1725)의 본자

貝9 【賭】⑯ 걸 도 🈳 dǔ

[소전] 賭 [초서] 賭 [간체] 赌 [字解] ①걸다, 승부(勝負)에 금품을 걸다. 〔晉書〕與玄圍碁, 賭別墅. ②노름, 도박 (賭博), 내기. 〔魏書〕設宴賭射. ③이득을 취하다.
【賭命 도명】생명을 걺.
【賭博 도박】재물을 걸고 승부를 겨루는 내기. 노름.
【賭射 도사】내기 활쏘기. 賭弓(도궁).
【賭場 도장】도박장. 賭坊(도방).
【賭錢 도전】돈을 걺. 노름함.
【賭租 도조】❶남의 전지(田地)를 빌려서 부치고 해마다 내는 벼.
【賭地 도지】❶①도조를 내는 논밭이나 집터. ②☞賭租(도조).

❶決-, 競-, 交-.

貝9 【賴】⑯ 힘입을 뢰 🈳 lài

一 𠂉 束 束 𥹝 𥹝 賴 賴 賴 賴
[소전] 賴 [초서] 賴 [속서] 頼 [간체] 赖 [字源] 形聲. 刺+貝→賴. '刺(랄)'이 음을 나타낸다.
[字解] ①힘입다, 의뢰하다. ㉮믿다, 의지하다. 〔書經〕萬世永賴. ㉯입다, 도움을 입다. 〔國語〕實永饗而賴之. ㉰얻다, 이득을 보다. 〔國語〕臣何賴於鼓. ②의지, 의뢰. 〔晉書〕百姓噭然無生賴矣. ③이득, 이익. 〔國語〕君得其賴. ④착하다, 선량하다. 늑孏. 〔孟子〕富歲子弟多賴. ⑤다행히. 〔韓愈·書〕賴其徒相與守之, 卒有立於天下. ⑥무뢰한으로 굴다.
【賴德 뇌덕】남의 덕을 입음. 남의 은혜를 입음.
【賴利 뇌리】이익을 봄.

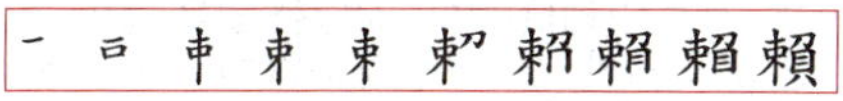

【賴庇 뇌비】믿고 의지함.
【賴子 뇌자】나쁜 짓만 하고 빈들거리는 사내.
【賴天 뇌천】하늘의 은혜를 입음.
【賴婚 뇌혼】약혼을 한 뒤에, 그 혼사를 후회하는 일.
○ 嘉―, 無―, 安―, 依―, 親―.

貝9 【賵】⑯ 보낼 봉 圜 fèng
字解 보내다, 죽음을 애도하며 장례를 돕기 위하여 물품이나 거마(車馬)를 보냄. 또는 그 물품. 〔禮記〕至于賵賻承含, 皆有正焉.
【賵臨 봉림】①부의(賻儀)를 보내는 일. ②여럿이 모여서 곡을 하는 일.
【賵賻 봉부】부의를 보냄. 또는 그 물건. '賵'은 거마(車馬), '賻'는 재화(財貨).
【賵襚 봉수】거마·의복 따위를 상주에게 보냄.
【賵弔 봉조】부의를 보내어 조상함.
【賵贈 봉증】부의를 보냄. 또는 그 물건.
○ 賻―, 歸―, 賻―, 禮―.

貝9 【蹟】⑯ 蹟(1738)과 동자

貝9 【賣】⑯ 賣(1741)과 동자

貝9 【賱】⑯ 넉넉할 운 圜 yǔn
字解 넉넉하다.

貝9 【賰】⑯ 부유할 춘 圜 chǔn
字解 부유하다.

貝10 【購】⑰ 살 구 圜㐬 gòu
字解 ①사다. ㉮사들이다. 〔蘇軾·詩〕購買斷缺揮縑繪. ㉯현상금(懸賞金)을 내걸고 구하다. 〔漢書〕吾聞漢購我頭千金邑萬戶. ㉰보상(補償)하다, 상당한 값을 물어 주다. ②물쑥, 쑥의 한 가지. ③화해하다, 친화(和親)하다. ≒講. 〔史記〕北購於單于. ④장려하다. 〔堵允錫·疏〕重賞以購之.
【購告 구고】상을 걸고 신고하도록 함.
【購求 구구】①삼. 購入(구입). ②상금을 걸고 찾음. 購問(구문).
【購讀 구독】서적·신문·잡지 등을 사서 읽음.
【購買 구매】물건을 삼. 購入(구입).
【購募 구모】상을 걸고 모음.
【購問 구문】상금을 걸고 찾음.
【購賞 구상】상을 걸고 찾음.
【購入 구입】물건을 사들임.
【購蓄 구축】사들여서 간직하여 둠.
○ 急―, 希―.

貝10 【賫】⑰ 賣(1733)의 본자

貝10 【賻】⑰ 부의 부 遇 fù
字解 부의, 부의를 보내다. 〔後漢書〕賻贈甚厚.
【賻賚 부뢰】귀인이 보내는 부의(賻儀).
【賻賵 부봉】상가에 보내는 재화(財貨)와 거마(車馬).
【賻襚 부수】부의로 재화·의복 등을 상가(喪家)에 보냄.
【賻儀 부의】상가에 부조로 보내는 돈이나 물건.
【賻祭 부제】부의를 보내어 제사를 지냄.
【賻助 부조】부의를 상가에 보내어 장사를 도움.
○ 給―, 薄―, 賞―, 弔―, 助―, 贈―.

貝10 【賽】⑰ 굿할 새 泰 sài
字解 ①굿하다, 신불이 베풀어 준 은혜에 감사하여 지내는 제사. ≒塞. 〔史記〕冬賽禱祠, 注云, 賽謂報神福也. ②우열(優劣)을 겨루다, 내기하다. 〔韓愈·詩〕賽饌木盤簇.
【賽馬 새마】경마(競馬).
【賽社 새사】농사가 끝나고 토지의 신에게 감사하는 굿.
【賽神 새신】신에게 감사하는 제사.
【賽錢 새전】(佛)참배하는 사람이 신불에게 돈을 바침. 또는 그 돈.
○ 告―, 祈―, 禱―, 報―, 嗣―, 秋―, 春―.

貝10 【賾】⑰ 깊숙할 색 陌 zé
字解 깊숙하다, 심오(深奧)하다. ≒嘖. 〔易經〕聖人有以見天下之賾.

貝10 【賣】⑰ 賣(1735)과 동자

貝10 【賸】⑰ 남을 잉·싱 本승 徑 shèng
字解 ①남다, 나머지. =剩. ②늘다, 증가하다. ③둘, 쌍(雙). ④보내다. ⑤진실로, 참으로. 〔杜牧·詩〕賸肯新年歸否.
【賸墨 싱묵】드물게 보이는 좋은 작품.
【賸馥 싱복】남은 향기. 餘香(여향).
【賸水殘山 싱수잔산】남아 있는 산하(山河). 망국(亡國).
【賸語 싱어】허튼소리. 쓸데없는 말.

貝10 【賺】⑰ 속일 잠·렴 陷豏 zhuàn
字解 ①속이다,

속여서 비싸게 팔다. 〔黃允文雜纂〕拐兒賺癡人得手. ❷돈을 벌다.

貝 10 【賣】⑰ 齎(2139)와 동자

貝 10 【賝】⑰ 재물 쌓을 창 [中] càng
字解 재물을 쌓다.

貝 11 【賰】⑱ 내기할 삼 [中] chěn
字解 내기하다, 내기, 내기에 건 금품.

貝 11 【賊】⑱ 賊(1741)과 동자

貝 11 【贈】⑱ 贈(1739)의 속자

貝 11 【贄】⑱ ❶폐백 지 [韻] zhì ❷움직이지 않을 얼 [韻] zhí
초서 贄 간체 贽 參考 대법원 지정 인명용 한자의 음은 '지'이다.
字解 ❶폐백, 방문할 때 가지고 가는 예물(禮物). 〔春秋左氏傳〕男贄, 大者玉帛, 小者禽鳥, 以章物也, 女贄, 不過榛栗棗脩, 以告虔也. ❷움직이지 않다.
【贄寶 지보】 진상하는 물품.
【贄幣 지폐】 사례나 기념의 뜻으로 주는 물건. 예물.
【贄見 지현】 제자가 예물을 가지고 가서 스승을 뵘. 입문(入門)함.
【贄然 얼연】 움직이지 아니하는 모양.
◐ 交－, 珪－, 禮－, 委－, 執－.

貝 11 【贅】⑱ 혹 췌 [韻] zhuì
소전 贅 초서 贅 간체 赘 字解 ❶혹, 영류(癭瘤). 〔莊子〕附贅縣疣. ❷군더더기. ❸쓸모없다, 불필요하다. 〔近思錄〕無用之贅言也. ❹번거롭다, 말이 장황하다. 〔曾鞏·講官議〕問一告二謂之贅. ❺행동이 온당하지 않다. 〔老子〕餘食贅行. ❸저당잡히다. 물품이나 사람을 저당하고 금전을 빌리다. 또는 그 물품이나 사람. 〔漢書〕民待賣爵贅子, 以接衣食. ❹회유(懷柔)하다, 물건을 주어서 달래다. 〔管子〕大臣之贅下而射人心者必多矣. ❺꿰매다, 옷을 깁다. ≒綴. 〔後漢書〕虎賁贅衣. ❻데릴사위가 되다, 데릴사위. 〔書經〕家貧子壯則出贅. ❼잇다, 연속하다. 〔書經〕贅路在阼階面. ❽책망하다, 미워하다. 〔楚辭〕反離群而贅肬. ❾목뼈, 경추(頸椎). 〔莊子〕句贅指天. ❿모이다, 모으다. ≒最. 〔漢書〕又置大贅官. ⓫얻다, 취득(取得)하다. ⓬붙다, 속(屬)하다. ⓭정(定)하다. ⓮갖추다.
【贅客 췌객】 ①國처가(妻家)의 입장에서 사위를 이르는 말. ②객지에서 사는 사람.
【贅居 췌거】 國처가살이를 함.
【贅句 췌구】 쓸데없는 문구(文句).
【贅論 췌론】 필요 없는 너저분한 의론.
【贅瘤 췌류】 혹. 불필요한 것.
【贅壻 췌서】 ①처가살이함. ②데릴사위.
【贅說 췌설】 쓸데없는 말. 불필요한 말.
【贅言 췌언】 군말. 실없는 말. 쓸데없는 말.
【贅肬 췌우】 ☞贅疣(췌우).
【贅疣 췌우】 혹과 사마귀. 쓸데없는 것.
【贅肉 췌육】 군살. 궂은살.
【贅衣 췌의】 옷을 기움.
【贅子 췌자】 ①데릴사위. 贅壻(췌서). ②빚 보증으로 잡힌 자식.
【贅下 췌하】 아랫사람에게 은혜를 베풀어 따르게 함.
【贅行 췌행】 쓸데없는 행동.
◐ 句－, 附－, 疣－, 瘤－, 出－.

貝 12 【賧】⑲ 선금 담 [中] dàn
초서 賧 字解 ①선금(先金), 선돈. ②옥지(玉池). 두루마리나 책 마구리에 붙여 꾸민 비단. 또는 그 꾸민 것. 〔米芾·書史〕隋唐藏書, 皆金題錦賧.

貝 12 【贇】⑲ 예쁠 빈 [本] 윤 [中] bīn, yūn
초서 贇 동자 贇 간체 赟 參考 대법원 지정 인명용 한자의 음은 '윤'이다.
字解 ①예쁘다, 예쁜 모양. ②빛나다, 문채(文彩). =彬.

貝 12 【贋】⑲ 贋(1741)의 속자

貝 12 【贈】⑲ 보낼 증 [中] zèng

冂 目 貝 貝 贈 贈 贈 贈 贈

소전 贈 초서 贈 동자 䭣 속자 赠 간체 赠
字源 形聲. 貝＋曾→贈. '曾(증)'이 음을 나타낸다.
字解 ①보내다. ㉮주다, 선물하다. 〔詩經〕雜佩以贈之. ㉯일러 보내다, 글을 적어 보내다. 〔禮記〕子路去魯, 謂顔淵曰, 何以贈我. ㉰관위(官位)를 추사(追賜)하다. 〔後漢書〕薄葬不受爵贈. ㉱죽은 사람에게 재화를 보내다, 조상(弔喪)하다. 〔禮記〕主人贈而祝宿虞尸. ㉲내몰다, 내쫓다. 〔周禮〕冬堂贈, 無方無算. ②선물. ③보태다, 재물을 주어 늘리다. 〔詩經〕以贈申伯. ④맞다, 적합하다.
【贈答 증답】 시문(詩文)이나 선물을 주고받는 일.
【贈刀 증도】 칼을 선사함. ㉠결단을 기대하는

貝部 12~13획　贊 贐 贍 贏

표지. ㉡재상(宰相)이 될 표지.
【贈勞 증로】물품을 주어 위로함.
【贈問 증문】물품을 보내어 위문함.
【贈別 증별】①전별(餞別)함. 송별(送別)함. ②떠나는 사람에게 시문·물품 따위를 주어 석별의 정을 표함.
【贈序 증서】작별할 때 글을 지어서 보냄. 또는 그 글. 送序(송서).
【贈送 증송】①전송함. ②물품을 보냄, 증정(贈呈)함.
【贈諡 증시】임금이 시호(諡號)를 내림.
【贈與 증여】①선물로 줌. ②재산을 거저 남에게 양여하는 법률상의 행위.
【贈位 증위】죽은 뒤에 조정에서 관위(官位)를 내림. 또는 그 관위.
【贈遺 증유】물건을 선사함. 또는 그 물품.
【贈餞 증전】선물이나 시가(詩歌)를 주어 떠나보냄. 전별(餞別)함.
【贈呈 증정】남에게 물품을 드림.
【贈賄 증회】①선물함. 또는 그 물품. ②뇌물을 보냄.
◐ 寄－, 分－, 受－, 酬－, 宸－, 遺－, 牒－, 追－, 顯－, 貺－, 賄－.

貝
12【贊】⑲ 도울 찬 [zàn]

[字源] 會意. 兟+貝→贊. 재물(貝)을 가지고 예를 갖추어 나아가서(兟) 뵙는다는 뜻을 나타낸다.

[字解] ①돕다, 조력하다.〔春秋左氏傳〕能贊大事. ②뵈다, 뵙다. ③이끌다, 인도하다.〔國語〕太史贊王. ④추천하다, 드러내다.〔漢書〕朔自贊. ⑤알리다, 고하다, 말하다.〔書經〕伊陟贊于巫咸. ⑥밝히다.〔禮記〕贊大行日圭. ⑦기리다, 칭찬하다.〔魏志〕下詔襃贊. ⑧전달하다, 군명(君命)을 출납(出納)하다.〔舊唐書〕典儀掌殿上贊喝之節. ⑨찬성하다, 찬의를 표하다. =讚.〔魏書〕明賢贊成. ⑩참가하다, 참여하다. ⑪문체(文體) 이름. ≒讚.
【贊喝 찬갈】임금의 명령을 전하거나, 사람을 불러내거나 하는 일.
【贊決 찬결】도와서 결정함.
【贊導 찬도】도와서 인도함.
【贊否 찬부】찬성과 반대.
【贊辭 찬사】칭찬하는 말이나 글. 讚辭(찬사).
【贊成 찬성】①다른 사람의 의견에 동의함. 贊同(찬동). ②조선 때, 의정부의 종일품 벼슬.
【贊頌 찬송】①문체의 이름. 찬(贊)과 송(頌).②찬성하여 기림.
【贊謁 찬알】예물을 가지고 찾아 뵘.
【贊襄 찬양】도와서 성취하게 함.
【贊揚 찬양】칭찬하여 널리 드러냄.
【贊佑 찬우】도움. 贊助(찬조).
【贊猷 찬유】천자가 꾀함을 도움.
【贊助 찬조】곁에서 힘을 보탬. 뜻을 같이하여 도움. 贊翼(찬익). 贊佐(찬좌).
【贊歎 찬탄】칭찬하며 감탄함.
【贊畫 찬획】도와서 꾀함.
◐ 勸－, 輔－, 翼－, 自－, 絕－, 稱－, 協－.

貝
12【贐】⑲ 貨(1725)의 고자

貝
13【贍】⑳ 넉넉할 섬 [shàn]

[字解] ①넉넉하다. ㉮부족함이 없다.〔孟子〕力不贍也. ㉯많다, 풍부하다.〔後漢書〕文贍而事詳. ②구휼(救恤)하다, 구제하다.〔晉書〕祿俸所資, 皆以贍給九族. ③돕다, 구조하다. =儋.〔吳志〕貢自贍育. ④보태다, 재물을 보태어 부족한 것을 채우다.〔史記〕動合無形, 贍足萬物.
【贍給 섬급】베풀어 줌. 물품을 넉넉하게 댐.
【贍麗 섬려】풍부하고 아름다움. 어휘가 풍부하고 문장이 화려함. 美贍(미섬).
【贍敏 섬민】부족함이 없고 민첩함.
【贍富 섬부】흡족하고 풍부함.
【贍辭 섬사】말이 풍부함. 곧, 변재(辯才)나 문재(文才)가 풍족함.
【贍逸 섬일】풍부하고 뛰어남.
【贍足 섬족】충족시킴.
【贍賑 섬진】물품을 주어 도움. 진휼(賑恤)함.
【贍學 섬학】①학문이 깊고 풍부함. ②재물로 공부를 도와줌.
【贍恤 섬휼】어려운 사람을 구제함. 구휼함.
◐ 宏－, 美－, 博－, 富－, 雅－, 妍－, 盈－, 饒－, 優－, 精－, 賑－, 充－, 豐－, 恤－.

貝
13【贏】⑳ 남을 영 [yíng]

[參考] 贏(1409)는 자.

[字解] ①남다, 나머지, 잉여(剩餘).〔小學〕常須稍存贏餘以備不虞. ②벌다, 돈을 벌다, 이득(利得).〔春秋左氏傳〕賈而欲贏, 而惡囂乎. ③지나치다, 과도하다.〔周禮〕搏幹欲贏於火而無贏. ④나아가다.〔國語〕贏縮轉化. ⑤자라다, 성장하다.〔淮南子〕孟春始贏. ⑥성(盛)하다.〔淮南子〕天地始肅, 不可以贏. ⑦풀다. ⑧받다, 자리 잡다.〔春秋左氏傳〕以隸人之垣, 以贏諸侯. ⑨싸다, 꾸리다.〔莊子〕贏糧而趣之. ⑩지다, 짊어지다.〔荀子〕贏三日之糧. ⑪이기다, 낫다.〔陸游·詩〕爭言鬪草贏. ⑫넘치다, 가득 차다. ≒盈.
【贏得 영득】①남겨서 얻음. 이익을 봄. ②시의 용어로, '결국 얻는 것은'의 뜻.
【贏糧 영량】양식을 꾸림. 양식을 짊어짐.
【贏副 영부】필요 이외의 남은 것.
【贏餘 영여】남음. 나머지.
【贏財 영재】여분의 재산. 남은 돈.

貝部 13～17획　贏贔贐贓贖賸贐贗贙贛

【贏儲 영저】넉넉한 저축. 餘儲(여저).
【贏縮 영축】①늘어남과 줄어듦. 남음과 모자람. 贏絀(영출). ②나아감과 물러섬.
【贏絀 영출】뻗음과 쭈그러듦.
○奇-, 薄-, 輸-, 餘-, 長-, 縮-, 豊-.

貝13【賺】⑳ 賺(1738)과 동자

貝14【贔】㉑ 힘쓸 비 寘 bì
[字解] ①힘쓰다, 노력하는 모양. ¶贔屭. ②노하다, 성내다. =怫.〔左思·賦〕姦回內贔.〔升庵外集〕贔屭, 好負重, 今碑下趺是也. ④편들다, 역성들다.〔翠雨軒詩話〕左袒於人, 爲贔屭. ⑤세차다, 거대하다.〔水經注〕贔響外發.
【贔怒 비노】①성냄. ②물이 세차게 흐름.
【贔屭 비희】①힘을 쓰는 모양, 힘들여 일하는 모양. ②큰 거북. ③편을 듦.

貝14【贐】㉑ 전별할 신 震 jìn
[字解] ①전별하다, 떠나는 사람에게 노자나 물품을 주다.〔孟子〕行者必以贐. ②예물(禮物), 회동(會同)할 때 주는 재화.
【贐送 신송】전별할 때 시문·물품 따위를 주어 석별의 정을 표함. 贈送(증송).
【贐儀 신의】전별할 때 주는 금품. 贐錢(신전).
【贐行 신행】떠나는 사람에게 송별연(送別宴)을 베풀거나 시문·금품 따위를 주어 석별의 정을 표함.

貝14【贓】㉑ 장물 장 陽 zāng
[字解] ①장물(贓物), 훔친 물품.〔魏志〕今贓物先得而後訊. ②숨기다, 감추다. ③뇌물을 받다, 수회(收賄)하다.〔福惠全書〕款犯贓私反叛.
【贓物 장물】부정한 수단으로 취득한 물품.
【贓私 장사】뇌물을 받음. 收賄(수회).
【贓穢 장예】수회(收賄)·절도(竊盜)와 같은 더러운 행위.
【贓汚 장오】부정한 물품을 받은 더러운 행위.
【贓罪 장죄】부정한 수단으로 재물을 취한 죄. 뇌물을 받은 죄.
【贓品 장품】부정한 수단으로 취득한 재물.
○姦-, 犯-, 宿-.

貝14【贒】㉑ 賢(1736)의 고자

貝15【贕】㉒ 알 곯을 독 屋 dú

[字解] ①알이 곯다. ②짐승이 밴 새끼가 죽다.〔淮南子〕獸胎不贕.

貝15【贖】㉒ 속바칠 속 沃 shú
[字解] ①속바치다, 재물을 바치고 죄를 면제받다.〔書經〕金作贖刑. ②바꾸다, 물물 교환을 하다, 무역하다.〔史記〕解左驂贖之. ③잇다. 늑續.〔後漢書〕昔原大夫贖桑下絕氣. ④가다, 떠나다.〔管子〕贖蟄蟲卵菱. ⑤저당 잡힌 것을 되찾다.
【贖良 속량】①노예를 풀어 주어 양민이 되게 함. 贖身(속신). ②▷贖罪(속죄). ③남의 환난(患難)을 대신하여 받음.
【贖生 속생】금품을 주어 생물(生物)을 채취하거나 포획하는 일을 그만두게 함.
【贖身 속신】값을 치르고 신체의 자유를 얻음. 돈을 주고 자유민이 됨.
【贖錢 속전】돈을 내고 형벌을 벗어남. 또는 그 돈. 贖金(속금).
【贖罪 속죄】재물을 내고 죄를 면하는 일.
【贖刑 속형】형벌을 면하기 위하여 돈을 바치는 일. 또는 그 형벌. 贖罪(속죄).
○極-, 救-, 輸-, 助-, 重-, 厚-.

貝15【贗】㉒ 옳지 않을 안 諫 yàn
[字解] ①옳지 않다, 바르지 않다. ②가짜, 위조품.〔歐陽脩·詩〕方其榮盛時, 曾莫見眞贗.
【贗賈 안고】가짜 물품을 파는 상인.
【贗金 안금】가짜 돈. 위조한 돈.
【贗物 안물】가짜 물건. 위조한 물건.
【贗本 안본】가짜 서화(書畫).
【贗書 안서】가짜 책.
【贗鼎 안정】가짜 솥. 가짜. [故事] 제(齊)나라가 노(魯)나라를 치고 참정(讒鼎)을 요구하자 가짜 솥을 주었다는 고사에서 온 말.
【贗造 안조】위조(僞造). 또는 위조품.
【贗札 안찰】위조 지폐. 가짜 증표.
○眞-.

貝16【贙】㉓ 나눌 현 霰 xuàn
[字解] ①나누다, 나뉘다, 서로 다투어 나누다.〔左思·賦〕兼葭贙, 蓳蒻森. ②맞붙어 싸우다. ③짐승 이름. 힘이 매우 센, 개 비슷한 짐승.

貝17【贛】㉔ ❶줄 공 送 gòng ❷강 이름 감 勘 gàn
[字解] ❶주다, 하사(下賜)하다.〔淮南子〕一朝用三千鍾贛. ❷①강 이름. =灨. 강서성(江西省)을 거쳐 파양호(鄱陽湖)로 흘러 들어가는 강. ②강서성(江西省)의 딴 이름.

貝部 18획 贜　赤部 0획 赤

貝18【贜】㉕ 臟(1741)의 속자

赤 部

7획 부수 ｜ 붉을적부

赤0【赤】⑦ 붉을 적 囲　chì

一 十 土 井 赤 赤

[소전] 灸　[고문] 鋆　[초서] 赤　[본자] 灸　[동자] 夌

[고자] 鋆　〔字源〕會意. 大＋火→灸→赤. 크게 불타는〔火〕데서 붉은 빛깔을 나타내고, 불타 밝은 데서 밝게 드러낸다는 뜻으로 나타낸다.

〔字解〕①붉다, 붉은 빛.〔杜甫·詩〕崢嶸赤雲西.②발가숭이, 발가벗다.〔蘇軾·詩〕兩脚得暫赤.③비다.㉮아무것도 없다.〔漢書〕赤地數千里.㊁손에 가진 것이 없다.〔蘇軾·詩〕赤手降於菟.㊂나무에 지엽(枝葉)이 없다.〔元好問·詩〕山木森立無春容.㊃멸하다, 모두 죽이다.〔揚雄·解嘲〕不知一跌將赤吾之族也.⑤가뭄, 한발(旱魃).〔淮南子〕殺不辜則國赤地.⑥진심(眞心), 충심(衷心).〔杜甫·詩〕以玆報主寸心赤.⑦염탐하다, 척후(斥候). 늑斥.〔史記〕虜秦特赤.⑧털어 없애다 ≒拂.〔周禮〕赤犮氏.⑨경기(京畿), 기내(畿內).〔宋史〕畿赤十九邑.⑩어린아이.〔陳元龍·詩〕保民如保赤.

【赤脚 적각】①맨발. 赤跣(적선). 赤足(적족).②맨발의 선인(仙人). 도교(道敎)의 신(神).③계집종.

【赤脚雪 적각설】눈이 온 뒤, 갑자기 하늘이 개는 일.

【赤口毒舌 적구독설】심한 욕설.

【赤金 적금】①구리. 동(銅). ②붉은 빛을 띤 금. 품질이 낮은 황금. ③순금(純金).

【赤裸 적나】①발가벗음. 알몸. ②아무 숨김 없이 진상 그대로를 드러냄.

【赤道 적도】남극과 북극의 중간에서 지구 표면을 한 바퀴 도는 위도 0도의 선.

【赤裸 적라】발가벗음. 알몸.

【赤痢 적리】배가 아프면서 피가 섞인 설사를 하는 이질의 한 가지.

【赤面 적면】①붉은 얼굴. ②홍분·수치·음주 등으로 얼굴이 빨개짐.

【赤伏符 적복부】미래를 예언한 붉은 부록(符籙). 한(漢) 무제(武帝) 때 나타남.

【赤奮若 적분약】①축년(丑年)의 딴 이름. ②천신(天神)의 이름.

【赤紱 적불】대부 이상이 입는 붉은 빛의 슬갑.

【赤紱之刺 적불지자】임금이 군자를 멀리하고 소인을 가까이 함. 덕이 없으면서 높은 지위에 있는 자가 많음.

【赤貧 적빈】몹시 가난하여 아무것도 없음.

【赤跣 적선】맨발. 赤足(적족).

【赤舌燒城 적설소성】소인들이 군자를 참해(讒害)하는 혓바닥은 불 같아서 성곽이라도 태워 버릴 만함. 참언(讒言)의 무서움.

【赤誠 적성】참된 정성. 赤心(적심).

【赤松 적송】껍질이 붉고 잎이 가는 소나무의 한 가지.

【赤松子 적송자】중국 전설에 나오는 신선(神仙)의 이름. 신농씨(神農氏) 때의 우사(雨師)로, 후에 곤륜산(崑崙山)에 들어가 신선이 됨.

【赤手 적수】아무것도 없는 빈손. 赤手空拳(적수공권).

【赤繩 적승】붉은 끈. 부부의 인연을 맺는 일. 결혼하는 일. 통赤繩繫足(적승계족).

【赤繩繫足 적승계족】혼인이 결정되는 일. [故事] 당대(唐代)에 위고(韋固)가 이인(異人)을 만나, 그가 가지고 있는 주머니 속의 붉은 끈을 물으니, 남녀의 발목을 묶으면 비록 원수의 집안 사이라도 혼인이 이루어진다고 했다는 고사에서 온 말. 통月下老人(월하노인).

【赤身 적신】벌거벗은 몸. 알몸.

【赤實 적실】①붉은 열매. ②거짓이 없고 진실한 일.

【赤心 적심】①조금도 거짓이 없는 참된 마음. ②붉은 심. 붉은 속줄기.

【赤鴉 적아】태양의 딴 이름. ○해 속에 세 발 달린 까마귀가 있다는 전설에서 나온 말.

【赤羽 적우】①붉은 날개. ②태양. ③붉은 깃이 달린 화살.

【赤衣 적의】①옛날 태사관(太史官)이 입던 은 옷. ②죄수가 입는 붉은 옷. 또는 죄수.

【赤子 적자】①갓난아이. 젖먹이. 嬰兒(영아). ②제왕 치하에 있는 백성. 國民(국민).

【赤字 적자】수입보다 지출이 많음.

【赤子之心 적자지심】갓난아이같이 거짓이 없는 마음. 세속에 물들지 않은 순결한 마음.

【赤帝 적제】오천제(五天帝)의 하나. ㉠남방의 신. ㉡여름의 신. ○오행설(五行說)에서 오색(五色)의 적(赤)이 여름과 남쪽에 배당되는 데서 온 말.

【赤潮 적조】바닷물에 있는 미생물의 이상 증식(異常增殖)으로 물빛이 붉게 변하는 현상.

【赤足 적족】①붉은 발. ②맨발.

【赤族 적족】일족이 죄로 모두 살해되어 붉은 피로 물듦. 滅族(멸족).

【赤憎 적증】공교롭게. 계제 사납게.

【赤地 적지】한발(旱魃)·황충해(蝗蟲害) 등으로 지상의 모든 초목이 말라 죽음.

【赤墀 적지】궁궐의 층계 위. 조정(朝庭).

【赤春 적춘】양식이 떨어지는 음력 2～3월.

【赤幟 적치】①붉은 기. ②한(漢)나라의 기(旗). ③위력. ④모범. ⑤지도자.

【赤土 적토】①붉은 빛깔의 땅. ②초목이 전혀 자라지 않은 땅. 赤地(적지).

【赤霞 적하】붉은 놀. 저녁 놀.
【赤血 적혈】붉은 피.
【赤頰 적협】①붉은 볼. ②학(鶴)의 딴 이름.
【赤化 적화】①붉게 됨. ②공산주의화함.
【赤凶 적흉】매우 심한 흉년.
⊙ 畿—, 丹—, 面—, 心—, 紅—, 纁—.

赤4 【赦】⑪ ❶용서할 사 禡 shè
❷채찍질할 책 陌 cè
[소전][혹체][초서][고문] [참고] 대법원 지정 인명용 한자의 음은 '사'이다.
[字源] 形聲. 赤+攴→赦. '赤(적)'이 음을 나타낸다.
[字解] ❶①용서하다, 잘못을 책하지 않다.〔史記〕赦免罪人. ②사면(赦免), 죄과를 용서하는 일.〔晉書〕宜因郊祀作赦, 以蕩滌瑕穢. ③성(姓). ❷채찍질하다, 말〔馬〕을 채찍질하다.
【赦令 사령】사면의 명령. 은사(恩赦)의 명령.
【赦例 사례】특전으로 죄를 용서한 전례.
【赦免 사면】①지은 죄를 용서하여 벌을 면제하는 일. ②국가 원수의 특권에 의하여, 공소권(公訴權)을 소멸하거나 형의 언도의 일부 또는 전부를 소멸하는 일.
【赦罰 사벌】죄를 용서함. 赦罪(사죄).
【赦原 사원】용서함. 赦免(사면).
【赦宥 사유】죄를 용서함.
【赦狀 사장】죄를 용서한다는 내용을 적은 서면. 사면의 선고서. 사면장(赦免狀).
【赦詔 사조】사면이 조서(詔書)
【赦罪 사죄】⇨赦罰(사벌).
⊙ 曲—, 寬—, 郊—, 大—, 免—, 放—, 肆—, 三—, 原—, 恩—, 裁—, 誅—, 擅—, 特—.

赤4 【赥】⑪ 붉을 혁 錫 xī
[字解] ①붉다, 붉은빛. ②웃는 소리. =謚.〔元包經·孟陽〕言侃侃, 笑赥赥.
【赥赥 혁혁】웃는 소리.

赤5 【赧】⑫ 얼굴 붉힐 난 潸 nǎn
[소전][초서] [字解] ①얼굴을 붉히다, 무안해 하다, 부끄러워하다. =赦.〔世說新語〕人言, 鬼可憎, 果然, 鬼赧愧而退. ②두려워하다, 겁내다.〔國語〕自進則敬, 不則赧.
【赧愧 난괴】부끄러워 얼굴을 붉힘.
【赧然 난연】부끄러워 얼굴을 붉히는 모양. 멋적은 모양. 赧然(난연).
【赧顏 난안】부끄러워 붉어진 얼굴.
⊙ 愧—, 羞—, 慚—, 寅—, 歉—.

赤5 【赩】⑫ ❶얼굴 붉힐 난 潸 nǎn
❷피리 소리 년 霰 niàn
[字解] ❶얼굴을 붉히다, 무안해 하다. =赧. ❷피리 소리, 피리 소리의 느린 모양.

赤5 【赩】⑫ 赩(1743)과 동자

赤6 【赨】⑬ 붉을 동 東 tóng
[소전][서] 赩 [字解] 붉다, 벌겋다.
【赨莖 동경】붉은 줄기.

赤6 【赩】⑬ 붉을 혁 陌 xì
[소전][서] 赩 [字解] ①붉다, 붉은빛, 진한 적색(赤色).〔左思·賦〕丹沙赩熾出其坂. ②붉은 모양. ③민둥산의 붉은 모양.〔楚辭〕北有寒山逴龍赩只. ④검푸른 빛.〔一切經音義〕青黑曰赩. ⑤두려워하다. ⑥노하는 모양.
【赩熾 혁치】몹시 붉음. 붉은 모양.
【赩赫 혁혁】붉은빛이 짙은 모양.
【赩紅 혁홍】붉음. 殷紅(은홍).

赤7 【赬】⑭ 붉을 정 庚 chēng
[소전][혹체][혹체] [字解] 붉다, 붉은 빛. =赬.〔儀禮〕赬裏著組繫.

赤7 【赫】⑭ ❶붉을 혁 陌 hè
❷꾸짖을 하 禡 hè
[소전][초서][篆書][속체] [참고] 대법원 지성 인명용 한자의 음은 '혁'이다.
[字解] ❶①붉다, 붉은빛, 붉은 모양.〔詩經〕赫如渥赭. ②빛나는 모양, 덕(德)이 밝은 모양.〔韓愈·書〕赫赫之光. ③성한 모양, 위세가 대단한 모양.〔魏志〕赫赫天子, 恩不遺物. ④타나다, 드러나다.〔詩經〕以赫厥靈. ⑤성내다, 노하는 모양.〔詩經〕王赫斯怒. ⑥겁내다, 두려워하다.〔詩經〕赫赫在上. ⑦비다, 아무것도 없다.〔太玄經〕赫河曜. ⑧깨닫다, 깨우치다. ⑨마르다, 가물다. ⑩수족(手足)이 분해된 모양.〔春秋公羊傳〕則赫然死人也. ⑪성(姓). ❷꾸짖다. ≒嚇.〔詩經〕反予來赫.
【赫怒 혁노】몹시 화를 냄. 벌컥 성을 냄.
【赫然 혁연】①벌컥 성내는 모양. ②환히 빛나는 모양. 성한 모양. ③시체의 사지가 분해된 모양.
【赫曄 혁엽】환히 빛나고 밝음.
【赫咤 혁타】벌컥 성을 냄. 또는 그 모양.
【赫奕 혁혁】크게 빛나는 모양.
【赫赫 혁혁】①빛나는 모양. 왕성한 모양. ②위명(威名)을 떨치는 모양. ③열기가 대단한 모양. 햇볕이 쨍쨍 쬐는 모양.
【赫赫之光 혁혁지광】①눈부신 빛. ②대단한 위세(威勢)·성망(聲望).
【赫喧 혁훤】성대한 모양. 특히 덕(德)이나 위의(威儀) 등이 성대한 모양.

【赫戱 혁희】 빛나는 모양.
❶ 光-, 貴-, 暖-, 彤-, 丕-, 扇-, 炎-, 榮-, 隆-, 電-, 震-, 嘆-, 洪-, 煥-, 薰-, 烜-, 輝-.

【赭】⑯ 붉은 흙 자 [馬] zhě

字解 ①붉은 흙. 〔山海經〕若山多赭. ②붉은 빛. 〔詩經〕赫如渥赭. ③벌거벗기다, 초목을 베어 민둥산으로 만들다. 〔史記〕伐湘山樹赭其山. ④죄수가 입는 적토색(赤土色)의 수의(囚衣). 〔宋書〕田叔鉗赭. ⑤다하다, 바닥나다. 〔柳宗元·文〕群飮源槁, 廻食野赭.

【赭面 자면】①붉은 얼굴. ②얼굴을 붉게 칠함. ③얼굴이 붉어지도록 몹시 싸홈.
【赭山 자산】 민둥산.
【赭繩 자승】 목수(木手)가 사용하는 먹통.
【赭堊 자악】 ①붉은 흙과 흰 흙. ②붉은 흙이나 흰 흙으로 벽을 바름.
【赭衣 자의】①붉은 옷. 죄수(罪囚)가 입는 옷. ②죄수.
【赭衣牛道 자의반도】 다니는 사람의 절반은 적의를 입고 있음. 죄인이 많음.
【赭斫 자작】 산의 나무를 죄다 벰.
【赭鞭 자편】 붉은 채찍. 故事 신농씨(神農氏)가 붉은 채찍으로 백초(百草)를 쳐서 그 약성(藥性)을 알아냈다는 고사에서 온 말.
❶ 鉗-, 丹-, 代-, 山-, 渥-.

【赬】⑯ 붉을 정 [庚] chēng

字解 붉다, 붉은빛. =䞓. 〔王融·詩〕赬霞文翠嶺.
【赬面 정면】 붉은 얼굴.
【赬尾 정미】①물고기의 붉은 꼬리. 곧, 물고기. ②군자의 노고나 괴로움.
【赬霞 정하】 붉은 놀.
❶ 童-, 微-, 朱-, 含-.

【赮】⑯ 붉을 하 [麻] xiá

字解 ①붉다, 붉은빛. 〔盧藏用·序〕赮駁舒蔚. ②놀, 아침놀·저녁놀. 늑 霞. 〔郭璞·賦〕壁立赮駁.

走 部

7획 부수 | 달릴주부

【走】⑦ 달릴 주 [宥] zǒu

一 十 土 キ キ 走 走

字解 ❶달리다, 빨리 가다, 뛰어가다. 〔大戴禮〕在位者皆走辟. ②가다, 향하여 가다. 〔呂氏春秋〕水出於山, 而走於海. ③달아나다, 도망치다. 〔孟子〕棄甲曳兵而走. ④뜨다, 떠나다. 〔南史〕百姓咸有走情. ⑤나가다, 밖으로 나오다. 〔儀禮〕將走見. ⑥달아나게 하다, 쫓다. 〔十八史略〕死諸葛走生仲達. ⑦짐승, 네 발을 가진 동물. ¶走獸. ⑧종, 노비, 하인. 〔春秋左氏傳〕吏走問諸朝. ⑨종종걸음, 추창(趨蹌)하는 걸음. 〔春秋左氏傳〕庶人走. ⑩꾸짖어 쫓아 보내다. 또는 그 소리. 〔史記〕鄭生瞋目案劍叱使者曰, 走. ⑪자기의 비칭(卑稱). 〔張衡·賦〕走雖不敏.

【走舸 주가】 옛날 전선(戰船)의 하나. 노 젓는 사람이 많아 매우 빠름.
【走价 주개】 잔심부름하는 종. 走介(주개).
【走狗 주구】①사냥개. 남의 앞잡이로 노릇하는 사람의 비유. ②개를 부리어 사냥을 함. ③개를 경주시키는 놀이.
【走狗烹 주구팽】 전쟁이 끝나면 공신(功臣)도 쓸모없어져 물리침을 당함.
【走浪 주랑】 달리는 물결. 빠른 물살.
【走利 주리】 이익을 위하여 달림. 곧, 이로운 쪽으로 감.
【走馬 주마】①말을 달림. ②달리는 말. 또는 싸움터로 달리는 말. 군마(軍馬). ③잘 달리는 말.
【走馬加鞭 주마가편】 國 달리는 말에 채찍질하기. ㉠형편이나 힘이 한창 좋을 때 더욱 힘을 냄. ㉡힘껏 하는데도 자꾸 더하라고 격려함.
【走馬看山 주마간산】 ⇨走馬看花(주마간화).
【走馬看花 주마간화】 닫는 말 위에서 꽃을 봄. 사물의 외면만을 슬쩍 지나쳐 볼 뿐, 그 깊은 내용을 음미하지 못함. 走馬看山(주마간산).
【走馬燈 주마등】①안팎이 이중으로 된 등롱(燈籠). 안쪽 틀에 갖가지 그림을 붙이고 중앙에 축(軸)을 세워 그 상부에 풍차(風車)를 달면 등불의 상승 기류 때문에 안쪽 틀이 돌게 되며, 그 그림이 바깥 틀에 비쳐 보이게 됨. ②사물이 빨리 변함.
【走伏無地 주복무지】 도망치고 숨으려 해도 그럴 만한 곳이 없음. 달아나 숨을 곳이 없음.
【走獸 주수】①달리는 짐승. ②짐승의 총칭.
【走肉 주육】 걸어가는 고깃덩어리. 쓸모없는 인간의 비유.
【走者 주자】①짐승. 수류(獸類). ②달리는 사람. ③야구에서, 누(壘)에 나가 있는 사람.
【走卒 주졸】 여기저기로 분주히 심부름다니는 하인. 使喚(사환).
【走集 주집】 국경의 성채(城砦). 변이 생기면 병사들이 달려와 모이는 데서 이르는 말.
【走竄 주찬】 도망하여 숨음.
【走破 주파】 중도에서 낙오하지 않고 끝까지 달림. 끝까지 뛰어 목적지에 당도함.

走部 0~3획 赱 赱 赴 赳 赴 赶 起 1745

【走筆 주필】 붓을 달림. 글씨를 빨리 씀.
【走險 주험】 험한 곳을 달림. 위험을 무릅씀.
○ 輕—, 競—, 驚—, 狂—, 驅—, 逃—, 遁—, 亡—, 步—, 奔—, 飛—, 跋—, 迅—, 疾—, 趨—, 逐—, 馳—, 脫—, 退—, 敗—, 暴—, 滑—.

走 0 【赱】 ⑥ 走(1744)의 속자

走 0 【赱】 ⑧ 走(1744)의 본자

走 1 【赴】 ⑧ 赳(1745)와 동자

走 2 【赳】 ⑨ 헌걸찰 규 音 jiū
[소전] [초서] [동자] 赳 字解 ①헌걸차다, 굳세고 씩씩하다. 용맹스럽다. 〔詩經〕赳赳武夫, 公侯干城. ②재능(才能). ③용이 목을 길게 늘이고 가는 모양. ¶ 赳螑.
【赳赳 규규】 씩씩한 모양. 용맹스러운 모양.
【赳螑 규후】 용이 목을 길게 늘이고 고개를 끄덕거리며 가는 모양.

走 2 【赴】 ⑨ 나아갈 부 音 fù
[소전] [초서] 赴 字源 形聲. 走+卜→赴. '卜(복)'이 음을 나타낸다.
字解 ①나아가다. ㉮향하여 가다. 〔隋書〕何以赴敵. ㉯이르다, 도달하다. 〔後漢書〕夢有小飛蟲無數, 赴著身. ㉰들다, 들어가다. 〔呂氏春秋〕於是赴江刎蚑. ㉱가다, 밟다. 늑蹈. 〔莊子〕赴水不則接腋持頤. ㉲달려가다, 빨리 가다. 〔禮記·母報往·注〕赴, 猶急疾也. ㉳바삐 다니다, 분주(奔走)하다. 〔春秋左氏傳〕能曲直以赴禮者, 謂之成人. ㉴참여하다. ㉵힘쓰다. ②알리다, 가서 알리다. 〔儀禮〕赴曰, 君之臣某死. ③부고(訃告). =訃. 〔杜預·序〕赴告策書. ④넘어지다. 늑仆.
【赴擧 부거】 과거를 보러 감.
【赴告 부고】 찾아가서 알림. 특히 불길한 알림을 이름. 사망 통지. 訃告(부고).
【赴救 부구】 ☞赴援(부원).
【赴難 부난】 달려가서 국난(國難)을 구함.
【赴禮 부례】 언행이 예법에 맞도록 힘씀.
【赴聞 부문】 죽음을 알리는 일. 訃告(부고).
【赴愬 부소】 나아가 하소연함.
【赴時 부시】 날씨에 항상 마음을 씀. 날씨가 고르기를 바람.
【赴援 부원】 구원하러 나아감. 나아가서 구함. 赴救(부구).
【赴任 부임】 임지(任地)로 감. 가서 취임함.

【赴敵 부적】 적을 치러 전지로 감.
【赴湯蹈火 부탕도화】 끓는 물과 타는 불에 들어감. 어떠한 괴로움도 사양하지 아니함.
【赴討 부토】 ☞赴敵(부적).
○ 騰—, 奔—, 速—, 迅—, 掩—, 往—, 遠—, 臨—, 爭—, 電—, 走—, 臻—, 馳—, 響—.

走 3 【赶】 ⑩ 달릴 간 音 gǎn
[소전] 趕 [동자] 赶 字解 ①달리다, 달려가다. ②쫓다, 뒤를 쫓다. 〔福惠全書〕事主知覺赶散.

走 3 【起】 ⑩ 일어날 기 音 qǐ
一 十 土 キ キ 走 走 起 起
[소전] 起 [고문] 䢋 [초서] 起 [본서] 起 字源 形聲. 走+己→起. '己(기)'가 음을 나타낸다.
字解 ①일어나다. ㉮일어서다. 〔漢書〕僵柳復起. ㉯걷기 시작하다. ㉰날아오르다. 〔謝朓·詩〕鵠起登吳山. ㉱내닫다. 〔呂氏春秋〕則知所兔起鳧擧死犬之地矣. ㉲가다. 〔禮記〕氣志旣起. ㉳기동(起動)하다. 〔史記〕粗厲猛起. ㉴분기(奮起)하다. ㉵기상(起床)하다. 〔禮記〕儒子早寢晏起. ㉶출세하다, 입신하다. 〔漢書〕皆起秦刀筆吏. ㉷비롯하다. 〔江淹·賦〕韻起西國. ㉸일을 시작하다. 〔史記〕君起江東. ㉹나오다. 〔廬山記〕孤峰秀起. ㉺일다, 발생하다. 〔鮑照·賦〕邊風起兮城上寒. ㉻우뚝 솟다. ②일으키다. ㉮일으켜 세우다. 〔素問〕泝然起毫毛. ㉯기용(起用)하다. 〔戰國策〕起樗里子於國. ㉰파견(派遣)하다. 〔春秋左氏傳〕王起師于滑. ㉱계발(啓發)하다. 〔論語〕起予者商也. ㉲세우다, 짓다. 〔漢書〕武帝起建章宮. ㉳소생(蘇生)시키다. 〔國語〕繁起死人. ㉴병을 고치다. 〔後漢書〕起瘦疾. ㉵부지(扶持)하다. 〔國語〕世相起也. ㉶떨치다, 널리 퍼지다. 〔荀子〕如是則貴名起. ③값이 오르다. 〔素問〕白起金用. ④더욱, 한층 더. 〔禮記〕諫若不入, 起敬起孝.
【起家 기가】 ①벼슬에 올라 입신출세함. ②쇠퇴하였거나 단절되었던 집안을 다시 일으킴.
【起居 기거】 ①행동거지(行動擧止). ②생활. 살림. 침식(寢食). ③어른의 기분·안부 등을 이름. ④똥을 눔.
【起居動作 기거동작】 사람이 살아가면서 하는 일상의 모든 행동. 起臥(기와).
【起居無時 기거무시】 행동하는 데 일정한 때가 없음. 은거하는 몸의 자유로움.
【起居注 기거주】 천자의 좌우에 시종하는 사관(史官)이 천자의 언행을 일일이 기록하는 일. 또는 그 벼슬 이름. 주대(周代)의 좌사(左史)·우사(右史) 따위.
【起耕 기경】 논밭을 갈아 일으킴.
【起稿 기고】 원고를 쓰기 시작함.

走部 3~5획 起 赸 赽 趆 趉 越

【起句 기구】 ①한시(漢詩)의 첫 구. ②문장의 첫 어구.
【起單 기단】 (佛)승려가 절을 떠남. ○'單'은 좌석(坐席).
【起動 기동】 ①몸을 움직임. ②일상의 행동.
【起聯 기련】 율시(律詩)의 첫 두 구(句). 首聯(수련).
【起滅 기멸】 나타남과 사라짐. 흥함과 망함. 시작함과 끝남.
【起伏 기복】 ①일어섬과 엎드림. 높아짐과 낮아짐. ②흥망성쇠(興亡盛衰).
【起復 기복】 ①상중에 있는 관리를 탈상(脫喪) 전에 복직시켜 기용하는 일. 奪情(탈정). ②청대(淸代)의 제도로 상기(喪期)를 마친 뒤에 현관(現官)으로 복직하는 일.
【起死 기사】 ①다 죽어 가는 사람을 되살림. ②큰 은혜를 베풂.
【起死回生 기사회생】 죽어 가는 사람을 다시 살림. ㉠큰 행복을 줌. ㉡가망이 없던 상황에서 벗어남.
【起床 기상】 잠자리에서 일어남.
【起訴 기소】 법원에 소송을 제기하는 일.
【起送 기송】 일어서서 보냄.
【起承轉結 기승전결】 한시(漢詩)의 절구(絶句) 및 율시(律詩)의 구성. 곧, 시구의 배열상의 명칭. ○절구의 첫째 구를 '起', 그 뜻을 이어받은 둘째 구를 '承', 정취를 한 번 돌린 셋째 구를 '轉', 전체의 끝맺음을 '結'이라고 함. 율시에서는 2구씩 4분하여 해당시킨다. '結'은 '合(합)'이라고도 함.
【起身 기신】 ①발족(發足)함. 출발함. ②서서 절을 함. 자리에서 일어서서 경의를 표함.
【起案 기안】 초안을 잡음.
【起予 기여】 ①자기의 마음을 열어 밝게 하여 줌. ②미처 생각지 못한 바를 밝혀 줌.
【起臥 기와】 ①일어남과 누움. ②일상의 생활. 起居動作(기거동작).
【起用 기용】 어떤 직무에 사람을 임용함.
【起原 기원】 사물이 생겨난 근원.
【起因 기인】 일이 현재 상태에 이르게 된 원인.
【起點 기점】 사물이 시작되는 곳.
【起程 기정】 여행을 떠남. 發程(발정).
【起第 기제】 집을 새로 지음.
【起刹 기찰】 절을 건립함.
【起草 기초】 글의 초안을 잡음.
【起寢 기침】 ①잠자리에서 일어남. 起牀(기상). 起枕(기침). ②(佛)절에서 새벽에 일어나 종을 치고 부처에게 배례하는 일.
◐ 更一, 揭一, 決一, 敬一, 驚一, 繼一, 屈一, 蹶一, 突一, 猛一, 勃一, 發一, 蜂一, 扶一, 紛一, 奮一, 飛一, 睡一, 夙一, 晨一, 晏一, 躍一, 緣一, 蜎一, 隆一, 早一, 朝一, 蚤一, 坐一, 重一, 迭一, 暴一, 喚一, 曉一, 興一.

走 【起】⑩ 起(1745)의 본자
3

走 【赸】⑩ 뛸 산 ▣ shàn
3
초서 字解 ①뛰다, 도약(跳躍)하다. ②헤어져 가다, 떠나다. 〔西廂記〕 儞也赸, 我也赸.

走 【赽】⑪ 말 달려갈 결 ▣ jué
4
소전 字解 ①말이 달려가다. ②밟다. ③빠르다.

走 【趆】⑪ 달음박질할 잡 ▣ zá
4
字解 달음박질하다, 급하게 달려가는 모양.

走 【趉】⑪ 던질 투 ▣ tòu
4
字解 ①던지다, 스스로 몸을 던지다, 투신(投身)하다. ②달리다. ③나다, 나가다.

走 【越】⑫ ❶넘을 월 ▣ yuè
5   ❷구멍 활 ▣ huó

土 𠁼 𡈼 𧺆 走 走 𧺔 𧺗 越 越

소전 𧻐 초서 𢮋 고자 𧻛 參考 대법원 지정 인명용 한자의 음은 '월'이다.
字源 形聲. 走+戉→越. '戉(월)'이 음을 나타낸다.
字解 ❶①넘다. ㉮건너다. 〔楚辭〕巖何越兮. ㉯앞지르다. 〔孔子家語〕油然若將可越而不可及者. ㉰거치다. 〔呂氏春秋〕越十七阨. ㉱달아나다. 〔後漢書〕天子播越. ㉲멀어지다. 〔春秋左氏傳〕越在他境. ㉳떠나다. 〔楚辭〕精越裂而衰耄. ㉴어긋나다. 〔後漢書〕率禮不越. ㉵분수에 넘치다. 〔後漢書〕越躋天祿. ㉶빼어나다. 〔荀子〕筋力越勁. ㉷밟다. 〔禮記〕爲越紼而行事. ㉸멀다, 사정이 서로 어둡다. 〔國語〕越哉臧孫之爲政也. ③잃다. 〔呂氏春秋〕處義不惑. ④빠르다. 〔漢書〕太白發越犯庫. ⑤오르다, 올리다. 〔禮記〕叩之其聲清越以長. ⑥흩어지다, 흩뜨리다. 〔淮南子〕精神勞則越. ⑦떨어지다, 떨어뜨리다. ≒ 蹷. 〔書經〕顚越不恭. ⑧짓다, 〔莊子〕越難不能伏鵠卵. ⑨빼앗다, 〔孟子〕殺越人於貨. ⑩~와(과), 및. ≒ 與. ⑪이에. ≒ 粵. 〔漢書〕越不可載已. ⑫~에. 위치·목적을 나타내는 말. 〔詩經〕對越在天. ⑬바로. 발어사. 〔書經〕越予小子. ⑭미치다, 이르다. 〔書經〕惟四月旣望, 越六日乙未. ⑮점점, 더욱더. ≒ 愈. ⑯나라 이름. ㉮춘추 시대 14열국(列國)의 하나. ㉯오대십국(五代十國)의 하나. ⑰남방에 살던 종족(種族) 이름, 백월(百越). 〔史記〕南定百越. ⑱성(姓). ❷①구멍, 큰 거문고의 아래쪽에 있는 구멍. ≒ 穴. 〔禮記〕朱弦而疏越. ②부들, 향포(香蒲). 〔春秋左氏傳〕大路越席.
【越價 월가】 國①값을 치름. ②에누리.
【越江 월강】 ①강을 건넘. 양자강(揚子江)을 건

넘. ②圖압록강·두만강을 넘어 중국으로 감.
【越境 월경】경계나 국경을 넘음.
【越階 월계】차례를 뛰어넘어 윗자리에 오르는 일. 超階(초계).
【越權 월권】자기 직권의 범위를 넘음.
【越棘 월극】월(越)나라에서 만들어 낸 창(槍). 천자(天子)의 병기의 하나.
【越女 월녀】월나라의 미녀. 서시(西施).
【越女齊姬 월녀제희】미인(美人). 월(越)·제(齊) 두 나라에서 미인이 많이 나는 데서 이르는 말.
【越度 월도】①도를 넘음. 지나침. ②관문(關門)을 지날 때 정문, 강을 건널 때 나루터를 이용하지 않고 남몰래 샛길로 지나는 일.
【越等 월등】사물에서 정도의 차이가 현저함. 훨씬 나음.
【越錄 월록】순서를 뛰어넘음. 공로가 없이 작위(爵位)에 오름.
【越畔之思 월반지사】자기의 직분을 성실히 지키고, 남의 직권을 침범하지 않도록 조심함. ◐'畔'은 두둑, 경계(境界).
【越俸 월봉】감봉(減俸). 越祿(월록).
【越三道 월삼도】세 도(道)를 지나가는 먼 지방으로 귀양 보냄.
【越先 월선】앞지름.
【越城 월성】성을 넘음. 踰城(유성).
【越獄 월옥】옥을 뛰어넘어 도망침. 脫獄(탈옥).
【越月 월월】달을 넘김. 달을 거듭함.
【越越 월월】가볍고 탐탁하지 않게 여겨 업신여기는 모양.
【越人 월인】①월(越)나라 사람. ②사이가 먼 사람. 소원(疏遠)한 사람.
【越日 월일】다음 날. 翌日(익일).
【越牆 월장】①담을 넘음. ②정당하지 못한 남녀의 교제.
【越在 월재】집을 떠나 먼 타향에 있음.
【越絶 월절】넘어감.
【越俎 월조】자기의 본분을 넘어서 남의 권한이나 직분을 침범하는 일.
【越鳥巢南枝 월조소남지】월나라에서 온 새는 남쪽에 있는 고국을 그리워하여, 남쪽 가지에 둥우리를 지음. 고향을 잊지 못함.
【越津乘船 월진승선】圖나루를 건너고 나서 배를 탐. 일을 거꾸로 처리함.
【越次 월차】차례를 뛰어넘음.
【越逐 월축】성채(城砦)를 넘어서 뒤쫓음.

◐ 激−, 隔−, 跨−, 南−, 凌−, 度−, 騰−, 發−, 飛−, 散−, 秀−, 殊−, 吳−, 優−, 踰−, 逸−, 溢−, 顚−, 秦−, 僭−, 超−, 卓−, 播−.

走 5 【䞤】⑫ 越(1746)의 고자

走 5 【趄】⑫ 뒤뚝거릴 저 圓 jū, qiè

소전 䞖 字解 ①뒤뚝거리다, 걷기 힘들어 애쓰다. 늑且. ②서성거리다.

走 5 【趁】⑫ ❶쫓을 진 圕 chèn
❷떠들 진 圓 chén

소전 䞘 초서 䞘 趂 동자 趂 字解 ❶①쫓다. 따르다.〔朱子·詩〕好趁春風入殿衙. ②뒤쫓아 따라붙다.〔杜甫·詩〕驅牽制不禁. ③앞으로 나아가지 못하다. ④향하여 가다.〔柳宗元·詩〕綠荷包飯趁墟人. ⑤편승(便乘)하다.〔白居易·詩〕人趁早涼行. ⑥달리다. ❷①떠들다. ②밟다. ③넘다, 타넘어 밟다.
【趁期 진기】圖기한이 참. 趁限(진한).
【趁時 진시】때맞추어. 제때에.
【趁趁 진절】뒤쫓아 힘껏 달림.
【趁早 진조】새벽을 틈탐. 곧, 진작. 빠른 시일 내에.

◐ 驅−, 尋−, 遠−, 參−, 追−.

走 5 【趂】⑫ 趁(1747)과 동자

走 5 【超】⑫ ❶넘을 초 蕭 chāo
❷구보할 초 篠 chǎo

土 キ キ 非 走 赴 起 超 超 超

소전 䞰 초서 䞐 字源 形聲. 走＋召→超. '召(소)'가 음을 나타낸다.

字解 ❶①넘다. ㉮뛰어넘다.〔孟子〕挾泰山以超北海. ㉯밟고 넘다.〔楚辭〕超五嶺兮嵯峨. ㉰지나가다, 건너다.〔後漢書〕超略陽而反. ㉱멀어지다.〔老子〕雖有榮觀, 燕處超然. ㉲낫다, 뛰어나다.〔唐書〕功古古超. ㉳오르다, 올라가다.〔梁元帝·碑〕逸翮方超, 圖南輟軌. ㉴앞으로 나아가다. ②멀다, 아득하다. ③높다. ④빠르다, 재빠르다.〔漢書〕超既離摩皇波. ⑤근심하다. 늑怊.〔莊子〕武侯超然不對. ⑥성(姓). ❷구보하다, 가볍게 달리는 모양. ＝趠.
【超距 초거】뛰어넘음. 뛰어오름.
【超階 초계】순서를 뛰어넘어 관위(官位)가 오름. 超升(초승).
【超過 초과】예정하였던 한도나 수를 넘어섬.
【超群 초군】여러 사람 가운데서 특히 뛰어남. 拔群(발군).
【超度 초도】①뛰어넘음. ②(佛)영혼을 고통스런 지옥에서 벗어나게 함.
【超登 초등】높이 오름.
【超倫 초륜】여럿 중에서 뛰어남. 超凡(초범).
【超邁 초매】보통보다 뛰어남. 월등함.
【超拔 초발】①여럿 중에서 뛰어남. 걸출(傑出)함. ②승천(昇天)함. ③신선이 되거나 해탈의 경지에 이름.
【超拜 초배】순서를 뛰어넘어 임관됨.
【超凡 초범】보통 사람의 영역을 벗어남. 보통 사람보다 썩 뛰어남. 超倫(초륜).
【超世 초세】①일세(一世)에 뛰어남. ②세속을 초탈함. 脫俗(탈속).
【超俗 초속】세속에서 벗어남. 超世(초세).
【超乘 초승】수레에 뛰어올라 탐.

【超然 초연】 ①구속되지 않는 모양. 세속 따위에 얽매이지 않는 모양. ②실의(失意)한 모양.
【超遙 초요】 아득히 먼 모양.
【超越 초월】 ①보통보다 뛰어남. ②세속에서 벗어남. ③뛰어넘음. ④가볍고 빠른 모양.
【超人 초인】 범속을 초탈하여 완전하고 위대한 사람. 비상한 능력을 가진 사람.
【超逸 초일】 월등함. 탁월함. 卓逸(탁일).
【超軼 초일】 ①☞超逸(초일). ②뛰어나서 속되지 않음.
【超軼絕塵 초일절진】 말이 매우 빨리 달리는 모양. ◐'絕塵'은 몹시 빨리 달려서 일어나는 먼지 밖으로 초연히 벗어남.
【超資 초자】 차례를 뛰어넘어 벼슬이 오름.
【超迹 초적】 자취를 감춤. 세속에서 벗어남.
【超絕 초절】 ①남보다 뛰어남. ②인식이나 경험의 범위를 넘어섬.
【超超 초초】 탁월한 모양.
【超擢 초탁】 남을 뛰어넘어 발탁됨.
【超脫 초탈】 세속에서 벗어남.
【超忽 초홀】 ①기분이 상쾌한 모양. ②멀고 아득한 모양.
◐ 高-, 騰-, 飛-, 入-, 出-, 風-.

走6【趌】⑬ 반걸음 규 囨 kuǐ
동자 跬 字解 반걸음, 한 발 내디딘 거리.

走6【趌】⑬ 성내어 달릴 길 囩 jí
소전 字解 ①성내어 달리다. ②똑바로 가다, 곧게 나아가다.

走6【趌】⑬ 달릴 병 囥 bèng
字解 달리다.

走6【趑】⑬ 머뭇거릴 자 囜 zī
소전 字解 ①머뭇거리다, 서성거리다. 〔張載·銘〕一人荷戟, 萬夫趑趄. ②멋대로 굴다.
【趑趄 자저】 ①선뜻 나아가지 못하는 모양. ②가기 힘드는 모양.
【趑雎 자저】 제멋대로 소란을 피움.

走6【趒】⑬ ❶뛸 조 厴 tiáo
❷넘을 조 厴 tiǎo
소전 소전 字解 ❶뛰다, 팔짝팔짝 뛰어가다. ❷①넘다, 넘어가다. =趒. ②도망치다.〔大藏經〕萬像而不能趒形.

走6【趎】⑬ 사람 이름 주 厴 chú
字解 ①사람 이름.〔莊子〕南榮趎, 蹴然正坐. ②뛰어가다.

走6【趚】⑬ 모걸음으로 걸을 척 囲 qì
소전 字解 모걸음으로 걷다, 소리가 나지 않게 가만가만 걷다, 경의(敬意)를 표하는 모양.〔詩經〕謂地蓋厚, 不敢不趚.

走6【趍】⑬ ❶느릴 치 囚 chí
❷달릴 추 厲 qū
소전 字解 ❶①느리다, 걸음걸이가 느린 모양. ②많다. ❸달리다. ※趨(1749)의 속자(俗字).

走7【趕】⑭ 赶(1745)과 동자

走7【趙】⑭ 나라 조 饢 zhào
소전 초서 간체 趙 字解 ①나라 이름. ㉮전국 시대에 한(韓)·위(魏)와 더불어 진(晉)을 삼분(三分)하여 세운 나라. 칠웅(七雄)의 하나가 되고 진양(晉陽)에 도읍하였으며, 후에 진(秦)에게 멸망하였다. ㉯진(晉)나라 때 유요(劉曜)가 세운 나라, 전조(前趙). 오호 십육국(五胡十六國)의 하나. 장안(長安)에 도읍하였다. ㉰진(晉)나라 때 석륵(石勒)이 전조(前趙)를 멸하고 세운 나라, 후조(後趙). 오호 십육국의 하나. 양국(襄國)에 도읍하였다. ②걸음걸이가 느린 모양. ③넘다, 뛰어넘다. 〔穆天子傳〕天子北征趙行. ④찌르다. ≒鈔·搗.〔詩經〕其鎛斯趙. ⑤흔들다. ≒掉.〔荀子〕頭銛達而尾趙繚者邪. ⑥엉터리, 진실되지 못하고 허망(虛妄)한 것.〔通俗編〕今人以虛妄不實, 斥之曰趙. ⑦되돌리다, 받들고 돌아오다. 인상여(藺相如)가 화씨벽(和氏璧)을 온전히 하여 조(趙)나라로 되돌아온 데서 비롯된 말.〔唐釋迦寺碑〕敬趙聖容. ⑧미치다. ⑨민첩(敏捷)하다. ⑩작다. ≒小. ⑪적다. ⑫오래되다.
【趙客 조객】 협객(俠客).
【趙女 조녀】 조나라의 미녀. 미녀의 범칭.
【趙繚 조료】 ①긴 모양. ②흔드는 모양.
【趙李 조리】 ①진대(秦代)의 조고(趙高)와 이사(李斯). ②한(漢) 성제(成帝)의 황후 조비연(趙飛燕)과 무제(武帝)의 이부인(李夫人).
【趙氏璧 조씨벽】 화씨벽(和氏璧)의 딴 이름.
【趙字 조자】 원대(元代)의 서예가 조맹부(趙孟頫)의 글씨체.
【趙行 조행】 급히 감.

走7【趨】⑭ 빨리 걸을 준 厴 cūn
소전 字解 ①빨리 걷다, 빨리 걷는 모양. ②나아가다, 앞으로 가다. ③달리다.

走7【趣】⑭ 좁을 촉 囚 cù
字解 ①좁다, 국량(局量)이 좁다.〔張衡·賦〕

走部 8~10획 趢 趡 趙 趣 趠 趨 趫 趨   1749

狹三王之趢趢. ②종종걸음으로 걷다. ③여치, 귀뚜라미. =促. ④핍박하다, 대들다. ⑤빠르다, 신속하다. ⑥앞으로 나아가지 못하다.

走8【趢】⑮ 좁을 록 囲 lù
[소전][초서][字解]①좁다, 국량(局量)이 좁은 모양.〔張衡·賦〕狹三王之趢趢. ②웅크리고 달리는 모양, 조심하며 가는 모양. ③잰걸음으로 걷다. ④몸을 웅크리다. ⑤어린애의 걷는 모양.

走8【趡】⑮ 움직일 유·추 紙 cuǐ
[字解]①움직이다. ②달리다.〔史記〕蔑蒙踊躍, 騰而狂趡. ③땅 이름. 춘추 시대 노(魯)나라의 땅. 지금의 산동성(山東省) 추현(鄒縣) 근처.〔春秋左氏傳〕公會邾儀父, 盟于趡. ④달리는 모양. =雖. ⑤넘다, 뛰어넘다.〔漢書〕神騰鬼趡.

走8【趙】⑮ 뛸 정·쟁 庚敬 zhēng
[字解]①뛰다, 기뻐서 뛰다, 작약(雀躍)하는 모양.〔韓愈·詩〕相殘雀豹趙. ②놀라 달아나는 모양. ③가는 모양. ④밟아 가는 모양.

走8【趣】⑮ ①달릴 취 本 遇 qù
　　　　②재촉할 촉 囚 cù
　　　　③벼슬 이름 추 宥 còu
[소전][초서][參考] 대법원 지정 인명용 한자의 음은 '취'이다.
[字源] 形聲. 走+取→趣. '取(취)'가 음을 나타낸다.
[字解] ❶①달리다, 목적하는 곳을 향하여 빨리 달려가다.〔詩經〕左右趣之. ②향하다.〔謝惠連·詩〕趣途遠有斯. ③미치다, 다다르다.〔漢書〕亡以趣澤, 注云, 趣讀曰趣, 及也. ④뜻. ㉮취향(趣向), 마음이 이끌리는 곳.〔後漢書〕聖哲之通趣. ㉯취지(趣旨), 내용.〔晉書〕但得琴中趣. ㉰멋, 자태(姿態), 풍정(風情).〔晉書〕頗有媚趣. ⑤취하다. ≒取.〔莊子〕趣舍滑心. ❷①재촉하다, 촉구하다. ≒促.〔史記〕趣趙兵亟入關. ②빠르다, 서두르다.〔史記〕趣使使下令. ❸벼슬 이름. 말(馬)에 대한 일을 맡아보던 벼슬. ≒騶.〔詩經〕蹶惟趣馬.
【趣味 취미】마음에 끌리어 일정한 지향성을 가지는 흥미. 興趣(흥취).
【趣舍 취사】①취함과 버림. 取捨(취사). ②나아감과 멈춤.
【趣走 취주】뜻한 곳을 향하여 달림.
【趣旨 취지】일정한 일에 대한 기본적인 목적이나 의도.
【趣向 취향】①목표를 정하고 그곳을 향하여 감. ②하고 싶은 마음이 쏠리는 방향.

【趣駕 촉가】급히 탈것을 준비시킴.
【趣裝 촉장】급히 여장(旅裝)을 꾸림.
【趣織 촉직】귀뚜라미. 促織(촉직).
【趣治 촉치】재촉하여 다스림. 급히 준비함.
❶佳—, 高—, 巧—, 奇—, 同—, 妙—, 美—, 別—, 善—, 勝—, 詩—, 深—, 雅—, 野—, 餘—, 幽—, 意—, 異—, 逸—, 情—, 酒—, 旨—, 志—, 清—, 醉—, 風—, 筆—, 閑—, 興—.

走8【趠】⑮ ❶멀 탁 藥 chuò
　　　　 ❷뛸 초 嘯 tiào
[소전][초서][字解] ❶①멀다. ②끊다, 자르다. ③가는 모양. ④멀리 달리다.〔晉書〕趠不希驥騧之蹤. ⑤빨리 달리다, 질주(疾走)하다. ⑥놀라 달아나다. =逴. ⑦날다, 뛰다.〔左思·賦〕狖鼯猱獑, 騰趠飛超. ⑧절뚝발이. ⑨특출하다, 뛰어나다. ❷뛰다, 넘다. =踔.

走9【趨】⑯ 趙(1748)의 속자

走9【趫】⑯ 타달거릴 추 尤 qiū
[소전][字解]①타달거리다, 가는 모양, 걷는 모양. ②도보로 가다, 타지 않고 걸어서 가다. ③차다, 발로 차다. ④깔다, 펴다.

走10【趨】⑰ ❶달릴 추 虞 qū
　　　　 ❷재촉할 촉 囚 cù
[소전][속자][간체][參考] 대법원 지정 인명용 한자의 음은 '추'이다.
[字解] ❶①달리다. ㉮종종걸음으로 빨리 가다.〔論語〕過之必趨. ㉯향하여 가다.〔史記〕秦人皆趨令. ㉰성큼성큼 걷다.〔禮記〕走而不趨. ②쫓다.〔呂氏春秋〕於是相與趨之. ③취향(趨向), 취지(趨旨). =趣旨.〔宋書〕未知指趨. ④취하다, 취택하다.〔史記〕趨舍有時. ⑤손짓, 춤출 때의 손놀림.〔淮南子〕手會綠水之趨. ❷①재촉하다. ≒促.〔漢書〕馳傳督趨. ②빨리, 서둘러.〔莊子〕王命相者趨射之. ③빠르다.〔荀子〕趨駕召顔淵. ④줄이다, 짧게 하다.〔莊子〕修上而趨下. ⑤촉급(促急)하다, 핍박하다.〔禮記〕衞音趨數煩志.
【趨競 추경】달리어 경쟁함.
【趨利 추리】다투어 이익을 도모함.
【趨拜 추배】종종걸음으로 나아가 절함.
【趨步 추보】빨리 종종걸음으로 나아감.
【趨附 추부】남을 붙좇음.
【趨舍 추사】①나아감과 멈춤. ②취함과 버림. ③달려 나감. 빨리 나감.
【趨翔 추상】행동거지. 趨詳(추상).
【趨勢 추세】①대세가 지향하는 바. ②권세를 붙좇음.
【趨時 추시】시속을 따름.

【趣厮 추시】심부름하는 아이. 하인.
【趣炎赴熱 추염부열】권세 있는 자에게 나아가 아부하여 좇음. 趣炎附勢(추염부세).
【趣迎 추영】종종걸음으로 나아가서 맞음.
【趣庭 추정】①아들이 아버지의 가르침을 받음. ②그 가정에 나아가 친히 가르침을 받는 일.
【趣走 추주】①빨리 달림. 달려감. ②뛰어다니며 잔심부름을 함.
【趣進 추진】종종걸음으로 나아가. 빨리 나아감.
【趣參 추참】남의 집을 방문함.
【趣蹌 추창】①예의에 맞도록 허리를 굽혀 종종걸음으로 나아감. ②권세 있는 집을 찾아 바쁘게 돌아다니며 청탁함.
【趣風 추풍】윗사람을 공경하여 그 앞을 바람처럼 빨리 지나 지체하지 않는 일.
【趣下 ❶추하 ❷촉하】❶낮은 곳으로 달려 내려감. ❷아랫도리가 짧음. 하반신이 짧음.
【趣賀 추하】방문하여 축하함.
【趣向 추향】①나아가는 방향. ②대세가 지향하는 바. ③자연의 추세.
【趣數 촉삭】바쁘게 다그침.
【趣織 촉직】귀뚜라미의 딴 이름.
【趣趣 촉촉】①걸음걸이가 빠른 모양. 위의(威儀)가 적음. ②귀뚜라미.

◐ 徑-, 競-, 巧-, 歸-, 急-, 起-, 騰-, 拜-, 並-, 步-, 赴-, 奔-, 翔-, 徐-, 迅-, 爭-, 走-, 進-, 疾-, 參-.

走11【趢】⑱달릴 참◨ cān
字解 달리다, 달리는 모양. ¶ 趢趣.
【趢趣 참담】뒤따라 달림. 또는 그 모양.

走11【趣】⑱사뿐사뿐 걸을 표◨ piāo
字解 사뿐사뿐 걷다, 발걸음을 가볍게 걷다.

走11【趩】⑱멈춰 설 필◨ bì
字解 ①멈추어 서다, 걸음을 멈추다. =躃. ②제사 이름, 조신제(竈神祭). 부엌을 맡은 조왕신에게 드리는 제사.

走12【趫】⑲재빠를 교◨ qiāo
字解 ①재빠르다, 몸이 날렵하다. 나무에 잘 오른다. 또 그 사람. 〔張衡·賦〕非都盧之輕趫, 孰能超而究升. ②건장(健壯)하다. ≒蹻. 〔顔延之·賦〕捷趫夫之敏手. ③용감하다. ≒獟. 〔呂氏春秋〕皆以其氣之趫. ④발을 들다. ≒蹻. ⑤잘 달리다.
【趫健 교건】①걸음이 빠름. ②날쌔고 튼튼함.
【趫才 교재】①민첩한 재주. 또는 그런 사람. ②경박하고 약삭빠른 소년(少年).
【趫捷 교첩】날래고 걸음이 빠름.
【趫悍 교한】재빠르고 사나움. 교활함.

◐ 輕-, 跳-, 勇-.

走12【趬】⑲사뿐사뿐 걸을 교◨ qiāo
字解 ①사뿐사뿐 걷는 모양. ②발을 들다. ③서다, 일어서다. ④높다. ⑤재빠르다.
【趬悍 교한】재빠르고 사나움.

走12【趮】⑲달릴 담◨ tán
字解 달리다, 달리는 모양.

走12【趭】⑲성큼성큼 걸을 료◨ liáo
字解 성큼성큼 걷다, 성큼성큼 걷는 모양.

走12【趭】⑲달릴 초◨ jiào
字解 ①달리다. 〔左思·賦〕狂趭獷狖. ②달리는 모양. ③수선거리며 움직이다, 소동하다. 〔通俗編〕今躁動亦曰趭.

走12【趪】⑲헌걸찰 황◨ huáng
字解 헌걸차다, 용맹한 모양. 〔張衡·賦〕洪鐘萬鈞, 猛虞趪趪.

走13【趲】⑳❶쫓을 전◨ zhān ❷따를 전◨ zhàn
字解 ①쫓다, 뒤쫓다. ②옮다, 전이(轉移)하다. =躔. ③나아가다, 향하여 가다. ④머뭇거리다. =邅. ❷①따르다, 복종하다. ②옮아가다.

走13【趮】⑳조급할 조◨ zào
字解 ①조급하다, 서두르다. 〔漢書〕用兵靜, 吉趮凶. ②움직이다, 동요하다. 〔周禮〕羽殺則趮.

走14【趯】㉑❶뛸 약◨ yuè ❷뛸 적◨ tì
字解 ❶뛰다. = 躍. 〔漢書〕哽哽虮蟲, 趯趯阜螽. ②①뛰는 모양. 〔詩經〕哽哽艸蟲, 趯趯阜螽. ②놀라다. ③필법(筆法)의 하나, 갈고리 모양. 영자 팔법(永字八法)에서 세로획의 아래를 위로 치치는 법.
【趯趯 적적】팔딱팔딱 뛰는 모양.

走14【趲】㉑趲(1750)과 동자

走15【趲】㉒趲(1751)의 속자

走部 19~20획 趲趣 足部 0~3획 足趺跨跁 1751

走19 【趲】㉖ 놀라 흩어질 찬 围 zǎn
속자 趲 간체 趱 [字解] ①놀라 흩어지다. ②흩어져 달아나다. ③뒤쫓아 달아나게 하다. ④재촉하다.
【趲習 찬습】급히 배움. 서둘러서 익힘.
【趲行 찬행】길을 바삐 감. 急行(급행).

走20 【趣】㉗ 뚜벅뚜벅 걸을 곽 ㊀각 圍 jué
소전 趣 [字解] 뚜벅뚜벅 걷다, 큰 걸음으로 걷다.

足 部

7획 부수 | 발족부

足0 【足】⑦ ❶발 족 困 zú
❷지나칠 주 圍 jù

一口口口甲足足

소전 足 초서 足 [參考] ①'足'이 한자의 구성에서 변으로 쓰일 때는 글자 모양이 '⻊'으로 된다. ②대법원 지정 인명용 한자의 음은 '족'이다.
[字源] 象形. 무릎을 본뜬 '口'와 정강이에서 발목까지를 본뜬 '止'를 합하여 '무릎부터 아래', 곧 '발'을 나타낸다.
[字解] ❶①발. ㉮사람이나 동물의 하지(下肢). 〔孟子〕不知足之蹈之, 手之舞之. ㉯복사뼈 이하의 부분, 하기(下肢). 〔史記〕漢王傷胸, 乃捫足. ㉰기물(器物)의 발같이 생긴 것. 〔易經〕鼎折足. ㉱뿌리, 근본. 〔釋名〕木以根爲足也. ㉲산기슭, 산의 아래쪽. 〔南史〕吾得歸骨山足.
❷그치다, 머무르다. 〔老子〕常德乃足. ❸가다, 달리다. 〔蜀志〕駑馬有逸足之力. ❹밟다, 디디다. 〔司馬相如·賦〕足躤羊. ❺족하다. ㉮가득 차다, 충족하다. 𢖽涊. 〔禮記〕學然後不足. ㉯감당하다, 소임을 다하다. 〔戰國策〕恐不足任使. ㉰분수를 지키다, 스스로 넉넉하게 여기다. 〔老子〕知足不辱. ㉱물리다, 싫증나다. 〔呂氏春秋〕不足於文. ❻만족하게 여기다. 〔孟子〕父兄百官, 不我足也. ❼채우다, 충분하게 하다. 〔論語〕足食足兵. ❽이루다, 되게 하다. 〔春秋左氏傳〕言以足志, 文以足言. ❾성(姓).
❷①지나치다, 과도하다. 〔論語〕巧言令色足恭. ②더하다, 보태다. 〔列子〕以晝足夜. ③북돋우다, 배양하다. 〔管子〕苗足本.
【足枷 족가】⇨足鎖(족쇄).
【足蹈 족도】춤출 때와 같이 발로 뜀. 춤을 춤. 手舞足蹈(수무족도).
【足反居上 족반거상】발이 위에 있음. 사물이 거꾸로 됨.
【足跗 족부】발등.

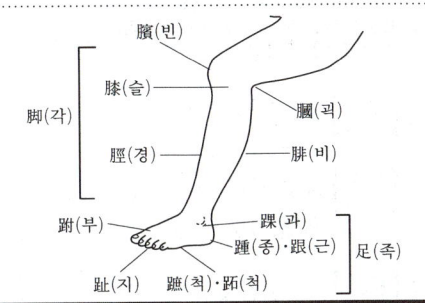
足의 각 부분의 명칭
臏(빈)
膝(슬)
䯓(괵)
脚(각)
脛(경)
腓(비)
跗(부)
踝(과)
踵(종)·跟(근)
足(족)
趾(지)
蹠(척)·跖(척)

【足鎖 족쇄】죄인이나 피의자의 발목에 채우던 쇠사슬. 차꼬. 足枷(족가).
【足食足兵 족식족병】국민의 생활을 넉넉하게 하고, 나라의 군비를 충실하게 하는 일.
【足腕 족완】발회목.
【足音 족음】①발소리. ②뜻밖에 귀한 손이 찾아옴.
【足音跫然 족음공연】발소리의 울리는 모양. 아주 반가운 손이 찾아옴.
【足衣 족의】버선.
【足衣足食 족의족식】의식이 넉넉함.
【足跡 족적】발자국. 걸어온 자취. 足迹(족적)②.
【足錢 족전】①충분한 돈. 많은 돈. ②과부족이 없는 딱 들어맞는 돈.
【足趾 족지】발. 발가락. ○'趾'는 복사뼈 아랫부분.
【足且足 족차족】아주 흡족함.
【足債 족채】圀 먼 곳에 심부름 보내는 사람에게 주는 품삯.
【足下 족하】①발 아래. ②발이 서 있는 곳. ③같은 연배에 대한 경칭. ④편지를 받을 사람의 성명 아래에 쓰는 존칭의 한 가지.
【足恭 주공】도를 넘는 공경. 곧, 아첨함.
❶ 擧—, 蹇—, 輕—, 具—, 給—, 跂—, 蹈—, 頓—, 頭—, 滿—, 百—, 不—, 蛇—, 跣—, 雪—, 洗—, 首—, 手—, 雁—, 饒—, 遠—, 刖—, 義—, 逸—, 長—, 纏—, 鼎—, 蹄—, 駿—, 疾—, 充—, 濯—, 投—, 跛—, 豊—.

足3 【趺】⑩ ❶가랑이 고 圍 kù
❷웅크릴 우 圍 wū
[字解] ❶가랑이, 다리 가랑이. =胯. ❷웅크리다, 웅크리고 앉다, 쪼그리고 앉다.

足3 【跨】⑩ 趺(1751)와 동자

足3 【跁】⑩ ❶차는 소리 박 圍 bō
❷떨 표 圍 bào
❸발 가지런할 착 圍 chuō
초서 跁 [字解] ❶차는 소리, 발로 밟는 소리, 발에 부딪치는 소리. 〔元稹·詞〕旱

塊敲牛蹄跁趵. ❷뛰다, 도약하다. 〔曾鞏·記〕
跁突之泉. ❸발이 가지런한 모양.
【跁跁 박박】발로 땅을 밟는 소리.
【跁突 표돌】솟아남.

足3 【趴】⑩ 跀(1752)과 동자

足3 【跂】⑩ 갈림길 차 陋 chà
字解 ①갈림길, 기로(岐路). ②밟다.

足4 【趼】⑪ 趼(1755)과 동자

足4 【趹】⑪ ❶달릴 결 屑 jué
❷밟을 계 霽 guì
소전 踥 초서 決 字解 ❶①달리다, 말이 땅을 걷어차며 빨리 달리는 모양. 〔史記〕 探前趹後, 蹄間三尋. ②빠르다, 걸음이 싸다. ③발이 아프다. ❷밟다. 〔淮南子〕有蹟有趹.

足4 【跂】⑪ ❶육발이 기 支 qí
❷발돋움할 기 紙 qǐ
❸힘쓸 지 寘 zhì
소전 踐 字解 ❶①육발이, 발가락이 여섯 개 있는 사람. =枝·岐. 〔莊子〕枝者不爲跂. ②가다, 벌레가 기어가다. 늑蚑. ❷①발돋움하다. 늑企. 〔詩經〕跂予望之. ②나아가다. 〔老子〕跂者不立. ③어긋나다, 서로 맞지 않다. 〔淮南子〕夫挾依於跂躍之術. ④천천히 걷다, 완보(緩步)하다. ⑤발을 드리우다, 발돋움하여 바라다. ❸①힘쓰다, 심력을 기울이는 모양. 〔莊子〕躍跂爲義.
【跂跂 기기】벌레 따위가 기어가는 모양.
【跂望 기망】발돋움하여 먼 곳을 바라봄. 몹시 기다리는 모양. 企望(기망).
【跂想 기상】발돋움하여 바람. 기대(期待)함.
【跂足 기족】발돋움함. 멀리 바라보는 모양.
【跂踵 기종】①발돋움함. 간절히 바람. ②전설상의 나라 이름. 그 나라 사람들은 발꿈치를 땅에 붙이지 않고 걷는다는 데서 붙여진 이름.
【跂行喙息 기행훼식】기어 다니고 부리로 숨쉼. 벌레나 새 따위.
❶ 蹇—, 基—, 踦—, 竦—, 離—, 躐—, 蹲—.

足4 【趺】⑪ 책상다리할 부 虞 fū
소전 趺 참고 趺(1754)은 딴 자.
字解 ①책상다리하다. ¶ 結跏趺坐.
②발등. =跗. 〔儀禮〕纂結於跗. 注云, 跗同 趺. ③발꿈치. 〔宋史〕倚立庭磚, 歲久趺隱 然. ④받침돌, 기대(基臺). ¶ 龜趺. ⑤구부리다.
【趺方 부방】신주(神主) 밑에 까는 네모진 받침.
【趺坐 부좌】부처의 앉음새. 발등을 바른편 넓적다리 위에 얹어 책상다리하여 앉는 일. 원만안

좌(圓滿安坐)의 좌법(坐法).
❶ 跏—, 龜—, 金—, 石—, 僧—, 重—, 花—.

足4 【趿】⑪ 발가락으로 집을 삽 合 tā, sà
소전 趿 字解 발가락으로 집다, 두 발가락으로 집어 가지다.

足4 【跀】⑪ 발 벨 월 月 yuè
소전 跀 혹체 趴 초서 跀 동자 阢 동자 刖
字解 ①발을 베다, 발뒤꿈치를 베다. 죄인의 발가락을 자르는 형벌. 〔韓非子〕子皐爲獄吏 跀人足. ②비뚤다.

足4 【趾】⑪ 발 지 紙 zhǐ
초서 趾 참고 祉(1251)는 딴 자.
字解 ①발, 복사뼈 이하의 부분. 늑止. 〔詩經〕麟之趾. ②발가락. 〔左思·賦〕足趾 之所不蹈. ③발자국, 종적(蹤跡). 〔王勃·詩〕松崖聖趾餘. ④걸음걸이, 보조(步調). 〔溫子昇·表〕發趾自高. ⑤터. =址. ¶ 城趾. ⑥예(禮) 儀), 법도, 도덕. 〔班固·賦〕羨本支乎三趾. ⑦끝, 마침. 〔莊子〕有首有趾.
【趾甲 지갑】발톱.
【趾高氣揚 지고기양】발을 높이 들어 걸으며 의 기양양하여 뽐내는 모양.
【趾骨 지골】발가락 뼈.
❶ 擧—, 翹—, 基—, 丹—, 斷—, 臺—, 方—, 山—, 聖—, 城—, 玉—, 跪—, 遺—, 林—, 爪—, 足—, 跋—.

足4 【跈】⑪ 앙감질할 침 寢 chěn
초서 跈 동자 蹎 字解 ①앙감질하다, 한 발을 들고 뛰다. 〔莊子〕吾以 一足跈踔而行. ②절뚝거리며 가는 모양.
【跈踔 침탁】①앙감질하는 모양. ②절뚝거리며 걷는 모양.

足4 【跁】⑪ ❶난쟁이 파 碼 bà
❷웅크릴 파 麻 pá
字解 ❶①난쟁이, 키가 작은 사람. ②기다, 어린애가 엎드려 기다. ③키가 작은 모양. =矲. ④머뭇거리는 모양, 웅크리고 앉다. ⑤가는 모양, 걸어가는 모양. ⑥서성거리다, 배회하다. ❷ 웅크리다.

足5 【跏】⑫ 책상다리할 가 麻 jiā
초서 跏 字解 책상다리하다. 〔白居易·詩〕中宵入定跏趺坐.
【跏趺 가부】두 발의 발등을 반대편 넓적다리 위에 어긋맞게 포개어 앉는 법.
❶ 結—, 結—趺坐.

足 **【跒】**⑫ 난쟁이 가 馬 麻 qiǎ

초서 嗟 字解 ①난쟁이, 키가 작은 사람. 〔龍龕手鑑〕跒, 跁跒, 短人也. ②머뭇거리다, 걷지 못해 애쓰는 모양. ③웅크리다, 웅크려 앉다.

足 **【距】**⑫ 떨어질 거 語 jù
5

ㅁ ㅁ 몸 呂 足 距 距 距 距 距

소전 距 초서 termes 字源 形聲. 足+巨→距. '巨(거)'가 음을 나타낸다.
字解 ①떨어지다. ⑦공간적으로 사이가 뜨다. ¶距離. ④시간적으로 동안이 뜨다.〔國語〕距今九日. ②며느리발톱, 닭의 뒷발톱. =駏·䯜.〔漢書〕雌雞化爲雄, 而不鳴不將無距. ③이르다, 도달하다. ≒岠.〔莊子〕距陸而止. ④멈추다, 멈추어 서다.〔管子〕來者鷔距. ⑤겨루다, 대항하다. ≒拒.〔詩經〕敢距大邦. ⑥뛰다, 도약하다. ≒躍.〔春秋左氏傳〕距躍三百. ⑦닫다, 닫아 걸다.〔漢書〕尤善爲鉤距. ⑧어기다, 따르지 않다.〔書經〕不距朕行. ⑨크다.〔淮南子〕蹢躅者擧遠. ⑩어찌 ~리오. '豈(기)'의 쓰임과 같다. ≒詎.〔韓非子〕衞奚距然哉.

【距擊 거격】방어하여 침.
【距關 거관】관문을 막음. 또는 관문을 굳게 방비함.
【距今 거금】지금으로부터 거슬러 올라가서.
【距跳 거도】뛰어오름.
【距陸 거륙】뭍에 이름.
【距離 거리】①두 곳 사이의 떨어진 길이. 간격. ②두 점을 연결하는 선분의 길이.
【距塞 거색】차단하여 막음.
【距躍 거약】뛰어오름. 뛰어넘음.
【距堙 거인】적의 성 안을 정찰하거나 쳐들어가기 위하여 적의 성벽에 붙여 쌓은 토산(土山).
【距戰 거전】적을 막아서 싸움. 拒戰(거전).
【距爪 거조】며느리발톱.
◐冠-, 鉤-, 金-, 芒-, 毛-, 拔-, 鋒-, 上-, 雙-, 牙-, 長-, 超-, 脫-, 筆-, 尤-, 黃-.

足 **【跔】**⑫ ❶곱을 구 虞 jū
5   ❷가는 모양 구 麌 qǔ

소전 跔 초서 㓨 字解 ❶①곱다, 추위에 발이 곱아 펴지지 않다. ②뛰다, 도약하다, 한쪽 발을 들다.〔史記〕跿跔科頭. ❷가는〔行〕모양.

足 **【跜】**⑫ 꿈틀거릴 니 支 ní
5

字解 꿈틀거리는 모양, 짐승이나 용이 움직이는 모양.

足 **【跗】**⑫ 엄지발가락 무 麌 mǔ
5

초서 跗 字解 엄지발가락.

足 **【跘】**⑫ ❶비틀거릴 반 寒 pán
5   ❷책상다리할 반 翰 bàn

동자 跘 字解 ❶비틀거리다, 비틀거리며 가는 모양. ❷책상다리하다.〔一切經音義〕江南謂開膝坐爲跘跨.

足 **【跋】**⑫ 밟을 발 曷 bá
5

소전 跋 초서 跋 동자 跋 간체 跋 字解 ①짓밟다. ≒茇.〔詩經〕狼跋其胡. ②비틀거리다, 헛디디거나 발끝이 걸려 균형을 잃다.〔韓愈·解〕跋前躓後. ③넘다, 넘어가다. 산야(山野)를 넘어가는 것을 '跋'이라 하고, 물을 건너는 것을 '涉(섭)'이라 한다. ≒茇.〔詩經〕大夫跋涉. ④밑동, 물건의 맨 아랫동아리. ≒茇.〔禮記〕燭不見跋. ⑤거칠다, 난폭(亂暴)하다, 날뛰다. ≒暴.〔魏志〕黑山跋扈. ⑥되돌리다, 돌이키다.〔漢書〕跋犀犛. ⑦발뒤꿈치. ⑧발문(跋文), 문체의 하나. 책의 끝에 붙이는, 그 책의 내용과 그에 관계되는 일을 적은 글.〔文體明辨〕題跋者, 簡編之後語也.

【跋剌 발랄】①물고기가 펄떡펄떡 뛰는 소리. ②새가 날아오르는 소리.
【跋文 발문】문체의 한 가지. 책의 끝에 그 책의 대강(大綱)이나 내력(來歷) 등을 간략하게 적는 글. 뒷글. 跋辭(발사).
【跋尾 발미】①어서(御書)의 끝에 서명함. ②발문(跋文). ③살인의 원인·정경 등에 대한 검시관의 의견서.
【跋涉 발섭】산을 넘고 물을 건넘. 여러 지방을 편력(遍歷)함.
【跋語 발어】☞ 跋文(발문).
【跋躓 발치】발끝이 걸려 넘어짐.
【跋扈 발호】세력이 강대하여 제멋대로 행동함. 신하가 권세를 농락하여 군주를 범하는 일.
【跋胡疐尾 발호치미】이리가 앞으로 가려니 턱 밑의 처진 살〔胡〕을 밟게 되고, 뒤로 물러나려니 꼬리에 걸림. 이리도 저리도 하기 어려운 상황. 進退維谷(진퇴유곡).
◐狼-, 序-, 題-, 草-, 馳-.

足 **【跂】**⑫ 跋(1753)과 동자
5

足 **【跗】**⑫ 발등 부 虞 fū
5

초서 跗 字解 ①발등, 발의 위쪽.〔莊子〕蹶泥則沒足滅跗. ②받침, 물건을 받치어 괴는 밑바탕, 기대(基臺). =趺·柎. ③꽃받침, 화악(花萼).
【跗萼 부악】①꽃받침. ②우애 깊은 형제.
【跗坐 부좌】그릇을 올려 높은 받침.
◐栗-.

足部 5획 趏 跚 跚 跇 跉 跙 跈 跕 跓 跌 跐 跅 跖

趏
足5 【趏】⑫ 달릴 **불** 陽
[소전] 趏
[字解] ①달리다, 급히 가는 모양. ②뛰다, 도약하다.

跚
足5 【跚】⑫ 비틀거릴 **산** 寒 shān
[초서] 跚 [동자] 跚
[字解] ①비틀거리다, 절룩거리다, 머뭇거리며 나아가지 못하는 모양. =㦃. 늑姍.〔皮日休·詩〕天祿行蹣跚. ②말을 타다.

跚
足5 【跚】⑫ 跚(1754)과 동자

跇
足5 【跇】⑫ 넘을 **예·세** 霽 yì
[소전] 跇
[字解] ①넘다, 뛰어넘다.〔史記〕騁容與兮跇萬里. ②건너다.〔漢書〕跇巒阬.

跉
足5 【跉】⑫ 바로잡을 **쟁** 庚 chēng
[소전] 跉
[字解] ①바로잡다, 바루다.〔周禮〕維角跉之. ②막다, 그치게 하다. 늑撐. ③발바닥.

跙
足5 【跙】⑫ ❶머뭇거릴 **저** 魚 jù
         ❷절뚝거릴 **조** 御 zhù
[초서] 跙 [동자] 蹵
[字解] ❶머뭇거리다. =且·趄. ¶ 趑跙. ❷①절뚝거리다. ②말 발굽의 병.
【跙跙 저저】잘 걷지 못하는 모양. 말 따위가 잘 달리지 못하는 모양.

跈
足5 【跈】⑫ 밟을 **전** 銑 jiàn
[동자] 跈
[字解] 밟다, 머무르다. =踐·躔.〔莊子〕哽而不止則跈.

跈
足5 【跈】⑫ 跈(1754)과 동자

跕
足5 【跕】⑫ 밟을 **접** 葉 tiē, dié
[초서] 跕
[字解] ①밟다, 가볍게 밟다, 신다, 신을 아무렇게나 신다, 신을 꿰고 걷다.〔史記〕爲倡優女子, 則鼓鳴琴跕屣. ②떨어지다, 떨어뜨리다.〔宋史〕翃玆跕鳶之隅, 克修設羽之貢. ③천천히 가다, 서행(徐行)하다.
【跕屣 접사】신을 신음. 신을 끌며 감.
【跕鳶 접연】솔개를 떨어뜨림.
【跕跕 접접】떨어지는 모양.
【跕足 접족】발을 벌리고 힘껏 버팀. 뻗디딤.

跓
足5 【跓】⑫ 멈출 **주** 麌 zhù
[字解] ①멈추다, 발을 멈추어 서다.〔楚辭〕跓埃兮碩明. ②발이 바르지 못하다. ③건장한 발, 튼튼하게 생긴 발.

跌
足5 【跌】⑫ 넘어질 **질** 屑 diē
[소전] 跌 [초서] 跌
[參考] 跌(1752)는 딴 자.
[字解] ①넘어지다, 비틀거리다, 발끝이 걸리거나 발을 헛디디어 중심을 잃다. =蹎.〔淮南子〕若跌而據. ②달리다, 빨리 가다.〔淮南子〕夫墨子跌蹏而趨千里. ③도가 지나치다, 제멋대로 하다. 늑泆.〔後漢書〕跌蕩放言. ④넘다, 건너다. =踰. 늑軼. ⑤틀리다, 그르치다, 실수하다.〔荀子〕此夫過舉蹎步, 而覺跌千里者, 夫哀哭之. ⑥발바닥.〔傅毅·賦〕跗蹋摩跌.
【跌倒 질도】발이 걸려 넘어짐.
【跌仆 질부】넘어짐. 발을 헛디디거나 물건에 걸려 넘어짐.
【跌失 질실】발을 헛디뎌 넘어짐. 蹉跌(차질).
【跌誤 질오】실수함. 잘못함.
【跌蹪 질제】빨리 달림. 빨리 감.
【跌隆 질추】발이 걸려 떨어짐.
【跌宕 질탕】①행동이 단정하지 못하고 제멋대로임. ②사물에 무관심한 일. ③문장이 호방하고 변화가 풍부함.
【跌蕩 질탕】㉠=跌宕(질탕). ②몹시 당황함.
【跌蕩放言 질탕방언】거리낌 없이 큰소리침.
❶ 傾−, 顚−, 蹉−.

跐
足5 【跐】⑫ ❶밟을 **차** 紙 cǐ
         ❷갈 **자** 紙 zǐ
[동자] 跐
[字解] ❶①밟다, 밟아 가다.〔列子〕若躇步跐跳, 終日在地上行止, 奈何憂其壞. ②이, 이것. 늑此.〔張衡·賦〕增嬋娟以此豸, 注云, 此, 五臣作跐. ③짝, 쌍, 벌. ❷가는 모양.

跅
足5 【跅】⑫ 해이할 **척** 囿 tuò
[초서] 跅
[字解] ①해이하다, 방종(放縱)하다.〔北史〕光獨跅弛, 交通輕俠. ②물리치다, 배척하다. ③맨발.
【跅弛 척이】방자하고 맺힌 데가 없음. 예절이 없고 제멋대로임.

跖
足5 【跖】⑫ 발바닥 **척** 囿 zhí
[소전] 跖 [字解] ①발바닥.〔淮南子〕善學者若齊王之食雞, 必食其跖數十而後足. ②밟다.〔漢書〕跖魂負沴. ③뛰다.
【跖犬吠堯 척견폐요】도척(盜跖)의 개가 요임금을 짖음. ㉠주인에게 충성을 다함. ㉡악인과 한편이 되어 현인을 시기함.
【跖蹻 척교】큰 도적인 노(魯)나라의 도척(盜跖)과 초(楚)나라의 장교(莊蹻).

【跖之徒 척지도】①도척(盜跖) 같은 큰 도적의 무리. ②자신의 이익만을 위하여 부정(不正)을 꾀하는 무리.
● 巨-, 桀-, 蹻-, 老-, 盜-, 夷-.

足5 【跎】 ⑫ 헛디딜 타 歌 tuó
[소전][초서][동자] [字解] ①헛디디다, 비틀거려 넘어지다.〔楚辭〕驥垂兩耳兮, 中坂蹉跎. ②때를 놓치다.

足5 【跑】 ⑫ 跎(1755)와 동자

足5 【跆】 ⑫ 밟을 태 灰 tái
[초서] [字解] ①밟다, 짓밟다, 유린하다.〔漢書〕兵相跆藉. ②손에 손을 잡고 노래하다. ≒駘.
【跆拳 태권】 우리나라 특유의 무예의 하나. 태권도(跆拳道).
【跆籍 태적】 ①짓밟음. ②업신여김.

足5 【跛】 ⑫ ❶절뚝발이 파 哿 bǒ ❷기대 설 피 寘 bì
[소전][초서][동자] [參考] 대법원 지정 인명용 한자의 음은 '파'이다.
[字解] ❶①절뚝발이, 절뚝거리며 걷는 사람.〔鹽鐵論〕是以跛夫之欲之樓季也. ②절뚝거리다, 절며 걷다.〔春秋穀梁傳〕衛孫良夫跛. ❷기대 서다, 기우뚱하게 서다.〔禮記〕立毋跛.
【跛蹇 파건】 절뚝발이. 절름발이.
【跛驢 파려】 절뚝거리는 당나귀.
【跛驢之伍 파려지오】 무능하고 아무 쓸모없는 무리들.
【跛躄 파벽】 절뚝발이.
【跛鼈千里 파별천리】 절뚝거리는 자라도 천 리의 먼 길을 감. 쉬지 않고 노력하면 노둔(魯鈍)한 사람도 성공함.
【跛行 파행】 ①절뚝거리며 걸음. ②일이 순조롭지 못하고 이상하게 진행됨.
【跛立箕坐 파립기좌】 무례한 태도. ♪'跛立'은 한쪽 발로 서는 일, '箕坐'는 두 다리를 뻗고 가랑이를 벌려 앉는 일.
【跛立 피립】 한쪽 다리로 섬.
【跛倚 피의】 ①한 다리로 서서 몸을 딴 것에 기대는 일. ②한쪽에 치우침.
● 蹇-, 眇-, 笑-, 蠃-, 偏-.

足5 【跑】 ⑫ 허빌 포 肴 páo, pǎo
[초서] [字解] ①허비다, 발톱으로 땅을 긁어 파다.〔臨安新志〕是夜二虎跑地作穴. ②차다, 발로 차다. ③달리다, 뛰어가다.
【跑地 포지】 발톱으로 땅을 긁어 팜.

足6 【跲】 ⑬ 넘어질 겁 洽 jiá
[소전][초서][字解] ①넘어지다, 헛디디거나 걸려서 넘어지다, 비틀거리다.〔中庸〕言前定則不跲. ②바꾸다, 번갈아들다. ≒拾·迨.

足6 【趼】 ⑬ ❶못 견 先 jiǎn ❷틀 견 銑 jiǎn
[소전][초서][동자] ❶①못, 발에 생기는 딱딱한 군살. ②짐승의 발자국. ❷①트다, 추위로 살갗이 트다. ②부르트다, 발바닥이 부르터서 생긴 물집.〔莊子〕百舍重趼而不敢息.

足6 【跫】 ⑬ 발자국 소리 공 图 qiāng, gīong
[초서] [字解] 발자국 소리, 발 디디는 울림 소리.〔莊子〕聞人足音跫然而喜矣.
【跫跫 공공】 발소리. 땅을 밟는 소리.
【跫音 공음】 사람의 발소리. 足音(족음).

足6 【跨】 ⑬ ❶타넘을 과 禡 kuà ❷걸터앉을 고 遇 kù
[소전][초서][동자] [參考] 대법원 지정 인명용 한자의 음은 '과'이다.
[字解] ❶①타넘다, 사타구니를 벌려 타넘어 가다.〔春秋左氏傳〕康王跨之. ②넘다, 넘어가다, 건너가다.〔張衡·賦〕跨谷彌阜. ③사타구니, 두 넓적다리의 사이, 살.〔漢書〕能死刺我, 不能出跨下. ④자랑하다. ≒誇.〔說文通訓〕列子, 楊朱, 而欲尊禮義以跨人. ❷①걸터앉다, 말 같은 것을 타다.〔史記〕跨野馬. ②점거(占據)하다, 빼앗아 소유하다.〔國語〕不跨其國. ③살, 사타구니. =胯.
【跨俗 과속】 속인이나 세속을 초월함.
【跨軼 과일】 뛰어넘음. 뛰어남. 跨越(과월).
【跨竈 과조】 ①양마(良馬). ♪좋은 말은 뒷발 자국이 앞발 자국의 앞에 있으므로 이르는 말. ②자식이 아버지보다 더 잘남.
【跨下 과하】 ①사타구니 밑. ②장래의 큰일을 위해 일시적인 작은 치욕을 참음.
【跨據 고거】 점거(占據)함.
【跨年 고년】 연말에서 초연에 걸침.
【跨躡 고섭】 양쪽에 걸쳐 밟음.
【跨有 고유】 자기 소유로 함.
【跨鶴 고학】 학을 탐. 신선이 됨.
● 駕-, 兼-, 飛-, 陸-, 出-, 醉-.

足6 【跨】 ⑬ 跨(1755)와 동자

足6 【跬】 ⑬ 허둥지둥 갈 광 陽 kuāng
[초서] [字解] 허둥지둥 가다, 몹시 서둘러 걷는 모양.

足部 6획 跤 跪 跬 跟 跳 路

足6 【跤】⑬ 骹(2066)와 동자

足6 【跪】⑬ 꿇어앉을 궤 圀 guì
[소전][초서] [字解] ①꿇어앉다. ㉮무릎을 꿇고 앉다.〔禮記〕授立不跪. ㉯무릎을 꿇고 하는 절.〔史記〕嗋跪拜送迎. ②발, 게의 발.〔荀子〕蟹六跪而二螯.
【跪爐 궤로】 무릎을 꿇고 분향(焚香)함.
【跪拜 궤배】 무릎을 꿇고 절함.
【跪伏 궤복】 ①무릎을 꿇고 엎드림. ②무릎을 꿇고 앉음.
【跪捧 궤봉】 무릎을 꿇고 받들어 올림.
【跪謝 궤사】 무릎을 꿇고 용서를 빎.
【跪奏 궤주】 무릎을 꿇고 엎드려 임금에게 상주(上奏)함.
【跪祝 궤축】 무릎을 꿇고 신에게 빎.
◑ 拜−, 長−, 超−.

足6 【跬】⑬ ❶반걸음 규 圀 kuǐ
❷지칠 설 圂 xiè
[초서] [字解] ❶①반걸음, 한 발만 내디딘 걸음. =赳·頃.〔禮記〕故君子, 跬步而不忘孝也. ②가깝다.〔莊子〕敝跬譽無用之言非乎. ③적다, 얼마 안 되다.〔淮南子〕跬步不休, 跛鼈千里. ❷①지치다, 피곤하다. ②분수에 넘게 힘을 쓰는 모양.
【跬步 규보】 반걸음, 반걸음밖에 안 되는 아주 가까운 거리. 頃步(규보).
【跬譽 규예】 일시적인 명예.
【跬行 규행】 ①혼자서 감. ②앙감질함.

足6 【跟】⑬ 발꿈치 근 圂 gēn
[소전][혹체][초서][동자][參考] 跟(1758)은 딴 자.
[字解] ①발꿈치, 발뒤꿈치.〔急就篇〕脾踝跟踵相近聚. ②따르다, 수행하다.〔品子箋〕跟隨僕隸, 隨主足踵行. ③시중들다, 받들어 모시다.
【跟伴 근반】 주인을 수행하는 사람.
【跟隨 근수】 ①수행함. 또는 수행하는 사람. 從者(종자). ②유력자(有力者)의 그늘에 숨는 일. 跟從(근종).
【跟肘 근주】 발꿈치와 팔꿈치.
【跟捕 근포】 죄인을 쫓아가 잡음. 미행하여 체포함. 跡捕(적포).
◑ 脚−, 肩−, 排−, 猜−, 足−.

足6 【跳】⑬ ❶뛸 도 圈 圂 tiāo
❷달아날 도 圂 táo
[갑][금][전][예][행][초][초][해]
[소전][소전][초서] [字源] 形聲. 足+兆→跳. '兆(조)'가 음을 나타낸다.

[字解] ❶①뛰다, 도약하다. ≒越.〔列子〕跳往助之. ②빨리 가다.〔史記〕跳驅至長安. ❷①달아나다, 달리는 모양. ≒逃.〔史記〕漢王跳.
【跳驅 도구】 급히 말을 몲. 疾驅(질구).
【跳怒 도노】 세차게 튀어 오름.
【跳刀 도도】 칼을 힘껏 휘두름.
【跳騰 도등】 뛰어 오름.
【跳梁 도량】 ①제멋대로 날뜀. ②창궐하여 멋대로 행동함. 跋扈(발호)함.
【跳踉 도량】 ①펄쩍펄쩍 뜀. ②비틀거리는 모양.
【跳沫 도말】 물보라가 튐. 또는 그 물보라.
【跳白 도백】 작은 어선(漁船). 배의 양 옆에 흰 판자를 붙이고 이를 막대로 두드려 소리를 내어 물고기가 놀라서 그물에 들어가게 만듦.
【跳奔 도분】 피하여 달아남. 逃奔(도분).
【跳躍 도약】 뛰어오름.
【跳戰 도전】 싸움을 겯음. 挑戰(도전).
【跳槽 도조】 다른 물통에 뛰어듦. 더 좋은 자리를 찾음. 곧, 전직(轉職)함.
【跳脫 도탈】 ①팔찌. 팔가락지. 條脫(조탈). ②뛰어 달아남.
【跳盪 도탕】 적의 전투 준비가 갖추어지기 전이나 전쟁을 시작하기 전에 먼저 기습하여 쳐부수는 일.
【跳板 도판】 ①널뛰기. ②건너다닐 수 있도록 뭍과 배에 걸쳐 놓은 판자. ③과도기적인 방식.
【跳丸 도환】 ①백희(百戲)의 한 가지. 구슬을 희롱하는 유희. ②세월이 빠름.
【跳哮 도효】 덤벼들며 짖음. 뛰어오르며 짖음.
◑ 距−, 驚−, 高−, 飛−.

足6 【路】⑬ ❶길 로 圀 lù
❷울짱 락 圂 luò
[갑][금][전][예][행][초][초][해]
[소전][초서] [參考] 대법원 지정 인명용 한자의 음은 '로'이다.
[字源] 形聲. 足+各→路. '各(각)'이 음을 나타낸다.

[字解] ❶①길. ㉮통행, 도로.〔南史〕天長路遠. ㉯사람이 마땅히 행해야 할 도리, 도의(道義).〔孟子〕義者人之正路也. ㉰방도, 방법.〔王勃·序〕無路請纓. ㉱줄, 의뢰할 길.〔漢書〕當塗者升靑雲, 失路者委溝渠. ㉲사물의 조리, 행문(行文)의 조리, 문맥(文脈).〔玉海〕有筆力有筆路. ㉳지위, 부서(部署), 요처(要處).〔孟子〕夫子當路於齊. ②거쳐 가는 길, 겪는 일.〔陸游·詩〕崎嶇官路多危機. ③크다.〔莊子〕雖有義臺路寢. ⑤고달프다, 동분서주하여 피로하다. ≒露·羸.〔孟子〕率天下而路也. ⑥드러나다, 露裸. 〔荀子〕路亶者也. ⑦길손, 나그넷길, 길을 가다. ≒客.〔管子〕國家乃路. ⑧수레. ≒輅.〔禮記〕乘鑾路. ⑨모(角), 모지다. ≒枝. 〔周禮〕以路鼓鼓鬼享. ⑩행정 구획의 이름. 송대(宋代)에 당대(唐代)의 행정 구획인 도(道)를

고친 이름. 지금의 성(省)에 해당한다. ⑪**성**(姓). ⑫**쇠망하다.** ⑬**북의 한 가지.** ❷**울짱,** 바자울. ≒落. 〔漢書〕 爾迺虎路三嵏, 以爲司馬.

【路車 노거】 ①제후(諸侯)가 타는 수레. ②왕의 오로(五路)의 통칭.

【路鼓 노고】 사면을 가죽으로 싼, 종묘(宗廟)의 제향에 쓰는 북.

〈路鼓〉

【路衢 노구】 성(城) 안의 길.

【路岐 노기】 갈림길. 岐路(기로).

【路毒 노독】 여행에서 오는 피로. 여로(旅路)에 시달려 생긴 병.

【路頭 노두】 길가. 路邊(노변).

【路柳牆花 노류장화】 길가의 버들과 담 밑의 꽃. 노는계집. 娼婦(창부).

【路文 노문】 國공무(公務)로 지방에 가는 벼슬아치의 도착 예정일을 미리 그곳 관아에 알리던 공문(公文).

【路傍 노방】 길가. 길옆. 路邊(노변).

【路不拾遺 노불습유】 길에 떨어진 물건이 있어도, 주어서 제 것으로 하지 않음. ㉠국민이 위정자에게 감화되어 모두 정직하게 되었음. ㉡국법이 잘 행해지고 있음. 道不拾遺(도불습유).

【路費 노비】 여비(旅費). 路資(노자).

【路宿 노숙】 한데서 잠을 잠. 露宿(노숙).

【路室 노실】 여관. 客舍(객사).

【路遙 노요】 길이 아득히 멂.

【路人 노인】 ①길 가는 사람. 행인(行人). ②자기와 아무 관계도 없는 사람.

【路引 노인】 통행권. 여행권.

【路資 노자】 여비(旅費). 路需(노수).

【路奠 노전】 발인(發靷) 때 문 앞에서 지내는 제사. 遣奠祭(견전제).

【路殿 노전】 천자·제후가 정사를 보던 궁전의 정전.

【路節 노절】 사자에게 주던 정절(旌節).

【路程 노정】 ①길의 이수(里數). ②여행의 경로. 行程(행정). ③여행의 일정. 旅程(여정).

【路祭 노제】 ①장례에서, 망인의 친우가 상여 지나는 길처에 자리를 깔고 절하여 장송(葬送)하는 일. ②☞路奠(노전).

【路次 노차】 ①길의 경로. 道程(도정). ②길을 가는 중도. 道中(도중).

【路寢 노침】 천자나 제후가 정사를 보던 정전(正殿). 路殿(노전).

◑ 街-, 客-, 徑-, 經-, 舊-, 衢-, 歸-, 逵-, 岐-, 大-, 道-, 末-, 斜-, 山-, 生-, 船-, 世-, 細-, 小-, 水-, 順-, 野-, 言-, 驛-, 沿-, 王-, 往-, 要-, 迂-, 雲-, 遠-, 陸-, 戎-, 異-, 長-, 前-, 征-, 直-, 進-, 借-, 遮-, 天-, 充-, 通-, 平-, 遐-, 海-, 行-, 險-, 血-, 峽-, 狹-, 宦-, 荊-, 還-.

足 6 【跊】 ⑬ 跘(*1753*)과 동자

足 6 【跰】 ⑬ 跰(*1760*)과 동자

足 6 〖跣〗 ⑬ ❶맨발 **선** [銑] xiǎn ❷돌아다닐 **선** [先] xiān

소전 跣 초서 跣 字解 ❶**맨발.** ≒踐. 〔韓非子〕 越人跣行. ❷**돌아다니다,** 이곳저곳으로 떠돌아다니는 모양, 춤추는 모양.

【跣足 선족】 맨발. 徒跣(도선).

【跣走 선주】 맨발로 달림.

【跣行 선행】 맨발로 걸음.

◑ 揭-, 踝-, 裸-, 露-, 袒-, 徒-, 蹁-.

足 6 【跠】 ⑬ 웅크릴 **이** [支] yí

字解 ①**웅크리다,** 웅크리고 앉다. ②**걸터앉다.** ≒夷.

足 6 【跡】 ⑬ 자취 **적** [陌] jì

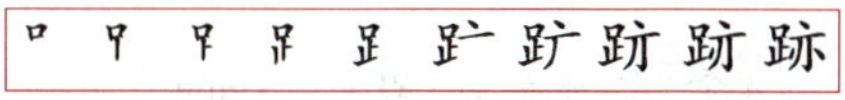

초서 跡 동자 迹 동자 蹟 字源 形聲. 足+亦→跡. '亦(역)'이 음을 나타낸다.

字解 ①**자취,** 발자취. ㉮발로 밟고 지나갈 때 남는 흔적. ¶ 足跡. ㉯흔적, 단서. 〔新論〕 畫空而尋跡. ②**뒤를 캐다,** 지나간 일을 더듬어 찾다. 〔後漢書〕 跡衰敝之所由致. ③**밟다,** 뛰다.

【跡捕 적포】 뒤를 밟아서 잡음. 跟捕(근포).

◑ 古-, 軌-, 屐-, 奇-, 聖-, 人-, 潛-, 藏-, 鳥-, 足-, 蹤-, 追-, 筆-, 痕-.

足 6 【跧】 ⑬ 굽을 **전** [先] quán

소전 跧 초서 跧 字解 ①**굽다,** 오그리다. ②**차다,** 발로 차다. ③**밟다,** 짓밟다. ④**낮다.** ⑤**기다,** 포복(匍匐)하다. 〔王延壽·賦〕 狡兔跧伏於柎側.

【跧伏 전복】 엎드려 기어감.

【跧揩 전접】 허리를 굽히고 몸을 웅크림.

足 6 【跦】 ⑬ 머뭇거릴 **주** [虞] zhū, chú

초서 跦 字解 ①**머뭇거리다,** 주저하다. ≒躕. 〔成公綏·賦〕 踟跦步趾. ②**깡충깡충 뛰어가는 모양.** 〔春秋左氏傳〕 鸜鵒跦跦.

足 6 【跴】 ⑬ 蹲(*1768*)과 동자

足 6 【践】 ⑬ 踐(*1761*)의 속자

足 6 【跮】 ⑬ 머뭇거릴 **치·질** [寘][質] chì

足部 6~7획 跱 踩 跣 跭 踁 跼 踄 踣 踌 踱 踉 跾 踃 踈

【跙】 머뭇거리다, 일진일퇴하며 나아가지 못해 애쓰다.〔史記〕跙躞㶿轄, 容以委麗兮.

足6 【跱】⑬ 머뭇거릴 치 紙 zhì
字解 ①머뭇거리다, 나아가지 않아 안타까운 모양. ＝峙. ②갖추다, 저축하다.〔後漢書〕無得設儲跱. ③두다, 놓아두다.〔張衡·賦〕跱遊極於浮柱. ④웅크리다, 걸터앉다.〔後漢書〕松喬高跱. ⑤그치다, 멈추다.

足6 【踩】⑬ 가는 모양 타 哿 duǒ
字解 ①가는 모양. ②밟다, 발을 동동 구르다.
【踩脚 타각】 밟음.
【踩跟 타근】 발을 구름.
【踩泥 타니】 진흙을 밟음.

足6 【跣】⑬ 踱(1763)과 동자

足6 【跭】⑬ 세울 항·강 江 xiáng
參考 대법원 지정 인명용 한자음은 '강'이다.
字解 ①세우다, 우뚝 서다. ②머뭇거리다, 나아가지 못하다.

足7 【踁】⑭ ❶종아리 경 徑 jìng
❷소인 경 庚 kēng
字解 ❶종아리. ＝脛. ❷소인(小人)의 모양. ＝硜.〔晉書〕雖有踁踁之稱, 而非大雅之致.

足7 【跼】⑭ 구부릴 국 屋 jú
字解 ①구부리다, 몸을 오그리다. ≒局.〔史記〕騏驥之跼躅, 不若駑馬安步. ②굽다, 펴지 않다. ¶跼踏. ③한쪽 발을 들다.〔郭璞·賦〕鯪鯉跼跼於垠隒.
【跼步 국보】①허리를 구부리고 걸음. ②느릿느릿 걸음.
【跼足 국족】①발을 오그림. ②발을 듦. ③짧은 시간.
【跼蹐 국척】몹시 두려워서 몸을 웅크림.
【跼天蹐地 국천척지】머리가 하늘에 닿을까 두려워 허리를 굽혀 걷고, 땅이 꺼질까 염려하여 발소리를 죽여 걸음. 몹시 두려워 몸 둘 바를 모름. 跼蹐(국척).
【跼跼 국국】걷지 못하여 애먹는 모양. 머뭇거리는 모양.
❶高ー, 曲ー, 踏ー, 蹐ー.

足7 【踚】⑭ 뛸 규 支 kuí
字解 ①뛰다, 도약하다.〔郭璞·賦〕鯪鯉踚跼於垠隒. ②종아리의 근육.

③구부러진 종아리. ④발끝이 걸려 비틀거리다. ⑤다리. 책상 다리 따위.

足7 【跽】⑭ 꿇어앉을 기 紙 jì
字解 ①꿇어앉다.〔史記〕項王按劍而跽. ②굽다, 몸을 앞으로 구부리다. ③무릎.

足7 【踥】⑭ 躡(1769)의 속자

足7 【跿】⑭ 뛸 도 虞 tú
字解 ①뛰다, 뛰어오르다, 한쪽 발을 들다. ②맨발.〔史記〕虎賁之士, 跿跔科頭.
【跿跔 도구】맨발. 뛰어오름. 한쪽 발을 듦.
【跿跔科頭 도구과두】맨발과 맨머리의 병사. 용기가 있는 병사.○'跿跔'는 맨발, '科頭'는 맨머리.

足7 【跾】⑭ 차여서 비틀거릴 두 尤 dōu
字解 차여서 비틀거리다, 넘어지다.

足7 【踉】⑭ ❶뛸 량 陽 liáng
❷천천히 걸을 량 漾 liàng
❸허둥지둥 갈 랑 漾 làng
參考 跟(1756)은 딴 자.
字解 ❶①뛰다, 뛰는 모양. ¶跳踉. ②가려고 하는 모양. ¶踉跨. ❷①천천히 걷는 모양. ¶踉蹡. ②가려고 하는 모양. ¶踉蹌. ❸허둥지둥 가는 모양.〔剪燈餘話〕猿踉蹌走去.
【踉跨 양방】❶낭방 ❷①가려고 하는 모양. ❷허둥지둥 가는 모양.
【踉蹡 양장】①가고자 하는 모양. ②걸음이 느린 모양. 어슬렁어슬렁 걷는 모양. ③쉬지 않고 줄곧 가는 모양.
【踉蹌 낭창】①마구 달리는 모양. 황급히 달려 가는 모양. ②비틀거림. 쓰러질 듯한 모양.

足7 【跾】⑭ 두 다리 꼬일 섭 葉 niè
字解 두 다리가 꼬이다, 두 다리가 꼬여 내디디지 못하다, 보폭(步幅)이 좁다.〔春秋穀梁傳〕兩足不能相過, 齊謂之蹵, 楚謂之踃.

足7 【踃】⑭ 움직일 소 蕭 xiāo
字解 ①움직이다, 움직이는 모양.〔揚雄·賦〕踃跋應聲. ②뛰다, 도약하다.〔傅毅·賦〕簡惰跳踃.

足7 【踈】⑭ 疎(1169)의 와자(譌字)

足部 7~8획   踊 趴 踶 踆 跟 踞 踝 踘 踡 踦

足7 【踊】⑭ 뛸 용 腫 yǒng

소전 踊 초서 踊 동자 踴 [字解] ①뛰다. ㉮도약하다. 장례(葬禮) 때에 행하던 의식의 하나. 〔禮記〕 辟斯踊矣. ㉯춤추다, 무용하다. 〔劉禹錫·賦〕 霓裳踊于河上. ②신, 월형(刖刑)을 당한 사람이 신는 신. 〔春秋左氏傳〕 屨賤, 踊貴. ③오르다. ≒涌. ㉮대(臺)나 나무 같은 것의 위에 오르다. 〔春秋公羊傳〕 踊于楢而窺客. ㉯물가(物價)가 오르다. 〔唐書〕 物貨翔踊. ④몹시, 심히. 〔史記〕 物贍騰躍. ⑤미리, 사전에. ≒豫·敍. 〔春秋公羊傳〕 踊爲文公諱也.

【踊貴 용귀】 ①물가가 뛰어오름. 騰貴(등귀). ②발을 잘린 죄인이 신는 신의 값이 오름. 죄인이 많음을 비난한 말.
【踊躍 용약】 뛰어 일어나 기세 좋게 나아감. 춤추듯이 뜀.
【踊溢 용일】 뛰어오름. 도약함.
【踊絶 용절】 너무 슬퍼하여 발을 구르며 울다 쓰러짐.
【踊出 용출】 높이 솟아남.
【踊塔 용탑】 높이 솟은 탑.
【踊現 용현】 높이 나타남.

❶ 驚—, 哭—, 袒—, 騰—, 舞—, 辟—, 憤—, 飛—, 翔—, 駭—, 號—, 喜—.

足7 【趴】⑭ 踯(1761)과 동자

足7 【踶】⑭ 밟을 제 薺 tī

[字解] 밟다.

足7 【踆】⑭ ❶그칠 준 眞 qūn ❷웅크릴 준 ㊉존 冤 cūn

초서 踆 [字解] ❶①그치다, 마치다. =竣. ②물러나다, 후퇴하다. 〔張衡·賦〕 已事而踆. ③사물의 모양. 〔杜甫·賦〕 麒麟踆踆而在郊. ❷①웅크리다, 쪼그리고 앉다. ≒蹲. 〔淮南子〕 日中有踆烏. ②짓밟다, 차서 넘어뜨리다. 〔春秋公羊傳〕 祁彌明逆而踆之. ③토란의 딴 이름. ¶ 踆鴟.
【踆烏 준오】 태양 속에 웅크리고 있다는 세 발 달린 전설의 까마귀. 해.
【踆踆 준준】 ①큰 새의 모양. ②달려가는 모양. ③기린의 모습.
【踆鴟 준치】 토란의 딴 이름. 웅크리고 있는 부엉이 같다 하여 붙여진 말.

足7 【跟】⑭ 넘어질 패 隊 pèi

소전 跟 초서 跟 [字解] ①넘어지다, 헛디디거나 걸려 넘어지다, 일이 그릇되다. ≒狽. ¶ 狼跟. ②걸어가다, 밟아 가다. =跋. ③허둥지둥 가는 모양. ④절뚝거리며 가다.

足8 【踞】⑮ 웅크릴 거 御 jù

소전 踞 초서 踞 [字解] ①웅크리다. ㉮무릎을 세우고 앉다. ㉯기좌(箕坐)하다, 두 다리를 앞으로 벌려 뻗고 앉다. 〔漢書〕 高祖箕踞罵詈. ㉰걸터앉다. 〔漢書〕 沛公方踞牀. ㉱기대어 앉다. 〔史記〕 漢王下馬, 踞鞍而問. ㉲짐승이 앞발을 세우고 앉다. ②거만하다, 거드름을 부리다. ≒倨. 〔抱朴子〕 輕人士而踞傲者, 驕人也. ③놀다, 하는 일 없이 있다. 〔春秋左氏傳〕 執冰而踞.
【踞慢 거만】 건방지고 잘난 체하며 남을 업신여기는 태도.
【踞牀 거상】 걸상에 걸터앉음.
【踞鞍 거안】 안장에 기댐.
【踞傲 거오】 오만함. 교만을 부림.
【踞坐 거좌】 걸터앉음.
【踞蹲 거준】 웅크리고 앉음. 무릎을 세우고 앉음.

❶ 箕—, 盤—, 夷—, 蹲—, 虎—.

足8 【踝】⑮ 복사뼈 과 馬 huái

소전 踝 초서 踝 [字解] ①복사뼈. 〔陸游·詩〕 雨來三日泥沒踝. ②발꿈치. 〔禮記〕 負繩及踝以應直. ③딴딴한 모양. ④단독(單獨)인 모양.
【踝脛 과경】 복사뼈와 종아리.
【踝骨 과골】 복사뼈.
【踝踝 과과】 ①단단한 모양. ②혼자 있는 모양.
【踝跣 과선】 맨발.
【踝足 과족】 ☞踝跣(과선).

❶ 內—, 膝—, 兩—.

足8 【踘】⑮ 밟을 국 屋 jū

초서 踘 [字解] ①밟다, 발로 밟다. ②공차기, 축국(蹴鞠). 옛날에 있었던 공차기 유희. =鞠. ③뛰다.

足8 【踡】⑮ 구부릴 권 先 quán

초서 踡 동자 躍 [字解] ①구부리다, 허리를 구부리다. ②몸을 오그리다, 몸이 오그라져 펴지 못하다. 〔左思·賦〕 邦有湫陷而踡跼.
【踡局 권국】 ☞踡跼(권국).
【踡跼 권국】 ①등을 구부린 모양. ②구부러져서 펴지지 않는 모양. ③두려워 나아가지 못하는 모양. 踡局(권국).
【踡伏 권복】 등을 구부려 엎드림.
【踡嶂 권산】 ①굽은 모양. ②홀로 우뚝 솟은 모양. ③높고 험준한 모양.

足8 【踦】⑮ ❶절뚝발이 기 支 qī ❷의지할 의 紙 yǐ

소전 踦 초서 踦 [字解] ❶①절뚝발이, 짝짝이, 쌍(雙)으로 된 물건의

足部 8획 踑 踏 跼 跰 踣 蹄 跸 踒 踠 蹂 踖

한쪽.〔國語〕跨跱畢行. ②발, 다리.〔淮南子〕男女切跨. ③정강이. ④모자라다, 부족하다. 늑崎.〔太玄經〕或贏或跨. ⑤부정(不正), 사악(邪惡). 늑奇.〔大戴禮〕已過勿發, 失言勿跨. ⑥우거(寓居), 여우(旅寓). =踦. ⑦험하다, 기구하다. =崎.〔左思·賦〕山阜猥積而踦嶇. ❷의지하다, 기대다. 늑倚.〔春秋公羊傳〕相與跨閭而語.
【跨嶇 기구】①걸어가는 모양. ②산이 험하여 평탄하지 않은 모양.
【跨跱 기기】절뚝발이. 跛蹇(파건).
【跨閭 의려】문에 기대어 섬.
➊ 跨-, 勿-, 禹-, 長-, 切-.

足8 【踑】⑮ ❶기좌할 기 紙 ji, jì ❷발자국 기 灰 qī
초서 诓 字解 ❶기좌(箕坐)하다. 두 다리를 앞으로 벌려 뻗고 앉는 자세.〔劉伶·頌〕奮髥踑踞. ❷발자국, 발자국을 따르다.
【踑踞 기거】두 다리를 쭉 뻗고 앉음. 또는 그 앉음새. 예의에 어긋난 앉음새. 箕踞(기거).

足8 【踏】⑮ 밟을 답 合 tà
口 무 무 또 卫 町 趵 趽 踏 踏
초서 诰 字源 形聲. 足+沓→踏. '沓(답)'이 음을 나타낸다.
字解 ❶밟다. ㉮디디다.〔王維·詩〕鹿女踏花行. ㉯밟아 누르다.〔仇池筆記〕以足踏其頭. ㉰걷다, 밟고 가다.〔何中·詩〕忍觸瓏璁縱健踏. ②발판, 밟고 올라서는 받침대.〔宋史〕以水晶飾脚踏. ③신, 발에 신는 것.〔溫庭筠·詩〕瑤踏動芳塵. ④발로 장단을 맞추다. ⑤조사하다, 살피다.
【踏歌 답가】두 발을 굴러 장단을 맞추면서 노래함.
【踏橋 답교】圖다리밟기. 재앙을 물리친다 하여 음력 정월 보름날 밤에 부녀자들이 다리를 밟으며 놀던 민속.
【踏舞 답무】발을 구르며 덩실덩실 춤을 춤.
【踏步 답보】제자리걸음. 일의 진전이 없음.
【踏伏 답복】적의 복병을 찾아 잡는 일.
【踏查 답사】실지로 그곳에 가서 살핌.
【踏殺 답살】밟아 죽임.
【踏碎 답쇄】밟아 부숨. 밟아서 깨뜨림.
【踏襲 답습】뒤를 이음. 선인(先人)이 하던 대로 따라 행함.
【踏月 답월】달빛 아래를 거닒. 달밤에 소요함.
【踏青節 답청절】삼짇날. 삼월 삼질.
【踏逐 답축】해산 때 태아를 받음.
【踏逐娘 답축낭】조산원(助產員). 산파.
【踏破 답파】①밟음. 걸어다님. ➡'破'는 조자(助字). ②전 행정(行程)을 다 마침. 힘든 길을 도보로 정복함.
➊ 檢-, 歐-, 亂-, 騰-, 舞-, 攀-, 扶-, 附-, 連-, 履-, 踐-, 超-.

足8 【跼】⑮ 蹈(1764)의 고자

足8 【跰】⑮ ❶내달릴 병 敬 bèng ❷못 변 先 pián
字解 ❶내달리다, 마구 달리다. =迸. ❷못, 발바닥에 생긴 굳은 살. =胼.
【跰躚 변선】춤추는 모양.
【跰躚 변선】①걷기 어려운 모양. ②비척거리는 모양.
【跰踵 변종】세성(歲星)이 술(戌)에 있을 때의 이름.

足8 【踣】⑮ ❶넘어질 복 職 bó ❷넘어질 부 宥 pòu
소전 踣 초서 诣 字解 ❶①넘어지다, 넘어 뜨리다.〔春秋左氏傳〕與晉踣之. ②망하다, 멸망하다.〔管子〕故設用無度, 國家踣. ③효수(梟首)하다. 죄인의 목을 높은 곳에 매달다.〔周禮〕凡殺人者, 踣諸市, 肆之三日. ❷①넘어지다. =仆. ②패하다, 깨뜨려지다.〔呂氏春秋〕擧矣而不踣.
【踣斃 복폐】쓰러져 죽음. 패망함.

足8 【踃】⑮ 跗(1753)의 속자

足8 【蹄】⑮ 발꿈치 벨 비 未 fèi
소전 跸 초서 诋 字解 발꿈치를 베는 형벌, 비벌(跸罰). =剕.〔書經〕剕罰五百.〔疏〕跸剕音義同.

足8 【踒】⑮ ❶헛디딜 와 歌 wēi ❷발 뻴 위 灰 wō
소전 踒 字解 ❶헛디디다, 헛디디거나 걸려서 비틀거리거나 넘어지다. =踠. ❷발을 삐다, 다리가 부러지다.
【踒人 와인】중풍 걸린 사람. 반신불수.

足8 【踠】⑮ ❶구부릴 원 阮 wǎn ❷헛디딜 와 歌 wēi
초서 诿 字解 ❶①구부리다, 발을 구부리다.〔後漢書〕馬踠餘足. ②구부러지다, 굽다.〔齊民要術〕廻毛起踠膝. ❷헛디디다.
【踠足 원족】①다리를 뻼. ②다리가 굽어 걸음이 느림. ③현인이 때를 기다리며 은거함.

足8 【蹂】⑮ 미쳐서 내달릴 유 紙 wěi
字解 ①미쳐서 내달리다. ②달리는 모양. ③밟다, 발로 디디다.

足8 【踖】⑮ 밟을 적 陌 jí, qī
소전 踖 초서 诣 字解 ❶밟다. ㉮밟고 지나가다.〔禮記〕毋踖席. ㉯밟고 서다. ❷삼가는 모양, 조심하는 모양.〔文同·詩〕行步每踖踧. ❸공손한 모양.〔詩經〕執爨踖踖, 爲俎孔碩.
【踖踖 적적】①공경하고 삼가는 모양. ②부끄러워하는 모양. ③민첩한 모양.
【踖踧 적축】①삼가는 모양. ②조심스럽게 걷는 모양.

足【䟑】⑮ ❶평평할 적 圍 dí ❷삼갈 축 圍 cù
❶평평하다, 길이 평탄하여 걷기 쉽다.〔詩經〕踧踧周道. ❷①삼가다, 조심하는 모양, 공경하는 모양. ¶ 踧踖. ②놀라는 모양.〔法言〕或人踧爾曰. ③재촉하다, 곤궁 핍박(困窮逼迫)하다. ≒蹙.〔魏志〕窮踧歸命, 猶加盛寵.
【踧踧 ❶적적 ❷축축】❶길이 평탄하거나 평이(平易)한 모양. ❷다그치는 모양.
【踧踖 축적】①공손하고 삼가는 모양. ②나아가지 못하는 모양. ③경외(敬畏)하는 모양.
➊驅ㅡ, 窮ㅡ, 踖ㅡ.

足【踤】⑮ ❶찰 졸 圍 zú, cù ❷모일 취 圍 cuì
❶①차다, 밟다, 밟아서 밀어 넣다.〔漢書〕師軍踤阹. ②닿다, 부딪히다.〔左思·賦〕衝踤而斷筋骨. ③놀라다. ≒啐. ④갑자기, 창졸간에. ≒猝. ❷모이다, 모여들다. ≒萃.〔太玄經〕鷟踤於林.

足【踪】⑮ 자취 종 图 zōng
자취, 발자취, 형적.〔宋史〕踪跡深藏.

足【踨】⑮ 蹤(1766)과 동자

足【跢】⑮ 머뭇거릴 지 囷 chí
머뭇거리다, 주저하다. =踟. 躇.〔古樂府〕五馬立跢躇.
【跢躇 지저】주저함. 머뭇거림. 踟躇(치저).
【跢跦 지주】①주저함. 머뭇거림. ②물건이 이어진 모양. ③빗〔梳〕의 딴 이름. ④물시계의 물을 받는 그릇. 跢跦(지주).

足【踢】⑮ ❶찰 척 圍 tī ❷당황할 삭 圍 tì
𩩅骨 踢(1763)은 딴 자.
❶①차다, 발로 차다.〔五燈會元〕一跳踢, 翻四大海. ②짐승 이름, 출척(踢踢). 좌우로 머리 둘을 가지고 있다는 전설상의 짐승. ❷당황해하는 모양, 놀라 허둥지둥하는 모양.

⑮ 蹟(1766)의 고자

足【踐】⑮ 밟을 천 霰 銑 jiàn

字源 形聲. 足+戔→踐. '戔(전)'이 음을 나타낸다.
①밟다. ㉮발로 디디다. =跈.〔劉潛·書〕足踐寒地. ㉯짓밟다, 유린하다.〔趙文·歌〕葛屨必遭踐. ㉰걷다, 가다, 경력(經歷)하다.〔江淹·誄〕經宜陽而東踐. ㉱오르다, 어떤 지위에 이르다.〔禮記〕踐其位. ㉲나아가다, 부임(赴任)하다.〔春秋左氏傳〕往踐乃職. ㉳지키다.〔張說·序〕佩踐義方. ㉴실천(實踐)하다.〔春秋左氏傳〕踐脩舊好. ㉵따르다.〔論語〕不踐迹. ②해치다, 다치다. ≒殘.〔禮記〕凡有血氣之類, 弗身踐也. ③베다. =剪.〔史記〕皆無踐. ④차리다, 진설(陳設)한 모양.〔詩經〕籩豆有踐. ⑤맨발. ≒跣.〔漢書〕皆無踐. ⑥옅다, 얕다. ≒淺.〔詩經〕有踐家室.
【踐更 천경】한대(漢代)의 경부(更賦)의 한 가지. 병역에 징발된 사람이 돈으로 사람을 사서 대신 보내던 일.
【踐極 천극】踐阼(천조).
【踐年 천년】해를 보냄. 많은 세월이 경과함.
【踐踏 천답】짓밟음.
【踐歷 천력】여러 곳을 두루 돌아다님. 또는 다녀온 자취. 經歷(경력).
【踐履 천리】①밟고 다님. 또는 실지로 행함. ②경험함. ③짓밟음.
【踐墨 천묵】법도를 지킴.
【踐冰 천빙】얼음을 밟음. 위험을 무릅씀.
【踐勢 천세】세력 있는 직위에 오름.
【踐修 천수】실천하여 닦음. 이수(履修)함.
【踐約 천약】약속대로 실천함.
【踐言 천언】말한 바를 실행함. 언행이 일치함.
【踐阼 천조】임금의 자리에 오름. 임금의 자리를 계승함. 踐祚(천조).
【踐統 천통】천자의 자리에 올라 통치함.
【踐行 천행】실천함. 履行(이행).
【踐形 천형】형체(形體)의 작용을 바르게 함. 군자의 체모(體貌)를 본받아 행함.
➊蹈ㅡ, 徒ㅡ, 登ㅡ, 騰ㅡ, 實ㅡ, 踩ㅡ, 履ㅡ, 踵ㅡ, 眞ㅡ, 侵ㅡ.

足【踕】⑮ 발 잴 첩 葉 jié
字解 ①발이 재다, 발이 빠르다. ②가는 모양. ③넘어지다.

足【踥】⑮ 오가는 모양 첩 葉 qiè
字解 ①오가는 모양.〔楚辭〕衆踥踥而日進兮. ③종종걸음 치다.

足 8~9획 踔 踹 蹈 踴 踽 踰 蹂 蹀 踶

【踔】⑧⑮
❶달릴 초 ⓌⒷ chuō
❷멀 탁 Ⓦ diào

踔 ⓢ 踔 ⓒ 踔 字解 ❶①달리다, 빨리 가다. 〔漢書〕踔夭蹻. ②밟다, 디디다. ③뛰다, 도약하다. 〔後漢書〕踔趨枝. ④넘다, 뛰어나다. 〔後漢書〕踔宇宙而遺俗兮. ❷①멀다, 아득하다. ≒趠. 〔史記〕地踔遠, 人民希. ②뛰어나다, 빼어나다. ≒卓. 〔漢書〕踔絕之能. ③절름발이, 절름발이가 걸어가는 모양. 〔莊子〕吾以一足趻踔而行. ④비틀거리며 가는 모양. ¶蹎踔. ⑤갑자기 자라는 모양. 〔楚辭〕馬蘭踔踔而日加. ⑥무상하다, 일정함이 없다. 〔陸機·賦〕踔踔於短韻.
【踔厲風發 탁려풍발】논변이 탁절하고 날카로워 당해내지 못함. 힘찬 웅변.
【踔然 탁연】뛰어난 모양. 월등한 모양.
【踔遠 탁원】매우 멂.
【踔絕 탁절】견줄 데가 없이 뛰어남. 남보다 월등하게 뛰어남.
❶趠-, 略-, 勇-, 蹎-, 卓-.

【踹】⑨⑯
발꿈치 단 Ⓦ duàn, shuàn

踹 ⓢ 踹 字解 ①발꿈치, 발뒤꿈치. ②발 구르다, 발 구르며 노하다. 〔淮南子〕踹足而怒. ③밟[足]. ④밟다.

【蹈】⑨⑯
蹈(1764)의 속자

【踴】⑨⑯
踊(1759)과 동자

【踽】⑨⑯
홀로 갈 우 Ⓑ구 Ⓦ jǔ

踽 ⓢ 踽 ⓒ 踽 字解 ①홀로 가는 모양, 홀로 외로이 행하는 모양. 〔孟子〕古之人, 行何爲踽踽涼涼. ②띄엄띄엄 성기게 가는 모양. 〔說文解字〕踽, 疏行皃. ③곱사등이, 구루(傴僂). 〔宋玉·賦〕旁行踽僂.
【踽步 우보】곱추. 곱사등이.
【踽踽 우우】①고독한 모양. ②홀로 행하여 친근한 사람이 없는 모양.

【踰】⑨⑯
❶넘을 유 Ⓦ yú
❷멀 요 Ⓦ yáo

踰 ⓢ 踰 ⓒ 踰 參考 대법원 지정 인명용 한자의 음은 '유'이다.
字解 ❶①넘다. ㉮지나가다, 거쳐 가다. 〔詩經〕無踰我里. ㉯건너다, 물을 건너가다. 〔國語〕踰江五里. ㉰디디다, 낫다. 〔淮南子〕子發攻蔡踰之. ㉱타넘다, 뛰어넘다. 〔素問〕踰垣上屋. ㉲가다, 나아가다. 〔呂氏春秋〕固難踰也. ②뛰다, 도약하다. 〔漢書〕踰波趠浤. ③더욱, 한층 더. 〔淮南子〕亂乃踰甚. ❷멀다, 아득하다. ≒遙. 〔禮記〕無踰言.
【踰檢 유검】방자하여 법도를 따르지 않음.
【踰年 유년】해를 넘김.
【踰歷 유력】지나감. 경과함. 경험함.
【踰邁 유매】세월이 지나감. 逾邁(유매).
【踰獄 유옥】옥의 담을 넘어 도망함. 옥을 빠져 달아남. 脫獄(탈옥).
【踰月 유월】그 달을 넘김.
【踰越 유월】①본분(本分)을 넘어섬. 분수를 벗어남. ②넘어섬. 극복함.
【踰墻 유장】①담을 뛰어넘음. ②남녀가 남몰래 만나 난잡한 짓을 함.
【踰制 유제】상규(常規)를 벗어남. 제한을 넘음.
【踰僭 유참】분수를 넘는 교만.
【踰侈 유치】사치의 정도가 지나침. 또는 그런 사치.
【踰限 유한】기한을 넘김.
【踰閑 유한】법도를 벗어남. 예의를 지키지 않음. ○'閑'은 법(法).
【踰望 요망】멀리 바라봄.
【踰言 요언】상대방과 멀리 떨어져서 이야기함.
❶升-, 遠-, 越-, 竊-, 超-.

【蹂】⑨⑯
❶밟을 유 Ⓦ rǒu
❷축일 유 Ⓦ róu

蹂 ⓢ 蹂 ⓒ 蹂 字解 ❶①밟다, 짓밟다. =揉. 〔漢書〕百姓奔走相蹂躪. ②빠르다, 재빠르다. ❷①축이다, 물을 뿌려서 축축하게 하다. 〔詩經·或簸或蹂·疏〕蹂黍以水, 潤米必當蹂之使濕. ②벼를 짓밟아 겨를 벗기다, 정미(精米)하다.
【蹂躪 유린】①짓밟음. ②폭력으로 남의 권리나 인격을 누르고 침해함.
【蹂若 유약】밟음. 짓밟음.
【蹂踐 유천】짓밟음. 蹂躪(유린).
❶攻-, 芟-, 殘-, 雜-, 踐-, 馳-.

【蹀】⑨⑯
밟을 접 Ⓑ첩 Ⓦ dié

蹀 ⓒ 蹀 字解 ①밟다, 뛰다. 〔淮南子〕足蹀陽阿之舞. ②잔걸음으로 걷는 모양. 〔溫庭筠·賦〕旣蹀躞而容與. ③말[馬]이 가는 모양. 〔韓偓·詩〕蹀躞巴陵駿. ④왕래가 빈번한 모양. 〔古詩〕蹀躞御溝上. ⑤허리띠의 장식. 〔遼史〕佩蹀躞解錐.
【蹀躞 접섭】①잔걸음으로 걷는 모양. ②말이 걷는 모양. ③왕래가 빈번한 모양. ④띠[帶]의 장식.
【蹀蹀 접접】①잔걸음으로 가는 모양. ②흩어져 가는 모양.
【蹀足 접족】제자리걸음.
❶蹈-, 騰-, 躞-, 踊-, 蹂-.

【踶】⑨⑯
❶찰 제 Ⓦ dì
❷굽 제 Ⓦ tí
❸힘쓸 치 Ⓦ zhì

踶 ⓢ 踶 ⓒ 踶 字解 ❶차다, 발로 차다, 밟다. =蹄. 〔莊子〕怒則分

背相躓. ❷굽. 짐승의 발굽. =蹏·蹄. ❸힘쓰다. 심력(心力)을 기울이는 모양. ¶ 蹏跂.
【蹏馬 제마】 차는 버릇이 있는 말.
【蹏死 제사】 밟아 죽임. 밟혀 죽음.
【蹏齧 제설】 말 따위가 차고 물고 함.
【蹏地 제지】 땅을 밟음.
【蹏跂 치지】 온 심력(心力)을 기울임. 힘씀.

足9【蹄】⑯ ❶굽 제 [𪗉] tí
❷밟을 제 [𪗉] dì

[초서] 蹄 [동자] 蹢 [동자] 蹏 [字解] ❶①굽, 동물의 발굽. 〔莊子〕 馬蹄可以踐霜雪. ❷올무, 토끼 같은 것을 옭아 잡는 올가미. 〔莊子〕 蹄者所以在兔. ❷밟다, 차다. 늑 蹋·踶.
【蹄齧 제설】 짐승이 차고 물고 함.
【蹄窪 제와】 우묵 들어간 마소의 발자국. 협소(狹小)한 땅의 비유.
【蹄涔 제잠】 마소의 발자국에 괸 물. 곧, 매우 적은 것의 비유.
【蹄筌 제전】 올무와 통발. 도(道)를 풀이한 문자와 언설의 비유. ○문자와 언설은 도를 깨닫는 도구가 된다는 데서 이르는 말.
【蹄鐵 제철】 말굽에 붙여 박는 쇠. 편자.
○ 輕−, 奇−, 馬−, 獸−, 牛−, 偶−, 輪−, 鐵−.

足9【踶】⑯ 蹄(1763)와 동자

足9【踵】⑯ 발꿈치 종 [踵] zhǒng

[소전] 踵 [초서] 踵 [字解] ①발꿈치, 뒤꿈치. 〔禮記〕 擧前曳踵. ②쫓다, 뒤쫓다. 〔春秋左氏傳〕 吳踵楚. ③잇다, 계승하다. 〔張衡·賦〕 踵二皇之遐武. ④말미암다. 〔漢書〕 踵秦而置材官為郡國. ⑤찾다. 〔後漢書〕 踵介旅. ⑥밟다. 〔漢書〕 相踵以爲故事. ⑦이르다〔至〕. 〔孟子〕 踵門而告文公曰. ⑧오가는 모양. ⑨거듭, 자주, 빈번히. 〔莊子〕 踵見仲尼.
【踵決 종결】 신의 뒤꿈치가 터짐. 몹시 가난함.
【踵繫 종계】 하나하나 붙들림. 잇달아 잡힘.
【踵古 종고】 옛일을 계승함.
【踵軍 종군】 군대를 계속 보냄. 전군(前軍)의 뒤를 이어 공격하는 제이군(第二軍).
【踵武 종무】 뒤를 이음. 전인(前人)의 사업을 계속함. ○ '武'는 발자국.
【踵門 종문】 친히 그 집에 이름. 방문함.
【踵息 종식】 양생법(養生法)의 한 가지. 발꿈치까지 이르도록 심호흡을 하는 일.
【踵接 종접】 발꿈치가 잇닿음. 사람이 잇달아 감. 接踵(접종).
【踵踵 종종】 왕래하는 모양.
【踵至 종지】 잇달아 이름.
【踵踐 종천】 짓밟음.
○ 擧−, 繼−, 企−, 箕−, 踏−, 旋−, 接−, 追−.

足9【踳】⑯ 뒤섞일 준 [𧾷春] chuǎn

[字解] ①뒤섞이다. =舛. 〔新書〕 諫臣詰逐, 政治踳亂. ②위배(違背)되다, 어그러지다, 뒤섞여 흐트러진 모양. 〔左思·賦〕 謀踳駁於王義. ③실의(失意)한 모양. 〔盧照鄰·文〕 容色踳踳, 形神綿綿.
【踳駁 준박】 뒤죽박죽이 되어 어지러운 모양. 어그러져 혼란한 모양.
【踳踳 준준】 실의한 모양.

足9【踚】⑯ 타달거릴 추 [𧾷秋] qiū

[字解] ①타달거리다, 타달거리며 가는 모양. ②밟다. 늑 鰌. 〔莊子〕 鰌我亦勝我, 釋文云, 鰌, 藉也, 本又作踚.

足9【踸】⑯ 앙감질할 침 [踸] chěn

[소전] 踸 [초서] 踸 [동자] 跣 [동자] 跨 [字解] ①앙감질하다, 절룩거리며 가는 모양. 〔莊子〕 吾以一足踸踔而行. ②일정하지 않은 모양, 무상(無常)한 모양. 〔陸機·賦〕 故踸踔於短韻. ③갑자기 자라는 모양. 〔楚辭〕 馬蘭踸踔而日加.
【踸踔 침탁】 ①절뚝거리며 걷는 모양. ②일정하지 않은 모양. ③지체되는 모양. ④갑자기 자라는 모양.

足9【踱】⑯ 맨발 탁 [踱] duó

[동자] 跅 [字解] ①맨발, 맨발로 땅을 밟다. ②머뭇거리다, 나아갔다 물러섰다 하며 차마 가지 못하다. ③큰 걸음으로 느릿느릿 걷다. 〔水滸傳〕 踱出山門外.

足9【踼】⑯ 넘어질 탕·당 [踼] táng

[소전] 踼 [초서] 踼 [참고] 踼(1761)은 딴 자. [字解] ①넘어지다, 걸리거나 미끄러져 넘어지다. 〔左思·賦〕 魂褫氣懾而自踼跌者, 應弦而飲羽. ②종적(踪跡)을 잃다, 실종(失踪)되다. ③막다, 저지하다. ④비틀거리며 가다.
【踼跌 탕복】 걸려서 넘어짐.

足9【蹁】⑯ 비틀거릴 편 [蹁] pián

[소전] 蹁 [초서] 蹁 [동자] 偏 [字解] ①비틀거리다, 걸음걸이가 일정하지 않은 모양. 〔張衡·賦〕 蹴蹩蹁躚. ②에도는 모양, 너울너울 춤추는 모양. 〔蘇軾·賦〕 羽衣蹁躚. ③무릎, 무릎뼈가 튀어나온 부분. ④뒷다리를 끌며 가는 말.
【蹁躚 편선】 ①빙 돌아서 가는 모양. 너울너울 춤추는 모양. ②비틀거리는 모양. 절뚝거리며 걷는 모양.

足10 【蹇】 ⑰ 절 건 阮 jiǎn

字解 ①절다, 절뚝거리다, 절뚝발이. 〔莊子〕 瞽盲跛蹇. ②괘 이름, 64괘(卦)의 하나. 괘형은 ䷦. 험문한 곳이 가로놓여 있어 나아가기 어려움을 상징한다. ③멈추다, 멈추어 서다. 〔管子〕 凝蹇而爲人. ④고생하다, 곤란을 겪다. 〔剪燈餘話〕 子蹇困如此, 伺暇撐地哉. ⑤강하다, 굳세다. 〔呂氏春秋〕 合兩渾則爲蹇. ⑥교만하다, 뽐내다. 〔漢書〕 驕蹇數不奉法. ⑦뽑다, 잡아 빼다. 〔管子〕 毋蹇華絶芋. ⑧굽다, 굴절(屈折)하다. 〔楚辭〕 思蹇產不釋兮. ⑨바르다, 정직(正直)한 모양. 〔潘岳·賦〕 終嵬峩以蹇諤. ⑩온전하다, 완전하다. 〓完. 〔莊子〕 興道大蹇. ⑪옷을 걷다, 추어올리다. 〓褰. 〔楚辭〕 憚蹇裳而濡足. ⑫굼뜬 말[馬], 어리석은 사람의 비유. 〔溫子昇·表〕 策蹇載馳. ⑬아! 발어사(發語辭). 〓謇. 〔楚辭〕 蹇將憺兮壽宮.

【蹇脚 건각】 절뚝발이. 절름발이.
【蹇蹇 건건】 ①충성을 다하여 애쓰는 모양. ②충정(忠貞)한 모양. ③평평하고 곧은 일.
【蹇蹇匪躬 건건비궁】 신하가 충성으로 임금을 섬기고 자신의 이해(利害)를 돌보지 않음.
【蹇屯 건둔】 운수가 막힘. 운수가 침체함.
【蹇驢 건려】 발을 저는 나귀.
【蹇連 건련】 가는 길이 험난하여 고생하는 모양. 고뇌(苦惱)하는 모양.
【蹇剝 건박】 시운(時運)이 불리함. ☯ '蹇'과 '剝'은 괘(卦) 이름.
【蹇士 건사】 충직(忠直)한 선비.
【蹇產 건산】 ①마음이 울결(鬱結)한 모양. ②산의 굴곡이 심한 모양. ③높고 큰 모양.
【蹇澁 건삽】 ①걷기가 어려움. ②말과 글이 세련되지 못함.
【蹇裳 건상】 옷을 걷어 올림. 치마를 추어올림.
【蹇劣 건열】 둔하고 용렬함. 또는 그런 사람.
【蹇淺 건천】 생각이 온전하지 못하고 천박함.
【蹇滯 건체】 일이 어렵고 막힘. 일이 뜻대로 되지 않음. 蹇澁(건삽).
【蹇華 건화】 꽃송이를 잡아 뺌.
【蹇吃 건흘】 ①말을 더듬음. 말을 내뱉기가 힘듦. ②마음이 내키지 않음. 또는 실망함.
○ 剛-, 窮-, 駑-, 屯-, 眇-, 偃-, 連-, 遲-, 跛-, 疲-.

足10 【踏】 ⑰ 밟을 답 洽 tà

소전 踏 초서 踏 동자 蹹 字解 ①밟다. 〓踏. 〔資治通鑑〕 乃爲虜蹹歌. ②차다, 공 같은 것을 차다. 〔史記〕 六博蹹鞠.
【踏鞠 답국】 공차기. 본디는 무술(武術)의 한 가지였으나, 후세에 유희가 됨.
【踏翼 답익】 날개를 늘어뜨림. 뜻을 잃은 모양.
【踏翠 답취】 초원(草原)을 걷는 일.

足10 【蹈】 ⑰ 밟을 도 皓 dǎo

소전 蹈 초서 蹈 속자 蹈 고자 踋 字解 ①밟다. ㉮발로 디디다. 〔中庸〕 白刃可蹈也. ㉯가다, 밟아 가다, 걷다. 〔宋史〕 深蹈不測之地. ㉰지키다, 따르다. 〔班固·典引〕 俯蹈宗軌. ㉱뛰다, 춤추다. 〔禮記〕 不知手之舞之, 足之蹈之也. ㉲행하다, 실천(實踐)하다. 〔春秋穀梁傳〕 蹈道則未也. ②슬퍼하다. 〓悼. 〔詩經〕 上帝甚蹈.
【蹈歌 도가】 발장단에 맞추어 노래를 부름.
【蹈厲 도려】 분발하게 함. 용기를 북돋움.
【蹈舞 도무】 흥겹고 즐거워서 덩실덩실 춤을 춤. 手舞足蹈(수무족도).
【蹈水火 도수화】 물과 불을 밟음. 위험이나 어려움을 무릅씀.
【蹈于湯火 도우탕화】 끓는 물과 타오르는 불을 밟음. 위험한 곳에 들어감.
【蹈義 도의】 바른 의리를 실천함.
【蹈刃 도인】 칼날을 밟음. ①생명을 돌보지 않음. ②전진(戰陣)에 나아감.
【蹈節死義 도절사의】 절조를 지키고 의를 위하여 죽음.
【蹈踐 도천】 짓밟음. 蹂躪(유린).
【蹈瑕 도하】 틈을 타거나 실수를 이용함.
【蹈海 도해】 ①바다에 투신하여 죽음. 고결한 지조. ②바다를 건넘. 위험을 무릅씀.
○ 高-, 跨-, 舞-, 襲-, 蹂-, 履-, 足-, 踐-.

足10 【蹩】 ⑰ 발 구부릴 반 寒 pán
字解 발을 구부리다.

足10 【蹣】 ⑰ 비틀거릴 반 寒 pán
字解 비틀거리다, 절름발이의 가는 모양.

足10 【蹼】 ⑰ 달음박질할 방 陽
字解 달음박질하다, 허둥지둥 달리다. ¶ 跟蹼.

足10 【蹋】 ⑰ 蹹(1771)의 속자

足10 【蹎】 ⑰ 넘어질 전 先 diān

소전 蹎 초서 蹎 字解 넘어지다, 헛디디거나 걸려 넘어지다. 〓顛. 〔淮南子〕 其行蹎蹎, 其視瞑瞑.
【蹎跌 전질】 헛디뎌 넘어짐.

足10 【蹍】 ⑰ 밟을 전 銑 zhǎn

초서 蹍 字解 ①밟다, 디디다. 〔莊子〕 蹍市人之足. ②넘어지다, 헛디디거나 걸려 넘어지다.

足 10 【蹏】 ⑰ 굽 제 霽 tí

字解 ①굽, 짐승의 발굽. ②토끼 그물, 올가미. 〔左思·賦〕罝蹏連網. ③달리다, 빨리 가다. 〔淮南子〕跌蹏而趁千里. ④밟다, 디디다. ⑤얇은 종이쪽, 쪽지에 쓴 글. 〔漢書〕中有裹藥二枚赫蹏書.

足 10 【蹉】 ⑰ 넘어질 차 歌 cuō

字解 ①넘어지다, 헛디디거나 걸려서 비틀거리거나 넘어지다. 〔王褒·僮約〕轉出旁蹉. ②때를 놓치다, 실패하다, 중도에 넘어지다. =差. 〔阮籍·詩〕白日忽蹉跎. ③지나다, 지나가다. 〔張華·文〕孟公結重關, 賓客不得蹉. ④어긋나다, 틀리다. 〔揚雄·箴〕宗周罔職, 日月爽蹉.
【蹉過 차과】①(佛)지나감. 거쳐 감. ②잘못.
【蹉對 차대】규칙에 맞게 조화를 이루지 못한 시(詩)의 대구.
【蹉跌 차질】①발을 헛디디어 넘어짐. ②일에 실패함. 일이 난관에 부딪침.
【蹉跎 차타】①발을 헛디디어 넘어짐. ②기회를 놓침. 시기(時機)를 잃음. ③불운하여 뜻을 얻지 못함. 실패함. 생활이 뜻대로 되지 않음.
○ 旁-, 日-.

足 10 【蹌】 ⑰ 추창할 창 陽 qiāng

字解 ①추창하다, ㉮허리를 굽히고 종종걸음으로 달려 가다. ㉯걸음걸이에 위의(威儀)가 있는 모양. 〔詩經〕巧趨蹌兮. ②흔들리다, 비틀거리는 모양. 〔馬融·賦〕攻寬擊虛兮, 蹌踉內房. ③춤추는 모양. 〔鮑照·賦〕始連軒以鳳蹌, 終宛轉而龍躍. ④말이 빨리 달리는 모양.
【蹌踉 창랑】비틀거리는 모양. 踉蹌(낭창).
【蹌蹌 창창】①걸음걸이에 위의(威儀)가 있는 모양. ②용의(容儀)가 우아한 모양. ③덩실덩실 춤추는 모양. ④가는 모양. 오르는 모양. ⑤줄서 있는 모양.
【蹌捍 창한】급히 달리는 모양.
○ 跟-, 趨-.

足 10 【蹐】 ⑰ 살금살금 걸을 척 陌 jí

字解 살금살금 걷다, 발소리가 나지 않게 걷다. 〔詩經〕謂地蓋厚, 不敢不蹐.
【蹐地 척지】발소리 나지 않게 살금살금 걸음.

足 10 【蹊】 ⑰ ①지름길 혜 齊 xī ②기다릴 혜 齊 xī

字解 ①지름길, 좁은 길. 〔史記〕桃李不言, 下自成蹊. ②건너다, 질러

가다. 〔春秋左氏傳〕牽牛以蹊人之田. ②기다리다. =徯.
【蹊徑 혜경】좁은 길. 지름길.
【蹊道 혜도】좁은 길. 골목길.
【蹊路 혜로】좁은 길. 小路(소로).
【蹊隧 혜수】작은 길. 山蹊(산혜).
【蹊要 혜요】요해처인 좁은 길목.
【蹊田奪牛 혜전탈우】소를 몰고 남의 전답을 질러 갔다고 해서, 그 벌로 소를 빼앗음. 죄보다 벌이 지나치게 무거움.
○ 求-, 山-, 霜-, 成-, 疏-, 野-, 幽-, 林-, 庭-, 苔-, 花-, 荒-.

足 11 【蹞】 ⑱ 반걸음 규 紙 kuǐ

字解 반걸음, 한 발만 앞으로 내디딘 걸음, 짧은 거리. 〔荀子〕不積蹞步, 無以至千里.
【蹞步 규보】반걸음. 跬步(규보).

足 11 【蹟】 ⑱ 근원 기 囡 jī

字解 근원, 바탕.

足 11 【蹢】 ⑱ ①밟을 대 隊 dài ②쌓을 체 霽 zhì

字解 ①밟다, 발로 밟다. ②흉노(匈奴)의 제터, 흉노의 풍속으로 하늘에 제사지내는 곳. ③딴 이름. ④쌓다, 저축하다. =滯. 〔史記〕蹢財役貧.

足 11 【蹣】 ⑱ ①비틀거릴 반 寒 pán ②넘을 만 寒 mán

字解 ①비틀거리다, 비틀거리며 가는 모양. =蹩·跘. ②넘다, 뛰어넘다.
【蹣連 반련】=蹣跚(반산).
【蹣跚 반산】①비틀거리는 모양. ②절뚝거리는 모양.

足 11 【蹝】 ⑱ ①짚신 사 紙 xǐ ②밟을 사 紙 xǐ

字解 ①짚신, 초리(草履). 〔孟子〕猶棄敝蹝也. ②밟다, 신다. 〔司馬相如·賦〕舒息悒而增欷兮, 蹝履起而彷徨.
【蹝履 사리】급하여 신을 바로 신지 못하고 질질 끌며 감.

足 11 【踵】 ⑱ 밟을 용 冬 chōng

字解 밟다, 땅을 디디다. 〔白居易·表〕每勞踵地之心.

足 11 【蹔】 ⑱ 暫(796)과 동자

足部 11획 蹡 蹣 蹟 蹠 蹤 蹢 蹖 蹙 蹜 蹜 蹴 蹩

足 11 **【蹡】** ⑱ 달릴 장 陽 qiāng
[字解] ①달리다. =蹌·蹖. ②가는 모양. =蹌. 〔詩經〕管磬蹡蹡. ③공경하다, 경의(敬意)를 가지다.

足 11 **【蹣】** ❶비틀거릴 반 陽 qiāng ❷갈 장 陽 qiāng
[字解] ❶①비틀거리다. ¶ 跟蹣. ②달리다. =蹌·蹡. ❷가는 모양. =蹡.
【蹣蹡 장장】①비틀거리며 가는 모양. 跟蹣(낭장). ②달리는 모양. ③가는 모양.
◉跟-.

足 11 **【蹟】** ⑱ 자취 적 錫 jì
[字源] 形聲. 足+責→蹟. '責(책)'이 음을 나타낸다.
[字解] ①자취, 지나간 자국. =迹. ②쫓다, 따르다. 〔詩經〕念彼不蹟.
【蹟蹈 적도】밟아 따라감.
【蹟意 적의】필적(筆蹟)과 문의(文意).
◉古-. 奇-. 文-. 事-. 聖-. 筆-.

足 11 **【蹠】** ⑱ 躁(1769)와 동자

足 11 **【蹤】** ⑱ 자취 종 冬 zōng
[字解] ①자취, 발자취. =從. 〔後漢書〕無復匹馬之蹤. ②뒤를 쫓다, 뒤를 밟아 가다. 〔隋書〕賈菲薄而難蹤. ③놓아 보내다, 사냥개의 끈을 풀어 놓아 보내다, 지휘(指揮)하다. 〔史記〕發蹤指示獸處者人也.
【蹤迹 종적】□蹤跡(종적).
【蹤跡 종적】①발자국. 足跡(족적). ②사람이 간 뒤의 행방. 고인(故人)의 행적. 事跡(사적). ④미행함.
◉繼-. 故-. 舊-. 奇-. 發-. 昔-. 承-. 失-. 履-. 人-. 追-. 逐-. 萍-. 筆-. 遐-.

足 11 **【蹢】** ❶머뭇거릴 척 錫 zhí ❷굽 적 錫 dí
[字解] ❶머뭇거리다, 서성거리다. 〔詩經〕蹢躅焉, 踟躕焉. ❷①굽, 동물의 발굽. 〔詩經〕有豕白蹢. ②던지다. =擿. 〔莊子〕齊人蹢子於宋者.
【蹢躅 척촉】①주저하여 가지 못하는 모양. 蹢躅(척촉). ②진달래. 躑躅(척촉).

足 11 **【蹠】** ❶밟을 척 錫 zhí ❷뜰 저 魚 zhí

足 11 **【蹠】** ⑱ 밟을 척 錫 跖
[字解] ❶①밟다, 뛰다. 〔漢書〕蹠彭咸之所遺. ②가다, 나아가다. 〔淮南子〕自無蹠無. ③이르다, 도달하다. 〔淮南子〕致其所蹠. ④발바닥. ≒跖. 〔淮南子〕必食其蹠. ⑤발(足). 〔素問〕蹠跂寒風濕之病也. ⑥소원, 희망. 〔淮南子〕各從其蹠而亂生焉. ❷뛰다.
【蹠骨 척골】발바닥을 이루는 뼈. 지골(趾骨)과 부골(跗骨) 사이에 있는 5개의 뼈.
【蹠之徒 척지도】도척(盜跖)의 무리. 자기의 이익만을 생각하는 사람.

足 11 **【蹀】** ⑱ 밟을 접 葉 dié
[字解] ①밟다. ②잔걸음으로 걷다.

足 11 **【蹜】** ⑱ 躅(1769)의 고자

足 11 **【蹜】** ⑱ 종종걸음칠 축 屋 sù
[字解] ①종종걸음을 치다. 〔禮記〕擧前曳踵, 蹜蹜如也. ②다리가 오그라들다. =宿. ≒縮. 〔木華·賦〕噏波則洪漣蹜蹜.
【蹜蹜 축축】종종걸음으로 걸음.

足 11 **【蹙】** ⑱ ❶대지를 축 屋 cù ❷쭈그러질 척 錫 cù
[字解] ❶①대지르다. ㉮가까이 대들다. 〔李華·詩〕兩軍蹙兮生死決. ㉯쫓다, 뒤쫓다. 〔後漢書〕步騎驅蹙, 更相蹈藉. ㉰오그라들다. 〔詩經〕今也日蹙國百里. ㉱막히다, 메다. 〔韓愈·書〕情隘辭蹙, 不知所裁. ㉲재촉하다. 〔柳宗元·書〕待人督責迫蹙. ㉳궁지(窮地)에 빠지다. 〔後漢書〕群生危蹙. ②오므리다, 움츠리다. 〔詩經〕江有汜, 其嘖也歌, 箋云, 蹙口而出聲. ③찌푸리다, 찡그리다. 〔孟子〕擧疾首蹙頞. ④삼가다, 공경하다. 〔禮記〕不然則已蹙. ⑤차다. ≒蹴. 〔蘇軾·詩〕揚鞭一蹙破霜蹄. ⑥고통, 시름. ≒慽. 〔春秋公羊傳〕蓋以操之已蹙矣. ⑦좁다, 취하다, 가지다. ≒叔. 〔說文通訓〕蹙威柄. ⑧죄, 죄주다, 벌하다. ❷쭈그러지다, 쭈그러진 모양. 〔詩經〕我瞻四方, 蹙蹙靡所騁.
【蹙金 축금】금실로 수를 놓아 그 무늬가 오그라든 것.
【蹙迫 축박】줄어듦. 오그라짐. 오그라뜨림.
【蹙悚 축송】송구하여 어찌할 줄 몰라하는 모양.
【蹙頞 축알】콧잔등을 찡그림. 근심하는 모양.
【蹙然 축연】①근심하는 모양. ②삼가는 모양.
【蹙剩 축잉】초과하여 거둔 세금.
【蹙蹐 축척】종종걸음으로 살살 걸음.

【蹙蹙】 ❶척척 ❷축축 ❶오그라들어 펴지지 않는 모양. ❷극(極)에 이른 모양.
【蹙蹜 축축】 ①움츠러듦. ②움츠리고 나아가지 않음.
➊ 因−, 驅−, 跼−, 窘−, 窮−, 紆−, 鬱−, 危−, 攢−, 追−.

足11 【蹙】⑱ 蹙(1766)과 동자

足11 【蹕】⑱ 길 치울 필 質 bì
[초서] 趕 [간체] 跸 [字解] ❶길을 치우다, 벽제(辟除)하다. 천자, 귀인의 행차 앞에서 여러 사람의 통행을 금하여 길을 치우는 일. =趕. 〔史記〕 聞蹕匿橋下. ❷임금의 거둥. 〔史記〕 此人犯蹕. ❸기대다, 한 발로 서다. 〔列女傳〕 立不蹕.
【蹕路 필로】 ①길을 치워 깨끗이 함. ②임금이 거둥하는 길.
【蹕御 필어】 길을 치움. 벽제(辟除)함.
➊ 警−, 歸−, 犯−, 鳳−, 仙−, 按−, 緩−, 衙−, 掌−, 前−, 停−, 帝−, 從−, 駐−, 止−, 天−, 扈−.

足12 【蹺】⑲ 발돋움할 교 簫 qiāo
[초서] 譑 [간체] 跷 [字解] 발돋움하다, 발돋움하여 서다. =趬・蹻.

足12 【蹻】⑲ ❶발돋움할 교 簫 qiāo
❷교만할 교 篠 jiǎo
❸짚신 갹 藥 jué
❹썰매 곡 沃 jú
[소전] 蹻 [초서] 譑 [字解] ❶발돋움하다, 발꿈치를 들고 발끝으로 서다. 〔揚雄・賦〕 莫不蹻足抗首. ❷①교만하다. ②굳센 모양, 용맹스러운 모양. 〔詩經〕 蹻蹻王之造. ❸강성(强盛)한 모양. 〔詩經〕 四牡蹻蹻. ❹다리를 높이 들다, 활보(闊步)하다. ❸①짚신, 초리(草履). =屩. 〔史記〕 躡蹻擔簦. ②교만한 모양, 소인이 득세하여 뽐내는 모양. 〔抱朴子〕 小子蹻蹻. ❹썰매, 설마(雪馬). 〔抱朴子〕 乘蹻.
【蹻蹻】 ❶교교 ❷각각】 ❶날래고 용감한 모양. ❷소인(小人)이 득세하여 교만을 부리는 모양.
【蹻騰 교등】 힘차게 달림.
【蹻勇 교용】 날래고 용감함.
【蹻踥 교접】 여기저기 뛰어다님.
【蹻足 교족】 발돋움함.
【蹻捷 교첩】 발이 빠르고 날쌤.
【蹻蹶 각궐】 짚신. 草履(초리).
➊ 躡−, 乘−, 履−, 跂−, 敝−.

足12 【蹶】⑲ ❶넘어질 궐 月 jué
❷움직일 궤 霽 guì
[소전] 蹶 [소전] 蹷 [혹체] 蹙 [초서] 譎 [동자] 蹙

[參考] 대법원 지정 인명용 한자음은 '궐'이다.
[字解] ❶①넘어지다, 헛디디거나 걸러서 비틀거리다. 〔後漢書〕 並遘屯蹶. ②엎어지다, 전복하다. 〔荀子〕 國乃蹶. ③기울어져 다하다, 탕진하다. 〔漢書〕 天下財産, 何得不蹶. ④지다, 패(敗)하다. ⑤각기(脚氣). 영양실조로 생기는 다릿병의 한 가지. 〔呂氏春秋〕 多陰則蹶. ❻뽑다, 초목의 뿌리를 뽑듯이 뽑아 가지다. ≒厥・掊・掘. 〔漢書〕 蹶六國, 兼天下. ❼뛰다. ❽달리다, 질주하다. 〔國語〕 蹶而趨之. ❾일어나다, 뛰쳐 일어나는 모양. 〔史記〕 蹶然起坐. ❿놀라다, 깜짝 놀라는 모양. 〔莊子〕 蹶然而起. ⓫빠르다, 민속한 모양. 〔逸周書〕 師曠蹶然起. ⓬밟다. 〔揚雄・賦〕 蹶松柏. ⓭넘어뜨리다, 죽이다. 〔史記〕 百里而趣利者蹶上將軍. ⓮사이를 떼어 놓다. 〔書經〕 魯連飛一矢而蹶千金. ❷①움직이다, 움직이게 하다. 〔詩經〕 文王蹶厥生. ②허둥지둥 가는 모양. 〔禮記〕 足毋蹶. ③교활하다. ≒譎. ④짧다. ≒蹷. 〔漢書〕 侈口蹶顄. ⑤넘어지다. ※❶의 ①과 같다. ⑥달리다. ※❶의 ⑧과 같다.
【蹶起 궐기】 벌떡 일어섬. 발분(發奮)하여 일어남. 분기(奮起)함.
【蹶失 궐실】 헛디딤. 실족(失足)함.
【蹶張 궐장】 ①쇠뇌를 쏨. 또는 그 병사. ②손발로써 물건을 떠받침. ③힘이 세고 용맹함.
【蹶躓 궐지】 발을 헛디뎌 넘어짐.
【蹶蹶 궤궤】 ①동작이 민첩한 모양. ②놀라는 모양.
➊ 竭−, 驚−, 熟−, 誤−, 顚−.

足12 【蹙】⑲ 蹶(1767)과 동자

足12 【蹹】⑲ ❶蹋(1764)과 동자 ❷踏(1760)과 동자

足12 【蹬】⑲ ❶비틀거릴 등 徑 dèng
❷오를 등 蒸 dēng
[소전] 蹬 [초서] 譜 [字解] ❶①비틀거리다, 비틀비틀하다. ¶ 蹭蹬. ②밟다. ❷①오르다. =登. ②계단.

足12 【躪】⑲ 짓밟을 린 震 lìn
[소전] 躪 [동자] 躙 [字解] ①짓밟다, 유린하다. 〔後漢書〕 躁躪其十二三. ②자국, 수레의 자국. =轢・轔.

足12 【蹳】⑲ 넘어질 발 曷 bō
[초서] 譇 [동자] 跋 [字解] ①넘어지다, 물건에 걸려 비틀거리거나 넘어지다. ②밟다. 〔漢書〕 常蹳兩兒棄之. ③가다, 걸어가다. ④뛰다, 풀쩍풀쩍 뛰어오르다. 또는 그 소리. 〔李白・詩〕 蹳剌銀盤欲飛去.

足部 12~13획 蹳 蹯 蹩 蹴 蹼 蹻 蹵 蹹 蹸 蹾 蹽 蹿 躀 躁 躂 躃 躄 躅

足12 【蹳】⑲ 鏺(1767)과 동자

足12 【蹯】⑲ 짐승 발바닥 번 厦 fán
[초서] 蹯 [동서] 蹯 [동음] 蹯 [자해] ①짐승의 발바닥. =番. 〔春秋公羊傳〕熊蹯不熟. ②짐승의 발자국.

足12 【蹩】⑲ 절름발이 별 厦 bié
[소전]蹩 [초서]蹩 [동음]蹩 [자해] ①절름발이. 늑蹩. ②밟다, 차다. ③애쓰는 모양, 에도는 모양.
【蹩躠 별설】①심력을 기울이어 애쓰는 모양. ②선무(旋舞)하는 모양. ③빙 돌아가는 모양.

足12 【蹴】⑲ 蹩(1768)과 동자

足12 【蹼】⑲ 물갈퀴 복 厦 pǔ
[초서]蹼 [자해] 물갈퀴. 오리·기러기·물새 따위의 발가락 사이에 있는 얇은 막(膜). 〔爾雅〕鳧雁醜, 其足蹼.

足12 【蹻】⑲ 蹷(1771)과 동자

足12 【蹸】⑲ 躙(1402)과 동자

足12 【蹺】⑲ 躁(1769)와 동자

足12 【蹾】⑲ 蹢(1770)의 속자

足12 【蹽】⑲ 躊(1770)와 동자

足12 【蹲】⑲ 웅크릴 준 ㊀존 厦眞 dùn
[소전]蹲 [초서]蹲 [동음]踆 [자해] ①웅크리다, 걸어앉다. =踆. 〔後漢書〕蹲夷踞肆. ②모으다, 한곳에 모으다. 〔春秋左氏傳〕蹲甲而射之. ③춤추다, 춤추는 모양. 〔詩經〕蹲蹲舞我. ④절도(節度)가 있는 모양. 〔漢書〕穆穆肅肅蹲蹲如也.
【蹲甲 준갑】갑옷을 한곳에 모음.
【蹲踞 준거】웅크리고 앉음. 무릎을 세우고 앉음. 蹲坐(준좌).
【蹲循 준순】①뒷걸음질치는 모양. 망설이는 모양. ②마음이 느긋한 모양.
【蹲蹲 준준】①춤추는 모양. ②단정(端整)히 걷는 모양.
○ 熊─, 夷─, 鴟─, 虎─.

足12 【蹢】⑲ ❶자취 철 厦 zhé ❷통할 철 厦 chè
[동서]蹢 [자해]❶자취, 수레바퀴의 자국. =轍. ❷통하다. =徹.

足12 【蹢】⑲ 蹢(1766)의 본자

足12 【蹹】⑰ 躂(1769)과 동자

足12 【蹸】⑲ 躪(1772)의 속자

足12 【蹴】⑲ 찰 축 厦 cù
[소전]蹴 [초서]蹴 [동서]跾 [동음]蹶 [속]蹴
[자해] ①차다, 발로 물건을 차다. 〔孟子〕蹴爾而與之. ②밟다, 발로 디디다. 〔董仲舒·對策〕以迫蹴民. ③좇다, 뒤좇다. ④공경하는 모양. 〔禮記〕孔子蹴然辟席. ⑤얼굴빛을 바꾸다. =愀. 〔莊子〕諸大夫蹴然曰.
【蹴鞠 축국】공차기. 꿩의 깃을 꽂은 공을 땅에 떨어뜨리지 않고 발로 계속 차 올리는 옛날 귀인들의 유희의 한 가지. 蹴毱(축구).
【蹴踏 축답】밟고 걸어 다님. 힘껏 밟음.
【蹴殺 축살】발로 차서 죽임.
【蹴然 축연】①공경하는 모양. ②불안한 모양.
【蹴爾 축이】발길로 차는 모양.
【蹴蹴 축축】①불안한 모양. ②놀라 두려워하는 모양.
○ 亂─, 怒─, 迫─, 排─, 顚─.

足12 【蹵】⑲ 蹴(1768)과 동자

足12 【蹭】⑲ 비틀거릴 층 厦 cèng
[소전]蹭 [초서]蹭 [자해] ①비틀거리다, 실족(失足)하는 모양, 일에 차질이 생긴 모양. 〔韓愈·詩〕蹭蹬抵積甃. ②길을 잃다.
【蹭蹬 층등】①발판을 잃는 모양. ②비틀거림, 길을 잃음. ③방황함, 세력을 잃음.

足12 【蹟】⑲ 넘어질 퇴 厦灰 tuí
[자해] 넘어지다, 헛디디거나 걸러서 넘어지다. 〔淮南子〕萬人之蹟, 愈於一人之隧.

足13 【躆】⑳ 버디딜 거 厦 jù
[초서]躆 [자해] ①버디디다, 다리를 벌리고 버티어 서다. =據. 〔班固·答賓戲〕超忽荒而躆昊蒼也. ②손으로 땅을 짚다. ③움직이다, 동작하다.

足【蹶】⑳ 말 엉덩이뼈 규 qiào
[字解] ①말의 엉덩이뼈, 말의 엉덩이. ②엉덩이의 구멍, 항문.

足【蠆】⑳ 거룻배 돈 dǔn
[字解] ①거룻배, 작은 배. ¶ 蠆船. ②정수(整數).
【蠆船 돈선】 잔교(棧橋) 대신 대어 놓은 배.

足【躐】⑳ 躐(1770)과 동자

足【躓】⑳ 躇(1768)과 동자

足【躄】⑳ 앉은뱅이 벽 bì
[字解] ①앉은뱅이, 절뚝발이. 〔禮記〕瘖聾跛躄. ②넘어지다.
【躄倒 벽도】 넘어짐.
【躄躄 벽벽】 걷기 힘든 모양. 더디게 가는 모양.
【躄踊 벽용】 부모의 상(喪)에 몹시 애통해 하는 모양. 擗踊(벽용).

足【躃】⑳ 躄(1769)과 동자

足【躇】⑳ ❶머뭇거릴 저 chú ❷건너뛸 착 chuò
[大法] 대법원 지정 인명용 한자의 음은 '저'이다.
[字解] ❶①머뭇거리다. ㉮주저하다. ¶ 躊躇. ㉯나아가지 못해 고생하다. 〔嵇康·賦〕優游躇跱. ②밟다, 발로 밟다. 〔列子〕若躇步跐蹈. ❷건너뛰다. =踱. 〔春秋公羊傳〕躇階而走.
【躇步 저보】 밟고 감.
【躇階 착계】 계단을 몇 단씩 건너뛰어 내려옴.
◐ 躊ㅡ, 踟ㅡ.

足【蹉】⑳ 跙(1754)와 동자

足【躁】⑳ 성급할 조 zào
[字解] ①성급하다, 조급하다. 〔論語〕言未及之而言, 謂之躁. ②떠들다, 떠들썩하게 지껄이다. ≒譟. 〔禮記〕君子齊戒, 處必掩身毋躁. ③시끄럽다, 떠들썩하다. 〔史記〕動搖躁躁. ④빠르다. =趮. 〔禮記〕狗赤股而躁臊. ⑤움직이다, 동요하다. 〔淮南子〕人主靜漠而不躁. ⑥거칠다, 난폭하다. 〔荀子〕躁者皆化而愨. ⑦교활하다, 꾀가 많고 간악하다. 〔淮南子〕其魂不躁. ⑧벼슬자리에서 떠나다. 〔韓非子〕離位之謂躁. ⑨마르다. =燥.
【躁競 조경】 조급한 마음으로 권세·부귀를 다툼.
【躁狂 조광】 떠들며 미쳐 날뜀.
【躁急 조급】 초조하게 서두름.
【躁氣 조기】 떠들썩한 기질.
【躁怒 조노】 사납게 화를 냄.
【躁動 조동】 떠들썩하게 돌아다님.
【躁妄 조망】 떠들썩하고 경망함.
【躁悶 조민】 초조하여 가슴이 괴로움.
【躁忿 조분】 마음이 초조하여 성을 냄.
【躁擾 조요】 조급히 굴며 떠듦.
【躁鬱 조울】 초조하고 답답함. 躁悶(조민).
【躁人 조인】 조급한 사람. 침착하지 못한 사람.
【躁人辭多 조인사다】 경조(輕躁)한 사람은 말이 많음.
【躁恣 조자】 몹시 떠들며 방자함.
【躁進 조진】 ①조급히 앞으로 나아감. ②조급히 고관이 되기를 바라는 일.
【躁暴 조포】 초조하게 굴며 난폭함.
【躁虐 조학】 성급하고 포악함.
◐ 剛ㅡ, 傾ㅡ, 勁ㅡ, 輕ㅡ, 狂ㅡ, 驕ㅡ, 矜ㅡ, 煩ㅡ, 浮ㅡ, 忿ㅡ, 勇ㅡ, 靜ㅡ, 險ㅡ.

足【躓】⑳ 躐(1770)과 동자

足【躔】⑳ 말 달릴 첨 chàn
[動字] 躐 [字解] 말이 달리다, 말이 빨리 달려 가다.

足【躅】⑳ ❶머뭇거릴 촉 zhú ❷자취 탁 zhuó
[字解] ❶①머뭇거리다. ②밟다. 〔逸周書〕師曠東躅其足. ❷자취. ㉮밟은 자국. ㉯고인의 행적(行蹟). 〔漢書〕伏周孔之軌躅.

足【躈】㉑ 앙감질할 경 qíng
[字解] 앙감질하다, 한 발로 뛰어가다, 절뚝거리다. 〔陸龜蒙·詩〕夔猶一足躈.

足【躓】㉑ 발자국 단 duàn
[字解] ①발자국, 밟은 자취. 〔楚辭〕鹿蹊兮躓躓. ②빨리 가다.

足【躃】㉑ 躄(1771)과 동자

足【躍】㉑ ❶뛸 약 yuè ❷빠를 적 tì

足部 14~15획 躋 躊 躒 躐 躘 躚 躛 躝

【躍】[소전][초서][속자] 躍 [간체] 跃 [參考] 대법원 지정 인명용 한자의 음은 '약'이다.
[字源] 形聲. 足＋翟→躍. '翟(적)'이 음을 나타낸다.
[字解] ❶뛰다. ㉮뛰어오르다.〔詩經〕魚躍于淵. ㉯뛰어넘다.〔春秋左氏傳〕距躍三百. ㉰가슴이 뛰다, 흥분하다.〔梁簡文帝〕微心竦躍. ㉱물가(物價)가 뛰다.〔漢書〕以稽市物, 痛騰躍. ㉲뛰며 좋아하다. ¶雀躍. ❷뛰게 하다.〔孟子〕搏而躍之. ❸빠르다, 신속(迅速)한 모양.〔詩經〕躍躍毚兔, 遇犬獲之.
【躍起】약기】뛰어 일어남. 뛰어 오름.
【躍動】약동】①생기 있게 움직임. ②힘차게 활동함.
【躍躍】❶약약 ❷적약】❶㉮기뻐하는 모양. ㉯마음이 움직여 안정되지 않는 모양. ❷빠른 모양.
【躍如】약여】①뛰어오르는 모양. ②생기 있는 모양, 힘찬 모양. ③눈앞에 생생하게 나타나는 모양.
【躍進】약진】힘차게 앞으로 나아감.
❶驚-, 高-, 跳-, 蹈-, 騰-, 舞-, 奮-, 踊-, 勇-, 踴-, 一-, 雀-, 駿-, 欣-.

足【躋】㉑ 오를 제 齊 jī
[소전][초서][간체] 跻 [字解] ❶오르다, 올리다.〔詩經〕聖敬日躋. ❷떨어지다, 추락하다.
【躋覽】제람】높은 곳에 올라가 먼 데를 바라봄.
【躋攀】제반】더위잡아 기어오름. 攀躋(반제).
【躋升】제승】오름. 올라감.
❶難-, 登-, 攀-, 上-, 升-, 昇-, 日-.

足【躊】㉑ 머뭇거릴 주 尤 chóu
[초서][간체] 踌 [字解] ❶머뭇거리다, 주저하다. ¶躊躇. ❷느직한 모양, 조용한 모양. ¶躊躇. ③득의한 모양, 자득한 모양.〔莊子〕方將躊躇.
【躊佇】주저】□躊躇(주저)①.
【躊躇】주저】①머뭇거림. 망설임. 躊佇(주저). ②느직한 모양. ③득의(得意)한 모양.
【躊躅】주촉】①머뭇거림. 躊躇(주저). ②마음 아파함.

足【躒】㉒ ❶움직일 력 錫 lì
❷빼어날 락 藥 luò
[초서] 跞 [字解] ❶움직이다.〔大戴禮〕駑驥一躒, 不能千里. ❷빼어나다, 탁월(卓越)하다. =犖. ≒鶖.〔班固·賦〕遠躒諸夏.

足【躐】㉒ 밟을 렵 葉 liè
[초서] 躐 [간체] 躐 [字解] ①밟다, 디디다.〔楚辭〕凌余陣兮躐余行. ②넘다, 뛰어넘다.〔禮記〕學不躐等. ③쥐다, 손으로 잡아 쥐다.〔後漢書〕躐纓整襟.
【躐登】엽등】①출중하여 등용함. ②뛰어넘음.
【躐等】엽등】순서를 뛰어넘음. 신분(身分)을 넘어섬.
【躐席】엽석】순서를 따르지 않고 자리에 앉음.
【躐纓】엽영】갓끈을 잡아 쥠.
❶僭-, 超-, 風狎-.

足【躝】㉒ 절룩거릴 뢰 賄 lài
[字解] 절룩거리다.

足【躔】㉒ ❶궤도 전 先 chán
❷자취 전 銑 zhǎn
[소전][초서] 躔 [字解] ❶㉮궤도(軌道). 해·달·별이 운행하는 길.〔揚子方言〕日運爲躔. ❷돌다. ㉮궤도를 따라 운행(運行)하다.〔呂氏春秋〕月躔二十八宿. ㉯두루 돌아다니다.〔左思·賦〕未知英雄之所躔也. ③가다, 건너다.〔漢書〕躔離弦望. ④있다, 처(處)하다.〔謝莊·賦〕北陸南躔. ⑤쉬다, 휴식하다.〔張衡·賦〕躔建木於廣都兮. ⑥밟다. =踐. ❷①자취. ㉮큰 사슴의 발자국. ㉯지나간 흔적, 궤적(軌跡). ②옮겨 가다, 이행(移行)하다. =趆.
【躔度】전도】천체 운행(天體運行)의 도수.
【躔次】전차】별이 운행하는 궤도. 별의 자리.
❶順-, 升-, 踐-.

足【躕】㉒ 머뭇거릴 주 虞 chú
[초서][속자] 蹰 [字解] ❶머뭇거리다. ¶踟躕. ②주저하다. ¶躊躕. ③마음이 앞서나 나아가지 않아 고민하다.

足【躓】㉒ ❶넘어질 지 寘 zhì
❷넘어질 질 質 zhì
❸못 지 支 zhī
[소전][초서][동자] 踬 [간체] 踬 [字解] ❶①넘어지다. ㉮물건에 걸려 비틀거리거나 넘어지다.〔易林〕躓顚跋足. ㉯실패하다, 곤란을 겪다.〔唐書〕牧困躓不自振. ②부딪치다, 물건에 걸리다.〔列子〕其行足躓株陷. ③밟다, 디디다. ④멈추다, 멈춰 서다.〔晉書〕往反二千, 或容躓頓. ❷넘어지다. ※❶의 ①과 같다. ❸못, 발바닥에 생긴 굳은살. 변지(胼胝). ≒胝.〔孟子〕故禹稷胼躓.
【躓踣】지복·질복】발끝에 걸려 넘어짐. 헛디뎌 넘어짐. 踣顚(지전·질전).

足【躑】㉒ 머뭇거릴 척 陌 zhí
[초서][간체] 踯 [字解] ①머뭇거리다, 발 멈추다. =躕.〔沈約·賦〕咏歸賦而躑躅. ②뛰어오르다.〔剪燈新話〕三

人悲啼躑躅. ③철쭉, 진달래꽃. 〔王建·詞〕勅賜一窠紅躑躅.
【躑躅 척국】①배회함. ②머뭇거려 앞으로 잘 나아가지 아니함.
【躑躅 척촉】①왔다갔다함. 배회함. ②발로 땅을 침. 발을 구르는 일. ③뛰어오름. ④철쭉. 진달래. 杜鵑花(두견화).
○ 跳一, 躅一, 投一.

足 15 【躋】㉒ 躋(1765)의 본자

足 15 【蹵】㉒ 蹴(1768)과 동자

足 15 【躔】㉒ 廛(1169)와 동자

足 16 【躪】㉓ 짓밟을 린 🔒 lìn
〔초서〕 躍 〔동자〕 躙 〔字解〕①짓밟다, 마구 밟다. ¶ 踩躪. ②수레의 자국. ③수레에 깔리다.

足 16 【躚】㉓ 춤출 선 🔒 xiān
〔초서〕 遷 〔동자〕 躒 〔속자〕 躚 〔간체〕 跹 〔字解〕①춤추 다, 춤추는 모양. 〔左思·賦〕紆長袖而屢舞, 翩躚躚以裔裔. ②비틀거리는 모양, 에도는 모양. =躚. ¶ 翩躚.
【躚躚 선선】①춤추는 모양. ②비틀거리는 모양.

足 16 【龤】㉓ 거짓 위 🔒 wèi
〔소전〕 龤 〔초서〕 耒 〔字解〕①거짓, 잘못. 〔春秋左氏傳〕是龤言也. ②밟다. ③호위하다.

足 17 【蹇】㉔ 蹇(1764)의 속자

足 17 【躝】㉔ 넘을 란·단 🔒 lán
〔字解〕 넘다.

足 17 【躙】㉔ 躪(1771)과 동자

足 17 【躠】㉔ 둘러갈 설·살 🔒 sǎ, xiè
〔동자〕 躠 〔초서〕 躠 〔字解〕①둘러가다, 에도는 모양. =殺. 〔莊子〕蹩躠為仁. ②걸음걸이가 바르지 않다.

足 17 【蹕】㉔ 蹕(1771)과 동자

足 17 【蹀】㉔ 걸을 섭 🔒 xiè
〔초서〕 蹀 〔字解〕①걷다, 걸어가는 모양. 〔白居易·詩〕蹀蹀退朝騎. ②족자의 마구리, 축심(軸心), 권축(卷軸)의 심(心). 〔米芾書史〕隋唐藏書, 皆金題玉蹀.
【蹀踱 섭접】①배회하는 모양. ②종종걸음치는 모양.

足 17 【躟】㉔ 바삐 걸을 양 🔒 ráng
〔초서〕 躟 〔字解〕 바삐 걷다, 빨리 걷다. 〔傅毅·賦〕擾躟就駕.

足 18 【躣】㉕ 가는 모양 구 🔒 qú
〔字解〕 가는 모양, 굼틀굼틀 가다.
【躣躣 구구】굼틀굼틀 기어가는 모양

足 18 【躣】㉕ 踡(1759)과 동자

足 18 【蹋】㉕ 밟을 답 🔒 tà
〔동자〕 蹋 〔字解〕①밟다, 디디다. ②차다, 공 같은 것을 차다. 〔漢書〕去病尙穿域蹋鞠也.

足 18 【雙】㉕ 우뚝 솟을 쌍 🔒 shuāng
〔字解〕①우뚝 솟다, 치솟아 있다. ②나아가지 못하다.

足 18 【躡】㉕ 밟을 섭 🔒(녑) niè
〔소전〕 躡 〔속자〕 躡 〔간체〕 蹑 〔字解〕①밟다, 디디다. 〔史記〕張良·陳平, 躡漢王足. ②오르다, 올라가다. 〔宋書〕登躡常著木屐. ③이르다, 다다르다. 〔淮南子〕徑躡都廣. ④잇다, 뒤를 이어 계속하다. 〔唐書〕勞問相躡. ⑤뒤좇다, 따르다. 〔晉書〕高躡王劉. ⑥빠르다.
【躡躡 섭섭】짚신을 신음. 여행을 떠남.
【躡屩擔簦 섭교담등】짚신을 신고 우산을 멤. 먼길을 떠남.
【躡手躡脚 섭수섭각】소리가 나지 않게 조심조심 걸음. 매우 조심하는 모양.
【躡尋 섭심】찾음. 방문함.
【躡蹀 섭접】종종걸음을 치는 모양.
【躡景 섭영】해의 그림자를 좇음. 매우 빠름.
【躡足附耳 섭족부이】발을 밟아 일깨우고, 귓속 말로 귀띔을 해 줌. 남몰래 깨우쳐 줌.
【躡踵 섭종】뒤를 밟아 감. 뒤따라 감.
○ 跨一, 踏一, 登一, 承一, 尋一, 追一.

足 18 【躤】㉕ 밟을 적 🔒 jí

足部 18~22획 蹶躪躩躨躪躨 身部 0획 身

足18 【蹶】 ㉕ 蹴(1768)과 동자

足19 【躪】 ㉖ 신 사 紙 xǐ
字解 ①신. ㉮춤 출 때 신는 신. ㉯짚신, 초리(草履). =蹝·屣. 〔戰國策〕猶棄敝躙. ㉰뒤축 없는 작은 신. 〔漢書〕彈弦跕躨. ②신을 끌다, 신을 발끝에만 걸고 바삐 걷다. =屣. 〔漢書〕躨履起迎. ③밟다. =繼. ④천천히 걷는 모양.
【躪拏 사나】 죄인의 뒤를 밟아 체포하는 일.
【躪履 사리】 신을 끌며 감. 서둘러 감.
【躪步 사보】 춤추는 걸음걸이.

足20 【躩】 ㉗ 바삐 갈 곽 藥 jué
字解 ①바삐 가다. 〔莊子〕蹇裳躩步. ②머뭇거리는 모양, 발길을 돌려 나아가지 않는 모양. 〔論語〕足躩如也. ③뛰어오르다, 도약하다. 〔漢書〕躩以連卷.
【躩步 곽보】 빠른 걸음으로 감.
【躩如 곽여】 경의를 표하여 옆으로 비켜 천천히 걷는 모양.

足20 【躨】 ㉗ 꿈틀거릴 기 灰 kuí
字解 꿈틀거리다, 용 같은 것이 꿈틀거리는 모양. 〔王延壽·賦〕虬龍騰以蜿蟺, 頷若動以躨跜.

足20 【躪】 ㉗ 짓밟을 린 震 lìn
字解 짓밟다, 유린하다. 〔漢書〕百姓奔走相踐躪.
【躪轢 인력】 짓밟음. 짓밟아 해침.

足21 【躨】 ㉘ 머뭇거릴 촉 沃 zhú
字解 ①머뭇거리다. =躅. ②조심하여 가는 모양.

足22 【躨】 ㉙ 躨(1772)와 동자

身 部

7획 부수 | 몸신부

【身】⑦ ❶몸 신 眞 shēn
❷나라 이름 연 元 juān

丿 亻 亻 亻 身 身

字源 形聲. 申+人→身. 'ㄣ'은 '申(신)'의 생략체. '申(신)'이 음을 나타낸다. 일설에는, 아이가 배 속에서 움직이는 형상을 그린 상형자로 보기도 한다.

字解 ❶①몸. ㉮몸뚱이, 신체. 〔禮記〕身也者, 父母之遺體也. ㉯머리 이외의 체구(體軀). 〔春秋左氏傳〕亥有二首六身. ㉰나, 자신. 〔盧諶·詩〕仰悲先意, 俯思身愆. ㉱자기의 성향(性行). 〔漢書〕屬身立名. ㉲자기의 능력. 〔漢書〕傾身事之. ㉳자기의 이익. 〔漢書〕主耳忘身. ㉴신분(身分), 또는 지위(地位). 〔禰衡·賦〕臣出身而事主. ㉵식물의 줄기, 간경(幹莖). 〔白居易·詩〕託根附樹身. ㉶물건의 심(心), 중심. 〔法書要錄〕紫檀軸主, 白檀身. ㉷칼날, 도검(刀劍). 〔李咸用·詩〕願用百鍊身, 助我王臣節. ②몸소, 친히. 〔南史〕身不識也. ③아이 배다, 임신하다. 〔詩經〕大任有身. ④대(代), 세(世). 〔晉書〕蓋李氏子, 祐之前身也. ❷나라 이름, 연독(身毒). 천축(天竺). 인도(印度)의 옛 이름. 〔後漢書〕天竺國, 一名身毒.
【身計 신계】 일신상의 일을 꾀하는 일. 또는 그 계획. 身謀(신모).
【身寄 신기】 ①몸을 맡김. 의지함. ②자기 스스로 일을 함.
【身命 신명】 몸과 목숨. 육체와 생명.
【身無擇行 신무택행】 행동이 다 법도에 맞음. ○'擇行'은 지적당할 만한 악행.
【身邊 신변】 몸의 주변.
【身病 신병】 몸에 지닌 병.
【身分 신분】 개인의 사회적인 위치나 계급.
【身上 신상】 ①일신에 관한 일. ②몸.
【身世 신세】 ①일신상의 처지나 형편. ②이 몸과 이 세상. ③사람의 일생. ④國타인에게 도움을 받거나 폐를 끼침.
【身手 신수】 ①몸과 손. ②國㉠사람의 얼굴에 나타난 건강 상태의 빛. ㉡용모와 풍채.
【身若不勝衣 신약불승의】 ①몸이 여위고 작아서 입은 옷의 무게를 감당하지 못할 듯함. ②두려워 삼가는 모양. ③유화(柔和)하고 겸손한 모양.
【身言書判 신언서판】 당대(唐代)에, 관리를 등용할 때의 선발 기준. ○'身'은 몸집이 큼, '言'은 말이 바름, '書'는 글씨가 힘차고 아름다움, '判'은 판단이 훌륭하고 빼어남.
【身業 신업】 (佛)몸으로 지은 죄업(罪業).
【身熱 신열】 병으로 인하여 오르는 몸의 열.
【身外 신외】 나 이외. 몸 이외.
【身爲度 신위도】 ①몸의 일거일동이 규칙에 맞음. ②몸으로써 법도를 삼음.
【身長 신장】 키.
【身章 신장】 몸의 장식. 의복.

身部 3~13획 躬 躰 躭 躯 躱 躲 躳 躺 躸 躶 躾 軀 軄 軃 軆

【身重 신중】임신함. 아이를 뱀.
【身體髮膚 신체발부】몸과 머리털과 살갗. 곧, 몸 전체.
【身火 신화】몸을 태우는 불. 사람의 욕심.
【身毒 연독】나라 이름. 인도(印度)의 옛 이름. '건독'이라고도 함. 天竺(천축).
○ 潔—, 敬—, 輕—, 告—, 屈—, 謹—, 寄—, 裸—, 累—, 單—, 短—, 端—, 滿—, 免—, 文—, 發—, 法—, 保—, 佛—, 傷—, 守—, 修—, 失—, 心—, 安—, 營—, 潤—, 人—, ——, 立—, 自—, 長—, 赤—, 全—, 挺—, 終—, 濯—, 脫—, 便—, 獻—, 化—, 後—.

身3【躬】⑩ 몸 궁 東 gōng

[字解] ①몸, 자신(自身). 〔詩經〕躬自悼矣. ②몸소, 친히. 〔宋史〕躬御紫宸. ③몸소 행하다. 〔詩經〕弗躬弗親, 庶民弗信. ④몸에 지니다, 품수(禀受)하다. 〔漢書〕聖人旣躬明悊之性. ⑤과녁의 아래위의 폭(幅). 〔儀禮〕倍中以爲躬, 倍躬以爲左右舌. ⑥활. =弓. 〔論語〕吾黨有直躬者.

【躬稼 궁가】몸소 농사지음.
【躬耕 궁경】①몸소 농사지음. 躬稼(궁가). ②임금이 몸소 적전(籍田)을 경작하던 일.
【躬己 궁기】자신을 삼가고 공손히 함.
【躬桑 궁상】백성에게 양잠을 권하기 위하여 후비(后妃)가 몸소 누에를 치던 일.
【躬率 궁솔】①몸소 이끎. 스스로 인솔함. ②스스로 좇음. 몸소 지킴.
【躬身 궁신】①몸소 함. 躬親(궁친). ②몸을 굽힘. 배례(拜禮)함. ③몸. 신체.
【躬行 궁행】몸소 행함.
○ 鞠—, 末—, 眇—, 薄—, 保—, 聖—, 直—, 責—, 賤—, 治—, 飭—, 浣—.

身4【毗】⑪ 숙부드러울 비 囡 pí
[字解] ①숙부드럽다, 우아(優雅)하다. ≒妣. ②굽실거리다.

身4【耽】⑪ 耽(1425)의 속자

身5【躯】⑫ 軀(1773)의 속자

身5【躰】⑫ 體(2068)의 속자

身6【躱】⑬ 비킬 타 囝 duǒ
[字解] ①비키다, 피하다, 숨다. 〔夷堅志〕瘞有鬼, 可以出他處躱避. ②몸, 몸소.
【躱閃 타섬】①책임을 회피함. ②훌쩍 몸을 비켜서 피함. 躱避(타피).
【躱熱 타열】피서(避暑)함.
【躱避 타피】⇒躱閃(타섬)②.

身6【躲】⑬ 躱(1773)와 동자

身7【躳】⑭ 躬(1773)의 본자

身7【躭】⑭ 蹴(1768)과 동자

身8【躺】⑮ 몸 구부릴 궁 匿 qióng
[字解] ①몸을 구부리다. ②부리다, 사역(使役)하다. ③다하다. ※窮(1290)의 속자(俗字).

身8【躸】⑮ 몸 기 囡 jī
[字解] ①몸, 신체. ②외짝, 홑몸, 혼자.

身8【躶】⑮ 발가벗을 라 囝 luǒ
[字解] 발가벗다, 무일푼(無一分)의 비유. 〔史記〕臣躶有來, 不受金, 無以爲資.
【躶身 나신】발가벗은 알몸. 裸身(나신).

身9【躾】⑯ 예절 가르칠 미
[參考] 본래 일본에서 만든 글자이다.
[字解] ①예절을 가르치다. ②모양 내다.

身11【軀】⑱ 몸 구 虞 qū
[字解] 몸, 신체. 〔荀子〕曷足以美七尺之軀哉.
【軀殼 구각】몸. 육체. 軀體(구체).
【軀幹 구간】①몸의 골격. 몸. 체격. ②몸의 동부(胴部). 몸통.
【軀命 구명】몸과 목숨. 身命(신명).
【軀體 구체】몸. 신체.
○ 輕—, 亡—, 鄙—, 安—, 捐—, 危—, 體—.

身12【軄】⑲ 職(1430)의 속자

身12【軃】⑲ 넓고 두꺼울 타 箇 duǒ
[字解] ①넓고 두껍다, 아래로 처지다. ※軅(321)의 와자(譌字). ②몸, 신체, 비키다, 피하다. =躱.

身13【軆】⑳ 體(2068)의 속자

車部

7획 부수 | 수레거부

車 0 【車】 ⑦ ❶수레 거·차 魚 jū·chē
❷성 차 麻 chē

一 厂 戸 丙 百 亘 車

[소전] 車 [주문] 轃 [초서] 車 [간체] 车 [参考] 대법원 지정 인명용 한자의 음은 '거·차'이다.
[字源] 象形. 외바퀴 수레의 모양을 본뜬 글자.
[字解] ①수레. ②수레의 바퀴. 차륜(車輪). [禮記] 山出器車. ③도르래. 활차(滑車). 회전에 의하여 힘을 딴 곳으로 옮기는 일을 하는 바퀴. [曹丕晦·歌] 齊上溝車蹈河水. ④잇몸. 치은(齒齦). [春秋左氏傳] 輔車相依. ❷성(姓).

:::: 車馬(거마)의 각 부분의 명칭

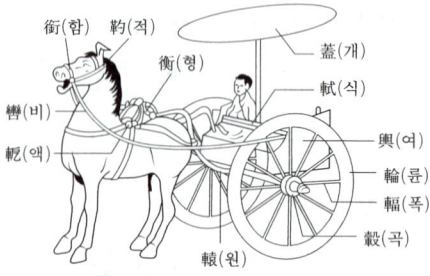

【車駕 거가】①임금이 타는 수레. 御駕(어가). ②임금의 거둥.
【車蓋 거개】수레 위에 세운 일산(日傘).
【車渠 거거】①수레의 바퀴 자국. ②조개류에서 가장 큰 것. 硨磲(거거).
【車騎 거기】①마차. 병거와 기마. 車馬(거마). ②장군의 명호(名號). 거기장군(車騎將軍). ③별 이름.
【車同軌 거동궤】수레의 바퀴 간격이 다 같음. 천하가 통일되어 있음. 書同文(서동문).
【車馬費 거마비】교통비(交通費).
【車服 거복】수레와 의복. 임금이 공신에게 내리던 물건.
【車不得方軌 거부득방궤】두 대의 수레가 나란히 갈 수 없음. 길이 좁음.
【車士 거사】마차를 부리는 사람.
【車書 거서】수레와 서적. 나라의 문물제도.
【車水馬龍 거수마룡】수레는 흐르는 물과 같고 말은 승천하는 용과 같음. 거마의 왕래가 잦음.
【車魚之歎 거어지탄】욕심에는 한이 없음. [故事] 맹상군(孟嘗君)의 식객(食客) 풍환(馮驩)이 칼을 어루만지며 '밥상에 생선이 없다'고 투덜댔고, 생선이 나온 다음에는 '출입할 때 수레가 없다'고 탄식하였다는 고사에서 온 말.
【車裂 거열】옛날 형벌의 한 가지. 죄인의 사지(四肢)를 두 대의 우차(牛車)에 나누어 묶고 좌우(左右)로 찢어 죽이던 혹형(酷刑).
【車右 거우】삼인승(三人乘) 병거(兵車)에서, 무기를 들고 오른쪽에 타던 무사(武士). 가운데는 어자(御者), 왼쪽에는 사수(射手)가 탐. 주인을 호위하는 사람. 戎右(융우).
【車載斗量 거재두량】수레에 싣고 말(斗)로 됨. 물건이 많음.
【車在馬前 거재마전】경험이 없는 말로 마차를 끌게 하려면, 먼저 다른 말이 끄는 수레 뒤에 매어 따라다니게 하여 길들여야 함. 사람도 초보적인 작은 일에서부터 훈련을 거듭한 뒤에 본업에 종사토록 해야 함.
【車站 거참】정거장. 정류소.
【車胤盛螢 차윤성형】고학(苦學)함. [故事] 진(晉)나라의 차윤(車胤)이 여름이면 개똥벌레를 잡아 비단 주머니에 담아, 그 빛을 비추어 글을 읽었다는 고사에서 온 말.
【車戰 차전】①병거(兵車)를 이용한 싸움. ②國 음력 정월 보름날 행하던 편놀이의 한 가지. 차전놀이.
【車螢孫雪 차형손설】고학(苦學)함. [故事] 진(晉)나라의 차윤(車胤)은 반딧불로서, 손강(孫康)은 눈(雪)빛으로써 독서(讀書)를 했다는 고사에서 온 말. ❸螢雪(형설).

❶客― 輕― 公― 空― 汽― 貸― 動―
馬― 輓― 發― 紡― 兵― 副― 水―
乘― 輦― 獵― 瑤― 牛― 戎― 貳―
田― 電― 戰― 傳― 停― 駐― 風―
下― 貨―

車 1 【軋】⑧ 삐걱거릴 알 黠 yà

[소전] 軋 [초서] 軋 [간체] 轧

[字解] ①삐걱거리다. ㉮바퀴가 닿아 삐걱거리다, 수레가 삐걱거려 나아가지 못하다. [六書故] 軋, 載重蹍軋有聲也. ㉯두 물건이 서로 닿아 마찰하다. 또는, 그 소리. [杜牧·詩] 歸權何時軋軋鳴. ㉰불화(不和)하다, 옥신각신하다. [宋濂·詞] 不可以軋摩. ②형벌 이름, 알형(軋刑). [史記] 有罪, 小者軋, 大者死. ③벌디디다, 버티어 디디다. [漢書] 鰮鰮常恐天下之一合, 而共軋己也. ④꺾다, 요절(夭折)하다. 늑札. [莊子] 名也者相札也. [釋文] 札, 亦作軋. ⑤자세하다, 위곡(委曲)하다, 꾸불꾸불하다. [春秋穀梁傳] 取邿自鄫水, 軋辭也.
【軋轢 알력】①수레가 매끄럽지 못하고 삐걱거림. ②의견이 맞지 않아 서로 충돌함. 불화를 일으킴. 反目(반목).
【軋芴 알물】①세밀한 모양. ②분명하지 않은 모양. 軋沕(알물).
【軋辭 알사】곡진(曲盡)한 말. 자세한 말.
【軋軋 알알】①만물이 모여서 무더기로 생겨나는 모양. ②수레가 움직일 때, 배의 노를 저을 때, 베를 짤 때 등의 삐걱거리는 소리. ③앞으

로 나아가기 힘드는 모양.
【軋爭 알쟁】심하게 겨루며 다툼.
【軋刑 알형】수레바퀴 밑에 깔아 죽이던 형벌.
【軋忽 알홀】길고 먼 모양.
◑ 嘔-, 鳴-, 鴉-, 侵-.

車2 【軍】⑨ 군사 군 图 jūn

丶 冖 冖 宀 宇 宣 宣 軍

[소전] 軍 [초서] 軍 [본자] 軍 [간체] 军 字源 會意. 一+車→軍. '冖'는 '包(포)'의 생략형이다. 전차 (戰車)로 둘러싼 包 군영(軍營)을 뜻한다.

字解 ①군사. ㉮군사(軍事), 병사(兵事), 전투 (戰鬪). ㉯군사(軍士), 병사(兵士), 군대. 〔宋史〕分布軍伍, 咸有節制. ㉰병제(兵制), 주대 (周代)에는 1만 2,500명, 제(齊)나라에서는 1만 명을 이르던 뎨. 〔周禮〕五師爲軍, 注云, 軍, 萬二千五百人. ②진치다, 군영(軍營)을 베풀 다. 〔春秋左氏傳〕晉之餘師不能軍. ③송대(宋代)의 행정 구획 이름. '노(路)'의 관할(管轄)에 속하였다. ④명대(明代)의 형벌 이름, 충군(充軍). 유형(流刑)에 처하여, 그 소재지의 병영 (兵營)에서 고역(苦役)에 복무(服務)하게 하던 일. ⑤군대를 지휘하다. 〔左傳〕王亦能軍.
【軍監 군감】①군사를 감독하던 직책. ②조선 때 군수품을 맡아보던 관청. 軍資監(군자감).
【軍機 군기】군사(軍事)에 관한 격문(檄文).
【軍結還 균결환】나라를 다스리는 데 세 가지 중요한 일. 곧, 군정(軍政)·전결(田結)·환곡(還穀)의 총칭.
【軍橋 군교】전략상 필요에서 군대가 임시로 놓은 다리.
【軍國 군국】①군대와 국가. 군사(軍事)와 국정(國政) ②군사를 주요 정책으로 삼는 국가.
【軍禁 군금】군대의 금제(禁制).
【軍記 군기】①군대의 기호(記號). ②전쟁담을 쓴 책.
【軍機 군기】군사상의 기밀.
【軍亂 군란】군대가 일으킨 난리.
【軍糧 군량】군대의 양식.
【軍旅 군려】①군대. 병사. ②전쟁.
【軍禮 군례】①군사(軍事)에 관한 의식. ②군대의 경례법.
【軍吏 군리】①군대의 장수. ②군대에 딸린 관리. 군의 감찰관.
【軍門 군문】①군영의 문. 옛날 행군 때 두 개의 정(旌)을 벌려 세워 문으로 삼았음. ②명대(明代)의 통병관(統兵官), 청대(淸代)의 제독(提督)의 존칭.
【軍閥 군벌】①군공(軍功). ②군인의 파벌. ③군부를 배경으로 하거나 중심으로 한 정치적 당파나 세력.
【軍鋒 군봉】①군대의 선봉. ②군대의 위세.
【軍府 군부】①병기를 간직하여 두는 곳. ②군중에서 장군이 집무하는 곳.

【軍賦 군부】군용으로 바치는 부세(賦稅). 兵賦(병부).
【軍分 군분】병사의 봉급.
【軍備 군비】①국방상의 모든 설비. ②전쟁의 준비. 兵備(병비).
【軍事 군사】군대·전쟁에 관한 일.
【軍使 군사】①조정에서 파견되는 군사 감독관. 군감(軍監). ②교전(交戰) 중에 한 편의 군대에서 어떤 사명을 띠고 상대편의 군대에 파견되는 사자(使者).
【軍師 군사】①군대(軍隊) ②주장(主將) 아래 있어, 군의 기밀을 맡으며 전략을 세우는 참모.
【軍書 군서】①군중(軍中)의 문서. 군사상의 보고·통신 등. ②군사(軍事)의 기록. 군사에 관한 책. 兵書(병서).
【軍聲 군성】①출진할 때 전운(戰運)을 점치려고 악관(樂官)이 취주하던 음악 소리. ②군중에 서 쓰는 악기.
【軍神 군신】군인의 무운을 수호하는 신. 전쟁의 신. 武神(무신).
【軍實 군실】①병기·군량·장비 따위. ②전쟁. 戎事(융사). ③전쟁에서 얻은 것. 곧, 전리품(戰利品)과 포로.
【軍額 군액】군병(軍兵)의 수효.
【軍約 군약】군중의 약속. 군규(軍規).
【軍役 군역】①전쟁. 戰役(전역). ②군대의 복역(服役). 병역(兵役). ③전시의 부역(賦役).
【軍營 군영】①군대가 주둔하여 있는 곳. ②입(口)의 딴 이름.
【軍伍 군오】군의 대오(隊伍). 軍隊(군대).
【軍擾 군요】☞軍亂(군란).
【軍容 군용】①군대의 모습. 곧, 무장(武裝). ②군대의 사기와 기율(紀律).
【軍裝 군장】군대의 장비. 무장(武裝).
【軍籍 군적】①군인의 성명·본적·주소·생년월일 따위를 기록한 장부. ②군인으로서의 지위·분한(分限). 군안(軍案).
【軍田 군전】군영에 딸렸던 전지. 군인들이 직접 경작하던 밭. 둔전(屯田).
【軍丁 군정】군역(軍役)에 충당되는 장정.
【軍政 군정】①병사(兵事)에 관한 정무(政務). ②군사에 관한 행정 사무. ③전시에 군사령관이 일정한 구역 내에서 행하는 행정.
【軍佐 군좌】부장(副將)을 이름. 장수(將帥)의 보좌관.
【軍中 군중】군대의 내부. 진영의 안.
【軍持 군지】(佛)범어(梵語). ①천수관음(千手觀音)이 들고 있는 물병. ②중이 가지고 다니는 물병. ○ 'kundi'의 음역어(音譯語).
【軍陣 군진】①군대의 진영. 軍營(군영). ②전쟁. 전쟁의 진법.
【軍鎭 군진】변방의 상주군(常駐軍)의 진영.
【軍帖 군첩】군중에서 알리는 글. 군부에서 발부하는 통지서.
【軍布 군포】군적에 있는 장정(壯丁)이 복역 대신에 바치던 베나 무명.
【軍行 군행】①군대의 행진. 行軍(행군). ②군대

의 대오(隊伍). 군대의 조직.
【軍號 군호】①군중(軍中)에서 쓰는 암호나 신호. ②장군(將軍)이라는 명칭. ③군대의 명칭. ④서로 몸짓·눈짓·말짓 등의 암호로 남몰래 연락하는 일.
【軍候 군후】무관의 한 가지. 행군할 때 적의 정세를 정찰하는 일을 관장함.

◐ 減一, 監一, 孤一, 空一, 官一, 禁一, 亂一, 勞一, 大一, 叛一, 三一, 上一, 船一, 水一, 我一, 友一, 援一, 陸一, 將一, 敵一, 全一, 前一, 從一, 舟一, 駐一, 中一, 進一, 治一, 敗一, 海一, 行一, 護一, 後一.

車2 【䡄】⑨ 軍(1775)의 본자

車2 【軌】⑨ 길 궤 〔紙〕 guǐ

〔소전〕軏 〔초서〕軌 〔간체〕軌 〔亨源〕形聲. 車+九→軌. '九(구)'가 음을 나타낸다.

〔字解〕①길. ㉠바퀴 자국, 수레바퀴가 지나간 자국. 〔史記〕結軌還轅. ㉡길, 도로(道路). ㉢천체(天體)의 운행하는 길, 궤도(軌道). 〔淮南子〕五星循軌. ㉣법, 법칙, 사람이 행해야 할 도리(道理). 〔漢書〕東平失軌. ②바퀴 사이, 수레의 두 바퀴 사이의 거리. 8척이 표준이었다. 〔中庸〕車同軌. ③굴대, 차축(車軸). 〔詩經〕車不濡軌. ④좇다, 법도를 따르다. 〔後漢書〕不軌常道. ⑤내부에서 일어나는 화란(禍亂). 늑宄. 〔春秋左氏傳〕亂在外爲姦, 內爲軌. ⑥다섯 집으로 된 한 조(組). 다섯 집으로 한 조를 만들어 서로 협력도 하고 감시(監視)도 하게 하였던 제도. 〔新書〕選之班爵列位軌伍之約, 朝覲宗遇會同享聘異職之數.
【軌度 궤도】규범. 법도. 법칙.
【軌道 궤도】①수레가 지나간 바퀴 자국. ②차가 다니는 길. 바퀴자국이 난 길. ③기차·전차의 길. 鐵路(철로). 鐵道(철도). ④천체가 공전하는 일정한 길. ⑤물체가 일정한 힘에 작용되어 운동할 때에 그리는 일정한 경로(經路). ⑥바른 길을 좇음. 법도를 따름.
【軌模 궤모】☞軌範(궤범).
【軌物 궤물】①☞軌範(궤범). ②사물을 본받음. 사물을 바로잡음.
【軌範 궤범】①모범(模範). 본보기. ②본받음. 본보기로 삼음.
【軌跡 궤적】①수레바퀴가 지나간 자국. ②선인(先人)의 올바른 행적. 모범. 본보기. ③어떤 주어진 조건에 적합한 점의 집합으로 이루어지는 도형.
【軌制 궤제】규칙. 법칙.
【軌條 궤조】궤도(軌道)에 깐 레일(rail).
【軌轍 궤철】①수레바퀴 자국. 수레. 軌躅(궤탁). ②법칙. ③전인(前人)의 행위. 전례(前例).
【軌則 궤칙】①규칙. 법칙. 본보기. ②모범으로 하여 본받음.
【軌躅 궤탁】①수레가 지나간 바퀴 자국. ②옛사람이 남긴 본보기.
【軌憲 궤헌】법. 규칙. 軌範(궤범).

◐ 繼一, 高一, 共一, 廣一, 同一, 方一, 範一, 不一, 常一, 先一, 懿一, 儀一, 異一, 正一, 車一, 鐵一, 狹一, 洪一.

車2 【䡁】⑨ 軌(1776)과 동자

車2 【䡇】⑨ 軎(1776)와 동자

車3 【軑】⑩ 줏대 대 〔泰〕 dài

〔소전〕軑 〔초서〕軑 〔字解〕줏대, 수레바퀴 끝의 휘갑쇠. 〔楚辭〕齊玉軑而竝馳.

車3 【軒】⑩ 軘(1778)과 동자

車3 【軓】⑩ 수레 바닥 둘레 나무 범 〔陷〕 fàn

〔소전〕軓 〔동자〕軓 〔간체〕軓 〔字解〕수레의 바닥 둘레 나무. 차상(車箱)의 바닥 널빤지를 고정하는 둘레의 네 개 나무 가운데, 맨 뒤의 것〔軫〕을 제외한, 양쪽과 앞의 세 개 나무. 〔鄭珍·輪輿私箋〕車箱三面之下, 卽軫之左右前方也, 其木經謂之軓.

車3 【軏】⑩ 끌채 끝 월 〔月〕 yuè

〔소전〕軏 〔초서〕軏 〔동자〕軏 〔字解〕①끌채 끝, 끌채 끝의 멍에를 메는 부분. 〔論語〕小車無軏. ②수레의 쐐기, 수레의 끌채 맨 끝의 가로나무를 고정하는 쐐기. 〔戴震·考工器圖〕小車, 衡以駕馬, 其關鍵則名輗軏.

車3 【軎】⑩ 굴대 끝 위 〔寘〕 wèi

〔소전〕軎 〔혹체〕轊 〔동자〕轊 〔동자〕轛 〔동자〕䡇 〔字解〕굴대 끝, 굴대 머리, 차축(車軸)의 양쪽 끝으로 바퀴 바깥쪽에 나와 있는 부분.

車3 【軔】⑩ 쐐기나무 인 〔震〕 rèn

〔소전〕軔 〔초서〕軔 〔간체〕轫 〔字解〕①쐐기나무, 바퀴를 괴어 수레를 멈추게 하는 나무. 〔楚辭〕朝發軔於蒼梧兮. ②멈추다, 정지시키다. 〔後漢書〕遂以頓軔乘輿輪. ③단단하다. 〔管子〕攻堅則軔. ④게으르다, 나태하다. 〔荀子〕芒軔侵楛. ⑤한 길, 여덟 자

車部 3~4획 輴軒較軖轟軘軥軝 1777

길이. 늑인. 〔孟子〕掘井九軔.
【軔車 인거】 수레를 멈춤.

車3 【輴】⑩ 하관차 춘 眞 chūn

소전 輴 [字解] ❶하관차. 하관(下棺)할 때에, 관을 실어 광중(壙中)으로 내리는 데 쓰는 수레 모양의 대(臺). ❷바퀴통을 꾸민 장식물. 수레의 바퀴통 바깥쪽으로 튀어나온 부분에 가죽을 입히고 채색으로 장식한 것. 〔周禮〕孤桼夏輴.

車3 【軒】⑩ ❶추녀 헌 元 xuān
         ❷고기 토막 헌 願 xiàn

一厂厂厂戶亘車車¹軒¬軒

소전 軒 초서 軒 간체 軒 [字源] 形聲. 車+干→軒. '干(간)'이 음을 나타낸다.

[字解] ❶①추녀, 처마. 〔左思·賦〕周軒中天. ②집, 가옥(家屋), 집을 세는 단위. 〔朱熹·記〕獨西北隅一軒亢爽可喜. ③수레. ㉮초헌(軺軒), 대부(大夫) 이상이 타는 수레. 〔春秋左氏傳〕鶴有乘軒者. ㉯수레의 총칭. 〔江淹·賦〕朱軒繡軸. ㉰수레에서 사람이 타는 곳, 차여(車輿). 〔尙書大傳〕不得乘东軒. ❹행랑, 장행랑(長行廊). 〔約·詩〕愁人掩軒臥. ❺헌함, 난간(欄干). 〔漢書〕天子自臨軒檻上. ❻창(窓), 장행랑에 달려 있는 들창. 〔左思·詩〕披軒隔前庭. ❼늪다, 수레의 앞부분이 가볍고 높은 것. 앞부분이 낮은 것은 '輊(지)'라 한다. 〔詩經〕如輊如軒. ❽오르다, 높이 올라가다. 〔木華·賦〕翔霧連軒. ❾서다, 서서 바라보다. 늑憲. 〔潘岳·賦〕鬱軒蓋以餘怒. ❿훨훨 나는 모양. 〔王粲·詩〕歸雁載軒. ⓫껄껄 웃는 모양. 〔天祿外史〕軒然仰笑. ⓬춤추는 모양. 〔淮南子〕軒軒然方迎風而舞. ⓭만족하는 모양, 자득(自得)한 모양. 〔唐書〕軒軒甚得. ❷①고기 토막, 크게 썬 고기. 〔禮記〕麋鹿田豕麋皆有軒. ②수레 앞턱의 가로나무.
【軒駕 헌가】 ①황제(黃帝) 헌원씨(軒轅氏). ②천자의 유행(遊幸).
【軒蓋 헌개】 수레의 덮개.
【軒車 헌거】 ①지붕이 궁륭형(穹窿形)으로 된 수레. 대부 이상의 고관이 타는 수레. ②망대가 있는 수레.
【軒渠 헌거】 ①웃는 모양. 즐거워하는 모양. ②사람의 몸에 매달림.
【軒擧 헌거】 높이 오름. 의기가 당당함.
【軒岐 헌기】 의술. 의학. ◯'軒'은 황제(黃帝) 헌원씨(軒轅氏), '岐'는 기백(岐伯)으로, 모두 중국 고대 의술(醫術)의 전설적인 개조(開祖).
【軒頭 헌두】 추녀 끝. 처마.
【軒燈 헌등】 처마에 다는 등.
【軒朗 헌랑】 ①활짝 트이어 시원스러운 모양. ②활짝 펴서 화창한 모양. 軒豁(헌활).
【軒溜 헌류】 낙숫물.

【軒冕 헌면】 ①초헌(軺軒)과 면류관. 높은 관직. ②대부(大夫). 귀현(貴顯)한 사람.
【軒眉 헌미】 눈썹을 폄. 기분이 좋아 눈살을 폄.
【軒帆 헌범】 수레와 배. 舟車(주거).
【軒序 헌서】 처마와 차양(遮陽).
【軒城 헌성】 제후의 성.
【軒秀 헌수】 높이 빼어남.
【軒昂 헌앙】 ①의기가 양양한 모양. ②높이 오름. ③사물의 기세가 왕성한 모양. ④거문고 소리가 화창한 모양. ⑤글씨가 힘찬 모양.
【軒掖 헌액】 궁성 안. 궁중(宮中).
【軒然 헌연】 껄껄 웃는 모양.
【軒輊 헌지】 고저·상하·대소·경중·우열이 있음. ◯'軒'은 수레의 앞이 높은 것, '輊'는 수레의 앞이 낮은 것.
【軒特 헌특】 특히 높이 뛰어남.
【軒檻 헌함】 난간(欄干).
【軒軒 헌헌】 ①춤추는 모양. ②자득(自得)한 모양. ③높이 오르는 모양. 출중한 모양. ④그치려고 하는 모양. 날다가 앉으려고 하는 모양.
【軒軒丈夫 헌헌장부】 외모가 준수하고 쾌활한 남자.
【軒號 헌호】 (佛)남의 당호(堂號)를 높이어 이르는 말.
【軒豁 헌활】 앞이 탁 트이어 시원스러움.
【軒皇 헌황】 황제(黃帝) 헌원씨(軒轅氏).

◯ 瓊-, 高-, 騰-, 蘿-, 茅-, 文-, 飛-, 山-, 犀-, 小-, 魚-, 朱-, 竹-, 層-.

車4 【較】⑪ ❶수레귀 각 覺 jiào
         ❷곧을 교 效 jué

소전 較 [字解] ❶수레의 귀. 거여(車輿)의 양 옆으로 범(軓)에서 기둥을 세워 그 위에 도리로 얹은 가로나무로, 섰을 때 손잡이로 쓴다. =較. ❷곧다, 똑바르다. =較.

車4 【軖】⑪ 물레 광 陽 kuáng

소전 軖 동자 軠 [字解] ❶물레. 실을 잣는 기구. ❷외바퀴 수레.

車4 【轟】⑪ 轟(1793)의 속자

車4 【軘】⑪ 軜(1778)과 동자

車4 【軥】⑪ 軥(1778)와 동자

車4 【軝】⑪ 바퀴통 머리 기 支 qí

소전 軝 혹체 軝 초서 軝 [參考] 軝(1779)는 딴 자.

[字解] 바퀴통 머리. 수레 바퀴통의 바깥쪽 끝을 가죽으로 싸고 채색(彩色)을 한 부분. 〔詩經〕約軝錯衡.

車部 4～5획　納 軘 軓 軞 軬 較 軛 軟 軝 軡 軻 輕 軱 軣 軥 軨

車₄【納】⑪ 고삐 납 ⓐ　nà
소전【納】초서【納】字解 고삐. 말 네 마리가 끄는 수레에서 바깥 양쪽 말의 안쪽 고삐. 〔詩經〕 遙以觼納.

車₄【軘】⑪ 돈거 돈 ⓐ　tún
소전【軘】초서【軘】동체【軘】字解 돈거(軘車). 병거(兵車) 이름. 〔春秋左氏傳〕 使軘車逆之.

車₄【軓】⑪ 轤(1794)의 속자

車₄【軞】⑪ 병거 모 ⓐ　máo
字解 병거(兵車), 임금이 탔던 병거 이름. 원융(元戎)을 정거(正車)로 삼고, 모거(軞車)를 부거(副車)로 삼는다. 〔詩經·箋〕 公路, 主君之軞車.

車₄【軬】⑪ 수레 휘장 번 ⓐ　fǎn
소전【軬】字解 수레의 휘장. 수레를 덮는 휘장.

車₄【較】⑪ 輔(1783)와 동자

車₄【軛】⑪ 軶(1779)의 속자

車₄【軟】⑪ 연할 연 ⓐ　ruǎn
一 厂 厂 百 亘 車 車 軟 軟
본자【輭】간체【软】字源 形聲. 車＋耎→輭→軟. '耎(연)'이 음을 나타낸다.
字解 ①연하다. ㉮보들보들하다, 몰랑몰랑하다, 하늘하늘하다. 〔蘇軾·詩〕 軟紅猶戀戀車塵. ㉯부드럽다, 문사(文詞)가 딱딱하지 않다. 〔柳宗元·文〕 文詞婉軟. ②연약하다. ㉮몸이 약하다. ＝耎. 〔史記〕 妻子軟弱. ㉯정신이 굳세지 못하다. 〔論衡〕 或儒劣而軟弱.
【軟絹 연견】 부드럽게 누인 명주.
【軟肌 연기】 부드러운 살결.
【軟懦 연나】 가냘픔. 애잔함. 연약함.
【軟美 연미】 ①연하고 맛이 좋음. ②부드럽고 아름다움.
【軟媚 연미】 상냥하고 아리따움.
【軟盤 연반】 재산이 많고 권세 있는 가문의 잔치 자리에서 상을 차리지 않고 기녀가 손에 술을 받들고 권하는 일.
【軟聲 연성】 부드러운 소리. 여자의 말소리.
【軟熟 연숙】 ①약함. 연약함. 유화함. 유약함. ②열매가 너무 익어 물렁물렁해짐.

【軟語 연어】 부드러운 말. 상냥한 말씨.
【軟娟 연연】 가냘프고 약함. 섬약(纖弱)함.
【軟節 연절】 봄〔春〕.
【軟塵 연진】 ①부드러운 티끌. ②화류계(花柳界)에 관한 일.
【軟飽 연포】 술을 마심.
【軟風 연풍】 부드러운 바람. 미풍(微風).
○ 甘—, 硬—, 輕—, 嬌—, 芳—, 細—, 溫—, 婉—, 柔—, 淸—.

車₄【軝】⑫ 軷(1779)와 동자

車₄【軡】⑪ 軏(1776)과 동자

車₄【軥】⑪ 轉(1791)의 속자

車₅【軻】⑫ 굴대 가 ⓐ　kē
소전【軻】초서【軻】간체【轲】字解 ①굴대. ②굴대가 이어져 있어 위험한 수레. ③일이 뜻대로 되지 않다. 〔杜甫·詩〕 德睪一代常軻軻. ④맹자(孟子)의 이름.
【軻峨 가아】 높이 솟은 모양.
○ 轗—, 丘—.

車₅【輕】⑫ 輕(1782)의 속자

車₅【軱】⑫ 큰 뼈 고 ⓐ　gū
초서【軱】간체【軱】字解 큰 뼈. 대골(大骨), 반골(盤骨). 〔莊子〕 技經肯綮之未嘗, 而況大軱乎.

車₅【軣】⑫ 수레 가로나무 굉 ⓐ　hóng
동자【軣】字解 수레의 가로나무. ＝轟.

車₅【軥】⑫ 멍에 구 ⓐ　qú
소전【軥】초서【軥】동자【軥】字解 ①멍에. 마소의 목에 얹어 수레나 쟁기를 끌게 하는 ∧ 모양의 가로나무. 〔春秋左氏傳〕 射兩軥而還. ②끌다, 당기다. ③운구(運柩)하는 수레. ④굴대, 차축(車軸).

車₅【軨】⑫ 사냥 수레 령 ⓐ　líng
소전【軨】혹체【軨】초서【軨】字解 ①사냥 수레, 수렵할 때 쓰는 수레. 〔漢書〕 太僕以軨獵車, 奉迎曾孫. ②거상(車箱)의 밑바닥에 대는 격자 모양의 틀. ③헌함(軒檻) 사이에 끼운 창살. ≒櫺. 〔漢書〕 據

車部 5획

輇軒而周流兮. ④굴대 비녀장의 머리에 붙이는 가죽. 〔禮記〕 僕展軨效駕. ⑤작다, 영세하다. 늑零.
【輇獵車 영렵거】사냥에 쓰이는 작은 수레.
【輇軒 영헌】수레의 창(窓).
◐ 展－.

車5【軬】⑫ ❶수레 덮개 반 fǎn ❷수레 뜸집 분 fán
字解 ❶수레 덮개. 비를 피하기 위하여 수레 위를 덮는 물건. ❷수레 뜸집.

車5【輽】⑫ 軬(1779)과 동자

車5【軷】⑫ 발제 발 bá
字解 발제(軷祭). 늑祓. 〔詩經〕取羝以軷.
【軷壇 발양】발제를 지내는 제단(祭壇).
【軷祭 발제】먼 길을 떠날 때에 도신(道神)에게 지내는 제사.
◐ 祀－, 釋－, 舌－, 祭－, 祖－.

車5【輩】⑫ 輩(1786)의 속자

車5【軮】⑫ ❶수레 소리 앙 yǎng ❷고을 이름 복 yǎng
字解 ❶①수레 소리. 수레가 삐걱거리는 소리. 〔元積·賦〕軦軋渾憂地軮攉. ②넓고 크다. 〔揚雄·賦〕忽軮軋而亡垠. ❷고을 이름, 현(縣)의 이름. 〔後漢書〕浚儀公主, 適軮侯.
【軮軋 앙알】①수레가 삐걱거리는 소리. ②끝이 넓고 큰 모양.

車5【軶】⑫ 멍에 액 è
字解 멍에. 마소의 목에 얹어 수레나 쟁기를 끌게 하는 ∧ 모양의 가로나무. ＝鬲. 늑掆.

車5【䡅】⑫ ❶수레 용 rǒng ❷밀 부 rǒng
字解 ❶①수레, 가벼운 수레. ②돕다, 보좌하다. 〔易乾坤鑿度〕坤大輔發乃應. ③되밀다, 수레를 되밀다. 〔漢書〕再發䡅. ❷밀다, 수레를 밀다. 〔淮南子〕䡅車奉饟.

車5【軼】⑫ ❶앞지를 일 yì ❷갈마들 질 dié ❸수레바퀴 철 zhé
字解 ❶①앞지르다, 따라잡다 앞서다. 〔淮南子〕軼鶡雞於姑餘. ②찌르다, 범하다. 〔春秋左氏傳〕懼其侵軼我也. ③빼어나다, 뛰어나다. 〔漢書〕因秦襲有軼材. ④달리다, 함부로 마구 달리다. 〔漢書〕機駭蠡軼. ⑤지나다, 통과하다. 〔後漢書〕軼范蠡之絶迹. ⑥넘치다. ＝溢·泆. 〔漢書〕軼爲滎. ⑦흩어지다, 없어지다. ＝逸. 〔史記〕其軼乃時時見於他說. ❷갈마들다, 번갈아 들다. ＝迭. 〔史記〕軼興軼衰. ❸수레바퀴. ＝轍. 〔史記〕伏式結軼.
【軼群 일군】여럿 중에서 썩 뛰어남. 출중(出衆). 拔群(발군).
【軼倫 일륜】보통보다 나음. 보통을 넘어섬.
【軼民 일민】은자(隱者). 逸民(일민).
【軼事 일사】세상에 널리 알려지지 않은 사실.
【軼詩 일시】시경(詩經)에 수록되지 않은 고시(古詩). 逸詩(일시).
【軼才 일재】뛰어난 재능을 가진 사람.
【軼材 일재】뛰어난 천성(天性).
【軼蕩 질탕】지나치게 방탕한 모양.
◐ 競－, 跨－, 冠－, 貫－, 樂－, 亡－, 奔－, 越－, 遺－, 馳－, 侵－.

車5【軧】⑫ 수레 감속 막대 저 dǐ
參考 軧(1777)는 딴 자.
字解 수레 감속 막대. 비탈길을 내려갈 때 속도를 줄이도록 수레의 뒤에 장치한 나무 막대.

車5【軴】⑫ 수레 머무를 주 zhù
字解 수레가 머무르다. 수레가 멈추다.

車5【軹】⑫ 굴대 머리 지 zhǐ
字解 ①굴대 머리. 차축(車軸)의 양쪽 끝 부분. 〔周禮〕軹崇三尺有三寸也. ②바퀴통 바깥쪽의 비녀장 구멍. 바퀴통 안쪽의 구멍을 '賢(현)'이라 한다. 〔周禮〕五分其轂之長, 去一以爲賢, 去三以爲軹. ③격자창, 거여(車輿)의 양 옆과 앞턱 가로나무 아래쪽에 격자창 모양으로 만든 것. 〔周禮〕參分較圍去一, 以爲軹圍. ④어조사. 늑只. 〔莊子〕而奚來爲軹. ⑤두 갈래, 분기(分岐). 늑岐·枝·枳.

車5【軫】⑫ 수레 뒤턱 나무 진 zhěn
字解 ①수레의 뒤턱 나무. 거여(車輿)의 바닥 둘레에 있는 네 개의 나무 가운데 왼쪽과 오른쪽, 앞의 세 개를 '軓(범)'이라 하고, 뒤의 한 개를 '軫'이라 한다. 그 네 개의 나무를 통틀어 '軫'이라고도 한다. 〔周禮〕加軫與轐焉. ②수레, 수레의 통칭. 〔後漢書〕往車雖折, 而來軫方遒. ③기러기발. 〔李白·詩〕拂軫弄瑤琴. ④

車部 5〜6획 軫 軨 軺 軸 軯 輆 輁 較

구르다, 빙빙 돌다. 〔太玄經〕軫轉其道. ❺슬퍼하다, 마음 아파하다. 〔楚辭〕出國門而軫懷兮. ❻틀어박히다, 두문불출하다. 〔楚辭〕結而紆軫. ❼사각형, 네모꼴. 〔楚辭〕軫石崔嵬. ❽많고 성대한 모양. 〔淮南子〕士卒殷軫. ❾길, 두둑, 경계(境界). ≒畛. ❿별 이름. 28수(宿)의 한 가지. 〔史記〕軫爲車, 主風.
【軫念 진념】임금의 마음. 임금이 아랫사람의 처지나 형편을 걱정함. 宸襟(신금).
【軫悼 진도】임금이 슬퍼하고 비통히 여김.
【軫憂 진우】마음 아파하며 근심함.
【軫轉 진전】돎. 회전함.
【軫軫 진진】왕성하고 성대한 모양.
【軫懷 진회】염려함. 걱정함. 상심함.
【軫恤 진휼】불쌍히 여겨 베풀어 줌.
❶琴—, 鸞—, 發—, 庇—, 瑤—, 紆—, 殷—, 翼—, 接—, 停—, 彫—, 車—.

車5【軪】⑫ 軫(1779)과 동자

車5【軨】⑫ 軫(1779)의 속자

車5【軺】⑫ 수레 초 𨏍 yáo
소전 𨏍 초서 𨎍 간체 軺 字解 ❶수레, 가볍고 작은 수레. 〔漢書〕立軺倂馬. ❷운구(運柩)하는 수레.
【軺車 초거】①옛날의 병거(兵車). ②사방을 바라볼 수 있게 만든 수레. ③말 한 필이 끄는 작은 수레.
【軺傳 초전】신분이 낮은 사람이 타는, 역참(驛站)에 딸린 수레.
【軺軒 초헌】①가벼운 수레. 輕車(경거). ②고관이 타던 외바퀴 수레. 軒軺(헌초).
❶使—, 停—, 軒—.

車5【軸】⑫ 굴대 축 𨏐 zhóu
소전 𨏐 속서 𨎐 간체 軸 字解 ❶굴대. 수레바퀴의 한가운데에 뚫린 구멍에 끼우는 나무 쇠 막대. 〔史記〕車軸折. ❷북. 베틀 기구의 한 가지. 〔詩經〕杼軸其空. ❸두루마리, 두루마리로 된 서화나 서권(書卷), 서권을 세는 단위. 〔韓愈·詩〕鄴侯家多書, 揷架三萬軸. ❹두루마리의 심목(心木), 권축(卷軸). 〔唐書〕白牙軸, 紅牙籤. ❺중요한 지위, 사물의 요점. 〔漢書〕當軸處中. ❻앓다, 병들다. ≒逐. ❼나아가다. 〔詩經〕碩人之軸. ❽망설이어 나아가지 않다. ❾수레 앞턱 가로나무의 아래쪽을 가로세로로 얽는 나무. ❿운구(運柩)할 때 관을 올려 놓는 대(臺). 또는 그 대 밑에 바퀴 대신 구르는 산륜(散輪). 〔儀禮〕遷于祖用軸. ⓫땅 이름. 〔詩經〕淸人在軸.
【軸頭 축두】①굴대 머리. 차축(車軸)의 끝부분.

②족자(簇子)의 하단에 대는 축목(軸木). ③國 시축(詩軸)·횡축(橫軸) 등의 첫머리에 있는 시·글씨·그림 따위.
【軸簾 축렴】주렴을 말아 올림. 발을 걷음.
【軸艫 축로】배의 이물과 고물. 舳艫(축로).
❶坤—, 掛—, 券—, 權—, 折—, 重—, 地—, 車—, 樞—, 標—, 衡—.

車5【輕】⑫ 수레 소리 팽 𨎉 pēng
字解 ❶수레 소리, 수레가 지나가는 소리, 거마(車馬) 소리. ❷종소리, 북소리, 종고(鐘鼓)의 소리. 〔張衡·賦〕輕磕隱訇. ❸우렛소리, 뇌성(雷聲). 〔張衡·賦〕豊隆輕其震霆兮.

車6【輆】⑬ ❶평평하지 않을 개 𨎋 kǎi ❷나라 이름 개 𨎌 kài
字解 ❶①평평하지 않다, 수레가 평평하지 않다. ②방해하다, 훼사(毀事)하다. ≒閡. ❷나라 이름. 개목(輆沐)은 옛 나라 이름. 〔墨子〕昔者越之東, 有輆沐之國者.

車6【輁】⑬ 수레 흔들릴 견 𨎍 𨎎 juàn
字解 수레가 흔들리다.

車6【軡】⑬ 관굄차 공 𨎏 gǒng
字解 관굄차. 하관할 때 관을 괴어 얹는 침상(寢床)같이 생긴 바퀴 없는 수레. =拱. 〔儀禮〕夷牀軡軸.
【軡軸 공축】관(棺)을 실어 나르는 수레.

車6【較】⑬ ❶견줄 교 𨎐 jiào ❷수레귀 각 𨎑 jué
一 丅 百 亘 車 軒 軒 較 較
간체 較 參考 대법원 지정 인명용 한자의 음은 '교'이다.
字源 形聲. 車+交→較. '交(교)'가 음을 나타낸다.
字解 ❶①견주다, 비교하다. ≒校. 〔老子〕長短相較. ②같지 않다, 대등하지 않다. ③나타내다, 드러내다. ④곧다, 바르다. ⑤밝다, 환하다. ⑥조금, 거의. 〔杜甫·詩〕春寒花較遲. ⑦차(差). 수학에서 뺄셈을 하여 남은 수. ❷①수레의 귀. 거여(車輿)의 양 옆으로 범(軓)에서 기둥을 세워 그 위에 도리로 얹은 가로나무로, 섰을 때 손잡이로 쓴다. =軓. 〔周禮〕以其隆之半爲較崇. ②곧다, 똑바르다. ③밝다, 환하다. 〔史記〕此其尤大, 彰明較著者也. ④겨루다, 경쟁하다. ≒角. 〔孟子〕魯人獵較. ⑤법도, 일정한 법식. 〔史記〕闇於大較. ⑥대강, 대략. 〔史記〕此其大較也.
【較略 교략】개략. 대개. 대강의 줄거리.
【較量 교량】①비교하여 헤아림. ②저항함.
【較明 교명】분명함. 명확함.

【較炳 교병】 현저하게 밝음.
【較覆 교복】 비교하여 조사함.
【較言 교언】 명백하게 말함. 明言(명언)
【較如畫一 교여획일】 '一'자(字)를 써 놓은 것처럼 분명하고 확실함.
【較著 교저】 분명함. 명백함. 顯著(현저).
【較準 교준】 비교하여 바로잡음. 較正(교정).
【較差 교차】 최고와 최저의 차이.
【較覈 교핵】 비교하여 조사함.
【較獵 각렵】 무술을 겨룸.
【較藝 각예】 기예를 겨룸.
【較證 각증】 따지어 조사함.
【較親 각친】 다투고 뒤얽힘.
❶ 大-, 比-, 獵-, 詮-, 平-.

車 6 【輂】⑬ 수레 국 囷 jú
[字解] ①수레, 짐을 싣는 대형 마차. 〔周禮〕正治其徒役與其輂輦. ②손수레, 손으로 미는 수레. 〔江永·文〕從後推之曰輂. ③사람을 태우는 가마. ≒橋. 〔漢書〕陳奮輂.
【輂輦 국련】 말이 끄는 수레와 사람이 끄는 수레.

車 6 【輅】⑬ ❶수레 로 囮 hé
❷끌채마구리 학 囝 hé
❸임금 수레 락 藥 lù
❹맞이할 아 禡 yà
간체 辂 [參考] 대법원 지정 인명용 한자의 음은 '로'이다.
[字解] ❶①수레. ㉠임금의 수레, 대로(大路). 〔張衡·賦〕龍輅充庭. ㉡은대(殷代)의 수레. 〔論語〕乘殷之輅. ㉢섶으로 덮개를 한 허술한 수레, 시거(柴車). 〔列子〕乘其華輅. ㉣큰 수레. 〔國語〕輅車十五乘. ②끌채마구리. 끌채 앞을 가로막은 나무. 앞에서 끌 수도 있고 끌채 안에 들어가 밀 수도 있게 한다. =輅. ❸끌채마구리. ※❶의 ②와 같다. 〔漢書〕敬脫輓輅. ❸임금의 수레, 맞이하다, 봉영(奉迎)하다. =訝. 〔春秋左氏傳〕狂狡輅鄭人.
【輅馬 노마】 커다란 말. 임금이 타는 말.
【輅木 노목】 꾸미지 않은 수레.
❶ 大-, 輓-, 副-, 玉-, 篆-, 正-, 彤-, 次-, 車-, 蒼-, 綴-, 翠-.

車 6 【軿】⑬ 軿(1786)의 속자
[參考] 대법원 지정 인명용 한자음은 '병'이다.

車 6 【䡉】⑬ 輭(1787)의 속자

車 6 【軾】⑬ 수레 앞턱 가로나무 식 職 shì
소전 軾 초서 軾 간체 轼 [字解] 수레의 앞턱 가로나무. 그 나무를 잡고 몸을 굽히어 절하다. 〔魏徵·詩〕憑軾下東藩.

車 6 【輀】⑬ 수레 이 囝 ér
소전 輀 소전 轜 동자 轜 간체 輀 [字解] 수레, 관(棺)을 싣는 수레. 〔晉書〕靈輀夙駕.
【輀車 이거】 관(棺)을 싣는 수레.
❶ 靈-.

車 6 【載】⑬ ❶실을 재 國 zài, zǎi
❷일 대 國 dài
소전 載 초서 戴 간체 载 [參考] 대법원 지정 인명용 한자의 음은 '재'이다.
[字源] 形聲. 𢦏+車→載. '𢦏(재)'가 음을 나타낸다.
[字解] ❶①싣다. ㉠수레에 실어서 운반하다. 〔易經〕大車以載. ㉡지우다, 맡기다. 〔荀子〕以國載之. ㉢적다, 기재(記載)하다. 〔書經〕冀州旣載. ㉣이다, 머리 위에 얹다. 〔詩經〕載弁俅俅. ②타다. ㉠수레에 오르다. 〔史記〕旣興同載. ㉡오르다, 높이 되다. 〔漢書〕身籠而載高位. ③탈것, 수레·배·썰매 따위. 〔書經〕予乘四載. ④실은 것, 짐, 하물(荷物). 〔詩經〕載輸爾載. ⑤베풀다, 설비하다. 〔詩經〕清酒旣載. ⑥두다, 놓아 두다. 〔史記〕側載臭茝. ⑦쌓다, 거듭하다. 〔後漢書〕奕世載德. ⑧제사 지내다, 받들어 모시다. 〔國語〕重耳若獲集德而歸國. ⑨행하다. 〔國語〕若登月以載, 其毒必大. ⑩이루다, 성취하나. 〔周禮〕攝而載果. ⑪일. ㉠임무. 〔書經〕祇載見瞽瞍. ㉡사업. 〔書經〕有能奮庸熙帝之載. ⑫시초, 처음으로, 시작하다. 〔孟子〕朕載自亳. ⑬나다, 출생하다. =栽. 〔管子〕地重人載. ⑭알다, 인식하다. 〔詩經〕文王初載. ⑮꾸미다, 수식하다. 〔淮南子〕載以銀黃. ⑯차다, 가득하다. 〔詩經〕厥聲載路. ⑰속이다. ⑱맹약(盟約)을 적은 문서. 〔春秋左氏傳〕載在盟府. ⑲맹세하는 말, 맹사(盟辭). 〔周禮〕掌盟載之灋. ⑳문서(文書), 전적(典籍). 〔史記〕載籍極博. ㉑수레의 덮개. 〔管子〕師車之載幾何乘. ㉒어조사(語助辭). 이에, 곧. 〔詩經〕載馳載驅. ㉓해, 년(年). 〔書經〕朕在位七十載. ㉔두, 둘. ≒再. ❷이다, 머리 위에 얹다. =戴.
【載記 재기】 사서(史書) 편찬에서 정통이 아닌 나라들의 일을 서술한 기록.
【載路 재로】 길에 가득 함.
【載錄 재록】 기록하여 실음.
【載覆 재부】 땅은 만물을 싣고, 하늘은 만물을 덮음. 곧, 천지(天地)나 천지의 덕(德).
【載祀 재사】 해(年).
【載書 재서】 ①열국(列國)의 맹약(盟約)을 기록한 문서. 열국이 맹약할 때에는 소를 잡아 그 피를 마시며, 그 시체 위에 서약서를 얹어 함께 땅속에 파묻었음. ②책을 실음.
【載送 재송】 물건을 실어서 보냄.

【載育 재육】 땅이 만물을 싣고 기르는 일.
【載籍 재적】 책. 서적(書籍). 전적(典籍).
【載酒 재주】 술을 가지고 감.
【載舟覆舟 재주복주】 물은 배를 띄우지만 배를 뒤집어엎기도 함. 백성은 임금을 받들지만 또한 임금을 해칠 수도 있음.
【載戢干戈 재집간과】 전란(戰亂)이 끝나 무기를 거두어 간수함. 천하가 태평함.
● 刊-, 揭-, 記-, 登-, 滿-, 寫-, 船-, 收-, 述-, 連-, 積-, 轉-, 舟-, 搭-.

車
6 【輇】 ⑬ 수레 전 庋 quán

[소전] 輇 [초서] 輇 [간체] 轻 字解 ①수레. 관(棺)을 싣는, 바퀴살이 없는 수레. ②작은 재주, 어쭙잖은 능력. ③저울질하다, 헤아려 비교하다. 늑銓. 〔莊子〕後世輇才諷說之徒.
【輇量 전량】 인물을 헤아려 비교함.
【輇才 전재】 ①작은 재주. 小才(소재). ②인물을 비교함.

車
6 【輈】 ⑬ 끌채 주 庋 zhōu

[소전] 輈 [주문] 輈 [초서] 輈 [간체] 辀 字解 ①끌채, 작은 수레에 메우는 한 개로 된 끌채. 양쪽 두 개로 된 끌채는 '轅(원)'이라 한다. ②거여(車輿), 거상(車箱). 수레에서 사람이 타거나 짐을 싣는 곳. ③굳센 모양, 놀라 두려워하는 모양. 〔後漢書〕汝今輈張, 怙汝兄邪. ④자고(鷓鴣)의 우는 소리.
【輈張 주장】 ①강경(強勁)한 모양. 굳센 모양. ②놀라 두려워하는 모양.
● 梁-, 停-, 摧-, 挾-, 華-.

車
6 【軵】 ⑬ 초헌 뒷발판 증 庋 zhěng

[소전] 軵 [동자] 軵 字解 초헌(軺軒)의 뒷발판.

車
6 【輊】 ⑬ 숙은 수레 지 寘 zhì

[초서] 輊 [간체] 轾 字解 ①숙은 수레, 수레의 앞이 무거워서 숙음. 수레의 앞이 가볍고 높은 것은 '軒(헌)'이라 한다. 〔詩經〕如輊如軒. ②수레의 앞뒤 무게가 균형이 맞게 조절하다. 〔後漢書〕居前不能令人輊, 居後不能令人軒.

車
7 【輕】 ⑭ ❶가벼울 경 庚 qīng
        ❷조급히 굴 경 敬 qìng

一 亠 百 亘 車 車ˊ 輊 輊 輕 輕

[소전] 輕 [초서] 輕 [속자] 軽 [간체] 轻 字源 形聲. 車+巠→輕. '巠(경)'이 음을 나타낸다.

字解 ❶①가볍다. ㉮무게가 적다. 〔李商隱·詩〕秋庭暮雨類輕埃. ㉯적다. 〔北史〕部曲輕少. ㉰모자라다, 경박하다. 〔後漢書〕夫萬乘至重, 而壯者慮輕. ㉱신분이 낮다. 〔荀子〕養德辨輕重而已. ㉲값이 없다. 〔漢書〕爲錢益多而輕. ㉳손쉽다, 홀가분하다. 〔南齊書〕出入輕罩. ㉴재빠르다. 〔戰國策〕輕車銳騎. ㉵경솔하다. 〔荀子〕喜則輕而翾. ㉶세력이 없다. 〔韓非子〕無勢之謂輕. ㉷심하지 않다. 〔淮南子〕有輕罪者, 贖以金. ②가벼이 하다. ㉮깔보다, 업신여기다. 〔史記〕益輕李氏. ㉯가볍게 하다. 〔書經〕刑罰世輕世重. ③가벼운 수레, 경거(輕車). 〔楚辭〕前輕輬之鏘鏘兮. ❷①조급히 굴다, 경솔하다. 〔春秋左氏傳〕秦師輕而無禮, 必敗. ②함부로, 경솔하게 〔漢書〕不輕得遠.
【輕舸 경가】 가볍고 빨리 달리는, 작은 배. 輕舟(경주).
【輕減 경감】 덜어서 가볍게 함.
【輕車 경거】 ①가볍고 빨리 달리는 수레. ②옛날의 병거(兵車).
【輕裾 경거】 가벼운 옷자락.
【輕遽 경거】 말이나 행동이 가벼움.
【輕擧 경거】 ①가볍게 오름. 등선(登仙)하거나 은둔하는 일. 輕矯(경교). ②높은 지위에 오름. ③ ☞ 輕擧妄動(경거망동).
【輕擧妄動 경거망동】 경솔하게 함부로 행동함.
【輕車熟路 경거숙로】 경쾌한 수레를 타고 낯익은 길을 달림. 사물에 숙련되어 있음.
【輕健 경건】 몸이 가볍고 건강함.
【輕輕 경경】 가벼운 모양. 경박한 모양.
【輕繫 경계】 허물이 가벼운 죄인.
【輕矯 경교】 ☞ 輕擧(경거)①.
【輕裘肥馬 경구비마】 가볍고 따뜻한 갖옷을 입고 살진 말을 탐. 부귀(富貴)함. 輕肥(경비).
【輕裘緩帶 경구완대】 가벼운 갖옷과 느슨한 허리띠. ㉠느긋한 모양. 여유 있는 태도. ㉡간편한 복장.
【輕騎 경기】 가볍게 차린 기병.
【輕諾 경낙】 경솔하게 승낙함. 가볍게 떠맡음.
【輕暖 경난】 ①약간 따뜻함. ②가볍고 따뜻한 의복.
【輕慮 경려】 경솔한 생각. 短慮(단려).
【輕利 경리】 ①이익을 가벼이 여김. ②병기 따위가 가볍고 날카로움. ③☞ 輕便(경편)①.
【輕命 경명】 목숨을 가벼이 여김.
【輕侮 경모】 가벼이 보아 업신여김. 輕易(경이).
【輕蔑 경멸】 가볍게 보고 업신여김.
【輕妙 경묘】 경쾌하고 교묘함. 경쾌하고 묘미가 있음.
【輕微 경미】 정도가 가볍고 작음.
【輕薄 경박】 ①침착하지 못함. 경솔하고 천박함. ②가볍게 여김. 업신여김. ③가볍고 얇음. 가치가 적음.
【輕犯 경범】 비교적 가벼운 범죄.
【輕兵 경병】 ①가볍게 무장한 병사. 輕卒(경졸). ②세력이 약한 군대.
【輕服 경복】 ①가벼운 의복. 간편한 의복. 또는

車部 7획 輕 輑 輓 輔

좋은 의복. ②시마(緦麻) 따위의 짧은 기간 동안 입는 복제(服制).
【輕浮 경부】①가볍게 뜸. ②☞輕佻浮薄(경조박). ③내용은 충실하지 못하고 겉만 화려함.
【輕肥 경비】☞輕裘肥馬(경구비마).
【輕傷 경상】가볍게 다침.
【輕速 경속】가볍고 빠름. 輕迅(경신).
【輕率 경솔】언행이 진중하지 못하고 가벼움. 輕卒(경졸).
【輕視 경시】가볍게 봄. 깔봄.
【輕迅 경신】가볍고 빠름. 輕速(경속).
【輕軟 경연】가볍고 부드러움.
【輕銳 경예】몸이 가볍고 날랜 병사.
【輕雲 경운】엷은 구름.
【輕銀 경은】알루미늄.
【輕陰 경음】①약간 흐림. ②엷은 그림자.
【輕易 경이】①매우 손쉬움. 용이함. ②얕봄. 輕侮(경모).
【輕以約 경이약】모든 일을 다 잘하기를 바라기보다는 한 가지 일이라도 잘하면 그것으로 충분하다고 여겨서, 남을 심하게 꾸짖지 않는 일.
【輕日 경일】약한 햇빛.
【輕財 경재】①재물을 가벼이 여김. ②보잘것없는 재물.
【輕佻 경조】언행이 가볍고 신중하지 못함.
【輕躁 경조】침착하지 못하고 안절부절못함.
【輕佻浮薄 경조부박】사람됨이 경솔하고 천박함. 輕浮(경부).
【輕卒 경졸】①☞輕兵(경병)①. ②☞輕率(경솔).
【輕舟 경주】①가볍고 빨리 달리는 배. 輕舸(경가). ②배다리. 浮橋(부교).
【輕重 경중】가벼움과 무거움.
【輕重斂散 경중염산】풍년에는 곡식 가격이 떨어지므로 정부가 곡식을 사들여 지나친 하락을 막고, 흉년에는 곡식 가격이 등귀하므로 정부가 양곡을 방매하여 지나치게 오르는 것을 막음.
【輕重之權 경중지권】임시응변의 계책으로 물가 조절을 강구하는 일.
【輕疾 경질】①경솔하고 성급함. ②빠름. ③병을 가볍게 함.
【輕捷 경첩】몸이 가볍고 날램. 敏捷(민첩).
【輕脆 경취】경박하고 의지가 약함.
【輕快 경쾌】가뜬하고 유쾌함.
【輕波 경파】잔물결. 微波(미파).
【輕便 경편】①간단하고 편리함. 輕利(경리). ②홀가분함. ③날렵함.
【輕剽 경표】①경솔한 일. 갑작거리는 일. 浮剽(부표). ②일정한 생계 근거 없이 남을 협박하여 노략질하는 일.
【輕霞 경하】아침이나 저녁의 엷은 노을.
【輕悍 경한】민첩하고 사나움.
【輕俠 경협】의리를 중요하게 여겨 자신의 목숨을 가벼이 여기고 남을 위하는 협기(俠氣). 또는 그런 사람. 경박한 협기.
【輕忽 경홀】①경박하고 소홀함. ②깔보고 소홀히 대접함.
● 不可-, 淸-, 剽-.

車7【輕】⑭ 軒(1777)과 동자

車7【輑】⑭ 굴대 군 囷 qūn
[소전] 輑 [자해]①굴대, 차축(車軸). ②잇달다, 서로 잇달아 있는 모양.〔張衡·賦〕隄塍相輑.

車7【輓】⑭ 끌 만 阮 願 wǎn
[소전]輓 [초서]輓 [동자]挽 [자해]①끌다, 수레를 끌다.〔春秋左氏傳〕或輓之, 或推之. ②만사(輓詞), 죽음을 애도하는 시가(詩歌).〔晉書〕輓歌出於漢武帝, 云云, 歌聲哀切, 遂以爲送終之禮.
【輓歌 만가】①상여를 메고 갈 때 부르는 노래. 葬送曲(장송곡). ②죽은 사람을 애도하는 노래. 挽歌(만가).
【輓車 만거】수레를 끎. 끄는 수레.
【輓馬 만마】짐을 끄는 말.
【輓詞 만사】죽은 사람을 애도하여 지은 글. 輓章(만장).
【輓輸 만수】수레로 실어 나름.
【輓詩 만시】죽은 사람을 애도하는 시.
【輓章 만장】☞輓詞(만사).
【輓推 만추】앞에서 끌고 뒤에서 밂. 남을 추천함. 推輓(추만).
● 推-.

車7【輔】⑭ 덧방나무 보 麌 fǔ
[소전]輔 [초서]輔 [동자]較 [간체]辅 [자해]덧방나무. ㉮바퀴 덧방나무. 무거운 짐을 실을 때 바퀴에 끼워 바퀴살의 힘을 돕기 위해 바퀴 양쪽에 덧대어 세우는 나무.〔詩經〕無棄爾輔. ㉯수레 덧방나무. 거여(車輿)의 양쪽에 덧붙여 짐이 떨어지지 않도록 하는 나무. ②돕다. ㉮보좌하다, 조력하다.〔呂氏春秋〕齊晉又輔之. ㉯바루다, 도와서 바르게 하다.〔書經〕爾尙輔予一人. ③도움. ㉮돕는 일, 보좌.〔呂氏春秋〕爲之丞輔. ㉯보조역, 부개(副介).〔戰國策〕王令向壽輔行. ㉰벗, 친구.〔禮記〕是以雖離師輔而不反. ㉱하급 관리.〔周禮〕置其輔. ㉲대신(大臣).〔後漢書〕稱爲良輔. ④경기(京畿), 서울에 인접해 있는 땅.〔晉書〕漢興而都長安, 關中之郡, 號曰三輔. ⑤광대뼈, 협골(頰骨) =酺.〔易經〕咸其輔頰舌.
【輔車 보거】①수레의 덧방나무와 수레바퀴. ②이해관계가 깊음.
【輔車相依 보거상의】수레의 덧방나무와 수레바퀴가 서로 의지함. 서로 떠날 수 없을 정도로 밀접한 관계.
【輔傾 보경】기운 것을 떠받쳐 바로잡음.
【輔國 보국】나라를 도움. 나랏일을 보좌함.
【輔國安民 보국안민】충성을 다하여 나랏일을

돕고 백성을 편안하게 함.
【輔導 보도】 도와서 인도함.
【輔相 보상】 ①거들고 도움. ②재상(宰相).
【輔成 보성】 도와서 이룸.
【輔世 보세】 세상 사람을 도움.
【輔臣 보신】 보좌하는 신하.
【輔翼 보익】 도움. 보좌함.
【輔仁 보인】 서로 도와서 인덕(仁德)을 권면(勸勉)함.
【輔正 보정】 도와서 바로잡음.
【輔佐 보좌】 윗사람을 도와 일을 처리함.
【輔贊 보찬】 ☞ 輔翼(보익).
【輔弼 보필】 윗사람의 일을 도움.
【輔行 보행】 정사(正使)를 도와서 일을 집행함. 부사(副使)로서 직무를 수행함. 또는 그 사람.
◐ 諫ㅡ, 卿ㅡ, 公ㅡ, 匡ㅡ, 內ㅡ, 大ㅡ, 藩ㅡ, 三ㅡ, 承ㅡ, 牙ㅡ, 良ㅡ, 英ㅡ, 王ㅡ, 龍ㅡ, 元ㅡ, 翼ㅡ, 宰ㅡ, 鼎ㅡ, 雋ㅡ, 威ㅡ, 台ㅡ, 挾ㅡ, 煩ㅡ, 后ㅡ.

車 7 【輇】⑭ 輇(1786)와 동자

車 7 【輐】⑭ 둥글 완 翫 wàn
둥글다, 모난 데를 깎아서 둥글게 하다. 〔莊子〕椎柏輐斷, 與物宛轉.
【輐斷 완단】 모난 데를 깎아 둥글게 함.

車 7 【輚】⑭ 기뻐할 전 阢 tián
기뻐하다. 〔呂氏春秋〕天子輚輚啟啟, 莫不載悅.
【輚啟 전진】 기뻐하고 즐거워하는 모양.

車 7 【輇】⑭ 수레 소리 전 阢 tián
수레 소리, 수레들이 지나가는 요란한 소리. 〔左思·賦〕振旅輇輇.

車 7 【輒】⑭ 문득 첩 靨 zhé
①문득, 갑자기. ②쉽게, 대수롭지 않게. 〔漢書〕盜賊不輒伏辜. ③번번이, 때마다. 〔史記〕張負女五嫁而夫輒死. ④오로지, 오로지하다. 〔晉書〕敢人覆檢之刑, 甘受專輒之罪. ⑤수레 양쪽에 두르는 휘장. ⑥움직이지 않는 모양. 〔莊子〕輒然忘吾有四肢形體也.
【輒然 첩연】 ①움직이지 않는 모양. ②갑자기. 忽然(홀연).
【輒盡 첩진】 순식간에 다 써 버림.
【輒悔 첩회】 이미 약속한 일을 후회하여 이를 변경하는 일.
◐ 專ㅡ, 推ㅡ.

車 7 【輙】⑭ 軸(1780)의 속자

車 8 【輡】⑮ 가기 힘들 감 壈 kǎn
①가기 힘들다, 길이 힘하여 수레가 나아가지 못하는 모양. ②때를 만나지 못하여 불우한 모양. =坎. ≒坷. 〔馮衍·賦〕非惜身之輡軻兮.
【輡軻 감가】 ①길이 울퉁불퉁하여 수레가 잘 나아가지 못하는 모양. ②불우하여 뜻을 얻지 못함. 轗軻(감가).

車 8 【輥】⑮ 빨리 구를 곤 阮 gǔn
①빨리 구르다, 수레바퀴가 빨리 돌다. ②바퀴통이 가지런하여 수레가 순조롭게 나아가는 모양. 〔周禮〕望其轂, 欲其輥.

車 8 【輠】⑮ ❶기름통 과 哿 guǒ ❷굴릴 회 卦 huà
①기름통, 굴대에 치는 기름을 담아 두는 통. =過. ②바퀴통이 도는 모양. ③굴리다, 수레바퀴를 돌리다. 〔禮記〕關轂而輠輪.

車 8 【輨】⑮ 줏대 관 旱 guǎn
①줏대. 바퀴통의 바깥 끝을 덮어 싸는 휘갑쇠. ≒錧. ②주요한 곳, 사물의 요긴한 것.
【輨轄 관할】 휘갑쇠와 비녀장. 사물의 요긴한 부분. ◯'비녀장'은 바퀴가 벗어나지 않도록 굴대 머리 구멍에 끼우는 큰 못. 錧鎋(관할).

車 8 【輂】⑮ 목도 광주리 국 屋 jú
①목도 광주리, 목도하여 흙을 운반할 때 쓰는 광주리. ②두 개의 곧은 끌채가 있는 큰 수레.

車 8 【輬】⑮ 와거 량 陽 liáng
와거(臥車). 누워서 쉬며 갈 수 있게 만든 수레. 후세에는 '관(棺)을 싣는 수레'의 뜻으로만 쓰였다. ≒涼. 〔史記〕置始皇居輼輬車中.

車 8 【輛】⑮ 수레 량 漾 liàng
①수레, 차량(車輛). ②필적하다, 서로 비슷하다. ③수레의 수를 세는 단위. ≒兩.
◐ 車ㅡ.

車部 8획 輦 輪

車8 【輦】⑮ 손수레 련 [銑] niǎn

輦 [소전] 輦 [초서] 輦 [간체]

【字解】①손수레. ㉮사람이 끄는 수레. ㉯임금이나 왕후가 타는 수레.〔左思·賦〕都輦殷而四奧來. ㉰가마, 임금이 거둥할 때 타던 가마. ㉱관(棺)을 싣는 수레.〔穆天子傳〕韋穀黃城三邦之事輦喪. ㉲짐을 싣는 손수레. ②끌다, 수레를 끌다.〔春秋左氏傳〕以乘車輦其母. ③나르다, 운반하다.〔後漢書〕或輦賄而違車兮. ④손수레를 타다.〔春秋左氏傳〕公叔文子老矣, 輦而如公. ⑤지다, 짊어지다.〔淮南子〕負輦粟而至.

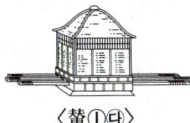
〈輦①㉰〉

【輦車 연거】손수레.
【輦轂 연곡】①천자가 타는 수레. ②천자. 임금.
【輦轂下 연곡하】천자가 타는 수레 아래. 천자가 있는 서울. 輦下(연하).
【輦道 연도】①궁중의 길. ②임금의 수레가 왕래하는 길. 輦路(연로).
【輦路 연로】☞輦道(연도).
【輦輅 연로】천자가 타는 수레. 輦輿(연여).
【輦夫 연부】손수레를 끄는 인부.
【輦輿 연여】천자가 타는 수레. 輦輅(연로).
【輦從 연종】임금의 수레에 함께 타고 따름.
【輦下 연하】☞輦轂下(연곡하).

◐ 肩-, 輕-, 大-, 步-, 鳳-, 小-, 乘-, 御-, 玉-, 停-, 彤-, 駐-, 扈-.

車8 【輪】⑮ 바퀴 륜 [眞] lún

冖 日 亘 車 軒 軒 輪 輪 輪 輪

輪 [소전] 輪 [초서] 轮 [간체]

【字源】 形聲. 車+侖→輪. '侖(륜)'이 음을 나타낸다.

【字解】①바퀴. ㉮수레바퀴.〔白居易·詩〕君若作大車, 輪軸材須此. ㉯수레바퀴의 바깥 테.〔周禮〕望而眂其輪. ②수레, 탈것.〔拾遺記〕副以瑤華之輪十乘. ③수레를 세는 단위.〔南史〕車至二十輪. ④돌다, 구르다.〔呂氏春秋〕天地車輪. ⑤주위, 외곽.〔宋書〕輪郭形制. ⑥둥근 것.〔梁簡文帝·詩〕圓輪旣照水. ⑦조륜(釣輪), 낚시얼레, 낚싯줄을 감는 기구.〔郭璞·賦〕或揮綸於懸碕. ⑧세로, 남북.〔南北〕.〔周禮〕周知九州之地域, 廣輪之數. ⑨번갈아, 섞바꾸어.〔神仙傳〕使諸弟子隨事輪出米絹穀物. ⑩높고 큰 모양.〔禮記〕美哉輪焉. ⑪구불구불한 모양.〔左思·賦〕輪囷蚴蟉. ⑫수레바퀴를 만드는 장인(匠人).〔孟子〕梓匠

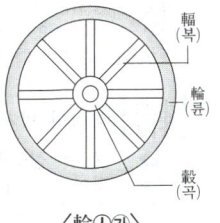

輻(복)
輪(륜)
轂(곡)
〈輪①㉮〉

輪輿.⑬낚싯줄. ≒綸.〔潘岳·賦〕徒觀其鼓枻廻輪.
【輪講 윤강】여러 사람이 차례로 강의함.
【輪車 윤거】수레바퀴와 수레. 서로 의존함.
【輪廓 윤곽】①둘레의 선. 테두리. ②사물의 대강. 輪郭(윤곽).
【輪囷 윤균】①매우 높고 큰 모양. ②구불구불한 모양.
【輪囷離奇 윤균이기】나무가 구불구불하고 옹이가 박힌 모양.
【輪對 윤대】백관(百官)이 차례로 시정(時政)의 득실을 임금에게 아뢰던 일.
【輪讀 윤독】여러 사람이 한 권의 책을 차례로 돌려 가며 읽음.
【輪燈 윤등】(佛)불전(佛前)에 다는 둥근 등.
【輪舞 윤무】원진(圓陣)을 이루어 추는 춤.
【輪文 윤문】수레바퀴 모양의 무늬.
【輪伐 윤벌】해마다 삼림의 일부를 순차적으로 벌채(伐採)하는 일.
【輪番 윤번】차례로 번듦. 또는 그 돌아가는 차례. 輪次(윤차).
【輪輻 윤복】수레바퀴의 살.
【輪旋 윤선】돎. 회전함.
【輪船 윤선】①바퀴를 달아 바퀴의 회전력을 이용하여 나아가는 배. ②기선(汽船).
【輪鞅 윤앙】수레와 말.'鞅'은 가슴걸이.
【輪輿 윤여】수레를 만드는 사람.◯'輪'은 바퀴를 만드는 사람, '輿'는 거상(車箱)을 만드는 사람.
【輪運 윤운】바퀴처럼 빙빙 돎.
【輪作 윤작】같은 땅에 해마다 농작물을 바꾸어 재배하는 경작법.
【輪藏 윤장】(佛)회전할 수 있도록 만든 서가(書架). 당(堂)의 가운데 두어 소장(所藏)의 불경을 열람하는 데 편리하게 함.
【輪轉 윤전】①바퀴처럼 돎. 回轉(회전). ②輪廻(윤회)②.
【輪坐 윤좌】원형으로 둘러앉는 일.
【輪彩 윤채】태양.
【輪軸 윤축】①수레의 바퀴와 굴대. ②바퀴와 굴대를 고정하여 동시에 회전하도록 한 장치. 축바퀴.
【輪塔 윤탑】(佛)오륜탑(五輪塔).
【輪禍 윤화】바퀴에 의해 입는 모든 피해. 교통 사고.
【輪奐 윤환】건축물이 장대하고 아름다운 모양. 輪煥(윤환).
【輪環 윤환】①둥근 바퀴. ②바퀴처럼 돌고 돎.
【輪廻 윤회】①순환하여 그치지 않음. 한없이 돌아감. ②(佛)수레바퀴가 돌고 돌아 끝이 없는 것과 같이, 중생의 영혼은 해탈할 때까지는 육체와 같이 멸망하지 않고 그 업(業)에 따라 무시무종(無始無終)으로 변신하여 전생(轉生)한다는 불교의 근본 사상. 輪轉(윤전).

◐ 競-, 輕-, 金-, 牟-, 法-, 奔-, 飛-, 雙-, 御-, 玉-, 月-, 日-, 轉-, 朱-, 珠-, 車-, 隻-, 鐵-, 摧-, 蒲-, 火-.

車部 8획 輘輌輩輧珼輓輐輢輚輖輤輟

車8 【輘】 ⑮
❶수레 소리 릉 蒸 léng
❷굴대 릉 徑 líng
[초서] [자해] ❶수레 소리. 수레가 요란하게 울리는 소리.〔王襃·賦〕其武毅則若雷霆輘輷, 佚像以沸渭. ❷밟다, 짓밟다.〔漢書〕輘轢宗室. ❸수레바퀴가 물건을 깔아뭉개다. ❷굴대, 차축(車軸).
【輘轢 능력】①마찰함. 침범함. 짓밟음. ②속이고 업신여김.
【輘輷 능횡】수레가 지나갈 때 울리는 소리.

車8 【輌】 ⑮
바퀴테 망 養 wǎng
[초서] 輌 [간체] 輞 [자해] 바퀴테. 수레바퀴의 바깥 둘레에 끼우는 테.〔後漢書〕重輞縵輪.

車8 【輩】 ⑮
무리 배 隊 bèi

丨 ⺕ 非 非 非 彗 彗 輩 輩 輩

[소전] 輩 [초서] 輩 [속자] 輩 [간체] 辈 [자원] 形聲. 非+車→輩. '非(비)'가 음을 나타낸다.
[자해] ❶무리. ㉮반열(班列). ㉯동아리, 패. 낮추어 이르는 말.〔李商隱·詩〕或出倖臣輩. ㉰같은 또래, 동류(同類).〔史記〕使者十輩來. ❷짝. ㉮비류(比類).〔吳志〕當今無輩. ❸때.〔魏志〕破賊大輩. ❸합하여 하나로 만들다, 같은 계열에 넣다.〔後漢書〕時人以輩前世趙張. ❹번, 횟수를 나타내는 말.〔史記〕高使人請子嬰數輩.
【輩流 배류】같은 또래의 사람. 同輩(동배).
【輩出 배출】인재(人材)가 연달아 많이 나옴.
【輩行 ❶배항 ❷배행】❶선배·후배의 순서. ❷같은 또래의 친구.
◐ 同-, 等-, 鼠-, 先-, 我-, 兒-, 汝-, 年-, 吾-, 爾-, 前-, 儕-, 曹-, 後-.

車8 【輧】 ⑮
❶거마 소리 병 唐 píng
❷부인용 수레 변 霰 píng
[소전] 輧 [초서] 輧 [속자] 輧 [자해] ❶❶거마(車馬) 소리, 거마의 요란한 소리.〔張衡·賦〕沸卉輧訇. ❷가벼운 병거(兵車), 덮개를 덮어 적에게 보이지 않도록 한 전차(戰車). ❸휘장이 있는 수레. 옛날의 부인용 수레.〔列女傳〕妃后踰閾, 必乘安車輜輧. ❷부인용 수레. 휘장을 둘러졌다.
【輧車 병거】부인(婦人)이 타는 수레.
【輧甸 병굉】거마(車馬)의 요란한 소리.
【輧輅 병로】부인이 타는, 휘장이 있는 수레.

車8 【珼】 ⑮
수레 주머니 복 屋 fú
[소전] 珼 [자해] 수레 주머니. 거상(車箱)의 좌우 가로나무에 붙들어 매어 놓은 가죽 주머니. 패물을 넣거나, 병거(兵車)에 쇠

뇌를 넣는다.
【珼弩 복노】수레 좌우에 매달아 놓은 주머니에 넣은 쇠뇌.

車8 【輐】 ⑮
끌채 끝 쐐기 예 齊 ní
[소전] 輐 [혹체] 輗 [혹체] 棿 [초서] 輐 [동자] 䡇 [간체] 𫐓 [자해] 끌채 끝 쐐기. 끌채의 마구리와 멍에를 고정하는 쐐기.〔論語〕大車無輗, 小車無軏.
【輐軏 예월】①수레의 끌채와 마소를 비끄러매는 횡목(橫木)을 잇는 비녀장. ②일의 가장 중요한 부분.

車8 【輐】 ⑮
❶병거 운 阮 yǔn
❷수레 뒷굄목 원 元 yuān
[소전] 輐 [자해] ❶병거(兵車), 전차(戰車). ❷수레 뒷굄목. 큰 수레에 짐을 싣거나 내릴 때 뒤로 잦아지지 않도록 괴어 두는 나무.

車8 【輢】 ⑮
수레 양쪽 널빤지 의 紙 yǐ
[소전] 輢 [자해] ❶수레 양쪽 널빤지. 거여(車輿)의 좌우에 사람이 기댈 수 있게 대어 둔 널빤지. 병거(兵車)인 경우에는 여기에 병기를 꽂는다. ❷기대다, 의지하다.〔左思·賦〕枕輢交趾.

車8 【輚】 ⑮
와거 잔 諫 zhàn
[초서] 輚 [자해] ❶와거(臥車). 누워서 쉬며 갈 수 있게 만든 수레. ≒棧.〔後漢書〕乘輚路. ❷병거(兵車), 전차(戰車).
【輚路 잔로】누워서 쉬며 갈 수 있게 만든 수레.

車8 【輖】 ⑮
낮을 주 尤 zhōu
[소전] 輖 [자해] ❶낮다, 수레의 앞이 숙어서 낮다. ❷무겁다, 수레의 앞쪽이 무겁다.〔儀禮〕志矢一乘軒輖中.

車8 【輤】 ⑮
상여 덮개 천 霰 qiàn
[초서] 輤 [자해] 상여의 덮개. 신분에 따라 빛깔이 다른데, 중앙은 높고 사방이 낮아지도록 만들었다.〔禮記〕其輤有裧.

車8 【輟】 ⑮
그칠 철 屑 chuò
[소전] 輟 [초서] 輟 [고문] 𨍶 [간체] 辍 [자해] ❶그치다, 하던 일을 멈추다. =掇.〔論語〕耰而不輟. ❷깁다, 꿰매다, 수선하다. =綴. ❸조금 부서진 수레를 다시 고친 것.
【輟耕 철경】밭 가는 일을 그만둠.

車部 8~9획　輟 輈 輻 輣 輝 輵 輻 輹 輸

【輟斤 철근】 도끼질을 그만둠. 지기(知己)를 잃음. [故事] 유명한 석공(石工)인 장석(匠石)이 지기가 죽고 난 뒤에 임금이 요청하였는데도 자기의 기량을 시험하지 않은 고사에서 온 말.
【輟業 철업】 일을 그만둠. 작업을 중단함.
【輟朝 철조】 임금이 대신의 죽음을 슬퍼하여 조정(朝政)을 임시 폐하던 일. 廢朝(폐조).
❶ 不－, 暫－, 中－.

車 8 【輟】⑮ 輟(1786)의 고자

車 8 【輌】⑮ 輛(1784)의 속자

車 8 【輜】⑮ ❶짐수레 치 [因] zī ❷바퀴살 끝 치 [寘] zì
[소전] 輜 [초서] 輜 [본자] 輜 [간체] 辎
[字解] ❶짐수레. ㉮군량(軍糧) 등 짐을 나르는, 휘장을 두른 수레. ㉯뒤쪽이나 앞쪽에 휘장을 두른 승용(乘用)의 작은 수레. ②관(棺)을 싣는 수레. ③수레의 범칭(汎稱). 〔後漢書〕雲輜蔽路. ④고요함, 조용함. 〔老子〕重爲輕根, 靜爲躁君, 是以聖人 終日行, 不離輜重. ❷바퀴살 끝, 바퀴살이 바퀴테에 박히는 부분.
【輜駕 치가】 ☞輜車(치차).
【輜重 치중】 ①나그네의 짐. ②군대의 하물(荷物). 군수품.
【輜車 치차】 짐수레. 군수품을 나르는 수레. 輜駕(치가).
❶ 列－, 盈－, 雲－.

車 8 【輣】⑮ 병거 팽 [庚] péng
[소전] 輣 [초서] 輣
[字解] ①병거(兵車), 전차(戰車). 〔史記〕作輣車鎩矢. ②누거(樓車), 운거(雲車). 수레 위에 망대를 설치하여 망을 볼 수 있게 만든 것. 〔後漢書〕衝輣撞城. ③물결 소리, 파도가 부딪치는 소리. 〔張衡·賦〕砏汃輣軋.
【輣車 팽거】 병거(兵車). 전차(戰車).
【輣軋 팽알】 파도가 서로 부딪치는 소리.

車 8 【輝】⑮ 빛날 휘 [微] huī
[필순] 輝
[초서] 輝 [동자] 煇 [간체] 辉 [字源] 形聲. 光＋軍→煇. '軍(군)'이 음을 나타낸다.
[字解] ①빛나다, 광채를 발하다. 〔古樂府〕輝光燭我牀. ②빛. ㉮아침 햇빛. 〔魏志〕朝旦爲輝, 日中爲光. ㉯불빛. ㉰광채, 광휘. 〔後漢書〕虹蜺揚輝.
【輝光 휘광】 ①빛남. ②찬란한 빛.
【輝然 휘연】 밝게 빛나는 모양.
【輝映 휘영】 밝게 비침. 映輝(영휘).
【輝耀 휘요】 번쩍번쩍 빛남.
【輝燭 휘촉】 찬란하게 비춤.
【輝煌 휘황】 광채가 눈비시게 빛남.
❶ 慶－, 光－, 明－, 發－, 映－, 玉－, 潛－, 爭－, 澄－, 紅－, 洪－.

車 9 【輵】⑯ ❶수레 소리 갈 [曷] yà ❷구를 알 [曷] è
[초서] 輵 [동자] 輵 [字解] ❶①수레 소리, 수레들이 지나가는 요란한 소리. ②거마(車馬)의 번잡한 모양. ③달리는 모양. ④높고 험한 모양. ❷①구르다, 굴러 흔들리는 모양. ②몹시 성내어 호통치는 모양. 〔史記〕跬踱 輵轄.

車 9 【輻】⑯ 바퀴살 복·부 [有屋] fú
[소전] 輻 [초서] 輻 [간체] 辐 [參考] 대법원 지정 인명용 한자의 음은 '복·폭'이다.
[字解] ①바퀴살. 바퀴통에서 바퀴를 향하여 방사선 모양으로 뻗은 나무로, 한 끝은 바퀴통에 박히고, 다른 한 끝은 아위(牙圍)에 박힌다. ②모여들다, 많은 것이 한 곳으로 몰려들다. 〔漢書〕四方輻湊.
【輻射 복사】 빛이나 열 따위를 바퀴살 모양으로 한 점에서 사방으로 내쏨.
【輻輳 복주→폭주】 바퀴살이 바퀴통으로 쏠려 모이듯이 사람이나 사물이 한곳으로 모여듦. 輻湊(폭주).
❶ 貝－, 輪－, 折－, 車－, 脫－.

車 9 【輹】⑯ 복토 복 [屋] fù
[소전] 輹 [초서] 輹 [속자] 輹 [간체] 辐 [字解] 복토(伏兎). 거여(車輿)의 바닥 밑에 장치하여 거여와 굴대를 연결하여 고정하는 나무. 좌우에 각각 있는데, 위쪽은 평평하여 거여의 바닥 밑에 붙고, 아래쪽은 홈처럼 파여 굴대가 그 속에 들어가도록 된 것으로, 가운데 있는 당토(當兎)와 함께 굴대에 고정되어 있다.

車 9 【輸】⑯ ❶나를 수 [虞] shū ❷경혈 수 [遇] shù
[소전] 輸 [초서] 輸 [동자] 輸 [간체] 输 [字源] 形聲. 車＋俞→輸. '俞(유)'가 음을 나타낸다.
[字解] ❶①나르다. ㉮수레로 물건을 나르다. 〔春秋左氏傳〕奏輸之粟. ㉯일러주다, 사정을 통보하다. 〔戰國策〕常以國情輸楚. ②다하다. ㉮애쓰다. 〔春秋左氏傳〕輸力於王室. ㉯헌납하다, 바치다. 〔春秋左氏傳〕輸積聚以貸. ③깨뜨리다, 떨어뜨리다. 〔詩經〕載輸爾載. ④돌아

오다, 귀환하다.〔周禮〕及其受兵輸亦如之. ❺지다, 패하다.〔白居易·詩〕輸贏須待局終頭. ❻바꾸다, 고치다. ≒渝. ❼모으다, 한곳에 모아 뭉뚱그리다. ❽어리석다, 게슬픔 피우다. ≒偸. ❷①경혈, 경맥의 혈(穴).〔史記〕五藏之輸. ②선물하다, 선물.

【輸肝 수간】진심을 다함. 정성을 다 쏟음.
【輸掠 수략】물건을 약탈하여 보내옴.
【輸力 수력】전력을 다함. 면려(勉勵)함.
【輸服 수복】복종함. 납득함.
【輸寫 수사】마음속을 숨김없이 털어놓음.
【輸誠 수성】①정성을 다함. ②항복함.
【輸送 수송】기차·자동차·비행기 따위로 사람이나 물건을 실어 보냄.
【輸實 수실】정성을 다함.
【輸心 수심】정성을 다함.
【輸贏 수영】짐과 이김. 패배와 승리. 勝負(승부). 贏輸(영수).
【輸一籌 수일주】산가지 한 개를 보냄. 승부에서 짐.
【輸作 수작】좌천 또는 유배되는 일.
【輸將 수장】화물을 수송함.
【輸情 수정】①본국의 정세를 적에게 고하는 일. ②진심을 다함.
【輸出 수출】①실어서 보냄. ②재화를 팔기 위해 외국으로 실어 보냄.
【輸平 수평】이전의 불화를 씻고 사이좋게 지냄. ②평화를 깨는 일.
◐ 罄−, 空−, 交−, 均−, 禁−, 代−, 輓−, 運−, 委−, 流−, 陸−, 轉−, 直−.

車9【輸】⑯ 輸(1787)와 동자

車9【輴】⑯ 상여 순 ㊍춘 囷 chūn
字解 ①상여. ≒輇.〔周禮〕世俗之行喪, 載之以大輴. ②썰매, 진흙 위를 달리는 썰매.〔書經〕予乘四載, 傳云, 泥乘輴. ③관굄차. 하관(下棺)할 때 관을 괴어 얹는 침상(寢牀) 모양의 바퀴 없는 수레.〔禮記〕天子之殯也, 菆塗龍輴以椁. ④바퀴통을 꾸민 장식물. ＝䡅.

車9【輭】⑯ 軟(1778)의 본자

車9【輻】⑯ 輻(1790)의 속자

車9【輶】⑯ 가벼울 유 囷 yóu
字解 ①가볍다.〔詩經〕德輶如毛. ②가벼운 수레.〔詩經〕輶車鑾鑣. ③임금의 사자(使者)가 타는 수레.〔陸機·頌〕輶軒束踐.
【輶車 유거】수렵(狩獵) 따위에 쓸 때 쓰던 가볍고 편한 수레.
【輶德 유덕】까다롭지 않고 자연 그대로인 덕.
【輶軒 유헌】가벼운 수레. 천자의 사자(使者)가 타는 수레.

車9【輮】⑯ 바퀴테 유 囷 囿 róu
字解 ①바퀴테, 바퀴의 바깥 둘레에 덮어 끼우는 테. ②짓밟다, 수레바퀴로 마구 깔아뭉개다. ≒踩.〔漢書〕亂相輮蹈. ③휘다, 휘어 굽히다. ≒揉.〔易經〕坎爲矯輮, 疏云, 使曲者直爲矯, 使直者曲爲輮.

車9【輳】⑯ 모일 주 囿 còu
字解 모이다, 바퀴살이 바퀴통으로 모이다, 사물이 한 곳으로 모여들다. ≒湊.〔漢書〕四方輻輳.
【輳轂 주곡】수레의 바퀴살이 바퀴통으로 모임.
【輳合 주합】모아서 합침. 湊合(주합).
◐ 載−, 輻−.

車9【輯】⑯ 모을 집 ㊍즙 囲 jí
字解 ①모으다. ≒集.〔漢書〕門人相與輯而論篡, 故謂之論語. ②모이다, 모여 화목하다. ≒揖.〔國語〕和協輯睦. ③합치다, 하나가 되게 하다.〔漢書〕比輯其議. ④화하다, 안색을 부드럽게 하다.〔詩經〕輯柔爾顏. ⑤바람이 부드럽게 부는 모양. ≒習.〔束晳·詩〕輯輯和風.
【輯寧 집녕】편안하게 됨. 편안하게 함.
【輯錄 집록】여러 가지를 모아 적음.
【輯睦 집목】화목함. 緝睦(집목).
【輯敍 집서】모아서 기술(記述)함.
【輯成 집성】모아서 이룸. 자료를 모아 책 따위를 이룸.
【輯要 집요】요점만을 모음.
【輯柔 집유】낯빛을 부드럽게 하여 마음을 편안하게 함.
【輯輯 집집】온화하게 부는 바람 소리.
◐ 撫−, 補−, 夏−, 收−, 安−, 寧−, 完−, 綴−, 招−, 特−, 統−, 編−, 和−, 懷−.

車9【輯】⑯ 輯(1788)과 동자

車9【輇】⑯ ❶통바퀴 수레 천 囷 chuán ❷상여 천 號 chuán
字解 ❶통바퀴 수레. 널빤지를 둥글게 도린 통바퀴가 달린 수레. 바퀴살이 없는 조잡한 수레. ❷상여. ＝樟.〔禮記〕載以輇車.
【輇車 천거】관(棺)을 싣는 수레. 상여.
【輇輪 천륜】바퀴살이 없는 통바퀴 수레.

車部 9～10획　轃 輾 輻 輅 輹 輯 轅 轂 輹 輶 輿

車9 【輘】⑯ 바퀴 총 圖 圎 zǒng
動字 輘 字解 ①바퀴, 수레바퀴. ②바퀴살이 바퀴통에 들어가는 부분.

車9 【輘】⑯ 輘(1789)과 동자

車9 【輜】⑯ 輜(1787)의 본자

車9 【輅】⑯ 끌채 마구리 핵 囲 hé
字解 끌채 마구리. 손수레의 양쪽 두 개의 끌채 끝을 막아 댄 가로나무.

車9 【輹】⑯ 수레 기름통 화·과 圖 圎 guǒ
字解 수레 기름통. 수레에 치는 기름을 담아 두는 통.

車9 【輷】⑯ 수레 소리 횡 庚 hōng
初 輷 字解 ①수레 소리, 수레가 지나갈 때 울리는 소리. =轟.〔史記〕輷輷殷殷. ②큰 소리.〔王褒·賦〕輘輷佚豫.
【輷輘 횡릉】①수레가 지나갈 때 나는 소리. ②천둥소리.
【輷輷 횡횡】수레가 지나갈 때 울리는 소리.

車9 【輯】⑯ ❶멍에 훈 元 hūn
❷초헌 헌 元 xuān
參考 대법원 지정 인명용 한자음은 '헌'이다.
字解 ❶①멍에. ②돌아오다, 수레가 서로 피해서 돌다. ❷초헌(軺軒). 종이품 이상의 벼슬아치가 타던 수레. =軒.

車10 【轂】⑰ 바퀴통 곡 屋 gū
初 轂　字解 ①바퀴통. 바퀴의 중앙 부분으로, 바퀴살이 그 주위에 꽂혀 있으며 그 중심에 굴대가 꿰여 있는 것.〔老子〕三十輻共一轂. ②수레, 차량.〔漢書〕轉轂百數. ③밀다, 추천하다.〔史記〕推轂趙綰, 爲御史大夫. ④모으다, 한데 모아 통괄하다.〔史記〕唯褎斜綰轂其口.
【轂擊肩摩 곡격견마】수레의 바퀴통이 서로 부딪치고 사람의 어깨가 서로 스침. 수레의 왕래가 빈번하고 사람들이 많이 모여들어 시가(市街)가 번화함.
【轂轂 곡곡】①구슬이 땅에 떨어지는 소리. ②물결이 바위에 부딪치는 소리.
【轂下 곡하】천자의 수레 아래. 곧, 서울. 수도. 輦下(연하).
❶ 車－, 綰－, 方－, 飛－, 輦－, 遊－, 輪－, 轉－, 暢－, 華－.

車10 【轎】⑰ 轎(1792)와 동자

車10 【轢】⑰ 轢(1794)과 동자

車10 【輶】⑰ 수레 뜸집 분 阮 bèn
字解 수레 뜸집. 비를 피하고 햇빛을 가리기 위해 수레 위에 뜸으로 지붕을 인 시설.

車10 【輿】⑰ ❶수레 여 魚 yú
❷가마 여 御 yù

소전 輿　초서 輿　간체 輿　字源 形聲. 舁+車→輿. '舁(여)'가 음을 나타낸다.
字解 ❶①수레. ㉮수레의 총칭.〔漢書〕景帝使使持乘輿駟. ㉯공축(輁軸). 관(棺)을 실어 나르는 수레.〔荀子〕輿藏而馬反. ②거여(車輿), 거상(車箱). 수레에서 사람이 타거나 짐을 싣는 곳.〔六書故〕輿, 車中, 人所載也. ③싣다, 수레에 싣다.〔呂氏春秋〕扶傷輿死, 履腸涉血. ④메다, 짊어지다.〔晉書〕君子道消, 善人輿尸. ⑤들다, 마주 들다.〔漢書〕輿轎而隘領. ⑥땅, 대지(大地).〔後漢書〕堪輿日相之屬. ⑦수레를 모는 노복, 마부(馬夫).〔漢書〕廝輿之卒. ⑧많다, 대중(大衆).〔春秋左氏傳〕聽輿人之誦. ⑨시작, 시초.〔詩經〕不承權輿. ❷가마, 두 사람이 마주 메는 가마. =轝.〔晉書〕乘籃輿.
【輿歌 여가】대중이 부르는 노래.
【輿駕 여가】임금이 타는 수레.
【輿臺 여대】머슴. 하인. 종. 輿隷(여례). 輿皁(여조).
【輿圖 여도】①천하. 세계. ②☞輿地圖(여지도).
【輿梁 여량】수레가 통행할 수 있는 다리.
【輿輦 여련】천자가 타는 수레. 輦輿(연여).
【輿隷 여례】☞輿臺(여대).
【輿論 여론】사회 대중의 공통된 의견.
【輿望 여망】여러 사람의 기대.
【輿服 여복】수레와 관복(冠服).
【輿死 여사】시체를 둘러멤. 전쟁에서 패하여 시신을 메고 돌아감. 輿尸(여시).
【輿師 여사】많은 병사. 병사가 많은 군대.
【輿頌 여송】사회 일반의 칭송(稱頌).
【輿尸 여시】싸움에 패하여 시체를 메고 돌아감.
【輿臣 여신】많은 신하. 群臣(군신).
【輿薪 여신】①수레에 가득 실은 섶나무. ②큰 것의 비유.
【輿人 여인】①뭇사람. 많은 사람. 衆人(중인). ②수레를 만드는 공인(工人). ③비천한 사람.
【輿丁 여정】수레를 끌거나 가마를 메는 사람.
【輿情 여정】민중의 마음. 백성들의 심정.
【輿皁 여조】☞輿臺(여대).
【輿地 여지】수레처럼 만물을 싣고 있는 땅. 대

車部 10~11획 輼 轏 轅 輾 臻 輷 轄 轇 轆

지(大地). 온 세계(世界).
【輿地圖 여지도】 지도. 세계 지도. 輿圖(여도)
【輿櫬 여츤】 널을 싣고 따라감. 죽을 죄를 졌다는 뜻을 나타냄.
❶ 堪-, 車-, 肩-, 權-, 錦-, 鸞-, 籃-, 喪-, 仙-, 乘-, 宸-, 連-, 輦-, 地-.

車10【輼】⑰ 와거 온 元 wēn
소전 輼 초서 輼 속자 輼 간체 辒 字解 와거(臥車).
〔史記〕置始皇居輼輬車中.
【輼車 온거】 누워 갈 수 있게 된 수레.
【輼輬 온량】 ❶누워 타는 수레. ❷상여(喪輿). ○'輼'은 사방에 휘장을 두른 것, '輬'은 둘레에 휘장이 없는 것. 臥車(와거).

車10【轏】⑰ 작은 수레 요 蕭 yáo
字解 작은 수레, 경쾌한 수레. =軺.

車10【轅】⑰ 끌채 원 元 yuán
소전 轅 초서 轅 간체 辕 字解 ❶끌채. 큰 수레의 양쪽에 대는 두 개의 나무. 그 끝에 멍에를 걸어 마소에 씌워 끌게 한다. 〔白居易·詩〕何異北轅將適楚. ❷수레, 차량. 〔李白·詩〕姹女乘河車, 黃金充轅輈.
【轅駒 원구】 ▷轅下駒(원하구).
【轅門 원문】 수레의 끌채를 마주 세워서 문처럼 만든 것. 곧, 군영(軍營)이나 군영의 문.
【轅下 원하】 수레의 끌채 밑. 곧, 남의 부하(部下). 門下(문하).
【轅下駒 원하구】 수레의 끌채에 매인 망아지. 속박되어 자유롭지 못함. 轅駒(원구).
❶ 丹-, 斷-, 攀-, 方-, 折-, 摧-, 軒-.

車10【輾】⑰ ❶구를 전 銑 zhǎn ❷연자매 년 銑 niǎn
초서 輾 간체 辗 常用 대법원 지정 인명용 한자의 음은 '전'이다.
字解 ❶❶구르다, 반전(半轉)하다, 돌아눕다. =展. 〔詩經〕輾轉反側. ❷國타작하다, 타작. ❷❶연자매. =碾. ❷수레바퀴가 물건을 짓눌러 부수다.
【輾轉 전전】 ❶수레바퀴가 돌고 돎. 또는 그와 같이 바쁘게 떠돌아 다니는 일. ❷누워서 이리저리 몸을 뒤척임.
【輾轉反側 전전반측】 몸을 엎치락뒤치락하며 잠을 이루지 못하는 모양. ○'輾'은 반 바퀴, '轉'은 한 바퀴 도는 일.
【輾轉伏枕 전전복침】 잠이 오지 않아, 이리저리 뒤척거리며 베개에 엎드림.

車10【臻】⑰ 이를 진 眞 zhēn

소전 臻 속자 臻 字解 ❶이르다. =臻. 〔漢書〕福祿其臻. ❷대로 결은, 큰 수레의 깔개.

車10【輷】⑰ 臻(1790)의 속자

車10【轄】⑰ 비녀장 할 黠 xiá
소전 轄 초서 轄 동자 舝 간체 辖 字解 ❶비녀장. 바퀴가 벗어나지 못하게 굴대머리 구멍에 끼우는 큰 못. =鎋. 〔漢書〕取客車轄投井中. ❷관할하다, 지배하다. 〔宋史〕置兩總轄. ❸바퀴와 굴대가 마찰되는 소리. ❹별 이름, 진수(軫宿) 가운데 있는 활성(轄星). 〔晉書〕轄星傅軫內兩旁, 主王侯.
【轄擊 할격】 비녀장이 서로 부딪침. 수레가 밀집하여 왕래함.
【轄統 할통】 관할하여 통솔함.
❶ 管-, 所-, 鞈-, 直-, 總-, 統-, 投-.

車11【轇】⑱ 시끄러울 교 肴 jiāo
초서 轇 간체 轇 字解 ❶시끄럽다, 거마(車馬) 소리가 요란한 모양. ¶轇輵. ❷앞서거니 뒤서거니 하는 모양. 〔張衡·賦〕閶闔轇轕. ❸뒤섞여 난잡하다. ❹아득한 모양. ¶轇輵. ❺방 안이 휑뎅그렁하고 인기척이 없는 모양. 〔王延壽·賦〕洞轇輵兮其無垠也.
【轇輵 교갈】 ❶뒤섞여 혼란한 모양. ❷앞서거니 뒤서거니 하는 모양. ❸거마(車馬)의 시끄러운 소리. ❹방 안이 어둑하고 인기척이 없는 모양. ❺멀고 긴 모양.

車11【轆】⑱ 도르래 록 屋 lù
초서 轆 동자 轆 간체 辘 字解 ❶도르래, 활차(滑車). 〔墨子〕引弦轆轤收. ❷물레. ㉮실을 잣는 물레, 방차(紡車). ㉯도자기를 만드는 물레. ❸수레가 지나간 바큇자국이 난 길, 궤도. ❹수레들의 요란한 소리. 〔杜牧·賦〕雷霆乍驚, 宮車過也, 轆轆遠聽, 杳不知其所之也. ❺상여, 관을 싣는 제구. 〔太平御覽〕載喪車, 謂之轆轤.
【轆轤 녹로】 ❶두레박 따위의 줄을 걸치는 도르래나 고리. 고패. ❷도자기를 만들 때 쓰는, 나무로 된 회전 원반. ❸우산대의 꼭대기에 끼워 놓아, 우산살을 펴고 오므리게 하는 대롱 모양의 장치.
【轆轤韻 녹로운】 고체시(古體詩) 압운법(押韻法)의 한 가지. 두 가지 운(韻)을 섞바꾸어 가며 압운하는 것.
【轆轤轉關 녹로전관】 상하의 눈시울이 맞지 않는 병.
【轆轤 녹록】 수레가 달리는 소리.
❶ 㝩-, 賀-.

車11 【轈】⑱ 병거 소 囲 cháo
轈 橾 字解 병거(兵車). 망루(望樓)를 설치하여 적을 망볼 수 있게 만든 수레. 늑소.

車11 【轉】⑱ 耑(1776)와 동자

車11 【轉】⑱ ❶구를 전 斔 zhuǎn ❷돌릴 전 斏 zhuǎn

冂 㠯 亘 車 軔 軖 軠 轉 轉 轉

轉 转 転 转 字源 形聲. 車+專→轉. '專(전)'이 음을 나타낸다.

字解 ❶①구르다. ㉮둥글게 돌다, 한 바퀴 돌다.〔詩經〕輾轉反側. ㉯방향을 바꾸다.〔劉孝綽·詩〕岸廻知舳轉. ㉰굴러 넘어지다.〔拾遺記〕蟾兔爲之倒轉. ②옮다, 변하다. ㉮움직여 옮기다.〔春秋左氏傳〕勞罷死轉. ㉯빠지다, 처박히다.〔國語〕將轉於溝壑. ㉰움직이다, 행동하다.〔曹植·賦〕隨皓腕以徐轉. ㉱가다, 옮겨가다.〔淮南子〕百里奚轉鬻. ㉲화(化)하다, 변화하다.〔淮南子〕昔公牛哀轉病也, 七日化爲虎. ㉳관직이 바뀌다, 전직(轉職)되다.〔宋史〕超躐升轉. ㉴펄럭이다, 바람에 나부끼다.〔古詩〕婀娜隨風轉. ㉵목소리, 음성(音聲).〔淮南子〕異轉而皆樂. ④도리어, 반대로.〔詩經〕女轉棄予. ⑤자못, 한결, 더욱이.〔李白·序〕高談轉淸. ❷①돌리다, 굴리다. ㉮돌다, 한쪽으로 피하다. ㉯생각을 돌리다, 마음을 움직이다.〔詩經〕我心匪石, 不可轉也. ②옮기다. ㉮운반하다.〔史記〕漕轉山東粟. ㉯전하다, 체전(遞傳)하다.〔漢書〕轉送其家. ㉰관직을 옮기다.〔宋史〕補轉一官. ㉱어떤 상태로 되게 하다.〔詩經〕胡轉予于恤. ③버리다, 내버리다.〔淮南子〕死無轉尸. ④피하다, 피하게 하다.〔荀子〕偸儒轉脫. ⑤수레에 비치한 옷 넣는 궤.〔春秋左氏傳〕踞轉而鼓琴.

【轉嫁 전가】①다른 데로 다시 시집감. 재혼함. 改嫁(개가). ②자기의 허물이나 책임 따위를 남에게 덮어씌움.

【轉乾撼坤 전건감곤】하늘을 돌리고 땅을 흔듦. 크게 변동(變動)함. 驚天動地(경천동지).

【轉轂 전곡】①수레를 굴림. 수레로 물건을 운반함. ②화물을 운반하는 수레.

【轉官 전관】▷轉衛(전관).

【轉規 전규】둥근 물건을 굴림. 매우 쉬움.

【轉勤 전근】근무처를 옮김.

【轉記 전기】다른 장부로 옮겨 적음.

【轉機 전기】어떤 상태에서 다른 상태로 변하는 계기.

【轉貸 전대】빌려 오거나 꾸어 온 것을 다시 남에게 빌려 줌.

【轉對 전대】백관(百官)이 차례로 정사에 관한 의견을 임금께 아뢰던 일. 또는 그 벼슬.

【轉讀 전독】(佛)①불경을 독송(讀誦)하는 일. ②불경의 중요한 곳만 추려서 읽는 일.

【轉落 전락】①굴러서 떨어짐. ②나쁜 상태에 빠짐.

【轉糧 전량】▷轉餉(전향).

【轉歷 전력】①성신(星辰) 운행의 도수를 헤아림. ②두루 돌아다님. 遍歷(편력).

【轉漏 전루】물시계의 바늘이 움직이는 사이. 아주 짧은 동안.

【轉賣 전매】산 물건을 다시 팖. 되팔기.

【轉免 전면】전직(轉職)과 면직(免職).

【轉眄 전면】①뒤돌아보거나 곁눈질함. ②▷轉瞬(전순).

【轉聞 전문】다른 사람을 통해서 들음.

【轉迷 전미】더욱더 미혹(迷惑)됨. 한층 더 마음을 걷잡지 못함.

【轉迷開悟 전미개오】(佛)번뇌의 미망(迷妄)에서 벗어나 열반(涅槃)의 경지에 이르는 일. 轉迷解悟(전미해오).

【轉法輪 전법륜】(佛)부처의 정법(正法)을 설파하여 중생의 미망(迷妄)을 깨우치는 일.

【轉變 전변】①변천함. 변천. ②(佛)일체 만유는 일정한 상태로 머물지 않고 늘 변하여 바뀜.

【轉報 전보】남을 통하여 알림.

【轉補 전보】동일한 직급 안에서, 다른 자리에 임용됨.

【轉蓬 전봉】바람에 날려서 이리저리 굴러 다니는 마른 쑥. 영락(零落)하여 타향을 유랑함.

【轉徙 전사】이사함. 轉移(전이). 轉宅(전택).

【轉旋 전선】①돌고 돎. 또는 돌림. ②한 번 구를 정도의 짧은 시간.

【轉送 전송】①전해 보냄. ②편지나 물건 따위를 전해 달라고 남에게 주어 보냄.

【轉輸 전수】물자를 수송하는 일.

【轉瞬 전순】눈을 한 번 깜짝할 사이. 순간(瞬間). 轉眄(전면).

【轉語 전어】①말을 전함. ②본래의 뜻이 변하여 다른 뜻으로 쓰이는 말.

【轉業 전업】직업을 바꿈.

【轉役 전역】현재까지 복무하던 역종(役種)에서 다른 역종으로 바뀜.

【轉易 전역】변함. 변천함.

【轉訛 전와】어떤 말이 잘못 전하여지거나 어떤 사실이 왜곡되어 굳어짐.

【轉用 전용】쓰려고 예정된 데 쓰지 않고 다른 데로 돌려서 씀.

【轉運 전운】①운행(運行)하여 그치지 않음. 변천함. ②짐을 실어서 보냄.

【轉韻 전운】①가락을 바꿈. ②한시(漢詩)에서 몇 구마다 운(韻)을 바꾸는 용운법(用韻法)의 한 가지. 주로 장편의 고시(古詩)에 썼음. 換韻(환운).

【轉遊 전유】여러 곳을 돌아다님. 방랑함.

【轉意 전의】본래의 뜻에서 바뀌어 변한 뜻.

【轉義 전의】말의 뜻이 본래의 뜻에서 바뀌어 변함. 또는 그 변한 뜻.

【轉移 전이】①▷轉徙(전사). ②병원체나 종양

세포가 딴 부위로 옮아가는 일.
【轉日回天 전일회천】해와 하늘을 돌림. 세력이 매우 큼.
【轉戰 전전】이리저리 자리를 옮겨 가면서 싸움. 輾轉(전전).
【轉輾 전전】잠이 오지 않아 엎치락뒤치락 함. 輾轉(전전).
【轉轉 전전】①잇따라 변화하는 모양. ②점점. 점차. ③이리저리 떠돌아다님.
【轉漕 전조】①배로 물건을 실어 나름. 漕運(조운). ②수레와 배로 운반함. ◯'轉'은 육상 운반, '漕'는 수상 운반. ③⇒轉餉(전향).
【轉注 전주】①강물이 굽이굽이 흐름. ②한자(漢字) 육서(六書)의 한 가지. 글자의 원뜻이 바뀌어 딴 뜻으로 쓰이는 것.
【轉地 전지】대지(大地)를 굴림. 큰 사업을 함.
【轉借 전차】남이 빌려 온 물건을 그 사람으로부터 다시 빌림.
【轉遷 전천】변천함.
【轉燭 전촉】촛불을 옮겨 붙임. 부귀빈천(富貴貧賤)은 세월이 흐름에 따라 바뀜.
【轉置 전치】어떤 물건을 딴 곳으로 옮겨 놓음. 낡은 것을 버리고 새 것으로 바꾸는 일.
【轉舵 전타】키를 돌림. 배의 진로를 바꿈.
【轉脫 전탈】회피하여 벗어남. 빠져나감.
【轉宅 전택】⇒轉徙(전사).
【轉鬪 전투】⇒轉戰(전전).
【轉敗爲功 전패위공】실패를 바꾸어 도리어 성공을 거둠. 因敗爲成(인패위성).
【轉下 전하】굴러 떨어짐. 轉落(전락).
【轉銜 전함】관직을 옮김. 轉官(전관).
【轉向 전향】①방향을 바꿈. ②종래의 사상에서 다른 사상으로 바꿈.
【轉餉 전향】양곡(糧穀)을 수송함. 군량(軍糧)을 운반함. 轉糧(전량). 轉漕(전조).
【轉禍爲福 전화위복】재앙을 만나도 이를 잘 처리하면 오히려 복이 됨.
【轉回 전회】돎. 회전함. 또는 돌림.
【轉廻 전회】(佛)윤회(輪廻).
◯ 公ㅡ, 空ㅡ, 反ㅡ, 變ㅡ, 旋ㅡ, 循ㅡ, 逆ㅡ, 宛ㅡ, 運ㅡ, 圓ㅡ, 流ㅡ, 移ㅡ, 自ㅡ, 輾ㅡ, 漕ㅡ, 遷ㅡ, 環ㅡ, 回ㅡ, 廻ㅡ.

車 12 【轀】⑲ 가로나무 광 陽 guāng
字解 가로나무, 수레 밑에 대는 가로나무. ≒枕.

車 12 【轎】⑲ 가마 교 蕭 jiào
초서 孫 동자 轎 간체 轿 字解 ①가마, 두 사람이 앞뒤에서 메는 작은 가마. ≒橋. 〔漢書〕興轎而隃領. ②사람이 타는 작은 수레.
【轎軍 교군】國가마를 메어 주고 삯을 받는 사람. 轎丁(교정).
【轎子 교자】나무로 된 네모난 가마. ◯'子'는 조자(助字). 肩輿(견여).

【轎丁 교정】⇒轎軍(교군).
【轎行 교행】가마 타고 감.
◯ 空ㅡ, 大ㅡ, 兜ㅡ, 山ㅡ, 小ㅡ, 興ㅡ, 便ㅡ.

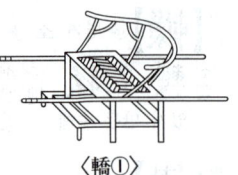
〈轎①〉

車 12 【轑】⑲ ❶바퀴살 로 皓 lǎo
❷긁을 로 豪 láo
❸불태울 료 篠 liǎo
字解 ❶①바퀴살. 바퀴와 바퀴통 사이를 버티는 살. ②서까래, 연목(椽木). ≒橑. 〔漢書〕果得之殿屋重轑中. ③수레의 덮개살. 수레 위에 차일산(遮日傘)처럼 가리는 덮개의 살. ❷①긁다, 밑바닥 같은 것을 긁다. 〔漢書〕陽爲羹盡, 轑釜, 客以故去. ②긁다, 휘다. ❸불태우다. ＝燎. 〔漢書〕欲以熏轑天下.
【轑釜 노부】솥을 긁음. 故事 한(漢) 고조(高祖)가 빈천했을 때, 늘 손을 집으로 데리고 왔는데, 이를 못마땅하게 여긴 형수가 솥에 국이 있는데도 주걱으로 솥을 득득 긁어대어 손을 돌아가게 했다는 고사에서 온 말.

車 12 【轔】⑲ ❶수레 소리 린 眞 lín
❷밟을 린 震 lìn
字解 ❶①수레 소리, 수레들이 지나가는 요란한 소리. 〔杜甫·詩〕車轔轔, 馬蕭蕭. ②바퀴, 수레바퀴. ③수레의 앞뒤 입구 아래쪽에 건너지른 칸막이 판자. 또는 문턱. 〔淮南子〕牛車絶轔. ❷①밟다. ≒躪. ②변화하고 성한 모양. 〔揚雄·賦〕振殷轔而軍裝.
【轔轔 인린】①수레바퀴로 짓이김. ②속이고 억누름.
【轔轔 인린】①수레가 삐걱거리는 소리. ②많은 수레가 지나가는 소리.
◯ 蹂ㅡ, 殷ㅡ, 戶ㅡ.

車 12 【轓】⑲ 수레 바람막이 번 元阮 fān
字解 ①수레 바람막이. 바람이나 먼지를 막는 가리개. ＝軓. ≒藩. 〔漢書〕令長吏二千石車朱兩轓. ②거상(車箱).

車 12 【轐】⑲ 복토 복 屋 bú
字解 복토(伏兔). 거여(車輿)와 굴대를 연결하여 고정하는 나무. ＝僕. 〔阮元·車制圖解〕轐在輿底, 而銜於軸上.

車 12 【轒】⑲ 병거 분 文 fén
字解 ①병거(兵車), 전차(戰車). 〔六韜〕攻城則有轒

車部 12~14획 轎輻轍輳輵轗轚轜轝轞輷轟 1793

輐, 臨衝. ②흉노(匈奴)의 수레. 또는 성을 공격할 때 쓰는 병거. 〔漢書〕砰轒輼破穹盧. ③수레의 덮개 살, 거궁(車弓). ④상여(喪輿).
【轒櫓 분로】성 위의 망대.
【轒輼 분온】①흉노의 수레. ②병거의 한 가지. 성을 공격하는 데 썼음. 轒輐(분완).
【轒輐 분완】▷轒輼(분온).

車12【轎】⑲ 輪(1781)와 동자

車12【輾】⑲ 수레 잔 諫 zhàn
轎 輾 字解 수레. ㉮사(士)가 타는 수레. ≒棧. 〔春秋左氏傳〕丑父寢於輾中. ㉯병거(兵車), 전차(戰車).

車12【轍】⑲ 바퀴자국 철 屑 zhé
轍 軼 辙 字解 ①바퀴자국, 수레바퀴가 지나간 자국. =軼. ≒徹. 〔顔延之·賦〕跨中州之轍迹. ②흔적, 행적, 옛날의 법도. 〔潘徽·序〕總會舊轍, 創立新意.
【轍亂旗靡 철란기미】수레바퀴 자국이 어지럽고 깃발이 쓰러짐. 군대가 패전(敗戰)하여 도망치는 모양.
【轍鮒 철부】수레바퀴 자국에 괸 물에 있는 붕어. 몹시 위급한 처지에 있는 사람. 涸轍鮒魚(학철부어).
【轍鮒之急 철부지급】수레바퀴 자국에 괸 물속에 있는 붕어의 위급함. 절박한 곤경의 비유. 涸轍鮒魚(학철부어).
【轍迹 철적】①수레바퀴의 자국. ②수레바퀴 자국과 말의 발자국. ③사물의 자취. 지난 흔적.
【轍環天下 철환천하】수레를 타고 천하를 두루 돌아다님.
◐ 改-, 故-, 軌-, 同-, 覆-, 易-, 危-, 異-, 一-, 前-, 車-, 涸-.

車12【衝】⑲ 병거 충 冬 chōng
衝 字解 병거, 적진을 공격하는 전차(戰車). =橦. ≒衝. 〔韓愈, 孟郊·詩〕威暢揖轀輴.

車13【轜】⑳ 輀(1787)과 동자

車13【轗】⑳ 가기 힘들 감 感 kǎn
轗 轚 轗 字解 ①가기 힘들다, 길이 험난하여 가기 힘든 모양. ②뜻을 얻지 못하여 불우한 모양. ≒坎·埳·壈. 〔古詩〕轗軻長苦辛.
【轗軻 감가】①길이 험하여 수레가 잘 나아가지 못하는 모양. ②일이 뜻대로 되지 않는 모양. ③때를 만나지 못하여 불행함. 轗轚(감람).
【轗轚 감람】▷轗軻(감가).

車13【轚】⑳ ❶부딪칠 격 錫 jí ❷거리낄 계 霽 jì
轚 字解 ❶①부딪치다, 수레바퀴의 비녀장끼리 서로 부딪치다. ②배나 수레가 질서 있게 나아가다. 〔周禮〕凡道路之舟車轚互者, 叙而行之. ❷거리끼다, 방해가 되다. 〔春秋穀梁傳〕流旁握, 御轚者不得入.

車13【轚】⑳ 가기 힘들 람 感 lǎn
轚 字解 가기 힘들다, 길이 험하여 수레가 나아가지 못하는 모양.

車13【轖】⑳ 기 맺힐 색 職 sè
轖 轖 轖 字解 ①기(氣)가 맺히다, 인체의 기가 울결(鬱結)하여 소통되지 않는 증세. 〔枚乘·七發〕邪氣襲逆, 中若結轖. ②수레의 격자창(格子窓).

車13【轙】⑳ 수레의 고삐 고리 의 紙 yǐ
轙 鑀 轙 字解 ①수레의 고삐 고리. 수레의 앞쪽에 고정해 놓고, 수레를 끄는 여러 마리 말의 고삐를 꿰어 마부가 잡아 쥐고 조종하기에 편리하도록 한 고리. 〔張衡·賦〕龍舟華轙. ②대령하다, 마부가 떠날 준비를 갖추고 기다리다. 〔漢書〕靈禔禋象輿轙.

車13【輯】⑳ 輯(1788)의 속자

車13【轘】⑳ 환형 환 諫刪 huàn
轘 轘 轘 字解 ①환형(轘刑). 수레에 사지를 묶고 양쪽으로 수레를 달리게 하여 찢어 죽이던 극형. 〔春秋左氏傳〕轘諸栗門. ②산 이름, 관(關) 이름. 〔史記〕因張良遂略地轘轅.
【轘裂 환열】넉 대의 수레에 사지를 묶고 사방으로 수레를 달리게 하여 찢어 죽임.
【轘轅 환원】①하남성(河南省)에 있는 산 이름. ②관(關) 이름.
◐ 車-.

車14【轟】㉑ 울릴 굉 本횡 庚敬 hōng
轟 轟 轟 轟 字解 ①울리다. ⑦수레들의 요란한 소리. 〔左思·賦〕車馬電駭, 轟轟闐闐. ㉯천둥 소리. 〔元稹·詩〕霆轟電炫數聲頻. ㉰요란한 물소리, 폭포 소리. 〔韓愈·

詩〕懸流轟轟射水府.⑤요란한 음악 소리.〔韓愈·詩〕絲竹徒轟轟.②쳐서 무너뜨리다, 무너지고 갈라지다.〔元好問·詩〕駭浪幾轟山石破.③쫓다, 구축(驅逐)하다.
【轟轟 굉굉】①수레의 요란한 소리. ②폭포 소리. ③천둥 소리. ④요란한 음악 소리.
【轟笑 굉소】 큰 소리로 웃음. 哄笑(홍소).
【轟然 굉연】 소리가 크고 소란스러움.
【轟音 굉음】 크게 울리는 소리.
【轟飮 굉음】 술을 많이 마심.
【轟醉 굉취】 술에 몹시 취함. 狂醉(광취).
【轟沈 굉침】①함선(艦船)이 폭파되어 큰 소리를 내며 가라앉음. ②함선을 폭파하여 가라앉힘.
【轟破 굉파】 포격하여 파괴함.
● 雷-, 嘲-, 車-, 砰-, 喧-.

車 14 【轛】 ㉑ 수레 앞 창 대 䨲 zhuì
轛 䡒 字解 수레 앞 창. 수레의 앞턱 가로나무 아래의 격자창.〔周禮〕軾聞衡植材, 總名爲轛.

足 14 【轝】 ㉑ 가마 여 圄 yù
字解 ①가마. =輿. ②손으로 드는 가마, 어깨에 메는 가마. ③관(棺)을 싣는 가마. ④흙을 나르는 들것. ⑤임금이 타는 수레.〔漢書〕轝駕侍從甚盛.
【轝駕 여가】①천자(天子)의 수레. ②천자.
【轝隸 여례】 가마를 메는 하인.

足 14 【轜】 ㉑ 수레 소리 은 䨲 yǐn
字解 ①수레 소리. ②울려 퍼지는 소리. ≒殷.

車 14 【轜】 ㉑ 상여 이 囝 ér
轜 輀 輌 字解 상여(喪轝), 관(棺)을 싣는 수레.〔陸機·詩〕素驂佇轜軒.
【轜車 이거】 관을 싣는 수레. 象車(상거).
【轜軒 이헌】 ⇨轜車(이거).

車 14 【轞】 ㉑ 함거 함 䨲 jiàn
轞 䡎 㺂 字解 ①함거(轞車).〔後漢書〕轞車傳豐送洛陽. ②수레가 울리는 소리. ≒檻.〔左思·賦〕出車轞轞.
【轞車 함거】 사방을 널빤지로 둘러친 수레. 죄수를 호송하거나 맹수를 잡는 데 썼음.
【轞轞 함함】 수레가 털털거리는 소리.

車 15 【轢】 ㉒ 삐걱거릴 력 䨲 lì
轢 䡙 䡤 䡘 字解 ①삐걱거리다, 수레가 쓸려 소리를 내다. ¶軋轢. ②轢치다, 바퀴 밑에 깔아 부수다. =轣. ≒櫟.〔張衡·賦〕値輪被轢. ③짓밟다, 업신여기다.〔漢書〕刻轢宗室, 侵辱功臣.
【轢脚 역각】 수레에 다리가 갈림.
【轢死 역사】 수레에 치어 죽음.
【轢殺 역살】 수레바퀴로 깔아뭉개어 죽임.
【轢蹙 역축】 침범함. 刻轢(각력).
● 刻-, 陵-, 軋-, 轔-, 車-.

車 15 【轒】 ㉒ 轒(1790)과 동자

車 15 【轠】 ㉒ 잇닿을 뢰 灰 léi
轠 䡒 字解 ①잇닿다, 수레가 닿은 모양.〔揚雄·賦〕繽紛往來, 轠轤不絶. ②치다, 들이받다.〔漢書〕一旦更礙, 爲賞所賜. ③뇌거(轠車). 염전에서 섶나무를 운반하는 수레.〔元陳椿·說〕運柴必轠車.
【轠轤 뇌로】①끊임없이 잇닿아 있는 모양. ②빙빙도는 모양.

車 15 【轤】 ㉒ 轠(1794)의 속자

車 15 【轡】 ㉒ 고삐 비 寘 pèi
轡 䡏 䡳 䡞 䡘 字解 ①고삐.〔詩經〕六轡如絲. ②재갈.〔鹽鐵論〕執法者, 國之轡銜.
【轡勒 비륵】 고삐와 굴레.
【轡長則踏 비장즉답】 ☞고삐가 길면 잡힘. 나쁜 짓을 오래 계속하면 끝내는 들킴.
【轡銜 비함】 고삐와 재갈. 제어하는 공구(工具).
● 金-, 急-, 攬-, 頓-, 返-, 秉-, 並-, 騁-, 按-, 連-, 柔-, 操-, 策-.

車 15 【轞】 ㉒ 軎(1776)와 동자

車 16 【轣】 ㉓ 갈 력 錫 lì
轣 字解 ①갈다, 치다, 바퀴 밑에 깔아 부수다. =轢. ②물레, 방차(紡車). ¶轣轆. ③수레의 궤도(軌道). ¶轣轆. ④수레의 요란한 소리.〔尹延高·詩〕車轞轣車轞轣. ⑤새의 울음소리.〔陸游·詩〕靑絲玉井聲轞轣.
【轣轆 역록】①수레의 궤도. ②물레. ③수레바퀴가 삐걱거리는 소리. ④새가 우는 소리.

車 16 【轤】 ㉓ 도르래 로 虞 lú
轤 䡫 䡠 䡰 字解 ①도르래, 활차.

(滑車). ②물레. ㉮실을 잣는 물레. ㉯도자기를 만드는 물레. ③산륜(散輪). 무거운 물건을 옮길 때 그 밑에 깔아 힘을 덜게 하는 둥근 나무토막. ④잇닿은 모양, 끊이지 않고 이어진 모양. 〔漢書〕繽紛往來, 轔轔不絕.

車 17 【轡】 ㉔ 轡(1794)와 동자

車 20 【轔】 ㉗ 칠 린 圓 lìn
字解 ①치다, 갈다, 바퀴 밑에 깔아 부수다. ＝轥. 〔李白·賦〕轔轢已多. ②수레가 지나가는 소리. ③짓밟다. 〔司馬相如·賦〕徒車之所轔轢.
【轔轢 인력】 ①짓밟음. 유린함. ②수레바퀴에 치임. ③수레가 가는 소리.

車 20 【轥】 ㉗ 우뚝할 얼 圓 niè
소전 轥 동자 钀 字解 ①우뚝하다, 우뚝 솟은 모양. 〔左思·賦〕四門轥轥. ②수레에 짐을 높이 싣고 가는 모양. 〔詩經〕庶姜轥轥.
【轥轥 얼얼】 높은 모양.

車 19 【轤】 ㉖ 轤(1794)과 동자

辛 部

7획 부수 ｜ 매울신부

辛 0 【辛】 ⑦ 매울 신 眞 xīn

` 一 亠 亠 立 辛 辛

소전 𨐌 초서 辛 字源 象形. 죄인의 얼굴에 자자(刺字)하는 데 쓰던 칼을 본뜬 글자.
字解 ①맵다, 매운맛. 〔楚辭〕辛甘行些. ②고생하다. 〔逸周書〕以匡辛苦. ③살상(殺傷)하다. ④천간(天干) 이름, 10간의 여덟째. 〔詩經〕朔日辛卯. ⑤새, 새 것. ≒新. ⑥허물, 큰 죄. ⑦은대(殷代)의 폭군 주(紂)의 이름.
【辛艱 신간】 ☞辛苦(신고)②.
【辛苦 신고】 ①맵고 씀. 매운맛과 쓴맛. ②고되고 괴로움. 고생함. 辛艱(신간).
【辛苦遭逢 신고조봉】 어려운 일에 부딪힘.
【辛勤 신근】 ①몹시 애써 일함. ②고된 근무. 勞苦(노고).
【辛辣 신랄】 ①맛이 매우 맵고 아림. ②비평·분석 따위가 매우 날카롭고 예리함. 辛烈(신열).
【辛味 신미】 매운맛.

【辛盤 신반】 매운맛을 가진 다섯 가지 재료로 만든 음식. 정월 초하루에 먹으면 오장(五臟)의 기를 틔워 건강해진다고 함. 五辛盤(오신반).
【辛酸 신산】 ①매운맛과 신맛. ②고되고 힘듦. 辛楚(신초).
【辛螫 신석】 ①독충에 쐬어 몹시 아픔. ②형벌로 죽음.
【辛勝 신승】 고생스럽게 간신히 이김.
【辛時 신시】 24시의 스무째. 곧, 하오 6시 30분 ~7시 30분.
【辛烈 신열】 ☞辛辣(신랄)②.
【辛楚 신초】 고되고 힘듦. 辛酸(신산).
❶艱―, 苦―, 悲―, 酸―, 上―, 細―, 少―, 愁―, 五―, 下―.

辛 5 【辜】 ⑫ 허물 고 虞 gū
소전 𦎧 고문 㚔 초서 辜 字解 ①허물, 죄. 〔書經〕與其殺不辜焉. ②희생을 잡아 각을 뜨는 일. 〔周禮〕凡沈辜侯禳. ③책형(磔刑), 책형에 처하다. 죄인을 기둥에 묶고 창으로 찔러 죽이는 일. 〔周禮〕殺王之親者辜之. ④이익 따위를 독점하다. 〔漢書〕沒入辜榷財物. ⑤까닭, 때문. ≒故. 〔史記〕亦夫子之辜也. ⑥반드시, 꼭. 〔漢書〕姑洗, 洗, 絜也, 言陽氣洗物, 辜絜之也. ⑦막다, 방해하다. 〔後漢書〕豪右辜榷. ⑧저버리다, 위배되다. ≒孤. 〔朱子全書〕辜負教育之意. ⑨대략, 대개. ⑩동짓달의 딴 이름.
【辜榷 고각】 남의 장사를 방해하여 이익을 독차지하는 일. 辜較(고각).
【辜功 고공】 죄상(罪狀).
【辜較 고각】 ❶고교 ❷고각. ❶대개. 대략. 梗槪(경개). ❷☞辜榷(고각).
【辜負 고부】 배반함. 위배함. 상대의 뜻에 거스름. 孤負(고부).
【辜人 고인】 중죄인. 사형수.
【辜罪 고죄】 허물. 죄.
❶蒙―, 無―, 伏―, 不―, 非―, 速―, 深―, 罪―, 沈―, 恤―.

辛 5 【辝】 ⑫ 辭(1796)의 주문

辛 6 【辟】 ⑬
❶임금 벽 陌 bì, pì
❷견줄 비 寘 bì, pì
❸피할 피 寘 bì, pì
❹설 백 陌
❺그칠 미 紙 mǐ
소전 𨐌 초서 辟 字解 ❶❶임금. ㉮하늘, 상제(上帝). 〔詩經〕蕩蕩上帝, 下民之辟. ㉯천자(天子). 〔漢書〕辟遏有德. ㉰제후(諸侯). 〔詩經〕百辟卿士. ㉱장관(長官). 〔逸周書〕三卿一長曰辟. ㉲지아비. 〔禮記〕夫曰皇辟. ②법, 법률. 〔周禮〕以放司空之辟. ③허물, 죄. 〔禮記〕司寇正刑明辟. ④본받다, 거울삼다. 〔詩經〕辟爾爲德. ⑤다스리

辛部 6~9획 辠辢辤辥辨

다, 죄를 다스리다.〔春秋左氏傳〕辟獄刑. ❻구슬. 늑璧.〔詩經〕於樂辟廱.❼벽, 담, 담장. 늑壁.〔春秋左氏傳〕欲築壘辟.❽크다.❾밝히다, 명백히 하다.〔禮記〕對揚以辟之.❿닫히다, 열리지 않다.〔莊子〕口辟焉而不能言.⓫포개다, 접다.〔張協·七命〕萬辟千灌.⓬모이다, 한곳에 모여있다.〔史記〕則邪氣辟矣.⓭붙다, 서로 떨어지지 않다.〔莊子〕形之與形亦辟矣.⓮치우다, 제거하다.〔周禮〕王燕出入則前驅而辟.⓯실을 잣다, 길쌈하다.〔孟子〕妻辟纑.⓰절름발이. 늑躄.〔荀子〕辟馬毀輿.⓱피하다. 늑避.〔禮記〕主人般還曰辟.⓲빗나가다, 엇길을 들다.〔淮南子〕畏馬之辟.⓳기울이다, 주의를 집중하다.〔禮記〕負劍辟咡詔之.⓴멀다.〔淮南子〕今使人生於辟陋之國.㉑작다.〔呂氏春秋〕辟米不得師.㉒부르다, 초빙하다.〔阮籍·牋〕辟書始下.㉓속이다, 사실과 맞지 않다.〔禮記〕凡失財用物辟名者.㉔사특하다, 바르지 않다.〔詩經〕其命多辟.㉕막다, 방어하다.㉖열다, 개간하다. 늑闢.〔孟子〕辟土地.㉗편벽되다. 늑僻.㉘마음이 한쪽으로 치우쳐 공정하지 못하다.〔大學〕人之其所親愛而辟焉.㉙땅이 궁벽하다.〔史記〕國小處辟.㉚가슴을 치다, 원통하여 가슴을 두드리다. 늑擗・擘.〔詩經〕寤辟有摽.㉛첩, 소실.〔荀子〕事其使人.㉜새 그물. 늑罬.〔莊子〕中於機辟.❸놀라 피하다.〔史記〕人馬俱驚, 辟易數里. ❷❶견주다, 비유하다. 늑譬.〔中庸〕辟如行遠.❷눈을 흘기다.❸眸.❹팔.❺臂.❸피하다. 늑避.〔荀子〕不辟死傷.❹썰다, 잘게 끊다.〔禮記〕麕爲辟雞.❺주름, 치마 주름 위.❺그치다, 그만두다. 늑弭・彌.〔禮記〕有由辟焉.

【辟擧 벽거】❶불러들여 채용함. 불러내어 등용함.❷땅을 모두 개간함.
【辟穀 벽곡】❶곡식을 먹지 않고 솔잎・대추・밤 따위만 먹고 삶. 도교의 수련 방법의 한 가지.❷화식(火食)을 피하고 생식만 하는 일.
【辟公 벽공】제후(諸侯).
【辟禁 벽금】규칙. 법칙.
【辟歷 벽력】벼락. 霹靂(벽력).
【辟陋 벽루】궁벽(窮僻)하고 비루(卑陋)함.
【辟名 벽명】문서를 거짓으로 작성하여 사실과 맞지 않음.
【辟命 벽명】임금의 부름. 군주의 소명(召命). 辟召(벽소). 徵辟(징벽).
【辟聘 벽빙】숨은 인재를 불러내어 등용함. 徵聘(징빙).
【辟士 벽사】❶경대부(卿大夫). 또는 선비.❷선비를 부름.
【辟邪 벽사】❶나쁜 귀신을 물리침.❷상상의 짐승 이름. 한대(漢代) 사람들이 사악(邪惡)을 물리치기 위해 짐승의 그 모양을 새겨 넣었다고 함.❸편벽되고 바르지 않음.
【辟書 벽서】관(官)의 호출장(呼出狀).
【辟召 벽소】☞辟命(벽명).
【辟言 벽언】❶벽언(邪辟)한 말.❷법칙에 맞는 말.❷도(道)에 어긋나는 말을 피하여 떠남.
【辟易 벽역 ❶피역】❶❶광질(狂疾). 광증(狂症).❷개간함.❷놀라서 뒤로 물러섬. 기세에 눌려 꽁무니를 뺌.
【辟雍 벽옹】주대(周代)에 도성에 둔 대학(大學).
【辟違 벽위】비뚤어지고 어긋남. 사악함.
【辟淫 벽음】사특하고 음탕함.
【辟引 벽인】벼슬을 시키려고 불러내어 천거함.
【辟除 벽제】❶불러내어 관에 임명함.❷떨어 없앰. 청소함.❸⦗國⦘지위 높은 사람이 행차할 때 일반 사람의 통행을 금하고 길을 치우던 일.
【辟左右 벽좌우】밀담하기 위하여 곁에 있는 사람들을 물리침.
【辟睨 비예】❶눈을 흘겨봄. 주위를 둘러보고 위세를 부리는 일.❷들여다봄. 몰래 봄.
【辟車 피거】❶한대(漢代)에 귀인의 수레가 지나갈 때 통행을 금하고 길을 벽제(辟除)하던 주졸(走卒).❷수레를 피함.
【辟忌 피기】피하고 꺼림. 避忌(피기).
【辟事 피사】일을 피함.
【辟暑 피서】더위를 피함. 避暑(피서).
【辟就 피취】높은 사람은 용서하고, 낮은 사람은 벌함. 형벌이 불공평함.
❶黥ー, 群ー, 宮ー, 斷ー, 大ー, 復ー, 荊ー, 召ー, 列ー, 英ー, 應ー, 重ー, 徵ー, 便ー, 憲ー, 賢ー, 刑ー, 皇ー, 后ー.

辛 6 【辠】⓭ 허물 죄 ⦗漢⦘ zuì

⦗소전⦘ 辠 ⦗동자⦘ 罪 ⦗字解⦘❶허물, 죄. ※罪(1399)의 고자(古字). '皇'자와 비슷하다 하여 진시황이 '罪'로 고쳤다 함.❷헐뜯다, 비방하다. 늑訾.

辛 7 【辢】⓮ 매울 랄 ⦗漢⦘ là

⦗초서⦘ 辢 ⦗동자⦘ 辣 ⦗字解⦘❶맵다, 몹시 매운 맛.〔齊民要術〕薑辛桂辣.❷언행이 매우 엄격하고 혹독하다. ¶辛辢.
【辢撻 날달】해가 막 돋아느는 하는 모양.
【辢手 날수】날쌔게 일하는 솜씨.
【辢腕 날완】민첩한 수완. 날쌘 솜씨.
❶老ー, 毒ー, 辛ー, 惡ー, 香ー, 馨ー, 酷ー.

辛 7 【辤】⓮ 辣(1796)과 동자

辛 8 【辥】⓯ 辭(1797)의 동자

辛 9 【辨】⓰
❶분별할 변 ⦗漢⦘ biàn
❷두루 편 ⦗國⦘ biàn
❸폄할 폄 ⦗漢⦘ biǎn
❹갖출 판 ⦗中⦘변 ⦗漢⦘ bàn

亠 亣 㐬 㐬 辛 辜 辟 辨

辛部 9~12획 辨辭辦辭 1797

辨

소전 辨 초서 辨 동자 辧 參考 대법원 지정 인명용 한자의 음은 '변'이다.

字源 形聲. 辡+刀→辨. '辡(변)'이 음을 나타냄.

字解 ❶분별하다, 판별하다. 〔荀子〕忠信調和均辨之至也. ❷분명히 하다, 의혹이 없게 하다. 〔荀子〕說不喩, 然後辨. ❸나누다. ㉮쪼개다, 부판(剖判)하다. ㉯따로 하다, 구별하다. 〔周禮〕辨方正位. ❹나뉘다. ㉮떠우다, 분리하다. 〔春秋左氏傳〕蔡人男女以辨. ㉯끊어지다, 두 토막이 되다. ❺다스리다. 〔呂氏春秋〕實辨天下. ❻바루다, 바로잡다. 〔周禮〕水之以辨其陰陽. ❼따지다, 물어서 밝히다, 논쟁하다. 〔禮記〕論辨然後使之. ❽준비하다. 〔周禮〕辨三酒之物. ❾근심하다, 걱정하다. ❿변하다, 바꾸다. ≒辯. ⓫쓰다, 부리다. ⓬손가락 끝, 손가락 사이. 〔易經〕剝牀以辨. ⓭고르다, 평平. ≒徧. 〔春秋左氏傳〕辨舍爵於季氏之廟. ⓮폄하(貶下)하다. ≒貶. 〔禮記〕立容辨卑母詔. ⓯갖추다. ≒辦. 〔周禮〕以辨民器.

【辨告 변고】 사리를 밝혀 타이름.
【辨校 변교】 분별하여 생각함. 따져 비교함.
【辨理 변리】 일을 분별하여 처리함. 분별하여 다스림.
【辨明 변명】 ①옳고 그름을 가려 사리를 밝힘. 辨白(변백). ②자기 언행에 대하여 다른 사람이 납득할 수 있게 설명함.
【辨誣 변무】 사리를 따져 무언(誣言)을 변명함.
【辨駁 변박】 시비를 가려 논박함, 남의 언론 가운데 도리에 맞지 않은 점을 들어 반박함.
【辨白 변백】 ☞辨明(변명).
【辨別 변별】 ①서로 다른 점을 구별함. ②시비나 선악을 가림.
【辨似 변사】 ①엇비슷한 것을 똑똑히 구별함. ②혼동하기 쉬운 글자를 구별함.
【辨償 변상】 끼친 손해를 물어 줌.
【辨析 변석】 사리를 밝힘. 밝혀서 바로잡음.
【辨釋 변석】 사리를 분명하게 풀어 밝힘.
【辨訟 변송】 송사(訟事)를 가려서 밝힘.
【辨識 변식】 분별하여 앎. 분간함. 판별함.
【辨正 변정】 옳고 그름을 따져서 일을 바로잡음. 卞正(변정).
【辨證 변증】 변별하여 증명함.
【辨解 변해】 해명함. 辯解(변해).
【辨覈 변핵】 분별하여 밝힘.
【辨惑 변혹】 남의 의혹을 변별하여 깨우쳐 줌.

❶強−, 廉−, 論−, 明−, 分−, 審−, 精−, 澄−, 治−.

辥

辛9 【辥】⑯ 허물 설 諸 xuē

소전 辥

字解 ❶허물, 죄. ❷사형(死刑). ❸나라 이름. ≒薛.

辦

辛9 【辦】⑯ 힘쓸 판 𝄞변 諸 bàn

소전 辦 초서 辦 간체 办 **字解** ❶힘쓰다, 힘써 일하다. 〔趙庚夫・詩〕縫紉連夜辦. ❷갖추다, 준비하다. 〔顔氏家訓〕家貧燭難辦. ❸주관하다, 판결하다. =辨. 〔史記〕項梁嘗爲主辦.

【辦公 판공】 공무에 종사함. 공사(公事)를 처리함. 집무함.
【辦納 판납】 금전이나 물품을 변통하여 바침.
【辦理 판리】 사리를 판별하여 일을 잘 처리함.
【辦務 판무】 맡은 사무를 처리함.
【辦備 판비】 갖추어 준비함.
【辦事 판사】 일을 처리함. 사무를 봄.
【辦嚴 판엄】 ☞辨裝(판장).
【辦裝 판장】 여장(旅裝)을 갖춤. ○한(漢) 명제(明帝)의 휘자(諱字)가 '裝'이어서 뒤에 이를 피하여 '嚴'으로 바꾸어 씀. 辦嚴(판엄).
【辦濟 판제】 빚을 갚음. 辨濟(변제).

❶蜜−, 精−, 整−, 主−, 總−, 趨−, 會−.

辭

辛12 【辭】⑲ 말 사 𝄞 cí

소전 辭 주문 辭 초서 辭 동자 辤 속자 辞 간체 辞

字源 會意. 𤔲+辛→辭. 죄를 따져서〔辛〕 다스린다〔𤔲〕는 데서 '송사(訟事)에서 하는 말'이란 뜻을 나타낸다.

字解 ❶말. ≒詞. ㉮언어, 언변, 논술. 〔禮記〕無辭不相接也. ㉯어구, 성구(成句). 〔孟子〕不以文害辭. ㉰일러바치는 말, 한쪽으로 치우쳐 공정하지 못한 말. 〔書經〕明淸于單辭. ❷하소연하다, 호소하다. ❸말하다, 이야기하다. 〔禮記〕故仁者之過易辭也. ❹알리다, 고하다. 〔禮記〕使人辭於狐突曰. ❺쓰다, 글씨를 쓰다. 〔春秋穀梁傳〕其辭石尙士也. ❻청하다, 원하다. 〔國語〕大夫辭之. ❼꾸짖다, 책망하다. 〔春秋左氏傳〕王使詹桓伯辭於晉. ❽면회를 거절하다. 〔呂氏春秋〕願辭不爲臣. ❾떠나다, 사퇴하다. ❿거절하다, 사양하다. 〔書經〕禹拜稽首固辭. ⓫말을 걸다, 말을 건네다. 〔楚辭〕入不言兮出不辭. ⓬교훈, 타이름. 〔詩經〕辭之輯矣. ⓭헤어지다, 이별하다. 〔呂氏春秋〕過北郭騷之門而辭. ⓮보내다, 파견하다. 〔春秋左氏傳〕辭八人者而後王安之. ⓯빌다, 사죄하다. 〔呂氏春秋〕嬰可以辭而無棄乎. ⓰문체의 하나. 소(騷)의 변체(變體)로, 운(韻)을 쓰는 한문 문체의 한 가지. ⓱효사(爻辭). 주역(周易)의 각 효(爻)에 대하여 설명한 글. 〔易經〕辯吉凶者存乎辭. ⓲요묘비(堯廟碑)將辭帝秉. ⓳달리하다. ≒異.

【辭家 사가】 하직하고 집을 떠나.
【辭却 사각】 말로써 물리침. 사절함. 사퇴함.
【辭去 사거】 작별함. 서로 헤어짐. 告別(고별).
【辭訣 사결】 작별 인사를 함. 서로 헤어짐.

【辭氣 사기】 ①말씨. ②글의 풍격(風格).
【辭達 사달】 말이나 글의 뜻이 통함.
【辭老 사로】 늙어서 사직함.
【辭理 사리】 문장의 내용과 표현 형식.
【辭林 사림】 ①사전(辭典). 사서(辭書). ②문인가들이 모이는 곳. 문인들의 사회.
【辭面 사면】 만나서 이야기함.
【辭命 사명】 춘추 시대에 사신이 제후의 명을 받고 외교를 할 때 쓰던 수사(修辭) 언어.
【辭貌 사모】 말과 용모.
【辭病 사병】 병을 핑계로 하여 사양함.
【辭服 사복】 지은 죄의 용서를 빎. 사죄하고 항복함.
【辭賦 사부】 ①시가와 문장. 詩文(시문). ②문체(文體)의 이름. 초사(楚辭)의 형식을 본뜬 운문.
【辭費 사비】 ①말이 쓸데없이 많음. ②실행이 따르지 않는 말.
【辭謝 사사】 사양함. 사퇴함.
【辭色 사색】 말과 얼굴빛. 온화한 말씨와 태도.
【辭書 사서】 낱말을 모아서 일정한 순서로 배열하고 설명·용례 등을 베풀어 놓은 책.
【辭說 사설】 ①말. 언사(言辭). ②國잔소리로 늘어놓는 말.
【辭世 사세】 세상을 하직함. 죽음.
【辭歲 사세】 ①묵은해를 보냄. ②제야(除夜)의 전야(前夜)에 주연(酒宴)을 벌이는 일.
【辭受 사수】 사양함과 받아들임.
【辭讓之心 사양지심】 사단(四端)의 하나로, 겸손하여 남에게 사양할 줄 아는 마음.
【辭言 사언】 말. 言辭(언사).
【辭緣 사연】 國①하고자 하는 말. ②말이나 글의 내용.
【辭意 사의】 ①맡은 일을 그만두고 물러날 뜻. ②말이나 글의 뜻.
【辭義 사의】 말의 줄거리. 말의 뜻.
【辭章 사장】 문장과 시부(詩賦)를 아울러 이르는 말.
【辭絶 사절】 사양하여 받지 아니함.
【辭朝 사조】 ①사직함. ②國외직으로 부임하는 관원이 출발에 앞서 임금에게 하직 인사를 드리던 일.
【辭藻 사조】 시문(詩文)의 아름다운 문채(文采). 문장의 수식. 詞藻(사조).
【辭宗 사종】 시문의 대가. 詞宗(사종).
【辭旨 사지】 말이나 문장의 취지.
【辭職 사직】 직무를 그만두고 물러남.
【辭塵 사진】 ①속세를 떠남. 은둔함. ②절에 들어감. 출가(出家)함. ③죽음.
【辭牒 사첩】 서민이 임금에게 올리는 글.
【辭趣 사취】 문장의 정취(情趣).
【辭吐 사토】 말. 언사(言辭).
【辭表 사표】 사직의 뜻을 적어 제출하는 문서. 辭狀(사장).
【辭豊意雄 사풍의웅】 문사(文辭)가 풍부하고 의지가 웅건함.
【辭彙 사휘】 ①사전(辭典). ②어휘(語彙).
○ 歌-, 嘉-, 甘-, 謙-, 告-, 固-, 苦-,

警-, 怪-, 嬌-, 多-, 答-, 文-, 美-, 媚-, 芳-, 辯-, 浮-, 卑-, 邪-, 遜-, 頌-, 碎-, 修-, 式-, 飾-, 言-, 禮-, 溫-, 雄-, 偉-, 僞-, 諛-, 音-, 淫-, 俚-, 正-, 弔-, 淺-, 祝-, 致-, 便-, 虛-, 華-, 訓-, 休-.

辛14 【辯】㉑ ❶말잘할 변 biàn
❷편녕할 변 pián
❸두루 편 biàn

소전 辯 초서 辯 간체 辩 参考 대법원 지정 인명용 한자의 음은 '변'이다.

字源 會意. 言+辡→辯. 송사(訟事)에서 말(言)로 자기를 변호함(辡)을 뜻한다.

字解 ❶①말을 잘하다. 말을 교묘히 하다. ≒ 譎. 〔老子〕 辯者不善. ②다스리다. 형옥(刑獄) 따위를 다스리다. 〔周禮〕 辯其獄訟. ③바르다, 바로잡다. 〔禮記〕 有司弗辯也. ④밝히다, 명찰(明察)하다. 〔易經〕 辯吉凶者存乎辭. ⑤분변하다. ≒ 辨. 〔易經〕 君子以辯上下. ⑥나누다, 나뉘다. 〔太玄經〕 則君臣父子夫婦之道辯矣. ⑦말다툼하다, 시비를 따지다. 〔春秋左氏傳〕 辯而不德. ⑧말하다, 이야기하다. 〔呂氏春秋〕 言厥之三月甚辯. ⑨슬기롭다, 민첩하다. 〔應貞·詩〕 言去其謂. ⑩변하다. ≒ 變. 〔莊子〕 而御六氣之辯. ⑪송사하다, 맞고소하다. ⑫문체의 이름. 언행의 시비·진위를 논하여 설명한 글. ❷①편녕(便佞)하다. ≒ 便. 〔春秋公羊傳〕 友辯佞. ②교묘하게 말하다. ③분별하다. ≒ 平. ❸두루, 두루 미치다. ≒ 偏. 〔儀禮〕 大夫辯受酬.

【辯告 변고】 널리 고함. 널리 알림.
【辯巧 변교】 구변이 좋음. 말을 교묘히 함.
【辯口快耳 변구쾌이】 교묘한 말은 듣는 사람의 귀에 거슬리지 않음.
【辯難 변난】 트집을 잡아서 비난함.
【辯佞 변녕】 말솜씨가 좋아 남의 비위를 잘 맞춤. 또는 그 사람.
【辯論 변론】 옳고 그름을 따져 말함.
【辯妄 변망】 다른 사람의 망론(妄論)을 논박함.
【辯博 변박】 변론이 밝고 학문이 넓음.
【辯駁 변박】 시비를 가리어 논박함.
【辯法 변법】 법으로써 쟁송(爭訟)하는 일.
【辯辯 변변】 조리 있게 논하는 모양.
【辯士 변사】 ①변설(辯舌)에 능한 사람. 辯士(변사). ②연설이나 웅변을 하는 사람. ③무성 영화를 상영할 때 거기에 맞추어 내용을 설명하던 사람.
【辯辭 변사】 교묘한 말. 능숙한 말.
【辯嘗 변상】 혀로 핥아 음식의 양부(良否)를 판별함. 음식의 맛을 봄.
【辯析 변석】 시비를 따지어 가림. 이치를 똑똑하게 밝힘.
【辯釋 변석】 사리를 풀어 밝힘. 辨釋(변석).
【辯贍 변섬】 변론에 뛰어남.

【辯疏 변소】 ☞辯解(변해).
【辯訟 변송】 시비곡직(是非曲直)을 따져 다툼.
【辯識 변식】 분간하여 앎.
【辯囿 변유】 ①계속되는 논쟁. ②언론계.
【辯議 변의】 논의함.
【辯才 변재】 ①말재주. ②(佛)설법(說法)을 잘하는 재능.
【辯足以飾非 변족이식비】 말솜씨가 있어 자기의 잘못을 잘 꾸며 대어 가릴 만함.
【辯智 변지】 ①사리를 분별하는 슬기. ②말재주가 좋아 말을 잘함.
【辯察 변찰】 ①말이 분명한 일. ②교묘하고 명료한 말.
【辯捷 변첩】 말솜씨가 능하고 재빠름.
【辯解 변해】 사리를 풀어 밝힘. 잘못이 없음을 해명함. 辯疏(변소).
【辯慧 변혜】 구변이 좋고 영리함.
【辯護 변호】 남의 이익을 위하여 해명하고 감싸서 도움. 도리를 밝혀 비호함.

❶剛-, 强-, 高-, 曲-, 巧-, 口-, 詭-,
譏-, 論-, 訥-, 能-, 多-, 達-, 談-,
大-, 代-, 明-, 妙-, 文-, 敏-, 博-,
浮-, 分-, 邪-, 辭-, 善-, 佞-, 英-,
溫-, 雄-, 逸-, 才-, 廷-, 精-, 聰-,
贅-, 豊-, 筆-, 抗-, 覈-, 好-, 華-.

辰 部

7획 부수 | 별신부

辰 0 【辰】⑦ ❶지지 진 ⓑ신 圓 chén
    ❷때 신 圓 chén

一 厂 厂 尸 尼 辰 辰

[소전]辰 [고문]辰 [초서]辰 [본문]辰 [고문]辰
[고문]辰 [참고] 대법원 지정 인명용 한자의 음은 '진·신'이다.

[字源] 象形. 조개가 조가비를 벌리고 발을 내놓은 모양을 본뜬 글자. 지지(地支)의 뜻은 뒤에 가차된 것이다.

[字解] ❶①지지(地支), 12지의 총칭. 〔周禮〕十有二辰之號. ②다섯 번째 지지. 12지의 다섯 번째. 띠로는 용, 방위로는 동남동, 달로는 음력 삼월, 시각으로는 오전 7시~9시. ③별 이름. ㉮수성(水星). 〔史記〕察日辰之會, 以治辰星之位. ㉯28수의 한 가지. 〔楚辭〕奇傅說之託辰星兮. ④별의 총칭. 성수(星宿). ❷①때, 시대, 기회. 〔詩經〕我生不辰. ②아침, 새벽. 〔詩經〕不能辰夜. ③해와 달과 별의 총칭. 〔張衡·賦〕建辰旄之太常. ④북극성, 북신(北辰). 〔太玄經〕星辰不相觸. ⑤날, 날을 받다. 택일. 〔呂氏春秋〕乃擇元辰.

【辰砂 진사】 수은과 유황의 화합물. 광택이 있는

짙은 홍색의 광물. 朱砂(주사).
【辰星 진성】 수성(水星).
【辰宿 진수】 ①28수의 한 가지. ②모든 별자리의 별들. 星宿(성수).
【辰緯 진위】 별. 星辰(성신).
【辰駕 신가】 천자(天子)의 거가(車駕).
【辰刻 신각】 ❶신각 ❷진각 ❶때. 시각. ❷진시(辰時). ①12시의 다섯째 시. 오전 7시~9시. ②24시의 아홉째 시. 오전 7시 30분~8시 30분.
【辰晷 신구】 해·달·별의 빛. 천자(天子).
【辰夜 신야】 밤의 시각을 재는 일.

❶佳-, 嘉-, 吉-, 大-, 芳-, 北-, 參-,
霜-, 生-, 星-, 時-, 良-, 日-, 誕-.

辰 0 【辰】⑥ 辰(1799)의 고자

辰 0 【辰】⑦ 辰(1799)의 본자

辰 0 【辰】⑧ 辰(1799)의 고자

辰 3 【辱】⑩ 욕되게 할 욕 沃 rǔ

一 厂 厂 尸 F 乕 辰 辱 辱

[소전]辱 [초서]辱 [고문]辱 [字源] 會意. 辰+寸→辱. '辰'은 별자리를, '寸'은 법(法)을 뜻한다. 옛날에는 별자리로 농사철이 시작됨을 알았고, 그 때를 놓친 자는 죽여서 욕을 보였으므로 합하여 '욕보이다'의 뜻을 나타낸다.

[字解] ①욕되게 하다. 받은 호의(好意)가 분에 넘친다는 뜻의 겸사. 〔韓愈·書〕愈白, 辱惠書. ②욕보이다, 수치를 당하게 하다. 〔禮記〕不辱其身, 不羞其親. ③욕, 수치. 〔史記〕吾幽囚受辱. ④거스르다, 거역하다. 〔管子〕辱擧其死. ⑤더럽히다, 더럽혀지다. ≒黷. 〔老子〕大白若辱. ⑥무덥다. ≒溽. ⑦미워하다, 싫어하다. ⑧잃다, 사랑을 잃다, 실패하다. 〔老子〕寵辱若驚. ⑨가장자리, 근처. ≒脣.

【辱交 욕교】 ☞辱知(욕지).
【辱臨 욕림】 남이 찾아옴의 높임말. 貢臨(비림).
【辱命 욕명】 ①왕명을 욕되게 함. ②명령이나 분부를 삼가 받듦. 또는 황공한 은명(恩命).
【辱先 욕선】 조상의 명예를 더럽힘.
【辱愛 욕애】 총애를 받음.
【辱友 욕우】 ☞辱知(욕지).
【辱在 욕재】 욕된 곳에 있음. '이런 곳에 있게 하여 미안하다'는 뜻.
【辱知 욕지】 자기와 알게 된 것이 그 사람에게는 욕이 됨. 남에게 인정을 받거나 추천을 받는데 대한 겸사(謙辭). 辱交(욕교). 辱友(욕우).

❶訶-, 譴-, 困-, 屈-, 凌-, 大-, 罵-,
侮-, 雪-, 羞-, 榮-, 汚-, 詈-, 忍-,
恥-, 笞-, 詬-, 毁-, 詰-.

辰部 6~13획 農農農辳辳辳 辵部 0~2획 辵辺

辰6 【農】⑬ 농사 농 圖 nóng

字源 會意. 林+辰→農. 경작지를 뜻하는 '林'과 농기구를 뜻하는 '辰'을 합하여 '땅을 일구어 농사를 짓다'는 뜻을 나타낸다.

字解 ①농사, 농업, 농사짓다.〔漢書〕闢土殖穀曰農. ②농부, 백성.〔論語〕吾不如老農. ③전답(田畓), 경지.〔周禮〕三農生九穀. ④힘쓰다, 노력하다. ≒努.〔春秋左氏傳〕小人農力以事其上. ⑤두텁다, 농후하다. ≒醲.〔書經〕農用八政.

【農稼 농가】논밭을 갈고 곡식을 심음.
【農耕 농경】①논밭을 갊. 농사를 지음. ②농사.
【農功 농공】농사짓는 일. 농사.
【農隙 농극】농사일이 그다지 바쁘지 않은 때. 農閑(농한).
【農勤 농근】①농부가 부지런히 힘함. ②농부의 임무.
【農奴 농노】중세 봉건 시대에, 영주에게 예속된 농민.
【農談 농담】①농부들이 하는 말. ②농사에 관한 이야기.
【農糧 농량】농가에서 농사짓는 동안 먹을 양식.
【農力 농력】①정성을 다하여 힘씀. ②농사짓는 능력.
【農末 농말】①농업과 상업. ②농민과 상인. '末'은 말리(末利)를 추구한다는 뜻으로, 상업을 이름.
【農務 농무】①농사짓는 일. ②☞農政(농정).
【農繁期 농번기】농사일이 한창 바쁜 시기.
【農兵 농병】①농민으로 조직된 군대. ②평시(平時)에는 농사일을 하고 유사시에는 군사가 되는 사람.
【農師 농사】①제일 윗계급의 사(士). 上士(상사). ②농사일을 맡아보던 벼슬 이름.
【農穡 농색】곡식을 심고 거둬들이는 일. 농사짓는 일. 稼穡(가색).
【農食之本 농식지본】농업은 음식물을 얻는 근본임.
【農謠 농요】농부들이 부르는 속요(俗謠).
【農月 농월】입하(立夏) 이후 농사일이 바쁜 달.
【農爲國本 농위국본】농업은 국가의 근본임.
【農人 농인】농사짓는 사람. 農民(농민).
【農蠶 농잠】농사짓는 일과 누에 치는 일. 농업과 양잠업. 農桑(농상).
【農庄 농장】國농사의 편의를 위하여 농토 근처에 모든 설비를 갖추어 놓은 집.
【農丁 농정】농사짓는 장정.
【農正 농정】농정(農政)을 맡아보던 벼슬.
【農政 농정】농업에 관한 행정. 農務(농무).
【農帝 농제】신농씨(神農氏).

【農酒 농주】國농사일을 할 때에 농부들이 먹는 탁주. 農濁(농탁).
【農埈 농준】농부(農夫).
【農天下之大本 농천하지대본】농업은 천하의 사람이 살아가는 큰 근본임.
【農濁 농탁】☞農酒(농주).
【農圃 농포】①농토(農土)와 채소밭. ②농사. 田圃(전포).
【農閑 농한】☞農隙(농극).
【農皇 농황】신농씨(神農氏).

◐ 耕—, 勸—, 勤—, 酪—, 老—, 大—, 富—, 貧—, 善—, 小—, 力—, 中—, 惰—.

辰6 【農】⑬ 農(1800)의 고자

辰6 【農】⑬ 農(1800)의 고자

辰8 【辳】⑮ 農(1800)의 고자

辰8 【辳】⑮ 못날 용 圖 rǒng
字解 ①못나다, 불초(不肖)하다. ≒茸. ②못하다, 열등하다.

辰12 【辳】⑲ 웃을 진 圖 zhěn
字解 웃다, 크게 웃다.〔莊子〕桓公辳然而笑.
【辳然 진연】크게 웃는 모양.

辰13 【農】⑳ 農(1800)의 본자

辵部

7획 부수 | 갖은책받침부

辵0 【辵】⑦ 쉬엄쉬엄 갈 착 圖 chuò
參考 한자의 구성에서 부수로 쓰일 때는 글자 모양이 '辶'으로 바뀌고, '책받침'이라고 부른다.
字源 會意. 가다를 뜻하는 '彳'과 서다를 뜻하는 '止'를 합하여 '가다가는 쉬고 쉬다가는 간다'는 뜻을 나타낸다.
字解 ①쉬엄쉬엄 가다, 가다가 쉬고 쉬다가 가다. ②달리다. ③뛰어넘다, 차례를 밟지 않고 층계를 건너뛰어 내리다. ≒躇. ④한자 부수의 하나, 갖은책받침. =辶.

辵2 【辺】⑥ 軌(1776)의 고자

辵部 2~4획 边过迅迂逗迤迆迁迄近

辵2 【边】⑥ 邊(1838)의 속자

辵3 【过】⑦ 過(1820)의 속자

辵3 【迅】⑦ 빠를 신 [漢] xùn

[소전] [초서] [간체] 迅 [字解] ①빠르다, 신속하다. 〔論語〕
迅雷風烈必變. ②뛰어넘다. 〔楚辭〕九侯淑女,
多迅衆些.
【迅擊 신격】급히 들이침. 신속하게 공격함. 急擊(급격).
【迅晷 신구】세월이 빠름. 빠른 세월.
【迅瀨 신뢰】급한 여울. 急湍(급단).
【迅雷風烈 신뢰풍렬】맹렬한 우레와 세찬 바람. 疾風迅雷(질풍신뢰).
【迅邁 신매】빨리 지나감. 速邁(속매).
【迅商 신상】세게 부는 가을 바람.
【迅羽 신우】①빨리 나는 새. ②매의 딴 이름.
【迅雨 신우】세차게 내리는 비.
【迅傳 신전】빨리 전함.
【迅疾 신질】몹시 빠름. 迅速(신속).
【迅捷 신첩】재빠름.
【迅趨 신추】빨리 달림.
【迅漂 신표】빠름. 急速(급속).
【迅風 신풍】세찬 바람. 疾風(질풍).
◐ 激−, 勁−, 輕−, 趫−, 奮−, 振−.

辵3 【迂】⑦ ❶멀 우 [漢] yū ❷굽을 오 ㊀우 [漢] yū

[소전] 衧 [초서] 迂 [본자] 逗 [간체] 迂 [參考] 대법원 지정
인명용 한자의 음은 '우'이다.
[字解] ❶①멀다. ㉮길이 멀다. 〔太玄經〕其交
迂湋. ㉯실지의 사정에 맞지 않다, 물정에 어둡
다. 〔論語〕有是哉, 子之迂也. ②먼 길, 빙 돌
아서 가는 길. 〔宋史〕捨迂而就迂. ③굽히다.
㉮마음을 비뚤어지게 만들다. 〔書經〕迂乃心.
㉯기세를 꺾다, 억제하다. 〔管子〕民流通則迂
之. ④옳지 않다, 비뚤어지다.
⑤에두르다, 넌지시. 〔國語〕卻譽見其語
迂. ⑥잘못되다, 실수하다. 〔荀子〕失之己反之
人, 豈不亦乎哉. ⑦거짓, 거짓말하다, 과장하
다. 〔漢書〕叔迂季冗. ⑧광대(廣大)하다.
〔禮記〕易則易, 迂則于. ⑨얼마간, 조금. 〔後
漢書〕迂久大醉而還, 客不堪之. ❷굽다, 길이
굽어 돌다.
【迂曲 우곡】이곳저곳으로 빙빙 돎, 꾸불꾸불 굽
음. 빙 돌아감.
【迂久 우구】한참만에. 이윽고. 良久(양구).
【迂路 우로→오로】멀리 돌아가는 길.
【迂生 우생】자기의 겸칭. 迂人(우인).
【迂疎 우소】⇒迂闊(우활).
【迂言 우언】세정(世情)에 통하지 않는 말. 시세
나 사정에 밝지 못한 말.

【迂餘曲折 우여곡절】여러 가지로 뒤얽힌 복잡한 사정이나 변화.
【迂緩 우완】하는 짓이 꾸물대며 미지근함.
【迂遠 우원】①迂闊(우활). ②길이 돌아서 멂.
【迂人 우인】①세상일에 어두운 사람. ②⇒迂生(우생).
【迂折 우절】굽고 꺾임. 구불구불한 먼 길.
【迂拙 우졸】세상 물정에 어둡고 옹졸함.
【迂誕 우탄】그럴듯하게 큰소리쳐 남을 속임.
【迂闊 우활→오활】실용의 가치가 없음. 실정(實情)에 맞지 않음. 세상일에 어두움. 迂疎(우소). 迂遠(우원).
【迂廻 우회】곧바로 가지 않고 멀리 돌아감. 迂回(우회).
◐ 怪−, 老−, 疎−, 透−, 廻−.

辵3 【逗】⑦ 迂(1801)의 본자

辵3 【迤】⑦ 迆(1804)와 동자

辵3 【迆】⑦ 천천히 걸을 천 [漢] chán

[초서] 迆 [간체] 迆 [字解] 천천히 걷다, 느릿느릿 걷다.

辵3 【迁】⑦ 遷(1835)의 속자

辵3 【迄】⑦ 이를 흘 [漢] qì

[소전] 訖 [초서] 迄 [간체] 迄 [字解] ①이르다.
㉮도달하다. 〔詩經〕迄用有成. ㉯~까지 미치다, 이르러 미치다. 〔詩經〕以迄于今. ②마침내, 드디어. 〔後漢書〕才疎意廣, 迄無成功.

辵4 【近】⑧ ❶가까울 근 [漢] jìn ❷가까이할 근 [漢] jìn ❸어조사 기 [漢]

一 厂 斤 斤 斤 沂 沂 近

[소전] 訢 [고문] 岸 [초서] 近 [간체] 近 [參考] 대법원 지정
인명용 한자의 음은 '근'이다.
[字源] 形聲. 辵+斤→近. '斤(근)'이 음을 나타낸다.
[字解] ❶①가깝다. ㉮거리가 멀지 않다. 〔唐書〕駕自中禁, 狩于近坰. ㉯닮다, 비슷하다.
〔中庸〕好學者近乎知. ㉰알기 쉽다. 〔孟子〕言近而指遠者, 善言也. ㉱천박하다, 생각이 얕다. 〔唐書〕語言俚近. ㉲맘 들어맞다. 〔春秋公羊傳〕撥亂世反諸正, 莫近諸春秋. ②요사이, 요즘. 〔韓愈·書〕獻近所爲復志賦已下十有首. ❷가까이, 가까운 데서. 〔易經〕近取諸身. ❹결, 가까운 곳. 〔舊唐書〕取側近三十戶, 以供灑

走部 4획 迅辻迍返

掃. ⑤가까운 것. ㉮일가, 집안, 친척.〔李密·表〕外無朞功彊近之親. ㉯몸.〔淮南子〕求之近者. ㉰조신(朝臣), 가까이 지내는 사람.〔禮記〕雖有貴戚近習. ㉱땅.〔易經〕旡有遠近幽深. ⑥성(姓). ❷①가까이하다, 친하게 지내다.〔書經〕民可近, 不可下. ②사랑하다, 총애하다.〔戰國策〕有七孺子皆近. ③알다.〔呂氏春秋〕唯有其材者, 爲近之. ❸어조사. 어세(語勢)를 고르는 어조사.〔詩經〕往近王舅.
【近可 근가】거의 옳음. 적이 좋음.
【近坰 근경】가까운 교외. ◎'坰'은 야외. 近郊(근교).
【近頃 근경】요즈음.
【近境 근경】①가까운 부근의 일대. ②요즈음의 사정.
【近攻 근공】이웃 나라들을 공격함.
【近畿 근기】서울에 가까운 지방.
【近洞 근동】가까운 동네. 이웃 마을.
【近理 근리】이치에 가까움.
【近隣 근린】가까운 이웃.
【近名 근명】명예를 추구함.
【近墨者黑 근묵자흑】먹을 가까이하면 검은 물이 들기 쉬움. 나쁜 사람을 가까이하면 악에 물들기 쉬움.
【近密 근밀】①가깝고 친밀함. ②임금의 측근.
【近鄙 근비】통속적이고 야비함.
【近思 근사】①높고 먼 이상을 쫓지 않고 자기 몸 가까운 일부터 생각함. ②자기 주변의 일을 반성함.
【近事男 근사남】(佛)불교를 믿는 남자. 優婆塞(우바새).
【近事女 근사녀】(佛)불교를 믿는 여자. 優婆尼(우바니).
【近水樓臺 근수누대】속관(屬官)이 장관(長官)에게 가까워짐을 이르는 말.
【近習 근습】☞近臣(근신).
【近臣 근신】임금을 가까이에서 모시는 신하. 近習(근습).
【近信 근신】①요즈막의 소식. ②믿음에 다가감. ③가까이하여 믿음.
【近愛 근애】①가까이하여 사랑하는 사람. ②가까이하여 즐겨 구경함.
【近影 근영】최근에 찍은 인물의 사진.
【近虞 근우】눈앞에 닥쳐오는 근심.
【近憂 근우】바로 눈앞에 닥친 근심.
【近易 근이】하기 쉬움. 손쉬움.
【近姻 근인】가까운 인척.
【近者 근자】요사이. 요즈음. 近日(근일).
【近情 근정】①가까운 정분. ②실정에 맞음. ③요즈음의 형편. 近況(근황).
【近族 근족】가까운 겨레붙이. 近戚(근척).
【近朱 근주】붉은 물감을 가까이 함. 사람의 성정(性情)이 환경·교우(交友)를 따라 변화함의 비유.
【近戚 근척】☞近族(근족).
【近體 근체】시체(詩體)의 이름. 당대(唐代)에 정형화된 율시(律詩)와 절구(絶句). 고시(古詩)

와 상대되어, 평측(平仄)·자수(字數)·대구(對句) 등에 엄격한 규칙이 있음.
【近就 근취】가까이하여 친하게 사귐.
【近幸 근행】가까이하여 총애함. 또는 그 신하.
【近患 근환】눈앞의 근심.
【近懷 근회】요즈음에 마음에 품은 회포. 요즈음의 심경.
◐ 權-, 晩-, 輓-, 卑-, 媟-, 狎-, 遠-, 隣-, 漸-, 接-, 淺-, 最-, 側-, 親-.

走
4 【迅】⑧ 退(1809)의 고자

走
4 【辻】⑧ 國무지 두
字解 ①무지. 곡식의 양을 될 때, 한 섬이나 한 가마가 되지 못하고 남은 양. ②마투리. 곡식이 완전히 한 섬이나 한 가마가 못 되는 것.

走
4 【迍】⑧ 머뭇거릴 둔 眞 zhūn
字解 머뭇거리다, 망설이다.〔左思·詩〕英雄有迍邅.
【迍邅 둔전】길이 험하여 잘 나아가지 못하는 모양. 屯邅(둔전).
【迍敗 둔패】안타깝게 패함.

走
4 【返】⑧ 돌아올 반 阮 fǎn
一 厂 反 反 返 返 返
字源 形聲. 反+辶→返. '反(반)'이 음을 나타낸다.
字解 ①돌아오다, 되돌아오다.〔漢書〕往者不返. ②돌려주다, 되돌리다.〔漢書〕返之於天. ③바꾸다, 새롭게 하다.〔呂氏春秋〕返瑟而弦.
【返却 반각】보내온 물건을 받지 않고 되돌려 보냄.
【返簡 반간】회답 편지. 返書(반서).
【返柩 반구】객지에서 죽은 사람의 시체를 제 고향으로 옮겨 옴. 返喪(반상).
【返老還童 반로환동】젊어짐. 다시 젊어지게 함. 反老還童(반로환동).
【返命 반명】명령을 받고 일을 처리한 사람이 그 결과를 보고함. 復命(복명).
【返璧 반벽】빌려 온 물건을 도로 돌려줌.
【返報 반보】앙갚음. 복수(復讎).
【返喪 반상】☞返柩(반구).
【返償 반상】꾼 것을 되돌려 갚음.
【返書 반서】회답 편지. 답장. 返簡(반간).
【返景 반영】☞返照(반조)².
【返虞 반우】國장사 지낸 후에 신주(神主)를 모시고 돌아오는 일. 返魂(반혼).
【返濟 반제】빌렸던 돈을 모두 다 갚음.
【返照 반조】①빛이 되비침. ②저녁 햇볕. 석양. 낙조. 返景(반영).

【返潮 반조】 썰물.
【返魂 반혼】 ①☞返虞(반우). ②부활함. 회생함.
○ 忘－, 復－, 旋－, 往－, 還－.

走₄【迓】⑧ 마중할 아 碼 yà
[간체] 迓 [字解] 마중하다, 나가 맞다.〔書經〕我迓續乃命于天.

走₄【迎】⑧ ❶맞이할 영 庚 yíng
❷마중할 영 敬 yìng

[字源] 形聲. 卬＋辵→迎. '卬(앙)'이 음을 나타낸다.
[字解] ❶①맞이하다, 오는 것을 맞아들이다.〔孟子〕簞食壺漿, 以迎王師. ②마음으로 따르다.〔孔子家語〕則民嚴而不迎. ③헤아리다, 추산하다.〔史記〕迎日推筴. ❷마중하다, 마중 나가다.〔詩經〕親迎于渭.
【迎擊 영격】 공격해 오는 적을 나아가 맞받아침.
【迎鼓 영고】 國부여(夫餘)에서 해마다 추수 후에 행하던 제천 의식(祭天儀式).
【迎年 영년】 ①새해를 맞이함. 迎新(영신). ②풍년 들기를 기원함.
【迎勞 영로】 맞이하여 위로함.
【迎流 영류】 흐름을 거슬러 올라감.
【迎立 영립】 맞아들여 임금으로 세움.
【迎梅雨 영매우】 음력 3월에 내리는 비
【迎祥 영상】 상서로운 일이 오기를 기다림.
【迎送 영송】 맞이함과 떠나보냄.
【迎晨 영신】 새벽을 맞음. 먼동이 틀 무렵. 向晨(향신).
【迎新 영신】 ①새로운 것을 맞이함. ②☞迎年(영년)①.
【迎阿 영아】 비위를 맞추어 아첨함. 阿諛(아유).
【迎謁 영알】 나가서 맞이하여 알현함.
【迎意 영의】 ☞迎合(영합)①.
【迎引 영인】 맞이하여 인도함. ②손을 맞아 대접함. 迎接(영접).
【迎日 영일】 ①미리 날짜를 헤아림. ②태양을 맞음.
【迎戰 영전】 적군을 맞이하여 싸움.
【迎接 영접】 손을 맞아서 접대함.
【迎娶 영취】 신랑 쪽이 신부 집에 가서 신부를 맞음.
【迎合 영합】 ①남의 마음에 들도록 비위를 맞춤. 迎意(영의). ②미리 기일을 약속하고 만남.
【迎候 영후】 맞이하러 나감. 出迎(출영).
○ 郊－, 來－, 拜－, 奉－, 逢－, 送－, 馳－, 親－, 歡－, 候－.

走₄【迕】⑧ 만날 오 麌 wǔ
[초전] 迕 [간체] 迕 [字解] ①만나다, 상봉하다.〔後漢書〕王甫與蕃相迕. ②거스르다.〔漢書〕宮人畏之, 莫敢復迕. ③틀리다, 어긋나다.〔漢書〕好惡乖迕. ④등지다, 배반하다.〔莊子〕迕道而說者. ⑤닿다, 접촉하다.〔班固·賦〕上聖迕而後拔兮. ⑥섞이다, 뒤섞이다.〔宋玉·賦〕廻穴錯迕. ⑦범(犯)하다.
【迕視 오시】 거슬러 봄. 무례한 태도로 봄. 逆視(역시).
○ 乖－, 旁－, 錯－.

走₄【迋】⑧ ❶갈 왕 漾 wàng
❷속일 광 養 guǎng

[소전] 迋 [초전] 迋 [字解] ❶①가다. ≒往.〔春秋左氏傳〕使子展迋勞於東門之外. ②속이다, 어꾀다.〔春秋左氏傳〕是我迋吾兄也. ③두려워하다. ≒恇.〔春秋左氏傳〕子無我迋.
【迋迋 광광】 ①두려워하는 모양. ②놀라는 모양.
【迋女 광녀】 너를 속임. 迋汝(광녀).

走₄【迊】⑧ 帀(524)과 동자

走₄【迒】⑧ 발자국 항 陽 háng
[소전] 迒 [혹체] 蹞 [간체] 迒 [字解] ①㉮짐승의 발자국. ㉯토끼의 발자국. ②길.〔張衡·賦〕远杜蹊塞.

走₄【还】⑧ 還(1837)의 속자

走₅【迦】⑨ 막을 가 麻 jiā
[초어] 加 [간체] 迦 [字解] ①막다, 차단하다. ②만나다. ≒邂. ③범어(梵語) 'ka'의 음역자(音譯字). ¶ 迦陵頻伽.
【迦藍 가람】 (佛)절. 또는 승려가 사는 집. 伽藍(가람). 僧伽藍摩(승가람마).
【迦陵頻伽 가릉빈가】 (佛)사람의 머리를 한 상상의 새. 극락정토에 산다고 함. ○범어(梵語) 'kalavinka'의 음역어.
【迦毗羅 가비라】 석가가 탄생한 곳. 迦毘羅(가비라).

走₅【迲】⑨ 國자래 가·겁
[참고] 대법원 지정 인명용 한자음은 '겁'이다.
[字解] ①자래. 나뭇단을 세는 단위. ②군 이름.

走₅【迡】⑨ ❶가까울 니 薺 nǐ
❷늦을 지 寘 chí
[字解] ❶①가깝다. ❷②늦다. ≒遲.

走₅【迯】⑨ 逃(1805)의 속자

辵[迣] ⑨ 막을 렬 鬪 zhì

소전 迣 동자 迣 동자 迣

字解 ①막다, 차단하다. =迾. 〔漢書〕部落鼓鳴, 男女遮迣. ②넘다, 뛰어넘다. 〔漢書〕體容與, 迣萬里.

辵[迫] ⑨ 닥칠 박 ④백 囿 pò

丶 丆 凢 白 洦 泊 迫 迫

소전 𦥑 초서 迫 간체 迫

字源 形聲. 辵+白→迫. '白(백)'이 음을 나타낸다.

字解 ①닥치다, 다다르다.〔史記〕然迫近北夷. ②다가오다, 접근하다.〔後漢書〕西州地勢局迫. ③궁하다, 군색(窘塞)하다, 고생하다.〔楚辭〕悲時俗之迫阨兮. ④다급하다, 급박하다.〔淮南子〕迫而動. ⑤줄어들다, 오그라들다.〔史記〕陰迫而不能蒸. ⑥허둥거리다, 서두르다.〔後漢書〕惶迫伏地. ⑦다그치다, 재촉하다.〔呂氏春秋〕迫生爲下.

【迫劫 박겁】 다그쳐 위협함. 迫恐(박공).
【迫擊 박격】 덤벼들어 마구 몰아침.
【迫恐 박공】 ➡迫劫(박겁).
【迫窘 박군】 죄어들며 괴롭힘.
【迫力 박력】 강하게 밀고 나가는 힘.
【迫不得已 박부득이】 일이 매우 급박하여 어찌할 수가 없음.
【迫殺 박살】 핍박하여 죽임.
【迫然 박연】 강제하는 모양. 핍박하는 모양.
【迫切 박절】 ①여유가 없고 아주 급함. ②인정이 없고 쌀쌀함.
【迫措 박책】 쫓아가 잡음.
【迫促 박촉】 ①재촉함. 핍박함. ②시간이 바짝 가까이 닥침. 促迫(촉박).
【迫奪 박탈】 다가들어 빼앗음.
【迫脅 박협】 ①위력으로 강압함. 협박(脅迫)함. ②비좁음.
○ 強─, 驅─, 窘─, 窮─, 急─, 壓─, 切─, 卒─, 焦─, 催─, 追─, 逼─, 脅─, 惶─.

辵[述] ⑨ 지을 술 質 shù

一 十 才 木 术 求 沭 述 述

소전 述 주문 述 초서 述 간체 述

字源 形聲. 辵+朮→述. '朮(출)'이 음을 나타낸다.

字解 ①짓다, 글로 표현하다, 일을 기록하다.〔後漢書〕又作東引篇, 述敍漢德. ②말하다. ㉮설명하다.〔論語〕述而不作. ㉯거듭 말하다.〔儀禮〕不述命. ㉰해석하다, 뜻을 말하다.〔禮記〕識禮樂之文者能述. ③잇다, 좇다, 선인(先人)의 뒤를 따르다.〔書經〕述大禹之戒以作歌. ④닦다, 편수(編修)하다.〔漢書〕祖述堯舜. ⑤밝히다, 분명히 하다.〔孔安國·序〕述職方以除

九丘. ⑥행하다.〔禮記〕故可述而多學也. ⑦기록(紀錄), 언설(言說).〔范仲淹·記〕前人之述備矣. ⑧관(冠) 이름.〔後漢書〕通天冠, 前有山展筩無述.

【述古 술고】 옛것을 말함. 옛 사람의 말을 펴서 말함.
【述錄 술록】 기술함. 기록함.
【述敍 술서】 차례를 좇아 말하거나 글을 지음.
【述而不作 술이부작】 전인(前人)의 학설을 기술(記述)하여 밝히기만 하고 새로 자기의 학설을 창작하지 않음.
【述作 술작】 전인(前人)의 학설을 논술(論述)하는 일과 새로운 학설을 창작하는 일. 저작(著作)함.
【述載 술재】 서술하여 기재함.
【述製 술제】 시문을 지음.
【述遵 술준】 좇음. 따름. 좇아서 받듦.
【述職 술직】 제후가 천자를 뵙고 직무에 대하여 보고함.
【述懷 술회】 마음속에 품은 생각을 말함. 言志(언지).
○ 口─, 記─, 詳─, 序─, 敍─, 宣─, 修─, 祖─, 撰─, 贊─, 纂─, 繼─, 追─, 稱─.

辵[越] ⑨ 넘을 월 月 yuè

소전 越

字解 ①넘다, 넘어서다.〔易經〕襦而不越. ②달아나다, 흩어져서 달아나다.

辵[迤] ⑨ ❶비스듬할 이 紙 yǐ
❷굽을 이 寘 yí
❸가는 모양 타 歌 tuó

소전 迤 초서 迤 동자 迤 간체 迤 字解 ❶①비스듬하다. ㉮비스듬히 가다.〔書經〕東迤北會于匯. ㉯비스듬하게 하다.〔張衡·賦〕立戈迤戛. ②연해 있는 모양, 잇닿은 모양.〔杜牧·詩〕浪憩迤迤好. ❷①굽다.〔後漢書〕道囷透迤也. ②길게 뻗어 있는 모양.〔王粲·賦〕路逶迤而修迴兮. ❸가는 모양.

【迤邐 이리】 ①연이어 있는 모양. ②비스듬히 걸음. ③길을 가는데 이곳저곳을 거쳐 감.
【迤靡 이미】 ①잇닿은 모양. ②비스듬히 길게 잇닿은 모양.
【迤衍 이연】 지세(地勢)가 비스듬하고 광활한 모양.
【迤涎 이연】 겹겹이 이어짐.
【迤迤 이이】 ①연이은 모양. ②비스듬히 뻗은 모양.
○ 委─, 逶─.

辵[迩] ⑨ 邇(1837)와 동자

辵[迪] ⑨ 나아갈 적 錫 dí

辵部 5~6획 迭迮迢迤迨迥适迺逃

【𨒫】【迪】【迪】 字解 ①나아가다, 앞으로 가다. 〔詩經〕弗求弗迪. ②길, 도덕. 〔書經〕惠迪吉, 從逆凶. ③이끌다, 교도(教導)하다. 〔書經〕啓迪後人. ④밟다, 행하다. 〔書經〕允迪厥德. ⑤이르다, 도달하다, 미치다. 〔漢書〕漢迪于秦, 有革有因. ⑥말미암다, 인연하다. 〔漢書〕蠢迪檢押. ⑦어조사(語助辭), 어구의 머리나 중간에 놓는다. 〔經傳釋詞〕迪高后丕乃崇降弗祥.
【迪簡 적간】 골라냄. 선출함.
【迪知 적지】 실천궁행(實踐躬行)하여 앎.
【迪哲 적철】 밝은 지혜를 실천함.

辵5 【迭】⑨ 갈마들 질 囷 dié
【𨒫】【迭】【迭】 字解 ①갈마들다, 번갈아, 교대로. 〔詩經〕日居月諸, 胡迭而微. ②지나치다, 넘치다. ≒泆. 〔張衡·賦〕藐以迭邈. ③달아나다. ≒逸. 〔孔子家語〕其馬將迭. ④범하다, 침노하다. 〔春秋左氏傳〕迭我殽地.
【迭居 질거】 번갈아 있음. 교대로 있음.
【迭擊 질격】 번갈아 침. 교대로 공격함.
【迭起 질기】 번갈아 일어남. 迭興(질흥).
【迭代 질대】 차례로 번갈아 듦. 서로 인수하고 인계함.
【迭用 질용】 번갈아 씀.
【迭日 질일】 하루 건너.
【迭迭 질질】 사물이 질서 있게 갈마드는 모양.
【迭莅 질리】 번갈아 세움. 교대로 배치함.
【迭興 질흥】 ▷迭起(질기).
◐ 更-, 交-, 迷-.

辵5 【迮】⑨ 닥칠 책 囿 zé
【𨒫】【迮】【迮】 字解 ①닥치다, 좁혀 오다. 〔後漢書〕鄰舍比里, 共相壓迮. ②갑자기. ≒乍. 〔春秋公羊傳〕今若是迮而與李子國. ③줄다, 오그라들다. 〔後漢書〕囂勢排迮, 不得進退.
【迮狹 책협】 좁음.
◐ 排-, 壓-.

辵5 【迢】⑨ 멀 초 蕭 tiáo
【𨒫】【迢】【迢】 字解 ①멀다, 아득하다. ≒超. ②높은 모양. 〔李商隱·詩〕雙鯉迢迢一紙書.
【迢遙 초요】 아득히 멂.
【迢遞 초체】 ①아득함, 먼 모양. ②높은 모양.
【迢迢 초초】 ①아득히 먼 모양. ②까마득히 높은 모양. ③원 따위가 끈질긴 모양. ④밤이 깊어 가는 모양.

辵5 【迤】⑨ ❶가는 모양 타 歌 tuó
❷여유 있는 모양 이 紙 yí

字解 ❶가는 모양. ❷여유 있는 모양.

辵5 【迨】⑨ 미칠 태 賄 dài
【𨒫】【迨】 字解 ①미치다, 이르다. 〔詩經〕求我庶士, 迨其吉兮. ②기회를 타다. 〔詩經〕迨天之未陰雨.
【迨及 태급】 미침. 다다름.
【迨吉 태길】 ①좋은 시기에 다다름. ②결혼할 시기가 됨.

辵5 【迥】⑨ 멀 형 迥 jiǒng
【𨒫】【迥】【迥】【迥】 字解 ①멀다, 멀리. 〔元稹·詩〕晴烟塞迥空. ②빛나다.
【迥空 형공】 먼 하늘.
【迥寥 형료】 아득히 멂. 迥遠(형원).
【迥望 형망】 먼 곳을 바라봄.
【迥拔 형발】 우뚝 솟음. 매우 빼어남.
【迥野 형야】 아득한 평야.
【迥然 형연】 아득히 먼 모양. 迥迥(형형).
【迥遠 형원】 ▷迥寥(형료).
【迥眺 형조】 먼 곳을 바라봄.
【迥迥 형형】 ▷迥然(형연).
◐ 江-, 高-, 修-, 遼-, 幽-, 遐-.

辵6 【适】⑩ 빠를 괄 囷 kuò
【𨒫】【适】 字解 빠르다, 신속하다.

辵6 【迺】⑩ 이에 내 賄 nǎi
【𨒫】【迺】【迺】【迺】 字解 ①이에, 곧. =乃. 〔列子〕迺復變而爲一. ②너, 이인칭 대명사. 〔漢書〕必欲烹迺翁. ③비로소, 처음으로. 〔漢書〕太子迺生. ④이, 가까이 있는 것을 가리키는 말. 〔經傳釋詞〕一子可滿朝, 非迺子邪.
【迺公 내공】 ①나, 남에 대하여 자기를 일컫는 말. 乃公(내공). ②너의 아비. 아비가 자식을 대하여 자기를 이르는 말. 迺父(내부).
【迺父 내부】 ▷迺公(내공)②.
【迺者 내자】 요사이. 근간.

辵6 【逃】⑩ 달아날 도 豪 táo

丿 厂 ナ 兆 兆 兆 逃 逃 逃

【𨒫】【逃】【逃】【逃】【逃】 字源 形聲. 辵+兆→逃. '兆(조)'가 음을 나타낸다.
字解 ①달아나다. ㉠도망치다. 〔書經〕乃惟四方之多罪逋逃. ㉡피하다, 회피하다. 〔史記〕李札讓逃去. ㉢떠나가다. 〔禮記〕三諫而不聽則

辵部 6획 迥 迾 逸 迷 逄 逬 送

逃之. ④벗어나다, 면하다. 〔史記〕項羽圍成皐, 漢王逃. ⑤숨다. 〔楚辭〕魂無逃只. ⑥숨기다, 정실(情實)을 숨기다. 늑陶. ⑦눈을 깜박이다, 눈동자를 굴리다. 〔孟子〕不目逃.
【逃嫁 도가】남편을 버리고 딴 사람에게 시집감.
【逃去 도거】달아나 침.
【逃計 도계】달아날 계책.
【逃難 도난】재난을 피하여 멀리 달아남.
【逃匿 도닉】도망하여 숨음. 逃竄(도찬).
【逃逃 도도】놀라 달아나는 모양.
【逃亡 도망】①몰래 피하여 달아남. ②쫓겨 달아남. 逃走(도주).
【逃名 도명】명예를 기피함.
【逃北 도배】도주함.
【逃奔 도분】도망함. 달아남.
【逃辭 도사】핑계하는 말. 발뺌하는 말.
【逃散 도산】도망하여 뿔뿔이 흩어짐.
【逃暑飮 도서음】더위를 피하기 위한 주연(酒宴).
【逃禪 도선】①속세를 떠나 참선함. 승려가 됨. ②불계(佛戒)를 어김.
【逃隱 도은】달아나 숨음.
【逃潛 도잠】달아나 자취를 감춤.
【逃竄 도찬】⇨逃匿(도닉).
【逃學 도학】학업을 게을리 하고 놂.
【逃刑 도형】형벌을 피하여 달아남.
◐遁-, 目-, 奔-, 竄-, 逋-.

辵 6 【迥】⑩ 지날 동 圉 dòng
소전 䢌 초서 迥 字解 지나다, 통하다, 통달하다. 〔史記〕臣意診其脈曰, 迥風.
【迥澾 동달】거침없이 통함.
【迥迥 동동】통하는 모양. 통달함.

辵 6 【迾】⑩ 막을 렬 屑 liè
소전 䢌 초서 迾 字解 ①막다, 가로막아 못 가게 하다. 〔後漢書〕遮迾出入稱足. =迣. ②벽제(辟除)하다, 귀인의 행차 때 앞길을 치움. 〔張衡·賦〕迾卒清候.
【迾宮 열궁】궁궐을 막아 지킴.
【迾卒 열졸】임금의 거동 때 길을 치우던 구실아치.
【迾置 열치】잇대어 설치함.

辵 6 【逸】⑩ 迚(1804)과 동자

辵 6 【迷】⑩ 미혹할 미 齊 mí
丶 丷 丬 半 米 米 迷 迷 迷
소전 䢌 초서 迷 간체 迷 字源 形聲. 辵+米→迷. '米(미)'가 음을 나타낸다.
字解 ①미혹하다. ㉮시비 판단을 하지 못하다. 〔詩經〕天子是毗, 俾民不迷. ㉯길을 잃고 헤매다. 〔韓非子〕凡失其所欲之路, 而妄行者, 之謂迷. ㉰흐릿하다, 분명하지 않다. 〔樂府〕雌兔眼迷離. ②전념하다, 열중하여 빠지다. 〔舊唐書〕惟公執迷, 獨阻聲教. ③헤매게 하다, 남의 마음을 미혹하게 하다. 〔宋玉·賦〕嫣然一笑, 惑陽城, 迷下蔡.
【迷界 미계】(佛)미망(迷妄)의 세계. 번뇌에 시달려 헤매는 중생(衆生)들이 살고 있는 세계. 곧, 이 세상. 迷津(미진).
【迷宮 미궁】①한번 들어가면 나올 길을 쉽게 찾을 수 없게 되어 있는 곳. ②복잡하게 얽혀서 해결의 실마리를 찾기 어려움의 비유.
【迷途 미도】①길을 잃음. ②미혹되어 방향을 그르치는 일. ③(佛)집착의 길. 미혹의 경계.
【迷亂 미란】정신이 헷갈려 어지러움.
【迷謬 미류】미혹하여 그르침.
【迷離 미리】①분명하지 않은 모양. 흐릿한 모양. ②산란한 모양.
【迷妄 미망】사리에 어두워 갈피를 잡지 못하고 헤맴.
【迷罔 미망】①미혹하게 함. ②마음이 흐트러지고 어두워짐.
【迷昧 미매】미혹하여 마음이 어두움.
【迷夢 미몽】마음의 미혹. 꿈처럼 종잡을 수 없는 허망한 생각.
【迷霧 미무】①방향을 종잡을 수 없을 만큼 짙은 안개. ②미혹된 마음의 비유.
【迷迷 미미】①사욕(私慾)에 미혹된 모양. ②분명하지 않은 모양.
【迷想 미상】갈팡질팡하는 생각. 미혹된 생각.
【迷兒 미아】①길을 잃은 아이. 迷路兒(미로아). ②자기 아이의 겸칭.
【迷暗 미암】깨닫지 못하여 어두움. 우둔함.
【迷藏 미장】숨바꼭질.
【迷津 미진】①나루터를 찾지 못하여 헤맴. 방향을 잡지 못함. 길을 잃음. ②⇨迷界(미계).
【迷執 미집】미혹된 집념. 정리(正理)를 잃고 비리(非理)에 집착함.
【迷醉 미취】정신이 헷갈림.
【迷眩 미현】정신이 헷갈려 눈이 어지러움.
【迷惑 미혹】①길을 잃어 헤맴. ②무엇에 홀려 정신이 헷갈림. ③남의 마음을 헷갈리게 함.
◐低-, 執-, 沈-, 昏-, 混-.

辵 6 【逄】⑩ 막을 방 江 páng
초서 逄 간체 逄 参考 逢(1812)은 딴 자임. 字解 ①막다. ②성(姓).

辵 6 【逬】⑩ 迸(1817)의 속자

辵 6 【送】⑩ 보낼 송 送 sòng
丶 丷 丷 䒑 关 关 送 送 送

辵部 6획 逆 1807

【송】 形聲. 辵+关→送. '关(잉)'이 음을 나타낸다.
字解 ①보내다. ㉮사람을 보내다. 〔荀子〕送逆無禮. ㉯다하다, 바치다. 〔後漢書〕遣生送敬. ㉰물품을 보내다. 〔史記〕他送亦千金. ㉱쫓다, 물러나게 하다. 〔禮記〕出土牛以送寒氣. ㉲뒤를 쫓다. 〔詩經〕抑縱送忌. ②전송, 사람을 떠나보내는 일. 〔後漢書〕百姓將送塞道, 車不得進. ③선물. 〔後漢書〕裝送資賄甚盛.
【送敬 송경】 고맙다는 사례의 뜻을 표함. 치사(致謝)함. 致敬(치경).
【送故迎新 송고영신】 送舊迎新(송구영신).
【送哭 송곡】 상여를 보내면서 욺.
【送舊迎新 송구영신】 ①묵은해를 보내고 새해를 맞음. ②전임 벼슬아치를 배웅하고 새로 부임하는 벼슬아치를 맞이함. 送故迎新(송고영신).
【送窮 송궁】 궁귀(窮鬼)를 내쫓음.
【送路 송로】 길을 떠나는 사람을 전별함. 餞行(전행).
【送梅雨 송매우】 음력 5월에 오는 비.
【送別 송별】 떠나는 사람을 이별하여 보냄.
【送死 송사】 ①부모를 장송(葬送)함. ②스스로 자신을 죽이는 길을 취하는 일.
【送往 송왕】 ①가는 사람을 전송함. ②죽은 사람을 보냄. 장사 지냄.
【送葬 송장】 시신을 장지(葬地)로 보내는 일.
【送終 송종】 장사(葬事)를 지냄.
【送還 송환】 도로 돌려보냄.
○ 急-, 輓-, 目-, 發-, 放-, 奉-, 輸-, 郵-, 運-, 葬-, 前-, 傳-, 電-, 餞-, 遞-, 託-, 護-, 還-, 回-, 後-.

辵 【逆】 ⑩ 거스를 역 囿 nì
6

字源 形聲. 辵+屰→逆. '屰(역)'이 음을 나타낸다.
字解 ①거스르다. ㉮배반하다. 〔國語〕未退而逆之. ㉯공손하지 않다. 〔春秋左氏傳〕慶封唯逆命. ㉰어기다, 상리(常理)에서 벗어나다. 〔荀子〕言辯而逆. ㉱어지러워지다. 〔淮南子〕逆氣戾物. ②맞다. ㉮맞이하다, 마중하다. 〔國語〕上卿逆於境. ㉯불러들이다. 〔周禮〕逆時雨. ㉰받다. 〔周禮〕以逆群吏之徵令. ③거절하다, 오는 것을 막다. 〔戰國策〕故專兵一志, 以逆秦. ④생각하다. 〔論語〕不逆詐. ⑤만나다, 합류(合流)하다. 〔書經〕同爲逆河. ⑦미리, 사전에. 〔宋史〕何逆計未然之事乎. ⑧불운(不運), 불행. 〔柳貝: 詩〕入關先見父老喜, 出節始通氓隸逆. ⑨허물, 죄. 〔書經〕從逆凶. ⑩거꾸로, 차례를 뒤바꾸어. 〔史記〕吾政倒行而逆施之. ⑪반란, 반역자. 〔後漢書〕退惡攘逆. ⑫수족이 차다. 〔素問〕所謂逆者手足寒也. ⑬상주(上奏). 상서(上書)하다. 〔周禮〕掌諸侯之復逆. ⑭물리치다. 눅斥. 〔周禮〕逆牆六分. ⑮돌다, 선회하다. 〔周禮〕設驅逆之車.
【逆擊 역격】 역습하여 침. 迎擊(영격)함.
【逆境 역경】 뜻대로 안 되는 불행한 경우.
【逆氣 역기】 ①거스르는 마음. ②國욕지기. 嘔逆(구역). 吐氣(토기).
【逆德 역덕】 도리에 어긋난 행동.
【逆睹 역도】 미리 내다봄. 예견(豫見)함. 逆覩(역도).
【逆覩 역도】 ☞逆睹(역도).
【逆浪 역랑】 역풍(逆風)으로 인해 거슬러 밀려오는 물결.
【逆旅 역려】 여관(旅館). 여사(旅舍). ○'逆'은 '迎'으로 손을 맞이하는 것을 뜻함.
【逆旅過客 역려과객】 ①세상은 여사(旅舍)와 같고 인생은 나그네와 같음. ②지나가는 나그네와 같이 아무 관계도 없는 사람.
【逆勞 역로】 맞아서 위로함.
【逆料 역료】 미리 헤아림. 豫度(예탁).
【逆流 역류】 ①물이 거슬러 흐름. ②흐르는 물을 거슬러 올라감. ③(佛)생사의 흐름을 거슬러 오도(悟道)로 향해 나아감.
【逆理 역리】 도리에 어긋남.
【逆鱗 역린】 ①거꾸로 난 비늘. ②임금의 진노(震怒). ○용(龍)의 역린을 건드리면 크게 노하여 사람을 죽인다는 전설에서 온 말.
【逆名 역명】 ①모반하였다는 소문. ②(佛)생전에 붙여 놓은 사후의 계명(戒名).
【逆命 역명】 ①임금의 명령을 어김. ②분부를 받듦.
【逆死 역사】 비명(非命)에 죽음.
【逆産 역산】 ①해산할 때 태아의 발이 먼저 나오는 일. 倒産(도산). ②역적(逆賊)이나 부역자(附逆者)의 재산.
【逆說 역설】 어떤 주의·주장에 반대되는 이론. ○언뜻 보기에는 진리에 어긋나는 것 같으나, 사실은 그 속에 진리를 품고 있는 말.
【逆修 역수】 (佛)①어버이가 죽은 자식의 명복을 빌기 위하여 하는 수행. ②자기가 복을 받으려고 죽은 사람의 명복(冥福)을 비는 일. ③죽은 뒤에 복을 받기 위하여 살아서 불사(佛事)를 닦는 일.
【逆豎 역수】 도덕에 어긋나는 일을 하는 악한.
【逆數 역수】 ①사계절의 한서(寒暑)가 고르지 못함. ②미래의 운명을 미리 깨달음.
【逆襲 역습】 막는 처지에 있다가 도리어 반격하는 일.
【逆施 역시】 ①거꾸로 시행함. ②도리를 거슬러 시행함.
【逆心 역심】 ☞逆意(역의)①.
【逆惡 역악】 도리를 거역하는 큰 악(惡).
【逆億 역억】 미리 짐작함. 예측(豫測)함.
【逆用 역용】 반대로 이용함.
【逆運 역운】 불운(不運).
【逆違 역위】 불운으로 일이 뜻대로 되지 않음.

【逆意 역의】 ①반항을 꾀하려는 마음. 逆心(역심). ②남의 뜻을 거스름. 반항(反抗)함.
【逆耳之言 역이지언】 귀에 거슬리는 말. 忠諫(충간)하는 말.
【逆戰 역전】 적의 공격을 받다가 역습하여 나아가 싸움.
【逆轉 역전】 ①반대 방향으로 회전함. ②형세·순위 등이 뒤바뀜.
【逆政 역정】 도리에 어그러진 정사(政事).
【逆天 역천】 천명(天命)을 거스름. 천리(天理)를 거역함.
【逆聽 역청】 남의 말을 거꾸로 들음. 남의 말을 순순히 받아들이지 않음.
【逆取順守 역취순수】 나라를 빼앗을 때는 도리에 어긋나는 방법으로 하되, 나라를 지킬 때는 도리를 따름.
【逆探 역탐】 미리 알아냄. 사전에 탐지함.
【逆婚 역혼】 형제자매 중 나이가 적은 사람이 먼저 혼인함.
◑ 拒-, 大-, 莫-, 謀-, 目-, 反-, 畔-, 背-, 忤-, 錯-, 舛-, 吐-, 悖-, 凶-.

逆 6 【逶】 ⑩ 옮길 이 囷 yí

[字解] 옮아가다. ≒移. [楚辭]屢懲艾而不逶.

迹 6 【迹】 ⑩ 자취 적 囿 jī

[字解] ①자취. ㉮발자국. [淮南子]足蹍地而爲迹. ㉯발자취, 행적. [春秋左氏傳]茫茫禹迹. ㉰걸음, 왕래(往來). [漢書]人迹所絕. ㉱행위, 행동거지. [楚辭]見伯夷之放迹. ㉲길, 앞길. [楚辭]昏微遵迹. ㉳전인(前人)이 끼쳐 놓은 것. [論語]不踐迹. ㉴공적(功績), 업적. [漢書]太王肇基王迹. ㉵혼적, 형적. [北齊書]筆迹未工. ㉶소문, 세상 사람들의 평판. [漢書]匿名迹, 避權勢. ㉷형체를 볼 수 있는 것의 총칭. [淮南子]循迹者非能生迹者也. ②좇다. ㉮뒤를 따르다. [漢書]深迹其道, 而務修其本. ㉯좇는 바. [書經]爾乃迹自身. ③생각하다, 사실에 근거하여 상고하다. [漢書]迹漢功臣. ④찾다, 종적을 찾다. [漢書]迹且至臣家. ⑤불안한 모양. ¶迹迹. ⑥까닭.
【迹攸 적유】 좇아서 나아감. 뒤따라감.
【迹迹 적적】 ①불안한 모양. ②왕래하는 모양.
【迹捕 적포】 뒤를 밟아서 체포함.
◑ 足-, 蹤-, 痕-.

逡 6 【逡】 ⑩ 앞설 준 囸囻 xùn

[字解] 앞서다, 앞을 다투다. [春秋公羊傳]朋友相衛而不相逡.

追 6 【追】 ⑩ ❶쫓을 추 囷 zhuī ❷갈 퇴 囻 duī ❸따를 수 囷 tuī

[參考] 대법원 지정 인명용 한자의 음은 '추'이다.
[字源] 形聲. 辵+𠂤→追. '𠂤(퇴)'가 음을 나타낸다.
[字解] ❶①쫓다. ㉮뒤쫓아가다. [漢書]公無所追, 追信詐也. ㉯내쫓다, 쫓아 버리다. [周禮]比其追胥者. ㉰미치다, 목적한 데에 이르다. [書經]雖悔可追. ㉱완수하다. [楚辭]背繩墨以追曲兮. ②이루다, 완수하다. [漢書]歸獄不解, 茲謂追非. ③구(救)하다, 돕다. [論語]往者不可諫, 來者猶可追. ④보충하다, 채우다. [素問]是謂追之. ⑤옛날로 거슬러 올라가다. [春秋左氏傳]圍宋彭城非宋地追書也. ⑥사모하다, 붙좇아 오래도록 잊지 않다. [論語]愼終追遠. ⑦보내다, 전송하다. [詩經]薄言追之. ⑧부르다, 불러들이다. [管子]馳車充國者, 追寇之馬也. ⑨잇닿다. [周禮]追趙陳越代滕五王入朝. ⑩뒤쫓는 사람, 추격자. [南史]命左右, 燒逆旅舍, 以絕後追. ⑪고대의 나라 이름. [詩經]其追其貊. ⑫성(姓). ❷①갈다, 탁마하다. ≒彫. [詩經]追琢其章. ②종(鐘)을 매다는 끈. ≒紖. [孟子]以追蠡. ③언덕, 두두룩한 더미. [儀禮]毋追. ❸따르다. ※隨(1955)의 고자(古字).
【追減 추감】 죄형(罪刑)이 확정된 뒤에 이를 감(減)하는 일.
【追感 추감】 지난일을 생각하면서 느낌.
【追考 추고】 지난 일을 돌이켜 생각함.
【追觀 추관】 과거의 일을 생각하여 봄.
【追究 추구】 근본 이치를 캐어 들어가 연구함.
【追咎 추구】 지난 뒤에 이전의 잘못을 책망함.
【追窮 추궁】 잘못에 대하여 엄하게 따져 밝힘.
【追擒 추금】 뒤쫓아가 사로잡음. 追禽(추금).
【追及 추급】 뒤쫓아 미침. 뒤따라 붙음.
【追記 추기】 본문에 추가하여 적어 넣음. 또는 그 글.
【追納 추납】 부족한 것을 나중에 채워서 바침.
【追念 추념】 옛일이나 옛사람을 생각함.
【追悼 추도】 죽은 사람의 일을 회상하며 슬퍼함.
【追論 추론】 추구(追究)하여 논의함.
【追戀 추련】 죽은 사람이나 이별한 사람을 못 잊어 그리워함. 追慕(추모).
【追慕 추모】 죽은 사람을 사모함.
【追美 추미】 죽은 뒤에 그 공을 기림. 사후(死後)에 칭찬함. 追褒(추포).
【追迫 추박】 바싹 뒤쫓아감.
【追放 추방】 쫓아냄. 放逐(방축).
【追北 추배】 달아나는 자를 쫓음.
【追陪 추배】 수행(隨行)함. 배행(陪行)함.
【追配 추배】 옛 사람과 필적(匹敵)함.
【追服 추복】 상(喪)을 당한 때에 상복을 입지 못

한 사람이 뒷날에 상복을 입는 일.
【追福 추복】 죽은 사람의 명복을 빎.
【追比 추비】 추가하여 징수함. 追徵(추징).
【追非 추비】 바르지 않은 일을 수행함.
【追思 추사】 지나간 일을 생각함.
【追賜 추사】 죽은 뒤에 물품을 하사함.
【追削 추삭】 생전의 관작(官爵)을 사후에 삭탈(削奪)함. 追奪(추탈). 追貶(추폄).
【追殺 추살】 뒤쫓아가서 죽임.
【追上 추상】 ❶죽은 왕이나 왕비에게 존호(尊號)를 올림.
【追敍 추서】 죽은 뒤에 관작을 내려 주거나 품계를 높여 주는 일.
【追惜 추석】 죽은 뒤에 그 사람을 애도하고 애석해함.
【追善 추선】 (佛)❶조상이나 죽은 사람의 명복을 빌기 위하여 그의 선사(善事)·선덕(善德)을 추모하는 일. ②죽은 사람을 위한 불사(佛事). 追薦(추천).
【追躡 추섭】 ①뒤를 밟아 쫓아감. ②본받음.
【追溯 추소】 근본을 거슬러 올라가 살핌.
【追隨 추수】 뒤를 좇음. 남의 뒤를 따름.
【追崇 추숭】 왕위에 오르지 못하고 죽은 이에게 임금의 칭호를 주던 일. 追尊(추존).
【追伸 추신】 편지 등에서 사연을 덧붙여 쓸 때 그 첫머리에 쓰는 말.
【追尋 추심】 옛일을 더듬어 생각함.
【追憶 추억】 지난 일을 돌이켜 생각함.
【追掩 추엄】 ①적의 뒤를 불의에 습격함. ②뒤에서 덮어 가림.
【追友江南 추우강남】 ●친구 따라 강남을 감. 자기는 하고 싶지 않으나 남에게 끌려서 덩달아 하게 됨.
【追遠 추원】 ①먼 옛일을 생각함. ②조상의 미덕(美德)을 추사(追思)함. 조상의 제사에 공경을 다함.
【追日 추일】 해를 뒤쫓음. 제 역량(力量)을 모르고 불가능한 일을 함.
【追迹 추적】 뒤를 밟아 쫓아감.
【追餞 추전】 떠나는 사람을 멀리까지 따라가서 전송함.
【追弔 추조】 죽은 사람을 추모하며 조상함.
【追尊 추존】 ☞追崇(추숭).
【追從 추종】 남에게 빌붙어 따름.
【追踪 추종】 ①다른 사람의 뒤를 몰래 밟음. ② 옛일을 더듬어 찾음.
【追讖 추참】 죽은 사람을 뒤늦게 헐뜯음.
【追薦 추천】 ☞追善(추선).
【追逐 추축】 ①달아나는 자를 쫓아감. ②내쫓아 버림. ③서로 겨룸. 角逐(각축). ④친구끼리 서로 오가며 사귐.
【追蹙 추축】 막다른 골목까지 몰아붙임.
【追治 추치】 소급(遡及)하여 다스림.
【追奪 추탈】 ☞追削(추삭).
【追貶 추폄】 ☞追削(추삭).
【追褒 추포】 ☞追美(추미).
【追風 추풍】 바람을 쫓음. 말이 매우 빨리 달림

의 비유.
【追行 추행】 ①뒤에 행함. ②뒤를 따라감. 뒤를 밟음.
【追還 추환】 되돌려보냄. 쫓아냄.
【追悔 추회】 지난 뒤에 잘못을 뉘우침.
【追懷 추회】 지나간 일이나 떠나간 사람을 회상하며 그리워함.
【追孝 추효】 죽은 부모나 조상 등의 명복을 빌고 공양하여 효성을 다함.
【追琢 퇴탁】 옥석(玉石)을 갊. ☞'退'는 쇠붙이를 쪼아 다듬는 일, '琢'은 옥(玉)을 가는 일.
◐ 窮―, 急―, 訴―, 遠―, 逐―.

走 【退】 ⑩
6   ❶물러날 퇴 國 tuì
     ❷바랠 퇴 ㉠톤 顧 tuì

ㄱㄱㅋㅌㅌㅌ艮`艮退退退
소전 退 고문 退 혹체 退 초서 退 고문 退 동자 退
고자 退 간체 退

〔字源〕 會意. 辵+日+夂 → 退. 간다는 뜻의 '辶'과 해를 뜻하는 '日'과 아래쪽을 향한 발의 모양을 나타낸 '夂'가 합하여 해가 아래로 향해 간다는 데서 '물러나다'라는 뜻을 나타낸다.

〔字解〕❶㉠물러나다. ㉮뒤로 물러나다.〔易經〕知進而不知退. ㉯그만두다, 사직하다.〔春秋左氏傳〕康子請退. ㉰피하다.〔儀禮〕主人少退. ㉱떠나가다.〔禮記〕君去. ㉲돌아가다.〔漢書〕臨淵羨魚, 不如退而結網. ㉳조정(朝廷)에서 물러나다.〔論語〕子朝退. ㉴옮기다, 이동하다.〔禮記〕以衽抱而退. ㉵되돌아오다, 제사리로 돌아오다.〔儀禮〕君不許乃退. ㉶겸양하다.〔國語〕夫子踐位則退. ㉷틀어박히다, 소극적으로 움직이다.〔論語〕求也退. ㉸뒤떨어지다, 약해지다.〔白居易·詩〕外強火未退, 中銳金方戰. ㉹새삼스레 뉘우치다.〔國語〕雖欲有退, 衆將責焉. ❷물리치다. ㉠멀리하다, 버리다.〔春秋左氏傳〕公退之. ㉯쫓아내다, 내쫓다.〔國語〕誰能退敵. ㉰떨어뜨리다, 내리다.〔漢書〕多所貶退. ㉱줄이다, 덜다.〔詩經〕退食自公. ㉲멈추다.〔呂氏春秋〕退嗜慾. ❸나긋나긋한 모양, 유화(柔和)한 모양.〔禮記〕其中退然如不勝衣. ❹성(姓). ❷①바래다, 빛깔이 날다. = 褪.〔道經〕蝶交則粉退, 蜂交則黃退. ②빛이 연하다.〔王建·詩〕肉色退紅嬌.

【退却 퇴각】 ①싸움에 져서 물러남. ②가져온 금품 따위를 물리쳐 받지 않음.
【退居 퇴거】 ①세속(世俗)을 피하여 은거(隱居)함. ②물러나 있음.
【退謙 퇴겸】 겸손함.
【退耕 퇴경】 관직에서 물러나 농사를 지음.
【退官 퇴관】 벼슬을 내놓고 물러남.
【退軍 퇴군】 군사를 뒤로 물림. 退陣(퇴진).
【退屈 퇴굴】 기가 꺾여 굴복함.
【退期 퇴기】 정해 놓은 기한(期限)을 물림.
【退老 퇴로】 나이가 많아 관직에서 은퇴함.
【退步 퇴보】 ①뒤로 물러섬. ②정도나 수준이

이제까지의 상태보다 못하게 됨.
【退散 퇴산】①모였던 것이 흩어짐. ②흩어져 도망함.
【退省 퇴성】물러나서 자신을 뒤돌아봄. 반성함.
【退俗 퇴속】(佛)승려가 도로 속인(俗人)이 됨. 還俗(환속).
【退損 퇴손】겸손(謙遜)함.
【退送 퇴송】보내온 것을 받지 않고 돌려 보냄.
【退食 퇴식】조정에서 물러나 집에서 식사를 함. 관리가 공직에서 물러남.
【退息 퇴식】☞退休(퇴휴).
【退身 퇴신】벼슬을 내놓고 물러남.
【退闇 퇴암】어리석은 사람을 물리침.
【退然 퇴연】단아(端雅)한 모양. 온화(溫和)한 모양.
【退嬰 퇴영】①뒤로 물러나 가만히 틀어박혀 있음. ②활기나 진취적 기상이 없게 됨.
【退有後言 퇴유후언】뒤에서 욕함. 숨어서 욕함.
【退隱 퇴은】①물러나 숨음. 세상과의 교제를 끊음. 退潛(퇴잠). ②벼슬을 그만두고 은거함. 은퇴(隱退)함.
【退潛 퇴잠】☞退隱(퇴은)①.
【退藏 퇴장】①물러나서 자취를 감춤. ②남몰래 감추어 놓고 지님.
【退轉 퇴전】①파산하여 살림이 다른 사람에게 넘어감. ②(佛)불도를 닦던 사람이 중도에서 수업을 게을리하여 딴 일에 마음을 쓰는 일.
【退廷 퇴정】☞退朝(퇴조).
【退朝 퇴조】조정에서 물러남. 退廷(퇴정).
【退潮 퇴조】①썰물. ②기운, 세력 등이 줄어듦.
【退走 퇴주】물러나 달아남.
【退職 퇴직】현직에서 물러남.
【退陣 퇴진】①退軍(퇴군). ②관여하던 직장·직무에서 물러남.
【退斥 퇴척】물리침.
【退縮 퇴축】뒤로 물러나 움츠림. 꽁무니를 빼고 움츠림.
【退出 퇴출】물러나서 나감. 물러남.
【退治 퇴치】물리쳐 없애 버림.
【退避 퇴피】물러나 피함.
【退筆 퇴필】끝이 다 닳아서 못 쓰게 된 붓.
【退閑 퇴한】관직에서 물러나 한거(閑居)함. 세속을 떠나 조용히 삶.
【退行 퇴행】①물러감. ②진보된 것이 진보 이전의 상태로 되돌아감. ③날짜를 물려서 행함.
【退紅 퇴홍】연분홍색. 담홍색(淡紅色).
【退化 퇴화】①진보 이전의 상태로 돌아감. ②생물의 기관 등이 오래 쓰지 않아 쇠퇴함 감.
【退休 퇴휴】퇴직(退職)하여 쉼. 退息(퇴식).

◐却-, 減-, 擊-, 謙-, 恭-, 遁-, 滅-, 奔-, 辭-, 廉-, 勇-, 隱-, 引-, 早-, 潮-, 進-, 脫-, 敗-, 貶-, 廢-, 後-.

辵 6 【迨】⑩ 따라잡을 합 𠆢 hé
[字解] ①따라잡다, 뒤미치다. ②뒤섞이다. ③갈마들다, 바뀌다. ≒跲.

辵 6 【迥】⑩ 迥(1805)의 속자

辵 6 【迴】⑩ 回(328)와 동자

辵 6 【逇】⑩ 悛(616)와 동자

辵 6 【逅】⑩ ❶만날 후 𠆢 hòu ❷터놓을 후 𠆢 hòu
[字解] ❶만나다, 우연히 만나다. 〔詩經〕邂逅相遇. ❷①터놓다, 허물없이 사귀다. ②단단하지 않은 모양.

辵 7 【逕】⑪ 소로 경 𠆢 jìng
[字解] ①소로, 좁은 길. 〔江淹·詩〕劒逕羞前檢, 岷山憨舊名. ②지름길. 〔文心雕龍〕李斯之奏驪山, 事略而意逕. ③곧다, 똑바르다. 〔潘岳·賦〕彼聆音而逕進. ④지나다, 통과하다.
【逕路 경로】①곧은 길. ②작은 길. ③지름길.
【逕復 경복】왕래(往來)함.
【逕庭 경정】오솔길과 넓은 뜰. 매우 심한 차이. ○오솔길과 뜰은 그 폭의 차이가 매우 큰 데서 온 말.
◐門-, 三-, 禪-, 柳-, 峭-.

辵 7 【逑】⑪ 짝 구 𠆢 qiú
[字解] ①짝, 배우자. ≒仇. 〔詩經〕君子好逑. ②모으다, 모이다. =鳩. 〔詩經〕以爲民逑. ③구하다. =求. ④다그치다, 급박하다.

辵 7 【途】⑪ 길 도 𠆢 tú

人 亼 亽 仐 余 余 ᰒ 涂 涂 途

[叅考] 어휘는 塗(358)를 아울러 보라.
[字源] 形聲. 辵+余→途. '余(여)'가 음을 나타낸다.
[字解] 길, 도로. ≒塗·涂. 〔晉書〕掃河漢而淸天途.
【途窮 도궁】앞길이 막힘.
【途上 도상】①길 위. 路上(노상). ②사업 등이 진행되고 있는 과정이나 도중.
【途程 도정】거쳐 지나가는 길이나 과정. 路程(노정).
【途中 도중】①길을 가는 중간. 路次(노차). ②일이 계속 되고 있는 과정이나 일의 중간.
【途次 도차】☞途中(도중)①.
◐窮-, 牛-, 首-, 前-, 中-, 坦-.

辵部 7획 逗連

逗 ⑪
❶머무를 두 囿 dòu
❷성 주 迣 zhǔ
❸돌아갈 기 圓 qí

[소전] 逗 [초서] 逗 [간체] 逗 [參考] 대법원 지정 인명용 한자의 음은 '두'이다.

[字解] ❶①머무르다, 묵다.〔後漢書〕逗華陰之端渚. ②투합(投合)하다. ≒投. ③이르다, 다다르다.〔楊萬里·詩〕逗晚添衣併數量. ④뒤쫓다, 달리다.〔陸龜蒙·詩〕各樣蓮船逗村去. ❷①성(姓). ②머무르다. ≒住.〔漢書〕逗遛不進. ❸돌아가다, 피하여 가다.〔漢書〕當恢逗橈.

【逗留 두류】한곳에 머물러 나아가지 않음. 객지에 머무름.〔逗遛(두류)〕.
【逗橈 두뇨·기뇨】두려워서 멈춤. 적을 두려워하여 나아가지 못함. 逗橈(두뇨).

連 ⑪
❶잇닿을 련 囝 lián
❷거만할 련 鋉 liǎn
❸손숫물 련 liàn
❹산 이름 란 圝 làn

一 ナ 市 旨 亘 車 車 車 連 連

[소전] 連 [초서] 連 [간체] 连 [參考] 대법원 지정 인명용 한자의 음은 '련'이다.

[字源] 會意. 辵+車→連. 수레〔車〕를 끌고 간다〔辵〕는 뜻을 나타낸다.

[字解] ❶①잇닿다. ㉮이어지다, 계속되다. ≒聯.〔禮記〕連步以上. ㉯맺다, 연결하다.〔呂氏春秋〕民相連而從之. ㉰붙다, 잇닿다.〔國語〕雲連徒洲. ㉱끌다, 잡아당기다.〔孟子〕從流上而忘反, 謂之連. ㉲길다, 긴 모양.〔莊子〕連乎其似好閉也. ㉳모이다.〔禮記〕十國以爲連. ②늘어 세우다, 합하여 하나로 하다.〔孟子〕連諸侯者次之. ③동행, 동반자.〔白居易·詩〕爲報阿連寒食下. ④살붙이, 친척.〔史記〕及蒼梧秦王有連. ⑤연하여, 계속하여.〔後漢書〕連徵不至. ⑥더디다, 시간이 오래 걸리다.〔易經〕往蹇來連. ⑦주살로 새를 잡다.〔淮南子〕連鳥於百仞之上. ⑧손수레, 사람이 끄는 수레. ≒輦.〔管子〕行服連軺輂者. ⑨호련(瑚璉), 종묘 제기. ≒璉·槤.〔禮記〕夏后氏之四連. ⑩납. ≒鏈.〔史記〕長沙出連錫. ⑪난간.≒欄.〔楚辭〕刻方連些. ❷거만하다, 교만을 부리다.〔荀子〕其容簡連. ❸손숫물. ≒灛.〔禮記〕連用湯. ❹산 이름.〔淮南子〕日至于連石.

【連枷 연가】도리깨.
【連乾 연건】말에 다는 장식.
【連蹇 연건】일이 뜻대로 되지 않는 모양. 사람이 뜻을 얻지 못하는 모양.
【連結 연결】서로 이어서 맺음.
【連境 연경】맞닿은 경계. 接境(접경).
【連繫 연계】①잇달아 맴. ②서로 관계를 맺음. ③다른 사람의 죄에 관련되어 같이 옥에 갇힘.
【連貫 연관】①이어짐. 연속함. ②활을 쏠 때마다 달아 적중(的中)시킴. 連中(연중).
【連觀 연관】잇닿아 있는 누대(樓臺).
【連交 연교】교분을 맺음.
【連翹 연교】개나리.
【連蜷 연권】①길게 굽은 모양. ②무당이 신을 맞아 인도하는 모양. ③굽은 발굽.
【連襟 연금】①옷깃을 맞댐. 곧, 다정하게 한자리에 앉음. ②자매(姉妹)의 남편끼리 서로 이르는 말. 連袂(연몌).
【連帶 연대】어떤 일을 두 사람 이상이 공동으로 책임지고 맡음.
【連絡 연락】①서로 관계(關係)를 맺음. ②통보(通報)함.
【連累 연루】남의 범죄에 연관됨. 連坐(연좌).
【連類 연류】하나의 무리를 이룬 동아리.
【連理枝 연리지】두 나무의 가지가 맞닿아서 결이 통하여 하나가 된 것. ㉠화목한 부부의 비유. ㉡남녀가 정을 맺음의 비유.
【連甍 연맹】①추녀가 잇닿음. ②집이 즐비하게 많음.
【連綿 연면】①길게 이어져 끊이지 않는 모양. 連緜(연면). ②처마. 지붕의 끝 부분.
【連名 연명】☞連署(연서).
【連袂 연몌】①소매를 이음. 행동을 같이 함. ②☞連襟(연금)².
【連璧 연벽】①한 쌍의 구슬. 雙璧(쌍벽). ②재능이 뛰어난 두 사람의 벗.
【連比 연비】나란히 줄지어 있음. ○100가(家)를 '連'이라 하고, 5가를 '比'라 한다.
【連史紙 연사지】강서성(江西省)·복건성(福建省) 능지에서 생산되는 실이 좋은 종이 이름.
【連署 연서】같은 문서에 두 사람 이상이 잇대어 이름을 적는 일. 連名(연명).
【連城璧 연성벽】이름난 옥 이름. 진귀한 물건의 비유.〔故事〕전국 시대 조(趙)나라 혜문왕(惠文王)이 소장한 변화(卞和)의 벽(璧)을 진(秦)나라의 소왕(昭王)이 열다섯 성(城)과 바꾸자고 한 고사에서 온 말. 連城寶(연성보).
【連宵 연소】☞連夜(연야)².
【連鎖 연쇄】①양쪽을 연결하는 사슬. ②서로 관련됨. 서로 잇대어 맺음.
【連夜 연야】①매일 밤. 밤마다. 每夜(매야). ②밤새도록. 밤 내내. 連宵(연소).
【連延 연연】연하여 뻗음. 聯延(연연).
【連娟 연연】①눈썹이 굽고 가는 모양. ②가냘픈 모양.
【連然 연연】하염없이 눈물을 흘리는 모양.
【連雲 연운】①구름에 가 닿음. ②서로 잇닿아 있는 구름.
【連陰 연음】①매일 날이 흐리거나 비가 옴. ②나무 그늘이 잇닿음.
【連引 연인】관계함. 또는 끌어당김.
【連牆 연장】담이 서로 잇닿음. 이웃함.
【連檣 연장】돛대가 서로 맞닿음. 곧, 배〔舟〕가 많은 모습.
【連戰連勝 연전연승】싸울 때마다 이김.
【連坐 연좌】여러 사람이 잇닿아 죽 벌여 앉

辵部 7획 逞遦逢逝

음. ②□連累(연루).
【連珠 연주】①꿰어 놓은 구슬. ②한문 문체의 하나. 연속적인 대구를 사용한, 풍유적인 글.
【連中 연중】①□連貫(연관)². ②잇달아 급제(及第)함.
【連枝 연지】①한 뿌리에서 난 이어진 가지. ②형제자매(兄弟姉妹).
【連天 연천】①하늘에 가 닿음. 높은 모양. ②매일(每日).
【連逮 연체】함께 체포됨. 연좌(連坐)되어 잡힘.
【連筒 연통】홈. 홈통.
【連判 연판】연명(連名)하여 도장을 찍음.
【連篇累牘 연편누독】문장이 쓸데없이 긺.
【連軒 연헌】①공중으로 나는 모양. ②학이 춤추는 모양.
【連呼 연호】계속하여 부름. 연이어 외침.
【連婚 연혼】혼인으로 인척 관계를 맺음.
【連和 연화】①둘 이상의 독립된 것이 연합하는 일. ②연합하여 화목함.
【連環 연환】여러 개의 고리를 연결한 사슬.
【連環計 연환계】적에게 첩자를 보내어 승리의 계책을 거짓으로 꾸며 알리고, 적이 그것을 받아들이면 역이용하여 승리를 획책하는 일. 故事 삼국 시대 오(吳)나라의 주유(周瑜)가 위(魏)나라 조조(曹操)의 군사를 화공(火攻)할 때에 방통(龐統)을 보내어 조조의 전선(戰船)을 쇠사슬로 매어 놓게 한 일에서 온 말.
【連橫 연횡】전국 시대에 장의(張儀)가 주장한 외교 정책. 한(韓)·위(魏)·조(趙)·연(燕)·제(齊)·초(楚)의 여섯 나라가 진(秦)나라와 동맹을 맺어 화친(和親)할 것을 주장한 정책. 連衡(연횡).
● 蹇-, 牽-, 結-, 貫-, 關-, 線-, 流-, 留-, --, 纏-, 錯-, 合-, 黃-.

辵7 【逞】⑪ ❶굳셀 령 庚 chěng ❷사람 이름 영 庚 yíng
소전 逞 초서 逞 간체 逞 參考 대법원 지정 인명용 한자의 음은 '령'이다.
字解 ❶①굳세다, 용감하다. 〔蘇軾·賦〕其意騏逞而不可摧. ②쾌하다, 즐겁다. 凭盈. 〔春秋左氏傳〕求逞於人, 不可. ③왕성하다. 〔晉書〕其志未逞. ④굳세게 하다, 성하게 하다, 쾌하게 하다. 〔春秋左氏傳〕今民餒而君逞欲. ⑤마음대로 하다, 마음대로 하여 만족을 느끼다. 〔春秋左氏傳〕不克逞志於我. ⑥다하다, 극진히 하다. 〔春秋左氏傳〕不可億逞. ⑦풀다, 근심을 풀다. 〔春秋左氏傳〕乃可逞. ⑧펴다, 부드럽게 하다. 〔論語〕逞顔色. ⑨단속하다, 검속(檢束)하다. ❷사람 이름. 凭盈. 〔史記〕曲沃攻逞, 逞死.

【逞弄 영롱】멋대로 가지고 놂.
【逞意 영의】□逞志(영지).
【逞志 영지】제 마음대로 함. 제멋대로 함. 逞意(영의).
● 勁-, 驕-, 不-, 億-, 橫-.

辵7 【遦】⑭ 邊(1838)의 속자

辵7 【逢】⑪ ❶만날 봉 冬 féng ❷성 봉 東 páng
夂 夂 冬 冬 峯 峯 逢 逢 逢
소전 逢 초서 逢 간체 逢 字源 形聲. 辵+夆→逢. '夆(봉)'이 음을 나타낸다.
字解 ❶①만나다, 마주치다. 〔春秋左氏傳〕莫能逢之. ②맞다, 영합하다. 〔孟子〕逢君之惡. ③점치다. 〔論衡〕公曰, 乃逢是吉. ④크다, 넉넉하다. 凭豊. 〔禮記〕衣逢掖之衣. ⑤북은 소리. ⑥봉화. 〔漢書〕大漢之德, 逢涌原泉. ⑦꿰매다. 凭縫. ❷①성(姓). ②북소리. 〔韓愈·詩〕安眠聽逢逢.
【逢年 봉년】풍년을 만남.
【逢變 봉변】①남에게 욕을 봄. ②뜻밖의 변을 당함.
【逢別 봉별】만남과 헤어짐. 상봉과 이별.
【逢逢 봉봉】①소리가 화(和)하는 모양. ②북을 치는 소리. ③구름이나 연기가 이는 모양. ④성(盛)한 모양.
【逢世 봉세】때를 만나 등용(登用)됨.
【逢受 봉수】國남의 돈이나 물건을 맡음.
【逢授 봉수】國남에게 돈이나 물건을 맡김.
【逢掖 봉액】□逢衣(봉의).
【逢迎 봉영】①마중 나가 영접함. ②남의 마음에 들도록 애씀. 아첨함. 迎合(영합).
【逢原 봉원】물의 근원을 만남. 逢源(봉원).
【逢衣 봉의】선비들이 입는, 옆이 넓게 트이고 소매가 넓은 도포(道袍). 逢掖(봉액).
【逢場作戲 봉장작희】임기응변(臨機應變)의 조치를 취함. 또는 미봉책을 씀.
【逢賊 봉적】도둑을 만남.
【逢著 봉착】어떤 처지나 상태에 부닥침. 맞닥뜨림. ○'著'은 조자(助字).
【逢處 봉처】이르는 곳마다. 到處(도처).
【逢敗 봉패】낭패를 당함.
● 相-, 迎-, 遇-, 遭-, 萍水相-.

辵7 【逝】⑪ 갈 서 霽 shì
十 扌 扩 折 折 折 浙 浙 逝
소전 逝 소전 逝 초서 逝 간체 逝 字源 形聲. 辵+折→逝. '折(절)'이 음을 나타낸다.
字解 ①가다, 향하여 가다. 〔史記〕雖有逝兮可奈何. ②뜨다, 떠나가다. 〔呂氏春秋〕龍儵耳低尾而逝. ③죽다. 〔漢書〕長逝者魂魄私恨無窮. ④미치다(及). 〔詩經〕行與子逝兮. ⑤빠르다. 〔論語〕日月逝矣. ⑥날다, 돌다. 〔淮南子〕還至其會逝萬仞之上. ⑦피하다, 방향을 바꾸다. 〔莊子〕翼殷不逝. ⑧이에. 발어사(發語辭). 〔詩經〕乃如之人兮, 逝不古處. ⑨맹세하다. 凭

誓.〔詩經〕逝將去女, 適彼樂土.
【逝去 서거】 남을 높이어 그의 죽음을 이르는 말. 長逝(장서).
【逝景 서경】 흘러가고 머무르지 않는 세월.
【逝世 서세】 세상을 떠남. 別世(별세).
【逝水 서수】 ⇨逝川(서천).
【逝者 서자】 ①떠나가는 사람. ②죽은 사람.
【逝者如斯 서자여사】 가는 것이 이와 같음. 시간은 물과 같이 한번 지나가면 다시 돌아오지 않음.
【逝川 서천】 흘러가는 냇물. 한번 가면 다시 돌아오지 않음의 비유. 逝水(서수).
○ 急-, 永-, 遠-, 流-, 長-, 電-, 徂-, 遷-, 驟-, 遠-.

辶 【逍】⑪ 거닐 소 蕭 xiāo
소전 초서 [字解] 거닐다, 노닐다. 〔詩經〕河上乎逍遙.
【逍遙 소요】 자유롭게 이리저리 거닐며 돌아다님. 逍搖(소요).
【逍遙服 소요복】 승복(僧服). 袈裟(가사).
【逍遙自在 소요자재】 구속됨이 없이 자유로이 소요함. 逍遙自得(소요자득).
【逍風 소풍】 갑갑한 마음을 풀기 위하여 바람을 쐼. 消風(소풍).

辶 【速】⑪ 빠를 속 屋 sù

一 丁 巨 申 束 束 `涑 涑 速

소전 고문 주문 초서 간체
[字源] 形聲. 辶+束→速. '束(속)'이 음을 나타냄.
[字解] ①빠르다, 신속하다. 〔禮記〕其去之必速. ②빨리 하다. 〔孟子〕可以速則速. ③빨리, 빠르게. 〔孟子〕王速出令. ④부르다. ㉮초청하다. 〔易經〕有不速之客三人來. ㉯구하다, 초래하다. 〔春秋左氏傳〕去順效逆, 所以速禍. ⑤삼가다. 〔楚辭〕吾與君兮齋速. ⑥자주, 종종. ≒數. 〔周禮〕則莫能以速中. ⑦에워싸다, 둘러싸다. ≒束. 〔國語〕處曲沃以速縣.
【速辜 속고】 죄를 부름.
【速斷 속단】 ①빨리 판단함. ②성급하게 판단함.
【速達 속달】 ①신속히 달성함. ②신속히 전달함.
【速福 속복】 복을 부름.
【速賓 속빈】 손을 청함. 請賓(청빈).
【速成 속성】 빨리 이루어짐.
【速速 속속】 ①심복(心腹)에 맞지 않는 모양. ②초라한 모양. 추한 모양. ③궁박(窮迫)한 모양. ④매우 빨리.
【速戰速決 속전속결】 싸움을 빨리 끝냄.
【速化 속화】 벼슬을 빨리 구하려고 함.
【速禍 속화】 화를 부름.
○ 加-, 輕-, 高-, 急-, 妙-, 敏-, 迅-, 早-, 拙-, 遲-, 疾-, 捷-, 快-, 火-.

辶 【逜】⑪ ❶깨우칠 오 遇 wù
7 ❷지나갈 오 麌 wǔ
[字解] ❶깨우치다. ❷지나가다.

辶 【逌】⑪ 만족할 유 尤 yóu
소서 고체 간체 [字解] ①만족하다, 느긋하게 행동하는 모양. =攸. 〔史記〕約以王道, 烈侯逌然. ②바. ※攸(740)의 고자(古字). 〔漢書〕柬取吊于逌吉. ③말미암다. ※由(1156)의 고자(古字). 〔新序〕國非士無逌安強.
【逌然 유연】 자득(自得)한 모양.
【逌爾 유이】 빙그레 웃는 모양. 莞爾(완이).

辶 【這】⑪ ❶이 저 禡 zhè
7 ❷맞을 언 願 yàn
❸國각각 갓
초서 속서 간체 [參考] 대법원 지정 인명용 한자의 음은 '저'이다.
[字解] ❶①이. 此(차)와 같은 뜻으로 쓰인다. 〔新唐書〕這賊誤我. ②맞다, 맞이하다. ❸각각, 낱낱, 따로따로.
【這間 저간】 요즈음.
【這箇 저개】 ⇨這般(저반).
【這麼 저마】 ①이와 같이. 이렇게. ②이리. 이쪽. ③대저(大抵).
【這般 저반】 이. 이것. 이와 같은. 그와 같은. 這箇(저개).
【這番 저번】 지난번. 접때.
【這回 저회】 이번에.

辶 【逖】⑪ 멀 적 錫 tì
7
소전 고문 초서 간체 [字解] ①멀다, 아득하다. ※邊(1818)의 고문(古文). 〔書經〕逖矣西土之人. ②멀리하다, 멀어지다. 〔春秋左氏傳〕糾逖王慝. ③근심하다. 〔易經〕渙其血, 去逖出. ④이익을 바라는 모양.
【逖逖 적적】 이(利)를 탐하는 모양.
○ 糾-, 疏-, 離-.

辶 【造】⑪ ❶지을 조 晧 zào
7 ❷이를 조 號 zào

一 十 生 牛 告 告 `告 造 造 造

소전 고문 초서 간체 [字源] 形聲. 辶+告→造. '告(고)'가 음을 나타냄.
[字解] ❶①짓다, 만들다, 제작하다. ≒作. 〔禮記〕大夫不得造車馬. ②세우다〔建〕. 〔書經〕凡我造邦. ③꾸미다, 조작하다. 〔周禮〕造言之刑. ④시작하다, 처음으로 하다. 〔呂氏春秋〕文王造之而未遂. ⑤만나다. ≒遭. 〔史記〕兩造具備. ⑥때, 시세(時世). 〔儀禮〕夏之末造也. ⑦

성(姓). ❷①이르다. ㉮오다.〔周禮〕凡四方之賓客造焉. ㉯가다.〔戰國策〕而造大國之城下. ㉰나아가다. ②다하다, 이루다.〔孟子〕君子深造之以道. ③통달하다, 경지에 이르다.〔漢書〕諸侯歲貢小學之異者於天子學于大學命曰造士. ④되다, 이루어지다. ≒就.〔詩經〕遭家不造. ⑤넣다, 속에 담다. ≒窖.〔禮記〕君設大盤造冰焉. ⑥제사 이름. ≒禂.〔禮記〕造乎禰. ⑦알리다, 고(告)하다. ≒告.〔列子〕密造鄧析而謀之. ⑧갑자기, 졸지에. ≒猝.〔論語〕造次必於是. ⑨늘어놓다, 나란히 하다.〔張衡·賦〕造舟淸池. ⑩다리, 배다리. ⑪화덕, 점을 치기 위하여 거북(龜甲)을 태우는 곳.〔史記〕卜以造灼鑽. ⑫생년월일시(生年月日時)의 간지(干支). 남자를 건조(乾造), 여자를 곤조(坤造)라고 한다.
【造景 조경】 경관(景觀)을 아름답게 꾸밈.
【造構 조구】 얽어서 만듦. 또는 만듦새.
【造端 조단】 시초가 됨. 發端(발단).
【造物主 조물주】 천지 만물(天地萬物)을 만들고 이를 주재(主宰)하는 신. 造化翁(조화옹).
【造兵 조병】 ①무기를 만듦. ②전쟁을 일으킴.
【造士 조사】 ①인물을 양성함. ②학문을 성취한 사람.
【造成 조성】 만들어서 이루어 냄.
【造膝親受 조슬친수】 가까이 나아가 직접 가르침을 받음.
【造言 조언】 꾸며낸 말. 날조한 말.
【造然 조연】 ①매우 두려워하는 모양. ②갑자기.
【造營 조영】 집 따위를 지음. 건축(建築)함.
【造詣 조예】 ①학문이나 기예에 관한 지식·경험이 깊은 경지에 이른 정도. ②남의 집을 찾아가는 일.
【造意 조의】 ①새로운 것을 만들려고 연구함. ②주장하여 일을 꾸밈. 主謀(주모).
【造作 조작】 ①물건을 만듦. ②일을 지어내거나 꾸며냄.
【造次 조차】 지극히 짧은 동안.
【造次顚沛 조차전패】 아차 하는 순간과 존망이 위급한 때.
【造請 조청】 그곳에 가서 문후(問候)함.
【造就 조취】 ①나아가서 뵘. ②양성(養成)함.
【造行 조행】 학문 따위가 높은 경지에 이름.
【造化 조화】 ①만물을 창조하고 화육(化育)하는 대자연의 이치. ②조물주. 자연.
【造化翁 조화옹】 ☞造物主(조물주).

❶ 改—, 建—, 構—, 捏—, 模—, 登—, 變—, 神—, 新—, 深—, 贋—, 釀—, 營—, 僞—, 人—, 制—, 肇—, 刱—, 創—, 天—, 築—.

辵7 【逡】⑪ 逡(1826)의 속자

辵7 【逡】⑪ ❶뒷걸음질칠 준 圓 qūn
❷빠를 준 圓 jùn

[소전][초서][간체] 逡
[字解] ❶①뒷걸음질치다, 뒤로 조금

씩 물러서다.〔史記〕逡巡遁逃而不敢進. ②달의 운행(運行).〔方言〕月運爲逡. ③차례가 있다.〔漢書〕有功者上, 無功者下, 則群臣逡. ④토끼, 교토(狡兎)의 이름. ≒魏.〔戰國策〕東郭逡者, 海內之狡兎也. ❷빠르다. ≒迅·駿.〔禮記〕逡奔走.
【逡巡 준순】 ①조금씩 뒤로 물러섬. 단행하지 못하고 망설임. 逡遁(준순). ②달무리. ③술의 이름.
【逡逡 준준】 진심으로 삼가는 모양.
【逡遁 준둔】 ☞逡巡(준순)①.
【逡次 준차】 머뭇거림. 주춤거림.

辵7 【遞】⑪ 遞(1829)의 속자

辵7 【遞】⑪ 遞(1829)와 동자

辵7 【逐】⑪ ❶쫓을 축 圓 zhú
❷돼지 돈 阮 tún
❸빠를 적 錫 dí

一 丆 豕 豕 豕 豕 逐 逐 逐

[소전][초서][간체] 逐 [參考] 대법원 지정 인명용 한자의 음은 '축'이다.
[字源] 會意. 辵+豕→逐. 짐승(豕)을 뒤따라 감(辶)을 뜻한다.
[字解] ❶①쫓다. ㉮뒤쫓아가다.〔春秋左氏傳〕子都拔棘以逐之. ㉯내쫓다, 쫓아내다.〔史記〕非秦者去, 爲客者逐. ㉰따르다, 추종하다.〔楚辭〕乘白龍兮逐文魚. ㉱옮아가다, 정처없이 떠나가다.〔荀子〕故風之所以爲不逐者. ㉲구(求)하다.〔國語〕厭邇逐遠. ②다투다, 경쟁하다.〔後漢書〕豪傑競逐. ③달리다, 질주하다.〔張衡·賦〕群士放逐. ❷①돼지. ≒豚.〔山海經〕苦山有獸焉, 名曰山膏, 其狀如逐. ②돌고래, 해돈(海豚). ❸빠르다, 빠른 모양.〔易經〕其欲逐逐.
【逐客 축객】 ①손을 쫓음. ②이국(異國)의 세객(說客)을 추방함. ③☞逐臣(축신).
【逐鬼 축귀】 잡귀(雜鬼)를 쫓음.
【逐年 축년】 해마다. 每年(매년).
【逐鹿 축록】 ①사슴을 쫓음. ②제위(帝位)·정권(政權) 따위를 얻으려고 다툼의 비유.
【逐步 축보】 한 걸음 한 걸음. 차츰차츰.
【逐邪 축사】 사기(邪氣)·사귀(邪鬼)를 내쫓음.
【逐月 축월】 ☞逐月(축월).
【逐勢 축세】 권세(權勢)가 있는 사람에게 아첨하여 좇음.
【逐勝 축승】 승리의 여세를 몰아 전진함.
【逐臣 축신】 쫓겨난 신하. 쫓겨난 객신(客臣). 逐客(축객).
【逐夜 축야】 밤마다. 每夜(매야).
【逐月 축월】 달마다. 每月(매월). 逐朔(축삭).
【逐一 축일】 하나하나 쫓음. 일일이. 차례를 따

辵部 7획 通

라 남김없이. 하나씩.
【逐日 축일】①날마다. 每日(매일). ②태양을 뒤 좇음. ③말이 매우 빨리 달림의 비유.
【逐日瘧 축일학】날마다 앓는 학질. 며느리고금.
【逐字譯 축자역】외국어로 된 원문을 글자 그대로 충실히 번역함.
【逐電 축전】번개를 좇음. 몹시 빠름.
【逐條 축조】한 조목 한 조목. 조목마다.
【逐次 축차】차례를 따라. 차례차례로.
【逐斥 축척】쫓아 버림. 내쫓음.
【逐逐 ❶축축 ❷적적】❶①무엇을 계속 추구(追求)하는 모양. ②독실(篤實)한 모양. ③마음이 번거로운 모양. ④두 필의 말이 나란히 달리는 모양. ❷빠른 모양.
【逐出 축출】쫓아냄.
【逐兎 축토】①토끼를 몲. ②제위(帝位)를 다툼의 비유.
【逐捕 축포】쫓아가 체포함. 追捕(추포).
【逐戶 축호】집마다. 每戶(매호).

◐ 角―, 競―, 驅―, 放―, 排―, 隨―, 爭―, 誅―, 徵―, 斥―, 追―, 馳―, 討―.

辵
7 【通】⑪ 통할 통 東 tōng

フマ 丙 甬 甬 甬 浦 涌 浦 通

소전 𨗨 초서 通 간체 通 [字源] 形聲. 辵+甬→通. '甬(용)'이 음을 나타낸다.

[字解] ①통하다. ㉮꿰뚫다. [易經] 通神明之德. ㉯닿다, 미치다, 이르다. [國語] 道遠難通. ㉰통하다. [淮南子] 孔墨博通. ㉱걷다, 거치다, 지나가다. [莊子] 而反在通達之國. ㉲보급되다, 널리 퍼지다. [爾雅] 四時和爲通正. ㉳막힘 없이 통하다, 원활하다. [呂氏春秋] 血脈欲其通也. ㉴환히 비치다, 들여다보이다. [杜陽雜編] 表裏瑩通. ㉵깨닫다. [呂氏春秋] 此不通乎兵者之論. ㉶좇다, 따르다. [淮南子] 則治道通矣. ②통하게 하다. [禮記] 開通道路. ③오가다, 왕래하다. [梁元帝·書] 書信恒通. ④오가게 하다, 왕래하게 하다. [漢書] 剖筍通使. ⑤사귀다, 교제하다. [史記] 上卽欲興神通. ⑥간음하다, 몰래 정을 통하다. [春秋公羊傳] 公子慶父公子牙通乎夫人. ⑦말하다, 진술하다. [漢書] 先生通正言. ⑧이어지다, 잇닿다. [逸周書] 與田疇皆通. ⑨함께 사용하다, 서로 바꾸다. [禮記] 不通寢席. ⑩영달하다, 출세하다. [禮記] 上通而不困. ⑪마련하다, 설치하다. [漢書] 通三公官. ⑫알다, 널리 알다. [易經] 是故聖人以通天下之志. ⑬전하다, 알려 주다. [春秋穀梁傳] 通王命也. ⑭공허하다, 속이 텅 비다. [周敦頤·說] 中通外直. ⑮오로지, 전일하게. [周禮] 通帛爲旃. ⑯두루, 모두. [孟子] 匡章通國皆稱不孝焉. ⑰합계, 총계(總計). [禮記] 以三十年之通制國用. ⑱중개, 중개인. [史記] 乃誡門下人, 不爲通. ⑲통. 서류나 악기 따위를 세는 말. ㉮수미(首尾)가 완결된 글. [後漢書] 宜寫一通, 置之坐側. ㉯악기(樂器) 한 벌의 이름. [隋書] 每通皆施三絃. ⑳말똥 [馬糞]. [漢書] 以馬通薰之. ㉑토지 구획(區劃)의 이름. 사방 10리(里)를 이르는 말. [周禮] 井十爲通.

【通家 통가】①세의(世誼)가 있는 집. 서로 친밀히 내왕하는 집. ②인척(姻戚)을 이름. ③國통내외(通內外)하는 집.
【通姦 통간】간음(姦淫)을 함. 姦通(간통).
【通經 통경】①경의(經義)에 통함. ②처음으로 월경이 시작됨.
【通共 통공】①쌍방에 통함. ②합계. 총계.
【通功易事 통공역사】일을 서로 융통함. 분업(分業)하여 일을 함.
【通過 통과】①통하여 지나감. ②제출한 의안이 가결됨.
【通貫 통관】꿰뚫어서 통함. 관통함.
【通款 통관】적과 내통함. 배신(背信)함.
【通衢 통구】사방으로 트인 번화한 거리.
【通國 통국】온 나라. 擧國(거국).
【通規 통규】일반에 적용되는 규칙.
【通念 통념】①항상 생각함. ②일반적인 공통된 생각.
【通達 통달】①막힘이 없이 통하여 환히 앎. 또 그 사물을 분명히 터득함. ②통지하여 전달함.
【通都 통도】길이 사통팔달(四通八達)한 도회지.
【通道 통도】①통하는 길. ②천하에 통하는 도리(道理).
【通朗 통랑】환히 트이고 밝음.
【通力 통력】①(佛)어떠한 일도 자유자재로 할 수 있는 불가사의한 힘. 神通力(신통력). ②國협력(協力)함.
【通歷 통력】역년(歷年)을 통산함.
【通令 통령】명령을 전달함.
【通論 통론】①모든 일에 통하는 바른 의론. 사리에 맞는 이론. ②어떤 사물에 대한 일반적인 이론.
【通流 통류】①통하여 흐름. ②막힘이 없이 통하게 함.
【通利 통리】안식(眼識)이 예리(銳利)하여 사물에 밝음.
【通理 통리】①사물의 이치에 통달함. ②일반에 공통되는 도리. ③전체를 통괄하여 다스림. 統理(통리).
【通明 통명】사리에 통달하여 밝음.
【通謀 통모】한 패가 되어 모의함. 共謀(공모).
【通文 통문】①문장에 통달함. ②國회람(回覽)하는 통지문(通知文).
【通問 통문】①서로 사례의 인사를 함. ②방문함. 문후(問候)함.
【通敏 통민】사물에 통달하여 민첩함.
【通榜 통방】당대(唐代)의 과거 제도에서, 시험에 의하지 않고 이력에 의한 추천으로 급제시키던 일.
【通辯 통변】①유창하게 말을 잘함. ②소통시켜 분석함. ③통역(通譯)함.
【通變 통변】변화(變化)의 이치에 통함.

【通寶 통보】 두루 통용되는 화폐(貨幣).
【通訃 통부】 사람의 죽음을 알림.
【通士 통사】 ⇨通人(통인).
【通史 통사】 역사 기술의 한 체. 어느 한 시대에 국한하지 않고, 모든 지역과 모든 시대의 역사적 줄거리를 서술하는 양식.
【通事 통사】 ①통역(通譯). 통역관(通譯官). ②한 쪽의 의사를 다른 쪽에 전함. 또는 그 역할을 맡은 사람.
【通商 통상】 외국과 통교(通交)하여 서로 상거래를 함.
【通塞 통색】 ①통함과 막힘. 형편이 순조로운 경우와 어려운 경우. ②행복과 불행. 행운(幸運)과 불운(不運).
【通夕 통석】 밤새도록. 밤새껏. 通宵(통소). 通夜(통야).
【通涉 통섭】 ①널리 사물에 통함. ②사귀어 서로 왕래함.
【通性 통성】 널리 일반에 공통된 성질.
【通宵 통소】 밤새도록. 通夕(통석).
【通率 ❶통솔 ❷통률】 ❶매우 솔직함. 천진난만하여 속이거나 꾸미지 않음. ❷일반에 통하는 비율.
【通身 통신】 온몸. 全身(전신).
【通信 통신】 우편·전신 등으로 소식을 전함.
【通謁 통알】 ⇨通剌(통자).
【通夜 통야】 밤새도록. 通夕(통석).
【通韻 통운】 한자(漢字)에서 두 개의 운(韻) 또는 그 이상의 운이 서로 통용되는 일. 東(동)·冬(동)·江(강)이 상통하는 따위.
【通融 통융】 ①임시로 법을 만들어 변화에 대처함. ②금전·물품 등을 서로 돌려씀. ③임기응변으로 일을 처리함. 통변의 재주가 있음. ④깨달음. 해오(解悟)함.
【通義 통의】 일반에 공통한 불변의 도리. 通誼(통의).
【通人 통인】 사물에 통달한 사람. 박람다식(博覽多識)한 사람. 通士(통사).
【通刺 통자】 명함을 내밀고 면회를 요청함. 通謁(통알).
【通莊 통장】 길을 걸음. ◯'莊'은 '道'로 '길'을 뜻함.
【通才 통재】 사리에 밝고 재능이 있는 사람.
【通籍 통적】 ①궁문(宮門)의 출입을 허가받은 사람의 성명·연령 등을 기재한 명패. ②벼슬살이를 함.
【通典 통전】 고금에 통하는 법칙. 일반에 행해지는 규칙.
【通情 통정】 ①마음을 통함. 애정을 통함. ②일반적인 인정(人情). 누구나 다 가지는 마음.
【通察 통찰】 전체를 통하여 두루 살핌.
【通天 통천】 하늘에 통함.
【通天冠 통천관】 천자(天子)가 평시(平時)에

〈通天冠〉

쓰던 관. 진대(秦代)에서 시작되어 명대(明代)까지 썼음. 通天(통천).
【通徹 통철】 환하게 깨달음. 洞徹(통철).
【通牒 통첩】 공적인 문서로 통지함.
【通治 통치】 ①통상적으로 나라를 다스림. ②두루 익힘. ③國한 가지 약이 여러 병에 두루 효험이 있음.
【通脫 통탈】 대범(大凡)하여 자질구레한 일에 얽매이지 않음. 소탈(疏脫)함.
【通態 통태】 일반적인 양태(樣態). 고금(古今)에 공통하는 상태.
【通判 통판】 ①사물을 밝게 판가름함. ②송대(宋代)에 주(州)의 정치를 감독하던 벼슬.
【通學 통학】 ①널리 통하여 배움. 두루 배움. ②학교에 다님. 학교에 다니며 공부함.
【通解 통해】 전반(全般)에 걸쳐 설명함.
【通玄 통현】 사물의 깊은 이치에 통달함.
【通顯 통현】 지위가 높아 세상에 드러남.
【通貨 통화】 한 나라에서 통용되는 화폐의 총칭.
【通曉 통효】 ①환하게 깨달아 앎. ②새벽까지 일어나 있음. 밤을 샘.
【通候 통후】 ①제후(諸侯). 徹侯(철후). ②안부를 물음. 伺候(사후).
○姦一, 感一, 開一, 共一, 貫一, 交一, 窮一, 大一, 默一, 心一, 博一, 變一, 普一, 不一, 四一, 私一, 疏一, 神一, 略一, 流一, 六一, 融一, 自一, 全一, 知一, 亨一, 曉一.

辵
7 【遝】⑪ 退(1809)와 동자

辵
7 【透】⑪ ❶통할 투 圂 tòu
       ❷놀랄 숙 圂 shū

二 千 禾 禾 秀 秀 秀 诱 诱 透

[소전] [초서] [간체] 透 [유초] 대법원 지정 인명용 한자의 음은 '투'이다.

[亨源] 形聲. 辵+秀→透. '秀(수)'가 음을 나타낸다.

[字解] ❶①통하다, 통하게 하다. 〔李商隱·詩〕淸光旋透省郞闌. ②뛰다, 뛰어넘다, 지나가다. 〔齊書〕事窮奔透, 自然沈溺. ③다하다, 극도에 달하다, 궁지에 빠지다. 〔杜甫·詩〕哀猿透却墜, 死鹿力所窮. ④통해서 보다. 어떤 것을 통해서 안쪽이 들여다보이다. 〔梅堯臣·詩〕下玩搗衣砧, 焜耀金紋透. ⑤새다, 누설되다. 〔袁枹·詩〕壞牆雨透蝸生角. ❷놀라다. 〔左思·賦〕驚透沸亂.
【透過 투과】 물체에 빛이 비치거나 액체가 스미면서 통과함.
【透漏 투루】 남의 눈을 피하여 도망함.
【透理 투리】 ①사물의 이치를 꿰뚫어 앎. ②일반에 공통되는 도리. 通理(통리).
【透明 투명】 속까지 환히 비쳐 보임.
【透水 투수】 ①물 속까지 환히 비침, 또는 비춤. ②물에 몸을 던져 자살함.

【透視 투시】 속에 있는 것을 환히 꿰뚫어 봄.
【透徹 투철】①속까지 환히 비쳐 보임. ②사리가 분명하고 뚜렷하거나 사리에 어긋남이 없이 철저함.
○冷-, 明-, 滲-, 浸-, 通-.

辵
7 【逋】⑪ 달아날 포 虞 bū

字解 ①달아나다, 도망치다. 〔書經〕于伐殷逋播臣. ②체납하다, 과세(課稅)를 바치지 않다. 〔後漢書〕其口賦逋稅. ③체납한 조세, 미납(未納)의 구실. 〔漢書〕三年以前逋更賦未入者, 皆勿收. ④잡다, 체포하다. ≒捕.
【逋客 포객】속세(俗世)를 떠나 은거(隱居)하는 사람. 隱者(은자).
【逋逃 포도】죄를 범하고 도망함.
【逋慢 포만】명령을 지키지 않고 태만함. 법을 지키지 않음.
【逋亡 포망】달아남. 도망침.
【逋負 포부】⇨逋租(포조).
【逋逸 포일】도망함. 달아남.
【逋租 포조】세금을 내지 않음. 미납(未納)된 조세. 逋負(포부). 逋欠(포흠).
【逋竄 포찬】달아나 숨음. 逃竄(도찬).
【逋脫 포탈】①도망하여 피함. ②과세(課稅)를 피하여 면함.
【逋播 포파】도망하여 국외(國外)를 옮아 다님.
【逋播臣 포파신】망명하여 방랑하는 신하.
【逋懸 포현】①도착하지 않음. ②세금을 내지 않음. ③밀린 세금.
【逋欠 포흠】⇨逋租(포조).
○亡-, 負-, 宿-, 詩-, 流-, 酒-.

辵
8 【逫】⑫ ❶멀 결 屑 jué ❷느릴 줄 屋 zhú

字解 ❶멀다. ❷①느리다, 입김이 느리게 나오는 모양. ②나아가다.
【逫律 줄률】①더딘 모양. ②화(和)한 모양.

辵
8 【過】⑫ 過(1820)의 속자

辵
8 【逵】⑫ 길 규 支 kuí

字解 ①길, 한길. ㉮아홉 갈래 진 길. 〔張衡·賦〕神逵昧其難覆兮. ㉯수레 아홉 승(乘)이 나란히 다닐 수 있는 길. 〔春秋左氏傳〕至于逵路. ②수중(水中)에 있는 동굴처럼 된 길. 〔山海經〕牛石之山, 合水出于其陰, 多臘魚, 居逵.
【逵路 규로】사방팔방으로 통하는 큰 길.
○康-, 九-, 大-, 神-, 通-.

辵
8 【逳】⑫ 遹(1828)의 속자

辵
8 【逯】⑫ 갈 록 屋 lù

字解 ①가다, 조심조심 가다. ②수효가 많은 모양. ③하는 일이 없는 모양. 〔淮南子〕渾然而來, 逯然而往.
【逯逯 녹록】①조심조심 가는 모양. ②수가 많은 모양.
【逯然 녹연】하는 일이 없는 모양.

辵
8 【迸】⑫ 달아날 병 敬 bèng

字解 ①달아나다, 도주하다. 〔魏志〕海盜奔迸. ②세차게 내뿜다. 〔潘岳·賦〕淚橫迸而霑衣. ③물리치다. ≒屛. 〔大學〕迸諸四夷.
【迸落 병락】폭포 따위가 세차게 떨어짐.
【迸沫 병말】세차게 튀기는 비말(飛沫). 세차게 흩어지는 물방울.
【迸散 병산】세차게 흩날림. 飛散(비산).
【迸水 병수】세차게 흐르는 물.
【迸走 병주】빨리 달아남. 奔走(분주).
【迸泉 병천】세차게 솟아나는 샘.
【迸涕 병체】자꾸자꾸 솟구쳐 나는 눈물.
○奔-, 流-, 橫-.

辵
8 【迓】⑫ 버금 아 禡 yà

동자 亞 字解 버금, 순서를 따라가다.

辵
8 【逛】⑫ 往(580)의 고자

辵
8 【遠】⑫ 遠(1828)의 속자

辵
8 【逶】⑫ 구불구불 갈 위 支 wēi

字解 구불구불 가다, 비껴가는 모양. 〔謝靈雲·賦〕引脩堤之逶迆.
【逶迂 위우】비스듬히 굽음.
【逶迤 위이】①긴 모양. ②길이 구불구불한 모양. ③춤의 모양. ④굽은 모양. ⑤비스듬히 가는 모양. ⑥물이 굽어 흐르는 모양.
【逶蛇 위이】①물이 구불구불 돌아 가는 모양. ②비스듬히 가는 모양. ③뱀처럼 구불구불 휘어서 가는 모양. ④기(旗)의 모양.

辵
8 【遊】⑫ 遊(1825)의 속자

辵
8 【逸】⑫ 달아날 일 質 yì

ノ 产 各 免 免 兔 逸 逸 逸

逸

逸 〔字源〕會意. 辵+免→逸. 토끼〔免〕를 쫓다가〔辵〕 놓쳤다는 뜻을 나타낸다.

〔字解〕 ①달아나다, 도주하다. 〔春秋左氏傳〕 隨侯逸. ②없어지다, 잃다. 〔柳宗元·記〕 凡官署舊記, 壁壞文湮而未克繼之. ③숨다. 〔漢書〕 擧逸民. ④달리다, 질주하다. 〔國語〕 馬逸不能止. ⑤풀어놓다, 버려두다, 멋대로 하게 하다. 〔春秋左氏傳〕 乃逸楚囚. ⑥빠르다. 〔傅毅·賦〕 良駿逸足. ⑦유행하다, 번지다. 〔木華·賦〕 翔陽逸駭於扶桑之津. ⑧뛰어나다, 빼어나다. 〔論語〕 逸民. ⑨기뻐하다, 즐거워하다, 만족하다. 〔漢書〕 君人者勤於求賢, 而逸於得人. 늣佚. ⑩재덕(才德)이 뛰어난 사람. ⑪은사(隱士). 〔南史〕 擧逸拔才. ⑫실수, 잘못. 늣失. 〔書經〕 天吏逸德. ⑬난잡하다, 음란한 모양. 늣泆. 〔國語〕 耳不悉逸聲. ⑭제멋대로 하다, 방자하다. 〔漢書〕 厥政斯逸.

【逸去 일거】 달아남. 도망함.
【逸居 일거】 마음 편히 삶. 안일하게 지냄.
【逸景 일경】 ①지나가는 햇빛. ②빠른 세월.
【逸口 일구】 잘못한 말. 失言(실언).
【逸群 일군】 여럿 가운데에서 뛰어남. 超群(초군). 拔群(발군).
【逸氣 일기】 ①뛰어난 기상(氣象). ②세속을 벗어난 기상.
【逸驥 일기】 훌륭한 말. 名馬(명마).
【逸德 일덕】 ①잘못된 행동. 失德(실덕). ②훌륭한 덕.
【逸樂 일락】 편안히 놀기를 즐김. 쾌락을 즐겨 멋대로 놂.
【逸文 일문】 ①뛰어난 문장. 名文(명문). ②산일(散逸)하여 전하지 않는 문자나 문장. 세상에 알려지지 않은 글.
【逸民 일민】 세상을 피하여 숨어 사는 사람.
【逸史 일사】 정사(正史)에 빠진 사실(史實)을 기록한 역사.
【逸事 일사】 세상에 알려지지 않은 일.
【逸書 일서】 ①세상에 나타나지 않은 글. 산일되어 전해지지 않은 글. ②현재 전하는 서경(書經)에서 빠진 글. 한대(漢代)에 복생(伏生)이 전한 29편 이외의 고문상서(古文尙書).
【逸聲 일성】 음란한 노래.
【逸詩 일시】 현존하는 시경(詩經)에 실려 있지 않은 옛날의 시.
【逸言 일언】 ①즐기기 위한 실없는 말. 雜談(잡담). ②잘못한 말. 失言(실언).
【逸豫 일예】 놀며 즐김. 逸樂(일락).
【逸羽 일우】 빨리 나는 새.
【逸遊 일유】 한가하게 놂. 멋대로 놂.
【逸隱 일은】 세상을 피하여 은거함. 또는 그 사람. 隱逸(은일).
【逸逸 일일】 오고 감에 차서(次序)가 있는 모양.
【逸才 일재】 빼어난 재주. 또는 그 사람.
【逸情 일정】 ①세속을 벗어난 심정. ②한가로운 마음.
【逸藻 일조】 뛰어난 시문(詩文)의 재능.

【逸足 일족】 ①발이 빠름. 駿足(준족). ②빨리 달리는 말. ③뛰어난 재능.
【逸走 일주】 달아남. 도망침.
【逸志 일지】 ①뛰어난 지기(志氣). ②세속에서 벗어날 희망.
【逸出 일출】 ①도망쳐 나옴. ②훌륭하고 뛰어남.
【逸致 일치】 뛰어난 아치(雅致).
【逸脫 일탈】 ①조직·규범 등에서 빠져나감. ②잘못하여 빠뜨림.
【逸宕 일탕】 작은 일에 구애되지 않고 호탕함. 佚宕(질탕).
【逸蕩 일탕】 상규(常規)를 벗어나 주색(酒色)에 빠짐.
【逸態 일태】 뛰어난 자태(姿態).
【逸話 일화】 아직 세상에 널리 알려지지 않은 이야기.
【逸荒 일황】 게으르고 일락(逸樂)에 빠짐.
【逸興 일흥】 세속을 떠난 풍류로운 흥취.
● 高—, 奇—, 逃—, 亡—, 無—, 放—, 秀—, 安—, 艷—, 傲—, 優—, 遊—, 隱—, 淫—, 恣—, 縱—, 超—, 卓—, 蕩—, 飄—, 閒—.

遏

辵 8 【遏】⑫ 멀 적 🔲 tì

〔字解〕 멀다, 멀리하다. ※逖(1813)의 고자(古字). 〔詩經〕 用遏蠻方.

週

辵 8 【週】⑫ 돌 주 🔲 zhōu

周 〔字解〕 ①돌다, 회전하다. ¶週期. ②일주일, 칠요(七曜). ¶週刊. ③둘레. ※周(285)의 속자(俗字).
【週刊 주간】 일주일을 주기로 한 번씩 발행함. 또는 그 간행물.
【週期 주기】 같은 현상이 한 번 나타나고부터 다음 번 되풀이되기까지의 기간.
【週年 주년】 한 해를 단위로 하여 돌아오는 그 날. 周歲(주세).
【週繞 주요】 둘레. 주위.
【週日 주일】 ①월요일부터 일요일까지의 이레 동안. ②이레 동안을 세는 단위.
● 隔—, 今—, 來—, 每—, 一—, 前—.

進

辵 8 【進】⑫ 나아갈 진 🔲 jìn

亻 亻 亻 亻 伂 佳 崔 進 進

進 〔字源〕 會意. 辵+隹→進. 새〔隹〕가 앞으로 나아간다〔辵〕는 데서 '나아가다'의 뜻을 나타낸다.

〔字解〕 ①나아가다. ㉮오르다. 〔禮記〕 三揖而進. ㉯앞에 나오다. 〔儀禮〕 進受命於主人. ㉰벼슬하다, 출사(出仕)하다. 〔荀子〕 君子進則能益上之譽. ㉱전진(前進)하다. 〔周禮〕 徒銜枚而進. ㉲힘쓰다. 〔禮記〕 禮減而進. ㉳움직이다, 행동하다. 〔孝經〕 進退可度. ㉴좋다, 잘하다. 〔張

衡·賦〕因進距衰.㋐이기다, 낫다.〔漢書〕相隨博弈, 數負進.㋐선(善)으로 나아가다.〔春秋公羊傳〕漸進也.❷추천하다.㋐인재를 천거하다.〔呂氏春秋〕貴則觀其所進.㋑바치다, 올리다.〔宋玉·賦〕進純犧.㋒가까이하다.〔禮記〕止聲色毋或進.㋓내보내다.㋔전진시키다〔魏志〕遂進軍攻之.❸다하다, 진력(盡力)하다. ≒盡.〔列子〕竭聰明進智力.❹본받다. ❺전별(餞別), 선물. ≒贐. ❻거두어들인 재물.〔史記〕蕭何爲主吏主進.
【進甲 진갑】환갑 이듬해. 또는 그해의 생일.
【進講 진강】임금 앞에서 글을 강론함.
【進擊 진격】앞으로 나아가서 침.
【進貢 진공】공물(貢物)을 바침.
【進達 진달】①추천하여 등용함. ②공문서 따위를 상급 관청에 올림.
【進旅 진려】①나아가는 군대. ②함께 나아감.
【進物 진물】①철을 따라 물품을 진상(進上)함. ②진상하는 물품. 선물.
【進拔 진발】인재를 선발하여 추천함.
【進發 진발】출발함.
【進步 진보】차츰차츰 발전하여 나아짐.
【進奉 진봉】☞進獻(진헌).
【進仕 진사】나아가 벼슬함. 出仕(출사).
【進上 진상】임금이나 고관에게 물건을 바침.
【進善 진선】선행(善行)을 권장(勸獎)함.
【進水 진수】①물을 흘려보냄. ②새로 만든 배를 처음으로 물에 띄우는 일.
【進食 진식】①음식을 진상(進上)함. ②병이 나은 뒤에 식욕이 더하여짐.
【進御 진어】①임금을 곁에서 모심. ②임금의 침석(枕席)에 모심. ③추천함. 천거함. ④國임금의 먹고 입는 일의 높임말.
【進言 진언】윗사람에게 자기 의견을 들어 말함.
【進如激矢 진여격시】쏜살같이 나아감. 매우 빠름의 비유.
【進銳退速 진예퇴속】나아감이 날카롭고 물러섬이 빠름. 진퇴가 민첩함.
【進用 진용】①천거하여 등용함. ②소중하게 쓰이는 재보(財寶). 재용(財用).
【進駐 진주】남의 나라 영토에 진군하여 머무름.
【進止 진지】①나아감과 머무름. 進退(진퇴). ②행동거지. ③지시(指示). 지휘(指揮).
【進暢 진창】사물이 차츰 발달함.
【進陟 진척】①벼슬 따위를 올림. ②일이 잘되어 감.
【進寸退尺 진촌퇴척】한 치 나아가고 한 자 물러남. 얻는 것이 적고, 잃는 것이 많음.
【進出 진출】어떤 방면으로 활동 범위나 세력을 넓혀 나아감.
【進取 진취】나아가 공명(功名)을 취함. 용감하게 나아가 일을 함.
【進就 진취】점진적(漸進的)으로 성취(成就)함.
【進退兩難 진퇴양난】나아가기도 어렵고 물러서기도 어려움. 進退維谷(진퇴유곡).
【進退韻 진퇴운】율시(律詩)에서, 2개의 운자를 내어 한 구씩 교대로 압운하는 일.

【進退維谷 진퇴유곡】궁지에 이르러 나아갈 수도 물러설 수도 없는 처지. ㅇ'谷'은 '窮'으로 '막히다'를 뜻함. 進退兩難(진퇴양난).
【進退中繩 진퇴중승】진퇴가 절도에 맞음. 행동이 규범에 맞아 바름.
【進逼 진핍】바싹 육박함. 나아가 핍박함.
【進航 진항】배를 띄워 나아감.
【進獻 진헌】바침. 드림. 進奉(진봉).
【進見 진현】나아가 뵘. 알현(謁見)함.
【進賢 진현】①어진 사람을 천거함. ②☞進賢冠(진현관).
【進賢冠 진현관】한대(漢代)에, 문관이나 유학자가 쓰던 관. 緇布冠(치포관).
【進化 진화】진보하여 차차 더 나은 상태로 됨.
❶競—, 共—, 供—, 勸—, 急—, 妄—, 邁—, 冒—, 奮—, 先—, 升—, 昇—, 榮—, 勇—, 日—, 前—, 漸—, 精—, 疾—, 尺—, 薦—, 促—, 寸—, 推—, 趨—, 特—, 行—, 後—.

辶部 8획 【逮】⑫
❶미칠 체 ㊥대 國 dài
❷편안할 체 圖 dì
❸미칠 태 圖 dài

㇐㇐㇆㇆隶隶逮逮逮

소전 䢔 초서 逮 간체 逮 [參考] 대법원 지정 인명용 한자의 음은 '체'이다.

[字源] 形聲. 辶+隶→逮. '隶(대)'가 음을 나타낸다.

[字解] ❶①미치다, 이르다.〔書經〕無敢不逮. ②잡다, 뒤따라가 붙잡다.〔漢書〕逮諸證者. ③보내다, 호송(護送)하다.〔漢書〕逮繫長安. ❷편안하다, 편안한 모양, 안화(安和)한 모양.〔禮記〕威儀逮逮, 不可選也. ❸미치다. =迨.〔春秋左氏傳〕逮夜至于齊, 國人知之.
【逮繫 체계】체포하여 옥에 가둠.
【逮鞫 체국】체포하여 문초함.
【逮坐 체좌】죄를 조사함. 신문(訊問)함.
【逮逮 체체】조용하고 편안한 모양.
【逮捕 체포】죄를 범하였거나 혐의가 있는 사람을 잡음.
【逮夜 태야】①밤에 미침. 밤이 됨. ②(佛)기일(忌日)의 전날 밤.
❶及—, 未—, 連—, 染—, 傳—, 津—, 追—.

辶部 8획 【逴】⑫ 멀 탁 圝 chuō

소전 䠠 초서 逴 간체 逴 [字解] ①멀다, 아득하다. ≒卓.〔史記〕逴行殊遠. ②넘다, 뛰어넘다.〔後漢書〕逴犖諸夏, 兼其所有. ③비추다. ≒燿.〔楚辭〕逴龍赩只.
【逴犖 탁락】뛰어남. 卓犖(탁락).
【逴躒 탁락】☞逴犖(탁락).
【逴逴 탁탁】아득히 먼 모양.
【逴行 탁행】먼 곳에 감. 遠行(원행).
❶郭—, 卓—.

走部 8~9획 逭 過

走8 【逭】 ⑫ 피할 환 huàn

소전 𨖥 혹체 懽 초서 𠅇 간체 逭 字解 피하다, 면하다. 〔書經〕 自作孼, 不可逭.
【逭免 환면】 이전의 허물을 숨김.
【逭暑 환서】 더위를 피함. 避暑(피서).

走9 【過】 ⑬ ❶지날 과 guō ❷지날 과 guò ❸기름 치는 기구 과 本音 huò

冎 咼 咼 咼 咼 ʻ渦 過 過 過

소전 𧹾 초서 过 속자 过 속자 過 간체 过
字源 形聲. 辶+咼→過. ʻ咼(괘)'가 음을 나타낸다.
字解 ❶①지나다. ㉮지나치다, 초월(超越)하다. 〔論語〕 過猶不及. ㉯낫다, 뛰어나다. 〔呂氏春秋〕 以爲造父不過也. ㉰빠져나가다. 〔易經〕 範圍天地之化而不過. ㉱남다, 여유가 있다. 〔素問〕 各有太過不及也. ㉲많다. 〔呂氏春秋〕 田獵之獲, 常過人矣. ㉳심하다, 정도에 지나치다. 〔呂氏春秋〕 太子之不仁, 過顧涿. ㉴동떨어지다, 멀리 떨어지다. 〔呂氏春秋〕 巧拙之所以相過. ②실수하다. ㉮틀리다, 잘못하다. 〔論語〕 過則勿憚改. ㉯맞지 아니하다, 바르지 아니하다. 〔淮南子〕 所以論之過. ㉰잘못하여 법을 어기다. 〔周禮〕 凡過而殺傷人者. ㉱분수를 잃다. 〔易經〕 日月不過, 而四時不忒. ③실수. ㉮실패, 과실. 〔論語〕 不貳過. ㉯고의(故意)가 없는 범죄. 〔書經〕 宥過無大. ④죄, 허물. 〔禮記〕 著有過. ⑤책하다, 꾸짖다. 〔呂氏春秋〕 煩爲敎而過不識. ❷①지나다. ㉮거치다, 경력(經歷)하다. 〔書經〕 東過洛汭. ㉯넘다, 건너다. 〔史記〕 皆過栗姬. ②들르다. ㉮이르다, 다다르다. 〔呂氏春秋〕 五員過於吳. ㉯찾다, 방문하다. 〔史記〕 趙禹來過衛將軍. ㉰뵙다, 만나뵙다. 〔呂氏春秋〕 狐援聞而蹶往過之. ㉱떠나다, 떠나가다. 〔太玄經〕 過小善不克. ㉲두루 미치다. 〔素問〕 逆行一過. ⑤시내 이름. 〔詩經〕 遡其過澗. ❸기름을 치는 기구, 수레에 기름을 치는 기구. 〔史記〕 炙轂過髧.
【過擧 과거】 실수(失手). 실패(失敗).
【過激 과격】 지나치게 격렬함.
【過更 과경】 한대(漢代)에, 수자리 살 사람이 그 임무를 하지 못할 때 대신 돈을 내어 행역(行役)한 사람에게 주던 일.
【過計 과계】 잘못된 계책.
【過繼 과계】 양자(養子)를 들임.
【過咎 과구】 잘못. 허물.
【過眷 과권】 과분한 은총.
【過隙 과극】 틈 사이로 지나감. ㉠매우 짧은 동안의 비유. ㉡시간이 매우 빨리 지나감의 비유.
【過期 과기】 기한이 지남. 過限(과한).
【過念 과념】 너무 걱정함. 過慮(과려).
【過當 과당】 ①타당(妥當)하지 않음. ②자기편

보다 적의 사상(死傷)이 더 많음. ③균형(均衡)이 잡히지 않음.
【過渡 과도】 ①물을 건넘. ②나루. ③한 상태에서 다른 새로운 상태로 옮아가거나 바뀌어 가는 도중.
【過慮 과려】 지나치게 염려함. 過念(과념).
【過謬 과류】 어긋남. 잘못됨.
【過目不忘 과목불망】 한 번 본 것은 잊지 않음.
【過眉杖 과미장】 눈썹 높이보다 긴 지팡이.
【過敏 과민】 지나치게 예민함.
【過般 과반】 지난번. 접때. 這番(저번).
【過房 과방】 일갓집 아이를 양자(養子)로 들임.
【過房子 과방자】 양자(養子).
【過法 과법】 지나치게 무거운 형벌.
【過不及 과불급】 지나침과 미치지 못함.
【過賞 과상】 과분한 칭찬. 과분한 상.
【過歲 과세】 설을 쇰. 묵은해를 보냄.
【過所 과소】 나그네가 관문을 통과할 때 보이는 통행증.
【過惡 과악】 잘못. 과실.
【過愛 과애】 지나치게 사랑함.
【過午 과오】 정오를 지남.
【過誤 과오】 잘못. 그릇된 짓.
【過雨 과우】 지나가는 비. 잠깐 오는 비.
【過猶不及 과유불급】 지나침이 미치지 못함과 같음. 중용(中庸)이 가장 중요함.
【過人 과인】 보통 사람보다 뛰어남.
【過剩 과잉】 필요 이상으로 많음.
【過獎 과장】 지나친 칭찬. 過襃(과포).
【過抵 과저】 지나는 길에 들름.
【過節 과절】 우수함. 뛰어남.
【過庭之訓 과정지훈】 아버지의 가르침. 故事 공자(孔子)가 아들 이(鯉)가 뜰을 지나는 것을 불러 세워 시(詩)와 예(禮)를 배우라고 가르친 고사에서 온 말. 詩禮之訓(시례지훈).
【過存 과존】 지나는 길에 인사차 들름. ʻ存'은 ʻ問'으로 ʻ방문하다'를 뜻함.
【過從 과종】 ①방문(訪問)함. ②서로 의좋게 지냄. 相從(상종).
【過則勿憚改 과즉물탄개】 과실이 있을 때는 기탄없이 빨리 고쳐야 함.
【過次 과차】 지나가는 길. 지날결.
【過差 과차】 ①호사(豪奢). 사치(奢侈). ②잘못. ③예(禮)에 어긋남.
【過怠 과태】 ①태만(怠慢). ②과실(過失).
【過襃 과포】 지나친 칭찬. 過讚(과찬).
【過河拆橋 과하탁교】 다리를 건너고 나서 그 다리를 부수어 목재를 훔쳐 감. ㉠극도의 이기주의자. ㉡은혜를 잊음.
【過限 과한】 ➡過期(과기).
【過化存神 과화존신】 성인(聖人)이 지나는 곳은 반드시 그 덕(德)으로 교화(敎化)되고, 성인이 머물러 있는 곳에서는 신(神)과 같은 감화(感化)가 이루어짐.
【過患 과환】 ①허물. 실수(失手). 過失(과실). ②근심.
【過釁 과흔】 허물. 잘못.

◯改-, 愆-, 經-, 大-, 督-, 微-, 白-, 小-, 優-, 隆-, 貳-, 一-, 再-, 傳-, 罪-, 通-, 行-.

達 ⑬ 통할 달 圖 dá

十 土 去 查 幸 幸 津 津 達

[소전] 鏲 [혹체] 狱 [초서] 逹 [동자] 逹 [간체] 达

[字源] 形聲. 辵+羍→達. '羍(달)'이 음을 나타낸다.

[字解] ①통하다. ㉮뚫리다, 연결되다. 〔呂氏春秋〕理塞則氣不達. ㉯다다르다, 이르다. 〔書經〕達于河. ㉰미치다, 닿다. 〔國語〕奔而易達. ㉱나오다, 돋아나다. 〔史記〕區萌達. ㉲꿰뚫다. 〔淮南子〕蹠達膝. ㉳자라다, 성장하다. 〔詩經〕先生如達. ㉴깨닫다. 〔論語〕丘未達. ㉵나다, 생기다. 〔素問〕土疎泄, 蒼氣達. ㉶정통(精通)하다, 막힘이 없다. 〔論語〕在邦必達, 在家必達. ②통하게 하다, 미치게 하다. 〔周禮〕掌達國道路. ③길이 엇갈리다, 가서 만나지 못하다. 〔詩經〕挑兮達兮. ④결정하다. 〔周禮〕小事則專達. ⑤두루, 골고루. 〔書經〕則達觀於新邑營. ⑥모두, 다. 〔禮記〕君子達亶亶焉. ⑦좋다, 적당하다. 〔詩經〕受小國是達, 受大國是達. ⑧갖추어지다. 〔禮記〕非達禮. ⑨통용되다. 〔禮記〕夫三年之喪, 天下之達喪也. ⑩입신출세하여 뜻을 이루다. 〔孟子〕達則兼善天下. ⑪천거하다, 추천하다. 〔禮記〕推賢而進達之. ⑫내리다, 주서(逑敍)하다. 〔周禮〕達之以節. ⑬총명하다, 사리(事理)에 밝다. 〔論語〕賜也達. ⑭현인(賢人), 지자(智者). 〔晉書〕先達宿德. ⑮협실(夾室), 곁방. 〔禮記〕天子之閣, 左達五, 右達五. ⑯창(窓). 〔張衡·賦〕八達九房. ⑰새끼 양. 늑大. 〔周禮〕達聲贏. ⑲방자하다, 제멋대로 굴다. 〔詩經〕挑兮達兮.

【達見 달견】①뛰어난 식견. 사리에 밝은 의견. 達識(달식). ②도리를 꿰뚫어 봄.

【達官 달관】①높은 벼슬. ②지위가 높고 천자의 고명(顧命)을 받은 신하.

【達觀 달관】①사물을 널리 봄. 전체를 내다봄. ②사소한 것에 얽매이지 않는, 세속을 벗어난 높은 견식(見識).

【達窮 달궁】①궁한 백성의 실정을 천자에게 알림. ②애매한 죄로 실직한 일을 천자에게 하소연함.

【達德 달덕】①고금을 통하여 사람으로서 마땅히 행해야 할 덕. ②덕이 있는 사람을 등용함.

【達道 달도】①모든 사람이 지켜 행해야 할 도덕. 고금을 통하여 변하지 않는 윤리. 곧, 오륜(五倫). ②도(道)에 통달함.

【達練 달련】사물에 통달하여 익숙함.

【達辯 달변】①말이 능숙함. ②능란한 말솜씨.

【達不離道 달불리도】입신출세를 하여도 결코 도리에 벗어나는 일은 하지 않음.

【達士 달사】이치에 밝아 사물에 얽매여 지내지 않는 사람.

【達喪 달상】천자에서 서인에 이르기까지 지켜야 할 상례(喪禮).

【達生 달생】①생명의 본뜻을 깨달음. ②진리에 통달한 사람.

【達識 달식】☞達見(달견).

【達夜 달야】밤을 새움. 徹夜(철야).

【達言 달언】①사리에 맞는 말. ②어디에나 통용되는 말. 達辭(달사).

【達意 달의】의사를 충분히 나타냄.

【達人 달인】①학문이나 기예에 통달한 사람. ②널리 사물의 이치에 통달한 사람.

【達人大觀 달인대관】널리 도리에 정통한 사람은 사물을 올바르게 널리 관찰함.

【達才 달재】널리 사물에 통달한 재주. 또는 그런 재주를 가진 사람.

【達政 달정】정치의 이치에 통달함.

【達尊 달존】①세상 사람이 모두 떠받드는 관작(官爵)·연령(年齡)·학덕(學德)의 세 가지. ②존귀한 지위에 오름.

【達孝 달효】세상 사람이 널리 인정하는 지극한 효행(孝行).

◯高-, 曠-, 窮-, 貴-, 朗-, 到-, 道-, 騰-, 萌-, 明-, 聞-, 敏-, 發-, 倍-, 配-, 不-, 四-, 上-, 先-, 疏-, 速-, 送-, 秀-, 熟-, 示-, 識-, 英-, 榮-, 睿-, 早-, 調-, 俊-, 進-, 推-, 洞-, 閫-, 通-, 特-, 恢-.

達 ⑬ 達(1821)과 동자

道 ⑬ ❶길 도 圖 dào ❷말할 도 圖 dào

业 芏 芦 首 首 渞 渞 道

[소전] 誦 [고문] 尉 [초서] 㐁 [본자] 道 [동자] 逎 [간체] 道

[字源] 會意. 辶+首→道. '首'는 '首(머리 수)'의 본자로 궁극적으로 가서 닿는 곳이라는 뜻을 나타내고, '辶'는 간다는 뜻인 데서 '걸어다니는 길'을 나타낸다. 여기서 한 걸음 더 나아가 사람이 마땅히 걸어야 할 길, 곧 도덕적인 길이라는 뜻으로도 쓰이게 되었다.

[字解] ❶①길. ㉮다니는 길, 외줄기 길. 〔論語〕道聽而塗說. ㉯이치, 도리. 〔中庸〕道者, 不可須臾離也. ㉰근원, 바탕. 〔素問〕天地之道也. ㉱기능, 작용. 〔素問〕在人爲道. ㉲방법, 술책(術策). 〔國語〕道將不行. ㉳주의(主義), 사상(思想). 〔史記〕吾道非耶, 吾何爲於此. ㉴인의(仁義), 덕행(德行). 〔禮記〕君子樂得其道. ㉵기예(技藝). 〔周禮〕凡有道者, 有德者. ㉶정령(政令). 〔詩經〕顧瞻周道. ㉷교설(教說). 〔荀子〕設何道何行而可. ㉸제도(制度). 〔禮記〕委貌周道也, 章甫殷道也. ㉹방위

(方位), 방면(方面). 〔史記〕北道姚氏. ㉤이정(里程), 행정(行程). 〔南史〕倍道赴援. ㉥바둑·장기 等에서 행마(行馬)의 길. 〔史記〕博ุ道. ❷통하다, 다니다. 〔春秋左氏傳〕不如小決使道. ❸가다. 〔史記〕道涉山谷. ❹따르다, 순하다. 〔書經〕九河旣道. ❺행하다. 〔荀子〕故古之人有大功名者, 必道是者也. ❻길을 맡은 신(神). 〔荀子〕郊止乎天子, 而社止於諸侯, 道及士大夫. ❼도교(道敎). 〔魏志〕造作道書, 以惑百姓. ❽도사(道士). 도교(道敎)를 닦는 사람. 〔遵生八牋〕道服不必立異. ❾불교. 〔劉禹錫·碑〕七歲尙儒, 以俎豆爲戲, 十三慕道, 遵懷削之儀. ❿승려. 〔南史〕道俗五萬餘人. ⓫수미(首尾) 등이 완벽하게 갖추어진 글. 〔唐書〕凡明經答時務策第三道. ⓬오랑캐가 사는 나라. 〔後漢書〕檄到亟下縣道. ⓭당대(唐代)의 행정 구획의 하나. 주(州)와 현(縣)을 관할하는 가장 큰 지방 행정 구역. 〔五代史〕唐之盛時, 雖ится天下爲十道, 而其勢未分. ⓮㉠지방 행정 구역의 단위. ¶忠淸道. ❷①말하다. 〔荀子〕不道禮憲. ②다스리다. 〔論語〕道千乘之國. ③의존하다, 의거하다. 〔禮記〕苟無忠信之人, 則禮不虛道. ④~에서, ~부터. 〔漢書〕諸使者道長安來. ⑤이끌다, 인도하다. 늑導. 〔大戴禮〕深道以利. ⑥인도(引導). 〔春秋左氏傳〕請君釋憾于宋, 敝邑 $爲$ 道. ⑦가르치다. 〔國語〕智子之道善矣. ⑧열리다, 무지(無知)를 깨우치다. 〔國語〕敎之詩而爲之道. ⑨정통(精通)하다. 〔國語〕夫成子道前志以佐先君.

【道呵 도가】 높은 벼슬아치가 다닐 때 길을 인도하는 하인이 앞에서 소리를 질러 행인들을 비키게 하던 일. 喝道(갈도).

【道家 도가】 ①노자(老子)와 장자(莊子)의 무위자연(無爲自然)의 설을 신봉한 학파. 유가(儒家)와 더불어 양대(兩大) 학파를 이룸. ②도교(道敎)를 믿는 사람. 道士(도사).

【道訣 도결】 도가(道家)의 비법(祕法).

【道經 도경】 도교의 경전.

【道啓 도계】 ㉹관찰사가 임금에게 보고하던 글.

【道高益安 도고익안】 도덕은 높이 쌓으면 쌓을수록 몸이 편안하여짐.

【道觀 도관】 도교의 사원.

【道交 도교】 도의(道義)로써 사귐.

【道敎 도교】 ①도덕으로 교화함. ②황제(黃帝)·노자(老子)·장자(莊子)를 교조(敎祖)로 하고, 음양오행(陰陽五行)·신선설(神仙說)·불교(佛敎) 등을 혼화(混和)하여 불로장생(不老長生)을 추구하는 다신적(多神的) 종교. 후한(後漢) 말에 장도릉(張道陵)이 창시하였음.

【道君 도군】 도교(道敎)의 신(神)의 존호.

【道宮 도궁】 도사(道士)가 사는 집.

【道揆 도규】 도리로 일의 당부(當否)를 헤아림.

【道饉相望 도근상망】 길거리에서 굶어 죽은 사람이 서로 바라봄. 길에 굶어 죽는 사람이 많음.

【道念 도념】 ①도(道)를 구하는 마음. 구도심(求道心). ②의리(義理)에서 생기는 마음. 양심(良心). ③(佛)불도를 닦는 마음.

【道大莫容 도대막용】 공자(孔子)의 도(道)는 지극히 커서 세상에서 다 받아들일 수가 없음.

【道德 도덕】 ①사람으로서 마땅히 지켜야 할 도리 및 그에 준한 행동. ②노자(老子)가 밝힌 도(道)와 덕(德).

【道途 도도】 길. 道塗(도도).

【道路以目 도로이목】 길에서 만나는 사람들이 말로는 못하나 서로 눈짓으로 불만의 뜻을 통함. 정치가 매우 포악함. 道路側目(도로측목).

【道流 도류】 도사(道士)의 부류.

【道里 도리】 ①길과 마을. ②길의 이정(里程).

【道脈 도맥】 성현(聖賢)의 도를 전한 계통. 도학(道學)을 전하는 계통. 道統(도통).

【道謀是用 도모시용】 길가에 집을 지으면서 행인들과 상의함. 주견(主見)이 없이 남의 의견만 좇는 사람은 일을 성취할 수 없음의 비유.

【道味 도미】 ①도덕의 진의(眞意). ②불교의 오묘한 이치.

【道伴 도반】 여행의 동반자. 길동무.

【道傍苦李 도방고리】 길가에 있는 쓴 오얏. 남에게 버림받음의 비유.

【道法 도법】 ①바른 법도(法度). ②도교(道敎)의 법. ③도리와 법도.

【道不拾遺 도불습유】 길에 떨어진 것을 주워 가지지 않음. ㉠백성의 풍속이 돈후(敦厚)함. ㉡형벌이 준엄하여 백성이 법을 범하지 않음.

【道費 도비】 여비. 路費(노비).

【道書 도서】 ▷道帙(도질).

【道說 도설】 말함. 설명함.

【道俗 도속】 도인(道人)과 속인(俗人). 승려와 보통 사람.

【道僧 도승】 (佛)도통(道通)한 승려.

【道心 도심】 ①바르고 착한 길을 따르려는 마음. ②(佛)불도(佛道)에 귀의(歸依)하려는 마음. 보리(菩提)를 구하려는 마음.

【道遠知驥 도원지기】 먼 길을 달리고 나서야 비로소 천리마인 줄을 앎. 난세를 당해서야 그 인물의 진가를 알게 됨의 비유.

【道義 도의】 사람으로서 마땅히 지켜야 할 도리. 도덕과 의리.

【道人 도인】 ①득도(得道)한 사람. ②신선(神仙)의 도(道)를 터득한 사람. ③불법(佛法)에 귀의(歸依)한 사람. 승려. ④속계(俗界)를 떠난 사람. 隱士(은사).

【道引 도인】 도교(道敎) 수양법의 한 가지. 심호흡으로 마음을 가라앉히고 욕심을 절제함. 導引(도인).

【道場 ❶도장 ❷도량】 ❶①무예(武藝)를 가르치거나 연습하는 곳. ②수양·훈련을 위하여 단체 생활을 하는 곳. ❷①석가모니가 성불(成佛)한 땅. 보리수 밑의 금강좌(金剛座). ②부처를 공양(供養)하는 곳. 절. 불사(佛寺).

【道裝 도장】 도사(道士)의 차림.

【道藏 도장】 도교에 관한 일체의 전적(典籍).

【道在屎溺 도재시뇨】 도(道)는 똥과 오줌에도 있음. 도는 없는 곳이 없음의 비유.

【道程 도정】 ①길의 이수(里數). 路程(노정). ②

여행의 경로(經路).
【道地 도지】 ①밑바탕. 기초. ②본고장. 생산지.
【道帙 도질】 도교(道敎)의 서적. 道書(도서).
【道聽塗說 도청도설】 길에서 얻어듣고 이를 이내 길에서 옮겨 말함. 좋은 말을 듣고도 이를 깊이 간직하지 못하고 떠벌림.
【道體 도체】 ①도(道)의 본체. ②천자의 몸.
【道樞 도추】 도(道)의 사북. 이(理)의 근원.
【道泰身否 도태신비】 행실은 바르나 입신출세(立身出世)를 못함. ○'泰'는 통함, '否'는 막힘.
【道統 도통】 도학(道學)을 전하는 계통.
【道破 도파】 ①끝까지 다 말함. ②딱 잘라 말함. 說破(설파).
【道學 도학】 ①송대(宋代)의 정자(程子)·주자(朱子) 등이 주장한 이기(理氣)의 학문. 性理學(성리학). 程朱學(정주학). ②도덕을 논하는 학문. 유가(儒家)의 학문. 儒學(유학). ③도교(道敎)의 학문.
【道學先生 도학선생】 ①도학을 닦는 학자. ②도덕에 얽매여 세상 물정에 어둡고 융통성이 없는 학자를 조롱하여 이르는 말.

❶街-, 乾-, 劍-, 古-, 故-, 坤-, 孔-, 公-, 敎-, 軌-, 達-, 大-, 同-, 明-, 妙-, 武-, 無-, 聞-, 步-, 報-, 不-, 佛-, 貧-, 邪-, 師-, 斯-, 常-, 書-, 仙-, 禪-, 聖-, 誠-, 修-, 順-, 神-, 失-, 糧-, 王-, 外-, 右-, 乳-, 柔-, 儒-, 人-, 棧-, 赤-, 傳-, 轉-, 正-, 左-, 中-, 車-, 倡-, 鐵-, 霸-, 黃-.

辶9 【遁】⑬ 道(1821)와 동자

辶9 【遁】⑬ ❶달아날 둔 ㊇돈 ㊀ dùn
❷뒷걸음질칠 준 ㊉ qūn
㋐遁 ㋑辶 ㋒遁 ㊗ 대법원 지정 인명용 한자의 음은 '둔'이다.
㊀ ❶(同) 遯(1830). ①달아나다, 도망치다. 〔孔子家語〕齊軍遁. ②피하다, 회피하다. 〔後漢書〕上下相遁. ③숨다, 세상을 버리고 숨다. 〔楚辭〕後悔遁而有他. ④달리다. 〔淮南子〕淖溺流遁. ⑤잃다, 잃어버리다. 〔呂氏春秋〕博則無所遁矣. ⑥속이다. 〔淮南子〕非自遁. ❷뒷걸음질치다, 머뭇거리다. ≒巡·逡. 〔漢書〕遁巡不敢進.
【遁甲 둔갑】 술법을 써서 마음대로 자기 몸을 숨기거나 다른 것으로 변하게 함.
【遁北 둔배】 달아남. 내뺌. 逃北(도배).
【遁兵 둔병】 달아난 군사. 탈주병(脫走兵).
【遁思 둔사】 세상을 도피하려는 생각. 은둔(隱遁)하려는 뜻.
【遁辭 둔사】 발뺌하는 말. 핑계 대는 말.
【遁世 둔세】 ①속세를 피하여 은거함. ②출가(出家)하여 불문에 들어감.
【遁人 둔인】 의심하고 두려워하는 마음이 많은 사람.

【遁竄 둔찬】 도망하여 숨음.
【遁天 둔천】 천리(天理)에 어긋남.
【遁避 둔피】 세상을 피하여 숨음.
【遁化 둔화】 도사(道士)의 죽음.
【遁巡 준순】 뒷걸음질침. 망설임. 逡巡(준순).
❶驚-, 逃-, 逡-, 敗-, 駭-.

辶9 【遯】⑬ 遯(1830)과 동자

辶9 【遂】⑬ 이룰 수 ㊇ suì
㋐遂 ㋑辶 ㋒遂 ㊞ 形聲. 辶+豕→遂. '豕(수)'가 음을 나타낸다.
㊀ ①이루다. ㉮성취하다. 〔禮記〕百事乃遂. ㉯마치다, 끝내다. 〔逸周書〕遂巡而退, 其不遂. ㉰미치다, 고루 미치다. 〔呂氏春秋〕遂於四方. ㉱통하다, 통달하다. 〔淮南子〕無往而不遂, 無至而不通. ㉲자라다, 키우다. 〔禮記〕氣衰則生物不遂. ㉳뻗다, 신장하다. 〔國語〕遂威而遠權. ㉴나아가다, 전진하다. 〔易經〕不能退, 不能遂. ㉵다하다, 끝나다. 〔素問〕請遂言之. ㉶구명하다, 깊이 연구하다. 〔漢書〕幽深遂知來物. ㉷두루, 널리. 〔詩經〕遂視旣發. ㉸전행(專行)하다. 〔春秋公羊傳〕大夫無遂事. ㉹명성과 지위를 얻다. 〔漢書〕弟子遂之者. ②따르다, 순응하다. 〔國語〕而行之以遂八風. ③맞다, 적합하다. 〔詩經〕不遂其媾. ④망설이다, 머뭇거리다. 〔荀子〕小事殆乎遂. ⑤드디어, 마침내. 〔詩經〕問我諸姑, 遂及伯姊. ⑥길, 도로. 〔史記〕禽夫差於干遂. ⑦도랑, 밭 사이의 작은 수로(水路). 〔周禮〕以遂均水. ⑧주대(周代)의 행정 구획의 이름. ㉮5현(縣)을 일컫는 말. 〔周禮〕五縣爲遂. ㉯왕기(王畿) 밖으로 100리 밖, 200리 이내의 땅. 〔周禮〕遂土掌四郊. 교외(郊外)의 땅. 〔書經〕魯人三郊三遂. ⑨멀다, 깊다. ≒邃. 〔楚辭〕遂古之初. ⑩편안하다. ≒綏. 〔詩經〕飢而不遂. ⑪결정하다. ≒擂. 〔國語〕以能遂疑計惡. ⑫오래다. ≒久. 〔詩經〕言旣遂矣. ⑬누긋하고 거리낌 없는 모양. 〔詩經〕容兮遂兮. ⑭빠지다, 떨어지다. ≒隊. 〔易經〕遂泥. ⑮깍지. 활을 쏠 때 팔에 끼는 물건. 〔儀禮〕袒決遂. ⑯나라 이름. 지금의 산동성(山東省) 영양현(寧陽縣) 서북쪽에 있던, 주대(周代)의 제후국. 〔春秋〕齊人滅遂.
【遂古 수고】 먼 옛날. ○'遂'는 '往'으로 '예, 과거'를 뜻함. 上古(상고).
【遂過 수과】 잘못을 끝까지 밀고 나감.
【遂路 수로】 사통팔달(四通八達)한 도로.
【遂非 수비】 옳지 못한 일을 끝까지 함.
【遂事 수사】 ①이미 이룬 일. ②일을 오로지 제 마음대로 결정하여 함.
【遂成 수성】 드디어 이룸.
【遂遂 수수】 ①따라가는 모양. ②성한 모양.

【遂願 수원】 소원(所願)을 이룸. 뜻대로 됨.
【遂意 수의】 뜻을 이룸. 遂志(수지)
【遂長 수장】 성장(成長)함.
【遂志 수지】 뜻을 이룸. 목적을 달성함.
【遂初 수초】 ①초지(初志)를 이룸. ②치사(致仕)하려던 뜻을 이룸.
【遂行 수행】 생각하거나 계획한 대로 해냄.
● 郊-, 既-, 陶-, 未-, 成-, 完-, 已-.

辵9 【遐】⑬ 遐(1833)과 동자

辵9 【遏】⑬ 막을 알 圆 è

[소전][초서][간체] 遏 [字解] ①막다. ㉮가로막다, 저지하다. 〔孟子〕 爰整其旅, 以遏徂莒. ㉯금하다, 못하게 하다. 〔易經〕 君子以遏惡揚善. ②끊다, 중지하다. 〔書經〕 四海遏密八音. ③누르다, 억누르다. ≒按. ④알맞게 하다. ≒節. 〔禮記〕以遏其欲. ⑤손상(損傷)시키다, 해치다. 〔詩經〕無遏爾躬.
【遏劉 알류】 임금이 살육(殺戮)을 그침. 포악한 짓을 그만둠. ○‘劉’는 ‘죽이다’를 뜻함.
【遏密 알밀】 음곡(音曲)을 금하여 조용하게 함.
【遏防 알방】 막음. 저지함.
【遏塞 알색】 막음. 차단함.
【遏惡揚善 알악양선】 악을 막고 선을 찬양함.
【遏雲 알운】 하늘의 구름도 멈추게 함. 노랫소리가 매우 아름다움.
【遏障 알장】 방해(妨害)함.
【遏絶 알절】 ①종족을 절멸시킴. 씨를 말림. ②차단(遮斷)함.
● 禁-, 斷-, 防-, 抑-, 止-, 鎭-, 遮-.

辵9 【遇】⑬
❶만날 우 圆 yù
❷맞을 우 圆 ǒu
❸땅 이름 옹 圈 yóng

口 日 局 禺 禺 禺 '禺 遇 遇 遇
[소전][초서][간체] 遇 [參考] 대법원 지정 인명용 한자의 음은 '우'이다.
[字源] 形聲. 辵+禺→遇. '禺(우)'가 음을 나타낸다.
[字解] ❶①만나다. ㉮길에서 만나다. 〔春秋〕 公及宋公遇于淸. ㉯우연히 만나다. 〔論語〕 遇丈人以杖荷蓧. ㉰이르다. 〔列子〕 生之難遇而死之易及. ㉱뜻이 맞다, 합치하다. 〔孟子〕 子父責善而不相遇也. ㉲때를 만나다, 등용(登用)되다. 〔史記〕 仲尼干七十餘君, 無所遇. ②알현(謁見). 제후(諸侯)가 겨울철에 천자를 알현하던 일. 〔周禮〕 冬見曰遇. ③맞서다, 상대하다. 〔戰國策〕 以與王遇. ④맞먹다, 해당하다. 〔荀子〕 無用吾之所短遇人之所長. ⑤대접하다, 예우(禮遇)하다. 〔漢書〕 漢遇我厚. ⑥때, 기회. 〔袁宏·贊〕 千載一遇, 賢智之嘉會. ⑦~을 당

하다. 피동(被動)의 뜻을 나타낸다. 〔史記〕遇奪釜鬲於途. ⑧어리석다. ≒愚. 〔詩經〕 遇犬獲之. ⑨성(姓). ❷맞다, 갖추어지다. ≒偶. 〔史記〕 氣相遇者卑勝高. ❸땅 이름. 하남성(河南省)에 있었던 옛 지명(地名). 〔史記〕又戰曲遇東大破之.
【遇難 우난】 재난을 만남. 遭難(조난).
【遇待 우대】 신분에 맞게 대접함.
【遇否 우비】 때를 만남과 만나지 못함.
【遇人 우인】 ①남을 대함. ②남을 대우함.
【遇戰 우전】 맞붙어 싸움. 접전(接戰)함.
【遇合 우합】 ①우연히 만남. ②어진 임금을 만나 등용됨.
【遇害 우해】 해를 만남. 살해(殺害)당함.
● 願-, 春-, 奇-, 冷-, 待-, 逢-, 不-, 殊-, 禮-, 優-, 恩-, 知-, 會-, 厚-.

辵9 【運】⑬ 돌 운 圆 yùn

ㄇ 冖 冒 宣 軍 '軍 運 運 運
[소전][초서][고자][간체] 运 [字源] 形聲. 辵+軍→運. '軍(군)'이 음을 나타낸다.
[字解] ①돌다. 〔周髀算經〕 凡四極之道. ②돌리다, 회전하다. 〔楚辭〕 將運舟而下浮兮. ③길, 천체(天體)의 궤도. ④움직이다, 운전하다. 〔莊子〕 運物之泄也. ⑤옮다, 옮기다. ⑥나르다, 운반하다. 〔蜀志〕 男子當戰, 女子當運. ⑦쓰다, 운용하다. 〔南史〕 公神謀內運. ⑧가다, 보내다. 〔淮南子〕 終身運枯形於連嶁列塀之門. ⑨운반, 운송. 〔晉書〕 停一年之運. ⑩가지고 놀다, 완롱(玩弄)하다. 〔禮記〕 君子欠伸運笏. ⑪멀리까지 미치다. 〔書經〕 帝德廣運. ⑫오행(五行)의 유전(流轉). 〔漢書〕 漢承堯運. ⑬운, 운수, 정수(定數). 〔晉書〕 漢運方微. ⑭세로, 남북(南北). 〔國語〕 廣運百里. ⑮햇무리, 일훈(日暈). ≒暈.
【運斤成風 운근성풍】 도끼를 휘둘러 바람을 일으킴. 장인의 솜씨가 절묘함. [故事] 초(楚)나라 영(郢) 땅에 사는 사람이 콧등에 백토(白土)를 얇게 바르면, 장석(匠石)이 도끼를 휘둘러 바람을 일으키며 날래게 깎아 내되 코는 다치지 않았다는 고사에서 온 말.
【運氣 운기】 ☞運數(운수).
【運到時來 운도시래】 일을 이룰 수 있는 좋은 운수와 좋은 때를 만남.
【運命 운명】 인간을 지배하는 초인간적인 힘. 또는 그것에 의하여 이미 정하여져 있는 목숨이나 처지.
【運搬 운반】 물건을 옮겨 나름.
【運甓 운벽】 벽돌을 옮김. 건강을 위하여 노력함. [故事] 진(晉)나라의 도간(陶侃)이 체력을 단련하기 위하여 벽돌 100장을 아침에는 집 밖으로 옮기고, 저녁에는 집 안으로 옮기는 일을 되풀이했다는 고사에서 온 말.
【運算 운산】 산식(算式)에 의하여 계산함.

【運數 운수】이미 정해져 인간의 힘으로는 어쩔 수 없는 천운(天運)과 기수(氣數). 運氣(운기).
【運輸 운수】여객·화물 등을 실어 나름.
【運身 운신】몸을 움직임.
【運意 운의】이리저리 생각함. 궁리함.
【運掌 운장】손바닥에 물건을 놓고 굴림. 매우 쉬움의 비유.
【運轉 운전】①돌림. 돎. ②기계 따위를 다루어 움직임.
【運轉亡已 운전무이】우주 만물은 늘 운행 변전하여 잠시도 그치지 않음.
【運租 운조】조세를 운송함.
【運祚 운조】①돌아오는 운. ②천자의 지위.
【運漕 운조】배로 짐을 실어 나름.
【運籌 운주】계략(計略)을 꾸밈. 방책을 짬.
【運籌帷幄 운주유악】장막(帳幕) 안에서 작전 계획을 짬.
【運之掌上 운지장상】손바닥 위에서 물건을 굴림. 마음대로 할 수 있음의 비유.
【運筆 운필】글씨를 쓰거나 그림을 그리기 위하여 붓을 움직임.
【運會 운회】운수와 기회. 시대의 조류.
◐家-, 開-, 啓-, 國-, 武-, 文-, 薄-, 搬-, 不-, 丕-, 聖-, 世-, 衰-, 水-, 惡-, 陸-, 遭-, 天-, 海-, 幸-.

辵 【迿】⑬ 運(1824)의 고자
9

辵 【違】⑬ 이길 위 匧 wéi
9

十 圡 吉 査 査 韋 韋 韋 違 違

[소전] 韓 [초서] 違 [간체] 违 [字源] 形聲. 辵+韋→違. '韋(위)'가 음을 나타낸다.
[字解] ①어기다, 위반하다.〔禮記〕而違之俾不通. ②다르다, 틀리다.〔沈約·詩〕江海事多違. ③떠나다. ㉮떨어지다.〔詩經〕中心有違. ㉯떠나가다.〔禮記〕事君三違而不出境. ㉰피하다, 회피하다.〔國語〕未能違難. ㉱달아나다, 도망하다.〔春秋左氏傳〕凡諸侯之大夫違. ㉲멀리하다, 소원하게 하다.〔論語〕棄而違之. ④원망하다, 원한을 품다.〔書經〕民否則厥心違怨. ⑤부정, 사악(邪惡).〔國語〕以逞其違. ⑥잘못, 과실.〔後漢書〕故光武鑒前事之違. ⑦머뭇거리다, 망설이다.〔詩經〕中心有違.
【違角 위각】囻정상 상태에서 어긋남.
【違骨 위골】囻뼈가 어긋남.
【違科 위과】법령(法令)을 어김.
【違乖 위괴】어기고 배반함.
【違德 위덕】바르지 않은 덕(德).
【違道 위도】도리에 어긋남.
【違戾 위려】어그러짐. 틀림. 오류가 있음.
【違例 위례】상례(常例)를 벗어남.
【違命 위명】명령을 거스름.
【違反 위반】법률·명령 따위를 지키지 않고 어김. 違背(위배).
【違背 위배】➡違反(위반).
【違犯 위범】법을 어겨 범함.
【違法 위법】법을 어김.
【違覆 위복】일의 의심스러운 데를 자세히 물어 밝힘.
【違失 위실】과실(過失). 실수.
【違心 위심】①사악하고 도리를 거스르는 마음. ②두마음. 二心(이심).
【違言 위언】①거역하는 말. ②도리에 어긋난 말. ③자기가 한 말을 어김.
【違忤 위오】거슬러 어김. 반항함.
【違韻 위운】囻한시(漢詩)에서 운자(韻字)가 맞지 않음.
【違願 위원】바라던 것과 다름. 뜻대로 이루어지지 못함.
【違越 위월】어김.
【違貳 위이】두마음을 품음. 또는 그 사람.
【違而道 위이도】명령에는 어긋나지만 도리에는 맞음.
【違程 위정】규칙을 어김.
【違舛 위천】틀리고 어그러짐. 乖舛(괴천).
【違限 위한】기한을 어김.
【違憲 위헌】①법을 어김. ②헌법에 어긋남.
【違惑 위혹】미혹(迷惑)하여 도리를 어김.
【違和 위화】①조화를 잃음. ②병이 남.
◐乖-, 睽-, 無-, 非-, 相-, 依-, 避-.

辵 【遊】⑬ 놀 유 冘 yóu
9

丶 亠 方 方 斿 斿 斿 游 遊

[초서] 遊 [속] 遊 [통] 游 [간체] 游 [参考] 어휘는 游(1008)를 참고하라.
[字源] 形聲. 辵+斿→遊. '斿(유)'가 음을 나타낸다.
[字解] ①놀다. ㉮즐겁게 지내다.〔書經〕乃盤遊無度. ㉯여행하다.〔戰國策〕王資臣萬金而遊. ㉰취학(就學)하다, 배우다.〔孟子〕遊於聖人之門. ㉱자적(自適)하다.〔莊子〕心有天遊. ㉲벼슬자리에 나아가지 않다.〔周禮〕凡國之貴遊子弟學焉. ㉳벼슬하다, 벼슬자리를 구하다.〔戰國策〕王獨不聞吳人之遊楚者乎. ㉴흩어지다, 정처 없이 떠돌다.〔易經〕遊魂爲變. ㉵사귀다, 교제하다.〔史記〕雅遊人多爲之言. ㉶유세(遊說)하다.〔孟子〕吾語子遊. ②틈, 무사(無事), 한산(閑散).〔禮記〕息焉遊焉. ③놀이.〔杜牧·詩〕駿悶宜雨出, 千金好暗遊. ④벗, 붕우(朋友).〔晉書〕門絕賓遊, 不交世務. ⑤뜨다, 물 위에 뜨다.〔司馬相如·賦〕羅牛茸之遊樹兮. ⑥협기(俠氣), 호협(豪俠)한 기개. ¶遊俠. ⑦방탕(放蕩)하다, 주색(酒色)에 빠지다. 늑游.
【遊街 유가】囻과거 급제자가 광대를 데리고 풍악을 울리면서 시가행진을 벌이고, 시험관, 선배 급제자, 친척 등을 찾아보던 일.

【遊擊 유격】그때그때의 형편에 따라 우군을 도와 적을 침.
【遊覽 유람】돌아다니며 구경함.
【遊離 유리】따로 떨어짐.
【遊民 유민】일정한 직업이 없이 놀며 지내는 사람.
【遊山玩水 유산완수】자연의 경치를 구경함.
【遊說 유세】①제후(諸侯)를 찾아다니며 자기의 정견(政見)을 설명하고 권유함. 遊談(유담). ②자기 또는 자기 소속 정당의 주장을 선전하며 각지를 돌아다님.
【遊藝 유예】학문과 기예를 닦고 익힘.
【遊蕩 유탕】방탕함.
【遊必有方 유필유방】자식이 먼 곳으로 출타할 때에는 반드시 가는 곳을 부모에게 여쭘.
【遊學 유학】①타향에 가서 공부함. 留學(유학). ②와서 배움. ③학문을 함.
【遊俠 유협】호방하고 의협심이 있는 사람. 俠客(협객).
【遊興 유흥】흥취 있게 놂.
【遊戲 유희】즐겁게 놂.
● 交-, 同-, 慢-, 巡-, 夜-, 外-, 出-, 宦-, 歡-.

【逾】⑬ 넘을 **유** 虞 yú
字解 ①넘다. 가 넘어가다. 〔書經〕日月逾邁. ④건너다. 〔書經〕逾于洛. ㉰지나다, 낫다. 〔隋書〕勢甚疾雷, 鋒逾駭電. ②점점 더, 더욱. 〔淮南子〕火逾然而消逾亟. ③멀다, 까마득하다. 〔漢書〕福逾刺鳳.
【逾邁 유매】지나감. 세월이 지나감.
【逾月 유월】달을 넘김. 踰月(유월).
【逾越 유월】한도를 넘음.
【逾日 유일】날을 넘김. 다른 날에 걸침.

【遒】⑬ 遒(1813)의 고자

【遉】⑬ 엿볼 **정** 敬 zhēn
字解 엿보다, 정탐하다, 찾다.

【遒】⑬ 다가설 **주** 尤 qiú
字解 ①다가서다, 접근하다. 〔楚辭〕分曹並進, 遒相迫些. ②세다, 씩씩하다. 〔劉子翬·歌〕力遒不覺千鈞石. ③모이다. 勼集. 〔詩經〕百祿是遒. ④굳다, 견고하다. 〔詩經〕四國是遒. ⑤끝나다. 〔班固·答賓戲〕說難旣遒. ⑥가다, 돌아다니다. 〔書經〕遒人以木鐸徇于路.
【遒勁 주경】서화(書畫)의 필세(筆勢)나 문장(文章) 따위에 힘이 있음.
【遒緊 주긴】문세(文勢)가 강하고 엄함.
【遒麗 주려】필세가 굳세고 아름다움.
【遒美 주미】힘차고 아름다움.
【遒拔 주발】문장이 뛰어남.
【遒放 주방】필세가 굳세고 자유분방함.
【遒豔 주염】문장 따위가 빼어나고 아름다움.
【遒逸 주일】필세(筆勢)가 자유분방함.
【遒整 주정】서화(書畫) 같은 것이 힘차고 다듬어져 있음.
【遒盡 주진】다하여 없어짐.
● 警-, 道-, 力-, 淸-.

【遅】⑬ 遲(1834)의 속자

【遄】⑬ 빠를 **천** 先 chuán
字解 ①빠르다, 빠르게. 〔詩經〕胡不遄死. ②자주, 빈번하게. 〔易經〕已事遄往.
【遄急 천급】빠름.
【遄死 천사】빨리 죽음.
【遄渚 천저】물이 빨리 흐르는 모양.
【遄疾 천질】빠름.

【遏】⑬ ❶넘어질 **탕** 漾 dàng
❷찌를 **당** 陽 táng
字解 ❶①넘어지다, 쓰러지다. 〔漢書〕陽醉遏墜. ②움직이다, 흔들리다. 〔史記〕重瞳者遏心主. ③지나가다. ❷①찌르다. 〔張衡·賦〕藜以迭遏. ②지나가다. ※❶의 ③과 같다.

【遍】⑬ 두루 **편** 本변 biàn
` ユ 户 启 肩 扁 `徧 遍 遍 遍
字解 形聲. 辵+扁→遍. '扁(편)'이 음을 나타낸다.
字解 ①두루, 고루 미치다. =徧. 〔陰鏗·詩〕驚嶺春光遍, 王城野望通. ②처음부터 끝까지 한 차례 하는 일. 〔魏志〕讀書百遍意自見. ③음악의 가락 이름. 〔唐書〕其聲本宮調, 有大遍小遍.
【遍界 편계】(佛)온 세계.
【遍歷 편력】①널리 각지를 돌아다님. ②여러 가지 경험을 함.
【遍滿 편만】골고루 참. 꽉 참.
【遍散 편산】곳곳에 널리 흩어져 있음.
【遍身 편신】온몸. 全身(전신).
【遍在 편재】두루 퍼져 있음.
【遍照 편조】①두루 비춤. ②(佛)법신불(法身佛)의 광명(光明)이 온 세계를 비춤.
【遍陬 편추】두메. 벽촌.
● 普-, 優-.

【逼】⑬ 닥칠 **핍** 本벽 bī

辵部 9~10획 遐遑遣遘

逼
[소전] [초서] [간체] 逼
[字源] 形聲. 辵+畐→逼. '畐(복)'이 음을 나타낸다.
[字解] ①닥치다, 가까이 다가오다. 〔後漢書〕逼近京師. ②협박하다, 위협하다. 〔陸機·論〕不患權之我逼. ③황급하다, 급박하다. 〔梁武帝·書〕勢危事逼. ④강제하다, 강박(強迫)하다. 〔古詩〕自誓不嫁, 其家逼之. ⑤좁다, 좁히다. 〔曹植·七啓〕人稠網密, 地遠勢夐. ⑥몰다, 구축(驅逐)하다. 〔孟子〕居堯之官, 逼堯之子.
【逼近 핍근】매우 가까이 닥침.
【逼迫 핍박】①형세가 절박함. ②바싹 죄어 괴롭게 굶.
【逼塞 핍색】꽉 막힘. 몹시 군색함.
【逼眞 핍진】실물(實物)과 다름없을 정도로 아주 비슷함.
【逼取 핍취】강탈(強奪)함.
【逼奪 핍탈】①협박하여 빼앗음. ②핍박하여 임금의 자리를 빼앗음.
➊ 攻-, 驅-, 內-, 事-, 畏-, 危-.

遐
[소전] [초서] [간체] 遐
[字解] ①멀다, 멀리. 〔書經〕若陟遐, 必自邇. ②멀어지다, 멀리하다. 〔詩經〕不我遐棄. ③가다. 〔張衡·賦〕俟閶風而西遐. ④길다, 오래다. 〔魏書〕以知命爲遐齡. ⑤어찌, 늑何. 〔詩經〕遐不眉壽.
【遐擧 하거】①멀리 감. ②높이 오름. 이름을 먼 곳에까지 들날림. ③고상한 행동.
【遐慶 하경】커다란 즐거움.
【遐圻 하기】먼 지방(地方).
【遐棄 하기】①멀리하여 돌보지 않음. 가속(家屬)을 남겨 두고 세상을 떠남. ②스스로 그 자리를 떠남.
【遐年 하년】오래 삶. 遐壽(하수).
【遐邈 하막】아득히 멂. 멀고 까마득함.
【遐氓 하맹】먼 지방에 사는 백성.
【遐緬 하면】아득히 먼 일.
【遐福 하복】큰 복. 오래 지속되는 행복.
【遐想 하상】①먼 곳에 있는 사람을 생각함. ②세속을 벗어난 생각을 함.
【遐壽 하수】장수(長壽). 遐年(하년).
【遐域 하역】①멀리 떨어져 있는 땅. ②외국.
【遐裔 하예】①먼 후손(後孫). ②아득히 먼 변경(邊境).
【遐遠 하원】아득히 멂. 遼遠(요원).
【遐邇 하이】먼 곳과 가까운 곳.
【遐迹 하적】먼 옛날의 자취. 옛 성현의 도(道).
【遐祚 하조】오래 지속되는 복(福).
【遐陬 하추】먼 곳에 있는 땅. 邊地(변지).
【遐通 하통】먼 데까지 통함.
【遐被 하피】먼 데까지 미침. 廣被(광피).
【遐荒 하황】도성에서 아주 멀리 떨어진 오랑캐의 땅. ♪'荒'은 황복(荒服).
➊ 登-, 升-, 幽-, 邇-, 荒-.

遑
[소전] [초서] [통자] 皇 [간체] 遑
⑬허둥거릴 **황** [陽] huáng
[字解] ①허둥거리다, 바쁘다. 〔後漢書〕諸將遑急, 各以狀聞. ②겨를, 한가한 시간. 〔詩經〕莫敢或遑.
【遑急 황급】몹시 어수선하고 급박함.
【遑忙 황망】마음이 몹시 급하고 당황하여 허둥지둥함.
【遑遑 황황】당황하여 갈팡질팡하는 모양. 몹시 급한 모양. 皇皇(황황).
【遑遑汲汲 황황급급】빈곤에 허덕임. 살림에 쪼들려 안달함.
【遑遑罔措 황황망조】마음이 급하여 어찌할 줄을 모르고 허둥지둥함.
➊ 未-, 不-, 怠-.

遣
⑭ ➊보낼 **견** [銑] qiǎn
➋하사품 **견** [霰] qiàn

口中虫𠀐𠀑𠀒𠀓𠀔遣

[소전] [초서] [간체] 遣
[參考] 遺(1833)는 딴 자.
[字源] 形聲. 辵+𠀓→遣. '𠀓(견)'이 음을 나타낸다.
[字解] ➊①보내다. ㉮파견(派遣)하다. 〔戰國策〕齊王遣使求臣女弟. ㉯놓아주다. 〔後漢書〕帆平遣囚徒, 除王莽苛政. ㉰이혼하여 아내를 친정으로 보내다. 〔春秋穀梁傳〕爲夫家所遣. ㉱내쫓다. ②풀다, 달래다. 〔王禹偁·記〕消遣世慮. ③~하게 하다. 사역(使役)의 뜻을 나타낸다. 〔蘇軾·詩〕故遣佳人在空谷. ④선물. 〔儀禮〕書遣於策. ⑤심부름꾼. 〔北齊書〕若逢賊, 但道李元忠遣. ➋①하사품(下賜品). 신하의 장례(葬禮)에 임금이 내리는 물품. 〔禮記〕遣車一乘. ②견전(遣奠).
【遣車 견거】장제(葬祭) 때 희생(犧牲)을 싣는 수레.
【遣歸 견귀】돌려보냄. 이혼하여 아내를 친정으로 돌려보냄.
【遣悶 견민】답답한 마음을 풂. 우울한 기분을 개운하게 풂. 消悶(소민).
【遣憤 견분】분한 마음을 풂. 울분을 씻음.
【遣使 견사】외국에 사신(使臣)을 보냄. 또는 그 사자(使者).
【遣奠 견전】발인(發靷) 때 대문 밖 길에서 지내는 제사. 路奠(노전).
➊ 發-, 放-, 謝-, 慰-, 差-, 派-, 會-.

遘
⑭ 만날 **구** [宥] gòu
[소전] [초서] [간체] 遘
[字解] ①만나다, 우연히 만나다. 〔書經〕遘厲虐疾. ②남녀가 교접(交接)하다. ③뵙다. 늑覯. ④얽다, 만들다. 늑構. 〔王粲·詩〕豺虎方遘患.
【遘閔 구민】①남에게 해를 입음. ②부모의 상

(喪)을 당함. 丁憂(정우).
【遭時 조시】때를 만남.
【遭遇 조우】우연히 만남. 遭遇(조우).
【遭屯 조준】어려움을 당함. ☞'屯'은 '難'으로 '어렵다'를 뜻함.
【遭疾 조질】질환(疾患)을 만남. 병듦.
【遭禍 조화】재화(災禍)를 입음.

_辵【遝】⑭ 뒤섞일 답 ☞ tà
⓵뒤섞이다. 뒤섞여 많이 모이다. 〔漢書〕雜遝衆賢. ②미치다, 따라붙다. 〔墨子〕遝至乎夏王桀.
【遝至 답지】한군데로 몰려듦.
❶ 紛-, 雜-, 合-.

_辵【遙】⑭ 道(1821)의 본자

_辵【遛】⑭ 遛(1832)와 동자

_辵【遡】⑭ 거슬러 올라갈 소 ☞ sù
⓵거슬러 올라가다. 〔曹植·賦〕御輕舟而上遡. ②따라 내려가다. 〔詩經〕遡游從之, 宛在水中央. ③거스르다, 맞서다. 〔張衡·賦〕咸遡風而欲翔. ④하소연하다. ≒愬. 〔張協·七命〕遡九秋之鳴飇.
【遡及 소급】과거까지 거슬러 올라가서 영향이나 효력을 미침.
【溯源 소원】⓵수원(水源)을 찾아 거슬러 올라감. ②사물의 근원을 밝히고 탐구함. 학문의 본원(本源)을 궁구(窮究)함.
【遡游 소유】물의 흐름을 따라 내려감.
【遡風 소풍】바람을 안고 감. 맞바람.
【遡洄 소회】물을 거슬러 올라감.

_辵【遜】⑭ 겸손할 손 ☞ xùn
⓵겸손하다, 몸을 낮추다. 〔書經〕惟學遜志. ②사양하다, 양보하다. 〔後漢書〕皇帝遜位於魏. ③따르다, 순종하다. ≒愻. 〔書經〕五品不遜. ④달아나다, 피(避)하다, 벗어나다. 〔書經〕吾家耄遜于荒. ⑤못하다, 뒤떨어지다.
【遜辭 손사】⓵핑계. 발뺌하는 말. 遜辭(둔사). ②겸손한 말.
【遜色 손색】다른 것과 비교하여 못한 점.
【遜愿 손원】자기를 낮추고 삼감.
【遜位 손위】임금의 자리를 내놓음.
【遜弟 손제】⓵겸손하고 공손함. ②아우에게 왕위를 물려줌.
【遜志 손지】겸손한 마음을 가짐. 교만(驕慢)하지 않고 삼감.

【遜志時敏 손지시민】겸손한 마음으로 학문에 힘씀.
【遜職 손직】관직을 사양함.
【遜避 손피】겸양하여 피함.
❶ 謙-, 敬-, 恭-, 不-, 讓-.

_辵【遙】⑭ 멀 요 ☞ yáo

字源 形聲. 辵+䍃→遙. '䍃(요)'가 음을 나타낸다.
字解 ⓵멀다, 아득하다. 〔禮記〕千里而遙. ②길다, 시간이 길다. 〔莊子〕故遙而不悶. ③거닐다, 떠돌다. 〔楚辭〕魂魄歸徠, 無遠遙只.
【遙巒 요만】멀리 보이는 산봉우리.
【遙拜 요배】멀리 바라보며 절함.
【遙碧 요벽】아득히 먼 푸른 하늘.
【遙夕 요석】긴 밤. 遙夜(요야).
【遙昔 요석】⓵먼 옛날. ②긴 밤.
【遙夜 요야】기나긴 밤. 遙夕(요석).
【遙然 요연】아득히 먼 모양.
【遙曳 요예】⓵길게 끎. ②길게 드리움.
【遙裔 요예】⓵멂. ②먼 후손(後孫).
【遙遙 요요】⓵아득히 먼 모양. ②불안한 모양. ③멀리 가는 모양.
【遙遠 요원】아득히 멂.
【遙岑 요잠】멀리 보이는 산봉우리.
【遙靑 요청】멀리 보이는 푸른 산.
【遙矚 요촉】멀리서 바라봄. 멀리 바라봄.
❶ 翹-, 賒-, 逍-, 迢-, 沼-.

_辵【遠】⑭ ❶멀 원 ☞ yuǎn
❷멀리할 원 ☞ yuàn

字源 形聲. 辵+袁→遠. '袁(원)'이 음을 나타낸다.
字解 ❶⓵멀다. ㉮아득하다. 〔史記〕日暮塗遠. ㉯길이 멀다. 〔後漢書〕糧少入遠, 又不曉道徑. ㉰세월이 오래다. 〔呂氏春秋〕音樂之所由來者遠矣. ㉱이목(耳目)이 미치지 못하다. 〔國語〕言無遠. ㉲소원하다, 친하지 아니하다. 〔漢書〕令疏遠卑賤, 共承尊祀. ㉳번거롭다. 〔北史〕陛下以此事闊遠, 竟不施用. ②넓다. 〔易經〕其旨遠. ③깊다, 심오하다. 〔呂氏春秋〕其輕於韓又遠. ⑤선조(先祖). 〔論語〕愼終追遠. ❷⓵멀리하다. ㉮거리를 두다. 〔孟子〕是以君子遠庖廚也. ㉯가까이하지 아니하다. 〔論語〕敬鬼神而遠之. ㉰내쫓다, 추방하다. 〔孟子〕驅虎豹犀象而遠之. ㉱싫어하다, 꺼려 멀리하다. 〔論語〕遠佞人. ②멀어지다. 〔論語〕不仁者遠矣. ③어긋나다. 〔漢書〕故法不遠義, 則民服而不離.

辵部 10획 遲遟遞 1829

【遠隔 원격】멀리 떨어져 있음. 懸隔(현격).
【遠見 원견】먼 장래까지 내다봄.
【遠景 원경】멀리 보이는 경치.
【遠境 원경】중앙에서 멀리 떨어져 있는 국경.
【遠交近攻 원교근공】먼 나라와 가까이하여 가까운 나라를 공격함. 전국 시대 진(秦)나라의 외교 정책.
【遠近 원근】멂과 가까움. 遠邇(원이).
【遠紀 원기】먼 옛 세기(世紀).
【遠棄 원기】멀리하여 버림.
【遠到 원도】학문·기예 등의 조예가 깊음.
【遠圖 원도】☞遠謀(원모).
【遠覽 원람】①멀리 봄. 먼 곳을 바라봄. ②원대한 식견. 遠識(원식).
【遠略 원략】①원대한 계책. 遠謀(원모). ②먼 나라를 칠 계략.
【遠慮 원려】앞날에 대한 깊은 생각.
【遠黎 원려】먼 지방의 백성.
【遠流 원류】①☞遠配(원배). ②먼 강물.
【遠望 원망】먼 곳을 바라봄. 遠眺(원조). 遠矚(원촉).
【遠謀 원모】원대한 계책. 원대한 계책을 세움. 遠圖(원도).
【遠物 원물】먼 곳에서 생산되는 진귀하고 값진 물건.
【遠配 원배】먼 곳으로 귀양 보냄. 遠流(원류).
【遠蕃 원번】①먼 곳의 오랑캐. ②먼 곳에 있는 번진(藩鎭). 遠藩(원번).
【遠碧 원벽】①먼 산의 푸른빛. ②멀고 푸르른 하늘.
【遠不忘君 원불망군】충신은 멀리 내침을 당하여도 임금을 잊지 않음.
【遠使 원사】멀리 보내는 사자(使者).
【遠算 원산】먼 앞날을 위한 계획.
【遠山眉 원산미】멀리 있는 산같이 파랗게 그린 눈썹. 미인의 아름다운 눈썹.
【遠想 원상】멀리 생각함. 원대한 생각.
【遠色 원색】①아득히 보이는 색조(色調). ②멀리 보이는 경치. ③여색(女色)을 멀리함.
【遠逝 원서】①멀리 떠나감. ②죽음.
【遠墅 원서】교외(郊外)의 별장(別莊).
【遠歲 원세】긴 세월.
【遠紹 원소】먼 선대(先代)의 뒤를 이음.
【遠孫 원손】먼 후대의 자손. 遠裔(원예).
【遠戍 원수】변경의 수비.
【遠陲 원수】먼 국경. 邊境(변경).
【遠水不救近火 원수불구근화】먼 곳에 있는 물은 가까운 곳의 불을 끄지 못함. 먼 곳에 있는 친척은 급할 때 소용이 없음의 비유.
【遠視 원시】①멀리 봄. ②가까운 데 있는 물체를 잘 볼 수 없는 눈.
【遠識 원식】원대한 식견. 遠覽(원람).
【遠臣 원신】①임금과의 사이가 소원(疏遠)한 신하. ②먼 나라에서 와서 벼슬하는 신하.
【遠心 원심】먼 일까지 염려하는 마음.
【遠裔 원예】①먼 후손(後孫). 遠孫(원손). ②먼 곳에 있는 이민족의 나라.

【遠由 원유】먼 유래(由來). 먼 원인.
【遠遊冠 원유관】①고대의 관의 한 가지. 천자와 제왕(諸王)이 썼음. ②임금이 조하(朝賀)에 나올 때 쓰던 관.
【遠意 원의】①옛사람의 뜻. ②멀리 떨어져 있는 사람의 마음. ③고원(高遠)한 뜻.
【遠邇 원이】멂과 가까움. 遠近(원근).
【遠人 원인】①먼 곳에 있는 사람. 먼 곳에 수자리 사는 사람. ②사람을 멀리함. ③마을에서 멀어짐. ④먼 길을 가는 사람.
【遠迹 원적】고인(古人)의 자취.
【遠謫 원적】멀리 귀양 감. 遠竄(원찬).
【遠征 원정】①먼 곳을 정벌함. ②멀리 감.
【遠眺 원조】멀리 바라봄. 遠望(원망).
【遠族近隣 원족근린】圖멀리 사는 친족보다 가까이 있는 이웃이 더 나음.
【遠旨 원지】깊은 의미.
【遠竄 원찬】①멀리 귀양 감. 遠配(원배). ②멀리 달아나 숨음.
【遠矚 원촉】멀리 바라봄. 遠望(원망).
【遠出 원출】먼 곳에 출행(出行)함.
【遠親 원친】촌수가 먼 친척. 먼 일가.
【遠播 원파】멀리 전파(傳播)함. 멀리 퍼짐.
【遠抱 원포】원대한 포부(抱負).
【遠鄕 원향】먼 시골. 도성에서 멀리 떨어진 시골. 遐鄕(하향).
【遠洽 원흡】먼 데까지 두루 미침.
◑隔―, 敬―, 高―, 廣―, 久―, 望―, 博―, 僻―, 邊―, 相―, 疏―, 邃―, 深―, 淵―, 永―, 迂―, 遙―, 幽―, 悠―, 長―, 迢―, 遐―, 險―, 玄―, 逈―, 荒―.

辵 10 【遲】⑭ 遲(1834)의 고자

辵 10 【遟】⑭ 遷(1835)의 속자

辵 10 【遞】⑭ 갈마들 체 圖 dì

厂 广 庐 庐 庐 虎 虒 虒 虒 遞

소전 遞 초서 迻 동자 遰 속자 逓 간체 递

字源 形聲. 辵+虒→遞. '虒(사)'가 음을 나타낸다.

字解 ①갈마들다, 번갈아들다. 〔漢書〕四興遞代八風生. ②번갈아, 교대로. 〔呂氏春秋〕詐術遞用. ③전하다, 보내다, 차례차례로 전하여 보내다. 〔元史〕頃緣官括商船, 載遞諸物. ④역참(驛站). 〔元史〕定賦租立站遞. ⑤역참의 거마(車馬), 역말. 〔宋史〕發馬遞上之. ⑥두르다, 에워싸다. 〔漢書〕絳侯依諸將之遇, 據相扶之勢. ⑦떠나다, 떠나가다. 〔王俊·碑文〕儀形長遞. ⑧벼슬아치를 바꾸다. 〔大典會通〕除摠管則遞兵曹堂上及承旨.
【遞加 체가】등수를 따라서 차례로 더함.

【遞減 체감】 등수를 따라서 차례로 감함.
【遞代 체대】 서로 바꿈. 갈마듦. 경질함.
【遞夫 체부】 역참(驛站)의 역졸(役卒).
【遞送 체송】 차례차례로 전하여 보냄.
【遞信 체신】 차례차례로 여러 곳을 거쳐서 음신(音信)을 통하는 일.
【遞傳 체전】 ㊀차례차례로 여러 곳을 거쳐서 전하여 보냄. 遞送(체송).
【遞增 체증】 수량이 차례로 점차 늚.
【遞任 체임】 ㊀벼슬을 갈아 냄. 遞職(체직).
【遞廢 체폐】 번갈아 가며 망함.
【遞興 체흥】 번갈아 가며 일어남.
◑ 更-, 急-, 馬-, 步-, 驛-, 郵-, 轉-, 傳-, 站-, 迢-.

辵 10 【遢】 ⑭ 갈 탑 㕻 tà

字解 ①가다, 조용히 가는 모양. ②급히 가는 모양. ③일을 삼가지 않는 모양.

辵 11 【遯】 ⑮ 달아날 둔 ㊍돈 願 dùn

소전 동자 遁 동자 逯 간체 遯 字解 ①달아나다. 〔柳宗元·記〕 攢蹙累積, 莫得遯隱. ②피하다, 물러나다. 〔後漢書〕 乃遯辭詣府. ③속이다. 〔淮南子〕 審於形者, 不可遯以狀. ④괘 이름, 둔괘. 64괘의 하나. 괘형은 ䷠. 군자는 은퇴하여 형통하고, 소인은 바른 길을 지켜서 이(利)를 보는 것을 상징한다.
【遯世 둔세】 세상을 피해 삶. 은거(隱居)함.
【遯心 둔심】 법망(法網)을 벗어나려는 마음.
【遯隱 둔은】 달아나 숨음.
【遯逸 둔일】 세상을 피하여 편히 삶. 隱逸(은일).
◑ 亂-, 深-, 隱-.

辵 11 【遬】 ⑮ 빠를 속 屋 sù

초서 字解 ①빠르다, 신속하다. 〔淮南子〕 欲疾以遬. ②변하다, 변화(變化). 〔呂氏春秋〕 士之遬弊. ③움츠리다, 공경의 뜻으로 몸을 오그리다. ≒促. 〔禮記〕 見所尊者齊遬. ④촘촘하다. 〔管子〕 別苗莠, 列疏遬.
【遬竭 속갈】 ①다 오그라듦. ②빨리 다함. 빨리 없어짐.
【遬濮 속복】 한대(漢代)에 있던, 흉노(匈奴)의 촌락 이름.
【遬獸 속수】 빨리 달리는 짐승.
◑ 僕-, 齊-, 剽-.

辵 11 【遨】 ⑮ 놀 오 豪 áo

초서 字解 놀다, 즐겁게 놀다. =敖. 〔列子〕 遨遊不同行, 固有年矣.
【遨遊 오유】 ①놂. 敖遊(오유). ②분주하게 왕래하며 주선함.
【遨怡 오이】 즐겁게 놂. 놀며 즐김.

辵 11 【遧】 ⑮ 밝을 장 陽 zhāng

字解 ①밝다, 환하다. ≒章. 〔大戴禮〕 斯庶嬪遧, 遧則事上靜. ②에돌다, 먼 길로 돌다.

辵 11 【適】 ⑮ ❶갈 적 ㊍석 陌 shì ❷원수 적 錫 dì, tì ❸다만 적 ㊍시 寘

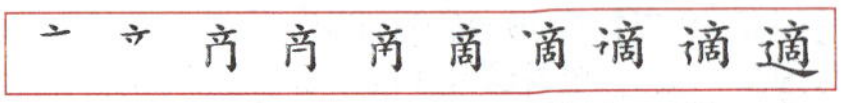

소전 초서 간체 适 字源 形聲. 辵+啇→適. '啇(적)'이 음을 나타낸다.

字解 ❶①가다. ㉮목적지를 향하여 가다. 〔詩經〕 叔適野. ㉯이르다, 도달하다. 〔莊子〕 以二缶鐘惑而所適不得矣. ㉰따르다, 붙좇다. 〔春秋左氏傳〕 好惡不愆民知所適. ㉱시집가다. 〔潘岳·賦〕 少喪父母適人, 而所天又殞. ②만나다, 조우하다. 〔班彪·論〕 以爲適遭暴亂. ③당연하다, 사리에 맞다. 〔漢書〕 以爲是適然耳. ④향하다, 돌리다. 〔管子〕 以葉適己. ⑤맞다, 맞추다. ㉮좋다. 〔呂氏春秋〕 不能用威適. ㉯알맞다, 적당하다. 〔呂氏春秋〕 此六者非適也. ㉰고르다, 갖추다. 〔史記〕 歲穀不熟不能適. ㉱알맞게 하다, 조절하다. 〔呂氏春秋〕 故聖人必先適欲. ㉲같다, 같게 하다. 〔呂氏春秋〕 其右攝其一靷適之. ㉳어울리다, 조화를 이루다. 〔漢書〕 軍馬不適士. ㉴절후에 알맞다. 〔呂氏春秋〕 寒暑適. ㉵따르게 하다. 〔後漢書〕 截趾適履. ㉶동작이 예의에 맞다. 〔呂氏春秋〕 莫敢不應不適也. ⑥즐기다, 기뻐하다. ⑦상쾌하다, 기분이 좋다. 〔漢書〕 以適其欲也. ⑧생각대로, 마음 내키는 대로. 〔古詩〕 處分適兄意, 那得自任專. ⑨사람을 얻다. 〔漢書〕 古者諸侯貢士壹適, 謂之好德. ⑩정말, 틀림없이. 〔莊子〕 其知適足以知人, 而不知其所以過. ⑪조금, 약간. 〔漢書〕 陛下之臣, 雖有悼如馮敬者, 適啓其口, 匕首已陷其胸矣. ⑫마침, 우연히. 〔春秋左氏傳〕 鳳鳥適至. ⑬만일, 만약. 〔後漢書〕 適使矯易去就則不能相爲矣. ⑭이. 是(시)와 같은 뜻. 〔荀子〕 適人之所以來我也. ⑮주름, 의복의 주름. ≒積. ⑯나무라다, 책망하다. ≒謫·讁. 〔孟子〕 人不足與適也. ⑰허물, 책망. 〔禮記〕 適見於天. ❷①원수, 적. ≒敵. 〔史記〕 與戰却適. ②상대자, 상대편. 〔禮記〕 大夫訃於國適者. ③본처의 맏아들, 세사(世嗣). ≒嫡. 〔春秋公羊傳〕 立適. ④본처, 정실(正室). ≒嫡. 〔漢書〕 適妾將有爭寵. ⑤주인(主人). 〔呂氏春秋〕 帝也者天下之適也. ⑥윗자리, 상위(上位). 〔禮記〕 適士二廟一壇. ⑦홀로, 혼자. 〔逸周書〕 心私慮適. ⑧오로지, 한결같이. 〔論語〕 無適也. ⑨놀라는 모양. 〔莊子〕 適適然驚. ❸다만, 단지, 뿐. ≒啻. 〔孟子〕 口腹豈適爲尺寸之膚哉.
【適格 적격】 어떤 격식이나 기준에 맞음.
【適口 적구】 음식의 맛이 입에 맞음.
【適歸 적귀】 좇아 의지함. 몸을 의탁함.
【適當 적당】 정도에 알맞음.

【適莫 적막】①부후(富厚)와 궁박(窮薄). ②가(可)와 불가(不可). ③적극과 소극. ④어떤 사람에게 전적으로 마음을 기울이는 일과 마음을 기울이지 않는 일.
【適法 적법】법규에 맞음.
【適否 적부】적합함과 부적합함.
【適嗣 적사】정실(正室)이 낳은 장남. 바른 후사(後嗣). 嫡嗣(적사).
【適戍 적수】①관리의 징벌(懲罰)로서 변방을 수비하도록 보냄. ②죄를 짓고 변방을 수비하던 병사. 謫戍(적수).
【適室 적실】①몸채의 방. 정침(正寢). ②본처(本妻). 정실(正室). 嫡室(적실).
【適藥 적약】병에 맞는 약.
【適然 적연】①우연히. 때마침. ②마땅함.
【適宜 적의】①알맞고 마땅함. 適當(적당). ②편의(便宜)에 따름. 隨意(수의).
【適意 적의】뜻에 맞음. 뜻대로 됨.
【適人 적인】①출가(出嫁)함. 시집감. ②원수. 敵人(적인).
【適任 적임】어떤 임무나 일에 알맞음.
【適者生存 적자생존】환경에 적응하는 생물만이 살아남고, 그렇지 못한 것은 도태되는 현상.
【適長公主 적장공주】①한대(漢代)에, 천자(天子)의 적녀(嫡女). ②당대(唐代)에, 천자의 고모(姑母).
【適材適所 적재적소】적당한 인재를 적당한 자리에 씀.
【適適 적적】①놀라서 보는 모양. 놀라서 넋을 잃은 모양. ②알맞음을 즐김.
【適切 적절】아주 알맞음.
【適正 적정】알맞고 바름.
【適卒 적졸】죄를 지어 국경 수비에 보내진 병사(兵士).
【適妾 적첩】본처(本妻)와 소실(小室).
【適合 적합】꼭 알맞음. 합당함.
◐ 佳-, 酬-, 均-, 妙-, 嗣-, 舒-, 順-,
娛-, 貳-, 自-, 調-, 暢-, 淸-, 快-,
閒-, 偕-, 好-, 和-, 歡-, 戱-.

走 11 【遭】⑮ 만날 조 zāo
[소전] [초서] [간체] 遭
[字源] 形聲. 辵+曹→遭. '曹(조)'가 음을 나타낸다.
[字解] ①만나다. ㉮상봉하다.〔禮記〕遭先生於道. ㉯일을 당하다.〔春秋左氏傳〕又有朝聘遭喪之禮. ②~을 당하다. 피동(被動)의 뜻을 나타내는 말.〔書經〕遭呂太后虧損至德. ③돌다, 한 바퀴 빙 돌다.〔劉禹錫 詩〕山圍故國周遭在. ④번, 회(回), 차(次).〔孟郊·百姓吟〕虛繞千萬遭.
【遭罹 조리】①근심을 만남. ②재난을 만남. 병에 걸림.
【遭逢 조봉】①우연히 서로 만남. ②현신(賢臣)이 명군(明君)과 서로 뜻이 맞아 서로 도움. 遭遇(조우).

【遭喪 조상】상(喪)을 당함.
【遭遇 조우】①☞遭逢(조봉). ②난세(亂世)를 만남. ③높은 벼슬에 오름. 출세함.
【遭際 조제】①우연히 만남. ②현신(賢臣)과 명군(明君)이 뜻이 맞아 서로 도움.
【遭値 조치】만남.
【遭旱 조한】한해(旱害)를 입음.
◐ 逢-, 相-, 周-.

走 11 【遲】⑮ 遲(1834)의 속자

走 11 【遮】⑮ ❶막을 차 [제] zhē
❷이 자 [제] zhē
[소전] [초서] [간체] 遮 [參考] 대법원 지정 인명용 한자의 음은 '차'이다.
[字源] 形聲. 辵+庶→遮. '庶(서)'가 음을 나타낸다.
[字解] ❶①막다. ㉮못하게 하다.〔呂氏春秋〕子不遮乎親. ㉯가로지르다, 끊다.〔史記〕遮說漢王. ㉰대비하여 기다리다.〔後漢書〕伏兵遮擊. ②덮다, 가리다.〔李商隱雜纂〕樹陰遮景. ③침범하다.〔方干·詩〕月送綠陰斜上砌, 露含寒色濕遮門. ④많다, 겸하다. ≒庶.〔管子〕六畜遮育, 五穀遮熟. ❷이, 이것. ≒這.〔王安石·詩〕秖綠疑遮箇.
【遮擊 차격】막아서 침. 要擊(요격).
【遮斷 차단】막거나 끊어서 통하지 못하게 함.
【遮路 차로】통행을 못하도록 길을 막음. 遮道(차도).
【遮莫 차막】그렇다 하더라도. 그렇다면. ◯당대(唐代) 이래의 속어. 遮渠(차거).
【遮遏 차알】막음. 막아 그치게 함.
【遮陽 차양】①햇볕을 가림. ②햇볕을 가리는 용구.
【遮迾 차열】막아서 가림. 임금이 거둥할 때 사졸(士卒)이 호위하여 행렬을 짓는 일.
【遮育 차육】무수히 자람.
【遮泣 차읍】헤어지는 것이 섭섭하여 가는 길을 막고 욺.
【遮日 차일】國햇볕을 가리기 위하여 치는 포장.
【遮絶 차절】막아서 통하지 못하게 함.
【遮蔽 차폐】①막아서 덮어 가림. ②막아서 지킴. 방어(防禦)함. 蔽遮(폐차).
【遮扞 차한】차단하여 방어함.
【遮箇 자개】이. 이것. 這箇(저개).
【遮回 자회】이번. 금번. 這回(저회).
◐ 要-, 周-, 重-, 蔽-.

走 11 【遰】⑮ ❶떠날 체 [제] dì
❷칼집 서 [제] shì
[소전] [초서] [간체] 遰 [字解] ❶①떠나다, 다른 곳으로 옮겨 가다.〔大戴禮〕九月遰鴻雁. ②멀리 떨어지다. ❷①칼집.〔禮記〕右佩玦捍管遰. ②가다. =逝.〔史記〕鳳漂漂其高遰兮.

辵 12【遼】⑯ 멀 료 [蕭] liáo

[소전] [초서] [간체] 辽 [字解] ①멀다, 거리·시간 등이 멀다.〔淮南子〕遼遠未能至. ②늦추다, 느슨하게 하다.〔春秋公羊傳〕少遼緩之. ③얼룩조릿대. ④강 이름, 요하(遼河). ⑤왕조(王朝) 이름. 거란족〔契丹族〕의 야율아보기(耶律阿保機)가 몽고·만주 일대에 걸쳐 세운 나라(916~1125).

【遼東豕 요동시】요동(遼東)의 돼지. 견문이 좁은 사람이 세상일을 모르고 저 혼자 득의양양함. [故事] 요동에 사는 한 농부가, 머리가 흰 돼지 새끼를 기이하게 여겨 임금에게 바치려고 가던 중 하동(河東)에 들렀는데, 그곳 돼지들이 모두 흰 것을 보고 무안하여 돌아왔다는 고사에서 온 말.

【遼落 요락】①광활한 모양. ②멀리 떨어져서 미치지 못하는 모양.

【遼遼 요료】①아득히 먼 모양. ②쓸쓸한 모양.

【遼邈 요막】아득히 멂. 遼遠(요원).

【遼遠 요원】아득히 멂. 遼邈(요막).

【遼逈 요형】아득히 멂.

【遼廓 요확】아득히 멀고 광활함.

【遼闊 요활】멀리 떨어져 있음.

◑ 廣－, 幽－, 征－, 迥－.

辵 12【遛】⑯ 머무를 류 [尤] liú

[동자] 遛 [간체] 遛 [字解] 머무르다, 나아가지 아니하다. ≒霤.〔漢書〕逗遛不進.

辵 12【遴】⑯ ❶어려워할 린 [震] lìn ❷가릴 린 [眞] lín

[소전] [혹체] [초서] [간체] 遴 [字解] ❶①어려워하다, 어렵게 여기다.〔漢書〕誠難以忽, 不可以遴. ②나아가지 못하다, 머뭇거리다. ③탐하다, 욕심 부리다. ≒吝.〔漢書〕晚節遴, 惟恐不足于財. ④모이다, 모여들다.〔法言〕鷦明遴集. ❷①가리다, 선택하다. ≒掄.〔新唐書〕遴柬俊髦而使之. ②성(姓).

【遴柬 인간】①인색(吝嗇)하고 간략(簡略)함. ②☞遴選(인선).

【遴嗇 인색】다라움. 吝嗇(인색).

【遴選 인선】인재를 고름. 遴柬(인간).

【遴集 인집】같은 무리끼리 모임. 무리 지어 놂.

辵 12【遱】⑯ 먹줄 칠 변 [先] biān

[字解] ①먹줄 치다. ②잇달아 가다, 가는 사람이 끊이지 않다.

辵 12【選】⑯ ❶가릴 선 [銑] xuǎn ❷뽑을 선 [霰] xuàn ❸셀 산 [旱] suàn ❹무게 솰 [黠] shuā

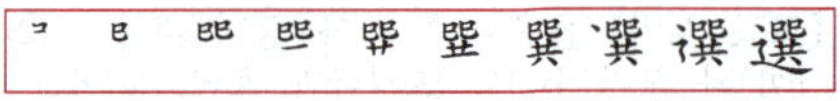

[소전] [초서] [간체] 选 [參考] 대법원 지정 인명용 한자의 음은 '선'이다.

[字源] 形聲. 辵+巽→選. '巽(손)'이 음을 나타낸다.

[字解] ❶①가리다, 가려 뽑다. ≒柬.〔禮記〕選賢與能. ②열거하다, 일일이 들어 말하다.〔春秋左氏傳〕衞詩曰, 威儀棣棣, 不可選也. ③좋다. ≒善.〔逸周書〕夫民群居而無選. ④잠시, 잠깐. ≒施.〔呂氏春秋〕選間食熟. ⑤약하다, 겁내다, 망설이다.〔漢書〕恐議者選耎, 復守和解. ⑥돈〔錢貨〕의 이름. ≒鍰.〔史記〕名曰白選. ⑦수(數)의 이름. 해(垓)의 100배.〔太平御覽〕十垓謂之補, 十補謂之選. ⑧성(姓). ❷①뽑다, 인재를 뽑아서 벼슬자리에 앉히다. ≒撰. ②뛰어나다, 우수하다.〔白虎通〕十人曰選. ③같다, 가지런하다. ≒巽.〔詩經〕舞則選兮. ❸①세다, 셈하다. ≒算.〔漢書〕斗筲之徒, 何足選也. ②수(數)의 이름. 만(萬)을 이르는 말.〔山海經〕五億十選九千八百步. ❹무게, 금(金)의 무게.〔漢書〕有金選之品.

【選間 선간】잠시. 잠깐 동안. 須臾(수유).

【選揀 선간】가려 뽑음. 선발(選拔)함.

【選官 선관】①관리를 뽑아서 씀. ②관리를 뽑는 일을 맡은 벼슬. 選事(선사)①.

【選良 선량】①훌륭한 인물을 골라서 뽑음. ②[國]국회의원의 딴 이름.

【選練 선련】충분히 가려 뽑음.

【選拔 선발】많은 가운데서 골라 뽑음.

【選付 선부】인재를 선발하여 일을 맡김.

【選士 선사】①선비를 선택함. ②뛰어난 선비. 학문을 닦아 덕업(德業)을 이룬 사람.

【選事 선사】①당대(唐代)에 관리를 선임(選任)하는 일을 맡은 벼슬. 選官(선관). 選曹(선조). ②그 직업을 기쁘게 선택함.

【選授 선수】인재를 뽑아 관직을 줌.

【選耎 선연】두려워서 나아가지 못함.

【選懦 선연】①마음이 약함. ②두려워서 나아가지 못함. 選耎(선연).

【選用 선용】골라서 씀.

【選人 선인】①관리를 뽑아서 씀. ②뽑힌 사람. ③후보 관원(官員).

【選任 선임】선발하여 임용함.

【選定 선정】여럿 가운데 어떤 것을 뽑아 정함.

【選集 선집】①골라서 모음. ②한 사람 또는 여러 사람의 작품 중에서 몇 편의 작품만을 추려 모은 책.

【選體 선체】①문선(文選)에 수록된 시문(詩文)의 체(體). ②인물을 가려 뽑는 법.

【選出 선출】여럿 가운데서 골라냄.

【選擢 선탁】많은 것 중에서 골라 뽑음.

【選擇 선택】골라서 뽑음.

◑ 嘉－, 間－, 改－, 擧－, 公－, 落－, 當－, 募－, 拔－, 普－, 補－, 蒐－, 入－, 精－, 直－, 徵－, 招－, 特－, 被－, 互－.

辵部 12획 遻遶遺

辵12 【遻】⑯ ❶만날 악 🅐 è
❷저촉될 오 🅐 è

소전 𨕯 초서 遻 동자 𨘎 간체 遻 字解 ❶뜻하지 않게 만나서 놀라다. =愕. 〔列子〕遻物而不懾. ❷찾아보다, 뵙다. ❷저촉되다, 거스르다. 〔馬融·賦〕芽距劫遻.

辵12 【遶】⑯ 두를 요 🅐 rào

초서 遶 간체 遶 字解 두르다, 에워싸다. =繞.
【遶梁 요량】 아름다운 노랫소리.
【遶弄 요롱】 둘러싸고 장난함.
【遶縈 요영】 주위를 빙 둘러 에워쌈.

辵12 【遺】⑯ ❶끼칠 유 🅐 이 🅑 yí
❷보낼 유 🅐 🅑 wèi
❸따를 수 🅐 🅑 suí

口 中 虫 冑 靑 㫪 貴 '貴 遺 遺

소전 𨖋 초서 遺 동자 遺 고자 遺 간체 遺 遺

參考 ①遣(1827)은 딴 자. ②대법원 지정 인명용 한자의 음은 '유'이다.
字源 形聲. 辵+貴→遺. '貴(귀)'가 음을 나타낸다.
字解 ❶①끼치다, 후세에 전하다. 〔後漢書〕遺不滅之令蹤. ②잃다. 〔春秋左氏傳〕君惟不遺德刑. ③버리다. 〔陣雲·詩〕潰華反臂. ④두다, 놓다. 〔禮記〕天不遺耆老. ⑤잊다. 〔孔子家語〕長幼無序而遺敬讓. ⑥빠지다, 빠뜨리다. 〔楚辭〕遺余佩兮澧浦. ⑦남다, 남기다. ㉮어떤 한도를 넘다, 많이 있다. 〔禮記〕有遺音者矣. ㉯뒤에 처져 있다. 〔史記〕見馬遺財足. ⑧내버리다, 유기(遺棄)하다. 〔史記〕知其能者長而無遺矣. ⑨떨어지다, 떨어뜨리다. ≒隤. 〔楚辭〕目眇眇而遺泣. ⑩쇠퇴하다. 〔呂氏春秋〕歡樂不遺. ⑪실수(失手). 〔史記〕補過拾遺. ⑫오줌, 오줌을 싸다. 〔漢書〕小遺殿上. ⑬빠르다. 〔王褒·頌〕追奔電逐遺風. ❷①보내다, 음식을 대접하다. ≒饋. 〔禮記〕凡遺人弓者. ❷더하다, 더해지다. 〔詩經〕政事一埤遺我. ❸따르다, 좇다. ≒隨. 〔詩經〕莫肯下遺.
【遺憾 유감】 마음에 차지 않아 섭섭하거나 불만스럽게 남아 있는 느낌.
【遺戒 유계】 ☞遺訓(유훈).
【遺計 유계】 잘못된 계책. 遺策(유책)①.
【遺孤 유고】 부모와 사별(死別)한 고아.
【遺稿 유고】 고인(故人)이 남긴 원고(原稿).
【遺骨 유골】 죽은 뒤 남긴 뼈. 遺骸(유해).
【遺敎 유교】 죽을 때 남긴 명령.
【遺棄 유기】 돌보지 않고 내버림.
【遺尿 유뇨】 오줌을 가리지 못하고 쌈.
【遺德 유덕】 고인이 남긴 덕(德).
【遺毒 유독】 뒤에 남은 해독(害毒).
【遺落 유락】 ①내버림. 동댕이침. 放擲(방척).

②빠짐. 탈락(脫落)함.
【遺黎 유려】 망한 나라의 백성.
【遺老 유로】 ①이전의 왕조나 이미 망한 나라에서 일하였던 신하. ②살아남은 노인.
【遺漏 유루】 사물이 새거나 빠짐. 누락(漏落).
【遺留 유류】 남겨 둠. 끼쳐 둠.
【遺類 유류】 ①살아남은 무리. 餘黨(여당). ②같은 무리를 남김.
【遺利 유리】 남이 버려 둔 이익.
【遺忘 유망】 잊어버림. 忘却(망각).
【遺命 유명】 유언으로 남긴 명령. 遺敎(유교).
【遺墨 유묵】 사후에 남긴 서화(書畫). 고인의 필적(筆跡). 遺芳(유방).
【遺文 유문】 생전에 써 놓은 글.
【遺物 유물】 ①물건을 잊음. 잊은 물건. ②선인(先人)이 남긴 물건.
【遺民 유민】 ①살아남은 백성. ②망한 나라의 백성. ③전조(前朝)의 백성으로서 절의를 지켜 새 조정을 섬기지 않는 백성.
【遺芳 유방】 ①후세에 남긴 명예. 사후(死後)의 영예. ②☞遺墨(유묵).
【遺範 유범】 고인이 남긴 모범.
【遺法 유법】 ①옛사람이 남긴 법. 고인이 남긴 법도. ②(佛)부처가 끼친 교법(敎法).
【遺秉 유병】 ①길에 떨어뜨려 잊은 볏단. ②병기(兵器)를 버림.
【遺腹 유복】 잉태 중에 그 아버지가 죽은 사람. 遺腹子(유복자).
【遺腹子 유복자】 ☞遺腹(유복).
【遺事 유사】 생전에 다 이루지 못하고 사후(死後)까지 남긴 사업.
【遺嗣 유사】 죽은 후에 남은, 대를 이을 아들.
【遺産 유산】 ①죽은 사람이 남겨 놓은 재산. ②앞 세대가 물려준 사물이나 문화.
【遺算 유산】 잘못된 계책. 失策(실책).
【遺像 유상】 ①빛의 자극을 받아 망막(網膜)에 얼마 동안 남아 있는 영상. 殘像(잔상). ②죽은 사람의 초상. 餘像(여상).
【遺書 유서】 ①산일(散佚)한 책. ②저술하여 후세에 남긴 책. 전인(前人)의 유저(遺著)를 후인이 간행한 것. ③전인이 간직하고 있던 책. ④유언(遺言)을 적은 글. ⑤문서를 보냄.
【遺緖 유서】 전인이 남긴 사업. 遺業(유업).
【遺世 유세】 세속의 일을 잊어버림. 세상일을 일체 버리고 돌보지 않음.
【遺俗 유속】 ①지금까지 남아 있는 옛 풍속. ②세속에 버림받음. ③세속을 잊음.
【遺矢 유시】 ①대소변을 봄. ✐'矢'는 '屎'로 '똥'을 뜻함. ②화살을 남김. 남긴 화살.
【遺愛 유애】 ①옛사람이 남긴 인애(仁愛)의 풍속. ②고인이 생전에 아끼던 유물. ③아낌. 吝愛(인애).
【遺言 유언】 ①죽음에 이르러 남긴 말. ②옛 성현이 남긴 말이나 교훈.
【遺孽 유얼】 ①아버지가 돌아간 후에 남은 서자(庶子). ②후손. 후예. ③뒤에 남은 나쁜 사물.
【遺業 유업】 선대부터 이어온 사업.

【遺烈 유열】 후세에 남긴 훌륭한 공적.
【遺詠 유영】 고인(古人)이 읊은 시가(詩歌).
【遺遺 유유】 ①비슷히 이어져 있는 모양. ②제어(制御)하지 못하는 일.
【遺遺乎 유유호】 여유가 있고 누긋한 모양.
【遺佚 유일】 ①유능한 사람이 잊히거나 버림받아 등용되지 않음. ②흩어져 없어짐.
【遺著 유저】 죽은 사람이 생전에 저술한 책.
【遺跡 유적】 남아 있는 옛 자취. 遺蹟(유적). 遺蹣(유촉).
【遺傳 유전】 ①후세(後世)에 전함. ②조상이나 부모의 체질, 성격 등이 자손에게 전해지는 일.
【遺精 유정】 잘 때 무의식중에 정액(精液)이 나오는 일.
【遺制 유제】 ①옛날부터 전하여 오는 제도. ②옛사람이 남긴 제작물.
【遺詔 유조】 임금의 유언(遺言).
【遺族 유족】 죽은 사람의 남은 가족.
【遺存 유존】 살아남아 있음. 뒤에 남음.
【遺珠 유주】 ①소중한 구슬을 잊고 버려둠. 잊고 버려둔 구슬. ②세상에 미처 알려지지 않은 훌륭한 인물이나 시문(詩文).
【遺址 유지】 예전에 축조물이 있던 터.
【遺志 유지】 죽은 사람이 생전에 이루지 못하고 남긴 뜻.
【遺策 유책】 ①잘못된 계책. 失計(실계). 失策(실책). 遺計(유계). ②전인(前人)이 남긴 계책. ③고서(古書) 중에서 그 일부가 빠져 완전하지 못한 것.
【遺體 유체】 ①부모가 남겨 준 몸. 곧, 자기의 몸. ②시체(屍體).
【遺蹣 유촉】 옛 자취. 遺跡(유적).
【遺臭萬年 유취만년】 더러운 이름을 후세에 영원히 남김.
【遺脫 유탈】 빠짐. 누락(漏落)됨.
【遺表 유표】 신하가 죽음에 즈음하여 임금에게 올리는 글.
【遺風餘烈 유풍여열】 후세에 끼친 훌륭한 공적. ○'風'은 풍화(風化)를, '烈'은 '業'으로 '공적'을 뜻함.
【遺恨 유한】 남긴 한. 남아 있는 한.
【遺翰 유한】 사후(死後)에 남긴 글.
【遺香 유향】 남아 있는 향기. 죽은 사람이 남긴 미덕의 비유. 遺薰(유훈).
【遺化 유화】 죽은 뒤까지 남은 인덕(仁德).
【遺訓 유훈】 죽은 사람이 남긴 훈계(訓戒). 遺戒(유계).
【遺勳 유훈】 길이 후세에까지 남을 공훈.
【遺薰 유훈】 ⇨ 遺香(유향).
【遺欠 유흠】 떨어져 이지러짐.
● 闕−, 補−, 拾−, 贈−, 滯−, 脫−, 子−.

辵
12 【遷】⑯ 遺(1833)와 동자

辵
12 【遺】⑯ 遺(1833)의 고자

辵
12 【遵】⑯ 좇을 준 眞　zūn

丷 亠 台 酋 酋 尊 尊 遵 遵

[소전] 䢒 [초서] 遵 [간체] 遵
[字源] 形聲. 辵+尊→遵. '尊(존)'이 음을 나타낸다.
[字解] ①좇다, 순종하다, 복종하다. 〔孟子〕遵先王之法而過者, 未之有也. ②거느리다. 〔詩經〕遵養時晦. ③가다.
【遵據 준거】 의거(依據)하여 좇음.
【遵道 준도】 바른 길을 좇음.
【遵路 준로】 ①바른 도를 좇음. 정도(正道)를 따름. ②길을 좇아감. ③여행을 떠남. 출발함.
【遵奉 준봉】 전례나 명령을 좇아서 받듦.
【遵守 준수】 전례·규칙 등을 좇아 지킴.
【遵養時晦 준양시회】 도(道)를 좇아 역량을 기르고, 때가 오지 않을 경우에는 언행을 삼가 나타나지 않음.
【遵用 준용】 좇아 씀.
【遵義 준의】 바른 도(道)를 좇음.
【遵節 준절】 법도(法度)를 따름.
【遵行 준행】 좇아 행함. 그대로 행함.
● 奉−, 準−, 陳−.

辵
12 【遲】⑯ ❶늦을 지 支　chí
　　　 ❷기다릴 지 寘 치　zhì

一 尸 尸 尸 屄 屖 犀 犀 遲

[소전] 遲 [주문] 遲 [혹체] 迟 [초서] 遲 [속자] 遲
[속자] 遲 [고자] 遲 [간체] 迟
[字源] 形聲. 辵+犀→遲. '犀(서)'가 음을 나타낸다.
[字解] ❶①늦다, 정해진 시각에 대지 못하다. 〔楚辭〕恐美人之遲暮. ②더디다, 느리다, 굼뜨다. 〔古詩〕非爲織作遲, 君家婦難爲. ③게으르다. 〔荀子〕陵遲故也. ④쉬다, 소요(逍遙)하다. 〔詩經〕可以棲遲. ⑤성(姓). ❷①기다리다. 〔荀子〕故學曰遲. ②생각하다. 〔曹植·詩〕遲奉聖顏. ③바라다, 원하다. 〔後漢書〕朕思遲直士. ④무렵, ∼할 때쯤. 〔漢書〕遲帝還趙王死. ⑤곧, 이에. 〔史記〕遲令韓魏歸帝重於齊.
【遲刻 지각】 정해진 시각보다 늦음.
【遲久 지구】 ①더디고 오램. ②오래도록 기다림.
【遲旦 지단】 이른 아침. 遲明(지명).
【遲鈍 지둔】 느리고 둔함. 遲頓(지둔).
【遲慢 지만】 더디고 느림.
【遲明 지명】 동틀 무렵. 날이 샐 무렵. ○'遲'는 '待'로 '때'를 뜻함. 黎明(여명).
【遲莫 지모】 ⇨ 遲暮(지모).
【遲暮 지모】 ①점차 나이를 먹어 늙어 감. ②느직하고 더딤.
【遲賓之館 지빈지관】 손을 접대하는 집.
【遲速 지속】 더딤과 빠름.
【遲延 지연】 무슨 일을 더디게 끌거나 시간을 늦춤.

【遲緩 지완】더디고 느즈러짐.
【遲疑 지의】꾸물대어 결정짓지 못함. 의심하여 망설임. 狐疑(호의).
【遲日 지일】봄날. ◯봄은 해가 길고 늦게 진다는 데서 온 말. 永日(영일).
【遲遲 지지】①느긋한 모양. ②여유가 있고 얽매이지 않는 모양. ③해가 긴 모양. ④가는(行) 모양.
【遲遲不進 지지부진】매우 더뎌서 일 따위가 진척되지 않음.
【遲滯 지체】때를 늦추거나 질질 끎.
【遲回 지회】하는 일 없이 여기저기 거닒.
◑ 稽-, 工-, 巧-, 陵-, 棲-, 淹-, 拙-.

辵 12 【遷】⑯ 옮길 천 匞 qiān

[소전][고문][초서][속서][속서] 간체 迁

[字源] 形聲. 辵+䙴→遷. '䙴(천)'이 음을 나타낸다.

[字解] ①옮기다. ㉮위치를 바꾸어 놓다. 〔儀禮〕命弟子贊工遷樂于下. ㉯바꾸다, 새롭게 하다. 〔春秋左氏傳〕未改禮而又遷之. ㉰엇바꾸다, 교환하다. 〔書經〕遷有無. ②옮다. ㉮오르다, 높은 데에 오르다. 〔詩經〕出自幽谷, 遷于喬木. ㉯움직이다, 이동하다. 〔詩經〕舍其坐遷. ㉰변하다, 바뀌다. 〔禮記〕有百世不遷之宗. ㉱물리니다. 〔國語〕彼近其國有遷, 我絶慮無遷. ㉲떠나다. 〔詩經〕旣有女遷. ㉳헤어지다, 이산(離散)하다. 〔國語〕成而不遷. ㉴관위(官位)가 옮겨지다. 〔漢書〕歲中四遷. ㉵내몰다, 방축(放逐)하다. 〔書經〕何遷乎有苗. ③천도(遷都). 〔周禮〕詢國遷. ④비방(誹謗)하다. ≒訕. ⑤벼랑, 낭떠러지. 〔龍飛御天歌〕與達川合, 爲淵遷.
【遷改 천개】바뀌어 달라짐.
【遷客 천객】죄를 지어 먼 곳으로 유배(流配)된 사람. 遷人(천인).
【遷喬 천교】꾀꼬리가 낮은 골짜기에서 높은 나무로 옮아 앉음. 낮은 지위에서 높은 지위로 오름. 遷鶯(천앵).
【遷怒 천노】성난 마음을 딴 데에 옮김. 엉뚱한 데에 분풀이를 함.
【遷都 천도】도읍을 옮김.
【遷徙 천사】옮김. 遷移(천이).
【遷思廻慮 천사회려】여러모로 생각함. 두루 생각함.
【遷善 천선】잘못이나 허물을 고쳐 착하게 됨.
【遷鶯 천앵】☞遷喬(천교).
【遷易 천역】변천함. 변이(變移)함.
【遷延 천연】①물러남. ②꾸무럭거림. 꾸물거림. ③시일을 미루어 감.
【遷訛 천와】변하여 바뀜. 변천함.
【遷移 천이】옮김. 옮음. 遷徙(천사).
【遷人 천인】좌천(左遷)된 사람. 유배된 사람.
【遷謫 천적】귀양 보냄. 유배함.
【遷轉 천전】옮김. 移轉(이전).
【遷職 천직】직업을 옮김. 移職(이직).
【遷次 천차】①여차(旅次)를 옮김. 숙사(宿舍)를 바꿈. ②관위가 오름. ④절서(節序)가 바뀜. ⑤당황함. 허둥댐.
【遷就 천취】①이리저리 핑계를 댐. ②조화(調和)함. 순응함. 적응함.
【遷幸 천행】임금이 궁궐 이외의 딴 곳으로 거처를 옮기는 일.
【遷革 천혁】바꿈. 고침.
【遷化 천화】①변하여 바뀜. ②(佛)고승(高僧)의 죽음.
◑ 累-, 變-, 升-, 轉-, 左-, 播-, 下-.

辵 12 【遹】⑯ ❶비뚤 휼 匞율 匲 yù ❷간사할 휼 匞술 匲 yù

[소전][초서][字解] ❶①비뚤다, 편벽(偏僻)되다. 〔詩經〕謀猶回遹. ②좇다, 의지하다. ③펴다, 진술하다. ≒述. 〔書經〕祗遹乃父考. ④이에. 발어사(發語辭). 〔詩經〕遹駿有聲. ❷간사(奸邪)하다.
【遹駿 휼준】'크도다!'하고 칭찬하여 하는 말. ◯'駿'은 '大'로 '크다'를 뜻함.
【遹追 휼추】뒤좇아 사모(思慕)함. ◯'遹'은 조자(助字).
【遹皇 휼황】왕래(往來)하는 모양.

辵 13 【遽】⑰ ❶갑작스러울 거 匞御 jù ❷술패랭이꽃 거 匞魚 qú

[소전][초서][간체] 遽 [字解] ❶①갑작스럽다, 갑자기. ㉮재빠르다, 날렵하게. 〔呂氏春秋〕遽告太公. ㉯황급하다, 분주히. 〔禮記〕遽數之不能終其物. ②군색하다, 절박하다. 〔張衡・賦〕百禽悵遽. ③역말, 파발마. 〔春秋左氏傳〕且使遽告于鄭. ④두려워하다, 두려워서 떨다. 〔春秋左氏傳〕豈不遽止. ⑤곳, 거처. ≒處. 〔莊子〕則其自爲遽, 危其觀臺. ⑥어찌, 어찌 ~랴? ≒詎. 〔史記〕何遽不爲福乎. ❷술패랭이꽃. =蘧.
【遽步 거보】바쁜 걸음.
【遽色 거색】당황한 얼굴빛.
【遽然 거연】①두려워서 몸이 벌벌 떨리는 모양. ②몹시 놀라며 기뻐하는 모양.
【遽爾 거이】갑자기. 불의에.
【遽人 거인】①역참(驛站)에서 일하는 사람. 驛卒(역졸). ②명령을 전달하는 사령(使令).
【遽卒 거졸】갑작스러움. 倉卒(창졸).
◑ 急-, 凌-, 傳-, 促-, 忽-, 惶-, 駭-.

辵 13 【遼】⑰ 나라 이름 등 匲 téng

[字解] 나라 이름. 〔唐書〕六詔四曰遼睒詔.
【遼睒 등섬】당대(唐代)에 있던 남만(南蠻) 육조(六詔)의 하나. 지금의 운남성(雲南省) 등천현(鄧川縣)에 있었음. ◯'詔'는 만어(蠻語)로 '王'을 뜻함.

辵部 13획 邁遾邀遭遧避邂

辵 13 【邁】⑰ 갈 매 🔊 mài

[소전][고체][초서][간체] [字解] ㉮가다. 멀리 가다.〔詩經〕行邁靡靡. ㉯순수(巡狩)하다.〔詩經〕時邁其邦. ㉰지나다. ㉮경과하다.〔後漢書〕年齒之不邁. ㉯넘다, 초과하다.〔詩經〕後予邁焉. ㉰낫다, 뛰어나다.〔魏志〕三王可邁, 五帝可越. ㉱힘쓰다, 노력하다.〔春秋左氏傳〕皐陶邁種德.
【邁氣 매기】뛰어난 기상(氣像).
【邁達 매달】뛰어남. 빼어남.
【邁德 매덕】힘써 덕을 닦음.
【邁邁 매매】①기뻐하지 않는 모양. ②돌보지 않는 모양.
【邁世 매세】시세(時勢)를 초월함.
【邁往 매왕】용감하게 나아감. 勇進(용진).
【邁仁 매인】인도(人道)를 힘써 노력함.
【邁迹 매적】전철(前哲)의 자취를 밟아 감.
【邁績 매적】여럿 중에서 특별히 뛰어난 공적. 邁勳(매훈).
【邁進 매진】씩씩하게 나아감. 邁往(매왕).
○ 傑一, 高一, 放一, 爽一, 迅一, 英一, 儆一, 遙一, 流一, 俊一, 儁一, 超一, 駞一, 豪一.

辵 13 【遾】⑰ 미칠 서 🔊 shì

[字解] ①미치다, 한정된 곳에 이르다. ②멀다.

辵 13 【邀】⑰ 맞을 요 🔊 yāo

[초서][간체] [字解] ①맞다. ㉮오는 것을 기다리다.〔張衡·賦〕不邀自遇. ㉯부르다, 초래하다, 초대하다.〔李白·詩〕擧杯邀明月, 對影成三人. ㉰구하다, 요구하다.〔劉峻·論〕邀潤屋之微澤. ③만나다, 마주치다.〔莊子〕吾與之邀樂於天, 吾與之邀食於地.
【邀喝 요갈】①벽제(辟除)를 함. ②벽제를 하는 사람.
【邀迓 요아】초대하여 맞음.
【邀延 요연】맞아들임.
【邀請 요청】부름. 초대함.
【邀招 요초】청하여 맞아들임. 招邀(초요).
○ 奉一, 相一, 招一.

辵 13 【遭】⑰ ❶머뭇거릴 전 🔊 zhān
❷돌 전 🔊
❸변천할 전 🔊 zhàn

[초서][간체] [字解] ❶머뭇거리다, 나아가지 못하는 모양.〔易經〕屯如遭如. ❷돌다, 돌아서 가다.〔楚辭〕遭吾道兮洞庭. ❸변천하다, 이행(移行)하다. =邅.
【遭如 전여】나아가지 못하는 모양.
【遭回 전회】①나아가지 못하는 모양. ②빙 돌아감, 구불구불 꿈틀거리며 감.
○ 寋一, 屯一, 回一.

辵 13 【遧】⑰ 鏊(1913)과 동자

辵 13 【避】⑰ 피할 피 🔊 bì

ㄱ 尸 屁 屁 𤰴 辟 辟 避 避

[소전][초서][고자][간체] [字源] 形聲. 辵+辟→避. '辟(벽)'이 음을 나타낸다.

[字解] ①피하다, 회피하다. ≒辟.〔史記〕相如引車避匿. ②벗어나다, 면하다.〔呂氏春秋〕拜請以避死. ③숨다, 자취를 감추다.〔後漢書〕避地教授. ④가다, 떠나다.〔王禹偁·記〕願避位以禳之. ⑤꺼리다.〔漢書〕匈奴號工飛將軍, 避之. ⑥물러나다, 물러서다.〔呂氏春秋〕桓公避席再拜.
【避坎落井 피감낙정】구덩이에 빠지는 것을 피하자 우물에 빠짐. 한 가지 어려움을 피하고 나니 또 다른 어려움이 닥침.
【避穀 피곡】신선술(神仙術)을 닦아 불로장생(不老長生)하려고 곡식을 먹지 않음.
【避難 피난】재난을 피하여 멀리 옮겨 감.
【避匿 피닉】피하여 숨음.
【避亂 피란】난리를 피하여 옮겨 감.
【避三舍 피삼사】삼사(三舍)를 물러섬. 상대방이 두려워서 피함. ▷일사(一舍)는 옛날 군대의 하룻길로 30리.
【避暑 피서】더위를 피함.
【避席 피석】①앉은 자리에서 다른 곳으로 옮김. ②어른에게 경의를 표하기 위하여 자리에서 일어남. 避座(피좌).
【避世 피세】속세를 피하여 삶. 난세(亂世)를 피함. 은둔함.
【避身 피신】위험을 피하여 몸을 숨김.
【避妊 피임】인위적으로 임신을 피함.
【避獐逢虎 피장봉호】🔊노루를 피하다가 범을 만남. 작은 해를 피하려다가 도리어 큰 화를 당함. 避獐逢虎(피장봉호).
【避脫 피탈】피함. 벗어남.
【避嫌 피혐】①혐의를 피함. 남의 혐의를 받지 않도록 배려함. ②꺼리고 멀리함.
【避禍 피화】재화(災禍)를 피함.
【避回 피회】꺼려 나서지 않음. 회피함.
【避諱 피휘】①꺼려서 피함. ②휘(諱)를 피함. 군부(君父)의 이름을 피하여 쓰지 않는 일.
○ 忌一, 逃一, 圖一, 遁一, 旋一, 遜一, 厭一, 畏一, 隱一, 走一, 憚一, 退一, 回一.

辵 13 【邂】⑰ 만날 해 🔊 xiè

[소전][초서][간체] [字解] ①만나다, 뜻하지 않게 마주치다.〔詩經〕邂逅相遇. ②기뻐하는 모양.〔詩經〕見此邂逅.
【邂逅 해후】①우연히 만남. 뜻밖에 만남. ②즐거워하는 모양. ③단단하지 않은 모양.

辵部 13~14획 還邈邊邃邇 1837

辵
13 【還】⑰ ❶돌아올 환 剛 huán
❷돌 선 旋 xuán
❸영위할 영 庚 yíng

四 㽞 睘 睘 睘 ·睘 睘 睘 還
소전 瓛 초서 䢷 동체 还 간체 还 참고 대법원 지정
인명용 한자의 음은 '환'이다.
[字源] 形聲. 辵+睘→還. '睘(경)'이 음을 나타낸다.
[字解] ❶①돌아오다. ㉮되돌아오다, 복귀하다. [詩經] 還而不入. ㉯뒤돌아보다. [漢書] 羽還叱之. ㉰귀로(歸路)에 오르다, 집으로 돌아오다. [陶潛·辭] 鳥倦飛而知還. ㉱물러나다, 물러서다. [儀禮] 主人答拜還. ❷돌려보내다. ㉮가져온 것을 도로 보내다. [後漢書] 乃還其侍子. ㉯보복하다, 보상하다. [老子] 其事好還. ❸사방을 둘러보다. [國語] 視無還. ❹도리어. [魏志] 魏書曰, 盡忠竭節, 還被患禍. ❺또, 다시, 재차. [荀子] 王業覆起. ❻성(姓). ❷①돌다, 돌리다. ≒施·轉. [禮記] 左還授師. ②에워싸다, 포위하다. [漢書] 還廬樹桑. ❸얽히다, 감기다. [荀子] 比周還主黨與施. ❹민첩하다, 재빠르다. [詩經] 子之還兮. ❺재빠르게, 신속하게. [禮記] 還葬而無槨. ❸영위(營爲)하다. ≒營.

【還却 환각】되돌려 보냄.
【還甲 환갑】ᄌ예순한 살. 回甲(회갑).
【還去 환거】돌아감.
【還顧 환고】뒤돌아봄.
【還穀 환곡】ᄌ사창(社倉)에 저장하였다가, 백성에게 봄에 꾸어 주고 가을에 이자를 붙여 두던 곡식.
【還軍 환군】군사를 되돌림. 回軍(회군).
【還給 환급】도로 돌려줌. 還付(환부).
【還忌 환기】뒤돌아보아 꺼림. 두려워함.
【還納 환납】도로 바침.
【還童 환동】동자(童子)처럼 젊어짐.
【還來 환래】갔다가 다시 돌아옴.
【還滅 환멸】(佛)번뇌(煩惱)를 끊고 깨달음의 세계로 돌아감.
【還封 환봉】ᄌ①이장하려고 파헤친 무덤을 도로 묻음. ②사표를 수리하지 않고 봉한 채 그대로 돌려보냄.
【還付 환부】도로 돌려줌. 還附(환부).
【還削 환삭】(佛)환속(還俗)했던 사람이 다시 승려가 됨. 되깎이.
【還世 환세】죽었다가 다시 살아남.
【還俗 환속】(佛)승려가 도로 속인(俗人)이 됨.
【還送 환송】도로 돌려보냄.
【還然 환연】놀라서 보는 모양.
【還元 환원】본디의 상태로 다시 돌아감.
【還至 환지】❶환지 ❷선지 ❶다시 옴. ❷빨리 이름. 당초에 옴.
【還債 환채】빚을 갚음.
【還鄕 환향】고향으로 돌아감.
【還魂 환혼】①죽었다가 되살아남. ②과거의

한 번 낙제한 사람을 재차 시험하여 합격시킴.
【還踵 선종】발꿈치를 돌림. 매우 빠름의 비유.
【還風 선풍】회오리바람. 旋風(선풍).
❶ 凱-, 歸-, 返-, 償-, 生-, 往-, 奪-.

辵
14 【邈】⑱ 멀 막 覺 miǎo
소전 䢿 초서 䢿 동체 邈 간체 邈 [字解] ①멀다, 아득히 멀다. [漢書] 邈而無祀. ②업신여기다, 경멸하다. [陸機·表] 顧邈同列. ③근심하다, 번민하다. ¶ 邈邈.
【邈邈 막막】①먼 모양. ②번민하는 모양.
【邈視 막시】깔봄. 업신여김.
【邈然 막연】①아득히 먼 모양. 똑똑하지 못하고 어렴풋한 모양. ②늦은 모양.
【邈矣 막의】멀고 아득함. 아득히 멂. ◎'矣'는 조자(助字).
【邈志 막지】원대한 뜻.
【邈乎 막호】①아득한 모양. ②사람을 꺼려 멀리하는 모양. 쌀쌀맞은 모양.
❶ 高-, 曠-, 冥-, 遼-, 悠-, 退-, 玄-.

辵
14 【邊】⑱ 邊(1838)의 속자

辵
14 【邃】⑱ 깊을 수 寘 suì
소전 䢿 초서 邃 동체 邃 간체 邃 [字解] ①깊다, 깊숙하다. [易經] 深堂邃宇, 君安其所. ②학문이 심오하다. [唐書] 少邃于學. ③멀다, 시간이 오래다. [楚辭] 邃古之初, 誰傳道之.
【邃古 수고】먼 옛날. 태고(太古).
【邃茂 수무】심오하고 성함.
【邃密 수밀】①깊숙하고 고요함. ②심원하고 세밀함.
【邃深 수심】매우 깊숙함.
【邃嚴 수엄】깊숙하고 엄숙함.
【邃淵 수연】깊은 못. 深淵(심연).
【邃宇 수우】크고 깊숙한 집.
【邃清 수청】깊고 맑음.
【邃曉 수효】깊이 깨달음. 깊이 사물의 이치를 깨달음.
❶ 高-, 杳-, 祕-, 神-, 深-, 幽-, 靜-.

辵
14 【邇】⑱ 가까울 이 紙 ěr
소전 䢿 고문 迩 초서 迩 동체 迩 간체 迩
[字解] ①가깝다. ㉮거리가 가깝다. [書經] 柔遠能邇. ㉯관계가 가깝다. [詩經] 父母孔邇. ②가까이하다. [書經] 惟王不邇聲色. ③통속적이다, 비근하다. [詩經] 維邇言是聽. ④가까운 데, 가까운 이웃.
【邇來 이래】①요사이. 近來(근래). ②그 후, 그 때 이후. 爾來(이래).

辵部 15~19획 邌 邋 邊 邍 遽 邎 邏

【邇言 이언】 천근(淺近)한 말. 비근(卑近)하고 통속적인 말.
【邇遐 이하】 멂과 가까움. 遠近(원근).
○ 密一, 遠一, 遐一.

辵 15 【邌】⑲ ❶천천히 갈 려 𠪷 lí ❷늦을 지 𠪷 chí
字解 ❶①천천히 가다, 서행(徐行)하는 모양. ②먼동이 트다. =黎. ❷늦다, 느리다. ※遅(1834)의 고자(古字).

辵 15 【邋】⑲ ❶나부낄 렵 𠪷 liè ❷가는 모양 랍 𠪷 lā
字解 ❶나부끼는 모양, 깃발이 펄럭이는 모양. 늑獵.〔石鼓文〕邋邋員斿. ❷①가는 모양.〔元曲〕芒鞋邋邋. ②일을 삼가지 않다. ¶邋邋. ③깨끗하지 않다. ¶邋遢.
【邋邋 엽렵】 깃발이 펄럭이는 모양.
【邋遢 납탑】 ①가는 모양. ②일을 삼가지 않음. ③깨끗하지 않음.

辵 15 【邊】⑲ 가 변 𠪷 biān

𠪷 𠪷 𠪷 𠪷 𠪷 𠪷 邊 邊

𠪷 𠪷 辺 逌 邊 边
字源 形聲. 辵+臱→邊. '臱(면)'이 음을 나타낸다.
字解 ①가, 가장자리.〔禮記〕續袵鉤邊. ②근처, 부근, 일대.〔晉書〕人從日邊來. ③끝, 한계.〔齊書〕無始無邊. ④두메, 벽지.〔禮記〕其在邊邑. ⑤변경, 국경.〔國語〕頓顙於邊. ⑥모퉁이, 구석.〔晉書〕阻之邊而高視. ⑦이웃하다, 잇닿다.〔史記〕齊邊楚. ⑧변. ㉮한자(漢字)의 왼쪽에 붙는 부수(部首). ㉯다각형(多角形)의 한계를 짓는 선분(線分). ⑨⟨邊⟩변리(邊利), 이자(利子).
【邊疆 변강】 ▷邊境(변경).
【邊見 변견】 ①변경의 경계. ②외적(外敵)이 국경을 침입하였다는 통보.
【邊境 변경】 나라의 경계가 되는 변두리의 땅. 邊疆(변강). 邊方(변방).
【邊計 변계】 국경을 지키는 계책.
【邊功 변공】 변방의 싸움에서 세운 공. 외국 또는 이적(夷狄)을 정벌한 공적.
【邊關 변관】 변경의 관문(關門).
【邊寇 변구】 국경을 침입하는 외적.
【邊隙 변극】 ①국경에서의 분쟁. ②외적이 국경을 침범할 틈.
【邊寄 변기】 국경을 침입하는 책임. 국경 수비에 대한 위임(委任).
【邊騎 변기】 ①변경에서 오는 기병(騎兵). ②변경을 침범하는 적의 기병.
【邊壘 변루】 국경을 지키는 보루(堡壘).
【邊利 변리】 ⟨邊⟩돈으로 느는 이자.

【邊民 변민】 변지(邊地)에 사는 백성.
【邊方 변방】 국경 지대. 邊境(변경).
【邊防 변방】 국경의 방어. 邊守(변수).
【邊鄙 변비】 ①시골 구석. 僻村(벽촌). ②두메 산골 사람. 촌사람.
【邊沙 변사】 물가의 모래땅.
【邊塞 변새】 변경의 요새(要塞).
【邊守 변수】 국경을 지킴. 邊戍(변수).
【邊陲 변수】 국토의 끝. 邊疆(변강).
【邊燧 변수】 국경에서 올리는 봉화(烽火).
【邊信 변신】 치우친 믿음. 치우치게 믿음.
【邊涯 변애】 끝. 한계(限界). 邊際(변제).
【邊圉 변어】 궁벽한 땅.
【邊役 변역】 국경을 지키는 병역(兵役).
【邊域 변역】 국경 지역. 邊地(변지).
【邊裔 변예】 구석진 땅. 국토의 끝.
【邊月 변월】 변역(邊域)을 비추는 달.
【邊邑 변읍】 변지(邊地)의 마을. 僻村(벽촌).
【邊庭 변정】 변경에 있는 관서(官署).
【邊地 변지】 국경 근처의 땅. 邊域(변역).
【邊鎭 변진】 변경을 지키는 군영(軍營).
【邊陬 변추】 변두리 지방. 僻地(벽지).
【邊土 변토】 국경 지역의 땅. 邊地(변지).
【邊幅 변폭】 ①천의 가장자리. ②사람의 옷차림이나 용모.
【邊患 변환】 외적이 국경을 침범하는 근심. 외적의 침입.
【邊荒 변황】 ①황폐한 변토(邊土). 흉년이 든 변방. ②국토의 끝. 궁벽한 땅.
○ 江一, 界一, 道一, 路一, 爐一, 無一, 四一, 水一, 身一, 岸一, 川一, 天一, 河一, 海一.

辵 16 【邍】⑳ 邈(1837)과 동자.

辵 16 【遽】⑳ 들판 원 𠪷 yuán
𠪷 𠪷 𠪷 原 字解 들판, 높고 평평한 땅.
【遽師 원사】 주대(周代)의 관직 이름. 사방의 땅 이름을 맡아보았고, 구릉(丘陵)·분연(墳衍)·원습(邍隰) 등의 이름을 밝혔음.
【遽隰 원습】 높고 평평한 들판과 낮고 습한 진펄. 평원(平原)과 습지(濕地). 原隰(원습).

辵 17 【邎】㉑ 멀 약 𠪷 yuè
字解 멀다, 아득하다.

辵 19 【邏】㉓ ❶돌 라 𠪷 luó ❷가로막을 라 𠪷 luó
𠪷 𠪷 𠪷 𠪷 字解 ❶①돌다. ㉮순찰(巡察)하다. 〔晉書〕宜遠偵邏. ㉯연하(煙霞) 따위가 산에 끼다.〔杜甫·詩〕雲山紫邐深. ②순찰하는 사람.〔新唐書〕爲邏所獲. ③기슭.〔陶安·詩〕桃榔滿種綠山邏. ❷가로막다, 차단하다.〔黃庭堅

詩〕蛛螯結網工遮邏.
【邏騎 나기】 순찰(巡察)하는 기병.
【邏吏 나리】 순찰하는 관리.
【邏子 나자】〔邏卒(나졸)〕.
【邏卒 나졸】 순라(巡邏)하는 병졸(兵卒).
◐ 街－, 警－, 烽－, 巡－, 夜－, 偵－, 候－.

走 19 【邐】㉓ 이어질 리 紙 lǐ

소전 초서 간체 [字解] 이어지다, 줄지어 이어진 모양, 비슷듬이 이어지다.〔杜牧·賦〕礫棄擲邐迆.
【邐倚 이의】 ①길 따위가 꾸불꾸불하고 높았다 낮았다 한 모양. ②길고 먼 모양.
【邐迆 이이】 잇닿은 모양. 줄지어 있는 모양. 邐迤(이이).

邑 部

7획 부수 | 고을읍부

邑 0 【邑】⑦ ❶고을 읍 緝 yì ❷흐느낄 압 洽 è

ㅣ ㄷ ㅁ 무 吊 品 邑

소전 초서 [參考] ①한자의 구성에서 방에 쓰일 때는 글자 모양이 'ß'으로 바뀌고, '우부방'이라고 부른다. ②대법원 지정 인명용 한자의 음은 '읍'이다. [字源] 會意. 口+巴→邑. '口'는 경계가 뚜렷한 구역을, '巴'는 '㔾'로 사람이 꿇어앉아 있는 모습을 뜻한다. 합하여 어떤 구역 안에 사람이 산다는 뜻을 나타낸다.
[字解] ❶①고을, 마을. 사람이 모여 사는 곳.〔呂氏春秋〕舜一徙成邑. ②서울.〔詩經〕商邑翼翼. ④종묘(宗廟)가 없는 서울.〔春秋左氏傳〕凡邑有宗廟先君之主曰都, 無曰邑. ③영지(領地), 식읍(食邑). ㉮제후(諸侯)·대부(大夫)의 식봉지(食封地).〔詩經〕作邑于豐. ④황태후(皇太后)·황후(皇后)·공주(公主)의 식봉지(食封地).〔漢書〕太后皇后公主所食邑. ④행정 구역의 이름. ㉮주대(周代)에, 구부(九夫)의 땅을 정(井)이라 하고 4정을 읍이라 하였다. ④고대에, 8가(家)를 인(鄰), 3린을 붕(朋), 3붕을 이(里), 5리를 읍이라 하였다. ㉰5가(家)를 범(帆), 6범을 읍이라 하였다. ❺근심하다. 늑悒.〔荀子〕無邑憐之心. ❻國읍. 지방 행정 구역 단위의 하나. ❷①흐느끼다. =唈. ②아첨하다, 보비위하다. ③뜻. 늑意.
【邑犬群吠 읍견군폐】 고을의 개들이 모이어 짖음. 많은 소인(小人)들이 남을 비난함.
【邑君 읍군】 ①여자의 봉호(封號). ②남의 아내.
【邑閭 읍려】 ①마을의 문. 동구(洞口)에 세운

문. ②마을. 邑開(읍한).
【邑憐 읍련·읍린】 근심하고 아낌.
【邑里 읍리】 마을. 촌락.
【邑庠 읍상】 현(縣)에 설치한 학교.
【邑笑 읍소】 마을 사람의 웃음거리.
【邑屬 읍속】 國읍에 속한 구실아치의 총칭.
【邑邑 읍읍】 ①우울(憂鬱)한 모양. 마음이 즐겁지 않은 모양. ②미약(微弱)한 모양. ③마을이 이어져 있는 모양.
【邑人 읍인】 마을 사람. 한 마을에 사는 사람.
邑子(읍자).
【邑入 읍입】 영지(領地)에서 거두는 조세(租稅).
【邑子 읍자】 ①마을 사람. ②國읍내에 사는 유생(儒生).
【邑閈 읍한】 ①마을의 문. ②마을.
【邑豪 읍호】 그 고을에서 가장 유력한 사람.
◐ 改－, 京－, 公－, 大－, 都－, 奉－, 富－, 私－, 小－, 食－, 阿－, 村－, 下－, 縣－.

邑 3 【邛】⑥ 언덕 공 東 qióng

소전 초서 [字解] ①언덕, 구릉.〔詩經〕邛有旨苕. ②앓다, 병들다.〔詩經〕亦孔之邛. ③지치다, 피로해지다. 늑痋.〔禮記〕惟王之邛. ④나라 이름. 한대(漢代)에 사천성(四川省)에 있었던 서남이(西南夷)의 나라.〔後漢書〕邛筰君長皆來貢獻. ⑤땅 이름. 산동성(山東省) 성무현(城武縣)에 있는 지명. ⑥강 이름. 사천성(四川省) 영경현(榮經縣)에서 발원하는 강. ⑦짐승 이름. 늑蛩.
【邛筰 공작】 공도(邛都)와 작도(筰都). 모두 한대(漢代)에 서남 지방에 있던 소수 민족의 나라 이름.

邑 3 【邔】⑥ 고을 이름 기 紙 qǐ

소전 초서 [字解] 고을 이름. 진대(秦代)에, 지금의 호북성(湖北省) 의성현(宜城縣) 동북쪽에 두었던 현(縣).〔後漢書〕封長子柱爲邔侯.

邑 3 【邙】⑥ 산 이름 망 陽 máng

소전 초서 [字解] ①산 이름, 북망산(北邙山). 낙양(洛陽)의 북쪽에 있는 산.〔唐書〕北對嵩邙, 右眄汝海. ②고을 이름. 지금의 하남성(河南省) 낙현(雒縣)의 북쪽에 있는 읍(邑).

邑 3 【邕】⑩ ❶화할 옹 冬 yōng ❷막을 옹 腫 yǒng ❸땅 이름 옹 困 yōng

소전 초서 [字解] ❶①화(和)하다, 화목하다. 늑雝.〔漢書〕肅邕永亨. ②물이 사방을 빙 두른 토지. ❷막다. 늑壅.〔漢書〕邕河水不流. ❸①땅 이름. 늑雍. ②성(姓).

邑部 3~4획 邢邭邗邟郟邢邦

【邕穆 옹목】 화목함.
【邕邕 옹옹】 온화한 모양.
【邕熙 옹희】 온화하게 널리 퍼짐.

邑3 【邢】⑥ 땅 이름 우 䂖 yú
[소전] [초서] [본자] [참고] 邢(1840)은 딴 자.
[자해] 땅 이름. 주(周) 무왕(武王)이 아들 우숙(邘叔)을 봉한 나라. 지금의 하남성(河南省) 심양현(沁陽縣). 〔春秋左氏傳〕邘晉應韓, 武之穆也.

邑3 【邭】⑥ 邢(1840)의 본자

邑3 【邗】⑥ ❶땅 이름 한 䂖 hán
❷월 나라 간 䂖 hán
[소전] [초서] [참고] 邢(1840)는 딴 자.
[자해] ❶땅 이름. 지금의 강소성(江蘇省) 강도현(江都縣). ❷운하(運河) 이름, 한구(邗溝). 춘추 시대에 오(吳)나라에 있었던 운하. ❷월(越)나라. 늑干.

邑4 【邟】⑦ ❶고을 이름 강 䂖 kàng
❷고을 이름 항 䂖 háng
[소전] [자해] ❶고을 이름. 지금의 하남성(河南省) 임여현(臨汝縣)에 있는 옛 현(縣). ❷①고을 이름. 한대(漢代)의 현. 지금의 절강성(浙江省) 여항현(餘杭縣) 이름. 하남성(河南省) 우현(禹縣)에 있는 성.

邑4 【邟】⑦ ❶땅 이름 기 䂖 qí
❷고을 이름 지 䂖 zhī
[소전] [고문] [자해] ❶땅 이름. =岐. 〔漢書〕賜受郟鄘之地. ❷고을 이름. 하남성(河南省) 신야현(新野縣)에 있는 옛 읍(邑).

邑4 【那】⑦ ❶어찌 나 䂖 nuó
❷무엇 나 䂖 nuò
❸어조사 내 䂖 nǎ

丁 ㄱ ㄢ 尹 尹' 那ˇ 那

[소전] [초서] [본자] [참고] 대법원 지정 인명용 한자의 음은 '나'이다.
[자원] 形聲. 冄+邑→那. '冄(염)'이 음을 나타낸다.
[자해] ❶①어찌, 어떻게. 〔古詩〕那得自任專. ②어찌하랴, 어떻게 하느냐. 〔趙長卿·詩〕醉眠花裏香無那. ❸나라 이름. 서이(西夷)의 나라, 지금의 사천성(四川省) 무현(茂縣)에 있었던. ❹고을 이름. 지금의 감숙성(甘肅省) 평량현(平涼縣)에 있었던 현(縣). ❺땅 이름. 지금의 호북성(湖北省) 형문현(荊門縣). ❻많다. 늑多. 〔詩經〕受福不那. ❼아름답다. 늑妸. 䂖國

語〕使富都那豎贊焉. ❽편안한 모양. 늑宜. 〔詩經〕有那其居. ❾~에서, ~에 있어서. 〔國語〕吳人之那不穀, 亦又甚焉. ❷①무엇. 의문을 나타내는 말. ②저, 저것. ❸어조사. 어세(語勢)를 고르기 위한 조사. =哪. 〔後漢書〕公是韓伯休那, 乃不二價乎.

【那箇 나개】①저. 저것. ②어느 것.
【那落 나락】➾那落迦(나락가).
【那落迦 나락가】(佛) ①지옥. ②지옥에서 벌을 받고 있는 죄인. ➾범어(梵語) 'Naraka'의 음역어. 那落(나락). 奈落(나락).
【那裏 나리】①어디. 어느 곳. 何處(하처). ②저기. 저곳. 彼處(피처). ③어찌하여.
【那邊 나변】①어느 곳. 어디. ②저기. 저곳.
【那事 나사】 무슨 일이냐. 何事(하사).
【那時 나시】 언제. 어느 때. 언제나.
【那中 나중】 그 속. 그곳.
【那何 나하】 어떻게. 如何(여하).
➊檀-, 阿-, 刹-.

邑4 【邢】⑦ 那(1840)의 본자

邑4 【邦】⑦ 나라 방 䂖 bāng

一 二 三 丰 邦 邦 邦

[소전] [고문] [초서] [동자] [동자]
[자원] 形聲. 丰+邑→邦. '丰(봉)'이 음을 나타낸다.
[자해] ①나라, 대국(大國). 〔周禮〕二王治邦國. ②서울, 수도(首都). 〔儀禮〕至于邦門. ③제후(諸侯)의 봉토(封土). 〔詩經〕布政于邦國都鄙也. ④천하(天下). 〔論語〕顏淵問爲邦. ⑤봉(封)하다. 늑封. 〔書經〕乃命諸王, 邦之蔡. ⑥형(兄), 손위 누이. 〔稱謂錄〕呼兄及姊, 均爲邦.

【邦家 방가】 나라. 국가. 邦國(방국).
【邦慶 방경】 나라의 경사.
【邦敎 방교】 나라의 교육. 국민 교육.
【邦禁 방금】 국가의 금령(禁令). 國禁(국금).
【邦紀 방기】 나라를 다스리는 법칙(法則).
【邦良 방량】 나라 안의 선량한 선비.
【邦禮 방례】 나라의 전례(典禮).
【邦本 방본】①나라의 근본. ②백성.
【邦彦 방언】 나라 안에서 뛰어난 인물.
【邦人 방인】①자기 나라 사람. ②만이(蠻夷)에 대하여 한인(漢人)을 이름. ③봉강(封疆)을 지키는 벼슬아치. 封人(봉인).
【邦甸 방전】 천자(天子)의 직할지. 기내(畿內).
【邦典 방전】 나라의 법.
【邦治 방치】 나라의 정치. 邦政(방정).
【邦土 방토】 나라의 땅. 國土(국토).
【邦憲 방헌】 나라의 법. 國法(국법).
【邦畫 방화】 자기 나라에서 만든 영화.
➊萬-, 盟-, 本-, 聯-, 友-, 合-.

邑
4 【邡】⑦ 고을 이름 방 陽 fāng
소전 𨚫
字解 ①고을 이름. 지금의 사천성(四川省)에 두었던, 한대(漢代)의 현(縣). ②꾀하다, 모의하다. ≒訪.〔春秋穀梁傳〕公佐卒于曲棘, 邡公也.

邑
4 【邦】⑦ 邦(1840)과 동자

邑
4 【邠】⑦ 나라 이름 빈 眞 bīn
소전 𨛜 초서 邠
字解 ①나라 이름. 주(周)의 선조(先祖)인 공류(公劉)가 세운 나라. 지금의 섬서성(陝西省) 순읍현(栒邑縣) 서쪽.〔孟子〕大王居邠. ②빛나다, 문채(文彩)가 성한 모양. ≒份.〔太玄經〕斐如邠如.
【邠如 빈여】 문채(文彩)가 찬란한 모양.

邑
4 【邪】⑦
❶ 간사할 사 麻 xié
❷ 고을 이름 야 麻 yá
❸ 나머지 여 魚 yé
❹ 느릿할 서 魚 xú

一 二 牙 牙 邪 邪

소전 𨛏 초서 邪 동자 耶 參考 대법원 지정 인명용 한자의 음은 '사'이다.
字源 形聲. 牙+邑→邪. '牙(아)'가 음을 나타낸다.
字解 ❶①간사하다, 옳지 아니하다. ≒衺.〔書經〕 去邪勿疑. ②어긋나다, 위배되다.〔禮記〕流辟邪散. ③기울다, 치우치다.〔宋玉·賦〕愚亂之邪臣. ④속이다, 거짓말하다.〔張衡·賦〕邪贏優而足恃. ⑤악하다, 성질이 나쁘다.〔禮記〕雖有奇邪而不治者. ⑥사사로움, 사삿일.〔呂氏春秋〕則臣有所匿其邪矣. ⑦감기, 인체(人體)를 괴롭히는 사시(四時)의 악기(惡氣).〔素問〕其有邪者. ⑧요사스런 기운.〔呂氏春秋〕百善至百邪去. ⑨비끼다, 동북(東北)으로 이어지다. ≒斜.〔漢書〕邪與肅愼爲鄰. ❷①고을 이름. =琊.〔史記〕北抵琅邪. ②어조사(語助詞). 의문(疑問)·부정(不定)의 뜻을 나타낸다. ≒耶.〔史記〕顧不易邪. ③힘을 돕기 위해 내는 소리.〔淮南子〕前呼邪許. ④메마른 땅.〔史記〕汗邪滿車. ❸나머지. ≒余.〔史記〕歸邪於終. ❹느릿하다. ≒徐.〔詩經〕其虛其邪.
【邪見 사견】 ①(佛)인과(因果)의 도리를 무시한 그릇된 견해. ②요사스러운 의견. 올바르지 못한 견해.
【邪徑 사경】 ①구불구불한 샛길. ②부정한 마음이나 행동의 비유.
【邪計 사계】 사악(邪惡)한 계략. 凶計(흉계).
【邪曲 사곡】 마음이 비뚤어져 있음.
【邪巧 사교】 흉계(凶計)를 꾸밈.
【邪教 사교】 요사스러운 종교.

【邪氣 사기】 ①요망스럽고 간악한 기운. ②몸을 해치고 병을 가져오는 나쁜 기운.
【邪念 사념】 올바르지 못한 못된 생각.
【邪佞 사녕】 마음이 비뚤고 아첨을 잘함.
【邪黨 사당】 사악한 무리.
【邪道 사도】 ①올바르지 않은 길. ②사악한 도리(道理).
【邪戀 사련】 國도리에 어긋나거나 떳떳하지 못한 연대.
【邪魔 사마】 (佛)사악한 마귀(魔鬼). 불도(佛道)를 방해하는 악마.
【邪萌 사맹】 사악(邪惡)한 마음의 낌새.
【邪薄 사박】 마음이 간사하고 덕이 없음.
【邪法 사법】 올바르지 않은 법.
【邪僻 사벽】 도리에 벗어나고 편벽됨.
【邪不犯正 사불범정】 바르지 못한 것은 바른 것을 감히 범하지 못함.
【邪辭 사사】 간사한 말.
【邪散 사산】 사악하고 바르지 않음.
【邪說 사설】 올바르지 않은 말. 정도(正道)를 벗어난 의견.
【邪世 사세】 사악(邪惡)한 세상.
【邪神 사신】 재앙을 가져오는 못된 귀신. 惡神(악신).
【邪臣 사신】 도리에 어긋난 신하. 사악한 신하.
【邪心 사심】 사특한 마음.
【邪惡 사악】 ①간사하고 악독함. ②나쁜 사람. 죄지은 사람.
【邪睨 사예】 곁눈으로 봄. 흘겨봄.
【邪淫 사음】 ①마음이 사특(邪慝)하고 음란(淫亂)함. ②(佛)십악(十惡)의 하나. 자기의 처첩(妻妾)이 아닌 다른 여자와 간음(姦淫)하는 일.
【邪意 사의】 부정(不正)한 마음. 사악한 마음.
【邪議 사의】 사악한 계획. 부정한 의논.
【邪正 사정】 바르지 못함과 바름.
【邪智 사지】 간사한 지혜. 奸智(간지).
【邪侈 사치】 간사하고 사치함.
【邪慝 사특】 요사하고 간특함.
【邪虐 사학】 사악하여 사물을 해침.
【邪學 사학】 조선 때, 주자학에 위배되는 학문을 이르던 말.
【邪猾 사활】 간사하고 교활함.
【邪譎 사휼】 간사하고 남을 속임.
【邪揄 야유】 빈정거려 놀림. 조롱함.
【邪許 야호】 여러 사람이 힘을 합하여 무거운 물건을 움직일 때 지르는 소리.
● 奸-, 僻-, 妖-, 正-, 忠-, 破-.

邑
4 【邥】⑦ 땅 이름 심 眞 shěn
초서 邥
字解 땅 이름. 지금의 하남성(河南省) 낙양현(洛陽縣) 남쪽에 있는, 춘추 시대의 지명.〔春秋左氏傳〕周甘歜敗戎于邥垂.

邑
4 【邧】⑦ 鄖(1850)과 동자

邑部 4~5획 邧邨邢邱邮邳邵邸邰邶邲

邑4 【邧】⑦ 고을 이름 원 元阮 yuán
[소전][초서][자해] 고을 이름. 춘추 시대 진(秦)나라의 읍(邑). 지금의 섬서성(陝西省) 징성현(澄城縣)의 동북쪽. 〔春秋左氏傳〕晉侯伐秦, 圍邧新城.

邑4 【邨】⑦ 村(826)의 본자

邑4 【邢】⑦ ❶나라 이름 형 靑 xíng
❷땅 이름 경 梗 gěng
[소전][초서][본자] 邢 [참고] 대법원 지정 인명용 한자의 음은 '형'이다.
[자해] ❶❶나라 이름. 주공(周公)의 아들을 봉한 제후국. 지금의 하북성(河北省) 형대현(邢臺縣). 〔春秋左氏傳〕莊伯以邢人伐翼. ❷성(姓). ❷땅 이름. 은(殷)의 조을(祖乙)이 도읍한 곳. 지금의 산서성(山西省) 하진현(河津縣)의 남쪽. 逕耿. 〔史記〕祖乙遷于邢.

邑5 【邱】⑧ 땅 이름 구 尤 qiū
[소전][초서] [참고] 청대(淸代)에, '언덕'의 뜻으로 쓰는 '丘'자가 공자(孔子)의 이름자라 하여, 사서오경(四書五經) 이외의 서적에 나오는 '丘'자는 모두 '邱'로 쓰게 하였다.
[자해] ❶땅 이름. ❷언덕. 〔韓非子〕登糟邱, 臨酒池.

邑5 【邴】⑧ 고을 이름 병 梗 bǐng
[소전][초서] [자해] ❶고을 이름. ㉮춘추 시대 송(宋)나라의 읍(邑). ㉯춘추 시대 정(鄭)나라의 읍(邑). 지금의 산동성(山東省) 비현(費縣)의 동남쪽. ❷기뻐하는 모양, 명백한 모양. 〔莊子〕邴邴乎其似喜乎.
【邴邴 병병】①기뻐하는 모양. ②명백한 모양.

邑5 【邳】⑧ 클 비 支 pī
[소전][초서][동자] 邳 [자해] ❶크다. 늦丕. 〔何晏·賦〕櫺檻邳張. ❷나라 이름. 은(殷)의 탕(湯)임금이 그의 좌상(左相) 중훼(仲虺)를 봉한 곳. 지금의 산동성(山東省) 등현(滕縣) 남쪽. 〔春秋左氏傳〕奚仲遷于邳, 仲虺以爲湯左相. ❸언덕. 〔史記〕至于大邳.
【邳張 비장】크게 뻗어남.

邑5 【邵】⑧ 고을 이름 소 嘯 shào
[소전][초서][자해] 고을 이름. 대 진(晉)나라의 읍(邑). 지금의 하남성(河南省) 제원현(濟源縣)의 서쪽.

邑5 【邸】⑧ ❶집 저 薺 dǐ
❷무게의 단위 지 囡 dǐ
[소전][초서][속자] 邸 [참고] 대법원 지정 인명용 한자의 음은 '저'이다.
[자해] ❶❶집, 저택. ㉮사람이 거처하는 건물. 〔南史〕以北邸爲建章宮. ㉯제후(諸侯)가 재경(在京) 중에 묵는 집. 〔漢書〕至邸而議之. ㉰여관, 여인숙. 〔宋史〕因留客邸. ㉱곳집, 창고. 〔王融·序〕盈衍儲邸. ❷묵다, 머무르다. 〔楚辭〕邸余車兮方林. ❸이르다, 다다르다. 늦底. 〔史記〕自中山西邸瓠口爲渠. ❹돌아가다, 돌아오다. 〔漢書〕亡邸父客. ❺밑, 밑동. 늦柢. 〔周禮〕象邸玉笄. ❻닿다, 접촉하다. 늦抵. 〔宋玉·賦〕邸華葉而振氣. ❼왕족(王族), 종친(宗親). 〔北史〕晉邸稱爲二張. ❽홀(圭)의 밑동에 다는 구슬(璧). 〔周禮〕以祀天旅上帝. ❾병풍. 〔周禮〕張氈案, 設皇邸. ❿성(姓). ❷무게의 단위. 〔周禮〕絲三邸.
【邸閣 저각】①양식을 저장해 두는 곳. 미창(米倉). ②집, 저택(邸宅). ③가게.
【邸館 저관】집, 저택(邸宅).
【邸觀 저관】저택과 누각.
【邸報 저보】國조정의 명령·서임(敍任) 등을 실어 관아에 보내던, 지금의 관보(官報)와 비슷한 문서.
【邸舍 저사】①점방, 가게. ②집. ③여관.
【邸第 저제】①규모가 큰 집. 邸宅(저택). ②귀인(貴人)의 집.
【邸宅 저택】규모가 큰 집.
【邸下 저하】國왕세자(王世子)의 존칭.
● 京-, 官-, 別-, 私-, 御-, 旅-, 潛-.

邑5 【邰】⑧ 나라 이름 태 灰 tái
[소전][초서] [자해] 나라 이름. 주(周)의 시조 후직(后稷)이 처음으로 봉해진 나라. 지금의 섬서성(陝西省) 무공현(武功縣)의 서남쪽. 〔史記〕舜封棄於邰.

邑5 【邶】⑧ 나라 이름 패 隊 bèi
[소전][초서][동자] 鄁 [자해] ❶나라 이름. 주(周) 무왕(武王)이 은(殷)의 주(紂)임금을 치고, 주임금의 아들 무경(武庚)을 봉한 나라. 지금의 하남성(河南省) 기현(淇縣) 이북에서 탕음현(湯陰縣)에 이르는 일대. ❷고을 이름. 춘추 시대 제(齊)나라의 읍(邑). 지금의 산동성(山東省) 창읍현(昌邑縣) 서쪽.

邑5 【邲】⑧ ❶땅 이름 필 質 bì
❷예쁜 모양 변 霰 biàn
[소전][자해] ❶땅 이름. 춘추 시대 정(鄭)나라의 땅. 지금의 하남성(河南省) 정현(鄭縣) 동쪽. 〔春秋左氏傳〕晉荀林父師及楚子戰于邲. ❷예쁜 모양.

邑部 5～6획 邯 郊 邦 郕 郎 邟 郇

邯 ⑧
❶땅 이름 한 ⓗ hán
❷현 이름 함·감 ⓓ
❸풍성할 함 ⓗ hàn

대법원 지정 인명용 한자의 음은 '감'이다.

[字解] ❶①땅 이름. 춘추 시대 위(衛)나라의 읍(邑), 전국 시대 조(趙)나라의 도읍. 지금의 하북성(河北省) 한단현(邯鄲縣). 〔後漢書〕進至邯鄲. ②강 이름. 감숙성(甘肅省) 서녕현(西寧縣)을 흐르는 강. ❷①현(縣) 이름. 한(漢)나라가 우리나라 북쪽 국경 지대에 두었던 현. ¶詳邯. ②성(姓). ❸풍성(豊盛)하다. 〔漢書〕封都匠仇延爲邯淡里附城.

【邯鄲之夢 한단지몽】한단에서의 꿈. 인생의 부귀영화가 덧없음. [故事] 당대(唐代)에, 노생(盧生)이 한단에서 도사 여옹(呂翁)의 베개를 빌려 베고 잠이 들었는데, 꿈속에서 수십 년 동안 부귀영화를 누렸으나 깨어 보니 메조밥이 채 익지도 않은 동안이었다는 고사에서 온 말. 邯鄲枕(한단침).

【邯鄲枕 한단침】⇨邯鄲之夢(한단지몽).

【邯鄲學步 한단학보】한단의 걸음걸이를 배움. 함부로 자기 본분을 버리고 남의 행위를 따라 하면 자기 본래의 좋은 점도 잃게 됨. [故事] 연(燕)나라의 어떤 소년이 조(趙)나라 서울 한단에 가서 그곳 사람들의 걸음걸이를 배우다가 다 익히기도 전에 귀국하게 되었는데, 본래의 걸음걸이마저 잊어버려 기어서 돌아왔다는 고사에서 온 말. 邯鄲之步(한단지보).

【邯淡 함담】풍성함.

郊 ⑨
성 밖 교 ⓗ jiāo

[字源] 形聲. 交+邑→郊. '交(교)'가 음을 나타낸다.

[字解] ❶성 밖. 주대(周代)의 제도에서, 도성(都城) 밖 50리(里)까지의 땅을 근교(近郊), 100리까지의 땅을 원교(遠郊)라 하였다. 〔呂氏春秋〕不出國郊. ❷국경(國境). 〔戰國策〕軍於邯鄲之郊. ❸끝, 제한(際限). 〔易經〕同人于郊. ❹들, 전야(田野). 〔江淹·詩〕寒郊無留影, 秋日懸淸光. ❺시골, 인가(人家)가 드물고 전야(田野)가 많은 곳. 〔蘇軾·詩〕回頭梁楚郊, 永與中原隔. ❻하늘과 땅에 올리는 제사. 〔孝經〕昔者周公郊祀后稷以配天. ❼지방관(地方官). 주대(周代)에, 향수(鄕遂)의 주장(州長)·현정(縣正) 이하의 벼슬을 이르던 말. 〔周禮〕郊野載旐. ❽땅 이름. 춘추 시대 진(晉)나라의 땅. 지금의 산서성(山西省) 우향현(虞鄕縣) 경계. 〔春秋左氏傳〕秦伯伐晉, 濟河焚舟, 取王官及郊.

【郊歌 교가】교사(郊祀) 때 부르던 노래.
【郊坰 교경】⇨郊外(교외).
【郊圻 교기】①성읍(城邑)의 경계. 도읍의 경계. ②교외(郊外)의 들판.
【郊壇 교단】교사(郊祀)를 지내던 제단(祭壇).
【郊里 교리】성(城) 밖의 마을. 村落(촌락).
【郊陌 교맥】시골의 길.
【郊堡 교보】교외에 있는 작은 성(城).
【郊祀 교사】하늘과 땅에 지내는 제사. 천자(天子)가 동지(冬至)에 남쪽 교외에 나가 하늘에, 하지(夏至)에 북쪽 교외에 나가 땅에 올린 제사. 郊祭(교제).
【郊射 교사】교외에서 사례(射禮)를 행함.
【郊墅 교서】시골에 있는 별장(別莊).
【郊送 교송】교외까지 배웅함.
【郊遂 교수】교외의 땅. ◎'郊'는 국도(國都)의 밖을, '遂'는 교(郊)의 밖을 말함.
【郊野 교야】도성 밖의 땅. ◎'野'는 도성 밖 300리 안의 땅.
【郊迎 교영】교외까지 나가서 마중함. 성문 밖에 나가서 마중함. 郊勞(교로).
【郊外 교외】성 밖. 郊坰(교경).
【郊原 교원】들판. 平原(평원).
【郊甸 교전】서울에 가까운 시골.
【郊餞 교전】성문 밖까지 배웅함.
【郊祭 교제】⇨郊祀(교사).
【郊兆 교조】교외에 세운, 원조(遠祖)를 합사(合祀)한 사당. 祧廟(조묘).
【郊次 교차】교외에서 숙박함.
【郊禘 교체】교제(郊祭)와 체제(禘祭). ◎'禘祭'는 천자의 선조를 천신(天神)에 배향(配享)하여 제사 지내는 일.
【郊墟 교허】①들판과 언덕. ②시골.
【郊寰 교환】도시의 주위. 도읍의 외곽.

❶ 近-, 農-, 大-, 芳-, 四-, 遠-, 帝-, 地-, 天-, 禘-, 春-, 荒-.

邦 ⑨
고을 이름 규 ⓗ quī

[字解] ①고을 이름. 춘추 시대 진(秦)나라의 현(縣). 지금의 섬서성(陝西省) 위남현(渭南縣) 북쪽. ②보옥(寶玉). 늙主. 〔春秋左氏傳〕太子以夫鍾與郕邦來奔.

【邦山 규산】감숙성(甘肅省) 천수현(天水縣) 서북쪽에 있는 산. 복희씨(伏羲氏)가 8괘(卦)를 그린 곳. 卦山(괘산).

郕 ⑨
隙(1952)과 동자

郎 ⑨
郞(1845)의 속자

邦 ⑨
邦(1840)과 동자

郇 ⑨
나라 이름 순 ⓗ xún

[字解] ①나라 이름. 주(周) 문왕(文王)의 아들이 봉해진 나라. 지금의 산서성(山西省) 의씨현(猗氏

縣).〔詩經〕郇伯勞之. ❷성(姓).

邑 6 【郝】⑨ 나라 이름 시 因 shī

소전 초서 字解 ①나라 이름. 춘추 시대 노(魯)나라의 부용국(附庸國). 지금의 산동성(山東省) 제녕현(濟寧縣) 동남쪽.〔春秋左氏傳〕郝亂分爲三, 師救郝, 遂取之. ❷산 이름. 지금의 산동성 평음현(平陰縣) 서쪽에 있는 산.〔春秋左氏傳〕魏絳·欒盈, 以下軍克郝.

邑 6 【郁】⑨ 성할 욱 因 yù

소전 초서 字解 ①성하다.〔左思·賦〕蜜房郁毓被其阜. ❷향기롭다. ≒鬱.〔曹植·賦〕踐椒塗之郁烈. ❸문채가 나는 모양.〔論語〕郁郁乎文哉. ❹따뜻하다. ≒燠.〔劉峻·序〕叙溫郁. ❺고을 이름. 한대(漢代)의 현(縣). 지금의 섬서성(陝西省) 농현(隴縣) 서쪽. ❻과수(果樹)의 이름, 산이스랏, 산앵두. ¶郁李.
【郁烈 욱렬】향기가 짙고 강렬함.
【郁李 욱리】산앵두. 산이스랏.
【郁文 욱문】문물(文物)이 성한 모양.
【郁馥 욱복】향기가 매우 짙은 모양.
【郁氛 욱분】향기(香氣).
【郁靄 욱애】구름이 성한 모양.
【郁郁 욱욱】①문물이 성한 모양. ②무늬가 찬란한 모양. ③향기가 나는 모양. ④심오(深奧)한 모양.
【郁郁靑靑 욱욱청청】향기가 매우 좋고 나무가 우거져 푸르름.
【郁毓 욱육】번성한 모양.
【郁伊 욱이】우울한 모양. 울적한 모양.

邑 6 【邾】⑨ 나라 이름 주 虞 zhū

소전 초서 字解 ①나라 이름. 춘추 시대 노(魯)나라의 부용국(附庸國). 뒤에 추(鄒)로 개칭함. 지금의 산동성(山東省) 추현(鄒縣).〔春秋左氏傳〕公及邾儀父盟于蔑. ❷현(縣) 이름. 지금의 호북성(湖北省) 황강현(黃岡縣).

邑 6 【郅】⑨ ❶고을 이름 질 圓 zhì ❷깃대 길 圓 jí

소전 초서 字解 ❶①고을 이름. 지금의 감숙성(甘肅省)에 있던 옛 현(縣). ②이르다, 다다르다. ≒至. ③크다, 성하다.〔史記〕爰周郅隆. ④오르다, 올라가다. ≒陟. ⑤성(姓). ❷깃대, 깃대의 모양.
【郅隆 질륭】지극히 융성함.
【郅隆之治 질륭지치】왕화(王化)가 고루 미친 태평한 세상.
【郅治 질치】썩 잘 다스려짐. 至治(지치).
【郅偈 길걸】장대를 높이 세운 모양.

邑 6 【郃】⑨ 고을 이름 합 匼 hé

소전 초서 字解 ①고을 이름. 한대(漢代)의 현(縣). 지금의 섬서성(陝西省) 조읍현(朝邑縣) 북쪽. ❷맞다, 일치하다.

邑 6 【邢】⑨ 邢(1842)의 본자

邑 6 【郈】⑨ 고을 이름 후 宥 hòu

소전 초서 字解 고을 이름. 춘추 시대 노(魯)나라의 읍(邑). 지금의 산동성(山東省) 동평현(東平縣)의 남쪽.〔春秋左氏傳〕叔孫何忌, 帥師圍郈.

邑 7 【郟】⑩ 고을 이름 겹 木協 圄 jiá

소전 초서 간체 字解 ①고을 이름. 한대(漢代)의 현(縣), 춘추 시대 정(鄭)나라의 읍(邑). 지금의 하남성(河南省) 보성현(輔城縣). ②땅 이름. 지금의 하남성 낙양현(洛陽縣) 서쪽에 있었던, 주대(周代)의 구도(舊都).〔國語〕晉文公旣定襄王于郟. ③문 양쪽에 달린 방. ≒夾.〔大戴禮〕郟室割雞于室中.
【郟室 겹실】①문의 좌우에 있는 방. ②동서(東西)의 곁채.

邑 7 【郠】⑩ 고을 이름 경 梗 gěng

소전 초서 字解 고을 이름. 춘추 시대 거(莒)나라의 읍(邑). 지금의 산동성(山東省) 기수현(沂水縣).〔春秋左氏傳〕季平子伐莒取郠.

邑 7 【郜】⑩ ❶나라 이름 고 號 ❷성 곡 沃 gào

소전 초서 동자 字解 ❶①나라 이름. 주(周) 문왕(文王)의 아들이 봉해진 나라. 지금의 산동성(山東省) 성무현(城武縣) 동남쪽.〔春秋左氏傳〕以郜大鼎賂公. ②고을 이름. ㉮춘추 시대 송(宋)나라의 읍(邑). 지금의 산동성(山東省) 성무현(城武縣) 동남쪽.〔春秋〕辛未取郜. ㉯춘추 시대 진(晉)나라의 읍. 지금의 산동성(山東省) 기현(祁縣)의 서쪽.〔春秋左氏傳〕樊我箕郜. ❷성(姓).

邑 7 【郡】⑩ 고을 군 問 jùn

| ㄱ | ㄱ | ㄱ | 尹 | 尹 | 君 | 君 | 君' | 君阝 | 郡 |

소전 초서 본자 鄯 字源 形聲. 君+邑→䣛→郡. '君(군)'이 음을 나타낸다.

邑部 7획 郤郎郛郡郕郔

郡

[字解] ①고을, 군. 지방 행정 구획의 이름. 주대(周代)에는 현(縣) 밑에 두었으나, 전국 시대 이후로는 현 위에 두었다. 우리나라에서는 도(道) 밑에 있다. ②관청(官廳), 군의 관청. 〔晉書〕乘驢到郡. ③쌓다. ≒蘊.

【郡國制 군국제】한(漢) 고조(高祖)가 실시한 지방 통치 제도. 수도와 가까운 지역을 군현(郡縣)을 두어 황제가 직접 다스리고, 먼 지역은 황족이나 공신들을 제후로 봉하여 다스리게 하였음.

【郡君 군군】①부인(婦人)의 봉호(封號). 당대(唐代)에는 사품(四品) 벼슬아치의 아내에게 수여하였고, 송원대(宋元代) 이후에는 황실의 여자에 한함. ②기녀(妓女).

【郡司 군사】각 고을에 있던 호장(戶長)의 집무소.

【郡守 군수】군의 장관.

【郡丞 군승】진한대(秦漢代)의 관명. 군수(郡守)를 보좌하여 병마(兵馬)를 관장함.

【郡王 군왕】봉작(封爵)의 이름. 친왕(親王)의 다음가는 자리.

【郡齋 군재】군수(郡守)가 기거하던 곳.

【郡縣制 군현제】진(秦)의 시황제(始皇帝)가 지방 분권적인 봉건 제도의 약점을 없애기 위해 실시한 중앙 집권적 지방 행정 제도. 전국을 36개의 군으로 나누고 이를 다시 현으로 갈라, 중앙 정부에서 지방관을 보내어 직접 다스리게 하였음.

● 僻—, 邊—, 隣—, 一—, 州—, 荒—.

郤

邑 ⑩ 고을 이름 극 囷 xì
7

[소전] [초서] [字解] ①고을 이름. 춘추 시대 진(晉)나라의 대부(大夫) 숙호(叔虎)의 읍(邑). ②우러르다. 〔儀禮〕郤於敦南. ③틈, 사이. ≒隙. ㉮벌어져 난 자리, 간격. 〔禮記〕諸侯相見於郤地日會. ㉯불화(不和), 원쟁(怨爭). 〔史記〕令將軍與臣有郤. ④뼈와 살 사이. 〔莊子〕批大郤, 導大窾.

郎

邑 ⑩ 사나이 랑 陽 láng
7

郎 [字源] 形聲. 良+阝→郎. '良(량)'이 음을 나타낸다.

[字解] ①사나이. ㉮남자의 미칭. 〔唐書〕僕閱人多矣, 無如此郎者. ㉯승려·어부(漁父) 등을 부를 때 붙이는 말. 〔高似孫·賦〕舟子所鄕魚郎所廬. ②젊은이, 청소년(靑少年). 〔蘇軾·詩〕二老白接羅, 兩郎烏角巾. ④아버지. 자식이 아비를 부르는 말. ⑤주인(主人), 주공(主公). 종이 주인을 부르는 말. 〔唐書〕君非我家兒, 何郎之云. ⑥남편. 〔晉書〕天壤之中, 乃有王郎. ⑦여자를 이르는 말. 〔古詩〕不知木蘭是女郎. ⑧땅 이름. 지금의 산동성(山東省)에 있었던 노(魯)나라 땅. ⑨벼슬 이름. 한대(漢代)에 시종(侍從)을 맡았던 벼슬, 위(魏)나라 이후에는 각부(各部)의 장관(長官), 명청대(明淸代)에는 하급 문관(下級文官). ¶九卿. ⑩층(層)을 이루는 집, 고루(高樓). ≒廊. 〔逸周書〕重階重郎. ⑪행랑. ≒廊.

【郎官 낭관】①한대(漢代)에, 시랑(侍郎)·낭중(郎中)의 관직. ②조선 때, 각 관아의 당하관(堂下官).

【郎君 낭군】①남의 아들의 경칭. ②귀공자(貴公子). ③새로 진사(進士)에 급제한 사람. ④자기 남편을 부르는 말. ⑤남을 존경하여 이르는 말.

【郎當 낭당】①극도로 피로한 모양. 녹초가 된 모양. ②빗〔櫛〕을 씻는 기구. ③큰 쇠사슬. ④단정하지 못함. ⑤옷이 헐렁하여 몸에 맞지 않는 모양. ⑥눈〔雪〕이 녹은 모양.

【郎署 낭서】황제의 숙위(宿衞)·시종(侍從)을 맡아보던 관서.

【郎扇 낭선】혼인을 할 때 신랑이 가지는 붉은 부채.

【郎子 낭자】남의 아들의 경칭.

【郎潛 낭잠】낭서(郎署)로 늙음. 관리가 오랫동안 승진하지 못함. [故事] 한대(漢代)에 안사(顔馴)가 삼대의 황제를 섬겼는데도 승진하지 못하고 낭서로 늙었다는 고사에서 온 말.

【郎中 낭중】상서(尙書)를 보좌하던 벼슬.

● 佳—, 壻—, 侍—, 新—, 女—, 令—, 花—.

郛

邑 ⑩ 외성 부 虞 fú
7

[소전] [초서] [字解] 외성(外城), 성곽(城郭). ≒垺. 〔春秋左氏傳〕伐宋入其郛.

【郛郭 부곽】①성곽(城郭). ②보장(保障)의 비유. ③보살펴 잘 지킴의 비유.

【郛宇 부우】성곽의 지붕.

郂

邑 ⑩ 邳(1842)와 동자
7

郕

邑 ⑩ 땅 이름 성 庚 chéng
7

[소전] [초서] [字解] ①땅 이름. ㉮춘추 시대 노(魯)나라 맹씨(孟氏)의 읍(邑). 지금의 산동성(山東省) 영양현(寧陽縣) 동북쪽. ㉯춘추 시대 정(鄭)나라 땅. 지금의 하남성(河南省) 무척현(武陟縣) 서남쪽. ②나라 이름. 주(周) 무왕(武王)이 아우 숙무(叔武)를 봉한 나라. 지금의 산동성(山東省) 문상현(汶上縣) 서북쪽. 〔春秋左氏傳〕郕人侵衞, 故衞師入郕.

郔

邑 ⑩ 땅 이름 연 先 yán
7

[소전] [초서] [字解] 땅 이름. ㉮춘추 시대 정(鄭)나라의 땅. 지금의 하남성(河南省) 정현(鄭縣). 〔春秋左氏傳〕楚子北師次于郔. ㉯춘추 시대 초(楚)나라의 땅.

지금의 하남성(河南省) 항성현(項城縣).〔春秋左氏傳〕楚左尹子重侵宋, 王待諸郔.

郢 7 ⑩ 땅 이름 영 yǐng

字解 ①땅 이름. 춘추 전국 시대 초(楚)나라의 서울. 지금의 호북성(湖北省) 강릉현(江陵縣) 북쪽.〔國語〕遂至于郢. ②절기(節氣) 이름.〔管子〕十二小郢, 十二中郢. ③가다. 늦遅.〔史記〕左人郢, 字行.

【郢曲 영곡】①영(郢)의 악곡(樂曲). ②천한 노래. 비속한 음악.

【郢書燕說 영서연설】초(楚)나라 사람의 편지를 연(燕)나라 사람이 설명함. 말을 억지로 끌어다 붙여 교묘하게 이치에 맞추는 일. 故事 영(郢) 땅의 사람이 편지를 쓰려는데 날이 어두워져 하인에게 등촉을 들라〔擧燭〕고 명하고는 자신도 모르게 편지에 '거촉(擧燭)'이라고 쓰고 말았는데, 이것을 읽은 연나라 대신이 '거촉'을 현자를 많이 등용하라는 것으로 알고 실제로 행하여 공을 세웠다는 고사에서 온 말.

【郢人 영인】①영(郢)에 사는 사람. ②노래를 잘 부르는 사람. ③자기의 재능이나 기술을 알아주는 사람. 故事 영인이 흙손질을 하다가 흙이 코 끝에 붙자 장석(匠石)에게 떼어 줄 것을 부탁하니 장석이 자귀로 흙을 떼어 내는 데도 영인은 태연히 서 있었다는 고사에서 온 말. ○ '匠石'은 영 땅에 살던 뛰어난 목수의 이름.

【郢政 영정】⇨ 郢斲(영착).

【郢斲 영착】남에게 시문(詩文)의 첨삭(添削)을 부탁할 때 쓰는 말. 郢斧(영부). 郢政(영정).

郚 7 ⑩ ❶고을 이름 오 wú ❷고을 이름 어 yú

字解 ❶고을 이름. 춘추 시대 제(齊)나라의 읍(邑). 지금의 산동성(山東省) 안구현(安丘縣) 서남쪽.〔春秋〕齊師遷紀郱鄑郚. ❷고을 이름. 노(魯)나라의 읍. 지금의 산동성(山東省) 사수현(泗水縣)의 동남쪽.〔春秋〕遂城郚.

郗 7 ⑩ 고을 이름 치 xī

字解 고을 이름. 주대(周代)의 읍. 지금의 하남성(河南省) 심현(沁縣).

郝 7 ⑩ ❶고을 이름 학 hǎo ❷갈 석 shí

字解 ❶①고을 이름. 섬서성(陝西省) 호현(鄠縣)과 주질현(盩厔縣)의 경계에 있었던 땅. ②성(姓). ❷갈다, 밭을 갈다.

郶 8 ⑪ 部(1844)와 동자

郭 8 ⑪ 성곽 곽 guō

一 亠 亠 亠 亠 亨 亨' 享' 郭

字源 形聲. 享 + 邑→鄩→郭. '享(곽)'은 享의 생략체로 음을 나타낸다.

字解 ①성곽, 도읍(都邑)의 주변을 둘러싼 누벽(壘壁).〔禮記〕城郭溝池以爲固. ②둘레, 한 구획(區劃)의 바깥 둘레.〔漢書〕修治長安獄, 穿地方深各數丈, 致令辟爲郭. ③돈(錢) 따위의 가장자리.〔史記〕鑄五銖錢, 周郭其下. ④가죽, 피부.〔素問〕津液充郭. ⑤칼집. ⑥크다. ⑦뻗어 퍼지다. ⑧쇠뇌의 활고자 바깥쪽. ⑨나라 이름. 춘추 시대의 나라. 지금의 산동성(山東省)에 속함. ⑩성(姓).

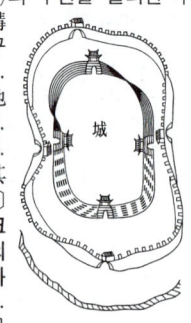
〈郭①〉

【郭索 곽삭】①게가 긁는 소리를 내며 기어가는 모양. ②마음이 안정되지 못한 모양.

【郭外 곽외】성곽(城郭) 밖.

○ 匡-, 規-, 羅-, 內-, 負-, 鄩-, 膚-,
  城-, 外-, 輪-, 周-, 鐵-, 恢-.

郯 8 ⑪ 나라 이름 담 tán

字解 ①나라 이름. 춘추 시대의 나라. 지금의 산동성(山東省) 담성현(郯城縣) 서남쪽. ②성(姓).

都 8 ⑪ 都(1848)의 속자

郲 8 ⑪ ❶땅 이름 래 lái ❷평평하지 않을 뢰 lěi

字解 ❶①땅 이름. 춘추 시대 정(鄭)나라의 땅. 지금의 하남성(河南省) 형양현(滎陽縣). ②촉(蜀)나라의 땅 이름. ③성(姓). ❷평평하지 않다.

郱 8 ⑪ 땅 이름 병 píng

字解 땅 이름. 춘추 시대 제(齊)나라의 땅. 지금의 산동성(山東省) 임구현(臨朐縣) 동남쪽.〔春秋左氏傳〕齊師遷紀郱鄑郚.

部 8 ⑪ 거느릴 부 bù

一 亠 亠 产 音 音 音' 部' 部

字源 形聲. 音 + 邑→部. '音(부)'

가 음을 나타낸다.

字解 ①거느리다, 통솔하다.〔後漢書〕部陳從事. ②나누다, 가르다. ≒剖.〔漢書〕部署諸將. ③분류(分類). ㉮조(組), 항오(行伍).〔後漢書〕校隊案部. ㉯세분(細分), 물건의 구분(區分).〔晉書〕典籍混亂, 充以類相從, 分爲四部. ㉰지역, 구역.〔漢書〕河東二十八縣, 分爲兩部. ④곳, 장소(場所).〔素問〕審淸濁而知部分. ⑤지경, 경계(境界).〔後漢書〕撫接邊民, 爲幽部所歸. ⑥지방 행정 구획의 통칭.㉮주(州)·군(郡)·현(縣) 따위의 통칭.〔後漢書〕州部多豪族. ㉯내몽고(內蒙古)의 부락(部落). ⑦마을, 관청(官廳). ㉮감독, 총독(總督).〔後漢書〕自稱柱天都部. ㉯지방의 행정 관서.〔古詩〕還наступ白府君. ㉰중앙의 행정 관서.〔後漢書〕召還郎署, 復在講部. ⑧떼, 촌락(村落). 중국 북남방 지방에 사는 종족의 마을.〔晉書〕率其諸部, 入居遼西. ⑨성신(星辰)의 분포.〔史記〕分天部. ⑩오행(五行). 금(金)·목(木)·수(水)·화(火)·토(土).〔漢書〕起五部. ⑪우산의 고패. 우산 자루 위 끝에 고정하여 살을 여닫는 장치. ≒揵.〔周禮〕信其程圍, 以爲部廣. ⑫지팡이. ≒棓.〔淮南子〕羿死桃部. ⑬문서.〔孔稚珪文〕談空空於釋部. ⑭언덕. ≒培. ⑮땅 이름. 지금의 감숙성(甘肅省) 천수현(天水縣).

【部曲 부곡】①군대의 단위별 편성. ②사람들이 조직한 작은 집단. 조(組). 반(班). ③사인(私人)이 소유하던 군대. ④사삿집에서 부리던 종. ⑤國병기·유기·농기구 따위의 생산에 종사하던 전민 십안 부력.
【部隊 부대】일정한 규모로 편성된 군대 조직.
【部落 부락】마을.
【部婁 부루】작은 언덕.
【部類 부류】동일한 범주에 속하는 대상들을 일정 기준에 따라 나누어 놓은 갈래.
【部勒 부륵】부서(部署)를 정하여 배치함.
【部門 부문】일정한 기준에 따라 나누어 놓은 낱낱의 범위나 부분.
【部發 부발】엶. 개발(開發)함.
【部分 부분】전체를 몇 개로 나눈 것의 하나.
【部署 부서】國사무의 각 부문.
【部屬 부속】①부하를 지휘함. ②어떠한 부류나 부문에 부속(附屬)됨.
【部首 부수】한문(漢文) 자전(字典)에서 글자를 찾는 길잡이가 되는, 글자의 한 부분. '引·弘'의 부수는 '弓'인 따위.
【部曹 부조】육부(六部)의 벼슬아치. 육조(六曹)의 관료(官僚).
【部陣 부진】각 부대의 배치. 隊伍(대오).
【部下 부하】자기보다 낮은 직책에 있는 사람.
【部彙 부휘】분류함. 부류별로 구분함.
●幹─, 工─, 軍─, 內─, 兵─, 吏─, 外─.

邑
8【郫】⑪ 고을 이름 비 支 pí
小篆 郫 초서 邒
字解 ①고을 이름. 진대(秦代)의 현(縣). 지금의 사천

성(四川省)에 속함.〔漢書〕蜀郡縣十五郫. ②읍(邑) 이름. 춘추 시대 진(晉)나라의 읍(邑). 지금의 하남성(河南省) 제원현(濟源縣)의 서쪽.〔春秋左氏傳〕趙孟使殺諸郫.

邑
8【郾】⑪ 나라 이름 엄 琰 yǎn
小篆 郾 字解 나라 이름. 주공(周公)이 그의 아들 백금(伯禽)을 봉한 나라. 지금의 산동성(山東省) 곡부현(曲阜縣)의 동쪽. =奄.

邑
8【郳】⑪ 나라 이름 예 齊 ní
小篆 郳 초서 邒 字解 나라 이름. 주대(周代)의 부용국(附庸國). 지금의 산동성(山東省) 등현(滕縣) 동쪽.

邑
8【郵】❶역참 우 尤 yóu
❷땅 이름 수 支 chuí

二 三 チ 乒 乒 乒 垂 垂³ 郵

小篆 坐 초서 邒 동자 郵 속자 郵 간체 邮

參考 대법원 지정 인명용 한자음은 '우'이다.
字源 形聲. 垂+邑→郵. '垂(수)'가 음을 나타낸다.
字解 ❶①역참(驛站). 역말을 갈아타는 곳.〔漢書〕橋梁郵亭不脩. ②역체(驛遞). 역참에서 역참으로 짐·문서 따위를 차례로 전해 보내던 일.〔漢書〕因郵上封事. ③오두막집, 농막. 농사를 감독하기 위하여 논밭 사이에 시은 집.〔禮記〕饗農及郵表畷禽獸. ④과실, 허물, 죄. ≒尤·訧.〔漢書〕以顯朕郵. ⑤지나다, 통과하다. ⑥뛰어나다, 우수하다. ≒尤.〔列子〕魯之君子, 迷之郵者. ⑦성(姓). ❷땅 이름. 위(衛)나라에 있던 땅.
【郵館 우관】역참의 객사(客舍).
【郵騎 우기】역참의 말.
【郵吏 우리】역참에서 일을 보는 하급 관리.
【郵舍 우사】역참에서 화물의 보관·수송·중개·매매 등을 하던 곳. 驛舍(역사).
【郵送 우송】우편으로 보냄.
【郵驛 우역】보체(步遞)와 역체(驛遞). ○'步遞'는 사람을 써서 관문서(官文書)를 체송(遞送)하던 일, '驛遞'는 마필(馬匹)을 이용하여 관리의 왕래를 돕거나 관물(官物)을 체송하던 일. 郵置(우치).
【郵子 우자】역졸(驛卒).
【郵傳 우전】역참(驛站)에서 역참으로 인마(人馬)를 갈아 가며 화물을 보냄.
【郵遞 우체】①역참(驛站). ②역(驛)에서 역으로 체송(遞送)함. ③≒郵便(우편).
【郵遞司 우체사】조선 말에 우편 사무를 맡아보던 관서.
【郵便 우편】서신이나 기타 물품을 국내외로 보내는 업무. 郵遞(우체).
●官─, 軍─, 督─, 邊─, 傳─.

邑部 8~9획 郞 郪 郰 郴 鄕 郹 鄄 鄆 鄈 都

邑8 【郞】⑪ 邸(1842)의 속자

邑8 【郪】⑪ ❶땅 이름 처 圂 qī ❷고을 이름 자 囡 qī
[소전][초서][字解]❶땅 이름, 전국 시대 위(魏)나라의 땅. 지금의 안휘성(安徽省) 태화현(太和縣). ❷고을 이름. 한대(漢代)의 현(縣). 지금의 사천성(四川省) 삼대현(三臺縣) 서쪽.

邑8 【郰】⑪ ❶고을 이름 추 囮 zōu ❷역참 이름 산 囼 jǔ
[소전][초서][동속][字解]❶고을 이름. 춘추 시대 노(魯)나라의 읍(邑). 공자(孔子)가 태어난 곳. 지금의 산동성(山東省) 곡부현(曲阜縣) 동쪽. 늑 鄹・陬. 〔春秋左氏傳〕 郰人紇抉之以出門者. ❷역참(驛站) 이름. ＝鄹.
【郰人之子 추인지자】 추읍(郰邑) 사람의 아들. 곧, 공자(孔子). ○공자의 아버지 숙량흘(叔梁紇)이 노(魯)나라의 대부(大夫)였고, '郰'가 노 나라의 지명인 데서 온 말.

邑8 【郴】⑪ 고을 이름 침 囜 chēn
[소전][초서][字解]①고을 이름. 한대(漢代)의 현(縣). 지금의 호남성(湖南省) 침현(郴縣). 〔史記〕 追殺之郴縣. ②성(姓).

邑8 【鄕】⑪ 鄉(1850)의 속자

邑9 【郹】⑫ 고을 이름 격 鍚 jú
[소전][초서][字解] 고을 이름. 춘추 시대 채(蔡)나라의 읍(邑). 지금의 하남성(河南省) 상채현(上蔡縣).

邑9 【鄄】⑫ 땅 이름 견・진 眞 juàn
[소전][초서][字解] 땅 이름. 춘추 시대 위(衛)나라의 읍(邑). 지금의 산동성(山東省) 복현(濮縣)의 동쪽. 〔春秋左氏傳〕 單伯會齊侯宋公衛侯鄭伯于鄄.

邑9 【鄆】⑫ 나라 이름 계 囻 jī
[字解] 나라 이름. 주(周)가 황제(黃帝)의 후손을 봉한 나라. 지금의 북경(北京). 늑 薊.

邑9 【鄈】⑫ 땅 이름 규 囝 kuí
[소전][字解] 땅 이름. 지금의 산서성(山西省) 분성현(汾城縣) 남쪽의 임분고성(臨汾故城).

邑9 【都】⑫ ❶도읍 도 囍 dū, dōu ❷못 저 鱼 zhū
[자형변화: 土步步者者者者都都]
[소전][초서][속][都][간체][囻표] 대법원 지정 인명용 한자의 음은 '도'이다.
[字源] 形聲. 者+邑→都. '者(자)'가 음을 나타낸다.
[字解] ❶①도읍, 서울. ㉮천자(天子)가 살고 있는 곳. 〔潘岳・賦〕 遊都邑以永久. ㉯선군(先君)의 종묘(宗廟)가 있는 곳. 〔春秋左氏傳〕 凡邑有宗廟先君之主曰都, 無曰邑. ②채지(采地). 주대(周代)에 기내(畿內)에 있는 왕(王)의 자제(子弟)와 공경대부(公卿大夫)의 채지(采地). 〔周禮〕 以敍百官府都縣鄙之治. ③제후(諸侯)의 하읍(下邑). 〔日知錄〕 詩毛氏傳, 下邑曰都, 後人以爲人君所居, 非也. ④행정 구획(行政區劃)의 이름. ㉮주대(周代)의 제도. 사방 1리(里)를 정(井), 4정을 읍(邑), 4읍을 구(丘), 4구를 전(甸), 4전을 현(縣), 4현을 도(都)라 하였다. ㉯우하대(虞夏代)의 제도. 8가(八家)를 인(鄰), 3린을 붕(朋), 3붕을 이(里), 5리을 읍(邑), 10읍을 도(都), 10도를 사(師), 12사를 주(州)라 하였다. ⑤마을, 동네. 〔戰國策〕 王不知而賂一名都. ⑥성(城). ⑦못(池). ⑨있다, 자리하다. 〔漢書〕 而都卿相之位. ⑩모이다. 〔張衡・賦〕 其西則有平樂都場. ⑪모두, 다. 〔漢書〕 嘗爲弟子都養. ⑫대개, 대충. ⑬크다. ⑭성하다. ⑮우아(優雅)하다. 〔詩經〕 洵美且都. ⑯아름답다, 요염하다. 〔史記〕 雍容閑雅甚都. ⑰쌓다, 저축하다. 늑 儲. ⑱시험해 보다. 〔漢書〕 光出都肄郎羽林. ⑲그루터기. 늑 根・斷. ⑳아아. 감탄의 뜻을 나타내는 말. 〔書經〕 驩兜曰, 都共工. ㉑우두머리, 수령(首領). ❷못. 늑 瀦.
【都家 도가】 ①주대(周代), 왕(王)의 자제와 공경대부(公卿大夫)의 채읍(采邑). ②國동업자들이 모여서 계(契)나 장사에 관해 의논하는 집.
【都監 도감】 國①국혼・국상 등 나라의 일이 있을 때 임시로 설치하던 관아. ②(佛)절에서 돈이나 곡식 등을 맡아보는 사람.
【都講 도강】 ①강학(講學)을 맡은 사람. 강사(講師). 선생. ②문생(門生)의 우두머리. 學頭(학두). 塾頭(숙두). ③군사(軍事)를 강습하던 일. ④國㉠글방에서, 여러 날 배운 글을 선생 앞에서 외던 일. ㉡한 개 군(郡) 또는 여러 군의 학생들을 한곳에 모아 배운 글을 외게 하던 일.
【都君 도군】 순(舜)임금의 딴 이름. ○순임금이 머무르는 곳은 3년이 지나면 도회가 되었다는 데서 온 말.
【都督 도독】 ①통틀어 거느리고 감독함. ②군대(軍隊)의 총대장.
【都輦 도련】 서울.
【都令 도령】 도승지(都承旨)의 딴 이름.
【都盧 도로】 ①㉠서역(西域)의 나라 이름. ㉡곡예사(曲藝師). ○'도로'의 사람들이 몸이 가볍

【都門 도문】①㉠도성의 출입문. ㉡서울. (경사). ②번화한 거리에 있는 문.
【都府 도부】①서울. ②도시. 도회지. ③절도사(節度使)의 딴 이름.
【都鄙 도비】①서울과 시골. 도시와 농촌. ◎'都'는 왕(王)의 자제의 식읍(食邑), '鄙'는 공경(公卿)의 식읍. ②품위 있음과 비루(鄙陋)함.
【都城 도성】①천자(天子) 또는 제후(諸侯)의 서울. ②성벽으로 둘러싸인 도시.
【都承旨 도승지】조선 때 승정원(承政院)의 으뜸 벼슬. 정삼품으로, 왕명(王命)의 출납을 말아봄.
【都是 도시】國①모두 해서. ②원래. 본시. ③전연. 도무지.
【都雅 도아】모습이나 행동이 우아함.
【都冶 도야】①우아함. ②아름다운 여자.
【都兪吁咈 도유우불】①요(堯)임금이 정사를 논할 때 쓴 말. 넉 자 다 감탄의 소리로, '都'·'兪'는 찬성, '吁'·'咈'은 반대의 뜻을 나타냄. ②군신(君臣)이 토론하고 심의함.
【都邑 도읍】서울. 京師(경사).
【都肄 도이】군대를 훈련함. ◎'都'는 총검열, '肄'는 연습.
【都人子 도인자】①서울 사람. ②궁인(宮人)의 아들.
【都點檢 도점검】송대(宋代)에 천자를 호위하던 벼슬. 點檢(점검).
【都亭 도정】군현(郡縣)의 관청이 있는 곳.
【都總 도총】①총괄하여 다스림. 통솔하여 지배함. ②國모두 합하여. 都合(도합).
【都統 도통】통솔하여 다스림.
【都合 도합】모두 합한 셈. 모두. 合計.
【都會 도회】사람이 많이 사는 번잡한 지역.

◐ 江-, 京-, 古-, 舊-, 大-, 省-, 聖-, 首-, 王-, 雄-, 帝-, 遷-, 還-, 皇-.

邑 9 【鄜】 ⑫ 땅 이름 미 皮眞 méi

[소전][초서] [字解] 고을 이름. ㉮주대(周代)의 읍(邑). 지금의 섬서성(陝西省) 미현(鄜縣)의 동북.〔詩經〕王餞于鄜. ㉯춘추 시대 노(魯)나라의 읍. 지금의 산동성(山東省) 동평현(東平縣)의 지경(地境).〔春秋左氏傳〕冬築鄜.

邑 9 【鄂】 ⑫ 땅 이름 악 藥 è

[소전][초서][본자] 鄂 [字解] ①땅 이름. ㉮춘추 시대 초(楚)나라 악왕(鄂王)의 구도(舊都). 지금의 호북성(湖北省) 악성현(鄂城縣).㉯은대(殷代)의 나라 이름, 악후(鄂侯)의 땅. 지금의 하남성(河南省) 심양현(沁陽縣) 서북쪽의 우대(邘臺鎮). ㉰춘추 시대 진(晉)나라의 읍(邑). 지금의 산서성(山西省) 향녕현(鄕寧縣)의 남쪽. ㉱호북성(湖北省)의 옛 이름. ②경계. 끝.〔漢書〕紛被麗其亡鄂. ③받침대. 꽃받침. = 萼.〔詩經〕鄂不韡韡. ④놀라다. ≒遌·愕.〔漢書〕群臣皆驚鄂失色. ⑤직언(直言)하다. ≒咢·謣.〔馬融·賦〕⑥짐승을 잡는 덫. 허방다리.〔國語〕設罦鄂.

【鄂鷲 악경】놀람. 驚愕(경악).
【鄂羅斯 악라사】러시아(Russia)의 음역어. 俄羅斯(아라사).
【鄂博 악박】몽고 유목지(遊牧地)에서 경계를 명백히 하기 위하여 돌을 쌓아 올린 표지.
【鄂鄂 악악】①엄격하게 말하는 모양. ②기탄없이 직언(直言)하는 모양. ③말이 많은 모양. 시끄러운 모양.

邑 9 【䣱】 ⑫ 나라 이름 약·작 藥 ruò

[소전] 䣱 [字解] 나라 이름. 주대(周代)에 진(秦)·초(楚)의 경계에 있던 작은 나라. 지금의 하남성(河南省) 내석천현(內淅川縣) 서쪽.〔春秋左氏傳〕秦晉伐䣱.

邑 9 【鄢】 ⑫ 고을 이름 언 霰 yǎn

[소전][초서] 鄢 [字解] 고을 이름. 진대(秦代)의 현(縣). 지금의 하남성(河南省) 언성현(鄢城縣)의 남쪽.

邑 9 【鄅】 ⑫ 나라 이름 우·구 麌 yǔ

[소전][초서] [字解] 나라 이름. 주대(周代)의 제후국. 지금의 산동성(山東省) 임기현(臨沂縣)의 북쪽.〔春秋〕邾人入鄅.

邑 9 【郵】 ⑫ 郵(1847)와 동자

邑 9 【䰘】 ⑯ 郵(1847)의 속자

邑 9 【鄆】 ⑫ 고을 이름 운 問文 yùn

[소전][초서][간체] 郓 [字解] 고을 이름. 춘추 시대 노(魯)나라의 읍(邑). 동운(東鄆)과 서운(西鄆)이 있었는데, 동운은 산동성(山東省) 기수현(沂水縣)의 북쪽이고, 서운은 산동성 운성현(鄆城縣)의 동쪽이다.〔春秋左氏傳〕城諸及鄆.

邑 9 【鄃】 ⑫ 고을 이름 유 虞 shū

[소전][초서] [字解] 고을 이름. ㉮한대(漢代)의 현(縣). 지금의 산동성(山東省) 평원현(平原縣)의 서남쪽. ㉯수대(隋代)의 현(縣). 지금의 산동성 하진현(夏津縣)의 동북쪽.

邑 9 【郾】 ⑫ 壓(556)과 동자

邑 9 【䣎】 ⑫ 邳(1842)와 동자

邑 9 【鄉】 ⑬ 鄕(1850)의 속자

邑 9 【㬋】 ⑫ 땅 이름 후 hóu
字解 땅 이름. 춘추 시대 진(晉)나라 온(溫) 땅의 별읍(別邑). 지금의 하남성(河南省) 무척현(武陟縣)의 서남쪽. 〔春秋左氏傳〕 晉郤至與周爭㬋田.

邑 10 【鄍】 ⑬ 고을 이름 명 míng
字解 고을 이름. 춘추 시대 우(虞)나라의 읍(邑). 지금의 산서성(山西省) 평륙현(平陸縣)의 동북쪽. 〔春秋左氏傳〕 入自顚軨, 伐鄍三門.

邑 10 【鄎】 ⑬ 나라 이름 식 xī
字解 나라 이름. 주대(周代)의 제후국. 지금의 하남성(河南省) 식현(息縣)의 북쪽. 늠읍. 〔春秋左氏傳〕 公會吳, 伐齊南鄙, 師于鄎.

邑 10 【鄔】 ⑬ 땅 이름 오·우 wū
字解 ①땅 이름. ㉮춘추 시대 진(晉)나라의 읍(邑). 지금의 산서성(山西省) 개휴현(介休縣)의 동북쪽. 〔春秋左氏傳〕 司馬彌牟爲鄔大夫. ㉯춘추 시대 정(鄭)나라의 땅. 지금의 하남성(河南省) 언사현(偃師縣)의 서남쪽. 〔春秋左氏傳〕 王取鄔劉蔿邘之田于鄭. ②성(姓). 이때의 음은 '우'이다.
【鄔婆斯迦 우바사가】 (佛) 속가(俗家)에 있으면서 불교를 믿는 여자. ○범어 'Upāsikā'의 음역어. 優婆夷(우바이).
【鄔婆索迦 우바삭가】 (佛) 속가(俗家)에 있으면서 불교를 믿는 남자. ○범어 'Upāsaka'의 음역어. 優婆塞(우바새).

邑 10 【鄏】 ⑬ 땅 이름 욕 rǔ
字解 땅 이름. 주대(周代)의 땅. 하남성(河南省) 낙양현(洛陽縣)의 서쪽.

邑 10 【鄖】 ⑬ 나라 이름 운 yún
字解 ①나라 이름. ㉮주대(周代)의 나라. 춘추 시대에 초(楚)나라에 망하였다. 지금의 호북성(湖北省) 안륙현(安陸縣). 〔春秋左氏傳〕 鄖人軍於蒲騷. ②땅 이름. 춘추 시대 위(衛)나라의 땅. 지금의 강소성(江蘇省) 여고현(如皋縣)의 동쪽. 〔春秋〕 公會衛侯宋皇瑗於鄖.

邑 10 【鄑】 ⑬ 땅 이름 자·진 zī
字解 땅 이름. ㉮춘추 시대 송(宋)나라와 노(魯)나라 사이의 땅. 지금의 산동성(山東省) 제녕도(濟寧道)의 지방. 〔春秋〕 公敗宋師于鄑. ㉯춘추 시대 기(紀)의 읍(邑). 지금의 산동성(山東省) 창읍현(昌邑縣)의 지경(地境). 〔春秋〕 齊師遷紀郱鄑郚.

邑 10 【鄒】 ⑬ 나라 이름 추 zōu
간체 邹
字解 나라 이름. 주대(周代)의 제후국. 지금의 산동성(山東省) 추현(鄒縣) 동남쪽의 주성(邾城). =邾.
【鄒魯 추로】 ①공자(孔子)와 맹자(孟子). ○'鄒'는 맹자의 출생지, '魯'는 공자의 출생지인 데서 온 말. ②공맹(孔孟)의 학문.
【鄒魯遺風 추로유풍】 공자와 맹자의 유풍.
【鄒孟 추맹】 맹자(孟子).
【鄒査 추사】 소곤거리는 말소리.
【鄒搜 추수】 용모가 시원치 않음.

邑 10 【䣌】 ⑬ 고을 이름 축·휵 chù
字解 고을 이름. 춘추 시대 진(晉)나라 옹자(雍子)의 읍(邑). 〔春秋左氏傳〕 雍子奔晉, 晉人與之䣌.

邑 10 【鄕】 ⑬ ❶시골 향 xiāng ❷구제할 향 xiǎng
彳 彡 彡 卿 卿 卿 鄉 鄕 鄉
字源 會意. 乡+皀+阝→鄕. 밥상(皀)을 가운데 놓고 두 사람(乡와 阝)이 마주 앉아 있는 모습으로, '같이 밥을 먹다'라는 뜻을 나타낸다.
字解 ❶①시골, 성진(城鎭) 이외의 땅. ②마을, 촌락, 동네. 〔孟子〕 莫知其鄕. ③곳, 장소. 〔詩經〕 于此中鄕. ④고향. 〔史記〕 富貴不歸故鄕, 如衣繡夜行. ⑤행정 구획(行政區劃)의 이름. ㉮진한대(秦漢代)의 제도로, 10리(里)를 정(亭), 10정을 향(鄕)이라 이른다. 〔漢書〕 十 一鄕. ㉯주대(周代)의 제도로, 5가(家)를 비(比), 5비를 여(閭), 5려를 족(族), 5족을 당(黨), 5당을 주(州), 5주를 향(鄕)이라 이른다. ㉰춘추 시대 제(齊)나라의 제도로, 5가(家)를 궤(軌), 10궤를 이(里), 4리를 연(連), 10련을 향(鄕)이라 이른다. ㉱5가(家)를 궤(軌), 6궤를

읍(邑), 10읍을 솔(率), 10솔을 향(鄕)이라 이른다. ⑭5가(家)를 오(伍), 10오를 이(里), 4리를 편(扁), 10편을 향(鄕)이라 이른다. ⑥지위.〔素問〕各守其鄕. ⑦방향(方向).〔荀子〕天地易位, 四時易鄕. ⑧동료, 동아리.〔禮記〕故君子之朋友有鄕. ⑨향인(鄕人), 향대부(鄕大夫)의 약칭(略稱).〔儀禮〕記鄕朝服而謀賓介. ⑩향음주례(鄕飮酒禮)의 약칭(略稱).〔禮記〕吾觀於鄕. ⑪성(姓). ❷①구제하다. ②소리가 울리다, 울림. ≒響.〔漢書〕如影鄕之應形聲也. ③대접하다, 향응하다. ≒饗.〔漢書〕專鄕獨美其福. ④향하다, 대하다. ≒向·嚮.〔禮記〕樂行而民鄕方. ⑤창, 창문.〔禮記〕刮楹達鄕. ⑥동서(東西) 두 섬돌의 사이. ⑦앞서, 접때. ≒曏.〔論語〕鄕也吾見於夫子而問知.
【鄕歌 향가】신라 중엽에서 고려 초기에 걸쳐 민간에 널리 유행한 우리나라 고유의 시가(詩歌). 모두 향찰(鄕札)로 기록되어 있으며, 현재 전하는 것은 삼국유사(三國遺事)에 14수, 균여전(均如傳)에 11수 등 25수이다.
【鄕擧里選 향거이선】주대(周代)의 인재 등용법. 향리에서 재덕 있는 사람을 추천하면 중앙에서 벼슬을 시키던 일.
【鄕曲 향곡】시골. 벽촌(僻村).
【鄕曲之譽 향곡지예】향리(鄕里)의 명예. 한 지방의 작은 명예.
【鄕貢 향공】⇒鄕貢進士(향공진사).
【鄕貢進士 향공진사】당대(唐代)에 인재를 뽑을 때, 주현(州縣)의 장관이 선발하여 경사(京師)에 추천한 사람 학교에서 선발된 사람은 생도(生徒)라 하였음. 鄕貢(향공).
【鄕貫 향관】①태어난 고향의 호적(戶籍). 本籍(본적). ②國시조(始祖)가 난 땅.
【鄕關 향관】고향(故鄕).
【鄕校 향교】①고대의 지방 학교. ②國지방에 설치한 관립(官立) 학교.
【鄕舊 향구】고향의 옛 벗.
【鄕國 향국】①고국(故國). ②고향.
【鄕黨 향당】①주대(周代)의 지방 행정 구획 제도. '鄕'은 1만 2,500호(戶), '黨'은 500호. ②시골.
【鄕黨尙齒 향당상치】향당에서는 나이가 많은 사람을 높임.
【鄕導 향도】길을 인도함. 嚮導(향도).
【鄕論 향론】향리의 평판.
【鄕吏 향리】①향(鄕)의 벼슬아치. ②國한 고을에 대물림으로 내려오던 아전.
【鄕里 향리】①고향. ②시골 마을.
【鄕夢 향몽】타향에서 꾸는 고향 꿈.
【鄕班 향반】國낙향하여 살면서 여러 대 동안 벼슬을 하지 못한 양반.
【鄕背 향배】좇음과 등짐. 편듦과 배반함.
【鄕射 향사】①주대(周代)에, 향대부(鄕大夫)가 과거(科擧)를 보일 때 실시하던 사례(射禮). ②주(州)의 장관이 봄·가을에 학교에 백성을 모아 놓고 베풀던 사례(射禮). 鄕射禮(향사례).
【鄕三物 향삼물】주대(周代) 향학(鄕學)의 교과

과정인, 육덕(六德;知仁聖義忠和)·육행(六行;孝友睦婣任恤)·육예(六藝;禮樂射御書數)의 세 가지.
【鄕書 향서】①⇒鄕信(향신). ②주대(周代)에 3년마다 향로(鄕老)와 향대부(鄕大夫) 등이 벼슬아치의 성적을 고사하여 현능(賢能)한 자의 명부를 임금에게 올리던 글.
【鄕先生 향선생】①벼슬에서 물러나 향리에서 제자를 가르치는 사람. 시골 선비. ②國시골에서 명망이 있는 선비.
【鄕愁 향수】고향을 그리는 마음.
【鄕試 향시】①3년마다 각 성(省)에서 실시하던 과거. ②조선 때 지방에서 실시하던 과거의 초시(初試).
【鄕信 향신】고향 소식. 고향에서 온 편지.
【鄕約 향약】향촌의 주민이 함께 지켜야 할 규약. 향촌의 자치 규약.
【鄕往 향왕】마음이 쏠림. 우러러 사모함.
【鄕友 향우】같은 고향의 벗.
【鄕原 향원】향리(鄕里)의 인정을 살펴 이에 영합하는 사람. 향인(鄕人)에게서 덕이 있는 사람이라고 칭송을 받으나, 실제의 행동은 그렇지 못한 사람.
【鄕園 향원】고향(故鄕).
【鄕音 향음】시골 사투리. 고향 말씨.
【鄕飮酒禮 향음주례】온 마을 안의 유생이 모여서 읍양(揖讓)의 예를 지켜 술을 마시던 잔치.
【鄕邑 향읍】①시골 마을. ②고향.
【鄕人 향인】①고향 사람. ②시골 사람.
【鄕井 향정】고향(故鄕).
【鄕弟 향제】고향 사람에게 '자기'를 이르는 말.
【鄕札 향찰】신라 때, 한자의 음과 뜻을 빌려 우리말을 표음식(表音式)으로 적던 표기법.
【鄕親 향친】같은 고향 사람. 同鄕(동향).
【鄕土 향토】①태어나서 자란 땅. ②시골.
【鄕學 향학】①마음을 학문에 기울임. ②향(鄕)에 설치하던 학교. ○'鄕'은 1만 2,500호(戶). ③지방의 학교.
【鄕鄕 향향】①달려가서 먹는 모양. ②물리는 모양.
【鄕賢祠 향현사】한 지방에서 명망이 있는 사람을, 죽은 뒤에 그 지방에서 제사 지내던 일. 또는 그 사당.
【鄕黌 향횡】마을의 학교.
❶ 家—, 故—, 歸—, 同—, 望—, 思—, 色—, 異—, 在—, 帝—, 他—, 懷—.

邑 10 【鄗】⑬ ❶땅 이름 호 鄗 hào
❷산 이름 교 鄗 qiáo
소전 高邑 초서 鄗
字解 ❶땅 이름. ㉮춘추 시대 진(晉)나라의 읍(邑). 전국 시대에는 조(趙)나라에 속하였고, 후한(後漢)의 광무제(光武帝)가 이곳에서 즉위(卽位)한 후 이름을 고읍(高邑)이라고 고쳤다. 지금의 하북성(河北省) 백향현(柏鄕縣)의 북쪽.〔春秋左氏傳〕國夏伐晉取邢任欒鄗. ㉯주(周) 무왕(武王)의 도읍지. 지금의 섬서성(陝西省) 장안(長

邑部 11획 鄁 鄔 鄝 鄚 鄤 鄪 鄌 鄙

安). 늑鎬.〔荀子〕武王以鄗.❹춘추 시대 제 (齊)나라의 땅. 지금의 산동성(山東省) 몽음현 (蒙陰縣)의 서북쪽. 늑鄗.〔春秋公羊傳〕公會 齊侯于鄗.❷①산 이름. 하남성(河南省) 성고 현(成皐縣)의 지경.〔春秋左氏傳〕晉師在敖 鄗之間. ②땅 이름.〔史記〕取王官及鄗.

【鄁】⑭ 고을 이름 교 蕭 qiáo
[소전][초서][동자]鄁 [字解] ①고을 이름. 후한(後漢)때 한 현(縣). 지금의 하북성(河北省) 속록현(束鹿縣)의 동쪽.〔後漢書〕繫銅馬於鄁. ②역참(驛站) 이름.〔漢書〕時析宰將兵數千屯鄁亭.

【鄔】⑭ 鄁(1852)와 동자

【鄝】⑭ 나라 이름 료 篠 liǎo
[소전][초서]鄝 [字解] 나라 이름, 서료(舒鄝). 춘추 때 지금의 하남성 (河南省) 고시현(固始縣)의 동북쪽 요성강(蓼城岡)에 있던 나라. 늑蓼.

【鄚】⑭ 고을 이름 막 藥 mào
[소전][초서]鄚 [字解] 고을 이름. 본래는 전국 때 조(趙)나라의 읍 (邑). 한대(漢代)의 현(縣). 지금의 하북성(河北省) 임구현(任丘縣)의 북쪽.〔史記〕與燕鄚易.

【鄤】⑭ 땅 이름 만 翰 màn
[초서]鄤 [字解] 땅 이름. 춘추 때 정(鄭)나라의 땅. 지금의 하남성(河南省) 범수현(氾水縣)의 지경.〔春秋左氏傳〕諸侯伐鄭, 鄭公子偃師禦之, 使東鄤覆諸鄤.

【鄪】⑭ 고을 이름 배 灰 péi
[소전]鄪 [字解] ①고을 이름. 지금의 안휘성 (安徽誠) 박현(亳縣)에 있던 옛 고을. ②나라 이름. 한대(漢代)의 제후국. 지금의 섬서성(陝西省) 호현(鄠縣).

【鄌】⑭ ❶고을 이름 부 虞 fū ❷땅 이름 록 屋 lù
[소전][초서]鄌 [字解] ❶고을 이름. 한대(漢代)의 현(縣). 지금의 섬서성(陝西省) 낙천현(洛川縣)의 동남쪽.〔史記〕初爲鄌時. ❷땅 이름.

【鄙】⑭ 다라울 비 紙 bǐ
[소전][음부][초서]鄙 [字解] ①다랍다. ㉮인색(吝嗇)하 다. 늑啚.㉯도량(度量)이 좁다.〔孟子〕鄙夫 寬.㉰가문(家門)이 보잘것없다.〔呂氏春秋〕 魯之鄙家也.㉱추잡하다.㉲어리석다, 품성이 낮다.〔漢書〕或仁或鄙.㉳완고(頑固)하다. 〔張衡·賦〕鄙哉予乎,상스럽다.〔嵇 康·詩〕對答鄙訊.㉴질박하다.〔莊子〕焚符破 璽,而民朴鄙.㉵자기와 관련된 것의 겸칭(謙 稱).〔列女傳〕妾願以鄙驅易父之死. ②천하게 여기다. ㉮멸시하다.〔春秋左氏傳〕夫猶鄙我. ㉯수치로 여기다.〔史記〕君子所鄙. ③행정 구 역의 이름. 주대(周代)의 제도로, 5가(家)를 인 (隣), 5린을 이(里), 4리를 찬(酇), 5찬을 비 (鄙), 5비를 현(縣), 5현을 수(遂)라 이른다. ④ 식읍(食邑). 주대(周代)의 제도로, 왕기(王畿) 안에 있던, 왕(王)의 자제(子弟)와 공경대부 (公卿大夫)의 채읍(采邑).〔周禮〕以八則治都鄙. ⑤나라, 촌, ⑥시골, 촌. ⑦변경(邊境)의 부락.〔禮 記〕四鄙入保. ⑧교외(郊外).〔國語〕參其國 而伍其鄙. ⑨들[野].〔春秋左氏傳〕鄙在鄭地 汜. ⑩모퉁이, 구석.〔張衡·賦〕旁震八鄙.

【鄙見 비견】천한 견해. 자기 의견의 겸칭.
【鄙軀 비구】천한 몸. 자기의 몸의 겸칭.
【鄙近 비근】고상하지 못하고 천박함. 흔하여 천한 것에 가까움.
【鄙陋 비루】마음이 고상하지 못하고 하는 짓이 더러움. 학문이나 견식이 천박함.
【鄙俚 비리】풍속(風俗)・언어(言語) 등이 거칠 고 촌스러움. 鄙野(비야).
【鄙吝 비린】①마음이 고상하지 못하고 더러움. ②다랍게 인색함.
【鄙朴 비박】촌스러움. 또는 그 사람.
【鄙薄 비박】①야비하고 경박함. ②깔봄.
【鄙倍 비배】마음이 야비하고 도리에 어긋남. 鄙背(비배).
【鄙夫 비부】①어리석고 천한 사람. 도량이 좁 은 사람. ②자신(自身)의 겸칭(謙稱).
【鄙事 비사】야비한 일. 아무 보람도 없는 일.
【鄙詐 비사】비열하고 남을 잘 속임.
【鄙笑 비소】얕보고 비웃음. 冷笑(냉소).
【鄙闇 비암】촌스럽고 어리석음.
【鄙野 비야】⇨鄙俚(비리).
【鄙言 비언】①야비한 말. ②자기 언사(言辭)의 겸칭.
【鄙諺 비언】상스러운 속담.
【鄙劣 비열】성품과 행실이 더럽고 못남. 卑劣 (비열).
【鄙猥 비외】품격이 낮고 음탕함.
【鄙愚 비우】상스럽고 어리석음.
【鄙遠 비원】먼 나라를 변읍(邊邑)으로 삼음.
【鄙願 비원】자기 소원의 겸칭.
【鄙儒 비유】견식이 좁고 행동이 상스러운 선비.
【鄙人 비인】①시골 사람. 촌사람. 또는 신분이 낮은 사람. ②자신의 겸칭.
【鄙第 비제】자기 집의 겸칭.
【鄙賤 비천】①마음이 천박함. 신분이 낮고 천 함. ②깔봄. 천시함.
【鄙懷 비회】천박한 생각. 자기 생각의 겸칭.

邑部 11~12획 鄒鄋鄔鄘鄟鄡鄢鄣鄤鄥鄦鄧鄨鄩

邑11 【鄒】 ⑭ 鄢(1852)의 속자

邑11 【鄛】 ⑭ 고을 이름 소 图 cháo
소전·초서 字解 고을 이름. 한(漢)나라 화제(和帝)가 환관(宦官) 정중(鄭衆)을 봉한 땅. 지금의 하남성(河南省) 신야현(新野縣). 〔後漢書〕 鄭衆封鄛爲鄕侯.

邑11 【鄢】 ⑭ 고을 이름 언 凶顧 yān
소전·초서 字解 ①고을 이름. 춘추 때 초(楚)나라의 서울. 한(漢)나라 혜제(惠帝)가 의성(宜城)이라고 고쳤다. 지금의 호북성(湖北省) 의성현(宜城縣)의 서남쪽. 〔楚辭〕見鄢郢兮舊宇. ②나라 이름. 주대(周代)의 나라. 춘추 때 정(鄭)나라에 멸망한 후 이름을 언릉(鄢陵)이라고 고쳤다. 지금의 하남성(河南省) 언릉현(鄢陵縣). 〔國語〕昔鄢之亡也, 由仲任.

邑11 【鄘】 ⑭ 나라 이름 용 图 yōng
소전·초서 字解 ①나라 이름. ㉮남이(南夷)의 나라. 지금의 호북성(湖北省) 죽산현(竹山縣)의 동쪽에 있던 초(楚)나라에 속한 작은 나라. ㉯주대(周代)의 나라. 주(周) 무왕(武王)이 은(殷)을 멸한 후 조가(朝歌) 이남(以南)을 용(鄘)이라 하고, 관숙(管叔)을 봉한 지금의 하남성(河南省) 급현(汲縣)의 동북쪽. ②벽(壁), 성(城). 늑墉. 〔春秋左氏傳〕宋城舊鄘.

邑11 【鄞】 ⑭ 땅 이름 은 凶 yín
소전·초서 字解 땅 이름. 지금의 절강성(浙江省) 영파부(寧波府) 봉화현(奉化縣)의 동쪽.
【鄞鄂 은악】 ①시간, 공간 따위에서 그 이상이 없는 한계. ②몸〔身〕.

邑11 【鄣】 ⑭ ❶나라 이름 장 陽 zhāng ❷막을 장 漾 zhàng
소전·초서 參考 어휘는 障(1954)을 아울러 보라.
字解 ❶나라 이름. 춘추 때의 나라. 제(齊)나라에 망하였다. 지금의 산동성(山東省) 동평현(東平縣)의 동쪽. 〔春秋左氏傳〕莒子奔紀鄣. ❷①막다, 막아내다. 늑障. 〔禮記〕鯀鄣鴻水而殛死. ②성가퀴. 성(城) 위에 낮게 쌓은 작은 담. 〔漢書〕居一鄣間.
【鄣泥 장니】 말의 안장 양쪽에 늘어뜨려, 말 탄 사람의 옷에 흙이 튀는 것을 막는 기구. 말다래. 障泥(장니).
【鄣癘 장려】 산천의 독한 기운(毒氣). 障癘(장려).
【鄣塞 장새】 국경에 있는 성채(城砦).

邑11 【鄭衛 정위】 막아서 지킴.

邑11 【鄟】 ⑭ 나라 이름 전·단 先 寒 zhuān
소전·초서 字解 ①나라 이름. 춘추 때 노(魯)나라의 부용국(附庸國). 지금의 산동성(山東省) 담성현(郯城縣)의 동북쪽. ②성문(城門) 이름. 정(鄭)나라의 성문. 〔春秋左氏傳〕諸侯伐鄭, 門于鄟門.

邑11 【鄜】 ⑭ 고을 이름 차 歌 cuó
소전·초서 字解 고을 이름. 한대(漢代)의 현(縣). 지금의 하남성(河南省) 영성현(永城縣).

邑11 【鄠】 ⑭ 땅 이름 호 麌 hù
소전·초서 字解 땅 이름. 진대(秦代)의 읍(邑), 한대(漢代)의 현(縣). 지금의 섬서성(陝西省) 호현(鄠縣)의 북쪽. 〔漢書〕右扶風, 縣二十一, 鄠.

邑12 【鄡】 ⑮ 나라 이름 교 篠 jiǎo
字解 나라 이름. 황제(黃帝)의 후손인 희성(姬姓)의 나라.

邑12 【鄲】 ⑮ ❶고을 이름 단 寒 dān ❷나라 이름 다 歌 duō
소전·초서·간체 邯 參考 대법원 지정 인명용 한자의 음은 '단'이다.
字解 ❶고을 이름. 전국(戰國) 때 조(趙)나라의 서울. 지금의 하북성(河北省) 한단(邯鄲). 〔漢書〕趙國, 縣四, 邯鄲. ❷나라 이름. 한대(漢代)의 제후국. 지금의 하남성(河南省) 녹읍현(鹿邑縣) 동남쪽. 〔史記〕封周隱爲鄲侯.

邑12 【鄧】 ⑮ 나라 이름 등 徑 dèng
소전·초서·간체 邓 字解 ①나라 이름. 주대(周代)의 제후국으로 초(楚)나라에게 멸망되었다. 지금의 하남성(河南省) 등현(鄧縣). 〔春秋〕鄧侯吾離來朝. ②땅 이름. ㉮춘추 때 노(魯)나라의 땅. 지금의 산동성(山東省) 연주부(兗州府) 지방. ㉯춘추 때 채(蔡)나라의 땅. 지금의 하남성(河南省) 언성현(郾城縣) 동남쪽. ㉰전국 때 위(魏)나라의 읍(邑). 지금의 하남성(河南省) 맹현(孟縣)의 서남쪽. ③나무 이름. 늑橙.

邑12 【鄰】 ⑮ 隣(1955)의 본자

邑12 【鄚】 ⑮ 고을 이름 무 宥 mào

邑部 12~13획

【鄭】 고을 이름. 한대(漢代)의 현(縣). 지금의 절강성(浙江省) 은현(鄞縣)의 동쪽.

邑12 【鄪】⑮ 고을 이름 비 寘 bì
字解 고을 이름. 춘추 때 노(魯)나라의 읍(邑). 지금의 산동성(山東省) 어대현(魚臺縣)의 서남쪽. 〔史記〕以汶陽鄪封季友.

邑12 【鄯】⑮ 나라 이름 선 霰 shàn
字解 ①나라 이름. 신선(鄯善). 서역(西域)의 나라. ②주(州) 이름. 후위(後魏) 때 둠.
【鄯善 선선】한대(漢代)의 서역(西域) 36국의 하나. 신강성(新疆省)에 있었음.

邑12 【鄩】⑮ 고을 이름 심 侵 xún
字解 고을 이름. 춘추 때 주(周)나라의 읍(邑). 지금의 하남성(河南省) 공현(鞏縣)의 서남쪽.

邑12 【鄂】⑮ 鄂(1849)의 본자

邑12 【鄬】⑮ 땅 이름 위 支紙 wéi
字解 ①땅 이름. 춘추 때 정(鄭)나라의 땅. 지금의 하남성(河南省) 노산현(魯山縣). ②고개 이름. 재 이름. 늑邳.

邑12 【鄭】⑮ 나라 이름 정 敬 zhèng
字解 ①나라 이름. ㉠주대(周代)의 나라. 주(周) 선왕(宣王)의 서제(庶弟) 우(友)를 봉(封)한 곳으로, 본래 주(周)나라 서도(西都) 기내(畿內)의 땅. 지금의 섬서성(陝西省) 화현(華縣)의 서북쪽. 전국 초기에 한(韓)나라에 멸망되었다. ㉡수대(隋代) 말기에 왕세충(王世充)이 세운 나라. 지금의 하남성(河南省) 낙양현(洛陽縣). 당(唐)에 멸망되었다. ②겹치다. 늑仍.
【鄭聲 정성】춘추 때 정(鄭)나라의 음악. 음란한 음악. 鄭音(정음).
【鄭衛桑間 정위상간】음란한 노래와 망국적인 음악. ♡춘추 때 정(鄭)나라와 위(衛)나라의 음악이 세상을 어지럽히는 음란한 음악이었던 데서 온 말. '桑間'은 복수(濮水)의 상류로, 은(殷)나라 주(紂)임금이 퇴폐적인 노래를 즐기다가 빠져서 죽은 곳. 후세에 망국적인 퇴폐 음악을 '상간복상(桑間濮上)의 노래'라 하였음.

【鄭音 정음】⇨鄭聲(정성).
【鄭重 정중】①자주. 빈번(頻繁)히. ②은근하고 점잖음. 점잖고 무게가 있음.

邑12 【鄫】⑮ 나라 이름 증 蒸 zēng
字解 ①나라 이름. 주대(周代)의 나라. 춘추 때 거(莒)나라에 멸망되었다. 지금의 산동성(山東省) 역현(嶧縣)의 동쪽. 〔春秋〕季姬及鄫子遇于防. ②땅 이름. 춘추 때 정(鄭)나라의 땅. 지금의 하남성(河南省) 자성현(柘城縣)의 북쪽.

邑12 【鄂】⑮ 鄂(1848)와 동자

邑12 【鄱】⑮
①고을 이름 파 歌 pó
②고을 이름 비 支 pí
③땅 이름 반 寒 pán
字解 ①고을 이름. 한대(漢代)의 현(縣). 지금의 산동성(山東省)에 있었다. ＝番. ②고을 이름. 춘추 때 초(楚)나라의 현. 지금의 강서성(江西省)에 있었다. ＝番. ③땅 이름. 춘추 때 조(趙)나라의 땅.
【鄱陽 파양】①호수 이름. 강서성(江西省)의 북경(北境)에 있음. ②산 이름. 강서성 파양현(鄱陽縣)의 파양호 가운데 있음. ③현(縣) 이름. 한대(漢代)에 파양호의 동쪽에 두었음.

邑12 【鄦】⑮ 나라 이름 허 語 xǔ
字解 나라 이름. 주대(周代)의 제후국. 지금의 하남성(河南省) 허창현(許昌縣). 〔史記〕鄦公惡鄭於楚.

邑13 【鄶】⑯ 鄶(1855)의 속자

邑13 【鄳】⑯ 땅 이름 맹·명 庚梗 méng
字解 땅 이름. 춘추 때, 초(楚)나라의 땅. 지금의 하남성(河南省) 나산현(羅山縣)의 서남쪽. 〔史記〕殘均陵塞鄳阨.

邑13 【鄴】⑯ 땅 이름 업 葉 yè
字解 땅 이름. 춘추 때 제(齊)나라의 읍(邑). 지금의 하남성(河南省) 임장현(臨漳縣)의 서쪽.
【鄴架 업가】①서적(書籍)이 많은 일. ②서가(書架). 故事 당대(唐代)에 이필(李泌)이 업현후(鄴縣侯)로 있을 때 그의 집에 장서(藏書)가 많았던 데서 온 말.

邑13 【鄵】⑯ ❶땅 이름 조. cáo ❷나라 이름 소. sāo
[字解] ❶땅 이름. 춘추 때 정(鄭)나라의 땅. 지금의 하남성(河南省) 신정현(新鄭縣)에서 노산현(魯山縣)까지의 땅. ❷나라 이름. 춘추 때의 이국(夷國).

邑13 【酆】⑯ 酆(1855)의 속자

邑13 【鄶】⑯ 나라 이름 회. kuài
[字解] 나라 이름. 주대(周代)의 초기에 축융(祝融)의 자손을 봉(封)하고, 후에 정(鄭)나라 무공(武公)에게 멸망되었다. 지금의 하남성(河南省) 밀현(密縣)의 동북쪽. 〔春秋左氏傳〕文夫人斂而葬之鄶城之下.

邑14 【鄸】⑰ 땅 이름 몽. méng
[字解] 땅 이름. 춘추 때 조(曹)나라의 읍(邑). 지금의 산동성(山東省) 조현(曹縣)의 북쪽. 〔春秋〕曹公子會自鄸出奔宋.

邑14 【鄹】⑰ ❶나라 이름 추. zōu ❷마을 취. jù ❸모일 취.
[字解] ❶①나라 이름. =鄹. ②땅 이름. 춘추 때 노(魯)나라의 읍(邑). 공자(孔子)의 고향. =郰. ❷①마을. ②역참(驛站) 이름. ≒郰. ❸모이다, 마을. =聚.

邑15 【鄟】⑱ 郭(1846)의 본자

邑15 【鄺】⑱ 성 광·황. kuàng
[字解] 성(姓).

邑15 【鄻】⑱ 고을 이름 련. liǎn
[字解] 고을 이름. 주대(周代)의 읍(邑). 〔春秋左氏傳〕王子趙車入于鄻以叛.

邑15 【鄾】⑱ 땅 이름 우. yōu
[字解] 땅 이름. 춘추 때 등(鄧)나라의 땅. 옛 우자국(鄾子國). 지금의 호북성(湖北省) 양양현(襄陽縣)의 북쪽. 〔春秋左氏傳〕鄧南鄙鄾人攻而奪之幣.

邑15 【廛】⑱ 가게 전. chán
[字解] 가게, 상점.
【鄽郭 전곽】 도성(都城) 안의 거리.
【鄽肆 전사】 가게.

邑15 【酂】⑱ 酇(1855)의 속자

邑16 【酀】⑲ ❶땅 이름 연. yàn ❷사람 이름 언. yǎn
[字解] ❶땅 이름. ❷사람 이름. 〔春秋左氏傳〕齊人立敬仲之會孫酀.

邑17 【酃】⑳ 땅 이름 령. líng
[字解] 고을 이름. 한대(漢代)의 현(縣). 지금의 호남성(湖南省) 형양현(衡陽縣)의 동쪽.

邑17 【酁】⑳ 땅 이름 참. chán
땅 이름. 춘추 때 송(宋)나라의 땅. 〔春秋左氏傳〕奪其兄酁邑以與之.

邑18 【酆】㉑ 나라 이름 풍. fēng
[字解] ❶나라 이름. 주(周) 문왕(文王)이 도읍한 곳. 지금의 섬서성(陝西省) 호현(鄠縣)의 동쪽. 〔春秋左氏傳〕畢原酆郇文之昭也. ❷물 이름. 〔後漢書〕西鄰酆鄗.
【酆宮 풍궁】 주(周) 문왕(文王)의 궁전.

邑18 【酅】㉑ 땅 이름 휴. xī
[字解] ❶땅 이름. ㉮춘추 때 기(紀)나라의 읍(邑). 지금의 산동성(山東省) 임치현(臨淄縣)의 동쪽. 〔春秋〕紀季以酅入于齊. ㉯춘추 때 제(齊)나라의 땅. 지금의 산동성(山東省) 동아현(東阿縣)의 서남쪽. 〔春秋〕公追齊師至酅. ❷벼랑, 절벽. ≒崖. 〔春秋左氏傳〕楚師背酅而舍.

邑19 【酈】㉒ ❶땅 이름 리. lì ❷고을 이름 력. lì
[字解] ❶땅 이름. 춘추 때 노(魯)나라의 땅. 〔春秋〕公子友帥師敗莒師于酈. ❷①고을 이름. 한대(漢代)의 현(縣). 지금의 하남성(河南省) 내향현(內鄕縣)의 동북쪽. 〔漢書〕與偕攻析酈皆降. ②성(姓).

邑19 【酇】㉒ ❶나라 이름 찬. zàn ❷고을 이름 차. cuó
[字解] ❶나라 이

름. 한대(漢代)의 제후국. 소하(蕭何)를 봉(封)한 나라. 지금의 하남성(河南省) 영성현(永城縣)의 서남쪽. ❷행정 구역의 이름. 주대(周代)의 제도로, 5가(家)를 인(隣), 5린을 이(里), 4리를 찬(酇), 5찬을 비(鄙), 5비를 현(縣), 5현을 수(遂)라고 이른다. 〔周禮〕 五酇爲鄙. ❷①고을 이름. 한대(漢代)에 고조가 소하(蕭何)를 처음 봉한 읍(邑). ②희고 걸쭉한 술, 백주(白酒). 늑醝.

酉部

7획 부수 | 닭유부

酉0 【酉】⑦ 닭 유 宥 yǒu

一 厂 丌 丙 酉 酉

소전 酉 고문 丣 초서 酉

〔字源〕 象形. 술두루미를 본뜬 글자이다. 본래 '술'을 뜻하였으나 뒤에 '지지'의 뜻으로 가차되었다.

〔字解〕 ①닭, 12지(支)의 열 번째. 방위로는 서쪽, 달로는 음력 8월, 율려(律呂)로는 남려(南呂), 시각으로는 오후 5시~7시, 동물로는 닭에 배당한다. 〔蘇軾·賦〕 朝禘逢午, 夕坐過酉. ②술, 술을 담는 그릇. ③물을 대다, 저수지의 물을 논밭에 대다. 〔陳造·賦〕 祠壇歌舞雜嗟呀, 下酉猶濡上酉枯.

〔酉陽 유양〕 호남성(湖南省)에 있는 산 이름. 이 산의 석굴 속에 진대(秦代)의 서적 1,000권이 숨겨져 있었다고 함.

〔酉月 유월〕 음력 8월의 딴 이름.

酉2 【酊】⑨ 술 취할 정 逈 dǐng

소전 酊 초서 酊

〔字解〕 술에 취하다, 술에 몹시 취하다. 늑酊. 〔襄陽歌〕 日夕倒載歸, 酩酊無所知.

酉2 【酋】⑨ 묵은 술 추 尤 qiú

소전 酋 초서 酋

〔字源〕 指事. 八＋酉→酋. '八'은 술두루미의 아가리에서 향기가 발산한다는 뜻을 나타낸다. 찌꺼기가 가라앉아 맑은 술, 곧 '오래 묵은 술'이란 뜻을 나타낸다.

〔字解〕 ①묵은 술, 오래된 술. ②익다, 성숙하다. 〔國語〕 毒之酋臘者. ③이루다, 성취(成就)하다. 〔漢書〕 說難既酋, 其身酒凶. ④마치다, 끝나다. 〔詩經〕 似先公酋矣. ⑤훌륭하다, 뛰어나다. ⑥닥치다, 다닥치다. 늑遒. ⑦모이다, 모으다. 늑擊. 〔太玄經〕 陰酋西北. ⑧죽이다. 〔太玄經〕 直酋相斁. ⑨두목, 우두머리. 늑豪. ⑩

술 빚는 일을 맡아보는 벼슬. ⑪서방(西方). ⑫가을.

〔酋渠 추거〕 ▷酋長(추장).

〔酋矛 추모〕 자루 길이가 스무 자 되는 창.

〔酋長 추장〕 ①미개인 부족의 우두머리. ②도둑들의 두목(頭目). 酋渠(추거). 酋領(추령).

〔酋酋 추추〕 ①사물이 성취(成就)되는 모양. ②절개 따위가 높은 모양.

▷羌—. 魁—. 蠻—. 蕃—. 氐—. 悍—. 豪—.

酉3 【配】⑩ 아내 배 隊 pèi

一 厂 丌 丙 酉 酉 酉' 酉² 配

소전 配 초서 配

〔字源〕 形聲. 酉＋己→配. '己(기)'가 음을 나타낸다.

〔字解〕 ①아내, 배필. 늑妃. 〔詩經〕 天立厥配. ②술의 빛깔. ③짝을 지어 주다, 부부가 되게 하다. 〔春秋左氏傳〕 先配而後祖. ④걸맞다. ㉮필대(匹對)하다. 〔楚辭〕 配稷契兮恢唐功. ㉯부부가 되다. 〔詩經〕 男女相配, 得configurable而備. ⑤견주다. 〔詩經〕 懿敬厥德, 克配上帝. ⑥적수(敵手), 필적(匹敵). 〔張衡·賦〕 推光武兮配. ⑦배향(配享)하다. 〔易經〕 殷薦之上帝, 以配祖考. ⑧나누다, 할당하다, 분배하다. 〔舊唐書〕 割配鄉村. ⑨배당(配當), 부과(賦課). 〔宋史〕 防郭人戶, 舊冒科配. ⑩거느리다, 예속(隸屬)하다. 〔金史〕 均爲差配. ⑪귀양 보내다, 유형(流刑). 〔宋史〕 杖配商州. ⑫보충하다, 부족한 것을 깁다.

〔配軍 배군〕 유배되어 국경을 지키는 군사.

〔配給 배급〕 분배하여 공급함. 나누어 줌.

〔配達 배달〕 물건을 가져다가 몫몫이 나누어 돌림.

〔配當 배당〕 일정한 기준에 따라 나누어 줌. 또는 그 액수나 양.

〔配島 배도〕 섬으로 유배(流配)함.

〔配慮 배려〕 이리저리 마음을 씀. 남을 위하여 여러모로 마음을 씀.

〔配藜 배려〕 꽃잎이 낱낱이 짐.

〔配儷 배려〕 ▷配偶(배우).

〔配隸 배례〕 각각 나누어서 속(屬)하게 함. 분할(分割)하여 예속(隸屬)시킴.

〔配命 배명〕 천리(天理)에 합당함. 천명(天命)에 부합함.

〔配付 배부〕 나누어 줌.

〔配分 배분〕 몫몫이 별러 나눔.

〔配所 배소〕 귀양살이하는 곳. 謫所(적소).

〔配食 배식〕 ①식사를 몫몫이 나누어 줌. ②配享(배향)³.

〔配御 배어〕 궁녀가 밤에 임금을 모시는 일.

〔配偶 배우〕 부부가 되는 짝. 配儷(배려). 配匹(배필).

〔配位 배위〕 國부부가 다 죽었을 때의 그 아내의 존칭.

〔配貳 배이〕 버금. 황태자(皇太子).

〔配定 배정〕 나누어 몫을 정함.

【配劑 배제】약재를 배합함.
【配天 배천】①덕(德)이 광대하여 하늘과 같음. ②왕자(王者)가 그 조상을 하늘과 함께 제향(祭享)하는 일. 排置(배치).
【配置 배치】사람이나 물자 따위를 알맞은 자리에 앉히거나 둠.
【配匹 배필】▷配偶(배우).
【配合 배합】①서로 걸맞음. 균형이 잡힘. ②이것저것을 한데 알맞게 섞어 합침. ③짝 지어 부부가 되게 함. 婚(혼)配(배).
【配享 배향】①서로 배합하여 짝이 됨. ②종묘(宗廟)에 공신(功臣)을 부제(祔祭)함. ③문묘(文廟)나 사원(祠院)에 학덕이 있는 사람을 부제함. 配食(배식).

○ 分―, 四―, 喪―, 散―, 流―, 作―, 定―, 支―, 迭―, 差―, 匹―, 合―, 刑―, 婚―.

【酏】⑩ 기장술 이 𠛬 yí

①기장술. ②단술. ③쌀술. ④맑은 술. ⑤묽은 죽. 미음. 〔周禮〕羞豆之實, 酏食糁食.

【酌】⑩ 따를 작 𤁋 zhuó

字源 形聲. 酉+勺→酌. '勺(작)'이 음을 나타낸다.
字解 ①따르다 ㉠잔에 술을 따르다. 〔詩經〕我姑酌彼金罍. ㉡술잔을 서로 주고받다, 대작(對酌)하다. 〔韓愈·李正封·詩〕前南子夜吹, 東第良晨酌. ②액체를 퍼내다. 〔南史〕酌焉而不竭. ③취(取)하다, 받아들이다. 〔禮記〕上酌民言. ④참작하다, 골라내다, 이것저것 대보아 취사(取捨)하다. 〔後漢書〕參酌秦法. ⑤술〔酒〕. 〔禮記〕酒曰清酌. ⑥잔치, 주연(酒宴). 〔王勃·詩〕蘭氣薰春酌. ⑦술잔. ≒爵. 〔儀禮〕主人受酌降. ⑧늘다, 더하다. ⑨양치질하다, 입을 가시다. ⑩토하다, 내뱉다.

【酌量 작량】술·쌀 따위를 계량(計量)함. 사물의 경중(輕重)·다소(多少)를 짐작하여 처결함.
【酌婦 작부】술집에서 손님을 접대하고 술 시중을 드는 여자.
【酌損 작손】퍼내어 줄임.
【酌水 작수】물을 뜸.
【酌人 작인】①술을 치는 사람. ②예기(藝妓).
【酌定 작정】일의 사정을 헤아려 결정함.
【酌酒 작주】술을 침. 술을 따름.
【酌斟 작짐】술을 따름. 술을 침.
【酌獻 작헌】①술을 따라 손에게 권함. ②음악을 갖추어 신(神)에게 바침.

○ 傾―, 孤―, 對―, 獨―, 滿―, 杯―, 觴―, 小―, 酬―, 把―, 斟―, 參―, 添―, 清―.

【酒】⑩ 술 주 𢍮 jiǔ

會意·形聲. 水+酉→酒. 술은 가을철에 익은 기장에 물을 타서 빚는다는 데서 물〔氵〕과 술두루미〔酉〕를 합하여 '술'이라는 뜻을 나타낸다. '酉(유)'는 음도 나타낸다.
字解 ①술, 누룩으로 빚은 술. 〔禮記〕酒食者, 所以合歡也. ②무술, 현주(玄酒). 〔禮記〕玄酒在室. ③잔치, 주연(酒宴). 〔史記〕酒酣, 高祖擊筑.

【酒家 주가】술집.
【酒権 주각】한대(漢代)에 관아에서 술을 전매하던 일.
【酒渴 주갈】술을 마신 후에 생기는 갈증.
【酒酣 주감】술이 거나해짐. 주연(酒宴)이 한창인 무렵.
【酒客 주객】①술을 좋아하는 사람. 술꾼. ②술을 잘 빚는 사람.
【酒戒 주계】술을 삼가라는 훈계.
【酒困 주곤】술을 마셔서 정신이 산란하여짐.
【酒過 주과】▷酒失(주실).
【酒果脯醢 주과포혜】술과 과실과 마른 포(脯)와 식해. 곧, 간소하게 차린 제물(祭物).
【酒狂 주광】▷酒妄(주망).
【酒國 주국】술이 거나하여 별천지(別天地)에 있는 듯이 느끼는 일.
【酒極則亂 주극즉란】술이 도를 지나치면 마음이나 행동이 어지러워짐.
【酒囊飯袋 주낭반대】술 부대와 밥 자루. 무지무능(無智無能)하여 다만 놀고먹는 자를 욕하여 이르는 말.
【酒黨 주당】술을 즐기고 잘 마시는 무리. 酒徒(주도).
【酒德 주덕】①술의 공덕(功德)이나 덕택. ②술을 마신 뒤에도 주정하지 않고 바른 태도를 보이는 품성.
【酒亂 주란】술에 취하여 난동을 부림. 술을 마시고 난폭한 짓을 함.
【酒蘭 주란】주연(酒宴)이 한창인 때.
【酒量 주량】술을 마시는 분량.
【酒力 주력】술의 힘. 술에 취하여 호기(豪氣)가 생김.
【酒令 주령】술자리에서 술을 마시며 하는 여러 가지 유희(遊戲)의 규칙. 위반한 사람은 벌주(罰酒)를 마셔야 함.
【酒醴 주례】술과 감주(甘酒).
【酒壚 주로】술청. 목로(木壚). 목로주점.
【酒醪 주료】청주(清酒)와 탁주(濁酒).
【酒樓 주루】술을 파는 집.
【酒幕 주막】시골의 길거리에서 술이나 밥을 팔며 나그네도 잠을 재우는 집.
【酒妄 주망】술주정이 심함. 酒狂(주광).
【酒媒 주매】술밑. 누룩.
【酒母 주모】①누룩을 섞어 버무린 지에밥. 술밑. ②술청에서 술을 파는 여자.
【酒癖 주벽】①술을 몹시 즐겨 마시는 버릇. ②

술 취한 뒤에 드러나는 버릇.
【酒兵 주병】술을 무기(武器)에 비유하여 이르는 말. 다 같이 몸을 해치는 데서 이르는 말.
【酒保 주보】①술집의 심부름꾼. ②술을 빚는 사람. ③술을 파는 사람. ④國군대의 영내에서 음식·일용품 등을 파는 가게.
【酒悲 주비】술이 취하면 우는 주정.
【酒邪 주사】술에 취하여 부리는 못된 버릇.
【酒社 주사】①술을 마시는 모임. ②술을 마시는 무리.
【酒肆 주사】▱酒店(주점).
【酒傷 주상】음주로 말미암은 위(胃)의 병.
【酒色 주색】①술과 여색(女色). 술과 계집. ②술기운으로 불그레한 얼굴빛.
【酒仙 주선】세속에 구애받지 않고 두주(斗酒)로써 즐거움을 삼는 사람. 술을 매우 좋아하는 사람.
【酒聖 주성】①청주(淸酒). ②주량이 많은 사람. 酒豪(주호).
【酒數 주수】술잔의 수효.
【酒失 주실】술에 취하여 실수를 저지름. 酒過(주과).
【酒翁 주옹】술을 빚는 사람.
【酒甕飯囊 주옹반낭】술독과 밥통. 무능하고 무지한 사람.
【酒有別腸 주유별장】술이 들어가는 창자는 따로 있음. 주량의 대소는 몸집의 크기에 상관이 없음.
【酒入舌出 주입설출】술이 들어가면 혀가 나옴. 술을 마시면 수다스러워진다는 뜻.
【酒貲 주자】술 마실 돈. 술값. 酒資(주자).
【酒杓 주작】술구기. 술을 풀 때 쓰는 도구.
【酒箴 주잠】술을 경계하라는 교훈의 말.
【酒漿 주장】술과 음료(飮料).
【酒敵 주적】술친구.
【酒戰 주전】술을 많이 마시는 내기.
【酒癲 주전】▱酒妄(주망).
【酒店 주점】술집. 酒肆(주사). 酒鋪(주포).
【酒精 주정】술의 주성분. 에탄올.
【酒醒 주성】이튿날까지 깨지 않는 취기. 宿醉(숙취).
【酒槽 주조】술통. 술독.
【酒樽 주준】술독. 술통. 酒尊(주준).
【酒中趣 주중취】술을 마시는 즐거움.
【酒池肉林 주지육림】술은 못을 이루고 고기는 숲을 이룸. 호사스러운 술잔치. 故事 은(殷)나라 주(紂)임금이 술로 연못을 채우고 고기를 나무에 걸어 숲을 이룰 정도로 흥청망청 놀았다는 고사에서 온 말.
【酒債 주채】술빚. 酒逋(주포).
【酒泉 주천】많은 양의 술.
【酒滯 주체】음주(飮酒)로 인한 체증(滯症).
【酒巵 주치】술잔. 酒杯(주배).
【酒呑人 주탄인】술이 사람을 삼킴. 많이 마시면 도리어 술에 먹힘.
【酒逋 주포】▱酒債(주채).
【酒酺 주포】큰 잔치를 베풀어 서로 경축하는 일.

【酒鋪 주포】▱酒店(주점).
【酒缸 주항】술 항아리.
【酒戶 주호】①술을 마시는 분량. ▱많이 마시는 사람을 대호(大戶), 적게 마시는 사람을 소호(小戶)라 함. 酒量(주량). ②술집.
【酒豪 주호】술을 잘 마시는 사람.
【酒禍 주화】술로 인한 재화(災禍).
【酒荒 주황】술에 빠짐.
【酒肴 주효】①술과 안주. ②술안주. 酒饌(주찬). 酒殽(주효).
【酒興 주흥】술에 취하여 일어나는 흥취(興趣).

◑甘一, 傾一, 苦一, 酤一, 穀一, 菊一, 勸一, 琴一, 禁一, 嗜一, 漉一, 大一, 斗一, 賣一, 名一, 文一, 美一, 杯一, 罰一, 別一, 觴一, 侍一, 詩一, 新一, 惡一, 洋一, 釀一, 醴一, 玉一, 溫一, 飮一, 酌一, 殘一, 載一, 節一, 祭一, 縱一, 樽一, 旨一, 斟一, 酟一, 淸一, 醉一, 巵一, 濁一, 耽一, 好一, 荒一.

酉
3 【酎】⑩ 진한 술 주 囹 zhòu
[소전] [초서] 字解 ①진한 술. 세 번을 거듭 빚어 만든 술. 〔禮記〕天子飮酎. ②주주(酎酒)를 묘당(廟堂)에 바치다. 〔漢書〕高廟酎. ③빚다, 술을 빚다.
【酎金 주금】한대(漢代)의 제도로, 천자가 햇곡식으로 빚은 술로 종묘(宗廟)에 제사할 때 제후(諸侯)들이 각기 응분의 황금을 바치는 일. 황금의 질이 낮거나 양이 적으면 영토(領土)를 깎았음.
◑芳一, 燒一, 醇一, 溫一, 淸一.

酉
4 【酖】⑪ 酙(2113)과 동자

酉
4 【酘】⑪ 두 번 빚은 술 두 囨 囹 dòu
字解 두 번 빚은 술. 〔抱朴子〕猶一酘之酒, 不可以方九醞之醇耳.

酉
4 【酕】⑪ 매우 취할 모 囷 máo
[초서] 字解 매우 취하다, 술에 곤드레만드레가 된 모양. 〔姚合·詩〕遇酒酕醄飮, 逢花爛漫看.
【酕醄 모도】곤드레만드레가 된 모양.

酉
4 【酓】⑪ ❶술맛 쓸 염 囨 yǎn ❷술맛 쓸 함 囩 yàn ❸술이 양에 찰 염 囩 yàn ❹홀짝홀짝 마실 음 囩 yǐn
[소전] [초서] 字解 ❶①술맛이 쓰다. ②산뽕나무. 늑厭. 〔史記〕厥篚酓絲. ❷술맛이 쓰다. ※❶의 ①과 같다. ❸①술이 양(量)에 차다. ❷쓰다. ❹홀짝홀짝 마시다. ※歓(901)의 고자(古字).
【酓絲 염사】산뽕잎으로 기른 누에고치의 실.

酉部 4~5획 醉 酖 酗 酣 酤 酥 醜 酡 酢

酉4 【醉】⑪ 醉(1862)의 속자

酉4 【酖】⑪
❶탐닉할 탐 覃 dān
❷독조 이름 짐 沁 zhèn

[字解] ❶탐닉하다, 술을 즐기다.〔華嚴音義〕嗜酒爲酖. ❷①독조(毒鳥)의 이름, 짐새. 늑鴆.〔春秋左氏傳〕使鍼李酖之. ②독주(毒酒), 짐새의 독이 든 술.〔史記〕乃飮酖而死.

【酖酖 탐탐】술을 마시며 즐기는 모양.
【酖毒 짐독】짐새의 독(毒). ᄋ'酖'은 독조(毒鳥)인 짐새로, 그 것으로 술을 저어서 마시면 사람이 죽는다고 함.
【酖殺 짐살】짐독(酖毒)을 먹여서 죽임.

酉4 【酗】⑪ 주정할 후 遇 xù

[字解] ①주정하다, 주란(酒亂).〔書經〕沈酗于酒. ②탐닉(耽溺)하다, 술에 탐닉하다.

【酗訟 후송】주정하다가 싸우고 송사하는 일.
【酗營 후영】주정.
【酗酒 후주】주정.
ᄋ 洭-, 沈-, 兇-.

酉5 【酣】⑫ 즐길 감 覃 勘 hān

[字解] ①즐기다, 술을 마시며 즐기다.〔書經〕酣歌于室. ②한창, ㉮연회(宴會)가 무르익다.〔呂氏春秋〕代君至酒酣. ㉯한창 성하다.〔淮南子〕戰酣日暮.

【酣歌 감가】술을 마시고 노래를 부르며 즐김. 흥겹게 노래 부름.
【酣酣 감감】①봄이 한창인 모양. ②꽃이 만발한 모양. ③술이 거나하여 기분이 좋은 모양.
【酣放 감방】㉮□酣縱(감종). ㉯문장을 자유자재로 짓는 모양.
【酣賞 감상】마음껏 놀며 완상(玩賞)함.
【酣觴 감상】술을 실컷 마심.
【酣湑 감서】술을 실컷 마시며 즐김.
【酣蝶 감설】아무 거리낌 없이 희롱거림. 아주 버릇없이 굶.
【酣睡 감수】달게 잠. 깊이 잠듦.
【酣飫 감어】실컷 먹고 마심.
【酣宴 감연】성대한 주연. 호사한 잔치를 벌임.
【酣娛 감오】술에 취해 즐겁게 놂. 酣適(감적).
【酣臥 감와】술에 취해 깊이 잠듦.
【酣飮 감음】흥겹게 술을 마심.
【酣戰 감전】한창 치열하게 싸움.
【酣縱 감종】술에 빠져서 방종(放縱)함. 술을 먹을 때 절제하지 않음. 酣放(감방).
【酣中客 감중객】부귀에 탐닉(耽溺)하는 사람.
【酣暢 감창】술에 취하여 기분이 좋고 나른함.
【酣春 감춘】봄이 한창인 때. 한창 무르익은 봄.
【酣醉 감취】술에 몹시 취함.

【酣謔 감학】술에 취하여 해롱거림.
【酣豢 감환】사치한 생활을 함.
【酣興 감흥】술을 마신 뒤 한껏 즐거워진 흥취. 酒興(주흥).
ᄋ 半-, 睡-, 樂-, 長-, 戰-, 酒-, 興-.

酉5 【酤】⑫
❶계명주 고 虞 gū
❷계명주 호 虞 gū
❸팔 고 遇 gū

[字解] ❶①계명주(雞鳴酒). 하룻밤 사이에 익은 술. ②사다, 술을 사다. 늑賈.〔詩經〕無酒酤我. ❷①계명주. ※❶의 ①과 같다. ②술.〔詩經〕旣載淸酤. ❸①팔다, 술을 팔다.〔資治通鑑〕禁酤酒. ②빼앗다, 훔치다.

【酤權 고각】정부가 술을 전매(專賣)하여 그 이익을 독점하는 일.
【酤鬻 고육】매매(賣買).
【酤酒 고주】①술을 삼. ②술을 팖. ③하룻밤 사이에 익는 술. 一宿酒 (일숙주).
ᄋ 芳-, 賒-, 淸-, 村-, 香-.

酉5 【酥】⑫ 연유 수 虞 소 虞 sū

[字解] ①연유(煉乳). 소·양의 젖을 정련(精煉)한 음료. ②술의 딴 이름.〔寶革酒譜〕天竺國謂酒爲酥. ③깨끗하고 매끄러운 것.〔蘇軾·詩〕點酥越女手如酥. ④음식물의 무르고 연한 것.

【酥燈 수등】불전(佛前)에 켜는 등불.
【酥酪 수락】소나 양의 젖을 가공해 만든 식품.
【酥臂 수비】희고 매끄러운 팔.

酉5 【醜】⑫ 醜(1864)과 동자

酉5 【酡】⑫ 醍(1863)와 동자

酉5 【酢】⑫
❶초 초 藥 조 遇 cù
❷잔 돌릴 작 藥 zuò

[參考] 대법원 지정 인명용 한자의 음은 '초'이다.

[字解] ❶①초. 신맛이 나는 조미료.〔隋書〕寧飮三升酢, 不見崔弘度. ②시다, 맛이 시다.〔急就篇〕酸醎酢淡, 辨濁淸. ❷①잔을 돌리다, 손이 주인에게 잔을 되돌리다. =醋.〔詩經〕或獻或酢. ②서로 말을 주고받다, 응대(應對)하다.〔易經〕是故可與酬酢. ③보답하는 제사(祭祀), 보제(報祭).〔書經〕秉璋以酢. ④즐기다, 좋아하다.

【酢敗 초패】술이 변질되어 맛이 심.
【酢爵 작작】①손이 주인에게 술잔을 되돌림. ②되돌리는 술잔.
【酢漿草 작장초】괭이밥과의 다년초. 줄기와 잎은 모두 신맛이 있음. 괭이밥. 괴승아.
ᄋ 酬-, 獻-.

酉部 5～7획 酡 皰 酗 酨 酮 酪 酩 酬 酧 酴 酹

酉5 【酡】⑫ ❶불그레해질 타 歌 tuó ❷취기 오를 타 圄 duó
[字解] ❶술에 취하여 얼굴이 불그레해지다. 〔楚辭〕美人旣醉, 朱顏酡些. ❷취기(醉氣)가 오르다.
【酡顔 타안】 술에 취한 붉은 얼굴. 醉顏(취안).

酉5 【皰】⑫ 얼굴 붉을 포 囡 bào
[字解] ❶얼굴이 붉다, 술기운으로 얼굴이 붉다. ❷얼굴에 난 부스럼.

酉5 【酗】⑫ 주정할 후 囿 xù
[字解] 주정하다, 주란(酒亂). =酌. 〔漢書〕湯數醉酗羌人.
【酗酱 후영】 술주정. 酗酱(후영).

酉6 【酨】⑬ 식초 대·재 囻 zài
[字解] ❶식초, 초장(酢漿). 〔漢書〕其三及四酨灰炭, 給工器薪樵之費. ❷쌀뜨물.

酉6 【酮】⑬ ❶말젖 동 周 tóng ❷술 실 중 固 dòng ❸초 동 置 chóng
[字解] ❶❶말(馬)의 젖. ❷초, 식초. ❸술이 시어지다, 상한 술. ❸❶초. ※❶의 ❷와 같다. ❷식초가 상하다.

酉6 【酪】⑬ ❶진한 유즙 락 囊 lào ❷단술 로 囿 lù
[參考] 대법원 지정 인명용 한자의 음은 '락'이다.
[字解] ❶㉠진한 유즙(乳汁). 소·양·말 따위의 젖을 정련(精煉)한 음료. 〔禮記〕以爲醴酪. ㉡치즈, 건락(乾酪). ❷초, 식초. 〔禮記〕以爲醴酪. ㉢술. ㉣과즙(果汁)을 달인 음식. 〔漢書〕教民養木爲酪. ❷단술, 감주.
【酪奴 낙노】 차(茶)의 딴 이름.
【酪農 낙농】 소·양 따위의 젖을 가공하여 유제품을 만드는 농업.
【酪母 낙모】 술찌기. 지게미. 재강.
【酪酥 낙수】 젖을 정제한 식품.
【酪漿 낙장】 젖을 달여 만든 음료(飮料).
【酪酒 낙주】 젖으로 빚은 술.
◐甘一, 馬一, 羊一, 牛一, 乳一, 飮一, 酒一.

酉6 【酩】⑬ 술 취할 명 囿 mǐng
[字解] ❶술에 취하다. 〔韓愈·詩〕遇酒即酩酊, 君知我爲誰. ❷단술, 감주(甘酒).
【酩酊 명정】 몸을 가눌 수 없을 정도로 술에 몹시 취함. 泥醉(이취).

酉6 【酬】⑬ ❶갚을 수 囸 chóu ❷보답할 주 囿 chóu
[參考] 대법원 지정 인명용 한자의 음은 '수'이다.
[字解] ❶㉠갚다. ㉮다시 술잔을 돌리다, 손에게서 받은 잔을 다시 손에게로 돌리어 술을 권하다. =醻. 〔儀禮〕主人實觶酬賓. ㉯서로 말을 주고받다, 응대(應對)하다. 〔易經〕是故可與酬酢. ㉰보내다, 부치다, 주다, 물건을 보내어 정의(情誼)를 표하다. 〔春秋左氏傳〕爲事已甚, 吾無以酬之. ㉱배상하다, 변상하다. 〔北史〕即數錢酬之. ❷보답, 갚음. 〔周禮·詩〕國士終期國士酬. ❸후(厚)하다, 진심이다. ❷보답하다, 갚다. ※❶의 ❶과 같다.
【酬答 수답】 ❶묻는 말에 대답함. ❷시문(詩文) 등을 지어 응답함. 酬對(수대).
【酬對 수대】 ▷酬答(수답).
【酬勞 수로】 ❶공로(功勞)에 보답(報答)함. ❷보수(報酬).
【酬報 수보】 고마움을 갚음. 報酬(보수).
【酬悉 수실】 자세히 응답함.
【酬讌 수연】 답례로 차린 주연(酒宴).
【酬應 수응】 ❶응답(應答)함. ❷술을 되돌려서 권함.
【酬酢 수작】 ❶응대(應對)함. 말을 서로 주고받음, 또는 그 말. ❷주객(主客)이 서로 술잔을 주고받음.
【酬唱 수창】 시문(詩文)을 지어서 서로 증답(贈答)함.
◐對一, 報一, 應一, 唱一, 獻一, 和一, 厚一.

酉6 【酧】⑬ 酬(1860)의 속자

酉6 【酭】⑬ 갚을 유 囿 yòu
[字解] 갚다, 권하다, 받은 술잔을 되돌려 술을 권하다. 늑侑.

酉7 【酴】⑭ 술밑 도 虞 tú
[字解] ❶술밑, 주모(酒母). ❷거르지 않은 술, 전내기. 〔揚雄·賦〕蘱醬酴淸.
【酴醾 도미】 ❶거듭 빚은 술. ❷거르지 않은 술.
【酴酒 도주】 거르지 않은 술. 전내기.

酉7 【酹】⑭ ❶부을 뢰 囸 lèi ❷제주 랄 囯 lèi
[字解] ❶붓다, 땅에 술을 붓고 신에게 제사를 지내다. 〔後漢書〕以酒酹地. ❷제주(祭酒). 제사에 쓰는 술.
【酹酒 뇌주】 ❶음주례(飮酒禮)의 처음에 술을 땅에 뿌리는 일. ❷강신(降神)할 때 술을 땅에 뿌리는 일.

【酹地 뇌지】술을 땅에 조금 부어 지신(地神)을 제사 지내는 일.

酉7 【酶】⑭ 술밑 매 灰 méi
[초서] [자해] 술밑.

酉7 【酸】⑭ 초 산 寒 suān
[소전][주문][초서] [자해] ①초, 식초. 〔周禮〕以酸養骨. ②시다. 오미(五味)의 한 가지. 〔呂氏春秋〕其味酸. ③신 기운, 무더운 기운. 〔荀子〕香臭芬鬱腥臊酒酸奇臭以鼻異. ④신물, 위액(胃液). 〔素問〕嘔酸善飢. ⑤괴롭다, 고통스럽다. 〔魏志〕坎軻多辛酸. ⑥슬퍼하다, 아파하다. 〔陸機·賦〕恒視物而增酸. ⑦베슥거리다, 망설이다. 〔古樂府〕山高谷深, 不覺脚酸. ⑧나른하다, 노곤하다. 〔晉書〕四肢酸重. ⑨가난하다, 빈곤하다. ⑩목메다. 〔鮑照·詩〕旣悲月戶淸, 復切夜蟲酸. ⑪원산소(酸素). 공기의 주성분인 기체 원소(元素).
【酸毒 산독】①남을 몹시 괴롭힘. ②매우 슬퍼하고 원망함.
【酸味 산미】신맛.
【酸鼻 산비】콧마루가 시큰함. 곧, 몹시 슬프고 애통함.
【酸辛 산신】①맛이 맵고 심. ②고됨. 괴로움. 에달픔. 辛酸(신산).
【酸然 산연】①쓸쓸한 모양. ②상심하는 모양.
【酸棗 산조】멧대추. 山棗(산조).
【酸愴 산창】몹시 슬픔. 비통함.
【酸楚 산초】몹시 슬픔. 酸痛(산통).
【酸痛 산통】➡酸楚(산초).
【酸敗 산패】음식물이 부패하여 맛이 시어짐.
【酸寒 산한】①가난하고 고생스러움. ②초라함. 불쌍함. 가련함.
【酸化 산화】물질이 산소와 화합함.
○悲-, 辛-, 鹽-, 硫-, 醋-, 鹹-, 黃-.

酉7 【酳】⑭ 입 가실 인 震 yìn
[초서] [자해] ①입을 가시다, 술로 입을 가시다. 연회나 제사 때의 절차의 한 가지. 〔漢書〕執爵而酳. ②시동(尸童)에게 술을 드리다. 〔儀禮〕主人洗冬, 升酌酳尸. ③나머지, 남은 것. 〔儀禮〕酳尸. ④조금 마시다.
【酳尸 인시】시동(尸童)에게 술을 드리는 일. ○'尸童'은 제사 지낼 때 신위(神位) 대신 교의(交椅)에 앉히는 어린아이.

酉7 【酲】⑭ 숙취 정 庚 chéng
[소전][초서] [자해] ①숙취(宿醉). 이튿날까지 깨지 않는 취기. 〔詩經〕憂心如酲. ②술병. 술로 일어난 병. 〔管

子〕終無痟酲. ③물리다, 싫증나다. 〔張衡·賦〕心醉酲. ④길다. 늘長. ⑤술이 깨다.
【酲酒 정주】술병.
【酲醉 정취】술에 취하여 환락(歡樂)에 빠짐.
○宿-, 餘-, 朝-, 酒-, 解-.

酉7 【酺】⑭ 연회 포 虞 遇 pú
[소전][초서] [자해] ①연회, 주연(酒宴). 나라에 경사가 있을 때 천자(天子)가 음식을 하사하고, 백성이 술을 마시며 즐기는 일. 〔史記〕天下大酺. ②귀신 이름. 재해(災害)를 내리는 귀신. 〔周禮〕春秋祭酺.
【酺宴 포연】나라에 경사가 있을 때 임금이 백성에게 회음(會飮)을 허락하는 일. 또는 주식(酒食)을 하사(下賜)하는 일.
【酺會 포회】연회(宴會).
○酺-, 大-, 頒-, 賜-.

酉7 【酷】⑭ 독할 혹 本곡 沃 kù
[소전][초서] [자해] ①독하다. ㉠술이 독하다. 술맛이 진하다. ㉡향기가 짙다. 〔司馬相如·賦〕酷烈淑郁. ②잔인하다, 모질다. 〔唐書〕時吏橫酷. ③심하다, 지독하다, 매우. 〔晉書〕酷似其舅. ④엄혹(嚴酷)하다, 형벌이 엄격하다. 〔漢書〕其使民也酷烈. ⑤가엾다, 애처롭다. 〔魏志〕吳人傷子胥之冤酷. ⑥원통한 일, 원한. 〔顔氏家訓〕衛酷茹恨, 徹於心髓. ⑦괴로움, 신고(辛苦). 〔晉書〕幼丁艱酷. ⑧처벌, 형벌. 〔晉書〕殘其身以加楚酷也. ⑨여물다, 곡식이 익다.
【酷毒 혹독】①정도가 몹시 심함. ②성질·행위 따위가 모질고 독함.
【酷濫 혹람】터무니없음. 심히 사리에 어긋남.
【酷烈 혹렬】①매우 격렬함. ②향기가 매우 짙음. ③호됨.
【酷吏 혹리】①혹독한 관리. ②몹시 심한 더위.
【酷薄 혹박】매우 박정스러움. 무자비함.
【酷似 혹사】아주 비슷함. 酷類(혹류).
【酷使 혹사】혹독하게 부림.
【酷暑 혹서】몹시 심한 더위.
【酷愛 혹애】지극히 사랑함.
【酷慘 혹참】몹시 참혹함.
【酷評 혹평】가혹한 비평. 苛評(가평).
【酷暴 혹포】잔인하고 포악함.
【酷虐 혹학】끔찍하게 학대함. 지겹도록 괴롭힘.
【酷寒 혹한】몹시 심한 추위.
【酷禍 혹화】혹독한 재앙.
○苛-, 冷-, 嚴-, 烈-, 枉-, 怨-, 冤-, 殘-, 峻-, 慘-, 貪-, 暴-, 禍-, 橫-.

酉7 【酵】⑭ 술밑 효 本교 效 jiào
[초서] [자해] ①술밑, 주모(酒母). ②술이 괴다, 술이 익으면서 거품이 일다. ③술지게미.

酉部 8획 酖 酕 醁 醂 醅 醇 醃 醋 醆 醊 醉

【酵母 효모】 술밑. 발효 작용(醱酵作用)을 일으키는 원료.
【酵素 효소】 술·된장 등을 제조할 때 쓰는 고분자 화합물. 뜸팡이.
➊ 發—, 糟—, 酒—.

酉 8 【酖】⑮ ❶술맛 삼삼할 담 ㈜ tán
           ❷순한 술 담 ㈜ dàn
[字解] ❶술맛이 삼삼하다, 술맛이 싱겁다. ❷순한 술, 삼삼한 술.

酉 8 【酕】⑮ 술 취할 도 ㈜ táo
[字解] 술에 취하다, 술에 취한 모양. 〔姚含·詩〕遇酒酕醄飲.

酉 8 【醁】⑮ 좋은 술 록 ㈜ lù
[字解] ❶좋은 술, 미주(美酒). ❷술 이름.
【醁酒 녹주】 좋은 술. 미주.

酉 8 【醂】⑮ 복숭아 절임 림 ㈜람 ㈜ lǎn
[字解] ❶복숭아의 소금 절임. ❷감을 우리다, 우린 감.

酉 8 【醅】⑮ ❶거르지 않은 술 배 ㈜ pēi
           ❷배부를 부 ㈜ pēi
[字解] ❶거르지 않은 술, 전내기.〔白居易·傳〕揭甕撥醅. ❷취하여 배부르다. ❸배부르다, 취하여 배부르다. ※❶의 ❷와 같다.

酉 8 【醇】⑮ 진한 술 순 ㈜ chún
[字解] ❶진한 술, 전내기. ❷순일(純一)하다, 잡것이 섞이지 않다.〔漢書〕鄉化未醇. ❸변하다.〔左思·賦〕非醇粹之方比. ❹순수하다, 순후하다.〔漢書〕惟厥攸居, 政事惟醇. ❺순박하다, 진실하다, 겉치레가 없다. ≒淳.〔淮南子〕古者人醇工龐.〔易經〕萬物化醇.
【醇謹 순근】 순박하고 조심성이 많음.
【醇醲 순농】 ①진한 술. ②백성들이 유순(柔順)하고 근직(謹直)함.
【醇篤 순독】 ☞醇厚(순후).
【醇醴 순례】 순주(醇酒)와 예주(醴酒). 진한 술과 단술.
【醇醪 순료】 ①진하고 순수한 술. 미주(美酒). ②재덕(才德)이 뛰어난 사람.
【醇悧 순리】 진한 술과 묽은 술. 인정(人情)의 후함과 박함.
【醇美 순미】 순수하고 아름다움.
【醇朴 순박】 인정이 많고 꾸밈이 없음.
【醇備 순비】 순미(醇美)하고 이지러짐이 없음.

【醇醇 순순】 백성들이 인정이 두텁고 서로 정답게 지내는 모양.
【醇酒 순주】 다른 것이 조금도 섞이지 않은 술.
【醇乎 순호】 순수한 모양. 純然(순연).
【醇化 순화】 ①순박하게 교화함. ②잡스러운 것을 걸러서 순수하게 함. 純化(순화).
【醇和 순화】 순수하고 온화함.
【醇厚 순후】 순박하고 인정이 두터움. 경박하지 않음. 醇篤(순독).
➊ 甘—, 醲—, 芳—, 貞—, 清—, 化—.

酉 8 【醃】⑮ 절인 남새 엄·암 ㈜㈜ yān
[字解] ①절인 남새, 절인 채소. ②소금에 절인 생선. ③남새 절임, 채소 절임. 김치 따위.
【醃肉 엄육】 소금에 절인 고기.
【醃菜 엄채】 김치.

酉 8 【醋】⑮ ❶술 권할 작 ㈜ zuò
           ❷초 초 ㈜조 ㈜ cù
[參考] 대법원 지정 인명용 한자의 음은 '초'이다.
[字解] ❶술을 권하다, 손이 잔을 주인에게 되돌리다. =酢.〔儀禮〕尸以醋主人. ❷초, 식초. ≒酢.
【醋酸 초산】 자극성 냄새와 신맛을 가진 무색투명한 액체. 유기산 식초의 주성분임. 아세트산. 酢酸(초산).
➊ 權—, 薄—, 食—, 鹽—, 醬—, 酒—.

酉 8 【醆】⑮ 술잔 잔 ㈜ zhǎn
[字解] ❶술잔. 하(夏)나라 때의 술잔 이름.〔孔子家語〕醆斝及尸君. ❷약간 맑은 술.〔禮記〕醴醆在戶.
【醆斝 잔가】 술잔. ○하대(夏代)나라 때에는 '醆', 은대(殷代)에는 '斝'라 하였음.

酉 8 【醊】⑮ 제사 이름 철·체 ㈜㈜ zhuì
[字解] 제사 이름. 여러 신(神)의 신위(神位)를 한곳에 갖추어 놓고 술을 땅에 부어 한꺼번에 지내는 제사.〔後漢書〕男女老壯, 皆相與賦斂致奠醊.
【醊食 철식】 여러 신의 신위를 한곳에 갖추어 놓고 한꺼번에 제사 지냄.
【醊享 철향】 여러 신위를 한자리에 모심.

酉 8 【醉】⑮ 취할 취 ㈜ zuì

一 厂 酉 酉 酉 酉 醉 醉

[字源] 會意·形聲. 酉+卒→醉. 술을 알맞은 정도로 마시고 그친다[卒]는 뜻을 나타

낸다. '卒(졸)'은 음도 나타낸다.
字解 ①취하다. ㉮알맞은 정도로 마시고 멈추다, 술이 얼근하게 취하다. ㉯곤드레만드레가 되다. ㉰갈피를 못 잡다, 정신을 못 차리다.〔莊子〕列子見之而心醉. ㉱마음을 빼앗기다, 잠기다, 빠지다.〔文中子〕心若醉六經. ㉲만족해하다, 기뻐하다, 신(神)이 제사를 가납(嘉納)하다.〔詩經〕神具醉止. ㉳어리석어지다, 도리(道理)를 분간하지 못하다.〔楚辭〕衆人皆醉, 我獨醒. ②취하게 하다.〔春秋左氏傳〕飮先從者酒醉之. ③취기(醉氣).〔晉書〕託醉肆忿. ④술에 담그다. ⑤피로해지다, 지치다. ≒悴.〔大戴禮〕乞言勞醉.
【醉脚 취각】술에 취하여 비틀거리는 다리.
【醉渴 취갈】술에 취하여 갈증을 느낌.
【醉客 취객】술에 취한 사람.
【醉氣 취기】술에 취하여 얼근해진 기운.
【醉倒 취도】술에 취하여 넘어짐.
【醉罵 취매】술의 힘을 빌려 욕지거리함.
【醉眠 취면】술에 취하여 잠.
【醉夢 취몽】술에 취해 꾸는 꿈.
【醉墨 취묵】①취중에 쓴 글씨. ②취중에 그린 그림. 醉筆(취필).
【醉步 취보】술에 몹시 취하여 비틀비틀 걷는 걸음걸이.
【醉朋 취붕】술친구. 酒朋(주붕).
【醉殺 취살】만취(滿醉)되도록 술을 먹임. ◯ '殺'은 조자(助字).
【醉生夢死 취생몽사】술에 취해 살다가 꿈속에서 죽음. 아무 의미 없이 한평생을 흐리멍덩하게 살아감.
【醉仙 취선】①술자리의 놀이에서 지명(指名)할 때 쓰는 인형. ②술을 즐기고 세상일에 구애되지 않는 사람. 酒仙(주선).
【醉聖 취성】①취중에도 망녕을 부리는 일이 없는 사람을 칭찬하여 이르는 말. ②당대(唐代) 이백(李白)의 별호(別號).
【醉憶 취억】취중에 떠오른 생각.
【醉如泥 취여니】몸을 가눌 수 없을 정도로 취함. 고주망태가 됨. ◯ '泥'는 남해(南海)에서 나는 뼈 없는 벌레.
【醉吟 취음】술에 취하여 시를 읊음.
【醉中 취중】술에 취한 동안.
【醉趣 취취】취중에 느끼는 흥취.
【醉飽 취포】실컷 마시고 먹음.
【醉筆 취필】☞醉墨(취묵).
【醉漢 취한】술에 취한 사람의 비칭(卑稱).
【醉鄕 취향】취중의 기분을 별천지(別天地)에 비겨 이르는 말.
【醉戶 취호】①술꾼. ②당대(唐代) 백거이(白居易)의 자칭(自稱).
【醉酗 취후】만취(滿醉)함. 곤드레만드레 취함.
【醉暈 취훈】술에 취하여 일어나는 어지럼증. 酒暈(주훈).
【醉興 취흥】술에 취하여 일어나는 흥취.
❶ 酣-, 狂-, 極-, 亂-, 爛-, 大-, 陶-, 獨-, 麻-, 滿-, 微-, 宿-, 心-, 佯-,

酉9【醓】⑯ 장 담 ㊗탐 感 tǎn
字解 ①장, 간장. ②고기 절임, 육장(肉醬).〔詩經〕醓醢以薦. ③수분이 많은 젓갈, 육즙(肉汁).〔周禮〕其實韭菹醓醢. ④진한 술. ⑤시다, 신맛.
【醓醢 담해】쇠고기를 잘게 썰어서 간장에 절인 것. 肉醬(육장).

酉9【醚】⑯ 초 매 灰 méi
字解 ①초, 식초. ②누룩. ≒媒.

酉9【醔】⑯ 술에 빠질 면 銑 miǎn
字解 술에 빠지다, 술을 즐기다. ＝湎.

酉9【醑】⑯ 미주 서 語 xǔ
字解 ①미주(美酒), 맛 좋은 술.〔庾信・賦〕中山酤淸. ②거른 술. ≒滑.〔高啓・詩〕雅酒旣云宜, 渴醑亦以揮.
【醑醨 서리】상등 술과 하등 술. 수주(首酒)와 미주(尾酒).

酉9【醒】⑯ ❶깰 성 靑迥 xǐng
❷별 이름 정 庚 jīng
㊗考 대법원 지정 인명용 한자의 음은 '성'이다.
字解 ❶①깨다. ㉮술에서 깨다.〔宋書〕彌日不醒. ㉯잠이 깨다.〔朱熹・詩〕午夢頓能醒. ㉰깨닫다, 지혜가 열리다.〔章孝標・詩〕鐘撞大夢醒. ②도리(道理)에 밝고 성실한 일.〔楚辭〕衆人皆醉, 我獨醒. ❷별 이름.
【醒狂 성광】술을 마시지 않고서도 미침.
【醒目 성목】눈을 뜸. ㉠잠에서 깸. ㉡잠이 오지 않음.
【醒睡 성수】잠에서 깸.
【醒然 성연】술에서 깬 모양.
【醒寤 성오】잠에서 깸.
【醒日 성일】술에 취하지 않은 날.
【醒酒 성주】술에서 깸.
【醒酒花 성주화】모란(牡丹)의 딴 이름.
❶ 覺-, 夢-, 半-, 睡-, 我獨-, 酒-.

酉9【醙】⑯ 백주 수 尤 sōu
字解 ①백주(白酒), 소주(燒酒). ②기장술.

酉9【醕】⑯ 醇(1862)과 동자

酉9【醍】⑯ ❶맑은 술 제 薺 tǐ
❷정순한 우락 제 薺 tí
字解 ❶①맑은 술, 맛이 순한 술.

酉部 9～10획 醎 醓 醐 醫 醋 醢 醞 醟 醖 醬 醉 醝 醜

②불그레한 술, 익어서 빛깔이 붉은 술. 〔禮記〕粢醍在堂. ❷정순(精醇)한 우락(牛酪), 정제한 버터(butter).
【醍醐 제호】 ①우락(牛酪)의 순수한 것. 맛이 좋고, 자양분이 많음. ②불가(佛家)에서의 정법(正法). ◑'醍醐'가 우유를 정제(精製)한 자양이 풍부한 음료인 데서 온 말. ③훌륭한 인품(人品). ④맑은 술. 清酒(청주).
【醍醐味 제호미】 (佛)오미(五味)의 다섯째. 최상의 지극한 정법(正法)이나 불성(佛性)의 비유.

酉 9 【醎】 ⑯ 鹹(2113)의 속자

酉 9 【醓】 ⑯ 醯(1866)의 속자

酉 9 【醐】 ⑯ 제호 호 虖 hú
제호(醍醐), 정순(精醇)한 우락(牛酪), 정제한 버터(butter).

酉 10 【醫】 ⑰ 탁주 곡 頊 hú
탁주, 막걸리.

酉 10 【醋】 ⑰ 嗜(308)와 동자

酉 10 【醯】 ⑰ 다 마실 밀·필 覓 mì
①다 마시다. ②느릅나무 열매로 담은 장. ③탁주.

酉 10 【醠】 ⑰ 탁주 앙 漾 àng
탁주, 막걸리. 〔淮南子〕清醠之美, 始於耒耜.

酉 10 【醟】 ⑰ 주정할 영·형 敬 yòng
주정하다. 〔漢書〕中山淫醟.

酉 10 【醞】 ⑰ 빚을 온 問 yùn
①빚다, 술을 빚다. 〔曹植·賦〕或秋藏冬發, 或春醞夏成. ②거듭 빚다. 〔張衡·賦〕酒則九醞. ③조화(調和)하다. 〔淮南子〕以相嘔醞醸. ④술빚. ⑤온자(醞藉)함, 너그러움. ≒蘊. 〔漢書〕溫雅有醞藉.
【醞醸 온양】 ①술을 빚음. 釀酒(양주). ❷없는 죄를 날조함. ③사물을 알맞게 조화함. ④인격을 기름.
【醞言 온언】 부드러운 말. 다정한 말.

【醞藉 온자】 마음이 너그럽고 따스함.
【醞酒 온주】 술을 빚음.
【醞戶 온호】 술을 빚는 사람이나 그 집.
◐ 九一, 春一.

酉 10 【醬】 ⑰ 醬(1865)의 속자

酉 10 【醉】 ⑰ ❶주자틀 자 禡 zhà
❷주자틀 채 卦 zhà
字解 ❶①주자틀, 술을 짜는 틀. =筰·榨. ②술을 빚다. ③기름틀, 기름을 짜는 틀. ④술을 거르다. ❷주자틀. ※❶의 ①과 같다.

酉 10 【醝】 ⑰ ❶술 차 禡 cuō
❷곡식 이름 차 箇 cuǒ
字解 ❶①술. ②흰 술, 백주(白酒). ❷곡식 이름.

酉 10 【醜】 ⑰ 추할 추 有 chǒu

一丆襾酉酌酘酘醜醜

字源 形聲. 酉+鬼→醜. '酉(유)'가 음을 나타낸다.
字解 ①추하다. ㉮추잡스럽다, 징그럽다. ㉯더럽다. 〔司馬遷·書〕行莫醜於辱先. ㉰못생기다, 용모가 보기 흉하다. 〔後漢書〕同縣孟氏有女, 狀肥醜而黑. ②미워하다, 싫어하다. 〔春秋左氏傳〕惡直醜正, 實蕃有徒. ③나쁘다. 〔詩經〕日有食之, 亦孔之醜. ④나쁜 사람, 흉악한 사람. 〔晉書〕醜群破滅. ⑤괴이하다. 〔荀子〕記醜而博. ⑥부끄러워하다. 〔莊子〕寡人醜乎. ⑦창피를 주다. 〔呂氏春秋〕而欲醜之以辭. ⑧부끄럽, 수치스러움. 〔戰國策〕皆有訽醜大詆. ⑨성내다. 〔淮南子〕莫不醜於色. ⑩동류, 같은 무리. ≒儔. 〔易經〕獲匪其醜. ⑪같다, 대등하다. 〔孟子〕今天下地醜德齊. ⑫견주다, 비교하다. 〔禮記〕比物醜類. ⑬여럿, 뭇. 〔詩經〕屈此羣醜. ≒雷. 〔禮記〕鼈去醜. ⑮멈추다, 머무르다. ≒疇. 〔漢書〕燕周醜子家.
【醜怪 추괴】 용모가 추하고 괴이함.
【醜女 추녀】 얼굴이 못생긴 여자.
【醜談 추담】 음탕한 말. 추잡한 말.
【醜徒 추도】 나쁜 무리. 악당(惡黨).
【醜虜 추로】 ①천한 오랑캐, 적국(敵國) 사람을 낮잡아 이르는 말. ②많은 오랑캐.
【醜陋 추루】 ①용모가 추하고 천함. ②마음씨가 추악하고 비루함.
【醜類 추류】 ①악인(惡人)의 무리. ②동아리, 부류(部類). ③유사(類似)한 사물을 비교함.
【醜末 추말】 못난 말배(末輩). 자기의 겸사.
【醜聞 추문】 추잡한 소문.
【醜物 추물】 國①더럽고 지저분한 물건. ②행실이 더럽고 추잡한 사람.

【醜美 추미】더러움과 아름다움.
【醜惡 추악】①용모(容貌)가 아주 못생김. ②더러움. 추잡함.
【醜業 추업】매음(賣淫) 따위의 추잡하고 천한 생업(生業).
【醜穢 추예】추하고 더러움.
【醜夷 추이】많은 동배(同輩).
【醜雜 추잡】말과 행실이 지저분하고 잡스러움.
【醜詆 추저】비방함. 욕함.
【醜儕 추제】같은 무리.
【醜地 추지】①메마른 땅. 瘠地(척지). ②보기 싫은 곳. 좋지 못한 곳.
【醜態 추태】더럽고 지저분한 태도나 행동.
【醜漢 추한】①못생긴 남자. ②추잡한 짓을 하는 사나이.
【醜行 추행】①추잡한 행동. ②음란한 짓. 亂行(난행).

○ 群-, 奇-, 短-, 大-, 美-, 比-, 肥-, 小-, 姸-, 戎-, 殘-, 好-, 詬-, 凶-.

酉10 【醢】 ⑰ 젓갈 해 圃 hǎi

[字解] ①젓갈, 물고기 절임. 〔呂氏春秋〕鱣鮪之醢. ②인체(人體)를 소금에 절이는 형벌. 〔呂氏春秋〕殺梅伯而醢之.

【醢醯 해혜】젓갈.

○ 魚-, 菹-, 醯-, 烹-, 脯-, 醯-.

酉11 【醪】 ⑱ 막걸리 료 ㊍ 로 圛 láo

[字解] ①막걸리, 탁주. 〔漢書〕買二石醇醪. ②술.

【醪醴 요례】탁주.
【醪糒 요비】막걸리와 양식.
【醪膳 요선】술과 요리.

○ 甘-, 濃-, 美-, 芳-, 新-, 酒-, 澄-, 村-, 濁-.

酉11 【醨】 ⑱ 삼삼한 술 리 圂 lí

[字解] 삼삼한 술. 〔楚辭〕衆人皆醉, 何不餔其糟而歠其醨.

【醨酒 이주】삼삼한 술. 묽은 술.

酉11 【醫】 ⑱ 觴(1651)과 동자

酉11 【醫】 ①의원 의 囡 yī
②단술 의 囩 yǐ

[字源] 會意. 殹+酉→醫. '殹'는 흥한 모습, 또는 병자(病者)의 앓는 소리. 옛날에 술은

약으로 썼기 때문에 '殹'와 '酉'를 합하여 '치료하다'의 뜻을 나타낸다.

[字解] ①①의원, 의사. 〔禮記〕醫不三世, 不服其藥. ②치료하다, 구(救)하다. 〔國語〕上醫醫國, 其次醫疾人也. ③무당. =毉. ④보살피는 사람, 유모(乳母). 〔國語〕將免者以告公, 令醫守之. ②①단술, 감주. 〔周禮〕辨四飮之物, 二曰醫. ②매실초, 매실로 빚은 초.

【醫國 의국】나라를 잘 다스림.
【醫療 의료】병을 치료함.
【醫門多疾 의문다질】의원(醫員)의 문전(門前)에는 병자(病者)가 많이 모임.
【醫方 의방】병을 고치는 기술. 醫術(의술).
【醫伯 의백】의사(醫師)의 미칭(美稱).
【醫師 의사】일정한 자격을 가지고 의술로 병을 고치는 것을 업으로 삼는 사람.
【醫生 의생】①당대(唐代)에, 관학(官學)에서 의학을 배우던 학생. ②의사(醫師).
【醫術 의술】병을 낫게 하는 기술.
【醫藥 의약】①병을 고치는 데 쓰는 약. ②의술과 약풍. ③의학과 약학.
【醫王 의왕】(佛)①중생(衆生)의 무명번뇌(無明煩惱)를 불법(佛法)의 약(藥)으로 낫게 하는 불보살(佛菩薩). ②약사여래(藥師如來).
【醫員 의원】의사(醫師)와 의생(醫生)의 총칭.
【醫者意也 의자의야】의술의 깊은 진리는 마음으로 깨닫는 것이지, 말로 전할 수 없음.
【醫學 의학】질병과 그 치료·예방 등에 관하여 연구하는 학문.

○ 高-, 巧-, 軍-, 內科-, 大-, 名-, 巫-, 上-, 善-, 獸-, 侍-, 新-, 良-, 洋-, 女-, 外科-, 庸-, 鄕-, 典-, 拙-, 村-, 韓-, 漢-.

酉11 【醬】 ⑱ 젓갈 장 圂 jiàng

[字解] ①젓갈. 〔周禮〕醬用百有二十罋. ②된장, 간장. 〔論語〕不得其醬, 不食.

【醬瓿 장부】장독.
【醬油 장유】①간장. ②간장과 기름.
【醬肉 장육】장조림.
【醬太 장태】國메주를 쑬 콩. 메주콩.
【醬缸 장항】장을 담는 항아리. 장독.

○ 豆-, 美-, 菽-, 魚-, 肉-, 脯-, 醯-, 醯-.

酉11 【醥】 ⑱ 맑은 술 표 圕 piǎo

[字解] 맑은 술. 〔左思·賦〕觴以淸醥, 鮮以紫鱗.

酉12 【醮】 ⑲ ①찰기장술 기 困 jì
②묽은술 기 圛 jǐ

[字解] ①①찰기장술. ②목욕하고 마시는 술. 숭禊. ②묽은 술, 술의 웃물.

酉部 12~13획 醓 醰 醱 醭 醮 醯 醵 釀 醲 醴 釀 醷

酉12 【醓】⑲ 막걸리 단 寒 dān
字解 막걸리.

酉12 【醰】⑲ 술맛 좋을 담 勘覃 tán
소전 초서 字解 ①술맛이 좋다. ②좋다, 아름답다. 〔左思·賦〕宅心醰粹.
【醰醰 담담】맛이 진하고 좋음.
【醰粹 담수】진하고 잡기(雜氣)가 없음.

酉12 【醱】⑲ 술 괼 발 曷 pō
초서 간체 酦 字解 ①술이 괴다. ②거듭 빚다. 〔李白·詩〕恰似葡萄初醱醅.
【醱醅 발배】술을 거듭 빚어 진하게 함.
【醱酵 발효】효소의 작용으로 유기물이 분해되는 현상. 發酵(발효).

酉12 【醭】⑲ 술 골마지 복 屋 bú
초서 字解 ①술의 골마지. ②초의 골마지. ③곰팡이의 총칭. 〔楊萬里·詩〕梅天筆墨多生醭.

酉12 【醮】⑲ ❶초례 초 嘯 jiào ❷여윌 초 蕭 qiáo
소전 흑체 禘 초서 字解 ❶①초례. 〔禮記〕父親醮子, 而命之迎. ②제사 지내다, 술을 차려 놓고 신(神)에게 제사하다. 〔宋玉·賦〕醮諸神, 禮太一. ③도사(道士)가 제단을 차려 놓고 제사 지내다. 〔王建·詩〕聞說開元齋醮日. ④시집가다. 〔北齊書〕一門女不再醮. ⑤다하다, 다 없어지다. 〔荀子〕利爵之不醮也. ❷여위다. =顦.
【醮禮 초례】혼인 예식. 婚禮(혼례).
【醮婦 초부】이미 결혼한 부인(婦人).
【醮祭 초제】별에 지내는 제사.
❶加-, 冠-, 再-, 秋-.

酉12 【醯】⑲ 초 혜 齊 xī
소전 초서 속체 醯 동체 醯 字解 ①초, 식초. 〔論語〕或乞醯焉. ②위태롭다.
【醯雞 혜계】술·초·간장 등에 잘 덤벼드는 파리. 초파리. 蠛蠓(멸몽).
【醯雞甕裏天 혜계옹리천】초파리가 술독 안을 하늘로 여김. 견문이 좁음.
【醯醢 혜농】진한 술. 전국 술.
【醯醬 혜장】식초와 된장.
【醯醢 혜해】①젓갈. ②식초에 절인 것과 젓갈.

酉13 【醵】⑳ 술잔치 갹·거 魚 jù

字解 參考 대법원 지정 인명용 한자의 음은 '갹'이다.
字解 ①술잔치, 연회(宴會). 〔唐書〕合醵爲歡. ②술추렴, 돈을 거두어 하는 회음(會飮). 〔禮記〕周禮共猶醵與. ③추렴하다, 금전(金錢)을 널리 모으다. ¶ 醵金.
【醵金 갹금·거금】돈을 추렴하여 냄.
【醵飮 갹음·거음】술추렴.
【醵出 갹출·거출】돈이나 물건을 추렴함.

酉13 【醲】⑳ 진한 술 농 冬 nóng
소전 초서 간체 酞 字解 ①진한 술. 〔淮南子〕肥醲甘脆, 非不美也. ②후하다, 두텁다. ③농(濃), 濃. 〔後漢書〕夫明主, 醲於用賞, 約於用刑.
【醲醇 농순】①순수하고 진한 술. ②덕화(德化)가 두터움.
【醲醖 농온】진한 술.
【醲郁 농욱】짙은 맛. 문장 따위에 묘미가 있음.
❶舊-, 醇-, 新-, 淸-, 村-.

酉13 【醴】⑳ 단술 례 薺 lǐ
소전 초서 字解 ①단술, 계명주(鷄鳴酒). 〔漢書〕常爲穆生設醴. ②달다〔甘〕. 〔太平御覽〕醴泉出山. ③맑은 술. 〔周禮〕水漿醴涼醫酏. ④강 이름. 〔楚辭〕沅有茝兮醴有蘭.
【醴酪 예락】①감주(甘酒)와 식초. ②젖을 끓여 만든 음료.
【醴水交 예수교】단술과 같은 달콤한 사귐. 소인의 사귐은 깨지기 쉬움.
【醴漿 예장】단술. 醴酒(예주).
【醴酒 예주】①단술. 甘酒(감주). ②하룻밤 사이에 익은 술. 계명주(鷄鳴酒).
【醴酒不設 예주불설】상에 단술을 차리지 않음. 손을 대우하는 예가 차츰 적어 감. 故事 (楚)나라 원왕(元王)이 사람들을 예우하면서 술을 좋아하지 않는 목생(穆生)에게는 특별히 단술을 차려서 후대하였으나, 뒤에 왕무(王戊)가 즉위하고 나서 얼마 있다가 단술을 차리지 않자 목생이 초나라를 떠났다는 고사에서 온 말.
【醴泉 예천】①단맛이 나는 물이 솟는 샘. 甘泉(감천). ②침(唾). ③샘물의 이름.
❶甘-, 牢-, 芳-, 醇-, 醪-, 酒-.

酉13 【釀】⑳ 釀(1867)의 속자

酉13 【醷】⑳ ❶매장 억 職 yì ❷단술 의 紙 yì ❸기운 모을 애 隊 ài
초서 字解 ❶①매장(梅漿), 매실초, 매실주. 〔禮記〕漿水醷濫. ②막걸리. ③단술. ❷단술. ※❶의 ③과 같다. ❸기운을 모으는 모양, 안간힘을 쓰는 모양.〔莊子〕生者暗醷物也.

酉13 【醳】 20 ❶진한 술 역 囚 yì
❷풀 석 囚 shì

초서 동서 字解 ❶①진한 술, 전국술.〔左思·賦〕肴醳順時. ②쓴 술. ③오래 묵은 술. ④겨울에 빚어 봄에 익은 술. ⑤위로하다, 주식(酒食)을 베풀어 병사(兵士)를 위로하다.〔史記〕牛酒日至, 以饗士大夫醳兵. ❷①풀다, 용서하다, 내버려두다. 늑釋.〔史記〕共執張儀掠笞數百, 不服, 醳之. ②적시다, 담그다. =液.
【醳兵 역병】술과 음식을 베풀어 병사를 위로함.
【醳醳 역역】술의 빛깔이 진한 모양.
❶舊―, 觴―, 新―, 清―, 村―.

酉13 【醳】 20 醳(1867)과 동자

酉14 【醂】 21 막걸리 람 勘 làn

소전 醂 字解 ①막걸리, 동동주. ②단술에 물을 탄 음료, 싱거운 술. ③띄우다, 잔을 띄우다. =灠.

酉14 【醑】 21 맛좋을 서·여 語 xǔ

字解 ①맛이 좋다, 맛있다. =𦩊. ②술이 맛있다. ③좋은 술.

酉14 【醻】 21 ❶갚을 수 尤 chóu
❷미주 이름 도 號 dào

소전 醻 字解 ❶갚다, 잔을 주고받다. =酬.〔詩經〕一朝醻之. ❷미주(美酒)의 이름, 좋은 술의 이름.
【醻答 수답】서로 주고받고 함. 酬答(수답).
【醻賞 수상】보상(報賞).

酉14 【醹】 21 진한 술 유 虞囿 rú

소전 醹 字解 ①진한 술. ②진하다.〔詩經〕酒醴維醹.

酉14 【醺】 21 취할 훈 文 xūn

소전 醺 초서 醺 字解 ①취하다, 약간 취하다.〔杜甫·詩〕繞行一盞卽醺人. ②냄새를 풍기다, 술 냄새가 나다. ③기분이 좋은 모양. ④물들다, 차츰 물들다.〔蘇軾·詩〕但願不爲世俗醺.
【醺然 훈연】술에 취한 모양.
【醺醺 훈훈】술에 취하여 기분이 좋은 모양.
❶微―, 小―, 宿―, 餘―.

酉16 【醼】 23 잔치 연 霰 yàn

字解 잔치, 연회(宴會). =宴.
【醼飮 연음】주연(酒宴). 연회(宴會).
【醼見 연현】임금이 틈이 났을 때 뵘.

酉17 【醽】 24 좋은 술 령 青 líng

초서 醽 字解 ①좋은 술, 미주(美酒). ②술을 거르다.
【醽醁 영록】좋은 술. 美酒(미주).

酉17 【醿】 24 거듭 빚은 술 미 支 mí

초서 醿 동서 醿 동서 醿 동서 醿 字解 거듭 빚은 술, 찌끼를 거르지 않은 보리술, 막걸리.

酉17 【醿】 24 釀(1867)와 동자

酉17 【釀】 24 醿(1867)와 동자

酉17 【釀】 24 빚을 양 本 냥 漾 niàng

소전 釀 초서 釀 속서 釀 간서 釀 字解 ①빚다, 술을 빚다.〔史記〕通邑大都, 酤一歲千釀. ②술.〔晉書〕令人欲傾家釀. ③뒤섞다.〔禮記〕鶉羹雞羹駕釀之蔘.
【釀母 양모】술밑. 酵母(효모).
【釀蜜 양밀】꿀을 뒤섞어 빚음.
【釀費 양비】술을 빚는 비용.
【釀成 양성】①술·장 등을 빚어 만듦. ②어떤 사건이나 분위기 또는 감정 등을 자아냄.
【釀造 양조】술·간장 등을 담가 만듦.
【釀禍 양화】재앙을 빚어 냄. 화근을 만듦.
❶家―, 嘉―, 私―, 新―, 醞―, 自―, 造―, 重―, 村―, 春―.

酉18 【釂】 25 다 들이켤 조 嘯 jiào

소전 釂 초서 釂 字解 다 들이켜다, 잔에 있는 술을 다 마시다.〔張協·七命〕酒駕方軒, 千鍾電釂.

酉18 【釁】 25 피바를 흔 震 xìn

소전 釁 초서 釁 간서 衅 字解 ①피를 바르다, 희생(犧牲)의 피를 그릇에 발라 신에게 제사 지내다. =衅.〔周禮〕上春釁寶鎭及寶器. ②틈, 사이.〔漢書〕國多釁矣. ③흠, 결점(缺點).〔春秋左氏傳〕嘗有釁, 不可失也. ④허물, 과실(過失).〔春秋左氏傳〕吳漢有釁. ⑤죄, 죄과(罪過).〔春秋左氏傳〕觀釁而動. ⑥구멍.〔國語〕惡有釁, 雖貴罰也. ⑦조짐.〔國語〕若鮑氏有釁, 吾不圖矣. ⑧움직이다.〔春秋左氏傳〕夫小人之性, 釁於

勇. ⑨태우다. ≒熏. 〔漢書〕豫讓釁面吞炭. ⑩ 향료를 바르다. ≒薰. 〔國語〕三釁三浴之.

【釁咎 흔구】 문책(問責)되어 형벌을 받음.
【釁廄 흔구】 마구(馬廄)를 신성하게 하기 위하여 피를 칠함.
【釁隙 흔극】 사이가 틀어짐. 불화(不和).
【釁端 흔단】 분쟁(紛爭)의 실마리. 싸움의 발단(發端).
【釁聞 흔문】 분명하지 아니한 모양.
【釁惡 흔악】 결점과 악행(惡行).
【釁勇 흔용】 혈기에서 나오는 용기를 부림.
【釁稔 흔임】 죄가 쌓이는 일.
【釁鐘 흔종】 갓 주조(鑄造)한 종에 희생의 피를 발라 신에 제사하던 일.

○ 奸-, 間-, 過-, 垢-, 國-, 待-, 乘-, 妖-, 疵-, 罪-, 瑕-.

酉 【釃】 ㉖ 釃(1867)와 동자
19

酉 【釃】 ㉖ ❶거를 시 紙 shī
19 ❷거를 소 虞
❸싱거운 술 리 支 lí

소전 초서 간체 字解 ❶ㄱ거르다, 술을 거르다. 〔詩經〕釃酒有藇. ②진한 술. ③나누다. 〔漢書〕酒釃二渠, 以引其河. ㄴ거르다. ※❶의 ①과 같음. ❸싱거운 술, 지게미에 재강에 물을 타서 짜낸 술. ≒醨. 〔楚辭〕而歠其釃.
【釃渠 시거】 도랑을 가름. 도랑을 갈라서 새 도랑을 냄.
【釃酒 시주】 ①술을 거름. 거른 술. ②술을 잔질함. 술을 잔에 따름.

酉 【釅】 ㉗ 초 엄 豔 yàn
20

초서 간체 字解 ㄱ초, 식초. ②술. 醲. ③진하다. 〔陸游·詩〕重溫壽酒屠蘇釅. ㄴ초의 맛이 진하다. 〔蘇軾·詩〕酸釅不堪調紊口. ❹빛깔이 진하다. 〔葛長庚·詞〕紅釅海棠明似雪. ㄷ차(茶)의 맛이 진하다. 〔蘇軾·詩〕食飽山茶釅.
【釅茶 엄다】 진한 차.
【釅白 엄백】 진하여 빛깔이 희게 보임.

釆 部

7획 부수 | 분별할변부

釆 【釆】 ⑦ 분별할 변 諫 biàn
0

소전 고문 초서 字源 象形. 짐승의 발톱이 갈라져 있는 모양을 본뜬 글자. 분별하다, 나누다, 나누이다. ※辨(1796)의 본자(本字).

釆 【采】 ❶캘 채 賄 cǎi
1 ⑧ ❷채읍 채 隊 cài

소전 초서 參考 ①釆(1868)는 딴 자. ②어휘는 彩(577)·綵(1370)를 아울러 보라.

字解 ❶①캐다, 따다, 뽑다. ≒採. 〔詩經〕薄言采之. ②가리다, 선택하다. ≒採. 〔詩經〕捋采其劉. ③채지(采地), 식읍(食邑). 〔禮記〕大夫有采, 以處其子孫. ④벼슬, 관직(官職). 〔書經〕疇咨若予采. ⑤일. ≒事. 〔史記〕展采錯事. ⑥장관(長官). 〔禮記〕九采之國. ⑦폐백(幣帛). 〔史記〕召公奭贊采. ⑧빛깔. 채색(彩色). ≒彩. 〔史記〕以五采, 彰施于五色. ⑨무늬, 문채(文彩). 〔楚辭〕衆不知余之異采. ⑩꾸미다, 꾸밈이 실질을 지나다. 〔漢書〕禮失而采. ⑪용모, 풍채. 〔漢書〕天下想聞其風采. ⑫주사위, 쌍륙의 주사위. ¶采戲. ⑬덩굴풀. ≒菜. 〔後漢書〕葛采爲緘. ⑭성(性). ❷①채읍(采邑). ≒埰. ②푸성귀, 채소. ≒菜. 〔周禮〕春入學, 舍采合舞.

【采菊東籬下 채국동리하】 동쪽 울타리 밑에 피어 있는 국화꽃을 땀. 은자의 생활.
【采芹 채근】 반수(泮水)의 미나리를 캠. 입학(入學)함. ○ '泮水'는 제후(諸侯)의 학교 둘레에 판 해자(垓字)의 물. 入泮(입반).
【采緞 채단】 혼인 때에 신랑이 신부 집으로 보내는 청색·홍색의 두 가지 비단.
【采毛 채모】 빛이 아름다운 털.
【采微 채미】 고비를 캠.
【采色 채색】 ①오색이 찬란한 빛깔. 彩色(채색). ②얼굴빛.
【采色不定 채색부정】 희로애락(喜怒愛樂)의 감정이 무시로 변하여 안색이 일정하지 아니함.
【采詩 채시】 민정(民情)을 살피기 위하여 민간에 유행되는 시가를 모음.
【采詩之官 채시지관】 주대(周代)에 풍속(風俗)을 살펴 정사를 행하는 데 참고로 하기 위해 민간에서 부르는 시가(詩歌)를 수집하던 벼슬.
【采薪 채신】 나무를 함. 땔감을 마련함.
【采薪之憂 채신지우】 병으로 나무를 할 수 없음. 자기의 병. 負薪之憂(부신지우).
【采椽 채연】 통나무 그대로의 서까래. 곧, 간소한 건물.
【采地 채지】 경대부(卿大夫)의 봉읍(封邑). 그 땅의 조세(租稅)로 녹(祿)을 삼는다.
【采集 채집】 자료를 모음.
【采擇 채택】 골라 냄. 採取(채취).
【采戲 채희】 주사위 놀이.

○ 喝-, 納-, 丹-, 文-, 服-, 色-, 神-, 新-, 五-, 異-, 精-, 衆-, 憔-, 探-, 風-, 筆-, 畫-, 華-.

釆 【釈】 ⑪ 釋(1869)의 속자
4

采 5 ~13획 釉 釋   里部 0획 里   1869

采 5 【釉】⑫ 윤 유 囿 yòu
초서 釉 字解 ①윤, 광택. ≒油. ②잿물. ¶釉藥.
【釉藥 유약】도자기를 굽기 전에 그 표면에 발라 광택이 나게 하는 재료. 釉灰(유회).

采 13 【釋】⑳ ❶풀 석 囿 shì
           ❷기뻐할 역 囿 yì

釋釋釋釋釋釋釋釋

소전 釋 초서 释 속 釈 간 释 參考 대법원 지정 인명용 한자의 음은 '석'이다.
字源 形聲. 釆+睪→釋. '睪(역)'이 음을 나타낸다.
字解 ❶①풀다. ㉮풀어 내다. ㉯다스리다, 처리하다. 〔呂氏春秋〕太子不肯自釋. ㉰흩뜨리다. 〔漢書〕慰釋皇太后之憂慼. ㉱떼어 내다. 〔淮南子〕其出致釋駕而僨. ㉲벗다. 〔儀禮〕主人釋服. ㉳그만두다, 없애다. 〔春秋左氏傳〕兹在兹. ㉴버리다. 〔呂氏春秋〕釋智謀. ㉵설명하다. 〔大學·章句〕右傳之首章, 釋明明德. ㉶해설하다. 〔國語〕釋言於齊. ②풀리다. ㉮깨닫다. 〔國語〕惑不釋也. ㉯녹아 없어지다. 〔老子〕渙兮若冰之將釋. ③내버리다. ≒捨. 〔呂氏春秋〕視釋天下, 若釋躧. ④놓다, 두다. 〔楚辭〕釋舟陵行. ⑤남기다. 〔儀禮〕俎釋三个. ⑥놓아주다, 석방하다. ≒赦. 〔漢書〕釋有罪誅亡辜. ⑦쫓기다, 추방(追放)하다. 〔春秋左氏傳〕釋盧蒲嫳于北竟. ⑧쏘다, 활을 쏘다. 〔書經〕若虞機張, 往省括于度則釋. ⑨깔다, 펴다. ≒藉·敍. 〔儀禮〕出祖釋軷. ⑩씻다, 쌀을 씻다. 〔詩經〕釋之叟叟. ⑪적시다. 〔禮記〕欲濡肉, 則釋而煎之以醢. ⑫따르다, 좇다. ⑬풀이, 해석. 〔魏志〕作字釋. ⑭석가(釋迦)의 교(教), 불교(佛教). 〔盧綸·詩〕挺贊惠學該儒釋. ⑮성(性). ❷기뻐하다, 즐거워하다. ≒悅. 〔嵇康·賦〕則欷愉歡釋.
【釋迦 석가】①인도(印度)의 아리아 족(族)에 속하는 한 종족. 석존(釋尊)은 이 종족 출신임. ②불교의 개조(開祖)인 석가모니(釋迦牟尼). ○범어(梵語) 'Sākya'의 음역어(音譯語). 능인(能仁)이라 번역함.
【釋褐 석갈】갈의(褐衣)를 벗고 관복(官服)을 입음. 처음으로 벼슬길에 나감.
【釋階而登天 석계이등천】사닥다리를 버리고 하늘에 오르려 함. 불가능한 일을 함.
【釋教 석교】석가(釋迦)의 가르침. 佛教(불교).
【釋根灌枝 석근관지】뿌리는 버려 두고 지엽에 힘씀. 근본을 잊고 지엽에 힘씀.
【釋慮 석려】마음을 놓음. 안심함.
【釋明 석명】①사실을 설명하여 밝힘. ②오해나 비난에 대하여, 사정을 설명하여 양해를 구함.
【釋門 석문】불교(佛教)를 믿는 사람, 또는 그 사회. 佛門(불문). 僧門(승문).
【釋放 석방】법에 의하여 구속되었던 것을 풀어 자유롭게 함.
【釋像 석상】석가(釋迦)의 상(像).
【釋生取義 석생취의】목숨을 버리고 의를 취함. 捨生取義(사생취의).
【釋言 석언】①말로 변명함. ②자의(字義)를 해석함.
【釋然 석연】❶석연 ❷역연 ❶①의문이나 의심이 풀려 개운한 모양. ②녹아 없어지는 모양. ❷기뻐하는 모양.
【釋義 석의】①교리(敎理)·진리(眞理)를 풀어 밝힘. ②불교의 의의(意義).
【釋子 석자】승려. 佛子(불자). 沙門(사문).
【釋奠 석전】①산천(山川)·묘사(廟社)·선성(先聖)·선사(先師)를 학교에서 제사할 때 행하는 예. ②문묘(文廟)에서 공자(孔子)를 제사 지내는 의식. 음력 2월과 8월의 상정일(上丁日)에 거행함.
【釋尊 석존】석가모니(釋迦牟尼)를 높이 이르는 말. 釋迦世尊(석가세존).
【釋旨 석지】불경(佛經)의 본지(本旨).
【釋菜 석채】약식(略式) 석전(釋奠). 음악·희생이 없고 나물만을 쓴다. 釋采(석채).
【釋回增美 석회증미】사벽(邪僻)함을 버리고 아름다움을 더함.
○ 講—, 孔—, 老—, 放—, 辯—, 保—, 剖—, 分—, 氷—, 消—, 慰—, 儒—, 融—, 注—, 註—, 評—, 解—, 會—, 訓—, 稀—.

里 部

7획 부수 | 마을리부

里 0 【里】⑦ 마을 리 紙 lǐ

丨 口 日 甲 里 里

소전 里 字源 會意. 田+土→里. 밭(田)도 있고, 흙(土)도 있어서 사람이 살 만한 곳이라는 데서 '마을'이라는 뜻을 나타낸다.
字解 ①마을, 촌락. 〔詩經〕無踰我里. ②거리, 집이 군집한 곳. 〔後漢書〕連里竟街. ③주거(住居), 저택. 〔孟子〕然後收其田里. ④상점, 점포. 〔國語〕賦里以入. ⑤이웃. 〔論語·里仁〕釋文〕里, 猶鄰也. ⑥행정 구역(行政區域)의 명칭. ㉮주대(周代)에, 25가(家)를 이름. 〔周禮〕五家爲鄰, 五鄰爲里. ㉯50가를 이름. 〔鶡冠子〕五家爲伍, 伍爲之長, 十伍爲里. ㉰72가를 이름. 〔尙書大傳〕三朋爲里. ㉱80가를 이름. 〔春秋公羊傳〕一里八十戶. ㉲100가를 이름. 〔禮記〕則里尹主人. ㉳110호(戶)를 이름. ⑦길이의 명칭. ㉮300보(步). 〔春秋穀梁傳〕古者三百步爲里. ㉯360보. 〔日知錄〕今以三百六十步爲里. ⑧살다, 거주하다. 〔莊子〕靈公奪而里之. ⑨헤아리다, 이수(里數)를 헤아림. ≒

聲. 〔穆天子傳〕乃里西土之數. ⑩속, 안. ≒裏. 〔素問〕肉里之脉. ⑪남편이 아내를 이르는 말. 〔南史〕我不忍鄕里落它處. ⑫묻다(埋), 희생을 묻다. ≒薶. ⑬근심하다. ≒悝. 〔詩經〕云如何里.

【里居 이거】①벼슬을 그만두고 시골에서 삶. ②줄지어 있는 인가(人家).
【里閭 이려】①동구(洞口)에 세운 문. ②마을. 시골.
【里路 이로】길의 이수(里數). 道程(도정).
【里罵 이매】시골에서 남의 욕설을 듣는 사람.
【里門 이문】마을 어귀에 세운 문.
【里婦 이부】①같은 마을의 여자. ②시골 여자.
【里社 이사】①마을에서 지신(地神)을 모시는 사당(祠堂). ②원명대(元明代)에 둔 지방 자치 단체.
【里所 이소】1리(里) 정도. 1마장쯤.
【里數 이수】거리를 이(里)의 단위로 센 수.
【里塾 이숙】마을의 서당(書堂).
【里尹 이윤】지방의 하급 관리.
【里仁 이인】①인후(仁厚)한 미풍(美風)이 있는 고장. ②어진 사람이 살고 있는 마을에 삶.
【里長 이장】한 리의 우두머리. 里宰(이재). 里正(이정).
【里程 이정】길의 이수(里數).
【里布 이포】주대(周代)에 택지(宅地)에 뽕과 삼을 심지 아니한 집에 부과하던 세금.
【里巷 이항】①마을. ②마을 안의 거리.
【里堠 이후】이정(里程)을 표시하기 위하여 길가에 쌓은 돌무더기.

⊙ 故―, 郊―, 舊―, 窮―, 道―, 同―, 洞―, 閭―, 三千―, 邑―, 仁―, 鄰―, 一瀉千―, 梓―, 田―, 戚―, 千萬―, 村―, 下―, 巷―, 鄕―, 墟―.

里2 【重】⑨
❶무거울 중 壅 zhòng
❷거듭할 중 图 chóng
❸아이 동 匨 tóng
❹젖 중 図

一 二 = 丢 丢 重 重 重 重

[소전] 𡍭 [초서] 重 [參考] 대법원 지정 인명용 한자의 음은 '중'이다.
[字源] 形聲. 壬+東→重. '東(동)'이 음을 나타낸다.
[字解] ❶①무겁다. ㉮무겁다. 〔淮南子〕九鼎重味. ㉯크다. 〔禮記〕引重鼎不程其力. ㉰깊다. 〔呂氏春秋〕君其重圖之. ㉱많다. 〔張衡·賦〕其取威也重矣. ㉲무게가 나가다. 〔庾信·詩〕寒谷梨當重. ㉳소중하다, 귀중하다. 〔禮記〕不䙝重器. ㉴드레지다. 〔論語〕君子不重則不威. ㉵엄숙하다. 〔陳書〕語言偪重. ㉶느슨하다, 느리다. 〔禮記〕足容重. ㉷융숭하다, 정중하다. 〔晉書〕禮之甚重. ㉸두텁다(必要), 긴요(緊要). 〔司馬光·記〕其爲任亦重矣. ㉹좋다. 〔儀禮〕重賜無數. ㉺교묘하다. 〔史記〕君第重射. ㉻바르다, 곧다. 〔淮南子〕古者人醇工尨商樸女正. ②무겁게 하다, 소중히 하다. ㉮존중하다. 〔中庸〕尊其位, 重其祿. ㉯애석히 여기다. 〔史記〕重自刑以絕從. ㉰소중하게 하다, 정중히 하다. 〔戰國策〕重而使之. ㉱더하다. 〔呂氏春秋〕是重我罪也. ㉲괴롭히다. 〔漢書〕事發相重. ㉳삼가다, 조심하다. ③무게, 중량. 〔春秋左氏傳〕鼎之輕重, 未可問也. ④위세(威勢), 권력(勸力). 〔漢書〕吾徒得君重. ⑤아이를 배다. 〔漢書〕重馬傷耗. ⑥짐, 짐바리, 치중(輜重). 〔春秋左氏傳〕楚重至于邲. ⑦어려워하다, 꺼리다. 〔史記〕秦欲攻魏, 重楚. ⑧생각하다. 〔楚辭〕重無怨而生離兮. ⑨두 번, 또다시. 〔南史〕重立賞格. ⑩자주하다, 거듭하다. 〔春秋左氏傳〕武不可重. ⑪사형(死刑). 〔後漢書〕斷獄報重. ❷①겹치다. ≒種. 〔儀禮〕蓋二以重. ②보태다, 곁들이다. 〔禮記〕重醴. ③붓다, 부어오르다. 〔詩經〕祇自重兮. ④거듭하다. 〔史記〕重會期. ⑤많다. 〔春秋左氏傳〕重備器. ⑥임시 신위(神位), 가신위(假神位). 〔禮記〕重, 主道也. ⑦늦곡식, 만생종(晩生種). ≒種. 〔詩經〕黍稷重穋. ❸아이, 어린이. ≒僮·童. 〔禮記〕與其鄰重汪踦往. ❹젖, 유즙(乳汁). 〔漢書〕不如重酪之便美.

【重刻 중각】①엄하고 심함. 가혹(苛酷)하고 과중(過重)함. ②거듭 판각(板刻)함.
【重刊 중간】이미 펴낸 책을 거듭 박아냄.
【重甲 중갑】견고한 갑옷.
【重剛 중강】주역(周易)에서, 상하효(上下爻)가 모두 양(陽)임.
【重客 중객】귀중한 손(客). 賓客(빈객).
【重繭 중견】①발에 누에고치 같은 물집이 생김. 발에 못이 박힘. 重趼(중견). ②무명옷을 겹쳐 입음.
【重慶 중경】조부모·부모가 모두 생존하여 있음.
【重科 중과】무거운 죄과. 重罪(중죄).
【重光 중광】①앞뒤 연이어서 덕을 빛냄. 덕이 높은 임금이 잇따라 남. ②10간(干) 중에 신(辛)의 고갑자(古甲子). ③두 빛이 겹침. 일월(日月)의 빛이 겹침.
【重九 중구】음력 9월 9일. 重陽(중양).
【重規 중규】①엄한 법규. ②법을 중히 여김.
【重禁 중금】엄한 법령. 무거운 경계.
【重寄 중기】무거운 임무(任務)를 부탁 받음. 중요한 임무의 위임.
【重器 중기】①나라의 귀중한 보배. 重寶(중보). ②중요한 직책. 소중한 인물.
【重難 중난】거듭되는 고난.
【重德 중덕】①경박하지 아니하고 침착한 덕. 중후(重厚)의 덕. ②덕을 존중함.
【重瞳 중동】겹으로 된 눈동자.
【重量 중량】무게.
【重祿 중록】①후한 녹봉(祿俸). ②많은 녹봉을 줌. ③옥새(玉璽). ④대신(大臣).
【重利 중리】①많은 이익. ②이익을 중히 여김. 이익을 위주로 함. ③복리(複利).
【重巒 중만】첩첩이 쌓인 산.
【重名 중명】①매우 두터운 명망(名望). 소문난

명성(名聲). ②명예를 중히 여김.
【重明 중명】①일월(日月)이 함께 하늘에 있어 광명이 겹침. 임금과 신하가 각각 제 직분(職分)을 다함. ②☞重瞳(중동).
【重門擊柝 중문격탁】겹겹이 문을 만들고 딱다기를 치며 경계함. 삼엄한 경계.
【重藩 중번】권세가 있는 번병(藩屛).
【重辟 중벽】무거운 형벌. 重罪(중죄).
【重複 중복】거듭함.
【重負 중부】무거운 짐. 중대한 임무.
【重聘 중빙】정중히 예를 갖추어 초빙함.
【重死 중사】죽음을 중히 여김. 헛되이 죽지 아니함.
【重三 중삼】음력 3월 3일. 삼짇날. 삼질.
【重傷 중상】심하게 다침.
【重喪 중상】탈상(脫喪) 전에 다시 친상(親喪)을 당함.
【重射 중석】재물을 많이 걸고 승부를 겨룸.
【重稅 중세】①과중(過重)한 세금. ②조세(租稅)를 중히 여김.
【重世 중세】세대(世代)를 거듭함.
【重修 중수】①낡은 건조물(建造物)을 다시 고침. 改修(개수). ②거듭 편수(編修)함.
【重襲 중습】①겹침. 겹처짐. ②여러 겹으로 엄중하게 방위함.
【重侍下 중시하】부모와 조부모가 모두 생존해 있어 모시는 처지.
【重臣 중신】①중직(重職)을 맡은 신하. ②정이품(正二品) 이상의 관원.
【重愛 중애】아끼고 사랑함.
【重陽 중양】①음력 9월 9일. ✑9는 양수(陽數)인데 이것이 거듭되는 날이므로 이르는 말. 重九(중구). ②하늘. 구중(九重)의 하늘.
【重言復言 중언부언】이미 한 말을 거듭 하고 다시 되풀이함.
【重役 중역】회사 등에서 중요한 업무를 맡은 임원.
【重譯 중역】원어(原語)에서 한 번 다른 나라 말로 번역된 것을 다시 다른 말로 번역하는 일. 이중 번역.
【重然諾 중연낙】일단 승낙한 일을 중히 여겨 지킴.
【重午 중오】음력 5월 5일. 곧, 단오(端午). 重五(중오).
【重屋 중옥】①이층집. ②지붕을 겹으로 하여 지은 집.
【重雍 중옹】여러 대에 걸쳐 태평성대가 계속됨.
【重要 중요】귀중하고 종요로움.
【重圍 중위】여러 겹으로 에워쌈.
【重威 중위】묵직하고 위엄이 있음.
【重闈 중위】①겹겹으로 된 궁문(宮門). ②깊은 궁전. ③부녀(婦女)가 거처하는 곳.
【重恩 중은】①두터운 은혜. 높고 큰 은택. ②은혜를 중히 여김.
【重餌 중이】귀한 먹이. 사람의 마음을 끄는 영예(榮譽).
【重以周 중이주】스스로 성현(聖賢)의 길 실현

을 자임(自任)하여 하찮은 것이라도 소홀히 하지 않는 일.
【重任 중임】①임기(任期)가 끝나고 거듭 선임(選任)됨. ②중대한 역할. 중요한 직책. ③무거운 적재물(積載物).
【重適 중적】제후(諸侯)의 적자(嫡子).
【重典 중전】①엄한 법률. ②중요한 전적(典籍).
【重殿 중전】앞뒤 두 채로 된 궁전.
【重點 중점】중요한 점.
【重祚 중조】물러난 임금이 다시 임금 자리에 오름. 復辟(복벽).
【重阻 중조】겹겹이 막힘. 매우 험(險)함.
【重足仄目 중족측목】두 발을 모아 서서 곁눈질하여 봄. 매우 두려워하는 모양.
【重踵屛息 중종병식】발을 모아 서서 숨을 죽임. 몹시 무서워하는 모양.
【重酎 중주】거듭 빚어 정제한 술.
【重重 중중】①겹치는 모양. 거듭되는 모양. 層層(층층). ②깊이 생각하는 모양.
【重重疊疊 중중첩첩】①겹치는 모양. 중첩된 모양. ②한없는 모양. 끝없는 모양.
【重地 중지】①중요한 땅. 매우 어려운 땅. ②땅을 중히 여김.
【重胝 중지】발에 못이 거듭 생김. 먼 길을 감.
【重鎭 중진】①병권(兵權)을 쥐고 요해(要害)의 땅에 웅거(雄據)하는 사람. 한 지방을 지배하는 사람. ②일정한 분야에서 지도적 영향력을 가진 중요한 인물.
【重徵 중징】①중세(重稅)의 징수(徵收). ②거듭 부름.
【重塹 중참】이중으로 된 참호(塹壕).
【重責 중책】①무거운 책임. ②엄하게 꾸짖음.
【重戚 중척】지위가 높은 친척.
【重泉 중천】①깊은 샘. ②먼 곳의 땅. ③지하의 사자(死者)가 있는 곳. 黃泉(황천).
【重疊 중첩】거듭됨. 거듭함.
【重聽 중청】①귀가 어두워 몇 번이나 되묻는 일. ②듣기를 꺼림.
【重治 중치】①잘 다스려짐. ②엄하게 다스림.
【重親 중친】①인척(姻戚) 관계가 겹침. 重婚(중혼). ②조부모와 부모를 함께 이르는 말. ③서로 친교(親交)를 거듭함.
【重態 중태】병이 위급한 상태.
【重荷 중하】①무거운 짐. ②분에 넘치는 부담. 무거운 임무. 重任(중임).
【重恨 중한】쌓이고 쌓인 원한.
【重憲 중헌】엄한 국법. 엄격한 규칙.
【重險 중험】겹겹이 험준한 지세(地勢)로 둘러싸인 곳. 요해지(要害地).
【重婚 중혼】배우자가 있는 사람이 다른 사람과 또 결혼함.
【重華 중화】①순임금의 이름. ②별 이름.
【重患 중환】병이 심각함.
【重厚 중후】태도가 정중하고 독실함.
【重暈 중훈】겹으로 된 햇무리. 국가가 중흥(中興)할 상(象)이라고 한다.
【重熙累洽 중희누흡】광명을 거듭하여 은택(恩

澤)이 두루 미침. 대대(代代)로 천자(天子)가 현명하여 태평한 세상이 계속됨.
◑ 加-, 苛-, 輕-, 過-, 寬-, 九-, 貴-, 內-, 累-, 端-, 莫-, 萬-, 樸-, 方-, 愼-, 嚴-, 危-, 威-, 陰-, 倚-, 自-, 積-, 鄭-, 尊-, 至-, 志-, 持-, 珍-, 疊-, 體-, 置-, 輻-, 沈-, 荷-, 顯-, 厚-.

里 【野】 ⑪ ❶들 야 馬 yě
4   ❷변두리 여 圖 yǔ
             ❸농막 서 圖 shù

口 日 日 甲 甲 里 野 野 野 野

[소전] 野 [고문] 壄 [초서] 野 [參考] 대법원 지정 인명용 한자의 음은 '야'이다.
[字源] 形聲. 里+予→野. '予(여)'가 음을 나타낸다.
[字解] ❶①들. ㉮성 밖, 교외(郊外). 〔詩經〕遠送于野. ㉯주대(周代)에, 왕성(王城) 밖 200리에서 300리까지의 사이. 〔周禮〕掌野. ㉰주대에, 왕성 밖에 있는 공경대부(公卿大夫)의 채지(采地). 〔周禮〕以歲時徵野之賦. ㉱들판, 논밭. 〔戰國策〕沃野千里. ㉲마을, 시골. 〔唐書〕出入廛野. ㉳민간(民間). 〔晉書〕朝野淸晏. ㉴지역(地域), 장소. 〔淮南子〕上游霄霓之野. ②촌스럽다, 꾸밈새가 없다, 질박하다. 〔論語〕質勝文則野. ③거칠다. ④비천(卑賤)하다. ⑤둔한하다, 사리에 어둡다. 〔論語〕野哉由也. ⑥서투르다, 익숙하지 못하다. 〔新書〕容志審道謂之間, 反側爲野. ⑦길들지 않다, 따르지 않다. 〔春秋左氏傳〕狼子野心. ⑧별자리, 분야(分野). 〔張衡·賦〕七宿畫野以分區. ❷변두리, 교외. ❸농막. =墅.
【野客 야객】①벼슬하지 않고 산야에 묻혀 사는 사람. 野人(야인). ②장미(薔薇)의 딴 이름.
【野坰 야경】성 밖의 들. 郊外(교외).
【野徑 야경】들길. 野逕(야경).
【野衲 야납】☞野僧(야승).
【野談 야담】민간에 전해져 오는 흥미있는 역사 이야기.
【野黨 야당】정권을 담당하고 있지 않은 정당.
【野渡 야도】①시골의 나루터. ②들을 흐르는 강의 나루터.
【野童 야동】시골 아이. 시골 어린이.
【野屯 야둔】한데서 밤을 지냄. 野營(야영).
【野老 야로】①시골에 사는 늙은이. ②노인의 자기 겸칭(謙稱).
【野錄 야록】☞野史(야사).
【野陋 야루】속되고 천함.
【野馬 야마】①아지랑이. 陽炎(양염). ②말. 몸집이 작은 말.
【野蠻 야만】①문화의 정도가 낮고 미개함. ②상스럽고 미개하여 도의심이 없는 것.
【野望 야망】①이루기 힘든 욕망. ②분수에 넘치는 희망.

【野無遺賢 야무유현】현자가 다 등용되어, 민가에 숨어 있는 인재가 없음.
【野無靑草 야무청초】들에 푸른 풀이 없음. 기근(饑饉)이 매우 심함.
【野民 야민】농민(農民).
【野芳 야방】들에 피는 향기로운 꽃.
【野舫 야방】들판에 흐르는 강 위에 떠 있는 거룻배.
【野服 야복】시골 사람이 입는 옷. 꾸밈없고 수수한 의복.
【野卑 야비】성질이나 행동이 속되고 천함.
【野鄙 야비】①시골. ②천함. 촌스러움.
【野扉 야비】시골집. 田家(전가).
【野史 야사】민간(民間)에서 찬술(撰述)한 역사. 사찬(私撰)의 역사. 外史(외사).
【野舍 야사】임금이 여행 중에 묵는 집.
【野性 야성】①거칠고 촌스러운 성질. ②조용한 전원을 사랑하는 마음. 소박한 자연을 사랑하는 마음. ③자연적인 본능 그대로의 성질.
【野蔬 야소】채소. 野菜(야채).
【野蔌 야속】산야에 나는 나물. 고비·고사리·죽순 따위.
【野叟 야수】시골 노인. 村老(촌로).
【野乘 야승】민간(民間)에서 엮은 역사서(歷史書). ○'乘'은 기록의 뜻. 野史(야사).
【野僧 야승】①시골 승려. ②승려의 자기 겸칭(謙稱). 野衲(야납).
【野心 야심】①잘 길들지 아니하고 사람을 해치고자 하는 마음. ②민간에 은둔하여 전원 생활을 즐기려는 마음. ③분수에 넘치는 욕망.
【野蛾 야아】나비의 딴 이름.
【野鴨 야압】물오리. 野鶩(야목).
【野醸 야양】시골 막걸리.
【野語 야어】시골 사람의 말. 野言(야언).
【野煙 야연】①들에 낀 연기. ②연하(煙霞).
【野營 야영】①야외에 친 병영(兵營). ②휴양이나 훈련을 목적으로 야외에 천막을 치고 하는 생활.
【野慾 야욕】①야망을 품은 욕심. ②짐승같은 성적 욕망.
【野吟 야음】전야(田野)에서 시를 읊음.
【野意 야의】들에서의 한가한 마음. 野情(야정).
【野人 야인】①촌스러운 사람. ②겉을 꾸미지 않는 성실한 사람. ③일반 백성. 야(野)에 있어 벼슬하지 않은 사람. 庶人(서인). ④미개인(未開人). 蕃人(번인). ⑤圀압록강·두만강 이북에 살던 만주족, 또는 여진족(女眞族).
【野人無曆日 야인무력일】시골에 묻혀 세상일에 관심이 없는 사람은 날짜가는 것도 모름.
【野人獻芹 야인헌근】야인이 미나리를 임금에게 바침. 남에게 물건을 증정함의 겸사.
【野店 야점】시골에 있는 가게.
【野情 야정】①시골 사람의 소박한 마음. ②전야(田野)의 풍정(風情). 전원의 정취(情趣). 野趣(야취).
【野亭 야정】①시골의 정자. ②시골의 숙소.
【野次 야차】들에서 잠. 한데서 잠.

【野菜 야채】 나물.
【野處 야처】 집 없이 들에서 삶.
【野趣 야취】 시골의 정취(情趣).
【野態 야태】 촌스러운 모양. 시골티.
【野鶴 야학】 들에 사는 학. 은사(隱士)가 속세의 일에 초연함의 비유. ◐학이 닭이나 오리와 무리를 같이하지 않은 데서 온 말.
【野合 야합】 ①정식 혼인을 하지 아니하고 부부가 됨. 부부 아닌 남녀가 정을 통함. ②야외(野外)에서의 합주(合奏). ③야전(野戰). ④옳지 못한 목적으로 한데 어울림.
【野鴿 야합】 들비둘기. 산비둘기.
【野航 야항】 시골의 나룻배.
【野狐禪 야호선】 (佛)진실하게 참선(參禪)도 하지 아니하고서 깨달은 듯이 가장하여 남을 속이는 사람을 여우에 비유하여 욕하는 말.
【野火 야화】 ①들판을 태우는 불. ②도깨비불. 鬼火(귀화).
【野荒民散 야황민산】 전답(田畓)이 황폐하여 백성이 뿔뿔이 흩어짐.
【野畦 야휴】 논두렁 길. 밭두둑 길.
◐ 廣一, 郊一, 綠一, 大一, 牧一, 樸一, 分一, 鄙一, 四一, 山一, 視一, 沃一, 林一, 在一, 田一, 粗一, 朝一, 質一, 草一, 村一, 平一, 下一, 荒一.

里 【量】⑫ ❶헤아릴 량 陽 liáng
5   ❷되 량 漾 liàng

口 日 日 旦 昌 昌 昌 量 量 量

<소전>量 <고문>重 <초서>量 <字源> 形聲. 日+重→量. '重(중)'이 음을 나타낸다.

<字解> ❶①헤아리다. ㉮무게를 달다. ㉯용적(容積)을 계량하다. 〔淮南子〕量粟而舂. ㉰길이를 재다. 〔楚辭〕不量鑿而正枘兮. ㉱넓이를 재다. 〔禮記〕量地遠近. ㉲다소(多少)를 헤아리다. 〔晉書〕量計漕運. ㉳나누다. ㉴어림잡다, 가늠하다. 〔春秋左氏傳〕量功而日. ㉵추측하다, 미루어 헤아리다. 〔後漢書〕其多所裁量若此. ㉶생각하다. 〔元稹·詩〕聞坐思量小來事. ㉷의논하다. 〔大唐嘉話〕與三郎商量未. ②길이, 장단(長短). 〔周禮〕制其從獻脯燔之數量. ③좋다. ≒良. ❷①되, 말. 〔書經〕同律度量衡. ②양, 되로 되는 양. 〔漢書〕量者, 龠·合·升·斗·斛之分限. 〔禮記〕月以爲量. ⑤도량. 분량(分量). 〔論語〕惟酒無量, 不及亂. ⑥역량(力量), 일을 해낼 수 있는 재량. 〔蜀志〕以亮有殊量, 乃三顧亮於草廬之中. ⑦법규, 제도. 〔國語〕量改制量. ⑧물건의 좋고 나쁨. 〔禮記〕命工師, 令百工, 審五庫之量. ⑨구덩이, 물을 받는 곳. 〔荀子〕主量必平, 似法. ⑩가득 차다. 〔呂氏春秋〕其死者量於澤矣. ⑪자체하다. 〔禮記〕事君者, 量而后入, 不入而后量. ⑫켤레, 신의 켤레. 〔晉書〕未知一生當著幾量屐.
【量加 양가】 헤아려 보탬.

【量槪 양개】 말이나 되로 곡식을 될 때 그 위를 고르게 깎아 내는 데 쓰는 방망이. 평미레.
【量檢 양검】 헤아려 검사함.
【量決 양결】 사정을 잘 헤아려 결정함.
【量器 양기】 ①말·되 따위와 같이 물건의 분량을 재는 기구. ②사람의 덕량(德量)과 재능(才能). 器量(기량).
【量粟而舂 양속이용】 좁쌀을 알알이 세어 방아를 찧음. 하찮은 일에 마음을 씀.
【量移 양이】 멀리 유배(流配)된 사람을 감형하여 가까운 곳으로 옮김.
【量入爲出 양입위출】 수입을 계산하여 그 범위 내에서 지출함.
【量知 양지】 헤아려 앎.
【量窄 양착】 ①식량(食量)이나 주량(酒量)이 적음. 小量(소량). ②도량이 좁음.
【量度 양탁】 ①저울과 자. ②잼. ◐ '量'은 부피를, '度'는 길이를 재는 일.
【量刑 양형】 형벌(刑罰)의 정도를 헤아려 정함.
◐ 計一, 過一, 局一, 權一, 器一, 大一, 德一, 度一, 斗一, 無一, 分一, 思一, 商一, 聲一, 少一, 數一, 食一, 識一, 雅一, 力一, 料一, 裁一, 適一, 酒一, 斟一, 測一, 稱一.

里 【釐】⑱ ❶다스릴 리 支 lí
11   ❷길할 희 支 xī
        ❸풀 벨 래 灰 lái
        ❹땅 이름 태 灰 tāi
        ❺줄 뢰 隊 lài

<소전>釐 <초서>釐 <속자>厘 <간체>厘 <참고> 대법원 시성 인명용 한자의 음은 '리'이다.

<字解> ❶①다스리다. 〔書經〕允釐百工. ②고치다, 바로잡다. 〔後漢書〕豈一朝所釐. ③탐하다, 한없이 욕심부리다. ≒悝. ④복, 행복. ≒禧. 〔漢書〕祠宮祝釐. ⑤쌍둥이. ≒聯. ≒萊. ⑥과부, 미망인. 〔詩經〕鄰之釐婦. ⑦제육(祭肉), 제사 지낸 고기. 〔史記〕方受釐. ⑨수량(數量)의 이름. 기준 단위의 100분의 1, 푼(分)의 10분의 1, 척(尺)의 1,000분의 1, 묘(畝)의 100분의 1, 양(兩)의 1,000분의 1. =氂. 〔漢書〕失之毫釐. ❷①길(吉)하다, 복(福). ≒禧. ②성(姓). ❸①풀을 베다. ②보리(麥). 〔漢書〕飴我釐麰. ❹땅 이름. =邰. ❺주다. ≒賚. 〔詩經〕釐爾女士.
【釐降 이강】 임금의 딸을 신하에게 시집 보내는 일. 降嫁(강가).
【釐改 이개】 고침. 개혁함.
【釐金 이금】 화물(貨物)의 내국 통과세(通過稅). 釐捐(이연).
【釐稅 이세】 통과세(通過稅)와 화물세(貨物稅).
【釐嫂 이수】 과부. 홀어미.
【釐捐 이연】 ◐釐金(이금).
【釐正 이정】 다스려 바름. 개정(改正)함.
【釐定 이정】 다스려 개정(改定)함.
【釐麰 내모】 보리. 來牟(내모).
◐ 福一, 受一, 祝一, 毫一, 鴻一.

金 部

8획 부수 ｜ 쇠금부

金⁰ 【金】⑧ ❶쇠 금 囷 jīn
❷입 다물 금 囙 jìn
❸圈성 김

ノ 人 ㅅ 스 슈 全 余 金

[소전]金 [고문]金 [초서]金 [참고] 대법원 지정 인명용 한자의 음은 '금·김'이다.

[字源] 形聲. 今+ﾉ+土→金. '今(금)'이 음을 나타낸다.

[字解] ❶①쇠. ㉮금속(金屬), 광물(鑛物)의 총칭. 〔經書〕金作贖刑. ㉯구리, 동(銅). 〔書經〕厥貢惟金三品. ㉰철(鐵). 〔呂氏春秋〕分府庫之金. ㉱돈, 금전(金錢). 〔戰國策〕位高而多金. ㉲금, 황금(黃金). 〔列子〕搆以金銀, 絡以珠玉. ❷오행(五行)의 하나. 방위로는 서(西), 계절로는 가을, 성음(聲音)으로는 상(商), 간지로는 경신(庚辛)에 배당된다. 〔漢書〕商爲金. ❸황금색. 〔詩經〕赤芾金舃. ❹금속으로 만든 그릇, 종정(鐘鼎). 〔呂氏春秋〕功績銘乎金石. ❺귀하다, 고귀하다. 〔揚雄·劇秦美新〕金科玉條. ❻통화(通貨)의 단위. 〔史記〕遺蘇代百金. ❼단단하다. 〔易經〕得金矢. ❽좋다, 아름답다. 〔太玄經〕失金匱. ❾악기, 팔음(八音)의 하나. 종(鐘) 등의 쇠로 만든 악기. 〔周禮〕金石土革絲木匏竹. ❿형구(刑具). 칼·도끼 따위. 〔莊子〕爲外刑者金與木也. ⓫무기(武器). 칼·검 따위. 〔淮南子〕砥石不利而可以利金. ⓬말방울. 마구(馬具)의 하나. 〔荀子〕金革轡靷而不入. ⓭인(印), 인장(印章). 〔後漢書〕懷金垂紫. ⓮나라 이름. 여진(女眞)의 아골타(阿骨打)가 1115년에 세운 나라. ⓯성(姓). ❷입을 다물다. = 噤. 〔荀子〕金舌弊口. ❸①성(姓). ②땅 이름.

【金甲 금갑】황금으로 장식한 갑옷.
【金剛 금강】①오행(五行)의 금(金)의 기(氣). ②금강석(金剛石). ③(佛)㉠금강저(金剛杵). ㉡금강저를 가진 역사(力士). 執金剛(집금강). ㉢여래(如來)의 지덕(知德)이 견고하여 일체의 번뇌를 깨뜨림.
【金剛界 금강계】(佛)밀교(密敎)의 근본이 되는 양부(兩部) 중의 하나로 대일여래(大日如來)의 지덕(智德)을 보인 부문(部門)을 이름. ✿여래의 지덕이 일체의 유혹을 깨뜨리고 그 힘의 예리함이 금강과 같다는 데서 온 말.
【金剛不壞身 금강불괴신】(佛)금강처럼 견고하여 괴멸하는 일이 없는 몸. 불신(佛身).
【金剛神 금강신】(佛)불법을 수호하기 위해 절의 문 양쪽에 세운 한 쌍의 신장(神將). 金剛力士(금강역사).
【金剛心 금강심】견고하여 깰 수 없는 보살의 큰 마음. 전념(專念)하여 변하지 않는 신앙심.

【金剛杵 금강저】(佛)번뇌(煩惱)를 타파하는, 보리심(菩提心)을 상징하는, 쇠붙이로 만든 법구(法具).
【金莖 금경】①승로반(承露盤)을 받치는 구리기둥. ②꽃 이름. 금경화(金莖花).
【金景 금경】황금의 빛(光).
【金鏡 금경】①금으로 꾸민 거울. ②달의 딴 이름. 金丸(금환). ③밝은 덕(德).
【金界 금계】절. 불사(佛寺).
【金鼓 금고】군중(軍中)에서 쓰는 종과 북. ✿'鼓'는 진격할 때, '金'은 후퇴할 때 씀.
【金鼓振天 금고진천】종소리와 북소리가 하늘을 뒤흔듦. 격렬한 전쟁.
【金谷酒數 금곡주수】벌주(罰酒). 벌배(罰杯). [故事] 진대(晉代)에 석숭(石崇)이 금곡의 별장에 빈객을 초대하여 잔치를 베풀고 시를 짓지 못하는 사람에게는 벌주 서 말을 마시게 한 고사에서 온 말.
【金骨 금골】①쇠와 뼈. 견고한 것의 비유. ②귀중한 물건. ③선약(仙藥)의 이름. ④신선(神仙)의 모습. ⑤사리(舍利).
【金科玉條 금과옥조】금옥(金玉)과 같이 훌륭한 과조(科條). ㉠귀중한 법률. ㉡절대적으로 여기는 교훈과 규칙.
【金管 금관】①금으로 만든 퉁소. ②금으로 만든 붓대.
【金貫子 금관자】2품 이상의 관리가 달았던 황금으로 만든 망건 관자.
【金塊 금괴】금의 덩이.
【金口 금구】①금속으로 만든 그릇의 부리. ②말을 가볍게 하지 아니함. ③남의 말의 경칭(敬稱). ④천자(天子)의 말. 聖旨(성지). ⑤(佛)부처의 말. 석가(釋迦)의 설법(說法).
【金丘 금구】서쪽. 서방(西方). ✿오행(五行)에서 금(金)은 서(西)에 배당되는 데서 온 말.
【金口木舌 금구목설】①교령(敎令)을 낼 때 흔들어서 청중에게 주의를 환기하는 큰 종. ②학자가 지위를 얻어 가르침을 베풂.
【金甌無缺 금구무결】조금도 흠집이 없는 황금 단지. 방위가 튼튼하여 외국에게 수모를 받은 적이 없는 완전무결한 국가.
【金甌覆名 금구부명】황금 단지로 이름을 덮음. 재상(宰相)을 임명함. [故事] 당(唐) 현종(玄宗)이 재상을 고를 때마다 그 성명을 쓴 종이를 황금 단지로 덮어서 신하에게 맞추게 한 뒤에 임명했다는 고사에서 온 말.
【金口閉舌 금구폐설】입을 다물고 혀를 놀리지 아니함. 침묵함. ✿'金'은 '噤'으로 '입을 다물다'를 뜻함.
【金闕 금궐】①도교(道敎)에서, 천제(天帝)가 있는 곳. 黃金闕(황금궐). ②천자의 궁궐. 禁闕(금궐). ③황금으로 꾸민 문.
【金匱 금궤】①금으로 장식하여 만든 궤. ②쇠로 만든 궤. 귀중한 물건을 넣어 두고 길이 전하는 데에 씀.
【金匱石室 금궤석실】쇠로 만든 상자와 돌로 만든 방. 책을 엄중히 간직하는 곳.

【金氣 금기】①오행(五行)의 금(金)의 기운. ②가을 기운.
【金諾 금낙】금과 같은 승낙. 확실한 약속.
【金女 금녀】서왕모(西王母)의 딴 이름.
【金泥 금니】아교에 갠 금가루. 비적(祕籍) 또는 조서(詔書)에 봉인(封印)으로 쓰며, 또 서화(書畫)에도 쓴다. 泥金(이금).
【金丹 금단】선인(仙人)·도사(道士)가 금으로 조제했다는 불로장수의 묘약.
【金堂 금당】①화려한 전당(殿堂). ②(佛)절의 본당(本堂). 본존(本尊)을 안치하는 곳.
【金璫 금당】①황금 귀고리. ②환관(宦官). ③가장자리를 금으로 장식한 기와. ④금관(金冠)에 붙이는 장식.
【金德 금덕】①오덕(五德)의 하나. 천자(天子)의 수명(受命)이 오행(五行)의 금(金)에 해당함을 이름. ②가을의 딴 이름. ③가을의 기운. 숙살(肅殺)의 기(氣).
【金斗 금두】①금으로 만든 술구기. ②다리미.
【金蘭 금란】두 사람이 합심하면 날카로움이 쇠와 같고 향기로움이 난초와 같음. 친구 간의 정의(情誼)가 매우 두터움. 金蘭之交(금란지교).
【金蓮步 금련보】미인의 아름다운 걸음걸이. 故事 제(齊)나라 동혼후(東昏候)의 총희(寵姬) 반비(潘妃)가 걷는 길에 금으로 만든 연꽃을 깔고 그 위를 걷게 한 고사에서 온 말.
【金罍 금뢰】금으로 꾸민, 운뢰(雲雷)의 무늬를 그린 술통.
【金縷 금루】금빛이 나는 실.
【金輪 금륜】①황금의 수레바퀴. 아름다운 수레. ②(佛)사륜(四輪)의 하나. 현세계(現世界)의 지층(地層)의 이름. 제일 밑이 풍륜(風輪), 그 위에 수륜(水輪), 수륜 위에 금륜이 있는데, 이것이 지륜(地輪) 곧 대지(大地).
【金利 금리】돈의 이자.
【金馬玉堂 금마옥당】한림원(翰林院)의 딴 이름. ◯한대(漢代)의 금마문(金馬門)과 옥당전(玉堂殿)에서 온 말.
【金文 금문】①금니(金泥)로 쓴 글자. 조서(詔書) 등의 미칭. ☞金石文(금석문).
【金髮 금발】황금색의 머리털.
【金榜 금방】과거(科擧)에 급제한 사람의 이름을 게시한 방.
【金帛 금백】황금과 비단.
【金魄 금백】①달[月]의 딴 이름. ②순금(純金).
【金法 금법】시비를 잘 판결함.
【金碧 금벽】황금빛과 푸른빛. 호화찬란한 색채.
【金粉 금분】①금가루. 금빛 가루. ②꽃가루. ③번화하고 아름다움. ④화장에 쓰는 분. ⑤아름다운 화장. ⑥미인.
【金盆 금분】금으로 만든 쟁반. 단지.
【金不換 금불환】만금(萬金)으로도 바꿀 수 없는 귀중품. 특히 먹[墨]을 이름.
【金砂 금사】①금싸라기. ②금빛의 모래.
【金絲 금사】①금실. 금빛의 실. ②수양버들의 모양. ③누에고치실의 모양.
【金蛇 금사】①뱀의 한 가지. 금빛 나는 작은 뱀. ②번개의 비유. 電光(전광).
【金山 금산】①황금의 산. 학문 도덕이 숭고 심원함. ②금이 나는 산. 金鑛(금광).
【金相 금상】나 바탕을 갈고 닦아 아름답게 함. ②뛰어난 자질(資質).
【金相玉質 금상옥질】금옥과 같은 자질(資質). 더할 수 없이 훌륭한 자질.
【金生水 금생수】오행(五行)의 상생(相生)의 하나. '金'에서 '水'가 나옴.
【金書鐵券 금서철권】공신(功臣)을 봉(封)할 때 쓰던 부절(符節). 글자는 금으로 상감(象嵌)함. 鐵券(철권).
【金石 금석】①쇠와 돌. ㉠영구불변한 것. ㉡단단한 것. ②명문(銘文) 따위를 조각하는 철재(鐵材)나 석재(石材). 鐘鼎(종정)·비갈(碑碣). ③편종(編鐘)과 편경(編磬), 또는 그것으로 연주하는 음악. ④병기(兵器). 무기. ⑤☞金石文(금석문).
【金石文 금석문】금문(金文)과 석문(石文). 곧, 종정(鐘鼎)·비갈(碑碣)에 새긴 문자.
【金石絲竹 금석사죽】네 가지의 주요 악기. ◯'金'은 종(鐘), '石'은 경(磬), '絲'는 거문고·비파, '竹'은 피리·퉁소 따위.
【金石聲 금석성】①종(鐘)이나 경(磬) 같은 악기의 소리. ②시문(詩文)이 뛰어남의 비유.
【金石人 금석인】사사로운 정에 끌리지 않는 강직한 사람.
【金石之言 금석지언】금석같이 굳은 언약. 확고한 말.
【金石之典 금석지전】변하지 않는 법전(法典).
【金仙 금선】①신선(神仙). ②부처. 부처의 몸은 금색이며, 생사를 초월해 있기 때문에 이름.
【金蟬脫殼 금선탈각】매미가 허물을 벗음. 몸을 빼쳐 달아남.
【金舌蔽口 금설폐구】입을 다물고 말을 하지 아니함. 金口閉舌(금구폐설).
【金蟾 금섬】①달의 딴 이름. ◯달 속에 두꺼비가 있다는 전설에서 나온 말. ②두꺼비 모양의 금속 향로.
【金城 금성】①견고한 성. ②견고함.
【金聲玉振 금성옥진】종(鐘)소리와 경(磬)소리. ㉠시가(詩歌)나 음악의 아름다운 가락. ㉡사물을 집대성(集大成)함. ㉢시작과 끝을 온전히 하여 지(智)와 덕(德)을 아울러 갖춘 상태. ㉣사상이나 언론의 맥락이 앞뒤가 잘 연결되어 널리 세상의 존중을 받게 됨. ◯팔음(八音)을 합주(合奏)할 때, 맨 처음 종을 쳐서 시작하고 맨 끝으로 경을 쳐서 연주를 끝낸 데서 온 말.
【金城湯池 금성탕지】쇠로 만든 성과 그 둘레에 끓는 뜨거운 물이 고여 있는 못. 방비가 매우 튼튼한 성(城).
【金素 금소】가을. ◯가을은 오행(五行)에서는 금(金), 오색(五色)에서는 '白(백)'에 해당하는 데서 온 말.
【金屬 금속】①쇠붙이. ②금붙이.
【金翅鳥 금시조】인도 전설상의 괴조(怪鳥). 입에서 불을 토하며 용을 잡아먹는다고 함.

【金身 금신】 황금빛의 불상.
【金牙 금아】 튼튼한 이〔齒〕.
【金娥 금아】 달〔月〕의 딴 이름. ○월궁(月宮)에 항아(姮娥)가 살고 있다는 전설에서 온 말.
【金雁 금안】 ①기러기발. 琴徽(금휘). ②가을의 기러기. ③금빛의 기러기.
【金鴨 금압】 쇠붙이로 만든 오리 모양의 향로.
【金魚 금어】 ①금붕어. ②금으로 만든 물고기 모양의 주머니. 당대(唐代)에 삼품 이상의 벼슬아치와 특사(特賜)를 받은 사람만이 찼음. ③자물쇠. ○자물쇠를 물고기 모양으로 만들었던 데서 온 말.
【金言 금언】 ①짧은 말 속에 깊은 교훈을 담고 있는 귀중한 말. 格言(격언). ②굳게 맹세한 말. ③(佛)부처의 법어(法語).
【金烏 금오】 해의 딴 이름. ○태양 속에 세 발 가진 까마귀가 산다는 전설에서 온 말.
【金屋 금옥】 황금으로 꾸민 집. 아름다운 전각(殿閣).
【金玉 금옥】 ①황금과 주옥(珠玉). ②귀중한 것. 찬미할 만한 것. ③망건에 금관자(金冠子)와 옥관자(玉冠子)를 붙인 벼슬아치의 총칭.
【金玉君子 금옥군자】 금옥 같이 굳게 절조를 지키는 군자.
【金玉滿堂 금옥만당】 금옥이 집에 가득 있음. ㉠조정에 현명한 신하가 가득함. ㉡방 안에 높은 벼슬아치가 가득함.
【金玉聲 금옥성】 금과 옥을 치는 것 같은 아름다운 소리. ㉠훌륭한 시문(詩文). ㉡남의 시문. ㉢남의 목소리.
【金屋貯嬌 금옥저교】 훌륭한 집에 미인(美人)을 있게 함. 故事 한(漢) 무제(武帝)가 아교(阿嬌)를 얻어 금옥(金屋)을 짓고 그곳에 살게 한 고사에서 온 말.
【金玉之世 금옥지세】 태평한 세상.
【金屋寵 금옥총】 궁인(宮人)이 임금의 깊은 총애를 받음. 참金屋貯嬌(금옥저교).
【金盌玉杯 금완옥배】 ①고귀한 벼슬자리. ②풍수가(風水家)에서, 길상(吉祥)의 땅을 이름.
【金旺之節 금왕지절】 오행의 금(金)이 왕성한 절후. 곧, 가을.
【金友玉昆 금우옥곤】 금 같은 아우와 옥 같은 형. 남의 형제. 玉昆金友(옥곤금우).
【金融 금융】 ①돈의 융통. ②경제계에서의 자금의 대차(貸借)와 수요·공급의 관계.
【金夷 금이】 칼에 베인 상처. 金痍(금이).
【金子 금자】 ①황금의 구슬. 황색의 작은 열매. ②돈. 화폐. ○'子'는 조자(助字).
【金字 금자】 ①금니(金泥)로 쓴 글자. ②비명(碑銘)의 글자. ③천자(天子)가 쓴 글자. ④귀중한 글자.
【金紫 금자】 금으로 만든 도장과 자줏빛 인끈. 존귀한 사람의 비유. ○높은 벼슬아치가 사용한 데서 온 말.
【金字塔 금자탑】 '金' 자 모양의 탑. 후세까지 빛날 훌륭한 업적.
【金字牌 금자패】 송대(宋代)에 군사 기밀의 신속한 조처를 필요로 할 때, 금니(金泥)로 글자를 써서 급사(急使)를 보낼 때 쓰던, 나무로 만든 패(牌).
【金爵 금작】 ①새 모양으로 만든 황금 술잔. 金杯(금배). ②지붕에 꾸며 놓은 동황(銅凰). ③새 모양을 조각한 금비녀. ④높은 관직.
【金雀 금작】 ☞金爵(금작)①.
【金漿 금장】 ①선약(仙藥)의 이름. ②침. 唾液(타액). ③황금을 달인 물.
【金裝 금장】 ①황금으로 장식함. 아름답게 차림. ②갑주(甲冑)로 무장함. ③금으로 만듦. 金製(금제).
【金章玉句 금장옥구】 뛰어난 시문(詩文).
【金箭 금전】 ①황금 화살. ②물시계에서 시각을 나타내는 바늘.
【金殿玉樓 금전옥루】 휘황찬란한 궁전.
【金繒 금증】 ①황금과 비단. ②재화(財貨).
【金池 금지】 ①금빛 못(池). ②벼루의 딴 이름.
【金枝玉葉 금지옥엽】 ①금으로 된 가지와 옥으로 된 잎. ㉠황족(皇族). 왕족(王族). ㉡귀한 자손. ②구름·초목(草木)의 아름다운 모양.
【金刹 금찰】 절. 사원(寺院).
【金瘡 금창】 칼·창 따위의 날에 다치어 쇳독이 든 상처. 金痍(금이).
【金釵 금채】 금비녀. 金簪(금잠).
【金策 금책】 중대한 일이나 임금의 명령을 기재한 금 바탕의 기록물.
【金天 금천】 ①가을 하늘. ②서쪽 하늘. ③가을. ○오행(五行)에서 '金'은 '秋(추)'와 '西(서)'에 해당하는 데서 온 말.
【金針度人 금침도인】 금침(金針)을 남에게 건네 줌. 비결(祕訣)을 남에게 전수(傳授)함.
【金柝 금탁】 진중(陣中)에서 밤에 경계하기 위하여 치는 징과 딱따기.
【金鐸 금탁】 옛날 군사(軍事)에 관한 교령(教令)을 내릴 때 흔들던 큰 방울. 문사(文事)에는 목탁(木鐸)을 썼다.
【金錫 금탁】 군중(軍中)에서 북소리를 조절하기 위하여 치는 징〔鉦〕.
【金兔 금토】 달의 딴 이름. ○달 속에 토끼가 살고 있다는 전설에서 온 말.
【金波 금파】 ①달빛. 月光(월광). ②달빛에 금빛으로 빛나는 물결. ③술.
【金葩 금파】 황금빛의 꽃. 주로 국화를 이른다.
【金鑣 금표】 ①금으로 만든 재갈. ②화려하게 꾸민 말.
【金風 금풍】 가을 바람. 秋風(추풍).
【金革 금혁】 ①병기(兵器). ②전쟁. 干戈(간과). 兵革(병혁).
【金穴 금혈】 ①금이 나는 곳. 금광의 구덩이. 金坑(금갱). ②큰 부자. 재산가(財産家). ③돈을 대는 사람. 자본주(資本主).
【金虎 금호】 ①해. 태양. ②금성(金星)과 묘성(昴星). 이 두 별이 가까이 접근하면 전란(戰亂)이 일어난다고 함.
【金虎符 금호부】 동(銅)으로 만든 범 모양의 부절(符節). 銅虎符(동호부).

【金壺 금호】 ①물시계의 미칭(美稱). ②금으로 만든 술병. ③선인(仙人)이 주(周)의 영왕(靈王)에 주었다는 먹통. ④달〔月〕의 딴 이름.
【金婚式 금혼식】 서양 풍속에서 결혼 만 50주년을 기념하는 의식.
【金丸 금환】 ①달의 딴 이름. 金鏡(금경). ②금속으로 만든 탄환.
● 兼ㅡ, 公ㅡ, 斷ㅡ, 代ㅡ, 貸ㅡ, 鍍ㅡ, 萬ㅡ, 募ㅡ, 白ㅡ, 罰ㅡ, 私ㅡ, 砂ㅡ, 賜ㅡ, 謝ㅡ, 上ㅡ, 賞ㅡ, 誠ㅡ, 稅ㅡ, 送ㅡ, 受ㅡ, 純ㅡ, 惡ㅡ, 冶ㅡ, 年ㅡ, 料ㅡ, 元ㅡ, 義捐ㅡ, 一擲千ㅡ, 資ㅡ, 貯ㅡ, 積ㅡ, 雕ㅡ, 鑄ㅡ, 借ㅡ, 合ㅡ, 獻ㅡ, 現ㅡ, 懸賞ㅡ, 黃ㅡ.

金2【釜】⑩ 가마 부 [籒] fǔ

[초서] [동자] 釜 [동자] 釜 [字解] ①가마, 발 없는 큰 솥, 솥의 범칭. ≡鬴.〔詩經〕維錡及釜. ②용량(容量)의 단위, 엿 말 넉 되〔六斗四升〕.〔春秋左氏傳〕豆區釜鍾.
【釜鬲 부력】 솥의 총칭. ○'釜'는 가마솥, '鬲'은 세 발 달린 솥.
〈釜①〉
【釜庾 부유】 얼마 되지 아니하는 양. ○'釜'는 6말 4되, '庾'는 16말.
【釜中生魚 부중생어】 오래도록 밥을 짓지 못하여 솥 안에 물고기가 생김. 아주 가난함.
【釜中魚 부중어】 솥 안에 든 물고기. 곧 죽게 됨의 비유.
● 鍋ㅡ, 鐵ㅡ, 破ㅡ.

金2【釜】⑩ 釜(1877)와 동자

金2【釗】⑩ ❶힘쓸 소 [本초] [蕭] zhāo ❷국쇠 쇠

[소전] 釗 [초서] 釗 [간체] 钊 [參考] 대법원 지정 인명용 한자의 음은 '쇠'이다.
[字解] ❶①힘쓰다. ≡劭. ②밝다, 드러나다. 늑 昭. ③멀다. ≡超. ④깎다, 모를 죽이어 두렷하게 하다. ⑤쇠뇌 고동. 쇠뇌의 시위를 걸어 놓는 장치. ⑥보다, 만나 보다.〔逸周書〕釗我周王. ❷쇠〔金〕. 어린아이나 종들의 이름으로 사용하였다.

金2【釘】⑩ ❶못 정 [唐] dīng ❷못 박을 정 [徑] dìng

[소전] 釘 [초서] 釘 [간체] 钉 [字解] ❶못, 물건을 걸쳐 박거나 벽에 박아 물건을 거는 데 쓰는 못. 늑 丁.〔晉書〕竹頭爲釘, 裝船. ❷①못을 박다.〔晉書〕以棘針, 釘其心. ②금, 황금(黃金).

【釘頭 정두】 못의 대가리.
【釘鈴 정령】 말이 달릴 때 나는 말방울 소리.
【釘鞡 정혜】 징을 박은 나막신. 주로 비가 올 때 신음. 釘鞋(정혜).
● 撞ㅡ, 拔ㅡ, 眼中ㅡ, 竹ㅡ, 朽ㅡ.

金2【釕】⑩ 대구 조 [篠] liǎo

[초서] 釕 [간체] 钌 [字解] 대구(帶鉤). 혁대(革帶)의 두 끝을 서로 끼워 맞추는 자물단추.
【釕鈌 조결】 띠의 자물단추에 베푼 장식.
【釕轡 조비】 장식을 한 고삐.

金2【針】⑩ ❶바늘 침 [侵] zhēn ❷바느질할 침 [沁] zhēn

丿 𠂉 𠂆 乍 乍 𠂇 金 金 針
[초서] 針 [동자] 鍼 [간체] 针 [參考] 어휘는 鍼(1899)을 아울러 보라.
[字源] 形聲. 金＋十→針. '十(십)'이 음을 나타낸다.
[字解] ❶①바늘. ㉮꿰매는 데 쓰는 도구.〔魏書〕又自射針孔中之. ㉯침. 의료용으로 쓰는 바늘. 현재는 주로 '鍼' 자를 쓴다.〔魏志〕針藥所不能及. ㉰바늘같이 생긴 물건. ¶時針. ❷①바느질하다, 재봉하다.〔白居易·詩〕因命染人與針女. ②침놓다, 침으로 찌르다. ¶針刺.
【針工 침공】 ①바느질. 바느질하는 기술. ②바느질을 하는 사람. ③바느질삯.
【針孔 침공】 바늘귀.
【針女 침녀】 바느질하는 여자.
【針路 침로】 ①나침반의 침이 가리키는 방향. ②배나 비행기 등이 나아가는 길.
【針芒 침망】 ①바늘 끝. ②극히 작음.
【針母 침모】 남의 바느질을 하여 주고 삯을 받는 여자.
【針線 침선】 ①바늘과 실. ②바느질.
【針小棒大 침소봉대】 바늘만큼 작은 것을 몽둥이만큼 크다고 말함. 작은 일을 크게 허풍 떨어 말함.
【針刺 침자】 ①침을 놓음. ②자수(刺繡).
【針才 침재】 바느질하는 재주. 바느질 솜씨.
【針尺 침척】 바느질에 쓰는 자.
● 棘ㅡ, 短ㅡ, 磨ㅡ, 方ㅡ, 縫ㅡ, 分ㅡ, 細ㅡ, 時ㅡ, 磁ㅡ, 長ㅡ, 中ㅡ, 指ㅡ, 秒ㅡ.

金3【釭】⑪ ❶등잔 강 [江] gāng ❷살촉 공 [東] gāng

[소전] 釭 [초서] 釭 [字解] ❶①등잔, 등잔의 기름접시. ②등불.〔江淹·賦〕冬釭凝兮夜何長. ③바퀴통 쇠. 수레 바퀴 한가운데에 고정하여 굴대가 관통하는 철관(鐵管). ❷①살촉, 화살촉. ②가시새. 흙벽의 외(椳)를 얽을 때 중깃에 가로 대는 나무 오리. 늑 橫.〔漢書〕壁帶往往爲黃金釭.

金部 3획 釪釦釚釤釬釞釣釵釧釱釛釺

金3 【釪】⑪ 삼지창 걸 本결 厲 jié
字解 삼지창, 세 갈래 난 창(槍).

金3 【釦】⑪ 금테 두를 구 宥 kòu
소전 釦 초서 釦 字解 ①금테를 두르다.〔揚雄·賦〕雕鐫釦器, 百伎千工. ②주옥을 박아 꾸미다.〔班固·賦〕玄墀釦砌. ③떠들다, 쇠붙이를 두드리며 함성을 지르다.〔國語〕三軍皆譁釦以振旅. ④단추.
【釦器 구기】 금은(金銀)으로 그릇의 가장자리를 꾸민 기구(器具).
【釦砌 구체】 옥(玉)을 박아 꾸민 섬돌.

金3 【釚】⑪ 鏈(1898)와 동자

金3 【釤】⑪ ❶낫 삼 圂 shàn ❷날카로울 섬 鹽 xiān
초서 釤 간체 钐 字解 ❶①낫, 큰 낫.〔抱朴子〕推黃鉞以適, 釤鎌之持. ②큰 대패. ❷날카롭다.
【釤利 섬리】 날카로움.

金3 【釬】⑪ 악기 이름 우 虞 yú
초서 釬 參考 釬(1878)은 딴 자. 字解 ①악기의 이름. ¶ 鐏釪. ②바리때. 승려의 밥그릇.〔世說新語〕自是鉢釪後王何人也. ③창고달. 창(槍) 자루 끝에 박은 쇠붙이의 원추형 마구리.〔揚子方言〕鐏謂之釪. ④양날 보습.

金3 【釞】⑪ 솥귀 익 職 yì
字解 솥귀. 솥의 양쪽에 있는 두 개의 손잡이.

金3 【釣】⑪ 낚시 조 嘯 diào
소전 釣 초서 釣 동자 釽 간체 钓 字解 ①낚시질하다. =釂.〔宋書〕屠釣卑事也. ②낚다. ㉮낚시로 고기를 낚다.〔淮南子〕釣千歲之鯉. ㉯꾀다, 호리다, 유혹하다.〔淮南子〕虞君好寶, 而晉獻以璧馬釣之. ③구하다, 탐내다.〔漢書〕欲以釣名.
【釣竿 조간】 낚싯대.
【釣橋 조교】 성의 바깥 해자(垓字)에 놓은 다리. 弔橋(조교).
【釣磯 조기】 낚시터.
【釣臺 조대】 낚시질하는 대(臺). 낚시터.
【釣徒 조도】 낚시질하는 무리. 낚시꾼.
【釣綸 조륜】 낚싯줄.
【釣利 조리】 이익을 얻으려고 힘씀.
【釣名 조명】 교묘하게 속어 명예를 얻고자 힘씀. 要名(요명).

【釣詩鉤 조시구】 술의 딴 이름. ◐술은 시정(詩情)을 끌어내는 갈고랑이라는 데서 온 말.
【釣遊 조유】 ①낚시질을 하며 놂. ②고향을 생각함.
【釣艇 조정】 낚싯배. 釣船(조선).
【釣戶 조호】 낚시질을 업으로 하는 사람. 또는 그 집.
【釣況 조황】 낚시의 상황.
◐ 耕—, 屠—, 獨—, 晚—, 垂—, 魚—, 漁—, 弋—, 沈—, 投—, 閑—, 好—.

金3 【釵】⑪ 비녀 차·채 厲佳 chāi
소전 釵 본자 叉 간체 钗 參考 대법원 지정 인명용 한자의 음은 '채'이다.
字解 ①비녀, 부인용의 두 갈래 난 비녀. 원음은 '채'였으나, '叉'의 다른 뜻갈래인 음 '차'와 혼동되어 현재는 두 음을 혼용하고 있다.〔司馬相如·賦〕玉釵挂臣冠. ②인동덩굴, 금차고(金釵股). 인동과(忍冬科)에 딸린 겨우살이덩굴.
【釵梳 차소】 비녀와 빗.
【釵釧 차천】 비녀와 팔찌.
【釵荊 차형】 가시나무 가지로 만든 비녀. 몹시 가난한 부인이 꽂는 것.
◐ 金—, 寶—, 玉—, 銀—, 翠—, 荊—, 攫—.

金3 【釧】⑪ 팔찌 천 霰 chuàn
소전 釧 간체 钏 字解 팔찌, 팔에 끼는 장신구.〔南史〕女臂有玉釧.
【釧臂 천비】 팔찌를 낀 팔.
◐ 金—, 名—, 寶—, 玉—, 腕—, 銀—, 釵—.

金3 【釱】⑪ 차꼬 체 霽 dì
소전 釱 초서 釱 字解 ①차꼬, 족가(足枷). 죄인의 발목에 채우는 형구.〔史記〕釱左趾. ②비녀장. 수레의 굴대 머리에 내리꽂아 바퀴가 벗어나지 않게 하는 쇠못.

金3 【釛】⑪ 좋은 쇠 초 筱 qiǎo
초서 釛 字解 ①좋은 쇠. ②아름답다. ③정결하다. ④날카롭다.

金3 【釺】⑪ ❶팔찌 한 翰 hàn ❷급할 간 寒 gān
소전 釺 초서 釺 參考 釺(1878)는 딴 자. 字解 ❶①팔찌. 활을 쏠 때에 활을 쥔 팔의 소매를 걷어 매어 두는 띠.〔管子〕弛弓脫釺而迎之. ②갑옷의 토시. ③물미. 창대·깃대 따위의 땅에 꽂히는 쪽의 아래 끝에 끼워 맞추는 뾰족한 쇠. ❷①급하다, 촉급하다. 늑悍.〔莊子〕有綏而釬. ②그릇, 철물로 만든 그릇.

金部 3~4획 鈼 鈗 鈐 鉤 鈞 釿 鈕 鈍 1879

金₃【鈼】⑪ ❶양날 가래 화 厓 huá
❷흙손 어 厴 wū
[초서] 鈼 [字解] ❶양날 가래. 양쪽에 날이 있는 가래. ❷흙손. 벽 같은 것을 바를 때 쓰는 도구. ＝杇.

金₃【鈗】⑪ 방훌 흘 物 xì
[소전] 鈗 [字解] ❶방훌(防鈗). 임금이 타는 수레를 끄는 말 머리의 장식.〔張衡・賦〕方鈗左纛. ❷쇠에 뚫은 구멍.

金₄【鈐】⑫ 비녀장 검 匣 qián
[소전] 鈐 [초서] 鈐 [간체] 钤 [字解] ❶비녀장. 수레의 굴대 머리에 내리꽂아 바퀴가 벗어져 나가지 않게 하는 쇠못. ❷자물쇠, 열쇠.〔郭璞・序〕六藝之管鍵. ❸도장, 인형(印形). ❹쟁기. 농기구의 한 가지. ❺억누르다, 진압하다.〔呂溫・碑〕仁護鯨惸, 知鈐豪石. ❻차를 볶는 도구. ¶茶鈐. ❼제기(祭器)의 이름.〔山海經〕鈐而不精.
【鈐鍵 검건】❶자물쇠. 열쇠. ❷일의 관건(關鍵)이나 핵심. ❸잠도리함.
【鈐括 검괄】통합하여 뭉뚱그림.
【鈐韜 검도】❶병법(兵法). ❷무술(武術).
【鈐馬 검마】말에 재갈을 물림.
【鈐束 검속】엄중하게 단속함.
【鈐印 검인】❶도장을 찍음. ❷계인(契印).
【鈐制 검제】제어함.
◐ 鉤-, 韜-, 兵-, 玉-, 樞-.

金₄【鉤】⑫ 鉤(1881)의 속자

金₄【鈞】⑫ 서른 근 균 眞 jūn
[소전] 鈞 [고문] 銞 [초서] 鈞 [고문] 銞 [간체] 钧 [字解] ❶서른 근〔三十斤〕.〔張衡・賦〕洪鐘萬鈞. ❷고르다, 고르게 하다. 늑均.〔春秋左氏傳〕善鈞從衆. ❸가락, 음조(音調).〔國語〕細鈞有實無鏄. ❹달다, 저울질하다. ❺녹로(轆轤). 도자기 만드는 물레.〔史記〕獨化於陶鈞之上. ❻만물의 조화(造化).〔梁詩〕鎔鈞所被. ❼하늘, 천공(天空). ¶大鈞. ❽존경의 뜻을 나타내는 말. 편지 글에 주로 쓴다. ¶鈞鑒.
【鈞鑒 균감】상관이나 고위 어른에게 보내는 편지의 첫머리에 쓰는 경칭.
【鈞陶 균도】녹로(轆轤)를 써서 오지그릇을 만듦. 인물을 양성함.
【鈞石 균석】저울추. ◯'鈞'은 30근(斤), '石'은 120근.
【鈞旋轂轉 균선곡전】녹로(轆轤)가 돌고 수레의 바퀴통이 구름. 사물이 변천함.
【鈞敵 균적】힘이 비슷하여 우열이 없음.
【鈞旨 균지】천자(天子)의 뜻. 천자의 명령.

金₄【鈞樞 균추】가장 요긴하고 중요한 자리. 또는 그 자리에 있는 사람. ◯'樞'는 문의 지도리.
【鈞軸 균축】
【鈞軸 균축】❶저울추와 굴대. ❷대신(大臣).
【鈞衡 균형】❶인재(人材)를 헤아려 뽑음. ❷㉠정치의 공평(公平)을 지킴. ㉡재상(宰相). ❸어느 한쪽으로 치우치지 않는 일. 차별이 없는 일. 平均(평균).
◐ 國-, 大-, 陶-, 萬-, 秉-, 韶-, 淳-, 運-, 千-, 洪-.

金₄【釿】⑫ ❶큰 자귀 근 囟 jīn
❷대패 은 軫 yín
[소전] 釿 [초서] 釿 [字解] ❶❶큰 자귀. 늑斤.〔莊子〕釿鋸制焉. ❷끊다. ❷❶대패. ❷그릇의 가장자리.
【釿鋸 근거】자귀와 톱.

金₄【鈕】⑫ ❶인꼭지 뉴 宥 niǔ
❷칼 추 宥 chǒu
[소전] 鈕 [고문] 珥 [고문] 鈕 [간체] 钮 [參考] 대법원 지정 인명용 한자의 음은 '뉴'이다.
[字解] ❶❶인(印)꼭지. 도장을 손으로 잡는 부분.〔漢書儀〕皇帝六璽皆玉, 螭虎鈕. ❷단추. ❸성(姓). ❷칼, 차꼬. 형구(刑具)의 한 가지. ＝杻.
◐ 扣-, 印-, 虎-.

金₄【鈍】⑫ 무딜 둔 願 dùn
[필순] 丿 𠂉 𠂉 𠂉 𠂉 金 金 釒 鈍
[소전] 鈍 [초서] 鈍 [간체] 钝 [字源] 形聲. 金+屯→鈍. '屯(둔)'이 음을 나타낸다.
[字解] ❶무디다, 둔하다.〔漢書〕莫邪爲鈍兮. ❷어리석다, 우둔하다.〔宋書〕棄靑昏鈍. ❸완고하고 둔하다.〔史記〕土之頑鈍嗜利無恥者. ❹느리다, 굼뜨다.〔漢書〕臣宜呐鈍於辭.
【鈍角 둔각】한 직각보다 크고 두 직각보다 작은 각.
【鈍感 둔감】감각이나 감정이 무딤.
【鈍根 둔근】(佛)둔한 바탕. 우둔한 천성.
【鈍金 둔금】무른 쇠.
【鈍器 둔기】❶무딘 연장. ❷날이 없는 막대기 모양의 도구.
【鈍利 둔리】무딤과 날카로움.
【鈍馬 둔마】굼뜬 말. 둔한 말.
【鈍冥 둔명】굼뜨고 느림. 우둔함.
【鈍悶 둔민】인정이 없음.
【鈍兵 둔병】❶굼뜬 병정. ❷무딘 병기(兵器). ❸사기(士氣)가 떨어짐.
【鈍步 둔보】굼뜬 걸음. 느린 걸음.
【鈍頑 둔완】우둔하고 완고함.
【鈍才 둔재】❶재주가 둔함. ❷재주가 둔한 사람. 鈍智(둔지).

金部 4획 鈁 鈈 鈇 釜 鈚 鈒 鈊 鉛 鈮 鈗 鈏 鉦 鈞 鈔

【鈍賊 둔적】 미련한 도둑. 남의 시구(詩句)를 표절하는 사람을 욕하여 이르는 말.
【鈍磔 둔책】 자획(字畫)의 오른쪽이 처지게 쓰는 필법(筆法).
【鈍濁 둔탁】①성질이 굼뜨고 흐리터분함. ②소리가 굵고 거침.
【鈍筆 둔필】 서툰 글씨. 글씨가 서툰 사람.
【鈍學累功 둔학누공】 학문의 재주가 둔한 사람이 꾸준히 노력함.
【鈍漢 둔한】 아둔한 사람. 미련한 사람.
【鈍惛 둔혼】 우둔함. 어리석음.
● 老─, 駑─, 魯─, 磨─, 蒙─, 樸─, 鄙─, 鍩─, 闇─, 銳─, 愚─, 利─, 遲─, 椎─, 癡─, 朽─.

金4【鈁】⑫ 준 방 🔲 fāng
[소전] 鈁 [간체] 钫 [字解] ①준(罇), 네모난 술 그릇. ②솥의 한 가지.

金4【鈈】⑫ 갈이박 벽 🔲 pī
[소전] 鈈 [초서] 鈈 [동자] 鈈 [字解] ①갈이박, 파서 만든 나무 그릇. ②나무로 그릇을 만들다, 파다, 깎다.〔左思·賦〕鈈擬兼呈. ③째다, 쪼개다. ④깨뜨리다, 부수다.〔漢書〕苟鈎鈈析亂而已.

金4【鈇】⑫ 도끼 부 🔲 fǔ, fū
[소전] 鈇 [초서] 鈇 [간체] 铁 [字解] ①도끼, 큰 도끼. 늑斧.〔禮記〕諸侯賜弓矢, 然後征, 賜鈇鉞, 然後殺. ②작두, 마소의 꼴을 써는 연장.
【鈇鉞 부월】①작은 도끼와 큰 도끼. ○천자가 제후나 대장에게 생살권(生殺權)을 가진다는 의미로 주던 것. ②정벌(征伐)·형륙(刑戮)·형구(刑具)의 비유. 斧鉞(부월).
【鈇鑕 부질】①도끼와 참형(斬刑)할 때 몸을 올려놓는 모탕. ②형륙(刑戮)·주륙(誅戮)의 비유. ③작두. 鈇質(부질).

金4【釜】⑫ 釜(1877)와 동자

金4【鈚】⑫ 화살 비 🔲 pī
[초서] 鈚 [字解] ①화살.〔杜甫·詩〕長鈚逐狡兔. ②무쇠, 생철(生鐵). ③쟁기의 날. ④살촉, 비전(鈚箭). ⑤비녀.

金4【鈒】⑫ 창 삽 🔲 sà
[소전] 鈒 [초서] 鈒 [字解] ①창(槍).〔陸雲·書〕擧鈒成雲, 下鈒成雨. ②새기다, 아로새기다. ¶鈒鏤.
【鈒鏤 삽루】 가느다란 선으로 새김.

金4【鈊】⑫ 칼 이름 야 🔲 yé
[소전] 鈊 [동자] 鎁 [동자] 鎁 [字解] 칼 이름. 전국 시대 오(吳)나라의 명검(名劍).

金4【鉛】⑫ 鉛(1883)의 속자

金4【鈮】⑫ 깎을 와 🔲 é
[소전] 鈮 [字解] 깎다, 모난 곳을 깎다, 모를 죽이다.
【鈮鈍 와둔】 모가 죽어서 둔함.

金4【鈗】⑫ 병기 윤·예 🔲🔲 yǔn, duì
[소전] 鈗 [참고] 대법원 지정 인명용 한자의 음은 '윤'이다.
[字解] 병기 이름. 주로 시신(侍臣)이 가지는 병기. 창(槍)의 한 가지.

金4【鈏】⑫ 주석 인 🔲 yǐn
[소전] 鈏 [字解] ①주석〔錫〕. 금속의 한 가지. ②쇠, 철(鐵).

金4【鉦】⑫ 鉦(1887)과 동자

金4【鈞】⑫ 鈞(1878)와 동자

金4【鈔】⑫ ❶노략질할 초 🔲 chāo ❷지폐 초 🔲 chǎo
[소전] 鈔 [초서] 鈔 [간체] 钞 [字解] ❶①노략질하다, 약탈하다.〔後漢書〕攻鈔郡縣. ②집어내다, 손으로 움켜잡다. ③베끼다. ㉮그대로 옮겨 쓰다.〔晉書〕手自鈔寫. ㉯필요한 곳만 골라 적다. 늑抄. ¶鈔錄. ❷①지폐(紙幣), 종이돈, 어음. ②끝, 아득함, 심원(深遠)함. 늑眇·秒.〔管子〕聽於鈔, 故能聞未極.
【鈔劫 초겁】 노략질함. 약탈함.
【鈔校 초교】 책을 베끼며 틀린 곳을 고침.
【鈔盜 초도】 노략질함. 탈취함.
【鈔略 초략】 노략질함. 초략(抄略).
【鈔錄 초록】①베껴 씀. ②필요한 부분만 뽑아서 적음. 抄錄(초록).
【鈔本 초본】①지폐를 발행할 때의 준비금(準備金). ②붓으로 베껴 쓴 책. 寫本(사본). ③필요한 부분만 뽑아 쓴 것.
【鈔寫 초사】 책을 베껴 씀.
【鈔引 초인】①돈. 지폐(紙幣). ②송대(宋代)의 차, 소금 등의 판매 허가 증명서.
【鈔暴 초포】 폭력으로 노략질하며 난동을 부림.
● 劫─, 交─, 寇─, 盜─, 銀─, 暴─, 昏─.

金部 4〜5획 鈀鈑鈃鈜鉀鉅鉗鈷鉱鉤

金₄【鈀】⑫ 병거 파 㞒 bá

[소전] 錏 [초서] 钯 [간체] 钯 [字解] ❶병거(兵車). ¶鈀車. ❷화살 이름, 우는살, 명적(鳴鏑), 향전(響箭). ❸쇠스랑. 농기구의 하나. ≒耙. ❹망보기 위한 수레, 후거(候車). ❺現팔라듐(palladium). 백금속 원소의 한 가지.
【鈀車 파거】쇠를 입힌 견고하게 만든 병거(兵車). 수레.

金₄【鈑】⑫ 금박 판 㞒 bǎn

[초서] 钣 [字解] 금박(金箔). 얇파한 판자 모양의 황금. =版. 〔周禮〕旅于上帝則共金鈑.

金₄【鈃】⑫ 鉼(1888)의 속자

金₄【鈜】⑫ 쇳소리 횡 㞒 hóng

[초서] 鈜 [字解] 쇳소리, 종고(鐘鼓)의 소리.

金₅【鉀】⑬ 갑옷 갑 㞒 jiǎ

[초서] 钾 [간체] 钾 [字解] 갑옷. =甲. 〔晉書〕貫鉀上馬.

金₅【鉅】⑬ 클 거 㞒 jù

[소전] 鉅 [초서] 钜 [字解] ❶크다. =巨. 〔禮記〕創鉅者其日久. ❷강하다, 몹시 단단하다. 〔史記〕宛之鉅鐵. ❸높다. 존귀(尊貴)한 사람. 〔漢書〕吾欲見鉅公. ❹낚싯바늘. 〔潘岳‧賦〕於是弛青鯤於網鉅. ❺어찌, 어찌하여. ≒遽‧詎. 〔荀子〕是豈鉅知見侮之爲不辱哉. ❻희다〔白〕. ❼활 이름.
【鉅傑 거걸】①매우 뛰어남. ②뛰어난 사람.
【鉅公 거공】①천자(天子). ②존귀한 사람의 통칭(通稱).
【鉅萬 거만】썩 많음. 巨萬(거만).
【鉅藩 거번】큰 제후(諸侯)의 나라.
【鉅黍 거서】좋은 활의 이름. ✧'鉅'는 '拒', '黍'로 '來'로 오는 적(敵)을 능히 막을 수 있다는 뜻임.
【鉅纖 거섬】큼과 작음. 거대(巨大)함과 섬세(纖細)함.
【鉅偉 거위】뛰어나게 큼.
【鉅材 거재】큰 재목. 큰 인재(人材).
【鉅鐵 거철】강철(鋼鐵).
【鉅鑊 거확】큰 솥. ✧'鑊'은 발이 없는 솥.
◐ 剛-, 纖-, 細-.

金₅【鉗】⑬ 칼 겸 㞒 qián

[소전] 鉗 [초서] 钳 [간체] 钳 [字解] ❶칼, 항쇄(項鎖). 죄인의 목에 씌우는 형구(刑具). =箝. 〔舊唐書〕又擊囚之具, 有枷杻杖鉗鏁. ❷칼을 씌우다, 죄인을 잡죄다. 〔漢書〕楚人將鉗我於市. ❸집다, 집게. 〔漢書〕燒鐵鉗灼. ❹다물다, 말을 아니하다. =箝. ❺시기하다, 꺼리다. 〔後漢書〕壽性鉗忌.
【鉗鉗 겸겸】①적당히 대답하여 성실성이 없는 모양. ②함부로 말하는 모양.
【鉗梏 겸곡】①항쇄(項鎖)와 수갑(手匣). ②항쇄와 수갑을 채움. 구속함.
【鉗髡 겸곤】①목에 칼을 씌우고 머리를 깎음. ②죄인.
【鉗口 겸구】입을 다물고 말을 하지 아니함.
【鉗忌 겸기】남을 미워하여 가혹하게 대함. 시기(猜忌)하여 해침.
【鉗奴 겸노】☞ 鉗子(겸자)①.
【鉗徒 겸도】☞ 鉗子(겸자)①.
【鉗子 겸자】①목에 칼을 쓴 죄인. 鉗奴(겸노). 鉗徒(겸도). ②못뽑이. 족집게.
【鉗制 겸제】남을 억눌러 자유를 구속함.
◐ 髡-, 口-, 足-.

金₅【鈷】⑬ ❶다리미 고 㞒 gǔ ❷제기 이름 호 㞒 hú

[초서] 鈷 [간체] 钴 [字解] ❶다리미, 울두(熨斗). ¶鈷鉧. ❷끊다, 자르다. ❷제기(祭器) 이름, 서직(黍稷)을 담는 제기.
【鈷鉧 고무】다리미. 熨斗(울두).
【鈷鉧 고무】①다리미. ②작은 솥.

金₅【鉱】⑬ 鑛(1911)의 속자

金₅【鉤】⑬ ❶갈고랑이 구 㞒 gōu ❷사닥다리 구 㞒 gōu

[소전] 鉤 [초서] 鈎 [속체] 鈎 [간체] 钩 [字解] ❶갈고랑이. ㉮끝이 꼬부라진 기구의 총칭. ㉯적을 죽이는 낫 비슷한 병기. 〔漢書〕作刀劍鉤鐔. ㉰낚싯바늘, 조구(釣鉤). 〔莊子〕鉤餌罔罟罾笱之知. ㉱대구(帶鉤). 혁대의 두 끝을 서로 끼워 맞추는 자물단추. 〔國語〕申孫之矢, 集於桓鉤. ㉲막(幕)을 거는 고리. 〔隋書〕以銀爲幔鉤. ❷낫. 풀을 베는 연장. 〔淮南子〕木鉤而樵. ❸창, 가지 있는 창. ❹걸음쇠. 원을 그리는 도구. 〔漢書〕帶鉤矩而佩衡等. ❺찾아내다, 숨은 속 내를 찾아 밝히다. 〔漢書〕善爲鉤距, 以得事情. ❻걸다, 갈고랑이에 걸어서 취하다. 〔易經〕鉤深致遠. ❼꾀다, 유인(誘引)하다. 〔鬼谷子〕引鉤箝之辭. ❽굽다, 구부리다. ≒句. 〔禮記〕績袵鉤邊. ❾굽히다, 굴곡(屈曲). 〔戰國策〕弓撥矢鉤. ❿돌다, 회전하다. 〔儀禮〕豫則鉤楹內. ⓫멈추게 하다, 못하도록 막다. ≒拘. 〔漢書〕使吏鉤止丞相掾史. ⓬배반하다. 〔莊子〕上且鉤乎君. ⓭바림, 선염(渲染). 〔陸游‧詩〕妙墨雙鉤帖. ⓮움직이다, 움직이게 하다. 〔後

漢書〕又鉤校律令條法濫於甫刑者除之. ⑮제비. =圖. 〔荀子〕不待探籌投鉤而公. ⑯가마를 수레의 굴대에 고정하는 것. 〔周禮〕以鑿其鉤. ⑰병 이름. 〔戰國策〕芙病鉤, 身大臗短, 不能及地. ❷사다리. 끝에 갈고랑이가 달려 있다.

【鉤距 구거】①미늘. ②갈고랑이로 걸어 물건을 끌어당기듯이, 사정을 깊이 조사함.
【鉤鎌 구겸】①낫. ②배를 타고 싸울 때 쓰는, 긴 자루 끝에 낫이 달린 무기.
【鉤稽 구계】자세히 조사함.
【鉤曲 구곡】낚싯바늘처럼 고부라짐. 마음이 비뚤어짐.
【鉤掛 구괘】갈고랑이로 걸어 당김.
【鉤校 구교】찾아내어 조사함. 檢校(검교).
【鉤矩 구구】①걸음쇠와 곡척(曲尺). ②법칙(法則). 規矩(규구).
【鉤戟 구극】끝에 갈고랑이처럼 굽은 창.
【鉤斷 구단】갈고랑이로 걸어 당기어 자름.
【鉤黨 구당】서로 끌어당겨 도당(徒黨)을 만듦.
【鉤刀 구도】자루가 긴 낫같이 생긴 병기(兵器)의 한 가지.
【鉤連 구련】서로 연결됨.
【鉤聯 구련】구부정하게 이어져 있음.
【鉤芒 구망】①낚시의 미늘. ②동방(東方)의 신(神). 句芒(구망). ③긴 자루가 달린 병기(兵器).
【鉤剝 구박】숨은 죄를 죄다 들추어냄.
【鉤索 구색】끌어내고 찾아냄.
【鉤繩 구승】①곡척(曲尺)과 먹줄. ②규칙(規則). 법도(法度).
【鉤心 구심】①가마 바닥 중심의 가로 댄 나무. 가마를 굴대에 고정하는 데 씀. ②지붕의 정심(頂心).
【鉤染 구염】①화법(畫法)의 한 가지. 먹으로 가늘게 윤곽을 그린 뒤에 채색함. ②유인(誘引)함. 꾀어냄.
【鉤援 구원】갈고랑이가 달린 사다리. 성을 공격할 때 쓰던 것. 鉤梯(구제). 雲梯(운제).
【鉤月 구월】초승달.
【鉤餌 구이】낚시에 꿴 미끼. 낚싯밥.
【鉤章棘句 구장극구】①글을 짓기 어려움. ②매우 읽기 어려운 문장.
【鉤梯 구제】☞鉤援(구원).
【鉤爪 구조】낚싯바늘처럼 날카로운 발톱.
【鉤止 구지】붙잡아 둠. 억류(抑留)함.
【鉤摭 구척】①다 끌어냄. ②주움.
【鉤取 구취】갈고랑이로 끌어당겨 가짐.
【鉤玄 구현】현묘(玄妙)한 이치를 찾아내어 깨닫는 일.
❶ 交―, 大―, 帶―, 芒―, 鉏―, 垂―, 簾―, 釗―, 玉―, 長―, 釣―, 中―, 沈―, 呑―, 香―, 懸―.

金5【鈯】⑬ 무딜 돌 囿 tú
[字解] ①무디다, 둔하다. ②작은 칼. ③파다, 땅을 파다. =掘.

金5【鈴】⑬ 방울 령 靑 líng
[字解] ①방울. 〔晉書〕塔上一鈴獨鳴. ②수레의 좌우를 가리는 휘장. 늑笒. 〔張衡·賦〕疏轂飛鈴. ③하인, 호위병, 심부름꾼. 〔蘇軾·詩〕僵仆鈴輿騄.
【鈴架 영가】적(敵)의 접근을 탐지하기 위하여 방울을 달아 놓은 시렁.
【鈴閣 영각】장수(將帥)가 있는 곳.
【鈴鈴 영령】①땅이 흔들리는 모양. ②지팡이의 소리.
【鈴鈸 영발】방울과 동발(銅鈸).
【鈴語 영어】풍경(風磬)의 소리.
【鈴鐸 영탁】①방울. ☞'鈴'은 작은 방울, '鐸'은 큰 방울. ②풍경(風磬). ③요령(搖鈴).
【鈴下 영하】①수종(隨從)하는 호위병. ②편지글에서 장수(將帥)에 대한 경칭. ③태수(太守).
❶ 金―, 鸞―, 鳴―, 門―, 說―, 驛―, 搖―, 電―, 振―, 檐―, 鐸―, 風―, 懸―, 和―.

金5【鉚】⑬ 쇠 류 囿 liǔ
[字解] 쇠, 질이 좋은 쇠, 미금(美金).

金5【鈏】⑬ 錂(1889)과 동자

金5【鉧】⑬ 다리미 무 囿 mǔ
[字解] 다리미. 〔正字通〕柳宗元有永州鈷鉧潭記.

金5【鉑】⑬ 금박 박 藥 bó
[字解] 금박(金箔). 금을 얇은 종이 모양으로 넓혀 것.

金5【鈸】⑬ 방울 발 曷 bó
[字解] ①방울. ②동발(銅鈸), 요발(鐃鈸), 제금(提琴). 바라보다 작은 악기의 하나.

金5【鉢】⑬ 바리때 발 曷 bō
[字解] ①바리때, 승려의 밥그릇. 범어(梵語) 'Patra'의 음역어(音譯語)인 '鉢多羅(발다라)'의 약칭. =盋. 〔岑參·歌〕袾下鉢孟藏一龍. ②(佛)의발(衣鉢). 불가(佛家)에서 대대로 전하는 가사(袈裟)와 바리때. 대대로 전하는 사물이나 학술의 비유로 쓴다. ③승려가 되는 일.
【鉢器 발기】비구(比丘)의 바리때.
【鉢囊 발낭】길 가는 승려가 지고 다니는, 바리

【鉢盂 발우】승려의 식기(食器). 바리때.
❶ 銅一, 食一, 衣一, 周一, 鐵一, 托一.

金5 【鈹】⑬ 날 있는 창 비 因 pì
字解 날 있는 창. =鈹.

金5 【鉋】⑬ 鏪(1898)와 동자

金5 【鉈】⑬ 鏪(1898)와 동자

金5 【銊】⑬ 녹 생·성 庚青 shēng
字解 녹. 쇠의 거죽에 생기는 산화물(酸化物).

金5 【鉏】⑬
❶호미 서 魚 chú
❷어긋날 서 語 jǔ
❸제석 조 虞 zū

소전鉏 초서鈕 간체钽 字解 ❶①호미, 괭이. =鋤. ②김매다, 제초(除草)하다.〔漢書〕帶經而鉏. ③죽이다, 주멸(誅滅)하다.〔韓詩外傳〕衆之所誅鉏. ④땅 이름. 춘추 시대 허(許)의 땅. 지금의 하남성(河南省) 허창현(許昌縣).〔春秋左氏傳〕鄭伯伐許, 取鉏. ❷어긋나다. ≒齟. ¶ 鉏鋙. ❸제석(祭席), 제사 지낼 때 펴는 자리. =苴·葙.〔周禮·注〕鉏, 藉也.
【鉏鉤 서구】호미와 낫.
【鉏耨 서누】호미와 괭이.
【鉏耒 서뢰】①호미와 쟁기. ②농기구.
【鉏顡 서뢰】어그러진 자를 죽임.
【鉏鎝 서삽】삽. 가래.
【鉏鋙 서어】①위아래가 맞지 않음. ②일이 서로 어긋남.
【鉏耰 서우】①괭이의 자루. ②호미와 곰방메. ③농사를 지음.
【鉏耘 서운】①김을 맴. ②악인(惡人)을 제거함.
❶ 春一, 耰一, 誅一.

金5 【鉐】⑬ 놋쇠 석 陌 shí
字解 ①놋쇠. 구리와 아연(亞鉛)의 합금. ¶ 鍮鉐. ②성(姓).

金5 【鉥】⑬ 돗바늘 술 質 shù
소전鉥 초서鉥 字解 ①돗바늘. 썩 길고 굵은 바늘.〔管子〕一女必有一鍼一鉥. ②이끌다, 인도하다. ≒訹.〔國語〕子盍入乎, 吾請爲子鉥.

金5 【鉇】⑬
❶창 시 紙 sī
❷쟁기 날 이 支 sí
❸자루 사 支 cí

字解 ❶창. ❷쟁기의 날. ❸자루.〔管子〕粗耒耨, 懷銚鉇.

金5 【鉠】⑬ 방울 소리 앙·영 陽庚 yāng
초서鉠 字解 방울 소리. =鍈.〔張衡·賦〕和鈴鉠鉠.
【鉠鉠 앙앙】방울의 작은 소리.

金5 【鉛】⑬ 납 연 先 qiān

ノ 人 亽 乍 牟 余 金 釒 鈆 鉛 鉛

소전鉛 초서鉊 본체鉛 속체鈆 간체铅
字源 形聲. 金+㕣→鉛. '㕣(연)'이 음을 나타낸다.
字解 ①납. 광물의 한 가지.〔史記〕鉛刀爲銛. ②분, 백분(白粉), 연화(鉛華). 산화(酸化)한 납으로 만든 흰 가루. 화장품이나 안료(顏料)로 썼다.〔李白·詩〕鉛粉坐相誤. ③따르다, 따라 내려가다. ≒沿.〔荀子〕鉛之重之.
【鉛膏 연고】머리에 바르는 검은 기름.
【鉛鴐 연노】무딘 칼과 굼뜬 말. 무능함.
【鉛丹 연단】납을 써서 만든 도가(道家)의 단약.
【鉛黛 연대】①분과 눈썹 그리는 먹. ②화장(化粧). 粉黛(분대).
【鉛刀 연도】①무딘 칼. ②쓸모없는 것.
【鉛刀一割 연도일할】무딘 칼이나마 한 번 벨 힘이 있음. ㉠자기의 미력(微力)함에 대한 겸사. ㉡두 번 다시 쓰지 못함.
【鉛毒 연독】납에 함유되어 있는 독.
【鉛鈍 연둔】연도처럼 무딤. 재치(才知)가 둔함.
【鉛白 연백】백분(白粉).
【鉛粉 연분】백분(白粉). 鉛華(연화).
【鉛素 연소】연필과 깁(絹). 지필(紙筆).
【鉛鍔 연악】납으로 만든 날밑. 마음이 약하여 쓸모가 없음.
【鉛摘 연적】교정(校正)하는 일. ♪'鉛'은 잘못 적은 글자를 지우는 호분(胡粉).
【鉛槧 연참】①글자를 지우는 데 쓰는 호분(胡粉)과 글씨를 쓰는 분판. ②글을 지음. ③교감(校勘)함. ④문필(文筆).
【鉛筆 연필】①연분(鉛粉)을 찍어서 잘못된 글자를 고치는 붓. ②흑연으로 된 심을 나뭇대에 박아 만든 필기구.
【鉛紅 연홍】분과 연지.
【鉛華 연화】①백분(白粉) ②화장을 한 아름다운 얼굴빛.
【鉛黃 연황】①글을 쓰는 연분(鉛粉)과 오자(誤字)를 지우는 자황(雌黃). ②교정(校正)함.
❶ 金一, 丹一, 亞一, 銀一, 粧一, 蒼一, 黑一.

金5 【鈺】⑬ 보배 옥 因 yù
간체钰 字解 ①보배, 보물. ②쇠, 단단한 금속.

金部 5획 鉞 鈼 錚 鈿 鉦 鉒 鉁 鉄 鉆 鉊 鉋 鈹 鉍 鉉

金5 【鉞】⑬ 도끼 월 月 yuè
字解 ①도끼, 큰 도끼, 부월(斧鉞). 옛날 장군이 출정할 때 임금이 부신(符信)으로 주던 것. 늑戉. 〔書經〕一人冕, 執鉞. ②수레의 방울 소리. 〔詩經〕鑾聲鉞鉞. ③뛰어넘다. 늑越. 〔王融·序〕文鉞碧砮之琛.
【鉞斧 월부】①큰 도끼와 작은 도끼. ②정벌(征伐)·형륙(刑戮)·중형(重刑)의 비유.
【鉞越 월월】수레의 방울 소리.
● 弓一, 大一, 文一, 旄一, 兵一, 秉一, 斧一, 授一, 杖一, 將一, 節一, 旌一, 執一, 黃一.

金5 【鈼】⑬ 가마 작 藥 zuó
字解 ①가마, 가마솥. ②시루. 솥 위에 얹어서 떡을 찌는 기구.

金5 【錚】⑬ 향로 잡 洽 zā
字解 향로, 돌려도 기울지 않게 장치한 향로. 〔司馬相如·賦〕金錚薰香.

金5 【鈿】⑬ 비녀 전 先霰 tián, diàn
字解 ①비녀, 화잠(花簪). 〔庚肩吾·詩〕誰忍去金鈿. ②금장식, 황금으로 꾸민 장식. 〔元稹·詩〕鈿車迎妓樂. ③전세공(鈿細工), 나전 세공. 〔白居易·詩〕鈿軸金泥誥一通.
【鈿帶 전대】금을 박아 장식한 띠.
【鈿頭銀篦 전두은비】금으로 장식한 은제(銀製)의 작은 빗.
【鈿螺 전라】자개 세공. 螺鈿(나전).
【鈿瓔 전영】금을 박아 장식한 목걸이.
【鈿針 전침】보석으로 상감한 비녀.
【鈿合 전합】자개를 박은 향합(香盒).
● 金一, 螺一, 芳一, 碎一, 青一, 翠一, 花一.

金5 【鉦】⑬ 징 정 庚 zhēng
字解 징. 두드려 소리를 내는 악기 및 군호(軍號)로 쓰던 것. 전쟁에서 북은 진격, 징은 정지의 군호로 썼다. 〔詩經〕鉦人伐鼓.
【鉦鼓 정고】①징과 북. ②군사(軍事). ◦'鉦'은 전투 중지의 군호(軍號), '鼓'는 진군(進軍)의 군호.
【鉦鼙 정비】징과 북.
【鉦鐸 정탁】징과 방울.
● 擊一, 叩一, 鼓一, 銅一, 小一, 神一, 曉一.

金5 【鉒】⑬ 쇳돌 주 遇 zhù
字解 ①쇳돌, 아직 제련하지 않은 광석(鑛石). 〔管子〕上有鉛者, 其下有鉒銀. ②두다, 놓아두다. ③유희(遊戲)의 한 가지, 둥근 구슬 같은 것을 던져서 승부를 겨루는 놀이. 〔淮南子〕以瓦鉒者全.

金5 【鉁】⑬ 珍(1129)과 동자

金5 【鉄】⑬ ❶기울 질 質 zhí ❷쇠 철 屑 tiě ❸國곱살스러울 석
간체 铁 字解 ❶김다, 꿰매다. ※紩(1353)의 고자(古字). ❷쇠, 쇠붙이의 총칭. ※鐵(1908)의 속자(俗字). ❸곱살스럽다.

金5 【鉆】⑬ ❶족집게 첨 鹽 chān ❷경첩 겸 鹽 qián ❸침 첨
字解 ❶①족집게. '鉗(감)'은 기물 따위를 집는 집게, '鉆'은 털 같은 것을 집는 집게. ②기름을 치는 데 쓰는 귀때그릇. ❷①경첩. 돌쩌귀처럼 문짝에 다는 장식. ②가지다, 집다. ③집게. =鉗. ❸침, 바늘. =鍼.

金5 【鉊】⑬ 낫 초 蕭 zhāo
字解 낫, 풀을 베는 큰 낫.
【鉊銛 초사】큰 낫과 낫자루.

金5 【鉋】⑬ 대패 포 效 gōu
字解 ①대패. ②솔, 말의 털을 빗기는 솔. ③파다.
【鉋屑 포설】대팻밥.

金5 【鈹】⑬ 파종침 피 支 pī
字解 ①파종침(破腫鍼). 종기를 째는 데 쓰는 양쪽에 날이 있는 넓적한 침. ②창(槍), 긴 창. ③바늘, 송곳. ④양날 칼. 〔左思·賦〕羽族以觜距爲刀鈹. ⑤헤치다, 흩어지다. 늑披·秛. 〔荀子〕吏謹將之無鈹滑.
【鈹滑 피골】어지러운 일.
【鈹刀 피도】①긴 침. ②양날 칼.
【鈹盾 피순】검(劍)과 방패.

金5 【鉍】⑬ 창 자루 필 質 bì
字解 창의 자루. =柲.

金5 【鉉】⑬ 솥귀 현 銑 xuàn
字解 ①솥귀, 솥귀의 구멍에 꿰어

金部 5~6획 鉌鉴銙鉸鈟鈎銅鉻鎏銘　1885

들어 올릴 수 있게 만든 고리.〔易經〕鼎黃耳金鉉. ②삼공(三公)의 지위. 정(鼎)을 제외(帝位)에 견줌에서 발 셋을 삼공에 비유한 것이다.〔陳書〕相國秩踰三鉉. ③활시위. ≒弦.〔戰國策〕钁鉉絕.
【鉉司 현사】삼공(三公)의 직(職).
【鉉席 현석】삼공의 지위. 또는 그 지위에 있는 사람.
【鉉台 현태】삼공(三公). 台鉉(태현).
❶ 槐-, 金-, 三-, 玉-, 鼎-, 台-, 黃-.

金 5 【鉌】⑬ 방울 화 歐 hé
字解 방울. ≒和.

金 6 【鉴】⑭ 도끼 구멍 공 夅 qiōng
소전 銎　초서 銎　字解 ①도끼 구멍, 도끼 자루를 박는 구멍.〔詩經·傳〕斯, 方銎也. ②창 자루를 박는 창 아래쪽의 구멍. ③두려워하다. ④물건을 때려 치는 모양.
【銎銎 공공】물건을 때려 치는 모양.

金 6 【銙】⑭ 대구 과 馬 kuǎ
초서 銙　字解 대구(帶鉤). 혁대의 두 끝을 마주 걸어 잠그는 자물단추.

金 6 【鉸】⑭ ❶가위 교 肴 jiǎo ❷장식 교 효 jiào
초서 铰　간체 铰　字解 ❶①가위, 전도(剪刀).〔李賀·歌〕細束龍髯鉸刀翦. ②가위로 재단하다.〔梅堯臣·詩〕美錦同翦鉸. ❷①장식, 금장식.〔顔延之·賦〕寶鉸星纏. ②가위. ※❶의 ①과 같다.
【鉸刀 교도】가위. 交刀(교도).
❶ 金-, 具-, 寶-, 翦-.

金 6 【鈟】⑭ ❶쟁기 날 궤 紙 guǐ ❷줄 의 尾 wěi
소전 銟　叁考 대법원 지정 인명용 한자의 음은 '귀'이다.
字解 ❶①쟁기의 날. ②광택이 나는 쇠. ③뻐꾸기, 포곡조(布穀鳥). ❸줄. 톱니를 쓿어 세우는 도구.

金 6 【鈎】⑭ 鈎(1879)의 고자

金 6 【銅】⑭ 구리 동 東 tóng

／ 𠂉 午 숟 金 釘 釕 銅 銅

소전 銅　초서 銅　간체 铜　字源 形聲. 金＋同→銅. '同(동)'이 음을 나타낸다.
字解 ①구리.〔唐書〕以銅為鑑. ②도장, 동인(銅印).〔法言〕五兩之綸, 半通之銅. ③돈, 동화(銅貨).〔後漢書〕論者嫌其銅臭. ④구리 그릇, 동기(銅器).〔江淹·序〕銅工稍絕.
【銅角 동각】구리로 만든 나팔.
【銅坑 동갱】구리를 캐는 구덩이.
【銅磬 동경】구리로 만든 경쇠.
【銅鏡 동경】구리로 만든 거울.
【銅鼓 동고】①꽹과리. ②구리로 만든, 진중(陣中)에서 쓰던 북.
【銅券 동권】구리로 만든 병부(兵符).
【銅頭鐵額 동두철액】구리 머리와 쇠 이마. 성질이 모질고 질기고 거만함.
【銅鑼 동라】구리로 만든 쟁반 모양의 군용(軍用). 銅鉦(동정).
【銅綠 동록】구리에 생긴 푸른 녹. 銅青(동청).
【銅盤 동반】①구리로 만든 대야. ②ㅁ銅鈸(동발). ③촛대.
【銅鈸 동발】구리로 만든 쟁반 비슷한, 두 개의 짝을 마주 쳐서 소리를 내는 악기. 제금.
【銅鉢 동발】①도금한 놋쇠로 만든 주발. ②(佛)구리로 만든 방울. 승려가 근행(勤行)할 때 침.
【銅像 동상】구리로 만든 조각상.
【銅匜 동이】구리로 만든, 귀때가 붙은 물을 주는 그릇.
【銅錢 동전】구리로 만든 돈.
【銅鉦 동정】①銅鑼(동라). ②태양의 형용.
【銅池 동지】구리로 만든 낙숫물받이 홈통.
【銅青 동청】구리의 녹. 銅綠(동록).
【銅臭 동취】①동전에서 나는 냄새. 돈 냄새. ②돈으로 벼슬을 산 사람. ③부자. ④돈에 탐욕이 많은 사람. 돈에 다라운 사람.
【銅標 동표】구리로 만든 표지물(標識物).
【銅壺 동호】①구리로 만든 물시계. ②물을 끓이기 위하여 화로에 얹는, 구리로 만든 그릇.
【銅虎符 동호부】구리로 범 형상을 만든 병부(兵符). 군수(郡守)가 군사를 정발하는 데 썼음.
【銅渾 동혼】구리로 만든 혼천의(渾天儀).
❶ 鉛-, 鍊-, 紫-, 赤-, 精-, 鑄-, 採-, 青-, 黃-.

金 6 【鉻】⑭ 깎을 락 藥 luò
소전 銅　초서 鉻　간체 铬　字解 깎다, 머리를 밀다, 체발(剃髮)하다.

金 6 【鎏】⑭ 鑾(1913)의 속자

金 6 【銘】⑭ 새길 명 靑 míng

／ 𠂉 午 숟 金 釛 釖 銘 銘

소전 銘　초서 銘　간체 铭　字源 形聲. 金＋名→銘. '名(명)'이 음을 나타낸다.
字解 ①새기다, ㉮조각하다.〔傳玄·銘〕是銘

是刻. ④마음에 새기다, 명심하다.〔吳志〕銘心立報. ②금석(金石)에 새긴 글자.〔國語〕其銘有之. ③명정(銘旌).〔周禮〕置銘. ④문체(文體) 이름. 금석이나 기물(器物)에 새겨 그 사람의 공덕을 기려 후손에게 보이거나, 경계의 글을 새겨 반성하는 자료로 삼는 글.〔大學〕湯之盤銘.

【銘刻 명각】①쇠나 돌에 글자를 새김. 刻銘(각명). ②마음에 새겨 잊지 않음.
【銘戒 명계】①명심하여 경계함. ②금석(金石)에 새긴 훈계의 말.
【銘記 명기】①깊이 마음에 새겨 잊지 않는 일. ②명각(銘刻)한 글.
【銘肌鏤骨 명기누골】살갗에 새기고 뼈에 새김. 명심하여 잊지 않음.
【銘戴 명대】마음 깊이 고맙게 여김.
【銘誄 명뢰】죽은 사람의 공덕을 기리는 글.
【銘勒 명륵】죽은 사람의 공덕을 적은 글을 금석(金石)에 새기는 일.
【銘心 명심】마음에 깊이 새김.
【銘文 명문】①금석(金石)에 새긴 글. ②마음에 새겨 두어야 할 문구.
【銘篆 명전】①전서(篆書)로 명(銘)을 씀. ②마음에 깊이 새김. 크게 감격함.
【銘旌 명정】상구(喪具)의 하나. 죽은 사람의 관직·성명 등을 쓴 기. 銘旗(명기).
【銘誌 명지】묘비(墓碑)에 새기는 글.
【銘戢 명집】마음에 깊이 새김.
【銘佩 명패】마음에 새겨 잊지 않음.
● 刻−, 刊−, 感−, 鑑−, 鏡−, 盤−, 碑−, 箴−, 篆−, 鼎−, 鐘−.

金6 【鉾】⑭ 칼끝 모 冈 móu
字解 ①칼끝. ②창. ※矛(1226)의 고자(古字).

金6 【鈚】⑭ 鈚(1880)과 동자

金6 【鉼】⑭ 鉼(1894)의 속자

金6 【銑】⑭ 끌 선 銑 xiǎn
소전 銑 초서 銑 간체 铣 字解 ①끌, 작은 끌.〔湯顯祖·記〕怎的來下不得銑. ②윤이 나는 쇠. ③활고자의 금장식(金粧飾). ④쇠북귀.〔周禮〕兩欒謂之銑. ⑤國무쇠. ¶銑鐵.
【銑錢 선전】주조(鑄造)한 돈. 쇠돈.
【銑鐵 선철】무쇠. 鑄鐵(주철).
【銑鋧 선현】손으로 적에게 던지는 작은 창.

金6 【銛】⑭ ❶가래 섬 鹽 xiān
❷도끼 첨 鹽 guā
소전 銛 초서 銛 字解 ❶①가래. 농기구의 하나. ③작살. 던져서 물고

기를 잡는 도구. ③날카롭다, 날이 예리하다. 능鑯.〔賈誼·賦〕莫邪爲鈍兮, 鉛刀爲銛. ❷①도끼. ②빼앗다, 탈취하다. 능擔·括. ③끊다, 자르다.
【銛鋼 섬강】강도(剛度)가 높은 강철.
【銛戈 섬과】날카로운 창.
【銛鉤 섬구】날카로운 낚싯바늘.
【銛達 섬달】날카로움.
【銛刀 섬도】잘 드는 칼.
【銛鈍 섬둔】날카로움과 둔함. 銳鈍(예둔).
【銛利 섬리】날카롭고 시원하게 잘 듦.
【銛銛 섬섬】날카로운 모양의 형용.
【銛銳 섬예】날카로움.
【銛錐 섬추】날카로운 송곳.
● 內−, 鈀−, 鋒−.

金6 【銖】⑭ 무게 단위 수 虞 zhū
소전 銖 초서 銖 간체 铢 字解 ①무게의 단위. 1냥(兩)의 24분의 1. '근소(僅少)한 양(量)'이란 뜻으로 쓰인다.〔禮記〕雖分國如錙銖. ②무디다, 둔하다.〔淮南子〕其兵戈銖而無刃.
【銖鈍 수둔】둔함. 무딤.
【銖兩 수량】①얼마 안 되는 중량(重量). ②근소(僅少)한 경미(輕微)함.
【銖分 수분】세밀히 분별(分別)함.
【銖黍 수서】조금. 조금도.
【銖衣 수의】매우 가벼운 옷.
【銖積寸累 수적촌루】조금씩 쌓음. 적은 것도 쌓이고 쌓이면 큰 것이 됨.
【銖寸 수촌】조금. 극히 적음.
【銖稱差 수칭차】조금씩 나누어 무게를 달아 나가면 큰 양에 이르러서는 반드시 차이가 남.
● 毛−, 分−, 五−, 錙−.

金6 【銚】⑭ ❶냄비 요 蕭 yáo
❷가래 조 蕭 tiáo
소전 銚 초서 銚 행서 銚 간체 铫 字解 ❶①냄비, 쟁개비.〔遵生八牋〕當以銀銚煮. ②사물의 상태. ¶銚憛. ❷①가래, 쟁기.〔管子〕耕者必有一耒一耜一銚. ②창, 긴 창.〔呂氏春秋〕可以勝人之長銚利兵.
【銚憛 요협】절제(節制)가 있는 모양.
【銚鎒 조누】가래와 호미.
【銚鏄 조박】가래와 호미.
● 茶−, 長−, 把−.

金6 【銀】⑭ 은 은 眞 yín

銀 字源 形聲. 金+艮→銀. '艮(간)'이 음을 나타낸다.
字解 ①은.〔漢書〕它銀一流直千. ②화폐(貨

幣), 돈. 〔朱子語類〕懷銀子見他, 欲以賙之. ③도장. 은인(銀印). 〔漢書〕懷銀黃, 垂三組, 夸鄕里. ④지경(地境). 경계. 늑垠. 〔荀子〕刑稱陳, 守其銀. ⑤날카로운 칼날. 〔大戴禮〕銀手如斷.

【銀甲 은갑】①은으로 만든 갑옷. ②비파(琵琶) 따위를 탈 때 손가락 끝에 씌우는 은으로 만든 가조각(假爪角). 銀箆(은비).

【銀釭 은강】 등불.

【銀窠 은과】 은 도장. ◯'窠'는 도장을 새길 때 글자의 균형을 잡기 위하여 치는 선.

【銀塊 은괴】 은덩이.

【銀觥 은굉】 은 술잔. 銀杯(은배).

【銀鉤 은구】①발[簾]을 거는 은제(銀製)의 고리. ②은으로 만든 열쇠. ③잘 쓴 필적(筆蹟). 특히 초서(草書)를 이름. ◯'鉤'는 필획(筆劃). ④은으로 만든 띠의 자물단추.

【銀鷗 은구】 흰 갈매기. 白鷗(백구).

【銀宮 은궁】①신선(神仙)이 사는 곳. ②태자비(太子妃)의 궁.

【銀泥 은니】 은가루를 아교에 갠 되직한 물. 서화(書畫)에 씀.

【銀臺 은대】①관문(官門)의 이름. 한림사원(翰林士院). ②신선(神仙)이 사는 곳. ③은 누각(樓閣). 아름다운 누각. ④圖승정원(承政院)의 딴 이름.

【銀濤 은도】 희게 빛나는 파도. 銀波(은파).

【銀浪 은랑】 은빛으로 빛나는 물결.

【銀鈴 은령】①은방울. ②맑은 소리.

【銀露 은로】 달빛이 비친 이슬.

【銀輪 은륜】①아름다운 수레. ②달[月].

【銀鱗 은린】①은빛이 나는 물고기의 비늘. ②물고기.

【銀灣 은만】 은하수(銀河水).

【銀髮 은발】 은백색 머리털.

【銀箆 은비】 ⇨銀甲(은갑)②.

【銀沙 은사】 은빛이 나는 흰 모래. 백사(白沙)의 미칭(美稱).

【銀絲 은사】 은실.

【銀蟾 은섬】 달의 딴 이름. ◯달 속에 두꺼비가 있다는 전설에서 온 말. 銀盤(은반).

【銀繩 은승】 번갯불이 번쩍이는 모양.

【銀艾 은애】 은인(銀印)과 녹수(綠綬). 한대(漢代)에 고관이 차던 것.

【銀葉 은엽】①판형(板形)의 은. ②분향할 때 불 위에 까는 운모(雲母)의 얇은 조각.

【銀子 은자】 돈. 銀錢(은전). 銀貨(은화).

【銀渚 은저】 은하수.

【銀箭 은전】 물시계의 눈금이 새겨진, 은으로 만든 화살 모양의 막대.

【銀錢 은전】 은으로 만든 돈.

【銀竹 은죽】 세차게 쏟아지는 비.

【銀靑 은청】 은인(銀印)과 청수(靑綬). 진(秦)·한(漢) 때 고관이 차던 것.

【銀燭 은촉】 밝은 촛불이나 등불.

【銀秤 은칭】 아주 작은 것을 다는 데 쓰는 작은 저울. 은저울. 銀衡(은형).

【銀兔 은토】 달의 딴 이름. ◯달 안에 토끼가 산다는 전설에서 온 말.

【銀波 은파】①달빛. ②달빛이 비친 물결. ③희게 번쩍이는 물결.

【銀河 은하】①청명한 날 밤에, 흰 구름같이 남북으로 길게 보이는 별의 무리. 銀潢(은황). ②도가(道家)에서, 눈[目]을 이르는 말.

【銀衡 은형】 ⇨銀秤(은칭).

【銀花 은화】①촛불. 등불. ②눈[雪]. ③빛이 흰 인동화(忍冬花).

【銀黃 은황】①은과 금. 金銀(금은). ②은인(銀印)과 금인(金印). ③은인과 황수(黃綬). 고관(高官)이 차던 것.

【銀潢 은황】 ⇨銀河(은하)①.

❶ 金-, 路-, 勞-, 白-, 賦-, 水-, 熟-, 純-, 冶-, 洋-, 僞-, 賃-, 采-, 黃-.

金6【鉺】⑭ 갈고랑이 이 鉺 ér

[초서] 鈏 [간체] 钔 [字解] 갈고랑이. 〔韓愈·詩〕脩箭裊金鉺.

金6【鈓】⑭ ❶젖을 임 鈓 rén ❷소리 미치지 못할 님 鈓 rěn
[동자] 鈓 [字解] ❶①젖다, 수분이 배어든다. ②굽다, 구부러지다. 〔淮南子〕醫缺卷鈓. ❷소리가 미치지 못하는 모양. 〔王襃·賦〕行鏗鈓而齟齬.

金6【錢】⑭ 錢(1895)의 속자

金6【銓】⑭ 저울질할 전 銓 quán
[소전] 銓 [초서] 銓 [간체] 铨 [字解] ①저울질하다, 무게를 달다. 〔國語〕無以銓度天下之衆寡. ②전형(銓衡)하다, 가려 뽑다. 〔三國志〕銓簡秀士, 以爲賓友. ③저울. 〔漢書〕考量以銓. ④대패. ⑤평평하다, 평형(平衡). ⑥차례를 정하다. =筌.

【銓考 전고】 인물을 헤아려 고름.

【銓管 전관】 전형하여 관리함.

【銓別 전별】 가려서 따로 구분함.

【銓補 전보】 인물을 전형하여 벼슬을 줌.

【銓部 전부】 이부(吏部)의 딴 이름.

【銓敍 전서】 재능을 살펴보아 관위(官位)를 줌.

【銓選 전선】 전형하여 선발함. 관리의 자격이 있는 사람을 선임함. 銓簡(전간). 銓擇(전택).

【銓引 전인】 인재(人材)를 가려 등용함.

【銓掌 전장】 전형하여 관장(管掌)함.

【銓曹 전조】①관리의 선발을 맡아보던 부서. ②고려 때 이조(吏曹)를 이르던 말. ③조선 때 이조와 병조의 통칭.

【銓綜 전종】 헤아리어 총괄함. 銓總(전총).

【銓次 전차】 인물을 전형하여 차서를 정함.

【銓總 전총】 전형하여 총리(總理)함.

【銓度 전탁】 헤아림.

【銓擇 전택】 인재를 전형하여 발탁(拔擢)함.
【銓汰 전태】 선악을 가려 나눔.
【銓判 전판】 선악을 판별(判別)함.
【銓品 전품】 헤아림.
【銓衡 전형】 ①저울. ②사람을 저울질하여 뽑음.
○ '銓'은 저울추, '衡'은 저울대.
◐ 未一, 分一, 執一, 判一.

金 【銍】⑭ 낫 질 囡 zhì
銍 銍 [字解] ①낫, 벼를 베는 짧은 낫. ②베다, 벼를 베다. ≒秷. 〔詩經〕奄觀銍艾. ③벼이삭. 〔書經〕二百里納銍. ④땅 이름. 춘추 시대 송(宋)의 현(縣) 이름. 지금의 안휘성(安徽省) 숙현(宿縣)의 서남쪽.
【銍艾 질애】 낫으로 벼를 벰. 銍刈(질예).

金 【銕】⑭ ❶쇠 철 囡 tiě ❷땅 이름 이 囡 yí
[字解] ❶쇠. ※鐵(1908)의 고자(古字). ❷땅 이름. ≒夷. 〔書經·釋文〕尙書考靈耀及史記作禺銕.

金 【銃】⑭ 총 총 囡 chòng
[그림: 字源 형태 변화]
銃 銃 [字源] 形聲. 金＋充→銃. '充(충)'이 음을 나타낸다.
[字解] ①총, 화총(火銃). ¶銃砲. ②도끼 자루 구멍. ＝䥮.
【銃劍 총검】 ①총과 칼. ②총 끝에 꽂는 칼.
【銃擊 총격】 총으로 사격함.
【銃獵 총렵】 총으로 하는 사냥.
【銃床 총상】 개머리판. 銃牀(총상).
【銃傷 총상】 총알에 다친 상처. 銃創(총창).
【銃彈 총탄】 총알.
【銃砲 총포】 총(銃)이나 포(砲) 종류의 총칭.
【銃火 총화】 총을 쏠 때 총구에 번쩍이는 불꽃.
◐ 空氣一, 拳一, 機一, 短一, 小一, 獵一, 長一, 鳥一, 火繩一.

金 【銤】⑭ 剡(197)와 동자

金 【鈹】⑭ 기 이름 피 囡 pī
鈹 [字解] ①기(旗) 이름. 〔春秋左氏傳〕公卜使王黑以靈姑鈹率, 吉. ②창(槍) 이름.

金 【銜】⑭ 재갈 함 囡 xián
銜 銜 啣 衘 [字解] ❶재갈. 〔戰國策〕伏軾撙銜. ②머금다, 입에 물다. 〔庾信·碑〕蟲則相銜出境. ③받다, 받들다. 〔禮記〕銜君命而使. ④느끼다, 감지(感知)하다. 〔管子〕令出而民銜之. ⑤마음에 품다, 원망하다. 〔漢書〕景帝心銜之. ⑥직함(職銜), 관리의 위계(位階). 〔白居易·詩〕朝散何時得入銜.
【銜竿 함간】 화살대가 다 박힐 정도로 깊이 쏨.
【銜塊 함괴】 흙을 입에 물음. 벌(罰)을 달라고 청하는 말.
【銜橛之變 함궐지변】 말이 날뛰어 재갈이 벗겨지는 일과 같은 변고.
【銜膽栖冰 함담서빙】 쓸개를 물고 얼음 위에 거처함. 원수를 갚으려고 갖은 고생을 참음.
【銜勒 함륵】 말의 입에 물리는, 쇠로 만든 물건. 재갈.
【銜命 함명】 임금의 명령을 받듦.
【銜枚 함매】 하무를 입에 물림. 행군(行軍)·사냥 등을 할 때 떠들지 못하도록 나무 막대를 물리던 일.
【銜尾相隨 함미상수】 뒤의 짐승이 앞의 짐승의 꼬리를 물고 감. 앞뒤로 줄지어서 감.
【銜杯 함배】 술잔을 입에 물음. 술을 마심.
【銜璧輿櫬 함벽여츤】 항복(降伏)하는 예(禮). 팔을 뒤로 묶고, 헌물(獻物)로 구슬을 입에 머금고, 죽음을 당하여도 이의가 없다는 뜻으로 관(棺)을 메고 가는 일.
【銜哀致誠 함애치성】 애통한 마음으로 정성을 다함.
【銜冤 함원】 ①원죄(冤罪)를 입음. ②원한을 품음.
【銜字 함자】 상대방 이름의 높임말. 尊銜(존함).
【銜珠 함주】 구슬을 입에 물음. 은혜를 갚음. [故事] 사냥꾼의 화살에 맞아 다친 학을 치료해 놓아주자, 얼마 뒤 밤에 암수 한 쌍의 학이 야광주(夜光珠)를 물고 찾아와 보답했다는 고사에서 온 말.
【銜指 함지】 손가락을 입에 물음. 곧, 부러워하여 바라봄.
【銜華佩實 함화패실】 꽃을 피우고 열매를 맺음. 외양과 내용이 함께 갖추어짐.
【銜環 함환】 구슬을 물고 옴. 은혜를 갚음. [故事] 후한(後漢) 때, 양보(楊寶)가 상처 입은 참새를 살려 주었는데 얼마 후 누런 옷을 입은 동자(童子)가 흰 구슬 4개를 물고 와서 보답하였다는 고사에서 온 말.
◐ 羈一, 馬一, 名一, 密一, 轡一, 深一, 鞍一, 弛一, 人一, 前一, 轉一, 尊一, 職一.

金 【銷】⑭ 銷(1892)과 동자

金 【銒】⑭ ❶술 그릇 형 囡 xíng ❷사람 이름 견 囡 jiān
銒 銒 銒 銒 [字解] ❶술 그릇, 목이 긴 술병. 〔莊子〕其求銒鍾也以束縛. ②국 담는 제기(祭器). ≒鉶. 〔禮記〕銒羹. ❷사람 이름. 〔荀子〕是墨翟·宋銒也.

金 6 【鉶】 ⑭ 국그릇 형 唐 xíng
鉶 鈃 鋞 铏 字解 ① 국그릇, 국을 담는 세 발 달린 솥. 〔孔子家語〕 籩豆鉶羹. ②국. 〔儀禮〕設一鉶于豆南.
【鉶羹 형갱】 갖가지 양념을 하여 형기(鉶器)에 담은 국.
【鉶器 형기】 국을 담는 그릇.
【鉶鼎 형정】 국을 담는 그릇과 솥.
【鉶俎 형조】 국을 담는 그릇과 어육(魚肉)을 올려놓는 도마.

金 6 【鈜】 ⑭ 돌쇠뇌 굉 庚 hóng
字解 돌쇠뇌, 돌을 쏘는 큰 활, 석궁(石弓).

金 6 【銗】 ⑭ 항통 후 宥 xiàng
銗 字解 ①항통(缿筩). 관청에 비치한 백성의 투서함. 〔漢書〕少年投銗購告言姦. ②칼, 항쇄(項鎖). 죄인의 목에 씌우는 형구(刑具).
【銗鏤 후루】 음식을 익히던 솥 같은 그릇.
【銗筩 후통】 투서를 넣는 함. 투서함(投書函).

金 7 【銶】 ⑮ 끌 구 尤 qiú
銶 字解 끌. 나무에 구멍을 뚫는 연장. 〔詩經〕既破我斧, 又缺我銶.

金 7 【鋃】 ⑮ 사슬 랑 陽 láng
鋃 釾 锒 字解 ①사슬, 쇠사슬. 형구(刑具)의 한 가지. ¶鋃鐺. ②종소리.
【鋃當 낭당】 ① 형구(刑具)의 쇠사슬. 鋃鐺(낭당). ②쇠사슬로 묶음.
【鋃鐺 낭당】 ①⇨鋃當(낭당)①. ②무거워서 들지 못하여 애를 먹음. ③금속의 소리.

金 7 【鋁】 ⑮ 줄 려 語 lǚ
鋁 铝 字解 줄. 쇠붙이를 쓰는 데 쓰는 연장. =鑢.

金 7 【鋝】 ⑮ 엿 냥쭝 렬 屑 lüè
鋝 鋝 字解 엿 냥쭝, 무게 여섯 냥(兩). 〔周禮〕戈戟, 皆重三鋝.

金 7 【錽】 ⑮ 말 머리 장식 맘 翰 wàn
錽 字解 ①말 머리의 장식. 〔張衡·賦〕金錽鏤鍚. ②도금(鍍金).
【錽匠 맘장】 도금(鍍金)하는 장인(匠人).

金 7 【鋩】 ⑮ 칼끝 망 陽 máng
鋩 字解 칼끝, 창끝. =芒. 〔左思·賦〕雄戟耀鋩.

金 7 【鋩】 ⑮ 鋩(1889)과 동자

金 7 【鋂】 ⑮ 사슬 고리 매 灰 méi
鋂 鋂 字解 사슬 고리, 자모환(子母環). 하나의 큰 고리에 두 개의 작은 고리를 끼운 사슬. 〔詩經〕盧重鋂.

金 7 【鋒】 ⑮ 칼끝 봉 冬 fēng
鋒 鋒 字解 ①칼끝, 병기의 날. 〔書經〕礪乃鋒刃. ②물건의 뾰족한 끝, 첨단(尖端). 〔晉書〕抽鋒擢穎. ③날카로운 기세, 예기(銳氣). 〔晉書〕機警有鋒. ④군대의 앞장, 선봉(先鋒). 〔史記〕布常爲軍鋒. ⑤병기(兵器). 칼·창 따위. 〔史記〕天下精銳持鋒. ⑥가래. 농기구의 한 가지.
【鋒戈 봉과】 날카로운 창. 矛戟(모극).
【鋒氣 봉기】 날카로운 기상(氣象).
【鋒起 봉기】 창날처럼 날카롭게 일어남. 성하게 일어남. 蜂起(봉기). 鋒出(봉출).
【鋒旗 봉기】 진중(陣中)에서 쓰는 기의 한 가지.
【鋒利 봉리】 ①날카로움. 銳利(예리). ②글의 논소(論調) 따위가 날카로움.
【鋒芒 봉망】 ①㉠칼끝. 창끝. 鋒鋩(봉망). ㉡날카로운 의론이나 사람의 예기(銳氣). ②근소(僅少)함. 미세(微細)함.
【鋒發韻流 봉발운류】 날카로운 창끝이 드러나듯이 음운(音韻)이 물 흐르듯 거침이 없음. 문장이 유창함.
【鋒不可當 봉불가당】 세력이 막강하여 당해 낼 수가 없음.
【鋒鍔 봉악】 칼끝과 칼등. 곧, 도검(刀劍).
【鋒穎 봉영】 창끝. 날카로운 비난이나 공격.
【鋒銳 봉예】 성질이 예민함.
【鋒蝟 봉위】 고슴도치.
【鋒刃 봉인】 ①창·칼 등의 날. ②물체의 예리한 부분. ③눈빛이 사나움.
【鋒鏑 봉적】 창끝과 살촉. ㉠무기(武器). ㉡전쟁(戰爭).
【鋒尖 봉첨】 창끝.
【鋒俠 봉협】 성질이 창날처럼 날카롭고 맹렬(猛烈)함.
【鋒毫 봉호】 붓끝. 筆鋒(필봉).

◐ 劍─, 戈─, 交─, 談─, 詞─, 先─, 新─, 銳─, 利─, 藏─, 爭─, 前─, 筆─.

金 7 【鋑】 ⑮ 동라 사 麻 shā
鋑 字解 ①동라(銅鑼). 징의 한 가지. ②구리로 만든 동이.

金部 7획 鋤銷銹鋣鋙鋋銳

金7 【鋤】⑮ ❶호미 서 冑 chú
❷어긋날 서 圝 jǔ

𨥁 鉏 鋤 [字解] ❶①호미, 쟁기. 자루가 길고 서서 김매는 데 사용하는 농기구. ②김매다, 갈고 김을 매다. 〔李紳·詩〕鋤禾日當午. ③없애다, 제거하다. 〔春秋合誠圖〕誅鋤民害. ❷어긋나다. ≒鉏.
【鋤犂 서려】 호미와 쟁기.
【鋤理 서리】 갈고 김매어 밭을 다스림.
【鋤拔 서발】 호미로 김을 맴.
【鋤耰 서우】 ①호미. ②호미로 흙을 고름.
【鋤除 서제】 ①김을 맴. ②악한 사람을 없앰. 芟除(삼제). 誅除(주제).
【鋤禾 서화】 논의 김을 맴.
▶耕-. 耨-. 芟-. 耰-. 耘-. 誅-. 荷-.

金7 【銷】⑮ 녹일 소 圝 xiāo

銷 銷 銷 [字解] ①녹이다, 녹다, 쇠붙이를 녹이다. 〔史記〕收天下兵, 聚之咸陽, 銷以爲鐘鐻金人十二. ②흩어지다, 흩뜨리다. 〔江淹·賦〕銷落湮沈. ③다하다, 다하여 없어지다. 〔漢書〕膏以明自銷. ④쇠하다, 스러지다. 〔禮記〕禮減而不進則銷. ⑤사라지다, 모습을 감추다. 〔王勃·序〕虹銷雨霽. ⑥망하다, 망하게 하다. 〔鄒陽·文〕積毀銷骨. ⑦작다, 가늘다. 〔莊子〕其聲銷. ⑧큰 호미. ≒銚. 〔淮南子〕剞劂銷鋸.
【銷刻 소각】 손상(損傷)함.
【銷距 소거】 며느리발톱을 없앰. 곧, 병력(兵力)을 쓰지 않음.
【銷骨 소골】 뼈를 녹임. 참언(讒言)의 해(害)가 대단함.
【銷金 소금】 ①쇠를 녹임. 녹인 쇠. ②황금을 뿌림. 금박(金箔)을 흩뜨림. ③돈을 물 쓰듯 씀. ④인물을 그릴 때, 그 옷에 금으로 비단 무늬를 칠하는 일.
【銷金鍋 소금과】 황금을 녹이는 냄비. 금전을 낭비하는 곳. 유락지(遊樂地).
【銷金帳 소금장】 금박으로 아로새긴 휘장.
【銷棄 소기】 ①지워 없앰. ②유산(流産).
【銷路 소로】 판로(販路).
【銷微 소미】 사라져 스러짐.
【銷兵 소병】 달아나거나 죽은 병사가 있어도 보충하지 않음으로써 병사의 수를 줄이는 일.
【銷鋒灌燧 소봉관수】 무기를 녹이고, 봉화에 물을 부음. 병란(兵亂)이 그침.
【銷鋒鑄鐻 소봉주거】 무기를 녹여서 악기 걸이를 만듦. 병란(兵亂)이 끝나 평화를 되찾음.
【銷鑠 소삭】 쇠붙이가 녹아서 없어짐.
【銷暑 소서】 더위를 가시게 함. 消暑(소서). 銷夏(소하).

【銷衰 소쇠】 쇠약해짐.
【銷息 소식】 사라져 없어짐.
【銷失 소실】 녹아 없어짐. 삭아 없어짐. 사라져 없어짐. 銷落(소락).
【銷弱 소약】 쇠퇴하여 약해짐.
【銷鎔 소용】 쇠를 녹임. 용해(鎔解)함.
【銷憂 소우】 근심을 없앰. 消憂(소우).
【銷印 소인】 도장을 깨뜨림.
【銷殘 소잔】 삭아 없어짐.
【銷鏑 소적】 활촉을 녹임. 전쟁을 그만둠.
【銷錢鑄器 소전주기】 주화(鑄貨)를 녹여서 기물(器物)을 만듦. 주화의 실물 가치가 통화 가치보다 높음.
【銷沈 소침】 ①쇠퇴함. ②의기나 기세 따위가 사그라지고 까라짐. 消沈(소침).
【銷魂 소혼】 너무 놀라거나 슬퍼서 넋을 잃음.
【銷毀 소훼】 ①금속(金屬)으로 된 것을 녹여 없앰. ②없앰. 소멸시킴.

金7 【銹】⑮ 녹슬 수 冑 xiù

銹 [字解] 녹슬다, 녹, 산화철(酸化鐵). ≒鏽.

金7 【鋣】⑮ 鎁(1880)와 동자

金7 【鋙】⑮ ❶어긋날 어 圝 yǔ
❷호미 어 圝 yú
❸산 이름 오 冑 wú

鋙 [字解] ❶①어긋나다. ¶鉏鋙. ②주석(錫). ③악기 이름. ④불안한 모양. ❷자루가 긴 호미. ❸산 이름. ≒鋘. 〔列子〕西戎獻錕鋙之劍.

金7 【鋋】⑮ 작은 창 연·선 冑 chán

鋋 鋋 [字解] ①작은 창. 〔史記〕短兵則刀鋋. ②짐승 이름. ③날카로운 칼. 〔淮南子〕苗山之鋋. ④찌르다. 〔漢書〕格蝦蛤, 鋋猛氏.

金7 【銳】⑮ ❶날카로울 예 圝 ruì
❷창 태 圝 duì

𨥁 釱 銳 銳 锐 [叅考] 대법원 지정 인명용 한자음은 '예'이다.
[字源] 形聲. 金+兌→銳. '兌(태)'가 음을 나타낸다.
[字解] ❶①날카롭다. ㉮쇠붙이 등이 예리하다. 〔淮南子〕銳而不挫. ㉯뾰족하고 가늘다. 〔周禮〕銳喙決吻. ㉰예민(銳敏)하다. 〔春秋左氏傳〕子羽銳敏. ㉱군대가 날래고 용맹하다. 〔戰國策〕使輕車銳騎衝雍門. ㉲재빠르다, 민속(敏速)하다. 〔孟子〕其進銳者, 其退速. ②창

끝, 칼끝, 예리한 병기. ③나아가다, 전진하다. 〔太玄經〕赤矛方銳. ④조급히 굴다, 소동(騷動)하다. 〔莊子〕銳則挫矣. ❷창(槍). 〔書經〕一人冕, 執銳, 立于側階.
【銳角 예각】 ①직각(直角)보다 작은 각. ②날카로운 각.
【銳氣 예기】 날카로운 기상(氣象). 힘찬 세력.
【銳騎 예기】 날랜 기병(騎兵).
【銳鈍 예둔】 ①날카로움과 둔함. ②영리함과 우둔함.
【銳利 예리】 날카로움.
【銳敏 예민】 감각·행동 등이 날카롭고 빠름.
【銳鋒 예봉】 ①창·칼 등의 날카로운 끝. ②날카롭게 공격하는 이론(理論)이나 기세(氣勢).
【銳師 예사】 날카롭고 강한 군대.
【銳上 예상】 이마가 뾰족함.
【銳然 예연】 남보다 특출한 모양. 남의 선두에 서는 모양.
【銳意 예의】 어떤 일을 잘하려고 단단히 차리는 마음. 銳精(예정).
【銳卒 예졸】 날래고 용맹스러운 병사. 강한 군대. 銳兵(예병).
【銳智 예지】 예민한 슬기. 날카로운 지혜.
【銳筆 예필】 끝이 날카로운 붓. 힘찬 문장.
【銳悍 예한】 날래고 사나움. 驍悍(효한).
◯ 剛―, 勁―, 極―, 猛―, 明―, 敏―, 纖―, 盛―, 細―, 養―, 勇―, 利―, 折―, 精―, 進―, 尖―, 聰―, 蓄―, 悍―, 驍―.

金 7 【鋈】 ⑮ 도금 옥 沃 wù
字解 ①도금(鍍金), 도금하다. ②은(銀).
【鋈器 옥기】 금·은 따위로 도금(鍍金)한 그릇.
【鋈續 옥속】 백금으로 꾸민 가슴걸이의 고리.

金 7 【鋊】 ⑮ 구리 가루 욕 沃 yù
字解 ①구리 가루, 동설(銅屑). 〔漢書〕姦或盜摩錢質而取鋊. ②쇠 부지깽이. ③갈다, 문질러서 윤을 내다.

金 7 【鋥】 ⑮ 칼 갈 정 敬 zèng
字解 칼을 갈다, 칼을 갈아 날을 세우다. =敞.

金 7 【鋌】 ⑮ 쇳덩이 정 迥 dìng
字解 ①쇳덩이. 아직 정련하지 않은 동철(銅鐵)의 덩이. 〔張協·七命〕耶谿之鋌. ②판금(板金). ③살촉이 화살대에 꽂히는 부분. 늘 蓥. ④비다, 다 없다. 〔揚子方言〕物空盡者曰鋌. ⑤빨리 달리는 모양. 늘 逞. 〔春秋左氏傳〕鋌而走險.
【鋌矛 정모】 쇠 창.
【鋌鑰 정약】 열쇠.

金 7 【銼】 ⑮ 가마 좌·족 歌麌 cuò
字解 ①가마, 작은 가마솥. ②꺾다. =挫. 〔史記〕兵銼藍田. ③살촉. =鏃. ④줄. 쇠를 쓰는 기구.
【銼鑞 좌라】 솥의 한 가지.
【銼子 좌자】 줄〔鑢〕.

金 7 【鋳】 ⑮ 鑄(1910)의 속자

金 7 【誌】 ⑮ 새길 지 寘 zhì
字解 새기다, 마음에 새기다, 명심하다.

金 7 【鋜】 ⑮ 족쇄 착 覺 zhuó
字解 ①족쇄(足鋜), 족쇄를 채우다, 발을 묶다. 〔韓愈, 孟郊·詩〕黃鶴足仍鋜. ②호미.

金 7 【鋝】 ⑮ 鏒(1912)과 동자

金 7 【鉺】 ⑮ ❶집게 첩 葉 zhé ❷족집게 섭 ⊛녑 葉 niè
字解 ①집게, 불에 달군 쇠를 집는 긴 집게. ❷①족집게. =鑷. ②비뚤어진 것을 바로잡는 기구. ③작은 상자.

金 7 【鋟】 ⑮ 새길 침 寑 qǐn, qiān
字解 ①새기다, 판각하다. 〔春秋公羊傳〕鋟其板. ②날카롭다. ③송곳.
【鋟木 침목】 판목(版木)을 새김. 인쇄함.
【鋟梓 침자】 판목을 새김. 책을 인쇄함.
【鋟板 침판】 널빤지에 판각함. 책을 판목(版木)에 새김.

金 7 【鋪】 ⑮ ❶펼 포 虞 pū ❷가게 포 遇 pù
字解 ❶①펴다, 깔다, 늘어놓다. 늘 敷. 〔詩經〕鋪敦淮濆. ②베풀다, 설비하다. ③배목. 문고리를 거는 쇠. 〔漢書〕銅龜蛇鋪首鳴. ④두루 미치다. 늘 溥. ⑤앓다. 병들다. 痛. 〔詩經〕若此無罪, 淪胥以鋪. ⑥제기(祭器) 이름. 두(豆)의 한 가지. ❷①가게, 점포. =舖. ②역참(驛站). 역말을 갈아타는 곳. 〔元史〕設急遞鋪, 以達四方文書之往來.
【鋪錦列繡 포금열수】 비단을 깔고 수를 늘어놓음. 곧, 아름다운 문장.

【鋪道 포도】 포장(鋪裝)한 길.
【鋪敦 포돈】 진(陣)을 치고 군사가 주둔함.
【鋪馬 포마】 역말. 驛馬(역마).
【鋪設 포설】 ①좌석(座席) 등의 설비를 하는 일. ②가게를 냄.
【鋪張 포장】 널리 폄. 과장하여 말함.
【鋪裝 포장】 길에 돌·시멘트·아스팔트 등을 깔아 굳게 다져 꾸밈.
【鋪張揚厲 포장양려】 극구 칭찬함.
【鋪地錦 포지금】 ①적(敵)을 사로잡는 기구. ②필산(筆算)의 승법(乘法).
【鋪陳 포진】 ①부연(敷衍)함. 상세하게 진술함. ②여행용 침구(寢具).
【鋪遞 포체】 역마(驛馬)로 관문서(官文書) 따위를 전달하는 일. 驛遞(역체).
【鋪置 포치】 넓게 늘어놓음.
● 金-, 錦-, 門-, 銀-, 店-, 竹-, 花-.

金7 【銲】⑮ 땜납 한 圖 hàn
字解 ①땜납. =釬.〔夢溪筆談〕得古夾鏡, 略無銲迹. ②물미. 창 자루의 끝을 감싸는, 끝이 뾰족한 쇠붙이.

金7 【鋧】⑮ 작은 끝 현 釽 xiàn
초서 釽 字解 작은 끝, 작은 창. ¶ 銑鋧.

金7 【銷】⑮ ❶노구솥 현 㶊 xuān
❷쓸 견 㶊 juān
소전 銷 초서 銷 동체 銷 字解 ❶❶노구솥, 냄비, 쟁개비. ②작은 동이, 소분(小盆). ③옥(玉) 소리, 옥돌이 부딪혀 나는 소리. ≒琄.〔漢書〕展詩應律鋗玉鳴. ❷쓸다, 청소하다. =涓.〔史記〕王行遇其故鋗人.
【銷鍋 현과】 음식물을 끓이는 냄비. 노구솥.
【銷人 견인】 궁중의 청소부.

金7 【鋏】⑮ 집게 협 圖 jiá
소전 鋏 초서 鋏 간체 铗 字解 ①집게, 불에 달군 쇠를 집는 대장간의 집게. ②가위.〔管子〕衣夾紩. ③칼, 장검(長劍).〔楚辭〕帶長鋏之陸離兮. ④장검의 몸, 도신(刀身).〔左思·賦〕毛長以齒角爲矛鋏. ⑤칼자루, 검파(劍把).〔戰國策〕長鋏歸來乎.
【鋏刀 협도】 ①작두와 비슷한, 약재를 써는 칼. ②가위. 剪刀(전도).
● 劍-, 短-, 矛-, 長-, 鐵-, 彈-.

金7 【鋩】⑮ 鋩(1889)과 동자

金7 【鋘】⑮ ❶가래 화 囮 huá
❷산 이름 오 囮 wú

字解 ❶가래, 쌍날의 가래. =鏵.〔後漢書〕燒鋘斧. ❷①산 이름, 칼 이름. =銛. ②흙손. =杇.

金7 【鋎】⑮ 칼 환 淸 hàn
字解 칼, 검(劍).

金8 【鋼】⑯ 강철 강 陽 陶 gāng
丿 ㇄ 钅 金 釘 鈩 鋼 鋼 鋼
초서 鋼 간체 钢 字源 形聲. 金+岡→鋼. '岡(강)'이 음을 나타낸다.
字解 강철. 제련하여 강도(剛度)를 높이게 한 쇠.〔列子〕鍊鋼赤刃.
【鋼管 강관】 강철로 만든 관(管).
【鋼叉 강차】 끝이 갈라진, 강철로 만든 작살의 한 가지.
【鋼鐵 강철】 불려서 강도를 높인 쇠.
● 銛-, 純-, 鍊-, 精-, 眞-.

金8 【鋸】⑯ 톱 거 圖 qū
소전 鋸 초서 鋸 간체 锯 字解 ①톱. ≒鑢.〔國語〕中刑, 刀鋸. ②톱질하다, 톱으로 자르다.〔柳宗元·傳〕執鋸者趣而左. ③정강이뼈를 자르는 톱처럼 된 형구(刑具). 또는 그 형벌(刑罰).〔漢書〕奈何令刀鋸之餘薦天下豪雋哉.
【鋸屑 거설】 ①톱밥. ②말이나 문장이 막힘없이 줄줄 나옴.
【鋸牙 거아】 톱니처럼 날카로운 치아(齒牙). 鋸齒(거치).
【鋸匠 거장】 톱일을 전문으로 하는 사람.
【鋸鑿 거착】 톱과 끌.
【鋸齒 거치】 ①톱니. ②험한 지형의 비유. ③ ☞鋸牙(거아).
● 刀-, 削-, 執-, 鐵-.

金8 【錮】⑯ 땜질할 고 圍 gù
소전 錮 초서 錮 간체 锢 字解 ①땜질하다.〔漢書〕冶銅錮內.〔後漢書〕其在位者, 免官禁錮. ②가두다, 붙들어 매다. ③가로막다, 저지하다.〔春秋左氏傳〕子反請以重幣錮之. ④고질병. =痼.〔禮記〕身有錮疾. ⑤단단하다. ≒固.
【錮送 고송】 죄인에게 칼을 씌워서 호송함.
【錮疾 고질】 오래도록 앓아서 낫지 않는 병. 痼疾(고질).
【錮寢 고침】 부인이 총애를 독차지함.
【錮弊 고폐】 나쁜 버릇.
● 久-, 禁-, 黨-, 廢-.

金8 【錕】⑯ 붉은 쇠 곤 囮 kūn

金部 8획 舘錈錦錡錤錜錟錄

錕

銀 锟 【字解】 ①붉은 쇠, 붉은빛의 금속. ¶錕鋙. ②수레의 바퀴통 쇠. 마찰에 의한 마멸(磨滅)을 막는다.
【錕刀 곤도】 곤오(錕鋙)의 쇠로 만든 칼.
【錕鋙 곤오】 ①칼 이름. 옥(玉)도 자른다는 보검. ②붉은 쇠. ③명검(名劍)을 만드는 쇠가 난다는 산. 곤오산(錕鋙山).

金8 【舘】 ⑯ 비녀장 관 🄱 guǎn

銈 【字解】 ①비녀장. 수레의 굴대 머리에 내리꽂는 쇠못. =輨·錧. ②중요한 부분, 추요(樞要). 〔趙岐·辭〕 論語者, 五經之舘鎋, 六藝之喉衿也. ③쟁기.
【舘鎋 관할】 수레의 비녀장. 사물의 중요한 부분의 비유.

金8 【錈】 ⑯ 쇠 굽을 권 🄱 juǎn

【字解】 쇠가 굽다, 굽은 쇠붙이. 〔呂氏春秋〕 柔則錈, 堅則折.

金8 【錦】 ⑯ 비단 금 🄱 jǐn

丿ㄊㄇ수金金金釕鈤鈤錦錦

錦 錦 锦 【字源】 形聲. 金＋帛→錦. '金(금)'이 음을 나타낸다.
【字解】 ①비단, 여러 가지 색채로 무늬를 넣어 짠 비단. 〔春秋左氏傳〕 子有美錦. ②아름답다, 아름다운 사물. 〔梁簡文帝·七勵〕 錦鳥雲翔.
【錦衾 금금】 비단 이불.
【錦綺 금기】 비단, 화려한 비단.
【錦囊 금낭】 ①비단 주머니. ②잘 지은 시(詩). 故事 당대(唐代)의 이하(李賀)가 좋은 시를 지을 때마다 이를 비단 주머니에 넣어 둔 데서 온 말. 詩囊(시낭). ③칠면조(七面鳥)의 딴 이름.
【錦鱗 금린】 아름다운 물고기.
【錦伯 금백】 國충청도 관찰사의 딴 이름.
【錦帆 금범】 비단 돛, 아름다운 배.
【錦上添花 금상첨화】 비단 위에 꽃을 더함. 좋은 일에 또 좋은 일이 더해짐.
【錦繡 금수】 ①비단과 수. ②비단에 놓은 수. ③아름다운 옷.
【錦繡江山 금수강산】 비단에 수를 놓은 듯한 강산. ㉠아름다운 자연. ㉡우리나라.
【錦繡腸 금수장】 수놓은 비단같이 아름다운 배 속. 시가·문장에 능하여 아름다운 문구가 거침없이 나옴.
【錦心繡口 금심수구】 비단을 수를 놓은 듯이 아름다운 마음과 고운 말. 글재주에 빼어난 사람. 錦心繡腸(금심수장).
【錦輿 금여】 비단 가마. 꽃가마.
【錦筵 금연】 비단으로 꾸민 자리. 화려한 좌석.
【錦衣夜行 금의야행】 비단옷을 입고 밤에 돌아다님. 아무 보람 없는 일을 자랑스레 함.

【錦衣玉食 금의옥식】 비단옷에 맛난 음식. 생활이 사치스러움.
【錦衣還鄕 금의환향】 비단옷을 입고 고향에 돌아옴. 출세하여 고향에 돌아옴. 衣錦還鄕(의금환향). 還鄕(금환).
【錦字 금자】 비단에 짜 넣은 글자. ㉠아내가 남편을 사모하여 보내는 편지. 故事 전진(前秦) 때 두도(竇滔)의 아내 소씨(蘇氏)가 회문시(廻文詩)를 비단에 짜 넣어 귀양 간 남편에게 보냈다는 고사에서 온 말. ㉡매우 아름다운 시구.
【錦地 금지】 남이 사는 곳의 존칭. 貴地(귀지).
【錦楓 금풍】 비단같이 아름다운 단풍.
【錦虹 금홍】 비단같이 아름다운 무지개.
【錦還 금환】 ⇨錦衣還鄕(금의환향).
● 縑一, 文一, 美一, 素一, 紫一, 晝一, 重一, 翠一, 貝一, 鋪一, 匹一, 紅一.

金8 【錡】 ⑯ ❶솥 기 🄱 qí ❷톱 의 🄱 yǐ

錡 錡 锜 【參考】 대법원 지정 인명용 한자의 음은 '기'이다.
【字解】 ❶①솥, 세 발 달린 솥. =鬲. 〔詩經〕 維錡及釜. ②①톱. ②끌. 나무를 파는 연장. 〔詩經〕 又缺我錡. ③쇠뇌틀, 쇠뇌를 걸어 두는 틀. 〔張衡·賦〕 設在蘭錡. ④기울어지다. ≒敧. 〔司馬相如·賦〕 巖陀甗錡.
【錡釜 기부】 발이 달린 솥과 발이 없는 가마.

金8 【錤】 ⑯ 호미 기 🄱 jī

【字解】 호미. 농기구의 한 가지.

金8 【錜】 ⑯ 비녀 녑 🄱 niè

【字解】 ①비녀, 작은 비녀. 〔王粲·七釋〕 雜華錜之葳蕤. ②대가리가 작은 못. 〔小頭釘〕.

金8 【錟】 ⑯ ❶창 담 🄱 tán ❷날카로울 섬 🄱 xiān

錟 鈂 【參考】 대법원 지정 인명용 한자의 음은 '담'이다.
【字解】 ❶창(矛), 긴 창. 〔揚子方言〕 錟謂之鈹. ❷①날카롭다. ≒剡. 〔史記〕 非錟於句戟長鎩也. ②찌르다, 가래. =銛.
【錟鑱 담종】 창(槍).
【錟戈 섬과】 날카로운 창.

金8 【錄】 ⑯ ❶기록할 록 🄱 lù ❷사실할 려 🄱 lù

ㄊㄇ수金金釒釒釕錄錄錄

錄 錄 録 录 【參考】 대법원 지정 인명용 한자의 음은 '록'이다.
【字源】 形聲. 金＋彔→錄. '彔(록)'이 음을 나타낸다.

金部 8획 錄鋠錀錎鉼錇錍 錇錫錞

金8 【錄】⑯ ❶①기록하다, 적다. ≒彔. 〔春秋公羊傳〕春秋錄內而略外. ②베끼다, 등사하다. 〔宋史〕集書吏錄本. ③기록 문서. 〔周禮〕皆辨其物, 而奠其錄. ④취(取)하다, 버리지 않고 취하여 쓰다. 〔魏志〕餘子瑣瑣, 亦焉足錄哉. ⑤다스리다, 통괄하다. 〔漢書〕萬方之事, 大錄于君. ⑥살피다, 성찰하다. 〔漢書〕錄德定位. ⑦차례, 가다. ≒逯. 〔國語〕今大國越錄. ⑧갖추어지다, 기록이 갖추어지다. ⑨단속하다, 검속(檢束)하다. 〔荀子〕程役而不錄. ⑩검(劍)의 이름. ≒綠. 〔荀子〕文王之錄. ⑪금빛, 금색(金色). ⑫주화(鑄貨)에 새긴 무늬. ⑬범용(凡庸)한 모양. =碌·逯. 〔漢書〕當時錄錄, 未有奇節. ❷사실(査實)하다, 조사하다, 정상(情狀)을 살피다. ≒慮. 〔漢書〕每行縣錄囚徒獄.
【錄錄 녹록】무능(無能)하고 평범한 모양. 碌碌 (녹록).
【錄問 녹문】죄상(罪狀)을 기록하면서 신문(訊問)함.
【錄囚 녹수】죄인의 정상(情狀)을 성찰(省察)함. 죄인을 취조함.
【錄音 녹음】③레코드나 테이프 따위에 소리를 기록함.
【錄用 녹용】채용(採用)함.
【錄藏 녹장】기록하여 보관함.
【錄奏 녹주】글로써 임금에게 아룀.
【錄牒 녹첩】성명을 기록한 장부.
【錄畫 녹화】③비디오테이프에 영사 신호를 기록함.
【錄勳 녹훈】공훈을 기록함.
◐ 記─, 登─, 漫─, 目─, 附─, 簿─, 詳─, 收─, 實─, 著─, 述─, 輯─, 撰─, 抄─.

金8 【錄】⑯ 錄(1893)의 속자

金8 【鋠】⑯ ❶대패 뢰 陰 léi ❷송곳 뢰 陰 lì
[초서] 鋠 [字解]❶대패. ❷송곳.

金8 【錀】⑯ ❶금 륜 眞 lún ❷토끼그물 고리 분 囡 fēn
[참고] 대법원 지정 인명용 한자음은 '륜'이다. [字解]❶금. ❷토끼그물의 고리.

金8 【錎】⑯ 錎(1898)과 동자

金8 【鉼】⑯ ❶판금 병 梗 bǐng ❷나라 이름 병 庚 píng
[초서] 鉼 [숙달] 鉼 [字解]❶①판금(板金). 얇고 넓게 조각낸 쇠붙이. ❷가마솥. ❷나라 이름. 한대(漢代)의 제후국. 지금의 산동성(山東省) 임구현(臨朐縣) 동쪽. 〔史記〕鉼侯孫卬.
【鉼盂 병우】가마솥과 바리.

金8 【錇】⑯ 대못 부 尤 póu
[간체] 锫 [字解]대못, 대정(大釘).

金8 【錍】⑯ ❶도끼 비 支 bēi ❷살촉 비 齊 pī
[초서] 錍 [字解]❶①도끼, 짧은 도끼. ②보습. 화살 이름. ¶錇箭. ❷살촉, 화살촉.
【錍箭 비전】쇠 살촉이 붙어 있는 화살.

金8 【鈚】⑯ ❶잔못 비 尾 fèi ❷침 비 齊 pī
[字解]❶잔못, 작은 못. ❷침, 의료용 침. 〔素問·注〕砭石今以鈚鍼代之.

金8 【錫】⑯ ❶주석 석 鍚 xī ❷줄 사 寘 xī ❸다리 체 霽 tì
[초서] 錫 [행서] 錫 [간체] 锡 [참고]①錫(1898)은 딴 자. ②대법원 지정 인명용 한자의 음은 '석'이다. [字解]❶①주석. 금속 원소의 한 가지로 녹슬지 않는다. 〔詩經〕如金如錫. ②주다, 하사하다. ≒賜. 〔書經〕師錫帝. ③가는 베, 보름새(十五升)의 고운 삼베. 〔列子〕衣阿錫. ④석장(錫杖). 도사·승려의 지팡이. 〔高僧傳〕飛錫凌空而行. ⑤성(姓). ❷주다, 하사하다. =賜. 〔易經·釋文〕錫, 星歷反, 又星自反, 賜也. ❸다리, 월자(月子). 여자들의 머리숱이 많아 보이라고 덧넣는 딴머리. 〔儀禮〕主婦被錫.
【錫奴 석노】다리를 따뜻하게 하는 기구.
【錫賚 석뢰】①상을 내림. ②윗사람에게 하사(下賜)받은 물건.
【錫類 석류】①선(善)을 여러 사람에게 베풂. ②벗, 동료.
【錫錫 석석】①석장(錫杖) 소리. ②거문고 소리.
【錫姓 석성】성을 내려 줌.
【錫杖 석장】승려나 도사 등이 쓰는 지팡이. 禪杖(선장).
【錫衰 석최】고운 베로 지은 상복(喪服).
【錫嘏 석하】큰 복(福)을 내림.
【錫響 석향】석장(錫杖)을 짚을 때 울리는 소리.
◐ 挂─, 九─, 賚─, 飛─, 巡─, 恩─, 杖─, 赤─, 天─, 寵─, 追─, 褒─, 犒─.

金8 【錞】⑯ ❶악기 이름 순 眞 chún ❷물미 대 隊 duì
[초서] 錞 [행서] 錞 [참고] 대법원 지정 인명용 한자의 음은 '순'이다. [字解]❶①악기 이름, 순우(錞釪). 종(鐘)과 비슷한 상대 하소(上大下小)의 타악기(打樂器). 〔周禮〕以金錞和鼓. ②낮다. ❷물미, 창의 물미. 창대 끝에 끼우는 바닥이 평평한 쇠붙이. 〔詩經〕厹矛鋈錞.
【錞于 순우】북(鼓)과 어울려 울리는 동이 모양의 금속 악기. 錞釪(순우).

金₈【錏】⑯ 투구 목가림 아 厏 yā

字解 투구 목가림. 목을 보호하기 위해 투구의 옆과 뒤에 늘어뜨린 것. 〔韓翃·詩〕明光細甲照錏鍜.

金₈【錆】⑯ 자세할 장 陽 quāng

字解 자세하다, 정미(精微)하다.

金₈【錚】⑯ 쇳소리 쟁 庚 zhēng

字解 ①쇳소리, 쇠붙이에서 나는 소리. 〔馬融·賦〕錚鐄鐺鍧. ②징〔鉦〕. 〔東觀漢記〕介士鼓吹錚鐸. ①운두가 얕고 바닥이 넓적한 그릇.
【錚盤 쟁반】운두가 얕고 바닥이 넓적한 그릇.
【錚然 쟁연】금석(金石)이 서로 부딪는 소리.
【錚錚 쟁쟁】①쇠붙이가 맞부딪쳐 나는 맑은 소리. 또는 그와 비슷한 소리. 錚鏦(쟁창). ②여럿 가운데에서 매우 빼어난 사람. ③투호(投壺)의 화살 소리. ④옥(玉)의 맑은 소리. ⑤거문고나 비파의 맑은 소리. ⑥國옛날 정다운 이의 목소리가 잊혀지지 않고 귀에 울리는 듯한 환각.
【錚鎗 쟁쟁】옥(玉)의 맑은 소리. 錚錚(쟁쟁).
【錚鏦 쟁창】☞錚錚(쟁쟁)①.

○ 鏗-, 鐵中-.

金₈【錢】⑯ 돈 전 先 qián

字源 形聲. 金+戔→錢. '戔(전)'이 음을 나타낸다.

字解 ①돈. 늑泉. 〔史記〕下有積錢. ②가래. 농기구의 한 가지. 〔詩經〕庤乃錢鎛. ③주효(酒肴). 〔漢書〕列侯幸得賜餐錢奉邑. ④잔, 술잔. 늑盞. ⑤무게의 단위, 한 돈쭝. 한 냥〔一兩〕의 10분의 1. ⑥조세, 세금. 〔宋史〕度田屋錢糧之數. ⑦國화폐 단위. 원의 100분의 1.
【錢渴 전갈】①돈이 잘 유통되지 않음. ②돈이 없어 궁함.
【錢貫 전관】돈을 꿰는 끈. 돈꿰미. 錢緡(전민).
【錢穀 전곡】①돈과 곡식. ②재물(財物)의 총칭.
【錢驕 전교】금력(金力)을 믿고 부리는 교만.
【錢刀 전도】돈. 錢貨(전화).
【錢路 전로】돈이 융통되는 길. 돈길.
【錢文 전문】①돈. ②돈의 표면에 새긴 글자.
【錢緡 전민】☞錢貫(전관).
【錢癖 전벽】돈을 지나치게 아끼고 모으는 성벽. 구두쇠.
【錢本糞土 전본분토】돈은 원래 분토(糞土)처럼 더러운 것임.
【錢樹子 전수자】돈이 열리는 나무. 기녀(妓女).
【錢神 전신】돈이란 이름의 신. 금전의 위력(威力)을 신에 비유하여 이르는 말.
【錢眼 전안】주화(鑄貨)에 나 있는 구멍.
【錢愚 전우】돈에 지나치게 애착을 가짐. 또는 그 사람. 守錢奴(수전노).
【錢主 전주】①돈의 주인. ②밑천을 대어 주는 사람. 또는 빚을 준 사람.
【錢布 전포】엽전과 지폐. 錢貨(전화).
【錢貨 전화】돈. 錢刀(전도).
【錢荒 전황】돈이 잘 융통되지 않아 귀함.

○ 釀-, 輕-, 古-, 口-, 軍-, 金-, 禁-, 給-, 多-, 銅-, 無-, 緡-, 本-, 俸-, 散-, 銷-, 市-, 新-, 惡-, 餘-, 連-, 斂-, 葉-, 用-, 鎔-, 銀-, 子-, 藏-, 齎-, 儲-, 積-, 鑄-, 紙-, 破-, 乏-, 荷-, 香-, 菜-, 換-.

金₈【錠】⑯ 제기 이름 정 徑 dìng

字解 ①제기(祭器) 이름, 익힌 제수를 담는 세 발 달린 제기. 〔博古圖〕漢虹燭錠. ②신선로(神仙爐). 상 위에 놓고 탕을 끓이는 그릇. ③은화(銀貨). 〔洞天淸錄〕一幅梅價不下百十錠. ④정제(錠劑), 알약.
【錠劑 정제】동글납작하게 굳힌 약제. 알약.

金₈【錯】⑯ ❶섞일 착 藥 cuò ❷둘 조 遇 cù

参考 대법원 지정 인명용 한자의 음은 '착'이다.

字源 形聲. 金+昔→錯. '昔(석)'이 음을 나타낸다.

字解 ❶①섞이다, 섞다. 〔詩經〕翹翹錯薪. ②어지러워지다, 어지럽히다. 〔書經〕殷旣錯天命. ③등지다, 어긋나다. 〔漢書〕劉向治穀梁春秋, 與仲舒錯. ④잘못하다. 〔五代史〕鑄一个, 錯不成. ⑤갈마들다, 번갈아, 교대로. 〔中庸〕辟如四時之錯行. ⑥뒤를 잇다, 뒤따르다. 〔儀禮〕而錯皆不拜. ⑦나뉘다, 쓰거나 먹다 남은 것. 〔儀禮〕於是與始飯之錯. ⑧무늬, 문채. 〔詩經〕約軝錯衡. ⑨숫돌. 늑厝. 〔書經〕錫貢磬錯. ⑩줄. 톱니를 쓸어 날을 세우는 연장. 〔列女傳〕錯者, 所以治鋸. ⑪도금(鍍金)하다, 금도금. ⑫갈다, 연마하다. ⑬다스리다. 〔何晏·賦〕鉤錯矩成. ⑭무늬를 놓다. 〔史記〕錯臂左衽. ⑮행동에 질서가 없다. 〔新書〕動靜擧一謂之比, 反比爲錯. ⑯작은 솥. 〔淮南子〕鼎錯日用. ⑰성(姓). ❷①두다, 그대로 두다. 〔尙書大傳〕錯刑遂罰. ②간직하다, 갈무리하다. 늑措. ③시행(施行)하다. 〔易經〕禮義有所錯. ④베풀다, 설치하다. 〔史記〕展采錯事. ⑤버리다, 그만두다. 〔論語〕擧直錯諸枉. ⑥만족해하다, 안도(安堵)하다. 〔楚辭〕萬民之生, 各有所錯兮. ⑦당황하여 하는 모양. 〔後漢書〕二人錯愕不能對.
【錯覺 착각】어떤 사물이나 사실을 실제와 다르

게 지각하거나 생각함.
【錯簡 착간】 뒤섞인 죽간(竹簡). 책 내용의 순서가 뒤섞여 있는 일.
【錯擧 착거】 번갈아 열거함. 띄엄띄엄 듦.
【錯落 착락】 ①온통 깔림. 뒤섞임. ②주기(酒器). ③재두루미.
【錯亂 착란】 뒤섞이어 어수선함.
【錯慮 착려】 뒤섞이어 어지러움. 잘못된 생각.
【錯連 착련】 교차(交叉)하여 이어짐.
【錯列 착렬】 ①뒤섞이어 줄지음. 섞어 늘어놓음. 錯陳(착진). ②꿰맞춤.
【錯臂 착비】 ①팔짱을 낌. 예용(禮容)이 없음. ②팔에 문신함.
【錯視 착시】 착각하여 잘못 봄.
【錯薪 착신】 잡목(雜木).
【錯然 착연】 공경하고 삼가는 모양.
【錯誤 착오】 ①착각으로 인한 잘못. ②실제와 표상(表象)이 다름. 錯繆(착류).
【錯認 착인】 잘못 보거나 잘못 앎. 誤認(오인).
【錯雜 착잡】 뒤섞이어 복잡함.
【錯節 착절】 ①뒤엉킨 나무의 마디. ②복잡하게 뒤얽힌 일이나 곤란한 사건.
【錯綜 착종】 ①뒤섞여 엉클어짐. ②여러 가지를 섞어 모음.
【錯舛 착천】 어그러짐. 위배(違背)됨.
【錯崔 착최】 험준한 모양.
【錯峙 착치】 뒤섞이어 우뚝 솟음.
【錯行 착행】 번갈아 듦. 번갈아 돎.
【錯衡 착형】 아로새겨 장식한 멍에.
【錯事 조사】 사무를 처리함.
【錯辭 조사】 말을 둠. 글을 지을 때 글자나 어구들을 골라서 알맞게 씀. 措辭(조사).
【錯身 조신】 그 몸을 조처(措處)함. 처신함.
【錯愕 조악】 뜻밖의 일로 놀라 허둥지둥함.
● 擧-, 乖-, 交-, 糾-, 倒-, 紛-, 失-, 搖-, 謬-, 差-, 參-, 舛-, 錮-.

金 8 【鋹】 ⑯ 날카로울 창 圕 chǎng
字解 날카롭다, 예리하다.

金 8 【錣】 ⑯ 물미 철 圕 zhuì
字解 ①물미. 채찍 끝에 박은 뾰족한 쇳조각. 〔淮南子〕倒杖策, 錣上貫頤. ②산대, 산가지. 계산할 때 쓰는 댓가지. 〔管子〕引錣量用.
【錣鈞 철균】 다과(多寡)를 재는 기구. 계수기(計數器).

金 8 【錘】 ⑯ ❶저울추 추 圕 chuí ❷드리울 수 圕 chuí
소전 錘 초서 錘 간체 錘 參考 대법원 지정 인명용 한자의 음은 '추'이다.
字解 ❶①저울추, 분동(分銅). 늑垂. ②무게 단위. 8수(銖)의 무게. 또는 열두 냥〔十二兩〕중.
〔淮南子·注〕六兩曰錙, 倍錙曰錘. ③마치. 달군 쇠붙이를 두드려 물건을 만드는 연장. 〔莊子·註〕爐烹物之具, 錘成物之具. ④나라 이름. 한대(漢代)의 제후국. 지금의 산동성(山東省) 문등현(文登縣)의 서쪽. 〔史記〕錘侯呂通. ❷드리우다, 현수(懸垂)하다. =垂. 〔太玄經〕錘以玉鐶.
【錘鐘 추종】 추가 달린 괘종(卦鐘).
● 鉛-, 玉-, 錙-.

金 8 【錐】 ⑯ 송곳 추 囚 zhuī
소전 錐 초서 錐 간체 锥 字解 ①송곳. 작은 구멍을 뚫는 연장. 〔戰國策〕引錐自刺其股. ②바늘. ③작은 화살. 쇠붙이의 살촉에 깃을 붙인 화살. 〔戰國策〕疾如錐矢. ④싹〔芽〕, 화본류(禾本類)의 뾰족한 싹의 형용. 〔元稹·詩〕氷銷田地蘆錐短.
【錐股 추고】 넓적다리를 송곳으로 찌름. 졸음을 참으며 공부함. 故事 전국 시대에 소진(蘇秦)이 자기의 넓적다리를 송곳으로 찔러 졸음을 쫓으면서 공부했다는 고사에서 온 말.
【錐刀 추도】 끝이 뾰족한 칼.
【錐刀之利 추도지리】 사소한 이익.
【錐刀之末 추도지말】 추도의 끝. 지극히 작은 사물.
【錐指 추지】 송곳으로 땅을 찔러 그 깊이를 잼. 견식(見識)이 좁음. 用錐指地(용추지지).
【錐處囊中 추처낭중】 송곳이 주머니 속에 있음. 뛰어난 사람은 저절로 재능이 드러남. 囊中之錐(낭중지추).
● 磨-, 銛-, 利-, 立-, 置-, 鍼-.

金 8 【錙】 ⑯ 저울눈 치 囚 zī
소전 錙 초서 錙 본자 錙 간체 锱 字解 ①저울 눈. 무게 단위. 6수(銖), 8수, 또는 엿 냥〔六兩〕, 여덟 냥〔八兩〕 등의 여러 설이 있다. ②적은 양(量)이나 근소(僅少)함의 비유. 〔吳志〕他餘錙介之妖. ③성(盛)하다, 치성하다. =熾.
【錙介 치개】 미소(微小)함.
【錙金 치금】 황금(黃金) 여덟 냥.
【錙銖 치수】 ①치(錙)와 수(銖). 얼마 안 되는 무게. ②하찮은 물건.
【錙錘 치추】 작은 분량. 사세(些細)함.

金 8 【錔】 ⑯ 휘감아 쌀 탑 圕 tà
소전 錔 초서 錔 字解 휘감아 싸다, 쇠붙이로 물건의 거죽을 입히다. 또는 그 쇠붙이. 〔史記·注〕以金錔距.

金 8 【鐺】 ⑯ 변탕 탕 圕 dàng
字解 변탕(邊鐺). 대패질을 할 때 깎아 낼 두께를 대중하려고 한 편 가를 깎는 연장.

金部 8~9획 銛 鉴 錯 鍵 鍥 鍋 鍠 鋐 錚 鍛 鍍 鍊

金⁸ 【銛】⑯
❶쇠사슬 함 圅 xiān
❷화로 감 圅 gǎn
字解 ❶①쇠사슬, 철쇄(鐵鎖). ②빠지다, 함락하다. 늑陷.〔莊子〕銛沒而下. ❷화로(火鑪).

金⁹ 【鉴】⑰
鑑(1910)과 동자

金⁹ 【錯】⑰
쇠 개 俓 kǎi
소전 錯 초서 铠 간체 铠
字解 ①쇠, 질이 좋은 쇠, 백철(白鐵).〔左思·賦〕銅錯之垠. ②단단하다, 견고(堅固)하다.

金⁹ 【鍵】⑰
열쇠 건 阮 jiàn
소전 鍵 초서 键 간체 键
字解 ①열쇠. 자물쇠를 여는 쇠.〔禮記〕脩鍵閉. ②솥을 들어 올리는 막대. 솥의 두 귀에 꿰어 이를 들어 올리는 데 쓰는 막대. ③비녀장. 바퀴가 벗어지지 않게 굴대 머리에 내리지르는 큰 못. ④부러지다, 절단되다.〔太玄經〕箱鍵挈挈. ⑤俔건반(鍵盤).
【鍵關 건관】열쇠와 빗장. 문단속.
【鍵盤 건반】俔피아노·오르간 따위의 앞부분에 있는 흑백의 작은 판(板).
【鍵鑰 건약】자물쇠.
【鍵閉 건폐】열쇠와 자물쇠. ○'鍵'은 열쇠, '閉'는 자물쇠.
● 鈐-, 扃-, 管-, 關-.

金⁹ 【鍥】⑰
❶새길 계 屑 qiè
❷낫 결 屑 qiè
소전 鍥 초서 鍥 간체 锲
字解 ❶①새기다, 조각하다.〔荀子〕鍥而不含, 金石可鏤. 鍥朝涉之脛. ❷낫, 풀을 베는 낫.
【鍥薄 계박】①돈을 깎아 얇게 하는 일. ②각박(刻薄)함. 잔혹(殘酷)함.
【鍥而舍之 계이사지】새기다가 중도에 버려둠.

金⁹ 【鍋】⑰
노구솥 과 歌 guō
초서 鍋 간체 锅
字解 ①노구솥, 냄비. = 鈛.〔陸龜蒙·詩〕盈鍋玉泉沸. ②대통. 장죽의 담배를 담는 부분.〔芝音閣雜記〕其煙鍋絕大, 能裝三四兩. ③바퀴통 쇠. 수레의 바퀴통 한가운데 박아 굴대가 관통하는 철관. ④기름통. 수레의 굴대에 칠 기름을 담는 귀때그릇.
【鍋蓋 과개】냄비 뚜껑.
【鍋錕 과곤】바퀴통의 굴대가 관통하는 철관.
【鍋爐 과로】증기 기관실.
【鍋底飯 과저반】눌은밥.
【鍋戶 과호】소금을 굽는 백성.
● 茶-, 銀-, 銷-.

金⁹ 【鍠】⑰
종고 소리 굉 本횡 陽 huáng
소전 鍠 초서 鍠
字解 ①종고(鐘鼓)의 소리, 종소리나 북소리. = 喤.〔詩經〕鐘鼓鍠鍠. ②도끼, 의장(儀仗)에 쓰는 나무 도끼.

金⁹ 【鋐】⑰
종고 소리 굉 本횡 庚 hōng
소전 鋐 字解 종고(鐘鼓)의 소리, 종소리와 북소리.〔班固·賦〕鐘鼓鏗鋐.

金⁹ 【錚】⑰
군지 군 文 jūn
字解 군지(鍕鋅). 늑軍.
【鍕鋅 군지】①승려가 가지고 다니는 물병. ②천수관음보살이 오른손에 가지고 있는 병. 그 손을 군지수(鍕鋅手)라 함. ○범어(梵語) 'kundi'의 음역어. 軍持(군지).

金⁹ 【鍛】⑰
쇠 불릴 단 翰 duàn
소전 鍛 초서 鋀 동자 煅 간체 锻
字解 ①쇠를 불리다. ㉮쇠를 단련하다.〔書經〕鍛乃戈矛. ㉯교묘하여 죄에 얽어 넣다.〔後漢書〕鍛鍊之吏. ②숫돌. = 碫.〔詩經〕取厲取碫. ③포(脯), 건어(乾魚). = 腶.〔春秋穀梁傳〕婦人之贄, 棗栗鍛脩. ④누이다, 피륙을 누이다.〔儀禮〕鍛而勿灰.
【鍛工 단공】①금속을 단련함. ②금속을 난런하는 기술자. 대장장이.
【鍛鍊 단련】①쇠를 불림. 쇠붙이를 불에 달구어 두드림. ②몸과 마음을 닦아 기름. ③머리를 짜서 문장을 다듬는 일. ④혹리(酷吏)가 억지로 사람을 죄에 몰아넣음.
【鍛石 단석】①숫돌. ②석회(石灰)의 딴 이름.
【鍛脩 단수】포(脯)를 부드럽게 두드려 생강, 계피 등으로 양념을 한 예물(禮物). 옛날 부인들이 예물로 썼음.
【鍛矢 단시】단철(鍛鐵)로 만든 화살.
【鍛冶 단야】①쇠붙이를 단련하여 기물을 만듦. ②대장장이.
【鍛造 단조】달군 쇠붙이를 두드려 늘여서 물건을 만듦.
● 百-, 鍊-, 鑄-, 千-, 椎-.

金⁹ 【鍍】⑰
도금할 도 遇 dù
소전 鍍 간체 镀
字解 도금(鍍金)하다. 늑塗.〔李紳·詩〕假金只用眞鍍金.

金⁹ 【鍊】⑰
❶불릴 련 霰 liàn
❷바퀴통 끝 휘갑쇠 간 諫 jiàn

[하단 자형 변천: 𠂆 厸 仐 金 鈩 釒 錬 鍊]

金部 9획 錨 鍪 鈱 鍑 鏂 鍤 鍱 鍛 鎪 鍔 鎁 錫 鍈

【鍊】煉 [参考] 대법원 지정 인명용 한자의 음은 '련'이다.
[字源] 形聲. 金+柬→鍊. '柬(간)'이 음을 나타낸다.
[字解] ❶①불리다. ㉮쇠붙이를 달구어 두드리다, 정련(精鍊)하다. 〔皇極經世〕 金百鍊然後精. ㉯몸·정신 등을 단련하다. 〔蘇軾·詩〕 養鍊歲月長. ㉰사물을 익숙하게 하다, 습련(習練)하다. 〔淮南子〕 鍊土生木, 鍊木生火. ㉱사물을 정미하게 다듬다. 〔杜甫·詩〕 詞人取佳句, 刷鍊始堪傳. ❷불린 쇠, 정금(精金). 〔揚弘貞·賦〕 指鏘鏘之鍊, 取中於玆. ③쇠사슬. =鏈.
❷바퀴통 끝 휘갑쇠.
【鍊鋼】연강 ①불린 단단한 쇠. 鋼鐵(강철). ②강하고 날카로움.
【鍊句】연구 머리를 짜서 시구(詩句)를 생각함. 시구를 가다듬음.
【鍊金】연금 ①쇠를 불림. ②정련(精鍊)한 황금.
【鍊氣】연기 심기(心氣)를 단련하는 일. 도교(道敎)의 장생술(長生術).
【鍊丹】연단 도교(道敎)에서, 도사(道士)가 불로불사(不老不死)의 약을 만드는 일. 또는 그 약. 鍊藥(연약).
【鍊達】연달 숙련(熟鍊)하여 통달함.
【鍊磨】연마 ①돌·쇠붙이·보석 따위의 고체를 갈고 닦아서 표면을 반질반질하게 함. ②심신·지식·기술 따위를 힘써 배우고 닦음.
【鍊武】연무 무예를 단련함.
【鍊師】연사 덕(德)이 높은 도사(道士).
【鍊熟】연숙 단련하여 익숙함. 練習(연습).
【鍊習】연습 학문·기예 따위를 되풀이하여 익힘.
【鍊轄】간할 바퀴통의 끝을 감싸는 휘갑쇠.

金9【錨】 ⑰ 닻 묘 蕭 máo
[字解] 닻. 배를 정박하기 위하여 닻줄 끝에 매어 물밑으로 가라앉히는 갈고리진 쇠뭉치. 〔焦竑·俗書刊誤〕 船上鐵貓曰錨.

金9【鍪】 ⑰ 투구 무 尤 móu
[字解] ①투구. 군인이 쓰는 쇠모자. 〔戰國策〕 甲盾鞮鍪. ②가마, 발 없는 큰 솥. ③갓모자, 관의 위로 올라간 부분, 관권(冠卷). 〔荀子〕 薦器則冠有鍪而毋縰.

金9【鈱】 ⑰ 돈꿰미 민 眞 mín
[字解] ①돈꿰미. =緡. ②생업(生業), 가업(家業). ③공물(貢物), 조세, 세금.

金9【鍑】 ⑰ 솥 복 屋 fù

[字解] ①솥, 아가리가 오므라진 솥. ②아가리가 큰 솥. 〔漢書〕 多齎鬴鍑薪炭.

金9【鏂】 ⑰ 창 사 支 shī
[字解] 창. 〔左思·賦〕 藏鏂於人, 去敲自間.

金9【鍤】 ⑰ 가래 삽 洽 chā
[字解] ①가래. 흙을 파헤치거나 떠서 던지는 농기구. 늑插·銚. 〔漢書〕 負籠荷鍤. ②바늘, 시침질할 때 쓰는 돗바늘.

金9【鍱】 ⑰ 쇳조각 섭·엽 葉 xié, yè
[字解] ①쇳조각, 편철(片鐵), 쇠붙이를 두드려 편 박편(薄片). ②쇠고리.

金9【鍛】 ⑰ 鍛(1904)와 동자

金9【鎪】 ⑰ 아로새길 수 尤 sōu
[字解] 아로새기다, 누각(鏤刻)하다.

金9【鍔】 ⑰ 칼날 악 藥 è
[字解] ①칼날. 〔漢書〕 底厲鋒鍔. ②칼끝, 검단(劍端). ③칼등, 칼날의 반대편. 〔莊子〕 齊岱爲鍔. ④높은 모양. 〔張衡·賦〕 鍔鍔列列. ⑤가, 끝, 단애(端崖). 〔張衡·賦〕 前後無有垠鍔.
【鍔鍔】악악 높은 모양.
❶劍—, 露—, 鉈—, 寶—, 鋒—, 礪—, 皓—.

金9【鎁】 ⑰ 鉚(1880)와 동자

金9【錫】 ⑰ 당노 양 陽 yáng
[参考] 錫(1894)은 딴 자.
[字解] ①당노, 말 이마에 대는 금속의 장식. 〔詩經〕 鉤膺鏤錫. ②방패 뒤쪽의 장식. 〔禮記〕 朱干設錫. ③땅 이름. 춘추시대 송(宋)·정(鄭)의 국경 지대. 지금의 하남성(河南省). 〔春秋左氏傳〕 宋鄭之間, 有隙地焉, 曰彌作·頃丘·玉暢·嵒·戈·錫.

金9【鍈】 ⑰ 방울 소리 영 庚 yīng
[字解] 방울 소리.

金部 9획 鍒鍮鍉鍾鏓錕鍬鏊鍒鐺鍼鋴

金9 【鍒】⑰ 시우쇠 유 圂 róu
[字解] 시우쇠. 무쇠를 불려서 무르게 만든 쇠. =鑐.

金9 【鍮】⑰ 놋쇠 유 本투 圂 tōu
[字解] ❶놋쇠. 구리에 아연(亞鉛)을 섞어서 만든 쇠붙이. ❷품질이 좋은 자연동(自然銅). 〔格古要論〕 鍮石, 自然銅之精者也.
【鍮器 유기】 놋그릇.
【鍮石 유석】 동(銅)과 노감석(爐甘石)을 합하여 정련(精煉)한 쇠붙이.
【鍮尺 유척】 國 ❶어사(御史)에게 하사하는 놋쇠로 만든 자. 자막대처럼 곧고 바르게 일을 처결(處決)하라는 상징물(象徵物). ❷지방 수령이나 암행어사가 검시(檢屍)에 쓰던, 놋쇠로 만든 자. 놋자. 표준척(標準尺).

金9 【鍉】⑰ ❶피 그릇 저 圂 dī ❷숟가락 시 圂 chí ❸살촉 적 圂 dí
[字解] ❶피 그릇. 혈맹(血盟)을 할 때 희생의 피를 담아 마시는 그릇. ❷창끝. 창(槍)의 날카로운 끝. ❷숟가락. 혈맹할 때 쓰는 숟가락. =匙. 〔後漢書〕牽馬操刀, 奉盤錯鍉, 遂割牲而盟. ❸살촉. =鏑.

金9 【鍾】⑰ 술병 종 圂 zhōng
[字解] ❶술병. 술을 담아 두는 그릇. 흔히, 술을 따르는 잔(盞)으로 쓴다. 〔孔叢子〕堯舜千鍾. ❷모이다, 모으다. ≒叢. 〔國語〕澤, 水之鍾也. ❸거듭하다, 늘리다. ≒重·種. ❹주다, 부여(賦與)하다. 〔曹植·盤石篇〕未知命所鍾. ❺당(當)하다. 〔劉琨·表〕方今鍾百王之季. ❻부피 단위. 6곡 4두(六斛四斗), 8곡, 10곡 등의 여러 설이 있다. 약 49.7리터. 〔孟子〕兄戴蓋祿萬鍾. ❼종. ≒鐘. ❽시부모. ≒翁·姑. 〔漢書·注〕婦呼舅姑爲鍾.
【鍾官 종관】 한대(漢代)에 돈의 주조(鑄造)를 맡은 벼슬.
【鍾念 종념】 자애(慈愛)를 모음. 극진히 사랑하고 아낌.
【鍾美 종미】 미(美)를 모음.
【鍾鉢 종발】 작은 보시기.
【鍾愛 종애】 사랑을 모음. 매우 귀여워함.
【鍾乳洞 종유동】 석회암(石灰巖)이 지하수에 침식(浸蝕)되어 이루어진 동굴(洞窟).
● 釜―, 瑤―, 龍―, 千―, 靑―, 特―.

金9 【鍐】⑰ 말굴레 종 圂 zōng
[字解] 말굴레, 말의 머리 장식. 〔蔡邕·獨斷〕金鍐者, 馬冠也.

金9 【錕】⑰ 군지 지 圂 chí
[字解] 군지(鍾錕). 범어(梵語) 'kundi'의 음역어. 천수관음보살(千手觀音菩薩)이 손에 가진 물병. ≒持.

金9 【鍬】⑰ 가래 초 圂 qiāo
鍬 同체 鏊 간체 锹 [字解] 가래, 괭이. 농기구의 한 가지.
【鍬钁 초곽】 가래와 큰 괭이.
【鍬撅 초궐】 가래.

金9 【鏊】⑰ 鍬(1899)와 동자

金9 【鍒】⑰ 錝(1905)과 동자

金9 【鐺】⑰ 鐺(1896)의 본자

金9 【鍼】⑰ 침 침 圂 zhēn
鍼 同체 針 통체 箴 參考 어휘는 針(1877)을 아울러 보라.
[字解] ❶침. ㉮의료용(醫療用) 침. 〔素問〕鑱石鍼艾治其外也. ㉯재봉용(裁縫用) 바늘. 〔春秋左氏傳〕以執斷執鍼織紝. ❷찌르다, 침을 놓다. 〔漢書〕以鐵鍼鍼之. ❸경계(警戒), 짐계(箴戒).
【鍼灸 침구】 침질과 뜸질. 針灸(침구).
【鍼芒 침망】 ❶바늘 끝. ❷극히 미세(微細)함. 鍼末(침말). 鍼鋒(침봉).
【鍼線 침선】 ❶바늘과 실. 바느질. 재봉(裁縫). ❷바늘이 실을 이끎. 사물의 조리(條理)나 사물을 인도(引導)함의 비유.
【鍼術 침술】 침을 놓아 병을 고치는 의술.
【鍼艾 침애】 ❶침과 쑥. 침과 뜸. 鍼灸(침구). ❷경계(警戒). 잠계(箴戒).
【鍼醫 침의】 침술로 병을 고치는 의원.
【鍼子偸賊大牛 침자투적대우】 國 바늘 도둑이 소도둑 됨. 가벼운 범죄를 예사로이 아는 사람은 마침내 큰 범죄도 짓게 됨.
【鍼筒 침통】 침을 넣어 두는 통.
【鍼砭 침폄】 ❶쇠로 만든 침과 돌로 만든 침. 또는 침술(鍼術). ❷잘못을 바로잡도록 가르치고 훈계하는 말. 敎訓(교훈).
● 曲―, 金―, 大―, 銀―, 直―, 鐵―, 砭―.

金9 【鍖】⑰ ❶모탕 침 圂 zhēn ❷소리 느릴 침 圂 chěn
[字解] ❶모탕. 죄인의 목을 자를 때 밑에 받치는 나무토막. =椹. ❷소리가 느리다. 소리가 느린 모양.
【鍖然 침연】 만족하지 않는 모양.

金部 9～10획 錞 鍜 鍰 鍭 鎧 鎬 鎌 鎒 鎲 鎦 鎒 鎛 鎊 鎞

【鍉鉎 침임】소리가 느린 모양.

金9 【錞】⑰ 비녀장 타 ㉠ duò
字解 비녀장. 수레의 굴대 머리에 바퀴가 벗겨지지 않도록 내리꽂는 큰 못.

金9 【鍜】⑰ 목투구 하 ㉠ xiá
鍜(1897)은 딴 자.
字解 목투구, 아하(錏鍜). 목까지 깊숙이 감추게 만든 투구.

金9 【鍰】⑰ 무게 단위 환 ㉠ huán
字解 ①무게 단위. 엿 냥(六兩) 쭝.〔詩經〕六兩曰鍰. ②고리. ≒環.〔漢書〕謂宮門銅鍰.

金9 【鍭】⑰ 화살 후 ㉠ hóu
字解 ①화살. 쇠붙이의 활촉에 깃을 단 화살.〔詩經〕四鍭旣鈞. ②쇠뇌에 쓰는 화살.〔周禮〕殺矢鍭矢. ③창(槍)의 한 가지.

金10 【鎧】⑱ 갑옷 개 ㉠ kǎi
字解 ①갑옷, 갑의(甲衣).〔漢書〕被鎧扞, 持刀兵. ②갑옷을 입다, 무장(武裝)하다.〔晉書〕鎧馬二百五十匹.
【鎧甲 개갑】갑옷. 甲衣(갑의).
【鎧馬 개마】무장한 말. 鐵馬(철마).
【鎧仗 개장】갑옷과 병기(兵器).
【鎧胄 개주】갑옷과 투구. 甲胄(갑주).
○甲一, 頸一, 弩一, 頭一, 馬一, 鎖一, 首一, 御一, 玉一, 重一, 鐵一, 弊一.

〈鎧①〉

金10 【鎬】⑱ 鎬(2079)과 동자

金10 【鎌】⑱ 낫 겸 ㉠ lián
字解 ①낫. 나무·풀·곡식 따위를 베는 농기구.〔鮑照·詩〕腰鎌刈葵藿. ②모서리. ≒礛.〔揚子方言〕凡箭鏃胡合嬴者四鎌.

【鎌利 겸리】낫처럼 날카로움.
【鎌刃 겸인】낫의 날.
○鉤一, 短一, 磨一, 腰一, 利一.

金10 【鎒】⑱ ①괭이 누 ㉠ nòu ②풀 벨 호 ㉠ hāo
字解 ①괭이, 호미. =耨·耨.〔管子〕一農之事, 必有一耜一銚一鎌一鎒一椎一銍. ②풀을 베다, 김매다. =薅.〔淮南子〕治國者若鎒田, 去割苗者而已.

金10 【鎲】⑱ 삼지창 당 ㉠ tǎng
字解 삼지창, 세 갈래 창.〔武備志〕鎲鈀, 上用利刃, 橫以彎股刃, 用兩鋒, 中有一脊.
【鎲鈀 당파】삼지창(三枝槍).

金10 【鎏】⑱ 금속 류 ㉠ liú
字解 ①금속, 품질이 좋은 쇠, 미금(美金). ②면류관(冕旒冠)에 꿰어 늘이는 구슬. =旒.

金10 【鎦】⑱ ①劉(207)와 동자 ②鎦(1906)의 속자

金10 【鎛】⑱ 종 박 ㉠ bó
字解 ①종, 악기의 한 가지. ㉮큰 종.〔周禮〕鎛師, 注云, 鎛如鐘而大. ㉯작은 종.〔國語〕細鈞有鐘無鎛. ②괭이, 호미.〔詩經〕庤乃錢鎛. ③금으로 만든 술 그릇, 금준(金樽).〔淮南子〕華藻鎛鮮.
【鎛磬 박경】종(鐘)과 경쇠.
【鎛鮮 박선】①황금 술 그릇. ②황금으로 아름답게 꾸미는 일.
【鎛鐘 박종】작은 종과 큰 종.

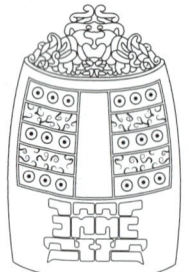
〈鎛①〉

金10 【鎊】⑱ 깎을 방 ㉠ pāng
字解 ①깎다. =削. ②현 영국의 화폐 단위. 파운드(Pound)의 음역어(音譯語).

金10 【鎞】⑱ 비녀 비 ㉠ bī
字解 ①비녀. =釵. ②빗. 머리를 빗는 도구.〔杜甫·詩〕髮短不勝鎞.

③빗치개. 빗살 사이에 낀 때를 빼거나 가르마를 타는 데 쓰는 도구.〔劉禹錫·詩〕金鎞不用且閑行. ④살촉, 전촉(箭鏃). ⑤콩잎. ⑥보습의 날. ⑦화살대 이름.

金 10 【鏁】⑱ ❶철삭 삭 覓 suǒ ❷석쇄 책 囮 sè
字解 ❶㉠철사(鐵索), 쇠바, 쇠로 만든 밧줄, 철사(鐵絲). ㉡現시계 태엽. ❷석쇄.

金 10 【鎖】⑱ 쇠사슬 쇄 覓 suǒ

丿 乊 牟 金 釒 釒' 釒" 鉑 鋇 鎖

소전 鎖 초서 锁 동자 鏁 속자 鎻 간체 锁
字源 形聲. 金+貨→鎖. '貨(쇄)'가 음을 나타낸다.
字解 ❶㉠쇠사슬.〔漢書〕以鎖琅當其頸. ㉡자물쇠.〔西陽雜組〕肩鎖甚固. ㉢닫아걸다.〔杜甫·詩〕反鎖衡門守環堵. ❹매다, 쇠사슬로 붙들어 매다.〔東方朔·書〕不可使塵綱名韁拘鎖. ❺찡그리다, 얼굴을 찌푸리다.〔曹伯啓·詩〕眉鎖將詩解. ❻수갑(手匣).〔淨住子〕去枷脫鎖.
【鎖甲 쇄갑】 쇠사슬을 이어 만든 갑옷.
【鎖固 쇄고】 창고에 넣고 자물쇠를 채움.
【鎖骨 쇄골】 가슴 위쪽 좌우에 있는 한 쌍의 어깨뼈. 빗장뼈.
【鎖國 쇄국】 나라의 문호를 굳게 닫고 외국과의 왕래를 끊음.
【鎖金 쇄금】 자물쇠.
【鎖門 쇄문】 문을 잠금.
【鎖匙 쇄시】 열쇠.
【鎖鑰 쇄약】 ①자물쇠와 열쇠. 문단속. ②중요한 장소. 출입의 요소(要所).
【鎖院 쇄원】 ①㉠과시(科試)에서 시험장의 문을 걸어 잠그고 시험 보던 일. ㉡시원(試院). 과장(科場). ②송대(宋代)에 원문(院門)을 잠근 뒤에 기밀(機密)을 주상(奏上)하던 일.
【鎖匠 쇄장】 ①㉠옥문지기. ㉡옥졸(獄卒). 獄鎖匠(옥쇄장). ②열쇠 장수.
【鎖窓 쇄창】 사슬 모양으로 창살을 짠 창.
【鎖港 쇄항】 ①항만에 장애물이 있어 배가 들어오지 못함. ②항만을 폐쇄하여 외국과의 통상 무역을 하지 않음. 또는 그 항구.
【鎖環 쇄환】 쇠사슬. 鎖環(쇄환).
●枷-, 關-, 拘-, 金-, 羈-, 封-, 細-, 長-, 鐵-, 閉-, 緘-, 解-.

金 10 【鏁】⑱ 鎖(1901)의 속자

金 10 【鎪】⑱ 아로새길 수 囚 sōu
초서 鎪 간체 锼 字解 ①아로새기다, 조각하다.〔左思·賦〕木無雕鎪.

②말 귀에 다는 쇠붙이 장식. ③녹. 쇠의 표면이 산화(酸化)하여 생기는 것.
【鎪鏤 수루】 조각(彫刻)함.

金 10 【鎢】⑱ 작은 가마솥 오 虞 wū
초서 鎢 간체 钨 字解 작은 가마솥.〔杜預·奏事〕藥杵白澡槃熨斗釜瓮銚槃鎢銷, 皆亦民間之急用也.
【鎢銷 오현】 작은 가마솥.

金 10 【鎔】⑱ 녹일 용 冬 róng
소전 鎔 초서 镕 동자 熔 간체 镕 字解 ①녹이다, 쇠를 녹이다, 쇠가 녹다.〔徐陵·碑〕金膏未鎔. ②거푸집, 주물(鑄物)의 모형.〔漢書〕冶鎔炊炭. ③붓다, 주조(鑄造)하다. ④검(劍), 양날 칼.〔急就篇〕鈹鈛鎔銷劍鐔鍑.
【鎔鑛爐 용광로】 쇠붙이나 광석을 녹이는 가마.
【鎔範 용범】 쇠붙이를 녹여 거푸집에 넣음. 또는 그 거푸집.
【鎔鑠 용삭】 쇠붙이를 녹임.
【鎔石 용석】 화산에서 뿜어 나온 암장(岩漿)이 식어서 이루어진 바위. 鎔岩(용암).
【鎔巖 용암】 화산에서 분출한 마그마. 또는 그것이 굳어서 된 암석.
【鎔融 용융】 고체가 열에 녹아 액체 상태로 되는 일. 融解(융해).
【鎔接 용접】 쇠붙이를 녹여 붙이거나 이음.
【鎔鑄 용주】 ①쇳물을 거푸집에 부어 기물을 만듦. ②일을 이룩함.
【鎔解 용해】 열을 가하여 광석이나 금속 따위를 녹임.

金 10 【鎰】⑱ 중량 일 質 yì
초서 鎰 간체 镒 字解 ①중량, 무게 단위. ㉠스무 냥.〔孟子·注〕二十兩爲鎰. ㉡스물넉 냥.〔左思·賦·注〕金二十四兩爲鎰. ②쌀 한 되의 24분의 1.

金 10 【鎡】⑱ 호미 자 支 zī
초서 鎡 간체 镃 字解 ①호미, 괭이. 늑玆.〔孟子〕雖有鎡基, 不如待時. ②솥의 한 가지, 뚜껑이 있는 솥.
【鎡基 자기】 농기구의 한 가지. 괭이·가래 따위. 鎡錤(자기).

金 10 【鎗】⑱ ❶종소리 쟁 庚 chēng ❷창 장 陽 qiāng
초서 鎗 간체 鎗 字解 ①㉠종소리, 금석(金石)의 소리. =鏘.〔淮南子〕鎗然有聲. ㉡술 그릇, 주기(酒器). ㉢솥, 세 발 달린 솥. ❷①창(槍).〔武備志〕鎗頭長共六寸. ②총, 화총(火銃). ③쇳물. 거푸집에

金部 10획 鎔 鎭 鎮 鏃 鎈 鎚 鎋 鍥

부어 넣는 쇠붙이의 용액(鎔液). ¶鎔金. ④옥 소리. 옥(玉)이 부딪혀 나는 소리. =瑲. ⑤금속 소리. ⑥금으로 장식한 모양. ≒鶬.
【鎔鎔 쟁쟁】①나란히 줄을 선 모양. ②종고(鐘鼓)의 소리.
【鎔金 장금】칠기(漆器)에 먼저 그림을 조각하고, 여기에 금을 녹인 물을 부어 넣어서 무늬를 내는 일.
● 鏗-, 鎔-, 樂-, 錚-, 酒-.

金 【鎔】⑱ 鎭(1908)의 속자
10

金 【鎭】⑱ ❶진압할 진 匫 zhèn
10   ❷지킬 진 眞 zhēn
        ❸메울 전 兂 tián

字源 形聲. 金+眞→鎭. '眞(진)'이 음을 나타낸다.

字解 ❶진압하다. ㉮억눌러서 조용하게 하다. 〔國語〕是陽失其所而鎭陰也. ㉯어루만져 눌러서 편안하게 하다. 〔後漢書〕鎭烏孫以公主. ㉰지덕(地德)으로 한 지방을 편안하게 하는 명산(名山). 〔周禮〕其山鎭曰會稽. ②누르다, 무거운 것으로 누르다. 〔楚辭·註〕以白玉鎭坐席. ③눌러 두는 물건. ≒塡. 〔楚辭〕何所營以爲鎭. ④무겁다, 무겁게 하다. 〔國語〕爲摯幣瑞節以鎭之. ⑤안택(安宅)하다, 굿하여 터주를 위로하다. 〔庾信·賦〕鎭宅神以藉石. ⑥진정(鎭靜)하다. 〔王勃·序〕三途鎭而九源分. ⑦요해지(要害地), 전략상(戰略上) 요긴한 곳. 〔唐書〕臨難棄城鎭. ⑧진영(陣營), 둔영(屯營). 〔晉書〕至鎭未幾, 桓振襲江陵. ⑨항상, 언제나, 오래. 〔褚亮·詩〕莫言春稍晚, 自有鎭開花. ❷지키다. ❸메우다, 메다. ≒塡. 〔國語〕譬之如室, 旣鎭其甍矣.
【鎭撫 진무】난리를 평정하고 백성을 편안하게 함. 민심을 진정시키어 위무(慰撫)함.
【鎭邊 진변】변경(邊境)을 진압함.
【鎭服 진복】①진압하여 복종하게 함. ②주대(周代) 구복(九服)의 하나. 이민족이 복속하여 있는 외방(外方) 500리를 이름.
【鎭山 진산】도성(都城)이나 각 고을을 진호(鎭護)하는 주산(主山).
【鎭守 진수】변경(邊境)을 지킴. 鎭戍(진수).
【鎭綏 진수】가라앉혀 편안하게 함.
【鎭息 진식】진압하여 편안하게 함.
【鎭安 진안】진정(鎭定)되어 가라앉음. 진정시켜 편안하게 함.
【鎭遏 진알】진정(鎭定)시키어 막음.
【鎭壓 진압】①진정(鎭定)시키어 억누름. 평온하게 진정시킴. ②짓밟음. 억눌름. 鎭厭(진엽). ③포개어 쌓임.

【鎭御 진어】가라앉히고 다스림.
【鎭禦 진어】백성을 평안하게 하고 외적을 막음.
【鎭厭 진엽】억눌림. 짓밟힘. 鎭壓(진압).
【鎭營 진영】조선 때 지방군이 주둔하던 곳. 병영(兵營)이나 수영(水營) 밑에 두었음.
【鎭慰 진위】가라앉히고 위로함.
【鎭衛 진위】가라앉히고 지킴.
【鎭日 진일】온종일. 또는 긴 해.
【鎭子 진자】서진(書鎭).
【鎭定 진정】진압하여 평정함.
【鎭靜 진정】가라앉아 조용함. 흥분·혼란 등을 가라앉혀 조용하게 함.
【鎭重 진중】무게가 있고 점잖음.
【鎭宅符 진택부】집안의 평안을 비는 부적.
【鎭討 진토】쳐서 편안하게 함.
【鎭痛 진통】아픈 것을 가라앉힘.
【鎭咳 진해】기침을 가라앉힘.
【鎭護 진호】난리를 진압하거나 난리가 나지 않도록 지킴.
【鎭火 진화】불을 끔.
● 軍-, 撫-, 文-, 藩-, 邊-, 外-, 重-.

金 【鎮】⑱ 鎭(1902)의 속자
10

金 【鏃】⑱ 쇠 채찍 질 匫 jí
10
字解 쇠로 만든 채찍.

金 【鎈】⑱ ❶금빛 차 匫 suō
10   ❷돈 차 匫 chā
字解 ❶금빛, 황금 빛깔. ❷돈, 돈의 딴 이름.

金 【鎚】⑱ ❶쇠망치 추 匫 chuí
10   ❷갈 퇴 匫 duī
參考 대법원 지정 인명용 한자의 음은 '추'이다.
字解 ❶①쇠망치. 〔抱朴子〕以鐵鎚鍛, 其頭數千下. ②치다, 망치질하다. 〔古琴疏〕鎚琴而破之. ③저울추. =錘. 〔山堂肆考〕擧秤鎚投之. ❷①갈다, 옥(玉)을 갈고 닦다. ②불리다, 단련하다.
【鎚鍛 추단】금속을 망치질하여 단련함.
【鎚殺 추살】쇠망치로 쳐 죽임.

金 【鎋】⑱ 비녀장 할 匫 xiá
10
字解 ①비녀장. 수레바퀴가 빠져나오지 않도록 굴대 끝에 내리꽂는 쇠못. ②사물(事物)의 총괄(總括), 추요(樞要). =轄. 〔孝經鉤命決〕孝道者萬世之桎鎋.

金 【鍥】⑱ 새길 혈 匫 qiè
10
字解 ①새기다, 조각하다. 〔淮南子〕鍥山石, 鍥金玉. ②낫. =鍥.

金部 10~11획 鎣鎬鏹鏗鏡鐺鏤鏤

金10 【鎣】⑱
❶줄 형 匣 yīng
❷그릇 영 庚 jiǒng
[소전] 鎣 [초서] 鎣 [참고] 대법원 지정 인명용 한자의 음은 '형'이다.
[字解] ❶①줄. 문질러 광택을 내는 연장. ②꾸미다, 장식하다. ③갈다, 문지르다. ❷①그릇. ②반짝이는 쇠.

金10 【鎬】⑱ 호경 호 皓 hào
[소전] 鎬 [초서] 鎬 [간체] 镐 [字解] ①호경(鎬京). 주(周) 무왕(武王)이 처음 도읍했던 곳. 지금의 섬서성(陝西省) 장안현(長安縣)의 서남쪽. 〔詩經〕 鎬京辟廱. ②냄비, 쟁개비. ③빛나는 모양, 밝은 모양. 〔何晏·賦〕 故其華表, 則鎬鎬鑠鑠.

金11 【鏹】⑲ 돈 강 養 qiǎng
[초서] 鏹 [속서] 鏹 [간체] 镪 [字解] ①돈, 돈꿰미에 꿰어 둔 돈. 〔左思·賦〕 藏鏹巨萬. ②금(金)의 딴 이름.

金11 【鏗】⑲ 금옥 소리 갱 本경 庚 kēng
[초서] 鏗 [간체] 铿 [字解] ①금옥(金玉) 소리. 금옥이 부딪혀 나는 소리. 〔禮記〕 鐘聲鏗, 鏗以立號. ②거문고를 타는 소리. ③종 같은 것을 치다, 거문고 같은 것을 타다. 〔班固·賦〕 發鯨魚, 鏗華鐘. ④기침하는 소리. 〔素問·論〕 其動鐘禁瞀厥.
【鏗鏗 갱갱】①금석(金石)이 울리는 소리. 鏗鏘(갱장). ②말이 우렁차고 힘이 있는 모양.
【鏗鍠 갱굉】①금석(金石) 소리. ②거문고 소리.
【鏗爾 갱이】거문고를 내려놓는 소리.
【鏗鏘 갱장】①금옥(金玉)의 소리. ②악기의 소리. 鏗戛(갱알).

金11 【鏡】⑲ 거울 경 敬 jìng
[자형] 소 今 余 金 釒 鈞 鈞 鎬 鎬 鏡
[소전] 鏡 [초서] 鏡 [간체] 镜 [字源] 形聲. 金＋竟→鏡. '竟(경)' 이 음을 나타낸다.
[字解] ①거울. ㉮형상을 비추어 보는 물건. 〔漢書〕 淸水明鏡, 不可以形逃. ㉯거울삼다. 〔漢書〕 以鏡考已行. ②비추다, 조람(照覽)하다. 〔呂氏春秋〕 執當可而鏡. ③밝히다, 광명(光明). 〔後漢書〕 榮鏡宇宙. ④길, 밝은 길. 〔顔延之·詩〕 萬流仰鏡. ⑤못, 수면(水面). 〔耶律楚材·詩〕 風廻一鏡揉藍淺. ⑥달, 명월(明月). 〔謝莊·賦〕 圓靈水鏡. ⑦말의 두 눈 사이의 선모(旋毛). 〔顔延·賦〕 雙瞳夾鏡. ⑧시력(視力)을 조절하는 기구. ¶ 眼鏡.
【鏡鑑 경감】①거울. ②본보기. 모범(模範). 龜鑑(귀감).
【鏡戒 경계】거울삼아 경계함. 명확한 훈계.
【鏡考 경고】거울삼아 생각함. 성찰(省察)함.
【鏡臺 경대】거울을 달아 세운 화장대(化粧臺). 粧鏡(장경).
【鏡水 경수】거울같이 맑고 잔잔한 물.
【鏡淨 경정】거울같이 맑고 깨끗함.
【鏡彩 경채】거울같이 맑고 아름다운 광채.
【鏡花水月 경화수월】거울에 비친 꽃과 물에 비친 달. ㉠보기만 할 뿐 잡을 수 없음. 허황된 환영. ㉡시문(詩文)에서, 느껴지기는 하나 표현할 수 없는 미묘한 정취.
●古-, 皎-, 鸞-, 銅-, 磨-, 明-, 反-, 寶-, 冰-, 水-, 眼-, 玉-, 圓-, 粧-, 塵-, 鐵-, 淸-, 破-, 海-, 懸-.

金11 【鐺】⑲ 종고 소리 당 陽 tāng
[소전] 鐺 [초서] 鐺 [간체] 铛 [字解] ①종고(鐘鼓) 소리. 종이나 북의 소리. ＝鏜. 〔詩經〕 擊鼓其鏜, 踴躍用兵. ②쇠꼬챙이로 물건을 꿰다. ＝鏜.
【鐺鐺 당당】①종고의 소리. ②큰 소리의 형용.
【鐺然 당연】북 치는 소리.
【鐺鞳 당탑】종·파도·폭포 등의 큰 소리.
【鐺把 당파】①보졸(步卒)들이 당파창을 가지고 하는 무예. ②鐺把槍(당파창).
【鐺把槍 당파창】창의 한 가지. 끝이 세 갈래로 갈라졌음.

金11 【鏤】⑲ 鏤(1913)의 동자

金11 【鏤】⑲
❶새길 루 宥 lòu
❷칼 이름 루 虞 lú
[소전] 鏤 [초서] 鏤 [간체] 镂 [字解] ❶①새기다, 아로새기다. 鏤婁. 〔春秋左氏傳〕 器不彤鏤. ②강철, 강한 쇠. 〔書經〕 厥貢璆鐵銀鏤砮磬. ③쇠붙이 장식. 〔詩經〕 虎韔鏤膺, 交韔二弓. ④뚫다, 개통(開通)하다. 〔漢書〕 徵斨砯砢, 鏤靈山. ⑤가마솥, 발 없는 큰 솥. ❷칼 이름. 〔史記〕 賜子胥屬鏤之劍.
【鏤刻 누각】①글자나 그림을 파서 새김. 조각함. ❍ '鏤'는 쇠에 새김, '刻'은 나무에 새김. ②문장(文章)을 재치 있게 꾸밈. ③판목(版木)에 새김.
【鏤骨 누골】뼈에 새김. 잊지 않음.
【鏤句 누구】①교묘히 시구를 지음. ②구(句)를 짓는 데 고심하는 일.
【鏤冰 누빙】얼음에 새김. 무익한 노력.
【鏤山 누산】산을 뚫어 길을 냄.
【鏤身 누신】문신(文身). 鏤膚(누부).
【鏤月裁雲 누월재운】달에 새기고 구름을 마름질함. 재주가 뛰어나고 기예가 정교함.
【鏤梓 누자·누재】판목(板木)에 새김. 책을 출판함. 鏤板(누판).
【鏤塵 누진】티끌에 새김. ㉠불가능(不可能)한 일. ㉡쓸데없는 노력.

金部 11획 鏐 鏌 鏋 鏝 鍪 鏀 鏠 鏟 鏇 鎩 鏉 鏉 鎃 鏖 鏊

【鏤板 누판】☞鏤梓(누자).
◑ 刻─, 丹─, 鈒─, 鑴─, 彫─, 錯─, 靑─.

金11【鏐】⑲ 금 류 囝因 liú
[소전][초서][간체] 鏐 字解 금, 질이 좋은 황금. 늑璆.
〔史記·注〕黃金之美者, 謂之鏐.

金11【鏌】⑲ 칼 이름 막 厦 mò
[소전][초서][간체] 镆 字解 칼 이름. 간장(干將)과 병칭(竝稱)되는 명검. 〔後漢書〕求鏌鎁於明智.
【鏌干 막간】 막야(鏌鎁)와 간장(干將). 모두 옛날의 명검(名劍).
【鏌鎁 막야】 ① 큰 미늘창. 莫邪(막야). ② 옛날 오(吳)나라 명검의 이름.

金11【鏋】⑲ 금 만 匣 mǎn
字解 금, 금의 정기(精氣).

金11【鏝】⑲ 흙손 만 厦翰 màn
[소전][혹체][초서][속체][간체] 鏝 槾 鏝 鎍 镘 字解 ①흙손. 이긴 흙 따위를 떠서 바르고 그 표면을 반반하게 하는 연장. ②날이 없는 창(槍). ③돈의 배면(背面).

金11【鍪】⑲ 鍪(1898)의 와자(譌字)

金11【鏀】⑲ 다리미 무 本모 厦 mǔ
[초서] 鏀 字解 다리미. 다림질하는 데 쓰는 도구. =鉧.

金11【鏠】⑲ 칼끝 봉 匣 fēng
[소전][초서] 鏠 字解 칼끝, 칼날의 끝. =鋒. 〔漢書〕變詐鏠出, 莫能窮者.

金11【鏟】⑲ 대패 산 本찬 厦 chǎn
[소전][초서][간체] 鏟 鏟 铲 字解 ①대패, 큰 것은 乃剡乃鏟, 旣剗旣斲. ②깎다, 대패나 자귀 같은 것으로 깎아 내다. =產. 늑剗. 〔唐書〕鏟山薙石. ③낫. 풀을 베는 농기구. ④쇳덩이, 판금, 금속판.
【鏟迹 산적】 사회 활동을 하지 않고 숨어 삶. 늑거(隱居)함.
【鏟幣 산폐】 중국 고대의 화폐. 대패 모양이며 공심폐(空心幣)라고도 함.

金11【鏇】⑲ ❶갈이틀 선 匲 xuàn ❷고패 선 冘 xuán
[소전][초서] 鏇 鎡 字解 ❶①갈이틀, 선기(鏇機). 나무를 깎는 기계. ②선반(鏇盤). 쇠를 깎는 기계. ③술을 데우는 냄비. ④쇠붙이로 만든 대야. ❷고패, 녹로(轆轤). 오지그릇을 만들 때 발로 돌리며 모형을 뜨는 물레.
【鏇盤 선반】 재료를 위에 얹어 돌리면서 칼을 대어 여러 가지 물건을 갈아 만드는 틀. 旋盤(선반).

金11【鎩】⑲ 창 쇄·살 囲匲 shā, shì
[소전][초서][간체] 鎩 鎩 铩 字解 ❶①창, 가양 날 창. 〔張衡·賦〕植鎩懸瓵. ④긴 창. 〔史記〕非鎩於句戟長鎩也. ②날밑이 있는 검(劒). ③자르다, 잘리다, 날개가 상하다. 〔左思·賦〕鳥鎩翮. ④날개를 펴다. 〔淮南子〕飛鳥鎩翼.
【鎩羽 살우】 날개가 부러져 날지 못함. 곧, 뜻을 잃음.
【鎩翼 살익】 날개를 펴다.
【鎩翮 살핵】 날개가 부러짐. 곧, 뜻을 잃음.

金11【鏉】⑲ 鏉(1901)와 동자

金11【鏉】⑲ ❶날카로울 수 囿 shòu ❷새길 수 冘 sōu
[소전] 鏉 字解 ❶①날카롭다, 예리하다. ②녹. =銹. ❷새기다, 조각하다.

金11【鎃】⑲ 銹(1890)와 동자

金11【鏊】⑲ 번철 오 匲 ào
字解 번철. 전을 부치거나 고기 따위를 볶을 때 쓰는 세 발 달린 평평한 냄비.

金11【鏖】⑲ 무찌를 오 匲 áo
[초서] 鏖 字解 ①무찌르다, 모조리 죽이다. =摮. ※鏖(1908)의 와자(譌字). 〔漢書〕合短兵, 鏖皐蘭下. ②구리 동이, 놋동이. ③냄비. ④힘써 싸우다. ⑤떠들썩하다, 시끄럽다. 〔黃庭堅·詩〕市聲鏖午枕.
【鏖馘 오괵】 죄다 무찔러 죽여서 머리를 베어 얻음.
【鏖殺 오살】 죄다 무찔러 죽임. 鏖糟(오조).
【鏖戰 오전】 ①힘을 다하여 격렬하게 싸움. ②많은 사상자를 낸 큰 싸움.
【鏖糟 오조】 ①鏖殺(오살). ②불결함. ③끈질기어 남을 불쾌하게 함.
【鏖鬪 오투】 전력(全力)을 다하여 싸움. 격렬한 싸움.

金部 11~12획 鏞鏘鏑鏨鏨鍼鏃鏦鏢鐧鏪

金11 【鏞】⑲ 종 용 图 yōng

소전 鏞 초서 鏞 간체 鏞 字源 形聲. 金+庸→鏞. '庸(용)'이 음을 나타낸다.

字解 ①종, 큰 종. 악기의 한 가지. =庸. 〔爾雅〕大鐘謂之鏞. ②서국(西國)의 음아. 〔書經〕笙鏞以間, 鄭注云, 西方之樂謂之鏞.
【鏞鼓 용고】 종과 북. 鐘鼓(종고).

〈鏞①〉

金11 【鏘】⑲ 금옥 소리 장 陽 qiāng

초서 鏘 간체 鏘 字解 금옥(金玉) 소리, 금옥이 부딪쳐 나는 소리. 〔禮記〕然後玉鏘鳴也.
【鏘金 장금】 소리가 울려 나는 금(金).
【鏘鳴 장명】 금옥의 소리 울림.
【鏘鳳 장봉】 부창부수(夫唱婦隨)하여 부부가 화합하는 일.
【鏘洋 장양】 사모하며 기림.
【鏘然 장연】 ①금옥 등의 맑은 소리. ②낭랑한 글 읽는 소리.
【鏘鏘 장장】 ①금옥 따위가 부딪쳐 나는 맑고 높은 소리. ②방울 소리. ③봉황이 우는 소리. ④높은 모양. ⑤성(盛)한 모양. ⑥걸음걸이가 정연한 모양.

金11 【鏑】⑲ 살촉 적 錫 dí

소전 鏑 초서 鏑 간체 镝 字解 ①살촉, 전촉(箭鏃). 〔潘岳·賦〕馥焉中鏑. ②우는살, 명전(鳴箭). ≒錕. 〔史記〕作爲鳴鏑.
【鏑矢 적시】 소리를 내며 날아가는 화살. 우는살. 鳴鏑(명적).
【鏑銜 적함】 말 입에 물리는 재갈.
● 鳴-, 鋒-, 飛-, 矢-, 流-, 箭-.

金11 【鏨】⑲ ①새길 참 感 ②불타오를 참 陷 zàn, jiàn

字解 ①새기다, 파다, 돌에 글자 같은 것을 새기다. =鏨. ②①불이 타오르는 모양. 〔太玄經〕挫厥鏨鏨. ②재빠르게 전진하는 모양. 〔太玄經〕銳鏨銳.
【鏨鏨 참참】 ①불이 타오르는 모양. ②재빠르게 전진하는 모양.

金11 【鏨】⑲ 끌 참 豏感 zàn

소전 鏨 간체 鏨 字解 ①끌, 돌을 새기는 작은 끌. 〔太平御覽〕通俗文曰, 石鏨謂之鏨. ②파다, 새기다, 돌에 글자 같은 것을 새기다. =鏨.

金11 【鍼】⑲ 도끼 척 錫 qì

초서 鍼 字解 도끼, 큰 도끼. =戚. 〔淮南子〕干鍼羽旄.
【鍼柲 척비】 도끼 자루.
【鍼鉞 척월】 도끼.

金11 【鏃】⑲ 살촉 촉 本족 屋 zú

소전 鏃 초서 鏃 간체 镞 参考 대법원 지정 인명용 한자의 음은 '족'이다.
字解 ①살촉, 화살촉. =族. 〔賈誼·論〕秦無亡矢遺鏃之費. ②작은 가마솥. =銼. ¶ 鏃鑪. ③날카롭다, 예리(銳利)하다.
【鏃鑪 촉로】 작은 솥.
【鏃矢 촉시】 살촉이 날카롭고 가벼운 화살.
【鏃鏃 촉촉】 새롭고 눈에 잘 뜨임. 빼어난 모양.
● 剛-, 勁-, 弓-, 礪-, 利-, 石-, 矢-, 箭-, 鐵-, 虛-.

金11 【鏦】⑲ ❶창 총 图 cōng ❷칠 창 江 cōng

소전 鏦 혹체 鏦 간체 鏦 동자 鏦 字解 ❶①창(槍), 작은 창. 〔淮南子〕脩鏦短鏦. ②찌르다, 창 같은 것으로 들이치다. 〔漢書〕使人鏦殺吳王 ❷①치다, 종이나 북을 치다. ②쇠붙이가 울리는 소리. 〔歐陽脩·賦〕鏦鏦錚錚, 金鐵皆鳴.
【鏦殺 총살】 창으로 찔러 죽임.
【鏦鏦 창창】 금속이 부딪쳐 나는 소리.

金11 【鏢】⑲ 칼끝 표 蕭 biāo

소전 鏢 초서 鏢 간체 镖 字解 ①칼끝. =鑣. ≒標. 〔說文字〕鏢, 刀削末銅也. ②칼집 끝의 장식.
【鏢客 표객】 표국(鏢局)의 장사(壯士).
【鏢局 표국】 여행자의 안전이나 운송 물자를 보호하는 일을 업무로 하는 일종의 회사. 중국 북방에 많고, 척표(擲鏢)라고 하는 창과 비슷한 무기를 쓰는 장사를 고용함. 鑣局(표국).

金12 【鐧】⑳ ❶굴대 덧방쇠 간 諫 ❷쇳덩이 간 jiān, jiǎn

소전 鐧 초서 鐧 간체 锏 字解 ❶①굴대 덧방쇠. 수레 굴대의 바퀴통 속으로 들어간 부분에 감아서 덧대는 쇠. ②창(槍), 채찍. 병기의 한 가지. ❷쇳덩이, 철(鐵)의 원광(原鑛).

金12 【鑹】⑳ 鏪(1903)의 속자

金部 12획 錇 鏻 鑒 鐖 鐃 鐓 鐙 鐧 鐐 鎦 鏺 鐇 鐅 鏷

金12 【錇】⑳ 낫 결 厲 qiè
字解 낫. 농기구의 한 가지. =鍥.

金12 【鏻】⑳ 화살 이름 고 虞 gū
字解 화살의 이름. =姑.

金12 【鑒】⑳ 갈 궐 月 jué
字解 갈다〔磨〕, 닦다.

金12 【鐖】⑳ 낫 기 微 jī
초서 𨰻 字解 ①낫, 큰 낫. 〔史記〕 鐖鑿棘矜. ②미늘. 낚싯바늘에 있는 거스러미 모양의 작은 갈고리. 〔淮南子〕 無鐖之鉤, 不可以得魚. ③용수철, 탄력으로 튀기는 기구. 〔淮南子〕 若夫工匠之爲連鐖.
【鐖鑿 기착】 큰 낫과 끌.

金12 【鐃】⑳ ①징 뇨 肴 náo ②굽힐 뇨 巧 nào
소전 鐃 초서 铙 간체 铙 字解 ①①징, 군중(軍中)에서 쓰는 작은 징. 〔周禮〕 以金鐃止鼓. ②동발(銅鈸). 자바라의 한 가지. 〔僧史略〕 初集鳴鐃鈸, 唱佛歌讚. ③떠들썩하다, 시끄럽다. ≒譊. 〔後漢書〕 今年尙可, 後年鐃. ②굽히다. ≒撓. 〔莊子〕 萬物無足以鐃心者.
【鐃歌 요가】 군악(軍樂)의 한 가지. 징 소리에 맞춰 부르는 노래.
【鐃管 요관】 요발(鐃鈸)과 피리.
【鐃鈸 요발】 (佛)법회 때 쓰는, 구리로 만든 바리 모양의 악기. 양손에 하나씩 들고 서로 맞부딪쳐 침. 銅鈸(동발).
➊ 金─, 鐲─, 鐸─.

金12 【鐓】⑳ ①창고달 대 隊 duì ②철퇴 퇴 灰 duì
소전 鐓 소전 鐜 초서 镦 간체 镦 字解 ①창고달. 창의 둘미. 〔禮記〕 進矛戟者前其鐓. ②①철퇴(鐵槌), 쇠망망이, 쇠망치. ②아래로 늘어지다, 하수(下垂)하다.

金12 【鐙】⑳ 등자 등 蒸 dèng
소전 鐙 초서 镫 간체 镫 字解 ①등자(鐙子). 말을 올라탈 때나 말을 탔을 때 두 발을 디디는 제구. 〔南齊書〕 何乃作鐙亦是銀. ②등잔 접시. 등유(燈油)를 담는 그릇. 〔楚詞〕 華鐙錯些. ③등불, 등화(燈火). =燈. 〔劉楨・詩〕 明鐙熺炎光. ④오지제기(祭器), 와두(瓦豆). 〔禮〕 執醴授之執鐙. ⑤음식을 담는 굽 높은 그릇.
【鐙骨 등골】 중이(中耳)의 뼈. 등자(鐙子)의 모

양과 비슷함. 등자뼈.
【鐙子 등자】 말을 타고 앉아서 두 발로 디디게 되어 있는 물건.
【鐙杖 등장】 금동(金銅)으로 등자 모양을 만들어 꾸민 쇠뇌의 자루.

金12 【鑭】⑳ 재갈 람 覃 lán
字解 재갈. 말의 입에 가로 물리는 쇠토막.
【鑭驂 남참】 재갈.

金12 【鐐】⑳ 은 료・로 蕭 嘯 liáo
소전 鐐 초서 镣 간체 镣 字解 ①은(銀), 천은(天銀), 미은(美銀). 〔詩經・傳〕 大夫鐏琫而鏐珌. ②족쇄(足鎖). 죄인의 발을 묶는 쇠사슬. 〔明史〕 鐐, 鐵環連之以繫足. ③화로, 밑에 구멍이 뚫린 화로.
【鐐靠 요고】 수갑과 족쇄.
【鐐盌 요완】 은으로 만든 바리때.
【鐐子 요자】 송대(宋代)에 포인(庖人)의 차(茶)를 맡은 사람을 달리 이른 말.
【鐐質 요질】 품질이 좋은 은(銀).

金12 【鎦】⑳ ①시루 류 尤 liù ②죽일 류 宥 liú
소전 鎦 속자 鎦 초서 镏 간체 镏 字解 ①①시루. 솥 위에 얹어서 떡을 찌는 데 쓰는 기구. ②가마, 가마솥. ②죽이다, 죽게 하다. =劉.

金12 【鏺】⑳ 낫 발 曷 pō
소전 鏺 초서 鏺 간체 镲 字解 ①낫, 쌍날로 된 낫. ②베다. 풀 따위를 베다. ③진압(鎭壓)하다, 화란(禍亂)을 다스려 편안하게 하다. 〔韓愈・碑〕 鏺廣濟.

金12 【鐇】⑳ 도끼 번 元 fán
초서 鐇 간체 镭 字解 ①도끼, 날이 넓은 도끼. ②자귀, 큰 자귀. ③깎다, 끊다, 제거(除去)하다. 〔後漢書〕 鐇鑺株林. ④망치, 망치로 치다.
【鐇鑺 번곽】 도끼와 큰 괭이. 또는 그것으로 사물을 제거하는 일.

金12 【鐅】⑳ 보습 날 별 屑 piě
소전 鐅 동자 鐅 字解 ①보습의 날. ②소금을 굽는 가마솥.

金12 【鏷】⑳ 무쇠 복 屋 pú
초서 鏷 간체 镤 字解 ①무쇠, 동철(銅鐵)의 원광(原鑛). ②화살의 이름. ≒僕.

金部 12획 鏾鐥鏽鐔鏹鐕鐘鐏鏶鐎鐸錫

金12 【鏾】⑳ ❶쇠뇌 산 ❷거세한 수탉 선 sǎn / xiàn
字解 ❶①쇠뇌. 여러 개의 화살을 한꺼번에 쏘도록 장치된 활. ②쇠뇌의 줄을 늦추다, 쇠뇌의 줄이 느슨해지다. ❷거세(去勢)한 수탉.

金12 【鐥】⑳ 國복자 선 shàn
字解 복자, 기름복자. 기름을 되는 데 쓰는, 귀때가 붙은 쟁첩 모양의 쇠 그릇.

金12 【鏽】⑳ 녹슬 수 xiù
초서 銹 字解 ①녹슬다, 녹. =鏥·銹. ②살가는 모양. =肅. ¶鏽然.
【鏽澁 수삽】 녹. 녹슴.
【鏽然 수연】 삼가는 모양. 肅然(소연).

金12 【鐔】⑳ 날밑 심·담 xín
소전 鐔 초서 鐔 간체 镡 字解 ①날밑. 〔漢書〕鐔作刀劍鉤鐔. ②칼, 작은 검(劍). ③요해처(要害處), 요새지(要塞地). 〔莊子〕天子之劍以周宋爲鐔.

金12 【鏹】⑳ 鏹(1895)와 동자

金12 【鐕】⑳ 못 잠 zān
소전 鐕 초서 鐕 字解 ①못, 대가리가 없는 못. 〔禮記〕君裏棺, 用朱綠, 用雜金鐕. ②꿰매다, 옷을 꿰매다. ≒簪. ③갈다, 연마(研磨)하다. ④바늘, 바느질하다.

金12 【鐘】⑳ 종 종 zhōng
<금문/갑골 자형들>
소전 鐘 혹체 銿 초서 鐘 간체 钟
參考 '鐘'과 '鍾'은 원래 딴 자이나 '종, 쇠북'의 뜻으로는 통용함.
字源 形聲. 金+童→鐘. '童(동)'이 음을 나타낸다.
字解 ①종, 쇠북. 악기의 한 가지. 〔詩經〕窈窕淑女, 鐘鼓樂之. ②시계(時計). 〔馮時可·文〕外國人利瑪竇出自鳴鐘.
【鐘閣 종각】 종을 달아 놓은 집.
【鐘虡 종거】 종(鐘)과 종 걸이. ☞'鐻'는 종을 거는 대(臺). 鍾虡(종거).
【鐘鼓 종고】 종과 북.
【鐘鼓之樂 종고지락】 음악의 즐거움.
【鐘樓 종루】 종을 달아 놓은 누각.
【鐘銘 종명】 종에 새긴 글.
【鐘鳴 종명】 ①종이 울림. ②시각을 알리는 종이 울림.
【鐘鳴漏盡 종명누진】 시각을 알리는 종이 울리고 물시계의 물이 다함. ㉠밤이 깊어 감. ㉡늙어서 여명(餘命)이 얼마 남지 않음.
【鐘鳴鼎食 종명정식】 종을 쳐서 식구를 모아 솥을 벌여 놓고 먹음. 부귀한 사람이 호사스럽게 생활함.
【鐘鎛 종박】 큰 종과 작은 종.
【鐘院 종원】 억울하게 뒤집어쓴 죄(罪)를 읍소(泣訴)하는 사람이 위에 호소하도록 종을 치게 하는 건물(建物).
【鐘鼎 종정】 ①종과 솥. ② ☞鐘鳴鼎食(종명정식). ③높은 벼슬의 무거운 책임.
【鐘鼎款識 종정관지】 종정에 새긴 금석문(金石文). ☞'款'은 음문(陰文), '識'는 양문(陽文).
【鐘鼎文 종정문】 은(殷)·주(周) 시대의 종정(鐘鼎)에 새긴 고문(古文).
【鐘鼎玉帛 종정옥백】 식사 전에 음악이 연주되고, 식당에는 산해진미가 가득하며, 주연 뒤에는 옥과 비단의 선물이 나오는 호화로운 연회.
【鐘板 종판】 (佛)선가(禪家)에서 식사 때의 신호로 치는, 구름무늬의 금속판(金屬板).
【鐘懸 종현】 방죽이 홍수에 거의 다 잠겨 마치 고종(孤鐘)이 걸려 있는 것과 같은 모양.
❶擊-, 警-, 古-, 掛-, 亂-, 晚-, 梵-, 山-, 晨-, 鼎-, 朝-, 編-, 昏-, 曉-.

金12 【鐏】⑳ 창고달 준 zūn
소전 鐏 초서 鐏 간체 鐏 字解 창고달, 창의 물미. 〔禮記〕進戈者前其鐏.

金12 【鏶】⑳ 판금 집 jí
소전 鏶 혹체 鍓 字解 판금(板金), 금속판.

金12 【鐎】⑳ 초두 초 jiāo
소전 鐎 초서 鐎 字解 초두(鐎斗). 다리 셋에 자루가 달린 작은 냄비로, 군중(軍中)에서 낮에는 음식을 익히고 밤에는 두드려 경계하는 데 썼다. ≒焦. 〔博古圖〕漢熊足鐎斗.

金12 【鐸】⑳ 쟁기 타 duò
소전 鐸 字解 ①쟁기. 밭을 가는 농기구. ②바퀴통 휘갑쇠. 수레의 바퀴통 머리를 휩싸는 쇠.

金12 【鐋】⑳ 대패 탕 tàng
간체 铴 字解 ①대패, 줄. ②악기 이름. 청대(淸代)에 요가(鐃歌)의 음악에 씀. ③國변탕. 대패질할 때, 깎아 낼 두께를 대중하여 한 편 가를 깎는 연장.

金部 12~13획 鐩鏵鐄鐍鑢鐮鐺鑫鐼鐯鑪鐋鐲鏖鐫鐵

金12 【鐩】⑳ ❶날카로울 혜 霽 juì ❷병기 예 霽 ruì
초서 鐩 字解 ❶①날카롭다. ②세모창, 삼릉창(三稜槍). ❷병기(兵器). 시신(侍臣)이 가지는 창의 한 가지. =銳.

金12 【鏵】⑳ 가래 화 麻 huá
간체 铧 字解 가래, 쌍날 가래. 〔農政全書〕翻轉熟地, 宜用鏵.

金12 【鐄】⑳ 종 횡 庚 huáng
초서 鐄 ①종, 큰 종. 악기의 한 가지. ②종소리. ③낫, 풀을 베는 큰 낫. ④크게 울리는 소리. 〔馬融·賦〕錚鐄謍嗃.

金12 【鐍】⑳ 걸쇠 휼 本결 屑 jué
초서 鐍 간체 镝 字解 ①걸쇠, 고리를 거는 쇠, 자물쇠. 〔莊子〕固扃鐍. ②요처(要處), 추요(樞要). 〔李嶠·詩〕提六合之樞紐, 扣二儀之鐍鐍. ③햇무리, 일훈(日暈). 늑穴. 〔漢書·注〕有氣刺日爲鐍. ④고리, 가운데로 혀가 내밀어 있는 고리. 〔後漢書〕得施玉鐍鐍.

金13 【鑢】㉑ ❶악기 걸이 거 御 jù ❷금은 장신구 거 魚 qú
초서 鑢 간체 镰 字解 ❶①악기 걸이. 편경(編磬)·편종(編鐘)을 다는 기구. 〔史記〕銷鋒鑄鑢. ②악기 이름. 나무로 만든 협종(夾鐘) 비슷한 악기. 〔莊子〕削木爲鑢. ③톱. 늑鋸. ❷금은(金銀) 장신구. 귀고리 등 금은으로 만든 장신구. 〔山海經〕穿耳以鑢. 【鑢耳 거이】오랑캐. ♢오랑캐가 귀고리를 달기 때문에 이르는 말. 夷人(이인).

金13 【鐮】㉑ 鎌(1900)과 동자

金13 【鐺】㉑ ❶쇠사슬 당 陽 dāng ❷솥 쟁 庚 chēng
소전 鐺 초서 鐺 간체 铛 參考 대법원 지정 인명용 한자의 음은 '당'이다.
字解 ❶①쇠사슬, 철쇄(鐵鎖). ②종고 소리. 종이나 북이 울리는 소리. 〔史記〕鏗鎗鐺鞈. ③쇠꼬챙이로 물건을 꿰다. ❷솥, 노구솥. 늑鐺. 〔蘇軾·詩〕折腳鐺中煨淡粥. 【鐺鐺 당당】①금속 소리. ②북소리. 【鐺脚 쟁각】노구솥의 발. 세 개가 있음. 【鐺口 쟁구】절에서 밥을 짓는 큰 솥. ❶空─, 藥─, 鼎─, 鐵─, 土─, 破─.

金13 【鑫】㉑ 鑫(1911)과 동자

金13 【鑪】㉑ 부레 그릇 로 麌 lǔ
소전 鑪 초서 鑪 字解 ①부레 그릇, 부레를 끓이는 그릇, 아교(阿膠) 그릇. ②칼자루.

金13 【鐳】㉑ 병 뢰 灰 léi
字解 병(瓶). 목이 잘록하고 배가 불룩한 그릇. 〔潘岳·誄〕眞壺鐳瓶甀以偵之. 【鐳柚 뇌유】가장 큰 유자.

金13 【鐋】㉑ 鏜(1904)의 속자

金13 【鐼】㉑ 자귀 분·훈 元問 fén
소전 鐼 字解 ①자귀, 큰 자귀. 재목을 건목칠 때 쓰는 연장. ②대패. ③쇠〔鐵〕.

金13 【鏖】㉑ 솥 오 豪 áo
소전 鏖 초서 鏖 參考 鏊(1912)는 딴 자. 字解 ①솥. 음식을 익히는 그릇. ②익히다, 끓이다. ③쇠붙이로 만든 기물. ④무찌르다, 모조리 죽이다. 늑熬·鏖.

金13 【鐫】㉑ 새길 전 先 juān
소전 鐫 초서 鐫 속자 鐫 간체 镌 字解 ①새기다, 쪼다, 파다. 〔淮南子〕鐫山石. ②끌. 나무에 구멍을 파는 연장. ③내치다, 폄출(貶黜)하다. ④송곳.
【鐫刻 전각】쇠붙이에 조각함.
【鐫級 전급】관위(官位)를 떨어뜨림.
【鐫鏤 전루】아로새김. 조각함.
【鐫勒 전륵】금석(金石)에 새기는 일.
【鐫罰 전벌】관위(官位)를 낮추어 벌줌.
【鐫說 전설】깊이 권하고 간절하게 타이름. 鐫喩(전유).
【鐫切 전절】갈고 깎음. 깊이 책선(責善)함.
【鐫劖 전참】새김. 조각함. 형상을 만듦.
【鐫黜 전출】관위(官位)를 깎아 내리고 내쫓음.
【鐫琢 전탁】①새기고 갊. 조탁(彫琢)함. ②사구(辭句)를 퇴고(推敲)함.
【鐫汰 전태】무능한 관리를 도태(陶汰)함.

金13 【鐵】㉑ 쇠 철 屑 tiě
소전 鐵 고문 銕 혹체 鏃 초서 鐵 속자 鉄 고자 銕 간체 铁
字源 形聲. 金+戴→鐵. '戴(질)'이 음을 나타낸다.

字解 ①쇠. 〔書經〕厥貢璆鐵銀鏤砮磬. ②검다, 검은빛. 〔詩經〕駟鐵孔阜. ③단단하다, 견고하다. 〔文心雕龍〕劉琨鐵誓, 精貫霏霜. ④굳세다, 날카롭다. 〔王令·詩〕安得鐵翅穿秋旻. ⑤곧다, 바르다. 〔宋史〕京師目爲鐵面御史. ⑥갑옷, 전복(戰服). 〔宋史〕吳人號爲鐵龍. ⑦병기, 무기. 〔李陵·書〕人無尺鐵. ⑧땅 이름. 춘추 시대 위(衛)나라의 땅. 지금의 하북성(河北省) 복양현(濮陽縣)의 북쪽. 〔春秋左氏傳〕鄭罕達戰于鐵.

【鐵幹 철간】 고목이 된 매화나무 따위의 줄기.
【鐵甲 철갑】 쇠로 만든 갑옷.
【鐵鎧 철개】 쇠로 만든 갑옷. 鐵甲(철갑).
【鐵鋸 철거】 톱.
【鐵檛 철과】 쇠 채찍.
【鐵冠 철관】 철주(鐵柱)를 세운 관(冠). 어사(御史)의 관. 法冠(법관).
【鐵券 철권】 임금이 공신(功臣)을 봉(封)할 때 주던 부신(符信).
【鐵拳 철권】 쇠같이 굳센 주먹.
【鐵騎 철기】 ①무장한 군마(軍馬). ②철갑을 입은 기병(騎兵). 용맹한 기병.
【鐵馬 철마】 ①철갑(鐵甲)을 입힌 기마(騎馬). 용맹 정예의 기병(騎兵). ②풍령(風鈴)의 딴 이름. ③國기차(汽車).
【鐵面 철면】 ①쇠로 만든 탈. ②강직하여 권세를 두려워하지 않는 사람을 기리는 말. ③검붉은 빛의 얼굴. ④강건(强堅)함. ⑤몰염치(沒廉恥)한 사람, 鐵面皮(철면피).
【鐵面皮 철면피】 쇠처럼 두꺼운 낯가죽. 뻔뻔스러운 사람.
【鐵面尙書 철면상서】 벼루의 아칭(雅稱).
【鐵鉢 철발】 쇠로 만든 바리. 승려의 밥그릇.
【鐵壁 철벽】 쇠로 만든 벽. 아주 튼튼한 장벽이나 방비.
【鐵石 철석】 ①철이 들어 있는 광석(鑛石). 철광석. ②쇠와 돌. 의지가 굳고 변함이 없음.
【鐵石肝腸 철석간장】 쇠나 돌같이 굳은 마음. 굳센 의지나 지조가 있는 마음. 鐵心石腸(철심석장).
【鐵石人 철석인】 ①송대(宋代)의 소식(蘇軾)이 유기지(劉器之)의 의기가 쇠하지 않음을 칭송한 말. ②무정한 사람. 냉정한 사람. ③의지가 굳은 사람.
【鐵城 철성】 철(鐵)의 성(城). 견고한 성.
【鐵鏽 철수】 쇠에 생기는 붉은 녹.
【鐵樹開花 철수개화】 쇠로 만든 나무에 꽃이 핌. 이루기가 매우 어려움의 소용similar.
【鐵楯 철순】 ①쇠 방패. ②쇠 난간(欄干).
【鐵心 철심】 ①굳은 마음. ②인정(人情)이 없음. 무자비함. 차디찬 마음. ③어떤 물건의 속에 넣는, 쇠로 만든 심.
【鐵心石腸 철심석장】 쇠나 돌처럼 굳은 마음. 의지가 굳음.
【鐵十字 철십자】 쇠로 만든 닻. 鐵錨(철묘).
【鐵案 철안】 ①증거가 확실하여 번복할 수 없는 안건. ②쇠로 만든 책상.

【鐵硯未穿 철연미천】 쇠로 만든 벼루가 뚫어지지 않음. 뜻을 굳게 하여 업(業)을 바꾸지 않음.
故事 오대(五代) 진(晉)나라의 상유한(桑維翰)이 쇠 벼루를 만들고 이 벼루가 뚫어지지 않는 한 학업을 버리지 않겠다고 말했다는 고사에서 온 말.
【鐵葉 철엽】 얇은 철편(鐵片). 양철. 함석.
【鐵甕 철옹】 쇠로 만든 독.
【鐵牛 철우】 ①쇳물을 부어 만든 소의 형상. 수재(水災)를 치방(治防)하는 부적으로 우왕(禹王)이 만들어 황하(黃河)에 넣었음. ②강건(强堅)하고 굳하지 않음.
【鐵漿 철장】 생철(生鐵)을 오랫동안 물에 담가 우려낸 검은 물. 염료(染料) 및 한약재로 씀.
【鐵鐺 철쟁】 노구솥.
【鐵筯 철저】 쇠젓가락. 鐵箸(철저).
【鐵箸 철저】 쇠젓가락.
【鐵笛 철적】 ①태평소. ②쇠로 만든 저.
【鐵箭 철전】 무쇠로 만든 화살. 육량전(六兩箭)·장전(長箭) 따위.
【鐵蹄 철제】 ①편자. 蹄鐵(제철). ②준마(駿馬)의 다리의 미칭(美稱).
【鐵臍 철제】 촉대(燭臺)의 딴 이름.
【鐵條 철조】 굵은 철사. 鐵線(철선).
【鐵中錚錚 철중쟁쟁】 많은 쇠 가운데서 소리가 아주 좋음. 보통 사람보다 뛰어난 사람. ◯'錚錚'은 조금 단단한 무쇠의 소리.
【鐵蒺藜 철질려】 마름쇠. 지면(地面)에 묻어 적의 침입을 막는 데 씀.
【鐵窓 철창】 ①쇠창살문. ②감방. 감옥.
【鐵槍 철창】 자루까지 쇠로 된 창.
【鐵柵 철책】 쇠로 만든 울타리.
【鐵鏃 철촉】 쇠로 된 화살촉.
【鐵椎 철추】 쇠몽치. 鐵鎚(철퇴).
【鐵則 철칙】 엄격한 규칙. 절대적인 규칙.
【鐵鎚 철퇴】 쇠몽치.
【鐵把 철파】 쇠스랑.
【鐵片 철편】 쇳조각.
【鐵鞭 철편】 ①쇠로 된 채찍. 병기(兵器)의 한 가지. ②고들개철편. 포교(捕校)가 가지고 다니던 채찍.
【鐵砲 철포】 소총(小銃).
【鐵筆 철필】 ①조각할 때 쓰는 새김칼. 刻刀(각도). 印刀(인도). ②등사 철판이나 복사지 위에 쓰는 송곳 모양의 붓. ③펜.
【鐵漢 철한】 강직(剛直)하여 굽히지 않는 사람.
【鐵血 철혈】 ①쇠와 피. ②무기와 군대.
【鐵鑊 철확】 큰 가마솥. 고기를 삶는 데 쓰며, 옛날에는 죄인을 죽이는 데도 썼음.
【鐵劃 철획】 힘 있게 쓴 글씨의 획.

❶ 鋼-, 古-, 鍛-, 鑠-, 生-, 熟-, 冶-, 良-, 鍊-, 鹽-, 精-, 製-, 鑄-, 寸-.

金 13 **鐲** ㉑ 징 탁 **囻** zhuó
字解 ①징〔鉦〕. 행군(行軍)할 때

북소리를 조절하기 위하여 치는, 작은 종 모양의 악기. 〔周禮〕以金鐲節鼓. ❷방울. ❸팔찌. 팔에 끼는 장신구.
【鐲鐃 탁뇨】 군중(軍中)에서 쓰는 악기. ♂ '鐲'은 북을 울리게 할 때, '鐃'는 북을 그치게 할 때 사용함.

金₁₃【鐸】㉑ 방울 탁 藥 duó

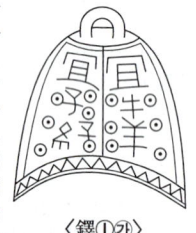

소전 鐸 초서 鐸 간체 铎 字解 ❶방울. ㉮교령(敎令)을 펼 때 흔들어 백성들을 경계하는 데 쓰던 큰 방울. 구리 바탕에 목설(木舌)을 단 것을 목탁(木鐸)이라 하여 문사(文事)에 쓰고, 금설(金舌)을 단 것을 금탁(金鐸)이라 하여 무사(武事)에 썼다. 〔周禮〕以金鐸通鼓. ❷마소의 목에 다는 방울. 〔晉書〕逢趙賈人牛鐸, 識其聲. ❸풍경(風磬). 처마 끝에 다는 작은 경쇠. ❸독(毒)을 바른 창(槍). 〔酉陽雜俎〕南蠻有毒槊, 云云, 蠻中呼爲鐸刃.
〈鐸①㉮〉
【鐸鐃 탁뇨】 방울과 동라(銅鑼).
【鐸鈴 탁령】 방울.
❶ 鼓-, 金-, 木-, 鈴-, 鉦-, 振-.

金₁₃【鏢】㉑ 칼끝 표 蕭 biāo
字解 칼끝. 뾰족하게 깎은 끝. ≒鑣·剽. 〔後漢書〕皆以白珠鮫爲劒口之飾.

金₁₃【鐶】㉑ 고리 환 刪 huán
초서 鐶 간체 镮 字解 ❶고리, 쇠고리. ≒環. 〔洛陽伽藍記〕金爲鎖鐶. ❷귀고리. 귀에 거는 귀금속의 장신구. 〔張籍·詩〕玉鐶穿耳誰家女. ❸가락지, 지환(指環). 〔晉書〕以金同心指鐶爲娉. ❹목걸이. 목에 거는 장신구.
【鐶鈕 환뉴】 손잡이.
❶ 金-, 鎖-, 指-.

金₁₄【鑑】㉒ 거울 감 陷 jiàn

스 수 金 鉦 釤 鉛 鍂 鍳 鑑

소전 鑑 초서 鑑 동자 鑒 간체 鉴 字源 形聲. 金+監→鑑. '監(감)'이 음을 나타낸다.
字解 ❶거울. ㉮물체의 형상을 비추어 보는 물건. ≒鏡. 〔詩經〕我心匪鑑. ㉯본보기, 모범. 〔宋書〕追懲皇鑑, 忠承淵範. ㉰훈계(訓誡), 교훈. 〔晉書〕言成規鑑. ❷보다. ㉮거울에 비추어 보다. 〔國語〕無鑑於水. ㉯살피다, 성찰(省察)하다. 〔梁書〕試加省鑑. ㉰생각하다, 감안

하다. 〔諸葛亮·正義〕魏不審鑑. ❸안식(眼識), 견식(見識). 〔晉書〕才鑑淸遠. ❹비치다, 비추윤, 광택(光澤). 〔韓愈, 孟郊·詩〕貌鑑淸溢匣.
【鑑戒 감계】 잘못을 되풀이하지 않도록 하는 경계(警戒). 경계로 삼음.
【鑑機 감기】 낌새를 알아차림.
【鑑念 감념】 거울삼아 생각함.
【鑑寐 감매】 낮잠. 가수(假睡). 鑑昧(감매).
【鑑銘 감명】 거울에 새긴 명(銘).
【鑑別 감별】 잘 살펴서 분간해 냄.
【鑑賞 감상】 예술 작품을 음미하고 가치를 이해함. 賞鑑(상감).
【鑑識 감식】 감정(鑑定)하여 식별함.
【鑑悟 감오】 총명함, 깨달음.
【鑑定 감정】 사물의 진짜와 가짜, 좋고 나쁨 등을 가려내는 일.
【鑑止 감지】 비추어 봄. 환히 봄. ♂ '止'는 조자(助字).
❶ 鏡-, 古-, 窮-, 龜-, 金-, 明-, 寶-, 商-, 神-, 宸-, 深-, 靈-, 睿-, 殷-, 臨-, 前-, 精-, 智-, 品-, 惠-.

金₁₄【鑒】㉒ 鑑(1910)과 동자

金₁₄【鏗】㉒ ❶쇳소리 갱 庚 qīng ❷끊을 경 庚 qìng
소전 鏗 초서 鏗 字解 ❶①쇳소리. ②앙감질하다, 한쪽 발로 뛰어가다. 〔春秋左氏傳〕斷其足, 鏗而乘於他車以歸. ❷①끊다. ②쇳소리, 금속의 소리.

金₁₄【鏷】㉒ 鏷(1906)과 동자

金₁₄【鑌】㉒ 강철 빈 眞 bīn
간체 镔 字解 ❶강철(鋼鐵). ❷國광내다, 갈아 빛을 내다.
【鑌刀 빈도】 강철로 만든 칼.
【鑌鐵 빈철】 강철.

金₁₄【鑐】㉒ ❶열쇠 수 虞 xū ❷시우쇠 유 尤 rú
字解 ❶①열쇠. ②갑옷, 전복(戰服). 〔管子〕被篸以當鎧鑐. ❷①시우쇠, 무른 쇠. ②쇳물, 녹인 쇠. ≒濡.

金₁₄【鑄】㉒ 쇠 부어 만들 주 遇 zhù

ノ 午 金 釒 鋅 銈 鋳 鋕 鑄 鑄

소전 鑄 초서 鑄 속자 鋳 간체 铸 字源 形聲. 金+壽→鑄. '壽(수)'가 음을 나타낸다.
字解 ❶쇠를 부어 만들다, 주조(鑄造)하다.

金部 14〜15획 鐵鑊鑂鑛鑞鑢鑠鑕鑚

〔國語〕美金以鑄劍戟. ②감화 도야(感化陶冶)하다, 인재를 양성하다. 〔揚子法言〕孔子鑄顔淵矣. ③녹. 쇠의 거죽에 생기는 산화철(酸化鐵). ④나라 이름. 황제(黃帝)의 자손의 채지(采地). 지금의 산동성(山東省) 비성현(肥城縣)의 주향(鑄鄕). 〔呂氏春秋〕封黃帝之後於鑄.
【鑄金 주금】쇠를 녹여 거푸집에 부어 기물을 만듦.
【鑄物 주물】쇠붙이를 녹여 거푸집에 부은 다음 굳혀서 만든 물건.
【鑄兵 주병】병기(兵器)를 주조(鑄造)함.
【鑄山煮海 주산자해】산의 구리를 캐어 돈을 만들고, 바닷물을 달여서 소금을 만듦. 자연 자원을 잘 개발하고 이용함.
【鑄顔 주안】인재를 양성함. ○공자(孔子)가 안회(顔回)를 훌륭한 인재로 훈도한 데서 온 말.
【鑄鎔 주용】쇠를 녹임.
【鑄人 주인】인재를 양성(養成)함.
【鑄錢 주전】쇠를 녹여 돈을 만듦. 또는 그 돈.
【鑄造 주조】쇠를 녹여 거푸집에 부어서 물건을 만듦.
【鑄錯 주착】착오(錯誤)가 심한 일.
【鑄型 주형】①쇳물을 부어 만드는 틀. 거푸집. ②활자(活字)를 주조하는 강철제(鋼鐵製)의 틀.
【鑄貨 주화】쇠붙이를 녹여서 돈을 만듦. 또는 그 돈.
○ 改-, 盜-, 陶-, 新-, 冶-, 造-, 彫-.

金14 【鐵】㉒ 鐵(1908)의 고자

金14 【鑊】㉒ 가마 확 㘥 huò
소전 鑊 초서 鑊 간체 镬 字解 가마, 발 없는 큰 솥. ㉮고기를 삶는 가마. 〔淮南子〕嘗一臠肉知一鑊之味. ㉯죄인을 삶아 죽이는 형기(刑器). 〔漢書〕鑊亨之刑.
【鑊煮 확자】솥에 삶음.
【鑊鐸 확탁】헤맴. 방황함.
【鑊亨 확팽】사람을 가마솥에 넣어 삶아 죽이는 혹형(酷刑).

金14 【鑂】㉒ 바랠 훈 㘥 xùn
字解 바래다, 금(金)의 색이 변하다.

金15 【鑛】㉓ 쇳돌 광 㘥 kuàng
䥐 金 釩 鈁 鉱 鋛 鑛 鑛 鑛
초서 鑛 동체 礦 동체 礦 속체 鉱 亨源 形聲. 金＋廣→鑛. '廣(광)'이 음을 나타낸다.
字解 쇳돌, 광석(鑛石), 원광(原鑛). 〔王褒·論〕精練藏於鑛朴.
【鑛毒 광독】①광물 속에 들어 있는 독. ②광물을 채굴하거나 제련할 때 생기는 해독.
【鑛脈 광맥】광물이 매장된 줄기.
【鑛物 광물】지각(地殼) 속에 섞여 있는 천연 무기물. 금·석탄·철 따위.
【鑛璞 광박】캐낸 그대로의 금속.
【鑛夫 광부】광산에서 일하는 노동자.
【鑛山 광산】광물을 캐내는 곳.
【鑛泉 광천】광물질의 성분이 들어 있는 샘.

金15 【鑞】㉓ 주석 랍 㘥 là
소서 鑞 동체 鑞 간체 镴 字解 ①주석. 백철. 납과 주석의 합금.
【鑞紙 납지】종이같이 얇게 넓힌, 납과 주석의 합금. 은종이. 錫箔(석박).
○ 白-, 錫-.

金15 【鑢】㉓ 줄 려 㘥 lǜ
소전 鑢 초서 鑢 간체 铝 字解 ①줄. 쇠붙이를 쓰는 연장. =鉊. 〔大學·注〕磋以鑢鐋. ②줄로 쓸다, 갈다. 〔詩經·箋〕玉之缺, 尙可磨鑢而平. ③다스리다. 〔太玄經〕躬自鑢.

金15 【鑠】㉓ 녹일 삭 㘥 shuò
소전 鑠 초서 鑠 간체 铄 字解 ①녹이다, 쇠붙이를 녹이다. =爍. 〔楚辭〕故衆口其鑠金兮. ②녹다, 녹아 없어지다, 멸망하다. 〔戰國策〕秦絕先得齊宋, 則韓氏鑠. ③달구다, 태우다. 〔莊子〕鑠絕竽瑟. ④갈다, 닦다. ⑤비방(誹謗)하다. 〔唐書〕累負謗鑠. ⑥빛나다. 늑燿. ⑦아름답다, 좋다. 〔詩經〕於鑠王師.
【鑠膠 삭교】아교를 녹임.
【鑠金 삭금】①달아서 열도가 높은 금. 또는 아름다운 황금. ②쇠를 녹임.
【鑠鑠 삭삭】빛나는 모양. 爍爍(삭삭).
【鑠石 삭석】돌을 녹임. 화기(火氣)나 열기(熱氣)가 맹렬함.
○ 鍛-, 陶-, 謗-, 閃-, 燒-, 銷-, 鍊-, 鎔-, 燋-, 矍-.

金15 【鑕】㉓ 모루 질 㘥 zhì
초서 鑕 간체 锧 字解 ①모루. 대장간에서 쇠를 불릴 때 받침으로 쓰는 쇠 모탕. ②참요대(斬腰臺). 아래위로 달린 도끼날이 맞닿으면서 몸을 자르는 형구(刑具). 늑質, 櫍. 〔春秋公羊傳〕君不忍加之以鈇鑕.
【鑕鈇 질부】도끼.
【鑕砧 질침】모루. 철침(鐵砧).

金15 【鑚】㉓ 鑽(1913)의 속자

金部 15~18획 鑣 鑤 鑥 鑪 鏄 鑰 鑲 鑱 鑯 鑵 鑷

金 15 【鑣】 ㉓ 재갈 표 蕭 biāo

[소전] 鑣 [초서] 鑣 [간체] 镳 [字解] ①재갈. 말 입에 물리는 쇠토막. 〔楚辭〕斷鑣銜以馳騖兮. ②성(盛)한 모양. 〔詩經〕四牡有驕, 朱幩鑣鑣.

【鑣駕 표가】임금이 타는 수레.
【鑣車 표거】여객을 보호하는 수레. 보험품(保險品)을 운반하는 수레.
【鑣宮 표궁】옛 궁(宮)의 이름.
【鑣轡 표비】재갈과 고삐.
【鑣鑣 표표】성한 모양.

金 15 【鑤】 ㉓ ❶쟁기 피 支 bēi
❷쇠막대 패 禡 bà
❸밭 갈 파 麻

[소전] 鑤 [초서] 鑤 [字解] ①쟁기. 밭을 가는 농기구. ②쇠막대, 큰 쇠막대. ③밭을 갈다, 논밭을 갈다.

金 16 【鑥】 ㉔ 솥 력 錫 lì

[字解] 솥. =鬲. 〔吳越春秋〕見兩鑥蒸而不炊.

金 16 【鑪】 ㉔ 화로 로 虞 lú

[소전] 鑪 [동자] 爐 [字解] ①화로, 향로, 화덕. 〔江淹·詩〕膏鑪絕沈燎. ②큰 독. 오지로 된 춤이 높은 큰 그릇. =壚. 〔莊子〕在鑪埵之間耳. ③풀무, 불을 피울 적에 바람을 일으키는 기구. 〔淮南子〕鑪橐埵坊設. ④목로(木壚), 주막(酒幕). 술 단지 얹는 곳이 풀무 비슷한 데서 온 말. 〔史記〕令文君當鑪. ⑤술 항아리, 주항(酒缸).

【鑪橐 노탁】대장간에서 바람을 일으켜 불을 피우는 도구. 풀무.
【鑪炭 노탄】난로의 숯불.
【鑪火 노화】화로의 불. 爐火(노화).
◐ 金—, 當—, 大—, 冶—, 藥—, 銀—, 風—, 洪—, 火—, 薰—.

金 17 【鏄】 ㉕ 종 박 藥 bó

[소전] 鏄 [초서] 鏄 [字解] ①종, 큰 종. 〔儀禮〕其南鏄. ②호미. ≒鎛.

金 17 【鑰】 ㉕ 자물쇠 약 藥 yào

[초서] 鑰 [간체] 钥 [字解] ①자물쇠. ≒鑰. 〔芝田錄〕門鑰必以魚. ②빗장. 문을 잠그는 고리, 문에 빗장을 걸어 단속하는 일. 〔唐史〕不爲墻垣扃鑰. ③마음의 단속(團束)하는 일. 〔魏志〕外要名利, 內無關鑰. ④진수(鎭守)하는 일. 〔宋史〕北門鎖鑰, 非準不可. ⑤닫다, 잠기다. 〔唐書〕元方有一椑生平所緘鑰者. ⑥들이다. 〔淮南子〕鑰天門. ⑦깨달음, 각성. 〔蘇軾·詩〕參同得靈鑰. ⑧추(樞)요, 기비(機

祕). 〔李嶠·碑〕扣二儀之鏑鑰.
【鑰匣 약갑】열쇠를 넣어 두는 상자.
【鑰同魚樣 약동어양】자물쇠를 물고기 모양으로 만듦. ○물고기는 눈을 늘 뜨고 있어 경계를 게을리 하지 않는다는 뜻에서 나온 말.
【鑰牡 약모】열쇠.
【鑰匙 약시】열쇠. 鑰鍵(약건).
◐ 扃—, 庫—, 關—, 宮—, 金—, 禁—, 牡—, 門—, 鎖—, 玉—, 重—, 緘—.

金 17 【鑲】 ㉕ 거푸집 속 양 陽 ráng

[소전] 鑲 [초서] 鑲 [간체] 镶 [字解] ①거푸집 속. 거푸집을 만들 때, 쇳물을 부어 넣을 곳을 비우기 위하여 채워 넣는 물건. 거푸집이 굳어진 뒤에 꺼낸다. ②가선 두르다. ③병기 이름. 양쪽에 쇠갈고리, 중앙에 창날이 달려 있다. 〔張華·曲〕手持白頭鑲. ④끼우다, 비어 모자라는 곳을 채우다.

金 17 【鑱】 ㉕ 보습 참 咸 chán

[소전] 鑱 [초서] 鑱 [동자] 鋒 [간체] 镵 [字解] ①보습, 쟁기의 날. 〔杜甫·歌〕長鑱長鑱白木柄, 我生託子以爲命. ②침, 돌침. 〔史記〕鑱石撟引. ③끌. 나무에 구멍을 파는 연장. ④송곳. 구멍을 뚫는 연장. 〔宋書〕施鐵鑱. ⑤파다, 뚫다. =劖. 〔韓愈·詩〕九疑鑱天荒是非. ⑥날카롭다, 예리하다. ⑦찌르다.
【鑱刻 참각】파서 새김.
【鑱斧 참부】큰 도끼. 고대의 병기의 한 가지.
【鑱石 참석】돌침. 石鍼(석침).
【鑱天 참천】하늘을 찌를 듯이 공중으로 높이 솟아서 늘어섬.
◐ 藥—, 長—, 鑱—, 天—, 鐵—.

金 17 【鑯】 ㉕ 날카로울 첨 鹽 jiān

[소전] 鑯 [초서] 鉄 [字解] ①날카롭다, 예리하다. ≒銛. ②새기다, 조각하다. ③쇠 그릇. 쇠붙이로 만든 기물.

金 18 【鑵】 ㉖ 두레박 관 翰 guàn

[초서] 鑵 [字解] 두레박. 줄을 길게 달아 우물 물을 퍼 올리는 데 쓰는 도구. =罐.

金 18 【鑵】 ㉖ 戳(665)와 동자

金 18 【鑷】 ㉖ 족집게 섭 ㉣녑 葉 niè

[초서] 鑷 [동자] 鍦 [간체] 镊 [字解] ①족집게. 털 따위를 뽑는 데 쓰는, 쇠로 만든 조그마한 집게. 〔雲仙雜記〕左右進銅鑷. ②뽑다, 족집게로 털을 뽑다. 〔李

白·詩〕鑞白坐相看. ③머리 장식의 한 가지, 비녀에 걸어 늘이는 것.〔江洪·詩〕寶鑞開珠花.
【鑞髮 섭발】족집게로 머리털을 뽑아 없앰.
【鑞白 섭백】흰 머리털을 뽑음.

❶金―, 刀―, 銅―, 休―.

金 18 【鑹】㉖ 창 찬 簡 鏩 cuàn

字解 창(槍), 작은 창.

金 18 【鑴】㉖ 솥 휴 齎 xī

소전 鑴 초서 鑴 字解 ❶솥, 큰 솥. ❷독. 오지로 된 큰 단지. ❸종. 큰 종. ❹햇무리.〔周禮〕一曰柀, 二曰象, 三曰鑴. ❺송곳.

金 19 【鑼】㉗ 징 라 歌 luó

초서 鑼 간체 锣 字解 ❶징. 구리로 만든 대야 모양의 악기.〔元史〕鳴鑼, 擊鼓. ❷동발(銅鈸). 자바라의 한 가지.
【鑼鼓 나고】동라(銅鑼)와 큰 북.
【鑼鍋 나과】노구솥의 한 가지. 조두(刁斗).
【鑼槌 나추】동라를 치는 채.

❶銅―, 小―, 鈔―.

金 19 【鑠】㉗ 솥 라 歌 luó

소전 鑠 동자 鑣 동자 蠃 字解 솥, 작은 가마솥.〔太平御覽〕秦人以鈷鉧爲銼鑠.

金 19 【鑾】㉗ ❶방울 란 寒 luán ❷國보습 거

소전 鑾 초서 鑾 간체 銮 字解 ❶❶방울, 천자가 타는 수레의 말고삐에 다는 방울.〔張衡·賦〕鑾聲噦噦. ❷천자(天子)가 타는 수레, 천자. ≒鸞〔李賀·詩〕隨鑾撼玉珂. ❷보습, 쟁기의 날.
【鑾駕 난가】≒鑾輿(난여).
【鑾鈴 난령】난여(鑾輿)에 단 방울.
【鑾輅 난로】난(鑾)과 화(和)가 달린 수레. 곧, 천자의 수레.
【鑾興 난여】천자가 타는 수레. 鑾駕(난가).
【鑾音 난음】방울 소리.
【鑾旗 난패】천자의 수레에 세우는 기.
【鑾和 난화】난(鑾)과 화(和). 모두 천자의 수레에 다는 방울.

❶陪―, 停―, 駐―, 淸―, 華―, 廻―, 後―.

金 19 【鑽】㉗ 끌 찬 寒 zuān

소전 鑽 초서 鑽 속자 鑚 간체 钻 字解 ❶끌, 강철로 만든 끌. 송곳.〔蘇軾·詩〕利汝椎輿鑽. ❷뚫다, 자르다. ㉮송곳으로 구멍을 내다.〔陸雲·詩〕堅不可鑽. ㉯깊이 연구하다.〔論語〕鑽之彌堅. ㉰술책이나 청탁으로 사진(仕進)의 길을 찾다.〔班固·答賓戲〕商鞅挾三術以鑽孝公. ❸빈형(臏刑). 종지뼈를 긁어 내는 형벌.〔漢書〕其次用鑽鑿. ❹부시. 부싯돌과 마주 쳐서 불을 일으키는 쇳조각.〔唐書〕隊具火鑽一. ❺살촉, 창끝.〔史記〕施鑽如蠭蠆. ❻모으다. ≒攢〔班固·賦〕列刃攢鍱, 注云, 攢, 與鑽同.
【鑽堅 찬견】견고한 것을 뚫음. 학문을 연구함.
【鑽空 찬공】송곳으로 뚫은 구멍.
【鑽具 찬구】①구멍을 뚫는 연장. 송곳. ②술책 (術策)을 써서 윗사람에게 인정받기를 바라는 사람.
【鑽厲 찬려】부지런히 힘씀.
【鑽礪 찬려】쪼거나 새기는 일.
【鑽鍊 찬련】연마(鍊磨)함. 硏鑽(연찬).
【鑽味 찬미】깊이 연구하고 완미(玩味)함.
【鑽石 찬석】①돌을 자름, 돌에 새김. ②질이 낮은 금강석.
【鑽燧 찬수】나무나 돌을 맞비비거나 구멍을 뚫는 마찰 작용으로 불씨를 얻던 일. 鑽木(찬목).
【鑽仰 찬앙】성인(聖人)의 도(道)와 덕(德)을 탐구하여 우러러봄. 학문 등을 탐구함.
【鑽硏 찬연】갈고 닦음. 연구함. 硏鑽(연찬).
【鑽穴隙 찬혈극】담장에 구멍을 뚫어 남녀가 서로 들여다봄. 곧, 남녀의 야합(野合).

❶金剛―, 硏―, 雕―.

金 20 【钁】㉘ 괭이 곽 藥 jué

소전 钁 간체 镢 字解 ❶괭이, 볼이 넓은 큰 괭이. ❷끊다, 쪼개다.〔淮南子·注〕钁, 斫也.
【钁鍤 곽삽】큰 괭이. 钁臿(곽잡).
【钁臿 곽잡】▷钁鍤(곽삽).

金 20 【钀】㉘ 재갈 얼 屑 niè

字解 재갈. 말 입에 가로 물리는 쇠토막.

金 20 【鑿】㉘ ❶뚫을 착 藥 záo ❷쌀 쓿을 착 藥 zuò ❸새길 족 屋 zú ❹구멍 조 號 zào

소전 鑿 초서 鑿 간체 凿 參考 대법원 지정 인명용 한자의 음은 '착'이다.
字解 ❶❶뚫다, 파다. ㉮구멍을 내다.〔淮南子〕喉中有病, 無害於息, 不可鑿也. ㉯끊다, 자르다.〔詩經〕鑿冰冲冲. ㉰열다, 소통하다.〔漢書〕然鶱鑿空. ㉱끝까지 캐다, 멋대로 억측(臆測)하다.〔孟子〕所惡於智者, 爲其鑿也. ❷끌. 나무에 구멍을 파는 연장.〔論衡·效力〕鑿所以入木者, 槌叩之也. ❸경형(黥刑). 얼굴에 죄명(罪名)을 자자(刺字)하는 형벌.〔漢書〕次用鑽鑿. ❹구멍. 눈구멍·귓구멍 따위.〔荀子〕

金部 21획 钁

五鑿爲正. ❺마음, 생각. 〔莊子〕六鑿相攘. ❷①쌀을 쓿다, 쓿은 쌀, 백미(白米). 〔越絶書〕粗糲米每一石, 云云, 舂得八斗爲鑿. ②선명하다, 선명한 모양. 〔詩經〕白石鑿鑿. ❸새기다, 아로새기다. ❹①구멍. 〔周禮〕凡輻, 量其鑿深, 以爲輻廣. ②움, 움막. 〔漢書〕牧兒亡羊, 羊入其鑿.

【鑿開 착개】 뚫어서 소통함.
【鑿漑 착개】 도랑을 파서 물을 댐.
【鑿空 착공】 ①뚫어서 엶. 새로 길을 냄. ②쓸데없는 의론. 空論(공론). 弄空(농공).
【鑿飮耕食 착음경식】 우물을 파서 마시고 밭을 갈아 먹음. 천하가 태평하고 생활이 안락함. ♤요(堯)임금 때 한 노인이 땅을 두드리며 부른 노래인 격양가(擊壤歌)의 가사에서 온 말.
【鑿井 착정】 우물을 팜.
【鑿鑿 착착】 ①선명(鮮明)한 모양. ②확실한 모양. 분명한 모양. ③바위가 높이 솟은 모양.
【鑿八 착팔】 벼 한 섬을 찧어 쌀 여덟 말을 얻음. 이할(二割)이 줄어듦.
【鑿枘 조예】 모난 구멍에 둥근 장부. 사물이 서로 맞지 않음. 枘鑿(예조).

◐ 刻一, 開一, 鋸一, 耕一, 剖一, 孔一, 空一, 洞一, 斧一, 枘一, 鞠一, 精一, 穿一.

金21 钁

㉙ 호미 촉 zhú
〔字解〕 ①호미. ②끌다. =钃. 〔荀子〕所謂, 以狐父之戈钃牛矢也.

長部

8획 부수 | 길장부

長 0

❶길 장 陽 cháng
❷어른 장 養 zhǎng

丨 厂 厂 F 乕 툰 長 長

〔소전〕 〔고문〕 〔초서〕 〔행서〕 〔간체〕

〔參考〕 '長'이 한자의 구성에서 변에 쓰일 때는 글자 모양이 '镸'으로 바뀌고, '길장변'이라고 부른다.

〔字源〕 象形. 나이 많은 노인이 머리털을 나부끼고 있는 모양을 본뜬 글자.

〔字解〕 ❶①길다. ㉮짧지 않다. 〔孟子〕布帛長短同, 則賈相若. ㉯오래다. 〔國語〕以民生之不長. ㉰멀다. 〔詩經〕道阻且長. ㉱깊다. 〔張衡·賦〕赴長莽. ㉲많다. 〔呂氏春秋〕長澤之卵. ㉳많다. 〔呂氏春秋〕亂世之所以長也. ㉴성(盛)하다. 〔呂氏春秋〕此神農之所以長. ㉵높다. 〔史記〕幾然而長. ㉶아름답다. 〔國語〕使長鬣之士相髯. ㉷길이, 오래도록, 늘. 〔詩經〕長發其祥. ③늘이다, 길게 하다. 〔禮經〕

歌之爲言也, 長言之也. ④키, 신장(身長). 〔後漢書〕身長九尺. ⑤지나가다, 통과하다. 〔周禮·注〕矢行長. ⑥낫다, 우수하다. 〔孟子〕敢問, 夫子惡乎長. ❷①어른, 성인(成人). 〔春秋公羊傳〕隱長而卑. ②연장(年長), 나이가 위인 사람. 〔禮記〕十年以長則兄事之. ③우두머리. ㉮수령(首領), 두목(頭目). 〔書經〕外薄四海, 咸建五長. ㉯임금, 제후, 현(縣)의 장관. 〔書經〕長以貴得民. ㉰맏아들, 한 집안의 계승자. ㉱모든 기관(機關)의 책임자. ④형(兄). 〔禮記〕立敬自長始. ⑤존귀한 사람, 공경(公卿). 〔儀禮〕若賓若長. ⑥앞장, 시초. 〔國語〕吳晉爭長. ⑦근본(根本), 종주(宗主). 〔易經〕元者, 善之長也. ⑧늙다, 노년이 되다. 〔國語〕齊侯長矣. ⑨어른이 되다, 성인이 되다. 〔史記〕及長爲委吏. ⑩수령(首領)이 되다. 〔戰國策〕君長齊. ⑪더하다, 늘다. 〔國語〕不日引, 不月長. ⑫나아가다, 전진하다. 〔易經〕君子道長. ⑬쌓다, 축적(蓄積)하다. 〔國語〕唯長舊怨. ⑭기르다, 양육(養育)하다. 〔詩經〕長我育我. ⑮자라다, 생장하다. 〔孟子〕苟得其養, 無物不長. ⑯가르치다, 이끌다. 〔詩經〕克長克君. ⑰존귀하다, 존중하다. 〔漢書〕賤奢長儉. ⑱길이, 키. ⑲나머지, 여분(餘分). 〔陸機·賦〕無取乎冗長.

【長假 장가】 ①장기간 빌려 줌. ②장기 휴가(長期休暇). 곧, 사직함.
【長駕 장가】 ①거가(車駕)를 타고 멀리까지 감. ②먼 지방까지 복속(服屬)시킴.
【長江天塹 장강천참】 양자강(揚子江)은 천연의 요해(要害)임. ♤'長江'은 양자강의 딴 이름, '塹'은 성을 지키기 위한 해자(垓字).
【長鯨 장경】 ①큰 고래. ②대단히 탐욕스러운 악인(惡人). ③많이 먹고 많이 마시는 사람.
【長頸烏喙 장경오훼】 긴 목과 까마귀처럼 뾰족이 나온 입. 지혜와 참을성이 많아 환난(患難)은 같이할 수 있으나 탐욕스럽고 시기심이 많아 안락은 같이 누릴 수 없는 인상(人相).
【長計 장계】 ①영원한 계책. 먼 앞날을 내다본 계획. ②뛰어난 계책. 良計(양계).
【長空 장공】 높고 먼 하늘.
【長廣舌 장광설】 ①길고 줄기차게 잘 늘어놓는 말솜씨. ②쓸데없이 오래 지껄이는 말.
【長驅 장구】 말을 타고 먼 거리를 달림. 멀리 적을 추격함.
【長君 장군】 ①성년이 된 임금. 또는 나이 많은 공자(公子). ②남의 맏형.
【長裙 장군】 긴 치마.
【長技 장기】 특히 뛰어난 재주. 特技(특기).
【長短 장단】 ①길고 짧음. ②장점과 단점. ③노래의 박자.
【長短說 장단설】 임기응변으로, 길게 또는 짧게 자유자재로 말함.
【長途 장도】 먼 길. 긴 여행.
【長樂 장락】 ①무궁(無窮)한 즐거움. 또는 오래 즐김. ②즐거움이 늚.
【長慮 장려】 ①먼 장래(將來)까지 생각함. ②먼

앞날까지 내다본 계획.
【長曆 장력】 오랜 세월에 걸쳐 알 수 있게 만든 책력.
【長老 장로】 ①나이가 많고 학문과 덕이 높은 사람. ②기독교에서, 선교(宣敎) 및 교회의 운영에 참여하는 교직의 하나. ③(佛)배움이 크고 덕이 높으며 나이가 많은 승려의 존칭.
【長流 장류】 긴 흐름. 긴 강(江).
【長律 장률】 ①가락이 느린 음률(音律). ②㉠한 시의 배율(排律). ㉡칠언 율시(七言律詩).
【長吏 장리】 ①지위가 높은 관리. ②國지방의 수령(守令). ③각 고을의 향리(鄕吏)인 호장(戶長)과 아전(衙前).
【長利 장리】 ①장기간에 걸친 이익. 큰 이익. ②國돈이나 곡식을 꾸어 주고 1년에 5할의 이자를 붙이는 변리.
【長立待令 장립대령】 國오랫동안 서서 명령을 기다림. 권력 있는 사람의 집에 드나들며 이익을 보려고 아첨하는 사람.
【長眠 장면】 영원히 잠듦. 죽음. 永眠(영면).
【長命 장명】 긴 수명. 長壽(장수).
【長明燈 장명등】 ①대문 밖이나 처마 끝에 달아 두고 밤을 밝히는 등. ②國무덤 앞에 세우는, 돌로 만든 등.
【長命富貴 장명부귀】 장수와 부귀. 남을 송축(頌祝)할 때 쓰는 말.
【長目飛耳 장목비이】 먼 곳의 일과 은미(隱微)한 일을 분명히 아는 방법. 견문(見聞)을 넓히는 방법.
【長物 장물】 ①쓸모없는 물건. 무용지물. ②만물을 기름.
【長服 장복】 같은 약이나 음식을 계속해서 오랫동안 먹음.
【長婦 장부】 ①형수(兄嫂). ②키가 큰 며느리.
【長蛇 장사】 ①㉠큰 뱀. ㉡잔인하고 흉악한 사람. ②뱀의 한 종류.
【長蛇陣 장사진】 ①긴 뱀처럼 한 줄로 길게 벌인 군진(軍陣). ②많은 사람이 줄을 지어 길게 늘어서 있음.
【長上 장상】 ①상관(上官). ②나이 많은 사람.
【長殤 장상】 16세부터 19세 사이에 결혼하지 않고 죽음.
【長逝 장서】 ①먼 곳에 감. ②영구(永久)히 가서 돌아오지 않음. 죽음. 長眠(장면).
【長舌 장설】 긴 혀. 말이 많음.
【長成 장성】 자라서 성인이 됨. 성장(成長)함.
【長星 장성】 살별. 彗星(혜성).
【長所 장소】 남보다 특별히 뛰어난 점.
【長嘯 장소】 소리를 길게 빼어 읊음.
【長袖 장수】 ①긴 소매. ②소매가 긴 옷을 입은, 노래하고 춤추는 기녀(妓女).
【長壽 장수】 오래 삶.
【長鬚 장수】 ①긴 수염. ②남자 종의 딴 이름.
【長嘶 장시】 말 따위가 소리를 길게 빼어 욺.
【長安 장안】 ①주(周)·한(漢)·당(唐) 시대 등의 도읍(都城). 지금의 섬서성(陝西省) 장안현(長安縣)의 서북쪽. ②수도(首都). 서울.

【長夜 장야】 ①긴 밤. ②매장(埋葬). ✍사람이 죽은 후 땅속에 묻히어 영원히 캄캄한 곳에 있게 되는 것이 기나긴 밤과 같다는 데서 온 말.
【長夜眠 장야면】 ①일생을 꿈처럼 지내는 일. ②(佛)마음의 엇갈림으로 말미암아 깨달음을 얻지 못하여 생사의 괴로운 처지를 벗어나지 못하는 일.
【長夜室 장야실】 무덤.
【長夜飮 장야음】 밤새도록 술을 마심.
【長髥 장염】 긴 구레나룻.
【長髥主簿 장염주부】 양(羊)의 딴 이름.
【長臥 장와】 긴 잠. 죽음.
【長吁 장우】 길게 한숨을 쉼. 크게 탄식함.
【長吁短歎 장우단탄】 긴 한숨과 짧은 탄식. 탄식하여 마지않음.
【長圍 장위】 ①길게 두른 방죽. ②장기간 적을 포위함.
【長幼有序 장유유서】 나이 많은 사람과 어린 사람 사이에는 지켜야 할 차례가 있음.
【長揖 장읍】 두 손을 마주 잡고 위로 올렸다가 내리는 인사. 약식(略式) 경례.
【長耳目 장이목】 주의 깊게 보고 들음.
【長人 장인】 ①남 위에 섬. 우두머리가 됨. ②키가 큰 사람.
【長日 장일】 ①해가 긴 날. 여름날. ②동지(冬至)의 절기. ✍동지가 지나면 해가 하루하루 길어지는 데서 이르는 말.
【長者 장자】 ①나이 많은 사람. 年長者(연장자). ②지위가 높고 귀한 사람. ③덕(德)이 높고 인망(人望)이 두터운 사람. ④큰 부자의 높임말.
【長者言 장자언】 군자(君子)의 말.
【長斫 장작】 國통나무를 잘라서 쪼갠 땔나무.
【長棧 장잔】 긴 잔도(棧道).
【長齋 장재】 ①오랫동안 재식(齋食)을 계속함. 불교에서 오후에 음식을 먹지 않는 수행법. ②한평생 정진하여 육식(肉食)을 하지 않음.
【長嫡 장적】 본처가 낳은 맏아들.
【長錢 장전】 ①돈을 넉넉하게 함. ②많은 돈.
【長點 장점】 ①좋은 점. ②특히 잘하는 점.
【長汀 장정】 길게 뻗친 물가.
【長征 장정】 멀리 감. 멀리 정벌(征伐)을 떠남.
【長亭 장정】 10리마다 두었던 역숙(驛宿).
【長程 장정】 매우 먼 길.
【長弟 장제】 ①앞과 뒤. 先後(선후). ②손위를 잘 섬기고 손아래를 사랑하는. ③가장 나이가 많은 동생.
【長足 장족】 ①긴 다리. ②빠른 걸음. ③진보(進步)가 빠름.
【長存 장존】 오래 삶. 長生(장생).
【長至 장지】 ①1년 중 밤이 가장 긴 동지(冬至). ②1년 중 낮이 가장 긴 하지(夏至).
【長嗟 장차】 크게 탄식함. 長歎(장탄).
【長札 장찰】 사연이 긴 편지.
【長策 장책】 ①긴 채찍. 長鞭(장편). ②훌륭한 계책.
【長處 장처】 좋은 점. 長點(장점).
【長戚戚 장척척】 오래 근심하고 괴로워함.

【長天 장천】 ①높고 먼 하늘. ②㉠낮이 긴 날. ㉡종일(終日).
【長醉 장취】 늘 술에 취해 있음.
【長枕大衾 장침대금】 긴 베개와 큰 이불. 형제간에 우애가 깊음. 故事 당(唐) 현종이 우애가 깊어 긴 베개와 큰 이불로 형제들과 함께 잤다는 고사에서 온 말. 長枕大被(장침대피).
【長風 장풍】 먼 데서 불어오는 바람. 먼 곳까지 불어 가는 큰 바람.
【長恨 장한】 오래도록 한이 되는 일.
【長鋏 장협】 ①장검(長劍). 〔'鋏'은 칼자루. ②처지가 군색하여 다른 사람이 은혜를 베풀기를 바람. 故事 풍훤(馮諼)이 집이 가난하여 맹상군(孟嘗君)의 식객(食客)으로 있었는데, 대우가 좋지 않자 긴 칼자루[長鋏]를 두드리며 밥상에는 고기가 없고 나가려 해도 수레가 없고 집도 없다고 노래한 데서 온 말.
【長兄 장형】 ①맏형. ②연장자(年長者)에 대한 존칭.
【長號 장호】 오래도록 통곡함.
【長虹 장홍】 ①무지개. ②긴 다리〔橋〕.
【長話 장화】 긴 이야기.
【長喙 장훼】 긴 부리. 쓸데없는 말을 길게 지껄임의 비유.
【長休告 장휴고】 관리(官吏)가 사직함.

▷家─. 官─. 館─. 校─. 短─. 團─. 隊─. 社─. 生─. 署─. 成─. 細─. 少─. 所─. 消─. 遂─. 市─. 身─. 深─. 讓─. 驛─. 年─. 延─. 永─. 靈─. 院─. 園─. 悠─. 邑─. 次─. 總─. 酋─. 太─. 會─. 訓─.

長0【镸】⑦ 長(1914)의 고자

長2【镺】⑨ 추할 곤 冠 kūn
字解 ①추하다, 보기 흉하다.〔淮南子〕镺屯犁牛. ②귀다래기. 귀가 작은 소.
【镺屯 곤둔】 추하고 볼품없는 모양.

長4【镻】⑪ 길 오 𥕁 ǎo
字解 길다, 벋다, 나뭇가지가 자라나다.〔左思・賦〕卉木镻蔓.

長5【镻】⑫ 살무사 질 𥞐 dié
字解 살무사. 독사(毒蛇)의 한 가지.

長6【镽】⑬ 길고 약할 뇨 𥞭 niǎo
字解 ①길고 연약하다. ②모래 위를 걸을 때 신는 신.〔淮南子〕水行用舟, 沙行用镽.

長6【镾】⑬ 髮(2073)과 동자

門 部
8획 부수 | 문문부

門0【門】⑧ 문 문 冠 mén
丨 丨 門 門 門 門 門 門
소전 門 초서 ~ 동체 閈 간체 门 參考 門(2077)는 딴 자.
字源 象形. 두 개의 문짝을 달아 놓은 모양을 본뜬 글자.
字解 ①문, 출입문.〔史記〕門外可設雀羅. 문간, 문전.〔史記〕有荷蕢而過門者. ③집안, 가문, 문벌.〔宋書〕將興吾門. ④일가, 친척.〔李中・詩〕一門淸貴古今稀. ⑤귀현(貴顯)이 재능 있는 사람을 양성하는 곳.〔史記〕門下不見一賢者. ⑥배움터, 가르치는 곳.〔孟子〕願留而受業於門. ⑦사물이 생겨나는 곳.〔易經〕乾坤是易之門. ⑧사물이 반드시 거치는 요소(要所).〔淮南子〕獨知守其門. ⑨들머리, 어귀.〔管子〕開其門. ⑩구별, 유별(類別).〔舊唐書〕號曰通典, 書凡九門. ⑪직업이나 학술 분야.〔後漢書〕中世儒門, 賈鄭名學. ⑫문을 지키다.〔春秋公羊傳〕勇士入其大門, 則無人門焉者. ⑬문을 공격하다.〔春秋左氏傳〕偪陽人啓門, 諸侯之士門焉. ⑭장문(藏門). 바둑 수법의 명칭. ⑮대포를 세는 단위. ⑯생물(生物)의 분류학상 단위의 한 가지. 강(綱)의 위, 계(界)의 아래.
【門鑑 문감】 성문(城門)・관문(關門)의 출입 허가증.
【門客 문객】 ①권세 있는 집의 식객(食客). ②글방의 스승. ③한림원(翰林院)의 관리.
【門徑 문경】 ①문 앞의 좁은 길. ②단서(端緖). 실마리. 門逕(문경).
【門閫 문곤】 문지방.
【門功 문공】 조상의 공적(功績).
【門衢 문구】 문 앞의 도로.
【門闕 문궐】 대궐의 문. 궐문(闕門).
【門闥 문달】 궁중에 있는 크고 작은 문.
【門閭 문려】 ①성문(城門)과 마을의 문. ②궁궐의 문. ③향리. 마을. ④가문. 가정.
【門聯 문련】 문의 양쪽에 거는 대구(對句)를 쓴 주련(柱聯). 門帖(문첩).
【門無雜賓 문무잡빈】 시시한 사람이 찾아오지 않음. 친구를 가려 사귐.
【門楣 문미】 ①문 위에 가로 댄 나무. ②집안. ③집안을 빛낸 여자.
【門閥 문벌】 대대로 내려오는 그 집안의 사회적 신분이나 지위. 家閥(가벌).
【門不夜關 문불야관】 밤에 문을 잠그지 않음. 세상이 태평하여 도적이 없음.
【門不停賓 문불정빈】 손을 기다리게 하지 않고 즉시 맞아들임.

門部 1~3획 門閂閃閉 1917

【門士 문사】 ①군영의 문을 지키는 군사. ②문지기.
【門扇 문선】 문짝. 門扉(문비).
【門塾 문숙】 ①여문(閭門) 좌우에 붙은 방. 이곳에서 향리 사람들에게 학문과 농사를 가르쳤음. ②가정에서 선생을 맞이하여 가르치던 곳. 家塾(가숙).
【門鑰 문약】 문의 자물쇠.
【門業 문업】 집안 대대로 내려오는 직업.
【門外黜送 문외출송】 國죄를 지은 벼슬아치에 대해 벼슬과 품계를 떼고 도성 밖으로 내쫓는 형벌. 門黜(문출).
【門外漢 문외한】 어떤 일에 직접 관계가 없거나 전문적인 지식이 없는 사람.
【門衛 문위】 문지기. 門隷(문례).
【門蔭 문음】 공신(功臣)이나 고위 관리의 자제에게 과거(科擧)를 통하지 않고 벼슬을 주는 일. 蔭敍(음서).
【門義 문의】 문하(門下)의 종자(從者).
【門人 문인】 ①제자. 門生(문생). 門下生(문하생). ②문지기. ③식객(食客).
【門子 문자】 ①문지기. ②경대부(卿大夫)의 적자(嫡子). ③식객(食客).
【門者 문자】 ①문을 지키는 구실아치. ②문지기.
【門資 문자】 집안. 가문(家門). 門閥(문벌).
【門長 문장】 ①문지기의 장. ②國한 문중(門中)에서 항렬과 나이가 가장 높은 사람.
【門牆 문장】 ①①문과 담. ②가문(家門). ②㉠스승의 집. ㉡스승의 가르침.
【門前成市 문전성시】 문 앞이 시장을 이룸. 방문하는 사람이 많음. 門庭若市(문정약시).
【門庭 문정】 ①문과 뜰. ②집 앞의 뜰. ③대문 안. 제택(第宅)의 안.
【門庭若市 문정약시】 대문 앞이 저자와 같음. 사람이 많이 모여듦.
【門弟 문제】 제자(弟子). 門人(문인).
【門祚 문조】 한 문중(門中)의 행복.
【門胄 문주】 집안의 혈통.
【門誅 문주】 온 집안 식구를 모두 죽임.
【門中 문중】 國성(姓)과 본(本)이 같은 가까운 친척.
【門地 문지】 가문(家門). 문벌(門閥).
【門表 문표】 집안의 명예나 명성.
【門標 문표】 ①문패(門牌). ②함부로 드나들지 못하게 하기 위한 문의 출입 허가증.
【門風 문풍】 한 집안 특유의 풍습.
【門下 문하】 ①집의 안. ②식객(食客)이나 문객(門客). ③문생(門生). 제자.
【門限 문한】 문지방.
【門巷 문항】 대문(大門)과 거리. 가문(家門)과 가향(街巷). 마을. 시가(市街).
【門戶 문호】 ①문(門)과 호(戶). 대문과 지게문. 또는 문의 개폐나 단속. ②입구(入口). 집에 드나드는 곳. ③아주 중요한 지위. ④지세가 험하고 중요한 땅. 요해지(要害地). ⑤집. ⑥좋은 집안. 훌륭한 가문(家門). ⑦동료(同僚). 붕당(朋黨).
【門火 문화】 ①문에 난 불. ②장사(葬事) 때의 의식(儀式)으로 문 앞에서 피우는 불.
【門候 문후】 시각(時刻)에 맞추어 성문(城門)을 여닫는 벼슬아치.

● 家-, 開-, 叩-, 高-, 公-, 關-, 國-, 軍-, 闕-, 貴-, 閨-, 棘-, 金-, 南-, 大-, 到-, 同-, 東-, 杜-, 名-, 廟-, 梵-, 法-, 部-, 北-, 四-, 私-, 寺-, 沙-, 山-, 西-, 城-, 聖-, 小-, 水-, 守-, 市-, 柴-, 掖-, 迎-, 玉-, 外-, 雲-, 儒-, 倚-, 里-, 入-, 專-, 正-, 旌-, 朱-, 竹-, 中-, 天-, 鐵-, 出-, 閉-, 寒-, 闔-, 肛-, 荊-, 後-.

門 【閂】 ⑨ 빗장 산 閂 shuān
1

[초서] [간체] [字解] 빗장.

門 【閂】 ⑩ 門(1916)과 동자
2

門 【閃】 ⑩ 번쩍일 섬 闪 shǎn
2

[초서] [간체] [字源] 會意. 門+人→閃. 문 안에 사람이 있어 어른거리는 데서, 門과 人을 합하여 '어른거리다, 번쩍이다'의 뜻을 나타낸다.

[字解] ①번쩍이다, 깜박거리다, 어른거리다. [古詩] 寒鴉閃閃前山去. ②문을 나가는 모양. ③몸을 비키다, 피하다. ④잠깐 보이다. ¶閃屍. ⑤아첨하다. [後漢書] 榮納由於閃楡. ⑥번개. [願雲·行] 金蛇飛狀霍閃過. ⑦결국, 종말에는.
【閃光 섬광】 번쩍 빛나는 빛.
【閃刀紙 섬도지】 도련을 칠 때에 귀가 접힌 채로 베어진 종이.
【閃得 섬득】 마침내는. 결국에는.
【閃鑠 섬삭】 번쩍번쩍 빛남. 빛이 안정되지 못한 모양. 閃爍(섬삭).
【閃閃 섬섬】 ①번득이는 모양. ②나부끼는 모양.
【閃屍 섬시】 잠깐 보이는 모양. 잠시 나타나는 모양.
【閃影 섬영】 번쩍거리는 그림자.
【閃電 섬전】 순간적으로 번쩍하는 번갯불. 매우 빠름의 비유.
【閃爛 섬찬】 찬란하게 빛나는 모양.
【閃忽 섬홀】 번쩍함. 번쩍하는 모양.
【閃虹 섬홍】 번갯불. 電光(전광).
【閃火 섬화】 번쩍이는 불빛.

● 騰-, 一-, 電-, 倏-, 回-.

門 【閉】 ⑪ ❶닫을 폐 闭 bì
3   ❷막을 별 闭 bì

[필순] 冂 冂 冂' 冂' 門 門 門 閂 閂 閉

[소전] [초서] [속] [간체] [參考] 대법원 지정

門部 3~4획 閇閈閒

인명용 한자의 음은 '폐'이다.
字源 會意. 門+才→閉. 문(門)에 빗장(才)을 건다는 데서 '문을 닫을'의 뜻을 나타낸다.
字解 ❶①닫다, 닫히다. ㉮문을 잠그다.〔春秋左氏傳〕閉門而索客. ㉯끊다, 단절하다, 자르다.〔書經〕予不敢閉于天降威用. ㉰덮다. ㉱오므리다.〔素問〕寒則腠理閉. ㉲지키다.〔國語〕釋其明修. ㉳막다, 막히다.〔國語〕閉而不通. ㉴간직하다.〔史記〕主父閉之. ②자물쇠.〔禮記〕脩鍵閉. ③맺음, 매듭.〔呂氏春秋〕魯鄙人遺宋元王閉. ④도지개. ≒柲.〔詩經〕竹閉緄縢. ⑤폐. 건제 십이신(建除十二神)의 한 가지. 흉(凶)을 일진(日辰)이다. ⑥입추(立秋)·입동(立冬)의 두 계절.〔春秋左氏傳〕凡分至啓閉, 必書雲物. ⑦끝, 종결. ⑧견주다, 비교하다. ≒比.〔書經〕予不敢閉于天降威用. ❷①막다, 막히다.〔國語〕閉而不通. ②감추다, 거두어들이다.〔春秋考異郵〕寒以閉也.
【閉講 폐강】하던 강의나 강좌 따위를 없앰.
【閉隔 폐격】가두어 격리함.
【閉關 폐관】①관문을 닫음. ②문을 닫고 방문객을 물리침. 세상사를 피함. ③동면(冬眠)함.
【閉口 폐구】입을 다묾. 말을 하지 않음.
【閉氣 폐기】①기(氣)를 닫아 새지 않게 함. ②딸꾹질.
【閉凍 폐동】얾.
【閉幕 폐막】막을 내림. 연극·음악회·행사 따위가 끝남.
【閉門 폐문】문을 닫음.
【閉塞 폐색】막음. 또는 막힘.
【閉鎖 폐쇄】①문을 굳게 닫고 자물쇠를 채움. ②기능을 정지시킴.
【閉囚 폐수】붙들려 갇힘. 또는 그 사람.
【閉市 폐시】시장의 가게를 닫음.
【閉息 폐식】숨을 죽임.
【閉戹 폐액】막혀 고생함. 곤궁한 지경에 처함.
【閉業 폐업】문을 닫고 영업을 쉼.
【閉藏 폐장】①숨겨 둠. 남이 알지 못하도록 함. ②물건을 간직함. 收藏(수장). ③겨울의 석 달.
【閉蟄 폐칩】동면(冬眠).
【閉會 폐회】회의(會議)를 마침.
◐ 開-, 鍵-, 啓-, 凍-, 杜-, 密-, 封-, 掩-, 壅-, 幽-, 隱-, 凝-, 藏-, 重-.

門₃【閇】⑪ 閉(1917)의 속자

門₃【閈】⑪ 이문 한 _{인명} hàn
字解 ①이문(里門). 동네 어귀에 세운 문.〔漢書〕縮自同閈. ②마을, 촌락.〔新唐書〕閈無留人. ③주거(住居), 거처. ④담.〔張衡·賦〕閈庭詭異. ⑤문, 문 앞.〔春秋左氏傳〕高其閈閎. ⑥닫다.
【閈閎 한굉】마을 어귀의 문.
【閈庭 한정】담으로 둘러싸인 뜰.

門₄【閒】⑫ ❶틈 간 _{인명} jiàn
❷사이 간 _{인명} jiān
❸한가할 한 _{인명} xián

參考 대법원 지정 인명용 한자음은 '한'이다.
字源 會意. 門+月→閒. 닫힌 문짝(門) 사이로 달빛(月)이 새어드는 것이 보여 '두 문짝 사이의 틈'이란 뜻을 나타내었다. 뒤에 '閒'이 '閑(한가할 한)'과 혼용(混用)되자 '사이, 틈'의 뜻으로는 '月' 대신 '日'을 넣은 '間' 자를 새로 만들어 썼다.
字解 ❶①틈, 틈새기. ②사이. ㉮중간.〔漢書〕閒者諸呂用事擅權. ㉯안, 속.〔莊子〕攘臂於其閒. ㉰주변(周邊).〔後漢書〕載酒肴於田閒. ③들이다, 받아들이다.〔禮記〕遠近閒三席. ④때, 무렵.〔孟子〕七八月之閒. ⑤요즈음, 요사이.〔漢書〕帝閒顏色瘦黑. ⑥잠깐, 잠시.〔孟子〕夷子憮然爲閒曰. ⑦줄이다, 간략하게 하다. ⑧몰래, 가만히. ¶閒行. ⑨나누다, 분별하다.〔莊子〕苟簡之田.〔釋文〕司馬本, 簡作閒. ⑩방(房), 방의 넓이의 단위.〔韓愈·詩〕一閒茅屋祭昭王. ⑪곳, 부근.〔後漢書〕載酒肴於田閒. ⑫성(性). ⑬사이, 간격.〔淮南子〕醜美有閒. ⑭빈틈.〔莊子〕彼節者有閒. ⑮불화(不和).〔春秋左氏傳〕君臣多閒. ⑯계제, 기회.〔後漢書〕狂狡乘閒, 相詿誤耳. ⑰떨어지다, 사이를 두다.〔漢書〕閒歲而祫. ⑱다르다.〔列子〕雖未及嬰孩之全方, 於少壯閒矣. ⑲멀어지다, 물러가다. ⑳바뀌다, 번갈다.〔詩經〕皇以閒之. ㉑서로 갈마들다.〔書經〕笙鏞以閒. ㉒비방(誹謗)하다, 헐뜯다.〔論語〕人不閒於其父母昆弟之言. ㉓엿보다, 간첩.〔孫子〕用閒有立. ㉔관여하다, 참여하다.〔春秋左氏傳〕肉食者謀之, 又何閒焉. ㉕섞다, 섞이다.〔春秋左氏傳〕遠閒親, 新閒舊. ㉖옆, 다른, 정당하지 않은. ¶閒道. ㉗막다, 막히다.〔春秋左氏傳〕願以閒執讒慝之口. ㉘병이 조금 낫다.〔論語〕病閒. ㉙많다. ¶閒甚. ❸①한가하다, 편안하다. ㉮일이 없다.〔春秋左氏傳〕閒而以師討焉. ㉯놀고 있다, 직업이 없다.〔周禮〕九日閒民. ②틈, 겨를.〔孟子〕連得閒矣. ③쉬다, 휴식하다.〔國語〕可以少閒. ④조용하다, 안정(安定).〔李白·詩〕笑而不答心自閒.
【閒架 간가】①집의 칸살의 얽이. ②시문(詩文)의 짜임새.
【閒間 간간】①좀스러움. 사물을 구별하는 모양. 즐겨 남을 살펴보는 모양. ②그 사이에서 재미있게 놂. ③國사이사이. 틈틈이.
【閒介 간개】좁은 길. 소로(小路).
【閒隔 간격】물건과 물건이 떨어져 있는 사이.
【閒關 간관】①길이 험하여 걷기 힘든 모양. 사람이 종종 난신고(艱難辛苦)를 겪는 일. ②새가 즐겁게 지저귀는 모양. ③수레의 삐걱거리는 소리. ④이곳저곳 옮겨 가는 모양. ⑤글자의 난삽(難澁)함.
【閒氣 간기】①세상에 드물게 나는 영웅호걸(英

雄豪傑)의 타고난 특수한 기운. ②천지간의 기운. ③쓸데없이 성을 냄.
【間斷 간단】잠시 그치거나 끊어짐.
【間道 간도】①샛길. ②숨어서 감.
【間髮 간발】털 한 오라기 사이. 아주 잠시. 아주 적음.
【間步 간보】숨어서 남몰래 감.
【間不容髮 간불용발】털 한 오라기를 넣을 만한 틈도 없음. ㉠거리가 매우 가깝거나 사물이 매우 정밀함. ㉡시간이 긴박하거나 형세가 몹시 위급함.
【間不容息 간불용식】숨 쉴 틈도 없음. 시간이 매우 촉박함.
【間使 간사】남의 내정(內情)을 살피는 사자(使者). 間諜(간첩).
【間色 간색】두 가지 이상의 원색(原色)을 섞어서 낸 색.
【間歲 간세】한 해씩 거름.
【間甚 간심】많음과 적음. ☞'間'은 '多', '甚'은 '少'.
【間於齊楚 간어제초】제(齊)나라와 초(楚)나라 사이에 있음. 곧, 약자가 강자 틈에 끼어 괴로움을 당함.
【間言 간언】①비난하는 말. ②이간하는 말.
【間然 간연】결점을 지적하여 비난함. 남의 실수를 들춤.
【間月 간월】달을 거름. 격월(隔月).
【間人 간인】☞間諜(간첩).
【間者 간자】①☞간첩(間諜). ②요사이.
【間作 간작】주되는 작물 사이에 다른 작물을 재배하는 일.
【間紙 간지】책장 사이에 끼워 두는 종이.
【間執 간집】막음. 못하게 함.
【間諜 간첩】국가나 단체의 비밀이나 상황을 몰래 알아내어 경쟁·대립 관계에 있는 국가나 단체에 제공하는 사람. 間人(간인). 間者(간자). 細作(세작).
【間出 간출】①남의 눈을 피하여 몰래 숨어 다님. ②가끔 나옴.
【間廁 간치】뒤섞임.
【間行 간행】①㉠숨어서 남몰래 감. ㉡샛길로 감. ②그릇된 행동. 부정한 행위.
【間歇 간헐】일정한 시간을 두고 주기적으로 일어났다 멎었다 함.
【間婚 간혼】남의 혼인을 이간질하는 일.
【間候 간후】간첩이 되어 적정(敵情)을 정탐하는 일.
【間暇 한가】①틈. 겨를. 여가. ②나라가 태평함. ③의용(儀容)이 침착하고 조용함. ④여유가 있음. 閑暇(한가).
【間民 한민】일정한 직업 없이 놀고 있는 백성. 遊民(유민).
【間放 한방】마음이 고요하고 거리낌이 없음.
【間散 한산】①일이 없어 한가함. ②한적하고 쓸쓸함. ③☞間散官(한산관). 閑散(한산).
【間散官 한산관】☞벼슬을 내어 놓았거나 벼슬을 하지 못한 사람 한량(閒良)과 맡은 직무가

없는 벼슬인 산관(散官)을 아울러 이르는 말.
【間雅 한아】정숙하고 우아함.
【間雲孤鶴 한운고학】한가롭게 흐르는 구름과 한 마리의 학. 번거로운 세속에서 벗어나 자유롭게 노니는 경지.
【間人勿入 한인물입】일없이 들어오지 말라는, 공장 등 외인 출입을 금하는 곳에 붙이는 문구.
【間日 한일】한가한 날. 일이 없는 날.
【間寂 한적】조용하고 쓸쓸함.
【間適 한적】한가하게 조용히 즐김. 유유자적(悠悠自適)함.
【間田 한전】①임자가 없는 전지. ②농사를 짓지 않고 놀리고 있는 논밭.
【間靜 한정】한가롭고 고요함.
【間話 한화】①쓸데없는 이야기. ②한가로운 이야기.

❶居—, 空—, 期—, 民—, 反—, 兵—, 山—, 世—, 俗—, 時—, 顔—, 腋—, 夜—, 兩—, 年—, 雲—, 月—, 離—, 人—, 日—, 林—, 田—, 晝—, 週—, 中—, 巷—, 行—.

門 [間]⑫ ❶사이 간 刪 jiān
4　　　　❷이간할 간 諫 jiàn

丨 冂 冂 門 門 門 門 問 問 間

본자 間 / 간체 间　参考 어휘·뜻갈래·예문은 '間(1918)'을 아울러 보라.
字源 會意. 門+月→閒→間. 문틈[門] 사이로 달빛[月]이 들어온다는 데서 '틈새'라는 뜻을 나타내었다. 본래 '閒'으로 썼으나 '閒'이 '閑(한가할 한)'과 혼용(混用)되자 '月' 대신 '日'을 넣어 뜻을 명확히 구별하였다.
字解 ❶사이, 틈. ❷이간하다. ※자세한 뜻갈래와 예문은 '閒'의 字解 ❶❷를 아울러 보라.

門 [開]⑫ ❶열 개 灰 kāi
4　　　　❷산 이름 견 先 qiān

丨 冂 冂 門 門 門 門 開 開

소전 開 / 고문 開 / 초서 开 / 간체 开　参考 대법원 지정 인명용 한자의 음은 '개'이다.
字源 會意. 門+廾+一→開. 문[門]에서 두 손[廾]으로 빗장[一]을 연다는 뜻을 나타낸다.
字解 ❶㉠열다, 열리다. ㉮닫히거나 막힌 것을 열다. 〔老子〕善閉, 無關楗而不可開. ㉯통하다, 통달하다. 〔荀子〕教誨開導成王. ㉰비롯하다, 시작하다. 〔後漢書〕開歲發春兮. ㉱피다, 꽃이 피다. 〔梁簡文帝·詩〕桃花含雨開. ㉲개간하다. 〔戰國策〕秦開阡陌. ㉳넓어지다. 〔晉書〕江望南開. ㉴펴다, 늘어놓다. 〔李白·序〕開瓊筵以坐花. ㉵헤어지다. 〔阮籍·歌〕天地解兮六合開. ㉶일으키다. 〔禮記〕蠱者爾心或開予. ㉷깨우치다, 타이르다. 〔禮記〕君子之教喻也, 開而弗達. ㉸권하다. 〔荀子〕開其源. ㉹말하다, 개진(開陳)하다. 〔史記〕終莫得開說. ㉺해설하다. ㉻놓아주다.

〔書經〕開釋無辜. ㉠사면(赦免)하다. ㉡움직이다. 〔管子〕凡物開靜. ㉢활달하다. 〔晉書〕奮性開朗. ②사라지다, 소멸하다. 〔朱熹·詩〕幾度呼童掃不開. ③끓다, 비등(沸騰)하다. ④출발하다. ⑤개(開). 일진(日辰)의 하나. 건제십이신(建除十二神)의 하나. 길신(吉辰)이다. ⑥성(姓). ❷산 이름.

【開可 개가】 허가함. 허락함.
【開墾 개간】 산이나 황무지를 일구어 농토나 쓸 모 있는 땅으로 만듦.
【開缺 개결】 관리(官吏)가 사임(辭任)함.
【開關 개관】 ①성문(城門)을 엶. 🔍 '關'은 빗장. ②관문(關門)을 엶.
【開曠 개광】 앞이 환히 열림. 매우 넓은 모양.
【開口 개구】 ①입을 엶. 말을 함. 이야기를 시작함. ②웃음. ③음식을 먹음.
【開國 개국】 ①새로 나라를 세움. ②나라의 문호를 열어 다른 나라와 교류함.
【開掘 개굴】 파헤쳐 광물 등을 캐냄.
【開卷 개권】 ①책을 펴서 읽음. ②책을 편 첫째 장. ③펴는 일과 마는 일. 卷舒(권서).
【開卷有得 개권유득】 책을 펼쳐 읽으면 유익함을 얻음. 開卷有益(개권유익).
【開襟 개금】 ①옷깃을 풂. ②속마음을 털어놓음. 흉금(胸襟)을 터놓고 이야기함.
【開基 개기】 ①터전을 닦음. 어떤 일을 맨 먼저 시작함. 또는 그 사람. ②(佛)불사(佛寺)를 창립(創立)한 사람.
【開年 개년】 한 해의 시작. 세초(歲初).
【開導 개도】 가르쳐 인도함. 지도(指導)함.
【開落 개락】 꽃의 핌과 짐.
【開朗 개랑】 ①확 트여 유쾌함. ②총명(聰明)함.
【開幕 개막】 무대의 막을 엶.
【開明 개명】 ①열어서 밝힘. ②인지(人智)가 열리고 문물이 진보함. ③내용을 명세(明細)하게 씀. ④샛별. 啓明星(계명성).
【開門納賊 개문납적】 문을 열고 도적을 들임. 제 스스로 화를 만듦.
【開門揖盜 개문읍도】 문을 열어 도적에게 읍함. 어렵거나 위태로운 상황에서 예절을 찾음. 시의(時宜)를 알지 못함.
【開物成務 개물성무】 만물(萬物)의 도리를 깨달아 그에 따라 일을 처리하여 일을 이룸. 開成(개성).
【開眉 개미】 눈살을 폄. 근심을 풂. 안심함. 開顰(개빈).
【開發 개발】 ①서장(書狀) 따위에서 봉한 것을 뜯어서 엶. ②슬기와 재능을 널리 열어 줌. ③널리 폄. ④셈을 함. 셈을 치름. ⑤새로운 것을 생각해 내어 실용화하는 일. ⑥논밭을 개간(開墾)함. 開拓(개척).
【開放 개방】 ①활짝 열어 놓음. ②속박(束縛)·경계(警戒)를 풀어 자유롭게 함. ③용서하여 놓아줌.
【開帆 개범】 돛을 올림. 출범(出帆)함.
【開闢 개벽】 천지가 처음으로 열어짐.
【開復 개복】 ①회복함. ②휴직(休職) 중에 있던

관리가 복직(復職)됨.
【開封 개봉】 봉한 것을 뜯어서 엶.
【開府 개부】 ①관아를 설치하고 속관(屬官)을 둠. ②순무(巡撫)·총독 등의 존칭.
【開山 개산】 ①(佛)㉠처음으로 절을 세우는 일. 또는 그 사람. ㉡한 종파(宗派)의 개조(開祖). 開基(개기). ②사업을 처음으로 일으킨 사람. 創始者(창시자).
【開曙 개서】 날이 샘. 새벽.
【開析 개석】 ①엶. ②봉한 것을 엶.
【開成 개성】 ☞開物成務(개물성무).
【開城 개성】 ①성문을 엶. ②항복함. ③고려(高麗)의 수도. 開京(개경).
【開歲 개세】 한 해의 시작. 開年(개년).
【開市 개시】 ①시장의 가게를 엶. ②장사를 시작함. 무역을 시작함.
【開始 개시】 시작함.
【開心 개심】 ①지혜를 엶. 어리석음을 개발(開發)함. ②흉금(胸襟)을 열어 진심을 보임. ③마음을 서로 통함.
【開眼 개안】 ①눈을 뜨고 봄. ②(佛)㉠불도의 진리를 깨달음. ㉡새로 완성한 불상(佛像)·불화상(佛畫像)에 부처의 영(靈)을 맞이하는 의식.
【開顔 개안】 활짝 웃음. 解顔(해안).
【開業 개업】 영업을 처음 시작함.
【開筵 개연】 연석(宴席)을 베풂.
【開悟 개오】 깨달음. 깨닫게 함.
【開運 개운】 운이 트임. 행운이 열림.
【開元 개원】 ①연호(年號)를 바꿈. ②왕조나 임금이 바뀜.
【開誘 개유】 깨우쳐 인도함. 訓誘(훈유).
【開諭 개유】 사리를 잘 알아듣도록 타이름.
【開允 개윤】 허락함. 허가함. 윤허(允許)함.
【開帳 개장】 ①장막을 엶. ②(佛)평상시에 닫아 둔 불감(佛龕)을 열어 그 속의 부처에게 예불하는 일. 啓龕(계감).
【開展 개전】 ①넓게 퍼짐. 진보하고 발전함. 또는 넓게 폄. 展開(전개). ②조망(眺望)이 열림.
【開戰 개전】 전쟁을 시작함.
【開濟 개제】 창업(創業)과 수성(守成). 임금을 보필하며 백성을 구제함.
【開霽 개제】 비가 멎고 하늘이 활짝 갬.
【開坐 개좌】 ①일일이 적음. ②國벼슬아치들이 모여서 사무를 봄.
【開罪 개죄】 스스로 죄를 지음.
【開陳 개진】 의견이나 내용을 드러내어 말하거나 글로 씀.
【開鑿 개착】 ①산을 뚫거나 땅을 파서 길을 냄. ②운하(運河)를 파서 수로를 냄.
【開拓 개척】 ①거친 땅을 일구어 쓸모 있는 땅으로 만듦. ②새로운 영역·운명·진로 따위를 처음으로 열어 나감.
【開闡 개천】 열어 넓힘. 널리 보급함.
【開催 개최】 모임·행사를 엶.
【開坼 개탁】 ①엶. 개척(開拓)함. ②봉한 것을 뜯어 봄.
【開湯網 개탕망】 탕(湯)임금이 그물을 터 줌.

門部 4획 閎閔閏閉閑 閑

관대하게 처리함. 故事 그물을 사면으로 쳐 놓고 짐승을 잡는 것을 은(殷)의 탕왕이 보고 그 삼면을 터서 도망갈 길을 열어 주었다는 고사에서 온 말.
【開土 개토】 묘를 쓰거나 집을 지을 때 처음으로 땅을 팜.
【開通 개통】 도로·교량·철도·전화 따위가 완성되거나 이어져 통하기 시작함.
【開閉 개폐】 엶과 닫음. 여닫음.
【開緘 개함】 봉함(封緘)을 엶. 편지를 뜯어 봄.
【開闔 개합】 엶과 닫음.
【開化 개화】①세상이 열리고 문화가 진보하는 일. 文明(문명). ②풍화교도(風化敎導)하여 세운(世運)의 진보를 꾀함.
【開豁 개활】①마음이 넓고 여유가 있음. 도량(度量)이 큼. ②앞이 탁 트이어 시야(視野)가 넓음. ③용서함.
【開曉 개효】 깨닫도록 잘 타이름.
○ 公-, 廣-, 爛-, 滿-, 未-, 半-, 散-, 新-, 運-, 展-, 打-, 洞-, 廓-.

門4 【閎】⑫ 마을 굉 ⻄ hóng
소전 閎 초서 閎 간체 闳 字解 ①마을 문, 마을 어귀에 세운 문, 대궐 문, 사당 문, 성곽의 문.〔春秋左氏傳〕與婦人蒙衣乘輦而入于閎. ②문.〔春秋左氏傳〕高其閈閎. ③하늘의 문.〔漢書〕騰九閎. ④문설주. ⑤크다.〔楚辭〕川岻莽無垠兮, 遂曾閎而迫身. ⑥안이 넓다.〔禮記·令〕其器圜以閎. ⑦넓히다.〔韓愈·解〕可謂閎其中而肆其外矣. ⑧공허하다, 넓다.〔莊子〕彷徨乎憑閎.
【閎閎 굉굉】①큰 소리의 형용. ②도탑고 아름다운 모양.
【閎達 굉달】 도량(度量)이 넓고 큼.
【閎覽 굉람】 널리 사물을 보아 앎. 견문이 넓음.
【閎辯 굉변】 의론이 광대하여 끝이 없음. 雄辯(웅변).
【閎衍 굉연】 문사(文辭)가 풍부하고 아름다움.
【閎中肆外 굉중사외】 글을 짓는 데 내용을 풍부하게, 형식을 자유로이 함. 내용이 풍부하며 용필(用筆)이 호방함.
【閎誕 굉탄】 터무니없이 큰소리치는 일.
【閎廓 굉확】 넓고 깊음. 宏廓(굉확).
○ 高-, 魁-, 深-, 開-.

門4 【閔】⑫ ❶위문할 민 ⻄ mǐn ❷가을 하늘 민 ⻄ mín
소전 閔 동자 慜 초서 閔 간체 闵 字解 ❶①위문하다, 문병하다, 조문(弔問)하다. ②마음 아파하다, 가엾게 여기다.〔詩經〕婦人能閔其君子. ③걱정하다, 근심하다.〔春秋左氏傳〕雨雨也. ④근심, 걱정.〔春秋左氏傳〕少遭閔凶. ⑤앓다, 아파서 괴로워함.〔詩經〕覯閔旣多. ⑥어둡다, 사리에 어둡다, 혼암(昏暗).〔史記〕竊閔然不敏. ⑦노력하다, 힘쓰다.〔書經〕予惟

閔于天越民. ⑧땅 이름.〔春秋穀梁傳〕齊侯伐宋圍閔. ⑨성(姓). ❷①가을 하늘. = 旻. ②병들다, 앓다.〔詩經〕恩斯勤斯, 鬻子之閔斯.
【閔懑 민만】 근심하며 답답해함.
【閔免 민면】 부지런히 힘씀. 黽勉(민면).
【閔閔 민민】①깊이 근심하는 모양. ②심원(深遠)한 모양.
【閔惜 민석】 가엾고 애석하게 여김.
【閔傷 민상】 가엾게 여기며 마음 아파함.
【閔然 민연】①근심하는 모양. ②불쌍히 여기는 모양.
【閔慰 민위】 불쌍히 여기고 위로함.
【閔凶 민흉】 친상(親喪). 부모와 사별(死別)하는 불행(不幸). 愍凶(민흉).
○ 覯-, 顔-, 憂-, 偕-.

門4 【閏】⑫ 윤달 윤 ⻄ rùn
⺁ ⺁ ⺁ 門 門 門 門 閏 閏
소전 閏 초서 閏 간체 闰 字源 會意. 門+王→閏. 옛날, 초하룻날 사당에 예(禮)를 드릴 때 왕(王)은 종묘(宗廟)에 있는데, 윤달에는 문 안에 있으므로 '門'과 '王'을 합쳐서 '여분의 달, 불어난다'는 뜻을 나타낸다.
字解 ①윤달, 윤년, 여분(餘分)의 월일(月日).〔易經〕五歲再閏. ②정통(正統)이 아닌 임금의 자리, 윤위(閏位).〔宋史〕庠嘗輯紀年通譜, 區別正閏爲一二卷.
【閏年 윤년】 윤달이 든 해.
【閏耗銀 윤모은】 음력(陰曆) 윤년(閏年)에는 조세(租稅)를 더 징수하는 일.
【閏餘 윤여】①나머지. ②윤월(閏月).
【閏位 윤위】 정통이 아닌 왕위(王位).
【閏音 윤음】 지방 특유의 음. 方音(방음).
【閏朝 윤조】 정통이 아닌 왕조.
【閏集 윤집】 원집(原集)에 수록되지 못한 글을 따로 모아 편집한 문집. 遺補集(유보집).
○ 榮-, 立-, 再-, 正-.

門4 【閍】⑫ 대궐 문 팽·방 ⻄ 閣 bēng
字解 ①대궐 문. ②항간(巷間)의 문. ③사당의 문. ④제사 이름.

門4 【閕】⑫ ❶문 닫힐 하 ⻄ xiā ❷찢어질 아 ⻄ xiǎ
초서 閕 字解 ❶문이 닫히다. ❷찢어지다.

門4 【閑】⑫ 막을 한 ⻄ xián
⺁ ⺁ ⺁ 門 門 門 門 閑 閑
소전 閑 초서 閑 간체 闲 字源 會意. 門+木→閑. 문(門) 안

門部 4～5획 閑閘閜閝閞閟閡

의 나무(木), 곧 문지방이라는 뜻을 나타낸다.
字解 ①막다, 막히다. 〔易經〕文言曰, 閑邪存其誠. ②문지방. ③가로막다, 차단하다. 〔易經〕曰閑輿衞. ④한정하다, 경계 짓다. 〔太玄經〕中心閑也. ⑤닫다. 〔太玄經〕閑其藏. ⑥법규, 규칙. 〔論語〕大德不踰閑. ⑦바르다. ⑧크다. 〔詩經〕旅楹有閑. ⑨익숙해지다, 익히다. 〔詩經〕旣閑且馳. ⑩틈, 한가한 시간. ⑪고요하다. 〔許棠·詩〕無風樹盡閑. ⑫느긋하다, 마음이 한가롭다. 〔賈誼·賦〕貌甚閑暇. ⑬우아하다, 아름답다. 〔曹植·美女篇〕美女妖且閑. ⑭말 울짱. 〔周禮〕舍則守王閑. ⑮마구간. 〔周禮〕天子十有二閑. ⑯한가하다. 늑閒.
【閑暇 한가】바쁘지 않아 겨를이 있음.
【閑却 한각】버려둠. 소홀히 함.
【閑居 한거】①한가히 있음. ②한적한 곳에 삶. 또는 그 거처. 閒居(한거).
【閑駒 한구】마구간에 매여 있는 말.
【閑達 한달】배워서 익숙해짐. 익숙하고 통달함.
【閑談屑話 한담설화】심심풀이로 하는 쓸데없는 자질구레한 이야기.
【閑良 한량】①우아하고 좋음. ②國㉠아직 무과(武科)에 급제하지 못한 호반(虎班)의 사람. ㉡무과·잡과(雜科)의 응시자. ㉢돈 잘 쓰고 풍류를 즐기는 멋이 있는 사람.
【閑忙 한망】한가로움과 바쁨.
【閑放 한방】근심 걱정 없이 방심함.
【閑邪 한사】사특한 마음을 막음.
【閑肆 한사】⇨閑放(한방).
【閑散 한산】한가하고 쓸쓸함.
【閑書 한서】심심풀이로 읽는 책. 閒書(한서).
【閑歲月 한세월】한가한 세월. 閒日月(한일월).
【閑素 한소】조용하고 소박함.
【閑習 한습】익숙해짐. 閒習(한습).
【閑雅 한아】①정숙하고 우아(優雅)함. 閒雅(한아). ②한적하고 아취가 있는 곳.
【閑夜 한야】조용한 밤.
【閑緩 한완】조용하고 느릿함. 유유(悠悠)함.
【閑雲野鶴 한운야학】한가히 흐르는 구름과 들에서 자유로이 노는 학. 세속에 구애되지 않는 자유로운 모습.
【閑吟 한음】조용히 읊조림. 閒吟(한음).
【閑日月 한일월】①한가한 세월. ②악착스럽지 않고 여유가 있음. 閑歲月(한세월).
【閑寂 한적】한가롭고 쓸쓸함.
【閑靖 한정】조용하고 편안함.
【閑靜 한정】①한가하고 고요함. ②욕심이 없는 모양.
【閑職 한직】한가한 벼슬자리. 散官(산관).
【閑筆 한필】한가한 마음으로 쓴 글씨나 글.
【閑閑 한한】①수레가 흔들리는 모양. ②남녀의 구별 없이 서로 섞여 왕래하는 모양. ③썩 넓은 모양. ④조용하고 침착한 모양.
【閑華 한화】고상하고 아름다움.
【閑話休題 한화휴제】한가로운 이야기는 그만 둠. 이야기를 본길로 돌릴 때 쓰는 말.
➊ 寬-, 農-, 等-, 安-, 有-, 自-, 投-.

門 4 【閌】⑫ 높은 문 항 本강 漢陽 kàng
¶ 閌閬. ②문이 높은 모양. 〔張衡·賦〕高門有閌. ③높다. 〔揚雄·賦〕閌閬閬其寥廓兮. ④왕성한 모양.
【閌閬 항랑】①높은 문. ②높고 큰 모양.

門 5 【閘】⑬ ❶물문 갑 㖡 zhá, gē
❷문 여닫을 압 㖡 yā
參考 대법원 지정 인명용 한자의 음은 '갑'이다.
字解 ❶①물문, 수문(水門). 〔陸游·詩〕漲水雨餘晨放閘. ②문을 닫다. ❷①문을 여닫다, 문을 여닫을 때 삐걱거리는 소리.
【閘官 갑관】수문(水門)을 감독하는 벼슬아치.
【閘頭 갑두】여닫는 수문(水門).
【閘門 갑문】①물문. 수문(水門). ②물의 높이가 서로 다른 곳에서 선박을 통과시키기 위하여 수위(水位)를 조절하는 장치.
【閘閘 갑하】휑뎅그렁하게 열려 있는 모양.

門 5 【閜】⑬ 鬧(2077)의 와자(譌字)

門 5 【閝】⑬ 문기둥 소루 변·반 跋顛 biàn
字解 문기둥의 소루(小累), 문기둥의 접시받침.

門 5 【閞】⑬ 문 닫을 비 寒 bì
字解 ①문을 닫다. 〔元稹·書〕七宅六宮門戶閞. ②닫다, 닫히다. 〔宋璟·賦〕陰雲晝閞. ③멎다, 그치다. 〔詩經〕我思不閞. ④끝나다, 끝내다. 〔春秋左氏傳〕今命以時卒, 閞其事也. ⑤숨기다, 숨다. 〔劉including莊·跋〕竹溪其珍閞之, 十五城勿輕換. ⑥변비증(便祕症)이 있다. ⑦삼가다. 〔書經〕天閞毖我成功. ⑧신(神). 〔詩經〕閞宮有侐. ⑨맑다, 깨끗하다. 〔孟子音義〕閞宮, 淸淨之宮, 謂姜嫄之廟. ⑩깊숙하다, 그윽하다.
【閞宮 비궁】혼령을 모시는 사당(祠堂).
【閞匿 비닉】깊숙이 숨김.
➊ 深-, 永-, 幽-, 隱-, 潛-.

門 5 【閟】⑬ ❶엿볼 점 跋 chān
❷기다릴 참 㖡 zhān
字解 ❶①엿보다, 문을 조금 열고 엿보다. ②얻다, 획득하다. ❷기다리다, 서서 기다리다.

門 5 【閟】⑬ ❶문소리 평 庚 pēng
❷문 여닫을 팽 敬 pèng
字解 ❶문소리, 문 닫는 소리. 〔揚雄·法言〕閉之閟然, 不視牆之裏. ❷문을 여닫다.

門 5 【閜】⑬ ❶크게 열릴 하 馬 xiǎ
❷서로 도울 가 囮 ě
소전 閜 초서 㐄 字解 ❶①크게 열리다. 〔史記〕谽呀豁閜. ②크게 찢어지다. ③크다. ④큰 술잔. ❷①서로 돕다. ¶閜砢. ②문이 기울다.
【閜寪 하위】길이 험함. 기구(崎嶇)함.
【閜砢 가가】서로 도움. 서로 의지함.

門 6 【閣】⑭ 문설주 각 麕 gé

ㄧ ㄧ ㄧ 門 門 門 閂 閁 閣 閣

소전 閣 초서 㐄 간체 阁 字源 形聲. 門+各→閣. '各(각)'이 음을 나타낸다.
字解 ①문설주. ②세우다, 멈추다. ③싣다. ④시렁, 음식물을 얹어 놓는 시렁. 〔禮記〕大夫七十而有閣. ⑤문갑(文匣). 〔晉書〕束之高閣. ⑥부엌. ⑦관청. 〔陸機·詩〕繫身躋貴閣. ⑧궁전(宮殿). 〔史記〕信謂左右閣都尉曰. ⑨편전(便殿). ⑩다락집, 누각(樓閣). 〔淮南子〕高臺層榭, 接屋連閣. ⑪가교(假橋), 잔도(棧道). 〔戰國策〕故爲棧道木閣. ⑫복도, 두 건물 사이의 복도. 〔史記〕周馳爲閣道. ⑬가게, 상점. 〔唐書〕時方鎭設邸閣, 居業取直. ⑭중지하다, 보류하다. 〔魏志〕閣筆不能措手.
【閣閣 각각】①단정하고 곧은 모양. ②개구리의 울음소리. ③위아래 겹친 모양. 포개진 모양.
【閣道 각도】①복도(複道). ②힘진 벼랑에 나무로 선반처럼 내매어 만든 길. 棧道(잔도). ③별 이름.
【閣僚 각료】내각(內閣)을 구성하는 각부 장관.
【閣免 각면】묵인하여 용서함.
【閣手 각수】팔짱을 낌. 아무 일도 하지 않음.
【閣臣 각신】①명청대(明淸代) 태학사(大學士)의 딴 이름. ②國규장각(奎章閣)의 벼슬아치.
【閣議 각의】내각의 회의.
【閣筆 각필】붓을 놓음. 더 쓰지 않음.
【閣下 각하】①전각(殿閣)의 아래. ②신분이 높은 사람의 경칭(敬稱).
◐ 高-, 觀-, 闕-, 內-, 樓-, 臺-, 梵-, 複-, 飛-, 祕-, 碑-, 山-, 連-, 雲-, 危-, 殿-, 組-, 重-, 層-, 畫-.

門 6 【閞】⑭ 關(1930)의 속자

門 6 【閨】⑭ 도장방 규 虀 guī
소전 閨 초서 㐄 간체 闺 字解 ①도장방, 규방(閨房), 부녀자의 거실. 〔後漢書〕閨房肅雝, 險謁不行. ②독립된 작은 문. 위는 둥글고 아래는 네모져 홀[圭]과 비슷하다. ③궁중의 작은 문, 편전(便殿)의 앞문. 〔楚辭〕念靈閨兮隩重深. ④마을의 길목에 세운 문. 〔戰國策〕至閨中. ⑤남녀 간의 은밀한 일. 〔王琚·美女篇〕二八三五閨心切. ⑥소녀. ⑦부인(婦人). 〔王維·詩〕閨妾起縫素. ⑧규문(閨門)을 지키다. 〔春秋公羊傳〕入其閨則無人閨焉者.
【閨闥 규달】아낙네의 침실(寢室).
【閨竇 규두】벽을 뚫어서 낸 작은 출입문. 곧, 가난한 사람의 주거(住居).
【閨門 규문】①㉠방의 출입문. ㉡방 안. 家庭(가정). ②성(城)안의 작은 문.
【閨薄 규박】규방에 친 주렴(珠簾). 곧, 안방.
【閨房 규방】부녀자가 거처하는 방. 도장방.
【閨範 규범】부녀자가 지켜야 할 법도(法度). 閨戒(규계).
【閨聲 규성】여자. 여색(女色).
【閨秀 규수】①지체 높은 집의 학문과 재주가 뛰어난 부녀. 才媛(재원). 賢夫人(현부인). ②國남의 집 처녀를 점잖게 이르는 말.
【閨心 규심】남녀가 서로 연모(戀慕)하는 마음.
【閨愛 규애】여자. 부인.
【閨艷 규염】규중(閨中)의 미인(美人).
【閨怨 규원】①남편에게 이별을 당한 여자의 원한(怨恨). ②남편에게 이별을 당한 원한을 노래한 시가(詩歌).
【閨牖 규유】침실의 창문.
【閨庭 규정】침실 안. 집 안.
【閨中 규중】부녀자가 거처하는 곳. 閨內(규내).
【閨中力 규중력】부녀자의 힘. 아내의 힘.
【閨閤 규합】①㉠궁중의 작은 문. ㉡침전(寢殿). ②안방. 침실(寢室). 閨房(규방).
【閨閤之臣 규합지신】근시(近侍)의 신하.
【閨戶 규호】침실의 문.
◐ 孤-, 空-, 金-, 蘭-, 深-, 幽-, 秋-, 春-, 寒-, 香-, 紅-.

門 6 【閩】⑭ 종족 이름 민 眞 mín
소전 閩 초서 㐄 간체 闽 字解 ①종족 이름. 지금의 복건성(福建省) 지역에 살던 소수 민족의 하나. ②땅 이름. 민족(閩族)이 살던 지금의 복건성(福建省) 지방. 〔周禮〕八蠻七閩. ③나라 이름. 오대십국(五代十國)의 하나. 〔舊五代史〕延鈞自稱帝, 國號大閩. ④복건성의 옛 이름. 〔淸會典〕兩江之南爲閩浙, 其省二, 曰福建, 曰浙江. ⑤모기. 〔大戴禮〕白鳥也者, 謂閩蚋也.
【閩徼 민요】변새(邊塞). 변경에 있는 요새.
◐ 南-, 東-, 七-.

門 6 【閥】⑭ 공훈 벌 月 fá
소전 閥 초서 閥 간체 阀 字解 ①공훈(功動), 공을 쌓다, 공적의 내력을 밝히다. 〔後漢書〕不繫閥閱. ②대문의 왼쪽에 세우는 기둥. 당송대(唐宋代) 이후 작위(爵位) 있는 집의 대문에 세웠다. ③문벌(門閥), 집안의 지체. 〔新唐書〕子孫眾盛, 實爲名閥. ④문지방. 〔孔子家語〕側門而奧之

言, 皆不踰閾.

【閥閱 벌열】①문의 양쪽 기둥. ○왼쪽의 것을 '閥', 오른쪽의 것을 '閱'이라 함. ②공적(功績)과 경력(經歷). 공적이 있는 집안. ③귀족(貴族).
【閥族 벌족】신분이 높은 가문의 일족.
○ 家-, 功-, 官-, 軍-, 閨-, 黨-, 名-, 門-, 藩-, 財-, 積-, 派-, 學-.

門
6 【閪】⑭ 國잃을 서
字解 잃다.
【閪失 서실】물건을 부지중(不知中)에 잃어버림. 遺失(유실).

門
6 【閼】⑭ 관청 시 國 sì, shì
字解 관청, 환관(宦官). =寺.

門
6 【閡】⑭ ❶문 잠글 애 國 ài
❷간직할 해 國 hài
❸밀릴 핵 國 ài
❹열 개 國 kǎi
소전 阂 초서 尕 간체 阂 字解 ❶①문 잠그다, 밖에서 문을 잠그다. 〔說文解字〕閡, 外閉也. ②한정하다, 제한하다. 〔金史〕世豈乏材, 閡於資格故也. ③멈추다. ④밀치다, 지체하다. 〔抱朴子〕凌風躡雲不蹤不閡者, 以其六翮之輕勁也. ⑤방해하다, 거리끼다. 늑礙. 〔後漢書〕勿令有所拘閡而已. ⑥상(傷)하다. 〔列子〕物無得傷閡者. ❷간직하다. 〔漢書〕該藏萬物, 而雜陽閡種也. ❸밀치다, 막히다. ❹열다.

門
6 【閨】⑭ 문 닫을 질 國 dié
字解 문을 닫다.

門
6 【閦】⑭ 무리 축 國 chù
동자 閦 字解 ❶무리. ②문 안에 사람이 많은 모양. ③(佛)아축(阿閦). 부처의 이름.

門
6 【閱】⑭ 閥(1924)과 동자

門
6 【閑】⑭ 문지방 한 國 xiàn
字解 문지방. 늑限.

門
6 【閤】⑭ 쪽문 합 國 gé
소전 閤 초서 閤 간체 阁 字解 ①쪽문, 대문(大門) 곁에 달린 작은 문. 〔漢書〕東閣. ②궁중의 작은 문. ③침실, 규방(閨房). 〔梁元帝·曲〕蘭房椒閣夜

方開. ④누각(樓閣). 〔梁簡文帝·賦〕待餘春於北閣. ⑤관청, 관공서. 〔齊書〕初擧秀才, 歷官府第. ⑥모두, 전부. 늑合.
【閤內 합내】①어전(御殿)의 안. ②國상대를 높여 그의 집안 식구를 이르는 말.
【閤門 합문】①온 집안. 家中(가중). ②國㉠편전(便殿)의 앞문. ㉡고려 때 조회(朝會)와 의례(儀禮)를 맡은 관아. ㉢조선 초기에 조회와 의례를 맡은 관아. ③밖으로 보이지 않는 출입문.
【閤夫人 합부인】國남의 아내의 높임말.
【閤署 합서】관청. 관공서.
【閤外 합외】편전(便殿)의 밖.
【閤中 합중】송대(宋代)에 남의 아내를 높여 일컫던 말.
【閤下 합하】신분이 높은 사람에 대한 존칭. 삼공(三公)·대신(大臣)의 집에는 쪽문[閤]이 세워졌던 데서 온 말. 閣下(각하).
【閤閤 합합】개구리 울음소리. 閣閣(각각).
【閤患 합환】남을 높여 그의 '아내의 병'을 이르는 말.
○ 開-, 官-, 閨-, 內-, 大-, 房-, 迎-, 幽-, 紫-, 中-, 重-, 閉-, 後-.

門
6 【閧】⑭ 골목길 항 國 xiàng
字解 골목길, 시골 골목길. ※閧(2077)의 와자(譌字). 〔揚子法言〕一閧之市, 不勝異意焉.

門
7 【閫】⑮ 문지방 곤 國 阃 kǔn
초서 困 간체 阃 字解 ①문지방. 〔揚雄·賦〕天閫決兮地垠開. ②문지방 한가운데의 턱. 문이 문지방 안으로까지 들어오는 것을 막는다. ③왕후(王后)가 거처하는 곳, 후비(后妃). 〔後漢書〕內無出閫之言. ④궁중의 작은 문, 궁중. 늑壼. 〔班固·贊〕閫閾恣趨.
【閫寄 곤기】곤(閫) 밖을 맡김. 군(軍)을 통솔하는 전권(全權). 장군(將軍)의 임무.
【閫內 곤내】①문지방 안. ②가정(家庭). ③나라 안. 국내(國內).
【閫德 곤덕】①부녀자의 덕행(德行). ②부녀자가 다른 사람에게 베푼 은혜.
【閫範 곤범】부녀자가 지켜야 할 규범. 부녀자의 모범. 閫則(곤칙).
【閫席 곤석】문지방과 자리. 곧, 남녀가 유별(有別) 함.
【閫帥 곤수】①지방의 군사(軍事)를 통괄하는 장수. ②國병마절도사(兵馬節度使)와 수군절도사(水軍節度使)의 총칭.
【閫術 곤술】궁중(宮中)의 도로(道路).
【閫閾 곤역】문지방.
【閫奧 곤오】①깊숙한 곳. 마음속. ②깊은 뜻.
【閫外 곤외】①㉠궁성(宮城) 또는 도성(都城)의 밖. 조정(朝廷)의 밖. ㉡외임(外任)을 맡은 장수나 관리가 주둔하여 관할하는 지역. ②국경(國境) 밖. ③외임을 맡은 장수나 관리. ④가정(家庭)의 밖.

【閫外多事 곤외다사】 군사상의 직무(職務)가 많아 바쁨.
【閫外之任 곤외지임】 병마(兵馬)를 통솔하는 직임. 閫任(곤임).
【閫宇 곤우】 사방(四方).
【閫闥 곤위】 ①궁중(宮中)의 문. ②부녀자가 거처하는 내실. 안방.
【閫任 곤임】 ①閫外之任(곤외지임). ②병마절도사나 수군절도사의 직임.
○ 桂―, 閨―, 門―, 天―.

門7【閬】⑮
❶솟을대문 랑 漢 làng
❷넓고 밝을 랑 羹 lǎng
❸괴물 냥 羹 liǎng
❹鬼불알 랑

字解 ①솟을대문. ②문이 높다. ③높은 모양. ④휑뎅그렁하다. 〔後漢書〕集太微之閬閬. ⑤넓다. 〔莊子〕胞有重閬. ⑥해자(垓字). 〔管子〕城外爲之郭, 郭外爲之土閬. ⑦성(姓). ⑧넓고 밝다, 높고 밝은 모양. 〔王延壽·賦〕鴻爌炾以爣閬. ❸괴물, 목석(木石)의 괴물. 〔史記〕木石之怪夔罔閬. ❹불알. 웅성(雄性) 생식기의 한 부분.
【閬宮 낭궁】 선궁(仙宮).
【閬閬 낭랑】 ①높고 큰 모양. ②텅 빈 모양. 휑뎅그렁함.
【閬苑 낭원】 신선(神仙)이 사는 곳.
【閬風瑤池 낭풍요지】 신선이 사는 곳. ◯'閬風'은 낭풍원(閬風苑), '瑤池'는 아름다운 못. 모두 곤륜산에 있음.

門7【閭】⑮ 이문 려 羹 lú

字解 ①이문(里門). 동네 어귀에 세운 문. 주대(周代)의 제도에, 25가구를 이(里)라 하고, 이에는 반드시 문이 있는데 이를 여(閭)라 하였다. 〔書經〕式商容閭. ②길에 세운 문. 〔春秋公羊傳〕相與踦閭而語. ③문. 〔春秋左氏傳〕州綽門于東閭. ④마을. ㉮주대의 제도로, 25가구의 호칭. ㉯24가구의 호칭. 〔尙書〕八家爲鄰, 三鄰爲閭. 〔唐書〕都市 多俠少年, 剽劫坊閭. ⑤거리. ⑥주거, 거처. ⑦모이다. 〔嵇康·論〕泄之以尾閭. ⑧진(陣)의 이름. 〔逸周書〕左右一卒曰閭. ⑨뱃머리, 이물. ⑩관(冠) 이름. 〔逸周書〕北唐以閭, 閭似隃冠. ⑪짐승 이름. 〔儀禮〕於郊則閭中.
【閭家 여가】 여염집.
【閭里 여리】 ①마을. ②마을 사람.
【閭門 여문】 마을 어귀의 문. 里門(이문).
【閭市 여시】 마을의 거리.
【閭閻 여염】 ①서민이 모여 사는 마을. 촌리(村里). ②촌민(村民). 평민.
【閭伍 여오】 ①주대(周代) 촌락(村落) 단위. ◯'閭'는 25가(家), '伍'는 5가. ②서민(庶民)의 무리.
【閭井 여정】 마을. 마을의 거리.
【閭左 여좌】 진대(秦代)에 부역 등을 면제하여 이문(里門)의 왼쪽에 살게 한 가난한 백성. 貧民(빈민).
【閭閈 여한】 마을의 문. 또는 마을.
【閭巷 여항】 ①마을. ②민간(民間).
【閭巷人 여항인】 민간에 있는 사람. 벼슬을 하지 않는 사람.
○ 門―, 民―, 坊―, 僻―, 比―, 倚―, 里―, 市―, 邑―, 田―, 州―.

門7【閱】⑮ 검열할 열 漢 yuè

𠃓 𠃓 𠃓 𠃓 門 門 閂 閏 閱 閱

字源 形聲. 門 + 兌→閱. '兌(태)'가 음을 나타낸다.

字解 ①검열하다, 조사하다. ㉮하나하나 수효를 세어 확인하다. 〔春秋左氏傳〕商人閱其禍敗之釁, 必始於火. ㉯고르다, 뽑다. 〔太玄經〕閱入庶物. ㉰차례차례로 거치다. 〔漢書〕閱天下之義理多矣. ㉱문서를 견주며 교감(校勘)하다. ㉲보다. 〔唐書〕祕閣書籍, 披閱皆遍. ㉳돌보다. 〔管子〕常以秋歲末之時閱其民. ②점검, 검열. 〔周禮〕中冬教大閱. ③벌열(閥閱), 공적. 근무 경력(經歷). 〔史記〕積日曰閱. ④갖추다, 구비하다. ⑤거느리다, 통솔하다. 〔陸機·賦〕川閱水以成川. ⑥받아들이다, 용납하다. 〔詩經〕我躬不閱, 惶恤我後. ⑦빠지다, 빠져나오다. 〔詩經〕蜉蝣掘閱. ⑨구멍. ⑨문기둥. 당송대(唐宋代) 작위(爵位) 있는 집의 문에 세우는 기둥. 왼쪽에 있는 것을 '閥(벌)', 오른쪽에 있는 것을 '閱(열)'이라 한다. ⑩주다, 부여하다. 〔老子〕以閱衆甫. ⑪모으다, 모이다. 〔春秋左氏傳〕有亡荒閱. ⑫값, 파는 값. 〔荀子〕良賈不爲折閱不市. ⑬곧고 긴 서까래, 처마까지 나오는 서까래.
【閱年 열년】 1년이 걸림. 閱歲(열세).
【閱覽 열람】 책이나 문서 따위를 죽 훑어보거나 조사하면서 봄.
【閱歷 열력】 ①겪어 온 이력. ②지나감. 경과(經過)함.
【閱兵 열병】 군대를 정렬해 놓고 병사들의 사기와 훈련 상태 따위를 검열함. 閱武(열무).
【閱世 열세】 세상의 여러 가지 일들을 겪어 옴. 삶을 몸소 경험함.
【閱歲 열세】 한 해를 보냄. 1년이 경과함.
【閱視 열시】 하나하나 조사하여 밝힘.
【閱試 열시】 조사하여 시험해 봄.
【閱實 열실】 실정(實情)을 일일이 조사함. 실제 사실을 조사하여 거기에 알맞은 법을 적용시킴.
【閱人 열인】 널리 많은 사람을 겪어 봄.
【閱人成世 열인성세】 중인(衆人)을 거느리고 세상을 다스림.
○ 檢―, 校―, 鳩―, 大―, 門―, 閥―, 査―, 省―, 熟―, 精―, 陳―, 親―, 探―, 披―.

門 7 【閏】⑮ 윤달 윤 🔴 rùn
字解 윤달. =閏.

門 8 【䦘】⑯ 새 이름 린 🔴 lìn
字解 ①새 이름. ¶䦘鵴. ②밟다.
〔漢書〕徒車之所䦘轢.
【䦘鵴 인작】새 이름. 구욕새〔鴝鵒〕와 비슷한데 누런색임.

門 8 【閔】⑯ 閩(1927)과 동자

門 8 【閼】⑯ ❶가로막을 알 🔴 è
❷완만한 모양 어 🔴
❸선우 왕비 연 🔴 yān
字解 대법원 지정 인명용 한자의 음은 '알'이다.
字解 ❶①가로막다.〔列子〕勿壅勿閼. ②그치다, 멈추게 하다.〔莊子〕而莫之夭閼者. ③막다, 못하게 하다.〔列子〕謂之閼聰. ④끝나다.〔楚辭〕志閼絕兮安極. ⑤막히다, 쌓이다, 괴다.〔唐書〕州有孟瀆久淤閼. ⑥수문(水門)의 널빤지.〔漢書〕起水門提閼. ⑦문빗장.〔荀子〕以象櫻芙番閼也. ⑧태세(太歲) 묘년(卯年)의 딴 이름. ❷①완만한 모양. ②땅 이름. ¶閼與. ❸선우(單于)의 왕비. ¶閼氏.
【閼伽 알가】①(佛)불전에 바치는 물. 또는 그 물을 담는 그릇. ◯범어(梵語) 'Arghya'의 음역어(音譯語). ②선저(船底)에 괸 물.
【閼密 알밀】음곡(音曲) 등을 그치고 조용히 함.
【閼塞 알색】막힘. 壅塞(옹색).
【閼性 알성】하고 싶은 대로 하지 않음.
【閼與 어여】①완만한 모양. 너그럽고 여유가 있는 모양. ②머뭇거리는 들짐승을 가로막음. ③지명. 전국 시대 한(韓)나라의 읍(邑).
【閼氏 연지】흉노(匈奴)의 왕인 선우(單于)의 비(妃)의 호칭(號稱).
◐ 單−, 抑−, 擁−, 夭−, 壎−, 提−.

門 8 【閹】⑯ 내시 엄 🔴 yān
字解 ①내시, 환관(宦官).〔國語〕公令閹楚刺重耳. ②거세(去勢)한 남자, 고자. ③궁문(宮門) 여닫이를 맡아보는 하인. ④가리다, 덮다.〔墨子〕所以閹客之氣也.
【閹奴 엄노】◯閹人(엄인).
【閹寺 엄시】◯閹人(엄인).
【閹然 엄연】본심을 깊이 숨기는 모양. 자기의 뜻을 굽히고 세속과 타협하거나 아첨하는 일.
【閹尹 엄윤】환관(宦官)의 우두머리.
【閹人 엄인】궁형(宮刑)으로 거세(去勢)한 남자. 내시. 宦官(환관). 閹奴(엄노). 閹寺(엄시).

門 8 【閾】⑯ 문지방 역·혁 職 yù
字解 ①문지방.〔論語〕行不履閾.
②한정하다, 안팎을 구별 짓다.〔賈至·銘〕喉咽九州, 閾闑中夏.

門 8 【閻】⑯ ❶이문 염 🔴 yán
❷땅 이름 염 🔴 yǎn
❸예쁠 염 🔴 yàn
字解 ❶①이문(里門), 동네 어귀에 세운 문.〔荀子〕隱於窮閻漏屋. ②한길, 번화한 거리. ③열다, 문을 열다. ④권하다, 강요하다. ⑤성(姓). ❷①땅 이름. 춘추 시대 진(晉)나라의 땅. 산서성(山西省) 안읍현(安邑縣)의 서쪽.〔春秋左傳〕周人與晉閻嘉, 爭閻田. ②춘추 시대의 땅 이름. 하남성(河南省) 서화현(西華縣)의 서쪽.〔春秋左氏傳〕戰于魚閻. ❸①예쁘다, 아름답다. ≒豔. ②옷이 긴 모양.〔漢書〕哀褒閻之爲郵.
【閻羅國 염라국】(佛)염라대왕(閻羅大王)이 다스린다는 저승.
【閻羅大王 염라대왕】◯閻魔(염마).
【閻羅人 염라인】(佛)지옥의 옥졸(獄卒).
【閻魔 염마】(佛)죽은 사람의 생전의 죄를 다스린다는 지옥의 임금. 閻羅大王(염라대왕). ◯범어(梵語) 'Yamarāja'의 음역어(音譯語).
【閻浮 염부】(佛)①중생이 사는 속세. ②◯閻浮提(염부제).
【閻浮提 염부제】(佛)①사대주(四大洲)의 하나. 수미산(須彌山)의 남쪽에 있다는 세모꼴의 섬. ②인간 세계.
【閻易 염이】옷이 긴 모양.
【閻妻 염처】사랑받는 아리따운 아내.
◐ 窮−, 食−, 周−, 閭−, 衡−.

門 8 【閶】⑯ ❶천문 창 🔴 chāng
❷북소리 탕 🔴 tāng
字解 ❶①천문(天門). ¶閶闔. ②문. ¶閶闔. ③가을 바람. ¶閶風. ④권하다, 인도하다.〔史記〕閶者倡也. ⑤크다.〔淮南子〕西方西極之山, 曰閶闔之門. ⑥왕성하다. ¶閶闔. ❷북소리.〔周禮〕中軍以鼙令鼓.
【閶風 창풍】서쪽 바람. 가을바람.
【閶闔 창합】①천상계(天上界)의 문. ②궁궐의 정문(正門). ③◯閶風(창풍). ④성한 모양.

門 8 【閧】⑯ 골목 항 🔴 xiàng
字解 ①골목, 거리. ②갖추다, 구비하다.

門 8 【閽】⑯ 문지기 혼 🔴 hūn
字源 會意·形聲. 門+昏 →閽. '昏'은 저녁때, 문은

저녁에 닫으므로 '門'과 '昏'을 합하여 문을 닫는 것을 맡아보는 문지기라는 뜻을 나타낸다. '昏'이 음도 나타낸다.

字解 ①문지기.〔春秋左氏傳〕吳人伐楚, 獲俘焉, 以爲閽. ②궁문(宮門), 대궐문.〔左思·賦〕重閽洞出. ③환관(宦官), 내시.〔春秋穀梁傳〕閽門者也, 寺人也. ④월형(刖刑)을 받은 사람.〔後漢書〕閽者守中門之禁.

【閽禁 혼금】관아에서 잡인(雜人)의 출입을 금지하던 일.
【閽闥 혼달】샛문. 소문(小門).
【閽吏 혼리】대궐의 문지기.
【閽寺 혼시】내정(內廷)에서 봉사하는 환관(宦官). ◯원래 궁형(宮刑)을 받은 사람을 문지기로 썼던 데서 온 말.
【閽人 혼인】①문지기. ②궁문(宮門)의 문지기. 閽者(혼자).

◐ 內−, 守−.

門 9 **【闃】** ⑰ 고요할 격 闃 qù

字解 고요하다, 조용하다.〔易經〕闃其無人.
【闃然 격연】고요한 모양.
【闃寂 격적】고요하고 쓸쓸함.

◐ 空−, 寥−, 幽−, 虛−.

門 9 **【闋】** ⑰ ❶문 닫을 결 闋 què ❷마칠 계 闋 què

字解 ❶①문을 닫다, 일이 끝나서 문을 닫다. ②마치다, 끝나다.〔張協·七命〕繁肴旣闋, 亦有寒羞. ③다하다.〔漢書〕物印市, 日闋亡儲. ④음악 한 곡이 끝나다.〔禮記〕有司告以樂闋. ⑤탈상(脫喪)하다.〔後漢書〕服闋, 拜全椒長. ⑥쉬다, 휴식하다.〔詩經〕俾民心闋. ⑦공허하다.〔莊子〕瞻彼闋者, 虛室生白. ⑧문이 열리다. ⑨말(馬) 이름. ¶ 闋廣. ❷마치다. ※❶의 ②와 같다.
【闋廣 결광】선모(旋毛)가 등에 있는 말.
【闋者 결자】마음이 공허한 사람.
【闋制 결제】삼년상을 마침. 闋服(결복). 脫喪(탈상).

◐ 歌−, 眠−, 樂−, 宴−, 雨−.

門 9 **【闍】** ⑰ ❶망루 도 闍 dū ❷화장할 사 闍 dū

字解 ❶①망루(望樓), 망대(望臺). =堵.〔詩經〕出其闉闍. ②서울의 외곽(外廓) 안의 거리.〔詩經·箋〕闍, 謂國外曲城中之市里也. ❷①화장(火葬)하다. ②성곽(城郭)의 문. =闍.
【闍梨 사리】(佛)모범이 되는 승려. 고승(高僧)의 칭호(稱號). ◯범어(梵語) 'Acārya'의 음역어(音譯語). 阿闍梨(아사리).

門 9 **【闌】** ⑰ ❶가로막을 란 闌 lán ❷무늬 란 闌 làn

字解 ❶①가로막다, 차단하다.〔戰國策〕晉國之去梁也, 千里有餘, 無山無闌之. ②문에 가로질러 출입을 차단하는 나무. ③방지하다. ④쇠퇴하다, 바래다. ⑤저물다, 늦다.〔謝莊·誄〕白露凝分歲將闌. ⑥다하다.〔謝靈運·詩〕式職期期暮. ⑦잃어버리다.〔史記〕酒闌. ⑨드물다, 성기다.〔古詩〕拭眼瞻星闌. ⑩함부로, 마구.〔漢書〕闌入尙方掖門. ⑪난간(欄干).〔李白·淸平調〕沈香亭北倚闌干. ⑫칼을 걸어 두는 기구, 병가(兵架).〔春秋左氏傳〕楚人惎之脫扃.〔注〕扃, 車上兵闌. ⑬마룻귀틀, 문틀.〔魏志·注〕乃更爲井闌百尺, 以射城中. ⑭바자울, 성긴 울타리. 가축을 치는 곳.〔晉書〕造猪闌于宅側. ⑮팔찌.〔元氏掖廷記〕人獻翠腕闌. ❷무늬. =爛.

【闌駕上書 난가상서】임금의 수레를 가로막고 소장(訴狀)을 올림.
【闌干 난간】①층계·마루·자리 등의 가장자리를 일정한 높이로 막은 물건. 欄干(난간). 闌楯(난순). ②종횡으로 뒤얽힌 모양. ③눈물이 그칠 새 없이 흐르는 모양. ④눈물퍽. 눈 가장자리. 眼框(안광). ⑤별빛이 반짝이는 모양. 빛이 선명한 모양.
【闌單 난단】①지친 모양. ②옷 따위가 타지고 해진 모양.
【闌牢 난뢰】마소를 기르는 우리. 외양간.
【闌斑 난반】빛깔이 얼룩얼룩한 모양.
【闌珊 난산】①한창을 지나 쇠하여 가는 모양. ②어지럽게 흩어지는 모양. 闌散(난산).
【闌暑 난서】늦더위. 殘暑(잔서).
【闌夕 난석】반야(半夜)를 지날 무렵. 깊은 밤. 深夜(심야).
【闌時 난시】봄〔春〕.
【闌入 난입】허가 없이 함부로 들어감.
【闌殘 난잔】쇠퇴하여 가는 모양.
【闌出 난출】①재물을 함부로 내놓음. ②통행증 없이 관문(關門)을 함부로 나감.
【闌風 난풍】①가을로 접어들 무렵의 바람. 涼風(양풍). ②계속 부는 바람.
【闌檻 난함】⇨闌干(난간)①.

◐ 門−, 兵−, 歲−, 夜−, 宴−, 酒−.

門 9 **【閺】** ⑰ 내리깔고 볼 문 閺 wén

字解 ①내리깔고 보다, 눈을 내리깔고 보다. ②땅 이름. 지금의 하남성(河南省) 서평현(西平縣)의 서쪽.

門 9 **【𣂪】** ⑰ ❶감할 쇄 𣂪 shài ❷죽일 살 𣂪 shā

字解 ❶①감하다, 깎아 내다.〔周禮〕凡爲防, 廣與崇防, 其𣂪參分去一. ②줌통.〔周禮〕必動於𣂪. ❷죽이다, 살해하다. =殺.〔周禮〕凡攫𣂪援簭之類.

門部 9획 闇闈闉闋闌閽閣

門 ⑰
9 【闇】
❶닫힌 문 암 闇 àn
❷어두운 모양 암 闇 ǎn
❸큰물 질 음 闇 yīn
❹말 아니할 음 闇 yīn
❺여막 암 闇 ān

[소전][초서][간체] 闇 [참고] 대법원 지정 인명용 한자의 음은 '암'이다.
[字解] ❶①닫힌 문, 잠긴 문. ②어렴풋하다, 그윽하다. ③어둡다. 〔後漢書〕日闇月散. ④어둡게 하다, 가리다. 〔韓非子〕進則揜蔽賢良以陰闇其主. ⑤날씨가 흐리다. 〔後漢書〕正月以來, 陰闇連日. ⑥어리석다. 〔國語〕除闇以應外謂之忠. ⑦숨다. 〔後漢書〕不可久闇. ⑧어둡다, 늦暗. 〔呂氏春秋〕使民闇行. ⑨해질 무렵, 땅거미 때. 〔禮記〕夏后氏祭其闇. ⑩어두운 곳. 〔禮記〕孝子不服闇. ⑪일식(日蝕), 월식(月蝕). 〔周禮〕五日, 闇. ⑫많은 모양. ❷①어두운 모양. 〔禮記〕闇然而日章. ❷걸음이 빠른 모양. ¶闇跳. ❸덮다, 가리다. 〔荀子〕不下比于闇. ❹큰물이 지다. ❺말을 하지 않다, 잠잠하다. 〔漢書〕思慕諒闇. ❺여막(廬幕). 〔禮記〕高宗諒闇.

【闇過 암과】 드러나지 않은 허물.
【闇跳 암도】 걸음이 빠른 모양.
【闇同 암동】 우연히 일치(一致)함. 闇合(암합).
【闇鈍 암둔】 ①도리에 어둡고 모든 동작이 둔함. ②(佛)어리석고 둔함.
【闇練 암련】 환히 앎. 외어 앎.
【闇莫 암막】 어두컴컴한 모양.
【闇昧 암매】 ①㉠어두운 곳. 빛이 닿지 않는 곳. ㉡남이 보지 않는 곳. ②사리에 어둡고 어리석음. 暗昧(암매).
【闇室 암실】 광선을 차단한 어두운 방. 남이 볼 수 없는 곳.
【闇弱 암약】 어리석고 겁이 많음.
【闇然 암연】 ①어두워서 보이지 않음. ②어리석어 깨닫지 못함.
【闇主 암주】 사리에 어둡고 어리석은 임금.
【闇淺 암천】 사리에 어둡고 천박함.
【闇蔽 암폐】 어리석음. 명리(名利)에 가려서 깨닫지 못함.
【闇虛 암허】 월식(月蝕) 때 달이 지구의 그림자에 가려서 어두워진 부분.
○ 狂−, 懦−, 駑−, 微−, 鄙−, 昭−, 諒−, 頑−, 愚−, 幽−, 至−, 淺−, 昏−.

門 ⑰
9 【闈】 대궐 작은문 위 闈 wéi

[소전][초서][간체] 闈 [字解] ①대궐의 작은 문. 궁중의 통로에 세운 문. 〔周禮〕使其屬守王闈. ②쪽문. 대문 옆에 있는 작게 따로 낸 문. 통용문(通用門). 〔禮記〕夫人至, 入自闈門. ③명당(明堂)의 문. 〔明堂月令〕古大明堂之禮, 日中出南闈, 日側出西闈, 日入出北闈. ④종묘(宗廟) 안의 문. 〔周禮〕闈門容小扃參介. ⑤거리의 문.

〔春秋左氏傳〕遇諸棘闈以歸. ⑥왕후(王后)가 거처하는 궁(宮)의 안채. 〔宋書〕庶儀廢椒闈. ⑦관청, 관공서. 〔王融·序〕入虎闈而齒胄. ⑧공원(貢院). 관리(官吏) 등용의 시험장. ⑨과장(科場). 과거 시험을 보던 장소.

【闈闥 위달】 ①왕궁 안의 작은 문. ②왕궁 안.
【闈墨 위묵】 향시(鄕試)·회시(會試)에서 우수 합격자의 답안.
【闈門 위문】 궁중(宮中)에서 종묘로 왕래하는 문. 협문.
【闈闥 위역】 궁문의 가운데. 궁중(宮中).

門 ⑰
9 【闚】 엿볼 유 闚 yú

[字解] 엿보다, 몰래 보다. 〔鹽鐵論〕內懷闚闚而心不怍.

門 ⑰
9 【闉】 성곽 문 인 闉 yīn

[소전][초서][간체] 闉 [字解] ①성곽(城郭)의 문. 그 위에 감시 망루(監視望樓)를 세운다. 〔顔延之·詩〕登闉訪川陸. ②구부러지다. 〔莊子〕闉跂支離無脤. ③막다, 가로막다. =垔. 〔周禮〕以共闉壙之蜃.

【闉闍 인도】 곡성(曲城)과 성대(城臺). 또는 성중(城中)의 마을.
【闉厄 인액】 막히어 괴로워함. 운이 트이지 않아 괴로워함.

門 ⑰
9 【闋】 國문바람 팽

[字解] 문바람.

門 ⑰
9 【閜】 문 소리 활 ㊍알 閜 yà

[소전] 閜 [字解] ①문소리, 문 여닫는 소리. ②문이 열리다. 〔韓愈, 孟郊·詩〕燕喋熁敲燻, 抉門呀拗閜.

門 ⑰
9 【闊】 트일 활 ㊍괄 闊 kuò

[소전][초서][속서][간체] 闊 [字解] ①트이다, 통하다. ②멀다. 〔詩經〕于嗟闊兮. ③넓다. 〔史記〕迴闊泳沫. ④도량이 넓다. 〔後漢書〕武爲人嗜酒, 闊達敢言. ⑤느슨하다, 늦추다. 〔漢書〕闊其租賦. ⑥손쉽다, 간이(簡易)하다. 〔後漢書〕文禮簡闊. ⑦드물다. 〔漢書〕頃所以闊無大害者. ⑧비다, 빠지다. 〔漢書〕朝請希闊. ⑨오활(迂闊)하다. 〔漢書〕上以其言迂闊, 不甚寵異也. ⑩격조(隔阻)하다, 오래 만나지 못하다. 〔漢書〕間何闊. ⑪사이가 떨어지다. 〔後漢書〕洪答曰, 隔闊相思, 發於寤寐. ⑫사치를 하다, 분에 넘치는 호사를 하다. 〔成公綏·賦〕偉二儀之多闊. ⑬애쓰고 고생하다. 〔詩經〕死生契闊.

【闓禁 활금】 금령(禁令)을 느슨하게 품.
【闓達 활달】 마음이 넓어 작은 일에 개의치 않음. 명랑하고 구애됨이 없음. 豁達(활달).
【闓落 활락】 거칠고 세밀하지 못함.
【闓略 활략】 ①대범(大凡)하고 자상하지 못함. ②눈감아 줌. 관용(寬容)함.
【闓漫 활만】 끝없이 넓음.
【闓別 활별】 오랫동안 헤어져 만나지 못함.
【闓步 활보】 ①큰 걸음으로 당당히 걸음. ②거리낌 없이 행동함.
【闓顙 활상】 넓은 이마.
【闓疎 활소】 ①세정(世情)에 어둡고 주의가 부족함. ②촘촘하지 않음. 성김.
【闓袖 활수】 통이 넓은 소매. 또는 그런 옷.
➊ 簡—, 契—, 廣—, 久—, 疎—, 迂—, 快—.

門 10 【闓】 ⑱ 열 개 囬灰 kǎi
소전 초서 간체 字解 ①열다, 계도(啓導)하다. 〔漢書〕輿漢闓大關. ②생각하다, 바라다. ③풀다. ④즐기다, 좋아하다. 〔漢書〕昆蟲闓懌. ⑤시작하다, 개시하다. ⑥밝다, 분명하다.

門 10 【關】 ⑱ 關(1930)의 속자

門 10 【闕】 ⑱ 대궐 궐 月 què
소전 초서 간체 字解 ①대궐. 천자(天子)가 사는 곳. 〔漢書〕詣闕上書, 書久不服. ②궁문(宮門) 양 옆에 설치한 두 개의 대(臺). 위는 망대(望臺). 옛날, 여기에 법령(法令)을 게시하였는데, 그를 상위(象魏)라 한다. ③문(門). 〔淮南子〕天阿者, 羣神之闕也. ④빠지다, 모자라다, 이지러지다. ㉮빼다, 제외하다. 〔周禮〕亡者闕之. ㉯줄이다, 깎다. 〔春秋左氏傳〕欲闕翦我公室. ㉰부족하다. 〔國語〕聚必有闕. ㉱위험한 군데가 무너지다. 〔漢書〕圍城爲之闕. ㉲상서롭지 못하다. 〔呂氏春秋〕子不敢闕. ㉳부수다, 헐다. 〔禮記〕入自闕. ㉴다하다, 달빛이 이지러져 없어지다. 〔禮記〕三五而盈, 三五而闕. ㉵적다, 적어지다. 〔呂氏春秋〕故博聞之人·彊識之士闕矣. ⑤틈, 틈새. 〔春秋左氏傳〕以當其闕. ⑥허물, 실수. 〔春秋左氏傳〕其晉實有闕. ⑦결원(缺員). ⑧성채(城砦). 〔戰國策〕於是乃摩燕烏集闕. ⑨뚫다, 파다. =掘. 〔春秋左氏傳〕闕地及泉.
【闕閣 궐각】 궁문(宮門)의 누각(樓閣).
【闕略 궐략】 뺌. 생략함.
【闕漏 궐루】 새어 없어짐. 실수(失手). 또는 틈.
【闕榜 궐방】 ①과거에 낙제함. ②꼭 해야 될 일을 하지 않음.
【闕本 궐본】 한 질(帙)에서 권수가 모자라는 일. 또는 그 빠진 책. 缺本(결본).
【闕祀 궐사】 제사를 지내지 않거나 제삿날을

지나치어 못 지냄. 闕祭(궐제).
【闕狀 궐상】 잘 갖추어지지 않은 상태. 불비(不備)의 상태.
【闕席 궐석】 ①자리가 빔. ②출석하지 않음. 缺席(결석).
【闕損 궐손】 손실(損失).
【闕失 궐실】 ①이지러져 없어짐. ②결점(缺點). 과실(過失).
【闕掖 궐액】 궁중(宮中). ᴑ'掖'은 정문 좌우에 있는 작은 문. 禁掖(금액).
【闕如 궐여】 이지러져서 불완전한 모양. 빠짐. 누락(漏落)함. ᴑ'如'는 조사(助辭).
【闕然 궐연】 이지러져서 완전하지 못한 모양. 쇠퇴하는 모양.
【闕景 궐영】 일식(日蝕).
【闕誤 궐오】 빠지고 잘못이 있음.
【闕遺 궐유】 ①빠짐. 빠뜨림. ②잘못.
【闕疑 궐의】 의심스러운 것은 버려둠.
【闕字 궐자】 ①문장 중에서 임금 또는 귀인의 이름을 쓸 때, 경의를 표하기 위하여 한두 자 쓸 자리를 비우거나 줄을 바꾸는 일. ②문장 중의 빠진 글자.
【闕典 궐전】 ①흠이 있는 책. 온전하지 못한 책. ②부족한 규정이나 문서.
【闕政 궐정】 결점이 있는 정사(政事).
【闕炊 궐취】 ᴑ가난하여 끼니를 거름.
【闕下 궐하】 대궐 아래. 곧, 천자(天子). 조정(朝廷).
【闕畫 궐획】 ①글자의 획을 빠뜨림. ②피휘(避諱)의 한 방법. 임금 또는 귀인의 이름과 같은 글자를 쓰기를 꺼려 그 글자의 한두 획을 생략하여 쓰던 일. 缺劃(결획).
➊ 京—, 宮—, 金—, 禁—, 大—, 門—, 補—, 鳳—, 赴—, 北—, 城—, 宸—, 詣—, 入—, 帝—, 朱—, 天—, 趨—, 退—.

門 10 【闑】 ⑱ 문에 세운 말뚝 얼 屑 niè
소전 초서 字解 문에 세운 말뚝. =槷. ㉮두 문짝이 맞닿는 곳에 세운 짧은 말뚝. 문짝이 문지방 안까지 들어오지 못하도록 막는다. 〔禮記〕君入門, 介拂闑, 大夫中棖與闑之間, 士介拂棖. ㉯문설주 사이에 세운 두 말뚝. 말뚝(闑)과 말뚝 사이는 중문(中門)이라 하여 군(君)과 빈(賓)이 드나든다. 말뚝 동쪽은 얼동(闑東), 서쪽은 얼서(闑西)라 하여 대부(大夫)·사(士)·빈(擯)·개(介)가 드나든다.
【闑內 얼내】 문의 안쪽.

門 10 【闐】 ⑱ 성할 전 先 tián
소전 초서 간체 字解 ①성하다, 많다. ②차다, 가득하다. 〔史記〕賓客闐門. ③거마(車馬)의 소리. 늑輷. ④북소리. 늑嗔. 〔詩經〕振旅闐闐. ⑤나라 이름, 우전(于闐). 지금의 신강성(新疆

省) 화전현(和闐縣)의 경계.
【闐門 전문】 문에 가득 참.
【闐噎 전열】 사람이 붐빔.
【闐溢 전일】 꽉 차서 넘침. 充溢(충일).
【闐闐 전전】 ①성한 모양. ㉠떼를 지어 가는 모양. ㉡비구름이 성하게 이는 모양. ②크게 울리는 소리. ㉠북소리. ㉡거마(車馬)의 소리. ㉢우렛소리.

門 【闒】 ⑱ ❶다락문 탑 囵 tà
10   ❷용렬할 탑 囵 tà

소전 闒 초서 闒 간체 闒 字解 ❶①다락문. 다락에 마련한 출입문. ②마을, 촌락. ③종고(鐘鼓) 소리. =鞈. ④비천하다, 용렬하다, 어리석다. 〔漢書〕 在闒茸之中. ❷용렬하다.
【闒鞠 탑국】 축구(蹴球).
【闒茸 탑용】 ①비천함. 용렬함. ②어리석음. 또는 그 사람.

門 【闖】 ⑱ 말이 문을 나오는 모양 틈 ㉠침
10   屎 chèn

소전 闖 초서 闖 간체 闯 字源 會意. 門+馬→闖. 말(馬)이 문(門)을 나오는 모양이라는 뜻을 나타낸다.
字解 ①말이 문을 나오는 모양. ②머리를 내밀다. 〔春秋公羊傳〕 開之, 則闖然公子陽生也. ③엿보다. 〔韓愈,孟郊·詩〕 儒೯雖大啓, 奸首不敢闖. ④갑자기 들어가다, 불쑥 들어가다.
【闖發 틈발】 기회를 타서 일어남.
【闖然 틈연】 머리를 불쑥 내미는 모양.
【闖入 틈입】 느닷없이 함부로 들어감. 난입(亂入)함.
【闖闖 틈틈】 엿보는 모양.

門 【闔】 ⑱ 문짝 합 囵 hé
10

소전 闔 초서 闔 간체 阖 字解 ①문짝. 나무로 만든 것을 '闔', 갈대나 대로 만든 것을 '扉(비)'라 한다. 〔禮記〕 乃脩闔扇. ②문을 닫다. 〔禮記〕 閏月則闔門左扇. ③간직하다, 간수하다. 〔史記〕 闔者, 藏也. ④막다, 못하게 하다. 〔素問〕 陽明爲闔. ⑤맺다, 연결하다. 〔鬼谷子·揣篇〕 闔之者結其誠也. ⑥통하다. 〔漢書〕 今或至闔郡而不薦一人. ⑦맞다, 같다. 〔戰國策〕 意者臣愚而不闔王心耶. ⑧숨쉬다. 〔老子〕 天門開闔. ⑨뜸, 거적. 〔周禮〕 茨牆則翦闔. ⑩어찌 ~하지 아니하랴. 늑盍. '何'와 '不'을 합한 것. 〔莊子〕 夫子闔行耶.
【闔家 합가】 온 집안. 거가(擧家).
【闔境 합경】 온 지경 안. 영내(領內) 전부.
【闔廬 합려】 집. 가옥(家屋). 闔閭(합려).
【闔門 합문】 ①문을 닫음. ②國제사에서 유식(侑食)을 할 때 문을 닫거나 병풍으로 가리어 막는 일.
【闔闢 합벽】 닫음과 엶. 開闢(개폐).

【闔扇 합선】 문짝.
【闔眼 합안】 남의 허물을 눈감아 줌.
【闔邑 합읍】 고을 전체. 全邑(전읍).
◑ 開-, 門-, 關-, 城-, 周-, 披-, 戶-.

門 【關】 ⑲ ❶빗장 관 囵 guān
11   ❷시위 당길 완 囵 wān

ㄏ ㄕ 門 門 門 閂 閉 閉 閼 關

소전 關 초서 冣 속자 関 속자 関 간체 关
參考 대법원 지정 인명용 한자음은 '관'이다.
字源 形聲. 門+羋→關. '羋(관)'이 음을 나타낸다.
字解 ❶①빗장. 〔老子〕 善閉無關鍵而不可開. ②기관(機關), 자동 장치. 〔後漢書〕 施關設機. ③닫다, 잠그다. ㉠문을 닫다. 〔淮南子〕 城廓不關. ㉡막다. ④사이를 띄우다, 거리를 두다. 〔史記〕 有所關說於景帝. ⑤관문. 요해처의 검문소. 〔易經〕 先王以至日閉關. ⑥역참(驛站). ⑦묘문(墓門). 무덤으로 통하는 길이나 문. 〔周禮〕 及墓, 噂啓關, 陳車. ⑧인체(人體)의 요처. ㉠오금의 위. 〔素問〕 膕上爲關. ㉡경맥(經脈)의 한 부위(部位). ㉢배꼽에서 두 치 되는 곳. ㉣귀·눈·입. 〔淮南子〕 夫耳妄視則淫, 耳妄聽則惑, 口妄言則亂, 夫三關者, 不可不愼守也. ⑨매듭, 결속. 〔素問〕 腎者胃之關也. ⑩관계하다. ㉠관여하다, 참여하다. 〔宋書〕 遺財祿秩, 一不關豫. ㉡걸다, 걸리다. 〔鮑照·行〕 萬曲不關心. ㉢말미암다. 〔漢書〕 太學者賢士之所關也. ㉣들다, 안에 들다. 〔尙書大全〕 雖大禽獸之聲, 猶盡關於律. ㉤엇걸리다. 〔太玄經〕 升降相關. ㉥거치다, 겪다. 〔後漢書〕 升少好學, 多關覽. ㉦미치다, 이르다. ⑪아뢰다, 고하다. 〔漢書〕 進退得關其忠. ⑫통하게 하다. 〔史記〕 公卿皆因關說. ⑬고르다, 평평하게 하다. 〔書經〕 關石和鈞. ⑭뚫다. 〔禮記〕 見輪人以其杖關轂而輠輪者. 〔漢書〕 大臣括髮關械. ⑯구하다, 찾다. 〔史記〕 因巫爲大臣主關食. ⑰받다, 받아들이다. 또 병사(兵士)의 급료, 또 그 지급일. ⑱바둑 용어. 한 칸 떠어서 정상대(正相對)하는 점. 단관(單關). 쌍관(雙關)이 있다. ⑲세관(稅關). ⑳관문서(官文書)의 명칭. 당대(唐代)에 각 성(省)끼리 서로 질문하고, 또 어떤 사항을 통하여 알리기 위한 문서. ㉑성(姓). ❷시위를 당기다. 늑彎. 〔春秋左氏傳〕 豹則關矣.
【關鍵 관건】 ①빗장과 자물쇠. 문호(門戶)의 단속. ②사물의 가장 중요한 부분.
【關係 관계】 둘 이상이 서로 걸림.
【關轂 관곡】 ①바퀴통에 삽입함. ②중심이 되는 중요한 곳.
【關關 관관】 새가 화합하여 지저귀는 소리.
【關譏而不征 관기이부정】 국경의 관문(關門)에서 비위(非違)만을 살피고 행인의 물품에 세금을 물리지 않음.
【關梁 관량】 관문과 교량.

【關樓 관루】성 위에 세운 망루(望樓).
【關牡 관모】대문의 빗장. 門牡(문모).
【關門 관문】①지난날, 국경이나 교통 요지에 설치하였던 문. ②중요한 길목이나 반드시 거쳐야 할 과정. ③문을 닫음. ④묘소의 문.
【關防 관방】①국경의 수비. ②關防印(관방인).
【關防印 관방인】공문서의 위조를 막기 위하여 찍는 장방형의 계인(契印).
【關白 관백】정무(政務)를 통괄하고 일체의 주문(奏文)을 올리기 전에 의견을 아뢰는 일.
【關山 관산】①관소(關所)와 그 주위의 여러 산들. ②향리(鄕里)의 사방을 두른 산. ③고향.
【關塞 관새】국경의 성. 변경의 요새(要塞).
【關稅 관세】한 나라의 세관을 통과하는 물품에 대하여 부과하는 세금.
【關鎖 관쇄】출입문의 자물쇠. 문단속.
【關燧 관수】관문(關門)에 마련된 봉화(烽火).
【關市 관시】①관문과 저자. ②국경 지방에서의 교역(交易).
【關心 관심】①마음에 걸림. ②마음에 두고 잊지 않음.
【關礙 관애】①막음. 저지(沮止)함. ②거리낌. 방해가 됨.
【關鑰 관약】빗장과 자물쇠. 關鑰(관약). 關鍵(관건).
【關與 관여】어떤 일에 관계함.
【關徼 관요】국경에 있는 관문.
【關尹 관윤】관문(關門)을 지키던 벼슬아치의 우두머리.
【關楮 관저】①송대(宋代)의 지폐. ②정부기 발행하던 영수증.
【關雎 관저】①새 이름. 물수리. 징경이. ②시경(詩經) 주남(周南)의 편명.
【關雎之化 관저지화】부부가 화목하여 가정이 잘 다스려짐.
【關節 관절】①두 개의 뼈가 맞닿아 굴신할 수 있게 된 부분. ②중요한 지위에 있는 사람에게 뇌물을 써서 청탁하는 일.
【關征 관정】관문에서 징수하던 세금.
【關知 관지】그 일에 관하여 앎. 관계함.
【關津 관진】관문과 나루. 곧, 수륙(水陸)의 요처(要處).
【關穿 관천】꿰뚫음. 貫穿(관천).
【關托 관탁】남을 통하여 부탁함.
【關柝 관탁】빗장과 딱딱이. 곧, 문을 지키고 야경을 돎.
【關河 관하】①함곡관(函谷關)과 황하(黃河). 전쟁터가 되는 요해지(要害處). ②산하(山河). 간난(艱難)하거나 먼 여로(旅路).
【關弓 완궁】활시위를 힘껏 잡아당김.
◐鍵-, 古-, 款-, 機-, 難-, 門-, 塞-, 稅-, 陽-, 開-, 海-, 鄕-.

門 11 【闚】⑲ 엿볼 규 皮 窺 kuī
字解 ①엿보다, 훔쳐보다. 늑窺.〔易經〕闚其戶. ②잠깐 보다, 언뜻 보다. ③조사하다, 검사하다.〔後漢書〕秦人不敢闚兵于西河. ④꾀다, 유인하다.〔史記〕闚以重利.
【闚觀 규관】훔쳐봄. 엿봄.
【闚望 규망】엿봄. 몰래 들여다봄.
【闚伺 규사】몰래 틈을 엿봄.
【闚覦 규유】엿보며 바람. 분에 넘치는 일을 은근히 바라는 일. 闚覦(규유).
【闚以重利 규이중리】많은 이익으로써 꾐.

門 11 【闛】⑲ ❶성한 모양 당 陽 táng ❷하늘 문 창 陽 chāng
字解 ❶①성한 모양, 문 안에 가득 차는 모양. ②북소리. ❷하늘의 문, 천문(天門). =閶.
【闛鞈 당합】북소리.
【闛闔 창합】하늘의 문. 천문.

門 11 【𨷻】⑲ 塾(361)과 동자

門 12 【闠】⑳ 성시 바깥문 궤 本희 隊 huì
字解 ①성시(城市)의 바깥 문. ②길.

門 12 【闖】⑳ ❶문 열 위 紙 wěi ❷문 반쯤 열릴 과 佳 kuā
字解 ❶①문을 열다. ②성(姓). ❷문이 반쯤 열려 있다.〔司馬光·詩〕體羸畏風冷, 室處門常闖.

門 12 【闡】⑳ 열 천 銑 chǎn
字解 ①열다. ㉮닫힌 것을 열다.〔易經〕微顯闡幽. ㉯널리 퍼지게 하다.〔易經·疏〕闡者, 弘廣之言. ㉰넓히다, 땅을 넓히다.〔史記·注〕禪, 闡廣土地也. ②분명하게 하다, 드러내다.〔易經〕夫易彰往而察來, 而微顯闡幽. ③크게 하다.〔孔安國·序〕以闡大猷. ④느슨하게 하다, 늦추다. ⑤관여하다.〔陸雲·誄〕瑰珍旣耀, 靈寶未闡. ⑥땅 이름. 춘추 때 노(魯)나라의 읍(邑) 이름. 지금의 산동성(山東省) 동아현(東阿縣)의 북쪽.
【闡校 천교】바로잡고 분명히 함. 교정함.
【闡究 천구】구명(究明)하여 명백하게 함.
【闡明 천명】분명(分明)히 함. 드러내어 밝힘. 闡揚(천양).
【闡幷 천병】타국을 병탄하여 영토를 넓힘.
【闡士 천사】고승(高僧). 開士(개사).
【闡揚 천양】명백하게 드러내어 보임.
【闡幽 천유】숨은 것을 드러내어 밝힘.
【闡濟 천제】널리 펴서 이룩함.
【闡證 천증】분명히 함. 증명함.
【闡拓 천척】엶. 개척함.
◐開-, 光-, 昭-, 翼-, 返-, 恢-.

門部 12~13획 闞闞闠闤闠 阜部 0획 阜

門12【闞】⑳ ❶범 소리 함 hǎn ❷바랄 감 kàn ❸개소리 함 xiàn
[소전][초서][간체] 闞 [字解] ❶①범 소리. ②성내는 모양. 입을 크게 벌리고 성내는 모양. 〔詩經〕闞如虓虎. ②①바라다. ②보다. 〔晉康·賦〕俯瞰海湄. ③노(魯)나라의 고을 이름. 오늘날의 산동성(山東省) 문상현(汶上縣)의 서남쪽. 〔春秋左氏傳〕公會宋公于闞. ④성(姓). ❸①개의 소리. ②짐승의 성내는 소리.
【闞然 함연】①호랑이가 으르렁거리듯이 크게 성내는 모양. ②입을 크게 벌려 웅변을 토하는 모양.
【闞闞 함함】①용감한 모양. ②범이 성내어 우짖는 소리.
【闞虓 함효】성내어 외침.
❶哮ー.

門12【闟】⑳ ❶창 흡 xī ❷골짜기 이름 탑 tà
[초서] 闟 [字解] ❶①창. 〈戟〉. ②수레 경호용의 가지 달린 창, 흡극(闟戟). 〔後漢書〕前驅有九斿雲罕·鳳凰闟戟·皮軒鸞旗. ③자리 잡다, 안정(安定)하다. ④닫다. ❷①골짜기 이름. 사천성(四川省) 강안현(江安縣). ②땅 이름. ¶闟敦.
【闟然 흡연 ❶탑연】①잠시 멈추는 모양. ②안정된 모양. ❷물건이 떨어지는 소리.
【闟闟 흡흡】담은 모양, 폐쇄된 모양.
【闟茸 탑용】너절한. 남만 못함. 용렬함.

門13【闥】㉑ ❶문 달 ❷돌출한 네모진 나무 건 tà
[소전][초서][간체] 闥 [字解] ❶①문. ㉮문의 총칭. ㉯궁중의 소로(小路)에 세운 문, 위문(闈門). ㉰위문(闈門)보다 작은 궁중의 문. 규문(閨門). ㉱작은 문. 〔漢書〕斧敤法闥. ②문의 안, 문과 담 사이. 〔詩經〕左我闥兮. ③문병(門屛). 〔漢書〕唫酒排闥直入. ④관청. 〔後漢書〕常獨止宿臺上, 畫夜不離省闥. ⑤침실, 잠자는 곳. 〔王逢詩〕椒闥珮琚遺白草. ⑥빠른 모양. 〔晉康·賦〕闥爾奮逸. ❷돌출한 네모진 나무. 〔張衡·賦〕上飛闥而仰眺.
【闥爾 달이】①병든 모양. ②빠른 모양.

門13【闢】㉑ ❶열 벽 pì ❷흐름 벽 pì
[소전][초서][간체] 辟 [字解] ❶①열다, 열리다. 〔春秋左氏傳〕寢門闢矣. ②물리치다, 제거하다. 〔荀子〕是以闢耳目之欲. ③피하다, 멀리하다. 〔周禮〕凡內命夫命婦出入, 則為之闢. ④깨우치다, 계발(啓發)하다. ⑤개간(開墾)하다. 〔司馬相如·賦〕地可墾闢. ⑥나누어지다, 갈라지다. 〔元包經傳〕混茫旣判, 天地闢矣. ⑦넓

어지다, 넓히다. 〔吳子〕闢土四面. ❷흐름, 흐르는 물.
【闢墾 벽간】논밭을 일굼. 開墾(개간).
【闢邪 벽사】사설(邪說)을 물리침.
【闢土 벽토】①토지를 개간함. ②영토를 넓힘.
【闢闔 벽합】엶과 닫음.
【闢戶 벽호】문을 엶.
❶墾ー, 開ー, 廣ー, 排ー, 剪ー, 洞ー, 闔ー.

門13【闔】㉑ ❶사당 문 염 yán ❷대문 지붕 엄 ❸볼 첨 qiàn ❹문 약간 열 첨 chàn
[소전] 闔 [字解] ❶사당의 문, 묘문(廟門). 늑檐. ❷대문의 지붕. ❸보다, 보는 모양. ❹문을 약간 열다.

門13【闤】㉑ 거리 환 huán
[소전][초서][간체] 闤 [字解] ①거리, 시가(市街). 〔左思·賦〕闤闤之裏. ②시가(市街)를 둘러싼 담. ③성시(城市)의 문. 〔張衡·賦〕通闤帶闠.
【闤闠 환궤】저자의 담과 문. ㉠거리. 시정(市井). ㉡거리의 도로.

阜 部

8획 부수 | 언덕부부

阜0【阜】⑧ 언덕 부 fù
[소전][고문][초서][본자] 阜 [參考] 한 자의 구성에서 변에 쓰일 때는 글자 모양이 'ß'으로 바뀌고, '좌부방변'이라고 부른다.
[字源] 象形. 돌이 없는 토산(土山)을 본뜬 글자. 언덕, 또는 높고 큰 토지 등을 뜻한다.
[字解] ①언덕, 대륙(大陸). 〔詩經〕如山如阜. ②크다. 〔張衡·賦〕百物殷阜. ③커지다. 〔春秋左氏傳〕韓氏其昌阜於晉乎. ④크게 하다. 〔國語〕阜其財求, 而利其器用. ⑤번성하다. 〔楚辭〕人阜昌只. ⑥성하게 하다. 〔周禮〕以阜人民. ⑦두텁다. 〔國語〕不義則利不阜. ⑧두텁게 하다. 〔國語〕其所以阜財用衣食者也. ⑨높다. 〔素問〕曰敦阜. ⑩많다. 〔詩經〕爾殽旣阜. ⑪살찌다. 〔詩經〕駟驖孔阜. ⑫젊다. 〔周禮〕以阜馬. ⑬자라다, 성장하다. 〔國語〕助生阜. ⑭태평하다, 편안하다. 〔詩經〕政平民阜. ⑮메뚜기. 〔詩經〕趯趯阜螽.
【阜康 부강】풍족하고 편안함.
【阜陵 부릉】큰 언덕. 높은 언덕.
【阜蕃 부번】크게 번식함.
【阜成 부성】①훌륭하게 이루어 냄. 훌륭한 사

阜部 0〜4획 自阞阡阤阬阪阧防

람으로 만들어 냄. ②부유하게 만듦.
【阜安 부안】번성하고 편안함.
【阜螽 부종】메뚜기.

阜 0 【自】⑧ 阜(1932)의 본자

阜 2 【阞】⑤ 지맥 륵 𨸑 lè
소전 𨸑 초서 [字解] ①지맥(地脈), 땅의 맥락(脈絡).〔周禮〕凡溝逆地阞, 謂之不行. ②우수리, 셈한 나머지, 3분의 1. ≒扐·仂.〔周禮〕以其圍之阞, 捎其數.

阜 3 【阡】⑥ 두렁 천 𨸔 qiān
소전 𨸔 초서 [字解] ①두렁, 두렁길. 남북으로 난 두렁.〔漢書〕出入阡陌. ②길, 도로.〔陸游·詩〕看花南陌復東阡. ③무덤 길, 묘도(墓道).〔歐陽脩·表〕始克表于其阡. ④무성하다. ≒仟·芊.〔謝朓·詩〕遠樹曖阡阡. ⑤일천. ※千(232)의 갖은자.
【阡陌 천맥】두렁. 논이나 밭에 낸 길. ◯동서(東西)로 난 길을 '陌', 남북(南北)으로 난 길을 '阡'이라 함.
【阡陌交通 천맥교통】논밭 사이의 길이 사방으로 통해 있음.
【阡眠 천면】①멀리 바라봄. ②초목이 무성한 모양.
【阡阡 천천】초목이 우거진 모양.

阜 3 【阤】⑥ ❶비탈 치 𨸕 zhǐ ❷허물어질 타 𨸖 tuó ❸기운 모양 이 𨸕 yǐ
소전 𨸕 초서 [字解] ❶①비탈, 고개.〔周禮〕及其登阤. ②벼랑, 낭떠러지.〔漢書〕嚴阤巚錡. ③무너지다, 조금 무너지다.〔漢書〕山陵崩阤二. ④깨지다, 부서지다. ⑤경사(傾斜)지다. ≒迆.〔漢書〕登降阤靡. ❷허물어지다. ＝陀. ❸기운 모양. ＝陑.
【阤靡 치미·이미·타미】산세가 길게 잇대어 뻗은 모양.
【阤崩 치붕】무너짐. 허물어짐.

阜 4 【阬】⑦ ❶문 높은 모양 갱 ㊂강 𨸠 kēng ❷큰 언덕 갱 ㊂강 𨸡 gāng ❸문 함 𨸢 kàng
소전 𨹀 초서 阬 [字解] ❶①문이 높은 모양.〔詩經〕皐門有阬, 然則門亦得稱阬. ②구덩이. ≒壙·隉·坑.〔莊子〕在谷滿谷, 在阬滿阬. ③구덩이에 묻어서 죽이다.〔史記〕秦始皇, 犯禁者四百六十餘人, 皆阬之咸陽.〔林寬·詩〕霆霖驚日月, 窮巷變溝阬. ④못, 연못.〔南康記〕南雄上隴左一阬, 有石人, 出水來. ⑦높은 언덕.〔揚雄·賦〕蹠巒阬. ⑧성(姓). ❷①큰 언덕.〔漢書〕陳粟於東阬兮.

②땅 이름. ❸①문, 출입문. ❷구덩이, 갱(坑). ③저지하다, 대항하다. ≒抗.〔史記〕阬衡閒砢.
【阬儒 갱유】진시황(秦始皇)이 유학자를 산 채로 구덩이에 파묻어 죽인 일. 坑儒(갱유).
【阬穽 갱정】함정. 坑穽(갱정).
【阬衡 항형】쭉 곧은 모양. 또는 나뭇가지나 줄기가 서로 얽힌 모양.

阜 4 【阪】⑦ 級(1342)의 속자

阜 4 【阧】⑦ 치솟을 두 𨹋 dǒu
초서 阧 [字解] ①치솟다, 우뚝 솟다. ②험하다, 가파르다.

阜 4 【防】⑦ ❶둑 방㊅ fáng ❷방비할 방㊄ fáng

丶 彡 阝 阝 阝 防 防

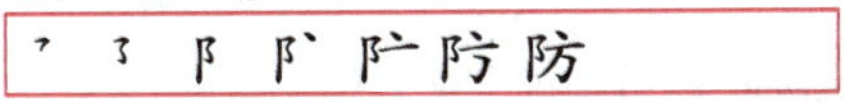

소전 𨹍 혹체 陸 초서 防 [字源] 形聲. 阜＋方→防. '方(방)'이 음을 나타낸다.
[字解] ❶①둑, 제방.〔淮南子〕修彭蠡之防. ②막다. ㉮물을 막다.〔國語〕不防川. ㉯말리다, 금(禁)하다.〔禮記〕又敢與知防. ㉰대비하다.〔易經〕君子以思患而豫防之. ㉱방호하다.〔淮南子〕陰以防雨. ㉲덮다, 가리다.〔楚辭〕上葳蕤而防露. ③수비(守備), 방비(防備).〔晉書〕尋陽接蠻, 宜示有遏防. ④요새(要塞). 외적(外敵)을 막기 위하여 설비한 곳. 또는 그 설비.〔後漢書〕遣驃騎大將軍杜茂, 功佼彊於西防. ⑤법도, 법률.〔後漢書〕法防繁多, 則苟免之行興. ⑥가리개, 울타리, 칸막이. ⑦경계(境界).〔春秋穀梁傳〕艾蘭以爲防. ⑧맞서다. ≒當.〔詩經〕百夫之防. ⑨견주다. ≒竝·方.〔詩經〕百夫之防. ⑩땅 이름. ⑪산 이름. 노(魯)나라 국도(國都)의 근처에 있는데, 공자(孔子)가 부모를 이곳에 합장(合葬)하였다. 지금의 산동성(山東省) 곡부현(曲阜縣)의 동쪽. ⑫성(姓). ❷①방비하다, 방지하다. ②둑. ≒坊·房. ※❶의 ①과 같다.
【防奸 방간】간사함을 막음.
【防拒 방거】막음. 방어함.
【防結 방결】國아전이 백성에게 논밭의 세금을 감액해 주는 대가로 기한 전에 받아서 아전끼리 사사로이 쓰던 일.
【防糓 방곡】國곡식의 반출을 방지함.
【防微 방미】①작은 일도 주의하여 일이 크게 벌어지지 않도록 방지함. ②임금이 미행(微行)하는 것을 간언(諫言)하여 방지함.
【防犯 방범】범죄를 막음.
【防備 방비】적의 침략이나 재해 따위를 막기 위한 준비.
【防塞 ❶방색 ❷방새】❶가려서 막음. 防遏(방알). ❷적의 침공을 막는 요새.
【防泄 방설】새는 것을 막음.

阜部 4～5획 阫阰阺陁阮阬阱阯阪陆

【防水 방수】①홍수를 막음. ②물이 스며들지 않게 특수한 도료를 칠하는 일.
【防身刀 방신도】몸을 지키기 위하여 지니는 칼. 護身刀(호신도).
【防芽 방아】싹트는 것을 막음. 일이 발생하지 않도록 초기에 막음.
【防禦 방어】적이 공격하여 오는 것을 막음.
【防疫 방역】전염병의 발생·침입·전염 따위를 막음.
【防衛 방위】적이 쳐들어오는 것을 막아서 지킴.
【防獄 방옥】재판을 방해함. 판결에 따르지 않음. 판결에 이의를 내세움.
【防意 방의】사욕이 생겨나지 않도록 막음.
【防材 방재】적함(敵艦)의 침입을 막기 위하여 미리 항만(港灣)에 쇠사슬로 동여매어 놓은 커다란 재목.
【防戰 방전】적을 막아서 싸움.
【防除 방제】①막아서 없앰. ②농작물의 병충해를 예방하거나 없앰.
【防止 방지】막아서 멎게 함.
【防川 방천】①내의 흐름을 막음. ②냇가에 흙을 쌓아 범람을 막음. 또는 그 둑.
【防秋 방추】북쪽 유목민의 침입을 막는 일.
【防築 방축】물을 막기 위해 쌓은 둑.
【防臭 방취】나쁜 냄새를 막음.
【防牌 방패】칼·창·화살 등을 막는 무기.
【防閑 방한】화(禍) 따위를 막음.
【防荒 방황】①기근에 대한 예방. ②흉년에 대한 대비.
❶ 警一、國一、邊一、備一、砂一、消一、遏一、豫一、堤一、海一.

阜4【阫】⑦ 담 배 灰 péi
字解 담, 울타리. =坏.〔莊子〕日中穴阫.

阜4【阰】⑦ 산 이름 비 支寘 pí
字解 산 이름. 초(楚)나라 남쪽에 있는 산.〔楚辭〕朝騫阰之木蘭兮.

阜4【阺】⑦ 氐(929)과 동자

阜4【陁】⑦ ❶좁을 애 卦 ài
❷막힐 액 陌 è
초서 阨 字解 ❶좁다. 좁고 험하다. 좁고 험한 길. =阸·阨.〔唐書〕且地狹阨, 裁盈百里. ①막히다, 통로가 막히다. =阨.〔左思·賦〕邦有湫阨而踏府. ②험하다, 험한 길.〔史記〕魏居嶺阨之西. ③시달리다.〔孟子〕阨窮而不憫. ④곤란, 어려움.〔孟子〕是時孔子當阨.
【阨塞 ❶애새 ❷액색】❶견고한 성채(城砦). ❷국①운수가 막힘. ②궁색하게 지냄.
【阨困 액곤】괴로움. 고생.
【阨窮 액궁】운이 나빠 궁지에 빠짐. 고생함.

阜4【阮】⑦ 관 이름 완 元 阮阮 yuán
參考 대법원 지정 인명용 한자의 음은 '완·원'이다.
字解 ①관문(關門) 이름. 지금의 하북성(河北省) 울현(蔚縣)의 동북쪽. ②나라 이름. 은대(殷代)의 제후국. 지금의 감숙성(甘肅省) 경천현(涇川縣)의 동남쪽.〔詩經〕侵阮·徂·共. ③월금(月琴). 악기의 한 가지.〔宋史〕今琴瑟塤篪笛簫笙竽筑.
【阮丈 완장】國남의 삼촌(三寸)의 높임말. ❏진(晉)나라 완적(阮籍)과 완함(阮咸)이 삼촌과 조카 사이로 함께 문명(文名)을 떨친 데서 남의 삼촌을 완장(阮丈), 조카를 함씨(咸氏)라 함.

阜4【阭】⑦ ❶높을 윤·전 阮 䩕 yǔn, jún
❷높을 언 阮 yǔn, jún
參考 대법원 지정 인명용 한자음은 '윤'이다.
字解 ❶①높다. ②돌. ❷높다.

阜4【阱】⑦ 함정 정 梗 jǐng
소전 阱 고문 宍 혹체 宑 초서 阱 字解 함정(陷穽). 허방다리. =穽.〔周禮〕春令爲阱擭溝瀆之利於民者.
【阱擭 정확】짐승을 잡기 위한 함정과 올가미.

阜4【阯】⑦ 터 지 紙 zhǐ
소전 阯 혹체 址 초서 址 字解 ①터, 토대. 늑址.〔太玄經〕牆峭阯. ②산기슭.〔漢書〕禪泰山下阯. ③작은 섬. 洲(주)·渚(저)에 비하여 더 작은 섬. 늑沚.〔張衡·賦〕黑水玄阯. ④발〔足〕. 늑趾.

阜4【阪】⑦ 비탈 판 阮 bǎn
소전 阪 혹체 坂 동자 岅 字解 ①비탈, 고개. =坂·岅.〔詩經〕阪有漆. ②둑, 제방. ③산골짜기, 산협(山峽).④높은 언덕.〔詩經〕茹藘在阪. ⑤험하다.〔詩經〕瞻彼阪田. ⑥기울다, 비스듬해지다.〔呂氏春秋〕阪險原濕. ⑦비스듬하다. ⑧돌이키다. 늑反.〔荀子〕患難哉, 阪爲先.
【阪路 판로】비탈길.
【阪上走丸 판상주환】비탈 위에서 공을 굴림. ㉠세(勢)에 편승하여 일을 하면 손쉬움. ㉡일이 자연의 추세에 따라 이루어져 감.
【阪田 판전】자갈이 많은 밭. 불모(不毛)의 땅.
【阪險 판험】가파르고 험함.
❶ 急一、山一、長一、峻一、險一.

阜5【陆】⑧ 우리 거 魚 qū
소전 陆 초서 陆 字解 ①우리, 산골짜기의 지형을 이용하여 설치한 마소의 우리.〔左思·賦〕阹以九疑.❷그물을 치다.〔揚雄·序〕以罔爲周阹.

阜5 【阮】⑧ ❶벼랑 국 圉 jú
❷모퉁이 외 灰 jú
字解 ❶벼랑. 굽이진 기슭의 바깥쪽. ❷모퉁이, 구석. =隈.

阜5 【附】⑧ ❶붙을 부 遇 fù
❷부화할 부 虞 fū

丿 フ ß ßˊ ßˊ- 附 附

字源 形聲. 阜+付→附. '付(부)'가 음을 나타낸다.
字解 ❶❶붙다. ㉮달라붙다, 접착(接着)하다.〔周禮〕是故宮不附. ㉯기대다, 의지하다, 힘입다.〔孟子〕附於諸侯曰附庸. ㉰따르다, 마음을 주다, 친근히 지내다.〔史記〕附於楚則晉怒, 附於晉則楚來伐. ㉱가깝다, 가까이 하다.〔淮南子〕附耳之言, 聞於千里也. ㉲매이다, 관련되다.〔周禮〕其附于刑者, 歸于士, 合치다.〔史記〕是我一擧而名實附也. ❷붙이다. ㉮달라붙게 하다, 접착시키다.〔詩經〕如塗塗附. ㉯부치다, 보내다.〔杜甫·詩〕路逢相識人, 附書與六親. ㉰따르게 하다, 좇게 하다.〔宋史〕是時朝廷意在招附. ㉱더하다, 늘게 하다.〔孟子〕附之以韓魏之家. ㉲형벌(刑罰)을 가하다.〔禮記〕附從輕. ❸합사(合祀)하다. =祔.〔禮記〕猶是附於王父也. ❹장부(臟腑), 내상. ≒胕.〔漢書〕臣幸得託肺附. ❺지지깨비. 나무를 다듬거나 깎을 때 생기는 잔조각.〔太玄經〕肺附乾饒. ≒柎.〔易經〕兌, 爲毁折, 爲附決. ❼성(姓). ❽작은 토산(土山). ≒培. ❷부화(孵化)하다, 알을 깨다. ≒孚.

【附加 부가】이미 있던 것에 덧붙임.
【附款 부관】①정의(情誼)를 통하여 귀속(歸屬)함. ②(法) 어떤 행위에서 생기는 법률 효과에 일정한 제한을 붙이기 위하여 표시하는 사항. 기간·조건 따위.
【附近 부근】가까운 언저리.
【附記 부기】본문에 덧붙여 적음. 또는 그 기록.
【附驥 부기】천리마(千里馬)에 달라붙음. ㉠후진(後進)이 선배(先輩)에게 의지하여 명성을 얻음. ㉡남과 동행(同行)함의 겸사(謙辭).
【附驥攀鴻 부기반홍】모기나 등에도 천리마의 꼬리에 붙든지 기러기 날개에 매달리면, 천 리를 닫고 사해를 날 수 있음. 후배가 선배의 덕으로 그 이름을 이름.
【附帶 부대】곁달아서 덧붙임.
【附錄 부록】책의 끝에 참고 자료로 덧붙이는 인쇄물.
【附屬 부속】주되는 일이나 물건에 딸려서 붙음.
【附輿 부여】지니게 하여 줌.
【附炎棄寒 부염기한】권세를 떨칠 때에는 붙좇고 권세가 쇠하면 버리고 떠남. 인정의 경박함.
【附庸 부용】①작은 나라가 독립하지 못하고 큰 나라에 딸리어 지내는 일. ②남에게 의지하여

따로 독립하지 못하고 살아감.
【附耳 부이】①귀에 대고 소곤소곤 말함. 귓속말. ②벌 이름.
【附益 부익】덧붙임. 첨가(添加).
【附箋紙 부전지】서류에 간단한 의견을 써서 덧붙이는 쪽지. 찌지.
【附着 부착】들러붙어 떨어지지 않음.
【附贅懸疣 부췌현우】혹과 무사마귀. 곧, 무용지물(無用之物).
【附託 부탁】①의지함. ②남에게 당부하여 맡김.
【附合 부합】서로 한데 붙어서 떨어지지 않음.
【附和 부화】붙좇아 어울림. 주견(主見)이 없이 경솔하게 남의 의견에 따름.
【附和雷同 부화뇌동】주견도 없이 무조건 남의 주장에 동조하여 움직임.
【附會 부회】이치에 맞지 않는 말이나 이론을 억지로 끌어다 붙여 맞춤. 傅會(부회).

◐ 交一, 給一, 寄一, 送一, 阿一, 漆一, 回一.

阜5 【阿】⑧ ❶언덕 아 歌 ē
❷호칭 옥 圉 ā

參考 대법원 지정 인명용 한자의 음은 '아'이다.
字解 ❶①언덕, 큰 언덕.〔詩經〕在彼中阿. ②구석, 모퉁이.〔詩經〕考槃在阿. ③산비탈.〔穆天子傳〕天子獵于鈃山之西阿. ④산기슭.〔張衡·賦〕流目眺夫衡阿兮. ⑤물가, 냇가.〔穆天子傳〕天子飮于河水之阿. ⑥한쪽으로 치우치다, 기울다. ⑦비스듬하다, 경사지다. ⑧굽다, 구부러지다.〔楚辭〕行叩誠而不阿兮 ⑨아첨하다, 상관에게 알랑거리다.〔國語〕弗án而阿之. ⑩집, 저택. ⑪마룻대, 마룻도리.〔儀禮〕賓升西階, 當阿. ⑫차양, 처마에 내어 댄 차양.〔莊子〕被髮闚阿門. ⑬의지하다, 의존하다. ≒倚.〔書經〕惟辟王不惠乎阿衡. ⑭가깝다, 거리가 가깝다.〔漢書〕阿房之殿. ⑮얇은 비단. ≒羅.〔淮南子〕衣阿錫. ⑯아보(阿保). 예의 범절을 가르치는 여자. ⑰가지가 벋어 아름다운 모양.〔詩經〕隰桑有阿. ⑱길게 대답하는 소리.〔老子〕唯之與阿, 相去幾何. ⑲이, 저. ⑳성(姓). ㉑부드러운 모양. =猗. ㉒불제자(佛弟子)의 이름. ¶阿難. ❷호칭. 남을 부를 때 친근감을 나타내기 위하여 성·이름 등의 위에 붙이는 말. 어휘에서는 '아'로 읽는다.〔古詩〕阿兄得聞之, 悵然心中煩.
【阿伽陀 아가타】(佛)무병(無病) 불사(不死)의 약. ◯범어(梵語) 'agada'의 음역어(音譯語).
【阿家 아가】❶아고 ❷아가】①며느리가 시어머니를 부르는 말. 시어머님. ❷군주(郡主), 현주(縣主)를 궁중(宮中)에서 부르는 말.
【阿公 아공】①시아버지. ②할아버지.
【阿丘 아구】사면이 높은 토산.
【阿那 아나】①아름답고 요염함. 阿娜(아나). ②초목이 무성한 모양.
【阿娜 아나】아리따운 모양. 숙부드러운 모양.
【阿嬭 아내】유모(乳母).
【阿女 아녀】딸.

阜部 5획 阨阽阺

【阿爺 아야】①아버지. ②웃어른의 경칭(敬稱).
【阿黨 아당】아첨하고 편듦.
【阿堵 아도】①이것. 이 물건. ②돈의 딴 이름. 故事 진(晉)의 왕연(王衍)이 돈을 더럽다 하여 돈이라는 말조차 입 밖에 내지 않자, 그의 아내가 일부러 돈을 상(床) 위에 놓았을 때, 왕연이 아도(阿堵)를 가져가라고 말했다는 고사에서 온 말. ③눈〔眼〕을 이름. 眼精(안정).
【阿羅漢 아라한】(佛)불교의 수업자(修業者)로 번뇌(煩惱)를 버리고 깨달음을 얻어 공덕(功德)을 갖춘 성자(聖者). ◯범어 'Arhān'의 음역어. 羅漢(나한).
【阿蘭若 아란야】(佛)절. ◯범어 'Āranya'의 음역어. 僧庵(승암).
【阿摩 아마】(佛)여자. ◯범어 āmbā의 음역어.
【阿妹 아매】누이동생을 정답게 이르는 말.
【阿母 아모】①유모의 미칭(美稱). ②어머니를 정답게 부르는 말.
【阿蒙 아몽】어린아이.
【阿媚 아미】아첨함. 알랑거림. 阿諛(아유).
【阿房宮 아방궁】진시황(秦始皇)이 세운 궁전 이름. 지금의 섬서성(陝西省) 장안현(長安縣) 서북 위수(渭水)의 남쪽이다.
【阿保 아보】①잘 보살펴 키움. 또는 그 사람. 保育(보육). ②근신(近臣).
【阿父 아부】①아버지를 정답게 부르는 말. ②숙백부(叔伯父)를 친근하게 부르는 말. 또는 숙백부가 스스로를 일컫는 말.
【阿附 아부】남의 비위를 맞추려고 알랑거림.
【阿鼻 아비】(佛)팔열(八熱) 지옥의 하나. 극악인(極惡人)이 떨어지는 가장 고통스러운 지옥. ◯범어 'Avīci'의 음역어. 아비지옥. 무간지옥(無間地獄).
【阿鼻叫喚 아비규환】(佛)①아비지옥(阿鼻地獄)과 규환지옥(叫喚地獄). ②여러 사람이 몹시 비참한 지경에 빠졌을 때, 그 고통에서 헤어나려고 악을 쓰며 소리를 지르는 모양.
【阿奢 아사】유모의 남편.
【阿斯達 아사달】단군(檀君)이 치세(治世)하였다는 국도(國都).
【阿闍梨 아사리】(佛)제자(弟子)의 행위를 바르게 지도하여 사범(師範)·궤범(軌範)이 될 고승(高僧). ◯범어 'ācārya'의 음역어(音譯語).
【阿世 아세】세상에 아첨함. 세속에 빌붙음.
【阿誰 아수】누구. 어떤 사람.
【阿僧祇 아승기】(佛)무한(無限) 또는 무량(無量)의 뜻. ◯범어 'Asaṃkhya'의 음역어.
【阿匿 아닉】영합함. 아첨함. 阿邑(아읍).
【阿爺 아야】아버지를 정답게 부르는 말.
【阿翁 아옹】①할아버지. ②아버지. ③시아버지.
【阿婉 아완】아리따운 여자.
【阿枉 아왕】아첨하여 굽힘.
【阿容 아용】관대함. 남을 포용함.
【阿諛苟容 아유구용】남의 환심(歡心)을 사려고 알랑거리며 구차스럽게 행동함.
【阿諛順旨 아유순지】아첨하여 그 사람의 뜻을 따름.

【阿戎 아융】①사촌 동생. 從弟(종제). ②아들.
【阿邑 아읍】아첨하고 영합함.
【阿姨 아이】①이모(姨母)를 정답게 부르는 말. ②아내의 자매. ③庶母(서모).
【阿字觀 아자관】(佛)범어에서 모든 말은 '阿(아)'에서 나오므로 '阿'자를 좌선(坐禪)하여 달관(達觀)하면 일체 제법(諸法)의 근본 뜻을 깨닫게 된다는 교의(敎義).
【阿諂 아첨】남의 환심을 사거나 잘 보이기 위하여 알랑거림.
【阿婆 아파】나이 먹은 부인. 늙은 부인.
【阿含 아함】(佛)석가(釋迦)가 설(說)한 소승(小乘)의 가르침. ◯범어 'Āgama'의 음역어.
【阿香 아향】우레〔雷〕의 딴 이름. 故事 진(晉)나라의 '阿香'이라는 여자가 뇌거(雷車)를 밀었다는 고사에서 온 말.
【阿兄 아형】형뻘되는 사람을 친근(親近)하게 부르는 말.
【阿衡 아형】은대(殷代)의 재상(宰相) 벼슬. 재상의 범칭. ◯이윤(伊尹)의 호(號). ◯이윤이 이 벼슬을 하여 나온 말.
➊ 曲―, 四―, 山―, 水―, 順―, 巖―, 偏―.

阜 5 【阨】⑧ ❶막힐 액 囮 è
         ❷험할 애 圄 ài

字解 ❶①막히다, 메다. =阸. ②한정하다, 제한하다. ③방해하다. ④다가오다, 박두하다.〔荀子〕除阨其下. ⑤위태롭다, 위험하다. ⑥고생, 고민.〔漢書〕百姓仍遭凶阨. ❷①험하다. ②막히다. ※❶의 ①과 같음. ③가로막다. ④좁다. ≒隘.〔後漢書〕乘阨據險.

【阨會 액회】재앙이 모여듦.
【阨困 액곤】재앙을 만나 곤궁함.
【阨塞 애새】험한 요새. 요해(要害)가 견고함.
【阨狹 애협】좁은 것.

阜 5 【阽】⑧ ❶벽 무너지려 할 염 圞 diàn
         ❷떨어지려 할 점 圞 diàn

字解 ❶①벽이 무너지려 하다. ②위태롭다, 위태롭게 하다.〔楚辭〕阽余身而危死兮. ③숨이 넘어가려 하다, 위독하다.〔漢書〕或阽於死亡. ④임(臨)하다, 다다르다.〔張衡·賦〕阽焦原而跟止. ⑤처마.〔謝朓·詩〕阽危賴宗衰. ❷①떨어지려 하다.〔漢書〕爲下民阽危者. ②내려가다, 빠지다. ≒墊.

【阽危 점위】낭떠러지에 가까워 떨어질 듯함. 매우 위태로움.

阜 5 【阺】⑧ ❶비탈 저 圞 dǐ
         ❷비탈 지 圛 dǐ

字解 ❶①비탈, 언덕. ≒坻.〔後漢書〕復助囂拒隴阺. ❷①비탈. ※❶과 같음. ②조리, 이치. ③내려가다.

1936

阜 5 【阻】⑧ ❶험할 조 [語] zǔ ❷비스듬히 걸을 조 [御] zhù

[소전] [초서] [字解] ❶①험하다. 〔周禮〕以周知其山林川澤之阻. ②사이가 멀다, 떨어지다. 〔詩經〕遡洄從之, 道阻且長. ③걱정하다. ④괴로워하다, 시달리다. 〔書經〕黎民阻飢. ⑤괴로움, 어려움. 〔易經〕德行恆簡以知阻. ⑥의심하다, 이상히 여기다. 〔春秋左氏傳〕狂夫阻之. ⑦말리다. 〔呂氏春秋〕故非之弗爲阻. ⑧의거하다, 의지하다. 〔呂氏春秋〕阻丘而保威也. ⑨믿다, 기대하다. 〔春秋左氏傳〕阻兵而安忍. ⑩가지다, 쥐다. ⑪막다, 기운을 꺾다. ≒沮. ⑫험(險)한 땅, 요해(要害). 〔詩經〕罙入其阻. ⑬경계(境界), 장애. 〔漢書〕南山天下之阻也. ⑭비스듬하다. ⑮시작, 비로소. ≒祖. 〔書經〕黎民阻飢. ❷①비스듬히 걷다, 마제(馬蹄)의 병. ＝䟡. ②말굽. ③저주하다. ≒詛.

【阻澗 조간】깊은 계류(溪流)를 사이에 둠.
【阻艱 조간】험하여 고됨. 조난(阻難).
【阻隔 조격】멀리 떨어짐.
【阻固 조고】적(敵)에 대한 방비(防備).
【阻飢 조기】굶주림.
【阻難 조난】험준하여 통행하기가 어려움.
【阻兵 조병】군대를 믿고 의지함.
【阻修 조수】멀리 떨어짐.
【阻深 조심】①험하고 깊음. ②산천(山川)이 멀리 떨어짐.
【阻阨 조애】험하고 좁음.
【阻隘 조애】길이 험하고 좁음. 阻砨(조애).
【阻礙 조애】막아서 거치적거림. 장애가 생김.
【阻折 조절】길이 험준하고 꼬불꼬불함.
【阻峭 조초】험준함. 또는 요해(要害)의 땅.
【阻限 조한】길이 막히고 멂.
【阻害 조해】막아서 못 하게 해침. 방해함.
【阻險 조험】험난(險難)함. 또는 그런 곳.
◑ 艱−, 深−, 惡−, 峻−, 天−, 險−.

阜 5 【阼】⑧ 동편 층계 조 [遇][虞] zuò

[소전] [초서] [字解] ①동편 층계. 주인(主人)이 당(堂)에 올라가는 계단. 〔儀禮〕立于阼階下. ②보위(寶位). 천자(天子)의 자리. 옛날 천자가 즉위하여 제사를 지낼 때에 동쪽 층계로 올라감. 〔禮記〕成王幼, 不能涖阼. ③제육(祭肉). 제사 지내고 나누어 주는 고기. ≒胙. 〔儀禮〕祝命徹阼俎.

【阼階 조계】주인이 오르는 계단. 東階(동계). 🔍객(客)은 서계(西階)로 올라감.
【阼俎 조조】제사 때 제육(祭肉)을 담는 그릇.
◑ 涖−, 踐−.

阜 5 【陀】⑧ ❶비탈질 타 [歌] tuó ❷허물어질 타 [哿] duò

[초서] [字解] ❶①비탈지다. ＝陁. ②험하다, 평탄하지 않은 모양. ③무너지다, 떨어지다. 〔淮南子〕岸峭者必陀. ④벼랑, 낭떠러지. 〔漢書〕巖陀甗錡. ❷허물어지다. ＝陁.

【陀羅尼 다라니】(佛)①범문(梵文)을 그대로 독송(讀誦)하면 무변(無邊)의 의미를 품고 있어 각종 장애를 제거하고 공덕을 받는 일. ②☞陀羅尼呪(다라니주). 🔍범어 'dhāranī'의 음역어.
【陀羅尼呪 다라니주】(佛)모든 불보살(佛菩薩)의 선정(禪定)에서 생겨난 진언(眞言). 陀羅尼(다라니).
◑ 頭−, 曼−, 彌−, 佛−, 阿彌−, 韋−, 透−.

阜 5 【陁】⑧ ❶비탈질 타 [歌] tuò ❷무너질 치 [紙] zhì ❸기운 모양 이 [紙] yǐ

[字解] ❶비탈지다. ＝陀. ❷무너지다, 벼랑. 〔後漢書〕太極陁. ❸기운 모양. ≒阤.

【陁堵 치도】무너져 떨어짐.
【陁靡 이미】비스듬히 길쭉한 모양.

阜 5 【陂】⑧ ❶비탈 피 [支] bēi ❷비탈 파 [歌] bí ❸기울 피 ㊍지 [寘] pō

[소전] [초서] [參考] 대법원 지정 인명용 한자의 음은 '피'이다.

[字解] ❶①비탈, 고개. ②보, 못. 〔書經〕陂池. ③막다, 물을 막다. 〔國語〕陂漢以象帝舜. ④물가, 냇가. 〔國語〕故濱於東海之陂. ⑤가, 부근. 〔漢書〕騰雨師, 洒路陂. ⑥간사하다, 바르지 않다. ⑦기울다, 한쪽으로 쏠리다. 〔左思·賦〕比岡㢘隒而無陂. ⑧따르다, 달라붙다. 〔後漢書〕陂山谷而閒處兮. ⑨곳, 장소. 〔淮南子〕是故百姓曼衍於淫荒之陂. ⑩한쪽이 무너지는 모양. ¶ 陂隤. ⑪교활하다. ＝詖. ❷①비탈. ※❶의 ①과 같다. ②산의 옆구리. ③평탄하지 않다. ❸①기울다. 〔禮記〕商亂則陂. ②비낌.

【陂曲 피곡】한쪽으로 치우쳐 바르지 못함.
【陂塘 피당】둑. 제방. 보(洑). 저수지(貯水池).
【陂僻 피벽】옳지 않음. 비뚤어짐.
【陂遏 피알】제방(堤防).
【陂障 피장】둑을 쌓아 막음.
【陂田 피전】산밭. 산전(山田).
【陂池 피지】보. 저수지.
【陂澤 피택】늪. 저수지.
【陂隤 피퇴】무너져 떨어짐.
【陂陀 파타】①지면(地面)이 평평하지 않음. 陂阤(파타). ②높고 낮은 모양.
◑ 山−, 長−, 偏−, 險−.

阜 6 【陏】⑨ ❶오이 라 ㊍타 [哿] duò ❷나라 이름 수 [支] suí

[字解] ❶①오이, 박과 식물 열매의 총칭. ＝蓏. 〔史記〕果陏蠃蛤, 不待賈而足. ②싸다. ≒搖. ❷나라 이름. 〔篇海〕陏, 國名.

阜 6 【陋】⑨ 좁을 루 [宥] lòu

[소전] [초서] [본자] 陋 [字解] ①좁다. ㉮장소가 좁다. 〔論

語】在陋巷. ㉔견문(見聞)·식량(識量)이 좁고 적다. 〔漢書〕此臣淺陋之罪也. ❷낮다. ㉮신분이 낮다. 〔北齊書〕門族寒陋. ㉯키가 작다. 〔晉書〕以尫陋不肯行. ㉰부피가 작다. 〔楚辭〕凌恒山其若陋兮. ❸천하다, 미천하다. ㉮품격이 낮다. 〔新書〕辭令就得, 謂之雅, 反雅爲陋. ㉯보기 흉하다, 얼굴이 못생기다. 〔晉書〕納之爲貴嬪, 姿陋無寵. ❹조악(粗惡)하다, 나쁘다. 〔宋書〕吳郡顧憶之亦尙儉素, 衣裘器服, 皆擇其陋者. ❺숨다. ❻가벼이 보다, 함부로 하다. 〔史記〕今殷民乃陋淫神祇之祀. ❼인색하다, 구두쇠. 〔漢書〕小人儉陋.

【陋街 누가】 좁고 지저분한 거리.
【陋見 누견】 ①천한 생각. 좁은 소견. ②자기 의견의 겸칭.
【陋短 누단】 키가 작고 보기가 흉함.
【陋名 누명】 억울하게 뒤집어쓴 불명예. 창피스러운 평판. 汚名(오명).
【陋薄 누박】 하찮고 볼품이 없음.
【陋小 누소】 추하고 작음.
【陋習 누습】 나쁜 관습. 천한 습관. 陋俗(누속).
【陋識 누식】 좁은 견식. 陋見(누견).
【陋室 누실】 누추한 집. 비좁은 집. 陋屋(누옥).
【陋心 누심】 좁은 생각. 천한 마음.
【陋劣 누열】 마음이 천하고 더러움.
【陋屋 누옥】 좁고 더러운 집. 자기 집의 겸칭.
【陋愚 누우】 천하고 어리석음.
【陋淫 누음】 얕보아 더럽힘.
【陋地 누지】 자기가 사는 곳의 겸칭.
【陋質 누질】 비루(卑陋)한 천성(天性).
【陋淺 누천】 마음이 천박함. 견문(見聞)이 좁고 생각이 얕음.
【陋醜 누추】 천하고 보기 흉함.
【陋風 누풍】 야비한 풍속. 陋俗(누속).
【陋巷 누항】 좁고 지저분한 거리. 빈천(貧賤)한 사람들이 사는 협소한 골목.
◐ 固-, 孤-, 寡-, 卑-, 鄙-, 貧-, 野-, 愚-, 賤-, 醜-, 寒-, 狹-.

阜 6 【陌】⑨ 두렁 맥 囿 mò
초서 ㉿ 字解 ❶두렁, 두렁길. 논밭 사이의 두렁 위로 난 길. 〔漢書〕出入阡陌. ❷길, 거리. 〔後漢書〕車乘日千餘兩, 塡塞街陌. ❸경계(境界). 〔楚辭〕率彼兮畛陌. ❹머리띠. ❺일백, 수(數)의 이름. 늑百. 〔夢溪筆談〕今之數錢, 百錢謂之陌者, 借陌字用之.
【陌頭 맥두】①길거리. ②머리띠.
【陌上 맥상】 밭두둑 부근. 밭.
【陌上人 맥상인】 길 가는 사람. 아무 연고도 없는 사람.
【陌上塵 맥상진】 저자거리의 먼지. 인생무상(人生無常).
【陌上花 맥상화】 길가에 피는 꽃. 아름다운 것이 곧 버림을 받음.
【陌阡 맥천】 밭둑길.
◐ 街-, 畎-, 郊-, 紫-, 井-, 阡-, 巷-.

阜 6 【陝】⑨ 陝(1940)의 고자

阜 6 【陑】⑨ 땅 이름 이 囨 ér
字解 땅 이름. 산서성(山西省) 영제현(永濟縣)의 남쪽 지방. 〔書經〕伊尹相湯伐桀, 升自陑.

阜 6 【陙】⑨ 땅 이름 이 囨 yí
字解 ①땅 이름. ②험하다.

阜 6 【陊】⑨ ❶떨어질 타 哿 duò ❷무너질 치 紙 duò
소전 字解 ❶①떨어지다. 〔宋書〕乃陊死井中. ②무너지다, 조금 무너지다. ③비탈을 내려가는 모양. ❷무너지다, 벼랑.
【陊落 타락】 떨어짐.

阜 6 【陎】⑨ 垛(348)와 동자

阜 6 【限】⑨ ❶한계 한 潸 xiàn ❷심할 은 阮 wěn
 ㇐ ㇇ ㇏ ㇏ ㇏ ㇏ 阝 阝 限 限 限
소전 초서 匣 參考 대법원 지정 인명용 한자의 음은 '한'이다.
字源 形聲. 阜+艮→限. '艮(간)'이 음을 나타낸다.
字解 ❶①한계, 지경. ㉮경계, 구획. 〔韓愈·詩〕地空迷界限, 砌滿接高阜. ㉯정도. 〔北史〕婚姻奢靡, 喪葬過度, 詔有司更爲科限. ㉰제한. 〔唐國史補〕以守常限. ㉱제한. 〔魏文帝·書〕官守有限. ㉲끝, 궁극. 〔徐陵·書〕散有限之微財, 供無期之久客. ㉳기한. 〔晉書〕六年之限, 日月淺近. ㉴문지방, 문턱. 〔孟郊·征婦怨〕漁陽千里道, 近如中門限. ㉵원수, 걱정, 환난(患難). 〔戰國策〕足以爲限. ❷한정하다. ㉮경계(境界)로 하다. 〔郭璞·讚〕天限內外, 分以流沙. ㉯헤아리다, 재다. 〔楚辭〕限之以大故. ❸급소, 사북. 〔易經〕九三, 艮其限. ❹같다, 가지런하다. ❷①심하다, 절급(切急)하다. ②멈추다, 그치다.
【限界 한계】 한정된 범위.
【限期 한기】 한정한 시기. 期限(기한).
【限內 한내】 기한 안. 한정한 그 안.
【限帶 한대】 구획(區劃)하여 두름.
【限度 한도】 일정하게 정한 정도.
【限滿 한만】 기한이 끝남. 기한이 다 됨.
【限命 한명】 하늘이 정한 수명(壽命). 한정되어 있는 수명.
【限死 한사】 죽음을 걸고 일함. 決死(결사).
【限死決斷 한사결단】 죽음을 걸고 결단함. 죽기를 각오하고 단연 결정함.
【限礙 한애】 제한하고 금지함.
【限列 한열】 조목조목 열거하여 제한을 둠.

【限定 한정】일정한 범위를 정함.
【限制 한제】①일정한 한도를 넘지 못하게 억제함. ②조건(條件).
【限終身 한종신】國죽을 때까지.
❶ 疆—, 界—, 局—, 極—, 期—, 無—, 分—, 壽—, 涯—, 年—, 有—, 日—, 定—, 制—.

阜 6 【降】⑨ ❶항복할 항 江 xiáng
❷내릴 강 陽 jiàng

`, ⻖, ⻖', ⻖*, 陊, 陊, 陻, 降*

[소전] [소전] [초서] 대법원 지정 인명용 한자의 음은 '항·강'이다.

[字源] 形聲. 阜+夅→降. '夅(항)'이 음을 나타낸다.

[字解] ❶①항복하다, 적(敵)에게 굴복하다.〔春秋公羊傳〕戎降于齊師. ②항복받다, 적을 굴복시키다.〔春秋公羊傳〕齊人降鄣, 降之者何, 取之也. ③크다. 늑洪. 〔呂氏春秋〕降通潺水, 以導河. ④떨어지다, 새가 죽다.〔禮記〕羽鳥曰降. ⑤기뻐하다, 마음이 가라앉다.〔詩經〕我心則降. ⑥내(川)의 이름. ⑦성(姓). ❷①내리다. ㉮높은 곳에서 낮은 곳으로 옮다.〔儀禮〕降西階一等. ㉯임하다, 행차하다.〔潘岳·賦〕於是我皇乃降靈壇. ㉰공주(公主)가 신하에게 시집가다.〔舊唐書〕公主出降. ㉱물러나다.〔春秋左氏傳〕中聲以降. ㉲겸손하다, 자기를 낮추다.〔春秋左氏傳〕其能降以相從也. ㉳숨다.〔山海經〕乃降于巫山. ㉴항하다.〔宋史〕候齋室簾垂乃降. ㉵뒤, 다음.〔梁昭明太子·序〕自玆以降. ㉶높은 곳에서 낮은 곳으로 옮기다.〔書經〕嗚呼無墜天之降寶命. ㉷물리치다, 떨어뜨리다.〔北史〕後例降爲公. ㉸황녀(皇女)를 신하에게 시집보내다.〔書經〕釐降二女于嬀汭. ②비가 내리다, 비가 오다.〔孟子〕如時雨降, 民大悅. ③물이 넘치다. 늑洚. ④별 이름, 규루(奎婁).
【降虜 항로】항복한 포로.
【降魔 항마】(佛)악마를 물리쳐 항복받음.
【降北 항배】항복함과 달아남.
【降兵 항병】항복한 병사. 降卒(항졸).
【降服 항복】①전쟁에 패하여 적에게 굴복함. 降服(항복) ②(佛)불법(佛法)의 힘으로 악마를 물리침. ③상대방을 꺾고 신복(信服)하게 함.
【降服 ❶항복 ❷강복】❶➡降伏(항복)①. ❷①화려한 옷을 피하고 검소한 옷을 입음. ②상복(喪服)의 등급을 낮춤. 또는 그 상복. ③상(上衣)의 윗옷을 벗고 사죄(謝罪)함.
【降附 항부】항복하여 복종함.
【降意 ❶항의 ❷강의】❶항복하려는 뜻. ❷①마음을 기울임. 즐김. ②스스로를 낮추는. 겸손함.
【降表 항표】항복할 의사를 적에게 알리는 글.
【降下 ❶항하 ❷강하】❶항복함. ❷내려감. 떨어짐. 下降(하강).
【降戶 항호】항복한 적의 집. 또는 그 가족.
【降嫁 강가】황녀(皇女)・왕녀(王女)가 시집가는 일. 下嫁(하가).

【降鑒 강감】상제(上帝)가 하늘에서 인간계(人間界)를 굽어봄.
【降格 강격】①천신(天神)이 하늘에서 내려옴. 降臨(강림). ②격(格)을 낮춤. ③하늘이 벌을 내림. 하늘이 재이(災異)를 내림.
【降年 강년】하늘이 내린 수명(壽命).
【降等 강등】등급이나 계급을 낮춤.
【降臨 강림】①신이 인간 세상에 내려옴. ②존귀한 사람이 참석함.
【降福 강복】하늘이 인간에게 복을 내림.
【降生 강생】신이 인간으로 태어남.
【降恕 강서】죄를 감하고 용서함.
【降瑞 강서】①하늘이 상서로운 표적을 내림. ②하늘이 내린 상서로운 징조.
【降世 강세】신이나 부처가 사람으로 태어나 세상에 내려옴. 降生(강생).
【降損 강손】지위를 내리고 줄임.
【降殺 강쇄】①수효를 줄임. ②명위(名位)에 따르는 예의 격식을 점차 줄이는 일.
【降衰 강쇠】차차 쇠하여 감.
【降神 강신】①신(神)을 부름. 신이 내리게 함. 제사 지낼 때 신이 내리게 하는 뜻으로 향을 피우고 술을 모사(茅沙)에 붓는 일. ②신령(神靈)이 화기(和氣)를 내려 큰 인물이 나게 함.
【降心 강심】마음을 억제함. 자기를 낮춤.
【降雨 강우】비가 내림. 내린 비.
【降宥 강유】형벌을 줄이고 용서함.
【降挹 강읍】자기를 낮춤. 겸손함.
【降陟 강척】정령(精靈)이 따위가 내리는 일과 오르는 일. 내리고 오름.
【降黜 강출】벼슬을 낮추어 물리침.
【降衷 강충】선(善)을 내림. ㉠하늘이 중정(中正)의 덕을 사람에게 내림. ㉡사람이 하늘에서 받은 선성(善性).
【降誕 강탄】성인(聖人)・귀인(貴人) 등이 탄생함. 誕降(탄강).
【降婚 강혼】귀한 집안에서 낮은 집안으로 시집가는 일.
❷ 減—, 鬭—, 歸—, 內—, 登—, 霜—, 昇—, 以—, 阻—, 陟—, 投—, 貶—, 下—.

阜 6 【陔】⑨ 층층대 뜰 해 灰 gāi

[소전] [초서] [字解] ①층층대 뜰. ②겹침, 포개짐.〔漢書〕泰一壇三陔. ③언덕.〔束晳・詩〕南陔, 孝子相戒以養也. ④풍악 이름, 해하(陔夏).〔儀禮〕賓出奏陔. ⑤해. 경(京)의 10배. 늑垓.
【陔步 해보】①걸음에 절도가 있는 것. ②아정(雅正)한 음악.

阜 6 【陒】⑨ ❶허물어진 담 해 본 궤 紙 guǐ
❷무너질 희 紙 guǐ

[초서] [字解] ❶①허물어진 담. =垝. ②산 이름. ❷①무너지다. ②험하다.〔漢書〕業因勢而抵陒.

阜部 7획 陡陋陵陝陞院除

阜7 【陡】 ⑩ 험할 두 [宥] dǒu

[字解] ①험하다. 높이 솟다. ②갑자기. 〔汪華·詞〕夜來陡覺霜風急. ③땅 이름.
【陡頓 두돈】 갑자기. 俄然(아연).
【陡壁 두벽】 낭떠러지. 벼랑.
【陡臂 두비】 고려 때, 처(妻)를 이르던 말.
【陡然 두연】 갑자기. 돌연(突然).
【陡衝衝 두충충】 울컥 치밀어 오르는 모양.

阜7 【陋】 ⑩ 陋(1937)과 본자

阜7 【陵】 ⑩ 陵(1943)과 동자

阜7 【陝】 ⑩ 고을 이름 섬 [琰] shǎn

陝(1942)은 딴 자.

[字解] ①고을 이름, 현 이름. 괵(虢)나라의 옛 땅. 지금의 하남성(河南省) 섬현(陝縣). ②섬서성(陝西省)의 약칭(略稱). 〔鄭審·詩〕陝塞餘陰薄, 關河舊色微. ③일정하지 않은 모양. =閃. 〔後漢書〕視聽陝輸.
【陝甘 섬감】 섬서(陝西)와 감숙(甘肅).
【陝服 섬복】 형주(荆州).
【陝輸 섬수】 ①일정하지 않은 모양. ②여자의 요염한 동작.

阜7 【陞】 ⑩ 오를 승 [蒸] shēng

[字解] ①오르다. 늑升. ②나아가다, 전진하다. ③관위(官位)가 오르다.
【陞降 승강】 ①오르고 내림. ②서로 옥신각신함. 승강이. 실랑이.
【陞降石 승강석】 國섬돌.
【陞缺 승결】 승진한 뒷자리 결원.
【陞級 승급】 등급이 오름.
【陞廡 승무】 國학덕이 있는 이를 문묘(文廟)에 합사(合祀)함.
【陞敍 승서】 관위(官位)를 올림.
【陞用 승용】 관직을 올림.
【陞資 승자】 정3품의 품계(品階)에 오르는 일.
【陞進 승진】 관위(官位)가 오름.
【陞遷 승천】 영전(榮轉)함. 升遷(승천).
【陞獻 승헌】 윗사람에게 올림. 바침.

阜7 【院】 ⑩ 담 원 [霰] yuàn

[字解] 形聲. 阜+完→院. '完(완)'이 음을 나타낸다.

[字解] ①담, 울타리. 〔墨子〕其類在院下之鼠. ②단단하다, 견고하다. 늑完. ③집, 담장을 두른 궁실(宮室). 〔唐書〕作丘王院以處王子之幼者. ④내전(內殿). 〔大業雜記〕元年築西苑, 其內造十六院. ⑤동산, 원림(園林). 〔柳貫·詩〕看花竹西院. ⑥뜰, 정원(庭園). 〔錢起·詩〕竹陰疎柰院, 山翠傍蕉城. ⑦관청, 관해(官廨). 〔唐書〕御史臺有三院. ⑧공장(工場). 〔蜀錦譜〕始建錦院於府治三東, 募軍匠五百人織造. ⑨학교(學校), 유학자(儒學者)의 거소(居所). 〔方隅勝略〕鵝湖書院在鉛山縣. ⑩불사(佛寺), 절. 〔喩鳧·詩〕藍山露秋院, 濰水入春池. ⑪도관(道觀), 도원(道院). 〔白居易·詩〕看院祗留雙白鶴. ⑫기루(妓樓). 〔崔令欽記〕妓女入宜春院. ⑬연극(演劇)에서의 심부름꾼.
【院公 원공】 하인을 대접하여 이르는 말.
【院落 원락】 주택(住宅)의 안뜰. 또는 담을 두른 저택.
【院本 원본】 금(金)·원(元) 때의 연극. 또는 그 각본.
【院主 원주】 ①사원(寺院)의 주인. 주지(住持). ②역원(驛院)을 숙직하여 지키던 벼슬아치.
【院中 원중】 저택(邸宅)의 담장 안.
【院畫 원화】 송대(宋代)에 한림도화원에 소속된 화공이 그린 그림. 또는 그 화풍을 본받은 원명대(元明代)의 그림.
●諫一, 法一, 病一, 寺一, 山一, 書一, 禪一, 僧一, 醫一, 議一, 入一, 退一, 學一, 畫一.

阜7 【除】 ⑩ ❶섬돌 제 [魚] chú ❷사월 여 [魚] shū ❸갈 제 [御] zhù

[參考] 대법원 지정 인명용 한자의 음은 '제'이다.

[字源] 形聲. 阜+余→除. '余(여)'가 음을 나타낸다.

[字解] ❶①섬돌, 계단. 〔班固·賦〕偹除飛閣. ②길, 도로(道路). ③뜰, 문병(門屛)의 사이. 〔漢書〕扶輦下除. ④정결(淨潔)한 제단(祭壇). 〔春秋左氏傳〕令諸侯日中造于除. ⑤덜다. ㉮제거하다. 〔書經〕除惡務本. ㉯쓸어서 깨끗이 하다. 〔周禮〕帥其屬而修除. ㉰몰아내다, 내쫓다. 〔荀子〕除阢其下. ㉱탈상(脫喪)하다. 〔禮記〕親喪外除, 兄弟之喪內除. ㉲죽이다. 〔周禮〕以除慝. ㉳닦다, 다스리다. 〔易經〕君子以除戎器, 戒不虞. ㉴고치다, 치료하다. 〔戰國策〕扁鵲請除之. ㉵빌어서 재앙을 쫓다. 〔春秋左氏傳〕振除火災. ㉶불제(祓除)하다. 〔周禮〕掌歲時祓除釁浴. ㉷열다, 개통(開通)하다. 〔呂氏春秋〕姦人除路. ㉸털(毛)이 빠지다. 〔淮南子〕是故春夏群獸除. ㉹조세(租稅)를 면제하다. 〔漢書〕有可蠲除減省以便萬姓者. ⑥깨끗이 하다, 결백하다. 〔老子〕朝甚除. ⑦벼슬을 주다. 〔漢書〕初除之官. ⑧나누다, 나눗셈. 〔漢書〕盈元法除之. ⑨쌀다, 아투다. 늑儲. 〔易經〕君子以除戎器. ⑩건제(建除). 점술가(占術

家)가 그날 그날의 길흉(吉凶)을 12지(支)에 배열하여 정하는 것. 〔淮南子〕 叩爲除. ⑪섣달 그믐날 밤. 〔風土記〕 至除夕, 造旦不眠, 謂之守歲. ⑫성(姓). ❷음력 4월. 늑余. 〔詩經〕 日月方除. ❸①가다, 떠나다. 〔詩經〕 風雨攸除. ②펴다, 열리다. 늑舒. 〔詩經〕 何福不除.
【除去 제거】 없앰. 치움.
【除官 제관】 관(官)에 임명함. 구관(舊官)을 물러나게 하고 신관(新官)을 들어서게 함.
【除拘 제구】 관(官)에 임명하여 봉록(俸祿)으로써 자유를 구속함.
【除隊 제대】 현역 군인이 복무(服務)가 해제됨.
【除禮 제례】 갖추어야 할 예를 다 갖추지 못함. 편지 첫머리에나 초면 인사 때 쓰는 말.
【除幕 제막】 막(幕)을 벗김. 동상이나 기념비 등을 세우고 그 준공을 공포함.
【除陌 제맥】 당대(唐代)의 세법(稅法). 공사(公私)의 급여 또는 물품의 매매에 매기던 세금.
【除免 제면】 관직을 그만두게 함. 免官(면관).
【除滅 제멸】 송두리째 없앰. 根滅(근멸).
【除名 제명】 ①부정한 관리의 관직을 박탈함. ②명단에서 이름을 뺌.
【除目 제목】 관리로 임명하는 조서(詔書).
【除拜 제배】 관위(官位)를 내림. 관직을 줌.
【除百事 제백사】 📖 한 가지 일에만 전력하기 위하여 다른 일은 다 젖혀 놓음.
【除煩 제번】 📖 번다한 인사말은 줄임. 편지의 첫머리에 쓰는 말. 刪蔓(산만).
【除喪 제상】 상복(喪服)을 벗음. 除服(제복).
【除夕 제석】 섣달 그믐날 밤. 除夜(제야).
【除授 제수】 추천의 절차를 밟지 않고 임금이 직접 벼슬 자리를 줌.
【除夜 제야】 섣달 그믐날 밤.
【除外 제외】 따로 빼어 냄.
【除月 제월】 ❶제월 ❷여월 ❶음력 12월의 딴 이름. 臘月(납월). ❷음력 4월의 딴 이름.
【除日 제일】 섣달 그믐날. 歲除(세제).
【除殘 제잔】 ①화근이 될 사람을 제거함. ②새해를 맞기 위하여 집 안을 청소함.
【除籍 제적】 ①관리의 적에서 이름을 뺌. ②호적이나 학적에서 이름을 뺌.
【除轍 제전】 베어 없앰.
【除此以外 제차이외】 이 외에, 그 밖에.
❶鐲—, 階—, 驅—, 排—, 辟—, 祓—, 削—, 芟—, 洗—, 歲—, 掃—, 刈—, 剪—, 庭—, 滌—, 淸—, 盡—, 解—.

阜
7 【陵】⑩ 가파를 준 圖 jùn
소전 䏁 초서 㖈 동문 垓
字解 ①가파르다. 〔史記〕 徑陵赴險. ②높이 솟다. 〔張衡·賦〕 修路陵險. ③험하다. ④서두르다, 급박하다. ⑤역참(驛站) 이름. 지금의 섬서성(陝西省)의 지경에 있다.

阜
7 【陣】⑩ 줄 진 圖 zhèn

丶 ㇀ 阝 阝' 阝丨 阝車 阵 陣

초서 㝠 간체 阵 參考 숙어(熟語)는 陳(1947)을 아울러 보라.
字源 形聲. 阜+木+申→陳→陣. '申(신)'이 음을 나타낸다. 본래 '陳'으로 썼으나 진대(晉代)에 왕희지가 '陣'으로 쓴 뒤로 널리 쓰이게 되었다.
字解 ①줄, 열(列), 대오(隊伍), 군대의 행렬. 〔後漢書〕 官兵皆隷孫·吳兵法六十四陣. ②방비(防備), 포병(布兵). 〔顏氏家訓〕 若在軍陣, 貶損自居. ③진영, 둔영(屯營). 〔魏志〕 勒兵安陣. ④전쟁, 병법(兵法), 군사(軍事). 〔南史〕 親臨陣督戰. ⑤진을 치다. 〔史記〕 信乃使萬人先行, 出背水陣. ⑥문진(文陣), 필진(筆陣). 문장(文章)으로 의견을 겨루는 일. ⑦새〔鳥〕떼.
【陣纛 진독·진둑】 전쟁 때 진중(陣中)에 세우는 기(旗).
【陣頭 진두】 ①진(陣)의 선두. ②일의 맨 앞장.
【陣亡 진망】 싸움터에서 죽음. 戰死(전사).
【陣沒 진몰】 싸움터에서 죽음. 전사함.
【陣歿 진몰】 늑陣沒(진몰).
【陣首 진수】 군진의 선두.
【陣營 진영】 ①군대가 진을 치고 있는 곳. 군병(軍兵)의 영소(營所). 軍營(군영). 兵營(병영). ②서로 대립하는 각각의 세력.
【陣伍 진오】 군병의 대오(隊伍).
【陣容 진용】 ①진을 친 형편이나 상태. ②어떤 단체의 구성원들의 짜임새.
【陣雲 진운】 ①병진(兵陣) 모양으로 뭉게뭉게 일어나는 구름. ②전쟁터에 감도는 불길한 구름. ③전쟁터에 뜬 구름.
【陣場 진장】 싸움터. 戰場(전장).
【陣地 진지】 공격이나 방어를 위한 준비로 구축해 놓은 지역.
【陣陣 진진】 간간이 끊김. 토막토막 이어짐.
【陣哨 진초】 진에서 보초를 서는 사람.
【陣痛 진통】 해산(解産)할 때 주기적으로 되풀이되는 복통(腹痛).
【陣行 진항】 군대의 배열(排列).
❶ 強—, 堅—, 軍—, 兵—, 鴉—, 雁—, 圓—, 戎—, 一—, 戰—, 八—, 布—, 筆—.

阜
7 【陟】⑩ ❶오를 척 職 zhì
❷얻을 득 職 dé

소전 䏶 고문 䏹 초서 㕦 參考 대법원 지정 인명용 한자의 음은 '척'이다.
字源 會意. 阜+步→陟. 높은〔阜〕 데 오른다〔步〕는 뜻을 나타낸다.
字解 ❶①오르다. 〔書經〕 汝陟帝位. ②올리다, 추천하다. 〔書經〕 三考黜陟幽明. ③나아가다. ④높다. ⑤겹치다, 포개진 산(山). 〔列子〕 四方悉平, 周以喬陟. ⑥수말, 모마(牡馬) 늑騭. ❷얻다. 〔周禮〕 三夢之法, 一曰致夢, 二曰觭夢, 三曰咸陟.
【陟降 척강】 ①오름과 내림. ②하늘에 오르기도

하고, 땅에 내리기도 함. ③한낮의 해 그림자의 변화.
【陟屺 척기】 객지에 나간 아들이 어머니를 그리워하여 산에 오름.
【陟方 척방】 ①임금의 죽음. ②임금이 순수(巡守)의 길에 오름.
【陟罰 척벌】 좋은 사람을 승진(昇進)시키고 악한 사람을 처벌함.
【陟升 척승】 높은 데에 오름.
【陟遐自邇 척하필이】 먼 곳에 가려면 반드시 가까운 곳에서 출발해야 함.
【陟岵陟屺 척호척기】 객지에 나간 아들이 부모를 그리워하여, 자주 산에 올라 고향 쪽을 바라보는 일.
● 降-, 登-, 攀-, 昇-, 仰-, 進-, 黜-.

阜 7【陗】 ⑩ 가파를 초 qiào
소전 劕 초서 陗 字解 ①가파르다, 우뚝 솟다. ②험하다. ③높다. ④서두르다, 촉박하다. ⑤숨다. ⑥성급하다, 조급하다. 〔漢書〕錯ég 人陗直刻深. ⑦산비탈.
【陗直 초직】 성질이 급하여 사물을 용납하지 못함. 도량이 좁음.
【陗陁 초치】 험함. 峭峻(초준).

阜 7【陛】 ⑩ 섬돌 폐 bì
소전 陛 초서 陛 字解 ①섬돌, 계단. ㉮높은 곳에 오르는 계단. ㉯궁전(宮殿)에 오르는 계단. 〔漢書〕大王陛下. ㉰순서, 차례, 품급(品級). 〔楚辭〕擧賢壓陛. ②섬돌 곁에 시립(侍立)하다. 〔漢書〕殿中郎吏陛者皆聞焉.
【陛戟 폐극】 창을 들고 어전(御殿)의 섬돌 아래에서 수비함. 또는 그 병사.
【陛見 폐견】 ⇨陛見(폐현).
【陛楯 폐순】 방패를 가지고 섬돌 아래에서 지킴. 또는 그 군사.
【陛列 폐열】 섬돌 아래에서 천자를 호위하는 사람의 열위(列位).
【陛衞 폐위】 임금의 거소(居所) 섬돌 아래에 있는 호위.
【陛陛 폐폐】 층층대의 많은 단(段). 많은 자손.
【陛下 폐하】 섬돌 밑. 신하가 제왕을 일컫는 말. ◦천자에게 상주할 때 직접 하지 않고 섬돌 아래에 있는 근신(近臣)을 통하여 한 데서 온 말.
【陛見 폐현】 임금에게 알현하는 일. 陛覲(폐근).
● 階-, 宮-, 禁-, 飛-, 玉-, 雲-, 殿-.

阜 7【陷】 ⑩ 陷(1948)의 속자

阜 7【陜】 ⑩ ①좁을 협 ②國땅 이름 합 xiá
소전 陜 초서 陜 동자 陿 간체 陕 參考 ①陝(1940)
은 딴 자. ②대법원 지정 인명용 한자의 음은 '합'이다.
字解 ①①좁다. =狹. ②산골짜기. ⇨峽. ②땅 이름.
【陜薄 협박】 땅이 좁음. 토지가 협소(狹小)함. 狹薄(협박).
【陜隘 협애】 좁음.
【陜坐 협좌】 좁은 좌석.

阜 7【陘】 ⑩ ①지레목 형 xíng ②지레목 경 jīng
소전 陘 초서 陘 간체 陉 字解 ①①지레목. 산줄기가 끊어진 곳. 〔元和郡縣志〕太行山首始於河北, 北至於幽州, 凡有八陘. ②비탈. ③부뚜막에 놓은, 물건 없는 대(臺). 〔禮記 注〕祀竈之禮, 設主于竈陘. ④비탈, 고개. ⑤땅 이름. 하남성(河南省) 언성현(鄢城縣)의 동남쪽 지방을 이름. 〔春秋〕遂伐楚, 次于陘. ⑥산 이름. 하남성(河南省) 신정현(新鄭縣)의 경계. 〔史記〕魏聞楚喪, 伐楚取我陘山. ⑦성(姓). ②지레목. ※①의 ①과 같다.
【陘阻 형조】 단애(斷崖)처럼 험준한 곳.
【陘峴 형현】 골짜기와 재. 지레목과 고개.

阜 8【陭】 ⑩ 고개 이름 기·의 yǐ
소전 陭 字解 고개 이름. =猗·崎.

阜 8【陶】 ⑩ ①질그릇 도 táo ②화락하게 즐길 요 yáo ③달리는 모양 도 dào
ᄀ ᄀ ᄀ' ᄀ' ᄀ' ᄀ' 陶 陶 陶
소전 陶 초서 陶 동자 陶 參考 대법원 지정 인명용 한자의 음은 '도'이다.
字解 形聲. 阜+匋→陶. '匋(도)'가 음을 나타낸다.
字解 ①①질그릇, 도기. ⇨匋. 〔呂氏春秋〕陶器必良. ②질그릇을 만들다, 도자기를 굽다. 〔呂氏春秋〕陶於河濱. ③옹기장이, 도공(陶工). ④변화시키다. ⑤교화(敎化)하다. 〔宋書〕化之所陶者廣, 而德之所被者大. ⑥바로잡다, 바루다. ⑦기르다. 〔太玄經〕資陶虛無, 而生乎規. ⑧없애다, 제거하다. ⑨부엌, 아궁이. ⇨窯. 〔詩經〕陶復陶穴. ⑩기뻐하다. 〔謝靈運·詩〕共陶暮春時. ⑪자라다. 〔後漢書〕粳稻陶遂. ⑫걱정하다. ⑬마음속으로 기뻐하면서 아직 밖으로 내색하지 않다. 〔禮記〕人喜則斯陶. ⑭왕성하다, 치열하다. 〔後漢書〕憩炎天之所陶. ⑮이중(二重)의 언덕, 언덕 위에 다시 언덕이 있는 것. 〔書經〕東出于陶丘北. ⑯우의(羽衣). 〔春秋左氏傳〕王皮冠, 秦復陶. ⑰성(姓). ②①화락하게 즐기다. ②사람 이름, 고요(皐陶). ⇨繇. 고요는 순

阜部 8획 陶陸隆陵

(舜)임금의 신하. ❸달리는 모양.
【陶家 도가】①도기(陶器)를 굽는 일과 농사짓는 일. ○'家'는 '稼'. ②도기를 만드는 집.
【陶車 도거】도기를 만들 때 쓰는 물레.
【陶甄 도견】도공이 도기를 만듦. ㉠성왕(聖王)이 천하를 다스림. ㉡조물주가 만물을 화성(化成)함.
【陶犬瓦鷄 도견와계】도제(陶製)의 개와 와제(瓦製)의 닭. 곧, 무용지물(無用之物).
【陶鈞 도균】①도기를 만드는 데 쓰는 선반(旋盤). 녹로(轆轤). ②임금이 천하를 경륜함. 陶甄(도견).
【陶器 도기】질그릇. 오지그릇.
【陶唐 도당】요(堯)임금. 처음에 도(陶) 땅에 살다가 당(唐)이라는 곳으로 옮아 살았기 때문에 이르는 말.
【陶陶 ❶도도 ❷요요】❶①말이 빨리 달리는 모양. ②수면(水面)이 광대한 모양. ❷①화락(和樂)하는 모양. ②서로 수행(隨行)하는 모양. ③긴 모양. ④양기(陽氣)가 성한 모양.
【陶練 도련】단련함.
【陶遂 도수】①서로 수행(隨行)하는 모양. ②죽죽 자라는 모양.
【陶冶 도야】①도기를 굽고 금속을 주조(鑄造)하는 일. 몸과 마음을 닦음. ②스승이 제자의 재능을 육성함. ③선정(善政)을 베풀어 백성들로 하여금 편안한 생활을 누리게 함.
【陶然 도연】술에 취(醉)하여 기분이 좋은 모양. 기분 좋게 취함.
【陶染 도염】감화(感化)함.
【陶藝 도예】도자기에 관한 미술·공예 따위.
【陶瓦 도와】①기와를 굽는 일. ②토기(土器). 꾸밈 없고 수수한 것.
【陶窯 도요】도기를 굽는 가마.
【陶鬱 도울】우울함. 鬱陶(울도).
【陶猗 도의】도주공(陶朱公)과 의돈(猗頓). 부호(富豪). ○둘 다 부자인 데서 온 말.
【陶瓷器 도자기】도기와 자기의 병칭. 陶磁器(도자기).
【陶者用缺盆 도자용결분】도공(陶工) 자신은 흠 집난 동이를 씀. 남을 위하여 하고 자기를 위하여 하지 못함.
【陶鑄 도주】도공이 도기를 만들고 단공(鍛工)이 쇠를 녹여 그릇을 만듦. ㉠물건을 만들어 냄. ㉡인재(人材)를 양성함.
【陶醉 도취】①기분 좋게 취함. ②즐기거나 좋아하는 것에 마음이 쏠려 취하다시피 열중함.
【陶誕 도탄】①완고하여 도리에 어두움. ②실상을 숨김. 속임.
【陶土 도토】도자기를 만드는 원료가 되는 흙.
【陶泓 도홍】①벼루의 딴 이름. ②도기로 된 벼루. ○'泓'은 벼루의 먹물을 붓는 곳.
【陶化 도화】선(善)으로 이끎. 감화(感化)함.
❶甄ー, 皐ー, 鈞ー, 復ー, 鬱ー, 蒲ー, 薰ー.

阜
8 【陶】⑪ 陶(1942)와 동자

阜
8 【陸】⑪ 뭍 륙 圍 lù

ㄱ ㄅ ㅌ ㅌ⁺ 陛 陕 陸 陸 陸

소전 주문 초서 간체 준요 계
의 문서에서는 금전·날짜 따위의 변조를 막기 위하여 '六'의 갖은자로 쓴다.
[字源] 形聲. 阜+坴→陸. '坴(륙)'이 음을 나타낸다.
[字解] ①뭍. 육지. 〔春秋左氏傳〕而田於大陸. ②언덕, 큰 언덕. 〔楚辭〕巡陸夷之曲衍兮. ③높고 평평한 산의 꼭대기. 〔禮記〕鴻漸于陸. ④길. 〔春秋左氏傳〕古者日在北陸而藏冰. ⑤중앙, 한가운데. ⑥두텁다. ⑦화목하다. ≒睦. 〔隸釋·頌〕內和陸外奔赴. ⑧뛰다, 껑충 뛰다. 〔莊子〕趹足而陸.
【陸橋 육교】도로나 철도 위에 가로질러 놓은 다리.
【陸軍 육군】육지의 전투 및 방어를 맡은 군대.
【陸稻 육도】밭에 심는 벼. 밭벼.
【陸梁 육량】제멋대로 날뛰는 모양.
【陸陸 육륙】평범(平凡)한 모양.
【陸離 육리】①빛이 서로 뒤섞이어 눈부시게 빛나는 모양. ②많은 모양. ③아름다운 모양. ④가지런하지 못한 모양. ⑤뒤섞인 모양. ⑥분산(分散)함. ⑦아름다운 옥(玉).
【陸味 육미】육지에서 나는 식물(食物).
【陸上 육상】뭍 위. 육지의 위.
【陸續 육속】잇닿아 끊이지 않는 모양.
【陸送 육송】육지에서의 운송.
【陸輸 육수】육로로 물건을 운반하는 일.
【陸田 육전】밭.
【陸地 육지】물에 잠기지 않는 지구의 표면. 땅.
【陸處 육처】육지에서 삶.
【陸沈 육침】①뭍에 가라앉음. 곧 속인(俗人)과 함께 생활하는 은자(隱者). 大隱(대은). ②세상이 몹시 어지러워짐. ③예만 알고 지금을 알지 못하거나 도(道)를 지키며 세속을 따르지 않는 따위로 세상과 서로 어긋남.
【陸風 육풍】육지에서 바다로 부는 바람.
❶大ー, 上ー, 水ー, 雙ー, 離ー, 着ー, 海ー.

阜
8 【隆】⑪ 隆(1949)의 속자

阜
8 【陵】⑪ 큰 언덕 릉 圍 líng

ㄱ ㄅ ㅌ ㅌ⁺ 陛 陕 陵 陵 陵

소전 주문 초서 동체 陵
[字源] 形聲. 阜+夌→陵. '夌(릉)'이 음을 나타낸다.
[字解] ①큰 언덕. 〔詩經〕如岡如陵. ②언덕. 〔易經〕鴻漸于陵. ③무덤, 임금의 무덤. 〔國語〕陵爲之終. ④능가하다. ≒夌. ㉮높이 오르다. 〔張衡·賦〕陵重巘, 獵昆駼. ㉯넘다, 순서

를 뛰어넘다.〔禮記〕喪事雖遽不陵節. ⑤범하다, 침범하다. ⑥깔보다, 가벼이 보다.〔中庸〕在上位, 不陵下. ⑦속이다, 기만하다.〔後漢書〕陵轢同列. ⑧더하다, 보태다.〔春秋左氏傳〕少陵長. ⑨지나다, 건너다. 능凌.〔史記〕陵水經地. ⑩밀어내다, 떠밀다.〔漢書〕陵歷關食. ⑪달리다. ⑫느슨해지다, 쇠퇴하다.〔後漢書〕朝綱日陵. ⑬쪼드리다.〔枚乘·七發〕冤伏陵窘. ⑭두려워하다. ⑮엄하다.〔荀子〕節奏欲陵, 而生民欲寬. ⑯갈다, 날을 세우다.〔荀子〕兵刃不待陵而勁.

【陵駕 능가】남을 억누르고 그 위에 오름. 무엇과 비교하여 그것을 훨씬 넘어섬.

【陵京 능경】높고 큰 언덕.

【陵谷 능곡】①구릉(丘陵)과 계곡(溪谷). ②세상사의 변천.

【陵谷易處 능곡역처】구릉과 계곡의 위치가 바뀜. 존비(尊卑)·고하(高下)의 순서를 잃음. 上下顚倒(상하전도).

【陵谷之變 능곡지변】구릉이 계곡이 되고, 계곡이 구릉이 됨. 세상일의 변천이 심함. 滄桑之變(창상지변).

【陵丘 능구】언덕. ◯'陵'은 큰 언덕, '丘'는 작은 언덕. 丘陵(구릉).

【陵謹 능근】예의가 엄하고 남을 깔보지 않음. 嚴謹(엄근).

【陵畓 능답】國능에 딸린 논.

【陵屬雄健 능려웅건】높이 빼어나 웅대하고 건장함.

【陵轢 능력】①범(犯)하여 짓밟음. ②서로 충돌함, 불화하게 됨. 軋轢(알력).

【陵慢 능만】업신여김, 깔봄.

【陵邁 능매】어려움을 이겨 내고 앞으로 나아감.

【陵侮 능모】업신여김, 무시함. 얕봄.

【陵墓 능묘】천자나 제후의 무덤. 陵園(능원).

【陵犯 능범】범(犯)하여 짓밟음.

【陵復 능복】國능의 비용을 대기 위하여 딸린 논밭에 대하여 조세를 면제하여 주던 일.

【陵霄 능소】하늘을 능가함. 기상이 높고 낢. 지기(志氣)가 장함.

【陵域 능역】임금의 무덤. 임금의 무덤이 있는 구역.

【陵辱 능욕】①깔보고 창피를 줌. ②여자를 강제로 욕보임. 凌辱(능욕).

【陵雨 능우】억세게 퍼붓는 비.

【陵雲 능운】구름을 능가함. 용기가 대단함. 凌雲(능운).

【陵雲之志 능운지지】구름을 능가하려는 뜻. ㉠높은 지위에 오르려는 희망. ㉡속세에서 초연히 벗어남.

【陵園 능원】천자의 묘소.

【陵越 능월】침범하여 넘음.

【陵夷 능이】①언덕이 점차 낮아져 평평하게 됨. ②사물이 점점 쇠퇴함.

【陵遲 능지】①성(盛)한 것이 점점 쇠퇴해 감. 陵夷(능이). ②구릉이 차츰 낮아짐. ③사람의 살을 도려내는 형벌(刑罰).

【陵遲處斬 능지처참】머리·몸·손발 등을 토막쳐서 죽이던 극형.

【陵斥 능척】범(犯)하여 물리침.

【陵替 능체】①아랫사람이 윗사람을 업신여겨 윗사람의 권위가 떨어짐. ②사물이 쇠퇴함.

【陵寢 능침】왕이나 왕비의 무덤. 陵墓(능묘).

【陵暴 능포】업신여겨 포악하게 굶.

【陵下 능하】아랫사람을 업신여김.

【陵虐 능학】업신여겨 학대함.

【陵幸 능행】國임금이 능에 거둥함.

【陵戶 능호】능지기의 집.

◯ 江−, 岡−, 古−, 高−, 丘−, 金−, 馬−, 秣−, 武−, 山−, 王−, 侵−.

阜 8 【陪】⑪ 쌓아 올릴 배 厌 péi

초전 隔 서 㟄 李解 ①쌓아 올리다, 흙을 쌓아 올리다. ②늘다, 불어나다. 늑培.〔春秋左氏傳〕分之土田陪敦. ③더하다, 보태다.〔春秋左氏傳〕殽有陪鼎. ④돕다, 거들다.〔漢書〕皆秉德以陪朕. ⑤도움, 보좌(補佐).〔詩經〕以無陪無卿. ⑥따르다, 모시다.〔張說·詩〕鎬京陪樂飲, 柏殿奉文飛. ⑦종자(從者), 수행원.〔蘇軾·辭〕儼前導今紛後陪. ⑧배신(陪臣), 가신(家臣).〔張衡·賦〕饔飱浹乎家陪. ⑨조참(朝參)하다.〔李嶠·詩〕殷薦三神享, 明禋萬國陪. ⑩섞이다.〔朱慶餘·詩〕天然根性異, 萬物盡難陪. ⑪보상(補償)하다, 배상하다. =賠.〔蘇軾·詩〕媿不作詩君錯料, 舊逋應許過時陪. ⑫차다, 가득 차다.

【陪客 배객】귀인(貴人)을 수행하여 온 손.

【陪哭 배곡】①다른 사람을 위하여 함께 곡함. ②주인이 손을 따라 곡함.

【陪觀 배관】귀인을 모시고 같이 구경함.

【陪堂 배당】①☞陪堂生(배당생). ②(佛)선원(禪院)에서 승당(僧堂)의 외당(外堂)에서 배식(陪食)하는 객승(客僧).

【陪堂生 배당생】원대(元代)에 정과(正科)의 학생 이외의 청강생(聽講生).

【陪臺 배대】관리에 예속된 사람.

【陪都 배도】국도(國都) 이외에 따로 둔 서울. 명대(明代)의 금릉(金陵), 청대(淸代)의 봉천(奉天) 따위. 陪京(배경).

【陪敦 배돈】더하여 도탑게 함.

【陪鑾 배란】천자의 수레를 뒤따름.

【陪隷 배례】☞陪僕(배복).

【陪僕 배복】사환(使喚). 종. 하인.

【陪賓 배빈】수행하여 온 손.

【陪鰓 배새】분노(憤怒)의 모양.

【陪席 배석】윗사람을 모시고 자리를 함께함. 陪位(배위).

【陪承 배승】귀인(貴人)을 곁에서 모심.

【陪乘 배승】國윗사람을 모시고 수레를 탐.

【陪侍 배시】높은 사람을 곁에서 모심.

【陪食 배식】높은 사람을 곁에서 모시고 한자리에서 식사를 함. 伴食(반식). 侍食(시식).

【陪臣 배신】①제후(諸侯)의 대부(大夫)가 천자

阜部 8획 陪陣陲陰

(天子)에 대하여 자기를 이르던 말. ②대부의 가신(家臣).
【陪審 배심】①재판의 소송 심리에 배석함. ②민간에서 뽑은 배심원이 심리(審理)나 기소(起訴)에 참가하는 일.
【陪遊 배유】귀인을 모시고 놂.
【陪貳 배이】곁에서 시중드는 사람.
【陪接 배접】높은 사람을 곁에 모심.
【陪鼎 배정】음식을 더 많이 차려 우대하는 일.
【陪持 배지】⦗國⦘①지방 관청에서 장계(狀啓)를 가지고 서울에 가던 사람. ②말을 타고 급한 공문을 전하여 보내던 사람. 騎撥(기발).
【陪幸 배행】임금의 행차에 배종(陪從)함.
【陪行 배행】윗사람을 모시고 따라감.

阜 8 【陫】⑪ ❶산 이름 배 ㄈㄟ péi
❷좁을 비 ㄈㄟ fēi
❸숨을 비 ㄈㄟ fēi
⦗字解⦘ ❶산 이름. ❷좁다, 시골. ❸①숨다. ②마음이 아프다, 괴롭다. 〔楚辭〕 隱思君兮陫側.
【陫側 비측】①구석진 시골. ②마음 아픔. 痛惻(통측).

阜 8 【陴】⑪ 성가퀴 비 ㄆㄧˊ pí
⦗소전⦘ ⦗주문⦘ ⦗초서⦘ ⦗字解⦘ ①성가퀴. 성 위에 덧쌓은 낮은 담. 〔春秋左氏傳〕 閉門登陴. ②돕다, 보비(補裨)하다. = 裨.
【陴堞 비첩】성가퀴.
【陴隍 비황】성가퀴와 해자(垓字).

阜 8 【陲】⑪ 위태할 수 ㄔㄨㄟˊ chuí
⦗소전⦘ ⦗초서⦘ ⦗字解⦘ ①위태하다. ②부근, 근처, 경계(境界). ≒垂. 〔史記〕 連兵於邊陲.

阜 8 【陰】⑪ ❶응달 음 ㄧㄣ yīn
❷말 않을 암 ㄢ ān
❸가릴 음 ㄧㄣˋ yìn
㇐ 阝 阶 阶 阶 陰 陰 陰
⦗소전⦘ ⦗초서⦘ ⦗동자⦘陰 ⦗속자⦘阴 ⦗고자⦘会 ⦗고자⦘黔 ⦗간체⦘阴 ⦗參考⦘ 대법원 지정 인명용 한자음은 '음'이다.
⦗字源⦘ 形聲. 阜+会→ '会(음)'이 음을 나타낸다.
⦗字解⦘ ❶①응달. ㉮산의 북쪽 땅. 〔山海經〕 枏陽之山, 其陽多赤金, 其陰多白金. ㉯하천의 남쪽 기슭. 〔水經·注〕 水南曰陰. ②음(陰). 태극(太極)이 나뉜 두 기운 중의 하나. 양기(陽氣)에 대하여 소극적·여성적인 원기(元氣). 곧, 곤(坤)·땅·추동(秋冬)·밤·달·비·신하·자(子)·처(妻)·부인(婦人)·신(腎)·오장(五臟)·뇌(腦)·형(刑)·육려(六呂)·소인·내(內)·정(靜)·유(柔)·한

(寒)·수(水)·현효(玄枵)·짝수(偶數) 등. ③습기(濕氣). 축축함. 〔呂氏春秋〕 子能藏其惡而損之陰乎. ④어둡다. ≒暗. 〔後漢書·注〕 陰堂, 幽暗之室. ⑤깊숙하다, 심오(深奧)하다. 〔太玄經〕 幽無形深不測, 之謂陰. ⑥잠기다. 〔春秋繁露〕 陰, 猶沈也. ⑦흐려지다, 그늘지다. 〔詩經〕 以陰以雨. ⑧볕, 햇살, 일영(日景). 〔晉書〕 大禹惜寸陰, 吾輩當惜分陰. ⑨그늘, 뒤쪽. 〔集古錄〕 漢碑陰題名頗多. ⑩남녀의 외부 생식기(生殖器), 치부(恥部). ⑪몰래, 살짝. 〔戰國策〕 陰合於秦. ⑫남녀(男女)의 교정(交情). 〔周禮〕 以陰禮教親. ⑬덮다. ≒蔭. 〔書經〕 惟天陰騭下民. ⑭숨다. 〔漢書〕 臣聞, 有陰德者, 必饗其樂. ⑮작다(小). 〔戰國策〕 天下陰燕陽魏. ⑯낮게 긴 구름. 〔江淹·詩〕 曾陰萬里生. ⑰수레의 가리개. 〔詩經〕 陰鞹鋈續. ⑱거무스름하다. ≒黯. ⑲잔인하다, 참혹(慘酷)하다. ⑳빙고(氷室), 빙고(氷庫). 〔詩經〕 三之日納于凌陰. ㉑학(鶴). 〔逸周書〕 堲上張赤帝陰羽. ㉒성(姓). ❷①말을 하지 않다. ≒噤·暗. 〔書經〕 亮陰三祀. ②여막(廬幕). ≒闇. 〔禮記〕 諒闇三年不言, 或作陰. ❸①가리다, 가리개. 〔詩經〕 既之陰女. ②숨다, 묻히다. 〔禮記〕 骨肉斃于下, 陰爲野土.
【陰刻 음각】평면에 어떤 그림이나 글씨를 옴폭하게 파내어 새김. 또는 그런 조각(彫刻). 沈彫(침조). 凹彫(요조).
【陰姦 음간】숨어서 하는 나쁜 짓.
【陰岡 음강】그늘진 언덕. 산의 북쪽 비탈.
【陰譴 음견】남에게 알려지지 않은 벌.
【陰莖 음경】①남자의 생식기. 자지. ②산의 북쪽에 난 나무의 줄기.
【陰界 음계】귀신의 세계. 저승.
【陰計 음계】은밀한 계획. 비밀 계획.
【陰功 음공】숨은 공덕. 남에게 알려지지 않은 공적.
【陰教 음교】부녀자에 대한 교육.
【陰溝 음구】땅속으로 흐르는 도랑.
【陰鬼 음귀】죽은 사람의 넋. 망령(亡靈).
【陰記 음기】⦗國⦘비갈(碑碣)의 뒷면에 새긴 글.
【陰器 음기】남녀의 성기(性器).
【陰氣 음기】음의 기운. 소극적인 기운. 습기·추위·어둠·흐림 따위.
【陰德 음덕】①남몰래 베푼 덕행(德行). 숨은 은덕(恩德). 陰惠(음혜). ②땅의 덕. 땅이 만물을 자라게 하는 덕. ③부인(婦人)의 덕. ④부인(人)의 일.
【陰德陽報 음덕양보】남이 모르게 덕행을 쌓은 사람은 훗날 그 보답을 받음.
【陰道 음도】①음(陰)의 도(道). ②신하·자식·아내의 도. ③오른쪽. ④달의 궤도(軌道). ⑤방사(房事)의 술(術). 房術(방술). ⑥질(膣). ⑦응달진 길.
【陰冷 음랭】음산하고 참.
【陰沴 음려】음기·요기(妖氣)에 의한 재앙.
【陰曆 음력】달이 지구를 일주하는 시간을 기본으로 하여 만든 달력.

【陰令 음령】 왕이 후궁(後宮)에게 내리는 명령. 재봉·직조 따위.
【陰禮 음례】 ①부녀자가 지켜야 할 예의. ②혼인의 예(禮).
【陰霾 음매】 날이 흐리고 흙비가 내림.
【陰謀 음모】 몰래 꾸미는 악한 계략.
【陰木 음목】 ①겨울에 잎이 떨어지지 않는 나무. ②산 북쪽에서 자라는 나무.
【陰文 음문】 ①인장(印章)이나 종(鐘)의 명(銘) 따위의 글자 획을 도드라지게 새긴 것. ②음각(陰刻)한 글자.
【陰門 음문】 여자의 외부 생식기. 보지.
【陰房 음방】 ①어두컴컴한 방. ②죄인을 가두어 두는 곳. 牢獄(뇌옥).
【陰伏 음복】 ①남에게 숨기고 있는 일. 陰私(음사). ②몰래 숨음. 몰래 숨김.
【陰府 음부】 지옥의 염마대왕(閻魔大王)이 있는 곳. 저승. 黃泉(황천).
【陰符 음부】 신령의 힘으로 마귀를 물리친다는 부적.
【陰庇 음비】 덮어 줌. 감싸 줌.
【陰私 음사】 사사로운 비밀. 내밀(內密)의 일.
【陰事 음사】 ①비밀(祕密). 남에게 숨기는 일. 비사(祕事). 밀사(密事). ②남녀가 잠자리를 같이하는 일. 房事(방사). ③부인(婦人)의 일. 가정의 일.
【陰祀 음사】 음(陰)에 속하는 제사(祭祀). 사직(社稷) 따위.
【陰朔 음삭】 북쪽 오랑캐의 땅. 幽朔(유삭).
【陰散 음산】 國날씨가 흐리고 으스스함.
【陰森 음삼】 ①나무가 우거져 어둠침침함. ②어두침침하고 쓸쓸한 모양.
【陰水 음수】 남성 생식기에서 분비되는 정액(精液). 陰液(음액).
【陰濕 음습】 그늘지고 습함.
【陰臣 음신】 ①사신(私臣). ②경(卿)·대부(大夫)를 섬기던 신하. ③부인(婦人).
【陰室 음실】 ①사실(私室). ②태묘(太廟)의 상자(殤子)를 모신 방. ○'殤子'는 성년이 되기 전에 죽은 아들. ③얼음을 저장하는 방. ④햇빛이 잘 들지 않는 방. ⑤북향(北向)의 방.
【陰惡 음악】 남이 알지 못하는 나쁜 짓.
【陰崖 음애】 산의 북쪽 언덕. 햇빛이 잘 들지 않는 언덕.
【陰喝 음애】 목이 메어 말을 하지 못함.
【陰液 음액】 ①이슬. ②陰水(음수).
【陰約 음약】 몰래 약속하는 일. 蜜約(밀약).
【陰陽 음양】 ①음(陰)과 양(陽). 역학(易學)에서 만물을 만들어 내는 상반된 두 개의 기(氣). 또는 일월(日月)·주야(晝夜)·남북(南北)·한란(寒暖)·남녀(男女) 등의 상대되는 것. ②겉과 안. 表裏(표리). ③숨음과 나타남. 隱現(은현). ④음양가(陰陽家). 또는 음양가의 술법. ⑤여자와 남자의 생식기. ⑥전기(電氣)나 자기(磁氣)의 음극(陰極)과 양극(陽極).
【陰陽水 음양수】 끓는 물에 찬물을 탄 물.
【陰陽五行 음양오행】 음양과 오행. ○'陰陽'은 천지간에 만물을 지어 내는 두 가지 기운. '五行'은 천지간에 순환 유행(循環流行)하여 만물을 만들어 내는 다섯 가지 물질로, 수(水)·화(火)·금(金)·목(木)·토(土).
【陰煙 음연】 흐림. 또는 연기가 자욱이 낀 경치.
【陰影 음영】 ①그림자. ②그늘.
【陰瞖 음예】 ①날이 흐리고 어두움. ②난세(亂世)의 비유.
【陰霓 음예】 무지개.
【陰翳 음예】 ①하늘에 구름이 낌. 날이 흐림. ②짙은 숲 속의 그늘.
【陰羽 음우】 ①학(鶴)의 깃. ②학의 딴 이름.
【陰雨 음우】 음산하게 비가 옴. 또는 계속 내리는 장맛비.
【陰雨晦冥 음우회명】 구름이 하늘을 덮고 비가 내려 캄캄함. 亂世(난세).
【陰雲 음운】 비구름. 검은 구름.
【陰蔚 음울】 ①나무가 우거져 어둠침침함. ②우거진 나무 그늘.
【陰鬱 음울】 ①마음이 우울함. ②날씨가 음침하고 쓸쓸함.
【陰月 음월】 음력 4월의 딴 이름.
【陰痿 음위】 남자의 생식기가 위축되는 병. 陽痿(양위).
【陰柔 음유】 ①표면은 부드럽게 보이나 속은 음험함. ②성격이 내성적이고 온화함.
【陰陰 음음】 ①하늘이 흐려 어두운 모양. 음산한 모양. ②나무가 우거져 어둠침침한 모양. ③널리 뒤덮음. ④고요한 모양.
【陰賊 음적】 ①은밀히 나쁜 짓을 함. 마음속에 적해(賊害)의 뜻을 품음. 또는 그런 사람. ②음성(陰性)의 적(賊).
【陰井 음정】 ①볕을 등진 우물. 그늘에 있는 우물. ②國집 안에 있는 우물.
【陰政 음정】 후궁(後宮)의 정치.
【陰助 음조】 뒤에서 도움. 남모르게 도움.
【陰中 음중】 음기(陰氣)의 계절의 중간. 가을.
【陰】 은밀히 사람을 모함하여 해침.
【陰騭 음즐】 ①하늘이 은밀히 백성을 안정(安定)시킴. ○'騭'은 '定'으로 '정함'을 뜻함. ②음덕(陰德).
【陰地 음지】 그늘진 곳. 응달.
【陰地轉陽地變 음양전양지변】 國음지가 양지가 됨. 세상일이 돌고 돌아 불운(不運)과 행운(幸運)이 뒤바뀜.
【陰察 음찰】 비밀히 살핌. 내밀히 진상(眞相)을 조사함.
【陰慘 음참】 음산하고 참혹함.
【陰晴 음청】 흐림과 갬. 晴曇(청담).
【陰蟲 음충】 ①음증의 성질을 가진 벌레. 빈대 따위. ②가을 벌레. 귀뚜라미 따위. ③두꺼비.
【陰測 음측】 남모르게 넌지시 헤아림.
【陰沈 음침】 ①성질이 명랑하지 못함. 마음이 음흉함. ②날씨가 흐리고 컴컴함.
【陰宅 음택】 무덤.
【陰兔 음토】 달의 딴 이름. 陰宗(음종).
【陰慝 음특】 ①만물을 해치는 음기(陰氣). 숨은

악사(惡事). ②성질이 음흉하고 간사함.
【陰蔽 음폐】덮어서 숨김. 隱蔽(은폐).
【陰夏 음하】북향의 전각(殿閣).
【陰寒 음한】①음기와 한기. ②추위. ③날씨가 흐리고 추움.
【陰害 음해】은근히 남을 해침.
【陰核 음핵】공알.
【陰血 음혈】피. ○피는 피부 속에 있으므로 '陰'이라 함. 血液(혈액).
【陰刑 음형】거세하는 형벌. 宮刑(궁형).
【陰化 음화】①여자의 덕(德). ②습기 따위로 말미암아 물질이 점차 변화함.
【陰火 음화】①흐리고 어두울 때 물 위에 나타나는 불. 도깨비불. 鬼化(귀화). ②황(黃)의 딴 이름.
【陰畫 음화】사진의 건판(乾板) 필름을 현상(現象)했을 때 명암(明暗)이 실물(實物)과 반대로 나타나는 현상.
【陰禍 음화】드러나지 않은 재앙.
【陰晦 음회】날이 흐리고 어두움.
【陰訓 음훈】여자에 대한 교육. 여성 교육.
【陰凶 음흉】마음이 음침하고 내숭스러움.
【陰黑 음흑】날이 흐려 어둠침침함.
【陰黠 음힐】음흉하고 교활함.
 ▶ 光一, 綠一, 茂一, 薄一, 碧一, 分一, 庇一, 山一, 夕一, 惜一, 樹一, 諒一, 寸一, 太一.

阜 8 【陡】⑪ 陡(1951)의 속자

阜 8 【陳】⑪ ❶늘어놓을 진 眞 chén
❷방비 진 震 zhèn

` ³ ⁿ ⁿ¹ ⁿ¹ ⁿ⁹ 陣 陳 陳

陳(소전) 陳(초서) 陳(초서) 陳(간체) 陈 【字源】形聲. 阜+木+申→陳. '申(신)'이 음을 나타낸다.

【字解】❶늘어놓다.〔楚辭〕陳竽瑟兮浩倡. ②늘어서다.〔淮南子〕利害陳于前. ③펴다, 넓게 깔다.〔詩經〕陳錫哉周. ④벌여 놓다, 진열(陳列)하다.〔春秋左氏傳〕陳魚而觀之. ⑤베풀다, 주다.〔漢書〕陳漆其間. ⑥두다, 있다.〔史記〕不成三瓦, 而陳之. ⑦말하다, 설명하다.〔禮記〕事君欲諫不欲陳. ⑧보이다, 나타내 보이다.〔國語〕相陳以功. ⑨조사하다, 채집하여 보다.〔禮記〕命大師陳詩, 以觀民風. ⑩줄, 뒷줄.〔張衡・賦〕總輕武於後陳. ⑪길, 당하(堂下)에서 문까지의 길.〔詩經〕胡逝我陳. ⑫묵다, 오래되다.〔漢書〕或以陳粟. ⑬많다. ⑭나라 이름, 주대(周代)의 제후국. 지금의 하남성(河南省)과 안휘성(安徽省)의 일부. ⑮왕조(王朝) 이름, 남조(南朝)의 하나. 진(陳)의 패선(霸先)이 양(梁)의 선위(禪位)를 받아 세운 나라로, 건강(建康)에 서울을 정하고 장강(長江)과 주강(珠江)의 두 유역을 영토로 두었다. 33년 만에 수(隋)에게 망하였다. ⑯성(姓). ❷방비, 진법(陣法). ≒陣.〔論語〕衛靈公問陳於孔子.

【陳啓 진계】말씀 드림. 진언(進言)함.
【陳告 진고】말하여 알림.
【陳穀 진곡】묵은 곡식. 舊穀(구곡).
【陳久 진구】묵고 오래됨.
【陳露 진로】마음속에 있는 것을 다 털어놓고 말함.
【陳論 진론】털어놓고 이야기함. 吐露(토로)함.
【陳米 진미】묵은 쌀.
【陳蕃下榻 진번하탑】진번이 의자를 내림. 빈객을 존경함. 故事 후한(後漢)의 진번(陳蕃)이 특별히 의자를 하나 걸어 두었다가 주구(周璆)・서치(徐穉)가 오면 내놓아 우대하였다는 고사에서 온 말.
【陳辯 진변】이유를 말하여 변명함.
【陳腐 진부】낡고 케케묵음. 아무나 다 알고 있어 새롭지 못함.
【陳謝 진사】①까닭을 말하여 용서를 빎. 사과함. ②사례의 말을 함.
【陳狀 진상】일의 사정을 아룀. 상황을 말함.
【陳設 진설】①의식・연회 등에서 필요한 여러 가지 제구를 차려놓음. 排設(배설). ②잔치・제사 때 법식에 따라 상에 음식을 벌여 차림.
【陳述 진술】자세히 벌여 말함. 陳說(진설).
【陳詩 진시】시를 모아서 조사함.
【陳悉 진실】빠짐없이 죄다 말함.
【陳言 진언】①진부한 말. ②진술함. 말함.
【陳列 진열】물건 따위를 보이기 위하여 죽 벌여 놓음.
【陳閱 진열】늘어놓고 조사함.
【陳外家 진외가】國아버지의 외가.
【陳人 진인】진부(陳腐)한 사람. 시대에 뒤떨어진 쓸데 없는 사람.
【陳迹 진적】지난날의 자취. 옛날의 사적(事跡).
【陳田 진전】묵정밭.
【陳情 진정】①사정을 진술함. ②사정을 아뢰어 부탁함.
【陳奏 진주】말씀 드림. 아룀.
【陳陳 진진】①곡식 따위가 오래되어 자꾸 쌓이는 모양. ②장구(長久)한 모양. 낡은 모양.
【陳陳相因 진진상인】오래 묵은 곡식이 겹겹이 쌓임. 세상이 잘 다스려져 곡식이 풍부함.
【陳蔡之厄 진채지액】공자(孔子)가 진(陳)나라와 채(蔡)나라 사이에서 당한 봉변. 故事 공자가 채나라에 있을 때, 초(楚)나라에서 초빙되자 진・채의 대부(大夫)가 그들의 결점이 드러날까 두려워하여 병사를 내어 국경 지대에서 포위하였으므로 양식이 떨어지고 종자(從者)가 병이 나는 재액을 당한 고사에서 온 말.
【陳請 진청】사정을 말하여 간청함.
【陳套 진투】≒陳腐(진부).
【陳編 진편】옛날의 서적(書籍). 古書(고서).
【陳皮 진피】말린 귤껍질. 한약재로 쓰임.
【陳玄 진현】먹의 딴 이름. ○오래되고 검은 데서 이르는 말.
【陳話 진화】진부한 이야기.
【陳荒地 진황지】오래 묵혀 거칠어진 땅.
 ▶ 孟一, 邊一, 山一, 遐一, 荒一.

阜 8【陬】⑪ 모퉁이 **추** [尤] zōu

[소전] [초서] [동자] ⿰阝聚 [字解] ①**모퉁이**, 구석. 〔史記〕後吳奔壁東南陬. ②**굽이진 곳**. ③**모**〔角〕. ④**산기슭**. 〔束晳·詩〕在陵之陬. ⑤**정월**(正月). 〔楚辭〕攝提貞于孟陬兮. ⑥**마을**, 촌락. ≒聚. 〔左思·賦〕蠻陬夷落. ⑦**거처**, 장소, 구역(區域). 〔張衡·賦〕天封大狐, 列仙之陬. ⑧**땅 이름**. 노(魯)나라의 읍(邑), 공자(孔子)의 출생지. 지금의 산동성(山東省) 사수현(泗水縣). ≒郰·鄹. 〔史記〕孔子生魯昌平鄉陬邑.

【陬落 추락】변방의 마을.
【陬僻 추벽】시골. 僻村(벽촌).
【陬遠 추원】먼 시골. 僻村(벽촌).
【陬月 추월】정월(正月)의 딴 이름.
【陬邑 추읍】①시골 구석. 邊鄕(변향) ②공자(孔子)의 출생지. 지금의 산동성(山東省) 사수현(泗水縣).
◑ 方-, 部-, 列-, 營-, 披-, 行-, 橫-.

阜 8【陷】⑪ 빠질 **함** [陷] xiàn

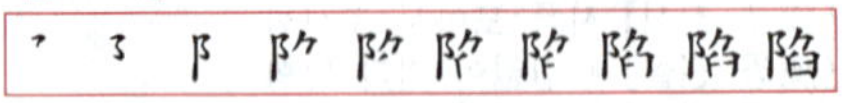

[소전] [초서] [동자] ⿰阝函 [속자] 陥 [字源] 形聲. 阜+臽→陷. '臽(함)'이 음을 나타낸다.

[字解] ①**빠지다**. ㉮땅이 움푹 패다. ㉯떨어지다, 추락하다. 〔國語〕上陷而不振. ㉰가라앉다, 물에 빠지다. 〔荀子〕表不明則陷. ㉱파묻히다. 〔禮記〕毋使其首陷焉. ㉲실수하다, 잘못하다. 〔國語〕陷而入於恭. ㉳모계(謀計)·곤고(困苦) 따위에 빠지다. 〔後漢書〕臣孤恩負義, 自陷重刑. ㉴무너지다, 괴멸하다. 〔宋書〕卽時潰陷. ㉵함락(陷落)하다, 항복(降服)하다. 〔魏志〕城陷, 紹生執洪. ㉶해치다. 〔孟子〕淫辭知其所陷. ②**빠뜨리다**. ㉮속여 넘기다. 〔論語〕君子可逝也, 不可陷也. ㉯움푹 패게 하다. 〔李洞·詩〕風搖缾影碎, 沙陷履痕端. ㉰궁지에 몰아넣다, 해치다. 〔史記〕然謀陷湯罪者, 三長史也. ㉱공락(攻落)하다. 〔史記〕戰常陷堅. ㉲무너뜨리다, 헐다. 〔呂氏春秋〕雖有大山之塞, 則陷之. ㉳끼우다, 박아 넣다. 〔唐無名氏·詩〕梳陷鈿麒麟. ③**함정**, 허방다리. 〔中庸〕驅而納諸罟擭陷阱之中. ④**모자라다**, 이지러지다. ≒歉. 〔淮南子〕滿如陷, 實如虛. ⑤**험하다**.

【陷濘 함녕】진창에 빠짐.
【陷溺 함닉】①구덩이에 떨어지고 물에 빠짐. 또는 구덩이에 떨어뜨리고 물에 빠뜨림. 괴롭힘. 학대함. ②주색(酒色)에 빠짐.
【陷落 함락】①땅 같은 것이 움푹 꺼져 들어감. 陷沒(함몰). ②요새나 성이 적의 수중에 들어감.
【陷沒 함몰】①움푹 꺼짐. 모두 빠짐. ②재난을 당하여 멸망함.
【陷銳 함예】강적(強敵)을 격파함.
【陷穽 함정】짐승 따위를 잡기 위하여 땅바닥에 파 놓은 구덩이. 허방다리.
【陷地 함지】움푹 꺼진 땅.
【陷陣 함진】적진(敵陣)을 공락(攻落)함.
【陷假 함하】남의 모해(謀害)로, 오른 지위에서 떠남. 陷瑕(함하).
【陷害 함해】남을 어려운 구렁에 빠뜨려 해침.
◑ 坑-, 缺-, 攻-, 構-, 陵-, 謀-, 淪-.

阜 8【⿰阝函】⑪ 陷(*1948*)과 동자

阜 8【険】⑪ 險(*1956*)의 속자

阜 9【階】⑫ 섬돌 **계** [本]개 [佳] jiē

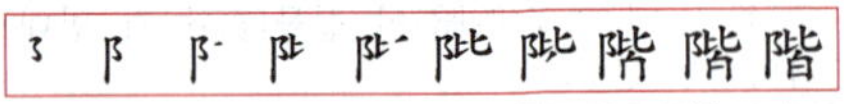

[소전] [초서] [간체] 阶 [字源] 形聲. 阜+皆→階. '皆(개)'가 음을 나타낸다.

[字解] ①**섬돌**, 층계, 당(堂)에 오르는 계단. 〔書經〕舞干羽于兩階. ②**사닥다리**. 〔禮記〕虞人設階. ③**사닥다리를 놓다**. 〔論語〕猶天之不可階而升也. ④**품계**(品階), 등위(等位), 관등(官等). 〔漢書〕但以無階朝廷, 故隨牒在遠方. ⑤**길**. 〔春秋左氏傳〕誰生厲階. ⑥**실마리**. 〔國語〕夫婚姻禍福之階也. ⑦**오르다**, 나아가다. 〔禮記〕不得階主. ⑧**인도하다**, 이끌다. ⑨**연고**, 인연(因緣). 〔漢書〕漢無尺土之階. ⑩**겹치다**, 층층으로 쌓이다. 〔張蠙·詩〕平生爲有安邦術, 便別秋曹最上階.

【階窮 계궁】[國]당하관에서 더 올라갈 수 없는 가장 높은 품계인 정삼품 통훈대부(通訓大夫). 資窮(자궁).
【階級 계급】지위·관직의 등급.
【階段 계단】층층대. 層階(층계).
【階闥 계달】섬돌과 궁의 작은 문. 宮中(궁중).
【階承 계승】순서에 의하여 이어받음.
【階緣 계연】연줄을 탐.
【階前萬里 계전만리】만리 밖의 일도 계단 앞의 일처럼 훤히 내다봄. 지방 행정의 득실을 천자가 환히 알고 있어서, 신하가 속일 수 없음.
【階除 계제】계단. 층층대.
【階梯 계제】①층계와 사닥다리. ②실마리. 근원. ③일이 되어 가는 순서. ④일이 잘 되어 가거나 생기게 된 좋은 기회.
【階次 계차】계급의 차례.
【階陛 계폐】궁전의 섬돌.
【階閤 계합】섬돌이 있는 궁전의 작은 문.
◑ 位-, 層-, 品-.

阜 9【隊】⑫ ❶대 **대** [隊] duì ❷떨어질 **추** [寘] zhuì ❸대 **수** [寘] suì

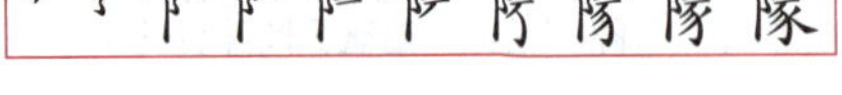

阜部 9획 隆 陽

[소전]隊 [초서]隊 [간체]队 [참고] 대법원 지정 인명용 한자의 음은 '대'이다.
[字源] 形聲. 阜＋㒸→隊. '㒸(수)'가 음을 나타낸다.
[字解] ❶①대(隊). 동아리를 이룬 무리. 〔春秋左氏傳〕分爲二隊. ②줄, 늘어선 줄. ③무리, 떼. ④옛 병제(兵制). ㉮병사(兵士) 100명의 호칭. 〔春秋左氏傳〕以成一隊. ㉯병사 200명의 호칭. 〔淮南子〕襄子疏隊而擊之. ❷①떨어지다, 높은 곳에서 떨어지다. ＝墜. ②떨어뜨리다. 〔春秋左氏傳〕俾隊其師. ③잃다, 떨어버리다. 〔國語〕敬不隊命. ❸①대(隧), 부류 구분. 〔漢書〕爲六隊郡. ②길. ㉮작은 길, 골짜기의 험한 길. 〔穆天子傳〕于是得絕鈃山之隊. ㉯무덤 길, 묘도(墓道). ＝隧.
【隊商 대상】사막 지방에서 주로 낙타를 이용하여 떼 지어 다니는 상인.
【隊帥 대수】군중(軍中)의 낮은 군관(軍官). 隊率(대수).
【隊伍 대오】군대의 항오(行伍). 대열(隊列)의 조(組). ◇'伍'는 오인조(五人組)
【隊主 대주】대(隊)의 우두머리. 隊長(대장).
【隊形 대형】대(隊)의 형태.
◐ 軍－, 部－, 樂－, 一－, 入－, 縱－, 陣－, 編－, 艦－, 橫－, 後－.

阜 [隆]⑫ 클 륭 [英] lóng
9

⻖ ⻖ ⻖ 隆 隆 隆 隆 隆 隆

[소전]𨽰 [초서]隆 [속]隆 [字源] 形聲. 生＋降→隆. '降(강)'이 음을 나타낸다.
[字解] ❶크다, 풍성하다. ②두텁다, 극진하다, 융숭하다. 〔荀子〕以隆殺爲要. ③높다, 높이다. 〔戰國策〕雖趙薛之城到于天, 猶之無益也. ④길다, 길게 하다, 육성(育成)하다. 〔漢書〕臣莽夙夜養育, 隆就孺子. ⑤성(盛)하다. 〔禮記〕道隆則從而隆. ⑥많다, 많게 하다. 〔禮記〕頒禽隆諸長者. ⑦갖추다, 비치하다. 〔荀子〕皇天隆物, 以示下民. ⑧고귀하다, 존경하다. 〔荀子〕君者國之隆也. ⑨중앙(中央)이 높다, 중앙이 높은 산(山). ⑩앉다. 〔後漢書〕九子見龍驚走, 獨小子不能去, 背龍而坐, 龍因舐之, 其母鳥語, 謂背爲九, 謂坐爲隆, 因名子曰隆.
【隆慶 융경】매우 경사스러움.
【隆古 융고】옛날의 번성하였던 시대.
【隆穹 융궁】높고 크게 융기(隆起)함.
【隆眷 융권】큰 은혜. 隆恩(융은).
【隆貴 융귀】매우 존귀함. 신분이 높음.
【隆極 융극】지극히 높은 지위.
【隆起 융기】①어느 한 부분이 높이 솟아오름. ②성(盛)하게 일어남.
【隆冬 융동】한창 추울 때. 한겨울.
【隆禮 융례】①예를 성(盛)하게 함. ②예(禮)를 존중함. ③두터운 대접.

【隆老 융로】[참고]일흔 또는 여든 살을 넘은 노인.
【隆隆 융륭】①세력이 왕성한 모양. ②큰 모양. ③우렛소리. ④가기(佳氣).
【隆名 융명】훌륭한 명성. 좋은 평판.
【隆富 융부】매우 부유함. 재산이 아주 많음.
【隆鼻 융비】높은 콧대. 隆準(융준).
【隆顙 융상】불쑥 나온 이마.
【隆暑 융서】심한 더위. 한더위. 酷暑(혹서).
【隆盛 융성】매우 기운차게 일어나거나 대단히 번성함. 隆昌(융창).
【隆崇 융숭】①대우나 태도가 정중하고 극진함. ②높음.
【隆渥 융악】임금의 두터운 은혜.
【隆顏 융안】천자의 얼굴.
【隆遇 융우】융숭하게 대우함. 優遇(우우).
【隆運 융운】번영하는 운수.
【隆窳 융유】➡隆替(융체).
【隆恩 융은】큰 은혜. 洪恩(홍은).
【隆陰 융음】왕성한 음기(陰氣).
【隆情 융정】①정욕을 멋대로 함. 隆性(융성). ②후한 인정.
【隆準 융준】우뚝한 콧대. 隆鼻(융비).
【隆替 융체】성(盛)함과 쇠(衰)함.
【隆寵 융총】두터운 자애. 대단한 총애.
【隆就 융취】기름. 자라게 함.
【隆頹 융퇴】평탄하지 않은 모양.
【隆寒 융한】대단한 추위. 嚴寒(엄한).
【隆赫 융혁】높게 빛남. 성(盛)하게 드러남.
【隆顯 융현】지위가 높고 명성이 세상에 드러남.
【隆刑 융형】형벌을 무겁게 함.
【隆厚 융후】①대우가 융숭함. ②정이 두터움.
【隆洽 융흡】널리 퍼짐. 성하게 보급됨.
【隆興 융흥】성하게 일어남. 사물이 성함.
◐ 高－, 穹－, 薀－, 優－, 豐－, 興－.

阜 [陽]⑫ ❶볕 양 [英] yáng
9   ❷나 장 [英] yáng

⻖ ⻖ ⻖ 阝 阝 阳 阳 陽 陽

[소전]陽 [초서]阳 [동]昜 [동]㫃 [속]阳
[간체]阳 [참고] 대법원 지정 인명용 한자의 음은 '양'이다.
[字源] 形聲. 阜＋昜→陽. '昜(양)'이 음을 나타낸다.
[字解] ❶①볕, 양지(陽地). ㉮산의 남면(南面)의 땅. 〔詩經〕在南山之陽. ㉯내의 북안(北岸). 〔春秋穀梁傳〕水北爲陽, 山南爲陽. ②양(陽). 태극(太極)이 나뉜 두 기운 중의 하나. 음(陰)에 대하여 적극적·남성적인 원기(元氣). 곧, 단단함[剛]·하늘·봄·여름·낮·태양·천자·임금·군자(君子)·부(父)·부(夫)·덕(德)·바람·불·육률(六律)·시월(十月)·방광(膀胱)·기수(奇數)·홀수·회화(繪畫)의 철면(凸面) 등. 늑易. ③밝다. 〔詩經〕我朱孔陽. ④나타나다. 〔大戴禮〕考其陰陽. ⑤열다. 〔後漢書〕順陰陽以開闔. ⑥바깥, 밖. 〔春秋左氏傳·疏〕外爲陽. ⑦앞.

阜部 9획 隁陧隈

〔儀禮·注·疏〕前爲陽. ⑧상(傷)하다. 해치다. ⑨맑아지다. 맑다. 〔周禮〕欲赤黑而陽聲. ⑩고귀하다. ⑪길하다. 상서롭다. ⑫크다. 크다고 하다. 〔戰國策〕天下陰燕陽魏. ⑬높다. ⑭살다. 〔莊子〕莫使復陽也. ⑮기르다. ⑯따뜻하다. 〔詩經〕春日載陽. ⑰낮, 정오(正午). 〔禮記〕殷人祭其陽. ⑱가물다. 〔漢書〕典致時陽. ⑲늘, 항상. 〔漢書〕今公陽令從數騎. ⑳함께, 전체, 공공(公共). 〔周禮〕以陽禮敎讓. ㉑쌍(雙), 벌. ㉒속이다. 늑佯. 〔漢書〕儵陽爲縛以奴. ㉓나라 이름, 주대(周代)의 제후국. 지금의 산동성(山東省) 기수현(沂水縣)의 서남쪽 양도성(陽都城). 〔春秋〕齊人遷陽. ㉔고을 이름, 춘추(春秋) 때 연(燕)나라의 읍(邑). 하북성(河北省) 당현(唐縣)의 동북쪽. 〔春秋〕齊高偃帥師納北燕伯於陽. ㉕성(姓). ❷나.

【陽刻 양각】철형(凸形)으로 새김. 돋을새김.
【陽乾 양건】볕에 말림.
【陽莖 양경】남자의 생식기(生殖器). 자지.
【陽界 양계】이 세상.
【陽光 양광】①햇빛. ②양기(陽氣)의 빛.
【陽狂 양광】거짓 미친 체함. 佯狂(양광).
【陽九 양구】재앙(災殃). 음양가(陰陽家)가 오행(五行)의 수리(數理)에서 풀어 낸 말.
【陽氣 양기】①양(陽)의 기운. 만물이 맹동(萌動)하는 기운. 봄의 기운. ②맑고 환한 기운. ③남자의 정력(精力).
【陽怒 양노】①노기(怒氣)가 겉으로 드러남. ②거짓 화낸 체함. 佯怒(양노).
【陽德 양덕】①양(陽)의 덕(德). 만물을 낳아 기르는 덕. ②해. 太陽(태양).
【陽道 양도】①양의 도. 남자의 도. 군도(君道). ②남성의 생식기. ③태양의 궤도. ④왼쪽.
【陽靈 양령】①하늘을 제사 지내는 궁(宮). ②해. 태양.
【陽律 양률】12율(律) 가운데서 6률.
【陽明 양명】①해. 태양. ②양기의 밝음. ③인체의 경맥.
【陽明學 양명학】명대(明代)에 왕양명(王陽明)이 제창한 양지(良知), 양능(良能), 지행합일(知行合一)을 논한 학설 및 그 계통에 속하는 사상. ◐'陽明'은 왕수인(王守仁)의 호. 王學(왕학).
【陽物 양물】①양기(陽氣)를 띤 물건. ②남자의 생식기.
【陽報 양보】확실한 보답(報答). 분명히 나타나는 보답.
【陽死 양사】거짓 죽은 체함. 佯死(양사).
【陽事 양사】①양기가 이루는 일. ②남녀의 성교. 媾合(구합).
【陽傘 양산】햇볕을 가리기 위해 쓰는 물건.
【陽聲 양성】①양(陽)에 속하는 소리. ②우렁소리. ③맑은 소리.
【陽燧 양수】햇볕을 이용하여 불을 얻을 때 쓰던 구리 거울.
【陽陽 양양】①태연한 모양. 스스로 만족해 하는 모양. ②자약(自若)한 모양. ③무늬가 찬란

한 모양. ④흐르는 모양.
【陽言 양언】거짓으로 말함.
【陽炎 양염】⇨陽焰(양염).
【陽焰 양염】아지랑이. 遊絲(유사).
【陽烏 양오】태양의 딴 이름. ◐해 속에 세 발 달린 까마귀가 있다는 전설에서 온 말.
【陽曜 양요】①볕이 있을 때 빛나며 드러남. ②태양.
【陽旭 양욱】아침 해. 旭日(욱일).
【陽月 양월】음력 10월의 딴 이름. ◐'陰'이 다하여 '陽'이 생긴다는 데서 이르는 말.
【陽日 양일】①태양. ②양(陽)의 날.
【陽鳥 양조】①양기(陽氣)를 따르는 새. 기러기 따위. ②학(鶴)의 딴 이름.
【陽尊 양존】겉으로만 존경함. 존경하는 체함.
【陽宗 양종】태양의 딴 이름.
【陽中 양중】봄의 딴 이름.
【陽地 양지】볕이 바로 드는 곳.
【陽天 양천】구천(九天)의 하나. 동남(東南)쪽의 하늘.
【陽春 양춘】①따뜻한 봄. ②음력 정월의 딴 이름. ③덕정(德政)·은택(恩澤) 등의 비유.
【陽春佳節 양춘가절】따뜻한 봄철.
【陽春白雪 양춘백설】초(楚)나라의 가곡(歌曲). 고상한 가곡의 이름.
【陽宅 양택】①현군(玄君)이 있는 곳. ②사람이 사는 집. 陽基(양기).
【陽夏 양하】여름. ◐양기(陽氣)가 성한 데서 온 말.
【陽和 양화】화창한 봄철. 春和(춘화).
【陽侯 양후】①㉠수신(水神)의 이름. ㉡물결. ②유황(硫黃)의 딴 이름.
【陽煦山立 양후산립】햇살이 만물을 따뜻하게 하고, 산이 단정하게 서 있음. 인품이 온화하고 단아함.
【陽侯波 양후파】바다의 큰 물결. [故事] 진(晉)나라 양릉국(陽陵國)의 임금이 물에 빠져 죽어 수신(水神)이 되어 풍파를 일으켜서 배를 뒤집어 엎었다는 데서 온 말.
◑九-, 洛-, 孟-, 補-, 斜-, 夕-, 昭-, 炎-, 陰-, 朝-, 重-, 春-, 太-.

阜9【隁】⑫ 둑 언 顧 yàn
[字解] 둑, 제방. 늑堰.
【隁堤 언제】둑. 방죽. 堤防(제방).

阜9【陧】⑫ 위태로울 얼 厃 niè
[小篆] [초서] [동서] 隉 [字解] ①위태롭다. ②불안하다, 안정되지 못하다. ③불길하다. ④법규, 법도. 늑臬.

阜9【隈】⑫ 굽이 외 灰隊 wēi
[小篆] [초서] [동서] 隠 [字解] ①굽이. ㉮물굽이. 〔列子〕因

復指河曲之洼隈. ❹산이 굽어든 곳, 산모퉁이. 〔管子〕 大山之隈. ❷낭떠러지, 벼랑. 〔潘岳·賦〕 憑高望之陽隈. ❸소(沼). 물이 깊어 물고기가 모이는 곳. 〔淮南子〕 漁者不爭隈. ❹모퉁이. 〔左思·賦〕 考之四隈. ❺그늘, 가려진 곳. 〔春秋左氏傳〕 隈入而係輿人. ❻활〔弓〕의 휜 곳. 〔儀禮〕 順左右隈. ❼가랑이. 〔莊子〕 奎蹏曲隈.

【隈曲 외곡】 물 또는 산의 형세가 굽어 들어간 곳. 구석진 곳.
【隈澳 외오】 물가의 후미진 곳.
【隈隩 외오】 ⇨隈澳(외오).
❶ 江—, 曲—, 四—, 山—, 城—, 水—, 林—.

阜 9 【隈】⑫ 隈(1950)와 동자

阜 9 【隅】⑫ 모퉁이 우 虞 yú
소전 䧢 字解 ❶모퉁이, 귀퉁이. ≒嵎. 〔書經〕 至于海隅蒼生. ❷구석, 깊숙한 곳. ❸언덕, 벼랑. 〔呂氏春秋〕 齊之海隅. ❹곁, 옆. 〔楚辭〕 豺狼鬭兮我之隅. ❺방향. 〔淮南子〕 經營四隅. ❻모서리, 모난 귀퉁이. 〔論語〕 擧一隅, 不以三隅反. ❼염우(廉隅), 바르고 의젓하다. 〔詩經〕 維德之隅. ❽쑥 나온 곳. 〔周禮〕 城隅之制九雉. ❾방형(方形), 네모. 〔太玄經〕 周無隅. ❿분수, 분한(分限). 〔荀子〕 安知廉恥隅積. ⓫직각삼각형의 사변(斜邊). 〔周髀算經〕 徑隅五.
【隅曲 우곡】 구석. 모퉁이. 隅角(우각).
【隅谷 우곡】 해가 지는 곳.
【隅目 우목】 맹수(猛獸)가 무섭게 성내어 눈을 부릅뜸.
【隅反 우반】 물건에 사우(四隅)가 있어 그 일우(一隅)를 들면 삼우(三隅)를 앎. 유추(類推)함.
【隅室 우실】 한쪽 구석의 방.
【隅外 우외】 구석과 후미.
【隅坐 우좌】 한쪽 구석에 앉음. 곧, 겸손의 뜻을 표함.
【隅差 우차】 귀퉁이가 비스듬한 일.
❶ 區—, 四—, 城—, 廉—, 海—.

阜 9 【隃】⑫ ❶넘을 유 虞 yú
❷멀 요 蕭 yáo
❸능 이름 수 虞 shù
❹땅 이름 수 虞 yú
소전 䧢 초서 𨻶 叄考 어휘는 踰(1762)를 아울러 보라.
字解 ❶❶넘다, 넘어가다. ≒踰. 〔漢書〕 卑不隃尊. ❷고을 이름. 현 이름. 지금의 섬서성(陝西省)의 한 지역. ❷❶멀다, 거리가 멀다. ≒遙. ❷가다. 〔漢書〕 兵難險度. ❸❶능(陵) 이름, 안문(雁門). 지금의 산서성(山西省) 대현(代縣)의 서북쪽.
【隃糜 유미】 ❶한대(漢代)의 현(縣) 이름. 먹〔墨〕의 산지. ❷먹의 딴 이름.

阜 9 【陰】⑫ 陰(1945)과 동자

阜 9 【陻】⑫ 막을 인 眞 yīn
소전 䧢 고문 𡊅 혹체 𡐚 字解 막다, 흙으로 막다.

阜 9 【陾】⑫ ❶담 쌓는 소리 잉 蒸 ér
❷많을 누 宥 réng
소전 䧢 字解 ❶담을 쌓는 소리, 흙을 파서 삼태기에 담는 일이 많은 일. 〔詩經〕 捄之陾陾. ❷많다.

阜 9 【渚】⑫ ❶삼각주 저 語 zhǔ
❷담 도 麌 dǔ
❸역참 이름 도 麌
소전 䧢 초서 㳠 字解 ❶❶삼각주, 사주(沙洲), 물 가운데 작은 섬. ❷물가, 수애(水涯). ≒渚. 〔漢書〕 且齊東陼鉅海. ❷담(垣). =堵. ❸역참(驛站) 이름.
【陼丘 저구】 삼각주(三角洲) 모양의 언덕.
【陼隄 도제】 담과 제방. 스스로 굳게 지켜 변하지 않음.

阜 9 【隄】⑫ ❶둑 제 本 저 齊 dī
❷대개 시 紙 dī
소전 䧢 초서 㟅 속자 陡 字解 ❶❶둑, 제방, 방죽. =堤. 〔荀子〕 脩隄梁. ❷언덕, 벼랑. ❸다리, 교량. ❹한계(限界). 〔漢書〕 夫一日之樂, 不足以危無隄之興. ❺성(姓). ❷대개(大槪), 대강. ≒堤. ❶隄封.
【隄溝 제구】 방죽과 도랑.
【隄潰蟻穴 제궤의혈】 제방도 개미굴 때문에 무너질 수가 있음. 작은 일도 조심해야 함.
【隄塘 제당】 둑. 방죽. 堤塘(제당).
【隄防 제방】 둑. 방죽. 堤堰(제언).
【隄封 제봉】 대개. 대략. 大凡(대범).
【隄堰 제언】 방죽과 보.

阜 9 【隋】⑫ ❶제사 고기 나머지 타 哿 duò
❷나라 이름 수 支 suí
❸중앙 높을 타 紙 tuō
소전 䧢 초서 㝩 叄考 대법원 지정 인명용 한자의 음은 '수'이다.
字解 ❶❶제사 지내고 남은 고기. 〔周禮〕 旣祭, 則藏其隋. ❷묻다, 제사 지내고 남은 고기를 묻다. ❸떨어지다. ≒墮. ❹드리워지다. 〔史記〕 廷蕃西有隋星五. ❺타원형(橢圓形). ≒橢. ❻게을리하다. ≒惰. ❼돌아오다. ❽아름답다, 예쁘다. ❷❶나라 이름, 주대(周代)의 제후국. 지금의 호북성(湖北省) 수현(隨縣) 지방. =隨. 〔淮南子〕 隋侯之珠. ❷왕조 이름. 양견(楊堅)이 북주(北周)의 선위(禪位)를 받아 세운 왕조(王朝). 서울은 장안(長安). 진(陳)나라를 멸하여 남북조(南北朝)를

阜部 9~10획 陿隍隔隔隙

통일하였으나 38년 만에 당(唐)나라에게 망하였다. ③성(姓). ❸중앙이 높다.
【隋珠 수주】☞隋侯之珠(수후지주).
【隋和 수화】수후(隋侯)의 구슬(珠)과 변화(卞和)의 구슬(璧). 훌륭한 재덕(才德)의 비유.
【隋侯之珠 수후지주】수후(隋侯)가 뱀을 살려 준 보답으로 뱀에게서 얻었다는 보주(寶珠). 명월주(明月珠). 隋珠(수주).

阜9 【陿】 ⑫ 陜(1942)과 동자

阜9 【隍】 ⑫ 해자 황 陽 huáng
[소전][초서][해] 字解 ①해자(垓字). 성(城) 밖으로 둘러 판 마른 못. 〔易經〕城復于隍. ②산골짜기. ③비다, 공허(空虛)하다.
【隍塹 황참】성(城) 둘레에 판 물이 없는 도랑. 해자.

阜10 【隔】 ⑬ 사이 뜰 격 陌 gé
[자형 전개]
[소전][초서][속서][隔]
字源 形聲. 阜+鬲→隔. '鬲(격)'이 음을 나타낸다.
字解 ①사이가 뜨다, 사이를 떼다. ㉮막다, 막히다. ㉯저지하다. 〔後漢書〕外戚杜隔,恩不得通. ㉰멀어지다. 〔任昉·文〕司部懸隔, 斜臨寇境. ㉱바뀌다. 〔後漢書〕稱爲遷隔. ㉲멀리하다, 등한히 하다. 〔晉書〕因被疏隔. ㉳나누다, 구획을 짓다. 〔後漢書〕置雲母屏風分隔其間. ㉴가리다, 숨기다. 〔舊唐書〕以釉隔之. ②거리(距離). ㉮장해(障害). 〔戰國策〕秦無韓魏之隔. ㉯경계, 구분. 〔張協·賦〕素粒紅液, 金莖絪隔. ㉰사이, 간격. 〔唐高宗·制〕御億兆之門, 庭無九重之隔. ㉱차이(差異). 〔王建·詩〕卑散自知霄漢隔. ③치다. ㉮격(擊). 〔揚雄·賦〕拮隔鳴球. ㉯풀다, 풀리다. ㉰融. ⑤살창.
【隔年 격년】①해를 거름. ②한 해가 지남. 隔歲(격세).
【隔斷 격단】멀리 떨어짐. 떨어져 있어 연락이 끊김.
【隔離 격리】①사이를 막거나 떼어 놓음. ②전염병 환자를 떨어진 곳으로 옮겨 병독의 전염을 막는 일.
【隔面 격면】절교(絶交).
【隔壁 격벽】①벽을 사이에 둠. ②이웃집.
【隔塞 격색】막힘. 끊김.
【隔世 격세】①시대를 달리함. 딴 세상. ②세대를 거름.
【隔世之感 격세지감】아주 바뀌어 딴 세상 같은 느낌.
【隔宿 격숙】하룻밤을 묵힘.
【隔夜 격야】①전날 밤. ②하룻밤을 거름.
【隔遠 격원】멀리함. 또는 멂.
【隔越 격월】멀리 떨어짐.
【隔意 격의】서로 터놓지 않는 속마음. 생각에 거리가 있음.
【隔異 격이】따로 떼어 나눔. 떨어져 나누어짐.
【隔墻 격장】담을 사이에 두고 이웃함.
【隔墻有耳 격장유이】벽에도 귀가 있음. 남의 이야기를 몰래 엿들음.
【隔絶 격절】멀리 떨어짐. 멀리 서로 헤어짐. 隔越(격월).
【隔阻 격조】①소식이 오래 끊김. ②서로 멀리 떨어져 있어 통하지 못함.
【隔差 격차】수준이나 품질·수량 따위의 차이.
【隔轍雨 격철우】음력 5월에 내리는 비. 말의 등 하나를 사이에 두고 비가 오거나 오지 않는 여름의 소나기. 分龍雨(분룡우).
【隔靴搔痒 격화소양】신을 신고 발바닥을 긁음. 일을 하느라고 애는 쓰되 정통을 찌르지 못해 답답함.
【隔闊 격활】멀리 떨어져 있음.
【隔闊相思 격활상사】멀리 떨어져 있으면서 사모함.
❶間-, 杜-, 疏-, 遠-, 離-, 懸-.

阜10 【隔】 ⑬ 隔(1952)의 속자

阜10 【隙】 ⑬ 틈 극 陌 xì
[소전][초서][고서][속서][隙]
字源 會意·形聲. 自+𡭴→隙. '自'는 흙으로 벽(壁)을 뜻하고, '𡭴'는 그 '틈'을 뜻하므로, 이 둘을 합하여 '벽의 틈'이라는 뜻이 되었다. '𡭴(극)'은 음(音)도 나타낸다.
字解 ①틈. ㉮벽의 틈, 구멍. 〔荀子〕若駟之過隙. ㉯동안. 〔史記〕秦文孝繆居雍隙. ㉰겨를, 여가. 〔春秋左氏傳〕皆於農隙以講事也. ㉱놀리고 있는 땅. 〔春秋左氏傳〕宋鄭之間, 有隙地焉. ㉲사이가 틀어짐, 틔격남. 〔漢書〕令將軍與臣有隙. ②흠, 결점. 〔國語〕則以上下無隙矣. ③갈라지다. 〔春秋左氏傳〕牆之隙壞, 誰之咎也. ④이어지다, 경계를 접(接)하다. 〔漢書〕北隙烏丸·夫餘. ⑤기회(機會). 〔唐德宗·碑〕覷隙乘便. ⑥싸움, 분쟁(紛爭). 〔漢書〕遭王莽篡位, 始開邊隙.
【隙孔 극공】틈. 구멍. 隙罅(극하).
【隙壞 극괴】틈이 생겨 무너짐.
【隙駒 극구】틈 앞을 지나가는 망아지. 세월이 지극히 빠름. 隙駟(극사).
【隙縫 극봉】①터진 곳을 꿰맴. ②빈틈을 채워 메움.
【隙地 극지】빈터. 空地(공지).
【隙穴 극혈】☞隙孔(극공).
【隙穴臣 극혈신】틈을 엿보아 반역하려는 뜻을 품은 신하.
❶間-, 孔-, 空-, 過-, 駒-, 農-, 寸-.

阜部 10~11획 隨陸隘隩隙隖隗隕隑隖隙隝 1953

阜10 【隨】⑬ 隨(1955)의 속자

阜10 【陸】⑬ 隰(1957)과 동자

阜10 【隘】⑬ ❶좁을 애 ài
　❷막을 액 è
[소전][전문][초체] [參考] 대법원 지정 인명용 한자의 음은 '애'이다.
[字解] ❶①좁다. ㉮땅이 좁다. [詩經] 誕寘之隘巷. ㉯기량(器量)이 좁다. [孟子] 伯夷隘. ②험하다. [張衡·賦] 不特隘害. ③작다. [春秋左氏傳] 湫隘囂塵. ④극(極)하다. [荀子] 不至於隘憊傷生. ⑤성급(性急)하다. [南史] 性甚狷隘. ⑥괴로워하다. [新序] 常思困隘之時, 不驕矣. ⑦험조(險阻)한 요해(要害)의 땅, 요해지. [齊書] 有三關之隘. ⑧성채(城砦). ❷막을, 가로막다. ≒阨 [戰國策] 三國隘秦.
【隘路 애로】①좁은 산길. ②일의 진행을 가로막는 장애.
【隘勇 애용】대만(臺灣)에서 생번(生蕃)을 막기 위하여 모집한 토인(土人) 군대.
【隘廊 애전】길가에 늘어선 협소한 가게.
【隘巷 애항】좁고 더러운 거리. 陋巷(누항).
【隘害 애해】지세(地勢)가 험하여 지키기에 좋은 요해지.
【隘險 애험】좁고 험준함.
【隘陝 애협】좁음, 隘狹(애협).
【隘守 액수】國요긴한 곳을 굳게 지킴.
● 陋-, 峻-, 湫-, 福-, 險-, 陝-.

阜10 【隩】⑬ 隖(1950)과 동자

阜10 【隙】⑬ 낭떠러지 엄·렴 yǎn
[소전][초체] [字解] ①낭떠러지, 벼랑. ②물가, 냇가. ③시루 둘을 포갠 것과 같은 모양의 산. ④비탈, 가풀막. ⑤모, 모서리.

阜10 【隖】⑬ 작은 성채 오 wù
[소전][초체][동체] [字解] ①작은 성채(城砦). ②작은 성(城). =塢. ③둑, 제방.
● 壁-, 山-, 城-, 竹-, 築-, 候-.

阜10 【隗】⑬ 험할 외 wěi
[소전][초체] [字解] ①험하다, 높다. =阢. ②산 이름. [山海經] 又有隗山. ③나라 이름, 춘추(春秋) 때의 제후국. 지금의 호북성(湖北省) 자귀현(秭歸縣)의 동쪽. [春秋公羊傳] 楚人滅隗, 以隗子歸.

阜10 【隕】⑬ ❶떨어질 운 yǔn
　❷둘레 원 yuán
[소전][초체][간체] [參考] 대법원 지정 인명용 한자의 음은 '운'이다.
[字解] ❶①떨어지다, 추락하다. =殞·霣. [春秋] 夜中星隕如雨. ②잃다. [孟子] 亦不隕厥問. ③무너지다, 쓰러지다. [淮南子] 景公臺隕. ④사로잡다. [春秋左氏傳] 隕子辱矣. ⑤죽다. =殞. ❷둘레, 원주(圓周). ≒均·運·圓. [詩經] 幅隕旣長.
【隕潰 운궤】무너짐. 깨어짐.
【隕淚 운루】눈물을 떨어뜨림.
【隕命 운명】목숨이 끊어짐.
【隕泗 운사】隕淚(운루).
【隕喪 운상】①죽는 일. ②잃음.
【隕石 운석】큰 별이 떨어지면서 타다가 땅에 떨어진 물체. 별똥돌.
【隕越 운월】①밑으로 굴러 떨어짐. ②바라는 마음이 매우 간절함.
【隕顚 운전】떨어져 넘어짐.
【隕絶 운절】쇠하여 끊김.
【隕鐵 운철】운석(隕石)에서 얻은 쇠. 철을 주성분으로 하는 운석.
【隕涕 운체】눈물을 흘림. 隕淚(운루).
【隕墜 운추】떨어짐. 隕隊(운추).
【隕擇 운탁】초목이 시들어 떨어짐.
【隕穫 운확】뜻대로 되지 않아 괴로워하는 모양.
● 飛-, 星-, 失-, 沈-, 幅-.

阜10 【隑】⑬ ❶길 해 ái, gāi
　❷후미 기 qí
　❸언덕 굽어질 기 [本]의 㱦
[字解] ❶①길다. ②서다. ③사다리. ❷후미, 언덕이 굽이진 곳. =埼. [史記] 臨曲江之隑州兮. ❸언덕이 굽이지다.
【隑州 기주】언덕이 굽이진 곳의 주변.

阜11 【嶇】⑭ 불안할 구 qū
[소전][초체] [字解] ①불안하다, 편안하지 않다, 기울어져 오래 서지 못하다. ≒嶇. [漢書] 至摩阤嶇河洛之間. ②깊이 내려가는 모양.
【嶇陭 구기】산길이 평탄하지 않음.
● 踦-, 阢-.

阜11 【隙】⑭ 隙(1952)의 속자

阜11 【隟】⑭ 隙(1952)의 고자

阜11 【隝】⑭ 섬 도 dǎo
[字解] 섬, 물 가운데 솟은 산 같은 산. [司馬相如·賦] 阜陵別隝.

阜部 11획 隟隯隁隞隠隱障際璀陛

阜 **【隟】** ⑭ 隙(1957)과 동자
11

阜 **【隯】** ⑭ 隙(1957)과 동자
11

阜 **【隁】** ⑭ ❶둑 언 願 yàn
11 ❷땅 이름 언 阮 yān
字解 ❶둑, 제언. =堰. 〔後漢書〕乃於所度水中, 僞立隁, 以爲捕魚, 而潛從隁下過軍. ❷땅 이름. =鄢.

阜 **【隞】** ⑭ 땅 이름 오 豪 áo
11
字解 땅 이름, 은(殷)나라의 땅 이름. 하남성 (河南省) 진류현(陳留縣) 지경 안. ≒敖·囂. 〔史記〕帝仲丁遷于隞.

阜 **【隠】** ⑭ 隱(1957)의 속자
11

阜 **【隱】** ⑭ 隱(1957)의 속자
11

阜 **【障】** ⑭ ❶막을 장 漾 zhàng
11 ❷산꼭대기 평평할 장 陽 zhāng
字源 形聲. 阜+章→障. '章(장)'이 음을 나타낸다.
字解 ❶막다. ㉮가로막다, 저지하다, 들어오 막다. 〔呂氏春秋〕是障其源而欲其水也. ㉯방어하다. 〔呂氏春秋〕太華之高, 會稽之險, 不能障矣. ❷가리다. 〔南史〕以腰扇障日. ❸덮다. 〔西京雜記〕錯廁翳障. ❹한계, 경계, 구분. ❺둑, 방죽. 〔國語〕澤不陂障, 川無舟梁. ❻울타리, 장지, 칸막이. 〔唐書〕左張金難大障. ❼지킴, 방비. 〔春秋左氏傳〕且成, 孟氏之保障也. ❽성채(城砦), 작은 성. 〔漢書〕居一障間. ❾장막(幕), 장막. 〔沈明臣·詩〕高寨素錦芙蓉障. ❿지장, 장애, 훼방. 〔沈約·詩〕習障從塵染. ⓫나쁜 행실, 업장(業障). 〔蘇軾·詩〕猶當洗業障, 更作臨水楔. ❷①산꼭대기가 평평하다, 꼭대기가 평평한 언덕이나 산. ②막다. ③안장의 장식. =鄣. ④고을 이름, 읍 이름.
【障拒 장거】 가리고 막음.
【障距 장거】 가로막아 사이를 떼어 놓음.
【障管 장관】 가로막아 이익을 독차지함.
【障惱 장뇌】 고민(苦悶).
【障泥 장니】 마구(馬具)의 한 가지. 等者와 말 옆구리 사이에 드리워 흙이 튀어 오르는 것을 막는 물건. 말다래. 泥障(이장). 蔽泥(폐니).
【障壁 장벽】 ①가리어 막은 벽. ②방해가 되는 사물.
【障塞 장색】 ❶장색 ❷장새 ①①가리어 막음. ②차단되어 막힘. ❷요새, 보루(堡壘).
【障扇 장선】 햇볕을 가리기 위하여 세우는 자루

가 긴 부채. 障翳(장예).
【障礙 장애】 ①거치적거려 방해가 되는 일. ② 신체상의 고장.
【障翳 장예】 ①가려 막음. ②부채. ③(現)그늘.
【障日 장일】 해를 가림.
【障蔽 장폐】 가리고 덮음. 또는 그 덮개.
【障扞 장한】 막음. 방어함.
【障害 장해】 막아서 방해함. 또는 그런 물건.
●故−, 藩−, 邊−, 屛−, 保−, 堡−, 支−.

阜 **【際】** ⑭ 사이 제 霽 jì
11
字源 形聲. 阜+祭→際. '祭(제)'가 음을 나타낸다.
字解 ①사이. ㉮벽과 벽의 이음매. ㉯서로 만나는 지점. 〔論語〕唐虞之際. ㉰두 사물의 중간. 〔易經〕天地際也. ㉱교제(交際). 〔孟子〕敢問交際何心也. ㉲때, 기회, 시기. 〔魏文帝·典論〕常以三伏之際, 晝夜咁飮. ㉳시기(時機), 기회(機會). 〔晉書〕因事際以逞其志. ②가. ㉮정도. 〔史記〕明天人分際. ㉯가장자리, 변두리. 〔拾遺記〕太白之精, 降於水際. ㉰경계(境界). 〔晉書〕迫而視之, 端際不可得見. ㉱방향. 〔晉書〕鼓洪流于八際. ③만나다, 마주치다. 〔易經〕剛柔際也. ④당하다, 맞다. 〔貢奎·詩〕喜際風雲會. ⑤사귀다. 〔孟子〕苟желавших其禮際矣. ⑥다다르다, 이르다. 〔淮南子〕高不可際. ⑦이어지다, 접속되다. 〔周伯琦·詩〕南際滄冥北枕江.
【際可 제가】 예의를 갖추어 대접함.
【際可之仕 제가지사】 임금의 예우(禮遇)를 받으며 벼슬함.
【際畔 제반】 한(限). 끝. 한계.
【際涯 제애】 끝 닿는 곳. 맨 가. 限界(한계). 際限(제한).
【際遇 제우】 우연히 만남. 군신이 서로 뜻이 맞아 만남. 際會(제회).
【際限 제한】 ☞際涯(제애).
【際會 제회】 ①마침 서로 만남. 임금과 신하가 뜻이 맞아 만남. 際遇(제우). ②혼례(婚禮)에 관한 회합. 맞선보기 따위.
【際曉 제효】 희미하게 날이 밝아 올 무렵. 黎明 (여명).
●交−, 國−, 邊−, 分−, 水−, 實−, 天−.

阜 **【璀】** ⑭ ❶무너질 최 灰 cuī
11 ❷높을 클 추 支 zuī
❸높을 퇴 灰 duī
字解 ❶무너지다. ❷높고 크다. =崔. ❸높다.

阜 **【陛】** ⑭ 옥 폐·비 紙 bì
11
字解 옥(獄), 감옥. =狴.

阜部 12~13획 嶝隣隬隤隈隨

阜 12 【嶝】⑮ 고개 등 徑 dèng
𡸷 㟏 字解 ①고개, 험한 고갯길. ≒嶝. 〔穆天子傳〕乃絕隒之關嶝. ②계단, 층계. ≒磴.

阜 12 【隣】⑮ ❶이웃 린 眞 lín
❷닳을 린 震 lìn

𨛯 鄰 㷠 邻 字源 形聲. 阜+粦→隣. '粦(린)'이 음을 나타낸다.

字解 ❶①이웃. ㉮이웃집. 〔詩經〕洽比其隣. ㉯이웃 지역. 〔李尤·賦〕服不羈之遐隣. ㉰이웃 나라. 〔書經〕睦乃四隣. ㉱연결, 이어지는 일. 〔淮南子〕與德爲隣. ㉲반려(伴侶), 같은 부류(部類). 〔論語〕德不孤, 必有隣. ㉳친근한 사이. 〔春秋左氏傳〕倍其隣者恥乎. ②이웃하다, 이웃이 되다. 〔春秋左氏傳〕隣於善. ③도움, 보필(補弼). 〔書經〕臣哉隣哉. ④마을, 동네. 〔漢書〕武義動於南隣. ⑤단단하다. ≒緊. 〔管子〕五穀隣熟. ⑥행정 구역의 이름. ㉮주대(周代)의 제도. 5가(家)를 인(鄰), 5린(鄰)을 이(里), 4리(里)를 찬(酇), 5찬(酇)을 비(鄙), 5비(鄙)를 현(縣), 5현(縣)을 수(遂)라 이른다. 〔周禮〕五家爲隣. ㉯8가(家)의 명칭. 〔漢詩外傳〕八家爲隣. ⑦인(燐), 인화(燐火). 〔列子〕馬血之爲轉隣也. ❷닳다, 해어지다.

【隣近 인근】이웃한 가까운 곳.
【隣里鄉黨 인리향당】이웃. 향리(鄉里). ○주대(周代)의 제도로, 5가(家)를 '隣', 25가를 '里' 500가를 '黨', 1만 2,500가를 '鄕'이라 하였음.
【隣隣 인린】①많은 수레가 삐걱거리며 가는 소리. 轔轔(인린). ②뒤따라감.
【隣睦 인목】친근하게 지냄.
【隣保 인보】가까운 이웃집. 이웃 사람들.
【隣比 인비】처마를 맞댐. 이웃함. 또는 이웃.
【隣舍 인사】이웃집. 隣家(인가).
【隣熟 인숙】열매가 다닥다닥 매달림.
【隣伍 인오】이웃. ○주대(周代)에 5호(戶)를 한 조직의 단위로 삼았던 제도.
【隣人 인인】이웃 사람.
【隣敵 인적】이웃하고 있는 적국(敵國).
【隣接 인접】이웃함.
【隣村 인촌】이웃 마을.
【隣好 인호】가까운 이웃 간의 정분.
◑ 近—, 買—, 卜—, 比—, 四—, 善—, 擇—.

阜 12 【隬】⑮ 陽(1949)과 동자

阜 12 【隤】⑮ ❶무너뜨릴 퇴 灰 tuí
❷무너질 타 哿 tuí

𡹉 㝢 隤 字解 ❶①무너뜨리다, 허물어지다. =頹. 〔漢書〕因隤其土, 以附苗根. ②내리다. 〔漢書〕發祥隤祉. ③떨어지다, 잃다. 〔漢書〕士衆滅兮名已隤. ④남기다, 잊다. 〔陸機·賦〕樂隤心其如忘. ⑤기울다, 경사지다. ⑥편안하다. 〔易經〕隤然示人簡矣. ⑦유순하다. 〔禮記·順〕隤然順. 〔淮南子〕先者隤陷. ⑨종기, 부스럼. ⑩앓다. 〔詩經〕我馬虺隤. ⑪땅 이름, 주대(周代)의 지명(地名). 고성(故城)은 하남성(河南省) 획가현(獲嘉縣)의 서북쪽. 〔春秋左氏傳〕而王與鄭人蘇忿生之田隤. ❷무너지다. ≒隳.

【隤舍 퇴사】낡아서 부서진 집. 頹舍(퇴사).
【隤岯 퇴애】무너진 낭떠러지.
【隤然 퇴연】유순한 모양. 頹然(퇴연).
【隤牆 퇴장】①무너진 담장. ②담장을 무너뜨림. 隤垣(퇴원).
【隤祉 퇴지】복을 내림.
【隤陷 퇴함】함정 같은 데에 빠짐.
◑ 傾—, 壞—, 隆—, 崔—, 陂—.

阜 12 【隈】⑮ 고개 이름 휘·위 皮 㣲 wéi

𨺓 字解 고개 이름. 춘추(春秋) 때 정(鄭)나라의 고개 이름. 〔春秋〕將會鄭伯於隈.

阜 13 【隨】⑯ 따를 수 支 suí

𨖷 隋 隋 隋 隨 隨 字源 形聲. 辵+隋→隨. 隋→隨. '隋(수)'가 음을 나타낸다.

字解 ①따르다. ㉮따라가다, 수행하다. 〔禮記〕行而無隨, 則亂於塗也. ㉯연(沿)하다. 〔書經〕隨山刊木. ㉰뒤를 좇다. 〔史記〕行國隨畜, 與匈奴同俗. ㉱의하다, 근거하다. 〔金史〕雇工圍鵝夫, 隨程幹辦. ㉲맡기다, ~을 따라. 〔洪邁·序〕意之所之, 隨卽記錄. ㉳들어주다, 허락하다. 〔史記〕隨安陵氏而亡之. ㉴이어지다. 〔史記〕公亦隨手亡矣. ②거느리다, 동반하다, 몸에 지니다. 〔李商隱·雜纂〕印似要兒, 常隨身. ③따라서, 때마다, 일마다. 〔韓愈·書〕隨亂隨失. ④하급 관리. 〔梁昭明太子·詩〕伊臣限監國, 卽事阻倍隨. ⑤시중드는 사람, 수행원. 〔後漢書〕隨輩栖遲. ⑥괘(卦) 이름, 64괘(卦)의 하나. 괘형은 ䷐. 물건과 물건이 서로 따름을 상징한다. 〔易經〕澤中有雷, 隨. ⑦발(足). 〔易經〕不拯其隨. ⑧가다, 걸어가다. ⑨나라 이름, 주대(周代)의 제후국. 전국 때에 초(楚)나라에 멸망되었다. 고성(故城)은 호북성(湖北省) 수현(隨縣)의 남쪽. 〔春秋左氏傳〕楚王侵隨. ⑩땅 이름. 춘추(春秋) 때 진(晉)나라의 읍(邑). 지금의 산서성(山西省) 개휴현(介休縣). 〔春秋左氏傳〕翼侯奔隨.

【隨駕 수가】거둥 때 임금을 모시고 따라감.
【隨駕隱士 수가은사】거가(車駕)를 따르는 은사. 산속에 있으면서도 항상 벼슬하기를 꿈꾸는

阜部 13획 隧隩隊險

사람을 놀리는 말.
【隨機應變 수기응변】그때그때 그 시기에 임하여 적당히 일을 처리함. 임기응변(臨機應變).
【隨鑾 수란】천자의 수레를 뒤따름. 隨駕(수가).
【隨伴 수반】①붙좇아서 따름. ②어떤 일과 함께 일어남. 同伴(동반).
【隨分 수분】①분수를 따름. ②당연히 그러함. 물론.
【隨想 수상】사물을 대할 때의 느낌이나 그때그때 떠오르는 생각.
【隨說隨忘 수설수망】말을 듣는 대로 그 자리에서 잊어버림.
【隨聲附和 수성부화】소문만 듣고 이내 부화함.
【隨手 수수】①닥치는 대로. ②당장. 즉시. 곧 뒤따르다.
【隨兕 수시】①사나운 짐승의 이름. 이 짐승을 죽이면 석 달을 더 살지 못한다고 함. ②어미를 따르는 들소의 새끼.
【隨侍 수시】높은 사람을 곁에서 모심.
【隨時 수시】때때로. 때에 따라.
【隨身 수신】①몸에 가짐. ②여행에 휴대하는 용구(用具).
【隨緣 수연】(佛)인연을 따라 현상(現象)을 일으킴. 물이 바람을 따라 물결을 일으키는 일 따위.
【隨緣眞如 수연진여】(佛)진여(眞如), 곧 만물의 본체는 인연을 따라 서로 다른 상(相)을 나타내는 일.
【隨員 수원】수행하는 사람.
【隨意 수의】①어찌 되었는지. ②생각대로. 마음대로. 구속과 제한이 없는 일.
【隨從 수종】①따라서 감. 隨行(수행). ②그 사람을 좇아 가르침을 받음.
【隨坐 수좌】남의 죄에 관계됨. 連坐(연좌).
【隨珠彈雀 수주탄작】수후의 구슬로 참새를 쏨. 일을 처리하는 데 그 경중을 제대로 판단하지 못함.
【隨處 수처】어느 곳이나. 이르는 곳마다.
【隨逐 수축】뒤를 좇아 따라감.
【隨風 수풍】①두 바람이 서로 겹침. ②바람을 따름. 대세(大勢)에 순응함.
【隨筆 수필】견문·체험·감상 등을 붓 가는 대로 쓴 글.
【隨行 수행】①따라서 감. 뒤를 따라감. 윗사람을 따라감. ②따라서 행함.
【隨鄕入鄕 수향입향】그 향리에 들어가면 그 향리의 풍속이나 습관을 따름.
【隨和 수화】①수후(隨侯)의 구슬과 화(和氏)의 구슬. 둘 다 귀중한 보배임. ②뛰어난 재덕이 있음. ③부화뇌동(附和雷同)하는 일.
【隨侯之珠 수후지주】수후의 보배로운 구슬. 故事 수후가 상처를 입은 큰 뱀의 목숨을 구해 주자 그 뱀이 보은으로 주었다는 구슬. 隨珠(수주).
【隨喜 수희】(佛)①남이 행하는 선근공덕(善根功德)을 보고 기쁜 마음이 일어남. ②사원(寺院)에 참예(參詣)하는 일. 또는 승려가 불사(佛事)에 참가하는 일.
○ 詭−, 伴−, 附−, 追−.

阜13 【隧】⑯ ❶길 수 圜 suì ❷떨어질 추 圜 zhuì
参考 대법원 지정 인명용 한자의 음은 '수'이다.
字解 ❶❶길. ㉮통로, 도로. 〔詩經〕大風有隧. ㉯무덤 길, 묘도(墓道). 관(棺)을 운반하기 위하여 평지에서 광혈(壙穴)까지 비스듬히 파서 통하게 한 길. 〔春秋左氏傳〕請隧, 弗許. ㉰샛길, 옆길, 비밀 통로. 〔漢書〕起亭隧. ㉱산길. 〔莊子〕山無蹊隧. ㉲시중(市中)의 길. 〔左思·賦〕輕車按轡以經隧. ㉳굴, 수도(隧道), 터널. ㉴혈관(血管). 〔素問〕五臟之道, 皆出于經隧. ②교외(郊外). 〔史記〕魯人三郊三隧. ③행정 구역 이름, 오현(五縣). ④도랑 이름. 주대(周代)의 제도로, 깊이와 넓이가 2척(二尺)인 도랑. 〔周禮〕廣二尺, 深二尺, 謂之隧. ⑤북〔鼓〕통의 홈. 〔周禮〕銑間謂之于, 云云, 于上之攠, 謂之隧. ⑥거여(車輿)의 깊이. 〔周禮〕參分車廣去一以爲隧. ⑦돌다, 회전하다. 〔莊子〕若磨石之隧. ⑧봉화대(燧火臺). 〔班彪·賦〕登障隧而遙望兮. ⑨심오(深奧)하다. ≒邃. ❷떨어지다, 떨어뜨리다. ＝墜. 〔漢書〕不隧如髮.
【隧渠 수거】땅속이나 구조물 속으로 낸 도랑.
【隧道 수도】①땅속을 파서 낸 한길. 터널. ②무덤 길. 관(棺)을 묻기 위하여 경사지게 묘혈(墓穴)로 낸 길.
【隧路 수로】땅속으로 낸 길. 隧道(수도).
【隧埏 수연】무덤의 길. 墓道(묘도). ◯땅속을 '隧', 땅 위를 '埏'이라 함.
○ 徑−, 古−, 郊−, 丘−, 大−, 墓−, 門−.

阜13 【隩】⑯ ❶굽이 오 圜 yù ❷굽이 욱 圜 yù
字解 ❶①굽이, 물가에서 뭍으로 굽어든 곳. ②간직하다, 숨기다. ≒奧. 〔國語〕其陳愛太子, 亦必可知也. ③깊다. 〔莊子〕其塗隩矣. ④방의 서남쪽 구석. 〔孔子家語〕目巧之室, 則有隩阼. ❷①굽이, 굽어든 안쪽. ②탁해지다, 흐려지다. ③따뜻하다. 〔書經〕厥民隩. ④토지, 땅. ≒墺. 〔書經〕四隩旣宅.
【隩區 오구】①살 수 있는 땅. ②깊고 험한 땅.
【隩愛 오애】남모르게 사랑함.
【隩阼 오조】집의 서남쪽 모퉁이의 층계.
【隩室 욱실】따뜻한 방.

阜13 【隊】⑯ 阪(1948)와 동자

阜13 【險】⑯ ❶험할 험 圜 xiǎn ❷괴로워할 검 圜 jiǎn ❸낭떠러지 암 圜 yán

3 阝 阞 阣 阤 阣 陁 陌 險

소전 𨹟 초서 㑙 속 険 간 険 参考 대법원 지정

인명용 한자의 음은 '험'이다.
字源 形聲. 阜+僉→險. '僉(첨)'은 음을 나타낸다.
字解 ❶①험하다. ㉮다니기에 위태롭다, 험조(險阻)하다. 〔張衡·賦〕修路峻險. ㉯높다. 〔易經〕天險不可升也. ㉰깊다, 헤아리기 힘들다. 〔荀子〕上幽險則下漸詐矣. ㉱멀다. 〔淮南子〕幽野險塗. ㉲기울다. 〔荀子〕此言上幽而下險也. ㉳위태롭다. 〔孔子家語〕其可謂不險矣. ㉴비끼다, 경사지다. ㉵비뚤다, 부정(不正)하다. 〔中庸〕小人行險, 以徼幸. ㉶거짓. 〔書經·傳〕起信險僞膚受之言. ㉷나쁘다. 〔春秋左氏傳〕以險徼幸者, 其求無饜. ㉸다스리다. 〔後漢書〕蹈一聖之險易. ㉹수비(守備)에 좋다. 〔晉書〕漢地四險. ②요해(要害)의 땅. 〔南史〕憑險作守, 兵食兼資. ③깨뜨리다, 상하게 하다. 〔周禮〕疢疾險中. ④고민, 고통. 〔荀子〕所以持險奉凶也. ⑤앓다, 없다. ⑥절약하다, 절검(節儉)하다. ≒儉. 〔春秋左氏傳〕險以易行. ⑦넓다, 평평하고 넓다. ≒掩. 〔周禮〕險聲敘. ⑧시루 둘을 포갠 듯한 형태의 산(山). ≒𠋑. ❷거의, 대부분. ❸괴로워하다, 몹시 어려움이 있어 괴로워하다. ❸낭떠러지, 험하다. ≒巖. 〔史記〕得拔於傅險.

【險艱 험간】 험하고 위험함. 險難(험난).
【險固 험고】 험하고 견고함.
【險口 험구】 남의 흠을 들추어 내어 헐뜯거나 험한 욕을 잘하는 입. 또는 그런 사람.
【險句 험구】 어려운 글자를 나열한 구(句).
【險棘 험극】 험하고 가시가 많음.
【險談 험담】 헐뜯어서 하는 말.
【險路 험로】 험한 길. 고생스러운 길.
【險壘 험루】 험한 요새(要塞).
【險膚 험부】 마음씨가 사납고 천박함.
【險澀 험삽】 험함. 험한 곳. 險阻(험조).
【險狀 험상】 험악하게 생긴 모양.
【險塞 ❶험새 ❷험색】 ❶요해견고(要害堅固)한 성채(城砦). ❷험준하게 막힘. 또는 요해의 땅.
【險惡 험악】 ①지세가 험하고 사나움. ②형세(形勢)가 좋지 않음. 형세가 어렵게 됨. ③생김새나 태도가 험상스럽고 모짊.
【險謁 험알】 여자의 청탁(請託). 여자가 사사로운 정분을 내세워 권세 있는 이에게 부탁함.
【險隘 험애】 길이 험하고 좁음.
【險阨 험액】 지세(地勢)가 험함. 험한 곳.
【險語 험어】 어려운 말. 사람을 놀라게 하는 의론(議論).
【險言 험언】 남을 헐뜯는 말. 險談(험담).
【險要 험요】 험하고 중요한 땅. 험하여 수비하기에는 쉽고 공격하기에는 어려운 땅.
【險韻 험운】 시를 짓는 데 그다지 쓰이지 않는 운(韻).
【險夷 험이】 땅의 험난한 곳과 평탄한 곳.
【險易 험이】 ①땅의 험준한 곳과 평탄한 곳. ②위험(危險)과 안이(安易). ③선(善)과 악(惡). ④다스려짐과 어지러움.

【險絶 험절】 다시없이 험함. 매우 험준함.
【險程 험정】 평탄하지 못한 여정(旅程).
【險阻 험조】 ①험함. 험한 곳. 險阨(험액). ②세상 살아가기의 어려움.
【險躁 험조】 마음이 소란함. 심사가 어지러움.
【險屯 험준】 고민. 괴로움.
【險峻 험준】 지세가 험하고 가파름. 험함.
【險陂 험피】 마음이 비꼬이고 사특함.
【險詖 험피】 ①마음이 비뚤고 사특함. 險陂(험피). ②함부로 형벌을 줌.
【險害 험해】 마음이 사특하여 남을 해침.
【險譎 험휼】 음흉하고 간사함.
【險釁 험흔】 운(運)이 나쁨. 不幸(불행).
【險巇 험희】 ①험하고 위험한 모양. ②세상살이의 어려움.

❶ 冒−, 保−, 恃−, 猜−, 陰−, 要−, 危−, 隣−, 絶−, 阻−, 峻−, 天−, 趨−, 凶−.

阜 【隰】 ⑰ 진펄 습 圖 xí
14

소전 𨼇 초서 湿 동서 陸 동서 𨽋 동서 𨽍

字解 ①진펄. 자세가 낮고 습한 땅. ≒濕. 〔詩經〕隰有栗. ②개간지. 새로 개간한 토지. 〔詩經〕徂隰徂畛. ③땅 이름. ㉮주(周)나라 기내(畿內)의 읍(邑). 고지(故地)는 하남성(河南省) 무척현(武陟縣)의 서남쪽. 〔春秋左氏傳〕而與鄭人蘇忿生之田隰郕. ㉯춘추(春秋) 때 제(齊)나라의 읍(邑), 이구(犂丘). 지금의 산동성(山東省) 임읍현(臨邑縣)의 서쪽. 〔春秋左氏傳〕於是乎取犂及轅.
【隰皐 습고】 땅이 낮고 습한 물가의 땅.
【隰畔 습반】 늪 가. 늪 주변.
【隰草 습초】 습지에 나는 풀.

❶ 卑−, 原−, 下−.

阜 【隱】 ⑰ ❶숨길 은 𨻼 yǐn
14 ❷기댈 은 圓 yìn

𠂤 阝 阝ˊ 阝ˋ 隁 隱 𨼆 隱 隱

소전 𨼆 초서 𨼆 속서 隠 속서 隐 간서 隐

字源 形聲. 阜+㥯→隱. '㥯(은)'이 음을 나타낸다.
字解 ❶①숨기다. ㉮가리다. 〔呂氏春秋〕弗能隱矣. ㉯비밀로 하다. 〔國語〕則事可以隱. ㉰속에 넣어 두다. 〔國語〕隱五刃. ㉱닫다, 잠그다. 〔儀禮〕隱之如尸. ㉲사사로이 하다. 〔呂氏春秋〕分定則下不相隱. ㉳꺼리다, 칭찬하지 않다. 〔禮記〕事親有隱而無犯. ㉴아끼다. 〔論語〕以我爲隱乎. ②숨다. ㉮드러나지 않다. 〔潘岳·賦〕雖形隱而草動. ㉯벗어나다. 〔易經〕文言曰, 龍德而隱者也. ㉰떠나다. 〔禮記〕今大道旣隱. ㉱숨어 있다, 잠재(潛在)하는 치우치다. 〔易經〕天地閉, 賢人隱. ㉲있는 왼쪽으로 치우치다. 〔漢書〕有隱匿之名. ㉳그늘지다, 흐려지다. 〔謝朓·詩〕日隱澗疑空, 雲聚岫如複. ③희

미함. ④깊숙하다, 그윽하다. 〔中庸〕君子之道 費而隱. ⑤응달, 구석, 가리워진 곳.〔洛陽伽藍記〕入白鹿山, 居隱修道. ⑥깊은 속, 숨은 사리(事理).〔易經〕探賾索隱. ⑦은사(隱士), 숨어서 드러나지 않는 사람.〔宋書〕謂之潯陽之三隱. ⑧수수께끼, 은어(隱語).〔漢書〕酒與爲隱耳. ⑨음부(陰部).〔唐書〕隱曲常瘡. ⑩고요하다, 조용하다.〔後漢書〕篤行隱約. ⑪평온하다, 편안하다. ⑫안정되다. ⑬괴로워하다, 고생하다.〔春秋左氏傳〕隱民多取食焉. ⑭아파하다, 불쌍히 여기다. ≒憖.〔詩經〕如有隱憂. ⑮근심하다, 걱정하다.〔楚辭〕孰能思而不隱兮. ⑯헤아리다, 짐작하다. ≒億·意.〔管子〕下觀不及者以自隱也. ⑰생각하다.〔禮記〕隱情以虞. ⑱점치다. ⑲자세하다.〔書經〕尙皆隱哉. ⑳번성하다, 번창하다. ≒殷.〔左思·賦〕邑居隱賑. ㉑위엄이 있다.〔後漢書〕隱若一敵國矣. ㉒크다, 높다. ≒陵.〔楚辭〕帶隱虹之透蛇. ㉓물러나다, 주저하다. ≒逡.〔楚辭〕隱辟而后頤. ㉔해치다, 상하게 하다.〔漢書〕外溫仁謙遜而內隱. ㉕보, 봇둑. ≒匽.〔詩經〕士不隱塞. ㉖도지개. 활을 바로잡는 틀. ≒檃.〔何休·序〕故遂隱括. ㉗담, 낮은 담.〔春秋左氏傳〕踰隱而待之. ㉘병, 병환(病患).〔莊子〕相結以隱. ㉙더위 먹다.〔莊子〕隱將芘其所藾. ㉚거문고의 장식.〔枚乘·七發〕孤子之鉤, 以爲隱. ㉛시호(諡號).〔逸周書〕不顯尸國曰隱, 隱拂不成曰隱. ㉜성(姓). ❷①기대다, 의지하다.〔孟子〕隱几而臥. ②쌓다, 성(城)을 쌓다. ③구석, 깊숙한 곳.

【隱居 은거】①세상을 피하여 숨어 삶. ②벼슬을 그만두고 한가한 곳에서 지냄.
【隱括 은괄】①사곡(邪曲)함을 바루는 기구. ②바로잡음.
【隱溝 은구】땅속에 묻은 도랑.
【隱君子 은군자】①부귀공명을 구하지 않는 숨은 군자. ②國은근짜. 매춘부. ③국화(菊花)의 딴 이름.
【隱宮 은궁】궁형(宮刑). 궁형에 처한 뒤 100일 동안 은실(隱室)에 가둔 데서 온 말.
【隱囊 은낭】수레 안에서 몸을 기대는 커다란 자루.
【隱匿 은닉】①숨김. 감춤. ②숨어 있는 사람.
【隱遁 은둔】①세상을 피하여 숨음. ②모습을 숨김. 자태를 감춤.
【隱漏 은루】①몰래 빠뜨림. ②國논밭을 숨기어 토지 대장에 올리지 않음.
【隱淪 은륜】①기욺. 영락(零落)함. ②선인(仙人). ③은사(隱士).
【隱沒 은몰】없어짐. 산실(散失)함.
【隱微 은미】희미하여 나타나지 않음. 속이 깊어서 알기 어려움.
【隱民 은민】궁하여 고생하는 백성. 또는 달아나 숨은 백성.
【隱憫 은민】가엾이 여김.
【隱密 은밀】숨겨 비밀로 함.
【隱發 은발】남의 악행이나 비밀을 들추어냄.

【隱辟 은벽】망설이며 피함.
【隱僻 은벽】사람의 왕래가 드물며 구석짐.
【隱伏 은복】①싸 감춤. ②숨음.
【隱鋒 은봉】날카로운 규각(圭角)을 나타내지 않고 부드러운 형태로 쓰는 해서(楷書)의 서법(書法).
【隱不違親 은불위친】속세를 떠나 산림에 숨어도 어버이 섬기기를 게을리 하지 않음.
【隱庇 은비】숨겨 보호함.
【隱祕 은비】①숨겨 비밀로 함. ②미묘하여 알기 어려운 진리. 숨은 진리.
【隱士 은사】피하여 조용히 살고 있는 선비. 隱者(은자).
【隱事 은사】세상에 알려지지 않은 사건.
【隱書 은서】①은어(隱語)를 적은 책. ②은어로 적은 책.
【隱棲 은서】세상을 피하여 숨어서 삶.
【隱身 은신】피하여 몸을 숨김.
【隱惡 은악】①악을 숨김. ②드러나지 않는 악한 일.
【隱惡揚善 은악양선】나쁜 점을 숨기고 좋은 점을 드러냄.
【隱藹 은애】나무가 한창 자라는 모양.
【隱約 은약】①말은 간단하나 그 뜻은 깊음. ②고생함. 또는 몰래 숨음. ③뚜렷이 알지 못함. 분명하지 않음.
【隱若敵國 은약적국】그 위엄의 대단함이 마치 한 적국을 함부로 움직일 수 없음과 같음.
【隱語 은어】①특수한 집단·계층에서 자기들끼리만 쓰는 말. ②수수께끼.
【隱掩 은엄】가리어 숨김.
【隱然 은연】①그윽하고 은근함. ②얕볼 수 없는 힘이 있어 보이는 모양. 무게가 있어 보이는 모양.
【隱映 은영】①흐렸다 갰다 함. ②은은하게 비침. ③어슴푸레 나타남.
【隱耀 은요】빛을 숨기어 나타내지 않음. 재덕(才德)을 숨기어 드러내지 않음.
【隱憂 은우】몹시 근심함. 또는 남이 알지 못하는 걱정.
【隱隱 은은】①성(盛)한 모양. ②많은 모양. ③가리워져 있는 모양 ④근심 걱정하는 모양. ⑤큰 소리의 형용. ⑥우렛소리. ⑦희미하여 분명하지 않은 모양.
【隱忍 은인】고생스러운 일을 참고 견디어 밖에 나타내지 않음. 꾹 참음.
【隱忍自重 은인자중】마음속으로 참으며 몸가짐을 신중히 함.
【隱逸 은일】①세상을 피하여 숨어 삶. 또는 그 사람. ②숨은 학자로서 임금이 특별히 벼슬을 준 사람.
【隱疵 은자】감춰진 흠이나 허물.
【隱田 은전】백성들이 숨기고 조정(朝廷)에 연공(年貢)을 바치지 않는 전지(田地).
【隱地 은지】①관청의 장부에서 빠진 땅. 탈세(脫稅)의 땅. 隱田(은전). ②은거(隱居)하기에 적합한 곳.

【隱志相及 은지상급】 염려하는 마음이 서로 미침. 서로 염려함.
【隱賑 은진】 번성하고 부유함.
【隱帙 은질】 깊이 감춘 책.
【隱疾 은질】 의복에 가리어 남의 눈에 뜨이지 않는 병.
【隱竄 은찬】 달아나 숨음.
【隱親 은친】 ①스스로 숨음. ②스스로 자신을 가엾이 여김.
【隱退 은퇴】 직책이나 맡은 일에서 물러남.
【隱慝 은특】 ①숨김. ②숨은 나쁜 일.
【隱蔽 은폐】 덮어 감추거나 가려 숨김.
【隱避 은피】 피하여 숨음. 潛避(잠피).
【隱害 은해】 몰래 남을 해침.
【隱行 은행】 남이 모르게 한 선행(善行).
【隱見 은현】 숨음과 나타남. 보였다 안 보였다 함. 隱現(은현). 隱顯(은현).
【隱顯 은현】 ①☞隱見(은현). ②세상에 숨는 일과 나타나는 일. 顯晦(현회). ③안과 밖. 내외(內外).
【隱虹 은홍】 큰 무지개.
【隱化 은화】 남의 죽음의 존칭.
【隱晦 은회】 숨음. 모습을 감춤.
【隱諱 은휘】 숨기고 꺼림.
【隱恤 은휼】 딱하게 여기어 은혜를 베풂.
◑ 大－, 逃－, 民－, 祕－, 索－, 雪－, 小－, 市－, 抑－, 幽－, 惻－, 退－, 回－.

阜14【隮】⑰ 오를 제 [齊][霽] jī

[초서] [간체] 𬯀 [字解] ①오르다, 높은 곳으로 가다. 〔書經〕 由賓階隮. ②올리다, 기록에 올리다. 〔儀禮〕 隮祔爾于爾皇祖某甫. ③무지개. 〔周禮〕 九曰, 隮. ④떨어지다, 떨어뜨리다. ≒躋. 〔書經〕 今爾無指, 告予顚隮.
【隮墜 제추】 떨어짐. 또는 떨어뜨림.

阜15【隳】⑱ 무너뜨릴 휴 [支] huī

[초서] [字解] ①무너뜨리다, 무너지다. ＝墮. 〔呂氏春秋〕 隳人之城郭. ②깨뜨리다, 깨지다. 〔老子〕 或載或隳. ③쓸모없게 되다, 쇠퇴하다. 〔呂氏春秋〕 愛則隳. ④위태하다.
【隳突 휴돌】 들이받아 날뛰고 설침.
【隳脞 휴좌】 낡고 헐어서 지저분함.
【隳惰 휴타】 게으름을 피움. 태만히 함.
【隳廢 휴폐】 무너지고 헒. 낡아빠짐.

阜16【隴】⑲ 고개 이름 롱 [腫] lǒng

[소전] [초서] [간체] 陇 [字解] ①고개 이름. 한대(漢代)의 천수군(天水郡)에 있음. ②땅 이름. 지금의 감숙성(甘肅省) 청수현(淸水縣)의 북쪽. 〔後漢書〕 旣平隴, 復望蜀. ③산(山) 이름, 농산(隴山). ④두둑, 언덕. ≒壟. 〔孔稚珪·篇〕 隴樹枯無色. ⑤섬서성(陝西省)의 딴 이름.
【隴客 농객】 ☞隴禽(농금).
【隴禽 농금】 앵무새의 딴 이름. 🔎농서(隴西)에서 나기 때문에 이르는 말.
【隴斷 농단】 ①우뚝 솟은 언덕. ②시장의 이익을 독차지함. 壟斷(농단).
【隴廉 농렴】 옛날 추부(醜婦)의 이름.
【隴畝 농묘】 ①밭. 밭이랑. ②시골. ③민간(民間). 백성.
【隴上 농상】 언덕 위. ②밭두둑.
【隴樹 농수】 ①약간 높은 언덕 위의 나무. ②묘지(墓地)의 나무.
【隴鳥 농조】 ☞隴禽(농금).
【隴種 농종】 ①쇠퇴한 모양. 부서져 허물어지는 모양. ②유실(遺失)한 모양.

隶 部

8획 부수 | 미칠이부

隶0【隶】⑧ ❶미칠 이 [寘] dài
❷미칠 대 [隊]
❸나머지 시 [寘] yì
❹여우 새끼 제 [霽] dì
❺미칠 태 [賄]

[소전] [초서] [字源] 會意. 손을 뜻하는 '⺕'와 꼬리를 뜻하는 '氺'을 합하여 손으로 꼬리를 붙잡기 위해 뒤에서 미친다는 뜻을 나타낸다.
[字解] ❶①미치다, 이르다. ＝逮. ②근본. ❷①미치다. ※❶의 ①과 같다. ②주다. ❸나머지. ❹여우 새끼. ❺미치다, 이르다. ※❶의 ①과 같다. ＝迨.

隶7【𨽿】⑮ 隸(1959)와 동자

隶8【隷】⑯ 隸(1959)와 동자

隶9【隸】⑰ 붙을 례 [霽] lì

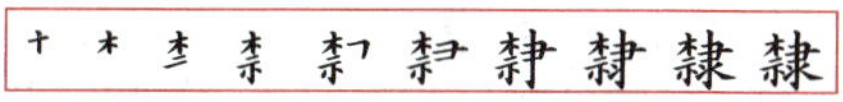

[소전] [주문] [동자] 𨽿 [동자] 隷 [동자] 𨽻

[간체] 隶 [字源] 形聲. 柰＋隶→隸. '柰(내)'가 음을 나타낸다.
[字解] ①붙다, 서로 마주 닿다. ②좇다, 따르다, 분속(分屬)하다. 〔晉書〕 割此三郡, 配隸益州. ③부리다, 사역(使役)하다. 〔春秋左氏傳〕 士有隸子弟. ④종, 하복(下僕), 소신(小臣). 〔春秋左氏傳〕 社稷之常隸也. ⑤죄인(罪人). ¶隸人. ⑥조사하다, 검열하다. 〔史記〕 關東吏隸

隶部 9～12획 隸 隸 隸   佳部 0～2획 佳 隹 隽 隼 隻 崔

郡國出入關者. ⑦익히다, 배우다. 〔史記〕酒令群臣習隸. ⑧서체(書體) 이름. ¶隸書. ⑨마노(瑪瑙)의 딴 이름. 〔本草綱目〕瑪瑙, 文石, 摩羅迦隸.

【隸僕 예복】 ①주대(周代)에 궁중의 청소를 맡아보던 벼슬. ②하인(下人). 종. 奴僕(노복).
【隸事 예사】 고사를 분류하여 나열하는 일.
【隸書 예서】 한자 서체(書體)의 하나. 전서(篆書)의 자획(字畫)을 간략하게 고친 것. 진시황(秦始皇) 때 정막(程邈)이 소전(小篆)을 더욱 생략하여 만들었다고 함.
【隸屬 예속】 딸려서 매임. 지배나 지휘를 받음.
【隸也不力 예야불력】 노비가 주인의 일에 힘쓰지 않음. 신하가 충성을 다하지 않음.
【隸圉 예어】 하례(下隸)와 목부(牧夫).
【隸御 예어】 종. 노복. 하인.
【隸役 예역】 종. 노복.
【隸人 예인】 ①종. 하인. ②죄인(罪人).

● 奴-, 臺-, 徒-, 僮-, 陪-, 僕-, 仔-, 私-, 女-, 篆-, 罪-, 直-, 賤-, 奚-.

隶9 【隸】 ⑰ 미칠 태·대 隊 dài
[소전] [동문] 隸 [字解] 미치다, 이르다, 닿다. 늑逮.

隶10 【隸】 ⑱ 隸(1959)와 동자

隶12 【隸】 ⑳ 隸(1960)와 동자

佳 部
8획 부수 │ 새추부

佳0 【佳】⑧ ❶새 추 國 zhuī, cuī ❷산 모양 최 國 zhuī, cuī
[소전] 隹 [초서] 崔 [字源] 象形. 꽁지가 짧은 새의 모양을 본뜬 글자.
[字解] ❶꽁지가 짧은 새. 꽁지가 짧은 새를 '佳', 꽁지가 긴 새를 '鳥(조)'라 한다. ❷뻐꾸기, 산비둘기. ❸비둘기의 하나. 소아시아 원산으로 집비둘기보다 작다. 늑雛. ❹높고 크다. =崔. ❺산의 모양.

佳2 【隽】 ⑩ 雋(1965)과 동자

佳2 【雎】 ⑩ 鳩(2095)와 동자

佳2 【隼】 ⑩ 새매 준 軫 sǔn

[字解] ①새매, 저루. 맷과의 새. 〔易經〕公用射隼于高墉之上. ②맹금(猛禽)의 총칭. 〔潘岳·賦〕隟有翔隼.
【隼鷹 준응】 새매. 작요(雀鷂).

佳2 【隻】 ⑩ 새 한 마리 척 陌 zhī
[소전] 雙 [서문] 乽 [속문] 隻 [간체] 只 [字源] 會意. 又＋佳→隻. 손〔又〕에 한 마리의 새〔佳〕를 가졌다는 데서 '새 한 마리'라는 뜻을 나타낸다.
[字解] ①새 한 마리. 〔潘岳·詩〕如彼翰林鳥, 雙栖一朝隻. ②짝 있는 것의 한쪽. 〔春秋公羊傳〕匹馬隻輪無反者. ③한 사람, 한 개. ④단위, 척. 뭇 생물·기구를 세는 단위. 〔唐書〕賜馬百匹羊千隻.
【隻劍 척검】 한 자루의 칼.
【隻鷄絮酒 척계서주】 보잘것없는 제수(祭需)로 조상(弔喪)함. [故事] 후한(後漢)의 서치(徐穉)가 친구인 황경(黃瓊)이 죽었을 때, 볶은 닭 한 마리를 술에 담갔다가 말린 솜으로 싸서 무덤 앞에 이르러 그 솜을 물에 적셔 닭과 함께 놓고 제사 지냈다는 고사에서 온 말.
【隻句 척구】 글의 한 구. 짧은 문구(文句).
【隻履 척리】 외짝 짚신. 승려를 전송하거나 죽음을 추도(追悼)할 때 쓰는 말. [故事] 달마(達磨)가 외짝 짚신을 들고 서쪽 나라로 갔다는 고사에서 온 말.
【隻立 척립】 혼자서 섬. 도움이 없이 자립(自立)함. 孤立(고립).
【隻手 척수】 한쪽 손. 한 손.
【隻身 척신】 홀몸. 單身(단신).
【隻眼 척안】 ①애꾸눈. ②남다른 견식(見識). ③바둑 용어. 한 집.
【隻愛 척애】 짝사랑.
【隻言 척언】 한 마디 말. 간단한 말. 隻語(척어). 片言(편언).
【隻影 척영】 홀로 외롭게 비친 그림자. 쓸쓸한 그림자.
【隻翼 척익】 한쪽 날개.
【隻日 척일】 ①기수(奇數)의 날. 奇日(기일). ②음양 사상에서 온 양일(陽日). 이 날에는 바깥일 하는 것이 좋다고 함.
【隻紙斷絹 척지단견】 글씨를 쓴 얼마 안 되는 종이나 명주.

◐ 數-, 一-, 形單影-.

佳2 【崔】 ⑩ ❶오를 흑 囻 hú ❷뜻 높을 각 覺 què ❸새 높이 날 각 藥 hè
[소전] 崔 [字源] 會意. 冂＋佳→崔. 새〔佳〕가 높이 날기 위하여 경계〔冂〕를 벗어나려 한다는 데서 '높이 이르다'라는 뜻을 나타낸다.
[字解] ❶오르다, 높이 이르다. 늑確. ❷뜻이 높다. ❸①새가 높이 날다. ②학. ※鶴(2108)의 속자(俗字).

佳部 3~4획 雀隻䧺堆䧫䨇雅 1961

佳3 【雀】⑪ 참새 작 釋 què
소전 雀 초서 雀
字源 會意. 小+隹→雀. 작은(小) 새(隹)라는 데서 '참새'라는 뜻을 나타낸다.
字解 ①참새. 늑爵.〔詩經〕誰謂雀無角. ②검붉은 빛깔. 적흑색(赤黑色).〔書經〕二人雀弁執惠.
【雀角 작각】①참새의 뿔. 강포(强暴)한 것의 비유. ②입씨름. 말다툼. 논쟁.
【雀角鼠牙 작각서아】송사로 시비를 가름.
【雀羅 작라】새를 잡는 그물. 새그물.
【雀卵斑 작란반】주근깨. 雀斑(작반).
【雀立 작립】☞雀躍(작약).
【雀盲 작맹】밤눈이 어두운 눈. 야맹증(夜盲症).
【雀目 작목】①참새의 눈. ②밤이 되면 못 보는 눈. 雀盲(작맹).
【雀斑 작반】☞雀卵斑(작란반).
【雀鼠之爭 작서지쟁】쟁송(爭訟)하는 일.
【雀舌 작설】차나무의 어린 잎을 따서 만든 차.
【雀息 작식】입을 다물고 말을 하지 않음.
【雀飾 작식】참새 빛깔의 장식.
【雀躍 작약】참새가 날며 춤추듯이 깡충깡충 뛰면서 기뻐함. 雀立(작립).
【雀羽 작우】①새의 깃. ②國전립(戰笠)에 꽂던 공작(孔雀)의 깃. 공작우(孔雀羽).
【雀釵 작차】참새의 모양을 아로새긴 비녀.
【雀學鸛步 작학관보】國참새가 황새걸음을 배움. 무리하게 남을 모방하려 함.
●鷄-, 孔-, 鸛-, 鳩-, 群-, 羅-, 桃-, 負-, 山-, 小-, 鷃-, 燕-, 雲-, 乳-, 鳥-, 簷-, 靑-, 楚-, 黃-.

佳3 【隻】⑪ 隻(1960)의 속자

佳4 【䧺】⑫ 鳩(2097)과 동자

佳4 【堆】⑫ ❶두견새 규 支 guī ❷뻐꾸기 부 虞 fū
字解 ❶①두견새. ②새 이름. ❷뻐꾸기.

佳4 【䧫】⑫ 鴇(2098)와 동자

佳4 【䨇】⑫ 雙(1967)의 속자

佳4 【雅】⑫ ❶큰부리까마귀 아 麻 yā ❷바를 아 禡 yà

一 ㄱ 牙 牙 邪 邪 邪 邪 雅 雅
소전 雅 초서 雅
字源 形聲. 牙+隹→雅. '牙(아)'가 음을 나타낸다.
字解 ❶큰부리까마귀. 늑鴉·䳜. ❷①바르다. 늑諝.〔論語〕子所雅言. ②우아하고, 고상하다.

〔史記〕從車騎雍容閑雅甚都.〔後漢書〕及見雅以爲美. ④아리땁다, 요염하다.〔陸雲·詩〕雅步擢纖腰. ⑤便디, 본디부터. 늑素·故.〔史記〕雅不欲屬沛公. ⑥항상.〔論語〕子所雅言. ⑦총명(聰明)하다.〔魏志〕荀彧清秀通雅, 有王佐之風. ⑧바른 음악.〔荀子〕使夷俗邪音不敢亂雅. ⑨시경(詩經) 육의(六義)의 하나. 천하의 정사(政事)를 노래하는 것으로, 천자(天子) 제후(諸侯)의 제사 음향(祭祀飮享)에 쓰인다. ⑩악기(樂器) 이름. 칠통(漆桶) 비슷한 타악기(打樂器).〔周禮〕春贖應雅. ⑪술잔.〔東觀漢記〕今日歲首, 請上雅壽. ⑫큰부리까마귀. ※❶과 같다.
【雅鑑 아감】보여 드림. 자기의 서화(書畫)를 남에게 증정(贈呈)할 때에 '보여 드립니다'라는 뜻으로 쓰는 말. 清鑒(청감).
【雅客 아객】①우아한 사람. 품위가 있는 사람. 雅士(아사). ②수선화(水仙花)의 딴 이름.
【雅健 아건】우아하고 견실함. 시문(詩文) 따위가 고상하고 힘이 있는 일.
【雅潔 아결】행동이 단아(端雅)하고 지조가 고결(高潔)함.
【雅契 아계】점잖게 사귄 정분.
【雅故 아고】①바른 훈고(訓詁). 바른 뜻. '故'는 '詁'로 '주석(註釋)'을 뜻함. ②옛 친구. 舊友(구우). ③평소(平素).
【雅詁 아고】바른 훈게(訓誡).
【雅曲 아곡】바른 음악. 雅樂(아악).
【雅敎 아교】남의 교시(敎示)의 존칭.
【雅淡 아담】고상하고 담박함. 우아하고 산뜻함.
【雅道 아도】①바른 길. ②풍아(風雅)의 길.
【雅量 아량】①깊고 너그러운 마음씨. ②술을 잘 마시는 사람. 故事 후한(後漢)의 유표(劉表)의 두 아들이 술을 즐겨 한 말들이, 일곱 되들이, 닷되들이의 잔[雅]을 만들게 한 고사에서 온 말.
【雅麗 아려】우아하고 아름다움.
【雅望 아망】깨끗한 인망(人望). 청아(淸雅)한 명망(名望).
【雅文 아문】①우아함. 아취(雅趣)가 있음. ②무(武)에 대하여 문(文)을 이름.
【雅美 아미】우아하고 아름다움.
【雅士 아사】풍아(風雅)한 사람. 아정(雅正)한 사람.
【雅思 아사】아름다운 생각. 고상한 생각.
【雅素 아소】①평소. 또는 평소의 행동. ②평소의 친교. 평소의 은애(恩愛).
【雅俗 아속】아담함과 속됨.
【雅頌 아송】시경(詩經)의 '아(雅)'와 '송(頌)'의 시. ⚲'雅'는 정악(正樂)의 노래, '頌'은 조상의 공덕을 찬양하는 노래.
【雅秀 아수】아름답고 빼어남. 기품이 높음.
【雅馴 아순】문장의 용어가 바르고 온당함.
【雅雅 아아】①우아하고 운치 있는 모양. ②수레가 엄숙하게 정돈된 모양.
【雅樂 아악】①바른 음악. 종묘(宗廟)·궁정(宮廷)에서 연주하는 음악. ②國민속악에 상대하

여, 궁중 음악을 이르는 말. ③우리나라의 고전 음악 및 중국에서 전래된 음악의 총칭. 雅歌(아가). 雅曲(아곡)
【雅愛 아애】 항상 사랑함. 본디부터 사랑함.
【雅言 아언】 ①늘 하는 말. ②바른 말. 올바른 말. ③우아한 말. 이언(俚言)과 속어(俗語)의 대(對)가 되는 말.
【雅宴 아연】 풍아(風雅)한 연회.
【雅玩 아완】 고상한 놀이. 문인(文人)들의 놀이.
【雅裕 아유】 우아하고 누긋함. 태도가 고상하고 마음이 너그러움.
【雅游 아유】 ①시가(詩歌)·서화(書畫)·음악 등의 고상한 놀이. ②항상 남과 사귀기를 좋아함. 늘 교제함.
【雅儒 아유】 바른 길을 행하는 유학자(儒學者).
【雅意 아의】 ①평소의 뜻. ②고상한 뜻. 바른 뜻. 雅旨(아지).
【雅人 아인】 고상한 마음을 가진 사람.
【雅人深致 아인심치】 고상한 뜻을 가진 사람의 심원(深遠)한 풍치(風致).
【雅節 아절】 바른 절개(節槪).
【雅正 아정】 기품이 높고 바름. 아름답고 바름.
【雅調 아조】 고상한 곡조.
【雅操 아조】 ①바른 지조. ②바른 음악.
【雅奏 아주】 바른 음악의 곡조.
【雅旨 아지】 바른 뜻. 雅意(아의).
【雅志 아지】 ①우아한 뜻. ②평소의 뜻.
【雅集 아집】 ☞雅會(아회).
【雅體 아체】 ①바른 문체(文體). ②남의 신체의 존칭.
【雅趣 아취】 아담한 정취(情趣). 고상한 취미.
【雅致 아치】 ☞雅趣(아취).
【雅飭 아칙】 ①바르게 갖추어짐. ②고상(高尙)하고 정돈되어 있음.
【雅行 아행】 품행이 바름. 또는 바른 행위.
【雅兄 아형】 남자 친구끼리 서로 상대자를 높이어 이르는 말.
【雅號 아호】 문인·학자·서화가들이 본명 이외에 따로 지어 부르는 이름. 호(號).
【雅會 아회】 멋스러운 모임. 시문 따위를 짓고 노는 고상한 모임. 雅集(아집).
【雅誨 아회】 바른 가르침. 바른 교훈.
【雅懷 아회】 바르고 아름다운 생각. 고상한 생각. 풍아(風雅)한 심정.
● 古-, 高-, 寬-, 端-, 都-, 敦-, 文-, 博-, 麗-, 姸-, 溫-, 優-, 幽-, 儒-, 典-, 正-, 清-, 風-, 閑-.

佳
4 【雁】⑫ 기러기 안 閑 yàn

소전 雁 초서 雁 본자 鴈 字解 기러기, 기러기 울음소리.
〔春秋左氏傳〕賦鴻雁之卒章.
【雁奴 안노】 기러기 떼가 물가에서 잠잘 때 주위 경계를 맡는 기러기.
【雁堂 안당】 불당(佛堂).
【雁帛 안백】 편지. 故事 한대(漢代)의 소무(蘇武)가 흉노(匈奴) 땅에 억류되어 있을 때, 비단에 쓴 편지를 기러기 발에 묶어 무제(武帝)에게 보낸 고사에서 온 말. 雁書(안서). 雁信(안신).
【雁序 안서】 ①나는 기러기에 차례가 있음. ②형제. 雁行(안항).
【雁書 안서】 ☞雁帛(안백).
【雁素 안소】 ☞雁帛(안백). ○'素'는 흰 비단.
【雁信 안신】 ☞雁帛(안백).
【雁語 안어】 기러기의 우는 소리. 또는 그와 비슷한 소리.
【雁引 안인】 기러기의 날아가는 행렬.
【雁字鶯梭 안자앵사】 기러기가 줄지어 나는 것을 글자에 비유하고, 꾀꼬리가 나무 사이를 나는 것을 베틀에서 북이 왔다갔다하는 것에 비유한 말. 시문(詩文) 등의 자구를 수식하는 말.
【雁奠 안전】 혼인의 약속으로 보내는 예물. 옛날, 납폐(納采)에 기러기를 보낸 데서 유래된 말. 雁幣(안폐).
【雁鼎 안정】 가짜 솥. 贗鼎(안정).
【雁足 안족】 ①편지. 雁帛(안백). ②國기러기발. 雁柱(안주).
【雁柱 안주】 기러기발. 거문고의 동체 위에 놓여 줄을 얹어 팽팽하게 하는 받침. ○옆으로 비스듬히 줄진 모양이 안서(雁序)와 비슷한 데서 생긴 말. 琴柱(금주). 雁足(안족).
【雁陣 안진】 ①줄지어 날아가는 기러기의 행렬. ②기러기 행렬 모양의 진법(陣法).
【雁齒 안치】 목재 따위가 한 장 한 장 엇물려 나란히 놓인 모양.
【雁塔 안탑】 탑의 이름. 기러기를 공양(供養)하기 위하여 세운 탑.
【雁塔題名 안탑제명】 진사(進士)에 급제(及第)함. 故事 당(唐)의 위조(韋肇) 이래 진사에 급제한 사람은 낙양(洛陽)의 자은사(慈恩寺) 탑에 이름을 적는 것을 관례(慣例)로 한 데서 온 말.
【雁幣 안폐】 ☞雁奠(안전).
【雁行 ❶안항 ❷안행】 ❶①남의 형제의 존칭. ②맨 앞서 나아감. ❷①기러기가 날아감. 또 기러기의 행렬. ②차례를 지어 날아가는 기러기처럼 조금씩 차례로 뒤처져 가는 일. ③기러기발이 비스듬히 벌여 놓인 모양.
【雁戶 안호】 철새처럼 옮아다니는 집. 유랑(流浪)하는 백성.
【雁鴻 안홍】 기러기. 鴻雁(홍안).
● 江-, 孤-, 歸-, 落-, 病-, 飛-, 舒-, 野-, 旅-, 遊-, 征-, 旱-, 秋-, 春-, 鴻-, 候-.

佳
4 【雄】⑫ 수컷 웅 東 xióng

소전 雄 초서 雄 동자 雄 字源 形聲. 厷+佳→雄. '厷(굉)'이 음을 나타낸다.
字解 ①수컷. ㉮새의 수컷, 수탉. 〔詩經〕誰知烏之雌雄. ㉯짐승류의 수컷. 〔詩經〕雄狐綏

絞. ㉣웅성(雄性)인 것.〔蘇軾·記〕竹有雌雄. ②이기다, 승리하다.〔史記〕願與漢王挑戰決雌雄. ③우수하다, 뛰어나다.〔人物志〕韓信是雄. ④어른, 우두머리, 수령.〔漢書〕其滑稽之雄乎. ⑤인걸(人傑), 달인(達人), 용기 있는 사람.〔後漢書〕通家居富逸, 爲閭里雄, 以此不樂爲吏. ⑥씩씩하다, 용감하다.〔春秋左氏傳〕是寡人之雄也. ⑦번창하다.〔後漢書〕雄張南道. ⑧선명하다.〔後漢書〕建雄虹之旌夏.
【雄強 웅강】①씩씩하고 힘이 셈. 세력이 강대함 ②필력(筆力)이 힘참.
【雄據 웅거】한 지역을 차지하고 위력을 폄.
【雄健 웅건】①뛰어나고 힘이 셈. 씩씩하고 건장함. ②시문·서화 등이 훌륭하고 힘참.
【雄傑 웅걸】뛰어난 인물. 雄桀(웅걸).
【雄劍 웅검】①춘추(春秋) 때 오(吳)나라의 간장(干將)이 만든 두 자루의 칼 중의 하나. 오왕(吳王)에게 바침. ②훌륭한 칼. 名劍(명검). 寶劍(보검).
【雄勁 웅경】☞雄強(웅강).
【雄鷄自斷尾 웅계자단미】수탉이 희생되기 두려워하여 제 꼬리를 자름. 어진 선비가 화를 피하여 스스로 천한 곳에 숨어 있음.
【雄狡 웅교】①사나운 짐승. ②뛰어난 사람.
【雄大 웅대】웅장하고 큼.
【雄圖 웅도】☞雄略(웅략).
【雄略 웅략】웅대한 계략. 雄謀(웅모).
【雄劣 웅렬】뛰어남과 용졸함. 優劣(우열).
【雄烈 웅렬】씩씩하고 격렬함.
【雄邁 웅매】기개가 웅대하고 뛰어남.
【雄猛 웅맹】굳세고 용맹함.
【雄武 웅무】씩씩하고 용감함. 雄勇(웅용).
【雄拔 웅발】웅대하여 무리에서 뛰어남.
【雄伯 ❶웅백 ❷웅패】❶잡귀를 잡아먹는 신. ❷☞雄霸(웅패).
【雄藩 웅번】웅대한 방비. 요지(要地)의 번진(藩鎭). 강대한 제후(諸侯). 雄鎭(웅진).
【雄辯 웅변】조리 있고 힘차며 거침없는 말솜씨.
【雄辯彊據 웅변강거】변설이 뛰어나고, 논거(論據)가 확실함.
【雄飛 웅비】힘차고 씩씩하게 낢. 용기 있고 기운차게 행동함.
【雄辭閎辯 웅사굉변】뛰어난 문장과 깊이 있는 변설.
【雄爽 웅상】웅대하고 시원스러움.
【雄瞻 웅섬】씩씩하고 여유가 있음.
【雄勝 웅승】①요해지(要害地)로서의 조건을 구비한 곳. ②뛰어난 모양.
【雄視 웅시】위세가 당당함을 남을 내려다봄.
【雄心 웅심】씩씩하고 장한 마음.
【雄深 웅심】문장의 짜임이 웅대하고 의미심장(意味深長)함.
【雄蕊 웅예】수꽃술. 수술. 雄蘂(웅예).
【雄勇 웅용】씩씩하고 용감함. 雄武(웅무).
【雄雄 웅웅】위세(威勢)가 등등한 모양.
【雄偉 웅위】훌륭하고 큼. 웅장하고 위대함.
【雄毅 웅의】씩씩하고 굳셈. 雄強(웅강).

【雄姿 웅자】웅장한 모습.
【雄雌 웅자】①수컷과 암컷. 雌雄(자웅). ②우열(優劣)을 이름.
【雄壯 웅장】용감하고 씩씩함. 굉장히 우람함.
【雄長 웅장】한 지방에 웅거(雄據)하여 세력을 펴는 일. 또는 그런 사람.
【雄張 웅장】위세가 등등하게 세력을 펴는 일. 雄長(웅장).
【雄將 웅장】뛰어나고 용감한 장수.
【雄俊 웅준】재주와 힘이 뛰어남. 또는 그런 사람. 英俊(영준).
【雄鎭 웅진】강대한 번진(藩鎭). 雄藩(웅번).
【雄唱雌和 웅창자화】①날짐승의 암컷과 수컷이 서로 의좋게 노래함. ②일하는 데 남남끼리 서로 손이 맞음.
【雄霸 웅패】뛰어난 패자(霸者). 雄伯(웅패).
【雄篇 웅편】내용이 웅대한 시문.
【雄豪 웅호】씩씩하고 날램. 또는 그런 사람.
【雄渾 웅혼】시문 등이 힘차고 원숙(圓熟)함.
【雄花 웅화】단성화로 수술만 있는 꽃. 수꽃.
❶姦ー, 群ー, 文ー, 詞ー, 兩ー, 英ー, 雌ー, 才ー, 豪ー, 梟ー.

佳4【雌】⑫ 雌(1965)의 고자

佳4【雉】⑫ 새 이름 지 皮貭 zhī
[소전] 雉 [字解]①새 이름. ≒鴟. ②지출하다. ≒支.

佳4【雊】⑫ 鳩(2098)과 동자

佳4【集】⑫ 모일 집 緝 jí
亻 亻 亻 亻 亻 佳 隹 集 集
[소전][혹체][초서][동자] 䨇 [字源] 會意. 雥+木→雧→集. '雥'은 새〔佳〕셋을 합한 것으로 '뭇새'를 뜻한다. 많은 새가 나무〔木〕 위에 앉아 있다는 데서 '새가 많이 모이다'의 뜻을 나타낸다.
[字解]①모이다. ㉮새가 떼지어 나무 위에 모이다.〔詩經〕黃鳥于飛, 集于灌木. ㉯만나다, 회동(會同)하다.〔書經〕辰弗集于房. ②모으다.〔孟子〕孔子之謂集大成. ③이르다, 도착하다.〔國語〕不其集亡. ④머무르다.〔詩經〕集于苞栩. ⑤화살에 맞다.〔春秋左氏傳〕親үү矢於其目. ⑥평온하다, 안정하다.〔春秋左氏傳〕辰不集于房. ⑦즐기다.〔晉書〕每攜中外子姪, 往來游集. ⑧밀리다, 막히다.〔漢書〕陰而不集. ⑨마찬가지, 같다. ⑩가지런하다, 같다.〔漢書〕動靜不集. ⑪바르다. ⑫섞이다.〔孟子〕是集義所生者. ⑬이루다, 성취하다. ≒就. ⑭누그러지다, 의좋게 지내다. ≒濈·輯. ⑮줍다.

ㅎ拾. ⑯내리다, 비가 오다. 〔淮南子〕雨之集無能霑. ⑰성채(城砦). 〔春秋左氏傳〕險其走集. ⑱모임, 회합(會合). 〔晉書〕因宴集醉倒. ⑲떼, 군중. 〔晉書〕足能撫集. ⑳시문(詩文)을 편록(編錄)한 서책(書冊). 〔蘇轍·詩〕誰將家集過幽都, 每被行人問大蘇. ㉑저자, 시장. ㉒해〔年〕. ㉓서적 분류의 명칭, 집부(集部), 정부(丁部). 〔新唐書〕以甲乙丙丁爲次, 列經史子集四庫.

【集結 집결】한곳으로 모으거나 모임.
【集計 집계】한데 모아서 계산함.
【集古 집고】옛 것을 모음. 옛 글을 모음.
【集團 집단】모여 무리를 이룬 상태.
【集大成 집대성】여럿을 모아서 하나로 정리된 것으로 완성함.
【集亡 집망】망하기에 이름.
【集服 집복】모여 따름. 함께 귀순함.
【集部 집부】서적을 경(經)·사(史)·자(子)·집(集)의 네 가지로 분류(分類)한 것의 하나. 문집(文集)·시집(詩集) 따위. 丁部(정부).
【集散 집산】모임과 흩어짐.
【集成 집성】한데 모아 하나로 완성함. 集大成(집대성).
【集安 집안】두루 편안하게 함.
【集腋成裘 집액성구】여우의 겨드랑이 밑 흰 털을 모아 갖옷을 만듦. 중력(衆力)을 모아 한 가지 일을 성취함.
【集英 집영】①뛰어난 사람을 모음. ②궁전(宮殿)의 이름.
【集往 집왕】모여서 감.
【集義 집의】도의(道義)·선행(善行)이 쌓인 것.
【集議 집의】여럿이 모여 의론함, 또는 그 의론.
【集字 집자】①문장을 쓰기 위하여 선인(先人)의 비첩(碑帖) 중의 글자를 모으는 일. ②시문(詩文)을 짓기 위하여 선인의 시부(詩賦) 중의 자구(字句)를 모으는 일.
【集注 집주】①제가(諸家)의 주석(注釋)을 모아서 만든 주석. 또는 그 책. 集註(집주). ②한곳으로 힘을 모음.
【集中 집중】①한곳에 모으거나 모임. ②시집이나 문집의 속.
【集輯 집집】수집(蒐集)함.
【集綴 집철】한데 모아 엮음. 자료를 수집하여 글을 지음.
【集抄 집초】여러 책에서 추려 베낌.
【集聚 집취】①모임. ②모음.
【集合 집합】한군데로 모으거나 모임.
【集解 집해】여러 사람의 여러 해석을 모음. 또는 그 책.
【集賢殿 집현전】①당(唐)의 관아(官衙). 경적(經籍)을 간행하며, 일서(佚書)를 찾아 모으는 일을 관장함. ②고려 때의 제관전(諸館殿)의 하나. ③조선 초 경적(經籍)·전고(典故)·진강(進講) 등에 관한 일을 맡았던 관아. 세종(世宗) 때 기구를 확장하고 많은 학사(學士)를 두었으며, 훈민정음(訓民正音)의 창제 등 많은 업적을 남김.

【集會 집회】많은 사람들이 일정한 때에 한곳에 모임. 또는 그 모임.
➊ 家―, 歌―, 結―, 群―, 募―, 文―, 選―, 召―, 收―, 蒐―, 詩―, 雲―, 全―, 撰―, 採―, 叢―, 聚―, 驟―, 和―, 會―.

佳 4 【雇】⑫ ➊새 이름 호 _漢 hù
➋품 살 고 _國 gù

[소전] 雇 [혹체] 鳸 [주문] 䧘 [초서] 雇 [참고] 대법원 지정 인명용 한자의 음은 '고'이다.

[字解] ➊새 이름. 비둘기의 한 가지. ➋①품사다, 고용하다. ㅎ賈. 〔後漢書〕以人僞直雇借傭者. ②갚다, 값을 치르다. 〔後漢書〕以見錢雇直.
【雇兵 고병】품삯을 주고 고용하는 병사.
【雇聘 고빙】예를 후히 하여 사람을 고용함.
【雇役 고역】①고용하여 부림. ②부역을 면제해 준 백성에게서 대전(代錢)을 받아 그 돈으로 딴 사람을 쓰는 일.
【雇用 고용】삯을 주고 사람을 부림.
【雇傭 고용】①➊雇用(고용). ②품삯을 받고 남의 일을 하여 줌.
【雇直 고치】품삯. 賃金(임금).
➊ 常―, 日―, 解―.

佳 5 【雄】⑬ 鶷(2098)와 동자

佳 5 【雊】⑬ 장끼 울 구 _國 gòu

[소전] 雊 [초서] 雊 [字解] ①장끼가 울다. 〔禮記〕雉雊難乳. ②현(縣) 이름. 한대(漢代)에 두었다. 지금의 하북성(河北省) 울현(蔚縣)의 동쪽.

佳 5 【雅】⑬ 鷔(2105)의 속자

佳 5 【雍】⑬ ➊누그러질 옹 _國 yōng
➋화목할 옹 _國 yōng
➌땅 이름 옹 _國 Yōng

[초서] 雍 [字解] ➊①누그러지다, 온화해지다. 〔書經〕黎民於變時雍. ②기뻐하다, 환성(歡聲)을 지르는 모양. 〔孔子家語〕言乃雍. ③막다, 메우다. ㅎ壅. 〔春秋穀梁傳〕毋雍泉. ④안다, 껴안다. ㅎ擁. 〔戰國策〕雍天下之國. ⑤충분히 삶은 음식물. ㅎ饔. 〔儀禮〕雍人. ⑥벽옹(辟雍), 반궁(泮宮). 학교. ㅎ廱. 〔班固·賦〕盛三雍之上儀. ⑦음악 이름. 식사가 끝났을 때 연주하는. 〔論語〕以雍徹. ⑧황하(黃河)의 분류(分流)의 이름. 〔漢書〕是以申después狂蹈雍之河. ➋①화목하다. ②돕다. ③둑, 제방, 보. ④가리다, 숨겨 가리다. 〔荀子〕隱忌雍蔽之人, 君子不近. ➌①땅 이름. 우(禹) 임금 때 9주(九州)의 하나. 지금의 섬서(陝西)·감숙(甘肅) 두 성(省)에서 청해(淸海)에 이르는 지역. 〔書

經〕 黑水西河, 惟雍州. ②주대(周代)의 제후국. 지금의 하남성(河南省) 심양현(沁陽縣)의 동북쪽. ③진대(秦代)의 서울. 지금의 섬서성(陝西省) 봉상현(鳳翔縣)의 남쪽. ④성(姓).
【雍渠 옹거】 춘추 때 위(衛)나라의 환관(宦官).
【雍睦 옹목】 서로 뜻이 맞고 정다움. 화목함.
【雍穆 옹목】 ➡雍睦(옹목).
【雍防 옹방】 막음. 막아서 통하지 못하게 함.
【雍塞 옹색】 ①막히어 통하지 못함. ②國 ㉠생활이 군색함. ㉡장소가 배좁음.
【雍閼 옹알】 막음. 그치게 함.
【雍雍 옹옹】 음악 소리가 누긋하고 온화한 모양.
【雍容 옹용】 온화하고 조용함. 또는 그런 용모.
【雍徹 옹철】 천자(天子)가 종묘(宗廟) 제사를 끝내고 철상할 때 옹(雍)의 시를 읊던 일. '雍'은 시경(詩經) 주송(周頌)의 편명(篇名), '徹'은 '撤'로 '철상(撤床)'을 뜻함.
【雍畤 옹치】 오제(五帝)를 제사 지내던 제단.
【雍齒 옹치】 늘 밉고 싫은 사람. 옹추.
【雍齒封侯 옹치봉후】 묵은 원한은 살피지 않음. 故事 한(漢) 고조(高祖)가 평소에 미워하던 옹치를 먼저 제후에 봉하여 여러 장수를 진무(鎭撫)한 고사에서 온 말.
【雍和 옹화】 화목함. 안온함. 온화함.
【雍熙 옹희】 화락하고 즐거움. 천하가 태평함.
➡難—, 辟—, 著—, 咸—, 熙—.

佳 5 【雄】⑬ 雄(1962)과 동자

佳 5 【雌】⑬ 암컷 자 囡 cí

字解 ①암컷. ㉮새의 암컷, 암탉. 〔詩經〕 誰知烏之雌雄. ㉯짐승의 암컷. 〔春秋左氏傳〕 龍一雌死. ㉰암무지개. 𝌊 雌蜺. ㉱암나무. 〔仇池墨記〕 竹有雌雄, 雌者多筍. ㉲여자, 여성. 〔李白·詩〕 孀雌憶故雄. ②지다, 패배. 〔史記〕 願與漢王挑戰決雌雄. ③약하다, 쇠약해지다. 〔淮南子〕 是故淸人守清道而抱雌節.
【雌伏 자복】 ①날짐승의 암컷이 수컷에게 복종함. 남에게 굴복하여 좇음. ②은퇴(隱退)함.
【雌性 자성】 ①암컷. ②암컷이 가지는 성질.
【雌蜺 자예】 암무지개. 雌霓(자예).
【雌雄 자웅】 ①암컷과 수컷. ②약자(弱者)와 강자(強者), 우열(優劣)·승패(勝敗) 등의 비유.
【雌節 자절】 남에게 복종하는 도의(道義). 유순(柔順)한 절의(節義).
【雌風 자풍】 ①후텁지근한 바람. ②질투심이 많고 간악한 여자.
【雌黃 자황】 ①식물의 수지로 만든 노란색의 채료(彩料). 글의 잘못된 곳을 지울 때 사용하였음. ②시문(詩文)을 첨삭(添削)하거나 시비(是非)를 가리는 일. ③평론함.

佳 5 【雎】⑬ 물수리 저 魚 jū

參考 雎(1219)는 딴 자.
字解 물수리, 징경이. =鴡. 〔詩經〕 關關雎鳩, 在河之洲.
【雎鳩 저구】 물수리. 징경이. 수릿과의 새.

佳 5 【雋】⑬
❶새 살질 전 銑 juàn
❷우수할 준 霰 jùn
❸땅 이름 취 寘 zuì

小篆 𩾗 초서 𨿳 동자 雋 參考 대법원 지정 인명용 한자의 음은 '준·전'이다.
字源 會意. 弓+隹→雋. 활(弓)로 쏘아 잡는데 족할 만큼 살진 새(隹)라는 데서 '맛이 좋다'는 뜻을 나타낸다.
字解 ❶①새가 살지다. ②살지다. ③살진 고기. ④맛이 좋다. 〔漢書〕 號曰雋永. ⑤성(姓). ❷우수하다, 뛰어나다. =俊·儁. 〔漢書〕 至武帝即位, 進用英雋. ❸땅 이름. =橋.
【雋永 전영】 살지고 맛좋은 고기.
【雋器 준기】 기량(器量)이 뛰어난 사람.
【雋髦 준모】 뛰어난 사람.
【雋武 준무】 무(武)에 뛰어남.
【雋茂 준무】 재능과 학식이 뛰어남.
【雋敏 준민】 뛰어나고 총명함.
【雋拔 준발】 뛰어남. 출중함. 俊拔(준발).
【雋輔 준보】 뛰어난 재상(宰相).
【雋瞻 준섬】 재학(才學)이 뛰어남.
【雋譽 준예】 뛰어난 명예. 훌륭한 영예.
【雋異 준이】 재능이 남달리 뛰어남.
【雋哲 준철】 뛰어나게 현명함. 俊哲(준철).

佳 5 【雏】⑬ 雛(1969)의 속자

佳 5 【雉】⑬
❶꿩 치 紙 zhì
❷짐승 이름 사 紙 sì
❸땅 이름 이 紙 yí
❹키 작을 개 賄 kǎi

小篆 𪇏 고문 𤉐 초서 𨿳 參考 대법원 지정 인명용 한자의 음은 '치'이다.
字解 ❶①꿩. =鴙. 〔周禮〕 士執雉. ②성벽 넓이의 단위. 높이 1장(丈), 길이 3장(丈)의 넓이. 〔周禮〕 王宮門阿之制五雉. ③담, 장원(牆垣. 〔管子〕 欲藉於臺雉. ④소의 고삐. 〔周禮·注〕 緌, 著牛鼻繩, 所以牽牛者, 今時謂之雉. ⑤주사위 차위점(次位點)의 눈. ⑥풀을 베다. =薙. ⑦평정(平定)하다. ≒夷·夷. 〔春秋左氏傳〕 五雉爲五工正, 夷民者也. ⑧다스리다. ⑨벌어놓다. ⑩물건이 뒤섞인 모양. 𝌊 雉雉. ⑪성(姓). ❷짐승 이름. 물소의 하나. ❸땅 이름, 하치(下雉). 강하(江夏)에 있는 현(縣). ❹키가 작다.
【雉腒 치거】 말린 꿩고기.
【雉經 치경】 목을 매어 자살함.
【雉膏不食 치고불식】 꿩 기름이 먹히지 않음. 재덕이 있어도 임금에게 채용되지 않음.
【雉頭裘 치두구】 꿩 대가리의 아름다운 깃털로

佳部 5~9획 堆 雁 雉 雎 雜 雊 睢 雒 雒 雖 離 雟 雖

진기하게 장식한 갖옷.
【雉媒 치매】①들꿩을 꾀는 후림새로 씀. ②길들인 꿩.
【雉門 치문】①왕성(王城)의 남문. ②제후의 궁문(宮門).
【雉堞 치첩】성가퀴. 女墻(여장).
【雉雉 치치】뒤섞인 모양.
【雉兔者 치토자】꿩・토끼 등을 사냥하는 사람.
○ 白—, 飛—, 山—, 城—, 馴—, 新—, 野—, 雄—, 雌—.

佳
5【堆】⑬ 鵰(2099)와 동자

佳
6【雁】⑭ ❶할미새 견 [先] qiān
❷해오라기 역 [陌] qiān
[소전][초서][字解] ❶할미새. 척령(鶺鴒). ❷해오라기.

佳
6【雒】⑭ 수리부엉이 락 [藥] luò
[소전][초서][字解] ①수리부엉이. ②가리온. 털이 희고 갈기가 검은 말. 늑駱. [詩經]有駜有雒. ③강 이름. 섬서성(陝西省) 낙남현(洛南縣)의 총령산(冢嶺山)에서 발원하여 황하(黃河)로 흘러든다. ④읍(邑) 이름. 지금의 하남성(河南省) 낙양현(洛陽縣). =洛. ⑤두르다, 걸치다. 늑絡.〔莊子〕刻之, 雒之. ⑥깎다, 밀다. 늑鉻. ⑦화인(火印), 낙인(烙印), 화인을 찍다. 늑烙.〔莊子・集釋〕兪樾曰, 雒, 疑當爲烙.

佳
6【雊】⑭ 鴝(2103)과 동자

佳
6【雜】⑭ 雜(1968)의 속자

佳
6【雊】⑭ 鵰(2099)와 동자

佳
7【睢】⑮ 鶪(2105)과 동자

佳
8【雒】⑯ 鷟(2110)와 동자

佳
8【雖】⑯ 雖(1966)의 속자

佳
8【雒】⑯ 鶉(2104)과 동자

佳
8【雔】⑯ ❶까치 작 [藥] què
❷꿩 이름 석 [錫] xī
[字解] ❶①까치. =鵲. ②산 이름.〔山海經〕南山經之首日雔山. ❷꿩 이름.

佳
8【雕】⑯ 독수리 조 [蕭] diāo
[소전][주문][초서][字解] ①독수리. =鵰.〔史記〕是必射雕者也. ②새기다, 파다, 아로새기다. 늑彫.〔書經〕雕玉仍几. ③시들다, 쇠약해지다. 늑凋.〔國語〕民力雕盡.
【雕肝 조간】간에 새김. 마음속에 깊이 간직함.
【雕戈 조과】주옥(珠玉)을 박은 창(槍).
【雕巧 조교】교묘하게 새기어 꾸밈.
【雕琴 조금】아로새겨 꾸민 거문고.
【雕梁 조량】조각을 한 대들보.
【雕輦 조련】조각하여 꾸민 연(輦).
【雕輅 조로】황후(皇后)의 수레.
【雕龍 조룡】①용 무늬를 조각하는 것처럼, 문장을 아름답게 수식하는 일. ②쓸데없는 방면에 부질없이 힘씀.
【雕鏤 조루】아로새김. 새기어 꾸밈.
【雕文刻鏤 조문각루】무늬를 새기고 금은을 아로새김. 장인(匠人)의 하찮은 재주.
【雕削 조삭】새기고 깎음. 일부러 꾸밈.
【雕俗 조속】경박하고 거짓이 많은 습속.
【雕楹 조영】조각한 기둥. 雕柱(조주).
【雕章 조장】새겨 꾸민 무늬. 문장을 아름답게 꾸밈. 또는 그런 문장.
【雕鐫 조전】⇨雕鏤(조루).
【雕題 조제】①이마에 문신(文身)함. 남만(南蠻)의 풍속. ②國책장 맨 위에 실은 주석(註釋).
【雕雕 조조】명백한 모양.
【雕盡 조진】쇠하여 다함.
【雕蟲 조충】세공(細工)을 함. 시문을 짓는데 교묘하게 미사여구(美辭麗句)로 수식하는 일. 잔재주.
【雕蟲小技 조충소기】자질구레한 세공(細工). 학문, 기예(技藝) 따위를 얕보아 하는 말. 雕蟲末技(조충말기).
【雕蟲篆刻 조충전각】벌레 모양을 조각하고 전서(篆書)를 새김. 글을 지을 때 글귀의 수식에만 치우치는 일.
【雕漆 조칠】칠기(漆器)에 갖가지 무늬를 새기는 기법.
【雕琢 조탁】①옥(玉)을 갈고 다듬음. ②시문의 자구(字句)를 교묘하게 꾸밈. ③꾸밈. 수식함.
【雕悍 조한】독수리처럼 강하고 사나움.
【雕朽 조후】썩은 나무에 조각함. 아무 보람도 없음.
○ 刻—, 鏤—, 玉—, 篆—, 漆—, 琢—.

佳
8【雟】⑯ 雟(1969)와 동자

佳
9【雖】⑰ ❶비록 수 [支] suī
❷짐승 이름 유 [支] suī
[口 吕 吊 虽 虽 剉 跎 雖 雖]
[소전][초서][속서][간체][참고] 대법원 지정

佳部 10획 雞萑雖難雙

인명용 한자의 음은 '수'이다.
[字源] 形聲. 虫+唯→雖. '唯(유)'가 음을 나타낸다.
[字解] ❶①비록. ㉮그러나. 확정(確定)의 뜻을 나타낸다. 〔陶潛·辭〕門雖設而常關. ㉯~(라하)더라도, ~할(일)지라도, 가정(假定)의 뜻을 나타낸다. 〔論語〕雖曰未學, 吾必謂之學矣. ②벌레 이름. 도마뱀 비슷한데 크다. ③밀다, 추천하다. 〔國語〕吾雖之不能, 去之不忍. ④이. 발어사(發語辭). ≒惟. ⑤오직. ≒唯. ⑥만일, 만약. ≒若. ㉮만약, 혹시. 〔儀禮〕雖無娣, 媵先. ㉯~와(과) 같다. 〔春秋左氏傳〕雖敝邑之事君, 何以不免. ⑦하물며, 황차. 〔春秋左氏傳〕雖戎狄其何有子一人. ⑧즉, 곧. 〔禮記〕雖微晉而已, 天下其孰能當之. ❷짐승 이름. 원숭이 비슷하다.
【雖然 수연】비록 ~라 하더라도. 비록 ~고는 하지만. 그러나.

佳
10 【雞】 ⑱ 닭 계 齊 jī
[소전] 雞 [주문] 鷄 [초서] 鷄 [參考] 어휘는 鷄(2106)를 아울러 보라.
[字解] ①닭. =鷄. 〔尙書大傳〕時有雞禍. ②폐백의 하나. 상공인(商工人)이 면회할 때 가지고 간다. 〔周禮〕以禽作六摯, 以等諸臣, 云云, 工商執雞. ③산 이름. ④물 이름. 〔水經注〕鍾水, 北過鍾亭, 與雞水合.
【雞竿 계간】황금으로 닭의 모양을 만들어 붙인 장대.
【雞頭 계두】①맨드라미. ②닭의 볏.
【雞禍 계화】장마진 해에 닭이 많이 죽음.

佳
10 【萑】 ⑱ 황새 관 寒 quán
[字解] 황새. =鸛.

佳
10 【雎】 ⑱ 難(1969)과 동자

佳
10 【難】 ⑱ 難(1969)의 속자

佳
10 【雙】 ⑱ ❶쌍 쌍 江 shuāng
❷동류할 쌍 絳 shuāng

亻 亻 佳 佳 隹 雔 雛 雙 雙

[소전] 雙 [초서] 雙 [속자] 双 [속자] 進 [속자] 覆
[속자] 雙 [간자] 双 [字源] 會意. 雔+又→雙. 손(又)에 두 마리의 새(雔)를 가지고 있다는 데서 '한 쌍, 한 벌'의 뜻을 나타낸다.
[字解] ❶①한 쌍. ㉮새 두 마리. ㉯둘. ㉰두 짝으로 이루어진 것. 〔南史〕作牙管筆一雙. ②유(類), 유례(類例). 〔史記〕至如信者, 國士無

雙. ③짝이 되다. 〔詩經〕冠綏雙止. ④짝수, 우수(偶數). 〔宋史〕唐國故事, 隻日視事, 雙日不坐. ⑤가다. 〔文子·符言〕天下雙也. ⑥밭의 면적(面積)의 명칭. 5묘(畝), 50묘, 4묘 등의 설(說)이 있다. ⑦돛. ⑧성(姓). ❷동류(同類)하다, 서로 짝짓다.
【雙肩 쌍견】①양쪽 어깨. ②자기의 부담이나 책임. ③두 마리의 짐승.
【雙關法 쌍관법】문장 구성법의 하나. 상대되는 문구를 계속 늘어놓아 한 편 또는 한 단의 골자(骨子)가 되게 하는 법. 雙關(쌍관).
【雙句 쌍구】①대구(對句). ②낙구(落句).
【雙鉤法 쌍구법】①운필법(運筆法)의 한 가지. 엄지손가락, 집게손가락, 가운뎃손가락으로 붓대를 쥐고 쓰는 법. ②남의 필적을 베낄 때에 가는 선으로 획의 윤곽을 떠 내는 일.
【雙弓米 쌍궁미】죽의 딴 이름. ○'粥'자를 파자(破字)하면 '弓米弓'이 되어 '弓'자가 2개이고 '米'자가 1개인 데서 온 말.
【雙南 쌍남】갑절의 가치가 있는 남금(南金). ○'南金'은 형주(荊州) 양주(揚洲) 지방에서 나는 품질이 좋은 황금. 兼金(겸금).
【雙麗 쌍려】둘이 나란히 걸림.
【雙涙 쌍루】흐르는 두 줄기 눈물. 雙涕(쌍체).
【雙六 쌍륙】주사위를 굴려 말이 먼저 궁에 들어가기를 겨루는 놀이. 雙陸(쌍륙).
【雙鯉 쌍리】①한 쌍의 잉어. ②편지(便紙). ○잉어의 배 속에서 편지가 나왔다는 데서 온 말. 雙魚(쌍어).
【雙林 쌍림】(佛)사라쌍수(沙羅雙樹)의 숲. 석가모니가 열반한 곳. 雙樹(쌍수).
【雙廟 쌍묘】공적이 서로 비슷한 두 사람을 합사(合祀)한 사당(祠堂).
【雙務 쌍무】쌍방이 서로 의무(義務)를 지는 일.
【雙美 쌍미】①둘 다 아름다움. ②두 사람이 다 미인임.
【雙方 쌍방】상대되는 두 쪽.
【雙璧 쌍벽】①두 개의 구슬. 한 쌍의 구슬. ②두 사람의 뛰어난 영재(英才). ③형제(兄弟). 雙珠(쌍주).
【雙飛 쌍비】한 쌍의 새가 나란히 낡. 부부가 화합함.
【雙棲 쌍서】①짝지어 삶. ②자웅(雌雄) 또는 부부가 같이 삶.
【雙聲疊韻 쌍성첩운】쌍성과 첩운. 쌍성은 어떤 숙어(熟語)의 위아래 글자의 첫 자음(子音)이 같은 것. '兼葭(겸가)'·'凜烈(름렬→늠렬)'따위. 첩운은 두 글자가 같은 운(韻)으로, 어미(語尾)뿐만 아니라 그 위의 음(音)도 운을 같이하는 두 자로 된 어휘. '逍遙(소요)'·'嬋娟(선연)' 따위.
【雙手 쌍수】두 손.
【雙樹 쌍수】①두 나무. 한 쌍의 나무. ②두 그루씩 짝을 지어서 나는 사라수. 석가모니가 열반한 곳. 沙羅雙樹(사라쌍수).
【雙蛾 쌍아】여자의 눈썹. 미인.
【雙眼 쌍안】양쪽 눈. 兩眼(양안).

【雙曜 쌍요】두 개의 빛나는 것. 해와 달.
【雙日 쌍일】우수(偶數)의 날.
【雙斃 쌍폐】①양쪽이 모두 죽음. ②남녀의 정사(情死).
○ 無等−, 無−, 一−.

佳 10 【雙】⑱ 雙(1967)의 속자

佳 10 【雝】⑱ ❶할미새 옹 图 yōng ❷막을 옹 腫 yōng

[소전][초서] ❶할미새, 척령(鶺鴒). 〔詩經〕脊令, 雝渠也. ②누그러지다, 화하다. 〔詩經〕曷不肅雝. ③늪. 늑邕. 〔詩經〕于彼西雝. ❹푹 삶다, 푹 삶은 음식물. 늑饔. ❺시경(詩經)의 편명(篇名). 무왕(武王)이 문왕(文王)을 제사하는 시. 〔詩經〕雝, 禘大祖也. ❷막다, 막히다. 늑壅. 〔詩經〕維塵雝兮.
【雝渠 옹거】할미새의 딴 이름.
【雝雝 옹옹】①화락한 모양. ②새의 울음소리.
○ 僻−, 肅−.

佳 10 【雜】⑱ 섞일 잡 洽 zá

[소전][속자][간체] 字源 形聲. 衣+集→襍→雜. 본래의 뜻은 오채(五采)가 합쳐진 〔集〕 의복의 배색. 이에서 물건이 뒤섞인다는 뜻을 나타내며, '集(집)'이 음을 나타낸다.
字解 ①섞이다, 뒤섞이다. =襍. ㉮색이 섞이다. 〔詩經〕雜佩以贈之. ㉯뒤얽히다. 〔易經〕六爻相雜. ㉰흩어지다, 어지러워지다. 〔後漢書〕上下幣雜. ㉱얼룩, 얼룩빼기. 〔淮南子〕貂裘而雜. ㉲순수하지 않다. ㉳잘다, 장황하고 번거롭다. 〔易經〕其稱名也, 雜而不越. ②섞다. 〔淮南子〕故不得雜焉. ③만나다, 만나게 하다. ❹모으다, 모이다. 〔呂氏春秋〕四方來雜. ❺함께, 같이. 〔漢書〕詔使公卿將軍中二千石雜識訊. ❻모두. 〔列子〕雜然相許. ❼돌다, 한 바퀴. 늑帀. 〔淮南子〕以數雜之壽. ❽갑자기, 졸연히. 늑䨖. ❾많다, 여러 가지. 〔荀子〕雜能旁魄而無山. ❿거칠다. 〔荀子〕雜布與錦不異也. ⓫천하다, 낮다. 〔唐書〕交遊醜雜. ⓬남다, 낭비. 〔圖繪寶鑑〕不見其重複冗雜. ⓭옆, 곁. 〔符戴‧記〕以環碩之材, 樹窒雜之地. ⓮꾸밈, 장식(裝飾). 〔禮記〕雜帶君朱綠. ⓯가장, 아주. ⓰단역(端役)에 분장한 배우. ⓱시(詩)의 한 체(體). 관례를 따르지 않고 느끼는 대로 읊는 것.
【雜家 잡가】여러 가지 학설을 취사선택하여 일가(一家)를 이룬 춘추 전국 때의 학파.
【雜歌 잡가】①정악(正樂) 이외의 속된 노래. 잡스러운 노래. ②조선 후기에 평민들이 지어 창곡화(唱曲化)한 노래. 지방에 따라 민요로 굳어짐. 경기 잡가, 서도 잡가, 남도 잡가 따위.
【雜居 잡거】①뒤섞여 있음. ②여러 나라 사람이 섞여 삶.
【雜考 잡고】일정한 체계 없이 다방면에 걸쳐 조사 연구함.
【雜穀 잡곡】國쌀 이외의 온갖 곡식.
【雜劇 잡극】송대(宋代)에 시작된 풍자·익살을 주로 한 간단한 연극. 금(金)나라에 전하여 원본(院本)이라 불렸고, 원대(元代)에 이를 계승하여 가극(歌劇)으로 완성해 그 각본(脚本)을 원곡(元曲)이라 함.
【雜技 잡기】①하찮은 기예(技藝). ②각종 놀이의 기술. ③노름. 賭博(도박).
【雜念 잡념】여러 가지 쓸데없는 생각.
【雜沓 잡답】많은 사람으로 붐빔.
【雜亂 잡란】뒤섞이어 어지러움. 亂雜(난잡).
【雜料 잡료】여러 가지 급여(給與).
【雜流 잡류】①잡직(雜職)의 관리. 구품(九品)에 들지 못하는 하급의 잡역(雜役). ②하찮은 여러 유파(流派). ③상공(商工)의 유(類).
【雜夢 잡몽】여러 가지 부질없는 꿈.
【雜務 잡무】자질구레한 일.
【雜物 잡물】①잡다한 물건 ②새고기 요리에서, 껍질이나 내장 등을 이르는 말.
【雜博 잡박】잡다한 일에 널리 통함.
【雜駁 잡박】질서 없이 뒤섞임.
【雜費 잡비】자질구레하게 쓰이는 비용. 雜用(잡용).
【雜史 잡사】①사서(史書)의 한 체(體). 정사체(正史體)·편년체(編年體)·기사본말체(紀事本末體)에 속하지 않는 통사(通史). ②일가(一家)의 사기(私記).
【雜色 잡색】①여러 가지 빛이 뒤섞인 빛깔. ②종. 노예(奴隸).
【雜說 잡설】①잡다한 일을 설명한 논설. 그때그때 갖가지 감상을 적은 것. ②의론(議論)으로 서술(敍述)을 겸한 것.
【雜碎 잡쇄】번거롭고 자질구레함.
【雜襲 잡습】①뒤섞여 많이 몰려옴. 떼 지어 옴. ②많이 쌓임.
【雜施 잡시】어지러워 순서가 없고 절도를 잃음.
【雜心 잡심】잡된 마음.
【雜言 잡언】①여러 가지 이야기. 잡다한 말. ②자수(字數)가 일정하지 않은 시(詩).
【雜然 잡연】①여러 가지가 뒤섞인 모양. ②모두가 그러하다고 함. ○'雜'은 '모두'의 뜻.
【雜英 잡영】①여러 가지 꽃. ②뒤섞이어 빛남.
【雜詠 잡영】여러 가지 사물을 읊은 시가.
【雜玩 잡완】있는 여러 가지 노리개.
【雜徭 잡요】잡다한 요역(徭役). 여러 가지 부역(賦役).
【雜擾 잡요】뒤섞이어 어지러움.
【雜僞 잡위】부정한 물건을 섞음.
【雜糅 잡유】뒤섞여 어지러움.
【雜音 잡음】①불쾌한 느낌을 주는 시끄러운 소리. ②어떤 판단을 헷갈리게 하는, 주변에서 들려 오는 갖가지 말.

【雜議 잡의】여러 가지로 논의함.
【雜著 잡저】①여러 가지 저서. 雜書(잡서). ②잡문(雜文)을 수록한 책.
【雜俎 잡조】여러 가지 일을 써서 모음. 또는 그 기록. 雜錄(잡록).
【雜卒 잡졸】신분이 낮은 병사.
【雜種 잡종】①섞어서 심음. ②여러 가지가 섞인 잡다한 종류.
【雜坐 잡좌】섞어 앉음.
【雜錯 잡착】뒤섞임.
【雜綵 잡채】①여러 가지 채색 비단. ②오색(五色)의 배합(配合). 울긋불긋함.
【雜處 잡처】→雜居(잡거)①.
【雜抄 잡초】여러 책에서 초록(抄錄)함.
【雜出 잡출】섞이어 나옴.
【雜就 잡취】섞이어 성취함.
【雜厠 잡측】뒤섞음. 混淆(혼효).
【雜學 잡학】여러 학설을 뒤섞은 잡박(雜駁)한 학문. 조리가 서지 않는 학문.
【雜行 잡행】①여러 가지 잡다한 행동. 雜修(잡수). ②(佛)염불(念佛) 이외의 수행으로 극락왕생(極樂往生)하고자 하는 일.
【雜胡 잡호】잡거(雜居)하는 호인(胡人).
【雜婚 잡혼】원시 시대에 특정한 아내나 남편을 정하지 않고 되는 대로 뒤섞어 부부 관계를 맺었을 것으로 추측되는 결혼. 亂婚(난혼).
【雜話 잡화】잡담. 세상 이야기.
【雜戲 잡희】여러 가지 놀이. 온갖 장난.
○ 亂—, 濫—, 來—, 蕪—, 駁—, 煩—, 繁—, 複—, 紛—, 擾—, 糅—, 粗—, 稠—, 重—, 錯—, 憎—, 舛—, 醜—, 蟲—, 夾—, 挾—, 混—, 淆—, 囂—.

佳 【雛】⑱ ❶병아리 추 [虞] chú
10 ❷사람 이름 취 [遇] jù
<small>소전 주문 고문 속자 간체</small>
<small>참고</small> 대법원 지정 인명용 한자음은 '추'이다.
<small>字解</small> ❶①병아리. ㉮닭의 새끼. 〔禮記〕天子乃以雛嘗黍. ㉯날짐승의 새끼. 〔楚辭〕哀枯楊之怨雛. ㉰짐승·물고기의 새끼. 〔禮記〕不食鷇雛. ㉱준수(俊秀)한 자제(子弟). 〔杜甫·歌〕丈夫生兒有如此二雛者. ②큰 새, 봉(鳳) 따위. ❷사람 이름. 〔史記〕孔子弟子有顏濁雛.
【雛鷇 추구】새의 새끼.
【雛禽 추금】⇨雛鷇(추구).
【雛鳳 추봉】봉황의 새끼. 뛰어난 자제.
【雛孫 추손】어린 손자.
【雛僧 추승】나이가 어린 승려.
【雛兒 추아】새 새끼. 어리고 어리석은 사람.
○ 鳳—, 僧—, 鶯—, 龍—, 衆—.

佳 【騅】⑱ 진사 확·호 [藥][遇] huò
10
<small>소전 초서</small>
<small>字解</small> 진사(辰砂). 질이 좋은 적황색(赤黃色)의 찰흙. 〔書經〕惟其塗丹騅.

佳 【巂】⑱ ❶제비 휴 [齊] xī
10 ❷고을 이름 수 [紙] suī
<small>소전 속자</small>
<small>字解</small> ❶①제비. ②두견이, 자규(子規). ≒雟. ③회전, 수레바퀴의 한 회전. ≒規. 〔禮記〕立視五巂. ④땅 이름. 춘추 때 제(齊)나라의 땅. 지금의 산동성(山東省) 동아현(東阿縣)의 서쪽. 〔春秋穀梁傳〕公追齊師至巂. ❷고을 이름. 한대(漢代)의 군(郡) 이름.
【巂周 휴주】두견새. 자규(子規).

佳 【難】⑲ ❶어려울 난 [寒] nán
11 ❷잎 무성하는 모양 나 [歌] nuó
❸나무 우거질 나 [歌] nuó
❹근심 난 [翰] nàn
<small>소전 고문 고문 고문 혹체</small>
<small>초서 동자 속자 속자 참고</small> 대법원 지정 인명용 한자의 음은 '난'이다.
<small>字源</small> 形聲. 堇+隹→難. '堇(난)'이 음을 나타낸다.
<small>字解</small> ❶①어렵다, 곤란하다. 〔論語〕爲君難, 爲臣不易. ②어려워하다. 〔書經〕惟帝其難之. ③어려운 사정. 〔孟子〕責難於君. ④고생하다. 〔莊子〕瞋目而語難. ⑤꺼리어 피하다. 〔戰國策〕陰簡難之. ⑥새 이름. ❷①잎이 무성해지는 모양. 〔詩經〕隰桑有阿, 其葉有難. ②액막이 행사, ㄱ나(驅儺). ≒儺. 〔周禮〕遂令始難歐疫. ❸나무가 우거지다. ❹①근심. 〔易經〕君子以儉德辟難. ②재앙, 고통. 〔禮記〕臨難毋苟免. ③원수, 적. 〔周禮〕穀圭以和難. ④전쟁, 다툼, 싸움. 〔春秋公羊傳〕請伐齊難. ⑤괴롭히다, 고통을 주다. 〔春秋左氏傳〕而藩其舍以難之. ⑥거절하다, 가로막다. 〔書經〕而難任人. ⑦따지다, 힐문하다. 〔史記〕詰難之, 以風天子. ⑧꾸짖다, 힐책하다. 〔孟子〕於禽獸又何難焉. ⑨힘겹다, 까다롭다. 〔北史〕臨機答難, 酬報如響. ⑩문체(文體)의 하나, 논변류(論辯類).
【難堪 난감】견디어 내기 어려움.
【難攻不落 난공불락】공격하기가 어려워 좀처럼 함락되지 않음.
【難關 난관】①통과하기 어려운 관문(關門). ②뚫고 나가기 어려운 일이나 고비.
【難局 난국】어려운 국면.
【難得 난득】얻기 어려움. 진귀(珍貴)함.
【難問 난문】①의심하여 물음. 힐문(詰問)함. 疑問(의문). ②鬪대답하기 어려운 문제.
【難民 난민】전쟁이나 재난을 피하여 떠돌아 다니며 고생하는 사람.
【難駁 난박】비난하고 반박함.
【難事 난사】①처리하기 어려운 일. ②섬기기 힘듦.
【難澁 난삽】①어렵고 빡빡하여 순조롭게 진행되지 못함. ②글 뜻이 매우 어려움.

【難色 난색】①난처한 기색(氣色). ②연기(演技)하기에 힘든 각색(脚色).
【難言 난언】①말하기 곤란함. ②비난(非難)하는 말.
【難月 난월】해산달. 산월(產月).
【難有 난유】있기 어려움. 진귀(珍貴)함.
【難義 난의】어려운 뜻.
【難疑 난의】결점을 비난하고 의심나는 점을 캐물음.
【難戰 난전】어려운 싸움. 苦戰(고전).
【難題 난제】①시부(詩賦)의 짓기 어려운 제목. ②처리하기 곤란한 문제.
【難重 난중】매우 어렵고도 중함. 곤란하고도 중대함.
【難中之難 난중지난】어려운 중에서도 가장 어려움. 至難(지난).
【難處 난처】①험난한 곳. ②國처지가 어려움. 처리하기 어려움.
【難測 난측】측량하기 어려움. 이루 헤아릴 수 없음. 곧, 너무 많거나 큼.
【難治 난치】①다스리기 어려움. ②병을 완치하기 어려움.
【難風 난풍】배의 항행을 방해하는 바람.
【難航 난항】①배나 비행기의 항행이 순조롭지 못함. ②일이 순조롭게 되어 가지 않음.
【難解 난해】①까다로워 풀기 어려움. 이해하기 곤란함. ②싸움이 그침. 전쟁이 끝남.
【難行 난행】①행하기가 어려움. ②(佛)심신(心身)을 괴롭히며 하는 고된 수행(修行).
【難行道 난행도】(佛)자기의 힘으로 불과(佛果)를 얻는 불도.
【難兄難弟 난형난제】①누구를 형이라 하고 누구를 아우라 해야 할지 분간하기 어려움. 두 사물의 우열을 분간하기 어려움. 莫上莫下(막상막하). ②어려움을 함께 겪거나 똑같이 곤경에 빠진 사람.
【難詰 난힐】꾀 까다롭게 따져 물음. 결점을 비난하여 책문(責問)함. 詰難(힐난).

◐ 家—, 艱—, 劍—, 苦—, 困—, 寇—, 國—, 克—, 極—, 劇—, 急—, 內—, 論—, 多—, 大—, 盜—, 無—, 辯—, 兵—, 非—, 水—, 殉—, 厄—, 女—, 外—, 憂—, 危—, 臨—, 災—, 定—, 遭—, 至—, 七—, 脫—, 八—, 避—, 險—, 火—, 禍—, 患—, 詰—.

佳 11【難】⑲ 難(1969)의 속자

佳 11【離】⑲
❶떼놓을 리 ᾄ lí
❷교룡 치 ᾄ chí
❸이어지는 모양 리 紙 lǐ
❹떠나갈 리 寘 lì
❺나란히 할 려 魚

[篆] 𠄙 𠔎 离 剺 䍐 离 離 離

[소전]離 [초서]雜 [간체]离

[參考] 대법원 지정 인명용 한자의 음은 '리'이다.

[字源] 形聲. 离+佳→離. '离(리)'가 음을 나타낸다.

[字解] ❶①떼어 놓다, 떨어지다. ㉮가르다, 째다. ≒𠛼. 〔儀禮〕離肺. ㉯끊다. 〔禮記〕一年視離經辨志. ㉰나누다, 구별하다. 〔呂氏春秋〕合則弗能離. ㉱열다. 〔張衡·賦〕離朱脣而微笑兮. ㉲헤어지다, 이별하다. 〔列子〕形名離也. ㉳조금 물러나다. ㉴떠나가다. ㉵틀리다, 어긋나다. 〔呂氏春秋〕形性相離. ㉶배반하다. 〔國語〕民人離落. ㉷화(和)하지 않다. 〔淮南子〕上下離心. ㉸피하다, 벗어나다. 〔後漢書〕無所離死. ㉹잃다, 상실하다. 〔國語〕聽淫日離其名. ㉺흩어지다, 떨어지다. ≒麗. 〔太玄經〕五枝離如. ③나란히 줄서다, 진열(陳列)하다. 〔方言〕羅謂之離, 離謂之羅. ④거치다, 지나가다. 〔史記〕我離兩周. ⑤둘, 한 쌍. ⑥둘이 함께 존재하다. 〔禮記〕離坐離立, 毋往參焉. ⑦네 마리의 짝. 〔管子〕四聚爲一離. ⑧그물. ≒羅. ⑨걸리다, 당하다. 〔張衡·賦〕循法度而離殃. ⑩기다리다. ⑪감당하다. 〔揚雄·劇秦美新〕非新家其疇塵之. ⑫물건이 생기다. 〔周禮〕西方曰株離. ⑬분명하다. ≒曬. 〔易經〕離也者明也, 萬物皆見, 南方之卦也. ⑭불. 〔易經〕離爲火. ⑮해. 〔易經〕離爲日. ⑯남쪽. 〔周髀算經〕夏至從離. ⑰담, 울타리, 바자늘. ≒杝. 〔國語〕孤狃親聰命於藩離之外. ⑱두 나라의 회견(會見). 〔春秋公羊傳〕離不言會. ⑲근심. 〔詩經〕亂離瘼矣. ⑳돌벼. 자생(自生)한 벼. 〔淮南子〕離先稻熟. ㉑큰 거문고. ㉒현악기(絃樂器)의 소리. 〔禮記·絲聲哀·疏〕絲聲爲離. ㉓괘(卦) 이름. ㉮8괘(卦)의 하나. 괘형(卦形)은 ☲. 사물에 대하여 분명한 모양을 상징한다. 화(火)·중녀(中女)·남(南) 등에 배치된다. ㉯64괘(卦)의 하나. 괘형은 ䷝. 차례를 지키면 일이 모두 이루어짐을 상징한다. 〔易經〕明兩作, 離. ㉔꾀꼬리. ≒鸝·鷅. ㉕산돌배. ≒梨. 〔漢書〕樂離朱楊. ㉖향초 이름. ≒蘺. 〔楚辭〕扈江離與辟芷兮. ㉗성(姓). ❷교룡(蛟龍). ≒螭. 〔史記〕如豺如離. ❸①이어지는 모양. ¶離屬. ②팔을 걷어붙이다. 〔集韻〕離, 離跂, 攘臂貌. ❹①떠나가다. ②과실(果實) 이름. =茘. ❺나란히 하다, 짝하다. ≒儷. 〔禮記〕司天日星辰之行, 宿離不貸.

【離歌 이가】이별의 노래. 離曲(이곡).
【離間 이간】두 사람의 사이를 벌려 놓음.
【離隔 이격】①사이가 떨어짐. 또는 사이를 띄움. 隔離(격리). ②어긋남.
【離經 이경】①경서(經書)에 구두점을 찍고 그 뜻을 해석함. ②경전(經典)을 멀리함. ③경서를 말하면서도 정의에 배반된 일을 함.
【離苦 이고】①이별의 괴로움. ②(佛)고난(苦難)에서 벗어남.
【離群索居 이군삭거】친구와 떨어져 홀로 쓸쓸하게 지냄.
【離宮 이궁】천자의 별장. 行宮(행궁).
【離襟 이금】이별하여 그리움. 이별의 정(情).

【離奇 이기】①꼬이고 뒤틀린 모양. ②진기함. 상궤(常軌)를 벗어난 모양.
【離跂 이기】①팔을 걷어붙임. ②속세를 떠나서 스스로 깨끗한 모양.
【離落 이락】떨어져 나감. 등을 돌리고 떠나감. 離叛(이반).
【離亂 이란】질서가 어지럽고 세상이 소란함.
【離淚 이루】이별의 눈물.
【離陸 이륙】비행기 따위가 날기 위해 땅에서 떠오름.
【離離 이리】①벼 이삭이나 과실 등이 익어 아래로 처진 모양. ②구름이 길게 뻗친 모양. 또는 나는 모양. ③초목이 무성한 모양. ④사이가 벌어져 소원(疏遠)한 모양.
【離靡 이미】이어져 끊이지 않는 모양.
【離杯 이배】이별의 술잔. 離酌(이작).
【離背 이배】서로 사이가 벌어져 배반함.
【離別 이별】서로 헤어짐. 別離(별리).
【離思 이사】이별이 슬픈 마음. 이별의 정.
【離山 이산】①외따로 떨어져 있는 산(山). 고립(孤立)한 산. ②승려가 절을 떠나는 일.
【離散 이산】떨어져 흩어짐.
【離騷 이소】①근심을 만남. '離'는 '罹'로 '걸리다'를, '騷'는 '憂'로 '근심'을 뜻함. ②초사(楚辭)의 편명.
【離疏釋蹻 이소석갹】소식(疏食)을 폐하고 짚신을 벗어 버림. 비천한 생활을 버리고, 고상한 생활을 함.
【離俗 이속】속세를 떠남. 속사(俗事)를 벗어남.
【離愁 이수】이별의 슬픔. 이별의 시름.
【離心 이심】마음을 달리 먹고 등을 돌림. 배반함. 또는 배반하려는 마음.
【離緣 이연】①인연을 끊음. ②부부 또는 양자(養子)의 관계를 끊음.
【離憂 이우】근심을 만남.
【離違 이위】①떠나감. ②사이가 나쁨.
【離異 이이】①다름. 같지 않음. ②강제 이혼.
【離貳 이이】두 마음을 품음. 배반함.
【離絶 이절】인연을 끊음. 절연(絶緣)함.
【離亭 이정】이별의 주연을 베푸는 자리.
【離坐 이좌】둘이 나란히 앉음.
【離礁 이초】좌초(挫礁)했던 배가 암초를 벗어나는 일.
【離脫 이탈】떨어져 나가거나 떨어져 나옴.
【離披 이피】벌어져 열림. 꽃이 활짝 핌.
【離恨 이한】이별의 한.
【離合集散 이합집산】헤어지고 합치고 모이고 흩어짐. 헤어졌다 모였다 함.
【離婚 이혼】혼인 관계를 끊는 일.
【離魂 이혼】①육체를 떠난 혼. ②나그네의 꿈속. 나그네의 마음.
【離魂病 이혼병】몽유병(夢遊病).
【離闊 이활】오랫동안 떨어져 있어 소식이 적조(積阻)한 일.

▷ 距-, 隔-, 乖-, 睽-, 別-, 分-, 仳-, 散-, 遠-, 違-, 流-, 陸-, 淋-, 珠-, 支-, 披-, 合-.

佳11 【雙】⑲ 雙(1967)의 속자

佳14 【雗】㉒ 鷻(2104)과 동자

佳16 【雦】㉔ 새 떼 지어 모일 잡 ㊊ zá
[소전][자원] 會意. 佳+佳+佳→雦. '佳(새 추)'를 세 자 합하여 새가 떼를 지어 있음을 나타낸다.
[자해] ①새가 떼 지어 모이다. 떼새. ②떼 지어 모이다. 〔許善心·頌〕景福氤氲, 嘉旣雦集.

佳20 【雧】㉘ 集(1963)과 동자

雨部

8획 부수 | 비우부

雨0 【雨】⑧ ❶비 우 ㊊ yǔ
❷비 올 우 ㊊ yù

一 𠃌 𠕁 雨 雨 雨 雨

[소전][고문][초서][고자] [자원] 象形. 一+冂+㸚→雨. 하늘(一)을 덮은 구름(冂) 사이로 물방울이 떨어지는(㸚) 것을 본뜬 글자.
[자해] ❶①비. 주역(周易)에서는 감(坎) 또는 태(兌), 오행(五行)에서는 수(水) 또는 목(木), 음양(陰陽)에서는 음(陰)에 배당된다. ②많은 모양의 비유. 〔詩經〕其從如雨. ③흩어지는 모양의 비유. 〔王粲·詩〕風流雲散, 一別如雨. ④은혜가 두루 미침의 비유. 〔宋史〕教雨化風. ⑤벗. 〔杜甫·詩序〕臥病長安, 旅次多雨, 尋常車馬客, 舊雨來, 今雨不來. ⑥온화한 기운. 〔淮南子〕地之含氣, 和者爲雨. ⑦귀복(龜卜)의 상(象). 불에 구운 귀갑(龜甲)에 비가 오는 것 같은 형상이 나타나는 일. ❷①비가 오다. 〔詩經〕雨我公田. ②눈이나 싸라기눈이 오다. 〔詩經〕雨雪其雱. ③물건이 떨어지다. 〔春秋〕雨螽于宋. ④적시다. 〔說苑〕吾不能以夏雨雨人.

【雨脚 우각】빗발. 雨足(우족).
【雨傾盆 우경분】비가 억수같이 내리는 모양.
【雨過 우과】①비가 갬. 날이 듦. ②비가 지나치게 많이 옴.
【雨過天靑 우과천청】청자색(靑瓷色)의 한가지. 비가 막 갠 때의 하늘의 빛깔.
【雨氣 우기】비가 올 듯한 기미.
【雨期 우기】일 년 중 비가 많이 오는 시기. 雨季(우계).
【雨奇晴好 우기청호】빗속 경치도 썩 기이하거니와, 갠 후의 경치도 또한 좋음.

【雨露 우로】 ①비와 이슬. ②비와 이슬이 만물을 기르는 것처럼 은혜가 골고루 미침.
【雨潦 우료】 빗물이 괸 곳. 웅덩이.
【雨淚 우루】 눈물이 비 오듯 흘러내림.
【雨淋 우림】 비가 뿌림.
【雨霖 우림】 장마짐.
【雨笠煙蓑 우립연사】 부옇게 내리는 가랑비에 젖은 도롱이와 삿갓. 우중의 어부 따위의 모습.
【雨沐 우목】 ①비를 맞음. 비에 젖음. ②빗물에 머리를 감음. 비를 무릅쓰고 애씀. 沐雨(목우).
【雨不破塊 우불파괴】 비가 고요하게 내려 흙덩이를 부수지 않음. 천하가 태평함.
【雨備 우비】 비를 가리기 위하여 사용하는 물건. 우산(雨傘)・도롱이・비옷 따위.
【雨絲 우사】 비가 실처럼 가늘게 내림.
【雨師 우사】 비를 맡아 다스린다는 신(神).
【雨絲風片 우사풍편】 봄철의 비바람.
【雨散雲收 우산운수】 ①서로 헤어짐. ②정사(情事)가 이미 끝남.
【雨水 우수】 ①빗물. ②24절기의 하나. 입춘(立春)과 경칩(驚蟄) 사이. 양력 2월 18일경.
【雨矢 우시】 비처럼 쏟아지는 화살.
【雨施 우시】 ①비가 내려 만물을 적심. ②비처럼 골고루 베풂.
【雨暘 우양】 비 오는 날과 갠 날. 우천(雨天)과 청천(晴天). 晴雨(청우).
【雨暘時若 우양시약】 비가 와야 할 때에 오고, 볕이 나야 할 때에 남. 기후가 고름. ◎'若'은 '順'으로 '따르다, 순종하다'를 뜻함.
【雨餘 우여】 비가 그친 뒤. 雨後(우후).
【雨如車軸 우여거축】 빗발이 수레바퀴의 굴대와 같음. 큰비[大雨]가 내리는 모양.
【雨雲心 우운심】 정욕(情欲).
【雨月 우월】 國음력 5월의 딴 이름.
【雨意雲情 우의운정】 남녀의 연정.
【雨一犁 우일리】 쟁기로 갈기에 알맞은 비.
【雨滴 우적】 빗방울.
【雨足 우족】 ①➡雨脚(우각). ②비가 충분히 옴.
【雨注 우주】 ①비처럼 끊임없이 내리퍼부음. 雨下(우하). ②비가 쏟아짐.
【雨集 우집】 ①빗물이 모임. ②빗물처럼 많이 모임.
【雨澤 우택】 ①비가 만물을 적심. ②임금의 은택(恩澤).
【雨下 우하】 ①비가 옴. 강우(降雨). ②비처럼 끊임없이 퍼부음. 雨注(우주).
【雨虐風饕 우학풍도】 풍우에 시달림.
【雨後送傘 우후송산】 비 온 뒤에 우산을 보냄. 때가 늦음.
【雨後竹筍 우후죽순】 ➡雨後春筍(우후춘순).
【雨後春筍 우후춘순】 비 온 뒤에 돋아나는 죽순. 많이 생겨남의 비유.

◐ 甘—, 降—, 穀—, 久—, 雷—, 大—, 梅—, 猛—, 暮—, 微—, 冰—, 絲—, 山—, 細—, 小—, 疎—, 時—, 夜—, 雲—, 陰—, 霖—, 慈—, 朝—, 疾—, 晴—, 秋—, 春—, 翠—, 驟—, 土—, 暴—, 風—, 夏—, 汗—, 寒—.

雨 3 【霎】⑪ 가랑비 삽 㢠㢠 shān
字解 가랑비, 소우(小雨).

雨 3 【雪】⑪ 눈 설 㢠 xuě
一 ⼕ ⾬ 示 雷 雷 雲 雪 雪
소전 雪 초서 雪 본자 霅
字源 形聲. 雨+⺕(彗의 생략체)→霅→雪. '彗(혜)'가 음을 나타낸다.
字解 ①눈, 눈이 오다. 〔世說新語〕于時始雪. ②씻다. ㉮더러움을 씻다. 〔史記〕沛公遽雪足杖矛曰, 延客入. ㉯누명이나 치욕을 벗다. 〔戰國策〕以雪先王之恥. ③희다, 흰 것의 비유. 〔盧思道・賦〕振雪羽而臨風. ④깨끗하다, 결백하다. 〔貫休・詩〕松品落落, 雪格索索.
【雪客 설객】 해오라기. 백로(白鷺)의 아칭(雅稱). ②설중(雪中)에 찾아온 손.
【雪見羞 설견수】 결백함이 눈보다 더 흼.
【雪骨 설골】 ①눈처럼 희고 깨끗한 뼈, 또는 나뭇가지. ㉠학(鶴). ㉡말리(茉莉). ㉢매화(每花). ②숭고한 풍골(風骨).
【雪仇 설구】 원수를 갚고 치욕을 씻음.
【雪肌 설기】 눈같이 희고 깨끗한 살결.
【雪泥 설니】 ①눈과 흙탕. ②쌓인 눈이 녹아 길이 진창이 됨.
【雪泥鴻爪 설니홍조】 눈 위에 난 기러기 발자국은 눈이 녹으면 없어짐. 인생이 무상하고 아무 흔적이 없음의 비유.
【雪嶺 설령】 눈에 덮인 산봉우리.
【雪馬 설마】 國썰매.
【雪面 설면】 눈같이 흰 얼굴.
【雪綿子 설면자】 풀솜.
【雪眉 설미】 ①눈같이 흰 눈썹. ②백발 노인.
【雪白 설백】 눈같이 흼.
【雪魄 설백】 ①깨끗한 혼백. ②매화(梅花)의 딴 이름.
【雪魄冰姿 설백빙자】 청초한 꽃의 결백한 모양.
【雪復 설복】 치욕을 깨끗이 갚음.
【雪膚花容 설부화용】 눈같이 흰 살결과 꽃같이 아름다운 얼굴. 미인의 용모.
【雪憤 설분】 분함을 풂. 분풀이.
【雪崩 설붕】 눈사태.
【雪似鵝毛 설사아모】 눈이 거위의 털과 같음. 눈이 가볍게 흩날리는 모양.
【雪山 설산】 ①눈이 쌓인 산. ②거칠게 이는 흰 물결. ③서역(西域)에 있는 산 이름. ④히말라야 산. 석가여래가 수도한 산.
【雪霜 설상】 ①눈과 서리. ②갖은 고생을 맛봄. ③머리털이 셈.
【雪上加霜 설상가상】 눈 위에 서리를 더함. 환난이 거듭됨.
【雪色 설색】 ①눈빛. 눈같이 흰 빛깔. ②눈의 경치. 雪景(설경).
【雪線 설선】 높은 산에서, 일 년 내내 눈이 덮여 지면(地面)이 나타나지 않는 경계선.

【雪水 설수】 눈 녹은 물.
【雪案 설안】 눈빛에 비추어 글을 읽던 책상. ㉠ 고학함. ㉡책상. 故事 진(晉)나라의 손강(孫康)이 집안이 가난하여 눈빛에 비추어 글을 읽었다는 고사에서 온 말.
【雪餘 설여】 눈이 내린 뒤. 雪後(설후).
【雪然 설연】 눈이 내리듯이 해오라기가 가볍게 내려앉는 모양.
【雪髥 설염】 눈같이 흰 수염.
【雪辱 설욕】 부끄러움을 씻음. 雪恥(설치).
【雪冤 설원】 원통함을 품. 누명을 벗음.
【雪月 설월】 ①눈과 달. ②눈 위에 비치는 달빛.
【雪月花 설월화】 눈과 달과 꽃. 사계절의 좋은 경치.
【雪隱 설은】 (佛)뒷간. 변소. 故事 설봉 선사(雪峯禪師)가 뒷간을 청소하다가 크게 깨달았다는 고사에서 온 말.
【雪衣 설의】 눈처럼 흰 옷. ㉠학(鶴). ㉡흰 앵무새. ㉢흰 비둘기. ㉣백로(白鷺).
【雪意 설의】 눈이 올 듯한 기미.
【雪異 설이】 國①때 아니게 내리는 눈. ②엄청나게 많이 내린 눈으로 인한 재변(災變).
【雪中 설중】 ①눈이 내리는 가운데. ②눈이 쌓인 속.
【雪中高士 설중고사】 매화의 딴 이름.
【雪中四友 설중사우】 옥매(玉梅)·납매(臘梅)·수선(水仙)·산다화(山茶花)의 병칭.
【雪中松柏 설중송백】 소나무와 잣나무는 눈 속에서도 그 빛을 잃지 않음. 절조가 굳어 변하지 않음.
【雪天 설천】 ①눈이 내리는 날씨. ②눈이 내리는 하늘.
【雪千莖 설천경】 흰 머리털이 많은 모양.
【雪虐風饕 설학풍도】 풍우에 시달려 갖은 고생을 함.
【雪寒 설한】 國눈이 내리거나 내린 후의 추위.
【雪寒風 설한풍】 國눈이 내릴 때 휘몰아치는 추운 바람. 눈바람.
【雪海 설해】 북쪽의 눈에 덮인 땅을 바다에 비유한 말.
【雪花 설화】 ①눈. 눈송이. 눈을 꽃에 비유한 말. ②눈같이 흰 꽃.
❶降-, 大-, 凍-, 白-, 飛-, 霜-, 瑞-, 伸-, 夜-, 浣-, 殘-, 積-, 初-, 吹-, 風-, 含-, 香-, 皓-.

雨3【雩】⑪ ❶기우제 우 漢 yú
❷땅 이름 우 漢 xū
字解 ❶①기우제(祈雨祭), 기우제를 지내다. 〔春秋左氏傳〕龍見而雩. ②춘추 필법. 기우제를 지내고 비가 오면 '雩' 자를 쓰고, 비를 얻지 못하면 '旱(한)' 자를 쓴다. ③무지개. ④우무(羽舞). ⑤땅 이름. 춘추 시대 송(宋)나라의 땅. 지금의 하남성(河南省) 수현(睢縣). ❷땅 이름. 우루(雩婁). 춘추 시대 오(吳)나라의 땅. 지금의 하남성(河南省) 동쪽, 안휘성(安徽省) 북쪽. 〔春秋左氏傳〕楚子秦人侵吳及雩婁.
【雩祀 우사】 기우제(祈雨祭).
【雩祭 우제】 가뭄이 들었을 때 비를 비는 제사.

雨3【雪】⑪ 雪(1973)와 동자

雨3【㲾】⑪ 雨(1971)의 고자

雨4【雯】⑫ 구름 무늬 문 漢 wén
字解 구름무늬, 구름이 이루는 아름다운 무늬. 〔古三墳〕日雲赤曇, 月雲素雯.
【雯華 문화】 구름이 이루는 아름다운 무늬.

雨4【雱】⑫ 눈 내릴 방 漢 pāng
字解 ①눈이 내리다, 눈이 펑펑 쏟아지다. 〔詩經〕雨雪其雱. ②비가 세차게 오다.

雨4【雰】⑫ 안개 분 漢 fēn
字解 ①안개. 〔素問〕寒雰結爲霜雪. ②비나 눈이 오는 모양. ¶雰雰. ③어지럽다. ≒紛. ④기운. ≒氛. ⑤서리. 〔楚辭〕漱凝霜之雰雰. ⑥먼지, 티끌.
【雰雰 문문】 ①눈이 내리는 모양. 서리의 모양. ②비가 오는 모양.
【雰圍氣 분위기】 ①지구를 싸고 있는 대기(大氣). ②어떤 장면이나 회합 등의 일반적인 기분. ③개인의 주변 상황. 환경.
【雰祲 분침】 나쁜 기운.
【雰虹 분홍】 ①해의 곁에 있는 재앙의 기운. ②무지개.
❶降-, 濃-, 霧-, 霜-, 朱-.

雨4【雲】⑫ 구름 운 漢 yún

字源 會意·形聲. 雨+云→雲. '云(운)'이 음도 나타낸다. 云은 본래 구름이 피어오르는 모습을 그린 것으로 '구름'을 뜻하였는데, 뒤에 '말하다'의 뜻으로 가차되자 구름이라는 뜻으로는 비(雨)를 더한 '雲' 자를 새로 만들어 썼다.

字解 ①구름. ②습기(濕氣), 축축한 기운. 〔素問〕風雲並興. ③높음의 비유. 〔後漢書〕雲車十餘丈. ④많음의 비유. 〔後漢書〕雲輜蔽路, 萬有三千餘乘. ⑤많의 비유. 〔陸游·詩〕苦心猶欲付雲仍. ⑥구름같이 덩겨져 보이는 것의 비유. 〔錢起·賦〕俯人煙於萬井, 小雲樹於五陵.

⑦(盛)함의 비유. 〔詩經〕其從如雲.
【雲架 운가】 높은 지붕. 雲棟(운동).
【雲駕 운가】 임금이 타는 수레.
【雲脚 운각】 ①구름이 움직여 가는 모양. ②구름이 낮게 드리워 있는 모양. 구름발. ③차(茶)의 딴 이름.
【雲間鶴 운간학】 구름 사이를 나는 학. 고상한 인물.
【雲監 운감】 國관상감(觀象監)의 딴 이름.
【雲開見日 운개견일】 ㉠구름이 열려 해를 보게 됨. ㉡오랫동안 닫히고 막혔던 것이 비로소 열려 통함. ㉢의문이나 불안하던 것이 해소됨. ㉣불화하던 사이에 화해가 이루어짐.
【雲客 운객】 구름 속의 사람. 신선이나 은자(隱者)의 미칭(美稱).
【雲車 운거】 ①망루(望樓)가 있는 수레. ②구름 문을 새긴 수레. ③신선이 탄다는 구름 수레.
【雲衢 운구】 구름이 흐르는 길. 雲路(운로).
【雲捲天晴 운권천청】 구름이 걷히고 하늘이 맑게 갬. 병이나 근심이 씻은 듯이 없어짐.
【雲根 운근】 ①구름이 생기는 근원. ㉠산의 높은 곳. ㉡구름은 산에서 생긴다는 데서 온 말. ㉢바위. ㉣구름은 바위 틈에서 생긴다는 데서 온 말. ②구름.
【雲錦 운금】 ①아침노을. 朝霞(조하). ②구름을 수놓은 비단.
【雲錦裳 운금상】 썩 아름다운 옷. 신선(神仙)이 입는 옷.
【雲氣 운기】 ①구름과 안개. ②구름이 움직이는 모양. ③공중으로 떠오르는 기운.
【雲起龍驤 운기용양】 구름이 일고 용이 올라감. 영웅이 분기함.
【雲泥 운니】 구름과 진흙. 서로의 차이가 현격(懸隔)함.
【雲堂 운당】 ①(佛)㉠운수승(雲水僧)이 모이는 당. 승당(僧堂). ㉡구름집. ②도사(道士)의 방.
【雲屯 운둔】 구름처럼 떼를 지어 모임.
【雲路 운로】 ①구름이 길게 뻗어 있는 길. ②벼슬하여 높은 지위에 오름.
【雲龍 운룡】 ①구름을 타고 승천하는 용. 천자(天子)나 왕후(王侯)·영웅의 비유. ②구름과 용의 무늬.
【雲龍風虎 운룡풍호】 용은 구름을 좇고 범은 바람을 따름. ㉠의기와 기질이 서로 맞음. ㉡성주(聖主)가 현명한 신하를 얻음.
【雲樓 운루】 높다란 다락집.
【雲林 운림】 구름이 끼어 있는 숲.
【雲物 운물】 ①운기(雲氣)의 빛깔. 햇무리〔日暈〕의 빛깔. ②경치(景致).
【雲髮 운발】 구름 같은 머리. 여자의 아름다운 머리.
【雲翻雨覆 운번우복】 ①인정이 번복되기 쉬움. ②남녀의 환락.
【雲峯 운봉】 ①산봉우리처럼 뭉게뭉게 피어오르는 구름 봉우리. ②구름이 걸려 있는 높은 산봉우리.
【雲鬢 운빈】 미인의 귀밑으로 드려진 탐스러운 머리털. ▷'鬢'은 '귀밑털'을 뜻함.
【雲榭 운사】 높다란 정자.
【雲散鳥沒 운산조몰】 구름처럼 흩어지고 새처럼 형적을 감춤. 형적이 없음.
【雲翔 운상】 ①뿔뿔이 흩어짐. ②하늘을 달림. ③여기저기에서 일어남. ④구름처럼 빨리 달림.
【雲霄 운소】 ①하늘. 천공(天空). ②높은 지위.
【雲消霧散 운소무산】 구름처럼 사라지고 안개처럼 흩어짐. 곧, 자취 없이 사라짐. 雲散鳥沒(운산조몰).
【雲孫 운손】 멀어진 자손. 8대(代)째의 후손.
【雲水 운수】 ①구름과 물. ②행각승(行脚僧).
【雲岫 운수】 구름이 이는 산봉우리. 구름이 걸린 산봉우리.
【雲水僧 운수승】 동냥중. 행각승.
【雲樹之懷 운수지회】 벗을 그리는 마음.
【雲心月性 운심월성】 욕심이 없고 세속의 명예나 이익을 구하지 않음.
【雲靄 운애】 ①구름과 안개. ②구름이 낌.
【雲煙 운연】 ①구름과 연기. ②구름과 안개. ③서화(書畫)의 필세(筆勢)가 약동함.
【雲影濤聲 운영도성】 소나무의 모양과 소나무에 부는 바람.
【雲霓 운예】 구름과 무지개.
【雲翳 운예】 ①구름의 그림자. ②구름처럼 덮임.
【雲霓之望 운예지망】 가물 때 구름과 무지개를 바람. 간절한 희망.
【雲臥 운와】 구름이 걸려 있는 높은 산에서 잠이 듦. 속세를 피하여 산속에 은거함.
【雲擾 운요】 뭉게구름이 피어나듯 세상이 어지러움.
【雲雨 운우】 ①구름과 비. ②은택(恩澤). 덕택(德澤). ③세력이 성함. ④남녀의 교정(交情).
【雲雨之情 운우지정】 남녀의 교정(交情). 故事 초(楚) 회왕(懷王)이 꿈속에서 어떤 여자와 동침하였는데, 그 여자가 헤어지면서 자신은 무산(巫山)의 신녀(神女)로서 아침에는 구름이 되고 저녁이면 비가 되어 내린다 하였다는 고사에서 온 말.
【雲遊 운유】 ①구름 속에서 놂. ②구름처럼 자유로이 놂. ③구름이 한가롭게 천공을 떠돎. ④여러 나라를 순유(巡遊)함. 방랑함.
【雲潤 운윤】 구름이 물기를 띠고 눅눅함.
【雲仍 운잉】 운손(雲孫)과 잉손(仍孫). 대수가 먼 후손.
【雲雀 운작】 종달새. 노고지리.
【雲章 운장】 임금의 필적(筆蹟).
【雲程 운정】 청운(靑雲)의 뜻을 품은 사람의 양양한 앞길.
【雲情雨意 운정우의】 남녀의 연정(戀情). 남녀의 정교(情交).
【雲梯 운제】 ①성을 공격하는 데 쓰는 높은 사닥다리. ②높은 곳에 오름. ③과거에 급제함.

〈雲梯①〉

【雲際 운제】 구름의 가장자리. 높은 하늘이나 높은 산.
【雲鳥 운조】 하늘 높이 나는 새.
【雲中白鶴 운중백학】 구름 사이를 나는 하얀 학. 인품이 고상한 사람.
【雲蒸 운증】 구름이 뭉게뭉게 피어오름.
【雲蒸龍變 운증용변】 물이 증발하여 구름이 되고, 뱀이 변하여 용이 됨. 영웅호걸이 시운을 만나 일어남.
【雲脂 운지】 머리의 비듬.
【雲集 운집】 구름같이 모여듦.
【雲集霧散 운집무산】 구름처럼 모였다가 안개처럼 흩어짐. 일시에 모였다가 흩어짐.
【雲天 운천】 구름 낀 하늘.
【雲泉 운천】 ①구름이 일고 샘이 솟는 곳. 산속. ②경치 좋은 곳을 그리워하는 마음.
【雲聚 운취】 ①구름과 같이 많이 모임. 雲集(운집). ②구름처럼 뭉게뭉게 피어남. 안정됨이 없는 모양.
【雲輜 운치】 많은 병거(兵車)가 모여 있는 모양.
【雲陛 운폐】 높은 층계. 궁중의 석계(石階).
【雲罅 운하】 구름 사이. 雲間(운간).
【雲霞 운하】 ①구름과 노을. 구름과 안개. ②봄의 딴 이름.
【雲霞癖 운하벽】 봄을 사랑하는 성벽(性癖). 산수를 사랑하는 버릇. 山水癖(산수벽).
【雲壑 운학】 구름이 걸려 있는 깊은 골짜기.
【雲鶴 운학】 ①구름 속을 나는 학. ②멀리 감.
【雲漢 운한】 ①은하수(銀河水). ②하늘.
【雲翰 운한】 남의 편지에 대한 높임말.
【雲合霧集 운합무집】 구름이 모이고 안개가 모여듦. 많은 것이 일시에 모여듦.
【雲海 운해】 ①구름이 덮인 바다. ②물이 구름에 닿아 보이는 수평선. ③산이 구름에 싸여 봉우리만 섬같이 보이는 모양.
【雲行 운행】 ①구름이 떠다님. 천은(天恩)이 널리 미침. ②구름처럼 떼 지어 감.
【雲行雨施 운행우시】 ①구름이 하늘에 퍼져 비가 되어 만물에 은택을 베풂. ②은택이 아래로 미침.
【雲火 운화】 ①봉화(烽火). ②구름과 불.
【雲鬟 운환】 ①여자의 아름답게 쪽 찐 머리. ②먼 산의 모양.
【雲譎波詭 운휼파궤】 ①집이 구름이나 물결처럼 보임. ②문필(文筆)이 구름이나 물결처럼 변화가 있음.

◑ 景-, 慶-, 奇-, 亂-, 暮-, 密-, 白-,
  浮-, 山-, 祥-, 瑞-, 星-, 煙-, 嶺-,
  陰-, 紫-, 殘-, 積-, 靑-, 層-, 片-,
  風-, 夏-, 行-, 紅-, 黃-, 橫-, 黑-.

雨5 【零】⑬ 黔(1980)과 동자

雨5 【霯】⑬ 비 오는 모양 동 图 dōng
字解 비 오는 모양.

雨5 【零】⑬ ❶조용히 오는 비 령 屚 líng
          ❷종족 이름 련 兄 lián
          ❸떨어질 령 圂

一广兩雨雨雰雰零零
소전 篆 초서 동자 零 參考 대법원 지정 인명용 한자의 음은 '령'이다.
字源 形聲. 雨+令→零. '令(령)'이 음을 나타낸다.
字解 ❶①조용히 오는 비. ②떨어지다. ㉮비가 오다. 〔詩經〕靈雨旣零. ㉯이슬이 내리다. 〔詩經〕零露漙兮. ㉰영락(零落)하다. 〔班固·答賓戱〕失時者零落. ㉱풀이 마르다. 〔楚辭〕惟草木之零落兮. ㉲위에서 떨어지다. ③우수리, 남은 수. 〔宋史〕數旣奇零. ④수가 없음, 제로(zero). ❷종족 이름. 서강(西羌)의 이름. 〔漢書〕先零豪言, 願率渡湟水北. ❸떨어지다.
【零絹 영견】 ①한 조각의 명주. ②한 조각의 서화(書畫). 零墨(영묵).
【零落 영락】 ①초목이 시들어 떨어짐. ②세력이나 살림이 아주 보잘것없이 됨. ③죽음.
【零零碎碎 영령쇄쇄】 자질구레하고 번거로움. 사세(些細)하고 장황함.
【零露 영로】 방울져 떨어지는 이슬.
【零淚 영루】 눈물을 떨어뜨림. 落淚(낙루).
【零買 영매】 물건을 조금씩 삼.
【零賣 영매】 물건을 조금씩 팖.
【零散 영산】 떨어져 흩어짐.
【零星 영성】 ①가색(稼穡)을 맡은 별 이름. 영성(靈星). ②우수리. ③얼마 되지 않음. ④사람이 낙탁(落魄)함.
【零細 영세】 國①매우 미세함. 근소(僅少)함. ②살림이 보잘것없고 가난함.
【零碎 영쇄】 ①떨어져 부서짐. ②자질구레함. 자질구레한 사물.
【零餘 영여】 쓰고 남은 돈이나 물건. 허섭스레기. 나머지.
【零雨 영우】 ①가랑비. 보슬비. 細雨(세우). ②國큰 빗방울이 뚝뚝 떨어지는 비.
【零錢 영전】 잔돈. 우수리.
【零點 영점】 ①득점이 없음. ②섭씨 온도계의 빙점(冰點).
【零丁 영정】 ①실의(失意)한 모양. ②고독한 모양. ②미아(迷兒)를 찾기 위하여 장대 끝에 게시한 광고.
【零凋 영조】 꽃이 시들어 떨어짐.
【零替 영체】 영락(零落)함.
【零縮 영축】 수효가 줄어서 모자람.

◑ 奇-, 蟄-, 凋-, 墮-, 飄-.

雨5 【雷】⑬ ❶우레 뢰 灰 léi
          ❷돌 내리 굴릴 뢰 隊 lèi

一广兩雨雨雷雷雷雷
소전 고문 고문 주문 초서 雷

雨部 5획 霅 霁 雹 霙 電

【본자 電】 【字源】 會意·形聲. 雨+田(畾의 생략체)→雷. '畾(뢰)'가 음도 나타낸다. '畾'는 음(陰)과 양(陽)이 서로 끌어 공중에서 회전함을 나타낸다.

【字解】 ❶우레, 천둥. 오행(五行)으로는 토(土), 주역(周易)으로는 진(震). ㉮인군(人君)의 상(象). ㉯제후(諸侯)의 상(象). ㉰장자(長子)의 상(象). ❷큰 소리의 형용. 〔李覯·詩〕 鳴泉百雷. ❸사나운 모양의 비유. 〔古詩〕性行暴如雷. ❹빠른 모양. 〔李群玉·詩〕 雷奔電逝三千兒. ❺위엄이 있는 모양. 〔詩經〕 震驚徐方, 如雷如霆. ❻한대(漢代)의 제후국. ❼성(姓). ❷돌을 내리 굴리다, 성(城)을 지킬 때 사용하는 무기. 성 위에서 큰 돌을 밀어 아래로 굴린다. ≒礌.

【雷車 뇌거】 ①뇌신(雷神). ②우렛소리가 달리는 수레 소리와 같음. ③수레 소리가 천둥소리와 같음.
【雷巾 뇌건】 도사(道士)가 쓰는 두건(頭巾).
【雷擊 뇌격】 ①벼락이 침. 주벌(誅伐)을 행함. ②수뢰정(水雷艇)으로 공격함. 어뢰(魚雷)로 공격함.
【雷擊牆壓 뇌격장압】 벼락이 치는 듯하고, 담벼락이 누르는 듯함. ㉠위세가 격렬함. ㉡형벌이 준열(峻烈)함.
【雷鼓 뇌고】 ①천둥소리. ②야단스럽게 북을 침. ③팔면(八面)으로 된 북. 천제(天祭)에 씀.
【雷公 뇌공】 ①천둥. ②뇌신(雷神).
【雷管 뇌관】 총포의 탄약에 점화하기 위한 발화물(發火物).
【雷轟 뇌굉】 ①천둥소리가 크게 울림. ②벼락이 떨어짐. 落雷(낙뢰).
【雷同 뇌동】 시비의 분별이 없이 함부로 남의 말에 붙좇음. 附和(부화).
【雷動 뇌동】 ①몹시 진동(振動)함. ②천둥이 울리는 것처럼 와글와글 떠들어 댐.
【雷厲風飛 뇌려풍비】 명령이 엄함.
【雷名 뇌명】 ①세상에 널리 알려진 명성. ②남의 성명이나 명예에 대한 존칭.
【雷鳴 뇌명】 ①천둥소리가 남. ②천둥소리 같은 큰 소리. ③요란하게 코 고는 소리.
【雷抃 뇌변】 손뼉치는 소리가 천둥소리 같음.
【雷封 뇌봉】 현령(縣令)의 딴 이름. ♀그 권세를 우레에 비긴 데서 온 말.
【雷逢電別 뇌봉전별】 우레같이 만났다가 번개같이 헤어짐. 잠깐 만났다가 곧 헤어짐.
【雷斧 뇌부】 ①돌로 만든 도끼. 석기 시대의 유물. 石斧(석부). ②괴상하게 생긴 돌.
【雷奔 뇌분】 우레처럼 세차게 달림.
【雷神 뇌신】 우레를 맡고 있다는 신. 雷公(뇌공). 雷師(뇌사).
【雷雨 뇌우】 우레와 함께 내리는 비.
【雷電 뇌전】 천둥과 번개.
【雷霆霹靂 뇌정벽력】 격렬한 천둥과 번개.
【雷震 뇌진】 천둥이 진동(震動)함.
【雷陳膠漆 뇌진교칠】 교분이 매우 두터움. ♀'雷陳'은 '후한(後漢)' 뇌의(雷義)와 진중(陳重)의 병칭(竝稱)'을, '膠漆'은 '아교와 옻칠'을 뜻함.
【雷歎 뇌탄】 크게 탄식함.
【雷火 뇌화】 낙뢰(落雷)로 일어난 화재.
❶ 驚-, 黔-, 機-, 落-, 濤-, 晩-, 蚊-, 百-, 水-, 迅-, 魚-, 遠-, 殷-, 霆-, 地-, 疾-, 避-, 鼾-.

雨5 【霅】 ⑬ 큰비 립 𩂷 chì
【字解】 큰비, 큰비가 오다.

雨5 【霁】 ⑬ 안개 몽 𩃎 wù, méng
〔초서〕 【字解】 ①안개. ②아지랑이.
【霁亂 몽란】 흐트러지는 일.

雨5 【雹】 ⑬ 누리 박 𩃟 báo
〔소전〕 𩃺 〔고문〕 𩄀 〔초서〕 雹 【字解】 누리, 우박. 〔春秋左氏傳〕 大雨雹.
【雹冰 박빙】 우박. 얼음.
【雹散 박산】 우박처럼 흩어짐.
【雹霰 박산】 우박.
❶ 霜-, 雨-, 風飛-散.

雨5 【霙】 ⑬ 흰 구름 피어날 앙 𩄄陽 yāng
【字解】 흰 구름이 피어나다, 흰 구름의 모양.

雨5 【電】 ⑬ 번개 전 𩅦 diàn
一 二 乕 乕 電 電 電 電 電
〔소전〕 電 〔고문〕 𩅧 〔초서〕 電 【본자】 電 【간체】 电
【字源】 會意·形聲. 雨+甩→電. 申(신)은 본래 电으로 번개가 칠 때 구부러지는 모양을 그린 것이다. 뒤에 지지(地支)의 아홉 번째 글자로 가차되자, 雨 자를 덧붙여 뜻을 분명하게 하고 申도 电으로 모양을 구부러뜨린 '電' 자를 새로 만들어 썼다.

【字解】 ①번개. 〔蘇軾·詩〕柳侯運筆如電閃. ②빠름의 비유. 〔王正貞·詩〕飛騰彎弓電. ③남에게 대하여 경의를 표하는 말. ¶電覽. ④번쩍이다. 〔禮記〕雷乃發聲始電. ⑤전기.
【電激 전격】 번개처럼 격렬함.
【電擊 전격】 ①번개처럼 단숨에 냅다 침. ②감전(感電)된 충격.
【電頃 전경】 번개가 번쩍하는 정도의 극히 짧은 동안.
【電光石火 전광석화】 번갯불과 돌이 맞부딪쳐 튀는 불꽃. ㉠일이 신속함. ㉡짧은 시간.
【電光朝露 전광조로】 극히 짧은 시간.
【電戟 전극】 ①번개 같은 번쩍이는 빛을 내는

미늘창. ②붓끝이 날카로움.
【電覽 전람】 現번갯불과 같이 밝게 비추어 봄. 남의 관찰에 대한 경칭(敬稱).
【電沫 전말】 번개와 물거품. ㉠무상(無常)함의 비유. ㉡쉽게 사라지는 사물의 비유.
【電邁 전매】 번개처럼 빨리 감.
【電滅 전멸】 번갯불처럼 순식간에 없어짐.
【電母 전모】 천둥. 번개.
【電騖 전무】 번개처럼 빨리 달림. ◯'騖'는 '질주(疾走)'를 뜻함. 電馳(전치).
【電報 전보】 전신을 이용한 통신이나 통보.
【電赴 전부】 썩 빨리 달려감.
【電飛 전비】 기세가 천둥과 번개처럼 떨침.
【電逝 전서】 번개처럼 떠나감.
【電閃 전섬】 ①번개. ②번갯불같이 번쩍임.
【電信 전신】 전류나 전파를 이용한 통신.
【電影 전영】 ①번개. ②現영화(映畫).
【電繞樞 전요추】 전광(電光)이 북두의 추성(樞星)을 돎. 운수가 좋을 조짐이라고 함.
【電掣 ●전철 ❷전체】 ●번개처럼 재빨리 끌어당김. ❷번개가 번쩍임.
【電燭 전촉】 ①번개처럼 빛남. ②똑똑하게 살핌. 현명하게 추찰(推察)함. 明察(명찰).
【電馳 전치】 번개처럼 빨리 달림.
【電鞭 전편】 번개의 섬광(閃光).
【電火 전화】 번갯불.

❶感-, 急-, 露-, 雷-, 漏-, 無-, 返-, 放-, 閃-, 送-, 迅-, 外-, 流-, 入-, 停-, 弔-, 祝-, 蓄-, 打-, 回-, 訓-.

雨6 【需】 ⑭ ❶구할 수 厦 xū ❷부드러울 유 厦 rú ❸부드러울 연 銑 ruǎn

[소전][초서][參考] 대법원 지정 인명용 한자의 음은 '수'이다.
[字源] 會意. 雨+而→需. '而'는 '大'와 같이 사람을 뜻한다. 사람(而)이 비(雨)를 만나서 긋기를 기다린다는 데서 '구(求)하다'라는 뜻을 나타낸다.
[字解] ❶①구하다, 바라다. 〔高啓·詩〕君才適時需, 正若當暑扇. ②비가 긋다. ③기다리다. 〔易經〕需, 須也. 〔疏〕是需待之義. ④머뭇거리다, 의심하다. 〔春秋左氏傳〕子行抽劍曰, 需事之賊也. ⑤기르다. 〔易經〕物釋不可不養也, 故受之以需, 需者飮食之道也. ⑥쓰다, 사용하다. 〔宋史〕公家百需. ⑦공급하다. 〔元史〕與民均納供需. ⑧괘(卦) 이름, 64괘의 하나. 괘형은 ䷄. 때를 기다리면 이루어짐을 상징한다. ❷부드럽다, 다룸가죽이 부드러운 모양. 〔周禮〕欲其柔滑而腤脂之則需. ❸①부드럽다. ②덜 차다. 〔周禮〕薄其帠則需.
【需給 수급】 수요와 공급.
【需事之賊 수사지적】 일에 대해서 의심하여 머뭇거리면 일을 성취할 수 없게 됨.
【需要 수요】 ①필요해서 구함. 소용됨. ②재화

(財貨)에 대하여 가지는 욕망.
【需用 수용】 ①필요하여 얻고자 함. 소용됨. ②필요로 하는 일이나 물품.
【需弱 연약】 약함. 懦弱(나약).

雨6 【霂】 ⑭ 소나기 우 虞 yū
[동자] 㴲 [字解] ①소나기. ②비가 쏟아지는 모양.

雨6 【㴲】 ⑭ 霂(1977)와 동자

雨6 【霄】 ⑭ 霱(1984)와 동자

雨6 【霂】 ⑭ 물소리 우 遇 yù
[字解] ①물소리, 흐르는 물소리. ②오성(五聲)의 하나. 羽.

雨6 【霂】 ⑭ ❶어두울 조 嘯 diào ❷높고 험한 모양 책 陌 diào
[字解] ❶어둡다. ❷높고 험한 모양. 〔淮南子〕上遊于霄霂之野.

雨7 【靈】 ⑮ 靈(1985)의 속자

雨7 【霉】 ⑮ 매우 매 灰 méi
[초서] 霉 [字解] ①매우(梅雨). 초여름인 6월 상순부터 7월 상순까지 계속되는 장마. ②곰팡이. 초여름 장마에 곰팡이가 잘 슬기 때문에 이르는 말.
【霉爛 매란】 ①몹시 소중히 함. ②습기로 썩음.
【霉濕 매습】 곰팡이가 슬고 눅눅함.

雨7 【霂】 ⑮ 가랑비 목 屋 mù
[소전][초서] 霂 [字源] 會意·形聲. 雨+沐→霂. '沐(목)'이 음도 나타내고, 물을 머리에서부터 덮어쓴다는 뜻도 나타낸다. 이 자에 '雨'를 더하여 옷을 적시는 비, 곧 '가랑비'라는 뜻을 나타낸다.
[字解] 가랑비.

雨7 【霓】 ⑮ 霓(1983)과 동자

雨7 【霓】 ⑮ 霓(1983)과 동자

雨7 【霄】 ⑮ ❶하늘 소 蕭 xiāo ❷닮을 초 本소 篠 xiǎo
[소전][초서] 霄 [동자] 䨎 [字解] ❶①하늘. 〔李從遠·詩〕中

雨部 7획 霄霆震

霄日天子, 半座寶如來. ❷진눈깨비. ❸태양 곁에 일어나는 운기(雲氣).〔漢書〕騰淸霄而軟浮景兮. ❹밤.〔呂氏春秋〕有畫宵, 有霄見. ❺구름.〔後漢書〕涉淸霄而升遐兮. ❻끼지다, 다 되다. ≒消. ❼땅 이름. 지금의 산동성(山東省) 거현(莒縣)의 경계. ❽성(姓). ❷닮다. =肖.
【霄褐 소갈】천상(天上)의 사람이 입는 옷.
【霄客 소객】하늘에서 온 손님. 천인(天人)·선인(仙人) 따위.
【霄嶺 소령】반공(半空)에 우뚝 솟은 산.
【霄明 소명】새벽. 宵明(소명).
【霄半 소반】반공(半空). 天半(천반).
【霄岫 소수】하늘 높이 솟은 산봉우리.
【霄壤 소양】①하늘과 땅. ②격차가 심함. 天地(천지).
【霄元 소원】하늘.
【霄月 소월】중천에 뜬 달.
【霄翟 소책】높고 험한 모양.
【霄峙 소치】하늘 높이 우뚝 솟음.
【霄漢 소한】하늘. 蒼天(창천). 蒼空(창공).
◐九─, 陵─, 半─, 碧─, 雲─, 遠─, 絶─, 中─, 澄─, 靑─, 晴─, 層─, 逈─, 寒─.

雨7【霅】⑮
❶번개칠 잡 盍 zhá
❷빛날 합 盍 sà
❸빗소리 읍 緝 yì
❹흩어질 삽 盍 shà

字解 ❶①번개가 치다. ②떠들다, 시끄럽다. ③비가 오다.〔後漢書〕霅爾電落. ④빠르다.〔潘岳·賦〕霅嘩灸發. ❷①빛나다, 빛나는 모양.〔班固·答賓戲〕霅煜其間者, 蓋不可勝載. ②떠드는 소리. ❸빗소리. ❹①흩어지다.〔漢書〕霅然陽開. ②땅 이름.
【霅嘩 잡엽】빠른 모양.
【霅霅 잡잡】❶삽삽 ❶①번개 치는 모양. ②떠들썩함. 뭇사람의 소리. ❷비가 오는 모양.
【霅煜 합욱】①빛나는 모양. ②강성함의 모양.
【霅然 삽연】흩어지는 모양.

雨7【霆】⑮ 천둥소리 정 靑迥 tíng

字解 ①천둥소리, 심한 천둥소리, 벼락.〔素問〕酒爲雷霆. ②번개. ③떨다, 펄럭이다.〔管子〕天冬雷, 地冬霆. ④세차고 빠름의 비유. ❶霆(정).
【霆激 정격】번개처럼 격렬히 일어남.
【霆擊 정격】번개처럼 단숨에 들이침.
【霆震 정진】①번개가 번쩍임. ②번개처럼 격렬하게 떨침.
◐驚─, 雷─, 奔─, 震─, 疾─.

雨7【震】⑮
❶벼락 진 震 zhèn
❷아이 밸 신 眞 shēn

一戶雨雨雪雪震震震

字源 形聲. 雨+辰→震. '辰(진·신)'이 음을 나타낸다.

字解 ❶①벼락, 천둥.〔詩經〕燁燁震電. ②떨다. ㉮벼락 치다.〔春秋〕震夷伯之廟. ㉯움직이다.〔書經〕震驚朕師. ㉰놀라다.〔張衡·賦〕旁震八鄙. ㉱두려워하다.〔國語〕玩則無震. ㉲두려워 떨다.〔晉書〕子女內震. ㉳성내다.〔太玄經〕震于廷. ㉴권위를 떨치다.〔新唐書〕權震天下. ③지진.〔春秋公羊傳〕地震者何, 動地也. ④괘(卦) 이름. ㉮8괘의 하나. 괘형은 ☳. 떨쳐 나오려는 것을 상징한다. 우레, 동쪽, 장남(長男), 나무, 토(土) 등에 배당된다. ㉯64괘의 하나. 괘형은 ䷲. 만물이 발동하는 것을 상징한다. ⑤구(救)하다. ≒振. ❷①아이를 배다. ≒娠.〔春秋左氏傳〕邑姜方震大叔. ②성내다.〔漢書〕電擊雷震.
【震撼 진감】흔들어 움직임.
【震驚 진경】겁내고 놀람. 위협하여 놀라게 함.
【震悸 진계】놀라고 두려워함.
【震懼 진구】두려워 떪. 떨며 두려워함.
【震宮 진궁】황태자(皇太子)의 궁전.
【震怒 진노】①하늘의 노여움. ②천자(天子)의 노여움.
【震旦 진단】고대 인도 사람들이 중국을 일컫던 말. 〇범어(梵語) 'Chinasthâna'의 음역어.
【震檀 진단】圓우리나라의 딴 이름. 震壇(진단). 震域(진역).
【震怛 진달】겁주어 놀라게 함. 겁먹고 놀람.
【震悼 진도】천자가 신하의 죽음을 애도함.
【震動 진동】①흔들리고 움직임. ②놀라고 두려워함.
【震雷 진뢰】울려 퍼지는 천둥.
【震服 진복】두려워 복종함.
【震憤 진분】몸을 떨면서 분개함.
【震死 진사】벼락에 맞아 죽음.
【震慴 진섭】①떨며 두려워함. ②으름. 위협함.
【震騷 진소】놀라고 허둥댐.
【震悚 진송】떨며 두려워함.
【震蝕 진식】지진(地震)과 일월식(日月蝕).
【震恚 진에】몹시 성냄.
【震域 진역】①지진의 진동을 감지(感知)할 수 있는 지역. ②우리나라의 딴 이름.
【震畏 진외】떨며 두려워함.
【震搖 진요】흔들려 움직임. 흔들어 움직이게 함. 震動(진동).
【震威 진위】위세를 떨침.
【震慄 진율】두려워 벌벌 떪.
【震災 진재】지진으로 인한 재해.
【震電 진전】천둥이 울리고 번개가 번쩍임.
【震霆 진정】①번개. ②천둥. 벼락.
【震主 진주】위광(威光)이 있어 군주(君主)를 떨게 함.
【震震 진진】①우렛소리 따위의 큰 소리에 진동하는 모양. ②빛이 휘황하게 밝은 모양. ③성

(盛)한 모양. ④몹시 바쁜 모양. 분주한 모양.
【震天動地 진천동지】 천지를 진동시킴. 震天駭地(진천해지).
【震天駭地 진천해지】 천지를 진동시킴. ㉠세력이 굉장함. ㉡외치는 소리가 대단함.
【震疊 진첩】 두려워 떪. 떨며 두려워함.
【震盪 진탕】 흔들려 움직임.
【震汗 진한】 두려워서 땀이 남. 戰汗(전한).
【震駭 진해】 떨고 놀람. 놀라고 두려워함.
【震赫 진혁】 세력을 떨쳐 빛냄.
【震眩 진현】 놀라서 눈이 아찔함.
【震惶 진황】 떨며 두려워함. 戰惶(전황).
◑ 強−, 激−, 驚−, 懼−, 雷−, 大−, 微−, 竦−, 弱−, 餘−, 遠−, 威−, 地−.

雨 7【霃】⑮ 오래 흐릴 **침** [侵] chén
[소전] [속자] [字解] **오래 흐리다.** ≒沈.

雨 7【⿱雨沉】⑮ 霃(*1979*)의 속자

雨 7【霈】⑮ 비 쏟아질 **패** [泰] pèi
[초서] [字解] **①비가 쏟아지다,** 비가 억수로 오다. ≒沛. 〔李白·賦〕 于斯之時, 雲油雨霈. **②물이 흐르는 모양. ③큰비. ④젖다,** 배다. 〔李邕·表〕 雨露深仁, 霈霈及于蕭艾. **⑤은택(恩澤)의 비유.** 〔柳宗元·表〕 大霈隨雨露偕潤. **⑥성(盛)한 모양.** ≒沛.
【霈然 패연】 ①성대(盛大)한 모양. ②비가 세차게 오는 모양. 沛然(패연).
【霈然之恩 패연지은】 비가 세차게 오는 것처럼 그칠 사이 없이 내리는 은택.
【霈霈 패패】 ①물이 세차게 흐르는 소리. ②비가 억수로 오는 모양. 沛沛(패패).
◑ 滂−, 流−, 恩−.

雨 8【霍】⑯ 빠를 **곽** [本]**확** [藥] huò
[초서] [字解] **①빠르다,** 갑자기. 〔荀子〕 霍焉離耳. **②푸드덕 나는 소리. ③작은 산을 둘러싼 큰 산. ④나라 이름.** 주(周) 문왕(文王)의 아들 곽숙(霍叔)을 봉한 나라. 지금의 산서성(山西省) 곽현(霍縣). **⑤콩잎.** ≒藿.
【霍霍 곽곽】 ①칼날이 번쩍이는 모양. ②소리가 빠른 모양.
【霍亂 곽란】 여름철에 갑자기 토사를 일으키는 급성 위장병.
【霍閃 곽섬】 ①빛이 번쩍함. ②번개.
【霍焉 곽언】 썩 빠른 모양.
【霍然 곽연】 ①갑자기 사라져 없어지는 모양. ②재빠른 모양. ③큰 모양.
【霍奕 곽혁】 빨리 달리는 모양.
【霍濩 곽호】 성(盛)한 모양.
◑ 雷−, 伊−, 揮−.

雨 8【霖】⑯ 장마 **림** [侵] lín
[소전] [초서] [字解] **①장마,** 사흘 이상 계속 오는 비. ＝淋. 〔春秋左氏傳〕 凡雨自三日以往爲霖. **②비가 그치지 않는 모양.** ¶ 霖霖.
【霖淖 임뇨】 장마로 땅이 질퍽거림.
【霖瀝 임력】 장마가 짐.
【霖潦 임료】 장마로 탁류(濁流)가 범람함.
【霖霖 임림】 비가 그치지 않는 모양.
【霖濕 임습】 장마 때의 눅눅한 습기.
【霖雨 임우】 장마. 淫雨(음우).
◑ 甘−, 梅−, 愁−, 秋−, 春−, 夏−, 洪−.

雨 8【霏】⑯ 눈 펄펄 내릴 **비** [微] fēi
[소전] [초서] [고자] [字解] **①눈이 펄펄 내리다,** 눈이 내리는 모양. 〔詩經〕 雨雪其霏. **②조용히 오는 비.** 〔何夢桂·詩〕 雙臺絕壁鎖林霏. **③연기가 오르는 모양.** 〔晉書〕 煙霏霧結. **④구름이 나는 모양.** 〔謝靈運·詩〕 雲霞收夕霏.
【霏霧 비무】 자욱하게 낀 안개.
【霏微 비미】 가랑비·가랑눈 따위가 내리는 모양.
【霏霏 비비】 ①비나 눈이 몹시 내리는 모양. ②이야기가 길게 이어지는 모양. ③잔잔한 것이 날아 흩어지는 모양. ④서리나 이슬이 많이 내린 모양. ⑤구름이 이는 모양. ⑥풀이 무성한 모양. ⑦번개가 번쩍이는 모양. ⑧모이는 모양. ⑨눈물이 흐르는 모양.
【霏解 비해】 산산이 부서짐. 산산조각이 남.
◑ 霧−, 紛−, 水−, 晨−, 煙−, 林−, 飄−.

雨 8【⿱雨叚】⑯ 霞(*1983*)과 동자

雨 8【⿱雨戋】⑯ ⿱雨鐵(*1986*)과 동자

雨 8【霎】⑯ ❶가랑비 **삽** [洽] shà
❷비 올 **삽** [合] shà
[소전] [초서] [字解] **❶①가랑비. ②빗소리.** 〔韓偓·詩〕 霎霎高林簇雨聲. **③잠시.** 〔陳造·詩〕 蝶夢蘧蘧一霎間. **❷비가 오다.** ＝霅.
【霎霎 삽삽】 ①바람 소리. ②비 오는 소리.
【霎時 삽시】 잠깐 동안.
【霎雨 삽우】 ①가랑비. 細雨(세우). ②한차례 오고 그치는 비.
◑ 半−, 瞬−, 一−.

雨 8【霓】⑯ 무지개 **예·역** [齊][錫] ní
[소전] [초서] [참고] 대법원 지정 인명용 한자의 음은 '예'이다.
[字解] **①무지개,** 암무지개. ≒蜺. **②가,** 가장자리. 〔莊子〕 何謂和之以天霓.

【霓裳 예상】무지개와 같이 아름다운 치마. 선인(仙人)의 옷.
【霓裳羽衣曲 예상우의곡】당대(唐代)의 악곡 이름. 선인(仙人)을 노래한 무곡(舞曲).
【霓衣 예의】무지개처럼 아름다운 선인의 옷.
【霓旌 예정】무지개처럼 아름다운 기. 새털로 장식한 오색의 기. 蜺旌(예정).
○ 澗—, 絳—, 斷—, 白—, 素—, 雲—, 長—, 彩—, 紅—, 虹—.

雨8 【黔】⑯ 흐릴 음 陰 yīn
소전 霒 고문 佥 고문 ？ 동자 霝 동자 霠
字解 ①흐리다, 구름이 해를 가리다.〔大戴禮〕生民有黔陽. ②응달. ※陰(1945)의 고자(古字).

雨8 【霒】⑯ 黔(1980)과 동자

雨8 【電】⑯ 電(1976)의 본자

雨8 【霑】⑯ 젖을 점 沾 zhān
소전 霑 字解 ①젖다. ㉮비나 물에 젖다. ㉯적시다.〔詩經〕既霑既足. ㉰두루 미치다.〔揚雄·賦〕仁霑而恩洽. ②잠기다.〔漢書〕候遵霑醉時.
【霑沐 점목】은택에 젖음. 은택을 받음.
【霑灑 점쇄】적셔 깨끗이 씻음.
【霑渥 점악】물에 함빡 젖음.
【霑汙 점오】젖어 더러워짐.
【霑潤 점윤】①젖어서 불음. ②땀이나 물기가 배어 번짐.
【霑漬 점지】젖음. 적심.
【霑醉 점취】술에 젖음. 몹시 취함. 泥醉(이취).
【霑汗 점한】땀이 뱀.
【霑洽 점흡】골고루 적심. 두루 혜택을 입음.
○ 均—, 露—, 涙—, 普—, 潤—.

雨8 【霂】⑯ 霡(1984)와 동자

雨8 【霔】⑯ 장마 주 澍 zhù
字解 ①장마. ②때맞추어 오는 비.

雨8 【霋】⑯ 갤 처 霽 qī
소전 霋 字解 ①개다, 비가 개다. ②구름이 가는 모양.

雨9 【霊】⑰ 靈(1981)과 동자

雨9 【霢】⑰ 靈(1985)의 고자

雨9 【霧】⑰ 霧(1982)의 본자

雨9 【霝】⑰ 霏(1979)의 고자

雨9 【霜】⑰ 서리 상 陽 霜 shuāng
一 ナ 币 币 乘 乘 霜 霜 霜
소전 霜 초서 霜 字源 形聲. 雨+相→霜. '相(상)'이 음을 나타낸다.
字解 ①서리. ②해, 세월.〔賈島·詩〕客舍并州已十霜. ③머리털이 희게 셈의 비유.〔杜甫·詩〕艱難苦恨繁霜鬢. ④날카로움의 비유.〔左思·賦〕霜刃染. ⑤차가움의 비유.〔陸機·賦〕心懍懍以懷霜. ⑥법의 엄함의 비유.〔晉書曆判〕請置霜典. ⑦깨끗한 절개의 비유.〔南齊書〕霜操日嚴. ⑧멸망하다. ⑨흰 가루. ⑩과실의 겉에 생기는 흰 가루. ¶霜柹.
【霜降 상강】①서리가 내림. ②24절기의 열여덟째 절기. 양력 10월 23일경으로, 이때부터 서리가 오기 시작함.
【霜劍 상검】날이 시퍼런 긴 칼.
【霜戈 상과】날이 시퍼렇게 선 창(槍).
【霜根 상근】①서리가 땅이나 풀포기 따위에 엉기어 삐죽삐죽하게 성에처럼 된 모양. 서릿발. ②서리에 진저리가 난 뒤.
【霜禽 상금】서리를 맞은 새. 겨울새.
【霜氣 상기】①서리의 찬 기운. 숙살(肅殺)의 기운. ②사람의 엄숙한 기상(氣像).
【霜氣橫秋 상기횡추】엄숙한 숙살의 기운이 가을 하늘에 비껴 있음.
【霜臺 상대】①어사대(御史臺)의 딴 이름. ○어사대는 법률을 관장하는 추관(秋官)이므로 '霜' 자를 씀. 霜署(상서). ②國사헌부(司憲府)의 딴 이름.
【霜羅 상라】서리처럼 희고 엷은 비단.
【霜烈 상렬】추상(秋霜)같이 엄함.
【霜露之思 상로지사】무덤에 서리와 이슬이 내렸을 것을 생각함. 부모의 죽음을 슬퍼함.
【霜林 상림】서리를 맞은 숲. 단풍이 든 숲.
【霜毛 상모】①서리처럼 흰 털. ②흰 머리털.
【霜眉 상미】흰 눈썹. 노인의 눈썹.
【霜蓬 상봉】서리를 맞아 마른 쑥. 백발(白髮)의 비유.
【霜鋒 상봉】서릿발같이 날카로운 창끝.
【霜鬢 상빈】희게 센 귀밑털.
【霜雪 상설】①서리와 눈. ②마음이 결백하고 엄격함.
【霜鬚 상수】서리처럼 흰 수염.
【霜柹 상시】①서리 맞은 감. ②곶감 겉에 생긴 흰 가루.
【霜信 상신】기러기의 딴 이름. ○기러기가 오

면 곳 서리가 내린다는 데서 온 말.
【霜鍔 상악】 서릿발처럼 날카로운 칼날.
【霜髯 상염】 흰 구레나룻. 흰 수염.
【霜葉 상엽】 서리를 맞아 단풍 든 잎.
【霜月 상월】 ①서리가 내리는 밤의 달. 寒月(한월). ②음력 7월의 딴 이름. 相月(상월). ③음력 11월의 딴 이름.
【霜威 상위】 ①서리가 초목을 숙살(肅殺)하는 위엄. ②엄한 위광(威光).
【霜衣 상의】 ①서리처럼 흰 옷. ②겨울옷.
【霜節 상절】 서릿발 같은 절개. 굳은 절조.
【霜操 상조】 서리와 같이 굳은 지조(志操).
【霜天 상천】 상기(霜氣)를 머금은 하늘. 서리가 내리는 밤하늘.
【霜砧 상침】 서리 내리는 밤의 다듬이 소리.
【霜楓 상풍】 서리 맞은 단풍잎.
【霜下傑 상하걸】 국화의 딴 이름.
【霜蹊 상혜】 서리가 내린 작은 길.
【霜毫 상호】 서리같이 흰 털. 霜毛(상모).
【霜花 상화】 ①꽃같이 고운 서릿발. ②백발(白髮)과 흰 수염. 霜華(상화).
【霜紈 상환】 희고 얇은 비단.
❶ 降-, 薄-, 饕-, 氷-, 雪-, 星-, 肅-, 零-, 朝-, 淸-, 秋-, 風-, 寒-, 曉-.

雨9 【䨳】⑰ 霝(1986)와 동자

雨9 【霙】⑰ ❶진눈깨비 영 庚 ying ❷흰구름 앙 陽 yāng
[초서] 䨏 대법원 지정 인명용 한자의 음은 '영'이다.
[字解] ❶①진눈깨비. ②눈, 눈꽃. 〔蘇軾·詩〕晩雨纖纖變玉霙. ③싸라기눈. ❷흰 구름.

雨9 【霍】⑰ 괸 물 와 麻 wā
[字解] 괸 물, 마소의 발자국에 괸 물.

雨9 【霒】⑰ 흐릴 음 侵 yīn
[초서] 䨴 [字解] 흐리다, 흐림.
【霒瞹 음예】 날이 흐리고 바람이 붊. 사악하고 거짓된 것을 숨김.

雨9 【霞】⑰ 놀 하 麻 xiá
[소전] 霞 [초서] 霞 [字解] ①놀, 이내. 〔左思·賦〕舒丹氣而爲霞. ②멀다, 아득하다. 늑遐. 〔楚辭〕載營魄而登霞兮. ③새우. 늑鰕. 〔吳越春秋〕啄霞矯翮兮雲間. ④무지개, 햇무리. =覝. 〔漢書〕雷電粲虹. ⑤요염하다, 짙은 화장. 〔郝經·賦〕郁霞腴之春姿. ⑥의복이 붉음의 비유. 〔李嶠·賦〕霞衣轉席廻.
【霞閣 하각】 높다란 궁전(宮殿).
【霞徑 하경】 놀이 낀 작은 길.

【霞光 하광】 놀. 아침놀. 저녁놀.
【霞起 하기】 ①안개가 읾. ②안개가 일듯이 떼지어 일어남.
【霞洞 하동】 선인(仙人)이 산다는 곳.
【霞氛 하분】 동쪽의 붉은 운기(雲氣).
【霞散 하산】 놀처럼 흩어짐.
【霞想 하상】 산수(山水)에 노는 생각.
【霞觴 하상】 선인(仙人)이 쓴다는 술잔. 아름다운 술잔.
【霞岫 하수】 놀이 낀 암굴(巖窟)이나 산봉우리.
【霞衣 하의】 ①놀을 옷에 견주어 이르는 말. ②선인의 옷. ③아름답고 엷은 비단옷. ④붉은색의 옷.
【霞梯 하제】 사닥다리가 걸려 있는 것같이 산에 낀 놀.
【霞燦 하찬】 저녁놀이 맑고 산뜻함.
【霞彩 하채】 놀의 아름다운 빛깔.
【霞帔 하피】 ①명대(明代)에 지체 높은 집의 부인 예복으로, 목에서 앞가슴에 걸쳐 덧입던 옷. ②놀 무늬를 놓은, 도사(道士)들이 입는 옷. ③아름다운 무의(舞衣).
❶ 絳-, 落-, 晩-, 暮-, 夕-, 燒-, 雲-, 流-, 赤-, 朝-, 彩-, 春-, 紅-, 曉-.

雨10 【霖】⑱ 장마 렴 鹽 lián
[소전] 霖 [字解] 장마.

雨10 【䨪】⑱ 靈(1985)과 동자

雨10 【霛】⑱ 靈(1985)의 본자

雨10 【霤】⑱ 낙숫물 류 宥 liù
[소전] 霤 [초서] 霤 [字解] ①낙숫물. ②물이 흐르다. 〔束晳·詩〕濛濛甘霤. ③처마. 〔禮記〕頤霤垂拱. ④낙수받이. 〔禮記〕池視重霤. ⑤물방울. 늑溜.
【霤水 유수】 낙숫물.
【霤槽 유조】 낙숫물을 받는 통.
【霤穿石 유천석】 낙숫물이 돌에 구멍을 냄. 힘써 쉬지 않으면 작은 힘도 큰일을 할 수 있음.
❶ 甘-, 階-, 修-, 長-, 中-.

雨10 【霢】⑱ 가랑비 맥·멱 陌錫 mài
[소전] 霢 [동자] 霡 [초서] 霢 [字解] ①가랑비. ②땀이 흐르는 모양. 〔唐書〕長壽中, 東都天官寺泥像, 皆流汗霢霂.
【霢霂 맥목】 ①가랑비. ②땀이 흐르는 모양.

雨10 【雱】⑱ 滂(1017)과 동자

雨部 10～12획 霣 霣 霸 霙 霧 霦 霫 霨 霫 霩 霪 霧 霮 靇 露

雨10 【霣】⑱ 靌(1193)와 동자

雨10 【霣】⑱ ❶떨어질 운 㱀 yǔn ❷우레 곤 㲄 yuǎn

소전 霣 고문 霣 초서 霣 [字源] ❶①떨어지다. ≒隕.〔春秋公羊傳〕夜中星霣如雨. ②구름이 비를 몰아오다. ③스러지다.〔春秋左氏傳〕受命以出, 有死無霣. ④구름이 뭉게뭉게 일다. ⑤비〔雨〕. ❷우레, 천둥.
【霣零 운령】서리·눈 따위가 내림.

雨10 【霸】⑱ 霸(1984)와 동자

雨11 【霙】⑲ 臟(1981)과 동자

雨11 【霧】⑲ 안개 무 㴞 wù

霧 霧 霧 霧 霧 霧 霧 霧

소전 霧 주문 霧 초서 霧 본자 霧 간체 霧
[字源] 形聲. 雨+務→霧. '務(무)'가 음을 나타낸다.
[字解] ①안개. ②어둡다.〔後漢書〕三精霧塞. ③가볍고 짙은 비유.〔漢書〕廊霧穀. ④흩어짐의 비유.〔王僧孺·文〕萬累煙消, 百災霧滅. ⑤모임의 비유.〔王勃·序〕雄州霧列. ⑥젖음의 비유.〔李商隱·詩〕霧唾香難盡.
【霧穀 무곡】가볍고 얇은 주름 비단. 선녀·미인의 옷.
【霧氣 무기】①안개가 낄 기미. ②안개.
【霧露 무로】①안개와 이슬. ②질병(疾病). 안개나 이슬에 젖어 생기는 병.
【霧杳 무묘】짙은 안개 때문에 앞을 분별할 수 없음.
【霧鬢 무빈】안개와 같은 머리. 아름다운 머리털. 霧鬢(무환).
【霧鬢風鬢 무빈풍빈】안개와 같은 머리를 바람에 빗질함. 머리털이 아름다운 모양.
【霧散 무산】안개가 걷히듯이 흩어져 없어짐.
【霧塞 무색】안개가 잔뜩 끼어 어두움.
【霧消 무소】①안개가 사라짐. ②안개가 사라지듯이 흔적 없이 사라짐.
【霧凇 무송】①추위로 언 안개. ②초목에 내려서 눈같이 된 서리. 상고대.
【霧袖 무수】엷은 비단 소매.
【霧瘴 무장】안개의 독기(毒氣).
【霧笛 무적】짙은 안개 속에서 선박이 충돌하는 것을 막기 위하여 울리는 경적(警笛).
【霧集 무집】안개처럼 많이 모임.
【霧壑 무학】안개 낀 골짜기.
【霧曉 무효】안개 낀 새벽. 안개 낀 아침.
❶ 濃—, 毒—, 祥—, 瑞—, 烟—, 雲—, 瘴—.

雨11 【霦】⑲ 옥 광채 빈 㷠 bīn
[字解] ①옥(玉)의 광채. ②옥의 빛나는 빛깔. ¶璘霦.

雨11 【霫】⑲ 雪(1972)의 본자

雨11 【霫】⑲ 霄(1977)와 동자
[參考] 대법원 지정 인명용 한자음은 '소'이다.

雨11 【霫】⑲ 비 올 습 㴴 xí
[초서] 霫 [字解] ①비가 오다. ②비가 오는 모양. ③큰비. ④나라 이름. 흉노(匈奴)의 한 파(派)가 세운 나라.

雨11 【霨】⑲ 구름 일어나는 모양 위 㽔 wèi
[字解] 구름이 일어나는 모양.

雨11 【霪】⑲ 장마 음 㺩 yín
[초서] 霪 [字源] 會意·形聲. 雨+淫→霪. '淫(음)'이 음도 나타낸다. 넘치는〔淫〕비〔雨〕, 곧 '장마'라는 뜻을 나타낸다.
[字解] 장마. 열흘 이상 계속되는 비. ≒淫.〔淮南子〕禹沐浴霪雨.
【霪霖 음림】⇨霪雨(음우).
【霪雨 음우】장마. 霖雨(임우). 淫雨(음우).

雨11 【霫】⑲ 가랑비 중 㴻 㵎 zhōng
[소전] 霫 [字解] ①가랑비. ②장마.

雨11 【霩】⑲ 갤 확 㷜 kuò
[소전] 霩 [초서] 霩 [字解] ①개다, 날이 개다. ②탁 트여 시원한 모양.〔淮南子〕道始于虛霩, 虛霩生宇宙.

雨12 【霮】⑳ 구름 많이 낀 모양 담 㽲 dàn
[동자] 霮 [字解] ①구름이 많이 낀 모양. ②이슬이나 비가 많은 모양.
【霮䨴 담대】①구름이 많은 모양. ②이슬이나 비가 많은 모양. ③구름이 떠 있는 모양.

雨12 【靇】⑳ 霮(1982)과 동자

雨12 【露】⑳ 이슬 로 㺀 lù

露 露 露 露 露 露 露 露 露

雨部 12~13획 䨩 霰 霱 霶 䨽 霳 霴   1983

【露】 [초] 露
[字源] 形聲. 雨+路→露. '路(로)'가 음을 나타낸다.
[字解] ①이슬. ②적시다, 젖다.〔淮南子〕包裹覆露. ③은혜를 베풀다.〔漢書〕陛下垂德惠, 以覆露之. ④드러나다, 드러내다.〔漢書〕今樂遠出, 以露威靈. ⑤고달프게 하다.〔春秋左氏傳〕勿使有所壅閉湫底, 以露其體. ⑥화초를 쪄서 얻은 진액. ⑦향기가 진하고 좋은 술.〔老學庵筆記〕壽皇時, 禁中供御酒, 名薔薇露. ⑧향수(香水). ⑨허무함의 비유.〔漢書〕人生如朝露. ⑩보잘것없음의 비유.〔後漢書〕爲朝露之行, 而思傳世之功. ⑪허물어지다, 부서지다.〔荀子〕都邑露. ⑫現러시아.

【露蓋 노개】수레의 덮개를 풍우(風雨)에 맞힘. 아랫사람을 돌보아 줌.
【露車 노거】덮개가 없는 수레. 無蓋車(무개차).
【露檄 노격】봉하지 않은 격문(檄文).
【露髻 노계】관을 쓰지 않고 머리를 노출함.
【露骨 노골】①전사(戰死)하여 뼈를 싸움터에 드러냄. ②가식이 없이 진심을 적나라(赤裸裸)하게 드러냄.
【露光 노광】이슬 방울의 반짝이는 빛.
【露根 노근】뿌리가 땅 위로 드러남. 어려운 일을 만남.
【露臺 노대】①지붕이 없는 누대. 임금이 관상(觀象)하던 곳. 靈臺(영대). ②서양식 건축의 발코니(balcony).
【露頭 노두】①머리를 드러냄. 맨머리. ②지표에 드러난 광맥(鑛脈)의 단서.
【露馬脚 노마각】진상을 노출함. 속셈이 드러남.
【露眠 노면】한데서 잠을 잠. 野宿(야숙).
【露師 노사】군대를 노숙시킴. 군대를 오래도록 원지(遠地)에 출정시킴.
【露索 노색】알몸을 조사함. 옷을 벗겨 조사함.
【露跣 노선】맨발.
【露洩 노설】비밀이 누설(漏洩)됨.
【露首 노수】아무것도 쓰지 않은 맨머리.
【露宿風餐 노숙풍찬】한데서 자고 먹음. 여행길이 어렵고 괴로움.
【露眼 노안】툭 불거진 눈. 퉁방울눈.
【露營 노영】옥외(屋外)의 진영. 野營(야영).
【露雨 노우】이슬과 비. 은택이 두터움의 비유.
【露刃 노인】칼집에서 칼을 뺌.
【露才 노재】재(才智)를 세상에 나타냄.
【露積 노적】물건을 한데에 쌓음.
【露電 노전】이슬과 번개. ㉠인생의 덧없음. ㉡세월이 빨리 지나감.
【露店 노점】한데에 물건을 벌여 놓은 가게.
【露點 노점】①이슬이 맺힘. ②대기 중의 수증기가 냉각하여 액체로 응결하기 시작하는 때의 온도.
【露井 노정】덮개가 없는 우물.
【露呈 노정】사실을 드러냄.
【露頂 노정】아무것도 쓰지 않고 머리를 드러냄.
【露珠 노주】이슬 방울.
【露竹 노죽】이슬이 맺힌 대.
【露地 노지】①가리거나 덮여 있지 않은 땅.

②(佛)삼계(三界)의 화택(火宅)을 떠난 고요한 경지.
【露體 노체】알몸을 드러냄.
【露草 노초】이슬을 머금은 풀.
【露醜 노추】①추한 일을 드러냄. ②창피를 당함. 체면이 깎임.
【露布 노포】①봉함(封緘)을 하지 않은 글. ②문체(文體)의 한 가지. 봉하지 않고 노출된 채로 선포하는 포고문. 주로 전승(戰勝)을 급히 알리는 데 씀. ③일반에 널리 알림.
【露表 노표】표면에 드러냄. 숨김없이 나타냄.
【露見 노현】①명백히 나타남. ②숨은 사실이 드러남.
【露花 노화】이슬에 젖은 꽃.
【露華 노화】①이슬이 반짝임. ②꽃처럼 아름다운 이슬.
○ 甘−. 冷−. 濃−. 漏−. 霧−. 白−. 繁−. 祥−. 霜−. 瑞−. 泄−. 渥−. 夜−. 如−. 玉−. 雨−. 朝−. 珠−. 塵−. 草−. 吐−. 暴−. 曝−. 表−. 風−. 披−. 寒−. 曉−.

雨12 【䨪】 ⑳ 뇌신 룡 陳 lóng
[字解] ①뇌신(雷神), 뇌사(雷師), 뇌공(雷公). ②높다. ≒隆.

雨12 【霰】 ⑳ 싸라기눈 산 [본]선 霰 xiàn

[소전] 霰 [혹체] 霰 [초서] 霰 [동자] 霓 [동자] 霰
[동자] 霓
[字源] 會意·形聲. 雨+散→霰. '散(산)'이 음도 나타내고, 흩어진다는 뜻도 나타낸다. 이 자에 '雨'를 더하여 '싸라기눈'이라는 뜻을 나타낸다.
[字解] ①싸라기눈.〔詩經〕如彼雨雪, 先集維霰. ②말린 떡을 잘게 썬 것.
【霰雹 산박】싸라기눈과 우박.
【霰雪 산설】싸라기눈. 진눈깨비.
○ 雹−. 飛−. 霜−. 雪−. 雨−. 風−.

雨12 【霱】 ⑳ 상서로운 구름 율 [본]휼 霱 yù
[字解] ①상서로운 구름. ≒霱. ②삼색(三色) 구름.〔西京雜記〕雲則五色而爲慶, 三色而爲霱.

雨12 【霶】 ⑳ 霶(1982)의 와자(譌字)

雨12 【䨽】 ⑳ 䨽(1986)와 동자

雨13 【霳】 ㉑ 이슬 많을 농 [도] nóng
[字解] 이슬이 많다, 이슬이 많이 내리다.

雨13 【霴】 ㉑ 靈(1985)과 동자

雨 13 【霶】㉑ 滂(1017)과 동자

雨 13 【霹】㉑ 벼락 벽 ㊀ pī
【字解】①벼락, 천둥. 늑碎. ②뇌신(雷神). ③벼락이 떨어지다, 낙뢰하다. 〔杜甫·詩〕雷霆霹長松, 骨大郗生筋.
【霹靂 벽력】①벼락. 벼락이 침. ②천둥. 천둥소리가 요란하게 남.
【霹靂車 벽력거】①수레 안에서 돌을 튀겨 내쏘는 장치를 한 공격용 수레. ②천둥. 번개.
【霹靂閃電 벽력섬전】천둥과 번개. 몹시 빠름의 비유.
【霹靂手 벽력수】재주가 민첩한 사람.
【霹碎 벽쇄】맹렬하게 부서짐.

雨 13 【霷】㉑ 시월달 양 ㊀ yáng
【字解】시월달. 늑陽.

雨 13 【霸】㉑ ①으뜸 패 ㊀파 ㊀ bà ②달 넋 백 ㊀ pò
【字解】①①으뜸, 우두머리. 〔孟子〕以力假仁者霸. ②성(姓). ❸달의 넋, 달이 비로소 빛을 얻는 일. =魄.
【霸疆 패강】패자가 되어 강성함을 다함.
【霸據 패거】권세를 가진 사람이 그 권세를 믿고 횡포(橫暴)한 짓을 함.
【霸權 패권】①패자가 가진 권력. ②승자가 가진 권력. ③강대국의 힘에 의거한 권력.
【霸氣 패기】①패자(霸者)가 되려는 기세. 제패(制霸)하려는 기상. ②의기에 찬 야망.
【霸道 패도】패자의 도(道). 곧, 인의(仁義)를 돌보지 않고 무력과 권모로 천하를 통일하고자 하는 주의.
【霸略 패략】패자가 되고자 하는 계략.
【霸夫 패부】지략(智略)이 뛰어나고 패기가 있는 사나이.
【霸府 패부】패자가 천자의 자리에 오르지 않고 왕으로서 국정(國政)을 보는 곳.
【霸心 패심】패자가 되려고 하는 마음.
【霸業 패업】제후(諸侯)의 우두머리가 되는 사업. 천하를 통일하려는 대업.
【霸王 패왕】①㉠패자(霸者)와 왕자(王者). 패도(霸道)와 왕도(王道). ②제후의 우두머리.
【霸王之輔 패왕지보】패자나 왕자(王者)에게 도움이 되는 사람. 霸王之佐(패왕지좌).
【霸者 패자】①제후의 우두머리. ②무력(武力)으로 제후를 통치하는 사람. ③최고의 승리자.
【霸迹 패적】패자의 공업(功業)의 자취.
【霸朝 패조】패자의 조정.
【霸楚 패초】초(楚)나라의 항우(項羽).
❶死ㅡ, 生ㅡ, 連ㅡ, 英ㅡ, 五ㅡ, 玉ㅡ, 雄ㅡ, 爭ㅡ, 定ㅡ, 制ㅡ.

雨 14 【䨲】㉒ ❶도끼 새끼 누 ㊀ nóu ❷성 만 ㊀ wàn
【字解】❶토끼 새끼. ❷성(姓).

雨 14 【䨴】㉒ 구름 검은 모양 대 ㊀ duì
【字解】구름이 검은 모양.

雨 14 【霛】㉒ 零(1975)과 동자

雨 14 【䨻】㉒ ❶흠치르르할 만 ㊀ mán ❷구름 모양 만 ㊀ màn
【字解】❶흠치르르하다, 우로(雨露)가 짙은 모양. ❷구름의 모양.

雨 14 【霾】㉒ 흙비 올 매 ㊀ mái
【字解】흙비가 오다. 〔詩經〕終風且霾.
【霾霧 매무】흙비와 안개.
【霾曀 매예】흙비가 내려 하늘이 흐림.
【霾翳 매예】흐릿한 흙먼지가 덮음.
【霾晦 매회】=霾曀(매예).
❶氛ㅡ, 翳ㅡ, 雲ㅡ, 陰ㅡ, 積ㅡ, 風ㅡ.

雨 14 【霿】㉒ ❶안개 자욱할 몽 ㊀ méng ❷인색할 무 ㊀ mào ❸안개 무 ㊀부 ㊀ wù
【字解】❶안개가 자욱하다, 높게 떠서 일월을 가리고 하계(下界)를 어둡게 하는 것. 늑蒙. ❷①인색하다. ②어둡다, 어리석다. 〔漢書〕貌言視聽, 以心爲主, 四者皆失, 則區霿無識. ❸안개, 지상(地上)에서 생기는 안개.
【霿亂 몽란】안개처럼 깔려 있음.

雨 14 【䨘】㉒ 가랑비 산 ㊀ suān
【字解】가랑비.

雨 14 【霽】㉒ 갤 제 ㊀ ㊀ jì
【字解】①개다. ㉠비나 눈이 그치다. ㉡안개나 구름이 사라지다. ㉢마음이 개운해지다, 기분이 좋아지다. 〔宋史〕哲宗爲之少霽. ②쾌청한 모양. 〔宋史〕胸懷灑落, 如光風霽月. ③날씨가 온화하다.
【霽景 제경】맑게 갠 경치.
【霽氛 제분】맑게 갠 공기.
【霽月光風 제월광풍】비가 갠 뒤의 맑은 달과 맑은 바람. ㉠도량이 넓고 시원시원함. ㉡정대(正大)하여 마음에 거리낄 것이 없음.

【霽威 제위】 노기(怒氣)가 풀림. 화가 가라앉음.
【霽日 제일】 맑은 날. 晴日(청일).
【霽朝 제조】 비가 갠 아침.
【霽後 제후】 비가 갠 뒤. 雨後(우후).
❶ 開-, 夕-, 晨-, 雲-, 天-, 淸-, 曉-.

雨 14 【䨺】 ㉒ 구름 낄 희 尾 xì
[字解] ①구름이 끼다. ②똑똑하지 않다, 흐릿하다.

雨 15 【靁】 ㉓ ❶우레 뢰 灰 léi ❷거북 이름 류 尤 léi
[字解] ❶①우레, 천둥. ※雷(1975)의 본자(本字). ②한탄하는 소리.〔馬融·賦〕靁歎頽息. ③거북의 한 가지. ④성(姓). ❷ 거북 이름, 좌예류(左倪靁).

雨 16 【靂】 ㉔ 벼락 력 錫 lì
[字解] 벼락, 천둥. 〔韓愈·序〕雷霆霹靂.

雨 16 【靈】 ㉔ 신령 령 靑 líng

[字形변천: 소전, 혹체, 초서, 고자, 동자, 동자, 속자, 속자, 간체]
[字源] 形聲. 霝+巫→靈. '霝(령)'이 음을 나타낸다.
[字解] ①신령. ㉮팔방의 신.〔楚辭〕合五嶽與八靈兮. ㉯하늘의 신.〔張衡·賦〕靈之所保綏. ㉰구름의 신.〔楚辭〕靈皇皇兮旣降. ②신령하다, 신묘하다.〔書經〕惟人萬物之靈. ③영혼. ㉮만유(萬有)의 정기(精氣).〔大戴禮〕神靈者, 品物之本也. ㉯인체(人體)의 정기(精氣).〔莊子〕不可入於靈府. ㉰죽은 사람의 혼백.〔蔡邕·頌〕爲酒爲醴, 烝彼祖靈. ㉱죽은 사람에 대한 높임말. ¶靈柩. ㉲목숨, 명수(命數).〔法言〕竊國靈也. ④점성.〔楚辭〕橫大江兮揚靈. ⑤산 것, 인류.〔南史〕道庇生靈, 志匡宇宙. ⑥좋다, 아름답다. 흔히 '令(령)'으로 가차(假借)한다.〔詩經〕靈雨旣零. ⑦효험, 징험.〔後漢書·靈草冬榮·注〕靈草, 謂不死藥也. ⑧존엄, 위엄.〔國語〕以寡君之靈. ⑨행복, 은총.〔後漢書〕寵渥顯赫. ⑩마음, 생각.〔南史〕小則申舒性靈. ⑪빼어난 것, 걸출한 것.〔隋書〕江漢英靈, 燕趙奇俊.
【靈駕 영가】 ①천자(天子)의 수레. ②견우와 직녀가 탄다는 용가(龍駕).
【靈覺 영각】 ①뛰어나게 민첩(敏捷)하고 현명함. ②〔佛〕중생이 본래부터 갖추고 있는 영묘한 불성(佛性).
【靈感 영감】 ①신불(神佛)의 영묘한 감응. ②신(神)들린 듯한 느낌. ③인간 심령의 미묘한 작용에 의한 감득(感得).
【靈鑑 영감】 ①뛰어난 감식(鑑識). ②하늘이 내려다봄. 신불(神佛)이 보고 있음.
【靈車 영거】 관(棺)을 실은 수레.
【靈境 영경】 ①영묘한 경지. ②신불을 봉사(奉祀)하고 있는 곳. 영지(靈地).
【靈鼓 영고】 지신(地神)을 제사할 때 쓰던 육면(六面)으로 된 북.
【靈怪 영괴】 영묘하고 괴상함.
【靈柩 영구】 시체를 넣은 관(棺).
【靈宮 영궁】 ①천제(天帝)의 대궐. ②선인(仙人)의 궁전.
【靈根 영근】 ①영묘한 일. ②도덕. ③몸. ④혀〔舌〕의 딴 이름. ⑤영목(靈木)의 뿌리.
【靈氣 영기】 영묘한 기운이나 효험(效驗).
【靈機 영기】 영묘한 계략.
【靈壇 영단】 ①신을 제사 지내는 단. ②기우제(祈雨祭)를 지내는 단.
【靈堂 영당】 ①신불(神佛)을 모신 당. ②사당(祠堂). 靈殿(영전).
【靈臺 영대】 ①마음. 정신. 靈府(영부). ②〔周〕문왕(文王)이 세운 망대(望臺). ③천문대(天文臺).
【靈德 영덕】 영묘한 덕.
【靈媒 영매】 신령이나 사자(死者)의 혼령과 의사를 통할 수 있도록 매개한다는 사람. 박수·무당 따위.
【靈命 영명】 ①하늘의 명령. ②명령의 높임말.
【靈木 영목】 신령이 깃들어 있는 나무.
【靈夢 영몽】 신령스러운 꿈. 영묘한 꿈.
【靈妙 영묘】 신령스럽고 기묘함. 사람의 지혜로는 헤아릴 수 없다는 현묘(玄妙)한 일.
【靈廟 영묘】 사당(祠堂). 靈殿(영전).
【靈保 영보】 무당. 박수.
【靈府 영부】 혼령이 깃들어 있는 곳. 곧, 마음. 靈臺(영대).
【靈符 영부】 영험이 있는 부적(符籍).
【靈芬 영분】 뛰어나게 좋은 향기.
【靈祕 영비】 신비(神祕).
【靈祠 영사】 신성한 사당(祠堂).
【靈牀 영상】 ①대렴(大斂)한 뒤에 시체를 두는 곳. 靈寢(영침). ②靈筵(영연).
【靈爽 영상】 ①매우 신묘(神妙)함. 불가사의함. ②넋. 정신.
【靈璽 영새】 옥새(玉璽)의 높임말.
【靈犀 영서】 ①영묘한 무소. ②두 사람의 뜻이 부지불식간에 상통함. ∥무소의 뿔 가운데에 구멍이 있어 양쪽이 서로 통하는 데서 온 말.
【靈瑞 영서】 신령스러운 서조(瑞兆).
【靈性 영성】 천부적인 총명함.
【靈沼 영소】 ①주(周) 문왕(文王)의 이궁(離宮)에 있던 못. ②넓고 신령스러운 못.
【靈秀 영수】 뛰어나고 빼어남. 神秀(신수).
【靈獸 영수】 신령스러운 짐승. 기린(麒麟)·용(龍) 따위.
【靈辰 영신】 ①좋은 때. ②경사스러운 날. 음력 정월 초이렛날. 人日(인일).

【靈液 영액】①이슬의 딴 이름. ②침. 타액(唾液). ③수은(水銀)의 딴 이름.
【靈輿 영여】①천자(天子)의 수레. ②천자의 상여(喪輿).
【靈淵 영연】①영묘한 소(沼). ②마음.
【靈筵 영연】신위(神位). 靈牀(영상).
【靈曜 영요】①하늘. ②천지(天地).
【靈耀 영요】①일월(日月). ②신묘한 광채.
【靈雨 영우】때맞추어 오는 비.
【靈源 영원】불가사의한 근원. 곧, 마음.
【靈位 영위】혼령이 머물러 있는 곳. 신위(神位). 위패(位牌).
【靈囿 영유】주(周) 문왕(文王)이 설치한 동물원. ◎'靈'은 그곳의 신성함을 뜻함.
【靈應 영응】①신불의 영묘한 감응(感應). ②영묘한 일을 알리는 증험(證驗).
【靈異 영이】영묘하고 기이함.
【靈輀 영이】상여(喪輿). 靈車(영거).
【靈姿 영자】훌륭한 모습. 좋은 형체.
【靈場 영장】신불(神佛)을 모신 신성한 곳.
【靈跡 영적】①기적(奇跡)이 있던 자취. ②신불에 관한 고적. 靈迹(영적).
【靈前 영전】신령의 앞. 죽은 사람의 혼령을 모신 앞.
【靈祭 영제】죽은 이의 혼백에 제사를 지냄.
【靈祚 영조】훌륭하고 좋은 복.
【靈祖 영조】훌륭한 덕이 있는 선조(先祖).
【靈鳥 영조】신령스러운 새. 봉황(鳳凰) 따위.
【靈知 영지】마음.
【靈祉 영지】⇨靈祚(영조).
【靈智 영지】영묘한 지식. 뛰어난 슬기. 불가사의한 지혜.
【靈泉 영천】영묘한 효험이 있다는 샘. 온천(溫泉)의 미칭(美稱). 神泉(신천).
【靈草 영초】영묘한 풀. 죽은 사람을 살리며 불로장생하게 한다는 가상의 풀.
【靈寵 영총】신불(神佛) 등의 거룩한 혜택.
【靈時 영치】제사 지내는 터. 신령이 머무는 곳.
【靈品 영품】훌륭하고 진귀한 물품.
【靈漢 영한】은하(銀河). 천하(天河).
【靈墟 영허】사당·불각(佛閣) 등이 있는 신성한 고지(高地).
【靈慧 영혜】영묘한 지혜.
【靈魂 영혼】①넋. 정신. 靈爽(영상). ②육체외에 따로 존재한다고 생각하는 정신의 근원. 靈魄(영백).
【靈輝 영휘】①태양. ②영묘한 햇빛.

◐ 乾一, 坤一, 光一, 群一, 妄一, 冥一, 廟一, 病一, 不一, 死一, 山一, 上一, 祥一, 生一, 仙一, 性一, 聖一, 神一, 心一, 英一, 曜一, 月一, 威一, 慰一, 幽一, 精一, 祖一, 尊一, 衆一, 至一, 淸一, 河一, 海一, 魂一, 皇一.

雨 【䨓】㉔ 우렛소리 롱 围 lóng
16
초서 䨓 字解 우렛소리. 천둥소리.

【䨓䨓 농롱】우렛소리. 천둥소리.

雨 【靄】㉔ 아지랑이 애·알 秦 国 ǎi
16
소전 靄 초서 靄 동자 靄 간체 霭 字解 ①아지랑이. 연무(煙霧). ②자욱하게 낀 기운.〔謝惠連·賦〕連氛累靄. ③구름이 모이는 모양. ④구름이 길게 낀 모양. ⑤눈이 오는 모양. ¶ 靄靄.
【靄乃 애내】노를 저으며 부르는 노랫소리. 뱃노래를 부르는 소리.
【靄露 애로】연무와 이슬.
【靄靄 애애】①화기(和氣)가 가득한 모양. 靄然(애연). ②구름이 모이는 모양. 연무 등이 끼어 있는 모양. 靄然(애연). ③눈이 성하게 내리는 모양.
◑ 江一, 嵐一, 淡一, 暮一, 山一, 夕一, 野一, 烟一, 朝一, 蒼一, 彩一, 川一, 淺一, 曉一.

雨 【靆】㉔ 구름 낄 체 态태 囶 dài
16
동자 靆 간체 叇 字解 ①구름이 끼다.〔潘尼·詩〕朝雲靉靆. ②밝지 않다. ③구름이 성(盛)한 모양. ¶ 靉靆. ④구름이 해를 가리다. ¶ 靉靆. ⑤노인의 돋보기.〔洞天淸錄〕靉靆, 老人不辨細書, 以此掩目則明.

雨 【靃】㉔ ①깃소리 확 围 huò
16 ②이슬 수 觝 suǒ
소전 靃 초서 靃 字源 會意. 雨+雔→靃. 갑자기 비(雨)가 와서 두 마리의 새(雔)가 푸드득 날아오르는 소리를 나타낸다.
字解 ①깃 소리, 새가 빗속을 나는 소리. ②①이슬. ②풀이 보드라운 모양. ¶ 靃靡. ③자잘한 모양.
【靃靡 수미】풀이 유약(柔弱)한 모양.
【靃靃 수수】자잘한 모양.

雨 【䨅】㉕ 䨅(1403)의 속자
17

雨 【霰】㉕ ①비 뚝뚝 들을 사 囚 sī
17 ②싸라기눈 선 霰 xiàn
소전 霰 字解 ①비가 뚝뚝 듣다. ②싸라기눈. =霰.

雨 【霑】㉕ ①보슬비 삼 威 jiān
17 ②적실 첨 匩
동자 霑 字解 ①①보슬비. ②비가 오는 모양. ②①적시다. ②보슬비. ※①의 ①과 같다.

雨 【靉】㉕ 구름 낄 애·의 涹尾 ài, yǐ
17
초서 靉 간체 叆 字解 ①구름이 끼다, 구름이 많이 끼는 모양.〔潘

尼·詩〕朝雲靉靆. ②돋보기의 딴 이름. ¶靉靆. ③구름이 성한 모양.
【靉靉 애애】①구름이 성한 모양. ②수목(樹木)이 울창한 모양.
【靉靆 애체】①구름이 길게 뻗친 모양. ②구름이 해를 덮는 모양. ③돋보기의 딴 이름.
【靉霼 의희】①구름이 낀 모양. ②물체의 모양. ③모호한 모양. 확실하지 않은 모양.

雨 18 【靈】㉖ 뇌공 풍 [夆] fēng
字解 뇌공(雷公), 뇌사(雷師). 우레를 맡고 있다는 신.

青 部

8획 부수 │ 푸를청부

青 0 【青】⑧ 푸를 청 [靑] qīng

一 十 ㅌ 丰 坴 青 青 青

[소전] 青 [고문] ⽧ [초서] 青 [동서] 青 [간체] 青

字源 會意. 生+井→靑. 싹〔生〕도 우물물〔井〕도 맑은 푸른빛인 데서 '푸르다'라는 뜻을 나타낸다.

字解 ①푸르다, 푸른빛. 오색의 한 가지로 봄, 동쪽, 젊음 등을 뜻한다.〔荀子〕靑出於藍, 而勝於藍. ②푸른 흙. 안료(顏料)나 벽의 장식에 쓴다.〔漢書〕其土則丹靑赭堊. ③녹청(綠靑), 동록(銅綠). 구리에 생기는 푸른빛의 녹.〔周禮〕掌凡金玉錫石丹靑之戒令. ④물총새.〔禮記〕前有水則載靑旌. ⑤대의 겉껍질, 죽간(竹簡).〔後漢書〕欲殺靑簡以寫經書. ⑥무성한 모양.〔詩經〕綠竹靑靑. ⑦고요함.〔潘岳·賦〕涉靑林以游覽兮. ⑧청옥(靑玉), 청옥 귀고리.〔詩經〕充耳以靑乎而.

【靑澗 청간】푸른빛을 띤 계류(溪流).
【靑簡 청간】①죽간(竹簡). ②서적(書籍).
【靑蓋 청개】임금의 수레에 씌우던 청색 덮개.
【靑莖 청경】①푸른 줄기. ②살대가 푸른 화살. ③國시래기.
【靑果 청과】①신선한 과실. 鮮果(선과). ②과실과 채소. ③감람(橄欖)의 속칭.
【靑丘 청구】①남해(南海) 가운데 있는, 신선이 살고 있다는 곳. 長洲(장주). ②우리나라의 옛 이름.
【靑穹 청궁】푸른 하늘.
【靑闕 청궐】동궁(東宮)이 거처하는 궁전.
【靑規 청규】대궐의 내정(內庭) 앞에 부들을 깐 자리. 간신(諫臣)이 엎드리는 곳.
【靑閨 청규】①처녀가 거처하는 방. ②처녀.
【靑衿 청금】①푸른 깃의 옷. 학생이 입는 옷. ②학생. 유생(儒生). 靑襟(청금).
【靑衿錄 청금록】성균관·향교·서원에 있던 유생의 명부. 儒案(유안).
【靑囊 청낭】①㉠약을 넣는 주머니. ㉡의술(醫術). ②천문(天文)·복서(卜筮)·의술(醫術)에 관한 서적. 故事 진(晉)나라의 곽박(郭璞)이 곽공(郭公)이라는 도인(道人)에게서 천문·복서·의술에 관한 책 9권을 넣은 푸른 주머니를 받았다는 고사에서 온 말. ③도장을 넣는 주머니.
【靑女 청녀】①서리와 눈을 맡은 여신(女神). ②서리의 딴 이름.
【靑奴 청노】대오리로 결어 만든 등신대(等身大)의 제구. 여름밤에 끼고 누워 시원함을 취함. 竹夫人(죽부인).
【靑黛 청대】①고운 남빛. 감청색(紺靑色). ②눈썹을 그리는 푸른 먹.
【靑道 청도】①풀이 무성한 길. ②달이 가는 길. 입춘(立春)·춘분(春分)에 달은 청도를 따라감.
【靑童 청동】①선인(仙人). ②선인의 시중을 드는 사동(使童). 仙童(선동).
【靑瞳 청동】푸른 눈동자.
【靑螺 청라】①껍데기가 푸른 소라. ②멀리 보이는 푸른 산.
【靑蘿 청라】푸른 담쟁이.
【靑嵐 청람】①여름 바람. 녹음에 부는 바람. ②푸른 산의 기운. 이내.
【靑廬 청려】혼례 때 신부를 잠간 쉬게 하기 위하여, 시집 대문 옆에 임시로 친 푸른 장막.
【靑藜杖 청려장】명아줏대로 만든 지팡이.
【靑零 청령】열매가 익기 전에 떨어짐.
【靑龍 청룡】사신(四神)의 하나. 동쪽 방위를 지키는 신령을 상징하는 용 모양의 짐승.

〈靑龍〉

【靑樓 청루】①푸른 누각. ㉠현귀(顯貴)한 사람의 집. ㉡귀인(貴人)의 딸이 거처하는 고루(高樓). ②유녀(遊女)가 있는 곳.
【靑綸 청륜】관리가 되었을 때 받던 푸른 실로 꼰 인끈.
【靑燐 청린】도깨비불.
【靑林 청림】①짙푸른 숲. ②임금의 금원(禁苑).
【靑梅 청매】푸른 매실(梅實).
【靑盲 청맹】①눈을 뜨고도 보지 못하는 눈. 당달봉사. 청맹과니. ②색맹(色盲)의 한 가지. 청색을 보지 못하는 눈.
【靑目 청목】①애정이 어린 눈. 靑眼(청안). ②푸른 눈. ③(佛)여래(如來)의 눈동자. ④상관(上官)의 보살핌을 받음.
【靑苗 청묘】①곡식이 익기도 전에 부과하는 조세. ②靑苗法(청묘법). ③푸른 모. 어린 모종.
【靑苗法 청묘법】북송(北宋) 때 왕안석(王安石)이 제안한 신법(新法)의 하나. 싹이 푸른 봄에 백성에게 돈과 곡식을 대여하고 수확 때 원리(元利)를 갚도록 한 제도.
【靑蕪 청무】①푸르게 자란 풀. ②풀이 무성하게 난 땅.
【靑盼 청반】☞靑眼(청안)①.

【靑白眼 청백안】 청안(靑眼)과 백안(白眼). 친하게 대하는 눈매와 미워하는 눈초리.
【靑蕃 청번】 푸르게 우거짐.
【靑碧 청벽】 ①푸른 옥. ②옥의 푸른색.
【靑蚨 청부】 ①물벌레의 이름. 파랑창충이. ②돈〔錢〕. ◯청부 모자(母子)의 피를 뽑아서 각각 돈에 발라, 그 한쪽을 쓰면 나머지 한쪽을 그리워하여 날아서 되돌아온다는 데서 온 말.
【靑士 청사】 대나무의 딴 이름.
【靑史 청사】 역사(歷史). 사서(史書). ◯종이가 발명되기 이전에는 푸른 대나무의 껍질을 불에 쬐어 기름기를 빼고 사실(史實)을 기록하였던 데서 온 말.
【靑絲 청사】 ①푸른 실. 청실. ②버들 따위의 가늘고 푸릇푸릇한 모양.
【靑詞 청사】 도교(道敎)에서, 제사에 쓰는 문체(文體)와 그 문장. ◯청등지(靑藤紙)라는 푸른 종이에 붉은 글씨로 쓴 데서 온 말.
【靑絲香潤 청사향윤】 향기롭고 윤기 있는 검은 머리털.
【靑山 청산】 ①푸른 산. ②뼈를 묻는 산.
【靑山流水 청산유수】 國푸른 산과 흐르는 물. 말을 막힘 없이 잘함의 비유.
【靑山一髮 청산일발】 망망하는 바다 위 저 멀리, 푸른 산이 짙푸르게 한 가닥 머리털처럼 보임.
【靑衫 청삼】 ①푸른 빛깔의 홑옷. ◯신분이 낮은 사람이 입던 옷. ㉡서생(書生). 젊은이. ②國㉠제향(祭享) 때 입는 남빛 웃옷. ㉡조복(朝服) 안에 받쳐 입던 옷. ㉢전악(典樂)이 입던 공복(公服).
【靑裳 청상】 ①푸른 치마. ②기생. 기녀(妓女). ③자귀나무. 합환목(合歡木).
【靑孀 청상】 나이가 젊은 과부(寡婦).
【靑霄 청소】 푸른 하늘.
【靑松白沙 청송백사】 푸른 소나무와 흰 모래밭. 바닷가의 아름다운 풍경.
【靑蠅染白 청승염백】 ☞청승점소(靑蠅點素).
【靑蠅點素 청승점소】 금파리가 흰 것을 더럽힘. ㉠소인(小人)이 군자(君子)를 욕되게 함. ㉡사욕(邪慾)이 절의(節義)를 더럽힘. 靑蠅染白(청승염백).
【靑娥 청아】 젊은 미인. 미소녀(美少女).
【靑蛾 청아】 ①푸르고 아름다운 눈썹. ②미인.
【靑眼 청안】 ①친밀한 감정으로 대하는 눈매. 故事진(晉)나라의 완적(阮籍)이 친한 사람을 청안으로, 거만한 사람은 백안(白眼)으로 대했다는 고사에서 온 말. ②뜻과 마음이 맞는 벗.
【靑靄 청애】 푸른빛을 띤 안개.
【靑篛笠 청약립】 푸른 갈대로 만든 삿갓.
【靑陽 청양】 ①봄〔陽春〕. 陽春(양춘). ②천자의 동당(東堂). 천자의 거실. ③눈이 맑고 밝음. 淸陽(청양).
【靑玉 청옥】 ①강옥석(鋼玉石)의 한 가지. 푸른 옥. ②대나무의 딴 이름.
【靑雨 청우】 푸른 잎에 내리는 비.
【靑雲 청운】 ①푸른 구름. 갠 하늘. 靑天(청천). ②학덕이 있고 명망이 높음. ③높은 지위나 벼슬. ④풍월(風月)을 벗 삼는 은일(隱逸)의 생활. 고상한 지조. ⑤춘관(春官). ⑥입신출세(立身出世).
【靑雲客 청운객】 ①청운의 뜻을 이룬 사람. 고관(高官). ②은거(隱居)하는 사람.
【靑雲心 청운심】 공명(功名)을 세우려는 뜻. 출세하려는 뜻.
【靑雲之士 청운지사】 ①학덕(學德)이 높은 어진 사람. ②높은 지위나 벼슬에 오른 사람. ③은일(隱逸)하고 있는 사람.
【靑雲之志 청운지지】 ①덕을 닦아 성현(聖賢)의 자리에 이르려는 뜻. ②입신출세하려는 뜻. ③공명을 세우려는 마음. ④속세를 초월하여 은자(隱者)가 되려는 뜻.
【靑衣 청의】 ①푸른 빛깔의 옷. ②신분이 낮은 사람이 입던 옷. ③천자의 봄옷. ④비녀 婢(女).
【靑雀 청작】 ①푸른 새. ②새 이름. ㉠고지새. ㉡물새의 한 가지. ◯선수(船首)에 이 새를 새긴 데서 배(船)를 뜻하기도 함. ③서왕모(西王母)의 심부름을 하였다는 새. 靑鳥(청조).
【靑田 청전】 벼가 푸릇푸릇한 논.
【靑錢 청전】 ①청동으로 만든 돈. 銅錢(동전). ②연잎.
【靑氈 청전】 ①푸른 빛깔의 모전(毛氈). ②집안의 보물(寶物).
【靑錢萬選 청전만선】 동전은 만 번을 골라 잡아도 틀림이 없음. 시험을 치를 때마다 반드시 합격하는 문장의 비유.
【靑鳥 청조】 ①푸른 새. 파랑새. ②사자(使者)나 편지. 故事한(漢)의 궁전에 세 발 가진 푸른 새가 온 것을 보고 동방삭(東方朔)이 서왕모(西王母)의 사자라고 하였다는 고사에서 온 말. 靑雀(청작).
【靑州從事 청주종사】 ①좋은 술. 미주(美酒)의 딴 이름. 故事제(齊)나라 환공(桓公)의 주부(主簿)에 술 맛을 잘 아는 사람이 있었는데, 좋고 좋은 것은 '청주종사'라 하고, 좋지 않으면 '평원독우(平原督郵)'라고 하였다는 고사에서 온 말. ②술을 잘 빚는 사람.
【靑蒼 청창】 ①푸르디푸른 빛깔. 짙푸른 빛깔. ②하늘. 蒼天(창천).
【靑天 청천】 ①푸른 하늘. 碧空(벽공). 靑空(청공). ②청명(淸明)한 사람.
【靑天白日 청천백일】 ①맑게 갠 대낮. 쾌청(快晴)한 하늘. ②심사(心事)가 명백함. ③억울한 누명을 쓴 용의자가 무죄 방면이 됨.
【靑天霹靂 청천벽력】 맑은 하늘에 치는 벼락. ㉠필세(筆勢)가 약동함. ㉡갑자기 생긴 일. 뜻밖에 일어난 변고나 사건.
【靑出於藍 청출어람】 푸른 물감은 쪽에서 나왔지만 쪽보다 더 푸름. 제자가 스승보다 더 훌륭한 경우의 비유.
【靑翠 청취】 짙푸른 녹색. 산이나 수목의 색.
【靑苔黃葉 청태황엽】 푸른 이끼와 노랗게 물든 가을의 나뭇잎. 산가(山家)의 아름다운 경치.
【靑袍 청포】 푸른 도포. 옥색 도포.
【靑蒲 청포】 ①푸른 부들. ②푸른 부들로 만든,

靑部 0~8획 靑彭靖艶静靚靜

천자(天子)가 까는 자리.
【靑風 청풍】 푸른 초목에 부는 바람. 봄바람.
【靑楓 청풍】 푸른 단풍나무.
【靑霞 청하】 ①푸른 안개. ②뜻이 고상함.
【靑漢 청한】 푸른 하늘. 靑天(청천).
【靑血 청혈】 맑고 깨끗한 피. 생피.
【靑熒 청형】 ①푸른 광택. 옥(玉)의 광택. ②등불의 빛. ③달빛.
【靑鞋布襪 청혜포말】 짚신과 무명 버선. ㉠야인(野人)의 옷. ㉡벼슬을 버리고 은둔함.
【靑黃不接 청황부접】 ①묵은 곡식은 다 떨어지고 햇곡식은 아직 나지 않음. ☞'靑'은 신곡을, '黃'은 구곡을 뜻함. ②구화(舊貨)는 동이 나고, 신하(新荷)는 아직 들어오지 않음.
▷紺─, 群─, 綠─, 丹─, 淡─, 踏─, 黛─, 碧─, 石─, 水─, 純─, 深─, 田─, 葱─, 翠─, 縹─, 汗─.

靑0 【靑】 ⑧ 靑(1987)과 동자

靑3 【彭】 ⑪ 조촐하게 꾸밀 정 梗 jǐng
字解 ①조촐하게 꾸미다. ②청정(淸淨)하다. ③모직물, 아름다운 모직물.

靑5 【靖】 ⑬ 편안할 정 梗 jìng
小篆 靖 草書 靖 字解 ①편안하다. 〔春秋左氏傳〕 靖共爾位. ②고요하다. ≒靜. 〔張衡·賦〕 旣防溢而靖志兮. ③다스리다. 〔詩經〕 俾予靖之. ④꾀하다. 〔詩經〕 實靖夷我邦. ⑤온화하다. 〔詩經〕 肆其靖之. ⑥삼가다, 조심하다. 〔管子〕 士處靖. ⑦그치다, 그만두다. 〔春秋左氏傳〕 諸侯靖兵. ⑧꾸미다. ⑨자세한 모양. ≒精. ⑩족(足)하다, 충분하다.
【靖嘉 정가】 편안하고 화락함.
【靖康 정강】 편안함. 태평함.
【靖恭 정공】 ①편안하고 경건(敬虔)함. ②직무에 힘쓰고 삼감. 靖共(정공).
【靖匡 정광】 천하를 편안하게 다스림.
【靖國 정국】 나라를 편안하게 다스림.
【靖難 정난】 국난(國難)을 평정함.
【靖亂 정란】 천하의 어지러움을 평정함.
【靖邊 정변】 변방을 평정함.
【靖兵 정병】 전쟁을 그침. ☞'靖'은 '息'으로 '그치다'를 뜻함.
【靖綏 정수】 편안함. 편안하게 함.
【靖節 정절】 깨끗한 절의(節義).
【靖獻 정헌】 신하로서의 의무를 다하며 선왕(先王)의 영(靈)에 성의를 다함.
▷嘉─, 簡─, 綏─, 安─, 寧─, 淸─, 閑─.

靑6 【艶】 ⑭ 검푸른빛 정 徑 qìng
草書 艶 字解 ①검푸른 빛. ②그늘진 곳.

靑6 【静】 ⑭ 靜(1989)의 속자

靑7 【靚】 ⑮ 단장할 정 徑 jìng
小篆 靚 草書 靚 字解 ①단장하다, 화장하다. 〔左思·賦〕 袨服靚糚. ②안존하다, 정숙하다. ≒靜. 〔揚雄·賦〕 稍暗暗而靚深. ④아름답다, 요염하다. ⑤예를 갖추어 부르다. ⑥소리 내어 부르다. ⑦밝다.
【靚飾 정식】 아름답게 꾸밈.
【靚深 정심】 조용하고 깊숙함.
【靚衣 정의】 아름답게 단장한 의복.
【靚妝 정장】 아름답게 화장함. 靚糚(정장).
▷深─, 妝─, 華─.

靑8 【靜】 ⑯ 고요할 정 梗 jìng
小篆 靜 草書 靜 隸書 静 字源 形聲. 靑+爭→靜. '爭(쟁)'이 음을 나타낸다.
字解 ①고요하다. ㉮움직이지 않다. 〔易經〕 至靜而德方. ㉯침착하다. 〔淮南子〕 怒則手足不靜. ㉰소리가 없다. 〔楚辭〕 靜閒安些. ㉱조용한 환경. 〔南史〕 臣好棲靜. ㉲낮다. 〔江總·賦〕 壼人唱靜. ②맑다. 〔國語〕 靜其巾冪. ③단청(丹靑)이 정밀하다. ④바르다. 〔詩經〕 靜女其姝. ⑤믿다, 복종하다. 〔逸周書〕 民乃静. ⑥온화하다. 〔禮記〕 樂由中出, 故靜. ⑦꾀하다. 〔書經〕 靜言庸違. ⑧쉬다, 휴식하다. ⑨간(諫)하다, 충고하다. ≒諍. ⑩도교(道教)에서 이르는 수업(修業). 〔雲笈七籤〕 修練之士當須入靜.
【靜嘉 정가】 ①평온하고 좋음. ②정결하고 아름다움.
【靜客 정객】 연꽃.
【靜居 정거】 ①고요하고 한가롭게 삶. ②조용한 주거(住居).
【靜觀 정관】 조용히 사물을 관찰함.
【靜氣 정기】 ①고요한 기운. ②기운을 가라앉힘.
【靜寄 정기】 조용히 다가섬.
【靜女 정녀】 정숙하고 절개가 굳은 여자.
【靜樂 정락】 조용히 즐김.
【靜脈 정맥】 정맥혈을 심장으로 나르는 핏줄.
【靜默 정묵】 조용하고 말이 없음. 잠잠함.
【靜物畫 정물화】 꽃·과실·기물 등을 제재(題材)로 하여 그린 그림. 靜物(정물).
【靜謐 정밀】 ①썩 고요함. ②세상이 편안함.
【靜步 정보】 조용히 걸음.
【靜舍 정사】 절. 寺刹(사찰).
【靜思 정사】 고요히 생각함. 靜慮(정려).
【靜攝 정섭】 고요하게 조섭(調攝)함.
【靜修 정수】 마음을 고요히 하여 학문과 덕행을 닦음.
【靜邃 정수】 고요하고 깊숙함.

【靜淑 정숙】 마음이 차분하고 태도가 얌전함.
【靜肅 정숙】 고요하고 엄숙함. 靜嚴(정엄).
【靜息 정식】 조용히 그침. 靜止(정지).
【靜心 정심】 ①고요한 마음. ②마음을 고요히 가라앉힘.
【靜養 정양】 심신을 조용히 하여 병을 요양함. 靜攝(정섭).
【靜言 정언】 ①조용함. ◯'言'은 조자(助字). ②조용히 말함. ③교묘한 말.
【靜嚴 정엄】 고요하고 엄숙함. 靜肅(정숙).
【靜然 정연】 조용한 모양. 고요한 모양.
【靜淵 정연】 ①고요하고 깊은 못. ②마음을 가라앉혀 깊이 꾀함.
【靜影 정영】 ①고요한 그림자. ②달빛.
【靜穩 정온】 ①고요하고 평온함. 安穩(안온). ②세상이 무사태평함. 平穩(평온).
【靜婉 정완】 조용하고 아름다움.
【靜意 정의】 ①마음을 고요하게 함. ②안정된 마음.
【靜躁 정조】 고요함과 시끄러움.
【靜坐 정좌】 ①고요히 앉음. ②마음을 가라앉히고 몸을 바르게 하여 앉음.
【靜中動 정중동】 조용한 가운데 움직임이 있음.
【靜治 정치】 ①조용하게 다스려짐. ②태평 무사한 세상.
【靜泰 정태】 고요하고 편안함. 靜安(정안).
【靜閒 정한】 조용하고 한가함.
【靜虛 정허】 조용하여 마음에 번거로움이 없음.
【靜好 정호】 안정(安靜)하고 화호(和好)함. 부부가 서로 화락함.
【靜和 정화】 마음이 조용하고 화평함.
◯ 簡—, 寬—, 端—, 肅—, 愼—, 安—, 淵—, 寂—, 貞—, 至—, 鎭—, 淸—, 閑—, 和—.

非部

8획 부수 │ 아닐비부

非【非】⑧ ❶아닐 비 圓 fēi
0   ❷비방할 비 圓 fēi

ノ ナ ヲ ヲ 爿 扌 非 非

[소전] 非 [초서] 北 [字源] 象形. 새가 날아 내릴 때 날개를 좌우로 드리운 모양으로, 양쪽 두 날개가 좌우에서 서로 등지고 있는 데서 '어긋나다'의 뜻을 나타내고, 이에서 부정의 뜻인 '아니다'의 뜻이 되었다.

[字解] ❶①아니다. 부정(否定)의 뜻을 나타내는 말. 〔禮記〕非禮也. ②등지다. 배반하다. 〔孟子〕非義之禮, 非義之義, 大人弗爲. ④나쁘다. 옳지 않다. 〔易經〕辨是與非. ⑤사악(邪惡). 〔史記〕懼念念外人之有非. ⑥허물, 잘못. 〔莊子〕辯足以飾非. ⑦없다. 〔史記〕夫子則非罪. ⑧숨다. ⑨책하다,

꾸짖다. 〔春秋穀梁傳〕非隱也. ⑩죄주다, 벌하다. 〔呂氏春秋〕將以非不穀. ⑪원망하다. 〔國語〕今旣無事矣而非龢. ⑫아닌가, 아니한가. 〔後漢書·董卓傳·注〕獻帝起居注, 是天子非. ❷비방하다. 訾誹. 〔荀子〕百姓怨非而不用.
【非間 비간】 비난함. 비방함.
【非據 비거】 있어서는 안 될 곳에 있음. 재능이 없이 높은 지위에 있음.
【非擧 비거】 기용(起用)해서는 안 될 사람을 천거(薦擧)함.
【非計 비계】 나쁜 방법. 나쁜 계획. 非謀(비모).
【非辜 비고】 잘못도 없이 죄를 뒤집어씀.
【非幾 비기】 선(善)하지 않은 기틀. 좋지 못한 징조.
【非難 비난】 남의 잘못이나 결점을 들추어 나쁘게 말함.
【非短 비단】 결점(缺點).
【非德 비덕】 ①베풀어서는 안 될 곳에 베푸는 은덕. ②덕에 거슬리는 행위.
【非道 비도】 ①도리에 어긋남. ②인정에 벗어남.
【非禮 비례】 예의에 어긋남.
【非類 비류】 ①자기와 동류가 아님. 같은 종족(種族)이 아님. ②행동이 바르지 않은 사람. ③인류(人類)가 아닌 것.
【非理 비리】 도리에 어긋남.
【非望 비망】 ①분수에 맞지 않는 희망. ②기대하지 않음. 생각하지도 않음.
【非命 비명】 ①천명(天命)을 다하지 못함. ②횡사(橫死).
【非命橫死 비명횡사】 뜻밖의 재변으로 제명대로 살지 못하고 죽음.
【非夢似夢 비몽사몽】 國잠이 들락말락할 때. 꿈인지 생시인지 어렴풋한 때.
【非駁 비박】 비난하고 변박(辯駁)함.
【非凡 비범】 평범하지 않음. 보통 수준보다 훨씬 뛰어남.
【非法 비법】 법에 어긋남. 不法(불법).
【非僻 비벽】 도리에 어긋난 나쁜 짓.
【非兵 비병】 전쟁을 비난함.
【非服 비복】 받아서는 안 될 것을 받음. 곧, 분에 넘는 대우.
【非非 비비】 나쁜 것을 나쁘다고 함. 是是非非(시시비비).
【非非想 비비상】 (佛)오묘한 생각.
【非想非想處 비상비비상처】 (佛)무색계(無色界)의 제사천(第四天). 무위무상(無爲無想)의 경지. 非想天(비상천).
【非常之人 비상지인】 세상에 둘도 없는 훌륭한 인물. 非常人(비상인).
【非笑 비소】 비방하여 웃음.
【非心 비심】 좋지 못한 마음.
【非訐 비알】 남의 허물을 비방하고 들추어 냄.
【非言 비언】 말해서는 안 됨.
【非業 비업】 ①하지 않아도 좋은 일. 좋지 못한 일. ②(佛)정당한 갚은이 아닌 일. 전세(前世)의 업인(業因)에서가 아니라 현세의 재난에 의하여 횡사하는 일.

【非譽 비예】 ①비방함과 칭찬함. ②착하지 못함. 또는 그런 사람.
【非耦 비우】 혼인(婚姻)이 걸맞지 않음.
【非怨 비원】 비방하고 원망함.
【非位 비위】 자격이 없으면서 그 지위에 있음.
【非爲 비위】 나쁜 일. 惡事(악사).
【非意 비의】 뜻하지 않게. 별안간.
【非義 비의】 의리에 어긋남. 도리에 맞지 않음.
【非議 비의】 비방하여 논함.
【非人 비인】 ①사람답지 못한 사람. ②병 따위로 쓸모없이 된 사람. 廢人(폐인). ③인위(人爲)가 아님. 무위자연(無爲自然). ④(佛)속세를 떠난 사람.
【非一非再 비일비재】 ①한두 번이 아님. 번번이 그러함. ②하나 둘이 아님. 많음.
【非訾 비자】 헐뜯음. 비방함.
【非錢不行 비전불행】 뇌물을 쓰지 않고는 아무 일도 되지 않음. 관기(官紀)가 문란함.
【非池中物 비지중물】 용이 때를 얻으면, 녹록하게 엎드려 있던 못을 벗어나 하늘로 올라가듯, 영웅도 때를 만나면 세상에 나와 뜻을 펌. ㉠비범한 사람임. ㉡장차 대성할 사람임.
【非行 비행】 그릇된 행동.
【非毁 비훼】 비방함. 험담함.

❶ 覺ー, 姦ー, 格ー, 禁ー, 百ー, 先ー, 是ー, 心ー, 養ー, 悟ー, 匪ー, 昨ー, 前ー, 節ー.

非7 【靠】⑮ 기댈 고 䤨 kào

[字解] ❶기대다, 의지하다. 〔林逋·詩〕瘦靠闌干搭梵襟. ❷어긋나다, 배반하다.
【靠幇 고방】 한곳에 모여 서로 도움.

非11 【靡】⑲ ❶쓰러질 미 䥍 mǐ ❷갈 마 䥍 mǐ

[參考] 대법원 지정 인명용 한자의 음은 '미'이다.
[字解] ❶①쓰러지다, 쏠리다, 기울다.〔春秋左氏傳〕望其旗靡. ②복종하다, 순응하다.〔史記〕燕從風而靡. ③연루(連累)되다. ④괴롭히다.〔詩經〕無封靡于爾邦. ⑤사치하다.〔周禮〕以政令禁物靡而均市. ⑥화려하다, 곱다.〔漢書〕靡衣婾食. ⑦없다. 부정하는 말.〔詩經〕靡日不思. ⑧다하다.〔荀子〕以相顚倒, 以靡敝之. ⑨물가. =湄.〔史記〕玓瓅江靡. ⑩함께 하다.〔易經〕吾與爾靡之. ⑪늦추다, 느슨하게 하다.〔荀子〕靡之儴之. ⑫사랑하다.〔莊子〕喜則交頸相靡. ⑬잘다, 작다.〔詩經〕國雖靡止. ⑭덩굴풀, 만연(蔓延)하다.〔左思·賦〕尋靡萍於中逵. ❷①갈다, 쓸다, 비비다. ≒摩.〔荀子〕靡使然也. ②흩다, 흩어지다.
【靡傾 미경】 쏠리고 기욺.
【靡勸 미권】 붙좇게 하고 권장함.
【靡寧 미녕→미령】 어른의 몸이 병으로 편하지 못함.
【靡樂 미락】 즐거워하지 않음.
【靡爛 미란】 썩어서 문드러짐. 糜爛(미란).
【靡濫 미람】 몹시 어지럽게 흩어짐.
【靡拉 미랍】 휘어서 꺾어짐.
【靡麗 미려】 화려함. 華美(화미)함.
【靡曼 미만】 ①곱고 보드라운 살결. 美色(미색). ②아름다운 채색(采色). ③문장의 아름다움.
【靡靡 미미】 ①순응하는 모양. 서로 따르는 모양. ②목소리가 가늘고 아름다움. ③느릿느릿 걷는 모양. ④서로 의지하는 모양. ⑤다하는 모양. 다해 없어지는 모양.
【靡薄 미박】 경박하며 독실하지 않음.
【靡法 미법】 자질구레한 법. 자세한 법.
【靡辯 미변】 꾸밈이 많은 변설.
【靡徙 미사】 ①발을 옮겨 놓는 모양. ②스스로 억제하여 물리침. ③정도(正道)를 잃은 모양.
【靡顔 미안】 얼굴의 살결이 고움.
【靡然 미연】 초목이 바람에 쏠리는 모양. 위풍(威風)을 따름.
【靡衣玉食 미의옥식】 아름다운 의복과 음식.
【靡衣婾食 미의투식】 아름다운 의복을 좋아하고 한 끼의 음식을 탐함. 영구한 계책이 없음.
【靡財 미재】 ①얼마 안 되는 재산. ②재산을 탕진함.
【靡止 미지】 ①작음. ②나라가 어지러워져 예가 없음. ③국론(國論)이 정해지지 않음.
【靡盡 미진】 죄다 망함. 멸하여 없앰.
【靡草 미초】 ①가지나 잎이 가느다란 풀. 냉이·꽃다지 따위. ②바람이 풀을 쓸어 엎음. 덕화(德化)가 널리 퍼짐.
【靡敝 미폐】 쇠하여짐. 쇠약해져 무너짐.

❶ 江ー, 綺ー, 妙ー, 浮ー, 奢ー, 宵ー, 麗ー, 姸ー, 妖ー, 委ー, 草ー, 侈ー, 風ー, 披ー.

面部

9획 부수 | 낯면부

面0 【面】⑨ 낯 면 䩉 miàn

[字解] ①낯, 얼굴. ②앞.〔書經〕大輅在賓階面. ③겉, 표면.〔明心寶鑑〕古人結交唯結心, 今人結交唯結面. ④쪽, 방향.〔史記〕令四面騎馳下. ⑤탈, 가면(假面).〔晉書〕用鐵面自衞. ⑥눈앞, 면전(面前).〔書經〕汝無面從, 退有後言. ⑦뵈다.〔儀禮〕面不升. ⑧향하다.〔孟子〕東面而西夷怨. ⑨겉으로 하다.〔儀禮〕覆之面葉. ⑩얼굴빛을 부드럽게 하다.〔荀子〕君子之於子, 愛之而勿面, 使之而勿貌. ⑪얼

面部 0～5획　面面酠皰䩉

을 돌리다. 늑值. 〔漢書〕爲涕泣, 面而封之. ⑫면. 다면체(多面體)의 한계를 이루는 평면(平面). ⑬國행정 구획의 하나. ㉮고려 때부터 조선 초기까지 동북(東北) 지방에 두었던 행정 구역. 〔高麗史〕稱東北面. ㉯시(市)나 군(郡)에 속한 행정 구역 단위. ⑭國무면(無面). 돈이나 곡식 따위에 부족이 생기는 일.〔大典會通〕無面米七十石以上者, 該官削職.
【面諫 면간】면대하여 간함.
【面講 면강】國과거(科擧) 볼 때, 시험관 앞에서 글을 외던 일.
【面結 면결】①면전에서 약속을 맺음. ②표면만의 교제(交際). 깊이 마음으로 사귀지 않음. 面交(면교).
【面鏡 면경】얼굴이나 볼 정도의 작은 거울.
【面具 면구】탈. 假面(가면).
【面欺 면기】눈앞에서 속임. 面謾(면만).
【面謾 면만】눈앞에서 속임. 面欺(면기).
【面面風 면면풍】사방팔방에서 불어오는 바람.
【面命 면명】①직접 명령함. ②직접 타이름. 면전에서 가르침.
【面目 면목】①얼굴 생김새. 容貌(용모). ②체면(體面). 명예(名譽). ③태도나 모양.
【面目可憎 면목가증】얼굴 생김새가 추하고 불쾌함. 빈자(貧者)의 모양.
【面目黎黑 면목여흑】얼굴이 검음.
【面門 면문】입〔口〕.
【面駁 면박】면전에서 반박함.
【面縛 면박】①두 손을 뒤로 돌려 묶고 얼굴은 앞을 보게 함. ②두 손을 앞으로 묶음.
【面縛輿櫬 면박여츤】스스로 손을 뒤로 묶고 관을 짊어지고 사죄하는 모양.
【面拜 면배】눈앞에서 뵘. 아주 가까운 데서 뵘.
【面白 면백】얼굴이 흼.
【面壁 면벽】(佛)①벽을 마주 대하고 참선함. 故事 달마(達磨)가 숭산(嵩山)에서 9년 동안 면벽하여 도통하였다는 고사에서 온 말. 坐禪(좌선). ②바깥일에 개의치 않음. ③하는 일 없이 한가로이 지냄.
【面朋 면붕】표면적으로 사귀는 벗. 얼굴만 서로 알고 지낼 뿐, 마음으로 친하지 않은 벗. 面友(면우).
【面首 면수】①면모(面貌)와 두발(頭髮)이 아름다운 남자. ②남첩(男妾).
【面飾 면식】①겉치레. ②얼굴의 장식.
【面禳 면양】사방의 신(神)에게 제사 지내어 역려(疫癘)를 예방함.
【面如土 면여토】얼굴이 흙빛 같음. ㉠의기(意氣)를 잃음. ㉡몹시 두려워함.
【面譽不忠 면예불충】면대하여 그 사람을 칭찬하는 사람은 진실함이 없음.
【面晤 면오】서로 만나 이야기함. ○'晤'는 '회담(會談)'을 뜻함. 面語(면어).
【面諛 면유】면전에서 아첨함.
【面諭 면유】대면하여 타이름.
【面衣 면의】①여자가 말을 타고 먼 길을 갈 때 얼굴을 가리던 것. ②남자가 추위를 막기 위하

여 얼굴을 가리던 두건.
【面引 면인】면전에서 그 사람의 허물을 들어 책망함.
【面子 면자】면목(面目). 체면(體面).
【面牆 면장】울타리를 대함. ㉠앞날을 내다보지 못함. ㉡견문이 좁음.
【面爭 면쟁】임금 앞에서 그 잘못을 간함.
【面積 면적】넓이.
【面折 면절】면전에서 그 사람의 잘못이나 결점을 책망함.
【面折廷爭 면절정쟁】①임금의 면전에서, 임금의 덕행이나 정사에 대하여 쟁론(爭論)함. 직간(直諫). ②강직한 신하.
【面接 면접】서로 대면하여 만나 봄.
【面從腹背 면종복배】겉으로는 복종하는 체하면서 속으로는 배반함.
【面從後言 면종후언】면전에서는 아첨하고 돌아서서는 욕함.
【面奏 면주】임금을 뵙고 상주(上奏)함.
【面詆 면지】맞대 놓고 꾸짖음.
【面質 면질】대질(對質)함. 무릎맞춤.
【面責 면책】면대하여 책망함. 面詰(면힐).
【面歎 면탄】그 사람의 면전에서 칭찬함.
【面皰 면포】여드름.
【面稟 면품】대면하여 품의(稟議)함.
【面皮 면피】①낯가죽. ②얼굴.
【面皮厚 면피후】낯가죽이 두꺼움. 부끄러움을 모름.
【面汗 면한】얼굴에 땀을 흘림. 부끄러워서 얼굴에 땀이 남.
【面向不背 면향불배】표리(表裏)가 없음.
❶ 假一, 刮一, 球一, 舊一, 南一, 內一, 露一, 多一, 當一, 對一, 滿一, 文一, 反一, 半一, 方一, 背一, 覆一, 粉一, 四一, 斜一, 相一, 書一, 笑一, 水一, 識一, 顏一, 仰一, 外一, 凹一, 圓一, 月一, 裏一, 人一, 全一, 前一, 正一, 照一, 池一, 地一, 凸一, 剃一, 皺一, 側一, 他一, 土一, 八一, 平一, 表一, 皮一, 下一, 海一, 畫一, 後一, 毀一.

面
0【靣】⑧ 面(1991)의 속자

面
0【靣】⑨ 面(1991)의 본자

面
4【酠】⑬ 면종 날 방 䩊　pàng
字解 면종(面腫)이 나다, 얼굴에 종기가 나다.

面
5【皰】⑭ 면종 포 㿘　bào
字解 면종(面腫), 얼굴에 난 부스럼, 여드름. ≒疱.

面
5【䩉】⑭ 覸(1993)과 동자

面 7 【䩙】 ⑯ 뺨 보·부 _廈 fǔ

字解 ①뺨. ②뺨의 뼈, 광대뼈, 협골(頰骨). ≒輔.
〔淮南子〕 靨䩙在頰則好, 在顙則醜.

面 7 【靦】 ⑯ 부끄러워할 전 _銑 tiǎn

字源 會意·形聲. 面+見→靦. 면대〔面〕하여 똑똑히 보는〔見〕 데서 '부끄럽다, 뻔뻔하다'의 뜻을 나타낸다. '見(견)'이 음도 나타낸다.
字解 ①부끄러워하다. ②뻔뻔한 낯. 〔國語〕雖靦然而入面哉.
【靦臉 전검】 ①후안(厚顔). 철면피(鐵面皮).
【靦愧 전괴】 부끄러워 얼굴을 붉힘.
【靦懼 전구】 부끄럽고 송구스러움.
【靦冒 전모】 부끄러워함.
【靦顔 전안】 ①부끄러워하지 않는 낯. 厚顔(후안). ②부끄러워하는 얼굴.
【靦然 전연】 뻔뻔스러운 모양.
【靦怍 전작】 ⇨靦愧(전괴).
【靦汗 전한】 부끄러워 땀을 흘림.

面 10 【䩞】 ⑲ 피땀 면 _霰 miàn

字解 피땀, 한혈(汗血).

面 12 【䩬】 ㉑ 세수할 회 _隊 huì

字解 세수하다, 얼굴을 씻다. 〔禮記〕面垢, 燂潘, 請䩬.
【䩬梁 회량】 기장쌀 뜨물로 세수함. 피부가 매끄러워진다고 함.
【䩬面 회면】 세수함. 낯을 씻음.

面 12 【䩯】 ㉑ 䩙(1993)과 동자

面 12 【䨄】 ㉑ 䩙(1993)의 속자

面 13 【䨁】 ㉒ 靦(1993)와 동자

面 14 【䨂】 ㉓ ❶보조개 엽 _葉 yè ❷검은 사마귀 염 _琰 yǎn

字解 ❶보조개. 〔淮南子〕 靨䩙在頰則好. ❷검은 사마귀.
【䨂䩙 엽보】 보조개.
【䨂笑 엽소】 보조개를 지으며 웃음.
【䨂鈿 엽전】 여자의 보조개 근처의 뺨에 그리던 장식. 䨂飾(엽식).

◐ 嬌-, 媚-, 寶-, 笑-, 兩-, 淺-, 歡-.

革部

9획 부수 | 가죽혁부

革 0 【革】 ⑨ ❶가죽 혁 _陌 gé
         ❷엄할 극 _職 jí

一 十 艹 並 芣 苗 畕 莗 革

❀參考 대법원 지정 인명용 한자의 음은 '혁'이다.
字源 會意. 금문에서는 '[⿱]'으로, 두 손〔廾〕으로 짐승〔𦍒〕의 털을 뽑는 모양을 본떴다. 털을 뽑고 나면 가죽이 드러나는 데서 '가죽'이라는 뜻을 나타낸다.
字解 ❶①가죽. ㉮무두질만 한 가죽. ㉯가죽의 총칭. 〔詩經〕 羔羊之革. ㉰다루지 않은 가죽. 〔漢書〕 見晁曳革履. ㉱피부(皮膚). 〔禮記〕 膚革充盈. ②북. 팔음(八音)의 하나. 〔周禮〕 金石土革絲木匏竹. ③갑주(甲冑), 투구. 〔周禮〕 利射革與質. ④가죽 장식, 수레 앞턱 가로나무의 가죽 장식. ⑤늙다. 〔蜀志〕 老革荒悖. ⑥고치다. ≒改·更. 〔呂氏春秋〕 天地陰陽不革而成. ⑦경계하다. 〔袁宏·贊〕 風美所扇, 訓革千載. ⑧날개. 〔詩經〕 如鳥斯革. ⑨괘(卦) 이름. 64괘의 하나. 괘형은 ䷰. 옛것을 고치는 것을 상징함. ⑩성(姓). ❷①엄하다, 심하다, 지독하다. ≒亟. 〔禮記〕 夫子之病革矣. ②빠르다. ③사람 이름. 〔列子〕 殷湯問於夏革.
【革甲 혁갑】 갑옷.
【革去 혁거】 ①구법(舊法)의 폐해를 개혁함. ②직책을 박탈함. 파면함.
【革車 혁거】 가죽으로 둘러친 병거(兵車).
【革更 혁경】 고침. 改更(개경).
【革故鼎新 혁고정신】 묵은 것을 버리고 새것을 취함.
【革勤 혁근】 새롭게 하고 힘써 일함.
【革囊 혁낭】 가죽 주머니.
【革圖易慮 혁도역려】 계획(計劃)을 고치고 생각을 바꿈.
【革路 혁로】 가죽으로 둘러친 수레. ○'路'는 '輅'로 '수레'를 뜻함. 革輅(혁로).
【革吏 혁리】 무인(武人)의 겸칭(謙稱).
【革面 혁면】 ①안색을 고쳤을 뿐, 그 마음은 아직 고치지 못함. 표면적인 것만 고침. ②임금을 좇음. 복종함. ③가죽의 겉.
【革命 혁명】 ①천명이 바뀜. 한 왕통(王統)이 다른 왕통으로 바뀜. ②헌법의 범위를 벗어나 국체(國體) 또는 정체(政體)를 변혁함. ③어떤 상태가 급격히 변동하거나 발전함.
【革新 혁신】 묵은 것을 바꾸어 새롭게 함. 개혁하여 새롭게 함.
【革心 혁심】 마음을 고침. 마음을 새롭게 함.
【革役 혁역】 직책을 박탈함.
【革容 혁용】 모습을 바꿈. 태도를 고침.

革部 2~5획   䩉 軒 靭 䩐 䩒 䩓 靳 䩔 鞈 䩕 䩖 靴 秼 䩗

【革音 혁음】 북소리.
【革正 혁정】 바르게 고침.
【革除 혁제】 ①제거함. ②관직에서 물러나게 함. 면직함. ③고침. 새롭게 고침.
【革鳥 혁조】 빠른 새. 매·소리개 따위.
【革職 혁직】 관직(官職)을 면함. 면직함.
【革罷 혁파】 폐지(廢止)함.
【革鞭 혁편】 가죽으로 만든 채찍.
【革弊 혁폐】 폐해(弊害)를 고쳐 바로잡음.
● 甲―, 改―, 檢―, 堅―, 矯―, 金―, 變―, 兵―, 刪―, 沿―, 韋―, 製―, 皮―.

9획

革2【䩉】⑪ 신 창받이할 정 〔廣〕〔迴〕 dīng
[소전] 䩉 [자해] 신을 창받이하다, 신을 깁다.

革3【軒】⑫ 가죽 간 〔圍〕 jiān
[소전] 軒 [초서] 軒 [자해] ①가죽, 말린 가죽. ②동개. 활과 화살을 꽂아 등에 지는 물건. ③전동〔箭筒〕, 화살통.

革3【靭】⑫ 靭(2001)과 동자

革3【䩐】⑫ 고삐 적 〔錫〕 dí
[소전] 䩐 [초서] 靮 [자해] 고삐.〔禮記〕執執覊䩐以從.

革3【䩒】⑫ 전동 차·채 〔佳〕 chá
[초서] 䩒 [자해] 전동〔箭筒〕, 화살통. 늑 叉

革4【䩓】⑲ 䩓(1994)과 동자

革4【靳】⑬ 가슴걸이 근 〔問〕 jìn
[소전] 靳 [초서] 靳 [자해] ①가슴걸이.〔春秋左氏傳〕吾從子如驂之靳. ②수레의 채, 나룻, 채. ③인색하다, 아끼다.〔後漢書〕悔不小靳, 可至千萬. ④부끄러워하다, 수줍어하다.〔春秋左氏傳〕宋公靳之. ⑤원망하다.〔春秋左氏傳·注〕恥而惡之曰靳. ⑥단단하다, 굳다.
【靳固 근고】 ①아껴 극비(極祕)로 함. ②단단함. 단단히 붙음.
【靳祕 근비】 아까와하여 남에게 숨김.
【靳靷 근인】 가슴걸이.

革4【䩔】⑬ ❶신 삽 〔合〕 sǎ ❷國제사 신 급 sǎ
[소전] 䩔 [초서] 䩔 [자해] ❶①신. ②가볍게 오르는 모양.〔漢書〕泪滅䩔

革4【鞈】⑬ 안장 장식 봉 〔圖〕 fēng
[자해] 안장 장식.

革4【䩕】⑬ 가슴걸이 인 〔震〕 yǐn
[소전] 䩕 [주문] 䩕 [초서] 䩕 [자해] ①가슴걸이. 마소의 가슴에 걸어, 말은 안장에 소는 멍에에 매는 가죽 끈. ②잡아당기다. 늑引

革4【鞈】⑬ ❶밀치끈 지 〔支〕 qí ❷바퀴통 머리 기 〔支〕 chí
[자해] ❶밀치끈, 밀치끈의 늘어뜨린 가죽. ❷바퀴통의 머리.

革4【靶】⑬ 고삐 파 〔禡〕 bà
[소전] 靶 [초서] 靶 [자해] ①고삐.〔漢書〕王良執靶. ②자루.〔王度·記〕友人薛俠者, 獲一銅劍, 劍連於靶, 盤鳳龍之狀. ③과녁. ④덮다, 가리다.

革4【靴】⑬ 신 화 〔歌〕 xuē
[초서] 靴 [동문] 鞾 [자원] 形聲. 革+化→靴. '化(화)'가 음을 나타낸다.
[자해] 신, 가죽신, 목이 긴 신.〔隋書〕惟褶服以靴, 靴, 履也.
【靴工 화공】 양화(洋靴)를 만드는 직공.
【靴襪 화말】 버선.
【靴帽 화모】 장화(長靴)와 모자.
【靴衫 화삼】 말을 탈 때 입는 옷.
【靴液 화액】 양말.
【靴板 화판】 신을 신고 널빤지를 침. 상관(上官)을 봄.
【靴笏 화홀】 가죽신과 홀. 관복(官服)을 입을 때 사용함.
● 軍―, 短―, 洋―, 長―, 製―, 着―.

革5【秼】⑭ 볏짚 새패기 갈 〔黠〕 jiē
[초서] 秼 [자해] 볏짚 새패기. =稭.〔禮記〕莞簟之安, 而槀秼之設.
【秼席 갈석】 짚으로 짠 자리. 멍석.

革5【䩗】⑭ 수레 앞턱 가로 나무 감은 가죽 굉 〔蒸〕 hóng
[소전] 䩗 [초서] 䩗 [동문] 䩗 [자해] 수레 앞턱 가로 나무를 감은

가죽, 거식(車軾)의 중앙을 감은 가죽. 〔詩經〕 鞹靶淺幭.

革5 【靼】⑭ 다룸가죽 단·달 〔單〕〔圄〕 dá

〔소전〕 靼 〔고문〕 鞼 〔초서〕 靼 〔字解〕❶다룸가죽. ❷부드럽다. ❸오랑캐 이름, 달단(韃靼).

革5 【鞀】⑭ 노도 도 〔豪〕 táo

〔소전〕 鞀 〔주문〕 磬 〔혹체〕 鞉 〔혹체〕 鼗 〔초서〕 鞀 〔字解〕 노도(路鼗), 소고(小鼓). 북의 자루를 흔들면 북의 허리 양쪽에 매단 가죽 끈이 북면을 쳐서 소리를 내는 작은 북.
【鞀磬 도경】 노도(路鼗)와 돌로 만든 악기.
【鞀鞞鼓 도비고】 노도(路鼗)와 소고(小鼓)·대고(大鼓).

革5 【靺】⑭ 버선 말 〔圄〕 mò

〔초서〕 靺 〔字解〕❶버선. ≒袜. ❷북방 종족 이름, 말갈(靺鞨).

革5 【靽】⑭ 밀치끈 반 〔翰〕 bàn

〔초서〕 靽 〔字解〕 밀치끈. =絆.〔春秋左氏傳〕 韅靷鞅靽.

革5 【鞅】⑭ ❶가슴걸이 앙 〔養〕 yāng ❷교활할 앙 〔陽〕 yāng

〔소전〕 鞅 〔초서〕 鞅 〔字解〕❶가슴걸이.〔春秋左氏傳〕 抽劍斷鞅. ❷뱃대끈.〔春秋左氏傳〕 韅靷鞅靽. ❸원망하다. ≒怏.〔漢書〕 心常怏鞅. ❹소의 고삐. ❺지다, 짊어지다.〔詩經〕 或王事鞅掌. ❷❶교활하다. ❷부당하다. ❸가슴걸이. ※❶과 같다.
【鞅勒 앙륵】 말의 가슴걸이와 재갈.
【鞅靽 앙반】 말의 가슴걸이와 고삐.
【鞅鞅 앙앙】 불평을 품고 만족하지 않는 모양.
【鞅掌 앙장】❶매우 바쁘고 번거로움. '鞅'은 '짊어지는 것'을, '掌'은 '떠받치는 것'을 뜻함. ❷스스로 만족하는 모양. ❸많은 모양.
❶歸-, 馬-, 鬱-, 塵-, 解-.

鞙(공)
鞦(추)
鞅(앙)
〈鞅❶〉

革5 【靾】⑭ ❶조위 안장 예 〔霽〕 yì ❷고삐 설 〔屑〕 yì

〔초서〕 靾 〔字解〕❶조위(弔慰) 안장(鞍裝). 장례(葬禮)에 보내는 말의 안장. ❷사나운 말의 안장. ❸고삐.〔禮〕 薦乘車鹿淺幦干笮革靾.

革5 【鞂】⑭ 가죽신 요 〔蕭〕 yào

〔초서〕 鞂 〔字解〕❶가죽신. ❷굽다〔曲〕.

革5 【靻】⑭ ❶말굴레 조 〔麌〕 zǔ ❷다룸가죽 단 〔旱〕 zǔ

〔字解〕❶말의 굴레. ❷다룸가죽. ※靼(1995)의 와자(譌字).
【靻蹻 조갹】 짚신 종류.

革5 【鞋】⑭ 투구 주 〔宥〕 zhòu

〔字解〕 투구. =冑.

革5 【鞈】⑭ 껑거리끈 타 〔歌〕 tuó

〔소전〕 鞈 〔동문〕 鞈 〔字解〕 껑거리끈, 밀치끈.

革5 【鞈】⑭ 鞈(1995)와 동자

革5 【鞊】⑭ ❶안장 장식 첩 〔葉〕 tié ❷〔國〕 말다래 점 tié

〔소전〕 鞊 〔字解〕❶안장의 장식. ❷말다래. 안장 좌우에 늘어뜨려 말 탄 사람의 옷에 흙이 튀는 것을 막는 기구.

革5 【鞄】⑭ 혁공 포 〔肴〕 páo

〔소전〕 鞄 〔초서〕 鞄 〔字解〕 혁공(革工). 가죽을 다루는 사람.

革5 【鞁】⑭ 가슴걸이 피 〔寘〕 bèi

〔소전〕 鞁 〔초서〕 鞁 〔字解〕❶가슴걸이. 마소의 가슴에 걸어, 말의 안장이나 소의 멍에에 매는 끈.〔國語〕 吾兩鞁將絕. ❷고삐. ❸뱃대끈. 마소의 배에 매는 끈. ❹안갑(鞍匣). ❺말 수레에 메우다.

革5 【鞙】⑭ 칼집 현 〔銑〕 xuān

〔字解〕❶칼집. ❷수레 멍에에 동인 끈.

革6 【鞏】⑮ 묶을 공 〔腫〕 gǒng

〔소전〕 鞏 〔초서〕 鞏 〔간체〕 巩 〔字解〕❶묶다, 가죽으로 단단하게 묶다.〔易經〕 鞏以黃牛之革. ❷굳다, 단단하다.〔詩經〕 藐藐昊天, 無不克鞏. ❸복다, 굽다. ❹두려워하다.〔荀子〕 故君子恭而不難, 敬而不鞏. ❺나라 이름. 주대(周代)의 기내(畿內)에 있던 나라로, 혜공(惠公)이 그의 아들을 봉한 땅. 지금의 하남성(河南省) 공현(鞏縣).
【鞏固 공고】 단단하고 튼튼함. 확고하여 움직이

革部 6～7획 鼗 鉻 軮 鞍 鞌 鞇 鞈 鞋 鞎 鞕 鞔 鞓 鞗 鞗 鞘 鞖

지 않음. 堅固(견고). 確固(확고).
【鞏鞏 공공】 사물에 얽매이는 모양.

革6【鼗】⑮ 노도 도 豪 táo
[字解] 노도(路鼗), 소고(小鼓). 손잡이가 달린 작은북. 〔詩經〕鼗磬柷圉.
【鼗磬 도경】 소고와 경쇠. 韶磬(도경).
【鼗鼓 도고】 노도(路鼗).

革6【鉻】⑮ 가죽 끈 락 藥 luò
[字解] 가죽 끈, 날가죽의 끈.

革6【軮】⑮ 수레 덮개 복·피 屋寘 fú
[字解] 수레의 덮개, 거식(車軾) 위의 덮개.

革6【鞍】⑮ 안장 안 寒 ān
[字解] 안장. 〔漢書〕皆下馬解鞍.
【鞍甲 안갑】 ①안장과 갑옷. ②전투(戰鬪).
【鞍橋 안교】 안장.
【鞍馬 안마】 ①말에 안장을 지움. 안장을 지운 말. ②체조 경기의 한 종목.
【鞍轡 안비】 안장과 고삐.
【鞍裝 안장】 말 따위의 등에 얹어서 사람이 타기에 편리하도록 만든 도구.
【鞍駄 안태】 안장과 말에 실은 짐.
【鞍銜 안함】 안장과 재갈.
● 金−, 乘−, 玉−, 銀−, 駄−, 解−.

革6【鞌】⑮ 안장 안 寒 ān
[字解] ①안장. =鞍. 〔漢書〕匈奴至者投鞌, 高如城者數所. ②땅 이름. 춘추 시대 제(齊)나라의 땅. 지금의 산동성 역성현(歷城縣)의 성내(城內). 〔春秋〕及諸侯戰于鞌.

革6【鞇】⑮ 자리 인 眞 yīn
[字解] 자리, 깔개. 수레에 까는 자리. =茵.
【鞇軮 인복】 수레에 까는 깔개.

革6【鞈】⑮ ❶굳을 협 洽 gé ❷아이 신 삽 洽 sǎ ❸북소리 탑 合 tà
[字解] ❶굳다, 굳은 모양. 〔荀子〕楚人鮫革犀兕以甲, 鞈如金石. ②화살을 막는 기구. 가죽을 여러 겹으로 하여 만든다. 〔管子〕蘭盾鞈革. ❷아이 신. =靸. ❸북소리, 종소리. =鞳. 〔淮南子〕若鐘之與鞈.
【鞈匝 협잡】 여러 겹으로 둘러싸는 모양.

【鞈革 협혁】 화살을 막는 기구.

革6【鞋】⑮ 신 혜 本해 佳 xié
[字解] ①신, 짚신. 〔李商隱·雜纂〕著鞋臥床上. ②목이 짧은 신.
【鞋韈 혜말】 신과 버선.
【鞋材 혜재】 신의 재료.
【鞋痕 혜흔】 신 자국. 발자국.
● 麻−, 芒−, 絲−, 僧−, 草−, 太史−.

革6【鞎】⑮ 수레 장식 가죽 흔 元 hén
[字解] 수레 장식 가죽, 수레의 앞을 꾸미는 가죽.

革7【鞕】⑯ 단단할 경 敬 yìng
[字解] 단단하다, 견고하다. ≒硬.

革7【鞔】⑯ ❶신울 만 寒 mán ❷괴로워할 만 阮 mèn
[字解] ❶①신울. 신 양쪽 가에 댄, 발등까지 올라오는 부분. ②신. 〔呂氏春秋〕南家工人也, 爲鞔者也. ③수레를 끄는 밧줄. ④가죽을 켕기다. 〔西陽雜俎〕寧王當夏中, 揮汗鞔鼓. ❷괴로워하다. ≒懣. 〔呂氏春秋〕味眾珍則胃充, 胃充則中大鞔.

革7【鞓】⑯ 가죽 띠 정 靑 tīng
[字解] ①가죽 띠. ②인끈. =綎.

革7【鞗】⑯ 鞓(1996)과 동자

革7【鞗】⑯ 고삐 조 蕭 tiáo
[字解] 고삐, 가죽 고삐. 〔詩經〕鞗革沖沖.
【鞗革 조혁】 가죽으로 만든 고삐.

革7【鞘】⑯ ❶칼집 초 嘯 qiào ❷선후 걸이 초 肴 shāo
[字解] ❶칼집. ❷①선후 걸이. 말의 가슴걸이와 후걸이의 총칭. ②말 채찍의 끝. 〔晉書〕長鞘馬鞭擊左股.
【鞘尾 초미】 칼집 끝에 씌운 두겁.
【鞘狀 초상】 칼집처럼 생긴 형상.

革7【鞖】⑯ 보충할 태 隊 duì
[字解] 보충하다, 부족한 것을 채우다.

革部 7～9획 鞙 鞚 鞟 鞠 鞡 鞞 鞛 鞜 鞚 鞦 鞧 鞨 鞩

革7 【鞙】⑯ ❶멍에 끈 현 [㺲] xuān ❷말 꼬리 견 [㖊] juān
[소전] 鞙 [字解] ❶①멍에 끈. 멍에를 매는 끈. ②패옥(佩玉)의 모양. 〔詩經〕鞙鞙佩璲. ③밀치끈. ❷①말 꼬리. ②재갈.
【鞙鞙 현현】 패옥의 아름다운 모양.

革8 【鞚】⑰ 재갈 공 [㘬] kòng
[초서] 䩕 [字解] 재갈. 〔隋書〕高祖將挑戰, 茂固止不得, 因捉馬鞚.

革8 【鞟】⑰ 鞹(1999)의 속자

革8 【鞠】⑰ ❶공 국 [㘡] jū ❷궁궁이 궁 [㘿] qiōng
[소전] 鞠 [혹체] 䪾 [초서] 㲻 [參考] 대법원 지정 인명용 한자의 음은 '국'이다.
[字解] ❶①공, 축국(蹴鞠). ≒毬. 〔曹植·名都篇〕連翩擊鞠壤. ②궁(窮)하다. 〔書經〕爾惟自鞠自苦. ③국문(鞠問)하다. ≒鞫. 〔漢書〕鞠獄不實. ④굽히다, 삼가다. 〔論語〕鞠躬如也. ⑤기다. 〔楚辭〕塊鞠兮當道宿. ⑥기르다. 〔詩經〕母兮鞠我. ⑦살다. ⑧어리다. ⑨고하다, 알리다. ≒告. 〔詩經〕陳師鞠旅. ⑩차다, 가득 차다. 〔詩經〕降此鞠訩. ⑪높은 모양. 〔張衡·賦〕鞠巍巍其隱天. ⑫국화(菊花). 〔禮記〕鞠有黃華. ⑬누룩, 술밑. ⑭성(姓). ❷궁궁이 산형과의 여러해살이풀. ≒芎. 〔春秋左氏傳〕有山鞠窮乎.
【鞠決 국결】 신문(訊問)하여 죄를 결정함.
【鞠繫 국계】 죄과(罪科)를 조사함.
【鞠躬 국궁】 ①존경하는 뜻으로 몸을 굽힘. ②애써 노력함.
【鞠躬屛氣 국궁병기】 몸을 굽히고 숨을 죽임. 두려워서 움츠러듦.
【鞠躬盡瘁 국궁진췌】 심신을 다하여 나랏일에 힘씀.
【鞠旅 국려】 출정(出征)에 앞서 병사(兵士)에게 맹세하여 알림.
【鞠問 국문】 죄인을 신문함. 鞫問(국문).
【鞠按 국안】 죄를 상세하게 조사함. 죄를 조사하여 확인함.
【鞠養 국양】 기름. 양육함.
【鞠域 국역】 축국을 하는 장소.
【鞠獄 국옥】 죄를 처단함. 죄인을 다스림.
【鞠育 국육】 어린아이를 기름.
【鞠子 국자】 어린아이. 稚子(치자).
【鞠治 국치】 죄인을 신문하여 다스림.
【鞠劾 국핵】 죄를 신문하여 밝힘. 송사(訟事)를 심리(審理)함.
【鞠凶 국흉】 ①앞으로 일어날 흉재(凶災)를 알림. ②큰 재앙.
【鞠戲 국희】 공차기 놀이.
❶ 曲-, 撫-, 訊-, 蹴-, 戲-.

革8 【鞡】⑰ 굴레 기 [羇] jī
[字解] 굴레. =羈.

革8 【鞞】⑰ ❶칼집 병 [迥] bǐng ❷마상 북 비 [支] pí
[초서] 鞞 [字解] 鞞 [字解] ❶①칼집. 〔逸周書〕請令以魚皮之鞞爲獻. ②칼집 두껑의 장식. ≒琫. 〔詩經〕鞞琫容刀. ❷마상(馬上)의 북, 기고(騎鼓). 말 위에서 치는 북. ≒鼙. 〔潘岳·賦〕鼓鞞硡隱以砰礚.
【鞞琫 병봉】 칼집의 장식(裝飾).
【鞞鼓 비고】 ①작은북과 큰북. ②공격할 때 말 위에서 치는 북.
【鞞婆 비파】 비파(琵琶)의 딴 이름.

革8 【鞛】⑰ 칼집 장식 봉 [董] běng
[초서] 鞛 [동자] 鞛 [字解] ①칼집의 장식. =琫. ②병기(兵器), 군기(軍器). ③가죽신.

革8 【鞜】⑰ 鞛(1997)과 동자

革8 【鞦】⑰ ❶북 요 [蕭] yáo ❷북통 도 [豪] táo
[字解] ❶북〔鼓〕. ❷북통.

革8 【鞧】⑰ 鞴(2000)과 동자

革8 【鞨】⑰ 가죽신 탑 [合] tà
[초서] 鞨 [字解] ①가죽신. 〔漢書〕革鞨不穿. ②북소리.

革9 【鞨】⑱ ❶말갈 갈 [曷] hé ❷두건 말 [月] mò
[초서] 鞨 [속자] 鞨 [參考] 대법원 지정 인명용 한자의 음은 '갈'이다.
[字解] ❶①말갈(靺鞨). 중국 북방 종족의 이름. ②가죽신. ❷두건, 갈건(鞨巾). 〔列子〕北方之人, 鞨巾而裘.

革9 【鞬】⑱ 동개 건 [元][阮] jiān
[소전] 鞬 [초서] 鞬 [字解] ①동개. 화살과 활을 꽂아 등에 지는 물건. 〔春秋左氏傳〕右屬橐鞬. ②공[毬]. ¶ 鞬子.
【鞬橐 건고】 ①화살을 넣는 통과 활을 넣는 자루. ②갑옷을 넣는 주머니.
【鞬服 건복】 전동〔箭筒〕.
【鞬子 건자】 공. 납이나 주석을 닭털로 싼 공의 한 가지.
【鞬鞴 건주】 묶은 나뭇.
❶ 弓-.

革部 9~10획 鞫 鞪 鞤 鞢 鞬 鞣 鞮 鞦 鞨 鞭 鞵 鞲 鞱

革 9 【鞫】⑱ 국문할 국 園 jū

字解 ①국문하다. =鞠.〔史記〕訊鞫論報. ②다하다, 다되다.〔詩經〕鞫哉庶正. ③물가의 굽어 들어간 곳.〔詩經〕芮鞫之郎.

【鞫斷 국단】 죄인을 신문(訊問)하여 판결함.
【鞫問 국문】 죄인을 신문함. 鞠問(국문).
【鞫訊 국신】 ➾鞫問(국문).
【鞫實 국실】 사실을 샅샅이 조사함.
【鞫獄 국옥】 국문하여 처벌함. 斷獄(단옥).
【鞫正 국정】 조사하여 바로잡음.
【鞫廳 국청】 國역적 따위의 중죄인을 신문하기 위하여 임시로 설치한 관청.
【鞫治 국치】 죄인을 신문하여 다스림.
● 考─, 窮─, 訊─, 案─, 逮─, 推─, 親─.

革 9 【鞪】⑱ ❶투구 무 园 móu ❷끌채 동인 가죽 목 園 mù

字解 ❶투구. 늑鍪.〔漢書〕被甲鞮鞪. ❷끌채를 동인 가죽. ❷끌채를 동인 가죽.

革 9 【鞤】⑱ 신 가죽 방 陽 bàng

字解 ①신의 가죽. ②신 가장자리를 손질하다.

革 9 【鞢】⑱ 언치 섭 葉 xiè

字解 ①언치. 안장이나 길마 밑에 까는 깔개. ②꽃이 연이어 피어 있는 모양.〔何晏·賦〕紅葩䎬鞢.

革 9 【鞬】⑱ 가죽 다룰 운 圂 圓 yùn

字解 가죽을 다루다, 가죽을 다루고 북을 메우는 장인(匠人). 늑煇.

革 9 【鞬】⑱ 鞾(1998)과 동자

革 9 【鞣】⑱ 다룸가죽 유 园 有 róu

字源 會意·形聲. 革+柔→鞣. 가죽(革)을 다루어 부드럽다(柔)는 데서 '다룬 가죽'을 뜻한다. '柔(유)'가 음도 나타낸다.
字解 ①다룸가죽. ②부드럽다. ③마름 가죽. ④부드러운 가죽.
【鞣皮 유피】 ①무두질함. 제혁(製革)함. ②무두질한 가죽. 다룬 가죽.

革 9 【鞮】⑱ 가죽신 제 齊 dī

字解 ①가죽신. ②홀신. ③신코를 장식하지 않은 신.〔禮記〕鞮屨素簚. ④알다. ⑤통역(通譯)하다. ¶ 狄鞮. ⑥힘센 날개.
【鞮屨 제구】 장식이 없는 가죽신.
【鞮鍪 제무】 투구. 鞮鍪(제무).

革 9 【鞦】⑱ 그네 추 尤 qiū

字解 ①그네. ②밀치끈, 껑거리끈. =緧.〔宋史〕銅鐵鐙, 紅絲鞦.
【鞦韆 추천】 그네. 본디 북방 산융(山戎)의 유희로서 가볍게 달리는 것을 익히는 것이었는데, 제(齊)나라 환공(桓公) 이후 중국 여자들이 이를 익혀 한식(寒食)날 즐겼다고 함.

革 9 【鞨】⑱ 緧(1376)와 동자

革 9 【鞭】⑱ 채찍 편 园 biān

字解 ①채찍. ㉮사람을 때리는 회초리.〔國語〕薄刑用鞭扑. ㉯말을 모는 채찍.〔國語〕其左執鞭弭. ②매질하다.〔史記〕以赭鞭, 鞭草木, 始嘗百草, 始有醫藥. ③형벌 이름.〔書經〕鞭作官刑. ④대의 뿌리.〔張蠙·詩〕新鞭暗入庭, 初長兩三莖.
【鞭擊 편격】 채찍질함.
【鞭撻 편달】 ①채찍질하여 부림. 마소를 부리는 일. ②채찍으로 때림. 일깨워 주고 격려함.
【鞭辟 편벽】 ①귀인이 통행할 때, 앞선 사람이 채찍으로 사람들을 쫓고 길을 트는 일. ②격려함.
【鞭扑 편복】 ①채찍과 몽둥이. ◯ '鞭'은 관리를 벌할 때, '扑'은 학생을 훈계할 때 씀. ②형벌에 쓰는 곤장.
【鞭尸 편시】 시체를 매질하여 평소의 깊은 원한을 품. 鞭死屍(편사시).
【鞭影 편영】 채찍의 그림자. 자신을 격려하는 사물의 비유. ◯양마(良馬)는 채찍의 그림자만 보고도 잘 달린다는 데서 온 말.
【鞭長莫及 편장막급】 채찍이 길어도 말 배에는 미치지 못함. 세력이 강해도 미치지 못하는 곳이 있음.
【鞭策 편책】 ①채찍. ②채찍질하여 격려함.
【鞭捶 편추】 ①채찍질함. ②채찍.
【鞭笞 편태】 매질함. 훈계(訓戒)함.
● 擧─, 敎─, 驅─, 掉─, 馬─, 先─, 揚─, 長─, 停─, 執─, 著─, 投─, 蒲─, 揮─.

革 9 【鞵】⑱ ❶신 해 圍 xié ❷북 이름 계 圂 kāi

字解 ❶신. ❷북(鼓) 이름.

革 10 【鞲】⑲ 韝(2002)와 동자

革 10 【鞱】⑲ 韜(2002)와 동자

革部 10～13획 鞶 鞴 鞾 鞺 鞳 鞪 轂 鞵 鞹 鞺 鞻 鞺 鞸 鞽 韇 韉 韈 鞼 韁 1999

革10【鞶】⑲ 큰 띠 반 寒   pán
字解 ①큰 띠. 〔白虎通〕革之事也. ②말의 뱃대끈. ③작은 가죽 주머니. 수건 따위를 넣는다. 〔禮記〕男鞶革, 女鞶絲.
【鞶鑑 반감】거울을 장식으로 단 큰 띠. 왕후(王后)가 쓰던 것.
【鞶囊 반낭】큰 띠. 너비 세 치 반.
【鞶帶 반대】가죽으로 만든 큰 띠. 조정(朝廷)에서 하사(下賜)함.
【鞶帨 반세】큰 띠와 수건.
◐ 帣－, 施－.

革10【鞴】⑲ ❶가로 나무 싸개 복 屋   bèi ❷전동 보 遇   bù
字解 ❶가로 나무 싸개, 수레 앞턱의 가로 나무를 싼 가죽. ❷전동. 화살을 넣는 통. 〔張翥·詩〕後軍細鎧中, 白羽攢鞴靫.
【鞴馬 복마】거가(車駕)의 제구(諸具).

革10【鞺】⑲ ❶신 기울 액 囮   é ❷기울 핵 囮   kuò
字解 ❶①신을 깁다. ②신의 머리. ❷깁다, 보충하다.

革10【鞾】⑲ 鞭(2000)과 동자

革10【鞳】⑲ 종고 소리 탑 盍   tà
字解 ①종고(鐘鼓) 소리. 〔淮南子〕若鞺之與鞳. ②병기(兵器).

革10【鞪】⑲ 鞳(1999)와 동자

革10【轂】⑲ 단단히 묶을 학 覺   è
字解 단단히 묶다. 〔舊唐書〕枷研楔轂.

革10【鞵】⑲ 생가죽 신 혜 本해 佳   xié
字解 생가죽 신, 가죽 창을 덧댄 삼신. 〔淮南子〕不亟於爲文史疏短之鞵.

革11【鞹】⑳ 무두질한 가죽 곽 藥   kuò
字解 ①무두질한 가죽. 〔楚辭〕澤瀉以豹鞹兮. ②생가죽, 털을 제거하지 않고 말린 가죽.
【鞹鞃 곽굉】수레를 견고하게 하기 위하여 수레 앞 가로 나무의 맨 가운데를 묶어 놓은 가죽.

革11【鞺】⑳ 종소리 당 陽   tāng
字解 종소리, 북소리. =鼞.
【鞺鞳 당탑】종소리. 북소리.

革11【鞻】⑳ 주대의 악관 이름 루 尤   lóu
字解 주대(周代)의 악관(樂官) 이름. 〔周禮〕鞮鞻氏, 掌四夷之樂與其聲歌.

革11【鞴】⑳ 鞴(1999)와 동자

革11【鞸】⑳ 가죽신 사 紙   xǐ
字解 가죽신. =蹝.

革11【韠】⑳ ❶슬갑 필 質   bì ❷칼집 병 迥   bǐng
字解 ❶①슬갑(膝甲). =韠. ②수레 밧줄. ❷칼집. =鞞.
【韠韠 병봉】칼집. 韠琫(병봉).

革12【鞽】㉑ ❶屩(493)과 동자 ❷橋(880)와 동자

革12【韇】㉑ 수놓은 가죽 궤 隊   guì
字解 ①수놓아 이은 가죽. =鞼. 〔國語〕輕罪贖以韇盾一戟. ②강하다. ③꺾다, 꺾이다. 〔淮南子〕堅強而不韇.
【韇盾 궤순】다룸가죽 끈으로 이어서 토끝처럼 꾸민 방패.

革12【羈】㉑ 재갈 기 微   jī
字解 ①재갈. 〔漢書〕猶以羈而御駻突. ②고삐. ③굴레. ④단속하다.
【羈靮 기기】①재갈과 말고삐. ②심기(心氣)가 우울한 일.
◐ 絆－, 轉－, 脫－.

革12【鞾】㉑ 신 화 歌   xuē
字解 신, 가죽신. =靴.

革13【韇】㉒ 韇(1997)의 속자

革13【韁】㉒ 고삐 강 陽   jiāng
字解 고삐, 굴레. =繮. 〔白居易·詩〕身去韁鎖累.

革部 13~21획 韃韄韅韂韇韈韉 韊韋韌韍韎韏韐韑韒 韋部 0획 韋

【韃鎖 강쇄】 고삐와 쇠사슬. 속박을 받음.
● 飛-, 紅-.

革13【韃】㉒ 종족 이름 달 園 dá, tà
鞋 靼 字解 ①종족 이름, 달단 (韃靼). ②매질하다. 늑撻.
【韃靼 달단】 ①몽골 족 가운데 한 부족. 원(元)이 망한 뒤 일부가 북으로 옮아가 홍안령(興安嶺) 서남 지방에 북원국(北元國)을 세워 일컫던 이름. 명대(明代) 이후 몽골 족의 통칭으로 쓰임. ②러시아 내에 분포하는 터키 계통의 주민. ○ 'Tatar'의 음역어(音譯語).

革13【韄】㉒ 韄(1793)과 동자

革13【韇】㉒ 韇(2003)과 동자

革13【韅】㉒ 신 옹 冬 yōng
韇 鞰 字解 신, 가죽신.

革13【韂】㉒ 말다래 첨 圝 chàn
字解 말다래. 안장 좌우에 늘어뜨려 말을 탄 사람의 옷에 흙이 튀는 것을 막는 기구.

革14【韇】㉓ 말 뱃대끈 현 園 xiǎn
顯韋 字解 말 뱃대끈. 말의 앞발 뒤쪽에서 올려 말갈기의 뒤쪽에 매는 가죽 끈. 〔春秋左氏傳〕晉車七百乘, 韇靭鞅靽.
【韇靭 현인】 말의 뱃대끈과 가슴걸이.
【韇靭鞅靽 현인앙반】 참마(驂馬)의 가죽 장식. ○ 등에 댄 것을 '韇', 가슴을 죄는 것을 '靭'이라 하며, 뱃대끈을 '鞅', 발을 매는 것을 '靽'이라 함.

革14【韈】㉓ 칼 끈 호·획 迥 陌 huò
韱 字解 ①칼 끈, 칼집에 달린 끈. ②묶다, 가죽으로 동여매다. 〔莊子〕夫外韈者, 不可繁而捉. ③칼자루에 감은 가죽.

革15【韇】㉔ 전동 독 園 dú
韇 韇 字解 ①전동〔箭筒〕. 화살을 넣는 통. ②점대 통. 〔儀禮〕抽上韇.
【韇丸 독환】 ①화살과 활을 넣어 두는 통. ②점 대를 넣어 두는 통. 통개.

革15【韈】㉔ 韈(2003)과 동자

革15【韉】㉔ 그네 천 園 qiān
千 字解 그네. 〔韋莊·詩〕綠楊低映畫鞦韉.

革17【韉】㉖ ①수레에 까는 자리 박 園 bó ②멍에 싸는 가죽 부 園 fù
韉 字解 ①①수레에 까는 자리. ②짚신. ②멍에를 싸는 가죽.

革17【韉】㉖ ①언치 참 國 zhàn ②깃발 섬 國 shān
韉 字解 ①①언치. 안장이나 길마 밑에 깔아 마소의 등을 덮어 주는 담요. ②짧은 언치. ②깃발.

革17【韉】㉖ 언치 천 園 jiān
韉 韉 韉 韉 字解 언치. 안장이나 길마 밑에 까는 깔개. 〔北史〕織草爲韉.

革18【韉】㉗ ①선후걸이 쇠 灰 suī ②늘어질 쇠 支 suī
韉 字解 ①선후걸이. 말의 가슴걸이와 후거리의 총칭. ②늘어지다, 수레에 드리워진 끈.

革19【韉】㉘ 鞭(1999)와 동자

革21【韉】㉚ 전동 란 删 lán
韉 字解 전동, 화살통. 〔史記〕平原君負韉矢, 爲公子先引.
【韉矢 난시】 전동에 꽂은 화살.

韋部

9획 부수 │ 다룸가죽위부

韋0【韋】⑨ 다룸가죽 위 園 wéi
韋 韋 韋 韋 字源 會意. 囗+舛→韋. 본래 어떤 구역〔囗〕을 사람이 돌며〔舛〕지킨다는 뜻을 나타낸다.
字解 ①다룸가죽, 무두질한 가죽. 〔儀禮〕皮韋同類. ②부드러운 것, 유연(柔軟)한 것. 〔楚辭〕如脂如韋. ③어기다, 위배(違背)하다. 늑違. ④성(姓). ⑤둘레, 주위. 늑圍. 〔漢書〕大風拔甘泉時中大木十韋以上.
【韋轂 위곡】 가죽으로 바퀴를 싼 수레. 현자(賢者)를 초빙하는 데 썼음.
【韋韝 위구】 다룸가죽으로 만든 팔찌.

韋部 3~8획

【韋帶 위대】외겹의 무두질한 가죽으로 만든 평민용 띠.
【韋杜 위두】당대(唐代)의 명문가인 위(韋)씨와 두(杜)씨. 고귀한 가문.
【韋柔 위유】무두질한 가죽처럼 부드러움. 성격이 온유하고 남에게 거슬리지 않음.
【韋條 위조】가죽 끈.
【韋編三絶 위편삼절】책을 맨 가죽 끈이 세 번이나 끊어짐. 독서에 힘씀. 故事 공자(孔子)가 주역(周易)을 몹시 즐겨 읽은 나머지, 죽간(竹簡)을 엮은 가죽 끈이 세 번이나 끊어졌다는 데서 온 말.
【韋革 위혁】①무두질한 가죽. 다룸가죽. ②다룸가죽과 날가죽.
⊙靺-, 依-, 脂-, 佩-, 布-.

韋 3 【韌】 ⑫ 질길 인 震 rèn
소전 韌 초서 韌 동자 韌 간체 韧 字解 ①질기다, 부드러우면서도 탄력이 있어 잘 끊어지지 않다. =肕·靭. ②부드럽다.
【韌帶 인대】관절의 두 뼈를 서로 이어 주는, 탄력 있는 힘줄.

韋 4 【韤】 ⑬ 신 삽 合 sǎ
字解 신. ㉮아이들이 신는 가죽신. =靸. ㉯짚신, 초리(草履).

韋 5 【韎】 ⑭ ❶가죽 매 國 mèi ❷버선 말 月 wà
소전 韎 초서 韎 字解 ❶①가죽, 붉은 가죽. 꼭두서니 뿌리로 연하게 물들인 다룸가죽. [春秋左氏傳] 韎韋之跗. ②융복(戎服). 다룸가죽으로 지은 군복(軍服). ③매악(韎樂), 동이(東夷)의 음악 이름. 늑味. ④벼슬 이름, 동이의 음악과 춤에 대한 일을 관장하던 벼슬. [周禮] 韎師, 掌教韎樂, 祭祀則帥其屬而舞之. ❷버선. 늑韈.
【韎韐 매겹】①검붉은 빛의 가죽으로 만든 슬갑(膝甲). ②큰 띠.
【韎味任禁 매매임금】오랑캐의 음악. ㉠동이(東夷)의 음악을 '韎昧', 남이(南夷)의 음악을 '任', 북이(北夷)의 음악을 '禁'이라 함.
【韎樂 매악】동이(東夷)의 음악.
【韎韋 매위】꼭두서니 뿌리로 염색한 붉은빛의 다룸가죽.

韋 5 【韍】 ⑭ 폐슬 불 物 fú
소전 韍 초서 韍 간체 韨 字解 ①폐슬(蔽膝), 다룸가죽으로 만든 폐슬. 조복·제복을 입을 때 가슴에서 늘여 무릎을 가리던 헝겊. =黻·紱. [禮記] 有虞氏服韍. ②인끈, 도장 따위의 손잡이 부분에서 맨 끈. =紱. [漢書] 奉入璽韍.

【韍冕 불면】슬갑(膝甲)과 면류관(冕旒冠).
【韍佩 불패】슬갑(膝甲)과 패옥(佩玉).

韋 5 【韠】 ⑭ 도지개 비 寘 bì
초서 韠 字解 도지개, 궁경(弓檠). 활을 바로잡는 틀. [詩經] 竹閉緄縢, 疏云, 竹閉一名韠也.

韋 5 【韣】 ⑭ 가죽 바지 주 遇 zhù
字解 ①가죽 바지. ②군복(軍服)에 달린 폐슬(蔽膝).

韋 6 【韐】 ⑮ ❶슬갑 겹 洽 gé ❷띠 갑 洽 gé
초서 韐 동자 韎 字解 ❶슬갑(膝甲). 바지 위에 껴입는, 무릎까지 내려오는 옷. 꼭두서니 뿌리로 연하게 물들인 다룸가죽으로 만든다. [儀禮] 爵弁服纁裳純衣緇帶韎韐. ❷띠, 가죽 띠. [儀禮] 設韐帶, 搢笏.

韋 6 【韜】 ⑮ 韜(1998)와 동자

韋 7 【韒】 ⑯ 韐(2001)과 동자

韋 7 【鞘】 ⑯ 鞘(1996)와 동자

韋 8 【韔】 ⑰ 활집 창·량 漾 chàng
소전 韔 字解 활집. 활을 넣어 두는 자루. [詩經] 虎韔鏤膺, 交韔二弓.

韋 8 【韏】 ⑰ 韏(1998)과 동자

韋 8 【韓】 ⑰ 나라 이름 한 寒 hán
소전 韓 초서 韓 간체 韩 字源 形聲. 倝+韋→韓. '倝'은 '乾(간)'의 생략형으로 음을 나타낸다.
字解 ①나라 이름. ㉮주대(周代)의 제후국. 지금의 섬서성(陝西省) 한성현(韓城縣). ㉯전국칠웅(戰國七雄)의 하나. 지금의 섬서성 동부와 하남성(河南省) 서북부. ㉰삼한(三韓). 곧, 마한(馬韓)·진한(辰韓)·변한(弁韓)의 통칭. ㉱대한제국(大韓帝國)의 약칭. ㉲대한민국(大韓民國)의 약칭. ②우물귀틀, '井' 자 모양의 우물귀틀.
【韓盧逐塊 한로축괴】한로가 흙덩이를 쫓음. 정력(精力)을 쓸데없는 일에 씀. ㉠'韓盧'는 전

국 시대 한(韓)나라의 명견(名犬) 이름.
【韓柳李杜 한류이두】 당대(唐代)의 문학가인 한유(韓愈)·유종원(柳宗元)·이백(李白)·두보(杜甫). '韓·柳'는 문장에서, '李·杜'는 시에 뛰어 났음.
【韓服 한복】 한국 고유의 의복.
【韓屋 한옥】 한국 고래(古來)의 건축 양식으로 지은 집.
【韓牛 한우】 한국 재래종 소.
【韓魏 한위】 ①한씨(韓氏)와 위씨(魏氏). 모두 춘추 시대 진(晉)나라의 육가로(六家老) 중에서 첫째가는 부자(富者)였음. ②부귀의 집.
【韓紙 한지】 한국 고래의 제조법으로 뜬 종이. 창호지 따위.
【韓海蘇潮 한해소조】 한유(韓愈)의 글은 왕양(汪洋)하여 바다와 같고, 소식(蘇軾)의 글은 파란(波瀾)이 있어서 조수(潮水)와 같음. 곧, 문장의 기세가 드높고 규모가 웅장함.
◐ 大—, 馬—, 弁—, 三—, 辰—.

9획

韋 9 【韘】 ⑱ 깍지 섭 [翼] shè
[소전] 韘 [혹체] 韘 [초서] 韘 [동자] 韘
[字解] 깍지. 활을 쏠 때 엄지손가락에 끼워 시위를 당기는 기구.

韋 9 【韗】 ⑱ 韗(2002)의 속자

韋 9 【韗】 ⑱ 가죽 장인 운 [圖] yùn
[초서] 韗 [동자] 韗 [동자] 韗 [동자] 韗 [字解] ①가죽 장인(匠人). 가죽으로 북을 만드는 사람. 〔周禮〕 韗人爲皋陶. ②갖신. 가죽으로 만든 신.

韋 9 【韗】 ⑱ 韗(2002)과 동자

韋 9 【韗】 ⑱ 韗(2002)과 동자

韋 9 【韙】 ⑱ 바를 위 [尾] wěi
[소전] 韙 [주문] 韙 [초서] 韙 [동자] 韙 [간체] 韙
[字解] 바르다, 옳다. 〔春秋左氏傳〕 犯五不韙.

韋 10 【韝】 ⑲ 깍지 구 [尤] gōu
[소전] 韝 [초서] 韝 [동자] 韝 [동자] 韝 [字解] ①깍지. 활을 쏠 때 오른쪽 엄지손가락에 끼워 시위를 잡아당기는 기구. ②활팔찌. 활을 쏠 때 소매를 걷어 매는 띠. 〔史記〕 袆韝鞠膶.
【韝蔽 구폐】 팔찌를 끼고 앞치마를 두름. 곧, 천(賤)한 사람의 모양.

韋 10 【韜】 ⑲ ❶감출 도 [豪] tāo ❷팔찌 도 [號] tào
[소전] 韜 [초서] 韜 [동자] 韜 [간체] 韬
[字解] ❶①감추다, 갈무리하다, 싸다. 〔後漢書〕 以被韜面. ②활집. ③칼전대, 검의(劍衣). 칼집에 꽂은 칼을 넣어 두는 자루. ④비결, 병법의 비결. 〔崔日用·詩〕 韜略又縱橫. ⑤느슨하다, 너그럽다. ⑥바르다, 옳다. ❷팔찌. 활을 쏠 때 소매를 걷어 매는 띠.
【韜鈐 도검】 ①육도(六韜)와 옥검편(玉鈐篇). ②병서(兵書).
【韜光 도광】 ①빛을 감추어 밖에 나타내지 않음. ②재덕(才德)을 감추어 밖에 드러내지 않음.
【韜弓 도궁】 ①활집. ②활을 활집에 넣어 두고 쓰지 않음.
【韜略 도략】 육도(六韜)와 삼략(三略). 병서(兵書)나 병법(兵法). ○'韜'는 강태공(姜太公)이 지은 병서 '육도'를, '略'은 황석공(黃石公)이 장량(張良)에게 주었다는 병서 '삼략'을 뜻함.
【韜面 도면】 얼굴을 덮어 가림.
【韜隱 도은】 싸서 감춤.
【韜潛 도잠】 숨음. 자취를 감춤.
【韜藏 도장】 싸서 감춤. 재덕(才德)을 감춤.
【韜筆 도필】 붓을 넣어 두고 쓰지 않음. 글을 쓰지 않음.
【韜涵 도함】 싸서 적심.
【韜晦 도회】 ①종적을 감춤. ②본심(本心)·학식(學識) 따위를 감추어 숨김. 韜藏(도장). ③햇빛이 가려져 어둠침침함.
◐ 劍—, 囊—, 兵—, 六—, 戎—.

韋 10 【韛】 ⑲ ❶허풍선 비 [卦] bài ❷전동 복 [屋] fú
[동자] 韛 [字解] ❶허풍선, 풀무. 바람을 일으켜 숯불을 피우는 기구. ❷전동〔箭筒〕. 화살을 담아 두는 통. =箙.

韋 10 【韞】 ⑲ 감출 온 [阮] yùn
[초서] 韞 [속체] 韞 [간체] 韞 [字解] ①감추다, 깊이 간직하여 두다. 〔論語〕 韞匵而藏諸. ②활집, 활을 넣어 두는 자루. ③싸다, 둘러 덮어서 보이지 않게 하다. ④주황색, 붉은색과 누른색의 간색. 붉은색. ⑤상자, 신변의 물건을 담아 두는 작은 상자. 〔後漢書〕 今子韞櫝六經.
【韞價 온가】 재능이나 학식이 있으면서 세상에 알려지지 않음.
【韞櫝 온독】 함 속에 감추어져 있음. 재능이 있으면서도 등용되지 못함.
【韞藉 온자】 중후(重厚)하며 모난 데가 없음. 국량(局量)이 넓어 그 깊이를 알 수 없음. 곧, 함축(含蓄)하고 있음.

韋 11 【韛】 ⑳ 韛(2002)과 동자

韋部 11~17획 韠韡韣韥韤韥韤韣韤韢韣韤 韭部 0~10획 韭韮韱韲韱韲 2003

韋11 【韠】⑳ 폐슬 필 㻠 bì
[소전][초서][자해] ①폐슬(蔽膝). 조복(朝服)이나 제복(祭服)을 입을 때 가슴에 늘여 무릎을 가리는 것. 제복(祭服)에 늘이는 것을 '韍(불)', 융복(戎服)에 늘이는 것을 '韐(겹)'이라 한다. =韙. 늑畢. 〔儀禮〕 主人玄冠朝服緇帶素韠. ②슬갑(膝甲), 다룸가죽으로 지은 슬갑.
【韠帶 필대】 슬갑(膝甲)과 큰 띠. 예장(禮裝)할 때 착용함.
● 素―, 爵―, 緇―.

韋12 【韡】㉑ 꽃 활짝 필 위 㻡 wěi
[소전][초서][자해] ①꽃이 활짝 핀 모양. 〔詩經〕 棠棣之花, 鄂不韡韡. ②빛나는 모양, 빛이 찬란한 모양. 〔張衡·賦〕 流景曜之韡曄.
【韡曄 위엽】 ①밝고 빛나는 모양. ②꽃이 화려한 모양.
【韡煒 위위】 매우 밝은 모양.
【韡韡 위위】 ①꽃이 활짝 핀 모양. ②빛나고 밝은 모양.
● 斐―, 暐―, 煋―.

韋13 【韣】㉒ 활집 독·촉 㻢 dú
[소전][초서][동자][자해] ①활집, 활을 넣어 두는 자루. 〔儀禮〕 載龍旂弧韣. ②묶다, 다발을 짓다. ③자루. 물건을 넣어 간직하는 주머니·전대 따위의 총칭.

韋13 【韥】㉒ 韉(2000)과 동자

韋13 【韤】㉒ ❶폐슬 첨 㻣 chān
❷말다래 첨 㻣 chān
[자해] ❶①폐슬(蔽膝). =襜. ②가리개, 칸막이. ❷말다래, 장니(障泥). 안장 좌우에 늘어뜨려 말 탄 사람의 옷에 흙이 튀는 것을 막는 기구.

韋15 【韥】㉔ 활집 독 㻤 dú
[자해] 활집, 활을 넣어 두는 자루. =韣.
【韥丸 독환】 활과 화살을 넣어 두는 자루.

韋15 【韤】㉔ 버선 말 㻥 wà
[소전][초서][동자][간체][자해] ①버선. 〔史記〕 爲我結韤. ②버선을 신다. 〔春秋左氏傳〕 褚師聲子, 韤而登席.
【韤繫 말계】 버선의 끈.
【韤線 말선】 버선에 달린 끈. 자기의 재능이 없

음을 겸양하여 이르는 말.
【韤解 말해】 버선의 끈이 풀림.
● 羅―, 洋―, 履―, 布―, 解―.

韋17 【韣】㉖ 韣(2000)과 동자

韭 部

9획 부수 | 부추구부

9획

韭0 【韭】⑨ 부추 구 㻦 jiǔ
[소전][초서][동자][자원] 象形. '一'은 땅, '非'는 부추의 모양을 본뜬 글자.
[자해] ①부추. 백합과의 여러해살이풀. 훈채(葷菜)의 한 가지. 〔禮記〕 豚春用韭, 秋用蓼. ②산부추.
【韭細青 구세청】 청자(青瓷) 빛깔의 한 가지. 회청(灰青)에 가까움.
【韭菹 구저】 부추김치.
【韭青 구청】 부추의 뿌리.
【韭菁 구청】 부추의 꽃.
【韭黄 구황】 부추의 뿌리. 빛깔이 노르스름하고 연하며, 가장 맛이 좋은 부분임.

韭4 【韮】⑬ 韭(2003)와 동자

韭6 【韱】⑮ 韱(2003)과 동자

韭7 【韰】⑯ 과감할 해 㻧 xiè
[자해] ①과감(果敢)하다, 용감하다. 〔左思·賦〕 風俗以韰惈爲嫮. ②좁다, 빠르다.
【韰惈 해과】 용감함.

韭8 【韱】⑰ 산부추 섬 㻨 xiān
[소전][동자][자해] ①산부추. ②가늘다, 섬세하다. 늑纖.

韭10 【韲】⑲ 잘게 썬 풋김치 제 㻩 jī
[소전][혹체][초서][자해] ①잘게 썬 풋김치. 〔楚辭〕 懲於羹者而吹韲兮. ②섞다, 혼합하다. 〔莊子〕 故以是非相韲也. ③부수다, 깨뜨리다. 〔莊子〕 韲萬物而不爲義. ④어지럽히다, 교란하다. 〔莊子〕 使人輕乎貴老, 而韲其所患.
【韲落 제락】 떨어져서 산산이 부서짐.
【韲粉 제분】 박살이 남. 산산이 부서짐.

韭10 【韲】⑲ 齏(2139)와 동자

韭14 【韰】㉓ 염교 해 🔳 xiè
소전 韰 동자 薤 字解 ①염교, 채지(荣芝). 백합과의 다년초. ②좁다.
〔漢書〕何文肆而質韰.
【韰露 해로】 죽은 사람을 애도하는 소리. 상여 소리. 만가(挽歌). 薤露(해로).

音 部

9획 부수 | 소리음부

音0 【音】⑨ ❶소리 음 侵 yīn
    ❷그늘 음 沁 yìn

丶亠产立产音音音

소전 音 초서 音 字源 指事. '言(말씀 언)'의 口 속에 '一'을 더하여 소리가 입 밖으로 나오는 것을 나타낸다.
字解 ❶①소리. ㉮물체가 진동하여 나는 소리, 귀로 들어 인식할 수 있는 자극. 〔淮南子〕合氣而爲音. ㉯음악. 〔禮記〕治世之音. ㉰가락, 음조, 음색, 음률. 〔禮記〕審聲以知音. ㉱말, 언어, 사장(詞章). 〔陸機·賦〕或寄辭於瘁音. ㉲글 읽는 소리. ②음신(音信), 소식. 〔陸機·詩〕音息曠不達. ③성(姓). ❷그늘. ≒蔭. 〔春秋左氏傳〕鹿死不擇音.
【音階 음계】 음을 그 높이의 차례대로 일정하게 배열한 것.
【音曲 음곡】 ①음률의 곡조. ②음악.
【音讀 ❶음독 ❷음두】 ❶①글 따위를 소리 내어 읽음. ②한자를 음으로 읽음. ❷國글자의 음과 구두법(句讀法).
【音問 음문】 ①방문하여 안부를 물음. 尋訪(심방). ②소식.
【音盤 음반】 음성·음악 등을 녹음한 원반.
【音辭 음사】 말이나 말씨.
【音書 음서】 소식. 편지. 音信(음신).
【音聲 음성】 ①말소리. 목소리. ②음악.
【音信 음신】 소식이나 편지. 音書(음서).
【音與政通 음여정통】 음악과 정치는 서로 관계됨. 치세(治世)에는 음악이 안락(安樂)하고, 난세(亂世)에는 음악이 원노(怨怒)하고, 나라가 망하려 할 때에는 음악이 애사(哀思)함.
【音樂 음악】 소리를 아름답게 조화, 결합하여 어떤 감정이나 정서를 나타내는 예술. 목소리를 사용하는 것을 성악, 악기를 사용하는 것을 기악이라 함.
【音譯 음역】 한자의 음을 빌려 외국어의 음을 나타내는 일. 'Asia'를 '亞細亞(아세아)'로, 'India'를 '印度(인도)'로 적는 일.

【音韻 음운】 ①소리. 音色(음색). ②언어의 외형(外形)을 구성하는 목소리. ③한자(漢字)의 음과 그 운. ④음절(音節)을 구성하는 음의 단위. 자음(子音)과 모음(母音).
【音義 음의】 한자의 음과 뜻. 音訓(음훈).
【音字 음자】 한자의 음을 표시하는 데 쓰는, 음이 같거나 비슷한 한자. 소리글자. 表音文字(표음문자).
【音調 음조】 소리의 높낮이·강약·장단 따위의 정도.
【音旨 음지】 말의 뜻.
【音叉 음차】 일정한 진동수의 소리를 내는 기구. 소리굽쇠.
【音癡 음치】 소리에 대한 감각이 둔하고 가락을 구별하지 못하는 상태. 또는 그런 사람.
【音響 음향】 소리의 울림.
【音訓 음훈】 ☞音義(음의).
➊ 音佳—, 強—, 孤—, 高—, 管—, 轟—, 單—, 德—, 讀—, 同—, 鑾—, 母—, 美—, 牛—, 發—, 防—, 梵—, 福—, 計—, 鼻—, 邪—, 石—, 聲—, 騷—, 殊—, 愁—, 樂—, 哀—, 弱—, 語—, 餘—, 五—, 玉—, 原—, 遺—, 子—, 雜—, 長—, 低—, 正—, 淸—, 促—, 濁—, 爆—, 表—, 和—.

音3 【訌】⑫ 큰 소리 홍 東 hóng
字解 큰 소리, 소리를 크게 지르다.

音4 【韵】⑬ 韻(2005)과 동자

音5 【韶】⑭ 풍류 이름 소 蕭 sháo
소전 韶 초서 韶 字解 ①풍류(風流) 이름. 순(舜)임금의 음악. ≒昭. 〔書經〕簫韶九成, 鳳皇來儀. ②잇다. ≒紹. 〔漢書〕韶, 紹也, 言能紹堯之道也. ③아름답다, 예쁘다.
【韶景 소경】 ☞韶光(소광).
【韶警 소경】 총명하고 민첩함.
【韶光 소광】 봄날의 화창한 경치.
【韶氣 소기】 ☞韶光(소광).
【韶麗 소려】 밝고 아름다움.
【韶令 소령】 총명함.
【韶理 소리】 잘 다스려짐. 훌륭하게 정비됨.
【韶武 소무】 고악(古樂)의 이름. ○'韶'는 순임금의 음악, '武'는 주(周) 무왕(武王)의 음악.
【韶舞 소무】 순(舜)임금이 지은 '韶'라는 무악(舞樂).
【韶顏 소안】 ①아름다운 얼굴. 젊은이의 용모. ②젊어 보이는 노인의 얼굴.
【韶豔 소염】 아리따운 빛. 아리따운 윤기.
【韶韺 소영】 고악(古樂)의 이름. ○'韶'는 순임금의 음악, '韺'은 제곡(帝嚳)의 음악.
【韶夏 소하】 ①고악의 이름. ○'韶'는 순임금의 음악, '夏'는 우(禹)임금의 음악. ②순임

과 우임금처럼 덕(德)이 밝고 큼.
【韶護 소호】 고악의 이름. ○'韶'는 순임금의 음악, '護'는 탕(湯)임금의 음악. 韶濩(소호).
【韶和 소화】 아름답고 화평함.
【韶華 소화】 ①화려한 봄의 경치. ②청년 시절.
【韶暉 소휘】 밝게 빛남. 밝은 빛.
○ 大—, 聞—, 鳳—, 虞—, 儀—.

音6【䪭】⑮ 響(2005)과 동자

音7【䪭】⑯ 북소리 봉 玉 péng
동자 䪭 字解 ①북소리. =逢. ②화(和)하다.
【䪭䪭 봉봉】 북소리.

音7【䪫】⑯ 풍류 이름 형 本경 玉 jīng
동자 䪫 字解 ①풍류 이름. 전욱(顓頊)의 음악. 늑莖. ②형벌(刑罰).

音9【䪫】⑱ 풍류 이름 영 玉 yīng
초서 䪫 字解 풍류 이름, 제곡(帝嚳)의 음악. 늑英.

音10【韻】⑲ 운 운 玉 yùn
소전 韻 초서 韻 동자 韵 字源 形聲. 音+員→韻. '員(원)'이 음을 나타낸다.
字解 ①운, 음운(音韻). 한자(漢字)를 사성(四聲)에 따라 나누고, 다시 중성·종성의 유사성이나 동일성에 따라 분류하는 것. 〔南史〕將平上去入四聲, 以此制韻. ②울림. ㉮음성의 동화. 음성의 맨 끝 울림이 같은 소리끼리 조화를 이룸. =均. 〔六書故〕聲相應爲韻, 凡詩必有韻. ㉯소리의 여음(餘音), 여운(餘韻). ③소리, 음향. 〔寇準·詩〕溪聲迷竹韻. ④시부(詩賦), 가곡(歌曲). 〔陸機·賦〕或託言於短韻. ⑤풍치(風致). 〔晉書〕雅有遠韻. ⑥기호(嗜好), 풍도(風度). 〔晉書〕雅有遠韻. ⑥기호(嗜好), 취향(趣向). 〔江淹·賦〕每齊韻而等徑.
【韻脚 운각】 시(詩)나 부(賦)의 구말(句末)에 붙이는 운자(韻字).
【韻考 운고】 한자의 평성(平聲)·상성(上聲)·거성(去聲)·입성(入聲), 곧 사성(四聲)의 운자(韻字)를 분류하여 놓은 책. 韻册(운책).
【韻度 운도】 풍류스러운 마음가짐.
【韻目 운목】 같은 운자를 끝 자로 한, 두 자 또는 석 자로 된 글.
【韻文 운문】 ①운율(韻律)을 갖춘 글. 시(詩)·부(賦) 따위. ②운자(韻字)를 달아서 지은 글.
【韻府 운부】 운목(韻目)을 모아 놓은 책.
【韻士 운사】 멋을 아는 사람. 운치가 있는 사람.

풍류스러운 사람. 雅士(아사).
【韻事 운사】 운치가 있는 일. 시가·서화 등에 관한 놀이.
【韻書 운서】 한자를 운(韻)에 따라 분류, 배열한 자전(字典).
【韻字 운우】 인품. 재지(才知)와 기량(器量).
【韻律 운율】 시문(詩文)을 이루는 단어의 배열과 글자의 발음에 의해 시적 정서를 자아내는 음조.
【韻字 운자】 한시(漢詩)에서 운으로 다는 글자.
【韻致 운치】 고상하고 우아한 멋.
○ 强—, 琴—, 氣—, 俗—, 神—, 雅—, 押—, 音—, 次—, 疊—, 淸—, 風—, 險—, 和—.

音11【䪫】⑳ 䪫(2005)과 동자

音11【䪬】⑳ 작은 소리 암 玉 ān
소전 䪬 초서 䪬 字解 ①작은 소리, 낮은 소리. ②낮으면서도 똑똑한 소리. ③소리가 작아서 잘 들리지 않음. 늑瘖. 〔周禮〕微聲䪬. ④여운(餘韻)이 그윽한 모양. 〔蘇軾·詩〕鐘鼓已䪬䪬.
【䪬䪬 암암】 소리가 그윽한 모양.

音11【䪭】⑳ 䪫(2005)과 동자

音11【響】⑳ 響(2005)의 속자

音12【䪭】㉑ 響(2005)과 동자

音13【響】㉒ 울림 향 玉 xiǎng
소전 響 초서 響 동자 䪫 동자 䪭 속자 响 字源 形聲. 鄕+音→響. '鄕(향)'이 음을 나타낸다.
字解 ①울림, 음향(音響). 〔易經〕其受命也如響. ②울리다. 〔南史〕震響山谷. ③명성(名聲), 성문(聲聞). 〔陸雲·頌〕肅雍碩響. ④대답, 응답. ⑤소식, 전갈. ⑥소리, 가락. 〔晉書〕振鷦響而挺災忿.
【響叫 향규】 울려 퍼지는 부르짖는 소리.
【響慕 향모】 기뻐하며 따름. 사모함.
【響報 향보】 울림이 소리에 응함. 매우 빠름.
【響卜 향복】 ①물체의 울림으로 길흉을 점침. ②제야(除夜)에, 그 사람의 말을 듣고 길흉을 점침.
【響不辭聲 향불사성】 울림은 소리를 사양하지 않음. 울림은 어떤 소리에도 따라 일어남. 공을 세우면 명예는 자연히 따르게 마련임의 비유.

【響應 향응】메아리가 울리듯이 곧 응함. 민첩하게 응답함.
【響振 향진】울려 떨림. 울려 떨침.
❶ 歌—, 鼓—, 管—, 弓—, 妙—, 美—, 反—, 悲—, 餘—, 影—, 吟—, 音—, 清—, 灘—.

音14 【護】㉓ 구할 호 🔲 hù
[초서][字解] ①구하다, 구제하다. ②지키다, 보호하다. ③풍류 이름. 탕(湯)임금의 음악. ≒護.

頁 部

9획 부수 | 머리혈부

頁0 【頁】⑨ ❶머리 혈 🔲 xié ❷책 면 엽 🔲 yè
[소전][초서][간체] [參考] 대법원 지정 인명용 한자의 음은 '혈'이다.
[字源] 象形. '百'은 사람의 목 윗부분을, '八'은 사람의 목을 본뜬 글자. 합하여 '사람의 머리'를 뜻한다.
[字解] ❶①머리. ※首(2044)의 고자(古字). ②목, 목덜미. ❷책 면(册面), 쪽. ≒葉.〔中華字典〕頁, 俗以書册一翻爲頁.

頁2 【頃】⑪ ❶밭 넓이 단위 경 🔲 qǐng ❷기울 경 🔲 qīng ❸반걸음 규 🔲 kuǐ
[필순] 丨 ㅏ ㅏ 圵 圻 圽 圽 頃 頃
[소전][초서][간체] [參考] 대법원 지정 인명용 한자의 음은 '경'이다.
[字源] 會意. 頁+匕→頃. 사람의 머리〔頁〕가 기운다〔匕〕는 뜻을 나타낸다.
[字解] ❶①밭 넓이의 단위. ㉮100묘(畝). ㉯12묘 반(半). ②잠깐, 잠시.〔荀子〕不待頃矣. ③요사이, 근래.〔王羲之·帖〕頃積雪凝寒. ❷기울다, 기울이다. ≒傾. ㉮반듯하지 못하다.〔詩經〕不盈頃筐. ㉯여자가 국정(國政)을 제 마음대로 하다.〔漢書〕婦人擅國, 玆謂頃. ❸반걸음, 한 발을 내디딤. ≒打・跬.〔禮記〕故君子頃步而不敢忘孝也.
【頃刻 경각】눈 깜빡할 사이. 아주 짧은 시간.
【頃刻花 경각화】①홀연히 나타나 피는 꽃. 마법・요술 따위로 순간적으로 나타낸 꽃. ②바람에 휘날리는 눈〔雪〕.
【頃間 경간】요사이. 요즈음.
【頃畝 경묘】①100묘(畝)의 넓이. ②토지의 면적. 토지의 면적을 잼.
【頃聞 경문】요즈음 들으니. 근자에 들건대.

【頃歲 경세】근년(近年). 요사이. 頃年(경년).
【頃耳 경이】귀를 기울여 들음.
【頃日 경일】요즈음. 근래.
【頃者 경자】요즈음. 요사이.
【頃田 경전】100묘의 밭.
【頃之 경지】조금 있다가. 잠시 후에.
【頃步 규보】반걸음. 半步(반보). 跬步(규보).
❶ 萬—, 半—, 西—, 小—, 數—, 食—, 俄—, 有—, 一食—, 電—.

頁2 【頄】⑪ 광대뼈 구 🔲 kuí
[초서][字解] ①광대뼈, 관골(顴骨). ≒頯. ②두텁다. ③낯, 얼굴.〔易經〕壯于頄.

頁2 【頂】⑪ 정수리 정 🔲 dǐng
[필순] 丁 丁 丆 𠀎 頂 頂 頂 頂 頂
[소전][초서][혹체][간체][주문][고문][초서]
[간체] [字源] 形聲. 丁+頁→頂. '丁(정)'이 음을 나타낸다.
[字解] ①정수리. 머리 위의 숫구멍이 있는 자리. ②머리, 목의 위.〔易經〕過涉滅頂. ③꼭대기, 정상(頂上).〔奉觀・詞〕頂上霜花濃似剪. ④머리에 이다, 소중히 받들다.〔梁武帝・文〕頂戴奉持, 終不捨離. ⑤관(冠) 꼭대기에 붙인 금은주옥(金銀珠玉)의 장식, 관을 세는 단위. ⑥붙이다, 머리를 두들기다. 바둑에서 쓰는 말.〔圍棋義例〕頂, 撞也, 我彼之子, 同路而直撞之. ⑦치다, 공격하다. ㉮물건으로 떠밀다. ㉯말로 비난하다. ≒鼎. ⑧바꾸다, 대체(代替)하다. ⑨속이다, 거짓말하다.
【頂光 정광】(佛)부처의 몸 뒤에서 내비치는 빛. 圓光(원광). 後光(후광).
【頂戴 정대】①공경하고 높여 받듦. ②경례(敬禮). ③청대(淸代)에 벼슬아치의 계급을 표시하기 위하여 관(冠) 꼭대기에 달던 주옥(珠玉)으로 된 표지(標識).
【頂禮 정례】(佛)고대 인도에서, 가장 공경하는 뜻으로 장자(長者) 앞에 엎드려 이마를 땅에 대고 하던 절.
【頂門 정문】정수리. 숫구멍.
【頂門金椎 정문금추】정수리를 철퇴로 침. 크게 놀라 깨닫도록 함.
【頂門一鍼 정문일침】정수리에 침을 놓음. 남의 약점이나 결함을 찌르는 따끔한 비판이나 타이름. 頂門一針(정문일침).
【頂拜 정배】머리를 숙여 절함.
【頂上 정상】①산꼭대기. ②그 이상 더 없는 최고의 상태. 最上(최상).
【頂點 정점】①사물의 맨 꼭대기. 絕頂(절정). ②각을 이루는 두 직선이 만나는 점.
【頂天立地 정천입지】독립하여 남에게 의지하지 않음. 독립의 기개(氣槪).
【頂缸 정항】남의 재난(災難)을 가로막음. 남의

죄(罪)를 대신하여 받음.
❶ 高-, 骨-, 露-, 丹-, 摩-, 峰-, 山-, 巖-, 嶺-, 銳-, 屋-, 絶-, 尖-, 塔-.

【頏】⑫ ❶대머리 갈 冃 kū
❷볼 높을 곤 阮 yà
字解 ❶대머리, 독두(禿頭). ❷볼이 높다, 볼이 도도록한 모양. ❸볼 뒤쪽, 귀밑 부분.

【須】⑫ 모름지기 수 虞 xū

彡 彡 彡 须 须 須 須 須 須

字源 會意. 彡 + 頁 → 須. 사람의 얼굴(頁)에 털(彡)이 났다는 데서 '수염'이란 뜻을 나타낸다.

字解 ❶모름지기, 반드시, 마땅히. 〔傳燈錄〕百尺竿頭須進步. ❷수염. ㉮턱수염. =鬚. ㉯얼굴의 수염. ㉰짐승이나 물고기의 촉수(觸鬚). 〔尚書〕東海魚須. ❸기다리다, 대기하다. 〔易經〕歸妹以須. ❹바라다, 원하다, 구하다. 〔陸雲·九愍〕居靜言其何須. ❺천천히 하다, 느리게 하다. 〔後漢書〕且須留. ❻그치다, 멈추다. 〔書經〕須于洛汭. ❼쉬다, 휴식하다. ❽쓰다, 필요로 하다. 〔唐書〕軍須期會爲急. ❾잠깐, 지극히 짧은 시간. 〔班彪·賦〕聊須臾以婆娑. ❿술. 가마·띠·기·옷 따위에 장식으로 다는 여러 가닥의 실. ≒蘇. ⓫해지다. ⓬고을 이름. 춘추 때 위(衛)나라의 읍(邑). 지금의 하남성(河南省) 활현(滑縣)의 동남쪽. 〔詩經〕思須與漕.

【須留 수류】 머물러 기다림.
【須眉 수미】 ❶턱수염과 눈썹. ❷남자.
【須彌壇 수미단】 사원의 불전(佛殿)에 불상을 안치하는 단. ↪수미산을 본뜬 데서 온 말.
【須要 수요】 ❶꼭 ~하지 않으면 안 됨. 마땅히 ~해야 함. ❷가장 필요한 일.
【須臾 수유】 ❶잠시, 잠깐. 寸刻(촌각). ❷(佛)준순(逡巡)의 10분의 1이 되는 수. 10^{-65}.
【須知 수지】 ❶꼭 알아야 함. ❷비망록. 각서.
❶ 軍-, 急-, 密-, 斯-, 資-, 必-.

【順】⑫ 순할 순 震 shùn

川 川 川 川 順 順 順 順

字源 會意. 川 + 頁 → 順. 사람은 머리끝에서 발끝으로 이르는 것이 순리의 으뜸이요, 내(川)가 흘러가는 것 역시 순리의 지극함이라는 데서 '순하다, 좇다'의 뜻을 나타낸다.

字解 ❶순하다, 온순하다. 〔春秋左氏傳〕師衆以順爲武. ❷좇다. ㉮도리(道理)를 따르다. 〔易經〕將以順性命之理. ㉯거스르지 않다, 복종하다. 〔詩經〕四國順之. ㉰다가붙다. 〔詩經〕

順彼長道. ㉱본받다, 모방하다. 〔儀禮〕以扶順左右隈. ❸잇다, 이어받다. 〔呂氏春秋〕上不順天. ❹화(和)하다, 화순(和順)하다. 〔易經〕豫順以動. ❺안락(安樂)하다. 〔中庸〕父母其順矣乎. ❻물러나다, 피하다. ≒遁. ❼가르치다. ≒訓. 〔經〕先王有至德要道, 以順天下. ❽바르다, 옳다. ❾귀여워하다. 〔孟子〕爲不順於父母. ❿실마리, 단서(端緒). ⓫아름다운 눈, 윤기 있는 눈. 〔方言〕好目謂之順.

【順境 순경】 일이 마음먹은 대로 잘되어 가는 경우.
【順氣 순기】 ❶순조로운 기후(氣候). ❷기후에 순응함. ❸기질(氣質)에 따름. ❹온화한 기분. 바른 기상.
【順德 순덕】 ❶꾸밈없고 유순한 덕. ❷덕을 따름. ❸미덕(美德).
【順刀 순도】 양날의 칼. 쌍날칼.
【順道 순도】 ❶순순히 인도(引導)함. ❷도리에 따름. 도리를 좇음.
【順動 순동】 순서를 따라 움직임.
【順良 순량】 성질이 부드럽고 무던함.
【順禮 순례】 예의를 좇음. 예법을 따름.
【順路 순로】 ❶평탄한 길. ❷마땅하고 올바른 사물의 순서.
【順流 순류】 ❶거스르지 않고 흐름. 물의 흐름에 따름. ❷세상 물정이 돌아가는 대로 좇음.
【順理 순리】 ❶도리를 좇음. ❷올바른 도리나 이치.
【順娩 순만】 ☞順產(순산).
【順命 순명】 ❶명령을 따름. ❷천명(天命)에 순종함.
【順民 순민】 ❶본분을 지키고 도를 따르는 백성. 법을 잘 지키는 백성. ❷민심(民心)을 좇음. ❸國귀순한 백성.
【順番 순번】 차례로 돌아오는 순서.
【順服 순복】 덕(德)을 좇아 복종함.
【順奉 순봉】 거스르지 않고 받들어 행함.
【順辭 순사】 ❶이치에 맞는 말. ❷남의 뜻에 맞는 말.
【順產 순산】 아무 탈 없이 순조롭게 아이를 낳음. 順娩(순만).
【順序 순서】 차례. 次第(차제).
【順成 순성】 아무 탈 없이 순조롭게 이룸.
【順守 순수】 도리를 좇아 지킴.
【順受其正 순수기정】 천리(天理)를 따라 몸을 닦고, 스스로 정명(正命)을 기다림.
【順心 순심】 ❶순한 마음. 솔직한 마음. ❷마음을 누긋하게 함.
【順逆 순역】 ❶좇음과 거스름. ❷순리(順理)와 역리(逆理). ❸정(正)과 사(邪).
【順延 순연】 차례로 날짜를 늦춤.
【順緣 순연】 ❶나이 많은 사람부터 차례로 죽음. ❷(佛)진리의 가르침을 듣는 것과 같은 좋은 일이 인연이 되어 불도(佛道)로 들어가는 일.
【順應 순응】 ❶순순히 응함. ❷조건이나 경우에 맞게 적응함.
【順義 순의】 도의나 정의를 좇음.

【順易 순이】 순조로움. 평온함.
【順適 순적】 순종하여 거스르지 않음. 천도(天道)를 좇고 인심을 따름.
【順正 순정】 ①도리에 어긋나지 않고 바름. ②차례가 바름.
【順政 순정】 순순히 따름.
【順調 순조】 일이 아무 탈 없이 예정대로 잘되어 가는 상태.
【順從 순종】 순순히 따름.
【順旨 순지】 뜻에 따름. 의향을 좇음.
【順職 순직】 맡은 일에 힘을 다하여 종사함.
【順天 순천】 천명(天命)을 좇음. 천도(天道)를 따름.
【順坦 순탄】 ①길이 험하지 않고 평탄함. ②아무 탈 없이 순조로움.
【順風 순풍】 ①순하게 부는 바람. ②배가 가는 쪽으로 부는 바람. ③편안하고 운수가 좋음. ④풍속을 따름.
【順風耳 순풍이】 ①소리를 먼 곳까지 전하는 기구. 확성기 따위. ②아주 멀리서 나는 소리를 들을 수 있는 사람.
【順風而呼 순풍이호】 바람이 부는 방향으로 부르면 잘 들림. 시세(時勢)에 편승하면 일을 하기 쉬움.
【順行 순행】 ①차례를 밟아 감. ②거스르지 않고 행함. ③유성(流星)이 서쪽에서 동쪽으로 향하는 운동.
【順化 순화】 ①조화(造化)에 순응함. ②승려의 죽음.
【順孝 순효】 부모에게 순종하고 효도함.
❶健-, 謙-, 敬-, 恭-, 歸-, 奉-, 附-, 婦-, 卑-, 遜-, 承-, 阿-, 逆-, 溫-, 婉-, 柔-, 耳-, 從-, 忠-, 和-, 孝-.

頁 3 【愼】 ⑫ 順(2007)의 고자

頁 3 【頤】 ⑫ ❶기를 이 囷 yí ❷國 탈 탈
[字解] ❶①기르다〔養〕. ②턱〔頷〕. ❷①탈. ⑦병(病). ④사고(事故).
【頤免 탈면】 國뜻밖의 사정이나 사고로 응당 져야 할 책임을 면제받음.
【頤處 탈처】 國탈이 난 곳.
【頤稟 탈품】 國관리나 구실아치가 임시로 책임을 면제해 주기를 청함.

頁 3 【頇】 ⑫ ❶얼굴 클 한 寒 hān ❷관 젖혀 쓸 안 寒 àn
[字解] ❶①얼굴이 큰 모양. ¶顢頇. ②대머리 진 모양. ❷①관을 뒤로 젖혀 쓰다. ②대머리 지다.

頁 3 【項】 ⑫ 목 항 講 xiàng

工 丁 工 巧 巧 项 项 項 項

[項] (소전/초서/간체) [字源] 形聲. 工+頁→項. '工(공)'이 음을 나타낸다.
[字解] ①목, 목덜미. 〔張衡·賦〕脩額短項. ②관(冠)의 뒷부분. 〔儀禮〕賓右手執項. ③크다. 〔詩經〕四牡項領. ④조목(條目), 항목. 〔宋史〕依逐項名目, 權攝部領. ⑤나라 이름. 주대(周代)의 제후국. 지금의 하남성(河南省) 항성현(項城縣)의 동북쪽. 〔春秋左氏傳〕夏滅項. ⑥성(姓).
【項領 항령】 ①굵은 목덜미. ②목. ③요해지(要害地).
【項領之功 항령지공】 가장 큰 공. ▷'項'은 '大'로 '크다'를, '領'은 '목'을 뜻함.
【項目 항목】 어떤 기준에 따라 나눈 일의 가닥. 條目(조목). 條項(조항).
【項背相望 항배상망】 목과 등이 서로 바라봄. 왕래가 빈번함.
【項鎖 항쇄】 목에 씌우는 칼.
❶曲-, 款-, 短-, 黨-, 問-, 背-, 別-, 事-, 修-, 要-, 條-.

頁 4 【頍】 ⑬ 머리 들 규 紙 kuǐ

[字解] ①머리를 들다. 〔詩經〕有頍者弁. ②머리 장식. 〔儀禮·注〕膝薜名繢爲頍.

頁 4 【頎】 ⑬ ❶헌걸찰 기 微 qí ❷작을 간 阮 kěn

[頎] (소전/초서/간체) [字解] ❶①헌걸차다, 키가 크고 풍채가 장한 모양. 〔詩經〕碩人其頎. ②머리 모양이 아름다운 모양. ❷①작다, 적다. ②지극하다, 정중하다. 〔禮記〕稽顙而后拜, 頎乎其至也. ③마음 아파하는 모양. 〔禮記〕頎乎其至也.
【頎頎 기기】 헌칠한 모양. 키가 크며 품위가 있고 아름다운 모양.
【頎大 기대】 키가 크고 살짐.
【頎然 기연】 긴 모양.
【頎典 간전】 굳세고 단단한 모양.

頁 4 【頓】 ⑬ ❶조아릴 돈 願 dùn ❷둔할 둔 願 dùn ❸사람 이름 돌 月 dú

[頓] (소전/초서/간체) [參考] 대법원 지정 인명용 한자의 음은 '돈'이다.
[字解] ❶①조아리다, 머리를 숙여 이마가 땅에 닿도록 절을 하다. 〔史記〕句踐頓首再拜. ②넘어지다. 〔後漢書〕顛狽頓躓. ③깨지다, 부서지다. 〔春秋左氏傳〕甲兵不頓. ④꺾이다, 실패하다. 〔國語〕而王幾頓乎. ⑤고생하다, 곤고(困苦)하다. 〔管子〕頓卒怠倦以辱之. ⑥지치다, 피곤하다. 〔戰國策〕吾men兵頓. ⑦그치다, 멈추다. 〔陸機·詩〕頓轡倚嵩巖. ⑧갖추다, 정비하다. 〔陸機·演連珠〕頓網探淵. ⑨묵다, 투숙하

다.〔陸機·詩〕北邁頓承明. ⑩끌다, 손으로 잡아당기다. ㄴ扡.〔荀子〕詘五指而頓之. ⑪버리다, 내버리다.〔後漢書〕田廬取其荒頓者. ⑫갑자기, 급작스럽게.〔列子〕凡一氣不頓進, 一形不頓虧. ⑬식량(食糧)·군기(軍器) 등을 비축하여 두는 곳.〔隋書〕數道置頓. ⑭저장(貯藏), 저축.〔唐書〕器用庖頓, 大細畢給. ⑮번번이, 끼니마다.〔蘇軾·詩〕土人頓頓食藷芋. ⑯서법(書法)의 한 가지. 붓 끝에 힘을 주어 빳빳하고 굳세게 눌러 긋는 법. ⑰나라 이름. 주대(周代)의 제후국. 지금의 하남성(河南省) 남돈현(南頓縣).〔春秋左氏傳〕城頓而還. ❷둔하다, 무디다. ㄴ鈍.〔史記〕莫邪爲頓兮. ❸사람 이름, 묵돌(冒頓). 흉노(匈奴)의 임금.〔漢書〕及漢興, 冒頓始彊.

【頓腳 돈각】발을 동동 구름. 제자리걸음을 함.
【頓綱 돈강】강기(剛紀)를 정돈함.
【頓教 돈교】(佛)오랜 수행(修行)을 거치지 않고 문득 깨달아 불과(佛果)를 이루는 교법.
【頓丘 돈구】작은 언덕. 사발을 엎어 놓은 것과 같은 모양의 언덕.
【頓窮 돈궁】몹시 곤궁함.
【頓棄 돈기】버림, 폐기함.
【頓頓 돈돈】①서로 친하게 지내는 모양. ②끼니때마다.
【頓頭 돈두】머리를 땅에 비비댐.
【頓兵 돈병】①병기(兵器)를 깨뜨림. ②군대를 지치게 함.
【頓病 돈병】갑자기 나는 병.
【頓服 돈복】약 등을 한꺼번에 떠믐.
【頓仆 돈부】넘어짐, 쓰러짐.
【頓憊 돈비】좌절하여 힘들고 고달픔.
【頓舍 돈사】①㉠머물러 쉼. ㉡묵는 집. 宿舍(숙사). ②주둔(駐屯)함. 군대가 진을 침.
【頓顙 돈상】ㄴ頓首(돈수).
【頓所 돈소】군대가 머무는 곳. 군대의 주둔지(駐屯地).
【頓首 돈수】①머리가 땅에 닿도록 몸을 굽혀 절을 함. 또는 그 경례. ②편지 끝에 써서 경의를 표시하는 말. 頓顙(돈상).
【頓然 돈연】①갑자기. 별안간. 突然(돌연). ②전혀. 아주.
【頓悟 돈오】(佛)문득 깨달음. 수행(修行)의 단계를 거치지 않고 갑자기 교리(敎理)에 대하여 깨달음.
【頓足 돈족】ㄴ頓腳(돈각).
【頓躓 돈지】①발끝이 걸려 넘어짐. ②곤경(困境)에 처함.
【頓著 돈착】①안전하게 잘 둠. 흔들리지 않게 고정시킴. 安置(안치). ②(佛)탐착(貪著)의 전와(轉訛). 탐내어 집착(執著)함.
【頓弊 돈폐】피폐함.
【頓筆 돈필】글 쓰는 일을 그만둠.

❶困-, 倒-, 冒-, 仆-, 上-, 頑-, 愚-, 整-, 挫-, 止-, 遲-, 沈-, 乏-, 毁-.

頁 【頒】⑬ ❶나눌 반 圖 bān
4   ❷큰 머리 분 圝 fén

頒 소전 紛 초서 肦 동체 颁 간체 | 参考 대법원 지정 인명용 한자의 음은 '반'이다.

字解 ❶①나누다. ㉠구분하다.〔禮記〕頒禽隆諸長者. ㉡나누어 주다, 하사하다.〔周禮〕遂頒禽. ㉢널리 퍼뜨리다.〔張衡·賦〕布政頒常. ②큰 머리.〔詩經〕有頒其首. ③많은 모양. ④반백.〔孟子〕頒白者不負戴於道路. ❷①큰 머리의 모양. ②많은 모양. ※❶의 ③과 같다.

【頒給 반급】임금이 녹봉이나 물품을 나누어 줌.
【頒賚 반뢰】ㄴ頒賜(반사).
【頒斌 반빈】서로 뒤섞인 모양.
【頒賜 반사】임금이 신하에게 물품을 나누어 줌.
【頒布 반포】세상에 널리 펴서 알게 함.
【頒犒 반호】임금이 군사를 위로하기 위하여 나누어 주는 물품.

❶戴-, 散-, 時-, 平-.

頁 【頌】⑬ ❶기릴 송 圖 sòng
4   ❷얼굴 용 圝 róng

八 公 公 公 頌 頌 頌 頌 頌

頌 소전 頌 주문 頖 초서 颂 간체 | 参考 대법원 지정 인명용 한자의 음은 '송'이다.

字源 形聲. 公+頁→頌. '公(공)'이 음을 나타낸다.

字解 ❶①기리다, 칭송하다.〔禮記〕頌而無讇. ②시(詩)의 육의(六義)의 한 가지. 천자의 성덕(盛德)을 칭송하여 신명에게 고하는 종묘악(宗廟樂).〔詩經·大序〕頌者, 美盛德之形容, 以其成功, 告於神明也. ③문체(文體)의 한 가지. 성덕을 칭송하는 글.〔陸機·賦〕頌, 優游以彬蔚. ④점사(占辭), 점괘의 말.〔周禮〕其頌皆千有二百. ❷①얼굴, 용모. ㄴ容.〔漢書〕而魯徐生善爲頌. ②용서하다, 관용하다. ㄴ容.〔漢書〕有罪當盜械者, 皆頌繫. ③공변되다.〔漢書〕頌共禁不異.

【頌歌 송가】①칭송하여 노래함. ②덕을 칭송하는 노래.
【頌德 송덕】공덕을 찬양함. 덕망을 기림.
【頌禱 송도】ㄴ頌祝(송축).
【頌美 송미】공덕이나 인격을 칭송함.
【頌聲 송성】①칭송하는 소리. ②태평을 구가하는 음악.
【頌述 송술】칭송하여 그 사실을 글로 씀.
【頌祝 송축】경사를 기려 축하함. 頌禱(송도).
【頌歎 송탄】몹시 칭찬함. 격찬함.

❶歌-, 偈-, 善-, 詩-, 詠-, 吟-, 從-, 讚-, 推-, 稱-, 褒-, 賀-.

頁 【預】⑬ 미리 예 本여 圏 yù
4

預 소전 預 초서 颉 간체 | 字源 形聲. 予+頁→預. '予(여)'가 음을 나타낸다.

字解 ①미리, 미리 하다. ㄴ豫.〔史記〕聖人

預知微. ②참여하다, 간여하다. 〔華嚴經音義〕凡事相及爲預. ③즐기다, 즐거이 놀다. 〔白居易·詩〕虎丘時游預. ④圖맡기다, 금품을 맡기다. ¶ 預金.
【預金 예금】 금융 기관에 돈을 맡겨 둠.
【預慮 예려】 미리 앞일을 생각함.
【預知 예지】 미리 앎. 豫知(예지).
【預置 예치】 맡겨 둠. 맡김.
【預度 예탁】 미리 헤아림. 豫測(예측).
【預託 예탁】 부탁하여 맡겨 둠.
● 干-, 參-.

9획

頁 4 【頑】 ⑬ 완고할 완 删 wán
소전 頑 초서 靫 간체 顽   字源 形聲. 元+頁→頑. '元(원)'이 음을 나타낸다.
字解 ①완고하다, 고집이 세다. 〔書經〕 父頑, 傳云, 心不則德義之經爲頑. ②무디다, 물건의 끝이 날카롭지 못하다. ③둔하다, 재주가 없다. ④욕심이 많다. 〔孟子〕 頑夫廉. ⑤악하다, 흉악하다. 〔書經〕 苗頑, 弗卽工. ⑥놀다, 장난하다. 〔陳佚·田家謠〕 令伴阿姑頑過日. ⑦무지막지한 사람. 〔國語〕 非親則頑.
【頑強 완강】 성질·태도 등이 검질기고 드셈.
【頑健 완건】 ①매우 건강함. 頑强(완강). ②자기 건강의 겸칭(謙稱).
【頑固 완고】 ①고집이 셈. ②사리에 어둡고 융통성이 없음.
【頑空 완공】 겉은 튼튼하나 알맹이가 없음.
【頑狡 완교】 완고하고 교활함.
【頑軀 완구】 건강한 자기 몸의 겸칭.
【頑童 완동】 ①고집이 세고 어리석은 아이. ②완고하고 사리에 어두운 사람.
【頑廉懦立 완렴나립】 욕심 부리는 사람은 청렴해지고, 나약한 사람은 자립하게 됨. 지조 있는 선비가 사회 기풍을 감화시키는 역량이 큼.
【頑魯 완로】 완고하고 어리석음.
【頑昧 완매】 완고하고 사리에 어두움.
【頑命 완명】 죽지 않고 모질게 살아 있는 목숨.
【頑冥 완명】 완고하고 사리에 어두움.
【頑民 완민】 ①새로운 정치를 달갑게 여기지 않는 백성. ②완고하고 어리석은 백성.
【頑朴 완박】 완고하고 질박함.
【頑薄 완박】 어리석고 지식이 없음.
【頑夫 완부】 분별없이 욕심만 부리는 사람.
【頑石點頭 완석점두】 돌멩이도 머리를 끄덕임. 감화력이 깊음.
【頑率 완솔】 어리석고 경솔함.
【頑守 완수】 굳게 지킴.
【頑愁 완수】 지워지지 않는 수심. 떼칠 수 없는 시름.
【頑習 완습】 완악한 버릇.
【頑惡 완악】 성질이 억세게 고집스럽고 사나움.
【頑然 완연】 완고하여 융통성이 없는 모양.
【頑艶 완염】 ①어리석은 사람과 영리한 사람. ②예쁘게 생긴 사내아이. 美童(미동).

【頑愚 완우】 완고하고 어리석음.
【頑闇 완은】 완고하고 도리에 어두움.
【頑敵 완적】 완강한 적.
【頑拙 완졸】 변변치 못하고 서투름.
【頑悖 완패】 성질이 모질고 도리에 어긋나게 행동함.
【頑弊 완폐】 완고하고 어리석음.
【頑悍 완한】 완악하고 사나움.
【頑抗 완항】 완강한 항거(抗拒).
● 強-, 驕-, 冥-, 石-, 傲-, 癡-, 昏-

頁 4 【頊】 ⑬ ❶삼갈 욱 因 xū
   ❷뒤통수 욱 因 xū
소전 頊 초서 玒 간체 顼   參考 대법원 지정 인명용 한자의 음은 '욱'이다.
字解 ❶①삼가다, 머리를 숙여 삼가는 모양. ②자실(自失)한 모양. 〔莊子〕 頊頊然不自得. ③사람 이름, 전욱(顓頊). 중국 고대의 황제. ❷뒤통수, 사람의 후두부(後頭部).
【頊頊 욱욱】 넋을 잃은 모양.

頁 4 【頏】 ⑬ 새 날아 내릴 항 陽 háng
획체 頏 초서 玒 간체 颃   字解 ①새가 날아 내리다. 〔詩經〕 燕燕于飛, 頡之頏之. ②목(頸). =亢.

頁 5 【頸】 ⑭ 頸(2012)의 속자

頁 5 【顧】 ⑭ 顧(2019)의 속자

頁 5 【領】 ⑭ 옷깃 령 梗 lǐng

丶 冫 夂 令 刽 領 領 領 領

소전 領 초서 玒 간체 领   字源 形聲. 令+頁→領. '令(령)'이 음을 나타낸다.
字解 ①옷깃, 의금(衣襟). 〔荀子〕 若挈裘領. ②목(頸). 〔孟子〕 引領而望之矣. ③가장 요긴한 곳, 사북, 요소(要所). 〔唐書〕 扼束南咽領. ④벌. 옷을 세는 단위. 〔荀子〕 衣衾三領. ⑤거느리다, 통솔하다, 다스리다. 〔禮記〕 領父子君臣之節. ⑥받다, 수령(受領)하다. 〔羅隱·詩〕 記得當年捧領時. ⑦적다, 기록하다. 〔劉楨·詩〕 沈迷簿領書. ⑧깨닫다. 〔向秀·賦〕 託運遇於領會兮. ⑨요령(要領), 의취(意趣). 〔漢書〕 竟不能得月氏要領. ⑩재능(才能), 기량(伎倆). 〔劉賓客嘉話錄〕 本領何雜. ⑪우두머리, 수령(首領). 〔宋史〕 腹心脅領. ⑫개두(蓋頭). 상중(喪中)에 쓰던 두건(頭巾). 〔禮記〕 緻之領側. ⑬산, 산마루. 늑嶺. 〔漢書〕 興輢而踰領.
【領去 영거】 거느리고 감.
【領巾 영건】 부인들이 성장(盛裝)할 때 목에 걸

치는 길고 얇은 천. 목수건.
【領空 영공】한 나라의 주권이 미치는 공간.
【領揆 영규】圈영의정의 딴 이름.
【領膩 영니】옷깃의 때.
【領導 영도】거느려 이끎.
【領率 영솔】부하를 통솔함.
【領收 영수】돈이나 물품 따위를 받아들임. 領受(영수).
【領袖 영수】①옷깃과 소매. ②어떤 단체의 우두머리. ◎옷을 들 때에는 먼저 옷이나 소매를 잡는 데서 이르는 말.
【領如蝤蠐 영여추제】미인의 목덜미가 몹시 흼. ◎'蝤蠐'는 새하얀 나무굼벵이.
【領域 영역】①국가의 주권이 미치는 범위. ②세력이 미치는 범위.
【領悟 영오】깨달음.
【領有 영유】차지하여 가짐.
【領土 영토】①영유하고 있는 땅. ②한 나라의 통치권이 미치는 지역.
【領解 영해】①깨달음. 領悟(영오). ②당(唐) 대(代)에, 향시(鄕試)에 급제한 사람.
【領護 영호】통괄하여 다스려 지킴.
【領會 영회】깨달음.
●監-, 綱-, 頸-, 大-, 頭-, 拜-, 本-, 屬-, 受-, 首-, 要-, 引-, 咽-, 將-, 占-, 正-, 中-, 總-, 酋-, 統-, 項-.

頁 5【頤】⑭ 강할 민 圍 mín
字解 강하다, 굳세다.

頁 5【頖】⑭ 학교 이름 반 翻 pàn
字解 학교 이름, 반궁(頖宮). 제후(諸侯)가 세운 학교. =泮. 〔禮記〕天子曰辟廱, 諸侯曰頖宮.

頁 5【頍】⑭ 주걱턱 배 圍 bāi
字解 ①주걱턱. 주걱 모양으로 턱 끝이 밖으로 나온 턱. ②얼굴이 큰 모양.

頁 5【頎】⑭ ❶고깔 변 圍 biàn ❷머리털 없을 반 圍 fàn
字解 ❶①고깔. ②관(冠)이 큰 모양. ③낯, 얼굴. ❷머리털이 없다.

頁 5【頗】⑭ 구레나룻 염 圍 rán
字解 구레나룻. =髯. 〔莊子〕黑色而頗.
【頗胡 염호】구레나룻과 턱밑살.

頁 5【頔】⑭ 아름다울 적 圍 dí
字解 ①아름답다, 좋다. ②사람 이름. 〔新唐書〕于頔, 字允元, 後周太師謹七世孫.

頁 5【頰】⑭ 광대뼈 졸 圍 zhuō
字解 광대뼈. ≒䪼·準. 〔玉篇〕漢高祖, 隆頰.

頁 5【頗】⑭ ❶자못 파 圍 pò ❷치우칠 파 歌 pō
字源 形聲. 皮+頁→頗. '皮(피)'가 음을 나타낸다.
字解 ❶①자못. ㉮조금, 약간. 〔史記〕周以來乃頗可著. ㉯매우, 꽤, 몹시, 대단히. 〔大學章句〕舊本頗有錯簡. ②바르지 못하다, 부정(不正)하다. ㉮두루, 두루 미치다. ④적다. ❷치우치다. ㉮기울다, 굽다. 〔楚辭〕循繩墨而不頗. ㉯공평하지 못하다. 〔漢書〕天不頗覆, 治不偏戴. ㉰사특하다. 〔張衡·賦〕行頗僻而獲志兮.
【頗多 파다】아주 많음.
【頗僻 파벽】한쪽으로 치우침. 頗偏(파편).

頁 6【頸】⑮ 頸(2012)의 속자

頁 6【頻】⑮ 頻(2015)과 동자

頁 6【頫】⑮ ❶머리 숙일 부 圍 fǔ ❷알현할 조 圍 tiáo
字解 ❶머리를 숙이다. ≒俛·俯. 〔漢書〕頫首係頸. ❷①알현(謁見)하다, 뵙다. ≒覜. 〔郝懿行義疏〕諸侯三年大相聘曰頫. ②보다, 살펴보다. 〔張衡·賦〕流目頫乎衡阿.
【頫領 부령】머리를 숙임.
【頫首 부수】머리를 숙이고 아래로 향함.
【頫仰 부앙】구부려 봄과 쳐다봄.
【頫眂 부지】숨어서 봄.
【頫聽 부청】머리를 떨어뜨리고 들음.
【頫盻 조혜】내려다봄.

頁 6【顖】⑮ 숫구멍 신 圍 xìn
동자 字解 숫구멍, 정문(頂門).

頁 6【頤】⑮ 눈 크게 뜨고 볼 신 圍 shěn
字解 眾參. 頤(2012)는 딴 자. 字解 눈을 크게 뜨고 보다.

頁 6【頞】⑮ 콧마루 알 圍 è
字解 ①콧마루, 콧대.

〔孟子〕舉疾首蹙頞而相告. ❷짐승 이름. 원숭이의 한 가지. ≒獂. 〔郭璞·山海經圖贊〕幽頞似猴.

頁6 【額】⑮ 이마 액 陌 é
소전 頟 초서 [필기체] 字解 ❶이마. =額. 〔六書故〕髮下眉上爲額. ❷수레를 미는 소리. ❸나쁜 짓을 쉴 새 없이 하는 모양. 〔書經〕惟罔晝夜頟頟. ❹이름을 조사하여 문책(問責)하다. 〔封氏聞見記〕查名該訶爲頟. ❺나라 이름. 용액(龍頟). 한대(漢代)의 제후국. 지금의 하북성(河北省) 경현(景縣)의 동쪽.
【頟頟 액액】 나쁜 일을 그치지 않고 계속하는 모양.

頁6 【頠】⑮ 조용할 외·위 紙 wěi
소전 頠 초서 [필기체] 字解 ❶조용하다, 고요하다. ❷머리, 두부. ❸몸가짐이 세련되고 정숙한 모양.

頁6 【頤】⑮ 턱 이 支 yí
초서 颐 속자 頥 간체 颐 參考 頤(2011)은 딴 자.
字解 ❶턱. ㉮아래턱과 위턱의 총칭. 〔雜事祕辛〕輔靨頤頷, 位置均適. ㉯아래턱. 〔漢書〕攝項頤. ❷기르다, 봉양(奉養)하다. 〔禮記〕百年日頤. ❸부리다, 턱으로 부리다. 〔漢書〕頤指如意. ❹손을 후하게 대접하다. 〔左思·賦〕觀享頤賓. ❺어조사. 어세(語勢)를 돕는 구실을 한다. 〔史記〕夥頤, 涉之爲王沈沈者. ❻깊다. ❼괘(卦) 이름. 64괘의 하나. 괘형은 ䷚. 음식을 주어 다른 사람을 구제함을 상징한다. 〔易經〕頤, 貞吉.
【頤令 이령】 ⇨頤使(이사).
【頤使 이사】 턱짓으로 부림. ㉠사람을 제 마음대로 부림. ㉡거만하게 부림. 頤令(이령). 頤指(이지).
【頤神 이신】 정신을 수양함. 養神(양신).
【頤神養性 이신양성】 마음을 수양하고 바른 성정(性情)을 기름.
【頤愛 이애】 기르고 사랑함.
【頤養 이양】 심신을 수양함.
【頤志 이지】 뜻을 기름.
【頤指 이지】 ⇨頤使(이사).
【頤賢 이현】 어진 인재를 양성함.
❶ 廣—, 方—, 垂—, 朶—, 脫—, 解—.

頁6 【頧】⑮ ❶관 이름 퇴 灰 duī ❷머리 기운 모양 퇴 灰 duī
字解 ❶관(冠) 이름, 무퇴(毋頧). 하대(夏代)의 관 이름. ❷머리가 기운 모양.

頁6 【頷】⑮ ❶턱 함 感 hán ❷귀밑뼈 합 合 hé

頁6 【頷】⑮ ❶턱, 아래밑뼈, 이하골(耳下骨). 〔揚雄·賦〕皆稽顙樹頷.
소전 頷 초서 [필기체] 간체 颔 字解 ❶턱, 아래밑뼈. =胲·頷. ❷귀

頁6 【頰】⑮ 턱 해 灰 [咍] hái
소전 頰 초서 [필기체] 간체 颏 字解 ❶턱, 아래턱. 〔韓愈·詩〕我手承頰肘比坐. ❷추하다, 보기 흉하다. ❸볼.
【頰頷 해함】 턱.
【頰頰 해협】 턱. 뺨 부분함의 턱.

頁6 【頡】⑮ ❶곧은 목 힐 屑 xié ❷줄일 알 黠 jiá
소전 頡 초서 頡 간체 颉 字解 ❶❶곧은 목. ❷날아오르다. 〔詩經〕燕燕于飛, 頡之頏之. ❸크다. 〔呂氏春秋〕長短頡牾百疾. ❹짐승 이름. 〔山海經〕葳山, 視水出焉, 多頡. ❺사람 이름, 창힐(倉頡). 황제(黃帝) 때 사람으로, 날짐승의 발자국을 보고 글자를 만들었다고 한다. ❻성(姓). ❷❶줄이다, 약취(掠取)하다. 〔新唐書〕盜頡資糧. ❷삐걱거리다, 마찰하는 소리.
【頡滑 힐골】 ❶뒤섞여 어지러워짐. 錯亂(착란). ❷고불고불 고부라지거나 뒤틀린 모양.
【頡頏 힐항】 ❶새가 날아 오르락내리락하는 모양. ❷서로 우열을 다툼. ❸목줄기가 굳셈. 남에게 굴하지 않음. 強項(강항). ❹횡설수설함.

頁7 【頸】⑯ 목 경 梗[庚] jǐng
소전 頸 초서 [필기체] 속자 頚 속자 頸 간체 颈 字解 ❶목, 목덜미. 〔莊子〕上斬頸領. ❷기물의 목 부분. 〔禮記〕鞞, 其頸五寸. ❸멱, 목줄기의 앞부분. 〔素問〕頸痛. ❹별 이름. 〔史記〕七星頸爲員官, 主急事.
【頸骨 경골】 목뼈.
【頸脰 경두】 목덜미.
【頸聯 경련】 율시(律詩)의 셋째 연(聯). 곧, 제5, 제6의 두 구(句).
【頸領 경령】 목. 목덜미.
【頸椎 경추】 목등뼈. 척추의 가장 윗부분.
❶ 短—, 頭—, 刎—, 延—, 咽—, 長—, 鶴—.

頁7 【頵】⑯ 머리 클 균 眞 yūn
소전 頵 字解 머리가 크다, 큰 머리.

頁7 【頯】⑯ ❶광대뼈 규 支 kuí ❷드러날 괴 隊 kuí
소전 頯 초서 頯 字解 ❶광대뼈, 관골(頯骨). =頄·頄. ❷❶드러나다, 높이 드러나 아름다운 모양. 〔莊子〕而頯頯然. ❷매우 질박(質樸)한 모양. 〔莊子〕其容寂, 其頯頯.

【頯然 괴연】 높이 드러나 아름다운 모양.

頁7 【頭】⑯ 머리 두 囝 tóu

𦣻 𦣻 㒳 豆 豆 頭 頭 頭 頭 頭

[소전]頭 [초서]𢒎 [간체]头 【字源】形聲. 豆+頁→頭. '豆(두)'가 음을 나타낸다.

【字解】①머리. ㉮인체의 목 윗부분. 〔禮記〕頭容直. ㉯머리털. 〔庾信·記〕蓬頭王霸之子. ㉰꼭대기, 최상부. 〔列仙傳〕乘白鶴, 駐山頭. ㉱맨 앞, 선단(先端). 〔晉書〕矛頭淅米劍頭炊. ㉲시초(始初). 〔新唐書〕年頭月尾. ㉳우두머리, 장(長). 〔唐書〕以彊幹者爲番頭. ㉴첫째, 상위(上位). 〔湯屋·畫論〕山水打頭, 界畫打底. ②지혜, 재능(才能). 〔素問·論〕頭者精明之府. ③근처, 근방. 〔王維·詩〕珮聲歸向鳳池頭. ④물건을 셀 때의 단위. ㉮사람을 세는 말. 〔梁簡文帝·書〕安城王餉胡子一頭. ㉯동물을 세는 말. 〔漢書〕馬·牛, 云云, 七十餘萬頭. ㉰음식상을 세는 말. 〔五雜組〕淨饌一頭. ⑤어조사(語助辭). 어조(語調)를 돕는 말. ¶鼻頭.

【頭角 두각】 ①짐승의 머리에 있는 뿔. ②머리 끝. 여럿 중에서 뛰어난 학식이나 재능.
【頭頸 두경】 ①머리와 목. ②목.
【頭腦 두뇌】 ①머릿골. ②사물을 판단하는 슬기.
【頭童齒豁 두동치활】 머리가 벗어지고 이가 빠짐. 노인이 됨.
【頭頭 두두】 하나하나. 각각.
【頭等 두등】 첫째 등급.
【頭領 두령】 한 당파나 무리의 우두머리. 首領(수령).
【頭顱 두로】 정수리뼈. 頭頂骨(두정골).
【頭面 두면】 ①얼굴. ②여자 머리의 장식. 봉관(鳳冠)·화잠(花簪) 따위.
【頭目 두목】 나쁜 짓을 일삼는 무리의 우두머리.
【頭尾 두미】 ①머리와 꼬리. ②처음과 끝.
【頭迷 두미】 ☞頭暈(두훈).
【頭髮上指 두발상지】 머리털이 곤두섬. 격노(激怒)한 모양.
【頭蓬 두봉】 머리털이 엉클어져 쑥같이 된 머리. 쑥대강이. 蓬頭(봉두).
【頭顙 두상】 머리와 이마.
【頭上事 두상사】 가까이에 있는 일. 눈앞에 닥친 일.
【頭上安頭 두상안두】 머리 위에 또 머리가 있음. 사물이 중복됨. 屋上架屋(옥상가옥).
【頭緖 두서】 ①일의 차례나 갈피. 앞뒤의 순서. 條理(조리). ②마음속에 생기는 여러 가지 생각.
【頭數 두수】 소·말 등의 마릿수.
【頭鬚 두수】 머리털과 수염.
【頭痒搔跟 두양소근】 머리가 가려운데 발뒤꿈치를 긁음. 무익(無益)함. 隔靴搔痒(격화소양).
【頭人 두인】 우두머리.
【頭錢 두전】 國소개료로 받는 돈. 口文(구문).
【頭頂 두정】 ①정수리. ②國머리에 임.

【頭足異處 두족이처】 머리와 발이 따로 떨어짐. 참수(斬首)됨.
【頭酒 두주】 좋은 술. 맨 먼저 거른 술.
【頭註 두주】 본문 위쪽에 적은 주(註).
【頭瘡 두창】 머리에 나는 부스럼.
【頭陀 두타】 【佛】①승려의 탁발수행(托鉢修行). ②행각승(行脚僧). ◐범어 'Dhūta'의 음역어(音譯語).
【頭陀法 두타법】 승려가 지켜야 할 규칙.
【頭痛 두통】 머리가 아픔. 또는 그런 증세.
【頭風眩 두풍현】 두통으로 일어나는 현기증.
【頭眩 두현】 현기증. 頭暈(두훈).
【頭會箕斂 두회기렴】 인원수를 조사하여 조세를 받음. 세금을 수탈함. ◐'箕斂'은 삼태기로 물건을 끌어 담듯이 많은 것을 탐하는 일.
【頭暈 두훈】 현기증. 頭迷(두미).

❶ 街一, 竿一, 叩一, 口一, 路一, 露一, 樓一, 禿一, 馬一, 饅一, 胃一, 沒一, 白一, 埠一, 先一, 船一, 舌一, 搔一, 蠅一, 案一, 羊一, 年一, 人一, 低一, 纏一, 店一, 點一, 提一, 座一, 竹一, 津一, 陣一, 初一, 出一, 平一, 解一, 話一, 黑一.

頁7 【賴】⑯ 賴(1737)의 속자

頁7 【貑】⑯ 貌(1718)의 고자

頁7 【頻】⑯ 자주 빈 囻 pín

⺊ ⺊ ⺍ 步 步 頻 頻 頻 頻 頻

[초서]𫟹 [간체]频 【字源】會意. 步+頁→頻. '步'는 '涉(섭)'의 생략형으로 '물을 건너다'의 뜻인데, 頁(혈)과 합하여 '물가'라는 뜻을 나타낸다.

【字解】①자주, 빈번히. 〔列子〕汝何去來之頻. ②물가 = 濱·瀕. 〔詩經〕池之渴矣, 不云自頻. ③급박하다, 절박하다. 〔詩經〕國步斯頻. ④어지러워지다. ⑤나란하다, 나란히 서다. 〔國語〕群臣頻行. ⑥친하다, 가까이하다. ≒比. ⑦찡날. 〔易經〕頻巽吝. ⑧찡그리다, 찌푸리다. ≒顰. 〔易經〕頻復厲無咎.
【頻過 빈과】 자주 지나감. 자주 들름.
【頻度 빈도】 같은 현상이나 일이 반복되는 정도.
【頻留 빈류】 적잖이 만류함. 가지 못하도록 여러 번 말림.
【頻發 빈발】 어떤 일이나 현상이 자주 일어남.
【頻繁 빈번】 번거로울 정도로 잦음.
【頻復 빈복】 여러 번 잃었다가 여러 번 되돌아옴. 개과천선(改過遷善)함.
【頻頻 빈빈】 잦은 모양. 頻數(빈삭).
【頻數 빈삭】 ☞頻頻(빈빈).
【頻憶 빈억】 줄곧 생각함.
【頻仍 빈잉】 중후(重厚)한 모양.
【頻蹙 빈축】 얼굴을 찡그림. 頻顣(빈축).

【頻行 빈행】 나란히 서서 감. ◑ 大−, 笑語−, 風雨−.

頁7 【頵】 ⑯ 頄(2073)과 동자

頁7 【頤】 ⑯ 頤(2012)의 속자

頁7 【頲】 ⑯ 곧을 정 逈 tǐng

[字解] ①곧다, 바르다. ②머리가 좁고 긴 모양.

頁7 【頳】 ⑯ 붉을 정 庚 chēng

[字解] 붉다. =赬. 〔詩經〕魴魚頳尾.

頁7 【頹】 ⑯ 무너질 퇴 灰 tuí

[字解] ①무너지다, 무너뜨리다. 〔禮記〕泰山其頹乎. ②기울다, 기울이다. 〔潘岳·賦〕歲云暮兮日西頹. ③쇠하다, 쇠퇴하다. 〔謝靈運·賦〕採藥救頹. ④떨어지다, 낙하하다. =隤. 〔馬融·賦〕感廻飆而將頹 ⑤해이(解弛)해지다. 〔宋書〕憲綱其頹. ⑥턱, 아래턱. ⑦품다, 생각을 가지다. 〔司馬相如·賦〕遂頹思而就狀. ⑧따르다, 순종하다. 〔禮記〕頹乎其順也. ⑨질풍(疾風), 위에서 아래로 부는 바람. 〔詩經〕維風及頹. ⑩물이 흘러내리다. 〔史記〕水頹以絕商顏. ⑪머리가 벗어지다, 대머리가 되다.

【頹敎 퇴교】 퇴폐한 가르침.
【頹唐 퇴당】 무너져 떨어짐.
【頹落 퇴락】 낡아서 무너지고 떨어짐.
【頹齡 퇴령】 노쇠한 나이.
【頹漏 퇴루】 허물어져 비가 샘.
【頹陵 퇴릉】 점차 쇠퇴함. 허물어지고 쇠함.
【頹圮 퇴비】 頹敗(퇴패).
【頹思 퇴사】 생각에 잠김.
【頹雪 퇴설】 눈사태. 雪崩(설붕).
【頹俗 퇴속】 쇠퇴한 풍속.
【頹顏 퇴안】 수척한 얼굴.
【頹陽 퇴양】 석양(夕陽). 落日(낙일).
【頹然 퇴연】 ①술에 취하여 비틀거리는 모양. ②유순(柔順)한 모양.
【頹雲 퇴운】 흩어지기 시작하는 구름.
【頹幽 퇴유】 잠기어 숨음.
【頹倚 퇴의】 척 늘어져 기댐.
【頹挫 퇴좌】 무너지고 꺾임.
【頹替 퇴체】 쇠퇴(衰頹)함.
【頹隆 퇴추】 무너져 떨어짐. 崩墜(붕추).
【頹惰 퇴타】 뜻이 꺾이고 나태함.
【頹墮委靡 퇴타위미】 형체나 기력 따위가 점차 쇠퇴함.

【頹波 퇴파】 ①약해져 가는 물결. ②사물이 쇠퇴하여 가는 형세.
【頹敗 퇴패】 쇠퇴하여 무너짐. 頹圮(퇴비).
【頹廢 퇴폐】 ①쇠퇴하여 결판이 남. ②도덕·풍속 따위가 어지러워짐.
【頹風 퇴풍】 ①거친 바람. ②퇴폐(頹廢)한 풍속.
【頹乎 퇴호】 ①예(禮)가 도리에 맞고 올바름. ◐'頹'는 '도리를 따르다'를 뜻함. ②태도 따위가 흐트러지는 모양. 술에 몹시 취함.
【頹朽 퇴후】 허물어지고 썩음.
【頹毁 퇴훼】 허물어지고 부서짐.
【頹圮 퇴휴】 허물어지고 이지러짐.
◑ 救−, 老−, 衰−, 顚−, 敗−, 廢−.

頁7 【頼】 ⑯ 賴(2014)의 속자

頁7 【頷】 ⑯ ❶턱 함 感 hàn ❷끄덕일 암 感 hàn

[字解] ❶①턱, 아래턱. =顄. 〔漢書〕虎頭燕頷. ②부황이 들다, 굶주려서 얼굴이 누렇게 뜬 모양. 〔楚辭〕長顑頷亦何傷. ❷끄덕이다. 〔春秋左氏傳〕逆於門者, 頷之而已.
【頷聯 함련】 율시(律詩)의 제3, 제4의 두 구.
【頷下之珠 함하지주】 ①용(龍)의 턱 밑에 있다는 구슬. 용이 잠든 틈을 타서 훔친다고 함. ②손에 넣기 어려운 귀중한 보물.
【頷可 암가】 머리를 끄덕여 승낙함.
【頷首 암수】 긍정하는 뜻으로 머리를 끄덕임. 수긍하여 승낙함.
◑ 滿−, 燕−, 龍−, 豊−, 虎−.

頁7 【頰】 ⑯ 뺨 협 葉 겹 葉 jiá

[字解] ①뺨, 늑夾. 〔黃庭堅·詩〕大兒勝衣冠, 小兒豊頰輔. ②쾌적하다, 기분이 좋다. 늑愜. 〔莊子〕兩容頰適.
【頰車 협거】 턱의 딴 이름. ◐이〔齒〕를 얹어 받치고 있는 데서 온 말.
【頰骨 협골】 볼의 뼈. 광대뼈.
【頰筋 협근】 볼의 근육.
【頰輔 협보】 뺨.
【頰上添毫 협상첨호】 초상(肖像)을 그리는데 뺨 위에 털을 더함. 문장(文章)이 입신(入神)의 경지에 이른 사람을 평하는 말.
【頰適 협적】 얼굴빛을 부드럽게 하여 남의 비위를 맞춤.
◑ 高−, 口−, 方−, 批−, 鬚−, 牙−, 兩−, 緩−, 赤−, 拄−, 豊−, 紅−.

頁7 【頮】 ⑯ 세수할 회 隊 huì

[字解] 세수(洗手)하다, 얼굴을 씻다. =沬. 〔書經〕王乃洮頮水.

【頮面 회면】 얼굴을 씻음.
【頮濯 회탁】 씻음.

頁8 【頧】 ⑰ 털 적을 간 囲 qiān
字解 ①털이 적다, 머리털이나 수염이 적다. ②목이 긴 모양.〔周禮〕數目, 頧脰.

頁8 【顆】 ⑰ 낟알 과 囲 kě
字解 ①낟알.〔六書故〕顆, 凡圓物以顆計. ②흙덩이.〔漢書〕使其後世曾不得逢顆蔽冢而託葬焉. ③작은 머리.
【顆粒 과립】 ①둥글고 자잘한 알갱이. 낟알. ②마마·홍역 따위로 피부에 돋은 부스럼.
【顆鹽 과염】 천일염(天日鹽).
●飯―, 熟―, 玉―.

頁8 【頠】 ⑰ 추할 기 囲 qī
字解 추하다, 못생기다. 방상시(方相氏)의 얼굴을 두고 이르는 말. =魌·欺. ≒俱.〔淮南子〕視毛嫱西施, 猶頠醜也.
【頠頭 기두】 구나(驅儺) 때 쓰는 도깨비 탈.
【頠醜 기추】 몹시 추함. 아주 못생김.

頁8 【頋】 ⑰ 어리석을 문 囲 mén
字解 어리석다, 무지(無知)한 모양. =惛.〔莊子〕問焉則頋然.

頁8 【頩】 ⑰ 성낼 병 囲 pīng
字解 ①성내다, 성이 나서 낯이 파랗게 질린 모양.〔宋玉·賦〕頩薄怒以自持兮. ②얼굴빛이 아름답다.〔楚辭〕玉色頩以脕顔兮.

頁8 【頷】 ⑰ ❶끄덕일 암 囲 qīn
②굽은 턱 금 囲 qīn
字解 ❶끄덕이다, 머리를 숙이다. =頷. ≒頷. ❷①굽은 턱, 주걱턱. 하관이 빨다. =頷.〔列子〕巧夫頷其頤, 則歌合律. ②움직이다, 흔들다.

頁8 【頤】 ⑰ 턱 이 囲 yí
字解 턱, 아래턱. =頤.〔韓非子〕倒杖而策錣貫頤, 血流至于地而不知.

頁8 【頿】 ⑰ 코밑 수염 자 囲 zī
字解 코밑 수염. =髭.〔漢書〕頭有頿髮.

頁8 【頾】 ⑰ 髭(2073)와 동자

頁8 【頂】 ⑰ 이마 정 囲 dìng
字解 ①이마. ≒定. ②꼭대기, 맨위. =頂.

頁8 【頚】 ⑰ 아름다울 정 囲 jìng
字解 아름답다.

頁8 【顇】 ⑰ 파리할 췌 囲 cuì
字解 ①파리하다, 야위다. ≒瘁·悴. ②병들다, 앓다. ③근심하다, 시름겹다.〔王褒·賦〕僵以頓顇. ④순수하다.

頁8 【頷】 ⑰ 턱 함 囲 hàn
字解 ①턱. =頷·頜. ②넓은 바다의 물결이 출렁이는 모양.〔馬融·賦〕頷淡澎流.

頁9 【類】 ⑱ 類(2017)와 동자

頁9 【頣】 ⑱ ❶머리 앓아 동일 문 囲 mén
❷강할 민 囲 mín
❸병들 혼 囲 hūn
參考 대법원 지정 인명용 한자음은 '민'이다.
字解 ❶머리를 앓아 동이다. ❷강하다. ❸①병들다. ②어려서 죽다.

頁9 【頼】 ⑱ 頼(2018)의 속자

頁9 【顋】 ⑱ 뺨 시 본새 囲 sāi
字解 ①뺨, 볼.〔林逋·詩〕粉紅顋頰露春寒. ②아가미. 물고기의 호흡 기관.
【顋頰 시협】 뺨.

頁9 【顎】 ⑱ 근엄할 악 囲 è
字解 ①근엄(謹嚴)하다. ②턱, 위턱과 아래턱의 총칭(總稱).
【顎骨 악골】 턱뼈.

頁9 【顔】 ⑱ 얼굴 안 囲 yàn

顔

속자 顔 **간체** 颜

字源 形聲. 彦+頁→顔. '彦(언)'이 음을 나타낸다.

字解 ①얼굴. ㉮낯. 〔唐書〕帝喜見顔間. ㉯얼굴빛, 면색(面色). ㉰〔列子〕解顔而笑. ㉱면목(面目), 체면(體面).〔世說新話〕何爲謝桓公. ㉲염치.〔詩經〕巧言如簧, 顔之厚矣. ㉳이마.〔史記〕隆準而用顔, 注云, 顔, 額顙也. ②산이 높은 모양.〔李商隱·詩〕壓河連華勢屛顔. ③나타나다, 드러나다.〔太玄經〕魁而顔而. ④앞장서다, 군대의 맨 앞줄. 늑雁.〔漢書〕以逆執事之顔行. ⑤채색, 빛깔.〔杜甫·詩〕深知好顔色, 莫作委泥沙.

顔의 각 부분의 명칭

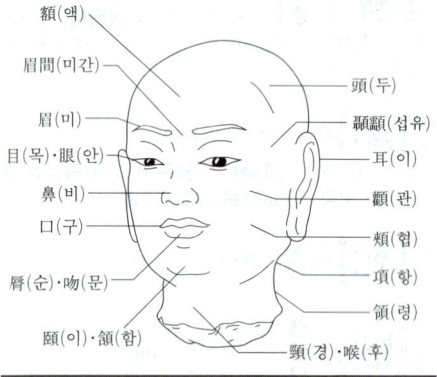

額(액) / 眉間(미간) / 眉(미) / 目(목)·眼(안) / 鼻(비) / 口(구) / 脣(순)·吻(문) / 頤(이)·頷(함) / 頭(두) / 顳顬(섭유) / 耳(이) / 顴(관) / 頰(협) / 項(항) / 領(령) / 頸(경)·喉(후)

【顔甲 안갑】낯가죽에 철갑(鐵甲)을 씌움. 염치를 모름.
【顔筋柳骨 안근유골】당대(唐代)의 안진경(顔眞卿)과 유공권(柳公權)의 필법(筆法)을 터득함. 글씨가 몹시 훌륭함.
【顔料 안료】①연지·분 따위의 화장 재료. ②그림물감. ③염료(染料). 塗料(도료).
【顔面 안면】①얼굴. ②서로 알 만한 친분.
【顔貌 안모】얼굴의 생김새.
【顔色 안색】얼굴빛.
【顔如渥丹 안여악단】안색이 좋고 아름다움. ▶'渥丹'은 새빨간 빛깔.
【顔曾 안증】안회(顔回)와 증삼(曾參). 모두 공자(孔子)의 제자로 덕행이 뛰어난 인물임.
【顔巷 안항】안회(顔回)가 살던 좁고 더러운 거리. 청빈(淸貧)한 사람들이 사는 곳.
【顔行 안행】①앞장섬. 雁行(안행). ②군대(軍隊)의 전열(前列).
【顔厚 안후】낯가죽이 두꺼움. 염치를 모르고 뻔뻔함. 厚顔(후안).

◐ 開—, 孔—, 嬌—, 奴—, 童—, 別—, 聖—, 洗—, 笑—, 秀—, 愁—, 玉—, 溫—, 瑤—, 容—, 龍—, 赤—, 正—, 朱—, 天—, 淸—, 醉—, 稚—, 破—, 解—, 紅—, 華—, 厚—.

頁9 【顏】⑱ 顔(2015)의 속자

額

頁9 【額】⑱ 이마 액 囲 é

초서 𩑥 **간체** 额

字源 形聲. 客+頁→額. '客(객)'이 음을 나타낸다.

字解 ①이마. =顙.〔後漢書〕城中好廣眉, 四方且半額. ②일정한 액수, 수량의 한도.〔新五代史〕租有定額. ③편액(扁額), 현판(懸板).〔捫蝨新話〕前世牌額必先挂而後書.
【額角 액각】관자놀이. 顳顬(섭유).
【額骨 액골】두개(頭蓋)의 전두부(前頭部)를 형성하는 뼈. 이마뼈. 前頭骨(전두골).
【額面 액면】①이마의 표면. 말이나 글의 표현된 그대로의 것. ②편액(扁額)의 겉면. ③화폐·유가 증권 따위의 앞면. ④화폐·유가 증권 따위에 표시된 금액.
【額畔 액반】이마의 가장자리.
【額手 액수】이마에 손을 올림. 경의를 표하는 태도.
【額數 액수】①돈의 머릿수. ②정해진 수.
【額額 액액】무용(武勇)이 있는 모양.
【額子 액자】그림·글씨 따위를 끼우는 틀.
【額字 액자】國현판에 쓴 글자.
【額黃 액황】여자가 이마에 누른빛으로 화장하던 일. 육조 시대(六朝時代)의 풍습.

◐ 高—, 金—, 爛—, 多—, 稅—, 少—, 手—, 全—, 篆—, 定—, 租—, 總—, 扁—, 豊—.

顒

頁9 【顒】⑱ 공경할 옹 囲 yóng

소전 𩕁 **초서** 𩑲 **동체** 顒 **간체** 颙

字解 ①공경하다.〔易經〕有孚顒若. ②온화(溫和)한 모양.〔詩經〕顒顒卬卬, 如圭如璋. ③우러러보다.
【顒若 옹약】엄숙한 모양. 엄정(嚴正)한 모양.
【顒然 옹연】①우러러보는 모양. ②삼가는 모양.
【顒顒 옹옹】①온화하고 경순(敬順)한 모양. ②향모(向慕)하는 모양. ③물결이 높은 모양.

顏

頁9 【顏】⑱ 顔(2016)과 동자

顐

頁9 【顐】⑱ 희롱거릴 원 囲 wèn, hún

字解 ①희롱거리다, 농담하다.〔新唐書〕諧臣顐官, 怡愉天顏. ②대머리, 머리털이 없다.
【顐官 원관】배우(俳優).

顓

頁9 【顓】⑱ 전단할 전 囲 zhuān

소전 𩖨 **초서** 𩑻 **간체** 颛

字解 ①전단(專斷)하다, 제 마음대로 하다. 늑專.〔漢書〕顓兵秉政. ②삼가는 모양. ③착하다.〔淮南子〕猛獸顓民. ④어리석다.〔法言〕佺侗顓蒙. ⑤작은 모양, 둥근 모

양. 늑團. 〔漢書〕顓顓獨居一海之中. ❻사람 이름, 전욱(顓項). 중국 고대의 황제.
【顓蒙 전몽】어리석음.
【顓門 전문】어떤 한 가지 분야만 연구하거나 맡음. 專門(전문).
【顓民 전민】어진 백성. 良民(양민).
【顓兵 전병】병권(兵權)을 마음대로 휘두름.
【顓辭 전사】자신만을 자랑하는 말.
【顓顓 전전】①작은 모양. ②어리석은 모양. ③둥근 모양.
【顓政 전정】제 마음대로 정치를 함. 專政(전정).
【顓制 전제】제 마음대로 일을 처리함.

頁 【題】 ⑱ ❶표제 제 tí ❷볼 제 dì

字源 形聲. 是＋頁→題. '是(시)'가 음을 나타낸다.

字解 ❶①표제(表題), 시문(詩文)·서책(書冊)의 제목. 〔燃藜餘筆〕分題賦詩. ②이마. 늑鼹. 〔禮記〕雕題交趾. ③맨 앞머리. 〔淮南子〕橑檐榱題. ④나타내다, 표시하다. 〔春秋左氏傳〕舞師題以旌夏. ⑤표지(表識). 〔晉書〕欲墾荒田, 先立表제. ⑥물음, 문제. 〔宋史〕請試他題. ⑦평하다, 품평(品評). 〔李白·書〕一經品題, 便作佳士. ⑧문체(文體) 이름. 책머리에 그 책의 내용을 요약하여 적은 글. ❷보다. 〔詩經〕題彼脊令.
【題名 제명】①문체(文體)의 한 가지. 명승고적을 유람한 날짜와 동유(同遊)한 사람의 이름을 기록한 것. ②남의 눈에 잘 띄는 곳에 이름을 적는 일. ③표제(表題)나 제목의 이름. ④과거 급제자(科擧及第者)의 명부(名簿).
【題目 제목】①명호(名號). ②겉장에 쓴 책의 이름. 表題(표제). ③글제. 시문(詩文)의 명제(命題). ④품평(品評). ⑤물음.
【題跋 제발】①제사(題辭)와 발문(跋文). 모두 쓰는 것의 하나인데 글의 앞에 쓰는 것을 '題', 뒤에 쓰는 것을 '跋'이라 함. ②책의 맨 끝에 적는 글. 後序(후서).
【題詞 제사】문체의 이름. 책의 첫머리에 그 책에 관련되는 일을 시나 노래로 적어 놓은 글.
【題辭 제사】①책의 첫머리나 비석의 위쪽에 적는 글. ②관(官)에서 백성이 제출한 소장(訴狀)이나 원서(願書)에 쓰던 관의 판결이나 지령(指令).
【題額 제액】편액(扁額)에 글씨를 씀.
【題詠 제영】제목을 정하여 놓고 시가를 지음. 또는 그 시가.
【題字 제자】책의 표지나 비석 따위에 쓰는 글자.
【題材 제재】예술 작품이나 학술 연구 따위에서 주제의 재료가 되는 것.
【題品 제품】사물을 품평함.
【題號 제호】책이나 글의 이름이나 제목.
【題畫 제화】그림에 시나 글을 적어 넣는 일.

❶簾—, 課—, 難—, 名—, 命—, 問—, 書—, 宿—, 失—, 御—, 玉—, 外—, 議—, 雕—, 主—, 探—, 破—, 平—, 標—, 品—, 解—.

頁 9 【顑】 ⑱ 부황 들 함 ⟦⟧ kǎn

字解 ①부황이 들다, 주려서 얼굴이 누렇게 뜨다. 〔楚辭〕長顑頷亦何傷. ②머리를 움직이다.
【顑頷 함함】굶주려서 얼굴빛이 누렇게 뜬 모양.

頁 9 【顕】 ⑱ 顯(2020)의 속자

頁 9 【頤】 ⑱ 頥(2014)와 동자

頁 10 【顜】 ⑲ 밝을 강 ⟦⟧ jiǎng

字解 ①밝다. ②바르다, 곧다. ③화(和)하다. =顨. 늑講·較. 〔史記〕蕭何爲法, 顜若畫一.

頁 10 【䫥】 ⑲ 혼자 골 ⟦⟧ kuī

字解 ①혼자, 혼자 있는 모양. 〔後漢書〕䫥羇旅而無友今. ②크다. ③큰 머리. ④추하다, 보기 흉하다. ⑤맞부딪치다, 서로 스치다.

頁 10 【類】 ⑲ ❶무리 류 lèi ❷치우칠 뢰 lèi

参考 대법원 지정 인명용 한자의 음은 '류'이다.

字源 形聲. 頪＋犬→類. '頪(뢰)'가 음을 나타낸다.

字解 ❶①무리. ㉮일족(一族), 동족(同族). 〔國語〕其類維何. ㉯동류(同類), 동렬(同列). 〔詩經〕貪人敗類. ㉰떼, 패거리. 〔淮南子〕養羣類. ㉱비견(比肩), 비류(比類). 〔禮記〕九年知類通達. ㉲온갖 것, 모든 것. 〔淮南子〕浸想宵類. ②견주다, 비기다. 〔禮記〕比類以成其行. ③닮다, 비슷하다. 〔國語〕類有大憂. ④본뜨다, 모방하다. 〔呂氏春秋〕梁下類有人. ⑤모양, 형상(形象). 〔淮南子〕又況未有類也. ⑥법, 법도(法度). 〔禮記〕行無類也. ⑦착하다, 좋다. 〔詩經〕克明克類. ⑧모두, 죄다. 〔後漢書〕類不檢節. ⑨대략, 대개. 〔漢書〕類常如翁歸言. ⑩선례(先例), 전례. 〔荀子〕以類度類. ⑪일, 사실. 〔孟子〕此之謂不知類也. ⑫제사 이름. ㉮사교(四郊)에서 일월성신(日月星辰)에 지내는 정제(正祭). 〔周禮〕四望四類亦如之. ㉯출사(出師)나 천재(天災) 때 임시로 지내는 제사. 〔周禮〕凡天地之大栽, 類社稷宗廟則爲

位. ❷치우치다, 편벽되다. 〔春秋左氏傳〕刑之頗類.
【類同 유동】닮음. 유사함.
【類萬不同 유만부동】①많은 것이 서로 같지 않고 다름. ②분수에 맞지 않음. 정도에 넘침.
【類別 유별】같은 종류끼리 남음.
【類本 유본】같은 종류의 책. 類書(유서).
【類似 유사】서로 비슷함.
【類書 유서】①여러 가지 서적을 모아 내용별·항목별로 분류, 편찬하여 검색(檢索)에 편리하도록 만든 책. ②≒類本(유본).
【類苑 유원】같은 종류의 문장이나 책.
【類類相從 유유상종】같은 무리끼리 서로 왕래하여 사귐.
【類從 유종】같은 무리끼리 서로 따름.
【類招 유초】같은 무리끼리 서로 부름.
【類推 유추】어떤 사물의 이치에 비추어 그와 비슷한 사물의 이치를 미루어 짐작함.
【類聚 유취】같은 부류(部類)의 사물을 한데 모음. 종류에 따라 모음.
【類編 유편】분류하여 편집함. 또는 그 책.
【類驗 유험】좋은 조짐.
【類見 유현】제후(諸侯)의 사자(嗣子)가 아버지의 장례(葬禮)를 마치고 천자를 알현하는 일.
【類型 유형】성질·특성 따위가 공통적인 것끼리 묶은 하나의 틀.
【類化 유화】같은 성질의 것으로 변화함.
❶ 黨-, 同-, 萬-, 名-, 無-, 部-, 分-, 似-, 庶-, 善-, 魚-, 異-, 人-, 鳥-, 族-, 種-, 醜-, 畜-, 親-, 品-, 凶-.

頁 【顙】 ⑲ 이마 상 曩陽 sǎng
顙 이마. 〔易經〕其於人也爲廣顙. ②머리, 꼭대기. 〔太玄經〕天撲之顙. ③뺨. 〔孔子家語〕河目龍顙. ④절하다, 이마를 땅에 대어 절하다. 〔春秋公羊傳〕再拜顙.
【顙汗 상한】이마의 땀.

頁 【頵】 ⑲ 얼굴빛 다급할 운 匁 hùn
頵 ①얼굴빛이 다급한 모양. ②머리와 얼굴이 모두 둥글다.

頁 【願】 ⑲ 원할 원 願 yuàn
厂 尸 匠 原 原 原 願 願 願
願 愿 形聲. 原+頁→願. '原(원)'이 음을 나타낸다.
❶원하다, 바라다. ≒愿. ㉮마음에 품다. 〔詩經〕願言思之. ㉯부러워하다. 〔禮記〕國人稱願然曰, 幸哉有子如此. ㉰빌다, 기원하다. 〔晉書〕衆僧祝願. ㉱청하다, 부탁하다. 〔白居

易·記〕斯石之文, 但敍見願. ②소원, 소망. 〔王勃·文〕弘宣誓願. ③원컨대, 바라건대. 〔諸葛亮·表〕願陛下親之信之. ④매양, 항상. 〔詩經〕願言思子, 中心養養. ⑤큰 머리.
【願力 원력】①신불에 기원하여 소원을 성취하고자 하는 마음의 힘. ②(佛)아미타불(阿彌陀佛)의 서원(誓願)의 힘.
【願望 원망】원하고 바람.
【願絲 원사】칠석(七夕)날, 여자들이 장대 끝에 실을 매어 견우·직녀 두 별에 바느질을 잘하게 해 달라고 빌던 행사.
【願書 원서】지원하거나 청원하는 내용을 적은 서류.
【願意 원의】바라는 뜻.
【願作鴛鴦 원작원앙】원앙이 되기를 바람. 화목한 부부가 되기를 바람.
【願海 원해】①소원이 굉대(宏大)함을 바다에 견주어 이르는 말. ②(佛)보살의 서원(誓願)이 깊고 넓음을 바다에 견주어 이르는 말.
❶ 懇-, 巨-, 群-, 歸-, 祈-, 大-, 微-, 發-, 本-, 悲-, 私-, 誓-, 誠-, 所-, 素-, 訴-, 宿-, 心-, 哀-, 念-, 遠-, 至-, 志-, 請-, 出-, 弘-, 希-.

頁 【顗】 ⑲ 근엄할 의 尾 yǐ
顗 字解 ①근엄하다. ②편안하다. ③즐겁다, 유쾌하다. ④조용하다.

頁 【顚】 ⑲ ❶꼭대기 전 匁 diān ❷우듬지 진 眞 tián
顚 顛 顛 顛 顚
顛 參考 대법원 지정 인명용 한자의 음은 '전'이다.
❶①꼭대기. ㉮정수리, 적독. 〔墨子〕華髮隳顚. ㉯산정(山頂). ≒巔. ②이마. 〔詩經〕有馬白顚. ③목, 고개. 〔周髀算經〕以繩繫表顚. ④근본, 근원. ⑤뒤집다, 거꾸로 하다. 〔楚辭〕顚裳以爲衣. ⑥넘어지다, 넘어뜨리다. ≒蹎. 〔詩經〕顚沛之揭. ⑦떨어지다, 낙하하다. 〔漢書〕泰山之石顚而下. ⑧내리다, 떨어뜨리다. 〔太玄經〕顚疑遇幹客. ⑨당황하다, 허둥거리다. 〔後漢書〕豈其顚沛平城之圍. ⑩헷갈리다, 미혹(迷惑)하다. 〔莊子〕固顚冥乎富貴之地. ⑪정신 이상. ≒癲. 〔張籍·詩〕對花歌詠似狂顚. ⑫근심하는 모양. 〔禮記〕色容顚顚. ⑬차다, 가득하다. ≒闐. 〔禮記〕盛氣顚實息休. ❷우듬지, 나뭇가지의 끝. 〔漢書〕偓佺顚柍.
【顚倒 전도】넘어짐. 또는 넘어뜨림.
【顚狂 전광】①정신 이상이 생김. 미침. 또는 미치광이. ②미친 듯이 제멋대로 행동함.
【顚蹶 전궐】☞顚跌(전질).
【顚倒 전도】①엎어져 넘어지거나 넘어뜨림. ②차례, 위치 등이 원래와 달리 거꾸로 됨.
【顚倒衣裳 전도의상】①저고리와 치마를 뒤바꾸

頁部 10〜11획　顛顢顯顬顱顳顴

어 입음. 윗사람의 명령에 어찌할 바를 몰라 허둥거림. ②검정 저고리에 노랑 치마. ㉠적첩(嫡妾)의 예(禮)를 어지럽힘. ㉡첩이 정실(正室)을 헐뜯음.
【顚連 전련】 매우 어려움을 겪음.
【顚末 전말】 처음부터 끝까지 일이 진행되어 온 경과.
【顚冥 전명】 갈피를 잡지 못하고 헤맴. 미혹(迷惑)됨.
【顚毛 전모】 머리털. 두발(頭髮).
【顚沒 전몰】 뒤집혀 몰락함.
【顚覆 전복】 ①뒤집힘. 또는 뒤집음. ②쳐부숨. 멸망시킴.
【顚仆 전부】 넘어짐. 또는 넘어뜨림.
【顚隕 전운】 굴러 떨어짐. 전복(轉覆)함.
【顚越 전월】 굴러 떨어짐.
【顚越不恭 전월불공】 도리에 벗어나고 윗사람의 명령을 따르지 않는 사람.
【顚危 전위】 뒤집어엎어 위태롭게 함.
【顚委 전위】 ①수원(水源)과 말류(末流). ②머리와 꼬리.
【顚飮 전음】 술을 폭음함. 광음(狂飮).
【顚顚 전전】 ①근심이 많은 모양. ②전일(專一)한 모양. ③어리석은 모양. ④거마(車馬)의 당당한 모양.
【顚跌 전질】 ①발이 걸려 넘어짐. 실족(失足)함. ②일이 어긋나서 실패함. 顚蹶(전궐).
【顚頹 전퇴】 무너짐.
【顚沛 전패】 ①발이 걸려 넘어짐. ②당황함. 허둥거림. ③좌절함. ④짧은 시간.
○ 傾—, 狂—, 倒—, 山—, 隕—, 酒—, 躓—.

頁10【顢】⑲ 顛(2018)의 속자

頁10【頷】⑲ 턱 함 ㉠ hàn
字解 ①턱, 아래턱. 〔漢書〕莽為人侈口蹙頷. ②물이 출렁거리는 모양. ≒頜. 〔馬融·賦〕頷淡㳌流.

頁10【顯】⑲ 顯(2020)의 속자

頁11【顢】⑳ 얼굴 클 만 ㉠ mán
字解 얼굴이 크다, 얼굴이 큰 모양.
【顢頇 만한】 ①얼굴이 큰 모양. ②명확하지 않은 모양.

頁11【顣】⑳ 찡그릴 축 ㉠ cù
字解 찡그리는 모양. ≒蹙. 〔劉峻·辨命論〕靡顏膩理,哆嗚顣頞.
【顣頞 축알】 콧날을 찡그림.

頁11【顬】⑳ 머리 흐트러질 표 ㉠ piǎo
字解 ①머리털이 흐트러진 모양. 〔楚辭〕鬢髮蓼鬙兮顬白. ②머리털이 흰 모양.

頁12【顧】㉑ 돌아볼 고 ㉠ gù

戶 后 启 雇 雇 雇 雇 顧 顧 顧

[소전][초서][속자][간체] 字源 形聲. 雇+頁→顧. '雇(고)'가 음을 나타낸다.
字解 ①돌아보다. ㉮머리를 돌려 뒤를 보다. 〔古詩〕徘徊顧樹下. ㉯사방을 둘러보다. 〔論語〕車中, 不內顧. ㉰응시(凝視)하다. 〔呂氏春秋〕行者不顧. ㉱마음에 새기다. 〔書經〕先王顧諟天之明命. ㉲관찰하다. 〔史記〕顧力行何如耳. ㉳반성(反省)하다. 〔書經〕顧乃德. ②생각하다, 마음에 두다. 〔戰國策〕而不顧萬乘之利. ③찾다, 방문하다. 〔諸葛亮·表〕三顧臣於草廬之中. ④보살피다, 돌보다. 〔張衡·賦〕神歆馨而顧德. ⑤보살핌, 은혜, 은총. 〔舊唐書〕久承恩顧. ⑥돌아오다, 귀환하다. 〔呂氏春秋〕子以死爲顧. ⑦돌다, 빙빙 돌다. 〔沈約·詩〕顧步佇三芝. ⑧도리어, 거꾸로. 〔呂氏春秋〕白之顧益黑. ⑨끌다, 인도하다. 〔後漢書〕爲八顧, 顧者, 言能以德行引人者也. ⑩품을 사다, 고용하다. ≒雇. 〔漢書〕如此敢民財以顧其功. ⑪죽다, 떠나다. ⑫기다리다. 〔春秋穀梁傳〕有顧之辭也. ⑬및, 그 밖에 또. 〔後漢書〕恬然肆志, 顧嘗好俊儻之策. ⑭그러므로, 그 때문에. ≒故. 〔禮記〕顧上先下後耳. ⑮생각건대. 〔蘇軾·賦〕顧安所得酒乎. ⑯나라 이름. 주대(周代)의 제후국. 지금의 산동성(山東省) 범현(范縣). 〔詩經〕韋顧旣伐.
【顧客 고객】 상점·식당 따위에 찾아오는 손님.
【顧忌 고기】 꺼림. 삼감. 顧望(고망).
【顧念 고념】 마음에 두고 생각함.
【顧戀 고련】 마음을 씀.
【顧戀 고련】 마음에 두고 잊지 못함.
【顧望 고망】 ①돌아봄. 두루 살핌. ②☞顧忌(고기). ③형세를 살핌. ④주저(躊躇)함.
【顧眄 고면】 ①뒤돌아봄. ②사방을 둘러봄. 回視(회시).
【顧命 고명】 ①임금이 임종에 유언(遺言)하여 후사(後事)를 부탁하는 일. 또는 그 유언. 遺詔(유조). ②자애(慈愛)로운 명령. 顧託(고탁). ③생명을 돌봄.
【顧慕 고모】 사모(思慕)하고 따름.
【顧問 고문】 ①의견을 물음. 본래 천자가 신하에게 그 의견을 묻는 일. ②자문(諮問)에 응하여 의견을 제시하고 조언하는 직책. 또는 그 직책에 있는 사람. ③마음을 씀. 걱정함.
【顧反 고반】 ①되돌아감. 되돌아옴. ②도리어. 거꾸로. 반대로.
【顧訪 고방】 ①방문함. ②자문함.
【顧報 고보】 지난 일을 상기하여 은혜를 갚음.

【顧復 고복】 부모가 자나 깨나 자식을 걱정하는 일. ○'顧'는 신상(身上)을 돌보는 일, '復'은 그 일을 반복하는 것.
【顧思 고사】 지난 일을 돌이켜 생각함. 반성함.
【顧惜 고석】 아쉬워함. 애석하게 여김.
【顧省 고성】 뒤돌아봄. 반성함.
【顧哀 고애】 가엾이 여겨 돌보아 줌.
【顧額 고액】 얼굴에 근심하는 빛이 드러남.
【顧影 고영】 ①자기의 그림자를 되돌아봄. ②자기의 재능을 자랑함.
【顧眄 고예】 뒤돌아봄. 뒤돌아보고 눈을 흘김.
【顧遇 고우】 후한 대우. 眷遇(권우).
【顧而言他 고이언타】 대답이 궁하거나 대답할 가치가 없다고 생각할 때, 상대방의 물음에 답하지 않고 얼굴을 돌려 엉뚱한 말을 하는 일.
【顧眺 고조】 뒤돌아 바라봄.
【顧重 고중】 돌보고 중히 여김.
【顧託 고탁】 돌아보고 부탁함. 임금이 임종 때 신하에게 후사를 부탁함.
【顧兔 고토】 달 속의 토끼. 달의 딴 이름.
【顧行 고행】 ①행동을 관찰함. ②행동을 반성함.
【顧護 고호】 돌보고 보호함.
【顧懷 고회】 마음을 둠. 사모(思慕)함.
【顧邮 고휼】 불쌍히 여겨 은혜를 베풂.
【顧恤 고휼】 가엾이 여겨 돌보아 줌.
○ 內-, 反-, 不-, 四-, 三-, 枉-, 指-, 瞻-, 寵-, 回-, 懷-, 後-.

頁12 【顥】㉑ 顥(2020)과 동자

頁12 【顦】㉑ 파리할 초 蕭 qiáo
[字解] ①파리하다, 야위다. 〔白居易·詩〕自顧顦顇容. ②근심하는 모양. =憔. 〔淮南子〕百姓黎民, 顦顇於天下.
【顦顇 초췌】 ①몸이 야위어 파리함. ②근심하는 모양. 憔悴(초췌).

頁12 【顥】㉑ 클 호 晧 hào
[字解] ①크다. 〔漢書〕登孔顥而上兮. ②머리털이 흰 모양. ③빛나는 모양. 〔楚辭〕天白顥顥. ④하늘가에 떠도는 호기(浩氣). 〔李商隱·詩〕絲鸞餐顥氣. ⑤하늘. 늦봄. 〔呂氏春秋〕西方曰顥天.
【顥穹 호궁】 하늘. 大空(대공).
【顥氣 호기】 하늘가에 어리는 희뿌연 밝은 기운. 하늘의 광대한 기상.
【顥天 호천】 서쪽 하늘.
【顥顥 호호】 ①흰 모양. 하늘이 새하얗게 빛나는 모양. ②원기(元氣)가 넓고 큰 모양.

頁13 【顩】㉒ ❶하관 빨 엄 琰 yǎn ❷추한 모양 검 感 qǐn
[字解] ❶①하관(下顩)이 빨다. ②치열(齒列)이 가지런하지 못한 모양. ❷추한 모양.

頁13 【顫】㉒ ❶떨릴 전 霰 chàn ❷냄새 잘 맡을 선 先 shān
[參考] 대법원 지정 인명용 한자의 음은 '전'이다.
[字解] ❶①떨리다. ㉮체머리를 흔든다. ㉯춥거나 두려워서 수족이 떨리다. 〔淮南子〕故寒者顫, 懼者亦顫. ㉰몸이 떨리다. ②놀라다. 〔呂氏春秋〕天下顫恐而患之. ❷냄새를 잘 맡다. 〔莊子〕鼻徹爲顫.
【顫恐 전공】 놀라고 두려워함.
【顫動 전동】 부들부들 떪. 흔들어 떨게 함.
【顫巍巍 전외외】 ①음성(音聲)이 떨리는 모양. ②연약하고 아름다운 모양. ③한들한들 흔들리는 모양.
【顫筆 전필】 ①붓을 떪. ②붓을 떨면서 쓰는 필법(筆法)의 한 가지. 戰筆(전필).
○ 手-.

頁13 【顬】㉒ 髑(2069)과 동자

頁13 【顪】㉒ 턱수염 훼 隊 huì
[字解] ①턱수염. =噦. 〔莊子〕接其鬢, 摩其顪. ②뺨.

頁14 【顲】㉓ 꼭대기 녕 迥 nǐng
[字解] 꼭대기, 정상.

頁14 【顬】㉓ 관자놀이 움직일 유 虞 rú
[字解] 관자놀이가 움직이다. ¶ 顬顬.

頁14 【顯】㉓ 나타날 현 銑 xiǎn
[字源] 形聲. 㬎+頁→顯. '㬎(현)'이 음을 나타낸다.
[字解] ①나타나다. ㉮드러나다. 〔素問〕其令鳴顯. ㉯영달하다. 〔孟子〕而未嘗有顯者來. ②나타내다, 드러나게 하다. 〔孝經〕揚名於後世, 以顯父母, 孝之終也. ③바깥, 표면. 〔荀子〕隱顯有常. ④빛, 광명. ⑤뚜렷하다, 선명(鮮明)하다. 〔詩經〕無曰不顯. ⑥분명하다, 저명(著明)하다. ⑦명백히. ⑧공공연(公公然)하게. 〔國語〕不敢顯然布幣行禮. ㉯노골적(露骨的)으로.

〔禮記〕爲人臣之禮, 不顯諫. ㉔겉치레로. 〔史記〕而顯榮名高者也. ⑧보다, 주시하다. 〔詩經〕天維顯思. ⑨찬란한 머리 장식. ⑩죽은 부조(父祖)에 대한 높임말. ¶顯考.

【顯諫 현간】노골적으로 간함. 정면(正面)에서 충고함.
【顯界 현계】이 세상. 現世(현세).
【顯考 현고】①고조(高祖)의 높임말. ②돌아가신 아버지의 높임말. ○ '顯'은 밝음, '考'는 죽은 아버지.
【顯官 현관】높은 벼슬.
【顯敎 현교】(佛)석가가 때와 장소에 따라 알기 쉽게 설법(說法)한 것을 따르는 불교의 종파.
【顯貴 현귀】지위가 높고 귀함. 또는 그 사람.
【顯達 현달】벼슬과 덕망이 높아서 이름이 세상에 드러남. 입신출세함.
【顯德 현덕】①밝은 덕(德). ②덕을 밝게 함.
【顯道 현도】①밝은 도(道). ②도(道)를 밝힘.
【顯麗 현려】뛰어나게 화려함.
【顯名 현명】세상에 드러난 명성.
【顯命 현명】밝은 명령. 天命(천명).
【顯沒 현몰】나타남과 숨음. 나아감과 물러남.
【顯聞 현문】똑똑히 들림. 환히 들림.
【顯美 현미】①성(盛)하고 아름다움. ②귀하고 높은 자리. 귀현(貴顯)의 지위.
【顯微鏡 현미경】아주 작은 사물을 확대하여 보는 장치.
【顯微無間 현미무간】드러난 것과 그윽한 것 사이에는 아무런 구별이 없음. 현상계(現象界)와 본체계(本體界)는 일체(一體)여서 벌어질 수 없는 관계임.
【顯拔 현발】드러내어 발탁함.
【顯白 현백】명백하게 함. 분명히 함.
【顯罰 현벌】죄를 명백히 밝혀서 처벌함.
【顯否 현부】나타남과 나타나지 않음. 영달과 빈궁. 窮達(궁달).
【顯妣 현비】죽은 어머니의 높임말.
【顯士 현사】이름이 들날린 선비.
【顯仕 현사】높은 벼슬.
【顯賞 현상】①크고 후한 상. ②공로를 밝혀 표창함.
【顯善 현선】선(善)을 나타냄. 선을 밝힘.
【顯示 현시】나타내어 보임.
【顯揚 현양】이름을 높이 들날림.
【顯然 현연】분명한 모양. 뚜렷한 모양.
【顯列 현열】높은 지위.
【顯烈 현열】위대한 공훈.
【顯榮 현영】지위가 높고 귀하게 됨. 입신출세하여 부귀를 얻음.
【顯要 현요】현관(顯官)과 요직(要職). 또는 그런 자리에 있는 사람.
【顯允 현윤】덕(德)이 밝고 마음이 신실함.
【顯懿 현의】밝고 아름다움.
【顯異 현이】높여 특별히 대우함.
【顯著 현저】뚜렷이 드러남.
【顯迹 현적】①뚜렷한 흔적. 선행(善行)의 자취. ②범인(犯人)의 종적이 뚜렷함.

【顯祖 현조】①조상의 명예를 밝힘. ②선조(先祖)의 높임말.
【顯朝 현조】당시 조정(朝廷)의 높임말.
【顯志 현지】뜻을 분명히 함.
【顯昌 현창】두드러지게 번창함.
【顯彰 현창】환히 드러남. 명백하게 드러냄.
【顯出 현출】현저하게 벼슬을 깎아 물리침.
【顯貶 현폄】명백하게 벌하여 물리침.
【顯驗 현험】현저한 증험. 뚜렷한 효험.
【顯赫 현혁】뚜렷이 나타남. 성하게 빛남.
【顯顯 현현】환한 모양.
【顯號 현호】아름다운 명호(名號). 공덕을 빛내는 명호.
【顯晦 현회】세상 사람들에게 알려지는 것과 알려지지 아니하는 것.
【顯效 현효】현저한 공훈.
❶貴-, 明-, 否-, 昭-, 榮-, 隆-, 尊-, 彰-, 褒-, 表-, 赫-, 晦-.

頁15【矉】㉔ 찡그릴 빈 眞 pín

字解 찡그리다, 이맛살을 찌푸리다. ≒嚬.〔駱賓王·詩〕柳葉翠矉眉.
【矉眉 빈미】이맛살을 찌푸림.
【矉蹙 빈축】얼굴을 찡그림. 불쾌한 표정을 함.
❶嬌-, 慕-, 效-.

頁16【顲】㉕ 부황 들 람 感 lǎn

字解 ①부황이 들다, 굶주려서 얼굴이 누렇게 뜨다. ②얼굴이 여윈 모양.

頁16【顱】㉕ 머리뼈 로 虞 lú

字解 머리뼈, 두개골, 해골, 촉루(髑髏). ≒盧.〔戰國策〕頭顱僵仆.
【顱頂骨 노정골】정수리뼈. 頭頂骨(두정골).

頁17【癭】㉖ 목 혹 영 梗 yǐng

字解 목에 돋은 혹. =癭.

頁18【顴】㉗ 광대뼈 관 本권 先 quán

字解 광대뼈.〔北齊書〕長頸高顴.
【顴骨 관골】광대뼈.

頁18【顳】㉗ 관자놀이 섭 葉 niè

字解 관자놀이. ¶顳顬.
【顳顬 섭유】①귀의 위, 눈의 옆쪽으로 음식을 씹을 때 움직이는 곳. 관자놀이. ②경혈(經穴)의 태양혈(太陽穴).

風 部

9획 부수 | 바람풍부

風【風】⑨ ❶바람 풍 東 fēng
0   ❷말할 풍 Ɐ fēng

丿几凡凡凤凨風風風

소전 𩗋 고문 𠙊 초서 風 고자 飍 간체 风

字源 形聲. 凡＋虫→風. '凡(범)'이 음을 나타낸다.

字解 ❶①바람. 〔莊子〕 大塊噫氣, 其名爲風. ②불다, 바람이 불다. 〔詩經〕 終風且暴. ③바람을 쐬다, 납량(納涼)하다. 〔論語〕 風乎舞雩. ④바람을 받다. 〔孟子〕有寒疾, 不可以風. ⑤떨어지다, 낙하하다. 〔呂氏春秋〕 如此者不風. ⑥달아나다. 〔書經〕 馬牛其風. ⑦암내 내다, 발정(發精)하다. 〔春秋左氏傳〕 惟是風馬牛不相及也. ⑧빠르다. 〔春秋左氏傳〕 免冑而趨風. ⑨가르침, 교화(教化). 〔戰國策〕 從風而服. ⑩관습, 습속. 〔呂氏春秋〕 此亡國之風也. ⑪분부(吩咐), 호령(號令). 〔易經〕 風行天上. ⑫품성(稟性), 선천적 소질. 〔淮南子〕 德有盛衰, 風先萌焉. ⑬기세, 세력. 〔後漢書〕 威風遠暢. ⑭시경(詩經) 육의(六義)의 한 가지. 여러 나라의 민요로, 정풍(正風)과 변풍(變風)이 있다. ⑮노래, 악곡. 〔山海經〕 祝融生太子長琴, 云云, 始作樂風. ⑯풍채, 용모. 〔史記〕 有國士之風. ⑰경치, 경관(景觀). 〔李白・行〕 沙頭候風色. ⑱병명(病名). ㉑감기(感氣). 〔素問〕 大風數端. ㉯중풍(中風), 뇌일혈(腦溢血). ㉰풍전(風顛). ㉱학질(瘧疾). 〔春秋左氏傳〕 風淫末疾. ㉲문둥병, 나병(癩病). ㉳소리, 음성. 〔王僧達・文〕 孤風絕侶. ❷〔通〕諷(1688). 말하다. ㉑간하다, 충고하다. ㉯넌지시 말하다, 암시하다. 〔漢書〕 紛乃微言太后風上. ㉰외다, 암송하다.

【風角 풍각】 ①뿔피리를 부는 소리. ②사방(四方)・사우(四隅)의 바람을 살펴 길흉(吉凶)을 점치는 법.

【風諫 풍간】 넌지시 간함. 완곡하게 충고함.

【風鑑 풍감】 ①용모와 풍채로 사람의 성질을 판단함. ②관상을 보는 기술.

【風槪 풍개】 ①고상한 인품. ②절개(節槪). 절조(節操).

【風擧雲搖 풍거운요】 바람이나 구름이 흔들려 움직이듯이 여기저기로 이동함.

【風格 풍격】 ①고상한 인품. 훌륭한 인격. ②시문(詩文) 따위의 운치.

【風景 풍경】 ①경치. ②어떤 정경이나 상황.

【風磬 풍경】 처마 끝에 다는 종. 風鈴(풍령). 風鐸(풍탁).

【風鷄 풍계】 ⚆두꺼비.

【風告 풍고】 넌지시 알림.

【風骨 풍골】 풍채와 골격.

【風光 풍광】 ①해가 뜨고 바람이 불어 초목에 광채(光彩)가 남. ②경치. ③모습. 인품(人品). ④덕화(德化)가 빛남.

【風教 풍교】 ①덕(德)으로 백성을 교화(教化)하는 일. ②풍속과 교화.

【風規 풍규】 ①풍기와 법도. ②넌지시 잘못을 고치도록 말함.

【風紀 풍기】 풍습이나 풍속에 대한 기율.

【風氣 풍기】 ①바람과 공기. ②풍도(風度)와 기상(氣像).

【風德 풍덕】 ①덕을 베풀어 널리 미치게 함. ②풍도(風度)와 덕행(德行).

【風度 풍도】 풍채와 태도.

【風濤 풍도】 ①바람과 큰 물결. 風浪(풍랑). 風波(풍파). ②세상살이가 힘듦.

【風動 풍동】 ①바람이 붊. ②바람에 초목이 움직임. 백성들이 스스로 좇아서 감화됨.

【風浪 풍랑】 ①바람과 물결. ②바람결에 따라 일어나는 물결.

【風厲 풍려】 ①바람이 세참. ②가르치고 격려함.

【風烈 풍렬】 ①바람이 세차게 붊. ②풍채(風采)와 공훈(功勳). ③교화(教化)와 사업(事業).

【風鈴 풍령】 ⇨風磬(풍경).

【風雷 풍뢰】 ①바람과 천둥. 폭풍과 번개. ②몹시 큰 소리. ③몹시 두려운 것.

【風籟 풍뢰】 바람 소리. 風韻(풍운).

【風流 풍류】 ①미풍(美風)의 흔적. ②품격(品格)이 우아한 일. ③운치(韻致). ④예법에 구애되지 않고 스스로 일품을 이루어 남과 취향을 달리하는 일. ⑤바람이 세차게 부는 일. ⑥은총(恩寵)을 입는 일. ⑦기생이 있는 곳. ⑧남녀의 정사(情事).

【風流警拔 풍류경발】 고상(高尙)하고 영민(英敏)한 일.

【風流雲散 풍류운산】 바람이 불어 구름이 흩어짐. 자취도 없이 사라짐.

【風流罪過 풍류죄과】 ①법률에 저촉되지 않는, 풍류로 인하여 저지른 죄. ②가벼운 죄과.

【風魔 풍마】 ①풍에 빠짐. ②망연(茫然)함.

【風磨雨洗 풍마우세】 바람에 갈리고 비에 씻김. 오랫동안 자연의 침식(浸蝕)을 입음.

【風望 풍망】 풍채(風采)와 인망(人望).

【風霾 풍매】 바람이 불고 흙비가 옴.

【風貌 풍모】 풍채와 용모.

【風木之悲 풍목지비】 ⇨風樹之歎(풍수지탄).

【風聞 풍문】 ①바람결에 들리는 소문. 근거 없이 전해지는 말. 風說(풍설). 風評(풍평). ②관리의 비행을 규탄하기 위하여 어사(御史)에게 올리는 익명(匿名)의 글.

【風物 풍물】 ①경치. ②國농악에 쓰는 악기.

【風味 풍미】 ①음식의 고상한 맛. ②멋스럽고 풍치 있는 성격.

【風靡 풍미】 바람에 초목이 쓰러짐. ㉑어떤 사회적 현상이나 사조가 널리 퍼짐. ㉯저절로 쏠려 따름.

【風伯 풍백】 바람을 맡은 신(神). 風師(풍사).

【風伯雨師 풍백우사】 바람의 신(神)과 비의 신.

【風旛 풍번】 바람에 나부끼는 깃발. 안정되지 않음의 비유.
【風旛之論 풍번지론】 매듭지을 수 없는 논쟁.
【風病 풍병】 ①풍사(風邪)로 생기는 병. ②중풍. ③정신병.
【風丰 풍봉】 풍자(風姿)가 아름다움. 용모가 탐스럽게 보동보동함.
【風不鳴枝 풍불명지】 바람이 불어도 나뭇가지가 소리를 내지 않음. 세상이 태평함.
【風飛雹散 풍비박산】 사방으로 날아 흩어짐.
【風邪 풍사】 ①감기. 風寒(풍한). ②좋지 못한 평판. 나쁜 소문.
【風絲 풍사】 산들바람. 微風(미풍).
【風尙 풍상】 거룩한 모습. 높은 지조(志操).
【風霜 풍상】 ①바람과 서리. ②세월. 星霜(성상). ③세상의 온갖 어려움과 고생. ④준엄(峻嚴)함. ⑤문장의 엄숙한 뜻과 기채.
【風霜之任 풍상지임】 사정을 둘 수 없는 냉엄(冷嚴)한 임무. 곧, 어사(御史).
【風霜之節 풍상지절】 준엄한 의기와 절조.
【風色 풍색】 ①날씨. ②경치. 풍경. ③기색. 안색. ④형세의 변화.
【風雪 풍설】 ①바람과 눈. ②눈보라.
【風說 풍설】 뜬소문. 風聞(풍문).
【風聲 풍성】 ①바람 소리. 風韻(풍운). ②교화(敎化). ③풍문(風聞). ④음신(音信). 소식. ⑤풍격(風格)과 명성(名聲).
【風聲鶴唳 풍성학려】 바람 소리와 학의 울음소리. 겁을 먹은 병사가 하찮은 일에도 크게 놀람. 故事 전진(前秦)의 부견(苻堅)이 비수(淝水)에서 대패한 후, 그의 군사들이 바람 소리와 학의 울음소리만 듣고 진(晉)나라 병사인 줄 알고 놀라 떨었다는 데서 온 말.
【風俗 풍속】 전통적으로 지켜져 오는 일상생활의 사회적 관습.
【風水 풍수】 ①바람과 물. ②집·무덤 따위의 방위와 지형의 좋고 나쁨과 사람의 화복(禍福)이 절대적 관계를 가진다는 학설.
【風樹 풍수】 ☞風樹之嘆(풍수지탄).
【風樹之歎 풍수지탄】 부모를 여의어 봉양할 길이 없는 자식의 슬픔. 風樹(풍수). 風木之悲(풍목지비).
【風習 풍습】 풍속과 습관.
【風示 풍시】 넌지시 훈시(訓示)함.
【風信 풍신】 ①바람이 계절에 따라 불어오는 일. ②음신(音信). ③풍향(風向).
【風樂 풍악】 음악.
【風岸 풍안】 ①바람이 부는 강 언덕. ②딱딱하여 친숙해지기 어려운 모양. ③씩씩하고 늠름한 풍채(風采).
【風岸孤峭 풍안고초】 인품이 엄격하고 성정(性情)이 과격하기 때문에 고독하게 지내는 일. ○'峭'는 '陗'로 '엄하다'를 뜻함.
【風埃 풍애】 ①바람과 먼지. ②속세(俗世).
【風偃 풍언】 바람에 쏠림. 바람에 나부낌. ②바람이 초목을 쏠리게 하듯이 따르는 일. 풍교(風敎)가 고루 미침.

【風煙 풍연】 ①바람과 연기. ②전쟁. ③경치.
【風鳶 풍연】 연. 紙鳶(지연).
【風謠 풍요】 ①한 지방의 풍속을 바탕으로 한 노래. ②신라 선덕 여왕(善德女王) 때의 사구체(四句體) 향가(鄕歌)의 이름.
【風容 풍용】 용모.
【風雨 풍우】 ①바람과 비. ②시련이나 고난.
【風雨對牀 풍우대상】 비바람이 휘몰아치는 밤에 침상을 함께하여 잠. 형제가 서로 만남.
【風雨凄凄 풍우처처】 바람 불고 비 뿌려 뼛속까지 추위가 스며듦. 곧, 난세(亂世).
【風雲 풍운】 ①바람과 구름. ②지세(地勢)가 높고 까마득함. ③높은 지위(地位). ④영웅이 큰 뜻을 펼 수 있는 좋은 기운. 시세(時勢). ☞風雲會(풍운회). ⑤큰 변이 일어날 듯한 험악한 형세. ⑥변화무쌍한 계략. ⑦풍채(風采)가 숭고함. ⑧날씨가 험악함. ⑨세상이 어지러움. ⑩구애되지 않음.
【風韻 풍운】 ①풍도(風度)와 운치(韻致). ②고상한 인품(人品). 멋스러운 풍채(風采). ③☞風籟(풍뢰).
【風雲兒 풍운아】 난시(亂時)에 어려움을 무릅쓰고 활약하여 세상에 두각을 나타내는 사람.
【風雲月露 풍운월로】 세도인심(世道人心)에 도움 되는 것은 없고, 한갓 음풍영월(吟諷詠月)한 시문.
【風雲才子 풍운재자】 ☞風雲兒(풍운아).
【風雲之器 풍운지기】 풍운을 만나 공명을 세울 기량(器量)이 있는 사람.
【風雲之路 풍운지로】 길이 멂.
【風雲之志 풍운지지】 난시(亂時)에 처하여 공명을 세우려는 뜻.
【風雲會 풍운회】 용호(龍虎)가 풍운을 만나 승천함. 영웅이 어진 임금이나 시변(時變)을 만나 그 재능을 발휘함.
【風月 풍월】 맑은 바람과 밝은 달. 곧, 아름다운 경치.
【風月主人 풍월주인】 청풍명월(淸風明月)을 즐기는 사람.
【風儀 풍의】 ①아름다운 용모. 멋스러운 풍채. ②행동거지(行動擧止).
【風異 풍이】 세찬 바람이 부는 이변.
【風移 풍이】 ①풍속이 바뀜. ②바람이 붊. ③윗사람의 덕화(德化).
【風日 풍일】 ①바람과 햇빛. ②날씨.
【風逸 풍일】 ①바람처럼 빨리 달림. 재기(才氣)가 뛰어남. ②발정(發情)한 암수가 서로 유혹하는 일.
【風刺 풍자】 빗대어 넌지시 빈정댐. 諷刺(풍자).
【風姿 풍자】 훌륭한 용자(容姿). 風采(풍채).
【風檣陣馬 풍장진마】 돛에 바람을 가득 싣고 배를 달리며, 준마를 타고 진두에 우뚝 섬. ㉠기세가 웅장함. ㉡문장이나 글씨가 힘참.
【風裁 풍재】 ①풍채와 용모. ②스스로 굳게 지키는 위의(威儀).
【風箏 풍쟁】 ①풍경(風磬). ②연. 지연(紙鳶).
【風迹 풍적】 교화(敎化)의 자취.

【風前燈火 풍전등화】 바람 앞의 등불. ㉠매우 위급한 처지. ㉡인생의 덧없음.
【風情 풍정】 ①아담한 정취. ②품고 있는 뜻. ③풍월의 정취. 재미있는 풍취.
【風潮 풍조】 ①바람 따라 흐르는 조수(潮水). ②풍향(風向)과 조류(潮流). ③세상의 추세(趨勢). 시대의 경향(傾向).
【風調 풍조】 ①모양. 취향(趣向). ②시가 등의 가락. ③규칙. 관습(慣習). ④바람이 때에 맞춰 순조롭게 붊.
【風調雨順 풍조우순】 ①풍우가 순조로움. 기후가 순조로워 오곡이 잘 익음. 천하가 태평함. ②사문(寺門)의 양쪽에 세운 사천왕(四天王).
【風從 풍종】 바람에 쏠리는 풀처럼 순종함.
【風櫛雨沐 풍즐우목】 바람에 머리 빗고 비에 목욕함. 외지에서 심한 고생을 겪음.
【風指 풍지】 ①풍채(風采)와 의지(意志). ②넌지시 타이름.
【風鎭 풍진】 족자 따위가 바람에 흔들거리지 않게 하기 위하여 축의 양쪽 끝에 다는, 옥석(玉石) 등을 꿰어 만든 추.
【風塵 풍진】 ①바람과 티끌. 바람에 날리는 티끌. ②전쟁으로 인한 난리. 兵亂(병란). 兵塵(병진). ③인간 세상. ④세속의 일. ⑤벼슬길의 어려움. ⑥지방관(地方官). ⑦속리(俗吏)의 직무(職務). ⑧여행 중에 겪는 어려움. ⑨나쁜 평판이나 소문. 참언(讒言). ⑩화류계(花柳界).
【風塵之變 풍진지변】 병란(兵亂).
【風塵之言 풍진지언】 거짓으로 꾸며서 남을 참소하는 말. 讒言(참언).
【風塵之志 풍진지지】 관계(官界)에 나아가려는 마음. 사환(仕宦)의 뜻.
【風塵表物 풍진표물】 세속을 초월한 사람.
【風餐露宿 풍찬노숙】 바람을 먹고 이슬을 맞으며 잠. 객지에서 겪는 모진 고생.
【風窓破壁 풍창파벽】 뚫어진 창과 헌 담벼락. 돌보지 않아 허술한 집.
【風采 풍채】 ①드러나 보이는 의젓한 모습. 인품(人品). ②풍속(風俗)과 일. ③관리의 비행을 탄핵하는 익명의 투서. ↳풍문을 채용(采用)한다는 뜻에서 온 말.
【風檐 풍첨】 바람이 넘나드는 처마 언저리.
【風清 풍청】 ①바람이 맑음. 清風(청풍). ②병란(兵亂)이 가라앉은 일.
【風聽 풍청】 소문을 들음. 또는 그 소문.
【風草德 풍초덕】 군자(君子)의 덕. 교화(教化)하는 덕. ↳바람이 초목을 쏠리게 하듯이 백성이 그 풍화(風化)를 입어 따른다는 데서 온 말.
【風草政 풍초정】 군자(君子)가 행하는 정치. ↳군자가 인(仁)으로써 나라를 다스리면, 백성이 따르는 것이 마치 풀이 바람에 쏠리는 듯하다는 데서 이르는 말.
【風趣 풍취】 ①아담한 정취가 있는 풍경. ②격에 맞는 멋.
【風致 풍치】 ①훌륭하고 멋진 경치. ②격에 맞는 멋.
【風馳 풍치】 바람이 달림. 바람처럼 빨리 달

림. ②교화(教化)가 널리 퍼짐. 덕풍(德風)이 고루 미침.
【風馳電掣 풍치전체】 바람이 달리고 번개가 침. 몹시 빠름.
【風鐸 풍탁】 ☞風磬(풍경).
【風態 풍태】 아름다운 자태.
【風土 풍토】 어떤 지역의 기후와 토지의 상태.
【風波 풍파】 ①바람과 물결. 바람이 불고 물결이 읾. 風浪(풍랑). ②동요하여 안정되지 못함. ③이별(離別). ④세속의 번거로운 일.
【風波之民 풍파지민】 풍파처럼 마음이 흔들리기 쉬운 백성.
【風評 풍평】 뜬소문. 風聞(풍문).
【風飇電激 풍표전격】 폭풍이 불고 번개가 침. 기세가 맹렬함.
【風漢 풍한】 미친 사람. 미치광이.
【風害 풍해】 바람으로 인한 재해.
【風行 풍행】 ①바람이 부는 일. ②바람처럼 빨리 감. 기세가 왕성함. ③덕교(德教)로 백성을 화육(化育)함. 덕화(德化)가 행해짐. ④필세(筆勢)가 힘차고 굳셈.
【風行霜烈 풍행상렬】 바람처럼 빠르고 서리처럼 엄혹(嚴酷)함. 기세가 맹렬함.
【風行草偃 풍행초언】 임금이 덕으로써 백성을 교화함.
【風憲 풍헌】 풍습과 도덕에 관한 규범.
【風眩 풍현】 간질(癎疾). 전간(癲癇).
【風穴 풍혈】 ①북쪽에 있어 바람을 일으키는 곳. ②산허리 등에 있어 찬 바람이 불어 나오는 구멍. ③통풍하기 위하여 벽이나 창에 뚫은 구멍.
【風化 풍화】 ①덕(德)으로써 백성을 교화하는 일. 백성을 교도하여 착하게 만드는 일. ②완곡히 타일러 교화하는 일. ③암석이 공기·물·햇빛 등의 작용으로 점차 파괴, 분해되는 일.
【風火 풍화】 ①바람과 불. 폭풍과 화재. ②전란(戰亂). ③기세가 맹렬함.
【風花雪月 풍화설월】 사철의 뛰어난 경치.
【風鬢雨鬢 풍환우빈】 바람에 머리 빗고 비에 목욕함. 풍우에 시달리며 애써 노력함.
【風候 풍후】 ①풍물과 기후. ②철. 시절.

❶ 家-, 強-, 輕-, 古-, 谷-, 光-, 狂-, 舊-, 國-, 南-, 冷-, 大-, 東-, 盲-, 猛-, 美-, 微-, 民-, 防-, 屛-, 朔-, 商-, 瑞-, 曙-, 旋-, 順-, 神-, 晨-, 惡-, 良-, 涼-, 烈-, 炎-, 溫-, 威-, 流-, 遺-, 凄-, 清-, 秋-, 颱-, 暴-, 爆-, 寒-, 好-, 曉-, 候-, 薰-, 暄-,

風
4 [颶] ⑬ 큰 바람 율 颵 yù
소전 [颶]
字解 큰 바람. 〔庚闈·賦〕 廻颶洑㳽, 蓊散穹窿.

風
4 [颭] ⑬ 숨 내쉴 하 颬 xiā
字解 ①숨을 내쉬다. 〔張衡·賦〕 含利颭颬, 化爲仙車. ②바람이 불다, 바람이 부는 모양.

風部 5~8획

風5 【飅】⑭ 바람 소리 류 宥 liǔ
字解 ①바람 소리. =飉. ②바람이 부는 모양. ③높이 부는 바람. ④여풍(餘風).

風5 【颮】⑭ 바람 불 物 fú
字解 ①바람. ②바람이 부는 모양. ③산들바람, 미풍. ④질풍(疾風). ≒弗.

風5 【颯】⑭ 바람 소리 삽 合 sà
소전 초서 동자 동자 간체 颯
字解 ①바람 소리.〔宋玉·賦〕有風颯然而至. ②바람이 불다. ③꺾다, 광풍(狂風)이 물건을 짜부라뜨리다. ④바람이 솔솔 불다. ⑤질풍(疾風). ⑥흐트러지다, 어지러워지다.〔謝朓·詩〕何傷蓬鬢颯. ⑦쇠하다, 이울다.〔張九齡·詩〕庭樹日衰颯. ⑧덜다, 떨어버리다.〔范成大·詩〕生涯都塌塌, 心曲漫崢嶸. ⑨엄하다, 쌀쌀하다.〔郝經·歌〕肅颯秋江鷗.
【颯沓 삽답】①많고 성한 모양. ②떼 지어 날아가는 모양. ③거듭 겹치는 모양.
【颯遝 삽답】소리가 요란하게 계속 나는 모양.
【颯剌 삽랄】범할 수 없는 풍채가 있는 모양.
【颯戾 삽려】시원한 모양.
【颯颯 삽삽】①바람 소리. 바람이 갑자기 불어오는 모양. ②빗소리.
【颯爽 삽상】①모습이 씩씩하고 성미가 시원스러움. ②가뿐하고 민첩함.
【颯灑 삽쇄】초목에 부는 바람 소리.
【颯然 삽연】①=颯颯(삽삽)①. ②바람에 나뭇잎이 떨어지는 모양.
【颯爾 삽이】바람 소리. 颯颯(삽삽).
● 蕭-, 衰-, 飅-.

風5 【颰】⑭ 바람 월 月 xuè
字解 ①바람. ②미풍, 산들바람, 실바람.

風5 【颭】⑭ 물결 일 琰 zhǎn
소전 초서 간체 颭
字解 ①물결이 일다. ②살랑거리다, 바람에 가볍게 흔들리다.〔劉歆·賦〕淼風盲其飄忽兮, 廻颭颭其冷冷.
【颭灩 점염】물결이 출렁거리는 모양.
【颭颭 점점】바람에 흔들리는 모양.

風5 【颱】⑭ 태풍 태 灰 tái
초서 간체 台
字解 태풍, 구풍(颶風).〔林謙光·記〕秋令颱颶時起.

風5 【颮】⑭ ❶회오리 바람 표 蕭 biāo ❷많을 박 覺 páo
字解 ❶①회오리바람, 선풍(旋風). ※飆(2027)의 고자(古字). ②바람 소리. ③요란한 바람.〔班固·文〕風颮雷激. ❷①많다, 많은 모양.〔班固·賦〕颮颮紛紛, 繒繳相纏. ②물건이 공중에서 떨어지는 모양. ❶颮颮 박박】①많은 모양. ②물건이 공중에서 떨어지는 모양.

風6 【颲】⑮ 사나운 바람 렬 屑 liè
소전 字解 ①사나운 바람, 열풍(烈風).〔梁武帝·賦〕朔風鼓而颲颲. ②폭풍우(暴風雨). ≒烈.
【颲颲 열렬】풍세(風勢)가 맹렬한 모양.
【颲風 열풍】맹렬한 바람. 烈風(열풍).

風6 【颲】⑮ 센 바람 례 霽 lì
字解 센 바람, 질풍.〔郭璞·賦〕廣莫颲而氣整.

風7 【颲】⑯ 사나운 바람 률 質 lì
소전 字解 사나운 바람, 폭풍우. =颲. ≒栗.
【颲颲 율렬】거센 바람. 폭풍우.
【颲風 율률】폭풍우(暴風雨).

風7 【颾】⑯ 바람 소리 소 肴 shāo
字解 바람 소리.

風7 【飂】⑯ 颮(2025)과 동자

風8 【颶】⑰ 구풍 구 遇 jù
초서 간체 颶
字解 구풍(颶風), 맹렬한 폭풍. 열대성 저기압의 총칭.〔白居易·詩〕天黃生颶母.
【颶母 구모】구풍(颶風)이 불어올 조짐.

風8 【颺】⑰ 바람 량 陽 liáng
소전 동자 颺
字解 ①바람. ②북풍(北風). ≒涼.

風8 【颲】⑰ 바람 소리 려 霽 lì
字解 바람 소리.

風8 【飈】⑰ 飆(2027)의 속자

風8 【颮】⑰ 빠른 바람 홀 月 hū
소전 동자 字解 빠른 바람, 빠르고 거센 바람, 질풍(疾風).

風部 9～11획　颺颼颾飀飁颿颸颿颾飄飃

風
9 【颰】 ⑱ 빠른 바람 개 囲　jiē
字解 빠른 바람, 질풍(疾風).

風
9 【颼】 ⑱ 바람 소리 수 尤宥　sōu
字解 ①바람 소리.〔趙壹·賦〕啾啾颼颼, 吟嘯相求. ②바람이 부는 모양. ③산들바람, 실바람. ④서풍(西風).
【颼飋 수슬】 바람 소리.

風
9 【颸】 ⑱ 선선한 바람 시 支　sī
字解 ①선선한 바람, 양풍(涼風). ②빠르다. ③빠른 바람, 질풍(疾風).〔左思·賦〕翼風之颸.
【颸颸 시시】 바람이 획 부는 모양.
【颸風 시풍】 빠른 바람. 疾風(질풍).
○ 輕一, 金一, 南一, 微一, 涼一.

風
9 【颺】 ⑱ 날릴 양 陽　yáng
字解 ㉮바람이 물건을 날게 하다.〔閻伯璵·賦〕終沿風以颺颺. ㉯키질하다.〔晉書〕簸之颺之. ②날다, 새가 날아오르다.〔宋史〕其翮後必颺之. ③일다, 일어나다.〔宋玉·賦〕上則波颺. ④높이다, 소리를 높여 빨리 말하다.〔書經〕奉明拜手稽道颺言曰. ⑤배가 천천히 가는 모양.〔陶潛·辭〕舟搖搖以輕颺. ⑥풍채가 빼어나다, 용모가 남달리 훌륭하다.〔春秋左氏傳〕今子少不颺. ⑦버리다, 던지다.〔西廂記〕待颺下教人乍颺.
【颺去 양거】 새가 날아감.
【颺颺 양양】 ①바람에 날아오르는 모양. ②펄럭이는 모양.
【颺言 양언】 소리를 높여 말함. 공공연하게 말함. 揚言(양언).
【颺榮 양영】 아름다움을 게시함.
【颺下 양하】 집어던짐. 내버림.
○ 激一, 輕一, 高一, 騰一, 飛一, 飆一, 飄一.

風
9 【颹】 ⑱ 큰 바람 위 困　wèi
字解 ①큰 바람. ②바람. ③바람 소리.

風
10 【颯】 ⑲ 바람 률 質　lì
字解 ①바람. ②폭풍우. ≒栗.

風
10 【颿】 ⑲ 돛 범 咸陷　fān
字解 ①돛. ＝帆.〔韓愈·文〕祥颿逶颿. ②말이 질주하다. ＝馺. ③바람이 배를 달리게 하다.

【颭颭 범범】 ①말이 질주(疾走)하는 모양. ②바람을 받아 배가 쾌항(快航)하는 모양.
【颭船 범선】 돛을 단 배.
【颭然 범연】 빨리 달리는 모양.
○ 擧一, 警一.

風
10 【颼】 ⑲ 바람 소리 수·소 尤蕭　sōu
字解 ①바람 소리. ＝颼.〔庾信·賦〕風颼颼而樹急. ②바람.

風
10 【颾】 ⑲ 바람 소리 수 尤　sōu
字解 바람 소리.〔後漢書〕啾啾颾颾.
【颾颯 수삽】 바람 소리.
【颾颾 수수】 ①바람 소리. ②빗소리. ③한랭한 모양.
【颾風 수풍】 산들바람. 솔솔 부는 바람.

風
10 【颻】 ⑲ 불어 오르는 바람 요 蕭　yáo
字解 ①불어 오르는 바람.〔左思·賦〕與風飆颻. ②질풍(疾風). ≒搖.
【颻飆 요양】 나무가 바람에 흔들림.
【颻颻 요요】 바람이 부는 모양.

風
11 【飂】 ⑳ ❶높이 부는 바람 류 尤　liù　❷바람 소리 료 蕭　liáo
字解 ❶①높이 부는 바람. ②서풍(西風).〔淮南子〕西方曰飂風. ③비다, 공허(空虛)하다. ❷바람 소리.〔潘岳·賦〕吐清風之飂戾.
【飂飂 유수】 ①바람이 부는 모양. ②바람 소리.
【飂風 유풍】 서쪽에서 부는 바람.
【飂戾 요려】 ①바람 소리. ②물이 빠르게 흐르는 모양.

風
11 【習風】 ⑳ 바람 습 緝　xí
字解 ①바람. ②큰 바람.

風
11 【飄】 ⑳ 회오리바람 표 蕭　piāo
字解 ①회오리바람, 선풍(旋風). ＝票.〔詩經〕飄風自南. ②질풍, 폭풍. ≒猋.〔詩經〕其爲飄風. ③일정하지 않은 바람.〔楚辭〕飄風屯其相離也. ④바람이 부는 모양.〔楚辭〕東風飄兮. ⑤나부끼다, 나부끼게 하다.〔隋煬帝·詩〕浮香飄舞衣. ⑥눈이 조금씩 날리는 모양.〔張衡·賦〕雨雪飄飄. ⑦새가 나는 모양.〔潘岳·賦〕雁旅飄而南飛. ⑧떠돌다, 유랑하다.〔北史〕覊旅飄泊. ⑨떨어지다, 낙하하다.〔莊子〕雖有忮心者, 不怨飄

瓦. ⑩소리가 맑고 긴 모양.〔成公綏·賦〕洌飄眇而清昶. ⑪다그치다. 재촉하다.〔呂氏春秋〕聖人則不可以飄矣.
【飄客 표객】화류계(花柳界)를 떠돌며 노는 방탕한 사나이.
【飄擊 표격】빨리 침.
【飄登 표등】펄럭이며 오름.
【飄零 표령】①나뭇잎이 바람에 펄럭이며 떨어짐. ②영락(零落)함. 飄落(표락).
【飄眇 표묘】소리가 맑고 긴 모양.
【飄泊 표박】정처 없이 떠돌아다님. 타향으로 떠돎. 飄寓(표우).
【飄泛 표범】①배 따위가 가볍게 뜸. ②유랑(流浪)함.
【飄靡 표비】떠다님.
【飄灑 표쇄】아름다움. 정숙함.
【飄揚 표양】①번드치며 날아오름. 飄颺(표양). ②표박(飄泊)함.
【飄然 표연】①바람에 가볍게 날리는 모양. 훌쩍 떠나는 모양. ③정처 없이 떠돌아다니는 모양. ④세상일에 구애하지 않는 모양.
【飄瓦 표와】①지붕에서 떨어지는 기와. 외부로부터 온 재난의 비유. ②질풍(疾風)이 기왓장을 벗겨 놓음.
【飄寓 표우】떠돌아다니며 타향에 삶.
【飄爾 표이】바람에 날리듯이 사뿐사뿐 걸어가는 모양.
【飄逸 표일】①뛰어난 모양. 俊逸(준일). ②높이 날아오르는 모양. ③표일히 속세를 떠나 세상일에 상관하지 않음.
【飄溢 표일】뿜어대듯 넘침.
【飄蕩 표탕】①흔들림. ②유랑함. 영락함.
【飄萍 표평】바람 부는 대로 떠도는 부평초. 타향에 떠돎의 비유.
【飄飄 표표】①날아오르는 모양. 펄펄 날리는 모양. ②바람이 부는 모양. 바람에 가볍게 날리는 모양. ③유랑(流浪)하는 모양.
【飄風 표풍】회오리바람. 旋風(선풍).
●急一, 流一, 淪一.

風 12 【飉】㉑ 바람 료 蕭 liáo
字解 ①바람. ②산들바람, 미풍. ③바람이 부는 모양. ④질풍(疾風)의 소리. ⑤노랫소리, 맑은 노랫소리.〔左思·賦〕歌江上之飉厲.
【飉厲 요려】노랫소리. 맑은 노랫소리.

風 12 【飀】㉑ 바람 소리 류 尤 liú
초전 飀 동체 飀 간체 飀 字解 ①바람 소리. =飀. ¶ 飀飀. ②솔솔 부는 바람의 모양. ¶ 飀飀. ③높이 부는 바람. =飀.
【飀飀 유류】①바람 소리. ②미풍(微風)의 모양.

風 12 【飆】㉑ 폭풍 표 蕭 biāo

소전 飆 혹체 飆 초서 飆 동체 飆 간체 飆
속체 飆 간체 飆 字解 ①폭풍. ②회오리바람.〔漢書〕風發飆拂. ③광풍(狂風). ④흐트러지다, 어지러워지다.
【飆奮 표분】세찬 바람처럼 떨침.
【飆馳 표치】폭풍처럼 달림.

風 12 【飈】㉑ 飆(2027)와 동자

風 12 【飇】㉑ 飆(2027)와 동자

風 12 【䫻】㉑ 거센 바람 횡 庚 héng
字解 ①거센 바람, 폭풍. ②바람이 부는 모양. ③바람이 부는 소리, 수레가 서로 부딪치는 소리.〔韓愈, 孟郊·詩〕龍駕聞敲䫻.

風 13 【飋】㉒ 가을 바람 슬 質 sè
字解 ①가을 바람. ②바람이 쓸쓸하게 부는 모양. ③바람 소리. ④맑고 시원한 모양.〔王廷壽·賦〕飋蕭條而清泠.

風 14 【飇】㉓ 바람 도 豪 táo
字解 ①바람. ②큰 바람. ③바람 소리.

風 17 【飍】㉖ 북풍 소 蕭 xiāo
字解 ①북풍(北風). ②시원한 바람.

風 18 【飌】㉗ 風(2022)의 고자

飛 部

9획 부수 │ 날비부

飛 0 【飛】⑨ 날 비 微 fēi

ㄟ ㄟ 飞 飛 飛 飛 飛 飛

소전 飛 초서 飛 고자 飛 통자 蜚 간체 飞
字源 象形. 새가 양쪽 날개를 쭉 펴고 나는 모습을 본뜬 글자.
字解 ①날다. ㉮하늘을 가다.〔詩經〕鳶飛戾天. ㉯지다, 떨어지다.〔王維·詩〕桃李陰陰柳絮飛. ㉰오르다.〔史記〕大風起兮雲飛揚. ㉱빨리 가다.〔許渾·詩〕挾槊彎弧馬上飛. ㉲근거 없는 말이 떠돌다.〔漢書〕洒有飛語. ㉳튀

다, 튀기다.〔漢書〕關動牡飛. ④넘다, 뛰어넘다.〔淮南子〕使行飛揚. ⑤높이 올라가는 소리.〔文心雕龍〕聲有飛沈. ②날리다, 빨리 닿게 하다.〔後漢書〕馳檄飛翰. ③높다, 누각 같은 것이 높이 솟아 있는 모양.〔後漢書〕排飛闥而上出. ④빠르다.〔陸機·詩〕悵悵瞻飛駕. ⑤새, 날짐승.〔太玄經〕明珠彈于飛肉. ⑥빨리 닫는 말. 늑驍.〔漢書〕今陛下騁六飛. ⑦무늬. 늑斐·匪. ⑧비방(誹謗)하다. 늑非.〔孔耽碑〕飛其學也. ⑨바둑 행마(行馬)의 한 가지, 날 일(日) 자로 뛰는 수법(手法).〔徐鉉·釋〕隔一路而斜走曰飛.

【飛閣 비각】①높은 누각. ②높은 곳에 건너지른 다리. 飛棧(비잔).
【飛車 비거】①바람을 타고 공중을 날아다니는 수레. ②現비행기(飛行機).
【飛檄 비격】①급한 격문(檄文). 화급한 회장(回狀). ②격문을 사방이로 급히 보냄.
【飛谷 비곡】해가 도는 길. 태양의 궤도.
【飛觀 비관】높은 누각.
【飛橋 비교】높은 다리.
【飛禽 비금】날짐승. 飛鳥(비조).
【飛騎 비기】①기병 대장(騎兵大將). ②썩 날랜 기병.
【飛奴 비노】하늘을 나는 종. 곧, 전서구(傳書鳩). 비둘기.
【飛湍 비단】급류의 여울. 奔湍(분단).
【飛動 비동】날아 움직임. 생동하는 모양.
【飛棟 비동】높은 용마루.
【飛騰 비등】날아 올라감.
【飛來福 비래복】뜻밖에 찾아온 행복.
【飛礫 비력】자갈을 던짐. 던진 자갈.
【飛廉 비렴】①바람의 신(神). 풍백(風伯). ②바람을 일으킨다는 신금(神禽)의 이름. ③날개가 있다는 괴수(怪獸)의 이름. ④국화과의 다년생 풀 이름.
【飛艫 비로】빨리 달리도록 만든 배.
【飛龍乘雲 비룡승운】용이 구름을 타고 하늘에 오름. 영웅이 때를 만나 세력을 얻음.
【飛龍在天 비룡재천】성인(聖人)이 천자(天子)의 자리에 있음의 비유.
【飛樓 비루】①망루(望樓)가 있는 병거(兵車). ②높이 솟은 누각. 飛閣(비각).
【飛流 비류】①빨리 흐름. 빨리 낢. ②폭포.
【飛溜 비류】급히 떨어지는 낙숫물.
【飛輪 비륜】①해. 태양. ②수레.
【飛沫 비말】튀어 오르는 물방울.
【飛文 비문】①터무니없는 내용의 문서. ②뛰어난 문장.
【飛雹 비박】사방에 흩날리는 우박.
【飛白 비백】서체(書體)의 한 가지. 후한(後漢)의 채옹(蔡邕)이 창안한 것으

〈飛白〉

로 팔분(八分)과 비슷한데, 속필로 힘차게 획을 긋기 때문에 필적(筆跡)이 비로 쓴 자국처럼 보임. 飛帛(비백).
【飛變 비변】갑자기 일어난 변고. 急變(급변).
【飛步 비보】빨리 걸음.
【飛報 비보】급히 알림. 급한 통지.
【飛蓬 비봉】①바람에 날리는 마른 쑥. ②동요하여 안정되지 못한 모양. ③나그네. ④나그네의 고적(孤寂)한 심정.
【飛蓬隨風 비봉수풍】마른 쑥이 바람 부는 대로 낢. 일정한 주의나 방침이 없이, 정세나 환경에 따라 움직임.
【飛絲 비사】아지랑이. 遊絲(유사).
【飛散 비산】날아 흩어짐.
【飛翔 비상】훨훨 하늘을 낢.
【飛書 비서】①화살 따위에 편지를 매달아 날려 보냄. ②편지를 급히 보냄. ③급히 보내는 편지나 문서. ④어디에서 온 것인지 알 수 없는 서한(書翰). 익명의 편지.
【飛錫 비석】(佛)승려가 순유(巡遊)하는 일. '錫'은 '석장(錫杖)'을 뜻함.
【飛星 비성】별똥별. 流星(유성).
【飛灑 비쇄】날아 흩어짐. 흩날림.
【飛矢 비시】날아가는 화살.
【飛蛾赴火 비아부화】나방이 불에 날아듦. 스스로 위험한 곳에 덤벼듦.
【飛躍 비약】①높이 뛰어오름. ②급속히 진보함. ③맹렬히 활약함.
【飛揚 비양】①날아오름. 뛰어오름. ②무질서하고 어지러움. 마음이 차분하게 가라앉지 않음. ③자유자재(自由自在)임.
【飛揚跋扈 비양발호】날랜 새가 날고, 큰 물고기가 날뜀. 거리낌 없이 횡행함.
【飛語 비어】⇨飛言(비언).
【飛言 비언】뜬소문. 근거 없는 말.
【飛雨 비우】바람에 흩날리는 비.
【飛冤駕害 비원가해】터무니없는 일을 조작하여 모함함.
【飛肉 비육】날짐승. 조류(鳥類).
【飛鷹走狗 비응주구】매를 날리고 개를 달리게 함. 사냥을 함.
【飛耳長目 비이장목】먼 곳에서 일어나는 일을 능히 듣고 보는 귀와 눈. 사물에 대한 관찰력이 예민함의 비유.
【飛棧 비잔】⇨飛閣(비각)②.
【飛將 비장】행동이 재빠르고 무용(武勇)이 뛰어난 장수.
【飛章 비장】편지를 급송함. 급히 보내는 편지.
【飛傳 비전】역참(驛站)의 재빠른 말[馬].
【飛殿 비전】높은 전각(殿閣).
【飛電 비전】①번쩍이는 번개. ②現지급 전보(至急電報).
【飛箭 비전】날아오는 화살.
【飛征 비정】⇨飛走(비주).
【飛梯 비제】성을 공격할 때 쓰던 높은 사다리. 雲梯(운제).
【飛鳥 비조】하늘을 나는 새. 飛禽(비금).

【飛淙 비종】폭포. 飛泉(비천).
【飛走 비주】①나는 새와 달리는 짐승. ②나는 듯이 달림.
【飛札 비찰】편지를 급송함. 급히 보내는 편지.
【飛泉 비천】①폭포. 飛淙(비종). 飛瀑(비폭). ②힘차게 솟아오르는 샘.
【飛簷 비첨】높은 집의 번쩍 들린 처마.
【飛蟲 비충】①새. ②잘 나는 벌레.
【飛聚 비취】흩어짐과 모임.
【飛彈 비탄】①날아가는 탄환. 飛丸(비환). ②통겨서 보내는 장난감 구슬.
【飛兎龍文 비토용문】비토와 용문. 모두 옛날 준마의 이름. 뛰어난 자제(子弟)의 비유.
【飛鞭 비편】①매질을 함. 채찍질함. ②공을 치는 막대기. 공채.
【飛瀑 비폭】폭포. 飛泉(비천).
【飛筆 비필】힘차게 빨리 씀. 빨리 쓰는 글씨.
【飛翰 비한】①급한 편지를 띄움. ②급히 띄우는 편지.
【飛行 비행】날아감. 날아다님.
【飛軒 비헌】높은 처마. 높은 집.
【飛虎 비호】國나는 듯이 빨리 달리는 범. 동작이 용맹하고 신속함의 비유.
【飛花 비화】떨어지는 꽃. 飛華(비화).
【飛禍 비화】①뜻밖의 재난. 뜻밖의 죽음. ②國남의 일로 까닭 없이 당하는 재화(災禍).
【飛黃 비황】①신마(神馬)의 이름. 등에 뿔이 있으며 천 년을 산다고 함. ②준마(駿馬).
【飛蝗 비황】메뚜기.
◑ 輕—, 孤—, 高—, 群—, 突—, 奮—, 雙—, 聯—, 龍—, 雄—, 翰—.

【飛】⑩ 飛(2027)의 고자

【飜】㉑ 뒤칠 번 囝 fān

㊂ 어휘와 예문은 '翻(1416)'을 아울러 보라.
字源 形聲. 番+飛→飜. '番(번)'이 음을 나타낸다.
字解 ①뒤치다, 엎어지다. ②날다. ③물이 넘쳐 흐르다.
【飜覆 번복】이리저리 뒤집힘.
【飜覆無常 번복무상】변화가 심함. 變化無雙(변화무쌍).
【飜案 번안】①國원작의 내용이나 줄거리는 그대로 두고 풍속·인명·지명 따위를 시대나 풍토에 맞추어 고침. ②안건을 뒤집음.
【飜譯 번역】어떤 언어로 된 글을 다른 언어의 글로 옮김.

【飜】⑫ 새 빙 돌며 날 환 ㊀ huán
字解 새가 빙빙 돌며 날다.

食 部

9획 부수 ｜ 밥식부

食⓪【食】⑨ ❶밥 식 職 shí
❷밥 사 寘 sì
❸사람 이름 이 寘 yì

丿 人 𠆢 今 今 今 食 食 食

[소전] 食 [초서] 㐰 [본자] 𩚀 [본자] 𩚁 [고자] 㽃

[속자] 食 [參考] ①'食'이 한자의 구성에서 변에 쓰일 때는 글자 모양이 '𩙿'으로 바뀌고, '밥식변'이라고 부른다. ②대법원 지정 인명용 한자의 음은 '식'이다.

字源 會意. 亼+皀→食. '모이다'를 뜻하는 '亼(집)'과 곡물의 좋은 향기를 뜻하는 '皀(흡)'을 합하여 곡물이 모인 것〔食〕, 곧 '쌀, 밥'의 뜻을 나타낸다.

字解 ❶①밥. ㉮쌀밥. 〔周禮〕治其糧與其食. ㉯먹거리, 밥·반찬 등 먹는 것의 총칭. 〔詩詁〕凡可食之物日食. ②먹다. ㉮씹어서 삼키다. 〔禮記〕弗食不知其旨. ㉯갉다, 깨물다. 〔春秋左氏傳〕鼷鼠食郊牛角. ㉰새김질하다, 반추하다. 〔韻會〕吐而復吞曰食. ㉱속이다, 식언하다. 〔國語〕言不可食. ㉲녹봉(祿俸)을 받다. 〔王禹偁·記〕食萬錢. ③식사(食事), 밥 먹는 일. 〔論語〕發憤忘食. ④마시다, ㉮술을 마시다. 〔漢書〕定國食酒. ㉯젖을 먹다. 〔莊子〕適見犆子食於其死母者. ⑤녹(祿), 질록(秩祿). 〔周禮〕以制其食. ⑥생활하다, 생계를 세우다. 〔漢書〕今背本而趨末, 食者甚衆. ⑦기르다, 먹이다. 〔禮記〕卜士之妻·大夫之妾, 使食子. ⑧받아들이다. 〔漢書〕不食情受之愬. ⑨불리다, 증식하다. ⑩현혹하게 하다, 고혹(蠱惑)하다. 〔管子〕明君在上, 便僻不能食其意. ⑪지우다, 없애다. 〔春秋左氏傳〕我食吾言. ⑫갈다, 경작하다. 〔禮記〕擇不食之地而葬我焉. ⑬제사, 사시(四時)의 제사. 〔中庸〕薦其時食. ⑭제사지내다, 제향(祭享)을 받다. 〔後漢書〕生當封侯, 死當廟食. ⑮개먹다. 늑触. 〔易經〕月盈卽食. ⑯상서로운 조짐, 길조(吉兆). 〔書經〕惟洛食. ❷①밥, 곡식을 익힌 음식. =飤. 〔周禮〕掌王之食飲膳羞. ②먹이다, 기르다. 〔詩經〕飲之食之. ③우제(虞祭), 장례 후 반혼(返魂)하여 지내는 제사. 〔禮記〕旣葬而食之. ❸사람 이름. 〔漢書〕酈食其.

【食客 식객】예전에 세력 있는 집에 얹혀 있으면서 문객 노릇을 하던 사람.
【食頃 식경】밥을 먹을 동안.
【食根 식근】國먹을거리가 나오는 근원(根源). 곧, 논밭.
【食氣 식기】❶식기 ❷사기】①기(氣)를 먹음. 신이 제물을 흠향(歆饗)함. ②공기를 먹음. 도교(道敎)에서 양생법(養生法)의 한 가지. ③음식물의

食部 0~2획 㪢仺侴亼飢

냄새. ❷곡물을 먹은 기운.
【食啖 식담】①음식을 먹음. ②☞食淡(식담).
【食淡 식담】보잘것없는 음식을 먹음.
【食德 식덕】조상이 쌓은 공덕으로 자손이 작위(爵位)를 누림.
【食道 식도】①군량(軍糧)을 나르는 도로. ②소화 기관의 일부로서, 인두(咽頭)에서 위까지의 긴 관. 밥줄.
【食力 식력】①백성의 조세(租稅)로 생활함. ②자기 힘으로 생계를 세움. 또는 그 사람.
【食祿 식록】①녹(祿). 급료(給料). 俸祿(봉록). ②녹을 먹음. 녹봉(祿俸)을 받음.
【食料 식료】①음식의 재료. ②음식 값.
【食無求飽 식무구포】배부르게 먹기를 바라지 않음. 허기를 면할 정도로써 만족함. 군자의 마음가짐의 하나.
【食味方丈 식미방장】☞食前方丈(식전방장).
【食補 식보】음식으로 몸을 보함.
【食復 식복】병이 나을 무렵에 음식 조섭을 잘 못하여 병이 재발하는 일.
【食福 식복】먹을 복.
【食俸 식봉】녹(祿). 급료. 俸祿(봉록).
【食不重肉 식부중육】한 끼에 두 가지 고기 반찬을 먹지 않음. 절약하고 검소하게 생활함.
【食不甘味 식불감미】먹어도 맛을 느끼지 못함. 늘 심로(心勞)하고 있음.
【食不二味 식불이미】식사에 두 가지 반찬을 먹지 않음. 검약(儉約)함.
【食不遑味 식불황미】바빠서 차린 음식을 충분히 맛볼 겨를이 없음.
【食匕 식비】숟가락. 수저.
【食費 식비】밥값.
【食事 식사】밥을 먹는 일.
【食傷 식상】음식물의 중독이나 과식으로 일어나는 배앓이.
【食色 식색】①음식과 여색. 식욕과 성욕. ②굶주린 기색이 없음. 양식이 넉넉함.
【食膳 식선】먹을 것. 음식물.
【食性 식성】음식에 대하여 좋아하고 싫어하는 성질.
【食稅 식세】조세(租稅)로 생활함.
【食率 식솔】國딸린 식구. 家率(가솔).
【食水 식수】녹봉을 받는 사람.
【食魚無反 식어무반】생선을 먹을 때는, 한쪽만 먹고 다른 쪽은 남기지 않음. 민력(民力)을 여축(餘蓄)함.
【食言 식언】한번 입 밖에 낸 말을 입 속으로 도로 넣음. 약속한 말을 지키지 않음.
【食玉炊桂 식옥취계】식량으로 옥을 먹고, 계수 나무로 밥을 지음. 물가가 비싸 생활이 어려움.
【食慾 식욕】음식을 먹고 싶어 하는 마음.
【食用 식용】먹을 것으로 씀.
【食牛之氣 식우지기】소도 삼킬 정도의 큰 기백(氣魄).
【食肉之祿 식육지록】고기를 먹을 수 있을 만큼의 녹봉을 받는 사람. 조정(朝廷)에서 벼슬을 살고 있는 사람.

【食飮 식음】먹을 것과 마실 것. 먹음과 마심.
【食邑 식읍】공신(功臣)에게 하사한 채읍(采邑).
【食餌 식이】①먹을 것. 먹이. ②먹이를 먹음. 미끼를 먹음.
【食日 식일】아침밥을 먹을 때. 아침 끼니 때.
【食子 식자】어린아이를 젖으로 기름.
【食田 식전】①영지(領地). 食邑(식읍). ②토지에서 거두는 수입으로 생활함.
【食前 식전】밥을 먹기 전.
【食錢 식전】군량(軍糧)과 군자금(軍資金).
【食前方丈 식전방장】앞에 맛난 음식을 사방 열 자나 되게 차려 놓음. 매우 사치함.
【食鼎 식정】밥을 짓는 솥. 밥솥.
【食租 식조】조세를 징수하여 그것으로 생활함.
【食地 식지】곡식을 심는 땅.
【食指 식지】집게손가락.
【食体 식체】☞食傷(식상).
【食卓 식탁】음식을 차려 먹을 수 있게 만든 탁자(卓子).
【食醯 식혜】國쌀밥을 엿기름으로 삭혀서 설탕을 넣고 차게 삭힌 음료.
【食貨 식화】①식료와 재화. ②경제.
○ 旰-, 玉-, 斷-, 眠-, 配-, 疏-, 強-, 月-, 日-, 節-, 晝-, 貶-, 會-.

食 0 【㪢】⑨ 食(2029)의 고자

食 0 【仺】⑨ 食(2029)의 속자

食 1 【侴】⑩ 食(2029)의 본자

食 1 【亼】⑩ 食(2029)의 본자

食 2 【飢】⑪ 주릴 기 囡 jī

소전 飢 초서 飢 동자 饑 간체 饥 字源 形聲. 食+几→飢. '几(궤)'가 음을 나타낸다.
字解 ①주리다, 굶주리다. 〔孟子〕飢者易爲食. ②주리게 하다. 〔孟子〕稷思天下有飢者, 由己飢之也. ③주림, 기아(飢餓). 〔詩經〕可以樂飢. ④기근(饑饉), 흉작(凶作). 〔蘇軾・記〕歲且荐飢. ⑤모자라다, 결핍되다. 〔後漢書〕民多飢乏.
【飢渴 기갈】①배고픔과 목마름. ②바람이 매우 간절함.
【飢困 기곤】굶주려 고달픔.
【飢倦 기권】굶주림에 지침. 饑倦(기권).
【飢饉 기근】흉년(凶年)이 듦.
【飢凍 기동】굶주리고 추위에 떪.
【飢亂 기란】기근과 세상의 혼란.

食部 2~4획　飤飽飡飣飧飦飥飩飳飼飯

【飢歲 기세】흉년(凶年). 凶歲(흉세).
【飢餓 기아】굶주림.
【飢穰 기양】흉년과 풍년. 凶豐(흉풍).
【飢疫 기역】기근과 역질(疫疾).
【飢寒 기한】배고픔과 추위.
【飢荒 기황】흉년이 듦. ○'飢'는 곡식이 여물지 않음을, '荒'은 과실이 익지 않음을 뜻함. ②조름. 강요함.
○凍―, 療―, 泣―, 朝―, 調―.

食2【飤】⑪ 먹일 **사** 寘　sì
[소전]飤 [동자]飼
[字源] 會意. 食+人→飤. 사람(人)이 먹는 것(食), 사람을 기르는 것의 뜻을 나타낸다.
[字解] ①먹이다, 먹게 하다. 〔楚辭〕子推自割而飤君兮. ②기르다, 양육하다. ③밥, 양식.

食2【飽】⑪ 飢(2031)와 동자

食2【飡】⑪ ❶飱(1011)의 속자 ❷飧(2031)의 속자
[參考] 대법원 지정 인명용 한자음은 '손'이다.

食2【飣】⑪ 쌓아 둘 **정** 徑　dìng
[초서]飣 [간체]飣
[字解] ①쌓아 두다, 음식물을 저장하다. ②음식물을 늘어놓다. 〔韓愈·詩〕肴核紛飣餖. ③음식물을 수북이 담다.
【飣餖 정두】음식물을 저장함.
【飣坐 정좌】①과일 따위를 저장함. ②과일 따위를 소복이 괸 것.

食3【飧】⑫ 저녁밥 **손** 元　sūn
[소전]飧 [초서]飧 [속자]飡飱
[字源] 會意. 夕+食→飧. 저녁(夕)에 먹는 것(食)이라는 데서 '저녁밥'의 뜻을 나타낸다.
[字解] ①저녁밥, 석반(夕飯). 〔周禮〕賓賜之飧牢. ②밥, 간단한 식사. 〔禮〕致飧如致積之禮. ③말다, 밥을 물이나 국에 말다. 〔詩經·釋文〕飧, 水澆飯也. ④익힌 음식, 숙식(熟食). 〔詩經〕有饛簋飧. ⑤음식을 권하다. 〔禮記〕君未覆手不敢飧.
【飧牢 손뢰】익힌 음식과 희생(犧牲).
【飧菊 손국】국화(菊花)를 먹음. 고결한 사람의 비유.
【飧饔 손옹】저녁밥과 아침밥. 조석의 식사.
【飧粥 손죽】①죽. ②죽을 먹다.
○盤―, 素―, 饔―.

食3【飦】⑫ 죽 **전** 匦　zhān
[字解] 죽. =饘.〔孟子〕飦粥之食.
【飦粥 전죽】죽. 죽과 미음. ○'飦'은 '된죽'을, '粥'은 '묽은 죽'을 뜻함.

食3【飥】⑫ 수제비 **탁** 藥　tuō
[字解] ①수제비, 밀수제비. ②떡(餅). 〔齊民要術〕麥麨堪作飯及餅飥.

食4【飩】⑬ 찐만두 **돈** 元　tún
[초서]飩 [간체]饨
[字解] 찐만두, 빵. =飪. 〔食物志〕餛飩, 或作餫飩, 象其圓形.

食4【飳】⑬ 만두 **두** 宥　dòu
[字解] ①만두. ②음식을 늘어놓다. =餖.

食4【飼】⑬ 餔(2040)과 동자

食4【飯】⑬ 밥 **반** 阮　fàn

ノ 亽 今 今 令 會 會 飠 飯 飯

[소전]飯 [초서]飯 [동자]飰 [간체]饭
[字源] 形聲. 食+反→飯. '反(반)'이 음을 나타낸다.
[字解] ①밥. 〔禮記〕毋摶飯. ②먹다, 밥을 먹다. 〔史記〕見信飢飯信. ③먹이다, 기르다. 〔呂氏春秋〕甯戚飯牛居車下.
【飯羹 반갱】밥과 국.
【飯磬 반경】절에서, 끼니때를 알리기 위해 치는 경쇠.
【飯顆 반과】밥알. 飯粒(반립).
【飯囊 반낭】밥주머니. 무위도식(無爲徒食)하는 사람을 조롱하는 말. 飯袋(반대).
【飯單 반단】식사 때 무릎에 펴는 수건.
【飯來開口 반래개구】밥이 오면 입을 벌림. 몹시 게으름.
【飯粒 반립】밥알. 飯顆(반과).
【飯米 반미】밥쌀.
【飯噴 반분】입에 든 음식을 내뿜음. 웃음을 터뜨리는 모양. 噴飯(분반).
【飯匕 반비】순가락.
【飯床器 반상기】○격식을 갖추어 밥상 하나를 차리도록 만든 한 벌의 그릇.
【飯匙 반시】숟가락.
【飯食 반식】❶반사 ❷반사 ❶밥을 먹음. ❷밥.
【飯玉 반옥】쌀과 함께 죽은 사람의 입에 물리는 구슬.
【飯牛 반우】소를 먹임. 천한 일에 종사함.
【飯盂 반우】밥을 담는 그릇.
【飯店 반점】중국 음식을 파는 대중음식점.
【飯粘 반점】밥알.

【飯酒 반주】國끼니를 먹을 때 곁들여서 한두 잔 마시는 술.
【飯含 반함】염습(殮襲)할 때, 죽은 사람의 입 속에 구슬이나 쌀·돈 등을 물리는 일.
【飯後之鐘 반후지종】식사 후에 종을 침. 기한(期限)에 뒤져 옴. 故事 당대(唐代)의 왕파(王播)가 양주(揚州)의 혜소사(惠昭寺)에 식객(食客)으로 있을 때, 승려들이 그를 미워하여 밥을 먹은 후에 식사를 알리는 종을 쳐서 그에게는 시간이 지났다고 밥을 주지 않았다는 고사에서 온 말.

◐ 羹―, 乾―, 喫―, 冷―, 多―, 麥―, 米―, 噴―, 夕―, 蔬―, 粗―, 朝―, 酒―, 餐―, 菜―, 炊―, 飽―, 曉―.

食4 【飰】 ⑬ 飯(2031)과 동자

食4 【飧】 ⑬ 飱(2031)의 속자

食4 【飽】 ⑬ 飫(2033)과 동자

食4 【飫】 ⑬ 물릴 어 ▣ yù
[소전] [초서] [동자] [간체] 字解 ①물리다, 실컷 먹다. =飫. 〔詩經〕飮酒之飫. ②주연(酒宴). ㉮입례(立禮)의 주연, 서서 하는 연회. 〔國語〕王公立飫. ㉯사사로운 주연, 은총을 받는 신하들만의 주연. ③편안히 먹다, 식사. 〔漢書〕遵知飮酒飫宴有節. ④주다, 하사하다.
【飫歌 어가】주연(酒宴)에서 부르는 노래.
【飫聞 어문】싫증이 날 만큼 많이 들음.
【飫賜 어사】술과 음식을 충분히 내림.
【飫宴 어연】주연(酒宴).
【飫饒 어요】양식이 풍부함.

◐ 酣―, 厭―, 飮―, 飽―.

食4 【飮】 ⑬ 마실 음 ▣ yǐn
丶夂今今令會食食飮飮
[소전] [초서] [고자] [간체] 字源 會意. 食+欠→飮. 입을 벌리고〔欠〕음식을 먹는다〔食〕는 데서 '마시다'의 뜻을 나타낸다.
字解 ①마시다. ㉮물을 마시다. 〔易經〕君子以飮食宴樂. ㉯술을 마시다. 〔歐陽脩·記〕太守與客來, 飮於此. ②잔치, 주연. 〔戰國策〕張樂設飮. ③음료(飮料), 마실 수 있는 것의 총칭. 〔周禮〕辨四物之飮. ④따르다, 붓다. 〔儀禮〕賓坐祭, 遂飮奠於豊上. ⑤숨기다, 나타내지 않다. 〔漢書〕飮其德. ⑥참다, 가슴에 품다. 〔江淹·賦〕莫不飮恨而吞聲. ⑦병 이름, 천식

(喘息). ⑧마시게 하다. 〔禮記〕酌而飮寡人.
【飮客 음객】술을 잘 마시는 사람. 酒客(주객).
【飮謔 음학】술을 마시며 웃고 즐김.
【飮器 음기】①술잔. ②요강.
【飮德 음덕】덕을 감추고 나타내지 않음.
【飮徒 음도】술친구. 酒友(주우).
【飮樂 음락】술을 마시며 즐김. 술을 마시는 도락(道樂).
【飮露 음로】이슬을 마심. 곧, 신선의 생활.
【飮馬 음마】말에게 물을 먹임.
【飮福 음복】제사를 지내고 나서 제수(祭需)를 나누어 먹는 일.
【飮冰 음빙】얼음을 먹음. 가난한 생활의 비유.
【飮膳 음선】먹고 마실 것. 음식물.
【飮水思源 음수사원】물을 마시면 수원(水源)을 생각함. 근본을 잊지 않음.
【飮食 음식】①사람이 먹을 수 있는 물건. ②먹고 마심.
【飮宴 음연】술을 마시며 즐김. 飮燕(음연).
【飮羽 음우】화살이 화살에 붙인 깃까지 깊이 박힘.
【飮泣 음읍】눈물이 흘러 입으로 들어감. 몹시 섧게 욺.
【飮子 음자】탕약(湯藥).
【飮章 음장】저자(著者)의 이름을 밝히지 않은 글. 익명(匿名)의 글.
【飮漿 음장】음료(飮料).
【飮餞 음전】먼 길을 떠날 때, 도신(道神)에게 제사 지내어 안전을 빌고, 제사가 끝난 뒤에 주연을 베풀던 일.
【飮酒 음주】술을 마심.
【飮至 음지】개선(凱旋)하여 종묘(宗廟)에 고하고 잔치를 베풀던 일.
【飮醉 음취】술을 마시고 취함.
【飮啄 음탁】①새가 물을 마시고 먹이를 쫌. ②사람이 음식을 먹고 생활함.
【飮河滿腹 음하만복】두더지는 작은 짐승이므로 강물을 마셔도 배만 차면 그것으로 만족함. 자기 분수를 따라 만족할 줄 알아야 함.
【飮恨 음한】①원한을 참고 견딤. ②마음속으로 원망함.
【飮血 음혈】피눈물을 마심. 몹시 슬퍼하고 분개(憤慨)함.
【飮禍 음화】술에서 오는 화(禍).
【飮戲 음희】술을 마시며 즐김.

◐ 酣―, 鯨―, 競―, 谷―, 過―, 狂―, 對―, 米―, 侍―, 夜―, 泥―, 淺―, 痛―, 暴―, 浩―, 豪―, 洪―.

食4 【飮】 ⑬ 飮(2032)의 고자

食4 【飪】 ⑬ 익힐 임 ▣ rèn
[소전] [초서] [동자] [간체] 字解 ①익히다, 삶다. 〔論語〕失飪不食. ②잘 끓인 음식. ≒餁.

〔儀禮〕賜饗唯羮飪.
【飪熟 임숙】 음식물을 알맞게 익힘.

食₄【飭】⑬ 신칙할 칙 職 chì

[소전] 飭 [초서] 飭 [간체] 饬
[字解] ❶신칙하다, 훈계하다.〔漢書〕欲令戒飭富平侯廷壽. ❷삼가다, 삼가는 모양.〔漢書〕愛敬飭盡. ❸갖추다, 정비하다.〔漢書〕匡飭天下. ❹가르치다.〔國語〕以飭其子弟. ❺단단히 하다, 다지다. =敕・飾. ❻힘쓰다, 부지런히 하다.〔周禮〕百工飭化八材. ❼공교롭다, 교묘하다.〔戰國策〕文士並飭.
【飭勵 칙려】 타이르고 격려함.
【飭身 칙신】 몸을 삼감.
【飭愿 칙원】 경계하여 삼감.
【飭正 칙정】 정비하여 바로잡음. 몸을 삼가 행실을 바르게 함.
● 敬-, 戒-, 具-, 謹-, 修-, 嚴-, 整-.

食₅【䬅】⑭ 꿀 말 曷 mò

[소전] 䬅 [동자] 秣
[字解] 꿀, 꿀을 먹이다.

食₅【䬳】⑭ 싸라기떡 반 旱 bǎn

[초서] 䬳
[字解] 싸라기로 만든 떡.〔南史〕左右依常以五色䬳飴之, 不肯食.

食₅【飼】⑭ 먹일 사 寘 sì

[초서] 飼 [간체] 饲
[字源] 形聲. 食+司→飼. '司(사)'가 음을 나타낸다.
[字解] ❶먹이, 사료(飼料).〔唐書〕屈指計歸, 張頤待飼. ❷기르다, 치다.
【飼料 사료】 가축에게 주는 먹을거리.
【飼養 사양】 짐승을 기름. 飼育(사육).
【飼育 사육】 가축을 기름.

食₅【飾】⑭ 꾸밀 식 職 shì

[획순] ノ 𠂉 𠂉 今 令 食 𩙿 𩙿 飭 飾

[소전] 飾 [초서] 飾 [동자] 餝 [간체] 饰
[字源] 形聲. 食+人+巾=飾. '𩙿(식)'이 음을 나타낸다. 飾은 본래 닦는다는 뜻이었다.
[字解] ❶꾸미다. ❷청소하다.〔周禮〕凡祭祀飾其牛牲. ❸치장(治粧), 모양을 내다.〔禮記〕婦人不飾, 不敢見舅姑. ❹다스리다, 수선하다, 마무르다.〔春秋穀梁傳〕小邑必飾城而請罪. ❺덮어 가리다.〔禮記〕飾羔鴈者以績. ❻속이다, 속마음과는 달리 거짓으로 둘러대다.〔呂氏春秋〕情者不飾. ❼인공(人工)을 가하여 좋게 하다.〔淮南子〕其質不飾. ❽옷에 가선을 둘러 수식함.〔論語〕君子不以紺緅飾.
❷꾸밈, 장식. ㉮꾸민 것, 꾸미는 일.〔禮記〕文采節奏, 聲之飾也. ㉯의복의 가장자리를 딴 감으로 가늘게 둘러 꾸민 것.〔詩經〕羔裘豹飾. ㉰훌륭한 단장, 성장(盛裝). ❸나타내다.〔禮記〕所以爲至痛飾也. ❹병기(兵器)와 갑주(甲冑) 따위.〔周禮〕設其飾器. ❺마소의 재갈.〔莊子〕前有橛飾之患.
【飾賈 식가】 물건 값을 속여서 비싸게 부름. 더 얹어 매긴 값. ○'賈'는 '價'로 '값'을 뜻함.
【飾觀 식관】 겉모양만 꾸밈. 겉치레만 함.
【飾巧 식교】 교묘하게 속임.
【飾口 식구】 말을 꾸밈. 꾸며서 하는 말.
【飾非 식비】 교묘하게 잘못을 얼버무려 숨김.
【飾詐 식사】 속임. 거짓으로 꾸밈.
【飾辭 식사】 말을 꾸밈. 꾸며서 하는 말.
【飾讓 식양】 겉으로만 사양하는 체함.
【飾言 식언】 말을 꾸밈. 거짓으로 꾸민 말. 飾口(식구).
【飾僞 식위】 거짓으로 겉을 꾸밈. 거짓을 그럴싸하게 꾸밈. 作僞(작위).
【飾擢 식탁】 재능을 칭찬하고 장려하여 발탁함.
【飾行 식행】 행실이 훌륭한 것처럼 보이게 함.
【飾喜 식희】 ⓒ부모의 경사에 잔치를 베풂.
● 假-, 面-, 文-, 美-, 服-, 扮-, 盛-, 修-, 麗-, 裝-, 雕-, 侈-, 虛-, 華-.

食₅【飭】⑭ 배부를 앙 yǐng

[字解] ❶배부르다, 배부른 모양. ❷차다, 가득하다.

食₅【䭇】⑭ 주릴 액 陌 è

[소전] 䭇 [동자] 䭇
[字解] 주리다, 배를 곯다.

食₅【飴】⑭ ❶엿 이 支 yí ❷먹일 사 寘 sì

[소전] 館 [주문] 𩜈 [초서] 飴 [간체] 饴
[參考] 대법원 지정 인명용 한자의 음은 '이'이다.
[字解] ❶❶엿.〔詩經〕菫荼如飴. ❷단맛, 감미(甘味).〔周禮〕五味, 醯, 酒, 飴蜜, 薑鹽之屬. ❸달다. ❹맛 좋은 음식, 미식(美食).〔太玄經〕干于丘飴. ❺보내다, 선사하다. ≒貽.〔漢書〕飴我釐𪍓. ❷❶먹이다, 기르다.〔晉書〕以秕作饘粥, 以飴餓者. ❷양식, 먹을거리.
【飴糖 이당】 엿.
【飴蜜 이밀】 엿과 꿀.

食₅【䬙】⑭ 음식 맛없을 자 馬 jiě

[字解] 음식이 맛이 없다.

食₅【餈】⑭ ❶물릴 자 寘 cì ❷먹기 싫어할 자 紙 cì

[字解] ❶물리다, 실컷 먹어서 먹고 싶지 않다.

❷먹기 싫어하다. 〔管子〕饜食則不肥.

食5 【䉺】⑭ 보리밥 먹을 **작** 〔麗〕 zuò

字解 보리밥, 보리밥을 먹는 모양.

食5 【飽】⑭ 물릴 **포** 〔巧〕 bǎo

字解 形聲. 食+包→飽. '包(포)'가 음을 나타낸다.
①물리다, 싫증이 나다. ㉮배부르다. 〔春秋左氏傳〕無醉飽之心. ㉯음식이 많다. ㉰가득 차다, 만족하다. 〔陸機·賦〕耳飽從諛之說. ②물리게 하다. 〔詩經〕旣飽以德. ③배불리, 실컷. 〔孟子〕飽食煖衣.

【飽看 포간】 싫증이 나도록 봄. 실컷 봄.
【飽喫 포끽】 물리도록 먹음. 飽食(포식).
【飽暖 포난】 배불리 먹고 따뜻하게 입음.
【飽德 포덕】 은덕(恩德)을 흐뭇이 받음.
【飽滿 포만】 넘치도록 가득함.
【飽聞 포문】 싫도록 들음. 널리 세상에 알려짐. 飫聞(어문).
【飽食煖衣 포식난의】 배불리 먹고 따뜻하게 입음. 의식(衣食)이 넉넉하게 지냄.
【飽飫 포어】 물릴 때까지 먹음. 실컷 먹음.
【飽足 포족】 만족하게 함.
【飽學 포학】 학식이 가득함. 학식이 많은 사람.
【飽和 포화】 더 이상의 양을 수용할 수 없을 정도로 가득 참.
❶饑-, 宿-, 厭-, 盈-, 溫-, 饒-, 醉-.

食5 【飶】⑭ 음식 냄새 **필** 〔質〕 bì

字解 ①음식 냄새. ②향기롭다, 향기로운 냄새. 〔詩經〕有飶其香.

食5 【䬁】⑭ 餇(2040)와 동자

食6 【餃】⑮ 엿 **교** 〔效〕

字解 ①엿. ②경단. ③교자(餃子).
【餃子 교자】 밀가루를 반죽하여 소를 넣어 빚은 음식. 만두.
【餃飴 교이】 엿에 곡식 가루를 버무려서 만든 과자.
【餃餌 교이】 찐만두.

食6 【餠】⑮ 餅(2038)의 속자

食6 【養】⑮ 기를 **양** 〔養〕 yàng, yǎng

字解 形聲. 食→養. '羊(양)'이 음을 나타낸다.
字解 ①기르다. ㉮자라게 하다, 성장(成長)시키다. 〔大學〕未有學養子而后嫁者也. ㉯튼튼하게 하다, 건전하게 하다. 〔孟子〕我善養吾浩然之氣. ㉰젖을 먹이다, 품어 기르다. 〔荀子〕父能生之, 不能養之. ㉱치다, 사육하다. 〔古詩〕不是養蠶人. ㉲양생(養生)하다, 건강의 증진을 꾀하다. 〔荀子〕以養生爲己至道. ㉳기민(飢民)을 구제하다, 賑恤(진휼)하다. ㉴略而動竿. ㉵가르치다, 교육하다. 〔禮記〕立太傅少傅, 以養之. ㉶다스리다, 치료하다. 〔孟子〕養心莫善於寡欲. ㉷따르게 하다, 회유(懷柔)하다. 〔魏書〕蔭養奸徒. ②양육, 기르는 일, 기르는 힘. 〔孟子〕雨露之養. ③밥을 짓다. 〔春秋公羊傳〕廝役扈養, 注云, 炊亨者曰養. ④숨기다, 은폐하다. 〔大戴禮〕兄之行, 若不中道則養之. ⑤근심하다. 〔詩經〕中心養養. ⑥비바람, 풍우(風雨). 〔荀子〕各得其養以成. ⑦하배(下輩), 종복. 〔史記〕雖監門之養, 不毅於此. ⑧자식을 낳다. 〔韓詩外傳〕王季遂立而養文王. ⑨젖어머니, 유모. ⑩가렵다. =癢. 〔荀子〕疾養滄熱. ⑪길다, 긴 밤, 동지(冬至). 〔大戴禮〕時有養夜. ⑫꾸미다. ⑬지키다. ⑭즐기다. ⑮취(取)하다. 〔詩經〕遵養時晦. ⑯봉양하다, 부모나 높은 사람을 받들어 모시다. 〔荀子〕龍旗九斿, 所以養信也. ⑰먹을거리를 저장하다. 〔禮記〕群鳥養羞. ⑱이익(利益). 〔管子〕故寒民之養.

【養家 양가】 ①가족을 부양함. ②양자(養子)로 들어간 집.
【養氣 양기】 ①심신의 원기(元氣)를 기름. ②호연지기(浩然之氣)를 기름. ③생물을 자라게 하는 기운.
【養耆 양기】 늙은이를 돌보아 편안히 지내게 함. 養老(양로).
【養女 양녀】 ①딸을 낳아 기름. ②수양딸.
【養豚 양돈】 돼지를 기름.
【養廉 양렴】 청렴결백한 마음을 기르고 지님.
【養老 양로】 노인을 봉양함.
【養母 양모】 ①양가(養家)의 어머니. ②길러 준 수양어머니. 수양모. 義母(의모). ③어머니를 봉양함.
【養目 양목】 눈을 즐겁게 함.
【養牧 양목】 기름. 사육(飼育)함.
【養兵 양병】 군사를 양성함.
【養病 양병】 병을 치료함. 요양함.
【養父 양부】 ①양가(養家)의 아버지. ②길러 준 수양아버지. 수양부. 義父(의부). ③아버지를 봉양함.
【養婦 양부】 어릴 적부터 길러 온 며느리. 민며느리.

【養分 양분】 영양이 되는 성분.
【養嗣 양사】 ①양자. ②양자를 들임.
【養生 양생】 ①장수(長壽)를 위하여 위생에 힘씀. 건강을 위하여 섭생(攝生)함. ②부모 생존 시에 잘 봉양함.
【養生送死 양생송사】 살아 있는 사람을 잘 봉양하고, 죽은 사람을 후하게 장사 지냄.
【養成 양성】 길러 자라게 함.
【養性 양성】 ①착한 천성(天性)을 기름. ②타고난 성(性)을 보존함.
【養羞 양수】 먹을 것을 저장함. ✐'羞'는 '음식물(飮食物)'을 뜻함.
【養視 양시】 ①조심하여 기름. ②기르고 보살핌.
【養息 양식】 ①기름. ②☞養子(양자)①.
【養媳 양식】 민며느리. 養婦(양부).
【養心 양심】 심성(心性)을 훌륭하게 기름.
【養夜 양야】 긴 밤. 동지(冬至).
【養養 양양】 근심 때문에 불안한 모양.
【養銳 양예】 예기(銳氣)를 기름.
【養癰 양옹】 악성 종기를 빨리 치료하지 않고 더욱 악화시킴. 고식적(姑息的)인 처리로 일을 그르침.
【養外 양외】 몸을 보양(保養)함.
【養育 양육】 아이를 보살펴 자라게 함.
【養子 양자】 ①자녀를 낳아 기름. ②양아들.
【養精 양정】 ①정신을 기름. 마음을 괴롭히지 않고 평정 상태로 유지함. ②정력(精力)을 기름. 양기(陽氣)를 돋음.
【養靜 양정】 조용한 곳에서 미음을 기름.
【養拙 양졸】 타고난 소박한 성품을 길러 보전함.
【養地 양지】 왕후(王后)·왕족(王族) 등의 특별한 사유지(私有地).
【養志 양지】 ①자기의 뜻을 기름. 심지(心志)를 고상하게 닦아 가짐. ②어버이의 뜻을 받들어 참된 효도를 다함.
【養眞 양진】 타고난 천성을 기름.
【養治 양치】 기르고 다스림.
【養親 양친】 ①어버이를 봉양(奉養)함. ②양부모(養父母).
【養形 양형】 몸을 기름. 육체를 튼튼하게 함.
【養虎遺患 양호유환】 범을 길러 후환을 남김. 화근(禍根)이 될 것을 그대로 두었다가 후일 화를 당하게 됨.
【養和 양화】 ①화합하도록 노력함. ②화순(和順)의 정신을 기름. ③등을 기대는 기물.
【養花天 양화천】 봄에 꽃이 한창 필 무렵.
【養晦 양회】 은거하여 덕을 기름.
◐ 供-, 教-, 牧-, 撫-, 培-, 保-, 奉-, 扶-, 飼-, 修-, 馴-, 營-, 育-, 滋-, 靜-, 存-, 遵-, 抱-, 哺-, 涵-, 恤-.

食6 【餌】 ⑮ 먹이 이 紙 ěr
소전 𩛮 혹체 䬷 초서 饵 간체 饵 字解 ①먹이, 모이. 〔淮南子〕無餌之釣不可以得魚. ②먹다. 〔後漢書〕常餌葒苡實. ③이익, 정당하지 않은 수단으로 얻은 이익. 〔漢書〕五餌三表. ④미끼를 던지다, 꾀다. 〔正字通〕陰以利誘人亦曰餌. ⑤먹이다. 〔漢書〕適足以餌大國耳. ⑥즐겁게 하다, 기쁘게 해 주다. 〔戰國策〕我以宜陽餌王. ⑦경단. 떡의 한 가지. 〔急就篇〕餅餌麥飯甘豆羹. ⑧쌀과 고기를 섞어 찐 음식. 〔周禮〕羞籩之實, 糗餌粉餈. ⑨힘줄, 수육(獸肉)의 힘줄. 〔禮記〕去其餌. ⑩즐기다, 좋아하다.
【餌口 이구】 음식을 먹음. 생계(生計)를 세움. 糊口(호구).
【餌啗 이담】 먹이를 먹임. 이(利)를 미끼로 하여 남을 꾐.
【餌兵 이병】 적을 유인하는 병사.
【餌藥 이약】 ①약을 먹음. ②國보약(補藥).
【餌敵 이적】 계략으로 적을 유인함.
◐ 糗-, 食-, 藥-, 香-, 好-.

食6 【飪】 ⑮ 飪(2032)과 동자

食6 【餈】 ⑮ 인절미 자 支 cí
소전 𩜀 혹체 餈 혹체 𩛄 간체 餈 字解 인절미. 떡의 한 가지. 〔周禮〕羞籩之實, 糗餌粉餈.
【餈糗 자구】 찐 떡. 인절미·시루떡 따위.

食6 【餞】 ⑮ 餞(2039)의 속자

食6 【挃】 ⑮ 벼 베는 사람 질 質 zhì
字解 ①벼를 베는 사람. ②땅 이름. 〔史記〕臣常遊, 困於齊, 而乞食侄人.

食6 【飧】 ⑮ 飧(2038)과 동자

食6 【餂】 ⑮ 낚을 첨 鹽 tián
초서 𫘭 간체 餂 字解 낚다, 취하다, 꾀어내다. 〔孟子〕是以言餂之也.

食6 【餉】 ⑮ 건량 향 本상 漾養 xiǎng
소전 𩞁 초서 饷 간체 餉 간체 饷 字解 ①건량(乾糧), 도시락. 여행하는 사람이나 들에서 일하는 사람에게 보내는 음식. 〔書經〕乃葛伯仇餉. ②군량(軍糧), 세금, 군자금(軍資金). ③잠깐 동안, 식사(食事)할 정도의 짧은 시간. 〔韓愈·詩〕雖得一餉樂. ④보내다. ㉮나그네 들일하는 사람에게 음식을 대접하다. 〔孟子〕有童子, 以黍肉餉. ㉯남에게 물품을 주다. 늑贈. 〔魏志〕以所著典論及詩賦餉孫權. ㉰양식을 보내다. 〔漢書〕老弱轉餉.
【餉穀 향곡】 군량(軍糧)으로 쓰던 곡식.

【餉饋 향궤】 군량. 군용미(軍用米).
【餉給 향급】 군량을 보내 줌.
【餉道 향도】 군량을 운반하는 길.
【餉酬 향수】 금전이나 물품 등을 답례로 보냄.
【餉億 향억】 공급(供給)하여 보내는 물품.
【餉遺 향유】 먹을거리를 선사함.
● 軍-, 餽-, 糧-, 午-, 一-, 朝-.

食7 【餒】⑯ 주릴 뇌 圖 něi

餒 餒 餒 字解 ①주리다, 굶주리다. ≒餧. 〔韋承慶·啓〕朝夕皇皇, 惟憂餒饉. ②굶기다, 굶주리게 하다. 〔孟子〕凍餒其妻子. ③굶주림, 기아(飢餓). 〔論語〕耕也, 餒在其中矣. ④썩다, 고기가 썩어 문드러지다. 〔論語〕魚餒而肉敗不食.
【餒饉 뇌근】 굶주림.
【餒棄 뇌기】 굶주려 투신 자살함.
【餒病 뇌병】 굶주려 병듦. 굶주려 힘이 빠짐.
【餒士 뇌사】 굶주린 선비.
【餒魂 뇌혼】 굶주린 혼백. 후손에게서 제사를 받지 못하는 영혼.
● 困-, 貧-, 羸-, 飽-, 豊-, 乏-, 寒-.

食7 【餖】⑯ 늘어놓을 두 圖 dòu

餖 餖 字解 늘어놓다, 음식을 상에 죽 차려 놓다. 〔韓愈·詩〕肴核紛飣餖.
【餖飣 두정】 ①음식을 다 먹을 수 없을 만큼 많이 늘어놓음. ②문사(文詞)를 짓는데, 부질없이 고어(古語)·고자(古字)를 그대로 답습하여 늘어놓음.

食7 【餑】⑯ 떡 발 月 bō

餑 餑 字解 ①떡, 만두. ②길다. ③차(茶) 위에 뜨는 거품. 〔茶經〕凡酌, 置諸盌, 令沫餑均, 沫餑, 湯之華也.

食7 【餗】⑯ 죽 속 屋 sù

鬻 餗 餗 悚 字解 ①죽, 늦粥. ②솥 안에 든 음식물. =鬻. 〔易經〕鼎折足, 覆公餗. ③흉조(凶兆). 〔後漢書〕必有折足 覆餗之凶.

食7 【餓】⑯ 주릴 아 圖 è

餓 餓 饿 字源 形聲. 食+我→餓. '我(아)'가 음을 나타낸다.

字解 ①주리다, 몹시 굶주리다. 〔禮記〕夫子爲粥與國之餓者. ②굶기다, 굶주리게 하다. 〔孟子〕餓其體膚. ③굶주림, 기아(飢餓). 〔後漢書〕伯夷守餓. ④먹을 것이 없어 곤란을 겪다. 〔淮南子〕無一旬餓.
【餓鬼 아귀】 ①(佛)아귀도에 빠진 귀신. ②염치 없이 먹을 것만 탐내는 사람.
【餓鬼道 아귀도】 (佛)삼악도(三惡道)의 하나. 늘 굶주리고 매를 맞는 곳.
【餓饉 아근】 굶주림. 굶주린 사람.
【餓狼 아랑】 ①굶주린 이리. ②탐욕스러운 사람의 비유. ③잔인한 사람의 비유.
【餓死 아사】 굶어 죽음.
【餓殺 아살】 굶겨 죽임.
【餓莩 아표】 굶어 죽은 시체. 餓殍(아표).
【餓虎 아호】 굶주린 범. 몹시 위험하거나, 탐욕스럽고 포악한 사람의 비유. 餒虎(뇌호).
● 困-, 窮-, 飢-, 饑-, 凍-, 殍-, 寒-.

食7 【餘】⑯ 남을 여 魚 yú

丿 㐅 今 今 숯 숯 숯 餘 餘 餘
餘 餘 余 余 字源 形聲. 食+余→餘. '余(여)'가 음을 나타낸다.
字解 ①남다. ㉠넉넉하다, 여유가 있다. 〔荀子〕不求其餘. ㉡나머지, 잉여(剩餘). 〔孟子〕乞其餘不足. ㉢그 이상(以上). 〔張華·遊俠篇〕食客三千餘. ㉣뒤, 결말, 필경, 결국. 〔何休·序〕此世之餘事. ㉤말미, 겨를. 〔莊子〕則用天下而有餘. ㉥그 이외의 것. 〔吳志〕餘皆釋放. ②죄다, 남김없이.
【餘暇 여가】 일이 없어 한가로운 시간.
【餘皆倣此 여개방차】 여타(餘他)의 것은 다 이와 같음.
【餘慶 여경】 조상이 쌓은 덕으로 자손이 받게 되는 경사. 餘福(여복).
【餘光 여광】 ①해가 진 뒤에 남은 빛. 석양의 햇살. ②넘치는 빛. 인덕(人德)·위세(威勢) 등이 저절로 밖으로 나타남의 비유. ③남은 은덕. 餘德(여덕). ④발광체(發光體)에서 멀리 떨어진 곳을 비추는 약한 빛.
【餘教 여교】 ①유훈(遺訓). ②여타의 가르침. ③후세에 전해진 교훈.
【餘念 여념】 딴 생각.
【餘怒 여노】 심한 노여움. 격렬한 분노.
【餘談 여담】 본 줄거리와 관계없는 딴 이야기.
【餘德 여덕】 나중까지 남아 있는 은덕.
【餘桃啗君 여도담군】 먹다 남은 복숭아를 임금에게 먹임. 애증(愛憎)의 변화가 심함. 故事 춘추 시대 위(衛)나라의 미자하(彌子瑕)가 임금의 총애를 받을 때에는 제가 먹던 복숭아를 바쳐 신임을 얻었으나, 총애를 잃은 후에는 그 행동 때문에 죄를 얻어 처벌을 받았다는 데서 온 말.
【餘力 여력】 남은 힘.
【餘瀝 여력】 술잔에 남은 찌끼. 남이 베풀어 준

食部 7획 餇 餞 餼

은혜(恩惠)의 비유.
【餘祿 여록】 여분의 소득(所得).
【餘錄 여록】 남은 기록.
【餘論 여론】 본론에 덧붙인 의론.
【餘望 여망】 남아 있는 희망.
【餘命 여명】 남아 있는 목숨.
【餘民 여민】 나라가 망한 뒤에 살아남은 백성.
【餘芳 여방】 ①남아 있는 향기. ②다른 꽃. ③죽은 뒤까지 남은 명예.
【餘白 여백】 글씨를 쓰고 남은 빈 자리.
【餘夫 여부】 ①아직 정년(丁年)에 이르지 않은 남자. ②한 집안의 주장되는 사람 이외에 경작 능력이 있는 사람.
【餘分 여분】 나머지.
【餘事 여사】 ①여가에 하는 일. 여력(餘力)으로 하는 일. ②딴 일. 他事(타사).
【餘師 여사】 ①㉠딴 스승. ㉡많은 스승. ②㉠나머지 군대(軍隊). ㉡딴 군대.
【餘生 여생】 ①남은 생애. ②간신히 살아난 목숨. 근근이 붙어 있는 목숨.
【餘粟 여속】 여분의 곡식.
【餘習 여습】 타성이 된 습성. 평소의 습관.
【餘燼 여신】 타다 남은 불. 사물의 나머지나 유민(遺民)·패잔병의 비유.
【餘殃 여앙】 조상의 악덕(惡德)으로 자손이 받는 재앙.
【餘哀 여애】 ①채 다 가시지 않은 슬픔. ②위로 할 길 없는 지극한 슬픔.
【餘孼 여얼】 패망한 집의 남은 자손.
【餘業 여업】 ①선인(先人)이 남긴 공업(功業). ②본업 이외의 일. 副業(부업).
【餘烈 여열】 ①선조가 남긴 공훈이나 공덕. 餘威(여위). ②선인들이 남긴 부덕(不德). 餘毒(여독).
【餘炎 여염】 ①타고 남은 불꽃. ②늦더위.
【餘榮 여영】 ①조상이 남긴 영예. 죽은 뒤까지 남은 영예. ②분에 넘치는 영광. 대단한 영예.
【餘贏 여영】 나머지.
【餘裔 여예】 ①자손(子孫). ②말류(末流).
【餘蘊 여온】 ①남아 있는 저축. ②나머지. 잔여(殘餘).
【餘饒 여요】 남아돎. 물자가 풍부함.
【餘姚之學 여요지학】 왕양명(王陽明)의 학파. ○왕양명이 절강성(浙江省) 여요(餘姚) 출신인 데서 온 말. 陽明學(양명학).
【餘運 여운】 남은 운수. 아직 더 흥왕(興旺)할 운기(運氣).
【餘韻 여운】 ①아직 가시지 않고 남아 있는 운치. ②☞餘音(여음).
【餘裕 여유】 ①남아돎. ②침착하고 작은 일에 얽매이지 않음. 느긋하고 대범함.
【餘音 여음】 소리가 그친 뒤에도 남아 있는 음향. 餘響(여향).
【餘蔭 여음】 ①넉넉한 그늘. ②조상의 공덕으로 자손이 받는 복.
【餘日 여일】 ①남아 있는 날짜. ②☞餘命(여명). ③한가한 날. 다른 날.

【餘子 여자】 ①맏아들 이외의 아들. 衆子(중자). ②본인 이외의 사람들. 여타의 사람. ③나이 어린 사람.
【餘滴 여적】 남아 있는 물방울.
【餘情 여정】 ①잊을 수 없는 생각. 마음속 깊이 남아서 가시지 않는 정. ②잊히지 않는 풍정(風情). 언외(言外)의 정취. ③뒤에 남는 운치. 餘韻(여운).
【餘醒 여정】 덜 깬 취기(醉氣). 餘醺(여훈).
【餘胙 여조】 제사 지내고 남은 고기.
【餘祚 여조】 후일에 남을 행복.
【餘照 여조】 저녁놀. 殘照(잔조).
【餘罪 여죄】 주가 되는 죄 이외의 다른 죄.
【餘地 여지】 ①어떤 일을 하거나 어떤 일이 일어날 가능성이나 희망.
【餘塵 여진】 옛 사람이 남긴 업적의 자취.
【餘震 여진】 큰 지진이 일어난 다음에 얼마 동안 잇따라 일어나는 작은 지진.
【餘責 여책】 사후(死後)까지 져야 할 책임.
【餘喘 여천】 임종(臨終)에 가까운 사람의 끊길 듯한 숨소리. 죽음에 임박한 목숨.
【餘醜 여추】 악인들의 잔당(殘黨).
【餘澤 여택】 선인(先人)이 남긴 은택.
【餘波 여파】 ①큰 물결이 지나간 뒤에 일어나는 잔물결. ②어떤 일이 끝난 뒤에 남아서 미치는 영향.
【餘風 여풍】 남아 있는 풍습.
【餘恨 여한】 남은 원한. 풀리지 않는 원한.
【餘寒 여한】 남은 추위. 늦추위.
【餘香 여향】 ①다 사라지지 않고 아직 남아 있는 향기. ②그윽한 향기.
【餘絢 여현】 넘칠 듯한 아름다움.
【餘嫌 여혐】 아직 남아 있는 혐의.
【餘歡 여환】 ①다함이 없을 정도의 기쁨. ②미미한 기쁨.
【餘悔 여회】 뉘우침을 남김. 후회함.
【餘煦 여후】 남아 있는 온기(溫氣).
【餘暉 여휘】 ①저녁놀. 석양. 殘照(잔조). ②두루 미치는 은택. ③위인·위업 등의 자취.
【餘痕 여흔】 남아 있는 자국.
【餘興 여흥】 놀이가 끝에 남아 있는 흥.

◐ 睡一, 旬一, 盈一, 雨一, 月一, 有一, 遺一, 閨一, 剩一, 殘一, 祝一, 春一, 閑一, 刑一.

食7【餇】⑯ 물릴 연 囷 yuàn
소전 餇 字解 물리다, 너무 먹어서 싫증이 나다. 〔陸機·賦〕味窮理而不餇.

食7【餞】⑯ ❶탐할 원 囷
❷탐내어 먹을 만 囷 mǎng
字解 ❶탐하다, 탐내다. ❷탐내어 먹다, 탐식(貪食)하다.

食7【餼】⑯ 밥 쉴 읍 囷 yì
字解 밥이 쉬다.

食 7 【餕】 ⑯ 대궁 준 圜 jùn

①대궁, 먹다 남은 밥. 〔論語·釋文〕食餘曰餕. ②대궁을 먹다. =饌. 〔禮記〕日中而餕. ③익힌 음식. 〔春秋公羊傳〕餕饔未就.
【餕餘 준여】먹다 남긴 음식물.
【餕饔 준옹】익힌 음식물.

食 7 【餐】 ⑯ ❶먹을 찬 寒 cān ❷밥 말 손 元 sūn

참고 대법원 지정 인명용 한자의 음은 '찬'이다.
字源 形聲. 奴+食→餐. '奴(잔)'가 음을 나타낸다.
字解 ❶①먹다, 마시다. 〔詩經〕使我不能餐兮. ②음식물. 〔漢書〕列侯幸得賜餐錢奉邑. ③곁두리. 끼니 외에 참참이 먹는 음식. 〔漢書〕令其裨將傳餐. ④점심밥, 주식(晝食). ⑤칭찬하다, 찬미하다. 〔王儉·碑〕餐東野之祕寶. ❷①밥을 말다, 밥에 물을 부어 풀다. 〔列子〕見而下壺, 餐以餔之. ②저녁밥, 석반. =飧.
【餐啖 찬담】먹음.
【餐饕 찬도】음식이나 재물을 탐냄. 또는 그런 사람.
【餐飯 찬반】①밥을 먹음. ②식사. 음식물.
【餐松飲澗 찬송음간】소나무 열매를 먹고 개울물을 마심. 세속을 떠나 생활함.
【餐食 찬식】①먹음. ②식사(食事).
【餐錢 찬전】천자가 신하에게 하사하는 돈.
【餐啄 찬탁】쪼아 먹음.
【餐霞之人 찬하지인】놀을 먹고 사는 사람. 곧, 선인(仙人).
●佳-, 晚-, 常-, 素-, 正-, 朝-, 晝-.

食 7 【餔】 ⑯ 새참 포 虞 bū

字解 ①새참, 오후 4시경인 신시(申時)에 먹는 곁두리. 〔呂氏春秋〕餔至下餔, 下餔至日夕. ②밥, 식사. 〔說文·解字〕凡食皆曰餔. ③먹다, 음식을 먹다. 〔楚辭〕何不餔其糟 而歠其醨. ④먹이다, 기르다. =哺. 〔漢書〕呂后出餔因之. ⑤마시다, 음식물을 들이마시다. ⑥주다, 하사하다. 〔太玄經〕或益之餔. ⑦엿, 굳힌 엿. ⑧저녁 무렵. =晡. 〔後漢書〕非朝餔, 不得通.
【餔時 포시】새참을 먹을 무렵, 지금의 오후 4시경. 晡時(포시).
【餔食 포식】①식사(食事). ②오후 4시경에 먹는 새참.
【餔啜 포철】먹고 마심. 飲食(음식).
●玉-, 饌-, 含-.

食 7 【餗】 ⑯ 飽(2034)의 고자

食 8 【館】 ⑰ 객사 관 旱 guǎn

字源 形聲. 食+官→館. '官(관)'이 음을 나타낸다.
字解 ①객사, (院)여관. 〔詩經〕適子之館兮. ②사람이 상주(常住)하지 않는 건물. 관청·학교 따위. 〔後漢書〕府署館舍, 碁列於都鄙. ③묵다, 투숙하다. 〔春秋左氏傳〕館于寫氏. ④묵게 하다, 유하게 하다. 〔孟子〕帝館甥于貳室. ⑤감실(龕室). 사당 안에 신주를 모셔 두는 장(欌). 〔周禮〕祭祀則共匪主及道布及蒩館. ⑥귀인(貴人)의 저택. ⑦송대(宋代) 한림원(翰林院)의 딴 이름. ⑧國홍문관(弘文館)과 예문관(藝文館).
【館閣氣 관각기】문장이 장중(莊重)하고 전아(典雅)함.
【館閣文字 관각문자】國홍문관·예문관에서 왕명을 받들어 지은 시문(詩文).
【館穀 관곡】①군병(軍兵)이 적의 관사(館舍)에 들어가 그 양곡을 먹음. ②빈객에게 숙소와 음식을 제공함.
【館甥 관생】사위. 女婿(여서).
【館驛 관역】역참(驛站). 역사(驛舍).
【館人 관인】관사를 지키고 손을 접대하던 사람.
●開-, 客-, 公-, 空-, 舊-, 宮-, 旅-, 別-, 本-, 分-, 賓-, 舍-, 商-, 書-, 僧-, 新-, 族-, 驛-, 閉-, 學-, 華-.

食 8 【餤】 ⑰ ❶권할 담 覃 tán ❷먹을 담 勘 dàn

字解 ❶①권하다, 음식을 권하다. ②나아가다, 전진하다. 〔詩經〕盜言孔甘, 亂是用餤. ❷①먹다, 먹이다. =啗. ②미끼를 먹이다, 낚다. 〔史記〕故以齊餤天下. ③떡. 곡식 가루를 익혀 만든 음식의 한 가지.

食 8 【餢】 ⑰ 가루떡 도 豪 táo

字解 ①가루떡, 떡. ②땅 이름, 도음(餢陰). 춘추 시대 제(齊)나라의 땅 이름.

食 8 【餅】 ⑰ 떡 병 梗 bǐng

字解 ①떡, 밀이나 보릿가루로 만든 떡. =餠. ②먹다. ③떡처럼 얇고 편편한 것. 〔韓偓·詩〕賸取君王幾餅金.
【餅金 병금】떡같이 둥글넓적하게 만든 금덩이.
【餅師 병사】떡을 파는 사람. 떡 장수.
【餅銀 병은】떡같이 둥글넓적하게 만든 은덩이.

食 8 【餴】 ⑰ 고두밥 분 文 fēn

[초서] 餼 [字解] 고두밥, 지에밥. 쌀을 물에 불려 시루에 쪘다가 다시 물을 쳐서 찐, 고들고들한 밥. 〔詩經〕挹彼注茲, 可以餴饎.

食8 【餙】⑰ 飾(2033)과 동자

食8 【餚】⑰ 飫(2032)와 동자

食8 【餧】⑰ ❶먹일 위 ❷주릴 뇌 wèi něi
[소전] 饢 [동자] 餵 [字解] ❶❶먹이다, 기르다. 〔楚辭〕鳳亦不貪餧而妄食. ❷밥, 음식물. ❷❶주리다, 주림, 기아. 〔漢書〕發倉廩, 振乏餧. ❷생선이 썩다. 〔論語〕魚餒而肉敗. 〔校勘記〕按, 說文作餒.
【餧食 위사】 먹여 기름.
【餧足 위족】 충분하게 음식물을 줌.
【餧馬 ❶위마 ❷뇌마】 ❶말을 먹여 기름. ❷굶주린 말.

食8 【餂】⑰ ❶배부를 임 ❷떡 녑 rěn niè
[字解] ❶❶배부르다, 배불리 먹다. ❷익힌 음식. = 飪. ❷떡.
【餂頭 엽두】 볶은 쌀과자. 산자(饊子).

食8 【餦】⑰ 산자 장 zhāng
[초서] 铊 [字解] ❶산자(饊子), 유과. 찹쌀가루를 납작하게 반죽하여 기름에 지진 후에, 꿀이나 조청을 바르고 튀밥이나 깨 같은 것을 입힌 음식. ❷엿〔飴〕. ❸떡.
【餦餭 장황】 ❶말린 기장 엿. ❷산자(饊子).

食8 【餞】⑰ 전별할 전 jiàn
[소전] 饯 [초서] 饯 [속초] 饯 [간체] 饯 [字解] ❶전별하다, 주식(酒食)을 대접하여 가는 사람을 보내다. 〔詩經〕飲餞于禰. ❷송별연, 가는 사람에게 주는 예물. 〔國語〕賓饗贈餞. ❸권하다, 음식을 권하다. ❹보내다, 가는 때를 아쉬워하며 주식을 차려 놓고 놀다. 〔書經〕寅餞納日.
【餞別 전별】 ❶떠나는 사람을 배웅함. 잔치를 베풀어 작별함. ❷송별 때 선물로 주는 돈이나 물품.
【餞席 전석】 전별의 연회석.
【餞送 전송】 전별하여 보냄.
【餞筵 전연】 송별연(送別宴).
【餞飲 전음】 작별의 주연(酒宴). 餞杯(전배).
【餞春 전춘】 봄을 보냄. 가는 봄을 아쉬워하며 주연을 차려 즐김.
【餞行 전행】 ❶전별함. ❷길 떠나는 사람에게 주는 물품이나 시가(詩歌).
❶供-, 郊-, 送-, 勝-, 宴-, 飲-, 偉-,
臨-, 祖-, 贈-, 追-, 親-.

食8 【餟】⑰ 군신제 체·철 zhuì
[소전] 餟 [동자] 醊 [字解] ❶군신제(群神祭). 군신(群神)의 신위(神位)를 늘어놓고, 술을 땅에 뿌려 한꺼번에 지내는 제사. = 腏. 〔史記〕其下四方地爲餟食. ❷제사 지내다.
【餟酹 체뢰】 제사 지낼 때에 술을 부음.
【餟食 체식】 제사 지낼 때에 올리는 음식.

食8 【餕】⑰ 饎(2043)와 동자

食8 【餡】⑰ 소 함 xiàn
[초서] 餡 [간체] 馅 [字解] ❶소, 떡의 소. ❷맛이 너무 달다. = 菡.

食8 【餉】⑰ 餇(2035)과 동자

食8 【餛】⑰ 떡 혼 hún
[초서] 餛 [간체] 馄 [字解] ❶떡. ❷만두, 빵.

食8 【餚】⑰ 반찬 효 yáo
[초서] 餚 [字解] ❶반찬, 안주. = 肴. 〔國語〕親戚宴饗, 則有餚烝. ❷먹다. = 肴. 〔班固·典引〕餚覈仁義之林藪.
【餚烝 효증】 양념을 한, 저민 고기.
【餚覈 효핵】 먹음.

食9 【餪】⑱ 풀보기 난 nuǎn
[字解] ❶풀보기. 새색시가 혼인한 3일 후에 시부모를 뵈러 갈 때 가지고 가는 상. ❷음식 대접하다.

食9 【餳】⑱ 엿 당·성 xíng
[소전] 餳 [초서] 餳 [간체] 饧 [字解] ❶엿, 굳힌 엿. ❷쌀강정. 쌀로 만든 강정. = 饎·餳.

食9 【餿】⑱ 쉴 수 sōu
[동자] 餿 [字解] 쉬다, 밥맛이 변하다. 〔六書故〕餿, 飯傷濕熱.

食9 【餲】⑱ 쉴 애 ài
[소전] 餲 [초서] 餲 [字解] ❶쉬다, 음식 맛이 변하다. = 饐. 〔論語〕食饐

而餲. ②유과, 유밀과, 산자.

食9 【饒】⑱ 饒(2042)의 속자

食9 【餫】⑱ ❶보낼 운 囿 yùn ❷만두 혼 囥 hún
소전 餫 초서 𰣽 字解 ❶①보내다, 양식을 보내 주다.〔春秋左氏傳〕宣伯餫諸穀. ②옮기다, 운반하다. ＝運.〔詩經·箋〕營謝轉餫之役. ❷만두, 빵. ≒餛.
【餫夫 운부】양식을 운반하는 사람.
【餫飩 혼돈】찐 고기만두. 餛飩(혼돈).

食9 【餧】⑱ 餒(2039)와 동자

食9 【餶】⑱ 餋(2035)와 동자

食9 【餰】⑱ 죽 전 囮 銑 jiān
字解 죽.〔荀子〕酒醴餰鬻.
【餰餌 전이】된죽과 찹쌀떡.
【餰鬻 전죽】된죽과 묽은 죽.

食9 【餽】⑱ 饋(2042)의 본자

食9 【饕】⑱ 탐할 철 屑 tiè
초서 𰣾 字解 탐하다, 음식을 욕심내어 먹다.〔春秋左氏傳〕天下謂之饕餮.
【饕饕 철도】음식이나 재물을 탐냄. 탐욕스러움.

食9 【䭀】⑱ 國떡 편
字解 떡. 가루음식의 한 가지.

食9 【餬】⑱ 기식할 호 虞 hú
소전 餬 초서 䬳 동자 𩜊 字解 ①기식(寄食)하다, 남의 집에 식객으로 붙어 살다. ②죽. ③죽을 먹다, 가난하게 살다, 입에 풀칠하다.〔莊子〕足以餬口. ④험한 음식, 조식(粗食).〔六書故〕餬, 薄食也.
【餬口 호구】①남에게 기식함. 식객(食客)이 됨. ②죽을 먹음. 겨우 먹고살음.
【餬口之策 호구지책】생활비를 마련할 방책. 그저 겨우 먹고살아 가는 방도.
【餬帛 호백】비단에 풀을 먹임.
【餬饘 호전】죽(粥).
【餬紙 호지】종이를 바름.

食9 【餭】⑱ 산자 황 陽 huáng
字解 ①산자(饊子), 유과(油菓), 유밀과(油蜜菓). ②엿, 굳힌 엿.

食9 【餱】⑱ 건량 후 尤 hóu
소전 餱 초서 𩛿 字解 건량(乾糧), 말린 밥. 먼 길을 떠나는 사람이 휴대하던 양식. ＝糇.〔詩經〕或負其餱.
【餱糧 후량】밥을 말려서 만든 양식.

食10 【餻】⑲ 떡 고 豪 gāo
소전 餻 초서 䭃 字解 떡, 경단. ＝糕.

食10 【餲】⑲ 쉴 구 宥 qiù
字解 쉬다, 밥이 쉬다, 음식이 상하다. ＝糗.

食10 【饋】⑲ 보낼 궤 寘 kuì
소전 饋 초서 䭃 字解 ①보내다, 보내는 것. 금전·식량 등을 대접하여 보내는 일. ≒饟.〔孟子〕王饋兼金一百而不受. ②제사.〔說文·解字〕吳人謂祭曰饋. ③흉년, 곡식의 수확이 없음.〔墨子〕四穀不收, 謂之饋.
【饋歲 궤세】연말에 친척·친구 등에게 음식을 보냄. 세말(歲末)의 선물.
【饋饟 궤양】➡饋餉(궤향).
【饋運 궤운】양식을 운반함.
【饋遺 궤유】음식물이나 금품을 보냄.
【饋餌 궤이】음식물을 보내 줌.
【饋餉 궤향】①음식물을 보냄. ②군량.
【饋恤 궤휼】양식을 주어 구휼함.

食10 【餹】⑲ 엿 당 陽 táng
초서 𧠷 字解 엿, 굳힌 엿. ＝餳·糖.
【餹霜 당상】얼음사탕을 잘게 부순 것.

食10 【餾】⑲ 饋(2042)와 동자

食10 【餺】⑲ 수제비 박 藥 bó
초서 𦚽 동자 飥 간자 馎 字解 수제비, 박 탁(餺飥).〔事物異名錄〕唐人謂湯餠爲不托, 今謂之餺飥.

食10 【餿】⑲ 餒(2039)와 동자

食10 【饁】⑲ 들밥 엽 葉 yè
소전 饁 초서 䭃 字解 ①들밥. 들에서 일하는 사람에게 보내는 음식.

〔詩經〕有饛其飶. ❷들밥을 내가다. 〔詩經〕饁彼南畝.

食10【𩜹】⑲ 찐 떡 퇴 灰 duī
字解 찐 떡. 쪄서 둥글게 뭉쳐 만든 떡. 〔李莘·詩〕拈䭔舐指不知休.

食10【餻】⑲ ❶호궤할 호 本고 豪 kāo ❷떡 고 豪 gāo
字解 ❶①호궤(犒饋)하다, 군사를 위로하여 음식을 베풀어 주다. =犒. ②위로하다, 노고를 치하하다. =犒. ❷떡, 경단(瓊團). =餻.

食10【餼】⑲ 보낼 희 困 xì
字解 ①보내다, 대접하다. 〔玉篇〕餼, 饋餉也. ㉮희생(犧牲)을 보내다. 〔儀禮〕餼之以其禮. ②보내는 양식, 보내는 식량이나 말먹이. 〔國語〕公臾之餼. ③봉록, 녹미(祿米). 〔禮記〕皆有常餼. ④날로 먹는 음식 〔管子〕問死事之寡, 其餼廩何如. ⑤희생, 제물로 바치는 산 짐승. 소·양 따위. 〔論語〕子貢欲去告朔之餼羊. ⑥배불리 먹다.
【餼牽 희견】살아 있는 희생(犧牲). ○소·양 위는 끌고 가는 데서 '牽' 자를 씀.
【餼牢 희뢰】제수로 바친 희생.
【餼羊 희양】삭망(朔望)에 종묘에 희생으로 바치는 양.
【餼獻 희헌】희생을 바침.
●軍-, 饋-, 牢-, 常-, 生-, 饔-, 獻-.

食11【饉】⑳ 흉년 들 근 震 jǐn
字解 ①흉년 들다, 흉년, 기근(饑饉). ㉮채소의 흉작. 〔說文解字〕蔬不熟爲饉. ㉯곡식의 흉작. 〔春秋穀梁傳〕三穀不升, 謂之饉. ②주리다, 굶어 죽다. =殣. 〔班彪·論〕夫餓饉流隷.

食11【饅】⑳ 만두 만 寒 mán
字解 만두. 〔事物紀原〕饅頭疑自武侯始也.
【饅頭 만두】밀가루를 얇게 반죽하여 소를 넣고 둥글게 빚어서 삶거나 찐 음식.

食11【飫】⑳ 배부를 어·우 御 yù
字解 ①배부르다. =飫. 〔詩經〕食宜飫, 如酌孔取. ②편안히 먹다. =飫.

食11【饕】⑳ 饗(2043)과 동자

食11【饗】⑳ ❶맛없을 잠 感 zǎn ❷간볼 점 琰 jiǎn
字解 ❶맛이 없다. ❷①간을 보다, 음식의 맛을 보다. ②맛이 싱겁다, 간기가 적다.

食11【饑】⑳ 일월의 식 적 陌 zhāi
字解 일월(日月)의 식(蝕), 일식(日蝕)하다, 월식(月蝕)하다.

食11【饞】⑳ 게걸들릴 종 江 chuáng
字解 게걸들리다, 음식을 욕심내어 먹다.

食11【饆】⑳ 떡 필 質 bì
字解 떡, 빵. 소를 넣은 밀가루 떡.

食12【饋】㉑ 먹일 궤 寘 kuì
字解 ①음식을 대접하다, 호궤(犒饋)하다. 〔春秋左氏傳〕齊人饋之. ②음식이나 물건을 보내다, 공으로 주다. ≒歸. 〔禮記〕顏淵之喪饋祥肉. ③드리다, 올리다. ㉮음식을 올리다. ㉯물건을 어른에게 올리다. 〔周禮·注〕進物於尊者曰饋. ④밥. ㉮식사. 〔易經〕在中饋. ㉯조석의 끼니. 〔儀禮〕燕養饋羞. ⑤선물, 보내 준 음식이나 물건. 〔論語〕朋友之饋. ⑥제사 이름. 〔王僧達·文〕敬陳奠饋.
【饋糧 궤량】양식을 보냄. 군량을 운반함.
【饋歲 궤세】연말에 보내는 선물. 饋歲(궤세).
【饋食 궤식】①제사 때 익힌 음식을 바치는 일. ②음식물을 선사함.
【饋遺 궤유】물품을 보냄. 진물(進物)을 보냄. 餽遺(궤유).
【饋奠 궤전】제물을 갖추어 신에게 제사함.
【饋饌 궤찬】윗사람에게 드리는 음식.
【饋餼 궤희】음식물을 날것으로 보냄.
●佳-, 饁-, 薄-, 野-, 羊-, 糧-, 奠-, 中-, 饌-, 餉-, 獻-, 厚-.

食12【饑】㉑ 주릴 기 微 jī
字解 ①주리다, 굶주리다. 〔淮南子〕寧一月饑. ②흉년, 기근(饑饉). 〔墨子〕五穀不收, 謂之饑.
【饑渴 기갈】굶주림과 목마름.
【饑歉 기겸】①양식이 없어 굶주림. ②흉년이 듦, 기근이 듦.
【饑窮 기궁】굶주려 고생함.
【饑倦 기권】굶주려 지침. 飢倦(기권).

食部 12획 饒 餾 饙 饊 饍 饒 饐 饌

【饑饉 기근】흉년. ◎'饑'는 '곡식이 익지 않음'을, '饉'은 '채소가 자라지 않음'을 뜻함.
【饑溺 기닉】굶주리는 일과 물에 빠지는 일. 백성의 고통이 절박함.
【饑凍 기동】굶주리고 추위에 떪.
【饑狼 기랑】굶주린 이리. 위험스러운 것의 비유. 飢狼(기랑).
【饑癘 기려】기아와 질병.
【饑流 기류】굶주려 유리(流離)함.
【饑色 기색】굶주린 안색.
【饑歲 기세】흉년.
【饑穰 기양】식량이 부족함과 넉넉함. 기근과 풍양(豊穰).
【饑弊 기폐】굶주리고 피폐함.
【饑飽 기포】굶주림과 배불리 먹음.
【饑寒 기한】허기와 추위. 굶주리고 추위에 떪. 飢寒(기한).
◐ 大─, 兵─, 歲─, 豊─, 荒─.

食 【饒】 ㉑ 國 요기할 료
12
[字解] 요기(饒飢)하다. 조금 먹어서 시장기를 면하다.

食 【餾】 ㉑ 찔 류 鬮 㐰 liù
12
[小篆] 餾 [動字] 餾 [簡體] 馏 [字解] ①찌다, 물에 불린 쌀을 시루에 넣어 찌다. ②뜸 들다, 밥이 충분히 익다. 〔爾雅·注〕饙熟爲餾. ③고두밥, 쌀을 쪄서 고들고들하게 지은 밥.

食 【饙】 ㉑ 찔 분 囟 fēn
12
[字解] ①찌다, 익히다. 〔韓愈·詩〕或如火熺焰, 或若氣饙饎. ②고두밥, 쪄서 지은 밥. ③선밥, 충분히 익지 않은 밥. ④축이다. 고두밥을 짓는 과정에서, 한 번 찐 선 고두밥을 다시 찌기 위하여 물을 축이는 일.
【饙餾 분류】삶음. 찜.

食 【饊】 ㉑ 밥풀과자 산 黒 sǎn
12
[小篆] 饊 [簡體] 馓 [字解] ①밥풀과자. 쌀을 튀겨 조청을 발라 뭉친 과자. =糤. ②산자(饊子), 유과, 유밀과.

食 【饍】 ㉑ 膳(1458)과 동자
12

食 【饒】 ㉑ 넉넉할 요 鬮 鬮 ráo
12
[小篆] 饒 [草書] 饒 [俗字] 饶 [簡體] 饶 [字解] ㉮배불리 먹다, 포식하다. ㉯많다, 충분히 있다. 〔漢書〕資用益饒. ㉰너그럽다. 〔書經·君奭〕疏汝當謀寬饒之道以治下民. ㉱땅이 기름지다, 비옥(肥沃)하다. 〔史記〕關中阻山河四塞, 地肥饒. ②넉넉하게 하다, 부(富)하게 하다. 〔漢書〕大王能饒人以爵邑. ③더하다, 도를 더해 가다. 〔唐書〕初雖微有加饒. ④심하다, 정도에 넘치다. 〔說文解字·段注〕漢諺曰, 今年㐁可後年饒. ⑤여유, 여분. 〔諸葛亮·表〕子弟衣食, 自有餘饒. ⑥가멸다, 풍요(豊饒). 〔晉書〕總山海之饒. ⑦남에게 양보하다. 〔西溪叢話〕得饒人處且饒人. ⑧용서하다, 관용하다. 〔杜甫·詩〕日月不相饒. ⑨즐기다, 놀다. 〔淮南子〕沃地之民, 多不才者, 饒也.
【饒過 요과】잘못을 용서함.
【饒給 요급】풍족함. 충분함.
【饒培 요배】충분히 가꾸어 기름.
【饒富 요부】풍부함. 재물이 넉넉함.
【饒舌 요설】수다스럽게 지껄임.
【饒贍 요섬】넉넉함. 饒給(요급).
【饒衍 요연】넉넉함. 남아돎.
【饒沃 요옥】땅이 비옥하여 산물이 많음.
【饒優 요우】풍부하게 많음.
【饒益 요익】풍요하여 조금도 불편이 없음.
【饒人 요인】①남에게 양보함. 남과 다투지 않음. ②남을 용서함.
【饒足 요족】넉넉함.
【饒侈 요치】풍부하고 넉넉함. 풍족함.
【饒飽 요포】식량이 먹고 남을 정도로 많음.
【饒戶 요호】살림이 넉넉한 집. 부잣집.
◐ 寬─, 富─, 肥─, 餘─, 優─, 豊─, 洪─.

食 【饐】 ㉑ ❶쉴 의·애 鬮 鬮 yì
12   ❷목멜 열 鬮 yē
[小篆] 饐 [草書] 饐 [簡體] 饐 [字解] ❶쉬다, 음식이 썩다. =饖. 〔論語〕食饐而餲. ❷목이 메다, 음식이 목에 걸려 넘어가지 않다. =噎.

食 【饌】 ㉑ 반찬 찬 囜 zhuàn
12
[小篆] 饌 [或體] 餕 [經] 饌 [本字] 饌 [簡體] 馔 [字解] ①반찬. 밥에 갖추어 먹는 여러 가지 음식이나 차려 놓은 음식. 〔周禮〕以共王之四飮三酒之饌. ②차리다, 음식을 차려 내다. 〔儀禮〕具饌于西塾. ③먹다, 먹이다. 〔論語〕有酒食, 先生饌.
【饌具 찬구】①음식을 차리는 데 쓰는 기구. ②상을 차림.
【饌饋 찬궤】밥상을 차려 음식을 대접함.
【饌所 찬소】음식을 먹는 곳. 食堂(식당).
【饌玉炊金 찬옥취금】주옥으로 반찬을 하고 황금으로 밥을 지음. ㉠값비싼 음식. ㉡사치스러운 음식.
【饌欌 찬장】國그릇이나 반찬을 넣어 두는 장.
【饌珍 찬진】진귀한 주식(酒食). 드문 음식.
【饌舖 찬포】음식. 음식을 먹음.
◐ 佳─, 甘─, 具─, 饋─, 奇─, 美─, 飯─, 盛─, 素─, 午─, 珍─, 豊─, 華─.

食部 12~14획 饎饕餯饐饔饘餡饗饙餯饜籑

食12 【饎】 ㉑ 주식 치·희 寘皮 chì
[소전]饎 [혹체]餯 [혹체]糦 [초서]饎 [동자]飤
[자해] ①주식(酒食), 술과 음식. 〔詩經〕吉蠲爲饎. ②익히다, 열을 가하여 음식을 조리하다. 〔禮〕饎爨在西壁. ③익힌 음식. ④서직(黍稷)을 익히다. 〔儀禮〕主婦視饎爨于西堂下.

食13 【饕】 ㉒ 탐할 도 豪 tāo
[소전]饕 [혹체]叨 [주문]饕
[자해] ①탐하다, 욕심을 부리다. ㉮음식을 탐하다. 〔韻會〕貪嗜飲食曰饕. ㉯재물을 탐하다. 〔春秋左氏傳〕天下之民以比三凶, 謂之饕餮. ②욕심이 과도하다. 〔漢書〕貪饕險詖. ③악한 짐승의 이름, 도철(饕餮). 옛날 종정(鐘鼎) 같은 것에 그 모양을 새겨 장식으로 삼았다. ④탐욕이 많은 악인(惡人).
【饕戾 도려】 탐욕스러움.
【饕餮 도철】 ①음식과 재물을 탐냄. ②탐욕스럽고 사람을 잡아먹는다는 전설상의 흉악한 짐승. ③탐욕스러운 악인(惡人).

食13 【饐】 ㉒ 쉴 예·의 霽 wèi
[소전]饐
[자해] 쉬다, 밥이 상하여 맛이 변하다. =餲.

食13 【餯】 ㉒ 개염 내어 먹을 오 號 ào
[자해] 개염 내어 먹다, 샘하여 음식을 탐내다.

食13 【饔】 ㉒ 아침밥 옹 冬 yōng
[소전]饔 [초서]饔
[자해] ①아침밥, 조반(朝飯). 〔孟子〕饔飧而治. ②익힌 음식. 〔詩經〕有母之尸饔. ③조리(調理)하다. 〔周禮·注〕饔, 割亨煎和之稱. ④희생, 도살한 희생. =雍. 〔儀禮〕君使卿韋弁歸饔餼五牢.
【饔膳 옹선】 잘 차린 맛있는 음식.
【饔飧 옹손】 아침밥과 저녁밥. 조석의 식사.
【饔子 옹자】 숙수(熟手). 요리사.
【饔餼 옹희】 죽은 희생과 산 희생.

食13 【饘】 ㉒ 죽 전 先 zhān
[소전]饘 [초서]饘
[자해] 죽, 진하게 쑨 죽. =飦. 〔禮記·饘酏·釋文〕饘, 厚粥也.
【饘酏 전이】 죽(粥). 된죽과 묽은 죽.
● 羹-, 粱-, 餰-.

食13 【餡】 ㉒ 주릴 함 勘 hàn

[자해] 주리다, 굶주리다, 양이 차지 않다.

食13 【饗】 ㉒ ❶잔치할 향 養 xiǎng
❷흠향할 향 漾 xiàng
[소전]饗 [혹서]䬩 [간체]飨
[자해] ❶①잔치하다, 연회하다. 〔蜀志〕麋殺牛饗宴. ②술을 마시다, 향인(鄕人)이 모여서 술을 마시다. ③대접하다, 주식을 차려 대접하다. =享. 〔儀禮〕壹食再饗. ④권하다, 신에게 흠향하라고 고하다. 〔儀禮〕祝饗, 命佐食祭. ⑤향식(饗食)하는 예(禮). 〔國語〕饗贈餞. ⑥주식(酒食), 차려 올리는 주식. 〔禮記〕以共皇天上帝社稷之饗. ⑦마시다, 먹다. 〔國語〕王乃淳濯饗醴. ⑧제사하다, 주식을 차려 신에게 제사 지내다. 〔禮記〕合聚萬物, 而索饗之. ⑨제사 이름, 대향(大饗). 〔禮記〕大饗, 其王事焉. ❷흠향(歆饗)하다, 신이 제사를 받아들이다. 〔漢書〕賓百寮山河饗.
【饗告 향고】 제물을 차려 조상에게 제사 지내고 신에게 고함.
【饗禮 향례】 빈객(賓客)에게 잔치를 베풀어 대접하는 예.
【饗報 향보】 ①음식을 융숭하게 대접하여 공덕에 보답함. ②신에게 제사하여 은혜에 보답함.
【饗宴 향연】 주식(酒食)을 대접하는 잔치.
【饗應 향응】 주식을 차려 사람을 대접함.
【饗奠 향전】 제수를 차려 놓고 제사 지냄.
【饗賀 향하】 주연을 베풀고 축하함.
● 降-, 祠-, 宴-, 禮-, 祭-, 尊-, 歆-.

食13 【餡】 ㉒ ❶饎(2043)와 동자
❷糦(1337)와 동자

食14 【饛】 ㉓ 수북이 담을 몽 東 méng
[소전]饛 [초서]饛
[자해] 음식을 수북이 담은 모양. 〔詩經〕有饛簋飧.

食14 【饜】 ㉓ 물릴 염 豔 yàn
[소전]饜 [동자]饜 [간체]餍
[자해] ①물리다, 너무 많이 먹어서 그 음식에 싫증을 느끼다. ≒厭. 〔春秋左氏傳〕以險徼幸者, 其求無饜. ②실컷 먹다, 포식하다. 〔孟子〕則必饜酒食而後反. ③흐뭇하다. 〔孟子〕不奪不饜.
【饜事 염사】 일이 많음.
【饜飫 염어】 포식(飽食)함. 厭飫(염어).
【饜足 염족】 물릴 정도로 실컷 먹고 마심. 주식(酒食)에 물림.
【饜飽 염포】 ☞饜足(염족).

食14 【籑】 ㉓ 음식 차릴 찬 霰 zhuàn
[혹체]餰
[자해] 음식을 차리다, 반찬. =饌.

食部 14~19획 饙饠饟饞饢 首部 0획 首

食14【饙】㉓ 싱거울 확 䐭 wò
[字解] ①싱겁다, 맛이 진하지 않다. ②음식이 맛이 없다.

食16【饠】㉕ 떡 롱 䐭 lóng
[字解] 떡. 밀가루로 만든 떡의 한 가지.

食17【饟】㉖ 건량 양·상 䁖 xiǎng
[字解] ①건량(乾糧), 익혀서 말린 음식. =餉. ②건량을 보내다, 들밥을 내가다. =餉. 〔詩經〕其饟伊黍. ③군량(軍糧), 군대의 양식. =餉. 〔史記〕老弱罷轉饟.
【饟道 양도】 군량(軍糧)을 수송하는 길.
【饟食 양식】 식량을 보냄.
◐ 餽—, 糧—, 漕—.

食17【饞】㉖ 탐할 참 䐭 chán
[字解] ①탐하다. ㉮음식을 탐하다. 〔易林〕舌饞於腹. ㉯재물을 탐하다. 〔韓愈·詩〕爲利而止眞貪饞. ②現입이 천하다, 걸신들리다.
【饞嗜 참기】 어떤 일에 깊이 마음을 쏟아 즐김.
【饞獠 참료】 걸신들린 사람을 욕하는 말. 식충이. 걸신쟁이.
【饞吻 참문】 먹을 것을 탐하는 입. 먹고 싶어 못 견뎌 하는 모양.
【饞眼 참안】 ㉠굶주린 눈. ㉡몹시 보고 싶어 하는 눈. ㉢보기를 갈망하는 눈.

食19【饢】㉘ 떡 라 䐭 luó
[字解] 떡, 빵. 소를 넣은 밀가루 떡.

食19【饢】㉘ 국밥 찬 䐭 zàn
[字解] 국밥, 국에 만 밥, 국에 밥을 말다. 〔陸游·詩〕未論索餠與饢飯.
【饢飯 찬반】 국에 만 밥.

首部
9획 부수 | 머리수부

首0【首】⑨ 머리 수 䐭 shǒu

[字源] 象形. 머리. 털이 나 있는 사람의 머리를 본뜬 글자. '巛'는 머리털을, '自'는 사람의 머리를 나타낸다.
[字解] ①머리. ㉮두부(頭部). 〔詩經〕搔首踟躕. ㉯목, 고개. 〔劉楨·賦〕廷首南望. ㉰머리털. 〔李陵·書〕皓首而歸. ②시초(始初), 초두(初頭). 〔春秋公羊傳〕書時過則書. ③먼저, 앞, 선두(先頭). 〔中庸章句〕首明道之本原, 出於天而不可易. ④임금, 군주(君主). 〔書經〕元首起哉. ⑤우두머리, 주장(主長). 〔禮記〕毋爲戎首. ⑥첫째, 으뜸. 〔魏武帝·文〕慮爲功首. ⑦칼자루, 칼의 손잡이. 〔禮記〕進劍者左首. ⑧요처(要處), 사물의 종요로운 곳. 〔書經〕予誓告汝羣言之首. ⑨시작하다, 비롯하다. 〔漢書〕北平侯張蒼律律歷事. ⑩근거하다, 근거를 두다. 〔禮記〕不首其義. ⑪나타내다, 드러내다. 〔禮記〕首其內. ⑫절하다, 머리를 숙이다. ¶稽首·頓首·空首. ⑬곧다, 바르다. 〔禮記〕首也者, 直也. ⑭편(篇). 시문(詩文)의 편수(篇數)를 세는 말. 〔韓愈·書〕獻近所爲復志賦已下十首. ⑮여러 가닥의 실을 꼬거나 땋아서 만든 끈. 〔漢書〕五扶爲一首. ⑯자백하다, 자수(自首)하다. 〔漢書〕驕嫚不首. ⑰복종하다, 항복하다. 〔後漢書〕雖有降首. ⑱향하다, 머리를 향하다. 〔漢書〕北首爭死敵. ⑲國마리. 짐승·물고기·벌레 따위를 세는 단위. 〔萬機要覽〕生雉三千二百五十二首.

【首稼 수가】 메기장. 차지지 않은 기장.
【首甲 수갑】 ①투구. ②으뜸. 첫째. 제일(第一).
【首鎧 수개】 투구. 首甲(수갑)①.
【首科 수과】 과거에서 장원으로 급제함.
【首丘 수구】 여우가 죽을 때면 머리를 본디 살던 언덕 쪽으로 둠. ㉠근본을 잊지 않음. ㉡고향을 그리워함.
【首肯 수긍】 그러하다고 고개를 끄덕임. 옳음을 인정함.
【首腦 수뇌】 중추적(中樞的)인 자리를 맡고 있는 사람. 우두머리.
【首途 수도】 처음으로 여정(旅程)에 오름. 처음으로 출발함. 首路(수로).
【首聯 수련】 ①첫머리의 연구(聯句). ②율시(律詩)의 첫 두 구(句).
【首路 수로】 ☞首途(수도).
【首虜 수로】 수급(首級)과 포로(捕虜).
【首謀 수모】 ①주장이 되어 일을 꾀함. ②나쁜 일을 꾀하는 사람 중 우두머리.
【首尾 수미】 ①머리와 꼬리. ②처음과 끝. 본말(本末). 首末(수말). ③결말을 지음.
【首尾俱至 수미구지】 머리와 꼬리가 모두 이름. 전후좌우가 서로 응함. [故事] 상산(常山)의 뱀은 머리를 치면 꼬리가 오고, 꼬리를 치면 머리가 오며, 몸 중간을 치면 머리와 꼬리가 함께 이른다는 고사에서 온 말.
【首尾相救 수미상구】 뱀의 머리와 꼬리가 서로 응하여 돕듯이, 동맹(同盟)하는 일.
【首尾相衛 수미상위】 전후좌우가 서로 응하여 도움.
【首服 수복】 ①자수(自首)함. 首伏(수복). ②머

리의 장식(裝飾). 관(冠).
【首富 수부】첫째가는 부자. 甲富(갑부).
【首事 수사】①사건을 일으킴. 일을 시작함. ②일을 시작하는 명령. ③새로운 일을 꾸며 일으키는 사람.
【首鼠兩端 수서양단】쥐가 구멍에서 머리를 내밀고 나갈까 말까 망설임. 어느 쪽으로도 결정짓지 못하고 망설임의 비유.
【首善 수선】교화의 시원(始原). 천하의 모범을 세우는 일.
【首實 수실】사실을 자백함.
【首惡 수악】악인의 우두머리. 首虐(수학).
【首義 수의】①의병을 일으킬 것을 수창(首唱)함. ②솔선 항복하여 정의를 좇음.
【首嫡 수적】대(代)를 이을 아들.
【首弟子 수제자】으뜸가는 제자.
【首足 수족】머리와 발. 頭足(두족).
【首足異處 수족이처】참형(斬刑)을 당하여 머리와 다리가 따로따로 됨.
【首從 수종】①앞서서 하는 사람과 따라 하는 사람. ②주범(主犯)과 종범(從犯).
【首罪 수죄】①범죄 중에서 가장 무거운 죄. ②주범(主犯). 首犯(수범).
【首職 수직】주요 직책.
【首経 수질】상복에 갖추어 머리에 쓰는, 짚에 삼 껍질을 감은 둥근 테.
【首唱 수창】①앞장서서 주창함. ②좌중에서 맨 먼저 시를 지은 사람.
【首策 수책】우두머리가 되어 계책을 꾸밈.
【首捕 수포】공범자를 잡아 자기의 죄를 사수하게 하는 일.
【首領 수함】고개를 끄덕임. 승낙함.
【首憲 수헌】임금이 연초에 반포하는 법령.
【首勳 수훈】첫째가는 큰 공훈.

❶ 黔一, 黥一, 魁一, 馘一, 卷一, 黨一, 頓一, 盟一, 俛一, 蓬一, 部一, 匕一, 相一, 歲一, 年一, 元一, 戎一, 自一, 抗一, 皓一, 梟一.

首 2 【馗】⑪ 광대뼈 구·규 <small>囷况</small> kuí, qiú
<small>소전 초서</small> 【馗】<small>【字解】</small>①광대뼈, 협골(頰骨). ②길, 사방팔방으로 통하는 큰길. 〔說文解字〕馗, 九達道也, 似龜背, 故謂之馗. ③숨다, 나타나지 않다. ④귀신 이름. 잡귀를 잡아먹는다고 한다. ⑤버섯 이름.

首 8 【馘】⑰ ❶벨 괵 <small>囮</small> guó ❷낯 혁 <small>屑</small> xù
<small>초서 속서</small> 【馘】【字解】❶베다, 전쟁에서 적의 왼쪽 귀나 머리를 베다, 자른 귀나 머리. 〔禮記〕以訊馘告. ❷낯, 얼굴. 〔莊子〕槁項, 黃馘.
【馘首 괵수】목을 벰. 馘截(괵절).
【馘耳 괵이】귀를 벰. 벤 귀.

【馘截 괵절】목을 벰. 馘首(괵수).

首 9 【䭳】⑱ 首(2044)와 동자

首 10 【髴】⑲ 머리 장식 불 <small>囫</small> fú
【字解】①머리 장식. =髴. ②이마 드리개, 이마 앞의 장식.

首 11 【䭿】⑳ 馘(2045)의 속자

香 部

9획 부수 | 향기향부

香 0 【香】⑨ 향기 향 <small>陽</small> xiāng

一 二 千 千 禾 禾 香 香 香

<small>소전 초서</small> 【喬】【字源】會意. 黍+甘→香. 기장(黍)을 맛있게 익혔을 때 단내(甘)가 나는 데서 '향기'라는 뜻을 나타낸다.
【字解】①향기, 향내. 〔詩經〕有飶其香. ②향기롭다, 향내가 나다. 〔呂氏春秋〕水泉必香. ③소리·빛·모양·맛 따위의 아름다움. ④향, 향내를 풍기는 것. ㉮향나무 줄기 중심부의 붉은 부분. 이것을 잘게 쪼개어 불에 태워서 좋은 향기를 얻는다. 〔陳書〕燒香正坐. ㉯향나무 이외의, 좋은 향내를 풍기는 각종 향.
【香駕 향가】향나무로 만든 훌륭한 수레.
【香閣 향각】①향기 높은 전각. 부인의 침실. 閨房(규방). ②절(寺).
【香界 향계】절(寺). 寺刹(사찰).
【香國 향국】①(佛)부처가 있는 나라. 佛國(불국). ②꽃의 나라.
【香閨 향규】향기 나는 방. 부인의 침실.
【香徒 향도】<small>國</small>상여를 메는 사람. 상여꾼.
【香盒 향렴】①향을 담는 합. 香盒(향합). ②화장품을 담는 작은 상자.
【香奩體 향렴체】미인과 연정(戀情)을 읊은 시체(詩體)의 한 가지.
【香名 향명】향기로운 이름. 남의 좋은 평판.
【香袂 향몌】향기 나는 옷소매. 미인의 옷소매.
【香夢 향몽】봄철의 아름다운 꿈.
【香霧 향무】향기를 품은 안개. 봄철에 꽃밭에 낀 안개.
【香雪 향설】①향기로운 흰 꽃. ②차(茶)의 딴 이름.
【香辛料 향신료】고추·후추·겨자·마늘·파 따위와 같이, 음식물에 매운맛이나 향기를 풍기게 하는 조미료(調味料).

【香靄 향애】①향을 피우는 연기. ②안개처럼 자욱이 꽃이 모여 피어 있는 모양. 꽃안개.
【香煙 향연】①향기로운 연기. 향을 태우는 연기. ②조상에게 제사 지내는 일.
【香艷 향염】향기와 윤기. 향기롭고 아름다움.
【香雨 향우】①비. ②향기로운 비.
【香雲 향운】①꽃이 만발한 모양. ②여자의 머리 모양. ③구름처럼 피어오르는 향불의 연기.
【香餌 향이】①향기로운 미끼. ②사람의 마음을 유혹하는 재물이나 이익 따위.
【香錢 향전】(佛)불사(佛事)·법회(法會) 따위에 바치는 돈. 香奠(향전).
【香塵 향진】①향기를 띤 티끌. ②낙화(落花). ③(佛)색(色)·성(聲)·향(香)·미(味)·촉(觸)·법(法)의 육진(六塵)의 한 가지.
【香燭 향촉】제사에 쓰이는 향과 초.
【香臭 향취】①향기. ②향기와 취기(臭氣).
【香湯 향탕】염습(殮襲)할 때 시체를 씻기 위하여 향을 넣어 달인 물.
【香蒲 향포】부들.
【香飄 향표】바람에 향기가 감돎.
【香魂 향혼】①꽃의 정령(精靈). ②미인의 넋.
【香火 향화】①향불. ②향불을 피우고 서약함. 부부간의 약속. ③제사 또는 불공.
【香花 향화】①향기로운 꽃. ②신불(神佛)에 바치는 향과 꽃.
【香火兄弟 향화형제】유녀(遊女) 등이 서로 뜻이 맞아 맺은 의형제.
【香薰 향훈】①좋은 향기. ②미인(美人).

○古一, 國一, 奇一, 蘭一, 檀一, 名一, 芳一, 焚一, 麝一, 燒一, 神一, 異一, 羶一, 酒一, 天一, 淸一, 沈一, 荷一, 馨一, 花一, 茴一.

香4【馚】⑬ ❶향기 별 諸 bié ❷향기 날 함 諸 hān
参考 대법원 지정 인명용 한자음은 '별'이다.
字解 ❶향기. ❷향기가 나다.

香5【苾】⑭ 향기로울 필 質 bì
字解 향기롭다, 좋은 향내가 나다. ≒芯·珌.
【苾馞 필발】매우 향기로운 모양.

香7【馞】⑯ 향기로울 발 月 bó
字解 향기롭다, 진한 향내가 물큰 나는 모양.

香8【馠】⑰ 馥(2046)과 동자

香8【馡】⑰ 향기로울 비 微 fēi
字解 향기롭다. ≒菲.

香8【馣】⑰ 향기로울 암 覃 ān
字解 ①향기롭다, 향기로운 모양. ≒庵. ②향기가 강하다, 향내가 짙다. ③향기, 향내.

香8【馢】⑰ 향나무 이름 전 先 jiān
字解 향나무의 이름. 〔李符·綺羅香〕放得沈馢, 一縷茶烟同裊.

香9【馥】⑱ 향기 복 屋 fù
字解 ①향기. ㉮향내, 좋은 냄새. 〔洛陽伽藍記〕流香吐馥. ㉯명성, 덕화(德化). 〔江淹·表〕凝華重馥. ②향기가 풍기다. ㉮향기가 나다. 〔嵇康·詩〕馥馥蕙芳. ㉯덕화·명성이 널리 전하다. 〔江淹·誅〕譽馥區中. ③향기롭다, 향기가 짙은 모양.
【馥氣 복기】좋은 냄새. 香氣(향기).
【馥馥 복복】☞馥郁(복욱).
【馥郁 복욱】향기가 그윽함.
○芳一, 郁一, 幽一, 殘一, 吐一, 香一.

香9【馤】⑱ 향기 애 隊 ài
字解 ①향기, 향기로운 냄새. 〔韓愈, 孟郊·詩〕迴蘭銷晚馤. ②향기가 강하다, 향내가 짙다. ≒薆.

香10【馥】⑲ 馥(2046)과 동자

香10【馧】⑲ 향기로울 온 文 yūn
字解 향기롭다. ≒蒀.

香11【馨】⑳ 향기 형 靑 xīn
字解 ①향기. ㉮향기로운 냄새, 향내. 〔束晳·詩〕馨爾夕膳. ㉯맛 좋은 냄새. 향미(香味). 〔山海經〕五味乃馨. ㉰꽃향기. 〔楚辭〕折芳馨兮遺所思. ㉱명성, 덕화(德化). 〔晉書〕化盛隆周, 垂馨千祀. ②향기가 나다. ㉮향기롭다, 향기가 멀리 풍기다. ㉯꽃이 향기롭다. 〔韓愈·詩〕怪花醉魂馨. ㉰명성·덕화가 전하다. 〔書經〕明德惟馨.
【馨氣 형기】향기로운 냄새. 香氣(향기).
【馨烈 형렬】향기가 강렬함.
【馨逸 형일】향기가 뛰어남. 색다른 향기.
【馨香 형향】①향내. 좋은 향기. ②멀리까지 풍기는 향기. 덕화(德化)가 먼 곳까지 미침.
○潔一, 芳一, 芬一, 餘一, 遺一.

香14【馫】㉓ 馤(2046)와 동자

馬 部

10획 부수 | 말마부

馬 0 ⑩ 말 마 馬 mǎ

丨 厂 丆 兲 馬 馬 馬 馬 馬

[소전] [고문] [주문] [초서] [간체]

字源 象形. 말의 모양을 본뜬 글자.

字解 ①말. ㉮말, 가축의 한 가지.〔管子〕馬者所乘以行野也. ㉯들말, 야생의 말.〔山海經〕罷差之山多馬. ㉰제후(諸侯)의 승용마.〔周禮〕馬八尺以上爲龍, 七尺以上爲騋, 六尺以上爲馬. ②산가지, 투호(投壺)를 할 때 득점(得點)을 세는 물건.〔禮記〕請爲勝者立馬. ③크다, 큰 것의 비유. 馬蜩는 말매미. ④아지랑이, 야마(野馬), 유사(遊絲). ⑤양마(陽馬), 지붕의 네 귀에 내밀어 있어 짧은 추녀를 받치는 나무.〔何晏·賦〕承以陽馬, 接以圓方. ⑥나라 이름, 마한(馬韓). 우리나라 고대 삼한(三韓)의 하나.
【馬脚 마각】①말의 다리. ②연극 등에서, 말의 탈을 뒤집어 쓴 사람의 다리. 숨기고 있던 일이나 본성의 비유.
【馬褂子 마괘자】방한용으로 저고리 위에 덧입는 옷. 마고자.
【馬具 마구】말을 타거나 부리는 데 쓰는 도구.

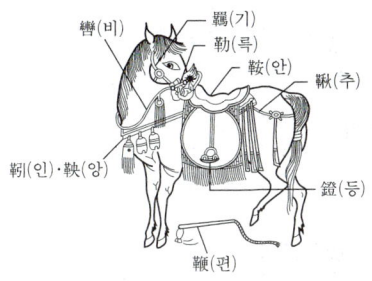

【馬埒 마날】담을 두르고 승마 연습을 하는 곳.
【馬頭 마두】①말의 머리. ②말의 위. ③나루터. ④마부(馬夫)의 두목.
【馬頭娘 마두낭】누에의 신(神).
【馬頭出令 마두출령】갑자기 명령을 내림.
【馬鐙 마등】등자(鐙子). 말을 탔을 때 두 발을 디디는 기구.
【馬齡 마령】①말의 나이. ②자기 나이의 겸칭.
【馬路 마로】큰길.
【馬鹿 마록】 故事 윗사람을 농락하여 권세를 마음대로 함. 진대(秦代)의 조고(趙高)가 자신의 권세를 시험해 보려고 황제 호해(胡亥)에게 말을 사슴이라고 우긴 고사에서 온 말. 指鹿爲馬(지록위마). ②사슴의 속칭(俗稱).
【馬勒 마륵】말의 굴레. 말굴레.

【馬勃 마발】①말똥. 馬矢(마시). ②말불버섯.
【馬射 마사】말을 타는 일과 활을 쏘는 일. 말을 타고 달리며 활을 쏘는 일.
【馬上 마상】①말의 등 위. ②말에 올라 탐. ③말을 타고 싸움터를 왕래함. ④곧 바로.
【馬上得之 마상득지】말을 타고 전쟁터를 달려 천하를 얻음.
【馬上才 마상재】國 달리는 말 위에서 부리는 온갖 재주. 馬技(마기). 馬藝(마예).
【馬生角 마생각】말에 뿔이 남. 결코 세상에 있을 수 없는 일의 비유.
【馬洗 마세】임금이나 귀인이 탄 말 앞에 서서 길을 인도하는 사람. 馬前(마전).
【馬首 마수】①말의 머리. 馬頭(마두). ②말이 향하여 가는 방향.
【馬乘 마승】네 필의 말. ○'乘'은 사마(四馬)를 뜻함.
【馬矢 마시】말똥. ○'矢'는 '屎'.
【馬食 마식】①말먹이. ②말처럼 많이 먹음. ③수저를 사용하지 않고 직접 입을 대고 먹음.
【馬鞅 마앙】말의 가슴걸이.
【馬圉 마어】①마구간. ②마부(馬夫).
【馬語 마어】말 우는 소리.
【馬驛 마역】역참(驛站). 역말.
【馬纓 마영】말의 가슴걸이.
【馬屋 마옥】마구간.
【馬牛襟裾 마우금거】의복을 걸친 마소. ㉠학식이 없는 사람. ㉡예의를 모르는 사람.
【馬醫 마의】수의(獸醫).
【馬耳東風 마이동풍】말의 귀에 봄바람. ㉠남의 말을 귀담아듣지 않고 흘려 버림. ㉡그 일에 관여하지 않음.
【馬訾水 마자수】압록강(鴨綠江)의 옛 이름.
【馬賊 마적】①말을 탄 비적(匪賊). ②말을 훔치는 도둑.
【馬跡 마적】말발굽의 자국. 말이 지나간 흔적.
【馬前 마전】①임금이나 귀인이 탄 말의 앞. ②☞ 馬洗(마세).
【馬政 마정】마필에 관한 정령(政令).
【馬蹄 마제】①말의 발굽. 말굽 ②말의 수효를 세는 단위.
【馬蹄銀 마제은】말굽 모양으로 생긴 청대(淸代)의 은화(銀貨).
【馬蹄鐵 마제철】①말편자. ②대접쇠.
【馬鬃 마종】말갈기.
【馬策 마책】말채찍.
【馬鐵 마철】말편자.
【馬草 마초】말에게 먹이는 풀. 말꼴.
【馬箠 마추】말채찍. 馬鞭(마편).
【馬鞦 마추】말의 밀치.
【馬齒莧 마치현】쇠비름.
【馬儈 마쾌】말의 흥정을 붙이는 사람.
【馬駄 마태】말에 실린 짐.
【馬牌 마패】관리가 지방으로 출장 갈 때 역마(驛馬)를 징발할 수 있도록 상서원(尙瑞院)에서 주던, 구리쇠로 만든 둥근 패.
【馬鞭 마편】말채찍. 馬箠(마추).

【馬匹 마필】 ①말. ②말 몇 마리.
【馬汗 마한】 말이 흘리는 땀. 심한 노고(勞苦)의 비유.
【馬銜 마함】 말 재갈.
【馬革裹屍 마혁과시】 말가죽으로 자기의 시체를 쌈. 싸움터에 나가 살아 돌아오지 않겠다는 결의 비유.
【馬好替乘 마호체승】 圖 말도 갈아타는 것이 좋음. 옛것이 좋지만 새것으로 바꾸어 보는 것도 더욱 즐거움.
【馬戱 마희】 옛날 백희(百戲)의 이름. 말을 타고 부리는 갖가지 재주. 말놀음.
【馬齝 마희】 말의 사료. 말꼴.

◐ 健-, 犬-, 牽-, 競-, 駒-, 軍-, 弓-, 騎-, 落-, 駕-, 鈍-, 名-, 木-, 費-, 駙-, 肥-, 飛-, 牝-, 駟-, 乘-, 鞍-, 野-, 良-, 驛-, 龍-, 戎-, 赤-, 傳-, 戰-, 種-, 竹-, 駿-, 瘠-, 天-, 鐵-, 驄-, 疲-, 匹-, 汗-, 悍-, 行-, 胡-.

馬2 【馮】⑫ ❶탈 빙 圈 píng
       ❷성 풍 圍 féng
소전 憑 초서 馮 간체 冯 參考 대법원 지정 인명용 한자의 음은 '풍'이다.
字解 ❶①타다, 오르다. ≒登. 〔周禮〕馮相氏. ②넘보다, 업신여기다. 〔周禮〕馮弱犯寡. ③말이 빨리 가다. ④다그치다, 핍박(逼迫)하다. 〔春秋左氏傳〕馮陵我城郭. ⑤기대다, 의지하다. 〔漢書〕馮軾. ⑥믿다, 신빙하다. ≒憑. 〔史記〕衆庶馮生. ⑦분기가 차다, 개탄하다. 〔莊子〕怢溺於馮氣. ⑧성(盛)하다, 분기로 속이 끓다. 〔春秋左氏傳〕震電馮怒. ⑨돕다, 보좌하다. 〔漢書〕更名左馮翊. ⑩도섭(徒涉)하다, 걸어서 물을 건너다. ≒淜. 〔詩經〕不敢馮河. ⑪수레 앞 가로대. 〔漢書〕同車未嘗敢均茵馮. ⑫성내다, 몹시 노하다. 〔楚辭〕馮珧利決. ⑬끼우다, 끼워 넣다. 〔詩經〕削屢馮馮. ㉑①성(姓). ②이름. ㉓벼슬 이름. ¶ 馮相. ㉔물귀신 이름. ¶ 馮夷. ㉕고을 이름. ¶ 馮翊.

【馮氣 빙기】 분하고 답답한 마음.
【馮怒 빙노】 크게 노함.
【馮隆 빙륭】 높고 큰 모양.
【馮陵 빙릉】 권세를 믿고 남을 억누르고 짓밟음.
【馮馮 빙빙】 ①가득 찬 모양. ②딱딱한 소리. ③형체가 없이 혼돈된 모양. ④말이 빨리 달리는 모양.
【馮生 빙생】 삶을 믿음. 삶을 탐함.
【馮軾 빙식】 수레 앞의 가로대에 몸을 기댐.
【馮河 빙하】 ①걸어서 황하(黃河)를 건넘. ②무모한 용기.
【馮虛 빙허】 하늘에 오름.
【馮相 풍상】 천문에 관한 일을 맡아보던 주대(周代)의 벼슬 이름.
【馮夷 풍이】 수신(水神)의 이름. ㉠하백(河伯)의 이름. ㉡우사(雨師)의 이름.

馬2 【馭】⑫ 말 부릴 어 圍 yù
초서 馭 간체 驭 字解 ①말을 부리다, 말을 몰다. =御. 〔管子〕馭者, 操轡也. ②말을 부리는 방법. 〔周禮〕四曰, 五馭. ③마부(馬夫), 말을 부리는 하인. ④타는 것, 말이나 수레 따위. 〔歐陽詹·賦〕烟馭雲車. ⑤통솔하다, 다스리다, 지도하다. 〔周禮〕以八統詔王馭萬民.

【馭吏 어리】 ①관리를 통어(統御)함. ②☞馭者(어자).
【馭馬 어마】 말을 몲. 말을 부림.
【馭邊 어변】 국경 지대를 다스림.
【馭夫 어부】 거마(車馬) 일을 맡아보던 주대(周代)의 벼슬 이름.
【馭射 어사】 말을 다루는 일과 활을 쏘는 일.
【馭者 어자】 말을 부리는 사람. 마부(馬夫).
【馭衆 어중】 대중을 거느려 다스림. 많은 사람을 통어함.
【馭風之客 어풍지객】 바람을 타고 날아다니는 사람. 곧, 선인(仙人).
【馭下 어하】 아랫사람들을 거느려 다스림.

◐ 駕-, 經-, 控-, 騎-, 撫-, 善-, 失-, 弛-, 臨-, 接-, 總-, 統-.

馬3 【駝】⑬ ❶낙타 락 圈 tuó
         ❷노새 책 圍 zhé
동자 驠 字解 ①낙타, 약대. 〔鹽鐵論〕駝駝, 銜尾入塞. ②노새. 수나귀와 암말의 튀기.

馬3 【駅】⑬ 말 질주할 범 圈 fán
字解 말이 질주하다, 말이 질주하는 모양.

馬3 【馴】⑬ ❶길들 순 圓 xún
         ❷가르칠 훈 圍 xún
소전 馴 초서 馴 간체 驯 參考 대법원 지정 인명용 한자의 음은 '순'이다.
字解 ❶①길들다, 새나 짐승이 사람이 시키는 대로 하다. 〔淮南子〕馬先馴而後求良. ②길들이다, 길들게 하다. 〔史記〕調馴鳥獸. ③따르다, 순종하다. 〔易經〕馴致其道. ④옳다, 바르다. 〔史記〕皆有馴行. ❷①가르치다. ≒訓. 〔史記〕列侯亦無由敎馴其民. ②따르다, 좇다.

【馴禽 순금】 길들여진 새. 앵무새.
【馴德 순덕】 ①뛰어난 덕. 大德(대덕). 俊德(준덕). ②덕을 좇음.
【馴良 순량】 온순함. 선량함.
【馴鹿 순록】 ①길들인 사슴. ②북극 지방에 사는 사슴의 한 가지.
【馴服 순복】 정들어 따름. 길들여 따르게 함.
【馴狎 순압】 길들어 친압함. 정들어 따름.
【馴養 순양】 길들여 기름.
【馴擾 순요】 길듦. 길들임.
【馴制 순제】 길들여 복종시킴.

【馴致 순치】①짐승을 길들임. ②점차로 변하여 어떤 상태에 이르게 함.
【馴行 순행】착한 행동. 善行(선행).
◐ 敎−, 識−, 雅−, 柔−, 調−, 風−.

馬3 【馴】⑬ 馴(2050)과 동자

馬3 【駒】⑬ 별박이 적 䕺 dí
[字解] ①별박이, 대성마(戴星馬). 이마에 흰 점이 박힌 말. 즉의. 〔易經〕爲駒顙. ②사나운 말, 준마(駿馬).
【駒顙 적상】이마가 흰 말. 별박이.

馬3 【馵】⑬ 발 흰 말 주 䕺 zhù
[字解] ①발이 흰 말, 왼쪽 뒷발이 흰 말. 〔詩經〕駕我駒馵. ②매다, 말의 발을 붙들어 매다.

馬3 【馳】⑬ 달릴 치 䕺 chí
[字解] ㉠거마(車馬)를 빨리 몰다. 〔詩經〕弗馳弗驅. ㉡질주(疾走)하다. 〔晉書〕光戎來戰. ㉢쫓다, 빨리 뒤쫓다. 〔春秋左氏傳〕公將馳之. ㉣마음이 그곳으로 달려가다. 〔隋書〕情馳魏闕. ㉥지나가다, 빨리 경과(經過)하다. 〔諸葛亮·書〕年與時馳. ㉦나투다, 경쟁하다. 〔張衡·賦〕煌火馳而星流. ㉧전하다, 빨리 전파(傳播)하다. 〔孟郊·詩〕英名日四馳. ②제멋대로 하다, 방자하다. 〔詩經〕無敢馳驅. ③베풀다. 〔宋玉·序〕五色竝馳.
【馳車 치거】①빠른 수레. 공격용 수레. ②달리는 수레. 수레를 달림.
【馳檄 치격】급사(急使)로 격문을 보냄.
【馳結 치결】달리는 정(情). 멀리 떨어져 있는 벗을 생각하는 간절한 정.
【馳年 치년】빨리 지나가는 세월.
【馳念 치념】생각을 달림. 걱정함.
【馳到 치도】달음질하여 도달함.
【馳道 치도】①천자나 귀인이 다니는 길. 輦道(연도). ②천자의 승여(乘輿).
【馳突 치돌】힘차게 달림. 돌진(突進)함.
【馳名 치명】이름을 날림. 명성이 널리 퍼짐.
【馳騖 치무】말을 달림. 분주히 뛰어 돌아다님.
【馳辯 치변】말을 교묘하게 잘함.
【馳步 치보】달리기도 하고 걷기도 함. 잦은 걸음을 걸음.
【馳報 치보】빨리 달려가서 알림.
【馳騁 치빙】①달림. 뜀. ②말을 달림. 사냥을 함. ③바삐 돌아다님. 지위나 공명(功名)을 위하여 수완을 발휘함. ④뒤쫓다. 몲. ⑤사역(使役)함. 부림. ⑥섭렵(涉獵)함. 부지런히 돌아다님. ⑦선포(宣布)함.
【馳思 치사】생각을 달림. 사모의 정을 보냄.

【馳射 치사】①거마(車馬)를 몰아 활을 쏨. ②달리면서 쏨. 쫓으면서 쏨.
【馳心 치심】마음을 달림. 달리는 마음.
【馳驛 치역】역말. ②역참(驛站).
【馳迎 치영】달려 나가 맞이함.
【馳詣 치예】달려가 이름. 달려가 찾아뵘.
【馳踵 치유】말을 달려 짓밟음.
【馳傳 치전】네 필의 말이 끄는 역참의 마차. 급한 전령(傳令)에 쓰임.
【馳進 치진】①어른 앞에서 빨리 달려 나감. ②國 고을 원이 감영(監營)으로 달려감.
【馳逐 치축】①달려가 쫓음. 말을 달려 뒤쫓음. ②경마(競馬)를 함.
【馳驟 치취】①빠른 걸음으로 달림. ②말을 타고 달림.
【馳行 치행】빨리 달려감.
【馳暉 치휘】해. 태양. 하늘을 달리는 태양.
◐ 競−, 驅−, 背−, 奔−, 飛−, 爭−, 周−.

馬3 【馱】⑬ 실을 태 ㉠타 䕺 tuó, duò
[俗] 駄 [簡] 驮 [參考] 대법원 지정 인용명 한자의 음은 '타'이다.
[字解] ①싣다, 마소에 짐을 싣다. =他·佗. 〔李白·詩〕吳姬十五細馬馱. ②짐, 마소의 등에 실은 짐. 〔陸游·詩〕疲馬欣解馱. ③짐 싣는 말, 태마(馱馬). 〔李夢陽·行〕大兒牽繩陸挽馱. ④바리. 마소에 잔뜩 실은 짐을 세는 단위. 〔許衡·詩〕今年金繒滿千馱.
【馱價 태가】짐을 날라 준 삯. 馱賃(태임).
【馱馬 태마】짐 싣는 말.
【馱背 태배】등에 짐. 짊어짐.

馬3 【馯】⑬ ①사나운 말 한 䕺 hàn ②동이 별종 한 䕺 hán ③검푸른 말 간 䕺 qián
[字解] ①사나운 말, 성질이 사나운 말. ②①동이(東夷)의 별종. 동방 종족의 한 갈래의 이름. ②성(姓). ③①검푸른 말, 털빛이 검푸른 말. ②성(姓).

馬4 【駃】⑭ ①버새 결 䕺 jué ②빠를 쾌 䕺 kuài
[字解] ①①버새, 결제(駃騠). 암나귀와 수말 사이에 난 튀기. ②준마(駿馬)의 이름. ③달리다, 질주하다. ②①빠르다. 늑快. 〔元好問·詩〕駃雨東南來. ②말이 빨리 달리다.
【駃騠 결제】①버새. ②잘 달리는 말.
【駃流 쾌류】빠른 흐름. 急流(급류).

馬4 【驅】⑭ 驅(2059)의 속자

馬4 【馿】⑭ 驢(2064)의 속자

馬 4 【䭬】 ⑭ 騂(2056)의 속자

馬 4 【駁】 ⑭ 얼룩말 박 麊 bó
[소전] 駁 [초서] 駮 [간체] 驳 [字解] ①얼룩말, 털빛이 얼룩얼룩한 말. =駮.〔詩經〕皇駁其馬. ②섞이다, 잡것이 섞여 순일(純一)하지 않다, 얼룩지다. 늑駮.〔莊子〕其道舛駁. ③어긋나다, 그릇되다.〔唐書〕典章差駁. ④치우치다, 두루 미치지 못하다.〔漢書〕解偏駁之愛. ⑤치다, 논박(論駁)하다. 늑駮.〔唐書〕辨駁世充.
【駁擊 박격】 남의 의견이나 주장 등의 결점을 비난함. 難駁(난박).
【駁論 박론】 남의 의견이나 의론을 따져 비평함. 論駁함. 또는 그 논박. 駁議(박의).
【駁辭 박사】 ①순정(純正)하지 않은 말. 잡박(雜駁)한 말. ②駁論(박론).
【駁雜 박잡】 뒤섞여 순수하지 못함. 雜駁(잡박).
【駁正 박정】 잘못을 따져 바로잡음. 시비를 판별하여 나쁜 점을 고침.
◐ 詭-, 論-, 面-, 反-, 辯-, 痛-, 評-.

馬 4 【駇】 ⑭ 수말 보 麊 fù
[字解] 수말, 수컷의 말.

馬 4 【䭫】 ⑭ 오총이 보 麊 bǎo
[字解] 오총이, 오추마(烏騅馬). 흰 털이 섞인 검은 말. 늑䮨.

馬 4 【駂】 ⑭ 달릴 삽 麊 sà
[소전] 駂 [字解] ①달리다, 말이 질주하다. ②빠르다.〔揚雄·賦〕輕先疾雷而駂遺風. ③따라잡다, 말이 달려 따라 미치다. ④한대(漢代)의 궁전(宮殿) 이름.〔漢書〕營建章鳳闕神明駂娑. ⑤들쭉날쭉하게 빙 둘러 있는 모양.
【駂沓 삽답】 널리 퍼짐.
【駂騎 삽답】 말이 달리는 모양.
【駂娑 삽사】 ①말이 빠른 모양. ②들쭉날쭉하게 비스듬히 이어진 모양.

馬 4 【駚】 ⑭ ❶말 성낼 앙 陽 áng ❷말 놀랄 앙 麊 áng
[소전] 駚 [字解] ❶①말이 성내는 모양. ②천리마(千里馬), 준마(駿馬). ③배가 흰 말. ❷①말이 놀라다. ②말이 머리를 내젓다.
【駚䮻 앙앙】 말이 성내는 모양.

馬 4 【駅】 ⑭ 驛(2063)의 속자

馬 4 【駃】 ⑭ 騠(2057)와 동자

馬 4 【駉】 ⑭ 역말 일 麊 rì
[소전] 駉 [초서] 駉 [동체] 馹 [간체] 馹 [字解] 역말, 역마(驛馬). 역참(驛站)에 비치한 말.〔春秋左氏傳〕楚子乘馹, 會師于臨品.

馬 4 【縶】 ⑭ 맬 칩 麊 zhí
[소전] 縶 [혹체] 𦉶 [초서] 縶 [字解] ①매다, 잡아매다, 말의 발을 붙들어 매다.〔韓愈·文〕天脫縶鞿. ②말의 발을 잡아매는 끈.〔莊子〕連之以羈縶.

馬 4 【馱】 ⑭ 馱(2049)의 속자

馬 5 【駕】 ⑮ 멍에 가 麊麊 jià
[소전] 駕 [주문] 駕 [초서] 駕 [간체] 驾 [字解] ①멍에, 멍에를 메우다, 수레에 말을 매다.〔詩經〕戎車旣駕. ②타다, 탈것에 오르다.〔白居易·詩〕始知駕鶴乘雲外. ③탈것. ㉮거마(車馬). ㉯천자의 수레.〔漢書〕出卽奉駕. ④부리다, 타고 말을 어거하다.〔魏文帝·書〕時駕而遊. ⑤다스리다, 통제(統制)하다.〔吳志〕駕御英雄. ⑥전하다, 전해 주다.〔法言〕仲尼者, 駕說者也. ⑦더하다. 늑加.〔莊子〕譬猶飮樂以駕病也. ⑧능가하다, 훨씬 뛰어나다.〔春秋左氏傳〕猶詐晉而駕焉. ⑨군사를 일으키다.〔春秋左氏傳〕三駕而楚不能與爭. ⑩재목, 건물을 지을 재료.〔淮南子〕大構駕, 興宮室. ⑪보내다, 가다. ⑫남을 높이는 경칭. ¶ 尊駕.
【駕輕就熟 가경취숙】 경쾌한 수레를 타고 낯익은 길을 달림. 일에 숙련되어 있음.
【駕跨 가과】 말에 걸터탐. 말을 탐.
【駕轎 가교】 ①쌍가마. ②임금이 타는 가마.
【駕六 가륙】 천자가 타는 수레. 御駕(어가).
【駕士 가사】 천자의 수레를 끄는 사람.
【駕說 가설】 자기 설을 전해서 널리 폄.
【駕孃 가양】 여자 사공.
【駕御 가어】 ①말을 자유로이 다루어 부림. ②사람을 마음대로 부림. 駕馭(가어).
【駕長 가장】 사공.
【駕前 가전】 천자의 수레 앞. 어가(御駕) 앞에 서는 시위병(侍衞兵).
【駕鶴 가학】 학에 올라탐. 신선이 됨.
◐ 車-, 凌-, 大-, 別-, 小-, 宸-, 晏-, 輿-, 龍-, 停-, 駐-, 秋-, 鶴-.

馬 5 【駏】 ⑮ 버새 거 麊 jù
[초서] 駏 [字解] 버새, 암나귀와 수말 사이에 난 튀기.〔淮南子〕蛩蛩駏驢.
【駏驢 거허】 수말과 암나귀를 교배시켜 난 튀기. 버새.

馬部 5획 駉駒駓駑駵駙駓駟駛

馬5 【駉】⑮ 목장 경 圕 jiōng
소전 駉 초서 駉 字解 ①목장, 말을 방목(放牧)하는 곳. ②굳세다, 말이 살찌고 굳센 모양.〔詩經〕駉駉牡馬, 在坰之野. ③시경(詩經) 노송(魯頌)의 편명(篇名).〔詩經·駉序〕駉, 頌僖公也.
【駉駉 경경】말이 살찌고 큰 모양.

馬5 【駒】⑮ 망아지 구 虞 jū
소전 駒 초서 駒 간체 驹 字解 ①망아지.〔周禮〕敎駣攻駒.㉯키가 6척 이하인 말.〔詩經〕乘我乘駒.㉰새끼말.〔唐書〕乳駒乳犢. ②말, 성숙한 말.〔楚辭〕寧昻昻若千里之駒乎. ③젊은이, 아이.〔後漢書〕卿名家駒, 努力勉之. ④짐승의 새끼.〔尸子〕虎豹之駒. ⑤흩어지지 모여들지 않는 모양.〔靈樞經〕其色散, 駒駒然未有聚.
【駒隙 구극】세월이 빠름.
【駒馬 구마】망아지와 말.
【駒影 구영】햇빛. 日光(일광).
【駒齒 구치】유치(乳齒)를 아직 갈지 않음. 곧, 유년(幼年).
◐隙−, 犢−, 白−, 龍−, 春−, 玄−.

馬5 【駓】⑮ 驅(2059)의 속자

馬5 【駑】⑮ 둔할 노 虞 nú
초서 駑 간체 驽 字解 둔하다.㉮말의 걸음이 무디다, 걸음이 느린 말, 노마(駑馬).〔楚辭〕駑駿雜而不分兮.㉯재능이 없고 미련하다.〔荀子〕庸衆駑散.
【駑蹇 노건】말이 둔하고 느림. 둔한 말의 걸음걸이.
【駑怯 노겁】둔하고 겁이 많음.
【駑鈍 노둔】어리석고 둔함. 아둔함.
【駑馬 노마】①걸음이 느린 말. ②노둔한 사람.
【駑馬十駕 노마십가】노마도 열흘을 달리면 준마가 하루에 갈 길을 갈 수 있음. 재주가 없는 사람도 노력하면 재주 있는 사람과 어깨를 나란히 할 수 있음. ◯일가(一駕)는 말이 수레를 달고 하루를 달리는 일, 십가(十駕)는 10일을 달리는 일을 뜻함.
【駑闇 노암】둔하고 흐림. 재지(才智)가 뒤짐.
【駑鉛 노연】노둔한 말과 납으로 만든 칼. 재능이 용렬(庸劣)함의 비유.
【駑劣 노열】우둔하고 용렬함.
【駑頑 노완】어리석고 미련함.
【駑材 노재】①재능이 뒤떨어짐. 둔한 재지(才智). ②자기의 재지에 대한 겸칭. 駑才(노재).
【駑拙 노졸】둔하고 서투름. 노둔함.
【駑駿 노준】노마와 준마. 현인과 우인의 비유.
駑驥(노기).

【駑下 노하】①재능이 없음. 둔한 사람. ②자기의 겸칭.
◐愚−, 羸−, 策−, 策−駘, 罷−.

馬5 【駵】⑮ 駵(2054)와 동자

馬5 【駙】⑮ 곁마 부 遇 fù
소전 駙 초서 駙 간체 驸 字解 ①곁마, 부마(副馬). 예비로 함께 몰고 다니는 말. ②가깝다, 접근하다. ③빠르다. ≒赴. ④덧방나무. 수레의 양쪽 가장자리에 덧대는 나무. ≒輔.〔史記〕乃斬其僕車之左駙.
【駙馬 부마】☞駙馬都尉(부마도위).
【駙馬都尉 부마도위】임금의 사위.

馬5 【駓】⑮ 황부루 비 支 pī
소전 駓 초서 駓 字解 ①황부루, 토황마(土黃馬). 누른빛과 흰빛이 섞인 말.〔詩經〕有騅有駓. ②달리는 모양.〔楚辭〕逐人駓駓兮.
【駓駓 비비】달리는 모양.
【駓俟 비사】짐승이 빨리 달리는 모양.

馬5 【駟】⑮ 사마 사 寘 sì
소전 駟 초서 駟 간체 驷 字解 ①사마(駟馬). 한 채의 수레를 함께 끄는 네 필의 말.〔詩經〕駟介旁旁. ②말.〔禮記〕若駟之過隙. ③용 네 마리.〔漢書〕秦祀四時, 每時用木偶龍一駟. ④네 사람이 함께 수레를 타다.〔春秋左氏傳〕富父終甥駟乘. ⑤별 이름, 방성(房星). 28수(宿)의 하나.〔國語〕駟見而隕霜. ⑥쫓다.
【駟介 사개】무장을 갖춘 사마(駟馬).
【駟過隙 사과극】사마(駟馬)가 틈을 지나감. 세월이 빠름. 白駒過隙(백구과극).
【駟馬 사마】①한 채의 수레를 끄는 네 필의 말. ②네 필의 말이 끄는 수레.
【駟不及舌 사불급설】한번 입 밖에 낸 말은 사마(駟馬)도 따라잡을 수 없음.
【駟乘 사승】네 명의 병사가 탄 병거(兵車).
◐介−, 文−, 房−, 飛−, 良−, 天−, 華−.

馬5 【駛】⑮ 달릴 사 紙 shǐ
초서 駛 간체 驶 字解 ①달리다, 말이 빨리 달리다.〔袁桷·詩〕疾如坂馬駛. ②빠르다, 신속하다.〔梁簡文帝·詩〕鶯啼春欲駛.
【駛急 사급】빠름. 신속함. 急駛(급사).
【駛馬 사마】말을 빨리 몲. 질주하는 말.
【駛步 사보】①달려감. 빨리 감. ②과발꾼.
【駛雨 사우】소나기. 急雨(급우).

馬部 5~6획 駔駐駝馳駘駊駓駱

【駛足 사족】 발이 빠른 사람. 疾足(질족).
【駛走 사주】 빨리 달림. 疾走(질주).
【駛彈 사탄】 빨리 탐(彈). 빠른 가락.
【駛河 사하】 빨리 흐르는 강물. 急流(급류).
◑ 急-, 奔-, 迅-.

馬 5 【駔】 ⑮ ❶준마 장 zǎng
❷꾼 끈 조 zǔ

[소전][초서][간체] 駔 [字解] ❶①준마(駿馬), 기세가 좋은 말. 〔左思·賦〕冀馬塡廐而駔駿. ②양마(良馬), 좋은 말. 〔楚辭〕同駕贏與乘駔兮. ③중도위, 거간꾼, 장쾌(駔儈). 〔淮南子〕段干木, 晉國之大駔也. ④거칠다, 조잡하다. ❷①끈 끈, 실을 여러 올로 짠 끈, 끈목. ≒組. 〔周禮〕駔琮五寸. ②중도위. ※❶의 ③과 같다.
【駔工 장공】 솜씨가 서투른 공장(工匠).
【駔駿 장준】 힘찬 말. 駿馬(준마).
【駔儈 장쾌】 중개인. 거간꾼. 牙儈(아쾌).
【駔琮 조종】 구슬의 이름. ◑끈으로 매다는 데서 온 말.
【駔華 조화】 크고 화려함.

馬 5 【駐】 ⑮ 머무를 주 zhù

[소전][초서][간체] 駐 [字解] ①머무르다. 가 말이 멈추어 서다. 〔宋之問·序〕主稱未醉, 惟見馬駐. ②수레가 머무르다. 〔漢書〕明府早晩, 久駐未出. 한곳에 체류(滯留)하다. 〔班昭·賦〕悵容與而久駐兮. ②머무르게 하다. 〔李邕·賦〕飛箭易及, 長繩難駐.
【駐駕 주가】 어가(御駕)를 멈춤. 駐蹕(주필).
【駐軍 주군】 ◑駐兵(주병).
【駐屯 주둔】 군대가 어떤 곳에 진(陣)을 치고 오래 머무름. 屯駐(둔주).
【駐泊 주박】 배가 항구에 정박함.
【駐兵 주병】 군사를 어떤 곳에 주둔시킴. 또는 그 군사. 駐軍(주군).
【駐錫 주석】 석장(錫杖)을 멈춤. 곧, 승려가 포교하기 위해 오래 머무름.
【駐在 주재】 ①머물러 있음. ②파견되어 그곳에 머무름.
【駐箚 주차】 관리가 직무상 외국에 머물러 있음. 駐紮(주찰).
◑ 屯-, 留-, 暫-, 停-, 偸-.

馬 5 【駝】 ⑮ 낙타 타 tuó

[소전][초서][간체] 駝 [字解] ①낙타, 약대. ≒駞. 〔晉書〕指洛陽宮門銅駝. ②타조(駝鳥). ≒它. 〔李白·歌〕秋浦錦駝鳥. ③곱사등이, 구루(佝僂). 〔薩都刺·詩〕一女淺步腰半駝. ④짐, 가축에 짐을 실음. 〔漢書〕騎駥橐駝.
【駝鷄 타계】 타조(駝鳥)의 딴 이름.
【駝峰 타봉】 낙타의 육봉(肉峰).

【駝載 타재】 낙타에 짐을 실음.
◑ 駱-, 橐-, 橐-師.

馬 5 【馳】 ⑮ 駝(2052)와 동자

馬 5 【駘】 ⑮ ❶둔마 태 tái
❷들피질 태 dài

[소전][초서][간체] 駘 [字解] ❶①둔마(鈍馬), 둔한 말, 느린 말. 〔庾信·表〕先駕於羸駘. ②둔하다, 어리석다, 재능이 뒤지다. 〔王韶之·詩〕伊余朽駘, 竊服懼盜. ③벗다, 말이 재갈을 벗다, 벗겨지다. 〔崔寔·政論〕馬駘其銜. ④밟다, 짓밟다. =跆. 〔史記〕兵相駘藉. ⑤넓다, 공허(空虛)하다. ¶駘蕩. ⑥땅 이름. 춘추 시대 제(齊)나라의 고을. 지금의 섬서성(陝西省) 무공현(武功縣). 〔春秋左氏傳〕遷孺子于駘. ❷①들피지다, 여위고 지치다. ②둔(鈍)하다. ③조용하고 한가로운 모양.
【駘蕩 태탕】 ①넓고 큼. ②봄날의 화창한 모양. ③소리의 기복(起伏). ④흩어져 정리되지 않은 모양.
【駘銜 태함】 말의 재갈을 벗김.
◑ 駑-, 哀-, 弱-, 羸-, 朽-.

馬 5 【駊】 ⑮ 머리 내두를 파 pǒ

[소전][초서][간체] 駊 [字解] ①머리를 내두르다. ¶駊騀. ②말이 날뛰어 제대로 가지 않다. 〔杜甫·詩〕駊騀揚斾旌. ③높고 큰 모양. 〔揚雄·賦〕崇丘陵之駊騀.
【駊騀 파아】 ①말이 머리를 내두름. ②말이 제자리에서 뛰면서 앞으로 나아가지 않음. ③높고 큰 모양.

馬 5 【駓】 ⑮ 말 살찔 필 bì

[소전][초서][간체] 駓 [字解] ①말이 살찌다, 말이 살찌고 건장한 모양. =駜. 〔詩經〕有駓有駓. ②말이 배불리 먹다.

馬 6 【駱】 ⑯ 낙타 락 luò

[소전][초서][간체] 駱 [字解] ①낙타, 약대. ≒駝. 〔後漢書〕駱駝畜産數萬頭. ②가리온, 몸의 털빛은 희고 갈기가 검은 말. 〔詩經〕嘽嘽駱馬. ③종족 이름. 〔漢書〕駱越之人, 父子同川而浴. ④이어지다, 계속되다, 잇달다. 〔漢書〕駱驛道路. ⑤달리다, 빨리 달리는 모양. 〔傅毅·賦〕駱漠而歸.
【駱駱 낙락】 말이 우는 소리.
【駱馬 낙마】 몸의 털빛은 희고 갈기가 검은 말. 가리온.
【駱漠 낙막】 빨리 달리는 모양.
【駱驛 낙역】 왕래가 빈번하여 끊이지 않음.

馬部 6～7획　駘 駮 騈 駛 駪 駥 駬 駰 駩 駞 駭 駠 駼　2053

馬6【駘】⑯ 노새 맥 囮　mò
字解 노새. 수나귀와 암말 사이에 난 튀기.

馬6【駮】⑯ 짐승 이름 박 麗　bó
소전 駮　초서 駮　字解 ①짐승 이름. 말과 비슷하며 범을 잡아 먹는다는 맹수.〔管子〕駮食虎豹. ②나무 이름, 자유(梓楡).〔詩經〕隰有六駮, 疏云, 駮馬, 梓楡也. ③풀 이름, 종구락. =䓞. ④섞이다, 순일(純一)하지 않다. ≒駁.〔荀子〕駮而霸. ⑤얼룩지다, 얼룩빼기. ≒駁. ⑥논박하다. ≒駁.〔漢書〕兄弟相駮不可.
【駮議 박의】남의 의견이나 의론에 대한 결점을 비난하여 공격함. 駁議(박의).
【駮異 박이】비난하여 이론(異論)을 내세움.
【駮雜 박잡】뒤섞여 순수하지 못함.
【駮正 박정】비평하여 바로잡음.
➊六一, 朱一, 靑一.

〈駮①〉

馬6【駢】⑯ 駢(2056)의 속자

馬6【駛】⑯ 빠를 사 ㉠시 寘　shǐ
소전 駛　字解 빠르다, 말이 빨리 달려가다. =駃.

馬6【駪】⑯ 말 많을 신 眞　shēn
소전 駪　초서 駪　字解 ①말이 많은 모양.〔詩經〕駪駪征夫. ②많은 말이 질주하는 모양.
【駪駪 신신】말을 타고 가는 사람이 많은 모양.

馬6【駥】⑯ 준마 융 東　róng
소전 駥　字解 ①준마(駿馬), 뛰어나게 힘이 센 말.〔爾雅〕絶有力, 駥. ②키가 8척(尺)인 말.

馬6【駬】⑯ 말 이름 이 紙　ěr
초서 駬　字解 말 이름, 녹이(騄駬). 주(周) 목왕(穆王)이 천하를 주유(周遊)할 때 타던 팔준마(八駿馬)의 하나.

馬6【駰】⑯ 오총이 인 眞　yīn
소전 駰　초서 駰　字解 오총이. 흰 털이 섞인 거무스름한 말.〔詩經〕我馬維駰.

馬6【駩】⑯ 입술 검은 백마 전 先　quān
字解 입술이 검은 백마(白馬).

馬6【駞】⑯ 말 조 蕭　táo
초서 駞　字解 말. ㉮네 살 된 말. ㉯세 살 된 말.〔周禮〕敎駞攻駒.

馬6【駤】⑯ 말 뒷걸음질할 치 寘　zhì
字解 ①말이 뒷걸음질하다, 말이 뒷걸음질하며 나아가지 않다. ②성을 불끈 내다.〔淮南子〕胡人有知利者, 而人謂之駤. ③높고 큰 말.

馬6【駭】⑯ 놀랄 해 蟹　hài
소전 駭　초서 駭　간체 骇　字解 ①놀라다. ㉮크게 놀라다. =駴.〔春秋公羊傳〕皆色然而駭. ㉯놀래다, 놀라게 하다.〔呂氏春秋〕鳴將駭人. ㉰어지러워지다, 소란(騷亂)하다.〔戰國策〕而國人大駭. ③흩어지다, 흩뜨리다.〔陸機·詩〕協風傍駭. ④경계(警戒)하다.〔陸機·論〕吳聲深而六師駭. ⑤일어서다. ⑥네 발굽이 다 흰 돼지.〔詩經·箋〕四蹄皆白曰駭.
【駭遽 해거】놀라 당황함.
【駭擧 해거】해괴한 짓.
【駭怪 해괴】매우 괴이함. 놀라 의심함.
【駭怪罔測 해괴망측】헤아릴 수 없이 해괴함.
【駭怛 해달】놀라고 두려워함.
【駭突 해돌】놀라 달리며 들이박음.
【駭遁 해둔】놀라 달아남.
【駭亂 해란】놀라 흐트러짐.
【駭浪 해랑】솟구치는 거센 파도.
【駭服 해복】놀라 복종함.
【駭俗 해속】해괴한 풍속.
【駭愕 해악】몹시 놀람. 놀라 당황함.
【駭惋 해완】놀라고 한탄함. 駭歎(해탄).
【駭慄 해율】놀라고 두려워함. 駭懼(해구).
【駭異 해이】①놀라 괴이하게 여김. ②놀라는 일이 드묾.
【駭政 해정】위에서 하는 정치에 만족하지 않음.
【駭震 해진】놀라서 몸을 떪.
【駭嘆 해탄】놀라 두려워함.
【駭悖 해패】몹시 패악(悖惡)함.
【駭汗 해한】놀라서 식은땀을 흘림.
➊傾一, 驚一, 奔一, 慴一, 危一, 慄一, 沮一, 振一, 震一, 歎一, 怖一, 暴一, 歡一, 惶一.

馬6【駢】⑯ 駢(2055)의 속자

馬7【駼】⑰ 양마 이름 도 虞　tú
소전 駼　字解 양마(良馬) 이름. 북해(北海)에서 난다.

馬 7 【騮】 ⑰ 월따말 류 尤 liú

소전 騮 소서 騮 초서 駵 동자 駵 동자 騮
동자 騮 간체 骝

字解 월따말. 털빛이 붉고 갈기가 검은 말.〔詩經〕騏騮是中.

馬 7 【駹】 ⑰ 찬간자 방 江 máng

소전 駹 초서 駹

字解 ①찬간자. 얼굴과 이마만 흰 푸른 말. ②얼굴이 흰 검은 말. ③푸른 말.〔漢書〕東方盡駹. ④얼룩 희생(犧牲), 잡색(雜色)의 희생. ≒尨.〔周禮〕用駹可也. ⑤수레 꾸밈, 수레의 가를 옻칠하여 꾸민 것.〔周禮〕駹車薻蔽, 注云, 邊側有漆飾也.

馬 7 【駂】 ⑰ 말 걸음 익힐 보 遇 bù

字解 말이 걸음을 익히다, 말에게 걸음걸이를 익히게 하다. ≒步.

馬 7 【騁】 ⑰ 달릴 빙 本정 梗 chěng

소전 騁 초서 騁 고문 騁 간체 骋

字解 ㉮달리다. ㉠말을 달리다.〔春秋左氏傳〕林楚怒馬, 及衢而騁. ㉡마음을 달리다, 회포를 풀다.〔王義之·記〕遊目騁懷. ㉢내키는 대로 하다, 제멋대로 하다.〔莊子〕時騁而要其宿. ②다하다, 극도에 이르다.〔詩經〕我瞻四方, 蹙蹙靡所騁. ③평평하다. ≒坪.〔楚辭〕登白藾兮騁望.
【騁觀 빙관】 여기저기를 둘러봄.
【騁能 빙능】 재능을 발휘함.
【騁望 빙망】 ①마음껏 바라봄. ②말을 타고 유람(遊覽)함.
【騁邁 빙매】 힘차게 달려 감.
【騁騖 빙무】 뛰어 돌아다님. 馳騖(치무).
【騁步 빙보】 빨리 걸음.
【騁志 빙지】 뜻을 폄.
【騁懷 빙회】 품은 생각을 다 말함. 흉금을 털어 놓음.
◐ 驅—, 縱—, 馳—.

馬 7 【騂】 ⑰ 붉은 말 성 庚 xīng

소전 騂 초서 騂 간체 骍

字解 ①붉은 말, 붉은빛에 약간 누른빛을 띤 말.〔詩經〕有騂有騏. ②붉은 소, 붉은 털빛의 희생(犧牲) =騂.〔禮記〕牲用騂, 尚赤也. ③붉다, 흙빛이 붉다.〔周禮〕凡糞種也, 騂剛用牛. ④붉히다, 부끄러워서 얼굴 붉히다.〔孫覿〕內愧面汗騂. ⑤활의 조화된 모양.〔詩經〕騂騂角弓, 翩其反矣.
【騂剛 성강】 ①붉고 딱딱한 토질(土質). ②희생으로 쓰는 붉은 털빛의 소.

【騂犅 성강】 ➡騂剛(성강)②.
【騂犢 성독】 붉은 털빛의 송아지.
【騂馬 성마】 붉은 털빛의 말. 절따말.
【騂騂 성성】 활의 조화(調和)된 모양.

馬 7 【駷】 ⑰ 재갈 채워 달릴 송 腫 sǒng

초서 駷

字解 재갈을 채워 달리다, 재갈을 물려서 말을 달리게 하다.

馬 7 【騀】 ⑰ 머리 내두를 아 哿 ě

소전 騀 초서 騀

字解 머리를 내두르다, 말이 머리를 내두르며 나부대다.

馬 7 【騀】 ⑰ 말 나아갈 아 歌 é

字解 말이 나아가다.

馬 7 【駼】 ⑰ ①어리석을 애 皆 ái
②말 달릴 사 紙 sì

소전 駼 초서 駼 간체 骀

字解 ①어리석다.〔漢書〕內實駼, 不曉政事. ②①말이 달리다, 말이 씩씩하게 나아가다. ②짐승이 가는 모양.〔張衡·賦〕群獸駼駼.
【駼女 애녀】 어리석은 여자.
【駼庸 애용】 어리석고 미욱함.
【駼態 애태】 어리석은 모양.
◐ 朴—, 鄙—, 愚—, 拙—, 癡—, 貧—, 駑—.

馬 7 【駿】 ⑰ 준마 준 震 jùn

소전 駿 초서 駿 간체 骏

字解 ①준마(駿馬), 양마(良馬), 잘 달리는 말.〔楚辭〕駑駿雜而不分兮. ②뛰어난 사람, 걸출한 사람. ≒俊.〔史記〕誹駿疑桀兮. ③빼어나다, 뛰어나다.〔詩經〕爲下國駿厖. ④크다.〔詩經〕駿命不易. ⑤길다, 장구하다.〔詩經〕不駿其德. ⑥빠르다, 신속하다.〔詩經〕駿發爾私. ⑦높다. ≒峻.〔詩經〕駿極于天. ⑧힘차다, 굳세다.〔南史〕筆力勁駿.
【駿骨 준골】 ①준마(駿馬)의 뼈. 현명한 인재의 비유. ②준마.
【駿良 준량】 뛰어나게 좋음.
【駿馬 준마】 잘 달리는 좋은 말.
【駿命 준명】 하늘의 큰 명령.
【駿命不易】 ❶준명불역 ❷준명불이】 ❶천명은 한 번 정해지면 바뀌지 않음. ❷천명을 지키는 일은 쉽지 않음.
【駿敏 준민】 뛰어나고 총명함.
【駿厖 준방】 매우 후함. 총명하고 후덕함.
【駿奔 준분】 썩 빠르게 달림. 질주함.
【駿爽 준상】 매우 상쾌함.
【駿逸 준일】 ①말이 뛰어나게 빠름. ②뛰어난 인재. 俊逸(준일).
【駿足 준족】 발이 빠른 훌륭한 말. 뛰어난 인재

의 비유. 俊才(준재).
【駿刑 준형】엄한 형벌. 峻刑(준형).
【駿惠 준혜】큰 은혜.
❶傑一, 勁一, 奇一, 奔一, 秀一, 神一, 良一, 英一, 龍一, 逸一.

馬7 【駸】⑰ ❶말 달릴 침 㾼 qīn
❷말 모일 참 㾼

字解 ❶①말이 달리다. ②빨리 지나가는 모양, 일이 빨리 되어 가는 모양. ¶駸駸. ❷말이 모이는 모양.
【駸駸 침침】①말이 빠르게 달리는 모양. ②일의 진행이 빠른 모양.

馬7 【駾】⑰ 달릴 태 㾼 tuì

字解 ①달리다, 말이 질주하여 오는 모양. ②부딪치다, 말이 사납게 마구 뛰어 부딪치다. 〔詩經〕混夷駾矣.

馬7 【駻】⑰ 사나운 말 한 㾼 hàn

字解 ①사나운 말, 성질이 거칠어 길들지 않은 말, 한마(駻馬). =駻. 〔漢書〕猶乘奔而御駻突. ②키가 6척인 말. ③안장. ≒軒.
【駻突 한돌】사나운 말, 길들지 않은 말.
【駻馬 한마】▷駻突(한돌).

馬7 【駭】⑰ 놀랄 해 㾼 hài

字解 ①놀라다, 놀래다. =駭. 〔列子〕子列子之徒駭之. ②고치다, 개혁(改革)하다. 〔莊子〕聖人之所以駭天下. ③북을 크게 울리다. 〔張衡·賦〕燎京薪駭雷鼓.

馬7 【駽】⑰ 철총이 현 㾼 xuān

字解 철총이, 돗총이. 털빛이 검푸른 말. 〔詩經〕駜彼乘駽.

馬8 【騉】⑱ 준마 이름 곤 㾼 kūn

字解 ①준마(駿馬) 이름, 곤제(騉蹄). 발굽이 평평하여 높은 곳을 잘 올라간다는 말. ②들말의 한 가지, 곤도(騉駼). 굽이 소의 발굽처럼 둘로 갈라진 말.

馬8 【騎】⑱ ❶말 탈 기 㾼 qí
❷기병 기 㾼 qí

「 ＝ ＝ 馬 馬 馬 馭 騎 騎
소전 초서 속서 간체 字源 形聲. 馬+

奇→騎. '奇(기)'가 음을 나타낸다.
字解 ❶①말을 타다. 〔史記〕乃上馬騎. ②걸터앉다. 〔漢書〕不騎衡. ❶①기병(騎兵), 말 탄 군사. 〔唐書〕自率鎧騎二千. ②기마(騎馬), 승용마. 〔史記〕車騎輜重.
【騎驢覓驢 기려멱려】나귀를 타고 나귀를 찾는다. 가까이 있는 것을 놓아 두고 먼 곳에서 구하는 어리석음의 비유.
【騎馬 기마】①말을 탐. 乘馬(승마). ②타는 말. 乘用馬(승용마).
【騎馬欲率奴 기마욕솔노】▷말 타면 경마 잡히고 싶음. 욕심이란 한이 없음의 비유.
【騎兵 기병】말을 타고 싸우는 병사.
【騎士 기사】말을 탄 병사.
【騎射 기사】①말 타는 기술과 활 쏘는 기술. ②말을 타고 활을 쏨.
【騎乘 기승】①말을 탐. ②말을 타는 일과 수레에 오르는 일.
【騎御 기어】말을 부려 몲.
【騎月雨 기월우】두 달에 걸쳐 내리는 비.
【騎從 기종】①말을 타고 따라감. ②말을 탄 종자(從者).
【騎鶴上揚州 기학상양주】학을 타고 양주에 오름. ㉠많은 소원을 한 몸에 가득 지님. ㉡결코 실현할 수 없는 망상.
【騎虎之勢 기호지세】범을 탄 기세. 일의 추세가 중도에서 그만둘 수 없는 형편.
❶健一, 勁一, 輕一, 單一, 屯一, 萬一, 偵一, 精一, 從一, 隻一, 鐵一, 探一, 驃一, 虎一, 胡一, 梟一, 驍一, 倅一, 候一.

馬8 【騏】⑱ 털총이 기 㾼 qí

字解 ①털총이. 푸르고 검은 무늬가 장기판처럼 줄이 진 말. 〔詩經〕駕我騏馵. ②천리마, 준마(駿馬). 〔莊子〕騏驥驊騮. ③검푸른 빛, 청흑색. 〔書經〕四人騏弁. ④기린. ≒麒. 〔詩經·疏〕騏麟善走.
【騏驥一毛 기기일모】준마의 한 가닥 털. 몹시 귀중한 것의 한 조각.
【騏麟 기린】①뛰어나게 좋은 말. 駿馬(준마). ②성인이 날 조짐으로 나타난다는 상상 속의 상서로운 짐승. 麒麟(기린).
【騏驃 기주】뒤쪽 왼발이 흰 검푸른 말.
❶驥一, 秀一, 龍一, 朱一, 蒼一.

馬8 【騠】⑱ 말 걷는 모양 답 㾼 dá

字解 말이 걷는 모양, 말의 걸음이 빠른 모양.

馬8 【騊】⑱ 말 이름 도 㾼 táo

字解 ①양마(良馬) 이름. ②맹수 이름. 말과 비슷하여 털빛이 푸르다. 〔山海經〕北海內有獸, 云云, 狀如馬, 鋸牙食虎豹.

馬部 8~9획   騋 騄 騈 騑 騷 騌 騺 騣 騅 騐 驗 騝 騧 骙

馬8 【騋】⑱ 큰 말 래 〔灰〕 lái
[字解] 큰 말, 키가 7척(尺)인 말. 〔詩經〕騋牝三千.
【騋馬 내마】 ①키가 7척 이상인 말. ②키가 6척 이상인 말.
【騋牝 내빈】 ①내마(騋馬)와 암말. ②유녀(遊女). 창기(娼妓).

馬8 【騄】⑱ 말 이름 록 〔沃〕 lù
[字解] 말 이름, 녹이(騄駬). 주(周) 목왕(穆王)이 타던 팔준마(八駿馬)의 하나. 〔漢書〕華騮騄駬之乘.

馬8 【騈】⑱ 나란히 할 변·병 〔先〕〔靑〕 pián
[參考] 대법원 지정 인명용 한자음은 '병'이다.
[字解] ①나란히 하다. ㉮말 두 필을 나란히 하여 수레에 메우다. 〔尚書大傳〕然後得乘飾車騈馬. ㉯늘어서 있다. 〔揚雄·賦〕騈交錯而曼衍兮. ㉰겹치다, 포개지다. 〔春秋元命苞〕顓頊騈幹. ㉱이어지다, 합쳐지다. 〔史記〕欲觀其騈脅. ②이웃, 동아리. 〔史記〕以騈鄰從. ③패를 짓다, 같은 당류(黨類)가 되다. 〔管子〕出則黨騈. ④혹, 신체에 난 가욋것. 〔莊子〕騈拇枝指. ⑤굳은살, 못, 바퀴통. 〔荀子〕繭胝. ⑥땅 이름. 산동성(山東省)에 있던, 춘추 시대 제(齊)나라의 읍(邑). 〔論語〕奪伯氏騈邑三百.
【騈肩 변견】 ①많은 사람이 붐벼 어깨를 나란히 함, 함께 있음. 立立(병립). ②많음.
【騈儷 변려·병려】 문체의 한 가지. 수사(修辭)하는 데 4자로 된 구와 6자로 된 구의 대구를 써서 음조를 맞추는 화려한 문체. 육조(六朝) 시대에 성행함.
【騈拇枝指 변무기지】 네 발가락과 육손. 무용지물의 비유.
【騈騈 변변】 ①떠들썩한 모양. ②초목이 무성한 모양.
【騈比 변비】 나란히 잇닿음.
【騈死 변사】 머리를 나란히 하여 죽음. 죽은 사람이 많음.
【騈植 변식】 나란히 섬. 併立(병립).
【騈衍 변연】 성벽이나 성루가 이어져 있는 모양.
【騈列 변열】 나란히 늘어섬. 羅列(나열).
【騈田 변전】 ①모여 나란히 늘어섬, 나열함. ②많은 모양.
【騈脅 변협】 ①통갈비, 갈비가 나란히 붙어 통뼈 같은 늑골. ②장사(壯士).

馬8 【騑】⑱ 곁마 비 〔微〕 fēi
[字解] ①곁마, 부마(副馬). 곁에 예비로 몰고 가는 말.
〔顏延之·誄〕如彼騑駠, 配服驂衡. ②세 살 된 말. 〔本草綱目〕馬三歲曰騑. ③말이 계속 달리는 모양. ≒匪. ¶騑騑.
【騑騑 비비】 ①말이 쉬지 않고 달리는 모양. ②지침, 피로함. ③사마(駟馬)의 모양.
【騑驂 비참】 사마(駟馬)의 좌우 바깥쪽에 세우는 예비 말. 驂騑(참비).
⊙右一, 征一, 左一, 驂一, 馳一.

馬8 【騷】⑱ 騷(2058)의 속자

馬8 【騌】⑱ 騣(2057)의 속자

馬8 【騺】⑱ 별박이 철 〔屋〕 zhuò
[字解] 별박이, 적로마(駒盧馬). 이마가 흰 말.

馬8 【騣】⑱ 騘(2060)의 속자

馬8 【騅】⑱ 오추마 추 〔支〕 zhuī
[字解] ①오추마. 검푸른 털에 흰 털이 섞인 말. 〔詩經〕有騅有駓. ②항우(項羽)의 애마(愛馬) 이름. 〔梁元帝·賦〕悲騅不之逝, 忘逐鹿之長驅. ③달의 싹, 풀의 싹.
【騅不逝 추불서】 기세가 꺾이고 힘이 다 빠져 온갖 책략이 소용없게 됨. [故事] 초(楚)나라의 항우(項羽)가 유방(劉邦)에게 패하자 그의 애마인 오추마(烏騅馬)도 나아가지 않았다는 고사에서 온 말.
⊙神一, 烏一, 黃一.

馬8 【騐】⑱ 驗(2063)의 속자

馬8 【驗】⑱ 驗(2063)의 속자

馬9 【騝】⑲ 구렁말 건 〔先〕 qián
[字解] 구렁말, 등마루가 누른 구렁말.

馬9 【騧】⑲ 공골말 과·와 〔麻〕 guā
[字解] ①공골말, 주둥이가 검은 공골말. 〔詩經〕騧驪是驂. ②지나다. ≒過. ③달팽이. ≒蝸.

馬9 【骙】⑲ 말 끝밋할 규 〔支〕 kuí
[字解] ①말이 끝밋하다, 말이 위의 있게 나아가는 모양.

馬部 9~10획 騎騖驢騕騥騬騠騢騣騤駓騦騧騨 2057

〔張衡·賦〕馴飛龍兮驂螭. ②말이 힘써 쉬지 않는 모양. ③창(槍)의 한 가지. ≒戣.〔張衡·賦〕驂戵奔觸.
【驂戵 규구】①달리는 모양. ②병기(兵器).
【驂驂 규규】①강장(强壯)한 모양. 강성한 모양. ②가는 모양.

馬9【騎】⑲ 騎(2055)의 속자

馬9【騖】⑲ 달릴 무 遇 wù
[소전][초서][간체] [字解]①달리다, 질주하다.〔漢書〕四馬騖馳. ②힘쓰다, 노력하다.
【騖望 무망】먼 곳을 마음껏 바라봄.
【騖枻 무예】노를 빨리 저어 배를 나아가게 함.
【騖置 무치】역참(驛站)에 마련한 말.
【騖馬 무마】거마(車馬)를 빨리 몲.
【騖行 무행】빨리 감. 빨리 달려감.
○ 競-, 駈-, 犇-, 星-, 迅-, 電-, 馳-.

馬9【騑】⑲ 빠른 말 비 微 fēi
[소전] [字解]①빠른 말, 걸음이 빠른 말, 말이 빨리 달리다. ②준마(駿馬) 이름. ≒飛.〔淮南子〕待騑裏飛兔而駕之.

馬9【騕】⑲ 양마 이름 요 篠 yǎo
[초서][동자]駥 [字解] 양마(良馬) 이름. ≒騕.〔後漢書〕飛兔·騕裏絶足奔放.
【騕裏 요뇨】양마(良馬) 이름. 하루에 천 리를 달린다는 신마(神馬).

馬9【騥】⑲ 검은 말 유 尤 róu
[字解] 검은 말, 갈기 숱이 많고 털빛이 검은 말.

馬9【騑】⑲ 말 멈추어 설 정 庚 chéng
[字解] 말이 멈추어 서다.

馬9【騠】⑲ 양마 이름 제 齊 tí
[소전][초서][속자]騠 [字解]①양마(良馬) 이름.〔後漢書〕駃騠宛馬, 鞭駥驢驢. ②버새, 수말과 암나귀 사이에 난 튀기. ¶駃騠. ③한대(漢代)의 제후국. 지금의 산동성(山東省) 익도현(益都縣).

馬9【騚】⑲ 騠(2057)의 속자

馬9【駿】⑲ 갈기 종 冬 zōng

馬9【騣】⑲ 갈기, 말갈기 털.〔杜甫·行〕肉騣碨礧連錢動. ②말 고깔, 말의 머리에 씌우는 장식.

馬9【騬】⑲ 얼룩말 준 [字解]①얼룩말, 털빛이 얼룩얼룩한 말. ②둔한 말, 둔마(鈍馬).

馬9【驄】⑲ 驄(2060)의 속자

馬9【騙】⑲ 속일 편 霰 piàn
[초서][간체]骗 [字解]①속이다, 기만하다. ¶騙取. ②말에 뛰어 올라타다, 말에 뛰어오르다.
【騙端 편단】속일 건더기.
【騙馬 편마】말을 타고 부리는 곡예.
【騙詞 편사】달콤한 말. 나쁘지 않은 말.
【騙取 편취】속여서 빼앗음. 詐取(사취).
【騙害 편해】속임.

馬9【騢】⑲ ❶말 살찔 필 質 bì ❷얼룩말 박 覺 bó
[字解] ❶①(同)駜(2052). 말이 살찌다. ㉮말이 살찌고 건장한 모양. ㉯말이 배부르게 먹다.〔詩經〕有駜有駜, 注云, 駜或作騢. ②신마(神馬) 이름.〔黃香·賦〕驂騕騢而俠窮奇. ❷얼룩말, 반마(斑馬). =駁.

馬9【騢】⑲ 적부루마 하 麻 xiá
[소전][초서] [字解] 적부루마, 홍사마(紅紗馬). 붉은빛과 흰빛의 털이 섞인 말.〔詩經〕有駰有騢.

馬9【騜】⑲ 황부루 황 陽 huáng
[동자]騜 [字解] 황부루, 누른빛에 흰빛이 섞인 말.〔詩經〕騜駁其馬.

馬9【騞】⑲ 줄곧 갈 획 囿 huò
[字解]①줄곧 가다, 쉬지 않고 가다. ②백정이 칼 쓰는 소리, 소를 각 뜨는 소리.〔莊子〕奏刀騞然.
【騞然 획연】①칼로 물건을 가를 때 나는 소리. ②빠른 모양.

馬10【騫】⑳ 이지러질 건 先 顧 qiān
[소전][초서][속자]騫[간체]骞 [字解]①이지러지다.〔詩經〕不騫不崩. ②손상(損傷)하다.〔漢書〕外無騫汙之名. ③잘못하다, 그르치다.〔劉

琨·歌〕惟昔李騫期. ④허물, 과실. ≒愆. ⑤어긋나다, 틀리다.〔後漢書〕專爲生則騫義. ⑥빼앗다, 뽑아 가지다. ≒搴.〔漢書〕非有斬將騫旗之實. ⑦추어올리다. ≒攓·褰.〔春秋左氏傳·注〕拂衣, 騫裳也. ⑧날다, 가볍다. ≒鶱. ⑨들다, 머리를 쳐드는 모양.〔楚辭〕王虺騫只. ⑩겁내다, 두려워하다.〔顔延之·詩〕人靈騫都野. ⑪말의 뱃병. 배가 쑥 들어가는 병. ⑫노마(駑馬), 둔한 말.
【騫騫 건건】①경솔한 모양. ②나는 모양.
【騫旗 건기】깃발을 잡아 뽑음.
【騫馬 건마】병든 말. 노둔한 말.
【騫裳 건상】옷을 추어올림.
【騫汚 건오】①이지러지고 더러워짐. ②결점이 생김.
◐ 騰一, 遐一.

馬【騱】⑳ 야생마 계 齊 xí
소전 **騱** 字解 ①야생마(野生馬). ②앞발이 흰 말.

馬【騩】⑳ 담가라 괴 賄 guī
소전 **騩** 字解 담가라. 옅은 검은빛의 가라말.〔漢官儀〕丞相免乘騩馬, 自府歸.

馬【騰】⑳ 오를 등 蒸 téng

月 月 胪 朕 朕 朕 膝 膝 騰 騰

소전 **騰** 초서 **騰** 간체 **腾** 字源 形聲. 朕+馬→騰. '朕(짐)'이 음을 나타낸다.
字解 ①오르다. ㉮높은 곳으로 가다.〔淮南子〕蹻騰昆侖. ㉯값이 비싸지다. ¶騰貴. ②올리다, 오르게 하다.〔曹植·賦〕騰文魚以警乘. ③타다, 말·수레 같은 것을 타다.〔楚辭〕騰驢贏以馳逐. ④뛰다, 도약하다.〔漢書〕暫騰而上胡兒馬. ⑤넘다, 뛰어넘다.〔張衡·賦〕乃奮翅而騰驤. ⑥지나다, 지나가다.〔楚辭〕騰衆車使徑待. ⑦전하다, 전달하다.〔淮南子〕子產騰辭. ⑧달리다, 달리게 하다.〔楚辭〕騰駕步遊. ⑨수말이 발정(發情)하다. ⑩역마(驛馬), 역참(驛站)에 비치한 말. ⑪이기다, 낫다. ≒勝.〔逸周書〕四騰屬威衆. ⑫말을 거세(去勢)하다. ≒騬. ⑬솟아나다, 분출(噴出)하다. ≒滕.〔詩經〕百川沸騰. ⑭보내다. ≒媵.
【騰駕 등가】탈것에 탐.
【騰降 등강】오름과 내림. 오르내림.
【騰矯 등교】위로 올라감.
【騰蛟起鳳 등교기봉】뛰어오르는 교룡과 날아오르는 봉황. 재능이 뛰어남의 비유.
【騰貴 등귀】물가가 오름.
【騰極 등극】임금 자리에 오름.
【騰達 등달】①위로 오름. ②입신출세(立身出世)함. 顯達(현달).

【騰踏 등답】날아오름. 솟아오름.
【騰騰 등등】①성하게 일어나는 모양. ②북을 치는 소리. ③완만한 모양.
【騰翻 등번】높이 날아 번드침.
【騰沸 등비】끓어오름.
【騰揚 등양】기세나 지위가 높이 떨침.
【騰驤 등양】뛰어넘음.
【騰雲 등운】높이 오르는 구름.
【騰越 등월】뛰어오름. 뛰어넘음.
【騰踐 등천】밟고 넘어감. 넘어진 사람 따위의 위를 밟고 걸어감.
【騰捷 등첩】날아가듯 가볍게 달려감.
【騰盪 등탕】움직여 오름.
【騰呼 등호】야단스럽게 소리를 질러 부름.
◐ 騫一, 高一, 蹻一, 蹈一, 奔一, 沸一, 上一, 升一, 昂一, 蒸一, 振一, 超一, 暴一, 喧一.

馬【騮】⑳ 騮(2054)와 동자

馬【騸】⑳ 불 깔 선 霰 shàn
초서 **騸** 간체 **骟** 字解 ①불을 까다, 거세(去勢)하다.〔陔餘叢考〕牡馬之去腎者曰騸馬. ②접붙이다, 접목(接木)하다.
【騸馬 선마】거세한 말.
【騸樹 선수】접목(接木).
【騸割 선할】말을 거세함.

馬【騷】⑳ ❶떠들 소 豪 sāo
❷쓸 소 皓 sǎo

厂 厂 厅 馬 馬 馰 馰 駱 騷 騷

초서 **騷** 속자 **騒** 간체 **骚** 字源 形聲. 馬+蚤→騷. '蚤(조)'가 음을 나타낸다.
字解 ❶①떠들다, 떠들썩하다.〔國語〕王室方騷. ②긁다, 말〔馬〕을 긁어 주다. ≒搔. ③근심하다, 근심. ≒愁.〔史記〕離騷者, 猶離憂也. ④비리다, 비린내가 나다. ≒臊. ⑤절뚝발이. ⑥운문(韻文)의 한 체(體). 굴원(屈原)의 이소(離騷)에서 시작된 이래 그 유파에서 창작된 시부(詩賦).〔楚辭·注〕騷則興少而比賦多. ⑦시부(詩賦), 풍류(風流).〔劉長卿·詩〕笑語和風騷. ❷떨다, 제거하다. ≒掃.〔史記〕大王宜騷淮南之兵.
【騷客 소객】시인(詩人). 문사(文士).
【騷動 소동】①법석을 피움. ②가슴이 두근거림. 불안함.
【騷離 소리】근심하여 떠나 버림.
【騷屑 소설】바람이 시원스럽게 부는 모양.
【騷騷 소소】①급히 서두는 모양. 바쁜 모양. ②바람이 세게 부는 모양. ③나뭇잎이 서로 스치는 소리.
【騷然 소연】어수선한 모양. 떠들썩한 모양.
【騷人墨客 소인묵객】시문·서화를 하는 풍아(風雅)한 사람.

馬部 10〜11획　騪騬騵輾騙騭騶騯驅　2059

【騷人之愁 소인지수】 시인의 고민이나 한탄.
【騷除 소제】 털어서 없앰. 掃除(소제).
【騷體 소체】 문체의 한 가지. 굴원(屈原)의 '이소(離騷)'를 본뜬 운문. 각 구의 끝에 '兮' 자를 붙이는 것이 특징임.
● 變―, 蕭―, 離―, 莊―, 楚―, 風―, 喧―.

馬10 【騪】 ⑳ 큰 말 수 尤 sōu
[초서] 騪 [동자] 駿 [字解] ①큰 말, 오랑캐 지방의 말. ②찾다, 수색하다. =搜.〔漢書〕騪粟都尉.

馬10 【騬】 ⑳ 불깔 승 蒸 chéng
[소전] 騬 [字解] 불까다, 말을 거세하다, 거세한 말.〔周禮·注〕攻特, 謂騬之.

馬10 【騵】 ⑳ 배 흰 월따말 원 元 yuán
[소전] 騵 [字解] 배가 흰 월따말. 배가 희고 갈기가 검으며 온몸이 붉은 털빛의 말.〔詩經〕駟騵彭彭.
【騵馬 원마】 다리는 희고 온몸이 붉은 말.

馬10 【輾】 ⑳ 말 토욕할 전 霰 zhàn
[字解] 말이 토욕(土浴)하다, 말이 땅에 뒹굴어 몸을 비벼내다.

馬10 【騙】 ⑳ 별박이 전 銑 diǎn
[字解] 별박이, 대성마(戴星馬). 이마에 흰 점이 박힌 말.

馬10 【騭】 ⑳ 수말 즐 質 zhì
[소전] 騭 [초서] 騭 [字解] ①수말, 말의 수컷. ②말을 부리다. ③오르다. 늑陟.〔六書統〕騭, 乘馬登山也. ④정(定)하다, 안정하다. 늑正.〔書經〕惟天陰騭下民. ⑤이루어지다.

馬10 【騶】 ⑳ 말 먹이는 사람 추 尤 zōu
[소전] 騶 [초서] 騶 [간체] 驺 [字解] ①말을 먹이는 사람, 말에 관한 일을 맡은 벼슬.〔春秋左氏傳〕孟氏之御騶. ②기사(騎士), 말 탄 군사.〔漢書〕武士騶比外郎. ③승마, 승용(乘用) 말.〔孔稚珪·文〕鳴騶入谷. ④원유(苑囿), 대궐 안에 있는 동산, 그 동산을 맡은 소임.〔左思·賦〕邇梁騶之所著. ⑤화살, 좋은 화살. 늑菆.〔漢書〕材官騶發. ⑥달리다. 늑趣.〔荀子〕步中武象, 騶中韶護. ⑦나라 이름. 늑邾·鄒.〔史記〕九年爲騶伐魯. ⑧인수(仁獸)의 이름.〔詩經〕于嗟乎騶虞.
【騶騎 추기】 말 탄 군사. 騎兵(기병).

【騶奴 추노】 종. 종복(從僕).
【騶發 추발】 좋은 화살로 쏨.
【騶御 추어】 마부(馬夫). 御者(어자).
【騶虞 추우】 ①검은 무늬가 있는 백호(白虎). 성인의 덕에 감응하여 나타난다는 서수(瑞獸)로, 생초(生草)를 밟지 않음. 騶牙(추아). ②악장(樂章) 이름. ③시경(詩經) 소남(召南)의 편명. ④주대(周代)에 새와 짐승을 관리하던 벼슬.

〈騶虞①〉

【騶卒 추졸】 신분이 천한 하인.
【騶從 추종】 신분이 높은 사람이 외출할 때 수레의 앞뒤에서 수행하는 시종.
【騶走 추주】 달려감.
【騶響 추향】 말발굽 소리.
● 絳―, 群―, 列―, 前―, 停―, 驂―.

馬10 【騯】 ⑳ 말 성할 팽 庚 péng
[소전] 騯 [초서] 騯 [字解]〔詩經〕四牡騯騯. ②말이 걷는 모양.
【騯騯 팽팽】 ①말이 가는 모양. ②말이 성(盛)한 모양.

馬11 【驅】 ㉑ 몰 구 虞·遇 qū
厂 广 匡 馬 馬 馬⁻ 馬⁼ 馬品 驅品 驅
[소전] 驅 [고문] 駈 [초서] 駈 [속자] 駈 [속자] 駆 [고자] 敺 [간체] 驱 [字源] 形聲. 馬+區→驅. '區(구)'가 음을 나타낸다.
[字解] ①몰다. ㉮말을 채찍질하여 달리게 하다.〔詩經〕弗馳弗驅. ㉯달리다, 빨리 가다.〔晉書〕順流長驅. ㉰쫓다, 몰아내다.〔禮記〕驅獸毋害五穀. ㉱대지르다, 핍박하다.〔陶潛·詩〕饑來驅我去. ②군진(軍陣)의 배차(排次).〔張衡·頌〕竝箕翼而翼張.
【驅駕 구가】 ①말을 몰아 달림. ②사람을 부림.
【驅劫 구겁】 몰아세우며 위협함.
【驅遣 구견】 쫓아냄. ㉮아내와 이혼함. ㉯해고(解雇)함.
【驅軍 구군】 國사냥의 몰이꾼.
【驅儺 구나】 섣달이나 입춘 때 역귀(疫鬼)와 잡신을 몰아내는 의식.
【驅掠 구략】 위협하여 재물을 빼앗음.
【驅迫 구박】 마구 몰아대어 못 견디게 괴롭힘.
【驅步 구보】 뛰어감. 또는 그 걸음걸이.
【驅報 구보】 말을 몰아 달림.
【驅使 구사】 ①사람이나 가축을 마구 부림. ②자유자재로 다루어서 씀.
【驅煽 구선】 충동함. 선동함.
【驅役 구역】 사람을 마구 부림. 양민을 강제로 동원하여 부리는 일.

【驅戰 구전】 휘몰아 싸우게 함. 전쟁터로 내몲.
【驅除 구제】 몰아내어 없애 버림. 제거함.
【驅叱 구질】 혹사하고 꾸짖음.
【驅集 구집】 사방에서 긁어모음.
【驅策 구책】 사람을 채찍으로 사역함. 또는 그 채찍.
【驅逐 구축】 몰아냄. 쫓아냄.
【驅蟲 구충】 해충이나 기생충을 없앰.
【驅馳 구치】 ①말을 몰아 빨리 달림. 馳驅(치구). ②남의 일로 분주히 돌아다님. 남의 부림으로 분주히 돌아다님.
【驅嚇 구하】 내쫓고 위협함. 驅脅(구협).
● 競—, 先—, 長—, 前—, 中—, 疾—, 風—.

馬11 【騾】 ㉑ 노새 라 㘉 luó
[초서] 騾 [본자] 臝 [간체] 骡 [字解] 노새. 수나귀와 암말 사이에 난 잡종.
【騾綱 나강】 짐을 실은 노새의 행렬.
【騾驢 나려】 노새와 나귀. 평범한 사람.
【騾子軍 나자군】 노새를 탄 기병.
● 駁—, 白—, 素—, 靑—, 駝—.

馬11 【䮹】 ㉑ 들말 록 㘉 lù
[字解] 들말, 야생마(野生馬).

馬11 【驀】 ㉑ 말 탈 맥 㘉 mò
[소전] 驀 [초서] 驀 [간체] 蓦 [字解] ①말을 타다. 〔左思·賦〕驀六駁. ②갑자기, 금세. ③쏜살같이. 〔貴耳集〕驀地燉天驀地空. ④뛰어넘다. ¶ 驀越.
【驀然 맥연】 갑자기 나아가는 모양. 쏜살같이. 눈 깜짝할 사이에. 驀地(맥지).
【驀越 맥월】 뛰어넘음. 超越(초월).
【驀地 맥지】 쏜살같이. 한눈 팔지 않고. 곧장. 힘차게 나아가는 모양. 驀然(맥연).
【驀進 맥진】 똑바로 힘차게 나아감.

馬11 【驦】 ㉑ 좋은 말 상 㘉 shuāng
[소전] 驦 [字解] ①좋은 말. ②명마(名馬)의 이름, 숙상(驌驦).

馬11 【驁】 ㉑ 준마 오 㘉 ào
[소전] 驁 [초서] 驁 [동자] 䮸 [간체] 骜 [字解] ①준마(駿馬)의 이름. 〔呂氏春秋〕良馬期乎千里, 不期驥驁. ②말이 날뛰다. 〔楚辭〕驂連蜷以驕驁. ③오만하다. 늑傲. 〔漢書〕其桀驁尙如斯. ④깔보다, 업신여기다. 〔呂氏春秋〕士驕祿爵者, 固輕其主. ⑤크다. 늑贅. ⑥악장(樂章) 이름. ⑦말이 걸어가는 모양.
【驁蹇 오건】 교만하고 방자함. 驁放(오방).

【驁辟 오벽】 교만하고 사특함.
● 驕—, 雄—, 駿—, 悍—.

馬11 【䮾】 ㉑ 驁(2060)와 동자

馬11 【䮾】 ㉑ 둔한 말 용 㘉 chōng
[字解] 둔한 말, 굼뜬 말.

馬11 【驂】 ㉑ 곁마 참 㘉 cān
[소전] 驂 [초서] 驂 [간체] 骖 [字解] ①곁마. 네 필의 말이 끄는 마차에서, 바깥의 두 필의 말. 〔詩經〕騑驂是驂. ②배승(陪乘). 어자(御者)의 오른쪽에 앉아 왼쪽에 탄 윗사람을 모시는 사람. 〔漢書〕乃令宋昌驂乘. ③수레에 세 필의 말을 메우다, 세 필의 말을 메운 수레. ④말, 승마(乘馬)의 총칭. 〔全唐詩話〕如以竹馬爲篠驂.
【驂乘 참승】 귀인을 모시고 그 곁에 탐. 또는 그 사람. 陪乘(배승).
【驂御 참어】 ①마차를 부리는 사람. 어자(御者). ②시종(侍從)의 직(職).
● 去—, 騑—, 兩—, 龍—, 征—, 疲—.

馬11 【驄】 ㉑ 총이말 총 㘉 cōng
[소전] 驄 [초서] 驄 [속자] 骢 [속자] 騘 [간체] 骢 [字解] 총이말, 청총이, 청총마(靑驄馬). 〔六書故〕驄馬茵靑色, 一名荏鐵.

馬11 【騺】 ㉑ 말 무거울 치 㘉 zhì
[소전] 騺 [초서] 騺 [동자] 䳄 [字解] ①말이 무겁다, 말이 육중한 모양. 〔史記〕惠公馬騺不能行. ②말이 사납다. ③말의 다리가 굽어 나아가지 못하다.

馬11 【鷔】 ㉑ 驁(2060)와 동자

馬11 【驃】 ㉑ 표절따 표 㘉 biāo
[소전] 驃 [초서] 驃 [간체] 骠 [字解] ①표절따, 표마(驃馬). 누른 바탕에 흰 털이 섞인 말. 또는 갈기와 꼬리가 흰 황마(黃馬). ②말이 빨리 달리는 모양. ③날래고 용감하다. ④나라 이름. 남만(南蠻)의 하나로, 지금의 미얀마. 〔唐書〕驃, 古朱波也.

馬12 【驕】 ㉒ ❶교만할 교 㘉 jiāo
❷사냥개 효 㘉 xiāo
[소전] 驕 [초서] 驕 [간체] 骄 [參考] 대법원 지정 인명용 한자의 음은 '교'이다.

馬部 12획 驔 驪 驎 驌 驕 驙 驝 驛 驜 驢 驊

字解 ❶①교만하다. 늑교. ㉮남을 깔보다, 업신여기다. 〔論語〕富而無驕. ㉯스스로 잘난 체하다. 〔呂氏春秋〕多以貴富驕得道之人. ㉰무례하다, 버릇없다. 〔孝經〕在上而不驕. ②교만(驕慢). 〔韓詩外傳〕得志而覺驕. ③솟다. 늑교. 〔老子〕果而不驕. ④굳세다, 장한 모양. 늑교. 〔詩經〕四牡有驕. ⑤말, 키 6척(尺)의 말. 〔詩經〕我馬維驕. ⑥들말, 야생의 말. ⑦길들여지지 않다, 익숙해지지 못하다. 〔逸周書〕譬若畋犬, 驕而逐禽. ⑧방자하다, 제멋대로 하다. ⑨짐승 이름, 산신(山神) 이름, 교충(驕蟲). 〔山海經〕平逢之山有神焉, 其狀如人而二首, 名曰驕蟲. ❷사냥개, 주둥이가 짧은 사냥개.

【驕倨 교거】교만함. 거만함.
【驕矜 교긍】거드름을 피우며 뽐냄.
【驕忌 교기】교만하여 남을 꺼리고 미워함.
【驕氣 교기】교만한 마음. 오만한 태도.
【驕麗 교려】아름다움을 자랑함.
【驕慢 교만】잘난 체하고 뽐내며 방자함.
【驕侮 교모】교만하고 남을 업신여김.
【驕放 교방】교만하고 방자함. 驕蹇(교건).
【驕兵 교병】힘을 믿고 적을 업신여기는 군대.
【驕婦 교부】남편을 업신여기는 교만한 아내.
【驕富 교부】재산이 많아 교만하게 굶.
【驕奢 교사】교만하고 사치스러움.
【驕尙 교상】교만함. 오만함.
【驕色 교색】오만한 태도.
【驕扇 교선】몹시 교만하게 굶. ○'扇'은 성한 모양.
【驕嘶 교시】말이 큰 소리를 내어 욺.
【驕狎 교압】교만하여 무람없음.
【驕弱 교약】방종(放縱)하여 허약(虛弱)함.
【驕揚 교양】교만하고 뽐냄.
【驕傲 교오】교만하고 오만함.
【驕頑 교완】교만하고 완고함.
【驕淫 교음】교만하고 음탕함.
【驕易 교이】교만하여 남을 얕봄. ○'易'는 '侮'로 '업신여기다'를 뜻함.
【驕人 교인】①교만하고 방자한 사람. ②간악하여 남을 참소하고 득의양양해하는 사람.
【驕佚 교일】제멋대로 놀며 즐김. 거만하고 태만히 함.
【驕溢 교일】교만하여 분수에 넘치는 짓을 함.
【驕戰 교전】자기 세력이 강함을 믿고 싸움.
【驕僭 교참】교만하여 분수에 넘치는 짓을 함.
【驕惰 교타】교만하고 태만함.
【驕宕 교탕】교만하고 방자함.
【驕悖 교패】교만하고 도리(道理)에 어긋나는 행동을 함.
【驕暴 교포】교만하고 포악함.
【驕悍 교한】교만하고 난폭함.
【驕伉 교항】거드름을 피움. 교만함.
【驕橫 교횡】교만하고 횡포(橫暴)함.

◑ 矜-, 狼-, 寵-, 悍-.

馬 12 【驔】 ㉒ 정강이 흰 말 담·점 單舅 diàn

소전 驔 **초전** 驔 **字解** ①정강이 털이 길고 흰 말. 〔詩經〕有驔有魚. ②검은 말, 등이 누른 검은 말.

馬 12 【驑】 ㉒ 驑(2058)의 본자

馬 12 【驎】 ㉒ 얼룩말 린 驎眞 lín
초전 驎 **字解** ①얼룩말, 화마(花馬). 늑䮛·鱗. 〔詩經·傳〕青驪驎曰驔. ②입 가장자리가 검은 흰말. ③연전총(連錢驄). 돈닢을 늘어놓은 듯한 흰 무늬가 박힌 검푸른 말.

馬 12 【驌】 ㉒ 말 이름 숙 舅 sù
字解 말 이름, 옛날의 양마(良馬) 이름. 늑鷫. 〔晉書〕昆吾挺鋒, 驌驦軒髦.

馬 12 【驕】 ㉒ 살 흰 검은 말 율 質 yù
소전 驕 **초전** 驕 **字解** 살이 흰 검은 말, 쌍창워라.

馬 12 【驙】 ㉒ 안장 얹지 않은 말 잔 溂 zhàn
초전 驙 **字解** 안장을 얹지 않은 말. 〔陔餘叢考〕不鞍而馳曰驙馬.
【驙騎 잔기】안장이 없는 말을 탄 기병.

馬 12 【驝】 ㉒ 연전총 탄 歌 tuó
소전 驝 **초전** 驝 **字解** ①연전총(連錢驄). 돈닢을 늘어놓은 듯한 흰 무늬가 박힌 검푸른 말. 〔詩經〕有驔有驝. ②야생마의 한 가지. ③지쳐서 헐떡거리다. 늑嘽.
【驝驝 탄탄】①말이 지쳐서 헐떡이는 모양. ②성(盛)한 모양.

馬 12 【驛】 ㉒ 한쪽 눈 흰 말 한 刪 xián
소전 驛 **동전** 驛 **字解** 한쪽 눈이 흰 말, 외눈 말.

馬 12 【驜】 ㉒ 驜(2061)과 동자

馬 12 【驢】 ㉒ 짐승 이름 허 魚 xū
字解 짐승 이름, 거허(駏驢). 공공(蛩蛩)이와 늘 함께 다닌다는 짐승. 〔張率·賦〕類飛鳥與駏驢.

馬 12 【驊】 ㉒ 준마 화 麻 huá
소전 驊 **간체** 骅 **字解** ①준마의 이름, 화류(驊騮). ②준마(駿馬).

【騞騮 화류】준마의 이름. 주(周) 목왕(穆王)이 천하를 주유(周遊)할 때 탔다는 팔준마(八駿馬)의 하나.
【騞騮開道 화류개도】화류가 길을 엶. 전도(前途)가 유망함.

馬12 【驤】㉒ 騲(2057)과 동자

馬12 【驍】㉒ 날랠 효 蕭 xiāo

①날래다, 굳세다, 용감하다. 〔史記〕衛尉李廣爲驍騎將軍. ②날랜 말, 양마(良馬). 〔詩經〕驍驍牡馬.

【驍健 효건】용맹하고 건장함.
【驍果 효과】용감하고 과단성이 있음.
【驍騎 효기】①용맹하고 날랜 기병. ②장군의 명호(名號).
【驍名 효명】용감하다는 평판.
【驍烈 효열】힘이 세고 맹렬함.
【驍銳 효예】굳세고 날카로움.
【驍勇 효용】날쌔고 용맹스러움. 굳세고 용감함.
【驍武 효무】
【驍雄 효웅】굳세고 용맹함. 또는 그 사람.
【驍毅 효의】굳세고 힘셈.
【驍將 효장】용감한 장수. 梟將(효장).
【驍悍 효한】날래고 사나움. 儦悍(표한).
【驍驍 효효】①용감하게 나아가는 모양. ②살지고 기운이 왕성한 모양.

馬13 【驚】㉓ 놀랄 경 庚 jīng

形聲. 敬+馬→驚. '敬(경)'이 음을 나타낸다.

①놀라다. ㉮말이 겁내다. 〔史記〕馬驚車敗. ㉯당황하고 두려워하다. 〔史記〕擧坐客皆驚下. ㉰움직이다, 동요하다. 〔揚雄·賦〕軍驚師駭. ㉱어지러워지다, 문란해지다 〔呂氏春秋〕其生若驚. ㉲뜻밖의 일에 가슴이 뛰다. 〔楚辭〕宮庭震驚. ㉳떠들다, 허둥대다. 〔趙抃·詩〕葡匐稚兒驚. ㉴일어서다. 〔韓愈·詩〕雄驚弓滿勁箭加. ②놀라다, 놀라게 하다. 〔管子〕三驚當一至. ③빠르다, 신속하다. 〔韋應物·詩〕忽覺徂歲驚. ④경풍(驚風), 경기(驚氣).

【驚覺 경각】놀라 잠을 깸. 놀라 깨달음.
【驚悸 경계】놀라고 두려워서 가슴이 몹시 두근거림.
【驚恐 경공】겁먹고 두려워함. 驚懼(경구).
【驚怪 경괴】놀랍고 괴이함.
【驚懼 경구】①놀라 두려워함. ②놀라게 하여 겁을 먹게 함.
【驚弓之鳥 경궁지조】활에 놀란 새. 한 번 놀란 사람이 조그마한 일에도 겁을 내어 위축됨.

【驚潰 경궤】겁내어 무너짐. 놀라 궤멸함.
【驚急 경급】놀라 서두름.
【驚氣 경기】➡驚風(경풍)②.
【驚湍 경단】몹시 빠른 여울.
【驚倒 경도】놀라 넘어짐. 몹시 놀람.
【驚悼 경도】놀라고 슬퍼함.
【驚濤 경도】사나운 파도. 驚瀾(경란).
【驚動 경동】①놀라게 함. ②놀라 떠듦.
【驚遁 경둔】놀라 달아남.
【驚瀾 경란】사나운 물결. 驚濤(경도).
【驚龍 경룡】놀란 용. ㉠초서(草書)의 필치가 힘차게 꿈틀거림. ㉡말이나 행동이 매우 대범함.
【驚鱗 경린】놀라서 이리저리 뛰는 물고기.
【驚目 경목】놀라서 눈을 휘둥그렇게 뜨고 봄.
【驚白 경백】놀라 아룀.
【驚伏 경복】두려워하여 엎드림.
【驚服 경복】경탄하여 복종함.
【驚奔 경분】놀라 달아남.
【驚沙 경사】바람에 날리는 모래.
【驚蛇入草 경사입초】놀란 뱀이 풀 속으로 들어감. 초서(草書)의 모양이 뛰어남.
【驚殺 경살】몹시 놀람. ○'殺'은 '甚'으로 '심하다'를 뜻함.
【驚蔘 경삼】옮겨 심어 기른 산삼(山蔘).
【驚翔 경상】놀라서 날아오름.
【驚羨 경선】놀라 부러워함.
【驚騷 경소】놀라 떠듦. 驚擾(경요).
【驚俗 경속】①세상 사람을 놀라게 함. ②세속(世俗)에 놀람.
【驚猜 경시】놀라고 의심함.
【驚心動魄 경심동백】①마음을 놀라게 하고 넋을 뒤흔듦. 곧, 몹시 놀람. ②남에게 깊은 감동을 줌.
【驚訝 경아】놀라 의심함.
【驚愕 경악】몹시 놀람. 놀라고 당황함.
【驚躍 경약】놀라 펄쩍 뜀.
【驚魘 경염】악몽에 시달림. 가위눌림.
【驚悟 경오】①놀라 눈을 뜸. 놀라 잠을 깸. ②총명함.
【驚懊 경오】놀라고 원망함.
【驚惋 경완】깜짝 놀라며 한탄함.
【驚搖 경요】요란하게 움직임.
【驚遠 경원】먼 곳에 있는 사람을 놀라게 함.
【驚異 경이】놀랍고 이상함.
【驚逸 경일】놀라 달아남.
【驚震 경진】①놀라서 부들부들 떪. ②몹시 두려워함.
【驚嗟 경차】놀라 탄식함. 驚嘆(경탄).
【驚慙 경참】놀라고 부끄러워함.
【驚天動地 경천동지】①하늘을 놀라게 하고 땅을 움직임. 크게 세상을 놀라게 함. ②어사(御史)가 처음으로 임지에 부임함.
【驚捷 경첩】놀랄 만큼 빠름.
【驚蟄 경칩】24절기(節氣)의 하나. 우수(雨水)와 춘분(春分) 사이, 양력 3월 5일경. 땅속의 벌레가 동면(冬眠)에서 놀라 깬다는 뜻.
【驚歎 경탄】①놀라고 탄식함. ②몹시 감탄함.

馬部 13~14획 驙驘驛驌驗驍驎

【驚憚 경탄】겁내고 두려워함.
【驚破 경파】놀람. 놀라게 함. ◯'破'는 조자(助字)
【驚怖 경포】놀라 두려워함.
【驚風 경풍】①거센 바람. ②한방에서 어린아이가 깜짝깜짝 놀라며 경련을 일으키는 병의 총칭. 驚氣(경기).
【驚汗 경한】놀라서 식은땀을 흘림.
【驚號 경호】놀라 소리를 지름.
【驚惑 경혹】놀라 허둥댐.
【驚魂 경혼】놀람. 마음을 놀라게 함.
【驚鴻 경홍】놀라서 날아오르는 기러기. ㉠미인의 날씬한 몸매. ㉡미인이 가볍고 아름다운 자태로 춤추는 모양.
【驚惶 경황】두려워서 어찌할 바를 모름.
【驚喜 경희】놀라 기뻐함. 몹시 기뻐함.
◯ 喫-, 大-失色, 勿-, 奔-, 陽-, 憂-, 一-, 震-, 吃-.

馬13 【驙】㉓ 말 힘 부칠 단 寒 zhān
소전 驙 字解 ①말의 힘이 부치다, 짐이 무거워 말이 걷기 힘들다. ②등마루가 검은 흰말. ③기린(麒麟).

馬13 【驘】㉓ 騾(2060)의 본자

馬13 【驛】㉓ 역참 역 陌 yì
厂 厂 厂 馬 馬 馬 馹 驛 驛 驛
소전 驛 초서 驛 속자 駅 간체 驿 字源 形聲. 馬+睪→驛. '睪(역)'이 음을 나타낸다.
字解 ①역참(驛站). 역말을 갈아타는 곳. ②역말, 역마(驛馬). 〔後漢書〕馳命走驛. ③역관(驛館). 역참에 설치한 객사(客舍). 〔岑參·詩〕寒驛遠如點. ④인도하다, 말을 태워 인도하다. ⑤연락부절하다. ¶ 駱驛. ⑥끊기다. ⑦國역.
【驛館 역관】역참에 설치한 객사.
【驛券 역권】역참에서 역마와 역부를 징발할 때에 쓰던 문권.
【驛路 역로】역참에서 역참으로 통하는 길.
【驛馬 역마】역참에 대기시켜 두고 관용(官用)으로 쓰던 말. 역말.
【驛馬直星 역마직성】國늘 분주하게 여행하는 사람.
【驛使 역사】①역참에서 공문서를 전달하던 사람. ②매화(梅花)의 딴 이름.
【驛舍 역사】역으로 쓰는 건물.
【驛丞 역승】①명청대(明淸代)에 관리 호송이나 공문서 송달 등에 관한 일을 맡아보던 벼슬. 驛館(역관). ②찰방(察訪).
【驛驛 역역】①싹이 트는 모양. ②이어져 끊이지 않는 모양.
【驛院 역원】國역로변(驛路邊)에 세워, 국가가

경영하던 여관(旅館).
【驛長 역장】철도역의 책임자.
【驛前 역전】정거장 앞. 驛頭(역두).
【驛卒 역졸】역참을 지키는 군사.
【驛站 역참】역(驛)과 참(站). 역마(驛馬)를 바꿔 타던 곳. ◯'驛'은 공무(公務)로 지방을 다니는 관원에게 마필(馬匹)과 숙소를 제공하고 나라의 공문(公文)을 중계하는 일을 담당하던 곳을, '站'은 군사와 관련된 연락 업무를 담당하던 곳을 뜻함. 驛亭(역정).
【驛遞 역체】역마로 공문서를 체송(遞送)하거나 관리의 왕래를 호송하는 일. 또는 그 일을 하는 사람.
◯ 古-, 駱-, 飛-, 宿-, 傳-, 津-, 荒-.

馬13 【驌】㉓ 구렁말 철 屑 tiě
소전 驌 초서 驌 字解 구렁말. 털빛이 밤색인 말. 〔詩經〕駟驌孔阜.

馬13 【驗】㉓ 증험할 험 豔 yàn
厂 厂 F 馬 馬 駼 駼 駼 驗 驗
소전 驗 초서 驗 속자 験 간체 验 字源 形聲. 馬+僉→驗. '僉(첨)'이 음을 나타낸다.
字解 ①증험하다, 시험하다. 〔呂氏春秋〕必驗之以理. ㉯표징(表徵). ㉰증거(證據). 〔史記〕何以爲驗. ㉱효능(效能). 〔淮南子〕驗在近而求之遠. ㉲징조(徵兆). 〔金甫汸·記〕因建金華之邑, 表瑞驗云. ㉳응보(應報). 〔論衡〕將有雲雨之驗. ㉴점괘(占卦). 〔春秋左氏傳〕夜之早晚, 以星驗爲. ③말 이름.
【驗問 험문】조사하여 물음. 신문함.
【驗覆 험복】거듭 조사하여 밝힘.
【驗事 험사】일을 조사함.
【驗訊 험신】◯驗問(험문).
【驗實 험실】사실을 조사함.
【驗左 험좌】증거. 證左(증좌).
【驗證 험증】증거를 조사함.
【驗知 험지】시험하여 앎.
【驗治 험치】죄인을 조사하여 다스림.
【驗效 험효】효력. 效驗(효험).
◯ 簡-, 勘-, 檢-, 經-, 明-, 夢-, 辨-, 符-, 試-, 實-, 靈-, 應-, 左-, 證-, 徵-, 體-, 劾-, 效-.

馬14 【驍】㉔ 駓(2048)과 동자

馬14 【驎】㉔ 떠들썩할 빈 眞 pīn
초서 驎 字解 떠들썩하다, 떠들썩한 뭇소리.
【驎駍 빈평】뭇소리. 떠들썩함.

馬14 【驟】㉔ 달릴 취 ㉠추 ㊀ zhòu
㉠ ①달리다, 말이 빨리 달리다. 〔詩經〕載驟駸駸. ②빠르다, 신속하다, 갑자기. 〔老子〕驟雨不終日. ③자주, 종종. 〔呂氏春秋〕驟戰而驟勝.
【驟躐 취렵】 차례를 뛰어넘어 승진(昇進)함.
【驟暑 취서】 갑자기 닥친 더위.
【驟雨 취우】 소나기. 白雨(백우).
○ 急-, 馳-.

馬15 【駉】㉕ 말 성낼 경 ㊀ xiòng
말이 성내다, 말이 꼴을 먹지 못하여 성을 내다.

馬15 【驪】㉕ 驪(2064)의 속자

馬15 【驉】㉕ 鑣(1912)의 동자

馬16 【驥】㉖ 천리마 기 ㊀ jì
①천리마. 하루에 천 리를 달린다는 준마. 〔論語〕驥不稱其力, 稱其德. ②뛰어난 인물, 준재(俊才), 걸사(傑士). 〔史記〕附驥尾而行益顯.
【驥騖 기무】 천리마가 달림.
【驥尾 기미】 ①천리마의 꼬리. ②뛰어난 사람의 뒤. 곧, 다른 사람에게 의지하여 이름을 얻음.
【驥服鹽車 기복염거】 천리마가 소금 실은 수레를 끎. 유능한 사람이 천역(賤役)에 종사함.
【驥騖 기오】 하루에 천 리를 달리는 준마(駿馬)의 이름.
【驥子 기자】 양마(良馬). 준마(駿馬).
【驥足 기족】 준마의 발. 뛰어난 재능. 또는 그런 재능을 가진 사람.
○ 騏-, 老-, 病-, 附-, 良-, 逸-, 駿-, 天-, 馳-.

馬16 【驢】㉖ 나귀 려 ㊂ lú
나귀, 당나귀. 〔賈誼·賦〕驂蹇驢兮.
【驢車 여거】 당나귀가 끄는 수레.
【驢年 여년】 ①012지 중에 당나귀 해가 없는 데서, 끝끝내 만날 기회가 없다는 뜻으로 쓰임.
【驢騾 여라】 당나귀와 노새.
【驢馬 여마】 ①당나귀. ②당나귀와 말.
【驢鳴狗吠 여명구폐】 당나귀가 울고 개가 짖음. ㉠들을 가치가 없음. ㉡문장이 졸렬함.
【驢背 여배】 당나귀의 등.

馬17 【驝】㉗ 橐(2057)의 속자

馬17 【驧】㉗ 말 뜀 국 ㉺ jú
①말이 뛰다, 말이 뛰어오르다. ②등이 굽은 말.

馬17 【驤】㉗ 騵(2060)과 동자

馬17 【驤】㉗ 머리 들 양 ㊎ xiāng
①머리를 들다, 말이 머리를 쳐들다. 〔曹植·詩〕六龍仰天驤. ②뛰다, 뛰어오르다. 〔潘岳·賦〕龍驤騰驤. ③달리다, 달리게 하다. 〔張衡·賦〕乃奮翅而騰驤. ④오른쪽 뒷발이 흰 말. ⑤빠르다, 멀다.
【驤蜧 양리】 교룡(蛟龍)이 승천함.

馬18 【驫】㉘ 말 달릴 섭 ㉺녑 ㉺ niè
말이 달리다. 〔晉書〕驫驄文馬鐵鍛鞍.

馬18 【驩】㉘ 기뻐할 환 ㉺ huān
①기뻐하다, 기쁨. 〔孟子〕驩虞如也. ②말 이름. ③말이 즐겁게 노는 모양.
【驩附 환부】 기뻐하여 붙좇음. 歡附(환부).
【驩然 환연】 기쁘게 사귀는 모양.
【驩迎 환영】 기쁘게 맞음. 歡迎(환영).
【驩虞 환우】 기뻐하고 즐거워함. 歡虞(환우).
【驩合 환합】 기쁘게 화합함.
○ 交-, 舊-, 悲-, 台-.

馬19 【驪】㉙ 가라말 려·리 ㉺ ㊂ lí
대법원 지정 인명용 한자의 음은 '려'이다.
①가라말. 온몸의 털빛이 검은 말. 〔詩經〕有驪有黃. ②검다, 흑색. 〔莊子〕驪龍頷. ③나란히 하다, 멍에에 두 필의 말을 나란히 메우다. 〔張衡·賦〕驪駕四鹿.
【驪歌 여가】 고별(告別)의 노래. 이별로.
【驪駕 여가】 한 수레에 말 두 필을 나란히 메움.
【驪駒 여구】 ①가라말. 加羅馬(가라마). ②송별할 때 부르는 노래. 원래는 일시(逸詩)의 편명(篇名)임.
【驪龍 이룡】 흑룡(黑龍).

【驪龍珠 이룡주】 흑룡의 턱 밑에 있다는 값진 구슬. ㉠목숨을 걸고 구하지 않으면 얻지 못하는 데서, 모험하여 큰 이익을 얻음의 비유. ㉡귀중한 인물이나 보옥(寶玉). 如意珠(여의주). 驪珠(이주).

◐ 駕一, 四一, 駢一.

馬20 【驫】㉚ 騁(2054)의 고자

骨 部

10획 부수 | 뼈골부

骨0 【骨】⑩ 뼈 골 月 gǔ

丨冂冖咼咼骨骨骨骨

[소전][초서][간체] 骨 [字源] 會意. 冎＋月〔肉〕→骨. 고기〔月〕에서 살을 발라내면〔冎〕 남는 것은 뼈이기 때문에 '뼈'라는 뜻을 나타낸다.

[字解] ①뼈. ㉮근육 속에 있어 몸을 지탱하는 물질.〔素問·論〕骨者, 髓之府.㉯몸, 구간(軀幹).〔李賀·詩〕病骨獨能在.㉰심, 중심이 되는 것, 골수〔杜甫·文〕到骨. ㉱골격(骨格), 골상(骨相).〔曹唐·詩〕逢人枉問強嘶號. ㉲해골, 촉루(髑髏).〔晉書〕下無怨骨. ②됨됨이, 풍도(風度), 사람의 품격.〔南史〕風骨奇偉. ③굳다, 강직(剛直)하다.〔後漢書〕骨鯁可任. ④글씨가 날카롭고 힘차다.〔中華大字典〕書之瘦勁曰骨. ⑤문장의 체격(體格).〔文心雕龍〕沈吟鋪辭, 莫先於骨. ⑥기골(氣骨), 의기(意氣).〔詩經〕眞骨凌霜. ⑦신라 때의 골품 제도(骨品制度).〔新唐書〕新羅名其王族爲第一骨, 餘貴族爲第二骨.

【骨角 골각】 뼈와 뿔.
【骨幹 골간】 ①뼈대. 골격(骨格). ②사물의 중요한 부분.
【骨格 골격】 ①몸을 지탱하는 뼈의 조직. 뼈대. ②사물의 주요 부분을 이루는 것. ③사람의 품격. ④시문(詩文)의 짜임새와 격식.
【骨鯁 골경】 ①물고기의 뼈. ②강직하여 임금의 허물을 직간(直諫)하는 충신.
【骨氣 골기】 ①기개. ②힘찬 필세(筆勢).
【骨董 골동】 ①자질구레한 것들을 뒤섞음. ②애완(愛玩)할 옛 도구. 옛날의 서화·도자기·칠기(漆器)·도검(刀劍) 등의 미술품.
【骨董飯 골동반】 비빔밥.
【骨董品 골동품】 ①희귀하고 오래된 옛날 물건. ②오래되어 쓸모없이 된 물건이나 사람.
【骨騰肉飛 골등육비】 심신이 약동함. ㉠용사(勇士)가 비호같이 달리는 모양. ㉡미인을 보았을 때의 충동.

【骨力 골력】 ①체력. ②서화에서의 필세(筆勢).
【骨盤 골반】 허리 부분을 이루는 납작한 뼈.
【骨法 골법】 ①골격(骨格). ②필력(筆力).
【骨相 골상】 ①인체의 골격. ②골격에 나타난 그 사람의 성격이나 운명.
【骨生員 골생원】 國 ①옹졸하고 고루한 사람. ②몸이 약하여 잔병치레로 골골하는 사람.
【骨髓 골수】 ①뼛속에 차 있는 황색의 연한 조직. ②요점. 골자. ③마음속. 참정신.
【骨肉相殘 골육상잔】 ①혈연 관계에 있는 사람끼리 서로 해치며 싸움. ②같은 민족끼리 서로 살상(殺傷)함.
【骨肉之親 골육지친】 부자나 형제자매와 같이 서로 피를 나눈 혈육.
【骨子 골자】 ①뼈. ②종요로운 곳. 사물의 핵심.
【骨折 골절】 뼈가 부러짐. 折骨(절골).
【骨節 골절】 뼈의 관절. 뼈마디.
【骨醉 골취】 몹시 취함. 곤드레만드레 취함.
【骨朶 골타】 송대(宋代)의 병기 이름. 막대기 끝에 마늘 모양의 둥근 쇠나 나무의 대가리를 붙인 것. 의장용(儀仗用)으로 쓰임.
【骨炭 골탄】 동물의 뼈를 태워서 만든 숯. 표백제(漂白劑)로 쓰임. 獸炭(수탄).
【骨牌 골패】 상아나 뼈로 만든 도박 도구의 한 가지. 牙牌(아패).
【骨品 골품】 신라 때 왕족 내 혈통상의 계급적 등급. 성골(聖骨)·진골(眞骨) 따위.
【骨筆 골필】 뼈로 만든 붓. 경문(經文)을 베낄 때 사용함.
【骨解 골해】 뼈가 마디마디 풀려 떨어짐. 동분서주함.

◐ 刻一, 枯一, 筋一, 奇一, 氣一, 買一, 沒一, 白一, 病一, 仙一, 聖一, 獸一, 弱一, 英一, 玉一, 柳一, 遺一, 眞一, 皮一, 解一, 朽一.

骨2 【肌】⑫ 肌(1435)와 동자

骨2 【骩】⑫ 骩(2065)의 와자(譌字)

骨3 【骭】⑬ 정강이 뼈 간·한 諫 gàn
[소전][초서][동자] 骭 [字解] ①정강이뼈, 경골(脛骨). ②정강이. ③무릎 밑, 정강이 위의 한 부위(部位).〔淮南子〕易骭之一毛. ④갈빗대, 늑골.〔劉晝·新論〕顚頂駢骭.

骨3 【骬】⑬ 울대뼈 우 虞 yú
[字解] 울대뼈, 후골(喉骨).

骨3 【骫】⑬ 굽을 위 紙 wěi
[소전][초서][속자] 骫 [字解] ①굽다. ㉮뼈가 굽다. ㉯곧지

못하다.〔呂氏春秋〕直則骩.❷굽히다, 구부리다.〔漢書〕皇帝骩天下正法.❸버려두다, 방기(放棄)하다.〔揚雄·詩〕骩屬而還.❹모이다, 모여들다.〔太玄經〕禍所骩也.
【骩麗 위려】좌우(左右)가 서로 좇음.
【骩法 위법】법(法)을 굽힘.
【骩骳 위피】①정강이가 구부러짐. ②남에게 영합하고 강직한 기개가 없음.

骨3【骩】⑬ 骩(2065)의 속자

骨4【骰】⑭ ❶주사위 투 尤 tóu
❷허벅다리 고 麌 gǔ
[초서][자해]❶주사위, 투자(骰子).〔五代史〕董昌素愚, 不能決事, 臨民訟, 以骰子擲之, 而勝者爲直.❷허벅다리. =股.
【骰子 투자】주사위.
【骰戲 투희】노름. 도박. 博戲(박희).

骨4【骯】⑭ 살찔 항 養 kǎng
[초서][간체]肮 [자해]①살찌다, 몸이 비대해지다. ¶骯髒.②꼿꼿하여 굽히지 않는 모양.〔後漢書〕骯髒倚門邊.③불결(不潔)한 일.
【骯髒 항장】①몸이 비대해짐. ②강직(强直)하여 뜻을 얻지 못하는 모양. ③불결함. 더러움.

骨5【骱】⑮ 骭(2065)과 동자

骨5【骷】⑮ 굴 굴 月 kū
[동자]𩨨 [자해]굴, 달이 돋아난다는 바위굴. ※窟(1289)의 고자(古字).

骨5【骲】⑮ 뼈살촉 박 覺 bào
[초서][자해]①뼈살촉, 뼈로 만든 살촉. ②치다, 때리다.
【骲箭 박전】뼈로 만든 살촉을 붙인 화살.

骨5【骴】⑮ 삭은 뼈 자 支 cī
[소전][초서][동자]骳 [자해]①삭은 뼈, 조수(鳥獸)의 삭은 뼈. =胔.②육탈(肉脫)이 덜 된 죽은 사람의 뼈.〔周禮〕掌除骴.

骨5【骶】⑮ 궁둥이 저 薺 dǐ
[초서]骶 [자해]①궁둥이, 미골(尾骨). ②등〔背〕

骨5【骵】⑮ 體(2068)의 속자

骨5【骳】⑮ 굽을 피 寘 bèi
[초서]骳 [자해]굽다, 정강이가 굽다.

骨6【骼】⑯ 뼈 격 陌 gé
[소전][초서][자해]①뼈.㉮뼈대, 골격. ㉯뼈의 통칭.㉰넓적다리뼈, 대퇴골(大腿骨).〔韓愈·詩〕冬衣纔掩骼.㉱금수(禽獸)의 뼈.㉲백골(白骨), 해골.〔禮記〕掩骼埋胔.②치다, 때리다. ≒挌.〔左思·賦〕禽笑而被骼.

骨6【骻】⑯ 허리뼈 과 禡 kuà
[초서]骻 [자해]①허리뼈, 요골(腰骨). ②살 사타구니. =胯.〔唐書〕有從戎缺骻之服.③넓적다리뼈, 대퇴골(大腿骨). =髁.

骨6【骹】⑯ 정강이 교 肴 qiāo
[소전][초서][자해]①정강이, 발회목, 발 근족자(近足者). ②명적(鳴鏑), 우는살.〔唐六典〕鳴箭曰骹.③기물(器物)의 다리. ≒校.
【骹齟 교가】뼈가 이 사이에 끼어 빠지지 않음. 사물의 처리가 잘 진척되지 않음.
【骹箭 교전】우는살. 개전(開戰) 신호 따위에 씀. 鳴箭(명전).

骨6【骿】⑯ 骿(2067)의 속자

骨6【骸】⑯ 뼈 해 佳 hái
[소전][초서][속자]骹 [자해]①뼈, 사람의 뼈.〔春秋公羊傳〕析骸而炊之. ②정강이뼈, 경골(脛骨). ③해골, 뼈만 남은 시신〔尸身〕.〔史記〕暴骸骨於草澤. ④몸, 신체.〔呂氏春秋〕逸身煖骸.
【骸骼 해격】시체. 주검.
【骸骨 해골】①몸을 이루는 뼈. ②살이 썩고 남은 뼈. 또는 그 머리뼈.
【骸筋 해근】①뼈와 살. 몸. 신체. ②체력.
❶乞－, 軀－, 筋－, 死－, 遺－, 殘－, 形－.

骨6【骺】⑯ 骸(2066)의 속자

骨7【骾】⑰ 걸릴 경 梗 gěng
[소전][초서][자해]①걸리다, 가시가 목에 걸리다. ②기골이 차다, 모가 나서 세속을 따르지 않다. ≒鯁.〔晉書〕骨骾不動於物.
【骾訐 경알】직언하여 남의 잘못을 파헤침.

【骾朴 경박】 강직하며 소박함.
❶剛-, 骨-.

骨7 【髁】⑰ 鰶(2087)과 동자

骨7 【髇】⑰ 갈비뼈 요 yǎo
字解 ①갈비뼈, 늑골(肋骨). 〔詩經·傳〕射左髇達于右髃爲下殺. ②어깨뼈, 견골(肩骨).

骨7 【骰】⑰ 腿(1456)의 속자

骨7 【骻】⑰ ❶胯(1449)와 동자 ❷髀(2067)와 동자

骨7 【骲】⑰ 우는살 효 xiāo
字解 우는살, 명적(鳴鏑). 쏘았을 때 소리가 나는 화살. 〔唐書〕婣州土貢骲矢.

骨8 【髁】⑱ 넓적다리뼈 과 kē
字解 ①넓적다리뼈, 대퇴골(大腿骨). =髂. ②종지뼈, 슬골(膝骨). ③형체가 흐트러져 바르지 못한 모양. 〔莊子〕謑髁無任.

骨8 【骿】⑱ 통갈비 변 pián
字解 ①통갈비. 〔國語〕聞其骿脅, 欲觀其狀. ②굳은살. 늑胼. 〔荀子〕手足骿胝以養其親.
【骿胝 변지】 각화(角化)하여 굳어진 살. 굳은살.
【骿脅 변협】 통갈비. 늑골이 한데 연이어 있어 마치 하나의 뼈같이 보이는 갈비. 骿脅(변협).

骨8 【髀】⑱ 넓적다리 비 bì
字解 ①넓적다리, 넓적다리의 바깥쪽. 〔蜀志〕髀肉之歎. ②넓적다리뼈, 대퇴골(大腿骨). 〔漢書〕至於髖髀之所. ③장딴지, 종아리의 뒤쪽. 〔太玄經·注〕脛後爲髀. ④비장(脾臟). 늑脾. 〔儀禮〕髀不升.
【髀臀 비려】 넓적다리와 척추.
【髀肉皆消 비육개소】 넓적다리의 살이 다 빠짐. 전쟁으로 항상 말을 타고 다님.
【髀肉之歎 비육지탄】 넓적다리에 살이 쪘음을 한탄함. 재능을 발휘할 기회를 얻지 못하고 부질없이 세월만 보내는 것을 한탄함. 故事 촉(蜀)나라의 유비(劉備)가 오랫동안 전장(戰場)에 나가지 않아 넓적다리가 굵어졌음을 한탄하면서, 몸은 늙어 가고 뜻한 바는 이루지 못하였음을 슬퍼한 고사에서 온 말.
❶肩-, 搏-, 胕-, 肫-, 腰-.

骨8 【髀】⑱ 髀(2067)의 속자

骨8 【骯】⑱ 종지뼈 완 wàn
字解 종지뼈.

骨9 【髂】⑲ 허리뼈 가 qià
字解 허리뼈, 요골(腰骨). 〔漢書〕折脅拉髂.

骨9 【髏】⑲ 髏(2067)의 속자

骨9 【髃】⑲ 어깨 앞쪽 우 yú
字解 어깨의 앞쪽, 어깨뼈. =髃. 〔詩經·傳〕自左髃而射之達于右腢爲上殺.

骨10 【髆】⑳ 어깨뼈 박 bó
字解 ①어깨뼈. ②어깨. ③종지뼈.

骨10 【髓】⑳ 髓(2068)의 속자

骨10 【髊】⑳ ❶骴(2066)와 동자 ❷磋(1243)와 통자

骨10 【髐】⑳ 우는살 효 xiāo
字解 우는살, 명적(鳴鏑). 쏘았을 때 소리가 나는 화살. 늑嚆. 〔杜甫·賦〕問髐矢與流星兮.

骨11 【軀】㉑ 軀(1773)와 동자

骨11 【髏】㉑ 해골 루 lóu
字解 해골, 두개골(頭蓋骨). 〔莊子〕夜半髑髏見夢.

骨11 【髍】㉑ ❶작을 마 mò ❷중풍 마 mó
字解 ❶작다, 미세하다. =麼. ❷중풍(中風), 반신불수(半身不隨)의 병.

〔漢書〕又況幺麼, 尙不及數子.

骨11 【螯】㉑ 게 집게발 오 釐 áo
字解 게의 집게발. =螯.

骨12 【髐】㉒ 해골 효 䬔 xiāo
초서 骹 字解 ①해골, 백골이 윤택이 없는 모양. 〔莊子〕莊子之楚, 見空髑髏, 髐然有形. ②우는살, 명적(鳴鏑).

骨13 【髓】㉓ 골수 수 𩪧 suǐ
소전 髓 초서 髄 동자 䯝 속자 髄 간자 髓
字解 ①골수. 뼛속에 들어 있는 누른빛의 연한 물질. 〔漢書〕浹肌膚而臧骨髓. ②물질의 중심에 있어 굳기름처럼 응고(凝固)된 것. 〔晉書〕烈嘗得石髓如飴. ③사물의 중심, 정화(精華), 추축(樞軸). 〔李咸用·詩〕筆頭點點文章髓.
【髓腦 수뇌】①머릿골. 腦髓(뇌수). ②사물의 가장 중요한 부분. 추요(樞要)한 곳.
【髓海 수해】①뇌(腦). ②뇌 속에 있는 점액.
● 骨一, 腦一, 神一, 心一, 精一, 脊一.

骨13 【髒】㉓ 몸 뚱뚱할 장 𩪧 zǎng
초서 髒 간자 脏 字解 ①몸이 뚱뚱하다. ②엿보며 서 있는 모양, 교만하고 완고한 모양. 〔後漢書〕抗髒倚門邊. ③더럽다, 더러워지다.

骨13 【體】㉓ 몸 체 䫉 tǐ

日 且 骨 骨 骨 骨 體 體 體 體

소전 體 초서 躰 속자 軆 속자 體 속자 骵 속자 体 간자 体 字源 形聲. 骨＋豊→體. '豊(례)'가 음을 나타낸다.
字解 ①몸, 신체(身體). 〔禮記〕身也者父母之遺體也. ②수족, 사지(四肢). 〔詩經〕相鼠有體. ③모양. ㉮형상(形象). 〔易經〕故神无方, 而易无體. ㉯용모(容貌). 〔北史〕姿體雄偉. ㉰격식(格式). 〔宋書〕延年之體裁明密. ㉱점괘(占卦), 조상(兆象). ㉲문체(文體). 〔揚雄·賦〕大哉體乎. ⑤도리(道理), 규칙. ㉳이세(理勢). 〔李華·序〕文詞最近于理體. ⑥근본. ㉮근경(根莖). 〔詩經〕無以下體. ㉯본성(本性). 〔呂氏春秋〕其情一體也. ㉰본체(本體), 본연(本然). 〔論語·注〕蓋禮之爲體, 雖嚴, 而皆出於自然之理. ⑦행위, 행동. 〔呂氏春秋〕若此則師徒同體. ⑧차례, 차서(次序). 〔禮記〕官得其體. ⑨혈통, 자손. 〔儀禮〕正體於上. ⑩희생, 생체(牲體). 〔周禮〕辨體名肉物. ⑪몸소, 친히. 〔後漢書〕體行德本, 正其

也. ⑫친근히 하다, 가까이하다. 〔禮記〕就賢體遠. ⑬받아들이다, 용납하다. 〔禮記〕體羣臣也. ⑭의거하다, 바탕을 두다. 〔管子〕則君體法而立矣. ⑮본받다. 〔淮南子〕帝者體太一. ⑯맺다, 연결하다. 〔禮記〕體異姓也. ⑰기르다. 〔禮記〕體物而不可遺. ⑱자라다, 형태가 갖추어지다. 〔詩經〕方苞方體. ⑲가르다. 〔孔子家語〕體其犬豕牛羊. ⑳나누다. 〔周禮〕體國經野.
【體幹 체간】몸. 신체.
【體腔 체강】동물의 체벽과 장기 사이의 빈 곳.
【體格 체격】①시(詩)의 체례(體例)와 율격(律格). ②글씨의 윤곽과 품격. ③근육·골격·영양 상태 등 몸의 생김새.
【體系 체계】①낱낱의 것을 통괄하여 질서정연하게 짜 이룬 계통이나 조직. ②일정한 원리에 의해 조직된 지식의 통일적 전체.
【體軀 체구】몸, 몸집, 몸뚱이.
【體局 체국】사람의 됨됨이. 인품(人品).
【體國 체국】①수도(首都)를 구획하여 도로(道路)·조정(朝廷)의 위치 등을 정하는 일. ○'體'는 나눈다는 뜻. ②나라와 한 몸이 됨.
【體德 체덕】타고난 덕.
【體度 체도】몸가짐. 태도. 외양(外樣).
【體道 체도】몸소 도를 실천함.
【體得 체득】체험하여 진리를 터득함. 몸소 경험하여 알아냄.
【體量 체량】①타고난 기량. ②짐작함. 어림쳐서 헤아림. 體測(체측). ③國체중(體重).
【體諒 체량】남의 처지를 깊이 이해하고 동정함. 體恤(체휼).
【體面 체면】①자태와 얼굴. ②일정한 양식·형식·체재(體裁). ③남을 대하는 낯. 면목(面目).
【體貌 체모】①자태와 용모. ②예를 갖추어 경의를 표함.
【體魄 체백】①육체를 주관하는 넋. ②육체와 기력(氣力). ③國송장. 매장한 시체.
【體膚 체부】①몸과 살쯤. 신체발부(身體髮膚). ②몸.
【體性 체성】①신체의 성능(性能). ②타고난 성품. 本性(본성). ③천성(天性)을 간직하여 버리지 않음.
【體信 체신】①신의에 바탕을 둠. ②가까이하고 신뢰함. 親信(친신).
【體要 체요】①사물의 요점(要點). ②요지를 깨달아 앎.
【體容 체용】몸의 생긴 모양. 體樣(체양).
【體用 체용】①사물의 근본 바탕과 그 작용. ②원리와 그 응용.
【體用一原 체용일원】본체(本體)와 작용(作用)의 근원은 하나임.
【體元 체원】선덕(善德)을 몸에 지님. ○'元'은 '善'으로 '선덕'을 뜻함.
【體元居正 체원거정】선을 근본으로 하여 바름에 처함. 임금의 즉위 첫 해를 '元年', 일월(一月)을 '正月'이라 한 것도 체원거정하고자 하는 마음에서라고 함.
【體仁 체인】인(仁)을 실천함.

【體認 체인】①확실히 인정함. ②확실하게 납득함. 충분히 터득함.
【體長 체장】몸의 길이.
【體裁 체재】①겉으로 본 사물의 본새. ②시문(詩文)의 형식.
【體制 체제】①시문의 체재(體裁). ②정치 지배의 형식. 사회 조직의 양식. ③생물체의 모든 기관의 구성.
【體製 체제】⇨體制(체제)①.
【體肢 체지】몸통과 팔다리.
【體質 체질】①신체의 성질. 몸의 생긴 바탕. ②단체·조직의 성질.
【體察 체찰】①몸소 관찰함. 자세히 고찰함. ②자신의 처지와 견주어 살핌.
【體察使 체찰사】지방에 군란(軍亂)이 났을 때 임금을 대신하여 군무를 총찰하던 조선 때의 군직(軍職). 재상(宰相)이 겸임함.
【體貼 체첩】①상세히 터득함. ②남의 마음을 짐작함.
【體臭 체취】①몸에서 나는 냄새. ②그 사람만의 독특한 기분이나 버릇. 가장 개성적인 것.
【體測 체측】자기 처지에 견주어 추측함.
【體統 체통】①國체면. 품위. ②체재와 통리(統理). ③대강(大綱). ④규정된 의식이나 제도.
【體行 체행】몸소 행함. 실천함. 躬行(궁행).
【體憲 체헌】본받음. 본보기로 함.
【體驗 체험】몸소 경험함.
【體刑 체형】직접 사람의 몸에 가하는 형벌. 體罰(체벌).
【體形 체형】①몸의 생긴 모양. ②실친함. 행동으로 나타냄.
【體候 체후】①신체의 상황. ②편지 글에서 남의 안부를 물을 때, 그의 기거(起居)나 건강을 높여 이르는 말.
◐ 個─, 客─, 古─, 國─, 近─, 今─, 氣─, 裸─, 大─, 同─, 胴─, 文─, 物─, 書─, 船─, 時─, 詩─, 身─, 液─, 業─, 肉─, 異─, 人─, 一─, 立─, 自─, 字─, 雜─, 全─, 正─, 支─, 肢─, 眞─, 主─, 天─, 治─, 風─, 下─, 解─, 形─.

骨13【髑】㉓해골 촉 ㊍독 屋 dú
[소전][초서][동서][字解] 해골. 백골이 된 사람의 머리뼈.〔常建·曲〕髑髏盡是長城卒.
【髑髏 촉루】살이 썩고 남은 뼈. 백골이 된 머리뼈. 骸骨(해골).

骨13【䯲】㉓뼈 비녀 회 ㊐ kuài
[字解] 뼈 비녀. 뼈로 만든 비녀.

骨14【髕】㉔종지뼈 빈 ㊐ bìn
[소전][초서][동서][간체][字解]①종지뼈. 슬개

골(膝蓋骨). ②㉮월형(刖刑). 죄인의 발을 자르는 형벌.〔漢書〕髕罰之屬, 五百. ㉯종지뼈를 도려내는 형벌. ¶髕罰. ③끊다, 자르다.〔史記〕司馬喜, 髕脚於宋.
【髕罰 빈벌】①발을 절단하는 형벌. ②종지뼈를 도려내는 형벌.

骨15【髖】㉕허리뼈 관 ㊐ kuān
[소전][초서][동서][간체][字解]①허리뼈, 엉덩이뼈. ②살, 사타구니.〔新書〕至髖髀之所, 非斤則斧矣.
【髖骨 관골】허리 부분에서 등뼈와 하지(下肢)를 연결하는 뼈. 장골(腸骨)·좌골(坐骨)·치골(恥骨)의 세 부분으로 이루어짐. 궁둥이뼈.
【髖髀 관비】궁둥이뼈.

骨18【顱】㉘顱(2021)과 동자

高 部

10획 부수 | 높을고부

高0【高】⑩❶높을 고 豪 gāo
❷높이 고 [䇾] gào

丶亠六古古高高高高

[소전][초서][속] 高 [字源] 象形. '高'는 높이 솟은 누대(樓臺)이고, '口'는 그 누대에 들어가는 입구의 문을 본뜬 글자. 누대는 출입문보다 월등히 높다는 데서 '높다'의 뜻을 나타낸다.
[字解]①높다. ㉮공간적으로 높다.〔詩經〕謂天蓋高, 不敢不局. ㉯신분이 높다, 존귀하다.〔唐書〕位高年艾. ㉰나이가 많다.〔漢書〕奉高年. ㉱값이 비싸다.〔宋史〕物下雨估高. ㉲성조(聲調)가 높다.〔白居易·詩〕栢枝聲引管絃高. ㉳고상하다, 비속하지 않다.〔宋玉·文〕其曲彌高. ㉴최상위(最上位)에 있다.〔後漢書〕以高第五人補郎中. ㉵크다, 훌륭하다.〔史記〕勞苦而功高如此. ㉶멀다.②높아지다, 쌓이다, 늙다.〔楚辭〕春秋遠遠而日高兮.③뽐내다, 스스로 난 체하다.〔晉書〕矜高浮誕.④공경하다.〔呂氏春秋〕雖死天下愈高之.⑤높은 위치, 높은 위치에 있는 것.〔易經〕卑高以陳.⑥은자(隱者), 세속에서 벗어난 사람.〔南史〕世謂之何氏三高.⑦경의(敬意)를 나타내는 말.〔徐陵·書〕請觀高製.⑧기르다.❷높이, 고저(高低)의 정도.〔春秋左氏傳·注〕長三丈, 高一丈.
【高柯 고가】높은 나뭇가지.
【高價 고가】①값이 비쌈. 또는 값이 비싼 것.

②귀중한 물품. ③좋은 평판.
【高强 고강】뛰어남. 나음. 高勝(고승).
【高槪 고개】뛰어난 절개.
【高擧 고거】①높이 날아오름. ②세속을 일탈(逸脫)하여 은거함. 高蹈(고도). ③높은 지위에 오름.
【高車駟馬 고거사마】귀현(貴顯)이 타는 수레. ✎'高車'는 덮개가 높고 서서 탈 수 있는 수레, '駟馬'는 네 필의 말이 끄는 수레.
【高見 고견】①뛰어난 식견이나 의견. ②남의 의견의 높임말.
【高肩 고견】①치켜 올라간 어깨. ②물건이 높다랗게 쌓인 모양.
【高狷 고견】마음을 고상하게 지녀 세속과 어울리지 않음.
【高肩弱脊 고견약척】높은 어깨와 연약한 등. 곧, 공자(孔子)의 모습.
【高潔 고결】①고상하고 결백함. ②풍경 따위가 고상하고 아름다움.
【高勁 고경】①높고 굳셈. ②당당하고 강하게 보임.
【高古 고고】고상하고 고아(古雅)함.
【高拱 고공】①아무 일도 하지 않고 팔짱을 높이 낌. ②도교(道敎)에서, 대도사(大道師)를 이르는 말.
【高科 고과】①과거에서 수석 합격함. 장원(壯元). 高第(고제). ②높은 곳.
【高觀 고관】①높은 곳에서 봄. ②높은 누각. ③도교(道敎)의 큰 사원.
【高官大爵 고관대작】높은 벼슬아치.
【高曠 고광】①높고 넓음. ②거룩한 마음.
【高敎 고교】①존귀한 가르침. ②남의 가르침의 높임말.
【高矩 고구】고상한 규범(規範).
【高穹 고궁】높은 하늘.
【高卷 고권】높이 둘러쌈. 자기의 슬기를 숨기고 은둔함.
【高奇 고기】보통 사람보다 생각이 뛰어나게 발함. 또는 그런 사람.
【高寄 고기】세속을 초월하여 고상하게 처신함.
【高能 고능】①빼어난 재능. 또는 그런 사람. ②학술에 자세하고 깊이가 있는 사람.
【高達 고달】①재주가 뛰어나 사리에 통달함. ②세속을 떠나 뜻을 높이 지님. ③높이 도달함.
【高談 고담】①고상한 이야기. ②남의 이야기의 높임말. ③마음껏 이야기함. 실컷 말함. ④소리 높여 이야기함.
【高談峻論 고담준론】國①고상하고 준엄한 언론. ②자만하고 과장하여 하는 말.
【高談闊論 고담활론】유쾌하게 이야기함.
【高踏 고답】현실을 속되게 여기면서 그와 동떨어진 것을 고상한 것으로 여김. 高蹈(고도).
【高堂 고당】①높은 집. 훌륭한 집. ②남의 집의 높임말. ③부모(父母)의 높임말.
【高臺 고대】①누대(樓臺)를 높게 함. 또는 높은 누대. ②높은 대지. 고지(高地).
【高臺廣室 고대광실】높은 누대와 넓은 집. 매

우 크고 좋은 집.
【高德 고덕】덕이 높음. 또는 그런 사람.
【高跳 고도】①높이 뜀. ②높이 뛰는 경기.
【高蹈 고도】①먼 곳으로 감. ②세속을 떠나 몸을 깨끗하게 보전함. 은거함. 高踏(고답). ③발을 높이 들어 장단을 침.
【高亮 고량】높고 밝음.
【高梁 고량】①높은 다리. ②대들보. ③살진 고기와 맛이 좋은 곡물. 膏粱(고량).
【高粱 고량】수수. 볏과의 한해살이풀.
【高厲 고려】①높이 건넘. 높이 오름. ②지조가 뛰어나고 높음.
【高論 고론】①탁월한 의론. ②남의 언론의 높임말.
【高樓巨閣 고루거각】높고 큰 누각.
【高隆 고륭】매우 융성함.
【高利 고리】①비싼 이자. ②많은 이익을 얻음. 또는 그 이익.
【高慢 고만】거만하게 뽐냄. 自慢(자만).
【高望 고망】①높은 곳에서 바라봄. ②높은 소망(所望). ③높은 명망(名望).
【高莽 고망】높이 우거진 풀.
【高邁 고매】뛰어나게 품위가 높음. 超邁(초매).
【高眠 고면】①베개를 높게 베고 기분 좋게 잠. ②한거하여 지조를 지킴.
【高名 고명】①명성이 높음. ②세상에 널리 알려진 이름. 盛名(성명). ③남의 이름의 높임말.
【高明 고명】①높고 밝음. ②덕성·학업이 높고 밝음. ③하늘. ④지위가 높고 권세 있는 사람. ⑤높고 밝은 저택. ⑥높은 누대. ⑦상대방에 대한 높임말.
【高冥 고명】①높고 깊숙함. ②하늘.
【高貌 고모】고상한 용모.
【高妙 고묘】①높이 빼어남. ②뛰어나고 교묘함.
【高文 고문】①식견이 높은 문장. 대문장(大文章). ②남의 문장의 높임말.
【高文典冊 고문전책】칙명에 따라 만든 문서. 조칙(詔勅)·법령(法令) 따위.
【高旻 고민】높은 하늘. 九旻(구민).
【高拔 고발】높이 뛰어남.
【高放 고방】기상이 높고 남에게 속박되지 않음.
【高峰峻嶺 고봉준령】높이 솟은 산봉우리와 험한 고개.
【高朋 고붕】고상한 친구. 좋은 벗.
【高庇 고비】①높은 나무나 집의 그늘. ②남에게서 받은 은혜의 높임말.
【高批 고비】남에게서 받은 비평의 높임말.
【高卑 고비】높음과 낮음. 존귀와 비천.
【高飛 고비】①높이 낢. 高翔(고상). ②멀리 달아남.
【高飛遠走 고비원주】멀리 달아나 자취를 감춤.
【高士 고사】①뜻이 높고 지조가 굳은 사람. ②품행이 고상한 사람. ③재야(在野)의 은군자(隱君子).
【高榭 고사】높은 누대(樓臺).
【高算 고산】훌륭한 계책.
【高山景行 고산경행】높은 산과 큰 길. 사람들

에게 존경을 받는 덕행. ◯'高山'은 사람이 우러러보는 것, '景行'은 사람이 가는 곳.

【高山流水 고산유수】①높은 산과 흐르는 물. ②교묘하고 아름다운 음악. 故事 백아(伯牙)가 높은 산을 상상하며 거문고를 타면, 종자기(鍾子期)는 이를 감상하며 '아아(峨峨)한 고산과 같다'고 평하였고, 흐르는 물을 상상하며 거문고를 타면 '양양(洋洋)한 유수와 같다'고 평한 고사에서 온 말.

【高尙 고상】인품이나 학문의 정도가 높으며 품위가 있음.

【高商 고상】가을. ◯'商'은 오음(五音)의 하나로 '秋'에 해당함.

【高翔 고상】하늘 높이 낢. 高飛(고비).

【高箱 고상】①사자(使者)가 타는 수레. 高車(고거). ②높은 상자(箱子). ◯'箱'은 수레의 물건을 넣는 곳.

【高棲 고서】속세를 떠나 뜻을 높게 지니고 조용히 삶.

【高說 고설】①탁월한 의견. 뛰어난 논설. ②남의 의견이나 논설의 높임말.

【高世之德 고세지덕】일세에 뛰어난 덕.

【高世之材 고세지재】일세에 뛰어난 재능.

【高嘯 고소】소리 높여 읊조림.

【高竦 고송】우뚝 솟음.

【高灑 고쇄】고상하고 깨끗함.

【高手 고수】①수가 높음. 上手(상수). ②기예에 뛰어남. 또는 그런 사람. 名手(명수).

【高邃 고수】고상하고 그윽함.

【高勝 고승】높이 뛰어남.

【高視 고시】①높은 곳을 봄. 높은 곳에서 봄. ②기상이 비범한 사람.

【高識 고식】탁월한 식견(識見).

【高紳 고신】신분이 높은 사람. ◯'紳'은 진신(縉紳).

【高雅 고아】고상하고 우아함.

【高岸 고안】①높은 언덕. ②높은 제방. ③기품이 높고 준엄함.

【高岸深谷 고안심곡】높은 언덕이 무너져 골짜기가 되고, 깊은 골짜기가 언덕으로 변함. ㉠산하의 변천. ㉡세상의 변전(變轉).

【高仰 고앙】고개를 쳐들고 봄. ㉠거만을 떠는 모양. 거드럭거리는 모양. ㉡존경하는 모양.

【高揚 고양】정신·기분 등을 드높임.

【高言 고언】①고상(高尙)한 말. ②큰소리. 희떠운 소리.

【高衍 고연】높고 넓음.

【高詠 고영】①높은 소리로 읊음. ②남의 시가(詩歌)의 높임말.

【高悟 고오】뛰어난 깨달음.

【高屋建瓴 고옥건령】높은 지붕 위에서 병에 든 물을 쏟음. 밑으로 향하는 세력이 세참. ◯'建'은 엎지른다는 뜻을, '瓴'은 '瓶'으로 '병'을 뜻함.

【高臥 고와】①뜻을 고상하게 지니고 세속을 초월하여 생활함. ②은거하여 벼슬하지 않음.

【高韻 고운】고상한 운치.

【高圓 고원】높은 하늘. 大空(대공).

【高遠 고원】①높고 멂. 멀리 떨어져 있음. ②뜻이 높고 원대(遠大)함.

【高游 고유】①세속을 떠나 유유자적함. ②세속을 떠난 곳에서 고상하게 놂. ③성대한 놀이. 高遊(고유).

【高腴 고유】극히 비옥한 땅.

【高猷 고유】높은 계책(計策). 高謀(고모).

【高諭 고유】①존귀한 가르침. ②남의 설유(說諭)의 높임말. 高教(고교).

【高恩 고은】큰 은혜. 높은 은덕.

【高揖 고읍】①두 팔을 높이 올리고 머리를 깊이 숙여 절함. ②세속을 떠나 은거함.

【高義 고의】①뛰어난 덕행(德行). ②높은 의리(義理). 高宜(고의).

【高誼 고의】①높은 의리. 굳은 지조. ②두터운 우의(友誼). 남의 우정의 높임말.

【高醫 고의】병을 잘 고치는 이름난 의원(醫員). 名醫(명의).

【高議 고의】①고상한 의론. ②성하게 논의함. 유쾌하게 논함.

【高異 고이】뛰어나고 특이함.

【高逸 고일】높이 뛰어남.

【高自標置 고자표치】스스로 우쭐거림. 자만(自慢)하여 남에게 굽히지 않는 일.

【高才 고재】높은 재능. 또는 그 사람.

【高材 고재】☞高才(고재).

【高材疾足 고재질족】재능이 뛰어나고 행동이 민첩함. 지용(智勇)을 겸비한 사람.

【高低 고저】높고 낮음. 높낮이.

【高著 고저】남의 저서의 높임말.

【高絶 고절】더할 나위 없이 높고 뛰어남.

【高節 고절】①높은 절개. ②절개를 굳게 지킴.

【高接 고접】지위나 명망이 높은 사람과 교제함.

【高情 고정】①고상한 정서. 고상한 마음. ②남에게서 받은 정의(情誼)의 높임말.

【高亭大榭 고정대사】높다란 정자(亭子)와 큰 누대(樓臺).

【高弟 고제】①뛰어난 제자. ②☞高科(고과)①.

【高第 고제】①☞高科(고과)①. ②성적이 우수한 관리.

【高梯 고제】높은 사다리. 존귀(尊貴)한 지위.

【高製 고제】남의 시문(詩文)의 높임말.

【高祖 고조】①조부의 조부. 고조부(高祖父). ②나라를 세운 천자의 시호.

【高調 고조】①높은 가락. ②자기 의견을 역설함. 強調(강조). ③음악·시문 등에서 강렬하게 감흥을 일으킴. ④사상·감정 등이 가장 높은 상태. 高潮(고조).

【高潮 고조】①밀물이 들어와 가장 높은 상태. 滿潮(만조). ②감정·기분·시세(時勢) 등이 가장 높은 상태.

【高藻 고조】훌륭한 시문(詩文). 남의 시문의 높임말.

【高足 고족】①재주가 뛰어난 제자. 高弟(고제). ②빠른 걸음. ③잘 달리는 말. 駿馬(준마).

【高族 고족】지체가 높은 집안.

【高縱 고종】 고상하고 자유로운 모양.
【高蹤 고종】 고상한 행동. 高行(고행).
【高座 고좌】 ①높은 좌석. ②윗자리.
【高胄 고주】 지체 높은 집안의 맏아들.
【高峻 고준】 ①산이 높고 험함. ②헤아릴 수 없는 높은 견식(見識). ③인격이 고상함.
【高旨 고지】 ①고상한 취지(趣旨). ②남의 뜻의 높임말.
【高秩 고질】 ①녹(祿)이나 지위를 높임. ②높은 관직.
【高敞 고창】 지대가 높고 사방이 환히 트임.
【高策 고책】 뛰어난 계책. 훌륭한 책략.
【高遷 고천】 신분이 높아짐. 지위가 올라감.
【高檐 고첨】 높은 처마. 높은 집.
【高超 고초】 높이 뛰어나고 세속을 벗어남.
【高躅 고촉】 고상한 행위.
【高秋 고추】 하늘이 높고 맑게 갠 가을. 한가을.
【高趣 고취】 고상한 취미.
【高峙 고치】 우뚝 솟음.
【高致 고치】 ①고상한 취미. 高韻(고운). ②극치(極致). ③훌륭한 행동으로 어떤 결과를 가져오는 일.
【高枕而臥 고침이와】 안심하고 잠.
【高篇 고편】 뛰어난 시문. 雄篇(웅편).
【高抱 고포】 고상한 뜻. 고상한 생각.
【高標 고표】 ①큰 나무의 가지. ②높이 뛰어남. 인품이 높음.
【高風 고풍】 ①하늘 높이 부는 바람. ②높은 지조(志操). 고상한 풍격(風格).
【高廈 고하】 높은 집.
【高下在心 고하재심】 높게 하거나 낮게 하는 것은 다 마음 쓰기에 달렸음. ㉠마음먹기에 따라 일의 성패(成敗)가 판가름이 남. ㉡진퇴상벌(進退賞罰)의 권리를 마음대로 함.
【高學 고학】 ①귀중한 학문. ②훌륭한 학자.
【高亢 고항】 ①높이 뛰어난 모양. ②뜻을 높이 가져 굴하지 않음.
【高行 고행】 고상한 행실. 절도 있는 행동.
【高虛 고허】 ①지위만 높고 실제 직임은 없음. ②높고 공허함.
【高軒 고헌】 ①높은 처마. 높은 난간(欄干). ②귀인이 타는 수레. 남의 수레의 높임말.
【高賢 고현】 높이 뛰어남. 또는 그 사람.
【高華 고화】 ①높고 화려함. ②매우 훌륭함. ③높은 지위나 문벌(門閥).
【高晦 고회】 높은 뜻 있게 행동하며 숨어 삶.
【高會 고회】 성대한 모임이나 연회.
【高誨 고회】 ▷高敎(고교).
【高懷 고회】 고상한 마음. 품위 있는 생각.
【高興 고흥】 ①고상한 흥취(興趣). ②도도(滔滔)한 흥치.
▷ 孤-, 登-, 等-, 攀-, 崇-, 升-, 年-, 韻-, 隆-, 義-, 日-, 潮-, 尊-, 坐-, 增-, 淸-, 最-, 特-, 波-, 標-.

高₀【高】⑪ 高(2069)의 속자

髟 部

10획 부수 | 터럭발부

髟₀【髟】⑩ 머리털 드리워질 표   biāo

[참고] 한자 부수 명칭으로는 '髮(터럭 발)'의 부수인 데서 '터럭발'이라고 부른다.
[字源] 會意. 長+彡→髟. '長'은 '長(길 장)'의 고자(古字), '彡'은 털(毛)의 뜻인 데서 '머리털이 길다'라는 뜻을 나타낸다.
[字解] ①머리털이 길게 드리워진 모양. 〔庾信·賦〕 眉髟影而競長. ②반백(斑白)의 머리털. 〔潘岳·賦〕 斑鬢髟以承弁兮. ③갈기, 말갈기. 〔馬融·賦〕 特膺昏髟. ④우모(羽旄)가 가볍게 날리는 모양. =飄. 〔後漢書〕 羽毛紛其影融. ⑤한자 부수의 한 가지, 터럭발.

髟₂【髦】⑫ 髦(2072)의 속자

髟₃【髡】⑬ 머리 깎을 곤   kūn

[字解] ①머리를 깎다, 삭발하다. 〔後漢書〕 至有自髡剔者. ②나무의 가지를 치다. 〔齊民要術〕 十年以後髡一樹. ③머리를 깎는 형벌, 상투를 자르는 형벌. 〔漢書〕 髡鉗爲城旦舂. ④가지를 친 나무.
【髡鉗 곤겸】 머리털을 깎고 목에 칼을 씌우던 형벌.
【髡刖 곤월】 머리털을 깎고 발을 자르던 형벌.

髟₃【髢】⑬ 다리 체   tì

[字解] ①다리, 월자(月子). 숱이 적은 머리에 덧대는 가발. 〔詩經〕 鬒髮如雲, 不屑髢也. ②다리를 드리어 땋다. 〔禮記〕 斂髮毋髢.

髟₄【髻】⑭ 쪽 찐 머리 계   jiè

[字解] ①쪽을 찐 머리, 쪽 찌어 비녀를 꽂은 머리. 紒. 〔南史〕 男女皆露髻. ②쪽 찐 머리를 덮어 싸는 얇은 천. ③가발(假髮).

髟₄【髧】⑭ 늘어질 담   dàn

[字解] 늘어지다, 머리털이 늘어진 모양. 〔詩經〕 髧彼兩髦.

髟₄【髦】⑭ ❶다팔머리 모   máo
❷오랑캐 무   máo

髟部 4~5획 髣 髯 髳 髶 髹 髤 髥 髦 髧 髪 2073

髦 ❶①다팔머리. 다팔거리는 머리털.〔詩經〕髧彼兩髦. ②긴 털, 머리털 가운데 굵고 긴 털.〔說文解字〕髮中之毛. ③빼어나다, 걸출한 사람.〔後漢書〕時髦允集. ④갈기, 말갈기.〔禮記〕乘髦馬. ⑤버마재비, 사마귀, 당랑(螳螂). ⑥멧돼지 갈기의 거칠고 억센 털.〔本草綱目〕豪豬, 髦間有豪如箭, 能射人. ⑦천문동(天門冬), 호라지좆. ⑧앞이 높은 언덕. ❷종족 이름. 서방의 소수 민족 이름.〔詩經〕如蠻如髦.

【髦傑 모걸】 뛰어난 인물. 걸출한 사람.
【髦老 모로】 노인(老人).
【髦士 모사】 뛰어난 인물.
【髦碩 모석】 뛰어난 덕(德)이 있음. 또는 그런 사람.
【髦秀 모수】 재기(才智)가 뛰어난 사람.
【髦彥 모언】 ➡髦士(모사).
【髦俊 모준】 재기가 뛰어난 선비. 髦秀(모수).
【髦齔 모츤】 ①다팔머리 아이. ②늙은이와 어린 아이.

◐ 群-, 馬-, 鬚-, 英-, 才-, 俊-, 賢-.

髪 ⑭ 髮(2073)의 속자

髣 ⑭ 비슷할 방 fǎng
 비슷하다, 닮다. =仿.〔楚辭〕存髣髴而不見兮.
【髣髴 방불】 ①그럴듯하게 매우 비슷함. 彷彿(방불). ②희미하여 선명하지 않은 모양. 아득히 보이는 모양.
【髣像 방상】 본뜸. 모방함.

髯 ⑭ 鬚(2077)의 속자

髯 ⑭ 구레나룻 염 rán
 ❶구레나룻. 귀밑에서 턱까지 잇달아 난 수염. ②수염이 많은 사람.〔黃庭堅·詩〕李髯家徒四壁立.
【髯奴 염노】 ①털. 수염. ②수염이 많은 사람을 조롱하여 이르는 말. ③노복(奴僕). ④서양 사람을 얕잡아 이르는 말.
【髯鬚 염수】 구레나룻과 턱수염.
【髯鬚主簿 염수주부】 양(羊)의 딴 이름.

◐ 綠-, 美-, 霜-, 雪-, 素-, 赤-, 皓-.

髹 ⑭ 옻칠할 휴 xiū
 ❶옻을 칠하다, 옻을 바르다. ②검붉은 옻칠.〔儀禮·注〕髹, 赤黑漆也.
【髹器 휴기】 칠기(漆器).

【髹彤 휴동】 붉은 칠. 붉은 칠로 꾸밈.
【髹飾 휴식】 검붉은 빛의 칠로 꾸밈.
【髹漆 휴칠】 옻칠을 함.

髦 ⑭ 다박머리 모 máo
 ❶①다박머리. 어린아이의 다보록하게 난 짧은 머리털. ②종족 이름. 지금의 운남성(雲南省) 남부에 살았던 소수 민족. =髳.〔詩經〕如蠻如髳.

髮 ⑮ 터럭 발 fà
ㄱ ㄏ ㅌ 튣 툰 톤 톤 튠 튿 髮
발(发) 形聲. 髟+犮→髮. '犮(발)'이 음을 나타낸다.
①터럭, 머리털.〔史記〕一沐三握髮. ②초목(草木).〔莊子〕窮髮之北. ③길이 단위, 한 치〔一寸〕의 100분의 1.

【髮短心長 발단심장】 늙어서 머리털은 짧아졌으나 그 지략(智略)은 매우 깊음. ◐제(齊)나라의 자아(子雅)가 노포별(盧蒲嫳)을 평한 말.
【髮禿 발독】 머리가 벗어짐.
【髮膚 발부】 ①머리털과 살갗. ②몸. 신체.
【髮植 발식】 머리털이 곤두섬. 몹시 노한 모양.
【髮植穿冠 발식천관】 곤두선 머리털이 관을 꿰뚫음. 몹시 노한 모양.
【髮際 발제】 머리털이 난 가장자리. 또는 거기에 난 부스럼. 발찌.
【髮指 발지】 머리털이 곤두서서 하늘을 가리킴. 몹시 성냄. 髮上指冠(발상지관).
【髮衝冠 발충관】 곤두선 머리털이 관을 찌름. 격노(激怒)함. 髮上衝冠(발상충관).

◐ 結-, 卷-, 金-, 落-, 亂-, 怒-, 短-, 斷-, 禿-, 頭-, 毛-, 白-, 辯-, 削-, 散-, 梳-, 疎-, 束-, 握-, 烏-, 銀-, 理-, 一-, 長-, 翦-, 捉-, 剃-, 翠-, 編-, 鶴-, 皓-, 黃-, 黑-.

髴 ⑮ ❶비슷할 불 fú
 ❷머리 흐트러질 비 fèi
 ❶①비슷하다, 흡사하여 구별하기 어렵다. =佛·彿. ¶髣髴. ②부녀자의 머리 장식. ❷머리가 흐트러진 모양.

髯 ⑮ 髯(2073)의 속자

髭 ⑮ 코밑수염 자 zī
 코밑수염, 콧수염.〔古樂府〕下擔捋髭鬚.

髟部 5~8획

【髦眉 자미】 코밑수염과 눈썹.
【髦髮 자발】 코밑수염과 머리털.
【髦鬚 자수】 코밑수염과 턱수염. 수염의 범칭.
●美—, 白—, 霜—, 雪—, 素—, 愁—, 撚—.

髟 5 【髧】 ⑮ 상투 점 図 diān
字解 ①상투, 쪽 찐 머리. ②수염이 듬성듬성한 모양.

髟 5 【髫】 ⑮ 다박머리 초 嘯 tiáo
소전 초서 통자 字解 다박머리. 어린아이의 다보록하게 난 짧은 머리털.〔後漢書〕髫髮厲志.
【髫年 초년】 다박머리의 어린 나이.
【髫齡 초령】 ⇨髫年(초년).
【髫髮 초발】 ①어린아이의 늘어뜨린 머리. ②어린아이.
【髫辮 초변】 ①땋아 내려뜨린 머리. ②어린아이.
【髫歲 초세】 어린 나이.
【髫齓 초츤】 다박머리에 유치(乳齒)를 갈 나이. 7~8세 된 아이.
【髫齒 초치】 ⇨髫歲(초세).

髟 5 【髱】 ⑮ 수염 많을 포 囮 bào
초서 字解 수염이 많은 모양.

髟 5 【髲】 ⑮ 다리 피 寘 bì
소전 초서 字解 다리, 월자(月子). 숱이 적은 머리에 덧대는 가발.〔世說新語〕陶侃母湛氏, 頭髮委地下, 爲二髲, 賣得數斛米.

髟 6 【髻】 ⑯ ❶상투 계 霽 jì
❷부엌 귀신 길 屑 jié
소전 초서 字解 ❶상투. 머리털을 끌어 올려서 정수리 위에 감아 맨 것. ❷부엌 귀신, 조왕신.〔莊子〕竈有髻.
【髻根 계근】 상투의 밑동.
【髻子 계자】 상투. ♪'子'는 조자(助字).
●高—, 螺—, 椎—, 解—, 花—.

髟 6 【髷】 ⑯ 고수머리 곡 屋 qū
초서 字解 고수머리, 머리카락이 곱슬곱슬한 모양. 늑曲.

髟 6 【髺】 ⑯ 머리 묶을 괄 曷 kuò
소전 초서 字解 ①머리를 묶다, 머리를 쪽 찌거나 상투를 틀다, 상주(喪主)가 머리를 풀어 삼끈으로 묶는 일. =髻.〔儀禮〕主人髻髮袒. ②기물(器物)이 비뚤어져 바르지 않다.〔周禮〕凡陶旗之事, 髺墾薛暴不入市.
【髺髮 괄발】 머리를 묶음. 상(喪)을 당한 사람이 성복(成服)하기 전에 풀었던 머리를 다시 묶어 매는 일.

髟 6 【髤】 ⑯ 髹(2073)와 동자

髟 7 【髼】 ⑰ 더벅머리 봉 東 péng
字解 더벅머리, 머리털이 헝클어진 모양.
【髼鬆 봉송】 머리털이 헝클어진 모양.

髟 7 【髻】 ⑰ 鬢(2077)의 속자

髟 7 【髿】 ⑰ 머리 훔치르르할 사 麻 suō
字解 머리털이 훔치르르하다, 머리가 아름다운 모양, 머리털이 흐트러진 모양, 머리털이 늘어진 모양.

髟 7 【髾】 ⑰ 상투 소 看 図 shāo
字解 ①상투, 상투 뒤에 드리워진 머리털.〔漢書〕蚩襪垂髾. ②기드림으로 쓰는 털, 정기(旌旗) 꼭대기에 늘어뜨린 우모(羽毛).〔後漢書〕曳長庚之飛髾. ③저고리에 꽂은 장식.〔傅毅·賦〕華袿飛髾而雜纖羅.

髟 7 【髽】 ⑰ 북상투 좌 麻 zhuā
소전 초서 字解 북상투. 부인이 상중(喪中)에 묶는 머리.〔禮記〕魯婦人之髽而弔也.
【髽髻 좌계】 ①묶기만 하고 싸개를 하지 않은 머리. ②상투를 틀거나 쪽을 찜.
【髽衰 좌최】 아직 시집가지 않은 여자가 부친상(父親喪)을 당했을 때의 머리와 상복(喪服). ♪'衰'는 참최(斬衰).

髟 7 【髢】 ⑰ 머리 깎을 체 霽 tì
소전 字解 머리를 깎다, 어린아이의 머리를 깎다. =剃·鬀.

髟 8 【鬝】 ⑱ 소매 없는 옷 굴 物 jué
초서 字解 소매가 없는 옷, 소매가 없는 짧은 옷.〔後漢書〕皆幘而衣婦人繡擁鬝.

髟 8 【鬈】 ⑱ 아름다울 권 先 quán
소전 초서 字解 ①아름답다, 머리털이 아름답다, 용모가 아름답다.〔詩經〕其人美且鬈. ②갈래머리, 두 갈래로 나누어 머리를 땋다.〔禮記〕燕則鬈首. ③머리털이 곱슬곱슬해지다.
【鬈首 권수】두 갈래로 땋아서 늘어뜨린 머리. 갈래머리.

髟 8 【髳】⑱ 鬣(2077)의 속자

髟 8 【髼】⑱ 머리 흐트러질 붕 廛 péng
초서 𩭤 字解 ①머리털이 흐트러지다, 머리털이 흐트러진 모양.〔曾鞏·詩〕莫問髼髼白髮摧. ②사물이 헝클어지다.〔范成大·詩〕玉蟻先避雪髼髼.
【髼鬙 붕승】①머리털이 흐트러진 모양. 머리를 풀어 헤친 모양. ②널리 물건이 흩어져 어수선한 모양.

髟 8 【鬆】⑱ 더벅머리 송 图 sōng
초서 𩯓 간체 松 字解 ①더벅머리, 헝클어진 머리털, 머리털이 헝클어지다.〔陸龜蒙·賦〕首蓬鬆以半散. ②거칠다, 느슨하다.〔長生殿〕暫時鬆弛. ③기법(棋法)의 한 가지. 상대방의 돌을 밀려서 은근히 포위하는 수법.
【鬆放 송방】늦춤. 자유롭게 함.
【鬆處 송처】느슨해지는 곳.

髟 8 【鬇】⑱ 머리 헝클어질 쟁 庚 zhēng
간체 鬇 字解 ①머리털이 헝클어지다, 헝클어진 머리털.〔韓愈,孟郊·詩〕怒鬚猶鬇鬡. ②머리털이 붉은 모양.
【鬇鬡 쟁녕】①머리털이 헝클어진 모양. ②머리털이 붉은 모양.

髟 8 【鬃】⑱ 상투 종 图 zōng
초서 𩯓 字解 ①상투, 높이 튼 상투, 고계(高髻). ②갈기, 말갈기.
【鬃尾 종미】갈기와 꼬리.

髟 8 【𩯣】⑱ 상투 채 佳 cài
字解 ①상투. ②머리를 싸는 천, 낙두(絡頭).
【𩯣帶 채대】머리를 싸는 베. 복건(覆巾).

髟 8 【鬄】⑱ 다리 체·척 霽 錫 tī
소전 𩯓 혹체 髢 초서 𩯓 字解 ①다리, 월자(月子), 월내(月乃). 여자들의 머리숱이 많아 보이도록 덧넣은 딴 머리. =髢. ②깎다, 머리를 깎다. 늑髡.〔漢書〕其次鬄髦髴. ③뼈를 바르다, 각을 뜨다.〔儀禮〕其實特豚, 四鬄去蹄. ④다스리다, 제거하다. 늑剔.

髟 8 【髽】⑱ 髻(2075)와 동자

髟 9 【髻】⑲ 鬅(2076)과 동자

髟 9 【鬏】⑲ 鬇(2073)와 동자

髟 9 【鬒】⑲ 텁석부리 새 灰 sāi
字解 ①텁석부리, 수염이 많은 모양. =䰄. ②머리숱이 적다.

髟 9 【鬊】⑲ 헝클어진 머리 순 震 shùn
소전 𩯓 字解 ①헝클어진 머리의 모양. ②머리털, 절로 빠진 머리털, 깎은 머리털.〔禮記〕君大夫鬊爪. ③머릿수건. 머리에 둘러 머리털을 싸는 수건.
【鬊爪 순조】잘라 내어 흩어진 머리털과 손톱·발톱.

髟 9 【鬋】⑲ 살쩍 늘어질 전 霰 jiǎn
소전 𩯓 초서 𩯓 字解 ①살쩍이 늘어지다, 여자의 귀밑머리가 늘어진 모양.〔楚辭〕盛鬋不同制. ②깎다, 자르다. ㉮살쩍을 깎다.〔禮記〕不蚤鬋. ㉯머리털을 자르다.〔淮南子〕越人劗鬋. ㉰초목(草木)을 베다.〔漢書〕鬋茅作堂.
【鬋茅 전모】띠를 벰.
【鬋髮 전발】머리털을 자름.

髟 9 【鬉】⑲ 머리 헝클어질 종 冬 zōng
字解 ①머리털이 헝클어지다. ②갈기가 억센 말.〔六書故〕鬉馬鬣之勁者. ③갈기, 말갈기.〔唐書〕肉鬉麟臆.

髟 9 【鬃】⑲ ❶갈기 종 東 zōng ❷묶은 머리 총 董 zǒng
字解 ❶①갈기, 말갈기. =鬉. ②머리털을 묶은 헝겊. ③머리털이 흐트러지다. ❷①묶은 머리, 총각(鬃角). 아이들의 머리를 양쪽으로 갈라 빗어 올려 두 개의 뿔처럼 둥글게 매던 것. ②말갈기.

髟 9 【鬌】⑲ 머리털 빠질 타 哿 chuí
소전 𩯓 초서 𩯓 동자 𩯓 字解 ①머리털이 빠지다. ②어린아이의 머리를 깎고 남긴 머리.〔禮記〕擇日翦髮爲鬌. ③떨어지다, 낙하하다. ④머리털이 아름답다.〔顧況·歌〕頭鬌鬌手爪長.

髟部 9~14획

髟9 【鬍】 ⑲ 수염 호 匣 hú
字解 수염. 늑胡. ¶鬍子.
【鬍髯 호염】 수염.
【鬍子 호자】 수염.

髟10 【鬐】 ⑳ 갈기 기 灰 qí
字解 ①갈기, 말의 갈기. ②물고기의 등지느러미.〔儀禮〕魚進鬐. ③무지개의 휘어진 모양.〔張衡·賦〕瞰宛虹之長鬐. ④다하다, 머리털이 점점 빠지다.
【鬐鬣 기렵】 등지느러미.
【鬐興 기흥】 갈기를 세움. 갈기가 일어섬.

髟10 【鬆】 ⑳ 북상투 반 寒 pán
字解 ①북상투, 나지막하게 묶은 머리, 반두(鬆頭). ②머리털이 반백(斑白)이 되다.

髟10 【鬀】 ⑳ 머리 깎을 체 霽 tì
字解 ①머리를 깎다. 늑剃. ②다리, 월자(月子).

髟10 【鬒】 ⑳ 숱 많을 진 軫 zhěn
字解 ①숱이 많다, 머리숱이 많다.〔春秋左氏傳〕白晳鬒鬚眉. ②머리털이 검고 윤기 있는 모양.〔詩經〕鬒髮如雲.
【鬒髮 진발】 검고 아름다운 머리.
【鬒黑 진흑】 머리털이 검고 아름다움.

髟11 【鬘】 ㉑ 머리 장식 만 刪 mán
字解 ①머리의 장식(裝飾), 가발(假髮)·조화(造花)로 꾸민 비녀.〔皮日休·詩〕藤深釵垂花鬘. ②머리털이 아름다운 모양. ③꽃 이름, 말리화(茉莉花)의 딴 이름.

髟11 【鬗】 ㉑ 머리 길 만 寒刪 mán
字解 머리가 길다, 머리털이 치렁치렁한 모양.〔漢書〕掩回輀, 鬗長驪.

髟11 【鬖】 ㉑ 헝클어질 삼 覃 sān
字解 ①헝클어진 머리. ②머리털이 늘어진 모양. ③털이 긴 모양.
【鬖鬖 삼사】 ①머리털이 헝클어진 모양. ②물건이 흐트러진 모양.
【鬖髿 삼삼】 ①머리털이 헝클어져 내린 모양. ②물건이 흐트러져 드리워진 모양.

髟12 【鬜】 ㉒ 대머리 간 刪 qiān
字解 ①대머리, 두창(頭瘡).〔韓愈·詩〕或赤若禿鬜. ②살쩍이 빠지다, 빈모가 빠지다.

髟12 【鬚】 ㉒ 鬚(2077)의 속자

髟12 【鬚】 ㉒ 수염 수 虞 xū
字解 ①수염. ㉮턱수염. ㉯동물의 입 가장자리에 난 뻣뻣한 털.〔易林〕白龍黑虎起鬚暴怒. ㉰식물의 수염처럼 늘어진 것.〔范成大·梅譜〕又有苔鬚垂於枝間.〔王廷珪·詩〕短穗麥生鬚. ②술, 유소(流蘇).〔晉書〕又好臝繩纏鬚.
【鬚根 수근】 원뿌리나 곁뿌리에 난, 수염처럼 가는 뿌리. 실뿌리. 수염뿌리.
【鬚面 수면】 수염이 많이 난 얼굴.
【鬚眉 수미】 ①수염과 눈썹. ②남자. ○남성미(男性美)는 수미에 있다는 데서 온 말.
【鬚髯 수염】 턱수염과 구레나룻.
【鬚髭 수자】 턱수염과 코밑수염.
◑ 美-, 白-, 霜-, 龍-, 髭-, 好-, 虎-.

髟12 【鬙】 ㉒ 머리털 헝클어질 승 蒸 sēng
字解 ①머리털이 헝클어지다.〔袁桷·詩〕明對髮鬙鬙. ②머리털이 짧다.
【鬙鬙 승승】 머리털이 흐트러진 모양.

髟13 【鬠】 ㉓ 결발할 괄 曷 kuò
字解 결발하다, 머리털을 묶다. =髺.〔儀禮〕鬠笄用桑.
【鬠笄 괄계】 묶은 머리가 흐트러지지 않게 꽂은 비녀.

髟13 【鬟】 ㉓ 쪽 찐 머리 환 刪 huán
字解 ①쪽을 찐 머리.〔白居易·詩〕窈窕雙鬟女. ②산(山)의 모양, 산색(山色)의 비유.〔楊萬里·詩〕劈髁隔簾青玉鬟. ③계집종, 비자(婢子).〔梅堯臣·詩〕欲買小鬟試教之.

髟14 【鬡】 ㉔ 터럭 더부룩할 녕 庚 níng
字解 터럭이 더부룩하다, 머리털이 흐트러진 모양.

髟14 【鬣】 ㉔ 머리숱 많을 람 覃 lán
字解 ①머리숱이 많다. ②머리털이 긴 모양.

髟部 14～15획 鬢鬣   鬥部 0～10획 鬥鬧鬨鬩鬪鬭   2077

髟 14 【鬢】㉔ 살쩍 빈 霽 bìn

[소전][초서][속자][간체][속자]

字解 살쩍, 귀밑털, 빈모(鬢毛). 관자놀이와 귀 사이에 난 털. 〔岑參·詩〕鬢毛颯已蒼.
【鬢毛 빈모】 살쩍.
【鬢髮 빈발】 ①귀밑털과 머리털. ②머리털.
【鬢絲 빈사】 흰 살쩍. 노인의 백발.
【鬢霜 빈상】 ☞鬢雪(빈설).
【鬢雪 빈설】 살쩍이 눈처럼 흼. 곧, 늙음. 白髮(백발).
【鬢鴉 빈아】 살쩍이 까마귀처럼 검고 아름다움. 鴉鬢(아빈).
● 禿一, 綠一, 雪一, 鬚一, 鴉一, 雲一, 翠一.

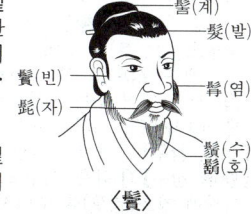
〈鬢〉
髻(계)
髮(발)
髥(염)
鬚(수)
鬍(호)
鬢(빈)
髭(자)

髟 15 【鬣】㉕ 갈기 렵 葉 liè

[소전][초체][혹체][동자][속자]

字解 ①갈기, 말갈기. ②머리털이 치선 모양. ☞鬣. ③수염, 턱수염. 〔春秋左傳〕使長鬣者相. ④물고기의 옆 지느러미. 〔杜牧·詩〕鯨鬣掀東海. ⑤새의 머리에 난 털. 〔枚乘·七發〕翠鬣紫纓. ⑥뱀의 비늘. 〔郭璞·贊〕長蛇百尋, 厥鬣如彘. ⑦비, 빗자루의 끝. 〔儀禮〕埽者執帚, 垂末內鬣從. ⑧솔잎, 소나무의 잎. 〔酉陽雜俎〕堂前有五鬣松.
【鬣鬣 엽렵】 머리털이 치서는 모양.
【鬣尾 엽미】 말갈기와 말총.
● 棘一, 馬一, 美一, 長一, 豬一, 赤一, 黑一.

鬥部

10획 부수 │ 싸울투부

鬥 0 【鬥】⑩ ❶싸울 투 宥 dòu ❷다툴 각 覺 dòu

[소전][초서][간체]

字源 會意. 두 사람이 손에 병장기(兵杖器) 따위의 물건을 들고 서로 대항하여 '다툰다'는 뜻을 나타낸다. 소전의 '𠁣'과 '𠃢'는 손에 물건을 가지고 있는 모양을 본떴다.
字解 ❶싸우다, 두 병사가 손에 병기를 들고 싸우다. ≒鬭. ❷다투다, 두 사람이 손에 물건을 들고 다투다.

鬥 4 【鬧】⑭ 鬭(2078)의 속자

鬥 5 【鬧】⑮ 시끄러울 뇨 效 nào

[소전][초서][간체]

字解 ①시끄럽다, 떠들다. 〔陳與義·詩〕平生厭喧鬧. ②흐트러지다, 혼잡해지다. 〔方岳·詞〕紅紛綠鬧. ③성하다, 난만하다. 〔張炎·詞〕不敎枝上春痕鬧. ④논쟁(論爭), 노여움. 〔柳宗元·文〕以召鬧取怒乎.
【鬧歌 요가】 시끄럽게 노래함. 또는 그 노래.
【鬧房 요방】 신혼 초야에 친척이나 친구들이 모여 신랑·신부를 놀리고 장난하는 일.
【鬧市 요시】 ①시끄러운 저자. ②번잡한 거리.
【鬧熱 요열】 혼잡하여 시끄럽고 귀찮음.
【鬧裝 요장】 ①여러 가지 보석으로 띠·안장·고삐 따위를 장식함. ②비단 헝겊으로 꽃·벌레 등을 만들어 머리에 꽂는 장식물.
● 怒一, 蜂一, 熱一, 衆一, 喧一.

鬥 6 【鬨】⑯ 싸울 홍·항 送絳 hòng

[소전][초서][동자][간체]

字解 ①싸우다, 투쟁하다. 〔孟子〕鄒與魯鬨. ②함성(喊聲), 함성을 지르다. 〔名山記〕若萬軍屯鬨. ③떠들다, 시끄럽다. 〔岑安卿·詩〕羹饔宜笑鬨.

鬥 8 【鬩】⑱ 다툴 혁 錫 xì

[소전][초서][간체]

字源 會意. 鬥+兒→鬩. '鬥'는 싸우다. '兒'는 아이. 아이들은 잘 싸우고 하소연한다는 데서 '다투다'의 뜻을 나타낸다.
字解 ①다투다, 시종 말다툼하다. 〔詩經〕兄弟鬩于牆. ②고요한 모양. ≒閴. ③원망하다, 원한을 품다. ④무서워하다, 겁내다. ⑤울다.
【鬩訟 혁송】 송사(訟事)함. 말다툼함.
【鬩牆 혁장】 같은 담장 안의 사람끼리 싸움. 형제끼리의 싸움.
● 忿一, 訟一, 離一, 鬪一, 爭一.

鬥 8 【鬭】⑱ 鬩(2077)과 동자

鬥 10 【鬪】⑳ 싸울 투 宥 dòu

丨 丨 丨 丨 丨 丨 丨 丨 丨 丨

[소전][본자][속자][속자][간체] 斗

字源 形聲. 鬥+尉→鬪. '尉(주)'가 음을 나타낸다.
字解 ①싸우다, 싸움. ≒鬥. 〔孟子〕今有同室之人鬪者. ②만나다, 부딪치다. 〔國語〕穀洛鬪. ③겨루다, 경쟁하다. 〔史記〕吾寧鬪智, 不能鬪力.
【鬪舸 투가】 배를 빨리 저어 가는 경기를 함. 또는 그런 경기를 하는 배.

【鬪角 투각】많은 집들이 빽빽이 들어서서 서로 잇닿아 있는 지붕의 모서리.
【鬪擊 투격】서로 치며 싸움. 격렬하게 침.
【鬪鷄 투계】①싸움닭. ②닭싸움을 붙이는 일.
【鬪病 투병】병마(病魔)와 싸움.
【鬪士 투사】①싸움터에 나가 싸우는 사람. 戰士(전사). ②투지가 만만한 사람.
【鬪詩 투시】시를 지어 그 우열을 겨룸.
【鬪臣 투신】국난을 막을 만한 신하.
【鬪爭 투쟁】상대를 이기려고 싸움.
【鬪戰 투전】싸움. 戰鬪(전투).
【鬪志 투지】싸우려는 마음. 경쟁에 뒤지지 않으려는 패기.
【鬪智 투지】지혜를 겨룸.
【鬪草 투초】단오절에 행하던 여자들의 유희. 풀싸움. 꽃싸움.
【鬪香 투향】향기의 우열을 겨룸.
【鬪鬩 투혁】형제가 서로 싸움.
【鬪魂 투혼】끝까지 싸우려는 기백.
【鬪很 투흔】남과 싸움. 싸워서 도리에 벗어난 짓을 함.
◑ 敢－, 健－, 格－, 決－, 苦－, 拳－, 奮－, 死－, 善－, 暗－, 力－, 爭－, 戰－, 衆－.

鬥 10【䦧】⑳ 鬮(2078)의 속자

鬥 11【鬬】㉑ 鬪(2077)의 속자

鬥 12【鬫】㉒ 범 우는 소리 **함** 陷 hǎn

초서 字解 **①범 우는 소리,** 맹수가 성내어 부르짖는 소리. 〔詩經〕鬫如虓虎. **②용맹스럽다,** 용감하다. 〔漢書〕七雄虓鬫. **③큰 소리로 외치는 모양.** ¶ 鬫鬫.
【鬫鬫 함함】①호랑이가 울부짖는 소리. ②날쌘 위용(威容)이 있는 모양.

鬥 14【鬭】㉔ 鬪(2077)의 본자

鬥 16【鬮】㉖ 제비 **구·규** 尤 宥 jiū

소전 초서 속자 䦧 간체 阄 字解 **①제비,** 추첨(抽籤). **②쟁취하다.** **③손에 잡다,** 손으로 잡다.

鬯 部

10 획 부수 | 울창주창부

鬯 0【鬯】⑩ 울창주 **창** 漾 chàng

소전 초서 字源 會意. 凵＋※＋匕→鬯. '凵'는 물건을 담는 그릇. '※'는 곡식의 낟알. '匕'는 숟가락. 곡식의 낟알이 그릇에 담겨 괴어 액체가 된 것을 숟가락으로 뜬다는 데서 '술'을 나타낸다.
字解 **①울창주(鬱鬯酒).** 검은 기장을 원료로 울금초(鬱金草)를 섞어 빚은, 좋은 향기가 나는 술. 제주(祭酒)로 씀. 〔詩經〕秬鬯一卣. **②활집.** 활을 넣어 두는 자루. ≒韔. 〔詩經〕抑鬯弓忌. **③자라다,** 펴다. ≒暢. 〔漢書〕草木鬯茂.
【鬯茂 창무】초목이 무성함 暢茂(창무).
【鬯酒 창주】①검은 기장으로 빚은 술. ②검은 기장에 창초(鬯草)를 섞어서 빚은 술.
◑ 介－, 秬－, 明－, 鬱－.

鬯 18【鬰】㉘ 울금초 **울** 物 yù

소전 字解 **①울금초(鬱金草),** 울초(鬱草). ≒鬱. **②황금빛.**

鬯 19【鬱】㉙ 막힐 **울** 物 yù

소전 초서 속자 欝 속자 䖇 간체 郁
字解 **①막히다,** 막혀서 통하지 않다, 가득 차다, 자욱하다. ≒淤·蘊. 〔春秋左氏傳〕鬱湮不育. **②우거지다,** 수풀이 무성하다. ≒宛·菀. 〔詩經〕鬱彼北林. **③성하다,** 장성(壯盛)한 모양. 〔木華·賦〕鬱沏迭而隆頹. **④무덥다,** 날씨가 찌다. 〔素問·論〕土鬱之發. **⑤성내다,** 버럭 노하다. 〔潘岳·賦〕鬱軒翥以餘怒. **⑥걱정하다.** 〔楚辭〕志紆鬱其難釋. **⑦원망하다.** 〔呂氏春秋〕故樂愈侈, 而民愈鬱. **⑧일다,** 오르다. 〔漢書〕玄靈決鬱. **⑨화(化)하다,** 변화하다. 〔太玄經〕藏鬱於泉. **⑩썩어 냄새가 나다.** ≒菸. 〔荀子〕香臭芬鬱. **⑪울금초(鬱金草).** ≒鬰. 〔周禮·注〕鬱金香草. **⑫산앵두나무.** 철쭉과의 낙엽 관목. 산이스랏. 〔詩經〕六月食鬱及薁.
【鬱結 울결】①마음이 울적하고 답답함. ②기운이 막혀 펴지 못하는 모양.
【鬱屈 울굴】①마음이 답답하고 의기가 꺾임. 鬱結(울결). ②지세(地勢)가 굽은 모양.
【鬱金香 울금향】①백합과의 다년초. 튤립. 봄철에 황색·백색 등의 꽃이 피며 향기가 있음. 제주(祭酒)를 빚는 데 씀. ②울금향을 넣어 빚은 술.
【鬱氣 울기】울적한 마음. 답답한 기분.
【鬱怒 울노】마음에 맺혀 풀리지 않는 분노. 鬱憤(울분).
【鬱陶 울도】①마음이 궁금하고 답답함. ②침울하여 만사가 귀찮음. ③날씨가 무더움.
【鬱律 울률】①연기가 피어오르는 모양. ②작은 소리. ③깊고 가파른 모양. ④자체(字體)가 꼬불꼬불 뒤틀려 있는 모양.
【鬱林 울림】울창한 숲.
【鬱勃 울발】①기(氣)가 성(盛)한 모양. ②초목이 우거진 모양. ③울적하여 가슴이 답답한 모

양. ④의기(意氣)가 오르는 모양.
【鬱憤 울분】분한 마음이 가슴에 가득히 쌓임. 맺혀서 풀리지 않는 분노. 憤懣(분만).
【鬱崩 울불】①산기(山氣) 따위가 막히고 어두운 모양. ②산이 높고 험한 모양.
【鬱怫 울불】마음이 침울함.
【鬱塞 울색】기운이 막힘. 마음이 답답함.
【鬱泱 울앙】①구름이 이는 모양. ②광대(廣大)한 모양.
【鬱怏 울앙】마음이 답답하고 막힘.
【鬱鞅 울앙】성(盛)한 모양.
【鬱然 울연】①초목이 무성한 모양. 사물이 왕성한 모양. ②울적한 모양.
【鬱紆 울우】①마음이 맺혀 우울한 모양. ②산길이 꾸불꾸불한 모양.
【鬱郁 울욱】①문채(文彩)가 찬란한 모양. ②향기가 물씬 나는 모양.
【鬱燠 울욱】무더움.
【鬱鬱 울울】①침울한 모양. 기분이 언짢은 모양. ②수목이 울창한 모양. ③성(盛)한 모양.
【鬱鬱蒼蒼 울울창창】수목이 울창한 모양.
【鬱悒 울읍】침울한 모양. 근심하는 모양.
【鬱猗 울의】초목이 울창하여 아름다운 모양.
【鬱伊 울이】침울한 모양. 기분이 내키지 않는 모양.
【鬱而不發 울이불발】막혀 드러나지 않음.
【鬱寂 울적】마음이 답답하고 쓸쓸함.
【鬱蒸 울증】무더움.
【鬱蒼 울창】①나무가 빽빽이 들어서 매우 무성하고 푸름. ②해가 저물어 어두워둑함.
【鬱鬯 울창】제주(祭酒)를 빚을 때 넣는 울금향(鬱金香). 또는 그 향주(香酒).
【鬱蔥 울총】①초목이 울창한 모양. ②기운이 왕성한 모양.
【鬱閉 울폐】막혀서 흐르지 않는 모양.
【鬱血 울혈】정맥에 피가 많이 몰린 증상.
【鬱乎 울호】①초목이 울창한 모양. ②사물이 성(盛)한 모양.
【鬱火 울화】속이 답답해 일어나는 심화(心火).
【鬱確 울확】성(盛)하고 확고부동한 모양.
【鬱懷 울회】울적한 회포.
▷ 陶-, 勃-, 煩-, 芬-, 怫-, 暑-, 深-, 紆-, 憂-, 陰-, 蒸-, 沈-, 薈-.

鬲部

10획 부수 │ 솥력부

鬲 0 【鬲】⑩ ❶솥 력 钃 lì ❷손잡이 격 囲 lì

소전 혹체 초서 고자 字源 象形. 다리가 굽은 솥의 모양을 본뜬 글자.
字解 ❶솥. 와제(瓦製)와 금속제(金屬製)의 두

가지가 있다. 발은 셋으로, 굽었으며 속이 비어 있다. 음식을 익히는 데 쓴다. 〔周禮〕鬲實五穀. ❷❶손잡이. =搹. 〔儀禮〕苴絰大鬲. ❷막다, 사이를 막다. ≒隔. 〔漢書〕鬲閉門戶. ❸토하다, 삼킨 것이 다시 올라오다. 〔素問·論〕鬲咽不通.
【鬲絕 격절】사이를 떼어 끊음. 막아 끊음.
【鬲閉 격폐】외계와의 접촉을 막음.

〈鬲❶〉

鬲 6 【䰜】⑯ 鬲(2079)의 고자

鬲 7 【䰝】⑰ 가마솥 부 圝 fǔ

소전 혹체 초서 字解 ❶가마솥. =釜. 〔漢書〕衛其䰝六七枚. ❷양기(量器)의 이름. 엿 말 너 되들이의 그릇. 겉은 둥글고 안은 네모졌다.
【䰝鍑 부복】아가리가 큰 솥. 가마솥.

鬲 8 【鬵】⑱ 용가마 심 圝 qín

소전 주문 초서 字解 ❶용가마, 큰 가마솥. 〔詩經〕誰能亨魚, 漑之釜鬵. ❷위가 크고 아래가 작은 시루 모양의 솥. ❸시루. ❹빠르다. ≒鬵·䰫.

鬲 9 【䰫】⑲ 가마솥 종 庚 zōng

소전 초서 字解 ❶가마솥. ❷모이다, 한곳에 모여들다. 〔詩經〕越以䰫邁. ❸삼실〔麻縷〕 한 새〔升: 80올〕마다 끈으로 그 수를 표시하는 일.
【䰫假 종가】①상하가 서로 화목하고, 대중을 모아도 말다툼하는 자가 없음. ②정사(政事)를 잘 다스려 상하가 서로 화목함. ③음악을 연주하여 조상의 영혼을 감동시킴.

鬲 11 【䰯】㉑ 삶을 상 陽 shāng

字解 삶다, 익히다. 〔史記〕皆嘗烹䰯上帝鬼神.

鬲 12 【鬻】㉒ ❶죽 죽 屋 zhōu ❷팔 육 屋 yù ❸어릴 국 屋 jū

소전 초서 字源 會意. 䰬+米→鬻. 쌀〔米〕을 솥〔鬲〕에 넣어 익힌다는 데서 '묽은 죽'이라는 뜻을 나타낸다.
字解 ❶죽, 묽은 죽. =粥. 〔春秋左氏傳〕饘於是, 鬻於是. ❷❶팔다, 값을 받고 물건을 주다. 〔春秋左氏傳〕有鬻踊者. ❷속이다, 기만하다. 〔戰國策〕鬻五國. ❸발보이다, 자랑하다.

鬲部 15획 鬻　鬼部 0획 鬼

〔後漢書〕昔伊尹自鬻輔湯. ④시집보내다. 〔禮記〕請鬻庶弟之母. ⑤자라다, 성장하다. 〔禮記〕毛者孕鬻. ⑥기르다, 양육(養育)하다. =育. 〔莊子〕四者天鬻也. ⑦튀기다. 끓는 물에 끼얹어서 털을 뽑다. ⑧갯물이 흐르는 모양. 〔漢書〕允溶汪鬻. ⑨흉노(匈奴)의 딴 이름. 〔孟子〕大王事獯鬻. ❸어리다, 유치하다. 〔詩經〕鬻子之閔斯.

【鬻技 육기】 기예(技藝)를 팔아 생활함.
【鬻賣 육매】 팖. 판매함.
【鬻獄 육옥】 죄인에게서 금품을 받고 죄를 경감해 줌. 뇌물을 받고 법을 어김.
【鬻踊 육용】 용(踊)을 팖. 형벌을 받은 사람이 많음. ○'踊'은 월형(刖刑)을 당한 사람들이 신는 신.
【鬻爵 육작】 금품을 받고 관작(官爵)을 팖. 賣官(매관).

◐ 酤-, 賣-, 私-, 自-, 轉-, 販-.

鬲 15 【鬻】 ㉕ 지질 자 zhǔ

〔字解〕 지지다, 삶다. 〔漢書〕先鬻鵠髓毒冒犀玉二十餘物潰種.

鬼 部

10획 부수　|　귀신귀부

鬼 0 【鬼】 ⑩ 귀신 귀 尾 guǐ

〔字源〕 會意. 由+儿+厶→鬼. '由'는 귀신의 머리 모양을 본뜬 것, '儿'은 '人'으로 사람, '厶'는 해친다는 뜻. 합하여 사람을 해치는 망령(亡靈), 곧 '귀신'을 뜻한다.

〔字解〕 ①귀신. ㉮죽은 사람의 넋. 사람이 죽으면 정신을 맡은 '魂(혼)'은 승천(昇天)하여 신(神)이 되고, 육체를 주재(主宰)하는 '魄(백)'은 땅에 들어가 '鬼'가 된다. 〔禮記〕衆生必死, 死必歸土, 此之謂鬼. ㉯제사를 모시는 사람의 혼백(魂魄). 천신지기(天神地祇)에 대한 말. 〔論語〕非其鬼而祭之. ㉰불가사의(不可思議)한 힘이 있다고 믿어지는 인격. 〔禮記〕幽則有鬼神. ㉱사람을 해치는 요괴. 〔詩經〕爲鬼爲蜮. ㉲형체는 보이지 않으나 화난을 가져다 준다고 믿는 인격. 〔易林〕貧鬼守門. ㉳도깨비, 상상의 생물. 〔唐逸史〕明皇書夢鬼藍袍. ②지혜롭다, 교활하다. ③멀다, 먼 곳. 〔易經〕高宗伐鬼方. ④별 이름, 28수(宿)의 하나. ⑤(佛)야차(夜叉)·나찰(羅刹)·아귀(餓鬼) 등.

【鬼臉 귀검】 ①가면(假面). ②험상궂은 얼굴빛.
【鬼谷 귀곡】 전설상 여러 귀신이 모여 산다는 골짜기.
【鬼哭 귀곡】 ①귀신이 욺. 또는 그 소리. ②귀신마저도 통곡함.
【鬼哭啾啾 귀곡추추】 유령이 서글피 욺. 으스스한 기운이 엄습해 옴.
【鬼工 귀공】 기술이 정교하여 사람의 솜씨라고는 생각할 수 없는 훌륭한 작품.
【鬼怪 귀괴】 ①귀신과 요괴. 도깨비. ②신비하여 헤아리기 어려움.
【鬼道 귀도】 ①기괴한 술법. ②귀신이 다니는 길. ③(佛)육도(六道)의 하나.
【鬼錄 귀록】 죽은 사람의 성명을 기록한다는 저승의 장부. ○사람의 죽음.
【鬼燐 귀린】 도깨비불. 鬼火(귀화). 燐火(인화).
【鬼魅 귀매】 도깨비. 두억시니. 妖怪(요괴).
【鬼貌藍色 귀모남색】 귀신 같은 창백한 안색.
【鬼門 귀문】 ①귀성(鬼星)이 있는 방위. 점술가들이 매사에 꺼리는 동북방. 鬼方(귀방). ②동해 가운데 있다는 귀신들이 모이는 곳. ③(佛)죽어서 저승으로 들어가는 문. ④배우가 무대로 출입하는 문. ⑤변경의 험악한 곳.
【鬼伯 귀백】 ①백귀(百鬼)의 우두머리. ②영웅의 망혼(亡魂). 鬼雄(귀웅).
【鬼斧 귀부】 귀신의 도끼로 다듬은 듯한, 썩 교묘한 세공(細工).
【鬼使神差 귀사신차】 귀신의 소행. 스스로 주재(主宰)할 수 없음.
【鬼設 귀설】 귀신의 솜씨와 같은 교묘한 만듦새.
【鬼祟 귀수】 귀신의 빌미. 殃禍(앙화).
【鬼神 귀신】 ①죽은 사람의 영혼. 조상의 신령. ②하늘과 땅의 지혜로운 신령. ③눈에 보이지 않는 영혼. 혼백(魂魄). ④사람을 해친다는 괴이한 존재. ⑤천지 창조의 신.
【鬼神避之 귀신피지】 과감하게 단행하면 귀신도 이를 피하여 해치지 않음.
【鬼域 귀역】 사람이 살지 않는 변방 지역.
【鬼雨 귀우】 큰비. 大雨(대우).
【鬼才 귀재】 ①매우 뛰어난 재능. 또는 그런 재능을 가진 사람. ②시재(詩才)에 뛰어난 사람.
【鬼籍 귀적】 ▷鬼錄(귀록).
【鬼誅 귀주】 하늘이나 귀신이 내리는 벌. 神罰(신벌).
【鬼妻 귀처】 망부(亡夫)의 아내. 죽은 남편의 배우자.
【鬼畜 귀축】 ①아귀(餓鬼)와 축생(畜生). ②잔인무도한 사람.
【鬼出電入 귀출전입】 귀신처럼 나가고 번개같이 들어옴. 출몰을 예측할 수 없음. 神出鬼沒(신출귀몰).
【鬼胎 귀태】 ①귀신에게서 수태하여 태어난 자식. ②남몰래 겁을 먹음. 속으로 은근히 공포에 떪. ③기형(畸形)의 태아(胎兒).
【鬼享 귀향】 종묘(宗廟)의 제향(祭享).
【鬼火 귀화】 도깨비불. 鬼燐(귀린).
【鬼話 귀화】 ①엉터리 이야기. 거짓말. ②요괴·

괴물에 관한 이야기. 怪談(괴담).
◑ 舊-, 窮-, 魔-, 百-, 山-, 水-, 餓-, 惡-, 厲-, 靈-, 冤-, 人-, 恨-.

鬼 3 【彪】⑬ 도깨비 매 [本]미 [寘] mèi

[소전] [혹체] [주문] [주문] [字解] 도깨비, 이매(魑魅). =魅. 〔周禮〕 以夏日至致地示物彪.

鬼 4 〖魁〗⑭ 으뜸 괴 [灰] kuí

[소전] [초서] [字解] ①으뜸. ㉮우두머리, 수령(首領). 〔書經〕 殲厥渠魁. ㉯과거(科擧)에서, 각 경서(經書)의 수석 합격자. 〔漢紀〕 獨涉爲魁首. ②크다, 큰 것. ③선구(先驅), 제일(第一). 〔漢書〕 閭里之俠, 原涉爲魁. ④빼어나다, 빼어난 것. 〔漢書〕 充爲人魁岸. ⑤안도하는 모양, 자랑하는 모양. 〔莊子〕 人見其跂, 猶之魁然. ⑥작은 언덕. 〔國語〕 魁陵糞土. ⑦대합조개, 큰 조개. 〔儀禮〕 以魁柎之. ⑧뿌리, 근본. 〔漢書·原涉爲魁·注〕 根本者皆云魁. ⑨토란의 땅속줄기. 〔漢書〕 飯我豆食, 羹芋魁. ⑩국자. 국을 뜨는 기구. ⑪별 이름. ㉮북두칠성(北斗七星)의 방형(方形)을 이룬 네 별. ㉯북두칠성의 첫째 별.
【魁甲 괴갑】 진사 시험에 장원으로 급제한 사람.
【魁傑 괴걸】 ①몸집이 크고 건장함. ②두목(頭目). ③걸출한 인물.
【魁閎 괴굉】 뛰어나고 큼.
【魁奇 괴기】 출중하고 특이함. 魁殊(귀수).
【魁黨 괴당】 적도(賊徒)의 우두머리.
【魁頭 괴두】 아무것도 쓰지 않은 머리. 맨머리.
【魁壘 괴뢰】 ①뛰어나고 건장함. ②목우(木偶). 나무 인형.
【魁纍 괴루】 재촉하여 다그침. 다그쳐 괴롭힘.
【魁榜 괴방】 [國]과거의 갑과(甲科)에 장원 급제한 사람.
【魁柄 괴병】 ①구기의 자루. ②권병(權柄).
【魁選 괴선】 과거에 수석으로 급제함.
【魁秀 괴수】 크게 뛰어남. 걸출함. 출중함.
【魁首 괴수】 악당의 우두머리. 首魁(수괴).
【魁岸 괴안】 슬기와 용맹이 뛰어남.
【魁然 괴연】 ①장대(壯大)한 모양. ②혼자 서 있는 모양. 고독한 모양. ③마음 편한 모양. ④뽐내는 모양.
【魁梧 괴오】 체구가 큰 모양. 건장함. 🔎'梧'는 '크다'를 뜻함. 魁偉(괴위). 魁壯(괴장).
【魁偉 괴위】 ☞魁梧(괴오).
【魁壯 괴장】 용모가 크고 훌륭함.
【魁堆 괴퇴】 높은 모양.
◑ 渠-, 怪-, 黨-, 首-, 雄-, 元-, 俠-.

鬼 4 【魂】⑭ 넋 혼 [元] hún

二 云 ...

[소전] [초서] [동자] 䰟 [字源] 形聲. 云+鬼→魂. '云(운)'이 음을 나타낸다.
[字解] ①넋. ㉮사람의 생장(生長)을 맡은 양(陽)의 기운. 정신을 주관하는 것을 '魂(혼)'이라 하고, 육체를 주관하는 것을 '魄(백)'이라 한다. 〔春秋左氏傳〕 人生始化曰魄, 旣生魄, 陽曰魂. ㉯정신(精神). 〔廣雅〕 物本爲魂. ②마음, 생각. 〔呂氏春秋〕 費神傷魂.
【魂車 혼거】 장사 때, 죽은 이의 생전에 입던 옷을 싣는 수레.
【魂怯 혼겁】 [國]몹시 놀라거나 겁이 나서 혼이 나갈 뻔함.
【魂膽 혼담】 혼백과 간담. 영혼. 마음. 넋.
【魂靈 혼령】 죽은 사람의 넋. 靈魂(영혼).
【魂帛 혼백】 흰 명주를 사람의 형상으로 접어 출생과 사망 연월일시를 적어 임시로 쓰는 신주(神主).
【魂魄 혼백】 혼과 넋. 영혼. 🔎'魂'은 양(陽)의 정기로 이루어져 정신을 주관하다가 죽으면 하늘로 돌아가고, '魄'은 음(陰)의 정기로 이루어져 육체를 주관하다가 죽으면 땅으로 돌아간다고 함.
【魂飛魄散 혼비백산】 혼이 날고 넋이 흩어짐. 몹시 놀라거나 두려워 넋을 잃음. 정신이 나감.
【魂銷 혼소】 혼이 나감. 얼이 빠짐. 놀람.
【魂魂 혼혼】 ①많은 모양. ②찬란하게 빛나는 모양.
◑ 客-, 驚-, 亡-, 返-, 芳-, 傷-, 神-, 心-, 英-, 靈-, 幽-, 離-, 精-, 鎭-, 淸-, 招-, 忠-, 花-.

鬼 4 【䰟】⑭ 魂(2081)과 동자

鬼 5 〖魅〗⑮ 도깨비 매 [本]미 [寘] meì

[字解] ①도깨비, 요괴(妖怪). =彪. 〔史記〕 以御螭魅. ②홀리다, 미혹(迷惑)하게 하다. 〔玄中記〕 狐百歲, 善蠱魅, 使人迷惑.
【魅力 매력】 남의 마음을 호리어 끄는 힘.
【魅了 매료】 남의 마음을 호려 완전히 사로잡음.
【魅虛 매허】 도깨비.
【魅狐 매호】 사람을 호리는 여우.
【魅惑 매혹】 호려 현혹(眩惑)하게 함. 홀려 미혹(迷惑)함.
◑ 蠱-, 鬼-, 魍-, 木-, 物-, 山-, 野-, 妖-, 陰-, 魑-, 精-, 衆-, 諂-, 狐-.

鬼 5 〖魃〗⑮ 가물 귀신 발 [曷] bá

[소전] [초서] [字解] 가물 귀신, 한발(旱魃)의 신. 〔詩經〕 旱魃爲虐.
【魃蜮 발역】 가뭄과 요변(妖變). 🔎'蜮'은 물여우로, 모래를 머금었다가 사람을 쏜다는 전설의 동물.
◑ 旱-.

10 획

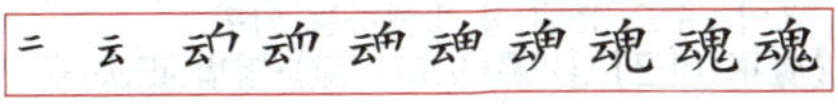

鬼部 5~11획 魄 魆 魈 魌 魎 魍 魏 魋 魊 魑 魔

鬼 5 【魄】 ⑮ ❶넋 백 囲 pò ❷찌꺼기 박 囲 bó ❸영락할 탁 囲 tuò

参考 대법원 지정 인명용 한자의 음은 '백'이다.

字解 ❶①넋. 사람의 생장을 돕는 음(陰)의 기운. 정신을 주관하는 것을 혼(魂), 육체를 주관하는 것을 백(魄)이라 하며, 오관(五官)의 기능은 백(魄)의 작용이라고 한다. ❷몸, 형체(形體).〔國語〕其魄兆乎民矣. ❸달, 달빛.〔權德輿·詩〕皓魄流露空. ❹달 둘레의 빛이 없는 부분.〔書經〕惟一月壬辰旁死魄. ❺밝다, 명백하다. ❷①찌꺼기, 재강. ≒粕.〔莊子〕古人糟魄. ❷소리의 형용.〔論衡〕其魄然若敵裂者. ❸꽉 차서 막혀 있는 모양. ≒薄.〔論衡〕其魄然若敵裂者. ❸영락(零落)하다.

【魄吏 백리】 성(姓).
【魄散 백산】 마음이 흩어지고 가라앉지 아니함.
【魄兆 백조】 넋의 징조.
【魄然 백연】 ①차분한 소리. ②사물이 깨질 때 나는 것과 같은 격렬한 소리. ③사물이 꽉 차서 막힌 모양.

◐落―, 魂―.

鬼 5 【魆】 ⑮ 갑자기 휼 囲 xū
字解 ①갑자기, 졸연히. ②속이다, 남몰래.
【魆地間 휼지간】 몰래. 암암리.

鬼 7 【魈】 ⑰ 이매 소 囲 xiāo
字解 이매(魈魅), 산의 요괴.〔抱朴子〕山精, 形如小兒, 獨足向後, 夜喜犯人, 名曰魈.

鬼 8 【魌】 ⑱ 추할 기 囲 qī
字解 추하다. =顝.

鬼 8 【魎】 ⑱ 도깨비 량 囲 liǎng
字解 도깨비, 사람을 괴롭히는 사령(死靈)·원령(怨靈), 이매(魎魅).

鬼 8 【魍】 ⑱ 도깨비 망 囲 wǎng
字解 도깨비, 산수(山水)·목석(木石)의 정기가 엉겨서 된 요괴(妖怪). =蝄·罔.〔韓愈, 孟郊·詩〕魍魎暫出沒, 蛟螭互蟠蟉.
【魍魎 망량】 도깨비, 두억시니. 산수(山水)·목석(木石)의 정기가 어려서 된 도깨비.
【魍魎量稅 망량양세】 囲도깨비에게 세금 매기기. 허망한 수입을 바람.
【魍魅 망매】 산수·목석 따위의 정기(精氣)의 변신인 요괴.

鬼 8 【魏】 ⑱ ❶나라 이름 위 囲 wēi ❷뛰어날 위·외 囲囲 wéi, wèi

参考 대법원 지정 인명용 한자의 음은 '위'이다.

字解 ❶①나라 이름. ㉮주(周)의 동성(同姓) 제후국. 춘추 전국 시대 칠웅(七雄)의 하나. 지금의 하남성(河南省) 북부와 산서성(山西省) 서남부를 영유하다가 진시황(秦始皇)에게 멸망되었다. ㉯한말(漢末) 삼국(三國)의 하나. 조조(曹操)의 아들 조비(曹丕)가 후한(後漢)을 대신하여 화북(華北)에 세운 나라. 오주(五主) 46년 만에 사마염(司馬炎)에게 양위하였다. 이를 조위(曹魏)라 한다. ㉰동진(東晉) 때, 탁발규(拓拔珪)가 세운 나라. 이를 후위(後魏)라 하는데, 후에 동위(東魏)·서위(西魏)로 나누어졌다가, 동위는 북제(北齊)에, 서위는 북주(北周)에 망하였다. ②높다. =巍. ③대궐. ④능히 하다. ⑤좋다. ⑥성(姓).〔呂氏春秋〕心居乎魏闕之下. ❷①빼어나다, 홀로 출중(出衆)한 모양.〔集韻〕莊公, 魏然而元. ②큰 모양. ≒巍.〔莊子〕魏魏乎, 其終則復始也.
【魏闕 위궐】 ①높고 큰 문. 궁성(宮城)의 정문으로 법령 등을 게시하던 곳. ②조정(朝廷).
【魏魏 위위·외외】 높고 큰 모양.

◐東―, 三―, 象―, 西―, 阿―, 曹―, 後―.

鬼 8 【魋】 ⑱ ❶북상투 추 囲 chuí ❷곰 퇴 囲 tuí

字解 ❶①북상투. 아무렇게나 짠 상투. ≒椎.〔漢書〕尉佗魋結箕踞見賈. ❷①곰, 털빛이 붉은 작은 곰. 其形如予何. ③성(姓).
【魋結 추계】 망치 모양의 상투. 북상투.
【魋顔 추안】 이마가 튀어나온 얼굴.

◐桓―.

鬼 9 【魊】 ⑲ ❶추악할 차 囲 chě ❷산귀신 도 囲 dú

字解 ❶추악(醜惡)하다, 보기 흉하다. ❷산귀신, 산에 사는 귀신.

鬼 11 【魑】 ㉑ 도깨비 리 ㉻치 囲 chī

字解 도깨비, 산의 요괴(妖怪).
【魑魅 이매】 산의 요괴. 산도깨비.
【魑魅魍魎 이매망량】 도깨비. 두억시니.

鬼 11 【魔】 ㉑ 마귀 마 囲 mó

字解 ①마귀, 악귀. ②마술, 요술.〔南史〕師巫魔媼. ③인, 인이 박이다. 한 가지 일에 열중하여 그 본성(本性)을 잃는 일.〔李中·詩〕成僻成魔二雅中. ④(佛)마라(魔羅). 범어 'Māra'의 음역어. 수도(修道)를 방해하는 악귀.
【魔軍 마군】 ①(佛)정도(正道)·정법(正法)을 방

해하는 악마의 떼. ②일에 헤살을 놓는 무리.
【魔窟 마굴】①마귀가 있는 곳. ②악한 무리들이 모여 있는 곳.
【魔鬼 마귀】요사스럽고 못된 짓을 하는 잡귀의 총칭.
【魔女 마녀】①마력을 가진 여자. ②여자 마귀.
【魔力 마력】①마귀의 힘. ②불가사의한 힘.
【魔法 마법】마력(魔力)으로 행하는 기괴한 술법. 魔術(마술).
【魔手 마수】마귀의 손길. 흉악한 목적으로 꾀는 음험한 수단.
【魔術 마술】사람의 눈을 속여 이상한 일을 해 보이는 재주. 妖術(요술).
【魔障 마장】(佛)불도의 수행에 장애가 되는 것.
【魔漿 마장】술. ○정신을 마비시키는 데서 이르는 말.
【魔鄕 마향】(佛)속세. 사바세계.
○夢一, 病一, 邪一, 色一, 睡一, 心一, 惡一, 閻一, 妖一, 諸一, 酒一, 衆一, 天一.

鬼 12 【魖】㉒ 역귀 허 **魖** xū
字解 역귀(疫鬼), 염병(染病) 귀신. 〔漢書〕揩䕺魖而扶猾狂.

鬼 14 【魘】㉔ 가위눌릴 염·압 **魘** yǎn
字解 가위눌리다, 악몽(惡夢)에 시달리다. —壓. 〔韓愈·詩〕忧惕夢成魘.
【魘死 염사】가위눌려 죽음.
○驚一, 夢一, 昏一.

鬼 14 【魗】㉔ 미워할 추·수 **魗** rú
字解 ①미워하다, 추악(醜惡)한 것. =醜. 〔詩經〕無我魗兮. ②버리다, 내버리다.

魚 部

11획 부수 │ 물고기어부

魚 0 【魚】⑪ 고기 어 **魚** yú

字源 象形. 물고기 모양을 본뜬 글자.
字解 ①고기, 물고기. 〔詩經〕魚躍于淵. ②물 속에 사는 동물의 범칭. ③말 이름, 양쪽 눈의 털빛이 흰 말. 〔詩經〕有驔有魚. ④어대(魚

袋). 당대(唐代)의 관리들이 허리에 차던 물고기 모양의 패물. 〔新唐書〕罷龜袋, 復給以魚. ⑤고기잡이하다, 조개잡이하다. ≒漁. 〔易經〕以佃以漁. ⑥나. ≒吾. 〔列子〕姬, 魚語汝. ⑦바다 짐승의 이름.
【魚貫 어관】꼬챙이에 꿴 생선처럼 죽 늘어서서 줄을 지어 가는 일. 魚串(어관).
【魚潰 어궤】①물고기가 썩어 문드러짐. 내부에서부터 붕괴함. 魚爛(어란). ②고기 떼가 어지럽게 흩어짐. 크게 패(敗)함.
【魚潰鳥散 어궤조산】물고기처럼 썩고 새 떼처럼 흩어짐. 크게 패(敗)함.
【魚袋 어대】금은(金銀)으로 장식한 물고기 모양의 부절(符節). 좌우 두 쪽으로 나뉘어 관직의 명칭과 성명을 새겨, 왼쪽은 궁정에 비치하고 오른쪽은 주머니에 넣어 차고 다니다가 궁정에 출입할 때 맞추어 보던 것. 당송대(唐宋代)를 거쳐 명대(明代)에 폐지하였음.
【魚隊 어대】물고기 떼. 魚群(어군).
【魚頭肉尾 어두육미】물고기는 대가리 쪽이, 짐승의 고기는 꼬리 쪽이 맛이 좋음. 魚頭鳳尾(어두봉미).
【魚燈 어등】어유(魚油)로 켜는 등불.
【魚爛 어란】물고기가 썩음. 나라가 내부에서부터 붕괴함.
【魚爛土崩 어란토붕】물고기가 내장부터 썩고, 쌓아 올린 흙더미가 위에서부터 무너짐. 나라가 어지러워짐.
【魚籃 어람】물고기를 잡아 담는 바구니. 魚籠(어롱).
【魚梁 어량】물줄기를 한곳으로 끌어 그곳에 통발을 놓아 물고기를 잡는 장치.
【魚儷 어려】생선 비늘처럼 줄지어 늘어섬.
【魚魯 어로】문자(文字)의 잘못. ○'魚'와 '魯'는 글자 모양이 비슷하여 틀리기 쉽기 때문에 이르는 말. 魯魚(노어).
【魚魯不辨 어로불변】'魚' 자와 '魯' 자를 분간하지 못함. 무식함.
【魚雷 어뢰】자동 장치로 물속을 전진하여 적의 함대를 공격하는 폭탄.
【魚鱗 어린】①물고기의 비늘. ②어류(魚類). ③물고기의 비늘처럼 잇대어 줄섬. ④구름의 형용. ⑤집들이 줄지어 늘어선 모양. ⑥지붕을 인 기와의 형용. ⑦잔물결의 형용.
【魚鱗冊 어린책】송대(宋代)에 비롯된 지적도를 겸한 토지 대장.
【魚鱗鶴翼 어린학익】진형(陣形)의 이름. 어린 진과 학익진. ○'魚鱗'은 중앙이 나오고 사다리꼴로 배열한 진형, '鶴翼'은 좌우 일직선으로 길게 배열한 진형.
【魚網鴻離 어망홍리】물고기를 잡으려고 친 그물에 기러기가 걸림. 구하던 것은 얻지 못하고, 딴것을 얻음. ○'離'는 '걸림'의 뜻.
【魚目 어목】①물고기의 눈. ②구슬을 닮았으나 구슬이 아닌 것. 가짜가 진짜를 어지럽힘.
【魚白 어백】①물고기의 배 속에 있는 공기주머니. 부레. 魚鰾(어표). ②물고기의 수컷 배 속

에 있는 정액(精液) 덩어리. 이리. ③물고기가 흼. 흰 물고기.
【魚變成龍 어변성룡】 國물고기가 변하여 용이 됨. 곤궁하던 사람이 부귀를 누리게 되거나 보잘것없던 사람이 큰 인물이 됨.
【魚鼈 어별】 ①물고기와 자라. ②어류(魚類)의 총칭.
【魚服 어복】 ①어피(魚皮)로 장식한 전동〔箭筒〕. ②지체 높은 사람이 천한 사람의 의복으로 가장하는 일. ③물고기 무늬가 있는 옷.
【魚腹 어복】 물고기의 배.
【魚符 어부】 관리가 띠는 부계(符契)의 한 가지. 나무나 구리로 물고기 모양을 만들어 글을 새겨 나누어 가진 것.
【魚蔬 어소】 생선과 채소.
【魚水 어수】 물고기와 물의 관계처럼 끊으려야 끊을 수 없는 밀접한 관계. 군신(君臣)·부부(夫婦) 따위의 관계. 水魚(수어).
【魚須 어수】 ①상어의 수염. 대부(大夫)의 홀(笏)을 장식하는 데 썼음. ②상어 수염으로 만든 깃대. 魚鬚(어수).
【魚鬚 어수】 ⇨魚須(어수)②.
【魚水契 어수계】 군신이나 부부의 인연이 썩 깊은 일.
【魚水親 어수친】 물고기와 물의 관계처럼 군신(君臣)이 친밀하게 지냄.
【魚雁 어안】 ①물고기와 기러기. ②편지.
【魚鹽柴水 어염시수】 생선·소금·땔나무·물. 곧, 생활에 필요한 일용품의 총칭.
【魚遊 어유】 ①물고기가 헤엄치며 놂. ②물고기가 헤엄치듯이 이리저리 노닒.
【魚遊釜中 어유부중】 물고기가 솥 안에서 놀고 있음. 위험이 눈앞에 닥쳐 있음을 모름.
【魚肉 어육】 ①물고기와 짐승의 고기. ②생선의 살. ③썰려 요리됨. ㉠살육(殺戮)을 당함. ㉡경멸(輕蔑)을 당함.
【魚子 어자】 ①물고기의 알. 魚卵(어란). ②〔佛〕 ㉠물고기의 알은 많아도 성어(成魚)가 되는 것은 적은 데서, 인(因)은 많아도 과(果)로 성숙되는 경우는 적음. ㉡부처가 중생을 생각하는 것을, 어모(魚母)가 어자(魚子)를 잊지 못함에 비유한 말.
【魚醬 어장】 젓갈. 소금에 절인 생선.
【魚質龍文 어질용문】 물고기의 바탕에 용의 무늬. 외모(外貌)는 용같이 위엄이 있지만, 실제는 물고기임. 옳은 듯하나 실제는 그름.
【魚沈雁杳 어침안묘】 서신(書信)이 끊기는 일.
【魚醢 어해】 생선을 소금에 절인 것. 젓갈.
【魚軒 어헌】 제후(諸侯)의 부인이 타는, 어피(魚皮)로 꾸민 수레.
【魚虎 어호】 ①악어(鰐魚)와 범. ②물총새. ③비취(翡翠)의 딴 이름. ④복어의 한 가지.
【魚笏 어홀】 대부(大夫)가 가지는 홀. 대부의 홀은 상어의 수염으로 장식함.
◑ 乾-, 金-, 大-, 木-, 白-, 釜-, 飛-, 生-, 鮮-, 小-, 養-, 游-, 人-, 釣-, 池-, 紙-, 川-, 鮑-, 河-, 海-, 香-.

魚 0 【魚】 ⑩ 魚(2083)의 속자

魚 2 【魛】 ⑬ 웅어 도 藥 dāo
간체 魛 字解 웅어. 멸칫과의 바닷물고기.
【魛魚 도어】 웅어. 葦魚(위어).

魚 3 【釣】 ⑭ 낚을 조 嘯 diào
字解 낚다. 잡다. ＝釣. 〔莊子〕 釣魚間處.

魚 3 【魠】 ⑭ 자가사리 탁 藥 tuō
소전 魠 字解 자가사리. 황협어(黃頰魚).

魚 4 【魪】 ⑮ 넙치 개 泰 jiè
초서 魪 字解 넙치, 비목어(比目魚). 넙칫과의 바닷물고기. 〔左思·賦〕 罩兩魪.

魚 4 【魥】 ⑮ 말린 물고기 겁 葉 qiè
초서 魥 字解 말린 물고기, 건어(乾魚). 고기를 대나무에 꿰어 말린 것.

魚 4 【魶】 ⑮ 도롱뇽 납 合 nà
초서 魶 字解 ①도롱뇽, 산초어(山椒魚). 양서류(兩棲類)의 도마뱀 비슷한 동물. ＝鰓. 〔漢書〕 禺禺魼魶. ②물고기 이름, 납어(魶魚). 자라 비슷하나 갑각(甲殼)이 없고, 꼬리가 있으나 발이 없으며, 입은 배 밑에 있다.

魚 4 【魨】 ⑮ 복 돈 元 tún
소전 魨 간체 魨 字解 복, 복어, 하돈(河豚·河魨). ≒豚.

魚 4 【魯】 ⑮ 노둔할 로 麌 lǔ
소전 魯 초서 魯 간체 鲁 字解 ①노둔하다, 미련하다. 〔論語〕 參也魯. ②나라 이름, 주대(周代)의 제후국. 주(周) 무왕(武王)의 아우 주공(周公) 단(旦)이 봉(封)해졌던 나라. 지금의 산동성(山東省)에서 강소성(江蘇省)에 이르는 땅을 영유하였다. 〔詩經〕 周公歸政, 成王封其元子伯禽於魯.
【魯男子 노남자】 여색을 좋아하지 않는 남자. 故事 노(魯)나라의 어느 마을에 홀아비와 과부가 가까이 살았는데, 어느 날 폭우가 내려 과부의 집이 무너져 홀아비의 집을 찾았으나 문을 닫아걸고 끝까지 열어 주지 않았다는 고사에서 온 말.
【魯鈍 노둔】 어리석고 둔함.

【魯論 노론】 ①한대(漢代) 논어(論語)의 하나. 한대에 논어가 제론(齊論)·노론(魯論)·고론(古論)의 3종(種)이 있었는데, 노론은 노(魯)나라 사람이 전한 것. ②논어의 딴 이름.
【魯朴 노박】 어리석고 순박함.
【魯叟 노수】 공자(孔子).
【魯陽之戈 노양지과】 위세가 대단함. 故事 전국 시대 초(楚)나라의 노양공(魯陽公)이 한(韓)나라와 한창 격전 중에 해가 저물자, 창을 들어 올려 해를 다시 멈추게 했다는 고사에서 온 말.
【魯魚之謬 노어지류】 '魯'와 '魚'는 글자 모양이 비슷하여 틀리기 쉬움. 글자를 잘못 쓰는 일. 魯魚亥豕(노어해시).
【魯酒 노주】 노(魯)나라의 술. 맛없는 술.
【魯直 노직】 지나치게 정직함. 고지식함.
◯ 東―, 朴―, 淳―, 魚―, 頑―, 愚―, 椎―.

魚4【鱸】⑮ 鱸(2094)의 속자

魚4【魰】⑮ 문어 문 囡 wén
字解 ①문어(文魚). ②날치.

魚4【魬】⑮ 가자미 반 潸 bǎn
字解 ①가자미. ②넙치.

魚4【魴】⑮ 방어 방 陽 fáng
字解 방어. 〔詩經〕維魴及鱮.
【魴魚 방어】 전갱잇과의 바닷물고기.
【魴魚赬尾 방어정미】 방어의 꼬리가 붉어짐. 노고(勞苦)가 심함. ◯방어의 꼬리는 본디 희나 피로하면 붉어지는 데서 온 말.

魚4【魦】⑮ 鯊(2088)와 동자

魚4【魳】⑮ 鰤(2091)와 동자

魚4【魰】⑮ 漁(1028)와 동자

魚4【魭】⑮ ❶큰 자라 원 囥 yuán ❷모나지 않을 완 囩 wǎn
字解 ❶큰 자라. =鼋. ❷모나지 않다, 규각(圭角)이 없는 모양.
【魭斷 완단】 규각(圭角)이 없는 모양. 인품이 모나지 않고 원만(圓滿)한 모양.

魚5【鮫】⑯ 鯨(2087)과 동자

魚5【鰹】⑯ 피라미 교 蕭 qiáo
字解 ①피라미. 잉엇과의 민물고기. 〔荀子〕儵鰹者, 浮陽之魚也. ②뱅어.

魚5【鮇】⑯ 곤들매기 미 微 wèi
字解 곤들매기, 가어(嘉魚).

魚5【鮊】⑯ 뱅어 백 囮 bà
字解 뱅어, 백어(白魚).

魚5【鮒】⑯ 붕어 부 遇 fù
字解 ①붕어, 즉어(鯽魚). 〔呂氏春秋〕鮒入而鯢居. ②두꺼비. 〔易經〕井谷射鮒.

魚5【鮰】⑯ 鱓(2093)과 동자

魚5【鮏】⑯ ❶비릴 성 庚 xīng ❷고기 이름 쟁 庚 zhēng
字解 ❶비리다. ❷고기 이름.

魚5【鮋】⑯ ❶가시명둑 유 蕭 yǒu ❷납자루 요 囿 yǒu
字解 ❶가시망둑. 둑중갯과의 바닷물고기. ❷납자루. 잉엇과의 민물고기.

魚5【鮓】⑯ 젓 자 馬 zhǎ
字解 ①젓. 소금에 절인 어물(魚物). 〔晉書〕陶侃少爲尋陽吏, 監魚梁, 以一坩鮓遺母. ②해파리, 해월(海月), 수모(水母). =蚱.

魚5【鮎】⑯ 메기 점 本념 鹽 nián
字解 메기, 점어(鮎魚).

魚5【鮆】⑯ 갈치 제 霽 jì
字解 ①갈치. 칼 모양의 바닷물고기. ②짧다. 늑뱌. ③젓. 소금에 절인 어물.

魚5【魿】⑯ 紫(2085)과 동자

魚部 5~6획

魚5 【鮀】⑯ 모래무지 타 歌 tuó
字解 ①모래무지, 사어(鯊魚), 타어(鮀魚). 잉엇과의 민물고기. 〔本草綱目〕釋名, 鮀魚, 吹沙, 沙溝魚. ②메기, 점어(鮎魚).

魚5 【鮑】⑯ 鮀(2086)와 동자

魚5 【鮐】⑯ 복 태·이 灰 支 tái
字解 ①복, 하돈(河豚). 〔史記〕鮐紫千斤. ②늙다, 늙은이. 늙台.
【鮐背 태배】늙은이. 노인. ○나이가 많아지면 피부에 복어의 등에 있는 얼룩 같은 검버섯이 생기는 데서 이르는 말.
【鮐鮆 태제】복어와 갈치.
【鮐稚 태치】노인과 어린이. 老弱(노약).

魚5 【鮃】⑯ 넙치 평 庚 píng
字解 넙치, 비목어(比目魚).

魚5 【鮑】⑯ 절인 어물 포 肴 bāo
字解 ①절인 물, 소금에 절인 생선. 〔史記〕鰍千石, 鮑千鈞. ②전복, 석결명(石決明). ③갖바치, 혁공(革工). ≒鞄. 〔周禮〕攻皮之工, 函鮑韗韋裘.
【鮑魚 포어】①소금에 절인 생선. 자반. ②전복.
【鮑魚之肆 포어지사】건어물을 파는 상점. 소인배들이 모여드는 곳.

魚6 【鮫】⑰ 상어 교 肴 jiāo
字解 ①상어, 사어(鯊魚). ②교룡(蛟龍). ≒蛟.
【鮫魚 교어】상어.
【鮫人 교인】바다에 산다는 인면어신(人面魚身)의 상상의 동물. 人魚(인어).
【鮫函 교함】상어 껍질로 만든 갑옷.
≒大-, 馬-, 鰐-, 魚-, 鱝-, 舟-.

魚6 【鮭】⑰ ❶복 규 齊 guī ❷어채 해 佳 xié
字解 ❶복, 복어, 하돈(河豚). ❷어채(魚菜), 조리(調理)한 어채의 총칭. 〔張籍·詩〕新果及異鮭, 無不相待嘗.
【鮭魚 규어】복어.
【鮭菜 해채】조리한 어채의 총칭.
❶乾-, 生-, 鹽-.

魚6 【鮰】⑰ 鮪(2090)과 동자

魚6 【鮔】⑰ 鮪(2090)과 동자

魚6 【鮚】⑰ 대합 길 屑 jié
字解 대합, 대합조개, 무명조개.

魚6 【鮦】⑰ 가물치 동 東 tóng
字解 가물치, 동어(鮦魚).

魚6 【鮤】⑰ 웅어 렬 屑 liè
字解 웅어, 도어(魛魚). 멸칫과의 물고기. 〔本草綱目〕鮤魚
【鮤魚 열어】웅어.

魚6 【鮩】⑰ 뱅어 병 梗 bǐng
字解 뱅어, 백어(白魚).

魚6 【鮬】⑰ ❶납자루 보 虞 kū ❷알젓 고 虞 kù
字解 ❶납자루. 잉엇과의 붕어와 비슷한 민물고기. ❷알젓, 어란(魚卵).

魚6 【鰲】⑰ 鰲(2089)의 속자

魚6 【鮮】⑰ ❶고울 선 先 xiān ❷적을 선 銑 xiǎn

ク 各 命 备 魚 魚 魚' 鮮 鮮 鮮

字源 形聲. 魚+羊→鮮. '羊(양)'이 음을 나타낸다.
字解 ❶①곱다, 아름답다. ②뚜렷하다, 선명하다. 〔易經〕爲蕃鮮. ③깨끗하다, 떳떳하다. 〔班固·賦〕鮮顥氣之清英. ④착하다, 좋다. 〔詩經〕度其鮮原. ⑤화려하다. 〔宋玉·賦〕寤春風兮發鮮榮. ⑥새롭다. 〔漢書〕衣服常鮮於我. ⑦날생선. 〔老子〕治大國, 若烹小鮮. ⑧날고기, 새·짐승의 신선한 고기. 〔左氏·賦〕割芳鮮. ⑨생선회. 〔詩經〕魚鱉鮮魚. ❷①적다. ≒尟. 〔詩經〕鮮克有終. ②드물다, 흔하지 않다. 〔大學〕天下鮮矣. ③다하다, 다하여 없어지다. 〔易經〕故君子之道鮮矣. ④일찍 죽음, 요사(夭死). 〔春秋左氏傳〕葬者自西門. ⑤바치다. ≒獻. 〔禮記〕天子乃鮮羔開冰. ⑥멀리 떨어져 있는 작은 산. 〔詩經〕度其鮮原.
【鮮車怒馬 선거노마】아름다운 수레와 살진 말.

의복(衣服)·거마(車馬)가 호사(豪侈)한 모양.
【鮮潔 선결】새롭고 깨끗함.
【鮮麗 선려】산뜻하고 아름다움.
【鮮明 선명】산뜻하고 밝음. 조촐하고 깨끗함.
【鮮文 선문】고운 무늬. 산뜻한 무늬.
【鮮美 선미】싱싱하고 아름다움.
【鮮媚 선미】①필치(筆致)가 선명하고 아름다움. ②경치가 산뜻하고 우미함.
【鮮民 선민】가난하고 고독한 사람.
【鮮服 선복】아름다운 옷. 鮮衣(선의).
【鮮肥 선비】신선하고 살진 고기.
【鮮殺 선살】신선한 희생(犧牲).
【鮮色 선색】선명한 빛깔.
【鮮腥 선성】신선하고 비림.
【鮮少 선소】적음. 근소함.
【鮮食 선식】①갓 잡은 신선한 고기. 또는 그 고기를 먹음. ②음식을 적게 먹음.
【鮮飾 선식】①산뜻한 장식. ②아름다운 복식(服飾).
【鮮新 선신】싱싱하고 깨끗함.
【鮮魚 선어】신선한 물고기. 生鮮(생선).
【鮮姸 선연】선명하고 고움.
【鮮艷 선염】산뜻하고 아름다움.
【鮮耀 선요】맑게 빛남.
【鮮原 선원】좋은 들. 기름진 들판. 🔍'鮮'은 '善'으로 '좋다'를 뜻함.
【鮮妝 선장】고운 단장. 아름다운 몸차림.
【鮮腆 선전】스스로 잘난 체함. 뽐냄. 🔍'鮮'은 '善'으로 '훌륭하다'를, '腆'은 '厚'로 '두텁다'를 뜻함.
【鮮彩 선채】아름다운 색채.
【鮮扁 선편】①나란히 줄지어 있는 모양. ②수레가 잇닿은 모양. ③가볍고 빠른 모양.
【鮮血 선혈】신선한 피. 선지피.
【鮮好 선호】산뜻하고 고움. 鮮姸(선연).
【鮮紅 선홍】①짙은 붉은빛. ②복숭아꽃. 도화(桃花).
【鮮花 선화】선명하고 고운 꽃.
【鮮華 선화】산뜻하고 화려함.
【鮮膾 선회】신선한 회.
【鮮暉 선휘】선명한 빛.
【鮮希 선희】적음. 드묾.
◑ 明－, 芳－, 肥－, 生－, 纖－, 小－, 新－, 精－, 朝－, 珍－, 澄－, 淺－.

魚 6 【⿰魚寺】⑰ 鰣(2091)와 동자

魚 6 〖鮟〗⑰ 아귀 **안** [翰] àn
[초서] [간체] [字解] ①아귀. ②메기.

魚 6 【鮠】⑰ 작은 메기 **외** [灰] wéi
[초서] [字解] 작은 메기.

魚 6 【鮪】⑰ 다랑어 **유** [尾] wěi
[소전] [초서] [간체] [字解] ①다랑어. 고등엇과의 바닷물고기. 〔詩經〕鱣鮪發發. ②강 이름. 〔呂氏春秋〕武王至鮪水.
【鮪水 유수】강 이름. 渭水(위수).
【鮪魚 유어】다랑어.

魚 6 【鮧】⑰ ❶복 **이** [支] yí ❷메기 **제** [齊] tí
[字解] ❶①복, 하돈(河豚). ＝鮐. ¶ 鯸鮧. ②젓, 젓갈. ❷메기, 큰 메기.

魚 6 【鮞】⑰ 곤이 **이** [支] ér
[소전] [초서] [간체] [字解] ①곤이(鯤鮞), 물고기 배 속의 알. 〔國語〕魚禁鯤鮞. ②고기 이름, 이어(鮞魚). 〔呂氏春秋〕魚之美者, 洞庭之鱄, 東海之鮞.

魚 6 【鮨】⑰ ❶젓갈 **지** [支] qí ❷다랑어 **예** [霽] yì
[소전] [초서] [간체] [字解] ❶젓갈, 물고기의 젓갈. ❷다랑어.

魚 7 【⿰魚巠】⑱ 방어 **경** [庚] qíng
[소전] [초서] [字解] 방이(魴魚). 전갱잇과의 바닷물고기.

魚 7 【鯁】⑱ 생선뼈 **경** [梗] gěng
[소전] [초서] [간체] [字解] ①생선의 뼈. 〔儀禮·注〕乾魚近腴多骨鯁. ②가시가 박히다, 생선뼈가 목에 걸리다. ＝哽. 〔禮記·注〕食之鯁人. ③재앙, 우환. ≒梗. 〔國語〕除鯁而避強. ④곧다, 바르다. ≒骾. 〔後漢書〕骨鯁可任.
【鯁固 경고】정직하고 지조가 굳음.
【鯁骨 경골】①생선의 뼈. ②굳고 단단한 뼈. 硬骨(경골). ③강직한 사람.
【鯁烈 경렬】강직하고 격렬함.
【鯁論 경론】굳고 바른 의론. 正論(정론).
【鯁諤 경악】거리낌 없이 당당하게 말함.
【鯁言 경언】①바른 언론. 正論(정론). ②거리낌 없이 바르게 말함. 또는 그 말. 直言(직언).
【鯁切 경절】강직하고 성실함.
【鯁正 경정】강직하고 바름. 鯁直(경직).
【鯁直 경직】강하고 바름. 梗直(경직).
◑ 強－, 剛－, 高－, 骨－, 峭－, 蠱－.

魚 7 【鯀】⑱ 물고기 이름 **곤** [阮] gǔn
[소전] [초서] [동자] [간체] [字解] ① 물고기 이

름. ②큰 물고기. ③사람 이름, 우(禹)임금의 아버지의 이름. 〔書經〕於鯀哉, 傳云, 鯀, 崇伯之名.

魚7 【鯊】⑱ 鱫(2089)와 동자

魚7 【鯉】⑱ 잉어 리 紙 lǐ
字解 ①잉어. 〔詩經〕豈其食魚, 必河之鯉. ②편지, 서찰(書札). 〔李商隱·詩〕雙鯉迢迢一紙書.
【鯉素 이소】 편지. 故事 잉어의 배 속에서 흰 비단에 쓴 편지가 나왔다는 고사에서 온 말.
【鯉魚 이어】 잉어.
【鯉魚風 이어풍】 음력 9월에 불어 오는 바람. 가을바람.
【鯉庭 이정】 자식이 아버지의 교훈을 받는 곳. 故事 공자(孔子)가 뜰을 지나가던 아들 이(鯉)를 불러 세워 시(詩)와 예(禮)를 배워야 한다고 훈계한 고사에서 온 말.
● 江―, 錦―, 緋―, 冰―, 鮮―, 雙―, 赤―, 頳―, 紅―, 黑―.

魚7 【鮸】⑱ 참조기 면 銑 miǎn
字解 참조기, 황석수어(黃石首魚).
【鮸魚 면어】 민어과의 바닷물고기. 참조기.

魚7 【鯆】⑱ ❶노부 부 虞 fū ❷돌고래 부 尤 fū
字解 ❶노부(蘆鯆). 큰 게와 비슷하며 잔무늬가 많은 민물고기. ❷돌고래, 강돈(江豚).

魚7 【鯊】⑱ 문절망둑 사 麻 shā
字解 ①문절망둑. 〔詩經〕魚麗于罶, 鱨鯊. ②상어. ③모래무지.
【鯊魚 사어】 모래무지. 鮀魚(타어).

魚7 【鮹】⑱ 물고기 이름 소 肴 shāo
字解 물고기 이름. 말채찍 비슷하며 꼬리가 두 갈래진 물고기.

魚7 【鰻】⑱ 鰮(2090)과 동자

魚7 【鮷】⑱ 메기 제 齊 tí
字解 메기, 큰 메기. =鯷. 〔左思·賦〕鯷鯉鯋鱣.

魚7 【鯈】⑱ ❶피라미 조 蕭 tiáo ❷곤이 주 尤 chóu
字解 ❶피라미. =鰷. ②①곤이(鯤鮞), 물고기 배 속의 알. ②피라미.
【鯈魚 조어】 ①작은 물고기. 피라미. ②괴어(怪魚)의 한 가지.

魚7 【鮿】⑱ 건어 첩 葉 zhé
字解 ①건어(乾魚). ②납자루, 비첩어(婢鮿魚). 잉엇과의 붕어 비슷한 민물고기.

魚7 【鯆】⑱ 돌고래 포 虞 pū
字解 돌고래, 강돈(江豚), 해돈(海豚).

魚7 【鯇】⑱ 산천어 혼·완 阮 huǎn
字解 산천어(山川魚), 초어(草魚).
【鯇魚 혼어·완어】 산천어(山川魚). 연어과의 민물고기로, 몸은 송어(松魚)와 아주 닮았으나 작고, 옆구리의 옆줄부에 연분홍 띠와 점무늬가 뚜렷함.

魚8 【鯨】⑲ 고래 경 庚 jīng
字解 ①고래. 〔張衡·賦〕鯨魚失流而蹉跎. ②수고래. 암고래는 '鯢(예)'라고 한다. 〔春秋左氏傳〕取其鯨鯢而封之. ③들다, 처들다. 〔潘岳·賦〕鯨牙低鱗.
【鯨濤 경도】 큰 물결.
【鯨浪 경랑】 큰 파도. 鯨波(경파).
【鯨獵 경렵】 고래잡이.
【鯨船 경선】 고래잡이 배.
【鯨魚 경어】 ①고래. ②당목(撞木). 종(鐘) 따위를 치는 정자형(丁字形)의 방망이.
【鯨鯢 경예】 ①수고래와 암고래. 고래가 작은 물고기를 잡아먹는 데서, 악인(惡人)의 우두머리의 비유. ②죽음을 당하는 사람.
【鯨油 경유】 고래의 지방에서 짜낸 기름. 식용하거나 비누의 원료가 됨.
【鯨音 경음】 범종(梵鐘)의 소리. 鯨吼(경후).
【鯨飮 경음】 고래가 물을 마시듯이 술을 많이 마심.
【鯨戰蝦死 경전하사】 國 고래 싸움에 새우 등 터짐. 강자들이 다투는 틈바구니에서 약자가 화를 당함.
【鯨吞 경탄】 고래가 작은 물고기를 통째로 삼킴. 강자가 약자를 병탄(倂吞)함.
【鯨波 경파】 ①큰 물결. 고래가 헤엄치는 데서 일어나는 물결. 鯨濤(경도). 鯨浪(경랑). ②고

래가 5월에 해안에 많은 새끼를 낳고 8월에 그 새끼들을 이끌고 돌아갈 때에 파도를 일으키고 물을 뿜어 올리면서 큰 소리를 지르는 일. ③많은 사람이 일제히 외치는 소리.
【鯨吼 경후】①고래가 큰 소리로 욺. ②종소리.
鯨音(경음).
◑ 巨—, 蛟—, 奔—, 修—, 鯢—, 雄—, 雌—, 長—, 捕—, 海—, 吼—.

魚8 【鯝】⑲ 참마자 고 〔圍〕 gù
〔초서〕 〔간체〕 鯝 〔字解〕①참마자, 황고어(黃鯝魚). 잉엇과의 민물고기. ②물고기의 창자.

魚8 【鯤】⑲ 곤이 곤 〔元〕 kūn
〔초서〕 〔간체〕 鯤 〔字解〕①곤이(鯤鮞), 물고기 배 속의 알. ≒鰥. 〔國語〕魚禁鯤鮞. ②큰 물고기의 이름. 변하여 대붕(大鵬)이 된다는 상상의 큰 물고기. =鱞. 〔莊子〕北冥有魚, 其名爲鯤, 鯤之大不知其幾千里也.
【鯤鵬 곤붕】장자(莊子)가 비유해서 말한 큰 물고기와 큰 새. 썩 큰 것의 비유.
【鯤鮞 곤이】물고기 배 속의 알.

魚8 【鯘】⑲ 생선 썩을 뇌 〔圍〕 něi
〔동자〕 鮾 〔字解〕생선이 썩다.

魚8 【鯪】⑲ 물고기 이름 륙 〔屋〕 líng
〔초서〕 鯪 〔字解〕물고기 이름. 소같이 생겼는데 날개가 있고, 겨울에 죽었다가 여름에 살아난다는 상상의 괴어(怪魚). 〔郭璞·賦〕鯪鯥踦䠧於垠隒.

〈鯥〉

魚8 【鯩】⑲ 고기 이름 륜 〔眞〕 lún
〔字解〕고기 이름, 윤어(鯩魚). 검은 무늬가 있고 붕어 비슷한데, 먹으면 잠이 오지 않는다. 〔郭璞·賦〕鯪鯩鯩鱅.

魚8 【鯪】⑲ 천산갑 릉 〔蒸〕 líng
〔초서〕 〔간체〕 鯪 〔字解〕①천산갑(穿山甲), 능어(鯪魚). 온몸이 각질(角質)의 인갑(鱗甲)으로 덮인 유린류(有鱗類)의 동물. 〔本草綱目〕穿山甲, 石鯪魚. ②큰 물고기의 이름. 〔臨海異魚圖贊〕吞舟之魚, 其名曰鯪.

【鯪鯉 능리】천산갑. 한약재로 씀.

魚8 【鯡】⑲ 곤이 비 〔困〕 fèi
〔초서〕 〔간체〕 鯡 〔字解〕①곤이(鯤鮞), 물고기 배 속의 알, 어자(魚子). ②물고기의 이름. 붕어와 비슷한 물고기. ③날치, 비어(飛魚).

魚8 【鯗】⑲ 건어 상 〔養〕 xiǎng
〔초서〕 〔동자〕 鱶 〔속자〕 鯗 〔간체〕 鲞 〔字解〕①건어(乾魚), 말린 생선. ②굴비, 말린 조기. 〔本草綱目〕石首魚, 乾者名, 鯗魚.

魚8 【鯢】⑲ 도롱뇽 예 〔齊〕 ní
〔소전〕 鯢 〔초서〕 鯢 〔간체〕 鯢 〔字解〕①도롱뇽, 산초어(山椒魚). ②암고래, 큰 물고기의 이름. 〔春秋左氏傳〕取其鯨鯢而封之. ③잔고기, 소어(小魚). 〔莊子〕守鯢鮒. ④늙은 사람의 이〔齒〕. 〔張衡·賦〕鯢齒眉壽鮐背之叟.
【鯢鮒 예부】작은 물고기의 하나.
【鯢鰌 예추】잔 물고기. 소어(小魚).
【鯢齒 예치】①노인의 이. ②노인(老人).

魚8 【鯌】⑲ 상어 착 〔藥〕 cuò
〔字解〕상어, 나들이상어. 〔本草綱目〕沙魚鯌魚.

魚8 【鯰】⑲ 鮎(2085)과 동자

魚8 【鯯】⑲ 전어 제 〔霽〕 zhì
〔동자〕 鯯 〔字解〕①전어(錢魚). =鰶. ②물고기 이름.

魚8 【鯛】⑲ 도미 조 〔蕭〕 diāo
〔소전〕 鯛 〔초서〕 鯛 〔간체〕 鯛 〔字解〕도미.

魚8 【鯖】⑲ ❶청어 청 〔青〕 qīng
❷오후정 정 〔庚〕 zhēng
〔초서〕 〔간체〕 鲭 〔参考〕대법원 지정 인명용 한자의 음은 '청'이다.
〔字解〕❶청어. ❷오후정(五侯鯖). 열구자탕 비슷한, 어육(魚肉) 등을 섞어 조리한 요리 이름. 〔西京雜記〕世稱五侯鯖, 以爲奇味.

魚8 【鯫】⑲ ❶뱅어 추 〔尤〕 zōu
❷잡을 추 〔有〕 zōu
〔소전〕 鯫 〔초서〕 鯫 〔간체〕 鯫 〔字解〕❶①뱅어. ②잡어(雜魚), 자

魚部 8~9획　鯔 鮅 鰊 鰒 鰓 鯹 鰐 鰋 鯒 鰂 鯷 鬷 鯽 鰌 鰍 鰆 鰆 鰈

지레한 물고기. 〔史記〕鯫千石. ❷작다, 틀이 작다. 〔史記·高祖紀·注〕鯫生說我, 言鯫小也.
【鯫生 추생】①잡어(雜魚). 못난 사람. ②자기를 낮추어 일컫는 말.

魚8【鯔】⑲ 숭어 치 因 zī
鯔 字解 숭어, 치어(鯔魚). 〔本草綱目〕鯔魚生東海, 狀如青魚.

魚9【鮅】⑳ 다랑어 긍 蒸 gèng
鮅 字解 다랑어.

魚9【鰊】⑳ 고기 이름 련 廲 liàn
鰊 字解 물고기 이름. 〔郭璞·賦〕鯖鰊鰋鮋.

魚9【鰒】⑳ 전복 복 屋 fù
鰒 字解 ①전복. ②오분자기. 전복과 비슷하나 작다. 〔後漢書〕獻鰒魚.
【鰒魚 복어】①전복(全鰒)의 하나. 전복보다 작음. ②상어의 딴 이름.

魚9【鰓】⑳ ❶아가미 새 灰 saī ❷두려워할 시 紙 xǐ
鰓 字解 ❶아가미. 어류나 갑각류(甲殼類)의 호흡기. 〔宋史〕裝鏤魚鰓中骨, 號魚媚子. ❷두려워하다, 두려워하는 모양. 〔漢書〕鰓鰓常恐.
【鰓蓋 새개】아가미를 보호하는, 뼈로 된 얇은 뚜껑. 아감딱지.
【鰓骨 새골】아가미의 뼈. 아감뼈.
【鰓鰓 시시】두려워하는 모양.

魚9【鯹】⑳ 鮏(2085)과 동자

魚9【鰐】⑳ 악어 악 藥 è
鰐 字解 악어. 〔韓愈·表〕颶風鰐魚, 患禍不測.

魚9【鰋】⑳ 메기 언 阮 yǎn
鰋 字解 메기. 〔詩經〕魚麗于罶, 鰋鯉.
【鰋鯉 언리】메기와 잉어.
【鰋魚 언어】메깃과의 민물고기. 메기.

魚9【鯒】⑳ 자가사리 옹 冬 yú

魚9【鰻】字解 ①자가사리, 반어(班魚). ②물여우, 단호(短狐).

魚9【鱏】⑳ 鯇(2088)과 동자

魚9【鯽】⑳ 오징어 적 職 zéi
鯽 字解 오징어, 묵어(墨魚). =鯽.

魚9【鯷】⑳ 메기 제 齊 tí
鯷 字解 메기, 큰 메기. =鮧·鯰. 〔戰國策〕鯷冠秫縫.
【鯷冠 제관】큰 메기 가죽으로 만든 관.
【鯷冠秫縫 제관출봉】제관을 긴 바늘로 기움. 곧, 서투른 여공(女工).
【鯷岑 제잠】國우리나라의 딴 이름.

魚9【鬷】⑳ 조기 종 東 zōng
鬷 字解 조기, 석수어(石首魚). 〔郭璞·賦〕鬷䰽順時而往還.

魚9【鯽】⑳ ❶붕어 즉·적 職 jí ❷오징어 적 職 zéi
鯽 字解 ❶붕어, 부어(鮒魚). 〔庾信·啓〕洞庭鮮鮒, 溫湖美鯽. ❷오징어.

魚9【鰌】⑳ 미꾸라지 추 尤 qiū
鰌 字解 ①미꾸라지. 〔莊子〕鰌然乎哉. ②밟다, 능가(凌駕)하다. 늑適. 〔莊子〕鰌我亦勝我.

魚9【鰍】⑳ 鰌(2090)와 동자

魚9【鰆】⑳ 고기 이름 춘 眞 chūn
鰆 字解 ①고기 이름, 바닷물고기의 이름. ②조기. ※鰻(2090)의 속자(俗字).

魚9【鰆】⑳ 鱒(2093)와 동자

魚9【鰈】⑳ ❶가자미 탑·첩 葉 dié ❷납자루 첩 葉 qiè ❸비늘 나란할 삽
鰈 字解 ❶가자미. =鰨. ❷납자루. ❸비늘이 나란한 모양, 장식(裝飾)이 많은 모양.

魚 9

鯿 ⑳ 방어 편 冠 biān
鯿 鯿 鯿 鯿 字解 방어(魴魚).

鯿 ⑳ 鯾(2091)과 동자

魚 9

鰕 ⑳ 새우 하 冠 xiā
鰕 鰕 鰕 字解 ①새우. ≒蝦.〔杜甫·詩〕鰕菜忘歸范蠡船. ②도롱뇽, 산초어(山椒魚). ③암고래.

魚 9

鰉 ⑳ 용상어 황 陽 huáng
鰉 鰉 鰉 字解 용상어, 철갑상어, 전어(鱣魚).

魚 9

鯸 ⑳ 복 후 冠 hóu
鯸 鯸 字解 복, 하돈(河豚).〔左思·賦〕王鮪鯸鮐.【鯸鮧 후이】복. 하돈의 딴 이름. 鯸鮐(후태).

魚 10

鰬 ㉑ 두렁허리 건 冠 qián
字解 ①두렁허리, 사선(蛇鱓).〔漢書〕鰻鰕鱃鮀. ②큰 물고기의 이름.〔漢書·注〕鰬, 似鯉而大.

魚 10

鰜 ㉑ 넙치 겸 鹽 qiàn
鰜 鰜 鰜 字解 ①넙치, 가자미, 비목어(比目魚). ②청어. ③자가사리.

魚 10

鰭 ㉑ 지느러미 기 冠 qí
鰭 鰭 字解 지느러미, 등지느러미.〔史記〕掉鰭揺尾.【鰭狀 기상】지느러미 같은 형상.

魚 10

䲢 ㉑ 쑤기미 등 蒸 téng
䲢 䲢 䲢 字解 쑤기미. 쏘가리 비슷한 바닷물고기.〔山海經〕合水多䲢魚, 狀如鱖.

魚 10

鰟 ㉑ 魴(2085)과 동자

魚 10

鰤 ㉑ 물고기 이름 사 冠 shī
鰤 鰤 鰤 字解 물고기 이름, 노어(老魚).

魚 10

鰣 ㉑ 준치 시 冠 shí
鰣 鰣 鰣 字解 준치, 시어(鰣魚).〔本草綱目〕鰣魚, 形秀而扁.

魚 10

䱷 ㉑ 漁(1028)와 동자

魚 10

鰞 ㉑ 오징어 오 虞 wū
字解 오징어, 오적(鰞鰂).

魚 10

鰩 ㉑ 날치 요 蕭 yáo
鰩 鰩 鰩 字解 날치, 비어(飛魚).〔左思·賦〕文鰩夜飛而觸綸.

魚 10

鯒 ㉑ 물고기 이름 용 圖 yóng
鯒 字解 ①물고기 이름.〔禮記·注〕東海鯒魚有骨名乙. ②전어(錢魚). ≒鰫.〔漢書〕鰝鯒鰋鮀. ③괴어(怪魚)의 이름.

魚 10

鰈 ㉑ ❶가자미 탑 圖 dié ❷도롱뇽 납 圖 tǎ
鰈 鰈 鰈 字解 ❶가자미. ≒鰊. ❷도롱뇽, 산초어(山椒魚). ≒魶.〔漢書〕禺禺鮄鰈.

魚 10

鰥 ㉑ ❶환어 환 本관 刪 guān ❷곤이 곤 元 kūn
鰥 鰥 鰥 鰥 [参考] 대법원 지정 인명용 한자의 음은 '환'이다. 字解 ❶①환어(鰥魚). 홀로 있기를 좋아하며, 근심으로 늘 눈을 감지 못한다는 전설상의 큰 민물고기.〔陸游·詩〕愁似鰥魚夜不眠. ②홀아비. 늙어서 아내가 없는 남자.〔孟子〕老而無妻曰鰥. ③앓다. ④잠을 이루지 못하는 모양.〔李商隱·詩〕羈緒鰥鰥夜景侵. ❷곤이(鯤鰄), 물고기의 알.
【鰥居 환거】늙어서 아내 없이 혼자서 삶.
【鰥寡 환과】홀아비와 과부. ☞늙어서 아내가 없는 사람을 '鰥', 늙어서 남편이 없는 여자를 '寡'라 함.
【鰥寡孤獨 환과고독】홀아비, 과부, 고아와 늙어서 자식이 없는 사람. 맹자(孟子)는 이를 천하의 궁민(窮民)이라 하였음.
【鰥嫠 환리】홀아비와 홀어미. 鰥寡(환과).
【鰥民 환민】늙고 아내가 없는 사람. 홀아비.
【鰥夫 환부】홀아비.
【鰥處 환처】☞鰥居(환거).
【鰥鰥 환환】눈이 말똥말똥하여 잠을 이루지 못하는 모양.
❶窮−, 貧−, 嫠−, 早−.

魚部 11~12획 鱇 鰹 鰧 鰱 鰻 鱅 鰔 鰲 鱅 鰿 鱄 鱭 鰷 鱁 鰾 鱎 鱖 鱗

魚11 【鱇】 ㉒ 안강 강 kāng
간체 鱇 字解 아귀. 아귓과의 바닷물고기.

魚11 【鰹】 ㉒ 가물치 견 匡 jiān
초서 鰹 간체 鲣 字解 가물치, 큰 가물치.

魚11 【鰧】 ㉒ 螣(2091)과 동자

魚11 【鰱】 ㉒ 연어 련 匡 lián
전 鰱 초서 鰱 간체 鲢 字解 연어.〔郭璞·賦〕鯪鯉鮥鰱. 【鰱魚 연어】 연어. 연어과의 바닷물고기.

魚11 【鰻】 ㉒ 뱀장어 만 寒 mán
소전 鰻 초서 鰻 동자 鰢 간체 鳗 字解 뱀장어.

魚11 【鱅】 ㉒ 鰻(2092)과 동자

魚11 【鰔】 ㉒ 생선 꼬리 길 신 眞 shēn
字解 생선의 꼬리가 긴 모양. 늑莘.

魚11 【鰲】 ㉒ 鼇(2131)의 속자

魚11 【鱅】 ㉒ 전어 용 冬 yōng
소전 鱅 초서 鱅 간체 鳙 字解 ①전어(錢魚).〔史記〕鰫鱅鰬魼. ②괴어(怪魚)의 이름, 용용(鱅鱅).〔山海經〕鱅鱅之魚, 其狀如犁牛, 其音如彘鳴.

魚11 【鯽】 ㉒ 붕어 적 陌 jī
字解 ①붕어.〔楚辭〕煎鯽膗雀. ②조개, 작은 조개. =蟦.

魚11 【鱄】 ㉒ ❶물고기 이름 전 匡 zhuān ❷물고기 이름 단 寒 tuán
소전 鱄 초서 鱄 字解 ❶①물고기 이름, 전어(鱄魚).〔呂氏春秋〕魚之美者, 洞庭之鱄. ②용상어. 철갑상엇과의 바닷물고기. 늑鱏. ❷물고기 이름. 흑수(黑水)에 살며, 털이 있고, 소리는 돼지 소리와 같다. 이 물고기가 나타나면 큰 가뭄이 든다고 한다.

〈鱄❶①〉

魚11 【鰿】 ㉒ 전어 제 霽 jì
초서 鰿 간체 鲚 字解 전어(錢魚). =鱭.

魚11 【鰷】 ㉒ 儵(2088)의 본자

魚11 【鱁】 ㉒ 창난젓 축 屋 zhú
초서 鱁 字解 ①창난젓. 생선의 창자로 담근 것. ②상어의 한 가지, 용상어.

魚11 【鰾】 ㉒ 부레 표 篠 biào
초서 鰾 간체 鳔 字解 ①부레, 어표(魚鰾). ②창난젓.
【鰾膠 표교】 부레풀. 魚膠(어교).

魚12 【鱎】 ㉓ 뱅어 교 篠 jiǎo
字解 뱅어, 백어(白魚).

魚12 【鱖】 ㉓ 쏘가리 궐·궤 月 匡 guì
소전 鱖 초서 鱖 간체 鳜 字解 쏘가리, 궐어(鱖魚).〔張志和·歌〕桃花流水鱖魚肥.
【鱖豚 궐돈】 쏘가리의 딴 이름. 水豚(수돈).
【鱖魚 궐어】 꺽짓과의 민물고기. 쏘가리.

魚12 【鱗】 ㉓ 비늘 린 眞 lín
소전 鱗 초서 鱗 간체 鳞 字解 ①비늘.〔周禮〕其動物宜鱗物. ②물고기.〔周書〕俯泳鱗于千尋. ③비늘이 있는 동물, 어룡(魚龍)의 총칭.〔淮南子〕介鱗者夏食而冬蟄. ④이끼, 매태(苺笞).〔蘇軾·詩〕歲久蒼鱗蹙. ⑤배열하다, 나열하다.〔司馬相如·文〕鱗集仰流.
【鱗甲 인갑】 ①비늘과 껍데기. 곧, 어패류(魚貝類). ②비늘 모양의 단단한 껍데기. ③마음에 모가 나 있음.
【鱗介 인개】 어류와 패류. 魚貝類(어패류).
【鱗莖 인경】 비늘 모양의 땅속줄기.
【鱗羅 인라】 비늘처럼 잇닿아 늘어섬. 비늘처럼 벌여 놓음. 鱗接(인접).
【鱗鱗 인린】 ①시종(侍從)하는 모양. 鄰鄰(인린). ②비늘같이 빛나고 고운 모양.
【鱗毛 인모】 물고기와 짐승.
【鱗物 인물】 어류. 鱗族(인족).
【鱗比 인비】 비늘처럼 정연히 늘어섬.
【鱗昫 인순】 끝이 없음. 궁전의 계단이 높고 가파른 모양.
【鱗羽 인우】 비늘과 깃. 곧, 어류(魚類)와 조류(鳥類).
【鱗集 인집】 비늘이 붙은 것처럼 줄을 이어 많

魚部 12〜13획 鱍鱉鱓鱔鱘鱏鱛鱖鱗鱘鱚鱟鱞鱜鱝鱡鱠

이 모임. 군집(群集)함. 鱗萃(인췌).
【鱗集仰流 인집앙류】물고기들이 모여서 물 위에 입을 내놓고 벌름거림. 사방의 백성들이 덕을 흠모하여 모여듦.
【鱗鴻 인홍】①물고기와 기러기. ②편지. ∘이소(鯉素)와 안백(雁帛)의 고사에서 온 말.
● 巨−, 錦−, 細−, 魚−, 逆−, 銀−, 片−.

魚12【鱍】㉓ 헤엄칠 발 圀 bō
字解 ①헤엄치다, 물고기가 헤엄치는 모양.〔白居易·詩〕游魚鱍鱍蓮田田. ②물고기 꼬리가 긴 모양. ③물고기가 꼬리를 툭툭 치는 모양.

魚12【鱉】㉓ 鼈(2131)과 동자

魚12【鱓】㉓ 드렁허리 선 銑 shàn
字解 드렁허리, 사선(蛇鱓). 드렁허릿과의 민물고기.〔淮南子〕蛇鱓著泥百仞之中.

魚12【鱔】㉓ 鱓(2093)의 속자

魚12【鱘】㉓ 철갑상어 심 侵 xún
字解 철갑상어, 심어(鱘魚). =鱏.〔陸游·記〕出鱘魚, 居民率以賣鮓爲業.

魚12【鱏】㉓ 철갑상어 심 侵 xún
字解 철갑상어, 심어(鱏魚). =鱘.〔左思·賦〕感鱏魚, 動陽侯.

魚12【鱛】㉓ 멸치 잔 諫 zhàn
字解 멸치.

魚12【鱒】㉓ 송어 준 阮 zūn
字解 송어(松魚), 준어(鱒魚).〔詩經〕九罭之魚鱒魴.
【鱒魚 준어】송어(松魚)의 딴 이름.

魚12【鱖】㉓ 물고기 새끼 타 哿 duǒ
字解 ①물고기 새끼, 알에서 갓 나온 물고기 새끼. ②게의 새끼. ③물고기의 비늘을 없애다.

魚13【鱘】㉓ 鯨(2091)과 동자

魚13【鱷】㉔ 고래 경 庚 jīng
字解 고래, 수고래. =鯨.〔漢書〕取其鱷鯢.

魚13【鱧】㉔ 가물치 례 薺 lǐ
字解 ①가물치. ②칠성장어. =鱺.

魚13【鱛】㉔ 돌고래 보 麌 pū
字解 돌고래, 보어(鱛魚), 강돈(江豚).

魚13【鱢】㉔ 비릴 소 豪 sāo
字解 비리다, 물고기의 비린 냄새. =臊.〔周禮〕膳膏臊, 注云, 鱢同臊.

魚13【鱐】㉔ 건어 숙·수 屋 宥 sù
參考 재래의 자전에서는 魚部 12획으로 다루었으나, 여기서는 현실적 획수를 따랐다.
字解 ①건어(乾魚). 말린 물고기.〔周禮〕夏行腒鱐. ②물고기 기름, 이지(魚脂).

魚13【鱦】㉔ 물고기 새끼 승 蒸 yìng
字解 물고기 새끼, 작은 고기.

魚13【鱎】㉔ ❶고기 이름 엄 琰 yǎn ❷물고기 입 움직일 엄 鹽 yán
字解 ❶물고기 이름, 엄옹(鱎鰤). ❷물고기의 입이 움직이다. =喃.

魚13【鱥】㉔ 鯛(2090)과 동자

魚13【鱣】㉔ ❶철갑상어 전 庚 zhān ❷드렁허리 선 銑 shàn
字解 ❶철갑상어, 황어(鯉魚).〔賈誼·文〕橫江湖之鱣鯨兮. ❷드렁허리, 선어. 늑鱓.〔後漢書〕有冠雀銜三鱣魚.
【鱣堂 선당】강의를 하는 곳. 故事 후한(後漢) 때 양진(楊震)이 강론(講論)하는 강당 앞에 황새들이 세 마리의 선어(鱣魚)를 물고 날아왔다는 고사에서 온 말. 講堂(강당). 教室(교실).
【鱣序 선서】학교(學校).

魚13【鱞】㉔ 鰥(2091)과 동자

魚部 13~22획 鱠 鱟 鱨 鱮 鱲 鱴 鱵 鱶 鱷 鱸 鱹 鱺 鱻　鳥部 0획 鳥

魚13 【鱠】㉔ 회 회 本괴 篆 kuài
초서 鱠 간체 鲙 字解 ①회. =膾. 〔舊唐書〕飛刀鱠鯉. ②물고기 이름, 회잔어(鱠殘魚). 뱅어의 한 가지.

魚13 【鱟】㉔ 참게 후 韻 hòu
초서 鱟 간체 鲎 字解 ①참게. 게의 한 지. 〔本草綱目〕鱟狀如惠文冠及熨斗之形. ②무지개의 속칭. 〔徐光啓·農政全書〕東鱟晴, 西鱟雨.

魚14 【鱨】㉕ 자가사리 상 陽 cháng
소전 鱨 초서 鱨 간체 鲿 字解 자가사리, 황상어(黃鱨魚). 퉁가릿과의 민물고기. 〔詩經〕魚麗于罶, 鱨鯊.

魚14 【鱮】㉕ 연어 서 語 xù
소전 鱮 초서 鱮 간체 鲥 字解 연어(鰱魚). 〔本草綱目〕鱮魚, 鰱魚.

魚14 【鱯】㉕ 紫(2085)와 동자

魚15 【鱲】㉖ 물고기 이름 렵 葉 liè
간체 鱲 字解 물고기 이름.

魚15 【鱴】㉖ 웅어 멸 屑 miè
字解 웅어, 제어(紫魚).
【鱴刀 멸도】①대합조개의 한 가지. ②웅어. 刀魚(도어). 鱴魛(멸도).

魚15 【鱵】㉖ 鯗(2089)과 동자

魚15 【鱶】㉖ 납자루 절 屑 jié
초서 鱶 字解 납자루. 잉엇과의 민물고기.

魚15 【鱷】㉖ 공미리 침 侵 zhēn
초서 鱷 간체 鱵 字解 공미리, 학공치. 〔本草綱目〕鱵魚, 喙有一鍼.

魚16 【鱸】㉗ 농어 로 虞 lú
초서 鱸 속체 鲈 간체 鲈 字解 농어. 농엇과의 바닷물고기. 〔李白·詩〕此行不爲鱸魚膾.

魚16 【鱷】㉗ 악어 악 藥 è
동자 鰐 字解 악어.
【鱷魚文 악어문】문장(文章)의 이름. ○한유(韓愈)가 조주자사(潮州刺史)로 있을 때, 악계(鱷溪)에 사는 악어의 폐해가 심했으므로 이를 쫓아버리기 위해 지은 글. 이 글을 악계에 던지자, 악어가 모조리 떠나버리고 다시는 재해(災害)가 없었다고 함.

魚18 【鱹】㉙ 사람 이름 관 翰 guàn
字解 사람 이름. 〔春秋左氏傳〕鱗鱹爲司徒.

魚19 【鱺】㉚ ❶뱀장어 리 齊 lí ❷가물치 례 霽 lì
소전 鱺 초서 鱺 간체 鲡 字解 ❶뱀장어. 〔格物粗談〕燒鰻鱺魚骨. ❷가물치. =鱧. 〔韓詩外傳〕南假子曰, 吾聞君子不食鱺魚.

魚22 【鱻】㉝ ❶생선 선 先 xiān ❷드물 선 銑 xiǎn
소전 鱻 초서 鱻 字解 ❶생선, 물고기의 날 것. =鮮 〔周禮〕凡其死生鱻薧之物, 以共王之膳. ❷드물다, 적다. =尠.
【鱻薧 선고】날고기와 말린 고기.

鳥 部

11획 부수 ｜ 새조부

鳥0 【鳥】⑪ ❶새 조 篠 niǎo ❷땅 이름 작 藥 què ❸섬 도 晧 dǎo

厂 尸 户 户 鸟 鳥 鳥 鳥 鳥

소전 鳥 초서 鳥 간체 鸟 參考 대법원 지정 인명용 한자의 음은 '조'이다.
字源 象形. 새의 모양을 본뜬 글자.
字解 ❶①새. 두 날개와 두 발을 가진 동물의 총칭. '隹(추)'가 꽁지가 짧은 새의 총칭인데 대하여 '鳥'는 꽁지가 긴 새의 총칭이다. 〔書經〕鳥獸蹌蹌, 簫韶. ②봉황(鳳凰). 〔周禮〕裸用雞彝鳥彝. ③별 이름, 주조(朱鳥). 〔書經〕日中星鳥. ④벼슬 이름. 〔春秋左氏傳〕紀於鳥, 爲鳥師而鳥名. ❷땅 이름. 지금의 감숙성(甘肅省) 무위현(武威縣)의 남쪽. 〔後漢書〕頻復追擊於鳥嶺, 注云, 鳥音爵. ❸섬, 해곡(海曲). =島. 〔書經〕鳥夷皮服.
【鳥瞰 조감】위에서 아래를 한눈에 내려다봄. 俯瞰(부감).

【鳥罟 조고】 새그물. 鳥羅(조라).
【鳥過目 조과목】 새가 눈앞을 지나가는 것처럼 지극히 짧은 시간.
【鳥窮則啄 조궁즉탁】 새가 쫓기어 막다른 곳에 이르면 도리어 대들어 쪼음.
【鳥道 조도】 새가 아니면 다닐 수 없을 정도로 험한 길. 험한 산길.
【鳥路 조로】 새가 날아다니는 길. 일직선의 길.
【鳥弄 조롱】 새의 울음소리. 새가 지저귀는 소리. 鳥嘩(조롱).
【鳥媒 조매】 ①후림 새. 다른 새를 꾀어 들이는 새. ②새가 꽃가루를 매개함.
【鳥媒花 조매화】 새에 의해 꽃가루가 매개 되는 꽃. 동백꽃 따위.
【鳥面 조면】 새 비슷한 얼굴. 수척한 얼굴.
【鳥面鵠形 조면곡형】 굶주려 몹시 야윈 모양.
【鳥散 조산】 새가 날아가듯이 산산이 흩어짐.
【鳥獸 조수】 날짐승과 길짐승. 禽獸(금수).
【鳥獸心 조수심】 조수와 같은 무도한 마음.
【鳥語 조어】 ①새소리. 鳥聲(조성). ②새의 말. ③알아들을 수 없는 외국어. 鴃舌(격설).
【鳥雲 조운】 새처럼 모여들고 구름처럼 흩어짐. 또는 새처럼 흩어지고 구름처럼 모여듦.
【鳥彛 조이】 봉황이 새겨진 제기.
【鳥雀 조작】 참새 따위의 작은 새의 총칭.
【鳥葬 조장】 시체를 들에 내다 놓아 새들이 쪼아 먹도록 하는 장사(葬事). 옛날 중국 남쪽 지방의 풍속이었음.
【鳥跡 조적】 ①새의 발자국. ②글자. 故事 창힐(倉頡)이 새 발자국을 보고 그 모양을 본떠서 글자를 만들었다는 고사에서 온 말.
【鳥篆 조전】 ①고문(古文)의 전자(篆字). ②☞鳥跡(조적).
【鳥足之血 조족지혈】 새발의 피. 분량이 아주 적음.
【鳥盡弓藏 조진궁장】 새를 다 잡으면 활은 창고에 보관함. 쓸모없어지면 버림을 당함.
【鳥集 조집】 새떼처럼 사방에서 많이 모여듦.
【鳥集鱗萃 조집인췌】 새와 물고기처럼 떼를 지어 모여듦.
【鳥竄 조찬】 새가 날아가 버리듯이 사방으로 흩어져 숨음.
【鳥啄聲 조탁성】 國 새가 쪼아먹는 소리. 근거 없이 지껄이는 소리. 헛소문.
【鳥喙 조훼】 ①새의 부리. ②새의 부리처럼 뾰족한 입. 탐욕스러운 인상.
【鳥夷 도이】 섬에 사는 백성.

● 怪-, 窮-, 禽-, 丹-, 籠-, 猛-, 文-, 白-, 飛-, 山-, 翔-, 瑞-, 小-, 水-, 野-, 烏-, 盆-, 啼-, 翠-, 駝-, 海-, 害-, 玄-, 花-, 黃-, 孝-, 候-.

鳥
1 【鳦】 ⑫ 제비 을 ⽮ yǐ
소전 ⼄ 혹체 𪃾 초서 𪄢 字解 제비. 현조 (玄鳥). 을조(乙 鳥). =乙. 〔詩經·燕燕·傳〕 燕燕, 鳦也.

鳥
2 【鳩】 ⑬ 비둘기 구 尤 jiū
소전 鳩 초서 鳩 동자 雊 간체 鸠 字解 ①비 둘기. 〔詩經〕維鵲有巢, 維鳩居之. ②모으다, 모이다. 늑述. 〔書經〕共工方鳩僝功. ③편안히 하다, 안정하다. 〔國語〕日可以鑑而鳩趙宗乎. ④버 섯 이름. 늑𦬊.
【鳩居鵲巢 구거작소】 ①비둘기가 까치 둥우리에 들어가 삶. 아내가 남편의 집에 들어가 삶. ②셋방살이.
【鳩斂 구렴】 ①조세를 징수함. ②조세를 가혹하게 거두어들임.
【鳩尾 구미】 명치. 명문(命門).
【鳩巢 구소】 ①비둘기의 둥우리. ②초라한 집.
【鳩率 구솔】 모아서 인솔함.
【鳩首 구수】 머리를 모음. 여러 사람이 모여 머리를 맞대고 의논함.
【鳩杖 구장】 ①손잡이 꼭대기에 비둘기를 새긴 지팡이. 나라에서 공로가 있는 늙은 신하에게 하사하였음. ②머리에 비둘기 형상을 새긴 노인의 젓가락. ○비둘기는 모이를 먹을 때 목이 메지 않는 데서, 목이 메지 않기를 비는 뜻을 나타냄.
【鳩財 구재】 돈이나 재물을 거두어 모음.
【鳩集 구집】 한데 모음. 蒐集(수집).
【鳩便 구편】 전서구(傳書鳩)에 의한 통신.
【鳩合 구합】 사람·세력 등을 한데 모음. 또는 모임. 鳩集(구집). 糾合(규합).
【鳩形鵠面 구형곡면】 비둘기 모슴에 고니의 얼굴. 굶주려 야윈 모양.

● 鵲-, 鳴-, 蒙-, 斑-, 鳴-, 雎-, 蒼-.

鳥
2 【鳳】 ⑬ 鳳(2096)의 속자

鳥
2 【鳧】 ⑬ 오리 부 虞 fú
소전 鳧 초서 鳧 동자 鳬 속자 鳧 간체 凫 字解 ①오리. ㉮물오리. 〔詩經〕鳧鷖在涇. ㉯집오리. ②산 이름. 〔詩經〕保有鳧繹.
【鳧鷗 부구】 물오리와 갈매기.
【鳧鴨 부압】 물오리와 집오리. 오리의 총칭.
【鳧燕難明 부연난명】 물오리와 제비를 분간하기 어려움. 그 진실을 분간하기 어려움. 故事 기러기가 하늘 높이 날고 있는 것을 보고, 어떤 사람은 물오리라 하고, 어떤 사람은 제비라고 한 고사에서 온 말.
【鳧翁 부옹】 ①물오리의 수컷. ②물오리의 목에 난 털.
【鳧藻 부조】 몹시 기뻐서 떠들어 댐. ○물오리는 수조(水藻)를 보면 기뻐하는 데서 온 말.
【鳧趨 부추】 물오리가 종종걸음으로 걸음. 또는 물오리처럼 종종걸음으로 걸음. ㉠속도가 느림. ㉡기뻐함. ○물오리가 종종걸음으로 걸을 때는 몸이 흔들려 춤을 추는 것처럼 보이는 데서 온

말. ㉢鳬趨雀躍(부추작약).
【鳬雛 부추】물오리의 새끼.
【鳬趨雀躍 부추작약】기뻐서 덩실덩실 춤을 춤.
❶家-, 水-, 野-, 游-, 七-, 渚-, 春-.

鳥2 【鳥】⑬ 鳥(2095)와 동자

鳥2 【鳬】⑨ 鳬(2095)의 속자

鳥3 【鳱】⑭ ❶까치 간 寒 gān ❷기러기 안 諫 yàn ❸산박쥐 한 寒 hàn
字解 ❶까치. ❷기러기. =雁.〔詩經〕雍雍鳴雁, 以雁于鳱. ❸산박쥐, 한호충(寒號蟲). =寒.〔淮南子〕仲冬之月, 鳱鴠不鳴.

鳥3 【鳲】⑭ 鵙(2106)과 동자

鳥3 【鳴】⑭ ❶울 명 庚 míng ❷부를 명 敬 míng

[소전] 鳴 [초서] ~ [간체] 鸣
字源 會意. 口＋鳥→鳴. 새(鳥)의 주둥이(口)에서 소리가 난다는 뜻을 나타낸다.
字解 ❶울다, 새·짐승이 소리를 내다, 우는 소리.〔詩經〕鳳凰鳴矣. ㉮음향이 나다.〔韓愈·序〕大凡物不得其平則鳴. ㉯명성이 들날리다.〔元史〕以文鳴江東. ❷부르다, 새가 서로 짝을 구하여 부르다.〔曹植·篇〕鳴儔嘯匹侶.
【鳴珂里 명가리】❶귀인이 사는 마을. ○'珂'는 귀인(貴人)이 타는 말에 장식으로 단 구슬. ❷남의 향리(鄕里)의 존칭.
【鳴謙 명겸】겸허한 덕이 외모에 나타남.
【鳴鼓 명고】❶북. ❷북을 울림. ❸죄(罪)를 꾸짖어 몰아세움.
【鳴管 명관】❶관(管)을 울림. ❷울대. 조류(鳥類)의 소리를 내는 기관.
【鳴琴 명금】❶거문고. ❷거문고를 탐. ❸폭포소리 등의 형용.
【鳴禽類 명금류】생태·습성면으로 구분한 조류의 한 부류. 고운 소리로 지저귀는 새. 꾀꼬리·제비 따위. 燕雀類(연작류).
【鳴動 명동】크게 울리어 진동함.
【鳴鑾 명란】임금의 수레에 다는 방울. ㉠임금의 수레. ㉡임금의 거둥.
【鳴絲 명사】거문고의 딴 이름.
【鳴謝 명사】깊이 사례함.
【鳴軋 명알】삐걱거리는 소리.
【鳴嚶 명앵】새가 욺.
【鳴籥 명약】피리.
【鳴笛 명적】❶피리 소리. ❷피리를 붊.
【鳴鏑 명적】▷鳴箭(명전).
【鳴箭 명전】날아가면서 바람을 받아 울도록 만든 화살. 우는살. 鳴鏑(명적).
【鳴條 명조】❶바람에 우는 나뭇가지. ❷은(殷)의 탕왕(湯王)이 하(夏)의 걸왕(桀王)을 친 곳. 지금의 산서성(山西省)의 안읍현(安邑縣) 북쪽.
【鳴蜩 명조】우는 쓰르라미.
【鳴鐘 명종】❶종을 쳐서 울림. ❷종소리.
【鳴騶 명추】종자(從者)들이 탄 말이 욺. 귀인(貴人)의 거마가 출행(出行)하는 소리.
【鳴鞭 명편】❶채찍을 휘두름. ❷의장용 채찍. 이를 휘둘러서 소리를 내어 조용하게 하는 데 씀. 靜鞭(정편).
【鳴吠 명폐】닭이 울고 개가 짖음. 하찮은 기예(技藝).
【鳴弦 명현】❶우는 활시위. ❷활시위를 울림.
【鳴絃 명현】❶거문고를 탐. ❷우는 거문고. 鳴弦(명현).
【鳴號 명호】울부짖음. 號叫(호규).
【鳴吼 명후】큰 소리로 울부짖음.
❶鷄-, 共-, 鹿-, 雷-, 悲-, 哀-, 嚶-, 蛙-, 牛-, 猿-, 耳-, 自-, 鶴-, 和-.

鳥3 【鳳】⑭ 봉새 봉 送 fèng

[소전] 鳳 [고문] 𣱛 𣱿 [초서] 鳳 [속서] 凤 凤 [간체] 凤
字源 形聲. 凡＋鳥→鳳. '凡(범)'이 음을 나타낸다.
字解 봉새, 봉황새. 성인(聖人)이 세상에 나면 이에 응하여 나타난다는 상상의 상서로운 새. 깃털은 오색(五色), 소리는 오음(五音)에 맞으며, 수컷을 '鳳', 암컷을 '凰(황)'이라 한다.〔史記〕鳳凰于蜚, 和鳴鏘鏘.

〈鳳〉

【鳳駕 봉가】❶천자의 수레. 鳳輿(봉여). ❷신선이 타는 수레.
【鳳閣 봉각】❶당대(唐代) 중서성(中書省)의 딴 이름. ❷화려한 누각. ❸고관(高官).
【鳳蓋 봉개】❶천자의 거개(車蓋). ❷천자의 승여(乘輿).
【鳳車 봉거】❶임금의 수레. ❷선인(仙人)의 수레. ❸호랑나비의 딴 이름.
【鳳擧 봉거】❶봉황의 비상(飛翔). 사신(使臣)이 먼 길을 떠남. ❷퇴관(退官)하여 먼 곳에 은거함. ❸사방으로 위세를 떨침. ❹승진함. ❺춤추는 모양.
【鳳闕 봉궐】❶궁성(宮城)의 문. ❷궁성.
【鳳德 봉덕】거룩한 덕.
【鳳鸞 봉란】봉황새와 난새. 모두 상상의 영조(靈鳥). 신령한 새.
【鳳曆 봉력】달력. 冊曆(책력).

【鳳輦 봉련】임금이 타던 가마의 한 가지.
【鳳樓 봉루】①아름다운 누각. ㉠금중(禁中)의 누각. ㉡부녀가 거처하는 누각.
【鳳麟 봉린】봉황과 기린. 재능이 뛰어난 젊은이의 비유.
【鳳鳴 봉명】①봉황이 욺. 봉황의 울음소리. ②훌륭한 말을 함.
【鳳鳴朝陽 봉명조양】봉황이 산 동쪽에서 욺. ㉠천하가 태평할 상서로운 조짐. ㉡희한하고 또 한 뛰어난 행동. ㉢빼어난 성행(性行)이나 재능.
【鳳毛 봉모】봉황의 털. ㉠자식이 부조(父祖)에 뒤지지 않는 소질을 가지고 있음. ㉡뛰어난 문재(文才)의 비유. ㉢뛰어난 풍채(風采)의 비유.
【鳳尾 봉미】①봉의 꼬리. 또는 봉의 꼬리 모양을 한 것. ②빼어나고 아름다운 것의 여향(餘香)이나 여파(餘波).
【鳳翔 봉상】봉황이 날아오름. 봉황처럼 날아오름. 곧, 위세(威勢)를 떨침.
【鳳聲 봉성】①봉황의 울음소리. ②전언(傳言)이나 음신(音信)의 존칭.
【鳳沼 봉소】대궐 안에 있는 못.
【鳳掖 봉액】①태자(太子)의 궁정(宮庭). ○'掖'은 대궐의 협문(狹門).
【鳳友 봉우】공작(孔雀)의 딴 이름.
【鳳友鸞交 봉우난교】남녀 간의 정교(情交)·방사(房事).
【鳳苑 봉원】대궐 안의 동산. 祕苑(비원).
【鳳吟 봉음】봉황이 노래함. 또는 봉황 같은 성조(聲調)로 노래함. 곧, 대숲에 부는 바람 소리의 형용.
【鳳字 봉자】평범(平凡)한 사람을 비웃어 이르는 말. ○'鳳' 자를 파자(破字)하면 凡鳥(범조)가 되어 '보통 새'라는 뜻이 되는 데서 온 말. 題鳳(제봉).
【鳳姿 봉자】품위 있는 자태.
【鳳邸 봉저】천자가 즉위하기 전에 살던 집. 潛邸(잠저).
【鳳蝶 봉접】호랑나비.
【鳳詔 봉조】천자의 조서(詔書).
【鳳藻 봉조】아름다운 글. 훌륭한 문장.
【鳳鳥不至 봉조부지】성주(聖主)가 나면 온다는 봉황이 오지 않음. 성주가 나타나지 않음을 탄함.
【鳳池 봉지】①당대(唐代)에 금중(禁中)에 있었던 못 이름. ㉠중서성(中書省). ㉡재상(宰相). ②금중(禁中). ③거문고의 밑바닥에 낸 구멍.
【鳳雛 봉추】봉황의 새끼. ㉠뛰어나게 현명한 아이. 鳳兒(봉아). 麒麟兒(기린아). ㉡아직 세상에 알려지지 않은 영재(英才).
【鳳穴 봉혈】봉황의 거처. 문재(文才)에 뛰어난 사람들이 모여 있는 곳.
【鳳凰來儀 봉황내의】태평성대(太平聖代)의 징표. ○'來儀'는 날아와서 춤을 추듯 몸가짐이 의젓함.
【鳳凰于飛 봉황우비】봉황이 짝 지어 낢. 부부가 서로 화목함. 남의 혼인을 축하하는 말로 씀.
【鳳凰在笯 봉황재노】봉황이 새장에 갇혀 있음. 현인(賢人)이 직위를 잃고 초야에 있음.
【鳳凰銜書 봉황함서】칙사(勅使)가 칙서(勅書)를 가지고 있음.
○ 龜ー, 鸞ー, 飛ー, 祥ー, 瑞ー, 神ー, 靈ー, 麟ー, 綵ー, 翠ー.

鳥
3 【鳲】⑭ 뻐꾸기 시 囡 shī
초서 鳲 동자 鳲 [字解] 뻐꾸기. 포곡조(布穀鳥). =尸. 〔詩經〕鳲鳩在桑, 其子七兮.
【鳲鳩 시구】뻐꾸기.

鳥
3 【鳶】⑭ 솔개 연 因 yuān
초서 鳶 간체 鸢 [字解] ①솔개. 수릿과의 맹금(猛禽)의 한 가지. 〔中庸〕鳶飛戾天. ②연. 공중에 날리는 장난감. 〔新唐書〕臨洺將張伾以紙爲風鳶.
【鳶肩 연견】솔개가 웅크리고 앉을 때처럼 위로 치켜 올라간 어깨.
【鳶肩豺目 연견시목】솔개처럼 치올라간 어깨와 승냥이 같은 눈. 간악한 모양.
【鳶飛魚躍 연비어약】솔개는 날고, 물고기는 뜀. ㉠미물(微物)이 스스로 만족하게 여김. ㉡임금의 덕화(德化)가 골고루 미침. ㉢천지 만물은 자연의 성품에 따라 움직여 저절로 그 즐거움을 얻음.
【鳶絲 연사】연줄로 쓰는 실. 연실.
○ 鳴ー, 木ー, 飛ー, 魚ー, 鷹ー, 紙ー, 風ー.

鳥
3 【鴻】⑭ 鴻(2101)과 동자

鳥
4 【鴃】⑮ 때까치 격 錫 jué
초서 鴃 간체 鴃 [字解] 때까치. ≒鶪·鵙. 〔詩經〕七月鳴鴃, 應陰而後勸者也.
【鴃舌 격설】①때까치의 지저귀는 소리. ②알아들을 수 없이 지껄이는 말.

鳥
4 【鴂】⑮ ❶뱁새 결 屑 jué
❷접동새 계 霽 guī
소전 鴂 초서 鴂 동자 鴂 [字解] ❶❶뱁새, 붉은 머리오목눈이. 초료(鷦鷯). ❷때까치. =鴃. ❷접동새, 두견이.

鳥
4 【鴎】⑮ 鷗(2109)의 속자

鳥
4 【鳯】⑮ ❶國성 권
❷봉새 봉 送 fēng
[字解] ❶성(姓). ❷봉새, 봉황새. ※鳳(2096)의 고자(古字).

鳥部 4～5획 鴇鴇鳺鳺鳻鴉鴈鴇鴆鴋駕鴚鴣

鳥⁴【鴇】⑮ 새 솜털 모 號 mào
字解 새의 솜털. =毷.

鳥⁴【鴇】⑮ 능에 보 皓 bǎo
소전 호체 초서 동자 간체
字解 ①능에, 느시. 기러기와 비슷하며 몸집이 큰 새.〔詩經〕肅肅鴇羽. ②창부(倡婦), 노기(老妓). 능에는 음란한 새인 데서 바뀐 말.〔通俗編〕妓女之老者曰鴇. ③오종이. 흰 털이 섞인 검은 말.〔詩經〕乘乘鴇.
【鴇羽之嗟 보우지차】백성이 정역(征役)에 시달려 부모를 봉양할 수 없어 탄식함.

鳥⁴【鳺】⑮ 오디새 부 缶 fǒu
字解 오디새, 후투티, 대승(戴勝).

鳥⁴【鳺】⑮ ❶오디새 부 庚 fū
         ❷두견이 규 支 guī
字解 ❶오디새, 후투티, 대승(戴勝). ❷두견이, 자규.

鳥⁴【鳻】⑮ ❶파랑새 분 文 bān
         ❷뻐꾸기 반 刪 fén
字解 ❶파랑새, 청조(青鳥), 푸른빛을 띤 새. ②세가락메추라기. 영조(靈鳥)로서 길조(吉兆)로 여긴다. 늑鵔. ③새가 모여 드는 모양, 새가 나는 모양. ❷뻐꾸기.

鳥⁴【鴉】⑮ 갈가마귀 아 麻 yā
소서 간체
字解 ①갈가마귀. 까마귓과의 새. 까마귀보다 좀 작고 배는 흰데, '烏(오)'와 달리 반포(反哺)하지 않는다고 한다. =鵶・雅. ②검다, 검은빛.〔古詩〕鴉鬢青雛色.
【鴉群 아군】①갈가마귀 떼. ②질서가 없고 훈련되지 않은 군대.
【鴉鬢 아빈】여자의 검은 머리털.
【鴉軋 아알】①녹로(轆轤)가 돌아가는 소리. ②노 젓는 소리. ③문 여닫는 소리.
【鴉陣 아진】날아가는 갈가마귀 떼.
【鴉青 아청】검은빛을 띤 푸른빛.
【鴉鬟 아환】①쌍상투. ②검은 머리. ③계집종.
【鴉黃 아황】이마에 바르는 누른 화장용 분(粉).
● 群—, 歸—, 金—, 亂—, 晚—, 鳴—, 暮—, 鬢—, 山—, 曙—, 赤—, 雛—, 昏—, 曉—.

鳥⁴【鴈】⑮ 기러기 안 諫 yàn
厂 厂 厈 厎 厎 厈 鴈 鴈
소전 초서 속자 參考 어휘는 雁 (1962)을 보라.
字源 形聲. 厂+人+鳥→鴈. '厂(엄)'이 음을 나타낸다.
字解 ①기러기.〔禮記〕鴻鴈來. ②거위, 서안(舒鴈). ③가짜, 모조. 늑贋.〔韓非子〕魯以其鴈往.

鳥⁴【鴲】⑮ 새매 지 支 zhī
초서 字解 ①새매. 수릿과의 새. =雉. ②새 이름, 지작(鴲鵲).〔拾遺記〕條支國來貢異瑞, 有鳥名鴲鵲. ③누대(樓臺)의 이름.〔史記〕過鴲鵲, 望露塞.
【鴲鵲 지작】①새 이름. 한(漢) 장제(章帝) 때 조지국(條支國)에서 조공(朝貢)하였다는 전설상의 새. 사람의 말을 알아들으며 키가 7척이었다고 함. ②한(漢) 무제(武帝) 때 지은 궁전의 이름. 감천원(甘泉苑) 안에 있었음. ③남조(南朝) 때 강소성(江蘇省)에 있던 누각의 이름.

鳥⁴【鴆】⑮ 짐새 짐 沁 zhèn
소전 초서 동자 간체
字解 ①짐새. 중국 남방에 사는, 올빼미 비슷한 독조(毒鳥).〔國語〕乃眞鴆于酒. ②짐새의 깃을 담은 술, 짐주(鴆酒). 사람을 독살하는 일. =酖.〔國語〕使醫鴆之.
【鴆毒 짐독】①짐새의 깃에 있는 맹독(猛毒). ②짐주를 마시게 하여 죽임. ③해독이 심한 사람.
【鴆殺 짐살】짐주를 마시게 하여 죽임. 毒殺(독살).
【鴆鳥 짐조】독조의 이름.
【鴆酒 짐주】짐새의 깃을 담가서 우려낸 술.

鳥⁴【鴋】⑮ 파랑새 호 虞 hù
초서 字解 ①파랑새, 청조(青鳥). 서조(瑞鳥)로서 길조(吉兆)로 여기는. ②가메추라기의 한 가지, 안작(鴋雀). ④세가락메추라기. 깃털에 무늬가 없고, 배는 희다. ⑤콩새. 되샛과의 새.

鳥⁵【駕】⑯ 거위 가 麻 gé
字解 거위, 들거위. 기러기의 한 가지.〔本草綱目〕野鵞大於鴈, 猶似家蒼鵞, 謂之駕鵞.

鳥⁵【鴚】⑯ 거위 가 歌 gē
속자 字解 ①거위, 서안(舒鴈). ②기러기의 한 가지.

鳥⁵【鴣】⑯ 자고 고 虞 gū
소전 초서 동자 간체 字解 자고. 꿩과의 메추라기와 비슷하나 조금 큰 새.

鳥部 5획 鴝鴠鴒鵰鴘鴨鴦鴛鴥鴡鴊鴟鴟

鳥5 【鴝】⑯ ❶구관조 구 虞 qú
❷꿩 울 구 宥 gòu
소전 鴝 간체 鸲 字解 ❶①구관조(九官鳥), 구욕(鴝鵒). ❷꿩이 울다.
【鴝鵒 구욕】구관조. 구욕새.
【鴝鵒眼 구욕안】단계연(端溪硯)의 돌에 있는 둥근 반점.

鳥5 【鴠】⑯ 산박쥐 단 翰 dàn
소전 鴠 초서 鴠 字解 산박쥐, 한호충(寒號蟲). 애기박쥣과의 포유동물.

鳥5 【鴒】⑯ 할미새 령 唐 líng
초서 鴒 간체 鸰 字解 할미새, 옹거(雝鶋). ¶鶺鴒.

鳥5 【鵰】⑯ 鵰(2102)와 동자

鳥5 【鴘】⑯ 매 변 銑 biǎn
字解 매, 두 살 된 매.
【鴘鷹 변응】두 살 난 매.
【鴘赤 변적】당대(唐代)에, 경조(京兆)의 만년(萬年)·장안(長安) 두 적현(赤縣) 이외의 많은 적현. ○적현은 현(縣)의 등급의 하나.

鳥5 【鴨】⑯ 오리 압 洽 yā
소전 鴨 초서 鴨 예서 鴨 骨 간체 鸭 字解 ①오리, 집오리. ②하비(下婢), 여종. 〔中吳紀聞〕俗貴鵝賤鴨, 故呼婢爲鴨.
【鴨脚樹 압각수】은행나무의 딴 이름. ○잎이 오리발 비슷한 데서 이르는 말.
【鴨頭 압두】①오리의 머리. ②녹색(綠色). 물빛. ○물의 녹색을 오리의 목에 난 털에 비유한 말.
【鴨爐 압로】오리알 모양의 향로.
【鴨黃 압황】오리 새끼.
❶家一, 放一, 鳧一, 水一, 野一, 雛一, 黃一.

鳥5 【鴦】⑯ 원앙 앙 陽 yāng
소전 鴦 초서 鴦 간체 鸯 字解 원앙, 원앙새의 암컷. 수컷을 '鴛(원)'이라고 한다. 〔盧照鄰·詩〕願作鴛鴦不羨仙.
【鴦錦 앙금】아름다운 비단.

鳥5 【鴛】⑯ 원앙 원 元 yuān
소전 鴛 초서 鴛 간체 鸳 字解 원앙, 원앙새의 수컷. 암컷을 '鴦(앙)'이라고 한다. 〔詩經〕鴛鴦于飛, 畢之羅之.
【鴛侶 원려】①사환(仕官)의 동료. ②짝. 배우(配偶).
【鴛鷺 원로】①원앙새와 해오라기. ②관리의 지위의 서열. 鷺鴛(노원).
【鴛鴦 원앙】①오릿과의 물새. 원앙새. ②화목한 부부(夫婦). 匹鳥(필조).
【鴛鴦衾 원앙금】①원앙을 수놓은 이불. ②부부가 덮는 이불.
【鴛鴦枕 원앙침】①원앙을 수놓은 베개. ②부부가 베는 베개.
【鴛列 원열】관리의 서열. 鴛行(원항).

鳥5 【鴥】⑯ 빨리 날 율 質 yù
소전 鴥 초서 鴥 字解 ① 빨리 날다, 새가 빨리 나는 모양. 㕙鴥. 〔詩經〕鴥彼晨風. ②빠르다, 새의 낢이 빠르다. 〔詩經〕鴥彼晨風, 鬱彼北林.

鳥5 【鴡】⑯ 물수리 저 魚 jū
소전 鴡 초서 鴡 睢 字解 물수리, 징경이.

鳥5 【鴊】⑯ ❶매 정 庚 zhēng
❷닭 정 敬 zhēng
字解 ❶매, 맷과의 새 ❷①닭 ②삼지니, 새매, 맷과의 작은 매.

鳥5 【鴃】⑯ ❶꿩 치 紙 tiě
❷새매 골 木 屋 月 hú
字解 ❶꿩. =雉. ❷새매, 맷과의 작은 매. ※鶻(2106)의 고자(古字). 〔漢書·注〕隼, 鷙鳥, 卽今之鴃也.

鳥5 【鴟】⑯ 솔개 치 支 chī
초서 鴟 동자 雎 동자 堆 동자 鵄 간체 鸱 字解 ①솔개. 수릿과의 맹금(猛禽)의 한 가지. 〔詩經〕爲梟爲鴟. ②수리부엉이, 수알치새. 〔漢書〕鴟梟群翔. ③올빼미. 부엉이 비슷한데 모각(毛角)이 없으며, 밤에 활동하는 새. ¶鴟鵂. ④술부대. 말가죽으로 만든 술을 담는 그릇. 〔史記〕盛以鴟夷革, 浮之江中. ⑤가벼이 여기다, 경시하다. 〔書經〕鴟義姦宄.
【鴟顧 치고】양생법(養生法)의 한 가지. 머리만 좌우로 돌리며 심호흡을 하는 법.
【鴟目 치목】올빼미의 눈. 간악(奸惡)한 인상(人相)의 비유.
【鴟目虎吻 치목호문】올빼미의 눈과 범의 입. 잔인하고 탐욕스러운 용모.
【鴟義 치의】위세를 부려 방자함을 의(義)라고 생각하는 사람. 옳지 못한 의(義).

【鴟夷 치이】 말가죽으로 만든 술부대.
【鴟張 치장】 솔개가 날개를 활짝 편 것처럼 위세를 부리고 방자함.
【鴟梟 치효】 올빼미. 탐욕스럽고 간악(奸惡)한 사람의 비유.
【鴟梟 치효】 ☞鴟梟(치효).
【鴟鵂 치휴】 수리부엉이.
◐ 伏-, 餓-, 蹲-, 梟-.

鳥5 【鴕】⑯ 타조 타 歌 tuó
[초서] 鴕 [본체] 鴕 [간체] 鴕 [字解] 타조, 대마작(大馬雀). 조류 중 가장 몸집이 큰 사막 지대의 새. =駝.
【鴕鳥 타조】 타조과의 새. 조류 가운데 가장 몸집이 크며, 아시아, 아라비아, 아프리카 등지의 사막에 삶.

鳥5 【鴞】⑯ 부엉이 효 蕭 xiāo
[소전] 鴞 [초서] 鴞 [간체] 鸮 [字解] ①부엉이, 치효(鴟鴞). 올빼밋과의 새로 올빼미와 비슷하게 생겼다. 〔詩經〕有鴞萃止. ②수리부엉이, 수알치새, 치휴(鴟鵂). ③물고기 이름, 망성어. 망상엇과의 바닷물고기. ④짐승 이름. 구오산(鉤五山)에 있다는 상상의 짐승. 양과 같은 몸에 사람의 얼굴을 가졌으며, 호랑이 이빨에 소리는 어린애의 목소리와 같다고 한다.

〈鴞④〉
【鴞音 효음】 부엉이의 울음소리. 흉포(凶暴)한 사람.
【鴞炙 효자】 부엉이 구이. ㉠맛좋은 음식. ㉡사치스러운 음식.
◐ 鳩-, 飢-, 飛-, 鴟-, 寒-.

鳥6 【鶻】⑰ 鶻(2102)의 속자

鳥6 【鴰】⑰ 재두루미 괄 黠 guā
[소전] 鴰 [본체] 鴰 [간체] 鸹 [字解] ①재두루미. 〔司馬相如·賦〕雙鶬下, 注云, 鶬, 麋鴰也. ②새 이름, 창괄(鶬鴰). 한 몸에 꼬리가 아홉 개 달린 새. 〔衝波傳〕河上之歌云, 鶬兮鴰兮, 逆毛衰兮, 一身九尾長兮.

鳥6 【鵁】⑰ 해오라기 교 肴 jiāo
[소전] 鵁 [본체] 鵁 [간체] 䴔 [字解] 해오라기, 백로(白鷺). 〔新唐書〕玄宗選中人捕鵁鶄.
【鵁鶄 교청】 해오라기. 왜가릿과의 새.

鳥6 【鴶】⑰ 鶷(2103)과 동자

鳥6 【鸞】⑰ 鸞(2112)의 속자

鳥6 【鵪】⑰ 세가락메추라기 모 虞 móu
[초서] 鵪 [字解] 세가락메추라기. 세가락메추라깃과의 새.

鳥6 【鳾】⑰ 새매 숭 東 sōng
[동자] 鵄 [字解] 새매. 수릿과의 새. ¶爵鳾.

鳥6 【鴳】⑰ 세가락메추라기 안 諫 yàn
[소전] 鴳 [본체] 鷃 [동자] 鷃 [字解] 세가락메추라기, 안작(鴳雀). 〔國語〕晉平公射鴳, 不死.

鳥6 【䳒】⑰ ❶외발 새 양 陽 yáng
❷날 상 陽 xiáng
[字解] ❶외발 새, 일족조(一足鳥), 상양(商羊). ❷날다, 비상(飛翔)하다. 〔漢書〕鳳鳥䳒.

鳥6 【駕】⑰ 세가락메추라기 여 魚 rú
[초서] 駕 [동자] 鴽 [字解] 세가락메추라기.

鳥6 【鳶】⑰ ❶솔개 연 先 yuān
❷물수리 악 藥 è
[소전] 鳶 [字解] ❶솔개. =鳶. ❷물수리, 징경이, 저구(雎鳩). =鶚.

鳥6 【鴮】⑰ 사다새 오 虞 wū
[동자] 鵐 [字解] 사다새.

鳥6 【鵒】⑰ 鶷(2103)과 동자

鳥6 【䳒】⑰ 솔개 원 先 yuān
[字解] ①솔개. 〔漢書〕河平元年, 泰山桑谷有䳒, 焚其巢. ②현(縣) 이름. 〔漢書〕交趾郡朱䳒縣. ③사람 이름. 〔春秋左氏傳〕晉襲鼓以鼓子䳒鞮歸.

鳥6 【鴯】⑰ 제비 이 支 ér
[초서] 鴯 [동자] 雓 [간체] 鸸 [字解] 제비. 제빗과의 새. 〔莊子〕鳥莫知於鴯鴯.

鳥6 【鵀】⑰ 오디새 임 㐲 rén
字解 오디새, 후투티, 대승(戴勝).

鳥6 【鵜】⑰ ❶사다새 제 薺 tí ❷날다람쥐 이 圯 yí
字解 ❶사다새. =鵜. ❷꿩, 산계(山鷄). ❸날다람쥐, 오서(鼯鼠). 늑夷.

鳥6 【䳑】⑰ 비오리 척 飭 chì
字解 비오리, 자원앙(紫鴛鴦). 오릿과의 새. =䴇.

鳥6 【鵁】⑰ 鴶(2099)와 동자

鳥6 【鴿】⑰ 집비둘기 합 㟅 gē
字解 집비둘기. 〔本草綱目〕處處人家畜之, 亦有野鴿.

鳥6 【鴴】⑰ 참새 행 庚 hēng
字解 참새, 황작(黃雀), 빈작(賓雀).

鳥6 【鴻】⑰ ❶큰기러기 홍 東 hóng ❷원기 홍 董 hǒng
字解 形聲. 江+鳥→鴻. '江(강)'이 음을 나타낸다.
字解 ❶①큰기러기. 기러기 비슷하고 몸집이 더 큰 물새의 한 가지. 〔詩經〕鴻雁于飛. ②크다. =洪. 〔太玄經〕鴻文無范. ③성하다, 번성하다. 〔呂氏春秋〕神農以鴻. ④큰물, 홍수(洪水). 〔荀子〕禹有功抑下鴻. ⑤강하다, 굳세다. 〔周禮〕橈之, 以眂其鴻殺之稱也. ⑥같다, 게 하다. 〔周禮〕搏鳥而鵰. ⑦성(姓). ❷원기(元氣), 천지자연의 원기.
【鴻鵠】홍곡 ①큰기러기와 고니. 큰 새. ②큰 인물. 영웅호걸.
【鴻鵠將至】홍곡장지 홍곡이 장차 이르려 함. 글을 배우면서 마음은 새를 잡는 일 따위를 생각함. 마음이 엉뚱한 곳에 있어, 일이 몸에 배지 않음.
【鴻鵠之志】홍곡지지 큰기러기와 고니의 뜻. 영웅호걸의 뜻. 원대한 포부.
【鴻教】홍교 큰 가르침.
【鴻規】홍규 큰 계략. 洪規(홍규).
【鴻均】홍균 태평함. 昇平(승평).
【鴻基】홍기 왕자(王者)의 큰 사업의 기초.
【鴻德】홍덕 큰 덕. 大德(대덕).
【鴻圖】홍도 ①큰 계획. 鴻猷(홍유). 鴻謨(홍모). ②큰 판도(版圖). 넓은 영토.
【鴻洞】홍동 ①크고 텅 빈 모양. ②연이어 끝없는 모양. ③깊고 먼 모양.
【鴻鸞】홍란 큰기러기와 난새. 현인(賢人).
【鴻名】홍명 큰 이름. 숭고한 명성.
【鴻毛】홍모 기러기의 털. 썩 가벼운 것.
【鴻謨】홍모 ☞鴻圖(홍도)①.
【鴻濛】홍몽 ①천지 자연의 원기. ②광대한 모양. 천지가 나누어지기 이전의 상태. ③동방(東方)의 들. 해 뜨는 곳.
【鴻門】홍문 옛 지명. 한(漢) 고조 유방(劉邦)과 초(楚)나라의 왕 항우(項羽)가 회견한 곳. 지금의 섬서성(陝西省) 임동현(臨潼縣).
【鴻門之會】홍문지회 홍문에서의 회합. 한(漢) 고조 유방(劉邦)과 초(楚)나라의 왕 항우(項羽)가 홍문에서 회견한 일. 이때 항우는 범증(范增)의 권유로 유방을 죽이려 하였으나, 유방은 장량(張良)의 계략에 따라 무사히 피할 수 있었음. 이 회견에서 고조를 놓친 것이 항우가 패망할 일대 전기(轉期)가 됨.
【鴻博】홍박 학문이 넓고 깊음.
【鴻範】홍범 ①큰 규범. ②서경(書經)의 편명(篇名)인 홍범(洪範)의 딴 이름.
【鴻寶】홍보 큰 보배. 비장(祕藏)한 책.
【鴻飛】홍비 ①큰기러기가 낢. ②속세를 벗어나 초연(超然)함.
【鴻生】홍생 박학(博學)한 선비.
【鴻瑞】홍서 크게 복되고 길한 일이 일어날 조짐.
【鴻緖】홍서 ①왕자(王者)의 국가 통치의 대업. ②제왕(帝王)의 계통(系統).
【鴻水】홍수 큰물. 洪水(홍수).
【鴻鴈】홍안 큰기러기와 작은 기러기. 기러기.
【鴻業】홍업 큰 사업. 임금의 통치의 대업.
【鴻溶】홍용 ①광대함. 물이 성한 모양. ②은택이 광대함. ③몸을 솟구쳐 뜀.
【鴻儒】홍유 큰 학자. 大儒(대유).
【鴻恩】홍은 큰 은혜. 洪恩(홍은).
【鴻益】홍익 큰 이득. 큰 이익. 洪益(홍익).
【鴻翼】홍익 큰기러기의 날개. 수완(手腕)이 좋음의 비유.
【鴻逸】홍일 세상을 피하여 숨음. 은둔함.
【鴻漸】홍점 기러기가 낮은 데에서 점차로 높이 날아오름. 차례를 밟아 벼슬이 점차 올라감.
【鴻漸之翼】홍점지익 ①차츰 높은 자리에 오르는 재능이 있음. ②큰 사업을 이룰 기량(器量)이 있음.
【鴻爪】홍조 기러기의 발자국. 인생여로(人生旅路)의 자취가 덧없음. ♧북으로 돌아가는 기러기가 다시 올 때의 안표(眼標)로 눈이나 진흙 위에 남긴 발자국이 이내 지워져서 형적도 남지 않는다는 데서 온 말.
【鴻志】홍지 큰 뜻. 大志(대지).
【鴻筆】홍필 ①대문장(大文章)을 씀. ②뛰어난 문장.
【鴻號】홍호 큰 명호(名號). 천자(天子)의 이름.

鳥部 6~7획 鵂 鵙 鵑 鴶 鵠 鵟 鵋 鵚 鵡 鵓 鵝

【鴻荒 홍황】 태고(太古). 荒古(황고).
【鴻禧 홍희】 큰 행복. 景福(경복).
◐ 高—, 九—, 歸—, 來—, 飛—, 蜚—, 賓—, 霜—, 嘶—, 征—, 寒—, 戲—.

鳥 6 【鵂】 ⑰ 수리부엉이 휴 尤 xiū
[초서][간체] 鵂 [字解] 수리부엉이, 수알치새. ¶ 鴟鵂.

鳥 7 【鵙】 ⑱ 때까치 격 錫 jú
[속자] 雎 [字解] 때까치. 〔詩經〕七月鳴鵙.

鳥 7 【鵑】 ⑱ 두견이 견 先 juān
[초서][속자] 雎 [간체] 鵑 [字解] ①두견이, 접동새, 소쩍새. 〔太平寰宇記〕望帝自逃, 後欲復位不得死, 化爲鵑. ②두견화, 진달래, 참꽃, 척촉(躑躅).
【鵑血滿胸 견혈만흉】 두견이가 피를 토하여 가슴에 가득함. 사모하는 마음이 간절함.
【鵑花 견화】 두견화(杜鵑花). 척촉.

鳥 7 【鴶】 ⑱ 두견이 겹 洽 jiá
[초서] 鴶 [字解] ①두견이, 접동새, 자규(子規). ②최명조(催明鳥), 하계(夏雞). 〔歐陽脩・詞〕綠窓鴶鵊催天明.

鳥 7 【鵠】 ⑱ ❶고니 곡 [本]혹 沃 hù ❷과녁 곡 沃 gǔ ❸클 호 豪
[소전] 鵠 [초서] 鵠 [동자] 雒 [간체] 鹄 [雜考] 대법원 지정 인명용 한자의 음은 '곡'이다.
[字解] ❶①고니, 백조(白鳥), 황곡(黃鵠). 오릿과의 물새. 〔漢書〕弋白鵠. ②희게 하다, 상아(象牙)를 갈다 [磨]. ③희다, 흰빛. 〔後漢書〕大儀鵠髮. ④땅 이름. 〔詩經〕從子于鵠. ❶①과녁, 정곡(正鵠). 〔儀禮〕大侯之崇, 見鵠於參. ②까치. ③척 4방의 과녁, 중후(中侯). 〔周禮〕設其鵠. ④깨닫다, 곧다. 〔詩經・賓之初筵・釋文〕鵠者, 覺也, 直也. ⑤성(姓). ❸크다, 넓다. 늪浩. 〔呂氏春秋〕鵠乎其羞可無智慮也.
【鵠擧 곡거】 고니가 높이 날아오름.
【鵠鵠 곡곡】 고니의 우는 소리.
【鵠企 곡기】 목을 길게 늘이고 발돋움하여 기다림. 鵠望(곡망). 鵠立(곡립).
【鵠立 곡립】 ①고니처럼 목을 길게 늘여서 섬. 기다리는 모습. 鵠企(곡기). 鶴企(학기). ②순서 바르게 늘어섬.
【鵠望 곡망】 고니와 같이 목을 빼고 발돋움하여 기다림.
【鵠面 곡면】 고니와 비슷한 얼굴. 굶주려 몹시

수척(瘦瘠)한 얼굴.
【鵠髮 곡발】 백발(白髮). 鶴髮(학발).
【鵠侍 곡시】 고니가 서 있는 것처럼, 꼿꼿이 곁에 서서 모심.
【鵠的 곡적】 과녁. 正鵠(정곡).
【鵠志 곡지】 원대한 포부.
【鵠袍 곡포】 흰 솜옷. 흰 핫옷. 송대(宋代)에 과거 응시자가 입던 옷. 白袍(백포).
【鵠形 곡형】 굶주린 사람.
◐ 白—, 翔—, 正—, 海—, 鴻—, 黃—, 侯—.

鳥 7 【鵟】 ⑱ 수리부엉이 광 陽 kuáng
[초서] 鵟 [동자] 雈 [字解] 수리부엉이, 모치(茅鴟). 올빼밋과의 새.

鳥 7 【鵋】 ⑱ 부엉이 기 寘 jì
[字解] 부엉이, 휴류(鵂鶹).
【鵋鶀 기기】 부엉이. 鵂鶹(휴류).

鳥 7 【鵚】 ⑱ 무수리 독 屋 tū
[동자] 雒 [字解] 무수리, 부로(扶老). 황샛과의 물새. 늪禿.

鳥 7 【鵡】 ⑱ 앵무새 무 麌 wǔ
[초서] 鵡 [동자] 鵰 [간체] 鹉 [字解] 앵무새. ¶ 鸚鵡.

鳥 7 【鵓】 ⑱ 집비둘기 발 月 bó
[초서] 鵓 [간체] 鹁 [字解] 집비둘기, 집에서 기르는 비둘기. ¶ 鵓鴿.
【鵓鴣 발고】 집비둘기.
【鵓鴿 발합】 집비둘기.

鳥 7 【鵝】 ⑱ 거위 아 歌 é
[소전] 䳘 [초서] 鵝 [동자] 鵞 [동자] 䳘 [간체] 鹅 [字解] ①거위, 서안(舒雁). 오릿과의 가금(家禽)의 한 가지. 〔白居易・詩〕雪似鵝毛飛散亂. ②진 이름. 군진(軍陣)의 한 가지. 〔春秋左氏傳〕其御願爲鵝.
【鵝口瘡 아구창】 어린아이의 입 안, 잇몸, 혓바닥이 미란(糜爛)하여 허는 병.
【鵝翎 아령】 ①거위의 깃. ②흰 팔.
【鵝毛 아모】 거위의 털. ㉠눈(雪)의 비유. ㉡버들개지[柳絮]의 형용. ㉢가볍고 적은 것.
【鵝眼 아안】 구멍이 뚫린 쇠돈. 孔方(공방).
【鵝鴨 아압】 거위와 오리.
【鵝黃 아황】 거위 새끼의 털빛 같은 황색. 또는 노랗고 아름다운 것. ㉠술. ㉡어린 버들잎. ㉢국화(菊花). ㉣볏모.
◐ 鵝—, 白—, 野—, 銀—, 鬪—.

鳥部 7~8획

鳥7 【鴨】⑱ 鴨(2099)과 동자

鳥7 【鴝】⑱ 구관조 욕 囚 yù
소전 혹체 초서 동자 동자
간체 鸲 字解 구관조(九官鳥). 〔春秋左氏傳〕鸜之鴝之, 公出辱之.

鳥7 【鵜】⑱ 사다새 제 囿 tí
소전 혹체 초서 간체 字解 ①사다새. 〔詩經〕維鵜在梁. ②두견이. ¶鵜鳩.
【鵜鳩 제구】소쩍새. 두견이.
【鵜不濡翼 제불유익】사다새가 징검다리에 있으면서 날개가 젖지 않는 것은 정상이 아님. 소인이 조정에 있는 것은 정상이 아님.
【鵜翼 제익】①사다새의 날개. ②소인이 조정에 있음.
【鵜鶘 제호】사다새.

鳥7 【鵔】⑱ 금계 준 震 jùn
소전 초서 동자 동자 字解 금계(錦鷄). 꿩 비슷하며 찬란한 털 무늬가 있는 새. ②관(冠) 이름, 금계의 깃으로 꾸민 관. 〔史記〕郞侍中, 皆冠鵔鸃, 貝帶.

鳥7 【鷈】⑱ 꿩 희 囷 xī
동자 字解 ①꿩. ②벼슬 이름, 가죽 다루는 장인.

鳥8 【鵙】⑲ 갈까마귀 거 囹 jū
字解 갈까마귀. ¶鵙鵝.

鳥8 【鵑】⑲ 새매 견 兒 jiān
동자 字解 새매. 수릿과의 맹조(猛鳥).

鳥8 【鶊】⑲ 꾀꼬리 경 囷 gēng
초서 동자 간체 字解 꾀꼬리. ¶鶬鶊.

鳥8 【鷄】⑲ 鷄(2106)의 속자

鳥8 【鵾】⑲ 댓닭 곤 元 kūn
초서 속체 字解 댓닭, 곤계(鵾鷄). 몸집이 큰, 닭 비슷한 새. 늘 鴳.〔楚辭〕鵾雞啁哳而悲鳴.
【鵾絃 곤현】①곤계의 힘줄로 만든 거문고 줄. ②거문고 곡명.
【鵾絃響絕 곤현향절】거문고의 줄을 끊음. 부부가 이별함.

鳥8 【鵼】⑲ 새 이름 공 東 kōng
초서 字解 새 이름. 이 새를 보면 불길한 일이 생긴다는 흉조(凶鳥).

鳥8 【鵲】⑲ 鵲(2100)의 본자

鳥8 【鵴】⑲ 뻐꾸기 국 屋 jú
동자 동자 동자 字解 뻐꾸기, 시구(鳲鳩), 포곡조(布穀鳥).

鳥8 【鶀】⑲ 수리부엉이 기 支 qí
초서 동자 동자 字解 ①수리부엉이, 수알치새. ②논병아리, 되강오리, 수찰(水鷟). 논병아릿과의 물새의 한 가지.

鳥8 【鵹】⑲ ❶꾀꼬리 리 支 lí ❷사다새 례 齊 lí
字解 ❶꾀꼬리, 황조(黃鳥). = 離·鸝. ❷사다새, 가람조(伽藍鳥), 제호(鵜鶘).

鳥8 【鵬】⑲ 초명새 명 庚 míng
동자 鴟 字解 초명새. 봉황(鳳凰)과 비슷하다는 남방(南方)의 신조(神鳥).

鳥8 【鶝】⑲ 새 이름 복 屋 fú
초서 字解 새 이름. 올빼미 비슷한데, 우는 소리를 들으면 불길하다는 새. 〔賈誼·序〕鵩似鴞, 不祥鳥也.

鳥8 【鵬】⑲ ❶봉새 붕 蒸 péng ❷봉새 봉 冬 fēng
초서 參考 대법원 지정 인명용 한자의 음은 '붕'이다.
字解 ❶붕새, 대붕. 날개 길이가 수천 리나 되고 단번에 구만 리를 난다는 상상의 새. 곤어(鯤魚)가 화하여 된다고 한다. 〔莊子〕北冥有魚, 其名爲鯤, 云云, 化而爲鳥, 其名爲鵬. ❷봉새, 봉황. = 鳳.
【鵬擧 붕거】붕새처럼 높고 멀리 날아오름.
【鵬鯤 붕곤】①붕새와 곤어(鯤魚). 모두 상상의 대조(大鳥)와 대어(大魚). ②썩 큰 사물. ③영웅호걸.
【鵬圖 붕도】붕새가 일거에 구만 리 장천을 날

鳥部 8획 鵯鵒鵠鶉鶩鴳鶅鵪鵫鵲鵰

고자 하는 큰 계획. 큰 사업이나 큰 뜻.
【鵬力 붕력】붕새와 같은 힘. 큰 힘.
【鵬飛 붕비】붕새처럼 높이 낢.
【鵬霄 붕소】높은 하늘.
【鵬翼 붕익】①붕새의 날개. ②원대한 계획.
【鵬程 붕정】붕새가 날아가는 길. ㉠앞길이 원대함. ㉡먼 도정(道程).
【鵬際 붕제】①붕새가 나는 높고 넓은 하늘. ②아득히 멀어 끝이 없는 곳.
● 鯤-, 大-, 圖南-, 搏-, 垂天-.

鳥8 【鵯】⑲ 떼까마귀 비·필 皮 畢 bēi
[초서] 鵯 [자해] 떼까마귀, 당까마귀. 〔張衡·賦〕鵯鶋秋棲.
【鵯鶋 비거】날이 새기를 재촉하는 새.
【鵯鶋 필거】떼까마귀.

鳥8 【鴿】⑲ 鴛(2110)와 동자

鳥8 【鵻】⑲ ❶새매 수 厎 shuǐ ❷날지 않을 주 酒 zhū
[참고] 대법원 지정 인명용 한자음은 '수'이다.
[자해] ❶새매. ❷날지 않다, 새가 날지 않다.

鳥8 【鶉】⑲ ❶메추라기 순 眞 chún ❷수리 단 寒 tuán
[초서] 鶉 [동자] 鷻 [동자] 雜 [간체] 鹑 [자해] ❶메추라기. 꿩과의 몸집이 작은 새.〔莊子〕鶉生於鴳, 若勿怪何邪.②아름답다.〔法言〕春木之芭兮, 援我手之鶉兮. ③별 이름, 순화(鶉火).〔春秋左氏傳〕鶉之賁賁. ④주거가 일정하지 않음. 메추라기가 집이 없이 떠돌아다니는 데서 온 말. ¶鶉居. ❷수리. 수릿과의 맹조(猛鳥).〔詩經〕匪鶉匪鳶.
【鶉居 순거】메추라기처럼 일정한 보금자리가 없음. 사는 곳이 일정하지 않음.
【鶉衣 순의】초라한 누더기 옷. 해진 옷이 메추라기의 꽁지깃과 같다는 데서 이른 말.
【鶉之奔奔 순지분분】메추라기의 암수가 나란히 낢. 음란(淫亂)함.
【鶉火 순화】①성차(星次)의 이름. ②천구(天球)의 남쪽에 있는 별자리의 이름.

鳥8 【鷔】⑲ 鱥(2100)과 동자

鳥8 【鶃】⑲ 雅(1961)와 동자

鳥8 【鶕】⑲ 세가락메추라기 암 庵 ān
[초서] 鶕 [간체] 鹌 [자해] 세가락메추라기. 메추라기의 한 가지.〔大戴禮〕田鼠化爲鴽, 鴽, 鶕也.

鳥8 【鵁】⑲ 새 이름 야 耶 yě
[동자] 雜 [자해] 새 이름, 백야(白鵁). 꿩 비슷한 새.〔山海經〕其狀如雉, 而文首白翼黃足, 名曰白鵁.

〈鵁〉

鳥8 【鶃】⑲ 새 이름 역·예 錫霽 yì
[소전] 鶃 [혹체] 鷊 [동자] 鶂 [자해] ①새 이름, 물새의 한 가지. ≒鷁.〔白孔六帖〕鶃鳥高飛, 似雁. ②새의 새끼.〔莊子〕白鶃之相視, 眸子不運而風化. ③거위가 우는 소리.〔孟子〕惡用是鶃鶃者爲哉.

鳥8 【鵷】⑲ 원추새 원 元 yuān
[초서] 鵷 [자해] 원추(鵷鶵)새. 봉황(鳳凰)의 한 가지. ≒宛.
【鵷鸞 원란】①원추(鵷鶵)와 난조(鸞鳥). ②조관(朝官)의 행렬(行列).
【鵷鷺 원로】①원추새와 해오라기. ②백관(百官)이 조정에 질서 있게 늘어서 있는 모양. 원추새와 해오라기의 의용(儀容)이 조용하고 우아한 데서 온 말. ③문관(文官).
【鵷行 원행】조정에 늘어선 벼슬아치의 반열(班列). 朝班(조반).

鳥8 【鵲】⑲ 까치 작 藥 què
[초서] 鵲 [동자] 䧿 [간체] 鹊 [자해] 까치, 희작(喜鵲). 까마귓과의 새. 이 새가 울면 기쁜 소식을 듣게 된다는 길조(吉鳥).〔詩經〕鵲之彊彊.
【鵲橋 작교】까치의 다리. 매년 음력 7월 7일에 견우(牽牛)·직녀(織女)가 서로 만날 수 있도록 까치가 모여 은하(銀河)에 놓는다는 전설의 다리. 烏鵲橋(오작교).
【鵲報 작보】까치 소리. 기쁜 소식. 鵲喜(작희).
【鵲巢 작소】①까치의 둥우리. 까치집. ②시경(詩經)의 편명.
【鵲巢鳩居 작소구거】까치 둥지에 비둘기가 삶. 남의 지위(地位)를 차지함.
【鵲噪 작조】까치가 떠들썩하게 지저귐. 길사(吉事)의 조짐.
【鵲喜 작희】까치가 지저귀면 기쁜 일이 생김. 좋은 일이 있을 조짐.
● 鵲-, 群-, 山-, 宋-, 朱-, 扁-, 喜-.

鳥8 【鵰】⑲ 수리 조 蕭 diāo
[초서] 鵰 [자해] 수리, 독수리. 수릿과의 맹조(猛鳥). ≒雕.〔史記〕以鵰鷙之秦, 行怨暴之怒, 豈足道哉.
【鵰鶚 조악】①수리와 물수리. 사나운 새. ②재

鳥部 8〜9획　䳽 雜 鶅 鴕 鵵 鶪 鶩 鷫 鶤 鶢 鶗 鷈 鶖 鶡

鳥 8 【䳽】⑲ 해오라기 청 庚 qing
[字解] 해오라기, 창로(蒼鷺), 교청(鵁䳽). 〔左思·賦〕 䳽鶴鷫鴇, 謂四鳥也.

鳥 8 【雜】⑲ 호도애 추 支 zhuī
[字解] ①호도애, 산비둘기, 부부(鳩鴬). 〔詩經〕 翩翩者雜. ②메추라기.
【雜其 추기】 호도애의 딴 이름. 청추(靑雜).
【雜禮 추례】 찌르레기. 찌르레깃과의 새.

鳥 8 【鶅】⑲ 꿩 치 支 寘 zī
[字解] 꿩.

鳥 8 【鴕】⑲ 鴕(2100)와 동자

鳥 8 【鵵】⑲ 부엉이 토 遇 tù
[字解] 부엉이. 올빼밋과의 작은 부엉이.

鳥 9 【鶪】⑳ 때까치 격 錫 jú
[字解] 때까치, 백로(伯勞), 백설조(百舌鳥). ≒鳩.

鳥 9 【鶩】⑳ 집오리 목 屋 wù
[字解] ①집오리, 서부(舒鳧), 가압(家鴨). 오릿과의 가금(家禽). 〔後漢書〕 刻鵠不成, 尙類鶩. ②순일(純一)하다, 마음이 한결같다. 〔說苑〕 鶩鶩無他心, 故庶人以鶩爲鶩. ③달리다. ≒鶩. 〔漢書〕 四馬鶩馳.
【鶩權 목도】 ☞鶩舲(목정).
【鶩列 목렬】 집오리처럼 늘어섬. 조관(朝官)의 행렬(行列).
【鶩舲 목정】 집오리를 그려서 장식한 거룻배. 鶩權(목도).
【鶩鶩 목목】 순일(純一)한 모양. ❶鶩ㅡ.

鳥 9 【鷫】⑳ 鷫(2111)과 동자

鳥 9 【鶚】⑳ 물수리 악 藥 è
[字解] 물수리, 징경이, 저구(雎鳩). 물수릿과의 맹금(猛禽).
【鶚視 악시】 물수리처럼 날카롭게 쏘아 봄.
【鶚薦 악천】 인재를 추천하는 글. [故事] 후한(後漢) 때 공융(孔融)이 예형(禰衡)을 물수리에 비유하여, 물수리 한 마리가 수백 마리의 새보다 낫다고 하면서 추천한 데서 온 말.
【鶚眙 악치】 물수리가 놀람. 놀라서 바라보는 모양. ⚲ '眙'는 놀라 눈이 휘둥그래짐.
【鶚表 악표】 임금에게 인재를 천거하는 글.

鳥 9 【鶤】⑳ ❶댓닭 운 元 kūn ❷봉황새 곤 元 kūn
[字解] ❶댓닭, 큰닭. 몸집이 큰 닭의 한 종류. ≒鵾. 〔張衡·賦〕 駕鵝鴻鶤. ❷봉황(鳳凰)의 딴 이름. 〔淮南子〕 軼鶤雞於姑餘.

鳥 9 【鶢】⑳ 새 이름 원 元 yuán
[字解] 새 이름. 봉새 비슷한 해조(海鳥). ≒爰. 〔剪燈餘話〕 止魯鶢鵁懿厚享.

鳥 9 【鶗】⑳ 접동새 제 齊 tí
[字解] ①접동새, 두견이. =鵜. 〔張衡·賦〕 鶗鴂鳴而不芳. ②매.
【鶗鴂 제결】 ①새 이름. ㉠두견이. 자규(子規). ㉡때까치. ㉢뻐꾸기. ②간신이 아첨하여 남을 참소함.

鳥 9 【鷈】⑳ 비오리 척 錫 chì
[字解] 비오리. 오릿과의 원앙새 비슷한 새. 〔謝靈運·賦〕 信莫麗于鷟鷈.

鳥 9 【鶖】⑳ 무수리 추 尤 qiū
[字解] 무수리, 독추(禿鶖), 부로(扶老), 자로(慈鶖). 황샛과의 물새. 〔詩經〕 有鶖在梁.

鳥 9 【鶡】⑳ ❶새 이름 할 曷 hé ❷파랑새 분 文 hé
[字解] ❶새 이름. 꿩과의 꿩 비슷한 산새. 성질이 맹렬하여 싸우기를 좋아하며 죽을 때까지 물러서지 않으므로 그 꽁지깃을 무인(武人)의 관 장식으로 썼으며, 또 용퇴(勇退)의 뜻으로 은사(隱士)의 관 꾸미개로도 썼다. 〔鹽鐵論〕 鶡鴠暗夜鳴. ❷파랑새, 청조(靑鳥).
【鶡蘇 할소】 할의 꽁지깃으로 만든 관(冠)의 술.

鳥9 【鶘】⑳ 사다새 호 虞 hú

鶘 字解 사다새, 가람조(伽藍鳥). 〔莊子〕魚不畏網, 而畏鵜鶘.

鳥9 【鶌】⑳ 凰(179)과 동자

鳥10 【鶼】㉑ ❶비익조 겸 鹽 jiān ❷쫄 감 咸 jiān

鶼 字解 ❶비익조(比翼鳥). 암수가 나란히 짝을 지어야 날 수 있다는 상상의 새. 의종은 부부의 비유로 쓴다. ❷쪼다, 새가 모이 같은 것을 쪼다.

鳥10 【鷄】㉑ 닭 계 齊 jī

雞 鶏 鸡 字源 形聲. 奚+鳥→鷄. '奚(해)'가 음을 나타낸다.

字解 닭, 가금(家禽). 〔高啓·歌〕萬家夢破一聲鷄.

【鷄姦 계간】비역. 男色(남색). 龍陽(용양).
【鷄犬相聞 계견상문】닭 우는 소리와 개 짖는 소리가 서로 들림. 땅이 좁고, 인가가 연접해 있음. 鷄鳴狗吠(계명구폐).
【鷄冠 계관】①닭의 볏. ②맨드라미.
【鷄口 계구】닭의 부리. 작은 단체의 우두머리.
【鷄群一鶴 계군일학】닭의 무리 가운데 있는 한 마리의 학. 평범한 사람 가운데서 뛰어난 인물. 群鷄一鶴(군계일학).
【鷄旦 계단】음력 정월 초하루. 元旦(원단). 鷄日(계일).
【鷄卵有骨 계란유골】國계란에도 뼈가 있음. 운수가 나쁜 사람은 모처럼 좋은 기회를 만나도 일이 잘 안 됨.
【鷄肋 계륵】①닭의 갈비뼈. 가치는 적지만 버리기 아까운 것. ②연약한 몸.
【鷄盲 계맹】밤눈이 어두움. 또는 그 눈. 야맹증(夜盲症).
【鷄鳴狗盜 계명구도】닭의 울음소리로 남을 속이고 개를 가장하여 물건을 훔침. ㉠천한 기능을 가진 사람도 때로는 쓸모가 있음. ㉡점잖은 사람이 배울 것이 못 되는 천한 기능. 故事 전국 때 제(齊)나라의 맹상군(孟嘗君)이 진(秦)나라에 사신으로 갔다가 억류되었는데, 그의 식객(食客)들이 닭 울음소리와 도둑질로 맹상군을 위기에서 구했다는 고사에서 온 말.
【鷄鳴狗吠 계명구폐】鷄犬相聞(계견상문).
【鷄鳴酒 계명주】하룻밤 사이에 빚은 술.
【鷄鳴之助 계명지조】임금에 대한 어진 왕후의 내조(內助).
【鷄鶩 계목】①닭과 집오리. ②평범한 사람.
【鷄鶩爭食 계목쟁식】닭과 집오리가 먹이를 다툼. 평범한 사람끼리 서로 다툼.

【鷄黍 계서】닭국과 기장밥으로 대접함. 정중히 대접함.
【鷄棲 계서】닭이 올라 앉는 홰. 鷄栖(계서).
【鷄尸牛從 계시우종】닭 머리가 될망정 소 꼬리가 되어서는 안 됨. 큰 단체의 꼴찌보다 작은 단체의 우두머리가 되는 것이 나음. ○'尸'는 '主'로 '우두머리'를 뜻함.
【鷄眼 계안】티눈.
【鷄五德 계오덕】닭이 갖추고 있는 문(文)·무(武)·용(勇)·인(仁)·신(信)의 다섯 가지 덕. 머리에 관(冠)을 쓰고 있음은 문(文), 발에 며느리발톱을 가지고 있음은 무(武), 적과 정면에서 싸움은 용(勇), 먹이를 보고 서로 부름은 인(仁), 때를 알림은 신(信).
【鷄子 계자】①달걀. ②병아리.
【鷄猪酒麵 계저주면】國한약을 복용할 때 금해야 하는 닭고기·돼지고기·술·메밀국수의 네 가지 음식물.
【鷄窓 계창】서재(書齋). 독서실. 故事 진(晉)나라의 송처종(宋處宗)이 잘 우는 닭을 서재 창가에 두고 길렀는데, 나중에는 그 닭이 말을 하게 되어 닭과 더불어 현묘한 도리를 논하였다는 데서 온 말.
【鷄蟲得失 계충득실】닭이 벌레를 쪼아 먹고 사람이 그 닭을 잡아 먹는 득실. 작은 이해득실.
【鷄皮 계피】닭의 껍질. 노인의 주름진 살갗.
【鷄皮鶴髮 계피학발】닭의 살갗 같은 피부와 학의 깃털 같은 머리털. 곧, 노인.
❶家-, 軍-, 群-, 金-, 錦-, 魯-, 牡-, 鷿-, 伏-, 牝-, 水-, 野-, 養-, 軟-, 矮-, 天-, 雛-, 鬪-, 醯-, 火-, 黃-.

鳥10 【鶻】㉑ ❶송골매 골 月 gǔ ❷나라 이름 홀 月 hú

鶻 字解 ❶송골매, 골매. 〔唐書〕犬馬鷹鶻. ②산비둘기. 비둘깃과의 새. 반구(斑鳩). 〔張衡·賦〕鶻鳩春鳴. ❷나라 이름, 회흘(回紇), 위구르(Uigur). 〔新唐書〕又請易回紇曰回鶻.
【鶻突 골돌】①분명하지 않은 모양. ②사리(事理)를 깨닫지 못함.
【鶻入鴉群 골입아군】송골매가 까마귀떼 속으로 들어감. 손쉽게 평정(平定)함.
【鶻準 골준】수릿과의 새. 새매.

鳥10 【鶵】㉑ 새 모이 사양할 공 東 yuān
字解 새가 모이를 사양하다, 새가 모이를 먹지 않다.

鳥10 【鷇】㉑ ❶새 새끼 구 宥 kòu ❷깰 각 覺 kòu

鷇 字解 ❶①새 새끼. 제비처럼 어미 새가 먹이를 물어다 입에 넣어 주는 새끼를 '鷇', 병아리처럼 스스로 먹이를 쪼는 새끼를

'雛(추)'라 한다. 〔國語〕 鳥翼鷇卵. ❷기르다, 먹이를 먹여 기르다. 〔揚雄·賦〕 風胎雨鷇. ❷깨다, 알에서 막 부화(孵化)하는 새끼. 〔莊子〕 其以視異於鷇音.
【鷇食 구식】새 새끼가 어미새에게서 먹이를 받아 먹듯이 먹음. 자연에 주어진 먹을 것에 만족함. 鷇飮(구음).
【鷇音 구음】새 새끼의 울음소리. 의논이 분분하여 옳고 그름을 결정하기 어려움.
【鷇飮 구음】▷鷇食(구식).

鳥10 【鵎】 ㉑ 새 날 답 盍 tà
동자 雥 字解 ①새가 날다, 새가 나는 모양. ②새 이름.

鳥10 【鶹】 ㉑ 올빼미 류 尤 liú
소전 鶹 본자 鶹 字解 ①올빼미, 새끼 때는 아름답다가 크면 추해지는 새. ≒留. ②수리부엉이, 휴류(鵂鶹).

鳥10 【鷅】 ㉑ 올빼미 률 質 lì
字解 올빼미, 새끼 때는 아름답다가 크면 추해지는 새.

鳥10 【鷃】 ㉑ 세가락메추라기 안 諫 yàn
초서 鷃 동자 鴳 간체 鷃 字解 세가락메추라기. 〔禮記〕 雉兔鶉鷃.
【鷃鵬 안붕】세가락메추라기와 붕새. 식량(識量)이 같지 않으며 보는 관점이 서로 다름의 비유. ○세가락메추라기는 아주 작고, 붕새는 아주 큰 데서 온 말. 鷃鴻(안홍).
【鷃雀 안작】세가락메추라기와 참새. 소인(小人)의 많은 말의 비유.
【鷃鴻 안홍】세가락메추라기와 큰기러기. 사람의 식견에 높고 낮음이 있음. 鷃鵬(안붕).

鳥10 【鶯】 ㉑ 꾀꼬리 앵 庚 yīng
소전 鶯 초서 鶯 간체 莺 字解 ①꾀꼬리, 황리(黃鸝), 창경(倉庚), 황조(黃鳥). =鸎. 〔杜牧·詩〕 綠樹鶯鶯語. ②새 깃이 아름다운 모양. 〔詩經〕 交交桑扈, 有鶯其羽.
【鶯谷 앵곡】꾀꼬리가 깊은 골짜기에 있음. 아직 출세하지 못함.
【鶯啼 앵제】꾀꼬리가 지저귀는 소리.
【鶯梭 앵사】꾀꼬리가 나뭇가지 사이를 날아다니는 모양을 베틀의 북이 드나드는 것에 견주어 이르는 말.
【鶯衫 앵삼】조선 때 나이 어린 사람이 생원시(生員試)나 진사시(進士試)에 급제했을 때 입던 황색 예복.

【鶯舌 앵설】①꾀꼬리의 혀. ②꾀꼬리의 울음소리. 鶯韻(앵운).
【鶯聲 앵성】①꾀꼬리 소리. ②고운 목소리.
【鶯燕 앵연】①꾀꼬리와 제비. ②기녀(妓女).
【鶯韻 앵운】꾀꼬리의 울음소리. 鶯歌(앵가).
【鶯衣 앵의】꾀꼬리의 깃털.
【鶯囀 앵전】꾀꼬리가 지저귐.
【鶯遷 앵천】꾀꼬리가 깊은 산골짜기에서 나와 높은 나뭇가지에 앉음. 과거(科擧)에 급제하거나 승진·이사(移徙) 등을 했을 때 축하하는 말.
【鶯春 앵춘】꾀꼬리가 우는 봄.
【鶯花 앵화】①꾀꼬리가 울고 꽃이 핌. 봄 경치. ②기녀(妓女)의 무리.
【鶯喉 앵후】꾀꼬리의 울음소리. 노랫소리.
❶ 老—, 籠—, 晚—, 曙—, 新—, 殘—, 啼—, 春—, 黃—, 曉—.

鳥10 【鶸】 ㉑ 댓닭 약 藥 ruò
초서 鶸 字解 댓닭, 곤계(鶤雞). 투계(鬪雞)에 쓰는 몸집이 큰 닭.

鳥10 【鷊】 ㉑ 칠면조 역 錫 yì
초서 鷊 字解 ①칠면조(七面鳥), 능조(綾鳥), 진주계(眞珠雞). 꿩과의 가금(家禽). ②물새 이름. =鶃. ③타래난초, 수초(綬草). 난초과의 다년초. 〔詩經〕 邛有旨鷊.

鳥10 【鶲】 ㉑ 할미새 옹 冬 yong
字解 할미새, 척령(鶺鴒). =雝.

鳥10 【鶲】 ㉑ 새 이름 옹 東 wēng
字解 새 이름.

鳥10 【鷂】 ㉑ 익더귀 요 嘯 yào
소전 鷂 초서 鷂 동자 雉 간체 鹞 字解 익더귀, 새매의 암컷. 수컷은 '난추니'라 한다. 〔列子〕 鷂爲鸇, 鸇爲布穀, 久復爲鷂.
【鷂魚 요어】가오리. 海鷂魚(해요어).
【鷂鷹 요응】솔개의 속칭(俗稱).
【鷂子 요자】①익더귀. ②연. 지연(紙鳶).
【鷂子翻身 요자번신】세워 놓은 장대 위에서 하는 곡예의 한 가지.

鳥10 【鷁】 ㉑ 새 이름 익 ㊊역 錫 yì
초서 鷁 字解 ①새 이름, 익조(鷁鳥). 백로(白鷺) 비슷하며 몸집이 크고 날개가 흰 물새의 한 가지. 바람을 잘 견디는 성질이 있다 하여 그 모양을 뱃머리에 조각하거나 그렸다. 〔春秋〕 六鷁退飛, 過宋都. ②배, 선박(船舶). 〔漢書〕 浮文鷁.

鳥部 10획 鷲鶎鷈鶬鶺鶵鶴鶱

【鶎首 익수】①익조의 우두머리. ②익조의 모양을 그리거나 새긴 뱃머리.
【鶎舟 익주】뱃머리에 익조를 새기거나 그린 배.
◑ 文―, 飛―, 繡―, 龍―, 舟―, 彩―, 畫―.

鳥10 【鷲】㉑ 가마우지 자 囡 cí
字解 가마우지, 노자(鸕鷲).

鳥10 【鶎】㉑ 鷲(2108)와 동자

鳥10 【鷈】㉑ 논병아리 제 圈 tī
字解 논병아리, 수찰(水鶚), 되강오리. 논병아릿과의 물새.

鳥10 【鶬】㉑ 왜가리 창 陽 cāng
字解 ①왜가리, 창계(鶬鷄). 왜가릿과의 새. ②꾀꼬리. ≒倉.〔王瓊·詩〕昔往鶬鶊鳴, 今來蟋蟀吟. ③㉠금(金)으로 장식한 모양.〔詩經〕鞗革有鶬. ㉡법도(法度), 방식(方式). ㉢㉮문덕(文德)이 있는 모양. ㉣전아(典雅)한 소리. ≒鏘.〔詩經〕八鸞鶬鶬.
【鶬鶊 창경】꾀꼬리. 黃鳥(황조).
【鶬鷄 창계】왜가리. 鶬鴰(창괄).

鳥10 【鶺】㉑ 할미새 척 圈 jí
字解 할미새.〔抱朴子〕鶺鴒傲蓬林以鼓翼.
【鶺鴒 척령】①물가에 사는 연작류(燕雀類)의 작은 새. 할미새. 脊令(척령). ②형제(兄弟).

鳥10 【鶵】㉑ 원추새 추 本수 處 chú
字解 ①원추(鵷鶵)새. 봉황(鳳凰)의 한 가지.〔莊子〕南方有鳥, 其名爲鵷鶵. ②병아리. ≒雛. ③쪼아 먹는 새. 새끼 때부터 쪼아 먹는 조류 새끼.

鳥10 【鶴】㉑ 학 학 藥 hè
一 亻 亻 隹 隺 鶴 鶴 鶴
形聲. 隹+鳥→鶴. '崔(확)'이 음을 나타낸다.
字解 ①학, 두루미, 백학, 선금(仙禽). 두루밋과의 새.〔王建·詩〕鶴壽千年也未神. ②희다, 흰 빛깔.〔杜甫·詩〕淸秋鶴髮翁. ③호미의 머리 부분. 학의 머리와 비슷한 데서 이른 말.
【鶴駕 학가】①태자(太子)가 타는 수레. ②신선(神仙)의 수레.
【鶴宮 학궁】①태자궁(太子宮). 태자(太子)의 존칭(尊稱). 東宮(동궁). 鶴禁(학금).
【鶴禁 학금】▷鶴宮(학궁).
【鶴企 학기】▷鶴立(학립).
【鶴頭書 학두서】▷鶴書(학서)①.
【鶴唳 학려】①학이 욺. 학의 울음소리. 鶴鳴(학명). ②처절(悽絶)하고 측은한 문장이나 말. ○학의 울음소리가 쓸쓸하고 날카로우며 맑은 데서 온 말.
【鶴林 학림】①(佛)사라쌍수림(沙羅雙樹林)의 딴 이름. ○석가(釋迦)가 입멸(入滅)할 때 사라쌍수의 숲이 학처럼 흰빛으로 변하였다는 데서 온 말. ②절, 사찰(寺刹).
【鶴立 학립】학처럼 목을 길게 빼고 발돋움하여 기다림. 鶴企(학기). 鶴望(학망).
【鶴立雞群 학립계군】학이 닭의 무리 속에 우뚝 서 있음. 호걸이 범인과 다름.
【鶴立企佇 학립기저】학처럼 우두커니 서서 기다림. 간절히 기다림.
【鶴望 학망】▷鶴立(학립).
【鶴鳴 학명】①▷鶴唳(학려)①. ②현인(賢人)이 등용되지 못하고 초야에 묻혀 있음.
【鶴舞 학무】①학이 춤춤. 또는 학의 춤. ②아름다운 음악. ③圀학춤.
【鶴髮 학발】학의 깃털처럼 흰 머리털.
【鶴步 학보】학처럼 느릿느릿 걸음.
【鶴書 학서】①조정(朝廷)에서 초치(招致)하는 서장(書狀). 그 글씨가 학의 머리를 닮은 데서 이르는 말. 한대(漢代)에는 척일간(尺一簡)이라 고 하였음. 鶴頭書(학두서). ②송대(宋代), 천자의 사면장(赦免狀).
【鶴首 학수】①학의 목. ②백발(白髮). ③▷鶴首苦待(학수고대).
【鶴壽 학수】장수(長壽). ○학이 천년수(千年壽)를 누린다는 데서 온 말.
【鶴首苦待 학수고대】圀학처럼 목을 길게 빼고 몹시 기다림.
【鶴馭 학어】①선인(仙人)의 탈것. ②남의 탈것의 미칭(美稱). ③태자(太子)의 수레. ④상여(喪輿).
【鶴翼陣 학익진】학이 날개를 편 듯이 치는 진.
【鶴鼎 학정】대신(大臣)의 직위.
【鶴汀鳧渚 학정부저】학과 물오리가 노는 물가. 그윽하고 고요한 경치의 비유.
【鶴氅 학창】①학의 깃털로 만든 옷. ②눈을 맞아 하얗게 된 옷.
【鶴鶴 학학】①살찌고 윤택한 모양. ②깃털이 흰 모양.
◑ 孤―, 龜―, 琴―, 舞―, 白―, 飛―, 翔―, 瑞―, 素―, 野―, 玄―, 皓―, 化―, 黃―.

鳥10 【鶱】㉑ 날 헌 园 xiān
字解 날다, 날아오르다.〔沈約·賦〕將鶱復歛翮.

【鶱騰 헌등】 높이 날아오름.
【鶱翥 헌저】 날아오름.

鳥10【鶮】㉑ ❶땅 이름 혹 ឤ gāo
❷학 ឤ hè
[字解] ❶땅 이름. 전국 때 한(韓)나라의 고을 이름. 〔史記〕 辛屯留·蒲鶮反, 戮其屍. ❷학. =鶴.

鳥11【鷗】㉒ 갈매기 구·우 ឤ ㉕ ōu
[소전][초서][동자] 鷗 [구자] 鴎 [간자] 鸥
[參考] 대법원 지정 인명용 한자음은 '구'이다.
[字解] 갈매기. 갈매깃과의 새의 총칭. ≒漚. 〔元稹·詩〕 鷗眠起水驚.
【鷗盟 구맹】 ①은거하여 갈매기와 벗함. ②속세를 떠난 풍류로운 사람.
【鷗汀 구정】 갈매기가 노는 물가.
【鷗波 구파】 은거하고 있는 곳을, 갈매기가 물 위에서 유유히 노닮에 비겨 이르는 말.
● 輕一, 驚一, 盟一, 眠一, 白一, 浮一, 飛一, 沙一, 翔一, 水一, 信一, 閒一, 海一.

鳥11【鵎】㉒ 鸛(2113)과 동자

鳥11【鶬】㉒ 새 이름 상 ឤ shāng
[字解] ①새 이름, 외발새, 일족조(一足鳥). 몸에 무늬가 있고 입은 붉으며 낮에는 엎드려 있다가 저녁이면 날아다니는데, 비가 내릴 조짐이면 이 새들이 춤을 추는다고 한다. ②꾀꼬리.
【鶬鶊 상경】 꾀꼬리.

鳥11【鶒】㉒ ❶새 이름 상 ឤ shuāng
❷매 상 ឤ shuāng
[소전][초서][동자] 鶒 [字解] ❶새 이름. 서방(西方)을 지킨다는 신조(神鳥). 〔剪燈新話〕 西風涼透鶬鶒袍. ❷①매. ≒爽. ②벼슬 이름. ≒爽.
【鶒鳩 상구】 매.

鳥11【鷐】㉒ 익더귀 신 ឤ chén
[소전] 鷐 [동자] 雂 [字解] 익더귀, 새매의 암컷. ≒晨.

鳥11【鶕】㉒ 세가락메추라기 암 ឤ ān
[字解] 세가락메추라기. 세가락메추라깃과의 새.

鳥11【鷖】㉒ ❶갈매기 예 ឤ yī
❷검푸른 빛 예 ឤ yī
[소전][초서][간자] 鷖 [字解] ❶①갈매기, 백구(白鷗). 〔詩經〕 鳧鷖在涇. ②봉황의 한 가지. 〔楚辭〕 駟玉虯以乘鷖兮. ❷검푸른 빛. 〔周禮〕 彫面鷖總.
【鷖帠 예격】 영구차.
【鷖彌 예미】 갓난아이. 젖먹이. 영아(嬰兒).

鳥11【鷕】㉒ 울 요 ឤ yǎo
[소전][초서][동자] 鷕 [字解] 울다, 암꿩이 울다, 암꿩이 우는 소리. 〔詩經〕 有鷕雉鳴.

鳥11【鵧】㉒ 뻐꾸기 용 ឤ zhuāng
[동자] 鵧 [字解] 뻐꾸기, 포곡조(布穀鳥). ≒春.

鳥11【鷓】㉒ 자고 자 ឤ zhè
[소전][초서][간자] 鷓 [字解] 자고(鷓鴣). 메추라기 비슷한 펭과의 새. 〔李白·詩〕 只今惟有鷓鴣飛.

鳥11【鷟】㉒ 자색 봉황 작 ឤ zhuó
[소전][초서][간자] 鷟 [字解] 자색(紫色)의 봉황(鳳凰). 〔禽經〕 紫鳳曰鷟.

鳥11【鷙】㉒ ❶맹금 지 ឤ zhì
❷순종 아니할 치 ឤ zhì
[소전][초서][간자] 鷙 [字解] ❶①맹금(猛禽). 매나 수리처럼 성질이 사나운 새. 〔楚辭〕 鷙鳥之不群兮. ②치다, 공격하다. 〔後漢書〕 湯武善御衆, 故無忿鷙之師. ③사납다, 용맹스럽다. 〔新書〕 欣慄可安, 謂之爉, 反爉爲鷙. ④의심하다, 믿지 못하다. 〔管子〕 下愈覆鷙而不聽從. ❷순종하지 않다, 반발하다. 〔莊子〕 闉扼鷙曼.
【鷙疆 지강】 사납고 강함.
【鷙禽 지금】 매우 사나운 새. 鷙鳥(지조).
【鷙戾 지려】 거칠고 사나워 도리에 어긋남.
【鷙勇 지용】 사납고 용맹스러움.
【鷙忍 지인】 사납고 잔인함.
【鷙鳥 지조】 ☞鷙禽(지금).
【鷙鳥累百不如一鶚 지조누백불여일악】 사나운 새 백 마리가 한 마리의 독수리를 당하지 못함. 무능한 사람이 아무리 많이 모여 있어도 유능한 한 사람만 못함.
【鷙隼 지준】 억센 송골매.
【鷙悍 지한】 억세고 사나움.
● 剛一, 擊一, 趫一, 猛一, 溥一, 猜一, 勇一, 忍一, 殘一, 鵰一, 沈一, 卓一, 虎一.

鳥11【鷲】㉒ 鵃(2105)과 동자

鳥12【鸜】㉓ 할미새 거 ឤ qú

鳥 12【鶺】㉓ 할미새, 척령(鶺鴒). 늑渠.

鳥 12【鷮】㉓ 꿩 교 𥝱 jiāo 字解 꿩, 긴꽁지꿩. 꽁지가 긴 꿩의 한 가지. 늑喬.〔詩經〕有集維鷮.

鳥 12【鷢】㉓ 물수리 궐 月 jué 字解 물수리, 징경이, 저구(雎鳩).〔韓愈·詩〕飅然逐鷹鷢.

鳥 12【鵰】㉓ 鵰(2103)와 동자

鳥 12【鷒】㉓ 수리 단 寒 tuán 字解 수리, 독수리.〔詩經〕匪鷻匪鳶.

鳥 12【鷺】㉓ 해오라기 로 遇 lù 字解 해오라기, 백로(白鷺). 백로과의 물새.〔李紳·詩〕碧峯斜見鷺鷥飛.
【鷺鷗 노구】해오라기와 갈매기. 鷗鷺(구로).
【鷺序 노서】백관(百官)의 서열. 백로가 날 때 차례를 지키는 데서 이르는 말.
【鷺約鷗盟 노약구맹】해오라기와 약속하고 갈매기와 맹세함. 세속을 떠난 풍류로운 사귐.
【鷺羽 노우】①해오라기의 깃. ②해오라기 깃으로 만들어 춤을 출 때 쓰는 장식.
❶鷗-, 鸞-, 眠-, 白-, 梟-, 飛-, 沙-, 翔-, 烏-, 汀-.

鳥 12【鷯】㉓ ❶굴뚝새 료 蕭 liáo ❷메추라기 료 蕭 liáo 字解 ❶굴뚝새.〔莊子〕鷦鷯巢於深林. ❷①메추라기, 요순(鷯鶉). ②개개비, 부위(剖葦). 휘파람샛과의 새.

鳥 12【鷀】㉓ 鶿(2107)의 본자

鳥 12【鷭】㉓ 새 이름 번 元 fán 字解 새 이름, 칠면조(七面鳥) 비슷한 새.

鳥 12【鷩】㉓ 금계 별 屑 bì 字解 금계(錦雞·金雞). 볏은 누르 빛을 한 꿩의 한 가지.
【鷩冕 별면】천자가 선공(先公)을 제향하여 향사(饗射)하는 제사에 입던 예복. 꿩이 그려져 있음.
【鷩衣 별의】꿩을 그려 넣은 옷. 천자가 향사(饗射) 때 입던 옷.

鳥 12【鷥】㉓ 해오라기 사 支 sī 字解 해오라기, 백로(白鷺).

鳥 12【鶒】㉓ 갈까귀 사 支 sī 字解 갈까귀. 까마귓과의 새.

鳥 12【鶩】㉓ 집오리 서 魚 shū 字解 집오리. 오릿과의 가금(家禽).

鳥 12【鷰】㉓ 제비 연 霰 yàn 字解 제비, 현조(玄鳥).

鳥 12【鷣】㉓ 새매 음 侵 yín 字解 새매, 부작(負雀). 수릿과의 새.

鳥 12【鵜】㉓ ❶접동새 제 齊 tí ❷새 이름 단 寒 tí 字解 ❶①접동새, 두견이, 자규(子規). =鷤.〔漢書〕徒恐鵜鴂之將鳴兮. ②뻐꾸기, 포곡조(布穀鳥). ❷①새 이름. 까치와 비슷하고 꽁지가 짧은 새. ②꿩 새끼.

鳥 12【鶞】㉓ 꿩 준 眞 zūn 字解 꿩, 서방(西方)의 꿩 이름. =鷷.

鳥 12【鷩】㉓ 무수리 털 창 養 chǎng 字解 무수리의 털. =氅.

鳥 12【鷦】㉓ 뱁새 초 蕭 jiāo 字解 뱁새, 붉은 머리오목눈이, 교부조(巧婦鳥). 휘파람샛과의 하나. ¶鷦鷯.
【鷦鷯 초료】뱁새. 巧婦鳥(교부조).
【鷦鷯一枝 초료일지】뱁새가 깊은 숲 속에서 살아도 차지하고 있는 곳은 다만 한 나뭇가지에 지나지 않음. 사람은 제각기 제 분수를 알아 만족해야 함.

鳥部 12～13획 鷲 鵰 鶥 鷸 鷳 鸂 鷯 鷿 鸘 鷹 鷾 鸃 鸇

鳥12 【鷲】㉓ 수리 취 囿 jiù
소전 鷲 초서 鷲 동자 雕 간체 鹫 字解 수리, 독수리. 수릿과의 맹조(猛鳥). =就.〔本草綱目〕鷲悍多力, 盤旋空中, 無細不見, 皂鵰, 卽鷲也.
【鷲窟 취굴】(佛)석가(釋迦)가 거주하면서 불법(佛法)을 설(說)했다고 하는 영취산(靈鷲山) 속의 정사(精舍).
【鷲瓦 취와】큰 기와집의 대마루 양쪽 머리에 얹는 장식용 기와. 망새. 鷲頭(취두).

鳥12 【鵰】㉓ 솔개 한 囸 xián
소전 鵰 초서 鵰 동자 鵰 간체 鹇 字解 ①솔개. 수릿과의 맹조(猛鳥). ②흰 꿩, 백한(白鵰). 꿩의 한 가지. 털빛이 흰데 검은 점이 있으며, 꽁지는 길고 부리와 발톱은 붉다.

鳥12 【鶥】㉓ 鵰(2111)과 동자

鳥12 【鷸】㉓ ❶도요새 휼 ㊍율 囸 yù ❷새매 술 囸 shù
소전 鷸 혹체 鷸 초서 鷸 간체 鹬 參考 대법원 지정 인명용 한자의 음은 '휼'이다. 字解 ❶①도요새. 도욧과의 새의 총칭.〔戰國策〕鷸蚌相持 ②물총새, 쇠새, 비취(翡翠). 물총샛과의 새.〔春秋左傳〕鄭子華之弟子臧出奔宋, 好聚鷸冠. ③빨리 나는 모양. =鴥.〔木華·賦〕鷸如驚鳧之失侶. ❷새매.
【鷸冠 휼관】①물총새의 깃으로 꾸민 관. ②천문(天文)을 맡은 사람이 쓰던 관. ◯도요새는 비가 올 것을 미리 알아차린다는 데서 이 새의 형상으로 만들었음.
【鷸蚌相持 휼방상지】☞ 鷸蚌之爭(휼방지쟁).
【鷸蚌之爭 휼방지쟁】도요새와 조개의 다툼. 이 다투다가 제삼자에게 이익을 빼앗김. 蚌之勢(방휼지세). 漁父之利(어부지리).

鳥13 【鷳】㉔ 鷳(2109)와 동자

鳥13 【鸂】㉔ 비오리 계 囸 xī
초서 鸂 字解 비오리, 자원앙(紫鴛鴦). 오릿과의 물새.
【鸂鶒 계칙】☞ 鸂鷘(계칙).
【鸂鷘 계칙】①비오리. ②뜸부기의 잘못.

鳥13 【鷯】㉔ 되강오리 령 囿 líng
동자 鷿 字解 ①되강오리. 논병아릿과의 철새. ②학(鶴)의 딴 이름. ③할미새.

척령(鶺鷯).※鴒(2099)의 속자(俗字).

鳥13 【鷿】㉔ 논병아리 벽 囸 pì
소전 鷿 초서 鷿 동자 鸊 간체 䴙 字解 논병아리, 되강오리. 논병아릿과의 철새.

鳥13 【鸘】㉔ 신조 숙 囸 sù
소전 鸘 초서 鸘 동자 鷫 字解 ①신조(神鳥). 서방(西方)을 지킨다는 신조. 봉황의 한 가지. =蕭.〔剪燈新話〕西風涼透鷫鸘袍. ②기러기의 한 가지. 깃은 푸르고 목이 길며 따뜻한 곳으로 옮아 다니는 철새.
【鷫鸘 숙상】①서방(西方) 신조(神鳥)의 이름. ②기러기의 한 가지.

鳥13 【鷹】㉔ 매 응 囷 yīng
소전 鷹 주문 鷹 초서 鷹 간체 鹰 字解 매, 송골매, 해동청(海東靑). 맷과의 맹조(猛鳥)의 총칭. =應.〔白居易·詩〕鷹翅疾如風.
【鷹擊 응격】①매가 날개를 침. ②백성을 엄혹(嚴酷)하게 다스림.
【鷹犬 응견】①사냥하는 데 쓰려고 길들인 매와 개. ②남의 앞잡이 노릇을 하는 사람. 하수인(下手人). 走狗(주구). ③쓸 만한 재능을 가진 사람.
【鷹犬之任 응견지임】매나 사냥개처럼 남에게 부림을 당하는 소임.
【鷹擎燕雀 응나연작】매가 연작을 잡음. ㉠임금에게 무례한 짓을 함. ㉡맹위(猛威)를 떨침.
【鷹視 응시】매처럼 날카롭게 노려봄.
【鷹揚 응양】매가 하늘 높이 날아오름. ㉠위엄이나 무용(武勇)을 떨침. ㉡용맹한 병사.
【鷹鸇志 응전지】매나 새매가 꿩이나 새를 채듯이 맹위(猛威)를 떨치는 지기(志氣).
【鷹隼 응준】①매와 새매. ②필력(筆力)이 굳셈.
【鷹風 응풍】가을바람.
❶ 籠－, 放－, 白－, 飛－, 野－, 良－, 養－, 隼－, 蒼－, 秋－, 虎－, 黑－.

鳥13 【鷾】㉔ 제비 의 囸 yì
초서 鷾 동자 鷾 字解 제비.〔莊子〕鳥莫知於鷾鴯.

鳥13 【鸃】㉔ 금계 의 囸 yí
소전 鸃 초서 鸃 字解 금계(錦鷄). 꿩과의 새. =鵗.〔漢書〕射鵕鸃.

鳥13 【鸇】㉔ 새매 전 囸 zhān

鳥部 13〜19획

鳥13 【鶡】 주문 鸙 간체 鶡 字解 새매. 맷과의 맹조(猛鳥). 〔孟子〕爲叢敺爵者鶡也.
【鶡視 전시】 매처럼 노려봄. 탐욕(貪慾)스러움.
【鶡芋 전우】 토란의 한 가지.
【鶡雀 전작】 새매와 참새.

鳥13 【鸅】 ㉔ 사다새 택 囷 zé
동자 鸅 字解 ①사다새, 오택(鵜鸅). 사다샛과의 물새. ②뻐꾸기, 시구(鳲鳩).

鳥13 【鷽】 ㉔ 메까치 학 凰 xué
소전 鷽 혹체 鸒 초서 鷽 간체 鷽 字解 ①메까치, 산작(山鵲), 미장조(尾長鳥). 까마귓과의 새. ②작은 비둘기.
【鷽鳩 학구】 작은 비둘기. 소인(小人).

鳥13 【鷮】 ㉔ ❶선회하여 날 환 刪 huán ❷물새 이름 선 先 huán
동자 鷮 字解 ❶선회하여 날다. 늑旋·翾. ❷물새 이름, 해오라기, 교청(鵁鷮).

鳥14 【鷯】 ㉕ 鷯(2103)과 동자

鳥14 【鸑】 ㉕ 신조 이름 악 凰 yuè
소전 鸑 초서 鸑 동자 鸑 字解 ①신조(神鳥)의 이름. 봉황의 한 가지. 〔魏志〕鸑鷟鳴岐, 周道隆興. ②오리와 비슷한 새.

鳥14 【鸎】 ㉕ 꾀꼬리 앵 庚 yīng
초서 鸎 字解 ①꾀꼬리, 황조(黃鳥). =鶯. ②뱁새, 초료(鷦鸎).
【鸎鳴 앵명】 꾀꼬리의 울음소리.
【鸎花 앵화】 꾀꼬리와 꽃. 곧, 봄 풍경.

鳥14 【鸒】 ㉕ 떼까마귀 여 御 yù
소전 鸒 초서 鸒 동자 鸒 字解 떼까마귀, 비거(卑居·鸒鷝). 까마귓과의 새.

鳥15 【鷳】 ㉖ 펄떡 날 랍 囵 là
字解 펄떡 날다, 펄떡 나는 모양.

鳥15 【鸕】 ㉖ 鸕(2113)의 속자

鳥16 【鸕】 ㉗ 가마우지 로 虞 lú

鳥16 【鸕】 초서 鸕 동자 鸕 간체 鸬 字解 가마우지. ¶鸕鷀.
【鸕鷀 노자】 가마우지.

鳥16 【鸗】 ㉗ 오리 롱 東 董 lóng
字解 ①오리. ②들새, 야조(野鳥). 〔史記〕小臣之好射鴲雁羅鸗.

鳥16 【鷰】 ㉗ 燕(1083)과 동자

鳥16 【鶴】 ㉗ 鶴(2108)과 동자

鳥17 【鷞】 ㉘ 鷞(2109)과 동자

鳥17 【鸚】 ㉘ 앵무새 앵 庚 yīng
소전 鸚 초서 鸚 동자 鸚 간체 鹦 字解 ①앵무새. 〔岑參·詩〕隴山鸚鵡能言語. ②앵무조개. 앵무조갯과의 바닷조개. 〔郭璞·賦〕鸚螺蜁蝸.
【鸚鵡 앵무】 사람의 말을 잘 흉내내는 앵무샛과의 새. 앵무과의 새의 총칭.
【鸚猩 앵성】 앵무새와 성성이. 모두 사람의 말을 잘 흉내 내는 동물임.

鳥18 【鸛】 ㉙ ❶황새 관 翰 guàn ❷구관조 권 先 quán
초서 鸛 간체 鹳 字解 ❶①황새. 황샛과의 새. 늑冠. 〔詩經〕鸛鳴于垤. ②떼까마귀. 까마귓과의 겨울새. ❷구관조(九官鳥), 구욕조(鴝鵒鳥). 찌르레깃과의 새. 〔春秋公羊傳〕有鸛鵒來巢.
【鸛雀 관작】 ▷鸛鵲(관작)①.
【鸛鵲 관작】 ①까치. 鸛雀(관작). ②누각(樓閣)의 이름. 산서성(山西省) 영제현(永濟縣)에 있던 삼층 누각.

鳥18 【鸜】 ㉙ 구관조 구 虞 qú
초서 鸜 동자 鸜 字解 구관조(九官鳥). 찌르레깃과의 새. 〔春秋〕有鸜鵒來巢.
【鸜鵒 구욕】 구관조(九官鳥). 鴝鵒(구욕).

鳥19 【鸞】 ㉚ 난새 란 寒 luán
소전 鸞 초서 鸞 간체 鸾 字解 ①난새. 봉황(鳳凰)의 한 가지인 전설상의 영조(靈鳥). 〔詩經〕貨鸞雝雝. ②방울. 천자가 타는 마차의 말고삐에 닮. 〔周禮〕以鸞和爲節. ③천자의 수레. 〔王維·詩〕鸞輿迥出千門柳.

鳥部 19~25획 鸞鸞 鹵部 0~9획 鹵航䢀䣀盧壢醶鹹 2113

【鸞駕 난가】천자(天子)가 타는 수레. 鸞輿(난여). 輦(연).
【鸞閣 난각】궁중에 있는 누각(樓閣). ◯누각의 지붕 위에 난새의 형상을 세우는 데서 이름.
【鸞車 난거】①순(舜)임금의 수레. ②천자의 수레. ③장례 때 희생(犧牲)과 명기(明器)를 싣는 수레.
【鸞旗 난기】천자의 수레에 단 기. 난령(鸞鈴)을 달아 꾸민 기. 鸞旌(난정).
【鸞刀 난도】자루에 방울을 단 칼. 종묘의 제사에 쓸 짐승을 잡는 데 씀.
【鸞鈴 난령】난기(鸞旗)에 달린 방울.
【鸞輅 난로】천자와 왕후가 타는 수레.
【鸞鷺 난로】①난새와 해오라기. ②귀인(貴人)·현관(顯官)의 위의(威儀).
【鸞鳳 난봉】①난새와 봉황새. ②현인(賢人)이나 군자(君子). ③동지(同志)이면서 벗. ④부부(夫婦)의 인연.
【鸞翔鳳翥 난상봉저】난새와 봉새가 춤추며 낢. 필세(筆勢)가 묘함.
【鸞輿 난여】➡鸞駕(난가).
【鸞旌 난정】➡鸞旗(난기).
【鸞鳥 난조】닭을 닮은 밝은 오색의 신령스러운 상상의 새. 난새.
◑鳴-, 文-, 鳳-, 飛-, 祥-, 錫-, 繡-, 神-, 紫-, 彩-.

〈鸞①〉

鳥19【鸝】㉚ 꾀꼬리 리 ﾚｲ lí
[초서]鸝 [동자]鶯 [속자]鸝 [간체]鹂 字解 꾀꼬리. 황앵(黃鶯), 창경(倉庚).〔宋玉·賦〕王雎鸝黃.
【鸝黃 이황】꾀꼬리. 黃鸝(황리).

鳥25【鸞】㊱ 비익조 만 ﾊﾞﾝ mán
字解 비익조(比翼鳥). 암수의 눈과 날개가 하나씩이어서 짝을 지어야 날 수 있다는 상상의 새.〔山海經〕有鳥如鳧, 一翼一目, 相得乃飛, 名曰鸞鸞.

鹵 部

11획 부수 | 소금밭로부

鹵0【鹵】⑪ 소금 로 ﾛ lǔ
[소전]鹵 [초서]鹵 [간체]卤 字源 指事. '鹵'는 '西(서녘 서)자의 주문(籒文)으로, 소금의 모양을 그린 '∴'과 합하여 서쪽에 있는 소금밭이라는 뜻을 나타낸다.
字解 ①소금, 천연 소금, 암염(巖鹽). 인조 소금은 '鹽(염)'이라 한다.〔元積·樂曲〕小兒販鹽鹵. ②개펄, 염밭, 소금기가 많아 경작할 수 없는 땅.〔漢書〕常困于蓮勺鹵中. ③황무지.〔唐書〕寒地瘠鹵. ④어리석음, 우둔함.〔劉楨·詩〕小臣信頑鹵. ⑤거칠다, 조잡(粗雜)하다.〔鄭樵·序〕小學一家, 皆爲鹵莽. ⑥노략질하다. ≒虜.〔史記〕鹵御物. ⑦방패. ≒櫓.〔戰國策〕流血漂鹵.
【鹵鈍 노둔】미련하고 둔함.
【鹵掠 노략】재물을 약탈함.
【鹵莽 ❶노무 ❷노망】❶거칢. 조잡함. ❷①소금기가 많은 땅과 잡초가 덮인 들. ②분명하지 않은 일.
【鹵莽滅裂 노무멸렬】일이 거칠고 이것저것 뒤섞여 분간할 수 없음.
【鹵簿 노부】천자가 거둥할 때의 행렬. ◯'鹵'는 경호(警護)할 때 쓰는 큰 방패, '簿'는 행렬의 순서를 적은 장부.
【鹵楯 노순】화살을 막는 큰 방패.
【鹵田 노전】소금기가 있는 메마른 땅.
【鹵獲 노획】전쟁에서 적의 군용품 등을 빼앗음. 또는 그 물건.
◑大-, 莽-, 沙-, 烏-, 鹽-, 磽-, 斥-, 瘠-, 澤-, 土-, 鹹-, 荒-.

鹵4【䢀】⑮ 염선 강 ﾅ gang
[동자]䢀 [간체]䢀 字解 염전(鹽田), 소금밭.

鹵4【䣀】⑮ 䢀(2113)와 동자

鹵5【䣀】⑯ 䢀(2113)와 동자

鹵5【盧】⑯ 鹽(2114)과 동자

鹵8【壢】⑲ 鹽(2114)과 동자

鹵8【醶】⑲ 맛 없을 탐 ﾀﾝ tàn
字解 맛이 없다, 무미(無味)하다.

鹵9【鹹】⑳ 짤 함 ﾊﾞﾝ xián
[소전]鹹 [초서]鹹 [동자]鹺 [간체]鹹 [약자]咸
字解 ①짜다, 짠맛, 소금기.〔書經〕潤下作鹹. ②쓰다(苦), 쓴맛. ③땅 이름. 춘추 전국 때 위(衛)나라의 땅. 지금의 하북성(河北省) 복양

현(濮陽縣)의 동남쪽.〔春秋左氏傳〕會于鹹.
【鹹苦 함고】①짜고 씀. ②괴로움.
【鹹度 함도】바닷물에 들어 있는 소금의 양(量).
【鹹鹵 함로】염분이 많은 메마른 땅.
【鹹潟 함석】소금기가 있는 간석지(干潟地).
【鹹水 함수】짠물. 바닷물.
【鹹水魚 함수어】바닷물고기.
【鹹鹺 함차】제사(祭祀)에 쓰는 소금.
【鹹菜 함채】소금에 절인 채소.
❶甘─, 大─, 酸─, 辛─, 海─.

【鑞】㉑ 소금기 감 jiǎn
字解 ①소금기. =鹼. ②덩이진 소금, 한 덩어리로 응고된 소금.

【壛】㉑ 鹽(2114)과 동자

【鹺】㉑ 소금 차 cuó
字解 ①소금.〔禮記〕鹽曰鹹鹺. ②진한 소금기.
【鹺賈 차고】소금 장수.
【鹺使 차사】청대(淸代)에 소금에 관한 사무를 맡은 벼슬. 염운사(鹽運使).

【鹼】㉔ ❶소금기 감 jiǎn ❷잿물 감 jiǎn
字解 ❶소금기, 땅에 함유(含有)되어 있는 소금기. =鑞. ❷①잿물. 재를 걸러서 우려 낸 세탁용 물. ②소금물. ③석감(石鹼). 잿물에 녹말을 넣어서 응고시킨 옛날의 비누.

【鹽】㉔ ❶소금 염 yán ❷절일 염 yán
字解 ❶①소금, 인공으로 만든 소금. 천연 소금은 '鹵(로)'라 함.〔周禮〕掌鹽之政令, 以共百事之鹽. ②악곡의 한 체(體).¶昔昔鹽·阿鵲鹽. ❷①절이다, 소금에 담그다.〔禮記〕屑桂與薑, 以酒諸上而鹽之. ②매료하다, 아름다움에 넋을 잃다, 부러워하다. =豔·艷.〔禮記〕而鹽諸利.
【鹽車憾 염거감】훌륭한 말이 소금을 실은 수레를 끌게 됨을 한탄함. 유능한 인재가 불우함을 한탄함.
【鹽鹵 염로】①소금. 산염(山鹽). ②염전(鹽田).
【鹽梅 염매】①짠 소금과 신 매실. ②간을 맞춤. 소금이 지나치면 짜고, 매실이 지나치면 시게

됨. ③신하가 임금을 도와 선정(善政)을 베풀게 함. ④매실절이.
【鹽飯 염반】찬 없는 밥. 소금엣밥.
【鹽分 염분】소금기.
【鹽稅 염세】소금을 만들어 파는 사람들에게 부과하던 세금.
【鹽水 염수】소금물. 소금기가 있는 물.
【鹽豉 염시】①메주. ②된장.
【鹽田 염전】바닷물을 태양열로 증발시켜 소금을 만드는 밭. 소금밭.
【鹽井 염정】①소금을 만들 바닷물을 모아 두는 염전(鹽田) 웅덩이. ②염분을 함유한 우물.
【鹽竈 염조】소금을 굽는 가마. 소금을 굽는 곳.
【鹽池 염지】①소금이 나오는 못. ②천일염(天日鹽)을 만들 때 바닷물을 증발시키기 위하여 설비한 옅은 못.
【鹽菜 염채】①소금과 채소. ②소금에 절인 채소.
【鹽湯 염탕】소금을 넣고 끓인 물. 소금국.
【鹽汗 염한】땀.
❶苦─, 顆─, 米─, 白─, 山─, 散─, 石─, 食─, 岩─, 陽─, 魚─, 飴─, 井─, 製─, 海─, 醶─, 形─, 胡─.

鹿 部

11 획 부수 | 사슴록부

【鹿】⑪ 사슴 록 lù

一 广 户 庐 庐 唐 唐 庿 鹿

字解 象形. 사슴의 머리, 뿔, 네 다리를 본뜬 글자.
字解 ①사슴.〔後漢書〕指鹿爲馬. ②제위(帝位)의 비유.〔史記〕秦失其鹿, 天下共逐之. ③곳집, 방형(方形)의 미창(米倉). 늑籙.〔國語〕困鹿空虛. ④산기슭. 늑麓.〔陽經〕卽鹿无虞. ⑤주기(酒器)의 한 가지.〔魯相韓敕修孔廟禮器碑〕有雷洗觴觚爵鹿相桓.
【鹿角 녹각】①사슴뿔. ②⌐鹿砦(녹채). ③물건을 거는 갈고리.
【鹿角菜 녹각채】해초(海草)의 한 가지. 청각(靑角).
【鹿車 녹거】한 마리의 사슴을 실을 정도의 수레. 작은 수레.
【鹿巾 녹건】녹비(鹿皮)로 만든 건(巾). 은자(隱者)의 건.
【鹿裘 녹구】녹비로 만든 갖옷.
【鹿臺 녹대】은(殷)의 폭군(暴君)인 주왕(紂王)이 재화(財貨)를 쌓아 두던 곳.
【鹿盧 녹로】①도르래. 활차(滑車). 고패. 轆轤(녹로). ②녹로 모양의 옥(玉) 장식이 붙어 있는 검(劍). ③대추의 한 가지.

【鹿梨 녹리】배의 한 가지. 돌배.
【鹿鳴 녹명】시경(詩經)의 편명. 천자가 군신(群臣)을 연향할 때 부르는 악가.
【鹿鳴宴 녹명연】당대(唐代)에 향시를 행한 뒤 주현(州縣)의 장리(長吏)가 거인(擧人)을 융숭히 대접하던 연회.
【鹿死誰手 녹사수수】사슴은 누구의 손에 죽을 것인가. 천하가 누구에게로 돌아갈지 알 수 없음의 비유. 中原逐鹿(중원축록).
【鹿野苑 녹야원】(佛)석가(釋迦)가 처음으로 다섯 비구(比丘)들에게 설법했다는 중인도(中印度)에 있는 원림(苑林).
【鹿茸 녹용】새로 돋은 사슴의 뿔로, 아직 가지가 돋지 않은 것. 잘라 말려서 한약재로 씀.
【鹿中 녹중】옛날에 선비의 예사(禮射)에서 산가지를 담던 도구. 사슴 모양으로 나무를 조각하여 등에 구멍을 뚫었는데, 맞히면 산가지를 그 속에 넣어 수를 셈하였음.

〈鹿中〉

【鹿柴 녹채】①☞鹿砦(녹채). ②사슴을 기르는 곳. 또는 그곳에 둘러친 울타리.
【鹿砦 녹채】대나 나무를 사슴의 뿔처럼 세워 적의 침입을 막는 울타리.
【鹿蜀 녹촉】범 무늬가 있는 말 비슷한 산짐승.
【鹿脯 녹포】사슴의 말린 고기.
【鹿皮 녹피→녹비】사슴의 가죽.
【鹿血 녹혈】사슴의 피.
❶驚ー, 困ー, 馬ー, 麋ー, 奔ー, 牝ー, 山ー, 馴ー, 神ー, 野ー, 逐ー, 衡ー.

鹿 0 【麁】⑪ 鹿(2114)과 동자

鹿 2 【麂】⑬ 고라니 궤 〔紙〕 jǐ

字解 고라니. 사슴과 노루의 하나.〔山海經〕女几之山, 其獸多閭麋麂麖.
【麂眼 궤안】고라니의 눈과 같이 마름모꼴로 결어 만든 울타리.
〈麂〉

鹿 2 【麀】⑬ 암사슴 우 〔尤〕 yōu

字解 암사슴.〔詩經〕麀鹿麌麌.
【麀鹿 우록】암사슴.
【麀麌 우우】암사슴과 수사슴.

鹿 2 【麁】⑬ 麤(2118)의 속자

鹿 4 【麗】⑮ 麗(2116)의 속자

鹿 4 【麇】⑮ 고라니 새끼 오 〔皓〕 yǎo

字解 고라니의 새끼.〔國語〕獸長麌麌.

鹿 4 【麌】⑮ 麌(2115)와 동자

鹿 4 【麃】⑮
❶큰사슴 포〔肴〕páo
❷풀 벨 표〔蕭〕biāo
❸변할 표〔篠〕piǎo

字解 ❶큰사슴. 사슴의 한 가지. 쇠꼬리에 뿔이 하나인 동물. ≒麅.〔史記〕獲一角獸, 若麃然. ❷①풀을 베다, 김을 매다. ≒穮.〔詩經〕綿綿其麃. ②씩씩한 모양, 용감한 모양. ≒駉介麃麃. ③성(盛)한 모양.〔漢書〕雨雪麃麃. ④딸기, 복분자(覆盆子)보다 큰 산딸기. ≒藨. ❸변하다, 동물의 털빛이 바뀌다.
【麃搖 표요】힘차게 나는 모양.
【麃麃 표표】①용맹스러운 모양. ②성한 모양.

鹿 5 【麀】⑯ 麀(2117)와 동자

鹿 5 【麕】⑯
❶노루 균〔眞〕jūn
❷떼지어 모일 군〔吻〕qún

字解 ❶①노루. ≒麇·麏.〔春秋左氏傳〕逢澤有介麕焉. ②나라 이름. 주대(周代)의 제후국. 지금의 호남성(湖南省) 악양현(岳陽縣).〔春秋左氏傳〕楚子伐麕. ❷①떼지어 모이다, 군집(群集)하다. ≒群.〔春秋左氏傳〕求諸侯而麕至. ②묶다, 결박하다. ≒稇.〔春秋左氏傳〕羅無勇, 麕之.
【麕至 균지】떼를 지어 옴. 群至(균지).

〈麕❶①〉

鹿 5 【麚】⑯ 麀(2115)와 동자

鹿 5 【麈】⑯ 큰사슴 주 〔麌〕 zhǔ

字解 ①큰사슴.〔司馬相如·賦〕沈牛麈麋. ②먼지떨이, 불자(拂子). 원래 벌레를 쫓거나 먼지를 떨 때 사용하였으나, 뒤에 선종(禪宗)의 승려가 번뇌를 떨치는 표지로 썼던 도구.〔歐陽脩·詩〕揮麈無由停.
【麈談 주담】불자를 들고 이야기함.
【麈尾 주미】불자.
❶談ー, 僧ー, 揮ー.

鹿5 【麅】⑯ 큰사슴 포 肴 páo
字解 큰사슴. 쇠꼬리에 뿔이 하나이다. =麃.

鹿6 【麉】⑰ 힘센 사슴 견 先 jiān
小篆 麉 同字 麊 字解 힘이 센 사슴.

鹿6 【麎】⑰ 기린 린 眞 lín
字解 기린, 암기린. =麐.

鹿6 【麋】⑰ 큰 사슴 미 支 mí
小篆 麋 草書 麋 字解 ❶큰사슴.〔孟子〕樂 其有麋鹿魚鼈. ❷부서지다,〔楚辭〕麋散而不可止些. ❸짓무르다. 上爲口麋. ❹눈썹.〔荀子〕面無須麋. ❺늙다, 늙어지다. ❻물가.〔詩經〕居河之麋.
【麋鹿 미록】①큰사슴과 사슴. ②麋鹿之姿(미록지자).
【麋鹿之姿 미록지자】산림전야(山林田野)에서 한가롭게 지내는 자신을 겸손하게 이르는 말.
【麋沸 미비】떠들어 어지러움. 騷亂(소란).
【麋丸 미환】먹(墨)의 딴 이름.
【麋侯 미후】큰사슴의 가죽으로 만든 활의 과녁.
● 山—, 鬚—, 野—, 秋—.

鹿7 【麏】⑱ 고라니 균 眞 jūn
字解 고라니. =麇.

鹿7 【麟】⑱ ❶암기린 린 眞 lín ❷수사슴 린 眞 lín
小篆 麟 同字 麟 字解 ❶암기린. =麐. ❷수사슴.

鹿7 【麎】⑱ 큰사슴 신 眞 chén
小篆 麎 字解 큰사슴.

鹿7 【麌】⑱ 수사슴 우 麌虞 yǔ
初書 麌 字解 ①수사슴. ②떼 지어 모여드는 모양. =噳.〔詩經〕麌鹿麌麌.
【麌麌 우우】떼 지어 모이는 모양.

鹿8 【麖】⑲ 큰사슴 경 庚 jīng
字解 큰사슴.〔左思·賦〕屠麖麋, 剪旄塵.

鹿8 【麔】⑲ 수사슴 구 宥 jiù
小篆 麔 字解 수사슴.

鹿8 【麇】⑲ ❶고라니 균 眞 jūn ❷떼 지을 군 吻
初書 麇 同字 麋 字解 ❶고라니.〔詩經〕野有死麇. ❷떼 지어 모이다, 군집(群集)하다.

鹿8 【麒】⑲ 기린 기 支 qí
小篆 麒 初書 騏 字解 기린. ㉮태평성대에 성인(聖人)이 날 징조로 나타난다는 상상의 동물. 수컷을 '麒', 암컷을 '麟(린)'이라 한다.〔禮記〕鳳凰麒麟, 皆在郊陬. ㉯기린과의 포유동물.
【麒麟角 기린각】선인장(仙人掌)의 딴 이름.
【麒麟兒 기린아】재지(才智)가 남달리 뛰어난 젊은이.

〈麒가〉

鹿8 【麗】⑲ ❶고울 려 霽 lì ❷꾀꼬리 리 支 lí ❸나라 이름 려 齊

小篆 麗 古文 丽 籒文 丽 初書 麗 俗 麗
古字 丽 簡體 丽 參考 대법원 지정 인명용 한자의 음은 '려'이다.
字源 形聲. 丽+鹿→麗. '丽(려)'가 음을 나타낸다.
字解 ❶①곱다, 우아하다. ㉮예쁘다, 아름답하다.〔戰國策〕佳麗人之所出也. ㉯빛나다, 찬란하다.〔揚雄·賦〕未睹苑囿之麗. ㉰화려하다, 눈부시다.〔書經〕敝化奢麗. ㉱깨끗하다, 정결하다.〔後漢書〕清麗之志. ②짝, 짝을 짓다.〔周禮〕麗馬一圉. ③지나다, 통과하다.〔淮南子〕猶條風之時麗也. ④붙다, 붙이다.〔周禮〕未麗於澶. ⑤매다, 걸다.〔禮記〕旣入廟門麗于碑. ⑥베풀다, 시행하다.〔書經〕越玆麗刑. ⑦걸리다. ≒羅.〔詩經〕魚麗于罶. ⑧수(數), 수효.〔詩經〕其麗不億. ⑨생각하다. ≒慮. ⑩마룻대. ≒阿·櫨.〔莊子〕求高名之麗者. ⑪높은 누각(樓閣).〔史記〕樓一名譙, 故謂美麗樓爲麗譙. ⑫함께 가다, 짝 지어 가다. ❷①꾀꼬리. ≒鸝. ¶麗黃. ②진, 전진(戰陣)의 이름.〔春秋左氏傳〕爲魚麗之陣. ③사팔뜨기, 사시(斜視). ¶麗視. ❸나라 이름, 우리나라의 옛 왕조.〔高句麗·高麗.
【麗曲 여곡】아름다운 노래.
【麗句 여구】아름다운 시문의 문구(文句).
【麗都 여도】아름답고 화려함.
【麗木 여목】무궁화(無窮花)의 딴 이름.
【麗妙 여묘】아름답고 절묘(絕妙)함.
【麗文 여문】아름다운 문채(文采).

【麗靡 여미】 곱고 화사함. 靡麗(미려).
【麗密 여밀】 아름답고 세밀함.
【麗辭 여사】 아름다운 말. 고운 말.
【麗色 여색】 ①아름다운 빛깔. ②아름다운 경치. ③아름다운 안색(顔色).
【麗豎 여수】 아름다운 동자(童子). 예쁜 아이.
【麗飾 여식】 곱게 장식함. 또는 그 장식.
【麗雅 여아】 아름답고 우아함. 雅麗(아려).
【麗億 여억】 수효가 많음.
【麗艶 여염】 곱고 아리따움. 艶麗(염려).
【麗月 여월】 음력 2월의 딴 이름.
【麗人 여인】 아름다운 사람. 佳人(가인).
【麗日 여일】 화창한 날.
【麗藻 여조】 아름다운 시문(詩文).
【麗姝 여주】 예쁜 여자.
【麗質 여질】 ①아름다운 천성(天性). ②미인.
【麗什 여집】 아름다운 시편(詩篇).
【麗采 여채】 아름다운 채색.
【麗譙 여초·이초】 ①적을 살피기 위하여 세운 망루(望樓). ②아름다운 누각.
【麗矚 여촉】 아름다운 경치(景致).
【麗澤 여택·이택】 연접해 있는 두 늪이 서로 물을 윤택하게 함. 벗끼리 서로 도와 학문과 덕을 닦음.
【麗風 여풍】 서북풍(西北風).
【麗皮 여피】 두 장의 녹비(鹿皮). 옛날 옷감이 나기 이전에 혼인의 폐백(幣帛)으로 썼음.
【麗閑 여한】 아름답고 음전함. 麗嫺(여한).
【麗禍 여화】 재화(災禍)에 연계(連繫)됨. 화를 당함.
【麗視 이시】 흘겨 뜨는 눈. 사팔뜨기.
【麗黃 이황】 꾀꼬리. 鸝黃(이황).
○ 佳-, 姣-, 驕-, 綺-, 絲-, 明-, 妙-, 文-, 美-, 配-, 奢-, 鮮-, 纖-, 秀-, 純-, 雅-, 妍-, 艶-, 妖-, 流-, 壯-, 典-, 珍-, 侈-, 豊-, 顯-, 華-, 暉-.

鹿 8 【麓】⑲ 산기슭 록 屋 lù
소전 · 고문 · 초서 字解 ①산기슭. 산의 아랫부분. 〔詩經〕 瞻彼旱麓. ②산감(山監). 산림(山林)·원유(苑囿)를 주관하는 관리. 〔國語〕 主將適螻 而麓不聞. ③숲. 넓은 삼림(森林).

鹿 8 【麑】⑲ 사자 예 齊 ní
소전 · 초서 字解 ①사자. =猊. ②사슴 새끼. 〔論語〕 素衣麑裘.
【麑裘 예구】 흰 새끼 사슴 가죽으로 지은 갖옷.
【麑鹿 예록】 사슴의 새끼. 옛날, 폐백(幣帛)으로 썼음.

鹿 9 【麚】⑳ 수사슴 가 麻 jiā
소전 · 동자 字解 수사슴. 〔馬融·賦〕 特麚昏髟.

鹿 9 【麛】⑳ 사슴 새끼 미 齊 mí
소전 · 초서 字解 ①사슴 새끼. =麑. ②짐승의 새끼. 〔禮記〕 士不取麛卵.
【麛裘 미구】 새끼 사슴의 가죽으로 만든 갖옷.
【麛犢 미독】 새끼 사슴과 송아지.
【麛卵 미란】 짐승의 새끼와 새의 알.
【麛夭 미요】 아직 자라지 않은 짐승의 새끼.

鹿 9 【麙】⑳ 큰 염소 암 咸 xián
소전 字解 ①큰 염소. 산양(山羊)의 한 가지로, 뿔이 가늘고 몸집이 큰 염소. =羬. ②힘이 억센 맹수.

鹿 10 【麝】㉑ 사향노루 사 禡 shè
소전 · 초서 字解 ①사향노루, 궁노루. 사향노룻과의 포유동물. 암수 모두 뿔이 없으며 배에는 향주머니가 있다. ②사향(麝香). 사향노루의 향주머니 속에 있는 사향샘을 말려서 얻은 향료.
【麝煤 사매】 먹〔墨〕의 딴 이름.
【麝墨 사묵】 향기가 좋은 먹.
【麝臍 사제】 사향노루의 배꼽. 사향.
○ 蘭-, 腦-, 龍-, 沈-, 香-.

鹿 11 【麞】㉒ 노루 장 陽 zhāng
소전 · 초서 · 동자 獐 字解 노루. 〔南史〕 平澤中逐麞.
【麞頭鹿耳 장두녹이】 노루 대가리와 사슴의 귀. 기골이 빈천한 사람.
【麞頭鼠目 장두서목】 노루 대가리에 쥐의 눈. 빈천한 용모. ○상술가(相術家)에서 머리 모양이 뾰족하고 대머리 진 것을 '麞頭', 옴팡눈으로 눈동자가 동그란 것을 '鼠目'이라 함.
【麞牙 장아】 ①노루의 엄니. 노루의 대아(大牙). ②벼〔稻〕의 딴 이름.

鹿 12 【麟】㉓ 기린 린 眞 lín
소전 · 초서 字解 ①기린, 암기린. 〔白虎通〕 麒麟臻, 白虎到. ②큰사슴의 수컷. 〔張衡·賦〕 解罘放麟. ③빛나는 모양. ¶麟麟.
【麟角 인각】 ①암기린의 뿔. ②종신(宗臣)이나 제후(諸侯)를 찬양하여 이르는 말. ③학업(學業)에 뜻을 두는 사람은 쇠털처럼 많지만, 이를 성취하는 사람은 기린의 뿔처럼 적음. 지극히 희귀함.
【麟經 인경】 춘추(春秋)의 딴 이름. ○'西狩獲麟(서수획린)'이란 구절로 끝맺는 데서 온 말.

〈麟①〉

鹿部 13~22획 麤麤麤 麥部 0획 麥

【麟麟 인린】 빛나는 모양. 밝은 모양.
【麟鳳 인봉】 기린과 봉황. 현인(賢人)이나 성인(聖人).
【麟子鳳雛 인자봉추】 기린과 봉황의 새끼. 준수한 자식.
【麟筆 인필】 사관(史官)의 붓. 史筆(사필).
◉龜—, 麒—, 鳳—, 祥—, 神—, 天—, 獲—.

鹿13 【麠】 ㉔ 큰사슴 경 㢩 jīng
[字解] 큰사슴. 사슴의 한 가지로, 쇠꼬리에 뿔이 하나 달렸음.

鹿17 【麤】 ㉘ 영양 령 靑 líng
[字解] 영양(羚羊). 솟과의 포유동물. =羚.
【麤羊 영양】 솟과의 포유동물. 羚羊(영양).

鹿22 【麤】 ㉝ 거칠 추 㢩 cū
[字解] ㉠거칠다. 꼼꼼하지 못하다. 〔禮記〕麤而翹矣. ㉡자세하지 못하다. 〔吳志〕肅年少麤疎, 未可用. ㉢조잡(粗雜)하다. 〔禮記〕布帛精麤. ㉣성질이 과격하다. 〔戰國策〕麤中少親. ㉤결이 곱지 못하다, 매끄럽지 않다. 〔上肩黃纁. ②굵은 베, 석새삼베. 〔春秋左氏傳〕晏嬰麤縗斬. ③대략, 대강. 〔史記〕麤述存亡之微. ④크다. ⑤짚신, 초리(草履). ⑥현미(玄米). 〔春秋左氏傳〕麤則有之.
【麤功 추공】 상례(喪禮)에서 정한 복제(服制)의 한 가지. 大功(대공).
【麤官 추관】 ①무관(武官). ②무인(武人)의 겸칭(謙稱).
【麤狂 추광】 난폭하게 미침.
【麤良 추량】 조잡(粗雜)함과 정밀(精密)함.
【麤糲 추려】 쓿지 않은 쌀. 玄米(현미).
【麤物 추물】 ①거칠고 덜렁대는 사람. ②못생긴 사람.
【麤米 추미】 쓿지 않은 궂은쌀. 현미(玄米).
【麤飯 추반】 ①현미밥. ②변변하지 못한 밥. 疎食(소사). ③식사를 남에게 권할 때의 겸사.
【麤服亂頭 추복난두】 허술한 옷과 흐트러진 머리. 꾸미지 않은 모양.
【麤笨 추분】 거칠고 변변찮음. 粗野(조야).
【麤疎 추소】 거칢. 소략(疎略)함.
【麤率 추솔】 거칠고 경솔함.
【麤述 추술】 대충 말함. 대략을 진술함.
【麤習 추습】 거칠고 경솔한 버릇.
【麤惡 추악】 거칠고 나쁨. 변변찮음.
【麤言細語 추언세어】 거친 말과 자세한 말.
【麤人 추인】 버릇없는 사람. 무례한 사람.
【麤才 추재】 변변찮은 재능. 또는 그런 사람.
【麤枝大葉 추지대엽】 굵은 가지와 큰 잎. 잘고 사소한 법칙에 구애되지 않고, 자유롭게 붓을 휘두른 문장.
【麤暴 추포】 거칠고 사나움.
◉細—, 疏—, 精—, 豪—.

麥部

11획 부수 │ 보리맥부

麥0 【麥】 ⑪ 보리 맥 卦 mài

[字源] 會意. 來+夂→麥. '來'는 까끄라기가 있는 곡식의 이삭, '夂'는 '늦다'의 뜻이다. 보리는 다른 곡식과 달리 가을에 파종하여 초여름에 거두어들인다는 데서 '보리'라는 뜻을 나타낸다.
[字解] ①보리. 오곡(五穀)의 한 가지. 맥류(麥類)의 총칭. 〔淮南子〕麥秋生夏死. ②작은 매미. ③묻다, 매장하다.
【麥秸 맥간】 보릿짚이나 밀짚.
【麥藁 맥고】 보릿짚이나 밀짚.
【麥曲之英 맥국지영】 술. ☞ '麥曲'은 '麴'으로 '누룩'을 뜻함.
【麥麴 맥국】 엿기름.
【麥氣 맥기】 ①보리 이삭이 한창 팰 무렵의 기후. ②보리밭에 부는 바람의 향기.
【麥奴 맥노】 보리의 깜부기병.
【麥浪 맥랑】 푸른 보리밭이 바람에 물결치듯 흔들리는 모양.
【麥糧 맥량】 보리 양식.
【麥嶺 맥령】 ❏보릿고개. 묵은 곡식은 달리고 햇보리는 아직 여물지 않아 농촌의 식량 사정이 가장 어려울 때.
【麥隴 맥롱】 보리밭. 麥壟(맥롱).
【麥飯 맥반】 보리밥.
【麥粉 맥분】 밀가루.
【麥秀 맥수】 ①보리가 자람. ②☞麥秀之歌(맥수지가).
【麥穗 맥수】 보리 이삭.
【麥秀之歌 맥수지가】 보리 이삭이 팬 것을 보고 지은 노래. 망국(亡國)의 한. [故事] 은대(殷代)의 충신인 기자(箕子)가 폐허가 된 도읍지를 지나다가 궁궐터에 보리 이삭이 부질없이 팬 것을 보고 슬퍼하며 노래를 지은 데서 온 말.
【麥秀之嘆 맥수지탄】 보리 이삭이 팬 것을 보고 하는 탄식. 고국의 멸망을 한탄함. ㉝麥秀之歌(맥수지가).
【麥芽 맥아】 ①보리 싹. ②엿기름.
【麥人 맥인】 보리의 심(心).
【麥酒 맥주】 보리의 엿기름 즙에 홉(hop)을 섞어 발효시켜 만든 술.

麥部 0~9획

【麥秋 맥추】 음력 5월의 딴 이름. ↪보리가 익는 계절이라는 데서 온 말.
【麥皮 맥피】 밀기울. 麥麩(맥부).

❶ 蕎-, 瞿-, 裸-, 大-, 稻-, 豆-, 晚-, 麵-, 米-, 紛-, 小-, 秀-, 荍-, 熟-, 野-, 燕-, 雀-, 精-, 炊-, 胡-, 禾-.

麥0 【麦】 ⑦ 麥(2118)의 속자

麥3 【䴬】 ⑭ 芒(1486)의 속자

麥3 【麧】 ⑭ 보리 싸라기 흘 月 hé
[字解] 보리 싸라기. ≒籺·籺. 〔杜甫·詩〕黎民糠籺窄.

麥4 【麪】 ⑮ 밀가루 면 霰 miàn
[소전] [혹체] [동체] 麵 [속체] 麫 [字解] ① 밀가루. 보릿가루. 〔宋史〕衍食於家, 唯一麪一飯. ②국수. ¶麪床.
【麪床 면상】 국수류를 주식(主食)으로 하여 차린 상.
【麪市鹽車 면시염거】 밀가루 저자와 소금 실은 수레. 눈[雪]이 많이 쌓임의 비유.

❶ 冷-, 麥-, 索-, 線-, 雜-, 粥-.

麥4 【麫】 ⑮ 麪(2119)의 속자

麥4 【麩】 ⑮ 밀기울 부 虞 fū
[소전] [혹체] [초서] [동체] 麴 [간체] 麸
[字解] 밀기울. 밀을 빻아 밀가루를 빼고 남은 찌끼. 〔齊民要術〕磨盡無麩.
【麩金 부금】 사금(砂金).
【麩豉 부시】 밀기울로 만든 된장.
【麩醬 부장】 밀기울로 만든 장.
【麩炒 부초】 한약 정제법의 한 가지. 밀가루를 묻혀서 볶는 일.

麥4 【麱】 ⑮ 麰(1566)과 동자

麥4 【麨】 ⑮ 보릿가루 초 篠 chǎo
[초서] [字解] 보리의 가루, 보리 미숫가루. 〔佛國記〕授麨蜜處.

麥5 【麮】 ⑯ 보리죽 거 御 qù
[소전] [혹체] [字解] ①보리죽. 보리쌀이나 보릿가루를 넣고 쑨 죽.

〔荀子〕夏日則與之瓜麮. ②무, 나복(蘿葍). 채소의 한 가지.

麥5 【麪】 ⑯ 밀가루 말 曷 mò
[字解] ①밀가루. ②쌀가루. ③밀기울.

麥5 【麭】 ⑯ 떡 포 效 pào
[초서] [字解] ①떡, 가루떡. ②빵.

麥6 【麴】 ⑰ 누룩 국 屋 qū
[동체] 麴 [간체] 曲 [字解] 누룩, 곡자(曲子). 〔劉伶·頌〕枕麴藉糟.

麥6 【麰】 ⑰ 보리 모 尤 móu
[소전] 麰 [혹체] 䴢 [초서] 麰 [간체] 䵢 [字解] ①보리, 대맥. 〔孟子〕麰麥, 播種而耰之. ②누룩, 곡자(曲子).
【麰麥 모맥】 보리.

麥7 【䴰】 ⑱ 조죽 라 歌 luò
[字解] ①조죽. 좁쌀을 넣고 쑨 죽. ②보리죽.

麥7 【麬】 ⑱ 麩(2119)와 동자

麥8 【麴】 ⑲ 누룩 국 屋 qū
[초서] 麴 [동체] 麴 [간체] 曲 [字解] ①누룩. 〔列子〕積麴成封. ②술. 〔元稹·詩〕憑冒家家麴. ③누에 채반, 잠박(蠶箔). 〔方言〕薄, 宋魏陳楚江淮之間, 謂之苗, 或謂之麴.
【麴君 국군】 술의 애칭(愛稱). 麴生(국생).
【麴菌 국균】 누룩에 들어 있어 녹말을 당분으로 변화시키는 효모(酵母).
【麴母 국모】 홍국(紅麴)을 만드는 재료. 누룩밑.
【麴室 국실】 누룩을 띄우는 방.
【麴蘖 국얼】 ①누룩. ②술.
【麴引錢 국인전】 주세(酒稅).
【麴子 국자】 누룩. 酒媒(주매).
【麴塵絲 국진사】 황록색(黃綠色)으로 물든 버드나무 가지.

❶ 麥-, 米-, 神-, 新-, 糟-, 酒-, 香-.

麥8 【䴵】 ⑲ 國밀떡 병
[字解] 밀떡.

麥9 【麵】 ⑳ 麪(2119)과 동자

麥9 【麳】⑳ 조죽 사 圖 suò
字解 ①조죽. ②보리죽.

麥10 【麵】㉑ 누룩 온 圖 yùn
字解 누룩, 국자(麴子).

麥12 【麰】㉓ ❶보릿겨 굉 梗 kuàng
❷누룩곰팡이 황 陽 kuàng
字解 ❶①보릿겨. 〔晉書〕況臣糠麰, 糅之雕胡. ②겉보리. =麰. ❷누룩의 곰팡이.

麥15 【麯】㉖ 보리 굉 梗 kuàng
字解 보리, 대맥(大麥). = 穬. ≒麰. 〔齊民要術〕五六月暵之, 以擬穬麥.

麥18 【麷】㉙ 볶은 보리 풍 東 fēng
字解 볶은 보리. 〔荀子〕取其將, 若掇麷.

麻 部

11획 부수 | 삼마부

麻0 【麻】⑪ 삼 마 麻 má

亠 广 广 广 庁 床 床 府 麻 麻

字源 會意. 广+朮→麻. '朮'는 삼의 껍질을 벗긴 것으로, 이것을 둘 합하여 삼의 껍질을 가늘게 삼은 것을 나타낸다. 집(广)에서 삼을 삼는다(朮)는 데서 '삼', '삼실'을 뜻한다.
字解 ①삼. 뽕나뭇과의 일년초. 〔詩經〕麻衣如雪. ②삼실·삼베·베옷을 두루 일컫는 말. 삼으로 지은 상복, 상복을 입을 때 띠는 수질(首絰)이나 요질(腰絰). 〔禮記〕免麻于序東. ④조칙(詔勅). 당대(唐代)에 칙명(勅命)을 황마지(黃麻紙)와 백마지(白麻紙)에 쓴 데서 온 말. 〔舊唐書〕弘景草麻. ⑤참깨, 유마(油麻), 호마(胡麻). ⑥큰 노도(路鼗). 두 개의 북을 긴 자루에 끼우고 이를 흔들어 소리를 내는 북. 〔爾雅〕大鼗謂之麻. ⑦마비(痲痺)되다, 근육이 마비되는 병. ≒痲.
【麻稭 마개】 겨릅대.
【麻莖 마경】 삼대. 삼줄기.
【麻姑 마고】 ①손톱이 긴 전설상의 선녀(仙女) 이름. ②□麻姑搔痒(마고소양).
【麻姑搔痒 마고소양】 마고가 가려운 곳을 긁어 줌. 일이 뜻대로 됨. 故事 후한(後漢)의 채경(蔡經)이 마고의 손톱을 보고, 가려운 곳

으면 어디든 긁을 수 있으리라고 생각했다는 데서 온 말.
【麻袋 마대】 굵은 삼실로 짠 커다란 자루.
【麻木 마목】 ①마비(痲痺)되는 일. ◯'麻'는 '마비'를, '木'은 지각(知覺)이 없음을 뜻함. ②문둥병의 초기 증상으로 피부의 허는 자리.
【麻勃 마발】 ①삼꽃. ②□麻蕡(마분)①.
【麻蕡 마분】 ①삼꽃의 꽃가루. 약재로 씀. 麻勃(마발). ②삼씨.
【麻沸 마비】 헝클어진 삼오리와 끓어오르는 물. 형세가 어지럽고 소란스러움.
【麻枲 마시】 삼. ◯'枲'도 '삼'을 뜻함.
【麻衣 마의】 삼베옷.
【麻仁 마인】 삼씨. 麻子(마자).
【麻子 마자】 ①삼씨. 麻仁(마인). ②맷돌. ③곰보. 마맛자국.
【麻雀 마작】 중국의 실내 오락의 한 가지.
【麻苧 마저】 삼과 모시.
【麻紵 마저】 삼베.
【麻中之蓬 마중지봉】 삼밭에 난 쑥. 곧은 삼 속에서 자란 쑥은 저절로 곧게 자라게 됨. 좋은 환경에서는 악인이 선인으로 바뀜의 비유.
【麻紙 마지】 삼으로 만든 종이.
【麻疹 마진】 홍역. 홍진. 痲疹(마진).
【麻搭 마탑】 방화(防火) 용구의 한 가지. 먼지떨이 모양으로 만들어 불을 두들겨서 끔. 불털이.
【麻布 마포】 삼실로 짠 피륙. 삼베.
【麻皮皴 마피준】 동양화에서, 산·바위 등을 그리는 화법.
【麻蚿 마현】 노래기.
【麻鞋 마혜】 미투리.
◉大-, 桑-, 升-, 亞-, 油-, 苧-, 天-, 胡-, 禾-, 黃-.

麻0 【麻】⑪ 麻(2120)의 속자

麻3 【麽】⑭ 잘 마 箇 mó
소전 麿 속자 麼 간자 么 字解 ①잘다, 세소(細小)하다. 〔列子〕江浦之閒, 生麽蟲. ②어찌 ~느냐. 속어(俗語)에 쓰는 의문(疑問) 어조사. ③그런가. 어조(語調)를 고르는 어조사.
【麽陋 마루】 모습이 비천함.
【麽蟲 마충】 작은 벌레.
◉那-, 什-, 幺-, 恁-, 這-.

麻3 【麼】⑭ 麽(2120)의 속자

麻4 【麾】⑮ 대장기 휘 支 huī
字解 ①대장기. 장수가 군대를 지휘하는 데 쓰는 기. 진(陣)의 표지로 세우는 기. 〔春秋穀梁傳〕置五麾. ②지휘(指揮)하다. 〔顔

延之·詩〕一麾乃出守. ③부르다, 손짓하여 오라고 하다.〔春秋左氏傳〕周麾而呼. ④쾌하다, 쾌하게 여기다.〔禮記〕祭祀不祈, 不麾蚤.
【麾軍 휘군】군대를 지휘함.
【麾鉞 휘월】대장이 가지는 기(旗)와 도끼. 휘기(麾旗)와 부월(斧鉞).
【麾下 휘하】①대장의 깃발 아래. 장군의 지휘 아래에 딸린 병졸. 부하. ②장수(將帥). ③무관(武官)의 미칭(美稱).
○ 戒-, 軍-, 幢-, 大-, 矛-, 戎-, 節-, 旌-, 指-, 招-.

麻 5 【麈】⑯ 麾(2120)의 속자

麻 8 【䕆】⑲ 겨릅대 추 囚 zōu
[字解] ①겨릅대, 마골(麻骨). 껍질을 벗긴 삼대. ②삼, 대마(大麻).〔楚辭〕菎蕗雜於䕆蒸兮.

麻 10 【麿】⑳ 익을 미 囚 mǔ
[字解] ①익다. ②문드러지다. ③무너지다.

麻 12 【穈】㉓ 기장 미 囚 méi
[字解] 기장, 메기장, 검은 기장. 볏과의 한해살이풀. ≒穈.

麻 13 【蕡】㉔ 삼씨 분 囚 fén
[字解] ①삼씨, 삼의 열매.〔淮南子〕蕡不類布, 而可以爲布. ②씨가 있는 삼. ≒蕡.〔儀禮〕苴者麻之有蕡者也.

麻 20 【𪏮】㉛ 참기름 착 🈳 zuò
[字解] 참기름. 참깨나 검은깨로 짠 기름.

黃 部

12획 부수 | 누를황부

黃 0 【黃】⑫ 누를 황 陽 huáng

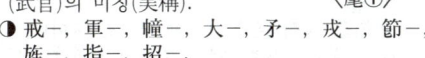

[字源] 形聲. 田+炗→黃. '炗(광)'이 음을 나타낸다.
[字解] ①누르다, 누른빛, 오색(五色)의 하나. 오행(五行)으로는 토(土)에 속하며, 방위로는 중앙에 배당된다.〔詩經〕綠衣黃裏. ②누래지다, 황색으로 변하다.〔禮記〕草木黃落. ③어린아이, 유아(幼兒).〔唐書〕民三歲以下爲黃. ④황마(黃馬). 털빛이 누른 말.〔詩經〕有驪有黃. ⑤황금(黃金).〔漢書〕懷銀黃垂三組. ⑥자황(雌黃), 약재의 하나.〔唐書〕朱黃不去手. ⑦황지(黃紙). 당대(唐代)에 칙령(勅令)을 적던 황색 종이.〔石林燕語〕勅書用黃紙. ⑧황옥(黃玉). 누른빛의 옥.〔詩經〕充耳以黃乎而. ⑨가운데, 중앙.〔易經〕鼎黃耳. ⑩황제 헌원씨(黃帝軒轅氏), 그의 교(敎).〔後漢書〕少好黃老, 隱遯山谷 ⑪곡식, 곡류(穀類).〔詩經〕種之黃茂. ⑫앓다, 병(病), 병들고 지친 모양.〔詩經〕何艸不黃. ⑬나라 이름. 주대(周代)의 제후국. 지금의 하남성(河南省) 황천현(潢川縣)의 서쪽.〔春秋左氏傳〕楚滅黃. ⑭도랑. ≒潢.〔枚乘·七發〕黃池紆曲.
【黃閣 황각】①㉠재상(宰相)이 집무하는 청사(廳舍)의 문. ㉡재상. ②당대(唐代)의 급사중(給事中). ③🇰의정부(議政府)의 딴 이름.
【黃瓜 황과】오이.
【黃冠 황관】①풀로 만든 관. 야인(野人)이 썼음. ②도사(道士)의 관. 도사.
【黃口 황구】①새 새끼. ②어린아이. ③경험이 적어 미숙한 사람. 黃吻(황문).
【黃耉 황구】노인. ○'黃'은 황발(黃髮), '耇'는 얼굴의 검버섯.
【黃宮 황궁】도교(道敎)에서 정수리를 일컫는 말. 腦頂(뇌정).
【黃卷 황권】책. ○옛날에 책을 만들 때 황색 종이를 써서 좀벌레를 방지한 데서 온 말.
【黃金 황금】①금(金). 순금(純金). ②돈. 금전(金錢). 재물. ③구리. 동(銅).
【黃農 황농】황제 헌원씨(黃帝軒轅氏)와 염제 신농씨(炎帝神農氏).
【黃嫩 황눈】연한 노란 새싹.
【黃泥 황니】진흙. 누런 진흙.
【黃疸 황달】담즙(膽汁)의 색소가 혈액에 이행하여 온몸과 눈이 누렇게 되는 병.
【黃闥 황달】①왕궁(王宮)의 문. 황색 칠을 한 데서 나온 말. ②왕궁(王宮)의 안.
【黃唐 황당】①황제(黃帝)와 당요(唐堯). ②황색의 무른 흙.
【黃道 황도】①태양의 둘레를 도는 지구의 궤도가 천구(天球)에 투영된 궤도. ②천자(天子)가 다니는 길.
【黃犢 황독】①털빛이 누른 송아지. ②달팽이의 딴 이름.
【黃童 황동】어린아이.
【黃頭郞 황두랑】①한대(漢代)에 선박(船舶)의 운행을 관장하던 하급 관리. ②뱃사공.
【黃落 황락】나뭇잎이 가을이 되어 떨어짐.
【黃蠟 황랍】밀. 蜜蠟(밀랍).

【黃粱夢 황량몽】 메조밥을 한 번 짓는 동안의 꿈. ㉠부귀영화의 덧없음. ㉡이룰 수 없는 욕망. 故事 당대(唐代)에 노생(盧生)이 한단(邯鄲)의 주막에서 주막 주인이 밥을 짓는 것을 보고 도사(道士) 여옹(呂翁)의 베개를 빌려 베고 잠이 들었는데, 꿈속에서 온갖 부귀영화를 다 누렸으나 깨어 보니 주막 주인이 짓던 밥이 채 익지도 않았더라는 고사에서 온 말.

【黃老 황로】 황제(黃帝)와 노자(老子). 또는 그들이 주장한 학설. 도가(道家)의 학문. 허무자연(虛無自然)을 숭상하여 유학(儒學)과 대립하였음.

【黃潦 황료】 길바닥에 괸 흙탕물.

【黃鸝 황리】 꾀꼬리. 黃鳥(황조).

【黃麻 황마】 ①피나뭇과의 다년초. ②조서(詔書). ◯당대(唐代)에 외사(外事)에 관한 조서를 황색의 마지(麻紙)에 쓴 데서 온 말.

【黃麻紙 황마지】 좀을 막기 위하여 황벽(黃蘗) 나무 즙으로 물들인 종이.

【黃面 황면】 ①누런 얼굴. 아직 어린아이 티를 못 벗은 얼굴이란 뜻으로, 남을 욕하여 하는 말. ②노인의 얼굴. ③석가(釋迦)의 얼굴.

【黃面老子 황면노자】 석가(釋迦)의 딴 이름.

【黃毛 황모】 족제비의 꼬리털. 붓을 매는 최상의 재료임.

【黃蕪 황무】 서리 맞아 누렇게 마른 풀.

【黃吻 황문】 ①黃口(황구). ②분을 바른 입 언저리.

【黃門 황문】 ①궁성의 문. ②환관(宦官)의 딴 이름. ③아내는 있으나 일생 아기를 낳지 못하는 남자.

【黃米 황미】 찹쌀.

【黃髮 황발】 ①누렇게 변한 노인의 머리털. ②노인.

【黃榜 황방】 칙서(勅書). ◯칙서는 황지(黃紙)에 쓴 데서 온 말.

【黃醅 황배】 탁주(濁酒).

【黃檗宗 황벽종】 (佛)선종(禪宗)의 한 파. 당대(唐代)에 복건성(福建省)의 황벽산(黃檗山)에 살던 희운 선사(希運禪師)에서 비롯한 말.

【黃蜂 황봉】 꿀벌의 한 가지. ㉠말벌. ㉡國참벌.

【黃扉 황비】 ①재상(宰相). 黃閣(황각). ②당대(唐代)의 급사중(給事中).

【黃砂 황사】 ①누런 빛깔의 모래. ②사막(沙漠)의 땅.

【黃鼠 황서】 족제비.

【黃綬 황수】 황색의 인끈. 승(丞)·위(尉) 등의 벼슬. ◯'綬'는 인수(印綬).

【黃熟 황숙】 곡식·과실 따위가 누렇게 잘 익음.

【黃埃 황애】 누런 먼지.

【黃鶯 황앵】 꾀꼬리. 黃鸝(황리).

【黃冶 황야】 도교(道敎)에서 단사(丹砂)를 불려 황금(黃金)이 되게 하는 술법.

【黃壤 황양】 ①누런 흙. ②저승. 黃泉(황천).

【黃屋 황옥】 ①천자의 수레에 설치한 누런 비단의 수레 덮개. ②천자의 존칭.

【黃雲 황운】 ①누런 구름. ㉠서운(瑞雲). ㉡먼지 따위로 누렇게 보이는 구름. ②바람에 넘실거리는 황숙(黃熟)한 들판.

【黃鉞 황월】 황금으로 장식한 도끼. 천자가 정벌할 때 썼음.

【黃雀 황작】 ①꾀꼬리. 黃鳥(황조). ②참새의 한 가지. 부리와 다리가 다 노란색임. ③부리가 노란 어린 새.

【黃雀伺蟬 황작사선】 참새가 매미를 엿봄. 위해(危害)가 닥쳐 있음을 알지 못함. 故事 매미를 잡으려고 사마귀가 노리고 있고, 그 사마귀를 쪼려고 참새가 노리고 있으며, 그 밑에 총알이 참새를 겨누고 있는데도 이를 깨닫지 못함을 이르는 말.

【黃雀銜環 황작함환】 참새가 구슬을 물어다 줌. 은혜를 갚음. 故事 어린 참새가 목숨을 구해 준 은혜를 갚기 위하여 구슬을 물어다 준 고사에서 온 말.

【黃磧 황적】 사막(沙漠).

【黃籍 황적】 호적(戶籍).

【黃庭 황정】 ①땅. 土地(토지). ②뇌중(腦中)·심중(心中)·비중(脾中).

【黃帝 황제】 ①중국 전설 시대의 제왕. 역산(曆算)·문자(文字)·율려(律呂)·의약(醫藥) 등을 백성에게 처음으로 가르쳤다고 하며 헌원씨(軒轅氏)라고도 함. ②오천제(五天帝)의 하나. 중앙(中央)을 주재(主宰)함.

【黃鳥 황조】 꾀꼬리.

【黃塵 황진】 누런 먼지. 세속의 잡사(雜事).

【黃泉 황천】 ①지하(地下)의 샘. ②저승. 冥府(명부). 黃壤(황양).

【黃泉客 황천객】 죽은 사람.

【黃淸 황청】 國빛깔이 누르고 품질이 좋은 꿀.

【黃貂 황초】 털빛이 누른 담비.

【黃燭 황촉】 밀로 만든 초. 밀초.

【黃土 황토】 ①토지(土地). 大地(대지). ②누르고 거무스름한 흙. ③저승. 黃泉(황천). ④적토(赤土)에서 뽑는 황적색 안료(顏料).

【黃波 황파】 황금 물결. 누렇게 익은 보리 이삭이 바람에 일렁거리는 모양.

【黃袍 황포】 황색 곤룡포(袞龍袍). 황제의 예복.

【黃閤 황합】 재상(宰相)이 있는 관서(官署).

【黃墟 황허】 저승. 九天(구천).

【黃昏 황혼】 ①해가 져서 어둑어둑할 무렵. ②종말에 이른 때.

【黃花 황화】 ①누른빛의 꽃. ②국화. 黃菊(황국).

【黃華 황화】 ①노란 꽃. ②국화(菊花). 黃菊(황국). ③채화(菜花).

【黃禍 황화】 황인종에 의한 백인종의 재화(災禍). 청일 전쟁 때 독일 빌헬름 2세가 일본의 진출에 대한 반감으로 주창한 말.

【黃暉 황휘】 누런 햇빛. 삼국(三國) 때의 위(魏)나라. ◯'魏'는 토덕(土德)의 왕이며, '土'는 황색인 데서 나온 말.

【黃羲 황희】 황제(黃帝) 헌원씨(軒轅氏)와 태호(太昊) 복희씨(伏羲氏). 모두 중국 전설 시대의 성군(聖君).

●渠-, 卵-, 大-, 騰-, 麻-, 飛-, 蘇-,

黃部 0～13획 黃 黅 黆 黇 黈 䵞 黊 黋 黌 黊　黍部 0～3획 黍 黎

松-, 純-, 乘-, 牛-, 雄-, 硫-, 雌-,
中-, 地-, 帖-, 玄-, 昏-, 纁-.

橫-.〔後漢書〕乃更修黌字.
【黌堂 횡당】글방. 학교. 黌校(횡교).
【黌門客 횡문객】독서인(讀書人).

黃0【黃】⑪ 黃(2121)과 동자

黃4【黅】⑯ 누른빛 강 陽 kāng
字解 누른빛.

黃4【黆】⑯ 씩씩할 광 陽 guāng
字解 씩씩한 모양, 날랜 모양.〔班固·樊噲銘〕黆黆將軍.

黃4【黇】⑯ 黇(2123)과 동자

黃5【黈】⑰ 누른빛 주 ㊡두 宥 tǒu
초서 𪓐
字解 ①누른빛.〔春秋穀梁傳〕天子諸侯楹黝堊, 大夫倉, 士黈. ②귀막이솜.〔淮南子〕黈纊塞耳, 所以掩聰. ③늘이다, 증익(增益)하다.〔馬融·賦〕猶以二皇聖哲黈益. ④선명한 황색. ※䵞(2123)의 와자(譌字).
【黈纊 주광】귀막이솜. 누른빛의 솜을 둥글게 뭉친 솜방울을 면류관 양쪽에 늘어뜨려 귓구멍을 가리게 한 것으로, 임금이 불요불급(不要不急)한 말을 듣지 않도록 경계하는 것.
【黈益 주익】더하여 수량을 늘게 함.

黃6【黊】⑱ 밝은 황색 휴 齊 huā
소전 𪓒
字解 밝은 황색, 선명한 황색.

黃8【䵞】⑳ 누른빛 돈 元 tūn
동자 黈 동자 𪓔
字解 누른빛, 황색.

黃9【黋】㉑ 얼굴빛 노래질 운 吻 yǔn
동자 黌
字解 얼굴빛이 노래지다, 얼굴빛이 갑자기 노래지는 모양.

黃10【黌】㉒ 黌(2123)과 동자

黃10【黊】㉒ 알 노른자 황 陽 huáng
字解 알의 노른자, 난황(卵黃).

黃13【黌】㉕ 글방 횡 庚 hóng
초서 𪓕 간체 黌
字解 글방, 학사(學舍), 학교. 고대의 학교 이름. 늘

黍 部

12획 부수 ｜ 기장서부

黍0【黍】⑫ 기장 서 語 shǔ
소전 𪓗 초서 𪓘
字源 會意. 禾+余→黍. '余'는 '雨(비 우)'의 생략형. 곡식 중에서도 가장 찰기가 많은 것이 기장이므로, 곡식〔禾〕에 물〔雨〕을 더하여 '기장'이라는 뜻을 나타냈다.
字解 ①기장. 오곡(五穀)의 하나.〔詩經〕我黍與與. ②도량형의 기본 단위. 기장쌀 한 개의 길이를 1푼〔分〕, 기장쌀 2,400개의 용량을 1홉〔合〕, 기장쌀 100개의 무게를 1수〔銖〕라 한다.〔漢書〕一黍爲一分. ③서 되들이 술그릇.〔呂氏春秋〕操黍酒而進之.
【黍穀 서곡】조·수수·옥수수 따위의 잡곡.
【黍稻 서도】기장과 벼.
【黍絫 서루】매우 가벼운 무게의 단위. 기장 10개의 무게가 1루〔絫〕이고, 10루가 1수〔銖〕이다. '銖'는 냥〔兩〕의 24분의 1(약 0.67g).
【黍離之歎 서리지탄】나라가 멸망하여 옛 궁전 터에 기장만이 무성함을 보고 하는 탄식. 세상의 영고성쇠(榮枯盛衰)가 무상함. 故事 주(周)가 망한 뒤 허물어진 대궐 터에 기장이 무성하게 자라는 것을 보고 시를 읊어 탄식한 고사에서 온 말. ○ '離'는 '離離'로, 이삭이 드리운 모양. 麥秀之歎(맥수지탄).
【黍民 서민】모기〔蚊〕의 딴 이름.
【黍粟 서속】기장과 조.
【黍稷 서직】찰기장과 메기장. 곡물의 범칭. 지난날, 나라의 제사 때 날로 썼음.
【黍禾 서화】①수수. 기장. ②기장과 벼. 禾黍(화서).
○ 雞-, 麥-, 食-, 稷-, 薦-, 春-, 炊-, 禾-, 黃-, 黑-.

黍3【黎】⑮ 검을 려 齊 lí
소전 𪓚 초서 𪓛 동지 𪓜
字解 ①검다, 검은빛. ≒黧·黧. ②많다, 뭇.〔書經〕黎民於變時雍. ③녘, 무렵.〔史記〕黎明圍宛城三匝. ④가지런하다, 정제(整齊)하다. ≒齊.〔詩經〕民靡有黎. ⑤늙다. ≒黧·耆.〔國語〕今王播棄黎老. ⑥나라 이름. 은대(殷代)의 제후국. 지금의 산서성(山西省) 장치현(長治縣)의 서남(西南)쪽.〔詩經〕黎侯寓于衛. ⑦종족 이름, 이인(俚人). 광동성(廣東省) 경주도(瓊州

島)에 사는 종족.〔宋史〕有黎母山, 黎人居焉.
⑧불을 맡은 신(神). 축융(祝融).〔張衡·賦〕視
有黎之炎墳.
【黎老 여로】노인.
【黎明 여명】밝아 오는 새벽. 먼동이 틀 무렵.
【黎明期 여명기】새로운 시대가 시작되는 시기.
【黎民 여민】모든 백성. ○고대에, 일반 백성은
관을 쓰지 않아 검은 머리였던 데서 온 말. 黔
首(검수). 庶民(서민). 黎庶(여서).
【黎庶 여서】➡黎民(여민).
【黎首 여수】검은 머리. 곧, 백성. 黎民(여민).
【黎元 여원】검은 머리. 곧, 백성. 黎民(여민).
【黎蒸 여증】➡黎民(여민).
【黎獻 여헌】여민 중의 현자(賢者).
【黎黑 여흑】검음.
➊黔一, 九一, 群一, 氓一, 庶一, 遠一, 遺一.

黍 5 【黏】⑰ 차질 점 ㊌념 ⓖ mián
소전 초서 동자 粘
字解 ➊차지다. 끈기가 있어 들러
붙다. ②풀. 떡. ➌붙다. 달라붙다.〔白居易·
謠〕泥黏雪滑, 足力不堪. ➍약초(藥草) 이름.
청점(靑黏). ≒黏.〔魏志〕佗授以漆葉靑黏散.
【黏膜 점막】생물체의 내부 기관들을 덮은, 끈끈
하고 부드러운 막의 총칭. 粘膜(점막).
【黏米 점미】찹쌀.
【黏性 점성】①차지고 끈끈한 성질. ②유체(流
體)가 운동할 때 나타나는 내부 마찰.
【黏液 점액】끈끈한 액체. 점막(黏膜)에서 분비
되는 끈끈한 액체. 粘液(점액).
【黏著 점착】착 달라붙음. 粘著(점착).
【黏土 점토】찰흙. 도자기·기와·벽돌의 원료가
됨. 粘土(점토).
➊飯一, 泥一, 靑一.

黍 10 【稻】㉒ 옥수수 토 ㊌ tǎo
字解 옥수수, 촉서(蜀黍).

黍 11 【黐】㉓ 끈끈이 치 ㊌ chī
字解 끈끈이. 끈끈하여 붙으면 날 수 없게 되
는, 새를 잡는 데 쓰는 물질.〔陸游·詩〕正如
病翼遭黐粘.
【黐竿 치간】새를 잡는 끈끈이 채.
【黐粘 치점】새를 잡는 데 쓰는 끈끈이.

黑部

12획 부수 | 검을흑부

黑 0 【黑】⑫ 검을 흑 ㊌ hēi

丨 冂 冂 冋 四 甲 甲 里 黑 黑

소전 㷥 초서 黑 본자 㷥 동자 黑 字源 會
意. 囪+
炎→㷥→黑. '囪'은 '窓(창문 창)'의 변형. 본
래 불(炎)이 활활 타올라 창문(囪) 밖으로 나간
다는 뜻을 나타낸다. 창으로 불길이 나가게 되
면 거멓게 그을리게 되므로 '검다'라는 뜻이 나
왔다.
字解 ①검은빛, 흑색(黑色), 오색(五色)의 하
나. 오행(五行)으로는 수(水)에 속하며, 방위로
는 북(北), 계절로는 겨울에 배당된다.〔禮記〕
夏后氏尙黑. ②검다. ㉮빛이 검다.〔書經〕厥
土黑墳. ㉯어둡다, 회명(晦冥).〔漢書〕日黑,
大風起, 天無雲. ㉰나쁜 마음, 흑심(黑心).
〔法苑珠林〕心不染黑. ㉱어리석은 마음, 흑암
심(黑闇心).〔南山戒疏〕言黑闇心者謂痴心.
③거메지다. ㉮검은빛으로 변하다.〔魏志〕池
水盡黑. ㉯어두워지다, 날이 저물다.〔楚辭〕
行明白而日黑兮. ㉰눈이 어두워지다, 현기증이
나다.〔景德傳燈錄〕耳聾目黑. ④기장, 볶은
기장.〔周禮〕其實, 醴齊白黑, 注云, 黍曰黑.
⑤양(羊), 돼지.〔詩經〕以其騂黑. ⑥밤, 어둠.
〔王建·詩〕侵黑行飛一兩聲.
【黑角 흑각】물소의 뿔.
【黑尻 흑고】황새의 딴 이름. 背竈(배조).
【黑鬼子 흑귀자】①흑인(黑人)의 비칭. ②피부
가 검은 사람을 조롱하여 이르는 말.
【黑糖 흑당】①검은 빛깔의 엿. ②검은 설탕. 흑
설탕.
【黑頭公 흑두공】①머리가 검은 공(公). 젊어서
삼공(三公)의 지위에 오른 사람. 黑頭宰相(흑두
재상). ②붓의 딴 이름.
【黑潦 흑료】길바닥 같은 데 괸 흙탕물.
【黑笠 흑립】㊌검은 옷칠을 한 갓. 漆笠(칠립).
【黑幕 흑막】①검은 장막. ②겉으로 드러나지
않은 음흉한 내막.
【黑眸 흑모】검은 눈동자. 黑睛(흑정).
【黑髮 흑발】검은 머리털.
【黑白分明 흑백분명】옳고 그름이 분명함.
【黑黍 흑서】검은 기장. 옻기장.
【黑松 흑송】곰솔. 海松(해송).
【黑心 흑심】①(佛)질투심. ②음흉하고 부정(不
正)한 마음. 邪心(사심).
【黑暗 흑암】캄캄함. 몹시 어두움.
【黑曜石 흑요석】흑색의 치밀한 파리질(玻璃質)
로 된 화산암(火山巖). 烏石(오석).
【黑雲 흑운】①검은 구름. ②불길한 일이 일어
날 조짐.
【黑月 흑월】①인도(印度)의 역법(曆法)에서, 선
보름을 백월(白月)이라 하는 데 대하여 후보름
을 이르는 말. 또는 그믐날의 달을 이름. ②어
두컴컴한 달. 으스름달.
【黑衣 흑의】①검은 빛깔의 옷. ②궁중의 위사
(衛士). ③승복(僧服).
【黑衣宰相 흑의재상】①승려의 몸으로 천하의
정권에 참여하는 사람. ②남조(南朝) 때 송대

(宋代)의 혜림도인(慧琳道人).
【黑子 흑자】①사마귀. 살갗에 돋은 작고 검은 군살. ②협소한 토지. ③바둑의 검은 돌.
【黑字 흑자】①검은 글자. ②수지(收支) 결산상의 이익.
【黑鳥 흑조】까마귀의 딴 이름.
【黑甛 흑첨】낮잠. 午睡(오수).
【黑淸 흑청】빛깔이 검은 꿀.
【黑齒彫題 흑치조제】철장(鐵漿)으로 이를 검게 물들이고 이마에 자자(刺字)를 함. 곧, 야만(野蠻)의 풍속.
【黑板 흑판】검은색이나 녹색의 판. 漆板(칠판).
【黑風 흑풍】거센 바람. 暴風(폭풍).
【黑風白雨 흑풍백우】거센 바람과 소나기.
○ 黛一, 純一, 深一, 暗一, 黯一, 黎一, 窈一, 陰一, 淺一, 青一, 漆一, 昏一, 曛一.

黑 0 【黑】⑪ 黑(2124)과 동자

黑 0 【黒】⑭ 黑(2124)의 본자

黑 1 【黓】⑬ 시커멀 얼 職 yì
[초서][字解] 시커멀다, 아주 검은빛, 심흑색(深黑色).〔韓愈·詩〕黓昧就滅.
【黓昧 얼매】짙은 흑색. 深黑(심흑).

黑 3 【黚】⑮ 검은빛 간 黸 gǎn
[字解]①검은빛. ②기미. 얼굴에 끼는 얼룩점. =骭.

黑 3 【黕】⑮ 검을 익 職 yì
[字解]①검다.〔漢書〕身衣黕綈. ②천간(天干)에서 임(壬)의 딴 이름.〔爾雅〕太歲在壬曰玄黕. ③주살. 늑대.

黑 4 【黔】⑯ ❶검을 검 鹽 qián
❷귀신 이름 금 侵 qián
[참고] 대법원 지정 인명용 한자의 음은 '검'이다.
[字解] ❶①검다.〔戰國策〕扶社稷, 安黔首. ②그을다, 검어지다.〔韓愈·論〕墨突不得黔. ③연하게 검은 빛깔, 천흑(淺黑). ④군(郡) 이름.〔史記〕秦置黔中郡. ⑤현(縣) 이름.〔前漢書〕琅邪郡黔陬縣. ❷①귀신 이름. ㉯조화(造化)의 신. ㉰수신(水神).〔楚辭〕召黔羸而見之兮. ②검은빛, 흑색.〔春秋左氏傳〕邑中之黔. ③성(姓).
【黔突 검돌】거멓게 그을은 굴뚝.
【黔驢之技 검려지기】검(黔) 땅 나귀의 재능. ㉠자기 기량이 졸렬함을 모르고 욕을 봄. ㉡재주는 오직 한 가지뿐 별다른 기능이 없음. [故事] 검 땅에는 본디 나귀가 없었는데, 어떤 사람이

이를 산 밑에 놓아 먹였더니 처음에는 범이 나귀의 몸집이 큰 데 놀라 주저하다가 뒤에 나귀가 뒷발길질만 하고 별 기능이 없음을 알아차리고, 결국 나귀를 잡아먹었다는 고사에서 온 말.
【黔首 검수】관을 쓰지 않은 검은 머리. 일반 백성. ○'黔'은 '黎'로 '검은빛'을 뜻함. 庶民(서민).
【黔黎 검려】백성. 서민.
【黔嬴 금영】①조화신(造化神)의 이름. ②수신(水神).

黑 4 【黕】⑯ 때 담 感 dǎn
[소전][字解]①때, 때가 끼다, 더러워지다.〔楚辭〕或黕點而汙之. ②검은 모양.〔潘岳·賦〕翠幕黕以雲布.

黑 4 【默】⑯ 묵묵할 묵 職 mò
ㅁㅁㅁ日甲里黒黒黙默
[소전][초서][字源] 形聲. 黑+犬→默. '黑(흑)'이 음을 나타낸다.
[字解]①묵묵하다, 말하지 않다.〔易經〕或默或語. ②고요하다. ㉮인기척이 없다.〔書經〕恭默思道. ㉯말이 적다.〔晉書〕靜黙有遠志. ㉰들리지 않다, 나타나지 않다.〔任昉·碑〕顯默之際. ㉱양암(諒闇)의 예(禮)를 지키는 일.〔國語〕於是乎三年默以思道. ③모독(冒瀆)하다, 재물을 탐하여 독직(瀆職)하다.〔孔子家語·解〕貪以敗官爲墨. ④검다, 어둡다, 아득하다. ⑤없다.〔列子〕默之成之.
【默契 묵계】말 없는 가운데 뜻이 서로 맞음. 또는 그렇게 이루어진 약속. 默約(묵약).
【默考 묵고】묵묵히 생각함. 默念(묵념).
【默稿 묵고】마음속으로 지어 놓은 시문(詩文)의 초고(草稿).
【默過 묵과】말없이 지나쳐 버림. 알고도 모르는 체 넘겨 버림.
【默記 묵기】조용히 욈.
【默念 묵념】①말없이 생각에 잠김. ②마음속으로 빎.
【默默 묵묵】①아무 말 없이 잠잠함. 默然(묵연). ②공허(空虛)한 모양. 허무한 모양. ③뜻을 얻지 못하는 모양. ④조용하여 인기척이 없는 일.
【默祕 묵비】묵묵히 말하지 않음.
【默寫 묵사】①외워서 씀. ②마음속으로 화고(畫稿)를 그리는 일.
【默殺 묵살】알고도 모르는 체하고 내버려 둠. 문제 삼지 않음.
【默想 묵상】말없이 조용히 생각함.
【默示 묵시】말 없는 가운데 은연중에 자기의 사를 나타내 보임.
【默約 묵약】⇨默契(묵계).
【默吟 묵음】시가(詩歌)를 마음속으로 읊음.
【默認 묵인】모르는 체하고 하려는 대로 내버려

黑部 4~5획 默黛黝點

둠으로써 슬며시 인정함.
【默存 묵존】몸은 움직이지 않고 마음이 어느 곳에 가 노닒.
【默坐 묵좌】묵묵히 앉아 있음.
【默珠 묵주】염주(念珠).
【默重 묵중】과묵(寡默)하고 신중(愼重)함.
【默識 묵지】남이 한 말의 진의(眞義)를 곧 알아차림. 마음속에 기억함.
【默識心通 묵지심통】이심전심(以心傳心)으로 깨달음.
◐ 恭一, 寡一, 愼一, 暗一, 語一, 淵一, 恬一, 瘖一, 靜一, 沈一, 退一, 緘一, 玄一.

黑 4 【默】⑯ 검을 희 困 xī
초전 默 字解 ①검다. ②어둡다, 분명하지 못한 모양.〔左思・賦〕芒芒默默. ③아득한 모양.

黑 5 【黛】⑰ 눈썹먹 대 國 dài
초자 黛 본자 黱 字解 ①눈썹먹. 눈썹을 그리는 데 쓰는 연필 모양의 화장품.〔楚辭〕粉白黛黑. ②눈썹먹으로 그린 눈썹.〔陶潛・賦〕願在眉而爲黛. ③여자의 눈썹.〔梁元帝・詩〕怨黛舒還斂. ④검푸른 빛, 짙은 청색, 산이나 숲의 푸른빛.〔皇甫冉・詩〕南望千山如黛色.
【黛螺 대라】①화가들이 쓰는 청록색(靑綠色) 안료(顔料). ②여자의 눈썹과 소라 모양으로 쪽찐 머리.
【黛綠 대록】눈썹먹의 빛깔이 푸름. 곧, 미인의 모습.
【黛面 대면】분대(粉黛)로 화장한 얼굴.
【黛墨 대묵】눈썹먹.
【黛眉 대미】눈썹먹으로 그린 눈썹.
【黛色 대색】눈썹먹 같은 빛. 검푸른 빛.
【黛靑 대청】눈썹먹처럼 진한 푸른색.
◐ 綠一, 濃一, 眉一, 薄一, 粉一, 鉛一, 靑一, 秋一, 春一, 翠一, 紅一.

黑 5 【黝】⑰ 검푸를 유 宥 yǒu
소전 黝 초서 黝 字解 ①검푸르다, 청흑색(靑黑色). ②검다, 검은 모양. ㉠幽.〔春秋穀梁傳〕天子諸侯黝堊. ③검은 기둥. ④검은 흙, 땅을 검게 칠하다.〔爾雅〕地謂之黝, 注云, 黑飾地也.
【黝糾 유규】①특출한 모양. ②숲이 빙 둘러싸고 있는 모양.
【黝牲 유생】제사(祭祀)에 쓰는 검푸른 빛깔의 희생.
【黝儵 유숙】번성(繁盛)한 모양.
【黝堊 유악】①땅을 평평하게 하여 검게 하고 담벽을 희게 칠하는 일. ②검푸르게 칠하는 일. ○'黝'는 검은 기둥, '堊'은 흰 벽.
【黝藹 유애】수목이 무성한 모양.

【黝黝 유유】①거무스름한 모양. ②나무나 풀이 우거져서 어두컴컴한 모양.
◐ 紺一, 騏一, 深一.

黑 5 【點】⑰ 점 점 國 diǎn
口冂日甲里黑黑黑點點
소전 點 초서 點 속자 点 간자 点
字源 形聲. 黑+占→點. '占(점)'이 음을 나타낸다.
字解 ①점. ㉮작은 흔적.〔詩經〕紫點爲文. ㉯문장의 구두점(句讀點), 사물의 표시로 찍는 점.〔宋史〕凡所讀, 無不加標點. ㉰점을 찍은 것과 같은 작은 물건.〔庾信・啓〕連珠疎點. ㉱자획(字畫)의 하나인 점.〔王羲之・筆陣圖〕每作一點, 如高峯墜石. ②문자의 말소(抹消), 자구(字句)의 정정(訂正).〔白居易・詩〕筆盡鉛黃點. ③세다, 점검(點檢)하다.〔舊唐書〕點檢兵馬一萬三千. ④시간을 세는 단위. 경(更)의 5분의 1.〔韓愈・詩〕鷄三號, 更五點. ⑤수로써 나타낸 평가의 숫자. ⑥물건의 개수(箇數)를 나타내는 말. ⑦장소를 나타내는 말. ¶終點. ⑧한도를 나타내는 말. ¶沸點. ⑨작은 조각.〔杜甫・詩〕風飄萬點正愁人. ⑩물방울, 영적(零滴).〔陸游・詩〕雨點墮車軸. ⑪그림으로 그리다.〔南史〕眉目如點. ⑫가볍게 스치다.〔杜甫・詩〕點水蜻蜓款款飛. ⑬더럽히다, 욕되게 하다, 오점(汚點).〔司馬遷・書〕適足以見笑而自點耳. ⑭흉터, 얼굴에 생긴 반흔(瘢痕).〔談苑〕婦人面飾用花子, 起自上官昭容, 以掩點跡. ⑮등불을 켜다.〔岑參・詩〕火點伊陽村. ⑯가리키다, 지시하다.〔李白・詩〕金鞭遙指點. ⑰파호(破戶), 치중(置中). 바둑에서 상대방의 돌을 잡기 위하여 그 집의 중간 위치에 놓아서 두 집이 못 나게 하는 기법(棋法).〔圍棋義例〕深入而破其眠曰點旁. ⑱따르다, 붓다.〔梁簡文帝・七勵〕露點蜜飴. ⑲작은 발자국을 내다.〔劉表元・詩〕初晴鶴點靑邊障. ⑳점찍다.〔王羲之・筆陣圖〕點其點.
【點勘 점감】책 따위를 읽을 때 표를 해 가며 면밀히 읽음. 자세히 조사함. 校勘(교감).
【點檢 점검】①낱낱이 검사함. ②돌이켜 살펴봄.
【點檢矯揉 점검교유】돌이켜 살펴서 자기의 결점을 찾아서 고침.
【點景 점경】①풍경화에 다른 사물을 그려 넣어서 정취를 더하는 일. 산수(山水)에 인물(人物)을, 솔에 바위를 배치하는 따위. ②점철(點綴)한 분경(盆景).
【點鬼簿 점귀부】①죽은 사람의 이름을 적은 책자(冊子). ②시문(詩文)에 고인의 이름을 많이 넣는 병폐(病弊).
【點頭 점두】승낙하거나 옳다는 뜻으로 머리를 끄덕임. 首肯(수긍).
【點燈 점등】등불을 켬.
【點滅 점멸】등불이 켜졌다 꺼졌다 함.

【點發 점발】한 글자에 여러 음이 있고, 그 음에 따라 뜻이 달라지는 경우, 글자의 옆에 점 또는 동그라미 표를 하여 성조를 나타내는 일. 평성(平聲)은 좌하(左下), 상성(上聲)은 좌상(左上), 거성(去聲)은 우상(右上), 입성(入聲)은 우하(右下)에 표시함.
【點線 점선】줄지어 찍은 점으로 이루어진 선.
【點數 점수】성적을 나타내는 숫자.
【點額 점액】①이마를 물들임. 이마에 글씨를 쓰거나 그림을 그리는 일. ②시험에 낙제함. [故事] 용문(龍門)을 오른 물고기는 용이 되지만 못 오른 물고기는 이마만 다치고 되돌아간다는 고사에서 온 말.
【點染 점염】①물들임. ②더럽혀짐. 묻은 때. 얼룩. ③문장(文章)을 윤색(潤色)하는 일. ○화가(畫家)가 경물(景物)을 점철해 놓고 채색(彩色)하는 데서 온 말.
【點辱 점욕】①때를 묻혀 물건을 더럽힘. ②남에게 창피를 줌.
【點在 점재】여기저기에 흩어져 있음. 곳곳에 산재(散在)함.
【點滴 점적】①점점이 듣는 물방울. ②시료(試料)에 시약(試藥)을 적정(滴定)하는 일.
【點定 점정】문장을 고쳐 바로잡음.
【點睛 점정】동물이나 사람을 그릴 때 맨 마지막으로 눈동자를 그림. 사물의 안목이 되는 가장 중요한 곳을 이루어 완성함. ⓞ畫龍點睛(화룡점정).
【點竄 점찬】문장의 자구(字句)를 고치는 일.
【點綴 점철】여기저기 흩어진 점이 서로 이어심. 또는 그 점을 이음.
【點鐵成金 점철성금】쇳덩이를 다루어 황금(黃金)을 만듦. 전인(前人)의 글을 활용(活用)하여 명작(名作)을 만듦.
【點行 점행】소집령(召集令)이 내려 정역(征役)에 징발되는 일. 장정(壯丁)의 명부에 의거해서 상정(上丁)·하정(下丁)을 분명히 하여, 교체(交替)로 차역(差役)하는 일.
【點穴 점혈】①침을 놓거나 뜸을 뜰 곳에 먹으로 점을 찍어 표하는 일. ②풍수(風水)에서, 묘자리를 점치는 일.
【點呼 점호】한 사람 한 사람 이름을 불러서 인원을 조사함.
【點化 점화】①정치(政治)를 더럽힘. ②도가(道家)의 말로, 종래의 것을 고쳐서 새롭게 함. ③앞 사람의 시문(詩文)을 고쳐서 참신한 맛을 불어넣음.
【點火 점화】불을 켜거나 붙임.
○ 據—, 缺—, 觀—, 起—, 基—, 難—, 同—, 得—, 滿—, 汚—, 要—, 無—, 斑—, 冰—, 弱—, 汚—, 要—, 一—, 終—, 朱—, 重—, 指—, 總—, 評—, 血—, 訓—, 黑—.

黑5 【黈】⑰ 점 주 [zhǔ]
[字解] 점. ㉮구두점(句讀點). ㉯자획(字畫)의 하나인 점. [衛常·書勢] 勵黈點驪.

黑5 【黜】⑰ 물리칠 출 [chù]
[字解] ①물리치다, 물러나다. [論語] 柳下惠爲士師, 三黜. ②떨어뜨리다, 관직을 낮추다. [王禹偁·記] 直士抗言, 我將黜之. ③쫓다, 내몰다. [春秋公羊傳] 黜公者, 非吾意也. ④떠나다, 제거(除去)하다. [春秋左氏傳] 咸黜不端. ⑤폐지(廢止)하다. [國語] 公將黜太子申生. ⑥끊다, 없애다. [書經] 周公相成王, 將黜殷.
【黜去 출거】내쫓음. 黜放(출방).
【黜遣 출견】내쫓음. 黜放(출방).
【黜敎 출교】교인(敎人)을 교적(敎籍)에서 삭제하는 일.
【黜棄 출기】물리치고 버림. 黜廢(출폐).
【黜慢 출만】내쫓고 얕봄. 黜慢(출만).
【黜免 출면】파면(罷免)하여 내쫓음.
【黜剝 출박】관직을 박탈하고 물리침.
【黜罰 출벌】관직을 파면하고 벌을 줌.
【黜削 출삭】관위(官位)를 박탈당하고도, 무관(無官)으로 종군하여 충성을 다함. 백의종군(白衣從軍)하는 일.
【黜辱 출욕】창피를 주어 물러나게 함.
【黜遠 출원】내쫓고 멀리함.
【黜責 출책】물리치고 견책함.
【黜斥 출척】물리쳐 쓰지 않음.
【黜陟 출척】무능한 사람을 물리치고, 유능한 사람을 등용함. 黜升(출승).
【黜陟幽明 출척유명】성적이 좋은 관원은 승진시키고, 공적이 없는 관원은 내쫓음. ○'明'은 공적이 있는 사람, '幽'는 공적이 없는 사람.
【黜退 출퇴】내쫓음. 직(職)을 그만두게 함.
【黜學 출학】퇴학(退學)시킴.
【黜會 출회】단체나 회합에서 내쫓음. 회(會)에서 제명함.
○ 減—, 譴—, 免—, 放—, 削—, 陟—, 竄—, 責—, 斥—, 遷—, 罷—, 貶—, 廢—, 顯—.

黑6 【黟】⑱ 검을 이 [因] yī
[字解] ①검다. [歐陽脩·賦] 黟然黑者爲星星. ②흑단(黑檀). 감나뭇과의 상록 활엽 교목.
【黟然 이연】검은 모양.

黑6 【黠】⑱ 약을 힐 [⊛할] [䨣] xiá
[字解] ①약다, 영리하다. [北史] 簡選點慧者數十人. ②교활하다, 간교하다. [後漢書] 外慰內黠.
【黠奴 힐노】①노비(奴婢)의 딴 이름. ②교활한 놈. 나쁜 놈. 남을 욕하여 이르는 말.
【黠鼠 힐서】쥐. ○쥐는 원래 교활한 데서 이르는 말.
【黠兒 힐아】총명하고 슬기로운 아이.
【黠智 힐지】교활한 꾀.
【黠慧 힐혜】교활함. 약삭빠름.

【點獪 힐회】교활함. 간교함.
❶姦-, 桀-, 輕-, 狡-, 敏-, 汚-, 陰-,
捷-, 慧-, 凶-.

【黪】⑲ 캄캄할 맘 感 wǎn
字解 ①캄캄하다. ②어둠 속을 가다. 암행(暗行)하다.

【黣】⑲ 그을 매 賄 měi
字解 그을다, 검다, 얼굴이나 살갗이 거무스름하다. 〔列子〕肌色黚黣.

【黥】⑳ 묵형 경 庚 qíng
字解 묵형(墨刑). 얼굴에 죄명(罪名)을 자자(刺字)하던 옛 형벌. =剠. 〔後漢書〕黥首刖足.
【黥徒 경도】묵형(墨刑)을 받은 죄인(罪人).
【黥面 경면】얼굴에 입묵(入墨)을 함. 또는 그 얼굴.
【黥辟 경벽】⇨黥罪(경죄).
【黥首 경수】이마에 자자(刺字)하는 형벌. 또는 그 이마.
【黥罪 경죄】죄인의 얼굴이나 이마에 죄명을 새겨 넣던 형벌. 墨刑(묵형).

【黖】⑳ 검을 답 合 tà
字解 ①검다, 새카맣다. ②마구, 멋대로, 초목이 멋대로 자라는 모양. ③많이 겹치는 모양.

【黨】⑳ 무리 당 養 dǎng
字源 形聲. 尙+黑→黨. '尙(상)'이 음을 나타낸다.
字解 ①무리, 한동아리, 의기상통하며 귀추를 같이하는 사람들. 〔論語〕各於其黨. ②마을, 향리(鄕里). 〔楚辭〕惟此黨人其獨異. ③일가, 친척. 〔禮記〕睦於父母之黨. ④곁, 측근(側近). 〔儀禮〕居侯黨之一. ⑤접(接)하다, 사귀다. 〔後漢書〕無所交黨. ⑥돕다, 서로 도와 비행(非行)을 숨기다. 〔論語〕君子不黨. ⑦친하게 지내다, 친교(親交)하다. 〔荀子〕黨學者. ⑧치우치다, 편들다. 〔書經〕無偏無黨. ⑨아첨하다, 아부하다. 〔國語〕比而不黨. ⑩거듭, 빈번히. 〔荀子〕怪星之黨見. ⑪곳, 장소. 〔春秋左氏傳〕何黨之乎. ⑫바르다, 착하다, 아름답다. 〔荀子〕博而黨正. ⑬혹시, 아마도. 늑儻. 〔漢書〕黨可以徼幸.
【黨錮之禍 당고지화】후한(後漢)의 환제(桓帝) 때 환관(宦官)들이 정권을 장악하여 국사를 마음대로 하자, 진번(陳蕃)·이응(李膺) 등이 이들을 탄핵하였으며, 환관들은 도리어 그들을 조정(朝廷)을 반대하는 당인(黨人)이라 하여 종신금고(終身禁錮)에 처하였고, 영제(靈帝) 때 다시 등용된 이응 등이 환관을 몰아내려 실패하여 이응을 포함한 수백 명의 관리가 피살, 처형되고 유배, 수감된 사건.
【黨規 당규】당의 규칙. 黨則(당칙).
【黨同 당동】주장을 같이하는 사람과 편을 짬. 이해관계가 같은 사람끼리 모여 동아리를 이룸.
【黨同伐異 당동벌이】잘잘못에 관계없이 자기와 같은 무리에 가담하여 반대자를 공격하는 일.
【黨論 당론】①이치에 맞는 의론. ②정당의 의견이나 논의.
【黨閥 당벌】같은 당파의 무리끼리 굳게 단결하여 동료만으로 남을 배척하는 일.
【黨朋 당붕】같은 무리. 동료. 黨波(당파). 朋黨(붕당).
【黨首 당수】당의 우두머리.
【黨人 당인】①같은 무리. 한패가 되어 서로 돕고 비행을 숨겨 주는 사람들. ②같은 향리(鄕里)의 사람.
【黨引 당인】한패가 되어 서로 돕는 일.
【黨爭 당쟁】당파를 이루어 서로 싸움.
【黨正 당정】바르고 착함.
【黨派 당파】①주의·주장·이해를 같이하는 사람들이 뭉쳐 이룬 단체나 모임. ②붕당·정당의 분파(分派).
【黨見 ❶당현 ❷당견】❶빈번히 나타남. 또는 때때로 나타나는 일이 있음. ❷당의 의견.
【黨禍 당화】당쟁으로 말미암아 입는 화.
❶結-, 公-, 洛-, 內-, 徒-, 同-, 夫-,
婦-, 朋-, 私-, 新-, 阿-, 惡-, 野-,
與-, 吾-, 友-, 僞-, 殘-, 敵-, 政-,
創-, 威-, 黜-, 脫-, 偏-, 害-.

【黧】⑳ 검을 리·려 支齊 lí
字解 ①검다. 〔楚辭〕顏黴黧而沮敗兮. ②검누렇다, 황흑색(黃黑色). ③얼룩, 반점(斑點).
【黧顔 이안】검은 얼굴. ②얼굴을 타게 함.
노동(勞動)함.
【黧黃 이황】꾀꼬리의 딴 이름.
【黧黑 이흑】①누런빛을 띤 검은빛. ②초췌한 얼굴.
❶垢-, 黴-, 緇-.

【黤】⑳ 검푸를 암 琰 yǎn
字解 ①검푸르다, 청흑색. ②어둡다, 캄캄하다. =黯. 〔齊己·行路難〕驚波不在黤黮間. ③갑자기, 별안간.
【黤黮 암담】①밝지 않은 모양. ②매우 캄캄함. ③검은 모양.

【黦】⑳ ❶검을 울 物 yuè ❷퇴색할 알 月 yè

黑部 8～13획 � 䵹 䵻 黯 黰 黮 黱 黲 黶 黳 黷

黑8 【黝】 字解 ❶검다, 황흑색(黃黑色). ❷① 퇴색하다, 빛이 바래다. 〔韋莊·詞〕淚霑紅袖黝. ②검고 무늬가 있다.

黑8 【黜】 ⑳ 필세 치 紙 zhǐ
字解 필세(筆勢), 구두점(句讀點). 〔梁武帝·書評〕黜黜點黮, 言狀如連珠, 絶不離.

黑9 【黖】 ㉑ ❶검을 담 感 dǎn ❷오디 심 寢 shèn ❸어두울 탐 勘
소전 㺉 초서 黖 字解 ❶①검다, 오디가 검다. ②새까맣다. 〔左思·賦〕榛題黖黖. ③검누른 빛, 흑황색(黑黃色). ④사사로움, 개인의 비밀, 음사(陰私). ❷오디. 뽕나무의 열매, =葚. 〔詩經〕食我桑黖, 釋文云, 說文字林, 皆作葚. ❸어둡다, 밝지 못한 모양. 〔莊子〕人固受其黖闇.
【黖黖 담담】 구름 따위가 검은 모양.
【黖闇 탐암】 어두움, 어두운 모양.
● 桑一, 語一.

黑9 【黫】 ㉑ 검을 안 刪 yān
초서 黫 字解 검다, 검은빛.

黑9 【黯】 ㉑ 어두울 암 感 àn
소전 黯 초서 黯 字解 ①어둡다, 캄캄하다. 〔蔡邕·賦〕玄雲黯而凝結兮. ③슬퍼하다, 마음 아파하다. 〔柳宗元·詩〕零落殘魂倍黯然. ④흐려서 밝지 못한 모양. 〔楚辭〕望舊邦之黯黯兮.
【黯淡 암담】 어둑어둑함. 침침함.
【黯湛 암담】 어둠침침하고 깊숙함.
【黯黖 암담】 ①구름이 끼어 어두운 모양. ②실망(失望)한 모양.
【黯漠 암막】 검푸름.
【黯然 암연】 ①어두운 모양. 검은 모양. ②실색(失色)한 모양. ③기분이 풀리지 않는 모양. 우울한 모양.
【黯黑 암흑】 어두움. 검음.
● 汲一, 雲一, 慘一.

黑9 【黕】 ㉑ 검을 암 琰 yǎn
소전 黕 초서 黕 字解 ①검다, 과일이 썩어서 검은 모양. ②어둡다, 밝지 못하다. 〔王褒·論〕鄙人黕淺. ③갑자기, 별안간. =黯. 〔荀子〕黕然而雷擊之.
【黕黖 암담】 어두운 모양. 검은 모양.
【黕黯 암암】 과실(果實) 따위가 썩어서 검은 모양.
【黕然 암연】 갑자기 닥치는 모양.
【黕淺 암천】 무식하고 천박함.

黑9 【黰】 ㉑ ❶검댕 암 咸 jiān ❷기 모일 암 覃 jiān
초서 黰 字解 ❶검댕, 솥 밑의 그을음. ❷①기(氣)가 모이다, 모이는 기. 〔莊子〕有生黰也. ②흉터, 반흔(瘢痕).

黑10 【黱】 ㉒ 黛(2126)의 본자

黑10 【黰】 ㉒ ❶검은 머리 진 軫 zhěn ❷검을 안 刪 zhěn
초서 黰 字解 ❶검은 머리, 검고 윤이 나는 아름다운 머리털. =鬒. 〔春秋左氏傳〕昔有仍氏生女, 黰黑而甚美. ❷①검다. ②물들인 것이 검다, 검게 물들이다.
【黰黑 진흑】 검고 아름다운 머리털.

黑11 【黴】 ㉓ ❶곰팡이 미 支 méi ❷곰팡이 매 隊 méi
소전 黴 초서 黴 간체 霉 参考 대법원 지정 인명용 한자의 음은 '미'이다.
字解 ❶①곰팡이, 곰팡이가 피다. ②검다, 그을다, 때가 끼다. 〔淮南子〕舜黴黑, 禹胼胝. ③썩다, 곰팡이가 생겨 부패하다. ❷①곰팡이, 곰팡이가 피다. ②붓에 먹을 적시다.
【黴菌 미균】 사람의 몸을 해치는 미생물. 박테리아. 細菌(세균).
【黴瘠 미척】 때가 끼고 여윔.
【黴黑 미흑】 때가 끼어 검은 모양.
● 檢一, 驅一.

黑11 【黳】 ㉓ 주근깨 예 齊 yī
소전 黳 字解 ①주근깨, 작란반(雀卵斑), 검정 사마귀. 〔酉陽雜俎〕色若黳. ②검다.

黑11 【黲】 ㉓ 검푸르죽죽할 참 感 cǎn
소전 黲 초서 黲 간체 黲 字解 ①검푸르죽죽하다. ②상(傷)하다, 썩다, 일에 실패하였을 때의 얼굴빛, 물건이 부패하려 할 때의 빛깔. 늑慘. ③검다. ④해의 어두운 빛.
【黲黱 참독】 혼탁(混濁)한 모양.
【黲黲 참참】 ①거무스름함. ②일에 실패하였을 때의 얼굴빛.

黑13 【黷】 ㉕ 문신할 담 感 dǎn
소전 黷 초서 黷 字解 ①문신(文身)하다, 죄인의 이마에 자자(刺字)하다. 〔梁書〕除黷面之刑. ②때가 묻다, 더러워지다. =黕. ③검게 칠하다.
【黷改 담개】 지우고 고침.
【黷面 담면】 얼굴에 자자(刺字)함.

黑部 14~16획　黶黷黸　黹部 0~11획　黹黻黼黼

黑 14 【黶】㉖ ❶검정 사마귀 염 琰 yǎn
❷검은 반점 암 豏 yǎn

[字解] ❶검정 사마귀. 〔史記〕左黶有七十二黑子, 注云, 今中國通呼爲黶子. ❷검다. ❸속이 검다. ❹검은 반점(斑點).

【黶然 염연】 감추어 두는 모양.
【黶翳 염예】 ①어두운 모양. ②쓸쓸한 모양.

黑 15 【黷】㉗ 더럽힐 독 屋 dú

[字解] ①더럽히다. ㉮때를 묻히다, 탁하게 하다. 〔漢書〕以故得媟黷貴幸. ㉯욕되게 하다. 〔書經〕黷于祭祀. ㉰업신여기다. 〔後漢書〕患其黷武. ㉱친압하다, 버릇없이 굴다. ②더러워지다, 때묻다, 더럽혀지다. 〔漢書〕無復與群小媟黷燕飮. ④모욕을 당하다. 〔南史〕亦無穢黷之累. ㉠문란해지다, 혼탁해지다. 〔孔稚珪·文〕或先貞而後黷. ㉤거메지다, 검게 되다. 〔左思·賦〕林木爲之潤黷. ㉥마친압(親狎)해지다, 무람없이 굴다. 〔後漢書〕患其黷武. ③검푸른 모양. ④검다.

【黷武 독무】 함부로 군사를 일으켜 무덕(武德)을 더럽힘. 이유 없는 전쟁을 함.
【黷煩 독번】 남에게 폐를 끼침.
【黷祭 독제】 제삿날이 아닌데도 신(神)에게 아첨하여 제사 지냄.
【黷職 독직】 관리가 그 직위를 이용하여 부정을 행하는 일. 瀆職(독직).
【黷貨 독화】 ①부정한 재물을 취함. ②금전을 남용함.

❶慢—, 冒—, 煩—, 褻—, 穢—, 塵—, 喧—.

黑 16 【黸】㉘ 검을 로 虞 lú

[字解] ①검다, 검은빛. ②시커멓다, 새카맣다.

黹 部

12 획 부수 ｜ 바느질할치부

黹 0 【黹】⑫ 바느질할 치 紙 zhǐ

[字解] 象形. 바늘에 펜 실로 수를 놓은 옷감을 본뜬 글자.
①바느질하다, 수놓다. ②수놓은 옷.

黹 5 【黻】⑰ 수 불 物 fú

[字解] ①수(繡). 예복에 푸른 실과 검은 실을 섞어서 '弓'자와 '弓'자를 서로 등지게 수놓은 무늬. 일설에는 '己'자라고도 한다. 〔周禮·疏〕黻, 黑與靑, 爲形則兩己相背, 取臣民背惡向善. ②폐슬(蔽膝). 조복(朝服)이나 제복(祭服)을 입을 때 가슴에서 늘어 무릎을 가리던 헝겊. 〔論語〕惡衣服而致美乎黻冕.

【黻冕 불면】 제사 때 갖추는 예복(禮服)과 예관(禮冠). ◎'黻'은 가죽으로 만든 폐슬(蔽膝), '冕'은 관(冠).
【黻文 불문】 '弓'자와 '弓'자가 서로 등진 모양의 무늬.
【黻黼 불보】 천자의 예복.
【黻翣 불삽】 불문(黻文)을 그린 널 조각에 자루를 달아, 발인(發靷) 때 상여 앞쪽에 세우고 가는 것.
【黻衣 불의】 불문(黻文)을 수놓은 제복(祭服).

❶圭—, 黼—, 華—.

黹 7 【黼】⑲ 수 보 麌 fǔ

[字解] ①수(繡). 예복에 흰 실과 검은 실을 섞어서 도끼 모양으로 놓은 무늬. 〔爾雅〕黼, 蓋半白半黑, 似斧, 刃白而身黑, 取能斷. ②여러 가지 색으로 아름답게 수놓은 옷. 〔潘岳·賦〕身抱黼繪. ③천자의 예복. '黼'와 '黻(불)'의 무늬를 수놓은 것. 〔賈誼·策〕美者黼黻.

【黼裘 보구】 어린 양의 검은 가죽과 여우의 흰 가죽을 섞어 도끼 모양의 무늬가 있는 천자의 수렵복(狩獵服).
【黼冕 보면】 검은 실과 흰 실을 섞어 도끼 모양으로 수를 놓은 예복(禮服)과 예관(禮冠). 곧, 보의(黼衣)와 면류관(冕旒冠).
【黼黻 보불】 ①임금이 입던 예복의 치마같이 만든 자락에 수놓은 무늬. ◎'黼'는 검은 실과 흰 실로 도끼 모양으로 놓은 수, '黻'은 검은 실과 파란 실로 '弓'자와 '弓'자가 서로 등진 모양으로 놓은 수. 黻黼(불보). ②화려하게 꾸민 문장.
【黼衣 보의】 도끼 모양의 수를 놓은 천자의 예복(禮服).
【黼依 보의】 ☞ 黼扆(보의).
【黼扆 보의】 ①붉은 비단에 흑백의 실을 섞어 도끼 모양으로 수놓아 만든 병풍. 천자가 제후의 배알(拜謁)을 받을 때 뒤쪽에 치던 것. ②천자(天子).
【黼帳 보장】 흑백(黑白)의 도끼 모양을 수놓은 천자의 휘장.
【黼座 보좌】 보의(黼扆)가 있는 자리. 곧, 천자가 앉는 자리.

❶黻—, 繡—, 刺—.

黹 11 【黼】㉓ 오색 선명할 초 麌 chǔ

[字解] 오색이 선명하다, 오색이 모여서 빛이 산뜻한 모양. 〔詩經〕衣裳黼黼.

黽部 0~13획　黽黿鼃鼅鼄鼅鼂鼆鼇鼈鼉鼊鼋　鼎部 0획　鼎　**2131**

黽部

13 획 부수 ｜ 맹꽁이맹부

黽
0 【黽】⑬
❶힘쓸 민 〖黽〗 mǐn
❷맹꽁이 맹 〖黽〗 měng
❸고을 이름 면 〖黽〗 miǎn

〈소전〉黽 〈주문〉黽 〈초서〉黽 〈속〉黾 **字源** 象形. 맹꽁이의 모양을 본뜬 글자.
字解 ❶힘쓰다, 노력하다. 〔詩經〕黽勉同心. ❷맹꽁이. 맹꽁잇과의 개구리 비슷한 동물. ❸①고을 이름. 한대(漢代)의 현(縣). 지금의 하남성(河南省) 면지현(澠池縣). 늑澠. ②성(姓).
【黽勉 민면】부지런히 힘씀.
◐耿-, 求-, 水-, 鼃-.

黽
0 【黾】⑧ 黽(2131)과 동자

黽
4 【黿】⑰ 자라 원 〖元〗 yuán

〈소전〉黿 〈간체〉䵷 黿 **字解** ①자라, 큰 자라. 〔春秋左氏傳〕楚人獻黿於鄭靈公. ②영원(蠑蚖). 도롱뇽목 영원과 동물의 총칭. 〔國語〕化爲玄黿.
【黿鳴鼈應 원명별응】큰 자라가 울면 작은 자라가 따라 욺. 임금과 신하가 서로 융합함.
【黿鼎 원정】큰 자라를 삶은 솥. ㉠음식과 같은 사소한 일로 말미암아 난(亂)을 일으킴. ㉡과분(過分)한 이익을 얻고자 함. 染指(염지).
◐蛟-, 潛-, 天-, 海-.

黽
5 【鼂】⑱ 아침 조 〖朝〗 zhāo

〈소전〉鼂 〈고문〉鼂 〈초서〉鼂 **字解** ①아침. =朝. 〔漢書〕鼂不及夕. ②바다거북.

黽
6 【鼃】⑲ 개구리 와 〖哇〗 wā

〈소전〉鼃 〈초서〉鼃 〈동자〉鼃 **字解** ①개구리. =蛙. 〔莊子〕坎井之鼃. ②두꺼비. 〔楚辭〕黿鼃游乎華池. ③음란한 소리. 〔漢書〕紫色鼃聲. ④처음, 시초.
【鼃咬 와교】음란한 노래. 俗樂(속악).
【鼃聲 와성】음란한 음악. 바르지 못한 음악.

黽
6 【鼄】⑲ 鼃(2131)와 동자

黽
6 【鼅】⑲ 거미 주 〖蛛〗 zhū

〈소전〉鼅 〈혹체〉鼅 **字解** 거미.

黽
8 【鼄】㉑ 蜘(1587)와 동자

黽
11 【鼇】㉔ 자라 오 〖鰲〗 áo

〈소전〉鼇 〈초서〉鼇 〈속〉鰲 **字解** ①자라, 바다의 큰 자라. ②큰 바다거북. 봉래(蓬萊)·방장(方丈)·영주(瀛洲)의 삼신산(三神山)을 등에 지고 있다는 상상의 동물.
【鼇禁 오금】한림원(翰林院)의 딴 이름.
【鼇頭 오두】①큰 바다 자라의 머리. ②장원(壯元)으로 급제한 사람.
【鼇峰 오봉】①오산(鼇山)의 봉우리. 신선이 산다는 곳. ②한림원(翰林院)의 딴 이름.
【鼇山 오산】①큰 자라가 등에 지고 있다는 바다 속의 산. ②호남성(湖南省)에 있는 산 이름.
【鼇掖 오액】☞鼇禁(오금).
◐巨-, 鯨-, 鵬-, 神-, 靈-, 海-.

〈鼇②〉

黽
12 【鼈】㉕ 자라 별 〖鱉〗 biē

〈소전〉鼈 **字解** ①자라. =鱉·鼇. 〔易經〕離爲鼈. ②고사리. 〔詩經·傳〕蕨, 鼈也.
【鼈甲 별갑】①자라의 등딱지. 약재로 씀. ②관(棺)의 뚜껑.
【鼈裙 별군】별갑(鼈甲) 가장자리의 부드러운 고기. 珍味(진미)의 하나.
◐巨-, 龜-, 老-, 魚-, 釣-, 天-, 土-.

黽
12 【鼉】㉕ 악어 타 〖鼍〗 tuó

〈소전〉鼉 〈간체〉鼍 **字解** 악어(鰐魚). 〔詩經〕鼉鼓逢逢.
【鼉鼓 타고】①악어의 가죽으로 메운 북. ②악어의 울음소리.

黽
13 【鼊】㉖ 거북 벽 〖鱉〗 bì

字解 거북.

鼎部

13 획 부수 ｜ 솥정부

鼎
0 【鼎】⑬ 솥 정 〖鼎〗 dǐng

〈소전〉鼎 〈초서〉鼎 〈속〉鼎 **字源** 象形. 발이 셋, 귀가 두 개 달린 솥의 모양을 본뜬 글자.

鼎部 0～2획 鼑鼎鼏鼐

【字解】 ①솥. ㉮발이 셋 달리고 귀가 둘 달린 기구. 고대에 음식을 끓이거나 종묘(宗廟)에 비치하였다. 〔范公大·詩〕茶熟香濃石鼎煨. ㉯우(禹)임금이 구주(九州)의 금속을 모아서 주조(鑄造)한 아홉 개의 솥. 이를 왕위(王位) 전승(傳承)의 보기(寶器)로 삼은 데서, 왕위·제업(帝業)을 이른다. 〔春秋左氏傳〕在德不在鼎. ㉰솥의 세 발을 삼공(三公)에 비겨 경상(卿相)의 자리의 비유. 〔後漢書〕位登臺鼎. ㉱극형에 처할 죄인을 삶아 죽이는 솥같이 생긴 형구(刑具). ②존귀(尊貴)하다, 현귀(顯貴)하다. 〔庾信·碑〕西河鼎族. ③바야흐로, 이제 한창. 〔漢書〕天子春秋鼎盛. ④의자, 세 발 의자. 〔錢氏私誌〕今大家用三脚木牀, 以坐歌伎曰鼎, 蓋机也. ⑤배를 붙잡아 매는 말뚝. 늑정·정. ⑥괘(卦) 이름, 64괘의 하나. 괘형은 ䷱. 바른 지위(地位)에 처함을 상징한다. 〔易經〕木上有火, 鼎, 君子以正位凝命.

〈鼎①㉮〉

【鼎甲 정갑】①다른 것보다 뛰어나고 성대(盛大)한 것. ②과거에서 최우등으로 급제한 세 사람. 곧, 장원(壯元)·방안(榜眼)·탐화(探花).
【鼎貴 정귀】①권세가 있고 귀한 사람, 귀족. ②머지않아 귀한 신분이 되려고 함.
【鼎鼐 정내】①솥과 가마솥. ②재상의 자리.
【鼎談 정담】세 사람이 둘러앉아 이야기함. 세 사람이 둘러앉아 나누는 이야기.
【鼎呂 정려】구정(九鼎)과 대려(大呂). 지극히 존귀한 보물. ✎'九鼎'은 우(禹)임금이 구주(九州)의 쇠를 모아 주조한 아홉 개의 솥으로, 하(夏)·은(殷)·주(周) 삼대에 전해 내려온 보기(寶器), 대려는 주(周)의 종묘(宗廟)에 있던 큰 종(鐘).
【鼎立 정립】솥발처럼 셋이 벌여 섬. 또는 그 모양. 鼎峙(정치).
【鼎銘 정명】솥에 새긴 명문(銘文).
【鼎味 정미】①요리의 맛. ②천하의 정사(政事).
【鼎輔 정보】삼공(三公). 大臣(대신).
【鼎分 정분】셋으로 나눔.
【鼎沸 정비】솥의 물이 끓듯이 의론이 들끓음. 천하가 어지러워짐.
【鼎司 정사】삼공(三公).
【鼎盛 정성】한창임. 한창때.
【鼎餗 정속】①솥에 수북이 담은 음식. ②솥발이 부러져 임금의 음식을 뒤엎음. 대신이 보필을 다하지 못하여 국사(國事)를 망침. 鼎折覆餗(정절복속). ③국가의 정무(政務).
【鼎食 정식】솥을 벌여 놓고 먹음. ㉠귀인의 음식. ㉡진수성찬(珍羞盛饌). ㉢부유하고 호화로운 생활을 함.
【鼎臣 정신】삼공(三公) 따위의 대신(大臣).
【鼎新 정신】낡은 것을 개혁하여 새롭게 함. 革新(혁신). 維新(유신).
【鼎業 정업】제왕(帝王)의 대업. 帝業(제업).
【鼎運 정운】제왕(帝王)의 운수.
【鼎位 정위】삼공(三公)의 자리. 鼎席(정석).
【鼎彝 정이】정(鼎)과 이(彝). ✎'彝'는 종묘(宗廟)에 항시 갖추어 놓는 제기(祭器)로, 옛날 공신(功臣)의 사적을 새겨 놓았음.
【鼎鐺玉石 정쟁옥석】보기(寶器)인 정을 노구솥과 같이, 옥을 돌과 같이 여김. 곧, 매우 사치함.
【鼎鐺耳 정쟁이】솥과 냄비의 귀. 알고 있는 일을 들은 적도 없는 듯이 행동함.
【鼎折覆餗 정절복속】솥의 발이 부러져 음식을 뒤엎음. 삼공(三公)의 자리에 있는 사람이 그 소임을 다하지 못하여 국사(國事)를 망침. 鼎餗(정속).
【鼎鼎 정정】①느슨하고 헐렁한 모양. 처신(處身)에 절도가 없는 모양. ②성대한 모양. ③세월이 빨리 흘러가는 모양.
【鼎俎 정조】①솥과 도마. ②솥에 삶고 도마에 올림. 곧, 죽음을 면하지 못함.
【鼎祚 정조】제왕의 자리. 寶祚(보조).
【鼎足 정족】①솥발. ②삼공(三公)의 지위. ③삼자가 협력함. ④세 곳에 할거(割據)하여 삼자가 대립함.
【鼎族 정족】부귀한 집안.
【鼎坐 정좌】솥발처럼 세 사람이 벌여 앉음.
【鼎峙 정치】솥발처럼 세 곳에서 대치함.
【鼎革 정혁】새것을 취하고 옛것을 버림. 왕자(王者)의 역성 혁명(易姓革命).
【鼎鉉 정현】①솥의 귀. 솥의 손잡이. ②삼공(三公)의 지위.
【鼎鑊 정확】큰 솥. 가마솥.

❶擧-, 槐-, 九-, 大-, 寶-, 列-, 五-, 六-, 殷-, 定-, 鐘-, 周-, 重-, 台-.

鼎0 【鼑】⑪ 鼎(2131)의 속자

鼎2 【鼎】⑮ 솥귀 꿸 나무 경 〔唐〕 jiōng
〔參考〕鼏(2132)은 딴 자.
【字解】솥귀를 꿰는 나무, 솥의 양쪽 귀에 꿰어서 이를 들어 올리는 데 쓰는 나무. ＝扃.

鼎2 【鼐】⑮ 가마솥 내 〔蟹〕 nài
〔參考〕〔字解〕가마솥, 큰 솥. 〔詩經〕鼐鼎及鼒.
【鼐鼎 내정】가마와 솥.

鼎2 【鼏】⑮ 소댕 멱 〔錫〕 mì
〔參考〕鼏(2132)은 딴 자.
【字解】①소댕, 솥뚜껑. 〔儀禮·注〕鼏蓋以茅爲之. ②덮개, 음식물을 덮는 보. ＝冪. 〔禮記〕犧尊疏布鼏.

鼎 3 【鼏】 ⑯ 옹달솥 자 囷 zi
[소전] 鼏 [초서] 鼏 [동자] 鼏 [속자] 鎡 [字解] 옹달솥, 옹솥, 작은 솥. 〔詩經〕鼐鼎及鼏.

鼎 3 【鼏】 ⑯ 鼏(2133)와 동자

鼓 部

13획 부수 | 북고부

鼓 0 【鼓】 ⑬ 북 고 囷 gǔ

十 士 吉 吉 壴 壴 彭 鼓

[소전] 鼓 [주문] 鼓 [초서] 鼓 [속자] 皷 [字源] 會意. 壴+屮+又→鼓. '壴'는 악기의 하나인 북, '屮'는 거기에 달린 장식, '又'는 오른손을 뜻한다. 합하여 장식이 달린 악기를 오른손으로 친다는 데서 '북'이라는 뜻을 나타낸다.

[字解] ①북, 악기의 한 가지. 〔周禮〕掌土鼓. ②치다, 두드리다. 〔史記〕城中鼓譟. ③맥박(脈搏), 심장의 고동(鼓動). 〔素問·論〕鼓甚而盛也. ④용량(容量) 단위, 열 말. 〔管子〕百鼓之粟. ⑤무게 단위, 480근(斤). 〔孔子家語·注〕三十斤謂之鈞, 鈞四謂之石, 石四謂之鼓. ⑥시보(時報), 경점(更點). 〔宋史〕夜四鼓, 五制皆就. ⑦타다, 거문고 같은 것을 연주하다. 〔詩經〕鼓瑟鼓琴. ⑧부추기다, 격려하여 분발하게 하다. 〔墨子〕弦歌鼓舞以聚徒.

【鼓角 고각】 ①군중(軍中)에서 호령으로 쓰는 북과 각적(角笛). ②각성(角聲)을 쳐서 울림.
【鼓琴 고금】 거문고를 탐.
【鼓怒 고노】 ①크게 화냄. 激怒(격노). ②물이 소리를 내며 세차게 흐름.
【鼓湍 고단】 콸콸 소리를 내며 흐르는 여울.
【鼓刀 고도】 칼을 두드려 소리를 냄. 가축을 잡고 요리함.
【鼓纛 고독】 군중(軍中)에서 쓰는 북과 장군의 진영에 세우는 기.
【鼓動 고동】 ①두드려 움직이게 함. ②피의 순환을 위하여 뛰는 심장의 운동.
【鼓膜 고막】 귓구멍 안쪽에 있는 얇은 막. 귀청.
【鼓舞 고무】 ①북을 쳐서 춤추게 함. ②용기를 내도록 격려함.
【鼓排 고배】 ①풀무. ②풀무질을 함.

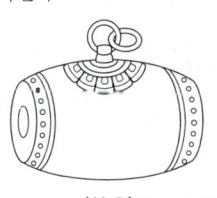
〈鼓①〉

【鼓腹 고복】 ①실컷 먹고 배를 두드림. 태평성대(太平聖代)를 누림. ②북의 동체(胴體).
【鼓腹擊壤 고복격양】 배를 두드리고 땅을 침. 태평성대를 누림. [故事] 요(堯)임금 때, 한 노인이 실컷 먹고 배를 두드리고 땅을 치면서 요임금의 덕을 노래하였다는 고사에서 온 말.
【鼓桴 고부】 북을 치는 채. 북채.
【鼓盆 고분】 분(盆)을 두드림. 상처(喪妻)함. [故事] 장주(莊周)가 아내를 잃었을 때, 생사가 한 가지요 애락(哀樂)이 둘이 아니라는 뜻에서, 기좌(箕坐)하여 흙으로 만든 분을 치며 노래하였다는 고사에서 온 말.
【鼓聲 고성】 ①군악에 사용하는 큰 북과 작은 북. ②출정하여 싸움.
【鼓扇 고선】 고무(鼓舞)하고 부추김.
【鼓舌 고설】 신나게 지껄임.
【鼓手 고수】 북을 치는 사람.
【鼓瑟 고슬】 ①북과 비파. ②비파를 탐.
【鼓樂 고악】 음악을 연주함.
【鼓枻 고예】 ①노를 저음. ②노로 뱃전을 치며 노래의 박자를 맞춤.
【鼓勇 고용】 고무하여 용기를 내게 함.
【鼓翼 고익】 날개를 침.
【鼓作 고작】 ①북을 쳐서 힘을 내게 함. ②물이 격렬하게 소용돌이침.
【鼓笛 고적】 북과 피리.
【鼓譟 고조】 북을 치고 함성을 지름.
【鼓唱 고창】 ▷鼓吹唱導(고취창도).
【鼓吹 고취】 ①북을 치고 피리를 붊. ②격려함. 고무함. ③사상(思想) 따위를 선전하여 이에 공명(共鳴)하도록 하는 일. ④밝힘. 밝히어 알림.
【鼓吹唱導 고취창도】 북을 치고 피리를 불며 앞장서서 이끎. 학설·의견 등을 제창함.
【鼓鐸 고탁】 군중(軍中)에서 쓰는 북과 큰 방울.
【鼓行 고행】 북을 치면서 진군(進軍)함.
【鼓篋 고협】 북을 쳐서 학생을 경계하고, 상자를 풀어 책을 꺼냄. 학교에서 공부를 시작하는 일.
【鼓惑 고혹】 추어올려 미혹(迷惑)하게 함.

◐ 諫一, 擊一, 軍一, 金一, 急一, 路一, 雷一, 漏一, 樓一, 銅一, 登一, 小一, 楹一, 腰一, 旌一, 鐘一, 天一, 敗一, 懸一, 曉一.

鼓 0 【皷】 ⑬ 북 칠 고 囷 gǔ

[소전] 皷 [초서] 皷 [통자] 鼓 [參考] '鼓(2133)'는 원래 딴 자이나 글자 모양과 뜻이 비슷하여 지금은 혼용한다.

[字解] ①북을 치다, 북을 두드리다. 〔孟子〕填然鼓之. ②타다, 연주하다. 〔論語〕鼓瑟. ③치다, 두드리다. 〔呂氏春秋〕以其尾鼓其腹. ④떨다, 진동하다. 〔素問·論〕乃作寒慄鼓頷 ⑤까부르다, 키질하다. 〔莊子〕鼓筴播精. ⑥부치다, 풀무질하다. 〔漢書〕鼓鑄鹽鐵. ⑦울리다, 쩡쩡 소리 나게 하다. 〔楚辭〕呂望之鼓刃兮.

鼓 0 【皷】 ⑭ 鼓(2133)의 속자

鼓部 5~12획

鼕 ⑱ 북소리 동 冬 dōng
字解 북소리. 〔韓愈·詩〕斯須曙鼓動鼕鼕.
【鼕鼓 동고】북을 울림.
【鼕鼕 동동】①둥둥. 북소리의 형용. ②향기(香氣)가 풍기는 모양.

鼔 ⑱ 떠들썩할 부 鬴 fǔ
字解 ①떠들썩하다, 병고(兵鼓)의 소리로 군중(軍中)이 떠들썩하다. 〔書經〕乃鼓鼔譟. ②북소리. ③기뻐하다. 〔周禮·注〕前師乃鼓鼔譟, 亦謂喜也.

鼗 ⑲ 땡땡이 도 鼛 táo
동자 鞉 字解 땡땡이. 북 자루를 잡고 돌리면 동체의 양쪽 끝에 단 구슬이 북면을 쳐서 소리를 내는 북. 〔書經〕下管鼗鼓.
【鼗鼓 도고】땡땡이.
【鼗響 도향】도고(鼗鼓)의 소리.

鼖 ⑲ 큰 북 분 焚 fén
字解 큰 북, 병고(兵鼓). 〔周禮〕以鼖鼓鼓軍事.
【鼖晉 분진】군중(軍中)에서 쓰는 큰 북과 진고(晉鼓). ◐'晉鼓'는 길이가 6척 6촌인 큰 북.

鼛 ㉑ 큰 북 고 皋 gāo
字解 큰 북. 길이 12척(尺) 되는 큰 북. 역사(役事)를 시작할 때와 마침에 신호로 치던 것. 〔詩經〕鼛鼓弗勝.
【鼛鼓 고고】역사(役事)의 시작과 마침의 신호로 치던 길이 12척 되는 큰 북. ◐'鼛'는 큰 북, '鼓'는 작은 북.

鼙 ㉑ 마상고 비 齊 pí
字解 ①마상고(馬上鼓). 기병(騎兵)이 말 위에서 공격 신호로 울리던 북. 〔白居易·歌〕漁陽鼙鼓動地來. ②작은 북, 소고(小鼓). 〔儀禮〕應鼙在其東. ③비파. 누琵. 〔楊維楨·詩〕梅卿上馬彈鼙婆.
【鼙鼓 비고】큰 북과 작은 북. 전진(戰陣)에 임

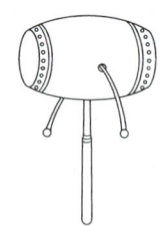

하여 말 위에서 치던 북. 전고(戰鼓).
【鼙婆 비파】비파(琵琶)의 딴 이름.

鼘 ㉑ 북소리 연 淵 yuān
전자 鼘 서 鼘 동자 鼝 字解 북소리. 〔白居易·賦〕鼘鼘不已.
【鼘鼘 연연】북소리의 형용.

鼜 ㉓ 순찰북 척 戚 qì
소전 鼜 초서 鼜 字解 순찰북. 군중(軍中)에서 야경을 돌 때 치던 북. 〔周禮〕軍旅夜鼓鼜.

鼞 ㉔ 북소리 당 膛 tāng
소전 鼞 字解 북소리. 〔詩經〕擊鼓其鼞.

鼝 ㉔ 鼘(2134)과 동자

鼟 ㉕ 북소리 등 滕 téng
字解 북소리. 〔元稹·詩〕夢聽鼓鼟鼟.

龘 ㉕ 북소리 룡 龍 lóng
소전 龘 字解 북소리.

鼠部

13획 부수 | 쥐서부

鼠 ⑬ 쥐 서 語 shǔ
소전 鼠 초서 鼠 속자 鼡 字源 象形. 쥐의 모양을 본뜬 글자.
字解 ①쥐. 〔漢書〕鼠, 盜竊小蟲, 夜出畫匿. ②임금 측근에서 해독을 끼치는 간신의 비유. 〔晏子〕社鼠不可熏去. ③근심하다. 〔詩經〕鼠思泣血.
【鼠肝蟲臂 서간충비】쥐의 간과 벌레의 팔. 쓸모없고 하찮은 사람이나 물건.
【鼠盜 서도】좀도둑. 鼠賊(서적).
【鼠遁 서둔】쥐처럼 도망쳐 숨음. 鼠竄(서찬).
【鼠狼 서랑】족제비의 딴 이름.
【鼠量 서량】주량(酒量)이 적음. 술을 먹을 줄 몰라 양해를 구할 때 쓰는 말.
【鼠目 서목】쥐의 눈. 탐욕(貪慾)스러운 눈매.
【鼠樸 서박】쥐의 말린 고기. 무용무해(無用無害)한 물건.

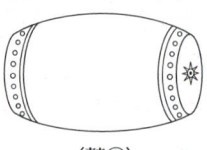
〈鼙①〉

鼠部 0〜9획　鼠 鼣 敱 鼢 鼩 鼪 鼫 鼬 鼧 鼨 鼦 鼯 鼰 鼮 鼱 鼳　2135

【鼠伏 서복】 쥐처럼 납작 엎드려 숨음.
【鼠婦 서부】 쥐며느리.
【鼠憑社貴 서빙사귀】 쥐가 종사(宗社)에 집을 지으면, 쥐구멍에 불을 지펴 쫓아내려 해도 종사를 불태울까 두려워서 못하고, 부득이 방자하게 구는 대로 버려 두는 수밖에 없음. 간신이 임금의 총애를 받고 위세를 부림. 城狐社鼠(성호사서).
【鼠思 서사】 ①근심함. 걱정함. 슬퍼함. ②근심이나 걱정. 鼠憂(서우).
【鼠牙 서아】 쥐의 어금니. 강포(强暴)한 것.
【鼠牙雀角 서아작각】 쥐의 어금니와 참새의 부리. ㉠사납고 포악한 세력. ㉡쟁송(爭訟)으로 집안을 망치는 일.
【鼠壤 서양】 보드랍고 덩이리지지 않은 흙.
【鼠疫 서역】 흑사병(黑死病). 페스트.
【鼠賊 서적】 좀도둑. 鼠盜(서도).
【鼠竊狗偸 서절구투】 쥐나 개처럼 훔침. ㉠자잘한 속임수로 훔치거나 빼앗음. ㉡좀도둑.
【鼠竄 서찬】 살금살금 도망쳐 숨음.
【鼠駭 서해】 쥐처럼 놀라서 달아남.
【鼠蹊 서혜】 샅. 사타구니.

◐ 嫁―, 甘―, 穀―, 拱―, 苗―, 腐―, 飛―, 社―, 仙―, 水―, 鼳―, 禮―, 鼫―, 屋―, 栗―, 田―, 天―, 香―, 狐―, 火―.

鼠 0 【鼠】 ⑪ 鼠(2134)의 속자

鼠 3 【鼣】 ⑯ 석서 작 藥 bào
[소전][字解] ①석서(鼫鼠). 다람쥣과의 포유동물. 곡식에 해를 끼치나 꼬리털로는 붓을 맨다. ②작견(鼣犬). 날개가 돋아 있고 키가 석 자나 되며, 범도 능히 잡아 먹을 수 있다는 큰 쥐. 〔三才圖會〕周成王時獻之, 鼣犬者, 露犬.

〈鼣①〉

鼠 3 【敱】 ⑯ 鼨(2135)과 동자

鼠 4 【鼢】 ⑰ 두더지 분 文 fén
[소전][혹체][초서][字解] 두더지, 전서(田鼠). =蚡.

鼠 5 【鼩】 ⑱ 생쥐 구 虞 qú
[소전][字解] 생쥐, 정구(鼱鼩).

鼠 5 【鼪】 ⑱ 족제비 생 庚 shēng
[초서][字解] ①족제비, 유서(鼬鼠). 〔陸游・詩〕拂面逢飛鼪. ②날다람쥐, 오서(鼯鼠).
【鼪鼬 생유】 날다람쥐와 족제비.
【鼪鼬之逕 생유지경】 날다람쥐나 족제비가 다니는 길. 산이나 계곡 사이에 난 작은 길.

鼠 5 【鼫】 ⑱ 석서 석 陌 shí
[소전][초서][字解] ①석서(鼫鼠). 다람쥣과의 포유동물. 〔詩經〕鼫鼠鼫鼠, 無食我苗. ②날다람쥐, 오서(鼯鼠). ③땅강아지, 누고(螻蛄).

鼠 5 【鼬】 ⑱ 족제비 유 宥 yòu
[소전][초서][동자][字解] 족제비, 유서(鼬鼠). 〔韓愈・詩〕倏閃雜鼯鼬.

鼠 5 【鼧】 ⑱ 鼬(2135)와 동자

鼠 5 【鼨】 ⑱ 얼룩쥐 종 東 zhōng
[소전][주문][별체][字解] 얼룩쥐, 표문서(豹文鼠).

鼠 5 【鼦】 ⑱ 貂(1717)와 동자

鼠 7 【鼯】 ⑳ 날다람쥐 오 虞 wú
[초서][동자][字解] 날다람쥐, 오서(鼯鼠), 청서(青鼠). 〔馬融・賦〕鼯鼠夜叫.
【鼯鼠五能 오서오능】 날다람쥐의 다섯 가지 기능. 기능은 많아도 쓸모 있는 것은 없음.
【鼯鼬 오유】 날다람쥐와 족제비.

鼠 7 【鼰】 ⑳ 鼯(2135)와 동자

鼠 7 【鼮】 ⑳ 얼룩쥐 정 青 tíng
[字解] 얼룩쥐. 표범 무늬와 같은 얼룩이 있는 쥐의 한 가지.

鼠 8 【鼱】 ㉑ 생쥐 정 庚 jīng
[초서][字解] 생쥐. 〔漢書〕譬由鼱鼩之襲狗.
【鼱鼩 정구】 생쥐. 鼷鼠(혜서). 鼩鼱(구정).

鼠 9 【鼳】 ㉒ 짐승 이름 격 錫 jú
[字解] ①짐승 이름. 크기는 물소와 같고 모양은

鼠部 9~15획   鼺 鱲 㒱 𪕸   鼻部 0~5획   鼻 鼻 齁 䶊 齁 齁 齁

돼지와 같은 회적색(灰赤色)의 동물. ②쥐의 한 가지.

鼠
9 【𪕸】 ㉒ 두더지 언 阮 yǎn
㉓ 두더지, 전서(田鼠). 〔劉守·滿江紅〕飲河𪕸鼠, 無過滿腹.
【𪕸鼠 언서】두더지.

鼠
10 【鼺】 ㉓ 鼺(2136)과 동자

鼠
10 【鼸】 ㉓ 생쥐 혜 齊 xī
생쥐. 〔韓非子〕虎豹不用其爪牙, 而與鼸鼠同威.

鼠
15 【鼺】 ㉘ 날다람쥐 루 皮 léi
날다람쥐, 오서(鼯鼠), 청서(靑鼠). 〔晉書〕騰猨飛鼺相奔越.

鼻部

14획 부수 | 코비부

鼻
0 【鼻】 ⑭ 코 비 寘 bí

소전 鼻 초서 鼻 동자 鼻   字源 形聲. 自+畀→鼻. '畀(비)'가 음을 나타낸다.
①코. 오관(五官)의 하나. 〔孟子〕人皆掩鼻而過之. ②구멍, 맞트이게 뚫은 자국. 〔庚信·賦〕針鼻細而穿空. ③코를 꿰다, 짐승의 코를 코뚜레 같은 것으로 꿰다. 〔張衡·賦〕鼻赤象, 圈巨狿. ④손잡이, 손으로 쥐는 부분. 〔隋書〕銅印銅鼻. ⑤시초, 처음. 〔漢書〕或鼻祖於汾隅. ⑥종, 노복(奴僕). 〔通俗編〕譁奴爲鼻.
【鼻腔 비강】 콧구멍에서 목젖 윗부분에 이르는 코 안의 빈 곳. 콧속.
【鼻竅 비규】 콧구멍. 鼻孔(비공).
【鼻頭出火 비두출화】 콧구멍에서 불을 뿜음. 기운이 펄펄한 모양.
【鼻梁 비량】 콧대. 콧마루. 鼻莖(비경).
【鼻門 비문】 콧구멍의 입구.
【鼻笑 비소】 코웃음. 冷笑(냉소).
【鼻息 비식】 ①코로 쉬는 숨. 콧숨. ②남의 기분. 남의 의향(意向).
【鼻哂 비신】 코웃음을 침. 냉소함.
【鼻如口 비여구】 코와 입이 같게 됨. 무념무아(無念無我)의 상태에서, 오관(五官)의 활동을 망각함.

【鼻音 비음】 콧소리.
【鼻飮 비음】 코로 들이마심.
【鼻洟 비이】 콧물.
【鼻祖 비조】 ①어떤 일을 가장 먼저 시작한 사람. ②처음으로 사업을 일으킨 사람. 創始者(창시자). ③한 겨레의 맨 처음 조상. 始祖(시조). ○사람은 태내(胎內)에서 코가 가장 먼저 생긴다는 데서 이르는 말.
【鼻柱 비주】 콧대. 콧마루. 鼻梁(비량).
【鼻涕 비체】 콧물. 鼻液(비액).
【鼻下政事 비하정사】 코 밑에 닥친 일만 그때그때 처리하여 가는 정사. ⑦겨우 먹고 살아가는 일. ⓒ임시(臨時)로 미봉(彌縫)하는 정치.
【鼻齁 비한】 코를 고는 소리.
【鼻燻 비훈】 약의 훈기(燻氣)를 콧구멍에 쏘임.
○高—, 犧—, 酸—, 盾—, 阿—, 隆—, 耳—, 長—, 赤—, 指—, 尖—, 炊—, 亢—.

鼻
0 【鼻】 ⑭ 鼻(2136)와 동자

鼻
2 【齁】 ⑯ ①매부리코 교 肴 yào
        ②들창코 규 肴 yào
①매부리코. 코끝이 아래로 구부러진 코. ②들창코. 코끝이 위로 들려 콧구멍이 드러나 보이는 코.

鼻
2 【齁】 ⑯ 코 막힐 구 尤 qiú
소전 齁 초서 齁 동자 齁   ①코가 막히다, 감기 등으로 코가 막히다. 〔禮記〕季秋行夏令, 民多齁嚏. ②콧물이 흐르다. 〔問問·論〕春不齁衄. ③광대뼈, 관골(顴骨). 〔問問·論〕齁骨下各一.
【齁窒 구질】 코가 막힘. 鼻窒(비질).
【齁嚏 구체】 코가 막히고 재채기를 함.

鼻
3 【齁】 ⑰ 齁(2136)와 동자

鼻
3 【齁】 ⑰ 코 골 한 寒 hān
소전 齁 초서 齁   코를 골다, 코를 고는 소리. 〔唐彦謙·詩〕安寢正齁睡.
【齁雷 한뢰】 코를 고는 소리가 우레와 같음.
【齁睡 한수】 코를 골면서 잠.

鼻
4 【齁】 ⑱ 코피 뉵 屋 nǜ
초서 齁   코피, 코에서 나는 피. ≒衄.

鼻
5 【齁】 ⑲ 여드름 포 肴 bào
초서 齁   여드름, 얽은 자국. =皰.

鼻部

鼻5 【齁】⑲
❶코 고는 소리 후 囷 hōu
❷매부리코 고

字解 ❶코를 고는 소리. 〔柳寬·詩〕暮投山館睡齁齁. ②심히, 매우. ❷매부리코.

【齁睡 후수】코를 골면서 잠.
【齁齁 후후】①코로 쉬는 숨소리. ②코를 고는 소리.

鼻8 【齂】㉒
코 고는 소리 희 囷 xiè

字解 코를 고는 소리, 콧숨 소리. =啑.

鼻9 【齅】㉓
齆(2137)와 동자

鼻9 【齃】㉓
콧대 알 囝 è

字解 콧대, 비경(鼻莖). =頞. 〔史記〕魋顏蹙齃.

鼻10 【齅】㉔
냄새 맡을 후 囿 xiù

字解 냄새를 맡다. =嗅. 〔漢書〕不齅驕君之餌.

鼻11 【齇】㉕
주부코 사 囷차 囮 zhā

字解 주부코, 비사증(鼻齇症)이 있는 코. 〔魏書〕王氏世齇鼻, 江東謂之齇王.

鼻12 【齈】㉖
齆(2137)와 동자

鼻13 【齈】㉗
콧물 농 囷 nòng

字解 콧물, 콧물을 많이 흘리는 병.

齊部

14획 부수 | 가지런할제부

齊0 【齊】⑭
❶가지런할 제 囷 qí
❷조화할 제 囷 jì
❸옷자락 자 囷 zī
❹재최 재 囷 zhāi
❺자를 전 囷 jiǎn

齊部 0획 齊

대법원 지정 인명용 한자음은 '제'이다.

字源 象形. 곡식의 이삭이 패어 끝이 가지런한 모양을 본뜬 글자.

字解 ❶㉮가지런하다, 같다. ㉯가지런하게 하다, 같게 하다. 〔莊子〕以化以為齊民. ②갖추다, 미비한 것이 없다. 〔荀子〕四者齊也. ③다, 똑같이, 모두. 〔史記〕民不齊出於南畝. ④한가운데, 중앙(中央). 〔莊子〕與齊俱入. ⑤바르다, 중정(中正)하다. 〔詩經〕人之齊聖. ⑥나누다, 분변하다. 〔易經〕齊大小者存乎卦. ⑦잇닿다, 줄지어 늘어 있다. 〔淮南子〕齊靡曼之色. ⑧엄숙하다, 삼가다. 〔春秋左氏傳〕子雖齊聖, 不先父食. ⑨빠르다. 〔史記〕幼而徇齊. ⑩부지런하다, 노력하다. 〔淮南子〕一言而萬民齊. ⑪배꼽. ≒臍. 〔春秋左氏傳〕後君噬齊. ⑫오르다. ≒躋. 〔禮記〕地氣上齊. ⑬나라 이름. ㉮주(周) 무왕(武王)이 태공망(太公望)을 봉한 나라로, 전국 때 칠웅(七雄)의 하나. ㉯남조(南朝)의 하나. 소도성(蕭道成)이 송(宋)의 뒤를 이어 세운 나라. 남제(南齊). ㉰북조(北朝)의 하나. 고양(高洋)이 동위(東魏)의 뒤를 이어 세운 나라. 북제(北齊). ❷①조화하다, 음식의 간을 맞추다. 〔禮記·疏〕凡齊者, 謂以鹽梅齊和之法. ②더하다, 첨가하다. 〔春秋左氏傳〕宰夫和之齊之以味. ③한도, 제한. 〔列子〕百年壽之大齊. ④요리하다, 요리의 맛. 〔周禮〕八珍之齊. ⑤여러 가지 약제를 조합(調合)하다. 〔漢書〕謂百藥齊和之所宜. ❸옷자락, 옷의 아랫자락. 〔論語〕攝齊升堂. ❹①재최(齊衰), 상복(喪服)의 아랫단을 호고, 아랫단을 꿰맨 상복. 본음(本音)은 '자'이다. =齋. 〔禮記〕兩手摳衣去齊尺. ②재계(齋戒)하다. =齋. 〔論語〕齊必變食. ③엄숙하게 공경하다. 〔論語〕祭必齊如. ❺자르다, 베어 끊다. ≒剪. 〔儀禮〕馬不齊髦.

【齊家 제가】한 집안을 잘 다스려 바로잡음. 治家(치가).
【齊敬 제경】삼가고 공경함. 심신을 깨끗이 하고 삼감.
【齊契 제계】①같이 서약(誓約)함. ②마음을 같이하는 사람.
【齊恭 제공】격의 없이 공경하고 삼감.
【齊叫 제규】여러 사람이 일제히 함성을 지름.
【齊給 제급】①재빨리 응(應)함. 재빨리 공급함. ②고르게 나누어 줌.
【齊年 제년】같은 해에 진사(進士)에 급제(及第)한 사람.
【齊岱 제대】오악(五嶽)의 하나인 태산(泰山)의 딴 이름. 東嶽(동악).
【齊東野語 제동야어】제(齊)나라 동부 지방에 사는 시골뜨기의 말. 믿을 수 없는 허황된 말.
故事 제나라 동부 지방 사람들은 어리석어 그들의 말을 믿을 수 없었다는 고사에서 온 말.
【齊等 제등】같음. 동등함. 평등함.
【齊論 제론】고론(古論)·노론(魯論)과 함께 삼논어(三論語)의 하나. 현존하는 논어와 비교하면 문왕(問王)·지도(知道)의 두 편(篇)이 더 있

고, 장구(章句)에도 다른 곳이 많음.
【齊盟 제맹】 다 함께 맹세함.
【齊物 제물】 평등한 견지(見地)에서 만물을 관찰함.
【齊眉之案 제미지안】 밥상을 눈썹 높이까지 받쳐 듦. 남편을 공경함. 故事 후한(後漢) 양홍(梁鴻)의 처 맹광(孟光)이 남편을 공경하여, 밥상을 눈썹 높이 만큼 높이 받쳐 들었다는 고사에서 온 말. 擧案齊眉(거안제미).
【齊民 제민】 ①백성을 평등하게 다스림. ②서민(庶民). 平民(평민).
【齊聖 제성】 ①신중하고 현명함. ②바르고 사리에 통함.
【齊遜 제손】 삼감. 공손히 함.
【齊肅 제숙】 엄숙하게 삼감. 경건(敬虔)하고 엄숙함. 齊嚴(제엄).
【齊心 제심】 마음을 함께함. 合心(합심).
【齊如 제여】 엄숙하게 삼가는 모양.
【齊列 제열】 가지런히 열을 지음.
【齊栗 제율】 삼가고 두려워함. 齊慄(제율).
【齊一 제일】 똑같이 가지런함. 均一(균일).
【齊紫敗素 제자패소】 세상에서 몹시 귀중히 여기는 제(齊)나라의 자줏빛 비단도 낡은 흰 실을 염색한 것임. 轉禍爲福(전화위복), 轉敗爲功(전패위공).
【齊莊 제장】 엄숙함. 예의를 갖추어 삼감.
【齊正 제정】 ①정돈되어 바름. ②바르게 정제(整齊)함.
【齊整 제정】 가지런함. 정돈되어 있음.
【齊齊 제제】 ①공경하고 삼가는 모양. ②가지런히 정돈된 모양.
【齊進 제진】 일제히 나아감. 가지런히 나아감.
【齊唱 제창】 여러 사람이 일제히 소리를 내어 부름.
【齊楚 제초】 정제(整齊)되어 아름다움.
【齊吹 제취】 ①여러 사람이 일제히 피리를 붊. ②무능한 사람이 유능한 사람의 틈에 끼어 같이 일을 함.
【齊齒 제치】 가지런히 늘어섬. 齊列(제열).
【齊平 제평】 ①같음. 동등함. ②정돈되어 가지런한 일.
【齊限 제한】 한계(限界). 한도(限度).
【齊和 제화】 ①음식물을 구미에 맞게 조리함. ②여러 약제를 알맞게 섞음.
【齊戒 재계】 몸과 마음을 깨끗하여 부정한 일을 멀리하는 일. 齋戒(재계).
【齊明 재명】 ❶재명 ❷자명】 ①재계하여 마음을 바르게 함. ②치우침이 없이 공명정대함. ❷제기(祭器)에 담은 서직(黍稷). ☞ '齊'는 '粢'로 '재물로 바친 곡식'을 뜻함.
【齊疏 재소·자소】 ☞재최(齊衰).
【齊衰 재최·자최】 오복(五服)의 하나. 거친 삼베로 지은 아랫단을 혼 상복(喪服). 齊疏(재소). 齋衰(재최).
【齊髦 전모】 말의 목덜미에 난 긴 털을 자름.

○ 敬一, 均一, 散一, 愼一, 夷一, 一一, 正一, 整一, 斬一, 總一, 平一.

齊 3 【齋】 ⑰ ❶재계할 재 匡 zhāi
❷상복 재 本字 𠷺 zhāi

篆 솰 隷 繍 草 衞 斎 簡 斎

字解 ❶①재계(齋戒)하다. 마음과 몸을 깨끗이 하고 부정(不淨)한 일을 멀리하다. 〔呂氏春秋〕 天子乃齋. ②공경하다, 엄숙하다. ③공손하고 삼가다. ④집, 방. ㉮연거(燕居)하는 곳. ¶山齋. ㉯공부하는 곳. ¶書齋. ⑤명복(冥福)을 비는 불공(佛供). ⑥열심히 불도(佛道)를 닦다, 정진(精進)하다. 〔杜甫·歌〕 蘇晉長齋繡佛前. ⑦때. 불교에서 정오의 끼니때나 새벽에서 정오까지의 동안. ❷상복(喪服). 삼베로 지은 아랫단을 혼 상복. =齊. 〔孟子〕 齋疏之服.
【齋潔 재결】 심신을 정결하게 함. 재계(齋戒)함. 潔齋(결재).
【齋戒 재계】 부정(不淨)한 일을 멀리하고 심신(心身)을 깨끗이 하는 일.
【齋供 재공】 ①절에서 시식(時食)을 제공하는 일. ②(佛)불전에 재반(齋飯)을 올리는 일.
【齋宮 재궁】 ①천자가 대묘(大廟)에 제사하기 전에 재계하는 궁전. ②각 고을에 있는 문묘(文廟). 校宮(교궁). 鄕校(향교).
【齋糧 재량】 법회(法會) 때 메를 짓는 쌀.
【齋米 재미】 승려에게 보시(布施)로 주는 쌀.
【齋牓 재방】 서재(書齋)에 거는 편액(扁額).
【齋舍 재사】 ①재계하는 집. 齋屋(재옥). ②서재(書齋).
【齋宿 재숙】 하룻밤을 재계하면서 지냄.
【齋食 재식】 ①정결한 음식물. ②(佛) ㉠오전 중에 먹는 음식. ㉡재공(齋供)하였던 음식물. ㉢점심밥.
【齋室 재실】 ①國무덤이나 사당 옆에 제사를 지내기 위하여 지은 집. 齋閣(재각). 齋宮(재궁). ②능이나 종묘에 제사를 지내기 위하여 지은 집. 齋殿(재전). ③문묘(文廟)에서 유생들이 공부하던 집.
【齋筵 재연】 ①공양(供養)하는 자리. ②(佛)재식(齋食)을 베풀어 삼보(三寶)를 공양하는 법회.
【齋屋 재옥】 재계하는 집.
【齋院 재원】 제사 전날에 제사에 관계하는 사람들이 재계하는 곳.
【齋長 재장】 재사(齋舍)의 우두머리.
【齋主 재주】 ①불공의 주인. ②재식(齋食)의 시주(施主).
【齋廚 재주】 사찰(寺刹) 따위의 취사장(炊事場).
【齋醮 재초】 단(壇)을 만들어 기도함.
【齋室 재실】 서재(書齋)와 침실(寢室).
【齋會 재회】 ①(佛)①승려들이 독경과 불공으로 죽은 사람을 제도(濟度)하는 일. ②신도들이 모여 승려를 공양하는 일.

○ 潔一, 山一, 書一, 禪一, 淸一, 致一, 寢一.

齊 3 【𪗈】 ⑰ 아름다울 제 匡 qí

字解 ①아름답다, 좋다. ②삼가다. =齊. 〔詩經〕 有齊季女, 毛本作𪗈.

齊部 4~9획 齋齍齎䶒 齒部 0획 齒

齊 4 【齋】 ⑱ 몹시 노할 제 函 jī

【字解】 ①몹시 노하다. 늑齊. 〔楚辭〕反信讒而齌怒. ②음식을 익히는 솥, 가마. ③밥 짓는 일이 빠르다.

齊 5 【齍】 ⑲ ❶제기 자 因 zī ❷조리할 제 函 zī

【字解】 ❶①제기(祭器), 서직(黍稷)을 담는 제기. 〔周禮〕大宗伯奉玉齍. ②육곡(六穀)의 총칭. 늑粢. 〔周禮〕辨六齍之名, 物與其用. ③제사에 바치는 음식물, 제수(祭需). 〔周禮〕世婦共齍盛. ❷조리(調理)하다, 요리하다. =齊.

【齍盛 자성】 제기에 담은 공물(供物).
【齍號 자호】 곡류(穀類)에 붙이는 미칭(美稱). 서(黍)를 향합(香合), 양(粱)을 향기(香箕), 도(稻)를 가소(嘉蔬)라 하는 따위.

齊 7 【齎】 ㉑ ❶가져올 재 函 jī ❷탄식할 자 因 jī ❸휴대하는 물건 자 函 jī

【參考】 대법원 지정 인명용 한자의 음은 '재'이다.
【字解】 ❶①가져오다, 가져가다. 〔古詩〕齎錢三百萬. ②주다, 보내다, 증여하다. 〔周禮〕設道齎之奠. ③가지다, 지니다. 〔對備〕하다. 〔淮南子〕願以技齎一卒. ④갖추다, 대비(對備)하다. 〔淮南子〕願以技齎一卒. ⑤휴대(携帶)하는 물건. 〔周禮〕共其財用之幣齎. ❻소용돌이치며 흐르는 모양. 〔列子〕與齎俱入. ❷탄식하는 소리, 아! 〔易經〕齎咨涕洟. ❸휴대하는 물건. ※❶의 ⑤와 같다.
【齎金 재금】 돈을 지참함.
【齎貸 재대】 꾸어 줌. 대여(貸與)함.
【齎盜糧 재도량】 도둑에게 먹을 것을 가져다 줌. 자기 자신을 해치는 어리석은 행위를 함. 齎盜食(재도식).
【齎送 ❶재송 ❷자송】 ❶물품을 보냄. ❷장례 때 사자(死者)와 함께 묻는 물품. 資送(자송).
【齎志 재지】 사후(死後)까지 뜻을 버리지 않음.
【齎用 자용】 일상생활에 필요한 물품이나 금전. 資用(자용).
【齎咨 자자】 탄식하는 소리. 아아.
❶ 輕-, 技-, 道-, 私-, 重-, 幣-.

齊 9 【䶒】 ㉓ 회 제 函 jī

【字解】 ①회. 살[肉]을 잘게 썰어 날로 먹는 것. ②무침. 파·부추 따위의 채소를 잘게 썰어 간장 따위 조미료로 버무린 것. 〔孫詒讓正義〕菜肉之細切者, 通謂之䶒. ③부수다, 섞다, 양념을 다져서 조미료와 섞는 일.
【䶒粉 제분】 ①부서져 가루가 됨. ②몸이 가루가 되도록 있는 힘을 다하여 일함. 粉骨碎身(분골쇄신).
【䶒鹽 제염】 ①채소 요리. ②변변치 않은 음식.

❶ 淡-, 玉-, 黃-.

齒 部

15획 부수 | 이치부

齒 0 【齒】 ⑮ 이 치 紙 chǐ

【字源】 形聲. 이가 서 있는 모양을 본뜬 글자.
【字解】 ①이. ㉮음식을 씹는 기관. 〔周禮〕自生齒以上, 登于天府. ㉯이같이 생긴 것, 또는 그와 같은 작용을 하는 것. 〔晉書〕不覺屐齒之折. ②어금니, 상아(象牙) 따위. 〔書經〕齒革羽毛. ③나이, 연령. 〔禮記〕貴德而尙齒. ④주사위, 투자(骰子). 〔歐陽脩·詩〕犀投博齒呼成白. ⑤수, 수효, 나이를 세다. 〔禮記〕齒路馬有誅. ⑥비견(比肩)하다, 나란히 서다. 〔春秋左氏傳〕不敢與結任齒. ⑦적다, 기록하다. 〔禮記〕終身不齒. ⑧닿다, 스치다. 〔漢書〕譬猶蠅蚋之附群牛, 腐肉之齒利劍.

【齒劍 치검】 칼에 닿음. ㉠자결(自決)함. ㉡살해(殺害)됨.
【齒冠 치관】 잇몸 밖으로 드러난 이의 부분, 치아머리.
【齒德 치덕】 ①나이와 덕행(德行). ②나이가 많고 덕행이 높음.
【齒冷 치랭】 냉대(冷待)함. 얕봄.
【齒錄 치록】 ①수록(收錄)함. ②과거에서 함께 급제(及第)한 사람끼리 서로의 성명·나이·관향·부조(父祖)의 이름 등을 적어 인각(印刻)한 책자(冊子).
【齒亡舌存 치망설존】 →齒弊舌存(치폐설존).
【齒髮不及 치발불급】 이와 머리털이 아직 미치지 못함. 나이가 어림.
【齒石 치석】 이의 표면에 누렇게 엉겨 붙어서 굳은 석회분. 잇돌.
【齒宿 치숙】 ①늙음. 나이가 듦. ②노인.
【齒牙 치아】 이와 어금니. 이를 점잖게 이르는 말.
【齒牙餘論 치아여론】 치아에서 새어 나오는 몇 마디 말. 남에게 조력(助力)이나 고무(鼓舞) 등을 청할 때 쓰는 말.
【齒如瓠犀 치여호서】 이가 박씨 같음. 잇바디가 희고 아름다운 모양.
【齒列 치열】 ①이가 나란히 박힌 생김새. 잇바디. ②잇바디 모양으로 동등하게 나란히 섬. 同列(동렬).
【齒齯 치예】 장수하는 노인의 이가 빠지고 그 자리에 나는 작은 이. 齯齒(예치).
【齒齦 치은】 잇몸. 齒齗(치은).
【齒杖 치장】 70세가 된 노신(老臣)에게 내리는

齒部 1～5획 齔 齓 齕 齗 齘 齙 齚 齛 齜 齝 齞 齟

지팡이. 王杖(왕장).
【齒槽 치조】이가 박혀 있는 위턱과 아래턱의 구멍이 뚫린 뼈. 이틀.
【齒齒 치치】잇바디처럼 나란히 늘어선 모양.
【齒痛 치통】이가 아픈 증세.
【齒弊舌存 치폐설존】단단한 이는 빠져도 부드러운 혀는 남음. 강한 자는 망해도 유한 자는 나중까지 남음. 齒亡舌存(치망설존).
【齒革 치혁】상아(象牙)와 짐승의 가죽.
● 鋸-, 犬-, 堅-, 白-, 舊-, 門-, 拔-, 不-, 尙-, 素-, 宿-, 脣-, 兒-, 年-, 玉-, 幼-, 乳-, 義-, 切-, 齊-, 鑿-, 蟲-, 含-, 皓-, 黑-.

齒1【齔】⑯ 齓(2140)과 동자

齒2【齓】⑰ 이 갈 츤 chèn
[字解] ㉮이를 갈다, 젖니가 빠지고 영구치(永久齒)가 나다. ㉯젖니, 유치(乳齒).〔韓詩外傳〕女七月生齒, 七歲而齓齒. ②철없는 나이, 어린애, 이를 갈 무렵의 나이, 유년(幼年).〔後漢書〕年皆童齓.
【齓童 츤동】이를 갈 나이의 아이.
【齓齒 츤치】이가 빠지고 다시 남.

齒3【齕】⑱ 깨물 흘 hé
[字解] 깨물다, 씹다.〔禮記〕庶人齕之.
【齕畝 흘교】씹음. 깨묾.
【齕萁 흘기】콩깍지를 씹음.
【齕啖 흘담】씹어 먹음.
【齕咋 흘색】①깨묾. ②덤비어 물음.
【齕齧 흘설】묾. 깨묾.
【齕吞 흘탄】씹지 않고 마구 삼킴.

齒3【齕】⑱ 齕(2140)과 동자

齒4【齘】⑲ 이 갈 계 ㉻해 xiè
[字解] ①이를 갈다, 절치(切齒)하다. ②고르지 못한 것의 비유.〔周禮〕衣之欲其無齘.

齒4【齘】⑲ 이 고르지 못할 아 yá
[字解] ①치열(齒列)이 가지런하지 못하다. ②남의 말을 듣지 않다.〔唐書〕能學贅齘, 保宗而全家. ③윗니와 아랫니가 서로 어긋나 맞지 않다.
【齘齒 아이】이가 고르지 않음.

齒4【齗】⑲ ①잇몸 은 yín ②웃을 언 yǎn
[字解] ①①잇몸, 치은(齒齦).〔柳宗元·記〕頰領齗齗. ②말다툼하다, 이를 드러내고 다투는 모양.〔史記〕洙泗之間, 齗齗如也. ②웃다. 늑齴.
【齗骨 은골】이.
【齗齦 은악】잇몸. 齒齦(치은).
【齗齗 은은】①말다툼하는 모양. 잇몸을 드러내고 싸우는 모양. ②성내어 질투하는 모양.

齒4【齙】⑲ 齙(2140)과 동자

齒5【齛】⑳ 잇몸 부을 거 jù
[字解] ①잇몸이 붓다, 치은에 염증이 생기다. ②잇몸이 단단하지 못하다.

齒5【齡】⑳ 나이 령 líng
[字解] 나이, 연령.〔論衡·感類〕古者謂年爲齡.
● 高-, 老-, 妙-, 樹-, 年-, 適-, 學-.

齒5【齝】⑳ 깨무는 소리 립 lì
[字解] 깨무는 소리, 마른 것을 깨무는 소리, 단단한 것을 깨무는 소리.
【齝齧 입랍】단단한 것을 깨무는 소리.

齒5【齞】⑳ 齰(2142)과 동자

齒5【齜】⑳ 이 드러나 보일 언 yǎn
[字解] ①이가 드러나 보이다, 이가 드러나 보이는 모양.〔宋玉·賦〕齞脣歷齒. ②건순(乾脣). 윗입술이 위로 들린 입술.
【齜脣 언순】①이가 드러나 보임. ②언청이. 缺脣(결순).

齒5【齟】⑳ 어긋날 저·서 jǔ
[參考] 대법원 지정 인명용 한자의 음은 '저'이다.
[字解] ①어긋나다. ㉮윗니와 아랫니가 서로 어긋나다. ㉯사물이 서로 어긋나 맞지 않다.〔白居易·詩〕齟齬於其中. ②씹다.〔孔子家語〕齟齬者九竅而胎生.
【齟齬 저어】①윗니와 아랫니가 서로 어긋나 맞지 않음. ②일이 서로 어긋나거나 차질이 생김. 서로 모순됨.
【齟嚼 저작】음식물을 씹음. 咀嚼(저작).

齒
5 【齣】⑳ 단락 척 囤 chū
초서 간체 出 참고 음에 대해서는 '착·척·절·거·태·사' 등 여러 가지 설이 있다.
字解 단락, 연극의 한 장면이나 한 막. 장회소설(章回小說) 등의 일회(一回). 〔路史〕高則誠瑟琶記有第一齣.

齒
5 【齠】⑳ 이 갈 초 蕭 tiáo
초서 갑체 齠 字解 ①이를 갈다, 유치(乳齒)가 빠지고 영구치(永久齒)가 나다. ②이를 갈 무렵의 7~8세 아이. 늑髫.〔顔氏家訓〕昔在齠齔, 便蒙誨誘.
【齠年 초년】이를 갈 나이. 또는 그 아이.
【齠髮 초발】어린아이의 늘어뜨린 머리털. 또는 어린아이. ○'齠'는 '髫'로 '다박머리의 어린아이'를 뜻함.
【齠容 초용】①어린아이 같은 모습. ②어린아이와 같이 팔팔하고 아름다운 모습.
【齠齔 초츤】이를 갈 나이의 어린아이. 7~8세 정도의 어린아이.
【齠齒 초치】이갈이하고 있는 젖니.

齒
5 【齝】⑳ 새김질할 치 囡 chī
소전 동문 齝 字解 ①새김질하다, 소가 반추(反芻)하다. ②소·양·사슴 등이 풀을 먹다.

齒
5 【齦】⑳ 齠(2141)와 동자

齒
6 【齩】㉑ 깨물 교 囤 yǎo
소전 초서 齩 字解 깨물다. =咬. 〔漢書〕 易子而齩其骨.
【齩骨 교골】뼈를 깨물어 씹음.
【齩齧 교설】깨물어 씹음.

齒
6 【齤】㉑ 옥니 권 囤 quán
소전 초서 齤 字解 ①옥니, 안으로 굽은 이. ②이를 드러내고 웃는 모양.

齒
6 【齪】㉑ 통니 병 㖂 pián
字解 통니.〔古微書〕武王骿齒.
【骿齒 병치】여러 개의 이가 한통으로 연달린 통니. 竝齒(병치).

齒
6 【齧】㉑ 물 설 屑 niè
소전 초서 간체 啮 字解 ①물다. ㉮깨물다.〔禮記〕毋齧骨.㉯물어뜯다, 씹다.〔後漢書〕齧素且斬.㉰갉아 먹다, 벌레가 먹다.〔相和歌·雞鳴〕蟲來齧桃根.㉱개먹다, 침식(侵蝕)하다.〔戰國策〕檾水齧其墓.㉲먹다, 음식을 먹다.〔劉禹錫·文〕可以持醪而齧肥.㉳이를 갈다, 절치(切齒)하다.〔南史〕自齧其齒. ②흠, 결함, 하자(瑕疵).〔淮南子〕於隙劍之折必有齧. ③풀 이름. ㉮다북쑥, 조봉(彫蓬).㉯고근(苦堇), 근채(堇菜).
【齧殺 설살】물어 죽임.
【齧噬 설서】씹음. 깨묾.
【齧鐵 설철】①쇠를 씹어 먹음. ②불가사리의 딴 이름.
【齧齒 설치】이를 갊. ㉠몹시 분노하고 한스러워함. ㉡밤에 자면서 이를 가는 증상.
【齧齒類 설치류】쥐나 토끼처럼 물건을 잘 갉는 포유동물의 한 부류.
【齧破 설파】물어뜯음. 씹어 결딴냄.
○齩-, 咯-, 剝-, 酢-, 齬-, 食-, 侵-.

齒
6 【齫】㉑ 齳(2142)과 동자

齒
6 【齦】㉑ ❶잇몸 은 囡 yín ❷물 간 阮 kěn
소전 초서 간체 龈 字解 ❶①잇몸, 치은(齒齦). =齗.〔李禎·陌上桑〕香齦皓齒疑貝編. ②웃다.〔太玄經〕琢齒依齦. ③희롱하여 웃는 모양.〔太玄經〕爭射齦齦. ❷①물다, 깨물다. ②탐식(貪食)하다, 뼈 사이의 살을 발라 먹다. ③이가 솟아나는 모양.
【齦齦 은은】①희롱하여 웃는 모양. ②공손하게 양보하는 모양.
【齦齶 간악】암석이 매우 울퉁불퉁한 모양.

齒
6 【齛】㉑ 깨물 할 黠 xiá
소전 字解 깨물다, 여문 것을 깨무는 소리.〔書紀〕齛齛咀嚼.

齒
7 【齪】㉒ 이 곱을 산 寒 suān
字解 이가 곱다, 신 것을 먹어 이뿌리가 저리고 시금시금하다.

齒
7 【齬】㉒ 어긋날 어 語 yǔ
소전 초서 간체 龉 字解 윗니와 아랫니가 어긋나다.

齒
7 【齳】㉒ ❶이 없을 운 吻 yǔn ❷이 솟아날 곤 阮 yǔn
초서 字解 ❶①이가 없다, 이가 빠지고 없다, 이가 빠진 모양. =齫.〔荀子〕齫然而齒墮矣. ❷①이가 솟아나는 모양. ②물다, 깨물다.

齒部 7~9획

齺 (齒7) ㉒ 악착할 착 庛 chuò
①악착하다, 도량이 좁다, 작은 일에 끈기 있고 모질다. 〔鮑照·行〕小人自齺齺. ②이가 맞부딪치는 소리. ③구멍을 뚫는 기구. ④염근(廉謹)한 모양. 〔史記〕其民齺齺.
【齺齺 착착】경건한 모양. 삼가는 모양.

齻 (齒7) ㉒
齺(2142)과 동자

齾 (齒7) ㉒ 옥니 협 洽 xiá
①옥니, 안으로 굽은 이. ②이가 빠지다. ③깨물다.

齰 (齒8) ㉓ 물 색 陌 zé
①물다. ②이가 서로 맞다. ≒嘖.
【齰舌 색설】혀를 깨묾.
【齰齧 색설】깨묾. 씹음.
【齰牙 색아】잠잘 때 이를 갊.

齯 (齒8) ㉓ 다시 난 이 예 齊 ní
①다시 난 이, 이가 다 빠진 뒤에 다시 난 노인의 이. 장수(長壽)의 상(相)으로 본다. ②90세의 노인, 나이 많은 사람. 〔柳宗元·記〕眉尨齒齯, 未嘗知此.
【齯齒 예치】①이가 다 빠진 뒤에 다시 난 노인의 이. ②90세의 노인.

齭 (齒8) ㉓
齭(2143)과 동자

齮 (齒8) ㉓ 물 의 紙 yǐ
①물다, 깨물다, 한쪽 어금니로 깨물다. ②물어뜯다, 남의 재능을 시기하여 배척하다. 〔史記〕齮齕用事者填墓矣.
【齮齕 의홀】①물어뜯음. ②남의 재능(才能)을 서로 시기하고 배척함.

齤 (齒8) ㉓ 이 고르지 못할 잔 刪 zhàn
이가 고르지 못하다. 〔柳宗元·文〕黑齒齤齺.
【齤齺 잔언】이가 고르지 않은 모양.

齭 (齒8) ㉓ 이 아플 초 語 chǔ
이가 아프다, 이에 초가 들어가서 곱고 저리며 아프다. =齼.

齱 (齒8) ㉓
①이 바르지 못할 추 尤 zōu
②악착할 착 庛 chuò
①①이가 바르지 못한 모양. ②이가 한쪽으로 쏠리다. ②악착하다. =齺. 〔漢書〕齷齱好苛禮.

齼 (齒9) ㉔ 이 곱을 소 語 chǔ
이가 곱다, 초에 상하여 이뿌리가 저리고 시금시금하다.

齷 (齒9) ㉔ 악착할 악 覺 wò
①악착하다, 도량이 좁다. ¶齷齱. ②작은 모양. 〔左思·賦〕齷齱而算, 固亦曲士之所歎也.
【齷齱 악착】①이가 빽빽한 모양. ②도량이 좁고 억지스러움. ③작은 일에 구애하여 아득바득 다투는 모양.

齶 (齒9) ㉔ 잇몸 악 藥 è
잇몸, 치은(齒齗). 〔韓愈·詩〕齒牙嚼齧齶齶反.

齴 (齒9) ㉔ 웃을 언 銑 yǎn
①웃다. =龂. ②이가 드러나는 모양. =齞.
【齴齴 언언】이가 드러난 모양.

齲 (齒9) ㉔ 충치 우 麌 qǔ
①충치, 벌레 먹은 이. 〔史記〕太倉公治齊中大夫病齲齒. ②이가 아프다. ③덧니, 포개어져 나는 이.
【齲齒 우치】벌레 먹은 이. 蟲齒(충치).
【齲齒笑 우치소】이앓이하는 사람 모양으로 웃음. 아양을 떠는 모양.

齵 (齒9) ㉔
①이 바르지 못할 우 尤 óu
②덧니 날 우 虞 óu
①①이가 바르지 못하다. 〔周禮〕察其菑蚤不齵. ②서로 어긋맞다. 〔荀子〕境內之事, 有弛易齵差者矣. ②①덧니가 나다, 덧니. ②이가 한쪽으로 쏠리다.
【齵差 우치】서로 어긋남. 가지런하지 못함.
【齵齒 우치】덧니.

齳 (齒9) ㉔
齱(2142)와 동자

齒部 9~20획 齫 齬 齯 齱 齲 齳 齴 齵 齶 齷 齸 齹　龍部 0획　龍

齒9【齫】㉔ 이 빠질 운 㐃 yǔn
[소전][초서][동자] [字解] ①이가 빠지다.〔韓詩外傳〕齫然而齒墮矣. ②이가 없다. 유치가 아직 나지 않았거나, 늙어서 이가 다 빠지고 없다. ≒齳.
【齫然 운연】 이가 빠진 모양.

齒10【齬】㉕ 잠자며 이 가는 소리 계 㐃 jiè
[字解] 잠자면서 이를 가는 소리.

齒10【齯】㉕ 새김질할 익 㐃 yì
[소전] [字解] ①새김질하다. 사슴이 반추(反芻)하다. ②목구멍, 인후(咽喉).

齒10【齱】㉕ 사랑니 전 㐃 diān
[字解] ①사랑니. 성인(成人)이 된 후에 나는 이. ②송곳니. 어금니의 양쪽에 있는 뾰족한 이. 〔儀禮〕右齱左齱. ③어금니. ④어금니의 끝.

齒10【齲】㉕ 이 갈 절 㐃 qiè
[소전][동자] [字解] ①이를 갈다, 절치(切齒)하다. ②뼈를 다루다, 뼈로써 물건을 만들다.

齒10【齳】㉕ 이 고르지 못할 차 㐃 cuó
[동자] [字解] ①이가 고르지 못하다, 잇바디가 가지런하지 못하다. ②잇몸.

齒10【齴】㉕ ①이 부러질 추 㐃 zōu ②물 삭 㐃 zōu
[소전] [字解] ❶①이가 부러지다. ②말 입에 물린 재갈. ❷①어금니가 없다. ②입 다.〔管子〕車軹齴騎. ②윗니와 아랫니가 서로 가까워지는 모양.〔荀子〕上下齴然相信.
【齴然 삭연】 윗니와 아랫니가 서로 가까워지는 모양. 상하(上下)가 서로 화합함.

齒12【齵】㉗ 이 없는 모양 운 㐃 yǔn
[字解] ①이가 없는 모양. ②이가 빠진 모양. ※齫(2143)의 와자(譌字).

齒12【齶】㉗ ①웃을 은 ㉗ yǐn ②이 날 인 㐃 yín
[字解] ❶①웃다. ②이가 가지런하다. ❷①이가 나는 모양. ≒齗.

齒13【齷】㉘ 옥니 금 㐃 jìn
[字解] ①옥니. 안으로 굽은 이. ②입을 다물다. 함구하다. ≒噤.

齒13【齸】㉘ 齗(2142)와 동자.

齒14【齱】㉙ 이 가지런하고 맞을 제 㐃 jī
[字解] ①이가 가지런하고 맞다, 이가 가지런하고 윗니와 아랫니가 꼭 맞다. ②물다, 씹다.

齒20【齹】㉟ 이 빠질 알 㐃 yà
[소전][字解] ①이가 빠지다, 그릇이 이가 빠지다.〔韓愈·詩〕交斫相缺齹. ②짐승의 턱찌끼, 짐승이 먹다 남긴 것. ③짐승이 남김없이 다 먹다. ④높고 낮은 산들이 벌여 있는 모양.〔蘇軾·詩〕遠水鱗鱗山齹齹.

龍 部

16획 부수 ｜ 용룡부

龍0【龍】⑯ ❶용 룡 图 lóng ❷잡색 방 江 máng ❸언덕 롱 腫 lóng ❹사랑 총 腫

亠 立 育 育 育 背 背 龍 龍 龍

[소전]龍 [주서]𪚦 [고자]竜 [속자]龍 [간체]龙

[參考] 대법원 지정 인명용 한자음은 '룡'이다.
[字源] 象形. 머리에 뿔이 있고, 입을 벌린 기다란 몸뚱이를 가진 용의 모양을 본뜬 글자.
[字解] ❶①용. 상상의 동물로, 거북·봉황·기린과 함께 사령(四靈)의 하나.〔呂氏春秋〕以龍致雨. ②임금·제왕의 비유. 임금과 관련 있는 사물에 붙이는 말.〔龍飛御天歌〕海東六龍飛. ③뛰어난 인물, 호걸.〔蜀志〕諸葛孔明者臥龍也. ④크다, 대형(大型)인 것. ¶龍舟. ⑤키가 8척 이상인 말.〔禮記〕駕蒼龍. ⑥산맥(山脈)의 모양, 풍수설(風水說)에서 주산(主山)의 산맥.〔楚辭〕北有寒山, 逴龍赩只. ⑦화하다. ≒寵.〔詩經〕我龍受之. ⑧별 이름, 세성(歲星), 목성(木星).〔春秋左氏傳〕龍見而零. ⑨땅 이름. 춘추(春秋) 때 노(魯)나라의 고을. 지금의 산동성(山東省) 태산현(泰山縣). ❷잡색, 흑백(黑白)의 잡색(雜色). ≒尨.〔周禮〕上公用龍. ❸언덕. ≒壟.〔孟子〕有私龍斷. ❹사랑, 은총(恩寵). ≒寵.〔詩經〕爲龍爲光.
【龍舸 용가】 용을 그린 배. 또는 천자(天子)가 타는 큰 배. 龍頭鷁首(용두익수).
【龍駕 용가】 용이 끄는 수레. 임금의 수레. 鳳駕(봉가). 御賀(어가).
【龍骨車 용골차】 무자위. 수차(水車).
【龍光 용광】 ①군자(君子)의 덕을 기리는 말. ②남의 풍채(風采)의 경칭(敬稱).

龍部 0획 龍

【龍駒 용구】①뛰어난 말. 駿馬(준마). ②뛰어난 아이. 麒麟兒(기린아).
【龍駒鳳雛 용구봉추】뛰어난 망아지와 봉황의 새끼. 재주와 지혜가 뛰어난 소년.
【龍忌 용기】①불 때는 것을 꺼리는 날. 한식날. ②제삿날. 귀신의 날.
【龍挐猊攫 용나예확】용과 사자가 맞잡고 싸움. 맹렬한 쟁투.
【龍挐虎擲 용나호척】용과 범이 맞붙어 다툼. 영웅(英雄)이 서로 싸움. 龍攘虎搏(용양호박).
【龍女 용녀】①용궁에 산다는 선녀. 용왕(龍王)의 딸. ②현녀(賢女).
【龍德 용덕】천자의 덕. 俊德(준덕).
【龍圖 용도】①복희씨(伏羲氏) 때 황하에서 용마가 지고 나왔다는 그림. 河圖(하도). ②임금의 계략. 고매한 계책.
【龍瞳鳳頸 용동봉경】용의 눈동자와 봉황의 목. 귀한 인상(人相).
【龍頭 용두】①용의 머리. ②과거(科擧)에서 가장 좋은 성적을 거둔 급제자(及第者). 壯元(장원). ③용의 머리처럼 새긴 기물의 장식. ④용머리를 새긴 배. ⑤제왕의 머리. ⑥망새. ⑦종(鐘)을 매다는 부분의 장식.
【龍頭蛇尾 용두사미】용의 머리에 뱀의 꼬리. 야단스럽게 시작했다가 흐지부지 끝남.
【龍頭鷁首 용두익수】천자나 귀인이 타는 배. 두 척이 한 쌍을 이루는데 한 척은 선수(船首)에 용의 머리 모양을, 다른 한 척은 익조(鷁鳥)의 머리 모양을 새겼음. 용은 물을, 익조는 바람을 진압한다고 함.
【龍淚 용루】용의 눈물. 곧, 임금의 눈물.
【龍鱗 용린】①용의 비늘. ②임금·영웅 등의 위광(威光). ③용의 비늘처럼 이어진 모양. ④금은보옥(金銀寶玉) 등이 빛남. ⑤물결 번쩍거림. ⑥눈(雪)이 빛남. ⑦과실(果實)이 햇빛에 번쩍임. ⑧전서(篆書)의 모양. ⑨늙은 소나무의 줄기.
【龍鱗甲 용린갑】용의 비늘 모양으로 미늘을 단 갑옷.
【龍馬 용마】①준마(駿馬). ②복희씨(伏羲氏) 때 하도(河圖)를 업고 나왔다는 신마(神馬). ③늙어서도 건강한 사람.
【龍文 용문】①용의 무늬. 용무늬. 龍紋(용문). ②준마. ③장래에 대성(大成)할 만한 뛰어난 아이. ④시문(詩文)의 필력이 웅장한 모양.
【龍門 용문】①산 이름. 하진(河津)이라고도 함. 우(禹)임금이 구년 홍수를 다스릴 때 산험(山險)을 개척하여 황하(黃河)의 물을 통하게 하였다는 곳. 또는 그 수문(水門). 잉어가 이곳을 올라가면 용이 된다고 함. ②성망(聲望)이 높은 사람.
【龍門點額 용문점액】용문을 오르지 못하고 이마에 상처만 입음. 과거(科擧)에 떨어지고 돌아옴. 故事 잉어가 용문을 오르면 용이 되지만 그렇지 못하면 이마에 상처만 입고 돌아간다는 데서 온 말.
【龍門之遊 용문지유】인품(人品)이 훌륭하고 재능이 출중한 사람들의 회유(會遊).
【龍蟠 용반】①용이 몸을 서림. 용이 숨음. ②호걸이 뜻을 얻지 못하여 세상을 숨어 있음. 龍蟄(용칩). ③지형(地形)이 꼬불꼬불하여 험조(險阻)함. ④나뭇가지가 뒤틀려 있는 모양. ⑤초서(草書)의 필세(筆勢)가 힘찬 모양. 龍盤(용반).
【龍蟠鳳逸 용반봉일】용이 기회를 얻지 못하여 못에 서려 있고, 봉황이 때를 만나지 못하여 아직 세상에 나타나지 않음. 본래 훌륭한 자질을 갖추고 있으면서도, 아직 세상에 나타나지 않고 있는 인물.
【龍盤虎踞 용반호거】용이 서리고 범이 걸터앉음. ㉠기세가 대단한 모양. ㉡지세가 험조(險阻)하여 견고한 모양. 龍蟠虎踞(용반호거).
【龍鳳 용봉】용과 봉황. ㉠뛰어난 인상(人相). 귀인(貴人)의 상(相). ㉡뛰어난 인물.
【龍飛 용비】①용이 낢. ②임금의 즉위(卽位). ③영웅이 뜻을 얻어 흥기(興起)함.
【龍蛇 용사】①용과 뱀. ②비범(非凡)·비상(非常)한 사람. ③초서(草書)의 생동감 있는 필세(筆勢). ④유능한 인물이 은둔(隱遁)함. ⑤물이 흐르는 모양. ⑥진(辰)의 해와 사(巳)의 해. ⑦가느다란 병기(兵器). ⑧(佛)범인(凡人)과 성자(聖者). 현우(賢愚). 利鈍(이둔).
【龍床 용상】임금이 앉는 자리.
【龍象 용상】①용과 코끼리. ②(佛)학덕(學德)이 뛰어난 승려를 사후(死後)에 일컫는 말.
【龍城 용성】①흉노(匈奴)의 땅. 널리 삭북(朔北)의 땅을 지칭함. ②흉노의 추장(酋長)들이 모여 제천(祭天)하던 곳.
【龍沼 용소】폭포가 떨어지는 바로 밑에 있는 웅덩이.
【龍孫 용손】①죽순(竹筍)의 딴 이름. ②대나무의 한 가지. 골짜기에 나며 키가 한 자도 되지 않는 작은 대나무. ③남의 손자의 경칭(敬稱). ④고추잠자리의 딴 이름.
【龍鬚 용수】①용의 수염. ②임금의 수염. ③맥문동(麥門冬)의 딴 이름. 龍鬚草(용수초).
【龍顔 용안】①임금의 얼굴. 聖面(성면). 玉顔(옥안). 天顔(천안). ②용같이 생긴 얼굴. 미골(眉骨)이 불룩하게 솟은 상.
【龍驤 용양】①용처럼 뛰어오름. 기세가 왕성한 모양. ②필세(筆勢)가 성한 모양.
【龍驤麟振 용양인진】용이 승천하듯이 기세가 성하고, 기린이 덕을 떨치듯이 신후(信厚)함. 장군(將軍)이 위세와 온정을 겸비함.
【龍驤虎步 용양호보】용이 달리고 호랑이가 걸음. 위무(威武)가 당당함.
【龍驤虎視 용양호시】용처럼 날뛰고 범처럼 응시(雄視)함. 고원(高遠)한 지기(志氣)로 일세를 응시하는 모양.
【龍馭 용어】①용이 수레를 몲. 천자의 죽음. ②천자의 거가(車駕). ③천자가 백성을 다스림.
【龍輿 용여】천자의 수레.
【龍吟 용음】①용이 우는 소리. ②거문고나 피리의 소리.
【龍吟虎嘯 용음호소】용과 범이 욺. 동류(同類)

가 서로 응하여 따름. ◯'吟'과 '嘯'는 모두 '길게 소리냄'을 뜻함.
【龍姿 용자】①임금의 모습. ②준마(駿馬)의 자태. ③거룩한 모습.
【龍潛 용잠】임금이 될 사람이 아직 즉위(卽位)하기 전을 일컬음. 潛龍(잠룡).
【龍章 용장】①용의 무늬. 용의 형상. 龍文(용문). ②뛰어난 풍채. ③용을 그린 기(旗). ④용을 그리거나 수놓은 옷. 임금이 입는 옷. 袞龍袍(곤룡포).
【龍章鳳姿 용장봉자】용의 모양에 봉황의 자태. 뛰어난 풍채.
【龍邸 용저】천자가 아직 즉위하기 전의 주거(住居). 潛邸(잠저).
【龍戰 용전】천하를 다투는 전쟁. 군웅(群雄)의 싸움.
【龍戰虎爭 용전호쟁】용과 호랑이가 싸움. 군웅(群雄)의 격렬한 전쟁.
【龍種 용종】①뛰어나게 좋은 말. 駿馬(준마). ②제왕의 자손. ③준재(俊才)가 있는 사람. 영특한 아이. ④대나무의 딴 이름.
【龍鍾 용종】①늙고 병든 모양. ②눈물을 흘리는 모양. ③실의(失意)한 모양. ④대나무의 한 가지.
【龍舟 용주】천자가 타는 배.
【龍準 용준】우뚝한 코.
【龍湫 용추】①폭포(瀑布). ②폭포의 물줄기.
【龍雛 용추】죽순의 딴 이름. 龍孫(용손).
【龍幣 용폐】한(漢) 무제(武帝) 때 주조한 둥근 은화(銀貨).
【龍袍 용포】용의 무늬를 수놓은 임금의 정복(正服). 袞龍袍(곤룡포).
【龍翰 용한】용의 날개.
【龍翰鳳翼 용한봉익】용과 봉황의 날개. 유능한 인재. ◯'翰'은 '翼'으로 '날개'를 뜻함.
【龍翰鳳雛 용한봉추】훌륭한 사람. 군자(君子).
【龍行虎步 용행호보】용이나 범처럼 걸음. 위의(威儀)가 장중(莊重)함.
【龍虎 용호】①용과 호랑이. ②천자의 기상. 뛰어난 문장. ④걸출한 인물. ⑤도가(道家)에서 물과 불을 일컫는 말. ⑥필세(筆勢)가 용경(勇勁)함. ⑦풍수설(風水說)에서, 무덤의 왼쪽 산줄기인 청룡(靑龍)과 오른쪽의 백호(白虎)를 아울러 이르는 말.
【龍虎榜 용호방】①문무과(文武科)에 합격한 사람의 명단을 게시하던 나무판. ②명사(名士)들이 동시에 급제하여 게시되는 일.
【龍虎相搏 용호상박】용과 범이 서로 싸움. 강자끼리 승패를 겨룸.
【龍火 용화】①화성(火星). ②용과 불. ③임금의 옷에 놓은 무늬. ③하늘의 음화(陰火).
【龍華三會 용화삼회】(佛) 미륵보살(彌勒菩薩)이 용화나무 아래서 법회(法會)를 열어 초회·이회·삼회로 나누어 중생을 제도(濟度)함. 龍華會(용화회).
【龍興致雲 용흥치운】용이 하늘에 올라 구름을 부름. 성덕(聖德)이 있는 임금이 현명한 신하를 얻어 응용함.
【龍勒 방륵】어가(御駕)를 끄는 말의 머리에 거는 굴레. 흑백(黑白)의 얼룩 무늬로 장식하였음. ◯'龍'은 '駹'으로 '잡색의 희생(犧牲)'을 뜻함.
【龍斷 농단】①우뚝 솟아 높은 언덕. ②이익을 독점(獨占)함. 故事 어떤 사람이 시장 가까이에 있는 높은 언덕에서 둘러보고 싼 물건을 사서 비싸게 팔아 이익을 독점하였다는 고사에서 온 말. 壟斷(농단).
◯ 降-, 袞-, 恐-, 蛟-, 虯-, 蟠-, 伏-, 魚-, 臥-, 潛-, 亢-, 見-, 黃-.

龍 2 【龒】⑱ 龍(2145)의 속자

龍 3 【龐】⑲ ❶클 방 江 páng ❷충실할 롱 東 lóng
[소전] [초서] [속자] 龐 [간체] 庞 [參考] 대법원 지정 인명용 한자의 음은 '방'이다.
[字解] ❶①크다. ㉮두텁고 크다. 〔司馬相如·文〕湛恩龐鴻. ㉯높고 크다, 높고 큰 집. 〔柳宗元·文〕形之龐也類有德. ②어지럽다, 난잡한 모양. ≒尨·厖. ③성(姓). ❷충실하다, 강성(彊盛)하다. 〔詩經〕四牡龐龐.
【龐眉皓髮 방미호발】굵은 눈썹과 흰 머리털. 곧, 노인.
【龐龐 방방, 농롱】❶북소리. 둥둥. ❷충실한 모양, 강성(彊盛)한 모양.
【龐錯 방착】뒤섞임. 亂雜(난잡).

龍 4 【龑】⑳ 고명할 엄 琰 yǎn
[초서] [간체] 龑 [字解] 고명(高明)한 모양, 높고 밝은 모양.

龍 6 【龕】㉒ 감실 감 覃 kān
[소전] [초서] [간체] 龛 [字解] ①감실(龕室). 사당 안에 신주(神主)를 모시어 두는 장(欌). 불탑(佛塔) 밑에 베푼 작은 방. 〔褚遂良·書〕久棄塵世與彌勒同龕. ②이기다, 사악을 물리치고 난을 평정(平定)하다. 〔謝靈運·詩〕龕暴資神理. ③담다, 물건을 담는 그릇. 〔揚子方言〕龕受也.
【龕燈 감등】불단(佛壇)의 등불.
【龕亂 감란】난을 진정(鎭定)함.
【龕像 감상】암벽을 파내고 작은 방을 만들어 그곳에 모셔 둔 불상.
【龕世 감세】세상을 평정(平定)함. 세상을 진정(鎭定)함.
【龕室 감실】①사당 안에 신주를 모셔 두는 장(欌). ②(佛)탑(塔) 속에 만든 작은 방. ③천주교에서, 성체를 모시는 방.
【龕暴 감폭】난폭(亂暴)한 자를 제압(制壓)함. 戡暴(감폭).

龍部 6획 龔龖龘 龜部 0획 龜

龍6 【龔】㉒ 공손할 공 图 gōng
[字解] ①공손하다. ≒恭.〔漢書〕象龔滔天. ②이바지하다, 공급하다. ＝供. ③받들다, 바치다.

龍6 【龖】㉒ 함께 가질 롱 更 lǒng
[字解] ①함께 가지다, 겸유(兼有)하다.〔漢書〕龖貨物. ②우리. 짐승을 가두는 시설. ≒櫳.〔左思·賦〕沈虎潛鹿, 罼龖箐束. ③얽다, 얽어매다.

龍6 【龘】㉒ 龖(2146)과 동자

龜部

16획 부수 | 거북귀부

龜0 【龜】⑯ ①거북 귀 图 guī ②나라 이름 구 图 qiū ③틀 균 圓 jūn

[參考] 대법원 지정 인명용 한자의 음은 '귀·구·균'이다.
[字源] 象形. 거북의 모양을 본뜬 글자.
[字解] ①㉠거북. 파충류의 하나. 고대에는 신령한 동물로 여겨 그 등딱지로 거북점을 쳤다.〔禮記〕麟鳳龜龍, 謂之四靈. ㉡거북의 등딱지.〔周禮〕攻龜用春時. ③거북점. 귀갑을 태워서 길흉을 점치는 일.〔書經〕擇建立卜筮人. ④패물, 화폐(貨幣). 고대에는 귀갑을 화폐로 사용하였다.〔漢書〕人用莫如龜. ⑤등뼈, 척추(脊椎).〔春秋左氏傳〕射鬣麗龜. ⑥인끈, 관인(官印)을 차는 끈.〔謝靈運·詩〕解龜在景平. ⑦귀대(龜袋). 당대(唐代)에 관원(官貝)이 차던 패물. ⑧인(印)의 손잡이에 새긴 거북 모양의 장식.〔後漢書〕賜龜綬. ⑨오래되다.〔洪範五行傳〕龜之言, 久也. ②①나라 이름. ¶龜玆. ②땅 이름. ③트다, 터지다, 손이 트다, 논바닥이 갈라지다. ¶龜裂.

【龜鑑 귀감】거북과 거울. 본받을 만한 모범(模範)이나 본보기. ○'龜'는 점복(占卜), '鑑'은 거울. 귀점(龜占)을 쳐서 길흉을 판단하고, 거울에 비추어 아름답고 추한 것을 구별한 데서 온 말. 龜鏡(귀경).
【龜甲 귀갑】거북의 등딱지. 한약재로 씀. 龜殼(귀각).
【龜甲文 귀갑문】귀갑에 새긴 은대(殷代)의 문자. 甲骨文字(갑골문자).
【龜鏡 귀경】⇨龜鑑(귀감).
【龜紐 귀뉴】거북의 형상을 새긴 인꼭지.
【龜頭 귀두】①거북의 머리. ②음경(陰莖)의 머리. 음경 상사목의 바깥쪽 부분.
【龜齡 귀령】거북의 나이. 매우 긴 수명.
【龜龍壽 귀룡수】거북과 용의 수명. 남의 장수를 축하할 때 쓰는 말. ○거북과 용은 모두 장수한 데서 온 말.
【龜毛 귀모】거북의 털. 아주 진귀(珍貴)한 것.
【龜毛兔角 귀모토각】거북의 털과 토끼의 뿔. ㉠절대로 있을 수 없는 일. ㉡난리가 바야흐로 일어나려 함.
【龜文 귀문】①신귀(神龜)가 등에 업고 있었다는 글. 낙서(洛書). 龜書(귀서). ②거북 등딱지의 육각형 무늬.
【龜文鳥跡 귀문조적】거북 등딱지의 무늬와 새의 발자국. 문자의 기원.
【龜背 귀배】①거북의 등. ②곱사등이. ③음식물을 얹어 두기 위하여 벽 위에 매단 선반.
【龜背刮毛 귀배괄모】○거북 등의 털을 깎음. 될 수 없는 일을 무리하게 추구함.
【龜鼈 귀별】①거북과 자라. ②남을 업신여기어 이르는 말.
【龜卜 귀복】거북 등딱지를 태워 생기는 모양을 보아 길흉을 판단하는 일.
【龜趺 귀부】거북 모양으로 새겨 만든 비석(碑石)의 받침돌.
【龜書 귀서】우(禹)임금 때, 낙수(洛水)에서 출현한 신귀(神龜)의 등에 있었다는 9개의 무늬. 우임금이 여기에서 수리(數理)를 안출(案出)하였다고 전함. 洛書(낙서).
【龜筮 귀서】거북으로 점치는 일.
【龜船 귀선】○거북 모양으로 만든 배. 거북선.
【龜裂 ①귀열 ②균열】①거북의 등딱지 모양으로 갈라짐. 또는 그 갈라진 금이나 틈. ②㉠추위로 손발이 틈. ㉡사물이 갈라져 분열함.
【龜占 귀점】거북의 등딱지를 불에 태워 그 갈라진 금을 보고 길흉(吉凶)을 판단하는 점.
【龜鼎 귀정】원귀(元龜)와 구정(九鼎). 곧, 제위(帝位).
【龜兆 귀조】거북 등딱지를 태울 때 나타나는 길흉의 조짐(兆朕). 귀복(龜卜)에서 얻는 길흉의 징조.
【龜策 귀책】복서(卜筮)의 도구(道具). 점을 치는 데 쓰는 거북 등딱지와 시초(蓍草). ○거북 등딱지로 점치는 것을 복(卜), 대쪽으로 점치는 것을 책(策)이라 함.
【龜貝 귀패】거북 등딱지와 조개껍데기. 고대(古代)에 화폐(貨幣)로 썼음.
【龜幣 귀폐】한대(漢代)에 썼던 화폐 이름. 무게는 넉 냥. 거북의 등딱지 모양이 그려져 있음.
【龜鶴 귀학】거북과 학. 남의 장수(長壽)를 축하하는 말. ○거북과 학은 모두 오래 사는 동물인 데서 온 말.
【龜筴 귀협】⇨龜策(귀책).

【龜胸 귀흉】불거져 나온 가슴. 새가슴.
【龜胸龜背 귀흉귀배】國안팎곱사등이.
【龜玆 구자】나라 이름. 신강성(新疆省) 고거현(庫車縣) 지방. 한대(漢代) 서역(西域) 36국(國)의 하나. 丘玆(구자). 屈支(굴지).
【龜手 균수】추위에 튼 손.
【龜坼 균탁】☞龜裂(균열).

● 大-, 螺-, 文-, 寶-, 山-, 筮-, 旋-, 攝-, 水-, 蓍-, 靈-, 玉-, 元-, 灼-, 占-, 天-, 澤-, 火-, 環-.

龜 4 【龝】⑳ 거북점 안 나타날 초 ▨ jiāo
[소전][동자] 字解 거북점이 나타나지 않다. 거북의 등딱지가 타서 점의 조짐이 나타나지 않다. ＝焦.

龜 5 【龝】㉑ 秋(1269)의 고자

龠 部

17 획 부수 ｜ 피리약부

龠 0 【龠】⑰ 피리 약 ▨ yuè
[소전][초서] 字源 象形, 피리의 모양을 본뜬 글자. 가운데의 '口'은 피리의 구멍을 그린 것이다.
字解 ①피리. 대나무로 만든 악기로 구멍이 셋·여섯·일곱의 세 가지가 있다. ＝籥. ②용량(容量)의 단위. ㉮1홉(合)의 10분의 1, 일작(一勺). ㉯1약(龠)을 되는 되. 〔漢書〕量者, 龠合升斗斛也.
【龠合 약흡】약과 흡. 곡식 따위의 양(量)이 적음. ✎ '龠'은 합의 10분의 1.
● 執-, 合-.

龠 4 【龡】㉑ ❶불 취 ▨ chuī ❷피리불 취 ▨ chuī
[초서] 字解 ❶불다, 바람 따위가 불다. ＝吹. ❷피리를 불다. 〔周禮〕掌敎國子舞羽龡籥.
【龡籥 취약】피리를 붊.

龠 5 【龢】㉒ 풍류 소리 조화될 화 ▨ hé
[소전][초서] 字解 ①풍류 소리가 조화되다. ②화하다, 화합하다. ※ 和(287)의 고자(古字). 〔國語〕言惠必龢. ③관(管)이 13개인 작은 생황(笙簧). ④한 악기만으로 독주하다.

龠 9 【龥】㉖ 부를 유 ▨ yù
[초서][동자] 字解 ①부르다, 큰 소리로 부르다, 외치다. 〔柳宗元·駁復讐議〕上下蒙冒, 龥號不聞. ②화하다, 누그러지다.

龠 9 【龤】㉖ 풍류 소리 조화될 해 ▨ xié
[소전] 字解 풍류 소리가 조화되다, 화음이 잘 어울리다. 〔水東日記〕左絲右竹, 已龤宮商.

龠 10 【龡】㉗ 피리 지 本치 ▨ chí
[소전][초서] 字解 피리, 저. 대나무로 만들고, 구멍이 일곱 또는 아홉 개이며, 옆으로 부는 관악기. ＝箎·笢. 〔楚辭〕鳴龡兮吹竽.

龠 16 【龥】㉝ 簫(1323)와 동자

2149　운자표(韻字表) 및 한어병음 자모와 한글 대조표

2150~2155　중국 간체자표(中國簡體字表)

2156~2258　총획 색인(總畫索引)

2259~2394　자음 색인(字音索引)

韻 字 表

四聲	106 韻
平聲 (30韻)	〔上平 15韻〕東 冬 江 支 微 魚 虞 齊 佳 灰 眞 文 元 寒 刪 〔下平 15韻〕先 蕭 肴 豪 歌 麻 陽 庚 青 蒸 尤 侵 覃 鹽 咸
上聲 (29韻)	董 腫 講 紙 尾 語 麌 薺 蟹 賄 軫 吻 阮 旱 潸 銑 篠 巧 皓 哿 馬 養 梗 迥 有 寢 感 琰 豏
去聲 (30韻)	送 宋 絳 寘 未 御 遇 霽 泰 卦 隊 震 問 願 翰 諫 霰 嘯 效 號 箇 禡 漾 敬 徑 宥 沁 勘 豔 陷
入聲 (17韻)	屋 沃 覺 質 物 月 曷 黠 屑 藥 陌 錫 職 緝 合 葉 洽

한어병음 자모와 한글 대조표

성 모(聲母)

음의분류	병음자모	한글	음의분류	병음자모	한글	음의분류	병음자모	한글
중순성 (重脣聲)	b	ㅂ	설근성 (舌根聲)	g	ㄱ	교설첨성 (翹舌尖聲)	zh〔zhi〕	ㅈ〔즈〕
	p	ㅍ		k	ㅋ		ch〔chi〕	ㅊ〔츠〕
	m	ㅁ		h	ㅎ		sh〔shi〕	ㅅ〔스〕
순치성 (脣齒聲)	f	ㅍ	설면성 (舌面聲)	j	ㅈ		r〔ri〕	ㄹ〔르〕
				q	ㅊ	설치성 (舌齒聲)	z〔zi〕	ㅆ〔쓰〕
				x	ㅅ		c〔ci〕	ㅊ〔츠〕
설첨성 (舌尖聲)	d	ㄷ					s〔si〕	ㅆ〔쓰〕
	t	ㅌ						
	n	ㄴ						
	l	ㄹ						

*〔 〕는 단독 발음될 경우의 표기임.

운 모(韻母)

음의분류	병음자모	한글	음의분류	병음자모	한글	음의분류	병음자모	한글
단운 (單韻)	a	아	권설운 (捲舌韻)	er〔r〕	얼	결합운모 (結合韻母) 합구류 (合句類)	wa〔ua〕	와
	o	오					wo〔uo〕	워
	ê	어		ya〔ia〕	야		wai〔uai〕	와이
	e	에		yo	요		wei〔ui〕	웨이 (우이)
	yi〔i〕	이		ye〔ie〕	예			
	wu〔u〕	우	결합운모 (結合韻母)	yai	야이		wan〔uan〕	완
	yu〔u〕	위		yao〔iao〕	야오		wen〔un〕	원(운)
복운 (複韻)	ai	아이	제치류 (齊齒類)	you〔ou/iu〕	유		wang〔uang〕	왕
	ei	에이		yan〔ian〕	옌		weng〔ong〕	웡(웅)
	ao	아오		yin〔in〕	인	결합운모 (結合韻母) 촬구류 (撮句類)	yue〔ue〕	웨
	ou	어우		yang〔iang〕	양		yuan〔uan〕	위안
부성운 (附聲韻)	an	안		ying〔ing〕	잉		yun〔un〕	윈
	en	언					yong〔iong〕	융
	ang	앙						
	eng	엉						

*〔 〕는 자음이 선행할 경우의 표기임.

中國 簡體字表

이 표에 수록되지 않은 讠=言, 饣=食, 纟=糸, 钅=金 등 4자는 변(邊)으로 쓰일 때만 간화(簡化)되는 간체자이고, 昜=易, 収=取, 共=丵, 忉=臨, 只=戠, 屮=與, 芈=睪, 丞=巠, 亦=戀, 吕=㕯 등 10자는 변·방·머리로 쓰이는 경우의 간체자이다. 변·방으로도 쓰이고 독립적으로도 쓰이는 간체자 贝=貝 등 132자는 독립 간체자만을 실어 유추할 수 있게 하였다.

	2획								
厂	廠	557	千	韆	2000	厅	廳	559	冈	岡	499
了	瞭	1222	亿	億	138	历	曆	798	贝	貝	1719
卜	蔔	1539	么	麽	2120		歷	909	见	見	1639
几	幾	544	乡	鄉	1850	双	雙	1967	仆	僕	134
儿	兒	150	门	門	1916	劝	勸	221	仑	侖	97
	3획		马	馬	2047	邓	鄧	1853	风	風	2022
广	廣	555		**4획**		办	辦	1797	乌	烏	1064
义	義	1407	斗	鬥	2077	丑	醜	1864		**5획**	
干	幹	541		鬪	2077	书	書	804	汇	滙	1023
	乾	50	认	認	1676	队	隊	1948		彙	575
亏	虧	1574	忆	憶	652	仓	倉	118	汉	漢	1033
与	與	1472	为	爲	1091	从	從	588	头	頭	2013
才	纔	1394	韦	韋	2000	丰	豐	1711	宁	寧	464
万	萬	1523	专	專	475	长	長	1914	兰	蘭	1564
飞	飛	2027	开	開	1919	气	氣	931	礼	禮	1262
习	習	1411	无	無	1068	凤	鳳	2095	写	寫	468
卫	衛	1611	云	雲	1973	仅	僅	130	让	讓	1705
个	個	111	艺	藝	1560	币	幣	536	灭	滅	1016
			区	區	229	车	車	1774	击	擊	727

중국 간체자표 5~6획

节	節	1315	处	處	1570	夹	夾	395	导	導	479
扑	撲	723	刍	芻	1491	划	劃	205	尽	盡	1202
术	術	1609	尔	爾	1094	尧	堯	356		儘	140
厉	屬	251	饥	饑	2041	动	動	215	孙	孫	436
龙	龍	2143	乐	樂	876	扩	擴	733	阳	陽	1949
东	東	827	台	臺	1470	扫	掃	702	阶	階	1948
对	對	478		颱	2025	执	執	353	阴	陰	1945
圣	聖	1426	发	發	1185	巩	鞏	1995	当	當	1164
辽	遼	1832		髮	2073	协	協	238	吁	籲	1328
边	邊	1838	戋	戔	662	亚	亞	64	吓	嚇	319
卢	盧	1203	鸟	鳥	2094	权	權	893	虫	蟲	1597
叶	葉	1526	丝	絲	1357	朴	樸	882	团	團	336
号	號	1573				毕	畢	1162		糰	1337
叹	嘆	313	**6획**			机	機	880	网	網	1368
只	祗	1255	兴	興	1473	过	過	1820	屿	嶼	513
	隻	1960	关	關	1930	达	達	1821	岂	豈	1710
电	電	1976	冲	衝	1610	迈	邁	1836	岁	歲	908
业	業	864	壮	壯	370	夸	誇	1665	师	師	529
旧	舊	1473	妆	妝	408	产	產	1152	尘	塵	362
归	歸	909	刘	劉	207	夺	奪	401	杀	殺	919
帅	帥	527	齐	齊	2137	压	壓	367	爷	爺	1093
出	齣	2141	庄	莊	1511	厌	厭	251	伞	傘	128
丛	叢	259	庆	慶	641	买	買	1726	会	會	807
仪	儀	138	农	農	1800	戏	戲	665	众	眾	1605
冬	鼕	2134	讲	講	1689	观	觀	1645	朱	硃	1237
务	務	216	灯	燈	1082	欢	歡	902	迁	遷	1835

중국 간체자표 6~8획

乔	喬	302	这	這	1813	芦	蘆	1562	县	縣	1379
杂	雜	1968	庐	廬	558	苏	蘇	1562	园	園	335
伪	僞	135	证	證	1697	劳	勞	216	谷	穀	1278
伙	夥	378	启	啓	296	克	剋	197	邻	鄰	1853
优	優	141	补	補	1621	护	護	1702	余	餘	2036
价	價	137	怀	懷	656	扰	擾	732	乱	亂	51
伤	傷	130	忧	憂	643	报	報	355	条	條	853
华	華	1519	灶	竈	1293	邮	郵	1847	龟	龜	2146
向	嚮	320	来	來	96	拟	擬	731	体	體	2068
后	後	583	寿	壽	371	折	摺	720	佣	傭	131
妇	婦	418	麦	麥	2118	医	醫	1865	犹	猶	1115
页	頁	2006	进	進	1818	励	勵	220	彻	徹	594
忏	懺	657	远	遠	1828	歼	殲	917	系	係	102
异	異	1161	运	運	1824	鸡	鷄	2106		繫	1387
纤	纖	1393	还	還	1837	灵	靈	1985	纵	縱	1383
	7획		迟	遲	1834	驴	驢	2064	坝	壩	369
冻	凍	175	壳	殼	920	层	層	493	金	僉	133
沪	滬	1034	声	聲	1429	际	際	1954	奔	棄	857
沈	瀋	1051	坟	墳	364	陆	陸	1943	灿	燦	1087
沟	溝	1015	坛	壇	366	陈	陳	1947	灾	災	1060
穷	窮	1290		罎	1396	卤	鹵	2113		**8획**	
状	狀	1107	坏	壞	368	坚	堅	350	泻	瀉	1051
亩	畝	1159	块	塊	358	别	彆	572	泸	瀘	1052
疗	療	1181	丽	麗	2116	听	聽	1431	变	變	1704
疖	癤	1183	两	兩	155	时	時	786	实	實	465
应	應	652	严	嚴	320	里	裏	1621	宝	寶	470

중국 간체자표 8~9획

附錄

审	審	469	极	極	862	备	備	127	举	舉	730
帘	簾	1324	构	構	869	肤	膚	1457	将	將	474
剂	劑	207	态	態	640	胁	脅	1446	奖	獎	401
卷	捲	699	奋	奮	402	肿	腫	1454	亲	親	1642
庙	廟	556	郁	鬱	2078	凭	憑	648	弯	彎	574
衬	襯	1634	矿	礦	1248	质	質	1735	疮	瘡	1179
怜	憐	647	矾	礬	1248	征	徵	593	袄	襖	1632
学	學	437	轰	轟	1793	参	參	253	恼	惱	631
郑	鄭	1854	艰	艱	1483	练	練	1372	姜	薑	1549
单	單	302	录	錄	1893	杰	傑	126	类	類	2017
炉	爐	1089	隶	隷	1959	黾	黽	2131	娄	婁	418
环	環	1142	肃	肅	1433	肮	骯	2066	总	總	1384
丧	喪	303	弥	彌	573	周	週	1818	烂	爛	1089
卖	賣	1733	虏	虜	1572	鱼	魚	2083	炼	煉	1073
画	畫	1163	齿	齒	2139	疟	瘧	1180	赵	趙	1748
枣	棗	860	国	國	332	泪	淚	988	垫	墊	361
范	範	1313	图	圖	336				荣	榮	871
苹	蘋	1562	罗	羅	1402	济	濟	1049	荐	薦	1553
拦	攔	734		囉	322	浏	瀏	1050	茧	繭	1387
拣	揀	707	帜	幟	536	注	窪	1289	带	帶	530
担	擔	728	购	購	1738	洁	潔	1035	药	藥	1560
拥	擁	728	岭	嶺	513	洒	灑	1056	栏	欄	892
势	勢	219	籴	糴	1337	浊	濁	1045	标	標	878
柜	櫃	889	舍	捨	701	宪	憲	650	栋	棟	857
枪	槍	872	侨	僑	133	窃	竊	1293	树	樹	883
松	鬆	2075	制	製	1625	觉	覺	1644	挤	擠	731

9획

9~11획

简	繁	页	简	繁	页	简	繁	页	简	繁	页
牵	牽	1102	种	種	1276	烬	燼	1088	监	監	1201
欧	歐	901	胆	膽	1459	烛	燭	1087	爱	愛	632
咸	鹹	2113	胜	勝	217	蚕	蠶	1603	笔	筆	1307
面	麵	2119	俩	倆	113	壶	壺	371	艳	艷	1485
垦	墾	365	独	獨	1119	盐	鹽	2114	钻	鑽	1913
昼	晝	789	垒	壘	368	热	熱	1081	铁	鐵	1908
逊	遜	1828	挂	掛	699	恶	惡	624	敌	敵	751
尝	嘗	312	胡	鬍	2076		噁	314	牺	犧	1105
点	點	2126	须	鬚	2076	获	獲	1120	脑	腦	1452
战	戰	664	迹	跡	1757		穫	1282	胶	膠	1456
哑	啞	299		蹟	1766	桩	椿	877	积	積	1280
响	響	2005	养	養	2034	样	樣	877	称	稱	1277
显	顯	2020	**10획**			档	檔	887	借	藉	1556
虾	蝦	1590	宾	賓	1731	桥	橋	879	舰	艦	1482
虽	雖	1586	窍	竅	1292	毙	斃	753	继	繼	1390
临	臨	1464	桨	槳	877	顾	顧	2019	聂	聶	1430
钟	鍾	1899	浆	漿	1030	础	礎	1247	笋	筍	1306
	鐘	1907	准	準	1021	致	緻	1376	涂	塗	358
钥	鑰	1912	竞	競	1298	难	難	1969	涩	澀	1048
帮	幫	536	恋	戀	658	恳	懇	651	绣	繡	1388
毡	氈	929	症	癥	1183	剧	劇	206	**11획**		
选	選	1832	痈	癰	1183	党	黨	2128	淀	澱	1044
适	適	1830	离	離	1970	虑	慮	642	渗	滲	1027
复	復	590	斋	齋	2138	晒	曬	801	痒	癢	1183
	複	1626	袜	襪	1633	罢	罷	1400	旋	鏇	1904
秋	鞦	1998	递	遞	1829	紧	緊	1366	谗	讒	1706

惊	驚	2062	御	禦	1261	**13획**			辞	辭	1797
惧	懼	657	绳	繩	1389	滩	灘	1056	触	觸	1651
惨	慘	644	渊	淵	1007	滤	濾	1050	韵	韻	2005
盖	蓋	1530	**12획**			誉	譽	1702	缠	纏	1392
断	斷	762	滞	滯	1031	寝	寢	467	**14획**		
兽	獸	1121	湿	濕	1048	酱	醬	1865	墙	牆	1094
麸	麩	2119	窜	竄	1292	誊	謄	1691	酿	釀	1867
啬	嗇	309	装	裝	1623	粮	糧	1336	蔷	薔	1551
酝	醞	1864	蛮	蠻	1603	数	數	750	蔑	衊	1606
据	據	726	痨	癆	1181	雾	霧	1982	踊	踴	1762
营	營	1086	亵	褻	1629	蒙	矇	1224	蜡	蠟	1600
梦	夢	378	粪	糞	1336		濛	1047	蝇	蠅	1598
辆	輛	1784	琼	瓊	1143		懞	654	稳	穩	1282
随	隨	1955	联	聯	1428	献	獻	1122	愿	願	2018
堕	墮	365	趋	趨	1749	摄	攝	734	**15획**		
隐	隱	1957	搀	攙	734	摊	攤	736	瘫	癱	1184
职	職	1430	屡	屢	492	摆	擺	733	霉	黴	2129
悬	懸	655	确	確	1244		襬	1633	聪	聰	1430
跃	躍	1769	凿	鑿	1913	楼	樓	875	镊	鑷	1912
累	纍	1391	筑	築	1319	碍	礙	1247			
稞	䴭	1338	腊	臘	1461	辟	闢	1932			
秽	穢	1282	馋	饞	2044	龄	齡	2140			
衅	釁	1867	惩	懲	655	鉴	鑒	1910			
偿	償	141	椭	橢	884	筹	籌	1325			
猎	獵	1121	硷	鹼	2114	签	簽	1325			
盘	盤	1202	锈	鏽	1907		籤	1328			

總 畫 索 引

1. 본 색인은 표제자를 총획수순으로 정리하고, 같은 획수의 표제자는 부수순으로 배열하였다.
2. 글자 왼편 작은 글자는 부수를, 오른편 숫자는 표제자가 실린 면수를 나타낸다.

1획		儿兒	143	厂厂	248	亅亇	52	土土	337	巛巛	515
一一	1	入入	151	厶厶	252	二于	56	士士	369	川	515
｜丨	34	八八	157	又又	254	亠亍	57	夂夂	372	工工	517
丶丶	38	冂冂	168	**3획**		亠亡	64	夂夂	372	己己	521
丿丿	41	冖冖	171	一开	10	儿兀	143	夕夕	373	己巳	522
乀乀	41	冫冫	173	一万	10	入仄	152	大大	378	己巳	522
乙乙	44	几几	178	一三	10	几凡	179	女女	402	巾巾	523
乙乞	44	凵凵	180	一上	18	几凢	179	子子	429	干干	537
亅丨	52	刀刀	182	一与	21	刀刃	183	子孑	430	幺幺	541
2획		刀刁	183	一丈	21	刀刄	183	子孓	430	广广	544
一丁	8	力力	208	一下	21	又双	183	宀宀	438	廴廴	559
一七	9	勹勹	221	｜个	34	勹勺	221	寸寸	471	廾廾	561
丿乃	41	匕匕	224	｜丫	34	勹勻	222	小小	479	弋弋	563
乀乂	41	匕匕	224	丶丸	38	十卄	232	尢尢	484	弓弓	564
乀乄	41	匚匚	226	丶凡	38	十千	232	尢兀	484	彐彑	574
乙九	44	匸匸	228	丿久	41	卩卪	243	尢尤	484	彡彡	575
亅了	52	十十	230	厶么	42	厶去	252	尸尸	485	彳彳	579
二二	53	卜卜	241	厶毛	42	又叉	254	屮屮	494	手才	671
十十	64	卩卩	242	乙乢	48	口口	260	屮屮	494	**4획**	
人人	69	卩巴	243	乙也	48	口口	323	山山	495	一丐	24

丙	24	仉	75	勹	222	夭	386	扎	671	父	1092
不	24	从	75	勿	222	天	386	支	736	爻	1093
丑	30	仄	75	匕	224	太	391	攴	737	爿	1094
丈	30	允	143	匚	228	孔	430	攵	753	片	1095
丯	34	允	145	匹	228	少	482	斗	756	牙	1097
中	34	內	152	卅	233	尢	484	斤	758	牛	1098
丹	38	公	159	升	233	尤	484	方	763	犬	1105
之	42	六	161	午	234	尸	486	无	771	王	1126
予	52	兮	164	卆	234	尺	486	旡	771	**5획**	
二	57	兮	164	卜	241	屮	495	日	772	丘	30
云	62	內	168	卞	241	屯	495	曰	802	止	31
井	63	丼	168	卯	243	巴	522	月	808	丙	31
互	63	円	168	厄	248	市	523	木	817	丕	31
亢	65	冖	171	厶	252	市	524	欠	895	世	32
介	72	尢	171	广	252	开	537	止	903	世	33
仇	73	凡	179	及	255	幻	542	歹	910	且	33
今	73	凵	180	廿	255	廾	561	殳	918	丱	37
內	73	刀	183	反	255	弋	564	毋	922	丼	39
仂	73	刂	184	双	256	引	565	冊	922	主	39
仆	73	分	184	収	256	弔	566	比	924	乍	42
仏	73	刈	185	友	256	弓	567	毛	926	乏	42
欠	73	切	185	爰	257	弖	567	氏	929	乎	43
仐	73	办	186	圠	338	心	596	气	931	㐌	48
什	73	劢	208	壬	370	戈	658	水	933	仐	75
仁	74	勾	222	大	385	戶	666	火	1057	代	75
仍	75	勻	222	夫	385	手	670	爪	1090	仝	76

令	76	冫	冬	173		占	242		毗	267	小	余	482		弘	567
令	77	几	処	179	卩	卬	243		叵	268	尔	尔	482	ヨ	归	574
付	77	凵	出	180		卯	243		叭	268	尢	尢	484	彳	彴	579
仕	77		凹	180		夘	243		叶	268	尸	尻	486		行	579
仙	77		凸	180		厄	243		号	268		尻	487	心	必	598
仚	78		出	181	厂	厉	248	口	四	323		尼	487		忉	598
仜	78	刀	刊	186		厈	248		囚	327	屮	屴	497	戈	戊	659
以	78		刉	186	厶	去	252		回	327		屳	497		戍	659
仞	79		刋	186		厽	253	土	圤	338	工	巨	518	戶	戹	666
仿	79		刌	186		口	261		圧	338		五	518	手	扐	671
仔	79		切	187		古	262	夕	外	374		巧	518		扒	671
仢	80		刊	187		叩	263	大	夲	392		左	519		扑	671
仗	80		刓	187		另	263		失	392	己	吕	522		払	672
仟	80	力	加	208		句	264		央	393	巾	市	524		扚	672
他	80		功	210		叴	264		夯	393		布	524		扔	672
仡	80		团	210		叫	264	女	奶	403	干	平	537		打	672
儿	充	145	勹	匂	222		叨	264		奴	403	幺	幼	542	斤	斥	759
	兄	145		包	222		另	264		妣	404	广	広	544	日	旧	773
入	仝	155		匆	222		另	264	子	孙	431		庀	544		旦	773
冂	同	168		包	222		司	264		孕	431		庁	545		百	774
	冉	168	匕	北	225		史	265	宀	宄	439		庆	545	木	末	818
	冄	169	匚	匜	226		召	266		它	439	廾	弁	561		未	819
	册	169		匝	226		右	266		宁	439	弋	弍	564		本	819
	册	169	十	半	234		台	267		宂	439	弓	弗	567		札	821
	囙	169		卉	235		叮	267		宁	439		弘	567		朮	821
一	写	171	卜	卡	242		只	267	寸	对	472		弔	567	止	正	903

歹	歹	910	疋	疋	1167	乙	乬	49	亻	仵	83	冫	冱	174	口	吉	268
	甶	910		疌	1168		乭	49		伍	83	刂	刾	187		吉	269
毋	母	922	疒	疒	1169		乱	49		伊	83		刓	187		同	269
氏	民	929	癶	癶	1184		乯	49		任	84		列	187		吋	270
	氐	930	白	白	1186		乲	49		伝	85		刘	187		吏	271
水	氷	936	皮	皮	1195	亅	争	52		仫	85		刕	187		名	271
	永	937	皿	皿	1197	二	亘	63		仲	85		刎	187		叟	272
	氺	937	目	目	1204		亙	64		仺	85		刘	187		吁	272
	氿	938	矛	矛	1226	亠	交	65		伉	85		刜	188		吊	272
	氾	938	矢	矢	1227		亦	67		伙	85		刖	188		吒	272
	汀	939	石	石	1231		亥	67		会	85		刑	188		吐	273
	汁	939	示	示	1249	人	仮	80		休	85	力	边	211		合	273
	氻	939		礼	1249		价	80	儿	光	146		劢	211		向	274
犬	犮	1105	内	内	1264		件	80		先	146		劣	211		后	275
	犯	1105	禾	禾	1265		伋	81		兆	148		劦	211		吃	275
玄	玄	1123	穴	穴	1283		企	81		充	148	勹	匈	223	口	团	327
玉	玉	1124	立	立	1294		伎	81		兊	148	匚	匡	226		团	327
瓜	瓜	1145	肉	肌	1435		仿	81		兇	148		匠	227		囟	327
瓦	瓦	1146	阜	阞	1933		伐	81	入	全	155	十	卍	235		因	327
甘	甘	1149	**6획**			伏	82	八	共	164		丞	236		回	328
生	生	1150	一	両	33		㐰	82		兴	165		古	236	土	圭	338
用	用	1153		丞	33		份	82	冂	凸	169		卅	236		圯	339
田	田	1154		丢	34		伜	82		再	169		卉	236		圬	339
	甲	1154	丿	丟	43		忄	82	冫	决	174	卩	危	243		圩	339
	申	1155		兵	43		仰	82		冰	174		印	244		圮	339
	由	1156		乒	43		伃	83		冲	174	口	各	268		在	339

尘	340	宇	441	庁	545	扜	673	朴	821	汇	940
地	340	圬	441	廿 囡	562	扝	673	杁	821	汎	940
士 壮	370	宅	441	异	562	扚	673	束	822	氾	940
夂 夅	372	寸 寺	472	弋 弐	564	扠	673	杆	822	汕	940
夕 多	375	小 当	482	式	564	扨	673	朱	822	汐	940
夙	376	朩	482	弓 弛	568	扞	673	朶	822	汛	941
大 夸	394	尖	482	弙	568	扡	673	朵	823	汝	941
夷	394	尸 尽	487	ヨ 彑	574	托	673	机	823	污	941
夻	395	屁	487	当	574	扤	673	朽	823	汚	941
夼	395	山 屹	497	彳 彶	579	攴 攷	737	欠 次	896	汗	942
女 奸	404	屺	498	彴	579	收	737	欢	896	沟	942
妄	404	屼	498	心 忢	598	日 旬	774	止 此	905	池	942
妃	404	屾	498	忙	598	旭	774	芷	906	汊	942
如	404	出	498	忉	600	旮	774	歹 死	910	汗	943
妖	405	屹	498	忖	600	早	774	殀	912	汍	943
妁	405	巛 州	516	忕	600	旨	775	殈	912	汔	943
她	405	工 㠣	520	忆	600	旬	775	母 每	923	火 尧	1059
妊	405	己 厄	522	戈 成	659	日 曲	802	气 氘	931	灸	1059
好	405	巾 帆	525	戍	659	曳	803	氛	931	灯	1059
子 字	431	帆	525	戎	659	更	803	水 㚻	938	烖	1059
孖	432	师	525	戌	659	月 肌	809	伙	938	灰	1059
存	432	干 开	539	戋	660	有	809	氺	939	炙	1059
扞	432	年	539	手 扛	672	木 朹	821	余	939	灰	1059
孜	432	并	540	扢	672	机	821	江	939	牛 牟	1098
宀 守	439	广 庀	545	扣	672	杁	821	汄	940	牝	1099
安	440	庄	545	扤	672	朸	821	汜	940	犬 独	1106

犭	1106	聿	1432	衣	1612	人	伽	86		佇	92		況	175
犴	1106	肉	1434	西	1635		信	86		低	92	刀	刔	189
犵	1106	肎	1435	西	1635		佉	86		佃	92		却	189
玉	功	1127	肌	1435	走	芝	1745		估	86		佔	92		刦	189
	𠬝	1127	肋	1435	辰	㕻	1799		佝	86		征	93		利	189
	玎	1127	臣	臣	1463	辶	辺	1800		佞	86		佐	93		別	189
用	甪	1153	自	自	1465		辺	1801		你	87		住	93		別	191
白	百	1189		臫	1467	邑	邝	1839		你	87		佈	93		刺	191
石	石	1232	至	至	1468		邠	1839		但	87		佌	93		刪	191
示	礿	1249	臼	臼	1471		邱	1839		伶	87		佗	93		删	191
	礼	1249	舌	舌	1474		邢	1840		伴	87		佟	93		刮	191
穴	空	1284	舛	舛	1476		那	1840		伯	87		伻	93		初	191
竹	竹	1299	舟	舟	1477		邤	1840		体	88		似	93		判	192
米	米	1328	艮	艮	1482	阜	阡	1933		佛	88		佖	94		刨	193
糸	糸	1338	色	色	1484		阤	1933		伾	89		何	94	力	劫	211
缶	缶	1394	艸	艸	1485	**7획**		似	89	儿	克	148		劬	211
	缶	1394		艽	1485	一	㐲	34		侶	89		免	149		努	212
网	网	1396		芳	1485	丨	串	37		伺	89		兒	149		励	212
羊	羊	1403		艾	1485	丿	㕒	43		侣	89		兌	149		劭	212
羽	羽	1409		芎	1486	乙	乱	49		伸	89		兎	149		劲	212
老	老	1417		芋	1486		㚘	49		佒	90	八	兵	165		助	212
	考	1418		芳	1486		㞱	49		余	90	冂	冏	170	勹	匋	223
而	而	1420	虍	虎	1568	二	亙	64		佑	90	冫	冷	174	匚	匣	227
耒	耒	1421	虫	虫	1574		些	64		位	90		泮	175		医	229
	耒	1421	血	血	1604		亞	64		佚	90		泼	175	十	犮	236
耳	耳	1424	行	行	1606	亠	亨	67		作	91		冶	175	卜	卣	242

총획 색인 7획

卩	却	245	听	279	囗	囲	330	壯	370	孜	433	尾	488
	卵	245		吟	279		囟	330	夂	麦	372	孛	433	屁	488
	卲	245		呷	279		囫	330		夆	372	孚	433	山	岍	498
	即	245		呈	279		囲	330	大	奈	395	旰	433	岌	498
厂	厎	248		呈	280	土	坎	341		夾	395	孝	433	岐	498
又	叓	257		呎	280		坑	342	女	妗	406	宀	宏	442	岉	498
口	告	275		吹	280		坚	342		妓	407	妟	442	岎	498
	君	276		吞	280		均	342		妠	407	穷	442	岎	498
	叫	277		吠	280		坈	342		姆	407	宋	442	岋	498
	吶	277		品	281		圾	342		妙	407	完	443	岉	498
	呂	277		呀	281		圻	342		妨	407	宎	443	岏	498
	咨	277		含	281		坍	342		妢	407	宍	443	岑	498
	吵	277		吭	282		坮	342		妣	408	宐	443	岊	499
	吻	277		呎	282		坊	342		妤	408	宜	443	岐	499
	呆	277		呔	282		坏	343		妍	408	宂	443	巛	巠	516
	否	277		吼	282		坒	343		妧	408	寸	対	472	巡	516
	吩	278		咽	282		坋	343		妖	408	寿	472	工	巫	520
	呁	278		吸	282		坠	343		妘	408	小	呰	483	己	巵	522
	呃	278	囗	圀	329		坐	343		妊	408	尖	483	巾	帋	525
	咒	278		困	329		圴	343		妝	408	尢	尬	484	帊	525
	吾	278		囯	330		坐	343		姍	408	尩	484	希	525
	吳	278		図	330		址	344		妌	408	尫	484	帉	526
	呉	279		囬	330		坂	344		妥	408	尬	484	者	526
	吡	279		囷	330	士	売	370		妒	409	尸	尿	487	干	𢆡	540
	佔	279		囮	330		声	370		妑	409	局	487	广	庋	545
	吽	279		园	330		壱	370	子	孚	432	尿	487	庵	545

총획 색인 7획

庐	545	忌	598	忺	604	扴	674	投	679	杉	824
庋	545	念	598	忽	604	抪	674	把	680	束	824
庇	545	忘	599	怀	604	拔	674	抛	680	杇	824
床	545	忴	599	恼	604	扑	674	抗	680	杌	824
序	545	忞	599	忻	604	扶	674	攴 改	738	杆	825
庌	546	応	599	忾	604	抔	675	攻	739	杙	825
庍	546	忍	599	戈 戒	660	扮	675	攸	740	杖	825
底	546	志	600	成	660	批	675	日 旰	775	材	825
廴 延	559	忒	600	我	661	抒	675	昊	775	条	826
廷	560	忱	600	狄	662	抈	676	时	775	权	826
廾 弄	562	忣	600	戓	662	扼	676	旿	775	杕	826
弄	562	忮	601	或	662	拎	677	杳	775	村	826
弅	562	忸	601	戶 卵	666	抑	677	旱	775	杝	826
弋 状	564	怃	601	戹	667	抗	677	日 更	803	杓	826
弓 弣	568	怃	601	戽	667	拘	677	曳	804	杏	826
弙	568	忡	601	手 扲	673	抜	677	木 杆	823	止 步	906
弟	568	伏	602	扢	673	拥	677	杠	823	歹 外	912
弝	568	怍	602	抉	673	折	677	杋	823	毋 每	923
彡 形	575	忨	602	扣	673	抓	678	杞	823	毒	923
形	575	忪	602	抅	673	抶	678	杜	823	水 求	938
形	576	忡	602	扱	674	扮	678	来	824	汞	943
彳 彷	579	悴	603	技	674	抵	678	李	824	汧	943
彿	579	忱	603	扭	674	扯	678	杍	824	決	943
役	579	忼	603	抖	674	抄	678	宋	824	泪	944
彿	580	快	603	抚	674	抚	679	枫	824	汨	944
心 忐	598	怢	604	扠	674	択	679	杀	824	法	944

총획 색인 7획

汲	944	汪	948	牛牢	1099	旬	1157	肜	1435	見見	1639
汽	944	沄	949	牡	1099	町	1157	肔	1435	角角	1646
沂	944	沅	949	牣	1099	疒疖	1169	朋	1435	言言	1652
沌	945	沕	949	犬状	1106	疕	1170	肘	1436	谷谷	1707
泺	945	沚	949	犾	1106	疔	1170	肖	1436	豆豆	1709
沔	945	汦	949	狂	1106	白兒	1191	肛	1436	豕豕	1712
沐	945	沖	949	豽	1107	阜	1191	肌	1436	豸豸	1716
没	945	沠	949	狃	1107	皂	1191	肓	1436	貝貝	1719
没	946	沈	949	独	1107	皮皯	1195	自𦣹	1467	赤赤	1742
汶	946	沉	951	犹	1107	目盯	1205	臼臼	1471	走走	1744
汤	946	汰	951	狄	1107	旬	1205	艮良	1482	足足	1751
汻	946	沢	951	狆	1107	矢矣	1227	艸芊	1486	身身	1772
汸	946	沛	951	犯	1107	石矴	1232	芎	1486	車車	1774
汁	946	沆	951	犾	1107	砂	1232	苣	1486	辛辛	1795
汳	946	洰	952	玉玕	1127	示祘	1249	芒	1486	辰辰	1799
汾	946	泅	952	玖	1127	礽	1249	芭	1487	辰	1799
沘	947	火灸	1059	㞅	1127	禾禿	1265	芄	1487	辵𨐌	1800
沙	947	灺	1060	玗	1127	私	1265	芋	1487	过	1801
汐	948	灵	1060	均	1127	秀	1266	芓	1487	迂	1801
泎	948	灺	1060	玔	1127	穴究	1284	芍	1487	迋	1801
沁	948	灼	1060	用甫	1153	系系	1338	芊	1487	迆	1801
沇	948	災	1060	甬	1153	糺	1338	芐	1487	迅	1801
淞	948	灾	1060	田畎	1156	网罕	1397	芃	1487	辿	1801
次	948	灸	1060	男	1156	肉肝	1435	虫虹	1575	迁	1801
汭	948	夾	1060	甹	1157	肚	1435	衣初	1613	迄	1801
沃	948	灯	1060	甽	1157	育	1435	衩	1613	邑邑	1839

총획 색인 7~8획

邙	1840	阮	1934	例	97	佚	101	洛	175	劾	212				
郟	1840	陁	1934	侖	97	侈	101	几亂	179	効	212				
那	1840	阩	1934	侔	97	侙	101	凭	179	勹匊	223				
邯	1840	阯	1934	侮	97	侂	101	凵函	182	匋	223				
邦	1840	阪	1934	侎	97	侗	101	刀刻	193	匑	223				
杕	1841	麥麦	2119	佰	97	佩	101	刻	194	匚匽	229				
邿	1841	**8획**		併	97	佷	102	刮	194	十卑	236				
邠	1841	一並	34	俀	98	佼	102	刳	194	卑	237				
邪	1841	ㅣ弗	38	使	98	侐	102	刮	194	卄	237				
邡	1841	ノ乖	43	侚	98	侊	102	券	194	卒	237				
邳	1841	乙乳	49	侍	98	佸	102	刲	194	奉	237				
邟	1842	亅事	52	佹	99	侗	102	到	194	卓	237				
邾	1842	二亞	64	侔	99	儿免	149	剆	195	協	238				
邢	1842	亠京	67	侄	99	兕	150	刪	195	恊	238				
酉酉	1856	享	68	侑	99	兒	150	刷	195	卜卦	242				
釆采	1868	人佳	94	侌	99	兑	150	刵	195	臥	242				
里里	1869	価	95	依	99	兖	150	刺	195	卩卻	246				
長镸	1916	侃	95	俟	100	免	150	制	196	卷	246				
阜阝	1933	供	95	佴	100	兎	150	刹	196	卺	246				
阪	1933	倄	96	侊	100	入兩	155	刱	197	卸	246				
阧	1933	侁	96	佺	100	八具	166	剁	197	巷	246				
防	1933	佼	96	侊	100	其	166	刑	197	岬	246				
阫	1934	侉	96	侏	100	典	167	力劻	212	厂厓	248				
阯	1934	佶	96	俈	101	冃冑	170	券	212	厶参	253				
阺	1934	佷	96	侄	101	一采	171	勢	212	叁	253				
陷	1934	來	96	侘	101	冫冽	175	劼	212	又受	257				

총획 색인 8획

叔	258	周	285	坮	345	夂 夋	372	姍	410	実	445
取	258	呫	286	坡	345	夕 夜	377	姓	410	宛	445
口 呵	282	咆	286	坯	345	姓	377	始	410	宜	445
咖	282	呢	286	坿	345	大 奇	395	妸	410	宣	446
呋	282	呷	286	坴	345	奈	396	委	410	定	446
呱	282	咍	286	坴	345	奉	396	姉	411	宗	447
咎	282	呟	287	埗	345	奔	397	姊	411	宙	448
呴	283	呼	287	垂	345	奄	397	姐	411	宝	448
呹	283	和	287	坱	346	奂	398	妶	412	宕	448
呢	283	咊	288	坳	346	奇	398	妵	412	宖	448
咀	283	呬	288	垚	346	臭	398	妷	412	寸 尋	472
咄	283	咠	288	坫	346	女 姑	409	妻	412	时	472
命	283	口 固	330	埀	346	娶	409	姜	412	㫷	472
味	284	囷	331	坐	346	姆	409	妯	412	小 尚	483
咐	284	国	331	坻	346	姈	409	妬	412	尢 尩	484
咈	284	囷	331	坏	346	妮	409	姁	412	㞱	484
咋	284	囹	331	垀	346	妲	409	子 季	433	尸 居	488
呻	284	土 坷	344	坨	346	妞	409	孤	434	屈	489
呢	284	坩	344	坼	346	妗	409	孥	435	届	489
咏	284	坰	344	坻	346	妹	409	孟	435	届	489
呭	285	坤	344	坦	347	妺	409	学	435	屇	489
呦	285	坵	345	坡	347	姆	410	宀 穽	443	屍	489
呰	285	垕	345	坪	347	姅	410	官	443	屉	489
咀	285	坭	345	至	347	姒	410	宝	445	山 岬	499
呧	285	坣	345	土 壳	370	姐	410	宓	445	岡	499
呪	285	坌	345	坠	370	姍	410	実	445	岊	499

岠	499	岥	501	迻	560	忿	601	怍	609	拠	681				
峋	499	岘	501	廻	560	忈	602	怛	609	拑	681				
岠	499	岵	501	廾 奔	562	忐	602	怔	609	拐	681				
岱	499	巾 帘	526	弓 弩	568	忑	602	怙	609	拘	681				
岭	499	帙	526	弢	569	忝	602	怊	609	拈	681				
岑	499	帕	526	弥	569	忞	602	怳	610	担	682				
岷	499	帛	526	弣	569	忿	602	怕	610	拉	682				
岪	499	帔	526	弢	569	忠	602	怦	610	抹	682				
岼	499	帑	526	弡	569	忽	604	怖	610	拇	682				
岫	499	帙	526	弤	569	怯	604	怭	610	抿	682				
岢	500	帖	526	弨	569	怪	604	怰	610	拍	682				
岳	500	帚	527	弦	569	怐	605	怙	610	拌	682				
岡	500	帑	527	弧	569	怟	606	恨	611	拔	682				
岸	500	帔	527	彐 彔	574	怓	606	悦	611	抚	683				
岍	500	干 幷	541	彳 径	580	怩	606	戈 戔	662	拜	683				
岩	500	幸	541	徎	580	怛	606	戕	662	拚	684				
峡	500	幸	541	彿	580	怢	606	戕	662	拟	684				
峀	500	广 庚	546	往	580	怜	606	或	662	拊	684				
岼	500	庙	546	徃	580	怲	607	戶 戾	667	拂	684				
岾	500	府	546	彽	580	怫	607	房	667	抻	684				
岨	500	庇	547	征	580	怫	607	所	667	押	684				
峖	500	底	547	徂	581	性	607	扉	668	抈	685				
岺	500	店	547	彼	581	怏	608	扆	668	拽	685				
岧	500	庖	547	心 忞	600	怶	609	手 承	676	拗	685				
岧	501	廴 廹	560	念	601	怡	609	承	676	抗	685				
屺	501	廸	560	忿	601	怡	609	拒	680	抵	685				

拙	685	方		旿	780	枇	830	欠	欥	896	冫	泠	953
拄	686	旮	765	昏	780	析	830		欧	896		泪	953
抮	686	於	765	日		吻	781	枅	830		欨	896		泐	953
扶	686	昆	775	習	781	松	830		欣	896		沫	953
拃	686	昑	776	昕	781	枀	831	止	歧	906		沫	953
拓	686	旽	776	月	肭	811	柳	831		武	907		泖	953
招	686	明	776	盼	811	枒	831		步	907		泯	953
抽	687	旿	778	服	811	柄	831	歹	殉	912		没	954
拕	687	昉	778	朋	812	枉	831		殁	912		泊	954
拖	687	盼	778	木	杰	827	杭	831		殀	912		泮	954
拆	687	昔	778	极	827	杵	831		殃	912		波	954
抬	687	昄	778	枏	827	柠	831		殇	912		泛	954
抨	688	昇	778	杲	827	枓	832		殂	912		法	955
抱	688	岜	778	果	827	枝	832		殄	912		泫	957
拂	688	省	779	柑	827	杪	832		殴	918		泔	957
抛	688	昂	779	杻	827	枢	832	毋	毒	923		泌	957
披	688	易	779	東	827	杶	833	比	毖	925		沸	957
拡	689	昨	779	林	828	枕	833	氏	氓	931		泶	957
支	效	740	旺	779	枚	829	杭	833	气	氛	931		泗	957
	敉	740	昀	780	枝	829	杷	833		氛	931		泃	957
	敛	740	昌	780	柄	829	板	833	水	沓	945		泄	957
	放	740	昝	780	杳	829	枘	833		泔	952		沼	958
	政	741	昃	780	枋	829	杭	834		泟	952		泝	958
文	齊	755	昋	780	杯	829	欥	834		沽	952		泗	958
斤	斧	759	昄	780	扶	830	柘	834		泥	952		泷	958
	昕	759	昊	780	枌	830	枇	834		泠	953		泱	958

沿	958	洞	965	物	1100	玭	1128	執	1195	衸	1250			
沿	959	泓	965	犬 狀	1107	玡	1128	皿 盂	1197	禾 秆	1267			
泳	959	況	966	狗	1108	玩	1128	盂	1197	秅	1267			
油	959	泲	966	狙	1108	玧	1128	盇	1197	季	1267	索 引		
泑	959	火 炅	1060	狑	1108	瓜 㼝	1145	目 肝	1205	秉	1267			
泣	959	炔	1060	狛	1108	瓦 瓨	1146	盲	1205	秈	1267			
泍	960	䀏	1060	狒	1108	田 畇	1157	肜	1206	秆	1267			
洓	960	炁	1061	狌	1108	呬	1157	盱	1206	秅	1267			
沮	960	炃	1061	狉	1108	甾	1157	盰	1206	秏	1267			
洫	960	炉	1061	狎	1108	畋	1157	盻	1206	秐	1267			
泜	960	炆	1061	狄	1109	畀	1157	直	1206	穴 空	1284			
沸	960	炎	1061	狁	1109	畄	1157	直	1207	穹	1285			
注	960	炙	1061	狐	1109	画	1157	肮	1207	穻	1285			
沾	961	炒	1062	狟	1109	画	1157	肶	1207	竹 笁	1300			
泚	961	炊	1062	猋	1109	广 疢	1170	矢 知	1227	竺	1300			
泏	961	炕	1062	狓	1109	疝	1170	知	1227	米 籵	1329			
治	962	炘	1062	狐	1109	疛	1170	石 矸	1232	糸 糿	1338			
沱	963	爪 爭	1090	玉 玨	1127	疢	1170	矼	1232	糾	1338			
洇	963	爭	1090	玠	1127	疠	1170	砀	1232	紅	1339			
泀	963	爬	1091	玦	1127	疣	1170	砃	1232	网 罔	1396			
波	963	父 爸	1093	玫	1128	白 的	1191	矾	1232	罘	1397			
泙	964	月 朋	1094	玬	1128	皀	1191	砑	1232	羊 羋	1404			
泡	964	片 肵	1095	玟	1128	皮 䶮	1195	砅	1232	羍	1404			
河	964	版	1095	珏	1128	皱	1195	示 祁	1250	羌	1404			
泫	965	牛 牦	1100	玪	1128	皱	1195	祀	1250	羍	1404			
泋	965	牧	1100	玢	1128	皱	1195	社	1250	老 耄	1419			

而 冊	1420	肴	1439	芘	1489	袖	1613	邸	1842	靑 靑	1987
耒 耔	1421	肸	1439	芟	1490	衩	1613	邰	1842	青	1989
耳 耶	1424	胗	1439	芯	1490	表	1613	邶	1842	非 非	1990
聿 肃	1432	臣 臥	1463	芽	1490	角 觓	1647	邲	1842	面 面	1992
肉 肩	1436	臼 舀	1471	茚	1490	觔	1647	邯	1843	黾 黾	2131
股	1436	舌 舍	1475	茸	1490	言 訇	1653	釆 采	1868	**9획**	
肱	1436	舍	1475	芮	1490	走 赱	1745	金 金	1874	一 並	34
肯	1437	舟 舠	1478	苅	1490	赵	1745	長 長	1914	丿 乘	43
肓	1437	艹 芥	1487	苹	1490	車 軋	1774	門 門	1916	乙 乹	49
肸	1437	苂	1487	芸	1490	辰 辰	1799	阜 阜	1932	乺	49
胁	1437	芙	1487	荒	1491	辵 近	1801	自	1933	乻	49
朌	1437	艽	1488	茳	1491	迵	1802	阤	1934	二 亞	64
肪	1437	芹	1488	茒	1491	迁	1802	阮	1935	亠 京	68
胖	1437	芩	1488	芋	1491	迤	1802	附	1935	亮	68
胚	1437	芨	1488	芝	1491	返	1802	阿	1935	亘	68
朌	1437	芪	1488	芷	1491	迓	1803	陁	1936	亭	68
肥	1437	芰	1488	芭	1491	迎	1803	阽	1936	亯	69
胂	1438	苞	1488	芦	1491	迕	1803	阺	1936	人 俓	102
胱	1438	芼	1488	花	1491	迋	1803	阻	1937	係	102
肓	1438	芝	1488	虍 虎	1568	迚	1803	阼	1937	俚	102
肚	1438	芴	1488	虐	1569	远	1803	陀	1937	俅	102
肢	1438	芳	1488	虫 虯	1575	还	1803	陁	1937	偈	102
胝	1438	芧	1489	虱	1575	邑 邱	1842	陂	1937	俍	102
肺	1438	芙	1489	虯	1575	邥	1842	隶 隶	1959	侶	102
胗	1439	芬	1489	血 衂	1604	邙	1842	隹 佳	1960	俐	102
肮	1439	荑	1489	衣 衫	1613	邵	1842	雨 雨	1971	俚	102

俛	103	倪	110	剃	200	口 咯	288	哄	292	型	348		
侮	103	俠	110	力 勁	213	咬	288	喧	292	垕	348		
保	103	侯	110	勉	213	眺	289	咻	292	夊 変	372		
俌	104	俙	111	勃	213	咩	289	哅	292	大 契	398		
俘	104	儿 兗	151	勇	213	咪	289	哇	293	奎	398		
俜	104	堯	151	勑	214	咲	289	口 囿	331	奔	398		
俟	104	入 兪	156	勹 匍	223	哂	289	囿	331	奏	399		
俗	104	興	167	匕 匘	226	咢	289	土 垢	347	奓	400	索 引	
修	105	冂 冒	170	匚 匨	227	哀	289	垢	347	奕	400		
信	105	冑	170	医	227	咼	290	垎	347	奐	400		
俄	107	冖 冠	171	匸 匽	229	曳	290	垌	347	女 姦	412		
悟	107	冫 冸	175	十 南	238	哇	290	垈	347	姧	413		
俑	107	浼	175	単	240	咿	290	垞	347	姜	413		
俣	107	凵 函	182	卑	240	咀	290	牪	347	姣	413		
兪	107	刀 剛	197	卩 卻	246	咽	290	城	347	姣	413		
俋	107	到	197	脆	247	咨	290	垚	347	姤	413		
俚	107	剋	197	卽	247	哉	290	垣	348	姽	413		
俎	107	剙	197	卸	247	咪	291	垠	348	姞	413		
俥	107	剌	197	厂 厘	248	咫	291	垫	348	姥	413		
俊	107	削	197	厑	248	咭	291	垦	348	姺	414		
侲	108	剌	198	厚	249	哆	291	垗	348	姶	414	2171
俏	108	前	198	厶 叄	253	咤	291	垤	348	姸	414		
促	108	制	199	又 叚	258	品	291	垛	348	娟	414		
侵	108	剎	199	叛	258	咸	291	垛	348	妜	414		
倪	109	則	199	叙	259	哈	292	垞	348	娃	414		
便	109	剎	200	宎	259	咳	292	垵	348	姚	414		

총획 색인 9획

	威	414		村	473	巾	恰	527	彡	彦	576		恋	610		協	616
	娥	415	小	尜	483		帣	527		彦	576		怠	610		恍	616
	姨	415	尸	屏	490		帤	527		形	576		恪	611		恍	616
	姻	415		屎	490		帕	527	彳	待	581		恇	612		恢	616
	姙	415		屍	490		帡	527		律	582		怔	612		恒	617
	姿	415		屋	490		帯	527		徇	583		恔	612		恤	617
	姱	415		昼	490		帥	527		伴	583		恬	612		恓	617
	姝	415		屎	490		弑	528		徊	583		恓	612		恟	617
	姬	416	山	岍	501		帟	528		後	583		姥	612		恰	617
	姪	416		峒	501		帛	528		很	585		恪	612	戈	威	662
	姹	416		峁	501		帝	528	心	悲	604		悴	612		战	662
	妾	416		峦	501	幺	幽	542		急	605		恂	613	戶	扃	668
	姮	416		峠	501	广	度	547		怒	606		恃	613		居	668
	姞	416		岣	501		庠	548		悠	606		怕	614		扁	668
	姬	416		峴	501		庞	548		恩	606		恍	614		扃	668
子	孩	435		峇	501		庢	548		悬	606		怗	615	手	挐	681
宀	客	448		峗	501		庤	548		愍	606		恍	615		拜	683
	宴	449		崑	501		麻	548		忒	606		恓	615		挌	689
	宣	449		峎	501	廴	建	560		怠	607		悛	615		拷	689
	室	450		峌	501		廻	561		悲	607		忒	615		挎	689
	宦	450		峙	501	廾	弇	562		思	607		侘	615		拱	689
	宥	450		峻	502		弅	563		态	608		恫	615		括	689
	宜	451		峡	502		弈	563		怨	608		恨	615		挂	690
	宭	451	己	卷	522	弓	弮	569		昂	609		恨	615		挍	690
	宥	451		巷	522		弭	569		怎	609		恒	616		拮	690
寸	封	472		巷	523	彐	彖	574		忽	609		恆	616		挑	690

총획 색인 9획

挏	691	斗 斜	757	昱	784	栟	835	枲	838	柝	841				
拝	691	斤 斫	759	昨	784	柰	835	柴	838	枰	841				
拍	691	斫	759	咎	784	柅	836	栘	838	枹	841	索			
拼	691	方 旅	765	昰	784	柮	836	染	838	柀	841	引			
拾	691	施	765	眕	784	柃	836	柍	839	柙	841				
拭	691	斿	766	昳	784	柳	836	栄	839	枵	841				
按	691	於	766	昶	784	柳	836	荣	839	欠 欨	897				
捐	692	施	766	春	784	柣	836	柵	839	軟	897				
拽	692	旡 既	771	昡	785	某	836	盃	839	止 耑	907				
拴	692	日 昵	781	昏	785	栟	836	柔	839	歫	907				
拯	692	昤	781	昫	785	柏	836	柚	839	歪	907				
持	692	昧	781	日 曷	804	柄	837	柂	839	歹 殃	912				
指	693	昧	781	月 胸	812	柎	837	柘	839	殂	912				
拓	693	昴	782	胐	812	柲	837	柞	840	殄	912				
拒	693	昇	782	木 柯	834	柖	837	柠	840	殀	913				
挓	693	晒	782	枷	834	柤	837	柢	840	殆	913				
拶	693	昻	782	架	834	查	837	柊	840	殁	913				
挌	693	昢	782	柬	834	柏	837	柱	840	殳 段	918				
挓	694	昲	782	柑	834	柤	837	枳	840	殷	918				
挑	694	星	782	柜	834	柒	837	柣	840	比 毗	925				
挟	694	昭	783	柗	835	柱	837	柵	840	毘	925				
支 变	742	是	783	枯	835	招	838	柵	840	毖	925				
故	742	昰	783	枵	835	枱	838	柷	840	毛 毡	926				
敏	742	昻	783	枸	835	柍	838	柢	841	水 泉	961				
敃	743	易	783	柩	835	柿	838	柒	841	洓	966				
战	743	映	783	柾	835	柿	838	柁	841	洎	966				

洸	966	洹	970	洽	973	牲	1101	玲	1129	昀	1158
洝	966	洧	970	火炬	1062	牴	1101	珉	1129	畓	1158
洞	966	洒	970	炟	1062	牵	1101	珀	1129	畋	1158
洛	967	浹	970	炳	1062	牠	1101	珐	1129	畐	1158
彔	967	洱	970	炮	1062	牷	1101	珊	1129	畏	1158
洌	967	洢	970	炷	1062	犬昊	1108	珊	1129	畍	1158
流	967	洇	970	炤	1062	狡	1109	招	1129	畓	1158
流	967	净	970	為	1063	独	1110	珪	1129	畋	1158
洺	967	洮	970	炸	1063	狣	1110	砧	1129	畑	1159
洣	967	洲	970	点	1063	狖	1110	珍	1129	畈	1159
洴	968	洿	971	炡	1063	狩	1110	琜	1130	疒 疥	1170
洑	968	洔	971	炷	1063	狗	1110	玼	1130	疧	1170
洭	968	津	971	炭	1063	狘	1110	玻	1130	疲	1170
涑	968	浅	971	炱	1063	狤	1110	玭	1130	疕	1170
洩	968	洊	971	炲	1063	狪	1110	玹	1130	疢	1170
洗	968	洸	971	炮	1063	狢	1110	瓜 胩	1145	疫	1170
洒	969	派	971	炰	1063	狠	1110	瓦 瓴	1146	疙	1170
洙	969	海	972	炫	1063	狭	1110	瓯	1146	疢	1170
洵	969	洫	972	炯	1064	狟	1110	瓷	1146	痈	1171
垵	969	浹	972	爫 爰	1091	狖	1110	瓮	1146	疤	1171
洓	969	洴	972	爻 俎	1093	玄 玅	1124	甘 甚	1150	癶 癸	1184
洋	969	洪	972	爿 牁	1094	玉 珈	1128	田 畎	1157	癹	1184
洳	970	活	972	片 牉	1096	珂	1128	畒	1157	癹	1184
涓	970	洄	973	牀	1096	珏	1128	畊	1157	白 皆	1191
洚	970	洨	973	牛 柯	1101	珒	1128	界	1157	飯	1191
洼	970	洵	973	牯	1101	珖	1129	畇	1158	皇	1191

皮	皯	1195		昀	1211	示	祈	1250		秋	1269		紃	1339		耏	1421
	岥	1195		眈	1211		祇	1251		烋	1269		約	1339	耒	耔	1421
	破	1195		県	1211		祋	1251		种	1269		紆	1340		秄	1421
皿	盉	1197		盼	1211		景	1251		秅	1269		紇	1340	耳	耶	1424
	盃	1197	矛	矜	1226		祇	1251	穴	窆	1285		紉	1340		耴	1424
	盆	1197		矞	1226		神	1251		突	1285		紂	1340	肉	胛	1439
	盈	1198	矢	矧	1228		祉	1251		窀	1286		紅	1340		胠	1439
	盅	1198		敄	1229		祆	1251		窂	1286		紈	1342		胍	1439
	盇	1198		矣	1229		祊	1251		突	1286		紀	1342		胸	1439
	盆	1198	石	砍	1232		祖	1255		窃	1286	缶	缸	1394		胳	1439
目	看	1207		砕	1232		祝	1255		穽	1286	网	罘	1397		胆	1439
	映	1207		砲	1233	内	禹	1264		穿	1286		罝	1397		脉	1439
	眒	1207		砅	1233		禺	1264	立	奇	1294		罡	1397		胎	1439
	曬	1207		砍	1233	禾	秔	1267		竗	1294	羊	牵	1404		胖	1439
	眀	1208		砰	1233		科	1267		彦	1294		幸	1404		胁	1440
	眊	1208		砆	1233		秕	1268		竝	1295		美	1404		背	1440
	眇	1208		砒	1233		秖	1268	竹	竿	1300		羑	1405		胚	1440
	眉	1208		砏	1233		秒	1268		笃	1300	羽	狐	1410		胕	1440
	販	1208		砂	1233		秏	1268		竽	1300		羿	1410		胥	1440
	盼	1209		砑	1233		秒	1268		笢	1300		翀	1410		胜	1441
	相	1209		砐	1233		秱	1268	米	籼	1329	老	耇	1419		胂	1441
	省	1210		研	1233		秕	1268		籿	1329		者	1419		胦	1441
	眸	1210		砬	1233		秠	1268		籹	1329	而	耐	1420		胃	1441
	盾	1210		砌	1233		秄	1268		粗	1329		耑	1420		胤	1441
	眂	1211		砒	1233		秐	1268		粑	1329	襾	要	1421		胈	1441
	眅	1211		耉	1233		祇	1268	糸	紀	1339		耍	1421		胆	1441

총획 색인 9획

胜	1441	苾	1494	苑	1498	虹	1575	勏	1647	逌	1804
胙	1441	苦	1494	苡	1499	蚛	1575	言計	1653	迤	1804
胄	1442	苟	1494	苢	1499	虳	1575	訇	1654	迩	1804
胑	1442	苟	1495	茈	1499	虺	1575	訐	1654	迪	1805
胝	1442	茶	1495	苧	1499	廼	1575	計	1654	迭	1805
胗	1442	苠	1495	苴	1499	血衃	1604	訂	1654	迮	1805
胞	1442	苓	1495	苗	1499	盇	1604	豆登	1710	迢	1805
胎	1442	苙	1495	茉	1499	郉	1604	貝負	1720	迱	1805
肺	1442	茉	1495	苦	1499	行衎	1608	負	1720	迫	1805
胞	1442	苺	1495	苐	1500	衍	1609	負	1720	迴	1805
胇	1442	茅	1495	苖	1500	衣衱	1614	貞	1721	邑郊	1843
胡	1443	苜	1496	茗	1500	衿	1614	貟	1721	邦	1843
自臭	1467	苗	1496	荒	1500	衿	1614	走赳	1745	郄	1843
至致	1469	茆	1496	苔	1500	衹	1614	赴	1745	郎	1843
臼臾	1471	茂	1496	荸	1500	衲	1615	車軍	1775	邽	1843
舀	1471	茛	1497	苞	1500	袂	1615	軔	1776	郇	1843
舌舐	1475	苳	1497	芯	1500	袄	1615	軌	1776	邾	1844
舟舡	1478	苜	1497	虍虐	1569	衯	1615	靶	1776	郁	1844
敍	1478	范	1497	虐	1569	衴	1615	裏	1776	郴	1844
艸芺	1487	苻	1497	虫軒	1575	袡	1615	辵迦	1803	郅	1844
苛	1493	苯	1497	虻	1575	袒	1616	迲	1803	郤	1844
茄	1493	茀	1497	虫	1575	衽	1616	迡	1803	邢	1844
苜	1493	苮	1497	虵	1575	役	1616	迲	1803	郈	1844
苴	1493	若	1497	虽	1575	西要	1636	迣	1804	酉酊	1856
苶	1493	苒	1498	虷	1575	見覌	1639	迫	1804	酋	1856
苘	1493	英	1498	蛋	1575	角斛	1647	述	1804	里重	1870

총획 색인 9~10획　2177

長	凯	1916	首	首	2044		倫	113		倡	118		凌	176	力	勋	214
門	門	1917	香	香	2045		們	113		倀	118		淞	176		勧	214
阜	陏	1937	鬼	鬼	2096		倣	113		個	119		淸	176		剌	214
	陋	1937		**10획**			倍	113		倩	119		凋	176		勉	214
	陌	1938	丿	乘	43		俳	114		倿	119		凈	176	ヒ	竢	226
	陜	1938		龟	49		倂	114		健	119		凄	177	匚	匪	227
	陠	1938	乙	乿	49		俸	114		値	119		凁	177	卩	卿	247
	陣	1938	亠	毫	69		俯	114		倬	119	刀	剛	200	厂	厏	249
	陔	1938		亮	69		俾	114		俵	119		劍	200		原	249
	際	1938		亭	69		俶	114		倖	119		剝	200		厝	250
	限	1938	人	個	111		俥	115		倱	119		剰	201	又	叟	259
	降	1939		倨	111		袞	115		倣	119		剧	201	口	唀	293
	陾	1939		儉	111		修	115		候	119		剖	201		哥	293
	陨	1939		倞	111		倕	116		隹	120		剡	201		哽	293
面	面	1991		侄	111		俶	116	儿	党	151		剖	201		哭	293
	面	1992		倌	111		倏	116	八	兼	167		荆	201		唀	293
革	革	1993		俱	111		倏	116	冂	冓	170		剃	201		哪	293
韋	韋	2000		倔	112		倅	116		冔	170		剗	201		唐	293
韭	韭	2003		倦	112		俺	116	冖	冠	172		剙	202		唪	294
音	音	2004		倛	112		倈	116		冥	172		剜	202		哩	294
頁	頁	2006		倓	112		倪	116		冢	172		剗	202		唎	294
風	風	2022		倘	112		倭	117		冤	173		剤	202		哶	294
飛	飛	2027		倒	112		倚	117		冡	173		剨	202		哼	294
食	食	2029		倮	113		倧	117	冫	凅	175		剙	202		唂	294
	飤	2030		俠	113		借	117		凍	175		剔	202		唆	294
	倉	2030		俪	113		倉	118		凉	176		剠	202		哦	294

	唉	294		垂	350		娠	417		宰	456		浘	502		序	550
	唔	294		埃	350		娚	417		害	456		峻	503	廴	廻	561
	唔	294		埏	350	寸	尅	473		峭	503	弓	弰	570
	員	294		垸	350		娱	417		㖇	473		挼	503		弱	570
	唈	295		埇	350		娟	417		專	474		峴	503	彡	芚	576
	呢	295		埕	350		娗	417		射	474		峽	504		浦	577
	唇	295		埈	350		娛	417		将	474	工	差	521		或	577
	唽	295		坔	350		娪	418		將	474	巾	帬	529	彳	徑	585
	哲	295		垻	350		娠	418	小	玅	483		帬	529		徒	585
	哨	295		型	350		娗	418	尢	尵	484		郡	529		徐	586
	唄	295	夂	昚	372		娣	418	尸	屒	490		帰	529		從	586
	哺	296	夊	夎	372		娖	418		屖	490		帯	529	心	㤴	611
	哈	296		夏	372		娙	418		屑	490		帶	529		恳	611
	哮	296	大	奘	400	子	孫	436		展	491		悗	529		恝	611
	唏	296		套	400		孫	436		屒	491		帮	529		恐	611
囗	圄	331		奚	400	宀	家	451	山	狦	502		師	529		恭	611
	圃	331	女	娜	416		寇	453		島	502		席	530		恷	612
	圅	331		娚	416		害	453		峯	502		悗	530		恶	612
	國	332		娘	416		宮	453		峰	502		㠶	530		恋	612
土	埒	348		娌	416		宦	454		峖	502		帳	530		恩	613
	埒	348		娩	416		戚	454		宰	502	广	庫	548		恕	613
	埓	348		娓	417		宵	454		峨	502		胲	549		息	613
	垠	349		娉	417		宸	454		峩	502		庬	549		恷	614
	埋	349		娑	417		宲	454		峿	502		庮	549		恙	614
	垺	349		娍	417		宴	455		峪	502		庭	549		恚	614
	城	349		婔	417		容	455		峖	502		座	549		恩	614

										총획 색인 10획
恁	615	悝	621	挽	694	捅	697	晏	787	框	843
恣	615	悔	621	捭	694	捌	697	晃	787	桄	843
恥	615	悌	621	挪	694	捕	697	晉	787	校	843
恵	616	戉 戚	662	捗	695	捍	697	晋	787	柏	844
念	617	威	663	捂	695	挾	698	晐	787	根	844
悈	617	戶 扇	669	捊	695	支 敁	737	晄	787	桔	844
悧	617	扆	669	抄	695	枝	737	晄	788	桃	844
惱	617	扅	669	揷	695	攴 敉	743	晅	788	桐	845
悧	617	手 挙	689	掟	695	效	743	日 書	804	栾	845
恨	617	捀	689	捎	695	斗 竕	757	曺	805	梅	845
恪	617	拳	690	搜	695	斜	757	倉	805	栁	845
恾	617	拿	690	挨	695	料	757	月 胭	812	栲	845
悗	617	挈	690	挪	695	方 旀	766	朗	812	栗	845
悚	618	挈	691	挻	695	斿	766	朔	812	梅	845
悰	618	捁	694	捐	695	旅	766	脁	813	栢	845
悁	618	捆	694	捂	695	旆	767	朕	813	栈	845
悅	618	挡	694	挻	695	旄	767	木 栞	841	栟	846
悟	618	捄	694	挹	695	旁	767	桀	841	栿	846
悞	619	揭	694	捠	695	旃	768	格	842	桑	846
悀	619	捃	694	挺	696	旂	768	栔	842	栠	846
悒	619	挪	694	挫	696	日 晈	785	栟	842	栖	846
悛	619	捏	694	挼	696	昡	786	桂	842	梳	846
悌	619	捏	694	振	696	晌	786	栳	843	栒	846
悄	620	接	694	捉	697	晟	786	栱	843	栻	846
悖	620	捋	694	搯	697	晒	786	栶	843	案	846
悍	620	挵	694	捝	697	時	786	栝	843	桉	847

10획

桜	847	欬	897	涅	974	淋	980	涸	985	特	1101
染	847	歂	897	涊	974	減	980	浩	985	犬	狷	1111
栐	847	止	哏	907	涂	974	涓	980	涍	986	狨	1111
桅	847	峙	907	浯	974	涎	981	火	烓	1064	狼	1111
栴	847	歹	殆	913	浪	974	浯	981	烔	1064	狸	1111
栜	847	殟	913	泮	975	涅	981	烙	1064	猊	1111
栘	847	殊	913	涙	975	浣	981	烈	1064	狥	1111
柵	847	殉	914	流	975	浴	981	烊	1064	狻	1111
桓	847	殀	914	浰	977	涌	981	爲	1064	狿	1111
棧	847	殘	914	浬	977	滶	982	烟	1064	狺	1111
栽	847	殈	914	泣	977	淸	982	烏	1064	狷	1111
栓	848	殳	殹	918	浼	977	浥	982	姚	1065	狿	1111
栴	848	殺	918	涀	977	涔	982	烖	1065	狶	1111
株	848	殷	918	涥	978	浙	982	烝	1065	狼	1111
桎	848	毛	毠	926	浜	978	涎	982	烛	1066	狂	1112
楢	848	毡	926	浲	978	浚	982	烟	1066	狹	1112
栝	848	毧	926	浮	978	涊	982	烓	1066	狳	1112
桌	848	耴	926	浧	979	涕	982	烕	1066	猂	1112
桻	848	毣	926	浠	979	泚	983	烘	1066	玄	玆	1124
核	848	气	氣	931	浃	979	浸	983	烋	1066	玉	璽	1129
桁	848	氤	932	淀	979	浿	983	烜	1066	珙	1130
桓	849	水	泰	963	湙	979	浦	983	父	爹	1093	珖	1130
栩	849	涇	974	涉	979	泚	983	月	胖	1094	珓	1130
欠	欪	897	浤	974	浼	980	海	983	片	脈	1096	珪	1130
歐	897	涒	974	消	980	涀	985	牛	牸	1101	珞	1130
飮	897	涅	974	凍	980	浹	985	牷	1101	珹	1130

총획 색인 10획

琉	1130	富	1159	痃	1172	眂	1211	石硁	1233	祢	1251
班	1130	畚	1160	疹	1172	眚	1212	硌	1233	祔	1251
珖	1131	畱	1160	疾	1173	眹	1212	砣	1234	祓	1252
珣	1131	畛	1160	疱	1173	眹	1212	砢	1234	祕	1252
珧	1131	眕	1160	疲	1173	眂	1212	砺	1234	祠	1252
珢	1131	畜	1160	痃	1174	眒	1212	砬	1234	祖	1252
珥	1131	畟	1160	痃	1174	畲	1212	秣	1234	祫	1252
珽	1131	疒痂	1171	癶桀	1184	映	1212	硞	1234	祢	1252
珠	1131	疳	1171	白皋	1192	督	1212	砥	1234	祐	1252
珫	1131	疷	1171	皮皷	1195	眫	1212	砅	1234	崇	1252
珮	1131	疴	1171	皺	1195	眨	1212	砟	1234	祡	1253
珦	1132	疶	1171	皰	1195	眝	1212	硉	1234	神	1253
珩	1132	疽	1171	皿盉	1198	眰	1212	砨	1234	袂	1254
珨	1132	疼	1171	盁	1198	眥	1212	砠	1234	祐	1254
瓜瓟	1145	痊	1171	益	1198	眦	1212	硅	1234	祖	1254
瓞	1145	病	1171	盌	1198	眞	1212	砥	1234	祚	1255
瓦瓴	1147	痈	1172	盆	1198	眞	1213	砯	1234	祗	1255
瓵	1147	痤	1172	盍	1199	眣	1213	砦	1234	視	1255
瓷	1147	痎	1172	盃	1199	眕	1213	砧	1234	祜	1255
瓬	1147	痀	1172	目看	1211	眹	1213	砲	1234	禾秬	1270
生甡	1152	疵	1172	眴	1211	貼	1214	破	1235	秠	1270
用莆	1154	痄	1172	眛	1211	眙	1214	砰	1235	秣	1270
田留	1159	疽	1172	眜	1211	眩	1214	砭	1235	秢	1270
畝	1159	痁	1172	脉	1211	眊	1214	砲	1236	秘	1270
畆	1159	痊	1172	眠	1211	矢矩	1229	示祛	1251	秥	1270
畔	1159	症	1172	聊	1211	矧	1229	祢	1251	秧	1270

索引

2181

袖	1270	竹 笁	1300	級	1342	罘	1397	耄	1420	脈	1444
秞	1270	笄	1300	納	1342	罞	1397	而 耎	1421	脝	1444
秝	1270	笈	1300	紐	1343	罞	1397	耒 耕	1421	胼	1445
秥	1270	笔	1300	紞	1343	罠	1397	耗	1422	胸	1445
租	1270	笓	1300	紋	1343	罟	1398	耘	1422	胰	1445
秦	1270	竿	1301	紊	1343	置	1398	耖	1422	胲	1445
秩	1271	笑	1301	紡	1343	罡	1398	耙	1422	脂	1445
秫	1271	笋	1301	紑	1343	羊 羍	1404	耳 耿	1424	胭	1445
秤	1271	芛	1301	紛	1344	羔	1405	珊	1425	脊	1445
称	1271	笒	1301	紕	1344	羖	1405	耺	1425	脎	1445
秭	1271	笕	1301	紗	1344	羙	1405	聀	1425	脜	1445
穴 窃	1286	笆	1301	索	1345	羕	1405	耻	1425	脊	1445
窈	1286	笔	1301	紓	1345	恙	1405	耽	1425	脆	1445
窅	1286	笙	1301	紺	1345	胖	1405	耾	1425	胞	1445
窆	1286	笏	1301	素	1345	羓	1405	聿 肂	1432	脛	1445
窊	1286	米 粃	1329	純	1346	羽 狪	1410	肁	1432	胲	1446
窐	1286	粁	1329	紝	1347	翂	1410	肉 胾	1437	胏	1446
窃	1287	粉	1329	紩	1347	翁	1410	脀	1438	脅	1446
窋	1287	粃	1330	紙	1347	翅	1410	胳	1443	胎	1446
窄	1287	柴	1330	紒	1348	狹	1410	胯	1443	脇	1446
窉	1287	粆	1330	紮	1348	翁	1410	胱	1443	脋	1446
立 竛	1295	粋	1330	紇	1348	翀	1410	胬	1443	胸	1446
竜	1295	糸 統	1342	缶 缺	1395	翆	1410	能	1443	自 臬	1467
竝	1295	紒	1342	畚	1395	翃	1410	胴	1444	臭	1467
竚	1295	紘	1342	网 罝	1397	老 耆	1419	脁	1444	至 致	1469
站	1295	紟	1342	罟	1397	耄	1419	脈	1444	白 邖	1471

총획 색인 10획

帍	1471	萿	1502	草	1505	蚡	1576	袠	1615	袨	1619				
昇	1471	荔	1502	茪	1506	蚕	1577	衰	1615	見覞	1639				
舀	1471	荔	1502	茧	1506	蚍	1577	袁	1616	覎	1639				
欧	1471	荝	1502	荌	1506	蚜	1577	衷	1616	覔	1639	索引			
舌舙	1475	茫	1502	荇	1506	蚆	1577	袪	1616	角訉	1647				
甜	1475	茗	1502	荳	1506	蚋	1577	袧	1616	言訔	1654				
舐	1475	茯	1502	荆	1506	蚘	1577	袒	1616	訒	1654				
舟般	1478	茶	1503	茻	1506	蚓	1577	袷	1617	記	1654				
舫	1478	荀	1503	荒	1506	蚟	1577	袜	1617	訊	1655				
船	1478	茹	1503	茴	1507	蜎	1577	袢	1617	訕	1655				
舥	1478	茸	1503	虍虘	1569	蚓	1577	袑	1617	診	1655				
航	1478	荑	1503	虓	1569	蚝	1577	袖	1617	訊	1655				
艸芻	1491	荍	1503	虡	1570	蚕	1577	袡	1617	訙	1655				
荅	1501	茵	1503	虫蚧	1576	蚤	1577	袣	1617	訛	1655				
茛	1501	荏	1503	蚗	1576	蚇	1577	袦	1617	訽	1655				
茳	1501	茲	1504	蚣	1576	蚩	1577	袍	1617	訐	1655				
茁	1501	茨	1504	蚑	1576	蚉	1578	袛	1617	訏	1655				
荟	1501	莊	1504	蚪	1576	袘	1578	袛	1617	訑	1655				
苦	1501	荃	1504	蛎	1576	血衄	1604	袗	1618	訾	1655				
荒	1501	荑	1504	蚊	1576	衂	1604	袟	1618	訑	1655				
茭	1501	荢	1504	蚕	1576	衃	1605	袨	1618	訒	1655				
荕	1501	茞	1504	蚄	1576	衁	1605	袉	1618	託	1655				
荅	1501	莱	1504	蚌	1576	衣袞	1614	袥	1618	討	1656				
茱	1501	荐	1504	蚊	1576	袞	1614	袙	1618	訌	1656				
茶	1501	茜	1504	釜	1576	袤	1614	袍	1618	訓	1656				
荅	1502	荈	1505	蚨	1576	袠	1615	被	1618	訔	1657				

訖	1657	軌	1776	逅	1810	針	1877	首	曽	2045	倻	122
谷 訐	1708	書	1776	邑 邕	1839	門 閃	1917	馬 馬	2047	傴	122
豆 豇	1710	軔	1776	郊	1844	閃	1917	骨 骨	2065	傑	122
豈	1710	軐	1777	郔	1844	阜 陡	1940	高 高	2069	偎	123
豕 豗	1712	軒	1777	郜	1844	陋	1940	髟 髟	2072	偠	123
脜	1712	辰 辱	1799	郡	1844	陵	1940	鬥 鬥	2077	偶	123
爭 豹	1716	走 适	1805	郤	1845	陝	1940	鬯 鬯	2078	偭	123
豻	1716	酒	1805	郎	1845	陞	1940	鬲 鬲	2079	偉	123
豹	1716	逃	1805	郢	1845	院	1940	鬼 鬼	2080	偽	123
貝 貢	1721	迥	1806	郤	1845	除	1940	魚 臭	2084	偯	123
貤	1722	洌	1806	郷	1845	陵	1941	**11획**			停	123
財	1722	逸	1806	娜	1845	陣	1941	一 亞	34	偵	124
貢	1722	迷	1806	郢	1846	陟	1941	乙 乾	50	偅	124
走 赶	1745	逢	1806	部	1846	陷	1942	龜	51	做	124
起	1745	迸	1806	郰	1846	陛	1942	亠 毫	69	偬	124
起	1746	送	1806	郝	1846	陷	1942	人 假	120	側	124
赾	1746	逆	1807	酉 配	1856	陝	1942	偘	121	傑	125
足 趷	1751	迻	1808	酏	1857	陘	1942	健	121	偷	125
跨	1751	迹	1808	酌	1857	隹 雄	1960	偈	122	偻	125
跔	1751	迢	1808	酒	1857	隼	1960	価	122	偏	125
趹	1752	追	1808	酎	1858	隻	1960	偕	122	偪	126
趺	1752	退	1809	金 釜	1877	隼	1960	偵	122	偕	126
身 躬	1773	逌	1810	金	1877	崔	1960	傁	122	偟	126
車 軏	1776	迴	1810	釖	1877	飛 飛	2029	倏	122	侯	126
軏	1776	迴	1810	釘	1877	食 㑒	2030	偲	122	儿 兜	151
軋	1776	逯	1810	釘	1877	㑒	2030	偓	122	兠	151

총획 색인 **11획** *2185*

冂	冕	170		區	229		唔	299		菫	351	夕	夠	377	婷	420
冖	冨	173	卜	卨	242		唯	299		埼	351		够	377	婧	420
冫	減	177	卩	卿	247		啙	300		基	351		夢	377	婷	420
几	凰	179	厂	原	250		商	300		堂	351	大	奆	400	娼	420
刀	挈	202		厠	250		啁	300		培	352	女	婣	418	婇	420
	副	202	厶	參	253		唱	300		埠	352		婘	418	婕	420
	剳	202	口	啓	296		啨	300		堋	352		婪	418	婀	420
	剮	202		唅	297		啜	300		埤	352		婡	418	娶	420
	副	202		唸	297		唪	301		埽	352		婁	418	婆	420
	剭	203		啖	297		唾	301		埴	353		婁	418	婷	420
	剩	203		啗	297		啄	301		垔	353		娀	418	婚	420
	剪	203		唳	297		啍	301		埜	353		婦	418	子	孰	436
力	勘	215		問	297		啴	301		域	353		婓	419	宀	宿	456
	動	215		啡	298		唧	301		埊	353		婞	419		寇	456
	勒	216		啈	298		唬	301		場	353		婢	419		寇	457
	動	216		啤	298		唬	301		埶	353		婴	419		寄	457
	務	216		啚	298	囗	國	332		堄	353		婀	419		寧	457
	勖	216		唻	298		圈	334		埼	353		娜	419		寅	457
	勗	216		啑	298		圇	334		埩	353		婗	419		密	457
	勘	216		商	298		圍	334		埻	353		媒	419		寁	458
勹	匐	224		售	299		圉	334		埶	353		矮	419		麥	458
	匏	224		啞	299	土	堈	350		堞	354		婉	419		宿	459
匕	匙	226		唲	299		堅	350		埵	354		婠	419		宿	460
匚	匭	227		唵	299		堌	351		埭	354		媄	420		冤	460
匸	匿	229		唯	299		堁	351		堆	354		婕	420		寅	460
	匿	229		啾	299		堀	351		堆	354		姪	420		寁	460
	匿	229		啾	299		埢	351	士	壺	371		嫺	420		寒	460

索引

宰	460	崎	504	崔	507	庸	551	唇	619	悙	626
寂	460	棓	504	崋	507	唐	552	惪	619	情	626
宋	460	崍	504	崤	507	座	552	悠	619	情	627
寏	460	崙	505	巢	517	威	552	您	619	悰	627
帚	460	崘	505	巢	517	強	570	悤	619	慘	627
盔	460	崚	505	帑	532	弴	571	愁	620	惆	627
寸 寫	474	崞	505	帶	530	彌	571	悲	620	悵	627
寽	474	崩	505	帡	531	弸	571	恩	620	悽	627
將	474	嶋	505	常	531	張	571	患	620	惕	627
尉	474	崒	505	㡛	532	彗	574	悸	621	愍	627
將	474	崧	505	婉	532	彬	577	悾	621	惚	628
專	475	崇	505	帷	532	彫	577	悺	621	惆	628
尸 屛	491	崟	506	帳	532	彩	577	惓	621	悴	628
屝	492	崖	506	帴	532	彪	577	惎	622	悻	628
屙	492	崺	506	帓	532	彳 得	586	惔	622	惛	629
雁	492	峴	506	广 康	550	徠	587	悼	622	惚	629
山 峪	504	崦	506	庿	550	徘	587	惇	622	悠	629
崗	504	崟	506	扁	550	㜔	587	惏	622	戈 戛	663
崛	504	峻	506	慶	550	徙	587	悷	622	戚	663
崡	504	崟	506	庠	550	徜	587	悽	622	戶 扈	669
崑	504	崢	506	庫	550	御	587	惘	623	手 掣	695
崐	504	崢	506	庤	550	從	588	㥧	623	摑	698
崆	504	崠	506	庶	550	徛	589	悱	623	据	698
崟	504	崒	506	庹	551	心 悉	618	惜	624	揭	698
崛	504	崪	507	庾	551	惡	618	惋	625	招	698
崖	504	崨	507	庵	551	念	618	惟	625	捆	698

총획 색인 **11획** *2187*

索引

控	698	掃	702	捽	707	旒	768	晥	790	梨	851
掛	699	授	702	拼	707	旗	768	晦	790	棃	851
掬	699	捱	702	捾	707	旉	768	晞	790	梅	851
掘	699	掖	702	掍	707	旋	768	日 曼	805	梨	851
捲	699	掩	702	掀	707	旃	769	曹	806	梦	851
掎	699	掞	703	支 教	743	旌	769	月 朗	813	梶	851
捺	699	捾	703	教	744	旍	769	脄	813	棒	851
捻	699	婉	703	救	744	族	769	望	813	梛	851
挼	700	掙	703	敏	745	无 旣	771	望	814	梧	851
掉	700	振	703	敎	745	旣	772	朚	814	梵	851
掏	700	捴	703	斂	745	日 冕	788	朘	814	桴	852
捯	700	掂	704	敍	745	晚	788	木 梢	849	梳	852
掠	700	接	704	敂	745	勉	788	梡	849	杪	852
捩	700	措	704	敖	745	晟	788	桿	849	桨	852
掾	700	捽	704	敕	745	戝	788	梗	849	梭	852
掄	700	捼	704	斂	746	晨	789	械	849	梳	852
搣	700	探	704	敗	746	唇	789	梏	849	案	853
捫	700	掇	705	敨	746	晤	789	梱	849	椰	853
搊	700	捌	705	文 竟	755	晢	789	梡	850	樺	853
排	700	捷	705	斋	755	晰	789	桹	850	梧	853
捧	701	捻	705	斗 斛	757	晝	789	裙	850	桯	853
掊	701	捶	705	斞	757	晙	789	梌	850	梓	853
掤	701	掀	705	斜	757	晵	789	稂	850	棁	853
捭	701	推	706	斤 斷	759	哺	789	梁	850	梃	853
捨	701	探	706	斬	759	睍	790	桮	850	桯	853
接	702	掙	707	方 旋	768	晧	790	柳	850	梯	853

條	853	毫	927	淘	988	涴	993	涵	1000	焜	1068
梥	854	气氰	933	浜	988	溇	993	滔	1001	烯	1068
梔	854	水彔	981	涪	989	游	993	渀	1001	焻	1068
梃	854	彔	985	淝	989	渚	993	渼	1001	爻爽	1093
梢	854	渴	986	浮	989	淫	993	湝	1001	牛牽	1102
梔	854	淦	986	溯	989	湸	994	混	1001	牼	1102
梁	854	渓	986	涉	989	淀	994	淊	1001	牾	1102
棖	854	涇	986	淅	989	淨	995	溜	1001	犁	1103
桶	855	涫	986	淞	989	済	995	淮	1001	牻	1103
根	855	渥	986	涑	989	淛	995	湝	1002	犀	1103
桙	855	港	986	涉	989	淹	995	火筊	1066	牻	1103
梜	855	淇	986	淞	989	淖	995	焙	1066	悟	1103
梟	855	淖	986	淑	989	淙	995	烺	1066	犬猂	1112
欠欸	897	淡	986	淳	990	淌	995	焠	1066	猓	1112
欵	897	渚	987	淬	990	淒	995	烽	1066	猇	1112
欶	897	淘	987	深	990	淺	996	焄	1066	狹	1112
欷	897	凍	987	淰	992	添	996	烰	1067	獵	1112
欲	897	淶	987	涯	992	清	996	焉	1067	猛	1112
欿	898	凉	987	液	992	清	1000	焃	1067	猕	1113
止戜	908	淥	987	淤	992	淄	1000	烾	1067	猜	1113
歹殑	914	淚	988	淹	993	涶	1000	焌	1067	猊	1113
殍	914	淤	988	減	993	湮	1000	烹	1067	矮	1113
殖	914	淪	988	淵	993	涿	1000	焊	1067	猗	1113
殳殺	919	淩	988	淍	993	渝	1000	烺	1067	猙	1113
毛毬	926	淋	988	淴	993	淲	1000	焑	1067	猪	1113
耗	927	涨	988	淎	993	涸	1000	煮	1067	猁	1114

猝	1114	生產	1152	疴	1174	眺	1215	祳	1256	容	1288
猑	1114	產	1152	痕	1174	眾	1215	祥	1256	窒	1288
猖	1114	用葡	1154	白皐	1193	睞	1215	祭	1256	立竟	1295
猇	1114	田畣	1160	皎	1193	眵	1215	祧	1256	章	1295
玄旅	1124	略	1160	硌	1193	眩	1216	祩	1256	竹笝	1301
率	1124	畧	1161	皮皷	1196	眴	1216	祲	1256	笱	1302
玉球	1132	習	1161	皴	1196	眜	1216	票	1256	笙	1302
琅	1132	畱	1161	皿盖	1199	眣	1216	袷	1257	笞	1302
琉	1132	畨	1161	盎	1199	眭	1216	内离	1264	笩	1302
理	1132	異	1161	盛	1199	石碧	1236	离	1264	節	1302
琗	1133	時	1162	盓	1199	砵	1236	禾秸	1271	笱	1302
琁	1133	畢	1162	盞	1199	硫	1236	桐	1271	笅	1302
琙	1133	畯	1162	盡	1199	硊	1236	移	1271	笪	1302
琇	1133	畦	1162	盒	1199	硅	1236	稆	1272	笭	1302
琊	1133	疋疏	1168	盔	1199	硇	1236	秹	1272	笠	1302
琤	1133	广痁	1174	目眧	1214	硌	1236	稅	1272	筤	1302
琓	1133	疯	1174	睚	1214	碁	1236	稉	1272	笨	1302
琧	1133	痊	1174	眹	1214	硃	1236	秫	1272	笵	1302
琔	1133	痐	1174	眷	1214	硨	1236	穴窐	1287	符	1302
現	1133	痒	1174	胴	1214	硤	1236	穿	1287	笨	1303
琄	1133	痏	1174	眽	1214	硏	1236	窆	1287	笛	1303
瓜瓠	1145	痍	1174	眸	1215	硐	1237	窋	1287	笙	1303
瓦瓶	1147	痓	1174	眯	1215	硔	1237	窕	1287	笓	1303
瓷	1147	痔	1174	眼	1215	硃	1237	窒	1288	笹	1303
甘甜	1150	痌	1174	眲	1215	硼	1237	窓	1288	第	1303
甛	1150	痎	1174	眸	1215	示祬	1255	窊	1288	笛	1304

총획 색인 11획

笞	1304	絆	1349	絃	1354	猇	1412	脳	1448	舷	1480
第	1304	紺	1349	絀	1354	老耆	1419	脡	1448	色艴	1485
笛	1304	緋	1349	缶缽	1395	耒耡	1422	脠	1448	艸菩	1507
笙	1304	絨	1349	瓵	1395	耟	1422	脞	1448	莖	1507
笳	1304	紴	1349	鉆	1395	秙	1422	脧	1448	菪	1508
筑	1304	絞	1349	网罣	1398	耳聃	1425	脫	1448	菔	1508
笞	1304	繼	1349	罜	1398	聆	1425	脯	1449	茶	1508
筏	1304	細	1350	羊羑	1405	聊	1425	脖	1449	蛀	1508
米粕	1330	紹	1350	羒	1405	聇	1425	脺	1449	荳	1508
粗	1330	絕	1351	羚	1405	聄	1425	脰	1449	莨	1508
粝	1330	紳	1351	羠	1405	聅	1425	臣臦	1464	荏	1508
粒	1330	絨	1351	羞	1405	聿肅	1432	臥	1464	莉	1508
粖	1330	紫	1351	羕	1405	肉胾	1441	臼臽	1471	莽	1508
粂	1330	紵	1352	羝	1405	脚	1446	舂	1471	蕊	1508
粕	1330	絍	1352	羜	1406	脛	1447	舌舐	1476	莓	1509
粘	1330	組	1352	羍	1406	腦	1447	舟舸	1479	茵	1509
棐	1330	終	1352	羽翎	1410	胭	1447	舩	1479	莫	1509
粗	1330	紬	1353	翏	1411	胕	1447	舲	1479	莚	1509
糸紺	1348	絑	1353	翌	1411	脢	1447	舶	1479	菟	1509
絅	1348	絎	1353	狾	1411	脘	1447	船	1479	莿	1509
経	1348	絑	1353	習	1411	胶	1447	舴	1479	莎	1510
絢	1348	紮	1353	翎	1411	脖	1447	艀	1480	莆	1510
絽	1348	絀	1353	翊	1411	脩	1447	舮	1480	莩	1510
綮	1348	紽	1353	猘	1411	脣	1448	舳	1480	荻	1510
累	1348	組	1354	狿	1411	脈	1448	舵	1480	莖	1510
絉	1349	給	1354	翏	1412	脘	1448	艋	1480	莎	1510

莎	1510	處	1570	蚯	1579	袱	1620	奞	1658	貧	1723
菱	1510	虛	1570	蚈	1579	褙	1620	訛	1658	貫	1723
蔆	1510	摩	1570	蚱	1579	裀	1620	訝	1659	貯	1723
茜	1510	虫蚶	1578	蚿	1580	袳	1620	訧	1659	貭	1723
莘	1510	蛆	1578	螢	1580	袾	1620	託	1659	責	1723
莪	1511	蚲	1578	血衇	1605	袳	1620	訰	1659	貪	1724
莛	1511	蛄	1578	衃	1605	西覀	1637	訬	1659	販	1724
莞	1511	蛊	1578	行術	1609	見覕	1639	許	1659	賢	1724
莠	1511	蛋	1578	衒	1609	覓	1639	訩	1660	貨	1725
茐	1511	蚯	1578	衣袈	1616	規	1640	訴	1660	赤赦	1743
莊	1511	蛐	1578	袞	1616	覓	1640	訢	1660	欶	1743
莇	1511	蛋	1578	袋	1617	覔	1640	谷䀤	1708	走赴	1746
荻	1511	蚸	1578	袤	1617	視	1640	谺	1708	赾	1746
莲	1512	蛉	1578	袠	1617	角觖	1647	谻	1708	趂	1746
莜	1512	蚕	1578	袤	1618	觕	1647	豆豉	1710	足趼	1752
堇	1512	蝸	1578	裒	1618	觓	1647	豕豜	1712	趺	1752
蒀	1512	蚹	1578	裟	1618	言訣	1657	豚	1712	跂	1752
莕	1512	蛇	1578	袼	1619	訽	1657	豘	1712	跌	1752
荷	1512	蛋	1579	袺	1619	訥	1657	豝	1712	跋	1752
莧	1512	蚰	1579	袷	1619	訪	1657	豞	1712	跔	1752
蒼	1512	蚴	1579	袴	1619	設	1658	豖	1712	趾	1752
蒾	1512	蚺	1579	袿	1619	訟	1658	豸貀	1717	跉	1752
茭	1512	蛆	1579	柳	1619	詘	1658	貂	1717	跁	1752
虍虖	1570	蛄	1579	袽	1620	訛	1658	貁	1717	身躰	1773
虙	1570	蛁	1579	裗	1620	詝	1658	豰	1717	躳	1773
處	1570	蛀	1579	袺	1620	訳	1658	貝貫	1722	車較	1777

총획 색인 11~12획

軒	1777	速	1813	郞	1848	釺	1878	雨 雩	1972	黒 黒	2125
裏	1777	造	1813	郶	1848	釸	1879	雪	1972	門 閅	2132
軑	1777	逍	1813	聃	1848	釱	1879	雫	1973	鼠 鼡	2135
軔	1777	這	1813	郴	1848	長 镻	1916	雯	1973	**12획**	
軝	1777	逖	1813	郷	1848	門 閇	1917	禹	1973	人 傢	126
軜	1778	造	1813	酉 酖	1858	閈	1918	青 彭	1989	催	126
軞	1778	酒	1814	酘	1858	閉	1918	革 靪	1994	傑	126
軤	1778	逡	1814	酕	1858	阜 陭	1942	頁 頃	2006	傔	126
耗	1778	逷	1814	㑹	1858	陶	1942	頄	2006	傀	126
軛	1778	遞	1814	酔	1859	陶	1943	頂	2006	備	127
較	1778	逐	1814	酗	1859	陸	1943	食 飢	2030	傍	127
軏	1778	通	1815	酌	1859	隆	1943	飮	2031	傓	127
軟	1778	逿	1816	釆 釈	1868	陵	1943	飥	2031	傅	127
軠	1778	透	1816	里 野	1872	陪	1944	飧	2031	備	127
軡	1778	逋	1817	金 釭	1877	陫	1945	飣	2031	傞	128
転	1778	邑 鄁	1846	釾	1878	陴	1945	首 馗	2045	傘	128
辵 逞	1810	郭	1846	釦	1878	陲	1945	高 髙	2072	傝	128
逑	1810	鄒	1846	釶	1878	陰	1945	魚 魚	2083	傁	128
途	1810	都	1846	釤	1878	陼	1947	鳥 鳥	2094	傛	128
逗	1811	郯	1846	釬	1878	陳	1947	鹵 鹵	2113	傜	128
連	1811	邢	1846	釱	1878	陬	1948	鹿 鹿	2114	傎	128
逞	1812	部	1846	釣	1878	陷	1948	麁	2115	傖	128
逆	1812	郫	1847	釵	1878	陼	1948	麥 麥	2118	能	128
逢	1812	鄂	1847	釧	1878	險	1948	麻 麻	2120	傒	129
逝	1812	郲	1847	鈇	1878	隹 雀	1961	麻	2120	傲	129
逍	1813	郵	1847	釥	1878	隻	1961	黃 黃	2123	儿 兟	151

총획 색인 **12획**

入						土					婷	422
僉	157	麻	250	喁	305	堪	355	塔	357	嫦	422
八		广				堺	355	城	357	媛	422
無	168	厨	251	喝	305	堦	355	堭	357	媼	422
一		厓	251	喓	305	堀	355	堠	357	嬰	422
冪	173	厦	251	喟	306	堚	355			媛	422
冫		厶		喩	306	堵	355	土		媚	422
凓	177	叅	254	暗	306	堁	355	塔	371	婷	422
凓	177	口		喑	306	埵	355	堛	371	婼	422
澄	177	喝	301	啼	306	壘	355	壹	371	婧	422
凖	177	喈	301	喞	306	堃	355	壺	371	媮	422
凔	177	喀	302	唧	306	堘	355			媥	422
几		喬	302	喇	306	堳	355	大		婚	422
凱	179	喫	302	喘	306	堡	355	奟	400	媓	422
刀		喃	302	喆	306	報	355	奢	400		
剄	203	單	302	喋	306	堽	356	奡	401	子	
剴	203	嗒	303	啾	306	堨	356	奧	401	孱	436
剳	203	喇	303	喙	307	堅	356	奠	401	宀	
剞	203	喨	303	喊	307	堰	356			寐	460
剩	203	喪	303	喚	307	堧	356	女		痾	461
剽	203	睿	304	喤	307	堯	356	媧	421	富	461
創	203	善	304	喉	307	堣	356	媒	421	寔	461
割	204	喝	305	喉	307	堙	357	媔	421	寓	461
割	204	啻	305	煦	307	場	357	媚	421	寍	462
力		喔	305	喧	307	堤	357	媄	421	棻	462
勞	216	喭	305	喙	307	堲	357	媥	421	寢	462
勝	217	噋	305	喜	307	堞	357	婿	421	寒	462
勛	218	喏	305	口		堞	357	媟	422	寸	
勺		営	305	圈	334	塚	357	媭	422	尋	476
匐	224	喁	305	圓	334	堉	357	媤	422	尉	477
匒	224			圍	334					尊	477
十											
博	240										
卩											
卿	247										
厂											
厥	250										

총획 색인 12획

尌	478	嵛	508	廂	552	悶	623	慍	633	手擎	698
尢尰	485	崒	508	廋	552	閔	623	惲	634	掔	698
就	485	嵏	508	廆	552	悲	623	愇	634	搴	700
尸屠	492	崚	508	庾	552	愁	624	愉	634	掌	703
屢	492	剴	508	廊	552	恩	624	愈	634	掣	705
屝	492	嵋	508	廃	553	惡	624	惜	634	揀	707
属	492	嵒	508	弋弒	564	悆	625	愶	635	揩	707
山崼	507	崵	508	弓強	572	焦	625	愀	635	揵	707
崶	507	嵕	508	堞	572	悥	627	惚	635	揭	708
嵌	507	稔	508	弼	572	惢	628	惴	635	揆	708
嵐	507	己巽	523	彈	572	惠	628	惻	635	揀	708
嵂	507	巾幃	532	弻	572	惑	628	惰	636	揆	708
嵄	507	媏	533	弻	572	愒	630	愎	636	描	708
嵋	507	帽	533	彐彘	575	惲	630	惕	636	揹	708
嶁	507	帽	533	彡彭	578	悼	630	愎	636	摒	708
嵎	507	幇	533	彳徧	589	僕	630	愊	636	揸	708
尌	507	幄	533	復	590	惐	630	愊	636	插	708
歲	508	幃	533	循	591	愜	630	愜	636	揷	709
崿	508	媮	533	徨	591	惱	631	惜	636	揎	709
嵓	508	幀	533	心意	621	惇	631	惶	636	揳	709
嵓	508	帴	533	恭	621	悄	631	愃	637	揲	709
嵫	508	幅	533	怒	622	惺	631	戈戟	663	揌	709
崢	508	帿	533	愍	622	惱	631	戟	663	握	709
崺	508	巛幾	544	愿	622	慅	632	戞	663	揠	709
嵬	508	广廩	552	應	622	惛	632	戶扉	669	揞	709
嵲	508	廍	552	悥	622	愕	632	屢	669	揶	709

揚	709	斂	747	晰	791	棨	855	棕	858	棣	860		
撜	710	敦	747	晬	791	楣	855	栟	858	椒	861		
掾	710	散	748	晻	791	梱	855	棒	858	楚	861		
揆	710	敞	748	晹	792	椁	855	棓	858	椌	861		
掐	710	敠	749	晛	792	棺	856	棻	858	椎	861		
揺	710	㪍	749	晼	792	棵	856	棚	858	棸	861	索	
援	710	文 斑	755	晶	792	棋	856	椁	858	椒	861	引	
揄	710	斐	755	晸	792	楛	856	棐	858	榴	861		
揉	711	斌	756	智	792	棩	856	森	858	椓	861		
揖	711	斗 斝	758	晴	792	棬	856	棲	859	棍	861		
揃	711	斜	758	晴	793	棘	856	棄	859	椄	861		
提	711	斤 斬	760	晫	793	棊	856	植	859	欠 欹	898		
揍	712	斯	760	睒	793	棋	857	椏	859	款	898		
掃	712	新	760	曉	793	棄	857	椒	859	欺	898		
揔	712	斮	760	日 曾	806	棠	857	械	859	歇	899		
揪	712	斲	760	替	806	椆	857	棿	859	歆	899		
揣	712	方 旐	770	替	806	棹	857	椀	860	欻	899		
揕	712	旖	770	最	806	棟	857	椅	860	欽	899		
換	712	旋	770	會	807	椋	857	棧	860	止 歸	908		
揎	713	旎	770	月 期	814	棩	857	楮	860	蕭	908	2195	
揮	713	日 景	790	朞	815	棱	858	棱	860	齒	908		
揮	713	晷	791	朝	815	棃	858	棖	860	堂	908		
支 敊	737	晚	791	木 棨	855	棽	858	棗	860	歹 殕	914		
攴 敢	746	普	791	椌	855	棉	858	棕	860	殖	914		
敵	747	暑	791	椐	855	棆	858	椆	860	殗	914		
敬	747	晳	791	檢	855	楬	858	椑	860	矮	914		

12획

	殘	915	湛	1004	湝	1006	滋	1010	火 煐	1068	犂	1103
	殕	916	渡	1004	滁	1006	減	1010	煃	1068	犇	1103
索引	殖	916	淄	1004	浚	1006	渚	1010	焫	1068	犀	1103
	殳 殼	920	湩	1004	湏	1006	湔	1011	無	1068	犉	1103
	殽	920	湅	1005	湿	1007	淳	1011	焙	1071	犄	1103
	毛 毬	927	淯	1005	湜	1007	湞	1011	焚	1071	犆	1103
	毯	927	湾	1005	渥	1007	渧	1011	焠	1071	犬 猒	1113
	毷	927	満	1005	渃	1007	湊	1011	焮	1071	猋	1114
	毹	927	湏	1005	渰	1007	渭	1011	焼	1071	猳	1114
	毸	927	湎	1005	淵	1007	滄	1011	焯	1072	猲	1114
	毳	927	泗	1005	湨	1008	湉	1011	然	1072	猱	1114
	毵	927	渺	1005	温	1008	湫	1011	焱	1072	猺	1114
	水 淼	988	渼	1005	渦	1008	淋	1012	焰	1072	猫	1114
	渴	1002	湄	1005	渨	1008	測	1012	煮	1072	猩	1114
	減	1002	湎	1005	湧	1008	浸	1012	焯	1072	猰	1115
	湝	1003	潛	1005	遇	1008	淡	1012	焦	1072	猾	1115
	渠	1003	渤	1005	湲	1008	湯	1012	焜	1073	猥	1115
	渼	1003	湃	1005	湋	1008	渝	1013	焌	1073	猴	1115
	湫	1003	湢	1005	渭	1008	渢	1013	爪 爲	1091	猏	1115
	湒	1003	深	1006	游	1008	港	1013	片 牐	1096	猶	1115
	渎	1003	溢	1006	湡	1010	湖	1013	牋	1096	猪	1115
	渓	1003	渣	1006	澳	1010	渾	1013	牍	1096	獀	1116
	湂	1004	湘	1006	湆	1010	湎	1014	牌	1096	猵	1116
	湳	1004	湑	1006	清	1010	渙	1014	牌	1096	猢	1116
	湟	1004	渲	1006	湮	1010	湟	1014	牙 掌	1098	猴	1116
	湍	1004	渫	1006	湮	1010	渚	1014	牛 犅	1103	猴	1116

총획 색인 12획

㺴	1116	琛	1135	痛	1175	目 睄	1216	碎	1237	秸	1272
玉 琚	1133	琢	1135	痞	1175	眲	1216	硫	1237	稇	1272
琨	1133	琸	1136	痡	1175	睯	1216	砥	1237	稌	1272
琯	1133	琶	1136	痒	1175	睍	1216	碐	1237	稂	1272
琴	1134	琥	1136	痟	1175	睝	1216	硪	1237	稻	1272
琹	1134	瓦 瓿	1147	痦	1175	睞	1216	硯	1237	稃	1273
琦	1134	甌	1147	痤	1175	睋	1216	砳	1238	稌	1273
琪	1134	生 甥	1153	痣	1175	眰	1216	硨	1238	稅	1273
琔	1134	甦	1153	寢	1175	睇	1216	硞	1238	程	1273
琳	1134	甤	1153	痛	1175	着	1216	硾	1238	稊	1273
琲	1134	用 甯	1154	痔	1176	晙	1216	硝	1238	稍	1273
珫	1134	田 畱	1163	癶 登	1184	睨	1216	确	1238	稄	1274
琕	1134	畮	1163	發	1185	睆	1217	硤	1238	稀	1274
琫	1134	番	1163	白 皕	1193	睥	1217	示 祴	1257	穴 窒	1288
琵	1134	畲	1163	皔	1193	睦	1217	祺	1257	窘	1288
琡	1135	畭	1163	皓	1193	睎	1217	祿	1257	窖	1288
琗	1135	異	1163	皖	1193	矛 矟	1226	祲	1257	窘	1288
琙	1135	畯	1163	皮 皴	1196	矞	1227	裖	1257	窔	1288
琰	1135	斝	1163	皺	1196	矢 睍	1229	祼	1257	㝯	1288
琬	1135	畺	1163	皷	1196	短	1229	祾	1257	窗	1288
琟	1135	畵	1163	皴	1196	躰	1230	禅	1258	窣	1289
琖	1135	疋 疏	1169	皺	1196	矬	1230	禸 禹	1264	立 童	1296
琤	1135	疒 痎	1174	皸	1196	石 硜	1237	离	1264	竨	1296
琠	1135	痘	1174	皿 盜	1199	硬	1237	禾 稈	1272	竢	1296
琱	1135	痢	1175	盛	1200	硤	1237	梗	1272	竦	1296
琮	1135	痺	1175	盝	1201	碬	1237	稍	1272	竣	1297

竹									
笇	1304	桀	1331	絮	1357	罟	1398	腰	1449	至載	1470
筜	1304	棘	1331	絏	1358	罦	1398	胼	1449	臸	1470
笛	1305	粟	1331	結	1358	罭	1398	腑	1450	臼舀	1472
笮	1305	粧	1331	絏	1358	羊羫	1406	腒	1450	舃	1472
筈	1305	粵	1331	綏	1358	羢	1406	腓	1450	舄	1472
筐	1305	粂	1331	絨	1358	羥	1406	脾	1450	舌舒	1476
笯	1305	粏	1331	絹	1358	羡	1406	脺	1450	舛舜	1477
筋	1305	粥	1332	絪	1358	羽翔	1412	腊	1450	舟艄	1480
答	1305	粣	1332	絍	1358	翕	1412	腌	1450	舺	1480
等	1305	粗	1332	絟	1358	翎	1412	腚	1450	舽	1480
筅	1306	糸絳	1354	絕	1358	狒	1412	腎	1450	艸葝	1513
筏	1306	絺	1354	絑	1360	翁	1412	腋	1451	萛	1513
筎	1306	結	1354	絰	1360	翀	1412	腌	1451	菰	1513
筍	1306	絝	1355	絞	1360	翎	1412	腕	1451	葷	1513
笳	1306	絓	1355	綵	1360	翊	1412	腤	1451	菓	1513
筑	1306	絟	1355	統	1360	老耊	1420	腍	1451	菅	1513
筌	1306	絞	1356	絯	1360	耒秅	1422	腦	1451	菊	1513
篦	1306	綷	1356	絢	1360	耳聒	1425	腆	1451	菶	1513
策	1306	給	1356	挈	1361	聉	1426	脒	1451	菌	1513
筝	1307	絪	1356	絚	1361	聎	1426	脺	1451	菁	1514
筒	1307	絧	1356	絵	1361	聊	1426	脹	1451	菫	1514
筑	1307	絡	1356	缶餅	1395	聿肅	1433	腋	1451	萁	1514
筒	1307	絮	1357	缿	1395	肉胾	1445	腄	1451	菠	1514
筆	1307	絖	1357	网胃	1398	腔	1449	腦	1451	菖	1514
笹	1308	絣	1357	罝	1398	腒	1449	自皐	1468	萘	1514
米粱	1331	絲	1357	罞	1398	膆	1449	皒	1468	萄	1514

총획 색인　12획

菈	1514	葯	1517	蛮	1580	行 街	1609	両 覃	1637	訛	1662
萊	1514	萎	1517	蛋	1580	衕	1610	見 覚	1641	訣	1662
蒙	1514	菁	1517	蜑	1580	衒	1610	覧	1641	詠	1662
蕎	1514	菖	1518	蛟	1580	街	1610	覘	1641	詛	1662
菱	1515	茱	1518	蛄	1580	衚	1610	覛	1641	詑	1662
莽	1515	莿	1518	蜵	1580	衣 裂	1619	視	1641	詭	1662
萌	1515	萋	1518	蛮	1580	裂	1619	覦	1641	詒	1662
菝	1515	葱	1518	蜩	1580	裊	1620	覘	1641	詛	1663
菩	1515	萑	1518	蛑	1580	裘	1620	角 舥	1647	詷	1663
菲	1515	菽	1518	皇	1580	裒	1620	觚	1647	詟	1663
蕨	1515	菷	1518	蛙	1580	裝	1620	觝	1647	訨	1663
菶	1516	菁	1518	蚅	1581	裁	1620	觜	1648	詆	1663
菙	1516	萃	1518	蛓	1581	袷	1620	觚	1648	詛	1663
菲	1516	菡	1519	蛛	1581	裲	1621	言 訶	1660	詁	1663
菴	1516	菪	1519	蛭	1581	裙	1621	詎	1660	証	1663
蕫	1516	菭	1519	蛇	1581	裓	1621	詁	1660	詔	1663
菫	1516	菟	1519	蛤	1581	梳	1621	詢	1660	註	1664
荻	1516	菠	1519	盒	1581	裡	1621	詘	1660	詑	1664
菘	1516	萍	1519	蛒	1581	補	1621	詖	1660	診	1664
菴	1517	菔	1519	蛔	1581	祝	1622	詅	1661	診	1664
菸	1517	菏	1519	蛕	1581	裎	1622	詈	1661	詠	1664
菀	1517	菌	1519	血 衃	1605	褚	1622	詐	1661	詄	1664
萎	1517	華	1519	衇	1605	裕	1623	詞	1661	評	1664
葤	1517	虍 虛	1571	衁	1605	裎	1623	詈	1661	詖	1664
萇	1517	虫 蚜	1580	衄	1605	裖	1623	訴	1661	詗	1665
葅	1517	蛐	1580	衆	1605	裌	1623	許	1662	詠	1665

谷	睿 1708		貶 1728		跐 1754		軷 1779		逶 1817		徦 1850
豆	登 1710		賀 1729		跥 1754		輩 1779		遊 1817	酉	酣 1859
豕	象 1712		眨 1729		跙 1754		軮 1779		逸 1817		酤 1859
	象 1713		貺 1729		跨 1754		軹 1779		遏 1818		酥 1859
豸	貊 1717	赤	赧 1743		跡 1754		軵 1779		週 1818		醜 1859
	豟 1717		赦 1743		跕 1754		軼 1779		進 1818		酡 1859
	豜 1717		赩 1743		跓 1754		軝 1779		逮 1819		酢 1859
	貁 1717	走	越 1746		跌 1754		軒 1779		逺 1819		酡 1860
	貅 1717		趄 1747		跐 1754		軹 1779		這 1820		酌 1860
貝	貴 1725		趉 1747		跂 1754		軫 1779	邑	鄖 1848		酘 1860
	貸 1725		趁 1747		跙 1754		輇 1780		鄧 1848	釆	釉 1869
	買 1726		趂 1747		跎 1755		軟 1780		鄒 1848	里	量 1873
	貿 1726		超 1747		跑 1755		輅 1780		鄭 1848	金	鈴 1879
	賀 1727	足	跏 1752		跆 1755		軸 1780		都 1848		鈞 1879
	貢 1727		跡 1753		跛 1755		軺 1780		鄘 1849		鈎 1879
	費 1727		距 1753		跑 1755		辛 辜 1795		鄂 1849		鈐 1879
	脾 1727		跔 1753	身	躯 1773		辝 1795		都 1849		鈕 1879
	貫 1727		跐 1753		躰 1773	辵	遐 1817		鄆 1849		鈍 1879
	貶 1727		蹋 1753	車	軻 1778		過 1817		鄒 1849		鈁 1880
	貳 1727		跘 1753		輕 1778		達 1817		鄙 1849		鈧 1880
	貽 1728		跋 1753		軱 1778		遒 1817		鄎 1849		鈇 1880
	貼 1728		跂 1753		軏 1778		逵 1817		鄟 1849		釜 1880
	貲 1728		跗 1753		軥 1778		迸 1817		鄐 1849		鈚 1880
	貯 1728		踄 1754		輆 1778		遑 1817		鄜 1850		鈒 1880
	賍 1728		跚 1754		輇 1779		逞 1817		鄯 1850		鈝 1880
	貼 1728		跚 1754		幹 1779		遠 1817		鄕 1850		鉛 1880

총획 색인 12~13획

鈚	1880	阯	1950	雰	1973	黍 黍	2123	債	133	郄	248				
鈗	1880	隈	1950	雺	1973	黑 黑	2124	僉	133	厂 厥	251				
鈉	1880	隠	1951	雲	1973	黹 黹	2130	億	133	厪	251	索	
鈺	1880	隅	1951	革 軒	1994	**13획**		催	133	又 叝	259	引	
鈽	1880	隃	1951	靱	1994	乙 亂	51	僄	133	口 嗛	308		
鈔	1880	陰	1951	靭	1994	亠 亶	69	八 冀	168	嗜	308		
鈀	1881	陸	1951	靫	1994	人 傾	129	氵 滎	177	嗎	308		
鈑	1881	陝	1951	韋 韌	2001	傴	129	漼	177	嗣	308		
鈃	1881	陼	1951	音 靮	2004	僅	130	滓	177	嗄	309		
鉱	1881	隄	1951	頁 頏	2007	僂	130	刀 剮	204	嗓	309		
長 镻	1916	隋	1951	須	2007	僇	130	剽	204	嗇	309		
門 閒	1918	陬	1952	順	2007	偓	130	剼	204	嘗	309		
間	1918	隍	1952	頎	2008	俳	130	剷	205	嗇	309		
開	1919	隹 雉	1961	頒	2008	備	130	勦	205	嗉	309		
閎	1921	雄	1961	頑	2008	僋	130	剿	205	梟	309		
閔	1921	雊	1961	項	2008	傷	130	剽	205	騷	309		
閏	1921	雄	1961	食 飧	2031	僡	130	力 勸	218	鳴	309		
閟	1921	雅	1961	飦	2031	傑	131	勤	218	嗢	309		
閑	1921	雁	1962	飩	2031	僧	131	勠	219	嗌	309		
閑	1921	雄	1962	馬 馮	2048	個	131	募	219	嗑	309		
閱	1922	雌	1963	馭	2048	儒	131	勢	219	嗔	310		
阜 階	1948	雄	1963	骨 骫	2065	傲	131	勛	219	嗟	310		
隊	1948	雄	1963	骩	2065	傭	131	勤	219	嗤	310		
隆	1949	集	1963	彡 髡	2072	偉	131	勦	220	嗒	310		
陽	1949	雇	1964	鳥 鳧	2095	傳	131	匚 匯	228	嗃	310		
隕	1950	雨 雯	1973	黃 黃	2121	傺	132	卩 卻	248	殼	310		

2201

嗑	310	塚	360	嫉	424	嵩	509		廈	554		惷	635
嗜	310	塔	360	嫋	424	嵊	509	弋	弒	564		恩	636
嗥	310	塌	360	媸	424	嵲	509	弓	彀	572		愿	636
嗔	310	塤	360	嫌	424	嵬	509	彐	彙	575		愷	637
嗅	310	士	壺	371	子	彀	436	嵟	509		彚	575	慊	637
口	圓	335	大	奧	401	脊	436	嵱	509	彳	微	591	慊	637
	園	335		奬	401	孳	436	嶅	509		徬	592	憎	637
土	塙	358		奪	401	宀	寬	463	嵰	509		徧	592	愧	637
	塏	358	女	嫁	423	寗	463	嵴	509		徭	592	憀	638
	塊	358		媿	423	寧	463	嵺	509		徯	592	慆	638
	塘	358		媾	423	寊	463	嵯	509	心	愆	629	慄	638
	塗	358		媳	423	索	463	崒	509		感	629	愼	638
	塡	358		媚	423	寊	463	巾	幏	533		愆	629	愽	638
	塚	358		媽	423	寍	463		幐	533		懲	630	愫	638
	塞	358		嫄	423	寅	463		幌	534		愳	631	懈	638
	塑	359		嬔	423	眞	463		幙	534		愁	631	愼	638
	塍	359		嫛	423	寑	463		幣	534		慇	631	慎	639
	塢	359		媲	423	寢	463		幌	534		想	631	慍	639
	塩	359		嬋	423	寸	嫠	478	干	幹	541		愁	631	愮	639
	塋	359		嫂	423	小	尠	483	广	廊	553		矮	632	愼	639
	塢	359		媳	423		尟	484		廉	553		愛	632	憣	639
	塕	359		嫈	423	尢	尵	485		廇	553		惹	633	愴	640
	塍	359		媼	424	尸	屪	492		廋	553		愚	633	愯	640
	塡	360		媱	424	山	嵥	509		魔	554		愈	634	憎	640
	塈	360		嫄	424		嵲	509		廌	554		意	634	慌	640
	塝	360		媵	424		嵽	509		廈	554		慈	635	愧	640

총획 색인 13획

惛	640	搒	714	搨	717	暏	794	楼	863	榎	865
惆	640	搋	714	搋	717	暗	794	枣	863	楦	865
戡	663	搽	714	携	717	睗	794	楞	863	槭	865
戣	663	搑	715	敬	749	暎	794	楪	863	楡	865
戦	663	搱	715	敲	750	暒	794	楒	863	楢	865
戢	663	摂	715	敫	750	暐	794	棻	863	楺	865
掌	708	搔	715	数	750	㬁	794	楸	863	楧	865
搴	710	損	715	敭	750	暒	795	楣	863	楲	866
搫	710	搜	715	敱	750	暁	795	楗	863	楮	866
搫	712	搤	716	㸓	756	暈	795	福	863	楡	866
搸	712	搵	716	斞	758	暄	795	榎	863	楽	866
推	713	搖	716	斟	758	睡	795	楔	863	楂	866
搱	713	損	716	斵	760	暉	795	楂	863	楪	866
損	713	搌	716	新	760	會	807	楯	864	楟	866
搞	713	搘	716	旐	770	椵	861	楔	864	楨	866
搞	713	搢	716	旒	770	楬	862	楗	864	楴	866
搢	713	搢	716	舷	770	械	862	楯	864	楼	866
搆	713	搓	716	既	772	概	862	楽	864	榛	866
搦	714	搨	716	暇	793	楗	862	椰	864	柳	866
搪	714	搾	716	暍	793	楾	862	楊	864	楫	866
搯	714	搶	717	暎	793	楧	862	業	864	楚	867
搗	714	摅	717	暖	793	樸	862	椽	865	楤	867
搊	714	搬	717	暎	793	極	862	楹	865	楸	867
搣	714	搥	717	暋	793	楠	863	楥	865	椿	867
搏	714	搖	717	敨	793	椴	863	榅	865	楷	867
搬	714	搭	717	暑	793	楝	863	楊	865	楴	867

楮	867	毰	928	溁	1017	濟	1021	煤	1073	煇	1078
楕	867	毲	928	馮	1017	準	1021	煏	1073	熙	1078
楴	867	毷	928	溠	1017	溲	1021	煩	1074	父 爺	1093
楄	867	毰	928	溱	1017	溱	1021	煞	1074	銜	1093
楩	867	毸	928	潤	1017	滄	1021	煠	1074	片 牖	1096
楓	868	毹	928	溯	1017	滌	1022	煬	1074	牕	1096
楷	868	毻	928	潘	1017	滯	1022	煙	1074	牒	1096
楛	868	水 榮	1012	溲	1018	滈	1022	煐	1075	牏	1096
楎	868	滒	1014	溼	1018	消	1022	熅	1075	牛 犍	1103
欠 款	899	溪	1014	溪	1018	滀	1022	煨	1075	犐	1103
歆	899	滓	1015	漾	1018	漄	1022	煜	1075	犎	1104
歈	899	滾	1015	溫	1018	漢	1022	煒	1076	惚	1104
欹	900	溝	1015	滃	1019	涵	1022	煟	1076	犬 猷	1115
歇	900	澄	1015	澀	1019	溢	1022	煣	1076	獻	1116
歃	900	溺	1015	滨	1019	滫	1022	煮	1076	獻	1116
止 跫	908	溏	1015	漾	1019	滈	1022	羹	1076	猶	1116
歲	908	滔	1015	溽	1019	溷	1022	煠	1076	猗	1116
歲	908	溓	1016	溶	1019	滑	1023	煎	1076	獙	1116
歹 殛	916	滝	1016	湏	1019	滉	1023	煔	1076	獅	1116
殢	916	溜	1016	源	1019	滙	1023	照	1076	猻	1116
殞	916	溧	1016	澈	1020	火 煢	1073	煆	1077	獀	1116
殳 殿	920	滅	1016	溢	1020	煖	1073	焕	1077	猺	1117
毀	920	溟	1016	滋	1020	煨	1073	煌	1077	猿	1117
毁	921	溍	1017	滓	1020	煅	1073	煦	1077	獂	1117
毛 毹	927	滂	1017	滁	1021	煉	1073	熏	1078	源	1117
氈	927	溥	1017	滇	1021	爇	1073	煊	1078	獐	1117

총획 색인 13획

猾	1117	瑎	1138	麻	1176	目罨	1217	矛稭	1227	碑	1240
玉瑎	1136	瑚	1138	麻	1176	睟	1217	矢矮	1230	硼	1240
瑠	1136	琿	1138	瘂	1176	督	1217	石碾	1238	示祼	1257
瑕	1136	瑍	1138	痭	1176	睞	1217	硾	1238	禁	1257
瑇	1136	瑝	1138	痺	1176	睜	1217	碌	1238	祺	1258
瑄	1136	瓦甌	1147	痞	1176	睒	1217	碕	1238	禂	1258
瑚	1136	甞	1147	痱	1177	睩	1217	碁	1238	裯	1258
瑠	1136	瓶	1147	痶	1177	睚	1217	碚	1238	祿	1258
瑂	1136	瓿	1147	痼	1177	睦	1217	碓	1238	祺	1259
瑞	1136	甏	1147	痾	1177	睿	1218	硬	1238	禖	1259
瑄	1136	甄	1147	瘀	1177	睥	1218	碥	1239	禩	1259
瑆	1137	甘甞	1150	痿	1177	睨	1218	碌	1239	禕	1259
瑟	1137	甛	1150	痕	1177	睗	1218	碱	1239	禀	1259
瑯	1137	田畾	1164	瘙	1177	睒	1218	碑	1239	禪	1259
瑛	1137	畸	1164	瘝	1177	睡	1218	碑	1239	內禽	1274
瑀	1137	當	1164	瘵	1177	睟	1218	碎	1239	禾稆	1274
瑀	1137	畲	1165	瘁	1177	睡	1218	硿	1239	稻	1274
瑗	1137	畹	1165	痴	1177	睪	1218	碍	1239	稇	1274
瑋	1137	畷	1165	白晳	1193	睨	1218	碗	1239	稑	1274
瑜	1137	畤	1165	皛	1193	睕	1218	硷	1239	稞	1274
瑑	1137	畫	1165	皮皷	1196	睧	1218	碏	1239	稘	1274
瑅	1137	疒瘤	1176	皴	1196	睛	1219	碇	1239	稐	1274
瑊	1137	瘖	1176	皸	1196	睜	1219	碉	1240	秾	1274
瑒	1137	瘒	1176	皿盞	1201	睫	1219	碓	1240	稜	1274
瑃	1137	痰	1176	盟	1201	睹	1219	磋	1240	稑	1274
瑕	1138	瘌	1176	盞	1201	睢	1219	硼	1240	稉	1274

稞	1274	筥	1308	粮	1332	絛	1364	羦	1408	腺	1453
稚	1275	筧	1308	楳	1332	継	1364	羽猫	1412	腥	1453
稢	1275	筦	1308	粡	1332	綹	1364	羨	1412	臉	1453
稔	1275	筠	1309	粰	1332	絹	1364	翛	1412	腊	1453
稠	1275	筌	1309	粲	1332	綌	1364	耒耜	1422	腮	1453
稡	1275	筻	1309	糸紛	1361	綅	1364	耡	1422	腭	1453
稑	1275	箚	1309	絹	1361	綎	1364	耳聆	1426	腥	1453
稙	1275	筤	1309	絸	1361	綂	1364	聘	1426	腤	1453
稚	1275	筆	1309	綆	1361	綊	1364	聖	1426	腶	1453
稻	1275	箏	1309	經	1361	綵	1364	聖	1427	腽	1453
種	1275	筭	1309	継	1363	綄	1364	晤	1427	腰	1453
稗	1275	筬	1309	絪	1363	缶舒	1395	聏	1427	鵬	1453
稟	1276	筴	1309	絋	1363	网罛	1398	聿肆	1432	腷	1453
穴窣	1289	筲	1309	絉	1363	罫	1398	肄	1434	腋	1453
窣	1289	筵	1309	絻	1363	罧	1398	肉脝	1447	脜	1454
窟	1289	筼	1309	綍	1363	罨	1398	腳	1451	腸	1454
窨	1289	筰	1309	綁	1363	罭	1398	腱	1451	脵	1454
窣	1289	筋	1310	絠	1363	罩	1398	朕	1452	腺	1454
窩	1289	節	1310	練	1363	瞿	1399	腩	1452	腫	1454
窣	1289	筳	1310	続	1363	罪	1399	腆	1452	脞	1454
窶	1289	筴	1310	綏	1363	罬	1399	腦	1452	腔	1454
窴	1289	策	1310	绣	1363	置	1399	腰	1452	腨	1454
立竪	1297	筷	1310	綖	1364	羊羣	1406	殿	1452	腼	1454
竫	1297	箚	1310	綎	1364	群	1406	腊	1452	至臺	1470
竨	1297	米粳	1332	綎	1364	羨	1406	腜	1452	臧	1470
竹箚	1308	梁	1332	絺	1364	義	1407	腹	1452	臼舅	1472

총획 색인 13획

	暭	1472	葆	1525	葶	1529	蜇	1582	衙	1610	裺	1625
舌	辞	1476	葙	1525	蒌	1529	蜂	1582	衣 裘	1621	裱	1625
舛	辇	1477	蒠	1525	葳	1529	蜉	1582	裵	1621	裭	1625
舟	艒	1480	蒴	1526	葺	1529	蜕	1582	裬	1621	裯	1625
	艕	1480	葉	1526	蒂	1529	蛻	1582	裊	1621	裾	1626
	艀	1480	葹	1526	葱	1529	蛸	1582	裏	1621	裰	1626
	艄	1480	葵	1526	萩	1529	蜃	1582	裒	1622	裧	1626
	艅	1480	葚	1526	葥	1529	蛾	1582	裟	1622	裎	1626
	艇	1480	葶	1526	蔷	1529	蜋	1583	裔	1622	裱	1626
色	艳	1485	葹	1526	葩	1529	蜍	1583	裛	1623	見 覅	1641
艸	葭	1521	葬	1526	萹	1529	蜒	1583	裝	1623	覗	1642
	葛	1521	葯	1526	葡	1529	蜎	1583	裒	1623	覓	1642
	蒋	1521	葉	1526	葫	1529	蛽	1583	裂	1623	覡	1642
	蔽	1521	葅	1527	葒	1529	蛹	1583	裌	1623	規	1642
	葵	1522	萵	1527	滇	1530	蜓	1583	裾	1623	角 觡	1648
	董	1522	葽	1527	葷	1530	蜊	1583	裩	1624	觥	1648
	落	1522	萬	1527	萱	1530	蜄	1583	裓	1624	觠	1648
	葎	1523	葳	1527	虍 虜	1572	蝉	1583	褪	1624	觢	1648
	萬	1523	葦	1527	虞	1572	誓	1583	裷	1624	解	1648
	莽	1525	葇	1527	虞	1572	蜀	1583	裣	1624	解	1649
	勃	1525	萸	1527	虜	1572	蛭	1584	裯	1624	解	1649
	葆	1525	葰	1527	號	1573	蚬	1584	裸	1624	触	1649
	葍	1525	葬	1527	虫 蛷	1581	蛺	1584	裲	1624	鮭	1650
	尌	1525	葅	1528	蜃	1581	血 盜	1605	裶	1624	言 誇	1665
	蕡	1525	蓍	1528	蜋	1581	峻	1605	裨	1625	誆	1665
	蒞	1525	蒙	1528	蛻	1581	行 衙	1610	裼	1625	註	1665

詭	1665	詫	1670	賂	1729	跫	1755	車較	1780	遂	1823
詞	1666	該	1670	買	1729	跨	1755	衛	1780	遂	1823
誅	1666	話	1670	貢	1729	跱	1755	軾	1780	遑	1824
詺	1666	詭	1670	賣	1730	跙	1755	較	1780	遏	1824
詳	1666	詠	1670	賃	1730	跤	1756	輋	1781	遇	1824
詵	1666	詨	1671	資	1730	跪	1756	輅	1781	運	1824
詡	1666	詡	1671	歆	1731	跬	1756	輧	1781	遁	1825
詢	1666	詬	1671	賆	1731	跟	1756	軬	1781	違	1825
詩	1667	詢	1671	賊	1731	跳	1756	軼	1781	遊	1825
試	1668	詰	1671	賎	1731	路	1756	輀	1781	逾	1826
詢	1668	谷 誁	1708	賒	1731	跡	1757	載	1781	遃	1826
詷	1668	豆 登	1710	賏	1731	跰	1757	輇	1782	遺	1826
詹	1668	豊	1710	賄	1731	跣	1757	輈	1782	遒	1826
詠	1668	豕 豤	1713	賍	1731	跩	1757	蚤	1782	遅	1826
詣	1668	豻	1713	赤 䞓	1743	跡	1757	輊	1782	遄	1826
誒	1669	豥	1713	艳	1743	跧	1757	辛 辟	1795	邊	1826
誉	1669	豢	1713	走 赴	1748	跌	1757	皐	1796	遍	1826
誅	1669	豜	1714	赳	1748	跭	1757	辰 農	1800	逼	1826
諫	1669	豸 豺	1717	赶	1748	践	1757	農	1800	遏	1827
詮	1669	貀	1717	趑	1748	跮	1757	震	1800	遑	1827
詑	1669	貂	1717	越	1748	跱	1758	辵 過	1820	邑 鄍	1850
誄	1669	貉	1717	趌	1748	踪	1758	達	1821	鄘	1850
詡	1669	貆	1717	越	1748	跐	1758	逄	1821	鄔	1850
誉	1669	貇	1717	超	1748	踣	1758	道	1821	鄏	1850
詹	1670	狄	1717	足 跆	1755	身 躬	1773	遺	1823	鄑	1850
謗	1670	貝 賈	1729	跰	1755	躯	1773	遁	1823	鄂	1850

총획 색인 13획

鄒	1850	鉋	1883	跤	1916	雎	1965	音韵	2004	馹	2048
鄐	1850	鉈	1883	門閘	1922	雋	1965	頁頍	2008	馴	2048
鄕	1850	銈	1883	閙	1922	雛	1965	頎	2008	馴	2049
鄗	1851	鉏	1883	開	1922	雉	1965	頓	2008	駒	2049
酉 䤋	1860	鈮	1883	閔	1922	堆	1966	頒	2009	羿	2049
酮	1860	銶	1883	閒	1922	雨零	1975	頌	2009	馳	2049
酪	1860	鉛	1883	閘	1922	雯	1975	預	2009	駄	2049
酩	1860	鈥	1883	閟	1923	零	1975	頑	2010	馺	2049
酬	1860	鉛	1883	阜隔	1952	雷	1975	項	2010	骨骭	2065
酯	1860	鈺	1883	隔	1952	靁	1976	頏	2010	骯	2065
酩	1860	鉞	1884	隙	1952	雯	1976	風颭	2024	骲	2065
金鉀	1881	鈼	1884	随	1953	雹	1976	颲	2024	骩	2066
鉅	1881	錘	1884	陸	1953	霣	1976	食飩	2031	髟髦	2072
鉗	1881	鈿	1884	隘	1953	電	1976	飧	2031	髢	2072
鈷	1881	鉦	1884	隙	1953	青靖	1989	飫	2031	鬼魃	2081
鑛	1881	鉒	1884	陳	1953	面靤	1992	飯	2031	魚魛	2084
鉤	1881	鉁	1884	陽	1953	革靴	1994	飪	2032	鳥鳩	2095
鉏	1882	鉄	1884	隗	1953	靳	1994	飱	2032	鳳	2095
鈴	1882	鉆	1884	隕	1953	靸	1994	飰	2032	鳧	2095
鉚	1882	韶	1884	隑	1953	鞋	1994	飲	2032	鳶	2096
鉇	1882	鉋	1884	隹雄	1964	靳	1994	飮	2032	鹿麂	2115
鉧	1882	鈹	1884	雏	1964	靴	1994	飴	2032	塵	2115
鉑	1882	鉍	1884	雅	1964	靶	1994	飥	2032	麗	2115
鈨	1882	鉉	1884	雍	1964	靴	1994	飭	2033	黑黽	2125
鉢	1882	鈇	1885	雄	1965	韋韍	2001	香馣	2046	黽	2131
鉦	1883	長肆	1916	雌	1965	韭韮	2003	馬馱	2048	鼎	2131

총획 색인 13~14획

鼓	鼓	2133	僦	136	廚	251	嘑	313	塝	362	嫚	425
	鼓	2133	僤	136	厰	251	嘧	313	塹	362	嫫	425
鼠	鼠	2134	僨	136	口 嘉	310	口 團	336	嘶	362	嫙	425
索引	**14획**		僩	137	嘅	311	圖	336	墈	362	嫣	425
人	僑	133	僖	137	嘂	311	圖	337	塩	362	嬰	425
	僱	133	儿 兢	151	嘔	311	土 勘	360	墟	362	嬤	425
	僑	133	一 寫	173	嗚	312	境	360	墟	362	嫜	425
	僭	134	冫 潔	177	嘍	312	堪	360	士 壽	371	嫡	425
	傲	134	凘	177	嘛	312	塹	360	夊 敻	373	嫖	425
	僮	134	凳	179	嘗	312	墍	361	夕 夥	378	嫦	426
	僚	134	憑	179	嗽	312	塿	361	夥	378	嫥	426
	僕	134	刀 剷	205	嗾	312	墁	361	夢	378	嫣	426
	僰	134	厲	205	嘎	312	墓	361	夢	378	子 孵	437
	債	134	剽	205	嗺	312	墨	361	夤	378	宀 康	463
	像	134	劃	205	嗎	312	㙵	361	大 奩	401	寡	463
	僎	135	剳	205	嗷	312	墅	361	奬	401	婁	464
	僧	135	剠	205	謷	312	塾	361	奪	401	寧	464
	僾	135	劃	205	嗺	312	墉	361	女 嫌	424	寥	465
	僥	135	劃	206	嘈	313	場	361	嫗	424	寞	465
	僞	135	力 勤	220	嘖	313	搏	361	嫤	424	寒	465
	僝	136	勧	220	嗺	313	端	361	嫩	425	實	465
	僔	136	匚 匱	228	嘆	313	塾	361	嫩	425	寤	466
	憯	136	匭	228	嘖	313	墫	362	嫚	425	瘏	466
	僳	136	區	228	嘌	313	增	362	嫠	425	察	466
	僖	136	厂 厮	251	嘏	313	墀	362	嫪	425	寨	467
	僬	136	厭	251	嘑	313	塵	362	嫠	425	寢	467

총획 색인 **14획** *2211*

索引

寸 對	478	嶄	511	微	592	慠	643	摞	718	摐	721
尸 屢	492	塹	511	徱	592	慵	643	摺	718	摭	721
屣	492	巢	511	徵	592	愴	644	捷	718	摥	721
層	492	巾 幗	534	殼	637	慘	644	摨	718	摠	721
山 嶇	509	幕	534	思	638	慚	645	摟	718	摷	721
嶌	510	幙	534	愨	638	幝	645	摘	718	摧	721
嵒	510	幔	534	愬	638	慨	645	搣	719	摽	721
嶋	510	幓	534	愻	638	慁	645	摸	719	摭	721
巢	510	幘	535	慝	639	慟	646	捌	719	摳	721
嵥	510	徹	535	慿	639	慓	646	摒	719	摭	722
嶙	510	幺 㒸	544	愿	639	戈 斡	664	撻	719	擲	722
嵺	510	广 廓	554	慇	639	戩	664	摣	719	支 敲	750
嘟	510	廣	554	慈	639	截	664	撎	719	敲	750
嶁	510	殿	554	愁	640	戧	664	搬	719	敷	750
嶁	510	廐	554	態	640	手 搴	713	摻	719	斗 斠	758
陵	510	廑	554	恩	640	摮	714	搣	719	斡	758
嶆	510	廖	554	慳	640	摡	717	摔	719	斜	758
嶂	510	廑	554	慷	641	摭	717	搐	720	斤 斷	762
蔣	510	廢	554	慨	641	摅	717	摺	720	新	762
嶀	510	廕	555	慣	641	摜	717	搒	720	斳	762
嵷	510	廿 弊	563	慬	641	摑	718	撂	720	方 旗	770
嵳	510	弓 彄	572	慱	641	摳	718	摘	720	旖	770
嶍	510	彈	572	憀	642	摎	718	摬	720	日 暄	795
嶍	510	彡 彰	578	慺	642	摫	718	摺	720	暱	795
嶑	510	彯	578	慢	642	搏	718	撫	720	暝	795
嶄	510	心 德	592	慴	643	搗	718	撕	721	暜	795

膃	795	榔	870	榨	872	毋毓	924	漨	1027	湏	1031
暙	795	榴	870	槇	872	毛氉	928	潚	1027	滐	1031
暢	795	槑	870	榞	872	氁	928	漼	1027	漕	1031
暠	796	榠	870	楷	872	气氲	933	濂	1027	漬	1031
暞	796	槃	870	櫻	872	水榮	1022	漵	1027	漲	1031
日 朅	808	榜	870	榛	872	溉	1023	滴	1027	滌	1031
䎃	808	榑	870	梣	872	漑	1023	漖	1027	滫	1031
暕	808	榧	870	槎	872	滾	1023	漩	1028	滯	1031
暜	808	榑	871	槍	872	漷	1023	瀁	1028	縱	1032
木榎	868	槐	871	榬	873	漨	1024	瀚	1028	漼	1032
榷	868	榭	871	槌	873	漱	1024	漱	1028	漆	1032
榦	868	槊	871	槖	873	漚	1024	漱	1028	潔	1033
樑	868	榻	871	榻	873	漌	1024	漟	1028	漂	1033
槀	868	榛	871	榼	873	溥	1024	漼	1028	漉	1033
槁	868	榍	871	槅	873	漤	1024	漾	1028	澤	1033
榛	869	榯	871	榥	873	漣	1024	漁	1028	漢	1033
穀	869	尌	871	欠歌	900	滷	1024	漹	1029	許	1034
榾	869	榫	871	歎	900	漉	1024	演	1029	滹	1034
槓	869	榺	871	歆	901	漻	1024	窪	1030	漚	1034
槐	869	樣	871	歊	901	漊	1024	潹	1030	溗	1034
構	869	榮	871	止歴	908	漏	1024	漐	1030	火㸒	1078
榘	870	榴	872	歹殟	916	漓	1025	潚	1030	熉	1078
檃	870	橘	872	殞	916	漠	1025	漳	1078	煽	1078
榉	870	榕	872	殠	916	滿	1025	滴	1030	熄	1078
榻	870	榬	872	殳 毃	921	漫	1026	滧	1030	熅	1078
槢	870	榨	872	毄	921	漜	1027	漸	1030	熔	1078

熉	1078	玉 縠	1138	生甦	1153	瘋	1178	睼	1220	碻	1241		
熊	1078	瑰	1138	田畻	1165	瘩	1178	睽	1220	碭	1241		
熒	1079	瑭	1138	畷	1165	瘌	1178	睺	1220	碬	1242	索	
熇	1079	瑫	1138	㽱	1166	瘊	1178	暖	1220	示禊	1259	引	
熎	1079	瑯	1138	畽	1166	皮皷	1196	矛㮲	1227	禋	1259		
熏	1079	瑠	1138	疋疑	1169	皷	1196	祩	1227	禛	1259		
熉	1079	瑮	1138	㲰	1169	皶	1196	石䃣	1240	福	1259		
熙	1080	瑪	1138	疒瘔	1177	毂	1196	碿	1240	禤	1259		
炙爾	1094	瑣	1139	瘦	1177	皿監	1201	碌	1240	禓	1259		
月牄	1094	瑱	1139	瘖	1177	盠	1202	碣	1240	禍	1260		
片牔	1096	瑥	1139	瘵	1177	盡	1202	磁	1240	禕	1260		
牓	1097	瑤	1139	瘏	1177	盡	1202	碫	1240	禔	1260		
牛犒	1104	瑢	1139	瘥	1177	目睷	1219	碌	1240	禎	1260		
犖	1104	瑰	1139	瘠	1178	瞁	1219	碴	1240	視	1260		
犕	1104	瑲	1139	瘤	1178	睾	1219	碧	1240	禘	1260		
犗	1104	瑤	1139	瘦	1178	睦	1219	碼	1241	禨	1260		
犢	1104	瑱	1139	瘰	1178	睹	1219	碑	1241	禧	1260		
犬獃	1116	瑨	1140	瘍	1178	瞄	1219	碩	1241	禍	1260		
獄	1116	瑢	1140	瘴	1178	睯	1219	碟	1241	冂㒷	1265		
獍	1117	瑳	1140	瘉	1178	䁖	1220	碧	1241	禾稭	1276		
獟	1117	璯	1140	瘦	1178	瞍	1220	碬	1241	稧	1276		
獌	1117	瑲	1140	瘖	1178	睲	1220	碟	1241	穀	1276		
獏	1117	瓦甄	1147	瘇	1178	睻	1220	碾	1241	稯	1276		
獋	1117	甋	1148	瘓	1178	睿	1220	磁	1241	稹	1276		
獙	1118	甌	1148	瘒	1178	䁅	1220	碡	1241	稻	1276		
獐	1118	甃	1148	瘈	1178	瞀	1220	磋	1241	稲	1276		

총획 색인 **14획**

稨	1276	箜	1310	箒	1313	緺	1366	綾	1370	耒耣	1422
稭	1276	管	1310	米粼	1332	練	1366	綪	1371	耡	1422
稡	1276	箘	1311	粐	1333	綠	1367	綴	1371	耤	1422
程	1276	箧	1311	粹	1333	緑	1367	緁	1371	耥	1423
種	1276	箕	1311	粻	1333	綹	1367	総	1371	耳聀	1427
稷	1277	箋	1312	精	1333	綸	1367	綷	1371	聞	1427
稹	1277	箔	1312	精	1334	綾	1368	緅	1371	智	1428
稺	1277	箅	1312	粺	1334	網	1368	緇	1371	睛	1428
稨	1277	箙	1312	粽	1334	綿	1368	綝	1372	聡	1428
稱	1277	箸	1312	粨	1334	緆	1369	綻	1372	聚	1428
稻	1278	箄	1312	粹	1334	絣	1369	缶餅	1395	聭	1428
穴寠	1289	箅	1312	糸綱	1364	綳	1369	錢	1395	聿肇	1434
窫	1289	箟	1312	緐	1365	緋	1369	网罺	1399	肈	1434
窪	1289	算	1312	綮	1365	緒	1369	罰	1400	肉腐	1450
窩	1289	箠	1312	緄	1365	緆	1369	署	1400	膠	1451
窬	1290	箷	1312	綰	1365	綾	1369	置	1400	腰	1454
窨	1290	箏	1312	緪	1365	綏	1369	罳	1400	膈	1454
窯	1290	箋	1313	綣	1365	綱	1369	羊羮	1408	膁	1454
立竭	1297	箬	1313	綺	1365	緎	1369	羍	1408	膏	1455
端	1297	箐	1313	綦	1366	維	1369	羽翡	1412	膅	1455
竮	1298	箽	1313	緔	1366	矮	1370	翣	1413	膋	1455
竹箇	1310	箔	1313	緊	1366	綽	1370	獥	1413	膉	1455
箝	1310	箆	1313	綵	1366	綘	1370	獢	1413	膊	1455
箍	1310	箚	1313	綯	1366	綾	1370	翟	1413	膀	1455
箛	1310	箘	1313	綢	1366	綜	1370	翢	1413	膃	1455
箙	1310	箠	1313	綗	1366	綵	1370	翠	1413	膝	1455

총획 색인 14획 2215

腮	1455	剷	1531	蒀	1533	虍 虞	1573	蜑	1585	盟	1606
膃	1455	蒟	1531	蓊	1533	虑	1573	蜡	1585	衣 褒	1624
膉	1456	蒣	1531	蓐	1534	虫 蜣	1584	蜥	1586	裏	1624
膅	1456	蕛	1531	蓉	1534	蜫	1584	蜴	1586	裵	1624
膊	1456	蒤	1531	蔹	1534	螺	1584	蜳	1586	裴	1624
膌	1456	蒚	1531	蒰	1534	蜾	1584	蜸	1586	裹	1624
膉	1456	蒞	1531	蔽	1534	蜷	1584	蠅	1586	裳	1625
腿	1456	蓂	1531	蔵	1534	萁	1584	蜑	1586	製	1625
膗	1456	蒙	1531	蒒	1534	蜞	1584	蝛	1586	褎	1626
膈	1456	蒡	1532	葅	1534	蜝	1584	蜺	1586	褐	1626
膆	1456	蒡	1532	蔓	1534	蟒	1584	蝸	1586	褌	1626
膝	1456	蓓	1532	滴	1534	蟇	1584	蜿	1586	褍	1626
臣 臧	1464	蔻	1532	蒸	1534	蝀	1584	蜽	1586	褖	1626
至 臺	1470	蓑	1532	蓁	1535	蜡	1584	雌	1586	褛	1626
白 與	1472	蒻	1532	蒺	1535	蜲	1584	螂	1586	褙	1626
舌 䑙	1476	蒲	1532	莖	1535	蜾	1585	蜨	1586	裸	1626
舓	1476	蒜	1532	蒼	1535	蛭	1585	蜩	1586	複	1626
舔	1476	蒻	1532	蒨	1536	蜦	1585	蜘	1587	福	1627
餂	1476	薜	1532	蒻	1536	蜩	1585	蝎	1587	褆	1627
舛 舞	1477	蔊	1533	蓄	1536	蜢	1585	蜻	1587	褞	1627
舟 艋	1480	蒐	1533	蒲	1536	蜜	1585	蝂	1587	褘	1627
艋	1480	蓚	1533	蒱	1536	蜂	1585	蝂	1587	褑	1627
艴	1480	蒓	1533	蓖	1536	蜭	1585	蜣	1587	褢	1627
色 艶	1485	蒼	1533	菌	1536	蜦	1585	蜍	1587	褕	1627
艸 蓋	1530	蒔	1533	蝽	1585		血 衉	1606	褪	1627
蒹	1530	蒻	1533	蔡	1537	蜚	1585	衋	1606	褚	1627
蓑	1531	蔦	1533	蒿	1537	蜱	1585	盬	1606	褚	1627

褉	1628	語	1674	貘	1718	蹰	1758	遠	1828	鄂	1853				
褊	1628	誤	1675	貔	1718	踹	1758	遝	1828	酉 醣	1860				
禪	1628	誘	1675	貝 賫	1730	踈	1758	遙	1828	醇	1860				
見 覡	1642	誒	1676	賦	1731	踊	1759	遛	1828	醋	1861				
覞	1642	認	1676	賈	1731	跗	1759	遡	1828	酸	1861				
覤	1642	認	1676	賓	1731	踶	1759	遜	1828	酷	1861				
角 觩	1650	誌	1676	實	1732	踆	1759	遲	1829	醒	1861				
觧	1650	誚	1676	賒	1732	跟	1759	遷	1829	醐	1861				
觫	1650	誕	1676	賖	1732	身 躳	1773	遞	1829	酺	1861				
言 誩	1671	誙	1677	賑	1732	躴	1773	邈	1830	酵	1861				
誣	1671	誶	1677	賕	1732	車 輕	1782	邑 鄗	1852	金 鋆	1885				
誠	1671	誧	1677	賄	1732	輊	1783	鄔	1852	銬	1885				
誥	1672	調	1677	赤 經	1743	輑	1783	鄖	1852	鉸	1885				
誑	1672	諂	1677	赫	1743	輓	1783	鄭	1852	鋇	1885				
誋	1672	誨	1677	走 趕	1748	輔	1783	鄘	1852	鉤	1885				
誘	1672	誊	1677	趙	1748	輊	1784	鄘	1852	銅	1885				
読	1672	谷 叡	1708	趣	1748	輐	1784	鄘	1852	鉻	1885				
誑	1672	豀	1708	趉	1748	輞	1784	鄙	1852	銮	1885				
誯	1672	豕 豪	1714	足 踁	1758	輕	1784	鄒	1853	銘	1885				
誰	1672	豩	1714	踘	1758	輒	1784	鄢	1853	鉾	1886				
誓	1672	豨	1714	踦	1758	輓	1784	鄂	1853	鉱	1886				
說	1673	豪	1714	踧	1758	辛 辣	1796	鄘	1853	餅	1886				
誠	1674	豨	1714	踵	1758	辞	1796	鄞	1853	銑	1886				
誦	1674	豸 貍	1718	跬	1758	辵 遣	1827	鄜	1853	銛	1886				
詡	1674	貌	1718	踞	1758	遘	1827	鄭	1853	銖	1886				
誐	1674	貍	1718	跟	1758	遙	1828	鄘	1853	銚	1886				

銀	1886	閗	1924	霖	1977	毖	2001	飢	2033	髦	2072
鉬	1887	閞	1924	霄	1977	銈	2001	飴	2033	髣	2072
銏	1887	閤	1924	霈	1977	音韶	2004	飼	2033	髮	2073
錢	1887	開	1924	青艶	1989	頁頚	2010	餮	2033	髩	2073
銓	1887	阜隖	1953	静	1989	顧	2010	飵	2034	髳	2073
銈	1888	隙	1953	面靤	1992	領	2010	飽	2034	髻	2073
銕	1888	隊	1953	靻	1992	頤	2011	飿	2034	髤	2073
銃	1888	隝	1953	革靽	1994	頔	2011	飳	2034	門閗	2077
銾	1888	隟	1954	靾	1994	頚	2011	香秘	2046	鬼魁	2081
銲	1888	隋	1954	靼	1995	頑	2011	馬馼	2049	魂	2081
衘	1888	隦	1954	鞀	1995	頓	2011	駆	2049	魆	2081
銷	1888	隞	1954	靺	1995	頥	2011	驢	2049	魚魛	2084
銂	1888	隠	1954	靽	1995	頌	2011	駅	2050	魠	2084
鉏	1889	隱	1954	鞅	1995	頗	2011	駁	2050	鳥鳲	2096
鋕	1889	障	1954	鞞	1995	風颭	2025	駮	2050	鳰	2096
鉅	1889	際	1954	勒	1995	颮	2025	駍	2050	鳴	2096
門閣	1923	隺	1954	鞐	1995	颯	2025	駃	2050	鳳	2096
関	1923	陸	1954	軸	1995	颱	2025	駉	2050	鳲	2097
閨	1923	佳雅	1966	鞍	1995	颭	2025	駅	2050	鳶	2097
閩	1923	雛	1966	鞔	1995	颮	2025	駄	2050	鳸	2097
閥	1923	難	1966	靬	1995	颶	2025	駉	2050	麥麪	2119
閐	1924	雜	1966	鞄	1995	食餗	2033	駍	2050	麭	2119
閘	1924	雊	1966	鞁	1995	飣	2033	駄	2050	麻麼	2120
閔	1924	雨需	1977	鞋	1995	飼	2033	骨骸	2066	麽	2120
閘	1924	霁	1977	韋韎	2001	飾	2033	骯	2066	黑黟	2125
閦	1924	霂	1977	載	2001	飲	2033	髟髯	2072	鼓皷	2133

鼻	鼻	2136		凛	178		噇	313		嘻	316		嬈	426		厱	493
	鼻	2136		澤	178		嘮	314	土	壇	362		嫽	426		層	493
齊	齊	2137		煕	178		嘹	314		墩	363		嫵	426	山	嶗	511
15획			刀	劍	206		噓	314		墼	363		嬃	426		嶠	511
人	價	137		劎	206		噁	314		墱	363		嬋	426		嶜	511
	僵	137		劌	206		噴	314		墰	363		嬃	427		嶔	511
	倦	137		劇	206		噗	314		墲	363		嬈	427		嶔	511
	儉	137		劋	207		嘶	314		墨	363		嫶	427		岬	511
	儆	137		劇	207		嘎	314		墦	364		嫺	427		嶂	511
	儌	137		劉	207		噎	314		墣	364		嫻	427		嶝	511
	儌	137		劈	207		噁	314		墳	364		嫻	427		寮	511
	儂	138		剝	207		噴	314		墡	364		嬅	427		嶚	511
	儋	138		劉	207		嘲	314		墠	364		嬃	427		嶙	511
	儞	138		劊	207		噂	315		墊	364		嬉	427		嶢	511
	僻	138	力	勱	220		嚄	315		境	364	子	孺	437		嶢	511
	僕	138		勵	220		噌	315		增	364	宀	寬	467		嶤	512
	僿	138		勸	220		噍	315		隊	365		寮	468		棧	512
	優	138		甊	220		囑	315		墮	365		窪	468		嶙	512
	億	138		勳	220		㗲	315		墡	365		寫	468		嶒	512
	儀	138	匚	區	228		嘴	315		墒	365		寫	469		嵊	512
	僑	139	厂	厲	251		嘽	315		墟	365		審	469		嶕	512
	儃	139	厶	魏	254		噓	315	大	奭	402		寫	469		嶣	512
	儈	139	口	嘰	313		嘷	316		齋	402		憲	469		嶨	512
	償	139		器	313		嘩	316	女	嬉	426	尢	尵	485		隨	512
	氵	漻	177		嘾	313		嘵	316		嬌	426	尸	履	493		嶂	535
	凜	177		噂	313		嗋	316		嫣	426		履	493		幢	535

총획 색인 15획

憮	535	璟	579	慧	646	憪	650	擖	723	撐	725		
幡	535	彳德	592	憨	646	憫	650	撈	723	摻	725		
幞	535	徹	593	憬	647	憶	650	撩	723	播	726	索	
幘	535	徵	593	憍	647	憺	650	撚	723	撊	726	引	
幟	535	徹	594	憒	647	憢	650	撫	723	撝	726		
幢	535	心憋	640	憚	647	憙	650	撲	723	攴毆	750		
幠	535	憇	641	憿	647	戈國	664	撥	724	敷	750		
幝	535	慶	641	憧	647	戮	664	撇	724	敷	750		
幟	536	慮	642	憐	647	戭	664	撒	724	數	750		
幣	536	慕	642	憭	647	戲	664	撚	724	數	750		
广廛	555	慕	643	憮	647	手撃	717	撕	724	數	751		
廣	555	慾	643	憫	648	擎	718	撋	724	數	751		
廉	556	憑	643	憹	648	摩	718	擡	724	敵	751		
廟	556	憖	643	憒	648	摹	719	撢	724	斵	751		
廡	556	慾	643	憙	649	摯	720	撙	724	叟	751		
廝	556	慜	643	憭	649	摰	720	撜	724	斗尉	758		
廛	556	憂	643	憎	649	摮	720	撏	725	日暱	796		
廚	557	慰	644	憯	649	摯	720	撰	725	瞕	796		
廠	557	憨	644	憺	649	摰	721	撤	725	暮	796		
廢	557	慫	644	憯	649	撐	722	撮	725	暬	796		
廞	558	熱	644	憭	649	撟	722	播	725	暫	796		
廾弊	563	憝	645	憖	649	撅	722	撹	725	暲	796		
弓彎	572	憇	645	憔	649	撒	722	撣	725	暴	796		
彈	572	感	645	憷	649	撚	722	撑	725	暵	797		
彉	573	勰	646	憜	649	撓	722	搭	725	暳	798		
彡影	578	慭	646	憚	650	撞	722	撑	725	暭	798		

총획 색인 15획

日															
豎	808	模	875	械	878	甍	928	潘	1037	澍	1040
木												
權	873	樠	875	橪	878	氊	928	潑	1037	潄	1040
樑	873	樊	875	樘	878	**水** 滕	1016	澈	1037	潗	1040
概	873	樝	876	樋	878	漦	1028	潛	1037	澂	1040
槪	874	樌	876	標	878	穎	1029	澓	1037	澄	1040
槩	874	樧	876	榮	879	漿	1030	潰	1037	潺	1040
槡	874	慘	876	樻	879	潤	1034	漬	1037	澈	1040
槹	874	櫟	876	槭	879	澗	1034	漕	1037	潐	1040
槲	874	樵	876	槥	879	澈	1034	潜	1037	潆	1041
槨	874	橙	876	橫	879	潔	1035	潦	1037	潒	1041
權	874	樺	876	梟	879	湽	1035	澁	1037	澎	1041
楓	874	樂	876	**欠** 歐	901	潰	1035	潟	1037	澗	1041
樛	874	樣	877	歙	901	潙	1035	漢	1037	潢	1041
槻	874	槱	877	歛	901	潯	1035	澌	1037	潓	1041
槸	874	槷	877	歎	901	潭	1035	潯	1038	頮	1041
槿	874	橅	877	歡	901	澹	1036	澆	1038	潰	1041
槫	874	椿	877	**歹** 殣	916	潼	1036	澐	1038	潡	1041
樑	874	樟	877	殨	916	潞	1036	澇	1038	潝	1041
樮	874	槳	877	殤	916	澇	1036	潤	1038	**火** 熲	1080
樘	874	樗	877	殯	917	潦	1036	潚	1038	熰	1080
槺	874	橘	878	殲	917	潔	1036	潺	1038	熥	1080
槴	874	樻	878	**殳** 毆	921	潘	1036	潗	1039	熯	1080
樓	875	樭	878	毅	921	潾	1036	潛	1039	瑩	1080
樑	875	槽	878	**毛** 氂	928	潡	1036	潛	1039	熟	1080
樆	875	樅	878	氃	928	澒	1036	潴	1039	熠	1080
樱	875	槧	878	氄	928	潗	1036	潮	1039	熯	1080
構	875	樞	878	氅	928	潤	1036	潮	1039	熺	1080

熱	1081	獮	1118	瞌	1166	甈	1194	碻	1242	礪	1244
熬	1081	獚	1118	瞑	1166	皛	1194	碾	1242	確	1244
熨	1081	獢	1118	广瘞	1178	皮皸	1196	磅	1242	碻	1244
熭	1081	獝	1118	瘝	1178	皴	1196	磐	1242	磳	1244
熠	1081	玉瑬	1138	瘚	1178	皱	1196	磏	1242	示禟	1260
燀	1081	瑩	1139	瘧	1178	皺	1196	磊	1242	禡	1261
熷	1081	璆	1140	瘤	1179	縠	1196	碼	1242	禨	1261
熺	1081	瑾	1140	瘍	1179	皿盤	1202	磐	1242	福	1261
熛	1081	瑱	1140	瘢	1179	目瞌	1220	磅	1243	禠	1261
炙爾	1094	璉	1140	瘵	1179	睘	1220	磕	1243	禜	1261
片牖	1097	璃	1140	瘙	1179	瞉	1220	磔	1243	禧	1261
牓	1097	璊	1140	瘊	1179	瞑	1220	磌	1243	禩	1261
牛犛	1104	璘	1140	瘦	1179	瞇	1221	磅	1243	禛	1261
犛	1104	璇	1140	瘜	1179	瞀	1221	磋	1243	禫	1261
犛	1104	璞	1140	瘞	1179	瞍	1221	碨	1243	禬	1261
犋	1104	境	1140	瘟	1179	暱	1221	磈	1243	禾稼	1278
犬獘	1117	璈	1140	瘣	1179	瞎	1221	磒	1243	穄	1278
獎	1118	璋	1140	瘨	1179	瞋	1221	磙	1243	稽	1278
獦	1118	璁	1141	瘥	1179	縢	1221	磁	1243	稿	1278
獟	1118	璀	1141	瘡	1179	睢	1221	磎	1243	稟	1278
獩	1118	璡	1141	瘠	1180	瞎	1221	磕	1243	穀	1278
獡	1118	瓦甋	1148	瘝	1180	矛稽	1227	磋	1243	穗	1279
獞	1118	甇	1148	白皚	1193	矢鞍	1230	磧	1243	稻	1279
獠	1118	田畿	1166	皞	1193	石磕	1242	磓	1244	穇	1279
獬	1118	甽	1166	皝	1194	磎	1242	磤	1244	穆	1279
獫	1118	甾	1166	皡	1194	磪	1242	磏	1244	穗	1279

穊	1279	箴	1314	緙	1372	絹	1375	罸	1400	膠	1456
稷	1279	箸	1314	緋	1372	緯	1375	罷	1400	膣	1456
稹	1279	篆	1314	緌	1372	絹	1375	罷	1400	膄	1456
稻	1279	箭	1314	緬	1372	緷	1375	罹	1401	腰	1456
穉	1279	節	1315	緊	1372	緾	1375	羯	1408	膞	1457
穴 窮	1290	箪	1316	緞	1372	緭	1375	羹	1408	膜	1457
窱	1291	莢	1316	練	1372	緹	1375	羬	1408	膚	1457
窯	1291	築	1316	縷	1373	綬	1375	羽 翬	1413	膝	1457
窖	1291	筬	1316	緬	1373	縱	1375	翴	1414	膪	1457
窳	1291	筬	1316	綵	1373	緟	1375	瓽	1414	腸	1457
寊	1291	篌	1316	緇	1373	緝	1375	翯	1414	膊	1457
篠	1291	篇	1316	紗	1373	締	1376	翦	1414	膛	1458
竹 箸	1313	箴	1316	緡	1373	総	1376	翩	1414	膘	1458
範	1313	莇	1316	綵	1373	緬	1376	翩	1414	自 臬	1468
箱	1313	箺	1316	紂	1373	緅	1376	猴	1414	至 臻	1470
筅	1314	篁	1316	緗	1373	緻	1376	猴	1414	舌 舖	1476
箸	1314	篌	1317	緒	1373	緝	1376	翟	1414	舖	1476
篁	1314	管	1317	線	1374	総	1376	老 耆	1420	舟 艘	1480
箭	1314	米 糆	1334	緷	1374	編	1376	耒 耦	1423	艒	1481
箕	1314	糄	1334	緤	1374	緶	1376	耰	1423	颲	1481
箏	1314	精	1335	縄	1374	緗	1376	耳 聰	1428	鯫	1481
簧	1314	糅	1335	總	1374	緒	1376	聯	1428	艓	1481
箬	1314	糇	1335	緣	1374	緎	1377	聞	1428	艘	1481
篂	1314	糊	1335	緣	1374	麅	1377	聤	1428	艑	1481
箍	1314	糇	1335	緼	1374	网 罶	1400	聰	1428	艟	1481
筠	1314	糸 緒	1372	緩	1374	罵	1400	肉 膓	1456	艸 薛	1537

蓑	1537	蓿	1541	蓮	1543	蝘	1588	蝎	1590	言 譽	1677
蔭	1537	蕁	1541	蕹	1543	蝡	1588	蝴	1590	課	1677
蔻	1537	蔫	1541	蓱	1543	蝒	1588	蝗	1590	諮	1677
蔽	1537	藝	1541	蔈	1543	蝣	1588	血 衉	1606	謳	1677
墅	1537	蔽	1541	蕐	1543	蝸	1589	行 衛	1610	誇	1678
蒸	1537	蔚	1541	蕉	1543	蝟	1589	衝	1610	諆	1678
蓮	1537	蔭	1541	虍 虢	1573	蝯	1589	衚	1611	誊	1678
蓼	1538	蓨	1541	虪	1574	蝐	1589	衣 褒	1627	談	1678
蔞	1538	蕢	1541	虫 蝎	1587	蝛	1589	襃	1627	諧	1678
蔾	1538	蔗	1542	蝌	1587	蟁	1589	褒	1628	諫	1678
蓤	1538	蔣	1542	蝱	1587	蝼	1589	褌	1628	諒	1678
陵	1538	蔄	1542	蚪	1587	蝣	1589	構	1628	論	1678
蔓	1538	蕲	1542	蝸	1587	蝓	1589	襱	1628	調	1679
蔑	1538	葆	1542	蝼	1587	蝠	1589	褡	1628	誹	1679
蕊	1539	蔦	1542	蟊	1587	蝶	1589	褞	1629	諱	1680
蔽	1539	蔟	1542	蝟	1587	蝷	1589	褥	1629	設	1680
蔔	1539	葰	1542	蝜	1587	蜓	1590	褟	1629	誰	1680
蓬	1539	蔯	1542	蟁	1588	蝩	1590	褚	1629	諄	1680
蔀	1540	蔖	1542	蝠	1588	蝻	1590	褫	1629	諏	1680
蒔	1540	蔡	1542	蝮	1588	蝓	1590	褪	1629	諢	1680
蔘	1540	蔕	1543	蝟	1588	蜈	1590	褡	1629	諗	1680
蔄	1540	蔥	1543	蝤	1588	蝐	1590	見 覘	1642	諉	1680
蔎	1540	蕞	1543	蝥	1588	蜘	1590	親	1642	閴	1680
蔬	1540	蓮	1543	蝨	1588	蝪	1590	覤	1642	誼	1680
蕳	1540	遂	1543	蝥	1588	蝎	1590	角 觭	1650	諍	1680
薇	1540	藏	1543	蝕	1588	蝦	1590	觟	1650	護	1681

調	1681	賚	1732	踘	1759	騎	1773	輣	1787	鄴	1854
諑	1682	賕	1733	踏	1759	騍	1773	輝	1787	鄶	1854
譜	1682	賣	1733	踦	1759	車輅	1784	辛辤	1796	鄺	1854
諂	1682	賠	1733	踑	1760	輥	1784	辰農	1800	酉醱	1862
諫	1682	賦	1733	踏	1760	輠	1784	憹	1800	醐	1862
諜	1682	賜	1734	踘	1760	輐	1784	辵遯	1830	醙	1862
請	1682	賫	1734	跰	1760	輦	1784	遨	1830	酬	1862
請	1683	賞	1734	踣	1760	輬	1784	遫	1830	醅	1862
謦	1683	賟	1735	踃	1760	輛	1784	達	1830	醇	1862
諏	1683	賣	1735	跰	1760	輋	1785	適	1830	醃	1862
誰	1683	購	1735	踒	1760	輪	1785	遭	1831	醋	1862
諫	1683	賨	1735	踠	1760	輘	1786	遲	1831	醆	1862
諄	1683	賵	1735	躃	1760	輞	1786	遮	1831	醊	1862
諡	1683	質	1735	踏	1760	輩	1786	遷	1831	醉	1862
諕	1683	賛	1736	踧	1761	軯	1786	邑鄱	1853	金銶	1889
谷箞	1708	賤	1736	踤	1761	璉	1786	鄲	1853	銀	1889
綢	1708	賖	1736	踪	1761	輗	1786	鄧	1853	鋁	1889
豆豎	1710	賧	1736	踨	1761	鞍	1786	鄰	1853	銲	1889
豌	1710	賢	1736	踘	1761	輢	1786	鄮	1853	銰	1889
豁	1711	走趣	1749	踢	1761	輨	1786	鄷	1854	鋐	1889
豊	1711	趇	1749	踠	1761	輖	1786	鄶	1854	鋜	1889
豕豨	1715	趙	1749	踐	1761	輳	1786	鄩	1854	銬	1889
豨	1715	趣	1749	踺	1761	輗	1786	鄂	1854	鋒	1889
豸貌	1718	趄	1749	蹊	1761	輟	1787	鄘	1854	鈔	1889
貏	1718	足踞	1759	踔	1762	輫	1787	鄭	1854	鋤	1890
貝賡	1732	踝	1759	身躬	1773	輜	1787	鄧	1854	銷	1890

銹	1890	閭	1925	鞈	1996	颶	2025	馳	2052	魬	2084
鋣	1890	閱	1925	鞊	1996	食 餃	2034	駘	2052	魶	2084
鋙	1890	閫	1926	鞍	1996	餅	2034	駁	2052	魨	2084
鋌	1890	阜 隥	1955	鞌	1996	養	2034	駊	2052	魯	2084
銳	1890	隣	1955	鞀	1996	餌	2035	骨 骭	2066	艣	2085
鋊	1891	隔	1955	鞈	1996	餒	2035	骼	2066	鮫	2085
鋡	1891	隤	1955	鞋	1996	餋	2035	骲	2066	鮀	2085
鋥	1891	隟	1955	鞎	1996	餞	2035	骶	2066	鲂	2085
鋋	1891	隶 隷	1959	韋 鞃	2001	餙	2035	骺	2066	鮁	2085
銼	1891	隹 雎	1966	鞈	2001	餐	2035	骻	2066	鮞	2085
鋳	1891	雨 靈	1977	韭 韱	2003	餘	2035	骳	2066	鮫	2085
鋕	1891	霈	1977	音 響	2005	餇	2035	髟 髳	2073	魷	2085
鋥	1891	霂	1977	頁 頸	2011	馬 駕	2050	髪	2073	鳥 鳲	2097
鋘	1891	霓	1977	頏	2011	駐	2050	髯	2073	鳩	2097
鉏	1891	霎	1977	頢	2011	駉	2051	髭	2073	鷗	2097
鋟	1891	霄	1977	頤	2011	駒	2051	髱	2073	鳶	2097
鋪	1891	雪	1978	頣	2011	駓	2051	髻	2074	鴇	2098
銲	1892	霆	1978	頰	2011	駕	2051	髫	2074	鴇	2098
鋧	1892	震	1978	領	2012	駔	2051	髳	2074	鴉	2098
銷	1892	霑	1979	頦	2012	駙	2051	髮	2074	鴂	2098
鋏	1892	霈	1979	頤	2012	駐	2051	門 鬧	2077	鴆	2098
鋩	1892	霂	1979	頷	2012	駟	2051	鬼 魅	2081	鴃	2098
鋽	1892	青 靚	1989	頜	2012	駛	2051	魃	2081	鴈	2098
銃	1892	非 靠	1991	頝	2012	駔	2052	魄	2082	鴉	2098
門 閫	1924	革 鞏	1995	頡	2012	駐	2052	魁	2082	鳿	2098
閬	1925	鞉	1996	風 颭	2025	駝	2052	魚 魛	2084	鳳	2098

齒	齗	2113		億	140		噩	317	大	奮	402		巇	512		憨	648
	齕	2113		儳	140		噯	317	女	嬭	427		羲	512		憪	648
鹿	麗	2115		儔	140		噞	317		嬗	427		嶜	512		憑	648
	麇	2115		儘	140		噱	317		嬐	427		嶰	512		憨	649
	麇	2115	八	冀	168		噢	317		嬢	427		嶮	513		憝	649
	麃	2115	一	冪	173		噪	318		嬴	427	巾	幦	536		憖	649
麥	麪	2119	冫	凝	178		噣	318		嬐	427		幩	536		罸	650
	麪	2119		熙	178		噡	318		嬴	427		幪	536		憲	650
	麩	2119	刀	劒	207		噲	318		嬙	427		幨	536		憙	650
	麩	2119		劓	207		噬	318		嬖	427	广	檜	558		憾	651
	麭	2119		劑	207		噫	318		嬛	428		廨	558		懁	651
麻	麾	2120	力	勳	220	口	圜	337	子	學	437		廩	558		憊	651
黍	黎	2123	勹	錮	224	土	墾	365		學	437		廬	558		憹	651
黑	黔	2125	匚	匯	228		壋	365	宀	寰	469		廧	558		憺	651
	默	2125	又	叡	259		壇	365		篤	469	弓	彊	573		懂	651
鼎	鼎	2132		叡	259		撃	365		寰	469		彊	573		懍	651
	鼐	2132	口	噱	316		壊	365	寸	對	479	ヨ	彛	575		憯	651
	鼏	2132		嗷	316		墩	366	导	導	479	彳	徼	594		憤	652
齒	齒	2139		噤	316		壇	366	山	嶬	512		徹	595		憸	652
				器	316		壎	366		嶱	512		擗	595		憶	652
16획				噥	317		壁	366		嶘	512	心	憨	646		懌	652
人	儜	139		嗒	317		壂	366		嶧	512		憩	646		懌	652
	儓	139		噸	317		墺	366		嶫	512		憇	646		懊	652
	儕	139		噴	317		壅	366		嶸	512		憁	647		憼	652
	儐	139		噬	317		擁	367		嶧	512		憨	647		懆	653
	儒	140		嘯	317		墙	367		嚳	512		慈	647		懈	653

懁	653	擅	729	曌	799	橆	882	楢	884	氄	928			
憎	653	擇	729	瞔	799	樸	882	橢	884	氅	929			
懷	653	擶	729	曋	799	橃	882	隉	884	氇	929			
戈戰	664	擐	729	曉	799	橫	882	橐	884	水澉	1041	索引		
戲	665	擕	729	曑	799	橄	882	檎	884	渴	1041			
手擎	724	攜	729	朁	808	橪	882	樽	884	激	1041			
擖	726	支敽	737	月膧	817	橡	882	檏	885	過	1042			
撼	726	遟	737	木橔	879	樹	883	樺	885	澠	1042			
據	726	攴敲	751	橌	879	橵	883	橫	885	濃	1042			
撿	726	散	752	樟	879	樽	883	檍	886	澾	1043			
撤	727	敾	752	橋	879	燃	883	欠歔	901	澹	1043			
撾	727	整	752	橇	880	榮	883	歐	901	濂	1043			
撒	727	墼	752	橃	880	橞	883	欽	902	澪	1043			
擒	727	斤斵	762	櫱	880	橰	883	歙	902	澧	1043			
撻	727	日暻	798	橫	880	樻	883	止歷	909	澟	1043			
擔	728	暨	798	橘	880	濈	883	歹殪	917	盪	1043			
擋	728	曇	798	機	880	椷	883	殫	917	澼	1043			
擄	728	暾	798	檠	881	橐	883	殳毈	921	潰	1043			
擂	728	曈	798	橈	881	樺	883	磬	921	澢	1044			
擗	728	曆	798	檀	881	樽	884	毅	921	滢	1044			
撞	728	暸	798	橞	881	檜	884	毛氄	928	瀟	1044			
擁	728	暹	798	橦	881	橖	884	氅	928	潗	1044			
搔	728	曄	799	橙	881	樵	884	氁	928	澨	1044			
撤	728	曓	799	橑	882	楓	884	毶	928	澠	1044			
操	728	暳	799	楢	882	叢	884	氃	928	演	1044			
擿	729	曕	799	樳	882	樳	884	氄	928	澝	1044			

澦	1044	樊	1083	獩	1119	瓢	1146	瘯	1180		曀	曋	1222
澳	1044	撕	1083	獮	1119	瓦	甋	1148	療	1181		瞚	1222
澭	1044	燅	1083	獫	1119		甌	1148	癉	1181		瞧	1222
潘	1044	燒	1083	獨	1119		甎	1148	瘳	1181		瞖	1222
澱	1044	燂	1083	獬	1119		甍	1148	療	1181		瞛	1222
澶	1044	燃	1083	獯	1119		甏	1148	癃	1181		瞻	1222
澼	1044	燕	1083	獮	1119		甑	1148	白	皡	1194	瞭	1222
澡	1045	熱	1084	獫	1120		甒	1148	皠	1194		瞟	1222
澉	1045	燄	1084	獷	1120	田	疁	1166	皮	皻	1196	矛	穤	1227
潾	1045	燁	1084	獪	1120		疃	1166	皺	1197	石	磬	1244
澷	1045	燀	1084	玉	璧	1140		曀	1166	皴	1197	硜	1244
濁	1045	燏	1085	璱	1141	疋	壼	1169	夒	1197	碌	1244
澤	1045	熸	1085	璣	1141	广	瘴	1180	皿	盥	1203	磟	1244
澤	1046	燦	1085	璒	1141	療	1180	盧	1203	磨	1244
澥	1046	燁	1085	璐	1141	瘦	1180	盨	1204	磨	1245
澣	1046	燀	1085	璙	1141	痛	1180	盦	1204	磬	1245
澴	1046	燋	1085	瑤	1141	瘼	1180	目	脛	1221	磝	1245
濊	1046	熾	1085	璘	1141	瘻	1180	瞋	1221	磧	1245
澮	1046	燙	1085	璕	1141	瘵	1180	睨	1221	磩	1245
火	燆	1082	爌	1085	璞	1141	癰	1180	瞠	1221	磚	1245
燉	1082	熺	1085	璠	1141	癩	1180	瞜	1221	磢	1245
燀	1082	熹	1085	璟	1141	癭	1180	瞞	1221	磣	1245
燈	1082	牛	犝	1104	璡	1141	癒	1180	膜	1222	磛	1245
燎	1082	犬	獸	1118	璣	1141	瘡	1180	瞒	1222	礀	1245
燐	1082	獘	1118	璜	1141	瘴	1180	瞢	1222	磽	1245
燔	1082	獨	1118	瓜	瓤	1145	癃	1180	瞪	1222	鹼	1245

磧	1245	檦	1281	篣	1318	糸縑	1377	縂	1379	耨	1423				
磩	1245	穴竂	1291	篳	1318	縏	1377	緻	1379	耳聰	1428				
磞	1245	窺	1291	篚	1318	縠	1377	縒	1379	瞔	1428				
磦	1246	窸	1291	篦	1318	絹	1377	縊	1379	瞞	1428				
示禝	1261	窷	1291	篩	1318	縐	1377	縞	1379	瞋	1428				
禍	1261	竂	1291	簊	1318	縚	1377	縣	1379	肉臇	1455				
禦	1261	廧	1292	篇	1318	縢	1377	縞	1380	臠	1456		索引		
穎	1261	窸	1292	篠	1318	縋	1377	缶罃	1395	膭	1458				
禧	1261	窋	1292	翁	1318	縛	1377	罃	1395	臌	1458				
禪	1261	窵	1292	篔	1318	縈	1377	网麗	1401	膩	1458				
禾糓	1279	竄	1292	篹	1318	縍	1378	罹	1401	膫	1458				
穊	1279	竀	1292	篨	1318	總	1378	罻	1401	膴	1458				
穆	1279	立竟	1298	簏	1318	縊	1378	羅	1401	膰	1458				
穄	1280	竭	1298	筵	1318	縫	1378	罺	1401	膳	1458				
麇	1280	竹篜	1317	簒	1318	縈	1378	畢	1401	膓	1458				
穉	1280	簾	1317	篴	1319	縕	1378	羊羭	1408	齋	1458				
穋	1280	篙	1317	築	1319	縟	1378	羱	1408	膵	1458				
穌	1280	簍	1317	篯	1319	縉	1378	義	1408	臌	1458				
穎	1280	篁	1317	米糕	1335	縡	1378	羽翱	1414	臁	1458				
穏	1280	篇	1317	糓	1335	縓	1378	翯	1414	膝	1458				
積	1280	簀	1317	糢	1335	縰	1378	獩	1414	膨	1458				
穌	1281	篤	1317	糖	1335	縝	1378	翯	1414	膮	1459				
稻	1281	簇	1317	糯	1335	縕	1379	翰	1414	自臬	1468				
穛	1281	篗	1317	糒	1335	縜	1379	翮	1415	皷	1468				
熱	1281	篥	1317	糙	1335	縯	1379	禾耨	1423	至臻	1470				
穜	1281	篏	1318	糠	1335	縋	1379	耤	1423	白興	1473				

	瞌	1473		蕾	1545		蕩	1547		融	1591		褵	1629		謀	1684
舌	舘	1476		蕢	1545		蕹	1548		螖	1592		褾	1629		諧	1684
舟	購	1481		蕬	1545		蕙	1549		螚	1592		褸	1629		諼	1684
	艕	1481		蕨	1545		蕐	1549		螠	1592		褶	1629		諲	1684
	艘	1481		蕣	1546		薬	1552		螦	1592		褲	1630		諡	1684
	艙	1481		藤	1546	虍	虤	1574		蠑	1592		褶	1630		諰	1685
	艢	1481		蕫	1546		虓	1574		螾	1592		襓	1630		諟	1685
	艖	1481		蕁	1546		戲	1574		蝼	1592		襀	1630		諶	1685
	艏	1481		蕲	1546		麁	1574		螢	1592		襟	1631		謂	1685
	翖	1481		蕊	1546	虫	螎	1590		螇	1592		襁	1631		諤	1685
色	艶	1485		蕰	1546		螗	1591		螝	1592	見	覩	1642		諳	1685
艸	蕑	1543		蘊	1546		螽	1591		螩	1592		覧	1642		諞	1685
	蕖	1544		蕘	1546		螣	1591		螟	1593		覦	1642		諺	1685
	蕢	1544		蕆	1546		螂	1591	血	衊	1606		親	1642		諹	1686
	蕎	1544		薳	1546		蠊	1591	行	衞	1611	角	觰	1650		謠	1686
	蕨	1544		蕮	1546		螞	1591		衛	1611		觴	1650		譚	1686
	蕁	1544		蕤	1546		螟	1591		衡	1611		觿	1650		謂	1686
	蕫	1544		蕕	1547		螫	1591	衣	褰	1628		觭	1650		諭	1686
	犛	1544		蕱	1547		螃	1591		褧	1628		鰈	1650		諭	1686
	蓼	1544		蕧	1547		蝗	1591		裹	1628		觷	1650		諛	1686
	薐	1544		蕝	1547		螄	1591		褧	1629	言	諫	1683		謹	1686
	蕚	1544		藸	1547		蝷	1591		褒	1629		諥	1683		諮	1686
	蕡	1544		蕁	1547		螊	1591		襄	1629		諏	1683		諤	1687
	蕪	1544		蕆	1547		螈	1591		襁	1629		諾	1683		諸	1687
	蕃	1545		蕉	1547		鈬	1591		樞	1629		諞	1684		詣	1687
	蕧	1545		蕞	1547		螒	1591		褸	1629		諂	1684		諜	1687

총획 색인 16획

諦	1688	賭	1737	踱	1763	辦	1797	醋	1863	錍	1894				
諰	1688	賴	1737	踢	1763	辥	1797	醒	1863	錝	1894				
諉	1688	賵	1738	踹	1763	辨	1797	酸	1863	錫	1894				
諞	1688	蹟	1738	身躾	1773	辵遼	1832	醅	1863	錞	1894	索
諷	1688	賫	1738	車輵	1787	邁	1832	醍	1863	錏	1895	引
諕	1688	賱	1738	輻	1787	遜	1832	醎	1864	錆	1895	
諴	1688	賰	1738	輹	1787	遯	1832	醓	1864	錚	1895	
諧	1688	赤赭	1744	輸	1788	選	1832	醐	1864	錢	1895	
諻	1689	赬	1744	輸	1788	遷	1833	金鋼	1892	錠	1895	
諠	1689	赮	1744	輴	1788	遠	1833	鋸	1892	錯	1895	
諼	1689	走趞	1749	輭	1788	遺	1833	錮	1892	鋹	1896	
諲	1689	趠	1749	輯	1788	遲	1834	錕	1892	錣	1896	
諱	1689	足踹	1762	輶	1788	遴	1834	錧	1893	錘	1896	
豕豭	1715	蹈	1762	輮	1788	遵	1834	錈	1893	錐	1896	
猯	1715	踴	1762	輳	1788	遲	1834	錦	1893	錙	1896	
獩	1715	踶	1762	輯	1788	遷	1835	錡	1893	錯	1896	
豫	1715	踰	1762	輻	1788	適	1835	錤	1893	錇	1896	
貐	1715	踩	1762	輪	1788	邑鄙	1854	錂	1893	錎	1897	
豬	1715	踸	1762	輬	1789	鄘	1854	錟	1893	門閶	1926	
爿獯	1718	踶	1762	輒	1789	鄞	1854	錄	1893	閱	1926	
豩	1718	蹄	1763	輷	1789	鄗	1855	錄	1894	閑	1926	
貓	1718	踽	1763	輅	1789	鄧	1855	錸	1894	閫	1926	
貔	1718	踵	1763	輴	1789	鄶	1855	錀	1894	閾	1926	
貐	1718	蹐	1763	輯	1789	西醞	1863	錞	1894	閣	1926	
豬	1718	蹋	1763	輊	1789	醸	1863	銲	1894	閏	1926	
貝賢	1737	踸	1763	辛辨	1796	醯	1863	錇	1894	閤	1926	

閣	1926	雹	1980	頲	2014	駢	2053	鮊	2085	鴟	2099
阜 隨	1955	靑 靜	1989	頼	2014	駛	2053	鮒	2085	鳿	2099
隧	1956	面 靤	1993	頽	2014	駞	2053	鮔	2085	鳺	2099
隩	1956	靦	1993	頺	2014	駗	2053	鮏	2085	鳾	2099
隊	1956	革 鞕	1996	頷	2014	駟	2053	鮂	2085	鴕	2100
險	1956	鞍	1996	頰	2014	駰	2053	鮓	2085	鴉	2100
隶 隷	1959	鞓	1996	頯	2014	駼	2053	鮎	2085	鹵 齓	2113
隹 雒	1966	鞋	1996	風 颮	2025	駣	2053	鮆	2085	鹵	2113
雖	1966	鞗	1996	颯	2025	駐	2053	鮋	2085	鹿 麃	2115
雜	1966	鞘	1996	颰	2025	駭	2053	鮀	2086	麇	2115
雔	1966	鞔	1996	食 餃	2036	駒	2053	鮑	2086	麜	2115
雕	1966	鞙	1997	餌	2036	骨 骼	2066	鮐	2086	麈	2115
雟	1966	鞚	2001	餑	2036	骿	2066	鮃	2086	麆	2116
雨 霍	1979	鞝	2001	餗	2036	骸	2066	鮍	2086	麥 麩	2119
霖	1979	韭 韰	2003	餓	2036	骻	2066	鳥 駕	2098	麬	2119
霏	1979	音 韺	2005	餘	2036	骹	2066	駧	2098	麫	2119
霞	1979	韹	2005	餇	2037	骾	2066	鴲	2098	麻 麿	2121
霑	1979	頁 頸	2012	餞	2037	彡 髳	2074	鴳	2099	黃 黇	2123
霎	1979	頯	2012	餛	2037	髷	2074	鴯	2099	黈	2123
霓	1979	頰	2012	餕	2038	髻	2074	鴪	2099	黊	2123
黔	1980	頭	2013	餐	2038	髹	2074	鵃	2099	黑 黔	2125
霪	1980	頼	2013	舖	2038	鬥 鬨	2077	鴝	2099	默	2125
霫	1980	頦	2013	香 馞	2046	鬲 鬻	2079	鴨	2099	默	2125
霈	1980	頻	2013	馬 駱	2052	魚 鮌	2085	鴦	2099	黖	2126
霂	1980	頤	2014	駤	2053	鮃	2085	鴛	2099	鼎 鼒	2133
霅	1980	頣	2014	駁	2053	鮇	2085	鴥	2099	鼏	2133

鼠	黈	2135		曜	319		燿	428		應	652		撮	731		櫞	887
	斂	2135		嚌	319	子	孺	438		懇	653		擩	731		繫	887
鼻	齁	2136		嚏	319	宀	寱	470		懦	653		擬	731		檶	887
	鼽	2136		嚔	319	尢	尷	485		懧	653		擠	731		檹	887
齒	亂	2140		嚇	319	尸	屨	493		懠	654		擦	731		檂	887
龍	龍	2143		嚙	319	山	嶺	513		懞	654		擡	731		檢	887
龜	龜	2146		嚄	319		嶼	513		懌	654		擢	732		檦	887
				噳	319		輿	513		懊	654		擤	732		檀	887
17획				嚆	319		嶽	513		憾	654		擭	732		檨	887
人	儤	140	土	壔	367		嶸	513		憘	654	支	斂	752		檔	887
	償	141		壽	367		嶒	513		憒	654		斁	752		櫨	887
	優	141		璽	367		嶸	513		憺	654		斀	752		檏	887
	儥	142		壓	367		嶼	513		懷	654					檴	887
	儦	142		塨	367		嶷	513	戈	戴	665	斗	斛	758		檗	887
	儩	142		壖	367		巆	513		戲	665	斤	斷	762		檘	888
刀	勵	207		堅	367		壑	513	手	擊	727		斶	762		檖	888
力	勵	220		塈	367	巾	幪	536		擎	727	日	曒	799		檾	888
匚	匲	228		壏	367		幭	536		擘	727		曔	799		櫹	888
厂	厳	252		壕	367		幫	536		擘	728		曖	799		檍	888
口	嚀	318		壎	367		幬	536		摯	728		燠	800		檕	888
	嚂	318	女	嬭	428	弓	彌	573		擱	730		曘	800		檥	888
	嚊	318		嬲	428	彳	徽	595		擤	730		曦	800		檣	888
	嚌	318		孃	428		徽	595		擡	731	木	檜	886		檉	888
	嚏	318		嬪	428	心	懇	651		擣	731		檟	886		檯	888
	嚙	318		嬰	428		憖	651		擥	731		檢	886		檐	888
	嚒	318		嬴	428		懃	651		撲	731		檄	886		檣	888
	嚅	318		嬬	428		戀	652		擯	731		檠	887		檖	888

	檞	888		澀	1048	爿	牆	1094		璨	1142	皿	盩	1204	磶	1246
	檜	888		濕	1048	片	牆	1097		環	1142		盩	1204	磽	1246
	檥	889		濫	1048	牛	犛	1104		璿	1143		盪	1204	礉	1246
欠	歛	902		濚	1048		犧	1104	瓦	甑	1148		豔	1204	磯	1246
	歜	902		濛	1048	犬	獄	1119		甋	1148	目	瞰	1222	磴	1246
	歜	902		濡	1048		獸	1119		甌	1148		瞧	1222	曆	1246
歹	殭	917		濰	1049		獰	1120	田	疄	1166		瞳	1222	礜	1246
	殬	917		濸	1049		獯	1120		黇	1166		瞭	1222	磷	1246
	殮	917		濟	1049		獵	1120		疃	1166		瞵	1223	磻	1246
	斃	917		濬	1049		獴	1120	广	癇	1181		瞥	1223	礄	1246
殳	縠	922		濜	1049		獱	1120		癎	1181		瞬	1223	礫	1246
比	毚	925		濯	1049		獅	1120		癇	1181		瞫	1223	礑	1246
毛	氉	929		濠	1050		獿	1120		瘵	1181		瞤	1223	礌	1246
	氋	929		濩	1050		獩	1120		癉	1181		瞪	1223	礁	1246
	氈	929		澗	1050		獲	1120		癆	1181		瞧	1223	磺	1246
	氊	929	火	爕	1085		獮	1121		療	1181		瞩	1223	磣	1246
水	濼	1046		燧	1086	玉	璗	1141		癘	1181		瞢	1223	示	禑	1261
	濘	1046		燹	1086		璩	1142		癰	1181		睫	1223	禨	1261
	濤	1046		營	1086		璥	1142		癥	1181		瞷	1223	禪	1262
	濫	1046		燠	1086		璉	1142		癌	1181		瞯	1223	禧	1262
	濛	1047		燥	1087		璬	1142		癏	1182		瞴	1223	禔	1262
	濔	1047		燦	1087		璫	1142		癉	1182		瞶	1223	禫	1262
	濮	1047		燭	1087		璵	1142		癐	1182	矛	矡	1227	禨	1262
	濞	1047		燪	1087		璲	1142		癈	1182	矢	矯	1230	縶	1262
	濱	1048		燬	1087		璱	1142	白	皤	1194		繒	1230	禧	1262
	濵	1048	爪	爵	1092		璪	1142		皥	1194	石	磵	1246	禾	檖	1281

橋	1281	篋	1319	糵	1336	繽	1382	翼	1415	膺	1460
穚	1281	簐	1319	糝	1336	繋	1382	翶	1415	膩	1460
穤	1281	簓	1320	糘	1336	繇	1382	耬	1423	騰	1460
穗	1281	筵	1320	糟	1336	績	1382	耰	1423	臊	1460
穰	1281	簑	1320	糙	1336	縛	1383	耩	1423	膒	1460
穛	1281	篢	1320	縅	1380	縱	1383	糠	1423	腳	1460
穉	1281	欤	1320	縡	1380	縩	1383	聊	1428	膾	1460
窾	1292	篝	1320	經	1380	縉	1383	聯	1428	臨	1464
寮	1292	御	1320	縺	1380	總	1384	聲	1429	舉	1473
窿	1292	篨	1320	縷	1380	縴	1384	謷	1430	舀	1476
復	1292	篆	1320	縹	1380	縮	1384	聳	1430	艛	1481
窸	1292	篃	1320	縡	1380	縶	1385	聰	1430	艚	1481
窰	1292	篡	1320	縞	1380	縹	1385	膘	1430	鴯	1481
窺	1292	簇	1320	縵	1380	繂	1385	膿	1459	艱	1483
竖	1298	籍	1320	模	1381	繩	1385	臉	1459	薑	1549
嶢	1298	篡	1320	繆	1381	罄	1395	膿	1459	蓟	1549
罇	1298	篸	1320	麋	1381	罅	1396	膻	1459	薎	1549
觲	1319	簀	1320	繍	1381	罽	1401	膽	1459	蒿	1549
篮	1319	箱	1321	繁	1381	罿	1401	臀	1459	舊	1549
篃	1319	篷	1321	縫	1381	羂	1401	膦	1459	繭	1549
篤	1319	簟	1321	繃	1382	羃	1401	臂	1459	蓬	1549
篠	1319	筆	1321	縿	1382	翼	1402	臑	1460	薈	1549
篼	1319	糠	1335	縦	1382	習	1402	膝	1460	藍	1549
簏	1319	糢	1336	繾	1382	義	1408	腳	1460	薙	1549
簍	1319	糜	1336	繼	1382	翯	1415	臆	1460	蕤	1549
篲	1319	糞	1336	維	1382	翳	1415	臃	1460	薯	1549

총획 색인 17획

蕾	1550	賷	1553	螻	1593	血 嶹	1606	覬	1643	譂	1692
蕶	1550	賵	1553	螭	1594	行 衛	1612	覯	1643	謯	1692
蕱	1550	戴	1553	蟆	1594	衣 褻	1629	覤	1644	謐	1692
蕛	1550	薦	1553	蠹	1594	襄	1630	角 觳	1650	礜	1692
薇	1550	薙	1554	蟃	1594	襃	1630	觧	1651	謞	1692
薄	1550	蔔	1554	蟒	1594	褽	1630	言 謪	1689	謑	1693
薠	1551	薄	1554	蟊	1594	緊	1630	講	1689	謊	1693
薜	1551	薳	1554	蟁	1594	褻	1630	謇	1690	謒	1693
薜	1551	薿	1554	蟅	1594	褒	1630	謙	1690	谷 谿	1708
濞	1551	薛	1554	螯	1594	襁	1631	謙	1690	豁	1709
薔	1551	薌	1554	蟀	1594	襋	1631	謹	1690	豃	1709
薛	1551	薐	1554	蟋	1594	禫	1631	諮	1690	豬	1709
蕭	1551	蒭	1554	螯	1594	襒	1631	謄	1691	豆 豋	1711
蓐	1552	薈	1554	蟁	1594	襑	1631	謎	1691	豍	1711
薪	1552	薰	1554	蟰	1594	襆	1631	謐	1691	豏	1711
羲	1552	薨	1554	蘆	1594	襀	1631	謗	1691	豕 豵	1715
薆	1552	虍 彪	1574	蟄	1594	襧	1631	謝	1691	豛	1715
薬	1552	虧	1574	蠿	1594	褥	1631	謆	1692	豩	1716
蔓	1552	虫 蠱	1593	螽	1594	襮	1631	諅	1692	豰	1716
蕡	1552	蠋	1593	𪛊	1595	襦	1631	謝	1692	豲	1716
薉	1552	螳	1593	螿	1595	襈	1631	謏	1692	豸 貘	1718
薀	1552	螺	1593	蠕	1595	襌	1631	諛	1692	豯	1719
薁	1553	螵	1593	蟄	1595	襑	1631	謜	1692	貝 購	1738
蘭	1553	螬	1593	螵	1595	褵	1631	謍	1692	賞	1738
薣	1553	蟉	1593	螻	1595	襛	1631	謠	1692	賻	1738
薏	1553	蟉	1593	鶛	1595	見 覯	1643	諡	1692	賽	1738

	蹟	1738		轀	1790		醛	1864		錫	1898		闈	1928		鞳	1997
	蕒	1738		轂	1790		醢	1864		鎳	1898		闉	1928		鞠	1997
	賸	1738		轅	1790		醜	1864		鎊	1899		闌	1928		韔	1997
	賺	1738		輾	1790		醓	1865		鍮	1899		闋	1928		鞜	1997
	賽	1739		轃	1790	金	鋻	1897		鍉	1899		闊	1928	韋	韥	2001
	贐	1739		轇	1790		錯	1897		鍾	1899	阜	隮	1957		鞣	2001
走	趨	1749		轄	1790		鍵	1897		鍰	1899		隱	1957		韓	2001
足	蹇	1764	辵	遽	1835		鍥	1897		錆	1899		隮	1959	韭	韱	2003
	蹋	1764		邀	1835		鍋	1897		鍬	1899	隶	隸	1959	頁	顧	2015
	蹈	1764		邁	1836		鍠	1897		鏊	1899		隸	1960		顆	2015
	蹩	1764		遯	1836		鎬	1897		鍒	1899	隹	雖	1966		顉	2015
	蹴	1764		邀	1836		鍾	1897		錙	1899	雨	霧	1980		頣	2015
	蹜	1764		遭	1836		鍛	1897		鍼	1899		霦	1980		頰	2015
	蹊	1764		遾	1836		鍍	1897		鐕	1899		霨	1980		鎭	2015
	蹟	1764		避	1836		鍊	1897		鎀	1900		霜	1980		頓	2015
	蹗	1764		邂	1836		錨	1898		鍛	1900		霣	1981		顄	2015
	蹐	1765		還	1837		鍫	1898		鍐	1900		霙	1981		顇	2015
	蹉	1765	邑	鄴	1855		鍇	1898		鍭	1900		霍	1981		頵	2015
	蹡	1765		鄹	1855		鍑	1898	門	闅	1927		霧	1981		頺	2015
	蹐	1765	酉	醬	1864		鏃	1898		闅	1927		霞	1981		頷	2015
	蹊	1765		醨	1864		錯	1898		闌	1927	革	鞡	1997		頤	2015
車	轂	1789		醯	1864		鍱	1898		闌	1927		鞟	1997	風	颶	2025
	輾	1789		醞	1864		鍬	1898		闍	1927		鞠	1997		颺	2025
	輯	1789		醟	1864		鋑	1898		綱	1927		鞞	1997		颼	2025
	輸	1789		醓	1864		鍔	1898		闇	1928		鞭	1997		颻	2025
	輿	1789		鹽	1864		鎁	1898		闈	1928		韄	1997		颸	2025

食	餗	2038		駢	2054	鬼	魈	2082		鴶	2100		黜	2127		嚥	319
	館	2038		騁	2054	魚	鮫	2086		鶄	2100		黜	2127		嚦	320
	餞	2038		騂	2054		鮭	2086		鴽	2100	黹	黻	2130	土	壙	368
	餉	2038		駼	2054		鮞	2086		鶩	2100	黽	黿	2131		壘	368
	餅	2038		駴	2054		鮚	2086		鵁	2100	鼠	鼢	2135		壚	368
	餕	2038		駾	2054		鮨	2086		鴶	2100	鼻	歔	2136	大	奰	402
	筋	2039		駹	2054		鮦	2086		戳	2100		鼾	2136	女	嬻	428
	餒	2039		駿	2054		鴷	2086		鴟	2100	齊	齋	2138		嬸	429
	餧	2039		駸	2055		鮮	2086		鴬	2101		齋	2138	尸	屬	493
	餢	2039		駴	2055		鮳	2086		鵎	2101	齒	齔	2140		屩	494
	餦	2039		驛	2055		鰲	2086		鵠	2101	侖	侖	2147	山	嶇	513
	餞	2039		駴	2055		鮮	2086		鵁	2101		**18획**			嵒	514
	餟	2039		駉	2055		鰣	2087		鴿	2101	人	儦	142		巋	514
	餣	2039	骨	骾	2066		鮸	2087		鵂	2101		儱	142		戳	514
	餡	2039		縣	2067		鮣	2087		鴻	2101		儲	142	巾	幭	537
	餚	2039		骱	2067		鮪	2087		鵃	2102		儺	142		幬	537
	餛	2039		骰	2067		鮾	2087	鹿	麛	2116	冫	濾	178	弓	彍	574
	餚	2039		骸	2067		鯯	2087		麆	2116	又	叢	259	ヨ	彝	575
首	馘	2045		骶	2067		鮨	2087		麇	2116	口	囓	319	心	懟	654
香	馞	2046	髟	髽	2074	鳥	鵑	2100	麥	麵	2119		嚕	319		懟	654
	馡	2046		髺	2074		鵅	2100		麴	2119		嚠	319		懣	654
	馣	2046		髿	2074		鵄	2100	黃	黈	2123		嚥	319		懘	654
	馤	2046		髯	2074		鵀	2100	黍	黏	2124		曝	319		懕	654
馬	駼	2053		髽	2074		鶩	2100	黑	黛	2126		嚘	319		懟	654
	駢	2054		髬	2074		鵓	2100		黥	2126		囂	319		懨	654
	駮	2054	鬲	鬴	2079		鵊	2100		點	2126		嚪	319		懰	654

총획 색인 18획

懷	655	斃	753	櫽	890	瀉	1051	燻	1088	瘋	1182				
懺	655	斤斷	762	櫺	890	瀟	1051	爪爵	1092	癰	1182				
懮	655	方旛	770	檸	890	瀝	1051	犬獷	1121	癒	1182	索			
懴	655	旜	771	檮	890	瀋	1051	獲	1121	癥	1182	引			
慣	655	日嚋	800	櫨	890	瀁	1051	獵	1121	白皦	1194				
手擧	730	矇	800	檯	890	瀇	1051	玉璧	1142	皮皸	1197				
擎	731	曙	800	櫥	890	漫	1051	瑩	1142	皿鹽	1204				
擘	731	曜	800	檻	890	瀍	1051	璨	1143	鹽	1204				
擽	732	曚	800	櫜	890	瀚	1051	璿	1143	目瞼	1224				
攟	732	暴	800	櫂	890	濽	1051	璹	1143	瞽	1224				
擼	732	曝	800	欠歟	902	濺	1051	璮	1143	瞿	1224				
擻	732	月朦	817	止歸	909	瀑	1051	瑾	1143	矑	1224				
擴	732	木櫱	889	殮	910	濾	1052	璵	1143	矇	1224				
擾	732	檖	889	歹殯	917	瀅	1052	瓀	1143	瞻	1224				
擿	732	櫃	889	殳毉	922	瀊	1052	瓦甋	1149	石礎	1247				
攢	733	檓	889	毛氁	929	火燼	1087	甎	1149	礓	1247				
擦	733	檸	889	氊	929	燾	1087	甕	1149	磬	1247				
擲	733	檽	889	水瀾	1050	燼	1087	甖	1149	磯	1247				
擼	733	檮	889	瀧	1050	燹	1087	疒癚	1182	磔	1247				
擺	733	櫂	889	謬	1050	燸	1087	癔	1182	礉	1247				
擴	733	櫈	889	瀆	1050	爐	1088	癱	1182	磴	1247				
擡	733	檬	889	濼	1050	燿	1088	癉	1182	磏	1247				
擷	733	檈	889	濾	1050	燽	1088	癢	1182	礌	1247				
攵鼖	753	檳	889	濔	1050	熮	1088	癘	1182	礔	1247				
斁	753	檿	889	瀏	1050	燠	1088	癖	1182	礦	1247				
斷	753	櫚	889	瀁	1051	嚇	1088	癒	1182	礒	1247				

18획

礌	1247	簦	1322	繚	1385	翹	1416	舌 矗	1476	藉	1556

礌	1247	簦	1322	繚	1385	翹	1416	舌 矗	1476	藉	1556
礙	1247	簬	1322	繙	1385	翻	1416	舟 艟	1481	藏	1556
礜	1247	簜	1322	繛	1385	翻	1416	艤	1481	藊	1557
示 禮	1262	簪	1322	織	1386	翻	1416	色 艶	1485	薺	1557
禮	1263	籤	1322	繕	1386	獵	1416	艸 薆	1554	蘁	1557
禭	1263	簿	1322	繐	1386	獷	1416	藁	1554	藻	1557
禪	1263	簠	1322	繎	1386	翻	1416	薑	1554	蔡	1557
禬	1263	箙	1322	縈	1386	獻	1416	薴	1554	蘂	1557
内 閔	1265	簪	1323	繞	1386	耒 機	1423	薹	1555	虁	1557
禾 穠	1281	簫	1323	繘	1386	耨	1423	薱	1555	虁	1557
穢	1281	簸	1323	縛	1386	耬	1423	藍	1555	藻	1557
穡	1281	簮	1323	繪	1386	耳 瞽	1430	藐	1555	歊	1557
穚	1282	簻	1323	織	1387	聶	1430	薙	1555	薰	1557
穫	1282	簟	1323	縬	1387	聵	1430	蕠	1555	虍 號	1574
穰	1282	簅	1323	繡	1387	職	1430	蕎	1555	虨	1574
穢	1282	簜	1323	續	1387	肉 臑	1461	蕡	1555	虫 蟜	1595
穦	1282	簧	1323	繪	1387	朦	1461	薩	1555	蟘	1595
穫	1282	米 糧	1336	缶 罉	1396	臘	1461	薯	1555	蟨	1595
穴 竅	1292	糝	1337	罇	1396	朦	1461	蕷	1555	蟠	1595
竄	1292	糤	1337	网 罥	1402	膟	1461	藎	1555	蟬	1595
竹 簡	1321	糕	1337	罺	1402	臍	1461	藊	1556	螣	1595
簡	1322	糚	1337	羊 羵	1408	臟	1461	榮	1556	蟟	1596
簕	1322	糡	1337	簬	1408	臍	1461	邃	1556	蟔	1596
簟	1322	糸 繝	1385	羬	1408	臙	1461	藕	1556	蟒	1596
簏	1322	繑	1385	義	1408	白 擧	1473	薿	1556	蟠	1596
簞	1322	繂	1385	羽 翱	1416	舊	1473	蕍	1556	融	1596

螫	1596	檜	1632	謻	1694	貝贐	1739	蹴	1767	鎬	1900
蟲	1596	襘	1632	謨	1694	賊	1739	躃	1767	鎌	1900
螄	1596	禮	1632	薺	1694	贈	1739	身軀	1773	鎒	1900
蟄	1596	襢	1632	謫	1694	贄	1739	車轇	1790	鎩	1900
螻	1596	襠	1632	謟	1694	贅	1739	轆	1790	鎏	1900
蟀	1596	襛	1632	謷	1694	走趡	1750	轈	1791	鎦	1900
蟬	1596	襘	1632	誠	1695	趮	1750	轋	1791	鎛	1900
蟎	1596	襖	1632	謼	1695	趩	1750	轉	1791	鎊	1900
蠕	1597	襟	1632	謬	1695	足蹞	1765	辵邈	1837	鎚	1900
蟯	1597	襜	1632	譇	1695	蹧	1765	邊	1837	鎑	1901
蟄	1597	襡	1632	謫	1695	蹣	1765	邃	1837	鎖	1901
蠍	1597	襗	1633	謾	1695	蹒	1765	邇	1837	鎻	1901
蟻	1597	西覆	1637	讀	1695	蹤	1765	邑鄭	1855	鎍	1901
蟭	1597	見觀	1644	謨	1695	蹟	1765	鄺	1855	鎢	1901
蝠	1597	觀	1644	謥	1695	蹔	1765	鄲	1855	鎔	1901
蠋	1597	觀	1644	譁	1695	蹩	1766	鄾	1855	鎰	1901
蟲	1597	角觴	1651	譯	1695	蹫	1766	鄭	1855	鎡	1901
蟛	1597	言警	1693	谷谿	1709	蹟	1766	鄭	1855	鎗	1901
蟇	1597	謳	1693	豆豐	1711	蹳	1766	西醪	1865	鏇	1902
蠓	1597	謹	1693	豕獲	1716	蹤	1766	醨	1865	鎭	1902
蠏	1597	謰	1693	豵	1716	蹢	1766	醧	1865	鎮	1902
嬉	1597	謫	1694	豸貘	1719	蹠	1766	醫	1865	鏃	1902
行衞	1612	謖	1694	貘	1719	蹙	1766	醬	1865	鎈	1902
衣襄	1631	謬	1694	貘	1719	蹴	1766	醨	1865	鎚	1902
褐	1631	謾	1694	貙	1719	蹜	1766	里釐	1873	鎝	1902
襠	1631	謨	1694	豴	1719	蹙	1766	金鎧	1900	鏗	1902

鎣	1903	霝	1981	韙	2002	餲	2039	騣	2056	魏	2082
鎬	1903	霤	1981	音 韺	2005	饒	2040	騘	2056	魋	2082
門 闓	1929	霢	1981	頁 類	2015	餫	2040	騅	2056	魚 鯙	2087
闗	1929	霶	1981	顝	2015	餵	2040	騐	2056	鯁	2087
闕	1929	䨏	1982	頼	2015	餎	2040	験	2056	鯀	2087
闌	1929	霣	1982	顋	2015	餰	2040	骨 髁	2067	鮾	2088
闐	1929	霺	1982	顎	2015	饃	2040	骿	2067	鯉	2088
闟	1930	革 鞨	1997	顏	2015	餮	2040	髀	2067	鮸	2088
闖	1930	鞬	1997	顔	2016	䭑	2040	䯙	2067	鮃	2088
闘	1930	鞫	1998	額	2016	餬	2040	䯛	2067	鯊	2088
阜 隳	1959	鞏	1998	顒	2016	餭	2040	髟 髻	2074	鮹	2088
隶 隸	1960	鞪	1998	顊	2016	餱	2040	鬈	2074	鰀	2088
隹 雞	1967	鞢	1998	顐	2016	首 䭸	2045	髵	2075	鮷	2088
雚	1967	鞾	1998	顓	2016	香 馥	2046	鬅	2075	鯈	2088
雖	1967	鞙	1998	題	2017	馤	2046	鬆	2075	䲄	2088
難	1967	鞣	1998	顑	2017	馬 騉	2055	鬇	2075	鯆	2088
雙	1967	鞮	1998	顕	2017	騎	2055	鬃	2075	鯇	2088
矍	1968	鞦	1998	䩄	2017	騏	2055	鬏	2075	鳥 鵙	2102
雝	1968	鞧	1998	風 颮	2026	𩤢	2055	鬄	2075	鵑	2102
雜	1968	鞭	1998	颼	2026	騊	2055	鬒	2075	鵛	2102
雛	1969	鞜	1998	颸	2026	騋	2056	鬥 鬩	2077	鵠	2102
臒	1969	韋 韘	2002	颺	2026	騄	2056	鬮	2077	鵞	2102
巂	1969	韞	2002	颹	2026	騈	2056	鬲 鬵	2079	鵖	2102
雨 霡	1980	韗	2002	食 餪	2039	騑	2056	鬼 魌	2082	鵚	2102
䨠	1981	䪝	2002	餳	2039	騷	2056	魎	2082	鵡	2102
䨣	1981	䪗	2002	餕	2039	騌	2056	魍	2082	鵓	2102

	鵝	2102	齊	齋	2139	女	嬾	429	文	斃	756		橫	892		瀅	1053
	鵑	2103	齒	齕	2140		嬿	429	斗	斢	758	欠	歠	902		瀇	1053
	鵠	2103		齗	2140		孽	429	方	旜	771		歜	902	火	爍	1088
	鵝	2103	龍	龐	2145	子	孼	438		旝	771	歹	殰	917		燊	1088
	鵔	2103		**19획**		宀	寶	470		旟	771		殲	917		爇	1088
	鶃	2103	人	儳	142		寵	470	日	曠	800	毛	氌	929		藝	1088
鹿	麕	2116		儵	142		寵	470		疊	801	水	瀲	1052		爐	1088
	麌	2116		儴	142	山	巄	514		曝	801		瀼	1052		爆	1088
	麑	2116	刀	劖	207		巃	514	木	櫜	890		瀝	1052		爌	1089
	麏	2116	力	勸	221		巘	514		櫬	890		瀘	1052		爗	1089
麥	麪	2119	口	嚋	320	巾	幰	537		櫟	890		瀧	1052	爿	牆	1095
	麬	2119		噓	320	广	廬	558		櫚	890		瀨	1052	片	牘	1097
黃	鞋	2123		嚨	320	心	懱	654		櫊	891		瀬	1052	牛	犢	1104
黑	黟	2127		嚭	320		懲	655		櫪	891		瀕	1052		犦	1104
	黠	2127		嚬	320		懶	655		櫓	891		瀟	1052	犬	獸	1121
	黷	2127		嚥	320		懶	655		櫊	891		瀛	1053		獺	1121
黽	鼂	2131		嚫	320		憒	655		櫐	891		瀠	1053	玉	璺	1143
鼓	鼕	2134		嚮	320		懷	656		櫋	891		瀦	1053		璽	1143
	鼗	2134		嚮	320	手	攀	732		欖	891		瀆	1053		瓊	1143
鼠	鼩	2135		嚦	320		攘	733		櫞	891		瀜	1053		瓊	1144
	鼪	2135	土	壞	368		攄	733		櫌	891		潛	1053		瑒	1144
	鼫	2135		壜	368		壢	733		櫧	891		瀵	1053		璿	1144
	鼬	2135		壚	368		攏	733		櫛	891		瀞	1053		璨	1144
	鼧	2135		壟	368		攂	733		櫍	891		瀨	1053		礫	1144
	鼹	2135		壢	368		攉	734		櫬	891		瀯	1053		瓚	1144
	貂	2135		壝	368		摱	734		櫶	891		瀚	1053		瓛	1144
鼻	鼿	2136		壤	369	攴	斄	753		櫃	891		瀚	1053			

瓜	瓣	1146		礜	1248		簹	1324		繡	1388	肉	臍	1461	藚	1559
瓦	甖	1149		礝	1248		簾	1324		繩	1389		臘	1461	蓫	1559
	甓	1149	示	禰	1263		簬	1324		繹	1389		臑	1462	藪	1559
田	疆	1166		禱	1263		簏	1324		繹	1389		臕	1462	藤	1559
	疇	1167		禰	1263		簿	1324		繹	1389	自	鼻	1468	藥	1560
	疇	1167	禾	穤	1282		簙	1324		繳	1389	臼	舋	1474	藺	1560
疒	癡	1182		穫	1282		簺	1324		繪	1390	舌	譮	1476	藝	1560
	癠	1182		積	1282		簫	1324		繲	1390	舟	艢	1481	藕	1561
	癡	1182		穩	1282		簻	1324		繮	1390		艪	1482	蔾	1561
	瘦	1183		穧	1282		簷	1324		繪	1390		艤	1482	蘸	1561
白	皪	1194		穤	1282		簽	1325	缶	罋	1396		艦	1482	薹	1561
皮	皻	1197		稱	1282		簸	1325	网	羅	1402		艥	1482	蘄	1561
皿	盪	1204		積	1282	米	糒	1337		羃	1402	色	艶	1485	虍	䕀	1574
目	瞰	1224		穫	1282		糪	1337		羆	1402	艸	藉	1558	虩	1574
	瞳	1224	穴	竆	1293		釋	1337		羇	1402		藳	1558	虫	蠍	1598
	矇	1224		竉	1293		難	1337	羊	羹	1408		藭	1558	蟷	1598
	瞞	1224		簋	1293	糸	繮	1387		羷	1409		蕚	1558	蠁	1598
	瞹	1224		窼	1293		繭	1387		贏	1409		蓮	1558	蟹	1598
	矖	1225	立	竬	1298		繫	1387		羶	1409		藤	1558	螳	1598
	矌	1225	竹	簳	1323		繶	1388	羽	翾	1416		藜	1558	螳	1598
矢	矱	1230		篶	1323		繰	1388		翽	1416		蘆	1559	蟷	1598
石	礧	1247		簾	1323		繫	1388	耳	聾	1431		藻	1559	蠃	1598
	礎	1247		簐	1323		繴	1388		聸	1431		蘁	1559	蠍	1598
	礦	1247		簡	1323		繰	1388	肉	臋	1459		藩	1559	蠶	1598
	礙	1247		薖	1323		繰	1388		臁	1460		薵	1559	蠊	1598
	磺	1248		籌	1323		繸	1388		臆	1461		鶯	1559	蠖	1598

총획 색인 **19획**

蟾	1598	覸	1644	譚	1697	走趫	1750	蹢	1768	酉醮	1865		
蠊	1598	覽	1644	證	1697	趬	1750	蹹	1768	醰	1866		
蠅	1598	覷	1644	譖	1698	趣	1750	躅	1768	醱	1866	索	
蟻	1599	角鱎	1651	譙	1698	趥	1750	蹴	1768	醲	1866	引	
蟹	1599	艡	1651	謠	1698	趮	1750	蹵	1768	醭	1866		
蠟	1599	鱎	1651	譓	1698	趲	1750	蹭	1768	醮	1866		
蟶	1599	觶	1651	譁	1698	足蹺	1767	蹟	1768	醯	1866		
蘁	1599	言譚	1695	讀	1698	蹻	1767	身軄	1773	金鏃	1903		
蠋	1599	譑	1695	謞	1698	蹶	1767	臖	1773	鏗	1903		
蠏	1599	譏	1695	譆	1698	蹙	1767	車轒	1792	鏡	1903		
蟹	1599	譊	1696	谷豅	1709	蹴	1767	轎	1792	鏜	1903		
嚮	1599	譚	1696	徹	1709	蹬	1767	轔	1792	鏍	1903		
蠍	1599	譔	1696	豆譤	1711	蹸	1767	轔	1792	鏤	1903		
血盭	1606	謼	1696	豉	1711	蹲	1767	轓	1792	鏐	1904		
巇	1606	誻	1696	豕獟	1716	蹳	1768	轐	1792	鏌	1904		
衣贏	1632	譕	1696	獝	1716	蹯	1768	轒	1792	鏋	1904		
襞	1632	證	1696	獯	1716	蹩	1768	轕	1793	鏝	1904		
襸	1633	譜	1696	獫	1716	蹴	1768	輾	1793	鏊	1904		
襤	1633	謐	1696	爭獠	1719	蹼	1768	轍	1793	鏟	1904		
襦	1633	誓	1696	獷	1719	蹲	1768	轅	1793	鏓	1904		
襦	1633	謝	1696	貝賭	1739	蹞	1768	辛辭	1797	鏟	1904		
襷	1633	譔	1696	贇	1739	踪	1768	辰辴	1800	鍛	1904		
襖	1633	識	1696	贋	1739	蹢	1768	辵邈	1838	鏶	1904		
兩覇	1638	譀	1697	贈	1739	躇	1768	邋	1838	鍬	1904		
覈	1638	譌	1697	贊	1740	蹲	1768	邊	1838	鎇	1904		
見覷	1644	謝	1697	賻	1740	蹴	1768	邑鄭	1855	鏊	1904		

鑒	1904	霆	1982	顚	2018	馬 騵	2056	髯	2075	鶌	2103
鏞	1905	霂	1982	願	2018	騧	2056	鬘	2075	鶏	2103
鏘	1905	霈	1982	顗	2018	騣	2056	鬆	2075	鶅	2103
鏑	1905	非 靡	1991	顛	2018	騎	2057	鬅	2075	鵏	2103
鏟	1905	面 靦	1993	顢	2019	鶩	2057	髻	2076	鶊	2103
鏨	1905	革 韝	1998	顝	2019	騢	2057	鬲 鬻	2079	鵮	2103
鏚	1905	韜	1998	顕	2019	騤	2057	鬼 魖	2082	鵳	2103
鏃	1905	鞶	1999	風 颷	2026	騷	2057	魚 鯨	2088	鶖	2103
鏦	1905	鞴	1999	飈	2026	騟	2057	鯛	2089	鴨	2103
鏢	1905	鞹	1999	颶	2026	騠	2057	鯤	2089	鵬	2103
門 關	1930	韃	1999	颺	2026	騞	2057	鯪	2089	鵬	2103
閞	1931	韜	1999	飆	2026	駸	2057	鯥	2089	鶉	2104
闥	1931	鞿	1999	食 饈	2040	騱	2057	鯩	2089	鵒	2104
關	1931	轂	1999	饃	2040	騘	2057	鯠	2089	鵶	2104
阜 隴	1959	鞻	1999	餽	2040	騙	2057	鯡	2089	鶃	2104
隹 難	1969	韋 韝	2002	餹	2040	駿	2057	鰲	2089	鵞	2104
難	1970	韜	2002	餾	2040	駼	2057	鯢	2089	鶋	2104
離	1970	韝	2002	餺	2040	騜	2057	鰡	2089	鶄	2104
雙	1971	韞	2002	餿	2040	騭	2057	鯰	2089	鵷	2104
雨 霙	1982	韭 䪻	2003	饁	2040	骨 髂	2067	鼈	2089	鵨	2104
霧	1982	韰	2004	餡	2041	髏	2067	鯛	2089	鵢	2104
霂	1982	音 韻	2005	饇	2041	髑	2067	鯖	2089	鵲	2104
霎	1982	頁 顜	2017	䬻	2041	彡 髮	2075	鯫	2089	鷗	2104
霜	1982	顎	2017	首 髻	2045	髿	2075	鯔	2090	鶊	2105
霳	1982	類	2017	香 馥	2046	鬆	2075	鳥 鶌	2103	雛	2105
霪	1982	顙	2018	蘊	2046	鬈	2075	鶂	2103	鶓	2105

	鯱	2105		歃	2140		巌	514	月	朧	817		瀯	1054		癢	1183
	鶲	2105		齗	2140		巉	514	木	櫳	892		瀴	1054		癤	1183
鹵	鹽	2113		齕	2140		巌	514		欄	892		瀛	1054		癥	1183
	歔	2113	龍	龐	2145		巏	514		櫪	892		瀷	1054	白	皪	1194
鹿	麌	2116		**20획**			巇	514		櫨	892		瀲	1054		皫	1194
	麿	2116	人	儼	168	巾	幱	537		權	892		瀰	1055		礦	1194
	麿	2116		儑	168		幰	537		櫱	892		瀸	1055	皮	皷	1197
	麒	2116	力	勸	221	广	廳	559		檗	892	火	爔	1089		皺	1197
	麗	2116	匸	匱	228	心	懇	655		橡	892		爐	1089		皶	1197
	麓	2117	口	嚳	320		懿	655		櫺	892		鐇	1089	皿	鰲	1204
	麑	2117		嚶	320		懸	655		櫞	892		燭	1089	目	矌	1225
麥	麴	2119		嚷	320		懺	657		櫱	892		燡	1089		瞶	1225
	辮	2119		嚴	320		懺	657		櫬	892		爌	1089		膵	1225
麻	魔	2121		嚵	321	手	擼	734		櫹	892	牛	犨	1104		矍	1225
黑	黥	2128		嚲	321		攔	734		櫨	892		犩	1104		矐	1225
	黯	2128		囂	321		攗	734		櫰	892		犧	1105	矢	矱	1230
黹	黼	2130	土	壣	369		攘	734	水	瀸	1053	犬	獻	1122	石	礦	1248
黽	鼉	2131		壤	369		攖	734		澤	1053		獼	1122		礪	1248
	鼉	2131	夂	夔	373		攙	734		瀾	1053		獽	1122		礫	1248
	黿	2131	女	孀	429	攴	敹	753		瀲	1053	玉	瓏	1144		礧	1248
鼓	鼗	2134		孃	429		數	753		瀰	1054		瓏	1144		礨	1248
	鼙	2134		孀	429	方	旟	771		瀠	1054		瓏	1144		磬	1248
鼻	鼩	2136	子	孽	438	日	曨	801		瀚	1054		瓏	1144		礦	1248
	齁	2137	宀	寶	470		曦	801		瀟	1054	田	疇	1167		礬	1248
齊	齋	2139	山	巉	514		曦	801		瀹	1054	广	癩	1183		礪	1248
齒	齠	2140		歸	514	日	曫	808		瀰	1054		癜	1183		礦	1248

총획 색인 20획

	礦	1248	糹繾	1390	朧	1462	藥	1563	蠔	1600	譪	1700
	礫	1248	繼	1390	自臭+鼻	1468	蘂	1563	蠛	1600	讓	1700
	礪	1248	羅	1391	舟艨	1482	薑	1563	血嶼	1606	譯	1700
索引	示禰	1264	纊	1391	艦	1482	蘊	1563	衣齎	1633	譯	1700
	禾穬	1283	辮	1391	艣	1482	蘇	1563	襫	1633	謹	1700
	穭	1283	繽	1391	色艶	1485	諸	1563	襪	1633	膺	1700
	穆	1283	繻	1391	艸薑	1561	藻	1563	襶	1633	議	1700
	穩	1283	繻	1391	蘢	1561	蘪	1564	襖	1633	謙	1701
	櫛	1283	纏	1391	藿	1561	擇	1564	襸	1633	譟	1701
	穰	1283	纂	1391	蘄	1561	薄	1564	襺	1633	譸	1701
	穗	1283	纁	1391	蘷	1561	蘢	1564	襹	1633	譞	1701
	穴竇	1293	缶罌	1396	藤	1561	頷	1564	襭	1633	譣	1701
	竊	1293	罌	1396	蘭	1562	蘅	1564	見覺	1644	譨	1701
	立競	1298	罍	1396	蘪	1562	勷	1564	覼	1644	設	1701
	竹籃	1325	羊糯	1409	蘆	1562	蘁	1564	角觸	1651	譩	1701
	籃	1325	羽翶	1416	薐	1562	虍齼	1574	觹	1652	豕獱	1716
	籟	1325	翾	1417	藻	1562	虫蠆	1599	言警	1699	豸貓	1719
	簡	1325	翻	1417	蘢	1562	蠟	1599	警	1699	貝瞻	1740
	籍	1325	耀	1417	蘋	1562	蠛	1599	譹	1699	贏	1740
	籈	1325	禾穫	1423	蘭	1562	蟲	1600	諧	1699	賺	1741
	籌	1325	耳聹	1431	覆	1562	蠐	1600	譜	1699	走趨	1750
	籧	1326	瀯	1431	蘋	1562	蠕	1600	譬	1700	趡	1750
	籫	1326	矖	1431	辟	1562	蠑	1600	譱	1700	足躇	1768
	米糯	1337	聽	1431	蘇	1562	蟥	1600	譫	1700	躅	1769
	糰	1337	肉臚	1462	賣	1563	蠟	1600	論	1700	躉	1769
	糯	1337	臏	1462	藹	1563	蠐	1600	誳	1700	躅	1769

총획 색인 20획 — 2249

頮	1769	釀	1866	鐯	1907	鞰	1999	首 鵴	2045		闔	2078
甓	1769	醴	1866	鐘	1907	韃	1999	香 馨	2046	魚 鮬	2090
躃	1769	醳	1867	鐏	1907	韆	1999	馬 騫	2057	鰊	2090
蹹	1769	醳	1867	鏃	1907	鞭	1999	騤	2058	鰒	2090
蹬	1769	采 釋	1869	鐎	1907	韠	1999	騥	2058	鰓	2090
躁	1769	金 鐗	1905	鐪	1907	韋 韝	2002	騰	2058	鯷	2090
蹤	1769	鐃	1905	鐊	1907	韡	2003	騮	2058	鰐	2090
蹹	1769	鍩	1906	鐩	1908	音 譅	2005	騙	2058	鱷	2090
躅	1769	鐔	1906	鐸	1908	韽	2005	騷	2058	鯛	2090
身 軆	1773	鑒	1906	鐄	1908	韽	2005	騳	2059	鰉	2090
車 輷	1793	鐖	1906	鐰	1908	響	2005	騾	2059	鯯	2090
轗	1793	鐃	1906	門 闠	1931	韻	2005	驍	2059	鯷	2090
轚	1793	鐡	1906	闒	1931	頁 顢	2019	驅	2059	鰻	2090
輾	1/93	鐙	1906	闡	1931	顧	2019	驌	2059	鯽	2090
轎	1793	鐝	1906	闕	1932	顥	2019	驚	2059	鮨	2090
轙	1793	鐐	1906	闓	1932	風 飂	2026	驕	2059	鰍	2090
轍	1793	鐺	1906	隶 隷	1960	飄	2026	騣	2059	鱃	2090
轕	1793	鏺	1906	雨 霩	1982	飃	2026	骨 髆	2067	鯖	2090
辰 農	1800	鐇	1906	霪	1982	食 饉	2041	髓	2067	鰈	2090
辵 邀	1838	鑒	1906	露	1982	饅	2041	髏	2067	鰊	2091
邁	1838	鐷	1906	霢	1983	飂	2041	髇	2067	鯿	2091
邑 鄜	1855	鐵	1907	霞	1983	饗	2041	彡 馨	2076	鰕	2091
鄭	1855	鐥	1907	霱	1983	饔	2041	鬆	2076	鰉	2091
酉 醵	1866	鐳	1907	霡	1983	簡	2041	鬍	2076	鰠	2091
醴	1866	鐔	1907	隸	1983	饐	2041	鬢	2076	鳥 鶋	2105
醴	1866	鐙	1907	革 鞬	1999	饒	2041	門 鬪	2077	鷔	2105

索引

	鷄	2105		𨅍	2135	宀	癖	471		櫻	893		瓌	1144	竹	籓	1326
	鶃	2105	齒	齟	2140	尸	屬	494		欀	893		瓔	1144		籘	1326
	鶕	2105		齡	2140	山	巍	514		櫟	893	瓜	瓤	1146		藩	1326
	鶏	2105		齠	2140		巍	514		槭	893	瓦	甗	1149		籓	1326
	鷉	2105		齦	2140		巖	514		櫼	893	疒	癰	1183		籔	1326
	鶒	2105		齦	2140	广	廱	559	歹	殲	917		癱	1183		籍	1326
	鷟	2105		齟	2140	心	懼	657	水	灌	1055		癩	1183		籑	1326
	鶌	2105		齠	2141		懺	657		灈	1055	白	皪	1194		籤	1326
	鶺	2106		齠	2141		懾	657		濰	1055		皫	1194	米	糯	1337
	鶑	2106		齠	2141		懺	658		灑	1055	目	矑	1225		糲	1337
鹵	鹹	2113		嗣	2141		懽	658		灘	1055		矓	1225	糸	纊	1391
鹿	麚	2117	龍	龔	2145	手	攬	734		灙	1055		矑	1225		纇	1391
	麝	2117	龜	龝	2147		搑	734		灤	1055		矔	1225		纍	1391
	麑	2117		**21획**			攫	735		灃	1055	石	礴	1248		繹	1392
麥	麵	2119	人	儺	143		攤	735		瀹	1055		礱	1249		纅	1392
	麳	2120		儷	143		攬	735		㵎	1055		礯	1249		纖	1392
黃	黌	2123		儼	143		攜	735		灃	1056		礶	1249		續	1392
黑	黥	2128		儹	143	文	斕	756		瀅	1056		礵	1249		纅	1392
	黯	2128	刀	劘	207	日	曩	801	火	爛	1089		礭	1249		纓	1392
	黨	2128		劗	208	木	欅	892		爐	1089		磚	1249		纏	1392
	黧	2128	口	囁	321		欄	892	牛	犧	1105	示	禰	1264		纘	1392
	黴	2128		嚼	321		欖	893	犬	玁	1122		禮	1264		纐	1392
	黥	2128		囀	322		欐	893		獾	1122	禾	穰	1283	缶	罍	1396
	䶰	2129		囉	322		構	893	玉	瓓	1144		穲	1283		罏	1396
鼠	鼯	2135		囂	322		欐	893		瓔	1144	穴	竈	1293	网	羼	1402
	鼱	2135		囎	322		欑	893		瓔	1144		竈	1293	羊	羸	1409

총획 색인 21획

	屪	1409		藉	1566		譃	1702		轘	1794		鐶	1910		颷	2027
羽	㺟	1417		藕	1566		譅	1702		轙	1794	門	闥	1932		飆	2027
耒	耰	1423		藻	1566		譽	1702		轚	1794		闢	1932		飇	2027
	耀	1423		蘗	1566	辛	辯	1798		闡	1932	飛	飜	2029
	糯	1423		蕙	1566		譺	1702	辵	邇	1838		闣	1932	食	饋	2041
肉	臝	1462	虫	蠟	1600		譬	1702	邑	酆	1855	雨	霰	1983		饑	2041
	臒	1462		蠣	1600		譸	1702		酃	1855		霯	1983		餏	2042
	臙	1462		蠡	1600		譏	1702	酉	醴	1867		霶	1984		饇	2042
舟	艦	1482		蠟	1601		譹	1702		醷	1867		霹	1984		饎	2042
艹	蘧	1564		蠢	1601		護	1702		醻	1867		霺	1984		饍	2042
	蘜	1564		蟻	1601	豕	獵	1716		醺	1867		霸	1984		饒	2042
	蘳	1564		蠻	1601	貝	贔	1741		醿	1867	面	靧	1993		饉	2042
	蘭	1564		蠡	1601		贐	1741	金	鐻	1908		䩺	1993		饌	2042
	蘞	1565		蠚	1601		贓	1741		鐮	1908		醫	1993		饐	2042
	蘦	1565	血	衊	1606		贊	1741		鐺	1908	革	轎	1999		饎	2043
	蘘	1565	衣	襱	1633	走	趯	1750		鐹	1908		韐	1999	馬	驅	2059
	蘩	1565		襸	1633		趨	1750		鐸	1908		韂	1999		驟	2060
	蘪	1565		襯	1634	足	蹙	1769		鐳	1908		韡	1999		驢	2060
	蘩	1565	見	覿	1644		蹿	1769		錫	1908	韋	韡	2003		驀	2060
	蘇	1565		覽	1645		躃	1769		鎮	1908	頁	顧	2019		駼	2060
	蘥	1565	角	觺	1652		躍	1769		鑱	1908		顥	2020		驚	2060
	蘘	1566	言	譴	1701		躋	1770		鑴	1908		顯	2020		駴	2060
	蘗	1566		譚	1701		躊	1770		鐵	1908		顫	2020		驕	2060
	蘡	1566		譞	1702	車	轟	1793		鐲	1909	風	飀	2027		驂	2060
	蘨	1566		譶	1702		轘	1794		鐸	1910		飆	2027		驄	2060
	蘟	1566		譫	1702		舉	1794		鐯	1910		飇	2027		鷙	2060

	鷙	2060	鳥	鵜	2106		塩	2114	**22획**		攜	735	玉	瓘	1144
	驃	2060		鷄	2106		醝	2114	一	亹	69	攦	735	瓜	瓢	1146
骨	軀	2067		鵑	2106	鹿	麝	2117	人	儻	143	攞	735	瓦	甗	1149
	體	2067		鶊	2106	麥	麵	2120		儼	143	攡	735	田	疊	1167
	鷹	2067		鷇	2106	麻	麡	2121	口	囊	322	攢	735		疊	1167
	鼇	2068		鵪	2107	黃	顥	2123		囉	322	攤	736	广	癬	1183
髟	鬘	2076		鶡	2107	黑	黯	2129		囋	322	木	權	893		癭	1183
	鬚	2076		鵝	2107		黫	2129		囌	322		權	893		癮	1183
	鬖	2076		鶪	2107		黯	2129		囅	322		橘	894	目	矓	1225
鬥	鬪	2078		鶯	2107		黰	2129		囍	323		欂	894		矙	1225
鬲	鬻	2079		鷁	2107		黻	2129	口	囑	337		槵	894	石	礦	1249
鬼	魑	2082		鶬	2107	电	鼂	2131	夂	夒	373	欠	歡	902		礫	1249
	魔	2082		鶴	2107	鼓	鼕	2134	女	孌	429	毛	氈	929	示	禴	1264
魚	鯪	2091		鶿	2107		鼛	2134		孃	429	水	灌	1056		禳	1264
	鰊	2091		鶟	2107		嚭	2134	子	孿	438		灘	1056	禾	穰	1283
	鰭	2091		鵂	2107	鼠	鼱	2135	山	巒	514		灑	1056	穴	竊	1293
	膡	2091		鷙	2108	齊	齋	2139		嶭	514		灒	1056	立	競	1298
	鰟	2091		鷓	2108	齒	齩	2141		巓	514		藻	1056	竹	籚	1326
	鰤	2091		鸕	2108		齧	2141		巑	515		灕	1056		籙	1326
	鰷	2091		鶺	2108		餠	2141	弓	彎	574		灘	1056		籠	1326
	獻	2091		鶻	2108		齠	2141	彡	彯	579	火	爁	1090		籟	1327
	鰺	2091		鷂	2108		融	2141	心	懿	657		爘	1090		籛	1327
	鰩	2091		鶴	2108		齦	2141		懺	658		燼	1090		籝	1327
	鰯	2091		鶩	2108		齰	2141	戈	戳	665	牛	犧	1105		籤	1327
	鰰	2091		鷗	2109	龜	龝	2147	手	攔	735		㸂	1105		籜	1327
	鰹	2091	鹵	鹺	2114		龡	2147		攜	735	犬	玃	1122	米	糱	1337

糴	1337	蘵	1566	譴	1703	轎	1794	革	鞿	1999	驒	2061
鷖	1337	蘵	1566	變	1703	轡	1794		韁	1999	驢	2061
糸 纑	1392	蘸	1566	讇	1703	轝	1794		韂	2000	驎	2061
纑	1393	藂	1566	讁	1703	邑 酈	1855		韇	2000	驢	2061
纐	1393	虀	1566	讄	1703	鄻	1855		韃	2000	驕	2061
纗	1393	蘜	1567	讃	1703	金 鑑	1910		鞭	2000	驛	2061
纏	1393	虫 蠧	1601	讅	1704	鑒	1910		韉	2000	驔	2061
纒	1393	蠮	1601	讇	1704	鑒	1910	韋 韣	2003	驞	2061
缶 罏	1396	蠱	1601	讆	1704	鑕	1910		韅	2003	驜	2061
鑪	1396	蟸	1601	貝 贕	1741	鑌	1910		韄	2003	驥	2061
网 羇	1403	蠭	1601	贖	1741	鑐	1910	音 響	2005	驊	2061
羊 㸋	1409	蠯	1601	贗	1741	鑄	1910	頁 顉	2020	驤	2062
耳 聻	1431	蠲	1601	走 趯	1750	鐵	1911	顫	2020	驍	2062
聾	1431	螽	1601	足 躒	1770	鑊	1911	顢	2020	骨 髐	2068
聻	1431	蠵	1601	躓	1770	鑏	1911	顣	2020	髟 髽	2076
聽	1431	蠹	1601	躚	1770	佳 雝	1971	顱	2020	鬚	2076
肉 臚	1462	衣 襲	1633	躖	1770	雨 靆	1984	風 飀	2027	鬖	2076
臟	1462	褵	1634	躕	1770	霹	1984	飜	2029	鬘	2076
舟 艫	1482	襫	1634	躓	1770	霽	1984	食 饗	2043	鬪	2078
艬	1482	襴	1634	躑	1770	霻	1984	饑	2043	鬲 鬻	2079
色 艶	1485	襪	1634	躋	1771	霾	1984	饐	2043	鬼 魗	2083
艸 蘿	1566	襫	1634	躐	1771	霂	1984	饔	2043	魚 鰱	2092
蘺	1566	見 觀	1645	躔	1771	霺	1984	饘	2043	鰹	2092
蘦	1566	覿	1645	車 轢	1794	霶	1984	鹹	2043	鰺	2092
蘓	1566	角 觿	1652	轟	1794	霻	1985	饎	2043	鰱	2092
虇	1566	言 讀	1703	轠	1794	面 靤	1993	馬 驕	2060	鰻	2092

鱒	2092	黍	稻	2124	心	戁	658	疒	癉	1183	艸	虉	1567	角	觿	1652
鮮	2092	黑	黱	2129		戀	658		癬	1183		虉	1567	言	變	1704
鰲	2092		黬	2129		懿	658	白	皪	1195		蘿	1567		讐	1705
鯔	2092	鼠	齂	2135		懼	658	目	矔	1225		蘖	1567		讎	1705
鱘	2092		軀	2136	手	攣	735	禾	稻	1283		藾	1567		讋	1705
鱒	2092	鼻	齅	2137		攪	736	竹	籩	1327		蘺	1567		譕	1705
鱋	2092	齒	齯	2141		攩	736		籟	1327		蘼	1567		讌	1705
鰊	2092		齬	2141		攬	736		蘭	1327		藷	1567		讏	1705
鰲	2092		齫	2141		攫	736		籤	1327		蘸	1567		讇	1705
鰾	2092		齮	2142	日	曬	801		鮮	1327		蘵	1567	谷	籠	1709
鳥	鷗	2109		蹯	2142	木	欋	894		籪	1327		蘿	1567	豸	玃	1719
	鷞	2109		蹶	2142		欒	894		籬	1327		蘴	1567		貛	1719
	鴇	2109	龍	龕	2145		欐	895		籐	1327	虫	蠲	1601	貝	贕	1741
	鵝	2109		龔	2146		欏	895		鐘	1328		蠱	1602	足	躪	1771
	鷽	2109		礱	2146		欑	895		籖	1328		蠰	1602		蹥	1771
	鷸	2109		韇	2146		欄	895	米	虉	1337		蠕	1602		躘	1771
	鷲	2109	龠	龢	2147	水	灤	1056	糸	纕	1393		蠭	1602	車	轣	1794
	鷹	2109					灒	1056		纖	1393		蠧	1602		轤	1794
	鱻	2109	**23획**				灘	1056		纗	1393		蠮	1602	走	邏	1838
	鷴	2109	人	儽	143	火	爟	1090		纙	1393		蠮	1602		邐	1839
	鷥	2109	刀	劙	208		齏	1090		纓	1393		蠳	1602	酉	釄	1867
	鷺	2109	口	囓	323		爚	1090		纔	1394		蠳	1602	金	鑛	1911
	鷲	2109		囐	323		難	1090	缶	罏	1396		蠱	1602		鑞	1911
	鵜	2109	山	巖	515	犬	獮	1122	耳	聵	1432	衣	襸	1634		鑢	1911
鹿	麞	2117		巗	515		獾	1122	肉	臢	1462		褔	1634		鑠	1911
黃	顚	2123		巘	515	玉	瓚	1145	舟	艫	1482	襾	覊	1638		鑕	1911
	黌	2123	弓	彏	574											

	鑽	1911		體	2068		鷸	2110	鼻	鼾	2137		灪	1056		色 艶	1485
	鑢	1912		髑	2069		鷿	2110		齁	2137		灑	1056	艸	蘆	1567
	鑼	1912		儈	2069		鸞	2110	齊	齏	2139		灞	1057		蘵	1567
雨	靈	1985	髟	鬚	2076		鶺	2110	齒	齰	2142		灝	1057		蘿	1567
面	靨	1993		鬟	2076		鷟	2110		齯	2142	火	爛	1090	虫	蠮	1602
革	韃	2000	魚	鱎	2092		鷫	2110		齮	2142	玉	瓛	1145		蠩	1602
	韂	2000		鱥	2092		鶻	2110		齯	2142	广	癰	1184		盡	1602
韭	龕	2004		鱗	2092		鴨	2110		齾	2142		癲	1184		鹽	1603
音	護	2006		鱮	2093		鶵	2110		齗	2142		癱	1184		蠶	1603
頁	顬	2020		鱉	2093		鷲	2110		齷	2142	目	矕	1225		蠣	1603
	顳	2020		鱏	2093		鶾	2110	**24획**				矘	1225	血	盪	1606
	顯	2020		鱔	2093		鷥	2111	口	囑	323		矗	1225	行	衢	1612
風	飍	2027		鱘	2093		鵰	2111		囒	323	矛	戁	1227	衣	襽	1634
食	籑	2043		鱓	2093		鶡	2111	土	壩	369	石	礦	1249		襪	1634
	饕	2043		鱏	2093		鷯	2111	大	韃	402	示	禰	1264		襷	1634
	饟	2043		鱒	2093	鹿	麟	2117	女	孏	429		禶	1264		襴	1635
	饢	2044		鱛	2093	麥	麷	2120	尸	屭	494	禾	穰	1283		襻	1635
香	醽	2046		鱝	2093		糜	2121	手	攫	736		穳	1283		襹	1635
馬	驚	2062	鳥	鶏	2109	黍	黐	2124		攬	736	竹	籛	1328	言	讕	1705
	驪	2063		鶹	2110	黑	黴	2129		攪	736	糸	繡	1394		讓	1705
	驘	2063		鷹	2110		黶	2129	日	曬	801	缶	罐	1396		讔	1706
	驛	2063		鵰	2110		黲	2129		曭	801	网	羈	1403		讌	1706
	驤	2063		鷙	2110	鼛	鼣	2130	木	欞	895		羅	1403		讒	1706
	驗	2063		鷺	2110	鼓	鼞	2134		欗	895		麗	1403		讖	1706
骨	髓	2068		鶬	2110	鼠	鼹	2136		欙	895	耒	耀	1423	貝	贛	1741
	髒	2068		鶘	2110		鼷	2136	水	灡	1056	舟	艫	1482	足	躞	1771

	躪	1771	頁	顰	2021		鸘	2111	子	孌	438	艸	虆	1567		鑲	1912
	躙	1771	馬	驟	2063		鱺	2111	广	廳	559		蘿	1567		鏡	1912
	蘯	1771		驥	2063		鷹	2111	心	戇	658		蘸	1567		鐵	1912
	躃	1771		驟	2064		鶂	2111	斤	斸	763	虫	蠻	1603	雨	霹	1986
	躞	1771	骨	髒	2069		鷫	2111	日	曬	802	衣	襷	1635		霳	1986
	躟	1771	彡	鬘	2076		鸍	2111	木	欖	895	西	覊	1638		靂	1986
車	轡	1795		鬢	2076		鶡	2112		欛	895	見	觀	1645		靉	1986
酉	醺	1867		鬘	2077		鷺	2112		欐	895	角	觿	1652	頁	顰	2021
	醾	1867	鬥	鬪	2078		鶃	2112		欙	895	言	讕	1706		顧	2021
	釀	1867	鬼	魘	2083	齒	齡	2114	水	灝	1057		讙	1706	食	籠	2044
	醴	1867		魕	2083		鹽	2114		灣	1057		讜	1707	馬	驥	2064
	釀	1867	魚	鱷	2093	鹿	廬	2118	火	爛	1090		讝	1707		驪	2064
金	鑵	1912		鱧	2093	麻	贋	2121	目	矙	1225	豕	豶	1716		驢	2064
	鐮	1912		鱔	2093	黽	鼇	2131		瞻	1226	爻	爾	1719	骨	髖	2069
隹	雙	1971		鰵	2093	鼓	鼟	2134		矉	1226	貝	贜	1742	彡	鬢	2077
雨	靂	1985		鱃	2093		鼖	2134	石	礦	1249	足	躍	1771	鬲	鬻	2080
	靈	1985		鰌	2093	鼻	齃	2137	竹	籬	1328		蹮	1771	魚	鱓	2094
	靐	1986		鱠	2093	齒	齵	2142		籬	1328		蹦	1771		鱷	2094
	靇	1986		鰔	2093		齷	2142		籩	1328		蹬	1771		鱨	2094
	靉	1986		罎	2093		齶	2142		籠	1328		躊	1771	鳥	鶂	2112
	靆	1986		鱷	2093		齷	2142	米	糶	1338		躕	1771		鷺	2112
革	韃	2000		繪	2094		齲	2142		糶	1338		跛	1772		鸎	2112
	韉	2000		鱟	2094		齦	2142	糸	纛	1394	酉	醴	1867		鸄	2112
	韆	2000	鳥	鸕	2111		齬	2142		纚	1394		釁	1867	黃	黌	2123
韋	韤	2003		鸑	2111		齪	2143		纘	1394	金	鑄	1912	黑	黵	2129
	韣	2003		鸛	2111	**25획**			肉	臠	1462		鑑	1912	黽	鼈	2131

黽	2131	衣 襌	1635	魚 鱻	2094	豆 豔	1712	鶴	2112	鸚	2112
鼓 鼟	2134	襹	1635	鱺	2094	豸 玃	1719	黑 黷	2130	鹿 麠	2118
鼗	2134	見 觀	1646	鱻	2094	走 趲	1750	鼻 齇	2137	黑 黸	2130
鼻 齇	2137	言 讄	1707	鱺	2094	足 躐	1772	齒 齰	2143	鼠 鼱	2136
齒 齭	2143	讚	1707	鱻	2094	躐	1772	齹	2143	齒 齻	2143
齸	2143	走 趲	1750	鳥 鸍	2112	躐	1772	龠 龢	2147	齹	2143
齼	2143	足 躐	1772	鸎	2112	車 轣	1795	**28획**		**29획**	
齻	2143	酉 醾	1868	麥 麵	2120	轣	1795	心 戀	658	火 爨	1090
龠	2143	醿	1868	黑 黶	2130	酉 釃	1868	木 欟	895	皿 鹽	1204
鬱	2143	金 鑢	1912	黽 鼈	2131	金 鑼	1913	艸 蘿	1568	糸 戀	1394
26획		鑣	1912	鼻 齈	2137	鑪	1913	蘸	1568	艸 虋	1568
匸 匱	228	鑞	1912	龠 龥	2147	鑾	1913	豆 豔	1712	籠	1568
囗 囅	337	鑠	1913	齰	2147	鑽	1913	足 躡	1772	言 讟	1707
彐 彠	575	鑣	1913	**27획**		革 韊	2000	車 轣	1795	足 躐	1772
木 欝	895	雨 靈	1987	火 灤	1057	頁 顴	2021	金 鑼	1913	金 鑼	1914
毛 氎	929	革 韉	2000	牛 犨	1105	顳	2021	鑷	1913	馬 驪	2064
水 灤	1057	韈	2000	米 糱	1338	風 飌	2027	鑿	1913	鬯 鬱	2078
灡	1057	韉	2000	糸 纜	1394	馬 驟	2064	佳 雥	1971	魚 鱺	2094
广 癳	1184	韋 韤	2003	纙	1394	驦	2064	革 韊	2000	鳥 鶴	2112
目 矚	1226	頁 顙	2021	纚	1394	驧	2064	食 饢	2044	鸚	2112
石 礦	1249	風 飀	2027	艸 蘸	1568	驪	2064	饡	2044	麥 麷	2120
竹 籤	1328	食 饢	2044	虫 蠱	1603	魚 鱸	2094	馬 驥	2064	齒 齼	2143
籯	1328	饢	2044	蠣	1603	鱷	2094	驤	2064	**30획**	
籰	1328	馬 驥	2064	言 讞	1707	鳥 鷯	2112	骨 髖	2069	羊 羶	1409
虍 虪	1574	驢	2064	讟	1707	鷲	2112	鬯 鬱	2078	虫 蠶	1603
虫 蠮	1603	鬥 鬮	2078	讜	1707	鵜	2112	鳥 鸛	2112	革 韉	2000

총획 색인 30~37획

馬 驦	2065	**31획**	水 灣	1057	魚 鱻	2094	齒 齾	2143	艸 麤	1568
魚 鱺	2094	水 灩	1057	竹 籲	1328	鹿 麤	2118	**36획**
鳥 鸞	2112	麻 縻	2121	**33획**	龠 龥	2147	鳥 鸜 蟲	2113
鸝	2113	**32획**	火 爥	1090	**35획**	**37획**

索引

字 音 索 引

1. 본 색인은 표제자의 모든 음을 한글 자모순으로 정리하고, 같은 음인 글자는 부수별 획수순으로 배열하였다.
2. 약호 ㉠은 중학교 기초한자, ㉡는 고등학교 기초한자, ㉢은 대법원 지정 인명용 한자이다.
3. 오른편 숫자는 그 표제자가 실린 면수를 나타낸다.

가		嫁 ㉢	423	珈	1128	猳	1715	卻	246	梏	849
仮	80	穼	443	珂 ㉢	1128	賈	1729	**각**		梏	849
伽 ㉢	86	家 ㉠	451	痂	1171	跏	1752	各 ㉠	268	椁	868
佉	86	傢	533	疴	1172	軻	1753	咯	288	桷	873
佳 ㉡	94	㝨	552	砢	1234	軻 ㉢	1778	埆	348	殼	918
価	95	牮	757	稼 ㉢	1278	迦 ㉢	1803	塙	358	殼	920
假 ㉢	120	牼	758	笳	1301	迲	1803	壳	370	殼	921
傢	126	嘏 ㉡	793	笴	1302	問	1923	恪 ㉢	611	觳	922
價 ㉢	137	柯 ㉢	834	篧	1317	駕	2050	愙	611	玨	1127
加 ㉠	208	枷 ㉢	834	耞	1422	骼	2067	恝	629	玨 ㉢	1128
卡	242	架 ㉡	834	舸	1479	駕	2098	慤	637	瑴	1138
叚	258	椵	861	苛 ㉢	1493	駒	2098	慤 ㉢	640	瑴	1196
可 ㉠	261	榎	868	茄 ㉢	1493	麚	2115	捔	694	睢	1221
呵 ㉢	282	櫺	886	菏	1519	麚	2117	搉	713	確	1244
咖	282	歌 ㉠	900	葭	1521			撊	730	碻	1244
哿	293	斝	907	蕸	1554	**각**		攉	734	礭	1249
哥 ㉢	293	滒	1014	街 ㉠	1609	催	126	瓮	755	筥	1308
嘉 ㉢	310	岡	1094	袈 ㉢	1616	刻 ㉡	193	斠	758	穚	1385
嘏 ㉢	313	牁	1101	訶 ㉢	1660	刻	194	格	842	胳	1443
坷	344	猳	1114	謌	1689	却 ㉡	245	㭍	849	脚 ㉢	1446

자음 색인 간~갈

脚	1451	刊 ㉠	186	癎	1181	蕳	1543	鬝	2076	曷 ㉤	804
茖	1501	刋	187	癇	1181	囏	1558	鳱	2096	楬	862
峈	1605	墾 ㉣	365	奸	1195	玕	1575	黚	2125	歇	900
崿	1606	奸	404	秛	1195	衎	1608	齦	2141	毼	927
袼	1619	姦 ㉠	412	盂	1197	襇	1631	**갈**		渇	986
覍	1639	奸	413	肝	1205	見	1639	圠 ㉤	49	渴 ㉠	1002
恪	1639	干 ㉢	537	看 ㉢	1207	覵	1644	刈	194	澥	1041
竟	1639	幹 ㉠	541	看	1211	諫 ㉣	1683	割	204	漍	1041
覚	1641	恳	611	瞯	1223	襇	1709	割	204	炎	1066
慤	1641	慳	640	瞷	1223	狠	1713	劫	212	猲	1114
覺 ㉠	1644	懇 ㉣	651	矸	1232	豻	1716	匃	222	獦	1118
角 ㉣	1646	揀 ㉣	707	磵 ㉣	1246	赶	1745	包	222	癌	1177
角	1647	旰	775	秆	1267	赶	1748	喝 ㉣	301	盇	1198
殻	1650	杆 ㉣	823	稈 ㉤	1272	邗	1840	嘎	312	盍	1199
趞	1751	柬 ㉣	834	竿 ㉣	1300	釬	1878	嘎	314	矻	1232
較	1777	栞 ㉣	841	簡 ㉠	1321	鍊	1897	宠	451	碣 ㉤	1240
較	1780	桿	849	簡	1322	鐧	1905	害	456	磕	1242
閣 ㉠	1923	榮	855	簳	1323	間	1918	嵑	507	碬	1244
催	1960	幹	868	繝	1385	間 ㉢	1919	巈	512	秸	1271
鬥	2077	泔	983	肝 ㉠	1435	軒	1994	恝	611	楷	1276
殼	2106	澗	1023	肩	1436	頑	2008	挗	673	羯	1276
간		澗 ㉣	1034	艮 ㉣	1482	頋	2015	拮	690	竭 ㉣	1297
乾	49	潤	1034	艱 ㉣	1483	馯	2049	揭	698	篙	1323
乾	50	狠	1110	芉	1486	骭	2065	揭	708	緊	1361
倝 ㉤	95	玕	1127	苊	1501	骹	2066	撧	726	羯	1408
侃	121	癎	1181	菅	1513	鬟	2075	暍	793	賜	1459

芥	1487	峪	504	監㉑	1201	銟	1897	閘㉑	1922	慷㉑	641
葛㉑	1521	崺	507	鹽	1204	鑒	1897	輡	2001	慶	641
蠍	1587	嵌㉑	507	瞰	1219	鑑㉑	1910	**갓**		扛	672
蠍	1598	感㉓	629	瞰㉑	1222	鑒	1910	這	1813	抗	680
褐㉑	1626	憨	646	壛	1224	鬫	1932	**강**		摳	698
褐	1631	憨	646	矙	1225	鶾	2106	亢	65	控	698
訐	1655	憾㉑	651	砍	1232	鸗	2114	伉	85	摚	713
鞨	1787	戡	663	礆	1240	鹼	2114	俇	86	摃	713
鞨	1793	撼	726	磡	1247	龕㉑	2145	僵	137	杠㉑	823
鞅	1994	敢㉓	746	磟	1247	**갑**		剛	197	杭	834
韢㉑	1997	敚	747	柑	1330	匣㉑	227	剛㉑	200	椌	855
靼	1999	柑㉑	834	紺	1348	嗑	310	剄	203	槓	869
頡	2007	械	862	緘	1377	夾	395	堈㉑	350	橿	873
감		橄	879	礉	1396	岬	499	堩	365	檽㉑	886
減	177	檻	887	鎌	1454	帢	527	姜㉑	413	殭	917
凵	180	欿	896	茨	1487	帽	530	嫌㉑	424	江㉓	939
勘㉑	215	欲	898	苷	1493	押	684	康	463	沆	951
歐	228	歠	902	蒶	1549	榼	873	岡㉑	499	泖	972
咸	292	泔	952	蚶	1578	溘	1022	罡	499	洚	978
坎㉑	341	涂	986	尵	1593	甲㉓	1154	崗㉑	504	港	1013
坩	344	減㉓	1002	帽	1606	蓋	1199	崆	504	炕	1062
堪㉑	355	澉	1034	贛	1741	瞌	1220	康㉑	550	犅	1103
壏	360	瀶	1057	轁	1784	容	1288	强㉓	570	犺	1106
壏	365	瑊	1137	轞	1793	胛	1439	强㉓	572	玒	1146
橄	485	甘㉓	1149	邯㉑	1843	蓋	1530	彊	573	瓨	1146
尵	485	疳㉑	1171	酣	1859	鉀	1881	忼	600	甌	1147

㼚 1148
䀝 1157
畺 [명] 1164
疆 [명] 1166
矼 1232
砊 1233
礓 1247
穅 1279
䆲 1291
笐 1300
粇 1329
糠 [명] 1335
紅 1340
絳 [명] 1354
絺 1354
綱 [고] 1364
繈 1380
繮 1387
罡 1397
羌 [명] 1404
羗 1405
耩 1423
腔 [명] 1449
舡 [명] 1478
茳 1501
苀 1506
薑 [명] 1549
蘁 1561
蜣 1584
䗵 1598
襁 1623
襁 [명] 1629
䙺 1631
講 [중] 1689
豇 1710
跭 [명] 1758
邟 1840
䣈 1858
釭 1877
鋼 [고] 1892
鏹 1903
鐹 1905
閌 1922
阬 1933
降 [중] 1939
韁 1999
顜 2017
鱇 [명] 2092
䴚 2113
䴚 2113
䴚 2113
𪌂 2123

개

丐 24
个 34
介 [고] 72
㐰 78
价 [명] 80
侅 102
個 [중] 111
凱 [명] 179
剴 203
匃 222
匄 222
喈 301
嘅 311
嚌 319
垓 348
堦 355
塏 [명] 358
尬 484
峐 502
恝 611
愒 630
愷 [명] 637
愾 [명] 637
慨 [고] 641
扢 673
揩 707
摡 717
改 [중] 738
晐 787
暟 795
杚 823
概 862
楷 868
槪 [고] 873
概 874
槩 874
欬 897
湝 1003
漑 [명] 1023
犗 1104
玠 [명] 1127
畡 1162
疥 [명] 1170
痎 1174
𤸊 1178
瘷 1180
皆 [중] 1191
盖 [명] 1199
砎 1232
磍 1240
磕 1242
磑 1243
礚 1247
祴 1257
稭 1276
箇 [명] 1310
䋇 1372
肄 1432
肎 1435
肯 1437
肻 1437
𦙶 1437
胲 1446
芥 [명] 1487
萁 1514
蓋 [고] 1530
薊 1549
薢 1554
黠 1567
蚧 1576
𧌒 1587
該 1670
豈 [명] 1710
賌 1731
輆 1780
鍇 1897
鎧 [명] 1900
開 [중] 1919
閡 1924
闓 1929
陔 1939
階 1948
雉 1965
颽 2026
𩬊 2072
魪 2084

객

喀 [명] 302
客 [중] 448
愘 630
𧮨 1606

갱

坑 [명] 342
㪅 742
更 [중] 803
䁥 1221
硎 1237
硜 1237
磍 1240
𥖃 1244
秔 1267
稉 1272
粳 [명] 1332

羹	1408	巨㋖	518	筦	1302	駏	1647	件㋕	80	詟	1677
羮	1408	弆	562	箮	1308	胇	1650	健㋕	121	謇	1690
賡	1732	憪	651	簏	1323	詎	1660	偐	137	謇㋕	1764
鏗	1903	拒㋕	680	籧	1327	距㋕	1753	儉	142	蹇	1771
阬	1933	拠	681	粔	1330	跙	1759	囝	327	鍵㋕	1897
갹		挙	689	胠	1439	蹍	1768	嵰	511	闉	1932
噱	316	据㋕	698	腒	1449	車㋕	1774	巕	514	鞬	1997
屩	493	據	717	膁	1459	遽	1835	巾	523	騝	2056
臄	1459	擄	717	臼	1471	醵	1866	建㋕	560	鶱	2057
郤	1708	據㋕	726	舁	1471	鉅	1881	愆	630	驪	2064
蹻	1767	擧	730	舉	1473	鈩	1885	憩	630	鱴	2091
醵㋕	1866	旧	773	舉	1473	鋸	1892	揵	707	걸
거		柜	834	艍	1480	鐻	1908	搴	713	乞㋕	48
佉	86	椐	855	苣	1493	钁	1913	攓	733	亐	49
倨㋕	111	櫸	892	莒	1507	阹	1934	攐	734	偈	122
劇	220	岠	907	葉	1544	駏	2050	榐㋕	862	傑㋕	126
去㋕	252	渠㋕	1003	蘧	1564	鶋	2103	澉	1023	嶻	509
厺	253	炬㋕	1062	蘆	1566	鶏	2109	漧	1053	担	682
呿	282	琚	1133	蘮	1570	鸜	2111	犍	1103	揭	698
宮	456	璩	1142	虡	1570	麩	2119	腱	1219	揭	708
尻	486	硨	1238	廣	1573	齚	2140	腱㋕	1451	朅	808
居㋕	488	碟	1240	虚	1573	걱		脥	1454	杰	827
屈	489	磲	1246	蚷	1578	旮	520	茛	1501	桀	841
岠	499	祛	1251	袪	1578	건		虔㋕	1569	樐	868
崌	504	秬	1270	袪	1616	乹	49	褰	1628	气	931
㐦	518	稆	1274	裾	1623	乾㋖	50	襛	1634	渴	986

자음 색인 검~견

		겁											
渴	1002			仮	80	覡 ㉲	1642	开	539	稆	1272
碣	1240	刼	189	假	120	骼	1648	悁	618	筧	1308
羯	1276	却	189	嗝	316	諽	1683	慳	653	簡	1323
稭	1278	刦	189	墼	365	轚	1793	掔	698	甄	1326
竭	1297	劫 ㉲	211	憾	630	郹	1848	掔	698	絹	1361
秸	1421	怯	604	憿	652	鎘	1900	撑	722	䞋	1361
舒	1878	拾	691	挌	689	閴	1927	枅	827	縴	1380
		极	827	搞	713	隔 ㉲	1952	枅	842	鏗	1380
	검	獥	1114	擊	717	隔 ㉲	1952	楖	855	縳	1383
俭	111	肶	1439	擊 ㉲	727	雎	1966	汧	943	繭 ㉲	1387
儉 ㉲	137	蚗	1578	格 ㉲	842	骼	2066	汧	966	繾	1390
劍	200	扱	1614	槅	862	鬲	2079	涀	970	罥	1398
劒 ㉲	206	袷	1619	槅	873	鬲	2079	涓	980	羂	1402
劎	206	跲	1755	橄 ㉲	886	骴	2097	湶	1003	肩 ㉲	1436
劍 ㉲	207	迲 ㉲	1803	毄	921	鴶	2102	牽 ㉲	1102	苆	1513
撿	726	魝	2084	湨	1003	鴃	2105	犬 ㉳	1105	甄	1537
檢	855			激 ㉲	1041	鼳	2135	狷	1111	蚈	1580
檢 ㉲	886		게	昊	1108			獧	1120	璽	1599
欠	895	偈 ㉲	122	獥	1119		견	甄 ㉲	1147	蠲	1601
瞼 ㉲	1224	憩	630	獲	1122	倪	110	眄	1156	繭	1634
羬	1409	㔅	641	磬	1247	呟	287	甽	1157	襺	1635
臉	1459	憩 ㉲	646	籇	1323	堅	342	眤	1157	見 ㉳	1639
芡	1487	慇	646	綌	1361	堅 ㉳	350	砄	1157	譴 ㉲	1701
鈐 ㉲	1879	揭	698	骼	1443	岍	498	眅	1214	豜	1712
闟	1932	揭 ㉲	708	膈 ㉲	1454	岍	501	眩	1214	豣	1713
顩	2020	碣	1240	荄	1501	㐩	527	睊	1216	貃	1715
黔 ㉲	2125					开	537	明	1216		

격

豜 1717
趼 1752
跰 1755
衎 1780
遣 [고] 1827
鄄 1848
鈃 1881
鋗 1888
銒 1888
鋗 1892
開 1919
雃 1966
鞙 1997
鰹 2092
鵑 2100
鳽 [명] 2102
鵑 2103
麉 2116

결

僪 133
决 174
潔 177
刔 187
㓗 202
夬 385
契 398
夬 400
孑 430
⿰山夬 568
怴 617
抉 [명] 673
挈 691
揳 709
撅 722
桔 844
楔 870
㮏 881
決 [중] 943
泬 952
潔 [중] 1035
潏 1038
炔 1060
玦 1127
璚 1141
眏 1207
矞 1227
⿰礻矞 1261
稧 1276
結 [중] 1354
絜 1361
繘 1386
缺 [고] 1395
罬 1399
芵 1487
薊 1549
蚗 1576
袺 1619
觖 1647
⿰角矞 1651
⿰角夐 1652
訐 1653
訣 [명] 1657
譎 1698
赽 1746
趹 1752
⿺辶叕 1817
鈌 1878
鍥 1897
⿰金結 1906
鐍 1908
闋 1927
⿰夬隹 1961
駃 2049
鴂 2097

겸

傔 126
兼 [고] 167
兼 168
嗛 308
慊 [명] 637
拑 681
柑 834
歉 900
箝 [명] 1310
⿱竹括 1310
⿱竹兼 1317
⿰米兼 1335
紟 1342
縑 1377
膁 1454
葴 1529
蒹 1530
謙 [고] 1690
謙 1690
鉗 [명] 1881
鉆 1884
鎌 [명] 1900
鐮 1908
鰜 2091
鶼 2106

겹

俠 110
夾 395
⿰巾臽 532
帢 527
⿰巾臽 532
掐 698
梜 855
⿰目咸 1219
莢 1512
袷 1619
裌 1620
謙 1690
謙 1690
郟 1844
韐 2001
頰 2014
鵊 2102

경

京 [중] 67
京 68
俓 [명] 102
倞 [명] 111
傾 [고] 129
儆 [명] 137
冂 168
冋 168
冏 [명] 170
剄 197
剠 200
勁 [명] 213
勍 [명] 214
卿 247
卿 247
卿 [고] 247
哽 293
囧 [명] 329
坰 [명] 344
埛 347
境 [고] 360
娙 418
嬛 428
巠 516
幜 535
庚 [중] 546
径 580
徑 [고] 585
悜 630
慶 [중] 641
憬 [명] 647
憼 651
扃 668
擏 727
擎 [명] 727
㪫 742
敬 747

자음 색인 계

敬㊇	749	瓊	1144	縈	1365	鏡㊀	1903	啓㊀	296	檵	889
敲	750	甽	1156	縈	1365	鑒	1910	堺㊃	355	縠	921
景㊇	790	甽	1157	馨	1395	陘	1942	堦	355	洎	966
暻㊇	798	甽	1157	耕	1421	鞕	1996	契	398	渓	986
更㊇	803	畎	1157	耿㊃	1424	誙	2005	季	433	溪㊇	1014
梗㊃	849	畊	1157	脛㊃	1447	誩	2005	屆	489	炅	1060
榎	862	痙㊃	1174	莖	1493	頃㊀	2006	届	489	炔	1060
穎	874	睘	1217	冋	1493	頚	2010	嵰	509	烓	1064
檠㊃	887	睘	1220	莝㊃	1507	頸	2011	罽	544	猤	1114
橄	887	硜	1237	蔨	1509	頸㊃	2012	彐	574	獂	1118
蘡	889	硬㊀	1237	薊	1554	駉	2051	悈	611	珡	1129
逕	974	磬	1244	螢	1598	驚	2062	忯	617	琄	1136
炅	1060	硜	1244	褧	1628	驤	2064	悸	621	甄	1147
熒	1066	秔	1267	詎	1671	髆	2066	愒	630	瓳	1148
焑	1067	粳	1272	誙	1671	鯁	2087	戒㊀	660	界㊇	1157
甹	1068	窐	1288	警	1693	鯁	2087	揳	691	阶	1158
甹	1073	竟㊀	1295	警㊀	1699	鯨	2088	擊	717	瘈	1177
頚	1080	竸	1298	逕	1758	鱷	2093	擊	727	瘛	1178
牼	1102	競㊇	1298	跫	1769	鵑	2103	枅	827	瘱	1181
獍	1117	競	1298	軽	1778	黌	2116	挈	842	癸㊇	1184
琁	1133	粳	1332	輕㊃	1782	廬	2118	挈	842	睚	1216
境	1140	紞	1342	逕㊃	1810	黥	2128	桂㊀	842	睽	1219
璚	1141	絅㊃	1348	邢	1842	鼎	2132	械㊇	849	殼	1220
璟㊇	1141	経	1348	邢	1844	계		棨㊃	855	磎㊃	1242
璥	1142	縆	1361	鄭	1844	乩	49	桷	855	禊	1259
瓊	1143	經㊇	1361	鏗	1903	係㊀	102	繫	887	稧	1276

자음 색인 고 2267

稽	㉠	1278	谿	㉠	1708	告	㉢	275	栲		843	槀		1278	膏		1443
筓		1300	磎		1709	呱	㉠	282	藁		868	笴		1302	膏	㉠	1455
笄		1304	跮		1752	咎		282	槁		868	筶		1302	皐		1468
系	㉠	1338	謦		1793	固	㉠	330	槔		869	箇		1304	苽	㉠	1494
紒		1342	郄		1848	堌		351	槹		874	菰		1310	苦		1494
結		1354	鍥		1897	姑	㉠	409	樔		879	蓫		1310	菓		1513
絜		1361	関		1927	婟		418	樟		879	簹		1313	菰	㉠	1513
継		1363	階	㉠	1948	嬶		426	橋		879	篙		1317	蒿		1537
繋		1365	隹		1961	孤	㉠	434	槖		890	觚		1322	薧		1549
繫		1365	雞		1967	窛		443	沽	㉠	952	糕		1335	藁		1554
繼		1377	鞼		1998	家		451	澤		1015	絝		1355	藳		1558
繋	㉠	1387	騤		2058	尻	㉠	487	滜		1035	罛		1391	薧		1561
繼	㉠	1390	髻		2074	尻		487	熇		1079	罟		1397	蛄		1578
纚		1393	鳩		2097	峼		504	燲		1087	罠		1397	蠱		1578
罽		1401	鶏		2103	庫	㉠	548	牯		1101	羖		1398	蠱	㉠	1602
艍		1481	鷄	㉠	2106	拷		689	痼		1176	殺		1405	袴		1619
葵		1537	灘		2111	拷		689	皋		1192	羔	㉢	1405	褲		1628
薊		1549	齡		2140	搞		713	皐		1193	羙		1405	觚		1647
蟿		1598	齬		2143	攷	㉢	737	皷		1196	羙		1405	觛		1647
衸		1620		고		故	㉢	742	盬		1204	羜		1405	詁		1660
褉		1624	估		86	敲	㉢	750	睾	㉢	1219	翺		1414	誥		1672
觬		1647	傗		133	敂		750	瞽		1224	翶		1416	諽		1695
計	㉠	1653	凅		175	暠	㉢	796	祜		1257	翶		1416	賈	㉢	1729
許		1655	刳		194	杲	㉢	827	褐		1260	考	㉢	1418	𧣴		1751
訣		1657	古	㉢	262	枴		835	稇		1274	股		1436	跨		1751
誡	㉠	1671	叩		263	枯	㉠	835	稿	㉠	1278	胍		1439	跨		1755

索引

자음 색인 곡~공

踘	1755	駒	2137	薢	1537	昆㈜	775	袞㈜	1616	扢	672
軬	1778	**곡**		蟲	1580	晜	788	綑	1621	抇	673
轚㈜	1795	告	275	角	1646	梱㈜	849	褌	1624	搰	713
郜	1844	哭㈜	293	刏	1647	梱	855	裷	1624	榾	869
鄁	1846	嚳	320	嗀	1650	棍	861	褌	1626	汩㈜	944
酷	1859	枓	757	谷㈜	1707	混	1001	襛	1635	汨	944
鈷	1881	斛	757	蹻	1767	滾	1015	輥	1784	淈	986
錮	1892	曲	802	轂	1789	滾㈜	1023	錕	1892	滑	1023
鐲	1906	梏	849	鄐	1844	焜	1073	凯	1916	疕	1172
雇㈜	1964	穀	869	鄐	1846	猑	1112	閫	1924	矻	1232
雄	1964	槲	874	酷	1861	琨	1133	霣	1982	縎	1377
靠	1991	瀔	1052	醬	1864	琯	1133	頌	2007	顝	2017
顧	2010	焅	1066	鼃	2074	瑾	1142	騉	2055	骨㈜	2065
顧㈜	2019	牿	1102	鵠㈜	2102	硍	1238	䲵	2067	鳲	2096
饛	2040	猞	1111	**곤**		稇	1272	髠	2072	鴶	2099
餽	2041	珏	1127	ㅣ	34	稛	1274	髡	2072	鶻	2106
骹	2066	瑴	1128	困㈜	329	綑	1363	鮌	2085	**곳**	
高㈜	2069	秸	1272	坤	344	緄	1365	鯀	2087	貟	294
髙	2072	穀	1276	壼	371	縨	1372	鯤㈜	2089	庹	555
鯌	2086	穀㈜	1278	崑㈜	504	罤	1398	鰥	2091	貢	1720
鯝	2089	笛	1305	崐	504	臗	1461	鱞	2093	**공**	
鴣	2098	觳	1319	悃	532	菎	1513	鵾	2103	供㈜	95
鼓㈜	2133	穀	1335	悃	617	蒌	1531	鶤	2105	倥	111
鼔	2133	穀	1377	捆	694	蓑	1537	鯇	2141	公㈜	159
皷	2133	轂	1395	捆	698	蜫	1584	**골**		共㈜	164
鼛	2134	苗	1501	掍	707	衮	1614	惛	637	刃	186

功㊈	210	珙㊃	1130	鞼	1997	過	1008	裹	1624	癯	1183
匭	228	矼	1232	鵠	2103	過	1042	褁	1628	曠	1225
卭	243	碧	1236	鶻	2106	粿	1103	夸	1654	矍	1225
哄	292	硿	1238	龔	2146	猓	1112	誇㊈	1665	聵	1428
子	430	桱	1274	**곶**		瓜	1145	課㊈	1677	虇	1561
孔㊃	430	空㊈	1284	串㊃	37	瓪	1171	跨	1755	蠸	1603
孨	431	節	1302	**과**		痂	1177	踝	1755	趣	1751
崆	504	筇	1305	倚	96	碬	1236	踝	1759	躩	1772
工㊈	517	筼	1310	倮	113	科㊈	1267	輠	1784	郭㊃	1846
廾	561	簹	1322	凸	169	稞	1274	輠	1789	鄭	1855
志	598	紅	1340	剮	201	窠	1289	过	1801	鑊	1913
悲	604	狐	1410	副	202	菓	1323	過	1817	霍	1979
恐㊃	611	腔	1449	另	263	絓	1355	過㊈	1820	鞟	1997
恭㊃	611	蚣㊃	1576	堁	351	絼	1372	銙	1885	鞹	1999
悾	612	蛬	1578	塪	355	縞	1375	鍋㊃	1897	**관**	
悾	621	蛩	1580	夥	378	胯	1443	顆	2015	卝	37
拱㊃	689	蛩	1580	粿	378	荂	1501	騍	2056	串㊃	37
摃	689	螌	1580	夸	394	菓㊈	1513	骻	2066	佄	111
控㊃	698	貢㊃	1721	媯	413	華	1519	髁	2067	冠㊃	171
攻㊃	739	贛	1741	媧	421	華	1549	**곽**		卝	241
栱	843	跫	1755	寡㊃	463	薖	1549	廓㊃	554	官㊈	443
椌	843	輂	1780	戈㊃	658	蝌	1584	椁	855	寬	463
桯	855	邛	1839	撾	727	蛶	1587	槨㊃	874	寬㊃	467
槓	869	釭	1877	果㊈	827	蜾	1587	漷	1023	幹	541
槓	887	鋬	1885	棵	856	蝸	1589	濩	1052	悹	621
涳	986	鞏㊃	1995	樢	887	袴	1619	狂	1106	悺	621

자음 색인 괄~괴

慣⑪	641	盥	1203	關	1929	聒	1425	桂	831	軒	1777
摜	717	瞷	1221	關㊥	1930	苦	1501	框	843	輇	1783
擓	735	矔	1225	瘨	1967	栝	1521	桄⑪	843	輄	1792
斡	758	矜	1226	顴	2021	适⑪	1805	桯	853	迋	1803
果	827	裸	1257	舘⑪	2038	闊	1928	橫	879	鄺	1855
梡⑪	850	窾	1292	髖	2069	髻	2074	橫	885	鉱	1881
棺	856	筦	1308	鸛	2069	鬠	2076	洸	966	鑛⑪	1911
椁	856	管⑪	1310	鱨	2091	鴰	2100	兊	1059	騧	2102
榦	868	綰	1365	鱞	2093	鵅	2103	眖⑪	1060	戨	2123
欵	897	綸	1367	鱹	2094	**광**		狂⑪	1106	**괘**	
欸	897	罐	1396	鸛	2112	卝	37	獷	1121	卦㊥	242
款㊥	898	脘	1448	**괄**		侊㊥	96	珖	1130	咼	290
款	899	脜	1451	佸	85	侱	102	眶	1214	喎	305
毌	922	臗	1461	刮㊥	194	光㊥	146	曠	1225	挂	690
涫	986	舘㊥	1476	剐	205	勋	212	硄	1236	掛⑪	699
潅	1024	莞	1511	喼	318	匡㊥	226	磺	1246	枴	835
灌	1050	菅㊥	1513	恝㊥	611	卝	241	礦	1248	棵	856
灌㊥	1055	觀	1639	括㊥	689	呈	280	穬	1283	窐	1289
爟	1090	覌	1639	倉	805	壙㊥	368	筐㊥	1305	絓	1355
琯㊥	1133	観	1644	會	807	広	544	絖	1355	罣	1398
瑾㊥	1144	觀㊥	1645	會	807	廣	554	纊	1391	罫㊥	1398
痯	1176	貫⑪	1722	栝	843	廣㊥	555	胱㊥	1443	褂	1624
瘝	1177	輨	1784	活	972	怳	612	芫	1501	詿	1665
瘝	1178	錧㊥	1893	潤	1050	憬	654	誆	1665	闚	1931
癏	1182	鑵	1912	䀩	1216	懬	654	誑	1672	**괴**	
盤	1197	関	1923	筈	1305	曠㊥	800	誆	1755	乖㊥	43

자음 색인 곡~교

傀㉯	126	癗	1182	膕	1456	轟㉯	1793	夠	372	校㉰	843
儈	139	瘑	1199	虢	1573	鍠	1897	姣	413	梟	855
凷	180	硅	1233	蟈	1593	鐄	1897	嬌	426	椎	868
坏	343	砶	1238	膕	1606	閎	1921	屩	493	權	873
坯	345	磂	1247	馘	2045	鞃	1994	嶠	511	梟	879
塊㉮	358	稐	1282	頔	2045	鞆	1994	嵪	511	橋㉮	879
壞	365	膹	1458	**굉**		纊	2120	巧㉮	518	橇	880
壞㉮	368	蔲	1521	厷	252	纊	2120	徼	594	澆	993
媿	423	蒯	1531	宏㉯	442	**교**		恔	612	激	1024
嶬	504	蕢	1544	汯	944	交㉰	65	憍	647	瀿	1030
廥	554	薝	1554	浤	974	佼	96	憿	652	澆	1038
檜	558	襘	1632	淘	1003	僑	133	招	686	膠	1050
怪㉮	604	頯	2012	磋	1237	傲	137	挍	690	矯	1082
恠	612	騩	2058	宏	1285	叫	264	揯	694	狡㉯	1109
恢	616	魁㉰	2081	紘㉮	1342	呌	264	搞	722	猌	1112
悝	621	鱠	2094	絋	1363	呴	277	撒	727	獿	1117
愧㉮	637	**곽**		狁	1410	咬	288	擎	727	獟	1118
拐㉯	681	劀	202	夐	1414	喬㉯	302	攪㉯	736	獢	1119
廥	771	崞	534	蕢	1415	喁	311	效	740	玟	1130
椳	847	廓	664	肱	1436	嘵	312	效	740	璬	1142
槐㉯	869	摑	718	舢	1648	嘮	313	教㉰	743	疥	1169
檜	888	漷	1050	艭	1651	嚙	316	教㉯	744	皎㉯	1193
懷	892	瞯	1216	訇	1654	噛	319	敲	751	皦	1194
澮	1046	硅	1236	裹	1777	塙	358	筊	755	盥	1204
瑰	1138	籆	1319	輷	1777	墽	364	晈	785	眽	1214
瓖	1144	膕	1427	輘	1778	墩	366	暞	799	矯㉮	1230

硚	1236	蛟 ㉢	1580	酵	1861	具 ㉠	166	嫗	424	敂	742
礄	1244	蟜	1595	鉸	1885	冓	170	寇	453	救 ㉡	744
礉	1245	奀	1639	轎	1999	冦	172	寇 ㉢	456	敺	750
磽	1246	覐	1639	餃	2034	浗	175	寇	457	斀	758
礄	1247	奀	1639	驕	2060	冏	204	寠	464	斢	758
礄	1281	覚	1641	骹	2066	劬	211	屨	493	斱	759
簥	1286	覐	1641	鮫	2085	勾 ㉢	222	岣	499	旧	773
笝	1286	覺	1644	鮫	2086	匞	228	岴	499	昛	791
窖	1287	憍	1651	鱎	2092	区	228	嶇 ㉡	509	曲	802
窖	1288	譑	1695	鴗	2100	區 ㉠	229	廄	554	胊	812
窯	1291	警	1699	鵁	2110	厩	251	廏 ㉡	554	杋	821
窌	1291	趭	1750	鼼	2136	厹	252	穀	572	柜	834
竅	1292	趬	1750	齩	2141	口 ㉢	260	彄	572	枸 ㉡	835
蕎	1298	跤	1756	구		叩	263	怐	605	樞 ㉡	835
笅	1305	蹻	1767	丘 ㉠	30	句 ㉡	263	思	638	柾	835
絞	1338	蹻	1767	止	31	叴	264	怮	647	柏	844
糾	1338	較	1777	久 ㉢	41	咎 ㉢	282	懼	657	梖	856
絞 ㉢	1356	較 ㉡	1780	九 ㉢	44	呴	283	懼	658	格	856
繑	1385	轎	1789	亀	49	嘔 ㉡	311	戳	665	楀	865
繳	1389	轇	1790	龟	51	垢 ㉡	345	扣	672	構 ㉡	869
翹 ㉡	1416	轎 ㉡	1792	仇	73	垢 ㉡	347	拘	674	槼	870
膠 ㉡	1456	郊 ㉡	1843	佝	86	夠	377	拒	680	欋	893
艽	1485	鄗	1851	俅	102	够	377	拘 ㉡	681	欧	896
茭	1501	鄥	1852	俱 ㉡	111	姁	412	捄	694	欨	897
莜	1501	鄥	1852	備	127	姤	413	搆	713	歐 ㉡	901
蕎 ㉡	1544	鄒	1853	傴	129	媾	423	摳	718	殴	918

자음 색인 국

毆㉰	921	矩㉰	1229	眹	1472	歡	1633	鄩	1849	鴎	2097
毬㉰	926	磲	1242	舊㉣	1473	觀	1643	鈤	1878	鴝	2099
耗	927	究㉣	1284	舠	1479	觓	1647	鉤	1879	鷇	2106
粍	928	窔	1285	購	1481	觩	1647	鉤	1881	鷗	2109
毬	929	窚	1288	艽	1485	觳	1650	銶	1889	鸜	2112
氍	929	窶	1291	艽	1488	詈	1654	鑺	1912	麚	2116
求㉥	938	筍	1302	苟㉣	1494	訽	1654	阹	1953	麢	2135
溝	1015	篝	1317	芑	1501	詢	1660	雎	1960	魗	2136
漚	1024	簏	1323	萬	1527	誇	1665	雊	1964	歔	2136
灸	1059	篗	1326	蒟	1531	訽	1671	韝	1998	龜㉣	2146
炙	1060	糗	1335	蓲	1537	謣	1677	輅	2001	
熰	1080	紈	1338	蔻	1537	講	1689	韝	2002	**국**
狗㉣	1108	絢	1348	舊	1549	謳	1693	韭	2003	侷	102
狱	1111	絿㉰	1363	蘧	1564	貏	1717	韮	2003	匊	223
玖㉰	1127	縷	1372	虁	1566	賕	1731	頄	2006	告	275
珓	1128	縠	1395	蚯	1578	購	1738	颶	2025	口	323
球㉣	1132	縠	1408	蛛	1581	跔	1753	饋	2040	国	330
珨	1140	耉	1419	蝸	1587	踽	1762	馗	2045	圶	331
甌	1148	耇㉰	1419	蠵	1602	躣	1771	馻	2049	国㉰	331
疚	1170	耩	1423	蠼	1603	軇	1773	駒㉰	2051	圀	331
痀	1171	糠	1423	衢㉰	1612	軀	1773	駽	2051	國㉣	332
癯	1183	瑀	1428	袧	1616	軥	1777	驅㉣	2059	局㉣	487
蹴	1196	胸	1439	裘	1621	軥	1778	軀	2067	挶	694
眴	1211	臞	1462	裵	1621	述㉥	1810	闠	2078	掬	699
彀	1220	臼㉰	1471	構	1628	遘	1827	闚	2078	旧	773
瞿㉰	1224	舅㉰	1472	福	1629	邱	1842	鳩㉰	2095	梮	850
										椈	856

權	887	宭	453	**굴**		弓 ㉠	564	勸	218	菤	1513
毱	927	帬	529	倔	112	毱	927	勸	221	菌	1513
箘	1327	帬	529	僪	133	碣	1242	卷 ㉠	246	繭	1549
耇	1422	捃	694	厥	250	穹 ㉢	1285	圈	334	蜷	1584
臐	1456	攈	733	堀 ㉣	351	窮 ㉠	1290	圈	334	蠸	1602
臼	1471	攟	734	屈 ㉠	489	竆	1293	埢	351	裷	1624
菊 ㉠	1513	攟	735	崛	504	竆	1293	婘	418	眷	1648
麴	1564	桾	850	岪	504	膭	1455	卷	522	踡	1759
跔	1758	涒	974	嶇	512	芎 ㉢	1486	奉	527	躍	1771
踘	1759	皸	1196	掘	699	藭	1558	夵	569	錈	1893
韏	1781	窘 ㉣	1288	涃	986	藭	1567	惓	621	顴	2021
暈	1784	窘	1406	滒	1042	竆	1567	拳 ㉠	690	鬅	2069
阮	1935	群 ㉠	1406	砣	1232	蛿	1590	捲	699	鬈	2074
鞠 ㉢	1997	菌	1508	窟	1289	誇	1678	棬	856	鸛	2112
鞫 ㉢	1998	菌	1513	緷	1365	躬 ㉣	1773	權	874	齤	2141
驧	2064	繭	1549	蚰	1578	躳	1773	權 ㉢	893		
鬻	2079	裙 ㉣	1621	蜧	1584	躹	1773	淃 ㉢	986	**궐**	
鵴	2100	裠	1621	裾	1624	鞠	1997	獧	1109	亅	52
鶌	2103	軍 ㉢	1775	詘	1660			獾	1122	劂	201
鶹	2112	匒	1776	謳	1677	**궉**		癯	1176	剟	205
麯	2119	輑	1783	鶻	2066	鴌	2097	盎	1199	厥 ㉠	250
麴 ㉢	2119	郡 ㉢	1844	鬝	2074			眷 ㉢	1214	孒	430
		鍕	1897			**권**		睠	1217	屈	489
군		頵	2012	**궁**		倦 ㉣	112	稞	1274	巌	511
僒	134	麇	2115	窮	224	劵 ㉠	194	綣	1356	掘	699
刉	186	麕	2116	躬	224	劵	212	絭	1365	撅	722
君 ㉢	276			宮 ㉠	453	勸	214			橛	880

자음 색인 궤~규 2275

縻	880	机㉰	821	饋	2040	囍	1564	杭	821	葵㉰	1522
欻	897	樻	880	饙	2041	蘱	1567	樛	862	薳	1546
獗	1118	櫃㉰	889	鱖	2092	貴㉠	1725	樛	874	歸	1564
瘚	1178	氿	938	麂	2115	蕢	1737	槻	874	虧	1574
繘	1365	漸	1003	**귀**		鎀	1885	樛	874	魷	1574
蕨	1544	潰	1035	龜	49	鬼㉤	2080	洼	970	虹	1575
蠚	1595	祈	1250	龜	51	龜	2146	溪	1003	蚏	1575
蠮	1595	祪	1255	劂	206	**귁**		潙	1035	蟉	1593
蹶	1767	簋	1319	劌	211	幗	534	珪㉰	1130	袿	1619
蹷	1767	簂	1319	句㉰	263	**규**		畦	1162	規㉤	1640
鱖	1906	籥	1322	喟	306	九	44	疝	1169	訆	1654
闕	1929	績	1387	噴	314	刲	194	癸	1184	赳	1745
鱖	2092	臾	1471	宄	439	叫㉠	264	睽	1219	赳	1745
鷹	2110	蕡	1544	夋	442	吅	264	䀫	1221	赳	1748
궤		薑	1554	巋	511	呌	277	䂓	1229	跬	1756
佹	96	詭㉰	1665	巍	514	嗅	312	硅㉰	1236	蹞	1758
几	178	譌	1697	帰	529	圭㉰	338	窐	1287	蹞	1765
匭	227	跪	1756	归	574	奎	398	窺	1291	躩	1769
匱	228	蹶	1767	昻	791	頍	400	竅	1292	逵㉰	1817
垝	347	蹷	1767	楓	874	嫣	426	糺	1338	邦	1843
壝	367	軌㉠	1776	檨	892	戣	663	糾㉠	1338	鄈	1848
姽	413	迒	1800	歸	908	挂	690	繆	1381	閨㉤	1923
慣	647	鈄	1885	歸	909	揆	708	缺	1395	闚	1931
撧	722	闠	1931	歸㉢	909	摎	718	鞋	1422	雄	1961
曳	803	陭	1939	踪	910	撽	718	勝	1452	頍	2006
朹	821	鞼	1999	飯	1191	暌	793	芤	1488	頯	2008

字	쪽	字	쪽	字	쪽	字	쪽	字	쪽	字	쪽	字	쪽
頯	2012	袀	1614	拠	681	巹	246	腱	1451	澿	177
頵	2045	訇	1654	據	717	厪	251	腒	1454	吟	279
驖	2056	詢	1657	攄	717	菫	351	芹	1488	唫	297
闉	2078	鈞	1879	擹	722	墐	360	菦	1501	噤	316
鬫	2078	銁	1885	據	726	嫤	424	菫	1514	圻	342
鮭	2086	麇	2115	棘	856	巹	522	蓳	1558	妗	406
鵁	2098	麋	2116	極	862	廑	554	蕲	1561	嶔	511
鼳	2136	麕	2116	殛	916	廜	558	覲	1644	擒	727
		龜	2146	芀	1485	懂	641	劤	1647	昑	776
균				苟	1495	慬	651	謹	1690	檎	887
亀	49	**굴**		萄	1514	懃	651	謹	1693	槧	887
亀	51	橘	880	絨	1621	斤	758	跟	1756	欽	899
匀	222			襋	1631	根	844	近	1801	琴	1134
勻	222	**극**		諰	1683	槿	874	釿	1879	琹	1134
困	331	亟	64	觐	1708	垠	907	靳	1994	磏	1246
均	342	克	148	髌	1709	蓳	916	饉	2041	禁	1257
旬	774	剋	179	郡	1843	漌	1024			禽	1264
昀	1158	剠	197	郘	1845	瑾	1140	**글**		笒	1301
営	1166	劇	206	隙	1952	瘽	1180	吃	275	紟	1342
稇	1274	劇	207	隟	1953	矜	1226	契	398	繇	1388
筠	1309	劇	207	隙	1953	礦	1227	曁	798	肣	1439
箘	1311	可	261	隞	1953	筋	1300	訖	1657	鈙	1475
箟	1311	尅	473	革	1993			訖	1660	苓	1488
絤	1365	展	490			**근**				今	73
莙	1508	恆	630	**근**		紃	1340	**금**		衿	1614
菌	1513	戟	663	僅	130	肋	1435	今	75	裣	1614
蒟	1549	戟	663	劤	211	肭	1437	傑	137	衾	1614
		斁	664	勤	218						

袷	1624	芨	1488	企㋡	81	姬	416	鼔	737	气	931
襟㋱	1632	苙	1495	伎㋱	81	㝒	456	鼚	760	気	931
金㋱	1874	圾	1933	俟	104	寄㋡	457	旂	766	気	931
錦㋱	1893	靸	1994	俱	112	尻	486	斺	766	氘	931
鎑	2015	**긍**		倚	117	居	488	旍	769	氣㋱	931
黅	2125	亙㋱	63	偫	134	屁	489	旗㋡	770	汽㋱	944
黁	2143	互㋱	64	其㋱	166	屺	497	旡	771	沂㋱	944
급		兢㋱	151	冀	168	㠊	498	旣	771	洎	966
伋㋱	81	堩	355	冀㋱	168	岐㋱	498	旣㋱	771	淇	986
及㋱	255	恆	616	刉	187	崎㋱	504	旣	772	澄	1015
及	255	恒	616	剞	201	碁	504	㬢㋱	795	漑	1023
圾	342	殑	914	嗜	308	己㋱	521	曁	798	炁	1061
岌	498	矜㋱	1226	嘰	313	幾㋱	544	期㋱	814	猗	1113
忣	600	絚	1356	器	313	庋	545	朞	815	玘㋱	1127
忥	600	緪	1372	噐	313	庪	549	杞㋱	823	琦㋱	1134
急㋱	605	肎	1435	器	316	忮	562	枝	832	琪㋱	1134
扱㋱	674	肯㋱	1437	圻	342	弃	562	枳	840	瑾㋱	1140
汲㋱	944	肻	1437	埼	351	忌㋡	598	棋	856	璣	1141
湆	1010	肯	1437	基㋱	351	忮	601	棊	857	璂	1143
湇	1010	鯁	2086	堅	360	忮	606	棄㋱	857	畸㋱	1164
矙	1225	鮔	2086	墍	361	悸	621	檵	870	畿㋱	1166
礏	1247	鯯	2090	夔㋱	373	惎	622	機㋱	880	疧	1170
笈	1300	**기**		夔	373	愭	657	檖	889	碕	1238
級㋡	1342	丌	10	奇㋡	395	技㋱	674	欺	898	碁㋱	1238
給㋱	1356	乞	48	妓㋱	407	掎	699	歆	899	磯㋱	1246
胠	1439	亟	64	娸	409	鼓	737	歧	906	示	1249

자음 색인 긱~나

祁	몡	1250	肌	몡	1435	諆		1678	隑		1953	繁		1372	**끝**
祈	몡	1250	肵		1437	萁		1678	靄		1986	朜		1442	朰 몡 293
祇	몡	1251	臍		1449	譏		1695	軝		1994	萘		1501	印 244
祺	몡	1258	芑		1486	豈	몡	1710	鞿		1997	皷		1513	**끽**
祗		1261	芞		1488	起	몡	1745	犫		1999	菫		1514	喫 302
禨		1261	芰		1488	起		1746	顗		2008	璗		1537	**나**
忌		1267	萁		1514	跂		1752	頎		2015	**길**			儺 143
稘		1268	蘄		1537	踑		1758	飢	몡	2030	佶	몡	96	哪 293
棋	몡	1274	蕲		1558	踦		1759	饑		2041	吉	중	268	喇 303
稘		1276	蘄		1561	跂		1760	騎	몡	2055	吉		269	奈 몡 396
稽		1277	虁		1561	蹟		1765	騏	몡	2055	姞	몡	413	娜 416
稷		1279	蚑		1576	躩		1772	騎		2057	拮		690	懦 630
機		1281	基		1584	躩		1772	驥		2064	桔		844	懦 653
奇		1294	蕨		1584	騎		1773	凱		2065	橿		870	懧 653
箕		1311	崎		1584	軝		1777	馨		2076	樑		881	拏 몡 681
紀	몡	1339	蟣		1595	近		1801	魌		2082	皷		1196	拿 690
絹		1348	幾		1606	逗		1811	鱀		2091	硈		1232	挐 690
綺	몡	1365	祇		1614	邔		1839	鶺		2102	碣		1240	挪 694
綦		1366	羇		1638	郂		1840	鵋		2103	秸		1271	挼 몡 770
絅		1366	羈		1638	醑		1864	鵜		2110	蛣		1580	奈 835
羈		1403	覬		1643	鼿		1865	麒		2116	趌		1748	稬 1276
羇	몡	1403	覸		1643	錡		1893	**긱**			郅		1844	糯 1282
翨		1413	觙		1647	錤		1893	喫		302	罄		2074	筿 1302
耆		1419	鰭		1650	鐖		1906	**긴**			鮚		2086	糯 1337
耆		1423	記	중	1654	闋		1929	紧		1353	**김**			繁 1348
機		1423	記		1672	隑		1942	緊	몡	1366	金	몡	1874	絮 1357

胒⑮	1443	赧	1743	楠⑮	863	乃㊥	41	孃	427	輾	1790
钀	1462	赧	1743	湳⑮	1004	內	73	孃	429	**녈**	
袲	1620	巀	1967	男⑮	1156	佴	100	釀	1866	捏	694
諵	1660	難	1967	腩	1452	內⑮	152	釀	1867	捏	694
那㊀	1840	難㊀	1969	臊	1452	內	168	闑	1925	泥	952
捺	1840	難	1970	諵	1684	奈㊀	396	**녈**		涅	974
難	1967	餪	2039	**납**		奶	403	褹	877	涅	974
難	1967	**날**		內	73	妠	409	**녀**		湼	1004
難	1969	埒	348	內	152	妠	428	女㊥	402	篞	1317
難	1970	埒	348	內	168	奈⑮	835	帤	527	茶	1495
낙		捏⑮	694	呐	277	能	1078	挐	690	**념**	
喏	305	捏	694	妠	407	冊	1420	絮	1348	唸	297
諾㊀	1683	捼	699	納㊀	1342	耐㊀	1420	蒘	1546	姌	407
난		捏	710	衲⑮	1615	耏	1421	袽	1619	妗	409
戁	658	涅	974	衲	1778	能	1443	袈	1619	念	598
暖㊥	793	涅	974	魶	2084	芿	1486	**녁**		念㊥	601
暖	793	湼	1004	鰨	2091	㰟	1628	怒	622	恬⑮	612
渜	1004	疒	1171	**낭**		迺	1805	疒	1169	恬	612
湳	1005	茶	1495	囊⑮	322	那	1840	**년**		拈⑮	681
渜	1010	**남**		娘㊀	416	捺	1840	年㊥	539	捻	699
渜	1010	南㊥	238	囊	801	鼐	2132	撚	703	淰	992
濡	1048	喃	302	瀼	1054	**냑**		撚	722	簽	1312
煖⑮	1073	娚	416	瀼	1057	蒻	1533	淰	974	粘	1330
煗	1073	弇	563	囊	1566	**냥**		碾	1242	秥	1380
糯	1337	枏⑮	827	蠰	1602	兩	33	季㊥	1267	鮎	2085
奻	1421	柟	835	**내**		兩	155	赧	1743	鯰	2089

자음 색인 녑~누

黏	2124	寍	460	袮	1251	腦	1452	農	1800	嬝	423
녑		寗㈤	463	禰	1263	腰	1452	醲	1866	嬈	426
厇	338	寧	463	薾	1556	膿	1458	震	1983	嫋	427
壓	367	寧㈣	464	**노**		臑	1461	齈	2137	嬲	428
摂	715	年	539	努㈠	212	蝚	1589	**놜**		尿㈤	487
攝	734	擰	730	呶	283	譨	1660	妠	407	撓㈤	722
敜	747	攘	734	奴㈠	403	駑㈤	2051	**뇌**		橈	881
籋	1325	檸	889	拏	435	**녹**		惱	617	炑	938
聶	1430	泥	952	猱	502	耨	1423	惱㈠	631	休	938
踂	1758	濘	1046	巙	512	褥	1629	憹	651	淖	986
蹑	1764	獰㈤	1120	帑	527	**농**		挼	694	溺	1015
躡	1771	甯	1154	弩㈤	568	儂	138	接	700	玃	1122
錜	1891	矃	1224	峱	606	噥	317	獿	1122	硇	1233
鑈	1893	秊	1267	怒㈤	606	濃㈤	1042	瑙	1144	碯	1236
鑷	1912	檼	1282	悠	606	襛	1119	腦	1447	膠	1456
鯰	2039	聹	1431	惱	617	癑	1182	腰	1449	蕘	1546
鱙	2064	薴	1554	惱	631	穠	1281	腦㈠	1452	裊	1621
녕		譻	1701	猱	1114	繷	1388	臑	1458	裏	1628
佞	86	額	2020	獿	1121	膿	1431	餒	2036	誂	1660
侫	96	顎	2020	玃	1122	膿㈤	1459	餧	2039	譊	1696
儜	139	鬡	2076	瑙	1136	醲	1606	餵	2040	鐃	1906
嚀	318	**녜**		砮	1233	禮	1632	鮾	2088	鈽	1916
屋	345	昵	781	砮	1234	農㈥	1800	鮟	2089	鬧	1922
坭	345	昵	786	硇	1240	農	1800	**뇨**		鬧㈤	2077
寍	449	瀰	1047	笯	1302	震	1800	優	142	**누**	
寧	457	祢	1251	腦	1447	癑	1800	嬈	423	嗀	436

자음 색인 눈~단

橳	870	怞	601	能㊥	1443	匿㊋	229	夛	574	担	682
襦	889	扭	674	**니**		嫟	425	爹㊋	1093	撪	708
獳	1120	杻㊋	827	伱	87	嬺	425	癉	1181	揣	712
糯	1409	炄	1061	你	87	慝	638	茶㊀	1501	摶	718
穤	1423	狃	1107	呢	283	憝	638	茶	1508	敦	747
譨	1699	秜	1268	屔	345	曙	646	艔	1650	敽	750
襦	1702	紐㊋	1343	坭	345	搦	714	鄲	1853	斷	759
鑐	1900	鈕	1879	妮	409	炎	938	**단**		斷	760
陾	1951	**뉵**		尼㊋	487	伙	938	丹㊥	38	斷	762
齈	1984	怞	601	怩	606	溺	1015	亶㊋	69	斷㊀	762
눈		忸	612	怸	606	**닐**		但㊥	87	旦㊀	773
嫰	422	肭	811	旎	768	尼	487	剬	202	椴	863
嫩㊋	425	朒	812	柅㊋	836	昵	781	剶	204	椯	874
嫩	425	狃	1107	泥㊀	952	呢	786	勫	220	檀㊀	887
脓	1452	聏	1426	濔	1047	瞺	796	匵	228	段㊀	918
눌		衄	1604	秜	1270	疒	1171	单	240	煅	921
吶	277	衂	1604	瑟	1431	秜	1270	單㊥	302	湍㊋	1004
妠	912	衂	1604	脓	1452	**님**		団	327	溥	1024
抐	1107	衄	1604	膩	1458	恁	615	园	330	澶	1035
肭	1437	衂	1606	臡	1461	忹	615	團㊀	336	亶	1044
訥㊋	1657	魶	2136	薺	1462	您	619	塼	361	煅	1073
肭	1660	**늣**		苨	1495	鈓	1880	壇㊀	366	燀	1085
豽	1717	薐	1508	菍	1514	衽	1887	專	475	狚	1108
뉘		**능**		跜	1753	**다**		岠	511	瑕	1136
荽	1510	而	1420	迡	1803	多㊥	375	象㊋	574	疸	1171
뉴		耐	1420	**닉**		大	378	嗼	641	癉	1181

자음 색인 달~담

壇	1182	袒 ㉻	1616	鴨	2110	逢	1821	毯	927	瞻	1431
短 ㉗	1229	褍	1626	**달**		闥	1932	緂	927	膽 ㉻	1459
碫	1240	稌	1626	呾	283	靼	1995	淡 ㉠	986	甜	1475
稅	1273	襌	1631	噠	307	韃	2000	湛 ㉻	1004	菼	1476
稬	1278	禮	1632	噠	317	**담**		潭 ㉻	1035	荅	1514
端 ㉗	1297	艓	1650	妲	409	倓	112	澹	1036	葵	1514
笪	1302	猯	1715	怛	606	儋	138	澹 ㉻	1043	菼	1537
筜	1307	貒	1718	悬	606	唊 ㉻	297	炎	1061	蕁	1544
簞	1316	豖	1718	剬	622	啗	297	燂	1085	蕈	1546
簟	1319	跴	1758	撻 ㉻	727	啿	303	甔	1149	薝	1549
簟 ㉻	1322	踹	1762	攋	735	嘾	313	痰 ㉻	1176	薄	1558
糰	1337	蹴	1769	楃	887	啿	320	碪	1238	蟫	1595
鍛 ㉻	1372	躖	1771	達 ㉻	1043	坍 ㉻	342	碫	1246	盜	1605
緞	1374	鄲	1853	怛	1062	壜	362	礛	1247	盬	1606
緣	1374	鄲 ㉻	1853	狚	1108	壈	368	禫	1262	袋	1626
繵	1385	醓	1866	獺	1119	妉	409	窞	1289	襜	1632
纏	1390	鍛 ㉻	1897	獺 ㉻	1121	惔	622	窞	1289	襢	1633
耑	1420	雜	1966	疸 ㉻	1171	憛	632	窡	1291	覃 ㉻	1637
胆	1439	難	1971	笪	1302	憛	647	筸	1319	詹	1670
腶	1452	靼	1995	傘	1404	憾	651	紞	1343	談 ㉻	1678
壇	1459	鞋	1995	夆	1404	憺 ㉻	651	緂	1366	譚 ㉻	1696
莙	1533	韉	2063	幸	1404	担	682	緂	1377	贉	1739
萆	1541	鱄	2092	胆	1439	擔 ㉠	728	罎	1396	趁	1750
蛋 ㉻	1578	鴠	2099	蓬	1549	曇 ㉻	798	舚	1425	躭	1773
蜑	1581	鶉	2104	獺	1719	橝	881	耽	1425	郯	1846
蟺	1598	鷲	2110	達 ㉻	1821	檐	888	聃 ㉻	1425	酖	1862

醓	1863	裓	1628	幢㉡	535	糖	1279	代㊛	75	嚉	800	
醯	1866	諮	1678	当	574	簹	1317	偫	139	歹	910	
錟㉡	1893	譶	1702	戇	658	簜	1324	兊	148	歺	910	
鐔	1907	譫	1702	戇㉡	658	糖㉡	1335	兌	149	㕿	910	
靆	1982	讇	1702	搪	714	膅	1456	台	267	毒	923	索
靅	1982	譶	1705	撞	722	艡	1481	坮	345	汏	940	引
饏	2038	踏㉡	1760	擋	728	艦	1481	垈	345	澨	1053	
驔	2061	蹋	1764	攩	736	蟷	1591	大㊛	378	玳㉡	1129	
髧	2072	蹹	1767	曠	801	螳	1593	对	472	瑇	1136	
黕	2125	躂	1771	棠㉡	857	蟷	1598	對	472	癉	1181	
黮	2129	逿	1817	樘	857	當	1598	對㊛	478	癱	1182	
黵	2129	運㉡	1828	糖	870	禟	1632	對	479	碓	1238	
		驏	2055	檔	887	譡	1699	岱㊛	499	碌	1238	
답		鶑	2107	欓	895	讜	1707	帶	529	碌	1240	
剳	203	黨	2128	氉	928	蹋	1763	帶	529	碌	1251	
毷	927			溏	1015	邊	1826	帶㉡	530	箈	1313	
沓㊛	945	**당**		挡	1098	鋭	1900	待㊛	581	簹	1325	
渚	987	倘	112	瑭	1138	鐺	1903	憨	647	腊	1458	
湿	1007	儻	143	瑭	1142	鐺㉡	1908	憨	647	臺	1470	
溼	1018	党	151	賞	1147	闣	1931	懟	654	臺㉡	1470	
濕	1048	唐㉡	293	賞	1147	韃	1999	戴	665	蒂	1529	
畓㉡	1158	噇	313	當㊛	1164	韅	2039	抬	687	蔕	1543	
畣	1160	堂	345	瞠	1221	餳	2040	擡㉡	731	薹	1555	
硺	1238	堂㊛	351	瞠	1222	黨㉡	2128	敦	747	蔜	1555	
答㊛	1305	塘	358	瞭	1226	黨㉡	2128	敦	750	螮	1584	
篊	1317	当	482	磄	1242	鼞	2134	敦				
荅	1502	圵	483	磋	1247	**대**		昊㊛	775	袋㉡	1617	

襨	1633	橏	881	幬	536	檮	889	檮	1337	蹈㉤	1764
襶	1634	**도**		尦	545	櫂㈣	889	條	1364	逊	1803
譈	1696	倒㉑	112	度㈜	548	泍	966	綯	1366	逃	1805
貸㉑	1725	兜	151	跋	569	洮	970	綢	1366	途㈜	1810
蹛	1765	兠	151	楚	576	涂	974	稻	1377	道㈜	1821
軑	1776	刀㈜	182	仕	579	淘	987	縚	1378	逪	1823
載	1781	到㉑	194	徒㈣	585	渡㉑	1004	繨	1391	遒	1828
轛	1794	匋	223	刌	598	滔	1004	纛	1394	都	1846
逮	1819	叨	264	悰	618	搯	1015	翿	1417	都㈜	1848
襶	1860	咷	289	悼㈣	622	濤㈣	1046	舠	1478	醏	1860
鐓	1894	啚	298	悳	622	濯	1049	桃	1480	醄	1862
鐵	1906	図	330	惂	638	燾㈤	1087	荼	1508	醾	1867
隊㉑	1948	圖㈜	336	挑㉑	690	珆	1138	萄	1514	鍍㈣	1897
隶	1959	圗	337	掉㈣	700	璹	1143	菟	1519	闍	1927
隷	1960	堵㈣	355	掏	700	瘏	1177	蔡	1531	陶㉑	1942
隸	1960	塗㈜	358	捯	700	盜㉑	1199	虩	1574	陶	1943
霴	1984	壔	367	搯	714	睹㈣	1219	衜	1611	陼	1951
黛㈣	2126	姚	414	搗㈣	714	禂	1258	褥	1625	隝	1953
臀	2129	導㉑	479	搗	718	裪	1258	覩㈣	1642	韜	1995
댁		屠㈣	492	擣	731	禔	1259	謟	1684	鞉	1996
宅㈣	441	島㈜	502	敦	747	禱	1263	謠	1690	鞀	1997
덕		嵓	510	敨	750	稌	1272	賭㈣	1737	鞱	1998
德	592	嶋㈣	510	斁	752	稻	1276	跳㉑	1756	韣㈣	2002
德㈜	592	嶌	510	桃㉑	844	稻㉑	1279	跿	1758	驢	2027
惪	622	堵	533	棕	850	藥	1281	踤	1760	餉	2038
悳	622	幬	535	棹㈣	857	籌	1325	蹈	1762	饕	2043

자음 색인 독~동

駼	2053	竺	1300	墩	363	蜳	1584	腞	1454	東㊥	827
騳	2055	篤㊀	1317	墪	363	豚㊥	1712	錞	1882	桐㊥	845
覶	2082	蠹㊥	1394	庉	545	独	1712	頓	2008	棟㊥	857
魠	2084	맆	1398	弴	571	蝳	1769	**동**		橦	882
鳥	2094	膻	1461	忳	601	軘	1776	仝㊥	76	氃	928
鼟	2134	董	1522	惇㊥	622	軸	1778	佟	93	洞㊥	966
독		蠧	1584	悖	631	逐	1814	侗	101	凍	987
匵	228	裵	1624	憞	647	遁	1823	俥	124	湩	1004
嬻	428	襡	1624	敦㊀	747	遂	1823	僮	134	潼㊥	1036
櫝	874	襩	1632	敎	750	遯	1830	冬㊥	173	炯	1064
檀	890	誺	1672	旽㊥	776	頓	2008	凍㊥	175	燑	1082
殰	917	読	1672	暾㊥	798	飩	2031	動	215	犝	1104
毒㊀	923	讀㊌	1703	汒	940	魨	2084	勤	220	獞	1118
瀆㊥	1050	讟	1707	沌㊥	945	黗	2123	同㊥	269	甬	1153
牘㊥	1097	鑟	1741	汭	948	䵴	2123	垌㊥	347	疼㊥	1171
犢㊥	1104	鞠	2000	焞	1068	**돌**		峒	501	瘑	1174
独	1110	𩐈	2000	燉㊥	1082	乭㊥	49	㠉	511	痌	1174
獨㊥	1119	韣	2003	燖	1089	厸	252	㠉	535	癑	1183
獸	1119	韇	2003	狁	1107	咄	283	彤㊥	575	眮	1214
瓄	1144	顟	2020	獤	1118	堗	355	恫	615	瞳㊥	1222
皾	1197	髑	2069	盩	1204	怢	606	憧	647	秱	1271
纛	1197	鵚	2102	盾	1210	揆	708	懂	651	穜	1281
督㊀	1217	黷	2130	純	1346	柮	836	戙	662	童㊥	1296
碡	1239	**돈**		腞	1452	突㊀	1285	挏	691	絧	1356
禿㊥	1265	噋	317	豚	1454	笚	1304	曈㊥	798	罿	1401
瓄	1293	囤	330	脟	1456	腞	1452	膧㊥	817	翀	1406

軞	1408	兜	151	蚪	1576	苊ⓑ	1488	甄	1149	剏ⓑ	197
胴ⓑ	1444	吋	270	螙	1591	迚	1802	桽	1184	刺	197
峒	1480	土	337	蠹	1601	遁ⓑ	1823	登	1184	厉	248
橦	1481	抖	674	蠹	1602	遯	1823	磴	1246	厲	251
垌	1502	投	679	褕	1627	遯ⓑ	1830	等	1305	喇	303
董ⓑ	1522	斁	752	讀ⓑ	1703	鈍ⓒ	1879	簦	1322	囉	322
董	1544	斗ⓒ	756	豆ⓒ	1709	頓	2008	籐	1326	懶	655
蕫	1566	斜	757	荳	1710			縢	1377	儸	658
蝀ⓑ	1584	杜ⓑ	823	逗	1758	**득**		藤ⓑ	1558	捋	718
蟲	1597	枓	832	逗	1802	㝵	473	藤	1561	攞	735
侗	1610	殬	917	逗ⓑ	1811	得ⓒ	586	螣	1591	攬	736
詷	1666	氉	928	酘	1858	桽	1184	謄	1691	果	827
諫	1678	毷	928	阧ⓑ	1933	登	1184	登	1710	欏	894
垎	1743	浢	974	陡	1940	陟	1941	蹬	1767	㔷	929
袖	1743	瀆	1050	頭ⓒ	2013			邆	1835	灑	1056
迵	1806	痘ⓑ	1174	餖	2031	**등**		鄧ⓑ	1853	玀	1122
酮	1860	裋	1196	餖	2036	凳	179	鐙	1906	瘰	1180
重	1870	睶	1216	缸	2123	嶝	363	隥	1955	癩	1182
銅ⓒ	1885	窬	1290			幐	511	螣	1958	癩	1183
靐	1975	竇ⓑ	1293	**둔**		滕	533	騰ⓒ	2058	癩ⓑ	1184
鮦	2086	籪	1309	坉	342	橙ⓑ	882	藤	2091	癘	1184
鼕	2134	篼	1319	屯ⓒ	495	樀	889	鰧	2092	癧	1184
		肚	1435	窀	1286	氉	928	鼟	2134	砢	1234
두		脰	1438	笔	1300	氉	928			稞	1274
亞	34	臀ⓑ	1459	臀	1459	滕	1016	**라**		稞	1279
卜	64	荳	1508	臀	1459	灯	1059	倮	113	羸	1281
兜ⓑ	151	荳ⓑ	1508	臀	1459	燈ⓑ	1082	儸	143	籮	1328
						瞪	1141	儸	143		

자음 색인 **락~람**

		락		躒	1770	欄	892	盔	1885	擊㉺	731
累	1348										
縲	1380	咯	288	輅	1781	欄㉑	892	巒	1913	擥	731
羅㉑	1402	擽	732	酪㉺	1860	欒	894	闌	1927	攬㉺	736
臝	1462	摙	733	鉻	1885	垚	913	韊	2000	欖	893
蓏	1531	楽	864	雒	1966	涷	1005	鸞	2100	欖㉺	895
蘿	1567	樂㉦	876	輅	1996	漣	1024	鷥㉺	2112	氌	929
藥	1567	殁	913	駱	2048	瀾㉺	1053			滝	1016
蝸	1589	洛	967	駱	2052	欒	1056		**랄**		
螺	1593	㟞	967	驊	2063	灡	1056	剌㉺	197	澑	1024
蠃㉺	1593	濼	1050		**란**	爤	1057	喇	303	濫㉑	1046
臝	1598	濼	1053			爛㉺	1089	捋	694	灠	1056
蠡	1598	烙㉺	1064	丹㉺	38	璃	1144	癩	1183	爈	1087
蠡	1600	爍	1088	亂	49	襴	1264	痳	1330	礧	1247
裸	1624	犖	1104	亂㉦	51	蘭	1327	糲	1337	窞	1289
贏	1632	珞㉺	1130	卯㉦	245	孌	1462	糲	1337	籃	1293
覶	1644	硌	1193	關	337	亂	1549	辣㉺	1796	籃㉺	1325
覼	1644	礫	1194	團	337	薍	1549	辢	1796	纜	1391
躶	1773	礰	1194	嬾	429	蒜	1549	醅	1860	纜	1392
邏㉺	1838	磿	1236	爛	429	蘭	1562		**람**	纜㉺	1394
鏍	1903	硌	1236	岺	501	蘭㉑	1564	嚂	318	藍㉺	1555
鑼	1913	碌	1239	戀	514	襴	1634	壈	366	襤	1633
鑞	1913	砮	1242	㶣	537	覶	1644	壏	367	覽	1641
陏	1937	礫	1248	懶	655	覼	1644	婪	418	覽	1642
儸	2044	絡㉑	1356	慵	655	諫	1683	娕㉺	418	覽㉑	1645
騾	2060	落㉦	1522	攔	734	讕	1705	嵐	507	輥	1793
羸	2063	裕	1619	爛	756	躝	1771	嶦	536	醂	1862
麰	2119	路	1756	栾	845	連	1811	悏	622	醓	1867

자음 색인 랍~려

鑞	1906	寙	454	蓈	1531	鏊	1873	嘹	303	侣 ⓑ	102
顲	2021	廊 ⓛ	553	蒗	1531	駺	2056	埌	349	儢 ⓑ	143
鑞	2076	朗	812	蜋	1581	**랭**		悢	617	励	212
랍		朗 ⓑ	813	螂 ⓑ	1591	冷 ⓒ	174	梁 ⓛ	850	勵 ⓛ	220
拉 ⓑ	682	脼	813	踉	1758	**략**		椋	857	厉	248
擖	714	桹	850	郎	1843	剠	200	樑 ⓑ	874	厲	251
摺	720	榔	870	郎 ⓒ	1845	掠 ⓛ	700	涼	987	呂 ⓑ	277
攊	723	槪	875	鋃	1889	掔	718	睙	1216	唳	297
攋	732	浪 ⓒ	974	閬	1925	撂	718	睙	1217	庐	545
欗	890	瀧	1052	**래**		略 ⓛ	1160	梁	1331	廬 ⓑ	558
脍	1439	烺	1066	來 ⓒ	96	畧	1161	梁	1332	悷	622
腊	1450	狼	1111	俫	113	礿	1236	粮	1332	慮 ⓛ	642
臘	1459	琅	1132	勑	214	藥	1552	糧	1336	戾	667
臘	1461	瑯	1138	厓	248	藥	1552	緉	1366	捩	700
臢 ⓑ	1461	眼	1216	崍 ⓑ	504	藥	1560	良 ⓒ	1482	攦	735
菈	1514	睙	1217	倈 ⓑ	587	蠰	1593	蛝	1584	旅 ⓒ	766
蛞	1584	硠	1237	来 ⓑ	824	蠰	1593	裲	1624	旋	767
蠟	1598	稂	1272	淶	987	**량**		諒 ⓛ	1678	梠	845
蠟	1599	窒	1288	狹	1112	両	33	踉	1758	梠	850
蠟 ⓑ	1600	筤	1309	睞	1217	亮 ⓑ	68	輬	1784	椥	857
邋	1838	罠	1398	秾	1274	亮	69	輌 ⓑ	1784	欐	890
鑞	1908	羮	1408	耒	1421	俍	102	量 ⓒ	1873	櫚 ⓑ	891
鑞	1911	羮	1408	萊 ⓑ	1514	倞	111	糧	2001	欐	895
囐	1930	艆	1480	賚	1732	俩	113	饟	2025	泠	953
鷳	2112	良	1482	賴	1733	兩 ⓒ	155	魉	2082	泪	953
랑		莨	1508	郲	1846	凉	176	**려**		淚	975

2288

淚	988	簾	1455	轤㉯	2064	礰	1194	鬲	2079	孌	1394
涙	988	臚	1462	驢㉯	2064	砅	1234	鷊	2079	臝	1409
濾㉯	1050	芦	1491	麗	2115	硈	1236	**련**		聯	1428
犂	1103	荔	1502	麗㉻	2116	磨	1246	䜌㉯	429	聨	1428
犛	1103	蒞	1502	黎	2123	礜	1247	攣	438	聯㉻	1428
璃	1130	莅	1544	黧	2128	礫	1248	孿	438	臉	1447
璢	1144	藜	1544	**력**		礪	1248	怜	606	㿘	1447
癘	1182	蔾㉯	1558	仂	73	礩	1249	恋	612	䜌	1462
癧	1184	蘆	1559	力㉹	208	簾	1291	憐㉻	647	苓	1495
瓥	1202	蘆	1562	厤	250	歷	1402	憐	647	蓮㉯	1537
蟸	1204	蚸	1585	㽁	497	攊	1409	戀	658	蠊	1593
礪㉯	1248	蠡	1585	擸	732	翮	1415	抹	707	譧	1693
祣	1256	蠡	1598	擺	733	靋	1431	捷	718	輦	1785
䘽	1264	蠣㉯	1600	曆㉻	798	蔾	1562	攣㉯	735	連㉯	1811
襧	1264	蠡	1600	朸	821	蛎	1578	楝	863	鄻	1855
禮	1264	蠡	1601	櫟	891	蠦	1601	槤	874	鍊㉻	1897
稆	1272	邌	1838	櫪	892	貍	1719	溧	977	零	1975
穭	1283	鉛	1889	歷	908	躒	1770	涷	1005	零	1984
筥	1308	錄	1893	歷㉻	909	轣	1789	漣㉯	1024	鰊	2090
簾	1317	录	1894	瀂	1024	轢	1794	爕	1056	鰱	2092
簾	1330	鑢	1911	瀝㉯	1052	轣	1794	煉㉯	1073	**렬**	
糲	1337	閭	1925	珞	1130	轢	1795	璉	1140	冽㉯	175
糯	1337	離	1970	瓅	1144	酈	1855	瞵	1223	列㉹	187
綟	1366	㽁	2025	癃	1183	鎘	1900	練	1366	劣㉻	211
縭	1377	驢	2049	硌	1193	钁	1912	練㉹	1372	唳	297
膂	1455	驢	2064	礫	1194	靂㉯	1985	縺	1380	㞒	345

자음 색인 렴~례

埿	345	**렴**		賺	1741	另	264	翎㈅	1410	鴒	2099
垏	348	溓	177	鎌	1900	囹㈅	331	聆㈅	1425	鴒	2111
埒	348	匳	228	鎌	1908	姈㈅	409	舲	1479	鷹	2118
捩	700	匲	228	㾕	1953	岭	499	艫	1482	齡㈅	2140
栵	845	奩	401	霖	1981	岺㈅	499	苓	1495	**례**	
栗	845	帘	526	**렵**		嶺㈅	513	蓤	1549	例㈅	97
栾	863	廉㈅	553	擸	723	袊	580	蘦	1565	列	187
洌㈅	967	廒	556	攝	732	怜㈅	606	靈	1568	劦	187
烈㈅	1064	斂㈅	752	櫎	890	昤	781	蛉	1578	攊	736
烈	1068	殮㈅	917	獵	1112	柃	836	蠕	1602	栵	845
剌	1073	溓	1016	獵	1118	欞	893	袊	1617	洌	967
習	1161	濂	1043	獵	1120	欞	895	詅	1661	澧㈅	1043
綟	1366	瀲	1053	獵㈅	1121	泠	953	輧	1778	習	1161
脟	1447	獫	1120	累	1348	澪	1043	逞㈅	1812	痢	1174
脟	1447	磏	1242	躐	1769	灵	1060	酃	1854	砯	1233
茢	1502	磏	1247	躐	1770	狑	1108	鄂	1855	祀	1249
蛚	1580	簾㈅	1324	邋	1838	玲㈅	1129	醽	1867	礼	1249
裂㈅	1619	籨	1327	鬣	2075	靈	1144	鈴	1882	礼㈅	1249
裂	1620	羷	1409	鬣	2076	瓴	1147	零㈅	1975	禮㈅	1262
裂	1620	臉	1459	鬣	2077	磷	1246	霊	1977	荔	1502
迣	1804	薟	1549	蠟	2094	羚	1295	霝	1980	裂	1619
迾	1806	蘞	1565	**령**		答	1302	霛	1981	裂	1620
逊	1806	蠊	1591	令㈅	76	簾	1325	靈	1983	裂	1620
鋝	1889	蠊	1598	令	77	欞	1396	霛	1984	豊	1710
颲	2025	覝	1642	伶㈅	87	羚㈅	1405	靈㈅	1985	醴㈅	1866
鴷	2086	賺	1738	冷	174	羷	1409	領㈅	2010	隸	1959

자음 색인 로~롱

隷	1959	櫨	892	簩	1322	賂	1729	殮	916	趚	1749
隸㉠	1959	氇	929	轑	1324	路㉤	1756	漉	987	轆	1790
隷	1960	泺	975	簵	1326	轤	1778	漉	1024	犢	1794
颶	2025	滷	1024	蘆	1393	輅	1781	濼	1050	逯	1817
鱧	2093	潞㉣	1036	鑪	1396	轣	1792	澤	1053	醁	1852
蠣	2094	澇	1036	老㉤	1417	轤	1794	璐	1134	醆	1862
鷖	2103	潦	1036	酪	1860	甐	1148	錄㉠	1893
		潔	1036	膫	1423	醪	1865	甪	1153	録	1894
로		漉	1036	臁	1458	鐐	1906	盝	1201	騄	2056
劳	212	瀘㉣	1052	髏	1482	鑢	1908	淥	1204	驢	2060
勞㉤	216	炉	1061	艣	1482	鑪	1912	睩	1217	鹿㉠	2114
嘮	314	爐㉠	1089	艫	1482	露㉤	1982	碌㉤	1239	庭	2115
嚕	319	牢	1099	芦	1491	顱	2021	磟	1244	麓	2117
噓㉡	320	狫	1110	蓼	1538	魯㉤	2084	祿	1257
壚	368	獠	1118	簩	1544	鱸	2085	禄㉠	1258	**론**
嫪	425	旅	1124	潦	1559	鱸	2094	籠	1319	掄	700
嫽	426	璐	1141	蘆㉣	1562	鷺	2110	簏	1324	崙	988
庐	545	壚	1144	蓲	1562	鸕	2112	簶	1326	蕎	1514
廬	558	甗	1146	潦	1562	鹵	2113	綠㉤	1367	論㉢	1678
恅	612	痨	1181	蕂	1565	鹽	2130	綠	1367	**롤**
撈㉤	723	盧㉣	1203	虜㉠	1572	**록**		麗	1401	硉	1236
擼㉡	728	艫	1225	虜	1572			纚	1402	**롱**
栳	845	硵	1237	蜋	1595	彔	574	菉㉣	1514	哢	294
樚	874	礛	1242	譳	1694	慮	642	角	1646	嚨	320
橹	887	牢	1286	謬	1696	摝	700	肉	1647	壟㉣	368
櫟	891	笔	1306	蹬	1711	攊	718	壟	368
櫓㉡	891	簵	1322	獠	1711	摝	874	谷	1707	嶐	514

2291

자음 색인 뢰~료

字	쪽	字	쪽	字	쪽	字	쪽	字	쪽	字	쪽
巄	514	籠	1709	灅	1050	藟	1566	僚	134	療㉲	1181
弄㉠	562	隴	1959	瀨㉲	1052	蠝	1601	嘹	314	癆	1183
挊	691	霳	1986	瀬	1052	厱	1601	嫽	426	瞭	1222
挵	694	龓	2044	牢㉲	1099	誄	1666	寮	465	磠	1262
攏	733	鸗	2112	畾	1166	誺	1694	寮㉲	468	繆	1291
曨	801	龍	2143	瘰	1176	讄	1703	屪	494	竂	1292
朧㉲	817	儷	2145	瘻	1182	賂㉲	1729	嶚	510	簝	1322
樏	892	麗	2145	癩	1183	賚	1732	嶛	510	斳	1329
檽	892	矑	2146	硱	1236	賺	1733	嘹	510	繆	1381
㳍	1016	鬑	2146	磊㉲	1242	賴㉠	1737	寮	511	繚	1385
瀧㉲	1052			磥	1244	躏	1770	嶚	511	瞀	1401
瓏㉲	1144	僂	140	磈	1247	輠	1794	廖㉲	554	參	1411
礱	1249	厉	248	礌	1247	轠	1794	憀	642	聊	1425
礲	1249	厘	248	礧	1248	郲	1846	憭	647	聊	1426
穠	1283	厲	251	礨	1248	酹	1860	撩	723	脝	1455
竉	1293	壘	355	磥	1248	鼇	1873	敹	750	膫	1458
竜	1295	壨	368	籟	1327	鋠	1894	料㉢	757	蓼	1538
箻	1317	纍	510	砳	1330	鐳	1908	暸	798	蟟	1593
籠㉲	1326	嵑	510	耩	1337	雷㉠	1975	橑	882	螓	1595
聾㉲	1431	嵧	513	耨	1337	靁	1981	瀏	1024	蟉	1596
朧	1431	崜	514	纇	1391	靊	1985	潦	1036	礿	1613
艟	1482	懶	655	罍	1396	頼	2013	潦	1036	獠	1719
龖	1562	擂	728	耒	1421	類	2015	燎㉲	1082	趚	1750
龘	1601	攋	732	蘽	1538	類	2017	璙	1117	轑	1792
襲	1633	檑	887	蕾	1550			瞭	1118	遼㉲	1832
竉	1708	櫑	891	藾	1562	了㉠	52	璙	1141	鄝	1852

자음 색인 롱~류

醪	1865	嶁	510	磊	1236	褸	1629	樏	875	畄	1157
鐐	1906	塿	510	礧	1248	貗	1716	榴	882	留	1159
飂	2026	廔	550	窧	1291	貚	1719	橊	895	畱	1161
飉	2027	廲	554	簍	1319	鏤	1903	氼	945	畾	1163
飉	2042	慺	642	簾	1319	陋	1937	泪	953	瘤	1179
鷚	2110	摟	718	累	1348	陋	1940	流	967	癅	1181
롱		楼	863	紊	1357	鞻	1999	流	967	硫	1237
儱	142	樓	875	縷	1373	髏	2067	淚	975	禷	1264
籠	470	槞	891	縷	1380	髗	2067	流	975	窌	1288
竜	1295	氀	928	纑	1380	鸓	2136	淚	988	綹	1367
艨	1482	毭	928	虆	1391	**류**		㴇	988	繆	1381
籠	1562	泪	953	纍	1394	僇	130	游	993	留	1400
龍	2143	淚	975	罍	1396	漻	177	游	1008	廖	1411
루		淚	988	耬	1423	刘	187	溜	1016	聊	1425
僂	130	㴇	988	腰	1456	劉	207	瀏	1024	聊	1426
嘍	312	漊	1024	艛	1480	嚠	319	瀏	1036	蓼	1538
壘	355	漏	1024	艛	1481	塯	363	瀏	1050	蔂	1538
塿	361	漊	1050	虆	1538	廇	553	灅	1055	藟	1567
壘	368	澑	1055	蔂	1538	懰	654	犁	1103	蟉	1593
婁	418	牢	1099	蘆	1559	播	725	犁	1103	祏	1620
嫠	418	瘻	1104	蘽	1566	旒	768	獂	1116	祏	1621
寠	464	率	1124	藪	1567	旒	770	琉	1130	謬	1694
屢	492	瓢	1145	蘽	1567	柳	836	琉	1132	遛	1828
屢	492	瘻	1180	蠳	1587	柳	836	瑠	1138	遛	1832
累	510	瘻	1180	蠳	1593	柳	850	瑬	1138	鉚	1882
嶁	510	瞜	1221	褸	1626	榴	870	瑠	1141	鎏	1900

鎦	1900	蓼	1411	壘	368	廮	1246	稟	1276	刕	187
鏐	1904	蔘	1538	嵂	507	窿	1292	**릉**		利㈜	189
鎦	1906	蛏	1585	律	582	隆	1943	凌㈒	176	剺	204
霤	1981	蕡	1727	慄㈒	638	隆㈦	1949	夌	372	劉	208
霤	1981	賷	1729	栗	845	霳	1983	崚	505	厘	248
霻	1985	陸	1943	桌	863	讔	2134	陵	510	吏㈒	271
類	2015	鯥	2089	溧	1016	**륵**		庱	550	哩	294
類㈦	2017	**륜**		率㈦	1124	仂	73	悷	622	唎	294
飀	2025	侖㈒	97	瑮	1138	勒㈒	216	棱	858	娌	416
廇	2026	倫	113	璱	1142	扐	671	楞㈒	863	嫠	425
飂	2027	圇	334	肆	1236	泐	953	凌	988	孋	429
餾	2040	崙	505	稑	1279	玏	1127	睖	1217	履㈦	493
餾	2042	崘	505	築	1318	筋	1300	稜	1274	履	493
聊	2051	掄	700	綠	1380	肋㈒	1435	綾	1368	剓	501
騮	2054	淪	988	脺	1457	芳	1485	菱	1515	彲	579
駵	2058	綸	1367	莅	1508	阞	1933	淩	1538	悧	617
驑	2061	蕾	1514	葎	1523	**름**		陵	1538	悝	621
鶹	2107	蜦	1585	蒞	1531	凜㈒	177	綾	1544	摛	718
鷚	2110	蜦	1585	颲	2025	凛	178	㒄	1550	攡	735
륙		論	1678	飈	2026	濋	178	較	1786	敡㈒	737
僇	130	輪	1785	鵹	2107	圙	550	陵	1940	斄	753
六㈜	161	錀	1894	**륭**		廩㈒	558	陵㈦	1943	李㈜	824
勠	219	錀	2089	窿	468	懍	651	鯪	2089	杍	824
戮㈒	664	**률**		瘤	1174	濋	1043	**리**		梨㈦	851
廇	1244	溧	177	瘤	1177	癛	1182	俐㈒	102	梩	851
稑	1274	塛	355	癃	1181	禀	1259	悧㈒	102	梨	858

자음 색인 린~마

櫚	875	繗	1377	玃	1719	撛	723㉲	讐	2116	**마**				
欄	895	縭	1380	遴	1839	橉	882	魿	2116㉲	亇	52			
鰲	928	纚	1394	鄰	1855	潾	1036	麟	2117	丁	57			
浰	977	罹	1401	齭	1865	粦	1078	**림**		劘	207			
涖	977㉲	羅	1403	釃	1868	燐	1082	惏	622	嗎	308			
泣	977	贏	1409	里	1869㉗	獜	1118	林	828㉗	嘛	312			
漓	1025	莅	1508	釐	1873㉲	璘	1141	棽	858	媽	423			
滼	1028	莉	1508	離	1970㉙	甐	1148	淋	988	孋	428			
灘	1056	萊	1514	驪	2064	疄	1166	滲	1027	懡	654			
犁	1103㉲	蒞	1531	驎	2064	瞵	1223	淥	1037	摩	718			
犂	1103	藜	1544	魖	2082	磷	1246	琳	1134㉲	摵	719			
犛	1104	蘿	1555	鯉	2088	粦	1331	痳	1176	勿	912			
狸	1111㉲	蘿	1567	鱺	2094	粼	1332	綝	1372	沒	945			
理	1132㉗	蘺	1567	鴛	2103	藺	1562㉲	臨	1464㉙	沒	946			
璃	1140	蜊	1581	鷜	2109	蟒	1596	醂	1862	浸	954			
痢	1175㉲	蛪	1582	鸝	2112	蹸	1767	霖	1979㉲	瑪	1138			
癘	1184	蠣	1594	鸝	2113	躙	1771	**립**		痲	1176			
瞵	1221	蠡	1601	麗	2115	躪	1772	泣	959	瘑	1179			
曬	1225	裏	1621㉑	麗	2116	轔	1792	滰	1005	簸	1196			
砬	1233	裡	1621	驚	2128	輴	1795	砬	1234㉲	碼	1242			
离	1264㉲	禶	1629	**린**		遴	1832	立	1294㉗	磁	1243			
秜	1268	灘	1634	吝	277㉲	鄰	1853	笠	1302㉲	磨	1244㉑			
棶	1274	覶	1645	嚥	369	閵	1926	粒	1330㉲	磨	1245			
穤	1283	觀	1646	嶙	511	隣	1955㉑	苙	1495	礦	1249			
筣	1309	詈	1661	悋	612	驎	2061	霪	1976	禡	1261			
籬	1328	貍	1718	悋	617	鱗	2092㉲	䪍	2140	糯	1338			

索引

2295

자음 색인 막~망

罵	1400	膜	1457	慢ⓒ	642	萬ⓒ	1523	鷲	2113	袜	1617
螞	1591	莫ⓒ	1509	憪	651	蔓ⓒ	1538	**말**		袹	1618
蟆	1594	藐	1555	懣	654	蕄	1550	抹	284	袹	1620
蟇	1594	貌	1718	挽ⓒ	694	蠻	1580	杺	293	襪ⓒ	1633
靡	1991	貃	1718	晩ⓒ	788	蠻	1594	妺	409	靺	1995
馬ⓒ	2047	貊	1718	勉	788	蠻	1603	抹	526	鞨	1997
麿	2067	邈	1837	晩	791	謾	1694	帕	526	韈	2000
魔	2082	邁	1838	曼ⓒ	805	瞞	1694	帕	527	靺	2001
麻ⓒ	2120	鄚	1852	樠	875	矕	1719	抹	682	韈	2003
麻	2120	鏌	1904	横	875	貫	1722	昧	781	餘	2033
麼	2120	貘	2013	湾	1005	蹣	1765	末ⓒ	818	秣	2119
麼	2120	**만**		満	1005	鞔	1783	林	836	**맘**	
막		万	10	滿ⓒ	1025	鄸	1852	沫	953	妞	409
寞ⓒ	465	僈	130	漫ⓒ	1026	鏋	1904	濊	1051	鉐	1882
幕ⓒ	534	卍	235	漾	1036	鏝	1904	吻	1207	錴	1889
幙	534	卐	248	澷	1043	鎄	1908	昧	1211	黬	2128
愅	654	墁	361	灣ⓒ	1057	巏	1984	眅	1211	**망**	
懣	655	娩ⓒ	416	獌	1117	靀	1984	砞	1234	亡ⓒ	64
摸	719	嫚	425	熳	1196	鞔	1996	磣	1248	込	152
漠ⓒ	1025	孃	436	皽	1197	顢	2019	秣	1270	厖	248
獏	1111	峦	501	瞞ⓒ	1222	饅	2037	秣	1330	妄ⓒ	404
瘼	1180	巒ⓒ	514	彎	1225	饅	2041	糕	1337	孟ⓒ	435
皃	1191	幔	534	筍	1302	鬘	2076	絉	1349	忙ⓒ	598
眽	1219	幪	534	縵	1380	鬘	2076	秣	1405	忘ⓒ	599
膜	1222	幔	534	穩	1423	鰻ⓒ	2092	眛	1471	忝	599
糢	1381	彎ⓒ	574	脕	1447	鱒	2092	茉ⓒ	1495	怃	617

惘 623
⿰目莽 796
望 [중] 813
望 814
杗 824
汒 940
漭 1036
盲 1205
⿰石亡 1232
⿰石亾 1237
⿱⿰亡月立 1296
網 [명] 1368
网 1396
罔 [고] 1396
朦 1461
芒 [명] 1486
⿱艹亾 1487
茫 [고] 1502
莽 1508
⿱艹⿱犬心 1508
莽 [명] 1515
⿱艹莽 1525
蘉 1562
蛧 1580
蝄 1585
蟒 1594
蟒 1596
誷 1679
⿰言望 1694
輞 [명] 1786
邙 [명] 1839
⿰金亾 1889
鋩 1889
魍 2082
⿰麦亡 2119

매

冒 170
冒 170
凂 175
勱 220
呆 277
埋 [고] 349
売 370
妹 [중] 409
媒 [고] 421
寐 [명] 460
昧 [명] 781
枚 [명] 829
枝 829
某 836
梅 845
梅 [고] 851
⿱每木 851
楳 863
槑 870
歾 912
每 923
每 [중] 923
沒 945
没 946
沬 953
⿰氵⿱日又 954
浼 977
湏 1005
煤 [명] 1073
狸 1111
玫 1128
瑁 1136
痗 1175
⿰目勿 1207
眛 1211
⿰目賣 1225
禖 1259
穤 1281
⿰米每 1332
⿱罒每 1397
⿱罒每 1398
⿱罒果 1399
罵 [명] 1400
⿰耒賣 1409
肳 1437
脈 1444
脢 1447
腜 1452
膴 1458
苺 1495
茅 1495
莓 1509
蔑 1538
蕒 1544
薶 1555
貍 1718
⿰豸黑 1719
買 [중] 1726
買 1729
賣 [중] 1733
賣 1738
邁 [명] 1836
酶 1861
⿰酉某 1863
鋂 1889
霉 1977
霾 1984
韎 2001
鬽 2081
魅 [명] 2081
黣 2128
黴 2129

맥

伯 87
麦 372
狢 1110
獏 1117
百 1189
眿 1211
眽 1214
脉 1439
脈 [고] 1444
脈 1444
莫 1509
⿰血永 1605
衇 1605
⿰𠂢血 1605
袹 1620
覛 1642
覓 1642
覭 1644
貃 1717
貊 [명] 1717
貉 1717
貘 1719
陌 [명] 1938
霢 1980
霡 1981
⿱雨麦 1982
⿰馬百 2053
驀 [명] 2060
麥 [중] 2118
麦 2119

맹

孟 [고] 435
氓 [명] 931
猛 [고] 1112
甍 1148
甿 1157
盟 [고] 1201
盲 [고] 1205
⿰目孟 1217
瞢 1222
⿰目黽 1224
矇 1225
矒 1225
艋 1480
⿰瞢色 1485
⿱艹⿴囗⿱丷目 1509
萌 [명] 1515

虻	1575	莫	1509	俛	529	講	1694	糕	1337	禰 1261
宓	1575	蕒	1531	柄	829	麵	1863	蔑	1538	瞑 1428
蜢	1585	覓	1640	棉	858	面	1991	襪	1550	艶 1485
螽	1587	冪	1640	棉	863	面	1992	蠛	1601	茗 1502
蟒	1594	覛	1642	楊	891	面	1992	鱥	1606	萌 1515
蟒	1596	鼏	1642	沔	945	靦	1993	鱴	2094	蓂 1531
盟	1606	霡	1980	泯	953	鮸	2088	명		螟 1591
鄳	1854	霢	1981	浼	977	麪	2119	冥	172	盟 1606
甿	2131	雺	1982	湎	1005	麵	2119	名	271	覭 1644
氓	2131	鼏	2132	洒	1005	麵	2119	命	283	諸 1666
				潣	1005	甿	2131	嫇	423	貔 1715
며		면		潛	1005	氓	2131	寞	457	鄍 1850
旅	765	丏	24	眄	1207			嵤	509	鄳 1854
멱		俛	103	眠	1211	멸		愭	638	酩 1860
一	171	偭	122	瞑	1220	幭	537	明	776	銘 1885
冪	173	免	149	眢	1286	懱	655	暝	795	鳴 2096
幕	173	免	149	糆	1334	威	663	朙	814	鵬 2103
塓	358	冕	170	絻	1363	搣	714	榠	858	예
幎	534	洒	175	綿	1368	滅	1016	槆	870	袂 1615
幦	536	勉	213	縜	1369	濊	1051	榠	870	모
汨	944	勉	214	緬	1373	威	1066	洺	967	
溟	1016	勔	216	緜	1373	眛	1211	溟	1016	侔 97
脈	1211	田	330	緡	1373	朦	1225	焥	1078	侮 97
脈	1214	娩	416	瞋	1428	礤	1248	皿	1197	侮 103
篾	1322	婳	421	莬	1509	篾	1319	盟	1201	冃 170
糸	1338	孮	436	蚵	1576	籆	1319	眳	1208	冒 170
冪	1402	宀	438	謾	1694	糠	1330	瞑	1220	務 216

자음 색인 목~묘

募㉮	219	毦	927	芼㉯	1488	髳	2075	勿	222	獴	1120
厶	252	氁	928	苺	1495	鶜	2098	歾㉯	912	矒	1194
姆㉰	410	瑁	928	茅㉯	1495	鵧	2100	歿	912	礞	1222
姥	413	牟㉯	1098	茆	1496	氁	2119	殁	912	矇	1224
媢	421	牡	1099	莫	1509	**목**		歾	917	瞢	1225
嫹	421	牦	1100	莯	1539	匹	228	沒㉰	945	罞	1397
嫫	425	犛	1104	藐	1555	木㉭	817	没	946	朦	1461
帽㉯	533	狢	1111	蛑	1580	楘	863	沕	954	艨	1482
帽	533	獏	1117	蝐	1587	毣	926	玐	1128	萌	1515
愗	606	瑁	1136	蟊	1587	沐㉯	945	**몽**		蒙㉯	1531
悼	612	皃	1191	蝥	1594	牧㉮	1100	冢	172	蠓	1599
慔	631	眊	1208	謀	1684	目㉯	1204	梦	377	鄸	1855
慕㉰	642	眸	1215	謨	1694	睦㉯	1217	夢㉰	378	雺	1976
懋	643	瞀	1219	薑	1694	督	1219	夣	378	霥	1984
摹㉯	719	瞀	1219	謥	1696	穆	1279	寢	471	饛	2043
摸㉯	719	矛	1226	譕	1696	穆	1280	幪	534	**묘**	
旄	767	碍	1234	貌	1718	繆	1381	懞	536	卯㉭	243
暮㉭	796	耗	1268	貇	1718	牐	1481	懵	654	夘	243
某㉰	836	模	1336	貊	1718	苜	1496	惷	654	吵	277
楳	870	摸	1381	耗	1778	莈	1515	懜	655	墓㉭	361
模㉰	875	罞	1397	醀	1858	蓩	1539	矇	800	妙㉭	407
母	922	耄	1419	鉾	1886	雅	1964	朦㉯	817	媌	421
母㉭	922	耄	1419	鏻	1904	霖	1977	梦	851	妙	483
毛㉭	926	耗㉯	1422	頪	2013	鍪	1998	檬	889	庙	546
毦	926	膜	1457	髦	2072	鶩	2105	氋	929	庿	552
毬	927	帽	1481	髳	2073	**몰**		濛	1047	廟㉭	556

丣 666
描 [명] 708
昴 [명] 782
杳 [명] 829
杪 832
泖 953
淼 988
渺 [명] 1005
渻 1017
猫 [명] 1114
玅 1124
畆 1158
畝 [명] 1159
畞 1159
畮 1163
眇 1208
聊 1211
秒 1268
穮 1281
竗 [명] 1294
紗 1344
緢 1373
緲 1373
苗 [고] 1496
茆 1496
藐 1555
訬 1659
貓 1718
錨 [명] 1898

몰

乮 49

무

亡 64
儛 139
亾 152
務 [중] 216
嘸 314
堥 355
墲 363
姆 410
娬 418
婺 421
嫵 426
巫 [명] 520
幠 535
廡 556
忞 606
愗 631
憮 [명] 647
懋 [명] 652
戊 [중] 659
抚 674
拇 [명] 682
捬 700
撫 [명] 723
无 [명] 771
楙 [명] 863
橆 882
武 [중] 907
毋 [명] 922
毛 926
無 [중] 1068
牟 1098
牡 1099
珷 [명] 1133
璑 1141
甒 1148
畆 1158
畝 [명] 1159
畞 1159
畮 1163
瞀 1219
矛 1226
碔 1239
繆 [명] 1381
罞 1397
罞 1398
𦋐 1399
𦋾 1401
膴 1458
舞 [중] 1477
茂 [중] 1496
莽 1508
莣 1508
莓 1509
莁 1509
莾 1515
莽 1525
蓩 1539
蕪 [명] 1544
蝥 1587
蟊 1594
袤 1617
誣 [명] 1672
謬 1694
譕 1696
貿 [고] 1726
貿 1727
賈 1731
踇 1753
鄮 1853
鉧 1882
鍪 1898
鍪 1904
鋩 1904
霚 1980
霧 [고] 1982
霿 1984
鞪 1998
鶩 2057
髳 2072
鴾 2099
鵡 [명] 2102

묵

万 10
冐 170
冒 170
嘿 314
嚜 319
墨 361
墨 [중] 363
窨 1218
纆 1392
艒 1481
默 [고] 2125

문

亹 69
們 [명] 113
免 149
免 149
刎 [명] 187
吻 [명] 277
問 [중] 297
帓 529
悗 617
悶 623
㥱 623
閔 623
濔 654
抆 674
捫 700
捪 708
文 [중] 753
樠 875
歾 912
汶 [명] 946
炆 [명] 1061
玟 1128
珫 1128
璊 1140
璺 1143
瞞 1222
糜 1280
笏 1301
紋 [명] 1343
紊 [명] 1343

絻 1363
聞 [중] 1427
䎽 1428
肳 1437
脕 1447
䏰 1447
䐇 1450
亹 1474
芠 1488
莬 1509
虋 1568
蚊 [명] 1576
蚉 1576
蟁 1594
門 [중] 1916
閅 1917
閺 1926
闅 1927
雯 [명] 1973
䫒 2015
䫒 2015
魰 2085

물

勿 [중] 222
沕 [명] 946
物 [중] 1100
昒 1207
芴 1488

미

亹 69
侎 97
冞 171
味 [중] 284
咩 289
咪 289
哶 294
堳 355
娓 417
媚 [명] 421
媄 [명] 421
嬍 [명] 423
尾 [중] 488
嵄 [명] 507
嵋 [명] 507
𡾊 514
弥 [명] 569
弭 569
彌 [명] 573
微 [고] 591
微 592
敉 743
未 [중] 819
梶 [명] 851
楣 [명] 863
洣 967
浘 977
㳽 988
渼 [명] 1005
湄 [명] 1005
渳 1005
濔 1047
瀰 1054
爢 1090
𪐱 1090
猕 1113
獼 1122
瑂 1136
眉 [고] 1208
眯 1215
𥄂 1216
瞇 1221
𥌓 1224
穈 1280
篃 1309
籋 1325
米 [중] 1328
宷 1330
粥 1332
精 1334
糜 1336
䊳 1338
䋛 1357
縻 1381
𦆍 1381
𦊘 1398
芈 1404
美 [중] 1404
脢 1447
薇 [명] 1550
蘪 1565
蘼 1565
䕷 1567
𧗾 1610
謎 [명] 1691
躾 [명] 1773
辟 1795
迷 [고] 1806
郿 1849
醾 1867
醿 1867
𨢦 1867
𨣧 1868
靡 [명] 1991
镾 2081
魅 2081
鮇 2085
麋 2116
麛 2117
𪎊 2121
䵋 2121
黴 [명] 2129

민

僶 138
岷 [명] 499
崏 505
㟩 507
忞 [명] 601
忟 601
怋 611
閔 [명] 623
𢖍 623
悶 623
惛 629
愍 [명] 631
㥸 636
慜 [명] 643
憫 [고] 648
抿 682
捪 708
敃 [명] 743
敏 [고] 745
旼 [명] 778
旻 [명] 778
暋 [명] 793
敯 793
民 [중] 929
汶 946
泯 [명] 953
湣 1005
潣 [명] 1036
澠 1044
玟 [명] 1128
珉 [명] 1129
琘 1136
痻 1176
𤸿 1178
𤿭 1195
盷 1211
眠 1211
砇 [명] 1233
𥐻 1234
碈 [명] 1240
笢 1302
緍 1369
緡 [명] 1373
繩 1374

자음 색인 밀~반

繩	1389	**바**		樸	887	窀	1286	驋	2000	党	483
罝	1397	婆	420	構	893	箔 ㉲	1312	驊	2003	幣	534
脣	1448	**박**		泊 ㉰	954	簿	1322	颷	2025	弁	561
苠	1497	毫	69	溥	1017	簿	1324	飰	2031	彬	577
鐥	1894	毫	69	濼	1050	簿	1324	餺	2040	扳	674
鐥	1898	仢	80	澤	1053	粕 ㉲	1330	駁	2050	拌 ㉲	682
閔 ㉲	1921	刅	183	㶅	1066	縛	1377	駮	2053	拚	691
閩	1923	刂	184	爆	1088	胉	1439	駸	2057	拌	694
頣 ㉲	2011	剝 ㉲	201	牔	1096	胉	1439	骲	2066	搫	700
顚	2015	博 ㉰	240	爂	1104	膊	1455	髆	2067	搬 ㉲	714
黽	2131	曝	319	爌	1105	膞	1462	魄	2082	攀	714
黽	2131	卜	338	狛	1108	苩	1472	**반**		攀	732
밀		璞	364	獁	1116	舶 ㉲	1479	並	34	攽	740
宓	445	廹	560	卜	1127	葥	1532	並	34	斑 ㉲	755
密 ㉱	457	彴	579	珀 ㉲	1129	蒲	1536	伴 ㉲	87	斒	756
樒	875	怕	610	璞 ㉲	1141	薄 ㉲	1550	泮	175	朌	811
櫁	889	愽	638	眗	1145	薜	1551	半 ㉳	234	柈	836
汨	946	拍 ㉲	682	颮	1145	襮	1633	卑	236	槃 ㉲	870
滵	1027	拍	691	咯	1193	襮	1634	卑	237	樊	875
眜	1211	搏	714	晶	1194	縠	1716	卑	240	汸	946
寱	1218	撲	723	䥅	1194	趵	1751	反 ㉳	255	泮	954
苾	1500	撲	731	䤖	1194	迫 ㉰	1804	叛 ㉲	258	渄	971
蜜	1578	暴	796	妭	1195	鉑	1882	姅	410	潘 ㉲	1037
蜜 ㉲	1585	暴	800	朌	1195	鎛	1900	娑	423	片	1095
謐 ㉲	1691	朴 ㉳	821	皵	1197	鑮	1912	宷	454	牉	1096
醯	1864	樸	882	礴	1249	雹 ㉲	1976	審	469	獙	1116

자음 색인 발~방

班 ㉠	1130	般 ㉠	1478	飯 ㉢	2031	渤	1005	蹳	1767	坊 ㉣	342
璉	1140	彪	1574	飰	2032	潑	1037	蹵	1768	妨 ㉠	407
畔 ㉠	1159	蝂	1587	鉡	2033	烽	1066	軷	1779	尨	484
番	1161	螌	1591	髮	2076	犮	1105	醱 ㉢	1866	帮	529
番	1163	蟠 ㉠	1596	魬	2085	癹	1184	鈸	1882	幇	533
鈑	1166	融	1596	鳻	2098	登	1184	鉢 ㉢	1882	幫	536
疲	1170	衭	1613			發	1184	鏺	1906	庞	549
瘢	1179	袢	1617	**발**		發 ㉢	1185	骇	1916	彭	578
皤	1194	襻	1634	仏	73	盋	1198	餑	2036	彷 ㉠	579
盤 ㉠	1202	譜	1703	佛	88	綍	1363	馞	2046	傍	592
販	1208	國	1715	汷	175	缽	1395	髮	2073	房 ㉢	667
盼 ㉠	1209	跘	1753	勃 ㉢	213	胈	1440	髪 ㉠	2073	挷	694
瞽	1221	踩	1757	哱	294	脖	1447	魃 ㉢	2081	搒	700
砏	1233	盤	1764	埻	345	般	1478	鱍	2093	搒	714
磐	1242	蹳	1764	孛	433	鏺	1481	鵓	2102	放 ㉢	740
磻 ㉢	1246	蹣	1765	市	523	茇	1497			方 ㉢	763
攀 ㉢	1248	奪	1779	悖	620	茇	1506	**밧**		旁	765
並	1295	斡	1779	捇	674	菩	1515	能	226	旁 ㉢	767
簸	1318	返 ㉠	1802	拔	674	韍	1516			旅	768
絆 ㉢	1349	鄱	1854	拔 ㉢	682	勃	1525	**방**		昉	778
緐	1363	開	1922	扷	683	癹	1539	並	34	枋 ㉢	829
繁	1377	骭	1995	撥 ㉢	724	襏	1631	並	34	梆	851
繁	1381	鰵	1999	教	745	詩	1677	仿	81	榜	858
盼	1437	頒	2009	桲	851	證	1696	倣 ㉠	113	棒	858
胖	1439	頖	2011	橃	882	跋 ㉢	1753	傍 ㉠	127	榕	858
膰	1458	領	2011	汷	954	跋	1753	彪	248	榜 ㉢	870
				浡	978	踄		哤	294		

자음 색인 배~번

琶	928	舫㉤	1478	酺	1992	杯㊂	829	褙㉣	1624	苩	1497
鼙	928	艀	1480	犕	1998	桮	851	褙	1626	覇	1638
汸	946	艕	1481	駓	2054	棓	858	賠	1733	霹	1795
滂	988	芳㉠	1488	髣	2073	榁	863	輩	1779	迫	1804
滂㉢	1017	蒙	1531	鲂	2085	琶	927	輩㉢	1786	霸	1982
膀	1097	蒡	1532	鰟	2091	沸	957	啡	1852	霸	1984
牻	1103	蚄	1576	龐	2143	渒	957	配㉢	1856	魄㉣	2082
拜	1128	蚌	1576	龐	2145	湃	1005	醅	1862	鮑	2085
瓝	1146	蜂	1585	龐	2145	焙	1071	阫	1934	번
瘴	1174	螃	1591	배		焝	1073	陪㉢	1944	反	255
髟	1196	蠡	1601	倍㉠	113	琲	1134	陫	1945	墦	364
皺	1196	訪	1657	俳	114	痎	1171	頋	2011	幡	535
硑	1233	謗	1691	偕	122	痦	1175	백		扁	668
磅	1243	蹄	1764	北	225	盃㉢	1197	伯㉠	87	拚	684
竜	1295	逢	1806	啡	298	肧	1437	佰㉢	97	旛	770
竝	1295	邦㉠	1840	坏	343	背㉢	1440	帛	526	樊	875
篣	1318	邡	1841	坏	345	胚㉢	1440	廹	560	潘	1037
紡㉣	1343	邠	1841	培㉠	352	緋	1480	拍	682	潘	1054
綁	1363	邽	1843	妃	404	艓	1485	捐	691	煩㉠	1074
紨	1373	鈁	1880	徘㉣	587	艴	1485	柏㉢	836	燔	1082
縍	1378	鎊	1900	抔	671	菩	1515	栢㉢	845	蕃	1089
耪	1422	開	1921	拜	683	菩	1525	脈	1096	璠	1141
肪㉤	1437	防㉢	1933	拜㉢	683	蓓	1532	皅	1147	番	1161
胖	1437	雱	1973	括	695	薜	1551	白㉢	1186	番	1163
脝	1444	霶	1981	排	700	蚌	1605	百㉢	1189	磻㉣	1246
膀㉤	1455	霽	1984	掊	701	裵㉣	1624	胉	1439	礬	1248

자음 색인 벌~변 2305

筏	1302	伐 ㊥	81	颭	1013	愎	636	繁	1388	覚	483
藩	1326	俤	127	犯 ㊤	1105	愊	636	辮	1388	平	537
旛	1326	垡	347	氾	1198	捭	707	罷	1400	弁 ㊤	561
躷	1363	坺	347	笵	1302	捥	707	腷	1454	徧	589
繁 ㊤	1381	撥	724	範 ㊤	1313	掤	719	葦	1516	忭	601
繙	1385	栧	845	颿	1481	擗	728	薄	1550	抃	674
蕃	1408	橃	882	范 ㊤	1497	擘 ㊥	728	薜	1551	挘	684
翻 ㊤	1416	瞂	1220	螜	1588	棒	858	蘗	1566	昪	782
膰	1458	筏 ㊥	1306	訉	1655	楅	863	蘖 ㊤	1566	汴	946
蔜	1532	罰	1400	軓	1776	榮	888	襞	1632	汳	946
蕃 ㊤	1545	罸	1400	軛	1776	檘	888	躄	1769	犿	1107
蕡	1545	垿	1471	飌	2026	湢	1005	躃	1769	猵	1116
煩	1551	帗	1471	馹	2048	澼	1043	辟	1795	甂	1148
蘩	1555	韍	1481	**법**		璧 ㊥	1142	逼	1826	砭	1241
藩 ㊤	1559	閥 ㊤	1923	泛	954	甓	1149	鈚	1880	稨	1276
蘩	1565	**범**		法 ㊥	955	畐	1158	鎞	1886	穮	1283
蠻	1601	凡 ㊥	179	泭	957	富	1159	闢 ㊤	1932	籩	1328
袢	1617	几	179	灋	1055	畐	1167	霹	1984	絣	1357
蹯	1768	帆 ㊥	525	珐	1129	癖 ㊥	1182	驚	2111	絣	1369
頫	1769	帆	525	琺	1134	皕	1193	鷩	2119	編	1376
軬	1778	犯	579	**벽**		碧 ㊤	1240	鼊	2131	緶	1376
轓	1792	杋 ㊥	824	偪	126	礔	1247	**변**		辯	1391
鐇	1906	梵 ㊥	851	僻 ㊤	138	稫	1276	便 ㊤	109	胼	1445
颿 ㊤	2029	氾 ㊥	938	劈 ㊤	207	筚	1312	偋	125	胼	1449
鷭	2110	汎 ㊥	940	壁 ㊤	366	簿	1324	卞 ㊤	241	艑	1481
벌		泛 ㊥	954	幅	533	糪	1337	変	372	萹	1529

遍	1554	骿	2066	瞥	1223	俜	104	洴	988	逬	1806
蘠	1555	骿	2067	秘	1270	倂 ㉲	114	炳 ㉰	1062	迸	1817
福	1628	鵧	2099	繘	1385	偋	130	琕	1134	邴	1842
變	1703	**별**		瞥	1430	兵 ㉲	165	瓶	1147	郱	1846
變 ㉲	1704	丿	41	苾	1500	娉	417	瓶 ㉲	1147	鉼	1886
獱	1715	八	164	蔐	1509	寎	461	甹	1157	鉼	1894
跰	1757	別 ㉲	189	蔽	1548	屛	490	病 ㉰	1171	鞞	1997
跰	1760	別	191	鼈	1568	屛 ⑪	491	秉	1267	鞸	1999
輧	1781	刐	195	蟞	1596	帡	527	窉	1286	頩	2011
輧	1786	嫳	426	徶	1631	帲	531	竝 ⑪	1295	頩	2015
辨 ⑪	1796	弊	563	覕	1641	幷 ㉲	540	竮	1298	餠	2034
辦	1797	彆	571	覽	1644	并 ㉲	541	竮	1298	餅	2038
辮	1797	彆	572	蹩	1768	屛	550	竮	1312	駢	2050
辯 ⑪	1798	徶	593	蹩	1768	怲	607	統	1342	騈	2053
辺	1801	憋	648	鉴	1906	拚	707	絣	1361	騈	2056
边	1812	懒	648	閉	1917	摒	708	缾	1395	鮮	2086
遍	1826	扒	671	閇	1918	摒	719	缾	1395	骿	2119
遜	1832	批	675	䩯 ㉲	2046	哂 ㉲	782	萃	1500	骿	2141
邊	1837	拂	684	鱉	2093	昺 ㉲	782	拜	1515	**보**	
邊 ⑪	1838	捌	697	鷩	2110	枋	829	萍	1519	保 ㉰	103
采	1868	擗	714	鼈	2131	柄 ㉲	837	蛢	1578	俌	104
開	1922	撇	724	**병**		栟	846	赳	1748	呆	277
頩	2011	撆	724	丙 ㉲	31	棅 ㉲	858	跰	1757	堡 ㉲	355
駢	2050	敝	749	並	34	椋	858	跰	1760	報 ㉰	355
骿	2053	澨	1037	竝	34	洴	968	軿 ㉲	1781	宝 ㉲	445
骿	2056	癟	1181	倂	97	浜	978	軿	1786	寶	463

자음 색인 복~봉

寶	470	薄	1550	伏 ㉠	82	洑	968	襆	1631	刖	195			
寶 ㉤	470	薫	1561	偪	126	澓	1037	覆 ㉤	1637	夲	392			
浦	577	蚢	1576	僕	134	濮	1047	覆	1638	本 ㉠	819			
捗	695	釜	1576	僕	138	畐	1158	蹼	1760	**볼**				
普 ㉤	791	補 ㉤	1621	副	202	富	1159	蹼	1768	乶 ㉣	49			
晋	795	褒	1622	畐	224	皤	1167	軮	1779	**봉**				
棤	862	裸 ㉣	1626	卜 ㉤	241	福 ㉠	1259	軵	1781	丰	34			
樸	882	褒	1628	卦	338	福	1261	璊	1786	俸	114			
檏	887	襃	1630	圤	347	覆	1292	輻 ㉣	1787	凤	179			
步 ㉤	906	譜	1696	墣	364	箙	1312	輹 ㉣	1787	唪	298			
步	907	譜 ㉤	1699	宓	445	簠	1322	鏷	1792	坴	343			
洑 ㉤	968	較	1778	幅	533	糪	1385	醭	1866	塜	358			
溥 ㉤	1006	輔 ㉤	1783	幞	535	腹 ㉤	1452	鍑	1898	夆	372			
溥	1017	錇	1961	復 ㉠	590	茯 ㉤	1502	鏷	1906	奉 ㉠	396			
潽	1037	酺	1993	扑	671	葍	1515	鏷	1910	封 ㉤	472			
父	1092	轐	1999	撲	723	菖	1525	鞴	1996	峯	498			
甫 ㉤	1153	鞠	1999	撲	731	蔔	1539	鞴	1999	峯 ㉤	502			
簠	1322	駁	2050	支	737	覆	1545	鞴	1999	峰	502			
粡	1332	鵿	2050	肌	809	當	1545	韛	2002	對	507			
緥	1373	駢	2054	服 ㉠	811	處	1570	韛	2002	庬	549			
脯	1449	鯆	2086	栿	846	蚹	1578	韸	2046	捧 ㉤	701			
艀	1480	鱒	2093	福	863	蝠	1588	馥	2046	撻	719			
芙	1510	鴇	2098	榎	863	蝮	1588	馥	2046	棒 ㉤	858			
莆	1510	鵬	2130	樸	882	袱	1620	鰒	2090	棓	858			
菩 ㉣	1515	**복**		樸	887	複 ㉣	1626	鵬	2103	泛	954			
葆	1525	仆	73	殕	914	襆	1629	**본**		洚	978			

자음 색인 부

溄	1027	鏷	1904	咐㉠	284	敷	750	秠	1268	胕	1440
烽㉳	1066	鞾	1994	坿	345	敷㉳	750	柸	1270	腐㉡	1450
㷋	1066	韡	1997	孚	349	敷	750	稃	1273	腑	1450
熢	1080	鞴	1997	培	352	斧	759	葡	1273	䠶	1450
燯	1080	靜	2005	埠㉠	352	勇	768	竇	1289	膊	1455
犎	1104	䫉	2005	報	355	枎	830	符㉡	1302	膚	1457
琫㉳	1134	髼	2074	夫㉢	385	桴	837	笰	1309	膴	1462
畔	1145	鳳	2095	婦㉢	418	枹	841	箁	1312	購	1462
鼜	1196	鳳㉡	2096	娝	421	桴	852	浮	1318	孵㉳	1480
襏	1261	鴌	2097	孚㉠	432	桴	858	簿㉡	1324	苿	1489
笐	1300	鵬	2103	孵	437	榑	870	秠	1332	芙	1489
筝	1309			富㉢	461	殕	914	紑	1343	苻	1497
蓬	1320	부		專	474	洰	957	紑	1349	芣	1501
紨	1373	不㉡	24	扊	545	浮㉢	978	縛	1377	莆	1510
縫㉳	1381	仆	73	府	546	涪	989	缶㉳	1394	莩	1510
苀	1487	付㉡	77	府㉡	546	浦	1017	缶	1394	莩	1510
菶	1516	伏	82	䘸	569	溥㉳	1017	瓿	1395	萯	1525
葑	1525	俛	103	復	590	滏	1017	莩	1395	蓝	1537
蓬㉳	1539	俘	104	㥮	607	烰	1067	榖	1395	蔀	1540
蜂㉡	1582	俯㉳	114	怖	607	父㉳	1092	罘	1397	蓎	1545
蠭	1594	偩	122	扶㉢	674	玞	1128	罜	1398	蒲	1559
鑔	1602	傅㉳	127	抔	675	瓿	1147	罟	1398	蚨	1576
犇	1637	冨	173	拊	684	痛	1175	罘	1398	蚹	1578
賵	1738	剖㉳	201	括	695	痞	1175	澞	1412	蛗	1580
逢㉢	1812	副㉡	202	拂	695	砆	1233	猽	1414	蜉	1582
鋒㉳	1889	刦	203	培	701	祔	1251	獛	1414	蜉	1582
		否㉢	277	撫	732	福	1259	稃	1422	蜉	1585

蝠 1585
蝮 1588
蝠 1596
蝠 1600
袱 1615
复 1622
複 1626
福 1627
褓 1628
褸 1629
襆 1630
覆 1637
覆 1638
訃 (명) 1654
負 (고) 1720
負 1720
賦 (고) 1733
賻 (명) 1738
赴 (고) 1745
趺 (명) 1752
跗 1753
踣 1760
蹐 1760
軏 1778
軵 1779
輻 1787
郛 1845
部 (중) 1846
鄜 1852
醅 1862
釜 (명) 1877
釜 1877
鈇 1880
釜 1880
鉐 1894
阜 (명) 1932
阜 1933
附 (고) 1935
雉 1961
霧 1984
餔 1993
韛 2000
韝 2003
頫 2011
駙 (명) 2051
鬴 2079
鮒 2085
鯆 2088
鳧 (명) 2095
鳧 2096
鳧 2096
鵠 2098
鳺 2098
麩 2119
麬 2119
𪔂 2134
북
僰 134
北 (중) 225
분
份 82
体 88
僨 134
分 (중) 184
匪 227
吩 (명) 278
噴 (명) 314
噴 317
坋 343
坌 343
坌 345
坌 345
墳 (고) 364
奔 397
奔 (고) 398
奮 (고) 402
妢 407
岎 498
岔 498
幩 535
幩 536
弅 562
忿 (명) 601
憤 (고) 648
憤 652
扮 (명) 675
拚 684
撲 734
欧 743
昐 (명) 778
朌 811
枌 830
棼 858
橨 882
歕 901
氛 931
汾 (명) 946
湓 979
湓 1006
濆 1037
濆 1043
瀵 1054
瀵 1055
焚 (명) 1071
焚 1071
燓 1083
犇 1103
玢 1128
瓫 1146
畚 1160
畚 1165
盆 (명) 1197
盼 1209
砏 1233
秎 1268
笨 1303
粉 (고) 1329
糞 (명) 1336
紛 (고) 1344
羵 1408
𤜻 1410
翂 1410
肦 1437
芬 (명) 1489
苯 1497
莑 1510
葐 1525
蒶 1532
蕡 1545
蚡 1576
蚠 1577
衯 1615
衯 1615
豶 1716
賁 1727
賁 (명) 1729
軬 1779
軿 1779
輪 1789
轒 1792
錀 1894
鐼 1908
雰 (명) 1973
頒 2009
餴 2038
饙 2042
鳻 2098
鷬 2105
麕 2121
鼖 2134
鼢 2135
불
不 (중) 24
㇏ 41
仏 73
佛 (중) 88

자음 색인 붕~비

字	번호	字	번호	字	번호	字	번호	字	번호	字	번호	字	번호
冹	175	艴	1485	繃	1369	嚊	318	悲 ⓒ	623	沸 ㉮	957
刜	191	芾	1489	繍	1382	嚭	318	憊 ㉯	648	霏	957
咈	284	茇	1497	髯	2075	嚭	320	扉 ㉯	669	淝	989
坲	345	蔀	1497	鵬	2103	圮	339	批 ㉡	675	淠	989
岪	499	蔽	1548			坒	343	捭	701	濔	1037
岶	499	蹕	1754	**비**		埤	352	搫	714	濞	1047
市	523	韍	2001	丕 ㉯	31	塿	402	撝	749	狒	1108
帗	526	颮	2025	仳	82	妣	404	斐	755	猈	1108
弗 ㉮	567	髻	2045	伾	89	妃 ㉠	404	啡	782	琵	1134
彿 ㉱	580	髽	2073	俾	98	妣	408	朏	812	菲	1154
怫	607	黻	2130	俾	114	斐	419	枇	821	葡	1154
悱	607			伽	114	斐	419	枈	830	畀	1157
抙	672	**붕**		備 ⓒ	127	娓	419	秘	837	疕	1170
拂 ㉱	684	堋	352	俻	130	婢 ⓒ	419	椑	858	疪	1170
咄	782	崩 ㉠	505	僻	138	媲	423	棐 ㉯	858	痱	1172
沸	957	嵎	505	荆	201	屁	488	橈	863	痞	1175
茀	957	弸	571	剕	201	屍	489	榧	870	痹 ㉱	1176
祓	1252	彭	578	匕 ㉱	224	扉	492	構	871	痺	1176
紼	1349	掤	701	匪 ⓒ	227	峞	505	槐	871	痺	1177
紱	1349	朋 ⓒ	812	不	236	庀	544	比 ⓒ	924	瘭	1177
紼	1349	棚 ㉮	858	卑 ㉠	236	庇 ㉯	545	毖	925	癖	1182
紱	1349	澎	1027	卑	237	庫	550	毗	925	皕	1193
綍	1363	痭	1176	卑	240	廮	550	毘	925	痠	1195
翇	1411	硼 ㉮	1240	否	277	禆	587	毖	925	睥	1211
翇	1411	窮	1289	呸	286	悱	607	毖	925	脾	1218
艴	1485	絣	1357	啤	298	悲	607	氿	947	睥	1218
		絣	1369	畐	298	悱	623	泌 ㉱	957	眸	1218

砒㊣	1233	紕	1344	菠	1532	贔	1741	非㊥	1990	彬㊣	577
碑㊤	1239	紼	1349	蓖	1536	跰	1760	鞴	1997	擯	731
硜	1239	綍	1363	蕡	1545	蚍	1773	毖	2001	斌㊤	756
碑	1241	緋㊣	1369	虮	1577	彎	1794	韛	2002	梹	852
磇	1243	縋	1378	蜚	1585	轡	1795	韛	2002	檳㊤	889
祕㊣	1252	羆	1402	蜱	1585	僻	1795	飛㊥	2027	殯	917
贔	1264	翡㊤	1412	蟹	1585	邳	1842	飛	2029	浜㊤	978
羃	1265	肥㊤	1437	蠅	1591	邲	1842	騑	2046	洴	979
閟	1265	胇	1439	蘆	1602	邳	1845	駓	2051	濱㊤	1048
秕㊤	1268	脧	1439	裵	1618	郫	1847	騑	2056	濵	1048
杚	1268	肺	1442	裴	1624	鄙㊤	1852	驜	2057	瀕㊤	1052
秘	1270	腓	1450	襃	1624	鄱	1853	骹	2067	牝㊤	1099
祕㊤	1270	脾	1450	裤	1624	鄪	1854	髀	2067	獱	1120
窃	1291	腱	1450	裨㊤	1625	都	1854	髀	2067	玭㊤	1128
裨	1297	膹	1455	褙	1633	鈚	1880	髟	2073	璸	1136
笓	1300	臂㊤	1459	諀	1672	鉟	1883	鯡	2089	璸	1143
箄	1312	臏	1461	誹㊣	1679	錍	1894	鵯	2104	矉	1224
筭	1312	朡	1468	諱	1680	鉟	1894	鼙	2134	邠	1233
箆	1312	蓽	1489	譬㊤	1700	鏡	1900	鼻㊥	2136	磻	1247
篚	1318	芘	1489	閵	1711	閟	1922	鼻	2136	穦㊤	1282
篦	1318	茀	1497	貱	1717	阯	1934	**빈**		繽㊤	1391
粃㊤	1330	茯	1502	丕	1717	阰	1945	份	82	纈	1393
柴	1330	革	1516	貔	1718	陴	1945	儐㊤	139	翢	1417
粨	1333	菲㊣	1516	賁	1727	陸	1954	嚬㊤	320	臏	1461
糒	1335	葩	1516	費㊣	1727	霏	1979	嬪㊤	428	薲	1532
糟	1337	葡	1529	賁	1729	霈	1980	宕	442	蘋	1545

자음 색인 빙~사

蕡	1555	凭	179	俥	115	娑	417	析	830	瀉 ㉣	1051
蘋	1562	垙	370	傞	128	它	439	枡	830	灸	1059
蠙	1600	娉	417	傻	130	寫 ㉤	468	栖	837	炠	1060
豩	1714	憑	643	儏	138	寫	469	柤	837	炮	1062
豳	1715	憑 ㉦	648	兕	150	寺 ㉠	472	查 ㉡	837	砣	1062
獱	1716	氷 ㉠	936	写	171	射 ㉡	474	柌	837	炸	1063
貧 ㉢	1723	溯	989	寫	173	尖	483	相	837	爁	1083
賓 ㉡	1731	馮	1017	刬	201	屣	492	杪	852	斲	1095
寶	1732	砯	1234	卸	246	巳 ㉡	522	桫	852	犠	1104
贇	1739	聘 ㉡	1426	厶	252	师	525	梭	852	犧	1105
邠 ㉣	1841	莩	1525	叓	257	帥	527	查	863	狇	1111
鑌	1910	馮	2048	叡	259	師	529	樹	871	獻	1116
霦	1982	騁	2054	司 ㉠	264	庫	548	榹	872	獻	1116
頻 ㉡	2013	驫	2065	史 ㉢	265	厹	562	植	876	獅 ㉣	1116
顰	2021	**뿐**		叓	272	徙 ㉣	587	死 ㉣	910	獻	1122
驞	2063	爺	226	咋	284	思	607	歹	912	璽	1129
髕	2069	**사**		唆 ㉡	294	恩	613	外	912	璽	1143
髣	2073	午 ㉣	42	嗣 ㉣	308	阢	667	汜	940	畬	1163
鬢	2074	事 ㉢	52	嘎	309	巵	667	沙 ㉠	947	畬	1163
鬢	2077	些	64	四 ㉢	323	抄	695	泗	957	癯	1180
빙		仕 ㉢	77	墠	367	埿	695	洿	957	嚴	1197
仌	73	似 ㉠	89	士 ㉢	369	捨 ㉡	701	洍	968	躲	1230
俜	104	侣	89	夕	373	挓	708	浂	979	榖	1230
冫	173	伺	89	奓 ㉣	400	摣	719	渣 ㉣	1006	砂 ㉣	1233
冰	174	使 ㉢	98	姒	410	斜 ㉡	757	溠	1017	砟	1234
凭	179	俟 ㉣	104	姐	410	斯 ㉡	760	滩	1027	碴	1237

자음 색인 삭~산

祀	⑪	1250	麗		1403	蜥		1592	鈻		1878	鯊		2085	溹		1017
社	⑪	1250	耍		1421	蜥		1596	鉈		1883	鯋		2085	藻		1056
祠	㉑	1252	耜		1422	蜥		1596	鉈		1883	鯊		2088	爍		1088
袒		1252	耶		1424	衰		1615	鉈		1883	鰤		2091	爍		1088
祐		1252	摔		1432	衽		1615	鈔		1889	鷥		2110	稍		1226
裟		1257	肆		1432	衰		1615	錫		1894	鷦		2110	礁		1245
褫		1261	舍	㉝	1475	裟		1622	鏟		1898	麝	㉝	2117	筲		1309
禩		1262	舍		1475	覗		1641	閘		1927	鷲		2120	筲		1314
私	㉝	1265	辭		1476	司		1653	雉		1965	齟		2137	箱		1321
穉		1280	苴		1499	霹		1661	靐		1986	齬		2137	索	㉝	1345
疾		1296	茶		1508	詞	⑪	1661	鞭		1999	**삭**			葪		1526
笥		1303	莎		1510	誓		1661	轤		2000	削	⑪	197	蒜		1532
篩	㉣	1318	莎	㉣	1510	詐		1672	食		2029	嗽		312	藥		1552
簑		1318	筊		1527	謝	㉝	1691	飢		2030	索		463	藥		1552
籭		1320	蓑	㉣	1532	誓		1696	飠		2030	搠		694	藥		1560
籭		1328	蓑		1540	謝		1696	飠		2030	掣		708	踼		1761
秒		1330	蘆		1542	賒		1732	飠		2030	摻		714	鏒		1901
糸		1338	蘇		1545	賒		1732	飤		2031	數		750	鑠		1911
紗	㉣	1344	蕯		1551	賜	⑪	1734	飣		2031	數	㉣	750	齺		2143
絲	㉝	1357	蔦		1559	敕		1743	飼	㉣	2033	數		751	**산**		
緖		1369	虒		1569	踓		1765	飴		2033	數		751	仐		73
緖		1373	虵		1575	躧		1772	駟	㉣	2051	朔	⑪	812	傘	㉣	128
繜		1379	蛇	⑪	1578	辝		1795	駛		2051	槊		871	刪		191
繼		1382	蜡		1585	辞		1796	駛		2053	棚		871	刪	㉣	191
纚		1394	蜥		1586	辭	⑪	1797	駛		2054	欶		897	刪		195
蒙		1400	蛳		1591	邪	⑪	1841	髿		2074	汋		942	剷		205

匴	228	產	1152	鑱	1904	躃	1769	溚	1037
銍	248	疝	1170	鐁	1907	蘀	1771	馦	1076
姍	410	祘	1252	閂	1917	躠	1771	鯵	1117
姗	410	竿	1301	霰	1977	鏒	1898	肜	1206
屍	436	筭	1309	霙	1977	鍛	1904	瞻	1222
孿	438	算	1312	霰	1979	襂	1927	穆	1280
孿	438	筌	1318	霰	1983	**삼**		糂	1334
山	495	篸	1320	霰	1984	三	10	糝	1336
嵼	510	篸	1320	籭	2042	刐	187	綝	1372
幓	535	籫	1326	酸	2141	参	253	縿	1382
撒	719	糤	1337	**살**		叁	253	纔	1394
散	748	纖	1386	乷	49	叄	253	罙	1398
散	752	纖	1393	搬	719	參	253	芟	1490
橵	876	置	1400	撒	724	叅	254	葠	1525
撒	882	翼	1402	柔	824	噞	513	蓡	1540
樧	893	蒜	1532	檄	876	慘	534	蔪	1542
汕	940	訕	1655	殺	918	弎	564	薓	1551
潸	1027	診	1655	殺	918	彡	575	衫	1613
濟	1037	赸	1746	殺	919	摻	719	穆	1629
潛	1037	跚	1754	煞	1074	摻	724	襂	1633
潜	1037	跚	1754	煞	1336	杉	824	襂	1634
獮	1110	蹣	1768	繖	1392	森	858	賝	1739
狻	1111	選	1832	藂	1540	橵	876	鈙	1878
珊	1129	耶	1848	蔡	1542	橵	882	險	1948
珊	1129	鄩	1854	薩	1555	毿	928	險	1956
産	1152	酸	1861	蠧	1567	滲	1027	雴	1972

삽

電	1979		
靁	1986		
髟	2076		
卅	233		
哈	292		
唼	298		
啑	298		
扱	674		
挿	695		
捷	705		
挿	708		
挿	709		
摂	715		
攝	734		
歃	899		
涩	908		
渋	989		
澁	1037		
澁	1045		
澀	1048		
届	1096		
篓	1312		
篸	1312		
翜	1412		
翣	1413		

舌 1471
萐 1516
菨 1517
譅 1696
讘 1702
趿 1752
鈒 [명] 1880
鍤 1898
霅 1978
霎 1979
靸 1994
鞈 1996
韐 2001
𩎟 2001
颯 [명] 2025
馺 2050
鰈 2090

상

上 [중] 18
倘 112
丧 115
傷 [중] 130
像 [고] 134
償 [고] 141
向 274
商 [중] 298
喪 [중] 303
䘮 304
嗓 309
𠷎 309
嘗 309
嘗 [고] 312
嚐 318
塽 [명] 361
嫦 426
孀 [명] 429
尙 [중] 483
峠 [명] 501
常 [중] 531
床 [고] 545
庠 [명] 548
廂 [명] 552
徜 587
想 [중] 631
慯 636
搡 715
晌 786
桒 837
桑 [고] 846
枽 846
様 871
樣 [명] 877
橡 [명] 882
欀 893
殤 916
湘 [명] 1006
湯 1012
滝 1016
滴 1027
潒 1041
瀧 1052
瀼 1054
爽 [명] 1093
牀 [명] 1094
状 1106
狀 [고] 1107
甞 1150
疒 1169
𤺥 1179
相 [중] 1209
磉 1243
祥 [고] 1256
禓 1259
禓 1261
箱 [명] 1313
緗 1373
纕 1393
翔 [명] 1412
葙 1525
蔏 1540
蘘 1566
蟓 1596
蠰 1602
裳 [고] 1625
襄 1630
襐 1631
裼 1631
觴 [명] 1651
詳 [고] 1666
謪 1694
象 [고] 1712
𧰼 1713
賫 1734
賞 [중] 1734
𨡹 1865
霜 [중] 1980
顙 2015
𩓝 2018
餉 2035
𩞞 2039
饟 2044
騻 2060
驦 2064
鬺 2079
鮝 2086
鯗 2089
鱨 2094
鱶 2094
鴹 2100
𪃶 2109
鷞 2109
鸘 2112

새

僿 138
塞 [고] 358
壐 367
𡨄 465
𢍁 562
思 607
恖 613
玺 1129
璽 [명] 1143
疵 1172
簺 1324
罳 1400
腮 1453
葸 1525
𦪋 1650
賽 [명] 1738
顋 2015
鬛 2075
鰓 2090

색

咋 284
嗇 [명] 309
塞 [명] 358
索 463
𡨄 465
愬 638
𢲆 714
摵 719
槭 878
涑 968
溹 1017
濇 1044
瘷 1180
猎 1227
穡 [명] 1282
𥺇 1331
索 [고] 1345
繬 1388
色 [중] 1484
薔 1551
虩 1574
虩 1574
虩 1574

索引

蹟	1738	壄	356	書㈜	804	智	1428	醑	1867	榛	871
蹟	1738	墅	361	杼	832	胥	1440	野	1872	汐㈑	940
轎	1793	壍	364	栖㈑	846	舒㈑	1476	鉏	1883	汐	948
轎	2000	墭㈑	371	棲	859	芧	1491	鋤㈑	1890	沢	951
醑	2140	堉	371	楈	864	茶	1508	閪	1924	沶	969
醑	2142	壻㈑	421	湑	1006	荋	1511	雛	1966	淅	989
생		犀	490	潊	1027	薯	1555	鯑	2094	淞	989
栍	837	嶼㈑	513	漵	1037	蓒	1555	鵠	2104	液	992
牲㈑	1101	與㈑	513	潫	1044	諸㈑	1563	鴑	2110	潟㈑	1037
生㈜	1150	序㈑	545	爔	1083	藇	1566	黍㈑	2123	澤	1045
甥㈑	1153	庶㈑	550	犀	1103	蛥	1583	鼠㈑	2134	澤	1046
瘖	1178	庻	551	犀㈑	1103	蜡	1588	鼠	2135	斦	1095
省㈑	1210	庹	551	瑞㈑	1136	螿	1596	齟	2140	晳	1193
眚	1212	徐㈑	586	瘍	1182	西㈜	1635	**석**		賜	1218
笙㈑	1303	忞	599	稌	1272	翳	1648	商	300	躳	1230
胜	1441	恕㈑	613	稌	1276	誓㈑	1672	夕㈜	373	石㈜	1231
葠	1546	惰㈑	631	筮㈑	1309	誶	1684	奭㈑	402	石	1232
鉎	1883	抒㈑	675	簉	1323	諝	1687	射	474	碏	1239
鮏	2135	捿㈑	702	糈	1335	誓	1696	席㈜	530	碩㈑	1241
샤		撕	724	絮	1345	譃	1696	惜	624	碼	1246
勺	221	敍㈑	745	絮㈑	1357	豫	1715	恝	624	礪	1248
勺	222	敘	745	緒	1369	逝㈑	1812	昔㈜	778	袥	1252
서		暑	791	緒㈑	1373	遾	1831	晳㈑	791	秲	1270
叙㈑	259	暑㈑	793	署㈑	1400	遾	1836	晳	791	穸	1285
噬	317	睹	794	芧	1406	邪	1841	析㈑	830	釋	1337
坴	353	曙㈑	800	耡	1422	醑	1863	枛	830	錫	1369

자음 색인 선

繹	1389	**선**		尟	484	珗 ㉤	1131	絏	1358	蟺	1598
繹	1389	亘	63	亼	497	琁	1133	綖	1364	襈	1629
腊	1450	亘	64	愃	637	瑄	1136	綫	1369	詵 ㉤	1666
舃	1472	亶	69	扇	669	璇	1140	線 ㉤	1374	諊	1692
舄	1472	仙 ㉥	77	掟	695	璿	1143	縇	1374	譔	1696
舍	1475	仚	78	挻	695	瓊	1143	縼	1382	譱	1700
舍	1475	僊 ㉤	130	揎	709	瓊	1144	繟	1385	跣 ㉤	1757
蓆	1532	僕	135	擆	712	痃	1174	繕	1386	躚	1768
蜥	1586	僩	136	撰	725	癬	1180	纏	1393	蹮	1768
蜥	1586	先 ㉤	146	揎	725	癖	1183	繟	1396	蹮	1771
蜴	1587	単	240	擅	729	省	1210	罝	1400	蹮	1771
螫	1594	單	302	敳 ㉤	752	睘	1217	羶	1402	还	1803
蟻	1601	善 ㉥	304	旋 ㉠	768	睘	1220	羨	1406	選 ㉥	1832
裼	1625	埏	350	氈	926	朑	1222	羴	1408	還	1837
褯	1633	墡 ㉤	364	次	948	禅	1258	羶	1409	鄯	1854
適	1830	墠	364	洗	968	禪	1259	脧	1448	銑 ㉤	1886
郝	1846	姍	410	洒	969	禪 ㉠	1262	腺	1453	鋋	1890
醳	1867	姗	410	淀	979	禮	1263	膳 ㉤	1458	鏇	1904
醳	1867	姺	414	涎	981	籼	1267	舡	1478	鐥	1907
釋	1868	嬋	423	渲 ㉤	1006	笎	1303	舩	1478	鐥 ㉤	1907
釋 ㉠	1869	嫙	425	漩	1028	笧	1306	船 ㉥	1479	霓	1977
鉐 ㉤	1883	嬋 ㉤	426	潬	1035	筅	1314	茈	1497	霰	1977
鉄	1884	嬗	427	煽 ㉤	1078	篅	1318	蔎	1554	霰	1979
錫 ㉤	1894	宣 ㉠	449	熯	1087	饡	1326	蘚	1565	霞	1983
鼠	1966	宣	463	爛	1087	鮮	1327	蜒	1582	霹	1986
鰓	2135	尟	483	獮	1120	籼	1329	蟬 ㉤	1596	顫	2020

饍㉣	2042	槐	847	鼜㉣	1540	殲	917	讘	1705	濕	1007
騸	2058	楔㉣	864	薛	1551	孅	917	贍㉣	1740	湜	1007
鱓	2085	楣	871	薛	1562	淰	992	銛	1878	涇	1018
鮮㉠	2086	泄	957	爇㉣	1629	潤	1017	銛	1886	濕	1048
鱏	2093	洩	968	設㉣	1658	澹	1036	銛	1893	漏	1055
鱔	2093	渫	979	說㉣	1673	憺	1043	閃㉣	1917	燮	1085
鱣	2093	洩	980	齧	1718	濂	1043	陝	1938	爕	1088
鱻	2094	渫	989	跇	1756	慾	1083	陝㉠	1940	瓗	1144
鸛	2112	渫㉣	1006	蹳	1769	爓	1089	韂	2000	瞸	1220
설		炳	1071	蕯	1771	暎	1216	韱	2003	礏	1246
偰	122	獮	1115	蹳	1771	晱	1218	韱	2003	籋	1325
卨㉣	242	痆	1172	辥	1797	礛	1249	**섭**		聶	1430
呭	285	疶	1196	雪㉠	1972	緂	1364	囁	321	葉㉣	1526
囐	323	磼	1241	雪	1982	藫	1379	屟	489	蓮	1537
契㉣	398	卨	1264	靾	1995	繆	1382	屜	492	諜	1682
媟	422	卨㉣	1264	齧㉣	2141	纎	1392	屧	493	諜	1687
屑㉣	490	稧	1276	**섬**		纖㉣	1393	牒	572	諿	1692
徢	592	糏	1335	剡㉣	202	苫	1499	慴	657	讘	1705
怢	602	紲	1345	嬐	427	菼	1525	拾	691	讘	1706
挈	691	絏	1349	孅	429	蘚	1567	摂	715	跕	1758
揳	709	絏	1358	憸	652	蟾㉣	1598	攝㉣	734	蹀	1764
撶	709	綎	1358	掞	703	襫	1633	欆	866	躞	1771
搎	728	緤	1374	挼	715	襳	1634	楫	894	躢	1771
槷	796	舌㉠	1474	摻	719	覢	1642	洍	961	鉇	1891
枻	839	苦	1501	搎	724	詹	1700	涉㉣	979	鑷	1898
楔	842	薛	1532	暹㉣	798	譫	1700	涉	989	鑷	1912

자음 색인 성~소

鞭	1998	猩	1114	**세**		祝	1622	埽	352	梳	846
鯯	2001	城㈜	1133			諰	1662	塑	359	梳	852
鞣	2002	珵	1137	世㈜	32	譓	1669	宵	454	梢	854
顳	2021	盛	1199	丗	33	說	1673	突	458	梭	864
驪	2064	盛㈜	1200	勢	212	貰	1723	寠	458	槊	871
성		省㈜	1210	勢㈜	219	貰	1727	索	463	棚	871
城	347	睲	1220	古	236	貰	1730	小㈜	479	樔	876
城㈜	349	筬㈜	1309	咦	290	跐	1754	少㈜	482	櫹	888
声	370	箵	1314	勢	353	**소**		巢㈜	517	歗	902
姓㈜	410	篂	1314	歲	508	所	34	巢	517	韶	921
娍㈜	417	聖	1426	悅	530	召	89	弰	570	毦	929
宬㈜	454	聖㈜	1427	忕㈜	600	俏	108	愬	638	氠	933
崻	502	聲	1429	忕	604	傃	128	愫	638	沼㈜	958
性㈜	607	胜	1441	悇	640	傁	128	怊	638	泝	958
惺㈜	631	腥	1453	挩	697	僳	131	所㈜	667	消㈜	980
悜	631	觲	1650	栽	908	削	197	戶	668	涑	1006
成	659	觲	1651	歲	908	劭	212	招	686	溯㈜	1017
成㈜	660	誠㈜	1674	歲	908	卲㈜	245	捎	695	溞	1017
戍	662	貹㈜	1727	洗	968	安	259	搜	695	潚	1028
星	782	郕	1845	洒	969	叟	259	掃㈜	702	瀟	1044
晟	786	醒㈜	1863	涗	980	召㈜	266	挼	709	瀟	1051
晟㈜	788	銆	1883	稅	1273	召	289	搖㈜	715	瀟	1054
晠	788	錫	2039	笹	1303	咲	289	搜	715	炤	1062
渻	1006	騂	2054	簀	1320	嗉	309	旗	770	燒	1071
犐	1103	鮏	2085	細㈜	1350	杲	309	昭㈜	783	燒㈜	1083
狌	1108	鯉	2090	繐	1386	嗖	309	招㈜	838	燦	1085
				蛻	1582	嘯㈜	317				

자음 색인 속~송

燥	1087	綃	1364	蘇	1562	銷㉑	1890	涑㉑	980	荃	1504
㳻	1117	繐	1376	蛸	1582	霄	1977	簌	1320	蓀㉿	1533
玿㉿	1129	緔	1376	蠨	1586	韒	1982	粟	1331	遜㉿	1828
璅	1140	縿	1382	螦	1591	韶㉿	2004	續	1363	飡㉿	2031
甦㉿	1153	繰	1382	蠨	1598	颾	2025	續㉿	1392	飧	2031
甡	1153	繰	1388	蠨	1602	飂	2026	纗	1394	飧	2032
疋	1167	繡	1388	𦈢	1617	飀	2027	萩	1540	餐	2035
疋	1168	麗	1403	訴㉑	1661	騷	2056	蕒	1559	餐	2038
疏㉑	1168	儵	1412	訴	1662	騷㉿	2058	蓫	1559	**솔**	
疎㉿	1169	肅	1432	詔	1663	髾	2074	橾	1624	乽	49
痟	1175	肅	1432	諔	1684	魈	2082	褥	1624	卩	246
瘙㉿	1179	肅	1433	謿	1692	鮹	2088	觫	1650	帥	527
眫	1220	肖	1436	謏	1692	鰽	2093	謖	1692	摔	719
睃	1221	胥	1440	譟	1701	鱐	2142	贖	1741	率㉿	1124
硝	1238	脩	1447	貹	1727	龝	2147	速㉿	1813	窣	1289
稍	1273	膝	1455	踃	1758	**속**		遬	1830	䊮	1335
穌	1280	疎	1458	踈	1758	俗㉿	104	㵦	2036	蟀	1594
笑㉿	1301	艄	1480	輚	1791	剝	205	**손**		邮	1604
筲	1309	艘	1481	逍㉿	1813	属	492	噀	314	衛	1612
箾	1314	艘	1481	遡㉿	1828	屬㉑	494	孫㉿	1436	𧘽	1630
篠㉿	1318	茗	1500	邵㉿	1842	數	750	巽㉿	1523	賉	1731
簫㉿	1324	蒴	1526	鄛	1853	數	750	愻	638	**송**	
索	1345	蔬㉑	1540	鄛	1855	數	751	損㉑	715	淞	176
素㉿	1345	蕭	1540	酥	1859	數	751	滄	1011	宋㉿	442
紹㉿	1350	蔆	1545	釄	1868	束㉑	824	潠	1037	崧	510
絲	1363	蕭㉿	1551	釗	1877	樕	876	猻	1116	嵩	510

彸 579
悚 [명] 618
惷 643
㦼 657
揔 712
㩳 735
松 [중] 830
枀 831
柗 838
梥 853
椿 877
淞 [명] 989
漎 1032
䆝 1292
竦 1296
聳 1430
舂 1471
蓯 1542
蚣 1576
蜙 1586
訟 [고] 1658
誦 [고] 1674
𧩱 1674
送 [중] 1806
頌 [고] 2009
駷 2054
鬆 2075

솰

刷 195
率 1124
選 1832

쇄

刷 [고] 195
摋 719
晒 786
暰 799
曬 801
杀 824
㱚 918
殺 918
殺 [명] 919
洒 969
灑 1051
灑 [명] 1056
煞 1074
琑 1139
瑣 1139
璅 1140
矖 1225
碎 [명] 1239
䂹 1243
粋 1330
粹 1333
縰 1382
繀 1382
纚 1394
誶 1680
鍛 1898
鎖 [고] 1901
鎻 [명] 1901
鎩 1904
鏁 1904
䊝 1927

쇠

夊 372
獕 1179
衰 [고] 1615
釗 [명] 1877
韉 2000

수

修 105
修 [중] 115
倕 116
傁 128
厜 249
収 256
受 [중] 257
叜 259
叟 259
售 299
唯 299
嘼 305
喩 306
嗽 [명] 312
嗾 312
囚 [고] 327
垂 [고] 345
埀 350
墜 366
壽 [중] 371
娷 417
㛜 422
嫂 [명] 423
嬀 424
嬃 427
宊 439
守 [중] 439
㝕 458
𡩁 458
宿 459
宿 460
寿 472
𡭔 474
𡭔 474
岫 [명] 499
峀 [명] 500
帥 [고] 527
㡏 533
廋 552
廀 553
恖 624
愁 [중] 631
㥯 632
㥰 632
戍 [명] 659
手 [중] 670
扏 672
搜 695
授 [중] 702
捘 709
搜 [고] 715
擻 732
收 [중] 737
数 750
數 [중] 750
數 751
數 751
敼 753
旞 771
晬 778
睟 791
棷 861
樹 871
尌 871
樹 [중] 883
檖 888
櫢 891
欶 897
殊 [고] 913
殳 918
毹 928
毸 928
氀 928
水 [중] 933
泅 958
洙 [명] 969
浽 1006
溲 1018
滫 1028
漱 [명] 1028
潄 1028
澻 1044
濉 [명] 1044
瀡 1052
燧 1080
燧 [명] 1086

溲	1086	禾	1265	脩 [명]	1447	藸	1567	遺	1833	随	1953
犙	1104	秀 [중]	1266	脽	1450	虽	1575	遱	1834	隨 [고]	1955
狩 [명]	1110	稅	1273	脺	1451	螋	1588	遱	1834	隧 [명]	1956
獀	1116	𥟖	1275	腄	1451	術	1609	邃 [명]	1837	雖	1966
獸	1118	穂 [명]	1279	腧	1453	袖 [명]	1617	郵	1847	巂	1966
獸	1119	穗 [명]	1281	膄	1453	裋	1622	郵	1849	雖 [중]	1966
獸 [고]	1121	穟	1282	膮	1458	褎	1627	𨜌	1849	雟	1969
率	1124	竪 [명]	1297	膸	1460	褏	1627	酥	1859	需 [고]	1977
琇 [명]	1133	竖	1298	珬	1470	襚	1632	酬 [명]	1860	靃	1986
璲 [명]	1142	竬	1298	芟	1490	䙞	1632	酧	1860	須 [중]	2007
瓍	1144	箠	1313	茠	1501	襩	1633	酸	1863	颼	2026
𤵸	1170	篲	1320	茱 [명]	1503	詶	1666	醻	1867	颼	2026
痩	1178	籔	1326	挱	1510	設	1680	銖 [명]	1886	颼	2026
瘦 [명]	1179	粋	1330	莎	1510	誰 [중]	1680	銹 [명]	1890	餕	2039
瘶	1180	粹 [명]	1333	荾	1510	誶	1680	錘	1896	餿	2040
晬	1210	糔	1335	荽	1510	誜	1684	鋑	1898	首 [중]	2044
睡 [고]	1218	紬	1353	莠	1511	謏	1692	鎪	1901	𩠐	2045
睟	1218	綏 [명]	1363	菙	1516	譙	1698	鏉	1904	䭫	2045
睢	1219	綉	1363	葰	1527	讎	1705	鏥	1904	騪	2059
睃	1220	綬 [명]	1369	蒐 [명]	1533	讐 [명]	1705	鏽	1907	髓	2067
瞍	1221	繸	1388	蓚 [명]	1533	豎	1710	鑐	1910	髓 [명]	2068
瞶	1225	繡 [명]	1388	蔌	1540	賥 [명]	1735	陏	1937	鬚 [명]	2076
祟	1249	繻	1391	蓃	1545	輸 [고]	1788	陲	1945	魗	2083
祟	1251	纗	1394	䔹	1547	輸	1788	隊	1948	鱐	2093
祟	1252	羞 [명]	1405	藪 [명]	1559	追	1808	隃	1951	𪀚 [명]	2104
禭	1263	䍲	1420	藿	1561	遂 [고]	1823	隋 [명]	1951	鷂	2108

索引

숙

俶 116
倏 116
倐 116
倏 122
儵 142
[illegible] 236
叔 [중] 258
塾 [명] 361
夙 [명] 376
孰 [고] 436
宿 [중] 459
㝛 460
村 473
尗 482
摍 720
橚 [명] 888
櫹 893
洬 980
淑 [중] 989
潚 [명] 1044
瀟 1056
熟 [고] 1080
琡 [명] 1135
璹 [명] 1143
䃤 1247
稤 1274
縮 1384
翛 1412
䎘 1416
肃 1432
粛 1432
肅 [고] 1433
茜 1510
菽 [명] 1516
蓿 1541
虪 1574
諔 1680
透 1816
闋 1931
驌 2061
鱐 2093
鵴 2105
鷫 2111

순

侚 98
啍 301
峋 501
巡 [고] 516
徇 [명] 583
循 [고] 591
忳 601
恂 [명] 613
悛 619
敦 747
敨 750
旬 [고] 774
栒 [명] 846
楯 [명] 864
榫 871
橓 [명] 883
殉 912
殉 [고] 914
洵 [명] 969
浚 982
淳 [명] 990
湻 1006
濬 1028
焞 [명] 1068
燇 1089
犉 1103
狥 1110
珣 [명] 1131
甾 1166
皴 1196
眴 1205
盾 [명] 1210
眹 1212
眴 1216
瞚 1222
瞬 [고] 1223
瞤 1223
笋 1301
筍 [명] 1306
䈝 1314
篿 1314
簨 1323
紃 1339
純 [중] 1346
絢 1360
肫 1438
胊 1445
脣 [고] 1448
腪 1450
膞 1457
舜 [명] 1477
荀 [명] 1503
蒓 1533
蓴 [명] 1541
蕣 [명] 1546
訓 1656
𧥄 1657
詢 [명] 1666
諄 [명] 1680
諄 1684
輴 1788
郇 1843
醇 [명] 1862
醕 1863
錞 [명] 1894
雓 1966
雓 1971
順 [중] 2007
𩑔 2008
馴 [명] 2048
鬊 2075
鶉 2104

술

卹 246
怵 610
恤 617
戌 [중] 659
沭 958
𤵺 1172
秫 1271
䘏 1604
術 [고] 1609
訹 1662
賉 1731
述 [고] 1804
遹 1835
鉥 [명] 1883
鷸 2111

숭

娀 415
崧 [명] 505
崇 [중] 505
崈 506
嵩 [명] 509
菘 1516
豐 1566
𩵮 2100
𪄿 2104

쉬

伜 82
倅 116
卆 234
卒 237
卒 237
𣲾 948
淬 990
焠 1072
祽 1259

슬

厀 248
琗 1135

索引

瑟 영	1137	霅	1982	脅	1445	媤 영	422	柴 영	838	蓰	1320
璱	1142	霎	2026	脥	1445	寺	472	欁	895	籭	1328
膝	1457	**승**		艷	1485	尸	485	毸	928	絁	1351
瑟	1460	丞 영	33	藤	1546	屎 영	490	氏	929	緦	1374
膝	1460	乘	43	蒔	1552	屍	490	泗	957	纚	1394
膝	1559	乘 영	43	蠅	1586	屣	492	沶	960	愢	1400
虱	1575	僧	131	蠅	1598	市	524	漦	1028	羡	1406
蝨 영	1588	僧 ①	135	謓	1700	廝	556	澌	1037	翅 영	1410
飃	2027	勝 종	217	賸	1738	弑	564	狔	1106	翄	1410
습		升	233	陞 영	1940	弒	564	犲	1106	翘	1413
慴	643	塍	356	騬	2059	恀 영	613	狻	1109	翘	1414
拾 영	691	塍	359	鬙	2076	提	711	猜	1110	耆	1419
槢	876	嵊	509	鼆	2093	撕	724	豨	1112	肂	1434
湿	1007	承 영	676	**시**		枝	737	猜 영	1113	肢	1438
溼	1018	乗	676	使	98	施 영	765	時	1162	胣	1442
濕 ①	1048	抍	678	侍 ①	98	时	775	瘷	1178	腮	1453
熠	1080	昇 ①	778	偲 영	122	峕	778	眂	1211	舓	1475
習 종	1411	桽	859	兕	150	省	779	眡	1212	舐	1475
謵	1431	塍	871	澌	177	是 영	783	眎	1212	葹	1476
褶 영	1630	殑	914	匙 영	226	是	783	眡	1212	葸	1476
襲 ①	1633	氶	937	厮	251	時 영	786	矖	1225	蒒	1499
謵 ①	1694	澠	1044	啻	305	杝	823	矢 ①	1227	蒓	1525
隉	1953	甸	1157	嘶 영	314	柿	838	示 종	1249	蒏	1526
隟	1954	睦	1165	堤	357	柿	838	柴	1253	蓰	1526
隰	1954	縄	1374	塒	359	柿	838	諰	1259	蓍 영	1533
隰	1957	繩 종	1389	始 종	410	枲	838	蒒	1314	蒔	1533

蒔	1540	釃	1868	殖 ㉤	914	姺	414	昚	1212	訙	1655				
蟋	1588	鉽	1883	湜 ㉤	1007	娠 ㉤	417	弞	1227	訰	1666				
蜤	1590	鍉	1899	熄	1078	姛	417	矧	1228	誀	1668				
螄	1591	閞	1924	瘜	1179	宸	454	籹	1229	諽	1680		索		
禔	1627	阺	1934	簽 ㉤	1314	屒	487	神 ㉠	1253	賮	1738		引		
褆	1630	陙	1947	膱	1455	峷	502	祳	1257	贐	1741				
襹	1635	隒	1951	蝕 ㉤	1588	弞	568	笙	1303	身 ㉠	1772				
覗	1639	隸	1959	識 ㉢	1696	愼 ㉡	638	籸	1329	辛	1795				
視	1640	顋	2015	軾 ㉤	1781	慎	639	糁	1331	辰 ㉤	1799				
視 ㉢	1641	颷	2026	郂	1850	慎	639	紳 ㉠	1351	庣	1799				
餳	1641	驖	2053	食 ㉤	2029	抻	684	胂	1441	辰	1799				
訑	1655	鮖	2087	仚	2030	新	760	脹	1448	辰	1799				
訕	1658	鯑	2090	倉	2030	新	762	腎 ㉡	1450	迅 ㉤	1801				
訛	1663	鮄	2091	貪	2030	晨 ㉠	789	䐴	1451	震	1978				
詩 ㉠	1667	鳾	2097	倉	2030	脣	789	臣 ㉠	1463	頤	2011				
試 ㉠	1668			飾 ㉢	2033	樺	876	莘 ㉡	1510	頤	2011				
諡 ㉢	1684	埴 ㉤	353	餝	2039	欶	897	葚	1526	駪	2053				
諰	1685	熄	423		**신**	汛	941	薪 ㉠	1552	鮮	2092				
諟	1685	寔 ㉤	461	伸	78	洒	969	藎 ㉡	1555	鵑	2109				
諟	1692	弒	528	伸 ㉠	89	爃 ㉤	1088	賮	1563	麎	2116				
鼓	1710	式 ㉢	564	侁	99	琒	1135	蜃 ㉡	1582		**실**				
豕 ㉤	1712	息 ㉡	613	信 ㉢	105	璶	1143	蜄	1583	失 ㉢	392				
豙	1712	怹	614	妡	151	甡	1152	裖	1622	実	445				
豺 ㉤	1716	拭 ㉤	691	呻	284	申 ㉠	1155	訊 ㉡	1655	実	445				
適	1830	栻 ㉤	846	哂	289	痒	1175	訙	1655	室 ㉠	450				
鄁	1844	植 ㉠	859	囟	327	眒	1212	訊	1655	實	465				

愸	592	潗	1018	鐔	1907	阺	1934	椏	859	衙	1617
㤗	608	潭	1035	鷺	2079		**아**		歌	899	㛜	1635
愖	614	潯	1038	鱏	2093	丫	34	烏	1064	訝 ㉤	1658
悉	618	瀋	1051	鱘	2093	亜 ㉥	64	牙 ㉠	1097	譌	1674
窨	1292	瀞	1055	黮	2129	亞 ㉤	64	猗	1113	輅	1781
肆	1432	瀋	1055		**십**		俄	107	疋	1167	迓	1803
蟳	1594	燖	1074	什 ㉥	73	兒	149	疋	1168	迤	1817
	심		燅	1083	十 ㉣	230	兒 ㉣	150	疴	1172	錏	1895
仇	82	燖	1083	卅	236	吾	278	痾	1177	鑩	1907
吢	278	燂	1085	卅	237	呵	282	痌	1177	閕	1921
嬸	429	甚 ㉣	1150	拾 ㉥	691	哦	294	睋	1216	阿 ㉣	1935
寀	454	眒	1212	汁	939	啞	299	砑	1233	雅 ㉣	1961
審 ㉦	469	瞫	1223		**싱**		呝	299	硪	1237	餓 ㉣	2036
尋	474	芯 ㉥	1490	階	1738	妸 ㉥	410	碍	1239	騀	2054
尋 ㉤	476	甚	1526		**쌍**		娥	417	砑	1268	鵞	2054
尋	478	蕁	1544	双	256	婴	419	稏	1274	鴉 ㉣	2098
心 ㉣	596	蕈	1546	慯	657	婀 ㉥	419	笌	1301	鵝 ㉣	2102
悰	632	蟫	1595	籫	1328	婭	419	綱	1369	鶁	2104
趚	737	蟳	1596	艭	1482	屙	492	芽 ㉣	1490	龂	2140
棋	867	襑	1631	躞	1771	峨	502	莪 ㉣	1511		**악**
樳	883	訊	1658	雙	1961	峩	502	萉	1529	亜	64
沁 ㉥	948	諗	1680	雙 ㉤	1967	庌	546	義	1552	亞	64
沈 ㉣	949	諶	1685	甖	1968	御	587	蚜	1577	偓	122
沉	951	藩	1703	雙	1971	我 ㉣	661	蛾	1582	剧	203
深 ㉦	990	邶	1841		**씨**		狋	662	蝁	1583	咢	289
淰	992	鄩	1854	氏 ㉥	929	犽	676	衙 ㉤	1610	喔	305

嗌	309	謁	1685	案 ㉗	846	鷃	2107	羯	1276	俺	116				
嚘	314	諤	1697	桉	847	鸎	2129	穵	1284	匼	229				
噩	317	謹	1705	殷	918	顩	2129	窫	1289	厭	251				
堊 ㉗	353	遏	1824	洝	969			罐	1396	俺 ㉗	299				
岳 ㉘	500	遻	1833	犴	1106	**알**		羯	1468	啽	305				
屵	500	鄂 ㉗	1849	眼 ㉗	1215	嘎	312	藹	1563	暗	306				
崿	508	鄗	1854	暗	1221	嘠	314	訐	1655	曮	323				
嶭	511	鍔	1898	矸	1232	圠	338	謁 ㉑	1685	媕	422				
嶽 ㉗	513	顎 ㉗	2015	窫	1291	堨	356	貖	1718	岩 ㉗	500				
幄 ㉗	533	鰐	2090	頣	1485	壁	512	軋 ㉗	1774	嵒	508				
惡	618	鱷	2094	啽	1668	噼	514	輵	1787	嵓	508				
惡 ㉗	624	鶚	2100	諺	1685	戛	663	轕	1793	嶮	513				
愕 ㉗	632	鷃	2105	諺	1686	憂	663	遏	1824	巌	514				
握	709	鷲	2112	犴	1716	按	691	鑕	1913	巖 ㉗	515				
樂	864	齷	2142	贋	1739	揠	709	閼 ㉗	1926	巗	515				
樂 ㉗	876	齶	2142	贗	1741	暍	793	閼	1928	庵	551				
渥 ㉗	1007	**안**		雁 ㉗	1962	歇	900	霭	1981	揞	709				
碏	1243	厭	251	鞍 ㉗	1996	歹	910	靄	1986	晻	791				
箈	1308	唵	305	鞌	1996	歺	910	頷	2011	暗 ㉗	794				
腭	1453	安 ㉗	440	頏	2008	卢	910	頡	2012	癌 ㉗	1181				
腥	1453	岸 ㉑	500	顏 ㉗	2015	洝	969	鴶	2125	盒	1199				
萼	1526	岇	500	顔	2016	猰	1115	鶷	2128	盦	1204				
萿	1526	峕	513	鮟 ㉗	2087	瘂	1177	鶡	2137	腌	1218				
蕚	1546	干	537	鵪	2096	暍	1221	鬱	2143	碞	1241				
蘁	1563	按	691	贋 ㉑	2098	碣	1240			磏	1241				
蝁	1586	晏 ㉗	787	鷃	2100	磍	1244	**암**		礥	1249				

자음 색인 압~애

稚	1275	**압**		央ⓙ	393	霙	1976	堨	356	砑	1234
膅	1453	亜	64	峡	500	霳	1981	壒	367	砎	1236
臆	1453	亞	64	峽	501	鞅	1995	娭	417	碍ⓙ	1239
菴ⓙ	1517	匒	224	怏	608	飲	2033	㝷	472	碍	1243
萻	1526	圧	338	昂ⓙ	779	馴	2050	崖	506	礙	1247
㡓	1625	壓	367	昻	783	鴦ⓙ	2099	嵦	506	賜	1468
語	1685	姶	414	映	783	**애**		㦖	598	艾ⓙ	1485
諺	1685	岋	498	暎	794	乃	41	㤪	602	藙	1552
醃	1862	押ⓙ	684	柳	831	乂	41	愛ⓢ	632	藹	1563
闇ⓙ	1928	浥	982	柍	839	僾	135	挨	695	藹	1700
陰	1945	湿	1007	欧	901	優	138	捱	702	譪	1701
险	1948	淫	1018	殃ⓙ	912	澄	177	曖ⓙ	799	譿	1707
陰	1951	濕	1048	泱	958	厓ⓙ	248	欸	897	醷	1866
险	1956	狎ⓙ	1108	盎	1147	呝	278	欬	897	閡	1924
韽	2005	獃	1113	益	1198	哀ⓢ	289	毒	923	陁	1934
領	2014	罨	1398	映	1212	咳	292	涯ⓙ	992	阣	1936
領	2015	邑	1839	秧	1254	唉	294	漄	1028	隘ⓙ	1953
黯	2046	閘	1922	秧	1270	呢	299	濭	1048	霭	1981
鶴	2104	魘	2083	胦	1441	唯	299	獃	1116	霰	1982
鴓	2109	鴨	2099	茚	1490	喝	301	瘀	1180	靄ⓙ	1986
鷹	2117	鵖	2103	英	1498	嗄	309	癌	1180	靉	1986
鷰	2128	**앙**		訣	1662	嗌	309	皚	1193	餲	2039
黯	2129	仰ⓢ	82	鞅	1779	噧	312	睚	1218	饐	2042
黤	2129	佒	90	醠	1859	噯	317	曖	1224	餲	2046
驖	2129	卬	243	醠	1864	噫	318	瞖	1225	醱	2046
黶	2130	坱	346	鉠	1883	埃ⓙ	350	砹	1234	騃	2054

액

亱 68
厄 [고] 248
呃 278
呝 284
啞 299
夜 377
峉 501
𡰪 522
戹 666
扼 [명] 676
𢪔 685
掖 [명] 702
搤 716
洂 969
液 [명] 992
眲 1215
𥐥 1234
砨 1234
縊 [명] 1378
腋 [명] 1451
𧜠 1625
詻 1668
軛 1778
軶 1779
阨 1934
阸 1936
隘 1953
鞷 1999
額 2012
頟 [고] 2016
䬹 2032
餩 2033

앵

嚶 320
嫈 423
桜 847
櫻 [명] 893
甇 1148
甖 1149
罃 1395
罌 [명] 1396
譻 1702
鶯 [명] 2107
鸎 2112
鸚 [명] 2112

야

也 [중] 48
亱 68
倻 [명] 122
兒 150
冶 [명] 175
喏 305
埜 353
墅 356
墅 361
壄 364
夜 [중] 377
夭 386
婼 422
射 474
惹 [명] 633
捓 695
揶 [명] 709
斜 757
枒 831
梛 853
椰 [명] 864
渃 1007
爺 [명] 1093
玡 1128
琊 1133
瑘 1137
䠶 1230
耶 [고] 1424
若 [명] 1497
荼 1508
邪 1841
野 [중] 1872
釾 1880
鋣 1890
鎁 1898
鵺 2104

약

弱 [중] 570
扚 673
櫟 891
炗 938
伙 938
渃 1007
溺 1015
瀹 1054
𤄃 1056
爚 1089
𤺌 1183
䁵 1225
礿 1250
禴 1264
箬 1314
箹 1314
篛 1318
籥 1327
籲 1328
約 [중] 1339
纅 1392
䋫 1393
若 [중] 1497
葯 [명] 1526
蒻 [명] 1533
薬 1552
藥 1552
蘥 1556
藥 [중] 1560
蘥 1565
𧄝 1568
虐 1569
虐 1569
虐 1569
𧔖 1602
趯 1750
趯 1750
躍 [고] 1769
𨙅 1838
鄀 1849
鑰 1912
鶸 2107
龠 2147

양

佯 [명] 99
勷 221
嚷 320
壤 [고] 369
嬢 427
孃 [명] 429
徉 583
恙 [명] 614
懩 655
揚 [중] 709
攘 [명] 734
敭 [명] 750
昜 [명] 783
暘 [명] 794
楊 [고] 864
様 871
樣 [고] 877
欀 893
洋 [중] 969
湯 1012
漾 1018
漾 [명] 1028
潒 1041
瀁 [명] 1051
瀼 1054
烊 1064
煬 [명] 1074
瓖 1144

자음 색인 어~얼

瓤	1146	陽	1955	籥	1327	憶㊂	652	彦	576	甗	2136
痒㊉	1174	霱	1984	艣	1482	抑㊀	677	漹	1029	斷	2140
瘍㊉	1178	颺	2026	菸	1517	檍㊂	888	瀁	1056	齞	2140
癢	1183	養㊂	2034	葯	1610	繶	1389	焉	1064	齴	2142
相	1209	禳	2044	語㊂	1674	肊	1435	焉㊀	1067	**얼**	
禓	1259	驤	2064	迂	1751	臆㊃	1460	甗	1149	巘	318
禓	1261	鴹	2100	跒	1751	薏	1553	暥	1221	囐	323
穰㊃	1264			部	1846	蘖	1556	獂	1227	孼	437
穣	1282	**어**		僫	131	鈋	1879	欝	1652	彦	1294	櫱㊃	438
穰㊃	1283	吾	278	鋙	1890	譩	1701	薦	1541	𡎱	438
穰	1393	唹㊂	299	閼	1926	譺	1702	蝘	1588	峴	506
羊㊂	1403	圄	331	飫	2032	譽	1702	言	1652	嵲	509
胖	1405	圉	334	餘	2039	譪	1707	詹	1668	摯	720
臁	1462	峿	502	鯃	2041	醷	1866	諺㊂	1685	枿	838
囊	1566	御㊀	587	馭㊃	2048			諺	1686	榓	859
醸	1568	扵	677	魚㊂	2083	**언**		讞	1707	㮹	877
襄㊃	1630	敔	745	隽	2084	偃㊃	122	這	1813	樲	877
詳	1666	於㊂	765	鮫	2085	傿	131	鄢	1849	櫱	892
讓	1700	梧	853	歔	2091	匽	229	鄢	1853	櫱	895
讓㊂	1705	楛	859	齬㊃	2141	唁	294	鄯	1855	瀪	1056
蹱	1771	淤	992			唵	305	阢	1934	瓛	1145
釀	1866	漁	1028	**억**		嫣	312	隁	1950	櫱	1337
釀㊉	1867	瘀㊉	1177	億	138	嚥	323	隁	1954	蘖	1337
鍚	1898	瞦	1222	嗌	309	堰㊉	356	鰻	2088	闑	1432
鑲	1912	禦㊉	1261	噫	318	嫣㊉	425	鼴	2090	臬	1467
陽㊂	1949	篽	1320	嶷	513	峖㊉	508	鼴	2136	黜	1468

㷞	1468	曮	801	巘	512	如㋧	404	艅㋨	1480	垼	353
鼰	1468	櫩	895	俺	532	妤㋧	408	芋	1491	場	353
蘷	1552	裺	914	㦴	652	就	485	茹㋨	1503	奕	400
糵㋨	1566	淹	993	業㋨	864	念	618	荼	1508	射	474
蠥	1601	渰	1007	痷	914	悇	618	蘱	1546	嶧	512
讞	1707	俺	1096	浥	982	憖	654	蘱	1552	帟	528
孽	1739	礷	1249	破	1233	憗	654	蒷	1555	廥	552
轢	1795	䅲	1275	䄷	1275	挪	695	蕳	1560	役㋩	579
闑	1929	籬	1328	腌	1451	挪	709	蜍	1583	懌	652
陧	1950	罨	1398	鄴	1854	旟	771	畬	1658	或	662
隉	1953	貓	1413	**엇**		櫸	892	譽	1669	彧	662
孼	2119	腌	1451	跧	770	欤	896	譽	1702	或	662
엄		臁	1454	**에**		欤㋩	902	豫	1715	択	679
俺㋨	116	蘝	1549	恚	614	汝㋨	941	興㋤	1789	擇	729
儼㋨	143	裺	1625	瘗	917	泑	970	轝㋨	1794	斁	752
嚴	252	郁	1847	睚	1216	璵	1143	邪	1841	易㋨	779
喩	317	醃	1862	**엔**		舍	1163	醶	1867	晹	792
嚴㋤	320	釅	1868	円㋩	168	畭	1163	野	1872	棭	859
奄㋨	397	闇	1926	**여**		礇㋨	1248	除	1940	沢	951
崦	506	闒	1932	与	21	礜	1248	預	2009	淢	980
崸	508	陣	1953	予㋩	52	筎	1306	餘㋨	2036	減	993
广	544	頷	2020	仔	83	篽	1327	駕	2100	澤	1045
弇	563	鱃	2093	余㋨	90	敫	1329	鸒	2112	澤	1046
掩㋨	702	龑	2145	埑	353	兎	1400	**역**		熠	1081
撶	710	**업**		堅	356	昪	1471	亦㋨	67	瑒	1135
晻	791	嶪㋨	512	壁	364	與㋨	1472	域㋧	353	疫㋨	1170

睪	1218	驛	2063	延㈎	559	渊	993	筵	1309	軟㈎	1778
躬	1230	鵙	2104	挧	572	淵	993	縱	1364	輭	1788
繹	1263	鷊	2107	悁	618	淵㈏	1007	緣	1374	姸	1845
籑	1328	鶍	2107	悁	630	演㈎	1029	緣	1374	鄢	1855
釋	1337	**연**		戭	664	演	1044	繽	1382	醼	1867
緎	1369	兖	150	挻	692	烟㈏	1064	燃	1386	鈆	1880
繼	1378	兗㈏	150	挺	695	然㈎	1072	羨	1406	鉛㈎	1883
繹㈏	1389	吮	278	捐	695	煙㈏	1074	奭	1421	鋋	1890
繹	1389	咽	290	掾	710	熯	1080	胭	1445	閼	1926
罦	1398	嚥	320	揅	710	燃㈎	1083	腰	1452	需	1977
艗	1481	困	330	挈	710	燕㈏	1083	臙	1462	鯙	2037
藆	1567	均	342	挈	720	燹	1090	莚	1511	鳶㈏	2097
蜮	1586	埏	350	捐	724	爋	1090	菸	1517	鳶	2100
蜴	1587	堧	356	瞯㈏	801	狿	1111	蔫	1541	鸢	2110
訳	1658	壖	367	橡㈏	865	猭	1118	蕮	1541	鷰	2112
譯㈎	1700	姸	408	橪	883	瑌	1137	蜒	1583	囍	2134
譯	1700	姸	414	檽	889	瑌	1143	蜎	1583	鼝	2134
逆㈜	1807	娟	414	檽	891	瞁	1165	蜑	1588	**열**	
醳	1867	娟㈏	417	沇㈏	948	矎	1167	蝹	1588	兊	148
醳	1867	娫	417	沿	948	痟	1175	蠉	1588	兌	149
釈	1868	媆	422	次	948	研	1233	蠕	1597	呐	277
釋	1869	嬿	427	沿㈏	958	研㈜	1236	蠰	1598	咽㈏	290
閾	1926	嬿	429	沿	959	硏	1237	蠕	1600	噎	314
雅	1966	娿	429	涓	970	硯㈏	1237	衍	1609	悗	614
霓	1979	宴㈎	455	涓㈏	980	硬	1241	謶	1705	悦㈜	618
駅	2050	冃	487	涎㈏	981	禋	1260	身	1772	捝	703

자음 색인 염~영 *2333*

捏	710	懨	654	艷	1485	壚	2113	鍱	1898	景	790
炵	1071	屧	669	艷	1485	壚	2114	礪	1993	暎㉣	794
熱㊀	1081	掞	703	苒	1490	鹽㉣	2114	醫	1993	㼯	839
爇	1084	染㉣	838	苒㉣	1498	鱢	2130	鷖	1993	栄	839
蒸	1088	染	847	蚺	1577			頁	2006	荣	839
爇	1088	檐	888	袡	1615	**엽**		饁	2040	楹	853
稅	1273	檿	889	褥	1617	俌	116			楹㉣	865
脫	1448	櫩	889	覃	1637	僷	122	**영**		榮㉣	871
芮	1490	欄	892	謫	1705	厭	251	咏	284	永㊀	937
蜹	1576	淡	986	豓	1712	嘛	318	営	305	永	939
蠕	1602	淊	1001	豔	1712	圧	338	塋㉣	359	泳	958
說㉣	1673	灩	1056	舍	1858	壓	367	央	393	泳㉣	959
閱㉣	1925	灩	1057	閻	1926	揲	726	嫈	423	涅	981
饐	2042	灩	1057	閹	1932	擪	731	嬴	427	湙	1008
		炎㊀	1061	貼	1936	擪	731	斎	427	榮	1022
염		焱	1072	礭	1993	曄㉣	799	嬴	427	穎	1029
冄	168	焰	1072	醫	1993	曅	799	嬰㉣	428	濚	1048
冉	168	焰㉣	1072	鷖	1993	楪	866	嬴	428	濚㉣	1048
剡	202	燄	1084	頬	2011	殜	916	屼	498	瀅	1052
厭㉣	251	爥	1089	頷	2014	熞㉣	1079	嶸㉣	513	瀛	1053
圧	338	獻	1113	饕	2041	燁㉣	1084	嚶	514	瀯	1053
塩	359	琰	1135	饜	2043	燁	1084	嵤	514	瀯	1054
壓	367	睒	1150	髯	2073	熚	1089	影㉣	578	濴	1054
壒	368	厴	1197	髯	2073	薛	1194	暻	579	瀯	1054
憛	647	禩	1263	鬑	2073	篼	1327	攖	734	瀛	1054
懕	649	簷	1324	魘	2083	聶	1430	旲	775	煐	1075
魘	654	穮	1422	鹵	2113	葉㊀	1526	映㉣	783	熒	1079

營㉠	1086	英	1498	兖	148	瞖	799	瘱	1179	藝㉢	1560
嚳	1105	莖	1507	兒	149	曳㉣	803	癈	1180	藥	1563
獿	1122	蘂	1556	兌	149	曵	804	盼	1211	蘂	1563
瑛	1137	蘡	1566	兒	150	柄	831	睨	1218	蘙	1566
瑩	1139	蠑	1600	兜	150	栧	839	睿	1220	蚋	1577
境	1140	蠵	1602	刈	185	椸	847	瞖	1222	蜺	1586
璟	1141	禮	1634	勩	220	梲	853	礘	1245	蜹	1586
瓔	1144	詠㉠	1662	医	229	棿	859	穢	1282	袣	1617
瘱	1183	詠	1668	叡㉣	259	樲	877	籟	1293	裔	1620
盈	1198	警	1692	叡	259	榮㉣	883	緆	1358	裔	1622
映	1212	贏	1740	呭	285	橡	883	縊	1378	視	1625
䄫	1227	迎㉢	1803	哯	290	瞖	922	繄	1382	褹	1630
硬	1237	迓	1803	囈	322	汭	948	縈	1386	襼	1635
碤	1241	逞	1812	埶㉣	353	泄	957	羿	1410	詟	1658
瑩	1261	還	1837	堄	353	洩	968	羿	1412	詍	1662
穎	1261	郢	1846	娩	419	涂	979	翳	1415	詣㉣	1668
穎	1280	醬	1864	嬰	425	涂	989	翿	1416	誽	1669
篂	1314	鈠	1883	嫕	425	濊	1044	翳	1417	譽	1669
籝	1327	鎙	1898	寱	470	濊	1044	艾	1485	譽㉠	1702
籯	1328	鎣	1903	帠	528	濊㉣	1046	芮	1490	譽	1707
縈	1358	霙	1981	忢	625	濊	1053	苅	1490	睿	1708
榮	1378	韺	2005	拽	685	猊	1113	芸	1490	豫㉠	1715
纓	1393	顥	2021	拽	692	獩	1119	蓺	1541	彑	1716
營	1395	**예**		挖	703	珥	1129	蕊	1546	貎	1718
罌	1396	乂㉣	41	擖	724	瑿	1140	蕋	1546	貜	1719
莖	1493	倪	116	睨	792	痬	1172	薐	1552	踂	1754

자음 색인 오~온

較	1784	吳	278	忤	602	浯㊇	981	誤㊉	1675	聱	2068
輵	1786	吳	279	啎	602	澳㊇	1044	警	1694	鰲	2091
鄢	1847	唔	294	惡	618	烏㊈	1064	諤	1695	鼇㊇	2092
鈺	1880	悟	299	悟	618	熬㊇	1081	謳	1697	鶩	2100
銳㊈	1890	嗚㊈	309	悞	619	燠	1086	迃	1801	麌	2115
鐷	1908	嗷	312	惡	624	燠	1088	迂	1801	麌	2115
霓㊇	1979	螯	312	愕	632	悟	1103	迕	1803	鼇㊇	2131
鞎	1995	噁	314	傲	643	獒㊇	1117	遻	1813	鼯	2135
預㊇	2009	囂	322	懊	643	獻	1118	遷	1824	齩	2135
饁	2043	齷	322	懊	652	珸	1133	遨	1830	**옥**
鮨	2087	圬	339	扵	677	璈	1140	選	1833	剭	203
鯢	2089	塢	359	捂	695	碍	1243	郚	1846	喔	305
鵝	2104	墺㊇	366	擎	720	碻	1245	鄔	1850	夭	386
鷲	2109	夭	386	撫	732	禍	1260	鋙	1890	屋㊈	490
麌	2117	奡	401	敖㊇	745	穸	1287	鍈	1892	握	709
黧	2129	奧	401	於	765	窹	1309	鎢	1901	沃	948
齷	2142	奧㊇	401	旿	779	晤	1427	鏊	1904	獄㊈	1116
오		娛㊈	417	晤	789	聱	1430	鏖	1904	玉	1124
乂	41	娛	418	嗚	800	蔦	1533	鏢	1908	珸	1135
五㊇	57	媼	422	杇	824	薁	1541	鴞	1916	瑆	1276
仵	83	媼	424	梧	853	奡	1553	隝	1953	腥	1453
伍㊇	83	寤㊇	466	欨	901	䖳	1563	隩	1954	鈺	1883
晤	107	寪	469	汚㊈	941	蚝	1574	隩	1956	鋈	1891
傲㊈	131	㚜	512	汚	941	蜈㊇	1583	饐	2043	阿	1935
午㊇	234	㚜	512	汙	942	螯	1594	鶩	2060	項	2010
吾㊇	278	廒	554	洿	970	襖	1632	鶩	2060	**온**

자음 색인 올~완

億	140	褞	1629	腽	1453	邕 ㉢	1839	娃	414	苣	1499
媼	422	輼	1788	膃	1455	雍 ㉢	1964	妮	418	萬	1527
熅 ㉢	424	韞	1790	**옹**		雝	1968	媒	419	蔦	1546
慍	633	醞	1864	喁	305	罋	1999	矮	419	蛙	1580
愠	639	韗	2002	塕	359	鞦	2000	媧	421	蝸	1589
搵	716	韞	2002	壅 ㉢	366	雝	2003	厄	522	訛	1658
瞃	794	醞	2046	擁	367	顒	2016	汚	941	譌	1697
膃	795	醞	2120	壅	559	顒	2016	汙	941	譁	1698
殟	916	**올**		擁 ㉠	728	饔 ㉢	2043	汙	942	踒	1760
氲	933	仡	80	摯	728	鯛	2090	洼	970	跊	1760
溫	1008	兀 ㉢	143	攤	735	鷗	2107	倭	993	鈋	1880
溫 ㉢	1018	阢	247	瀋	1019	鷂	2107	浼	993	靨	1981
熅	1075	嗢	305	漨	1019	**와**		渦 ㉢	1008	騧	2056
熅	1078	嗢	309	瀖	1044	倭	117	涹	1019	撾	2131
瑥 ㉢	1139	媼	422	灘	1055	偽	123	漥	1030	鼃	2131
瘟 ㉢	1179	媼	424	瓮 ㉢	1146	僞	135	猧	1113	**완**	
穩	1280	屼	498	甕 ㉢	1149	卧	242	猧	1115	刓	188
穩 ㉢	1282	扤	672	癰	1182	厄	248	瓦 ㉢	1146	妴	202
緼	1374	杌	824	癱 ㉠	1183	呝	279	窊	1286	园	330
縕 ㉢	1378	柮	836	甕	1396	咼	279	窐	1287	垸 ㉢	350
蒀	1527	榲	865	翁 ㉠	1410	咼	290	窪 ㉢	1289	妧 ㉢	408
薀	1533	榲	872	臃	1460	咼	290	窩 ㉢	1289	婉 ㉢	419
蒀	1546	殟	916	雍	1460	喎	305	窩	1291	婠 ㉢	419
薀	1552	淴	993	蓊	1533	嘩	316	桂	1422	完 ㉢	443
蘊 ㉢	1563	瘟	1179	蝹	1591	囮	330	卧 ㉢	1463	宛 ㉢	445
褞	1627	矹	1232	遇	1824	媧	414	芛	1499	岏 ㉢	498

惋	532	鞩	1408	曰㊥	802	夭	386	瀁	1053	佻	100
彎	574	瓬 ㊦	1414	**왕**		娃㊦	414	煨	1075	偠	123
忨	602	脘	1448	伝	99	歪	907	猥㊦	1115	僥	128
惋	625	腕	1451	尢	484	矮㊦	1230	畏㊤	1158	僬	135
抏	677	脘	1451	兀	484	絼	1375	畏	1158	堯	151
捥	695	膃	1461	尣	484	蕸	1555	嵬	1179	凹㊦	180
掔	703	莞㊦	1511	允	484	蛙	1580	磈	1241	幼	186
摮	710	莧	1512	尪	484	**외**		磑	1243	匋	223
杬 ㊦	831	菀	1517	尫	484	偎	123	磈	1243	咬	288
椀 ㊦	860	蚖	1577	尩	484	外㊥	374	磥	1247	喓	305
浣	981	蜿	1579	尵	484	峞	501	礧	1430	坳	343
洹	993	蜿	1586	往㊥	580	崣	508	礧	1432	坳	346
灣	1005	豌	1710	徍	580	崴	508	蒍	1554	垚	346
澣	1036	豌㊦	1710	旺㊦	779	歲	508	褽	1627	垚	347
灣	1057	輐	1784	枉	831	嵬㊦	509	褽	1629	堯㊦	356
玩	1128	関	1923	棍	853	嵬	509	褽	1630	境	364
琓 ㊦	1133	關	1929	汪 ㊦	948	巍	514	褽	1630	夭㊦	386
琬 ㊦	1135	關	1930	瀇	1051	罋	514	阢	1935	妖 ㊦	408
盌	1198	阮㊦	1934	王㊥	1126	魏	514	限	1950	姚 ㊦	414
盓	1212	頑	2010	皇	1191	虺	554	隱	1951	娭	420
皖	1217	髖	2067	旺	1216	楓	835	隗	1953	嬈	424
腕	1218	鮸	2085	蓉	1534	椳	847	頠	2012	嬈	426
碗㊦	1239	鯇	2088	迋	1803	根	865	魏	2082	突	443
統	1364	鰀	2090	迣	1817	歪	907	鮠	2087	㝎	450
縮	1365	**왈**		**왜**		溾	1008	**요**		嶢㊦	511
緩㊤	1374	婠	419	倭㊦	117	濊	1046	幺	42	嶤	512

자음 색인 옥~용

幺	541	潗	1017	窈	1287	褑	1627	鵒	2107	埇	350
幼	542	溔	1019	窯	1291	褕	1627	鷹	2109	墉	361
徭	592	濥	1030	窰	1291	襓	1631			宂	439
徼	594	澆	1038	窽	1298	要	1636	**욕**		空	443
恌	615	烑	1065	筄	1306	訞	1659	峪	502	容	455
恌	639	燿	1088	筄	1314	謠	1686	唇	619	嵱	509
懊	652	爚	1105	約	1339	謠	1692	慾	643	庸	551
扰	677	猶	1115	繇	1382	踰	1762	欲	897	恿	619
拗	685	猺	1117	繚	1385	輶	1790	浴	981	俑	619
抗	685	獟	1118	繞	1386	遙	1828	溽	981	憑	639
搖	710	珧	1131	繇	1395	遠	1833	溽	1019	慵	643
搖	710	瑤	1139	翱	1414	邀	1836	狉	1111	憃	643
搖	716	由	1156	翶	1416	銚	1886	縟	1378	椿	720
撓	720	岰	1212	翻	1416	陶	1943	褥	1629	曳	803
擾	732	腰	1220	耀	1417	陶	1943	辱	1799	桶	855
曜	795	膫	1221	耴	1424	隃	1951	鄏	1850	榕	872
曜	800	膭	1225	腰	1453	勒	1995	鉛	1891	椿	877
杳	829	祅	1251	窅	1471	鞠	1997	媷	1966	毧	927
楽	864	祩	1259	歍	1471	颻	2026	鵒	2100	氄	928
樀	872	突	1286	鮡	1480	饒	2040	鴿	2103	涌	981
樂	876	窑	1286	葽	1527	饒	2042			湧	1008
橈	881	窅	1286	蕘	1546	駼	2050	**용**		溶	1019
殀	912	窈	1287	藥	1566	驍	2057	俑	107	熔	1078
洮	970	窔	1287	蟯	1597	骱	2067	俗	128	瑢	1139
浇	993	窣	1287	蟯	1597	鮡	2085	傭	131	用	1153
淫	993	窅	1287	袎	1617	鰩	2091	冗	171	甬	1153
										勇	213		

자음 색인 우 *2339*

筍	1310	偶	123	嵎	508	瀀	1051	耦	1423	踽	1762
篝 ㉢	1430	偁	129	廜	552	爊	1080	耰	1423	迂 ㉠	1801
臾	1471	優 ㉠	141	愚 ㉠	633	燠	1086	聥	1428	迃	1801
舂	1471	区	228	憂 ㉢	643	牛 ㉠	1098	肬	1438	遇 ㉢	1824
茸 ㉡	1503	區	229	憂	655	玗	1127	胸	1439	邘	1840
蓉	1534	又 ㉢	254	扜	673	瑀	1137	腢	1453	邙	1840
蛹	1583	友 ㉢	256	扞	673	甌	1148	芋 ㉡	1487	郵 ㉠	1847
踊	1759	叐	257	握	709	疣	1170	芌	1490	鄅	1849
踴	1762	右 ㉡	266	旴	775	盂	1197	萬	1527	鄔	1849
蹯	1765	吁	272	暘	800	盓	1197	菜	1527	䭾	1849
軵	1778	吽	279	杅	825	盪	1199	藍	1537	鶋	1850
輍	1779	喎	305	枢	832	旴	1206	薓	1546	鄭	1855
鎔	1800	嘔	311	栩	865	盱	1206	㨣	1547	釪 ㉢	1878
鄘	1853	噢	317	樞	878	眗	1206	藕 ㉢	1561	隅 ㉢	1951
鎔 ㉢	1901	噢	317	檍	891	祐 ㉢	1254	虞	1572	雨 ㉢	1971
鏞 ㉢	1905	嚘	319	欧	896	禑	1260	虞 ㉢	1572	雩 ㉢	1973
頌	2009	圩	339	歐	901	禹	1264	蚘	1577	雭	1973
驕	2060	堣 ㉢	356	歔	902	禺	1264	蝸	1587	霬	1973
鰡	2091	嫗	424	殴	918	秆	1267	蝸	1589	雺	1977
鱐	2092	宇 ㉠	441	毆	921	穤	1283	碾	1629	霺	1977
鱙	2109	宁	441	汚	941	穾	1292	檥	1633	霧 ㉢	1977
		寓 ㉢	461	污	941	竽	1300	訏	1655	饇	2041
우		寫	462	汙	942	紆 ㉢	1340	訧	1655	骪	2065
于 ㉢	56	尢	484	渥	1007	紓	1340	詴	1659	髃	2067
佑 ㉢	90	尤 ㉢	484	渦	1008	縵	1392	謳	1693	鷗	2097
俁	107	尢	484	溫	1024	羽 ㉠	1409	譑	1695	鸊	2109
偶 ㉠	123										

麀	2115	燠	1086	熉 ㉤	1078	運 ㉗	1824	尉	474	原 ㉗	249
麖	2115	痏	1174	燀	1089	逌	1825	尉	477	原	250
夔	2116	稶	1275	眃	1211	邚	1841	熨	758	員 ㉤	294
螎	2141	稶 ㉤	1279	碩	1243	鄆	1849	盉	839	园	330
麟	2142	薁	1553	秐	1268	鄖	1850	鬱	895	圓	334
麟	2142	郁 ㉤	1844	筠	1309	隕 ㉤	1953	灪	1057	圓 ㉗	335
麗	2142	隩	1956	篔	1318	雲 ㉗	1973	熨	1081	園	335
		頊 ㉤	2010	紜	1347	霣	1982	燰	1090	圜	337
욱				縕	1372	韗	1998	尉	1401	垣	348
勖 ㉤	216	**운**		縜	1378	鞰	1998	苑	1498	婉 ㉤	419
昱	216	云 ㉗	62	耘 ㉤	1422	韗	2002	菀	1517	媛 ㉤	422
喅	317	員	294	𦬊	1422	韗	2002	蒇	1534	嫄	424
塎	366	均	342	眃	1425	韇	2002	蔚 ㉤	1541	宛	445
奧	401	夽 ㉤	395	芸 ㉤	1490	韵	2004	鬱	2078	冤 ㉤	460
奧	401	妘	408	菀	1517	韻 ㉠	2005	鬱	2078	怨 ㉗	608
寙	469	惲	634	薀	1546	顒	2018	黦	2128	昴	609
奧	512	愪	639	薀	1546	餫	2040	**움**		愿	639
彧 ㉤	577	扜	677	蘊	1552	鶤	2105	唵	552	援 ㉤	710
抈	677	暈	795	蝹	1589	顚	2123	**웅**		腕	792
拗	685	橒 ㉤	883	蝹	1591	顨	2123	熊 ㉤	1078	杬	831
旭 ㉤	774	殞	916	榲	1627	鱄	2141	雄 ㉤	1962	楥	865
㫚	774	沄	949	榲	1629	鱄	2142	雎	1965	榞	865
昱 ㉤	784	溫	1008	訢	1657	鱄	2143	**원**		楥	872
煜	800	溫	1018	貟	1720	䪦	2143	元 ㉗	143	沅 ㉤	949
栯	847	溳	1019	賱 ㉤	1738	**울**		円	168	洹 ㉤	970
澳	1044	澐	1038	轒	1786	乭 ㉤	48	冤	173	湲	993
煜 ㉤	1075	暈	1078								

자음 색인 월~위 2341

湲 ㉲	1008	諠	1686	**월**		偉 ㉚	123	撝	726	瘒	1178	
源 ㉮	1019	諼	1692	刖	188	偽	123	尉	758	癗	1182	
爰	1091	謜	1700	囙	327	僞 ㉮	135	暐	794	碨	1237	
猨	1115	𧪦	1714	戉	659	危 ㉲	243	瞱	799	立	1294	
猿	1117	獂	1716	抈	677	喟	306	椷	865	緯 ㉮	1375	
猨	1117	貟	1720	曰	802	噅	314	矮	914	絹	1375	
獂	1117	踠	1760	月 ㉲	808	囗	323	渨	1008	尉	1401	
瑗 ㉲	1137	輐	1786	樾	883	囲	330	漳	1008	胃 ㉳	1441	
畑	1160	轅	1790	狘	1109	圍 ㉮	334	渭	1008	腪	1453	
畹	1165	逺	1817	粤	1331	委 ㉮	410	潙	1035	萎	1510	
眢	1212	遠 ㉮	1828	絨	1351	威 ㉮	414	渭	1038	萎 ㉲	1517	
箢	1318	邍	1838	蚏	1577	媁	422	為	1063	葳	1527	
簼	1408	邧	1842	蚎	1577	寪	469	煒	1076	葦 ㉮	1527	
芫	1491	蛻	1934	蠛	1597	尉 ㉲	474	熤	1076	蔽	1534	
苑 ㉲	1498	院 ㉮	1940	越 ㉮	1746	尉	477	熨	1081	蔚	1541	
薗	1553	隕	1953	鉞	1747	尒	498	燡	1081	蔦 ㉲	1546	
薳	1556	頊	2016	阢	1752	峗	501	亖	1090	遠	1556	
蚖	1577	願 ㉮	2018	跀	1752	巍	514	爲 ㉮	1091	萬	1566	
蜿	1579	餧	2037	軏	1776	魏	514	𤆃	1104	蜲	1586	
蜿	1586	顯	2059	軏	1778	崴	514	犚	1104	蝟 ㉳	1589	
蝯	1589	魭	2085	迶	1804	幃	533	犩	1104	蟡	1589	
螈	1591	駌	2099	鉞 ㉮	1884	彙	575	猬	1115	衛 ㉮	1610	
騵	1601	䴲	2100	颭	2025	彚	575	瑋	1137	衞 ㉮	1611	
袁 ㉲	1616	鶢	2104	**위**		愇	634	畏	1158	褘 ㉳	1628	
裷	1624	鶏	2105	位 ㉳	90	慰 ㉲	644	罻	1158	諉	1680	
褑 ㉲	1627	黿	2131	倭	117	憗	644	痿	1177	謂 ㉮	1686	

索引

자음 색인 유

響	1705	乳 ㉡	49	崳	508	斜	758	濡	1030	肉	1264
蹂	1760	侑 ㉤	99	帷	532	斿	766	濡 ㉣	1048	柚	1270
蘱	1771	俞	107	褕	533	曘	800	濰	1049	窬	1290
裏	1776	儒 ㉠	140	幼 ㉢	542	曳	803	瀆	1053	窳	1291
書	1776	兪	156	幽 ㉠	542	有 ㉣	809	烓	1064	籲	1328
轊	1791	尤	171	庮	549	柔 ㉢	839	燥	1076	糅	1335
轜	1794	刘	186	廋	552	柚 ㉠	839	腧	1096	綏	1363
逌	1817	卣	242	庾	552	楢	847	牖	1097	維	1369
逌 ㉡	1825	呦	285	怮	609	楡 ㉤	865	狖	1109	緌	1370
鄾	1854	呋	291	怞	609	楢 ㉤	865	猶 ㉢	1115	繇	1382
闌	1928	唯 ㉢	299	悠 ㉠	619	樣	865	猷	1115	繻	1391
闒	1931	喩 ㉣	306	惟 ㉡	625	楔	865	獳	1120	纗	1393
隋	1955	嚅	318	悆	625	榴	877	珛 ㉣	1135	繻	1394
靀	1982	囿	330	慺	630	歈	899	瑜 ㉣	1137	畬	1395
韋 ㉣	2000	囿	331	愉 ㉤	634	氀	928	甌	1148	羑	1404
韙	2002	壝	369	愈	634	毹	928	狖	1153	羑	1405
韡	2003	媇 ㉤	419	愈 ㉠	634	沋	948	由 ㉢	1156	羭	1408
頖	2012	嬬	422	懦	653	油 ㉣	959	甹	1157	儵	1412
颱	2026	嬬	428	懨	653	泑	959	眸	1166	肉	1434
餒	2039	孺	437	抗	685	洧 ㉤	970	痏	1174	胰	1445
饀	2040	孺 ㉣	438	揄 ㉢	710	渝	982	瘉	1178	脩	1447
骫	2065	宥	443	揉	711	游	993	瘐	1178	脼	1453
骪	2065	宥 ㉣	450	孺	731	游 ㉢	1008	癒 ㉣	1182	腴	1453
骫	2066	窳	463	攸	740	渰	1010	勖	1212	腬	1454
魏 ㉣	2082	峪	502	鍮	756	渼	1010	瞜	1220	臑	1461
유		岌	502	敊	758	渝	1013	酉	1257	臾 ㉣	1471

자음 색인 육~은

葖	1503	襦	1631	遱	1834	宎	443	笋	1301	馻	2099
茜	1510	襦	1633	鄃	1849	毓 ㉣	924	箈	1306	鶌	2111
莠	1511	覦	1642	酉 ㉤	1856	淯	982	篔	1314	**융**	
菜	1527	諛	1669	酳	1860	滈	993	胤	1441	娀	415
萸 ㉣	1527	誘 ⑪	1675	醹	1867	粥	1332	蝹	1589	戎 ㉣	659
蕕	1527	諭 ㉣	1686	釉 ㉣	1869	精	1334	蝹	1591	毧	926
蕤	1546	論	1686	鍒	1899	肉 ㉢	1434	贇 ㉣	1739	瀜	1053
蕕	1547	諛 ㉣	1686	鍮	1899	育	1435	鈗	1880	狨	1110
揉	1547	貐	1715	鑐	1910	育 ㉣	1438	閏 ⑪	1921	絨 ㉣	1358
獻	1553	貁	1717	閨	1928	鱻	1574	閏 ㉣	1926	羢	1406
薷	1556	貐	1718	隃	1951	賣	1735	阭 ㉣	1934	肜	1435
虽	1575	踓	1749	雖	1966	賣	1738	**율**		茸	1503
蚰	1579	蹂	1760	雖	1966	鬻	2079	汩 ㉣	944	莪	1503
蚴	1579	蹂 ㉣	1762	需	1977	**윤**		潏	1038	融 ㉣	1591
蛌	1586	踩 ㉣	1762	鞣	1998	允 ㉣	145	燏 ㉣	1085	蝠	1592
蠕	1589	輮	1788	顬	2020	勻	222	獝	1118	駥	2053
蝚	1589	輮	1788	騥	2057	匀	222	矞	1227	**은**	
蝣	1589	輶	1788	魷	2085	齋 ㉣	402	繘	1386	億 ㉣	140
蝓	1589	輮	1788	鮪	2087	尹 ㉣	486	翻	1416	听 ㉣	279
蝤	1590	遒	1813	黝	2126	昀	780	獝	1416	嚚	319
鍮	1591	遊	1817	融	2135	潤 ⑪	1038	聿 ㉣	1432	圻 ㉣	342
蜟	1600	遊 ㉤	1825	歔	2135	狁	1107	龗	1633	垠 ㉣	348
裕 ⑪	1623	逌 ㉣	1826	顬	2147	玧	1128	遹	1835	堲	348
褎	1627	逌	1826	**육**		昀	1158	霱	1983	垦	348
褎	1627	遺 ㉤	1833	儥	142	盾	1210	颭	2024	坴	350
褕	1627	遛	1834	堉 ㉣	353	胎	1223	驈	2061	崋	501

자음 색인 을~의

垠	501	讏	1574	吟㊆	279	霩	1981	**응**		宜	443
泿	502	言	1652	唫	297	霪	1982	夊	73	宜㊀	445
巚	513	嵒	1655	喑	306	音㊆	2004	冰	174	宜	446
恩㊆	614	訢	1660	婬	420	飮㊆	2032	凝㊀	178	㝞	472
慇㊇	639	誾	1680	岑	498	鈒	2032	应	546	巇	512
憖	639	讔	1706	崟	506	鷣	2110	応	599	義	512
懚	649	豒	1706	蔭	555	**음**		應	652	嶷	513
憗	649	轔	1794	厰	558	俋	107	氷	936	意㊇	634
檃㊇	888	鄞	1853	愔	634	厭	251	疑	1169	憶	649
檼㊇	890	釿	1879	歆	901	唈	295	矀	1225	懿	655
櫽㊇	893	銀	1886	淫㊀	993	春	436	膺	1460	懿㊇	657
殷	918	限	1938	湛	1004	悒	619	螣	1602	扆	669
沂	944	隐	1954	瘖	1178	挹	695	鷹	1700	掎	699
濦㊇	1020	隱	1954	癊	1180	揖㊆	711	鷹	2111	揥	711
濥㊇	1049	隱㊀	1957	碚	1239	泣㊆	959	**의**		擬	731
狺	1111	齗	2140	窨	1290	浥	982	依㊆	99	斬	760
珢㊇	1131	齦	2141	芩	1488	湆	1010	倚	117	旖	770
珢㊇	1139	豒	2143	蔭㊇	1541	渧	1010	依	123	旌	770
瘂	1175	**을**		蟫	1595	潘	1044	儀㊀	138	椅㊇	860
癮	1182	乙㊇	44	僉	1858	熠	1080	儗	140	檥	883
瘾	1183	乙	44	闇	1928	晻	1218	澂	177	橠	888
眼	1215	疑	1169	陰㊆	1945	臨	1225	剞	201	欹	899
磤	1243	屹	1170	陰	1951	裛	1623	劓	207	毅㊆	921
縮	1391	鳦	2095	零	1975	邑㊇	1839	医	229	毉	922
蘟	1534	**음**		黔	1980	雪	1978	噫	318	沂	944
蘟㊇	1566	佘	99	霮	1980	馤	2037	香	436	澰	1015

자음 색인 이 **2345**

漪	1030	蚾	1583	鷃	2111	宧	451	歟	897	篶	1314
犄	1103	螠	1592	螘	2111	尒	482	耴	926	簃	1320
猗	1109	螠	1592	齮	2142	尓	482	钽	926	絼	1358
猗	1113	蟻㉠	1599	**이**		㞽	508	沶	960	羠	1406
猗	1116	衣㉠	1612	也	48	已㉠	522	治	962	羡	1406
獻	1116	鬌	1652	钇	48	㠯	522	洏	970	而㉠	1420
獻	1122	誈	1676	二	53	异	562	洟	970	刵	1420
疑㉠	1169	誼㉠	1680	以	78	弍	564	洱	970	耏	1421
癊	1180	議	1700	伊	83	弛	568	洢	970	聏	1422
矣㉠	1227	擬	1702	佗	93	弓	569	爲	1064	耳㉠	1424
碍	1239	譩	1702	侇	100	彝㉠	575	焉	1067	珥	1426
磺	1247	殹	1717	佴	100	彛	575	炭	1068	弭	1432
礒	1247	踦	1759	刵	195	怡	609	熙	1078	肆	1432
礒	1260	輢	1786	勘	220	怠	610	熙	1080	肆㉠	1434
縊	1378	轙	1793	匜	226	㣧	669	爾㉠	1094	肔	1435
蒹	1405	醫	1864	台	267	施	765	爾	1094	胛	1441
義㉠	1407	醫	1865	吚	279	易㉠	779	珥	1131	胉	1442
臆	1460	醷	1866	咿	290	暆	794	鴊	1147	胰	1445
齮㉠	1482	鉖	1885	咡	290	杝	826	異㉠	1161	胹	1445
薏	1547	錡	1893	圯	339	柂	839	異	1163	腰	1452
薏㉠	1553	隋	1942	坨	346	梌	847	痍	1174	臑	1461
薈	1554	隑	1953	夷㉠	394	杝	847	眙	1214	臓	1461
薿	1556	靍	1986	夸	395	柂	847	眲	1215	苡㉠	1499
藙	1561	顋	2018	姨	415	杝	847	眲	1267	苢	1499
蘜	1567	饐	2042	姬	416	椸	866	秜	1270	苐	1500
蛾	1582	饐	2043	嫛㉠	422	樲	883	移㉠	1271	黃㉠	1504

䔟 1541
蔩 1541
蕼 1551
薾 1556
虵 1575
蛇 1578
蛜 1581
螔 1592
衈 1605
袘 1613
袣 1617
衪 1617
䙝 1620
袲 1620
訑 1655
詑 1662
謻 1662
詒 1662
䛥 1663
𧩸 1663
誃 1695
貤 1722
貳 (명) 1727
貽 (명) 1728
䝯 1728
跠 1757
輀 1781
轜 1793
轜 1794
迆 1801
迤 1804
迹 1804
迱 1805
迻 1808
遺 1833
遻 1834
選 1834
邇 (명) 1837
酏 1857
鈶 1883
鉺 1887
銕 1888
阤 1933
陁 1937
陑 1938
陝 1938
隶 1959
雉 1965
頉 2008
頤 (명) 2012
頥 2014
顊 2015
食 2029
飠 2030
飠 2030
飠 2030
飠 2030
飴 (명) 2033
餌 2035
駬 2053
鮐 2086
鮧 2087
鮞 2087
鴯 2100
鴺 2101
黟 2127

익

嗌 309
埸 353
妷 405
弋 563
杙 825
瀷 (명) 1054
熤 (명) 1081
益 (중) 1198
翌 (명) 1411
翊 (명) 1411
翼 (고) 1415
㺿 1416
䎈 1425
職 1430
膉 1456
艗 1481
謚 (명) 1692
軄 1773
釴 1878
鷁 2107
黓 2125
齸 2143

인

人 (중) 69
仁 (중) 74
仞 79
仭 79
儿 143
刃 (명) 183
刅 183
刄 183
印 (중) 244
咽 (명) 290
囙 327
因 (중) 327
堙 357
夤 378
姻 (고) 415
婣 420
寅 (중) 460
寅 463
廴 559
引 (중) 565
弘 567
忍 (중) 599
忉 600
戭 664
䡛 808
輑 (명) 808
欭 897
歅 900
殥 917
氤 932
洇 970
湮 (명) 1010
湮 1010
烟 1064
煙 1074
牣 1099
禋 1260
秵 1272
紉 1340
紖 1348
絪 (명) 1358
繩 1374
緸 1375
縯 1382
肕 1435
胭 1445
䏰 1448
䐙 1457
芢 (명) 1491
茵 (명) 1503
荵 1511
蔩 1541
蚓 (명) 1577
螾 1594
裀 1620
𧙄 1627
訒 1655
認 (중) 1676
認 1676
諲 1686
軔 1776
酳 1861
釰 1880
闉 1928
陻 1951
靭 (명) 1994

索引

자음 색인 일~자

靭㉯	1994	尢	171	**입**		作	91	搾	716	白	1186
鞇	1996	壬㊥	370	入㉯	151	佐	93	摣	719	皏	1195
靷	2001	妊㉯	408	卄㉯	232	刺㉑	195	斉	755	皆	1212
駰	2053	姙㉯	415	廿	561	剚	198	斎	755	眦	1212
일		委	415	**잉**		劑	202	斥	759	磁㉯	1241
一㊥	1	恁㉯	615	仍㉯	75	劑	207	束	822	磁	1243
佚㉯	90	恁	615	剩	203	叡	259	柴	838	禩	1259
佾㉯	100	您	619	剰	203	呰	285	柘	839	秄	1267
壱	370	稔㉯	1275	媵	424	咨	290	梓	853	秭	1270
壹㉯	371	絍	1347	孕㉯	431	啙	300	榨	872	積	1280
失	392	紝	1358	扔	672	堵	355	樜	872	穧	1281
弌	564	肚	1438	甸	1157	她	405	泚	961	穳	1282
日㊥	772	脌	1451	礽	1249	姊㉯	411	滋	1010	穦	1282
昳	784	荏㉯	1503	縄	1374	姉	411	滋	1020	第	1303
泆	960	薔	1558	繩	1359	姿㉑	415	滓	1020	笫	1304
洫	972	衽	1616	耳	1424	子㊥	429	灸㉯	1061	籍	1325
溢㉯	1020	袵	1620	肛	1425	字㉯	431	煮	1072	粢	1331
盜	1198	袰	1620	膍	1460	孜㉯	432	煑	1076	紫㉑	1351
祖	1616	訨㉯	1659	艿	1486	孳㉯	433	煮	1076	者㊥	1419
軼	1779	賃㉯	1730	芿㉯	1491	孶	436	燽	1081	籽	1421
逸㉑	1817	鈓	1880	認	1676	孼	509	牸	1101	耤	1423
鎰㉯	1901	銋	1887	認	1676	嬨	547	玆㉯	1124	奋	1438
馹㉯	2049	飪	2032	臍	1738	恣㉯	615	玼	1130	啙	1441
駴	2050	餁	2035	陾	1951	慈	635	瓷	1147	肺	1441
임		憸	2039	**자**		慈㊥	639	疵	1172	蔵	1445
任㉑	84	篤	2101	仔㉯	79	揸	708	痄	1172	腦	1451

자음 색인 작~잔

自㋩	1465	觜	1648	馪	2040	岝	500	綽㋩	1370	孱	136
㠯	1467	訾	1663	魝	2066	岞	500	繳	1389	剗	202
㠯	1467	訿	1663	礃	2067	彴	579	皭	1423	孱㋯	436
茊	1487	諫	1669	髭	2073	怍	609	胙	1441	嶘	506
芘	1499	諮㋩	1686	鬢	2080	怎	619	鳥	1472	棧	506
苴	1499	貲	1728	鮓	2085	斫㋯	759	舃	1472	棧	512
兹	1504	資㋑	1730	鷔	2108	昨㋩	784	芍㋩	1487	菚	662
茨㋯	1504	歃	1731	鷦	2108	杓	826	葯	1517	戬	750
莱	1504	賣	1732	鷹	2109	柞	840	蒴	1542	斬	760
莿	1518	賣	1739	鷫	2133	汋	942	詐	1672	棧	847
苴	1534	賭	1744	鼐	2133	淖	986	譜	1682	棧㋩	860
蔗㋯	1542	趙	1748	齊	2137	灼㋩	1060	趵	1751	殘	914
薋	1553	趑	1749	齋	2138	炸㋯	1063	都	1849	殘㋑	915
藉㋯	1556	趾	1754	齍	2139	焆	1067	酌㋑	1857	潺	1038
齌	1557	遮	1831	齋	2139	焯	1072	酢	1859	潫	1039
藉	1566	鄐	1848			爝	1090	醋	1862	琖	1135
虸	1575	鄑	1850	**작**		爵	1092	鉈	1884	盞	1199
蚝	1577	醛	1864	乍	42	爵㋑	1092	雀㋩	1961	盞㋩	1201
蛅	1579	鎡	1901	仵	80	嚼	1195	雎	1966	棧	1395
蛓	1581	雌	1963	作㋩	91	斮	1196	鮓	2034	羱	1408
蠀	1594	雌㋩	1965	勺	221	砟	1234	鰆	2089	猭	1413
廬	1594	頿	2015	勺	222	碏	1239	鳥	2094	戲	1574
袟	1617	鼒	2015	唯	312	碏	1261	鵲	2104	轏	1786
裵	1618	刞	2033	嚼㋩	321	禚	1283	鷟	2109	輚	1793
齎	1633	餐	2033	妁	405	稍	1304	鸎	2135	酸	1862
褯	1633	餮	2035	婥	420	笮	1309			驏	2061
				旿	472			**잔**			

자음 색인 잘~장

孱	2093	蕉	1561	貶	1212	獎㈇	400	暲㈇	796	獊	1227				
虥	2142	蘸	1563	碟	1246	奬	401	杖㈇	825	章㈆	1295				
잘		蘸	1567	箚	1313	獎㈇	401	振	860	粧㈇	1331				
耷	49	蚕	1577	䬰	1329	妝	408	槍	872	糚	1333				
囋	323	蚕	1586	褯	1631	嬌	425	椿	877	糚	1336				
잠		蠶	1601	赿	1746	嫱	427	樟	877	牂	1405				
偺	205	蠶㈇	1603	迊	1803	将	474	槳	877	胖	1405				
偺	205	蠶	1603	錘	1884	将	474	橦	882	脹	1451				
寁	460	詀	1663	雜	1966	將㈈	474	檣㈇	888	腸㈇	1454				
岑㈇	498	謙	1701	雜㈇	1968	嶂	510	檣	890	膓	1457				
撍	724	賺	1738	雥	1971	嵿	510	欌	894	臟	1461				
晢	784	賺	1741	雪	1978	帳㈇	532	漳	1030	臟	1462				
暫㈇	796	壍	1765	**장**		庄	545	漿	1030	姬	1464				
歜	902	鐕	1907	丈㈇	21	廧	558	爿	1094	臧㈇	1464				
涔	982	饞	2041	丈	30	牂	563	牂	1094	艢	1482				
湛	1004	**잡**		仉	75	戕	564	牆	1094	莊	1504				
潛㈇	1039	匝	226	仗㈇	80	岠	569	牆	1095	莊㈇	1511				
潜㈇	1039	卡	242	偉	131	張㈇	571	狀	1106	茛	1517				
潜	1053	喋	306	匠㈇	227	慞	658	狀㈇	1107	葬㈇	1527				
瀸	1055	市	524	匡	227	戀	658	獐	1118	蔣㈇	1542				
灊	1055	揷	695	場㈈	357	戕	662	奬	1118	薔㈇	1551				
燃	1085	挿	708	塲	359	掌㈇	703	瑒	1139	藏㈇	1556				
笒	1301	挿	709	塲	361	揘	716	璋	1140	藏	1566				
箴㈇	1314	搔	728	墻	367	擂	716	暘	1166	蝽㈇	1594				
蠶	1320	煠	1076	壯	370	斨	759	痕	1177	裝	1620				
簪㈇	1323	皸	1196	壯㈈	370	易	783	瘴	1180	裝㈇	1623				

자음 색인 재~저

襃	1623	宰 ㉠	456	貯	1723	錚	1370	䐗	466	沮 ㉤	960
賊	1739	宰	460	貯	1731	綪	1371	屠	492	渚 ㉤	1010
賊 ㉤	1741	岾	500	賣	1732	鞆	1408	岨	500	滁	1021
賍	1742	哉	662	賫	1739	諍 ㉤	1680	崥	511	潴	1039
鱉	1766	才 ㉥	671	載 ㉠	1781	趙	1749	㑊	526	瀦	1053
蹖	1766	斉	755	㦲	1860	埻	1754	底	546	煮	1072
遉	1830	斎	755	齊	2137	錚 ㉤	1895	底 ㉡	547	煑	1076
鄣	1853	材	825	齋 ㉤	2138	鎗	1901	厎	548	羜	1076
醬 ㉤	1865	柴	838	齎	2139	鏘	1908	弤	569	牴	1101
錆	1895	栽 ㉥	847	**쟁**		鏳	2075	氐	580	狙 ㉤	1109
鎗	1901	梓 ㉤	853	争	52	鮏	2085	怚	609	猪	1113
鏘	1905	榟	872	埩	353	鯖	2090	抵 ㉤	685	猪 ㉤	1115
長 ㉥	1914	溨 ㉤	1010	崢	506	**저**		摴	720	疷	1170
镸	1916	滓 ㉤	1020	崢	506	且	33	據	721	疽 ㉤	1172
陽	1949	災 ㉠	1060	峭	506	作	91	杵 ㉤	831	眡	1212
障 ㉠	1954	灾	1060	幀	533	佇 ㉤	92	杼	832	眝	1212
隔	1955	裁	1065	幢	535	低	92	柠	840	砠	1234
餦	2039	纔	1119	憕	537	儲 ㉤	142	柢	840	磾	1246
騿	2052	甾	1158	掙	703	咀 ㉤	285	楮	860	禇	1261
髒	2068	縡	1378	振	703	呧	285	楮 ㉤	866	租	1270
麞	2117	纔	1394	撐	724	坻	346	樗	877	竚	1295
재		辟	1428	争 ㉣	1090	坘	346	櫅	883	筯	1310
冉	169	茬	1519	狰	1113	埊	346	櫡	891	箸 ㉣	1314
再 ㉤	169	薺	1529	崢	1131	她	405	櫧	892	篨	1318
哉	290	裁 ㉤	1620	崢	1135	姐 ㉤	411	櫫	892	紵 ㉤	1352
在 ㉥	339	財 ㉥	1722	箏 ㉣	1312	宁	439	氐	930	罝	1398

자음 색인 적

					적										
羅	1401	譇	1695			潄	1030	糴	1337	蟄	1599
罹	1401	豬	1715	勣	219㉕	滌	1031	約	1339	蠘	1599
羝	1405	豬	1718	厏	250	滌	1031	績	1382㉑	蹟	1630
羜	1406	貯	1728㉓	吊	272	炙	1060	繾	1391	覿	1645
翥	1414	趄	1747	商	300	炙	1060	翟	1413㉓	諔	1680
胆	1441	趄	1754	曜	319	炙	1061㉓	耤	1423	謫	1695
苧	1491	跦	1761	嫡	425㉑	塎	1067	樀	1423	謫	1703
苧	1499㉓	蹢	1766	寂	460㉑	燋	1081	暫	1431	賊	1731㉑
苴	1499	躇	1769㉑	唐	552	狄	1107㉓	肆	1432	赤	1742
苬	1511	蹍	1769	迪	560	狄	1127	禽	1438	趯	1750
菹	1517㉓	軝	1779	甲	566	瓵	1148	觜	1441	趯	1750
菹	1528	這	1813	甪	567	的	1191㉓	芍	1487	跡	1757㉑
著	1528㉓	邸	1842	扚	673	矻	1232	苖	1499	跙	1759
租	1534	都	1846	拣	695	砧	1238	荻	1511㉓	踖	1760
蔗	1542	鄽	1848	摘	720㉑	磧	1245	莜	1512	踧	1761
諸	1563㉓	都	1848	摘	732	磧	1245	荕	1517	蹟	1766
儲	1566	鎚	1899	敵	751㉓	磩	1248	葫	1517	蹢	1766
蛆	1579	阺	1936	条	826	積	1280㉑	葯	1526	蹐	1768
蜡	1585	除	1940	杓	826	穌	1281	蔽	1534	躍	1769
蠩	1601	陼	1947	條	853	稦	1281	蒚	1542	躪	1771
袛	1617	隋	1951	栄	854	笛	1304㉓	蔵	1553	迪	1805
褚	1627	隮	1951	摘	878	篴	1320	藉	1556	迹	1808
觝	1648	雎	1965㉓	樀	878	篴	1323	藉	1557	迹	1813
詆	1663	雎	2066	汣	982	籍	1325㉑	藉	1566	逐	1814
詛	1663㉓	鴡	2099	渧	1011	籊	1325	蘿	1567	邉	1818
諸	1687	齟	2140㉓	滴	1030㉑	糴	1329	藿	1567	適	1830㉓

鋥	1899	剪	203	戰	663	殿㉠	920	琭	1137	篅	1319				
鏑㉠	1905	劕	204	戩	664	毡	926	磬	1142	篶	1320				
靮	1994	劗	208	戰㉢	664	氈	929	甄	1148	籛	1326				
顛	2011	単	240	拴	692	氊	929	田㉠	1154	籛	1327				
簡	2041	厘	248	挮	703	沰	940	甸㉠	1157	純	1346				
駒㉠	2049	單	302	搏	708	沌	945	町	1157	絟	1358				
鬋	2076	嗔	310	揃	711	沴	953	畋	1158	纏	1375				
魜	2090	嚩	322	損	716	沮	960	畑	1159	縓	1378				
鱓	2090	塡	360	搌	716	洄	960	痊	1174	縛	1383				
鱣	2092	塼	361	搏	718	淺	971	痰	1177	繵	1390				
鱻	2093	壥	368	攢	720	涏	982	瘨	1179	纏	1391				
전		奠	401	齊	755	渰	994	癜	1182	纏	1392				
伝	85	娗	418	斯	760	淀	994	癲	1184	纏	1393				
佃㉠	92	專㉠	475	旃	768	淺	996	蚕	1196	羴	1408				
佺㉠	100	展㉠	491	旜	769	湍	1004	蚹	1197	羶	1409				
偵	128	嶃	509	廛	771	湔	1011	昀	1211	猭	1413				
傳㉢	131	嶄	509	朘	814	滇	1021	磌	1243	翦	1414				
仝	155	嶃	514	栓	848	濺	1040	磌	1243	翩	1414				
全㉠	155	巘	532	栴	848	澱	1044	磚	1245	瞋	1428				
兪	157	塵	556	椽	865	澶	1044	窴	1291	脡	1448				
典㉠	167	悛	619	榆	866	瀍	1051	竣	1297	腆	1451				
興	167	忢	625	槇	872	濺	1051	筌	1306	脣	1454				
顚	168	愩	626	栫	872	煎	1076	箋	1313	膊	1457				
顛	168	戔	660	樺	883	牋	1096	箔	1313	膻	1459				
前㉢	198	戋	662	栫	890	牷	1101	篆	1314	膡	1460				
剗	202	战	662	莇	908	瑱㉠	1135	箭	1314	臻	1470				

자음 색인 절~점 *2353*

荃	1504	輇	1784	顚	2019	墆	361	芙	1499	点 ㉤	1063		
蓌	1528	輾 ㉤	1790	顫 ㉤	2020	岊	499	苫	1500	粘	1076		
蕊	1546	轉 ㉠	1791	靪	2031	嵽	513	葝	1543	煔	1083		
荎	1546	邅	1836	餞	2035	巀	514	蔇	1547	燂	1085		
蔵	1547	郵	1850	餰	2039	截 ㉤	664	蕞	1547	玷	1129		
薺	1563	鄟	1853	饘	2040	折 ㉡	677	蠟	1600	甁	1147		
藇	1563	鄭	1855	饘	2043	拙	685	蠹	1603	痁	1172		
蚕	1577	鈿 ㉤	1884	饙	2046	晎	784	詧	1669	硸	1246		
蜓	1583	錢	1887	駩	2053	晢 ㉤	789	鰤	2094	秥	1270		
襄	1631	銓 ㉤	1887	驅	2059	晰	789	鱲	2143	笘	1304		
禮	1632	錢 ㉧	1895	驎	2059	朱	840			簟	1323		
詮 ㉤	1669	鐫	1902	髻	2075	梲	853	**점**		粘 ㉤	1330		
諓	1681	鎭	1902	鱄	2092	枈	866	佔	92	鉆	1395		
諂	1695	鎮	1902	鱣	2093	榕	866	刮	191	脸	1451		
讖	1703	鑴 ㉤	1908	鸇	2111	毳	927	占 ㉠	242	苫	1499		
巔	1711	闐	1929	齊	2137	沏	949	坫	346	蔵	1534		
趙	1750	阮	1934	齻	2143	浙 ㉤	982	埝	361	蕲	1542		
畛	1754	隽	1960	**절**		準	1021	岾 ㉤	500	蛄	1579		
跡	1754	雋 ㉤	1965	佚	90	癤 ㉤	1183	店 ㉤	547	觇	1641		
跧	1757	電 ㉤	1976	準	177	窃	1286	恬	612	詀	1663		
躓	1764	電	1980	切 ㉠	185	竊 ㉤	1293	怗	612	謙	1701		
踺	1764	戩	1992	切	187	節	1310	居	668	讝	1707		
躔	1770	靦	1993	卩	242	節 ㉧	1315	拈	681	閊	1922		
転	1778	氈	1993	卪	243	絟	1358	搢	704	阽	1936		
軡	1782	顓	2016	卩	243	漸	1016	霑	1980				
輈	1784	顚 ㉧	2018	唽	293	絕 ㉧	1358	漸 ㉠	1030	鮎	1995		

자음 색인 접~정

颭	2025	綾	1370	淸	176	政	741	湞	1031	竀	1292
饕	2041	鬵	1385	叮	267	整	752	濎	1044	婧	1297
驔	2061	聶	1430	呈	279	整	752	瀞	1053	筳	1310
髻	2074	朕	1451	呈	280	旀	766	灯	1059	箐	1313
鮎	2085	謄	1454	埕	353	旌	769	炡	1063	精	1333
鯰	2089	蝶	1481	姃	408	旍	769	猙	1111	精	1334
黏	2124	幟	1482	妌	412	旋	770	獰	1113	粩	1334
點	2126	菱	1517	婷	418	晶	792	玎	1127	紅	1339
		葉	1526	婧	420	晸	792	珵	1133	絍	1352

접

倢	119	蝶	1586	婷	420	朾	822	珽	1133	綎	1364
惵	635	蝶	1589	婷	422	柾	835	町	1157	裎	1364
慴	643	褋	1628	宁	443	梃	853	正	1168	綎	1375
慹	644	襟	1632	定	446	桯	853	疔	1170	耵	1421
慹	657	福	1634	幀	533	棖	860	疔	1195	耵	1424
接	704	跕	1754	憕	535	樗	866	町	1205	聇	1425
摺	720	蹀	1762	憕	537	楨	866	眐	1212	腈	1428
撧	728			矴	540	槸	888	睁	1215	聹	1428

정

榱	860	丁	8	庭	549	正	903	睛	1219	胜	1441
楪	866	井	39	廷	560	汀	939	睜	1219	脡	1448
榴	876	井	63	彳	579	浄	970	矴	1232	艇	1480
沾	961	亭	68	征	580	涏	981	碇	1239	艼	1486
渫	1006	亭	69	怔	609	涏	982	碠	1241	莛	1512
睫	1215	佂	93	情	626	淀	994	禎	1260	菁	1517
瞸	1220	侹	107	情	627	淨	995	程	1273	葶	1529
碟	1241	停	123	憁	640	淳	1011	穽	1286	藉	1557
籨	1327	偵	124	挺	696	湞	1011	竁	1292	蜓	1583

婷	1589	彭 ⓑ	1989	儕	140	檕	890	穄	1281	鯷	1590
蜓	1599	靖 ⓑ	1989	制 ⓐ	196	泲	960	穧	1282	蟬	1596
桯	1623	艶	1989	剬	199	泲	960	第 ⓔ	1304	蠐	1600
訂 ⓐ	1654	静	1989	劑	202	済	995	箃	1323	袃	1618
証	1663	靚	1989	劑 ⓑ	207	淛	995	粢	1331	褻	1623
請	1682	靜	1989	啼	306	滌	995	綈	1364	製 ⓒ	1625
請	1683	靪	1994	嚌	309	渧	1011	緹	1375	褆	1627
諿 ⓑ	1687	鞓	1996	嚌	319	淯	1021	罬	1398	諸	1687
貞 ⓒ	1721	鞡	1996	堤 ⓐ	357	滁	1031	羃	1402	諦	1688
賏	1735	頂 ⓒ	2006	娣	415	濟 ⓐ	1049	薺	1456	踶	1759
經	1743	頲	2014	娣	418	狾	1111	齋	1458	蹏	1762
頳	1744	頳	2014	帝 ⓒ	528	猘	1114	臍 ⓑ	1461	蹄	1763
赬	1749	頺	2015	弟 ⓒ	568	瑅 ⓔ	1137	舓	1479	蹏	1763
逞	1812	頴 ⓑ	2015	悌 ⓐ	619	疪	1172	苐	1500	躋	1765
遉	1826	飣	2031	憏	649	療	1181	荑	1504	躋	1770
鄭 ⓔ	1854	騁	2054	憤	654	瘡	1182	萴	1517	遞	1831
酊 ⓑ	1856	騂	2057	折	677	眥	1212	苴	1528	軧	1859
酲	1861	騽	2065	提 ⓐ	711	眦	1212	蒂	1529	醍	1863
醒	1863	鯖	2089	擠	720	睇	1216	蔯	1534	除 ⓒ	1940
釘 ⓑ	1877	鶄	2099	擠	731	睼	1220	薺	1543	陡	1947
鉦	1884	鼎 ⓒ	2131	斉	755	磾	1246	穄	1547	隄	1951
鋥 ⓑ	1891	鼒	2132	晢	789	儲	1249	薺	1557	際 ⓐ	1954
鋌 ⓑ	1891	齬	2135	晣	789	祭 ⓒ	1256	藷	1563	隮	1959
錠	1895	鯖	2135	梯	847	禔	1260	藠	1567	隸	1959
阱	1934	**제**		梯 ⓑ	853	秭	1272	虎	1569	霽	1977
霆 ⓑ	1978	傺	132	椆	866	稊	1273	蛴	1583	霁	1980

자음 색인 조

霽 ㉤	1984	**조**		彫 ㉤	577	條 ㉠	853	厰	1197	羅	1337

霽 ㉤	1984			彫 ㉤	577	條 ㉠	853	厰	1197	羅	1337
鞮	1998	作	91	徂	581	槃	854	眺 ㉤	1215	糴	1338
鏊	2003	佻	100	怚	609	棹	857	硇	1236	組 ㉤	1352
鼇	2004	俎 ㉤	107	恌	615	棗 ㉤	860	碉	1240	絛	1364
題 ㉢	2017	兆	148	慥	644	槽	878	祖 ㉣	1254	綢	1366
騠	2057	凋	176	懆	653	殂	912	祖	1255	繅	1378
騚	2057	刁	183	抓	678	沼	958	祚 ㉤	1255	繰	1382
鮆	2085	助 ㉤	212	挑	690	洮	970	祧	1256	繰	1388
鮡	2085	厝	250	措 ㉣	704	漳	995	禂	1261	罩	1398
鯈	2087	召	266	搔	715	漕 ㉣	1031	租 ㉡	1270	罹	1399
鮷	2088	吊	272	搽	724	潮 ㉠	1039	稠 ㉤	1275	罺	1401
鱉	2089	啁	300	操 ㉤	728	澡	1045	窕 ㉤	1287	羽	1412
鯷	2090	啅	301	敦	747	澔	1055	窋	1288	耡	1422
鰷	2092	嘈	313	敳	750	炤	1062	篠	1291	眺	1426
鱃	2094	嘲 ㉤	314	旐	770	照 ㉠	1076	篙	1292	厗	1432
鵜	2101	噪	318	早 ㉤	774	燋	1081	竈	1293	肇 ㉤	1434
鵜	2103	挑	348	昭	783	燥	1085	笊	1301	肈	1434
鵝	2105	姚	414	晁 ㉤	787	燥 ㉣	1087	篬	1313	胙	1441
鸆	2108	燿	428	曌	799	爪 ㉣	1090	篠	1318	脩	1447
鴨	2110	嶆	510	曺 ㉤	805	爼	1093	篧	1320	螬	1456
齊 ㉡	2137	帑	533	曹 ㉣	806	琱	1135	篡	1320	驟	1458
齋	2138	慘	534	替	808	瑵	1139	棗	1330	滕	1458
齎	2139	幜	536	眺	813	璪 ㉤	1142	粗	1330	膝	1460
薺	2139	庹	548	朝 ㉢	815	阜	1191	糟 ㉣	1336	韓	1481
齏	2139	弔 ㉠	566	条	826	皂	1191	糙	1336	軆	1481
麟	2143	弴	567	柤	837	皴	1196	難	1337	鵬	1481

苴	1499	越	1748	霡	1977	鏃㉿	1905	綷	1371	棕㉿	860
莇	1512	趙㉿	1748	粗	1995	鑿	1913	脧	1438	椶㉿	866
菹	1534	趠	1750	僔	1996			臍	1451	樅	878
葅	1534	俎	1754	顣	2011	**존**		踤	1761	淙㉿	995
蒩	1542	跳	1756	駔	2052	存㉿	432	顇	2011	漎	1032
藘	1542	踨	1766	騇	2053	扜	432			潀	1114
蓾	1557	踩	1768	魦	2084	尊㉿	477	**종**		猣	1116
藻	1557	蹴	1769	鰷	2088	撙	724	从	75	琮	1135
藻㉿	1563	躁	1769	鯛	2089	縛	1386	公	85	璁	1141
藻	1566	造㉿	1813	鰷	2092	荐	1504	倧㉿	117	瘇	1178
藿	1567	遭㉿	1831	鳥㉿	2094	蕁	1547	偅	124	瘲	1180
蘿	1567	遵	1836	鵰	2104	跡	1757	傭	131	瞛	1222
蠡	1568	鄵	1855	鼉	2131	踆	1759	嵷	362	稅	1272
蚓	1575	酢	1859			蹲	1768	妐	408	種㉿	1276
蚤㉿	1577	醋	1862	**족**				宗㉿	447	稷	1277
蛁	1579	醻	1867	呢	295	**졸**		廯	485	童	1296
蜩	1586	釘	1877	崈	500	伜	82	嵏	508	鍾	1328
螬	1594	釣	1878	族㉿	769	倅	116	嵕	508	棕	1334
覜	1642	鉊	1880	瘯	1180	卆	234	嵸	510	樱	1335
詛	1663	鉏	1883	磭	1245	卒㉿	237	嵷	510	終㉿	1352
詔㉿	1663	銚	1886	簇㉿	1320	夆	237	从	580	綜㉿	1370
誂	1669	錯	1895	簺	1337	捽	678	從	586	総	1371
調㉿	1681	鑿	1913	簇	1338	拙㉿	685	從㉿	588	纓	1375
譟	1965	阻㉿	1937	蔟	1542	掘	699	忪	602	縱	1375
譹	1697	阼	1937	足㉿	1751	捽	704	悰	627	縱㉿	1383
譟	1701	雕㉿	1966	逪	1836	殚㉿	1114	憽㉿	644	柊㉿	840
				鋜	1891	稡	1275	柊㉿	840	總	1384

腫㊂	1454	鰻	2090	髻	2074	囑	318	朱㊂	822	袜	1256
艐	1481	斂	2135	**죄**		奏㊀	399	枓	832	裯	1275
董	1522	黲	2135	罪㊂	1399	姓㊄	412	柱㊀	840	簇	1320
蓯	1529	**좌**		萃	1518	姝㊁	415	株	848	籒	1324
葼	1542	佐㊀	93	皋	1796	宙㊂	448	椆	860	籌㊀	1325
蝩	1590	伻	107	**주**		宝	448	楱	866	籒	1326
螽	1594	剉	199	丢	34	封	478	檹	889	糈	1337
衝	1610	坐㊂	343	丶	38	昼	490	注㊂	960	紂	1340
衛	1612	垄	346	主㊂	39	属	492	洲㊀	970	紬㊃	1353
稯	1715	坐	346	丟	43	屬	494	洀	971	紸	1353
縱	1716	夎	372	作	91	岦	500	湊	1011	絑	1360
實	1735	屮	494	住㊂	93	州㊀	516	澍	1040	綢㊁	1366
踪㊂	1761	左㊂	519	伷	93	幬	535	炷	1063	綵	1382
蹤	1761	座㊀	549	侏㊁	100	幬	536	燽	1088	罜	1398
踵㊃	1763	座	552	俑	101	幟	537	爟	1104	翢	1412
蹱	1766	挫㊂	696	做㊂	124	廚	557	爟	1105	育	1435
鍾㊂	1899	摧	721	儔	140	憱	654	珠㊀	1131	肘	1436
鏦	1899	榱	887	冑	170	拄㊂	686	疇㊁	1167	育	1438
鐘㊂	1907	瑳	1166	厨	251	挏	700	疛	1170	胄㊂	1442
縱	2041	痤	1175	廚	251	搒	718	疰	1172	膝	1454
騣	2056	矬	1230	呪㊂	285	擣	731	碉㊁	1193	舟㊀	1477
驄	2057	篙	1323	周㊀	285	族	769	螯	1204	舳	1480
鬃	2075	脞	1448	呪	291	昼	784	碇	1234	輈	1481
鬉	2075	莝	1512	唒	300	晝	787	硃	1237	酒	1534
鬆	2075	蓌	1534	啄	301	晝㊂	789	祝	1255	蔟	1542
驄	2079	銼	1891	嗾㊃	312	朝	815	祝	1255	蛀	1579

자음 색인 **죽~중** 2359

蛛⑲	1581	輖	1786	**죽**		胷	635	胸	1445	駿	2054
蝤	1590	輳⑲	1788	竹㊈	1299	捘	696	舛	1476	騯	2057
蟵	1597	逗	1811	竺	1300	撙	724	菖	1518	鱒	2093
殳	1616	逎	1814	粥⑲	1332	旽	776	葰⑲	1527	鵔	2103
株	1620	週⑲	1818	精	1334	旾	780	蕁	1547	鷷	2110
裯	1625	適⑲	1826	鬻	2079	春	784	蠢	1601	**줄**	
觜	1648	邾	1844	**준**		晙⑲	789	詉	1659	汢	49
註⑲	1664	酒㊈	1857	俊⑫	107	楯	864	諄	1680	乼	234
詋	1664	酎	1858	儁	135	樽⑲	884	譐	1684	卆	237
誅	1669	酬	1860	僔	136	浚	982	譚	1697	卒	237
調	1681	酹	1860	僎	136	淳	990	睿	1708	喹	301
禱	1702	鉒	1884	儁	139	滈	1006	趛	1748	崒	506
賙	1735	鑄	1891	准⑲	176	準⑫	1021	跧	1757	崪	507
走㊈	1744	鑄⑲	1910	準	177	濬⑲	1049	踆	1759	泏	948
赱	1745	霔	1980	剦	205	焌⑲	1067	蹲	1763	淬	990
㐀	1745	軸	1995	劙	254	畯⑲	1163	蹲	1768	窀	1287
越	1748	軴	2001	噂	315	疊	1163	迿	1808	笜	1304
足	1751	輣	2049	埈⑲	350	皴	1196	逡⑲	1814	翍	1413
跓	1754	駐⑲	2052	埻	353	稕	1275	遁	1823	茁⑲	1500
跌	1757	儵	2088	寯	469	竣⑲	1297	遵⑫	1834	萃	1518
蹰	1768	鯬	2092	尊	477	罇⑲	1298	鐏	1907	遹	1817
躕	1768	鶌	2104	屯	495	純⑲	1346	陖	1941	**중**	
躊⑲	1770	塵	2115	峻⑲	503	紃	1386	隼	1960	中㊈	34
躅	1770	斢	2123	峮	509	纎	1396	隼⑲	1960	仲⑫	85
軴	1779	黈	2127	噂	512	胗	1438	雋⑲	1965	狆	1107
輈	1782	黿	2131	憕	619	胸	1439	餕	2038	衆	1215

索引

2359

자음 색인 즉~지

神	1251	櫛	1283	乘	676	蝵	1782	忯	602	漬ⓜ	1031
縡	1375	驚	2059	拯	678	鄧	1854	抵	678	痄	1172
蝩	1590	**즘**		拯ⓜ	692	**지**		抵	685	疲	1173
衆ⓜ	1605	怎	609	揯	704	之ⓜ	42	持	692	痣	1175
酮	1860	**즙**		撜	724	厎ⓜ	248	指	693	白	1186
重ⓜ	1870	戢	663	曾	806	只ⓜ	267	拑	693	眥	1212
霥	1982	楫	866	橙	881	咫ⓜ	291	搘	716	眦	1212
霢	1983	檝	888	檜	884	呮	291	摯	720	知ⓜ	1227
즉		汁	939	氶	937	喩	306	支	736	矧	1229
則ⓜ	199	澱	1045	烝ⓜ	1065	地ⓜ	340	旨	775	砥	1233
卽ⓜ	245	緝	1375	甑ⓜ	1148	址ⓜ	344	盲	775	砥ⓜ	1234
即ⓜ	247	戢	1482	症ⓘ	1172	坁	346	舌	775	礦	1248
卩	247	葺	1529	眙	1214	坻	346	智ⓘ	792	祁	1250
喞	306	蕺	1553	燴	1230	坳	346	枝	832	祇	1251
唧	306	謂	1687	繒ⓜ	1386	垐	350	枳	840	祉	1251
堲	357	輯	1788	曾	1402	墀	360	楮	872	祇ⓜ	1255
浸	1021	輊	1788	翻	1416	墀	362	止	903	祗	1256
蝍	1590	轚	1793	骹	1445	実	445	歧	906	禔	1260
鯽	2090	**증**		胵	1445	実	445	氏	929	秪	1268
즐		丞	33	菆	1504	實	465	池ⓘ	942	穦	1277
叱	267	嚀	315	蒸ⓘ	1534	岀	495	沚	949	笫	1300
喞	319	增	362	証	1663	呩	525	泜	949	箈	1313
堲	357	增ⓜ	364	證	1697	底	546	泜	960	篪	1313
櫛	866	嶒	512	貑	1716	底	547	泜	960	簁	1316
櫛ⓜ	891	憎ⓘ	649	贈	1739	志ⓜ	600	涷	968	篪	1318
譖	1051	承	676	贈ⓘ	1739	忮	601	溡	971	簃	1320

자음 색인 직~진

紙㉢	1347	貭	1723	雉	1963	纖	1566	桭㉢	854	真	1213
狋	1411	貼	1728	軓	1994	織	1773	棧	860	真㉤	1213
耆	1419	質	1735	鮨	2087	**진**		榛	872	眕	1213
肢	1438	贅	1739	鳩	2098	侲	108	榛㉢	872	眹	1215
胝	1442	跂	1752	鷙	2109	儘	140	殄	912	瞋㉢	1221
胑	1442	趾	1752	𪃋	2131	顚	168	殢	913	砃	1234
脂	1445	踟	1761	鱻	2147	顛	168	津	971	磌	1243
至㉤	1468	蹚	1769	**직**		唇㉢	295	滇	1021	礖	1243
舐	1475	躓	1770	昵	781	嗔	310	溱	1021	禛㉢	1261
舓	1475	轵	1779	眤	786	尘	340	濜	1049	秦㉢	1270
扡	1476	輊	1782	樱	872	填	360	珍㉤	1129	稹	1279
扡	1476	迡	1803	樴	884	塵㉢	362	珎	1130	笰	1303
芪	1488	遲	1826	漍	1021	姫	416	瑱	1139	甄	1326
芝	1491	遅	1829	犆	1103	尽	487	瑨㉢	1140	紖	1348
芷	1491	遲	1831	直㉤	1206	殄	560	瑨	1140	紾	1353
藼	1512	遲㉤	1834	直	1207	抮㉢	686	璡	1141	縉	1364
落	1519	邎	1838	禝	1261	抯	693	甄	1147	縝	1378
蚝	1579	邿	1840	稙㉢	1275	振㉤	696	畛	1160	縉	1379
蜘	1587	邸	1842	穊	1277	搢㉢	716	昣	1160	縉	1379
祗	1614	鄜	1848	稷㉢	1279	搢	716	疢	1170	聄	1425
舯	1648	誌	1891	絘	1364	擹	751	疹	1172	膍	1442
訏	1669	錙	1899	織㉢	1387	昣	784	癊	1179	脹	1456
詓	1670	阯	1934	耴	1425	晋	787	盡	1199	䟜㉢	1464
誌㉢	1676	阯	1934	職㉢	1430	晋	787	盡㉤	1202	臻㉢	1470
諄	1692	陒	1936	臓	1458	晉	799	盡	1202	蓁	1526
識㉢	1696	陂	1937	藏	1566	栈	847	眞㉤	1212	蓁㉢	1535

자음 색인 질~차

蔯 㘴	1542	辰	1799	嶹	510	載	1470	斜	757	輻	1788

字	번호	字	번호	字	번호	字	번호	字	번호	字	번호
蔯㘴	1542	辰	1799	嶹	510	載	1470	斜	757	輻	1788
薦	1553	軹	1800	帙㘴	526	瑧	1470	枓	758	轍	1793
盡	1555	進㘴	1818	庢	548	蒺	1535	斟㘴	758	鏶㘴	1907
賮	1563	鄧	1848	抶	686	蛭㘴	1581	朕	813	集㘴	1963
藎	1564	鄑	1850	挃	693	螲	1595	瑊	1137	鷑	1971
蘷	1566	鉁	1884	眣	784	袟	1618	葴	1529	**징**	
蜄	1583	鎭㘴	1902	柣	840	衼	1618	醓	1859	徵	592
蓁	1592	鎮	1902	桎㘴	848	訣	1664	雌	1963	徵㘴	593
嚍	1595	陣	1941	梽	872	貭	1723	鳩	2098	懲㘴	655
袗	1618	陳㘴	1947	櫍	891	質㘴	1735	**집**		澂	1040
裖	1623	震㘴	1978	瓆	1144	跌㘴	1754	什	73	澄㘴	1040
診㘴	1664	顚	2018	疐	1145	踕	1757	執	353	澂	1051
訅	1664	顢	2019	疾㘴	1173	蹙	1769	熱	644	癜	1183
訋	1664	鬒	2076	眣	1213	躓	1770	揖	711	瞪	1223
讀	1692	顯	2129	礩	1248	軼	1779	楫㘴	866	**차**	
賑	1732	**질**		秩㘴	1271	迭	1805	檝	888	且㘴	33
趁	1747	佚	90	窒㘴	1288	郅	1844	汁	939	仳	93
趂	1747	侄㘴	101	紩	1353	銩	1884	湒	1011	佗㘴	101
軫㘴	1779	刴	207	絰	1360	銍	1888	潗	1040	伮	101
軹	1780	吡	267	狄	1411	鏶	1902	漿	1040	借㘴	117
輛	1780	嘯	317	垤	1420	鑕	1911	緝	1375	厝	251
蓁	1790	垤	1348	墆	1420	鈇	1916	戢	1482	叉㘴	254
轃	1790	妷	412	胵	1445	閼	1924	葺	1529	吒	272
辰㘴	1799	姪㘴	416	腟	1454	銍	2035	輯	1650	哆	291
丞	1799	嫉	1424	膣	1458	騭	2059	諿	1687	咤	291
辰	1799	姪	501	至	1468	**짐**		輯	1788	啫	300

자음 색인 착~찬

嗟 ㉤	310	猪	1113	蛇	1581	**착**		穛	1281	儧	143
土	337	猪	1115	蜌	1583	促	108	穱	1283	劗	205
參	400	珿	1130	衩	1613	剒	202	窄 ㉤	1287	嚪	322
釂	402	瑳	1140	敊	1647	剆	203	筰	1309	巑	514
妊	405	嗟	1166	諎	1682	厝	250	箐	1314	巆	515
姹	416	痄	1172	諸	1687	啄	301	簇	1320	攥	712
岔	498	瘥	1178	豬	1715	啅	301	簎	1320	撰	725
嵯 ㉤	509	瘥	1179	貙	1718	娖	418	糳	1337	攢	733
嵳	509	硨 ㉤	1238	趵	1752	婼	422	繫	1337	攩	735
差 ⑪	521	磋	1243	趿	1754	捉 ⑪	697	鑿	1338	攢	735
侘	615	秅	1272	蹉 ㉤	1765	搾 ㉤	716	縒	1379	欑	891
扠	673	箊 ㉤	1313	車	1774	擉	729	著	1528	欝	895
扱	673	箠	1318	遮	1831	斀	753	裑	1623	滄	1011
扯	678	紁	1360	郗	1853	斮	760	諑	1682	潫	1045
搓	716	縒	1379	鄭	1855	斲	760	躇	1769	燦	1081
搽	716	置	1398	鄳	1855	斵	762	辵	1800	燦	1087
攄	717	羅	1401	醝	1864	斸	762	邅	1836	爨	1090
撦	725	罹	1401	釵	1878	昔	778	錔	1891	璨	1142
杈	826	瞸	1473	鎈	1902	榨	872	錯 ⑪	1895	瓚	1144
樝	872	敊	1478	軙	1994	橲	891	鑿	1913	瓉	1145
次 ㉥	896	艖	1481	髊	2067	浞	982	鷟	2121	攢	1227
此 ㉥	905	苴	1499	魏	2082	涿	1000	齗	2142	禶	1264
垞	906	茶 ㉤	1501	鹺	2114	濁	1055	躝	2142	穳	1283
汊	942	菳	1518	齹	2137	爍	1085	齫	2142	竄 ㉤	1292
泚	961	莝	1535	齹	2137	着 ㉥	1216	**찬**		箟	1314
詧	1093	蔖	1542	蘆	2143	䑽	1227	弗	38	簒	1318

자음 색인 찰~창

篡	1320	餐㉤	2038	荃	1504	塹	511	瘡	1182	**찹**				
簒	1320	饌	2040	蔵	1543	嶄	514	磢	1245	磼	1245			
篹	1323	饡㉤	2042	蔘	1557	慘	627	碴	1245	**창**				
籑	1326	篡	2043	蚕	1579	慘㉠	644	礤	1245	仺㉠	85			
粲㉤	1332	饡	2044	誊	1669	慚	645	站	1295	倉㉠	118			
纂	1391	**찰**		**참**		憯㉤	645	鏒	1320	倡	118			
纘	1392	刹㉤	196	僭㉤	136	憯	649	縿	1382	伥	118			
纘	1394	刹	200	偺	136	憯	649	謙	1690	傖	128			
屬	1409	晢	295	儳	142	憯	649	謙	1690	滄	177			
蕆	1518	囋	322	劖	207	憯	649	譖	1698	刅	186			
攢	1635	察㉢	466	參	253	懺	655	譏	1702	刱	197			
譔	1696	巀	513	叅	253	懺	657	讖	1704	剏	202			
讃	1703	戳	514	叁	253	摻	719	讒	1706	創㉠	203			
讚㉤	1707	扎	671	參㉢	253	撃	721	讖	1706	廠	251			
贊	1736	拃	686	叅	254	撕	721	趨	1750	唱㉢	300			
贊㉤	1740	拶	693	嚵	315	攙	734	酁	1855	囱	330			
趲	1750	擦	731	巉	321	斬	759	鏒	1891	娼	420			
趲	1751	攃	733	墋	362	替	806	鎩	1905	岺	500			
酇	1855	札	821	塹㉤	362	槧	878	鑒	1905	廠㉤	557			
酇	1855	桬	848	嶄	362	槧	893	鑱	1912	彰	578			
鑽	1904	炸	1063	塹	367	槧	894	閗	1922	惝	627			
鑽	1911	眨	1213	嵌	507	毚	925	韂	2000	悵	627			
鑽	1913	瞟	1222	嶃	510	漸	1030	饞	2044	愴	640			
鑽	1913	礤	1248	毚	510	灖	1054	驂	2055	憃	643			
飡	2031	紮	1348	嶄	510	甑	1149	驂	2060	懺	649			
餐	2035	紮㉤	1353	岾	511	嘐	1166	驂	2129	懺	658			

㱼	664	窻	1292	埰 ㉠	354	蔡 ㉠	1542	簎	1306	恓	615
搶	717	篢	1313	婇	420	蠆	1599	策 ㉠	1306	悽 ㉮	627
摐	721	穄	1423	寀	460	虿	1601	筴	1310	凄	995
敞	748	脹	1451	寨	467	責	1723	策	1310	絮	1357
昌 ㉯	780	春	1471	差	521	醋	1864	蓛	1313	緀	1370
昶	784	艙	1481	廌	554	采 ㉯	1868	簀	1320	萋	1518
暢 ㉠	795	菖	1518	廌	554	釵	1878	翟	1413	處 ㉠	1570
槍	872	苁	1518	彩 ㉠	577	靫	1994	舴	1480	处	1570
氅	929	葱	1529	懘	645	鬃	2075	莱	1504	覷	1644
氅	929	蒼 ㉠	1535	懏	645			莉	1518	覰	1644
淐	995	蔥	1543	採 ㉤	704	**책**		蚱	1579	覷	1644
滄 ㉮	1021	裮	1626	柴	838	冊	169	譜	1682	郪	1848
漲	1031	賱	1739	棌	860	册	169	讀	1695	霋	1980
牄	1094	蹌	1765	琗 ㉮	1135	啧	300	醋	1711	**척**	
愴	1096	鋹	1896	瘥	1179	幘	535	責 ㉢	1723	乇	42
愴	1096	鏒	1899	療	1181	措	704	敇	1743	俶	116
膓	1097	鏦	1905	砦 ㉯	1234	柞	840	迮	1805	個 ㉯	119
猖 ㉠	1114	閶	1926	祭	1256	栅 ㉯	840	錴	1901	剌 ㉠	195
瑒	1137	闛	1931	簪	1320	柵	840	霣	1977	刺	198
甀	1148	韔	2001	綵	1370	炙	1059	馲	2048	剔	202
瘡	1179	鬯	2078	縩	1383	磧	1194	驦	2063	呎	280
稾	1227	鶬	2108	纔	1392	砠	1232	**처**		圻 ㉯	346
磢	1245	鶵	2110	苗	1504	磔	1243	凄 ㉡	177	埐	360
窓 ㉠	1288			茝	1508	窄	1287	処	179	城	362
窗	1288	**채**		栾 ㉢	1518	筰	1304	妻 ㉠	412	尺 ㉠	486
窻	1290	債 ㉠	133	萃	1518	筞	1304	裳	416	彳	579

자음 색인 천~철

愁	620	臍	1456	鶅	2105	攤	721	篸	1316	踐⑪	1761
惕	627	蚚	1577	鶬	2108	擅⑯	729	紃	1339	轏	1786
恧	627	蜴	1587	鷲	2109	栴	848	綪	1371	輲	1788
慼	645	覘	1642	鼚	2134	梴	854	縛	1383	辿	1801
慽⑯	645	詃	1661	齼	2141	櫨	891	耑	1420	迁	1801
戚⑪	663	訐	1662			泉⑯	961	膞	1454	遄	1826
拓⑪	686	謅	1692	串	37	浅	971	膊	1457	遷	1829
挦	695	趀	1748	仟⑯	80	洊	971	荢	1470	遷⑪	1835
摭	721	跅	1754	倩	119	凄	995	舛	1476	釗⑯	1878
摘	732	跰	1754	俴	119	淺	996	芉	1487	闡	1931
擲⑯	733	踢	1761	僢	136	濺	1040	荐	1504	阡	1933
斥⑪	759	跘	1761	僤	136	濊	1051	茜	1504	轏	1997
条	826	蹐	1765	儃	139	灛	1055	荈	1505	韉⑯	2000
條	853	蹢	1766	刋	187	瀨	1056	荮	1512	驐	2000
柝	854	蹠⑯	1766	千	232	煓	1085	蒨	1536	철
械	878	蹙	1766	喘⑯	306	牮	1101	蕆	1547	借	136
滌	1022	蹴	1767	嘽	315	珋	1127	薦	1553	凸⑯	180
滌⑯	1031	蹭	1768	囅	322	肝	1207	蕿	1564	剟	202
瀓	1031	躑	1770	天⑯	386	睼	1220	蘐	1566	呎	282
瘠	1180	蹐	1771	巛	515	硟	1238	蚕	1575	哲⑪	295
眙	1215	鏺	1905	川⑯	515	袄	1251	蝡	1590	啜	300
瞭	1221	陟⑯	1941	巏	532	穿⑯	1286	蟺	1590	喆⑯	306
瞻	1222	隻	1960	幝	535	竂	1291	衦	1708	中	494
磔	1238	隻	1961	憚	650	窀	1292	賎	1731	徹⑪	594
磩	1245	髱	2075	悤	650	舛	1307	賤⑪	1736	徹	595
脊	1445	鶄	2101	扦	673	箋	1307	踐	1757	澈	595

悊	620	裰	1626	烝	602	臉	1459	倢	119	笘	1304
懲	627	褻	1626	悉	602	甜	1475	呫	286	緁	1371
掇	705	艓	1650	怗	609	舔	1476	唼	298	緤	1383
挈	705	蹀	1768	惉	628	甛	1476	啑	298	緤	1476
揑	705	蹏	1771	敁	743	苦	1499	喋	306	緤	1476
摯	720	軼	1779	栝	843	蕲	1542	堞	357	韶	1476
撤	725	輟	1786	椠	878	袷	1626	妾	412	戩	1553
敠	749	鐵	1787	檐	888	襜	1632	婕	420	褶	1630
柒	841	轍	1793	櫼	893	襺	1633	寁	460	褺	1630
棽	854	醊	1862	沾	961	覘	1641	嵥	507	褔	1634
榛	878	鉄	1884	添	996	詹	1670	嶫	512	詀	1663
歠	901	鋏	1888	淊	1011	諂	1682	帖	526	諜	1682
歡	902	錣	1896	瀸	1055	譄	1705	怗	530	諜	1682
池	942	鐵	1908	玷	1076	蹟	1768	怗	609	諜	1687
漆	1032	鐵	1911	煔	1085	躞	1769	捷	705	謵	1694
澈	1040	餟	2039	牃	1097	鈷	1884	疊	801	謙	1701
畷	1165	饕	2040	甛	1150	銛	1886	氎	929	貼	1728
砦	1238	騘	2056	惦	1150	鐵	1912	涉	979	踥	1761
祾	1259	驖	2063	痁	1171	闍	1932	涉	989	蹀	1761
綴	1371	첩		貼	1214	霅	1979	烕	1096	蹀	1762
罬	1399	僉	133	瞻	1224	靨	1986	牒	1096	蟄	1766
聅	1425	呫	286	礆	1240	韂	2000	疉	1163	輒	1784
腏	1451	噡	318	簷	1324	韘	2003	疊	1167	輙	1787
荃	1504	孅	429	簽	1325	話	2035	疊	1167	鉗	1891
蜇	1583	尖	482	籤	1326	鹼	2114	暛	1216	鞊	1995
蠞	1587	幨	536	籤	1328	첩		睫	1219	鮿	2088

鰈	2090	蜻	1587	掫	712	締	1376	欽	1878	中	494
청		請㈜	1682	摭	717	綿	1423	錫	1894	岧㈜	500
倩	119	請㈜	1683	摯	720	腏	1451	轣	1983	岹	501
淸	176	賄	1735	擠	731	萋	1518	齈	1986	峭	503
听	279	靑㈜	1987	替	806	蒂	1529	饐	2039	崩	508
嘈	315	靑㈜	1989	晉	808	蔕	1543	骭	2066	巢	511
圊	334	鯖	2089	朁	808	薙	1547	體㈜	2068	憔	512
姓	377	鶄	2105	杕	826	薙	1554	髢	2072	燋	512
庁	545	**체**		棣	860	薳	1561	鬄	2074	弨	569
廳	559	体	88	殢	917	蝃	1587	髲	2075	怊	609
廳㈜	559	切	185	泚	961	蠆	1595	**초**		悄	620
撑	725	切	187	涕	970	裼	1625	俏	108	愀	635
撐	725	刺	195	涕㈜	982	褅	1631	僬	136	怊	638
操	725	剃	198	滯	1022	翥	1648	初㈜	191	憔	649
晴㈜	792	剃	200	滯㈜	1031	諟	1685	削	197	抄㈜	678
晴㈜	793	剔	202	玼	1130	諦	1688	勦	205	招㈜	686
腥	795	嚏	319	璀	1141	蹄	1765	剿	205	杪	832
淸㈜	996	嚏	319	疐	1169	躑	1771	剝	207	梢	854
淸㈜	1000	埵	361	疐	1169	軆	1773	勦	219	椒	861
瞠	1221	雁	492	瘲	1181	體	1773	吵	277	楚	861
瞙	1222	嚃	510	瞮	1222	遍	1814	哨	295	楚㈜	866
箐	1313	帖	526	砌	1233	遞	1814	嘮	314	檪	876
絺	1371	毳	575	礫	1245	逮㈜	1819	噍	315	樵	884
聽	1431	懘	654	禘	1259	遞㈜	1829	燋	427	氰	933
聽㈜	1431	掣	705	禘	1260	遷	1831	木	482	湫	1011
菁	1517	掣	705	綴	1371	醱	1862	屌	490	溔	1012

棃	1012	繐	1379	踔	1762	齼	2143	燭	1090	鏃	1905
梢	1022	繡	1388	輎	1780	龡	2147	瘯	1177	鏉	1914
稍	1022	翛	1412	迢	1805		**촉**		瘵	1177	鞭	2000
潐	1040	秒	1422	酢	1859	丁	57	矚	1223	韣	2003
炒	1062	肖	1436	醋	1862	促	108	矗	1225	顨	2020
焦	1072	膆	1458	醮	1866	嗾	312	矚	1226	髑	2069
燋	1085	艄	1480	釗	1877	嘱	315	臅	1460		**촌**	
燿	1088	艸	1485	釕	1878	囑	323	蓄	1554	刊	187
癄	1182	芳	1486	鈔	1880	属	492	薥	1567	吋	270
盨	1201	茗	1500	鉊	1884	屬	494	蜀	1583	寸	471
瞧	1223	草	1505	鍫	1899	戚	663	蠋	1597	忖	600
硝	1238	荍	1516	鏊	1899	数	750	蠾	1599	村	826
礁	1246	萩	1529	鐎	1907	數	750	矚	1603	邨	1842
礎	1247	蕉	1547	陗	1942	數	751	褥	1631		**총**	
礁	1262	蘨	1568	霄	1977	數	751	襡	1632	从	75
杪	1267	蠣	1597	鞘	1982	斸	762	襡	1635	偬	124
秒	1268	蠿	1603	鞘	1996	斣	762	臯	1647	傯	133
稍	1273	訬	1659	鞘	2001	斸	763	触	1649	冢	173
燋	1281	誚	1676	魟	2020	曙	802	觸	1651	叢	222
篍	1316	誚	1692	髫	2074	楣	884	起	1748	叢	259
篠	1321	謙	1695	鵃	2110	櫫	895	趣	1749	囪	330
紗	1330	譙	1698	麨	2119	歜	902	趨	1749	塚	357
紹	1350	貂	1717	齠	2130	涿	1000	蹴	1766	塚	360
綃	1364	超	1747	韶	2135	濁	1056	蹠	1768	寵	470
綯	1376	趒	1749	齠	2141	烛	1066	蹴	1769	從	586
綺	1376	趙	1750	齭	2142	燭	1087	躅	1772	從	588

자음 색인 찰~추

忿	602	窓	1292	鏦	1905	灌	177	佳	1960	擲	717
忽	609	竜	1295	驄	2056	嘬	313	**추**		搥	717
恩㉣	620	総㉣	1371	鬷	2057	嗺	315	丑	30	搌	725
悤	628	縱	1375	驄	2060	寉	460	倁	136	柬	824
惚	635	總	1376	鬆	2075	崔㉣	507	出	181	杻	827
惣㉣	645	縦	1383	龍	2143	摧	721	啾	306	枢	832
憧	647	總㉰	1384	**찰**		最㉱	806	喠	307	棰	861
拺	697	罩	1401	擦	721	榱	873	墜	365	椎㉣	861
揔	705	聰	1427	撮㉣	725	洒	969	墬	366	聚	861
摠	712	聡	1428	攛	736	漼	1032	妯	412	椒	861
摗㉣	721	聰	1428	窸	1289	璀	1141	娖	420	楸㉣	867
敠	753	聰㉰	1430	繓	1387	催	1194	嫋	424	槌	873
憁	867	蒽	1518	茁	1500	確	1245	崷	508	樞㉣	878
㩗	884	莦	1518	薉	1543	簑	1318	嗆	508	楢	884
潨	1032	葱	1529	蘿	1547	縗	1371	帚	527	櫹	888
漎	1041	葼	1542	襒	1631	縗	1379	惆	628	殠	916
熜	1087	蔥㉰	1543	**쵀**		脺	1448	愀	635	湫㉣	1011
傱	1096	蘩	1557	啐	301	腄	1451	慽	649	泝	1012
総	1096	蘗	1566	洒	948	蓑	1532	懲	654	棃	1012
膿	1097	蟌	1590	淬	990	蕞	1543	抽㉣	687	焦	1072
惣	1104	謥	1688	焠	1072	襊	1547	捶	705	犓	1104
璁	1141	謥	1695	琗	1135	蔡	1557	掫	705	甀	1147
稷	1282	轇	1789	瘁	1259	崒	1605	推㉣	706	甓	1148
窓	1288	鏓	1789	綷	1371	嶊	1606	揫	712	畜	1160
窗	1288	銃㉰	1888	**최**		衰	1615	搥	712	瘳	1181
窓	1290	鏉	1899	催㉣	133	隹	1954	揪	712	皺	1196

자음 색인 축~춘

皺㉯	1196	腄	1451	赾	1749	雛	2056	滀	1022	踹	1766
韢	1197	膇	1456	趣	1749	驟	2059	瀟	1044	蹙㉯	1766
鰲	1204	臭	1467	趡	1749	驟	2064	畜㉰	1160	蹴	1767
矁	1221	臰	1467	趨㉯	1749	魋	2082	蠱	1225	蹴㉯	1768
瞅	1222	𪐗	1468	蹿	1763	觽	2083	礆	1245	蹩	1768
砃	1240	芻㉯	1491	追㉰	1808	魖	2089	祝㉰	1255	蹴	1772
磋	1240	萑	1518	聜	1848	鯌	2090	䄖	1255	踠	1773
礎	1244	菆	1518	鄒㉯	1850	鰍㉯	2090	稑	1279	軸㉯	1780
秋㉰	1269	蒂	1518	鄹	1854	雛	2105	竺	1300	轛	1784
烎	1269	萩㉯	1529	郰	1855	鶖	2105	筑	1304	逐㉰	1814
稉	1277	蒭	1536	酋㉯	1856	鶵	2108	筑	1307	鄐	1850
稚	1281	蘆	1542	醜㉰	1864	麁	2115	築	1316	閦	1924
穐	1283	蓮	1543	鈕	1879	麤	2118	築	1319	閣	1924
箠	1313	藪	1559	錘㉯	1896	麢	2121	篴	1320	顣	2019
箒	1313	蝤	1590	錐㉯	1896	鬫	2142	縬	1379	鯦	2092
篍	1316	蟗	1597	鎚㉯	1902	齺	2143	縮	1384	**춘**
篘	1319	蠶	1603	阪	1948	穮	2147	縮㉰	1384	旾	780
箠	1321	褄	1629	隊	1948	**축**		舳	1480	春㉰	784
粗	1330	牪	1647	隹	1954	丑㉲	30	茜	1510	杶	833
糙	1337	誓	1683	隧	1956	妯	412	蓄㉰	1536	椿	867
緅	1371	諏㉯	1683	隙	1956	悐	640	蓫	1543	櫄	884
縋	1376	誰	1683	佳	1960	搐	717	蜡	1585	櫄	890
緅	1376	諗	1688	雛	1965	杻	827	蠋	1597	瑃㉯	1137
縋	1379	雛㉯	1969	柚	839	褥	1629	芚	1488
繀	1379	貔	1719	揪	1998	柷	840	跙	1759	蕣	1518
聚	1428	趍	1748	輎	1998	槭	878	踧	1761	賰㉯	1738

자음 색인 출~치

剌	1777	懺	658	倅	116	橇	888	驟㋓	2064	層	492
輴	1788	冲㋓	949	卆	234	殨	916	鷲㋓	2111	層㋓	493
鰆	2090	浺	971	卒	237	毳	927	歠	2147	瞪	1223
출		冲	983	牽	237	炊㋓	1062	**측**		鮑	1485
出㋕	181	潼	1036	悴	603	穟	1282	仄㋓	75	蹭	1768
出	498	爞	1090	倅㋓	628	甕	1292	側㋓	124	**치**	
怵	610	珫㋓	1131	惴	635	翆	1410	則	199	侈㋓	101
悊	610	痋	1174	揣	712	翠	1413	厠	250	値㋓	119
朮	821	盅	1198	瘁	1177	聚	1428	崱	508	侟	125
泏	961	种	1227	稡	1275	脆	1445	庂	545	厄	243
焌	1067	神	1251	膵	1458	胞	1445	廁	552	厠	250
犬㋓	1109	种	1269	萃	1518	膵	1460	惻	635	㞢	251
砒	1240	狆	1410	贅	1739	臭	1467	慁	636	哆	291
秫	1271	衷	1481	頸	2015	臭㋓	1467	昃	780	嗤	310
絀	1353	芜	1506	**취**		冣	1468	昃	780	埴	353
荒	1500	茧	1506	取㋓	258	萃	1518	測㋓	1012	夂	372
黜	1574	虫	1574	吹㋓	280	觜	1648	稷	1160	夛	400
祧	1618	蚛	1575	嘴㋓	315	趣㋓	1749	稄	1274	媸	424
訨	1660	蟲㋓	1597	娶	420	蹴	1761	萴	1529	寘	463
黜㋓	2127	衝㋓	1610	就	485	鄹	1855	**츤**		峙㋓	501
충		衝	1612	屫	492	醉	1859	儭	142	嵯	509
充㋓	145	衷	1616	崒	506	醉㋓	1862	櫬	892	崟	509
充	148	豵	1716	崪	507	隼	1960	襯	1634	差	521
冲㋓	174	蹱	1793	揣	712	雋	1965	亂	2140	厄	522
忡	602	**췌**		崔	721	雛	1965	齔	2140	恥	530
忠㋓	602	侇	82	橇	880	雛	1969	**층**		幟㋓	536

자음 색인 칙 2373

庤	548	沶	960	稦	1272	胝	1442	跮	1748	駤	2053
廁	552	泜	960	稚㊇	1275	胣	1442	踶	1757	鷙	2060
弛	568	治㊈	962	穉	1275	胵	1445	畤	1758	鴙	2060
彘	569	淄	1000	穉	1279	腦	1451	踶	1762	魑	2082
彲	579	滓	1020	穉㊇	1281	致	1469	躓	1771	鯔	2090
徧	590	瀡	1022	笞	1304	致㊇	1469	䋣	1773	鳾	2099
徵	592	熾㊇	1085	箠	1318	苬	1504	輜㊇	1787	鴟	2099
徵	593	爔	1088	糦	1337	菑	1519	輜	1789	鵄	2101
恥㊊	615	瓻	1147	純	1346	菭	1519	遲	1826	鷍	2105
恀	615	甾	1157	絺	1364	蓄	1529	遲	1829	鷙	2109
憜	654	甾	1158	絺	1364	薙	1554	遲	1831	鶅	2124
慣	655	時	1162	緇㊇	1371	薑	1561	遲	1834	鯯	2129
抬	687	畤	1165	緻	1376	虒	1569	郗	1846	黹	2130
捼	693	甐	1169	緇	1376	蚩㊇	1577	錙	1896	齒㊈	2139
擡	731	甐	1169	緻㊇	1379	蚤	1578	錙	1899	齝	2141
攡	735	痔㊇	1174	縒	1379	螭	1594	阤	1933	齝	2141
旘	771	痴㊇	1177	縭	1380	裘	1620	陁	1937	鱺	2147
杝	826	癡㊇	1182	縶	1385	袳	1620	陊	1938	칙
柴	838	直	1206	織	1387	襹	1629	雉㊇	1965	侙	101
栀	841	直	1207	置㊊	1399	觶	1651	堆	1966	則㊈	199
梔㊇	854	眙	1214	狋	1410	訑	1670	雓	1966	勅㊇	214
植	859	眵	1215	絺	1422	諫	1683	離	1970	敕	214
榾	861	瞓	1221	耴	1425	謧	1695	饎	2039	忕	615
樲	867	眵	1267	恥	1425	識	1696	饎	2043	敕	745
峙	907	秙	1270	職	1430	豸	1716	餼	2043	汦	949
齒	908	移	1271	胝	1438	獬	1719	馳㊇	2049	飭㊇	2033

친

친									
儭	142	扗	679	竂	1292	蟄㉠	1595	剎	197	拖㉠	687
嚫	320	揕	712	箴	1314	譶	1702	咜	272	扡	687
寴	462	斟	757	葠	1316	讟	1702	咤㉠	291	搩	694
窺	470	枕	758	綅	1364	黮	2050	唾㉠	301	搥	705
襯	1634	斟	758	絑	1372			彈	321	撱	725
親㉠	1642	枕⑪	833	纔	1379	**칭**		佗	346	朶	822
儭	1642	杺	833	肜	1435	秤㉠	1271	垜	348	朵㉠	823
		梫	854	蔵	1534	称	1271	堁	348	杕	826
칠		棽	858	藏	1543	称	1271	埵	354	柂	839
七㉠	9	椹	867	誜	1683	稱㉠	1277	堶	357	柁	841
柒㉠	841	沈⑪	949	賝	1736	穪	1282	墮	365	欛	867
染	854	沉	951	跕	1752	蒵	1552	墯	365	椿㉠	867
榛	878	浸⑪	983	蹀	1763			塼	365	橢	884
漆⑪	1032	湛	1004	郴	1848	**쾌**		嫷	402	槖	884
		潯	1012	針㉠	1877	儈	139	她	405	橁	892
침		濅	1045	鈂	1884	噲	318	妥	405	毻	928
伈	82	瀋㉠	1135	鍖	1891	夬㉠	385	媠	408	池	942
侵⑪	108	琛	1140	鍼㉠	1899	快	603	妬⑪	422	沱	963
僭	136	寢	1175	鏚	1899	獪	1120	它	439	沲	963
帚	460	寑	1211	闖	1930	筷	1310	坨	501	洒	1000
寑	462	砧⑪	1234	霃	1979	繪	1361	陏	512	涶	1000
寖	463	碪	1241	霈	1979	繪	1387	隋	512	炧	1060
寢	463	礵	1249	駸	2055	繪	1390	惰㉠	636	炻	1062
寢⑪	467	祲	1257	鱻	2094	翽	1416	憜	649	炸	1062
嚪	512	褋	1260			駃	2049			牠	1101
忱	603	襑	1261	**칩**				**타**		牛㉠	1101
忨	603			蟄	1385	他㉠	80	打㉠	672		
						佗	93	扡	673		
								扯	678		

자음 색인 탁~탄   2375

砣	1234	池	1801	鱐	2093	晫 ㉣	793	焉	1472	亶	139
碏	1241	迡	1804	鮀	2100	柝 ㉣	841	蘀	1557	呑 ㉣	280
穜	1275	迱	1805	鮵	2105	槖	848	蘀	1557	嘆 ㉣	313
稬	1278	酡	1860	鼉	2131	棹	857	擇	1564	嘽	315
窊	1288	鍒	1888	**탁**		椓	861	蘀	1567	坦 ㉣	347
紽	1353	鋳	1900	乇	42	榻	867	蘀	1567	壇	366
緃	1360	鑼	1907	侂	101	豪	873	祐	1618	弖	567
綏	1363	陁	1933	倬 ㉣	119	樜	884	擇	1633	弖	567
墮	1428	陀 ㉣	1937	澤	178	橐	884	託 ㉣	1655	弬	568
舵 ㉣	1480	随	1937	劅	207	樸	890	犯	1712	弾	572
舳	1480	陏	1937	卓 ㉑	237	櫚	895	貁	1714	彈 ㉑	572
袉	1617	陊	1938	啄 ㉣	301	沢	951	貀	1718	憚	650
袉	1618	陔	1938	啅	301	沰	963	趠	1749	愳	650
袳	1620	隋	1951	噣	318	涿	1000	跅	1758	撣	725
訑	1655	隤	1955	坼 ㉣	346	濁 ㉑	1045	踔	1762	攤	736
詑	1662	軚	1995	庹	545	澤 ㉑	1045	蹲	1763	歎 ㉑	901
詑	1662	鞉	1995	度	547	澤	1046	蹱	1766	殫	917
訑	1663	駄 ㉣	2049	侘	615	濯 ㉑	1049	躅	1769	余	939
詴	1670	駄	2050	愢	636	耀	1120	逴	1819	淡	1012
詫	1670	駝 ㉣	2052	托 ㉑	673	琢 ㉣	1135	鐯	1909	潬	1035
跎	1755	馳	2052	拓	686	琸 ㉣	1136	鐸 ㉣	1910	灘 ㉣	1056
跙	1755	鼉	2075	拆	687	箨	1313	飥	2031	炭 ㉑	1063
蹉	1758	髯	2075	擢 ㉣	732	籜	1327	魄	2082	疃	1166
躱	1773	鴕	2086	斀	752	罩	1398	魠	2084	瞳	1166
躱	1773	鮀	2086	歠	753	翟	1413	**탄**		癉	1178
軃	1773	鯳	2090	斥	759	鳥	1472	僤	136	癱	1184

자음 색인 탈~태

組	1354	頏	2008	搭	725	淌	995	呆	277	給	1354
綻ⓜ	1372	**탐**		榻ⓜ	873	湯ⓜ	1012	哈	286	綐	1364
蠶	1598	噇	313	楡	884	潒	1041	埭	354	總	1376
袒	1616	憛	647	毾	928	燙	1085	大	378	胎ⓜ	1442
綻	1626	探ⓙ	706	澾	1033	瑒	1137	太ⓙ	391	能	1443
訑	1655	撢	725	獺	1110	璗	1141	忕	600	脫	1448
訑	1663	眈ⓜ	1211	絬	1379	瘍	1178	忕	604	苔ⓜ	1500
誕ⓙ	1676	耽	1425	猰	1476	盪	1204	怠ⓙ	610	蓎	1519
譠	1701	襑	1631	牒	1476	碭	1241	態ⓙ	640	蛻	1582
驔	2061	詵	1671	詔	1476	簜	1323	懛	640	詒	1662
탈		貪ⓙ	1724	毾	1481	糖ⓜ	1335	抬	687	詒	1663
倪	109	賧	1736	遢	1830	膛	1456	撎	753	豸	1716
奪	401	軜	1773	錔	1896	蓎	1519	瞨	799	跆	1755
奪ⓙ	401	酖	1859	闒	1930	蕩ⓜ	1547	棣	860	迨	1805
挩	697	醓	1863	闟	1932	蝪	1590	殆ⓙ	913	逮	1819
撥	705	龕	2113	鞈	1996	踼	1763	汰ⓜ	951	邰ⓜ	1842
敓	746	黮	2129	鞜	1997	逿	1826	泰ⓙ	963	鳌	1873
梲	853	**탑**		鞳	1999	鎕	1896	燤	1028	鋭	1890
毻	927	嗒	310	鞜	1999	錫	1907	炱	1063	隶	1959
皴	1196	嚺	319	鞺	2001	闛	1926	炲	1063	隸	1960
殺	1251	塔	357	鰈	2090	**태**		瞨	1223	隷	1960
稅	1273	塔ⓙ	360	鰨	2091	能	128	碓	1238	隷	1983
脫ⓙ	1448	墖	360	**탕**		兊	148	稅	1273	隸	1986
襚	1626	墦	362	宕ⓜ	448	兌ⓜ	149	笞	1304	輆	1996
襗	1626	搭	717	帑ⓜ	527	厗	248	箈	1313	颱ⓜ	2025
說	1673	搨	717	愓	636	台ⓜ	267	筃	1316	駄	2049

| 택~파 |

駄	2050	檪	885	侗	101	槌㉰	873	魋	2082	透㉑	1816
駘	2052	堂	908	恫	615	瀨	1053	**투**		鍮	1899
駾	2055	掌	1098	憅㉰	646	烱	1068	偸㉰	125	骰	2066
鮐	2086	竀	1292	憅	646	燑	1089	套㉰	400	鬪	2077
택				捅	697	瑄	1140	套	400	閗	2077
垞㉰	348	據	733	桶㉰	855	癛	1182	妒	409	鬭㉑	2077
宅㉿	441	**토**		樋	878	瞥	1204	妬㉰	412	鬬	2078
択	679	兎	149	洞㉰	966	碚	1244	嬌	422	鬪	2078
撑㉑	729	兔	150	狪	1110	積	1282	扱	503	**통**	
沢	951	兒	150	痌	1174	腿㉰	1456	愉	634	佟	93
澤	1015	吐㉑	273	痛㉑	1175	蒀	1543	偸	634	**특**	
潭	1035	土㉿	337	筒㉰	1307	褪㉰	1629	投㉿	679	式	564
澤㉑	1045	菟	1519	筩	1310	蹟	1768	揄	710	忒	600
澤	1046	討	1656	統㉿	1360	迌	1802	渝	1013	慝㉰	646
罼	1218	鵜	2105	綂	1364	追	1808	瑜	1096	特㉿	1101
蘀	1557	饕	2124	蓪	1543	退㉿	1809	疣	1170	犆	1103
擇	1564	**톤**		通㉿	1815	逯	1816	罼	1218	耿	1425
蘀	1564	啍	301	**퇴**		鎚	1902	秅	1272	職	1430
鸅	2112	憝	647	債	136	鐵	1906	綉	1363	螣	1591
탱		涒	974	啍	301	隤	1954	誣	1677	蟘	1592
幀	533	腪	1166	堆㉰	354	隤	1955	諭	1686	貣	1722
撑	725	褪	1629	橔	485	頹	2012	諭	1686	貸	1725
撐㉰	725	迍	1802	推	706	穨	2014	犭+扣	1712	織	1773
搷	725	退	1809	搥	717	頽	2014	貐	1714	**틈**	
樘	878	逯	1816	敦	747	餿	2041	貐	1718	闖㉰	1930
橕	884	**통**		敦	750	骰	2067	趙	1746	**파**	

자음 색인 파~팽

叵	268	爸	1093	芭 ㉤	1491	岅	499	佩 ㉤	101	粺	1334
叭	268	犯	1107	苩	1497	販	780	偝	122	肺	1438
坡 ㉤	347	玻	1130	苴	1499	板 ㉣	833	唄	295	胇	1440
垻	350	琶 ㉤	1136	菝	1519	潘	1037	孛	433	肺	1442
壩	369	番	1161	葩	1529	版 ㉣	1095	悖 ㉤	620	茷	1497
婆 ㉤	420	番	1163	袙	1618	瓣	1146	拔	674	莆	1497
岅	472	疤	1171	覇	1638	畈	1159	拔	682	茷	1506
岯	484	白	1186	謠	1698	蝂	1587	抙	683	覇 ㉤	1638
岥	501	皤	1194	犯	1712	販 ㉣	1724	捭	707	誖	1677
巴 ㉤	522	破 ㉥	1235	靶	1752	辦	1796	捭	707	貝 ㉤	1719
吧	525	磻	1240	跛 ㉤	1755	辨	1797	敗 ㉥	746	跟	1759
帕	526	磷	1246	鄱	1854	辨 ㉤	1797	施	766	邶	1842
怕	568	礦	1249	鈀	1881	鈑	1881	施	768	鄁	1850
怕	610	秠	1269	鑼	1912	阪 ㉤	1934	哱	789	鑼	1912
把 ㉣	680	穤	1283	陂	1937			棋	855	霈	1979
播 ㉣	726	竮	1297	霸	1982	**팔**		沛 ㉤	951	霸	1982
擺	733	笆	1301	霸	1984	八 ㉥	157	浿	983	霸	1984
攂	736	簸	1325	靶	1994	叭 ㉤	268	湃	989	
杷 ㉤	833	缽	1363	頗 ㉣	2011	扒	671	牌 ㉤	1096	**팽**
欛	895	繁	1381	駊	2052	捌 ㉤	697	狽 ㉤	1111	亨	67
欛	895	罷 ㉣	1400			朳	823	珮	1131	伻	93
波 ㉥	963	杷	1405	**팍**		汃	939	爌	1230	傍	127
派 ㉣	971	狓	1412	瀑	1051	朴	1337	稗	1275	庄	545
潑	1037	耙	1422					筏	1304	弸	571
灞	1057	穤	1423	**판**		**팡**		箄	1312	彭 ㉤	578
爬 ㉤	1091	靶	1478	判 ㉥	192	乒	43	簿	1321	蒟	765
				反	255	**패**				旁	767
				坂 ㉤	344	伯	87				

棚	858	便 ㊂	109	諞	1688	拚	707	枹	833	骱	2067
洴	968	偋	125	蹁	1763	枰 ㊉	841	椪	855	**포**	
浜	988	偏 ㊀	125	辨	1796	泙 ㊂	964	瀌	1037	佈 ㊂	93
澎 ㊉	1041	區	229	辦	1797	砰	1235	猦	1112	儤	142
烹 ㊂	1067	媥	422	辯	1798	硼	1240	獎	1118	刨	193
痭	1176	平	537	遍 ㊀	1826	硼	1245	玁	1118	勹	221
砰	1235	徧	589	鞭	1998	窌	1286	瘭	1178	包 ㊀	222
磅	1243	惼	636	䭏	2040	抨	1406	廢	1182	匍	223
硼	1245	扁 ㊉	668	騙	2057	萃	1500	瞥	1223	匏	224
祊	1251	楄	867	鯾	2091	萍 ㊉	1519	算	1312	咆	286
禎	1260	梗	867	鯿	2091	萍	1543	肺	1438	哺	296
繃	1262	片 ㊂	1095	**폄**		評 ㊀	1664	肺	1442	曝	319
綳	1357	猵	1116	疺	1174	閈	1922	胇	1442	圃	331
絣	1369	瑉	1136	砭	1232	鮃	2086	朘	1449	奅	398
膨 ㊉	1458	痛	1178	砭	1235	**폐**		䏲	1471	専	474
蟚	1597	篇	1316	窆	1287	俾	114	帛	1471	布 ㊂	524
蟛	1597	篇	1316	貶 ㊂	1728	吠	280	革	1516	庖	547
軯	1780	編 ㊀	1376	辨	1796	埤	352	蔽 ㊀	1548	怖 ㊂	610
輣	1787	緶	1376	辦	1797	嬖 ㊉	427	薜	1551	扶	674
閛	1921	翩	1414	**평**		幣 ㊀	536	薜	1566	抛	680
閈	1922	艑	1481	匉	223	廢	553	蛭	1584	抱 ㊂	688
閝	1928	蔫	1529	坪 ㊉	347	廢 ㊀	557	覕	1644	挘	688
騯	2059	遍	1554	𡌴	347	弊 ㊉	563	閉 ㊂	1917	拋	688
팍		蒗	1555	平 ㊂	537	㡀	587	閇	1918	捕 ㊀	697
愎 ㊂	636	蝙	1590	怦	610	敝	749	陛 ㊉	1942	搏	714
편		褊	1628	抨	688	獘	753	陞	1954	晡	789

暴	796	苞	1500	鮑	2086	慓	646	膘	1458	驃	2060
曓	800	菢	1519	鯆	2088	摽	721	臕	1462	驫	2064
枹	841	葡	1529	麃	2115	攌	729	荸	1510	髟	2072
泡	964	蓴	1532	麛	2116	杓	826	藨	1543	鰾	2092
浦	983	蒲	1536	麭	2119	標	878	薸	1557	麃	2115
溥	1000	蒱	1536	鮑	2136	檦	888	薫	1561	**품**
瀑	1051	蔬	1574	**폭**	樹	890	薸	1564	品	281
炮	1063	袍	1618	幅	533	殍	914	螵	1595	品	291
焦	1063	襃	1618	暴	796	殖	914	表	1613	瘽	1182
烰	1066	褒	1628	曓	800	漂	1033	裱	1626	禀	1259
爆	1088	褓	1630	曝	801	濾	1052	標	1631	稟	1276
颮	1145	誧	1677	瀑	1051	熛	1081	襮	1633	**풍**
甫	1153	誉	1692	烰	1066	熭	1088	豹	1716	丰	34
疱	1173	賻	1732	爆	1088	烎	1114	趭	1750	豐	808
痛	1175	跑	1755	猵	1116	瓢	1146	趵	1751	楓	868
皰	1195	逋	1817	輻	1787	瘭	1181	醥	1865	汎	940
砲	1236	酺	1860	**표**	臕	1194	鏢	1905	渢	1013
礮	1248	醋	1861	俵	119	瞟	1222	鐰	1910	馮	1017
礟	1249	鉋	1884	僄	133	磦	1246	鑣	1912	灃	1056
穮	1283	鋪	1891	儦	142	票	1256	顠	2019	瘋	1178
簠	1312	舳	1992	剽	205	標	1281	颷	2025	豐	1566
胞	1442	鞄	1995	勲	220	穮	1283	飇	2025	諷	1688
脯	1449	鮑	2034	嘌	313	標	1385	飘	2026	豊	1710
腑	1449	舖	2038	嫖	425	翲	1415	飆	2027	豊	1711
舖	1476	韽	2038	彪	577	糠	1423	飈	2027	豐	1711
苻	1497	鬔	2074	彯	578	嘌	1430	飇	2027	酆	1855

자음 색인 퓨~하　2381

퓨									瑕⑩	1138
酆	1855	狓	1412	佖	94	偪	1826	疻	1170
霳	1987	蚍	1516	澤	177			핑		
風	2022	苉	1536	匹	228	乒	43	碬	1242
飄	2027	蕃	1545	咇	286	하		煆	1372
馮⑩	2048	裵	1618	弼	572	下⑩	21	罅	1396
豊	2120	被⑪	1618	弻	572	仮	80	芐	1487
퓨		襬	1633	彈	572	何	94	芦	1491
滮	1000	詖	1664	必⑩	598	假	120	苛	1493
漉	1033	貏	1718	怭	610	厦	251	荷⑪	1512
피		跛	1755	払	672	叚	258	菏	1519
媲	423	辟	1795	拂	684	呀	281	葭	1521
旇	484	避⑪	1836	泌⑩	957	呵	282	蕸	1554
帔	527	鈹	1884	澤	1033	煆	313	蚜	1577
彼⑩	581	鉟	1888	珌⑩	1130	嚇	319	蝦	1590
僻	595	鑼	1912	珥	1141	塀	362	襧	1631
披⑩	688	陂⑮	1937	畢⑪	1162	夏	372	訏	1654
柀	841	鞁	1995	疋	1167	騢	2057	訶	1660
波	963	鞍	1996	疋	1168	鶷	2104	詫	1670
狓	1109	骹	2066	祕	1252	핍		諕	1683
疲⑪	1173	髮	2074	禪	1261	乏⑩	42	謑	1695
癖	1181	픽		笫	1300	偪	126	讁	1702
皮⑤	1195	愊	636	笔	1301	幅	533	谻	1708
妭	1195	腷	1454	筆	1307	愊	636	賀⑤	1729
皼	1195	필		篳	1321	汎	940	赫	1743
破	1235	仏	73	繹	1385	泛	954	赮	1744
罷	1400	佛	88	罼	1401	疺	1174	遐⑩	1827

鍛	1900	矐	1194	鷽	2112	漢㈜	1033	豻	1575	刧	212
閈	1921	瞱	1221	鸖	2112	澖㉤	1041	覸	1644	劾	216
間	1923	曤	1225			澣	1041	邗	1840	害	451
霞㈜	1981	确	1238	**한**		澥㈜	1046	邯	1843	害	456
颬	2024	碻	1240	佷	102	瀚	1053	釬	1878	愒	630
騢	2057	㱿	1244	僩	137	銲	1067	銲	1892	曷	804
鰕㈜	2091	鷽	1414	厂	248	焊	1080	閇	1918	毼	927
		脝	1456	嫻	427	狠	1110	閒㈛	1918	豁	1066
학		膈	1456	嫺	427	嘆	1166	閑㈜	1921	猲	1114
洛	175	臛	1462	嫻	427	瘚	1181	閞	1924	瞎	1221
嗃㈛	310	歊	1557	寒㈜	462	癎	1181	限㈜	1938	磍	1244
㱿	310	虐	1569	響㈛	513	癇	1181	韓㈛	2001	蝎	1468
嚛	320	虐㈛	1569	恨㈛	615	旰	1191	頇	2008	羯	1477
壑㈛	367	虐	1569	悍	616	皔	1193	馯	2049	蘳	1567
夅	372	螫	1594	悍㈛	620	皵	1196	駻	2055	蠍	1590
孝	433	蓋	1601	懁	650	睅	1217	驩	2061	蜻	1592
学	435	懶	650			瞯	1223	驧	2061	褐	1626
學㈜	437	謔	1688	扞	673	矊	1223	骭	2065	褐	1631
嶨	512	謞	1692	捍	697	罕㈛	1397	骭	2066	轄㈛	1790
涸	1000	豰	1708	攔	726	罕	1397	鳱	2096	鍻	1902
滈	1022	貉	1717	㪉	746	翰㈛	1414	鶡	2111	闔	1928
㷉	1046	貊	1717	肝	775	鰄	1423	鶾	2111	鶷	2105
澩	1053	輅	1781	旱㈚	775	骭	1448	鼾	2136	黠	2127
熇	1079	郝	1846	嘆	797	脘	1451			齃	2141
狢	1110	穀	1999	汗㈚	943	脘	1451	**할**			
瘧	1178	鶴㈛	2108	泮	983	莧	1512	割㈚	204	**함**	
嶰	1193	鵠	2109	漢	1022	贙	1558	割	204	函㈛	182

函	182	覽	1149	闞	1932	盍	1198	姮 ㉤	416	衚	1610
含 ㉠	281	笒	1301	陷	1942	盇	1199	嫦 ㉤	426	豁	1758
咸 ㉠	292	糠	1335	陷 ㉠	1948	蓋	1199	巷 ㉠	523	迲	1803
哈	296	緘	1377	䧟	1948	盒 ㉤	1199	恒 ㉢	616	邟	1840
唅 ㉣	301	䚫	1396	頷	2012	容	1288	恆 ㉢	616	閡	1922
喊 ㉤	307	肣	1439	頜	2014	蓋	1530	抗 ㉠	680	開	1924
嗛	308	䐀	1451	頷	2015	蛤 ㉣	1581	杭 ㉤	834	閤	1926
嗿	318	臁	1454	顑	2017	盦	1581	桁	848	阬	1933
嚂	319	㕰	1471	顄	2019	襇	1629	桁 ㉤	848	降 ㉠	1939
函	331	艦 ㉤	1482	餡	2039	襇	1631	沆 ㉣	951	項 ㉠	2008
城	357	菡	1512	鹹	2043	造	1810	港 ㉠	1013	頏	2010
埳	367	菡	1519	斛	2046	郃	1844	湏	1041	骯	2066
妎	406	葴	1529	闞	2078	閤 ㉤	1924	炕	1062	閧	2077
械	862	萏	1536	鹹	2113	閤	1930	砿	1233	閬	2077
檻 ㉣	890	蘱	1564	**합**		陜 ㉣	1942	笐	1300	**해**	
櫽	890	銜	1610	匌	223	陜	1952	缸 ㉣	1394	亥 ㉢	67
欨	896	誠	1688	合 ㉢	273	雪	1978	缿	1395	侅	102
歁	898	餄	1708	呷	286	頜	2012	翃	1410	偕 ㉤	126
泔	952	徹	1709	哈 ㉣	292	鴿	2101	肛	1436	劾	212
涵 ㉣	1000	鎌	1711	嗑	310	**항**		肮	1439	哈 ㉣	286
滔	1001	轞	1794	柙	841	亢 ㉤	65	胻	1446	咳 ㉣	292
涵	1022	邯	1843	榼	873	伉 ㉤	85	航	1478	垓	348
濫	1046	酓	1858	欱	897	備	127	虹	1575	奚 ㉠	400
灝	1056	醎	1864	洽	973	巷	246	蚕	1575	妎	409
獫	1120	銜	1888	溘	1022	吭	282	蚵	1575	孩 ㉤	435
瓻	1147	鈛	1897	欿	1022	夯	393	行 ㉡	1606	害	451

害	456	絃	1360	鞙	1999	幸	541	響	2005	櫶	892
峐	502	繲	1390	韰	2003	倖	541	響	2005	獻	1116
懈	512	肆	1432	齂	2004	悻	628	韻	2005	戯	1116
廨	558	胲	1446	頦	2012	杏	826	響	2005	獻	1122
懈	653	䏑	1456	駭	2053	涬	1001	餉	2035	軒	1777
懞	653	薤	1554	騈	2055	脝	1446	餉	2039	輯	1789
眩	787	薢	1554	骸	2066	荇	1506	饗	2043	騫	2108
楷	868	蟹	1599	骱	2066	莕	1512	香	2045	**헐**	
欟	888	蠏	1599	鮭	2086	行	1606	**허**		歇	900
欬	897	解	1648	齃	2140	鴴	2101	噓	315	蠍	1587
海	972	解	1649	鰫	2147	**향**		嘘	320	蠮	1598
海	983	鮮	1649	**핵**		亨	67	墟	362	**험**	
氦	985	鮭	1650	劾	212	享	68	墟	365	嶮	513
澥	1046	該	1670	核	848	亯	69	歔	901	忺	604
瀣	1053	諧	1688	槅	873	向	274	虛	1570	枮	834
家	1066	孩	1713	礉	1244	嚮	320	虚	1571	玁	1120
獬	1119	賅	1731	礊	1247	曏	800	許	1659	獫	1122
瑎	1138	賌	1731	翮	1415	珦	1132	鄦	1854	薟	1549
眩	1162	邂	1836	翯	1638	羌	1404	驢	2061	蔹	1565
痎	1174	醢	1865	輅	1789	羗	1405	驪	2083	譣	1700
疧	1177	閡	1924	閡	1924	膷	1460	**헌**		險	1948
瘄	1178	陔	1939	鞴	1999	薌	1554	嫣	312	險	1956
瘕	1180	陊	1939	**행**		蠁	1599	爋	515	驗	2056
醢	1204	隒	1953	倖	119	郷	1848	幰	537	驗	2056
醓	1204	鞋	1996	涬	177	郷	1850	憲	650	驗	2063
眩	1216	韐	1998	婞	420	郷	1850	掀	707	**혁**	

자음 색인 　현~협　2385

伈	㉑ 102	赫	㉑ 1743	琄	1133	見	㉑ 1639	揳	709	劦	211
嚇	319	闃	1926	痃	1174	誢	1683	洝	965	勰	220
奕	㉑ 400	革	㉑ 1993	旬	1205	譞	㉑ 1701	娍	1066	匧	227
奭	402	衋	2045	昀	1211	譿	1704	眏	1207	協	㉔ 238
弈	563	䪏	2045	県	1211	賢	1724	眩	1214	恊	238
㯂	873	閱	2077	眩	1214	眩	1729	矘	1223	叶	268
檄	886		**현**	眴	1216	賢	㉓ 1736	穴	㉑ 1283	嗛	308
殈	914	倪	㉑ 110	睍	1216	贒	1741	絃	1342	嚤	310
洫	972	儇	㉑ 139	瞑	1225	贒	1741	絃	1348	夾	㉑ 395
淢	980	呟	287	礥	1248	鉉	1884	挈	1361	峽	502
減	993	嬛	428	袨	1251	銷	1888	麆	1377	崍	㉑ 504
烇	㉑ 1067	峴	503	絃	㉑ 1354	鋧	1892	繯	1392	怗	616
焱	㉑ 1072	弦	569	絢	㉑ 1360	銷	1892	莔	1506	悏	636
嚇	㉑ 1088	恮	610	縣	㉑ 1379	鞃	1995	麊	1574	愿	636
矜	1226	懸	655	繯	1390	鞙	1997	血	㉑ 1604	慊	637
耉	1233	昡	785	翾	1416	轋	2000	鐍	1902	憎	640
箋	1289	晛	790	舷	㉑ 1480	顯	2017	頁	㉑ 2006	挾	㉑ 698
誼	1506	泫	㉑ 965	莧	1512	顯	2019		**혐**	椛	855
虩	1574	洦	970	藚	1574	顯	㉑ 2020	嫌	㉑ 1155	歉	902
虩	1574	涓	980	蚿	1580	駽	2053	慊	637	汁	939
衋	1606	涀	985	蜆	1584	駽	2055	謙	1690	浹	972
覡	1642	澴	1046	蠉	1588		**혈**	謙	1690	洽	973
覻	1642	炫	㉑ 1063	蠉	1599	吷	282		**협**	浹	㉑ 985
諐	1683	玄	㉑ 1123	衒	1609	奊	398	俠	110	狹	1110
欪	1743	玹	1130	絅	1610	孑	㉑ 430	俙	116	狹	㉑ 1112
魀	1743	現	㉑ 1133	袨	1619	岤	501	傑	122	映	1216

硤	1238	刑	197	硎	1237	陘	1942	獂	1417	呼㋖	287
祫	1257	営	305	硎	1240	誙	2005	葠	1537	唬	301
筴	1310	型㋄	348	鎎	1408	謑	2005	蕙㋄	1549	嘑	310
篋	1316	型	350	羶	1409	馨㋄	2046	薤	1554	嚛	313
綊	1364	夐	373	脛	1447			螇	1592	嘑	316
肷	1439	娙	418	脝	1449	**혜**		蠵	1597	垀	345
脅㋘	1446	形㋖	575	莖	1493	傒㋘	129	謑	1693	壕	367
脃	1446	形	576	荊㋄	1506	兮	164	譓	1698	壺	371
脇㋘	1446	形	576	莖	1507	匸	228	譿	1704	壷	371
荚㋘	1512	擤	732	衡	1564	嘒	313	豯	1709	好㋖	405
蛺	1584	夐	751	摩	1570	憲	469	貕	1716	姻	418
慊	1690	桁	848	螢	1580	嵆	508	豯	1719	嫭	426
謙	1690	榮	879	螢㋄	1592	稽	508	蹊㋘	1765	嫿	426
鋏	1844	泂㋄	965	衡㋄	1611	彗	574	醯	1864	孝	432
鋏㋘	1892	泂	985	詗	1665	恵	616	醯	1866	宑	433
陝	1942	熒	1022	詗	1677	惠㋄	628	鏸	1908	岵㋘	501
陿	1952	瀅㋄	1052	迥	1805	慧㋘	646	鞋㋄	1996	弧	569
鞈	1996	瀅	1056	迥㋄	1810	憓	650	鞵	1999	怙	610
鞢	2001	炯	1064	邢㋄	1842	搐	717	鬸	2136	戱	664
頰㋘	2014	烱	1067	邢	1844	暳	798			戲	665
齂	2142	熒	1079	醯	1864	榿	879	**호**		戲	665
		營	1086	鉶	1881	暳	1166	乎	43	戶㋘	666
형		珩	1132	鉶	1888	盚	1198	乕	43	戸	668
亨㋘	67	瑩	1139	銂	1889	盻	1211	互㋘	63	扈	668
侀	102	硏	1233	鎣	1892	縘	1386	傂	133	屎	668
兄㋖	145	硏	1236	鎣㋄	1903	獢	1416	洰	174	扈㋘	669
刑㋖	188							号	268	搰	721

摳	721	濠 ㉻	1050	縞 ㉻	1380	蚝	1587	鎬	2041	恨	611
撓	722	濩 ㉻	1050	罟	1397	蝴 ㉻	1590	鬍	2076	惛	629
昊 ㉻	780	灝 ㉻	1057	羽	1409	蠔	1600	鳸	2098	惽	636
旴	780	犒	1104	翯	1414	蟎	1606	鵠	2102	掍	707
晧 ㉻	790	狐	1109	耗	1422	衚	1611	鶘	2106	揮	713
暠	796	猢	1116	胍	1439	訏	1655	**혹**		昏	774
暭	796	獆	1117	胡 ㉻	1443	許	1659	或	552	昏 ㉻	780
暤	798	獋	1118	膠	1456	譁	1695	惑 ㉻	628	昬	785
杲	827	琥 ㉻	1136	皋	1468	諕	1702	或	662	棍	861
枑	834	瑚 ㉻	1138	臯	1470	護 ㉻	1702	或	662	楎	868
楛	868	瓠	1145	臺	1470	豪 ㉻	1714	或 ㉻	662	殙	913
毫 ㉻	927	瘊	1178	苄	1487	狐	1717	搎	707	殨	916
沍	952	皋	1192	芦	1491	鄗	1851	酐	757	殙	916
洿	970	皐	1193	菰	1506	鄂	1853	斛	757	混 ㉻	1001
浩 ㉻	985	皓 ㉻	1193	荼	1508	酷	1859	槲	874	渾	1001
涸	1000	皜	1194	葫	1529	醐	1864	熇	1079	潛	1005
淏 ㉻	1001	皞	1194	蒿	1537	鈷	1881	縠	1716	渾 ㉻	1013
滈	1001	皡	1194	蘿	1549	鎬	1900	酷 ㉻	1861	灛	1022
湖 ㉻	1013	睾	1219	薅	1554	鎬 ㉻	1903	崔	1960	焜	1073
滹	1015	祜 ㉻	1255	蒿	1554	雇	1964	鵠	2102	琿 ㉻	1138
滈	1022	耗	1268	歛	1557	臛	1969	鶻	2109	痕	1176
滸 ㉻	1034	穫	1282	虀	1561	韄	2000	**혼**		瘣	1178
滹	1034	笠	1301	庀	1568	護 ㉻	2006	倱	119	眃	1211
滬	1034	箶	1316	虎 ㉻	1568	顥 ㉻	2020	圂	332	睧	1219
澕	1035	糊 ㉻	1335	摩	1570	鮖	2034	婚 ㉻	420	緄	1365
澔 ㉻	1041	縞	1364	號 ㉻	1573	餬	2040	婚	422	繉	1372

		홍		虹 ㉲	1575	嘩	316	蔦	1546	潢	573
繩	1385	哄	292	蚣	1575	夥	378	華	1549	鐄	574
膿	1461	嗊	310	蚣	1575	猓	378	蔍	1566	瀇	574
閽	1926	弘	567	蝎	1590	呇	395	鮭	1650	鑊	575
顝	2015	汞	943	觸	1649	嬅 ㉲	427	誮	1665	懬	658
騉	2039	泓	965	訌 ㉲	1656	崋	507	話 ㉳	1670	拡	689
䭱	2040	洚	972	鉷	1708	摦	722	譮	1677	挄	694
魂 ㉱	2081	洪	972	箜	1708	毁	772	譁 ㉲	1698	推	713
羵	2081	烘	978	鈜 ㉲	1889	杁	834	譮	1701	挒	722
鯇	2088	烽	978								
鯶	2090	港	1013	缸	2004	樳	879	貟	1721	攫	732
		溄	1014	関	2077	樺 ㉳	885	貨 ㉰	1725	擴 ㉱	733
홀		澒	1041	閤	2077	火 ㉲	1057	賄	1740	攉	734
囫	330	灴	1060	鳿	2097	炎	1059	鞹	1789	攫 ㉳	736
忽 ㉱	604	烘	1066	鴻 ㉱	2101	肽	1096	过	1801	檴	890
惚	604	甈	1216			猏	1112	過	1817	濩	1050
惚 ㉲	629	碽	1242	화				過	1820	獲	1120
吻	781	簂	1316	伙	85	画	1157	鈁	1879	獲	1122
習	781	箁	1319	囮	210	画	1157	鈥	1885	瓠	1145
惚	793	粠	1329	七	224	畫 ㉳	1163	鍃	1892	癨	1183
滑	1001	粞	1332	化 ㉳	224	畫 ㉲	1165	鐸	1908	癨	1183
芴	1301	紅 ㉳	1340	咊	279	盉	1199	靴	1994	殻	1196
絹	1377	聓	1426	和 ㉲	287	禍 ㉱	1260	鏵	1999	曠	1225
芴	1488	肛	1436	吷	288	禍	1261	驊	2061	矍	1225
颮	2025	荭	1529	咼	290	禾 ㉱	1265	鯹	2147	矐	1225
颮	2025	荭	1530	哇	290	龘	1476			曚	1226
		薨	1554	咶	291	花 ㉳	1491	확		玃	1230
홉				喝	305	華 ㉳	1519	廓	554		
合	273										

자음 색인 환~황

確 ①	1244	奐 ㉣	400	狟	1110	莞	1511	鬟	2076	凰 ㉤	179			
碻 ㉥	1244	宦 ㉤	451	獂	1120	萈	1512	鰥 ㉣	2091	吰	282			
礐	1247	寰	469	獾	1122	萑	1518	鰥	2093	喤	307			
礭	1249	幻	542	瑗	1137	藋	1549	鷬	2112	堭	357			
礮	1249	患 ㉥	620	瑍	1138	蒫	1549	**활**		煌 ㉤	422			
穫 ⑪	1282	懁	653	環 ⑪	1142	讙	1706	佸	102	幌 ㉤	534			
篧	1326	懽	658	瓛	1145	豢	1713	咶	291	徨 ㉤	591			
簧	1328	援	710	皖	1193	貆	1714	姡	416	悦	611			
穫	1423	換 ㉣	712	㒸	1195	豲	1714	活 ㉢	972	恍 ㉤	616			
鑊	1482	擐	729	盰	1207	獾	1716	滑	1023	慌	616			
蠖	1600	摆	734	眩	1214	貛	1716	濊	1046	惶	636			
籰	1719	晥	790	睆	1217	貛	1716	潤	1050	慌	640			
鑊	1911	桓 ㉤	849	睅	1217	貆	1717	猾	1117	惶	640			
臛	1969	槵	879	睆	1220	貒	1718	睕	1216	揘	713			
霍	1979	欢	896	矜	1226	貆	1718	确	1244	晃 ㉣	787			
鄱	1982	歡	901	窖	1288	貛	1719	蛞	1581	晄	788			
靃	1986	歡 ㉢	902	粯	1332	轘	1793	蝟	1592	榥 ㉤	873			
籰	2044	汍	943	紈 ㉣	1342	还	1803	豁	1709	櫎	892			
환		洹	970	組	1361	逭	1820	豁	1709	況 ⑪	966			
丸 ⑪	38	浣	981	綄	1364	還 ⑪	1837	越	1746	洸	966			
凡	38	渙 ㉣	1014	繯	1390	鐶	1892	豁	1747	湟 ㉤	1014			
喚 ㉣	307	滽	1034	羦	1408	鍰	1900	闊 ㉢	1928	潢 ㉣	1023			
嚾	322	澴	1046	肒	1436	鐶	1910	**황**		潢 ㉤	1041			
圂	332	煥	1077	脘	1448	闌	1932	偟	126	煌 ㉤	1077			
圜	337	㹦	1104	脂	1451	瓢	2029	兄	145	熿	1079			
垸	350	犿	1107	芄	1487	驩 ㉤	2064	况	175	熿	1085			

자음 색인 홰~횡

爡	1089	騜	2057	壞	368	滙	1023	蛕	1581	劃㊀	205
瑝	1138	驦	2062	慶	554	濊	1046	蜮	1592	劃	206
璜㊁	1141	鰉	2091	廻	560	澮㊁	1046	褢	1629	嚄	319
皇㊂	1191	鱑	2093	廽	561	瀹	1053	襄	1629	嬳	427
騜	1194	鶬	2106	廼	561	灰㊀	1059	襘	1632	懂	650
磺	1246	竑	2119	徊	583	炙	1059	詼	1670	攉	732
䅵	1272	纊	2120	怀	604	灰	1059	誨㊁	1677	湱	1014
篁㊁	1316	黄㊂	2121	恢㊁	616	獪㊁	1120	讀	1698	獲㊀	1120
簧㊁	1323	黃	2123	佪	617	璯	1143	譮	1701	画	1157
肓	1436	觳	2123	悝	621	痐	1174	譺	1701	画	1157
艎	1481			悔㊀	621	瘣	1179	豗	1712	畫	1163
芒	1486	홰		憎	653	皓	1193	遬	1712	畵	1165
芑	1487	噦	318	懷	653	盔	1199	豗	1714	君	1233
荒㊀	1506	繢	1387	懐㊀	656	禬	1263	賄㊁	1731	箋	1289
蝗㊁	1590	罫	1398	晦	790	稭	1282	賄	1732	繢	1387
蟥	1597	翽	1416								
		譹	1701	𣆃	790			輠	1784	謋	1683
㿩	1604			會	805	繪㊁	1361	迴	1810	謞	1693
䀋	1605	회		會㊂	807	繢	1387	返	1810	譁	1695
詤	1670	会	85	會	807	繪	1387	鄶	1855	謉	1702
謊	1693	個	102	槐	869	繪㊁	1390	鱖	1993	讗	1707
貺	1729	傀	126	檜㊁	888	膾	1460	頍	2014	鞹	2000
趪	1750	叵	169	壞	892	茴	1507	顲	2017	騞	2057
遑	1827	劊	207	沬	953	薈	1554	體	2069		
郷㊁	1855	匯㊁	228	洄	973	虺	1575			횡	
隍	1952	回㊂	328	淮㊁	1001	蚘	1577	繪	2094	喤	307
𩠐	2040	囲	330	溳	1005	𧊤	1578	鱠	2137	竑㊁	448
		壞	365	渙	1014	蛔㊁	1581			弘	567
										획	

자음 색인 효~후

彍	573	矍	2123	曉㉠	799	絞	1356	髐	2068	後㉢	583
橫	879	**효**		榯	841	肴㉣	1439	鴞	2100	昫	785
橫㉠	885	佝	119	校	843	膮	1459	**후**		朽㉣	823
潢	1041	傚	129	梟	855	芍	1487	休	85	栩	849
竑	1295	効㉢	212	楷	861	茭	1501	佝	86	欹	897
紘	1342	哮	296	梟	879	葯	1517	侯㉠	110	歾	912
絋	1354	唬	301	歊	901	药	1517	候㉠	119	煦	1077
絃	1363	嗃	310	殽	920	蕭	1557	俟	126	猴	1116
罒	1397	嘐	313	洨	973	虓	1570	帠	170	猴	1116
獷	1410	嘵	316	滜	986	虓	1570	厚㉢	249	珝	1132
翁	1414	嚆	319	洨	1002	蟻	1595	后㉣	275	瘊	1178
翯	1415	囂	322	瀏	1024	螐	1595	吽	279	睺	1220
耾	1425	髏	322	滎	1046	詨	1671	吼	282	睺	1220
薨	1554	姣	413	滬	1052	誂	1683	呴	283	俟	1229
衡	1611	孝㉤	433	灣	1053	譊	1692	咻	292	篌	1317
諻	1689	崤	507	烋	1066	譈	1695	喉	307	糇	1335
謍	1692	巆	513	熇	1079	諢	1695	喉	307	猴	1414
竑	1708	庨	550	炙㉢	1093	譊	1696	煦	307	猴	1414
裹	1777	恔	612	猇	1114	譹	1702	嗅	310	臭	1467
輄	1789	憢	650	猇	1118	調	1708	嘔	311	臭	1467
轟	1793	撓	722	獢	1118	酵㉣	1861	垕㉠	348	髳	1468
鈜	1881	效㉢	743	瘄	1176	餚	2039	塤	357	苃	1501
鍠	1897	斅	753	皛	1194	驍	2060	姁	412	茠	1506
鐄	1897	敦	753	眸	1217	驍	2062	姁	424	蔻	1533
鑅	1908	曉	793	窔	1289	髐	2067	帿	532	𧉠	1570
颽	2027	暁	795	笅	1305	髇	2067	帿㉣	533	蝝	1593

詢	1660	煮㉻	1067	欸	899	繭	1549	譤	1701	庥	2121
詡	1671	熏	1078	歙	902	蕙	1564	顪	2020	**휴**	
訏	1671	輝	1078	魖	2082	誼	1689	**휘**		休㉻	85
謳	1693	燻	1079	**훙**		諼	1689	徽	535	倄	120
諼	1695	燻	1088	薨	1554	謹	1706	彙㉻	575	咻	292
迂㉻	1810	爣	1089	**훤**		貆	1717	彙	575	墮	365
邭	1844	獯	1116	咺	292	**훼**		徽	595	憘	365
勴	1850	獯	1121	喧	307	卉	235	戲	664	墑	365
酗	1859	纁	1391	塤	360	卉	236	戱	665	庥	548
酚	1860	膗	1461	壎	367	喙	307	戲	665	揳	694
銗	1889	豓	1485	愃	637	檓	889	揮	713	携㉻	717
鍭	1900	韗	1530	晅	788	毀㉻	920	撝	726	携	729
餱	2040	薰	1543	暄	793	毁	921	暉㉻	795	攜	729
鯸	2091	薰	1554	暎	793	毇	921	樺	868	攜	733
鱟	2094	薰㉻	1557	暄	795	烜	1066	沞	966	攜	735
駒	2137	勲	1564	晅	795	炾	1068	燀	1076	灘	1044
鯸	2137	訓㉻	1656	楥	865	燬	1087	輝	1078	烋	1066
髹	2137	訔	1657	楦	865	磈	1246	煇	1089	狃	1110
훈		輷	1789	烜	1066	歲	1487	獯	1116	畦㉻	1162
勛	218	醺	1867	煖	1073	虫	1564	翬	1414	眭	1216
勳	220	鑂	1908	煊	1078	虫	1574	歲	1487	睢	1219
勲	220	鑂	1911	狟	1110	虺	1575	禕	1628	繻	1394
塤㉻	360	馴	2048	煖	1220	廻	1575	諱㉻	1689	茠	1506
壎㉻	367	**훌**		筈	1317	廻	1578	輝㉻	1787	虧㉻	1574
暈㉻	795	卉	235	菌	1513	魄	1592	隳	1955	觿	1574
曛	800	卉	236	萱	1530	誼	1689	麾	2120	蠵	1603

자음 색인 흑~희

觿 1652	繘 1223	**흑**	釁 1867	麨 2119	胎 1446
觿 1652	矞 1227	黑 2124	釁 1996	鼸 2140	脇 1446
觿 1652	穴 1283	嘿 2125	**흠**	鼸 2140	闟 1932
狋 1717	獝 1412	黒 2125	仡 80	鼸 2140	**흥**
狋 1717	邮 1604	**흔**	吃 275	**흡**	兴 165
釁 1855	譎 1698	兴 165	屹 498	吽 279	興 1473
鑴 1913	贚 1731	很 585	忔 600	廞 558	**희**
隳 1959	遹 1835	忻 604	忥 604	憽 632	俙 111
巂 1966	鐍 1908	慇 629	愾 637	欠 895	儗 137
崤 1969	霱 1983	恩 640	扢 672	欽 899	凞 178
髹 2073	鷸 2111	悃 640	汔 943	歆 900	熈 178
髹 2074	**흉**	抿 694	汽 944	毉 1196	厘 248
鵂 2102	兇 148	掀 707	疙 1170	**흡**	呬 288
虺 2123	凶 180	昕 781	籺 1329	吸 282	呭 288
흑	匈 223	欣 896	紇 1342	噏 316	咥 293
悎 640	呦 282	炘 1062	絏 1348	帢 532	唏 296
畜 1160	哅 292	焮 1073	肸 1439	恰 617	喜 307
眰 1219	恼 604	痕 1174	胁 1439	念 617	嘻 316
蓄 1536	恟 617	礥 1248	覈 1638	楬 862	噫 318
鄐 1850	殈 912	釁 1396	訖 1657	歙 902	嚱 321
훌	洶 952	肩 1436	乾 1660	洽 973	囍 323
岇 246	汹 973	興 1473	迄 1801	瀹 1041	姬 416
恤 617	胷 1446	豊 1474	釳 1879	翕 1412	娭 417
怵 617	胸 1446	艮 1482	鳲 2096	貅 1412	嫢 422
潏 1038	訩 1660	衅 1605	鳩 2099	翎 1412	嬉 427
獝 1118	詾 1671	訢 1660	鶻 2106	爺 1446	屓 491

자음 색인 히~힐

屭	494	既	771	熙	1080	稀 ㉠	1274	薉	1716	**힐**	
巇	514	旣	771	憘 ㉳	1085	箷	1308	釐	1873	擷	733
希 ㉗	525	餼	772	熹 ㉳	1085	犧	1337	闠	1931	欯	897
晞	526	晞 ㉳	790	燨	1087	犧 ㉳	1408	陒	1939	犵	1106
希	526	嘻	799	爗	1087	犧	1408	甗	1985	纈	1392
悕	621	曦	800	爔 ㉳	1089	蕿	1552	餏	2039	肸	1412
意	634	曦 ㉳	801	犧	1104	嬉	1597	餼	2041	肸	1439
憘	637	橲 ㉳	886	犧 ㉳	1105	訢	1660	饎	2043	肦	1439
懿 ㉳	650	歖	898	狶	1112	談	1677	饎	2043	襭	1633
憙 ㉳	650	烯	1068	瘯	1175	譆	1698	鵗	2103	詰 ㉣	1671
戲	664	熂	1068	晞	1217	譩	1701	黖	2126	頡	2012
戲	665	熙 ㉳	1078	瞦	1223	譆	1707	**히**		黠	2127
戲 ㉑	665	熻	1079	禧 ㉳	1262	豨	1714	屎	490		

部首索引

1획

一	1
丨	34
丶	38
丿	41
乙(乚)	44
亅	52

2획

二	53
亠	64
人	69
亻*	69
儿	143
入	151
八	157
冂	168
冖	171
冫	173
几	178
凵	180
刀	182
刂*	182
力	208
勹	221
匕	224
匚	226
匸	228
十	230
卜	241
卩(㔾)	242
厂	248
厶	252
又	254

3획

口	260
囗	323
土	337
士	369
夂	372
夊	372
夕	373
大	378
女	402
子	429
宀	438
寸	471
小	479
尢(尣·兀)	484
尸	485
屮	494
山	495
巛(川)	515
工	517
己	521
巾	523
干	537
幺	541
广	544
廴	559
廾	561
弋	563
弓	564
彐(彑·彐)	574
彡	575
彳	579
忄*	596
扌*	670
氵*	933
犭*	1105
阝(右)*	1839
阝(左)*	1932

4획

心(忄)	596
戈	658
戶	666
手	670
支	736
攴	737
攵*	737
文	753
斗	756
斤	758
方	763
无	771
旡*	771
日	772
曰	802
月(月)	808
月*	1434
木	817
欠	895
止	903
歹(歺)	910
殳	918
毋	922
比	924
毛	926
氏	929
气	931
水(氺)	933
火	1057
灬*	1057
爪(爫)	1090
父	1092
爻	1093
爿	1094
片	1095
牙	1097
牛(牜)	1098
犬	1105
王*	1124
礻*	1249

부수의 획수 표시 및 부록·색인 위치 표시

본문 100쪽 단위의 위치 표시

皿	그릇명	1197	角	뿔각	1646	馬	말마	2047
目	눈목(罒)	1204	言	말씀언	1652	骨	뼈골	2065
矛	창모	1226	谷	골곡	1707	高	높을고	2069
矢	화살시	1227	豆	콩두	1709	髟	터럭발	2072
石	돌석	1231	豕	돼지시	1712	鬥	싸울투	2077
示	보일시	1249	豸	갖은돼지시변	1716	鬯	울창주창	2078
禸	짐승발자국유	1264	貝	조개패	1719	鬲	다리굽은솥력	2079
禾	벼화	1265	赤	붉을적	1742	鬼	귀신귀	2080
穴	구멍혈	1283	走	달릴주	1744		11 획	
立	설립	1294	足	발족(𧾷)	1751	魚	물고기어	2083
氺	☞水	933	身	몸신	1772	鳥	새조	2094
罒	☞网	1396	車	수레거	1774	鹵	짠땅로	2113
衤	옷의변*	1612	辛	매울신	1795	鹿	사슴록	2114
	6 획		辰	별신	1799	麥	보리맥	2118
			辶	갖은책받침	1800	麻	삼마	2120
竹	대죽(⺮)	1299	邑	고을읍	1839		12 획	
米	쌀미	1328	酉	닭유	1856			
糸	실사	1338	釆	분별할변	1868	黃	누를황	2121
缶	장군부	1394	里	마을리	1869	黍	기장서	2123
网	그물망(罒·㓁)	1396	臼	☞臼	1471	黑	검을흑	2124
羊	양양(⺷)	1403	镸	☞長	1914	黹	바느질할치	2130
羽	깃우	1409		8 획			13 획	
老	늙을로	1417						
而	말이을이	1420	金	쇠금	1874	黽	맹꽁이맹	2131
耒	가래뢰	1421	長	길장(镸)	1914	鼎	솥정	2131
耳	귀이	1424	門	문문	1916	鼓	북고	2133
聿	오직율	1432	阜	언덕부	1932	鼠	쥐서	2134
肉	고기육	1434	隶	미칠이	1959		14 획	
臣	신하신	1463	隹	새추	1960			
自	스스로자	1465	雨	비우	1971	鼻	코비	2136
至	이를지	1468	青	푸를청	1987	齊	가지런할제	2137
臼	절구구(臼)	1471	非	아닐비	1990		15 획	
舌	혀설	1474		9 획				
舛	어그러질천	1476				齒	이치	2139
舟	배주	1477	面	낯면	1991		16 획	
艮	괘이름간	1482	革	가죽혁	1993			
色	빛색	1484	韋	다룸가죽위	2000	龍	용룡	2143
艸	초두	1485	韭	부추구	2003	龜	거북귀	2146
虍	범호엄	1568	音	소리음	2004		17 획	
虫	벌레훼	1574	頁	머리혈	2006			
血	피혈	1604	風	바람풍	2022	龠	피리약	2147
行	다닐행	1606	飛	날비	2027			
衣	옷의	1612	食	밥식(𩙿)	2029			
襾	덮을아(西)	1635	首	머리수	2044			
	7 획		香	향기향	2045			
見	볼견	1639		10 획				

*표는 별도의 명칭을 가지고 있고, 쓰이는 위치에 따라 자형(字形)이 변하는 부수 글자임.